# PONS

**SCHÜLERWÖRTERBUCH
KLAUSURAUSGABE
ITALIENISCH**

Italienisch – Deutsch
Deutsch – Italienisch

**PONS GmbH**
Stuttgart

PONS

Schülerwörterbuch
Klausurausgabe
**Italienisch**

Entwickelt auf der Basis des
PONS Kompaktwörterbuchs Italienisch
ISBN 978-3-12-517376-7

Bearbeitet von: Dr. Birgit Klausmann, Beatrice Rovere-Fenati

**Warenzeichen, Marken und gewerbliche Schutzrechte**
Wörter, die unseres Wissens eingetragene Warenzeichen oder
Marken oder sonstige gewerbliche Schutzrechte darstellen,
sind als solche – soweit bekannt – gekennzeichnet. Die jeweiligen
Berechtigten sind und bleiben Eigentümer dieser Rechte.
Es ist jedoch zu beachten, dass weder das Vorhandensein noch
das Fehlen derartiger Kennzeichnungen die Rechtslage hinsichtlich
dieser gewerblichen Schutzrechte berührt.

1. Auflage 2014 (1,03 - 2018)
© PONS GmbH, Stuttgart 2014
Alle Rechte vorbehalten

www.pons.de
E-Mail: info@pons.de

Projektleitung: Helen Schmidt
Gestaltung: Petra Michel, Essen
Sprachdatenverarbeitung: Andreas Lang conTEXT AG
   für Informatik und Kommunikation, Zürich
Umschlaggestaltung: Anne Helbich, Stuttgart
Logoentwurf: Erwin Poell, Heidelberg
Logoüberarbeitung: Sabine Redlin, Ludwigsburg
Satz: Olaf Mangold Text & Typo, Stuttgart
Druck: CPI – Clausen & Bosse, Leck
Printed in Germany

ISBN 978-3-12-517346-0

# Inhalt
## Indice

Seite / pagine

| | | |
|---|---|---|
| 5 | Hinweise zur Benutzung des Wörterbuchs | Guida all'uso del dizionario |
| 11 | Wörterbuchteil Italienisch–Deutsch | Dizionario italiano–tedesco |
| 885 | Wörterbuchteil Deutsch–Italienisch | Dizionario tedesco–italiano |
| 1737 | Anhang | Appendice |
| 1739 | Unregelmäßige italienische Verben | Verbi irregolari italiani |

# Hinweise zur Benutzung des Wörterbuchs
## Guida all'uso del dizionario

### 1. Die Stichwörter

Alle Stichwörter sind alphabetisch geordnet und farbig hervorgehoben.

Die deutschen Umlaute *ä, ö, ü* werden wie die entsprechenden nicht umgelauteten Vokale behandelt, *ß* wie *ss*.

> **Griesgram** ['griːsgraːm] …
> **griesgrämig** ['griːsgrɛːmɪç] …
> **Grieß** [griːs] …
>
> **kreisrund** ['kraɪs'rʊnt] …
> **Kreissäge** …
> **kreißen** ['kraɪsən] …

Bindestriche, Punkte, Kommas und Wortzwischenräume werden bei der alphabetischen Einordnung ignoriert. In Klammern stehende, fakultative Buchstaben werden dagegen berücksichtigt.

> **Silberhochzeit** …
> **silb(e)rig** ['zɪlb(ə)rɪç] …
> **Silbermedaille** …
>
> **casaccio** [ka'zattʃo] …
> **casa-famiglia** ['kaːsa fa'miʎʎa] …
> **casalasco, -a** [kasa'lasko] …

Für alle Substantive, die ein natürliches Geschlecht haben und Personen bezeichnen, wird die feminine neben der maskulinen Form angegeben.

> **Anwalt** ['anvalt, *Pl:* 'anvɛltə] <-(e)s, Anwälte> *m*, **Anwältin** ['anvɛltɪn] <-, -nen> *f* ❶ (*Rechts~*) avvocato, -essa *m, f;* …
> **Lehrer(in)** <-s, -; -, -nen> *m(f)* insegnante *mf;* …
>
> **attore, attrice** [at'toːre, at'triːtʃe] *m, f*
> ❶ (*in spettacoli*) Schauspieler(in) *m(f);*
> …
> **medico, -a** ['mɛːdiko] <-ci, -che> I. *m, f* Arzt *m*/Ärztin *f;* …

#### Homonyme

Hochgestellte arabische Ziffern machen gleich geschriebene Wörter mit unterschiedlicher Bedeutung kenntlich.

> **Kiefer**[1] ['kiːfɐ] <-s, -> *m* (ANAT) mascella *f*
> **Kiefer**[2] <-, -n> *f* (BOT) pino *m*
>
> **nettare**[1] ['nɛttare] *m* Göttertrank *m*, Nektar *m*
> **nettare**[2] [net'taːre] *vt* reinigen, putzen

Hinweise zur Benutzung des Wörterbuchs 6

## 2. Aufbau der Wörterbucheinträge

### Römische Ziffern

Römische Ziffern untergliedern ein Stichwort in verschiedene Wortarten und Verben in transitiven, intransitiven und reflexiven Gebrauch.

seitdem [zaɪt'deːm] I. *adv* da allora
II. *konj* da quando
seitlich I. *adj* laterale II. *adv* lateralmente, di lato III. *prp* +*gen* a lato di

schermire [sker'miːre] <schermisco>
I. *vt* schützen II. *vi* fechten III. *vr* **-rsi da qc** sich vor etw *dat* schützen; (*fig*) etw abwehren

### Arabische Ziffern

Arabische Ziffern kennzeichnen die unterschiedlichen Bedeutungen eines Stichworts innerhalb einer Wortart.

Ebene ['eːbənə] <-, n> *f* ❶ (*flaches Land*) pianura *f* ❷ (*fig: Niveau*) livello *m*; **auf gleicher ~ mit** allo stesso livello di ❸ (MAT) piano *m*

fornace [for'naːtʃe] *f* ❶ (TEC) Brennofen *m* ❷ (*stabilimento*) Ziegelei *f* ❸ (*fig: luogo caldo*) Backofen *m fam*

### Beispiele

Anwendungsbeispiele, Redewendungen, Sprichwörter und mehrgliedrige Ausdrücke folgen nach den verschiedenen Bedeutungen eines Stichworts.

Redewendungen und Sprichwörter, die keiner Grundbedeutung des Stichworts zuzuordnen sind, werden im italienischen Teil mit dem Zusatz *loc* unter einer gesonderten arabischen Ziffer aufgeführt.

frasca ['fraska] <-sche> *f* ❶ (*fronda*) Zweig *m* ❷ (*d'osteria*) Schild *nt,* Laubgebinde *nt* ❸ (*loc*) **saltare di palo in ~** (*fig*) Gedankensprünge machen

## Erklärende Zusätze

Sowohl in der Ausgangs- als auch in der Zielsprache können erklärende Zusätze Bedeutung und Anwendung eines Worts näher bestimmen:
- in Klammern stehende Zusätze für Synonyme und Definitionen, für typische Subjekte und Objekte und andere Erklärungen
- Fachgebietsangaben, besonders wenn verschiedene Bedeutungen unterschieden werden
- Angaben zur regionalen Verbreitung zur Markierung aller Wörter, Bedeutungen und Wendungen, die einem regionalen Gebrauch unterliegen
- Stilangaben zur Markierung aller Wörter, Bedeutungen und Wendungen, die keiner neutralen Stilebene angehören
- rhetorische Angaben, wenn eine besondere Sprechhaltung markiert wird

Das Abkürzungsverzeichnis im hinteren Buchdeckel enthält eine vollständige Liste der Markierungen.

## 3. Grammatische Informationen

### Substantive

Bei Substantiven wird grundsätzlich das Geschlecht (Genus) angegeben.

Unregelmäßige Pluralformen sind in Spitzklammern angegeben.

**Globus** ['gloːbʊs] <- *o* -ses, Globen *o* Globusse> *m* globo *m,* mappamondo *m*

**camposanto** [kampoˈsanto] <campi­santi> *m* Friedhof *m*

Bei Substantiven, bei denen sowohl die maskuline als auch die feminine Form angegeben wird, wird zuerst die Genitivform Singular und die Pluralform der Maskulinform, dann, durch ein Semikolon getrennt, die Pluralform der Femininform angegeben.

**Lehrer(in)** <-s, -; -, -nen> *m(f)* insegnante *mf;* ...

Bei Substantiven, die nur im Singular verwendet werden, steht *sing* im italienischen Teil und *klein Pl* im deutschen Teil.

**Leichtfertigkeit** <-> *kein Pl. f* leggerezza *f;* ...

**salvo**[1] ['salvo] *msing* **in ~** in Sicherheit

### Adjektive und Adverbien

Adjektive sind in ihrer unflektierten Form angegeben. Besitzt das deutsche Adjektiv keine unflektierte Form, wird es nach dem Muster *erste(r, s)* dargestellt.

**obere(r, s)** ['oːbərə, -rɐ, -rəs] *adj* superiore, [più] alto, -a

Bei italienischen Adjektiven auf -o wird auch die feminine Form angegeben.

**biologico, -a** [bioˈlɔːdʒiko] *agg* biologisch

Hinweise zur Benutzung des Wörterbuchs

| | |
|---|---|
| Unveränderliche Adjektive werden mit <inv> gekennzeichnet. | **beiderlei** [ˈbaɪdɐˈlaɪ] <inv> *adj* di entrambe le specie; … |
| | **blu** [blu] I.<inv> *agg* blau; … |
| Unregelmäßige Steigerungsformen und solche mit morphologischen Besonderheiten werden in spitzen Klammern angegeben. | **rot** [roːt] <-er *o* röter, -este *o* röteste> *adj* rosso; … |
| | **bene**[1] [ˈbɛːne] <meglio, benissimo *o* ottimamente> *avv* gut, wohl; … |

### Verben

| | |
|---|---|
| Die grammatischen Angaben *vt, vi, vr* kennzeichnen ein Stichwort als Verb. Wird ein Verb in mehreren dieser Konstruktionsmöglichkeiten gebraucht, ist der Eintrag in der Regel mit römischen Ziffern untergliedert. | **zu\|decken** I. *vt* etw [mit etw] ~ [ri]coprire qc [di qc] II. *vr* sich ~ coprirsi |
| | **scolorare** [skoloˈraːre] I. *vt avere* ausbleichen II. *vr* **-rsi** verbleichen |
| Unmittelbar auf das Stichwort folgen in spitzen Klammern die Angaben zu unregelmäßigen Verbformen. Es werden im Deutschen die 3. Person Singular Präsens und Imperfekt sowie das Partizip Perfekt angegeben. | **lesen** [ˈleːzən] <liest, las, gelesen> … |
| Ein feiner Strich kennzeichnet die abtrennbare Vorsilbe bei unfest zusammengesetzten deutschen Verben. | **zusammen\|arbeiten** *vi* collaborare, cooperare |
| Im Italienischen werden die 1. Person Singular Präsens und *Passato Remoto* sowie das Partizip Perfekt angegeben. | **essere**[1] [ˈɛssere] <sono, fui, stato> … <br> **fare**[1] [ˈfaːre] <faccio, feci, fatto> … |
| In der Regel werden diese Formen noch einmal an alphabetischer Stelle als Verweis auf den Infinitiv aufgenommen, wenn sie alphabetisch nicht unmittelbar neben dieser Form stehen würden. | **sono** [ˈsoːno] *1. pers sing pr di* **essere**[1] <br> **faccio** [ˈfattʃo] *1. pers sing pr di* **fare**[1] |

| | |
|---|---|
| Bei den Verben, die die zusammengesetzten Zeiten nicht ausschließlich mit *haben – avere* bilden, steht nach der Wortartangabe der Zusatz *sein – essere* bzw. *haben o sein – avere o essere*. | **saltare** [sal'ta:re] I. *vi essere o avere* ❶ (*gener*) springen; … II. *vt avere* ❶ (*ostacolo*) überspringen; … |
| In Fällen, wo *haben* oder *sein* mit einem Unterschied in der Konstruktionsweise oder der Bedeutung verbunden ist, steht die Angabe jeweils vor der Differenzierung. | **laufen** ['laufən] <läuft, lief, gelaufen> I. *vi sein* ❶ (*rennen*) correre; … II. *vt* ❶ *sein* (*Strecke, Runden*) fare, percorrere; … ❷ *haben* **sich** *dat* **Blasen** ~ farsi venire le vesciche camminando … |

### Präpositionen

| | |
|---|---|
| Ist eine Präposition ein Stichwort, wird im Deutschen der von ihr regierte Kasus angegeben. | **angesichts** *prp* +*gen* considerato, in considerazione di |
| Bei Präpositionen wie *an, auf, hinter, in, neben, über, unter, vor* und *zwischen*, die den Dativ oder den Akkusativ regieren, werden beide Kasus angegeben. | **unter** ['ʊntɐ] *prp* +*acc o dat* ❶ (*räumlich*) sotto; … |

## 4. Deutsche Rechtschreibung

Dieses Wörterbuch berücksichtigt die Neuregelung der deutschen Rechtschreibung mit den vom Rat für deutsche Rechtschreibung vorgeschlagenen Änderungen, gültig seit 01.08.2006.

# Aa

**A, a** [a] <-> *f* A, a *nt;* **dall'a alla zeta** von A bis Z; **a come Ancona** A wie Anton
**a** *abbr di* **anno** J.
**a** [a] <al, allo, all', alla, ai, agli, alle> *prp* ① (*stato in luogo*) in +*dat*, auf +*dat;* (*vicino a*) an +*dat*, bei +*dat*, zu +*dat;* **al mare** am Meer; **al mercato** auf dem Markt; **a Trieste** in Triest; **sono a casa** ich bin zu Hause; **a dieci chilometri da Torino** zehn Kilometer von Turin entfernt; **a pagina cinque** auf Seite fünf ② (*moto a luogo*) in +*acc*, auf +*acc*, an +*acc*, nach +*dat*, zu +*dat;* **al mare** ans Meer; **al mercato** auf den Markt; **a Trieste** nach Triest ③ (*tempo*) in +*dat*, zu +*dat;* (*con riferimento all'ora*) um +*acc;* **a domani** bis morgen; **a marzo** im März; **a mezzogiorno** am Mittag; **due volte al giorno** zweimal am Tag; **alle sette** um sieben [Uhr]; **al venerdì** freitags; **dall'oggi al domani** von heute auf morgen ④ (*con prezzo*) zu +*dat* ⑤ (*complemento di termine*) *si traduce con il dativo;* **lo regalo a Giuseppe** ich schenke es Giuseppe *dat* ⑥ (*età*) **a vent'anni** mit zwanzig Jahren ⑦ (*proposizione finale*) **andare a ballare** tanzen gehen; **andare a nuotare** schwimmen gehen ⑧ (GASTR) **cotoletta alla milanese** Schnitzel nach Mailänder Art ⑨ (*mezzo*) **lavorare a macchina** mit der Maschine arbeiten; **a cavallo** zu Pferd; **a piedi** zu Fuß ⑩ (*velocità*) **correre a cento chilometri l'ora** hundert [Stundenkilometer] fahren, mit hundert [Stundenkilometern] fahren ⑪ (MAT) **due al quadrato** zwei zum Quadrat, zwei hoch zwei ⑫ (*loc*) **a uno a uno** einzeln; **a due a due** paarweise, zu zweit

**A** ① *abbr di* **Austria** A ② *abbr di* **autostrada** A ③ *abbr di* **ampère** A
**Aarau** ['aːrau] *f* Aarau *nt*
**AAST** *abbr di* **Azienda Autonoma di Soggiorno e Turismo** *italienischer Fremdenverkehrsverein*
**AA.VV.** *abbr di* **Autori Vari** verschiedene Autoren
**abaco** ['aːbako] <-chi> *m* (HIST, ARCH) Abakus *m*, Rechenbrett *nt*
**abate** [a'baːte] *m* Abt *m*
**abat-jour** [abaˈʒuːr] <-> *m* Lampenschirm *m;* (*lampada*) Lampe *f* mit Schirm
**abbacchiare** [abbakˈkiaːre] I. *vt* (*fig*) entmutigen II. *vr* **-rsi** niedergeschlagen [*o* betrübt] werden
**abbacchiato** [abbakˈkiaːto] *agg* niedergeschlagen
**abbacchio** [abˈbakkio] <-cchi> *m* (*Lazio*) Lamm[fleisch] *nt*
**abbacinamento** [abbatʃinaˈmento] *m* ① (*abbagliamento*) Blendung *f* ② (*fig: inganno, illusione*) Verblendung *f*, Täuschung *f* **abbacinare** [abbatʃiˈnaːre] *vt* ① (*abbagliare*) blenden ② (*fig: illudere*) verblenden, täuschen
**abbaco** ['abbako] *v.* **abaco**
**abbagliamento** [abbaʎʎaˈmento] *m* ① (*abbacinamento*) Blendung *f* ② (*fig: sbaglio*) Verwirrung *f* **abbagliante** [abbaʎˈʎante] *agg* (*luce*) blendend **abbaglianti** [abbaʎˈʎanti] *mpl* (AUTO) Fernlicht *nt* **abbagliare** [abbaʎˈʎaːre] *vt* essere ① (*luce*) blenden ② (*fig: ingannare*) verwirren **abbaglio** [abˈbaʎʎo] <-gli> *m* Versehen *nt*, Fehler *m;* **prendere un ~** einen Fehler machen
**abbaiare** [abbaˈiaːre] *vi* bellen; **~ alla luna** (*fig*) den Mond anbellen
**abbaino** [abbaˈiːno] *m* Dachfenster *nt;* (*soffitta*) Mansarde *f*
**abbaio** [abbaːio] <-ai> *m* Gebell *nt*, Bellen *nt*
**abbandonare** [abbandoˈnaːre] I. *vt* ① (*lasciare*) verlassen; (*non aiutare*) im Stich lassen ② (*per trascuratezza*) vernachlässigen ③ (*rinunciare a*) aufgeben ④ (*reclinare*) sinken lassen ⑤ (*allentare*) lockern, loslassen, auslassen A II. *vr* **-rsi** (*a. fig*) sich gehen lassen; **-rsi a un vizio** sich einem Laster hingeben **abbandonato, -a** [abbandoˈnaːto] *agg* verlassen; (*trascurato*) vernachlässigt; **~ a sé stesso** sich *dat* selbst überlassen; **a briglie -e** ungezügelt **abbandono** [abbanˈdoːno] *m* ① (*l'abbandonare*) Verlassen *nt* ② (*trascuratezza*) Vernachlässigung *f;* **cadere in ~** vernachlässigt werden; (*casa*) verfallen; (*giardino*) verwildern ③ (*rinuncia*) Aufgabe *f* ④ (*rilassamento*) Hingabe *f;* **in un momento di ~** in einem schwachen Augenblick
**abbarbagliamento** [abbarbaʎʎaˈmento] *m* Blendung *f* **abbarbagliare** [abbarbaʎˈʎaːre] *vt* blenden
**abbarbicare** [abbarbiˈkaːre] I. *vi* Wurzeln schlagen II. *vr* **-rsi** ① (BOT) Wurzeln schla-

gen ❷ (*fig: radicarsi*) Wurzeln schlagen, sich festsetzen, Fuß fassen

**abbarbicarsi** [abbarbi'karsi] *vr* ❶ (BOT) Wurzeln schlagen ❷ (*fig: radicarsi*) Fuß fassen

**abbassalingua** [abbassa'lingua] <-> *m* (MED) [Zungen]spachtel *m*

**abbassamento** [abbassa'mento] *m* (*di prezzi*) Senkung *f*; (*di temperatura*) Sinken *nt*; (*di voce*) Senken *nt*; (*d'intensità*) Abschwächen *nt* **abbassare** [abbas'sa:re] I. *vt* ❶ (*mettere più in basso*) niedriger machen; (*finestrino*) aufmachen ❷ (*prezzo, voce, temperatura*) senken; (*radio*) leiser stellen; (*tasto*) drücken; (*bandiera*) einholen; ~ **i fari** abblenden; ~ **gli occhi** den Blick senken; ~ **le armi** (*fig*) die Waffen strecken; ~ **la cresta** (*fig*) klein beigeben II. *vr* **-rsi** (*chinarsi*) sich bücken; (*fig: umiliarsi*) sich erniedrigen; (*calare*) sinken; (*barometro, temperatura*) fallen; (*sole*) sich neigen **abbasso** [ab'basso] *avv* (*stato*) unten; (*moto*) herunter, hinunter; ~ ...! nieder mit ...!

**abbastanza** [abbas'tantsa] I. *avv* ❶ (*a sufficienza*) genug; **averne ~ di qu/qc** von jdm/etw genug haben ❷ (*alquanto*) ziemlich II. <inv> *agg* (*a sufficienza*) genug, genügend

**abbattere** [ab'battere] I. *vt* ❶ (*alberi*) fällen, schlägern *A*; (*muri*) einreißen ❷ (*uccidere*) töten; (*bestie al macello*) schlachten; (*selvaggina*) erlegen ❸ (*aereo*) abschießen ❹ (*fig: prostrare*) niederschlagen; (*malattia*) niederwerfen ❺ (*fig: rovesciare*) stürzen II. *vr* **-rsi** (*cadere di schianto*) [auf]prallen; (*piombare addosso*) prallen; (*fig: accasciarsi*) niedergeschlagen sein **abbattimento** [abbatti'mento] *m* ❶ (*di alberi*) Fällen *nt*, Schlägern *nt A*; (*di case*) Abriss *m* ❷ (*di bestie al macello*) Schlachten *nt*; (*di selvaggina*) Erlegen *nt* ❸ (*di aereo*) Abschuss *m* ❹ (*fig: prostrazione*) Niedergeschlagenheit *f*; (*da malattia*) Schwächung *f* ❺ (*fig: rovesciamento*) Umsturz *m* **abbattitore**, **-trice** [abbatti'to:re] *m*, *f* Holzfäller(in) *m(f)*, Holzhacker(in) *m(f) A*

**abbazia** [abbat'tsi:a] <-ie> *f* Abtei *f* **abbaziale** [abbat'tsia:le] *agg* Abtei-, Abt-

**abbecedario** [abbetʃe'da:rio] <-i> *m* Fibel *f*, Abc-Buch *nt*

**abbellimento** [abbelli'mento] *m* ❶ (*il rendere più bello*) Verschönerung *f* ❷ (*ornamento*) Verzierung *f*, Aufputz *m A* ❸ (MUS) Koloratur *f* **abbellire** [abbel'li:re] <abbellisco> I. *vt* ❶ (*rendere più bello*) verschönern ❷ (*ornare*) verzieren, schmücken ❸ (*fig: racconto*) ausschmücken II. *vr* **-rsi** sich schön machen

**abbeveraggio** [abbeve'raddʒo] <-ggi> *m* Tränken *nt*

**abbeverare** [abbeve'ra:re] I. *vt* tränken II. *vr* **-rsi** seinen Durst stillen, trinken **abbeveratoio** [abbevera'to:io] <-oi> *m* Tränke *f*

**abbi**, **abbia** ['abbi, 'abbia] *conj di* **avere** **abbicì** [abbit'tʃi] <-> *m* ❶ (*alfabeto*) Abc *nt* ❷ (*sillabario*) Fibel *f* ❸ (*fig: primi elementi*) Abc *nt*, Grundbegriffe *mpl*

**abbiente** [ab'biɛnte] I. *agg* wohlhabend II. *mf* Begüterte(r) *f(m)*; **i non -i** die Mittellosen

**abbietto** [ab'biɛtto] *v.* **abietto**

**abbigliamento** [abbiʎʎa'mento] *m* [Be]kleidung *f*; (*indumenti*) Kleidungsstücke *ntpl* **abbigliare** [abbiʎ'ʎa:re] I. *vt* kleiden II. *vr* **-rsi** sich kleiden

**abbinamento** [abbina'mento] *m* Kopp[e]lung *f*, Verbindung *f*; (*di colori, abiti*) Kombination *f* **abbinare** [abbi'na:re] *vt* koppeln, verbinden; (*di colori, abiti*) kombinieren

**abbindolamento** [abbindola'mento] *m* Umgarnung *f*, Täuschung *f*, Betrug *m*

**abbindolare** [abbindo'la:re] *vt* an der Nase herumführen **abbindolatore**, **-trice** [abbindola'to:re] *m*, *f* Schwindler(in) *m(f)*, Betrüger(in) *m(f)*

**abbioccato**, **-a** [abbiok'ka:to] *agg* müde **abbiocco** [ab'biɔkko] <-cchi> *m* (*fam*) Müdigkeitsanfall *m*

**abbisognare** [abbizoɲ'ɲa:re] *vi* ~ **di qc** etw brauchen

**abboccamento** [abbokka'mento] *m* Unterredung *f* **abboccare** [abbok'ka:re] I. *vt* (TEC) zusammenstecken II. *vi* ❶ (*pesce, a. fig*) anbeißen ❷ (TEC: *combaciare*) ineinanderpassen III. *vr* **-rsi** eine Unterredung haben

**abboccato**, **-a** [abbok'ka:to] *agg* ❶ (*vino*) vollmundig ❷ (*persona*) beim Essen nicht wählerisch, nicht heikel *A*

**abboccatura** [abbokka'tu:ra] *f* ❶ (*di tubi*) Anschluss *m* ❷ (*di recipienti*) Öffnung *f*

**abbonamento** [abbona'mento] *m* ❶ (*a un giornale, a teatro*) Abonnement *nt*; **fare l'~ a qc** etw abonnieren ❷ (*ferroviario, tranviario*) Dauerkarte *f* ❸ (*prezzo*) Bezugspreis *m*

**abbonare** [abbo'na:re] I. *vt* ❶ (*defalcare*) erlassen ❷ (*fig: perdonare*) ~ **qc a qu** jdm etw vergeben ❸ (*fare un abbonamento*) abonnieren; ~ **qu a una rivista** für jdn eine Zeitschrift abonnieren **II.** *vr* **-rsi a un giornale** eine Zeitung abonnieren **abbonato, -a** [abbo'na:to] **I.** *agg* abonniert; **essere ~ a un giornale** eine Zeitung abonniert haben **II.** *m, f* Abonnent(in) *m(f)*; **~ al teatro** Theaterabonnent *m*; **~ al telefono** Fernsprechteilnehmer *m*; **~ alla TV** Fernsehteilnehmer *m*

**abbondante** [abbon'dante] *agg* reichlich, üppig; (*vestito*) weit; **tre metri -i** gut drei Meter **abbondanza** [abbon'dantsa] *f* Überfluss *m*, Fülle *f*; **in ~** im Überfluss **abbondare** [abbon'da:re] *vi* ❶ (*essere in grande quantità*) im Überfluss vorhanden sein ❷ (*eccedere*) **~ in qc** mit etw übertreiben; **~ di** reichlich enthalten

**abbonire** [abbo'ni:re] **I.** *vt* ❶ (*persona*) besänftigen ❷ (*terreno*) verbessern, aufbereiten **II.** *vr* **-rsi** sich beruhigen

**abbono** [ab'bɔ:no] *v.* **abbuono**

**abbordabile** [abbor'da:bile] *agg* ❶ (*spesa*) tragbar ❷ (*persona*) zugänglich **abbordaggio** [abbor'daddʒo] <-ggi> *m* ❶ (NAUT) Entern *nt* ❷ (*fig: approccio*) Annäherungsversuch *m* **abbordare** [abbor'da:re] *vt* ❶ (NAUT) entern ❷ (*fam: persona*) ansprechen, anmachen ❸ (*fig: affrontare*) angehen, in Angriff nehmen **abbordo** [ab'bordo] *m* Annäherung *f*; **di facile ~** zugänglich

**abborracciamento** [abborrattʃa'mento] *m* Schludrigkeit *f*

**abborracciare** [abborrat'tʃa:re] *vt* pfuschen, schludern **abborracciatore, -trice** [abborrattʃa'to:re] *m, f* Pfuscher(in) *m(f)* **abborracciatura** [abborrattʃa'tu:ra] *f* Pfusch *m*, Schluderarbeit *f* **abborraccione, -a** [abborrat'tʃo:ne] *m, f* Schludrian *m*, Pfuscher(in) *m(f)*

**abbottonare** [abbotto'na:re] **I.** *vt* zuknöpfen **II.** *vr* **-rsi** (*fig fam*) sich verschließen **abbottonato, -a** [abbotto'na:to] *agg* (*a. fig fam*) zugeknöpft **abbottonatura** [abbottona'tu:ra] *f* ❶ (*chiusura*) Zuknöpfen *nt* ❷ (*serie di bottoni*) Knopfreihe *f*

**abbozzare** [abbot'tsa:re] *vt* ❶ (*disegno, romanzo*) skizzieren, entwerfen ❷ (*fig: accennare*) andeuten; **~ un sorriso** ein Lächeln andeuten **abbozzo** [ab'bɔttso] *m* Skizze *f*, Entwurf *m*; **~ di legge** (JUR) Gesetzentwurf

**abbracciare** [abbrat'tʃa:re] **I.** *vt* ❶ (*con le braccia*) umarmen ❷ (*fig: contenere*) umfassen ❸ (*fig: causa*) vertreten; (*fede*) sich bekennen zu **II.** *vr* **-rsi** sich umarmen **abbraccio** [ab'brattʃo] <-cci> *m* Umarmung *f*

**abbrancare** [abbraŋ'ka:re] **I.** *vt* fest anpacken **II.** *vr* **-rsi a qc** sich an etw *acc* [an]klammern

**abbreviamento** [abbrevia'mento] *m* [Ab]kürzung *f*

**abbreviare** [abbre'via:re] *vt* [ab]kürzen, [ver]kürzen **abbreviativo, -a** [abbre'via'ti:vo] *agg* kürzend, Kürzungs- **abbreviatura** [abbrevia'tu:ra] *f* [Ab]kürzung *f* **abbreviazione** [abbreviat'tsio:ne] *f* (*riduzione*) [Ab]kürzung *f*

**abbrivare** [abbri'va:re] **I.** *vt* (NAUT) beschleunigen **II.** *vi* Fahrt aufnehmen **abbrivo** [ab'bri:vo] *m* ❶ (NAUT) Fahrt *f*; **prendere l'~** in Fahrt [*o* Schwung] kommen ❷ (*fig: spinta*) Anstoß *m*; **dare l'~** den Anstoß geben

**abbronzante** [abbron'dzante] **I.** *agg* bräunend **II.** *m* Bräunungsmittel *nt* **abbronzare** [abbron'dza:re] **I.** *vt* ❶ (*metalli*) bronzieren ❷ (*epidermide*) bräunen **II.** *vr* **-rsi** sich bräunen **abbronzato, -a** [abbron'dza:to] *agg* braun [gebrannt] **abbronzatura** [abbrondza'tu:ra] *f* ❶ (*atto*) Bräunen *nt* ❷ (*effetto*) Bräune *f*

**abbruciacchiare** [abbrutʃak'kia:re] *vt* ansengen, versengen

**abbrunare** [abbru'na:re] **I.** *vt* mit [einem] Trauerflor [*o* Trauerrand] versehen **II.** *vr* **-rsi** Trauerkleidung tragen

**abbrustolimento** [abbrustoli'mento] *m* Rösten *nt*, Röstung *f*

**abbrustolire** [abbrusto'li:re] <abbrustolisco> **I.** *vt* rösten **II.** *vr* **-rsi** (*scherz: al sole*) sich rösten

**abbrutimento** [abbruti'mento] *m* Verrohung *f* **abbrutire** [abbru'ti:re] <abbrutisco> *vt, vr* **-rsi** verrohen

**abbruttire** [abbrut'ti:re] <abbruttisco> **I.** *vt avere* hässlich machen **II.** *vi essere* hässlich werden

**abbuffarsi** [abbuf'farsi] *vr* (*fam*) reinhauen **abbuffata** [abbuf'fa:ta] *f* Völlerei *f*; **fare un'~** sich vollstopfen

**abbuiare** [abbu'ia:re] **I.** *vt* ❶ (*oscurare*) verdunkeln ❷ (*fig: mettere a tacere*) verschleiern **II.** *vr* **-rsi** sich verdunkeln; (*fig: incupirsi*) sich verdüstern

**abbuonare** [abbuo'na:re] *v.* **abbonare**

**abbuono** [ab'buɔ:no] *m* (*di prezzo*) Nachlass *m*, Rabatt *m*

**abburattare** [abburat'ta:re] *vt* beuteln

**abdicare** [abdi'ka:re] *vi* abdanken **abdicazione** [abdikat'tsio:ne] *f* Abdankung *f*; **l'~ a una missione** der Rücktritt von einem Auftrag; **~ al trono** Thronverzicht *m*

**aberrazione** [abberrat'tsio:ne] *f* Abwei-

**abetaia → aborto**

chung *f;* **~ morale** Fehltritt *m;* **~ mentale** (MED) geistige Verwirrung
**abetaia** [abe'ta:ia] <-aie> *f* Tannenwald *m*
**abete** [a'be:te] *m* Tanne *f;* **~ bianco** Edeltanne *f;* **~ rosso** Fichte *f*
**abiettezza** [abiet'tettsa] *f* Gemeinheit *f,* Verworfenheit *f*
**abietto, -a** [a'biɛtto] *agg* gemein, niederträchtig **abiezione** [abiet'tsio:ne] *f* Gemeinheit *f,* Niederträchtigkeit *f*
**abile** ['a:bile] *agg* ❶ (*idoneo,* MIL) tauglich; **essere ~ al lavoro pesante** zu schwerer Arbeit tauglich sein ❷ (*esperto*) fähig; **~ negli affari** geschäftstüchtig ❸ (*accorto*) gewandt, geschickt **abilità** [abili'ta] <-> *f* Geschicklichkeit *f,* Fähigkeit *f*
**abilitante** [abili'tante] *agg* befähigend, qualifizierend; **esame ~** Befähigungs-, Qualifikationsprüfung *f;* **corso ~** Befähigungs-, Qualifikationskurs *m* **abilitare** [abili'ta:re] I. *vt* befähigen II. *vr* **-rsi** sich qualifizieren **abilitato, -a** [abili'ta:to] I. *agg* geprüft, zugelassen II. *m, f* [Lehr]berechtigte(r) *f(m)* **abilitazione** [abilitat'tsio:ne] *f* Befähigung *f,* Qualifizierung *f;* **~ all'insegnamento** Lehrbefähigung *f*
**abissale** [abis'sa:le] *agg* ❶ (*degli abissi marini*) Tiefsee- ❷ (*fig: profondo*) abgrundtief
**abisso** [a'bisso] *m* (*a. fig*) Abgrund *m;* (*grande differenza*) Unterschied *m* wie Tag und Nacht
**abitabile** [abi'ta:bile] *agg* bewohnbar **abitabilità** <-> *f* Bewohnbarkeit *f;* **permesso di ~** Baugenehmigung *f*
**abitacolo** [abi'ta:kolo] *m* (MOT) Kabine *f;* (AERO) Cockpit *nt*
**abitante** [abi'tante] *mf* Einwohner(in) *m(f);* (*di casa, appartamento*) Bewohner(in) *m(f)*
**abitare** [abi'ta:re] I. *vt* bewohnen II. *vi* wohnen; **~ a Firenze** in Florenz wohnen; **~ in campagna** auf dem Land wohnen
**abitativo, -a** [abita'ti:vo] *agg* Wohn-, Wohnungs-; **edilizia -a** Wohnungsbau *m*
**abitato** [abi'ta:to] *m* bewohntes Gebiet; (*villaggio*) Ortschaft *f*
**abitato, -a** *agg* bewohnt; (*popolato*) bevölkert **abitatore, -trice** [abita'to:re] *m, f* Bewohner(in) *m(f)* **abitazione** [abitat'tsio:ne] *f* Wohnung *f;* (*casa*) Wohnhaus *nt;* **~ popolare** Sozialwohnung *f;* **~ di proprietà** Eigentumswohnung *f*
**abito** ['a:bito] *m* Kleidung *f;* (*da cerimonia*) Gewand *nt;* (*da donna*) Kleid *nt;* (*da uomo*) Anzug *m;* **~ borghese** Zivil *nt;* **l'~ non fa il monaco** (*prov*) die Kutte macht noch keinen Mönch; **prendere l'~** (*fig*) ins Kloster gehen
**abituale** [abitu'a:le] *agg* gewohnt, üblich; **cliente ~** Stammkunde *m/*-kundin *f* **abitualmente** [abitual'mente] *avv* gewöhnlich
**abituare** [abitu'a:re] I. *vt* **~ qu a qc** jdn an etw *acc* gewöhnen II. *vr* **-rsi a qc** sich an etw *acc* gewöhnen **abituato, -a** [abitu'a:to] *agg* gewöhnt; **essere ~ a qc** an etw *acc* gewöhnt sein **abitudinario, -a** [abitudi'na:rio] <-i, -ie> I. *agg* Gewohnheits- II. *m, f* Gewohnheitsmensch *m;* (*cliente*) Stammkunde *m/*-kundin *f* **abitudine** [abi'tu:dine] *f* ❶ (*consuetudine*) Gewohnheit *f;* **d'~** gewöhnlich ❷ (*assuefazione*) Gewöhnung *f;* **fare l'~ a qc** sich an etw *acc* gewöhnen
**abituro** [abi'tu:ro] *m* Hütte *f,* armselige Behausung
**abiura** [a'biu:ra] *f* ❶ (*rinunzia*) Abschwörung *f* ❷ (*ritrattazione*) Zurücknahme *f* **abiurare** [abiu'ra:re] *vt* **~ qc** einer Sache *dat* abschwören
**ablativo** [abla'ti:vo] *m* (LING) Ablativ *m*
**ablazione** [ablat'tsio:ne] *f* ❶ (MED) Entfernen *nt,* Amputation *f* ❷ (GEOL) Ablation *f*
**abluzione** [ablut'tsio:ne] *f* Waschung *f*
**abnegazione** [abnegat'tsio:ne] *f* Entsagung *f,* Verzicht *m*
**abnorme** [ab'nɔrme] *agg* abnorm
**abolire** [abo'li:re] <abolisco> *vt* abschaffen **abolizione** [abolit'tsio:ne] *f* Abschaffung *f* **abolizionismo** [abolittsio'nizmo] *m* Abolitionismus *m*
**abominare** [abomi'na:re] *vt* verabscheuen **abominazione** [abominat'tsio:ne] *f v.* **abominio**
**abominevole** [abomi'ne:vole] *agg* abscheulich **abominio** [abo'mi:nio] <-i> *m* ❶ (*disprezzo*) Abscheu *m o f,* Verabscheuung *f* ❷ (*cosa, atto*) Scheußlichkeit *f*
**aborigeno, -a** [abo'ri:dʒeno] I. *agg* eingeboren II. *m, f* Ureinwohner(in) *m(f)*
**aborrimento** [aborri'mento] *m* Abscheu *m o f*
**aborrire** [abor'ri:re] <aborrisco *o* aborro> I. *vt* verabscheuen II. *vi* sich ekeln; **~ da qc** sich vor etw *dat* ekeln
**abortire** [abor'ti:re] <abortisco> *vi* ❶ *avere* (MED) abtreiben ❷ *essere* (*fig: fallire*) scheitern **abortista** [abor'tista] <-i *m,* -e *f*> I. *mf* Abtreibungsbefürworter(in) *m(f)* II. *agg* Abtreibungs- **aborto** [a'bɔrto] *m* ❶ (*spontaneo*) Fehlgeburt *f* ❷ (*procurato*) Abtreibung *f* ❸ (*fig: persona*) Missgeburt *f*

**abracadabra** [abraka'da:bra] <-> *m* Abrakadabra *nt*
**abrasione** [abra'zio:ne] *f* ❶ (*raschiatura*) Abschaben *nt;* (TEC) Schmirgeln *nt* ❷ (*cancellatura*) Radieren *nt;* (*traccia*) Radierspur *f* ❸ (GEOL) Abrasion *f* ❹ (*lesione*) Schürfwunde *f*
**abrasivo** [abra'zi:vo] *m* Schleifmittel *nt*
**abrasivo, -a** *agg* Schleif-
**abrogare** [abro'ga:re] *vt* aufheben **abrogativo, -a** [abroga'ti:vo] *agg* aufhebend, außer Kraft setzend **abrogazione** [abrogat'tsio:ne] *f* Aufhebung *f* **abrogazionista** [abrogattsio'nista] *mf* (POL) Befürworter(in) *m(f)* einer Gesetzesabschaffung
**abruzzese** [abrut'tse:se] I. *agg* abruzzisch II. *mf* (*abitante*) Bewohner(in) *m(f)* der Abruzzen III. <*sing*> *m* (*dialetto*) abruzzischer Dialekt
**Abruzzi** [a'bruttsi] *pl,* **Abruzzo** [a'bruttso] *m* Abruzzen *pl*
**ABS** [abbi'ɛsse] *m abbr di* **anti-lock braking system** ABS *nt*
**abside** ['abside] *f* (ARCH) Apsis *f*
**abusare** [abu'za:re] *vi* ~ **di** missbrauchen; (*approfittare*) ausnützen **abusivismo** [abuzi'vizmo] *m* unerlaubte Tätigkeit; ~ **edilizio** nicht genehmigte Bautätigkeit **abusivista** [abuzi'vista] <-i *m,* -e *f*> *mf* Missbrauch betreibende Person **abusività** [abuzivi'ta] <-> *f* missbräuchliche Verwendung *f* [*o* Nutzung *f*], Unrechtmäßigkeit *f* **abusivo, -a** [abu'zi:vo] I. *agg* rechtswidrig, illegal II. *m, f* ohne Genehmigung handelnde Person *f* **abuso** [a'bu:zo] *m* Missbrauch *m;* ~ **di autorità** Machtmissbrauch *m;* **fare** ~ **di un cibo** von etw zu viel essen; ~ **di sostanze stupefacenti** Drogenmissbrauch *m*
**a.C.** *abbr di* **avanti Cristo** v. Chr.
**acacia** [a'ka:tʃa] <-cie> *f* Akazie *f*
**acagiù** [aka'dʒu] <-> *m* Mahagoni *nt*
**acanto** [a'kanto] *m* Akanthus *m*
**acaro** ['a:karo] *m* Milbe *f*
**acattolico, -a** [akat'tɔ:liko] <-ci, -che> I. *agg* nicht katholisch II. *m, f* Nichtkatholik(in) *m(f)*
**acaule** [a'ka:ule] *agg* stängellos
**acca** ['akka] <-> *f* ❶ (*lettera*) H, h *nt* ❷ (*fig fam*) **non ... un'**~ kein bisschen, nicht die Bohne
**accaddi** [ak'kaddi] *1. pers sing pass rem di* **accadere**
**accademia** [akka'dɛ:mia] <-ie> *f* Akademie *f;* ~ **di Belle Arti** Kunstakademie *f;* ~ **musicale** Musikakademie *f* **accademico, -a** [akka'dɛ:miko] <-ci, -che>
I. *agg* ❶ (*di accademia*) akademisch ❷ (*fig: astratto*) akademisch, lebensfern II. *m, f* Akademiker(in) *m(f)* **accademismo** [akkade'mizmo] *m* Akademismus *m;* (*a. pej*) Formalismus *m* **accademista** [akkade'mista] <-i *m,* -e *f*> *mf* (MIL) Kadett *m*
**accadere** [akka'de:re] <irr> *vi essere* geschehen, passieren; **che accade?** was ist los?; **accada quel che accada** was auch immer geschehen mag **accaduto** [akka'du:to] *m* Ereignis *nt,* Vorfall *m*
**accagliare** [akkaʎ'ʎa:re] I. *vt* gerinnen lassen II. *vr* -**rsi** gerinnen **accagliatura** [akkaʎʎa'tu:ra] *f* Gerinnung *f*
**accalappiacani** [akkalappia'ka:ni] <-> *m* Hundefänger(in) *m(f)*
**accalappiamento** [akkalappia'mento] *m* ❶ (*cattura*) Einfangen *nt* ❷ (*fig: lusinga*) Umgarnen *nt;* (*inganno*) Hereinlegen *nt*
**accalappiare** [akkalap'pia:re] *vt* ❶ (*catturare*) einfangen ❷ (*fig: circuire*) umgarnen; (*ingannare*) hereinlegen **accalappiatore, -trice** [akkalappia'to:re] *m, f* ❶ (*accalappiacani*) Hundefänger(in) *m(f)* ❷ (*fig: ingannatore*) Bauernfänger(in) *m(f),* Betrüger(in) *m(f)*
**accalcare** [akkal'ka:re] I. *vt* zusammendrängen II. *vr* -**rsi** sich [eng] zusammendrängen
**accaldarsi** [akkal'darsi] *vr* ❶ (*riscaldarsi*) sich erhitzen ❷ (*fig: eccitarsi*) sich erhitzen
**accaloramento** [akkalora'mento] *m* Erhitzen *nt*
**accalorarsi** [akkalo'rarsi] *vr* sich erhitzen
**accampamento** [akkampa'mento] *m* Lager *nt* **accampare** [akkam'pa:re] I. *vt* ❶ (*sotto tende*) lagern ❷ (*fig: scuse, ragioni*) vorbringen; (*diritti*) erheben II. *vr* -**rsi** [sich] lagern
**accanimento** [akkani'mento] *m* ❶ Verbissenheit *f;* (*odio*) Erbitterung *f* ❷ (MED) ~ **terapeutico** Lebensverlängerung *f* mit allen Mitteln **accanirsi** [akka'nirsi] <mi accanisco> *vr* ❶ (*infierire*) ~ [**contro qu/qc**] sich [gegen jdn/etw] erbittern ❷ (*ostinarsi*) ~ [**in qc**] sich [in etw *acc*] verbohren **accanito, -a** [akka'ni:to] *agg* ❶ (*discussione*) verbissen ❷ (*fumatore*) stark; (*lavoratore*) eifrig
**accanto** [ak'kanto] I. *avv* daneben; (*casa*) nebenan II. *prp* ~ **a** (*stato in luogo*) neben +*dat;* (*moto a luogo*) neben +*acc* III. <*inv*> *agg* [von] nebenan
**accantonamento** [akkantona'mento] *m* ❶ (*di merci*) Einlagerung *f* ❷ (COM: *di*

*utili*) Zurücklegen *nt* ③ (MIL) Einquartierung *f* ④ (*fig: il rimandare*) Aufschub *m*

**accantonare** [akkanto'na:re] *vt* ① (*merci*) einlagern ② (COM: *utili*) zurücklegen ③ (MIL: *truppe*) einquartieren ④ (*fig: rimandare*) aufschieben

**accaparramento** [akkaparra'mento] *m* Aufkaufen *nt;* (*di generi razionati*) Hamstern *nt* **accaparrare** [akkapar'ra:re] I. *vt* aufkaufen; (*generi razionati*) hamstern II. *vr* **-rsi qc** sich *dat* etw sichern **accaparratore, -trice** [akkaparra'to:re] *m, f* Aufkäufer(in) *m(f);* (*di generi razionati*) Hamsterer *m*/Hamsterin *f*

**accapigliarsi** [akkapiʎ'ʎarsi] *vr* sich *dat* in die Haare geraten

**accapo** [ak'ka:po] *avv* **andare ~** eine neue Zeile beginnen

**accappatoio** [akkappa'to:io] <-oi> *m* Bademantel *m*

**accapponare** [akkappo'na:re] *vt* schaudern lassen; **mi si accappona la pelle** ich bekomme eine Gänsehaut

**accarezzamento** [akkarettsa'mento] *m* Zärtlichkeit *f;* (*con la mano*) Streicheln *nt*, Liebkosung *f*

**accarezzare** [akkare'tsa:re] *vt* ① (*con la mano*) streicheln ② (*fig: lusingare*) **~ qu/qc** jdm/etw schmeicheln; **~ qu con lo sguardo** jdn zärtlich ansehen ③ (*fig: vagheggiare*) liebäugeln mit; (*speranza*) hegen

**accartocciare** [akkartot'tʃa:re] I. *vt* zusammenrollen II. *vr* **-rsi** sich zusammenrollen

**accasare** [akka'sa:re] I. *vt* verheiraten II. *vr* **-rsi** heiraten, einen Hausstand gründen **accasato, -a** [akka'sa:to] *agg* ① (*sposato*) verheiratet ② (SPORT) gesponsert

**accasciamento** [akkaʃʃa'mento] *m* Niedergeschlagenheit *f*, Bedrückung *f* **accasciare** [akkaʃ'ʃa:re] I. *vt* bedrücken, niederschlagen II. *vr* **-rsi** ① (*lasciarsi cadere*) zusammensinken, zusammenbrechen ② (*fig: avvilirsi*) verzagen, den Mut verlieren **accasciarsi** [akkaʃ'ʃarsi] *vr* ① (*lasciarsi cadere*) in sich zusammensinken ② (*fig: avvilirsi*) verzagen **accasciato, -a** [akkaʃ'ʃa:to] *agg* ① (*spossato*) entkräftet ② (*fig: demoralizzato*) entmutigt, niedergeschlagen

**accasermare** [akkaser'ma:re *o* akkazer'ma:re] *vt* kasernieren

**accastellare** [akkastel'la:re] *vt* aufhäufen, aufschichten

**accatastabile** [akkatas'ta:bile] *agg* ① (*ammucchiabile*) stapelbar ② (*registrabile al catasto*) ins Grundbuch eintragbar;

**bene ~** ins Grundbuch eintragbare Immobilie

**accatastamento** [akkatasta'mento] *m* ① (*atto*) Stapeln *nt* ② (*effetto*) Stapel *m*

**accatastare** [akkatas'ta:re] *vt* ① (*disporre a catasta*) stapeln, aufschichten; (*fig: ammucchiare*) anhäufen ② (*registrare al catasto*) ins [*o* in den] Kataster eintragen

**accattabrighe** [akkatta'bri:ge] <-> *mf* Streithahn *m*

**accattare** [akkat'ta:re] *vt* betteln um; (*fig*) zusammensuchen

**accattivante** [akkatti'vante] *agg* einnehmend, gewinnend; **una proposta ~** ein interessanter Vorschlag; **un sorriso ~** ein gewinnendes Lächeln **accattivare** [akkatti'va:re] *vt, vr* **-rsi** erwerben, gewinnen

**accatto** [ak'katto] *m* Schnorren *nt fam*, Betteln *nt;* **campare d'~** von Almosen leben

**accattona** *f v.* **accattone**

**accattonaggio** [akkatto'naddʒo] <-ggi> *m* Schnorrerei *f fam*, Bettelei *f* **accattone, -a** [akkat'to:ne] *m, f* Schnorrer(in) *m(f) fam*, Bettler(in) *m(f)*

**accavallamento** [akkavalla'mento] *m* Verschränkung *f* **accavallare** [akkaval'la:re] I. *vt* (*gambe*) übereinanderschlagen; (*maglie*) verschränken II. *vr* **-rsi** sich zusammenballen; (*fig*) sich überschlagen, sich überstürzen

**accecamento** [attʃeka'mento] *m* ① (*di persone*) Erblinden *nt* ② (*di finestre*) Zumauern *nt* ③ (*fig: offuscamento*) Verblendung *f* **accecare** [attʃe'ka:re] I. *vt* avere ① (*persone*) blenden, blind machen ② (*finestre*) zumauern ③ (*abbagliare*) blenden ④ (*fig: offuscare*) verblenden II. *vi* essere erblinden, blind werden

**accedere** [at'tʃɛ:dere] <accedo, accedei *o* accedetti, accesso> *vi* ① essere (*entrare*) eintreten; **~ a qc** etw betreten ② avere (*fig*) **~ a qc** (*entrare a far parte*) in etw *acc* eintreten; (*aderire*) einer Sache *dat* zustimmen; **~ a un partito** in eine Partei eintreten

**acceleramento** [attʃelera'mento] *m* Beschleunigung *f* **accelerare** [attʃele'ra:re] I. *vt* beschleunigen II. *vi* (MOT: *andatura*) schneller fahren **accelerata** [attʃele'ra:ta] *f* Gasgeben *nt*

**accelerato** [attʃele'ra:to] *m* (FERR) Personenzug *m*

**accelerato, -a** *agg* beschleunigt

**acceleratore** [attʃelera'to:re] *m* ① (MOT) Gaspedal *nt* ② (PHYS) Beschleuniger *m*

**accelerazione** [attʃelerat'tsio:ne] *f* Beschleunigung *f*

**accendere** [at'tʃɛndere] <accendo, accesi, acceso> I. vt ① (*fuoco, sigaretta*) anzünden; **per favore, mi fai ~?** hast du mal bitte Feuer? ② (*conto*) eröffnen; (*ipoteca*) aufnehmen ③ (*apparecchio, luce*) einschalten *fam*, aufdrehen *A*; (*motore*) anlassen ④ (*fig: animo, cuore*) entflammen; (*sentimenti*) entfachen II. vr **-rsi** (*prender fuoco*) sich entzünden; (*luce, stufa*) angehen; (*fig: passione*) entflammen **accendigas** [attʃendi'gas] <-> *m* Gasanzünder *m* **accendino** [attʃen'di:no] *m*, **accendisigari** [attʃendi'si:gari] <-> *m* Feuerzeug *nt*; (*in un veicolo*) Zigarettenanzünder *m* **accenditoio** [attʃendi'to:io] <-oi> *m* Anzünder *m* **accenditore** [attʃendi'to:re] *m* Zünder *m* **accendo** [at'tʃɛndo] *1. pers sing pr di* **accendere**

**accennare** [attʃen'na:re] I. vt andeuten II. vi ① (*fare un cenno*) ein Zeichen geben; **~ di sì** nicken ② (*dare indizio*) **~ a qc** etw ankündigen ③ (*alludere*) **~ a qc** auf etw *acc* anspielen **accenno** [at'tʃenno] *m* ① (*cenno*) Wink *m* ② (*indizio*) Hinweis *m*; **un ~ a qc** ein Hinweis auf etw *acc* ③ (*allusione*) Anspielung *f*; **fare ~ a qc** auf etw *acc* hindeuten

**accensione** [attʃen'sio:ne] *f* ① (*atto dell'accendere*) Anzünden *nt*; (TEC) Einschalten *nt*, Aufdrehen *nt A* ② (*di motore*) Zündung *f*

**accentare** [attʃen'ta:re] *vt* betonen; (*fig*) hervorheben **accentazione** [attʃentat'tsio:ne] *f* Akzentuierung *f*, Akzentsetzung *f*

**accento** [at'tʃɛnto] *m* ① (LING) Akzent *m*, Betonung *f*; **~ acuto** Akut *m*; **~ circonflesso** Zirkumflex *m*; **~ grave** Gravis *m*; **porre l'~ su qc** (*fig*) etw hervorheben ② (*intonazione*) Akzent *m*, Tonfall *m*; (*tono*) Ton *m*

**accentramento** [attʃentra'mento] *m* Konzentration *f*; (POL) Zentralisierung *f* **accentrare** [attʃen'tra:re] *vt* ① (*riunire*) konzentrieren, zusammenziehen; (POL) zentralisieren ② (*fig: accumulare*) vereinen ③ (*fig: attirare*) auf sich *dat* ziehen, anziehen **accentratore, -trice** [attʃentra'to:re] I. *agg* zentralistisch II. *m, f* Machtmensch *m*

**accentuare** [attʃentu'a:re] I. *vt* ① (*pronunciare con enfasi*) betonen ② (*fig: rendere evidente*) betonen, hervorheben II. *vr* **-rsi** sich verstärken; (*pej*) sich verschlimmern; **la crisi si è accentuata** die Krise hat sich verschärft **accentuazione** [attʃentu-at'tsio:ne] *f* ① (*messa in rilievo*) Betonung *f* ② (*recrudescenza*) Steigerung *f*

**accerchiamento** [attʃerkia'mento] *m* Umzingeln *nt*; (*a. fig*) Einkreisen *nt* **accerchiare** [attʃer'kia:re] *vt* umzingeln; (*a. fig*) einkreisen

**accertabilità** [attʃertabili'ta] <-> *f* Nachprüfbarkeit *f*

**accertamento** [attʃerta'mento] *m* Ermittlung *f*, Ausforschung *f A*, Feststellung *f*; **~ fiscale** Steuerermittlung *f* **accertare** [attʃer'ta:re] I. *vt* feststellen, ermitteln, erheben *A* II. *vr* **-rsi** sich vergewissern

**accesi** [at'tʃe:si] *1. pers sing pass rem di* **accendere**

**acceso, -a** [at'tʃe:so] I. *pp di* **accendere** II. *agg* ① (*che brucia*) brennend ② (*in funzione*) eingeschaltet; (*motore a*) laufend ③ (*colore*) lebhaft; **rosso ~** feuerrot ④ (*fig*) erhitzt; **~ d'ira** wutentbrannt

**accessibile** [attʃes'si:bile] *agg* ① (*raggiungibile*) zugänglich ② (*comprensibile*) [leicht] verständlich ③ (*persona: alla mano*) zugänglich **accessibilità** [attʃessibili'ta] <-> *f* ① (*l'essere accessibile*) Zugänglichkeit *f* ② (*comprensibilità*) Verständlichkeit *f* ③ (*fig: di persone*) Zugänglichkeit *f*

**accessione** [attʃes'sio:ne] *f* ① (POL) Beitritt *m* ② (*in biblioteca*) Zugang *m*; **recenti -i** Neuzugänge *mpl*

**accesso**[1] [at'tʃɛsso] *pp di* **accedere**

**accesso**[2] *m* ① (*a un luogo*) Zugang *m*, Zutritt *m*; (*di veicoli*) Zufahrt *f*; **divieto di ~** Zutritt verboten ② (MED) Anfall *m*; **~ di tosse** Hustenanfall *m*; **~ d'ira** (*fig*) Wutanfall *m* ③ (INFORM) Zugriff *m*, Zugang *m*; **~ a Internet** Internetzugang *m*

**accessori** [attʃes'sɔ:ri] *mpl* Zubehör *nt*; (*dell'abbigliamento*) Accessoires *ntpl* **accessoriato, -a** [attʃesso'ria:to] *agg* mit Zubehör [ausgestattet]; **automobile perfettamente -a** Auto *nt* mit allen Extras **accessorio, -a** <-i, -ie> *agg* zusätzlich, Zusatz-; (*secondario*) nebensächlich, Neben- **accessorista** [attʃesso'rista] <-i *m*, -e *f*> *mf* (*fabbricante*) Hersteller(in) *m(f)* von Zubehör[teilen]; (*venditore*) Verkäufer(in) *m(f)* von Zubehör[teilen] **accessoristica** [attʃesso'ristika] <-che> *f* Zubehörindustrie *f*

**accetta** [at'tʃetta] *f* Beil *nt*, Hacke *f A*; **tagliato con l'~** (*fig*) grobschlächtig; **darsi l'~ sui piedi** (*fig*) sich *dat* ins eigene Fleisch schneiden

**accettabile** [attʃet'ta:bile] *agg* akzeptabel, annehmbar **accettabilità** [attʃettabili'ta]

<-> f Annehmbarkeit f, Akzeptabilität f **accettante** [attʃet'tante] *mf* Akzeptant *m*, Bezogene(r) *f(m)* **accettanza** [attʃet'tantsa] *f* (PHYS) Akzeptanz *f* **accettare** [attʃet'taːre] *vt* annehmen; (*persona*) aufnehmen; (*fig*) akzeptieren; **~ una scommessa** eine Wette eingehen; **~ una sfida** eine Herausforderung annehmen **accettazione** [attʃettat'tsjoːne] *f* ❶ (*in consegna*) Annahme *f*; **~ bagagli/merci** Gepäck-/Warenannahme *f* ❷ (*in una comunità*) Aufnahme *f* ❸ (JUR, COM) Akzept *nt*, Übernahme *f* ❹ (*ufficio*) Empfang *m*, Rezeption *f* **accetto, -a** [at'tʃɛtto] *agg* willkommen; (*persona a*) gern gesehen

**accezione** [attʃet'tsjoːne] *f* Bedeutung *f*, Sinn *m*

**acchetare** [akke'taːre] I. *vt* (*poet*) beruhigen II. *vr* **-rsi** sich beruhigen

**acchiappa fantasmi** [ak'kjappa fan'tazmi] <-> *m* Geisterjäger(in) *m(f)*

**acchiappafarfalle** [akkjappafar'falle] <-> *m* Schmetterlingsnetz *nt* **acchiappamosche** [akkjappa'moske] <-> *m* ❶ (*per catturare mosche*) Fliegenfänger *m*; (*schiacciamosche*) Fliegenklatsche *f* ❷ (*fig: fannullone*) Tagedieb *m*

**acchiappare** [akkjap'paːre] *vt* fangen, erwischen

**acchiocciolarsi** [akkjottʃo'larsi] *vr* sich kauern

**acchito** [ak'kiːto] *m* (*fig*) **di primo ~** auf Anhieb

**acciaccare** [attʃak'kaːre] *vt* ❶ (*ammaccare*) verbeulen ❷ (*pestare*) zerquetschen ❸ (*fam: debilitare*) mitnehmen **acciaccato, -a** [attʃak'kaːto] *agg* ❶ (*ammaccato*) verbeult ❷ (*fam: indebolito*) mitgenommen, kaputt **acciaccatura** [attʃakka'tuːra] *f* (MED) Beule *f*; (*contusione*) Quetschung *f* **acciacco** [at'tʃakko] <-cchi> *m* Beschwerden *fpl*, Gebrechen *ntpl*

**acciaiare** [attʃa'jaːre] *vt* verstählen **acciaiatura** [attʃaja'tuːra] *f* Verstählung *f*

**acciaieria** [attʃaje'riːa] <-ie> *f* Stahlwerk *nt*

**acciaio** [at'tʃaːjo] <-ai> *m* Stahl *m*; **avere nervi d'~** Nerven wie Drahtseile haben; **occhi d'~** eiskalter Blick; (*penetranti*) durchdringender Blick; **una tempra d'~** (*fig*) eine eiserne Konstitution **acciaiolo** [attʃa'jɔːlo] *m* Wetzstahl *m*

**acciarino** [attʃa'riːno] *m* Feuerstein *m*; **battere l'~** Feuer schlagen

**accidempoli** [attʃi'dɛmpoli] *int* (*fam*) Donnerwetter!

**accidentaccio** [attʃiden'takkjo] I. *int* verdammter Mist II. <-> *m* Schlamassel *m*; **un ~ di situazione** eine verdammt blöde Situation

**accidentale** [attʃiden'taːle] *agg* ❶ (*casuale*) zufällig ❷ (*accessorio*) nebensächlich **accidentalità** [attʃidentali'ta] <-> *f* ❶ (*casualità*) Zufälligkeit *f* ❷ (*del terreno*) Unebenheit *f*

**accidentato, -a** [attʃiden'taːto] *agg* ❶ (MED) gelähmt ❷ (*terreno*) uneben; (*strada*) holprig

**accidente** [attʃi'dɛnte] *m* ❶ (*evento fortuito*) Zufall *m* ❷ (*disgrazia*) Unglücksfall *m*; **mandare un ~ a qu** (*fam*) jdm die Pest an den Hals wünschen; **gli venisse un ~!** (*fam*) der Schlag soll ihn treffen! ❸ (MED) Schlag[anfall] *m* ❹ (*loc*) **non ... un ~** (*fam*) nicht die Spur; **non m'importa un ~** (*fam*) ich scher' mich einen Teufel drum; **-i!** (*fam*) zum Donnerwetter [nochmal]!

**acciderba** [attʃi'dɛrba] *int* (*fam*) zum Donnerwetter [nochmal]!

**accidia** [at'tʃiːdja] <-ie> *f* Unlust *f* **accidioso, -a** [attʃi'djoːso] *agg* unlustig, träge

**accigliarsi** [attʃiʎ'ʎarsi] *vr* die Stirn runzeln

**accingersi** [at'tʃindʒersi] <irr> *vr* **~ a fare qc** sich anschicken, etw zu tun

**acciocché** [attʃok'ke] *cong* +*conj* damit, auf dass

**acciottolare** [attʃotto'laːre] *vt* ❶ (*strada*) pflastern ❷ (*stoviglie*) scheppern mit, klappern mit

**acciottolato** [attʃotto'laːto] *m* Steinpflaster *nt* **acciottolio** [attʃotto'liːo] <-ii> *m* Scheppern *nt*, [Teller]klappern *nt*

**accipicchia** [attʃi'pikkja] *int* (*fam*) zum Donnerwetter [nochmal]!, verflixt [nochmal]!

**acciuffare** [attʃuf'faːre] I. *vt* erwischen II. *vr* **-rsi** sich *dat* in die Haare geraten

**acciuga** [at'tʃuːga] <-ghe> *f* ❶ (*alice*) Sardelle *f*; **stare pigiati come -ghe** wie die Ölsardinen zusammengedrängt sein ❷ (*fig: persona magra*) Hering *m*; **secco come un'~** dünn wie ein Hering

**acclamare** [akkla'maːre] I. *vt* ❶ (*applaudire*) applaudieren; **~ qu** jdm Beifall spenden ❷ (*eleggere*) durch Zuruf wählen II. *vi* [zu]jubeln **acclamazione** [akklamat'tsjoːne] *f* Zuruf *m*; **per ~** durch Zuruf

**acclimatare** [akklima'taːre] I. *vt* akklimatisieren II. *vr* **-rsi** sich akklimatisieren **acclimatarsi** [akklima'tarsi] *vr* sich akklimatisieren **acclimatazione** [akklimatat'tsjoːne] *f* Akklimatisierung *f*

**accludere** [akˈkluːdere] <accludo, acclusi, accluso> *vt* beifügen, beilegen
**accluso, -a** [akˈkluːzo] *agg* beigefügt, anbei; **~ alla lettera invio ...** anbei [*o* als Anlage] übersende ich ...
**accoccolarsi** [akkokkoˈlarsi] *vr* sich zusammenkauern
**accodare** [akkoˈdaːre] I. *vt* hintereinanderstellen II. *vr* **-rsi** (*disporsi in fila*) sich in einer Reihe aufstellen; (*fig: seguire passivamente*) sich anschließen
**accogliente** [akkoʎˈʎɛnte] *agg* (*casa, gesto*) einladend; (*persona*) gastfreundlich
**accoglienza** [akkoʎˈʎɛntsa] *f* Empfang *m*
**accogliere** [akˈkɔʎʎere] <irr> *vt* ❶ (*persone*) aufnehmen, empfangen ❷ (*consiglio*) annehmen; (*domanda*) aufnehmen ❸ (*contenere*) fassen, aufnehmen **accoglimento** [akkoʎʎiˈmento] *m* Aufnahme *f*
**accollacciato, -a** [akkollatˈtʃaːto] *agg* hochgeschlossen
**accollare** [akkolˈlaːre] I. *vt* **~ qc a qu** (*fig*) jdm etw aufhalsen, jdm etw aufbürden II. *vr* **-rsi** auf sich nehmen **accollato, -a** [akkolˈlaːto] *agg* hochgeschlossen **accollatura** [akkollaˈtuːra] *f* Halsausschnitt *m*
**accollo** [akˈkɔllo] *m* ❶ (ARCH) Vorsprung *m* ❷ (JUR) Schuldübernahme *f*
**accolsi** [akˈkɔlsi] *1. pers sing pass rem di* **accogliere**
**accolta** [akˈkɔlta] *f* Versammlung *f*
**accoltellare** [akkoltelˈlaːre] *vt* erstechen; (*ferire*) niederstechen **accoltellatore, -trice** [akkoltellaˈtoːre] *m, f* Messerstecher(in) *m(f)*
**accolto** [akˈkɔlto] *pp di* **accogliere**
**accomandante** [akkomanˈdante] *m* (JUR, COM) Kommanditist *m* **accomandatario** [akkomandaˈtaːrio] <-i> *m* Komplementär *m* **accomandita** [akkoˈmandita] *f* Kommanditgesellschaft *f*
**accomiatare** [akkomiaˈtaːre] I. *vt* verabschieden II. *vr* **-rsi** sich verabschieden
**accomodamento** [akkomodaˈmento] *m* (JUR) Vergleich *m*; **venire** [*o* **giungere**] **ad un ~** zu einem Vergleich kommen
**accomodante** [akkomoˈdante] *agg* anpassungswillig; (*accondiscendente*) entgegenkommend
**accomodare** [akkomoˈdaːre] I. *vt* ❶ (*aggiustare*) reparieren, ausbessern; (*guasto*) beheben ❷ (*riordinare*) [her]richten, aufräumen ❸ (*fig: sistemare*) in Ordnung bringen, erledigen; (*debito*) begleichen; (*lite*) beilegen II. *vr* **-rsi** ❶ (*mettersi a proprio agio*) es sich *dat* bequem machen; (*sedersi*) Platz nehmen; **prego, si accomodi!** nehmen Sie doch bitte Platz! ❷ (*accordarsi*) sich einigen **accomodatura** [akkomodaˈtuːra] *f* Ausbesserung *f* **accomodazione** [akkomodatˈtsioːne] *f* Akkommodation *f*
**accompagnamento** [akkompaɲɲaˈmento] *m* ❶ (*l'accompagnare*) Begleitung *f*; **~ funebre** Totengeleit *nt* ❷ (*l'essere aggiunto*) **lettera di ~** Begleitbrief *m* ❸ (JUR) **ordine di ~** Vorführungsbefehl *m* ❹ (MUS) **musica d'~** Begleitmusik *f* ❺ (ADM: *pensione*) Pflege- und Betreuungsrente *f*
**accompagnare** [akkompaɲˈɲaːre] I. *vt* ❶ (*andare insieme*) begleiten; **~ un morto** einem Verstorbenen das letzte Geleit geben ❷ (*unire*) beifügen ❸ (JUR) vorführen ❹ (MUS) **~ qu al** [*o* **con il**] **violino** jdn auf der Violine begleiten II. *vr* **-rsi** ❶ (MUS) sich begleiten ❷ (*prendere come compagno*) **-rsi a qu** sich zu jdm gesellen **accompagnatore, -trice** [akkompaɲɲaˈtoːre] *m, f* Begleiter(in) *m(f)*; **~ turistico** Reiseleiter *m*
**accompagnatoria** [akkompaɲɲaˈtɔːria] <-ie> *f* (ADM) Begleitbrief *m*
**accompagnatorio, -a** [akkompaɲɲaˈtɔːrio] <-i, -ie> *agg* Begleit- **accompagnatrice** *f v.* **accompagnatore**
**accomunare** [akkomuˈnaːre] *vt* verbinden
**acconciamento** [akkontʃaˈmento] *m* Aufmachung *f*
**acconciare** [akkonˈtʃaːre] *vt* ❶ (*accomodare*) herrichten; (*letto*) machen ❷ (*sistemare*) erledigen, regeln ❸ (*persone*) zurechtmachen **acconciatura** [akkontʃaˈtuːra] *f* ❶ (*pettinatura*) Frisur *f* ❷ (*ornamento*) Haarschmuck *m*
**acconcio, -a** [akˈkontʃo] <-ci, -ce> *agg* (*idoneo*) geeignet; (*opportuno*) angebracht
**accondiscendere** [akkondiʃˈʃendere] <irr> *vi* **~ a qc** auf etw *acc* eingehen
**acconsentimento** [akkonsentiˈmento] *m* Zustimmung *f* **acconsentire** [akkonsenˈtiːre] *vi* **~** [**a qc**] [einer Sache *dat*] zustimmen, [in etw *acc*] einwilligen; **~ a un progetto** auf einen Plan eingehen; **acconsento che lui parta** ich erlaube ihm zu gehen **acconsenziente** [akkonsenˈtsiɛnte] *agg* zustimmend
**accontentamento** [akkontentaˈmento] *m* Befriedigung *f*, Zufriedenstellen *nt*
**accontentare** [akkontenˈtaːre] I. *vt* zufrieden stellen II. *vr* **-rsi** sich begnügen; **-rsi di qc** sich mit etw zufriedengeben
**acconto** [akˈkonto] *m* Anzahlung *f*, Anga-

be *f A;* **ritenuta d'~** Steuervorauszahlung *f;* **in ~** als Anzahlung
**accoppare** [akkop'paːre] **I.** *vt* erschlagen; (*fig*) übel zurichten **II.** *vr* **-rsi** (*fam*) draufgehen
**accoppiamento** [akkoppia'mento] *m* ❶(*accostamento*) Zusammenstellung *f*, Verbindung *f* ❷(TEC) Kopp[e]lung *f* ❸(*tra persone*) Beischlaf *m;* (*tra animali*) Paarung *f* **accoppiare** [akkop'piaːre] **I.** *vt* ❶(*accostare*) zusammenstellen; (*a. fig*) verbinden ❷(*fig* TEC) koppeln ❸(*animali*) paaren **II.** *vr* **-rsi** (*persone*) sich [körperlich] vereinigen; (*animali*) sich paaren **accoppiata** [akkop'piaːta] *f* Doppelwette *f* **accoppiato, -a** [akkop'piaːto] *agg* verbunden; (TEC) gekoppelt; **quei due sono bene -i** die beiden passen gut zusammen
**accoramento** [akkora'mento] *m* Beklommenheit *f;* (*dolore profondo*) tiefer Kummer
**accorare** [akko'raːre] **I.** *vt* zutiefst betrüben **II.** *vr* **-rsi** betrübt sein; **-rsi per qc** sich *dat* etw zu Herzen nehmen
**accorciamento** [akkortʃa'mento] *m* Kürzung *f* **accorciare** [akkor'tʃaːre] **I.** *vt* ❶(*abbreviare*) ab-, verkürzen; (*percorso*) abkürzen; (*distanza*) verringern ❷(*abito*) kürzen, kürzer machen **II.** *vr* **-rsi** kürzer werden; (*distanza*) sich verringern
**accorciativo** [akkortʃa'tiːvo] *m* (LING) Kurzform *f* **accorciatura** [akkortʃa'tuːra] *f* Kürzung *f*
**accordare** [akkor'daːre] **I.** *vt* ❶(*concedere*) gewähren; (ADM) bewilligen ❷(*conciliare*) versöhnen ❸(*fig: armonizzare*) [miteinander] in Einklang bringen; (*colori*) [aufeinander] abstimmen ❹(MUS) stimmen **II.** *vr* **-rsi** (*persone*) sich einigen; (*fig: colori*) zusammenpassen **accordatore, -trice** [akkorda'toːre] *m, f* Stimmer(in) *m(f)* **accordatura** [akkorda'tuːra] *f* Stimmen *nt* [von Instrumenten]
**accordo** [ak'kɔrdo] *m* ❶(*concordia*) Einigkeit *f;* (*in vertenze*) Einigung *f;* **come d'~** wie vereinbart; **di comune ~** im Einvernehmen; **mettersi d'~** sich einigen ❷(*fig: armonia*) Einklang *m;* **andare d'~** sich verstehen; **essere d'~** einverstanden sein; **d'~!** einverstanden! ❸(*patto*) Abkommen *nt;* **venire a un ~** zu einer Einigung kommen ❹(MUS) Akkord *m*
**accorgersi** [ak'kɔrdʒersi] <mi accorgo, mi accorsi, accorto> *vr* ~ **di qc** etw [be]merken **accorgimento** [akkordʒi'mento] *m* ❶(*avvedutezza*) Umsicht *f* ❷(*espediente*) Kniff *m*
**accorpamento** [akkorpa'mento] *m* (ADM) Zusammenlegung *f* **accorpare** [akkor'paːre] *vt* (ADM) zusammenlegen; **~ dipartimenti** Abteilungen eingliedern
**accorrere** [ak'korrere] <irr> *vi essere* herbeieilen
**accorsi** [ak'kɔrsi] *1. pers sing pass rem di* **accorgersi**
**accortezza** [akkor'tettsa] *f* Umsicht *f*
**accorto, -a** [ak'kɔrto] **I.** *pp di* **accorgersi** **II.** *agg* aufmerksam; (*astuto*) klug
**accosciarsi** [akkoʃ'ʃarsi] *vr* in die Hocke gehen
**accostabile** [akkos'taːbile] *agg* erreichbar; (*persona*) zugänglich
**accostamento** [akkosta'mento] *m* ❶(*avvicinamento*) Annäherung *f* ❷(*fig: adesione*) Anschluss *m*
**accostare** [akkos'taːre] **I.** *vt* näher stellen [*o* legen]; (*porta, imposte*) anlehnen; (*avvicinare*) nähern; **~ qu** jdm näher kommen; **~ la sedia alla parete** den Stuhl an die Wand rücken **II.** *vr* **-rsi** ❶(*avvicinarsi*) **-rsi a qu/qc** sich jdm/etw nähern ❷(*fig*) **-rsi a qc** sich an etw *acc* annähern; **-rsi ai Sacramenti** die Sakramente empfangen
**accostata** [akkos'taːta] *f* (NAUT) Kursänderung *f*
**accosto** [ak'kɔsto] *avv* daneben, dabei; **~ a** neben +*dat;* (*moto*) neben +*acc*
**accostumare** [akkostu'maːre] **I.** *vt* gewöhnen (*a* an +*acc*) **II.** *vr* **-rsi** sich gewöhnen (*a* an +*acc*)
**accotonare** [akkoto'naːre] *vt* ❶(*tessili*) aufrauen ❷(*capelli*) toupieren
**account** [ə'kaunt] *m* (INFORM) Benutzerkonto *nt*
**account executive** [ə'kaunt ig'zekjutiv] <- *o* accounts executive> *mf* Kontakter(in) *m(f);* **fare l'~** kontakten
**accounting manager** [ə'kauntiŋ 'manadʒer] <- *o* accounting managers> *mf* Account-Manager(in) *m(f)*
**accovacciarsi** [akkovat'tʃarsi] *vr* sich kauern
**accozzaglia** [akkot'tsaʎʎa] <-glie> *f* (*pej*) Haufen *m;* (*di cose*) Mischmasch *m fam* **accozzamento** [akkottsa'mento] *m* bunte Mischung **accozzare** [akkot'tsaːre] *vt* zusammenwürfeln
**accrebbi** [ak'krebbi] *1. pers sing pass rem di* **accrescere**
**accreditamento** [akkredita'mento] *m* ❶(*avvaloramento*) Bestätigung *f* ❷(COM) Gutschrift *f;* **~ in conto** Verrechnung *f*

❸ (*di un diplomatico*) Akkreditierung *f*
**accreditante** [akkredi'tante] *agg* beglaubigend
**accreditare** [akkredi'ta:re] *vt* ❶ (*avvalorare*) glaubhaft machen ❷ (COM) gutschreiben ❸ (*diplomatico*) akkreditieren **accreditario, -a** [akkredi'ta:rio] <-i, -ie> *m, f* Kreditnehmer(in) *m(f)* **accreditato, -a** [akkredi'ta:to] *agg* (*noticia*) glaubwürdig; (*giornalista*) akkreditiert **accredito** [ak'kre:dito] *m* Gutschrift *f*
**accrescere** [ak'kreʃʃere] <irr> *vt* vermehren, anwachsen lassen **accrescimento** [akkreʃʃi'mento] *m* ❶ (*aumento*) Anwachsen *nt*, Zunahme *f*, Erhöhung *f* ❷ (BIOL: *crescita, sviluppo*) Wachstum *nt*
**accrescitivo** [akkreʃʃi'ti:vo] *m* (LING) Vergrößerungsform *f*
**accrescitivo, -a** *agg* steigernd, wachstumsfördernd
**accresciuto** [akkreʃ'ʃu:to] *pp di* **accrescere**
**accresco** [ak'kresko] *1. pers sing pr di* **accrescere**
**accucciarsi** [akkut'tʃarsi] *vr* (*cane*) sich hinlegen, kuschen
**accudire** [akku'di:re] <accudisco> I. *vt* pflegen, versorgen; (*bambino a*) beaufsichtigen II. *vi* ~ **a qc** sich einer Sache *dat* widmen
**acculturare** [akkultu'ra:re] I. *vt* akkulturieren II. *vr* **-rsi** eine fremde Kultur übernehmen
**acculturato, -a** [akkultu'ra:to] *agg* akkulturiert, kultiviert; **civiltà -a** akkulturierte Zivilisation **acculturazione** [akkulturat'tsio:ne] *f* Akkulturation *f*; **processo di ~** Akkulturationsprozess *m*
**accumulare** [akkumu'la:re] I. *vt* anhäufen II. *vr* **-rsi** sich häufen **accumulatore** [akkumula'to:re] *m* Akkumulator *m*
**accumulatorista** [akumulato'rista] <-i *m*, -e *f*> *mf* Hersteller(in) *m(f)*/Installateur(in) *m(f)* von Akkumulatoren **accumulazione** [akkumulat'tsio:ne] *f* Anhäufung *f* **accumulo** [ak'ku:mulo] *m* ❶ (*accumulazione*) Anhäufung *f* ❷ (GEOL) Akkumulation *f*
**accuratezza** [akkura'tettsa] *f* Sorgfalt *f* **accurato, -a** [akku'ra:to] *agg* akkurat, genau, sorgfältig
**accusa** [ak'ku:za] *f* ❶ (*attribuzione di colpa*) Be-, Anschuldigung *f* ❷ (JUR) Anklage *f*; **pubblica ~** Staatsanwaltschaft *f* ❸ (*in giochi di carte*) Meldung *f*
**accusare** [akku'za:re] *vt* ❶ (*incolpare*) beschuldigen; **~ qu di qc** jdn einer Sache *gen* beschuldigen ❷ (JUR) anklagen ❸ (*palesare*) äußern, vorbringen; (*lasciar scorgere*) erkennen lassen, zeigen ❹ (ADM) bestätigen ❺ (*sentire*) **~ mal di testa** über Kopfschmerzen klagen **accusata** *f v.* **accusato**
**accusativo** [akkuza'ti:vo] *m* (LING) Akkusativ *m*
**accusato, -a** [akku'za:to] I. *agg* angeklagt II. *m, f* Angeklagte(r) *f(m)* **accusatore, -trice** [akkuza'to:re] *m, f* ❶ (*chi accusa*) Ankläger(in) *m(f)* ❷ (JUR) Kläger(in) *m(f);* (*magistrato*) Staatsanwalt *m*/-anwältin *f*
**accusatorio, -a** [akkuza'tɔ:rio] <-i, -ie> *agg* anklagend, Anklage- **accusatrice** *f v.* **accusatore**
**ace** [eis] *m* (SPORT) Ass *nt;* **fare [un] ~** ein Ass schlagen
**acefalia** [atʃefa'li:a] <-ie> *f* (MED) Kopflosigkeit *f*
**acellulare** [atʃellu'la:re] *agg* (BIOL) zellenlos
**acerbità** [atʃerbi'ta] <-> *f* ❶ (*a. fig: asprezza*) Schärfe *f*, Herbheit *f* ❷ (*immaturità*) Unreife *f*
**acerbo, -a** [a'tʃɛrbo] *agg* ❶ (*immaturo*) unreif ❷ (*aspro*) sauer ❸ (*fig: dolore*) bitter, herb; (*punizione*) hart
**acero** ['a:tʃero] *m* Ahorn *m*
**acerrimo, -a** [a'tʃɛrrimo] *agg* ❶ *superlativo di* **acre** ❷ (*fig: irriducibile*) erbittert
**acescenza** [atʃeʃ'ʃɛntsa] *f* Sauerwerden *nt*
**acetabolo** [atʃe'ta:bolo] *m* (ANAT) [Hüft]gelenkpfanne *f*
**acetato** [atʃe'ta:to] *m* Acetat *nt*
**acetico, -a** [a'tʃɛ:tiko] <-ci, -che> *agg* essigsauer
**acetile** [atʃe'ti:le] *m* Acetyl *nt*
**acetilene** [atʃeti'lɛ:ne] *m* (CHEM) Acetylen *nt*
**acetire** [atʃe'ti:re] *vi essere* zu Essig werden
**aceto** [a'tʃe:to] *m* Essig *m;* **cetriolini sott'~** Essiggurken *fpl;* **mettere sott'~** in Essig einlegen
**acetobatterio** [atʃetobatte'ri:o] <-ri> *m* (CHEM) Essigbakterie *f*
**acetone** [atʃe'to:ne] *m* Aceton *nt*
**acetosa** [atʃe'to:sa] *f* [großer] Sauerampfer *m* **acetosella** [atʃeto'sɛlla] *f* [kleiner] Sauerampfer *m;* **sale di ~** Kleesalz *nt*
**acetoso, -a** [atʃe'to:so] *agg* sauer
**achillea** [akil'lɛ:a] *f* Schafgarbe *f*
**ACI** ['a:tʃi] *m* ❶ *abbr di* **Automobile Club d'Italia** *italienischer Automobilklub* ❷ *abbr di* **Azione Cattolica Italiana** *italienischer Katholikenverband*

**aciclico, -a** [a'tʃi:kliko] <-ci, -che> *agg* azyklisch

**acidificare** [atʃidifi'ka:re] I. *vt* säuern II. *vi* sauer werden **acidificazione** [atʃidifikat'tsio:ne] *f* Säurebildung *f*

**acidità** [atʃidi'ta] <-> *f* ❶ (*asprezza*) Säure *f* ❷ (*fig: mordacità*) Bissigkeit *f* ❸ (CHEM) Säuregrad *m*, Acidität *f* ❹ (MED) ~ **di stomaco** Sodbrennen *nt*

**acid music** ['æsid 'mju:zik] <-> *f* Acid *m*

**acido** ['a:tʃido] *m* Säure *f*; **resistente agli -i** säurebeständig

**acido, -a** *agg* ❶ (*aspro*) sauer ❷ (*fig: mordace*) bissig; (*critica a*) beißend, raß *A* **acidulo, -a** [a'tʃi:dulo] *agg* säuerlich

**acino** ['a:tʃino] *m* (*chicco d'uva*) [Wein]beere *f*

**acme** ['akme] *f* (*fig* MED) Höhepunkt *m*

**acne** ['akne] *f* (MED) Akne *f*

**aconcettuale** [akkontʃet'tua:le] *agg* akonzeptuell; **arte** ~ akonzeptuelle Kunst

**aconcettualità** [akkontʃettuali'ta] <-> *f* Akonzeptualität *f*

**aconfessionale** [akonfessio'na:le] *agg* konfessionslos **aconfessionalità** [akonfessionali'ta] <-> *f* Konfessionslosigkeit *f*

**acostituzionale** [akostituttsio'na:le] *agg* verfassungswidrig

**acqua** ['akkua] *f* ❶ (*gener*) Wasser *nt*; ~ **alta** Hochwasser; ~ **benedetta** Weihwasser; ~ **corrente** fließendes Wasser; ~ **dolce** Süßwasser; ~ **minerale** Mineralwasser; ~ **morta** stehendes Gewässer; ~ **ossigenata** Wasserstoffsuperoxyd *nt*; ~ **potabile** Trinkwasser; ~ **ragia** Terpentin *nt*; ~ **salata** Salzwasser; ~ **tonica** Tonic *nt*; ~ **da bere** Trinkwasser; ~ **di Colonia** Kölnischwasser; ~ **del sindaco** (*scherz*) Gänsewein *m scherzh*; **essere all'~ e sapone** (*fig*) natürlich aussehen ❷ *pl* (*massa*) Gewässer *ntpl*; **-e** Thermalquellen *fpl*, [Thermal]bad *nt*; **-e bianche** Regenwasser; **-e nere** Abwässer *ntpl*; **-e territoriali** Hoheitsgewässer *ntpl*; **cura delle -e** Trinkkur *f* [mit Heilwasser]; **intorbidare le -e** (*fig*) absichtlich Verwirrung stiften; **navigare in cattive -e** (*fig*) in der Klemme sitzen ❸ (*fig*) **calmare le -e** die Wogen glätten; **un buco nell'~** ein Schlag ins Wasser; **tirare l'~ al proprio mulino** sich einen Vorteil verschaffen; ~ **in bocca!** still!, kein Wort darüber!; **è ormai ~ passata** das ist Schnee von gestern; **sentirsi come un pesce fuor d'~** sich wie ein Fisch auf dem Trockenen fühlen; **fare ~ da tutte le parti** überall undicht sein; (*fig: argomento*) hinken ❹ (*prov*) ~ **cheta rovina i ponti** stille Wasser sind tief

**acqua-aria** [akkua'a:ria] <inv> *agg* Wasser-Luft-; **missile** ~ Wasser-Luft-Rakete *f*

**acquacoltura** [akkuakol'tu:ra] *f* Aquakultur *f*

**acquacolturista** [akkuakoltu'rista] <-i *m*, -e *f*> *mf* Spezialist(in) *m(f)* für Aquakultur

**acquaforte** [akkua'fɔrte] <acqueforti> *f* Radierung *f* **acquafortista** [akkuafor'tista] <-i *m*, -e *f*> *mf* Kupferstecher(in) *m(f)*

**acquagym** [akkua'dʒi:m] *f* Wassergymnastik *f*

**acquaio** [ak'kua:io] <-quai> *m* Ausguss *m*, Spülstein *m*

**acquaiolo, -a** [akkua'ɔ:lo] I. *agg* Wasser- II. *m*, *f* Wasserträger(in) *m(f)*

**acquamarina** [akkuama'ri:na] <acquemarine> *f* Aquamarin *m*

**acquanauta** [akkua'na:uta] <-i *m*, -e *f*> *mf* Aquanaut(in) *m(f)*, Unterwasserforscher(in) *m(f)*

**acquapark** [akkua'park] <-> *m* Erlebnisbad *nt*

**acquaplano** [akkua'pla:no] *m* Surfbrett *nt*

**acquaragia** [akkua'ra:dʒa] <-ge> *f* Terpentin *nt*

**acquarellare, acquarello** [akkuarel'la:re, akkua'rɛllo] *v.* **acquerellare, acquerello**

**acquario** [ak'kua:rio] <-i> *m* ❶ (*edificio*) Aquarium *nt* ❷ (ASTR) **Acquario** Wassermann *m*; **sono Acquario, sono un** [*o* **dell'**]**Acquario** ich bin [ein] Wassermann

**acquartieramento** [akkuartiera'mento] *m* (MIL) Einquartierung *f* **acquartierare** [akkuartie'ra:re] I. *vt* (MIL) einquartieren II. *vr* **-rsi** (MIL) sich einquartieren

**acquasanta** [akkua'santa] *f* Weihwasser *nt*; **essere come il diavolo e l'~** wie Hund und Katze sein **acquasantiera** [akkuaʃan'tiɛ:ra] *f* Weihwasserbecken *nt*

**acquascivolo** [akkua'ʃi:volo] *m* [Riesen]wasserrutsche *f*

**acquascooter** [akkua'scu:ter] *m* Jetski® *m*

**acquata** [ak'kua:ta] *f* ❶ (*acquazzone*) [Regen]schauer *m* ❷ (NAUT) **far l'~** den Trinkwasservorrat auffüllen

**acqua-terra** [akkua'tɛrra] <inv> *agg* Wasser-Boden-; **missile** ~ Wasser-Boden-Rakete *f*

**acquaticità** [akkuatitʃi'ta] <-> *f* Aquatizität *f* (*Neigung sich im Wasser aufzuhalten und zu bewegen*)

**acquatico, -a** [ak'kua:tiko] <-ci, -che> *agg* Wasser-
**acquattarsi** [akkuat'tarsi] *vr* sich ducken
**acquavite** [akkua'vi:te] *f* Schnaps *m*, Branntwein *m*; **~ di vino** ≈ Weinbrand *m*; **~ di lamponi** Himbeergeist *m*
**acquazzone** [akkuat'tso:ne] *m* Wolkenbruch *m*
**acquedotto** [akkue'dɔtto] *m* Wasserleitung *f*; (HIST) Aquädukt *nt*
**acqueforti** *pl di* **acquaforte**
**acquemarine** *pl di* **acquamarina**
**acqueo, -a** ['akkueo] <-ei, -ee> *agg* Wasser-; **vapore ~** Wasserdampf *m*
**acquerellare** [akkuerel'la:re] *vt* aquarellieren **acquerellista** [akkuerel'lista] <-i *m*, -e *f*> *mf* Aquarellmaler(in) *m(f)*
**acquerello** [akkuer'rɛllo] *m* ❶ *(tecnica)* Aquarellmalerei *f*, Aquarelltechnik *f* ❷ *(quadro)* Aquarell *nt* ❸ *(vinello)* Tresterwein *m*
**acquerugiola** [akkue'ru:dʒola] *f* Nieselregen *m*, Sprühregen *m*
**acquiescente** [akkuieʃ'ʃɛnte] *agg* gefügig, fügsam **acquiescenza** [akkuieʃ'ʃɛntsa] *f* Gefügigkeit *f*, Fügsamkeit *f*
**acquietare** [akkuie'ta:re] **I.** *vt* beruhigen; *(desiderio)* befriedigen; *(ira)* besänftigen **II.** *vr* **-rsi** sich beruhigen
**acquifero, -a** [ak'kui:fero] *agg* wasserführend; **falda -a** Wasserader *f*
**acquirente** [akkui'rɛnte] *mf* Käufer(in) *m(f)*
**acquisire** [akkui'zi:re] <acquisisco> *vt* erwerben; *(abitudine)* annehmen **acquisito, -a** [akkui'zi:to] *agg* erworben; *(parente)* angeheiratet **acquisizione** [akkuizit'tsio:ne] *f* Erwerb *m*, Erwerbung *f*; **~ ostile** feindliche Übernahme
**acquistabile** [akkuis'ta:bile] *agg* käuflich, erhältlich
**acquistare** [akkuis'ta:re] **I.** *vt* ❶ (COM) erwerben, kaufen ❷ *(fig: meriti)* erwerben; *(tempo)* gewinnen; **~ terreno** an Boden gewinnen **II.** *vi* **~ in qc** an etw *dat* zunehmen; **~ in bellezza** schöner werden
**acquistato, -a** [akkuis'ta:to] *agg* erworben; *(parente)* angeheiratet **acquisto** [ak'kuisto] *m* ❶ (COM) Erwerb *m*, Kauf *m*; **~ in contanti/a rate** Bar-/Ratenkauf *m*; **fare -i** Einkäufe machen; **potere d'~** Kaufkraft *f*; **bell'~ hai fatto!** *(iron)* da hast du dir ja was [Schönes] eingehandelt! ❷ *(fig: persona)* Neuzugang *m*
**acquitrino** [akkui'tri:no] *m* Sumpf *m*, Morast *m* **acquitrinoso, -a** [akkuitri'no:so] *agg* sumpfig

**acquolina** [akkuo'li:na] *f* **far venire a qu l'~ in bocca** jdm den Mund wäss[e]rig machen; **mi viene l'~ in bocca** da läuft mir das Wasser im Mund zusammen
**acquosità** [akkuosi'ta] <-> *f* Wäss[e]rigkeit *f* **acquoso, -a** [ak'kuo:so] *agg* wäss[e]rig
**acre** ['a:kre] <più **acre**, **acerrimo**> *agg* ❶ *(sapore, odore)* herb, beißend; *(fumo)* beißend ❷ *(fig: mordace)* bissig; *(critica a)* scharf **acredine** [a'krɛ:dine] *f* ❶ *(asprezza)* Schärfe *f* ❷ *(fig: mordacità)* Bissigkeit *f*
**acrilico, -a** [a'kri:liko] <-ci, -che> *agg* Acryl-
**acrimonia** [akri'mɔ:nia] <-ie> *f* Schärfe *f*; *(rancore)* Bitterkeit *f* **acrimonioso, -a** [akrimo'nio:so] *agg* bissig
**acrisia** [akri'zi:a] <-ie> *f* Kritiklosigkeit *f*, mangelndes Unterscheidungsvermögen
**acriticità** [akrititʃi'ta] <-> *f* Kritiklosigkeit *f* **acritico, -a** [a'kri:tiko] <-ci, -che> *agg* unkritisch
**acro** ['a:kro] *m* *(misura)* Morgen *m*
**acrobata** [a'krɔ:bata] <-i *m*, -e *f*> *mf* [Luft]akrobat(in) *m(f)*; *(funambolo)* Seiltänzer(in) *m(f)* **acrobatica** [akro'ba:tika] <-che> *f* Akrobatik *f* **acrobatico, -a** [akro'ba:tiko] <-ci, -che> *agg* akrobatisch; **volo ~** Kunstflug *m* **acrobatismo** [akroba'tizmo] *m* Akrobatik *f*; *(rappresentazione)* Artistik *f* **acrobazia** [akrobat'tsi:a] <-ie> *f* akrobatische Übung, Kunststück *nt*
**action movie** ['ækʃən 'muːvi] <- *o* action movies> *m* Actionfilm *m*
**acufene** [aku'fɛ:ne] *m* (MED) Tinnitus *m*
**acuire** [aku'i:re] <acuisco> **I.** *vt* zuspitzen; *(a. fig: ingegno)* schärfen **II.** *vr* **-rsi** sich verschärfen; *(situazione a)* sich zuspitzen
**aculeato, -a** [akule'a:to] *agg* Stech-
**aculeo** [a'ku:leo] *m* ❶ (ZOO) Stachel *m* ❷ (BOT) Dorn *m*, Stachel *m*
**acume** [a'ku:me] *m* Scharfsinn *m*; *(dell'intelletto)* Schärfe *f*
**acuminare** [akumi'na:re] *vt* spitzen, schärfen
**acustica** [a'kustika] <-che> *f* Akustik *f* **acustico, -a** [a'kustiko] <-ci, -che> *agg* ❶ (PHYS) akustisch; **vibrazione -a** Schallschwingung *f* ❷ (ANAT) Gehör-, Hör-
**acustoelettricità** [akustoelettritʃi'ta] *f* Elektroakustik *f*
**acutangolo** [aku'taŋgolo] *agg* spitzwink[e]lig
**acutezza** [aku'tettsa] *f* ❶ *(acuità)* Schärfe *f*; *(del suono)* schriller Klang; **~ visiva**

Sehschärfe *f* ❷ (*fig: perspicacia*) Scharfsinnigkeit *f*; **~ di mente** Scharfsinn *m*
**acutizzare** [akutid'dza:re] *v.* **acuire**
**acutizzazione** [akutidzat'tsio:ne] *f* (*a. fig*) Zuspitzung *f*
**acuto** [a'ku:to] *m* (MUS) hoher Ton
**acuto, -a** *agg* ❶ (*aguzzo,* MAT) spitz ❷ (*vista*) scharf; (*suono*) schrill ❸ (MED, LING) akut; **dolore ~** stechender Schmerz ❹ (*penetrante*) heftig, stark; (*freddo*) beißend; (*odore a*) scharf ❺ (*vivo, struggente*) brennend, heftig ❻ (ARCH) **arco a sesto ~** Spitzbogen *m*
**ad** [ad] *prp* = **a** *davanti a vocale; v.* **a**
**AD** *f abbr di* **Alleanza Democratica** Demokratische Allianz *f*
**adagetto** [ada'dʒetto] *m* (MUS) Adagetto *nt*
**adagiare** [ada'dʒa:re] I. *vt* betten, legen II. *vr* **-rsi** ❶ (*distendersi*) sich betten, sich [hin]legen ❷ (*fig*) sich hingeben, sich überlassen
**adagino** [ada'dʒi:no] *avv* behutsam
**adagio**[1] [a'da:dʒo] *avv* ❶ (*lentamente*) langsam ❷ (*con cautela*) behutsam ❸ (MUS) adagio
**adagio**[2] <-gi> *m* (MUS) Adagio *nt*
**adamantino, -a** [adaman'ti:no] *agg* ❶ (*con le proprietà del diamante*) diamanten, Diamant[en]- ❷ (*fig: splendente*) leuchtend, glänzend, strahlend ❸ (*fig: saldo*) hart, fest
**adamitico, -a** [ada'mi:tiko] <-ci, -che> *agg* **in costume ~** im Adamskostüm
**adattabile** [adat'ta:bile] *agg* anpassungsfähig **adattabilità** [adattabili'ta] <-> *f* Anpassungsfähigkeit *f*
**adattamento** [adatta'mento] *m* ❶ (*accomodamento,* BIOL) Anpassung *f*; (TEC) Anpassen *nt* ❷ (*di un'opera*) Bearbeitung *f* ❸ (*fig: adeguamento*) Nachgiebigkeit *f*; **spirito di ~** Anpassungsfähigkeit *f* ❹ (COM) **~ del mercato** Marktanpassung *f*
**adattare** [adat'ta:re] I. *vt* ❶ (*conformare*) anpassen; **~ un abito a qu** jdm einen Anzug anpassen ❷ (*cambiare*) umwandeln; (*edificio*) umbauen ❸ (*opera*) bearbeiten II. *vr* **-rsi** ❶ (*stare bene*) passen; **si adatta molto a lei** das passt gut zu ihr ❷ (*adeguarsi*) **-rsi** [**a qc**] sich [nach etw] richten; **-rsi ai tempi** sich an die Zeit anpassen
**adattatore** [adatta'to:re] *m* ❶ (INFORM) Adapter *m* **adatto, -a** [a'datto] *agg* geeignet; (*momento*) passend; **essere ~ per qc** für etw geeignet sein
**addebitamento** [addebita'mento] *m* Belastung *f* **addebitare** [addebi'ta:re] *vt* ❶ (COM) **~ qc a qu** jdn mit etw belasten ❷ (*fig: incolpare*) zur Last legen **addebito** [ad'de:bito] *m* ❶ (COM) Belastung *f*; **nota di ~** Lastschrift *f* ❷ (*fig: accusa*) Beschuldigung *f*; **muovere un ~ a qc/qu** eine Beschuldigung gegen jdn/etw erheben
**addenda** [ad'dɛnda] *mpl* Addenda *pl*
**addendo** [ad'dɛndo] *m* (MAT) Summand *m*
**addensamento** [addensa'mento] *m* Verdichtung *f*; (*di eventi*) Anhäufung *f*
**addensare** [adden'sa:re] I. *vt* ❶ (*rendere denso*) verdichten; (*liquido*) eindicken [lassen] ❷ (*accumulare*) häufen II. *vr* **-rsi** sich verdichten; (*folla*) zusammenströmen; (*nubi*) sich zusammenballen
**addentare** [adden'ta:re] I. *vt* ❶ (*con i denti*) mit den Zähnen packen ❷ (*con tenaglie*) mit der Zange packen II. *vr* **-rsi** ineinandergreifen
**addentellare** [addentel'la:re] *vt* mit einer Zahnung versehen
**addentellato** [addentel'la:to] *m* ❶ (*in muri*) Zahnung *f* ❷ (*fig: appiglio*) Anknüpfungspunkt *m*
**addentrarsi** [adden'trarsi] *vr* ❶ (*inoltrarsi*) eindringen ❷ (*fig*) sich vertiefen
**addentro** [ad'dentro] *avv* im Inneren; **essere ~ in qc** (*fig*) sich in etw *dat* gut auskennen
**addestramento** [addestra'mento] *m* ❶ (*di persone*) Ausbildung *f* ❷ (*di animali*) Dressur *f*
**addestrare** [addes'tra:re] I. *vt* ❶ (*persone*) ausbilden ❷ (*animali*) dressieren; (*cani*) abrichten II. *vr* **-rsi** sich üben, sich schulen **addestrativo, -a** [addestra'ti:vo] *agg* Ausbildungs-; **corso ~** Ausbildungs-/Schulungslehrgang *m* **addestratore, -trice** [addestra'to:re] *m, f* ❶ (*di persone*) Ausbilder(in) *m(f)* ❷ (*di animali*) Dresseur(in) *m(f)*
**addetto, -a** [ad'detto] I. *agg* (*responsabile*) zuständig; **essere ~ a qc** für etw zuständig sein II. *m, f* ❶ (*responsabile*) Zuständige(r) *f(m)*; **vietato l'ingresso ai non -i ai lavori** Zutritt für Unbefugte verboten ❷ (*impiegato*) Angehörige(r) *f(m)*, Angestellte(r) *f(m)*; **~ stampa** Pressesprecher *m*
**addì** [ad'di] *avv* (ADM, *obs*) den, am; **Torino, ~ 31 ottobre 2015** Turin, den 31. Oktober 2015
**addiaccio** [ad'diattʃo] <-cci> *m* ❶ (*recinto per bestiame*) Pferch *m* ❷ (*bivacco*) Lager *nt*; **dormire all'~** im Freien übernachten
**addice** *3. pers sing pr di* **addirsi**
**addietro** [ad'diɛ:tro] *avv* ❶ (*luogo*) zurück;

**restare** ~ zurückbleiben ❷ *(tempo)* früher; **anni** ~ vor Jahren; **tempo** ~ früher; **per l'**~ in der Vergangenheit ❸ *(fig)* **tirarsi** ~ einen Rückzieher machen; **lasciare** ~ vernachlässigen

**addio**¹ [ad'di:o] *int* ade, adieu, leb wohl; *(fig)* aus [mit], dahin; **dire** ~ **al mondo** der Welt den Rücken kehren; **sono stato bocciato e** ~ **regalo!** ich habe nicht bestanden, und jetzt kann ich das Geschenk vergessen!

**addio**² <-ii> *m* Abschied *m;* **l'ultimo** ~ das letzte Geleit

**addirittura** [addirit'tu:ra] *avv* ❶ *(perfino)* sogar ❷ *(veramente)* geradezu

**addirsi** [ad'dirsi] <si addice> *vr (impersonale)* **qc si addice a qu** etw passt zu jdm; **questo incarico non mi si addice** diese Aufgabe liegt mir nicht

**additare** [addi'ta:re] *vt (mostrare con il dito)* [mit dem Finger] zeigen auf +*acc*

**additivare** [additi'va:re] *vt* zusetzen, Zusätze hinzufügen **additivazione** [additivat'tsio:ne] *f* Hinzufügung *f*

**additivo** [addi'ti:vo] *m* (CHEM) Additiv *nt*, Zusatz *m*

**additivo, -a** *agg* additiv, Zusatz-

**addivenire** [addive'ni:re] <addivengo, addivenni, addivenuto> *vi essere* gelangen *(a* zu), erreichen *(a qc* etw); ~ **a un accordo** zu einer Übereinkunft gelangen

**addizionale** [addittsio'na:le] *agg* zusätzlich, Zusatz-, außertourlich A

**addizionare** [addittsio'na:re] *vt* addieren, zusammenzählen **addizionatrice** [addittsiona'tri:tʃe] *f* Additions-, Addiermaschine *f* **addizione** [addit'tsio:ne] *f* Addition *f*

**addobbare** [addob'ba:re] *vt* dekorieren, schmücken **addobbatore, -trice** [addobba'to:re] *m, f* Dekorateur(in) *m(f)* **addobbo** [ad'dɔbo] *m* ❶ *(atto)* Dekorieren *nt*, Schmücken *nt* ❷ *(ornamenti)* Dekoration *f*, Schmuck *m*

**addocilire** [addotʃi'li:re] *vt* ❶ *(pelle)* geschmeidig machen ❷ *(fig obs: persona)* erweichen

**addolcimento** [addoltʃi'mento] *m* Süßen *nt;* *(fig)* Milderung *f*

**addolcire** [addol'tʃi:re] <addolcisco> I. *vt* ❶ *(caffè)* süßen ❷ *(acciaio, acqua)* enthärten ❸ *(fig: mitigare)* mildern II. *vr* **-rsi** *(carattere)* sanfter werden; *(tempo)* milder werden **addolcitore** [addoltʃi'to:re] *m* [Wasser]enthärter *m*

**addolorare** [addolo'ra:re] I. *vt* betrüben; ~ **qu** jdm Schmerz[en] zufügen II. *vr* **-rsi per qc** sich über etw *acc* grämen

**addome** [ad'dɔ:me] *m* ❶ *(ventre)* Unterleib *m* ❷ (ZOO) Hinterleib *m*, Abdomen *nt*

**addomesticabilità** [addomestikabili'ta] <-> *f* Zähmbarkeit *f*, Domestizierbarkeit *f* **addomesticamento** [addomestika'mento] *m* Zähmung *f*, Domestizierung *f* **addomesticare** [addomesti'ka:re] *vt* zähmen; *(fig)* bändigen, zähmen **addomesticato, -a** [addomesti'ka:to] *agg (animale)* domestiziert, gezähmt

**addominale** [addomi'na:le] *agg* Unterleib[s]-, Bauch-

**addominoplastica** [addomino'plastika] <-che> *f* (MED) Bauchdeckenstraffung *f*

**addormentare** [addormen'ta:re] I. *vt* ❶ *(far dormire)* zum Schlafen bringen; *(medicina, musica)* einschläfern ❷ (MED: con narcotico) betäuben, narkotisieren ❸ *(fig: intorpidire)* einschläfern II. *vr* **-rsi** einschlafen; **mi si è addormentata la mano** mir ist die Hand eingeschlafen; **-rsi in piedi** *(fig)* im Stehen einschlafen **addormentato, -a** [addormen'ta:to] *agg* ❶ *(immerso nel sonno)* schlafend ❷ (MED: con narcotico) betäubt ❸ *(fig: sonnacchioso)* schläfrig, verschlafen ❹ *(fig: fiacco)* lahm

**addossamento** [addossa'mento] *m* Aufbürden *nt*

**addossare** [addos'sa:re] I. *vt* ❶ *(porre addosso)* aufbürden ❷ *(accostare)* anrücken; *(appoggiare)* anlehnen ❸ *(fig: imputare)* aufbürden; *(colpa)* anlasten II. *vr* **-rsi** ❶ *(appoggiarsi)* sich anlehnen, *(accalcarsi)* sich drängen ❷ *(fig: accollarsi)* sich *dat* aufbürden, auf sich nehmen

**addosso** [ad'dɔsso] I. *avv* am Leib; *(fig)* bei sich +*dat;* **avere** ~ *(vestito)* anhaben; *(denaro, libro)* bei sich *dat* haben; **mettere** ~ anziehen; **avere il diavolo** ~ *(fig)* den Teufel im Leib haben; **piangersi** ~ sich selbst bemitleiden; **avere la rabbia** ~ *(fig)* eine Wut im Bauch haben; **farsela** ~ *(vulg)* sich *dat* ins Hemd machen *fam;* **levarsi qu d'**~ *(fig)* sich *dat* jdn vom Halse schaffen II. *prp* ~ **a** *(stato)* neben +*dat;* *(moto)* neben +*acc;* **andare** ~ **a due pedoni** zwei Fußgänger anfahren; **mettere le mani** ~ **a qu** Hand an jdn legen; **dare** ~ **a qu** *(fig)* jdm widersprechen; **stare** ~ **a qu** *(fig)* jdm keine Ruhe lassen; **tagliare i panni** ~ **a qu** *(fig)* jdm am Zeug flicken; **vivere** ~ **a qu** *(fig)* auf jds Kosten leben

**addotto** [ad'dɔtto] *pp di* **addurre**

**addottorare** [addotto'ra:re] I. *vt* promovieren II. *vr* **-rsi** promovieren

**addottrinare** [addottriˈnaːre] I. vt unterweisen, ausbilden II. vr **-rsi** sich bilden
**addurre** [adˈdurre] <adduco, addussi, addotto> vt anführen, vorbringen **adduzione** [addutˈtsjoːne] f ❶ (ANAT) Adduktion f ❷ (TEC) Zuleitung f, Zufuhr f
**adeguamento** [adeguaˈmento] m Angleichung f, Angleichen nt **adeguare** [adeˈguaːre] I. vt angleichen; ~ **gli stipendi ai prezzi** die Löhne an die Preise angleichen II. vr **-rsi** sich anpassen; **-rsi a qc** sich an etw acc anpassen **adeguato, -a** [adeˈguaːto] agg angemessen, passend
**adempiere** [aˈdempjere] <adempio o adempisco, adempii, adempiuto o adempito> I. vt (dovere, desiderio) erfüllen; (promessa) halten II. vr **-rsi** sich erfüllen **adempimento** [adempiˈmento] m Erfüllung f
**adempire** [ademˈpiːre] v. **adempiere**
**adempisco** [ademˈpisko] 1. pers sing pr di **adempi(e)re**
**adempi(u)to** [ademˈpiːto (ademˈpjuːto)] pp di **adempi(e)re**
**adenotomia** [adenotoˈmiːa] <-ie> f Mandeloperation f
**adepto, -a** [aˈdɛpto] m, f Anhänger(in) m(f), Mitglied nt
**aderente** [adeˈrɛnte] I. agg haftend, klebend; (vestito) eng anliegend II. mf Anhänger(in) m(f); ~ **a una setta** Anhänger(in) einer Sekte
**aderenza** [adeˈrɛntsa] f ❶ (che è aderente) Haftung f, Haftfähigkeit f ❷ (PHYS) Reibung f ❸ <gener al pl> (fig: conoscenza) Beziehungen fpl
**adergere** [aˈdɛrdʒere] <adergo, adersi, aderto> poet I. vt erheben II. vr **-rsi** sich erheben
**aderire** [adeˈriːre] <aderisco> vi ❶ (rimanere a contatto) haften, kleben; (vestito, scarpa) anliegen ❷ (fig: a una proposta) zustimmen; (a una richiesta) nachkommen ❸ (fig: entrare a far parte) beitreten
**adersi** [aˈdɛrsi] 1. pers sing pass rem di **adergere**
**aderto** [aˈdɛrto] pp di **adergere**
**adescamento** [adeskaˈmento] m Ködern nt **adescare** [adeskˈkaːre] vt (pesci, uccelli, a. fig) ködern
**adesione** [adeˈzjoːne] f ❶ (aderenza) Haftung f; (PHYS) Adhäsion f ❷ (fig: consenso) Zustimmung f, Einwilligung f; (a una richiesta) Nachkommen nt ❸ (a un partito) Beitritt m; **paese candidato all'~** Beitrittskandidat m

**adesività** [adeziviˈta] <-> f Haftfähigkeit f, Klebrigkeit f
**adesivo** [adeˈziːvo] m ❶ (collante) Klebstoff m ❷ (autoadesivo) Aufkleber m, Pickerl nt A
**adesivo, -a** agg klebend, Kleb[e]-; **nastro ~** Klebeband nt
**adespoto, -a** [aˈdɛspoto] agg anonym, namenlos
**adesso** [aˈdɛsso] avv ❶ (in questo momento, ora) jetzt, nun ❷ (poco fa) gerade [eben] ❸ (tra poco) [jetzt] gleich
**ad honorem** [ad oˈnɔːrem] avv honoris causa, ehrenhalber; **laurea ~** Ehrendoktorwürde f
**adiacente** [adjaˈtʃɛnte] agg anliegend, angrenzend **adiacenza** [adjaˈtʃɛntsa] f Umgebung f, Nähe f
**adibire** [adiˈbiːre] <adibisco> vt ❶ (usare) benutzen; ~ **una stanza a soggiorno** einen Raum als Wohnzimmer benutzen ❷ (destinare) ~ **qc a qu** etw für jdn vorsehen
**Adige** [ˈaːdidʒe] m Etsch f; **Alto ~** Südtirol nt
**adipe** [ˈaːdipe] m Fett[gewebe] nt
**adiposità** [adipoziˈta] <-> f Fettleibigkeit f
**adiposo, -a** [adiˈpoːso] agg Fett-, fetthaltig
**adirarsi** [adiˈrarsi] vr ~ **con qu** jdm zürnen **adirato, -a** [adiˈraːto] agg erzürnt, zornig
**adire** [aˈdiːre] <adisco> vt (tribunale) anrufen; (eredità) antreten; ~ **le vie legali** den Rechtsweg beschreiten
**adito** [ˈaːdito] m ❶ (accesso) Eingang m, Zugang m, Zutritt m ❷ (fig) Anlass m; **dare ~ a qc** Anlass zu [o für] etw geben
**adocchiare** [adokˈkjaːre] vt erblicken; (con compiacimento, desiderio) liebäugeln mit
**adolescente** [adoleʃˈʃɛnte] I. agg jung, jugendlich; (immaturo) unreif II. mf Jugendliche(r) f(m), junger Mann/junges Mädchen **adolescenza** [adoleʃˈʃɛntsa] f Jugend f **adolescenziale** [adoleʃʃenˈtsjaːle] agg Jugend-, pubertär
**adombrabile** [adomˈbraːbile] agg ❶ (suscettibile) empfindlich, verletzbar ❷ (ombroso) scheu
**adombramento** [adombraˈmento] m ❶ (oscuramento) Beschattung f, Verdunklung f ❷ (fig) Argwohn m ❸ (di cavallo) Scheuen nt ❹ (ombreggiamento) Schattierung f
**adombrare** [adomˈbraːre] I. vt ❶ (oscurare) beschatten +acc ❷ (ombreggiare)

schattieren II. *vr* **-rsi** (*insospettirsi*) stutzig werden
**adone** [a'do:ne] *m* Adonis *m*
**adontarsi** [adon'tarsi] *vr* beleidigt sein
**adop(e)rabile** [ado'pra:bile (adope'ra:bile)] *agg* brauchbar **adop(e)rare** [ado'pra:re (adope'ra:re)] I. *vt* benutzen, [ge]brauchen; (*tempo*) nutzen; ~ **le mani** schlagen II. *vr* **-rsi per qu** sich für jdn einsetzen
**adorabile** [ado'ra:bile] *agg* bezaubernd
**adorare** [ado'ra:re] *vt* ❶ (*divinità, persona*) anbeten ❷ (*arte, cibo*) lieben **adoratore, -trice** [adora'to:re] *m, f* (*ammiratore*) Verehrer(in) *m(f)* **adorazione** [adorat'tsio:ne] *f* Anbetung *f*, Verehrung *f*
**adornare** [ador'na:re] I. *vt* schmücken, verzieren II. *vr* **-rsi** sich schmücken
**adorno, -a** [a'dorno] *agg* geschmückt
**adottare** [adot'ta:re] *vt* ❶ (*figlio*) adoptieren ❷ (*libro*) verwenden; (*metodo*) anwenden; (*provvedimenti*) ergreifen; (*vita*) annehmen **adottivo, -a** [adot'ti:vo] *agg* ❶ (*figlio, padre*) Adoptiv- ❷ (*fig: patria*) Wahl- **adozione** [adot'tsio:ne] *f* ❶ (JUR) Adoption *f* ❷ (*fig: scelta*) Wahl *f*; (*di provvedimento*) Ergreifen *nt*; (*di metodo*) Anwendung *f*; **patria di** ~ Wahlheimat *f*
**adrematrice** [adrema'tri:tʃe] *f* Adressiermaschine *f*
**adrenalina** [adrena'li:na] *f* Adrenalin *nt*
**adriano, -a** [adri'a:no] *agg* Hadrians-; **mole -a** Engelsburg *f*
**Adriatico** [adri'a:tiko] *m* Adria *f*
**adriatico, -a** <-ci, -che> *agg* adriatisch, Adria-; **il Mare Adriatico** das Adriatische Meer, die Adria
**adroterapia** [adrotera'pia] *f* (MED) Strahlentherapie *f*
**ADSL** [addiɛsse'ɛlle] *m abbr di* **Asymmetric Digital Subscriber Line** ADSL *nt*; **linea** ~ ADSL-Leitung *f*
**aduggiare** [adud'dʒa:re] I. *vt* (*poet*) ❶ (*coprire d'ombra*) beschatten ❷ (*fig: inaridire*) unterdrücken, bedrängen II. *vr* **-rsi** verdorren
**adulare** [adu'la:re] *vt* schmeicheln; ~ **qu** jdm schmeicheln **adulatore, -trice** [adula'to:re] *m, f* Schmeichler(in) *m(f)* **adulatorio, -a** [adula'tɔ:rio] <-i, -ie> *agg* schmeichlerisch **adulatrice** *f v.* **adulatore** **adulazione** [adulat'tsio:ne] *f* Schmeichelei *f*
**adulta** *f v.* **adulto**
**adultera** *f v.* **adultero**
**adulterare** [adulte'ra:re] *vt* ❶ (*sofisticare*) verfälschen; (*vino*) panschen ❷ (*fig:*

*corrompere*) verderben **adulterazione** [adulterat'tsio:ne] *f* ❶ (*sofisticazione*) Verfälschung *f* ❷ (*del vino*) Panschen *nt*
**adulterino, -a** [adulte'ri:no] *agg* (JUR) unehelich
**adulterio** [adul'tɛ:rio] <-i> *m* Ehebruch *m*
**adultero, -a** [a'dultero] I. *agg* ehebrecherisch II. *m, f* Ehebrecher(in) *m(f)*
**adulto, -a** [a'dulto] I. *agg* ❶ (*persona*) erwachsen ❷ (*animale*) ausgewachsen ❸ (*fig: maturo*) ausgereift, reif II. *m, f* Erwachsene(r) *f(m)*
**adunanza** [adu'nantsa] *f* Versammlung *f*
**adunare** [adu'na:re] I. *vt* versammeln, zusammenfassen II. *vr* **-rsi** sich versammeln **adunata** [adu'na:ta] *f* ❶ (MIL) Appell *m* ❷ (*persone riunite*) Versammlung *f*, Zusammenkunft *f*
**adunco, -a** [a'dunko] <-chi, -che> *agg* krumm; (*naso*) Haken-
**adunghiare** [aduŋ'gia:re] *vt* krallen
**adunque** [a'dunkue] *cong* (*poet*) also
**adusare** [adu'za:re] *vt* (*poet*) gewöhnen (*a* an + *acc*)
**adusto, -a** [a'dusto] *agg* (*poet*) ❶ (*pianta*) ausgedorrt ❷ (*persona*) mager, dürr; (*faccia*) hager
**advertising, advertizing** [ædvə'taiziŋ] *o* adver'taizin(g)] *m* Werbung *f*
**aedo** [a'ɛ:do] *m* ❶ (HIST) Aöde *m* ❷ (*fig: poeta*) Dichter *m*, Sänger *m*
**aerare** [ae'ra:re] *vt* lüften **aerazione** [aerat'tsio:ne] *f* Lüftung *f*
**aere** ['a:ere] *m* (*poet*) Luft *f*
**aereo** [a'ɛ:reo] <-ei> *m* ❶ (*aeroplano*) Flugzeug *nt* ❷ (*antenna*) Antenne *f*
**aereo, -a** <-ei, -ee> *agg* ❶ (*relativo all'aria*) Luft-; **linea -a** (AERO) Luftverkehrslinie *f*; (*compagnia*) Fluggesellschaft *f*; (EL, TEL) Freiluftleitung *f*; **spazio** ~ Luftraum *m* ❷ (*fig: leggero*) luftig **aeriforme** [aeri'forme] *agg* gasförmig
**aeroacustica** [aeroa'kustika] *f* Aeroakustik *f*
**aerobica** [ae'rɔ:bika] *f* Aerobic *nt*
**aerobico, -a** [ae'rɔ:biko] <-ci, -che> *agg* Aerobic-; **ginnastica -a** Aerobic *nt*
**aerobox** [aero'bɔ:ks] *f* (SPORT) Box-Aerobic *f*
**aerobrigata** [aerobri'ga:ta] *f* (MIL) Luftbrigade *f*
**aerobus** ['a:erobus] <-> *m* Airbus *m*
**aerocentro** [aero'tʃɛntro] *m* Kleinflugbereich *m* **aerocisterna** [aerotʃis'tɛrna] *f* Tankflugzeug *nt* **aeroclub** [aero'klub] <-> *m* Flugverein *m*

**aerodinamica** [aerodiˈnaːmika] *f* Aerodynamik *f*
**aerodinamico, -a** [aerodiˈnaːmiko] <-ci, -che> *agg* aerodynamisch; *(carrozzeria)* stromlinienförmig; **linea -a** Stromlinienform *f*; **resistenza -a** Luftwiderstand *m*
**aerodromo** [aeˈrɔːdromo] *m* Flugplatz *m*
**aerofaro** [aeroˈfaːro] *m* [Flughafen]befeuerung *f*
**aerofotografia** [aerofotograˈfiːa] *f* Luftaufnahme *f*  **aerogiro** [aeroˈdʒiːro] *m* (AERO) Drehflügler *m*  **aerografo** [aeˈrɔːgrafo] *m* Spritzpistole *f*  **aerogramma** [aeroˈgramma] <-i> *m* Luftpostbrief *m*  **aerolinea** [aeroˈliːnea] *f* Luftlinie *f*
**aerolito** [aeˈrɔːlito] *m* Meteorstein *m*
**aerologia** [aeroloˈdʒiːa] <-ie> *f* Aerologie *f*  **aerologico, -a** [aeroˈlɔːdʒiko] <-ci, -che> *agg* aerologisch
**aeromarittimo, -a** [aeromaˈrittimo] *agg* See- und Luft-  **aerometro** [aeˈrɔːmetro] *m* Aerometer *nt*  **aeromobile** [aeroˈmɔːbile] *m* Luftfahrzeug *nt*  **aeromodello** [aeromoˈdɛllo] *m* Modellflugzeug *nt*  **aeromoto** [aeroˈmɔːto] *m* Druckwelle *f*
**aeronautica** [aeroˈnautika] *f* Luftfahrt *f*; ~ **civile** zivile Luftfahrt; ~ **militare** Luftwaffe *f*  **aeronautico, -a** [aeroˈnautiko] <-ci, -che> *agg* Luftfahrt-
**aeronave** [aeroˈnaːve] *f* Luftschiff *nt*
**aeronavigazione** [aeronavigatˈtsioːne] *f* Luftschifffahrt *f*
**aeroplano** [aeroˈplaːno] *m* Flugzeug *nt*; ~ **da caccia/ricognizione/turismo** Jagd-/Aufklärungs-/Charterflugzeug *nt*
**aeroponica** [aeroˈpɔːnika] <*obs* -che> *f* (AGR) Pflanzenzucht *f* ohne Erde, Substratkultur *f*
**aeroporto** [aeroˈpɔrto] *m* Flughafen *m*
**aeroportuale** [aeroportuˈaːle] I. *mf* Flughafenpersonal *nt* II. *agg* Flughafen-; **tassa** ~ Flughafengebühr *f*
**aeropostale** [aeroposˈtaːle] I. *agg* Luftpost- II. *m* Postflugzeug *nt*  **aerorifornimento** [aeroriforniˈmento] *m* Versorgung *f* aus der Luft  **aeroscivolante** [aeroʃivoˈlante] *m* (*hovercraft*) Luftkissenfahrzeug *nt*  **aerosilurante** [aerosiluˈrante] *m* Torpedoflugzeug *nt*  **aerosoccorso** [aerosokˈkorso] *m* Flugrettung, Flugrettungsdienst *m*
**aerosol** [aeroˈsɔl] <-> *m* ① *(dispersione)* Aerosol *nt* ② *(contenitore)* Sprühdose *f*
**aerospaziale** [aerospatˈtsiale] *agg* Raumfahrt-  **aerospazio** [aeroˈspattsio] <-zi> *m* Weltraum *m*
**aerostatica** [aerosˈtaːtika] *f* Aerostatik *f*
**aerostatico, -a** [aerosˈtaːtiko] <-ci, -che> *agg* aerostatisch; **pallone** ~ Fessel-, Heißluftballon *m*  **aerostato** [aeˈrɔstato] *m* Heißluftballon *m*; *(fisso)* Fesselballon *m*; *(dirigibile)* Luftschiff *nt*
**aerostazione** [aerostatˈtsioːne] *f* Terminal *nt o m*
**aerostiere** [aerosˈtiɛːre] *m* Ballonfahrer *m*
**aerotassì** [aerotasˈsi] <-> *m*, **aero-taxi** [aeroˈtaksi] <-> *m* Lufttaxi *nt*
**aerotecnica** [aeroˈtɛknika] *f* Luftfahrttechnik *f*
**aerotecnico, -a** [aeroˈtɛkniko] <-ci, -che> I. *agg* luftfahrttechnisch II. *m, f* Luftfahrttechniker(in) *m(f)*
**aerotermo** [aeroˈtɛrmo] *m* Heißluftheizung *f*
**aeroterrestre** [aeroterˈrɛstre] *agg* (MIL) Luft-Boden-; **forze -i** Luft-Boden-Streitkräfte *fpl*
**aerotrasporto** [aerotrasˈpɔrto] *m* Lufttransport *m*  **aerovia** [aeroˈviːa] *f* Luftstraße *f*
**afa** [ˈaːfa] *f* Schwüle *f*; **c'è** ~ es ist schwül
**afasia** [afaˈziːa] <-ie> *f* Aphasie *f*
**affabile** [afˈfaːbile] *agg* liebenswürdig, freundlich **affabilità** [affabiliˈta] <-> *f* Liebenswürdigkeit *f*, Freundlichkeit *f*
**affabulare** [affabuˈlaːre] *vt* fabulieren
**affabulativo, -a** [affabulaˈtiːvo] *agg* fabulierend, erzählend
**affaccendamento** [affattʃendaˈmento] *m* Geschäftigkeit *f*
**affaccendarsi** [affattʃenˈdarsi] *vr* sich *dat* zu schaffen machen; ~ **intorno a qc** an etw *dat* herumhantieren **affaccendato, -a** [affattʃenˈdaːto] *agg* sehr beschäftigt
**affacciare** [affatˈtʃaːre] I. *vt* ① *(mostrare)* [in der Tür/am Fenster] zeigen ② *(fig: avanzare)* vorbringen; *(dubbi)* aufwerfen II. *vr* **-rsi** sich [in der Tür/am Fenster] zeigen; **-rsi alla mente** *(fig)* durch den Kopf gehen, [auf]kommen
**affaccio** [afˈfattʃo] <-cci> *m* Aussicht *f* [aus einem Fenster]; **diritto d'**~ Anrecht auf unverbaute Aussicht
**affamare** [affaˈmaːre] *vt* hungern lassen **affamato, -a** [affaˈmaːto] I. *agg* ① *(chi ha fame)* hungrig ② *(fig: avido)* gierig; **essere** ~ **di qc** nach etw gierig sein II. *m, f* Hungernde(r) *f(m)*
**affannare** [affanˈnaːre] I. *vt* ① *(dare affanno)* Atemnot bereiten ② *(fig: procurare pena)* beunruhigen, ängstigen II. *vr*

**-rsi** ❶ (*provare affanno*) keuchen ❷ (*fig: affaticarsi*) sich abmühen **affannato, -a** [affanˈnaːto] *agg* atemlos **affanno** [afˈfanno] *m* ❶ (*difficoltà di respiro*) Atemnot *f* ❷ (*fig: preoccupazione*) Sorge *f*, Angst *f* **affannoso, -a** [affanˈnoːso] *agg* ❶ (*oppresso da affanno*) keuchend ❷ (*fig*) mühselig

**affardellare** [affardelˈlaːre] *vt* bündeln; (*zaino*) packen

**affare** [afˈfaːre] *m* ❶ (*faccenda*) Angelegenheit *f*, Sache *f;* **~ da nulla** Kleinigkeit *f;* **bell'~ hai combinato!** da hast du was Schönes angerichtet!; **non è ~ tuo!** das geht dich nichts an!; **sono -i miei** das ist meine Sache ❷ (COM) Geschäft *nt;* **uomo d'-i** Geschäftsmann *m;* **fare un ~ d'oro** ein Bombengeschäft machen; **affari del mercato aperto** Offenmarktgeschäfte *fpl* ❸ (JUR) Prozess *m*, Sache *f;* **~ giudiziario** Rechtsangelegenheit *f,* Rechtssache *f;* **Ministero degli Affari esteri** Auswärtiges Amt ❹ (*fam: cosa, utensile*) Ding *nt,* Dings[da] *nt* ❺ *pl* Angelegenheiten *fpl;* **-i di stato** Staatsangelegenheiten *fpl* ❻ (*loc*) **casa di mal ~** Freudenhaus *nt;* **donna di mal ~** Freudenmädchen *nt* **affarismo** [affaˈrizmo] *m* Geschäftstüchtigkeit *f*

**affarista** [affaˈrista] <-i *m*, -e *f*> *mf* (*pej*) Geschäftemacher(in) *m(f)* **affaristico, -a** [affaˈristiko] <-ci, -che> *agg* Geschäfts-

**affarone** [affaˈroːne] *m* (*fam*) Bombengeschäft *nt*

**affascinante** [affaʃʃiˈnante] *agg* faszinierend

**affascinare** [affaʃʃiˈnaːre] *vt* (*attrarre, sedurre*) faszinieren, bezaubern

**affascinatore, -trice** [affaʃʃinaˈtoːre] *m, f* Verführer(in) *m(f)*

**affastellamento** [affastellaˈmento] *m* ❶ (*raccolta in fastelli*) Bündelung *f* ❷ (*fig: ammasso confuso*) Anhäufung *f,* Haufen *m* **affastellare** [affastelˈlaːre] *vt* ❶ (*raccogliere in fastelli*) bündeln ❷ (*fig: ammassare confusamente*) anhäufen

**affaticamento** [affatikaˈmento] *m* Ermüdung *f*

**affaticare** [affatiˈkaːre] I. *vt* anstrengen, ermüden II. *vr* **-rsi** sich anstrengen

**affatto** [afˈfatto] *avv* ganz und gar, durchaus; **niente** [*o* **non**] **~** [ganz und] gar nicht, überhaupt nicht

**affatturare** [affattuˈraːre] *vt* ❶ (*stregare*) verhexen ❷ (*vino*) panschen; (*alimenti*) verfälschen

**afferire** [affeˈriːre] <afferisco> *vi* (JUR, ADM, *form: concernere*) **~** [**a qc**] [etw] betreffen, [zu etw] gehören

**affermare** [afferˈmaːre] I. *vt* ❶ (*dire di sì*) bejahen ❷ (*confermare*) bestätigen ❸ (*attestare*) bezeugen, bekräftigen ❹ (*sostenere*) behaupten ❺ (JUR: *innocenza*) beteuern; (*verità*) behaupten II. *vr* **-rsi** sich behaupten, sich durchsetzen **affermativo, -a** [affermaˈtiːvo] *agg* bejahend; (*risposta a*) positiv **affermazione** [affermatˈtsjoːne] *f* ❶ (*asserzione*) Behauptung *f;* (*confermazione*) Bejahung *f,* Bestätigung *f* ❷ (*successo*) Erfolg *m*

**afferrare** [afferˈraːre] I. *vt* ❶ (*prendere*) [er]greifen, fassen ❷ (*fig: occasione*) ergreifen; (*senso, idea*) begreifen, erfassen II. *vr* **-rsi** (*a. fig*) sich klammern; **-rsi a qu/qc** sich an jdn/etw klammern

**Aff. Est.** *abbr di* [**Ministero degli**] **Affari Esteri** [Ministerium *nt* für] Auswärtige Angelegenheiten

**affettare** [affetˈtaːre] *vt* ❶ (*tagliare a fette*) in Scheiben schneiden ❷ (*ostentare*) demonstrativ zeigen ❸ (*pretendere*) vorgeben **affettato** [affetˈtaːto] *m* Aufschnitt *m*

**affettato, -a** *agg* affektiert, gekünstelt

**affettatrice** [affettaˈtriːtʃe] *f* (*per affettati*) Wurstschneidemaschine *f;* (*per pane*) Brotmaschine *f*

**affettazione** [affettatˈtsjoːne] *f* (*pej*) Affektiertheit *f*

**affettività** [affettiviˈta] <-> *f* ❶ (*capacità affettiva*) Warmherzigkeit *f* ❷ (PSIC) Emotionalität *f*, Affektivität *f*

**affettivo, -a** [affetˈtiːvo] *agg* ❶ (*affettuoso*) warmherzig, gefühlsbetont ❷ (PSIC) emotional, Gefühls-

**affetto** [afˈfɛtto] *m* Zuneigung *f,* Liebe *f;* **avere ~ per qu** jdn gernhaben; **ti saluto con ~** ich grüße dich herzlich

**affetto, -a** *agg* betroffen

**affettuosità** [affettuosiˈta] <-> *f* Herzlichkeit *f*

**affettuoso, -a** [affettuˈoːso] *agg* liebevoll; (*cordiale*) herzlich; (*tenero*) zärtlich

**affezionare** [affettsjoˈnaːre] I. *vt* **~ qu a qc** jds Interesse für etw wecken II. *vr* **-rsi** Zuneigung fassen (*a qu* zu jdm), lieb gewinnen (*a qc/qu* etw/jdn)

**affezionarsi** [affettsjoˈnarsi] *vr* **~ a qu/qc** jdn/etw lieb gewinnen **affezionato, -a** [affettsjoˈnaːto] *agg* (*fedele*) anhänglich; (*legato*) zugetan; (*appassionato*) ergeben **affezione** [affetˈtsjoːne] *f* ❶ (*sentimento*) Zuneigung *f,* Wohlwollen *nt* ❷ (MED) Leiden *nt*

**affiancare** [affjaŋˈkaːre] I. *vt* ❶ (*mettere a*

**affiatamento → affittuario** 30

*lato*) zur Seite stellen; ~ **qc a qc** etw neben etw stellen ❷ (MIL) flankieren ❸ (*fig: sostenere*) [unter]stützen II. *vr* **-rsi a qu** sich neben jdn stellen
**affiatamento** [affiata'mento] *m* Einvernehmen *nt;* (MUS, SPORT) Einklang *m,* Harmonie *f* **affiatare** [affia'ta:re] I. *vt* (*creare accordo*) vertraut machen; (MUS) aufeinander einspielen lassen II. *vr* **-rsi** sich vertraut machen; (MUS, SPORT) sich aufeinander einspielen
**affibbiare** [affib'bia:re] *vt* ❶ (*cintura*) zuschnallen, schnüren ❷ (*fig: dare*) anhängen, andrehen *fam,* unterjubeln *fam;* (*colpa*) in die Schuhe schieben; (*multa, nomignolo*) geben, verpassen *fam;* (*colpo*) versetzen
**affidabile** *agg* vertrauenswürdig; **lui passa per molto** ~ er gilt als sehr vertrauenswürdig
**affidabilità** [affidabili'ta] <-> *f* Zuverlässigkeit *f*
**affidamento** [affida'mento] *m* ❶ (*l'affidare*) Anvertrauen *nt* ❷ (*assicurazione*) Versicherung *f* ❸ (*fiducia*) Vertrauen *nt,* Zuversicht *f;* **dare** ~ Vertrauen erwecken; **fare** ~ **su qu** sich auf jdn verlassen ❹ (*garanzia*) Gewähr *f,* Sicherheit *f* ❺ (JUR: *di minori*) Sorgerecht *nt* **affidare** [affi'da:re] I. *vt* ~ **qc** [**a qu**] [jdm] etw anvertrauen; ~ **un incarico a qu** jdn mit einem Auftrag betrauen II. *vr* **-rsi** sich anvertrauen; **-rsi a qu** sich auf jdn verlassen
**affido** [af'fi:do] *m* Pflege *f* [von Minderjährigen]; **dare/prendere un bambino in** ~ ein Kind in Pflege geben/nehmen
**affievolimento** [affievoli'mento] *m* [Ab]schwächung *f* **affievolire** [affievo'li:re] <**affievolisco**> I. *vt* [ab]schwächen II. *vr* **-rsi** schwächer werden, schwinden
**affiggere** [af'fiddʒere] <**affiggo, affissi, affisso**> *vt* anschlagen, anheften
**affilamento** [affila'mento] *m* Schärfung *f*
**affilare** [affi'la:re] I. *vt* ❶ (*coltello*) schleifen, wetzen ❷ (*matita*) [an]spitzen ❸ (*fig: malattia*) auszehren, schmal werden lassen II. *vr* **-rsi** (*dimagrire*) schmal werden **affilato, -a** [affi'la:to] *agg* ❶ (*lama*) geschärft ❷ (*matita*) gespitzt ❸ (*fig: lingua*) spitz; (*naso*) schmal; (*volto*) schmal **affilatrice** [affila'tri:tʃe] *f* Schleifmaschine *f* **affilatura** [affilatu:ra] *f* Schliff *m*
**affiliare** [affi'lia:re] I. *vt* (*iscrivere, associare*) aufnehmen; ~ **qu a una società** jdn in eine Gesellschaft aufnehmen II. *vr* **-rsi** beitreten **affiliata** *f* (FIN) Affiliation *f* **affiliazione** [affiliat'tsio:ne] *f* (*a una società*) Aufnahme *f*
**affinaggio** [affi'naddʒo] <-ggi> *m* Raffination *f* **affinamento** [affina'mento] *m* Verfeinerung *f*
**affinare** [affi'na:re] I. *vt* ❶ (*render sottile*) dünn machen, verdünnen; (*aguzzare*) [an]spitzen ❷ (*metalli*) affinieren ❸ (*fig: perfezionare*) verfeinern; (*vista, ingegno*) schärfen II. *vr* **-rsi** (*assottigliarsi*) dünn[er] werden; (*fig: perfezionarsi*) sich verfeinern
**affinazione** [affinat'tsio:ne] *f* Affination *f*
**affinché** [affiŋ'ke] *cong*+*conj* damit
**affine** [af'fi:ne] I. *agg* ähnlich, verwandt II. *mf* angeheiratete(r) Verwandte(r) *f(m)* **affini** [af'fi:ni] *mpl* ähnliche Produkte *ntpl;* **vendita di corde e -i** Verkauf *m* von Seilen und Seilwaren **affinità** [affini'ta] <-> *f* ❶ (*parentela*) Verwandtschaft *f* ❷ (*somiglianza*) Ähnlichkeit *f,* [Wesens]verwandtschaft *f;* ~ **elettiva** Wahlverwandtschaft *f* ❸ (CHEM) Affinität *f*
**affiochimento** [affioki'mento] *m* Dämpfung *f,* Abschwächung *f* **affiochire** [affio'ki:re] <**affiochisco, affiochisci**> I. *vt* dämpfen, abschwächen II. *vr* **-rsi** schwächer werden, auslassen *A*
**affioramento** [affiora'mento] *m* ❶ (*l'affiorare*) Auftauchen *nt* ❷ (GEOL) Zutagekommen *nt*
**affiorare** [affio'ra:re] *vi essere* ❶ (*spuntare, emergere*) auftauchen, an die Oberfläche kommen ❷ (GEOL) zutage treten ❸ (*fig*) sich zeigen, auftauchen
**affissi** [af'fissi] *1. pers sing pass rem di* **affiggere**
**affissionale** [affissio'na:le] *agg* anschlagbar; **pubblicità** ~ Plakatwerbung *f*
**affissione** [affis'sio:ne] *f* Anschlag *m;* **divieto d'**~ Plakatankleben verboten
**affisso**[1] [af'fisso] *pp di* **affiggere**
**affisso**[2] *m* ❶ (*manifesto*) Aushang *m,* Anschlag *m,* Plakat *nt* ❷ (ARCH) Trennwand *f* ❸ (LING) Affix *nt*
**affittabile** [affit'ta:bile] *agg* zu vermieten **affittacamere** [affitta'ka:mere] <-> *mf* Vermieter(in) *m(f)*
**affittare** [affit'ta:re] *vt* ❶ (*dare in affitto*) vermieten; (*terreno*) verpachten; **affittasi alloggio ammobiliato** möblierte Wohnung zu vermieten ❷ (*prendere in affitto*) mieten; (*terreno*) pachten **affitto** [af'fitto] *m* (*di immobile*) Miete *f;* (*di terreno*) Pacht *f;* **dare in** ~ vermieten; (*terreno*) verpachten; **prendere in** ~ mieten; (*terreno*) pachten **affittuario, -a** [affittu'a:rio] <-i, -ie> *m, f* (*di immobile*)

Mieter(in) *m(f)*; (*di terreno*) Pächter(in) *m(f)*

**afflato** [afˈflaːto] *m* (*poet*) Odem *m*

**affliggere** [afˈfliddʒere] <**affliggo, afflissi, afflitto**> I. *vt* quälen, belasten II. *vr* **-rsi** sich quälen, betrübt sein **afflizione** [afflitˈtsjoːne] *f* Kummer *m*

**afflosciare** [affloʃˈʃaːre] I. *vt* ① (*render floscio*) erschlaffen lassen ② (*fig: togliere vigore*) entkräften II. *vr* **-rsi** (*sgonfiarsi*) erschlaffen; (*svenire*) zusammensinken

**affluente** [affluˈɛnte] *m* Nebenfluss *m*

**affluenza** [affluˈɛntsa] *f* ① (*di liquidi*) Zufluss *m*, Zustrom *m*; (*a di sangue*) Andrang *m* ② (*di merci*) Schwemme *f* ③ (*di persone*) Andrang *m*; ~ **alle urne** Wahlbeteiligung *f*

**affluire** [affluˈiːre] <**affluisco**> *vi essere* ① (*liquidi*) zufließen, zuströmen ② (COM: *merci*) den Markt überschwemmen ③ (*persone*) zusammenströmen **afflusso** [affˈlusso] *m* ① (*di liquidi*) Zufluss *m*; (MED: *di sangue*) Andrang *m* ② (*di persone*) Zustrom *m* ③ (COM) **l'~ di capitali all'estero** Devisenabfluss *m*

**affocare** [affoˈkaːre] I. *vt* (*poet*) ① (*incendiare*) entzünden, entfachen ② (*fig: arroventare*) versengen II. *vr* **-rsi** ① (*infiammarsi*) entflammen ② (*fig: avvampare*) erglühen

**affogamento** [affogaˈmento] *m* ① (*l'affogare*) Ertränken *nt* ② (*l'affogarsi*) Ertrinken *nt*

**affogare** [affoˈgaːre] I. *vt avere* ertränken II. *vi essere* ertrinken; ~ **in un bicchier d'acqua** (*fig*) über einen Strohhalm stolpern; ~ **nei debiti** (*fig*) bis zum Hals in Schulden stecken; ~ **nell'oro** (*fig*) im Geld schwimmen III. *vr* **-rsi** ertrinken **affogato, -a** [affoˈgaːto] I. *agg* ① (*annegato*) ertrunken; **morire** ~ ertrinken ② (GASTR) **gelato** ~ Eisbecher mit Likör; **uova -e** verlorene Eier *ntpl* II. *m, f* Ertrunkene(r) *f(m)*

**affollamento** [affollaˈmento] *m* Gedränge *nt*, Andrang *m* **affollare** [affolˈlaːre] I. *vt* ① (*gremire*) [mit Menschen] füllen, bevölkern ② (*fig: opprimere*) bedrängen II. *vr* **-rsi** (*accalcarsi*) zusammenströmen **affollato, -a** *agg* überfüllt

**affondamento** [affondaˈmento] *m* Versenken *nt*

**affondare** [affonˈdaːre] I. *vt avere* versenken; (*nella terra a*) vergraben; (*nave*) versenken II. *vi essere* versinken; (*nave*) untergehen

**affondo** [afˈfondo] I. *avv* gründlich II. *m* Ausfall *m*

**affossamento** [affossaˈmento] *m* (*avvallamento*) Vertiefung *f* **affossare** [affosˈsaːre] I. *vt* ① (*scavare con fosse*) mit Gräben umgeben [*o* durchziehen] ② (*incavare, avvallare*) vertiefen, aushöhlen ③ (*fig: accantonare*) begraben II. *vr* **-rsi** hohl [*o* ausgehöhlt] sein

**affossato, -a** [affosˈsaːto] *agg* ausgehöhlt; (*guance*) eingefallen; (*occhi*) tief liegend **affossatura** [affossaˈtuːra] *f* ① (*di fossa*) Aushebung *f* ② (*fig: incavatura*) Aushöhlung *f*; (*del volto*) Eingefallensein *nt*

**affrancamento** [affraŋkaˈmento] *m* ① (*liberazione*) Befreiung *f* ② (*della lettera*) Frankierung *f*

**affrancare** [affraŋˈkaːre] I. *vt* ① (*liberare*) befreien ② (*posta*) frankieren, freimachen II. *vr* **-rsi** sich befreien; (*fig a*) sich lösen **affrancatrice** [affraŋkatriˈtʃe] *f* Frankiermaschine *f* **affrancatura** [affraŋkaˈtuː-ra] *f* Frankierung *f*; (*tassa a*) Porto *nt*

**affranto, -a** [afˈfranto] *agg* ① (*spossato, logorato*) abgekämpft, erschöpft ② (*prostrato dal dolore*) gebrochen

**affratellamento** [affratellaˈmento] *m* Verbrüderung *f*

**affratellare** [affratelˈlaːre] I. *vt* verbrüdern II. *vr* **-rsi** sich verbrüdern

**affrescare** [affresˈkaːre] *vt* mit Fresken bemalen **affreschista** [affresˈkista] <-i *m*, -e *f*> *mf* Freskenmaler(in) *m(f)* **affresco** [afˈfresko] <-**schi**> *m* Fresko *nt*

**affrettare** [affretˈtaːre] I. *vt* beschleunigen II. *vr* **-rsi** sich beeilen **affrettato, -a** [affretˈtaːto] *agg* hastig, eilig; (*pej*) flüchtig; (*decisione*) voreilig

**africata** [affriˈkaːta] *f* (LING) Affrikata *f*

**affrontare** [affronˈtaːre] I. *vt* ~ **qu/qc** jdm/etw entgegentreten; ~ **un pericolo** der Gefahr ins Auge blicken; ~ **un problema** ein Problem in Angriff nehmen; ~ **il pubblico** sich der Öffentlichkeit stellen; ~ **una situazione** sich einer Situation stellen; ~ **le spese** die Kosten auf sich nehmen II. *vr* **-rsi** aneinandergeraten

**affronto** [afˈfronto] *m* Beleidigung *f*, Affront *m geh*; **fare un ~ a qu** jdn beleidigen

**affumicare** [affumiˈkaːre] *vt* ① (*riempire, annerire di fumo*) verräuchern ② (*alimenti*) räuchern, selchen *A* **affumicato, -a** [affumiˈkaːto] *agg* ① (*pieno, annerito di fumo*) verräuchert ② (*alimenti*) geräuchert ③ (*colorato di bruno*) nachgedunkelt; (*occhiali*) getönt **affumicatura** [affumikaˈtuːra] *f* Räucherung *f*, Räuchern *nt*, Selchen *nt A*

**affusolato**, **-a** [affuso'la:to o affuzo'la:to] *agg* ① (*magro*) schmal ② (*a forma di fuso*) spindelförmig

**affusto** [af'fusto] *m* Lafette *f*

**Afganistan** [afganis'tan] *m* l'~ Afghanistan *nt* **afgano**, **-a** [af'ga:no] I. *agg* afghanisch II. *m, f* Afghane *m*/Afghanin *f*

**afide** ['a:fide] *m* Blattlaus *f*

**a.f.m.** *abbr di* **a fine mese** ult.

**afonia** [afo'ni:a] <-ie> *f* Stimmlosigkeit *f*, Aphonie *f geh* **afono**, **-a** ['a:fono] *agg* stimmlos

**aforisma** [afo'rizma] <-i> *m* Aphorismus *m*

**afosità** [afosi'ta] <-> *f* Schwüle *f*

**afoso**, **-a** [a'fo:so] *agg* schwül, drückend

**Africa** ['a:frika] *f* Afrika *nt*

**africanistico**, **-a** [afrika'nistiko] <-ci, -che> *agg* afrikanistisch **africano**, **-a** [afri'ka:no] I. *agg* afrikanisch II. *m, f* Afrikaner(in) *m(f)*

**afrodisiaco** [afrodi'zi:ako] <-ci> *m* Aphrodisiakum *nt*

**afrodisiaco**, **-a** <-ci, -che> *agg* aphrodisisch

**afta** ['afta] *f* (MED) Aphthe *f;* ~ **epizootica** Maul- und Klauenseuche *f*

**afterhour** [a:fter'auer] *m* Afterhour *f*

**after-hours** ['a:fter'auerz] <inv> *agg* (*fuori orario*) nach Ladenschluss, abendlich

**aftershave** <-> *m* Aftershavelotion *f*, Rasierwasser *nt*

**agape** ['a:gape] *f* (REL) Agape *f*

**agata** ['a:gata] *f* Achat *m*

**agave** ['a:gave] *f* Agave *f*

**agenda** [a'dʒɛnda] *f* ① (*libretto*) Notizbuch *nt* ② (*elenco di argomenti*) Agenda *f*, Tagesordnung *f* ③ (INFORM) Organizer *m;* ~ **elettronica** elektronisches Notizbuch

**agente** [a'dʒɛnte] I. *agg* wirkend II. *mf* ① (~ *segreto*) Agent(in) *m(f);* ~ **provocatore** Agent provocateur *m*, Lockspitzel *m;* ~ **segreto** Geheimagent(in) *m(f)* ② (*guardia*) Polizist(in) *m(f)*, Polizeibeamte(r) *m,* -beamtin *f*, Wachmann *m A;* ~ **di pubblica sicurezza** Polizeibeamte(r) *m/*-beamtin *f;* ~ **investigativo** Detektiv(in) *m(f)*, Geheimpolizist(in) *m(f)* ③ (COM) Agent(in) *m(f)*, Vertreter(in) *m(f)*, Makler(in) *m(f);* ~ **di assicurazione** Versicherungsagent(in) *m(f);* ~ **di cambio** Börsenmakler(in) *m(f);* ~ **di commercio** Handelsvertreter(in) *m(f);* ~ **immobiliare** Immobilienmakler(in) *m(f)* III. *m* ① (MED, LING, CHEM) Agens *nt;* **-i cancerogeni** krebserregende Stoffe ② *pl* (METEO) Einflüsse *mpl* ③ (CHEM) Wirkstoff *m;* ~ **inquinante** Schadstoff *m;* **-i chimici** Chemikalien *fpl;* **-i fisici** Naturkräfte *fpl*

**agenzia** [adʒen'tsi:a] <-ie> *f* Agentur *f;* (*filiale*) Zweigstelle *f;* ~ **cuori solitari** Partnervermittlung *f;* ~ **di cambio** Wechselstube *f;* ~ **d'investigazione** Detektivbüro *nt;* ~ **di stampa** Presseagentur *f;* ~ **di viaggi** Reisebüro *nt;* ~ **teatrale** Theateragentur *f*

**agevolare** [adʒevo'la:re] *vt* ① (*render facile*) erleichtern ② (*favorire*) unterstützen **agevolazione** [adʒevolat'tsio:ne] *f* Erleichterung *f*

**agevole** [a'dʒɛ:vole] *agg* ① (*comodo*) angenehm ② (*facile*) leicht ③ (*docile*) umgänglich **agevolezza** [adʒevo'lettsa] *f* Annehmlichkeit *f*, Bequemlichkeit *f*

**agganciamento** [aggantʃa'mento] *m* Kopp[e]lung *f*, Anschluss *m*

**agganciare** [aggan'tʃa:re] *vt* ① (*vagoni*) anhängen, ankuppeln ② (*vestiti*) zuhaken; (*cintura*) zuschnallen; (*appendere*) aufhängen ③ (*fig: per parlare*) abfangen

**aggancio** [ag'gantʃo] <-ci> *m* ① (*collegamento*) Kopp[e]lung *f* ② (*fig: appiglio*) Ansatzpunkt *m*

**aggeggio** [ad'dʒeddʒo] <-ggi> *m* Ding *nt*, Gerät *nt*

**aggettivo** [addʒet'ti:vo] *m* (LING) Adjektiv *nt*, Eigenschaftswort *nt*

**aggetto** [ad'dʒɛtto] *m* (ARCH) Vorbau *m*, Vorsprung *m;* **fare** ~ [her]vorragen, -springen

**agghiacciante** [aggiat'tʃa:nte] *agg* schauderhaft, entsetzlich

**agghiacciare** [aggiat'tʃa:re] I. *vt avere* ① (*far diventare ghiacciato*) gefrieren [lassen] ② (*fig: far inorridire*) erstarren lassen II. *vr* **-rsi** (*divenir ghiaccio*) gefrieren; (*inorridire*) erstarren

**agghindare** [aggin'da:re] I. *vt* herausputzen II. *vr* **-rsi** sich herausputzen

**aggio** ['addʒo] <-ggi> *m* ① (COM, FIN) Agio *nt*, Aufgeld *nt* ② (*di esattori*) Provision *f*

**aggiogare** [addʒo'ga:re] *vt* ① (*tori*) ins Joch spannen ② (*fig*) einspannen; (*soggiogare*) unterjochen

**aggiornamento** [addʒorna'mento] *m* ① (*perfezionamento*) Fortbildung *f* ② (*rinvio*) Vertagung *f* ③ (*appendice di un'enciclopedia*) Ergänzungsband *m* ④ (INFORM) Aktualisierung *f;* ~ **dati** Datenpflege *f*

**aggiornare** [addʒor'na:re] I. *vt avere* ① (*mettere a giorno*) auf den neuesten

Stand bringen ❷ (*rinviare*) vertagen II. *vi* essere (*impersonale*) Tag werden III. *vr* -rsi sich fortbilden

**aggiramento** [addʒira'mento] *m* ❶ (*accerchiamento*) Einkreisen *nt*; (MIL) Umzingelung *f* ❷ (*fig: raggiro*) Betrug *m*, Hinterlist *f*

**aggirare** [addʒi'ra:re] I. *vt* ❶ (*circondare*) einkreisen; (MIL) umzingeln ❷ (*fig: evitare*) umgehen ❸ (*fig: ingannare*) betrügen, hintergehen II. *vr* -rsi ❶ (*andare attorno*) sich herumtreiben; (*fig*) kreisen; -rsi intorno a qc um etw kreisen ❷ (*approssimarsi*) in etwa betragen; **il prezzo s'aggira sul milione** der Preis bewegt sich um eine Million

**aggiudicare** [addʒudi'ka:re] I. *vt* ~ **qc [a qu]** etw [an jdn] vergeben; (JUR) jdm etw zuerkennen II. *vr* -rsi erlangen **aggiudicazione** [addʒudikat'tsjo:ne] *f* Zuschlag *m*

**aggiungere** [ad'dʒundʒere] <irr> I. *vt* hinzufügen, beifügen II. *vr* -rsi hinzukommen

**aggiunta** [ad'dʒunta] *f* Zusatz *m*, Zugabe *f*; (*in libri*) Ergänzung *f*

**aggiuntare** [addʒun'ta:re] *vt* zusammenfügen **aggiuntatura** [addʒunta'tu:ra] *f* Nahtstelle *f*

**aggiuntivo, -a** [addʒun'ti:vo] *agg* Zusatz-, Ergänzungs-, zusätzlich, außertourlich *A*

**aggiunto, -a** [ad'dʒunto] I. *pp di* **aggiungere** II. *agg* Hilfs-, beigeordnet; (*medico*) Assistenz- III. *m, f* Assistent(in) *m(f)*, Stellvertreter(in) *m(f)*; ~ **giudiziario** Gerichtsassessor *m*

**aggiustafogli** [addʒusta'fɔʎʎi] <-> *m* Papierkontrolleur(in) *m(f)*

**aggiustamento** [addʒusta'mento] *m* ❶ (MIL) Zielen *nt*, Richten *nt* ❷ (*fig: accomodamento*) Vergleich *m* ❸ (*fig: pareggio*) Ausgleich *m*; ~ **di conti** Abrechnung *f*

**aggiustare** [addʒus'ta:re] I. *vt* ❶ (*riparare*) reparieren; (*vestito*) ausbessern; (*mettere in ordine*) in Ordnung bringen ❷ (MIL: *regolare bene*) richten ❸ (*diverbio*) beilegen ❹ (FIN) begleichen ❺ (*loc*) ~ **qu per le feste** (*fig*) jdn böse zurichten II. *vr* -rsi ❶ (*venire ad un accomodamento*) sich einigen ❷ (*fam: adattarsi*) sich behelfen **aggiustatore, -trice** [addʒusta'to:re] *m, f* Reparateur(in) *m(f)* **aggiustatura** [addʒusta'tu:ra] *f* Reparatur *f*

**agglomeramento** [agglomera'mento] *m* Zusammenballung *f*

**agglomerante** [agglome'rante] *m* Bindemittel *nt*

**agglomerare** [agglome'ra:re] I. *vt* zusammenballen, häufen II. *vr* -rsi sich zusammenballen, sich [an]sammeln **agglomerato** [agglome'ra:to] *m* ❶ (*centro abitato*) Siedlung *f* ❷ (GEOL) Agglomerat *nt*; -i **di carbone/legno** Presskohle *f*/Pressholz *nt*

**agglutinazione** [agglutinat'tsjo:ne] *f* Agglutination *f*

**aggomitolare** [aggomito'la:re] I. *vt* aufwickeln II. *vr* -rsi sich zusammenrollen

**aggradare** [aggra'da:re] *vi* (*poet*) belieben; **questo vino non mi aggrada** dieser Wein ist nicht nach meinem Geschmack

**aggrappare** [aggrap'pa:re] I. *vt* anklammern II. *vr* -rsi [**a qu/qc**] (*a. fig*) sich [an jdn/etw] klammern

**aggravamento** [aggrava'mento] *m* Verschärfung *f*; (*peggioramento*) Verschlimmerung *f* **aggravante** [aggra'vante] I. *agg* erschwerend II. *f* erschwerender Umstand **aggravare** [aggra'va:re] I. *vt* verschärfen, verschlimmern II. *vr* -rsi sich verschlimmern

**aggravio** [ag'gra:vjo] <-i> *m* Belastung *f*; **essere d'~ a qu** jdm zur Last fallen; ~ **fiscale** Steuerlast *f*

**aggraziare** [aggrat'tsja:re] I. *vt* verfeinern II. *vr* -rsi **qu** jds Gunst erlangen **aggraziato, -a** [aggra'tsja:to] *agg* graziös, anmutig

**aggredire** [aggre'di:re] <aggredisco> *vt* ❶ (*assalire*) angreifen ❷ (*fig: problema*) angehen, in Angriff nehmen; (*persona*) anherrschen, anfahren

**aggreditrice** *f v.* **aggressore**

**aggregare** [aggre'ga:re] I. *vt* angliedern; ~ **un asilo ad una scuola** der Schule einen Kindergarten angliedern II. *vr* -rsi **a qu/qc** sich jdm/etw angliedern

**aggregato** [aggre'ga:to] *m* ❶ (*complesso di persone*) Ansammlung *f*; (*di cose*) Komplex *m* ❷ (MAT, EL, CHEM, GEOL, BIOL) Aggregat *nt*

**aggregato, -a** *agg* ❶ (*aggiunto*) zusätzlich ❷ (*distaccato provvisoriamente*) abgestellt, abgeordnet **aggregazione** [aggregat'tsjo:ne] *f* Aggregation *f*; **stato di** ~ Aggregatzustand *m*

**aggressione** [aggres'sjo:ne] *f* Überfall *m*; **patto di non** ~ Nichtangriffspakt *m*

**aggressive** [ə'gresiv] *agg* (*sl*) aggressiv

**aggressività** [aggressivi'ta] <-> *f* Aggressivität *f*

**aggressivo** [aggres'si:vo] *m* ~ **chimico** chemischer Kampfstoff

**aggressivo, -a** *agg* aggressiv

**aggressore**, **aggreditrice** [aggres'so:re, aggredi'tri:tʃe] **I.** *agg* angreifend; **stato ~** Aggressor *m* **II.** *m, f* Angreifer(in) *m(f)*

**aggrinzire** [aggrin'tsi:re] **I.** *vt* runzeln **II.** *vr* **-rsi** sich runzeln

**aggrottare** [aggrot'ta:re] *vt* (*fronte, sopracciglia*) runzeln

**aggrovigliamento** [aggroviʎʎa'mento] *m* Verwicklung *f*

**aggrovigliare** [aggroviʎ'ʎa:re] **I.** *vt* verwickeln **II.** *vr* **-rsi** (*fig*) sich verwickeln; **la situazione si è aggrovigliata** die Situation ist verworren

**aggrumarsi** [aggru'marsi] *vr* gerinnen

**agguantare** [agguan'ta:re] **I.** *vt* fassen, fest halten **II.** *vr* **-rsi** sich fest halten

**agguato** [ag'gua:to] *m* ❶ (*imboscata*) Hinterhalt *m*, Falle *f*; **stare in ~** auf der Lauer liegen; **tendere un ~ a qu** jdm eine Falle stellen ❷ (POL) Anschlag *m*, Attentat *m*

**agguerrire** [agguer'ri:re] <**agguerrisco**> **I.** *vt* ❶ (MIL) drillen ❷ (*fig: temprare*) abhärten **II.** *vr* **-rsi** sich stählen, sich abhärten

**aghifoglia** [agi'fɔʎʎa] *f* Nadelbaum *m*

**aghiforme** [agi'forme] *agg* nadelförmig

**agiatezza** [adʒa'tettsa] *f* Wohlstand *m*

**agiato, -a** [a'dʒa:to] *agg* ❶ (*benestante*) wohlhabend ❷ (*comodo*) bequem

**agibile** [a'dʒi:bile] *agg* benutzbar **agibilità** [adʒibili'ta] <-> *f* Benutzbarkeit *f*

**agile** [a'dʒile] *agg* ❶ (*di movimento*) gewandt, behände ❷ (*fig*) wendig; (*ingegno*) wach; (*libro*) handlich **agilità** [adʒili'ta] <-> *f* ❶ (*facilità di movimento*) Gewandtheit *f*, Flinkheit *f* ❷ (*fig*) Wendigkeit *f*; (*di ingegno a*) Wachheit *f*

**agio** [a'dʒo] <-gi> *m* ❶ (*comodo*) Behaglichkeit *f*, Bequemlichkeit *f*; **trovarsi a proprio ~** sich wohl fühlen; **mettiti a tuo ~!** mach es dir bequem! ❷ (*opportunità*) Möglichkeit *f*, Spielraum *m* ❸ *pl* (*comodità del vivere*) Annehmlichkeiten *fpl*

**agiografia** [adʒogra'fi:a] *f* Hagiographie *f*

**AGIP** [a'dʒip] *f acro di* **Azienda Generale Italiana Petroli** *italienische Mineralölverwaltung*

**agire** [a'dʒi:re] <**agisco**> *vi* ❶ (*operare*) handeln, tun ❷ (*veleno*) wirken; (TEC) funktionieren ❸ (*di comportamento*) sich verhalten ❹ (JUR) **~ contro qu** [gegen jdn] gerichtlich vorgehen

**agitabile** [adʒi'ta:bile] *agg* (*fig*) erregbar

**agitare** [adʒi'ta:re] **I.** *vt* ❶ (*scuotere*) schütteln; (*fazzoletto*) schwenken; **~ prima dell'uso** vor Gebrauch schütteln ❷ (*fig: eccitare*) erregen, in Aufruhr versetzen **II.** *vr* **-rsi** ❶ (*rigirarsi*) sich hin und her werfen, sich wälzen ❷ (*fig: turbarsi*) unruhig werden; (POL) sich erheben

**agitato, -a** [adʒi'ta:to] *agg* ❶ (*mosso*) unruhig; (*a mare, discussione*) bewegt ❷ (*fig: eccitato, turbato*) aufgeregt **agitatore, -trice** [adʒita'to:re] *m, f* Agitator(in) *m(f)* **agitatorio, -a** [adʒita'tɔ:rio] <-i, -ie> *agg* agitatorisch

**agitazione** [adʒitat'tsio:ne] *f* ❶ (*turbamento*) Unruhe *f*, Aufregung *f*; **mettere in ~** in Aufregung versetzen; **essere in ~** aufgeregt sein ❷ (*disturbo*) Reizung *f*; (*di stomaco*) Verstimmung *f* ❸ (POL) Unruhe *f*, Aufruhr *m*

**agit-prop** [a'dʒit 'prɔp] <-> *m* Agitprop *f*

**agli** [aʎʎi] *prp* = **a + gli** *v.* **a**

**aglio** [aʎʎo] <-gli> *m* Knoblauch *m*

**agnello** [aɲ'nɛllo] *m* Lamm *nt;* **~ arrosto** Lammbraten *m*

**agnolotti** [aɲɲo'lɔtti] *mpl* mit Fleisch gefüllte Nudeltaschen

**agnostico, -a** [aɲ'nɔstiko] <-ci, -che> **I.** *agg* agnostizistisch **II.** *m, f* Agnostiker(in) *m(f)*

**ago** [a'go] <-ghi> *m* Nadel *f*; (*di bilancia*) Zeiger *m*; **cercare un ~ in un pagliaio** (*fig*) eine Stecknadel im Heuhaufen suchen; **non saper tener l'~ in mano** (*fig*) zwei linke Hände haben

**agognare** [agoɲ'ɲa:re] *vt* schmachten nach

**agonia** [ago'ni:a] <-ie> *f* ❶ (MED) Todeskampf *m*, Agonie *f* ❷ (*fig: angoscia*) Todesängste *fpl*

**agonismo** [ago'nizmo] *m* Wetteifer *m*

**agonistico, -a** [ago'nistiko] <-ci, -che> *agg* ❶ (SPORT) Leistungs-; **spirito ~** Kampfgeist *m* ❷ (*fig*) kämpferisch

**agonizzare** [agonid'dza:re] *vi* ❶ (*essere in agonia*) im Sterben liegen ❷ (*fig: languire*) dahinsiechen

**agopressione** [agopres'sio:ne] *f* Akupressur *f* **agopuntura** [agopun'tu:ra] *f* Akupunktur *f*

**agorafobia** [agorafo'bi:a] *f* (MED) Platzangst *f*, Agoraphobie *f* **agorafobo, -a** [ago'ra:fobo] **I.** *agg* agoraphobisch **II.** *m, f* an Agoraphobie [*o* Platzangst] leidende Person *f*

**agoraio** [ago'ra:io] <-ai> *m* Nadelbüchse *f*

**agostiniano, -a** [agosti'nia:no] **I.** *agg* Augustiner- **II.** *m, f* Augustiner(in) *m(f)*

**agosto** [a'gosto] *m* August *m; v. a.* **aprile**

**agraria** [a'gra:ria] *f* Agrarwissenschaft *f*

**agrario, -a** [a'gra:rio] <-i, -ie> *agg* landwirtschaftlich, Agrar-

**agretto** [a'gretto] *m* ① (*sapore*) Säuerlichkeit *f*, Herbheit *f* ② (BOT) Gartenkresse *f*
**agretto, -a** *agg* säuerlich, herb
**agricolo, -a** [a'gri:kolo] *agg* landwirtschaftlich, Land-
**agricoltore** [agrikol'to:re] *m* ① (*coltivatore*) Bauer *m* ② (*imprenditore*) Landwirt *m* **agricoltura** [agrikol'tu:ra] *f* Landwirtschaft *f*
**agrifoglio** [agri'fɔʎʎo] *m* Stechpalme *f*
**agrigenetica** [agridʒe'nɛ:tika] *f* (AGR) Agrargenetik *f*, in der Landwirtschaft eingesetzte Genetik *f*
**Agrigentino** <*sing*> *m* Umgebung *f* von Agrigent
**agrigentino, -a** [agridʒen'ti:no] I. *agg* aus Agrigent stammend II. *m, f* (*abitante*) Bewohner(in) *m(f)* Agrigents
**Agrigento** *f* Agrigent *nt* (*Stadt in Sizilien*); **siamo stati in vacanza ad ~** wir haben in Agrigent Urlaub gemacht
**agrimensore** [agrimen'so:re] *m* Vermessungsingenieur(in) *m(f)*, Landvermesser(in) *m(f)* **agrimensura** [agrimen'su:ra] *f* Vermessung *f*
**agriturismo** [agritu'rizmo] *m* Ferien *pl* auf dem Bauernhof **agriturista** [agritu'rista] <-i *m*, -e *f*> *mf* Tourist(in) *m(f)* in landwirtschaftlichen Betrieben, Agrartourist(in) *m(f)* **agrituristico, -a** [agritu'ristiko] <-ci, -che> *agg* agrartouristisch; **azienda -a** Bauernhof, der Zimmer an Feriengäste vermietet
**agro** ['a:gro] *m* ① (*agrezza*) saurer Geschmack; **all'~** sauer eingelegt ② (*fig: acrimonia*) Verbitterung *f*; **avere dell'~ con qu** über jdn verbittert sein ③ (*campagna*) ländliche Umgebung
**agro, -a** ['a:gro] *agg* ① (*sapore*) sauer; **in ~** (GASTR) säuerlich eingelegt ② (*fig: pungente*) herb
**agroalimentare** [agroalimen'ta:re] *agg* Agrar- und Nahrungsmittel-; **mercato ~** Markt für landwirtschaftliche Erzeugnisse
**agroalimentarista** [agroalimenta'rista] <-i *m*, -e *f*> *mf* Händler(in) *m(f)* für landwirtschaftlich erzeugte Nahrungsmittel
**agrobiologo, -a** [agrobiɔ:logo] <-gi, -ghe> *m, f* Agrarbiologe *m*/-biologin *f*
**agrobiotecnologo, -a** [agrobiotek'nɔ:logo] <-gi, -ghe> *m, f* Agrarbiotechnologe *m*/-technologin *f* **agrochimico, -a** [agro'ki:miko] <-ci, -che> *m, f* Agrarchemiker(in) *m(f)* **agrodolce** [agro'doltʃe] *agg* süß-sauer
**agroindustria** *f* Agrarindustrie *f*

**agroinformatico, -a** [agroinfor'ma:tiko] <-ci, -che> *m, f* Agrarinformatiker(in) *m(f)*
**agronica** [a'grɔ:nika] *f* (AGR) Agrartechnologie *f*
**agronico, -a** [a'grɔ:niko] <-ci, -che> *agg* agrartechnologisch, die Agrartechnologie betreffend
**agronoma** *f v.* **agronomo**
**agronomia** [agrono'mi:a] <-ie> *f* Agronomie *f* **agronomo, -a** [a'grɔ:nomo] *m, f* Agronom(in) *m(f)*, Diplomlandwirt(in) *m(f)*
**agropastorale** [agropasto'ra:le] *agg* Weide- und Ackerbau-; **civiltà ~** Weide- und Ackerbaukultur *f*
**agrosistema** [agrosis'tɛ:ma] <-i> *m* Agrarsystem *nt*
**agrotecnico, -a** [agro'tɛkniko] <-ci, -che> I. *agg* agrotechnisch II. *m, f* Agrartechniker(in) *m(f)*
**agrume** [a'gru:me] *m* ① (*frutto*) Zitrusfrucht *f* ② (*pianta*) Zitruspflanze *f*
**agucchiare** [aguk'kia:re] *vi* sticheln
**aguzzare** [agut'tsa:re] *vt* ① (*rendere appuntito*) [zu]spitzen ② (*fig: appetito*) wecken, anregen; (*ingegno, vista*) schärfen; (*orecchie*) spitzen
**aguzzino** [agud'dzi:no] *m* (*fig: tormentatore*) Folterknecht *m*
**aguzzo, -a** [a'guttso] *agg* ① (*acuminato*) spitz ② (*fig: intenso, penetrante*) scharf, stechend
**ah** [a] *int* ah, ach
**ahi** ['a:i] *int* au|a
**ahia** ['aia] *int* Au, Aua, Autsch
**ahimè** [ai'mɛ] *int* oje, ojemine
**ai** ['a:i] *prp* = **a + i** *v.* **a**
**aia** ['a:ia] <aie> *f* Tenne *f*; **menare il can per l'~** (*fig*) etw auf die lange Bank schieben
**Aidelberga** [aidel'bɛrga] *f* Heidelberg *nt*
**AIDO** *f acro di* **Associazione Italiana Donatori Organi** *italienische Organspendervereinigung*
**AIDS** *m acro di* **Acquired Immune Deficiency Syndrome** AIDS *nt*, Aids *nt*
**aie** *pl di* **aia**
**AIG** ['a:ig] *f acro di* **Associazione Italiana Alberghi per la Gioventù** *italienischer Jugendherbergsverband*
**AIIP** *f acro di* **Associazione Italiana Internet Providers** *Vereinigung italienischer Internetanbieter*
**aio, -a** ['a:io] <ai, aie> *m, f* Erzieher(in) *m(f)*
**aiola** [a'ɔ:la] *f* Beet *nt*

**air bag** [ɛə bæg] <- o air bags> m (MOT) Airbag m; **~ laterale** Seitenairbag m

**airbus** [ˈɛabʌs] <-> m (AERO) Airbus m

**AIRC** f abbr di **Associazione Italiana per la Ricerca sul Cancro** italienische Krebsforschungsgesellschaft

**aire** [aˈiːre] m Anstoß m, Antrieb m; **dare l'~ a qc** etw in Gang setzen

**airone** [aiˈroːne] m Reiher m

**air-show** [erˈʃo] <-> m Flugshow f

**AISM** f abbr di **Associazione Italiana per la Sclerosi Multipla** italienische Multiple-Sklerose-Vereinigung

**aitante** [aiˈtante] agg mannhaft, stattlich

**aiuola** [aˈiuoːla] v. **aiola**

**aiutante** [aiuˈtante] mf ① (collaboratore) Gehilfe m/Gehilfin f, Helfer(in) m(f) ② (MIL) Adjutant m, Stabsoffizier m; **~ di bandiera/di campo** Fahnenjunker m/Feldjunker m

**aiutare** [aiuˈtaːre] I. vt **~ qu** jdm helfen; **~ la fuga di qu** jdm zur Flucht verhelfen II. vr -rsi sich helfen; **aiutati che Dio [o il ciel] t'aiuta** (prov) hilf dir selbst, so hilft dir Gott

**aiuto** [aˈiuːto] m ① (assistenza, soccorso) Hilfe f, Beistand m; **~!** Hilfe!; **~ allo sviluppo** Entwicklungshilfe f; **correre in ~ a qu** jdm zu Hilfe eilen; **essere di ~ a qu** jdm behilflich sein; **invocare ~** um Hilfe rufen ② (collaboratore) Assistent(in) m(f), Helfer(in) m(f); **~ medico** Assistenzarzt m/-ärztin f, Sekundararzt/-ärztin A; **~ regista** Regieassistent(in) m(f) ③ pl Hilfsgüter ntpl

**aizzare** [aitˈtsaːre] vt aufhetzen, aufwiegeln, aufhussen A

**al** [al] = **a + il** v. **a**

**ala** [ˈaːla] <-i> f ① (di uccello) Flügel m; (AERO) Tragfläche f; **abbassare le -i** (fig) die Flügel hängen lassen; **in un batter d'-i** (fig) im Nu; **essere sotto le -i di qu** (fig) unter jds Schutz stehen; **mettere le -i ai piedi** (fig) die Beine in die Hand nehmen; **tarpare le -i a qu** (fig) jdm die Flügel stutzen ② (SPORT) **~ destra/sinistra** rechter/linker Flügel ③ (di cappello) Krempe f

**alabarda** [alaˈbarda] f Hellebarde f

**alabastro** [alaˈbastro] m Alabaster m

**à la coque** [a la ˈkɔk] <inv> agg **uovo ~** weich gekochtes Ei

**alacre** [ˈaːlakre] agg ① (sollecito) munter, eifrig ② (fig: fervido) lebhaft, wach, resch A **alacrità** [alakriˈta] <-> f Lebhaftigkeit f, Munterkeit f

**alamaro** [alaˈmaːro] m Schnürverschluss m, Schnurbesatz m

**alambicco** [alamˈbikko] <-cchi> m Destillierkolben m

**alano** [aˈlaːno] m Dogge f

**alare** [aˈlaːre] agg Flügel-; **apertura ~** Spannweite f

**Alasca** [aˈlaska] f Alaska nt

**alato, -a** [aˈlaːto] agg ① (fornito di ali) mit Flügeln ② (fig: sublime, elevato) gehoben, erhaben

**alba** [ˈalba] f Morgengrauen nt, Morgendämmerung f; **all'~** bei Tagesanbruch; **spunta l'~** es dämmert

**albagia** [albaˈdʒiːa] <-gie> f Hochmut m, Überheblichkeit f

**albanese** [albaˈneːse] I. agg albanisch, Albaner II. mf Albaner(in) m(f)

**Albania** [albaˈniːa] f Albanien nt

**albatro** [ˈalbatro] m Albatros m

**albeggiamento** [albeddʒaˈmento] m Tagesanbruch m

**albeggiare** [albedˈdʒaːre] <albeggia> vi essere dämmern, tagen

**alberare** [albeˈraːre] vt ① (viale) mit Bäumen bepflanzen ② (nave) mit Masten versehen **alberata** [albeˈrata] f Baumreihe f

**alberato, -a** [albeˈraːto] agg baumbestanden **alberatura** [alberaˈtuːra] f Takelage f

**albergare** [alberˈgaːre] I. vt ① (alloggiare) beherbergen, aufnehmen ② (fig: sentimenti) hegen II. vi wohnen, unterkommen **albergatore, -trice** [albergaˈtoːre] m, f Hotelier m, Hotelbesitzer(in) m(f) **alberghiero, -a** [alberˈgiɛːro] agg Hotel- **albergo** [alˈbɛrgo] <-ghi> m ① (hotel) Hotel nt, Gasthof m; **~ per la gioventù** Jugendherberge f; **~ diurno** Tageshotel nt; **chiamare l'~ per riservare una camera** im Hotel anrufen, um ein Zimmer zu bestellen ② (ospitalità) **dare ~ a qu** jdn beherbergen

**albero** [ˈalbero] m ① (BOT) Baum m; **~ di Natale** Weihnachtsbaum m ② (NAUT) Mast m ③ (ANAT: di arteria) Ast m ④ (TEC) Welle f, Baum m; **~ motore** Antriebswelle f ⑤ (loc) **~ della cuccagna** Maibaum m; **~ genealogico** Stammbaum m

**albicocca** [albiˈkɔkka] <-cche> f Aprikose f, Marille f A **albicocco** [albiˈkɔkko] <-cchi> m Aprikosenbaum m, Marillenbaum m A

**albina** f v. **albino**

**albinismo** [albiˈnizmo] m Albinismus m

**albino, -a** [alˈbiːno] I. agg Albino- II. m, f Albino m

**albo** [ˈalbo] m ① (tavola) Anschlagbrett nt, Schwarzes Brett ② (registro) Register nt; **~ dei medici** Ärzteregister nt ③ (album)

Album *nt;* l'~ d'oro das Goldene Buch ④ (*libro illustrato*) Bilderbuch *nt*
**albore** [al'bo:re] *m* ① (*bianchezza*) [heller] Schimmer *m* ② *pl* (*inizio*) Anfang *m,* Anfänge *mpl*
**albori** [al'bo:ri] *mpl* Anfänge *mpl*
**album** ['album] <-> *m* Album *nt*
**albume** [al'bu:me] *m* Eiweiß *nt,* Eiklar *nt*
*A* **albumina** [albu'mi:na] *f* Albumin *nt*
**alburno** [al'burno] *m* Splint *m*
**alcali** ['alkali] <-> *m* Alkali *nt*
**alcalino, -a** [alka'li:no] *agg* alkalisch
**alce** ['altʃe] *f* Elch *m*
**alchimia** [al'ki:mia *o* alki'mi:a] <-ie> *f* Alchemie *f* **alchimista** [alki'mista] <-i *m,* -e *f*> *mf* Alchemist(in) *m(f)*
**alchimistico, -a** [alki'mistiko] <-ci, -che> *agg* alchemistisch
**alco(o)l** ['alkol ('alkool)] <-> *m* Alkohol *m* **alco(o)lico** [al'kɔ:liko (alko'ɔ:liko)] <-ci> *m* Spirituose *f,* alkoholisches Getränk **alco(o)lico, -a** <-ci, -che> *agg* alkoholisch **alco(o)lismo** [alko'lizmo (alko'ɔlizmo)] *m* Alkoholismus *m* **alco(o)lista** [alko'lista (alko'ɔlista)] <-i *m,* -e *f*> *mf* Alkoholiker(in) *m(f)* **alco(o)lizzare** [alkolid'dza:re (alkoɔ-lid'dza:re)] I. *vt* alkoholisieren II. *vr* **-rsi** sich betrinken **alco(o)lizzato, -a** [alkolid'dza:to (alkoɔlid'dza:to)] I. *agg* alkoholisiert II. *m, f* Alkoholiker(in) *m(f)* **alco(o)ltest** [alkol'tɛst (alkoɔ:l'tɛst)] <-> *m* Alkoholtest *m*
**alcova** [al'kɔ:va] *f* Alkoven *m;* **segreti d'**~ Bettgeheimnisse *ntpl*
**alcun, alcun'** [al'kun] *v.* **alcuno**
**alcunché** [alkuŋ'ke] *pron indef* (*poet*) ① (*qualche cosa*) etwas ② (*nulla*) gar nichts
**alcuno, -a** [al'ku:no] I. *agg* einige, etwas; **non** ~ kein; **senza alcun riguardo** ohne jede Rücksicht II. *pron indef* [manch] eine(r, s); **non** ~ niemand, keiner; **senza che** ~ **mi udisse** ohne dass mich jemand gehört hätte
**aldilà** [aldi'la] <-> *m* Jenseits *nt*
**alé** [a'le] *int* (*fam*) vorwärts, los; **alé oh oh!** Ole, ole, ole!
**alea** ['a:lea] *f* Wagnis *nt* **aleatorio, -a** [alea'tɔ:rio] <-i, -ie> *agg* Zufalls-; **contratti -i** (JUR) Risikoverträge *mpl*
**aleggiare** [aled'dʒa:re] *vi* ① (*di venti leggeri*) wehen ② (*fig: aggirarsi*) umgeben
**alemanno, -a** [ale'manno] I. *agg* alemannisch II. *m, f* Alemanne *m*
**Alessandria** *f* ① (*in Piemonte*) Alessandria *nt* ② (*in Egitto*) Alexandria *nt*

**alessandrino, -a** [alessan'dri:no] I. *agg* ① (*di Alessandria d'Egitto e della sua cultura tra IV e I sec aC.*) alexandrinisch ② (*di Alessandria in Piemonte*) aus Alessandria ③ (LIT) alexandrinisch; **verso** ~ Alexandriner *m* II. *m, f* ① (*artista dell'età alessandrina*) Künstler(in) *m(f)* der alexandrinischen Epoche ② (LIT: *verso*) Alexandriner *m* ③ (*abitante di Alessandria in Piemonte*) Bewohner(in) *m(f)* von Alessandria
**Alessandrino** <*sing*> *m* Umgebung *f* von [*o* Gebiet *nt* um] Alessandria, Provinz *f* Alessandria
**aletta** [a'letta] *f* Flügel *m,* Klappe *f* **alettone** [alet'to:ne] *m* Querruder *nt*
**alfa** ['alfa] <-> *f* (*lettera*) Alpha *nt*
**alfabetico, -a** [alfa'bɛtiko] <-ci, -che> *agg* alphabetisch
**alfabetizzare** [alfabetid'dza:re] *vt* alphabetisieren **alfabetizzazione** [alfabetiddzat'tsio:ne] *f* Alphabetisierung *f* **alfabeto** [alfa'bɛ:to] *m* Alphabet *nt*
**alfanumerico, -a** [alfanu'mɛriko] <-ci, -che> *agg* (INFORM) alphanumerisch
**alfiere** [al'fiɛ:re] *m* ① (*portabandiera*) Fahnen-, Bannerträger *m* ② (MIL) Fähnrich *m* ③ (*negli scacchi*) Läufer *m*
**alfine** [al'fi:ne] *avv* schließlich, endlich
**alga** ['alga] <-ghe> *f* Alge *f*
**algebra** ['aldʒebra] *f* Algebra *f* **algebrico, -a** [al'dʒɛ:briko] <-ci, -che> *agg* algebraisch
**Algeria** [aldʒe'ri:a] *f* Algerien *nt* **algerino, -a** [aldʒe'ri:no] I. *agg* algerisch II. *m, f* Algerier(in) *m(f)*
**alghicida** [algi'tʃi:da] <-i> *m* Algizid *nt*
**algocoltura** [algokol'tu:ra] *f* Algenzucht *f*
**algoritmista** [algorit'mista] <-i *m,* -e *f*> *mf* Algorithmiker(in) *m(f)*
**Algovia** [al'gɔ:via] *f* Allgäu *nt*
**ALI** ['a:li] *m abbr di* **Atlante Linguistico Italiano** italienischer Sprachatlas
**aliante** [a'liante] *m* Segelflugzeug *nt* **aliantista** [alian'tista] <-i *m,* -e *f*> *mf* Segelflieger(in) *m(f)*
**alibi** ['a:libi] <-> *m* Alibi *nt*
**alice** [a'li:tʃe] *f* Sardelle *f*
**alienamento** [aliena'mento] *m* (JUR) Veräußerung *f*
**alienare** [alie'na:re] I. *vt* ① (JUR: *vendere*) veräußern ② (*rendere ostile*) entfremden ③ (*distogliere*) ~ **qu da qc** jdn um etw bringen II. *vr* **-rsi qu** sich jdm entfremden; **-rsi qc** sich *dat* etw verscherzen **alienato, -a** [alie'na:to] I. *agg* ① (JUR) veräußert ② (MED) geistesgestört II. *m, f* Geistes-

gestörte(r) *f(m)* **alienazione** [alienat'tsio:ne] *f* ❶ (JUR) Veräußerung *f* ❷ (PHILOS) Entfremdung *f* ❸ (PSIC) ~ **mentale** Geistesgestörtheit *f* **alienista** [alie'nista] <-i *m*, -e *f*> *mf* Nervenarzt *m/*-ärztin *f* **alieno, -a** [a'liɛ:no] *agg* **essere ~ da qc** einer Sache *dat* abgeneigt sein
**alimentare**[1] [alimen'ta:re] *agg* Lebensmittel-, Nahrungs[mittel]-; **generi -i** Lebensmittel *mpl*, Nahrungsmittel *ntpl;* **intolleranza ~** (MED) Nahrungsmittelintoleranz *f*
**alimentare**[2] I. *vt* ❶ (*nutrire: persone*) ernähren; (*animali*) füttern ❷ (*rifornire di viveri*) versorgen ❸ (*caldaia, fuoco*) speisen; (*altiforni*) beschicken ❹ (*fig: mantenere vivo*) nähren II. *vr* **-rsi** sich ernähren
**alimentari** [alimen'ta:ri] *mpl* Lebensmittel *ntpl*, Nahrungsmittel *ntpl*
**alimentarista** [alimenta'rista] <-i *m*, -e *f*> *mf* ❶ (*commerciante*) Lebensmittelhändler(in) *m(f)* ❷ (*lavoratore*) in der Lebensmittelindustrie Beschäftigte(r) *f(m)* ❸ (*studioso*) Ernährungswissenschaftler(in) *m(f)*
**alimentazione** [alimentat'tsio:ne] *f* ❶ (*con cibo*) Ernährung *f;* ~ **a base di cibi integrali** Vollwertnahrung *f* ❷ (TEC) Versorgung *f;* ~ **elettrica** Stromversorgung *f;* ~ **del carburante** Kraftstoffförderung *f*
**alimento** [ali'mento] *m* ❶ (*cibo*) Ernährung *f*, Nahrung *f*, Nahrungsmittel *nt* ❷ (TEC) Speisung *f*, Zufuhr *f* ❸ *pl* (JUR) Alimente *pl*, Unterhalt *m;* **obbligo di passare gli -i** Unterhaltspflicht *f*
**alinea** [a'li:nea] <-> *m* Absatz *m*, Abschnitt *m*
**aliquota** [a'li:kuota] *f* ❶ (*quota*) Anteil *m* ❷ (*d'imposta*) Steuersatz *m*
**aliscafista** [aliska'fista] <-i *m*, -e *f*> *mf* Tragflächenbootfahrer(in) *m(f)*
**aliscafo** [alis'ka:fo] *m* (NAUT) Tragflächenboot *nt*
**aliseo** [ali'zɛ:o] I. *agg* Passat- II. *m* Passat[wind] *m*
**alitare** [ali'ta:re] *vi* ❶ (*respirare*) [aus]atmen, hauchen ❷ (*fig: soffiare*) leise wehen
**alito** ['a:lito] *m* ❶ (*fiato*) Atem *m;* **aver l'~ cattivo** Mundgeruch haben ❷ (*fig: lieve soffio*) Hauch *m* **alitosi** [ali'tɔ:zi] <-> *f* Mundgeruch *m*
**all.** *abbr di* **allegato, -i** Anl., Anlage
**all', alla** [all, 'alla] *prp* = **a + l', la** *v. a*
**allacciamento** [allattʃa'mento] *m* ❶ (TEC) Anschluss *m* ❷ (*fig*) [An]knüpfen *nt*
**allacciare** [alla'tʃa:re] I. *vt* ❶ (*stringere con lacci*) [zu]schnüren, [zu]binden; (*cintura*) schließen ❷ (*fig: collegare*) verknüpfen; (*località*) verbinden; (*amicizia*) knüpfen ❸ (TEC) anschließen II. *vr* **-rsi la cintura** [di sicurezza] sich anschnallen
**allagamento** [allaga'mento] *m* Überschwemmung *f* **allagare** [alla'ga:re] *vt* überschwemmen, überfluten
**allampanato, -a** [allampa'na:to] *agg* hager, abgemagert
**allargamento** [allarga'mento] *m* Erweiterung *f*, Verbreiterung *f*
**allargando** [allar'gando] <-> *m* (MUS) Allargando *nt*
**allargare** [allar'ga:re] I. *vt* ❶ (*rendere più largo*) erweitern; (*strade*) verbreitern; (*vestiti*) weiter machen ❷ (*braccia*) ausbreiten; (*dita*) spreizen ❸ (*fig: estendere*) ausdehnen, erweitern; **mi si allarga il cuore** ich bin erleichtert; ~ **il freno** (*fig*) die Zügel lockern II. *vi* (SPORT) ~ **in curva** in der Kurve ausbrechen; ~ **sulla destra** über die rechte Flanke spielen III. *vr* **-rsi** sich erweitern; **-rsi con qu** (*fig*) sich bei jdm aussprechen; **-rsi nelle spese** (*fig*) sich mit den Ausgaben übernehmen
**allarmare** [allar'ma:re] I. *vt* ❶ (*dare l'allarme*) alarmieren ❷ (*fig: mettere in agitazione*) beunruhigen II. *vr* **-rsi** sich beunruhigen **allarme** [al'larme] *m* Alarm *m*, Warnung *f;* **mettersi in ~** in Unruhe geraten; **dare l'~** Alarm schlagen **allarmismo** [allar'mizmo] *m* (*pej*) ❶ (*stato di allarme*) Panikstimmung *f* ❷ (*tendenza ad allarmare*) Angstmacherei *f*, Panikmache *f fam*
**allarmista** [allar'mista] <-i *m*, -e *f*> *mf* Panikmacher(in) *m(f)*
**allarmistico, -a** [allar'mistiko] <-ci, -che> *agg* alarmierend, beunruhigend
**allattamento** [allatta'mento] *m* (*di bambini*) Stillen *nt;* (*di animali*) Säugen *nt*
**allattare** [allat'ta:re] *vt* (*bambini*) stillen; (*animali*) säugen
**alle** ['alle] *prp* = **a + le** *v. a*
**alleanza** [alle'antsa] *f* Allianz *f*, Bündnis *nt;* **stringere un'~** ein Bündnis schließen **allearsi** [alle'arsi] *vr* ~ **a** [*o* **con**] **qu** sich mit jdm verbünden **alleato, -a** [alle'a:to] I. *agg* verbündet; (HIST) alliiert, Alliierten- II. *m, f* Verbündete(r) *f(m)*, Bündnispartner *m;* **-i** (HIST) Alliierte(n) *pl*
**allegare** [alle'ga:re] I. *vt* ❶ (*accludere*) beifügen, beilegen; (INFORM) anhängen ❷ (*addurre*) anführen, beibringen ❸ (*denti*) stumpf machen II. *vi* Frucht ansetzen
**allegato** [alle'ga:to] *m* Anlage *f;* **in ~** anbei, beiliegend
**allegato, -a** *agg* beigefügt; **qui ~** anbei, in der Anlage

**alleggerimento** [alledd͡ʒeri'mento] *m* ① (*di peso*) Entlastung *f* ② (*fig: sollievo*) Erleichterung *f*
**alleggerire** [alledd͡ʒe'riːre] <alleggerisco> I. *vt* ① (*rendere leggero*) leichter machen ② (*fig: liberare di un peso*) erleichtern; (*pena*) mildern; (*dolore*) lindern ③ (*scherz: derubare*) erleichtern II. *vr* **-rsi** ablegen; (*indossare indumenti più leggeri*) sich leichter kleiden **alleggio** [al'ledd͡ʒo] <-ggi> *m* ① (*sbarco del carico*) Leichtern *nt*, Löschen *nt* ② (*maona*) Leichter *m*
**allegoria** [allego'riːa] <-ie> *f* Allegorie *f*
**allegorico, -a** [alle'gɔːriko] <-ci, -che> *agg* allegorisch
**allegrezza** [alle'grettsa] *f* Fröhlichkeit *f*, Heiterkeit *f*
**allegria** [alle'griːa] <-ie> *f* Fröhlichkeit *f*; **vivere in ~** unbekümmert leben; **mettere ~ a qu** jdn fröhlich stimmen **allegro, -a** *agg* lustig, ausgelassen; (*colore*) lebhaft; **far vita -a** ein unbekümmertes Leben führen; **c'è poco da stare -i** da gibt es nichts zu lachen; **essere un po' ~** (*fam*) etwas angeheitert sein
**alleluia** [alle'luːia] <-> *m* Halleluja *nt*
**allenamento** [allena'mento] *m* Übung *f*, Training *nt*; **esser fuori ~** aus der Übung sein; **tenersi in ~** sich fit halten **allenare** [alle'naːre] I. *vt* trainieren II. *vr* **-rsi** [*per* [*o* **a**] **qc**] [auf etw *acc*] trainieren **allenatore, -trice** [allena'toːre] *m, f* (*tecnico*) Trainer(in) *m(f)*
**allentamento** [allenta'mento] *m* Lockerung *f*, Nachlassen *nt*
**allentare** [allen'taːre] I. *vt* lockern, lösen; **~ un ceffone a qu** (*fam*) jdm eine Ohrfeige verpassen; **~ i cordoni della borsa** (*fig*) spendabel sein II. *vr* **-rsi** (*divenire lento*) locker werden, sich lockern; (*diminuire d'intensità*) nachlassen
**allergia** [aller'd͡ʒiːa] <-gie> *f* Allergie *f*; **avere l'~ a qc** (*a. fig, scherz*) gegen etw allergisch sein **allergico, -a** [al'lɛrd͡ʒiko] <-ci, -che> *agg* (*a. fig, scherz*) **essere ~ [a qc]** [gegen etw] allergisch sein
**allergologia** [allergolo'd͡ʒiːa] <-gie> *f* (MED) Allergologie *f* **allergologo, -a** [aller'gɔːlogo] <-gi, -ghe> *m, f* (MED) Allergologe *m*/Allergologin *f*
**allergopatia** [allergopa'tiːa] <-ie> *f* (MED) Allergopathie *f*, durch eine Allergie hervorgerufene Krankheit *f*
**allerta** [al'lerta] *f* Achtung *f*; **stare ~** achtgeben
**allestimento** [allesti'mento] *m* ① (*approntamento*) Herrichten *nt*, Ausstatten *nt* ② (NAUT) Ausrüstung *f* ③ (THEAT) Bühnenausstattung *f*; (FILM) Szenerie *f*
**allestire** [alles'tiːre] <allestisco> *vt* ① (*pranzo, cena*) zubereiten; (*festa*) organisieren ② (*vetrina*) dekorieren ③ (THEAT) inszenieren ④ (MIL, NAUT) ausrüsten
**allettamento** [alletta'mento] *m* Verlockung *f*, Verführung *f* **allettare** [allet'taːre] *vt* verlocken, verführen **allettatore, -trice** [alletta'toːre] *m, f* Verführer(in) *m(f)*
**allevamento** [alleva'mento] *m* ① (*di animali*) Zucht *f*; (*di piante*) Züchtung *f* ② (*luogo*) Farm *f* ③ (*di bambini*) Aufziehen *nt*
**allevare** [alle'vaːre] *vt* ① (*animali*) züchten; (*piante*) ziehen ② (*bambini*) aufziehen, großziehen; **~ una serpe in seno** (*fig*) eine Schlange am Busen nähren **allevatore, -trice** [alleva'toːre] *m, f* Züchter(in) *m(f)*
**alleviare** [alle'viaːre] *vt* erleichtern; (*dolore*) lindern
**allibire** [alli'biːre] <allibisco> *vi essere* [vor Schreck] erstarren **allibito, -a** [alli'biːto] *agg* verblüfft
**allibramento** [allibra'mento] *m* Buchung *f*, Eintragung *f* **allibrare** [alli'braːre] *vt* buchen, registrieren
**allibratore** [allibra'toːre] *m* Buchmacher *m*
**allietare** [allie'taːre] *vt* erfreuen, erheitern
**allievo, -a** [al'liɛːvo] *m, f* Schüler(in) *m(f)*; **~ ufficiale** Offiziersanwärter *m*
**alligatore** [alliga'toːre] *m* Alligator *m*
**allignare** [alliɲ'naːre] *vi* ① (*attecchire*) anwachsen ② (*fig: trovarsi, essere presente*) verwurzelt sein (*in in* + *dat*)
**allineamento** [allinea'mento] *m* ① (*disposizione in linea*) Aufreihen *nt* ② (NAUT) [Flotten]verband *m* ③ (*in economia*) Angleichung *f* ④ (*computer*) Ausrichtung *f* ⑤ (*fig: adeguamento*) Anpassung *f*, Angleichung *f*
**allineare** [alline'aːre] I. *vt* aufreihen, in einer Reihe aufstellen; (MIL) formieren II. *vr* **-rsi** ① (*mettersi in linea*) sich in einer Reihe aufstellen ② (*conformarsi*) sich anpassen, sich angleichen **allineato, -a** *agg* **~ a sinistra/destra** links-/rechtsbündig
**allitterazione** [allitterat'tsioːne] *f* Alliteration *f*
**allo** ['allo] *prp* = **a + lo** *v.* **a**
**allocativo, -a** [alloka'tiːvo] *agg* Zuteilungs-, Bereitstellungs-

**allocco** [al'lɔkko] <-cchi> *m* (ZOO) Waldkauz *m*
**allocco, -a** <-cchi, -cche> *m, f* (*balordo*) Tölpel *m*
**allocutivo, allocutorio** [alloku'ti:vo, alloku'tɔ:rio] <-i, -ie> *agg* Anrede-
**allocuzione** [allocut'tsio:ne] *f* ❶ (*discorso*) Ansprache *f* ❷ (REL) Allokution *f*
**allodola** [al'lɔ:dola] *f* Lerche *f*
**allogamia** [aloga'mi:a] <-ie> *f* (BIOL) Allogamie *f*, Fremdbestäubung *f* **allogamico, -a** [allo'ga:miko] <-ci, -che> *agg* (BIOL) allogamisch, fremdbestäubt
**allogare** [allo'ga:re] I. *vt* unterbringen II. *vr* sich unterkommen
**allogeno, -a** [al'lɔ:dʒeno] I. *agg* fremdstämmig II. *m, f* Fremde(r) *f(m)*
**alloggiamento** [alloddʒa'mento] *m* ❶ (*l'ospitare*) Beherbergung *f*; (*alloggio*) Unterkunft *f* ❷ (MIL) Quartier *nt*, Unterkunft *f* ❸ (TEC) Sitz *m*; (*dell'orologio*) Gehäuse *nt*
**alloggiare** [allod'dʒa:re] I. *vi* ❶ (*dimorare*) wohnen, untergebracht sein ❷ (MIL) einquartiert sein II. *vt avere* ❶ (*dare ospitalità*) unterbringen ❷ (MIL) einquartieren
**alloggio** [al'lɔddʒo] <-ggi> *m* ❶ (*dimora*) Unterkunft *f*; **vitto e ~** Kost und Logis ❷ (*appartamento*) Wohnung *f* ❸ (NAUT) Kabine *f* ❹ (MIL) Quartier *nt*
**allontanamento** [allontana'mento] *m* ❶ (*distacco, espulsione*) Entfernung *f* ❷ (*fig: estraniamento*) Entfremdung *f*
**allontanare** [allonta'na:re] I. *vt* ❶ (*collocare lontano*) entfernen ❷ (*licenziare*) entfernen ❸ (*suscitare avversione*) abstoßen ❹ (*fig: pericolo*) abwenden; (*sospetto*) von sich *dat* weisen II. *vr* **-rsi** sich entfernen; **~ dalla retta via** [*o* **dal retto cammino**] (*fig*) vom rechten Wege abkommen
**allora** [al'lo:ra] I. *avv* da, damals; **da ~ in poi** von da an; **fino ~** bis dahin II. *cong* ❶ (*in questo caso*) [al]so, dann ❷ (*ebbene*) nun
**allorché** [allor'ke] *cong* als
**alloro** [al'lɔ:ro] *m* Lorbeer *m*; **conquistare l'~, cogliere -i** Lorbeeren ernten; **dormire** [*o* **riposare**] **sugli -i** sich auf seinen Lorbeeren ausruhen
**alluce** ['allutʃe] *m* großer Zeh
**allucinante** [allutʃi'nante] *agg* blendend, betörend **allucinazione** [allutʃinat'tsio:ne] *f* Halluzination *f*
**allucinogeno, -a** [allutʃi'nɔdʒeno] *agg* (MED) halluzinogen

**alludere** [al'lu:dere] <alludo, allusi, alluso> *vi* **~ a qc** auf etw *acc* anspielen
**allume** [al'lu:me] *m* Alaun *nt*
**alluminio** [allu'mi:nio] <-i> *m* Aluminium *nt*
**allunaggio** [allu'naddʒo] <-ggi> *m* Mondlandung *f* **allunare** [allu'na:re] *vi* auf dem Mond landen
**allungalapis** [alluŋga'la:pis] <-> *m*, **allungamatite** [alluŋgama'ti:te] <-> *m* Bleistiftverlängerer *m*
**allungamento** [alluŋga'mento] *m* ❶ (*l'allungare*) Verlängerung *f*; (*di abito*) Verlängern *nt*; (*di brodo*) Verlängern, Verdünnen *nt*; (*di vino*) Verdünnen, Verwässern *nt*; **~ della vita** Lebensverlängerung, Erhöhung *f* der Lebensdauer ❷ (LING, TEC) Dehnung *f*
**allungare** [allun'ga:re] I. *vt* ❶ (*accrescere di lunghezza*) verlängern, länger machen; (*distendere*) [aus]strecken; (*tavolo*) ausziehen; **~ la strada** einen Umweg machen; **~ il passo** den Schritt beschleunigen ❷ (*accrescere di durata*) verlängern, ausdehnen ❸ (*diluire*) verlängern; (*brodo*) verlängern, verdünnen; (*vino*) verdünnen, verwässern ❹ (LING, TEC) dehnen ❺ (*loc*) **~ un ceffone** (*fam*) eine Ohrfeige verpassen; **~ le mani** (*fig: per rubare*) lange Finger machen; (*per molestare*) sexuell belästigen; **~ le orecchie** (*fig*) die Ohren spitzen II. *vr* **-rsi** (*farsi più lungo*) länger werden; (*sdraiarsi*) sich ausstrecken; (*crescere*) in die Länge wachsen
**allungo** [al'luŋgo] <-ghi> *m* (*nella scherma*) Ausfall *m*; (*nel calcio*) Vorlage *f*; (*nel ciclismo*) Spurt *m*; (*nel pugilato*) Gerade *f*
**allupato** [allu'pa:to] *agg* (*sl*) notgeil
**allusi** [al'lu:zi] *1. pers sing pass rem di* **alludere**
**allusione** [allu'zio:ne] *f* Anspielung *f*, Andeutung *f* **allusivo, -a** [allu'zi:vo] *agg* anspielend, zweideutig
**alluso** [al'lu:zo] *pp di* **alludere**
**alluvionale** [alluvio'na:le] *agg* alluvial, angeschwemmt; **deposito ~** Anschwemmung *f*; **pianura ~** Schwemmlandebene *f*
**alluvionato, -a** [alluvio'na:to] I. *agg* überschwemmt II. *m, f* Überschwemmungsopfer *nt* **alluvione** [allu'vio:ne] *f* Überschwemmung *f*; (*fig*) Flut *f*
**almanacco** [alma'nakko] <-cchi> *m* Almanach *m*
**almeno** [al'me:no] I. *avv* mindestens, wenigstens II. *cong* +*conj* wenn nur
**aloe** ['a:loe] <-> *f o m* Aloe *f*

**alogeno** [a'lɔ:dʒeno] *m* (CHEM) Halogen *nt*, Salzbildner *m*
**alogeno, -a** *agg* Halogen-; **lampada -a** Halogenlampe *f*
**alone** [a'lo:ne] *m* ❶ (*attorno agli astri*) Aureole *f*, Hof *m*; (FOTO) Lichthof *m* ❷ (*fig: aureola*) Nimbus *m*
**alopecia** [alope'tʃi:a] <-cie> *f* Haarausfall *m*
**alpaca** ['alpaka *o* al'pa:ka] <-> *m* ❶ (*animale*) Alpaka *nt* ❷ (*tessuto*) Alpaka *m*
**alpacca** [al'pakka] <-cche> *f* Alpaka *nt*, Neusilber *nt*
**alpe** ['alpe] *f* Alm *f*, Hochweide *f* **alpeggio** [al'peddʒo] <-ggi> *m* Weiden *nt* auf der Alm
**alpestre** [al'pɛstre] *agg* Gebirgs-
**Alpi** ['alpi] *fpl* Alpen *pl* **alpicoltura** [alpikol'tu:ra] *f* (AGR) Alp-, Almwirtschaft *f* **alpigiano, -a** [alpi'dʒa:no] I. *agg* Berg-, Alpen- II. *m*, *f* Bergbewohner(in) *m(f)* **alpinismo** [alpi'nizmo] *m* Bergsteigen *nt*, Alpinismus *m* **alpinista** [alpi'nista] <-i *m*, -e *f*> *mf* Bergsteiger(in) *m(f)*, Alpinist(in) *m(f)* **alpinistico, -a** [alpi'nistiko] <-ci, -che> *agg* alpinistisch
**alpino** [al'pi:no] *m* Gebirgsjäger *m*
**alpino, -a** *agg* alpin, Hochgebirgs-
**alquanto** [al'kuanto] I. *agg* einige(r, s) II. *pron indef* einiges, manches III. *avv* ziemlich, beträchtlich
**Alsazia** [al'sattsia] *f* Elsass *nt*; ~ **-Lorena** Elsass-Lothringen *nt* **alsaziano, -a** [alsatts'ia:no] I. *agg* elsässisch, Elsässer II. *m*, *f* Elsässer(in) *m(f)*
**alt**[1] [alt] *int* halt
**alt**[2] <-> *m* Anhalten *nt*, Unterbrechung *f*; **dare l'~** anhalten lassen
**altalena** [alta'le:na] *f* ❶ (*in bilico*) Wippe *f* ❷ (*a funi*) Schaukel *f* ❸ (*fig: vicenda alterna*) Hin und Her *nt*, Schwanken *nt*
**altamente** [alta'mente] *avv* äußerst, erheblich
**altare** [al'ta:re] *m* Altar *m*; ~ **maggiore** Hochaltar *m*; **mettere qu sugli -i** (*fig*) jdn in den Himmel heben **altarino** [alta'ri:no] *m* [Haus-, Neben]altar *m*; **scoprire gli -i** (*fig scherz*) aus der Schule plaudern
**alterabile** [alte'ra:bile] *agg* ❶ (*cibo*) verderblich; (*colore*) nicht beständig ❷ (*fig: irritabile*) reizbar
**alterare** [alte'ra:re] I. *vt* ❶ (*modificare*) [ver]ändern; (*verità*) verdrehen ❷ (*adulterare*) verfälschen; (*falsificare*) fälschen II. *vr* **-rsi** ❶ (*modificarsi*) sich verändern ❷ (*fig: turbarsi*) sich erregen ❸ (*guastarsi*) schlecht werden, verderben **alterazione** [alterat'tsio:ne] *f* ❶ (*modificazione*) Veränderung *f* ❷ (*falsificazione*) Fälschung *f* ❸ (MED, MUS) Alteration *f* ❹ (*fig: turbamento*) Erregung *f*
**altercare** [alter'ka:re] *vi* streiten **alterco** [al'tɛrko] <-chi> *m* Auseinandersetzung *f*, Wortwechsel *m*
**alterezza** [alte'rettsa] *f* Ehrgefühl *nt*
**alterigia** [alte'ri:dʒa] <-gie> *f* Hochmut *m*
**alternanza** [alter'nantsa] *f* Wechsel *m*; (LING) Alternation *f* **alternare** [alter'na:re] I. *vt* alternieren, wechseln II. *vr* **-rsi** sich abwechseln, sich ablösen **alternativa** [alterna'ti:va] *f* Wechsel *m*; (*scelta*) Alternative *f*
**alternativista** [alternati'vista] <-i *m*, -e *f*> *mf* Person, die einen Wechsel in der Regierungsmehrheit anstrebt
**alternatività** [alternativi'ta] <-> *f* Beinhaltung *f* einer Wahlmöglichkeit **alternativo, -a** [alterna'ti:vo] *agg* alternativ
**alternato, -a** [alter'na:to] *agg* alternierend, wechselnd; **corrente -a** Wechselstrom *m* **alternatore** [alterna'to:re] *m* [Wechselstrom]generator *m* **alternatorista** [alternato'rista] <-i *m*, -e *f*> *mf* Wartungsarbeiter(in) *m(f)* für Wechselstromgeneratoren **alterno, -a** [al'tɛrno] *agg* abwechselnd; **a settimane -e** jede zweite Woche
**altero, -a** [al'tɛ:ro] *agg* würdevoll; (*fiero*) stolz; (*superbo*) hochmütig
**altezza** [al'tettsa] *f* ❶ (*gener, MUS*) Höhe *f* ❷ (*statura*) Größe *f* ❸ (*livello*) Stand *m* ❹ (*profondità*) Tiefe *f* ❺ (*larghezza di tessuti*) Breite *f* ❻ (*titolo nobiliare*) Hoheit *f* ❼ (*fig*) ~ **d'animo** moralische Größe; **essere all'~ di fare qc** in der Lage sein, etw zu tun ❽ (*latitudine*) **all'~ di Trieste** auf der Höhe von Triest
**altezzosità** [altettsosi'ta] <-> *f* Hochmut *m* **altezzoso, -a** [altet'tso:so] *agg* hochmütig
**alticcio, -a** [al'tittʃo] <-cci, -cce> *agg* angeheitert
**altiforni** *pl di* **altoforno**
**altimetria** [altime'tri:a] <-ie> *f* Höhenmessung *f* **altimetro** [al'ti:metro] *m* Höhenmesser *m*
**altipiani** *pl di* **altopiano**
**altipiano** [alti'pia:no] *m v.* **altopiano**
**altiporto** [alti'pɔrto] <-i *o* altoporti> *m* (AERO) Flughafen *m* in den Bergen [mit hängenden Pisten]
**altisonante** [altiso'nante] *agg* ❶ (*sonoro*) wohlklingend ❷ (*tronfio*) hochtrabend

**altitudine** [alti'tu:dine] *f* Höhe *f*
**alto**[1] ['alto] *m* Höhe *f*; (*parte più elevata*) oberer Teil; **in ~** hoch; **mani in ~!** Hände hoch!; **gli -i e i bassi** die Höhen und Tiefen; **guardare qu dall'~ in basso** jdn von oben herab ansehen
**alto**[2] *avv* **mirare ~** ein hohes Ziel anstreben
**alto, -a** <più alto *o* superiore, altissimo *o* supremo *o* sommo> *agg* ❶ (*sviluppato in altezza*) hoch ❷ (*statura*) groß; **quanto sei ~?** wie groß bist du? ❸ (*in luogo elevato*) hoch [gelegen]; (GEOG) Ober- ❹ (*acqua, mare*) hoch ❺ (*tessuti*) breit ❻ (*suono*) hoch; (*voce*) laut ❼ (*fig: eminente*) hervorragend; (*nobile*) edel; **-a società** High Society *f*; **-a moda** Haute Couture *f*; **quartieri -i** die reicheren Stadtteile; **avere un ~ concetto di sé** eine hohe Meinung von sich *dat* haben ❽ (*loc*) **-a stagione** Hochsaison *f*; **-a finanza** Hochfinanz *f*
**Alto Adige** ['alto 'a:didʒe] *m* Alto Adige *nt*, Südtirol *nt*; **Trentino ~** Trentino-Südtirol *nt*, Alto Adige *nt*
**altoatesino, -a** [altoate'zi:no] I. *agg* die Region Alto Adige betreffend, südtirolerisch II. *m, f* (*abitante*) Bewohner(in) *m(f)* der Region Alto Adige, Südtiroler(in) *m(f)*
**altoforno** [alto'forno] <altiforni> *m* Hochofen *m*
**altolocato, -a** [altolo'ka:to] *agg* hochgestellt
**altoparlante** [altopar'lante] *m* Lautsprecher *m*
**altopiano** [alto'pia:no] <altipiani> *m* Hochebene *f*
**altorilievo** [altori'liɛ:vo] *m* Relief *nt*
**altresì** [altre'si] *avv* (*geh, obs*) ebenso, gleichfalls
**altrettanto** [altret'tanto] *avv* ebenso, ebenfalls, gleichfalls
**altrettanto, -a** I. *agg* ebenso viel II. *pron indef* dasselbe; **grazie ~!** danke, gleichfalls!
**altri** ['altri] <inv, solo al sing> *pron indef* ❶ (*qualcuno*) ein anderer, man ❷ (*altra persona*) andere(r, s)
**altrimenti** [altri'menti] *avv* ❶ (*in caso contrario*) sonst, ansonsten A ❷ (*in modo diverso*) anders
**altro** ['altro] *m* [etwas] anderes; **non aggiungere ~** nichts hinzufügen; **ci mancherebbe ~!** das wäre ja noch schöner!; **che ~ vuoi?** was willst du noch?; **ci vuol ben ~!** es gehört viel mehr dazu; **dell'~** noch etwas; **desidera ~?** möchten Sie noch etwas?; **per ~** im Übrigen; **più che ~** vor allem; **se non ~** zumindest; **senz'~** sicher; **tra l'~** unter anderem; **tutt'~** ganz im Gegenteil; **l'un l'~** einander, gegenseitig; **non fare ~ che studiare** nichts anderes tun als lernen
**altro, -a** I. *agg* ❶ (*distinto*) andere(r, s); **in un ~ modo** anders; **sarà per un'-a volta** vielleicht klappt es ein andermal ❷ (*ulteriore*) noch ein(e); **ci sono altre domande?** hat noch jemand Fragen?; **un ~ caffè, per favore!** noch einen Kaffee, bitte!; **un'-a volta** noch einmal ❸ (*passato*) letzte(r, s); **l'-a settimana** letzte Woche; **l'-a volta** das letzte Mal; **l'~ giorno** neulich; **l'~ ieri** vorgestern ❹ (*prossimo*) nächste(r, s); **domani l'~** übermorgen; **quest'altr'anno** nächstes Jahr; **quest'~ mese** kommenden Monat II. *pron indef* andere(r, s); **un giorno o l'~** früher oder später; **da un momento all'~** jeden Augenblick; **non avere ~ da fare** nichts anderes zu tun haben; **noi -i/voi -i** wir [unsererseits]/ihr [euererseits]
**altroché** [altro'ke] *int* und wie, und ob
**altronde** [al'tronde] *avv* **d'~** im Übrigen
**altrove** [al'tro:ve] *avv* anderswo, woanders
**altrui** [al'tru:i] I.<inv> *agg* von anderen, anderer II. *pron indef* andere, die anderen
**altruismo** [altru'izmo] *m* Altruismus *m*
**altruista** [altru'ista] <-i *m*, -e *f*> *mf* Altruist *m*
**altruistico, -a** [altru'istiko] <-ci, -che> *agg* altruistisch
**altura** [al'tu:ra] *f* ❶ (*luogo elevato*) Anhöhe *f* ❷ (*alto mare*) hohe See
**alunno, -a** [a'lunno] *m, f* Schüler(in) *m(f)*
**alveare** [alve'a:re] *m* ❶ (*arnia*) Bienenstock *m* ❷ (*fig: caseggiato*) Wohnsilo *m o nt*
**alveo** ['alveo] *m* [Fluss-, Bach]bett *nt*
**alveolare** [alveo'la:re] *agg* alveolar
**alveolo** [al'vɛ:olo] *m* ❶ (ANAT) Alveole *f* ❷ (BOT) Zelle *f*
**alzabandiera** [altsaban'diɛ:ra] <-> *m* Fahnenappell *m*
**alzare** [al'tsa:re] I. *vt* ❶ (*sollevare*) hochheben; **~ il bicchiere** das Glas erheben; **~ le carte** abheben; **~ le vele** die Segel hissen; **~ i tacchi** (*fig*) Fersengeld geben ❷ (*parte del corpo*) heben; **~ le mani** [*o* **le braccia**] die Hände hochnehmen; **~ gli occhi al cielo** den Blick zum Himmel richten; **~ le spalle** mit den Schultern zucken; **~ la cresta** (*fig*) hochmütig werden; **~ il gomito** (*fig*) zu tief ins Glas gucken; **~ le mani su qu** (*fig*) Hand an jdn legen; **non ~ un dito** (*fig*)

keinen Finger rühren ❸ (*edificio*) errichten ❹ (*prezzi*) anheben; (*volume*) lauter stellen; (*voce*) [er]heben II. *vr* **-rsi** ❶ (*levarsi*) aufstehen ❷ (*sorgere*) aufkommen; (*sole, luna*) aufgehen; **-rsi in volo** aufsteigen **alzata** [al'tsa:ta] *f* Heben *nt;* **~ di spalle** Achselzucken *nt;* **votare per ~ di mano** durch Handzeichen abstimmen

**alzo** ['altso] *m* (*su fucili*) Visier *nt;* (*su cannoni*) Aufsatz *m*

**AM** ❶ *abbr di* **Aeronautica Militare** *italienische Luftwaffe* ❷ *abbr di* **Modulazione d'Ampiezza** AM

**a.m.** *abbr di* **antimeridiano** vormittags, Vormittags-

**amabile** [a'ma:bile] *agg* ❶ (*persona*) liebenswert ❷ (*vino*) lieblich **amabilità** [amabili'ta] <-> *f* Liebenswürdigkeit *f*

**amaca** [a'ma:ka] <-**che**> *f* Hängematte *f*

**amalgama** [a'malgama] <-i> *m* (*lega*) Amalgam *nt* **amalgamare** [amalga'ma:re] I. *vt* ❶ (*unire in lega*) amalgamieren ❷ (*per impasto*) vermischen II. *vr* **-rsi** sich vermischen

**amante** [a'mante] I. *agg* liebend II. *mf* Geliebte *mf;* (*fig*) Liebhaber(in) *m(f);* **~ della buona tavola** Feinschmecker(in) *m(f)*

**amanuense** [amanu'ɛnse] *m* Schreiber *m;* (*impiegato*) Schreibgehilfe *m*

**amare** [a'ma:re] I. *vt* lieben II. *vr* **-rsi** sich lieben

**amareggiare** [amared'dʒa:re] I. *vt* verbittern II. *vr* **-rsi** sich grämen

**amarena** [ama'rɛ:na] *f* Sauerkirsche *f*

**amaretto** [ama'retto] *m* ❶ (*biscottino*) Mandelmakrone *f* ❷ (*liquore*) Mandellikör *m*

**amarevole** [ama'rɛ:vole] *agg* (*amaro e gradevole*) leicht bitter, angenehm bitter

**amarezza** [ama'rettsa] *f* ❶ (*sapore*) Bitterkeit *f* ❷ (*fig: dolore misto a rancore*) Verbitterung *f*

**amaro** [a'ma:ro] *m* ❶ (*sapore*) Bitterkeit *f* ❷ (*liquore*) Bitter *m* ❸ (*fig: rancore*) Verbitterung *f*

**amaro, -a** *agg* (*a. fig*) bitter; **mandare giù bocconi -i** (*fig*) die bittere Pille schlucken; **restar con la bocca -a** (*fig*) einen bitteren Nachgeschmack haben

**amarone** [ama'ro:ne] *m* Amarone *m* (*dunkelroter Wein aus Venetien*)

**amatore, -trice** [ama'to:re] *m, f* Liebhaber(in) *m(f)*

**amatoriale** [amato'ria:le] *agg* Amateur-; **sport ~** Amateursport *m*

**amazzone** [a'maddzone] *f* Amazone *f*

**ambage** [am'ba:dʒe] *fpl* Umschweife *pl*

**ambasceria** [ambaʃʃe'ri:a] <-ie> *f* ❶ (*delegazione*) Abordnung *f* ❷ (*incarico*) Botschaft *f*

**ambascia** [am'baʃʃa] <-**sce**> *f* ❶ (*affanno*) Atemnot *f* ❷ (*fig: angoscia*) Sorge *f*, Kummer *m*

**ambasciata** [ambaʃ'ʃa:ta] *f* Botschaft *f;* **fare un'~** etw ausrichten **ambasciatore, -trice** [ambaʃʃa'to:re] *m, f* ❶ (*diplomatico*) Botschafter(in) *m(f)* ❷ (*messaggero*) Bote *m*/Botin *f;* **ambasciator non porta pena** (*prov*) den Boten trifft keine Schuld

**ambedue** [ambe'du:e] I. <inv> *agg* beide; **~ gli amici** beide Freunde II. *pron* [alle] beide

**ambidestro, -a** [ambi'dɛstro] *agg* beidhändig

**ambientale** [ambien'ta:le] *agg* Umwelt-; **danni -i** Umweltschäden *mpl;* **impatto ~** Umweltverträglichkeit *f;* **tutela ~** Umweltschutz *m* **ambientalismo** [ambienta'lizmo] *m* Umweltschutz *m* **ambientalista** [ambienta'lista] <-i *m*, -e *f*> I. *mf* Umweltschützer(in) *m(f)* II. *agg* Umweltschutz- **ambientalistico, -a** [ambienta'listiko] <-ci, -che> *agg* Umweltschutz-

**ambientamento** [ambienta'mento] *m* Eingewöhnung *f* **ambientare** [ambien'ta:re] I. *vt* (LIT, FILM, THEAT) spielen lassen II. *vr* **-rsi** sich eingewöhnen **ambientazione** [ambientat'tsio:ne] *f* (FILM, THEAT) [Bühnen]ausstattung *f*

**ambiente** [am'biɛnte] *m* ❶ (*spazio*) Raum *m*, Umgebung *f;* **temperatura ~** Zimmertemperatur *f* ❷ (BIOL) Lebensraum *m*, Umwelt *f;* **tutela dell'~** Umweltschutz *m* ❸ (SOC) Milieu *nt* ❹ (*stanza*) Raum *m* ❺ (*fig*) **sentirsi nel proprio ~** sich in seinem Element fühlen

**ambientino** [ambien'ti:no] *m* (*fam*) kleiner Raum [mit hübscher Einrichtung]; **che bell'~!** was für eine Sippschaft!

**ambiguità** [ambigui'ta] <-> *f* ❶ (*equivocità*) Zweideutigkeit *f* ❷ (*pej: falsità*) Scheinheiligkeit *f* **ambiguo, -a** [am'bi:guo] <-i, -ie> *agg* ❶ (*equivoco*) zweideutig ❷ (*pej: falso*) scheinheilig

**ambio** [am'bio] <-i> *m* Passgang *m*

**ambire** [am'bi:re] <ambisco> I. *vt* anstreben II. *vi* **~ [a qc]** [nach etw] streben

**ambito** ['ambito] *m* Bereich *m*

**ambivalente** [ambiva'lɛnte] *agg* ambivalent **ambivalenza** [ambiva'lɛntsa] *f* Ambivalenz *f*

**ambizione** [ambit'tsio:ne] *f* Ehrgeiz *m;* (*aspirazione*) Ambition *f,* Bestreben *nt*
**ambizioso, -a** [ambi'tsio:so] *agg* ehrgeizig
**ambo** ['ambo] *m* Ambo *m A,* Doppeltreffer *m*
**ambo, -a** <inv *o* -i, -e> *agg* beide; ~ [*o* -i] **i lati** beide Seiten *fpl*
**ambosessi** [ambo'sɛssi] <inv> *agg* beiderlei Geschlechts; **cercasi persone ~** Personen beiderlei Geschlechts gesucht
**ambra** ['ambra] *f* Bernstein *m;* **~ grigia** Amber *m* **ambrato, -a** [am'bra:to] *agg* ❶ (*colore*) bernsteinfarben ❷ (*profumo*) nach Amber duftend
**ambrosia** [am'brɔ:zia] <-ie> *f* Ambrosia *f*
**ambrosiano, -a** [ambro'zia:no] I. *agg* mailändisch II. *m, f* Mailänder(in) *m(f)*
**ambulacro** [ambu'la:kro] *m* Wandelgang *m*
**ambulante** [ambu'lante] I. *agg* fahrend, Wander- II. *mf* Straßenhändler(in) *m(f)*
**ambulanza** [ambu'lantsa] *f* Krankenwagen *m,* Rettung *f A*
**ambulatorietà** [ambulatorie'ta] <-> *f* Überschreibungs-, Übertragungsfähigkeit *f*
**ambulatorio** [ambula'tɔ:rio] <-i> *m* ❶ (*per consultazione*) Sprechzimmer *nt* ❷ (*per cura*) Ambulanz *f*
**ambulatorio, -a** <-i, -ie> *agg* ❶ (ANAT) Geh- ❷ (MED) ambulant
**Amburgo** [am'burgo] *f* Hamburg *nt*
**ameba** [a'mɛ:ba] *f* Amöbe *f*
**amen** ['a:men] I. *m* Amen *nt;* **in un ~** im Nu; **giungere all'~** zum Abschluss kommen II. *int* (REL, *a. fam: così sia*) amen
**amenità** [ameni'ta] <-> *f* ❶ (*attrattiva*) Lieblichkeit *f,* Anmut *f* ❷ (*facezia*) Bonmot *nt,* witzige Bemerkung ❸ (*bizzarria*) Sonderbarkeit *f* **ameno, -a** [a'mɛ:no] *agg* ❶ (*attraente*) lieblich, anmutig; (*piacevole*) angenehm, wohltuend; **letteratura -a** Unterhaltungsliteratur *f;* **un tipo ~** ein angenehmer Typ ❷ (*strano*) sonderbar
**America** *f* Amerika *nt;* **~ Latina** Lateinamerika; **~ Centrale** Mittelamerika; **~ del Nord/Sud** Nord-/Südamerika
**american dream** [a'merican 'dri:m] <-> *m* amerikanischer Traum
**americaneggiante** [amerikaned'dʒante] *agg* (*atmosfera, film*) amerikanisch angehaucht, mit amerikanischem Touch [*o* Flair]
**americanità** [amerikani'ta] <-> *f* amerikanische Wesensart **americano, -a** [ameri'ka:no] I. *agg* amerikanisch II. *m, f* Amerikaner(in) *m(f)*

**ametista** [ame'tista] *f* Amethyst *m*
**amianto** [a'mianto] *m* Asbest *m*
**amica** *f v.* **amico**
**amichetto, -a** [ami'ketto] *m, f* (*iron*) Freund(in) *m(f),* Gspusi *nt südd, A*
**amichevole** [ami'ke:vole] *agg* freundschaftlich; **incontro ~** (SPORT) Freundschaftsspiel *nt*
**amicizia** [ami'tʃittsia] <-ie> *f* ❶ (*affetto*) Freundschaft *f;* **in ~** in aller Freundschaft; **fare ~ con qu** mit jdm Freundschaft schließen; **rompere un'~** die Freundschaft kündigen; **patti chiari ~ lunga** (*prov*) kleine Geschenke erhalten die Freundschaft ❷ (*relazione amorosa*) Verhältnis *nt* ❸ *pl* (*fig: relazioni*) Beziehungen *fpl*
**amico, -a** [a'mi:ko] <-ci, -che> I. *m, f* ❶ (*legato da sentimenti di amicizia*) Freund(in) *m(f);* **~ intimo** [*o* **del cuore**] Busenfreund *m;* **~ di famiglia** Freund *m* des Hauses; **essere -ci per la pelle** miteinander durch dick und dünn gehen ❷ (*amante*) Freund(in) *m(f),* Geliebte(r) *f(m)* II. *agg* freundschaftlich; (*benevole*) freundlich, gut
**amidaceo, -a** [ami'da:tʃeo] *agg* stärkehaltig
**amido** ['a:mido] *m* [Wäsche]stärke *f*
**ammaccare** [ammak'ka:re] *vt* verbeulen; (*parti del corpo*) quetschen **ammaccatura** [ammakka'tu:ra] *f* (*deformazione*) Beule *f;* (*contusione*) Quetschung *f;* (*di frutta*) Druckstelle *f*
**ammaestramento** [ammaestra'mento] *m* Belehrung *f,* Unterweisung *f;* (*di animali*) Dressur *f* **ammaestrare** [ammaes'tra:re] *vt* belehren, unterweisen; (*animali*) dressieren, abrichten
**ammainabandiera** [ammainaban'diɛra] <-> *m* Flaggeneinholung *f*
**ammainare** [ammai'na:re] *vt* einholen, einziehen; **~ la vela** (*a. fig*) die Segel streichen
**ammalare** [amma'la:re] I. *vi essere* erkranken II. *vr* **-rsi** krank werden, erkranken (*di* an *+dat*)
**ammalarsi** [amma'larsi] *vr* **-rsi** krank werden; **-rsi di ...** an ... *+dat* erkranken
**ammalato, -a** [amma'la:to] I. *agg* krank II. *m, f* Kranke(r) *f(m)*
**ammaliamento** [ammalia'mento] *m* Bezauberung *f*
**ammaliante** [amma'liante] *agg* bezaubernd **ammaliare** [amma'lia:re] *vt* bezaubern, verzaubern
**ammanco** [am'maŋko] <-chi> *m* Fehlbetrag *m*

**ammanettare** [ammanet'ta:re] *vt* Handschellen anlegen; **~ qu** jdm Handschellen anlegen

**ammanicarsi** [ammani'karsi] *vr* **~ [con qu]** sich [bei jdm] einschmeicheln

**ammanierato, -a** [ammanie'ra:to] *agg* manieriert, gekünstelt

**ammanigliato, -a** [ammaniʎ'ʎa:to] *agg* ❶ *(unito con maniglie)* verklammert ❷ *(fig pej fam: protetto)* protegiert

**ammannire** [amman'ni:re] *vt* vorbereiten

**ammansire** [amman'si:re] *vt* beschwichtigen, besänftigen

**ammantare** [amman'ta:re] **I.** *vt (poet)* ❶ *(avvolgere con manto)* ummanteln, umhüllen ❷ *(fig: velare)* bemänteln; *(coprire)* umhüllen, verhüllen **II.** *vr* **-rsi** ❶ *(vestirsi)* sich verhüllen, sich bedecken ❷ *(fig)* vorgeben; **-rsi di qc** etw vortäuschen

**ammaraggio** [amma'raddʒo] <-ggi> *m* Wasserung *f*, Wassern *nt* **ammarare** [amma'ra:re] *vi essere* wassern

**ammarrare** [ammar'ra:re] *vt* verankern

**ammassamento** [ammassa'mento] *m* Aufhäufung *f*

**ammassare** [ammas'sa:re] **I.** *vt* aufhäufen, -schichten; *(raccogliere)* anhäufen, sammeln **II.** *vr* **-rsi** sich zusammendrängen

**ammasso** [am'masso] *m* ❶ *(mucchio)* Haufen *m*; *(congerie)* Anhäufung *f* ❷ *(di prodotti agricoli)* Ablieferung *f*; *(deposito)* Sammelstelle *f* ❸ (GEOL) Ablagerung *f*

**ammattire** [ammat'ti:re] <**ammattisco**> *vi essere* verrückt werden

**ammattonare** [ammatto'na:re] *vt* pflastern

**ammattonato** [ammatto'na:to] *m* [Backstein]pflaster *nt*

**ammazzacattivi** [ammattsakat'ti:vi] <-> *mf* Bezwinger *m* allen Übels, Held *m*, Drachentöter *m*

**ammazzamento** [ammattsa'mento] *m* ❶ *(strage)* Blutbad *nt* ❷ *(fig: lavoro)* Schufterei *f fam*

**ammazzare** [ammat'tsa:re] **I.** *vt* ❶ *(uccidere)* töten, umbringen; *(a colpi)* erschlagen; *(macellare)* schlachten ❷ *(botte)* anstechen ❸ *(fig: lavoro)* umbringen; *(tempo)* totschlagen; *(noia)* vertreiben **II.** *vr* **-rsi** ❶ *(darsi la morte)* sich umbringen ❷ *(perdere la vita)* umkommen ❸ *(fig: affaticarsi)* sich kaputtmachen *fam*

**ammazzasette** [ammattsa'sɛtte] <-> *m* Aufschneider *m*, Prahlhans *m*

**ammenda** [am'mɛnda] *f* ❶ *(risarcimento)* Entschädigung *f* ❷ *(multa)* Geldstrafe *f* ❸ *(fig: riparazione)* Wiedergutmachung *f*

**ammennicolo** [ammen'ni:kolo] *m* ❶ *(pretesto)* Vorwand *m*, Ausflucht *f* ❷ *(bazzecola)* Kleinigkeit *f*

**ammesso, -a** [am'messo] **I.** *agg* vorausgesetzt; **~ che** +*conj* angenommen, dass **II.** *m, f* Zugelassene(r) *f(m)*

**ammettere** [am'mettere] <irr> *vt* ❶ *(accettare, ricevere)* zulassen, annehmen ❷ *(supporre)* voraussetzen, annehmen; **ammettiamo che io fugga** nehmen wir einmal an, ich fliehe ❸ *(riconoscere)* zugeben ❹ *(accogliere)* zulassen, dulden

**ammezzato** [ammed'dza:to] *m* Halbgeschoss *nt*

**ammiccare** [ammik'ka:re] *vi* zwinkern, blinzeln; **~ a qu** jdm zuzwinkern

**amministrare** [amminis'tra:re] *vt* ❶ (ADM) verwalten; **~ la giustizia** Recht sprechen ❷ *(fig: tempo)* einteilen; *(sacramenti)* spenden **amministrativo, -a** [amministra'ti:vo] *agg* administrativ, Verwaltungs- **amministratore, -trice** [amministra'to:re] *m, f* Verwalter(in) *m(f)*; **~ delegato** Geschäftsführer *m* **amministrazione** [amministrat'tsio:ne] *f* Verwaltung *f*; **~ della giustizia** Rechtspflege *f*; **cose di ordinaria ~** *(fig)* alltägliche Angelegenheiten *fpl*; **~ comunale** Stadtverwaltung *f*; **~ pubblica** öffentliche Verwaltung *f*

**ammirabile** [ammi'ra:bile] *agg* bewundernswert

**ammiraglia** [ammi'raʎʎa] <-glie> *f* ❶ (NAUT) Flaggschiff *nt* ❷ (MOT) Begleitwagen *m* **ammiraglio** [ammi'raʎʎo] <-gli> *m* Admiral *m*

**ammirare** [ammi'ra:re] *vt* bewundern **ammiratore, -trice** [ammira'to:re] *m, f* Bewunderer *m*/Bewunderin *f* **ammirazione** [ammirat'tsio:ne] *f* Bewunderung *f* **ammirevole** [ammi're:vole] *agg* bewundernswert

**ammisi** [am'mi:zi] *1. pers sing pass rem di* **ammettere**

**ammissibile** [ammis'si:bile] *agg* annehmbar, akzeptabel

**ammissione** [ammis'sio:ne] *f* Annahme *f*, Zulassung *f*; *(approvazione)* Zustimmung *f*

**ammobiliamento** [ammobilia'mento] *m* Möblierung *f*

**ammobiliare** [ammo'lia:re] *vt* einrichten **ammobiliato, -a** *agg* möbliert

**ammodernamento** [ammoderna'mento] *m* Modernisierung *f* **ammodernare** [ammoder'na:re] *vt* modernisieren

**ammodo** [am'mɔ:do] <inv> *agg o avv* anständig

**ammogliare** [ammoʎˈʎaːre] I. *vt* [mit einer Frau] verheiraten II. *vr* **-rsi** sich [mit einer Frau] verheiraten

**ammollare** [amolˈlaːre] I. *vt* einweichen II. *vr* **-rsi** (*a. fig*) weich werden

**ammollire** [ammolˈliːre] I. *vt* ① (*ammorbidire*) aufweichen, erweichen ② (*geh: mitigare, lenire*) lindern ③ (*fig: infiacchire*) verweichlichen II. *vr* **-rsi** ① (*ammorbidirsi*) weich werden ② (*fig: infiacchirsi*) verweichlicht werden **ammollo** [amˈmɔllo] *m* Einweichen *nt;* **lasciare in ~** einweichen lassen

**ammoniaca** [ammoˈniːaka] <-che> *f* Ammoniak *nt*

**ammonimento** [ammoniˈmento] *m* ① (*avvertimento*) Ermahnung *f* ② (*per rimprovero*) Verweis *m*, Rüge *f*

**ammonio** [amˈmɔːnio] *m* (CHEM) Ammonium *nt*

**ammonire** [ammoˈniːre] <ammonisco> *vt* ① (*per avvertimento*) ermahnen ② (*per rimprovero*) verweisen, rügen **ammonitore, -trice** [ammoniˈtoːre] I. *agg* mahnend II. *m, f* Mahner(in) *m(f)* **ammonizione** [ammonitˈtsioːne] *f* ① (*avvertimento*) Mahnung *f* ② (*rimprovero*) Verweis *m*, Rüge *f*

**ammontare¹** [ammonˈtaːre] I. *vt avere* aufhäufen II. *vi essere* **~ a qc** etw betragen, sich auf etw *acc* belaufen

**ammontare²** *m* [Gesamt]betrag *m*, Summe *f*

**ammonticchiare** [ammontikˈkiaːre] *vt* [auf]stapeln

**ammorbare** [ammorˈbaːre] *vt* ① (*appestare*) verpesten ② (*fig: corrompere*) verderben

**ammorbidente** [ammorbiˈdɛnte] *m* Weichspüler *m*

**ammorbidire** [ammorbiˈdiːre] <ammorbidisco> I. *vt avere* ① (*render morbido*) weich[er] machen ② (*fig: sfumare*) abtönen II. *vr* **-rsi** (*a. fig*) weich werden

**ammortamento** [ammortaˈmento] *m* ① (*ammortizzazione*) Amortisierung *f* ② (JUR, FIN: *estinzione*) Abschreibung *f*, Tilgung *f* **ammortare** [ammorˈtaːre] *vt* amortisieren; (*debito*) tilgen

**ammortire** [ammorˈtiːre] <ammortisco> *vt* dämpfen **ammortizzare** [amortidˈdzaːre] *vt* ① (*ammortare*) amortisieren; (*debito*) tilgen ② (TEC: *attutire*) abschwächen, dämpfen **ammortizzatore** [ammortiddzaˈtoːre] *m* Stoßdämpfer *m*

**ammostatura** [ammostaˈtuːra] *f* Mostbereitung *f*

**ammucchiamento** [ammukkiaˈmento] *m* Anhäufung *f* **ammucchiare** [ammukˈkiaːre] I. *vt* anhäufen II. *vr* **-rsi** sich drängen **ammucchiata** [ammukˈkiaːta] *f* ① (*orgia*) Orgie *f* ② (*fig: insieme confuso di persone o cose*) Anhäufung *f*, Durcheinander *nt;* **fare un'~ generale** ein komplettes Chaos verursachen

**ammuffire** [ammufˈfiːre] <ammuffisco> *vi essere* ① (*fare la muffa*) [ver]schimmeln ② (*fig: sciuparsi*) versauern

**ammutinamento** [ammutinaˈmento] *m* Meuterei *f* **ammutinarsi** [ammutiˈnarsi] *vr* meutern

**ammutolire** [ammutoˈliːre] <ammutolisco> *vi essere* verstummen

**amnesia** [amneˈziːa] <-ie> *f* Amnesie *f*, Gedächtnisschwund *m*

**amniocentesi** [amnioˈtʃentesi] <-> *f* (MED) Fruchtwasseruntersuchung *f* **amnioscopia** [amnioskoˈpiːa] <-ie> *f* (MED) Ultraschalluntersuchung *f* **amniotico, -a** [amniˈɔtiko] <-ci, -che> *agg* (ANAT) amniotisch; **liquido ~** Fruchtwasser *nt*

**amnistia** [amnisˈtiːa] <-ie> *f* Amnestie *f*, Straferlass *m* **amnistiare** [amnisˈtiaːre] *vt* amnestieren, begnadigen

**amo** [ˈaːmo] *m* Angelhaken *m;* **abboccare all'~** (*fig*) anbeißen

**amorale** [amoˈraːle] *agg* unmoralisch **amoralità** [amoraliˈta] *f* Unmoral *f*

**amore** [aˈmoːre] *m* Liebe *f;* (*persona*) Liebste(r) *f(m);* (*fig*) Schatz *m*, Engel *m;* **~ del prossimo** Nächstenliebe *f;* **~ materno** Mutterliebe *f;* **amor patrio/proprio** Vaterlands-/Eigenliebe *f;* **~ per lo studio** Freude *f* am Lernen; **quella ragazza è un ~** dieses Mädchen ist ein Schatz; **un ~ di casetta** ein reizendes Häuschen; **far l'~** [*o* **all'~**] **con qu** jdn lieben, mit jdm schlafen; **lavorare con ~** mit Hingabe arbeiten; **vivere d'~ e d'accordo** ein Herz und eine Seele sein; **per ~ di qu** aus Liebe zu jdm; (*favore*) jdm zuliebe; **per amor tuo** dir zuliebe; **per ~ o per forza** im Guten oder im Bösen; **per amor di Dio!** um Gottes willen!; **l'~ è cieco** (*prov*) Liebe macht blind; **il primo ~ non si scorda mai** (*prov*) alte Liebe rostet nicht **amoreggiamento** [amoreddʒaˈmento] *m* Liebelei *f* **amoreggiare** [amoredˈdʒaːre] *vi* flirten **amorevole** [amoˈreːvole] *agg* liebevoll **amorevolezza** [amorevoˈlettsa] *f* liebevolle Art; (*benevolenza*) Liebenswürdigkeit *f*

**amorfo, -a** [aˈmɔrfo] *agg* amorph, form-, gestaltlos

**amorino** [amo'ri:no] *m* Putte *f*
**amoroso, -a** [amo'ro:so] I. *agg* Liebes-; (*persona*) liebevoll II. *m, f* Geliebte(r) *f(m)*
**amovibile** [amo'vi:bile] *agg* ❶ (*oggetto*) beweglich ❷ (*persona: trasferibile*) versetzbar; (*rimovibile*) absetzbar
**amperaggio** [ampe'raddʒo] <-ggi> *m* Amperestärke *f* **ampère** [ã'pɛːr] <-> *m* Ampere *nt* **amperometro** [ampe'rɔ:metro] *m* Amperemeter *nt* **amperora** [ampe'ro:ra] <-> *f* Amperestunde *f*
**ampiezza** [am'piettsa] *f* ❶ (*larghezza*) Weite *f* ❷ (*estensione*) Ausdehnung *f*; (*spaziosità*) Geräumigkeit *f* ❸ (*fig: abbondanza*) Fülle *f*, Reichtum *m*; (*di spiegazione*) Ausführlichkeit *f* ❹ (PHYS) Amplitude *f*; ~ **di vedute** weiter Horizont *m*
**ampio, -a** ['ampio] <-i, -ie, amplissimo> *agg* weit; (*spazioso*) geräumig; (*spiegazione*) ausführlich; (*garanzia*) weit reichend
**amplesso** [am'plɛsso] *m* ❶ (*abbraccio*) Umarmung *f* ❷ (*coito*) Beischlaf *m*
**ampliamento** [amplia'mento] *m* Erweiterung *f* **ampliare** [ampli'a:re] I. *vt* erweitern, ausdehnen II. *vr* **-rsi** sich ausdehnen
**amplificare** [amplifi'ka:re] *vt* erweitern; (TEC: *suono*) verstärken
**amplificatore** [amplifika'to:re] *m* Verstärker *m* **amplificatrice, -trice** *agg* verstärkend, Verstärker-
**amplificatorio, -a** [amplifika'tɔ:rio] <-i, -ie> *agg* amplifizierend
**amplificazione** [amplifikat'tsio:ne] *f* Ausdehnung *f*; (TEC) Verstärkung *f*
**amplio** ['amplio] *agg v.* **ampio**
**amplissimo** [am'plissimo] *superlativo di* **ampio**
**ampolla** [am'polla] *f* Fläschchen *nt*; (MED) Ampulle *f* **ampolliera** [ampol'liɛ:ra] *f* Öl- und Essigständer *m*
**ampolloso, -a** [ampol'lo:so] *agg* geschwollen, schwülstig
**amputare** [ampu'ta:re] *vt* ❶ (MED) amputieren ❷ (*fig: eliminare una parte di*) kürzen **amputazione** [amputat'tsio:ne] *f* ❶ (MED) Amputation *f* ❷ (*fig: eliminazione di una parte*) Kürzung *f*
**Amuchina**® [amu'ki:na] *f* Desinfektionslösung auf Chlorbasis
**amuleto** [amu'lɛ:to *o* amu'le:to] *m* Amulett *nt*
**AN** *f abbr di* **Alleanza Nazionale** Nationale Allianz *f* (*neofaschistische Partei Italiens*)
**anabattista** [anabat'tista] <-i *m*, -e *f*> *mf* (REL) Wiedertäufer(in) *m(f)*

**anabbagliante** [anabbaʎ'ʎante] I. *agg* blendfrei II. *m* Abblendlicht *nt*
**anacronismo** [anakro'nizmo] *m* Anachronismus *m* **anacronistico, -a** [anakro'nistiko] <-ci, -che> *agg* anachronistisch
**anafora** [a'nafora] *f* (LING) Anapher *f*
**anagrafe** [a'na:grafe] *f* ❶ (*registro*) Einwohnerverzeichnis *nt*; (*di stato civile*) Personenstandsregister *nt* ❷ (*ufficio*) Einwohnermeldeamt *nt*; (*di stato civile*) Standesamt *nt* **anagrafico, -a** [ana'gra:fiko] <-ci, -che> *agg* Einwohner-, Personenstands-
**anagramma** [ana'gramma] <-i> *m* Anagramm *nt*
**analcolico** [anal'kɔ:liko] <-ci> *m* alkoholfreies Getränk
**analcolico, -a** <-ci, -che> *agg* alkoholfrei
**anale** [a'na:le] *agg* anal
**analfabeta** [analfa'bɛ:ta] <-i *m*, -e *f*> I. *mf* Analphabet(in) *m(f)* II. *agg* analphabetisch **analfabetismo** [analfabe'tizmo] *m* Analphabetismus *m*
**analgesia** [analdʒe'zi:a] <-ie> *f* ❶ (*insensibilità al dolore*) Analgesie *f* ❷ (*dottrina stoica*) Analgesie *f*
**analgesico** [anal'dʒɛ:ziko] <-ci> *m* schmerzstillendes Mittel, Analgetikum *nt*
**analgesico, -a** <-ci, -che> *agg* analgetisch, schmerzstillend
**analgesista** [analdʒe'zista] <-i *m*, -e *f*> *mf* (MED) Analgetiker(in) *m(f)*
**analisi** [a'na:lizi] <-> *f* Analyse *f*, Untersuchung *f*; **fare l'~ della situazione** die Lage einschätzen; **in ultima ~** letztendlich
**analista** [ana'lista] <-i *m*, -e *f*> *mf* Analytiker(in) *m(f)*; ~ **finanziario** Aktienanalyst(in) *m(f)* **analiticità** [analititʃi'ta] <-> *f* Analysierbarkeit *f* **analitico, -a** [anali'li:tiko] <-ci, -che> *agg* analytisch
**analizzare** [analid'dza:re] *vt* analysieren
**analizzatore** [analiddza'to:re] *m* Analysegerät *nt*
**anallergico, -a** [anal'lɛrdʒiko] *agg* allergiegetestet
**analogia** [analo'dʒi:a] <-gie> *f* Analogie *f* **analogico, -a** [ana'lɔ:dʒiko] <-ci, -che> *agg*, **analogo, -a** [a'na:logo] <-ghi, -ghe> *agg* analog
**anamnesi** [anam'nɛzi] <-> *f* Anamnese *f*
**ananas** ['a:nanas *o* ana'nas] <-> *m* Ananas *f*
**anarchia** [anar'ki:a] <-chie> *f* Anarchie *f*
**anarchico, -a** [a'narkiko] <-ci, -che> I. *agg* anarchisch, anarchistisch II. *m, f* Anarchist(in) *m(f)* **anarchismo** [anar'kizmo] *m* Anarchismus *m* **anarcoide**

[anar'kɔːide] I. *agg* Anarcho- II. *mf* Anarcho *m sl*
**ANAS** ['aːnas] *f abbr di* **Azienda Nazionale Autonoma delle Strade** *italienische Straßenaufsichtsbehörde*
**anatema** [ana'tɛːma] <-i> *m* ①(*maledizione*) Fluch *m* ②(*scomunica*) Kirchenbann *m*, Anathema *nt*
**anatomia** [anato'miːa] <-ie> *f* ①(*scienza, a. fig: struttura*) Anatomie *f* ②(*dissezione*) Sektion *f*, Sezieren *nt* ③(*fig: analisi minuziosa*) Detailanalyse *f* ④(*scherz: aspetto fisico*) Körperbau *m* **anatomico, -a** [ana'tɔːmiko] <-ci, -che> *agg* anatomisch **anatomizzare** [anatomid'dzaːre] *vt* ①(*dissecare*) sezieren ②(*fig: esaminare*) analysieren
**anatra** ['aːnatra] *f* Ente *f*
**anca** ['aŋka] <-che> *f* Hüfte *f*, Hüferl *nt A*
**ancella** [an'tʃɛlla] *f* (*poet*) Magd *f*
**anche** [aŋke] *cong* ①(*pure*) auch; **quand'~ ..., ~ se ...** auch [*o* selbst] wenn ...; **~ a pregarlo non accetterebbe** selbst wenn man ihn bäte, würde er nicht einwilligen ②(*inoltre*) dazu, außerdem ③(*perfino*) noch, sogar
**ancheggiare** [aŋked'dʒaːre] *vi* sich in den Hüften wiegen
**anchorman** ['æŋkəmæn] <achormen> *m* (TV) Moderator *m* **anchorwoman** ['æŋkəwumən] <anchorwomen> *f* Moderatorin *f*
**ancia** ['antʃa] <-ce> *f* Rohrblatt *nt*
**ancipite** [an'tʃiːpite] *agg* ①(*poet: a due tagli*) zweischneidig ②(*fig poet: ambiguo*) zweideutig ③(*in metrica*) anzeps
**Ancona** [aŋ'koːna] *f* Ancona *nt* (*Hauptstadt der Region Marken*)
**ancona** [aŋ'koːna] *f* Altarbild *nt*
**Anconetano** [aŋkone'taːno] <sing> *m* Umgebung *f* von Ancona
**anconetano, -a** I. *agg* aus Ancona stammend II. *m, f* (*abitante*) Bewohner(in) *m(f)* von Ancona
**anconitano, -a** [aŋkoni'taːno] *v.* **anconetano**
**ancora**[1] [aŋ'koːra] *avv* ①(*continuità di un'azione*) noch ②(*fino ad ora*) bisher, noch; **non ~** noch nicht ③(*un'altra volta*) noch einmal ④(*in aggiunta*) noch
**ancora**[2] ['aŋkoːra] *f* Anker *m*; **essere all'~** vor Anker liegen; **gettare/levare** [*o* **salpare**] **l'~** den Anker auswerfen/lichten; **~ di salvezza** (*fig*) Rettungsanker *m*
**ancoraggio** [aŋko'raddʒo] <-ggi> *m* ①(*azione*) Ankern *nt* ②(*luogo*) Ankerplatz *m*
**ancorare** [aŋko'raːre] I. *vt* (*a. fig* NAUT) verankern II. *vr* **-rsi** (NAUT) ankern; **-rsi** [**a qu/qc**] (*aggrapparsi*) sich [an jdn/etw] klammern
**ancorché** [aŋkor'ke] *cong* +*conj* (*poet*) ①(*sebbene*) obschon ②(*anche se*) wenn auch
**andai** [an'daːi] *1. pers sing pass rem di* **andare**[1]
**andamento** [anda'mento] *m* ①(*svolgimento*) [Fort]gang *m*; (*a di malattia*) Verlauf *m*; **l'~ del prezzo** Preisentwicklung *f* ②(MUS) Tempo *nt* ③(*portamento*) Gang *m*, Haltung *f*
**andante** [an'dante] I. *agg* ①(*ordinario*) gängig; (*di poco pregio*) von geringem Wert ②(*corrente*) laufend ③(MUS) andante II. *m* (MUS) Andante *nt*
**andare**[1] [an'daːre] <vado, andai, andato> I. *vi essere* ①(*a piedi*) gehen, laufen; **~ a piedi** zu Fuß gehen; **~ avanti** vorgehen; **~ a zonzo** bummeln; **~ di fretta** in Eile sein; **~ via** fortgehen; **andiamo!** los! ②(*con mezzo su ruote*) fahren; **~ in treno/macchina** [mit dem] Zug/Auto fahren; **~ in aereo** fliegen; **~ a cavallo** reiten; **~ a scuola in bicicletta** mit dem Fahrrad zur Schule fahren ③(*recarsi*) gehen; **~ a fare la spesa** einkaufen gehen; **~ a mangiare** essen gehen; **~ a prendere** [ab]holen; **~ a trovare** besuchen ④(*strade*) führen ⑤(*vestiario*) passen ⑥(*essere di moda*) getragen werden ⑦(*funzionare*) gehen ⑧(*fig: svolgersi*) laufen; **com'è andata?** wie war's?; **~ andata bene** es ist gut gelaufen ⑨(*piacere*) passen, gefallen; **ti va di andare a ballare?** hast du Lust, tanzen zu gehen? ⑩(*loc*) **~ a monte** sich in Wohlgefallen auflösen; **~ a genio a qu** jdm passen; **~ di mezzo** dazwischenkommen; **~ pazzo per qc** von etw begeistert sein; **~ all'aria** auffliegen; **~ a male** verderben; **~ in fumo** in Rauch aufgehen; **~ in tilt** ausflippen, schlappmachen; **come va? — Bene grazie!** wie geht's? — Danke, gut!; **questa camicia va lavata** dieses Hemd muss gewaschen werden; **vai al diavolo!** (*fam*) scher dich zum Teufel! II. *vr* **andarsene** weggehen; (*sparire*) verschwinden; **andarsene all'altro mondo** das Zeitliche segnen; **me ne vado subito** ich gehe sofort; **se ne sono andati tre mila euro** dreitausend Euro sind dabei draufgegangen *fam*

**andare²** *m* Gang *m;* **a lungo ~** auf die Dauer

**andata** [an'da:ta] *f* ❶ (*atto dell'andare*) Gehen *nt* ❷ (*con mezzo di locomozione*) Hinfahrt *f;* **biglietto di** [**sola**] **~** einfache Fahrkarte; **biglietto di ~ e ritorno** Rückfahrkarte *f* ❸ (*partenza*) Abfahrt *f* ❹ (SPORT) **girone di ~** Hinrunde *f* **andatura** [anda'tu:ra] *f* ❶ (*modo dell'andare*) Gang *m,* Gangart *f* ❷ (*portamento*) Haltung *f* ❸ (SPORT) Lauf *m,* Gangart *f*

**andazzo** [an'dattso] *m* Unsitte *f*

**Ande** ['ande] *fpl* Anden *pl*

**andirivieni** [andiri'vjɛ:ni] <-> *m* ❶ (*viavai*) Hin und Her *nt,* Kommen und Gehen *nt* ❷ (*fig: giro confuso di parole*) Hin und Her *nt*

**andito** ['andito] *m* Flur *m,* Korridor *m,* Gang *m*

**Andorra** [an'dɔrra] *f* Andorra *nt* **andorrano, -a** [andɔr'ra:no] **I.** *agg* andorranisch **II.** *m, f* Andorraner(in) *m(f)*

**androcentrismo** [androtʃen'tri:zmo] *m* Androzentrismus *m*

**androgenico, -a** [andro'dʒɛ:niko] <-ci, -che> *agg* androgyn

**androgino, -a** [an'drɔ:dʒino] *agg* androgyn

**andrologia** [androlo'dʒi:a] <-ie> *f* (MED) Andrologie *f,* Männerheilkunde *f* **andrologo, -a** [an'drɔ:logo] <-gi, -ghe> *m, f* Androloge *m*/Andrologin *f,* Arzt *m*/Ärztin *f* für Männerheilkunde

**androne** [an'dro:ne] *m* Hausflur *m,* Eingangshalle *f*

**andropausa** [andro'pa:uza] *f* Andropause *f*

**aneddotico, -a** [anned'dɔ:tiko] <-ci, -che> *agg* anekdotisch, anekdotenhaft

**aneddoto** [an'nɛ:doto] *m* Anekdote *f*

**anelare** [ane'la:re] *vi* (*poet*) ❶ (*respirare*) ächzen, keuchen ❷ (*fig*) **~ a qc** etw herbeisehnen, sich nach etw sehnen **anelito** [a'nɛ:lito] *m* ❶ (*respiro*) Keuchen *nt* ❷ (*fig: brama*) Sehnsucht *f*

**anello** [a'nɛllo] *m* (*gener, fig* ANAT, SPORT) Ring *m;* (*di catena*) Glied *nt;* **~ matrimoniale** Ehering *m;* **~ stradale** Ringstraße *f,* Ring *m,* Umgehungsstraße *f,* Umfahrung *f* A

**anemia** [ane'mi:a] <-ie> *f* Blutarmut *f,* Anämie *f* **anemico, -a** [a'nɛ:miko] <-ci, -che> **I.** *agg* ❶ (MED) blutarm, anämisch ❷ (*fig: fiacco*) blutleer, ohne Leben **II.** *m, f* anämischer Mensch

**anemometro** [ane'mɔ:metro] *m* Windmesser *m,* Anemometer *nt*

**anemone** [a'nɛ:mone] *m* Anemone *f*

**anergia** [aner'dʒi:a] <-ie> *f* (MED) Anergie *f,* Unempfindlichkeit *f*

**anergizzante** [anerdʒid'dzante] *agg* unempfindlich machend, betäubend

**anestesia** [aneste'zi:a] <-ie> *f* Narkose *f,* Anästhesie *f;* **~ generale** Vollnarkose *f;* **~ locale** örtliche Betäubung **anestesista** [aneste'zista] <-i *m,* -e *f*> *mf* Anästhesist(in) *m(f),* Narkosearzt *m*/-ärztin *f*

**anestetico** [anes'tɛ:tiko] <-ci> *m* Betäubungsmittel *nt,* Anästhetikum *nt*

**anestetico, -a** <-ci, -che> *agg* anästhetisch, betäubend **anestetizzare** [anestetid'dza:re] *vt* betäuben, anästhetisieren

**aneto** [a'nɛ:to *o* a'ne:to] *m* Dill *m*

**anfetamina** [anfeta'mi:na] *f* (MED) Amphetamin *nt*

**anfibi** [an'fi:bi] *mpl* (ZOO) Amphibien *pl*

**anfibio** [an'fi:bio] *m* ❶ (MOT) Amphibienfahrzeug *nt* ❷ (AERO) Amphibienflugzeug *nt*

**anfibio, -a** <-i, -ie> *agg* amphibisch, Amphibien-

**anfiteatro** [anfite'a:tro] *m* ❶ (*edificio*) Amphitheater *nt* ❷ (*aula*) Hörsaal *m*

**anfitrione** [anfitri'o:ne] *m* (*poet*) großzügiger Gastgeber

**anfora** ['anfora] *f* Amphore *f*

**anfratto** [an'fratto] *m* Kluft *f,* Schlucht *f* **anfrattuoso, -a** [anfrattu'o:so] *agg* zerklüftet

**angariare** [aŋga'rja:re] *vt* unterdrücken, schinden

**angelico, -a** [an'dʒɛ:liko] <-ci, -che> *agg* engelhaft, Engels- **angelo** ['andʒelo] *m* Engel *m;* **~ custode** (REL) Schutzengel *m;* (*scherz: guardia*) Schutzmann *m;* **il Castel Sant'Angelo** die Engelsburg; **discutere sul sesso degli -i** sich um des Kaisers Bart streiten

**angheria** [aŋge'ri:a] <-ie> *f* Unterdrückung *f,* Schikane *f*

**angina** [an'dʒi:na] *f* (MED) Angina *f*

**angioplastica** [andʒo'plastika] <-che> *f* (MED) Angioplastik *f*

**anglicano, -a** [aŋgli'ka:no] **I.** *agg* anglikanisch **II.** *m, f* Anglikaner(in) *m(f)*

**anglicismo** [aŋli'tʃizmo] *m,* **anglicismo** [aŋ'glizmo] *m* (LING) Anglizismus *m*

**anglicizzazione** [aŋglitʃiddzat'tsjo:ne] *f* Anglisierung *f* **anglista** [aŋ'glista] <-i *m,* -e *f*> *mf* Anglist(in) *m(f)* **anglistica** [aŋ'glistika] <-che> *f* Anglistik *f*

**anglofono, -a** [aŋ'glɔ:fono] **I.** *agg* anglophon, englischsprachig **II.** *m, f* anglophone

**anglosassone** [aŋglo'sassone] **I.** *agg* angelsächsisch **II.** *mf* Angelsachse *m*/-sächsin *f*

**angolare** [aŋgo'laːre] *agg* Eck-, eckig; **pietra** ~ (ARCH) Eckstein *m;* (*fig*) Grundstein *m* **angolazione** [aŋgolat'tsioːne] *f* ① (*fig* FILM) Blickwinkel *m* ② (SPORT) Eckschuss *m*

**angoliera** *f* Eckschrank *m*

**angolo** ['aŋgolo] *m* ① (*gener,* SPORT) Ecke *f,* Corner *m A;* **d'**~ Eck-; **calcio d'**~ Eckball *m,* Corner *m A;* ~ **cottura** Kochecke *f* ② (*in geometria*) Winkel *m* ③ (*di mobile*) Kante *f;* (*di fazzoletto*) Zipfel *m* ④ (*della bocca*) Winkel *m;* -**i della bocca** Mundwinkel *mpl* **angoloso, -a** [aŋgo'loːso] *agg* ① (*che ha angoli*) eckig ② (*fig: poco affabile*) eckig, spröde

**angora** ['aŋgora] *f* **d'**~ Angora-

**angoscia** <-sce> *f* ① (*stato di ansia*) Angst *f,* Beklemmung *f;* **passare ore d'**~ bange Stunden verbringen ② (MED) Angstzustand *m* **angosciare** [aŋgoʃ'ʃaːre] **I.** *vt* ängstigen; ~ **qu** jdm Angst machen **II.** *vr* -**rsi** [**per qu/qc**] sich [um jdn/etw] Sorgen machen **angoscioso, -a** [aŋgoʃ'ʃoːso] *agg* beklemmend; (*attesa a*) quälend; (*grido*) angstvoll, angsterfüllt

**anguilla** [aŋ'guilla] *f* Aal *m;* **scivoloso come un'**~ (*fig*) aalglatt **anguillesco, -a** [aŋguil'lesko] <-schi, -sche> *agg* aalglatt

**anguria** [aŋ'guːria] <-ie> *f* (*sett*) Wassermelone *f*

**angustia** [aŋ'gustia] <-ie> *f* ① (*penuria*) Knappheit *f,* Enge *f* ② (*preoccupazione*) Beklemmung *f,* Sorge *f* **angustiare** [aŋgus'tiaːre] **I.** *vt* beängstigen **II.** *vr* -**rsi** [**per qc**] sich [um etw] ängstigen

**angusto, -a** [aŋ'gusto] *agg* ① (*stretto*) knapp, eng ② (*fig: meschino*) beschränkt

**anice** ['aːnitʃe] *m* Anis *m*

**aniconicità** [anikonitʃi'ta] <-> *f* Unmöglichkeit *f* der bildhaften Darstellung

**aniconico, -a** [ani'kɔːniko] <-ci, -che> *agg* anikonisch, nicht bildhaft

**anilina** [ani'liːna] *f* (CHEM) Anilin *nt*

**anima** ['aːnima] *f* ① (*a. fig*) Seele *f;* **non c'era** ~ **viva** es war keine Menschenseele da; **dedicarsi** ~ **e corpo a qc** sich einer Sache *dat* mit Leib und Seele hingeben; **essere l'**~ **gemella di qu** mit jdm seelenverwandt sein; **romper l'**~ **a qu** (*fam*) jdm auf die Nerven gehen; **la buon'**~ **di mia madre** meine selige Mutter ② (*nucleo centrale a*) Innere(s) *nt* ③ (TEC) Kern *m*

**animale** [ani'maːle] **I.** *m* ① (*essere animato*) Lebewesen *nt* ② (*bestia*) Tier *nt,* Vieh *nt;* ~ **domestico** Haustier *nt* ③ (*fig: persona violenta*) Bestie *f;* (*a persona stupida*) Rindvieh *nt* **II.** *agg* ① (*relativo a corpo animato*) Tier-, Lebend- ② (*fig: corporeo*) tierisch, tierhaft **animalesco, -a** [anima'lesko] <-schi, -sche> *agg* animalisch

**animalismo** [anima'lizmo] *m* Tierschutz *m,* Tierschutzbewegung *f* **animalità** [animali'ta] <-> *f* Animalität *f,* Tierhaftigkeit *f*

**animare** [ani'maːre] **I.** *vt* ① (*infondere l'anima*) beleben ② (*fig: render più vivo*) beleben ③ (*spingere*) bewegen, animieren **II.** *vr* -**rsi** ① (*acquistare vita*) sich beleben ② (*fig: accolorarsi*) sich erhitzen **animato, -a** [ani'maːto] *agg* belebt; (*fig*) lebhaft; **disegni** [*o* **cartoni**] -**i** Zeichentrickfilm *m*

**animatore, -trice** [anima'toːre] **I.** *agg* belebend **II.** *m, f* ① (*di giochi*) Spielleiter(in) *m(f);* (*di spettacolo*) Ansager(in) *m(f),* Conférencier *m;* (*di villaggio turistico*) Animateur(in) *m(f);* (*fig*) Seele *f,* treibende Kraft ② (*di cartoni animati*) Trickfilmzeichner(in) *m(f)* **animazione** [animat'tsioːne] *f* ① (*vivacità*) Lebhaftigkeit *f,* Leben *nt* ② (*folla*) Betrieb *m;* **film d'**~ Zeichentrickfilm *m*

**animella** [ani'mɛlla] *f* (GASTR) Bries *nt*

**animo** ['aːnimo] *m* ① (*sede dei sentimenti*) Gemüt *nt;* **stato d'**~ Gemütsverfassung *f;* **star con l'**~ **in sospeso** bangen ② (*spirito*) Geist *m* ③ (*anima*) Seele *f;* **mettersi l'**~ **in pace** sich abfinden ④ (*pensieri*) Gedanken *mpl,* Sinn *m;* **leggere nell'**~ **di qu** in jds Innere blicken ⑤ (*coraggio*) Mut *m;* **farsi** ~ sich *dat* Mut machen, Mut fassen; **perdersi d'**~ den Mut verlieren ⑥ (*disposizione*) Wesen *nt* ⑦ (*intendimento*) Absicht *f,* Wille *m;* **di buon/mal** ~ gern/ungern; **aver in** ~ **di far qc** vorhaben, etw zu tun

**animosità** [animosi'ta] <-> *f* Feindseligkeit *f*

**animoso, -a** [ani'moːso] *agg* ① (*ostile*) feindselig ② (*coraggioso*) beherzt, mutig

**anisetta** [ani'zetta] *f* Anislikör *m*

**anitra** ['aːnitra] *v.* **anatra**

**ANLAIDS** *f acro di* **Associazione Nazionale per la Lotta all'AIDS** *nationale Vereinigung zur Bekämpfung von Aids*

**ANMIC** *f acro di* **Associazione Nazionale Mutilati e Invalidi Civili** *nationale Verei-*

nigung der zivilen Kriegsversehrten und -invaliden
**annacquare** [annak'kua:re] *vt* ① (*diluire*) mit Wasser verdünnen ② (*fig: mitigare*) [ab]mildern **annacquata** [annak'kua:ta] *f* ① (*di vino*) Verdünnen *nt* mit etwas Wasser ② (*pioggerella*) leichter Regen
**annaffiare** [annaf'fia:re] *vt* ① (*orti, fiori*) [be]wässern, [be]gießen; (*strade*) sprengen ② (*fig scherz: pasti*) begießen; (*annacquare*) verdünnen **annaffiatoio** [annaffia'to:io] <-oi> *m* Gießkanne *f* **annaffiatura** [annaffia'tu:ra] *f* Begießen *nt*
**annali** [an'na:li] *mpl* Annalen *pl*, Jahrbuch *nt*
**annaspare** [annas'pa:re] *vi* ① (*dibattersi*) um sich schlagen; (*gesticolare*) gestikulieren ② (*fig: nel parlare*) sich verhaspeln ③ (*loc*) ~ **nel buio** im Dunkeln tappen
**annata** [an'na:ta] *f* ① (*durata di un anno*) Jahr *nt*, Jahrgang *m* ② (*produzione*) Jahrgang *m* ③ (*importo*) Jahresbeitrag *m* ④ (*di giornale*) Jahrgang *m*
**annebbiamento** [annebbia'mento] *m* ① (*formazione di nebbia*) Nebelbildung *f* ② (*banco di nebbia*) Nebelbank *f* ③ (*fig: offuscamento*) Umnebelung *f*, Trübung *f* **annebbiare** [anneb'bia:re] I. *vt* ① (*velare di nebbia*) umnebeln ② (*fig: ottundere*) trüben; (*alcool*) trüben II. *vr* **-rsi** ① (*riempirsi di nebbia*) neb[e]lig werden; (*offuscarsi*) sich trüben, unklar werden
**annegamento** [annega'mento] *m* ① (*l'annegarsi*) Ertrinken *nt* ② (*l'annegare*) Ertränken *nt*, Ersäufen *nt* **annegare** [anne'ga:re] I. *vt avere* ertränken, ersäufen II. *vr* **-rsi** ertrinken
**annerimento** [anneri'mento] *m* Schwärzen *nt*
**annerire** [anne'ri:re] <annerisco> I. *vt avere* schwärzen II. *vi essere* sich schwärzen
**annessi**[1] [an'nɛssi] *I. pers sing pass rem di* **annettere**
**annessi**[2] *mpl* ① (ARCH) Anbauten *mpl*, Nebengebäude *ntpl* ② (ANAT) Nebenorgane *ntpl* ③ (*cose*) Zubehör *nt;* **gli ~ e connessi** alles Drum und Dran *fam*, alles, was dazugehört **annessione** [annes'sio:ne] *f* (POL) Annexion *f* **annesso, -a** [an'nɛsso] *agg* ① (*adiacente, congiunto*) anliegend, verbunden ② (*allegato*) beigefügt, beiliegend ③ (POL) annektiert
**annettere** [an'nɛttere] <annetto, annettei *o* annessi, annesso> *vt* ① (*unire*) anbauen, anfügen ② (POL) annektieren ③ (*allegare*) beifügen ④ (*fig: attribuire*) beimessen
**annichilamento** [annikila'mento] *m* Vernichtung *f*
**annichilare, annichilire** [anniki'la:re, anniki'li:re] I. *vt* ① (*nullificare*) vernichten ② (*fig: persona*) niederschmettern II. *vr* **-rsi** ① (*annullarsi*) sich [selbst] vernichten ② (*umiliarsi*) sich erniedrigen **annichilare** [anniki'la:re] I. *vt* ① (*nullificare*) vernichten ② (*fig: persona*) niederschmettern II. *vr* **-rsi** ① (*annullarsi*) sich [selbst] vernichten ② (*fig: umiliarsi*) sich erniedrigen **annichilazione** [annikilat'tsio:ne] *f* ① (*annichilamento*) Vernichtung *f* ② (PHYS) Zerstrahlung *f*
**annichilimento, annichilire** [annikili'mento, anniki'li:re] *v.* **annichilamento, annichilare**
**annidare** [anni'da:re] I. *vt* ① (ZOO) ins Nest setzen ② (*fig: celare*) verborgen halten II. *vr* **-rsi** ① (*fare il nido*) nisten ② (*fig: albergare*) sich einnisten ③ (*nascondersi*) sich verbergen
**annientamento** [annienta'mento] *m* [völlige] Vernichtung *f*, Zerstörung *f* **annientare** [annien'ta:re] *vt* ① (*distruggere*) zerstören ② (*fig: persona*) niederschmettern
**anniversario** [anniver'sa:rio] <-i> *m* Jahrestag *m*, Jubiläum *nt;* (*compleanno*) Geburtstag *m;* **~ di matrimonio** Hochzeitstag *m*
**anniversario, -a** <-i, -ie> *agg* Jahres-
**anno** ['anno] *m* Jahr *nt;* **~ accademico** Studienjahr *nt;* **~ bisestile** Schaltjahr *nt;* **~ civile** Kalenderjahr *nt;* **~ commerciale** Geschäftsjahr *nt;* **~ corrente** im laufenden Jahr; **~-luce** Lichtjahr *nt;* **~ nuovo** Neues Jahr; **~ santo** Heiliges Jahr; **~ scolastico** Schuljahr *nt;* **buon ~!** Prost Neujahr!; **capo d'~** Neujahr *nt;* **compiere gli -i** Geburtstag haben; **nel fior degli -i** in der Blüte des Lebens; **quanti -i hai?** wie alt bist du?; **ho vent'-i** ich bin zwanzig Jahre [alt]
**annodare** [anno'da:re] *vt* ① (*stringere*) verknoten; (*cravatta*) binden ② (*fig: relazioni*) [an]knüpfen **annodatura** [annoda'tu:ra] *f* ① (*azione*) Knoten *nt* ② (*risultato*) Knoten *m*
**annoiare** [anno'ia:re] I. *vt* langweilen II. *vr* **-rsi** sich langweilen
**annonario, -a** [anno'na:rio] <-i, -ie> *agg* Versorgungs-, Lebensmittel-; **tessera** [*o* **carta**] **-a** Lebensmittelkarte *f*
**annoso, -a** [an'no:so] *agg* alt; (*questione a*) langjährig

**annotare** [anno'ta:re] *vt* ❶ (*data*) notieren ❷ (*testo*) mit Anmerkungen versehen
**annotatore, -trice** [annota'to:re] *m, f* Kommentator(in) *m(f)* **annotazione** [annotat'tsio:ne] *f* ❶ (*registrazione*) Notiz *f*, Vermerk *m* ❷ (*postilla*) Anmerkung *f*
**annottare** [annot'ta:re] *vi essere* (*impersonale*) Nacht werden
**Annover** [an'no:ver] *f* Hannover *nt*
**annoverare** [annove'ra:re] *vt* zählen; **~ tra ...** zu ... zählen
**annuale** [annu'a:le] **I.** *agg* ❶ (*di un anno*) Jahres-; (*che dura un anno*) [Ein]jahres-, einjährig ❷ (*di ogni anno*) jährlich **II.** *m* Jahresfeier *f* **annualità** [annuali'ta] <-> *f* ❶ (*somma*) Jahresbeitrag *m* ❷ (*quota*) jährliche Tilgungsquote
**annuario** [annu'a:rio] <-i> *m* Jahrbuch *nt*; **~ commerciale** Handelsadressbuch *nt*
**annuire** [annu'i:re] <annuisco> *vi* [zustimmend] nicken, zustimmen
**annullamento** [annulla'mento] *m* ❶ (*l'annullare*) Annullierung *f*, Aufhebung *f* ❷ (*annullo*) Entwertung *f* ❸ (*revoca*) Zurücknahme *f*, Widerrufung *f* ❹ (*disdetta*) Aufhebung *f* ❺ (*distruzione*) Vernichtung *f* ❻ (MAT) Annullierung *f*
**annullare** [annul'la:re] **I.** *vt* annullieren, für nichtig erklären; (*francobolli*) entwerten; (*revocare*) widerrufen, zurücknehmen; (*disdire*) aufheben; (*distruggere*) zerstören; (*computer*) abbrechen **II.** *vr* **-rsi** sich verflüchtigen **annullatore, -trice** [annulla'to:re] **I.** *agg* entwertend, aufhebend, abstempelnd; **bollo ~** Entwertungs-/Poststempel *m* **II.** *m, f* Entwerter *m* **annullo** [an'nullo] *m* Entwertung *f*
**annunciare** [annun'tʃa:re] **I.** *vt* ❶ (*notizia*) bekannt geben ❷ (*persona in visita*) melden ❸ (RADIO, TV) ansagen ❹ (*predire*) voraussagen ❺ (*far prevedere*) ankündigen **II.** *vr* **-rsi** sich ankündigen **annunciatore, -trice** [annuntʃa'to:re] *m, f* ❶ (*chi annuncia*) Melder(in) *m(f)* ❷ (TV, RADIO) Sprecher(in) *m(f)*, Ansager(in) *m(f)*
**Annunciazione** [annuntʃat'tsio:ne] *f* (REL) Mariä Verkündigung *f*
**annuncio** [an'nuntʃo] <-ci> *m* Mitteilung *f*, Meldung *f*; (*nel giornale*) Anzeige *f*; **mettere un ~ sul giornale** eine Anzeige in die Zeitung setzen; **-ci economici/mortuari** Klein-/Todesanzeigen *fpl*
**annunziare** [annun'tsia:re] *v.* **annunciare**
**annuo, -a** ['annuo] *agg* Jahres-; (*pianta*) einjährig; (*che ricorre una volta all'anno*) jährlich
**annusare** [annu'sa:re] *vt* ❶ (*fiutare*) schnuppern an *+dat;* (*a animali*) beschnuppern ❷ (*tabacco*) schnupfen ❸ (*fig: intuire*) wittern

**annuvolamento** [annuvola'mento] *m* Bewölkung *f* **annuvolare** [annuvo'la:re] **I.** *vt* ❶ (*coprire di nuvole*) bewölken ❷ (*fig: offuscare*) trüben **II.** *vr* **-rsi** (*coprirsi di nuvole*) sich bewölken ❷ (*fig: oscurarsi in volto*) sich verdüstern

**annuvolarsi** [annuvo'larsi] *vr* ❶ (*coprirsi di nuvole*) sich bewölken ❷ (*fig: oscurarsi in volto*) sich verdüstern

**ano** ['a:no] *m* After *m*, Anus *m*
**anodino, -a** [ano'di:no] *agg* ❶ (MED: *calmante*) schmerzstillend ❷ (*fig: inefficace, insignificante*) harmlos, unwirksam
**anodizzato, -a** [anodid'dza:to] *agg* eloxiert
**anodo** ['a:nodo] *m* Anode *f*
**anomalia** [anoma'li:a] <-ie> *f* ❶ (MED) Anomalie *f* ❷ (*irregolarità*) Abweichung *f*, Unregelmäßigkeit *f* **anomalo, -a** [a'nɔ:malo] *agg* ❶ (MED) anomal ❷ (*irregolare*) unregelmäßig, abweichend
**anonimato** [anoni'ma:to] *m*, **anonimia** [anoni'mi:a] <-ie> *f* Anonymität *f*; **conservare l'~** anonym bleiben
**anonimo** [a'nɔ:nimo] *m* Anonymus *m*, Unbekannte(r) *m*
**anonimo, -a** *agg* anonym; **società -a** Aktiengesellschaft *f*
**anoressante** [anores'sante] **I.** *mf* Appetitzügler *m*, Appetithemmer *m* **II.** *agg* appetitzügelnd, appetithemmend
**anoressia** [anores'si:a] <-ie> *f* Magersucht *f*
**anoressico, -a** [ano'ressiko] <-ci, -che> **I.** *m, f* Magersüchtige(r) *f(m)* **II.** *agg* magersüchtig
**anoressizzante** [anosserit'tsa:nte] *m* Appetitzügler *m*
**anorgasmico, -a** [anor'gazmiko] <-ci, -che> *agg* anorgasmisch, ohne Orgasmus
**anormale** [anor'ma:le] **I.** *agg* ❶ (*irregolare*) abnorm, anormal ❷ (MED) anomal, krankhaft **II.** *mf* (MED) Anormale(r) *f(m)*
**anormalità** [anormali'ta] <-> *f* Normabweichung *f*, Abnormität *f*
**ANPA** *f acro di* **Associazione Nazionale per la Protezione dell'Ambiente** nationale Umweltschutzvereinigung
**ansa** ['ansa] *f* ❶ (*di vaso*) Henkel *m*, Griff *m* ❷ (*di fiume*) Flussschleife *f* ❸ (ANAT) Krümmung *f*
**ANSA** ['ansa] *f abbr di* **Agenzia Nazionale Stampa Associata** *italienische Presseagentur*

**ansare** [an'sa:re] *vi* keuchen, ächzen
**ansia** ['ansja] <-ie> *f* Angst *f*, Beklemmung *f*; **essere in ~ per qu** sich um jdn Sorgen machen; **aspettare qu/qc con ~** jdn/etw sehnsüchtig erwarten **ansietà** [ansje'ta] <-> *f* Angstzustand *m*
**ansimare** [ansi'ma:re] *vi* keuchen, ächzen
**ansiolitico, -a** [ansjo'li:tiko] <-ci, -che> I. *agg* neuroleptisch II. *m* Neuroleptikum *nt*
**ansioso, -a** [an'sio:so] *agg* begierig, ungeduldig
**anta** ['anta] *f* ❶ (*pilastro*) Ante *f* ❷ (*sportello*) Flügel *m*, Tür *f* ❸ (*battente di finestra*) [Fenster]laden *m*
**antagonismo** [antago'nizmo] *m* Antagonismus *m*
**antagonista**¹ [antago'nista] <-i *m*, -e *f*> *mf* (*rivale*) Antagonist(in) *m(f)*, Gegner(in) *m(f)*
**antagonista**² <-i> *m* (*muscolo*) Antagonist *m* **antagonistico, -a** [antago'nistiko] <-ci, -che> *agg* antagonistisch
**antalgico** [an'taldʒiko] <-ci> *m* (MED) schmerzstillendes Mittel, Analgetikum *nt*
**antalgico, -a** <-ci, -che> *agg* (MED) schmerzstillend, analgetisch
**antartico** [an'tartiko] <-ci> *m* Antarktis *f*
**antartico, -a** <-ci, -che> *agg* antarktisch
**Antartide** [an'tartide] *f* Antarktis *f*
**antecedente** [antetʃe'dɛnte] I. *agg* vorig, vorhergehend II. *m* Vorhergehende(s) *nt*; **-i** (*fig*) Vorleben *nt* **antecedenza** [antetʃe'dɛntsa] *f* Vortritt *m*; **in ~** im Voraus
**antefatto** [ante'fatto] *m* Vorgeschichte *f*
**anteguerra** [ante'gwɛrra] I. <inv> *agg* Vorkriegs- II. <-> *m* Vorkriegszeit *f*
**antelucano, -a** [antelu'ka:no] *agg* (*poet*) vor dem Morgengrauen
**antenato, -a** [ante'na:to] *m*, *f* Vorfahr[e] *m*/Vorfahrin *f*, Ahn[e] *m*/Ahnin *f*
**antenna** [an'tenna] *f* ❶ (RADIO) Antenne *f*; **~ parabolica** Satellitenantenne *f* ❷ (ZOO) Fühler *m* ❸ (NAUT) Rahe *f*
**antennista** [anten'nista] <-i *m*, -e *f*> *mf* Antenneninstallateur(in) *m(f)*
**anteporre** [ante'porre] <irr> *vt* ❶ (*mettere innanzi*) vor[aus]stellen; (*fig a*) voranstellen ❷ (*preferire*) vorziehen
**anteprima** [ante'pri:ma] *f* Voraufführung *f*
**antera** [an'tɛ:ra] *f* Staubbeutel *m*
**anteriore** [ante'rio:re] *agg* ❶ (*davanti*) vordere(r, s), Vorder- ❷ (*precedente*) vorhergehend
**antesignano, -a** [antesiɲ'ɲa:no] *m*, *f* Vorkämpfer(in) *m(f)*
**anti-** [anti] (*in parole composte*) anti-, Anti-; (*non ...*) nicht[-], Nicht- **antiabbagliante** [antiabbaʎ'ʎante] I. *agg* nicht blendend II. <*pl*> *m* Abblendlicht *nt*
**antiabbaglianti** [antiabbaʎ'ʎanti] *mpl* (AUTO) Abblendlicht *nt*
**antiabortista** [antiabor'tista] <-i *m*, -e *f*> I. *mf* Abtreibungsgegner(in) *m(f)* II. *agg* abtreibungsfeindlich
**antiacne** [anti'akne] <inv> *agg* gegen Akne wirkend; **detergente ~** Reinigungspräparat *nt* gegen Akne
**antiaereo, -a** [antia'ɛ:reo] *agg* Flugabwehr-
**anti-aging** [anti'eidʒ] <inv> *agg* Anti-Aging-
**antiaggregante** [antiaggre'gante] I. *agg* Aggregations-, Agglomerationshemmer *m* II. *agg* aggregations-, agglomerationshemmend
**antialghe** [anti'alge] I. <-> *m* Algenmittel *nt* II. <inv> *agg* gegen Algen wirkend, algizid
**antiappannante** [antiappa'nante] *m* Antibeschlag[s]tuch *nt*
**antiatomico, -a** [antia'tɔ:miko] <-ci, -che> *agg* atombombensicher; **rifugio ~** Atombunker *m*
**antibatterico, -a** [antibat'tɛ:riko] <-ci, -che> *agg* antibakteriell
**antibiotico** [antibi'ɔ:tiko] <-ci> *m* Antibiotikum *nt* **antibiotico, -a** <-ci, -che> *agg* antibiotisch
**antibloccaggio** [antiblok'kaddʒo] <-> *m* *v.* **antiblocco antibloccante** [antiblok'kante] *agg* **sistema ~** Antiblockiersystem *nt*, ABS *nt* **antiblocco** [anti'blɔkko] I. <-> *m* Antiblockiersystem *nt*, ABS *nt* II. <inv> *agg* (MOT) Antiblockier-
**anticaccia** [anti'kattʃa] <inv> *agg* gegen das Jagen
**anticaglia** [anti'kaʎʎa] <-glie> *f* Gerümpel *nt*
**anticalcare** [antikal'ka:re] *m* Mittel *nt* gegen Kalkablagerungen (*z.B. in Wasserleitungen*)
**anticamera** [anti'ka:mera] *f* Vorzimmer *nt*; **fare ~** (*fig*) warten [müssen]; **non mi passa neppure per l'~ del cervello** (*fam*) daran denke ich nicht mal im Traum
**anticamerista** [antikame'rista] <-i *m*, -e *f*> *mf* Klinkenputzer(in) *m(f)*, Bittsteller(in) *m(f)*
**anticancro** [anti'kaŋkro] <inv> *agg* gegen Krebs wirkend; **terapia ~** Krebstherapie *f*
**anticarie** [anti'ka:rje] <inv> *agg* karieshemmend **anticarro** [anti'karro] <inv> *agg* Panzerabwehr-

**anticellulite** [antitʃellu'liːte] <inv> *agg* gegen Cellulite wirkend

**antichità** [antiki'ta] <-> *f* ❶ (*qualità*) Altertümlichkeit *f* ❷ (*età*) Altertum *nt*, Antike *f* ❸ (*oggetto*) Antiquität *f*

**anticiclone** [antitʃi'kloːne] *m* Antizyklone *f*, Hochdruckgebiet *nt*

**anticipare** [antitʃi'paːre] I. *vt* ❶ (*azione*) vorziehen, vorverlegen ❷ (*notizia*) im Voraus bekannt geben, vorwegnehmen ❸ (*somma*) vorstrecken ❹ (*fare in anticipo*) vorwegnehmen II. *vi* (*arrivare in anticipo*) früher kommen

**anticipazione** [antiʃipat'tsioːne] *f* ❶ (*di notizia, informazione*) Vorwegnahme *f* ❷ (*di azione*) Vorverlegung *f* ❸ (FIN) Voraus[be]zahlung *f*; **~ bancaria** Bankvorausdarlehen *nt* **anticipo** [an'tiːtʃipo] *m* ❶ (*di tempo*) **in ~** zu früh; **essere in ~ di un'ora** eine Stunde zu früh dran sein ❷ (COM: *somma*) Vorschuss *m*; **pagare in ~** im Voraus bezahlen

**antico** [an'tiːko] <-chi> *m* ❶ (*ciò che appartiene a tempi remoti*) Alte(s) *nt*, Antike(s) *nt* ❷ *pl* (*uomini vissuti in tempi remoti*) die Alten *pl*, die Vorfahren *mpl*

**antico, -a** <-chi, -che> *agg* alt; (HIST) antik; (*tipico*) nach alter Art; **storia -a** Geschichte *f* des Altertums

**anticoncezionale** [antikontʃettsio'naːle] I. *agg* empfängnisverhütend II. *m* Verhütungsmittel *nt*

**anticoncorrenziale** [antikonkorren'tsiaːle] *agg* wettbewerbswidrig

**anticonformismo** [antikonfor'mizmo] *m* Nonkonformismus *m* **anticonformista** [antikonfor'mista] <-i *m*, -e *f*> I. *agg* nonkonformistisch II. *mf* Nonkonformist(in) *m(f)* **anticonformistico, -a** [antikonfor'mistiko] <-ci, -che> *agg* nonkonformistisch

**anticongelante** [antikondʒe'lante] I. *agg* Gefrierschutz- II. *m* Gefrierschutzmittel *nt*

**anticongiunturale** [antikondʒuntu'raːle] *agg* gegen die Konjunktur, konjunkturfeindlich

**anticorpo** [anti'kɔrpo] *m* Antikörper *m*, Abwehrstoff *m*

**anticostituzionale** [antikostituttsio'naːle] *agg* verfassungswidrig

**anticrimine** [anti'kriːmine] <inv> *agg* Verbrechensbekämpfungs-; **squadra ~** Abteilung für Verbrechensbekämpfung

**anticristo** [anti'kristo] *m* Antichrist *m*

**anticrittogamico** [antikritto'gaːmiko] <-ci> *m* Pflanzenschutzmittel *nt*

**anticrittogamico, -a** <-ci, -che> *agg* Pflanzenschutz-

**antidatare** [antida'taːre] *vt* vordatieren

**antideficit** [anti'dɛːfitʃit] <inv> *agg* antidefizitär; **provvedimenti ~** Maßnahmen *pl* zur Bekämpfung des Defizits

**antideflagrante** [antidefla'grante] I. *m* Explosionshemmer *m* II. *agg* explosionshemmend

**antidemocratico, -a** [antidemo'kraːtiko] <-ci, -che> I. *m, f* Antidemokrat(in) *m(f)*, undemokratisch denkende Person II. *agg* antidemokratisch, undemokratisch; **provvedimento ~** antidemokratische Maßnahme; **partito ~** demokratiefeindliche Partei

**antidepressivo** [antidepres'siːvo] *m* Antidepressivum *nt*

**antidepressivo, -a** *agg* (MED) antidepressiv

**antiderapante** [antidera'pante] I. *agg* rutschfest II. *m* rutschfester Reifen **antidetonante** [antideto'nante] I. *agg* klopffest II. *m* Antiklopfmittel *nt*

**antidiluviano, -a** [antidilu'viaːno] *agg* vorsintflutlich

**antidivorzismo** [antidivor'tsizmo] *m* Ablehnung *f* der Ehescheidung

**antidivorzista** [antidivor'tsista] <-i *m*, -e *f*> I. *mf* Ehescheidungsgegner(in) *m(f)* II. *agg* die Ehescheidung ablehnend

**antidogmatico, -a** [antisdog'maːtiko] <-ci, -che> *agg* antidogmatisch, undogmatisch; **atteggiamento ~** antidogmatische [*o* undogmatische] Einstellung

**antidogmatismo** [antidogma'tizmo] *m* Antidogmatismus *m*

**antidolorifico** [antidolo'riːfiko] <-ci> *m* (MED) Schmerzmittel *nt*

**antidoping** [anti'dɔpin(g)] I.<-> *m* Dopingkontrolle *f* II.<inv> *agg* Doping-, Dopingbekämpfungs-; **esame/test ~** Dopingkontrolle *f*/-test *m*

**antidoto** [an'tiːdoto] *m* Gegengift *nt*; (*a. fig*) Gegenmittel *nt*

**antidroga** [anti'drɔːga] <inv> *agg* Drogen-; **cane ~** Drogenspürhund *m*; **squadra ~** Drogenkommando *nt*

**anti-dumping** [anti'dʌmpin(g)] <inv> *agg* (FIN) Antidumping-, gegen Dumping

**antiemorragico** [antiemor'raːdʒiko] <-ci> *m* (MED) blutstillendes Mittel **antiemorragico, -a** <-ci, -che> *agg* blutstillend

**antieroe** [antie'rɔːe] *m* Antiheld *m*

**antierrore** [antier'roːre] <inv> *agg* fehlerlos, fehlerfrei, störungsfrei

**anti-età** [antie'ta] I. *agg* <inv> Anti-Aging-; **crema ~** Anti-Aging-Creme *f* II. *m* <->

Anti-Aging-Produkt *nt*, Anti-Aging-Präparat *nt*

**antifame** [anti'fa:me] *agg* farmaco ~ Appetitzügler *m*

**antifascismo** [antifaʃ'ʃizmo] *m* Antifaschismus *m* **antifascista** [antifaʃ'ʃista] <-i *m*, -e *f*> I. *mf* Antifaschist(in) *m(f)* II. *agg* antifaschistisch; **movimento** ~ antifaschistische Bewegung **antifascistico, -a** [antifaʃ'ʃistiko] <-ci, -che> *agg* antifaschistisch; **atteggiamento** ~ antifaschistische Einstellung

**antifecondativo** [antifekonda'ti:vo] *m* Empfängnisverhütungsmittel *nt* **antifecondativo, -a** *agg* empfängnisverhütend

**antifemminismo** [antifemmi'nizmo] *m* Antifeminismus *m* **antifemminista** [antifemmi'nista] <-i *m*, -e *f*> I. *mf* Feminismusgegner(in) *m(f)*, Frauenrechtsgegner(in) *m(f)* II. *agg* antifeministisch **antifemministico, -a** [antifemmi'nistiko] <-ci, -che> *agg* antifeministisch; **comportamento** ~ frauenfeindliches Verhalten

**antifiscalismo** [antifiska'lizmo] *m* Ablehnung *f* des Besteuerungssystems **antifiscalista** [antifiska'lista] <-i *m*, -e *f*> I. *mf* Gegner(in) *m(f)* des Besteuerungssystems II. *agg* das Besteuerungssystem ablehnend **antifiscalistico, -a** [antifiska'listiko] <-ci, -che> *agg* das Besteuerungssystem ablehnend

**antifona** [an'ti:fona] *f* Wechselgesang *m*, Antiphon *f*; **capir l'**~ (*fam*) die Anspielung verstehen; **è sempre la solita** ~ (*fam*) es ist immer die gleiche Leier

**antiforfora** [anti'forfora] <inv> *agg* **shampoo** ~ Antischuppenshampoo *nt*

**antifumo** [anti'fu:mo] <inv> *agg* Nichtraucher-; **campagna** ~ Kampagne gegen das Rauchen

**antifurto** [anti'furto] I. <inv> *agg* diebstahlsicher II. <-> *m* Diebstahlsicherung *f*

**antigas** [anti'gas] <inv> *agg* gegen Gas [schützend], Gas-; **maschera** ~ Gasmaske *f*

**antigelo** [anti'dʒɛ:lo] I. <inv> *agg* Frostschutz- II. <-> *m* Frostschutzmittel *nt*

**antigene** [anti'dʒɛ:ne] *m* (BIOL) Antigen *nt*

**antigenico, -a** [anti'dʒɛ:niko] <-ci, -che> *agg* antigen

**antiglobal** [anti'gloubəl] <-> *mf* Globalisierungsgegner(in) *m(f)*

**antiglobalizzatore** [antiglobalidzat'to:re] <-> *m* Globalisierungsgegner *m*

**antiglobalizzazione** [antiglobalidzat-'tsio:ne] <-> *f* Bewegung *f* der Globalisierungsgegner

**antigovernativo, -a** [antigoverna'ti:vo] *agg* regierungsfeindlich; **giornale** ~ regierungsfeindliche Zeitung

**antigraffio** [anti'graffio] <inv> *agg* kratzfest; **superficie** ~ kratzfeste Oberfläche

**anti(i)gienico, -a** [anti(i)'dʒɛ:niko] <-ci, -che> *agg* unhygienisch; **materiale** ~ unhygienisches Material

**anti(i)nfiammatorio** [anti(i)nfiamma'tɔ:-rio] <-i> *m* (MED) entzündungshemmendes Mittel

**anti(i)nfiammatorio, -a** <-i, -ie> *agg* entzündungshemmend

**Antille** [an'tille] *fpl* Antillen *pl*

**antilope** [an'ti:lope] *f* Antilope *f*

**antimafia** [anti'ma:fia] <inv> *agg* Antimafia-; **squadra** ~ Antimafiaeinheit *f*; **commissione** ~ Mafia-Untersuchungsausschuss *m*; **legge** ~ Antimafiagesetz *nt*

**antimeridiano, -a** [antimeri'dia:no] *agg* Vormittags-

**antimissile** [anti'missile] <inv> *agg* Raketenabwehr-; **difesa** ~ Raketenabwehr *f*

**antimuffa** [anti'muffa] <inv> *agg* Schimmelbekämpfungs-

**antincendio** [antin'tʃɛndio] I. <inv> *agg* Feuerschutz- II. <-> *m* Löschschaum *m*

**antinebbia** [anti'nebbia] I. <inv> *agg* Nebel- II. <-> *m* Nebelscheinwerfer *m*

**antinflativo, -a** [antinfla'ti:vo] *agg* (FIN) inflationsdämpfend, antiinflationistisch

**antinflazionistico, -a** [antinflatsio'nistiko] <-ci, -che> *agg* inflationsdämpfend; **provvedimento** ~ Maßnahme zur Bekämpfung der Inflation

**antinfluenzale** [antinfluen'tsa:le] I. *m* Grippemittel *nt* II. *agg* gegen Grippe, Grippeschutz-; **vaccino** ~ Grippeschutzimpfung *f*

**antinomia** [antino'mi:a] <-ie> *f* Antinomie *f*

**antinquinamento** [antiŋkuina'mento] <inv> *agg* Umweltschutz-; **misure** ~ Umweltschutzmaßnahmen *fpl* **antinquinante** [antinkui'na:nte] *agg* (ECOL) umweltschonend; **motore** ~ schadstoffarmer Motor

**antinucleare** [antinukle'a:re] I. *mf* Kernkraftgegner(in) *m(f)* II. *agg* Antiatom- **antinuclearista** [antinuklea'rista] <-i *m*, e *f*> I. *mf* Atomkraftgegner(in) *m(f)*, Kernkraftgegner(in) *m(f)* II. *agg* Antiatom-

**antioccidentale** [antiottʃiden'ta:le] *agg* antiwestlich; **politica** ~ antiwestliche Politik

**antiorario, -a** [antio'ra:rio] <-i, -ie> *agg* gegen den Uhrzeigersinn

**antiossidante** [antiossi'dante] *agg* Antioxidations-

**antipapa** [anti'paːpa] *m* Gegenpapst *m*

**antipapale** [antipa'paːle] *agg* papstfeindlich, antipapistisch **antipapismo** [antipa'pizmo] *m* Papstfeindlichkeit *f*, Antipapismus *m* **antipapista** [antipa'pista] <-i *m*, -e *f*> *mf* Papstfeind(in) *m(f)*, Antipapist(in) *m(f)*

**antiparassitario** [antiparassi'taːrio] <-i, -ie> *m* Schädlingsbekämpfungsmittel *nt*

**antiparassitario, -a** *agg* schädlingsbekämpfend

**antipastiere, -a** [antipas'tiɛːre] *m*, *f* Person, die für die Zubereitung und das Servieren der Antipasti zuständig ist

**antipasto** [anti'pasto] *m* Vorspeise *f*; ~ **misto** gemischte Vorspeisen *fpl* (*Aufschnitt, Oliven, Schinken, etc*)

**antipatia** [antipa'tiːa] <-ie> *f* Antipathie *f*, Abneigung *f* **antipatico, -a** [anti'paːtiko] <-ci, -che> I. *agg* unsympathisch II. *m*, *f* unsympathischer Mensch

**antipatriottico, -a** [antipatri'ɔttiko] <-ci, -che> *agg* antipatriotisch, unpatriotisch

**antipatriottismo** [antipatriot'tizmo] *m* Antipatriotismus *m*

**antipiega** [anti'piɛːga] <inv> *agg* knitterfrei

**antipiovra** [anti'piɔːvra] <inv> *agg* Antimafia-

**antiplacca** [anti'plakka] <inv> *agg* Antiplaque-, gegen Zahnbelag

**antipodi** [an'tiːpodi] *mpl* Antipoden *mpl*; **essere agli ~** (*fig*) entgegengesetzter Meinung sein

**antipolio** [anti'pɔːlio] <inv> *agg* Polioschutz-; **vaccino ~** Polioschutzimpfung *f*

**antipolvere** [anti'polvere] <inv> *agg* staubdicht, Staubschutz-

**antiporta** [anti'pɔrta] *f* Vortür *f*

**antiproibizionista** [antiproibittsio'nista] <-i *m*, -e *f*> I. *mf* Prohibitionsgegner(in) *m(f)*, Antiprohibitionist(in) *m(f)* II. *agg* gegen die Prohibition, antiprohibitionistisch; **movimento ~** Bewegung *f* zur Bekämpfung der Prohibition

**antiproiettile** [antiproiet'tiːle] <inv> *agg* kugelsicher; **giubbotto ~** kugelsichere Weste; **cristallo ~** kugelsicheres Glas, Panzerglas *nt*

**antipulci** [anti'pultʃi] <inv> *agg* Flohschutz-; **collare ~** Flohhalsband *nt*

**antiquaria** [anti'kuaːria] <-ie> *f*
❶ (*scienza*) Altertumswissenschaft *f*
❷ (*commercio*) Antiquitätenhandel *m*
❸ (*persona*) *v.* **antiquario**

**antiquariato** [antikua'riaːto] *m* ❶ (*commercio*) Antiquitätenhandel *m* ❷ (*raccolta*) Antiquitätensammlung *f*; **pezzo d'~** Antiquität *f* **antiquario, -a** [anti'kuaːrio] <-i, -ie> I. *agg* antiquarisch, Antiquitäten-; **libreria -a** Antiquariat *nt* II. *m*, *f* Antiquitätenhändler(in) *m(f)*

**antiquato, -a** [anti'kuaːto] *agg* antiquiert, veraltet

**antirabbico, -a** [anti'rabbiko] <-ci, -che> *agg* Tollwut-

**antiracket** [anti'raket] <inv> *agg* gegen das organisierte Verbrechen; **legge ~** Gesetz gegen die organisierte Kriminalität

**antirazzismo** [antirat'tsizmo] *m* Antirassismus *m* **antirazzista** [antirat'tsista] <-i *m*, -e *f*> I. *mf* Antirassist(in) *m(f)* II. *agg* antirassistisch

**antireferendario, -a** [antireferen'daːrio] <-i, -ie> *agg* antiplebiszitär

**antiretorica** [antire'tɔːrika] <-che> *f* Ablehnung *f* von rhetorischen Ausschmückungen **antiretorico, -a** [antire'tɔːriko] <-ci, -che> *agg* gegen rhetorische Ausschmückungen

**antireumatico, -a** [antireu'maːtiko] <-ci, -che> I. *m*, *f* Rheumamittel *nt* II. *agg* (MED) gegen Rheumatismus, Rheuma-

**antiriciclaggio** [antirikli'kladdʒo] <inv> *agg* gegen Geldwäsche; **norme ~** Gesetze zur Bekämpfung der Geldwäsche

**antirivoluzionario, -a** [antirivoluttsio'naːrio] <-i, -ie> *agg* antirevolutionär, revolutionsfeindlich

**antiruggine** [anti'ruddʒine] I. <inv> *agg* Rostschutz- II. <-> *m* Rostschutzmittel *nt*

**antirughe** [anti'ruːge] I. <-> *m* Antifaltenmittel *nt* II. <inv> *agg* Antifalten-; **crema ~** Antifaltencreme *f*

**antirumore** [ru'moːre] <inv> *agg* Lärmschutz-

**antisala** [anti'saːla] *f* Vorraum *m*

**antisatellite** [antisa'tɛllite] <inv> *agg* (MIL) Satellitenabwehr-; **armi ~** Waffen zur Satellitenabwehr

**antiscippo** [anti'ʃippo] <inv> *agg* gegen Taschendiebstahl gesichert; **valigia ~** diebstahlsicherer Koffer

**antisdrucciolevole** [antisdruttʃole'voːle] *agg* rutschfest; **pavimento ~** rutschfester Boden

**antisemita** [antise'miːta] <-i *m*, -e *f*> I. *mf* Antisemit(in) *m(f)* II. *agg* antisemitisch

**antisemitico, -a** [antise'miːtiko] <-ci,

-che> *agg* antisemitisch **antisemitismo** [antisemi'tizmo] *m* Antisemitismus *m*
**antisequestro** [antise'kuɛstro] <inv> *agg* gegen Entführung; **squadra ~** Einsatzkommando zur Bekämpfung von Entführungen
**antisettico** [anti'sɛttiko] <-ci> *m* Antiseptikum *nt*
**antisettico, -a** <-ci, -che> *agg* antiseptisch
**antisfondamento** [antisfonda'mento] <inv> *agg* bruchsicher; **cristallo ~** bruchsicheres Glas
**antisindacale** [antisinda'ka:le] <inv> *agg* gewerkschaftsfeindlich; **provvedimento ~** gewerkschaftsfeindliche Maßnahme
**antisismico, -a** [anti'sizmiko] <-ci, -che> *agg* erdbebensicher
**antiskating** [anti'skeitin(g)] <-> *m* Antiskating *nt*
**antismog** [anti'zmɔg] <inv> *agg* Antismog-, smogbekämpfend; **campagna ~** Antismog-Kampagne *f* **antisociale** [antiso'tʃa:le] *agg* unsozial **antisofisticazione** [antisofistikat'tsio:ne] <inv> *agg* Lebensmittelpanschereien *fpl* bekämpfend
**antisolare** [antiso'la:re] *agg* Sonnenschutz-
**antispam** [anti'spam] <inv> *agg* (INET) **filtro ~** Spamfilter *m* **antispasmodico, -a** [antispaz'mɔ:diko] <-ci, -che> I. *m, f* Antispastikum *nt*, krampflösendes Mittel II. *agg* (MED) antispastisch, krampflösend
**antispastico, -a** [antis'paztiko] <-ci, -che> I. *m, f* Antispastikum *nt*, krampflösendes Mittel II. *agg* (MED) antispastisch, krampflösend **antisportivo, -a** [antispor'ti:vo] *agg* unsportlich
**antistadio** [antis'ta:dio] <-di> *m* Stadionvorplatz *m*
**antistaminico** [antista'mi:niko] <-ci> *m* Antihistamin[ikum] *nt*
**antistaminico, -a** <-ci, -che> *agg* antihistaminisch
**antistante** [antis'tante] *agg* gegenüberliegend
**antistatico, -a** [antis'ta:tiko] <-ci, -che> *agg* antistatisch
**antistrappo** [anti'strappo] <inv> *agg* reißfest; **materiale ~** reißfestes Material
**antistress** [anti'stres] <inv> *agg* Antistress-
**antistupro** [anti'stu:pro] <inv> *agg* gegen Vergewaltigung; **legge ~** Gesetz gegen sexuelle Nötigung
**antisudorifero** [antisudo'ri:fero] *m* Antitranspirant *nt*
**antitarlo** [anti'tarlo] I. <-> *m* Holzschutzmittel *nt* II. <inv> *agg* gegen Holzwürmer, Holzschutz-
**antitartaro** [anti'tartaro] <inv> *agg* gegen Zahnstein
**antitermico, -a** [anti'tɛrmiko] <-ci, -che> *agg* (MED) antithermisch
**antiterrorismo** [antiterro'rizmo] I. <-> *m* Terrorismusbekämpfung *f* II. <inv> *agg* Antiterror-, Terrorismus[bekämpfungs]- **antiterroristico, -a** [antiterro'ristiko] <-ci, -che> *agg* Antiterror-, Terrorismus[bekämpfungs]-
**antitesi** [an'ti:tezi] *f* ❶ (PHILOS) Antithese *f* ❷ (*contrasto*) Gegensatz *m*
**antitetanico, -a** [antite'ta:niko] <-ci, -che> *agg* Tetanus-, Wundstarrkrampf-; **vaccino ~** Tetanusimpfung *f*
**antitetico, -a** [anti'tɛ:tiko] <-ci, -che> *agg* antithetisch, gegensätzlich
**antitraspirante** [antitraspi'rante] *agg* schweißhemmend; **materiale ~** Material, das die Schweißbildung verhindert
**antitrust** [ænti'trʌst] I. <inv> *agg* Antitrust-, Kartell- II. <-> *m* (FIN) Antitrust *m*, Kartellbekämpfung *f*
**antitumorale** [antitumo'ra:le] *agg* antitumoral, tumorbekämpfend
**antiurto** [anti'urto] <inv> *agg* stoßfest
**antivigilia** [antivi'dʒi:lia] *f* l'~ **di Natale** der Tag vor Heiligabend, der 23. Dezember
**antivipera** [anti'vi:pera] I. <-> *m* Schlangenbissserum *nt* II. <inv> *agg* gegen Schlangen[bisse]; **siero ~** Schlangenbissserum
**antivirale** [antivi'ra:le] *agg* antiviral, gegen Viren
**antivivisezione** [antiviviset'tsio:ne] <inv> *agg* Antivivisektion-; **campagna ~** Kampagne *f* gegen Vivisektion **antivivisezionismo** [antivivisettsio'nizmo] *m* Ablehnung *f* der Vivisektion **antivivisezionista** [antivivisettsio'nista] <-i *m*, -e *f*> *mf* Vivisektionsgegner(in) *m(f)*
**antologia** [antolo'dʒi:a] <-gie> *f* Anthologie *f* **antologista** [antolo'dʒista] <-i *m*, -e *f*> *mf* Herausgeber(in) *m(f)* einer Anthologie
**antonimo** [an'tɔ:nimo] *m* Antonym *nt*
**antonomasia** [antonoma'zi:a] *f* (LING) Antonomasie *f*; **per ~** antonomastisch
**antracite**[1] [antra'tʃi:te] <inv> *agg* anthrazit[farben]
**antracite**[2] *f* Anthrazit *m*
**antro** ['antro] *m* ❶ (*caverna*) Höhle *f* ❷ (*fig pej: abitazione misera*) Loch *nt*
**antropizzare** [antropid'dza:re] *vt* an

menschliche Bedürfnisse anpassen **antropizzazione** [antropiddzat'tsjo:ne] *f* Anpassung *f* an menschliche Bedürfnisse

**antropofago, -a** [antro'pɔ:fago] <-gi, -ghe> *m, f* Menschenfresser(in) *m(f)*

**antropogenesi** [antropo'dʒɛ:nezi] <-> *f* Anthropogenese *f*

**antropoide** [antro'pɔ:ide] *m* Menschenaffe *m*

**antropologia** [antropolo'dʒi:a] <-gie> *f* Anthropologie *f* **antropologo, -a** [antro'pɔ:logo] <-gi, -ghe> *m, f* Anthropologe *m* / Anthropologin *f*

**antropomorfismo** [antropomor'fizmo] *m* Anthropomorphismus *m* **antropomorfo, -a** [antropo'mɔrfo] *agg* anthropomorph, menschenähnlich; **scimmie -e** Menschenaffen *mpl*

**anulare** [anu'la:re] I. *agg* ringförmig, Ring- II. *m* Ringfinger *m*

**anuri** [a'nu:ri] *mpl* Anuren *pl*

**anuria** [anu'ri:a] <-ie> *f* Anurie *f*

**anuro, -a** [a'nu:ro] *agg* schwanzlos

**Anversa** [an'vɛrsa] *f* Antwerpen *nt*

**anzi** ['antsi] *avv* ❶ (*invece*) im Gegenteil, sogar ❷ (*ancor di più*) sogar, ja ❸ (*o meglio*) besser noch

**anziana** *f v.* **anziano**

**anzianità** [antsjani'ta] <-> *f* Alter *nt*; (ADM) Dienstalter *nt* **anziano, -a** [an'tsja:no] I. *agg* alt; (ADM) dienstalt II. *m, f* Alte(r) *f(m)*; **Consiglio degli -i** Ältestenrat *m*

**anziché, anzi che** [antsi'ke] *cong* ❶ (*invece di*) statt zu ❷ (*piuttosto che*) eher als, lieber als

**anzidetto, -a** [antsi'detto] *agg* vorgenannt, oben genannt

**anzitempo** [antsi'tɛmpo] *avv* vorzeitig

**anzitutto** [antsi'tutto] *avv* vor allem, zunächst

**aorta** [a'ɔrta] *f* Aorta *f*, Hauptschlagader *f*

**Aosta** [a'ɔsta] *f* Aosta *nt* (*Hauptstadt des Aostatals*); **Valle d'~** Aostatal *nt*

**Aostano** <*sing*> *m* Umgebung *f* von Aosta

**aostano, -a** [aos'ta:no] I. *agg* aus Aosta stammend II. *m, f* (*abitante*) Bewohner(in) *m(f)* Aostas

**apartheid** [a'partheit] <-> *f* Apartheid *f*

**apatia** [apa'ti:a] <-ie> *f* Apathie *f* **apatico, -a** [a'pa:tiko] <-ci, -che> *agg* apathisch

**a.p.c.** *abbr di* **a pronta cassa** gegen Barzahlung

**ape** ['a:pe] *f* Biene *f*; **~ domestica** Honigbiene *f*; **~ maschio** Drohne *f*; **~ operaia** Arbeitsbiene *f*; **~ regina** Bienenkönigin *f*

**Ape®** *f* (*veicolo a tre ruote della Piaggio*) dreirädriges Fahrzeug von Piaggio

**apericena** [aperi'tʃe:na] <- *m*, -e *f*> *m o f* Aperitif, zu dem kleine Häppchen serviert werden, die ein Abendessen ersetzen können

**aperitivo** [aperi'ti:vo] *m* Aperitif *m*

**apersi** [a'pɛrsi] *1. pers sing pass rem di* **aprire**

**aperto** [a'pɛrto] *m* Freie(s) *nt*; **all'~** im Freien; **teatro all'~** Freilufttheater *nt*

**aperto, -a** I. *pp di* **aprire** II. *agg* ❶ (*comunicante con l'esterno*) offen, geöffnet; (*fig: lettera, conto, città*) offen ❷ (*libero, accessibile*) offen, zugänglich ❸ (*non concluso*) offen ❹ (*evidente*) offen, klar ❺ (*mentalità*) offen, aufgeschlossen; (*anticonformista*) unkonventionell ❻ (*loc*) **in -a campagna** auf freiem Feld; **in mare ~** auf offenem Meer; **all'aria -a** an der frischen Luft

**apertura** [aper'tu:ra] *f* ❶ (*azione*) Öffnen *nt*, Öffnung *f*, Aufsperren *nt* A; (*fig: di un conto*) Eröffnung *f* ❷ (*inizio*) Eröffnung *f*, Beginn *m*; **articolo di ~** Leitartikel *m*; **discorso di ~** Eröffnungsrede *f*; **~ delle scuole** Schulbeginn *m* ❸ (*foro*) Öffnung *f* ❹ (*fig: di mente*) Offenheit *f*, Aufgeschlossenheit *f* ❺ (*ampiezza*) Weite *f*; **~ d'ali** [*o* **alare**] Flügelspannweite *f*

**aperturismo** [apertu'rizmo] *m* (POL) Bereitschaft *f* zur politischen Öffnung

**API** ['a:pi] *f acro di* **Anonima Petroli Italiana** italienische Mineralölverwaltung

**apiario** [a'pja:rjo] <-i> *m* Bienenhaus *nt*; (*alveare*) Bienenstock *m*

**apice** ['a:pitʃe] *m* ❶ (*culmine*) Gipfel *m* ❷ (ANAT, BOT) Spitze *f* ❸ (LING, ASTR) Apex *m*

**apicoltore, -trice** [apikol'to:re] *m, f* Imker(in) *m(f)* **apicoltura** [apikol'tu:ra] *f* Bienenzucht *f*

**apnea** [ap'nɛ:a] *f* (SPORT) Luftanhalten *nt*; **~ subacquea** Apnoe-Tauchen *nt*

**apocalisse** [apoka'lisse] *f* Apokalypse *f*, Weltuntergang *m*; (*fig a*) Katastrophe *f* **apocalittico, -a** [apoka'littiko] <-ci, -che> *agg* apokalyptisch; (*fig a*) katastrophal

**apodittico, -a** [apo'dittiko] <-ci, -che> *agg* apodiktisch

**apogeo** [apo'dʒɛ:o] *m* ❶ (ASTR) Erdferne *f*, Apogäum *nt* ❷ (*fig: culmine*) Gipfel *m*; **essere all'~ della gloria** auf dem Gipfel des Ruhms angelangt sein

**apolide** [a'pɔ:lide] I. *agg* staatenlos II. *mf* Staatenlose(r) *f(m)*

**apolitico, -a** [apoˈliːtiko] <-ci, -che> *agg* unpolitisch

**apollo** [aˈpɔllo] *m* Apoll *m*

**apologeta** [apoloˈdʒɛːta] <-i *m*, -e *f*> *mf* Apologet(in) *m(f)* **apologetica** [apoloˈdʒɛːtika] <-che> *f* Apologetik *f* **apologetico, -a** [apoloˈdʒɛːtiko] <-ci, -che> *agg* apologetisch

**apologia** [apoloˈdʒiːa] <-gie> *f* Verteidigungsrede *f*, Apologie *f* **apologista** [apoloˈdʒista] <-i *m*, -e *f*> *mf* Apologet(in) *m(f)*; *(difensore)* Verteidiger(in) *m(f)*

**apoplessia** [apoplesˈsiːa] <-ie> *f* (MED) Schlaganfall *m*, Apoplexie *f*

**apoplettico, -a** [apoˈplɛttiko] <-ci, -che> I. *agg* apoplektisch; **colpo** ~ Schlaganfall *m* II. *m*, *f* Apoplektiker(in) *m(f)*

**apostasia** [apostaˈziːa] <-ie> *f* Lossagung *f*, Apostasie *f*

**apostolico, -a** [aposˈtɔːliko] <-ci, -che> *agg* apostolisch **apostolo** [aˈpɔstolo] *m* Apostel *m*

**apostrofare** [apostroˈfaːre] I. *vt* ❶ *(interrogare)* anreden; *(con rigore)* anfahren, anherrschen ❷ (LING) apostrophieren II. *vi* wettern

**apostrofe** [aˈpɔstrofe] *f* Anrede *f*

**apostrofo** [aˈpɔstrofo] *m* Apostroph *m*

**apoteosi** [apoteˈɔːzi] <-> *f* Apotheose *f*, Verherrlichung *f*

**app** [app] <-> *m* (INET) App *f*

**app.** ❶ *abbr di* **appendice** Anh. ❷ *abbr di* **appartamento** Whg.

**appagamento** [appagaˈmento] *m* Befriedigung *f* **appagare** [appaˈgaːre] I. *vt* befriedigen II. *vr* -**rsi di qc** sich mit etw begnügen

**appaiamento** [appaiaˈmento] *m* Paarung *f* **appaiare** [appaˈiaːre] I. *vt* paaren II. *vr* -**rsi** sich paaren

**appaio** [apˈpaio] *1. pers sing pr di* **apparire**

**appallottolare** [appallottoˈlaːre] I. *vt* zusammenballen, zusammenknüllen II. *vr* -**rsi** sich zusammenballen

**appaltare** [appalˈtaːre] *vt* ❶ *(dare in appalto)* als Auftrag vergeben ❷ *(prendere in appalto)* als Auftrag annehmen **appaltatore, -trice** [appaltaˈtoːre] I. *agg* auftragnehmend II. *m*, *f* Auftragnehmer(in) *m(f)* **appalto** [apˈpalto] *m* Auftragserteilung *f*; **dare in** ~ als Auftrag vergeben; **prendere in** ~ als Auftrag annehmen

**appannaggio** [appanˈnaddʒo] <-ggi> *m* ❶ (POL) Apanage *f* ❷ *(fig: prerogativa)* Vorzug *m*, Vergünstigung *f*

**appannamento** [appannaˈmento] *m* Trübung *f*

**appannare** [appanˈnaːre] I. *vt* ❶ *(togliere la lucentezza, la trasparenza)* trüben, beschlagen lassen ❷ *(fig: offuscare)* trüben II. *vr* -**rsi** sich trüben

**apparato** [appaˈraːto] *m* ❶ *(per manifestazioni)* Aufmachung *f*, Ausstaffierung *f*, Schmuck *m* ❷ *(fig* MIL) Aufwand *m* ❸ (TEC, ANAT, LIT, ADM) Apparat *m*; ~ **circolatorio** Gefäßsystem *nt*; ~ **governativo** Regierungsapparat *m*; **l'**~ **scenico** Inszenierung *f*

**apparecchiare** [apparekˈkiaːre] I. *vt* [vor]bereiten, herrichten; ~ **la tavola** den Tisch decken II. *vr* -**rsi** sich vorbereiten

**apparecchiatura** [apparekiaˈtuːra] *f* ❶ (TEC) Apparatur *f*, Vorrichtung *f*; *(strumento)* Einrichtung *f* ❷ *(di tessuti)* Ausrüstung *f* ❸ *(preparazione)* Rüstung *f* **apparecchio** [appaˈrekkio] <-cchi> *m* ❶ (TEC) Apparat *m*, Gerät *nt* ❷ (AERO) Flugzeug *nt*

**apparentamento** [apparentaˈmento] *m* (POL) Koalition *f* **apparentare** [apparenˈtaːre] I. *vt* verschwägern II. *vr* -**rsi** ❶ *(imparentarsi)* sich verschwägern, ein Verwandtschaftsverhältnis eingehen ❷ (POL) koalieren

**apparente** [appaˈrɛnte] *agg* scheinbar, anscheinend **apparenza** [appaˈrɛntsa] *f* [An]schein *m*; *(aspetto)* Äußere(s) *nt*, Aussehen *nt*, Erscheinung *f*; **salvare le -e** den Schein wahren; **l'**~ **inganna** der Schein trügt; **in** ~ dem Anschein nach

**apparire** [appaˈriːre] <appaio *o* apparisco, apparvi *o* apparii *o* apparsi, apparso> *vi* essere ❶ *(presentarsi)* erscheinen ❷ *(risultare)* offenbar werden, erscheinen ❸ *(sembrare)* scheinen **appariscente** [apparifˈʃɛnte] *agg* auffallend, auffällig **apparizione** [apparitˈtsioːne] *f* Erscheinen *nt*; *(visione)* Erscheinung *f*

**apparsi** [apˈparsi] *1. pers sing pass rem di* **apparire**

**apparso** [apˈparso] *pp di* **apparire**

**appartamento** [appartaˈmento] *m* Wohnung *f*

**appartarsi** [apparˈtarsi] *vr* sich zurückziehen, sich absondern

**appartenente** [apparteˈnɛnte] I. *agg* angehörig, zugehörig II. *mf* Angehörige(r) *f(m)* **appartenenza** [apparteˈnɛntsa] *f* Zugehörigkeit *f*; **l'**~ **a qc** die Zugehörigkeit zu etw

**appartenere** [apparteˈneːre] <irr> *vi* essere *o* avere ❶ *(essere di proprietà)* ~ **a**

**qu** jdm gehören ❷ (*far parte*) **~ a qc** zu etw gehören

**apparvi** [ap'parvi] *1. pers sing pass rem di* **apparire**

**appassimento** [appassi'mento] *m* Welken *nt*

**appassionare** [appassio'na:re] **I.** *vt* begeistern; (*commuovere*) rühren **II.** *vr* **-rsi** [**a qc**] sich [für etw] begeistern; (*commuovere*) [von etw] gerührt sein **appassionato, -a** [appassio'na:to] **I.** *agg* leidenschaftlich, begeistert **II.** *m, f* Fan *m*, Begeisterte(r) *f(m)*

**appassire** [appas'si:re] <appassisco> *vi essere* [ver]welken

**appellante** [appel'lante] **I.** *agg* anfechtend, berufend **II.** *mf* Appellant *m*, Berufungskläger(in) *m(f)*

**appellare** [appel'la:re] **I.** *vt* anreden; (JUR) anfechten, Berufung einlegen gegen **II.** *vr* **-rsi** appellieren; (JUR) in [die] Berufung gehen; **-rsi a qu** an jdn appellieren; **-rsi contro qc** gegen etw Berufung einlegen

**appellativo** [appella'ti:vo] *m* ❶ (LING) Appellativ *nt* ❷ (*soprannome*) Name *m*, Anrede *f*

**appello** [ap'pɛllo] *m* ❶ (*chiamata*) Appell *m*; (*per nome*) Aufruf *m* ❷ (*invocazione*) Appell *m*, Aufruf *m*; **fare ~ a qc** an etw *acc* appellieren ❸ (*di esami universitari*) Examenstermin *m* ❹ (JUR) Appellation *f*, Berufung *f*; **corte d'~** Berufungsgericht *nt*; **ricorrere in ~** in [die] Berufung gehen

**appena** [ap'pe:na] **I.** *avv* ❶ (*a stento*) gerade noch, kaum; **ha parlato ~** er/sie hat kaum gesprochen ❷ (*soltanto, da poco*) gerade erst, kaum; **sono ~ le dieci** es ist gerade erst zehn Uhr **II.** *cong* sobald

**appendere** [ap'pɛndere] <appendo, appesi, appeso> **I.** *vt* aufhängen **II.** *vr* **-rsi** sich festhalten; **-rsi al braccio di qu** sich bei jdm einhängen

**appendice** [appen'di:tʃe] *f* ❶ (*aggiunta*) Anhang *m*, Zusatz *m* ❷ (*nei giornali*) Feuilleton *nt* ❸ (ANAT) Blinddarm *m* **appendicite** [appendi'tʃi:te] *f* Blinddarmentzündung *f*

**appendo** [ap'pɛndo] *1. pers sing pr di* **appendere**

**Appennino** [appen'ni:no] *m* Appennin *m*; **gli -i** die Appenninen

**Appenzell** [apən'tsɛl] *m* Appenzell *nt*

**appesantire** [appesan'ti:re] <appesantisco> **I.** *vt* beschweren, schwer machen; (*fig*) belasten **II.** *vr* **-rsi** schwer werden

**appesi** [ap'pe:si] *1. pers sing pass rem di* **appendere**

**appeso** [ap'pe:so] *pp di* **appendere**

**appestare** [appes'ta:re] *vt* ❶ (*contagiare*) anstecken ❷ (*ammorbare*) verpesten **appestato, -a** [appes'ta:to] *m, f* Pestkranke(r) *f(m)*

**appetibile** [appe'ti:bile] *agg* verlockend, attraktiv

**appetire** [appe'ti:re] (*poet*) **I.** *vt* anstreben, den Wunsch haben nach **II.** *vi* verlocken, Appetit machen

**appetito** [appe'ti:to] *m* ❶ (*di cibo*) Appetit *m;* **buon ~!** guten Appetit!; **l'~ vien mangiando** (*prov*) der Appetit kommt beim Essen ❷ (*fig: voglia, desiderio*) Verlangen *nt,* Hunger *m* **appetitoso, -a** [appeti'to:so] *agg* appetitanregend; (*a. fig*) appetitlich

**appetizer** ['æpətaizə] <-> *m* (*stuzzichino*) Appetithappen *m*, -anreger *m* **appetizing** [æpə'taiziŋ] <-> *m* Appetizing *nt*

**appezzamento** [appettsa'mento] *m* Grundstück *nt*

**appezzare** [appet'tsa:re] *vt* in Stücke zerteilen [*o* zerlegen]

**appianamento** [appiana'mento] *m* ❶ (*spianamento*) [Ein]ebnung *f* ❷ (*fig: di difficoltà*) Beseitigung *f*; (*di lite*) Beilegung *f*

**appianare** [appia'na:re] *vt* ❶ (*terreno*) [ein]ebnen ❷ (*fig: difficoltà*) beseitigen; (*lite, controversia*) beilegen

**appiattarsi** [appiat'tarsi] *vr* sich verstecken

**appiattimento** [appiatti'mento] *m* Abflachung *f*; (*fig*) Angleichung *f*, Nivellierung *f*; (*spirituale*) Verflachung *f*

**appiattire** [appiat'ti:re] <appiattisco> **I.** *vt* abflachen **II.** *vr* **-rsi** (*divenire piatto*) flach werden; (*farsi piatto*) sich ducken, sich flach machen

**appiccare** [appik'ka:re] *vt* ❶ (*affiggere*) befestigen, anheften ❷ (*appendere*) aufhängen ❸ (*fuoco*) legen

**appiccicare** [appittʃi'ka:re] **I.** *vt* ❶ (*attaccare*) anheften, ankleben ❷ (*fig: attribuire*) anhängen **II.** *vr* **-rsi** kleben; (*fig a*) sich [an]hängen **appiccicaticcio, -a** [appittʃika'tittʃo] <-cci, -cce> *agg* ❶ (*attaccaticcio*) klebrig ❷ (*fig: persona*) lästig, aufdringlich **appiccicoso, -a** [appittʃi'ko:so] *agg* ❶ (*vischioso*) klebrig ❷ (*fig: persona*) lästig, aufdringlich

**appicco** [ap'pikko] <-cchi> *m* Steilwand *f*
**appiedato, -a** [appie'da:to] *agg* zu Fuß

**appieno** [ap'pjɛ:no] *avv* völlig, vollkommen

**appigionare** [appidʒo'na:re] *vt* vermieten

**appigliarsi** [appiʎ'ʎarsi] *vr* ~ **a qu/qc** (*aggrapparsi*) sich an jdn/etw klammern; (*fig: attenersi*) sich an jdn/etw halten

**appiglio** [ap'piʎʎo] <-gli> *m* ① (*punto di appoggio*) Halt *m*, Stützpunkt *m* ② (*fig: pretesto*) Vorwand *m*, Aufhänger *m*

**appiombo** [ap'pjombo] *m* Lot *nt*, lotrechter Fall

**appioppare** [appiop'pa:re] *vt* (*fam*) anhängen, andrehen; (*schiaffo, nomignolo*) verpassen; ~ **una multa a qu** jdn zu einer Geldstrafe verdonnern

**appisolarsi** [appizo'larsi] *vr* einnicken

**applaudire** [applau'di:re] <applaudo *o* applaudisco> *vt, vi* ~ [a] **qu/qc** jdm/etw applaudieren **applauso** [ap'pla:uzo] *m* Beifall *m* **applausometro** [applau'zɔ:metro] *m* Applausmessgerät *nt*

**applicabile** [appli'ka:bile] *agg* **essere ~ [a qc]** [auf etw *acc*] anwendbar sein

**applicare** [appli'ka:re] I. *vt* ① (*attaccare*) applizieren, anbringen; (*con colla*) aufkleben ② (*far pagare*) auferlegen ③ (*mettere in atto, utilizzare*) anwenden ④ (*concentrare*) richten II. *vr* **-rsi** sich widmen

**applicativo, -a** *agg* Anwendungs-; **programma ~** Anwendungsprogramm *nt* **applicato, -a** [appli'ka:to] I. *agg* angewandt II. *m, f* Angestellte(r) *f(m)*

**applicazione** [applikat'tsjo:ne] *f* ① (*l'applicare*) Anbringung *f*; (*l'utilizzare*) Anwendung *f* ② (*cura*) Eifer *m* ③ (INFORM) Anwendung *f*

**applique** [a'plik] <-> *f* Wandleuchter *m*

**appoderare** [appode'ra:re] *vt* in Landgüter aufteilen

**appoggiacapo** [appoddʒa'ka:po] <-> *m* Kopfstütze *f*

**appoggiare** [appod'dʒa:re] I. *vt* ① (*posare*) [ab]stellen, [ab]legen ② (*accostare*) [an]lehnen; ~ **la scala alla parete** die Leiter an die Wand anlehnen ③ (*fig: sostenere*) unterstützen II. *vr* **-rsi** ① (*sostenersi, reggersi*) sich anlehnen; **-rsi al muro** sich an die Wand anlehnen ② (*fig: ricorrere*) **-rsi a qc** sich auf etw *acc* stützen

**appoggiatesta** [appoddʒa'tɛsta] <-> *m* Kopfstütze *f* **appoggiatura** [appoddʒa'tu:ra] *f* Vorschlag *m* **appoggio** [ap'pɔddʒo] <-ggi> *m* ① (*sostegno*) Stütze *f*, Halt *m* ② (*fig: aiuto*) Stütze *f*, Unterstützung *f*

**appollaiarsi** [appolla'jarsi] *vr* [nieder]kauern, hocken

**apporre** [ap'porre] <irr> *vt* anbringen, hinzufügen

**apportare** [appor'ta:re] *vt* ① (*portare*) beitragen, hinzufügen ② (*fig: causare*) mit sich *dat* bringen, verursachen **apporto** [ap'pɔrto] *m* ① (*conferimento*) Zufuhr *f*; (*di persona*) Einführung *f* ② (*contributo*) Beitrag *m*

**apposi** [ap'po:zi] *1. pers sing pass rem di* **apporre**

**appositamente** [appozita'mente] *avv* eigens **apposito, -a** [ap'pɔ:zito] *agg* eigen, geeignet

**apposizione** [appozit'tsjo:ne] *f* ① (LING) Apposition *f* ② (*collocazione*) Anbringung *f*

**apposta** [ap'pɔsta] I. *avv* absichtlich; **non l'ho fatto ~** es war keine Absicht II. <inv> *agg* extra

**appostamento** [apposta'mento] *m* ① (*agguato*) Hinterhalt *m* ② (MIL) Stellung *f* ③ (*a caccia*) Ansitz *m* **appostare** [appos'ta:re] I. *vt* ~ **qu/qc** jdm/etw auflauern II. *vr* **-rsi** sich auf die Lauer legen

**apposto** [ap'pɔsto] *pp di* **apporre**

**apprendere** [ap'prɛndere] <irr> *vt* ① (*imparare*) [er]lernen ② (*venire a sapere*) erfahren **apprendimento** [apprendi'mento] *m* **capacità d'~** Lernfähigkeit *f*

**apprendista** [appren'dista] <-i *m*, -e *f*> *mf* Lehrling *m*, Auszubildende(r) *f(m)* **apprendistato** [apprendis'ta:to] *m* ① (*condizione*) Lehre *f* ② (*periodo*) Lehrzeit *f*

**apprendo** [ap'prɛndo] *1. pers sing pr di* **apprendere**

**apprensione** [appren'sjo:ne] *f* Sorge *f* **apprensivo, -a** [appren'si:vo] *agg* ängstlich, furchtsam

**appresi** [ap'pre:zi] *1. pers sing pass rem di* **apprendere**

**appreso** [ap'pre:zo] *pp di* **apprendere**

**appressarsi** [appres'sarsi] *vr* sich nähern **appresso** [ap'prɛsso] I. *avv* ① (*vicino*) daneben, nahe bei ② (*più tardi*) nachfolgend; **come ~** wie folgt II. *prp* (*stato*) neben +*dat*, bei +*dat*; (*moto*) neben +*acc* III. <inv> *agg* folgend

**apprestamento** [appresta'mento] *m* ① (*preparativo*) Bereitstellung *f*, Vorbereitung *f* ② (MIL) Befestigung *f*

**apprestare** [appres'ta:re] I. *vt* bereitstellen, vorbereiten II. *vr* **-rsi a fare qc** sich anschicken, etw zu tun

**apprettare** [appret'ta:re] *vt* appretieren

**apprettatura** [appretta'tu:ra] f Appretur f

**appretto** [ap'prɛtto] m Appretur f; **dare l'~ a qc** etw appretieren

**apprezzabile** [appret'tsa:bile] agg bemerkenswert; (somma a) nennenswert, beträchtlich

**apprezzamento** [appretsa'mento] m Wertschätzung f **apprezzare** [appret'tsa:re] vt würdigen, schätzen

**approccio** [ap'prɔttʃo] <-cci> m Herangehensweise f, Ansatz m; (fig) Annäherungsversuch m

**approdare** [appro'da:re] vi essere o avere (NAUT) anlegen, landen; **non ~ a nulla** (fig) zu nichts führen **approdo** [ap'prɔ:do] m ① (manovra) Landung f ② (luogo) Landungsplatz m

**approfittare** [approfit'ta:re] I. vi **~ di qu/qc** jdn/etw [aus]nutzen; **~ dell'occasione** die Gelegenheit nutzen II. vr **-rsi di qu/qc** jdn/etw [aus]nutzen

**approfondimento** [approfondi'mento] m Vertiefung f **approfondire** [approfon'di:re] vt <approfondisco> I. vt ① (rendere (più) profondo) vertiefen ② (fig: studiare a fondo) genau prüfen II. vr **-rsi** sich vertiefen

**approntamento** [appronta'mento] m Bereitstellung f; (MIL) Rüstung f

**approntare** [appron'ta:re] vt bereitstellen; (MIL) rüsten

**appropriarsi** [appro'priarsi] vr **~ [di] qc** sich dat etw aneignen

**appropriatezza** [appropria'tettsa] f (del vestito) Angemessenheit f; (di una risposta, du un termine) Angemessenheit, Adäquatheit f

**appropriato, -a** [appro'pria:to] agg geeignet; (termine) treffend

**appropriazione** [appropriat'tsio:ne] f Aneignung f

**approssimarsi** [approssi'marsi] vr **~ [a qu/qc]** sich [jdm/etw] nähern **approssimativo, -a** [approssima'ti:vo] agg annähernd, ungefähr **approssimazione** [approssimat'tsio:ne] f ① (avvicinamento) Annäherung f ② (MAT) Näherungswert m; **per ~** annähernd

**approvare** [appro'va:re] vt ① (giudicare buono) billigen, gutheißen ② (candidato) bestehen lassen, annehmen ③ (ratificare) annehmen **approvazione** [approvat'tsio:ne] f Billigung f, Anerkennung f

**approvvigionamento** [approvvidʒona'mento] m ① (rifornimento) Versorgung f, Verpflegung f, Proviant m; (prov-

vista) Vorrat m ② pl (MIL) Verproviantierung f **approvvigionare** [approvvidʒon'na:re] vt versorgen; (MIL) verproviantieren **approvvigionatore, -trice** [approvvidʒona'to:re] m, f Einkäufer(in) m(f) [o Mitarbeiter(in) m(f)] in der Beschaffungsstelle

**appuntamento** [appunta'mento] m ① (di piacere) Verabredung f, Date nt fam; **darsi [un] ~** sich verabreden; **~ al buio** Blind Date nt ② (d'affari, dal medico) Termin m; **prendere un' ~** sich dat einen Termin geben lassen

**appuntare** [appun'ta:re] vt ① (lapis) [an]spitzen ② (decorazione) anheften ③ (appunti) notieren ④ (fig: puntare) richten; **~ le orecchie** die Ohren spitzen; **~ l'indice su qc** mit dem Finger auf etw acc zeigen; **~ lo sguardo su qu** jdn fixieren

**appuntato** [appun'ta:to] m Obergefreite(r) m

**appuntino** [appun'ti:no] avv sorgfältig, genau

**appuntire** [appun'ti:re] <appuntisco> vt [an]spitzen **appuntito, -a** [appun'ti:to] agg spitz

**appunto¹** [ap'punto] avv genau; **per l'~** ganz genau

**appunto²** m ① (nota) Notiz f ② (rimprovero) Vorwurf m

**appuramento** [appura'mento] m Nachprüfung f, Überprüfung f

**appurare** [appu'ra:re] vt ① (controllare) nachprüfen, überprüfen ② (mettere in chiaro) klarstellen

**apribile** [a'pri:bile] agg zu öffnen, aufklappbar

**apribottiglie** [apribot'tiʎʎe] <-> m Flaschenöffner m

**aprii** [a'pri:i] 1. pers sing pass rem di **aprire**

**aprile** [a'pri:le] m April m; **in ~** [o **nel mese di**] **~** im April; **nel bel ~** im schönen April; **alla fine di ~** Ende April; **a metà ~** Mitte April; **ai primi di ~** Anfang April; **agli ultimi di ~** Ende April; **~ ha 30 giorni** der April hat 30 Tage; **Firenze, [il] 15 ~ 2014** Florenz, den 15. April 2014; **oggi è il primo [di] ~** heute ist der erste April; **l'undici/il venti/il ventun ~** der elfte/zwanzigste/einundzwanzigste April

**apripista** [apri'pista] <-> I. m (trattore) Planierraupe f II. mf (sciatore) Vorläufer(in) m(f)

**aprire** [a'pri:re] <apro, apersi o aprii, aperto> I. vt ① (finestra) öffnen, aufmachen; (porta) öffnen, aufmachen, aufsperren *A;* (*ombrello*) aufspannen; (*libri*) aufschlagen; (*con chiave*) aufschließen, aufsperren *A;* **non ~ bocca** den Mund nicht aufmachen; (*mantenere un segreto*) den Mund halten; **~ gli occhi** (*a. fig*) aufwachen; **~ le orecchie** gut zuhören; **~ il cuore a qu** jdm sein Herz ausschütten ❷ (*fig: iniziare*) einleiten; (*essere in prima fila*) anführen; (*fuoco, trattative, conto*) eröffnen; (*negozio*) aufmachen, eröffnen ❸ (INFORM) laden, öffnen ❹ (*fam: luce, radio*) anmachen; (*rubinetto*) aufdrehen II. *vr* **-rsi** sich öffnen; (*mostra*) eröffnet werden; **-rsi con qu** sich jdm anvertrauen; **la finestra si apre sul giardino** das Fenster weist auf den Garten; **-rsi un varco nella folla** sich *dat* einen Weg durch die Menge bahnen

**apriscatole** [apris'ka:tole] <-> *m* Dosenöffner *m*

**apro** ['a:pro] *1. pers sing pr di* **aprire**

**aquagym** [akua'dʒi:m] *f* Wassergymnastik *f*

**aquaplaning** ['ækwə'pleinɪŋ] <-> *m* Aquaplaning *nt*

**aquario** [a'kua:rio] *m v.* **acquario**

**aquascooter** ['ækwə'sku:tə] <-> *m* Jetski® *m*

**aquila** ['a:kuila] *f* Adler *m*; **~ selvaggia** (*fig*) wilder Streik der Piloten

**Aquilano** <*sing*> *m* Umgebung *f* von Aquila

**aquilano, -a** [akui'la:no] I. *agg* aus Aquila stammend II. *m, f* (*abitante*) Bewohner(in) *m(f)* Aquilas

**aquilino, -a** [akui'li:no] *agg* Adler-; **naso ~** Adlernase *f*

**aquilone** [akui'lo:ne] *m* Drachen *nt*

**Aquisgrana** [akuiz'gra:na] *f* Aachen *nt*

**ara** ['a:ra] I.*f* ❶ (REL) Altar *m* ❷ (*misura*) Ar *nt* II. *m* (ZOO) Ara *m*

**araba** *f v.* **arabo**

**arabesco** [ara'besko] <-schi> *m* Arabeske *f*

**arabesco, -a** <-schi, -sche> *agg* arabesk; (*arabo*) arabisch

**Arabia** [a'ra:bia] *f* Arabien *nt;* **~ Saudita** Saudi-Arabien *nt*

**arabistica** [ara'bistika] <-che> *f* Arabistik *f*

**arabizzare** [arabid'dza:re] *vt* arabisieren

**arabizzazione** [arabiddzat'tsio:ne] *f* Arabisierung *f*

**arabo** ['a:rabo] *m* Arabisch(e) *nt;* **parlare ~** (*fig*) Chinesisch sprechen

**arabo, -a** I. *agg* arabisch; **cavallo ~** Araber *m* II. *m, f* Araber(in) *m(f)*

**arachide** [a'ra:kide] *f* Erdnuss *f*

**aragosta** [ara'gosta] *f* Languste *f*

**araldica** [a'raldika] <-che> *f* Heraldik *f,* Wappenkunde *f* **araldico, -a** [a'raldiko] <-ci, -che> *agg* heraldisch

**araldo** [a'raldo] *m* ❶ (HIST) Herold *m* ❷ (*messaggero*) Bote *m*

**aranceto** [aran'tʃe:to] *m* Orangenhain *m*

**arancia** [a'rantʃa] <-ce> *f* Orange *f,* Apfelsine *f* **aranciata** [aran'tʃa:ta] *f* Orangenlimonade *f* **aranciera** [aran'tʃɛ:ra] *f* Orangerie *f* **arancino** [aran'tʃi:no] *m* (GASTR) Reiskrokette *f*

**arancio**[1] [a'rantʃo] <inv> *agg* orange[farben]

**arancio**[2] <-ci> *m* ❶ (*albero*) Apfelsinen-, Orangenbaum *m* ❷ (*frutto*) Orange *f,* Apfelsine *f* ❸ (*colore*) Orange *nt*

**arancione** [aran'tʃo:ne] <inv *o* -i> *agg* [dunkel]orange

**arare** [a'ra:re] *vt, vi* pflügen

**aratore, -trice** [ara'to:re] *m, f* Pflüger(in) *m(f)* **aratro** [a'ra:tro] *m* Pflug *m*

**arazzo** [a'rattso] *m* Gobelin *m,* Wandteppich *m*

**arbitraggio** [arbi'traddʒo] <-ggi> *m* ❶ (JUR, COM) Arbitrage *f* ❷ (SPORT) Schiedsspruch *m* **arbitrale** [arbi'tra:le] *agg* schiedsrichterlich, Schieds- **arbitrare** [arbi'tra:re] *vt* ❶ (*decidere*) schiedsrichterlich entscheiden ❷ (*dirigere una gara*) Schiedsrichter sein bei

**arbitrarietà** [arbitrarie'ta] <-> *f* Willkür *f*

**arbitrario, -a** [arbi'tra:rio] <-i, -ie> *agg* willkürlich

**arbitrato** [arbi'tra:to] *m* ❶ (*procedimento*) Schiedsspruchverfahren *nt* ❷ (*commissione*) Schiedsgericht *nt* ❸ (*sentenza*) Schiedsspruch *m*

**arbitrio** [ar'bi:trio] <-i> *m* ❶ (*facoltà di scelta*) Gutdünken *nt,* Ermessen *nt;* **libero ~** freier Wille; **lasciare qc all'~ di qu** etw dem Ermessen von jdm überlassen; **prendersi l'~ di fare qc** sich *dat* die Freiheit nehmen, etw zu tun ❷ (*abuso*) Willkür *f*

**arbitro** [ar'bitro] *m* ❶ (*chi dispone a sua discrezione*) [sein eigener] Herr *m;* (*padrone*) Herr *m,* Gebieter *m* ❷ (SPORT) Schiedsrichter *m;* (*nel pugilato*) Ringrichter *m* ❸ (JUR) Schiedsmann *m*

**arboreo, -a** [ar'bɔ:reo] *agg* baumartig, Baum-

**arboscello** [arboʃ'ʃɛllo] *m* Bäumchen *nt,* kleiner Baum

**arbusto** [ar'busto] *m* Strauch *m,* Staude *f*

**arca** ['arka] <-che> *f* ❶ (*mobile*) Truhe *f*

**A**

❷ (*sepolcro*) Sarkophag *m* ❸ (*nella Bibbia*) Arche *f;* **l'~ di Noè** die Arche Noah
**arcade** ['arkade] I. *agg* arkadisch II. *mf* Arkadier(in) *m(f)* **arcadico, -a** [ar'ka:diko] <-ci, -che> *agg* arkadisch
**arcaico, -a** [ar'ka:iko] <-ci, -che> *agg* archaisch, altertümlich
**arcangelo** [ar'kandʒelo] *m* Erzengel *m*
**arcano** [ar'ka:no] *m* Mysterium *nt,* Geheimnis *nt*
**arcano, -a** *agg* geheimnisvoll, mysteriös
**arcata** [ar'ka:ta] *f* ❶ (ARCH) Arkade *f,* Bogen *m* ❷ (ANAT) Bogen *m* ❸ (MUS) Bogenstrich *m*
**archeggio** [ar'keddʒo] <-ggi> *m* Bogenstrich *m*
**archeologa** *f v.* **archeologo**
**archeologia** [arkeolo'dʒi:a] <-ie> *f* Archäologie *f* **archeologico, -a** [archeo-'lɔ:dʒiko] <-ci, -che> *agg* archäologisch
**archeologo, -a** [archeol'ɔ:logo] <-gi, -ghe> *m, f* Archäologe *m* / Archäologin *f*
**archeometria** [arkeome'tri:a] <-ie> *f* Archeometrie *f*
**archetipico** [arke'ti:piko] *agg* archetypisch
**archetipo** [ar'kɛ:tipo] *m* Archetyp *m*
**archetto** [ar'ketto] *m* [kleiner] Bogen *m*
**archiatra** [ar'kia:tra] <-i> *m* Leibarzt *m*
**archibugio** [arki'bu:dʒo] <-gi> *m* Arkebuse *f,* Hakenbüchse *f*
**architetta** *f v.* **architetto**
**architettare** [arkitet'ta:re] *vt* ausdenken, aushecken *fam*
**architetto, -a** [arki'tetto] *m, f* Architekt(in) *m(f)* **architettonico, -a** [arkitet'tɔ:niko] <-ci, -che> *agg* architektonisch **architettura** [arkitet'tu:ra] *f* Architektur *f*
**architrave** [arki'tra:ve] *m* Stützbalken *m,* Träger *m*
**archiviare** [arki'via:re] *vt* ❶ (ADM) archivieren, ablegen; **~ una pratica** ein Verfahren zu den Akten legen ❷ (*fig: non occuparsi più di*) ad acta legen **archiviazione** [arkiviat'tsio:ne] *f* Archivierung *f* **archivio** [ar'ki:vio] <-i> *m* Archiv *nt* **archivista** [arki'vista] <-i *m,* -e *f>* *mf* Archivar(in) *m(f)*
**ARCI** ['artʃi] *m acro di* **Associazione Ricreativa Culturale Italiana** *italienischer Freizeit- und Kulturverband*
**arci-** [artʃi] (*in parole composte*) Erz- **arcicontento, -a** [artʃicon'tɛnto] *agg* (*fam*) hochzufrieden, überglücklich **arcidiacono** [artʃidi'a:kono] *m* Archidiakon *m* **arciduca, -duchessa** [artʃi'du:ka, artʃidu'kessa] *m, f* Erzherzog(in) *m(f)*
**arciere** [ar'tʃɛ:re] *m* Bogenschütze *m*

**arcigno, -a** [ar'tʃiɲɲo] *agg* mürrisch, finster
**arcinoto, -a** [artʃi'nɔ:to] *agg* (*fam*) altbekannt
**arcione** [ar'tʃo:ne] *m* Sattelbogen *m*
**arcipelago** [artʃi'pɛ:lago] <-ghi> *m* Archipel *m*
**arciprete** [artʃi'prɛ:te] *m* Erzpriester *m*
**arciricco, -a** [artʃi'rikko] <-cchi, -cche> *agg* (*fam*) steinreich
**arcistufo, -a** [artʃi'stu:fo] *agg* (*fam*) **essere ~ di qc** etw absolut satthaben
**arcivescovo** [artʃi'veskovo] *m* Erzbischof *m*
**arco** ['arko] <-chi> *m* Bogen *m;* **strumenti ad ~** Streichinstrumente *ntpl;* **~ a sesto acuto** Spitzbogen *m;* **~ di tempo** Zeitspanne *f*
**arcobaleno** [arkoba'le:no] *m* Regenbogen *m*
**arcolaio** [arko'la:io] <-ai> *m* Haspel *f,* Garnwinde *f*
**arcuale** [arku'a:le] *agg* gebogen, gekrümmt
**arcuare** [arku'a:re] *vt* krümmen, biegen
**ardente** [ar'dɛnte] *agg* glühend, brennend; (*colore*) leuchtend
**ardere** ['ardere] <ardo, arsi, arso> I. *vt avere* verbrennen II. *vi essere o avere* brennen, glühen; **~ d'amore** in Liebe entbrannt sein; **~ dal desiderio di fare qc** den brennenden Wunsch haben, etw zu tun
**ardesia**[1] [ar'dɛ:zia] <inv> *agg* schiefergrau
**ardesia**[2] <-ie> *f* Schiefer *m*
**ardimento** [ardi'mento] *m* Kühnheit *f,* Wagemut *m*
**ardire**[1] [ar'di:re] <ardisco> *vi* wagen
**ardire**[2] *m* ❶ (*audacia*) Kühnheit *f,* Verwegenheit *f* ❷ (*impudenza*) Dreistigkeit *f*
**arditezza** [ardi'tettsa] *f* (*coraggio*) Mut *m,* Tapferkeit *f;* (*temerarietà*) Wagemut *m,* Kühnheit *f*
**ardito** [ar'di:to] *m* Einzelkämpfer *m*
**ardito, -a** *agg* kühn, mutig; (*insolente*) dreist; (*complimento, idea*) gewagt; **farsi ~** sich erdreisten
**ardo** ['ardo] *1. pers sing pr di* **ardere**
**ardore** [ar'do:re] *m* Hitze *f,* Glut *f;* **lavorare con ~** mit Eifer arbeiten; **nell'~ della discussione** im Eifer des Gefechts
**arduo, -a** ['arduo] *agg* steil; (*difficile*) schwierig
**area** ['a:rea] *f* ❶ (*superficie*) Fläche *f;* **~ di lavoro** (INFORM) Arbeitsplatz *m* ❷ (*zona*) Raum *m,* Bereich *m,* Zone *f;* **~ ciclonica** Tiefdruckgebiet *nt;* **~ fabbricabile** Bauland *nt;* **~ linguistica** Sprachraum *m;* **~ di porta** (SPORT) Torraum *m;* **~ di rigore**

(SPORT) Strafraum *m;* **~ di servizio** Raststätte *f;* **~ sismica** Erdbebengebiet *nt;* **~ benessere** Wellnessbereich ❸ (*fig* POL) Gruppierung *f*
**area manager** <- *o* area managers> *mf* Gebietsleiter(in) *m(f)*
**arena**[1] [a'rɛːna] *f* (*sabbia*) Sand *m*
**arena**[2] [a'rɛːna] *f* (*stadio*) Arena *f*
**arenarsi** [are'narsi] *vr* ❶ (NAUT) stranden ❷ (*fig: bloccarsi*) ins Stocken geraten
**areniano, -a** [are'niaːno] *agg* (*dell'arena di Verona*) die Arena von Verona betreffend
**arenile** [are'niːle] *m* Sandstrand *m* **arenoso, -a** [are'noːso] *agg* sandig
**areo-** [areo] *v.* **aereo-**
**areola** [a'rɛːola] *f* Warzenvorhof *m*
**aretino, -a** [are'tiːno] I. *agg* aus Arezzo stammend II. *m, f* (*abitante*) Bewohner(in) *m(f)* Arezzos; **L'Aretino** (*per antonomasia, narratore del Cinquecento*) Aretino
**Arezzo** *f* Arezzo *nt* (*Stadt in der Toskana*)
**argan** [ar'gaːn] <-> *m* Arganbaum *m;* **olio di ~** Arganöl *nt*
**argano** ['argano] *m* [Seil]winde *f*
**argentare** [ardʒen'taːre] *vt* versilbern
**argenteo, -a** [ar'dʒɛnteo] *agg* silbrig, silbern **argenteria** [ardʒente'riːa] <-ie> *f* Silber[geschirr] *nt;* **~ da tavola** Tafelsilber *nt* **argentiere** [ardʒen'tiɛːre] *m* ❶ (*lavorante*) Silberschmied(in) *m(f)* ❷ (*venditore*) Silberhändler(in) *m(f)* **argentifero, -a** [ardʒen'tiːfero] *agg* silberhaltig
**Argentina** [ardʒen'tiːna] *f* Argentinien *nt*
**argentino, -a** [ardʒen'tiːno] I. *agg* ❶ (*suono, voce*) hell ❷ (*che ha il colore dell'argento*) silbern, silbrig ❸ (*dell'Argentina*) argentinisch II. *m, f* (*abitante*) Argentinier(in) *m(f)*
**argento** [ar'dʒɛnto] *m* Silber *nt;* **~ vivo** Quecksilber *nt;* **carta d'~** (FERR) Seniorenpass *m;* **nozze d'~** Silberhochzeit *f*
**argentone** [ardʒen'toːne] *m* Neusilber *nt,* Alpaka *nt*
**argilla** [ar'dʒilla] *f* Ton *m;* **esser fatto della stessa ~** (*fig*) aus dem gleichen Holz geschnitzt sein **argilloso, -a** [ardʒil'loːso] *agg* tonhaltig
**arginamento** [ardʒina'mento] *m* Eindämmung *f* **arginare** [ardʒi'naːre] *vt* eindämmen; **~ qc** (*fig*) einer Sache *dat* Einhalt gebieten **arginatura** [ardʒina'tuːra] *f* Eindämmung *f*
**argine** ['ardʒine] *m* Damm *m,* Wall *m*
**argomentare** [argomen'taːre] *vi* argumentieren **argomentatorio, -a** [argomenta'tɔːrio] <-i, -ie> *agg* argumentatorisch, deduktiv, beweisführend **argomentazione** [argomentat'tsioːne] *f* Argumentation *f* **argomento** [argo'mento] *m* ❶ (*tema*) Thema *nt,* Gegenstand *m* ❷ (*pretesto*) Vorwand *m,* Anlass *m* ❸ (*prova*) Argument *nt,* Beweisgrund *m*
**argonauta** [argo'naːuta] <-i> *m* Argonaut *m*
**arguire** [argu'iːre] <arguisco> *vt* **~ qc da qc** etw aus etw schließen
**argutezza** [argu'tettsa] *f* Scharfsinn *m,* Geist *m;* (*a parola*) Witz *m*
**arguto, -a** [ar'guːto] *agg* scharfsinnig; (*spiritoso*) geistvoll, witzig **arguzia** [ar'guttsia] <-ie> *f* Geist *m,* Scharfsinn *m;* (*facezia*) Witz *m,* Findigkeit *f*
**aria** ['aːria] <-ie> *f* ❶ (*atmosfera, clima*) Luft *f;* **~ condizionata** Klimaanlage *f;* **corrente d'~** Durchzug *m;* **filo d'~** Luftzug *m;* **vuoto d'~** Luftloch *nt;* **all'~ aperta** im Freien; **prendere una boccata d'~** [frische] Luft schnappen; **cambiare l'~** lüften ❷ (*fig: aspetto*) [An]schein *m;* (*espressione*) Ausdruck *m,* Miene *f* ❸ (MUS) Arie *f;* (*canzone*) Weise *f,* Lied *nt* ❹ (*fig: loc*) **buttare all'~** durcheinanderwerfen; **darsi delle -e** sich aufspielen; **prendere un colpo d'~** sich erkälten, sich verkühlen *A;* **saltare in ~** in die Luft fliegen; **campato in ~** (*fig*) aus der Luft gegriffen; **andare all'~** ins Wasser fallen, nicht stattfinden; **mandare qc all'~** (*fig*) etw ins Wasser fallen lassen, etw über den Haufen werfen; **avere la testa per ~** mit den Gedanken woanders sein; **c'è qc nell'~** es liegt etw in der Luft; **non tira ~ buona qui** hier ist dicke Luft
**aria-acqua** ['aːria 'akkua] <inv> *agg* Luft-Wasser- **aria-aria** ['aːria 'aːria] <inv> *agg* Luft-Luft-
**ariano, -a** [a'riaːno] I. *agg* arisch II. *m, f* Arier(in) *m(f)* **aria-terra** ['aːria 'tɛrra] <inv> *agg* Luft-Boden-
**aridi** ['aːridi] *mpl* feinkörnige, pulverartige Körper *mpl*
**aridità** [aridi'ta] <-> *f* ❶ (*siccità*) Dürre *f,* Trockenheit *f* ❷ (*fig: mancanza di sentimento*) Leere *f,* Gefühllosigkeit *f* **arido, -a** ['aːrido] *agg* ❶ (*secco*) dürr, trocken ❷ (*fig: povero di sentimenti*) gefühllos; (*sterile*) karg, trocken
**arieggiare** [aried'dʒaːre] *vt* ❶ (*cambiare l'aria*) lüften ❷ (*imitare*) nachahmen
**ariete** [a'riɛːte] *m* ❶ (ZOO) Widder *m* ❷ (MIL) Sturmbock *m* ❸ (ASTR) **Ariete** Widder *m;* **sono Ariete, sono un** [*o* **dell'**]**Ariete** ich bin [ein] Widder
**aringa** [a'riŋga] <-ghe> *f* Hering *m*

**arioso, -a** *agg* ① (*ampio*) luftig, weit ② (*fig: spazioso*) großzügig, weitläufig ③ (MUS) arioso, liedhaft

**arista** ['aːrista] *f* (GASTR) Schweinerücken *m*

**aristocratico, -a** [aristo'kraːtiko] <-ci, -che> I. *agg* ① (*nobile*) aristokratisch, ad[e]lig ② (*fig: raffinato*) vornehm, edel II. *m, f* Aristokrat(in) *m(f)* **aristocratizzazione** [aristokratiddzat'tsioːne] *f* Aristokratisierung *f* **aristocrazia** [aristokrat-'tsiːa] <-ie> *f* ① (*nobiltà*) Aristokratie *f*, Adel *m* ② (*fig: comportamento raffinato*) Vornehmheit *f*

**aritmetica** [arit'mɛːtika] <-che> *f* Arithmetik *f*, Rechnen *nt* **aritmetico, -a** [arit'mɛːtiko] <-ci, -che> *agg* arithmetisch

**aritmia** [arit'miːa] <-ie> *f* (MED) Arrhythmie *f*

**aritmico, -a** [a'ritmiko] <-ci, -che> *agg* unrhythmisch

**arlecchinata** [arlekki'naːta] *f* Harlekinade *f*, Hanswurstiade *f* **arlecchinesco, -a** [arlekki'nesko] <-schi, -sche> *agg* harlekinisch

**arlecchino¹** [arlek'kiːno] *m* Harlekin *m*, Hanswurst *m*

**arlecchino²** <inv> *agg* [bunt]gefleckt

**arma** ['arma] <-i> *f* Waffe *f*; **-i a corto raggio** Kurzstreckenraketen *fpl*; **-i a medio raggio** Mittelstreckenraketen *fpl*; **-i biologiche** Biowaffen *fpl*; **~ azzurra** Luftwaffe *f*; **~ da fuoco** Feuerwaffe *f*; **fatto d'-i** Gefecht *nt*; **andare sotto le -i** zum Militär gehen; **chiamare alle -i** einberufen; **deporre le -i** die Waffen strecken; **~ a doppio taglio** (*fig*) zweischneidiges Schwert; **essere alle prime -i** (*fig*) ein [blutiger] Anfänger sein; **partire con -i e bagagli** (*fig*) mit Sack und Pack aufbrechen

**armacollo** [arma'kɔllo] *m* **ad ~** [quer über Brust und Rücken] umgehängt

**armadillo** [arma'dillo] *m* Gürteltier *nt*

**armadio** [ar'maːdio] <-i> *m* Schrank *m*, Kasten *m A*; **~ blindato** Panzerschrank *m*; **~ guardaroba** Kleiderschrank *m*, Kleiderkasten *m A*; **~ a muro** Wandschrank *m*

**armaiolo** [arma'iɔːlo] *m* ① (*fabbricante*) Waffenschmied *m* ② (*venditore*) Waffenhändler *m*

**armamentario** [armamen'taːrio] <-i> *m* Rüstzeug *nt*

**armamento** [arma'mento] *m* ① (MIL) Bewaffnung *f* ② (NAUT: *attrezzatura*) Ausrüstung *f*; (*equipaggio*) Besatzung *f* ③ *pl* Rüsten *nt*; **corsa agli -i** Wettrüsten *nt*

**armare** [ar'maːre] I. *vt* ① (ARCH) armieren, stützen; (FERR) befestigen ② (MIL) bewaffnen ③ (NAUT) armieren, ausrüsten II. *vr* **-rsi** (*munirsi di armi*) sich bewaffnen; (*provvedersi*) sich wappnen; **-rsi di pazienza** sich mit Geduld wappnen **armata** [ar'maːta] *f* Armee *f*, Heer *nt* **armato, -a** *agg* bewaffnet; **carro ~** Panzer *m*; **cemento ~** Stahlbeton *m*; **a mano -a** mit Waffengewalt

**armatore, -trice** [arma'toːre] I. *agg* Reederei- II. *m, f* Reeder(in) *m(f)*

**armatura** [arma'tuːra] *f* ① (HIST) Rüstung *f* ② (*struttura*) Gerüst *nt* ③ (*nel cemento armato*) Armierung *f*

**arme** ['arme] *f* Wappen *nt*

**armeggiare** [armed'dʒaːre] *vi* herumfuchteln; **~ intorno a qc** sich an etw *dat* zu schaffen machen, an etw *dat* herumhantieren **armeggio** [armed'dʒiːo] <-ggi> *m* Herumwirtschaften *nt*

**armento** [ar'mento] *m* Herde *f*

**armeria** [arme'riːa] <-ie> *f* ① (*magazzino*) Waffenkammer *f* ② (*negozio*) Waffengeschäft *nt* ③ (*collezione*) Waffensammlung *f* **armiere** [ar'miɛːre] *m* Waffenmeister *m* **armigero** [ar'miːdʒero] *m* Knappe *m*

**armistizio** [armis'tittsio] <-i> *m* Waffenstillstand *m*

**armo** ['armo] *m* Besatzung *f*, Mannschaft *f*

**armonia** [armo'niːa] <-ie> *f* ① (MUS) Harmonie *f*, Zusammenklang *m* ② (*fig: concordia*) Harmonie *f*, Einklang *m*; **agire in ~ con le leggi** im Einklang mit dem Gesetz handeln; **essere in buona ~ con qu** mit jdm in gutem Einvernehmen sein

**armonica** [ar'mɔːnika] <-che> *f* Harmonika *f*; **~ a bocca** Mundharmonika *f*; **~ a mantice** Ziehharmonika *f*

**armonico, -a** [ar'mɔːniko] <-ci, -che> *agg*, **armonioso, -a** [armo'nioːso] *agg* harmonisch

**armonium** [ar'mɔːnium] <-> *m* Harmonium *nt*

**armonizzare** [armonid'dzaːre] I. *vt* harmonisieren, in Einklang bringen II. *vi* harmonieren **armonizzazione** [armoniddzat'tsioːne] *f* Harmonisierung *f*; **~ fiscale** Steuerharmonisierung *f*

**arnese** [ar'neːse] *m* ① (*attrezzo*) Werkzeug *nt*, Gerät *nt*; **-i del mestiere** Handwerkszeug *nt* ② (*oggetto*) Ding *nt*, Gerät *nt*

**arnia** ['arnia] <-ie> *f* Bienenstock *m*, Bienenhaus *nt*

**arnica** ['arnika] <-che> *f* Arnika *f*

**aroma** [a'rɔːma] <-i> *m* Aroma *nt* **aroma-**

**terapia** [arɔmatera'piːa] *f* Aromatherapie *f* **aromatico, -a** [aro'maːtiko] <-ci, -che> *agg* aromatisch, würzig; **piante -che** Gewürzpflanzen *fpl* **aromatizzare** [aromatid'dzaːre] *vt* aromatisieren, würzen

**arpa** ['arpa] *f* Harfe *f*

**arpeggio** [ar'peddʒo] <-ggi> *m* (MUS) Arpeggio *nt*

**arpia** [ar'piːa] <-ie> *f* (*fig: persona avida*) raffgieriger Mensch; (*donna sgradevole*) böses Weib *nt*

**arpicordo** [arpi'kɔrdo] *m* Clavicembalo *nt*, Spinett *nt*

**arpionare** [arpio'naːre] *vt* harpunieren

**arpione** [ar'pioːne] *m* ① (*cardine*) [Tür-, Fenster]angel *f*, Zapfen *m* ② (*gancio*) Haken *m* ③ (*da pesca*) Harpune *f*

**arpista** [ar'pista] <-i *m*, -e *f*> *mf* Harfenspieler(in) *m(f)*

**arpone** [ar'poːne] *m* Harpune *f*

**arra** ['arra] *f* (*poet*) Unterpfand *nt*

**arrabbattarsi** [arrabbat'tarsi] *vr* sich abrackern, sich abmühen

**arrabbiare** [arrab'biaːre] I. *vt* far ~ qu jdn ärgern II. *vr* -rsi [con qu] [auf jdn] wütend werden **arrabbiato, -a** [arrab'biaːto] *agg* ① (*idrofobo*) tollwütig ② (*fig: irato*) wütend, zornig; (*accanito*) verbissen ③ (GASTR) all'-a sehr pikant **arrabbiatura** [arrabbia'tuːra] *f* Wutanfall *m*

**arraffare** [arraf'faːre] *vt* ① (*afferrare*) ergreifen; (*oggetto*) an sich reißen ② (*rubare*) klauen *fam* **arraffone, -a** [arraf'foːne] *m, f* Raffzahn *m*, Geier *m*

**arrampicarsi** [arrampi'karsi] *vr* klettern; ~ **su un albero** auf einen Baum klettern [*o* kraxeln *A*]; ~ **sugli specchi** fadenscheinige Begründungen vorbringen **arrampicata** [arrampi'kaːta] *f* (*scalata*) Klettertour *f* **arrampicatore, -trice** [arrampika'toːre] *m, f* ① (*alpinista*) Kletterer *m/*Kletterin *f*, Bergsteiger(in) *m(f)* ② (*fig: persona ambiziosa*) Aufsteiger(in) *m(f)*; ~ **sociale** gesellschaftlicher Aufsteiger

**arrancare** [arraŋ'kaːre] *vi* ① (*camminare dimenandosi*) hinken ② (*avanzare a fatica*) sich abrackern

**arrangement** [ə'reindʒmənt] <-> *m* Arrangement *nt*, Vereinbarung *f*

**arrangiamento** [arrandʒa'mento] *m* ① (*accomodamento*) Übereinkommen *nt*, Vereinbarung *f* ② (MUS) Arrangement *nt*

**arrangiare** [arran'dʒaːre] I. *vt* ① (*aggiustare*) bewerkstelligen, herrichten ② (*fam: rimediare alla meglio*) zurechtmachen ③ (MUS) arrangieren II. *vr* -rsi ① (*industriarsi*) sich *dat* zu helfen wissen; **ci arrangiamo da soli, grazie!** danke, wir kommen alleine zurecht! ② (*mettersi d'accordo*) sich absprechen **arrangiatore, -trice** [arrandʒa'toːre] *m, f* Arrangeur(in) *m(f)*

**array** [ə'rei] <-> *m* (INFORM) Array *nt*, Feld *nt*

**arrecare** [arre'kaːre] *vt* ① (*portare*) bringen ② (*fig: causare*) verursachen; (*dolore*) bereiten; ~ **disturbo** stören

**arredamento** [arreda'mento] *m* Einrichtung *f* **arredare** [arre'daːre] *vt* einrichten **arredatore, -trice** [arreda'toːre] *m, f* Innenarchitekt(in) *m(f)* **arredo** [ar'rɛːdo] *m* ① (*suppellettile*) Einrichtungsgegenstand *m* ② *pl* Ausstattung *f*

**arrembaggio** [arrem'baddʒo] <-ggi> *m* Entern *nt;* **buttarsi all'~ di qc** (*fig*) etw erobern

**arrendersi** [ar'rɛndersi] <irr> *vr* ① (*darsi vinto*) ~ [a qu] sich [jdm] ergeben ② (*fig: desistere*) sich fügen **arrendevole** [arren'deːvole] *agg* nachgiebig **arrendevolezza** [arrendevo'lettsa] *f* Nachgiebigkeit *f;* (*di cosa a*) Geschmeidigkeit *f*

**arrestare** [arres'taːre] I. *vt* ① (*catturare*) verhaften, festnehmen ② (*fermare*) zum Stillstand bringen, anhalten II. *vr* -rsi stehen bleiben **arresto** [ar'rɛsto] *m* ① (*cattura*) Verhaftung *f*, Festnahme *f*; **mandato d'~** Haftbefehl *m*; **-i domiciliari** Hausarrest *m* ② (*interruzione*) Stillstand *m*; ~ **cardiaco** Herzstillstand *m* ③ (TEC) Sperrung *f* ④ *pl* (MIL) Arrest *m*

**arretramento** [arretra'mento] *m* Rückzug *m*

**arretrare** [arre'traːre] I. *vi* essere sich zurückziehen II. *vt* avere zurückziehen

**arretratezza** [arretra'tettsa] *f* Rückständigkeit *f*, Unterentwicklung *f*

**arretrati** [arre'traːti] *mpl* ① (*somme*) Rückstände *mpl* ② (*fig: faccende in sospeso*) noch zu regelnde Angelegenheiten *fpl*

**arretrato, -a** [arre'traːto] *agg* alt, veraltet; (*paese*) rückständig; (*lavoro*) überfällig; (*pagamento*) nachträglich; **essere ~ con il lavoro** mit der Arbeit im Rückstand sein

**arricchimento** [arrikki'mento] *m* Bereicherung *f;* (*a. fig* TEC) Anreicherung *f*

**arricchire** [arrik'kiːre] <arricchisco> I. *vt* avere ① (*rendere ricco*) bereichern; (*fig* TEC) anreichern ② (*fig: incrementare*) aufstocken, erweitern II. *vr* -rsi sich bereichern; **-rsi alle spalle** [*o* **a spese**] **di qu**

**arricchito** → **arruffone**

sich an jdm bereichern **arricchito, -a** [arrik'ki:to] *m, f* (*pej*) Neureiche(r) *f(m)*
**arricciacapelli** [arrittʃaka'pelli] <-> *m* Lockenstab *m*
**arricciamento** [arrittʃa'mento] *m* Kräuseln *nt*
**arricciare** [arrit'tʃa:re] *vt* kräuseln; (*capelli*) locken; ~ **il naso** die Nase rümpfen
**arricciato** [arrit'tʃa:to] *m* Rauputz *m*
**arricciato, -a** [arrit'tʃa:to] *agg* gekräuselt
**arricciolare** [arrittʃo'la:re] *vt* locken, kräuseln
**arridere** [ar'ri:dere] <irr> *vi* zulächeln; **la fortuna ci arride** das Glück ist uns hold geh
**arringa** [ar'riŋga] <-ghe> *f* ❶ (JUR) Plädoyer *nt* ❷ (*discorso*) Rede *f*, Ansprache *f*
**arringare** [arriŋ'ga:re] *vt* eine Ansprache halten an +*acc*
**arrischiare** [arris'kia:re] I. *vt* riskieren, wagen II. *vr* -**rsi** sich [ge]trauen; -**rsi a fare qc** sich wagen, etw zu tun **arrischiato, -a** [arris'kia:to] *agg* wagemutig
**arrisi** [ar'ri:zi] *1. pers sing pass rem di* **arridere**
**arriso** [ar'ri:zo] *pp di* **arridere**
**arrivare** [arri'va:re] *vi essere* ❶ (*giungere*) ankommen; ~ **primo/secondo** (SPORT) Erster/Zweiter sein; **chi tardi arriva, male alloggia** (*prov*) wer zu spät kommt, hat das Nachsehen ❷ (*raggiungere un livello, a. fig*) kommen; ~ **a qc** zu etw kommen; (*raggiungere un limite*) etw erreichen; **l'acqua gli arriva al ginocchio** das Wasser reicht ihm bis zum Knie; ~ **a buon punto** weit gediehen sein ❸ (*somme*) ~ **a ...** sich auf ... +*acc* belaufen ❹ (*riuscire*) [es] schaffen; **non ci arrivo** (*non riesco*) ich schaffe es nicht; (*non capisco*) ich komme nicht dahinter **arrivato, -a** [arri'va:to] I. *agg* (*socialmente*) arriviert II. *m, f* (*socialmente*) Arrivierte(r) *f(m)*
**arrivederci** [arrive'dertʃi] *int* auf Wiedersehen; ~ [a] **presto** bis bald **arrivederLa** [arrive'derla] *int* auf Wiedersehen **arrivederla** [arrive'derla] *int* auf Wiedersehen
**arrivismo** [arri'vizmo] *m* Ehrgeiz *m*, Strebertum *nt* **arrivista** [arri'vista] <-i *m*, -e *f*> *mf* Streber(in) *m(f)*, Emporkömmling *m* **arrivistico, -a** [arri'vistiko] <-ci, -che> *agg* strebsam, ehrgeizig, ambitioniert
**arrivo** [ar'ri:vo] *m* ❶ (*l'arrivare*) Ankunft *f*; (*di merce*) Eingang *m*; **lettere in** ~ eingehende Post; **il treno è in** ~ **sul quarto binario** der Zug fährt auf Gleis vier ein ❷ (SPORT) Ziel *nt*; **punto d'**~ Zielpunkt *m*; ~ **in volata** Endspurt *m*
**arrocco** [ar'rɔkko] <-cchi> *m* Rochade *f*
**arrochire** [arrok'ki:re] <arrochisco, arrochisci> *vi essere* heiser werden
**arrogante** [arro'gante] *agg* arrogant **arroganza** [arro'gantsa] *f* Arroganz *f*
**arrogarsi** [arro'garsi] *vr* ~ **qc** sich *dat* etw anmaßen
**arrossamento** [arrossa'mento] *m* Rötung *f* **arrossare** [arros'sa:re] *vi*, **arrossire** [arros'si:re] <arrossisco> *vi essere* erröten, rot werden
**arrosticino** [arrosti'tʃi:no] <*gener al pl*> *m* (GASTR) [Lamm]fleischspießchen *nt*
**arrostire** [arros'ti:re] <arrostisco> I. *vt* braten; (*pane, castagne*) rösten; (*ai ferri*) grillen II. *vi essere* (*fig: al sole*) braten, rösten
**arrostitura** [arrosti'tu:ra] *f* ❶ (*di un pollo*) Braten *m* ❷ (*fig scherz: abbronzatura*) Röstung *f*; **prendersi un'** ~ in der Sonne braten **arrosto** [ar'rɔsto] *m* Braten *m*
**arrotare** [arro'ta:re] *vt* ❶ (*affilare*) schleifen, wetzen ❷ (*levigare*) abschleifen ❸ (*investire*) an-, überfahren ❹ (*fig*) ~ **i denti** mit den Zähnen knirschen; ~ **la lingua** eine spitze Zunge haben **arrotatrice** [arrota'tri:tʃe] *f* Schleifmaschine *f* **arrotino** [arro'ti:no] *m* Scherenschleifer(in) *m(f)*
**arrotolare** [arroto'la:re] *vt* aufrollen, zusammenrollen **arrotolatore** [arrotola'to:re] *m* (*per le cinture di sicurezza*) Aufroller *m*, Aufrollvorrichtung *f*
**arrotondare** [arroton'da:re] *vt* ❶ rund machen ❷ (MAT: *per eccesso*) aufrunden; (*per difetto*) abrunden ❸ (*stipendio*) aufbessern
**arrovellarsi** [arrovel'larsi] *vr* ❶ (*affannarsi*) sich abmühen; ~ **il cervello** sich *dat* den Kopf zerbrechen ❷ (*arrabbiarsi*) ~ [**per qc**] sich [wegen etw [*o* über etw *acc*]] ärgern
**arroventare** [arroven'ta:re] I. *vt* zum Glühen bringen II. *vr* -**rsi** glühend werden
**arruffapopoli** [arruffa'pɔ:poli] <-> *mf* Volksaufwiegler(in) *m(f)*
**arruffare** [arruf'fa:re] *vt* ❶ (*scompigliare*) verwirren; (*capelli*) zerzausen ❷ (*fig: confondere*) verwirren; ~ **la matassa** für Wirrwarr sorgen
**arruffianare** [arruffia'na:re] I. *vt* (*fam*) [ver]kuppeln II. *vr* -**rsi** [**con qu**] (*fam*) sich bei jdm lieb Kind machen
**arruffio** [arruf'fi:o] <-ii> *m* Wirrwarr *m*
**arruffone, -a** [arruf'fo:ne] *m, f* ❶ (*disor-*

*dinato*) Wirrkopf *m* ❷ (*imbroglione*) Schwindler(in) *m/f*
**arrugginire** [arruddʒi'niːre] <arruginisco> I. *vt avere* ❶ (*rendere rugginoso*) rostig machen ❷ (*fig: indebolire*) einrosten lassen II. *vr* **-rsi** (*ricoprirsi di ruggine*) [ver]rosten; (*fig*) einrosten
**arruolamento** [arruola'mento] *m* ❶ (MIL) Einberufung *f* ❷ (NAUT) Anheuern *nt*
**arruolare** [arruo'laːre] I. *vt* ❶ (MIL) einberufen, einziehen ❷ (NAUT) anwerben, anheuern II. *vr* **-rsi** (MIL) sich freiwillig melden; (NAUT) sich anwerben lassen
**arsenale** [arse'naːle] *m* ❶ (NAUT) Werft *f* ❷ (MIL: *fabbrica*) Waffenschmiede *f*; (*deposito*) Arsenal *nt*
**arsenico** [ar'sɛːniko] *m* Arsen *nt*, Arsenik *nt*
**arsi** ['arsi] *1. pers sing pass rem di* **ardere**
**arso, -a** ['arso] I. *pp di* **ardere** II. *agg* ❶ (*bruciato*) verbrannt ❷ (*inaridito*) ausgedorrt, verdorrt
**arsura** [ar'suːra] *f* ❶ (*calore*) [Glut]hitze *f* ❷ (*aridità, siccità*) Dürre *f*, Trockenheit *f* ❸ (*per sete*) Brand *m fam*; (*per febbre*) Hitze *f*, Glut *f*
**art.** *abbr di* **articolo** Art.
**art buyer** [aːt 'baiə] <-> *mf* Artbuyer *m*
**art director** ['aːt dai'rɛktə] <-> *mf* Artdirector(in) *m/f*
**arte** ['arte] *f* ❶ (*gener*) Kunst *f*; **~ poetica** Dichtkunst *f*; **-i grafiche** Grafik *f*; **-i meccaniche** Mechanik *f*; **le belle -i** die schönen Künste *fpl*; **le -i figurative** die darstellenden Künste *fpl*; **nome d'~** Künstlername *m*; **opera d'~** Kunstwerk *nt*; **storia dell'~** Kunstgeschichte *f*; **a regola d'~** kunstgerecht, nach allen Regeln der Kunst ❷ (*mestiere*) Kunst *f*, Handwerk *nt*; **non avere né ~ né parte** (*fig*) zu nichts taugen; **impara l'~ e mettila da parte** (*prov*) gelernt ist gelernt ❸ (*abilità*) Kunstfertigkeit *f*, Geschicklichkeit *f* ❹ (*artificio*) Kunstgriff *m*, Kniff *m*; **ad ~** absichtlich; (*con artificio*) mit List [und Tücke] ❺ (HIST) Zunft *f*
**artefatto, -a** [arte'fatto] *agg* gefälscht, künstlich **artefice** [ar'teːfitʃe] *mf* ❶ (*creatore*) Schöpfer(in) *m/f* ❷ (*artista*) Künstler(in) *m/f* ❸ (*artigiano*) Handwerker(in) *m/f* ❹ (*macchinatore*) Urheber(in) *m/f*
**arteria** [ar'tɛːria] <-ie> *f* ❶ (ANAT) Arterie *f*, Schlagader *f* ❷ (*fig: di traffico*) Verkehrsader *f* **arteriosclerosi** [arterioskle'rɔːzi] <-> *f* Arterienverkalkung *f*, Arteriosklerose *f*

**arteriosclerotico, -a** [arterioske'rɔːtiko] <-ci, -che> I. *agg* ❶ (MED) arteriosklerotisch ❷ (*fam: rimbambito*) verkalkt II. *m, f* an Arteriosklerose leidende Person
**arterioso, -a** [arte'rioːso] *agg* Arterien-
**artico, -a** ['artiko] <-ci, -che> *agg* arktisch
**articolare**[1] [artiko'laːre] *agg* Gelenk-, Glieder-
**articolare**[2] *vt* ❶ (*muovere*) beugen, bewegen ❷ (*pronunciare*) artikulieren ❸ (*suddividere*) gliedern, unterteilen
**articolazione** [articolat'tsioːne] *f* ❶ (ANAT, TEC) Gelenk *nt* ❷ (LING) Artikulation *f* ❸ (*suddivisione*) Gliederung *f*
**articolista** [artiko'lista] <-i *m*, -e *f*> *mf* Artikelschreiber(in) *m/f*
**articolo** [ar'tiːkolo] *m* ❶ (*di giornale*, LING, JUR, COM) Artikel *m*; **~ di fondo** Leitartikel *m* ❷ (*di bilancio*) Posten *m* ❸ (*fam: tipo*) Typ *m*
**Artide** ['artide] *f* Arktis *f*
**artiere** [ar'tiɛːre] *m* Pionier *m*
**artificiale** [artifi'tʃaːle] *agg* künstlich, Kunst- **artificio** [arti'fiːtʃo] <-ci> *m* (*espediente*) Kniff *m*; (*stratagemma*) Kunstgriff *m*; (*ricercatezza*) Finesse *f*, Feinheit *f*; **~ scenico** Trick *m*; **fuochi d'~** Feuerwerk *nt* **artificiosità** [artifitʃosi'ta] <-> *f* Künstlichkeit *f*; (*affettazione*) Geschraubtheit *f* **artificioso, -a** [artifi'tʃoːso] *agg* künstlich, gesucht; (*non spontaneo*) gekünstelt
**artigiana** *f v.* **artigiano**
**artigianale** [artidʒa'naːle] *agg* handwerklich **artigianalità** [artidʒanali'ta] <-> *f* Kunsthandwerklichkeit *f* **artigianalizzazione** [artidʒanaliddzat'tsioːne] *f* Manufakturisierung *f* (*Reduzierung auf handwerkliches Niveau*)
**artigianato** [artidʒa'naːto] *m* Handwerk *nt*; **~ artistico** Kunsthandwerk *nt* **artigiano, -a** [arti'dʒaːno] I. *agg* handwerklich II. *m, f* Handwerker(in) *m/f*
**artigliere** [artiʎ'ʎɛːre] *m* Artillerist *m* **artiglieria** [artiʎʎe'riːa] <-ie> *f* Artillerie *f*
**artiglio** [ar'tiʎʎo] <-gli> *m* Kralle *f*; (*a. fig*) Klaue *f*; **tirare fuori gli -i** (*fig*) die Krallen zeigen, aggressiv werden
**artista** [ar'tista] <-i *m*, -e *f*> *mf* ❶ (*nel campo dell'arte, a. fig*) Künstler(in) *m/f*; **~ cinematografico** Filmschauspieler *m*; **~ lirico** Opernsänger *m* ❷ (*di circo*) Artist(in) *m/f* **artistico, -a** [ar'tistiko] <-ci, -che> *agg* künstlerisch; (*da artista di circo*) artistisch
**arto** ['arto] *m* Glied *nt*, Gliedmaße *f*

**artrite** [ar'tri:te] *f* Arthritis *f* **artritico, -a** [ar'tri:tiko] <-ci, -che> *agg* arthritisch
**artrosi** [ar'trɔ:zi] <-> *f* Arthrose *f*
**ARVA** ['arva] *f acro di* **Apparecchio di Ricerca in VAlanga** *elektronisches Gerät zum Aufspüren von Lawinenopfern*
**arvicola** [ar'vi:kola] *f* Feldmaus *f*
**arzigogolare** [ardzigogo'la:re] *vi* ① (*fantasticare*) grübeln, tüfteln ② (*cavillare*) Haarspalterei treiben **arzigogolo** [arzi'gɔ:golo] *m* ① (*trovata fantasiosa*) Grübelei *f* ② (*giro di parole*) Wortspiel *nt* ③ (*cavillo*) Spitzfindigkeit *f* **arzigogolone, -a** [arzigogo'lo:ne] *m, f* Fantast(in) *m(f)*, Phantast(in) *m(f)*
**arzillo, -a** [ar'dzillo] *agg* ① (*vispo*) lebhaft, munter, resch *A;* (*vecchio*) rüstig ② (*scherz*) angeheitert
**asbesto** [az'bɛsto] *m* Asbest *m*
**asce** ['aʃʃe] *pl di* **ascia**
**ascella** [aʃ'ʃɛlla] *f* ① (ANAT) Achselhöhle *f* ② (BOT) Blattachsel *f*
**ascendentale** [aʃʃenden'ta:le] *agg* aszendental
**ascendente** [aʃʃen'dɛnte] I. *agg* aufstrebend, aufsteigend; (MUS) ansteigend; **in linea ~** (*parente*) in aufsteigender Linie II. *m* ① (*parente*) direkter Vorfahr ② (*fig: influsso*) Einfluss *m* ③ (ASTR) Aszendent *m* **ascendenza** [aʃʃen'dɛntsa] *f* Herkunft *f*
**ascendere** [aʃ'ʃendere] <irr> *vi essere* (*salire*) [auf]steigen **ascensionale** [aʃʃensio'na:le] *agg* aufsteigend **ascensione** [aʃʃen'sio:ne] *f* Aufstieg *m;* **l'Ascensione** [Christi] Himmelfahrt *f*
**ascensore** [aʃʃen'so:re] *m* Aufzug *m*, Fahrstuhl *m;* **~ esterno** Außenlift *m* **ascensorista** [aʃʃenso'rista] <-i *m*, -e *f*> *mf* Fahrstuhlführer(in) *m(f)*
**ascesa** [aʃ'ʃe:sa] *f* Aufstieg *m*
**ascesi**[1] [aʃ'ʃe:zi] *1. pers sing pass rem di* **ascendere**
**ascesi**[2] [aʃ'ʃe:zi] <-> *f* Askese *f*
**asceso** [aʃ'ʃe:zo] *pp di* **ascendere**
**ascesso** [aʃ'ʃɛsso] *m* Abszess *m*
**asceta** [aʃ'ʃɛ:ta] <-i *m*, -e *f*> *mf* Asket(in) *m(f)* **ascetico** [aʃ'ʃɛ:tiko] <-ci, -che> *agg* asketisch **ascetismo** [aʃʃe'tizmo] *m* Askese *f*
**ascia** ['aʃʃa] <asce> *f* Axt *f*
**ASCII** *m acro di* **American Standard Code for Information Interchange**, **codice standard ~** ASCII-Code *m*
**ascissa** [aʃ'ʃissa] *f* Abszisse *f*
**asciugacapelli** [aʃʃugaka'pelli] <-> *m* Haartrockner *m*, Föhn *m*

**asciugamano** [aʃʃuga'ma:no] *m* Handtuch *nt;* **~ di spugna** Frottiertuch *nt*
**asciugare** [aʃʃu'ga:re] I. *vt* ① (*rendere asciutto*) trocknen; (*stoviglie, mani*) abtrocknen ② (*seccare*) austrocknen II. *vr* **-rsi** trocknen, sich abtrocknen **asciugatoio** [aʃʃuga'to:io] <-oi> *m* ① (*panno*) Trockentuch *nt;* (*da bagno*) Badetuch *nt* ② (*appareccio*) Trockner *m* **asciugatore** [aʃʃuga'to:re] *m* Händetrockner *m* **asciugatrice** [aʃʃuga'tri:tʃe] *f* [Wäsche]trockner *m* **asciugatura** [aʃʃuga'tu:ra] *f* [Ab]trocknen *nt* **asciuttezza** [aʃʃut'tettsa] *f* Trockenheit *f*
**asciutto** [aʃ'ʃutto] I. *m* Trockene(s) *nt;* **rimanere** [*o* **restare**] **all'~** (*fig*) auf dem Trockenen sitzen, abgebrannt sein II. *avv* barsch, kurz angebunden
**asciutto, -a** *agg* ① (*secco*) trocken; (*asciugato*) getrocknet; (*arido*) ausgedorrt; **restare a bocca -a** (*fig*) leer ausgehen ② (*fig: magro*) hager, mager ③ (*fig: brusco*) brüsk, kurz angebunden
**Ascolano** <sing> *m* Umgebung *f* von Ascoli
**ascolano, -a** [asko'la:no] I. *agg* aus Ascoli stammend II. *m, f* (*abitante*) Bewohner(in) *m(f)* Ascolis
**Ascoli Piceno** *f* Ascoli *nt* (*Stadt in der Region Marken*)
**ascoltabilità** [askoltabili'ta] <-> *f* Hörbarkeit *f*
**ascoltare** [askol'ta:re] I. *vt* ① (*udire*) hören ② (*esaudire*) erhören ③ (*dar retta*) **~ qu/qc** jdm/etw folgen ④ (MED: *auscultare*) abhorchen II. *vi* zuhören; (*origliare*) horchen, lauschen **ascoltatore, -trice** [askolta'to:re] *m, f* [Zu]hörer(in) *m(f)*
**ascolto** [as'kolto] *m* Zuhören *nt;* (*attenzione*) Gehör *nt;* **indice di ~** Einschaltquote *f;* **dare ~ a qu** auf jdn hören; **prestare ~ a qu** jdm Gehör schenken; **stare in ~** (*ascoltare*) zuhören; (*origliare*) lauschen
**ascrivere** [as'kri:vere] <irr> *vt* ① (*annoverare*) zuordnen, zuzählen ② (*imputare*) zuschreiben, anrechnen; **~ a merito** als Verdienst anrechnen
**asepsi** [a'sɛpsi] <-> *f* Keimfreiheit *f,* Asepsis *f*
**asessuale** [asessu'a:le] *agg* ungeschlechtlich
**asessuato, -a** [asessu'a:to] *agg* ① (BIOL) geschlechtslos ② (*fig: indifferenziato*) undifferenziert
**asettico, -a** [as'sɛttiko] <-ci, -che> *agg*

❶ (MED) keimfrei, aseptisch ❷ (fig: freddo, sterile) leidenschaftslos
**asfaltare** [asfal'ta:re] vt asphaltieren **asfaltatura** [asfalta'tu:ra] f Asphaltdecke f **asfalto** [as'falto] m Asphalt m
**asfissia** [asfis'si:a] <-ie> f Erstickung f
**asfissiare** [asfis'sja:re] I. vt avere ❶ (MED) ersticken ❷ (fig fam: molestare) anöden II. vi essere ersticken
**Asia** ['a:zia] f Asien nt; ~ **Minore** Kleinasien nt
**asiatica** [a'zia:tika] <-che> f (MED) asiatische Grippe
**asiatico, -a** [a'zia:tiko] <-ci, -che> I. agg asiatisch II. m, f Asiate m/Asiatin f
**asilante** [azi'lante] m, f Asylbewerber m
**asilo** [a'zi:lo] m ❶ (rifugio) Asyl nt, Zuflucht f ❷ (POL) Asyl nt; **diritto di** ~ Asylrecht nt; **richiesta di** ~ [**politico**] Asylantrag m ❸ (ospizio) Asyl nt, Heim nt; ~ **d'infanzia** Kindergarten m; ~ **nido** Kinderkrippe f
**asimmetria** [asimme'tri:a] f Asymmetrie f
**asimmetrico, -a** [asim'mɛ:triko] <-ci, -che> agg asymmetrisch
**asina** ['a:sina] f Eselin f **asinaio** [asi'na:io] <-ai> m Eselsführer m, Eseltreiber m **asinata** [asi'na:ta] f Eselei f **asineria** [asine'ri:a] <-ie> f Eselei f **asinesco, -a** [asi'nesko] <-schi, -sche> agg ungehobelt
**asinino, -a** [asi'ni:no] agg **tosse -a** Keuchhusten m **asinità** [asini'ta] <-> f Eselei f, Dummheit f
**asino, -a** ['a:sino] m, f Esel(in) m(f); **a schiena d'~** (fig) gekrümmt; **qui casca l'~!** (fig) da liegt der Hund begraben; **essere un ~ calzato e vestito** (fig) ein ausgemachter Esel sein; **legare l'~ dove vuole il padrone** (fig) sein Mäntelchen nach dem Wind hängen; **meglio un ~ vivo che un dottore morto** (prov) lieber dumm leben als gescheit sterben
**asintomatico, -a** [asinto'ma:tiko] <-ci, -che> agg asymptomatisch
**ASL** f abbr di **Azienda Sanitaria Locale** lokale öffentliche Gesundheitseinrichtung
**asma** ['azma] f Asthma nt **asmatico, -a** [az'ma:tiko] <-ci, -che> I. agg asthmatisch II. m, f Asthmatiker(in) m(f)
**asociale** [aso'tʃa:le] agg unsozial
**asola** ['a:zola] f Knopfloch nt; (occhiello) Öse f
**asparagicoltura** [asparadʒikol'tu:ra] f Spargelzucht f
**asparago** [as'pa:rago] <-gi> m Spargel m

**aspecifico, -a** [aspe'tʃi:fiko] <-ci, -che> agg unspezifisch
**asperità** [asperi'ta] <-> f Rauheit f; (di terreno) Unebenheit f; (di carattere) Schroffheit f; **le ~ della vita** die Widrigkeiten des Lebens
**aspersorio** [asper'sɔ:rio] <-i o -ii> m Weihwasserwedel m
**aspettare** [aspet'ta:re] I. vt warten auf +acc, erwarten; (bambino) erwarten; **farsi** ~ auf sich warten lassen; **chi la fa l'aspetti** (prov) wie du mir, so ich dir II. vr -rsi rechnen mit, erwarten; **c'era da aspettarselo!** das war zu erwarten!
**aspettativa** [aspetta'ti:va] f ❶ (attesa) Erwartung f ❷ (ADM) Sonderurlaub m
**aspetto** [as'pɛtto] m ❶ (apparenza) Aussehen nt; **avere un bell'~** gut aussehen, gut ausschauen A; **all'~** dem Aussehen nach; **sotto l'~** unter den Gesichtspunkt ❷ (punto di vista) Aspekt m ❸ (loc) **sala d'~** Wartesaal m
**aspirante** [aspi'rante] I. agg saugend, Saug- II. mf Anwärter(in) m(f)
**aspirapolvere** [aspira'polvere] <-> m Staubsauger m; ~ **manuale** Handstaubsauger m
**aspirare** [aspi'ra:re] I. vt ❶ (respirare) einatmen ❷ (TEC) [auf-, ein]saugen II. vi ~ [a qc] [nach etw] streben; ~ **al successo** nach Erfolg streben **aspiratore** [aspira'to:re] m Sauggerät nt; (MED) Aspirator m **aspirazione** [aspirat'tsio:ne] f ❶ (inspirazione) Einatmen nt ❷ (fig: desiderio) Streben nt, Bestrebung f ❸ (TEC) [An-, Ab]saugen nt ❹ (MOT) Einlass m
**aspirina**® [aspi'ri:na] f Aspirin® nt
**asportabile** [aspor'ta:bile] agg tragbar, beweglich, entfernbar **asportare** [aspor'ta:re] vt ❶ (portar via) forttragen, entfernen ❷ (estirpare) entfernen **asportazione** [asportat'tsio:ne] f Entfernung f, Entfernen nt
**asprezza** [as'prettsa] f ❶ (al gusto) Herbheit f; (al tatto) Rauheit f; (all'udito) Schrillheit f ❷ (di terreno) Schroffheit f ❸ (rigore) Rauheit f ❹ (fig: durezza) Herbheit f, Härte f; (severità) Strenge f **asprigno, -a** [as'priɲɲo] agg leicht herb **aspro, -a** ['aspro] <più aspro, asperrimo o asprissimo> agg ❶ (sapore, odore) herb, scharf; (suono) schrill; (vino) herb ❷ (ruvido) rau ❸ (paesaggio) schroff, rau; (clima) rau ❹ (LING) scharf ❺ (fig: ruvido) rau; (duro) hart; (severo) streng
**Ass.** abbr di **Assicurazione** Vers.
**ass.** abbr di **assegno** Scheck m

**assaggiare** [assad'dʒaːre] *vt* ❶ (*provare*) kosten, probieren ❷ (*mangiare pochissimo*) knabbern; (*bevande*) nippen ❸ (*fig*) ~ **il bastone** [*o* **le botte**] Schläge bekommen; ~ **il terreno** die Lage peilen **assaggiatore, -trice** [assaddʒaˈtoːre] *m, f* Verkoster(in) *m(f)* **assaggio** [asˈsaddʒo] <-ggi> *m* Probe *f*, Kostprobe *f*

**assai** [asˈsaːi] **I.** *avv* ❶ (*abbastanza*) genug ❷ (*molto*) sehr, viel, reichlich; **m'importa ~ di lui!** (*fam iron*) auf ihn lege ich gerade Wert! **II.** <inv> *agg* viel

**assale** [asˈsaːle] *m* Achse *f*

**assalire** [assaˈliːre] <irr> *vt* ❶ (*aggredire*) angreifen, anfallen; ~ **qu alle spalle** jdn von hinten anfallen ❷ (*fig: sopraffare*) befallen, überfallen; **la febbre lo assalì all'improvviso** er bekam plötzlich Fieber

**assalitore, -trice** [assaliˈtoːre] *m, f* Angreifer(in) *m(f)*

**assaltare** [assalˈtaːre] *vt* überfallen

**assalto** [asˈsalto] *m* ❶ (MIL) Angriff *m*, Überfall *m*; **prendere d'~ qu/qc** jdn/etw überfallen ❷ (SPORT) Gang *m*

**assaporare** [assapoˈraːre] *vt* (*a. fig*) genießen, auskosten

**assassina** *f v.* **assassino**

**assassinare** [assassiˈnaːre] *vt* ❶ (*uccidere*) ermorden ❷ (*fig: rovinare*) ruinieren ❸ (*fig: sciupare*) verschandeln, verhunzen

**assassinio** [assasˈsiːnio] <-ii> *m* ❶ (*omicidio*) Mord *m* ❷ (*fig: esecuzione pessima*) Verschandelung *f* **assassino, -a** [assasˈsiːno] **I.** *agg* mordend; (*a. fig*) mörderisch **II.** *m, f* (*omicida*) Mörder(in) *m(f)*

**assatanato, -a** [assataˈnaːto] *agg* ❶ (*posseduto dal diavolo*) vom Teufel besessen ❷ (*fig: sovreccitato sessualmente*) aufgegeilt, geil

**asse** [ˈasse] **I.** *f* (*tavola di legno*) Brett *nt*; ~ **di equilibrio** Schwebebalken *m*; ~ **da stiro** Bügelbrett *nt* **II.** *m* Achse *f*; ~ **stradale** Verkehrsachse *f*

**assecondare** [assekonˈdaːre] *vt* ❶ (*favorire*) unterstützen ❷ (*soddisfare*) ~ **qc** einer Sache *dat* nachkommen

**assediare** [asseˈdjaːre] *vt* (*fig* MIL) belagern; (*persona*) bedrängen, bestürmen **assedio** [asˈsɛːdio] <-i> *m* (MIL) Belagerung *f*

**assegnamento** [asseɲɲaˈmento] *m* Vertrauen *nt*, Zuversicht *f*; **fare ~ su qu** auf jdn zählen

**assegnare** [asseɲˈɲaːre] *vt* ❶ (*dare*) zuweisen, zuteilen ❷ (*compiti a scuola*) aufgeben; (*incarico*) erteilen; (*ufficio*) zuweisen ❸ (*premio, rendita*) zuerkennen ❹ (*termine*) festsetzen **assegnatario, -a** [asseɲɲaˈtaːrio] <-i, -ie> *m, f* Assignatar(in) *m(f)* **assegnato, -a** [asseɲˈɲaːto] *agg* unfrei **assegnazione** [asseɲɲatˈtsioːne] *f* ❶ (*attribuzione*) Zuweisung *f*, Vergabe *f* ❷ (*fig: aggiudicazione*) Zuerkennung *f*; (*di termine*) Festsetzung *f* **assegnista** [asseɲˈɲista] <-i *m*, -e *f*> *mf* in den siebziger Jahren an italienischen Universitäten beschäftigte(r) Nachwuchswissenschaftler(in) ohne feste Stelle

**assegno** [asˈseɲɲo] *m* ❶ (COM, FIN) Scheck *m*; ~ **in bianco** Blankoscheck *m*; ~ **postale** Postscheck *m*; ~ **sbarrato** Verrechnungsscheck *m*; ~ **scoperto** [*o* **a vuoto**] ungedeckter Scheck ❷ (*attribuzione*) Zuwendung *f*; ~ **di maternità** Erziehungsgeld *nt*; **-i familiari** Kindergeld *nt* ❸ (*rendita*) Rente *f*

**assemblaggio** [assemˈbladdʒo] <-ggi> *m* Zusammensetzen *nt*, Montage *f* **assemblare** [assemˈblaːre] *vt* zusammensetzen, montieren **assemblatore, -trice** [assemblaˈtoːre] **I.** *m, f* Monteur(in) *m(f)* **II.** *agg* zusammenfügend, zusammenbauend

**assemblea** [assemˈblɛːa] *f* Versammlung *f*; ~ **plenaria** Plenum *nt* **assemblearismo** [assembleaˈrizmo] *m* Basisdemokratie *f*; (*pej*) Versammlungsmarathon *nt*

**assembramento** [assembraˈmento] *m* Zusammenkunft *f*, Ansammlung *f*

**assennatezza** [assennaˈtettsa] *f* Besonnenheit *f*, Vernunft *f*

**assennato, -a** [assenˈnaːto] *agg* besonnen, vernünftig

**assenso** [asˈsɛnso] *m* Zustimmung *f*

**assentarsi** [assenˈtarsi] *vr* ~ [**da un luogo**] sich [von einem Ort] entfernen **assente** [asˈsɛnte] **I.** *agg* (*a. fig*) abwesend; **è ~ da una settimana** (*a scuola*) er/sie fehlt seit einer Woche **II.** *mf* Abwesende(r) *f(m)*

**assenteismo** [assenteˈizmo] *m* ❶ (*fig: disinteresse*) [politisches] Desinteresse *nt* ❷ (*in azienda*) Fernbleiben *nt* von der Arbeit **assenteista** [assenteˈista] <-i *m*, -e *f*> *mf* Blaumacher(in) *m(f) fam*, Krankmacher(in) *fam* **assenteistico, -a** [assenteˈistiko] <-ci, -che> *agg* drückebergerisch

**assentire** [assenˈtiːre] *vi* zustimmen

**assenza** [asˈsɛntsa] *f* ❶ (*da un luogo*) Abwesenheit *f*, Fehlen *nt* ❷ (*mancanza*) Mangel *m*; **l'~ di qc** der Mangel an etw *dat*

**assenziente** [assenˈtsiɛnte] *agg* zustimmend

**assenzio** [as'sɛntsio] <-i> *m* ❶ (BOT) Wermut *m* ❷ (*liquore*) Absinth *m*

**asserire** [asse'ri:re] <asserisco> *vt* behaupten, versichern

**asserragliarsi** [asserraʎ'ʎarsi] *vr* sich verbarrikadieren

**assertivista** [asserti'vista] <-i *m*, -e *f*> *mf* Verfechter(in) *m(f)* **assertività** [assertivi'ta] <-> *f* Durchsetzungsvermögen *nt*

**assertivo, -a** [asser'ti:vo] *agg* behauptend, bejahend **asserto** [as'sɛrto] *m* Behauptung *f*, Beteuerung *f*

**assertore, -trice** [asser'to:re] *m, f* Befürworter(in) *m(f)*, Verfechter(in) *m(f)*

**asservimento** [asservi'mento] *m* Unterwerfung *f*; (*servitù*) Knechtschaft *f* **asservire** [asser'vi:re] <asservisco> I. *vt* unterwerfen II. *vr* **-rsi** sich unterwerfen

**asserzione** [asser'tsio:ne] *f* Behauptung *f*, Beteuerung *f*

**assessorato** [assesso'ra:to] *m* Assessoramt *nt* **assessore** [asses'so:re] *m* Assessor(in) *m(f)*, Beisitzer(in) *m(f)*; **~ comunale** Abgeordnete(r) *f(m)* im Stadtrat

**assestamento** [assesta'mento] *m* ❶ (ARCH) Setzung *f* ❷ (*sistemazione*) Konsolidierung *f*, Regelung *f*, Ordnung *f*

**assestare** [asses'ta:re] I. *vt* ❶ (*mettere in ordine*) in Ordnung bringen, regeln ❷ (*regolare*) einstellen ❸ (*ceffone*) versetzen II. *vr* **-rsi** ❶ (*sistemarsi*) sich einrichten, sich konsolidieren ❷ (*su poltrona*) es sich *dat* bequem machen

**assestata** [asses'ta:ta] *f* [oberflächliche] Aufräumaktion *f*; **dare un'~** oberflächlich aufräumen

**assestato, -a** [asses'ta:to] *agg* ❶ (*ordinato*) geordnet, konsolidiert ❷ (*fig: assennato*) besonnen

**assetare** [asse'ta:re] *vt* durstig machen **assetato, -a** [asse'ta:to] I. *agg* (*a. fig*) durstig; (*terreno*) ausgetrocknet II. *m, f* Durstige(r) *f(m)*

**assettare** [asset'ta:re] I. *vt* herrichten, in Ordnung bringen II. *vr* **-rsi** sich zurechtmachen **assetto** [as'setto] *m* ❶ (*sistemazione*) Ordnung *f* ❷ (*equipaggiamento*) Ausrüstung *f*; (*tenuta*) Ausstattung *f* ❸ (NAUT) Trimm *m* ❹ (AUTO) Fahrwerk *nt*

**asseverare** [asseve'ra:re] *vt* beteuern, versichern

**Assia** ['assia] *f* Hessen *nt*

**assiale** [as'sia:le] *agg* axial

**assiano, -a** [as'sia:no] I. *agg* hessisch II. *m, f* Hesse *m*/Hessin *f*

**assicurare** [assiku'ra:re] I. *vt* ❶ (*garantire*) sicherstellen ❷ (*affermare*) versichern ❸ (*fissare*) befestigen, sichern ❹ (JUR) ~ [contro qc] [gegen etw] versichern ❺ (*lettera*) als Wertsendung schicken II. *vr* **-rsi** (*accertarsi*) sich versichern, sich überzeugen; **-rsi** [contro qc] (JUR) sich [gegen etw] versichern **assicurata** [assiku'ra:ta] *f* Wertsendung *f*; (*lettera*) Wertbrief *m* **assicurato, -a** [assiku'ra:to] *m, f* Versicherte(r) *f(m)*, Versicherungsnehmer(in) *m(f)* **assicuratore, -trice** [assikura'to:re] I. *agg* Versicherungs- II. *m, f* Versicherer *m*

**assicurazione** [assikurat'tsio:ne] *f* Versicherung *f*; **~ casco/contro tutti i rischi** Kasko-/Vollkaskoversicherung *f*; **~ contro i danni** Schadensversicherung *f*; **~ contro la responsabilità civile** Haftpflichtversicherung *f*; **~ sulla vita** Lebensversicherung *f*

**assideramento** [assidera'mento] *m* Erfrierung *f* **assiderare** [asside'ra:re] I. *vt* erfrieren lassen II. *vi* **-rsi** erfrieren

**assiduità** [assidui'ta] <-> *f* ❶ (*perseveranza*) Ausdauer *f*, Beharrlichkeit *f* ❷ (*frequenza abituale*) regelmäßiger Besuch

**assiduo, -a** [as'si:duo] *agg* ❶ (*costante*) ausdauernd, beharrlich ❷ (*regolare*) ständig, dauernd; (*cliente*) Stamm- ❸ (*diligente*) beständig, fleißig

**assieme** [as'siɛ:me] I. *avv* zusammen II. *prp* ~ **a** [zusammen] mit + *dat* III. <-> *m* Gesamtheit *f*; (MUS, THEAT) Ensemble *nt*

**assiepare** [assie'pa:re] I. *vt* ❶ (*cingere*) mit einer Hecke umschließen ❷ (*affollare*) überfüllen II. *vr* **-rsi** sich drängen; **-rsi intorno a qu** jdn umzingeln

**assillare** [assil'la:re] *vt* bedrängen, quälen **assillo** [as'sillo] *m* ❶ (ZOO) Bremse *f*, Stechfliege *f* ❷ (*fig: pensiero tormentoso*) Druck *m*, Last *f*, Sorge *f*

**assimilabile** [assimi'la:bile] *agg* ❶ (*assorbibile*) assimilierbar ❷ (*paragonabile*) vergleichbar **assimilabilità** [assimilabili'ta] <-> *f* Assimilierbarkeit *f* **assimilare** [assimi'la:re] *vt* ❶ (BIOL, LING) assimilieren ❷ (*fig: far proprio*) annehmen, sich *dat* aneignen **assimilativo, -a** [assimila'ti:vo] *agg* assimilierbar, Assimilations- **assimilazione** [assimilat'tsio:ne] *f* ❶ (BIOL, LING) Assimilierung *f* ❷ (*fig: equiparazione*) Gleichstellung *f*; (*apprendimento*) Annahme *f*, Aneignung *f*

**assioma** [as'siɔ:ma] <-i> *m* Axiom *nt* **assiomatico, -a** [assio'ma:tiko] <-ci, -che> *agg* axiomatisch, unanfechtbar

**assisano, -a** [assi'za:no] I. *agg* (*di Assisi*) aus Assisi stammend II. *m, f* (*abitante*) Bewohner(in) *m(f)* Assisis assise [as'si:ze] *fpl* ❶ (JUR: *Corte d'Assise*) Schwurgericht *nt* ❷ (*fig: riunione plenaria*) [Voll]versammlung *f*

Assisi *f* Assisi *nt* (*Stadt in Umbrien*)

assisiate [assi'zja:te] I. *mf* Bewohner(in) *m(f)* Assisis; **L'Assisiate** (*per antonomasia S. Francesco d'Assisi*) *der heilige Franziskus von Assisi* II. *agg v.* **assisano**

assist [ə'sist] <-> *m* (SPORT) Vorlage *f*

assistei [assis'te:i] *1. pers sing pass rem di* **assistere**

assistentato [assisten'ta:to] *m* ❶ (*ufficio*) Assistentenstelle *f* ❷ (*durata*) Assistenzzeit *f*

assistente [assis'tɛnte] I. *agg* Assistenz- II. *mf* Assistent(in) *m(f)*; ~ **di bordo** Flugbegleiter(in) *m(f)*, Steward *m*/Stewardess *f*; ~ **alla regia** Regieassistent(in) *m(f)*; ~ **sociale** Sozialarbeiter(in) *m(f)*; ~ **universitario** Hochschulassistent(in) *m(f)*

assistenza [assis'tɛntsa] *f* ❶ (*presenza*) Anwesenheit *f* ❷ (*aiuto, soccorso*) Hilfe *f*, Beistand *m;* ~ **di frenata** (MOT) Bremsassistent *m;* ~ **legale** Rechtsbeistand *m;* ~ **sociale** Sozialhilfe *f;* ~ **tecnica** Kundendienst *m;* ~ **alla clientela** Kundenbetreuung *f* ❸ (*beneficenza, a. fig* MED) Fürsorge *f*, Pflege *f*, Betreuung *f;* **prestare ~ a qu** jdm Beistand leisten ❹ (*sorveglianza*) Aufsicht *f* **assistenziale** [assisten'tsja:le] *agg* Hilfs-, Fürsorge-

assistenzialismo [assistentsia'lizmo] *m* Sozialstaatlichkeit *f*, Bereitstellung *f* des sozialen Netzes **assistenzialista** [assistentsia'lista] <-i *m*, -e *f>* *agg* Sozial-, Wohlfahrts-; **stato ~** Sozial-, Wohlfahrtsstaat *m* **assistenzialistico, -a** [assistentsia'listiko] <-ci, -che> *agg* Sozial-, Wohlfahrts- **assistenziario** [assisten'tsja:rio] <-i> *m* Amt für die Wiedereingliederung Strafentlassener

assistere [as'sistere] <assisto, assistei *o* assistetti, assistito> I. *vi* ~ **a qc** an etw *dat* teilnehmen, bei etw anwesend sein II. *vt* ❶ (*soccorrere*) ~ **qu** jdm beistehen; ~ **legalmente qu** jdm Rechtsbeistand leisten; **che Dio t'assista!** Gott steh dir bei! ❷ (*curare*) pflegen, betreuen ❸ (COM: *clientela*) betreuen

assistibile [assis'ti:bile] *agg* unterstützbar

assito [as'si:to] *m* (*parete*) Bretterwand *f*; (*pavimento*) Dielenboden *m*

asso ['asso] *m* (*a. fig*) Ass *nt*; (*di dado*) Eins *f;* **un ~ dello sport** ein Sportass *nt;* **un ~ del volante** ein phantastischer Autofahrer; **avere l'~ nella manica** (*fig*) einen Trumpf in der Hand haben; **piantare** [*o* lasciare] **qu in ~** (*fig*) jdn im Stich lassen

associare [asso'tʃa:re] I. *vt* ❶ (*rendere partecipe*) als Mitglied aufnehmen ❷ (*mettere insieme*) vereinigen ❸ (*fig: idee*) assoziieren, verbinden II. *vr* **-rsi** ❶ (*unirsi*) sich vereinigen, sich verbinden ❷ (*farsi socio*) **-rsi a qc** bei etw Mitglied werden ❸ (*aderire*) sich anschließen ❹ (*fig*) **-rsi a qc** an etw *dat* teilhaben, etw teilen **associativo, -a** [assotʃa'ti:vo] *agg* assoziativ, verbindend

associazione [assotʃat'tsio:ne] *f* ❶ (*unione*) Assoziation *f*, Bund *m*, Vereinigung *f*; (COM) Gesellschaft *f*; ~ **di categoria** Berufsverband *m;* ~ **a** [*o* **per**] **delinquere** kriminelle Vereinigung ❷ (PSIC, BOT, MAT) Assoziation *f;* **per ~** assoziativ

assodamento [assoda'mento] *m* Verfestigung *f*

assodare [asso'da:re] I. *vt* ❶ (*rendere sodo, duro*) härten, hart machen; (*uova*) hart kochen ❷ (*fig: accertare*) feststellen, erheben A II. *vr* **-rsi** ❶ (*divenir sodo*) hart werden ❷ (*fig: rafforzarsi*) sich stärken

assoggettabilità [assoddʒettabili'ta] <-> *f* Unterwerfbarkeit *f*, Unterjochbarkeit *f*

assoggettamento [assoddʒetta'mento] *m* Unterwerfung *f* **assoggettare** [assoddʒet'ta:re] I. *vt* ❶ (*sottomettere*) unterwerfen ❷ (*domare*) bezwingen II. *vr* **-rsi** ❶ (*sottomettersi*) sich unterwerfen ❷ (*sottoporsi*) sich unterziehen ❸ (*adattarsi*) sich fügen

assolato, -a [asso'la:to] *agg* sonnig

assoldare [assol'da:re] *vt* anwerben; (MIL) in Sold nehmen; (*pej a*) dingen

assolo [as'so:lo] <-> *m* Solo *nt*

assolsi [as'sɔlsi] *1. pers sing pass rem di* **assolvere**

assolto [as'sɔlto] *pp di* **assolvere**

assolutamente [assoluta'mente] *avv* ❶ (*senz'altro*) unbedingt ❷ (*del tutto*) absolut, völlig

assolutismo [assolu'tizmo] *m* Absolutismus *m* **assolutista** [assolu'tista] <-i *m*, -e *f>* I. *agg* absolutistisch II. *mf* Absolutist(in) *m(f)* **assolutistico, -a** [assolu'tistiko] <-ci, -che> *agg* absolutistisch

assolutizzazione [assolutiddzat'tsio:ne] *f* Verabsolutierung *f*

assoluto, -a [asso'lu:to] *agg* absolut; (*urgente*) unbedingt

assolutorio, -a [assolu'tɔ:rio] <-i, -ie> *agg* freisprechend, lossprechend **assoluzione**

[assolut'tsjo:ne] f ❶ (JUR) Freispruch m ❷ (REL) Absolution f
**assolvere** [as'sɔlvere] <assolvo, assolsi, assolto> vt ❶ (JUR) freisprechen ❷ (REL) ~ **qu** jdm die Absolution erteilen ❸ (*compiere*) erfüllen; (*promessa*) einlösen ❹ (*liberare*) ~ **qu da qc** jdn von etw entbinden ❺ (*pagare*) begleichen
**assomigliare** [assomiʎˈʎa:re] I. vi ~ **a qu** jdm ähneln II. vr -**rsi** sich ähneln; -**rsi come due gocce d'acqua** sich gleichen wie ein Ei dem anderen
**assommare** [assom'ma:re] I. vt avere vereinigen II. vi essere sich belaufen (*a* auf +*acc*), betragen (*a qc* etw)
**assonanza** [asso'nantsa] f Assonanz f, Gleichklang m; (*fig*) Übereinstimmung f
**assonnato, -a** [asson'na:to] agg (*a. fig*) verschlafen, schläfrig
**assopirsi** [asso'pirsi] <mi assopisco> vr (*addormentarsi*) einnicken
**assorbente** [assor'bɛnte] I. agg absorbierend, [auf]saugend; **carta** ~ Löschpapier nt II. m ~ **igienico** Monatsbinde f; ~ **interno** Tampon m
**assorbimento** [assorbi'mento] m ❶ (*impregnamento*, PHYS, BIOL) Absorption f, Aufnahme f ❷ (COM) Fusion f
**assorbire** [assor'bi:re] vt ❶ (*impregnare*) aufsaugen; (PHYS) absorbieren ❷ (*fig: incorporare*) vereinnahmen; (*consumare, assimilare*) aufnehmen; (*impegnare*) beanspruchen, in Anspruch nehmen
**assordante** [assor'dante] agg ohrenbetäubend **assordare** [assor'da:re] I. vt avere ❶ (*render sordo*) taub machen ❷ (*stordire*) betäuben ❸ (*attutire*) dämpfen II. vi essere taub werden
**assortimento** [assorti'mento] m Sortiment nt, Auswahl f
**assortire** [assor'ti:re] <assortisco> vt ❶ (*disporre*) sortieren, zusammenstellen ❷ (COM: *rifornire*) mit einem Sortiment versehen **assortito, -a** [assor'ti:to] agg sortiert, zusammengestellt; (*misto*) gemischt; (*adatto*) passend
**assorto, -a** [as'sɔrto] agg versunken, vertieft; **essere** ~ **[in pensieri]** in Gedanken versunken sein
**assottigliamento** [assottiʎʎa'mento] m ❶ (*il rendere sottile*) Verdünnen nt, Verdünnung f; (*riduzione*) Verminderung f ❷ (*fig: affinamento*) Verfeinerung f
**assottigliare** [assottiʎˈʎa:re] I. vt ❶ (*render sottile*) dünner machen, feiner machen ❷ (*ridurre*) verringern, mindern ❸ (*fig: acuire*) schärfen II. vr -**rsi** ❶ (*diventar sottile*) dünn werden ❷ (*ridursi*) abnehmen, sich verringern ❸ (*dimagrire*) abnehmen
**assuefare** [assue'fa:re] <irr> I. vt ~ **qc a qc** etw an etw *acc* gewöhnen II. vr -**rsi a qc** sich an etw *acc* gewöhnen **assuefazione** [assuefat'tsjo:ne] f Gewöhnung f; **l'**~ **a qc** die Gewöhnung an etw *acc*
**assumere** [as'su:mere] <assumo, assunsi, assunto> I. vt ❶ (*prendere, fare proprio, ammettere*) annehmen; (*responsibilità*) übernehmen ❷ (*procurarsi*) einholen ❸ (*impiegato*) anstellen, einstellen, aufnehmen A ❹ (*elevare*) erheben, ernennen; (REL: *al cielo*) aufnehmen II. vr -**rsi** ❶ (*attribuirsi*) übernehmen ❷ (*addossarsi*) auf sich nehmen
**Assunta** [as'sunta] f ❶ (*Maria Vergine*) Heilige Jungfrau ❷ (*festa*) Mariä Himmelfahrt
**assunto**[1] [as'sunto] m (*tesi*) Annahme f, These f
**assunto**[2] pp di **assumere**
**assunzione** [assun'tsjo:ne] f ❶ (*l'assumere*) Annahme f, Übernahme f; (*di impiegato*) Einstellung f ❷ (*elevazione*) Erhebung f; **l'Assunzione della Vergine** Mariä Himmelfahrt
**assurdità** [assurdi'ta] <-> f Absurdität f
**assurdo** [as'surdo] m Absurde(s) nt
**assurdo, -a** agg absurd
**asta** ['asta] f ❶ (*bastone*) Stab m, Stange f; (*del compasso*) Schenkel m; (*degli occhiali*) Bügel m; **a mezz'**~ auf Halbmast ❷ (SPORT) Stab m; **salto con l'**~ Stabhochsprung m ❸ (*lancia*) Speer m, Lanze f ❹ (*nella scrittura*) Grundstrich m ❺ (*vendita all'incanto*) Versteigerung f, Auktion f; **mettere all'**~ versteigern
**astante** [as'tante] I. agg anwesend II. mf Anwesende(r) f(m) **astanteria** [astante'ri:a] <-ie> f Aufnahmeraum m
**astemio, -a** [as'tɛ:mio] <-i, -ie> I. agg abstinent II. m, f Abstinenzler(in) m(f)
**astenersi** [aste'nersi] <irr> vr ~ **[da qc]** sich [einer Sache *gen*] enthalten **astensione** [asten'sjo:ne] f Enthaltung f, Verzicht m **astenuto, -a** [aste'nu:to] I. pp di **astenersi** II. m, f Stimmenthaltung f, sich der Stimme Enthaltende(r) f(m)
**astergere** [as'tɛrdʒere] <astergo, astersi, asterso> vt abwischen
**asteriscare** [asteris'ka:re] vt mit einem Sternchen [o Asterisk] versehen
**asterisco** [aste'risko] <-schi> m ❶ (TYP) Sternchen nt, Asteriskus m ❷ (*stelloncino*) kurzer Artikel
**asteroide** [aste'rɔ:ide] m Asteroid m

**Asti** f Asti nt (Stadt in Piemont)
**asticciola** [astit'tʃɔːla] f ❶ (della freccia) kleiner Stiel ❷ (penna per scrivere) Federhalter m
**astice** ['astitʃe] m Hummer m
**asticella** [asti'tʃɛlla] f Sprunglatte f
**Astigiano** <sing> m Umgebung f von Asti
**astigiano, -a** [asti'dʒaːno] I. agg aus Asti stammend II. m, f (abitante) Bewohner(in) m(f) Astis
**astigmatico, -a** [astig'maːtiko] <-ci, -che> I. agg astigmatisch II. m, f Astigmatiker(in) m(f) **astigmatismo** [astigma'tizmo] m Astigmatismus m
**astinente** [asti'nɛnte] agg abstinent, enthaltsam **astinenza** [asti'nɛntsa] f Abstinenz f, Enthaltsamkeit f
**astio** ['astio] <-i> m Groll m **astiosità** [astiosi'ta] <-> f Feindseligkeit f, Groll m
**astioso, -a** [as'tioːso] agg (parole) feindselig; (persone) missgünstig
**astore** [as'toːre] m Habicht m
**astrale** [as'traːle] agg astral, die Gestirne betreffend
**astrarre** [as'trarre] <irr> I. vt ❶ (distogliere) entfernen, ablenken ❷ (PHILOS) abstrahieren II. vi ~ **da qc** absehen von etw III. vr **-rsi** sich zerstreuen **astrattezza** [astrat'tettsa] f Abstraktheit f **astrattismo** [astrat'tizmo] m abstrakte Kunst **astrattista** [astrat'tista] <-i m, -e f> mf abstrakte(r) Künstler(in) f(m)
**astratto** [as'tratto] m Abstrakte(s) nt
**astratto, -a** I. pp di **astrarre** II. agg abstrakt **astrazione** [astrat'tsioːne] f Abstraktion f; **fare ~ da qc** von etw absehen
**astringente** [astrin'dʒɛnte] I. agg adstringierend II. m Adstringens nt
**astro** ['astro] m ❶ (ASTR) Stern m, Gestirn nt ❷ (fig: star) Star m **astrobussola** [astro'bussola] f (AERO) Astrokompass m
**astrofisica** [astro'fiːzika] <-che> f Astrophysik f **astrofisico, -a** [astro'fiːziko] <-ci, -che> I. agg die Astrophysik betreffend; **osservatorio ~** Sternwarte f, Observatorium nt II. m, f (studioso di astrofisica) Astrophysiker(in) m(f)
**astrologia** [astrolo'dʒiːa] <-gie> f Astrologie f **astrologico, -a** [astro'lɔːdʒiko] <-ci, -che> agg astrologisch **astrologo, -a** [as'trɔːlogo] <-gi, -ghe> m, f ❶ (ASTR) Astrologe m/Astrologin f ❷ (scherz: chi predice sciagure) Schwarzseher(in) m(f)
**astronauta** [astro'nauta] <-i m, -e f> mf Astronaut(in) m(f) **astronautica** [astro'nauːtika] <-che> f Raumfahrt f

**astronautico, -a** [astro'nauːtiko] <-ci, -che> agg astronautisch **astronave** [astro'naːve] f Raumschiff nt **astronoma** f v. **astronomo**
**astronomia** [astrono'miːa] <-ie> f Astronomie f **astronomico, -a** [astro'nɔːmiko] <-ci, -che> agg (a. fig: prezzo, cifre) astronomisch **astronomo, -a** [as'trɔːnomo] m, f Astronom(in) m(f)
**astruseria** [astruze'riːa] <-ie> f Verworrenheit f; (cosa, parola a) verworrenes Zeug
**astrusità** [astruzi'ta] <-> f Abstrusität f; **dire delle ~** abstruses Zeug daherreden
**astruso, -a** [as'truːzo] agg abstrus, verworren
**astuccio** [as'tuttʃo] <-cci> m Etui nt
**astuto, -a** [as'tuːto] agg schlau, listig **astuzia** [as'tuttsia] <-ie> f Schlauheit f, List f
**AT** ❶ abbr di **Antico Testamento** A.T. ❷ abbr di **Alta Tensione** Hochspannung
**atea** f v. **ateo**
**ateismo** [ate'izmo] m Atheismus m **ateistico, -a** [ate'istiko] <-ci, -che> agg atheistisch
**atelier** [atə'lje] <-> m Atelier nt
**Atene** [a'tɛːne] f Athen nt
**ateo, -a** ['aːteo] I. agg atheistisch II. m, f Atheist(in) m(f)
**atermico, -a** [a'tɛrmiko] <-ci, -che> agg wärmeisolierend; **vetro ~** Isolierglas nt
**atesino, -a** [ate'ziːno] I. agg aus dem Etschtal II. m, f Etschtaler(in) m(f)
**ATI** ['aːti] f abbr di **Aereo Trasporti Italiani** italienische Fluggesellschaft
**atipico, -a** [a'tiːpiko] <-ci, -che> agg atypisch, unregelmäßig
**atlante** [a'tlante] m Atlas m
**atlantico, -a** [a'tlantiko] <-ci, -che> agg atlantisch, Atlantik-; **l'Atlantico** der Atlantik
**atleta** [a'tlɛːta] <-i m, -e f> mf Athlet(in) m(f) **atletica** [a'tlɛːtika] f Athletik f; **~ leggera** Leichtathletik f **atletico, -a** [a'tlɛːtiko] <-ci, -che> agg athletisch **atletismo** [atle'tizmo] m Athletik f
**atmosfera** [atmos'fɛːra] f (a. fig) Atmosphäre f **atmosferico, -a** [atmos'fɛːriko] <-ci, -che> agg atmosphärisch; **condizioni -che** Wetterlage f
**atollo** [a'tɔllo] m Atoll nt
**atomico, -a** [a'tɔːmiko] <-ci, -che> agg ❶ (CHEM) Atom-, atomar ❷ (fig: eccezionale) fantastisch, phantastisch
**atomizzare** [atomid'dzaːre] vt zerstäuben **atomizzatore** [atomidd'zaːtoːre] m Zerstäuber m

**atomo** ['a:tomo] *m* (*a. fig*) Atom *nt*
**atonale** [ato'na:le] *agg* atonal
**atonia** [ato'ni:a] <-ie> *f* ① (LING) Unbetontheit *f* ② (MED) Schlaffheit *f*, Atonie *f*
**atono, -a** ['a:tono] *agg* unbetont
**atrio** ['a:trio] <-ii> *m* [Vor]halle *f*, Vorraum *m*
**atro, -a** ['a:tro] *agg* (*poet*) ① (*tenebroso*) finster, düster ② (*fig: crudele, funesto*) unheilvoll
**atroce** [a'tro:tʃe] *agg* (*crudele*) grausam; (*raccapricciante*) grauenhaft; (*angoscioso*) furchtbar, entsetzlich **atrocità** [atrotʃi'ta] <-> *f* Grausamkeit *f*; (*cosa atroce*) Gräueltat *f*
**atrofia** [atro'fi:a] <-ie> *f* Atrophie *f* **atrofizzare** [atrofid'dza:re] **I.** *vt* schrumpfen lassen **II.** *vr* **-rsi** atrophieren, schrumpfen
**attaccabottoni** [attakkabot'to:ni] <-> *mf* (*fam*) lästige(r) Schwätzer(in) *m(f)*
**attaccabrighe** [attakka'bri:ge] <-> *mf* (*fam*) Streithammel *m*
**attaccamento** [attakka'mento] *m* Anhänglichkeit *f*
**attaccante** [attak'kante] **I.** *agg* angreifend **II.** *mf* (SPORT) Stürmer(in) *m(f)*
**attaccapanni** [attakka'panni] <-> *m* Kleiderhaken *m*; (*a stelo*) Kleiderständer *m*
**attaccare** [attak'ka:re] **I.** *vt* ① (*fissare*) befestigen; (*manifesto*) anschlagen; (*con colla*) ankleben; (*cucendo*) annähen; (*saldare*) zusammenheften; (*appendere*) aufhängen; (*animali ad un veicolo*) anspannen; ~ **al chiodo i guantoni/la bicicletta** (*fig*) das Boxen/Fahrradfahren an den Nagel hängen ② (*iniziare*) anfangen, beginnen; (*discorso a*) anknüpfen ③ (*assalire*) angreifen ④ (CHEM) angreifen ⑤ (MED: *contagiare*) ~ **qc a qu** jdn mit etw anstecken ⑥ (*fig: osteggiare*) angreifen, bekämpfen **II.** *vi* ① (*avere azione adesiva*) kleben, haften ② (*muovere all'assalto*) angreifen ③ (*fig: attecchire*) Wurzeln schlagen; **con me non attacca!** (*fam*) nicht mit mir! ④ (*impersonale*) anfangen; **attacca a piovere** es fängt an zu regnen **III.** *vr* **-rsi** ① (*restare aderente*) haften, kleben ② (GASTR) ansetzen, anbrennen ③ (MED) übertragen werden ④ (*aggrapparsi*) **-rsi a qu/qc** sich an jdn/etw *acc* klammern; **-rsi alla bottiglia** an der Flasche hängen; **-rsi a qu** (*affezionarsi*) jdn lieb gewinnen
**attaccaticcio** [attaka'tittʃo] <-cci> *m* **sapere di ~** angebrannt schmecken
**attaccato, -a** [attak'ka:to] *agg* ① (*affezionato*) anhänglich; **essere ~ ai soldi/alla famiglia** am Geld/an der Familie hängen ② (*ligio*) treu **attaccatura** [attakka'tu:ra] *f* Ansatz *m* **attaccatutto** [attakka'tutto] *m* Alleskleber *m*
**attacchinaggio** [attakki'naddʒo] <-gi> *m* Anschlagen *nt* politischer Plakate
**attacchinare** [attakki'na:re] *vi* politische Plakate ankleben **attacchino** [attak'ki:no] *m* Plakatankleber(in) *m(f)*
**attacco** [at'takko] <-cchi> *m* ① (*giunzione*) Ansatz *m*, Verbindungsstelle *f*; (*per sci*) Bindung *f* ② (EL, TEL) Anschluss *m* ③ (*servizio da tiro*) Gespann *nt* ④ (*fig: critica violenta*, MIL) Angriff *m*, Attacke *f* ⑤ (SPORT) Sturmspitze *f* ⑥ (MED) Anfall *m* ⑦ (*avvio, inizio*) Einsatz *m*, Anfang *m*
**attachment** [at'ta:tʃment] *m* (INFORM) Anhang *m*
**attagliarsi** [attaʎ'ʎarsi] *vr* genau passen (*a* zu), zugeschnitten sein (*a* für, auf +*acc*)
**attanagliare** [attanaʎ'ʎa:re] *vt* ① (*stringere forte*) fest ergreifen; (*con le tenaglie*) mit Zangen greifen ② (*fig: assillare*) peinigen
**attardarsi** [attar'darsi] *vr* sich aufhalten
**attecchimento** [attekki'mento] *m* Verwurz[e]lung *f*
**attecchire** [attek'ki:re] <attecchisco> *vi* ① (BOT) Wurzel fassen ② (*fig: attaccare*) sich festsetzen
**atteggiamento** [atteddʒa'mento] *m* Auftreten *nt*, Verhalten *nt*; **il tuo ~ verso questa questione** deine Haltung zu dieser Frage **atteggiare** [atted'dʒa:re] **I.** *vt* ~ **qc** einer Sache *dat* Ausdruck geben; ~ **il volto a sofferenza** eine Leidensmiene aufsetzen **II.** *vr* **-rsi** sich gebärden; **-rsi a martire** sich als Märtyrer aufspielen
**attempato, -a** [attem'pa:to] *agg* bejahrt, alt
**attendamento** [attenda'mento] *m* Zeltlager *nt*
**attendarsi** [atten'darsi] *vr* die Zelte aufschlagen
**attendente** [atten'dɛnte] *m* Offiziersbursche *m*
**attendere** [at'tɛndere] <irr> **I.** *vt* erwarten, warten auf +*acc* **II.** *vi* versorgen, besorgen; ~ **a qc** sich um etw kümmern
**attendibile** [atten'di:bile] *agg* zuverlässig; (*notizia*) glaubwürdig
**attendista** [atten'dista] *agg* abwartend, verhalten
**attenere** [atte'ne:re] <irr> **I.** *vi* essere betreffen **II.** *vr* **-rsi a qc** sich an etw *acc* halten
**attentare** [atten'ta:re] *vi* ~ **a qu** auf jdn einen Anschlag verüben **attentato**

**attentatore → attivista**

[atten'ta:to] *m* Attentat *nt,* Anschlag *m;* **-i dinamitardi terroristici** Bombenterror *m;* **~ kamikaze** Selbstmordattentat *nt*
**attentatore, -trice** [attenta'to:re] *m, f* Attentäter(in) *m(f)*
**attenti** [at'tɛnti] I. *int* ① (*attenzione*) Achtung, Vorsicht; **~ al cane!** Vorsicht, bissiger Hund! ② (MIL) **~!** habt acht!, stillgestanden! II. <-> *m* Grundstellung *f;* **mettere qu sull'~** (*fig*) jdn auf Trab bringen
**attento, -a** [at'tɛnto] I. *agg* aufmerksam; (*diligente*) gewissenhaft; (*accurato*) sorgfältig; **sta attento!** pass auf! II. *int* pass auf, Vorsicht
**attenuante** [attenu'ante] I. *agg* abschwächend, mildernd II. *f* mildernder Umstand
**attenuare** [attenu'a:re] I. *vt* abschwächen; (*rumore*) dämpfen; (*colpa*) mildern II. *vr* **-rsi** schwächer werden **attenuazione** [attenuat'tsio:ne] *f* Abschwächung *f,* Milderung *f*
**attenuto** [atte'nu:to] *pp di* **attenere**
**attenzione**[1] [atten'tsio:ne] *f* ① (*concentrazione*) Aufmerksamkeit *f;* **fare ~** aufpassen ② (COM) Beachtung *f* ③ *pl* Aufmerksamkeiten *fpl,* Liebenswürdigkeiten *fpl;* **alla cortese ~ di ...** zu Händen von ...
**attenzione**[2] *int* Achtung
**atterraggio** [atter'raddʒo] <-ggi> *m* Landung *f;* (SPORT) Aufsprung *m;* **autorizzazione al'~** Landegenehmigung *f;* **campo d'~** Landeplatz *m;* **~ di fortuna** Notlandung *f*
**atterramento** [atterra'mento] *m* ① (*di muro*) Niederreißen *nt;* (*di albero*) Fällen *nt,* Schlägern *nt A* ② (SPORT) Niederwerfen *nt*
**atterrare** [atter'ra:re] I. *vt* niederwerfen, niederschlagen II. *vi* landen; (SPORT) aufspringen
**atterrire** [atter'ri:re] <atterrisco> I. *vt* erschrecken; **~ qu** jdm Angst einjagen II. *vr* **-rsi** sich erschrecken
**attesa** [at'te:sa] *f* ① (*atto*) Warten *nt;* **sala d'~** Wartesaal *m;* **lista d'~** Warteliste *f;* **essere in ~ di qu/qc** auf jdn/etw warten; **nell'~ della Sua risposta** in Erwartung Ihrer Antwort ② (*periodo*) Wartezeit *f*
**attesi** [at'e:si] *1. pers sing pass rem di* **attendere**
**atteso** [at'te:so] *cong* **~ che ...** in Anbetracht dessen, dass ...
**atteso, -a** I. *pp di* **attendere** II. *agg* (*aspettato*) erwartet; (*desiderato*) erwünscht; **-e le circostanze, ...** in Anbetracht der Umstände ...
**attestabile** [attes'ta:bile] *agg* bezeugbar

**attestare** [attes'ta:re] *vt* ① (*testimoniare*) bezeugen ② (*certificare*) bescheinigen, bestätigen ③ (*fig: dimostrare*) zeugen von, beweisen
**attestato** [attes'ta:to] *m* Attest *nt,* Bescheinigung *f;* **~ di morte** Totenschein *m;* **rilasciare un ~** eine Bescheinigung ausstellen
**attestazione** [attestat'tsio:ne] *f* ① (*testimonianza*) Bezeugung *f* ② (*certificato*) Attest *nt* ③ (*fig: dimostrazione*) Bezeugung *f,* Bekundung *f*
**attico** ['attiko] <-ci> *m* ① (ARCH) Attika *f* ② (*appartamento*) Mansarde *f,* Dachwohnung *f*
**attiguità** [attigui'ta] <-> *f* Nähe *f,* Nachbarschaft *f*
**attiguo, -a** [at'ti:guo] *agg* benachbart, angrenzend; (*stanza*) Neben-
**attillato, -a** [attil'la:to] *agg* ① (*abito*) eng anliegend ② (*persona*) elegant
**attimino** [atti'mi:no] *m* (*fam: un breve istante*) Momentchen *nt,* winziger Augenblick
**attimo** ['attimo] *m* Augenblick *m;* **di ~ in ~** von einer Minute zur anderen; **in un ~** im Nu
**attinente** [atti'nɛnte] *agg* **~ a qc** zu etw gehörend, etw betreffend **attinenza** [atti'nɛntsa] *f* ① (*connessione*) Zusammenhang *m,* Bezug *m* ② (*legame*) Verbundenheit *f*
**attingere** [at'tindʒere] <irr> *vt* ① (*acqua*) schöpfen ② (*fig: ricavare*) entnehmen, [be]ziehen; (FIN) abschöpfen
**attingibile** [attin'dʒi:bile] *agg* fassbar
**attinia** [at'ti:nia] <-ie> *f* Aktinie *f,* Seeanemone *f*
**attirare** [atti'ra:re] I. *vt* ① (*attrarre*) anziehen; (*attenzione*) auf sich ziehen ② (*fig: allettare*) verlocken II. *vr* **-rsi** sich *dat* zuziehen, gewinnen
**attitudinale** [attitudi'na:le] *agg* Eignungs- **attitudine** [atti'tu:dine] *f* ① (*capacità*) Eignung *f;* **l'~ a qc** die Eignung zu etw; **l'~ per qc** die Begabung für etw ② (*atteggiamento*) Haltung *f,* Stellung *f*
**attivare** [atti'va:re] *vt* ① (*mettere in azione*) betätigen, in Gang setzen ② (*riportare in efficienza,* CHEM, PHYS) aktivieren
**attivazionale** [attivattsio'na:le] *agg* aktivierend
**attivazione** [attivat'tsio:ne] *f* ① (*messa in azione*) Betätigung *f* ② (*il riportare in efficienza,* CHEM, PHYS) Aktivierung *f*
**attivismo** [atti'vizmo] *m* Aktivismus *m*
**attivista** [atti'vista] <-i *m,* -e *f*> *mf* Akti-

vist(in) *m(f)* **attivistico, -a** [atti'vistiko] <-ci, -che> *agg* aktivistisch
**attività** [attivi'ta] <-> *f* ① (*operosità*) Aktivität *f;* (*fig*) Tätigkeit *f* ② (*lavoro, occupazione*) Beschäftigung *f,* Tätigkeit *f;* ~ **primaria/secondaria/terziaria** Beschäftigung *f* in der Landwirtschaft/in der Industrie/im Dienstleistungssektor ③ *pl* (COM) Aktiva *pl* ④ (*funzionamento, azione*) Betrieb *m;* **massima** ~ Hochbetrieb ⑤ (MED, CHEM) Wirkung *f*
**attivo** [at'ti:vo] *m* ① (COM) Aktivum *nt,* Aktivposten *m;* **portare all'~ un'azienda** ein Unternehmen aktivieren; **segnare una partita all'~** einen Posten gutschreiben ② (LING) Aktiv *nt* ③ (POL) Aktivisten *mpl*
**attivo, -a** *agg* ① (*operoso*) aktiv, geschäftig; (*lavoratore*) arbeitend, werktätig ② (*que determina l'azione*) entscheidend ③ (*in funzione, in azione*) tätig; (TEC) in Betrieb ④ (COM) aktiv; **le partite -e di un bilancio** die Aktivposten *mpl* einer Bilanz
**attizzare** [attit'tsa:re] *vt* ① (*fiamma*) schüren, anfachen ② (*fig: eccitare*) schüren
**attizzatoio** [attittsa'to:io] <-oi> *m* Schüreisen *nt,* Schürhaken *m* **attizzatore, -trice** [attittsa'to:re] *m, f* Aufwiegler(in) *m(f)*
**atto** ['atto] *m* ① (*gesto, moto*) Geste *f;* (*azione*) Handlung *f;* **cogliere qu sull'~** jdn auf frischer Tat ertappen; **essere in ~** [gerade] stattfinden; **mettere in ~ qc** etw in Gang setzen; **all'~ di** +*inf* im Augenblick, als ...; **nell'~ di** +*inf* gerade bei[m] ② (*atteggiamento*) Haltung *f* ③ (PHILOS, THEAT: *manifestazione*) Akt *m;* ~ **unico** Einakter *m* ④ (*documento*) Urkunde *f;* ~ **di accusa** Anklageschrift *f;* ~ **di matrimonio** Heiratsurkunde *f;* ~ **di nascita** Geburtsurkunde *f;* ~ **giuridico** Rechtshandlung *f* ⑤ *pl* (*documentazione*) Akten *fpl;* **passare agli -i** zu den Akten legen; (*fig*) ad acta legen ⑥ *pl* (*resoconti collegiali*) Berichte *mpl* ⑦ (REL) ~ **di dolore** Sündenbekenntnis *nt;* ~ **di fede** Glaubensbekenntnis *nt;* **Atti degli Apostoli** Apostelgeschichte *f* ⑧ (*loc*) **dare** ~ **di qc** etw bestätigen; **fare** ~ **di presenza** seine Aufwartung machen; **prendere** ~ **di qc** etw zur Kenntnis nehmen; **all'~ pratico** in der Praxis
**atto, -a** *agg* ① (*idoneo*) ~ **a qc** fähig zu etw, tauglich für etw ② (*adatto*) ~ **a qc** geeignet zu etw, passend zu [*o* für] etw
**Atto europeo unitario** <-> *m* Einheitliche Europäische Akte *f*

**attonito, -a** [at'tɔ:nito] *agg* erschüttert; (*sorpreso*) erstaunt
**attorcigliamento** [attortʃiʎʎa'mento] *m* Aufwickeln *nt,* Verwicklung *f*
**attorcigliare** [attortʃiʎ'ʎa:re] I. *vt* [auf]wickeln II. *vr* **-rsi** sich [auf]wickeln
**attore, attrice** [at'to:re, at'tri:tʃe] *m, f* ① (*in spettacoli*) Schauspieler(in) *m(f);* ~ **cinematografico** Filmschauspieler *m;* ~ **comico** Komiker *m* ② (*fig: protagonista*) Protagonist(in) *m(f)* ③ (JUR) Kläger(in) *m(f)*
**attoriale** [atto'ria:le] *agg* schauspielerisch
**attorialità** [attoriali'ta] <-> *f* Schauspielkunst *f*
**attorniare** [attor'nia:re] I. *vt* ① (*circondare*) umgeben ② (*fig: circuire*) umgarnen II. *vr* **-rsi di qc** sich mit etw umgeben; **-rsi di qu** jdn um sich scharen
**attorno** [at'torno] I. *avv* [rund]herum; **darsi d'~** sich bemühen; **levarsi qu d'~** sich *dat* jdn vom Halse schaffen II. *prp* ~ **a** um +*acc* [herum]; **stare ~ a qu** (*fig*) hinter jdm her sein, jdm auf der Pelle sitzen
**attraccare** [attrak'ka:re] I. *vi* **essere** *o* **avere** anlegen II. *vt* **avere** anlegen **attracco** [at'trakko] <-cchi> *m* ① (*manovra*) Anlegen *nt* ② (*luogo*) Anlegestelle *f*
**attraente** [attra'ɛnte] *agg* anziehend; (*persona a*) attraktiv; (*proposta*) verlockend
**attrarre** [at'trarre] <irr> *vt* ① (*tirare a sé*) anziehen ② (*fig: allettare*) verlocken
**attrattiva** [attrat'ti:va] *f* ① (*fascino*) Reiz *m* ② *pl* (*qualità che attraggono*) Verlockungen *fpl*
**attraversamento** [attraversa'mento] *m* Übergang *m;* ~ **pedonale** Fußgängerüberweg *m,* Schutzweg *m* A **attraversare** [attraver'sa:re] *vt* ① (*passare attraverso*) durchqueren; (*mare, strada*) überqueren; (*confine*) überschreiten ② (*fig: trascorrere*) durchmachen
**attraverso** [attra'vɛrso] I. *avv* ① (*trasversalmente*) quer über [*o* durch] +*acc* ② (*fig: di traverso*) schief, schlecht II. *prp* durch +*acc* [hindurch]; (*mediante*) mittels +*gen,* durch +*acc*
**attrazione** [attrat'tsio:ne] *f* ① (*fig: attrattiva*) Anziehung *f;* **provare** ~ **per qu** von jdm angezogen sein ② (PHYS) Anziehungskraft *f* ③ (*numero sensazionale*) Attraktion *f*
**attrezzare** [attret'tsa:re] I. *vt* ~ **qc [di qc]** etw [mit etw] ausstatten; (TEC) etw [mit etw] ausrüsten II. *vr* **-rsi** sich ausrüsten
**attrezzato, -a** [attret'tsa:to] *agg* ausgestattet; ~ **con qc** mit etw ausgestattet;

**giardino pubblico** ~ öffentliche Parkanlage; **via -a** (*strada ferrata*) Eisenbahn *f* **attrezzatura** [attrettsaˈtuːra] *f* Ausstattung *f*; (TEC) Ausrüstung *f*; (NAUT) Takelage *f* **attrezzista** [attretˈtsista] <-i *m*, -e *f*> *mf* ❶(SPORT) Geräteturner(in) *m(f)* ❷(THEAT, FILM) Requisiteur(in) *m(f)* ❸(*operaio*) Ausrüster(in) *m(f)* **attrezzistica** [attretˈtsistika] <-che> *f* Geräteturnen *nt*

**attrezzo** [atˈtrettso] *m* Gerät *nt*, Werkzeug *nt*; **-i da** [*o* **di**] **ginnastica** Turngeräte *ntpl*

**attribuire** [attribuˈiːre] <attribuisco> I. *vt* ❶(*assegnare*) ~ **qc a qu** jdm etw zuerkennen ❷(*ascrivere*) ~ **qc a qu** jdm etw zuschreiben; ~ **qc a qu/qc** etw auf jdn/etw zurückführen; ~ **importanza a qc** einer Sache *dat* Bedeutung beimessen II. *vr* **-rsi** sich *dat* zuschreiben **attributivo, -a** [attribuˈtiːvo] *agg* (*a.* GRAM) attributiv; **negozio giuridico** ~ Rechtsgeschäft, bei dem Vermögensrechte umverteilt werden **attributo** [attriˈbuːto] *m* ❶(LING) Attribut *nt* ❷(*qualità caratteristica*) Merkmal *nt*, Attribut *nt* ❸(*simbolo*) Symbol *nt* **attribuzione** [attributˈtsioːne] *f* ❶(*assegnazione*) Zuerkennung *f* ❷*pl* (*mansioni, funzioni*) Kompetenz-, Aufgabenbereich *m*

**attrice** *f v.* **attore**

**attrito** [atˈtriːto] *m* ❶(PHYS) Reibung *f* ❷(*fig: contrasto*) Reibereien *fpl*, Streit *m* **attuabile** [attuˈaːbile] *agg* durchführbar **attuabilità** [attuabiliˈta] <-> *f* Durchführbarkeit *f*

**attuale** [attuˈaːle] *agg* (*odierno*) aktuell, zeitgemäß; (*presente*) derzeitig, jetzig; (*tuttora valido*) aktuell **attualismo** [attuaˈlizmo] *m* Aktualismus *m* **attualità** [attualiˈta] <-> *f* Aktualität *f*; **programma di** ~ Nachrichtensendung *f*; **tornare di** ~ wieder aktuell werden **attualizzare** [attualidˈdzaːre] *vt* aktualisieren **attualmente** [attualˈmente] I. *avv* zurzeit

**attuare** [attuˈaːre] I. *vt* ❶(*realizzare*) verwirklichen ❷(*eseguire*) durchführen II. *vr* **-rsi** sich verwirklichen **attuativo, -a** [attuaˈtiːvo] *agg* ausführend, in Kraft setzend; **legge regionale -a** ausführendes Regionalgesetz **attuazione** [attuatˈtsioːne] *f* ❶(*realizzazione*) Verwirklichung *f* ❷(*esecuzione*) Durchführung *f*

**attutire** [attuˈtiːre] <attutisco> *vt* abmildern, abschwächen; (*suono, urto*) dämpfen

**AUC, a.u.c.** *abbr di* **ab urbe condita** seit der Gründung Roms

**audace** [auˈdatʃe] *agg* ❶(*coraggioso*) mutig ❷(*arrischiato*) riskant; (*impresa*) kühn ❸(*provocante*) gewagt ❹(*insolente*) unverschämt, frech **audacia** [auˈdatʃa] <-cie> *f* ❶(*coraggio*) Mut *m* ❷(*atto arrischiato*) Kühnheit *f* ❸(*originalità che incontra opposizione*) Gewagtheit *f*; (*provocazione*) Provokation *f* ❹(*insolenza*) Unverschämtheit *f*

**audience** [ˈɔːdjens] <- *o* audiences> *f* Einschaltquote *f*; **un'alta** ~ eine hohe Einschaltquote

**audio** [ˈaːudio] <-> *m* Audion *nt* **audiocassetta** [audiokasˈsetta] *f* Audiokassette *f* **audiofrequenza** [audiofreˈkuɛntsa] *f* Hörfrequenz *f* **audioguidato, -a** [audioguiˈdaːto] *agg* (*visita*) audiogeführt, mit Audioguide **audioleso, -a** [audioˈleːzo] *agg* hörgeschädigt **audiolibro** [audioˈliːbro] *m* Hörbuch *nt* **audioprotesi** [audioˈprɔːtezi] <-> *f* (*protesi acustica*) Hörgerät *nt* **audioprotesista** [audioproteˈzista] <-i *m*, -e *f*> *mf* Hörgeräteakustiker(in) *m(f)* **audiovisivo, -a** [audioviˈziːvo] *agg* audiovisuell **audiovisuale** [audiovizuˈaːle] *agg* audiovisuell; **educazione** ~ audiovisueller Unterricht **AUDITEL** *m acro di* **AUDIence TELevisiva** AUDITEL *nt* (*Gesellschaft, die Hörer- und Zuschauerquoten misst*); **indice di ascolto** ~ Hörer-/Zuschauerquote *f*

**auditivo, -a** [audiˈtiːvo] *agg* auditiv **auditorio** [audiˈtɔːrio] <-i> *m* Auditorium *nt* **audizione** [auditˈtsioːne] *f* ❶(*l'udire*) Hören *nt* ❷(JUR: *di testimoni*) Anhörung *f* ❸(RADIO) Empfang *m*

**auge** [ˈaːudʒe] *f* ❶(ASTR) Apogäum *nt* ❷(*fig: apice*) Gipfel *m*, Höhepunkt *m*; **venire in** ~ (*fig*) Ruhm erlangen **augurale** [auguˈraːle] *agg* Glück[wunsch]- **augurare** [auguˈraːre] I. *vt* wünschen; ~ **buon viaggio** eine gute Reise wünschen II. *vi* wahrsagen III. *vr* **-rsi** [sich *dat*] wünschen, [sich *dat*] erhoffen

**augure** [ˈaːugure] *m* Augur *m*

**augurio** [auˈguːrio] <-i> *m* ❶(*voto di felicità, benessere*) Glückwunsch *m*; **fare** [*o* **porgere**] **gli -i a qu** jdm Glück wünschen; **tanti -i di buon compleanno!** herzlichen Glückwunsch zum Geburtstag! ❷(*desiderio*) Wunsch *m* ❸(*presagio*) Vorzeichen *nt*

**Augusta** [auˈgusta] *f* Augsburg *nt*

**augusto, -a** [auˈgusto] *agg* erlaucht, erhaben

**aula** ['a:ula] *f* Saal *m;* (*di scuola*) Klasse *f*, Klassenzimmer *nt;* (*di università*) Hörsaal *m;* ~ **magna** Auditorium maximum *nt*

**aulico, -a** ['a:uliko] <-ci, -che> *agg* ❶ (*solenne*) gehoben, erhaben ❷ (*di corte*) höfisch, Hof-

**aumentare** [aumen'ta:re] I. *vt avere* ❶ (*numeri*) vermehren; (*in grandezza*) vergrößern; (*in larghezza*) erweitern; (*in lunghezza*) verlängern; (*prezzo, salario, spese*) erhöhen; (*punti di maglia*) zunehmen ❷ (*fig: intensificare*) verstärken II. *vi essere* ❶ (*numero*) sich vermehren, zunehmen; (*grandezza*) größer werden; (*prezzi, salari*) steigen ❷ (*fam: diventare più caro*) teurer werden **aumento** [au'mento] *m* Erhöhung *f;* (*a. fig*) Zunahme *f;* ~ **di peso** Gewichtszunahme *f;* ~ **salariale** Gehaltserhöhung *f;* ~ **di temperatura** Temperaturanstieg *m;* **essere in** ~ zunehmen

**aumma aumma** ['aumma 'aumma] (*napol*) I. *avv* unter der Hand, hintenherum II. *agg* (*organizzazione, programma*) heimlich, nicht ganz legal

**aura** ['a:ura] *f* ❶ (*poet: aria*) Lufthauch *m* ❷ (*fig: atmosfera*) Aura *f*

**aureo, -a** ['a:ureo] *agg* ❶ (*d'oro*) golden, Gold- ❷ (*fig: prezioso*) kostbar; (*eccellente*) hervorragend

**aureola** [au'rɛ:ola] *f* Heiligenschein *m;* (*fig a*) Nimbus *m*

**auricolare** [auriko'la:re] I. *agg* Ohr[en]- II. *m* Kopfhörer *m*

**aurifero, -a** [au'ri:fero] *agg* goldhaltig

**auriga** [au'ri:ga] <-ghi> *m* (*poet*) Kutscher *m*

**aurora** [au'rɔ:ra] *f* ❶ (*alba*) Morgenröte *f;* ~ **australe** Südlicht *nt;* ~ **boreale** Nordlicht *nt;* ~ **polare** Polarlicht *nt* ❷ (*fig: inizio*) Anbruch *m,* Dämmerung *f*

**auscultare** [auskul'ta:re] *vt* auskultieren, abhorchen **auscultazione** [auskultat'tsio:ne] *f* Auskultation *f*

**ausiliare** [auzi'lia:re] I. *agg* Hilfs- II. *m* (LING) Hilfsverb *nt* III. *mf* Aushilfe *f*, Helfer(in) *m(f)* **ausiliario, -a** [auzi'lia:rio] <-i, -ie> I. *agg* [Aus]hilfs-; (MIL) Reserve-; **spese -ie** Nebenkosten *pl* II. *m, f* Helfer(in) *m(f)*

**ausilio** [au'zi:lio] <-i> *m* (*poet*) Hilfe *f*

**auspicare** [auspi'ka:re] *vt avere* wünschen, erhoffen **auspicio** [aus'pi:tʃo] <-ci> *m* ❶ (*pronostico*) Vorzeichen *nt* ❷ (*desiderio*) Wunsch *m*

**austerità** [austeri'ta] <-> *f* Strenge *f*, Härte *f;* **misure di** ~ (COM) Sparmaßnahmen *fpl* **austero, -a** [aus'tɛ:ro] *agg* ❶ (*rigido*) streng, hart ❷ (*senza superfluità*) schmucklos, einfach

**australe** [aus'tra:le] *agg* Süd-, südlich

**Australia** [aus'tra:lia] *f* Australien *nt* **australiano, -a** [austra'lia:no] I. *agg* australisch II. *m, f* Australier(in) *m(f)*

**Austria** ['a:ustria] *f* Österreich *nt;* ~ **Alta** Oberösterreich *nt;* ~ **Bassa** Niederösterreich *nt* **austriaco, -a** [aus'tri:ako] <-ci, -che> I. *agg* österreichisch II. *m, f* Österreicher(in) *m(f)*

**austro** ['a:ustro] <-> *m* ❶ (*sud*) Süden *m* ❷ (*vento*) Südwind *m*

**autarchia** [autar'ki:a] <-chie> *f* Autarkie *f* **autarchico, -a** [au'tarkiko] <-ci, -che> *agg* ❶ (POL) autark ❷ (JUR) autonom, unabhängig

**aut aut** ['a:ut 'a:ut] <-> *m* Entweder-Oder *nt*

**autentica** [au'tɛntika] <-che> *f* Beglaubigung *f* **autenticare** [autenti'ka:re] *vt* bestätigen; (JUR, ADM) beglaubigen **autenticazione** [autentikat'tsio:ne] *f* Beglaubigung *f* **autenticità** [autentitʃi'ta] <-> *f* Echtheit *f;* (*veridicità*) Glaubwürdigkeit *f* **autentico, -a** [au'tɛntiko] <-ci, -che> *agg* (*vero*) wahr; (*regolare*) authentisch; (*non falsificato*) echt; (*reale*) wirklich; (*originale*) echt, original; (*genuino, puro*) rein, wahr, echt

**authority** [ɔː'θɔriti] <- *o* authorities> *f* Behörde *f* (*öffentliche Institution mit Kontroll-, Aufsichts- und Entscheidungsbefugnissen*)

**autismo** [au'tizmo] *m* (PSIC) Autismus *m*

**autista** [au'tista] <-i *m*, -e *f*> I. *mf* ❶ (*conducente*) Fahrer(in) *m(f);* (~ *di autobus*) Chauffeur(in) *m(f),* Busfahrer(in) *m(f)* ❷ (PSIC) Autist(in) *m(f)* II. *agg* (PSIC) autistisch

**autistico, -a** [au'tistiko] <-ci, -che> *agg* autistisch

**auto** ['a:uto] <-> *f* Auto *nt;* ~ **civetta** Zivilstreifenwagen *m;* ~ **d'epoca** Oldtimer *m;* ~ **pubblica** Taxi *nt;* ~ **usata** Altauto *nt*

**autoabbronzante** [autoabbron'dzante] I. *agg* selbstbräunend; **olio** ~ selbstbräunendes Öl II. *m* Selbstbräuner *m;* **darsi l'**~ sich mit einem Selbstbräuner eincremen

**autoaccensione** [autoattʃen'sio:ne] *f* Selbstzündung *f*

**autoaccessorio** [autoattʃes'sɔ:rio] *m* Autozubehör *nt*

**autoadesivo** [autoade'zi:vo] *m* Aufkleber *m,* Pickerl *nt* A

**autoadesivo, -a** *agg* selbsthaftend, -klebend

**autoambulanza** [autoambu'lantsa] *f* Krankenwagen *m,* Rettung *f A*

**autoapprendimento** [autoapprendi'mento] *m* ① (INFORM) künstliche Intelligenz ② (*senza l'intervento di un docente*) Selbstlernen *nt*

**autoarticolato** [autoartiko'la:to] *m* Sattelschlepper *m*

**autobiografia** [autobiogra'fi:a] *f* Autobiografie *f* **autobiografico, -a** [autobio'gra:fiko] <-ci, -che> *agg* autobiografisch

**autoblinda, autoblindata** [auto'blinda, autoblin'da:ta] *f* Panzerwagen *m* **autoblindato, -a** [autoblin'da:to] *agg* gepanzert, Panzer-

**autobloccante** [autoblok'kante] *agg* (TEC) selbstsperrend; **differenziale ~** automatisches Sperrdifferenzial

**autobomba** [auto'bomba] <-> *f* Autobombe *f* **autobotte** [auto'botte] *f* ① (*per trasporto liquidi*) Tankwagen *m* ② (*innaffiatrice*) Sprengwagen *m* **autobus** ['a:utobus] <-> *m* Autobus *m* **autocampeggio** [autokam'peddʒo] <-ggi> *m* Autocamping *nt* **autocaravan** [auto'ka:ravan] <-> *m o f* Wohnmobil *nt* **autocarro** [auto'karro] *m* Last[kraft]wagen *m*

**autocensura** [autotʃen'su:ra] *f* ① (*in argomenti delicati*) Selbstkontrolle *f* ② (*pubblicazioni*) Selbstzensur *f*

**autocercante** [autotʃer'kante] I. *agg* (MIL) Such-, automatisch das Ziel suchend; **missile con congegno ~** Rakete *f* mit automatischer Suchvorrichtung II. *m* automatischer Sucher *m*

**autocertificazione** [autotʃertifikat'tsio:ne] *f* Eigenbeleg *m*

**autocingolato** [autotʃingo'la:to] *m* Raupen-, Kettenfahrzeug *nt*

**autocisterna** [autotʃis'tɛrna] *f* Tankwagen *m* **autocisternista** [autotʃister'nista] <-i *m,* -e *f*> *mf* Tankwagenfahrer(in) *m(f)*

**autocitarsi** [autotʃi'tarsi] *vr* sich selbst zitieren **autocitazione** [autotʃitat'tsio:ne] *f* Eigenzitat *nt*

**autocivetta** [autotʃi'vetta] *f* Zivilstreifenwagen *m*

**autoclave** [auto'kla:ve] *f* Druckkessel *m*

**autocolonna** [autoko'lonna] *f* Autokolonne *f*

**autocommiserarsi** [autokommize'rarsi] *vr* sich selbst bemitleiden **autocommiserazione** [autokommizerat'tsio:ne] *f* Selbstmitleid *nt*

**autocompiacimento** [autokompiatʃi'mento] *m* Selbstzufriedenheit *f*

**autoconcessionario** [autokontʃessio'na:rio] <-ri> *m* Autovertragshändler *m*

**autoconsumo** [autokon'su:mo] *m* Eigenverbrauch *m*

**autocontrollo** [autokon'trɔllo] *m* Selbstbeherrschung *f*

**autoconvocato, -a** [autokonvo'ka:to] I. *m, f* (POL) Aktivist(in) *m(f)* gegen die Gewerkschaften II. *agg* selbst ernannt, selbst einberufen

**autoconvocazione** [autokonvokat'tsio:ne] *f* (POL) spontane Einberufung (*oft ohne Genehmigung*)

**autoconvoglio** [autokon'vɔʎʎo] *m* Autokonvoi *m*

**autocorrettivo, -a** [autokorret'ti:vo] *agg* selbst zu korrigierend **autocorrezione** [autokorret'tsio:ne] *f* ① (*didattica*) Selbstkorrektur *f,* Selbstkontrolle *f* ② (GEOG) Selbstreinigung *f* [der Gewässer]

**autocorriera** [autokor'riɛ:ra] *f* Omnibus *m,* Linienbus *m*

**autocosciente** [autokoʃ'ʃɛnte] *agg* seiner selbst bewusst, selbstbewusst; (PSIC) selbstbewusst, ichbewusst

**autocoscienza** [autokoʃ'ʃɛntsa] *f* (PHILOS) Ichbewusstsein *nt;* **gruppo di ~** Selbsterfahrungsgruppe *f*

**autocrate** [au'tɔ:krate] *m* Autokrat *m,* Alleinherrscher *m* **autocratico, -a** [auto'kra:tiko] <-ci, -che> *agg* autokratisch, unumschränkt; **regime ~** Autokratie *f* **autocrazia** [autokrat'tsi:a] <-ie> *f* Autokratie *f*

**autocritica** [auto'kri:tika] *f* Selbstkritik *f* **autocritico, -a** [auto'kri:tiko] <-ci, -che> *agg* selbstkritisch

**autocross** [auto'krɔs] <-> *m* Auto-Cross *nt*

**autoctono, -a** [au'tɔktono] I. *agg* autochthon II. *m, f* Alteingesessene(r) *f(m)*

**autodecisione** [autodetʃi'zio:ne] *f* Selbstbestimmung *f*

**autodefinirsi** [autodefi'nirsi] <mi autodefinisco> *vr* sich bezeichnen als; **~ un genio** (*iron*) sich für ein Genie halten

**autodemolitore** [autodemoli'to:re] *m* Kfz-Verschrotter *m*

**autodenuncia** [autode'nuntʃa] <-ce *o* -cie> *f* ① (*di errori*) Selbstanklage *f,* Selbstkritik *f* ② (JUR) Selbstanzeige *f;* **fare atto di ~** Selbstanzeige erstatten **autodenunciarsi** [autodenun'tʃarsi] *vr* ① (JUR) Selbstanzeige erstatten ② (*fig*) sich selbst beschuldigen, bezichtigen; **~ una persona debole** zugeben, ein Schwächling zu sein

**autodenunzia** [autode'nuntsia] *f v.* **autodenuncia**

**autodeterminazione** [autodeterminat-'tsio:ne] *f* Selbstbestimmung *f*

**autodidatta** [autodi'datta] <-i *m*, -e *f*> *mf* Autodidakt(in) *m(f)* **autodidattico, -a** [autodi'dattiko] <-ci, -che> *agg* autodidaktisch

**autodifesa** [autodi'fe:sa] *f* Selbstverteidigung *f*

**autodisciplina** [autodiʃʃi'pli:na] *f* Selbstdisziplin *f*

**autodistruggersi** [autodis'truddʒersi] <irr> *vr* ① *(missile)* sich selbst zerstören ② *(fig)* sich selbst vernichten, sich umbringen **autodistruzione** [autodistrut'tsio:ne] *f (a. fig)* Selbstzerstörung *f*

**autodromo** [au'tɔ:dromo] *m* Autorennbahn *f*

**autoedizione** [autoedit'tsio:ne] *f* Selbstverlag *m*

**autoerotismo** [autoero'tizmo] *m* Autoerotismus *m*, Selbstbefriedigung *f*

**autoescludersi** [autoesklu'dersi] <irr> *vr* sich ausschließen; ~ **da un gruppo** sich von einer Gruppe absondern

**autofattura** [autofat'tu:ra] *f* Rechnung *f* auf eigenen Namen *(vom Käufer zu Steuerzwecken ausgestellte Rechnung)*; **emettere** ~ eine Rechnung auf eigenen Namen ausstellen

**autoferrotranviario, -a** [autoferrotran-'via:rio] <-i, -ie> *agg* die öffentlichen Verkehrsbetriebe betreffend

**autoferrotranviere, -a** [autoferrotran-'viɛ:re] *m, f* Bedienstete(r) des öffentlichen Verkehrs *f(m)* **autofficina** [autooffi'tʃi:na] *f* Auto[reparatur]werkstatt *f* **autofilotranviario, -a** [autofilotran'via:rio] <-i, -ie> *agg* den öffentlichen Verkehr betreffend [Autobus, O-Bus, Straßenbahn]

**autofinanziamento** [autofinantsia'mento] *m* Eigenfinanzierung *f* **autofinanziarsi** [autofinan'tsiarsi] *vr* kostendeckend arbeiten, sich selbst finanzieren

**autoflagellazione** [autofladʒellat'tsio:ne] *f* ① *(del corpo)* Selbstgeißelung *f* ② *(fig: autocritica)* Selbstanklage *f*, Selbstkritik *f*

**autofocus** [auto'fɔkus] I. <-> *m* (FOTO) Autofokus *m* II. <inv> *agg* **obiettivo** ~ Autofokusobjektiv *nt* III. <-> *f (macchina fotografica)* Autofokuskamera *f*

**autofurgone** [autofur'go:ne] *m* Lieferwagen *m*

**autogeno, -a** [au'tɔ:dʒeno] *agg* autogen

**autogestione** [autodʒes'tio:ne] *f* Selbstverwaltung *f* **autogestire** [autodʒes'ti:re] <autogestisco> I. *vt* selbst verwalten II. *vr* **-rsi** sich selbst verwalten **autogestito, -a** [autodʒes'ti:re] *agg* selbstverwaltet, selbstbestimmt

**autogol** [auto'gɔl] *m* Eigentor *nt*

**autogonfiabile** [autogon'fia:bile] I. *agg* automatisch aufblasbar; **canotto** ~ automatisch aufblasbares Boot II. *m* Schlauchboot *nt*

**autogovernarsi** [autogover'narsi] *vr* sich selbst regieren **autogoverno** [autogo'vɛrno] *m* ① *(di enti o gruppi)* Selbstbestimmung *f* ② (JUR: *indipendenza politica*) Selbstregierung *f* ③ *(amministrazione)* Selbstverwaltung *f*

**autografo** [au'tɔ:grafo] *m (firma)* Autogramm *nt*

**autogrill**® [auto'gril] <-> *m* Autobahnraststätte *f*

**autogru** [auto'gru] <-> *m o f* Abschleppwagen *m* **autogruista** [autogru'ista] <-i *m*, -e *f*> *mf* Abschleppwagenfahrer(in) *m(f)*

**autoguida** [auto'gui:da] *f* automatische Steuerung

**autoimmunità** [autoimmuni'ta] <-> *f* (MED, BIOL) Autoimmunität *f* **autoimmunitario, -a** [autoimmuni'ta:rio] <-i, -ie> *agg* (MED, BIOL) autoimmun; **sistema** ~ Autoimmunsystem *nt*

**autoincensamento** [autointʃensa'mento] *m (fig)* Selbstbeweihräucherung *f*

**autoincensarsi** [autointʃen'sarsi] *vr* sich selbst beweihräuchern

**autoinganno** [autoiŋ'ganno] *m* Selbstbetrug *m*, Selbsttäuschung *f*

**autoinvitarsi** [autoinvi'tarsi] *vr* sich selbst einladen

**autoipnosi** [autoip'nɔ:zi] <-> *f* Selbst-, Autohypnose *f*

**autoironia** [autoiro'ni:a] *f* Selbstironie *f* **autoironico, -a** [autoi'rɔ:niko] <-ci, -che> *agg* selbstironisch

**autolavaggio** [autola'vaddʒo] <-ggi> *m* Autowaschanlage *f*

**autolesione** [autole'zio:ne] *f* (PSIC) Selbstverstümmelung *f* **autolesivo, -a** [autole'zi:vo] *agg* selbstverstümmelnd

**autolettiga** [autolet'ti:ga] <-ghe> *f* Krankenwagen *m*, Rettung *f A*

**autolinea** [auto'li:nea] *f* Buslinie *f*

**autoliquidazione** [autolikuidat'tsio:ne] *f Akontozahlung eines Teilbetrages der Steuerschuld bei Selbstbesteuerung*

**automa** [au'tɔ:ma] <-i> *m* Roboter *m*

**automatico** [auto'ma:tiko] <-ci> *m*

❶ (*bottone*) Druckknopf *m* ❷ (*fucile*) Repetiergewehr *nt*
**automatico, -a** <-ci, -che> *agg* automatisch; **pilota** ~ Autopilot *m*
**automatismo** [automa'tizmo] *m* Automatik *f;* (*a. fig*) Automatismus *m*
**automatizzare** [automatid'dza:re] *vt* automatisieren **automazione** [automat'tsio:ne] *f* Automation *f*
**automezzo** [auto'mɛddzo] *m* Kraftfahrzeug *nt*
**automobile** [auto'mɔ:bile] *f* Auto *nt,* Automobil *nt;* ~ **da corsa** Rennwagen *m;* ~ **da piazza** Taxi *nt;* ~ **decappotabile** Kabriolett *nt;* ~ **utilitaria** Kleinwagen *m*
**automobilismo** [automobi'lizmo] *m* Kraftfahrwesen *nt;* (SPORT) Motorsport *m*
**automobilista** [automobi'lista] <-i *m,* -e *f*> *mf* Autofahrer(in) *m(f)* **automobilistico, -a** [automobi'listiko] <-ci, -che> *agg* Auto[mobil]-; **patente -a** Führerschein *m*
**automodellismo** [automodel'lizmo] *m* Automodellbau *m* **automodellista** [automodel'lista] <-i *m,* -e *f*> *mf* Automodellbauer(in) *m(f)*
**automontato, -a** [automon'ta:to] *agg* motorisiert
**automotrice** [automo'tri:tʃe] *f* Triebwagen *m*
**automutilazione** [automutilat'tsio:ne] *f* Selbstverstümmelung *f*
**autonica** [au'tɔ:nika] <-che> *f* (TEC) Autoelektronik *f*
**autonoleggiatore, -trice** [autonoleddʒa'to:re] *m, f* Autovermieter(in) *m(f),* Autoverleiher(in) *m(f)* **autonoleggio** [autono'leddʒo] <-ggi> *m* Autovermietung *f,* Autoverleih *m*
**autonomia** [autono'mi:a] <-ie> *f* ❶ (*indipendenza,* POL) Autonomie *f,* Unabhängigkeit *f* ❷ (TEC) Reichweite *f,* Aktionsradius *m* **autonomismo** [autono'mismo] *m* Autonomiebestrebungen *fpl* **autonomista** [autono'mista] <-i *m,* -e *f*> I. *mf* Autonomist *m* II. *agg* autonomistisch, nach Autonomie strebend **autonomistico, -a** [autono'mistiko] <-ci, -che> *agg* autonomistisch; **tendenze -che** Autonomiebestrebungen *fpl* **autonomo, -a** [au'tɔ:nomo] *agg* autonom, unabhängig; (*lavoro*) selb[st]ständig
**autoorganizzazione** [autoorganiddzat'tsio:ne] *f* (PHYS) Selbstorganisation *f*
**autoparco** [auto'parko] <-chi> *m* Fahrzeugpark *m*
**autoparodia** [autoparo'di:a] <-ie> *f* Selbstverspottung *f*
**autopattuglia** [autopattuʎ'ʎi:a] *f* Streifenwagen *m*
**autopiano** [auto'pia:no] *m* elektrisches Klavier
**autopilota** [autopi'lɔ:ta] *m* Autopilot *m*
**autopista** [auto'pista] *f* Piste *f;* (*nei parchi di divertimento*) Autoskooter *m*
**autopoietico, -a** [autopoi'ɛtiko] <-ci, -che> *agg* (PHYS) autopoietisch
**autopompa** [auto'pompa] *f* Feuerwehrauto *nt,* Spritzenwagen *m*
**autoporto** [auto'pɔrto] *m* Großparkplatz *m;* ~ **doganale** Parkplatz für Zollabfertigung
**autoprevidenza** [autoprevi'dɛntsa] *f* Eigen-, Selbstvorsorge *f*
**autopsia** [autop'si:a] <-ie> *f* Autopsie *f*
**autopubblica** [auto'pubblika] <-che> *f* Taxi *nt*
**autopubblicazione** [autopubblikat'tsio:ne] *f* Selbstverlag *m,* Self-Publishing *nt*
**autopulente** [autopu'lɛnte] *agg* (TEC) selbstreinigend
**autopullman** [auto'pulman] <-> *m* Reisebus *m*
**autopunitivo, -a** [autopuni'ti:vo] *agg* selbstbestrafend; **comportamento** ~ selbstbestrafendes Verhalten
**autopunizione** [autopunit'tsio:ne] *f* (PSIC) Selbstbestrafung *f*
**autoradio** [auto'ra:dio] <-> *f* ❶ (*radio*) Autoradio *nt* ❷ (*auto*) Funk[streifen]wagen *m*
**autoraduno** [autora'du:no] *m* Autofahrertreffen *nt*
**autore, -trice** [au'to:re] *m, f* ❶ (*esecutore*) Urheber(in) *m(f);* (*di crimine*) Täter(in) *m(f)* ❷ (LIT) Autor(in) *m(f),* Verfasser(in) *m(f);* (*compositore*) Komponist(in) *m(f)* ❸ (*artista*) Künstler(in) *m(f)*
**autoreferenza** [autorefe'rɛntsa] *f* (PHILOS) Selbstbezug *m,* Selbst-, Autoreferenz *f*
**autoreferenziale** [autoreferen'tsia:le] *agg* (PHILOS) selbstbezogen **autoreferenzialità** [autoreferentsiali'ta] <-> *f* Selbstbezogenheit *f*
**autoreggente** [autored'dʒɛnte] *agg* halterlos; **calze -i** halterlose Strümpfe
**autoregolamentazione** [autoregolamentat'tsio:ne] *f* Selbstreglementierung *f*
**autorete** [auto're:te] *f* Eigentor *nt*
**autoreverse** [autore'vers] <-> *m* Autoreverse *nt;* **registratore con** ~ Kassettenrecorder *m* mit Autoreverse

**autorevole** [auto're:vole] *agg* gebieterisch, einflussreich; (*consiglio*) maßgebend
**autoriale** [auto'ria:le] *agg* Autor-, Verfasser-; **opera ~** Autorenwerk *nt*
**autoricambio** [autori'kambio] <-bi> *m* Kfz-Ersatzteil *nt*; **negozio -i** Kfz-Handel *m*
**autoriferimento** [autoriferi'mento] *m* ❶ (PHILOS) Selbstbezogenheit *f* ❷ (PSIC) Selbstbezogenheit *f*
**autoriflessivo, -a** [autorifles'si:vo] *agg* grüblerisch, nachdenklich [über sich selbst]
**autorimessa** [autori'messa] *f* Garage *f*, Autowerkstatt *f*
**autorità** [autori'ta] <-> *f* ❶ (JUR) [Macht]befugnis *f*, Recht *nt* ❷ (*persona, potere*) Autorität *f* ❸ (ADM) Behörde *f* ❹ *pl* (*titolari*) Würdenträger *mpl* ❺ (*stima, credito*) Ansehen *nt* **autoritarietà** [autorita-rie'ta] <-> *f* (JUR) Autoritätsprinzip *nt*
**autoritario, -a** [autori'ta:rio] <-i, -ie> *agg* autoritär
**autoritarismo** [autorita'ri:zmo] *m* Autoritarismus *m*
**autoritratto** [autori'tratto] *m* Selbstbildnis *nt*
**autorizzare** [autorid'dza:re] *vt* ❶ (*permettere*) genehmigen, bewilligen; **~ qu a fare qc** jdn ermächtigen, etw zu tun ❷ (*giustificare*) rechtfertigen **autorizzazione** [autoridzat'tsio:ne] *f* Genehmigung *f*, Bewilligung *f*; (*di persona*) Ermächtigung *f*
**autosalone** [autosa'lo:ne] *m* Autoschauraum *m*
**autosbrinante** [autozbri'na:nte] *agg* **retrovisori esterni -i** beheizbare Außenspiegel
**autoscala** [autos'ka:la] *f* Feuerwehrleiter *f*
**autoscatto** [autos'katto] *m* Selbstauslöser *m*
**autocontro** [autos'kontro] *m* Autoskooter *m* **autoscuola** [autos'kuɔ:la] <-> *f* Fahrschule *f*
**autoservizio** [autoser'vittsio] *m* Selbstbedienung *f*
**autosilo** [auto'si:lo] *m* Parkhaus *nt* **autosnodato** [autozno'da:to] *m* Gelenkfahrzeug *nt*
**autosoccorso** [autosok'korso] *m* Selbsthilfe *f*
**autosomiglianza** [autosomiʎ'ʎantsa] *f* Ähnlichkeit *f* [eines Teils einer Figur mit der Figur selbst]
**autospazzatrice** [autospattsa'tri:tʃe] *f* Straßenkehrmaschine *f*
**autostazione** [autostat'tsio:ne] *f* ❶ (*stazione di servizio*) Tankstelle *f* ❷ (*di autolinee*) Busbahnhof *m*

**autostello** [autos'tɛllo] <-> *m* Motel *nt*
**autostima** [auto'sti:ma] *f* Selbstbewusstsein *nt*, Selbstvertrauen *nt*
**autostop** [autos'tɔp] *m* Trampen *nt*, Autostopp *m*; **fare [l']~** per Anhalter fahren, trampen **autostoppista** [autostop'pista] <-i *m*, -e *f*> *mf* Anhalter(in) *m(f)*
**autostrada** [autos'tra:da] *f* Autobahn *f*; **~ a pedaggio** gebührenpflichtige Autobahn; **~ del sole** *italienische Autobahn, die von Bologna über Rom südwärts führt*
**autostradale** [autostra'da:le] *agg* Autobahn-; **casello ~** Mautstelle *f*; **raccordo ~** Autobahnzubringer *m*; **svincolo ~** Autobahndreieck *nt*
**autosufficiente** [autosuffi'tʃɛnte] *agg* unabhängig; (*individuo*) selbstständig **autosufficienza** [autosuffi'tʃɛntsa] *f* Selbstgenügsamkeit *f*
**autosuggestionabile** [autosuddʒestio-'na:bile] *agg* von sich selbst beeinflussbar
**autosuggestionarsi** [autosuddʒestio'nar-si] *vr* Autosuggestion betreiben **autosuggestione** [autosuddʒes'tio:ne] *f* Autosuggestion *f*
**autotassarsi** [autotas'sarsi] *vr* sich selbst besteuern; **~ per aiutare qu** sich einschränken, um jdm zu helfen
**autotassazione** [autotassat'tsio:ne] *f* Selbstbesteuerung *f*
**autotelaio** [autote'la:io] *m* Fahrgestell *nt*
**autotelefono** [autote'lɛ:fono] *m* Autotelefon *nt*
**autotrasportatore, -trice** [autotraspor-ta'to:re] *m, f* ❶ (*impresario*) LKW-Transportunternehmer(in) *m(f)* ❷ (*camionista*) LKW-Fahrer(in) *m(f)* **autotrasporto** [autotras'pɔrto] *m* Transport *m* [von Gütern oder Personen] auf der Straße
**autotrenista** [autotre'nista] <-i *m*, -e *f*> *mf* Lastzugfahrer(in) *m(f)* **autotreno** [auto'trɛ:no] *m* Lastzug *m*
**autoveicolista** [autoveiko'lista] <-i *m*, -e *f*> *mf* (*obs*) Kfz-Fahrer(in) *m(f)*
**autoveicolo** [autove'i:kolo] *m* Kraftfahrzeug *nt* **autovelox®** [auto'vɛ:loks] <-> *m o f* Radargerät *nt* zur Geschwindigkeitskontrolle **autovettura** [autovet'tu:ra] *f* Personenkraftwagen *m*
**autrice** *f v.* **autore**
**autunnale** [autun'na:le] *agg* herbstlich
**autunno** [au'tunno] *m* Herbst *m*; **d'~** im Herbst
**a/v** *abbr di* **a vista** bei [*o* nach] Sicht; **pagabile ~** nach Sicht zahlbar
**ava** *f v.* **avo**
**avallante** [aval'lante] *mf* Wechselbürge *m*

**avallare** [aval'la:re] *vt* ❶ (COM) avalieren ❷ (*fig: confermare*) bestätigen **avallato, -a** [aval'la:to] I. *agg* avaliert, verbürgt; **cambiale -a** avalierter [*o* verbürgter] Wechsel II. *m, f* (JUR) Bürgschaftsnehmer *m* **avallo** [a'vallo] *m* ❶ (COM) Aval *m,* Bürgschaft *f* ❷ (*fig: conferma, garanzia*) Bestätigung *f;* **per ~** als Wechselbürge

**avambraccio** [avam'brattʃo] <-cci> *m* Unterarm *m* **avamposto** [avam'posto] *m* Vorposten *m* **avancarica** [avaŋ'ka:rika] *f* **ad ~** Vorderlader-

**avances** [a'vãs] *fpl* Avancen *fpl,* Annäherungsversuche *fpl;* **fare delle ~ a qu** jdm Avancen machen

**avancorpo** [avaŋ'kɔrpo] *m* Vorbau *m*

**avanguardia** [avaŋ'guardia] *f* ❶ (MIL) Vorhut *f* ❷ (*nell'arte, nella letteratura*) Avantgarde *f;* **essere all'~** (*fig: in campo ideologico, politico*) zur Avantgarde gehören

**avanguardismo** [avaŋguar'dizmo] *m* Avantgardismus *m* **avanguardista** [avaŋ-guar'dista] <-i *m,* -e *f>* *mf* Avantgardist(in) *m(f)*

**avannotto** [avan'nɔtto] *m* Setzling *m,* Jungfisch *m*

**avanscoperta** [avansko'pɛrta] *f* Vorposten *m* **avanspettacolo** [avan-spet'ta:kolo] *m* Vorprogramm *nt*

**avanti** [a'vanti] I. *avv* ❶ (*stato in luogo*) vorn ❷ (*avvicinamento*) näher, nach vorn; **andare ~** vorausgehen; **farsi ~** vortreten; **venire ~** näher treten; **~ e indietro** hin und her; **lasciar passare ~** vorlassen; **mettere le mani ~** (*fig*) sich absichern; **mettere ~ scuse** (*fig*) Entschuldigungen vorbringen ❸ (*allontanamento*) voraus ❹ (*tempo*) künftig; (*prima*) vorher; **d'ora in ~** ab jetzt; **l'orologio va ~** die Uhr geht vor ❺ (*loc*) **essere ~ negli anni** betagt sein; **essere ~ negli studi** im Studium fortgeschritten sein; **tirare ~** sich durchschlagen; **tirare ~ la famiglia** die Familie durchbringen II. *prp* ❶ (*di luogo: stato*) vor +*dat;* (*moto*) vor +*acc* ❷ (*di tempo*) vor +*dat;* **lo vidi ~ che partisse** ich sah ihn, bevor er abfuhr III. <inv> *agg* ❶ (*di luogo*) Vorder- ❷ (*di tempo*) vorhergehend, vorige(r, s); **il giorno ~** am Vortag, tags zuvor IV. <-> *m* (SPORT) Stürmer *m* V. *int* ❶ (*avvicinamento*) bitte; (*entrate*) herein; **~ il primo!** der Erste, bitte! ❷ (*allontanamento*) los; (MIL) vorwärts ❸ (*esortazione*) los; **~ tutta!** (NAUT) alle Kraft voraus! **avantieri, avant'ieri** [avan'tiɛ:ri] *avv* vorgestern

**avantreno** [avan'trɛ:no] *m* Vorderachse *f,* Vordergestell *nt*

**avanzamento** [avantsa'mento] *m* ❶ (*promozione*) Beförderung *f* ❷ (*progresso*) Fortschritt *m;* (*dei lavori*) Voranschreiten *nt*

**avanzare** [avan'tsa:re] I. *vi* essere ❶ (*andare avanti*) vorausgehen, sich fortbewegen ❷ (*fig: progredire*) vorwärts-, vorankommen; (*lavoro*) fortschreiten ❸ (*essere promosso*) befördert werden ❹ (*sporgere in fuori*) vorspringen, herausragen ❺ (*rimanere come resto*) übrig bleiben ❻ (*essere sovrabbondante*) reichlich vorhanden sein ❼ *avere* (MIL) vorrücken II. *vt avere* ❶ (*spostare in avanti*) vorrücken; (*sorpassare*) überholen ❷ (*promuovere*) befördern ❸ (*presentare*) vorlegen; (*domanda*) einreichen; (*proposta*) unterbreiten ❹ (*superare*) **~ qu** [**in qc**] jdn [an etw *dat*] übertreffen ❺ (*essere creditore*) **~ qc** [**da qu**] etw [bei jdm] guthaben ❻ (*fig: guadagnare*) [ein]sparen III. *vr* **-rsi** sich nähern; (*a. fig*) näher kommen

**avanzata** [avan'tsa:ta] *f* Vorrücken *nt;* (*a. fig* MIL) Vormarsch *m*

**avanzato, -a** [avan'tsa:to] *agg* ❶ (*spostato in avanti*) vorgeschoben ❷ (*inoltrato*) fortgeschritten ❸ (*innovatore, audace*) fortschrittlich ❹ (*residuo*) übrig geblieben; (*ancora disponibile*) verblieben

**avanzo** [a'vantso] *m* ❶ (*resto,* MAT) Rest *m;* **il 4 nel 9 sta 2 volte con l'~ di 1** neun durch vier ist zwei, Rest eins ❷ (*eccedenza,* COM) Überschuss *m* ❸ *pl* Überreste *mpl*

**avara** *f v.* **avaro**

**avaria** [ava'ri:a] <-ie> *f* Schaden *m,* Havarie *f A;* (NAUT) Havarie *f* **avariare** [ava'ria:re] I. *vt* beschädigen II. *vr* **-rsi** verderben **avariato, -a** [ava'ria:to] *agg* ❶ beschädigt, verdorben; **cibo ~** verdorbene Nahrungsmittel

**avarizia** [ava'rittsia] <-ie> *f* Geiz *m* **avaro, -a** [a'va:ro] I. *agg* ❶ (*persona*) geizig; **~ di elogi** (*fig*) sparsam mit Lob; **~ di parole** (*fig*) wortkarg ❷ (*fig: terreno*) karg II. *m, f* Geizige(r) *f(m)*

**avatar** [ava'tar] <-> *m* (INFORM, INET) Avatar *m*

**avellana** [avel'la:na] *f* Haselnuss *f*

**avellinese** [avelli'ne:se] I. *agg* avellinisch, aus Avellino stammend II. *mf* (*abitante*) Bewohner(in) *m(f)* von Avellino

**Avellinese** <*sing*> *m* Umgebung *f* von Avellino

**Avellino** *f* Avellino *nt* (*Stadt in Kampanien*)
**avello** [a'vɛllo] *m* (*poet*) Grab *nt*, Gruft *f*
**avem(m)aria** [avem(m)a'riːa] <-ie> *f* Ave-Maria *nt;* **sapere qc come l'~** etw in- und auswendig kennen
**avena** [a'veːna] *f* Hafer *m;* **fiocchi d'~** Haferflocken *fpl*
**avente causa** [a'vɛnte 'kaːuza] <aventi causa> *mf* (JUR) Rechtsnachfolger(in) *m(f)*
**avente diritto** [a'vɛnte di'ritto] <aventi diritto> *mf* (JUR) Berechtigte(r) *f(m)*
**avere**[1] [a'veːre] <ho, ebbi, avuto> I. *vt* haben; **~ vent'anni** zwanzig Jahre alt sein; **~ da lavorare** zu arbeiten haben; **ho da fare** ich habe zu tun; **~ un bambino** ein Kind bekommen; **ce l'hai tu la chiave?** hast du den Schlüssel?; **~ a che dire con qu** mit jdm streiten; **~ a che fare** [*o* **vedere**] **con qu** mit jdm zu tun haben; **avercela con qu** auf jdn böse sein; **~ molto di qu** (*fig: assomigliargli*) viel von jdm haben; **chi ha avuto, ha avuto** damit ist die Sache erledigt II. *vi* (*impersonale*) vorhanden sein, geben; **non v'ha dubbio** es gibt keinen Zweifel
**avere**[2] *m* ① (*patrimonio*) Vermögen *nt* ② (*credito*) Guthaben *nt* ③ (COM) Haben *nt;* **il dare e l'~** Soll und Haben *nt*
**averno** [a'vɛrno] *m* (*poet*) Avernus *m*, Unterwelt *f*
**aviario** [a'viaːrio] *m* Voliere *f*
**aviatore, -trice** [avia'toːre] *m, f* Flieger(in) *m(f)* **aviatorio, -a** [avia'tɔːrio] <-i, -ie> *agg* Flugzeug-, Flug-, Flieger- **aviatrice** *f v.* **aviatore aviazione** [aviat'tsioːne] *f* Luftfahrt *f;* (MIL) Luftwaffe *f*
**avicoltore, -trice** [avikol'toːre] *m, f* Geflügelzüchter(in) *m(f)*
**avicoltura** [avikol'tuːra] *f* Geflügelzucht *f* **avicultore, -trice** [avikul'toːre] *m, f v.* **avicoltore**
**avicunicolo, -a** [aviku'niːkolo] *agg* Geflügel- und Kaninchen- **avicunicoltore, -trice** [avikunikol'toːre] *m, f* Geflügel- und Kaninchenzüchter(in) *m(f)* **avicunicoltura** [avikunikol'tuːra] *f* Geflügel- und Kaninchenzucht *f* **avicunicultore, -trice** [avikunikul'toːre] *m, f v.* **avicunicoltore avicunicultura** [avikunikul'tuːra] *f v.* **avicunicoltura**
**avidità** [avidi'ta] <-> *f* Gier *f;* **~ di denaro** Geldgier *f;* **~ di sapere** Wissensdurst *m*
**avido, -a** ['aːvido] *agg* gierig; **~ di conoscere** wissensdurstig; **~ di denaro** habgierig
**aviere** [a'viɛːre] *m* Flieger *m*

**avifauna** [avi'fauna] *f* Vogelwelt *f*
**aviogetto** [avio'dʒɛtto] *m* Düsenflugzeug *nt* **aviolinea** [avio'liːnea] *f* Fluglinie *f* **aviorimessa** [aviori'messa] *f* Flugzeughalle *f* **aviotrasportare** [aviotraspor'taːre] *vt* mit dem Flugzeug befördern
**aviotrasporto** [aviotras'pɔrto] *m* Lufttransport *m*
**AVIS** ['aːvis] *f acro di* **Associazione Volontari Italiani del Sangue** Verein der freiwilligen Blutspender Italiens
**A.V.I.S.** ['aːvis] *f abbr di* **Associazione Volontari Italiani del Sangue** Verein der freiwilligen Blutspender Italiens
**avito, -a** [a'viːto] *agg* Ahnen-
**avo, -a** ['aːvo] *m, f* Ahn[e] *m*/Ahnin *f*
**avocado** [avo'kaːdo] *m* Avocado *f*
**avocare** [avo'kaːre] *vt* ① (*assumere*) abberufen, übernehmen ② (*confiscare*) konfiszieren, beschlagnahmen **avocazione** [avokat'tsioːne] *f* ① (*assunzione*) Abberufung *f*, Übernahme *f* ② (*confisca*) Beschlagnahmung *f*
**avorio** [a'vɔːrio] <-i> *m* ① (*sostanza*) Elfenbein *nt* ② (*colore*) Elfenbeinfarbe *f* ③ (GEOG) **Costa d'Avorio** Elfenbeinküste *f*
**avulso, -a** [a'vulso] *agg* herausgerissen
**avuto** [a'vuːto] *pp di* **avere**[1]
**avvalersi** [avva'lersi] <irr> *vr* sich bedienen +*gen;* **~ di qc** von etw Gebrauch machen
**avvalimento** [avvali'mento] *m* (ADM) *Form der Zusammenarbeit zwischen Region und Behörden, wobei die Region die Räumlichkeiten der Behörden nutzt*
**avvallamento** [avvalla'mento] *m* Senkung *f*, Niederung *f*
**avvaloramento** [avvalora'mento] *m* ① (*aumento di valore*) Aufwertung *f* ② (ADM: *convalida*) Bestätigung *f;* **~ di un'area fabbricabile** Urbarmachung *f;* **~ di un assegno** Bestätigung eines Schecks
**avvalorare** [avvalo'raːre] *vt* bekräftigen, bestätigen
**avvampamento** [avvampa'mento] *m* ① (*l'avvampare*) Lodern *nt*, Glühen *nt* ② (*fiamma*) Flackern *nt* ③ (*arrossamento del viso*) Erröten *nt*
**avvampare** [avvam'paːre] *vi essere* ① (*ardere divampando*) lodern ② (*arrossire*) erröten ③ (*fig: di rabbia*) aufbrausen
**avvantaggiare** [avvantad'dʒaːre] I. *vt* ① (*favorire*) bevorteilen, begünstigen ② (*far progredire*) fördern II. *vr* **-rsi** ① (*avvalersi con profitto*) nutzen ② (*guadagnar tempo*) einen Vorsprung gewinnen ③ (*pre-*

*valere*) -**rsi su qu** jdm voraus sein, jdm gegenüber im Vorteil sein **avvantaggiato, -a** [avvantad'dʒato] *agg* bevorzugt

**avvedersi** [avve'dersi] <irr> *vr* ~ **di qc** etw bemerken

**avvedutezza** [avvedu'tettsa] *f* Umsicht *f*, Schlauheit *f* **avveduto, -a** [avve'duːto] *agg* umsichtig, schlau

**avvelenamento** [avvelena'mento] *m* Vergiftung *f* **avvelenare** [avvele'naːre] I. *vt* ① (*con veleno*) vergiften ② (*ammorbare*) verpesten ③ (*fig: amareggiare*) vergällen ④ (*fig: corrompere*) verderben II. *vr* -**rsi** sich vergiften

**avvenente** [avve'nɛnte] *agg* anmutig, gefällig **avvenenza** [avve'nɛntsa] *f* Anmut *f*

**avvenimento** [avveni'mento] *m* Ereignis *nt*

**avvenire**[1] [avve'niːre] I. <inv> *agg* künftig II. <-> *m* Zukunft *f*

**avvenire**[2] <irr> *vi essere* geschehen, passieren; **che è avvenuto di lui?** was ist aus ihm geworden?

**avvenirismo** [avveni'rizmo] *m* Zukunftsglaube *m*

**avventare** [avven'taːre] I. *vt* (*scagliare*) schleudern II. *vr* -**rsi** [**su qu/qc**] sich [auf jdn/etw] stürzen **avventatezza** [avventa'tettsa] *f* Unbesonnenheit *f* **avventato, -a** [avven'taːto] *agg* (*giudizio, atto*) überstürzt, voreilig; (*persona*) unbesonnen, leichtsinnig

**avventizio, -a** [avven'tittsio] <-i, -ie> I. *agg* ① (*provvisorio*) [Aus]hilfs- ② (*occasionale*) Gelegenheits- II. *m, f* Aushilfe *f*

**avvento** [av'vɛnto] *m* ① (*venuta*) Anbruch *m*, Eintreten *nt* ② (REL) Advent *m*

**avventore, -a** [avven'toːre] *m, f* (*di negozio*) Stammkunde *m*/-kundin *f*; (*di locale pubblico*) Stammgast *m*

**avventura** [avven'tuːra] *f* Abenteuer *nt* **avventurare** [avventu'raːre] I. *vt* wagen, aufs Spiel setzen II. *vr* -**rsi** ① (*esporsi a rischi*) sich wagen, sich trauen ② (*fig: azzardarsi*) wagen (*a fare qc* etw zu tun); -**rsi in mare con la tempesta** sich bei Sturm aufs Meer wagen **avventurarsi** [avventu'rarsi] *vr* ① (*esporsi a rischi*) sich wagen, sich trauen ② (*fig: azzardarsi*) wagen; ~ **a fare qc** wagen, etw zu tun **avventuriero, -a** [avventu'riɛːro] *m, f* Abenteurer(in) *m(f)* **avventuroso, -a** [avventu'roːso] *agg* ① (*ricco di avventure*) abenteuerlich ② (*attratto dall'avventura*) abenteuerlustig ③ (*fig: rischioso*) abenteuerlich, gewagt

**avvenuto** [avve'nuːto] *pp di* **avvenire**[2]

**avveramento** [avvera'mento] *m* Realisierung *f*, Verwirklichung *f*

**avverare** [avve'raːre] I. *vt* verwirklichen II. *vr* -**rsi** eintreffen, sich bewahrheiten

**avverbiale** [avver'biaːle] *agg* adverbial

**avverbio** [av'vɛrbio] <-i> *m* Adverb *nt*, Umstandswort *nt*

**avversare** [avver'saːre] *vt* anfechten, bekämpfen **avversario, -a** [avver'saːrio] <-i, -ie> I. *agg* gegnerisch II. *m, f* Gegner(in) *m(f)*; (MIL: *nemico*) Feind *m* **avversativo, -a** [avversa'tiːvo] *agg* adversativ **avversatore, -trice** [avversa'toːre] *m, f* Gegner(in) *m(f)*; (*a. fig*) Gegenspieler(in) *m(f)*

**avversione** [avver'sioːne] *f* Abneigung *f*, Aversion *f*; **avere un'~ per qu/qc** eine Abneigung gegen jdn/etw haben

**avversità** [avversi'ta] <-> *f* ① (*ostilità*) Widrigkeit *f* ② (*disgrazia*) Unglücksfall *m* **avverso, -a** *agg* widrig, feindlich; (*fig* JUR) gegnerisch

**avvertenza** [avver'tɛntsa] *f* ① (*cautela*) Umsicht *f*, Besonnenheit *f* ② (*avviso*) Hinweis *m*; (*ammonimento*) Ermahnung *f* ③ (LIT) Vorwort *nt* ④ *pl* (*istruzioni per l'uso*) [Gebrauchs]anweisung *f*

**avvertimento** [avverti'mento] *m* Benachrichtigung *f*, Hinweis *m*; (*diffida*) Warnung *f* **avvertire** [avver'tiːre] *vt* ① (*avvisare*) ~ **qu** [**di qc**] jdn [auf etw *acc*] aufmerksam machen ② (*ammonire, minacciare*) warnen ③ (*percepire*) empfinden, wahrnehmen

**avvezzare** [avvet'tsaːre] I. *vt* ① (*abituare*) gewöhnen (*a* an +*acc*) ② (*fam: educare*) erziehen II. *vr* -**rsi** sich gewöhnen (*a* an +*acc*)

**avvezzo, -a** [av'vettso] *agg* gewöhnt, gewohnt

**avviamento** [avvia'mento] *m* ① (*inizio*) Einführung *f*, Einleitung *f*; **l'~ a qc** die Einführung in etw *acc* ② (COM) Eingeführtsein *nt* ③ (TEC: *messa in moto*) Anlassen *nt*; (*il mettersi in moto*) Anspringen *nt*; **motorino d'~** Anlasser *m*

**avviare** [avvi'aːre] I. *vt* ① (*mettere sul cammino*) lenken, leiten ② (*fig: indirizzare*) ~ **qu a qc** jdn zu etw anleiten ③ (TEC: *mettere in moto*) anlassen ④ (*dare inizio*) einleiten, in Gang bringen II. *vr* -**rsi** ① (*dirigersi, incamminarsi*) sich auf den Weg machen ② (*fig: stare per*) -**rsi a fare qc** im Begriff sein, etw zu tun

**avvicendamento** [avvitʃenda'mento] *m* Ablösung *f*; ~ **ai comandi** Führungswechsel *m*; ~ **delle colture** Fruchtwechsel *m*

**avvicendare** [avvitʃen'da:re] I. vt abwechseln II. vr **-rsi** sich abwechseln

**avvicinamento** [avvitʃina'mento] m Annäherung f

**avvicinare** [avvitʃi'na:re] I. vt ① (*mettere vicino*) ~ **qc a qu/qc** etw an jdn/etw heranrücken ② (*entrare in rapporti con qu*) ~ **qu** an jdn herantreten II. vr **-rsi** ① (*farsi vicino*) **-rsi** [**a qu/qc**] sich [jdm/etw] nähern; **l'inverno si avvicina** der Winter naht ② (*essere simile*) nahekommen ③ (*ricevere*) aufnehmen

**avvidi** [av'vi:di] v. **avvedersi**

**avvilente** [avvi'lɛnte] agg (*degradante*) demütigend, erniedrigend; (*disprezzabile*) schmählich; (*scoraggiante*) entmutigend

**avvilimento** [avvili'mento] m (*degradazione morale*) Erniedrigung f, Demütigung f; (*abbattimento*) Entmutigung f

**avvilire** [avvi'li:re] <avvilisco> I. vt (*degradare*) erniedrigen; (*umiliare*) demütigen; (*scoraggiare*) entmutigen II. vr **-rsi** (*umiliarsi*) sich demütigen; (*perdersi d'animo*) verzagen, den Mut verlieren **avvilito, -a** [avvi'li:to] agg erniedrigt, gedemütigt

**avviluppare** [avvilup'pa:re] I. vt ① (*avvolgere*) einwickeln ② (*aggrovigliare*) aufwickeln II. vr **-rsi** (*avvolgersi*) sich einwickeln; (*aggrovigliarsi*) sich verwickeln

**avvinazzarsi** [avvinat'tsarsi] vr sich [mit Wein] betrinken

**avvinazzato, -a** [avvinat'tsa:to] I. agg beschwipst, angeheitert II. m, f Angetrunkene(r) f(m)

**avvincente** [avvin'tʃɛnte] agg fesselnd, anziehend **avvincere** [av'vintʃere] <irr> vt (a. *fig*) fesseln

**avvinghiare** [avviŋ'gia:re] I. vt umklammern II. vr **-rsi a qu/qc** sich an jdn/etw klammern

**avvio** [av'vi:o] <-ii> m ① (*inizio*) Beginn m, Einleitung f; **dare [l']~ a qc** etw in Gang bringen ② (*computer*) Start m; **menu di ~** Startmenü nt

**avvisaglia** [avvi'zaʎʎa] <-glie> f ① (MIL) Scharmützel nt ② pl (*primi sintomi*) Vorzeichen ntpl

**avvisare** [avvi'za:re] vt ① (*informare*) benachrichtigen ② (*ammonire*) warnen

**avvisatore** [avviza'to:re] m Warnanlage f; ~ **acustico** Hupe f; ~ **d'incendio** Feuermelder m

**avviso** [av'vi:zo] m ① (*informazione, notizia*) Meldung f, Nachricht f; (*comunicato*) Bekanntmachung f; ~ **di sfratto** Räumungsbefehl m; **dare ~** benachrichtigen ② (*sul giornale*) Anzeige f ③ (*consiglio,*

*ammonimento*) Warnung f, Hinweis m; **metter qu sull'~** jdn warnen ④ (JUR: *notificazione*) Mitteilung f, Anzeige f ⑤ (*parere, opinione*) Meinung f; **essere d'~** der Meinung sein; **a mio ~** meiner Meinung nach

**avvistamento** [avvista'mento] m Sichtung f

**avvistare** [avvis'ta:re] vt sichten

**avvitamento** [avvita'mento] m ① (*di vite*) Anschrauben nt ② (AERO) Schraube f, Rolle f; (SPORT) Schraube f

**avvitare** [avvi'ta:re] I. vt [an-, ein]schrauben II. vr **-rsi** (AERO) eine Rolle machen

**avvitato, -a** [avvi'ta:to] agg ① (*vestito*) tailliert ② (*tuffo*) mit Drehung **avvitatrice** [avvita'tri:tʃe] f [Dreh]schrauber m

**avviticchiamento** [avvitikkia'mento] m Umschlingen nt, Umranken nt

**avviticchiare** [avvitik'kia:re] I. vt umschlingen, umranken II. vr **-rsi [a qc]** sich [um etw] ranken

**avvivare** [avvi'va:re] I. vt beleben; (*conversazione*) anregen; (*fuoco*) anfachen; (*tinte*) auffrischen II. vr **-rsi** sich beleben

**avvizzimento** [avvittsi'mento] m Welken nt

**avvizzire** [avvit'tsi:re] <avvizzisco> I. vi essere [ver]welken II. vt avere welken lassen

**avvocata** [avvo'ka:ta] f ① (*protettrice*) Schutzpatronin f ② (*esercitante l'avvocatura*) Anwältin f **avvocatesco, -a** [avvoka'tesko] <-schi, -sche> agg (*pej*) [Winkel]advokaten- **avvocatessa** [avvoka'tessa] f ① (*esercitante l'avvocatura*) Anwältin f ② (*fam scherz*) Klatschtante f

**avvocato, -essa** [avvo'ka:to] m, f ① (*professionista*) Anwalt m/Anwältin f; ~ **difensore** Verteidiger(in) m(f); ~ **dello Stato** Staatsanwalt m/-anwältin f; ~ **penale** Strafverteidiger(in) m(f); ~ **delle cause perse** (*scherz*) Winkeladvokat m; ~ **del diavolo** Advocatus Diaboli m; **parlare come un ~** (*fig fam*) wie ein Buch reden ② (*fig: patrocinatore*) Fürsprecher(in) m(f) **avvocatura** [avvoka'tu:ra] f ① (*professione*) Anwaltsberuf m ② (*complesso di avvocati*) Anwaltschaft f

**avvolgere** [av'vɔldʒere] <irr> I. vt ~ **qu/qc** jdn/etw aufwickeln; ~ **qc attorno a qu/qc** etw um jdn/etw wickeln II. vr **-rsi** sich wickeln **avvolgibile** [avvol'dʒi:bile] I. m Rollladen m II. agg Roll- **avvolgibilista** [avvoldʒibi'lista] <-i> m Rollladenmontierer m **avvolgimento** [avvol-

dʒi'mento] *m* ❶(*arrotolamento*) Umwicklung *f*, Aufwicklung *f* ❷(MIL) Aufrollen *nt* ❸(EL) Wicklung *f*
**avvolgitore** [avvoldʒi'to:re] *m* ❶(*per nastro metallico*) Aufrollmaschine *f* ❷(*cinematografico*) Aufspuler *m*, Aufroller *m*
**avvolgitore, -trice** *agg* Aufroll-, Aufwickel-
**avvolsi** *1. pers sing pass rem di* **avvolgere**
**avvolto** *pp di* **avvolgere**
**avvoltoio** [avvol'to:io] <-oi> *m* ❶(ZOO) Geier *m* ❷(*fig: strozzino*) Halsabschneider *m*
**ayatollah** [ajatol'l'a] <-> *m* Ajatollah *m*
**Az.** *abbr di* **azioni** Aktien
**AZ** *abbr di* **Alitalia** Alitalia *f* (*italienische Fluggesellschaft*)
**azalea** [addza'lɛ:a] *f* Azalee *f*
**azero, -a** [ad'dzɛ:ro] I. *m, f* Aserbaidschaner(in) *m(f)* II. *agg* aserbaidschanisch
**azienda** [ad'dziɛnda] *f* Betrieb *m*, Firma *f*, Unternehmen *nt* **aziendale** [addzien'da:le] *agg* Betriebs- **aziendalista** [addziendali'sta] <-i *m*, -e *f*> I. *mf* ❶(*esperto di economia aziendale*) Betriebswirtschaftler(in) *m(f)*, Betriebswirt(in) *m(f)* ❷(*chi applica l'aziendalismo*) Unternehmer(in) *m(f)*, Wirtschaftler(in) *m(f)* II. *agg* unternehmerisch; **mentalità ~** Unternehmergeist *m;* **atteggiamento ~** unternehmerische Einstellung **aziendalistico, -a** [addzienda'listiko] <-ci, -che> *agg* unternehmerisch
**aziendalizzare** [addziendakid'dza:re] *vt* privatisieren **aziendalizzazione** [addziendakiddzat'tsio:ne] *f* Privatisierung *f;* **~ degli ospedali** Privatisierung der Krankenhäuser
**azionabile** [attsio'na:bile] *agg* ❶(*che si può azionare*) beweglich ❷(JUR) anwendbar, geltend **azionabilità** [attsionabili'ta] <-> *f* (JUR) Anwendbarkeit *f*, Gültigkeit *f*
**azionamento** [attsiona'mento] *m* Betätigung *f* **azionare** [attsio'na:re] *vt* betätigen, in Gang setzen
**azionario, -a** [attsio'na:rio] <-i, -ie> *agg* Aktien-
**azionatore, -trice** [attsiona'to:re] I. *m, f* Bediener(in) *m(f)* [einer Maschine] II. *agg* Antriebs-; **dispositivo ~** Antriebsvorrichtung *f*
**azione** [at'tsio:ne] *f* ❶(*l'agire*) Tat *f*, Aktion *f; uomo d'~* Mann *m* der Tat; **passare all'~** zur Tat schreiten ❷(*attività*) Tätigkeit *f;* (TEC) Betrieb *m;* **essere in ~** in Betrieb sein; **entrare in ~** in Aktion treten ❸(*funzionamento*) Wirkung *f*, Aktion *f* ❹(*insieme di iniziative*) Aktion *f*, Unternehmung *f;* **~ dimostrativa** Scheinangriff *m* ❺(*intreccio*) Handlung *f* ❻(JUR) Klage *f*, Verfahren *nt* ❼(MIL) Kampfhandlung *f,* Gefecht *nt* ❽(FIN) Aktie *f;* **~ con diritto di voto** Stimmrechtsaktie *f* ❾(FILM) **~!** Aufnahme! **azionista** [attsio'nista] <-i *m*, -e *f*> *mf* Aktionär(in) *m(f);* **grande/piccolo ~** Groß-/Kleinaktionär *m*
**azotato, -a** [addzo'ta:to] *agg* stickstoffhaltig
**azoto** [ad'dzɔ:to] *m* Stickstoff *m*
**azzannare** [attsan'na:re] *vt* mit den Zähnen packen **azzannatura** [attsanna'tu:ra] *f* ❶(*colpo*) Biss *m* ❷(*cicatrice*) Narbe *f* [von einem Biss]
**azzardare** [addzar'da:re] I. *vt* wagen; (*arrischiare*) riskieren II. *vr* **-rsi** wagen
**azzardato, -a** [addzar'da:to] *agg* ❶(*imprudente*) unvorsichtig; **mossa -a** gewagter Schritt ❷(*avventato*) unüberlegt; **giudizio ~** vorschnelles Urteil ❸(*rischioso*) gewagt; **investimento ~** riskante Investition **azzardo** [ad'dzardo] *m* ❶(*rischio*) Risiko *nt* ❷(*atto sconsiderato, temerario*) Wagnis *nt;* **giocatore d'~** Glücksspieler *m* **azzardoso, -a** [addzar'do:so] *agg* ❶(*persona*) wagemutig ❷(*cosa*) gewagt
**azzeccagarbugli** [attsekkagar'buʎʎi] <-> *m* (*pej*) Winkeladvokat *m*
**azzeccare** [attsek'ka:re] *vt* ❶(*colpire nel segno*) treffen ❷(*fig: indovinare*) erraten **azzeccato, -a** [attsek'ka:to] *agg* gut getroffen; (*risposta*) passend
**azzeramento** [addzera'mento] *m* Annullierung *f* **azzerare** *vt* auf null stellen
**azzimare** [addzi'ma:re] I. *vt* schmücken, putzen II. *vr* **-rsi** sich [auf]putzen
**azzimo** ['addzimo] *m* **festa degli -i** Passahfest *nt*
**azzittire** [attsit'ti:re] <azzittisco, azzittisci> I. *vt* zum Schweigen bringen II. *vr* **-rsi** verstummen
**azzoppare, azzoppire** [attsop'pa:re, attsop'pi:re] I. *vt* lahm machen II. *vr* **-rsi** lahm werden
**Azzorre** [ad'dzɔrre] *fpl* Azoren *pl*
**azzuffarsi** [attsuf'farsi] *vr* sich raufen
**azzurrino** [addzur'ri:no] *m* Zartblau *nt*
**azzurro** [ad'dzurro] *m* ❶(*colore*) [Himmel]blau *nt*, Azurblau *nt;* **~ di cobalto** Kobaltblau *nt* ❷(SPORT) italienischer Nationalspieler
**azzurro, -a** *agg* [himmel]blau, azurblau; **principe ~** Märchenprinz *m* **azzurrognolo, -a** [addzur'roɲɲolo] *agg* bläulich

# B b

**B, b** [bi] <-> *f* B, b *nt;* **b come Bologna** B wie Berta

**babà** [ba'ba] <-> *m* Hefeteilchen mit Rum und Rosinen

**babau** [ba'ba:u] <-> *m* (*fam*) schwarzer Mann, Buhmann *m*

**babbeo, -a** [bab'bɛ:o] I. *agg* dumm, einfältig II. *m, f* Dummkopf *m*, Tölpel *m*

**babbo** ['babbo] *m* (*fam*) Papa *m*, Papi *m*; **~ Natale** Weihnachtsmann *m*

**babbuccia** [bab'buttʃa] <-cce> *f* Pantoffel *m*

**babbuino, -a** [babbu'i:no] *m, f* ❶ (ZOO) Pavian *m* ❷ (*fig: persona sciocca*) Kamel *nt fam*, Esel *m fam*

**babele** [ba'bɛ:le] *f* Durcheinander *nt*, Chaos *nt* **Babele** [ba'bɛ:le] *f* Babel *nt* **babelico, -a** [ba'bɛ:liko] <-ci, -che> *agg* chaotisch, wirr

**babilonese** [babilo'ne:se] *agg* babylonisch **Babilonia** [babi'lɔ:nia] <-> *f* ❶ (*provincia*) Babylonien *nt* ❷ (*città*) Babel *nt*, Babylon *nt* ❸ (*fig*) **babilonia** heilloses Durcheinander

**babordo** [ba'bordo] *m* Backbord *nt;* **a ~** backbord[s]

**baby** ['beibi] I. <-> *m* Baby *nt* II. <inv> *agg* Baby-

**baby-banda** ['bɛbi 'banda] *f* Kinderbande *f*

**baby-doll** ['beibi dɔl] <-> *m* Babydoll *nt*

**baby-gang** ['bɛbi 'gɛng] <-> *f v.* **baby--banda**

**baby-pensionato, -a** *m, f* Frührentner(in) *m(f)*

**baby-sitter** ['beibi'sita] <-> *mf* Babysitter *m* **babysitteraggio** [bɛbisitte'raddʒo] <-ggi> *m* Babysitting *nt;* **servizio di ~** Babysitterdienst *m* **baby-sitting** ['beibi'sitiŋ] <-> *m* Babysitting *nt* **baby talk** ['beibi 'tɔ:k] <sing> *m* Babysprache *f*

**bacarsi** [ba'karsi] *vr* wurmstichig werden

**bacato, -a** [ba'ka:to] *agg* ❶ (*frutta*) wurmstichig ❷ (*fig, pej: corrotto*) verdorben

**bacca** ['bakka] <-cche> *f* Beere *f*

**baccalà** [bakka'la] <-> *m* ❶ (GASTR) Stockfisch *m* ❷ (*fig pej: persona stupida*) Dummkopf *m*, Trottel *m fam;* (*persona allampanata*) Hering *m*, Zündholz *nt A*

**baccanale** [bakka'na:le] *m* ❶ (*fig pej: gozzoviglia*) Gelage *nt*, Orgie *f* ❷ (HIST) Bacchanal *nt*, Bacchusfest *nt*

**baccano** [bak'ka:no] *m* Lärm *m*, Krach *m;* fare un **~ infernale** einen Höllenlärm machen *fam*

**baccante** [bak'kante] *f* ❶ (HIST) Bacchantin *f* ❷ (*fig pej: donna dissoluta*) liederliches Frauenzimmer

**baccarà** [bakka'ra] <-> *m* ❶ (*gioco*) Bakkarat *nt* ❷ (*cristallo*) Baccarat-Kristall *nt*

**baccelliere** [battʃel'liɛ:re] *m* ❶ (*grado accademico*) Bakkalaureus *m* ❷ (HIST) Knappe *m*

**baccello** [bat'tʃɛllo] *m* Hülse *f*

**bacchetta** [bak'ketta] *f* Stab *m;* (*per battere*) Stock *m;* (*del direttore d'orchestra*) Taktstock *m;* (*per il tamburo*) Trommelschlägel *m;* **~ magica** Zauberstab *m;* **comandare qu a ~** jdn herumkommandieren **bacchettata** [bakket'ta:ta] *f* Stockschlag *m*, Stockhieb *m* **bacchetto** [bak'ketto] *m* Stöckchen *nt*

**bacchettone, -a** [bakket'to:ne] *m, f* (*pej*) Frömmler(in) *m(f)*

**bacchiare** [bak'kia:re] *vt* (*noci, castagne, olive*) mit einer Stange herunterschlagen **bacchiatura** [bakkia'tu:ra] *f* Herunterschlagen *nt* (*von Nüssen, Kastanien, Oliven mit einer Stange*)

**bacchico, -a** ['bakkiko] <-ci, -che> *agg* bacchisch

**bacheca** [ba'kɛ:ka] <-che> *f* ❶ (*per affissione*) Schwarzes Brett ❷ (*di negozio, museo*) Schaukasten *m*, Vitrine *f*

**bachelite** [bake'li:te] *f* Bakelit® *nt*

**bacherozzo(lo)** [bake'rɔttso(lo)] *m* Käfer *m*

**bachicoltore, -trice** [bakikol'to:re] *m, f* Seidenraupenzüchter(in) *m(f)*

**bachicoltura** [bakikol'tu:ra] *f* Seidenraupenzucht *f*

**baciamano** [batʃa'ma:no] <- *o* -i> *m* Handkuss *m;* **fare il ~ a qu** jdm einen Handkuss geben

**baciapile** [batʃa'pi:le] <-> *mf* (*pej*) Frömmler(in) *m(f)*

**baciare** [ba'tʃa:re] I. *vt* küssen II. *vr* **-rsi** sich küssen

**bacile** [ba'tʃi:le] *m* Becken *nt*

**bacillare** [batʃil'la:re] *agg* Bazillen-, bazillär

**bacillo** [ba'tʃillo] *m* Bazillus *m*

**bacinella** [batʃi'nɛlla] *f* Becken *nt*, Schüssel *f*

**bacino** [ba'tʃi:no] *m* Becken *nt;* (MIN) Revier *nt;* (*recipiente*) Bottich *m*, Kübel *m;* **~ di carenaggio** Dock *nt;* **~ idroelettrico**

Staubecken *nt;* ~ **idrografico** Wassereinzugsgebiet *nt*

**bacio** ['ba:tʃo] <-ci> *m* Kuss *m;* ~ **di Giuda** Judaskuss *m;* **al** ~ (*fig fam*) perfekt

**background** ['bækgraund] <-> *m* Hintergrund *m*, Background *m*

**back office** ['bækɔfis] <-> *m* Backoffice *nt*

**backup** ['bækʌp] <-> *m* (INFORM) Backup *nt*, Datensicherung *f;* **fare un** ~ **dei dati** ein Backup der Daten durchführen

**baco** ['ba:ko] <-chi> *m* ❶ (ZOO) Raupe *f;* (*verme*) Wurm *m;* (*di generi alimentari*) Made *f;* ~ **da seta** Seidenraupe *f* ❷ (INFORM) Bug *m*

**bacon** ['beikən] <-> *m* Frühstücksspeck *m*

**bacucco, -a** [ba'kukko] <-cchi, -cche> *agg* (*fam*) vertrottelt, trottelig

**bada** ['ba:da] *f* **tenere a** ~ **qu** jdn hinhalten; (*bambino*) jdn hüten

**badante** [ba'dante] *mf* (*assistente*) Betreuer(in) *m(f)*

**badare** [ba'da:re] *vi* ❶ (*accudire*) ~ **a qu/qc** auf jdn/etw aufpassen; ~ **alla casa/ai bambini** das Haus/die Kinder hüten ❷ (*stare attento*) ~ **a qc** auf etw *acc* aufpassen; **non** ~ **a spese** keine Kosten scheuen; **bada a quello che fai!** pass auf, was du tust!, sei vorsichtig! ❸ (*dedicarsi*) sich kümmern; ~ **solo a divertirsi** nur ans Vergnügen denken; **bada ai fatti tuoi!** kümm|e|re dich um deine eigenen Angelegenheiten!

**badessa** [ba'dessa] *f* Äbtissin *f;* **sembrare** [*o* **parere**] **una** ~ (*fig*) üppig aussehen; **fare la** ~ (*fig*) sich aufspielen, angeben

**badge** [bædʒ] <- *o* badges> *m* Namensschild *nt;* ~ **magnetico** Magnetkarte *f*, Badge *m CH*

**badia** [ba'di:a] <-ie> *f* Abtei *f*

**badile** [ba'di:le] *m* Schaufel *f*

**baedeker®** ['bɛ:dɛkər] <-> *m* Baedeker® *m*

**baffo** ['baffo] *m* (*dell'uomo*) Schnurrbart *m*, Schnauzbart *m;* **ridere sotto i -i** sich *dat* ins Fäustchen lachen; **una cosa da leccarsi i -i** etwas, nach dem man sich *dat* die [*o* alle zehn] Finger lecken kann; **mi fa un** ~ (*vulg*) das kümmert mich einen Scheiß **baffone** [baf'fo:ne] *m* (*fam scherz*) Schnauzer *m*, Schnauzbart *m* **baffuto, -a** [baf'fu:to] *agg* schnurrbärtig, mit Schnurrbart

**bagagliaio** [bagaʎ'ʎa:io] <-ai> *m* ❶ (MOT) Kofferraum *m* ❷ (FERR) Gepäckwagen *m*

**bagaglio** [ba'gaʎʎo] <-gli> *m* ❶ (*valigie*) Gepäck *nt;* **assicurazione [dei] -gli** Reisegepäckversicherung *f;* **deposito -gli** Gepäckaufbewahrung *f;* **disfare i -gli** auspacken; **fare i -gli** packen; ~ **a mano** Handgepäck *nt;* **con armi e -gli** mit Sack und Pack ❷ (*fig: formazione*) Ausrüstung *f*, Ausstattung *f;* ~ **culturale** Bildung *f*

**bagascia** [ba'gaʃʃa] <-sce> *f* (*vulg*) Nutte *f*, Dirne *f* **bagascio** [ba'gaʃʃo] <-sci>, **bagascione** [bagaʃ'ʃo:ne] *m* ❶ (*omosessuale*) Schwule(r) *m* ❷ (*vulg*) Hurenbock *m*

**bagattella** [bagat'tɛlla] *f* ❶ (*bazzecola*) Bagatelle *f*, Lappalie *f* ❷ (MUS) Bagatelle *f*

**baggianata** [baddʒa'na:ta] *f* (*fam pej*) Quatsch *m*, Gefasel *nt*

**bagher** <-> *m v.* **baghero**

**baghero** [ba'ge:ro] *m* ❶ (SPORT) Bagger *m* [beim Volleyball] ❷ kleine Kutsche *f*, Wägelchen *nt*

**bagliore** [baʎ'ʎo:re] *m* ❶ (*di lampo, faro*) Schein *m*, Schimmer *m* ❷ (*fig: apparizione breve*) Schimmer *m*

**bagnacauda** [baɲɲa'ka:uda] *f* (*piem*) Bagnacauda *f* (*Piemonteser Soße aus Öl, Knoblauch, Sardellen und Trüffeln*)

**bagnante** [baɲ'ɲante] *mf* Badende(r) *f(m)*, Badegast *m*

**bagnare** [baɲ'ɲa:re] **I.** *vt* ❶ (*inumidire*) nass machen, anfeuchten ❷ (*fiume*) fließen durch ❸ (*laurea, vittoria*) begießen **II.** *vr* **-rsi** ❶ (*fare il bagno*) baden ❷ (*di pioggia, acqua*) nass werden **bagnarola** [baɲɲa'rɔ:la] *f* (*fam*) [Bade]zuber *m*

**bagnasciuga** [baɲɲaʃ'ʃu:ga] <-> *m* ❶ (*battigia*) Strandlinie *f* ❷ (NAUT) Wasserlinie *f* **bagnata** [baɲ'ɲa:ta] *f* Bad *nt*, Guss *m*

**bagnato** [baɲ'ɲa:to] *m* nasser Boden

**bagnato, -a** *agg* nass, durchnässt; ~ **fradicio** klatschnass **bagnatura** [baɲɲa'tu:ra] *f* ❶ (MED) Heilbad *nt*, Badekur *f* ❷ (*il bagnare*) Baden *nt;* **fare le -e** eine Badekur machen

**bagnino, -a** [baɲ'ɲi:no] *m, f* Bademeister(in) *m(f)*

**bagno** ['baɲɲo] *m* ❶ (FOTO, CHEM) Bad *nt* ❷ (*stanza*) Bad *nt*, Badezimmer *nt;* **andare in** ~ auf die Toilette gehen; **-i pubblici** öffentliche Badeanstalten *fpl;* ~ **turco** türkisches Bad ❸ (*immergersi in acqua*) Bad *nt;* **costume da** ~ Badeanzug *m;* **fare il** ~ baden; ~ **termale** Thermalbad *nt* ❹ *pl* (*stabilimento*) Heilbad *nt;* (*stazione balneare*) Badeort *m;* **fare la cura dei -i** eine [Bade]kur machen ❺ (*lavaggio*) Bad *nt;* **mettere qc a** ~ etw einweichen; **essere in un** ~ **di sudore** (*fig*) schweißgebadet sein

**bagnomaria** [baɲɲoma'ri:a] <-> *m* **a ~** im Wasserbad
**bagnoschiuma** [baɲɲo'ʃu:ma] <-> *m* Schaumbad *nt*
**bagordo** [ba'gordo] *m* (*pej*) Völlerei *f*; **darsi ai -i** in Saus und Braus leben
**baguttiano, -a** [bagut'tia:no] I. *agg* (*premio Bagutta*) den Literaturpreis Bagutta betreffend II. *m* Bagutta-Preisträger(in) *m(f)*
**bah** [ba] *int* (*fam*) hm, wer weiß, Gott …
**baia** ['ba:ia] <-aie> *f* (GEOG) Bucht *f*
**baicolo** [ba'i:kolo] *m* (*venez*) *feines Gebäck mit Orangenliköraroma*
**baignoire** [bɛ'ɲwar] <- *o* baignoires> *f* Prosseniumsloge *f*
**bailamme** [bai'lamme] <-> *m* Getümmel *nt*, Lärm *m*
**baio** ['ba:io] <-ai> *m* (*cavallo*) [Rot]fuchs *m*, Braune(r) *m*
**baiocco** [ba'iɔkko] <-cchi> *m* ① *pl* (*fam: quattrini*) Pfennige *mpl*, Moneten *pl*; **non valere un ~** (*fig*) keinen Pfennig wert sein ② (HIST) päpstliche Kupfermünze
**baionetta** [baio'netta] *f* Bajonett *nt*
**Baireut** [bai'rɔyt] *f* Bayreuth *nt*
**baita** ['ba:ita] *f* Berghütte *f*, Almhütte *f*
**bakelite** [bake'li:te] *v.* **bachelite**
**balance** ['bæləns] <-> *m* Balanceregler *m*
**balaustra** [bala'ustra] *f* Balustrade *f*, Brüstung *f*
**balayage** [bala'jaʒ] <- *o* balayages> *m* Farbschattierung *f* [beim Strähnchenfärben]
**balbettamento** [balbetta'mento] *m* Stottern *nt*, Gestammel *nt*
**balbettare** [balbet'ta:re] I. *vi* stottern, stammeln; (*bambino*) plappern II. *vt* (*scusa*) stammeln; (*lingua straniera*) radebrechen **balbettio** [balbet'ti:o] <-ii> *m* Gestotter *nt*, Gestammel *nt*
**balbuzie** [bal'buttsie] <-> *f* Stottern *nt*; **essere affetto da ~** stottern **balbuziente** [balbut'tsiɛnte] I. *agg* stotternd II. *mf* Stotterer *m*/Stotterin *f*
**Balcani** [bal'ka:ni] *mpl* Balkan *m* **balcanico, -a** [bal'ka:niko] <-ci, -che> *agg* balkanisch, Balkan-; **la penisola -a** die Balkanhalbinsel
**balconata** [balko'na:ta] *f* ① (ARCH) umlaufender Balkon ② (THEAT) Rang *m*
**balcone** [bal'ko:ne] *m* Balkon *m* **balconiere, -a** [balko'niɛ:re] *m*, *f* Balkon- und Terassenausstatter *m*
**baldacchino** [baldak'ki:no] *m* Baldachin *m*; **letto a ~** Himmelbett *nt*
**baldanza** [bal'dantsa] *f* Kühnheit *f*, Unverfrorenheit *f*

**baldanzoso, -a** [baldan'tso:so] *agg* unverfroren, keck
**baldo, -a** ['baldo] *agg* kühn, selbstsicher
**baldoria** [bal'dɔ:ria] <-ie> *f* Rummel *m*; **fare ~** Remmidemmi machen *fam*
**baldracca** [bal'drakka] <-cche> *f* Dirne *f*
**balena** [ba'le:na] *f* ① (ZOO) Wal[fisch] *m* ② (*fig, scherz: donna grassa*) Walross *nt*, Tonne *f*
**balenare** [bale'na:re] *vi essere* ① (METEO) blitzen ② (*apparire improvvisamente*) aufblitzen; **mi è balenata un'eccellente idea** mir ist eine glänzende Idee gekommen
**baleniera** [bale'niɛ:ra] *f* ① (NAUT) Walfangboot *nt*, Walfänger *m* ② (NAUT, MIL) Beiboot *nt* **baleno** [ba'le:no] *m* Blitz *m*; (*di luce*) Lichtstrahl *m*; **in un ~** (*fig*) blitzschnell, im Nu
**balenottera** [bale'nɔttera] *f* Furchenwal *m*
**balera** [ba'lɛ:ra] *f* Tanzlokal *nt* (*in Vorstadtvierteln*)
**balestra** [ba'lɛstra] *f* ① (MOT) Blattfeder *f* ② (MIL) Armbrust *f*
**Bali** ['ba:li] Bali *nt*; **l'isola di ~** die Insel Bali
**balia**[1] ['ba:lia] <-ie> *f* (*donna*) Amme *f*; **~ asciutta** Kindermädchen *nt*; **avere bisogno della ~** (*fig*) ein Kindermädchen brauchen
**balìa**[2] [ba'li:a] *f* (*potere*) Gewalt *f*, Willkür *f*; **essere in ~ della sorte** (*fig*) ein Spielball des Schicksals sein
**balinese** [bali'ne:se] I. *agg* balinesisch II. *mf* (*abitante*) Balinese *m*, Balinesin *f*
**balistica** [ba'listika] <-che> *f* Ballistik *f*
**balistico, -a** [ba'listiko] <-ci, -che> *agg* ballistisch
**balla** ['balla] *f* ① (COM) Ballen *m* ② (*fig fam: frottola*) [Lügen]märchen *nt*, Stuss *m*; **non raccontare -e!** erzähl keine Märchen!
**ballabile** [bal'la:bile] I. *agg* tanzbar II. *m* Tanzstück *nt*
**ballare** [bal'la:re] I. *vt* tanzen II. *vi* ① (MUS) tanzen; **~ dalla** [*o* **per la**] **gioia** vor Freude tanzen ② (NAUT) schlingern ③ (*abiti*) schlottern; (*oggetti*) wackeln; **il cappotto mi balla addosso** der Mantel schlottert mir am Leib **ballata** [bal'la:ta] *f* Ballade *f*
**ballerina** [balle'ri:na] *f* ① (*scarpa*) Ballerina *f*, Ballerinaschuh *m* ② (ZOO) Bachstelze *f* **ballerino, -a** [balle'ri:no] I. *m*, *f* Balletttänzer(in) *m(f)*; (*donna*) Ballerina *f*; (*danzatore*) Tänzer(in) *m(f)*; **prima -a** Primaballerina *f* II. *agg* tanzend; **terre -e** Erdbebengebiete *ntpl* **balletto** [bal'letto] *m* Ballett *nt*

**ballo** ['ballo] *m* ❶ (*atto, arte di ballare*) Tanzen *nt;* **corpo di ~** Ballett *nt,* Corps de ballet *nt* ❷ (*danza*) Tanz *m;* **mi permette questo ~?** darf ich um diesen Tanz bitten? ❸ (*festa da ~*) Ball *m,* Tanzfest *nt* ❹ (*fig*) **essere in ~** auf dem Spiel stehen; **tirare in ~ qc** etw ins Spiel bringen; **quando si è in ~, bisogna ballare** (*prov*) wer A sagt, muss auch B sagen **ballonzolare** [ballontso'la:re] *vi* ❶ (*saltellare*) herumhüpfen ❷ (*ballare goffamente*) tapsen, wie ein Trampel|tier| tanzen ❸ (*scuotere*) umherschwingen

**ballotta** [bal'lɔtta] *f* gesottene Kastanie

**ballottaggio** [ballot'taddʒo] <-ggi> *m* Stichwahl *f;* (SPORT) Titelentscheidungskampf *m*

**balneabile** [balne'a:bile] *agg* für den Badebetrieb frei gegeben **balneabilità** [balneabili'ta] <-> *f* Bademöglichkeit, -tauglichkeit *f* **balneare** [balne'a:re] *agg* Bade-; **stagione ~** Badesaison *f;* **stazione ~** Badeort *m* **balneazione** [balneat'tsio:ne] *f* Badebetrieb *m;* (*nel mare*) Baden *nt* im Meer; **divieto di ~** Badeverbot *nt*

**baloccare** [balok'ka:re] I. *vt* beschäftigen, unterhalten II. *vr* **-rsi** (*fam*) [herum]spielen; (*gingillarsi*) herumtrödeln

**balocco** [ba'lɔkko] <-cchi> *m* (*per bambini*) Spielzeug *nt*

**balorda** *f v.* **balordo**

**balordaggine** [balor'daddʒine] *f* Blödsinn *m,* Hirnrissigkeit *f*

**balordo, -a** [ba'lordo] I. *agg* blöd|sinnig|, dämlich, hirnrissig II. *m, f* Dummkopf *m,* Schafskopf *m*

**balsamico, -a** [bal'sa:miko] <-ci, -che> *agg* ❶ (MED) balsamisch, Balsam-; **pomata -a** Balsam *m,* Heilsalbe *f* ❷ (*fig: salubre*) gesund, sauber; **aria -a** [wohltuend] gesunde Luft **balsamo** ['balsamo] *m* (*a. fig*) Balsam *m*

**baltico, -a** ['baltiko] <-ci, -che> *agg* baltisch; **il |Mar| Baltico** die Ostsee

**baluardo** [balu'ardo] *m* Schutzwall *m;* (*a. fig*) Bollwerk *nt*

**baluci** [ba'lu:tʃi] I.<inv> *agg* belutschisch II.<-> *mf* (*abitante*) Belutsche *m,* Belutschin *f* III.<*sing*> *m* (*lingua iranica*) Belutschisch(e) *nt*

**baluginare** [baludʒi'na:re] *vi essere* ❶ (*apparire e sparire*) blitzartig auftauchen und wieder verschwinden; (*luce*) aufflackern ❷ (*fig: balenare*) aufkommen

**balza** ['baltsa] *f* ❶ (*di vestito*) Volant *m* ❷ (GEOG) Steilhang *m* ❸ (ARCH) Sockel *m,* Borte *f*

**balzano, -a** [bal'tsa:no] *agg* (*fig: persona*) eigentümlich

**balzare** [bal'tsa:re] *vi essere* ❶ (*saltare di scatto*) [hoch]springen, hüpfen, [empor|schnellen; **~ in piedi** aufspringen, auf die Beine springen ❷ (*fig: risaltare*) springen; **~ agli occhi** in die Augen springen; **le balzò il cuore in gola** das Herz klopfte ihr bis zum Hals **balzellare** [baltsel'la:re] *vi* hüpfen **balzelloni** [baltsel'lo:ni] *avv* **a ~** in Sprüngen **balzo** ['baltso] *m* Sprung *m,* Satz *m;* **prendere [o cogliere] la palla al ~** (*fig*) die Gelegenheit ergreifen [o beim Schopfe packen]

**bambacione, -a** [bamba'tʃo:ne] *m, f v.* **bambagione**

**bambagia** [bam'ba:dʒa] <-gie> *f* (*fig*) Watte *f;* **allevare [o tenere] qu nella ~** jdn in Watte packen; **stare [o vivere] nella ~** (*fig*) wohl behütet leben

**bambagione, -a** [bamba'dʒo:ne] *m, f* gutmütiger, aber einfältiger Mensch

**bamberottolo, -a** [bambe'rɔttolo] *m, f* (*fam*) Pummelchen *nt,* Dickerchen *nt*

**bambina** *f v.* **bambino**

**bambinaia** [bambi'na:ia] <-aie> *f* Kindermädchen *nt* **bambinata** [bambi'na:ta] *f* Kinderstreich *m,* Kinderei *f* **bambinesco, -a** [bambi'nesko] <-schi, -sche> *agg* kindisch, albern **bambinità** [bambini'ta] <-> *f* Kindlichkeit *f,* Infantilität *f*

**bambino, -a** [bam'bi:no] I. *m, f* ❶ Kind *nt;* (*maschio*) Junge *m,* Bub *m A,* südd; (*femmina*) Mädchen *nt;* **aspettare un ~** (*fam*) ein Kind erwarten ❷ (*fig scherz*) Kindskopf *m,* kleines Kind; **non fare il ~!** sei nicht kindisch! II. *agg* naiv, kindlich **bambinone, -a** [bambi'no:ne] *m, f* (*fam*) ❶ (*bambino robusto*) kräftiges Kind ❷ (*scherz*) Kindskopf *m*

**bamboccio** [bam'bɔttʃo] <-cci> *m* (*fam*) ❶ (*bambino*) Pummelchen *nt,* Dickerchen *nt* ❷ (*fantoccio*) Puppe *f* ❸ (*fig: semplicione*) Einfaltspinsel *m*

**bambola** ['bambola] *f* ❶ (*per bambini*) Puppe *f* ❷ (*fig: donna bella*) [süße] Puppe *f* **bamboleggiare** [bamboled'dʒa:re] *vi* sich affektiert benehmen, geziert tun **bambolotto** [bambo'lɔtto] *m* Püppchen *nt,* Puppe *f*

**bambù** [bam'bu] <-> *m* Bambus *m;* (*canna*) Bambusrohr *nt*

**banale** [ba'na:le] *agg* banal **banalità** [banali'ta] <-> *f* Banalität *f* **banalizzare** [banalid'dza:re] *vt* banalisieren **banalizzazione** [banaliddzat'tsio:ne] *f* Banalisierung *f*

**banana** [ba'na:na] *f* ❶ (*frutto*) Banane *f* ❷ (*di capelli*) Haarknoten *f* **banana split** [bə'na:na split] <- *o* banana splits> *f* Bananensplit *m*
**bananeto** [bana'ne:to] *m* Bananenplantage *f* **banano** [ba'na:no] *m* Bananenstaude *f*
**banca** ['baŋka] <-che> *f* Bank *f*; **biglietto di** ~ Banknote *f*; ~ [**dei**] **dati** (INFORM) Datenbank *f*; ~ **del sangue** Blutbank *f*; **andare in** [*o* **alla**] ~ auf die [*o* zur] Bank gehen; **Banca centrale europea** (*Unione europea*) Europäische Zentralbank *f*; **il comitato esecutivo della Banca centrale europea** das Direktorium der Europäischen Zentralbank
**bancarella** [baŋka'rɛlla] *f* Marktstand *m*, Verkaufsstand *m*
**bancario, -a** [baŋ'ka:rio] <-i, -ie> I. *agg* Bank-; **coordinate -ie** Bankverbindung *f*; **sistema** ~ Bankensystem *nt*; **estratto** ~ Bankauszug *m* II. *m, f* Bankangestellte(r) *f(m)*
**bancarotta** [baŋka'rotta] *f* Bankrott *m*
**banchettare** [baŋket'ta:re] *vi* ❶ (*partecipare ad un banchetto*) an einem Bankett teilnehmen ❷ (*mangiare e bere*) schlemmen, tafeln
**banchetto** [baŋ'ketto] *m* ❶ (*piccolo banco*) Bänkchen *nt*; (*bancarella*) Verkaufsstand *m* ❷ (*pranzo*) Bankett *nt*, Festmahl *nt*
**banchiere, -a** [baŋ'kiɛ:re] *m, f* ❶ (FIN) Bankier *m* ❷ (*nei giochi d'azzardo*) Bankhalter(in) *m(f)*
**banchina** [baŋ'ki:na] *f* ❶ (NAUT) Kai *m*, Mole *f*; ~ **di carico/di scarico** Laderampe *f* ❷ (FERR) Bahnsteig *m* ❸ (*per ciclisti*) Radweg *m*; (*per pedoni*) Fußgängerweg *m*; ~ **spartitraffico** Mittelstreifen *m*
**banchinare** [baŋki'na:re] *vt* am Kai anlegen
**banchisa** [baŋ'ki:za] *f* Packeis *nt*
**banco** ['baŋko] <-chi> *m* ❶ (*sedile*) [Sitz]bank *f*; ~ **degli imputati** [*o* **accusati**] Anklagebank *f*; ~ **della giuria** Geschworenenbank *f*; **scaldare i -chi** (*fig*) die Schulbank drücken ❷ (*di bar*) Theke *f*; (*di negozio*) Ladentisch *m*, Theke *f*; **passare qc sotto** ~ (*fig*) etw unter der Hand weitergeben ❸ (COM) Stand *m* ❹ (FIN) Bank *f*, Geldinstitut *nt*; ~ **del lotto** Lottoannahmestelle *f* ❺ (GEOG) Bank *f*, Schicht *f*; ~ **di nebbia** Nebelbank *f*; ~ **di corallo** Korallenriff *nt*; ~ **di ghiaccio** Eisbank *f*; ~ **di pesci** [Fisch]schwarm *m* ❻ (TEC) Werkbank *f*; ~ **di prova** Prüfstand *m*
**bancogiro** [baŋko'dʒi:ro] *m* Giroverkehr *m*
**bancomat** [baŋko'mat *o* 'baŋkomat] <-> *m* ❶ (*servizio automatizzato*) Geldautomat *m*; **prelevare soldi al** ~ am Automat Geld abheben ❷ (*tessera*) Scheckkarte *f*
**bancone** [baŋ'ko:ne] *m* (*di banca, biglietteria*) Schalter *m*; (*di bar*) Theke *f*, Tresen *m*
**banconota** [baŋko'nɔ:ta] *f* Banknote *f*
**bancoposta** [baŋko'pɔsta] <-> *m* Postbank *f*
**band** [bænd] <-> *f* Band *f*
**banda** ['banda] *f* ❶ (MUS) [Musik]kapelle *f* ❷ (*striscia*) Band *nt* ❸ (INFORM) Band *nt*; ~ **perforata** Lochstreifen *m* ❹ (*di malviventi*) Bande *f*; (*scherz: cricca*) Clique *f* ❺ (MIL) Truppe *f* ❻ (PHYS) Band *nt*, Bandbreite *f*
**banderuola** [bande'ruɔ:la] *f* Wetterfahne *f*; (*piccola bandiera*) Wimpel *m*, Fähnchen *nt*
**bandiera** [ban'diɛ:ra] *f* Fahne *f*, Flagge *f*; ~ **bianca** weiße Flagge; **cambiare** [*o* **mutare**] ~ (*fig*) ins andere Lager überwechseln **bandierina** [bandie'ri:na] *f* ❶ (*piccola bandiera*) Fähnchen *nt* ❷ (INFORM) ~ **elettronica** Flag *nt* ❸ (*calcio*) Eckfahne *f*; **tiro dalla** ~ (*calcio d'angolo*) Eckball *m*, Corner *m* A
**bandire** [ban'di:re] <bandisco> *vt* ❶ (*concorso*) ausschreiben ❷ (*esiliare*) verbannen, verstoßen
**bandita** [ban'di:ta] *f* (*di caccia*) Schongehege *nt*; (*di pesca*) Schongewässer *nt*
**banditismo** [bandi'tizmo] *m* Banditentum *nt*
**bandito** [ban'di:to] *m* ❶ (*fuorilegge*) Kriminelle(r) *m*, Bandit *m* ❷ (*messo al bando*) Verbannte(r) *m*, Geächtete(r) *m*
**bandito, -a** *agg* verbannt, geächtet
**banditore, -trice** [bandi'to:re] *m, f* (*all'asta*) Versteigerer *m*/Versteigerin *f*, Auktionator(in) *m(f)* **bando** ['bando] *m* ❶ (*pubblico annuncio*) [öffentliche] Bekanntmachung *f*; (*di concorso*) Ausschreibung *f* ❷ (*esilio*) Verbannung *f*, Exil *nt*; **mettere al** ~ (*a. fig*) verbannen; ~ **a ...** Schluss mit ...; ~ **agli scherzi!** Spaß beiseite!
**bandolo** ['bandolo] *m* Stranganfang *m*; **perdere il** ~ **della matassa** (*fig*) den Faden verlieren; **trovare il** ~ **della matassa** (*fig*) des Rätsels Lösung finden

**bandone** [ban'do:ne] *m* ❶ (*saracinesca*) Rollladen *m* ❷ (*lastra metallica*) Eisenblech *nt*

**bang** [baŋg] I. *int* peng II. <-> *m* ~ **sonico** Überschallknall *m*

**banjo** ['bændʒou *o* 'bandʒo] <-> *m* Banjo *nt*

**banketing manager** ['bæŋketiŋ 'mænidʒə] <-> *m* Bankettorganisator *m*, Bankettmanager *m*

**BANKITALIA** *f acro di* **BANCa d'ITALIA** *italienische Zentralnotenbank*

**banner** ['banner] <-> *m* (INFORM) Banner *nt;* **campagna ~** Bannerkampagne *f*

**baobab** [bao'bab] <-> *m* Affenbrotbaum *m*

**bar** [bar] <-> *m* ❶ (*locale*) [Steh]café *nt*, Lokal *nt* ❷ (*mobile*) [Haus]bar *f* ❸ (PHYS) Bar *nt*

**BAR** *abbr di* **Battaglione Addestramento Reclute** *Ausbildungsbataillon für Rekruten*

**bara** ['ba:ra] *f* (*feretro*) Bahre *f*, Sarg *m;* **avere un piede nella ~** (*fig*) mit einem Fuß im Grabe stehen; **fino alla ~ sempre si impara** (*prov*) man lernt nie aus

**barabba** [ba'rabba] <-> *m* Gauner *m*

**baracca** [ba'rakka] <-cche> *f* ❶ (*catapecchia*) Baracke *f*, Schuppen *m* ❷ (*nelle fiere*) Bude *f*, Stand *m* ❸ (*fig fam*) Laden *m*, Schuppen *m;* **mandare avanti la ~** (*fam*) den Laden schmeißen; **piantare ~ e burattini** (*fig*) den Bettel hinwerfen

**baraccare** [barak'ka:re] I. *vi* avere ❶ (*costruire baracche*) Baracken aufstellen ❷ (*fig: divertirsi*) ausgelassen sein, feiern; **abbiamo baraccato fino a tardi** wir haben bis spät in die Nacht gefeiert II. *vt* in Baracken unterbringen; **~ i terremotati** die Erdbebenopfer in Notunterkünften unterbringen **baraccato, -a** [barak'ka:to] I. *agg* in Baracken untergebracht II. *m, f* Barackenbewohner(in) *m(f)* **baracchino** [barak'ki:no] *m* (*fam: chiosco*) Bude *f*, Kiosk *m* **baraccone** [barak'ko:ne] *m* große Baracke; (*nelle fiere*) Jahrmarktbude *f*, Kirmesbude *f* **baracconismo** [barakko'nizmo] *m* Zurschaustellung *f*, Entblößung *f* **baracconista** [barakko'nista] <-i *m*, -e *f*> *mf* Schausteller(in) *m(f)* **baraccopoli** [barak'ko:poli] <-> *f* Barackensiedlung *f*, Armenviertel *m*

**baraonda** [bara'onda] *f* [großes] Durcheinander, Zirkus *m fam*

**barare** [ba'ra:re] *vi* ❶ (*al gioco*) falschspielen ❷ (*imbrogliare*) betrügen, schummeln *fam*

**baratro** ['ba:ratro] *m* Abgrund *m*

**barattare** [barat'ta:re] *vt* [ein]tauschen; **~ qc con qc** etw gegen etw [ein]tauschen

**baratto** [ba'ratto] *m* Tausch[handel] *m*

**barattolo** [ba'rattolo] *m* Büchse *f*, Dose *f;* (*di vetro*) Glas *nt*

**barba** ['barba] *f* ❶ (*dell'uomo*) Bart *m;* **farsi la ~** sich rasieren ❷ (*fig*) Langeweile *f;* **che ~ quel tipo!** (*fig*) was für ein Langweiler!; **che ~!** (*fig fam*) so was Ödes! ❸ (*loc*) **farla in ~ a qu** (*fig*) jdn hinters Licht führen; **far venire la ~** (*fig*) langweilig sein; **in ~ a qu/qc** (*fig*) jdm/einer Sache zum Trotz

**barbabietola** [barba'bie:tola] *f* rote Rübe, rote Bete; **~ da zucchero** Zuckerrübe *f*

**barbablù** [barba'blu] <-> *m* Blaubart *m*

**barbagianni** [barba'dʒanni] <-> *m* ❶ (ZOO) Schleiereule *f* ❷ (*fig pej: sciocco*) Trottel *m*, Tölpel *m*

**barbaglio** [bar'baʎʎo] <-gli> *m* Blendung *f;* (*luce*) grelles Licht

**barbaresco** [barba'resko] <-schi> *m* Barbaresco *m* (*Rotwein aus dem Piemont*)

**barbarico, -a** [bar'ba:riko] <-ci, -che> *agg* barbarisch **barbarie** [bar'ba:rie] <-> *f* Barbarei *f* **barbarismo** [barba'rizmo] *m* Barbarismus *m*

**barbaro** ['barbaro] *m* (*a. fig*) Barbar *m*

**barbaro, -a** *agg* (*a. fig*) barbarisch

**barbecue** [ba:bikju:] <-> *m* Grillfest *nt*, Grillen *nt;* (*griglia*) [Garten]grill *m*

**barbera** [bar'bɛ:ra] *m* Barbera *m* (*trockener Rotwein aus dem Piemont*)

**barbero** ['barbero] *m* (*cavallo berbero*) Berber *m*, Berberpferd *nt;* (*cavallo veloce*) schnelles Pferd

**barbetta** [bar'betta] *f* (*piccola barba*) Bärtchen *nt*

**barbie** ['barbi] <- *o* **barbies**> *f* Barbie[puppe] *f*

**barbiere** [bar'bie:re] *m* [Herren]friseur *m*

**barbino, -a** [bar'bi:no] *agg* (*fam*) jämmerlich, mies; **fare una figura -a** eine jämmerliche Figur abgeben

**barbitonsore** [barbiton'so:re] *m* (*scherz*) Barbier *m obs*

**barbiturato** [barbitu'ra:to] *m* (CHEM) Barbiturat *nt*

**barbiturico** [barbi'tu:riko] <-ci> *m* Barbiturat *nt*

**barbogio, -a** [bar'bɔ:dʒo] <-gi, -gie *o* -ge> *agg* tatt[e]rig; **un vecchio ~** (*pej*) ein Tattergreis *m*

**barbone** [bar'bo:ne] *m* ❶ (*lunga barba*) langer Bart, Vollbart *m* ❷ (*persona con barba*) Bärtige(r) *m* ❸ (*pej: vagabondo*)

Landstreicher *m*, Penner *m fam* ④ (ZOO) Pudel *m*

**barboso, -a** [bar'bo:so] *agg* (*fig*) langweilig, öde *fam*

**barbuto, -a** [bar'bu:to] *agg* bärtig

**barca** ['barka] <-che> *f* ① (NAUT) Boot *nt*; ~ **a remi** Ruderboot *nt*; ~ **a vela** Segelboot *nt*; **andare in** ~ mit dem Boot fahren; **la** ~ **fa acqua da tutte le parti** (*fig fam*) da ist überall der Wurm drin ② (*fig fam: famiglia, lavoro e propri affari*) Laden *m*; **siamo tutti nella** [*o* **sulla**] **stessa** ~ (*fig*) wir sitzen alle in einem Boot ③ (*fig fam: mucchio*) Menge *f*; **avere una** ~ **di soldi** (*fig fam*) einen Haufen Geld haben

**barcaiolo** [barka'jɔ:lo] *m* Bootsführer *m*; (*traghettatore*) Fährmann *m*; (*chi noleggia barche*) Bootsverleiher *m*

**barcamenarsi** [barkame'narsi] *vr* sich durchschlängeln

**barcarola** [barka'rɔ:la] *f* (MUS) Barkarole *f*

**barcata** [bar'ka:ta] *f* ① (*fig fam: mucchio*) Haufen *m*, Menge *f* ② (NAUT) Schiffsladung *f*

**barchettone** [barket'to:ne] *m* Cassonebett *nt* (*großes Bett im Stil der italienischen Renaissance*)

**barcollamento** [barkolla'mento] *m* Wanken *nt*, Taumeln *nt*

**barcollare** [barkol'la:re] *vi* ① (*vacillare*) wanken, taumeln ② (*fig: perdere autorità, stabilità*) wanken **barcollio** [barkol'li:o] <-ii> *m* fortgesetztes Schwanken **barcolloni** [barkol'lo:ni] *avv* wankend, taumelnd; **andare a** ~ taumeln

**barcone** [bar'ko:ne] *m* großer Kahn; (*ponte di barche*) Ponton *m*

**bardare** [bar'da:re] I. *vt* (*cavallo*) anschirren II. *vr* **-rsi** (*scherz*) sich auftakeln

**bardatura** [barda'tu:ra] *f* ① (*del cavallo*) Geschirr *nt*, Sattelzeug *nt* ② (*scherz*) Aufmachung *f*

**bardo** ['bardo] *m* Barde *m*

**bardolino** [bardo'li:no] *m* Bardolino *m* (*trockener Rotwein aus Venetien*)

**barella** [ba'rɛlla] *f* Tragbahre *f*

**barese** [ba're:se] I. *agg* aus Bari stammend, baresisch II. *mf* (*abitante*) Einwohner(in) *m(f)* von Bari

**Barese** <*sing*> *m* Gebiet *nt* um Bari

**bargiglio** [bar'dʒiʎʎo] <-gli> *m* (ZOO) [Hals]lappen *m*

**Bari** *f* Bari *nt* (*Haupstadt Apuliens*)

**baricentro** [bari'tʃɛntro] *m* Baryzentrum *nt*, Schwerpunkt *m*

**barile** [ba'ri:le] *m* Fass *nt* **barilotto** [bari'lɔtto] *m* ① (*per vino, olio*) Fässchen *nt* ② (*fig fam pej: persona piccola e tozza*) [fetter] Mops *m*

**bario** ['ba:rio] *m* Barium *nt*

**barista** [ba'rista] <-i *m*, -e *f*> *mf* ① (*chi lavora in un bar*) Barkeeper *m*/Barfrau *f*, Bedienung *f* [im Café] ② (*proprietario*) Wirt(in) *m(f)*, Lokalbesitzer(in) *m(f)*

**baritonale** [barito'na:le] *agg* baritonal, Bariton-

**baritono** [ba'ri:tono] *m* (MUS) Bariton *m*

**baritono, -a** *agg* (LING) Barytonon-

**barlume** [bar'lu:me] *m* fahler Lichtschein; (*a. fig*) Schimmer *m*; ~ **di speranza** Hoffnungsschimmer *m*

**barman** ['ba:maɔn *o* 'ba:man] <-> *m* Barkeeper *m*, Barmixer *m*

**baro, -a** ['ba:ro] *m, f* ① (*al gioco*) Falschspieler(in) *m(f)*, Mogler(in) *m(f) fam*, Schummler(in) *m(f) fam* ② (*truffatore*) Betrüger(in) *m(f)*

**barocchetto** [barok'ketto] *m* Spätbarock *nt o m* **barocchismo** [barok'kizmo] *m* barocker Stil; (*pej*) Schwulst *m*

**barocco** [ba'rɔkko] *m* Barock *nt o m*

**barocco, -a** <-cchi, -cche> *agg* ① (*proprio del barocco*) barock, Barock- ② (*fig pej: fastoso*) schwülstig

**barolo** [ba'rɔ:lo] *m* Barolo *m* (*Rotwein aus dem Piemont*)

**barometrico, -a** [baro'mɛtriko] *agg* barometrisch

**barometro** [ba'rɔ:metro] *m* Barometer *nt*

**baronaggio** [baro'naddʒo] <-ggi> *m* Baronie *f* **baronale** [baro'na:le] *agg* des Barons, die Baronie betreffend

**barone, -essa** [ba'ro:ne, baro'nessa] *m, f* ① (*titolo*) Baron(in) *m(f)* ② (*fig*) Boss *m*, Magnat *m*; **i -i della finanza** die Finanzbosse *mpl* **baronia** [baro'ni:a] <-ie> *f* ① (*titolo, dominio*) Baronie *f* ② (*fig: potere economico*) Magnatentum *nt*

**barra** ['barra] *f* ① (*asta*) Stab *m*; (TEC, MOT) Stange *f* ② (NAUT) [Ruder]pinne *f* ③ (JUR) Schranke *f* [im Gerichtssaal] ④ (*segno grafico*) [Schräg]strich *m* ⑤ (*di metalli*) Barren *m* ⑥ (INFORM) Schaltfläche *f*; ~ **dei menu** Menüleiste *f*; ~ **di navigazione** Navigationsleiste *f*; ~ **dei task** Taskleiste *f*; ~ **del titolo** Titelleiste *f*; ~ **di scorrimento** Bildlaufleiste *f*

**barricare** [barri'ka:re] I. *vt* verbarrikadieren II. *vr* **-rsi** sich verbarrikadieren, sich einschließen; **-rsi in casa** sich zu Hause verkriechen; **-rsi in un silenzio assoluto** sich in absolutes Schweigen hüllen **barri-**

barricata → basso

**cata** [barri'ka:ta] *f* Barrikade *f*; **andare sulle -e** (*fig*) auf die Barrikaden gehen
**barriera** [bar'rjɛ:ra] *f* ① (*sbarramento*) Barriere *f*, Schranke *f*, Sperre *f*; (FERR) [Bahn]schranke *f*; ~ **doganale** Zollschranke *f* ② (*fig: impedimento*) Hindernis *nt*, Barriere *f*; **le -e sociali** die sozialen Schranken ③ (GEOG) Riff *nt*, Bank *f*; ~ **corallina** Korallenriff *nt* ④ (SPORT: *nel calcio*) Mauer *f*
**barrire** [bar'ri:re] <barrisco, barrisci> *vi* (*elefante*) trompeten **barrito** [bar'ri:to] *m* Ruf *m* [*o* Trompeten *nt*] des Elefanten
**barrocciaio** [barrot'tʃa:io] <-ai> *m* Fuhrmann *m*, Wagenführer *m* **barroccino** [barrot'tʃi:no] *m* Handwagen *m* **barroccio** [bar'rɔttʃo] <-cci> *m* Karren *m*
**baruffa** [ba'ruffa] *f* [heftiger] Streit *m*, Zank *m*; (*zuffa*) Rauferei *f*; **far ~** [heftig] streiten, zanken; (*in modo violento*) raufen
**barzelletta** [bardzel'letta] *f* Witz *m*; **raccontare -e** Witze erzählen **barzellettistica** [bardzellet'tistika] <-che> *f* Witze *fpl*, Genre *nt* des Schwanks [*o* der Burleske] **barzellettistico, -a** [bartsellet'tistiko] <-ci, -che> *agg* den Schwank betreffend, burlesk; **umorismo ~** burleske Komik
**basale** [ba'za:le] *agg* ① (*relativo alla base*) Basal- ② (*fig: essenziale*) Basis-
**basalto** [ba'zalto] *m* Basalt *m*
**basamento** [baza'mento] *m* ① (ARCH) Fundament *nt*, Grundmauern *fpl* ② (MOT) Kurbelgehäuse *nt* ③ (*di monumento, mobile*) Sockel *m*
**basare** [ba'za:re] I. *vt* ① (*fig: fondare*) ~ **qc su qc** etw auf etw *acc* [be]gründen ② (*statua*) stellen; (*edificio*) bauen II. *vr* **-rsi** (*a. fig*) sich stützen; **-rsi su qc** sich auf etw *acc* stützen, auf etw basieren
**basco** ['basko] <-schi> *m* Baskenmütze *f*
**basco, -a** <-schi, -sche> I. *agg* baskisch II. *m, f* Baske *m*/Baskin *f*
**basculante** [basku'lante] *agg* ① Schwenk-, Schwing-; **porta ~** Schwingtür *f* ② (*di fucile*) Kipplauf-; **canna ~** Kipplauf *m*, Gewehrlauf *m* mit Knickgelenk
**basculare** [basku'la:re] *vi* (*oscillare*) schwingen
**basculla** [bas'kulla] *f* Brückenwaage *f*
**bascullare** [baskul'la:re] *vi* (*oscillare*) schwingen
**base** ['ba:ze] *f* ① (*fig*) Fundament *nt*, Basis *f*; **a ~ di** auf der Grundlage von; **in ~ a** aufgrund [*o* auf Grund] +*gen*; **gettare** [*o* **porre**] **le -i di qc** zu etw den Grund legen; **essere privo di ~** ohne Grundlage sein; **mancare di -i** jeder Grundlage entbehren ② (MIL) Basis *f*, Stützpunkt *m*; ~ **aerea** Luftwaffenstützpunkt *m*; ~ **navale** Flottenstützpunkt *m* ③ (ASTR) Station *f*; ~ **spaziale** Raumstation *f* ④ (MAT) Basis *f*, Grundzahl *f* ⑤ (CHEM) Base *f* ⑥ (SPORT: *baseball*) Base *nt* ⑦ (POL) Basis *f* ⑧ (COM) ~ **negoziale** Verhandlungsgrundlage *f*
**baseball** ['beisbɔ:l *o* 'bɛsbɔl] <-> *m* Baseball *m*
**basetta** [ba'zetta] *f* Koteletten *fpl*
**basicità** [bazitʃi'ta] <-> *f* Basizität *f*
**basico, -a** ['ba:ziko] <-ci, -che> *agg* basisch **basificazione** [bazifikat'tsio:ne] *f* (CHEM) Basenbildung *f*, Umwandlung *f* in eine Base
**basilare** [bazi'la:re] *agg* grundlegend **basilarità** [basilari'ta] <-> *f* Grundprinzip *nt*, Grundsätzlichkeit *f*
**Basilea** [bazi'lɛ:a] I. *m* (*cantone*) Basel *nt* II. *f* (*città*) Basel *nt*
**basilica** [ba'zi:lika] <-che> *f* Basilika *f*; **la Basilica di San Pietro** der Petersdom
**Basilicata** [bazili'ka:ta] *f* Basilicata *f*
**basilico** [ba'zi:liko] *m* Basilikum *nt*
**basilisco** [bazi'lisko] <-schi> *m* Basilisk *m*; **fissare qu come un ~** jdn ansehen, als ob man ihn [mit Blicken] töten wollte
**basire** [ba'zi:re] <basisco, basisci> *vi essere* in Ohnmacht fallen
**basista** [ba'zista] <-i *m*, -e *f*> *mf* Basispolitiker(in) *m(f)*
**basito, -a** [ba'zi:to] *agg* benommen; **rimaner ~** benommen sein
**basketball** ['ba:skitbɔ:l *o* 'basketbol] <-> *m* Basketball *m*
**bassa** ['bassa] *f* Tiefebene *f*; **la ~ padana** die Poebene
**bassezza** [bas'settsa] *f* ① (*fig: viltà*) Niederträchtigkeit *f*, Niedrigkeit *f*; (*pochezza*) Armseligkeit *f*; (*azione vile*) Gemeinheit *f*; ~ **d'animo** Verworfenheit *f* ② (*di statura*) Kleinwuchs *m*
**bassifondi** *pl di* **bassofondo**
**bassipiani** *pl di* **bassopiano**
**basso** ['basso] *m* ① (*parte inferiore*) unterer Teil, tief gelegener Teil; (*di casa*) Untergeschoss *nt*; **cadere in ~** (*fig*) tief sinken ② (MUS) Bass *m*; **chiave di ~** Bassschlüssel *m*
**basso, -a** <più basso *o* inferiore, bassissimo *o* infimo> I. *agg* ① (*di statura*) klein; (*acqua, muro*) niedrig; (*tacco*) flach ② (*prezzi*) niedrig ③ (*voce*) leise; (MUS) tief ④ (HIST) spät, Spät-; **il ~ Medioevo** das späte Mittelalter ⑤ (*ricorrenza*) früh;

quest'anno la Pasqua è -a dieses Jahr ist Ostern früh ⓖ (soc: *ceti*, *classi*) untere(r, s), niedrig ⓖ (*fig*: *vile*) niedrig, niederträchtig; **gli istinti -i** die niederen Instinkte *mpl* ⓖ (*di paese*) **Bassa Italia** Süditalien *nt;* **i Paesi Bassi** die Niederlande ⓖ (*loc*) **-a stagione** (*inizio dell'anno*) Vorsaison *f;* (*fine dell'anno*) Nachsaison *f;* **tenere gli occhi -i** die Augen niederschlagen; **guardare qu dall'alto in ~** jdn von oben herab betrachten **II.** *avv* ⓖ (*in basso*) [nach] unten, zu Boden ⓖ (*a bassa voce*) leise

**bassofondo** [basso'fondo] <bassifondi> *m* ⓖ *pl* (soc) Unterwelt *f;* (*quartieri*) Elendsviertel *ntpl* ⓖ (NAUT) Untiefe *f*

**bassoforno** [basso'forno] <bassiforni> *m* (TEC) Niederschachtofen *m*

**bassopiano** [basso'pia:no] <-i *o* bassipiani> *m* Tiefebene *f*

**bassorilievo** [bassori'liɛ:vo] *m* Basrelief *nt*

**bassotto** [bas'sɔtto] *m* (ZOO) Dackel *m*

**basta** ['basta] *int* Schluss; **punto e ~** und damit Schluss; *v. a.* **bastare bastante** [bas'tante] *agg* genügend, ausreichend

**bastarda** *f v.* **bastardo**

**bastardaggine** [bastar'daddʒine] *f* Charakterlosigkeit *f*

**bastardo, -a** [bas'tardo] **I.** *agg* ⓖ (ZOO) nicht reinrassig ⓖ (BOT) gekreuzt, hybrid ⓖ (*persona*) unehelich ⓖ (*fig: spurio*) falsch, unecht; (*corrotto*) schlecht, gemein **II.** *m, f* (*fam pej*) Bastard *m*

**bastare** [bas'ta:re] *vi* essere (*essere sufficiente*) genügen, [aus]reichen; **~ a sé stesso** sich *dat* selbst genügen; **basta poco per essere felici** man braucht nicht viel um glücklich zu sein; **come se non bastasse** als wäre das nicht genug; **basta che ...** +*conj* wenn nur ...; **basta con** [*o* **di**] **...** Schluss mit +*dat*, genug +*gen;* **basta così** das reicht, so ist es gut; **punto e basta!** Punktum!, Schluss, aus!

**bastian contrario** [bas'tian kon'tra:rio] <-i> *m* (*fam*) ewiger Besserwisser, Nörgler *m;* **fare il ~** immer widersprechen müssen

**bastimento** [basti'mento] *m* ⓖ (*nave*) Schiff *nt* ⓖ (*carico*) Schiffsladung *f*

**bastione** [bas'tio:ne] *m* Bastion *f,* Bollwerk *nt*

**basto** ['basto] *m* ⓖ (*per muli e asini*) Packsattel *m* ⓖ (*fig: peso eccessivo*) Bürde *f,* Last *f;* **mettere il ~ a qu** jdn einspannen

**bastonare** [basto'na:re] **I.** *vt* [ver]prügeln, mit dem Stock schlagen; **sembrare un cane bastonato** (*fig*) wie ein geprügelter Hund aussehen **II.** *vr* **-rsi** sich prügeln

**bastonata** [basto'na:ta] *f* Stockschlag *m,* Stockhieb *m;* **gli dette un fracco di -e** (*fam*) er/sie hat ihm die Hucke vollgehauen **bastoncino** [baston'tʃi:no] *m* ⓖ (*piccolo bastone*) kleiner Stock, Stecken *m,* Stöckchen *nt* ⓖ (SPORT: *di sci*) Skistock *m;* (*di corsa*) [Stafetten]stab *m;* **~ di pesce** Fischstäbchen *nt* **bastone** [bas'to:ne] *m* ⓖ (*di legno*) Stock *m;* **~ da montagna** Bergstock *m;* **~ da passeggio** Spazierstock *m;* **mettere il ~ tra le ruote a qu** (*fig*) jdm [einen] Knüppel zwischen die Beine werfen ⓖ (*fig* MIL) [Befehls]gewalt *f,* Kommando *nt* ⓖ (SPORT) Schläger *m,* Stock *m* ⓖ *pl* (*di carte da gioco*) italienische Spielkartenfarbe ⓖ (*fig: sostegno*) Stütze *f;* **essere il ~ della vecchiaia di qu** (*fig*) jds Stütze im Alter sein

**batacchio** [ba'takkio] <-cchi> *m* ⓖ (*di campana*) Glockenschwengel *m* ⓖ (*di porta*) Türklopfer *m* ⓖ (AGR) Schlagstange *f*

**bataia** [bata'i:a] <-ie> *f* Goldwäschersieb *nt*

**batata** [ba'ta:ta] *f* Batate *f,* Süßkartoffel *f*

**batch processing** ['bætʃ 'prousesiŋ] <-> *m* (INFORM) Batch-Processing *nt,* Schub-, Stapelverarbeitung *f*

**batic** [ba'tik] <-> *m* Batik *m o f*

**batista** [ba'tista] <-> **I.** *f* Batist *m* **II.** *agg* Batist-, aus Batist

**batosta** [ba'tɔsta] *f* ⓖ (*fig: sconfitta*) Schlappe *f;* (*disgrazia*) [schwerer] Schlag *m* ⓖ (*colpo*) Schlag *m*

**battaglia** [bat'taʎʎa] <-glie> *f* ⓖ (MIL) Schlacht *f,* Feldzug *m;* **campo di ~** (*a. fig*) Schlachtfeld *nt;* **~ campale** Feldschlacht *f;* **dare ~ a qu/qc** jdm/etw eine Schlacht liefern ⓖ (*fig: lotta*) Kampf *m,* Schlacht *f* ⓖ (*campagna*) Kampagne *f;* **una ~ per** [*o* **contro**] **qc** eine Kampagne für [*o* gegen] etw; **~ elettorale** Wahlkampf *m* **battagliero, -a** [battaʎ'ʎɛ:ro] *agg* kämpferisch

**battaglio** [bat'taʎʎo] <-gli> *m* ⓖ (*di campana*) Glockenschwengel *m* ⓖ (*di porta*) Türklopfer *m*

**battaglione** [battaʎ'ʎo:ne] *m* Bataillon *nt*

**battelliere** [battel'liɛ:re] *m* Bootsführer *m,* Fährmann *m*

**battello** [bat'tɛllo] *m* Boot *nt,* Kahn *m*

**battente** [bat'tɛnte] *m* (*di porta e finestra*) Flügel *m;* (*di mobile*) Tür *f;* **chiudere i -i** (*fig*) schließen

**battere** ['battere] **I.** *vt* ⓖ (*dare dei colpi*) schlagen, klopfen; **~ un colpo** [einmal] schlagen; **~ le ore** die Stunden schlagen; **~ i piedi** mit den Füßen stampfen; (*fig*) [vor Wut] aufstampfen; **non so dove ~ il**

**capo** [*o* **la testa**] (*fig*) ich weiß nicht mehr ein noch aus; ~ **le ali** mit den Flügeln schlagen; ~ **le mani** [in die Hände] klatschen ❷ (*grano*) dreschen; (*carne*) klopfen ❸ (MUS: *tempo*) [an]geben, schlagen; (*tamburo*) schlagen ❹ (SPORT) schlagen; (*primato*) brechen; ~ **la punizione** den Strafstoß ausführen ❺ (FIN: *moneta*) prägen ❻ (*metallo, ferro*) hämmern, schlagen; ~ **il ferro finché è caldo** (*prov*) das Eisen schmieden, solange es heiß ist ❼ (*loc*) ~ **i denti** [dal freddo] [vor Kälte] mit den Zähnen klappern; ~ **il marciapiede** (*fam*) auf den Strich gehen; ~ **una lettera a macchina** einen Brief mit der Maschine tippen; **non** ~ **ciglio** ohne mit der Wimper zu zucken; **in un batter d'occhio** im Nu, in null Komma nichts *fam* II. *vi* ❶ (*pioggia*) prasseln; (*orologio, cuore*) schlagen; (*sole*) knallen ❷ (*bussare*) klopfen, pochen; ~ **alla porta** an die Tür klopfen ❸ (MOT, TEC) klopfen; ~ **sempre sullo stesso tasto** (*fig*) darauf herumhacken, immer auf dem gleichen Thema herumreiten III. *vr* **-rsi** ❶ (MIL) sich schlagen, kämpfen ❷ (*fig: lottare*) sich schlagen, sich auseinandersetzen; **-rsi per qc** um etw kämpfen; **-rsi il petto** (*fig*) sich *dat* an die Brust schlagen; **battersela** (*fam*) sich verdrücken
**batteria** [batte'ri:a] <-ie> *f* ❶ (*insieme di cose*) Satz *m*, Batterie *f*; (*di rubinetti*) Armaturen *fpl* ❷ (MOT, EL, MIL) Batterie *f*; (*di orologio*) Schlagwerk *nt* ❸ (MUS) Schlagzeug *nt*
**battericida**[1] [batteri'tʃi:da] <-i, -e> *agg* bakterizid, keimtötend
**battericida**[2] <-i> *m* Bakterizid *nt*, keimtötendes Mittel **batterico, -a** [bat'tɛ:riko] <-ci, -che> *agg* bakteriell, Bakterien-
**batterio** [bat'tɛ:rio] <-i> *m* Bakterie *f*
**batteriologa** *f v.* **batteriologo**
**batteriologia** [batteriolo'dʒi:a] <-gie> *f* Bakteriologie *f* **batteriologico, -a** [batterio'lɔ:dʒiko] <-ci, -che> *agg* bakteriologisch **batteriologo, -a** [batte'riɔ:logo] <-gi, -ghe> *m*, *f* Bakteriologe *m*/Bakteriologin *f*
**batterista** [batte'rista] <-i *m*, -e *f*> *mf* ❶ (MUS) Schlagzeuger(in) *m(f)* ❷ (EL) Batteriehersteller(in) *m(f)*
**battesimale** [battezi'ma:le] *agg* Tauf-; **fonte** ~ Taufbecken *nt* **battesimo** [bat'te:zimo] *m* Taufe *f*; **nome di** ~ Taufname *m*; **tenere a** ~ **qu** jds Taufpate/Taufpatin sein

**battezzando, -a** [batted'dzando] *m, f* Täufling *m*
**battezzare** [batted'dza:re] I. *vt* (*fig: denominare,* REL) taufen; **l'hanno battezzata Silvia** sie wurde auf den Namen Silvia getauft II. *vr* **-rsi** sich taufen lassen
**battibaleno** [battiba'le:no] *avv* **in un** ~ im Nu
**battibeccarsi** [battibek'karsi] *vr* sich zanken
**battibecco** [batti'bekko] <-chi> *m* Gezänk *nt*
**batticarne** [batti'karne] <-> *m* Fleischklopfer *m*
**batticuore** [batti'kuɔ:re] *m* Herzklopfen *nt*
**battigia** [bat'ti:dʒa] <-gie> *f* Strandlinie *f*
**battimani** [batti'ma:ni] *mpl*, **battimano** [batti'ma:no] *m* Beifall *m*, Applaus *m*
**battipanni** [batti'panni] <-> *m* Klopfer *m*; (*per tappeti*) Teppichklopfer *m*
**battipenna** [batti'penna] <-> (MUS) Spielplättchen *nt*
**battipista** [batti'pista] <-> *m* ❶ (SPORT) Vorläufer *m* ❷ (TEC) Planierraupe *f*; (*per la neve*) Schneeraupe *f*
**battiscopa** [battis'ko:pa] <-> *m* Fuß[boden]leiste *f*
**battista** [bat'tista] <-i *m*, -e *f*> I. *mf* Baptist(in) *m(f)*; **San Giovanni Battista** Johannes der Täufer II. *agg* Tauf-; **chiesa** ~ Baptistenkirche *f*
**battistero** [battis'tɛ:ro] *m* Taufkapelle *f*, Baptisterium *nt*
**battistrada** [battis'tra:da] <-> *m* ❶ (MOT) [Reifen]profil *nt* ❷ (SPORT) Schrittmacher *m*
**battitappeto** [battitap'pe:to] <- *o* -i> *m* Klopfsauger *m*
**battito** ['battito] *m* (*del cuore, dell'orologio*) Schlag *m*; (*della pioggia*) Prasseln *nt*
**battitore, -trice** [batti'to:re] *m, f* (SPORT) Schläger(in) *m(f)*; (*tennis*) Aufschläger(in) *m(f)* **battitrice** [batti'tri:tʃe] *f* Dreschmaschine *f* **battitura** [batti'tu:ra] *f* ❶ (TYP) Tippen *nt* ❷ (AGR) Dreschen *nt*
**battona** [bat'to:na] *f* (*dial, vulg*) Nutte *f*
**battuta** [bat'tu:ta] *f* ❶ (*percossa*) Schlag *m*, Stoß *m* ❷ (*scherz: frase spiritosa*) Witz *m*; ~ **di spirito** geistreiche Bemerkung; **avere la** ~ **pronta** schlagfertig sein ❸ (MUS) Takt *m*; ~ **d'arresto** Pause *f*, Unterbrechung *f*; (*insuccesso*) Rückschlag *m*; **alle prime -e** (*a. fig*) am Anfang ❹ (*di macchina da scrivere*) Anschlag *m* ❺ (THEAT) Einsatz *m*; (*frase*) Satz *m* ❻ (SPORT)

Abspiel *nt* ❼ (*caccia*) Treibjagd *f* ❽ (*di polizia*) Razzia *f*

**battutismo** [battu'tizmo] *m* Schlagfertigkeit *f*, Fähigkeit *f*, geistreiche Bemerkungen zu machen

**battutistico, -a** [battu'tistiko] <-ci, -che> *agg* geistreich, schlagfertig

**battuto, -a** *agg* ❶ (*rame, ferro*) gehämmert, geschmiedet; **di ferro ~** schmiedeeisern ❷ (*strada*) begangen; (*con veicolo*) befahren ❸ (GASTR: *carne*) geklopft ❹ (*sconfitto*) geschlagen

**batuffolo** [ba'tuffolo] *m* ❶ (*di cotone*) Bausch *m* ❷ (*fig: bambino*) Pummelchen *nt;* (*cane*) Mops *m*

**bau bau** ['ba:u 'ba:u] *int* wauwau

**baule** [ba'u:le] *m* ❶ (*da viaggio*) Überseekoffer *m* ❷ (MOT) Kofferraum *m* **bauletto** [bau'letto] *m* ❶ (*per oggetti femminili*) Schmuck-, Kosmetikköfferchen *nt* ❷ (*borsetta*) Handköfferchen *nt*

**bauliera** [bau'liɛːra] *f* Kofferraum *m*

**bauxite** [bauk'siːte] *f* Bauxit *m*

**bava** ['baːva] *f* ❶ (ANAT, ZOO) Schaum *m*, Schleim *m;* **avere la ~ alla bocca** Schaum vor dem Mund haben; (*fig*) [vor Wut] schäumen ❷ (*del baco da seta*) Spinnfaden *m;* (*seta fiacca*) Flockseide *f* ❸ (*loc*) **~ di vento** Windhauch *m*

**bavaglino** [bavaʎ'ʎiːno] *m* Lätzchen *nt*

**bavaglio** [ba'vaʎʎo] <-gli> *m* Knebel *m;* **mettere il ~ a qu** (*fig*) jdm einen Maulkorb anlegen

**bavagliolo** [bavaʎ'ʎɔːlo] *m* Lätzchen *nt*

**bavarese** [bava're:se] I. *agg* bay(e)risch II. *mf* Bayer(in) *m(f)*

**bavero** ['ba:vero] *m* Kragen *m;* **prendere qu per il ~** jdn beim Kragen packen; (*fig*) jdn auf den Arm nehmen

**Baviera** [ba'viɛːra] *f* Bayern *nt*

**bazar** [bad'dzar] <-> *m* ❶ (*nei paesi musulmani*) Basar *m;* (*fig* COM) Warenhaus *nt* ❷ (*fig: disordine*) Durcheinander *nt*

**bazza** ['baddza] *f* ❶ (*mento sporgente*) [vorspringendes] Kinn *nt* ❷ (*fortuna*) Glück *nt*, Dusel *m fam;* (*successo*) Erfolg *m;* **che ~!** so ein Glück!

**bazzecola** [bad'dzɛːkola] *f* Lappalie *f*, Kleinigkeit *f*

**bazzicare** [battsi'kaːre] I. *vi* verkehren; **~ con qu** mit jdm verkehren; **in questo locale bazzicano molti artisti** in diesem Lokal verkehren viele Künstler II. *vt* regelmäßig besuchen, verkehren in +*dat*

**bazzotto, -a** [bad'dzɔtto] *agg* ❶ (*uovo*) weich [gekocht] ❷ (*fig: infermiccio*) schwach, kränklich; (*alticcio*) angetrunken

**BBC** [bibi'tʃi:] *f abbr di* **blind carbon copy** (INFORM) Blindkopie *f*

**BCE** [bitʃi'eː] *f abbr di* **Banca Centrale Europea** EZB *f*

**be'** [bɛ] *int v.* beh

**bè** [bɛ] *int* (*della pecora*) bäh, mäh

**beach volley** [bi:tʃ 'vɔli] <-> *m* Beach-Volleyball *nt*

**beare** [be'aːre] I. *vt* beglücken II. *vr* **-rsi di qc** an etw *dat* Wohlgefallen [*o* Vergnügen] finden

**beat** [bi:t] I.<-> *mf* Beatnik *m;* (LIT A) Angehörige(r) *f(m)* der Beatgeneration II.<inv> *agg* Beat-

**beata** *f v.* beato

**beatificare** [beatifi'kaːre] *vt* selig sprechen

**beatificazione** [beatifikat'tsioːne] *f* Seligsprechung *f*

**beatitudine** [beati'tuːdine] *f* ❶ (REL) Seligkeit *f* ❷ (*felicità*) [Glück]seligkeit *f* **beato, -a** [be'aːto] I. *agg* ❶ (*fig: felice*) glücklich, glückselig ❷ (REL) selig; **il Beatissimo Padre** der Heilige Vater; **~ te!** (*fam*) du hast es gut!; **~ tra le donne** (*scherz*) Hahn im Korb II. *m, f* Selige(r) *f(m)*

**beau geste** [bo 'ʒɛst] <- *o* beaux gestes> *m* (*iron*) Beau geste *f*, höfliche Geste *f*

**beautiful** ['bju:təfəl] *agg* wunderschön, perfekt; **~ people** (*iron: gente mondana*) Schickeria *f*, mondäne Gesellschaft

**beauty-case** ['bju:ti 'keis] <-> *m* Kosmetikkoffer *m*

**beauty center** ['bju:ti 'sentə] <- *o* beauty centers> *m* Beauty-Center *nt*, Schönheitsinstitut *nt*

**beauty farm** ['bju:ti 'faːm] <- *o* beauty farms> *f* Beauty-, Schönheitsfarm *f*

**beauty hostess** ['bju:ti 'houstis *o* 'bjuti 'hɔstes] <-> *f* Vorführdame *f* von Kosmetika

**beauty parlour** ['bju:ti 'paːlə] <- *o* beauty parlours> *m* Schönheits-, Kosmetiksalon *m*

**bebè** [be'bɛ] <-> *m* Baby *nt*

**beccaccia** [bek'kattʃa] <-cce> *f* Waldschnepfe *f*

**beccare** [bek'kaːre] I. *vt* ❶ (ZOO) [auf]picken; (*colpire con il becco*) picken [nach] ❷ (*fam: mangiucchiare*) picken ❸ (*fig fam*) kriegen, schnappen; **~ qu sul fatto** jdn auf frischer Tat ertappen; **beccati questa!** (*fam*) da hast [*o* siehst] du's! ❹ (THEAT) ausbuhen, auspfeifen II. *vr* **-rsi** ❶ (ZOO) schnäbeln ❷ (*fam: bisticciarsi*)

sich zanken **beccata** [bek'ka:ta] *f* ❶ (*colpo*) Schnabelhieb *m* ❷ (*quantità*) Schnabel [voll] *m* ❸ (*fig* THEAT) Buhruf *m*
**beccatura** [bekka'tu:ra] *f* Picken *nt*
**beccheggiare** [bekked'dʒa:re] *vi* (NAUT, AERO) [heftig] schaukeln **beccheggio** [bek'keddʒo] <-ggi> *m* (NAUT, AERO) [heftiges] Schaukeln *nt*
**becchettare** [bekket'ta:re] *vt* picken **becchettio** [bekket'ti:o] <-ii> *m* Picken *nt*
**becchime** [bek'ki:me] *m* [Hühner-, Vogel]futter *nt*
**becchino** [bek'ki:no] *m* Totengräber *m*
**becco** ['bekko] <-cchi> *m* ❶ (*fig fam: bocca umana,* ZOO) Schnabel *m;* **mettere il ~ dappertutto** (*fam*) überall seine Nase hineinstecken; (*immischiarsi*) zu allem seinen Senf dazugeben; **restare a ~ asciutto** (*fam*) leer ausgehen; **chiudi il ~!** (*fam*) halt den Schnabel!; **non avere il ~ d'un quattrino** (*fam*) keinen roten Heller haben, blank sein ❷ (ZOO: *caprone*) [Ziegen]bock *m* ❸ (*di bricchi*) Tülle *f,* Schnabel *m* ❹ (CHEM) Brenner *m;* **~ di Bunsen** Bunsenbrenner *m* ❺ (*fam: marito di donna infedele*) Gehörnter *m,* betrogener Ehemann
**beccuccio** [bek'kuttʃo] <-cci> *m* ❶ (*di bricco*) Tülle *f,* Schnabel *m* ❷ (*per capelli*) Haarklammer *f*
**becero, -a** ['be:tʃero] I. *agg* (*tosc: pej*) primitiv, ordinär II. *m, f* (*pej*) Primitivling *m fam,* ordinäre Person
**beckettiano, -a** [bekket'tia:no] *agg* Becket-; **stile ~** Becket'scher Stil *m,* im Stile Becketts
**bed and breakfast** [bed ænd 'brekfəst] <-> *m* Bed and Breakfast *nt,* Zimmer *nt* mit Frühstück
**bee** [bɛ] *v.* **bè**
**beep** [bi:p] <-> *m* Piepton *m,* Piepsen *nt*
**beeper** ['bi:pə] <- *o* beepers> *m* Piepser *m,* Personensuchsystem *nt*
**befana** [be'fa:na] *f* ❶ (*Epifania*) Dreikönigsfest *nt* ❷ (*vecchia*) Befana *f* (*Fee, die in der Dreikönigsnacht den braven Kindern Geschenke und den bösen Kohle bringt*) ❸ (*fig fam: donna vecchia e brutta*) alte Schreckschraube, Vettel *f*
**beffa** ['bɛffa] *f* Spott *m;* **farsi -e di qu** über jdn spotten, jdn verspotten; **restare col danno e con le -e** zum Schaden auch noch den Spott haben **beffardo, -a** [beffardo] *agg* spöttisch, höhnisch **beffare** [beffa:re] I. *vt* verspotten, verhöhnen II. *vr* **-rsi di qu/qc** sich über jdn/etw lustig machen; **-rsi della legge** die Gesetze missachten
**beffeggiare** [beffed'dʒa:re] *vt* auslachen, verhöhnen, verspotten
**bega** ['bɛ:ga] <-ghe> *f* (*fam*) Scherereien *fpl,* Zoff *m sl;* (*litigio*) Streit *m*
**beghina** [be'gi:na] *f* ❶ (REL) Begine *f* ❷ (*pej: bigotta*) Betschwester *f,* Frömmlerin *f*
**begli** ['bɛʎʎi] *v.* **bello, -a**
**begonia** [be'gɔ:nia] <-ie> *f* Begonie *f*
**beh** [bɛ] *int* (*fam*) nun, also
**behaviorismo** [beavio'rizmo] *m* Behaviorismus *m*
**bei** ['bɛi] *v.* **bello, -a**
**beige** [bɛ:ʒ] I. <inv> *agg* beige[farben] II. <-> *m* Beige *nt*
**bel** [bɛl] *v.* **bello, -a**
**belare** [be'la:re] *vi* ❶ (ZOO) blöken, meckern ❷ (*fig fam: piangere*) plärren; (*lamentarsi*) jammern, raunzen *A* **belato** [be'la:to] *m* Blöken *nt,* Meckern *nt*
**belcantismo** [belkan'tizmo] *m* Technik *f* [*o* Pflege *f*] des Belcanto **belcantistico, -a** [belkan'tistiko] <-ci, -che> *agg* belcantistisch, den Belcanto betreffend; **virtuosismo ~** Belcantovirtuosität *f*
**bel esprit** [bɛl ɛ'spri] <- *o* beaux esprits> *m* Belesprit *m,* Schöngeist *m*
**belga** ['bɛlga] <-gi *m,* -ghe *f*> I. *agg* belgisch II. *mf* Belgier(in) *m(f)* **Belgio** ['bɛldʒo] *m* **il ~** Belgien *nt*
**Belgrado** [bel'gra:do] *f* Belgrad *nt*
**bell'** [bɛll] *v.* **bello, -a**
**bella** ['bɛlla] *f* ❶ (*donna bella*) Schöne *f,* Schönheit *f;* **la ~ addormentata nel bosco** Dornröschen *nt* ❷ (*innamorata*) Freundin *f* ❸ (*copia*) Reinschrift *f;* **ricopiare in ~** ins Reine schreiben ❹ (SPORT) Entscheidungsspiel *nt*
**belladonna** [bella'dɔnna] *f* Tollkirsche *f*
**bellamente** [bella'mente] *avv* schön, hübsch *fam;* (*con precauzione*) vorsichtig, schonend; **dire qc a qu ~** jdm etw durch die Blume sagen
**belletto** [bel'letto] *m* ❶ (*cosmetico*) Schminke *f;* **darsi il ~** sich schminken ❷ (*fig: artificio stilistico*) stilistischer Kunstgriff
**bellezza** [bel'lettsa] *f* ❶ (*qualità*) Schönheit *f;* (*splendore*) Pracht *f;* **istituto di ~** Kosmetiksalon *m;* **prodotti di ~** Kosmetika *ntpl,* Kosmetikprodukte *pl;* **le -e di una città** Sehenswürdigkeiten *fpl* einer Stadt; **per ~** zur Verzierung ❷ (*persona*) Schönheit *f;* (*cosa*) Prachtstück *nt;* **concorso di ~** Schönheitswettbewerb *m*

❸ (*loc*) **che ~!** wie schön!; **finire in ~** (*fig*) ein gutes Ende nehmen; **la ~ di tre milioni** (*fam*) die Kleinigkeit von drei Millionen

**bellicismo** [belli'tʃizmo] *m* Kriegshetze *f*

**bellico, -a** <-ci, -che> *agg* kriegerisch, Kriegs-; **industria -a** Rüstungsindustrie *f*

**bellicoso, -a** [belli'ko:so] *agg* (*popolo*) kriegerisch; (*carattere*) kampflustig

**belligerante** [bellidʒe'rante] I. *agg* Krieg führend II. *mf* Kriegführende(r) *f(m)* **belligeranza** [bellidʒe'rantsa] *f* Kriegszustand *m*

**bellimbusto** [bellim'busto] *m* (*fam*) Lackaffe *m*, Modenarr *m*

**bello** ['bɛllo] *m* ❶ (*bellezza*) Schöne(s) *nt*, Schönheit *f*; **che c'è di ~ alla televisione?** (*fam*) was kommt Schönes im Fernsehen?; **che fai di bello?** was machst du Schönes?; **ora viene il ~** (*fam*) nun kommt das Beste; **il ~ è che ...** (*fam iron*) komisch daran ist, dass ...; **questo è il ~** (*fam*) das ist es ja gerade!; **sul più ~** (*fam*) gerade, als es am schönsten war ❷ (METEO) schönes Wetter; **oggi fa ~** heute ist schönes Wetter; **il tempo s'è rimesso al ~** das Wetter ist wieder schön geworden

**bello, -a** I. *agg* schön; (*carino*) hübsch, fesch *A*; (*buono*) gut; (*occasione*) günstig; **il bel mondo** die elegante Welt; **le -e arti** die schönen Künste; **fare la -a vita** ein liederliches Leben führen; **fare una -a figura** (*a. iron*) einen guten Eindruck machen; **non valere un bel nulla** (*fam*) keinen Pfifferling wert sein; **avere un bel dire** (*fam*) gut reden haben; **mi sono preso una -a paura** (*fam*) ich habe ganz schön Angst bekommen, ich habe so einen Schiss bekommen; **un bel giorno te lo dirò** (*fam*) eines schönen Tages werde ich es dir sagen; **l'ho fatta/detta -a!** (*fam*) da habe ich ja was angestellt/gesagt!; **sei un bel cretino!** (*fam*) du bist vielleicht ein Idiot!; **una -a somma** (*fam*) ein hübsches Sümmchen; **-a copia** Reinschrift *f*; **nel bel mezzo** (*fam*) mitten, mittendrin; **bell'e fatto** (*fam*) schon erledigt; **bell'e buono** (*fam*) echt, durch und durch; **alla bell'e meglio** (*fam*) mehr schlecht als recht; **ne hai fatte delle -e** (*fam*) da hast du dir ja allerhand geleistet; **un bel niente** ganz und gar nichts; **un bel pasticcio!** ein schönes Durcheinander!; **bel ~** (*fam*) in aller [Gemüts]ruhe; **oh -a!** (*iron*) na wunderbar! *fam*, wie schön! *fam*; **questa è -a!** (*fam*) das ist ein Ding!, das gibt's ja nicht!; **-a figura!** (*fam iron*) schöne Blamage!; **tante -e cose!** alles Gute! II. *m*, *f* Schöne(r) *f(m)*

**belloccio, -a** [bel'lɔttʃo] <-cci, -cce> *agg* (*fam*) hübsch, von einer natürlichen Schönheit, fesch *A*

**bellunese** [bellu'ne:se] I. *agg* bellunesisch II. *mf* (*abitante*) Einwohner(in) *m(f)* von Belluno

**Bellunese** <*sing*> *m* Gebiet *nt* um Belluno

**Belluno** *f* Belluno *nt* (*Stadt in Venetien*)

**bel paese**® ['bɛl pa'e:ze] <-> *m* Bel-Paese *m* (*milder Butterkäse aus der Lombardei*)

**beltà** [bel'ta] <-> *f* (*poet*) Schönheit *f*

**Belucistan** *m* Belutschistan *nt*

**belva** ['belva] *f* ❶ (*animale*) wildes Tier ❷ (*fig: persona*) Bestie *f*

**belvedere** [belve'de:re] <-> *m* ❶ (*luogo*) Aussichtspunkt *m* ❷ (NAUT) Besanmast *m*

**benaccetto, -a** [benat'tʃetto] *agg* (*poet*) willkommen **benamato, -a** [bena'ma:to] *agg* (*poet iron*) heiß geliebt

**benarrivato** [benarri'va:to] *m* Willkommensgruß *m;* **dare il ~ a qu** jdn [bei seiner Ankunft] willkommen heißen

**benarrivato, -a** *agg* willkommen

**benché** [ben'ke] *cong* +*conj* obwohl

**benda** ['bɛnda] *f* ❶ (MED) Binde *f*, Verband *m* ❷ (*ornamento*) [Stirn]band *nt;* **avere la ~ agli occhi** (*fig*) mit Blindheit geschlagen sein **bendaggio** [ben'daddʒo] <-ggi> *m* Verband *m;* (SPORT) Bandage *f* **bendare** [ben'da:re] *vt* ❶ (*gli occhi*) zubinden ❷ (MED) verbinden **bendatura** [benda'tu:ra] *f* ❶ (*atto*) Verbinden *nt* ❷ (*bendaggio*) Verband *m*

**bendisposto, -a** [bendis'posto] *agg* wohlgesinnt, wohlwollend; (*pronto ad aiutare*) hilfsbereit

**bene**[1] ['bɛ:ne] <meglio, benissimo *o* ottimamente> *av* gut, wohl; (*giusto, esatto*) genau, richtig; **essere vestito [per] ~** gut gekleidet sein; **di ~ in meglio** (*a. iron*) immer besser; **~ o male** gut oder schlecht; (*comunque sia*) wohl oder übel; **ben ~** (*fam*) richtig, [ganz] genau; (*a fondo*) gründlich, ordentlich; **è andata ~** es ist gut gelaufen; **non mi sento ~ oggi** ich fühle mich heute nicht wohl; **lo credo ~** (*fam*) das glaube ich gern; **prenderla ~** etw gut aufnehmen; **ben tre milioni m'è costato!** (*fam*) das hat mich gut drei Millionen gekostet; **ben gli sta!, gli sta ~!** (*fam*) das geschieht ihm recht!; **ben detto!** (*fam*) richtig!, gut gesagt!; **va ~!** (*fam*) gut!, in Ordnung!, einverstanden!; **tutto è ~ quel che finisce ~** (*prov*) Ende gut, alles gut; **voler ~ a qu** jdn gernhaben, jdn lieben

**bene**[2] *int* gut; **~, basta così** gut, das reicht; **~! bravo! bis!** wunderbar!, bravo!, Zugabe!

**bene**[3] *m* ❶ (*buono*) Gute(s) *nt;* (*benessere*) Wohl *nt;* **opere di ~** gute Werke *ntpl;* **far ~** [**alla salute**] gesund sein; **per il tuo ~** zu deinem Besten; **gente per ~** anständige Leute; **fare qc a fin di ~** etw in guter Absicht tun, etw gut meinen; (*a scopo caritativo*) etw für einen guten Zweck tun; **lo dico per il tuo ~** ich sage es zu deinem Wohl; **ti auguro ogni ~** ich wünsche dir alles Gute ❷ (COM, JUR) Gut *nt;* **-i di consumo** Konsumgüter *ntpl;* **-i immobili** unbewegliche Güter *ntpl;* **-i mobili** bewegliche Güter *ntpl;* **avere dei -i al sole** Immobilien besitzen ❸ *pl* (*averi*) Vermögen *nt,* Besitz *m;* **-i culturali** Kulturgüter *ntpl*

**benedettino, -a** I. *agg* benediktinisch, Benediktiner- II. *m, f* (REL) Benediktiner(in) *m(f)*

**benedetto, -a** [bene'detto] *agg* ❶ (REL) gesegnet; (*terra, oggetto*) geweiht; **acqua -a** Weihwasser *nt;* **Dio sia ~** gelobt sei der Herr ❷ (*fig: persona*) begnadet ❸ (*fausto*) glücklich

**benedire** [bene'diːre] <benedico, benedissi *o* benedii, benedetto> *vt* segnen; **Dio ti benedica!** Gott segne dich!; **mandare qu a farsi ~** (*fam*) jdn zum Teufel schicken; **la frutta è andata a farsi ~** (*fam*) das Obst ist verdorben **benedizione** [benedit'tsjoːne] *f* ❶ (REL: *atto*) Segnung *f;* (*effetto*) Segen *m* ❷ (*fig: fonte di bene, di gioia*) Segen *m,* Wohltat *f*

**beneducato, ben educato, -a** [benedu'kaːto] *agg* wohl erzogen

**benefattore, -trice** [benefat'toːre] *m, f* Wohltäter(in) *m(f)*

**beneficare** [benefi'kaːre] *vt* beschenken; (*dare aiuti finanziari*) unterstützen

**beneficenza** [benefi'tʃɛntsa] *f* Wohltätigkeit *f;* **fiera di ~** Wohltätigkeitsbasar *m*

**beneficiare** [benefi'tʃaːre] *vi* **~ di qc** in den Genuss einer Sache *gen* kommen; (*trarre vantaggi*) Vorteil aus etw ziehen

**beneficiario, -a** [benefi'tʃaːrjo] <-i, -ie> *m, f* ❶ (JUR) Begünstigte(r) *f(m),* Bezugsberechtigte(r) *f(m)* ❷ (COM) Empfänger *m,* Wechselnehmer *m* **beneficio** [bene'fiːtʃo] <-ci> *m* ❶ (*bene*) Wohltat *f* ❷ (*giovamento*) Nutzen *m,* Gewinn *m* ❸ (JUR) Rechtswohltat *f,* Vorteil *m* **benefico, -a** [be'nɛːfiko] <-ci, -che> *agg* wohltuend, heilsam; (*persona*) wohltätig

**benefit** ['benifit] <-*o* benefits> *m* Zusatzleistungen *fpl,* Vergünstigungen *fpl*

**benemerenza** [beneme'rɛntsa] *f* Verdienst *nt* **benemerita** [bene'mɛːrita] *f* Karabinieri *mpl*

**benemerito, -a** [bene'mɛːrito] *agg* verdienstvoll, verdient

**beneplacito** [bene'plaːtʃito] *m* ❶ (*approvazione*) Zustimmung *f,* Einwilligung *f* ❷ (*arbitrio*) Belieben *nt,* Gutdünken *nt*

**benessere** [be'nɛssere] *m* ❶ (*buono stato di salute*) Wohlbefinden *nt,* Wohlsein *nt;* (*rilassamento salutare*) Wellness *f;* **vacanze di ~** Wellnessurlaub *m* ❷ (COM) Wohlstand *m;* **società del ~** Wohlstandsgesellschaft *f*

**benestante** [benes'tante] I. *agg* wohlhabend II. *mf* wohlhabender Mensch

**benestare** [benes'taːre] <-> *m* (ADM) Zustimmung *f,* Genehmigung *f* **benestarista** [benesta'rista] <-i *m,* -e *f*> *mf Person, die die Industrieproduktion kontrolliert und Genehmigung für die Kommerzialisierung erteilt*

**beneventano, -a** [beneven'taːno] I. *agg* beneventanisch II. *m, f* (*abitante*) Beneventaner(in) *m(f)*

**Beneventano** <*sing*> *m* Provinz *f* Benevento, Umgebung *f* von Benevento **Benevento** *f* Benevento *nt* (*Stadt in Kampanien*)

**benevolenza** [benevo'lɛntsa] *f* Wohlwollen *nt* **benevolo, -a** [be'nɛːvolo] *agg* wohlwollend; **essere ~ con** [*o* **verso**] **qu** gegenüber jdm wohlwollend sein

**benfatto, ben fatto, -a** [ben'fatto] *agg* ❶ (*persona*) gut gewachsen [*o* gebaut] ❷ (*lavoro, cosa*) gut [gemacht], ordentlich, sauber

**bengala** [beŋ'gaːla] <-> *m* ❶ (*fuoco d'artificio*) bengalisches Feuer ❷ (*per segnalazioni*) Leuchtkugel *f,* Leuchtrakete *f*

**bengodi** [beŋ'gɔːdi] <-> *m* Schlaraffenland *nt;* **il paese di ~** das Schlaraffenland

**beniamino, -a** [benia'miːno] *m, f* ❶ (*in famiglia*) Liebling *m,* Lieblingskind *nt* ❷ (*di pubblico*) Publikumsliebling *m*

**benignità** [beniɲɲi'ta] <-> *f* Güte *f,* Milde *f*

**benigno, -a** [be'niɲɲo] *agg* ❶ (*benevolo*) wohlwollend; (*giudice, critico*) gütig, mild; (*cortese*) liebenswürdig ❷ (*fig: favorevole*) nachsichtig, mild ❸ (METEO) *clima*) mild ❹ (MED: *tumore*) gutartig

**beninformato, ben informato, -a** [beninfor'maːto] I. *agg* gut informiert [*o* unterrichtet] II. *m, f* Person, die gut informiert [*o* auf dem Laufenden] ist

**benintenzionato, -a** [benintentsio'na:to] *agg* wohlmeinend; **essere ~ verso qu** jdm wohlgesonnen sein

**beninteso** [benin'te:so] *avv* selbstverständlich; **~ sei invitato anche tu** natürlich bist auch du eingeladen

**benissimo** [be'nissimo] *superlativo di* **bene**[1]

**benpensante, ben pensante** [benpen'sante] I. *mf* rechtschaffener Mensch; (*pej, iron*) Biedermann *m*, Spießer(in) *m(f) fam* II. *agg* rechtschaffen; (*pej*) bieder, spießig *fam*

**benservito** [benser'vi:to] *m* [Dienst]führungszeugnis *nt*, Abgangszeugnis *nt*; **dare il ~ a qu** (*iron*) jdm den Laufpass geben

**bensì** [ben'si] *cong* ① (*ma*) sondern ② (*invece*) jedoch, hingegen

**bentornato, ben tornato** [bentor'na:to] *m* Willkommensgruß *m*; **dare il ~ a qu** jdn wieder [zu Hause] willkommen heißen

**bentornato, ben tornato, -a** *agg o int* willkommen [zu Hause]

**benvenuto, ben venuto** [benve'nu:to] *m* Willkommensgruß *m*; **dare** [*o* **porgere**] **il ~ a qu** jdn willkommen heißen

**benvenuto, ben venuto, -a** I. *agg o int* willkommen II. *m, f* Willkommen(r) *f(m)*; **essere il ~ in un luogo** an einem Ort willkommen sein

**benvisto, ben visto, -a** [ben'visto] *agg* gern gesehen

**benvolere, ben volere**[1] [benvo'le:re] <*solo inf e pp:* benvoluto> *vt* schätzen, gern[e] mögen; **farsi ~ da qu** jds Zuneigung gewinnen, sich bei jdm beliebt machen; **prendere a ~ qu** jdn lieb gewinnen

**benvolere, ben volere**[2] *m* Zuneigung *f*

**benvoluto, -a** [benvo'lu:to] *agg* beliebt

**benzina** [ben'dzi:na] *f* Benzin *nt*; **~ normale** Normalbenzin *nt*; **~ senza piombo** bleifreies Benzin; **~ super** Superbenzin *nt*; **~ verde** bleifreies Benzin; **serbatoio della ~** Benzintank *m*; **fare ~** tanken **benzinaio, -a** [bendzi'na:io] <-ai, -aie>, **benzinaro, -a** [bendzi'na:ro] *m, f* Tankwart(in) *m(f)*

**beone, -a** [be'o:ne] *m, f* (*fam*) Säufer(in) *m(f)*

**beota** [be'ɔ:ta] <-i *m*, -e *f*> I. *m* ① (*pej: idiota*) Holzkopf *m*, Idiot *m* ② (*abitante della Beozia*) Böotier(in) *m(f)* II. *agg* (*pej*) blöd[e]

**berbero, -a** ['bɛrbero] I. *agg* Berber- II. *m, f* Berber(in) *m(f)*

**berciare** [ber'tʃa:re] *vi* (*fam*) schreien, brüllen, grölen **bercio** ['bɛrtʃo] <-ci> *m* (*fam*) Gebrüll *nt*, Geschrei *nt*, Gegröle *nt*

**bere**[1] ['be:re] <bevo, bevvi *o* bevetti, bevuto> I. *vt* trinken; **~ dalla bottiglia** aus der Flasche trinken; **~ alla salute di qu** auf jds Gesundheit [*o* Wohl] trinken; **questa pianta beve molto** diese Pflanze braucht viel Wasser; **la mia macchina beve benzina/olio** mein Auto schluckt viel Benzin/frisst viel Öl; **~ le parole di qu** (*fig*) an jds Lippen hängen; **darla a ~ a qu** (*fig fam*) jdm etw weismachen II. *vi* trinken; **~ come una spugna** saufen wie ein Loch *fam*; **~ per dimenticare** trinken um zu vergessen

**bere**[2] *m* Trinken *nt*; (*vizio*) Trunksucht *f*; **darsi al ~** sich dem Trunk ergeben, [gewohnheitsmäßig] trinken

**bergamasco** [berga'masko] <*sing*> *m* (*dialetto*) Dialekt *m* von Bergamo

**Bergamasco** <*sing*> *m* Gebiet *nt* um Bergamo

**bergamasco, -a** <-chi, -che> I. *agg* Bergamo betreffend, aus Bergamo stammend II. *m, f* (*abitante*) Einwohner(in) *m(f)* von Bergamo, Bergamaske *m*/Bergamaskin *f*

**Bergamo** *f* Bergamo *nt* (*Stadt in der Lombardei*)

**bergamotto** [berga'mɔtto] *m* Bergamotte *f*

**berillio** [be'rillio] <*sing*> *m* Beryllium *nt*

**berlina** [ber'li:na] *f* ① (HIST) Pranger *m* ② (AUTO) Limousine *f* ③ (*loc*) **mettere alla** [*o* **in**] ~ (*fig*) zum Gespött machen

**Berlino** [ber'li:no] *f* Berlin *nt*

**bermuda** [ber'mu:da] *mpl* Bermudas *pl*, Bermudashorts *pl*

**Berna** ['bɛrna] I. *f* (*città*) Bern *nt* II. *m* (*cantone*) Bern *nt*

**bernoccolo** [ber'nɔkkolo] *m* ① (*in testa*) Beule *f* ② (*fig: inclinazione*) Veranlagung *f*; **avere il ~ di qc** eine Veranlagung für etw haben; **avere il ~ della musica** eine musikalische Begabung haben

**berretta** [ber'retta] *f* Mütze *f*, Kappe *f*; **~ da notte** (*per uomo*) Schlafmütze *f*; (*per donna*) Nachthaube *f* **berretto** [ber'retto] *m* Mütze *f*, Barett *nt*

**bersagliare** [bersaʎ'ʎa:re] *vt* ① (*fig*) überhäufen; (*perseguitare*) verfolgen, plagen; **~ qu di domande** jdn mit Fragen überhäufen ② (MIL) unter Beschuss nehmen

**bersagliera** [bersaʎ'ʎɛːra] *f* **alla ~** frisch und munter, schwungvoll
**bersagliere** [bersaʎ'ʎɛːre] *m* (MIL) Bersagliere *m* (*Scharfschütze der italienischen Infanterie*)
**bersagliere, -a** *m, f* (*fig*) energische Person, Kämpfernatur *f*
**bersaglio** [ber'saʎʎo] <-gli> *m* Ziel *nt;* (*a. fig*) Zielscheibe *f;* **tiro al ~** Scheibenschießen *nt;* **colpire il ~ in pieno** (*a. fig*) ins Schwarze treffen
**bertuccia** [ber'tuttʃa] <-cce> *f* ❶ (ZOO) Magot *m,* Berberaffe *m* ❷ (*fam pej: donna brutta*) [alte] Schachtel
**BES** [biɛsse] *abbr di* **Bisogni Educativi Speciali** ≈ sonderpädagogischer Förderbedarf
**besciamella** [beʃʃa'mɛlla] *f* Béchamelsoße *f*
**bestemmia** [bes'temmia] <-ie> *f* Fluch *m*
**bestemmiare** [bestem'mia:re] **I.** *vi* fluchen **II.** *vt* lästern; (*maledire*) verfluchen **bestemmiatore, -trice** [bestemmia'to:re] *m, f* Lästermaul *nt fam,* Flucher(in) *m(f)*
**bestia** ['bestia] <-ie> *f* Tier *nt;* **una ~ rara** (*fig*) ein seltenes Exemplar; **brutta ~** (*fig*) schlimme Sache; (*persona*) schrecklicher Mensch; **andare in ~** wütend werden, aufdrehen *A;* **lavorare come una ~** (*fam*) arbeiten wie ein Tier; **sudare come una ~** (*fam*) schwitzen wie ein Schwein
**bestiale** [bes'tia:le] *agg* ❶ (*fig: crudele*) bestialisch ❷ (*fig fam: caldo, fame*) mörderisch, tierisch ❸ (ZOO) tierisch **bestialità** [bestiali'ta] <-> *f* ❶ (*fig: grosso sproposito*) grober Schnitzer; **ha detto una ~** (*fam*) er/sie hat etwas ganz Blödes gesagt ❷ (*brutalità*) Bestialität *f*
**bestiame** [bes'tia:me] *m* Vieh *nt*
**best seller** [best 'sɛlə] <-> *m* Bestseller *m*
**beta** ['bɛːta] **I.** <-> *f* Beta *nt* **II.** <inv> *agg* beta-, Beta-; **raggi ~** Betastrahlen *mpl*
**betabloccante** [betablok'kante] **I.** *agg* (MED) Betablock- **II.** *m* (MED) Betablocker *m*
**betacarotene** [betakaro'tɛːne] *m* Betacarotin *nt*
**bêtise** [be'tiz] <- *o* bêtises> *f* Betise *f,* Dummheit *f*
**Betlemme** [be'tlɛmme] *f* Bethlehem *nt*
**bettola** ['bettola] *f* (*fam pej*) Kaschemme *f*
**betulla** [be'tulla] *f* Birke *f*
**bevanda** [be'vanda] *f* Getränk *nt*
**beveraggio** [beve'raddʒo] <-ggi> *m* ❶ (*scherz: bevanda*) Trinkbare(s) *nt* ❷ (*per le bestie*) Viehtrank *m* ❸ (*pozione*) Gebräu *nt* **beverone** [beve'ro:ne] *m* ❶ (*per le bestie*) Kleiewasser *nt* ❷ (*scherz pej: bevanda disgustosa*) Gesöff *nt fam*
**bevetti** [be'vɛtti] *1. pers sing pass rem di* **bere**¹
**bevibile** [be'vi:bile] *agg* trinkbar **bevicchiare** [bevik'kia:re] **I.** *vt* in kleinen Schlucken trinken, lustlos nippen an +*dat* **II.** *vi* (*fam*) bechern, picheln **bevitore, -trice** [bevi'to:re] *m, f* Trinker(in) *m(f)*
**bevo** ['be:vo] *1. pers sing pr di* **bere**¹
**bevuta** [be'vu:ta] *f* Trinken *nt,* Umtrunk *m*
**bevuto** [be'vu:to] *pp di* **bere**¹
**bevvi** ['bevvi] *1. pers sing pass rem di* **bere**¹
**bezzi** ['bɛttsi] *mpl* (*venez: soldi*) Mäuse *fpl sl,* Kröten *fpl sl*
**BF** *abbr di* **Bassa Frequenza** NF
**Bhutan** *m* Bhutan *nt* (*Staat im Himalaja*)
**BI** *abbr di* **Banca d'Italia** staatliches Bankinstitut Italiens
**biacca** ['biakka] <-cche> *f* Bleiweiß *nt*
**biada** ['bia:da] *f* Futtergetreide *nt*
**biadesivo** [biade'zi:vo] *m* Doppelklebeband *nt*
**biadesivo, -a** *agg* beidseitig klebend; **nastro ~** Doppelklebeband *nt*
**bianca** *f v.* **bianco**
**biancastro, -a** [biaŋ'kastro] *agg* weißlich **biancheggiare** [biaŋked'dʒa:re] *vi* essere ❶ (*persona*) weiß sein [*o* leuchten] ❷ (*mare*) weiß[lich] schäumen ❸ (*cielo*) sich aufklären
**biancheria** [biaŋke'ri:a] <-ie> *f* Wäsche *f;* **~ intima** Unterwäsche *f;* **~ da letto** Bettwäsche *f;* **~ da tavola** Tischwäsche *f*
**bianchetto** [biaŋ'ketto] *m* (*per colori*) Deckweiß *nt;* (*per correggere*) Korrekturflüssigkeit *f*
**bianchezza** [biaŋ'kettsa] *f* Weiß *nt* **bianchiccio, -a** [biaŋ'kittʃo] <-cci, -cce> *agg* schmutzigweiß
**bianco** ['biaŋko] <-chi> *m* ❶ (*colore*) Weiß *nt;* **foglio in ~** leeres Blatt; **vestirsi di ~** sich weiß kleiden, Weiß tragen; **sposarsi in ~** in Weiß heiraten; **in ~ e nero** schwarz-weiß; **film in ~ e nero** Schwarz-Weiß-Film *m;* **mettere nero su ~** schriftlich festhalten; **dare il ~ a** weißen, tünchen ❷ (*parte bianca*) Weiße(s) *nt;* **~ dell'uovo** Eiweiß *nt,* Eiklar *nt A* ❸ (COM) **in ~** blanko, Blanko- ❹ (GASTR) **in ~** nur in Öl oder Butter zubereitet ❺ (*loc*) **dare ad intendere a qu ~ per nero** jdm ein X für ein U vormachen [wollen]; **di punto in ~** plötzlich; **notte in ~** schlaflose Nacht
**bianco, -a** <-chi, -che> **I.** *agg* weiß; **carni -che** helles Fleisch; **pane ~** Weißbrot *nt;*

**vino ~** Weißwein *m;* **voce -a** Knabenstimme *f;* (*falsetto*) Falsett *nt;* **essere ~ come un cencio lavato** kreidebleich sein; **essere ~ e rosso** kerngesund aussehen II. *m, f* Weiße(r) *f(m)*

**bianco e nero** ['bjaŋko e n'ne:ro] <-> *m* ❶ (*disegno*) Schwarz-Weiß-Zeichnung *f,* Schwarz-Weiß-Bild *nt* ❷ (FILM) Schwarz-Weiß-Film *m*

**biancoscudato, -a** [biankosku'da:to] *agg* (POL) christdemokratisch

**biancospino** [bjaŋkos'pi:no] *m* Weißdorn *m*

**biascicamento** [bjaʃʃika'mento] *m* Schmatzen *nt,* schmatzendes Kauen

**biascicare** [bjaʃʃi'ka:re] I. *vi* (*pej*) schmatzen, schmatzend kauen II. *vt* (*fig pej*) nuscheln; (*lingua*) gebrochen sprechen **biascichio** [bjaʃʃi'ki:o] <-chii> *m* Nuscheln *nt*

**biasimare** [bjazi'ma:re] *vt* tadeln, rügen

**biasimevole** [bjazi'me:vole] *agg* tadelnswert **biasimo** ['bja:zimo] *m* Tadel *m,* Rüge *f*

**biat(h)leta** [bja'tlɛ:ta] <-i *m,* -e *f*> *mf* (SPORT) Biathlet(in) *m(f)*

**biat(h)lon** [bja'tlon] <-> *m* (SPORT) Biathlon *nt*

**bibagni** <inv> *agg v.* **bibagno**

**bibagno** [bi'baɲɲo] <inv> *agg* mit zwei Bädern; **vendesi appartamenti ~** Wohnungen mit zwei Bädern zu verkaufen

**Bibbia** ['bibbja] <-ie> *f* Bibel *f*

**biberon** [bibe'rɔn] <-> *m* [Milch]fläschchen *nt*

**bibita** ['bi:bita] *f* Getränk *nt*

**biblico, -a** ['bi:bliko] <-ci, -che> *agg* ❶ (REL) biblisch, Bibel- ❷ (*fig: grandioso*) aufwändig; (*solenne*) feierlich; **un'impresa -a** ein Mammutunternehmen *nt*

**bibliobus** ['bi:bljobus] <-> *m* Fahrbücherei *f,* Bücherbus *m*

**bibliografa** *f v.* **bibliografo**

**bibliografia** [bibljogra'fi:a] <-ie> *f* Bibliografie *f* **bibliografico, -a** [bibljo'gra:fiko] <-ci, -che> *agg* bibliografisch **bibliografo, -a** [bi'bljɔ:grafo] *m, f* Bibliograf(in) *m(f)*

**bibliologo, -a** [bi'bljɔ:logo] <-gi, -ghe> *m, f* Bücherforscher(in) *m(f)*

**biblioteca** [bibljo'tɛ:ka] <-che> *f* ❶ (*luogo*) Bibliothek *f;* **essere una ~ ambulante** [*o* **vivente**] (*fig scherz*) ein wandelndes Lexikon sein ❷ (*mobile*) Bücherregal *nt;* (*armadio*) Bücherschrank *m* ❸ (INFORM) **~ di programmi** Software[bibliothek] *f* **bibliotecario, -a** [bibljote'ka:rjo] <-i, -ie> *m, f* Bibliothekar(in) *m(f)*

**bicamerale** [bikame'ra:le] *agg* (POL) Zweikammer- **bicameralismo** [bikamera'lizmo] *m* Zweikammersystem *nt*

**bicamere, bicamera** [bi'ka:mere, bi'ka:mera] <inv> *agg* Zweizimmer-

**bicarattere** [bika'rattere] *m* (INFORM) Byte *nt*

**bicarbonato** [bikarbo'na:to] *m* Bikarbonat *nt;* **~ di sodio** doppelkohlensaures Natrium

**bicchierata** [bikkje'ra:ta] *f* Umtrunk *m*

**bicchiere** [bik'kjɛ:re] *m* [Trink]glas *nt;* **~ da vino/acqua** Wein-/Wasserglas *nt;* **un ~ di vino/d'acqua** ein Glas Wein/Wasser; **fondo di ~** falscher Schmuckstein; **alzare il ~** [*a*] das Glas erheben [auf +*acc*] **bicchierino** [bikkje'ri:no] *m* Gläschen *nt*

**bicentenario** [bitʃente'na:rjo] <-i> *m* zweihundertster Jahrestag, Zweihundertjahrfeier *f*

**bichini** [bi'ki:ni] <-> *m* Bikini *m*

**bici** ['bi:tʃi] <-> *f* (*fam*) Rad *nt,* Velo *nt* CH **bicicletta** [bitʃi'kletta] *f* [Fahr]rad *nt,* Velo *nt* CH; **andare in ~** Fahrrad fahren; **~ da corsa** Rennrad; **~ elettrica** Elektrofahrrad, E-Bike *nt* **biciclo** [bi'tʃi:klo] *m* Hochrad *nt*

**bicilindrico, -a** [bitʃi'lindriko] <-ci, -che> *agg* zweizylindrisch, Zweizylinder-

**bicipattino** [bitʃipat'ti:no] *m* Tretboot *nt*

**bicipite** [bi'tʃi:pite] I. *m* Bizeps *m* II. *agg* zweiköpfig; **aquila ~** Doppeladler *m*

**bicocca** [bi'kɔkka] <-cche> *f* Bruchbude *f fam*

**bicolore** [biko'lo:re] I. *agg* ❶ (*che ha due colori*) zweifarbig ❷ (*fig* POL) Zweiparteien- II. *f* Zweifarbendruckmaschine *f*

**biconsonantico, -a** [bikonso'nantiko] <-ci, -che> *agg* (LING) mit zwei Konsonanten, zweikonsonantisch **biconsonantismo** [bikonsonan'tizmo] *m* (LING) Zweikonsonanz *f*

**bicromatico, -a** [bikro'ma:tiko] <-ci, -che> *agg* zweifarbig; **stampa -a** Zweifarbendruck *m;* **emulsione -a** zweifarbige Emulsion

**bicromia** [bikro'mi:a] <-ie> *f* Zweifarbendruck *f*

**bidè** [bi'dɛ] <-> *m* Bidet *nt*

**bidello, -a** [bi'dɛllo] *m, f* (*di una scuola*) Hausmeister(in) *m(f)*

**bidimensionale** [bidimensjo'na:le] *agg* zweidimensional **bidimensionalità** [bidimensjonali'ta] <-> *f* Zweidimensionalität *f*; **la ~ dell'immagine cinematografica** die Zweidimensionalität des Kinofilmbildes; **la ~ di un problema** (*fig*) die Zweidimensionalität [*o* zwei Dimensionen] eines Problems

**bidirezionale** [bidirettsio'na:le] *agg* bidirektional; **segnale ~** (INFORM) bidirektionales Signal

**bidonare** [bido'na:re] *vt* (*fam*) beschummeln, anschmieren **bidonata** [bido'na:ta] *f* (*fam*) Beschiss *m*, Schwindel *m;* **questo film è una ~** dieser Film ist ein Reinfall **bidonatore, -trice** [bidona'to:re] *m, f* (*fam*) Schwindler *m*, Gauner *m*

**bidone** [bi'do:ne] *m* ❶ (*recipiente*) Kanister *m* ❷ (*fam: imbroglio*) Beschiss *m*, Verarschung *f vulg;* **mi ha fatto il ~** (*fam*) er/sie hat mich versetzt ❸ (*fam pej: veicolo*) Rostlaube *f*

**bidonvia** [bidon'vi:a] <-ie> *f* Gondelbahn *f*
**bidonville** [bidɔ̃'vil] <-> *f* Barackenviertel *nt*

**bieco, -a** ['bjɛ:ko] <-chi, -che> *agg* ❶ (*sguardo*) scheel, schräg ❷ (*proposito*) hinterlistig, tückisch

**biella** ['bjɛlla] *f* Pleuelstange *f*

**Bielorussia** [bielo'russia] *f* Weißrussland *nt* **bielorusso, -a** [bielo'russo] I. *agg* weißrussisch II. *m, f* (*abitante*) Weißrusse *m*, Weißrussin *f* III. *<sing>* *m* (*lingua*) Weißrussisch *nt*

**biennale** [bien'na:le] I. *agg* zweijährig, Zweijahres- II. *f* Biennale *f*

**Bienne** [bjɛn] *f* Biel *nt*

**biennio** [bi'ɛnnio] <-i> *m* ❶ (*periodo*) Zeitraum *m* von zwei Jahren, zwei Jahre *ntpl* ❷ (*corso universitario*) Zweijahreskurs *m*

**bierre** [bi'ɛrre] I. <-> *m, f* (*brigatista*) Rotbrigadist(in) *m(f)* II. *fpl* (*organizzazione*) Rote Brigaden *fpl* III. <inv> *agg* die Roten Brigaden betreffend

**bieticoltore, -trice** [bietikol'to:re] *m, f* Zuckerrübenzüchter(in) *m(f)*

**bieticoltura** [bietikol'tu:ra] *f* Zuckerrübenanbau *m* **bieticultore, -trice** [bietikul'to:re] *m, f v.* **bieticoltore** **bieticultura** [bietikul'tu:ra] *f v.* **bieticoltura**

**bietola** ['bjɛ:tola] *f* Mangold *m*

**bietolone, -a** [bieto'lo:ne] *m, f* (*fam*) Holzkopf *m*, Doofmann *f*

**bifacciale** [bifat'tʃa:le] *agg* doppelgesichtig; **foglia ~** (BOT) doppelgesichtiges Blatt; **amigdala ~** (ANAT) paarige Gaumenmandel *f*

**bifamiliare** [bifami'lja:re] *agg* Zweifamilien-; **villetta ~** Zweifamilienhaus *nt*, Doppelhaus *nt*

**bifase** [bi'fa:ze] *agg* zweiphasig, Zweiphasen-

**bifido, -a** ['bi:fido] *agg* zweispitzig; (*fig*) gespalten

**bifocale** [bifo'ka:le] *agg* bifokal, Bifokal-

**bifolco, -a** [bi'folko] <-chi, -che> *m, f* ❶ (*pej: persona rozza, ignorante*) Prolet(in) *m(f) fam* ❷ (AGR) Viehhüter *m;* (*per buoi*) Ochsentreiber *m*

**bifora** ['bi:fora] *f* zweibogiges Fenster

**biforcare** [bifor'ka:re] I. *vt* zweiteilen II. *vr* -**rsi** sich gabeln **biforcatura** [biforka'tu:ra] *f* Gabelung *f* **biforcazione** [biforkat'tsio:ne] *f* Gabelung *f*, Abzweigung *f* **biforcuto, -a** [bifor'ku:to] *agg* zweispitzig; (*lingua*) gespalten; **avere una lingua -a** (*fig pej*) eine spitze Zunge haben; (*traditrice*) doppelzüngig sein

**biforme** [bi'forme] *agg* doppelgestaltig, zweiförmig

**big** [big] <-> *m* Größe *f*, großes Tier

**bigama** *f v.* **bigamo**

**bigamia** [biga'mi:a] <-ie> *f* Bigamie *f*, Doppelehe *f* **bigamo, -a** ['bi:gamo] I. *agg* bigamistisch II. *m, f* Bigamist(in) *m(f)*

**bigattaia** [bigat'ta:ia] <-aie> *f* Seidenraupenfarm *f*, -zuchtbetrieb *m* **bigattiere, -a** [bigat'tiɛ:re] *m, f* Seidenraupenzüchter(in) *m(f)*

**bigatto** [bi'gatto] *m* (*dial*) Seidenraupe *f*

**big bang** ['big'bæŋ] <-sing> *m* (PHYS) Urknall *m*

**big crunch** [big 'krʌntʃ] <-> *m* (ASTR) Big Crunch *m*

**bigemino, -a** [bi'dʒɛ:mino] *agg* Zwillings-; **parto ~** Zwillingsgeburt *f*

**bighellona** *f v.* **bighellone**

**bighellonare** [bigello'na:re] *vi* bummeln, umherschlendern **bighellone, -a** [bigel'lo:ne] *m, f* (*fam*) Herumtreiber(in) *m(f)*, Nichtstuer(in) *m(f)*

**bigiare** [bi'dʒa:re] *vt* (*dial: fam: la scuola*) schwänzen

**bigino** [bi'dʒi:no] *m* (*lomb*) Übersetzungshilfe *f*

**bigio, -a** ['bi:dʒo] <-gi, -ge *o* -gie> *agg* ❶ (*colore*) [asch]grau ❷ (*fig* POL) unentschlossen

**bigiotteria** [bidʒotte'ri:a] <-ie> *f* ❶ (*articoli*) Modeschmuck *m* ❷ (*negozio*) Geschäft *nt* für Modeschmuck

**bigiù** [bi'dʒu] <-> *m* ❶ (*gioiello*) Schmuck *m* ❷ (*fig: persona*) Juwel *nt*, Perle *f* ❸ (*fam: oggetto*) Schmuckstück *nt*

**biglia** ['biʎʎa] *v.* **bilia**

**bigliardino** [biʎʎar'di:no] *v.* **biliardino**
**bigliettaio, -a** [biʎʎet'ta:io] <-ai, -aie> *m, f* [Fahr]kartenverkäufer(in) *m(f)* **bigliettazione** [biʎʎettat'tsio:ne] *f* Fahrkartenausgabe *f;* ~ **automatica** Fahrkartenautomat *m* **biglietteria** [biʎʎette'ri:a] <-ie> *f* (FERR) Fahrkartenschalter *m;* (THEAT, FILM) Kasse *f,* Kassa *f* A
**biglietto** [biʎ'ʎetto] *m* ❶ (*cartoncino*) Karte *f;* ~ **d'auguri** Glückwunschkarte *f;* ~ **da visita** Visitenkarte *f;* ~ **della lotteria** Lotterielos *nt;* ~ **non vincente** Niete *f* ❷ (*di treno, tram, autobus*) Fahrkarte *f;* **fare il** ~ die Fahrkarte lösen ❸ (THEAT, FILM) [Eintritts]karte *f* ❹ (FIN) Schein *m,* Note *f;* ~ **di banca** Geldschein *m* ❺ (*foglietto*) Zettel *m;* **lasciare un** ~ eine Nachricht hinterlassen
**Bignami®** [big'na:mi] <-> *m* Leitfaden *m* (*Zusammenfassung des Unterrichtsstoffes für jedes Schulfach in Taschenbuchformat*) **Bignamino** [bigna'mi:no] *m* Bignamino *m,* kleiner Bignami
**bignè** [biɲ'ɲɛ] <-> *m* Beignet *m*
**bigodino** [bigo'di:no] *m* Lockenwickler *m*
**bigoncia** [bi'gontʃa] <-ce> *f* Bütte *f*
**bigotta** *f v.* **bigotto**
**bigotteria** [bigotte'ri:a] *f* Bigotterie *f,* Frömmelei *f;* (*ipocrisia*) Scheinheiligkeit *f*
**bigotto, -a** [bi'gɔtto] I. *agg* bigott, frömmelnd; (*ipocrita*) scheinheilig II. *m, f* Frömmler(in) *m(f),* bigotte Person
**bijou** [bi'ʒu] *v.* **bigiù**
**bikini** [bi'ki:ni] *v.* **bichini**
**bilabiale** [bila'bia:le] *agg* (LING) bilabial
**bilama** [bi'la:ma] <inv> *agg* doppel-, zweiklingig; **rasoio** ~ Rasierer mit Doppelklinge
**bilancia** [bi'lantʃa] <-ce> *f* ❶ (*a. fig* TEC) Waage *f;* ~ **automatica**/**romana** Schnell-/Laufgewichtswaage *f;* **porre sul piatto della** ~ (*fig*) in die Waagschale werfen; (*parole*) auf die Goldwaage legen; **pesare** [*o* **mettere**] **sulla** ~ **dell'orafo** (*fig*) auf die Goldwaage legen; **essere l'ago della** ~ (*fig*) das Zünglein an der Waage sein ❷ (ASTR) **Bilancia** Waage *f;* **sono Bilancia, sono una** [*o* **della**] **Bilancia** ich bin [eine] Waage ❸ (COM) Bilanz *f;* ~ **commerciale** Handelsbilanz *f;* ~ **dei pagamenti** Zahlungsbilanz *f*
**bilanciare** [bilan'tʃa:re] I. *vt* ❶ (*tenere in equilibrio*) balancieren mit; (*carico, fig*) ausgleichen, im Gleichgewicht halten ❷ (*fig: valutare*) abwägen ❸ (COM) bilanzieren ❹ (*pesare*) [ab]wiegen II. *vr* **-rsi** (*equilibrarsi*) sich im Gleichgewicht halten; (*equivalersi*) sich ausgleichen, sich *dat* die Waage halten **bilanciere** [bilan'tʃɛ:re] *m* ❶ (*di orologio*) Unruh *f* ❷ (NAUT) Ausleger *m* ❸ (TEC) Bügel *m,* Schwinghebel *m*
**bilancio** [bi'lantʃo] <-ci> *m* (COM: *budget*) Haushalt *m,* Etat *m;* (*fig a*) Bilanz *f;* ~ **consuntivo** Schlussrechnung *f;* ~ **preventivo** Haushaltsplan *m;* ~ **pubblico** Staatshaushalt *m;* **deficit di** ~ Haushaltsdefizit *nt;* **fare il** ~ **della propria vita** (*fig*) die Bilanz seines Lebens ziehen
**bilaterale** [bilate'ra:le] *agg* bilateral, beiderseitig **bilateralismo** [bilatera'lizmo] *m* Bilateralismus *m*
**bildungsroman** ['bildʊŋs'roman] <-> *m* Bildungsroman *m*
**bile** ['bi:le] *f* ❶ (ANAT) Galle *f* ❷ (*fig: collera*) Wut *f,* Ärger *f;* **essere verde dalla** ~ (*fig*) sich schwarz ärgern
**bilia** ['bi:lia] <-ie> *f* ❶ (*gioco*) Murmel *f,* Kugel *f* ❷ (*del biliardo*) Billardkugel *f*
**biliardino** [biliar'di:no] *m* kleines Billardspiel; ~ **elettrico** Flipper *m* **biliardo** [bi'liardo] *m* ❶ (*gioco*) Billard[spiel] *nt* ❷ (*tavolo*) Billardtisch *m*
**biliare** [bi'lia:re] *agg* gallig, Gallen-
**bilico** ['bi:liko] <-chi> *m* [labiles] Gleichgewicht *nt,* Balance *f;* **essere in** ~ **tra la vita e la morte** zwischen Leben und Tod schweben
**bilingue** [bi'lingue] I. *agg* zweisprachig II. *mf* zweisprachige Person **bilinguismo** [bilin'guizmo] *m* Zweisprachigkeit *f*
**bilione** [bi'lio:ne] *m* Billion *f;* (*secondo l'uso italiano*) Milliarde *f*
**bilioso, -a** [bi'lio:so] *agg* reizbar
**billboard** [bil'bɔ:d] <- *o* bill boards> *m* Programmvorschau *f;* **trasmettere un** ~ eine Programmvorschau zeigen
**billing** ['biliŋ] <-> *m* ❶ (FILM, THEAT) Besetzungsliste *f* ❷ (*fatturato annuo*) Jahresumsatz *m;* **il** ~ **di un'agenzia di pubblicità** der Jahresumsatz einer Werbeagentur
**bilocale** [bilo'ka:le] I. *m* Zweizimmerwohnung *f* II. *agg* aus zwei Zimmern [*o* Räumen] bestehend
**bimarcia** [bi'martʃa] <inv> *agg* Zweigang-, mit zwei Gängen
**bimbo, -a** ['bimbo] *m, f* (*fam*) [kleines] Kind *nt*
**bimensile** [bimen'si:le] *agg* zweimal monatlich, Halbmonats- **bimestrale** [bimes'tra:le] *agg* zweimonatlich, Zweimonats- **bimestralità** [bimestrali'ta] <-> *f* ❶ (*durata*) Dauer *f* von zwei Mona-

ten ❷ (*ricorrenza*) Zweimonatsrhythmus *m* **bimestre** [bi'mɛstre] *m* ❶ (*periodo*) Zeitraum *m* von zwei Monaten, zwei Monate *mpl* ❷ (COM) Zweimonatsrate *f*

**bimetallico, -a** [bime'talliko] <-ci, -che> *agg* bimetallisch; **sistema monetario ~** Doppelwährungssystem *nt;* **lega -a** eine aus zwei Metallen bestehende Legierung

**bimetallismo** [bimetal'lizmo] *m* Bimetallismus *m,* Doppelwährung *f*

**bimodale** [bimo'da:le] *agg* ❶ (*trasporto*) Kombinations-, Zweiarten- ❷ (*di norma statistica*) auf zwei häufigste Werte verteilt; **distribuzione ~** Verteilung auf zwei häufigste Werte

**bimotore** [bimo'to:re] I. *agg* zweimotorig, Zweimotoren- II. *m* zweimotoriges Flugzeug

**binario** [bi'na:rio] <-i> *m* Gleis *nt,* Schiene *f;* **~ morto** Abstellgleis *nt;* **essere su un ~ morto** (*fig*) in einer Sackgasse stecken, auf dem Abstellgleis stehen; **uscire dai -i** (*fig: eccedere*) die Grenzen überschreiten; (*nella vita*) aus dem Gleis kommen; **il treno per Monaco parte dal ~ 16** der Zug nach München fährt auf Bahnsteig 16 ab

**bingo** ['biŋgo] <-> *m* Bingo *nt;* **giocare a ~** Bingo spielen; **partecipare al ~ televisivo** beim Bingospiel im Fernsehen mitspielen

**binocolo** [bi'nɔ:kolo] *m* Fernglas *nt,* Feldstecher *m* **binoculare** [binoku'la:re] *agg* binokular

**binomio** [bi'nɔ:mio] <-i> *m* ❶ (MAT) Binom *nt* ❷ (*fig: coppia*) Paar *nt;* (*parole, concetti*) Wortpaar *nt,* Doppelbegriff *m*

**bioagricoltore** [bioagrikol'to:re] *m* Biobauer *m* **bioagricoltura** [bioagrikol-'tu:ra] *f* Biolandwirtschaft *f*

**bioalimento** [bioali'mento] *m* biologisches Nahrungsmittel *nt,* Bioprodukt *nt*

**bioarchitettura** [bioarkitet'tu:ra] *f* Bioarchitektur *f*

**bioastronautica** [bioastro'na:utika] <-che> *f* Bioastronautik *f*

**biocarburante** [biokarbu'rante] *m* Biokraftstoff *m,* Biosprit *m*

**bioccolo** ['biɔkkolo] *m* Baumwollflocke *f*

**bioccupato, -a** [biokku'pa:to] I. *agg* zwei Beschäftigungen nachgehend, zwei Berufe ausübend II. *m, f* Person *f,* die zwei Berufe ausübt **bioccupazione** [biookkupat'tsio:ne] *f* Doppelbeschäftigung *f*

**biochimica** [bio'ki:mika] <-che> *f* Biochemie *f* **biochimico, -a** [bio'ki:miko] <-ci, -che> I. *agg* biochemisch II. *m, f* Biochemiker(in) *m(f)*

**biochip** [baio'tʃip] <- *o* **biochips**> *m* (INFORM) Biochip *m,* Schaltkreis *m* mit biologischen Schaltelementen

**biocida**[1] [bio'tʃi:da] <-i> *m* Biozid *nt*

**biocida**[2] <-i, -e> *agg* Pflanzen vernichtend; **sostanza ~** Pflanzen vernichtende Substanz

**biocompatibile** [biokompa'ti:bile] *agg* umweltverträglich

**biodegradabile** [biodegra'da:bile] *agg* biologisch abbaubar **biodegradabilità** [biodegra'da:bili'ta] <-> *f* biologische Abbaubarkeit

**biodegradare** [biodegra'da:re] *vt* (ECOL) biologisch abbauen

**biodiesel** ['biodi:zel] <-> *m* Biodiesel *m*

**biodinamico, -a** [biodi'na:miko] <-ci, -che> *agg* ❶ (BIOL) biodynamisch ❷ (AGR) biologisch-dynamisch

**biodiversità** [biodiversi'ta] <-> *f* (BIOL) biologische Vielfalt *f,* Biodiversität *f*

**bioelettricità** [bioelettritʃi'ta] <-> *f* (PHYS) Bioelektrizität *f;* **fenomeni di ~** Phänomene der Bioelektrizität **bioelettrico, -a** [bioe'lɛttriko] <-ci, -che> *agg* (PHYS) bioelektrisch

**bioelettronica** [bioelet'trɔ:nika] <-che> *f* Bioelektronik *f*

**bioenergetica** [bioener'dʒɛ:tika] <-che> *f* (BIOL) Bioenergetik *f* **bioenergetico, -a** [bioener'dʒɛ:tiko] <-ci, -che> *agg* (BIOL) bioenergetisch **bioenergia** [bioener-'dʒi:a] *f* Alternativenergie *f*

**bioetica** [bio'ɛ:tika] <-che> *f* Bioethik *f* **bioetico, -a** [bio'ɛ:tiko] <-ci, -che> I. *agg* bioethisch; **argomentazione -a** bioethische Argumentation II. *m, f* Bioethiker(in) *m(f)*

**biofabbrica** [bio'fabbrika] <-che> *f* Biobetrieb *m,* Biobauernhof *m*

**biofarmaceutica** [biofarma'tʃɛ:utika] <-che> *f* Biopharmazie *f* **biofarmaceutico, -a** [biofarma'tʃɛ:utiko] <-ci, -che> *agg* biopharmazeutisch

**biofeedback** [biofid'bɛk] <-> *m* (MED) Biofeedbackmethode *f*

**biofisica** [bio'fi:zika] <-che> *f* Biophysik *f* **biofisico, -a** [bio'fi:ziko] <-ci, -che> I. *agg* biophysikalisch II. *m, f* Biophysiker(in) *m(f)*

**biofobia** [biofo'bi:a] <-ie> *f* Phobie *f* vor bestimmten Lebewesen

**biogas** [bio'gas] <-> *m* Biogas *nt*

**biogenesi** [bio'dʒɛ:nezi] *f* Biogenese *f* **biogenetica** [biodʒe'nɛ:tika] <-che> *f*

Biogenetik *f* **biogenetico, -a** [biodʒe'nɛːtiko] *agg* biogenetisch

**biogeografico, -a** [biodʒeo'graːfiko] <-ci, -che> *agg* biogeografische, biogeographisch

**biografa** *f v.* **biografo**

**biografia** [biogra'fiːa] *f* Biografie *f* **biografico, -a** [bio'graːfiko] <-ci, -che> *agg* biografisch **biografo, -a** [bi'ɔːgrafo] *m, f* Biograf(in) *m(f)*

**bioindicatore, -trice** [bioindika'toːre] *m, f* Bioindikator *m*; ~ **ambientale** Bioindikator für die Umwelt **bioinformatica** [bioinfor'maːtika] *f* Bioinformatik *f*

**bioingegnere** [bioindʒeɲ'ɲɛːre] *m* Bioingenieur(in) *m(f)* **bioingegneria** [bioindʒeɲɲe'riːa] *m* Bioingenieurwesen *nt*

**bioinsetticida**[1] [bioinsetti'tʃiːda] <-i, -e> *agg* bioinsektizid

**bioinsetticida**[2] <-i> *m* biologisches Insektenbekämpfungsmittel

**biolinguistica** [bioliɲ'ɡuistika] <-che> *f* Biolinguistik *f*

**biologa** *f v.* **biologo**

**biologia** [biolo'dʒiːa] <-ie> *f* Biologie *f* **biologico, -a** [bio'lɔːdʒiko] *agg* biologisch **biologo, -a** [bi'ɔːlogo] <-gi, -ghe> *m, f* Biologe *m*/Biologin *f*

**bioma** [bi'ɔːma] <-i> *m* (BIOL) Biom *nt*

**biomanipolazione** [biomanipolat'tsjoːne] *f* Genmanipulation *f*

**biomassa** [bio'massa] *f* Biomasse *f*

**biomatematica** [biomate'maːtika] <-che> *f* Biomathematik *f*

**biomateriale** [biomate'rjaːle] *m* Biomaterial *nt*, Implantat *nt*

**biomeccanica** [biomek'kaːnika] <*sing*> *f* Biomechanik *f*

**biometria** [biome'triːa] *f* Biometrie *f* **biometrico, -a** [bio'meːtriko] <-ci, -che> *agg* biometrisch

**bionda** *f v.* **biondo**

**biondeggiare** [bionded'dʒaːre] *vi* gelb werden; (*persona*) blond sein **biondezza** [bion'dettsa] *f* Blondsein *nt*, Blondheit *f* **biondiccio, -a** [bion'dittʃo] <-cci, -cce> *agg* ins Blonde gehend

**biondo** ['biondo] *m* (*colore*) Blond *nt*

**biondo, -a** I. *agg* blond; ~ **cenere** aschblond; ~ **come l'oro** goldblond II. *m, f* Blonde(r) *f(m)*, Blondine *f*; (*bambino*) Blondschopf *m*

**bionica** ['biɔːnika] <-che> *f* Bionik *f* **bionico, -a** ['biɔːoniko] <-ci, -che> *agg* bionisch; **ricerche -che** bionische Untersuchungen

**bioparco** [bio'parko] <-chi> *m* (ECOL) moderner Zoo, in dem die Tiere möglichst artgerecht gehalten werden

**biopatia** [biopa'tiːa] <-ie> *f* Biopathie *f*, Biose *f*

**biopolimero** [biopo'liːmero] *m* (CHEM) Biopolymer *nt*, Biowerkstoff *m*

**biopsia** [bio'psiːa] <-ie> *f* Biopsie *f*

**biorario, -a** [bio'raːrjo] <-i, -ie> *agg* zu zwei verschiedenen Zeiten stattfindend; (*tariffa*) von zwei verschiedenen Zeiten abhängig; **tariffa -a** Doppeltarif *m*

**bioreattore** [bioreat'toːre] *m* Bioreaktor *m*

**bioritmico, -a** [bio'ritmiko] <-ci, -che> *agg* Biorhythmus-, biorhythmisch **bioritmo** [bio'ritmo] *m* Biorhythmus *m*

**biosatellite** [biosa'tɛllite] *m* Biosatellit *m*

**biosfera** [bios'fɛːra] *f* Biosphäre *f*

**biosistema** [biosis'tɛːma] <-i> *m* (BIOL) Ökosystem *nt*

**biosociologia** [biosotʃolo'dʒiːa] <-gie> *f* Biosoziologie *f*

**biossido** [bi'ɔssido] *m* Dioxyd *nt*, Dioxid *nt*

**biostatistica** [biosta'tistika] <-che> *f* Biometrie *f*, Biostatistik *f*

**biotecnica** [bio'tɛknika] <-che> *f* Biotechnik *f*

**biotecnologia** [biotɛknolo'dʒiːa] *f* Biotechnologie *f* **biotecnologico, -a** [biotekno'lɔːdʒiko] <-ci, -che> *agg* biotechnologisch **biotecnologo, -a** [biotek'nɔːlogo] <-gi, -ghe> *m, f* Biotechnologe *m*/-technologin *f*

**bioterapeuta** [biotera'pɛuta] <-i *m*, -e *f*> *mf* Biotherapeut(in) *m(f)*

**bioterapia** [biotera'piːa] *f* (MED) Biotherapie *f*

**bioterrorismo** [bioterrori:zmo] *m* Bioterrorismus *m*

**biotopo** [bi'ɔːtopo] *m* Biotop *nt*

**biottica** ['biɔttika] *f* (TEC) Stereophotoapparat *m*

**bipartire** [bipar'tiːre] <bipartisco, bipartisci> I. *vt* zweiteilen II. *vr* **-rsi** sich zweiteilen

**bipartisan** [bi'partizan] <inv> *agg* (POL) überparteilich

**bipartitico, -a** [bipar'tiːtiko] *agg* Zweiparteien-; **governo** ~ Zweiparteienregierung *f* **bipartitismo** [biparti'tizmo] *m* Zweiparteiensystem *nt*

**bipartito, -a** [bipar'tiːto] *agg* zweigeteilt

**bipartizione** [bipartit'tsjoːne] *f* Zweiteilung *f*

**bipede** ['biːpede] I. *m* (ZOO) Zweifü-

ßer *m* ❷ (*scherz: l'uomo*) Zweibeiner *m* II. *agg* zweifüßig
**bipiano** [bi'pia:no] *m* zweistöckiges Haus, Maisonettenwohnung *f*
**biplano** [bi'pla:no] *m* Doppeldecker *m*
**bipolare** [bipo'la:re] *agg* zweipolig, bipolar
**bipolarismo** [bipola'rizmo] *m* Bipolarität *f*, Zweipoligkeit *f*; **il ~ russo-americano** die russisch-amerikanische Bipolarität
**bipolarità** [bipolari'ta] <-> *f* Zweipoligkeit *f*, Bipolarität *f*
**bipolarizzazione** [bipolariddzat'tsio:ne] *f* Bipolarisierung *f*
**biposto** [bi'posto] <inv> *agg* zweisitzig; **automobile/aereo ~** Zweisitzer *m*
**birba** ['birba] *f* (*fam scherz*) Spitzbube *m*, Schelm *m* **birbante** [bir'bante] *mf* ❶ (*fam scherz: monello*) Schlingel *m*, Gauner *m* ❷ (*pej: mascalzone*) Schurke *m* **birbanteria** [birbante'ri:a] <-ie> *f* ❶ (*fam scherz: monelleria*) Schelmenstreich *m*, Gaunerstück *nt* ❷ (*pej: furfanteria*) Schuftigkeit *f* **birbona** *f v.* **birbone**
**birbonata** [birbo'na:ta] *f* (*fam scherz*) Schelmenstreich *m*, Gaunerstück *nt* **birbone, -a** [bir'bo:ne] *m, f* (*fam scherz*) Schelm *m* **birboneria** [birbone'ri:a] <-ie> *f* ❶ (*fam scherz: monelleria*) Schelmenstreich *m*, Gaunerstück *nt* ❷ (*pej: furfanteria*) Schuftigkeit *f*
**bird watcher** ['bə:d 'wɔtʃə] <- *o* bird watchers> *mf* Vogelbeobachter(in) *m(f)* **bird-watching** ['bə:d'wɔtʃiŋ] <-> *m* Vogelbeobachtung *f*; **praticare il ~** Vögel beobachten
**bireattore** [bireat'to:re] *m* zweistrahliges Flugzeug
**birichina** *f v.* **birichino**
**birichinata** [biriki'na:ta] *f* (*fam*) Schelmenstreich *m*, Jungenstreich *m* **birichino, -a** [biri'ki:no] (*fam*) I. *agg* schelmisch, spitzbübisch II. *m, f* Schelm *m*, Schlingel *m*
**birillo** [bi'rillo] *m* Kegel *m*
**biro**® ['bi:ro] <-> *f* Kuli *m fam*, Kugelschreiber *m*
**birra** ['birra] *f* Bier *nt;* **lievito di ~** Bierhefe *f;* **~ alla spina** Bier vom Fass; **a tutta ~** (*fam*) volle Pulle **birraio** [bir'ra:io] <-ai> *m* (*fabbricante*) Bierbrauer *m;* (*venditore*) Bierhändler *m* **birreria** [birre'ri:a] <-ie> *f* ❶ (*locale*) Bierstube *f;* (*tenda*) Bierzelt *nt* ❷ (*fabbrica*) Brauerei *f*
**bis** [bis] I. *int* Zugabe! II. <-> *m* Zugabe *f;* **concedere il ~** eine Zugabe geben; **fare il ~ di qc** etw wiederholen; (*nel mangiare*) von etw noch einmal nehmen III. <inv> *agg* Sonder-, zusätzlich; **treno ~** Sonderzug *m*
**bisarca** [bi'zarka] <-che> *f* Autotransporter *m*
**bisavolo, -a** [bi'za:volo] *m, f* Urgroßvater *m*/Urgroßmutter *f*
**bisbetico, -a** [biz'bɛ:tiko] <-ci, -che> I. *agg* launisch, launenhaft II. *m, f* (*pej*) launischer Mensch; **"La Bisbetica domata"** „Der Widerspenstigen Zähmung"
**bisbigliare** [bizbiʎ'ʎa:re] I. *vt* ❶ (*orazione, parole*) [zu]flüstern, wispern; **~ qc nell'orecchio a qu** jdm etw ins Ohr flüstern ❷ (*sparlare*) tuscheln über +*acc*, klatschen über +*acc* II. *vi* flüstern, tuscheln
**bisbiglio**[1] [biz'biʎʎo] <-gli> *m* ❶ Getuschel *nt* ❷ (*sussurrare*) Flüstern *nt*
**bisbiglio**[2] [bizbiʎ'ʎi:o] <-glii> *m* Flüstern *nt*, Geflüster *nt*
**bisboccia** [biz'bɔttʃa] <-ce> *f* (*fam*) Fest *nt*, Mordsfete *f* **bisbocciare** [bizbot'tʃa:re] *vi* (*fam*) ordentlich feiern, eine Mordsfete machen
**bisca** ['biska] <-sche> *f* Spielkasino *nt;* (*pej*) Spielhölle *f*
**biscarto** [bi'skarto] *m* [Art] Silbenrätsel *nt*
**bischero** ['biskero] *m* ❶ (*tosc: vulg: membro virile*) Pimmel *m*, Schwanz *m* ❷ (MUS) Wirbel *m*
**biscia** ['biʃʃa] <-sce> *f* Natter *f*
**biscione** [biʃ'ʃo:ne] *m* ❶ (*stemma*) Symbol für Mailand; **la TV del ~** Privatfernsehen *nt/*-sender *m*; **il ~ dell'Inter** die Schlange [als Wappentier] von Inter Mailand ❷ (*dolce emiliano*) Süßspeise aus Marzipan in Schlangenform
**biscottato, -a** [biskot'ta:to] *agg* zweimal gebacken; (*tostato*) geröstet; **fette -e** Zwieback *m* **biscotteria** [biskotte'ri:a] <-ie> *f* ❶ (*fabbrica*) Keksfabrik *f* ❷ (*negozio*) Feingebäckladen *m* ❸ (*assortimento*) Gebäck *nt*, Backwerk *nt* **biscottiera** [biskot'tiɛ:ra] *f* Keksdose *f;* (*da presentazione*) Gebäckschale *f* **biscottificio** [biskotti'fi:tʃo] <-ci> *m* Keksfabrik *f* **biscotto** [bis'kɔtto] *m* ❶ (GASTR) Keks *m*, Plätzchen *nt*, Kipfe[r]l *m* A ❷ (*ceramica*) Biskuitporzellan *nt*
**biscugino, -a** [bisku'dʒi:no] *m, f* Cousin *m/*Cousine *f* zweiten Grades
**biscuit** [bis'kɥi] <-> *m* ❶ (*porcellana*) Biskuitporzellan *nt* ❷ (GASTR) Halbgefrorene(s) *nt*
**bisecare** [bise'ka:re] *vt* halbieren
**biservizi** [biser'vittsi] <inv> *agg* mit zwei Bädern

**bisessuale** [bisessu'aːle] *agg* bisexuell; (*pianta, animale*) doppelgeschlechtig
**bisessualità** [bisessuali'ta] <-> *f* Bisexualität *f*; (*di pianta, animale*) Doppelgeschlechtigkeit *f* **bisessuato, -a** [bisessu'aːto] *agg* bisexuell, doppelgeschlechtig, Zwitter-
**bisestile** [bizes'tiːle] *agg* **anno ~** Schaltjahr *nt* **bisesto** [bi'zɛsto] *m* Schalttag *m*
**bisettimanale** [bisettima'naːle] I. *agg* zweimal wöchentlich II. *m* Zeitschrift, die zweimal die Woche erscheint
**bisettrice** [biset'triːtʃe] *f* Winkelhalbierende *f*
**bisex** [bi'seks] I. <inv> *agg* ❶ (*persona*) bisexuell, bi *fam* ❷ (*capo vestiario*) unisex II. <-> *mf* Bisexuelle(r) *f(m)*
**bisezione** [biset'tsioːne] *f* Winkelhalbierung *f*
**bisillabico, -a** [bisil'laːbiko] <-ci, -che> *agg* zweisilbig; **sostantivo ~** zweisilbiges Substantiv; **radice -a** zweisilbiger Stamm
**bisillabo** [bi'sillabo] *m* zweisilbiges Wort
**bisillabo, -a** *agg* zweisilbig
**bislacco, -a** [bi'zlakko] <-cchi, -cche> *agg* (*fam*) komisch, sonderbar; (*a persona*) verschroben
**bislungo, -a** [bi'zluŋgo] <-ghi, -ghe> *agg* länglich, lang; (*più lungo del normale*) überlang
**bismuto** [biz'muːto] *m* Wismut *nt*
**bisnipote** [bizni'poːte] *mf* (*di nonno*) Urenkel(in) *m(f)*; (*di zio*) Großneffe *m*/Großnichte *f* **bisnonno, -a** [biz'nɔnno] *m, f* Urgroßvater *m*/Urgroßmutter *f*
**bisognare** [bizoɲ'ɲaːre] <bisogna, bisognano> *vi essere* (*avere bisogno di*) brauchen, benötigen; (*dovere*) müssen; (*essere necessario*) nötig sein; **bisogna che ...** +*conj*, **bisogna ...** +*inf* man muss [*o* braucht] ...; **bisogna che tu lo faccia** du musst es tun; **non bisogna crederci** das muss man nicht glauben
**bisognatario, -a** [bisoɲɲa'taːrio] <-ri, -rie> *m, f* (JUR COM) Notadressat *m* [bei einem Not leidenden Wechsel]
**bisognino** [bisoɲ'ɲiːno] *m* (*fam*) Geschäft *nt*, Notdurft *f*; **fare un ~** sein Geschäft verrichten
**bisogno** [bi'zoɲɲo] *m* ❶ (*necessità*) Bedarf *m*, Notwendigkeit *f*; **avere ~ di qc/qu** etw/jdn brauchen; **in caso di ~** im Bedarfsfall, nötigenfalls; **secondo il ~** [je] nach Bedarf; **al ~** wenn nötig; **non c'è ~ di ...** +*inf* man braucht nicht ... ❷ (*mancanza di mezzi*) Not *f*, Bedürftigkeit *f*; **essere nel ~** in Not sein; **al ~ si conosce l'amico** (*prov*) Freunde in der Not gehen tausend auf ein Lot; **il ~ non ha legge** (*prov*) Not kennt kein Gebot ❸ (*desiderio*) Bedürfnis *nt*; **sentire il ~ di fare qc** das Bedürfnis haben etw zu tun ❹ *pl* (*fam: corporali*) Notdurft *f*, Bedürfnis *nt*; **fare i propri -i** seine Notdurft verrichten **bisognoso, -a** [bizoɲ'ɲoːso] I. *agg* bedürftig; **~ di aiuto/cura** hilfs-/pflegebedürftig II. *m, f* Bedürftige(r) *f(m)*
**bisolfato** [bisol'faːto] *m* Bisulfat *nt* **bisolfito** [bisol'fiːto] *m* Bisulfit *nt*
**bisonte** [bi'zonte] *m* (*europeo*) Wisent *m*; (*americano*) Bison *m*
**bisso** ['bisso] *m* [feines] Leinengewebe *nt*
**bistecca** [bis'tekka] <-cche> *f* Steak *nt*, Schnitzel *nt*; **~ alla fiorentina** Florentiner T-Bone-Steak *nt* (*von Chianina-Rindern, auf dem Holzkohlenfeuer gegrillt*)
**bistecchiera** [bistek'kiɛːra] *f* Grillpfanne *f*
**bisticciare** [bistit'tʃaːre] (*fam*) I. *vi* zanken, streiten II. *vr* **-rsi** sich zanken, sich streiten
**bisticcio** [bis'tittʃo] <-cci> *m* (*fam*) Zank *m*, Streit *m*
**bistrattare** [bistrat'taːre] *vt* misshandeln, schlecht behandeln
**bistrò, bistrot** [bis'trɔ, bis'tro] <-> *m* Bistro *nt*
**bisturi** ['bisturi] <-> *m* Skalpell *nt*
**bisunto, -a** [bi'zunto] *agg* (*fam*) schmierig; (*sporco di grasso*) fettig; **unto e ~** (*fam*) in Dreck und Speck
**bit** [bit] <-> *m* Bit *nt*
**bitonale** [bito'naːle] *agg* bitonal
**bitorzolo** [bi'tortsolo] *m* Pickel *m*; (*prominenza*) Beule *f*
**bitter** ['bitter] <-> *m* Bitter *m*
**bitumare** [bitu'maːre] *vt* asphaltieren, bituminieren **bitumatrice** [bituma'triːtʃe] *f* Asphaltier-, Teermaschine *f* **bitumatura** [bituma'tuːra] *f* ❶ (*operazione di bitumare*) Bituminierung *f*, Asphaltierung *f* ❷ (*strato di bitume*) Bitumenschicht *f*, Asphaltdecke *f* **bitumazione** [bitumat'tsioːne] *f* Bituminierung *f*, Asphaltierung *f*
**bitume** [bi'tuːme] *m* Bitumen *nt* **bituminoso, -a** [bitumi'noːso] *agg* bituminös, bitumig **bitumizzazione** [bitumiddzat'tsioːne] *f* ❶ (BIOL, CHEM) Bituminierung *f* ❷ (TEC) Bituminierung *f*
**biturbo** [bi'turbo] *m* zweifacher Turbolader
**bivaccare** [bivak'kaːre] *vi* im Freien übernachten; (*spesso mil*) biwakieren **bivacco** [bi'vakko] <-cchi> *m* Biwak *nt*

**bivalente** [biva'lɛnte] *agg* ❶ (CHEM) zweiwertig, bivalent ❷ (*fig*) zweideutig

**bivio** ['bi:vio] <-i> *m* Gabelung *f*, Abzweigung *f*; **essere** [*giunto*] **a un ~** (*fig*) an einem [*o am*] Scheideweg angelangt sein

**bizantinismo** [biddzanti'nizmo] *m* ❶ (*fig pej: sottigliezza eccessiva*) Haarspalterei *f*, Spitzfindigkeit *f*, Pedanterie *f* ❷ (*fig pej: arte*) überladene Pracht ❸ (*cerimoniale esagerato*) übertriebener Aufwand

**bizantino, -a** [biddzan'ti:no] *agg* ❶ (HIST) byzantinisch ❷ (*fig pej: sottile, pedante*) pedantisch, spitzfindig

**bizza** ['biddza] *f* Eigensinn *m*; (*stizza*) Koller *m fam*; **fare le -e** ungezogen sein

**bizzarria** [biddzar'ri:a] <-ie> *f* Absonderlichkeit *f*, Wunderlichkeit *f* **bizzarro, -a** [bid'dzarro] *agg* ❶ (*persona, idea*) absonderlich, wunderlich ❷ (*cavallo*) temperamentvoll, eigenwillig

**bizzeffe** [bid'dzɛffe] *avv* **a ~** in Hülle und Fülle, haufenweise *fam*; **avere denaro a ~** Geld wie Heu haben

**bizzoso, -a** [bid'dzo:so] *agg* (*bambino*) launenhaft, eigensinnig

**bla bla** [bla 'bla] <-> *m* Blabla *nt*, Gerede *nt*; **smettetela con questi ~** hört auf mit diesem dummen Gerede

**black comedy** [blæk 'kɔmədi] <- *o* black comedies> *f* schwarze Komödie **blackjack** [blæk'dʒæk] <-> *m* Black Jack *nt* **blackleg** [blæk'leg] <- *o* blacklegs> *m* Schwindler *m*, Falschspieler *m* **black list** [blæk 'list] <-> *f* Schwarze Liste; (INET) Blacklist *f*, Schwarze Liste **black music** [blæk 'mju:zik] <-> *f Musik der Afroamerikaner* **black-out** [blæk'aut] <-> *m* Blackout *m o nt* **black power** [blæk 'pauə] <-> *m* (POL) Black Power *f*

**blague** [blag] <- *o* blagues> *f* Angeberei *f*, Prahlerei *f*, Aufschneiderei *f* **blagueur, blagueuse** [bla'gœːr, bla'gøːz] <- *o* blagueurs *m*, blagueuses *f*> *m, f* Angeber(in) *m(f)*, Aufschneider(in) *m(f)*, Schaumschläger(in) *m(f)*

**blando, -a** ['blando] *agg* ❶ (*parole*) sanft ❷ (*medicinale*) leicht

**blasfemo, -a** [blas'fɛ:mo] I. *agg* blasphemisch, gotteslästerlich II. *m, f* Gotteslästerer *m*/-lästerin *f*

**blasonato, -a** [blazo'na:to] I. *agg* ad[e]lig II. *m, f* Ad[e]lige(r) *f(m)* **blasone** [bla'zo:ne] *m* Wappen[schild] *nt*

**blaterare** [blate'ra:re] *vi* (*fam*) schwatzen

**blazer** ['bleizə *o* 'blazer] <-> *m* Blazer *m*

**bleso, -a** ['blɛ:zo] *agg* lispelnd; **essere ~** lispeln

**blindare** [blin'da:re] *vt* panzern **blindato, -a** [blin'da:to] *agg* Panzer-, gepanzert; **carro ~** Panzer *m*; **auto -a** Panzerwagen *m*; **vetro ~** Panzerglas *nt* **blindatore, -trice** [blinda'to:re] *m, f* Arbeiter, der/Arbeiterin, die Panzertüren montiert

**blindosbarra**® [blindos'barra] *f* Stromverteilernetz *nt*

**blinker** ['bliŋkə] <- *o* blinkers> *m* Warnblinkanlage *f*

**blister** ['blistə *o* 'blister] <- *o* blisters> *m* Blister *m*

**blitz** [blits] <-> *m* (*guerra*) Blitzkrieg *m*; (*operazione a sorpresa*) Blitzaktion *f*

**blob** [blɔb] <- *o* blobs> *m* (FILM) Zusammenschnitt *m*

**bloccabile** [blok'ka:bile] *agg* feststellbar

**bloccaggio** [blok'kaddʒo] <-ggi> *m* ❶ (TEC) Blockierung *f*, Verriegelung *f* ❷ (SPORT) Abfangen *nt*, Halten *nt* ❸ (COM) Sperren *nt*, Stopp *m*

**bloccare** [blok'ka:re] I. *vt* ❶ (TEC) [ab]sperren, verriegeln; (*sterzo*) sperren, blockieren ❷ (*comunicazione*) unterbrechen; (*città*) abschneiden; (*strada, passo*) blockieren ❸ (*fissare*) festsetzen; (*fermare*) anhalten ❹ (SPORT) abfangen, halten ❺ (*prezzi, salari*) einfrieren; (*licenziamento*) stoppen, aufhalten; (JUR) abbrechen, stoppen ❻ (FIN: *assegno, conto*) sperren II. *vr* **-rsi** blockieren; (*fig*) sich sperren

**bloccaruota** [blokka'ruɔ:ta] <-> *m*, **bloccaruote** [blokka'ruɔ:te] <-> *m* Radfeststellung *f*, Radblockierung *f* **bloccasterzo** [blokkas'tɛrtso] *m* Lenkradschloss *nt*

**bloccata** [blok'ka:ta] *f* (SPORT) ❶ (*nel calcio*) Abwehrparade *f* ❷ (*nel pugilato*) Abblocken *nt*

**blocco** ['blɔkko] <-cchi> *m* ❶ (*gener, a. fig*) Block *m*; **vendere/comprare in ~** en bloc verkaufen/kaufen ❷ (*per appunti*) Notizblock *m*, Schreibblock *m* ❸ (TEC) [Ab]sperrung *f*, Verriegelung *f*; (*di sterzo*) Sperrung *f*, Blockierung *f* ❹ (NAUT, MIL) Blockade *f*; (*di strada*) Sperre *f*; **~ navale** Seeblockade, Seesperre; **~ stradale** Straßensperre; **posto di ~** Absperrung *f* ❺ (JUR: *dei fitti*) Stopp *m*; (FIN) Sperrung *f*; **~ delle riforme** Reformstau *m*; **~ dei salari** Lohnstopp *m* ❻ (*arresto*) Unterbrechung *f*; (*di congegno*) Stockung *f* ❼ (MED) Versagen *nt*; **~ renale/cardiaco** Nieren-/Herzversagen *nt* ❽ (PSIC: *di personalità, coscienza*) Hemmung *f*, Störung *f*; (*di memoria*) Gedächtnislücke *f*; **~ dello scrittore** Schreibblockade *f*

**bloc-notes** [blɔk'nɔt] <-> *m* Notizblock *m*
**blog** [blɔg] <-> *m* (INET) Blog *nt o m;* **avere** [*o* **tenere**] **un ~** bloggen
**blogger** ['blɔgger] <-> *m* (INET) Blogger(in) *m(f)*
**blogosfera** [blogo'sfɛːra] <-> *f,* **blogsfera** [blogs'fɛːra] <-> *f* (INET) Bloggerszene *f,* Blogosphäre *f*
**blood doping** [blʌd 'doupiŋ] <-> *m* (SPORT) Blutdoping *nt*
**bloody mary** ['blʌdi 'mɛːri] <- *o* bloody marys> *m* Bloody Mary *f*
**blotting** ['blɔtiŋ] <-> *m* (BIOL) Blotten *nt*
**blu** [blu] I.<inv> *agg* blau; **avere il sangue ~** blaues Blut haben II.<-> *m* Blau *nt;* **~ di Prussia** Preußischblau *nt* **bluastro, -a** [blu'astro] *agg* bläulich
**blucard** [blu'kaːd] <-> *f* Platzreservierungskarte bei der Schifffahrt
**blue chip** [blu: 'tʃip] <blue chips> *m* Bluechip *m,* erstklassiges Wertpapier
**blue-jeans** ['blu: 'dʒiːnz] *mpl* Jeans *pl*
**blue movie** [blu: 'muːvi] <- *o* blue movies> *m* Blue Movie *m o nt,* Pornofilm *m*
**bluette** [bly'ɛt] I.<inv> *agg* kornblumenblau II.<-> *m* Kornblumenblau *nt*
**bluff** [bluf] <-> *m* Bluff *m* **bluffare** [bluf'faːre] *vt* bluffen **bluffatore, -trice** [bluffa'toːre] *m, f* Bluffer(in) *m(f)*
**blusa** ['bluːza] *f* ⓵ (*camicetta*) [Hemd]bluse *f* ⓶ (*da lavoro*) Kittel *m* **blusotto** [blu'zɔtto] *m* Kittel *m;* (*camicia da uomo*) [leichtes] Hemd *nt*
**b-movie** [biˈmuːvi] <- *o* b-movies> *m* (FILM) zweitklassiger Film *m*
**BNL** *f abbr di* **Banca Nazionale del Lavoro** *italienisches Kreditinstitut*
**boa**[1] ['bɔːa] <-> *m* ⓵ (ZOO) Boa *f* ⓶ (*sciarpa*) [Feder]boa *f*
**boa**[2] *f* (NAUT) Boje *f*
**boato** [bo'aːto] *m* Dröhnen *nt,* Donnern *nt*
**bob** [bɔb] <-> *m* Bob *m;* (*sport*) Bobsport *m* **bobbista** [bob'bista] <-i *m,* -e *f*> *mf* Bobfahrer(in) *m(f)*
**bobina** [bo'biːna] *f* Spule *f;* (*rotolo*) Rolle *f*
**bocca** ['bokka] <-cche> *f* ⓵ (ANAT) Mund *m;* (*di animale*) Maul *nt;* **~ di leone** (BOT) Löwenmaul *nt;* **a ~ mündlich; a ~ piena** mit vollem Mund; **mettere ~ in qc** (*fig*) sich in etw *acc* einmischen; **restare a ~ aperta** (*a. fig*) mit offenem Mund dastehen; **tenere la ~ chiusa** (*a. fig*) den Mund halten; **restare a ~ asciutta** (*fig*) leer ausgehen; **essere di ~ buona** (*fig*) nicht wählerisch sein; **essere la ~ della verità** (*fig*) die Wahrheit in Person sein; **essere sulla ~ di tutti** (*fig*) in aller Munde sein; **in ~ al lupo!** (*fam*) Hals- und Beinbruch!, toi, toi, toi! ⓶ (*fig: apertura*) Öffnung *f,* Mund *m;* (*di cannone*) Mündung *f;* (*di forno*) Tür *f* ⓷ (GEOG: *di fiume*) Mündung *f;* (*di mare*) Straße *f* **boccaccia** [bokk'kattʃa] <-cce> *f* ⓵ (*smorfia*) Grimasse *f,* Schnute *f;* **fare le -cce** Grimassen schneiden ⓶ (*fig pej: persona maldicente*) Lästermaul *nt* ⓷ (*pej: bocca brutta*) Schnauze *f,* hässlicher Mund **boccaglio** [bok'kaʎʎo] <-gli> *m* ⓵ (TEC) Düse *f* ⓶ (*imboccatura*) Mundstück *nt*
**boccale** [bok'kaːle] I. *agg* (ANAT) Mund- II. *m* (*di birra*) Krug *m*
**boccaporto** [bokka'pɔrto] *m* [Schiffs]luke *f*
**boccascena** [bokkaʃʃɛːna] <-> *m* Bühnenöffnung *f*
**boccata** [bok'kaːta] *f* Mundvoll *m;* (*di sigaretta*) Zug *m;* (*d'acqua*) Schluck *m;* **andare a prendere una ~ d'aria** (*fig*) frische Luft schnappen [gehen]
**boccetta** [bot'tʃetta] *f* ⓵ (*per inchiostro, medicinali*) Fläschchen *nt* ⓶ (*al biliardo*) Stoßkugel *f*
**boccheggiante** [bokked'dʒante] *agg* ⓵ (*per il caldo, la fatica*) nach Luft ringend ⓶ (*fig: moribondo*) sterbend, im Niedergang befindlich **boccheggiare** [bokked'dʒaːre] *vi* nach Luft ringen; **~ come un pesce fuor d'acqua** nach Luft schnappen wie ein Fisch auf dem Trockenen
**bocchino** [bok'kiːno] *m* ⓵ (*per sigaretta*) Zigarettenspitze *f* ⓶ (MUS) Mundstück *nt*
**boccia** ['bɔttʃa] <-cce> *f* ⓵ (*per gioco*) Bocciakugel *f;* **gioco delle -cce** Boccia[spiel] *nt;* **giocare alle -cce** Boccia spielen ⓶ (*recipiente*) Karaffe *f* ⓷ (*fam scherz: testa*) Birne *f,* Rübe *f*
**bocciarda** [bot'tʃarda] *f* ⓵ (TEC) Kröneleisen *nt,* Scharriereisen *nt* ⓶ (*martello a punte*) Stockhammer *m* **bocciardare** [bottʃar'daːre] *vt* (TEC) kröneln, aufrauen, scharrieren **bocciardato, -a** [bot'tʃar'daːto] *agg* gekrönelt, aufgeraut, scharriert **bocciardatrice** [bottʃarda'triːtʃe] *f* (TEC) Krönelmaschine *f,* Scharriermaschine *f* **bocciardatura** [bottʃarda'tuːra] *f* (TEC) Krönelung *f,* Aufrauung *f*
**bocciare** [bot'tʃaːre] *vt* ⓵ (*fam: agli esami*) durchfallen lassen ⓶ (*proposta, idea*) ablehnen ⓷ (*alle bocce*) treffen **bocciatura** [bottʃa'tuːra] *f* Durchfallen *nt;* (*a scuola*) Sitzenbleiben *nt*
**boccino** [bot'tʃiːno] *m* Malkugel *f*
**boccio** ['bɔttʃo] <-cci> *m* Knospe *f;* **in ~** noch nicht erblüht; (*fig*) noch nicht reif

**bocciodromo** [bot'tʃɔ:dromo] *m* Bocciaanlage *f*
**bocciofila** [bottʃo'fi:la] *f* Bocciaspielgemeinschaft *f*, Bocciaclub *m*
**bocciofilo, -a** [bot'tʃɔ:filo] **I.** *m, f* (*giocatore*) Bocciaspieler(in) *m(f)* **II.** *agg* Boccia-; **società -a** Bocciaspielerclub *m*
**bocciolo** [bot'tʃɔ:lo] *m* Knospe *f*
**boccola** ['bokkola] *f* ❶ (TEC) Büchse *f*, Hülse *f* ❷ (EL) Buchse *f* ❸ (*anello*) Ring *m*; (*orecchino*) Ohrring *m*
**boccolo** ['bokkolo] *m* Locke *f*
**bocconcino** [bokkon'tʃi:no] *m* Häppchen *nt*, Leckerbissen *m*, Schmankerl *nt A*
**boccone** [bok'ko:ne] *m* Bissen *m*, Happen *m*; (*cibo prelibato, fig*) Leckerbissen *m*, Schmankerl *m A*; **fra un ~ e l'altro** (*fam*) während des Essens, zwischendurch; **mangiare un ~** [noch schnell] einen Happen essen; **inghiottire un ~ amaro** (*fig*) eine bittere Pille schlucken; **col ~ in gola** (*fig fam*) gleich nach dem Essen
**bocconi** [bok'ko:ni] *avv* auf dem Bauch, bäuchlings; **cadere ~** der Länge nach hinfallen
**body** ['bɔdi] <-> *m* Body *m*, Bodysuit *m*; **un ~ a maniche lunghe** ein langärm[e]liger Body **body art** ['bɔdi 'a:t] <-> *f* Body Art *f* **body builder** ['bɔdi 'bildə] <-o body builders> *mf* Bodybuilder(in) *m(f)* **body-building** ['bɔdi'bildiŋ] <-> *m* Bodybuilding *nt*; **praticare il ~** Bodybuilding betreiben; **fare ~** Bodybuilding machen **body copy** ['bɔdi 'kɔpi] <- o body copies> *m* Fließtext *m* **bodyguard** ['bɔdiga:d] <-> *mf* Bodyguard *m*, Leibwächter(in) *m(f)* **body language** ['bɔdi 'læŋgwidʒ] <- o body languages> *m* Körpersprache *f* **body painting** ['bɔdi 'peintiŋ] <-> *f* Bodypainting *nt*, Körperbemalung *f* **body sculpturing** ['bɔdi 'skʌlptʃəriŋ] <-> *f* (MED) Schönheitsoperation *f* (*operatives Entfernen von Fettgewebe*)
**boeing** ['bɔeiŋ] <- o boeings> *m* Boeing *f*
**boero** [bo'ɛ:ro] *m* Praline mit einer Likörkirsche
**bofonchiare** [bofoŋ'kia:re] *vi* (*fam*) murren, meckern
**bohème** [bo'ɛm] <-> *f* Bohemeleben *nt*
**bohémien** [boe'mjɛ̃] <-> *m* Bohemien *m*
**boia** ['bɔ:ia] **I.** <-> *m* Henker *m*, Scharfrichter *m*; **~ d'un mondo!** (*vulg*) beschissene Welt! **II.** <inv> *agg* (*vulg*) beschissen, verdammt *fam*; **che tempo ~!** (*fam*) was für ein Sauwetter!; **ho una sete ~** (*fam*) ich habe einen Mordsdurst **boiata** [bo'ia:ta] *f* (*vulg*) Scheiß *m*, Scheiße *f*; (*spettacoli, libri*) Schund *m*

**boicottaggio** [boikot'taddʒo] <-ggi> *m* Boykott *m*, Boykottieren *nt* **boicottare** [boikot'ta:re] *vt* ❶ (COM) boykottieren ❷ (*ostacolare*) behindern
**boiler** ['bɔilə o 'bɔiler] <-> *m* Boiler *m*
**boîte** [bwat] <-> *f* ❶ (*locale notturno*) kleines Nachtlokal, Bar *f* ❷ (*scatola*) Dose *f*, Schatulle *f*
**bolero** [bo'lɛ:ro] *m* ❶ (MUS) Bolero *m* ❷ (*corpetto*) Bolero[jäckchen] *nt*
**bolgia** ['bɔldʒa] <-ge> *f* (*fig pej*: *baraonda*) Höllenspektakel *m*; **quella stanza è una ~** in dem Zimmer ist die Hölle los *fam*
**bolide** ['bɔ:lide] *m* ❶ (ASTR) Bolid *m* ❷ (AUTO) schneller Flitzer *fam*, Rennwagen *m*; **è passato come un ~** er ist wie der Blitz vorbeigeschossen ❸ (*fam scherz*: *persona grossa*) Koloss *m*
**bolla** ['bolla] *f* ❶ (*di sapone,* MED) Blase *f*; (*nel vetro, metallo*) [Luft]blase *f*; **finire in una ~ di sapone** (*fig*) wie eine Seifenblase zerplatzen ❷ (REL) Bulle *f* ❸ (COM) Schein *m*; (*sigillo*) Siegel *nt*; **~ di accompagnamento** Warenbegleitschein *m*; **~ di consegna** Lieferschein *m* **bollare** [bol'la:re] *vt* ❶ (ADM) [ab]stempeln ❷ (*fig*: *marchiare*) brandmarken; (*d'infamia*) überhäufen ❸ (*fam*: *dare una contravvenzione*) jdm eine Geldstrafe verpassen **bollato, -a** [bol'la:to] *agg* ❶ (ADM) [ab]gestempelt; **carta -a** Stempelpapier *nt* ❷ (*fig*: *marchiato*) gebrandmarkt **bollatura** [bolla'tu:ra] *f* [Ab]stemp[e]lung *f*
**bollente** [bol'lɛnte] *agg* ❶ (*acqua, caffè*) kochend, siedend, heiß ❷ (*fig*: *temperamento, carattere*) hitzig, feurig; **-i spiriti** (*poet*) erhitzte Gemüter *ntpl*
**bolletta** [bol'letta] *f* [Ab]rechnung *f*; (*polizza*) Schein *m*; **essere in ~** (*fam*) blank sein
**bollettino** [bollet'ti:no] *m* ❶ (*pubblicazione*) Bericht *m*, Bulletin *nt*; **~ meteorologico** [Wetter]bericht *m*; **Bollettino Ufficiale** Amtsbericht *m*; **~ medico** Krankenbericht *m* ❷ (*polizza*) Schein *m*
**bollilatte** [bolli'latte] <-> *m* Milchkochtopf *m*
**bollinare** [bolli'na:re] *vt* mit einer [Beitrags]marke bekleben
**bollino** [bol'li:no] *m* Marke *f*; (*tagliando*) Abschnitt *m*; **~ blu** (AUTO) ASU-Plakette *f*
**bollire** [bol'li:re] **I.** *vi* (PHYS, GASTR) kochen, sieden; **~ di rabbia** (*fig*) vor Wut kochen; **chissà cosa bolle in pentola!** (*fig*) wer

weiß, was da dahintersteckt! **II.** *vt* [auf]kochen [lassen]; (*per sterilizzare*) [ab]kochen

**bollito** [bol'li:to] *m* (*da bollire*) Suppenfleisch *nt*; (*pronto*) gekochtes Rind- [*o* Kalb]fleisch

**bollito, -a** *agg* [ab]gekocht **bollitore** [bolli'to:re] *m* (*pentola*) Kochtopf *m*; (*attrezzo*) Kocher *m* **bollitura** [bolli'tu:ra] *f* Kochen *nt*, Sieden *nt*

**bolliuova** [bolli'uɔ:va] <-> *m* Eierkocher *m*

**bollo** ['bollo] *m* ① (*strumento, marchio*) Stempel *m*, Siegel *nt*; ~ **di circolazione** Kraftfahrzeugsteuermarke *f* ② (*fam: francobollo*) Briefmarke *f*

**bollore** [bol'lo:re] *m* ① (GASTR, PHYS) Sieden *nt*, Aufkochen *nt* ② (*fig: caldo intenso*) Hitze *f*; **a** ~ kochend [heiß]; **far passare i -i a qu** jdn beschwichtigen ③ (*fig: ardore*) Hitze *f*, Ungestüm *nt*

**bolo** ['bɔ:lo] *m* große Pille

**Bologna** *f* Bologna *nt* (*Hauptstadt der Region Emilia-Romagna*)

**bolognese** [boloɲ'ɲe:se] **I.** *agg* bolognesisch, aus Bologna stammend; **pasta alla** ~ Nudelgericht Bologneser Art **II.** *m, f* (*abitante*) Bolognese *m*, Bolognesin *f* **III.** <*sing*> *m* (*dialetto*) Bologneser Dialekt

**Bolognese** <*sing*> *m* Gebiet *nt* um Bologna

**bolsaggine** [bol'saddʒine] *f* ① (*fig: fiacchezza*) Schlaffheit *f*, Trägheit *f*; (*di stile*) Schwülstigkeit *f* ② (ZOO) Pferdestaupe *f*

**bolscevico, -a** [bolʃe'vi:ko] <-chi, -che> **I.** *agg* ① (POL) bolschewikisch, bolschewistisch ② (*comunista rivoluzionario*) bolschewikisch, bolschewistisch; **partito** ~ bolschewistische Partei **II.** *m, f* ① (HIST, POL) Bolschewik(in) *m(f)*, Bolschewist(in) *m(f)*

**bolzanino, -a** [boltsa'ni:no] **I.** *agg* Bozner- **II.** *m, f* (*abitante*) Bozner(in) *m(f)*

**Bolzanino** <*sing*> *m* Umgebung *f* Bozens, Gebiet *nt* um Bozen

**Bolzano** [bol'tsa:no] *f* Bozen *nt* (*Stadt in Südtirol*)

**bomba** ['bomba] *f* (MIL) Bombe *f*; ~ **a idrogeno/orologeria** Wasserstoff-/Zeitbombe *f*; ~ **a mano** Handgranate *f*; ~ **atomica** Atombombe *f*; ~ **vulcanica** [*o* **lavica**] [Lava]bombe *f*; **una notizia** ~ (*fig*) eine Sensation; **fare scoppiare la** ~ (*fig*) die Bombe platzen lassen; **a prova di** ~ bombensicher

**bombardamento** [bombarda'mento] *m* ① (MIL: *di bombe aeree*) Bombardierung *f*; (*di artiglieria pesante*) schwerer Beschuss,

schweres Feuer; ~ **a tappeto** Flächenbombardierung *f*, Bombenteppich *m*; (*di artiglieria*) Sperrfeuer *nt* ② (*fig: di domande*) Bombardierung *f* ③ (PHYS) Beschuss *m*

**bombardare** [bombar'da:re] *vt* ① (MIL) bombardieren, beschießen ② (*fig*) bombardieren; ~ **qu di domande** jdn mit Fragen bombardieren ③ (PHYS) beschießen **bombardiere** [bombar'djɛ:re] *m* ① (*pilota*) Bombenflieger *m*, Bomberpilot *m*; (*aereo*) Bomber *m* ② (*di artiglieria pesante*) Artillerist *m*

**bombarolo, -a** [bomba'rɔ:lo] **I.** *m, f* (*mer*) Bombenleger(in) *m(f)* **II.** *agg* (*mer*) Bombenleger-, Bomben-; **l'offensiva -a** Bombenanschlag *m*

**bomber** ['bɔmbə *o* 'bɔmber] <- *o* bombers> *m* ① (SPORT: *cannoniere*) Torschütze *m* ② (*giubbotto*) Bomber-Jacke *f*

**bomberina** [bombe'ri:na] *f* [Art] Nagelkopf *m*

**bombetta** [bom'betta] *f* ① (*cappello*) Melone *f*, Zylinder *m* ② (*fialetta puzzolente*) Stinkbombe *f*

**bombing** ['bɔmbing] <-> *m* Sprühen *nt* von Graffiti

**bombola** ['bombola] *f* Gasflasche *f*; (*per nebulizzazione*) Sprühdose *f*

**bombolo, -a** ['bombolo] *m, f* (*fam scherz*) Dickerchen *m*

**bombolone** [bombo'lo:ne] *m* mit Creme oder Marmelade gefüllter Krapfen

**bomboniera** [bombo'niɛ:ra] *f* Bonbonniere *f*

**bonaccia** [bo'nattʃa] <-cce> *f* ① (NAUT) Flaute *f*, Windstille *f*; (*mare*) Meeresstille *f* ② (*fig: calma*) Stille *f*, Ruhe *f*

**bonaccione, -a** [bonat'tʃo:ne] (*fam*) **I.** *agg* gutmütig **II.** *m, f* gutmütiger Mensch

**bonarietà** [bonarie'ta] <-> *f* Gutmütigkeit *f*

**bonario, -a** [bo'na:rio] <-i, -ie> *agg* gutmütig

**bonifica** [bo'ni:fika] <-che> *f* ① (*di terreno*) Urbarmachung *f*; (*di palude*) Trockenlegung *f* ② (MIL) Entminung *f* **bonificare** [bonifi'ka:re] *vt* ① (*terreno*) urbar machen; (*palude*) trockenlegen ② (MIL) entminen ③ (FIN) gutschreiben

**bonifico** [bo'ni:fiko] <-ci> *m* ① (FIN) Gutschrift *f* ② (COM) Preisnachlass *m*

**bonomia** [bono'mi:a] <-ie> *f* Gutmütigkeit *f*

**bonsai** ['bonsai *o* bon'sai] <-> *m* ① (*tecnica di coltivazione*) Bonsai *nt* ② (*pianta*) Bonsai *m*

**bontà** [bon'ta] <-> *f* ① (*di persona*) Güte *f;* **abbia la ~ di dirmelo** haben Sie die Güte, es mir zu sagen ❷ (*di cosa*) Güte *f,* Qualität *f;* **che ~ questa torta!** diese Torte ist ein Gedicht!

**bonus** ['bɔnus] <-> *m* ❶ (*incentivo economico*) Prämie *f,* Prämienzahlung *f;* **un ~ di cento euro** eine Prämie von hundert Euro ❷ (*tagliando*) Gutschein *m,* Vergütung *f;* **~ per gli acquisti** Gutschein für die Einkäufe ❸ (*premio*) Bonus *m* ❹ (SPORT) Bonus *m,* Punktvorteil *m*

**bonus-malus** ['bɔnus'malus] <-> *m* Bonus-Malus-System *nt,* Schadenfreiheitsrabatt *m*

**bonzo** ['bondzo] *m* Bonze *m*

**boom** [bu:m] <-> *m* Aufschwung *m,* Boom *m;* **~ edilizio** Bauboom *m*

**boomerang** ['bu:məræŋ] *o* 'bumerang] <-> *m* Bumerang *m*

**bootstrap** [bu:t'stræp] (INFORM, TEC) I. <inv> *agg* Bootstrap-; **circuito ~** Bootstrap-Schaltung *f* II. <-> *m* Bootstrapping *nt,* Ureingabe *f*

**bora** ['bɔ:ra] *f* Bora *f*

**boracifero, -a** [bora'tʃi:fero] *agg* borhaltig, Borax-; **soffione ~** Borquelle *f*

**borato** [bo'ra:to] *m* Borat *nt*

**borbottamento** [borbotta'mento] *m* (*fam*) Murmeln *nt,* Gemurmel *nt*

**borbottare** [borbot'ta:re] *vi, vt* (*fam: parlare in modo indistinto*) murmeln; (*brontolare*) brummen **borbottio** [borbot'ti:o] <-ii> *m* (*fam*) Gemurmel *nt,* Gestammel *nt*

**borchia** ['bɔrkia] <-chie> *f* Metallverzierung *f,* Beschlag *m;* (*su allacciamenti*) Niete *f;* (*a poltrone*) Ziernagel *m*

**bordare** [bor'da:re] *vt* (*tovaglia, vestito*) [ein]säumen, [um]säumen; (*per ornamento*) mit einer Borte verzieren **bordatura** [borda'tu:ra] *f* (*di vestito*) Bordüre *f,* Borte *f*

**bordello** [bor'dɛllo] *m* ❶ (*fig fam: ambiente corrotto*) Lasterhöhle *f* ❷ (*fig: disordine*) Tohuwabohu *nt,* Durcheinander *nt;* (*fracasso*) Radau *m,* Spektakel *m;* **smettetela di far ~!** (*fam*) hört mal auf mit dem Radau! ❸ (*postribolo*) Bordell *nt,* Freudenhaus *nt*

**borderline** ['bɔ:dəlain] I. <-> *mf* (MED, PSIC) Borderline *nt,* Grenzfall *m* II. <inv> *agg* Borderline-

**bordino** [bor'di:no] *m* (*di tessuto*) feiner Saum, Einfassung *f;* (*per ornamento*) kleine Borte

**bordo** ['bordo] *m* ❶ (*di vestito*) Saum *m;* (*per ornamento*) Borte *f* ❷ (NAUT, AERO, MOT) Bord *m;* **salire a ~** an Bord gehen, einsteigen; **prendere qu a ~** jdn an Bord nehmen; **a ~** an Bord; **a ~ della macchina** im Wagen ❸ (*di strada*) Rand *m;* (*di aiuola*) Einfassung *f,* Rand[streifen] *m;* **sul ~ della strada** am Straßenrand ❹ (*di tavolo, sedia*) Kante *f*

**bordocampo** [bordo'kampo] *m* (SPORT) Seitenlinie *f*

**bordura** [bor'du:ra] *f* ❶ (*di aiuola*) Einfassung *f,* Rand[streifen] *m* ❷ (*di abito*) Bordüre *f* ❸ (GASTR) Garnierung *f*

**boreale** [bore'a:le] *agg* boreal; **aurora ~** Nordlicht *nt*

**borgata** [bor'ga:ta] *f* ❶ (*piccolo centro*) Ortschaft *f* ❷ (*di periferia*) Vorort *m*

**borgesiano, -a** [bordʒe'sia:no] *agg* Borges'sche

**borghese** [bor'ge:se] I. *agg* ❶ (SOC) bürgerlich, Bürger- ❷ (ADM) zivil, Zivil-; **abito ~** Zivilkleidung *f;* **in ~** in Zivil ❸ (*fig pej*) [klein]bürgerlich II. *mf* Bürger(in) *m(f),* Bourgeois *m;* **piccolo ~** Kleinbürger *m;* (*pej*) Spießbürger *m,* Spießer *m* III. *m* Zivilist *m* **borghesia** [borge'zi:a] <-ie> *f* Bürgertum *nt;* **alta ~** Großbürgertum *nt;* **media ~** Mittelstand *m;* **piccola ~** Kleinbürgertum *nt*

**borgo** ['borgo] <-ghi> *m* ❶ (*centro abitato*) Ortschaft *f,* Dorf *nt* ❷ (*quartiere cittadino*) [Vorstadt]viertel *m*

**borgomastro** [borgo'mastro] *m* Bürgermeister *m*

**boria** ['bɔ:ria] <-ie> *f* Aufgeblasenheit *f,* Hochmut *m*

**borico, -a** ['bɔ:riko] <-ci, -che> *agg* Bor-; **acido ~** Borsäure *f*

**borioso, -a** [bo'rio:so] *agg* aufgeblasen, hochmütig

**borotalco**® [boro'talko] *m* Körperpuder *m*

**borraccia** [bor'rattʃa] <-cce> *f* Wasserflasche *f;* (MIL) Feldflasche *f*

**borsa** ['borsa] *f* ❶ (*portaoggetti*) Tasche *f,* Beutel *m;* (*di donna*) Handtasche *f;* (*per denaro*) Geldbeutel *m,* Geldbörse *f* A; **~ da viaggio** Reisetasche *f;* **~ dell'acqua calda** Wärmflasche *f;* **~ del ghiaccio** Eisbeutel *m;* **~ della spesa** Einkaufstasche *f;* **~ del tabacco** Tabakbeutel *m;* **o la ~ o la vita!** Geld oder Leben! ❷ (FIN) Börse *f;* **giocare in ~** an der Börse spekulieren ❸ (*fig: denaro*) Geld *f;* **~ di studio** Stipendium *nt;* **~ di studio per l'estero** ≈ Mobilitätszuschuss *m* ❹ (ANAT) Beutel *m,* Sack *m;* **avere le -e sotto gli occhi** [Tränen]säcke [unter den Augen] haben

**borsaiolo, -a** [borsa'iɔːlo] *m, f* Taschendieb(in) *m(f)*

**borsanera** [borsa'neːra] <borsenere> *f* Schwarzmarkt *m*

**borseggiare** [borsed'dʒaːre] *vt* bestehlen

**borseggiatore, -trice** [borseddʒa'toːre] *m, f* Taschendieb(in) *m(f)* **borseggio** [bor'seddʒo] <-ggi> *m* Taschendiebstahl *m*

**borsellino** [borsel'liːno] *m* Geldbeutel *m*, Portemonnaie *nt*, Geldbörse *f* A **borsello** [bor'sɛllo] *m* (*da uomo*) Tasche *f*, Täschchen *nt*

**borsenere** *pl di* **borsanera**

**borsetta** [bor'setta] *f* (*da donna*) [Hand]tasche *f*, Täschchen *nt* **borsettaio, -a** [borset'taːio] <-ai, -aie> *m, f* Handtaschenhändler(in) *m(f)* **borsetteria** [borsette'riːa] <-ie> *f* Handtaschengeschäft *nt* **borsettificio** [borsetti'fiːtʃo] <-ci> *m* Handtaschenhersteller *m*

**borsista** [bor'sista] <-i *m*, -e *f*> *mf* ① (*chi ha una borsa di studio*) Stipendiat(in) *m(f)* ② (FIN) Börsenspekulant(in) *m(f)*

**boscaglia** [bos'kaʎʎa] *f* Gehölz *nt*

**boscaiolo, -a** [boska'iɔːlo] *m, f* ① (*spaccalegna*) Holzfäller(in) *m(f)* ② (*guardaboschi*) Förster(in) *m(f)*

**boschereccio, -a** [boske'rettʃo] <-cci, -cce> *agg* ① (*ninfe, fungo*) Wald- ② (*fig: semplice, rozzo*) ungeschliffen, ungehobelt **boschivo, -a** [bos'kiːvo] *agg* waldig, Wald-

**bosco** ['bɔsko] <-schi> *m* Wald *m*; **~ da taglio** Nutzwald *m* **boscosità** [boskosi'ta] <-> *f* Bewaldung *f*, Waldbestand *m* **boscoso, -a** [bos'koːso] *agg* waldig

**Bosforo** ['bɔsforo] *m* Bosporus *m*

**Bosnia** *f* Bosnien *nt* **bosniaco, -a** [bos'niːako] <-ci, -che> I. *agg* bosnisch; **l'indipendenza -a** die Unabhängigkeit Bosniens II. *m, f* (*abitante*) Bosnier(in) *m(f)*

**boss** [bɔs] <-> *m* Boss *m*

**bosso** ['bɔsso] *m* ① (BOT) Buchsbaum *m* ② (*legno*) Buchsbaumholz *nt*

**bossolo** ['bɔssolo] *m* (MIL) Patronenhülse *f*

**bostik®** ['bɔstik] <-> *m* Alleskleber *m*

**BOT, bot** <-> *m acro di* **Buono Ordinario del Tesoro** normale Schatzanweisung (*Schuldbrief gegenüber dem Staat*)

**botanica** [bo'taːnika] <-che> *f* Botanik *f*

**botanico, -a** [bo'taːniko] <-ci, -che> I. *agg* botanisch; **orto** [*o giardino*] **~** botanischer Garten II. *m, f* Botaniker(in) *m(f)*

**botola** ['bɔːtola] *f* Kellerluke *f*; (*trabocchetto*) Falltür *f*

**botolo** ['bɔːtolo] *m* (*pej*) ① (*cane*) Köter *m* ② (*fig: persona*) Giftzwerg *m*

**botta** ['bɔtta] *f* ① (*colpo*) Schlag *m*, Hieb *m*; (*percossa*) Stoß *m*; **un sacco di -e** eine Tracht Prügel; **fare a -e** raufen, sich prügeln; **è stata una bella ~ per lui** (*fig*) das war ein schwerer Schlag für ihn ② (*rumore*) Knall *m* ③ (*fig: battuta pungente*) scharfe Bemerkung, Hieb *m*; **fare a -e di risposta** sich *dat* ein Wortgefecht liefern

**botte** ['bɔtte] *f* ① (*di vino*) Fass *nt*; **essere in una ~ di ferro** (*fig*) ganz sicher sein; **nella botte piccola sta** [*o* **c'è**] **il vino buono** (*prov: persona*) klein, aber oho *fam*; **non si può avere la ~ piena e la moglie ubriaca** (*prov*) man kann nicht alles haben ② (*fig fam: persona*) Tonne *f*, Fass *nt* ③ (ARCH) Tonne *f*; **volta a ~** Tonnendach *nt*

**bottega** [bot'teːga] <-ghe> *f* ① (*negozio*) Geschäft *nt*, Laden *m*; **avere la ~ aperta** (*fig fam*) den Hosenladen offen haben ② (*officina*) Werkstatt *f* ③ (POL) **Botteghe Oscure** Sitz der linken demokratischen Partei in Rom **bottegaio, -a** [botte'gaːio] <-ai, -aie> *m, f* Händler(in) *m(f)*, Kaufmann *m*

**botteghino** [botte'giːno] *m* Kartenschalter *m*; (THEAT) Theaterkasse *f*; (FILM) Kinokasse *f*; (SPORT) Wettbüro *nt*; (*del lotto*) Lottoannahmestelle *f* **bottegone** [botte'goːne] *m* (*scherz*) Sitz der linken demokratischen Partei in Rom

**bottiglia** [bot'tiʎʎa] <-glie> *f* Flasche *f*; **una ~ di acqua minerale** eine Flasche Mineralwasser; **~ Molotov** Molotowcocktail *m* **bottiglione** [bottiʎʎoːne] *m* große Flasche

**bottino** [bot'tiːno] *m* (MIL) Kriegsbeute *f*; (*di furto*) [Diebes]beute *f*

**botto** ['bɔtto] *m* ① (*colpo*) Schlag *m*; (*dello sparo*) Knall *m*; **di ~** schlagartig, mit einem Schlag; **in un ~** mit einem Schlag, im Handumdrehen ② (*fuochi d'artificio*) Feuerwerk *nt*

**bottone** [bot'toːne] *m* ① (*per indumenti*) Knopf *m*; **~ automatico** Druckknopf *m*; **~ d'oro** Dotterblume *f* ② (TEC) [Druck]knopf *m*, Taste *f*; **stanza dei -i** (*fig*) Schaltstelle *f* ③ (*loc*) **attaccare un ~ a** [*o* **qu**] (*fig fam*) jdn in ein endloses Gespräch verwickeln **bottoniera** [botto'niɛːra] *f* ① (*di vestito*) Knopfreihe *f* ② (EL) Schalttafel *f*

**botuligeno, -a** [botuli'dʒɛːno] *agg* (MED) Botulismus verursachend

**botulinico, -a** [botu'liniko] <-ci, -che> *agg* (MED) Botulinus-; **tossina -a** Botulinustoxin *nt* **botulino, -a** [botu'li:no] I. *agg* (BIOL, MED) Botulinus- *m* II. *m* Botulinusbazillus *m*

**botulismo** [botu'lizmo] *m* (MED) Botulismus *m*, Lebensmittelvergiftung *f*

**boucle** [bukl] <-> *o* **boucles**> *m o f* Ring *m*, Reifen *m*

**bouclé** [bu'kle] <inv> *agg* Bouclé-

**bouquet** [bu'kɛ] <-> *m* ❶ (*di fiori*) Blumenstrauß *m* ❷ (*di vino*) Bukett *nt*, Blume *f*

**boutade** [bu'tad] <-> *f* witzige [*o* geistreiche] Pointe [*o* Bemerkung]

**boutique** [bu'tik] <-> *f* Boutique *f*

**bovarismo, bovarysmo** [bova'rizmo] *m* [ständige] Unzufriedenheit, [ständige] innere Unruhe **bovarista** [bova'rista] <-i *m*, -e *f*> *agg* [ständig] unzufrieden

**bovaro** [bo'va:ro] *m* Kuhhirte *m*

**bove** ['bɔ:ve] *m* Ochse *m*

**bovino** [bo'vi:no] *m* Rind *nt*

**bovino, -a** *agg* Ochsen-, Rind[er]-; **occhi -i** (*pej*) Glotzaugen *ntpl*,

**bowling** ['bouliŋ] <-> *m* ❶ (*gioco*) Bowling *nt* ❷ (*luogo*) Bowlingcenter *nt*; (*pista*) Bowlingbahn *f*

**box** [bɔks] <-> *m* ❶ (*per bambini*) Laufstall *m* ❷ (MOT, ZOO) Box *f*

**boxare** [bok'sa:re] *vi* boxen **boxe** [bɔks] <-> *f* Boxen *nt*, Boxsport *m*

**boxer** ['bɔksə *o* 'bɔksɛr] <-> *m* ❶ (ZOO) Boxer *m* ❷ *pl* (*mutande a calzoncino*) Boxershorts *pl*

**boxeur** [bɔk'sœ:r] <-> *m* (SPORT) Boxer *m*

**boxistico, -a** [bo'ksistiko] <-ci, -che> *agg* den Boxsport betreffend, boxerisch

**boy** [bɔi] <-> *m* ❶ (*d'albergo*) Boy *m*, Hoteldiener *m* ❷ (THEAT) Revuetänzer *m*

**boyfriend** ['bɔifrend] <- *o* **boyfriends**> *m* Boyfriend *m* **boygroup** ['bɔigru:p] <-> *m* Boygroup *f*

**boy-scout** ['bɔi 'skaut] *m* Pfadfinder *m*

**bozza** ['bɔttsa] *f* ❶ (TYP) Fahne *f*, [Korrektur]abzug *m*; **correzione di -e** Fahnenkorrektur *f*; **-e di stampa** Druckfahnen *fpl* ❷ (LIT) Entwurf *m*

**bozzettista** [bottset'tista] <-i *m*, -e *f*> *mf* ❶ (LIT) Skizzenschreiber(in) *m(f)* ❷ (*di pubblicità*) Entwurfzeichner(in) *m(f)*

**bozzetto** [bot'tsetto] *m* ❶ (LIT) Skizze *f*, Kurzgeschichte *f* ❷ (*modello*) Entwurf *m*

**bozzo** ['bɔttso] *m* (*dial*) Beule *f*

**bozzolo** ['bɔttsolo] *m* ❶ (ZOO) Kokon *m*; **uscire dal ~** (ZOO) ausschlüpfen; (*fig*) wieder unter die Menschen gehen ❷ (*protuberanza*) Beule *f*, Höcker *m*

**B.P.L.** *abbr di* **Buono Per Lire** Abkürzung vor der zahlbaren Summe auf Wechseln

**BR** *fpl abbr di* **Brigate Rosse** Rote Brigaden *pl*

**braca** ['bra:ka] <-che> *f* ❶ *pl* (*calzoni*) Hose *f*; (*mutande*) Unterhose *f*; **calare** [*o* **calarsi**] **le -che** (*vulg: per paura*) sich *dat* in die Hosen machen ❷ (*allacciatura per operai*) Sicherheitsgurt *m*

**bracalone, -a** [braka'lo:ne] *m, f* (*fam*) Schlamper(in) *m(f)*

**braccare** [brak'ka:re] *vt* hetzen, aufspüren; (*fig a*) verfolgen

**braccetto** [brat'tʃetto] *m* **a ~** Arm in Arm, eingehakt; **prendere qu a ~** sich bei jdm einhaken

**braccia** ['brattʃa] *f pl di* **braccio**[1]

**bracciale** [brat'tʃa:le] *m* ❶ (*ornamento*) Armband *nt* ❷ (*fascia distintiva*) Armbinde *f* **braccialetto** [brattʃa'letto] *m* Armband *nt*; (*cerchio*) Armreif *m*; **~ elettronico antievasione** elektronische [Fuß]fessel

**bracciantato** [brattʃan'ta:to] *m* Hilfsarbeiter *mpl*, Tagelöhner *mpl*

**bracciante** [brat'tʃante] *mf* Tagelöhner(in) *m(f)*; **~ agricolo** landwirtschaftlicher Hilfsarbeiter

**bracciata** [brat'tʃa:ta] *f* ❶ (SPORT) [Arm]zug *m* [beim Schwimmen] ❷ (*quantità*) Arm voll *m*; **a -e** haufenweise, in Mengen

**braccio**[1] ['brattʃo] <*pl*: **braccia** *f*> *m* ❶ (ANAT) Arm *m*; **accogliere qu a braccia aperte** jdn mit offenen Armen empfangen; **agitare le braccia** mit den Armen fuchteln; (*in segno di saluto*) winken; (*per fare segni*) gestikulieren; **portare un bambino in ~** ein Kind auf dem Arm tragen; **prendere qu per un ~** jdn am [*o* beim] Arm nehmen; **offrire il ~ a qu** jdm den Arm anbieten; **~ di ferro** Armdrücken *nt*; (*fig*) Tauziehen *nt*, Kraftprobe *f*; **incrociare le braccia** (*fig*) die Arbeit niederlegen, streiken; **stare a braccia conserte** mit verschränkten Armen dastehen; **mi fai cadere le braccia** (*fig*) du enttäuschst mich; **essere il ~ destro di qu** (*fig*) die rechte Hand von jdm sein; **gettare le braccia al collo di qu** jdm um den Hals fallen ❷ *pl* (*fig*) Arbeitskräfte *fpl*; **avere buone ~** eine gute Arbeitskraft sein, tüchtig sein ❸ (*misura*) Elle *f*

**braccio**[2] <-cci> *m* (GEOG) **~ di fiume** Fluss-

arm *m;* ~ **di mare** Meerenge *f;* ~ **di terra** Landzunge *f*
**bracciolo** [brat'tʃɔːlo] *m* Armlehne *f*
**bracco** ['brakko] <-cchi> *m* Bracke *m,* Spürhund *m*
**bracconiere** [brakko'niɛːre] *m* Wilderer *m,* Wilddieb *m*
**brace** ['braːtʃe] *f* Glut *f,* Feuer *nt;* (*carbone*) Holzkohle *f;* **una bistecca alla ~** ein Steak vom [Holzkohlen]grill; **essere sulle -i** (*fig*) wie auf [glühenden] Kohlen sitzen
**brache** ['braːke] *fpl* (*calzoni*) Hose *f;* (*mutande*) Unterhose *f;* **calare** [*o* **calarsi**] **le ~** (*vulg: per paura*) sich *dat* in die Hosen machen *sl*
**brachetta** [bra'ketta] *f* ❶ *pl* (*per bambini*) Höschen *nt* ❷ (TYP) Fälzel *nt*
**brachiale** [bra'kiaːle] *agg* [Ober]arm-
**braciere** [bra'tʃɛːre] *m* Kohlenbecken *nt,* Kohlenpfanne *f*
**braciola** [bra'tʃɔːla] *f* Schnitzel *nt;* ~ **di maiale** Schweineschnitzel *nt*
**bradisismo** [bradi'sizmo] *m* bradyseismische Bewegung
**brado, -a** ['braːdo] *agg* ungezähmt, wild
**braille** [braj] <-> *m o f* Blinden-, Brailleschrift *f*
**brainstorming** ['breinˈstɔːmiŋ] <-> *m* Brainstorming *nt*
**brain trust** ['brein 'trʌst] <-> *m* Braintrust *m,* Expertengruppe *f*
**brama** ['braːma] *f* (*poet*) Begierde *f,* Sehnsucht *f;* ~ **di sapere** Wissbegierde *f*
**bramano** [bra'maːno] *m* Brahmane *m*
**bramare** [bra'maːre] *vt* (*poet*) heiß begehren, schmachten nach *geh*
**bramino** [bra'miːno] *v.* **bramano**
**bramire** [bra'miːre] <bramisco, bramisci> *vi* (*orso*) brüllen; (*cervo*) röhren
**bramito** [bra'miːto] *m* (*dell'orso*) Brüllen *nt;* (*del cervo*) Röhren *nt*
**bramosia** [bramo'siːa] <-ie> *f* Begierde *f,* Sehnsucht *f* **bramoso, -a** [bra'moːso] *agg* sehnsüchtig; **essere ~ di qc** nach etw sehnsüchtig [*o* auf etw *acc* [be]gierig] sein
**branca** ['braŋka] <-che> *f* ❶ (ZOO) Klaue *f;* (*di uccelli*) Kralle *f* ❷ (*fig: ramo*) Gebiet *nt,* Zweig *m*
**branchiale** [braŋ'kiaːle] *agg* Kiemen-
**branchiato** [braŋ'kiaːto] *m* Kiemenatmer *m*
**branchiato, -a** *agg* mit Kiemen versehen, Kiemen-
**branchie** ['braŋkie] *fpl* Kiemen *fpl*
**brancicare** [brantʃi'kaːre] I. *vi* tappen II. *vt* (*fam*) betatschen, begrapschen

**branco** ['braŋko] <-chi> *m* ❶ (ZOO) Rudel *nt;* (*gregge*) Herde *f;* (*di uccelli*) Schwarm *m* ❷ (*fig pej: di persone*) Meute *f,* Haufen *m*
**brancolamento** [braŋkola'mento] *m* (*a. fig*) [Herum]tappen *nt*
**brancolare** [braŋko'laːre] *vi* herumirren; ~ **nel buio** (*fig*) im Dunkeln tappen
**branda** ['branda] *f* Feldbett *nt*
**brandeburghese** [brandebur'geːze] *agg* brandenburgisch
**Brandeburgo** [brandebur'go] *m* Brandenburg *nt;* **Porta di ~** Brandenburger Tor
**brandeggiabile** [branded'dʒaːbile] *agg* ❶ (MIL, NAUT) schwenkbar; **arma ~** Schwenkwaffe *f* ❷ (FILM) schwenkbar
**brandeggiare** [branded'dʒaːre] I. *vt* (MIL: *far ruotare orizzontalmente armi, strumenti*) schwenken II. *vi* ❶ (*oscillare*) schwingen ❷ (*obs: tentennare, esitare*) schwanken, zögern ❸ (NAUT: *ruotare di imbarcazione*) wenden **brandeggio** [bran'deddʒo] <-ggi> *m* ❶ (NAUT: *di imbarcazione*) Wenden *nt* ❷ (MIL: *di bocca di fuoco*) Schwenken *nt* ❸ (*rotazione*) Schwenk *m*
**brandello** [bran'dello] *m* Fetzen *m,* Stück *nt;* **fare a -i** zerfetzen, in Stücke reißen
**brandina** [bran'diːna] *f* Liege *f*
**brandire** [bran'diːre] <brandisco> *vt* schwingen
**brano** ['braːno] *m* ❶ (MUS) [Musik]stück *nt* ❷ (LIT) Stelle *f,* Ausschnitt *m* ❸ (*pezzo*) Stück *nt,* Fetzen *m*
**branzino** [bran'tsiːno] *m* Seebarsch *m*
**brasare** [bra'zaːre] *vt* ❶ (GASTR) schmoren ❷ (TEC) [hart]löten
**brasato** [bra'zaːto] *m* [Rinder]schmorbraten *m*
**brasato, -a** *agg* geschmort
**Brasile** [bra'ziːle] *m* **il ~** Brasilien *nt* **brasiliano, -a** [brazi'liaːno] I. *agg* brasilianisch II. *m, f* Brasilianer(in) *m(f)*
**bravaccio** [bra'vattʃo] <-cci> *m* Aufschneider *m*
**bravamente** [brava'mente] *avv* beherzt
**bravata** [bra'vaːta] *f* ❶ (*azione rischiosa*) Bravourstück *nt;* (*a. iron*) Glanzleistung *f,* Glanznummer *f* ❷ (*millanteria*) Aufschneiderei *f,* Prahlerei *f*
**bravo, -a** ['braːvo] I. *agg* ❶ (*abile*) tüchtig, fähig; **essere ~ in qc** [*o* **a fare qc**] etw gut [machen] können ❷ (*onesto*) ehrlich, anständig ❸ (*buono*) gut; (*bambino*) brav, artig; **fare il ~** brav sein; **su su, da ~, vieni qua** (*fam*) sei schön artig und komm her

**(***coraggioso*) mutig **II.** *int* bravo, gut
**bravura** [bra'vu:ra] *f* Geschicklichkeit *f*, Können *nt*; (*virtuosismo*) Bravour *f*; **pezzo di ~** (TEC) Meisterstück *nt*; (*fig*) Meisterleistung *f*; **con ~** mit Bravour, bravourös

**break** ['breik *o* 'brɛk] <-> *m* ❶ (*pausa, intervallo*) Pause *f*; (*interruzione pubblicitaria*) Werbepause *f*, -unterbrechung *f* ❷ (SPORT) Break *m* ❸ (MUS: *breve improvvisazione jazz*) Break *m*

**break-dance** ['breik'da:ns] <-> *f* Breakdance *m*

**breakdown** ['breik'daun] <-> *m* Ausfall *m*, Versagen *nt*, Panne *f*

**break even** ['breik 'i:vən] <-> *m* (FIN) Break-even *m*, Gewinnschwelle *f*, Deckungspunkt *m*

**breaking** ['breikɪŋ] <-> *m* Breakdance *m*

**breccia** ['brettʃa] <-cce> *f* ❶ (*sassi*) Schotter *m*, Splitt *m* ❷ (MIL) Bresche *f* ❸ (*loc*) **essere sulla ~** in vorderster Linie stehen; **far ~ nell'animo di qu** (*fig*) jdn für sich einnehmen

**brefotrofio** [brefo'trɔ:fio] <-i> *m* [Kinder]heim *nt*; (HIST) Findelhaus *nt*

**Bregenz** ['bre:gɛnts] *f* Bregenz *nt*

**Brema** ['brɛ:ma] *f* Bremen *nt*

**Brennero** ['brɛnnero] *m* Brenner *m*; **Passo del ~** Brennerpass *m*

**bresaola** [bre'za:ola] *f luftgetrocknetes, gesalzenes Rindfleisch*

**Brescia** *f* Brescia *nt* (*Stadt in der Lombardei*)

**Bresciano** <*sing*> *m* Umgebung *f* von [*o* Gebiet *nt* um] Brescia, Provinz *f* Brescia

**bresciano, -a** [breʃ'ʃa:no] **I.** *agg* aus Brescia stammend **II.** *m, f* (*abitante*) Bewohner(in) *m(f)* von Brescia

**Breslavia** [bre'zla:via] *f* Breslau *nt*

**Bressanone** [bressa'no:ne] *f* Brixen *nt*

**bretella** [bre'tɛlla] *f* ❶ *pl* (*per pantaloni, gonne*) Hosenträger *m* ❷ (*fig: raccordo*) Zubringerstraße *f*, Querspange *f*

**brev.** *abbr di* **brevetto** Patent

**breve** ['brɛ:ve] *agg* kurz; **-i parole** knappe Worte, ein paar Worte; **essere ~** (*fig*) sich kurz fassen; (*pej*) kurz angebunden sein; **a farla ~** um es kurz zu machen, kurzum; **a ~ termine** kurzfristig; **in ~** kurz, knapp; **fra ~** in Kürze, demnächst

**brevettabile** [brevet'ta:bile] *agg* patentfähig, patentierbar

**brevettare** [brevet'ta:re] *vt* patentieren

**brevetto** [bre'vetto] *m* Patent *nt*; **~ da pilota** [*o* **pilotaggio**] Flugschein *m*, Pilotenschein *m*

**breviario** [bre'via:rio] <-i> *m* Brevier *nt*

**brevità** [brevi'ta] <-> *f* Kürze *f*

**brezza** ['breddza] *f* Brise *f*, Wind *m*

**bricco** ['brikko] <-cchi> *m* Kanne *f*

**briccona** *f v.* **briccone**

**bricconata** [brikko'na:ta] *f* (*fam*) böser Streich *scherz*, Kinderstreich *m*

**briccone, -a** [brik'ko:ne] *m, f* (*fam*) Schelm *m*, Gauner(in) *m(f)* **bricconeria** [brikkone'ri:a] <-ie> *f* (*fam*) [Schelmen]streich *m*, Gaunerei *f*

**briciola** ['bri:tʃola] *f* ❶ (*di pane*) Krümel *m*; **andare in -e** (*fig*) zerbröckeln, zusammenbrechen *fam*; **ridurre in -e** (*fig*) zertrümmern ❷ (*fig: quantità minima*) Spur *f*, Funke *m* **briciolo** ['bri:tʃolo] *m* (*fig: quantità minima*) Funke *m*, Spur *f*; **non avere un ~ di cervello** (*fig*) keinen Funken Verstand haben

**bricolage** [briko'laʒ] <-> *m* Heimwerken *nt*, Basteln *nt*

**bridge** [bridʒ] <-> *m* Bridge *nt*; **il circolo del ~** der Bridgeclub **bridgista** [bri'dʒista] <-i *m*, -e *f*> *mf* Bridgespieler(in) *m(f)* **bridgistico, -ca** [bri'dʒistiko] <-ci, -che> *agg* Bridge-; **torneo ~** Bridgeturnier *nt*

**brief** [bri:f] <-> *m* Kurzbericht *m* **briefing** ['bri:fiŋ] <-> *m* Briefing *nt*, Besprechung *f*

**briga** ['bri:ga] <-ghe> *f* ❶ (*noia*) Mühe *f*, Unannehmlichkeit *f*; **prendersi la ~ di fare qc** sich die Mühe machen etw zu tun ❷ (*lite*) Streit *m*; **attaccar ~ con qu** mit jdm Streit anfangen

**brigadiere** [briga'diɛ:re] *m* Unteroffizier *m* (*der Karabinieri*)

**brigantaggio** [brigan'taddʒo] <-ggi> *m* Räuberwesen *nt* **brigante, -essa** [bri'gante, brigan'tessa] *m, f* ❶ (*bandito*) Bandit(in) *m(f)* ❷ (*fam scherz: briccone*) Gauner *m*

**brigantino** [brigan'ti:no] *m* Brigg *f*

**brigare** [bri'ga:re] *vi* (*fam*) **~ per ottenere qc** alle Hebel in Bewegung setzen um etw zu erreichen

**brigata** [bri'ga:ta] *f* ❶ (*fam: gruppo*) Schar *f* ❷ (MIL) Brigade *f*; **~ aerea** Geschwader *nt*; **le Brigate Rosse** die Roten Brigaden

**brigatista** [briga'dista] <-i *m*, -e *f*> *mf* Brigadist(in) *m(f)*; **~ nero** Schwarzbrigadist *m*; **~ rosso** Rotbrigadist *m*

**brighella** [bri'gɛlla] <-> *m* ❶ (THEAT) **Brighella** Brighella *m* (*Figur der Commedia dell'Arte*) ❷ (*fig pej: intrigante*) schlauer Fuchs, Intrigant *m*

**briglia** ['briʎʎa] <-glie> *f* ❶ (*del cavallo*)

Zügel *m*, Zaum *m*; **a ~ sciolta** (*fig*) zügellos ❷ (*per bambini*) Laufgurt *m* ❸ (*di torrente*) Wehr *nt*
**brillamento** [brilla'mento] *m* Sprengung *f*
**brillantante** [brillan'tante] *m* (*per lavastoviglie*) Klarspüler *m*, Klarspülmittel *nt*
**brillante** [bril'lante] I. *agg* ❶ (*fig: che spicca*) brillant, glänzend ❷ (*che brilla*) glänzend, strahlend II. *m* Brillant *m*
**brillantina** [brillan'ti:na] *f* Pomade *f*, Brillantine *f*
**brillare** [bril'la:re] I. *vi* ❶ (*stella, sole, occhi*) glänzen, leuchten, strahlen ❷ (*fig: spiccare*) glänzen; **~ per qc** sich durch etw auszeichnen ❸ (*mina*) explodieren II. *vt* ❶ (*mina*) sprengen ❷ (*riso*) schälen, polieren
**brillatura** [brilla'tu:ra] *f* Polieren *nt*, Schälen *nt*
**brillio** [bril'li:o] <-ii> *m* Schimmern *nt*
**brillo, -a** [brillo] *agg* beschwipst
**brilluccichio** [brillutʃi'ki:o] <-chii> *m* (*riflesso luminoso intenso*) Gleißen *nt*
**brina** ['bri:na] *f*, **brinata** [bri'na:ta] *f* [Rau]reif *m*
**brindare** [brin'da:re] *vi* **~ a qu/qc** auf jdn/etw anstoßen
**brindello** [brin'dɛllo] *m* (*di stoffa*) Stück *nt*, Fetzen *m*
**brindellone, -a** [brindel'lo:ne] *m, f* (*fam*) ungepflegte, nachlässig [*o* zerlumpt] gekleidete Person
**brindisi** ['brindizi] <-> *m* Trinkspruch *m*; **fare un ~** [**a qu**] einen Toast [auf jdn] aussprechen
**Brindisi** *f* Brindisi *nt* (*Stadt in Apulien*)
**Brindisino** <*sing*> *m* Gebiet *nt* um Brindisi
**brindisino, -a** [brindi'zi:no] I. *agg* aus Brindisi stammend II. *m, f* (*abitante*) Einwohner(in) *m(f)* von Brindisi
**brio** ['bri:o] <*sing*> *m* Schwung *m*, Lebhaftigkeit *f*
**brioche** [bri'ɔʃ] <-> *f* Brioche *f* (*Hefegebäck*)
**briosità** [briosi'ta] <-> *f* Schwung *m*, Begeisterung *f*; (*ingegno*) Geist *m*
**brioso, -a** [bri'o:so] *agg* schwungvoll, lebhaft, resch *A*; (*ingegnoso*) spritzig, geistvoll
**briscola** ['briskola] *f* ❶ (*gioco*) ein Kartenspiel ❷ (*fam: botte*) Haue *f*
**Brisgovia** [briz'gɔ:via] *f* Breisgau *m*
**bristol** ['bristol] <-> *m* Bristolkarton *m*
**brivido** ['bri:vido] *m* ❶ (*di freddo*) Frösteln *nt*; (*di febbre, fig*) Schüttelfrost *m*; **mi vengono i -i** es überläuft mich eiskalt ❷ (*fig*) Schau[d]er *m*, Grau[s]en *nt*; **~ della**

velocità Geschwindigkeitsrausch *m*; **racconto del ~** Gruselgeschichte *f*; **sentire un ~ di piacere** ein prickelndes Vergnügen empfinden
**brizzolato, -a** [brittso'la:to] *agg* ❶ (*cavallo*) gescheckt ❷ (*marmo*) gefleckt, gesprenkelt ❸ (*barba, capelli*) grau meliert
**brocca** ['brɔkka] <-cche> *f* Kanne *f*, Krug *m*
**broccato** [brok'ka:to] *m* Brokat *m*
**broccolo** ['brɔkkolo] *m* ❶ *pl* (GASTR) Brokkoli *pl*, Spargelkohl *m* ❷ (*fig fam: persona stupida*) Dummkopf *m*, Kohlkopf *m*
**broche** [brɔʃ] <-> *f* Brosche *f*
**brochure** [brɔ'ʃy:r] <-> *f* Broschüre *f*
**broda, brodaglia** ['brɔ:da, bro'daʎʎa] <-glie> *f* ❶ (GASTR) Brühe *f*, Kochwasser *nt* ❷ (*fig pej: liquido disgustoso*) [dünne] Brühe *f*, Abwasswasser *nt* ❸ (*acqua sporca*) dreckige Brühe ❹ (*fig: discorso*) Gewäsch *nt fam*
**broderie** [brɔ'dri] <-> *f* (*ricamo ad ago*) Stickerei *f*, Stickarbeit *f*
**brodetto** [bro'detto] *m* **~ di pesce** Fischsuppe *f*
**brodo** ['brɔ:do] *m* [klare] Brühe *f*; **~ ristretto** Kraftbrühe *f*; **~ di verdura** Gemüsesuppe *f*; **in ~** in Brühe; **lasciar cuocere** [*o* **bollire**] **qu nel suo ~** (*fig*) jdn im eigenen Saft schmoren lassen; **andare in ~ di giuggiole** (*fig*) überglücklich sein; **tutto fa ~** (*fig*) Kleinvieh macht auch Mist
**brodocoltura** [brodokol'tu:ra] *f* (BIOL) Nährbrühe *f*, Nährlösung *f*
**brodolone, -a** [brodo'lo:ne] *m, f* (*pej*) Ferkel *nt fam*, Kleckerfritze *m fam*, Kleckerliese *f fam*
**brodoso, -a** [bro'do:so] *agg* dünn[flüssig]; (*noioso*) langatmig
**brogliaccio** [broʎ'ʎattʃo] <-cci> *m* ❶ (*scartafaccio*) Schmierkladde *f* ❷ (COM) Journal *nt*
**broglio** ['brɔʎʎo] <-gli> *m* Machenschaft *f*; **~ elettorale** Wahlmanipulation *f*, Wahlbetrug *m*
**broker** ['broukə *o* 'brɔker] <-> *mf* (FIN: *mediatore*) Broker(in) *m(f)*, Börsenmakler(in) *m(f)*; **~ finanziario** Finanzbroker *m*; **~ di assicurazioni** Versicherungsmakler(in) *m(f)*
**brokeraggio** [brɔke'raddʒo] <-ggi> *m* (*mediazione*) Maklergeschäft *nt*
**bromo** ['brɔ:mo] *m* Brom *nt*
**bromuro** [bro'mu:ro] *m* Bromid *nt*
**bronchiale** [broŋ'kia:le] *agg* bronchial, Bronchial- **bronchite** [broŋ'ki:te] *f* Bronchitis *f* **bronchitico, -a** [broŋ'ki:tiko]

**‹-ci, -che›** I. *agg* bronchitisch II. *m, f* Bronchitiskranke(r) *f(m)*
**broncio** ['brontʃo] ‹-ci› *m* (*fam*) Schnute *f*, Schmollmund *m;* **fare** [*o* **tenere**] **il ~** schmollen, eingeschnappt sein; **portare il ~ a qu** [mit] jdm schmollen
**bronco** ['brɔŋko] ‹-chi› *m* Bronchie *f*
**broncospasmo** [broŋko'spazmo] *m* (MED) Bronchospasmus *m*
**brontolamento** [brontola'mento] *m* Murren *nt,* Brummen *nt* **brontolare** [bronto'la:re] I. *vi* (*persona*) murren, brummen; (*stomaco*) knurren II. *vt* brummen **brontolio** [bronto'li:o] ‹-ii› *m* (*di persona*) Murren *nt,* Brummen *nt;* (*di tuono*) Grollen *nt,* Rollen *nt;* (*di stomaco*) Knurren *nt* **brontolone, -a** [bronto'lo:ne] I. *agg* brummig, knurrig, mürrisch II. *m, f* Brummbär *m*
**bronx** ['brɔŋks] *m* (*fig: quartiere malfamato*) verrufenes Viertel
**bronzeo, -a** ['brondzeo] ‹-ei, -ee› *agg* bronzen, bronzefarben; (*pelle*) gebräunt
**bronzetto** [bron'dzetto] *m* Bronzefigur *f*
**bronzista** [bron'dzista] ‹-i *m,* -e *f*› *mf* ❶ (*artefice*) Bronzekünstler(in) *m(f)* ❷ (*venditore*) Bronze[kunst]händler(in) *m(f)* **bronzo** ['brondzo] *m* Bronze *f;* **età del ~** Bronzezeit *f;* **faccia di ~** (*fig*) unverschämter Lümmel
**brossura** [bros'su:ra] *f* Broschüre *f*
**browser** ['brauzə] ‹- *o* browsers› *m* (INFORM) Browser *m*
**brrr** [br] *int* brr
**brucare** [bru'ka:re] *vt* abweiden
**bruciacchiare** [brutʃak'kia:re] *vt* abbrennen; (*capelli*) versengen **bruciacchiatura** [brutʃakkia'tu:ra] *f* Abbrennen *nt;* (*di capelli*) Versengen *nt*
**bruciapelo** [brutʃa'pe:lo] *avv* **a ~** (*vicino*) aus nächster Nähe; (*fig: all'improvviso*) unvermittelt, plötzlich
**bruciare** [bru'tʃa:re] I. *vt avere* ❶ (*gener*) verbrennen; (GASTR) anbrennen lassen, verbrennen [lassen]; (*col ferro da stiro*) versengen, ansengen ❷ (*ferita, porro*) ausbrennen; (*sole*) verbrennen, versengen; (*gelo*) erfrieren lassen II. *vi essere* ❶ (*fuoco*) brennen ❷ (*sole*) brennen, glühen ❸ (*cibi*) heiß sein ❹ (*fig: ardere*) brennen, glühen; **~ dal desiderio di fare qc** den brennenden Wunsch haben etw zu tun; **~ di febbre/di vergogna** vor Fieber/ Scham glühen; **~ dalla sete** einen brennenden Durst haben III. *vr* **-rsi** sich verbrennen **bruciata** [bru'tʃa:ta] *f* geröstete Kastanie

**bruciaticcio** [brutʃa'tittʃo] ‹-cci› *m* ❶ (*odore*) Geruch *m* von Angebranntem; **sa di ~** das riecht angebrannt ❷ (*sapore*) Geschmack *m* von Angebranntem; **sa di ~** das schmeckt angebrannt
**bruciato** [bru'tʃa:to] *m* ❶ (GASTR) Angebrannte(s) *nt* ❷ (*odore*) Brandgeruch *m*
**bruciato, -a** *agg* verbrannt; **la gioventù -a** die Halbstarken *pl*
**bruciatore** [brutʃa'to:re] *m* Brenner *m*
**bruciatura** [brutʃa'tu:ra] *f* Verbrennung *f;* (*scottatura*) Brandwunde *f* **bruciore** [bru'tʃo:re] *m* ❶ (MED) Brennen *nt;* **~ di stomaco** Sodbrennen *nt* ❷ (*fig: ardore*) Brennen *nt,* brennender Schmerz
**bruco** ['bru:ko] ‹-chi› *m* Raupe *f*
**bruf(f)olo** ['bru:folo ('bruffolo)] *m* Pickel *m*
**brufolo** ['bru:folo] *m* Pickel *m*
**brughiera** [bru'giɛ:ra] *f* Heide *f,* Heideland *nt*
**brugola** [bru'go:la] *f* Innensechskantschraube *f*
**brûlé** [bry'le] ‹inv› *agg* **vino ~** Glühwein *m*
**brulicame** [bruli'ka:me] *m* ❶ (ZOO) Gewimmel *nt* ❷ (*fig pej: di persone*) Auflauf *m,* Menschengewimmel *nt*
**brulicare** [bruli'ka:re] *vi* wimmeln; **brulica va di gente** es wimmelte von Menschen
**brulichio** [bruli'ki:o] ‹-chii› *m* Gewimmel *nt*
**brullo, -a** ['brullo] *agg* kahl, öde
**bruma** ['bru:ma] *f* Nebel *m*
**bruna** *f v.* **bruno**
**brunastro, -a** [bru'nastro] *agg* bräunlich
**Brunico** [bru'ni:ko] *f* Bruneck *nt*
**bruno** ['bru:no] *m* (*colore*) Braun *nt*
**bruno, -a** I. *agg* braun; (*di capelli*) brünett, braunhaarig II. *m, f* (*persona*) Braunhaarige(r) *f(m),* Brünette *f*
**brusca** ['bruska] ‹-sche› *f* Striegel *m*
**bruschino** [brus'ki:no] *m* Striegel *m,* Bürste *f*
**brusco, -a** ['brusko] ‹-schi, -sche› *agg* (*maniere, modi, movimento*) schroff, brüsk; (*sapore*) säuerlich, herb; **rispondere con le -sche** schroff antworten
**bruscolo** ['bruskolo] *m* Körnchen *nt,* Stäubchen *nt;* **essere un ~ in un occhio a qu** (*fig*) jdm ein Dorn im Auge sein
**brusio** [bru'zi:o] ‹-ii› *m* Geräusch *nt;* (*di voci*) Stimmengewirr *nt*
**Brusselle** [brus'sɛlle] *f* Brüssel *nt*
**bruta** *f v.* **bruto**
**brutale** [bru'ta:le] *agg* brutal **brutalità**

[brutali'ta] <-> *f* Brutalität *f*; (*fig a*) Härte *f*, Erbarmungslosigkeit *f*
**bruto, -a** ['bru:to] **I.** *agg* roh, tierisch; **forza -a** rohe Gewalt **II.** *m, f* Unmensch *m*, Bestie *f*
**brutta** ['brutta] *f* (*fam: brutta copia*) Konzept *nt*; **scrivere qc in ~** etw ins Unreine schreiben **bruttezza** [brut'tettsa] *f* Hässlichkeit *f*
**bruttibuoni** [brutti'buɔ:ni] *mpl* (*tosc*) *kleine Eiweißkekse mit Mandeln*
**brutto** ['brutto] **I.** *m* ❶ (*cosa*) Hässliche(s) *nt*, Schlechte(s) *nt*; **il ~ è che ...** das Schlimme [daran] ist, dass ...; **ha di ~ che ...** (*di una persona*) sein Fehler ist, dass ...; (*di una cosa*) der Nachteil daran ist, dass ... ❷ (METEO) schlechtes Wetter; **il tempo si mette al ~** das Wetter wird schlechter **II.** *avv* böse, feindlich
**brutto, -a I.** *agg* ❶ (*non bello*) hässlich, schiech *A*; **-a copia** Konzept *nt*; **essere ~ come il peccato** hässlich wie die Nacht sein ❷ (*fig*) schlecht, schlimm; (*circostanze*) unerfreulich; (METEO) schlecht; **fa ~ tempo** das Wetter ist schlecht ❸ (*loc*) **giungere in un ~ momento** in einem unpassenden Augenblick kommen; **fare una -a figura** (*fig*) eine schlechte Figur machen; **se l'è vista -a** (*fig*) er/sie befand sich in einer heiklen Lage; **passarne delle -e** Schlimmes durchmachen; **~ ignorante!** (*fam pej*) blöder Heini! **II.** *m, f* hässlicher Mensch **bruttura** [brut'tu:ra] *f* ❶ (*cosa*) Hässlichkeit *f*, Scheußlichkeit *f* ❷ (*azione*) Schandtat *f*, Scheußlichkeit *f* ❸ (*sudiciume*) Schmutz *m*, Widerlichkeit *f*
**BSE** *f abbr di* **Bovine Spongiform Encephalopathy** BSE *f o nt*, Rinderwahnsinn *m*
**BT** *abbr di* **Bassa Tensione** Niederspannung *f*
**btg.** *abbr di* **battaglione** Bat., Btl.
**B.U.** *abbr di* **bollettino ufficiale** Amtsblatt *nt*
**bua** ['bu:a] *f* (*linguaggio infantile*) Aua *nt*, Wehweh *nt*; **farsi la ~** (*fam*) sich *dat* wehtun; **hai la ~ al pancino?** (*fam*) tut [dir] das Bäuchlein weh?
**bubbola** ['bubbola] *f* Flausen *fpl*
**bubbolare** [bubbo'la:re] *vi* ❶ (*mare*) tosen, brausen; (*tuono*) grollen, rollen ❷ (*fam: tremare*) bibbern; **~ di freddo/di paura** vor Kälte/Angst bibbern
**bubbolo** ['bubbolo] *m* Schelle *f*, Glöckchen *nt*
**bubbone** [bub'bo:ne] *m* Schwellung *f*, Beule *f* **bubbonico, -a** [bub'bɔ:niko] <-ci, -che> *agg* Beulen-, Bubonen-; **peste -a** Beulenpest *f*
**buca** ['bu:ka] <-che> *f* ❶ (*fossa*) Loch *nt*, Grube *f* ❷ (*delle guance*) [Wangen]grübchen *nt* ❸ (GEOG) Talsenke *f* ❹ (*loc*) **~ delle lettere** Briefkasten *m*; **~ del suggeritore** Souffleurkasten *m*
**bucaneve** [buka'ne:ve] <-> *m* Schneeglöckchen *nt*
**bucare** [bu'ka:re] **I.** *vt* ❶ (*forare*) durchlöchern, ein Loch machen in +*acc*; (*biglietto, lamiera*) lochen; **~ una gomma** eine Reifenpanne haben ❷ (*pungere*) zerstechen, durchstechen ❸ (SPORT: *palla*) verfehlen **II.** *vr* **-rsi** ❶ (*pungersi*) sich stechen ❷ (*pneumatico*) ein Loch bekommen ❸ (*sl: drogati*) fixen
**Bucarest** [buka'rɛst *o* 'bu:karest] *f* Bukarest *nt*
**bucatini** [buka'ti:ni] *mpl* Bucatini *mpl* (*etwas dickere Spaghettiart*)
**bucato** [bu'ka:to] *m* Wäsche *f*; **fare il ~** [die Wäsche] waschen; **fresco di ~** frisch gewaschen
**bucato, -a** *agg* durchlöchert; **avere le mani -e** (*fig*) das Geld mit vollen Händen ausgeben **bucatura** [buka'tu:ra] *f* ❶ (MOT) Reifenpanne *f* ❷ (*puntura*) Loch *nt*, [Ein]stich *m*
**buccia** ['buttʃa] <-cce> *f* ❶ (*di frutta*) Schale *f*; (*baccello*) Hülse *f* ❷ (*di salume*) Haut *f*, Darm *m*
**buccola** ['bukkola] *f* Ohrring *m*
**bucefalo** [bu'tʃɛ:falo] *m* (*scherz*) Schindmähre *f*, Klepper *m*
**bucherellare** [bukerel'la:re] *vt* durchlöchern
**buco** ['bu:ko] <-chi> *m* ❶ (*foro*) Loch *nt*; (*apertura*) Öffnung *f*; **~ della chiave** Schlüsselloch *nt*; **-chi del naso** Nasenlöcher *ntpl*; (*di cavallo*) Nüstern *fpl*; **tappare un ~** (*a. fig*) ein Loch stopfen ❷ (*bugigattolo*) Loch *nt fam* ❸ (*intervallo*) Loch *nt*, Leerlauf *m* ❹ (*sl: di eroina*) Schuss *m*
**bucolica** [bu'kɔ:lika] <-che> *f* Bukolik *f*, Hirtendichtung *f* **bucolico, -a** [bu'kɔ:liko] <-ci, -che> *agg* ❶ (LIT) bukolisch, Hirten- ❷ (*paesaggio, atmosfera*) ländlich
**Budapest** ['bu:dapest *o* buda'pɛst] *f* Budapest *nt*
**buddismo** [bud'dizmo] *m* Buddhismus *m*
**buddista** [bud'dista] <-i *m*, -e *f*> **I.** *agg* buddhistisch **II.** *mf* Buddhist(in) *m(f)*
**buddistico, -a** [bud'distiko] <-ci, -che> *agg* buddhistisch

**budello** [bu'dɛllo] <*pl*: -a *f o fig* -i *m*> *m* ①(ANAT) Darm *m*, Gedärm *nt*, Eingeweide *ntpl* ②(*fig: tubo*) Schlauch *m* ③(*fig: viuzza*) [übel riechende] enge Gasse

**budget** ['bʌdʒit *o* 'badʒɛt] <-> *m* Budget *nt* **budgetario, -a** [baddʒe'tarjo] <-i, -ie> *agg* Budget-, Haushalts-

**budino** [bu'di:no] *m* Pudding *m*

**bue** ['bu:e] <buoi> *m* ①(ZOO) Ochse *m*; **lavorare come un** ~ schuften wie ein Pferd; ~ **muschiato** Moschusochse *m* ②(*fig fam: uomo ignorante*) Ochse *m*, Schafskopf *m*

**bufala** ['bu:fala] *f* Büffelkuh *f* **bufalo** ['bu:falo] *m* Büffel *m;* **fatiche da -i** Knochenarbeit *f;* **mangiare come un** ~ essen wie ein Scheunendrescher *fam*

**bufera** [bu'fɛ:ra] *f* Unwetter *nt;* (*a. fig*) Sturm *m*

**buffer** ['bʌfa] <-> *m* (INFORM) Puffer *m*, Pufferspeicher *m*

**bufferizzare** [bufferid'dza:re] *vt* (INFORM) puffern

**buffet** [by'fɛ] <-> *m* Büfett *nt;* (*mobile a*) Anrichte *f;* ~ **freddo** kaltes Büfett

**buffetto** [buf'fetto] *m* Klaps *m* [auf die Wange]

**buffo** ['buffo] *m* ①(THEAT) Buffo *m* ②(*cosa*) Komische(s) *nt*, Witzige(s) *nt*

**buffo, -a** *agg* ①(*cosa, persona*) witzig, drollig, komisch ②(THEAT) Buffo-; **opera -a** komische Oper, Opera Buffa *f* **buffona** *f v.* **buffone**

**buffonata** [buffo'na:ta] *f* Narretei *f*, Posse *f;* (*cosa poca seria*) Dummheit *f*, Blödsinn *m* **buffone, -a** [buf'fo:ne] *m, f* ①(*fam: pagliaccio*) Clown *m*, Narr *m*, Närrin *f;* **fare il** ~ den Narren spielen ②(HIST: *di corte*) [Hof]narr *m* **buffoneria** [buffone'ri:a] <-ie> *f* Narretei *f*, Clownerie *f* **buffonesco, -a** [buffo'nesko] <-schi, -sche> *agg* komisch, witzig

**bug** [bʌg] <- *o* bugs> *m* (INFORM) [Programm]fehler *m*, Bug *m*

**buggerare** [buddʒe'ra:re] *vt* (*fam*) beschummeln, reinlegen

**bugia** [bu'dʒi:a] <-gie> *f* (*menzogna*) Lüge *f;* **dire le -gie** lügen; **le -gie hanno le gambe corte** (*prov*) Lügen haben kurze Beine

**bugiarda** *f v.* **bugiardo**

**bugiardaggine** [budʒar'daddʒine] *f* Verlogenheit *f* **bugiarderia** [budʒarde'ri:a] <-ie> *f* Verlogenheit *f;* (*cumulo di bugie*) lauter Lügen *fpl*, ein Haufen *m* Lügen

**bugiardo, -a** [bu'dʒardo] I. *agg* (*persona*) verlogen; (*promessa*) falsch, trügerisch II. *m, f* Lügner(in) *m(f)*

**bugigattolo** [budʒi'gattolo] *m* ①(*locale piccolo*) Loch *nt* ②(*ripostiglio*) Rumpelkammer *f*

**bugliolo** [buʎ'ʎɔ:lo] *m* (NAUT) Pütz *f*

**bugna** ['buɲɲa] *f* Kragstein *m*

**bugnato** [buɲ'ɲa:to] *m* Bosse *f*, Rustika *f*

**buio** ['bu:io] *m* Dunkel *nt*, Dunkelheit *f;* **farsi** ~ dunkel werden; **prima del** ~ vor Einbruch der Dunkelheit; **brancolare** [*o* **brancicare**] **nel** ~ (*fig*) im Dunkeln tappen; **tenere al** ~ **qu** (*fig*) jdn über etw *acc* im Ungewissen lassen; **fare un salto nel** ~ (*fig*) einen Sprung ins Ungewisse tun; **finire al** ~ (*fig, scherz*) hinter Gittern landen

**buio, -a** <bui, buie> *agg* dunkel, finster; (*a. fig*) ungewiss; ~ **pesto** stockdunkel; ~ **fitto** stockfinster

**bulbicoltore, -trice** [bulbikol'to:re] *m, f* Züchter(in) *m(f)* von Blumenzwiebeln

**bulbicoltura** [bulbikol'tu:ra] *f* Zwiebelkultur *f*, Zucht *f* von Blumenzwiebeln

**bulbo** ['bulbo] *m* ①(BOT) [Pflanzen]knolle *f*, Zwiebel *f* ②(*di lampada*) Kolben *m;* (*di termometro*) Kugel *f* ③(ANAT) ~ **oculare** [*o* **dell'occhio**] Augapfel *m*

**Bulgaria** [bulga'ri:a] *f* Bulgarien *nt*

**bulgaro** ['bulgaro] *m* (*profumo*) Juchten[leder] *nt*

**bulgaro, -a** I. *agg* bulgarisch II. *m, f* Bulgare *m*/Bulgarin *f*

**bulinare** [buli'na:re] *vt* (*metallo*) gravieren, radieren; (*cuoio, pelle*) stechen **bulinatura** [bulina'tu:ra] *f* Gravur *f* **bulino** [bu'li:no] *m* [Gravier]nadel *f*

**bulldog** ['buldɔg] <-> *m* Bulldogge *f* **bulldozer** ['buldouza *o* bul'dɔddzer] <-> *m* Bulldozer *m*

**bulletta** [bul'letta] *f* [Reiß]zwecke *f;* (*per tapezzeria*) Polsternagel *m*

**bullo** ['bullo] *m* (*bellimbusto*) Geck *m;* (*teppista*) Halbstarke(r) *m*, Rowdy *m*

**bullonaggio** [bullo'naddʒo] <-ggi> *m* (*obs: bullonatura*) Verbolzen *nt*, Verbolzung *f*

**bullonare** [bullo'na:re] *vt* verbolzen **bullonatura** [bullona'tu:ra] *f* Verbolzen *nt*, Verbolzung *f* **bullone** [bul'lo:ne] *m* Bolzen *m;* **dado del** ~ Bolzenmutter *f*

**bumerang** ['bu:meraŋg] *v.* **boomerang**

**bungalow** ['bʌŋgəlou *o* 'bungalov] <-> *m* Bungalow *m*

**bungee-jumping** ['bandʒi'dʒamping] <-> *m* (SPORT) Bungeejumping *nt*

**bunker** ['bunkə] <-> *m* Bunker *m* **bun-**

**keraggio** [bunke'raddʒo] <-ggi> *m* (NAUT) Bunkern *nt* **bunkerare** [bukke'ra:re] *vi* (NAUT: *rifornirsi di combustibile*) bunkern
**buoi** ['buɔ:i] *pl di* **bue**
**buon, buon'** [buɔn] *v.* **buono, -a**
**buona** *f v.* **buono**
**buonacristiana** [buonakris'tiana] *f* Williamsbirne *f*
**buonafede, buona fede** [buona'fe:de] *f* **in ~** in gutem Glauben
**buonanima, buon'anima**[1] [buo'na:nima] *f* Selige(r) *f(m);* **la ~ del nonno** der Großvater selig
**buonanima, buon'anima**[2] <inv> *agg* (*poet scherz*) selig; **mia zia ~** meine Tante selig, meine selige Tante
**buonanotte, buona notte** [buona'nɔtte] I. *int* gute Nacht; ... **e ~!** (*fam*) ... na, das wär's dann ja wohl! II. <-> *f* gute Nacht; **dare** [*o* **augurare**] **la ~ a qu** jdm gute Nacht sagen
**buonasera, buona sera** [buona'se:ra] I. *int* guten Abend II. <-> *f* guter Abend; **dare** [*o* **augurare**] **la ~ a qu** jdm guten Abend sagen, jdm einen guten Abend wünschen
**buoncostume, buon costume** [buoŋkos'tu:me] <-> *m* gute Sitte, Sittlichkeit *f;* **squadra del ~** Sittenpolizei *f,* Sitte *f fam*
**buondì** [buon'di] *int* guten Tag, guten Morgen
**buongiorno, buon giorno** [buon'dʒorno] I. *int* guten Tag, guten Morgen II. <-> *m* guter Tag, guter Morgen; **dare** [*o* **augurare**] **il ~ a qu** jdm guten Tag [*o* guten Morgen] sagen; **il ~ si vede** [*o* **si conosce**] **dal mattino** (*prov*) am Morgen erkennt man den Tag
**buongoverno, buon governo** [buoŋgo'vɛrno] <-> *m* gute Regierung
**buongrado** [buoŋ'gra:do] *avv* **di ~** gern[e], mit Freude
**buongustaio, -a** [buoŋgus'ta:io] <-ai, -aie> *m, f* (GASTR) Feinschmecker(in) *m(f),* Gourmet *m*
**buongusto, buon gusto** [buoŋ'gusto] *m* [guter] Geschmack *m;* (*tatto*) Takt *m,* Feingefühl *nt;* **con ~** geschmackvoll
**buono** ['buɔ:no] *m* ❶ (COM) Abschnitt *m,* Schein *m;* **~ di cassa** Kassenanweisung *f;* (*in negozio*) Kassenzettel *m,* Kassenbon *m;* **~ di consegna** Lieferabschnitt *m;* **~ del Tesoro** Staatsanleihe *f* ❷ <sing> (*ciò che è buono*) Gute(s) *nt;* **sapere di ~** gut riechen/schmecken; **c'è questo di ~** das ist das Gute daran

**buono, -a** <più buono *o* migliore, buonissimo *o* ottimo> I. *agg* ❶ (*non cattivo*) gut; (*persona*) anständig; (*indulgente*) gütig; (*bambino*) brav, artig, lieb; (*ragione*) triftig; (*tempo*) schön; (GASTR) genießbar, essbar; **buon senso** gesunder Menschenverstand; **un'anima ~** eine Seele von Mensch; **è -a gente** das sind gute Leute; **essere ~ con qu** gut zu jdm sein; **essere in -e mani** in guten Händen sein; **essere ~ come il pane** herzensgut sein; **alla -a** schlicht, einfach; **colle -e** auf gütlichem Wege; **o con le -e o con le cattive** wenn nicht im Guten, dann im Bösen ❷ (*adatto*) gut, tauglich, passend, geeignet; **usare le -e maniere** sich manierlich betragen; (*fig*) es im Guten versuchen ❸ (COM: *moneta*) gültig; (*oro*) echt; **questa moneta è ancora -a** diese Münze ist noch im Kurs; **a buon mercato** billig, preiswert ❹ (*loc*) **di buon grado** gern[e]; **di buon occhio** wohlwollend; **di buon'ora** früh[zeitig]; **ti ho aspettato un'ora -a** ich habe eine volle Stunde auf dich gewartet ❺ (*espressioni esclamative*) **buon anno!** Frohes Neues Jahr!; **buon appetito!** guten Appetit!; **buon divertimento!** viel Vergnügen!; **buon giorno!** guten Tag!, guten Morgen!; **buon riposo!** angenehme Ruhe!; **buon viaggio!** gute Reise!; **-a fortuna!** viel Glück!; **-a notte!** gute Nacht!; **-a sera!** guten Abend!; **Dio ~!** lieber Gott! II. *m, f* (*persona*) Gute(r) *f(m);* **un ~ a nulla** ein Nichtsnutz *m;* **essere un poco di ~** nicht viel taugen, ein Taugenichts sein; **fare il ~** brav sein

**buonomini** *pl di* **buonuomo**
**buonora, buon'ora** [buo'no:ra] <-> *f* **di ~** früh[zeitig], zeitig; **alla ~!** endlich [einmal]!
**buonsenso, buon senso** [buon'sɛnso] <-> *m* gesunder Menschenverstand
**buontempone, -a** [buontem'po:ne] *m, f* (*fam*) stets gut gelaunter Mensch, sonniger Charakter
**buonumore, buon umore** [buonu'mo:re] <-> *m* gute Laune; **essere di ~** gut aufgelegt sein
**buonuomo, buon uomo** [buo'nuɔ:mo] <buon(u)omini> *m* ❶ (*uomo buono*) guter Mann ❷ (HIST) Ehrenmann *m*
**buonuscita, buona uscita** [buonuʃʃi:ta, 'buɔ:na uʃʃi:ta] *f* (*per un appartamento*) Mietablösung *f,* Ablösesumme *f;* (*per un impiego*) Abfindung *f,* Abfertigung *f* A
**burattinaio, -a** [buratti'na:io] <-ai> *m, f*

Puppenspieler(in) *m(f)* **burattino** [burat-'ti:no] *m* ❶(THEAT) Handpuppe *f;* (*a fili*) Marionette *f;* **teatro dei -i** Puppentheater *nt* ❷(*fig: persona manovrata da altri*) Marionette *f,* Kasperlefigur *f;* **piantare baracca e -i** (*fig*) den Bettel hinwerfen

**burbanza** [bur'bantsa] *f* Arroganz *f,* Hochmut *m* **burbanzoso, -a** [burban'tso:so] *agg* aufgeblasen, arrogant

**burbero, -a** ['burbero] I. *agg* mürrisch, barsch II. *m, f* Brummbär *m,* Griesgram *m*

**bureau** [by'ro] <-> *m* ❶(*scrivania*) Schreibtisch *m* ❷(*di albergo*) Direktion *f* ❸(*ufficio*) Büro *nt*

**burger** ['bə:gə] *m* [Ham]burger *m;* ~ **vegetariano** Gemüseburger *m*

**buriana** [bu'ria:na] *f* ❶(*fam: chiasso*) Rummel *m* ❷(*temporale*) Gewitterschauer *m*

**burino, -a** [bu'ri:no] (*Lazio*) I. *agg* primitiv, ungeschlacht II. *m, f* Bauer *m,* Grobian *m*

**burla** ['burla] *f* Spaß *m,* Scherz *m,* Schmäh *m A;* **mettere in ~ qc** etw ins Lächerliche ziehen; **prendere in ~ qc** etw auf die leichte Schulter nehmen; **per ~** zum Spaß, spaßeshalber **burlare** [bur'la:re] I. *vt* verspotten, aufziehen II. *vr* **-rsi di qu/qc** über jdn/etw spotten

**burlesco, -a** [bur'lesko] <-schi, -sche> *agg* (*tono, modi*) scherzhaft, spaßhaft; (LIT) burlesk **burletta** [bur'letta] *f* (*fam*) Spaß *m,* Witz *m,* Scherz *m,* Schmäh *m A;* **mettere qc in ~** etw ins Lächerliche ziehen

**burlone, -a** [bur'lo:ne] I. *m, f* (*fam*) Witzbold *m,* Spaßvogel *m* II. *agg* (*fam*) spaßig, witzig

**burnout** ['bə:naut, bə:n'aut] <-> *m* (MED, PSIC) Burn-out *m*

**burocrate** [bu'rɔ:krate] *mf* ❶(ADM) Bürokrat(in) *m(f)* ❷(*fig pej: persona pedante*) Paragrafenreiter(in) *m(f),* Kleinigkeitskrämer(in) *m(f)* **burocratese** [burokra'te:se] *m* Amtssprache *f* **burocratico, -a** [buro'kra:tiko] <-ci, -che> *agg* Beamten-; (*a. pej*) bürokratisch; **linguaggio ~** Beamtensprache *f;* **riforma -a** Verwaltungsreform *f* **burocratismo** [burokra'tizmo] *m* Bürokratismus *m* **burocratizzare** [burokratid'dza:re] *vt* bürokratisieren **burocratizzazione** [burokratiddzat'tsio:ne] *f* Bürokratisierung *f* **burocrazia** [burokrat'tsi:a] <-ie> *f* ❶(ADM) Bürokratie *f* ❷(*pej: pedanteria, lungaggine*) Amtsschimmel *m*

**burotica** [bu'rɔtika] <-che> *f* Büroautomation *f*

**burrasca** [bur'raska] <-sche> *f* (*a. fig*) Sturm *m;* **tempo di ~** stürmisches Wetter; (*fig*) stürmische Zeiten *fpl;* **il mare è in ~** die See ist stürmisch **burrascoso, -a** [burras'ko:so] *agg* (*a. fig*) stürmisch

**burrata** [bur'ra:ta] *f* frischer Sahnekäse aus Süditalien (*Apulien*)

**burrificare** [burrifi'ka:re] *vt* zu Butter machen [*o* schlagen] **burrificazione** [burrifikat'tsio:ne] *f* Butterherstellung *f* **burrificio** [burri'fi:tʃo] <-ci> *m* Molkerei *f*

**burrino** [bur'ri:no] *m* (*mer*) mit Butter gefüllter Büffelkäse aus Süditalien (*Salerno, Kalabrien*)

**burro** ['burro] *m* Butter *f;* **al ~** mit Butter zubereitet; **pane e ~** Butterbrot *nt;* **avere le mani di ~** (*fig fam*) alles fallen lassen, nichts fest halten können

**burrone** [bur'ro:ne] *m* Schlucht *f;* (*fig*) Abgrund *m*

**burroso, -a** [bur'ro:so] *agg* butt[e]rig, Butter-; (*fig*) butterweich

**bus** [bʌs] <-> *m* ❶(*autobus*) Bus *m* ❷(INFORM) Bus *m*

**buscare** [bus'ka:re] *vt, vr* **-rsi** (*fam*) kriegen; **-rsi l'influenza** [die] Grippe kriegen; **buscarne** [*o* **buscarle**] Prügel kriegen

**busillis** [bu'zillis] <-> *m* Schwierigkeit *f,* Problem *nt,* Hindernis *nt;* **qui sta il ~** da liegt der Hase im Pfeffer [*o* der Hund begraben]

**business** ['biznis] <-> *m* Geschäft *nt,* Business *nt*

**business class** ['biznis klɑ:s] <-> *f* Businessclass *f*

**business game** ['biznis 'geim] <-*o* business games> *m* (FIN) [Unternehmens]planspiel *nt*

**businessman** ['biznismən] <-> *m* Geschäftsmann *m*

**business partner** ['biznis 'pɑ:tnə] *m* Geschäftspartner *m*

**bussare** [bus'sa:re] *vi* klopfen, pochen; **~ alla porta** an die Tür klopfen; **~ a quattrini** (*fig*) [um Geld] anpumpen *fam* **bussata** [bus'sa:ta] *f* [An]klopfen *nt*

**busse** ['busse] *fpl* (*fam*) Prügel *pl;* **prendere le ~** Prügel kriegen

**busso** ['busso] *m* Schlag *m*

**bussola** ['bussola] *f* ❶(NAUT) Kompass *m* ❷(TEC) Buchse *f,* Hülse *f* ❸(*loc*) **perdere la ~** (*fig*) aus dem Konzept kommen; (*perdere il controllo*) die Fassung verlieren

**bussolotto** ['busso'lɔtto] *m* Würfelbecher *m*

**busta** ['busta] *f* ① (*per lettera*) Briefumschlag *m*, Kuvert *nt;* ~ **paga** Lohntüte *f* ② (*custodia*) Tasche *f;* (*per documenti*) Mappe *f;* (*per occhiali*) Etui *nt;* (*per generi alimentari*) Packung *f*

**bustaia** [bus'taːia] <-aie> *f* Korsettmacherin *f*

**bustarella** [busta'rɛlla] *f* Schmiergeld *nt*

**bustarellaro, -a** [bustarel'laːro] *m, f* (*chi intasca denaro illegalmente*) Schmiergeldempfänger(in) *m(f)*

**bustina** [bus'tiːna] *f* ① (*berretto*) Schiffchen *nt* ② (*per farmaci, erbe aromatiche*) Tütchen *nt*

**bustino** [bus'tiːno] *m* Mieder *nt*, Leibchen *nt*

**busto** ['busto] *m* ① (ANAT) Oberkörper *m* ② (*nell'arte*) Büste *f;* (*nella pittura*) Brustbild *nt* ③ (MED) Stützkorsett *nt* ④ (*da donna*) Korsett *nt*, Mieder *nt*

**bustometro** [bus'tɔːmetro] *m* Mustermaß *nt* für Briefe

**butanese** [buta'neːse] I. *agg* (*del Bhutan*) bhutanisch II. *mf* (*abitante*) Bhutaner(in) *m(f)*

**butano** [bu'taːno] *m* Butan *nt*

**butirrico, -a** [bu'tirriko] <-ci, -che> *agg* Butter-; **acido** ~ Buttersäure *f*

**buttafuori** [butta'fuɔːri] <-> *m* Rausschmeißer(in) *m(f)*

**buttare** [but'taːre] I. *vt* ① (*gettare*) werfen; (*con forza, rabbia*) schmeißen; **buttare qc a qu** jdm etw zuwerfen; ~ **giù** hinunterwerfen; ~ **via** wegwerfen ② (*fig*) ~ **pus** eitern; ~ **sangue** bluten; ~ **tutto all'aria** alles auf den Kopf stellen; (*piano, progetto*) alles zunichtemachen; ~ **via** vergeuden ③ (*loc*) ~ **giù un edificio** ein Gebäude abreißen; ~ **giù due righe** ein paar Zeilen niederschreiben; ~ **giù qu** (*fig*) jdn entmutigen; ~ **la pasta** Nudeln ins kochende Wasser werfen; ~ **giù un boccone** einen Happen hinunterschlingen; ~ **giù una bottiglia di cognac** eine Flasche Kognak hinunterschütten II. *vi* (BOT) ausschlagen, sprießen; (*semi*) keimen III. *vr* **-rsi** sich werfen, sich stürzen; **-rsi dalla finestra** sich aus dem Fenster stürzen; **-rsi nelle braccia di qu** sich in jds Arme werfen; **-rsi in mare** sich ins Meer stürzen; **-rsi nel fuoco per qu** (*fig*) für jdn durchs Feuer gehen; **-rsi a destra/sinistra** (*fig*) ins rechte/linke Lager überwechseln; **-rsi giù** (*fig*) den Kopf hängen lassen

**buttata** [but'taːta] *f* ① (*alle carte*) ausgespielte Karte ② (BOT: *effetto*) Trieb *m*, Spross *m;* (*atto*) Sprießen *nt*, Ausschlagen *nt*

**butterato, -a** [butte'raːto] *agg* pockennarbig

**buttero** ['buttero] *m* ① (*cicatrice*) Pockennarbe *f* ② (*guardiano*) berittener Herdenwächter

**buvette** [by'vɛt] *f* Bar *f,* Ausschank *m*, Theke *f*

**buy back** ['bai bæk] <-> *m* (FIN) Rückkauf *m*

**buyer** ['baiə] <- *o* buyers> *mf* (COM) Einkäufer *m*

**buy-out** ['bai aut] <-> *m* (COM) Aufkauf *m*, Buy-out *m o nt*

**buzzer** ['bʌzə] <- *o* buzzers> *m* Summer *m*

**buzzo** ['buddzo] *m* (*fam*) Ranzen *m;* **empirsi il** ~ sich *dat* den Ranzen vollschlagen; **di** ~ **buono** (*fig*) mächtig

**buzzone, -a** [bud'dzoːne] *m, f* (*fam*) Dickwanst *m*

**buzzurro, -a** [bud'dzurro] *m, f* ① (*fam pej: burino*) Grobian *m*, Bauer *m* ② (*venditore ambulante*) Straßenverkäufer(in) von Süßigkeiten, Kastanien, etc

**bypass** ['bai'paːs] <- *o* bypasses> *m* ① (*diramazione idraulica*) Nebenleitung *f* ② (MED: *deviazione artificiale*) Bypass *m*

**bypassare** [baipas'saːre] *vt* überbrücken, umgehen **bypassato, -a** [baipas'saːto] I. *agg* (MED) Bypass· II. *m, f* (MED) bypassoperierte(r) Patient(in) *f(m)*

**byronismo** [bairo'nizmo] *m* (LIT) Byronismus *m*

**byte** ['bait] <-> *m* (INFORM) Byte *nt*

# Cc

**C, c** [tʃi] <-> *f* C, c *nt;* **c come Catania** C wie Cäsar

**C** *abbr di* **Celsius** C

**c.** *abbr di* **circa** ca.

**c.a.** *abbr di* **corrente anno** d. J.

**ca'** [ka] <-> *f* (*venez: casa*) Haus *nt*

**cabala** ['ka:bala] *f* ① (*dottrina misteriosa dell'ebraismo medievale*) Kabbala *f* ② (*fig, pej: imbroglio*) Betrug *m;* (*intrigo*) Intrige *f* **cabalista** [kaba'lista] <-i *m*, -e *f*> *mf* Kabbalist *m,* Hellseher(in) *m(f)* **cabalistico, -a** [kaba'listiko] <-ci, -che> *agg* kabbalistisch, okkult

**caban** [ka'bã] <- *o* cabans> *m* (*cappotto, giaccone sportivo*) Caban *m*

**cabaret** [kaba'rɛ] <-> *m* Varietee *nt,* Varieté *nt,* Kabarett *nt* **cabarettistico, -a** [kabaret'tistiko] <-ci, -che> *agg* kabarettistisch, Kabarett-; **spettacolo ~** Kabarett *nt;* **numero ~** Kabarettnummer *f*

**cabina** [ka'bi:na] *f* ① (*vano*) Kabine *f,* Raum *m;* (NAUT) Kabine *f;* (*di funicolare*) Kabine *f,* Gondel *f;* **~ di guida** Führerhaus *nt;* **~ di pilotaggio** Pilotenkanzel *f;* **~ di proiezione** Vorführraum *m;* **~ di registrazione** Aufnahmestudio *nt;* **~ elettrica** Transformatorenhäuschen *nt;* **~ passeggeri** (AERO) Passagierraum *m;* **~ telefonica** Telefonzelle *f* ② (*al mare*) Kabine *f*

**cabinato** [kabi'na:to] *m* Kabinenboot *nt*

**cabinato, -a** *agg* mit Kabinen versehen

**cablaggio** [ka'bladdʒo] <-ggi> *m* Verkabelung *f;* (*collegamento a cavo*) Kabelverbindung *f* **cablare** [ka'bla:re] *vi* kabeln, nach Übersee telegrafieren

**cable** ['ka:ble] I.<inv> *agg* (*di filato ritorto*) gezwirnt II.<-> *m* (*tipo di filato*) Cablé[garn] *nt*

**cablo** ['ka:blo] *m,* **cablogramma** [kablo'gramma] <-i> *m* Kabel *nt,* Überseetelegramm *nt*

**cabotaggio** [kabo'taddʒo] <-ggi> *m* Küstenschifffahrt *f*

**cabrare** [ka'bra:re] *vi* das Höhensteuer ziehen **cabrata** [ka'bra:ta] *f* Steilflug *m*

**cabriolé** [kabrio'lɛ] <-> *m,* **cabriolet** [kabrio'lɛ] <-> *m* Kabrio[lett] *nt*

**cacadubbi** [kaka'dubbi] <-> *mf* (*vulg pej*) Hosenscheißer(in) *m(f),* Angsthase *m fam*

**cacao** [ka'ka:o] <-> *m* Kakao *m*

**cacare** [ka'ka:re] I.*vi, vt* (*vulg*) kacken, scheißen; **ma va a ~!** verpiss dich! II.*vr* (*vulg*) **-rsi sotto** (*fig*) sich *dat* in die Hose scheißen **cacarella** [kaka'rɛlla] *f* (*vulg*) Dünnschiss *m* **cacasenno** [kaka'senno] <-> *mf* (*pej*) Klugscheißer(in) *m(f) fam*

**cacata** [ka'ka:ta] *f* (*vulg*) ① (*atto*) Scheißen *nt* ② (*escrementi*) Haufen *m fam* ③ (*fig: cosa brutta*) Scheiße *f*

**cacatua, cacatoa** [kaka'tua, kaka'toa] <-> *m* Kakadu *m*

**cacca** ['kakka] <-cche> *f* (*fam*) Kacke *f;* (*dei bambini*) Aa *nt;* **fare la ~** kacken, Aa machen; **non toccare, è ~!** nicht anfassen, das ist pfui!

**cacchio** ['kakkio] <-cchi> *m* (*vulg*) Scheißdreck *m*

**caccia**[1] ['kattʃa] <-cce> *f* ① (*cattura*) Jagd *f;* **~ alla lepre** Hasenjagd *f;* **~ grossa** Großwildjagd *f;* **aereo da ~** Jagdflugzeug *nt;* **cane da ~** Jagdhund *m;* **~ all'occasione** Schnäppchenjagd *f;* **andare a ~** auf die Jagd gehen; **andare a ~ di qc** auf etw *acc* Jagd machen; (*fig*) auf der Suche nach etw sein; **dare la ~ a qu** jdn jagen ② (GASTR) Wild *nt*

**caccia**[2] <-> *m* (AERO) Jagdflugzeug *m;* (NAUT) Zerstörer *m* **cacciaballe** [kattʃa'balle] <-> *mf* (*fam: bugiardo*) Aufschneider(in) *m(f),* Prahler(in) *m(f),* Großmaul *nt fam* **cacciabile** [kat'tʃa:bile] *agg* jagdbar

**cacciabombardiere** [kattʃabombar'diɛ:re] *m* Jagdbomber *m* **cacciachiodo** [kat'tʃa:kiɔ:do] *m* ① (*legno*) Nagelzieher *m* ② (*metallo*) Nietenzieher *m*

**cacciagione** [kattʃa'dʒɔn:e] *f* ① (ZOO) Wild *nt* ② (GASTR) Wild[bret] *nt* ③ (*bottino*) Jagdbeute *f*

**cacciare** [kat'tʃa:re] I.*vt* ① (SPORT) jagen; (*a. fig*) verjagen, vertreiben ② (*fig*) werfen, stecken; **dove ho cacciato l'orologio?** (*fam*) wo habe ich nur die Uhr hingesteckt? ③ (*con violenza*) stoßen ④ (*cavare fuori*) herausholen, herausziehen; (*urlo*) ausstoßen; **~ fuori i soldi** das Geld herausrücken; **~ fuori la lingua** die Zunge herausstrecken II.*vr* **-rsi** ① (*fam: andare a finire*) stecken; (*nascondersi*) sich verstecken; **-rsi nella folla** sich unters Volk mischen; **dove si è cacciato?** (*fam*) wo steckt er? ② (*introdursi*) sich hineinzwängen; **-rsi in un mare di guai** (*fig*) bis zum Hals in Schwierigkeiten stecken **cacciata** [kat'tʃa:ta] *f* Vertreibung *f* **cacciatora**

[kattʃa'to:ra] *f* ❶ (*giacca*) Jagdrock *m* ❷ (GASTR) **alla ~** nach Jägerart (*mit Knoblauch, Kräutern und Wein*)

**cacciatore** [kattʃa'to:re] *m* ❶ (*pilota*) Jagdflieger *m* ❷ (*aereo*) Jagdflugzeug *nt*, Abfangjäger *m*

**cacciatore, -trice** *m, f* Jäger(in) *m(f)*; **~ di dote** Mitgiftjäger *m*; **~ di frodo** Wilderer *m*

**cacciatorino** [kattʃato'ri:no] *m* (GASTR: *salame*) ≈ Landjäger *m* **cacciatorpediniere** [kattʃatorpedi'niɛ:re] *m* (NAUT) Zerstörer *m* **cacciatrice** *f v.* **cacciatore**

**cacciavite** [kattʃa'vi:te] <-> *m* Schraubenzieher *m*

**caccola** ['kakkola] *m* ❶ (*fam: di naso*) Popel *m*; (*di occhi*) Schlaf *m* ❷ (ZOO) Kot *m*

**cache** [kæʃ] I. <inv> *agg* (INFORM) Cache-; **memoria ~** Cachespeicher *m* II. <-> *f* (INFORM) Cache *m*; **~ di massa** Datenträger *m*

**cache-cœur** [kaʃ'kœ:r] <-> *m* (*di una bimba*) Wickeljäckchen *nt* **cache-col** [kaʃ'kɔl] <-> *m* (*fazzoletto*) Halstuch *nt*

**cachemire** [kaʃ'mi:r] <-> *m* ❶ (*lana*) Kaschmirwolle *f* ❷ (*tessuto*) Kaschmir *m*

**cache-nez** [kaʃ'ne] <-> *m* (*sciarpa*) Cachenez *nt*, großes Halstuch

**cache-sexe** [kaʃ'sɛks] <-> *m* (*perizoma*) Cache-sexe *nt*, Minislip *m*

**cachet** [ka'ʃɛ] <-> *m* ❶ (MED) Kapsel *f* ❷ (THEAT, FILM: *comparsa*) Statist(in) *m(f)*; (*compenso*) Gage *f* ❸ (*colorante per capelli*) Haarfärbemittel *nt*

**cachettista** [kaket'tista] <-i *m*, -e *f*> *mf* Person *f*, die gegen Gage [*o* Honorar] arbeitet

**cachi** ['ka:ki] I. <inv> *agg* (*colore*) khakifarben II. <-> *m* ❶ (*colore cachi*) Khaki *nt* ❷ (*albero*) Kakibaum *m* ❸ (*frutto*) Kakifrucht *f*, Kakipflaume *f*

**caciara** [ka'tʃa:ra] *f* (*Lazio: fam*) Lärm *m*, Krach *m*

**cacicavalli** *pl di* **caciocavallo**

**cacio** ['ka:tʃo] <-ci> *m* Käse *m*; **forma di ~** Käselaib *m*; **come il ~ sui maccheroni** (*fig*) wie gerufen, gerade recht **caciocavallo** [katʃoka'vallo] <caci(o)cavalli> *m* (*mer*) birnenförmiger Hartkäse aus Kuhmilch **caciotta** [ka'tʃɔtta] *f* Weichkäse aus Kuh- oder Schafmilch

**cacofonia** [kakofo'ni:a] <-ie> *f* Missklang *m*

**cactus** ['kaktus] <-> *m* Kaktus *m*

**CAD** (INFORM) *abbr di* **Computer Aided Design** CAD *nt*

**cadauno, -a** [kada'u:no] I. *agg* das [*o* pro] Stück II. *pron indef* jedweder/jedwede/jedwedes, ein jeder/eine jede/ein jedes

**cadavere** [ka'da:vere] *m* Leiche *f*, Leichnam *m* **cadaverico, -a** [kada'vɛ:riko] <-ci, -che> *agg* leichenhaft; (*fig*) leichenblass; **rigidità -a** Totenstarre *f*

**caddi** ['kaddi] *1. pers sing pass rem di* **cadere**[1]

**cadente** [ka'dɛnte] *agg* ❶ (*edificio*) baufällig; (*fig: persona*) gebrechlich ❷ (*fig: sole*) untergehend; **stella ~** Sternschnuppe *f*; (*meteora*) Meteor *m*

**cadenza** [ka'dɛntsa] *f* ❶ (LING) Tonfall *m*, Akzent *m* ❷ (MUS) Kadenz *f*; (*andamento ritmico*) Takt *m*, Rhythmus *m* **cadenzare** [kaden'tsa:re] I. *vt* ❶ (*passo*) anpassen; **~ il passo** Schritt halten ❷ (LIT) skandieren II. *vi* (MUS) kadenzieren **cadenzato, -a** [kadɛn'tsa:to] *agg* kadenziert, rhythmisch

**cadere**[1] [ka'de:re] <cado, caddi, caduto> *vi essere* ❶ (*cascare*) [hin-, um]fallen; (*dall'alto*) herab-, hinunterfallen; (*aereo, alpinista*) abstürzen; (*foglie*) fallen; (*frutta*) abfallen; (*capelli*) ausfallen; **~ lungo e disteso** der Länge nach hinfallen; **~ dalla stanchezza** [*o* **dal sonno**] vor Müdigkeit umfallen; **~ morto** tot umfallen; **~ in piedi** (*a. fig*) auf die Füße fallen; **~ dalle nuvole** (*fig*) aus allen Wolken fallen; **far ~ qc dall'alto** (*fig*) **quest'abito cade bene** (*fig*) dieses Kleid fällt gut; **~ dalla padella nella brace** (*fig*) vom Regen in die Traufe kommen ❷ (*fig: decadere*) geraten, [ver]fallen; **~ ammalato** krank werden; **~ in disgrazia** in Ungnade fallen; **~ in miseria** in Not geraten; **~ in oblio** in Vergessenheit geraten; **~ nel volgare** ins Vulgäre abgleiten ❸ (*fig: in battaglia*) fallen ❹ (POL: *governo*) stürzen ❺ (*pioggia*) fallen; (*vento*) nachlassen, sich legen ❻ (*far fiasco*) scheitern; (*candidato*) durchfallen ❼ (*crollare*) einstürzen ❽ (*capitare*) **~ a proposito** gerade recht kommen

**cadere**[2] *m* **al ~ del sole** bei Sonnenuntergang

**cadetteria** [kadette'ri:a] <-ie> *f* (SPORT) Zweite Liga *f*

**cadetto** [ka'detto] *m* ❶ (*figlio non primogenito*) jüngerer Sohn ❷ (MIL) Kadett *m* ❸ (SPORT) Nachwuchssportler *m*, Mitglied *nt* einer B-Mannschaft

**cadetto, -a** *agg* ❶ (*di figlio non primogenito*) jüngere(r, s) ❷ (SPORT) Nachwuchs-, B-

**cadì** [ka'di] <-> *m* Kadi *m*

**cadmio** ['kadmio] *m* Kadmium *nt*

**cado** ['ka:do] *1. pers sing pr di* **cadere**

**caducità** [kadut∫i'ta] <-> *f* Vergänglichkeit *f*; Hinfälligkeit *f* **caduco, -a** [ka'du:ko] <-chi, -che> *agg* von kurzer Lebensdauer; (*fig*) flüchtig, vergänglich; **mal ~** (*fam*) Fallsucht *f*; **foglie -che** [fallendes] Laub *nt*

**caduta** [ka'du:ta] *f* ① (*il cadere*) Fall *m*, Sturz *m*; (*dall'alto*) Absturz *m*; **~ massi** Steinschlag *m*; **~ della temperatura** Temperatursturz *m* ② (*fig: crollo*) Untergang *m* ③ (POL: *del governo*) Sturz *m* ④ (COM, FIN: *dei prezzi, corsi*) Verfall *m*

**caduto** [ka'du:to] *m* (MIL) Gefallene(r) *m*

**caduto, -a** *pp* di **cadere**¹

**caffè** [kaf'fɛ] <-> *m* ① (GASTR) Kaffee *m*; **~ espresso** Espresso *m*; **~ corretto** Kaffee *m* mit Schuss; **~ macchiato** Kaffee *m* mit etwas Milch; **~ in chicchi** Bohnenkaffee *m*; **~ in polvere** Pulverkaffee *m*; **macchina del ~** Kaffeemaschine *f* ② (*locale*) Café *nt*, Kaffeehaus *nt* A; **~ concerto** Tanzcafé *nt* ③ (BOT) Kaffee *m*, Kaffeepflanze *f* **caffeario, -a** [kaffe'a:rio] <-i, -ie> *agg* Kaffee-

**caffeina** [kaffe'i:na] *f* Koffein *nt*; **caffè senza ~** koffeinfreier Kaffee

**caffel(l)atte** [kaffel'latte (kaffel'latte)] <-> *m* Milchkaffee *m* **caffeomanzia** [kaffeoman'tsi:a] <-ie> *f* Kaffeesatzlesen *nt*, Wahrsagerei *f* aus dem Kaffeesatz

**caffet(t)ano** [kaffe'ta:no (kaffet'ta:no)] *m* Kaftan *m*

**caffetteria** [kaffette'ri:a] <-ie> *f* (*di albergo*) Frühstücksbar *f*; (*bar*) Cafeteria *f*

**caffettiera** [kaffet'tjɛ:ra] *f* ① (*bricco*) Kaffeekanne *f*; (*macchina*) Kaffeemaschine *f* ② (*fig, scherz: macchina*) Mühle *f fam*

**cafona** *f v.* **cafone**

**cafonaggine** [kafo'naddʒine] *f* Rüpelhaftigkeit *f* **cafonata** [kafo'na:ta] *f* Flegelei *f*, Rüpelei *f* **cafone, -a** [ka'fo:ne] I. *agg* ungehobelt, rüde II. *m*, *f* Rüpel *m*

**CAG, cag** *m acro di* **Centro Addestramento Guastatori** Ausbildungszentrum *nt* für Pioniere

**cagare** [ka'ga:re] *v.* **cacare**

**cagionare** [kadʒo'na:re] *vt* verursachen, bewirken **cagione** [ka'dʒo:ne] *f* (*causa*) Ursache *f*; (*motivo*) Grund *m*

**cagionevole** [kadʒo'ne:vole] *agg* kränklich, anfällig; **essere di salute ~** sehr anfällig sein

**cagliare** [kaʎ'ʎa:re] *vi, vr* **-rsi** gerinnen

**Cagliari** *f* Cagliari *nt* (*Hauptstadt Sardiniens*)

**Cagliaritano** <*sing*> *m* Umgebung *f* von Cagliari

**cagliaritano, -a** [kaʎʎari'ta:no] I. *agg* aus Cagliari stammend II. *m*, *f* (*abitante*) Einwohner(in) *m(f)* von Cagliari

**caglio** ['kaʎʎo] <-gli> *m* ① (*per il latte*) Lab *nt* ② (BOT) Labkraut *nt*

**cagna** ['kaɲɲa] *f* ① (ZOO) Hündin *f* ② (*fam pej: donna di facili costumi*) Flittchen *nt*

**cagnara** [kaɲ'ɲa:ra] *f* (*fam pej*) Krach *m*, Gezänk *nt*

**cagnesco, -a** [kaɲ'ɲesko] <-schi, -sche> *agg* hündisch; **guardare qu in ~** (*fig*) jdn feindselig ansehen

**cahier** [ka'je] <-> *m* (*raccolta, quaderno*) Notiz-, Schreibheft *nt*; **~ de doléances** Beschwerdeheft *nt*; **~ d'art** Kunstheft *nt*

**CAI** ['ka:i] *m* ① *acro di* **Club Alpino Italiano** italienischer Alpenverein ② *acro di* **Corriere Accelerato Internazionale** italienischer Eilzustellungsdienst

**caimano** [kai'ma:no] *m* Kaiman *m*

**Cairo** ['ka:iro] *m* **Il ~** Kairo *nt*

**cake** [keik] <-> *m* [Rosinen]kuchen *m*

**cal** *abbr di* (**piccola**) **caloria** cal.

**cala** ['ka:la] *f* ① (*insenatura*) Bucht *f* ② (NAUT) Kielraum *m*, Hellegat[t] *nt*

**calabrache** [kala'bra:ke] <-> I. *mf* (*fam*) Schlappschwanz *m*, Waschlappen *m* II. *m* ein Kartenspiel für zwei Personen

**calabrese** [kala'bre:se] I. *agg* kalabrisch, aus Kalabrien stammend II. *mf* (*abitante*) Kalabrier(in) *m(f)*, Kalabrese *m*/Kalabresin *f* III.<*sing*> *m* (*dialetto*) kalabrischer Dialekt, Kalabresisch(e) *nt* **Calabria** [ka'la:bria] *f* Kalabrien *nt*

**calabrone** [kala'bro:ne] *m* ① (ZOO) Hornisse *f* ② (*fig: corteggiatore insistente*) aufdringlicher Verehrer

**calafatare** [kalafa'ta:re] *vt* kalfatern, abdichten

**calamaio** [kala'ma:io] <-ai> *m* Tintenfass *nt*

**calamaro** [kala'ma:ro] *m* ① (ZOO) Tintenfisch *m* ② *pl* (*occhiaie*) dunkle Ringe *mpl* unter den Augen

**calamita** [kala'mi:ta] *f* Magnet *m*

**calamità** [kalami'ta] <-> *f* Unheil *nt*, Plage *f*

**calamitare** [kalami'ta:re] *vt* ① (*ferro, acciaio*) magnetisieren ② (*fig: attirare*) magnetisch anziehen, anlocken **calamitato, -a** [kalami'ta:to] *agg* magnetisiert, Magnet-

**calamo** ['ka:lamo] *m* ① (BOT) Rohr *nt*, Schilf *nt* ② (ZOO) [Feder]kiel *m* ③ (HIST) Schreibfeder *f*, Federkiel *m*

**calanco** [ka'laŋko] <-chi> *m* Furche *f*, Graben *m*

**calandra** [ka'landra] *f* (AUTO) Kühlergrill *m*
**calandrare** [calan'dra:re] *vt* (MOT) walzen, pressen; (TYP) kalandrieren, satinieren **calandratore, -trice** [kalandra'to:re] *m, f* Kalandrierer(in) *m(f)*
**calandratura** [kalandra'tu:ra] *f* Kalandern *nt,* Kalandrieren *nt,* Walzen *nt*
**calandrista** [kalan'drista] <-i *m,* -e *f*> *mf* Kalandrierer(in) *m(f)*
**calante** [ka'lante] *agg* ❶ (*luna*) abnehmend; (*temperatura*) sinkend ❷ (*moneta, peso*) fehlgewichtig
**calare** [ka'la:re] I. *vt avere* senken, herablassen; (*reti*) auswerfen; (*vele*) einholen, streichen; (*maglie*) abnehmen; (*prezzo, sipario*) senken; (*nei giochi a carte*) ausspielen II. *vi essere* ❶ (*scendere*) hinabgehen, hinuntergehen; (*fig: notte*) hereinbrechen; (*sipario*) fallen ❷ (*invadere*) einfallen, einbrechen ❸ (*vento*) abflauen, nachlassen; (*acqua*) sinken, zurückgehen; (*prezzo*) sinken; (MUS) tiefer werden; (*di peso*) abnehmen; ~ **di tono** leiser werden; (*fig*) in der Qualität nachlassen III. *vr* **-rsi** sich herab-, hinab-, hinunterlassen; (SPORT) sich abseilen **calata** [ka'la:ta] *f* ❶ (*del sole*) Untergang *m*; (*del sipario*) Fallen *nt*; (*dei prezzi*) Sinken *nt*; (*delle reti*) Auswerfen *nt* ❷ (MIL) Einfall *m*
**calca** ['kalka] <-che> *f* Gedränge *nt*
**calcagno** [kal'kaɲɲo] <*pl*: -i *m o fig* -a *f*> *m* Ferse *f*; **avere qu alle -a** (*fig*) jdn auf den Fersen haben
**calcare**[1] [kal'ka:re] *vt* ❶ (*coi piedi*) treten, stampfen; ~ **le scene** auf der Bühne stehen ❷ (*con la voce*) betonen ❸ (*disegno*) durchpausen ❹ (*premere*) drücken, zwängen; ~ **la mano** (*fig*) übertreiben; (*essere severo*) zu streng bestrafen
**calcare**[2] *m* (MIN) Kalkstein *m*
**calcareo, -a** [kal'ka:reo] <-ei, -ee> *agg* kalkhaltig
**calce**[1] ['kaltʃe] *f* Kalk *m*; **bianco di** ~ weiße Tünche, weißer Anstrich
**calce**[2] <-> *m* **in** ~ (ADM) unten, am unteren Ende eines Schriftstücks; **in** ~ **alla pagina** am Ende der Seite
**calcese** [kal'tʃe:se] *m* (NAUT: *albero*) Topp *m*
**calcestruzzo** [kaltʃes'truttso] *m* Beton *m*
**calcetto** [kal'tʃetto] *m* Hallenfußball *nt*; (*da tavolo*) Tischfußball *nt*
**calciare** [kal'tʃa:re] I. *vi* ❶ (*tirar calci*) Fußtritte austeilen, treten; (*animale*) ausschlagen ❷ (SPORT) schießen, treten II. *vt* schießen, treten **calciatore, -trice** [kaltʃa'to:re] *m, f* Fußballspieler(in) *m(f)*

**calcico, -a** ['kaltʃiko] <-ci, -che> *agg* kalziumhaltig, Kalzium-
**calcificare** [kaltʃifi'ka:re] *vt, vr* **-rsi** (BIOL) verkalken **calcificazione** [kaltʃifikat'tsio:ne] *f* Verkalkung *f*
**calcimetrico, -a** [kaltʃi'mɛ:triko] <-ci, -che> *agg* (*eseguito mediante il calcimetro*) kalzimetrisch; **rilevazione -a** Kalkmessung *f*
**calcina** [kal'tʃi:na] *f* Mörtel *m* **calcinaccio** [kaltʃi'nattʃo] <-cci> *m* ❶ (*pezzo di calcina*) Putz-, Mörtelstück *nt* ❷ *pl* (*rovine*) Schutt *m*
**calcinculo** [kaltʃin'ku:lo] <-> *m* (*fam: giostra*) [Ketten]karussell *nt*
**calcio** ['kaltʃo] <-ci> *m* ❶ (*colpo dato col piede*) [Fuß]tritt *m*; (*di animale*) Huftritt *m*; **prendere qu a -ci** jdn treten; **tirare -ci** treten, Fußtritte austeilen; (*animale*) ausschlagen ❷ (SPORT) Fußball *m*; ~ **d'angolo** Eckstoß *m*, Corner *m A*; ~ **d'inizio** Anstoß *m*; ~ **di punizione** Strafstoß *m*; ~ **di rigore** Elfmeter *m*; ~ **di rinvio** Abstoß *m*; **giocare a** ~ Fußball spielen ❸ (MIL) [Gewehr]kolben *m* ❹ (CHEM) Kalzium *nt*
**calciobalilla** [kaltʃoba'lilla] <-> *m* Tischfußball *m*
**calciocianammide** [kaltʃotʃanam'mi:de] *f* Kalkstickstoff[dünger] *m*
**calciofilo, -a** [kal'tʃɔ:filo] I. *m, f* Fußballfan *m* II. *agg* fußballbegeistert; **gruppo** ~ Fußballfanclub *m*
**calciomane** [kaltʃo'ma:ne] *mf* Fußballnarr *m/*-närrin *f* **calciomania** [kaltʃoma'ni:a] <-ie> *f* Fußballfieber *nt*
**calciomercato** [kaltʃomer'ka:to] <-> *m* Fußballmarkt *m*
**calcioscommesse** [kaltʃoskom'messe] <-> *m* illegales Fußballtoto
**calcioterapia** [kaltʃotera'pi:a] <-ie> *f* (MED) Kalziumtherapie *f*
**calcistico, -a** <-ci, -che> *agg* Fußball-
**calco** ['kalko] <-chi> *m* (*copia*) Abdruck *m*; (TYP) Abzug *m*
**calcografia** [kalkogra'fi:a] *f* ❶ (TYP: *procedimento di stampa*) Kupferdruck *m* ❷ (*tecniche manuali d'incisione*) Kupferstich *m* ❸ (*istituzione, luogo*) Kupferstichkabinett *nt* **calcografico, -a** [kalko'gra:fiko] <-ci, -che> *agg* Kupferstich-; **inchiostro** ~ Kupferdruckfarbe *f* **calcografo, -a** [kal'kɔ:grafo] *m, f* ❶ (TYP: *intagliatore in rame*) Kupferstecher(in) *m(f)* ❷ (*stampatore*) Kupferdrucker(in) *m(f)* ❸ (*venditore di incisioni*) Kupferstichhändler(in) *m(f)*

**calcolabile** [kalkoˈlaːbile] *agg* berechenbar; (*valutabile*) schätzbar **calcolare** [kalkoˈlaːre] *vt* ❶ (MAT) berechnen, ermitteln ❷ (*fig: valutare*) abwägen, abschätzen; (*tenere conto*) berücksichtigen

**calcolatore** [kalkolaˈtoːre] *m* ~ **elettronico** (INFORM) Elektronenrechner *m*, Computer *m;* ~ **personale** Personalcomputer *m*

**calcolatore, -trice** I. *agg* ❶ (*regolo, macchina*) Rechen- ❷ (*fig: persona, mente*) berechnend II. *m, f* ❶ (*chi esegue calcoli, persona*) Rechner(in) *m(f)* ❷ (*fig: mente fredda*) kühler Kopf

**calcolatrice** [kalkolaˈtriːtʃe] *f* (TEC) Rechenmaschine *f*, Rechner *m;* (*regolo*) Rechenschieber *m;* ~ **tascabile** Taschenrechner *m*

**calcolitografia** [kalkolitograˈfiːa] *f* (TYP) Kupferflachdruck *m* **calcolitografico, -a** [kalkolitoˈgraːfiko] <-ci, -che> *agg* Kupferflachdruck-; **stampa -a** Kupferflachdruck *m*

**calcolo** [ˈkalkolo] *m* ❶ (MAT) Rechnung *f*, Berechnung *f;* **fare i -i** rechnen; ~ **preventivo** Vorausberechnung *f*, Kostenvoranschlag *m;* ~ **delle probabilità** Wahrscheinlichkeitsrechnung *f;* **agire per** ~ (*fig*) berechnend sein; ~ **dei costi** (*costing*) Kalkulation *f* ❷ (MED) Stein *m;* ~ **renale** Nierenstein *m*

**caldaia** [kalˈdaːia] <-aie> *f* Kessel *m;* (TEC: *a vapore*) Dampfkessel *m;* (*per riscaldamento*) Heizkessel *m*

**caldamente** [kaldaˈmente] *avv* warm, wärmstens *fam;* (*cordialmente*) herzlich

**caldana** [kalˈdaːna] *f* Hitzewallung *f*

**caldareria** [kaldareˈriːa] <-ie> *f* Kesselschmiede *f*

**caldarrosta** [kaldarˈrɔsta] *f* geröstete Kastanie

**caldeggiare** [kaldedˈdʒaːre] *vt* befürworten

**calderone** [kaldeˈroːne] *m* Kessel *m*, Hafen *m A;* **mettere tutto nello stesso** ~ (*fig*) alles in einen Topf werfen

**caldo** [ˈkaldo] *m* Wärme *f;* (~ *intenso*) Hitze *f;* (*fig: fervore*) Eifer *m;* **fa** ~ es ist warm; **ho** [*o* **sento**] ~ mir ist heiß; **mettere** [*o* **tenere**] **le vivande in** ~ die Speisen warm halten; **non mi fa né** ~ **né freddo** (*fig*) das lässt mich kalt

**caldo, -a** *agg* warm; (*molto* ~) heiß; (*colore, voce*) warm; (*amicizia*) innig, herzlich; (*notizia*) neueste(r, s); **pane** ~ frisches Brot; **essere una testa -a** (*fig*) ein Hitzkopf sein; **avere il sangue** ~ (*fig*) heißblütig sein; **a sangue** ~ (*fig*) im Affekt

**caleidoscopio** [kaleidosˈkɔːpio] <-i> *m* (OPT) Kaleidoskop *nt*

**calendario** [kalenˈdaːrio] <-i> *m* Kalender *m* **calende** [kaˈlɛnde] *fpl* **rimandare qc alle** ~ **greche** etw auf den Sankt-Nimmerleins-Tag verschieben

**calendimaggio** [kalendiˈmaddʒo] <-> *m* Maifeiertag *m*, Maifeier *f*

**calendola** [kaˈlɛndola] *f* Ringelblume *f*

**calesse** [kaˈlɛsse] *m* Kalesche *f*

**calettamento** [kalettaˈmento] *m* Verkeilung *f* **calettare** [kaletˈtaːre] *vt* verbinden; (TEC) verkeilen, verzahnen

**calibrare** [kaliˈbraːre] *vt* kalibrieren; (*fig*) genau messen **calibro** [ˈkaːlibro] *m* (*a. fig*) Kaliber *nt*

**calice** [ˈkaːlitʃe] *m* ❶ (*bicchiere*) Kelch *m* ❷ (REL) [Mess]kelch *m*

**califfo** [kaˈliffo] *m* Kalif *m*

**caligine** [kaˈliːdʒine] *f* (*nebbia*) Dunst *m*, Nebel *m;* (*in zone industriali*) Smog *m*

**caliginoso, -a** [kalidʒiˈnoːso] *agg* trüb, dunstig

**call** [kɔːl] <-> *m* (FIN: *dont*) Call *m*, Kaufoption *f*

**calla** [ˈkalla] *f* Calla *f*

**calle** [ˈkalle] *f* (*a Venezia*) Gasse *f*, Straße *f*

**call girl** [ˈkɔːlgəːl] <-> *f* Callgirl *nt*

**callifugo** [kalˈliːfugo] <-ghi> *m* hornhauterweichendes Mittel

**calligrafia** [kalligraˈfiːa] *f* Handschrift *f*

**calligrafico, -a** [kalliˈgraːfiko] <-ci, -che> *agg* ❶ (*esame, perito*) grafologisch, graphologisch ❷ (*fig: che cura eccessivamente la forma*) kalligrafisch, kalligraphisch

**callista** [kalˈlista] <-i *m*, -e *f*> *mf* Fußpfleger(in) *m(f)* **callo** [ˈkallo] *m* Hornhaut *f;* (*dei piedi*) Hühnerauge *nt;* (*della mano*) Schwiele *f;* ~ **osseo** Kallus *m;* **fare il** ~ **a qc** (*fig*) sich an etw *acc* gewöhnen, gegen etw unempfindlich werden; **pestare i -i a qu** (*fig fam*) jdm auf die Füße treten **callosità** [kallosiˈta] <-> *f* Verhornung *f* **calloso, -a** [kalˈloːso] *agg* schwielig, verhornt; **corpo** ~ (ANAT) Balken *m*

**calma** [ˈkalma] *f* ❶ Ruhe *f;* (*silenzio*) Stille *f;* (*tranquillità*) Gelassenheit *f;* **periodo di** ~ ruhige Zeit; (COM) Flaute *f;* **prendersela con** ~ es in aller Ruhe angehen; ~! immer mit der Ruhe!, bloß keine Hektik! *fam;* ~ **e sangue freddo!** [nur] ruhig Blut! ❷ (METEO: *vento*) Windstille *f;* (*mare*) Flaute *f*, Meeresstille *f* **calmante** [kalˈmante] I. *agg* beruhigend; (*che allevia*) lindernd; (*che elimina dolore*) schmerzstillend II. *m* Beruhigungsmittel *nt* **calmare** [kalˈmaːre]

I. vt ① (*persona*) beruhigen; (*placare*) besänftigen ② (*dolore*) lindern II. vr -rsi ① (*persona*) sich beruhigen ② (*vento*) abflauen, sich legen; (*dolore*) nachlassen
**calmata** [kal'ma:ta] f ① (NAUT) kurze Flaute f ② (*fam*) **è ora che tu ti dia una ~!** es wird Zeit, dass du dich ein bisschen beruhigst!
**calmierare** [kalmie'ra:re] vt ~ **qc** den Höchstpreis einer Sache *gen* amtlich festsetzen **calmiere** [kal'miɛ:re] m obere Preisgrenze, Preisbindung f; **prezzo di ~** Höchstpreis m
**calmo, -a** ['kalmo] agg ruhig; (*tranquillo*) gelassen; (*equilibrato*) ausgeglichen
**calo** ['ka:lo] m Verminderung f, Rückgang m; (*di volume, peso*) Abnahme f, Sinken nt; (*di qualità*) Verschlechterung f; (*di prezzo*) [Preis]senkung f; **~ di potenza** (TEC) Spannungsabfall m
**calore** [ka'lo:re] m Wärme f; (*calore intenso*) Hitze f; **~ familiare** Nestwärme f; **avere un po' di ~** etw Temperatur haben; **essere/andare in ~** läufig sein/werden **caloria** [kalo'ri:a] <-ie> f Kalorie f; **grande ~** Kilokalorie f **calorico, -a** [ka'lɔ:riko] <-ci, -che> agg ① (PHYS) Wärme-, kalorisch ② (BIOL) Kalorien-; **apporto ~** Kalorienzufuhr f
**calorifero** [kalo'ri:fero] m Heizkörper m **calorifico, -a** [kalo'ri:fiko] <-ci, -che> agg Heiz-, wärmeerzeugend **calorimetro** [kalo'ri:metro] m Wärmemesser m, Kalorimeter nt **calorizzare** [kalorid'dza:re] vt (TEC) kalorisieren, alitieren **calorizzazione** [kaloriddzat'tsio:ne] f (TEC) Kalorisieren nt, Alitieren nt
**calorosamente** [kalorosa'mente] avv herzlich, warmherzig
**caloroso, -a** [kalo'ro:so] agg ① (*cibo, bevanda, spezie*) wärmend ② (*persona*) kälteunempfindlich ③ (*fig: affettuoso, cordiale*) herzlich; (*discussione*) angeregt
**caloscia** [ka'lɔʃʃa] <-sce> f Überschuh m
**calotta** [ka'lɔtta] f ① (GEOG) [Eis]kappe f; **~ artica/antartica** arktische/antarktische Polkappe ② (MAT, ARCH, REL) Kalotte f
**calpestamento** [kalpesta'mento] m ① (*coi piedi*) Treten nt ② (*fig: disprezzo*) Missachtung f
**calpestare** [kalpes'ta:re] vt ① (*coi piedi*) [zer]treten; **[è] vietato ~ l'erba** [das] Betreten des Rasens [ist] verboten ② (*fig: disprezzare*) missachten, mit Füßen treten
**calpestio** [kalpes'ti:o] <-ii> m (*scalpiccio*) Getrappel nt; (*calpestare*) Getrampel nt

**Caltanissetta** f Caltanissetta nt (*Stadt in Sizilien*)
**calumet** [kaly'mɛ] <-> m Friedenspfeife f; **fumare il ~ della pace** (*fig*) die Friedenspfeife rauchen
**calunnia** [ka'lunnia] <-ie> f Verleumdung f **calunniare** [kalun'nia:re] vt verleumden **calunniatore, -trice** [kalunnia'to:re] m, f Verleumder(in) m(f) **calunnioso, -a** [kalun'nio:so] agg verleumderisch
**calura** [ka'lu:ra] f (*poet dial*) Hitze f
**calva** f v. **calvo**
**calvario** [kal'va:rio] <-i> m Kreuzweg m, Leidensweg m; (*fig*) unsagbares Leid
**calvinismo** [kalvi'nizmo] m Kalvinismus m
**calvinista** [kalvi'nista] <-i m, -e f> mf Kalvinist(in) m(f) **calvinistico, -a** [kalvi'nistiko] <-ci, -che> agg kalvinistisch
**calvizie** [kal'vittsie] <-> f Kahlheit f; (*di persone*) Kahlköpfigkeit f **calvo, -a** ['kalvo] I. agg kahl; (*persona*) glatzköpfig; **essere ~** eine Glatze haben II. m, f Glatzkopf m fam
**calza** ['kaltsa] f Strumpf m; **~ elastica** Gummistrumpf m; **ferri da ~** Stricknadeln fpl; **fare la ~** stricken **calzamaglia** [kaltsa'maʎʎa] f Strumpfhose f
**calzante** [kal'tsante] I. agg passend II. m Schuhlöffel m
**calzare** [kal'tsa:re] I. vt avere (*scarpe, guanti*) anziehen II. vi ① avere (*scarpe*) passen ② essere (*fig: essere conveniente*) passen, passend sein
**calzascarpe** [kaltsas'karpe] <-> m, **calzatoio** [kaltsa'to:io] <-oi> m Schuhanzieher m, Schuhlöffel m
**calzatura** [kaltsa'tu:ra] f Schuhe mpl; **industria delle -e** Schuhindustrie f **calzaturificio** [kaltsaturi'fi:tʃo] <-ci> m Schuhfabrik f
**calzerotto** [kaltse'rɔtto] m Söckchen nt; (*di lana*) Wollsocke f **calzetta** [kal'tsetta] f Söckchen nt; **mezza ~** (*persona mediocre*) kleines Würstchen
**calzettone** [kaltset'to:ne] m Kniestrumpf m, Stutzen m A **calzificio** [kaltsi'fi:tʃo] <-ci> m Strumpffabrik f **calzino** [kal'tsi:no] m Socke f
**calzolaio, -a** [kaltso'la:io] <-ai, -aie> m, f Schuster m, Schuhmacher(in) m(f) **calzoleria** [kaltsole'ri:a] <-ie> f ① (*negozio*) Schuhgeschäft nt ② (*bottega del calzolaio*) Schusterwerkstatt f
**calzoncini** [kaltson'tʃi:ni] mpl kurze Hose; **~ da bagno** Badehose f **calzone** [kal'tso:ne] m ① pl (*indumento*) Hose f;

**portare i -i** (*fig fam*) die Hosen anhaben ❷ (*parte*) Hosenbein *nt* ❸ (GASTR) **pizza ~** gefüllte Teigtasche

**camaleonte** [kamale'onte] *m* (*a. fig*) Chamäleon *nt* **camaleontismo** [kamaleon'tizmo] *m* Opportunismus *m*

**camarilla** [kama'rilla] *f* ❶ (POL: *pej*) Kamarilla *f*, Höflingspartei *f* ❷ (*pej: combriccola*) Klüngel *m*, Clique *f*

**camber** ['kæmbə] <-> *m* (MOT) [Rad]sturz *m;* **angolo di ~** Sturzwinkel *m*

**cambiadischi** [kambia'diski] <-> *m* Plattenwechsler *m*

**cambiale** [kam'bia:le] *f* Wechsel *m;* **~ a vista** Sichtwechsel *m*

**cambiamento** [kambia'mento] *m* Wechsel *m*, Veränderung *f;* **~ climatico** Klimawandel *m;* **~ d'aria** Luftveränderung *f;* **~ di stagione** Wechsel *m* der Jahreszeit; **ha fatto un grande ~** er/sie hat sich sehr verändert

**cambiare** [kam'bia:re] I. *vt avere* ❶ (*sostituire*) wechseln, auswechseln; (*modificare*) ändern; **~ casa** umziehen; **~ idea** seine Meinung ändern, es sich *dat* anders überlegen; **~ marcia** in einen anderen Gang schalten; **~ treno** umsteigen; **~ vestito** sich umziehen ❷ (*scambiare*) **~ qc con qc** etw gegen etw tauschen ❸ (*trasformare*) [ver]ändern, umändern ❹ (FIN) wechseln; **~ euro in dollari** Euro in Dollar wechseln; **mi cambia cento euro?** können Sie mir hundert Euro wechseln? II. *vi essere* sich [ver]ändern; (MOT) schalten III. *vr* **-rsi** ❶ (*d'indumento*) sich umziehen ❷ (*diventare diverso*) sich [ver]ändern; (*trasformarsi*) sich verwandeln

**cambiario, -a** [kam'bia:rio] <-i, -ie> *agg* Wechsel-; **effetto ~** Wechsel *m*

**cambiatensione** [kambiaten'sio:ne] <-> *m* Transformator *m*, Umspanner *m*

**cambiavalute** [kambiava'lu:te] <-> *mf* Geldwechsler(in) *m(f)*

**cambio** ['kambio] <-i> *m* ❶ (*sostituzione*) Tausch *m*, Wechsel *m*; (*modifica*) Änderung *f;* **fare a ~** tauschen; **dare il ~ a qu** jdn ablösen; **accettare qc in ~ di qc** etw für etw [anderes] in Tausch nehmen ❷ (*soldi*) [Geld]wechsel *m;* (FIN) [Wechsel]kurs *m;* **agente di ~** Börsenmakler(in) *m(f)* ❸ (MOT) Getriebe *nt;* (*azione*) Schaltung *f;* **~ a cloche** Knüppelschaltung *f;* **~ automatico** Automatikgetriebe *nt;* **~ manuale** Schaltgetriebe *nt*

**cambusa** [kam'bu:za] *f* Speisekammer *f*

**cambusiere** [kambu'ziɛ:re] *m* Schiffskoch *m*

**camcorder** ['kæm'kɔ:də] <-> *m* (TEC) Camcorder *m*

**camelia** [ka'mɛ:lia] <-ie> *f* Kamelie *f*

**camembert** [kamã'bɛ:r] <-> *m* Camembert *m*

**camera** ['ka:mera] *f* ❶ (*locale d'abitazione*) Zimmer *nt*, Raum *m;* **~ da letto** Schlafzimmer *nt;* **~ da pranzo** Esszimmer *nt;* **~ degli ospiti** Gästezimmer *nt;* **~ matrimoniale** Doppelzimmer *nt;* **~ singola** Einzelzimmer *nt;* **~ ad un letto/a due letti** Einbett-/Zweibettzimmer *nt;* **appartamento di quattro -e** Vierzimmerwohnung *f;* **essere in ~** auf seinem Zimmer sein; **fare la ~** das Zimmer aufräumen; **prenotare/disdire una ~** ein Zimmer bestellen/abbestellen ❷ (*mobilia*) Zimmereinrichtung *f*, Möbel *ntpl* ❸ (POL, ADM) Kammer *f*; **sciogliere le -e** das Parlament auflösen; **Camera di Commercio** Handelskammer *f* ❹ (*locale chiuso*) **~ blindata** Stahlkammer *f;* **~ mortuaria** Leichenhalle *f;* **~ oscura** Dunkelkammer *f;* **~ a gas** Gaskammer *f* ❺ (MOT) **~ d'aria** Luftschlauch *m* ❻ (MUS) **musica da ~** Kammermusik *f*

**camerale** [kame'ra:le] *agg* Kammer-, Staats-

**cameraman** ['kæmərəmən *o* 'kameramɛn] <-> *m* Kameramann *m*

**camerata**[1] [kame'ra:ta] *f* (*di collegio, caserma*) Schlafsaal *m*

**camerata**[2] <-i *m*, -e *f*> *mf* (*persona*) Kamerad(in) *m(f)* **cameratesco, -a** [kamera'tesko] <-schi, -sche> *agg* kameradschaftlich

**cameratismo** [kamera'tizmo] *m* Kameradschaft *f*

**cameriera** [kame'riɛ:ra] *f* (*di casa privata*) Dienstmädchen *nt;* (*di locale*) Kellnerin *f;* (*di albergo*) Zimmermädchen *nt* **cameriere** [kame'riɛ:re] *m* (*di casa privata*) Hausdiener *m;* (*di locale*) Kellner *m*, Ober *m;* (*di albergo*) Hoteldiener *m;* **~, mi porti il conto, per favore!** Herr Ober, bitte zahlen!

**camerinista** [kameri'nista] <-i *m*, -e *f*> *mf* Garderobier(e) *m(f)*

**camerino** [kame'ri:no] *m* ❶ (THEAT) Garderobe *f*, Umkleideraum *m* ❷ (NAUT) Offizierskabine *f*

**camerunese** [kameru'ne:se] I. *agg* (*del Camerun*) kamerunisch II. *mf* (*abitante*) Kameruner(in) *m(f)* III. <*sing*> *m* (*lingua, dialetto*) Kamerunisch(e) *nt*

**camice** ['ka:mitʃe] *m* ❶ (MED) Kittel *m* ❷ (REL) Messhemd *nt;* (*di sacerdote*) Albe *f*

**camiceria** [kamitʃe'ri:a] <-ie> *f* Wäschegeschäft *nt*
**camicetta** [kami'tʃetta] *f* Bluse *f*
**camicia** [ka'mi:tʃa] <-cie> *f* ❶ (*da uomo*) Hemd *nt;* (*da donna*) Bluse *f;* **~ da notte** Nachthemd *nt;* **~ di forza** Zwangsjacke *f;* **le -cie rosse/nere** die Rothemden [*o* Garibaldianer]/Schwarzhemden; **in maniche di ~** in Hemdsärmeln; **essere nato con la ~** (*fig*) ein Glückskind sein; **giocarsi anche la ~** (*fig*) sein letztes Hemd verspielen; **sudare sette -cie** (*fig*) Herkulesarbeit verrichten; **si leverebbe** [*o* **caverebbe**] **anche la ~** (*fig*) er würde sein letztes Hemd hergeben; **~ verde** *Mitglied des Ordnungsdienstes der Lega Nord* ❷ (*custodia*) Hülle *f,* Umschlag *m* ❸ (MOT, TEC) Mantel *m;* **~ dei cilindri** Zylindermantel *m* **camiciaio, -a** [kami'tʃa:io] <-ai, -aie> *m, f* (*fabbricante*) Hemdenfabrikant(in) *m(f);* (*chi fa camicie*) Hemdennäher(in) *m(f);* (*chi vende camicie*) Hemdenverkäufer(in) *m(f)* **camiciola** [kami'tʃɔ:la] *f* ❶ (*sulla pelle*) Unterhemd *nt* ❷ (*per l'estate*) Sommerhemd *nt*
**camiciotto** [kami'tʃɔtto] *m* Arbeitskittel *m*
**caminetto** [kami'netto] *m* [offener] Kamin *m,* Rauchfang *m* A
**camino** [ka'mi:no] *m* ❶ (*per riscaldamento*) Kamin *m,* Rauchfang *m* A ❷ (*comignolo*) Kamin *m,* Schornstein *m*
**camion** ['ka:mion] <-> *m* Last[kraft]wagen *m* **camionabile, camionale** [kamio'na:bile, kamio'na:le] **I.** *agg* für Lastkraftwagen befahrbar **II.** *f* für Lastkraftwagen befahrbare Straße **camioncino** [kamion'tʃi:no] *m* Lieferwagen *m* **camionetta** [kamio'netta] *f* Jeep® *m* **camionista** [kamio'nista] <-i *m*, -e *f*> *mf* Lastwagenfahrer(in) *m(f)*
**camma** ['kamma] *f* Nocken *m;* **albero a -e** Nockenwelle *f*
**cammelliere** [kammel'liɛ:re] *m* Kameltreiber *m*
**cammello**[1] [kam'mɛllo] *m* ❶ (ZOO) Kamel *nt* ❷ (*tessuto*) Kamelhaar *nt*
**cammello**[2] <inv> *agg* kamelhaarfarben
**cammeo** [kam'mɛ:o] *m* Kamee *f;* **avere un profilo da ~** (*fig*) fein geschnittene Züge haben
**camminare** [kammi'na:re] *vi* gehen; (*velocemente*) laufen; (*veicoli*) fahren; (TEC) laufen, gehen; (*a. fig*) fortschreiten; **~ a quattro zampe** auf allen vieren gehen; **cammina!** (*affrettati*) beeil dich!; (*vattene*) hau ab! *fam;* **~ sulle uova** (*fig fam*) wie auf Eiern gehen; **~ sul filo del rasoio** sich in einer brenzligen Situation befinden
**camminata** [kammi'na:ta] *f* ❶ (*passeggiata*) Spaziergang *m* ❷ (*modo di camminare*) Gang *m,* Gangart *f* **camminatore, -trice** [kammina'to:re] *m, f* Läufer(in) *m(f),* Geher(in) *m(f);* **è un buon ~** er ist gut zu Fuß **cammino** [kam'mi:no] *m* ❶ (*viaggio*) Weg *m,* Reise *f;* **mettersi in ~** sich auf den Weg machen; **ci sono tre ore di ~** es ist eine Strecke von drei Stunden; (*a piedi*) zu Fuß sind es drei Stunden ❷ (*strada*) Weg *m,* Wegstrecke *f;* **aprirsi il ~** sich *dat* einen Weg bahnen; **essere a metà ~** auf halbem Wege sein; **~ facendo** unterwegs

**camomilla** [kamo'milla] *f* ❶ (*pianta*) Kamille *f* ❷ (*infuso*) Kamillentee *m*
**camorra** [ka'mɔrra] *f* ❶ (*società*) Kamorra *f;* (*fig*) Verbrecherring *m* ❷ (*fig: azione*) Betrug *m,* Schiebung *f* **camorrista** [kamor'rista] <-i *m*, -e *f*> *mf* ❶ (*chi fa parte della camorra*) Mitglied *nt* der Kamorra ❷ (*fig: imbroglione*) Schieber(in) *m(f),* Betrüger(in) *m(f)*
**camoscio** [ka'mɔʃʃo] <-sci> *m* ❶ (ZOO) Gämse *f* ❷ (*pelle*) Wildleder *nt*
**campagna** [kam'paɲɲa] *f* ❶ (AGR, GEOG) Land *nt;* **abitare in ~** auf dem Land wohnen; **frutti della ~** landwirtschaftliche Produkte *ntpl* ❷ (MIL) Feldzug *m* ❸ (POL, COM) Kampagne *f;* **~ elettorale** Wahlkampf *m;* **~ promozionale** (COM) Aktion *f;* **~ pubblicitaria** Werbekampagne *f* **campagnola** [kampaɲ'ɲɔ:la] *f* Geländewagen *m* **campagnolo, -a** [kampaɲ'ɲɔ:lo] **I.** *agg* ländlich, Land- **II.** *m, f* Landbewohner(in) *m(f)*
**campale** [kam'pa:le] *agg* Feld-; **scontro** [*o* **battaglia**] **~** Feldschlacht *f;* **giornata ~** (*a. fig*) Großkampftag *m*
**campana** [kam'pa:na] *f* ❶ Glocke *f;* **~ per la raccolta del vetro** Glascontainer *m;* **~ pneumatica** Luftkammer *f;* **a ~** glockenförmig; **pantaloni a ~** Hose mit weitem Schlag; **fare la testa come una ~** a qu jdm in den Ohren liegen; **sordo come una ~** stocktaub; **sentire tutte e due le -e** (*fig*) beide Meinungen hören; **vivere/tenere sotto una ~ di vetro** (*fig*) unter einer Glasglocke leben/halten **campanaccio** [kampa'nattʃo] <-cci> *m* Kuhglocke *f* **campanario, -a** [kampa'na:rio] <-i, -ie> *agg* Glocken- **campanaro** [kampa'na:ro] *m* Glöckner *m* **campanella** [kampa'nɛlla] *f* ❶ (*a scuola*) Klingel *f* ❷ (BOT, *fam*) Glockenblume *f* ❸ (*orecchino*) Ohrring *m* **campanello**

[kampa'nɛllo] *m* Klingel *f*; (*piccola campana*) Glöckchen *nt*; ~ **d'allarme** Alarmglocke *f*; (*a. fig*) Alarmsignal *nt*
**Campania** [kam'pa:nia] *f* Kampanien *nt*
**campanile** [kampa'ni:le] *m* ❶ (ARCH) Kirchturm *m*, Glockenturm *m* ❷ (*fig: paese natio*) Geburtsort *m*
**campanilismo** [kampani'lizmo] *m* Lokalpatriotismus *m*, Kirchturmpolitik *f* **campanilista** [kampani'lista] <-i *m*, -e *f*> *mf* Lokalpatriot(in) *m(f)* **campanilistico, -a** [kampani'listiko] <-ci, -che> *agg* lokalpatriotisch
**campano, -a** [kam'pa:no] I. *agg* kampanisch, aus Kampanien stammend II. *m, f* (*abitante*) Kampanier *m*
**campanula** [kam'pa:nula] *f* Glockenblume *f*
**campare** [kam'pa:re] *vi essere* (*fam*) leben; ~ **di qc** von etw leben; ~ **alla giornata** von der Hand in den Mund leben; **tirare a** ~ sich durchschlagen; (*prender la vita com'è*) das Leben nehmen, wie es ist; ~ **di aria** (*fig*) nur von Luft leben; **campa, cavallo** [**che l'erba cresce**] (*prov*) da kann man warten, bis man schwarz wird
**campata** [kam'pa:ta] *f* Spannweite *f*
**campato, -a** [kam'pa:to] *agg* ~ **in aria** aus der Luft gegriffen
**campeggiare** [kamped'dʒa:re] *vi* ❶ (*far campeggio*) campen, zelten ❷ (*spiccare*) hervorstechen, sich abheben **campeggiatore, -trice** [kampeddʒa'to:re] *m, f* Camper(in) *m(f)* **campeggio** [kam'peddʒo] <-ggi> *m* ❶ (*terreno*) Campingplatz *m* ❷ (*turismo*) Camping *nt*; **fare il** ~ campen
**campeggistico, -a** [kamped'dʒistiko] <-ci, -che> *agg* Camping-; **impianto** ~ Campingausrüstung *f*
**camper** ['kæmpə *o* 'kamper] <-> *m* Wohnmobil *nt* **camperista** [kampe'rista] <-i *m*, -e *f*> *mf* Camper(in) *m(f)*
**campestre** [kam'pɛstre] *agg* Feld-; **corsa** ~ Querfeldeinlauf *m*
**campetto** [kam'petto] *m* ❶ (*campo sportivo*) Trainings-, Übungsplatz *m* ❷ *dim di* **campo** kleines Feld, Äckerchen *nt*
**campicchiare** [kampik'kia:re] *vi essere* (*fam*) sich über Wasser halten
**campiello** [kam'piɛllo] *m* (*a Venezia*) kleiner Platz
**camping** ['kæmpiŋ *o* 'kampiŋ] <-> *m v.* **campeggio**
**campionamento** [kampiona'mento] *m* Stichprobenentnahme *f*, Musterentnahme *f* **campionare** [kampio'na:re] *vt* eine Stichprobe machen bei

**campionario** [kampio'na:rio] <-i> *m* Musterkollektion *f*
**campionario, -a** <-i, -ie> *agg* Muster-; **fiera -a** Mustermesse *f*
**campionarista** [kampiona'rista] <-i *m*, -e *f*> *mf* (COM) Präsentator(in) *m(f)* von Musterkollektionen
**campionato** [kampio'na:to] *m* Meisterschaft *f*; **-i europei** Europameisterschaft; ~ **mondiale di calcio** Fußballweltmeisterschaft
**campionatura** [kampiona'tu:ra] *f* Probeentnahme *f*
**campioncino** [kampion'tʃi:no] *m* ❶ *dim di* **campione** kleiner Meister ❷ (*saggio, esempio di un prodotto*) Probepackung *f*, [Waren]probe *f*; ~ **di profumo** Parfüm-, Duftprobe *f* ❸ (*fam: chi possiede qualità per avere successo*) Hoffnungsträger *m*, Champion *m*; **ecco qui il nostro** ~! da ist unser Champion!
**campione**[1] [kam'pio:ne] <inv> *agg* ❶ (SPORT) Meister- ❷ (*per indagini, test*) Stichproben-; **analisi** ~ Stichprobenuntersuchung *f*
**campione**[2] *m* ❶ (COM, TEC) Muster *nt*, Probe *f*; ~ **senza valore** Warensendung *f* ❷ (PHYS) Normalmaß *nt*
**campione, -essa** *m, f* ❶ (SPORT) Meister(in) *m(f)*, Champion *m* ❷ (*fig: chi eccelle in un'attività*) Meister *m*; **essere** ~ **di** [*o* **in**] **qc** in etw *dat* Meister sein; ~ **di simpatia** Sympathieträger(in) *m(f)* **campionissimo, -a** [kampio'nissimo] *m, f* Meister(in) *m(f)*; (*del mondo*) Weltbeste(r) *f(m)*
**campionista** [kampio'nista] <-i *m*, -e *f*> *mf* Stichprobenentnehmer(in) *m(f)*, Prüfer(in) *m(f)* von Mustern [*o* Proben]
**campisanti** *pl di* **camposanto**
**campo** ['kampo] *m* ❶ (AGR) Feld *nt*, Acker *m* ❷ (*area*) Feld *nt*; **avere** ~ **libero** (*fig*) freie Bahn haben; ~ **d'aviazione** Flugplatz *m*; ~ **di concentramento** Konzentrationslager *nt*; ~ **profughi** Flüchtlingslager *nt*; **lasciare il** ~ (*fig*) das Feld räumen; **scendere in** ~ **contro qu** (*fig*) gegen jdn zu Felde ziehen ❸ (SPORT) Platz *m*, Feld *nt*; ~ **giochi** Spielplatz *m*; ~ **sportivo** Sportplatz *m*; ~ **da gioco** Spielfeld *nt*; ~ **da golf** Golfplatz *m*; ~ **da tennis** Tennisplatz *m*; **scendere in** ~ ins Feld ziehen; **scendere in** ~ **contro qu** (*fig*) gegen jdn zu Felde ziehen ❹ (*nell'arte*) Hintergrund *m*; ~ **visivo** Gesichtsfeld *nt*; ~ **d'immagine** (TV, FILM) Bildfläche *f* ❺ (*fig: ambito*) Bereich *m*, Feld *nt*, Gebiet *nt*; ~ **d'azione** Aktionsradius *m*, Wirkungsbe-

reich *m;* **ciò non rientra nel ~ delle mie competenze** das gehört nicht in meinen Kompetenzbereich ⑥(PHYS) Feld *nt;* **~ di forze** Kraftfeld *nt* ⑦(INFORM) Feld *nt;* **~ facoltativo** Kannfeld *nt;* **~ obbligatorio** Mussfeld *nt*

**Campobassano** <*sing*> *m* Umgebung *f* von Campobasso

**campobassano, -a** [cmpobas'sa:no] I. *agg* aus Campobasso stammend II. *m, f* (*abitante*) Campobassaner(in) *m(f),* Bewohner(in) *m(f)* von Campobasso

**Campobasso** *f* Campobasso *nt* (*Hauptstadt der Region Molise*)

**camposanto** [kampo'santo] <campisanti> *m* Friedhof *m*

**campus** ['kæmpəs *o* 'kampus] <-> *m* Campus *m*

**camuffamento** [kamuffa'mento] *m* Vermummung *f,* Verkleidung *f*

**camuffare** [kamuf'fa:re] I. *vt* ①(*travestire*) verkleiden; **~ qu da qc** jdn als etw verkleiden ②(*fig: nascondere*) verbergen, tarnen II. *vr* **-rsi** sich vermummen; **-rsi da qc** sich als etw verkleiden

**camuso, -a** [ka'mu:zo] *agg* ①(*persona*) plattnasig ②(*naso*) platt

**can** [kan] <-> *m* Khan *m*

**Canada** ['ka:nada] *m* **il ~** Kanada *nt* **canadese** [kana'de:se] I. *agg* kanadisch II. *mf* Kanadier(in) *m(f)*

**canadienne** [kana'djɛn] <- *o* canadiennes> *f* (*giacca sportiva*) Canadienne *f*

**canaglia** [ka'naʎʎa] <-glie> *f* ①(*pej: persona malvagia*) Kanaille *f,* Schurke *m* ②(*scherz: birbante*) Spitzbube *m,* Racker *m* **canagliata** [kanaʎ'ʎa:ta] *f* Schuftigkeit *f*

**canale** [ka'na:le] *m* ①(*artificiale*) Kanal *m* ②(GEOG) Kanal *m,* Meerenge *f* ③(ANAT) Gang *m;* (*condotto*) Kanal *m,* Leiter *m* ④(EL, TEL) Leitung *f* ⑤(TV, RADIO) Programm *nt;* **~ di informazione** Nachrichtensender *m;* **~ di musica** Musiksender *m* ⑥(*fig: via*) Kanal *m,* Weg *m* **canalizzare** [kanalid'dza:re] *vt* ①(AGR, NAUT) kanalisieren ②(MED) ableiten, kanalisieren **canalizzazione** [kanaliddzat'tsio:ne] *f* ①(*per acque*) Kanalisation *f;* (*per gas, elettricità*) Leitungssystem *nt* ②(*operazione*) Kanalisierung *f*

**canapa** ['ka:napa] *f* Hanf *m*

**canapè** [kana'pɛ] <-> *m* Kanapee *nt*

**canapiero, -a** [kana'piɛ:ro] *agg* Hanf- **canapificio** [kanapi'fi:tʃo] <-ci> *m* Hanfspinnerei *f* **canapo** ['ka:napo] *m* Hanfseil *nt;* (NAUT) Tau *nt*

**canaricoltura** [kanarikol'tu:ra] *f* Kanarienvogelzucht *f*

**Canarie** [ka'na:rie] *fpl* **le ~** die Kanarischen Inseln *fpl*

**canarino**¹ [kana'ri:no] *m* Kanarienvogel *m*

**canarino**² <inv> *agg* kanariengelb

**canasta** [ka'nasta] *f* Canasta *nt*

**cancan** [kaŋ'kan] <-> *m* Cancan *m*

**cancellare** [kantʃel'la:re] *vt* ①(*con la gomma*) ausradieren; (*con la penna*) durchstreichen; (*sulla lavagna*) auswischen, auslöschen; (INFORM) löschen, abbrechen ②(*fig: debito*) tilgen; (*appuntamento*) absagen; (*volo, prenotazione*) stornieren; (*ricordo*) auslöschen

**cancellata** [kantʃel'la:ta] *f* Gitterwerk *nt*

**cancellatura** [kantʃella'tu:ra] *f* Streichung *f,* Löschung *f* **cancellazione** [kantʃellat'tsio:ne] *f* Löschung *f,* Tilgung *f*

**cancelleria** [kantʃelle'ri:a] *f* ①(POL, JUR, ADM) Kanzlei *f;* (*del tribunale*) Geschäftsstelle *f* ②(*materiale*) Bürobedarf *m*

**cancelletto** [kantʃel'letto] *m* (TEL, INFORM) Rautetaste *f*

**cancelliere** [kantʃel'liɛ:re] *m* ①(POL) Kanzler *m* ②(JUR) Urkundsbeamte(r) *m* (der Geschäftsstelle)

**cancello** [kan'tʃɛllo] *m* [Gitter]tor *nt*

**cancerogenesi** [kantʃero'dʒɛ:nezi] <-> *f* (MED) Karzinogenese *f,* Krebsentstehung *f*

**cancerogeno** [kantʃe'rɔ:dʒeno] *m* Krebserreger *m*

**cancerogeno, -a** *agg* Krebs erregend

**cancerologa** *f v.* **cancerologo**

**cancerologia** [kantʃerolo'dʒi:a] <-gie> *f* Krebsforschung *f* **cancerologo, -a** [kantʃe'rɔ:logo] <-gi, -ghe> *m, f* Krebsforscher(in) *m(f)*

**canceroso, -a** [kantʃe'ro:so] I. *agg* krebsartig, Krebs- II. *m, f* Krebskranke(r) *f(m)*

**cancrena** [kaŋ'krɛ:na] *f* ①(MED) Brand *m;* **andare in ~** brandig werden ②(*fig pej: vizio incallito*) Plage *f,* Übel *nt*

**cancro** ['kaŋkro] *m* ①(MED) Krebs *m* ②(ASTR) **Cancro** Krebs *m;* **sono Cancro, sono un** [*o* **del**] **Cancro** ich bin [ein] Krebs ③(*fig, pej: male incurabile*) Unheil *nt,* Krebsgeschwür *nt*

**candeggiante** [kanded'dʒante] I. *agg* bleichend II. *m* Weißmacher *m,* Aufheller *m*

**candeggiare** [kanded'dʒa:re] *vt* bleichen **candeggina**® [kanded'dʒi:na] *f* Bleichmittel *nt* **candeggio** [kan'deddʒo] <-ggi> *m* Bleichen *nt*

**candela** [kan'de:la] *f* ①(*di cera*) Kerze *f;* **a ~** kerzengerade; **a lume di ~** bei Kerzenschein; **tenere** [*o* **reggere**] **la ~ a qu** (*fig*) bei jdm die Anstandsdame spielen; **il gioco non vale la ~** (*fig*) das ist nicht der Mühe wert ❷ (MOT) [Zünd]kerze *f* ❸ (EL) Lichtstärkeeinheit *f*; **una lampadina da 60 -e** eine 60-Watt-Birne **candelabro** [kande'laːbro] *m* Kandelaber *m*, [mehrarmiger] Kerzenleuchter *m* **candeliere** [kande'liɛːre] *m* Kerzenhalter *m*

**Candelora** [kande'lɔːra] *f* Mariä Lichtmess
**candelotto** [kande'lɔtto] *m* [Stumpen]kerze *f*; **~ lacrimogeno** Tränengaspatrone *f*
**candidamente** [kandida'mente] *avv* (*con schiettezza*) treuherzig; (*ingenuamente*) leichtgläubig, naiv
**candidare** [kandi'daːre] I. *vt* (*presentare come candidato*) als Kandidaten aufstellen; (*proporre come candidato*) als Kandidaten vorschlagen II. *vr* **-rsi** kandidieren
**candidato, -a** [kandi'daːto] *m, f* Kandidat(in) *m(f)*; (*all'esame*) Prüfungskandidat(in) *m(f)*, Prüfling *m* **candidatura** [kandida'tuːra] *f* Kandidatur *f*; **presentare la propria ~** sich bewerben; (POL, ADM) kandidieren
**candid camera** ['kændid 'kæmərə] <-> *f* Versteckte Kamera *f*
**candidezza** [kandi'dettsa] *f* ❶ (*candore*) Reinheit *f* ❷ (*fig: ingenuità*) Naivität *f*; (*schiettezza*) Arglosigkeit *f*, Treuherzigkeit *f*
**candido, -a** ['kandido] *agg* ❶ (*pulito*) rein; (*colore*) schneeweiß ❷ (*fig: ingenuo*) naiv; (*schietto*) arglos, treuherzig
**candire** [kan'diːre] *vt* kandieren
**canditi** [kan'diːti] *mpl* kandierte Früchte *fpl*
**candito, -a** *agg* kandiert; (*zucchero*) Kandis-
**canditore** [kandi'toːre] *m* Kandiergerät *nt*
**candore** [kan'doːre] *m* ❶ (*candidezza*) Reinheit *f* ❷ (*fig: ingenuità*) Naivität *f*, Arglosigkeit *f*; (*innocenza*) Unschuld *f*
**cane** ['kaːne] *m* ❶ (ZOO, ASTR) Hund *m*; **~ da caccia** Jagdhund *m*; **~ da guardia** Wachhund *m*; **~ maggiore/minore** (ASTR) der Große/Kleine Hund; **figlio d'un ~** (*fam*) Hundesohn *m*; **vita da -i** Hundeleben *nt*; **lavoro fatto da -i** hundsmiserable Arbeit; **mondo ~!** (*fam*) so ein Mist!; **essere solo come un ~** einsam und verlassen sein; **tempo da -i** Hundewetter *nt*; **menare il can per l'aia** etw auf die lange Bank schieben; **sentirsi come un ~ bastonato** sich wie ein geprügelter Hund fühlen; **fa un freddo ~** (*fam*) es ist hundekalt; **non c'era un ~** (*fig fam*) es war kein Schwein da *vulg*; **essere come ~ e gatto** wie Hund und Katze sein; **can che abbaia non morde** (*prov*) Hunde, die bellen, beißen nicht ❷ (*nelle armi da fuoco*) Hahn *m*

**canea** [ka'nɛːa] *f* ❶ (ZOO: *muta*) Meute *f*; (*urlo*) Gebell *nt* der Meute; (*fig: persone che schiamazzano*) Meute *f* ❷ (*fig: schiamazzo*) Lärm *m* ❸ (*fig: dei critici, della stampa*) Verriss *m*, vernichtende Kritik
**canestrelli** *mpl* (GASTR) Mandelkringel aus Ligurien
**canestro** [ka'nɛstro] *m* Korb *m*
**canfora** ['kanfora] *f* Kampfer *m* **canforato, -a** [kanfo'raːto] *agg* Kampfer-
**cangiante** [kan'dʒante] *agg* changierend
**canguro** [kaŋ'guːro] *m* Känguru *nt*
**canicola** [ka'niːkola] *f* Hundsstern *m*, Sirius *m*; **i giorni della ~** die Hundstage
**canicolare** [kaniko'laːre] *agg* schwül, drückend heiß; **caldo ~** Gluthitze *f*
**canile** [ka'niːle] *m* ❶ (*cuccia*) Hundehütte *f* ❷ (*allevamento*) Hundezucht *f* ❸ (*fig, pej: giaciglio*) schmutziges Lager; (*stanza*) elendes Loch
**canino** [ka'niːno] *m* Eckzahn *m*
**canino, -a** *agg* Hunde-, Hunds-; **tosse -a** Keuchhusten *m*; **dente ~** Eckzahn *m*; **rosa -a** Hecken-, Hundsrose *f*
**canizie** [ka'nittsie] <-> *f* ❶ (*dei capelli*) Ergrauen *nt*; (*capelli*) weißes Haar ❷ (*fig: vecchiaia*) Alter *nt*
**canna** ['kanna] *f* ❶ (BOT) Rohr *nt*; **~ da zucchero** Zuckerrohr *nt*; **essere povero in ~** (*fig*) arm wie eine Kirchenmaus sein ❷ (*bastone*) [Rohr]stock *m*; (*da pesca*) Angelrute *f* ❸ (*dell'organo*) Pfeife *f* ❹ (*del fucile*) Lauf *m*; (*della bicicletta*) Stange *f* ❺ (*sl: di marijuana, haschisc*) Joint *m*; **farsi una ~** (*fumare marijuana*) kiffen *fam*, sich *dat* einen Joint [*o* eine Trompete] reinziehen ❻ (*parte del camino*) **~ fumaria** Rauchfang *m*
**cannabico, -a** [kan'naːbiko] <-ci, -che> *agg* Cannabis-
**cannare** [kan'naːre] I. *vt* (*sl: sbagliare*) verpatzen; (*bocciare*) durchfallen lassen II. *vi* (*sl: fallire*) durchfallen
**cannata** [kan'naːta] *f* ❶ (*colpo di canna*) Stockschlag *m*, Stockhieb *m* ❷ (*obs: graticcio*) Rohrgeflecht *nt*
**cannella** [kan'nɛlla] *f* ❶ (GASTR) Zimt *m* ❷ (*dell'acqua*) Hahn *m*; (*della botte*) Zapfen *m*
**cannello** [kan'nɛllo] *m* ❶ (BOT, TEC) Röhrchen *nt* ❷ (CHEM, MED) Kanüle *f*
**cannelloni** [kannel'loːni] *mpl* ❶ (*pasta*) Cannelloni *pl* (*große Rohrnudeln zum Füllen*) ❷ (*piatto*) Cannelloni *pl* (*Rohrnudeln mit Hackfleischfüllung*)

**canneto** [kan'ne:to] *m* Röhricht *nt*
**cannibale** [kan'ni:bale] *mf* Kannibale *m/* Kannibalin *f* **cannibalesco, -a** [kanniba'lesko] <-schi, -sche> *agg* kannibalisch
**cannibalismo** [kanniba'lizmo] *m* Kannibalismus *m*
**cannibalizzare** [kannibalid'dza:re] *vt* ❶ (*prelevare, sostituire elementi da impianti, apparecchi*) ausschlachten *fam,* ausbauen ❷ (COM, FIN) kannibalisieren, den Markt streitig machen **cannibalizzazione** [kannibaliddzat'tsio:ne] *f* ❶ (MOT: *riparazione*) Ausschlachten *nt fam,* Ausbau *m* ❷ (FIN) Kannibalisierung *f*; ~ **del profitto** Gewinnkannibalisierung *f*
**cannocchiale** [kannok'kia:le] *m* Fernrohr *nt*
**cannolo** [kan'nɔ:lo] *m* (*sicil:* GASTR) *süße gefüllte Teigröhrchen*
**cannonata** [kanno'na:ta] *f* ❶ (MIL) Kanonenschuss *m* ❷ (*fig fam: cosa eccezionale*) Wucht *f* **cannoncino** [kannon'tʃi:no] *m* ❶ (MIL) Feldhaubitze *f* ❷ (*piega*) Biese *f* ❸ (GASTR) *mit Sahne oder Creme gefüllte Teigröhrchen* **cannone** [kan'no:ne] *m* ❶ (MIL) Kanone *f*; ~ **sparaneve** Schneekanone *f* ❷ (*fig fam: asso*) Ass *nt,* Kanone *f*
**cannone sparaneve** [kan'no:ne spara'ne:ve] <**cannoni sparaneve**> *m* (*cannone d'innevamento*) Schneekanone *f*
**cannoniera** [kanno'niɛ:ra] *f* ❶ (MIL) Schießscharte *f* ❷ (NAUT) Kanonenboot *nt*
**cannoniere** [kanno'niɛ:re] *m* ❶ (*bombardiere*) Kanonier *m* ❷ (*fig: nel calcio*) Torjäger *m*
**cannuccia** [kan'nuttʃa] <-cce> *f* (*per bibite*) Strohhalm *m*
**canoa** [ka'nɔ:a] *f* Kanu *nt;* (SPORT) Kajak *m o nt;* (*piccola imbarcazione a pagaia*) Paddelboot *nt*
**canocchia** [ka'nɔkkia] <-cchie> *f* Heuschreckenkrebs *m*
**canoismo** [kano'izmo] *m* Kanusport *m*
**canoista** [kano'ista] <-i *m,* -e *f*> *mf* Kanute *m*/Kanutin *f*
**canone** [ka'no:ne] *m* ❶ (*norma*) Regel *f;* (*schema di riferimento*) Maßstab *m,* Kanon *m;* **i -i della morale** die moralischen Grundsätze *mpl* ❷ (COM, FIN) Abgabe *f;* (RADIO, TV: *abbonamento*) Gebühr *f;* ~ **d'affitto** Miete *f,* Mietzins *m* ❸ (REL, MUS) Kanon *m*
**canonica** [ka'nɔ:nika] <-che> *f* Pfarrhaus *nt*
**canonico** [ka'nɔ:niko] <-ci> *m* Kanoniker *m,* Kanonikus *m*

**canonico, -a** <-ci, -che> *agg* kanonisch; (*valido*) vorschriftsmäßig
**canonizzare** [kanonid'dza:re] *vt* ❶ (REL) heiligsprechen ❷ (*fig: indicare come norma*) institutionalisieren; (*approvare*) sanktionieren **canonizzazione** [kanoniddzat'tsio:ne] *f* Kanonisation *f*
**canoro, -a** [ka'nɔ:ro] *agg* Sing-; **uccelli -i** Singvögel *mpl*
**canotta** [ka'nɔtta] *f* (*maglietta*) Trikot *nt,* ärmelloses T-Shirt
**canottaggio** [kanot'taddʒo] <-ggi> *m* Rudersport *m*
**canottiera** [kanot'tiɛ:ra] *f* [ärmelloses] Unterhemd *nt*
**canottiere** [kanot'tiɛ:re] *m* Ruderer *m*
**canotto** [ka'nɔtto] *m* kleines Boot *nt;* (*di gomma*) Schlauchboot *nt*
**canovaccio** [kano'vattʃo] <-cci> *m* ❶ (*tessuto*) Kanevas *m* ❷ (*da cucina*) Putztuch *nt;* (*per stoviglie*) Geschirrtuch *nt* ❸ (THEAT: *della commedia dell'arte*) Canovaccio *nt,* Kanevas *m*
**cantabile** [kan'ta:bile] I. *agg* singbar II. *m* Kantabile *nt* **cantabilità** [kantabili'ta] <-> *f* Singbarkeit *f*
**cantabrigense** [kantabri'dʒense] I. *agg* (LIT: *cantabrigiano, di Cambridge*) Cambridger, aus Cambridge II. *mf* (*nativo, abitante di Cambridge*) Cambridger *m* III.<*sing*> *m* (*dialetto*) Cambridger Dialekt *m*
**cantante** [kan'tante] *mf* Sänger(in) *m(f);* ~ **lirico** Opernsänger(in) *m(f);* ~ **di musica leggera** Schlagersänger(in) *m(f)*
**cantare** [kan'ta:re] I. *vi* ❶ (MUS) singen; ~ **da tenore** Tenor singen; **canta che ti passa** (*prov*) nimm's nicht so schwer, es wird schon wieder gut ❷ (ZOO: *gallina*) gackern; (*gallo*) krähen; (*uccello*) zwitschern, singen; (*grilli*) zirpen ❸ (*fig: fare la spia*) reden, plaudern; (*sl: davanti alla polizia*) singen *sl* II. *vt* ❶ (*canzoni*) singen ❷ (*persone, fatti*) besingen; ~ **le lodi di qu** ein Loblied auf jdn singen; ~ **vittoria** frohlocken, triumphieren; **cantarla chiara** (*fig*) kein Blatt vor den Mund nehmen; **cantarne quattro a qu** (*fam*) jdm deutlich die Meinung sagen **cantastorie** [kantas'tɔ:rie] <-> *mf* Bänkelsänger(in) *m(f)*
**cantata** [kan'ta:ta] *f* ❶ (MUS) Kantate *f* ❷ (*fam: canto*) Singen *nt,* Gesang *m* **cantautorale** [kantauto'ra:le] *agg* Liedermacher-; **brano** ~ engagiertes Lied **cantautorato** [kantauto'ra:to] *m* Liedermacherei *f*
**cantautore, -trice** [kantau'to:re] *m, f* Liedermacher(in) *m(f)* **canterellare** [kan-

terel'la:re] *vt, vi* vor sich hin singen, trällern **canterino, -a** [kante'ri:no] **I.** *agg* (*uccello*) sing-, sangesfreudig; (*grillo*) zirpend **II.** *m, f* eifrige(r) Sänger(in) *m(f)* **cantica** ['kantika] <-che> *f* (LIT) Gesang *m* **canticchiare** [kantik'kja:re] *vt, vi* trällern **cantico** ['kantiko] <-ci> *m* Lobgesang *m*, Hymne *f;* **il ~ dei -ci** das Hohelied [Salomos]

**cantiere** [kan'tjɛ:re] *m* (NAUT, AERO) Werft *f;* (*~ edile*) Baustelle *f;* **mettere qc in ~** (*fig*) etw vorbereiten, etw anfangen

**cantieristica** [kantje'ristika] <*obs* -che> *f* (NAUT) Schiffbauindustrie *f,* Werftindustrie *f* **cantieristico, -a** [kantje'ristiko] <-ci, -che> *agg* Werft-

**cantilena** [kanti'lɛ:na] *f* (*il cantare*) Singsang *m;* (*ninnananna*) Wiegenlied *nt;* (*fig: lamentela*) Gejammer *nt;* **sempre la stessa ~** immer die alte Leier (MUS) Kantilene *f*

**cantina** [kan'ti:na] *f* (ARCH) Keller *m;* (*per il vino*) Weinkeller *m* (*fig: luogo umido e oscuro*) [Keller]loch *nt* (*bottega*) Weinschänke, Weinschenke *f* (*produzione e vendita di vino*) Kellerei *f;* **~ sociale** Winzergenossenschaft *f* **cantiniere** [kanti'njɛ:re] *m* Kellermeister *m*

**canto** ['kanto] *m* (MUS) Gesang *m;* (*canzone*) Lied *nt;* **~ popolare** Volkslied *nt* (ZOO: *del gallo*) Schrei *m;* (*degli uccelli*) Gesang *m;* (*dell'usignolo*) Schlag *m;* **al ~ del gallo** beim ersten Hahnenschrei (*poet*) Gedicht *nt,* Gesang *m* (*angolo*) Winkel *m,* Ecke *f* (*parte*) Seite *f;* **d'altro ~** andererseits, auf der anderen Seite; **dal ~ mio/loro** was mich/sie betrifft; **dal ~ suo** was ihn/sie betrifft; **mettere qc da ~** (*fig*) etw beiseitelassen (*spigolo*) Kante *f*

**cantonale** [kanto'na:le] *agg* (*della Svizzera*) kantonal, Kantonal-

**cantonalismo** [kantona'lizmo] *m* (*CH*) Kantonalismus *m*

**cantonata** [kanto'na:ta] *f* (*angolo*) [Straßen]ecke *f* (*fig: errore*) Fehlschlag *m;* **prendere una ~** einen Reinfall erleben

**cantone** [kan'to:ne] *m* (*angolo*) Ecke *f;* **il gioco dei quattro -i** ≈ Bäumchen, wechsle dich (*della Svizzera*) Kanton *m;* **Lago dei Quattro Cantoni** Vierwaldstättersee *m*

**cantoniera** [kanto'njɛ:ra] *f* (*di ferrovia e strade*) Bahn-, Straßenwärterhäuschen *nt* (*mobile*) Eckschrank *m* **cantoniere** [kanto'njɛ:re] *m* Bahn-, Straßenwärter *m*

**cantore** [kan'to:re] *m* (REL) Kantor *m* (LIT) Sänger *m,* Dichter(in) *m(f);* **i maestri -i** die Meistersinger *mpl* **cantoria** [kanto'ri:a] <-ie> *f* (REL) Chor *m* (MUS) Kantorei *f*

**cantuccio** [kan'tuttʃo] <-cci> *m* (*fam*) Winkel *m;* **stare in un ~** abseitsstehen

**canuto, -a** [ka'nu:to] *agg* (*capelli*) weiß; (*grigio*) grau (*persona*) weißhaarig, ergraut

**canvassing** ['kænvəsiŋ] <-> *m* Canvassing *nt,* Werbefeldzug *m*

**canzonare** [kantso'na:re] *vt* verspotten, hänseln; **farsi ~** zum Gespött werden **canzonatorio, -a** [kantsona'tɔ:rio] <-i, -ie> *agg* spöttisch **canzonatura** [kantsona'tu:ra] *f* Spott *m*

**canzone** [kan'tso:ne] *f* (MUS) Lied *nt;* **festival della ~** Schlagerfestival *nt;* **~ popolare** Volkslied *nt;* (*molto nota*) [bekannter] Schlager *m;* **è sempre la solita ~** (*fig*) es ist immer das alte Lied (LIT) Kanzone *f* **canzonetta** [kantso'netta] *f* (MUS) Liedchen *nt* **canzonettaro** [kantsonet'ta:ro] *m* (*pej*) Schnulzensänger *m* **canzonettista** [kantsonet'tista] <-i *m,* -e *f*> *mf* Chansonsänger(in) *m(f),* Chansonnier *m*/Chansonnette *f* **canzonettistico, -a** [kantsonet'tistiko] <-ci, -che> *agg* Schlager-, Chanson- **canzoniere** [kantso'njɛ:re] *m* (LIT, MUS) Liedersammlung *f*

**caos** ['ka:os] <-> *m* Chaos *nt* **caotico, -a** [ka'ɔ:tiko] <-ci, -che> *agg* chaotisch

**cap.** *abbr di* **capitolo** Kap.

**cap** [kæp] <-> *m* (SPORT) [Sturz]kappe *f*

**CAP** [kap] *m acro di* **Codice di Avviamento Postale** PLZ *f*

**capa** ['ka:pa] *f* (*scherz*) Chefin *f,* Kopf *m*

**capace** [ka'pa:tʃe] *agg* (*atto*) fähig; (*abile*) geschickt; **essere ~ di fare qc** etw tun können; **essere ~ d'intendere e di volere** im Vollbesitz seiner geistigen Kräfte sein (JUR) rechtsfähig (*spazioso*) weit, geräumig; (*borsa*) groß (*supposizione*) **è ~ che ...** +*conj* es kann sein, dass ...; **è ~ che piova** es kann sein, dass es bald regnet **capacità** [kapatʃi'ta] <-> *f* (*di contenere*) Fassungsvermögen *nt,* Kapazität *f;* **il teatro ha una ~ di 2000 persone** das Theater kann 2000 Personen fassen (*abilità*) Fähigkeit *f,* Tüchtigkeit *f;* **~ giuridica** Rechtsfähigkeit; **~ di agire** Handlungsfähigkeit; **~ di rendimento** Leistungsfähigkeit; **~ produttiva di un paese** wirtschaftliche Leistungsfähigkeit eines Landes

**capacitarsi** [kapatʃi'tarsi] *vr* begreifen; (*persuadersi*) sich überzeugen; **non poter ~ di qc** sich *dat* etw nicht erklären können

**capacitore** [kapatʃi'toːre] *m* (TEC: *condensatore elettrico*) Kondensator *m*

**capanna** [ka'panna] *f* Hütte *f*

**capannello** [kapan'nɛllo] *m* kleine Menschenansammlung

**capanno** [ka'panno] *m* Unterstand *m*, Laube *f*; (*cabina*) Umkleide-, Badekabine *f*

**capannone** [kapan'noːne] *m* ① (AGR) Scheune *f*, Stadel *m A*, Schuppen *m* ② (*deposito*) Lagerhalle *f*; (*di fabbrica*) Werkshalle *f*

**caparbietà** [kaparbie'ta] <-> *f* Dickköpfigkeit *f*, Hartnäckigkeit *f* **caparbio, -a** [ka'parbio] <-i, -ie> *agg* dickköpfig, hartnäckig; **~ come un mulo** störrisch wie ein Esel

**caparra** [ka'parra] *f* (*parte del pagamento*) Anzahlung *f*, Angabe *f A*; (*pegno*) Pfand *nt*; (*cauzione*) Kaution *f*; **dare una ~ a qu** jdm eine Anzahlung leisten

**capata** [ka'paːta] *f* (*fam*) Kopfstoß *m*; **fare una ~ in un luogo** irgendwo kurz auftauchen

**capatina** [kapa'tiːna] *f* Stippvisite *f*; **fare una ~** auf einen Sprung vorbeikommen

**capeggiare** [ked'dʒaːre] *vt* anführen **capeggiatore, -trice** [kapeddʒa'toːre] *m*, *f* Anführer(in) *m(f)*

**capellini** [kapel'liːni] *mpl lange Fadennudeln*

**capello** [ka'pello] *m* Haar *nt*; **-i d'angelo** *lange Fadennudeln*; **portare i -i lunghi/corti** lange/kurze Haare haben; **al ~** haargenau; **averne fin sopra i -i** die Nase gestrichen voll haben *fam*; **tirare qu per i -i** jdn zwingen; **non torcere neppure un ~ a qu** kein Haar krümmen; **cose da far rizzare i -i** (*fig*) haarsträubende Dinge *ntpl*; **mettersi le mani nei -i** (*fig*) sich *dat* die Haare raufen; **mi fai venire i -i bianchi** (*fig*) deinetwegen bekomme ich noch graue Haare; **prendersi per i -i** (*fig*) sich *dat* in die Haare geraten; **spaccare un ~ in quattro** (*fig*) Haarspalterei betreiben

**capellone, -a** [kapel'loːne] I. *m*, *f* (*fam*) Langhaarige(r) *f(m)*; (*fig pej*) Gammler(in) *m(f)* II. *agg* langhaarig; (*fig pej*) gammelig **capelluto, -a** [kapel'luːto] *agg* behaart; **cuoio ~** Kopfhaut *f*

**capestro** [ka'pɛstro] *m* Strick *m*, Strang *m*; **tipo da ~** (*pej*) Galgenvogel *m*; **condannare al ~** zum Tode durch den Strang verurteilen

**capezzale** [kapet'tsaːle] *m* Keilkissen *nt*; (*parte del letto presso la spalliera*) Kopfende *nt* [vom Bett]; (*fig: letto di un malato*) Krankenbett *nt*; **accorrere al ~ di qu** an jds Krankenbett eilen

**capezzolo** [ka'pettsolo] *m* Brustwarze *f*

**capi-** [kapi] (*in Zusammensetzungen*) *v. a.* **capo-**

**capiarea** *pl di* **capoarea**
**capibanda** *pl di* **capobanda**
**capiclasse** *pl di* **capoclasse**
**capicorda** *pl di* **capocorda**
**capicronisti** *pl di* **capocronista**
**capicuochi** *pl di* **capocuoco**
**capidivisione** *pl di* **capodivisione**
**capidoglio** *v.* **capodoglio**

**capiente** [ka'pjɛnte] *agg* geräumig; (*recipiente*) groß **capienza** [ka'pjɛntsa] *f* Fassungsvermögen *nt*

**capifabbrica** *pl di* **capofabbrica**
**capifamiglia** *pl di* **capofamiglia**
**capifila** *pl di* **capofila**

**capigliatura** [kapiʎʎa'tuːra] *f* Haare *ntpl*; **folta** [*o* **ricca**] **~** dichtes [*o* volles] Haar

**capigruppo** *pl di* **capogruppo**
**capilinea** *pl di* **capolinea**
**capilista** *pl di* **capolista**[1]

**capillare** [kapil'laːre] I. *agg* ① (ANAT) kapillar, haarförmig; **vasi -i** Kapillargefäße *ntpl* ② (*fig: minuzioso*) detailliert; (*organizzazione*) engmaschig II. *m* Kapillargefäß *nt* **capillarità** [kapillari'ta] <-> *f* ① (PHYS) Kapillarität *f* ② (*fig: minuziosità*) Genauigkeit *f*; (*di organizzazione*) Engmaschigkeit *f* **capillarizzare** [kapillarid'dzaːre] *vt* (*diffondere*) verbreiten, ausweiten, ausbauen **capillarizzazione** [kapillariddzat'tsjoːne] *f* (*diffusione*) Verbreitung *f*, Ausweitung *f*

**capimafia** *pl di* **capomafia**
**capimastri** *pl di* **capomastro**
**capinera** [kapi'neːra] *f* Mönchsgrasmücke *f*

**capiofficina** *pl di* **capoofficina**

**capire** [ka'piːre] <capisco> I. *vt* avere verstehen, begreifen; **far ~ qc a qu** jdm etw zu verstehen geben; (*far comprendere*) jdm etw begreiflich machen; **~ fischi per fiaschi** etw falsch verstehen; **chi ti capisce è bravo!** (*fam*) dich soll einer verstehen! II. *vi essere* klar sein; **farsi ~** sich verständlich machen; **al volo** sofort verstehen; **si capisce** das versteht sich von selbst, das ist selbstverständlich; **si capisce che ti telefono** selbstverständlich rufe ich dich an III. *vr* **-rsi** sich verstehen; **ci siamo capiti?** haben wir uns verstanden?

**capiredattori** *pl di* **caporedattore**
**capireparto** *pl di* **caporeparto**
**capirosso** [kapi'rosso] *m* Stieglitz *m*
**capisala** *pl di* **caposala**
**capisaldi** *pl di* **caposaldo**
**capiscuola** *pl di* **caposcuola**
**capiservizio** *pl di* **caposervizio**
**capisettore** *pl di* **caposettore**
**capisezione** *pl di* **caposezione**
**capisquadra** *pl di* **caposquadra**
**capistazione** *pl di* **capostazione**
**capitale** [kapi'ta:le] **I.** *agg* (*principale*) wesentlich, Haupt-; (JUR, REL) Tod[es]-; **sentenza ~** Todesurteil *nt;* **condannare alla pena ~** zur Todesstrafe verurteilen; **i peccati -i** die Todsünden *fpl* **II.** *f* Hauptstadt *f;* **Capitale Europea della Cultura** Kulturhauptstadt *f* Europas **III.** *m* Kapital *nt;* (*patrimonio*) Vermögen *nt;* **~ a rischio** Risikokapital *nt;* **~ sociale** Stammkapital *nt;* **~ proprio** Eigenkapital *nt;* **fare ~ di qc** (*a. fig*) Kapital aus etw schlagen
**capitalismo** [kapita'lizmo] *m* Kapitalismus *m* **capitalista** [kapita'lista] <-i *m,* -e *f>* **I.** *mf* Kapitalist(in) *m(f)* **II.** *agg* kapitalistisch, Kapitalisten- **capitalistico, -a** [kapita'listiko] <-ci, -che> *agg* kapitalistisch **capitalizzare** [kapitalid'dza:re] *vt* kapitalisieren
**capitana** [kapi'ta:na] *f* ① (*scherz*) Kapitänsfrau *f;* (*fig*) Anführerin *f* ② (NAUT) Flaggschiff *nt*
**capitanare** [kapita'na:re] *vt* anführen, leiten; **~ una squadra di calcio** (SPORT) Kapitän einer Fußballmannschaft sein **capitaneria** [kapitane'ri:a] <-ie> *f* **~ [di porto]** Hafenbehörde *f* **capitanessa** [kapita'nessa] *f* (*scherz*) Kapitänsfrau *f;* (*fig*) Anführerin *f*
**capitano** [kapi'ta:no] *m* ① (MIL) Hauptmann *m* ② (NAUT) Kapitän *m;* (AERO) [Flug]kapitän *m* ③ (SPORT) [Mannschafts]kapitän *m* ④ (*fig: capo*) Anführer *m*
**capitare** [kapi'ta:re] *vi essere* (*giungere*) [zufällig] kommen, geraten; (*occasione*) sich bieten; (*succedere*) passieren, vorkommen; **~ bene/male** gelegen/ungelegen kommen; (*avere fortuna/sfortuna*) Glück/Pech haben; **~ nelle mani di qu** jdm in die Hände fallen; **capita a tutti** das passiert jedem einmal; **capita anche nelle migliori famiglie** das kommt in den besten Familien vor; **capiti proprio a proposito!** du kommst gerade recht!; **dove capita** irgendwo[hin]
**capitavola** *pl di* **capotavola**
**capitello** [kapi'tɛllo] *m* Kapitell *nt*

**capitolare**[1] [kapito'la:re] *vi* (*a. fig*) kapitulieren
**capitolare**[2] *agg* (REL) Kapitular-
**capitolato** [kapito'la:to] *m* [Vertrags]bedingungen *fpl;* **~ d'appalto** Submissionsbedingungen *fpl;* (*prestazioni previste da un contratto*) Leistungsverzeichnis *nt*
**capitolazione** [kapitolat'tsio:ne] *f* (*a. fig*) Kapitulation *f*
**capitolino, -a** [kapito'li:no] *agg* kapitolinisch
**capitolo** [ka'pi:tolo] *m* ① (*di libro*) Kapitel *nt* ② (COM) Posten *m* ③ (REL) Kapitel *nt* ④ (*fig*) **avere voce in ~** etw zu sagen haben; **comincia un nuovo ~ della mia vita** ein neues Kapitel meines Lebens beginnt
**capitombolare** [kapitombo'la:re] *vi essere* kopfüber fallen, purzeln
**capitombolo** [kapi'tombolo] *m* ① (*caduta*) Purzelbaum *m* ② (*fig: crollo*) Umsturz *m*, Zusammenbruch *m*
**capitone** [kapi'to:ne] *m* dicker (*weiblicher*) Aal
**capitreno** *pl di* **capotreno**
**capitribù** *pl di* **capotribù**
**capi ufficio** *pl di* **capo ufficio**
**capivoga** *pl di* **capovoga**
**capo** ['ka:po] **I.** *m* ① (ANAT) Kopf *m;* **chinare** [*o* **abbassare**] [*o* **piegare**] **il ~** (*fig*) sich beugen; **lavata di ~** (*fig fam*) Standpauke *f;* **mettersi in ~ qc** (*fig*) sich *dat* etw in den Kopf setzen; **togliere qc dal ~ a qu** (*fig*) jdm etw ausreden; **rompersi il ~** (*fig*) sich *dat* den Kopf zerbrechen; **avere altro per il ~** anderes im Kopf haben; **non sapere dove** [s|**battere il ~** (*fig*) nicht ein noch aus wissen; **non avere né ~ né coda** weder Hand noch Fuß haben; **cosa ti frulla** [*o passa*] **per il ~?** (*fam*) was geht dir durch den Kopf?; **arrivare fra** [*o* **capitare fra**] **~ e collo** (*fig*) völlig unerwartet eintreffen; (*inopportuno*) ungelegen kommen ② (*chi comanda, dirige, guida*) Haupt *nt,* Kopf *m;* (POL) Oberhaupt *nt;* (*in ufficio*) Chef(in) *m(f);* (*in tribù*) Häuptling *m;* **~ del governo** Regierungschef *m;* **~ della chiesa** Kirchenoberhaupt *nt;* **~ dello stato** Staatschef *m;* **~ operaio** Vorarbeiter(in) *m(f);* **comandante in ~** Oberbefehlshaber *m;* **essere a ~ di qu/qc** jdn/etw anführen; **fare ~ a qu** sich an jdn wenden ③ (GEOG) Kap *nt* ④ (*singolo oggetto*) Stück *nt;* **per sommi -i** in groben Zügen; **~ d'aglio** Knoblauchzwiebel *f* ⑤ (*estremità*) Ende *nt;* (*di spillo*) [Stecknadel]kopf *m;* (*parte alta*)

oberes Ende, oberer Teil; **a ~ del letto** am Kopfende des Bettes; **andare in ~ al mondo** bis ans Ende der Welt gehen ❺ (*principio*) **cominciare da ~** von vorne anfangen; **andare a ~** eine neue Zeile beginnen; **punto e a ~** Punkt und neue Zeile; (*fig*) nochmal von vorn[e] ❻ (*fine, conclusione*) **in ~ ad un mese** nach Ablauf eines Monats; **venire a ~ di qc** einer Sache auf den Grund gehen; (*concludere*) mit etw fertig werden II.<inv> *agg* Chef-; **ispettore ~** Hauptinspektor *m;* **redattore ~** Chefredakteur *m*

**capoarea** [kapoa'reːa] <capiarea *m, -f*> *mf* Gebietsleiter(in) *m(f)*

**capobanda** [kapo'banda] <capibanda> *m* ❶ (MUS) Kapellmeister *m* ❷ (*pej: caporione*) Bandenführer *m*; (*scherz*) Anführer *m* **capobastone** [kapobas'toːne] <capibastone> *m* (*sl: nella gerarchia mafiosa*) Mafiaboss *m* [eines bestimmten Gebiets] **capocantiere** [kapokan'tiɛːre] <capicantiere *m, -f*> *mf* Bauführer(in) *m(f)*, Bauleiter(in) *m(f)*, Baustellenleiter(in) *m(f)*

**capocchia** [ka'pɔkkia] <-cchie> *f* (*di spillo, fiammifero, chiodo*) Kopf *m*

**capoccia**[1] [ka'pɔttʃa] <-> *m* (*in famiglia*) Familienoberhaupt *nt*; (*scherz*) Boss *m fam*, Chef *m*; (*pej*) Anführer *m*

**capoccia**[2] <-cce> *f* (*dial, fam: testa*) Rübe *f*, Birne *f* **capocciata** [kapot'tʃaːta] *f* (*dial: fam*) **dare una ~** sich *dat* die Birne anhauen **capoccione** [kapot'tʃoːne] *m* (*dial*) Boss *m*; (*persona con alta carica*) hohes Tier *nt fam*

**capocentrale** [kapotʃen'traːle] <capicentrale, *m, -f*> *mf* Leiter(in) *m(f)* eines Kraftwerks/eines Fernmeldeamts **capoclasse** [kapo'klasse] <capiclasse *m, -f*> *mf* Klassensprecher(in) *m(f)* **capoclassifica** [kapoklassi'fiːka] <capiclassifica *m, -f*> *mf* Tabellenführer(in) *m(f)*

**capocomicale** [kapokomi'kaːle] *agg* (*obs*) des Leiters [*o* der Leiterin] einer Schauspielgruppe **capocomicato** [kapokomi'kaːto] *m* (*funzione del capocomico*) Theaterleitung *f*

**capocomico, -a** [kapo'kɔːmiko] <-ci, -che> *m, f* Leiter(in) *m(f)* einer Schauspieltruppe

**capocommessa** [kapokom'messa] <-> *f* (COM) Hauptunternehmung *f*, Generalunternehmung *f* **capocorda** [kapo'kɔrda] <capicorda> *m* Kabelschuh *m* **capocordata** [kapokor'daːta] <capicordata *m, -f*> *mf* (SPORT) Seilschaftsführer(in) *m(f)*

**capocorrente** [kapokor'rɛnte] <capicorrente *m, -f*> *mf* (POL) Wortführer(in) *m(f)* eines Parteiflügels

**capocronista** [kapokro'nista] <capicronisti *m, -e f*> *mf* leitende(r) Nachrichtenredakteur(in) *m(f)*

**capocuoco, -a** [kapo'kuɔːko] <-chi, -che> *m, f* Chefkoch *m/*-köchin *f*

**capodanno, capo d'anno** [kapo'danno] *m* Neujahr *nt*

**capodimonte** [kapodi'monte] I. *agg* Capodimonte-, aus Capodimonte II.<-> *m* (*oggetto fabbricato a Capodimonte*) Capodimonte-Porzellan *nt*

**capodivisione** [kapodivi'zioːne] <capidivisione *m, -f*> *mf* ❶ (MIL) Divisionskommandeur *m* ❷ (ADM: *industria*) Abteilungsleiter(in) *m(f)*

**capodoglio** [kapo'dɔʎʎo] <-gli> *m* Pottwal *m*

**capofabbrica** [kapo'fabbrika] <capifabbrica, *m, -f*> *mf* Werkmeister(in) *m(f)*

**capofamiglia** [kapofa'miʎʎa] <capifamiglia, *m, -f*> *mf* Familienoberhaupt *nt*

**capofila** [kapo'fiːla] <capifila, *m, -f*> *mf* Spitze *f* [eines Zuges/einer Kolonne]; (POL) Führer(in) *m(f)*

**capofitto** [kapo'fitto] *avv* **a ~** kopfüber; **buttarsi a ~ in qc** (*fig*) sich in etw *acc* stürzen

**capogiro** [kapo'dʒiːro] *m* Schwindel *m*; **prezzi da ~** (*fig*) Schwindel erregende Preise *mpl*

**capogruppo** [kapo'gruppo] <capigruppo *m, -f*> *mf* Gruppenleiter(in) *m(f)*

**capolavoro** [kapola'voːro] *m* Meisterwerk *nt*

**capolinea** [kapo'liːnea] <capilinea> *m* Endstation *f*

**capolino** [kapo'liːno] *m* **far ~** hervorkommen, hervorgucken

**capolista**[1] [kapo'lista] <capilista *m, -f*> *mf* Listenführer(in) *m(f)*; (POL) Spitzenkandidat(in) *m(f)*

**capolista**[2] *m* **essere a [*o* in] ~** an der Spitze der Liste stehen

**capolista**[3] <inv> *agg* **candidato ~** (POL) Spitzenkandidat(in) *m(f)*; **squadra ~** (SPORT) Tabellenführer *m*

**capoluogo** [kapo'luɔːgo] <capoluoghi *o* capiluoghi> *m* (ADM) Hauptstadt *f*

**capomacchinista** [kapomakki'nista] <-i *m,* -e *f*> *mf* Maschinenmeister *m*; (NAUT) Obermaschinist *m*

**capomafia** [kapo'maːfia] <capimafia> *m* Mafiaboss *m*

**capomastro** [kapo'mastro] <-i *o* capimastri> *m* (*capocantiere*) Polier *m*, Bauführer *m;* (*imprenditore*) Bauunternehmer *m*

**capomensa** [kapoˈmensa] <capimensa *m*, -*f*> *mf* Kantinenleiter(in) *m(f)*

**caponaggine** [kapoˈnaddʒine] *f* Hartnäckigkeit *f*

**capoofficina** [kapooffiˈtʃiːna] <capioofficina *m*, -*f*> *mf* Werkstattleiter(in) *m(f)*

**capo operaio** [ˈkaːpo opeˈraːio] <capi operai *m*, -*f*> *mf* Vorarbeiter(in) *m(f)*

**caporale** [kapoˈraːle] *m* Korporal *m*, Obergefreite(r) *m* **caporalesco, -a** [kaporaˈlesko] <-schi, -sche> *agg* (*fig*) schroff, barsch, feldwebelhaft **caporalmaggiore, caporal maggiore** [kaporalmadˈdʒoːre] *m* Hauptgefreite(r) *m*

**caporedattore, -trice** [kaporedatˈtoːre] <capiredattori *m*, caporedattrici *f*> *m*, *f* Chefredakteur(in) *m(f)*

**caporeparto** [kaporeˈparto] <capireparto *m*, -*f*> *mf* Abteilungsleiter(in) *m(f)*

**caporione, -a** [kapoˈrjoːne] *m, f* Rädelsführer(in) *m(f)*, Anführer(in) *m(f)*

**caposala** [kapoˈsaːla] <capisala *m*, -*f*> *mf* Saalaufsicht *f;* (*in ospedale*) Stationspfleger *m/-*schwester *f*

**caposaldo** [kapoˈsaldo] <capisaldi> *m* ❶ (*fig: punto fondamentale*) Kern-, Angelpunkt *m* ❷ (MIL) Bollwerk *nt* ❸ (*topografia*) Fixpunkt *m*

**caposcuola** [kaposˈkuɔːla] <capiscuola *m*, -*f*> *mf* (LIT, SCIENT) Begründer(in) *m(f)* einer Schule

**caposervizio** [kaposerˈvittsjo] <capiservizio *m*, -*f*> *mf* Ressortleiter(in) *m(f)*

**caposettore** [kaposetˈtoːre] <capisettore *m*, -*f*> *mf* Abteilungsleiter(in) *m(f)*, Abteilungschef(in) *m(f)*

**caposezione** [kaposetˈtsjoːne] <capisezione *m*, -*f*> *mf* Abteilungsleiter(in) *m(f)*

**caposquadra**[1] [kaposˈkuaːdra] <capisquadra *m*, -*f*> *mf* (SPORT) Mannschaftsführer(in) *m(f)*

**caposquadra**[2] <capisquadra> *m* (MIL: *di operai*) Kolonnen-, Gruppenführer *m*

**capostazione** [kapostatˈtsjoːne] <capistazione *m*, -*f*> *mf* Bahnhofsvorsteher(in) *m(f)*, Stationsvorsteher(in)

**capostipite** [kaposˈtiːpite] *mf* Stammvater *m*

**capostruttura** [kapostrutˈtuːra] <capistruttura *m*, -*f*> *mf* Ressortleiter(in) *m(f)*; (*TV*) Intendant(in) *m(f)*

**capotamento** [kapotaˈmento] *m* (MOT) Überschlag *m*, Überschlagen *nt* **capotare**

[kapoˈtaːre] *vi* sich überschlagen; (NAUT) kentern

**capotasto** [kapoˈtasto] *m* (*parte di strumento*) Sattel *m;* (*attrezzo*) Kapodaster *m*

**capotavola**[1] [kapoˈtaːvola] <capitavola *m*, -*f*> *mf* **essere il ~** den Ehrenplatz [am oberen Tischende] einnehmen

**capotavola**[2] <capitavola> *m* Tischende *nt;* **sedere a ~** am oberen Tischende/ auf den Ehrenplatz sitzen

**capote** [kaˈpɔt] <-> *f* Verdeck *nt*

**capotreno** [kapoˈtrɛːno] <-i *o* capitreno *m*, -*f*> *mf* Zugführer(in) *m(f)*

**capotribù** [kapotriˈbu] <capitribù *m*, -*f*> *mf* Stammeshäuptling *m*

**capottabile** [kapotˈtaːbile] *agg* aufklappbar; **automobile ~** Kabriolett *nt*

**cap(o)ufficio, capo ufficio** [kap(o)ufˈfiːtʃo] <capi ufficio *m*, -*f*> *mf* Bürovorsteher(in) *m(f)*

**capoverso** [kapoˈvɛrso] *m* Absatz *m*

**capovoga** [kapoˈvoːga] <capivoga> *m* Schlagmann *m*

**capovolgere** [kapoˈvɔldʒere] <irr> I. *vt* ❶ (*voltare*) umdrehen, auf den Kopf stellen ❷ (*fig: rovesciare*) umkehren, auf den Kopf stellen II. *vr* **-rsi** ❶ (*barca*) kentern; (*macchina*) sich überschlagen ❷ (*fig: cambiare radicalmente*) sich wenden

**capovolgimento** [kapovoldʒiˈmento] *m* ❶ (*ribaltamento: di barca*) Kentern *nt;* (*di macchina*) Überschlagen *nt* ❷ (*fig: rovesciamento*) Umwälzung *f;* (POL) Umsturz *m*

**cappa**[1] [ˈkappa] *f* ❶ (*indumento*) Umhang *m,* Mantel *m;* **~ di piombo** (*fig*) bleierne Schwere ❷ (TEC) Abzugshaube *f;* (*del camino*) Rauchfang *m*

**cappa**[2] <-> *m o f v.* **K, k**

**cappella** [kapˈpɛlla] *f* ❶ (REL) Kapelle *f* ❷ (MUS) [Kirchen]chor *m* ❸ (*del fungo*) Hut *m*, Kopf *m*

**cappellaio, -a** [kappelˈlaːio] <-ai, -aie> *m, f* ❶ (*fabbricante*) Hutmacher(in) *m(f)* ❷ (*venditore*) Hutverkäufer(in) *m(f)*

**cappellano** [kappelˈlaːno] *m* Kaplan *m*

**cappellata** [kappelˈlaːta] *f* ❶ (*colpo dato con il cappello*) Klaps *m* mit dem Hut ❷ (*quantità che sta in un cappello*) Hutvoll *m;* **a -e** in Unmengen, in Hülle und Fülle ❸ (*sl: errore, sbaglio grossolano*) **fare una ~** einen Bock schießen; **che ~!** was für ein Reinfall!

**cappelletti** [kappelˈletti] *mpl* (GASTR) *kleine gefüllte Nudeln*

**cappelletto** [kappelˈletto] *m* ❶ *pl* (GASTR) *kleine gefüllte Nudeln* ❷ (HIST, MIL) Eisenhut *m*, Helm *m* ❸ (*della calza*) verstärkter Zehenteil

**cappelliera** [kappel'liɛːra] *f* Hutschachtel *f*

**cappellificio** [kappelli'fiːtʃo] <-ci> *m* Hutfabrik *f* **cappellino** [kappel'liːno] *m* [Damen]hütchen *nt*

**cappello** [kap'pɛllo] *m* ❶ (*copricapo*) Hut *m*; (*copertura, protezione*) [Schutz]haube *f*; **~ a cilindro** [*o* **a tuba**] Zylinder *m*; **avere il ~ in testa** den Hut auf dem Kopf haben; **cavarsi il ~ davanti a qu/qc** (*fig*) vor jdm/etw den Hut ziehen; **tanto di ~!** Hut ab! ❷ (*di scritto, discorso*) Vorspann *m*

**capperi** ['kapperi] *int* (*fam*) Donnerwetter!

**cappero** ['kappero] *m* ❶ (GASTR) Kaper *f* ❷ (BOT) Kapernstrauch *m*

**cappio** ['kappio] <-i> *m* Schlinge *f*; **avere il ~ al collo** (*fig*) die Schlinge um den Hals haben

**cappone** [kap'poːne] *m* Kapaun *m*

**cappottatura** [kapotta'tuːra] *f* (AERO) Verkleidung *f*, Haube *f*

**cappotto** [kap'pɔtto] *m* Mantel *m*

**cappuccina** [kapput'tʃiːna] *f* Kapuzinerkresse *f*

**cappuccino** [kapput'tʃiːno] *m* ❶ (GASTR) Cappuccino *m* ❷ (REL) Kapuziner *m* ❸ (ZOO) Kapuzineraffe *m*

**cappuccino, -a** *agg* Kapuziner-

**cappuccio** [kap'puttʃo] <-cci> I. *m* ❶ (*copricapo*) Kapuze *f* ❷ (*di penna, biro*) Kappe *f*; (*copertura*) Haube *f* ❸ (*fam* GASTR) Cappuccino *m* II. *agg* **cavolo ~** Weißkohl *m*

**capra** ['kaːpra] *f* ❶ (ZOO) Ziege *f*; **arrampicarsi come una ~** klettern wie eine Gämse; **salvare ~ e cavoli** (*fig*) zwei gegensätzliche Interessen unter einen Hut bringen ❷ (TEC) Bock *m*, Winde *f* **capraio, -a** [ka'praːio] <-ai, -aie> *m*, *f* Ziegenhirt(in) *m(f)*

**caprese** [ka'preːse] I. *agg* aus Capri stammend II. *mf* (*abitante*) Bewohner(in) *m(f)* von Capri, Capreser(in) *m(f)* III. *f* (GASTR) Tomatensalat *mit Mozzarella und Basilikum*; **pizza ~** Pizza Caprese (*mit Mozzarella, Tomatenscheiben und Basilikum*)

**capretto** [ka'pretto] *m* ❶ (ZOO, GASTR) Zicklein *nt* ❷ (*pelle*) Ziegenleder *nt*

**Capri** *f* Capri *nt* (*Insel im Golf von Neapel*)

**capriata** [ka'priaːta] *f* Dachstuhl *m*

**capriccio** [ka'prittʃo] <-cci> *m* ❶ (*grillo*) Laune *f*; (*amoroso*) Liebelei *f*; **fare i -cci** bockig sein ❷ (MUS) Capriccio *nt* **capriccioso, -a** [kaprit'tʃoːso] *agg* ❶ (*bambino*) bockig; (*ragazza*) launisch, zickig *fam* ❷ (*cappellino, vestito*) extravagant ❸ (*tempo*) launenhaft, wechselhaft

**capricorno** [kapri'kɔrno] *m* ❶ (ZOO) Steinbock *m* ❷ (ASTR) **Capricorno** Steinbock *m*; **sono Capricorno, sono un** [*o* **del**] **Capricorno** ich bin [ein] Steinbock

**caprifoglio** [kapri'fɔʎʎo] *m* Geißblatt *nt*

**caprino** [ka'priːno] *m* ❶ (*puzza*) Ziegengestank *m*; **puzzar di ~** stinken wie ein Bock ❷ (*concime*) Ziegenmist *m* ❸ (GASTR) Ziegenkäse *m*

**capriola** [kapri'ɔːla] *f* ❶ (*salto*) Purzelbaum *m*; (*nella danza*) Luftsprung *m*; (SPORT) Kapriole *f*; **fare le -e** Purzelbäume schlagen ❷ (ZOO) Ricke *f*

**capriolo** [kapri'ɔːlo] *m* Reh *nt*

**capro** ['kaːpro] *m* Ziegenbock *m*; **~ espiatorio** (*fig*) Sündenbock *m* **caprone** [ka'proːne] *m* ❶ (ZOO) Ziegenbock *m* ❷ (*fig pej*) ungeflegter Mensch

**capsula** ['kapsula] *f* ❶ (MED, AERO) Kapsel *f* ❷ (CHEM) Tiegel *m*, Schale *f*

**captare** [kap'taːre] *vt* ❶ (TEL, RADIO) empfangen ❷ (*appoggio, benevolenza*) zu erlangen suchen, buhlen um ❸ (*fig*: *cogliere*) erfassen; (*intuire*) [voraus]ahnen, fühlen

**captativo, -a** [kapta'tiːvo] *agg* (PSIC) vereinnahmend, kaptativ

**capufficio** [kapuf'fiːtʃo] *v.* **cap(o)ufficio**

**capziosità** [kaptsiosi'ta] <-> *f* (*pej*: *di persona*) Hinterhältigkeit *f*, Hinterlistigkeit *f*; (*di situazione*) Verfänglichkeit *f*; (*di ragionamento*) Spitzfindigkeit *f*

**capzioso, -a** [kap'tsioːso] *agg* (*situazione*) verfänglich; (*ragionamento*) spitzfindig

**CAR** *m acro di* **Centro Addestramento Reclute** Ausbildungszentrum für Rekruten

**cara** *f v.* **caro**

**carabattola** [kara'battola] *f* (*fam pej*) Kram *m*, Plunder *m*, Krempel *m*

**carabba** [ka'rabba] <-> *m* (*sl: carabiniere*) Bulle *m*

**carabina** [kara'biːna] *f* Karabiner *m* **carabinetta** [karabi'nɛtta] *f* ❶ (SPORT) Kleinkalibergewehr *nt* ❷ (*gara di tiro a segno*) Kleinkaliberschießen *nt*

**carabiniere** [karabi'niɛːre] *m* Karabiniere *m*

**carachiri** [kara'kiːri] <-> *m* Harakiri *nt*

**caracollare** [karakol'laːre] *vi* voltigieren, Volten reiten; (*fig*) sich tummeln, tollen **caracollo** [kara'kɔllo] *m* Volte *f*

**caraffa** [ka'raffa] *f* Karaffe *f*

**caramba** [ka'ramba] I. <-> *m* (*sl: carabiniere*) Bulle *m* II. *int* (*fam: accidenti!*) Donnerwetter!

**carambola** [ka'rambola] f ① (*gioco a biliardo*) Karambole f; (*nel biliardo*) Karambolage f ② (*fig: scontro di automobili*) Zusammenstoß m

**caramella** [kara'mɛlla] f ① (GASTR) Bonbon nt o m, Zuckerl nt A ② (*fig fam: monocolo*) Monokel nt **caramellare** [karamel'la:re] vt karamellisieren **caramello** [kara'mɛllo] m Karamell m **caramelloso, -a** [karamel'lo:so] agg süßlich; (*fig pej*) honigsüß, süßlich; (*lezioso*) geziert

**caratello** [kara'tɛllo] m [Holz]fässchen nt

**carato** [ka'ra:to] m Karat nt; (NAUT) Schiffsanteil m

**carattere** [ka'rattere] m ① (*indole*) Charakter m; (*natura*) Natur f, Wesen nt; **un uomo di ~** ein Mann mit Charakter; **mancare di ~** charakterlos sein ② (*caratteristica*) Merkmal nt, Kennzeichen nt ③ (TYP) Type f, Letter f; **~ corsivo** Kursivschrift f; **~ grassetto** halbfette Schrift; **-i a stampatello** Druckbuchstaben mpl ④ (*di scrittura*) Schriftzeichen nt, Buchstabe m ⑤ (INFORM) Zeichen nt; **mappa dei -i** Zeichensatz m; **stringa di -i** Zeichenkette f ⑥ (BIOL) [Erb]faktor m **caratteriale** [karatte'ria:le] I. agg Charakter- II. mf Verhaltensgestörte(r) f(m) **caratterino** [karatte'ri:no] m (*iron*) schwieriger Charakter **caratterista** [karatte'rista] <-i m, -e f> mf Charakterdarsteller(in) m(f)

**caratteristica** [karatte'ristika] <-che> f Eigenheit f, Eigenart f

**caratteristico, -a** [karatte'ristiko] <-ci, -che> agg charakteristisch

**caratterizzare** [karatterid'dza:re] vt charakterisieren **caratterizzato, -a** [karatterid'dza:to] agg gekennzeichnet; **essere ~ da qc** etw kennzeichnet jdn **caratterizzazione** [karatteriddzat'tsio:ne] f Charakterisierung f **caratterologico, -a** [karattero'lɔ:dʒiko] <-ci, -che> agg charakterologisch

**caratteropatia** [karatteropa'ti:a] <-ie> f (PSIC) Charakterstörung f

**caratura** [kara'tu:ra] f (*dell'oro*) Karatmessung f

**caravan** [kærə'væn] <-> m Wohnwagen m

**caravanista** [karava'nista] <-i m, -e f> mf (*roulottista*) Camper(in) m(f), Caravaner(in) m(f) **caravanning** ['kærə'vænɪŋ] <-> m Wohnwagentourismus m, Caravaning nt

**caravanserraglio** [karavanser'raʎʎo] <-gli> m Karawanserei f; (*fig*) heilloses Durcheinander

**caravella** [kara'vɛlla] f Karavelle f

**carboidrato** [karboi'dra:to] m Kohle[n]hydrat nt

**carbonaio, -a** [karbo'na:io] <-ai, -aie> m, f ① (*lavoratore*) Köhler(in) m(f) ② (COM) Kohlenhändler(in) m(f)

**carbonaro** [karbo'na:ro] m Karbonaro m

**carbonaro, -a** agg ① (HIST) Karbonaro-; **moti -i** die Aufstände mpl der Karbonari ② (GASTR) **alla ~** mit Speck und Eiern

**carbonchio** [kar'bonkio] <-chi> m ① (MED) Karbunkel m, Geschwür nt ② (BOT) Getreidebrand m

**carboncino** [karbon'tʃi:no] m ① (*per disegnare*) Zeichenkohle f, Kohlestift m ② (*disegno*) Kohlezeichnung f

**carbone** [kar'bo:ne] m ① (MIN) Kohle f; **nero come il ~** kohl[raben]schwarz; **essere** [o **stare**] **sui -i accesi** (*fig*) [wie] auf glühenden Kohlen sitzen ② (BOT) Getreidebrand m **carbonella** [karbo'nɛlla] f Holzkohle f

**carboneria** [karbone'ri:a] <-ie> f Geheimbund der Karbonari

**carbon footprint** ['karbon 'fu:tprint] <*sing*> m o f (ECOL) $CO_2$-Fußabdruck m

**carbonico** [kar'bɔ:niko] <-ci> m Karbon nt

**carbonico, -a** <-ci, -che> agg kohlensauer; **acido ~** Kohlensäure f; **anidride -a** Kohlendioxyd nt

**carbonifero** [karbo'ni:fero] m Karbon nt

**carbonifero, -a** agg kohlehaltig, mit Kohlevorkommen; **bacino ~** Kohlenbecken nt; (*regione*) Kohlenrevier nt; (*in Germania*) Ruhrgebiet nt; **periodo ~** Karbon nt

**carbonio** [kar'bɔ:nio] m Kohlenstoff m; **ossido di ~** Kohlenmonoxyd nt, Kohlenoxyd nt **carbonizzare** [karbonid'dza:re] I. vt ankohlen, verschmoren [lassen] II. vr **-rsi** verkohlen; (*automobile*) völlig ausbrennen **carbonizzazione** [karboniddzat'tsio:ne] f Verkohlung f

**carburante** [karbu'rante] m Treibstoff m

**carburare** [karbu'ra:re] vt vergasen; **oggi proprio non carburo** (*sl*) heute bin ich echt nicht fit **carburatore** [karbura'to:re] m Vergaser m **carburatorista** [karburato'rista] <-i m, -e f> mf Mechaniker(in) m(f) für Vergaser **carburazione** [karburat'tsio:ne] f Vergasung f

**carburo** [kar'bu:ro] m Karbid nt

**carcassa** [kar'kassa] f ① (ZOO) Gerippe nt ② (TEC) Gerüst nt; (*di turbine*) Gehäuse nt; (NAUT) Wrack nt; (*ossatura*) [Schiffs]gerippe nt ③ (*fig pej: macchina*) Klapperkiste f fam

**carcerare** [kartʃe'ra:re] vt inhaftieren **car-**

**cerato, -a** [kartʃeˈraːto] *m, f* Häftling *m* **carcerazione** [kartʃeratˈtsjoːne] *f* ① (*provvedimento*) Inhaftierung *f* ② (*periodo*) Haft *f* **carcere** [ˈkartʃere] <*pl*: -i *f*> *m* ① (*luogo*) Gefängnis *nt* ② (*pena*) Gefängnis *nt*, Gefängnisstrafe *f*; ~ **preventivo** Untersuchungshaft *f* **carceriere, -a** [kartʃeˈriɛːre] *m, f* ① (*secondino*) Gefängniswärter(in) *m(f)* ② (*fig pej*) Wachhund *m*, Aufpasser(in) *m(f)*

**carcinoma** [kartʃiˈnɔːma] <-i> *m* Karzinom *nt*

**carciofino** [kartʃoˈfiːno] *m* Artischockenherz *nt* **carciofo** [karˈtʃɔːfo] *m* (BOT) Artischocke *f*

**card** [kaːd] <-> *f* (*tessera*) Karte *f*; (*carta di credito*) Kreditkarte *f*

**cardanico, -a** [karˈdaːniko] <-ci, -che> *agg* Kardan-; **albero** ~ Kardanwelle *f*

**cardare** [karˈdaːre] *vt* (*lana, canapa*) kämmen, karden; (*lino*) hecheln **cardatore, -trice** [kardaˈtoːre] *m, f* Hechler(in) *m(f)*, Wollkämmer(in) *m(f)* **cardatura** [kardaˈtuːra] *f* Kämmen *nt*

**cardellino** [kardelˈliːno] *m* Stieglitz *m*

**cardiaco, -a** [karˈdiːako] <-ci, -che> *agg* Herz-

**cardinale** [kardiˈnaːle] **I.** *agg* (*fondamentale*) Grund-, hauptsächlich; (GEOG) Haupt-; (*virtù, numero*) Kardinal-; **punti -i** [Haupt]himmelsrichtungen *fpl* **II.** *m* Kardinal *m* **cardinalizio, -a** [kardinaˈlittsio] <-i, -ie> *agg* Kardinals-

**cardine** [ˈkardine] *m* ① (*di porta, finestra*) Angel *f* ② (*fig: fondamento, base*) Fundament *nt*, Grundlage *f*

**cardioangiochirurgo, -a** [kardioandʒoki'rurgo] <-gi *o* -ghi, -ghe> *m, f* Herzgefäßchirurg(in) *m(f)*

**cardiochirurgia** [kardiokirurˈdʒia] <-gie> *f* Herzchirurgie *f* **cardiochirurgico, -a** [kardiokiˈrurdʒiko] <-ci, -che> *agg* Herzchirurgie-, herzchirurgisch **cardiochirurgo, -a** [kardiokiˈrurgo] <-gi *o* -ghi, -ghe> *m, f* Herzchirurg(in) *m(f)*

**cardiofitness** [kardioˈfitnis] <-> *m* (MED) Ausdauertraining *nt*, Kardiotraining *nt*

**cardiogramma** [kardioˈgramma] <-i> *m* Kardiogramm *nt*

**cardiologa** *f v.* **cardiologo**

**cardiologia** [kardioloˈdʒiːa] <-gie> *f* Kardiologie *f* **cardiologo, -a** [karˈdiɔːlogo] <-gi, -ghe> *m, f* Kardiologe *m*/Kardiologin *f*

**cardiopatico, -a** [kardioˈpaːtiko] <-ci, -che> **I.** *agg* herzkrank **II.** *m, f* Herzkranke(r) *f(m)*

**cardiotelefono** [karkioteˈlɛːfono] *m* (MED) Gerät zur kardiologischen Überwachung der Patienten via Telefon

**cardo** [ˈkardo] *m* [Karden]distel *f*

**career girl** [kəˈriə gəːl] <-*o* career girls> *f* Karrieregirl *nt*

**career woman** [kəˈriə ˈwumən] <-*o* career women> *f* Karrierefrau *f*

**carena** [kaˈrɛːna] *f* ① (NAUT) Kiel *m*; (AERO) Rumpf *m* ② (ZOO) Brustbeinplatte *f* **carenaggio** [kareˈnaddʒo] <-ggi> *m* Kielholung *f* **carenare** [kareˈnaːre] *vt* kielholen

**carente** [kaˈrɛnte] *agg* mangelhaft, unzureichend; **essere** ~ **di qc** an etw *dat* arm sein; **un'alimentazione** ~ **di vitamine** eine vitaminarme Ernährung

**carenza** [kaˈrɛntsa] *f* Mangel *m*; **la** ~ **di qc** der Mangel an etw *dat*; **per** ~ **di prove** (JUR) mangels Beweisen; ~ **di posti di lavoro** Arbeitsplatzmangel *m*; ~ **di parcheggi** Parkraumnot *f*

**carestia** [karesˈtiːa] <-ie> *f* ① (*grave insufficienza di alimenti*) [Hungers]not *f* ② (*scarsità*) Mangel *m*; **la** ~ **di qc** der Mangel an etw *dat*

**carezza** [kaˈrettsa] *f* Streicheln *nt*, Liebkosung *f*; **fare una** ~ **a qu** jdn streicheln

**carezzare** [karetˈtsaːre] *vt* streicheln; ~ **un'idea** (*fig*) mit einem Gedanken spielen **carezzevole** [karetˈtseːvole] *agg* ① (*voce, maniere*) zärtlich, [ein]schmeichelnd ② (*fig: leggero*) zart

**cargo** [ˈkargo] <-*o* -ghi> *m* ① (NAUT) Frachtschiff *nt*, Frachter *m* ② (AERO) Transportflugzeug *nt*

**cariare** [kaˈriaːre] **I.** *vt* (*provocare carie*) Karies verursachen bei [*o* an +*dat*]; (*fig: intaccare*) angreifen; (*corrodere*) zerfressen; **la cioccolata caria i denti** Schokolade greift die Zähne an **II.** *vr* **-rsi** von Karies befallen werden

**cariatide** [kaˈriaːtide] *f* (ARCH) Karyatide *f*; **starsene immobile come una** ~ (*fig*) dastehen wie eine Säule

**caribico, -a** [kaˈriːbiko] <-ci, -che> *agg* karibisch

**carica** [ˈkaːrika] <-che> *f* ① (ADM) Amt *nt*; **essere in** ~ ein Amt innehaben ② (PHYS, EL) Ladung *f* ③ (MIL) Attacke *f*, Angriff *m*; (SPORT) Angriff *m*; **tornare alla** ~ erneut angreifen; (*fig*) es noch einmal versuchen ④ (*fig: cumulo di energie*) Ausstrahlung *f*; (*slancio*) Elan *m*, Schwung *m*; **dare la** ~ **a qu** (*fig*) jdn aufbauen, jdm Mut machen; ~ **innovatrice** Innovationskraft *f*

**caricabatteria** [karikabatteˈriːa] <-> *m* Batterieladegerät *nt*

**caricamento** [karika'mento] *m* ❶ (*di merce*) Verladen *nt*, Verfrachten *nt* ❷ (INET) Hochladen *nt*, Upload *m*

**caricare** [kari'ka:re] **I.** *vt* ❶ (*macchina, camion, bastimento*) [be]laden; (*riempire*) aufladen ❷ (*fucile, pistola*) laden ❸ (*orologio*) aufziehen ❹ (INET) hochladen, uploaden ❺ (FOTO) einen Film einlegen in +*acc* ❻ (SPORT) behindern ❼ (*fig*) **~ di qc** mit etw belasten; **~ qu di qc** jdm etw aufbürden; **~ la dose** das Maß steigern, eins obendrauf setzen; **~ il prezzo di qc** den Grundpreis von etw erhöhen **II.** *vr* **-rsi** (*di peso, cibo*) **-rsi di qc** sich mit etw belasten; **-rsi per una gara** sich für einen Wettkampf fit machen **caricato, -a** [kari'ka:to] *agg* (*pej*) affektiert; **modi -i** affektiertes Getue **caricatore** [karika'to:re] *m* ❶ (MIL, FOTO, FILM) Magazin *nt;* **~ CD** CD-Wechsler *m* ❷ (*operaio*) Ladearbeiter *m*, Auf-, Verlader *m*

**caricatore, -trice** *agg* **piano ~** Laderampe *f;* **ponte ~** Ladebrücke *f*

**caricatura** [karika'tu:ra] *f* Karikatur *f;* **mettere in ~** karikieren; (*rendere ridicolo*) lächerlich machen **caricaturale** [karikatu'ra:le] *agg* karikaturistisch **caricaturista** [karikatu'rista] <-i *m*, -e *f*> *mf* Karikaturist(in) *m(f)*

**carico** ['ka:riko] <-chi> *m* ❶ (*di merce*) Verladung *f* ❷ (*quantità*) Ladung *f* ❸ (NAUT) Fracht *f* ❹ (*peso*) Last *f* ❺ (EL) Leistung *f*, Ladung *f* ❻ (*fig: onere*) Verantwortung *f*, Belastung *f;* **persone a ~** unterhaltsberechtigte Personen *fpl;* **avere la famiglia a ~** die Familie ernähren müssen; **a ~ di** zulasten [*o* zu Lasten] von ❼ (FIN) **~ fiscale** [*o* **tributario**] Steuerlast *f*

**carico, -a** <-chi, -che> *agg* ❶ (*carro, camion, nave*) beladen; **~ di qc** beladen mit etw ❷ (*persona*) bepackt ❸ (*fig: colmo*) überhäuft; **~ di onori** mit Ehren überhäuft ❹ (*pistola, batteria*) geladen; (*orologio, sveglia*) aufgezogen

**carie** ['ka:rie] <-> *f* Karies *f*

**carillon** [kari'jɔ̃] <-> *m* ❶ Glockenspiel *nt;* (*scatola armonica*) Spieldose *f*

**carino, -a** [ka'ri:no] *agg* lieb; (*grazioso*) hübsch, nett

**Carinzia** [ka'rintsia] *f* Kärnten *nt*

**cariogeno, -a** [kario'dʒɛ:no] *agg* (MED) kariogen, Karies verursachend

**carisma** [ka'rizma] <-i> *m* Charisma *nt*

**carismatico, -a** [kariz'ma:tiko] <-ci, -che> *agg* charismatisch

**carità** [kari'ta] <-> *f* ❶ (*compassione*) Mitleid *nt;* (*misericordia*) Barmherzigkeit *f;* (REL) Nächstenliebe *f* ❷ (*elemosina*) Almosen *nt;* **chiedere la ~** um Almosen bitten ❸ (*favore*) Gefallen *m;* **fammi la ~ di spegnere la radio** (*fam*) tu mir den Gefallen und mach das Radio aus; **per ~!** (*fam*) um Himmels willen! **caritatevole** [karita'te:vole] *agg* barmherzig; (*benefico*) mild-, wohltätig

**carlona** [kar'lo:na] *f* **alla ~** (*fam*) schlampig, schlud[e]rig

**carmelitano, -a** [karmeli'ta:no] **I.** *agg* Karmeliter- **II.** *m, f* Karmeliter(in) *m(f)*

**carminio** [kar'mi:nio] <-i> *m* Karmesin *nt*, Karmin[rot] *nt*

**carnagione** [karna'dʒo:ne] *f* Teint *m*, Hautfarbe *f*

**carnaio** [kar'na:io] <-ai> *m* ❶ (*fig pej: folla compatta*) Gedränge *nt;* (*spiaggia*) Fleischmassen *fpl* ❷ (*di macello*) Fleischlager *nt*

**carnale** [kar'na:le] *agg* ❶ (*sensuale*) sinnlich; (*piaceri, peccato*) Fleisches-, fleischlich; **violenza ~** Notzucht *f* ❷ (*fratello, cugino*) blutsverwandt **carnalità** [karnali'ta] <-> *f* Sinnlichkeit *f*

**carnato** [kar'na:to] *m* frische Hautfarbe

**carne** ['karne] *f* Fleisch *nt;* (*di frutta*) Fruchtfleisch *nt;* **~ bianca** helles Fleisch; **~ rossa** dunkles Fleisch; **~ tritata** Hackfleisch *nt;* **~ viva** rohes Fleisch; **~ in scatola** Dosenfleisch *nt;* **essere bene in ~** gut genährt sein; **in ~ ed ossa** leibhaftig; **non essere né ~ né pesce** (*fig*) weder Fisch noch Fleisch sein; **mettere troppa ~ al fuoco** (*fig*) sich zu viel vornehmen; **peccati della ~** Fleischessünden *fpl*

**carnefice** [kar'ne:fitʃe] *m* ❶ (*boia*) Henker *m* ❷ (*fig: tiranno*) Tyrann *m;* (*tormentatore*) Menschenschinder *m* **carneficina** [karnefi'tʃi:na] *f* Blutbad *nt;* (*tortura*) Marter *f*, Folter[ung] *f*

**carnet** [kar'nɛ] <-> *m* Notizbuch *nt;* **~ di ballo** Tanzkarte *f;* **~ di assegni** Scheckheft *nt*

**carnevalata** [karneva'la:ta] *f* Karnevalstreiben *nt*

**carnevale** [karne'va:le] *m* ❶ (*periodo festivo*) Karneval *m*, Fastnacht *f;* **veglione di ~** Faschingsball *m;* **a** [*o* **di**] **~ ogni scherzo vale** (*prov*) im Karneval herrscht Narrenfreiheit ❷ (*fig: tempo di baldorie*) Freudenfest *nt* **carnevalesco, -a** [karneva'lesko] <-schi, -sche> *agg* Karnevals-, karnevalistisch

**carniere** [kar'niɛ:re] *m* Jagdtasche *f*

**carnivori** [kar'ni:vori] *mpl* Fleischfresser *mpl*

**carnivoro, -a** [kar'niːvoro] *agg* Fleisch fressend

**carnosità** [karnosi'ta] <-> *f* ❶ (MED) wildes Fleisch ❷ (*fig: pienezza di un frutto*) Fleischigkeit *f* ❸ (*fig: morbidezza*) Weichheit *f*, Zartheit *f*

**carnoso, -a** [kar'noːso] *agg* fleischig

**caro, -a** ['kaːro] **I.** *agg* ❶ (*a cui si vuol bene*) lieb; (*amabile*) liebenswert; (*gentile*) nett; [**tanti**] **-i saluti** [viele] liebe Grüße; **tenersi ~ qu** eine Freundschaft mit jdm pflegen; **sono stati molto -i con me** sie waren sehr nett zu mir; **questo quadro mi è molto ~** ich hänge sehr an diesem Bild ❷ (*costoso*) teuer; **pagare qc a ~ prezzo** (*a. fig*) etw teuer bezahlen **II.** *avv* teuer; **pagare ~ qc** etw teuer bezahlen; **devi pagarla -a** (*fam*) das wird dich teuer zu stehen kommen **III.** *m*, *f* Liebe(r) *f(m)*, Liebste(r) *f(m)*

**carogna** [ka'roɲɲa] *f* ❶ (ZOO) Aas *nt* ❷ (*fig pej: persona vile*) Aas *nt fam*, Ekel *nt*

**carognata** [karoɲ'naːta] *f* (*fam*) Niederträchtigkeit *f*, Gemeinheit *f*

**carola** [ka'rɔːla] *f* Reigen *m*

**carosello** [karo'zɛllo] *m* (*per bambini*) Karussell *nt*, Ringelspiel *nt A*

**carota** [ka'rɔːta] *f* ❶ (BOT) Karotte *f*, Möhre *f*; **pel di ~** (*fig fam*) Rotschopf *m* ❷ (*fig fam: menzogna*) Schwindel *m*, Lüge *f*

**carotaggio** [karo'taddʒo] <-ggi> *m* (MIN) Kernbohrung *f*, -bohren *nt*

**carotare** [karo'taːre] **I.** *vt* (MIN) eine Kernbohrung durchführen **II.** *vi* (*fam: raccontare bugie, mentire*) flunkern

**carotatrice** [karota'triːtʃe] *f* (MIN) Kernbohrer *m*

**carotene** [karo'tɛːne] *m* Karotin *nt*

**carotide** [ka'rɔːtide] *f* Halsschlagader *f*

**carovana** [karo'vaːna] *f* Karawane *f* **carovaniere** [karova'niɛːre] *m* Karawanenführer *m* **carovaniero, -a** [karova'niɛːro] *agg* Karawanen-

**carovita** [karo'viːta] <-> *m* Teuerung *f*; **indennità di ~** Teuerungszulage *f*

**carpa** ['karpa] *f* Karpfen *m*

**carpenteria** [karpente'riːa] <-ie> *f* ❶ (*tecnica*) Zimmermannsarbeit *f*, Zimmermannshandwerk *nt* ❷ (*reparto*) [Bau]tischlerei *f*

**carpentiere** [karpen'tiɛːre] *m* Zimmermann *m*

**carpire** [kar'piːre] <carpisco> *vt* (*con frode*) ergaunern; (*con violenza*) entreißen; (*segreto*) entlocken; **~ qc a qu** jdm etw entreißen

**carpo** ['karpo] *m* Handwurzel *f*

**carponi** [kar'poːni] *avv* auf allen vieren

**carrabile** [kar'raːbile] *agg* befahrbar; **passo ~** Ein-/Ausfahrt *f* **carraio, -a** [kar'raːio] <-ai, -aie> *agg* Fahr-

**carré** [ka're] <-> *m* ❶ (*di abito*) Passe *f* ❷ (GASTR) Rippenstück *nt*; **pan ~** Toastbrot *nt*

**carreggiata** [karred'dʒaːta] *f* ❶ (MOT) [Fahr]bahn *f* ❷ (MOT: *di veicolo*) Spurweite *f* ❸ (*fig: retta via*) rechte Bahn; **uscir di ~** (*fig*) von der rechten Bahn abkommen; **rimettere qu in ~** (*fig*) jdn wieder auf die rechte Bahn bringen

**carrellabile** [karrel'laːbile] *agg* beförderbar

**carrellare** [karrel'laːre] *vi* (FILM, TV) eine Fahraufnahme machen

**carrellata** [karrel'laːta] *f* Fahraufnahme *f*, Kamerafahrt *f*

**carrellista** [karrel'lista] <-i *m*, -e *f*> *mf* ❶ (*venditore di cibi, bevande e giornali*) Verkäufer(in) *m(f)* mit einem Rollwagen ❷ (*operaio addetto ai carrelli cinematografici*) Bediener(in) *m(f)* des Fahrstativs

**carrello** [kar'rɛllo] *m* ❶ (*per trasporto*) Wagen *m*; (*al supermercato*) Einkaufswagen *m* ❷ (TEC) Schlitten *m*, Rollgestell *nt*; (AERO) Fahrwerk *nt*; (*della macchina da scrivere*) Schlitten *m*; (FILM) Kamerawagen *m* ❸ (*per cibi e bevande*) Tee-, Servierwagen *m* ❹ (MIN) Hund *m*, Förderwagen *m*

**carretta** [kar'retta] *f* (*a. fig, pej*) Karre *f*, Karren *m*; **~ del mare** Wrack *nt*; **tirare la ~** (*fig*) sich abplagen, sich abrackern *fam* **carrettata** [karret'taːta] *f* [Wagen]ladung *f*, Fuhre *f* **carrettiere** [karret'tiɛːre] *m* ❶ (*addetto al trasporto*) Fuhrmann *m* ❷ (*fig pej: uomo volgare*) Rüpel *m*, Flegel *m* **carretto** [kar'retto] *m* Karren *m*; (*a mano*) Handwagen *m*, -karren *m*

**carriera** [kar'riɛːra] *f* ❶ (*professione, direzione di lavoro*) Beruf *m*, Laufbahn *f*; (*l'affermarsi nella vita professionale*) Karriere *f*, Aufstieg *m*; **far ~** Karriere machen; **sbagliare ~** den falschen Beruf ergreifen ❷ (*corsa*) Lauf *m*; (*del cavallo*) gestreckter Galopp, Karriere *f* **carrierismo** [karrie'rizmo] *m* Karrierismus *m* **carrierista** [karrie'rista] <-i *m*, -e *f*> *mf* Karrieremacher(in) *m(f)*, Karrierist(in) *m(f)*; (*donna*) Karrierefrau *f*

**carriola** [kar'rjɔːla] *f* Schubkarren *m*; (*carretto a mano*) Handwagen *m*

**carrista** [kar'rista] <-i> *m* Panzergrenadier *m*

**carro** ['karro] *m* Wagen *m*; (FERR) Waggon *m;* ~ **armato** Panzer *m;* ~ **attrezzi** Abschleppwagen *m;* ~ **bestiame** Viehwaggon *m;* ~ **funebre** Leichenwagen *m;* ~ **merci** Güterwagen *m;* **il Gran/Piccolo Carro** (ASTR) der Große/Kleine Wagen; **mettere il ~ davanti** [*o* **innanzi**] **ai buoi** (*fig*) das Pferd am [*o* beim] Schwanz aufzäumen

**carroccio** [kar'rɔtʃo] <-cci> *m* Fahnenwagen *m*

**carrozza** [kar'rɔttsa] *f* ❶ (*vettura*) Kutsche *f* ❷ (FERR) Eisenbahnwagen *m;* ~ **ristorante** Speisewagen *m;* **signori, in ~!** alles einsteigen! **carrozzabile** [karrot'tsa:bile] I. *agg* befahrbar II. *f* befahrbare Straße **carrozzella** [karrot'tsɛlla] *f* ❶ (*per bambini*) Kinderwagen *m* ❷ (MED) Rollstuhl *m*

**carrozzeria** [karrottse'ri:a] <-ie> *f* ❶ (MOT) Karosserie *f* ❷ (*officina*) [Karosserie]werkstatt *f* **carrozziere** [karrot'tsiɛ:re] *m* Autoschlosser *m*

**carrozzina** [karrot'tsi:na] *f* Kinderwagen *m* **carrozzino** [karrot'tsi:no] *m* ❶ (*piccola carrozza*) eleganter zweirädriger, zweisitziger Einspänner ❷ (*sidecar*) Beiwagen *m* **carrozzone** [karrot'tso:ne] *m* Zirkuswagen *m*

**carruba** [kar'ru:ba] *f* Johannisbrot *nt* **carrubo** [kar'ru:bo] *m* Johannisbrotbaum *m*

**carrucola** [kar'ru:kola] *f* Flaschenzug *m*

**carsico, -a** ['karsiko] <-ci, -che> *agg* karstig

**carta** ['karta] *f* ❶ (*materiale*) Papier *nt;* ~ **da lettere** Briefpapier; ~ **millimetrata** Millimeterpapier; ~ **assorbente** Löschpapier; (*da cucina*) Küchenpapier; ~ **oleata** Butterbrotpapier; ~ **igienica** Toilettenpapier; ~ **vetrata** Schmirgelpapier ❷ (JUR, ADM) Papiere *ntpl;* ~ **d'identità** Personalausweis *m;* ~ **d'imbarco** Bordkarte *f;* ~ **di soggiorno** (JUR) Aufenthaltserlaubnis *f;* ~ **bancomat** EC-Karte *f;* ~ **di credito** Kreditkarte *f;* ~ **telefonica** Telefonkarte; ~ **fedeltà** Kundenkarte, Bonuskarte; ~ **costituzionale** Verfassungs[urkunde] *f;* **la ~ delle Nazioni Unite** die Charta der Vereinten Nationen; **avere le -e in regola** seine Papiere in Ordnung haben; (*fig*) qualifiziert sein; **dare ~ bianca a qu** (*fig*) jdm freie Hand lassen ❸ (*geografica*) [Land]karte *f;* (*pianta*) Plan *m;* ~ **stradale** Straßenkarte *f* ❹ (GASTR) [Speise]karte *f;* **mangiare alla ~** à la carte essen ❺ (*da gioco*) Spielkarte *f;* **giocare a -e** Karten spielen; **giocare a -e scoperte** (*fig*) mit offenen Karten spielen; **giocare l'ultima ~** (*fig*) den letzten Trumpf ausspielen; **mettere le -e in tavola** (*fig*) die Karten [offen] auf den Tisch legen; **chi è fortunato in amor non giochi a -e** (*prov*) Pech im Spiel, Glück in der Liebe; **cambiare le -e in tavola** (*fig*) die Situation zu seinen Gunsten verdrehen; **farsi fare le -e** sich *dat* die Karten legen lassen; **leggere le -e** aus den Karten lesen, [die] Karten legen

**cartacarbone** [kartakar'bo:ne] <cartecarbone> *f* Kohlepapier *nt*

**cartaceo, -a** [kar'ta:tʃeo] *agg* (FIN) Papier-; **circolazione -a** Notenumlauf *m;* **moneta -a** Papiergeld *nt*

**cartamodello** [kartamo'dɛllo] *m* Schnittmusterbogen *m*

**cartamoneta** [kartamo'ne:ta] *f* Papiergeld *nt*

**cartapecora** [karta'pɛ:kora] *f* Pergament *nt*

**cartapesta** [karta'pesta] *f* Pappmaché *nt*, Pappmaschee *nt* **cartario, -a** [kar'ta:rio] <-i, -ie> *agg* Papier-

**cartastraccia** [kartas'trattʃa] <cartestracce> *f* Altpapier *nt* **cartata** [kar'ta:ta] *f* Tüte [voll] *f,* Sackerl *nt A;* (*di prosciutto*) Lage *f*

**cartecarbone** *pl di* **cartacarbone**

**carteggio** [kar'teddʒo] <-ggi> *m* Briefsammlung *f;* (*corrispondenza*) Briefwechsel *m*

**cartella** [kar'tɛlla] *f* ❶ (*foglio*) Blatt *nt;* (*scheda*) Schein *m;* ~ **clinica** Krankenblatt *nt* ❷ (TYP) Manuskriptseite *f* ❸ (FIN) Schatzanweisung *f;* ~ **delle tasse** Steuerbescheid *m;* ~ **fondiaria** Hypothekenpfandbrief *m* ❹ (*custodia*) Mappe *f;* (*per la scuola*) Schultasche *f*

**cartellinare** [kartelli'na:re] *vt* ❶ (*munire di cartellino*) auspreisen ❷ (SPORT: *reclutare, schedare*) rekrutieren, aufnehmen

**cartellinatura** [kartellina'tu:ra] *f* Kennzeichnung *f*

**cartellino** [kartel'li:no] *m* (COM) Schild[chen] *nt,* Etikett *nt;* (*targhetta*) Namensschild *nt;* ~ **dei prezzi** Preisschild *nt;* ~ **segnaletico** Fingerabdruckkarte *f;* ~ **orologio** Stechkarte *f;* ~ **giallo/rosso** (SPORT) gelbe/rote Karte

**cartello** [kar'tɛllo] *m* ❶ (*pubblicitario*) Plakat *nt;* (*avviso*) Anschlag *m;* ~ **pubblicitario** Werbeplakat *nt* ❷ (COM) Kartell *nt* ❸ (*insegna*) Schild *nt;* ~ **stradale** [Straßen]verkehrsschild *nt*

**cartellone** [kartel'lo:ne] *m* ❶ (*per pubblicità*) Plakat *nt* ❷ (*della tombola*) Lottotafel *f* ❸ (*programma*) Programm *nt;* (THEAT)

Spielplan *m;* **tenere il ~** *(fig)* sich lange auf dem Spielplan halten **cartellonista** [kartello'nista] <-i *m,* -e *f> mf* Plakatmaler(in) *m(f)*

**carter** ['karter] <-> *m* Motorgehäuse *nt;* (*di bicicletta*) Kettenschutz *m;* (*dell'olio*) Ölschützer *m*

**cartesiano, -a** [karte'sia:no] *agg* (MAT) kartesianisch, kartesisch

**cartestracce** *pl di* **cartastraccia**

**cartevalori, carte-valori** [karteva'lo:ri] *fpl* Wertpapiere *ntpl*

**cartiera** [kar'tiɛ:ra] *f* Papierfabrik *f*

**cartilagine** [karti'la:dʒine] *f* Knorpel *m* **cartilaginoso, -a** [kartiladʒi'no:so] *agg* knorp[e]lig

**cartina** [kar'ti:na] *f* ① (*per sigarette*) Zigarettenpapier *nt* ② (CHEM: *di aghi*) Briefchen *nt* ③ (*geografica*) [Land]karte *f;* (*della città*) Stadtplan *m*

**cartocciata** [kartot'tʃa:ta] *f* Tüte [voll] *f,* Sackerl *nt A*

**cartoccio** [kar'bttʃo] <-cci> *m* ① (*involucro di carta*) Tüte *f,* Sackerl *nt A* ② (*contenuto*) Tüte [voll] *f,* Sackerl *nt A* ③ (GASTR) Folie *f;* **al ~ in** Folie [gebacken]

**cartografa** *f v.* **cartografo**

**cartografia** [kartogra'fi:a] *f* Kartografie *f* **cartografico, -a** [karto'gra:fiko] <-ci, -che> *agg* kartografisch **cartografo, -a** [kar'tɔ:grafo] *m, f* Kartograf(in) *m(f)*

**cartolaio, -a** [karto'la:io] <-ai, -aie> *m, f* Schreibwarenhändler(in) *m(f)* **cartoleria** [kartole'ri:a] <-ie> *f* Schreibwarenhandlung *f* **cartolibrario, -a** [kartoli'bra:rio] *agg* Buch- und Schreibwaren- **cartolibreria** [kartolibre'ri:a] <-ie> *f* Buch- und Schreibwarenhandlung *f*

**cartolina** [karto'li:na] *f* Karte *f;* **~ illustrata** Ansichtskarte *f;* **~ postale** Postkarte *f;* **~ precetto** [*o* **rosa** *fam*] Einberufungsbefehl *m*

**cartomante** [karto'mante] *mf* Kartenleger(in) *m(f)* **cartomanzia** [karto-man'tsi:a] <-ie> *f* Kartenlegen *nt*

**cartonaro** [karto'na:ro] *m* (*fam*) Altkartonsammler *m*

**cartoncino** [karton'tʃi:no] *m* ① (*cartone leggero*) leichter Karton, Steifpapier *nt* ② (*biglietto*) Kärtchen *f;* **~ d'auguri** Glückwunschkarte *f,* Billet *nt A*

**cartone** [kar'to:ne] *m* ① (*carta consistente*) Pappe *f,* Karton *m* ② (*disegno*) Karton *m;* **i -i animati** [Zeichen]trickfilm *m*

**cartongesso** [karton'dʒɛsso] *m* Gipskarton *m;* **parete di ~** Wand *f* aus Gipskarton

**cartonificio** [kartoni'fitʃo] <-ci> *m* Kartonfabrik *f*

**cartonista** [karto'nista] <-i *m,* -e *f> mf* Trickfilmzeichner(in) *m(f)*

**cartoon** [ka:'tu:n] <-> *m* ① (*fumetto*) Cartoon *m,* Comicstrip *m* ② (FILM) Zeichentrick *m*

**cartotecnica** [karto'tɛknika] <-che> *f* (*tecnica*) Papierverarbeitung *f;* (*produzione*) Papierherstellung *f* **cartotecnico, -a** [karto'tɛkniko] <-ci, -che> *agg* Papier verarbeitend

**cartuccia** [kar'tuttʃa] <-cce> *f* ① (MIL) Patrone *f;* (*artiglieria pesante*) Kartusche *f;* **sparare l'ultima ~** (*fig*) einen letzten Versuch machen; **essere una mezza ~** (*fig: di statura*) eine halbe Portion sein; (*valere poco*) nicht viel taugen ② (*di penna*) Patrone *f* **cartucciera** [kartut'tʃɛ:ra] *f* Patronengurt *m*

**casa** ['ka:sa] *f* ① (*ambiente in cui si vive*) Haus *nt,* Zuhause *nt;* **~ popolare** Siedlungshaus *nt;* (*abitazione sociale*) Sozialwohnung *f,* Gemeindewohnung *f A;* **a ~ mia** bei mir zu Hause; **andare a ~** nach Hause gehen; **essere a ~** zu Hause sein, daheim sein *A;* **essere fuori** [**di**] **~** außer Haus sein; **uscire di ~** aus dem Haus gehen; **essere di ~ da qualche parte** (*fig*) irgendwo zu Hause sein; **cercare/trovare ~** eine Wohnung suchen/finden; **faccende** [*o* **lavori**] **di ~** Hausarbeit *f;* **spese di** [*o* **per la**] **~** Haushaltskosten *pl;* **mandare avanti la ~** (*fig*) den Haushalt führen; **mettere su ~** (*fig*) einen eigenen Hausstand gründen; **fatto in ~** (GASTR) hausgemacht; **fare gli onori di ~** die Gäste willkommen heißen; **passare di ~ in ~** von Haus zu Haus gehen; **~ mia, ~ mia, benché piccola tu sia, tu mi sembri una badia** (*prov*) in **~ sua ciascuno è re** (*prov*) eigener Herd ist Goldes wert; **dalla ~ si riconosce il padrone** (*prov*) wie der Herr so's Geschirr ② (*istituto*) Heim *nt,* Anstalt *f;* **~ di cura** Sanatorium *nt;* (*privata*) Privatkrankenhaus *nt,* -klinik *f;* **~ di correzione** Besserungsanstalt *f;* **~ di pena** Strafanstalt *f;* **~ di ricovero** Pflegeheim *nt;* (*per anziani*) Altersheim *nt;* **~ da gioco** Spielkasino *nt;* **~ dello studente** Studentenwohnheim *nt;* **~ chiusa** [*o* **di tolleranza**] Freudenhaus *nt* ③ (COM) Firma *f;* (*di vendita*) Handelshaus *nt;* **~ automobilistica** Automobilhersteller *m;* **~ editrice** Verlag *m,* Verlagshaus *nt* ④ (POL) [Herrscher]haus *nt;* **la**

**Casa Bianca** das Weiße Haus ❸ (SPORT) **giocare in/fuori ~** zu Hause/auswärts spielen

**casacca** [ka'zakka] <-cche> *f* Kasack *m*

**casaccio** [ka'zattʃo] *m* **a ~** (*pej*) unüberlegt, aufs Geratewohl

**casa-famiglia** ['kaːsa fa'miʎʎa] <case-famiglia> *f* Wohnheim *nt* der Jugendhilfe [*o* Jugendfürsorge]

**casalasco, -a** [kasa'lasko] <-chi, -che> I. *agg* aus Casale Monferrato stammend II. *m, f* (*nativo, abitante di Casale Monferrato*) Einwohner(in) *m(f)* von Casale Monferrato

**casalinghi** [kasa'liŋgi] *mpl* Haushaltswaren *fpl*

**casalinghitudine** [kasaliŋgi'tuːdine] *f* (*obs*) Gartenzwergidylle *f*, Hausfrauenmentalität *f*

**casalingo, -a** [kasa'liŋgo] <-ghi, -ghe> I. *agg* ❶ (*vita, persona*) häuslich ❷ (GASTR) hausgemacht; **pane ~** selbst gebackenes Brot; **alla -a** nach Hausfrauenart ❸ (SPORT) Heim-; **incontro ~** Heimspiel *nt* II. *m, f* Hausmann *m*/Hausfrau *f*

**casamatta** [kasa'matta] <casematte> *f* Kasematte *f*

**casamento** [kasa'mento] *m* ❶ (*edificio*) [Wohn]block *m* ❷ (*persone*) Hausgemeinschaft *f*

**casato** [ka'saːto] *m* ❶ (*cognome*) Familienname *m* ❷ (*stirpe*) Familie *f*, Geschlecht *nt*

**cascadeur** [kaska'dœːr] <-> *m* v. **cascatore**

**cascamorto** [kaska'mɔrto] *m* (*fam*) Verehrer *m*, Schmachtlappen *m;* **fare il ~ a qu** (*fam*) jdn anschmachten

**cascante** [kas'kante] *agg* schlaff; (*debole*) schwach, kraftlos; (*guance, seno*) Hänge-

**cascare** [kas'kaːre] *vi essere* (*fam*) fallen; **~ dalla fame/dal sonno** vor Hunger/Müdigkeit umfallen; **~ bene/male** (*fig: di persona*) an den Richtigen/Falschen geraten; (*di cosa*) das Richtige/Falsche treffen; **far ~ qc dall'alto a qu** (*fig*) sich zu etw *dat* herablassen; **cascarci** darauf hereinfallen; **caschi pure il mondo, io ci vado!** und wenn der Himmel einstürzt, ich gehe hin! **cascata** [kas'kaːta] *f* ❶ (*fam: caduta*) Sturz *m*, Fall *m* ❷ (GEOG) Wasserfall *m*

**cascatore, -trice** [kaska'toːre] *m, f* Stuntman *m*, Stuntwoman *f*

**cascina** [kaʃ'ʃiːna] *f* (*fattoria*) Bauernhof *m*; (*caseificio*) Meierei *f*; (*in montagna*) Sennerei *f*

**cascinale** [kaʃʃi'naːle] *m* Ansiedlung *f*, Weiler *m*; (*casolare*) Landhaus *nt*

**casco**¹ ['kasko] <-schi> *m* ❶ (*per il capo*) Helm *m;* **-schi blu** (MIL) Blauhelme *mpl*; **~ coloniale** Tropenhelm *m* ❷ (*per capelli*) [Trocken]haube *f*

**casco**² <inv> *agg* **assicurazione ~** Kaskoversicherung *f*

**caseario, -a** [kaze'aːrio] <-i, -ie> *agg* Käse-, Molkerei-

**caseggiato** [kased'dʒaːto] *m* (*gruppo di case*) Siedlung *f*; (*singolo edificio*) Wohn-, Mietshaus *nt*

**caseificazione** [kazeifikat'tsioːne] *f* Verkäsung *f*

**caseificio** [kazei'fiːtʃo] <-ci> *m* Käserei *f*, Molkerei *f*

**caseina** [kaze'iːna] *f* Kasein *nt* **caseinico, -a** [kaze'iːniko] <-ci, -che> *agg* kaseinhaltig

**casella** [ka'sɛlla] *f* ❶ (*di mobile*) Fach *nt;* **~ postale** Postfach *nt* ❷ (*di scacchiera*) Feld *nt* ❸ (*di foglio*) Kästchen *nt;* (*di registro*) Rubrik *f* ❹ (INFORM) Feld *nt;* **~ di dialogo** Dialogfeld *nt*

**casellante** [kasel'lante] *mf* ❶ (FERR) Bahnwärter(in) *m(f)* ❷ (MOT) Mautner(in) *m(f)* A, Straßenwärter(in) *m(f)*

**casellario** [kasel'laːrio] <-i> *m* ❶ (*per documenti*) Aktenschrank *m* ❷ (JUR) **~ giudiziale** Strafregister *nt*

**casello** [ka'sɛllo] *m* ❶ (MOT) Autobahnzahlstelle *f*, -häuschen *nt*, Mautstelle *f* A ❷ (FERR) Bahnwärterhäuschen *nt*

**casematte** *pl di* **casamatta**

**casentino** [kazen'tiːno] *m* schwerer Wollstoff

**casereccio, -a** [kase'rettʃo] <-cci, -cce> *agg* hausgemacht

**caserma** [ka'sɛrma *o* ka'zɛrma] *f* Kaserne *f*

**casermone** [kazɛr'moːne] *m* [Miets]kaserne *f*

**Caserta** *f* Caserta *f* (*Stadt in Kampanien*)

**Casertano** [kazer'taːno] <sing> *m* Umgebung *f* von Caserta

**casertano, -a** I. *agg* aus Caserta stammend II. *m, f* (*abitante*) Einwohner(in) *m(f)* von Caserta

**casetta** [ka'setta] *f* (*tenda*) Hauszelt *nt*

**casework** ['keisˈwəːk] <-> *m* Sozialarbeit *f*

**cash** ['kæʃ] <-> *m* Bargeld *nt*, Cash *fam*; **pagare in ~** bar bezahlen **cash-and--carry** ['kæʃən(d)'kæri] <-> *m* (COM) Abholmarkt *m*

**cash dispenser** ['kæʃ di'spensə *o* 'kæʃ dis'pɛnser] <-> *m* Geldautomat *m* **cash**

**flow** ['kæʃ flou] <-> *m* (FIN, COM: *flusso di cassa*) Kassenzufluss *m*, Cashflow *m*
**cashmere** [kæʃ'miə] <-> *m v.* **cachemire**
**casiere, -a** [ka'siɛːre] *m, f* (*tosc*) Hausmeister(in) *m(f)*, Hausbesorger(in) *m(f) A*
**casinista** [kasi'nista] <-i *m*, -e *f*> *mf* (*fam*) Chaot(in) *m(f)*
**casino** [ka'siːno] *m* ① (*fam: confusione*) Durcheinander *nt*, Drunter und Drüber *nt*; (*chiasso*) Krach *m* ② (*fam: casa di prostituzione*) Puff *m* ③ (*da caccia*) Jagdhütte *f*
**casinò** [kazi'nɔ] <-> *m* [Spiel]kasino *nt*
**casistica** [ka'zistika] <-che> *f* Statistik *f*
**casko** *v.* **casco**
**caso** ['kaːzo] *m* ① (*avvenimento fortuito*) Zufall *m*, Fügung *f*; **per** ~ durch Zufall, zufällig; **per puro** ~ rein zufällig; **a** ~ auf gut Glück, aufs Geratewohl; **la colpa è del** ~ der Zufall hat es so gewollt ② (*ipotesi*) Fall *m*, Annahme *f*; **in** [*o* **nel**] ~ **contrario** ander[en]falls, ansonsten; **in qualunque** ~ in jedem Fall; **in tal** ~ in diesem Fall; **in ogni** ~ auf jeden Fall, jedenfalls; **in nessun** ~ keinesfalls; **nel peggiore dei** -**i** schlimmstenfalls; **nel** ~ **che** [*o* **in cui**] ... +*conj* für den Fall, dass ...; ~ **mai** ... +*conj* falls ..., für den Fall, dass ...; **mettiamo** [*o* **poniamo**] **il** ~ **che** ... +*conj* gesetzt den Fall, dass ...; **si dà** [**il**] ~ **che** ... +*conj* (*accadere*) es kommt vor, dass ...; (*cosa sicura*) Tatsache ist, dass ...; **i** -**i sono due** es gibt zwei Möglichkeiten; **non è il** ~ (*conveniente*) es lohnt sich nicht; (*opportuno*) es ist nicht angebracht; **in** ~ **di morte/malattia** im Todes-/Krankheitsfall ③ (*fatto*) Fall *m*, Ereignis *nt*; ~ **limite** Grenzfall *m*; **il** ~ **Dreyfus** die Dreyfus-Affäre; **un** ~ **disperato** ein aussichtsloser Fall; **i** -**i propri** die eigenen Angelegenheiten ④ (LING) Fall *m*, Kasus *m*
**casolare** [kaso'laːre] *m* abgelegenes Haus
**casomai, caso mai** [kazo'maːi, 'kaːzo 'maːi] *cong* +*conj* falls, für den Fall; (*eventualmente*) eventuell, gegebenenfalls
**casotto** [ka'sɔtto] *m* ① (*fam: casa di prostituzione*) Puff *m* ② (*vulg: baccano, confusione*) Heidenlärm *m fam*, Drunter und Drüber *nt fam* ③ (*piccola casa*) Häuschen *nt*; (*di fiera, mercati*) Bude *f*
**caspita** ['kaspita] *int* (*fam*) Donnerwetter; **ma che ~ vuoi!** (*fam*) zum Donnerwetter, was willst du [denn]?
**cassa** ['kassa] *f* ① (*recipiente*) Kiste *f*, Kasten *m*; ~ **acustica** Lautsprecherbox *f*; ~ **da morto** Sarg *m* ② (TEC: *dell'orologio*) Gehäuse *nt* ③ (COM, FIN) Kasse *f*, Kassa *f A*; ~ **di risparmio** Sparkasse *f*; ~ **integra-**

**zione** Lohnausgleichskasse *f*; ~ **malattia** Krankenkasse *f*; **registratore di** ~ Registrierkasse *f*; **batter** ~ (*fam*) Geld verlangen; **pagare** [**a**] **pronta** ~ bar zahlen ④ (ANAT) ~ **toracica** Brustkasten *m*
**cassaforte** [kassa'fɔrte] <casseforti> *f* Safe *m*, Geldschrank *m*
**cassaintegrato, -a** [kassainte'graːto] *v.* **cassintegrato**
**Cassandra** [kas'sandra] *f* Kassandra *f*; **fare la** ~ unken
**cassapanca** [kassa'paŋka] <-che *o* cassepanche> *f* Sitztruhe *f*
**cassata** [kas'saːta] *f* Cassata *f* (*Eis mit kandierten Früchten, sizil. Quarktorte mit Schokolade und kandierten Früchten*)
**cassazione** [kassat'tsjoːne] *f* Berufung *f*; (*annullamento*) Aufhebung *f*; **Corte di Cassazione** ≈ [Bundes]gerichtshof *m*
**casse** [kas] <- *o* casses> *f* (TEC: *vino*) Änderung *f* der Farbe
**casseforti** *pl di* **cassaforte**
**cassepanche** *pl di* **cassapanca**
**cassero** ['kassero] *m* Aufbaudeck *nt*
**casseruola** [kasse'rwɔːla] *f* Kasserolle *f*, Schmortopf *m*
**cassetta** [kas'setta] *f* ① (*piccola cassa*, TEC) Kasten *m*; ~ **delle lettere** Briefkasten *m*; ~ **postale elettronica** (INFORM) Mailbox *f*; ~ **di distribuzione** Verteilerkasten *m*; ~ **di sicurezza** Schließfach *nt* ② (*di registratore, video*) Kassette *f*; **film di** ~ kommerzieller Film ③ (*di carrozza*) [Kutsch]bock *m*
**cassetto** [kas'setto] *m* Schublade *f*
**cassettone** [kasset'toːne] *m* ① (*mobile*) Kommode *f* ② (ARCH) Kassette *f*; **soffitto a -i** Kassettendecke *f*
**cassiere, -a** [kas'siɛːre] *m, f* Kassierer(in) *m(f)*, Kassier *A*
**cassintegrato, -a** [kassinte'graːto] I. *m, f* Kurzarbeiter(in) *m(f)* II. *agg* Kurzarbeit-; **operaio** [*o* **lavoratore**] ~ Kurzarbeiter *m*
**cassone** [kas'soːne] *m* ① (*grande cassa*) große Kiste *f* ② (*mobile*) große Truhe **cassonetto** [kasso'netto] *m* Müllcontainer *m*
**cast** [kaːst] <-> *m* Besetzung *f*
**casta** ['kasta] *f* Kaste *f*
**castagna** [kas'taɲɲa] *f* Kastanie *f*; **prendere qu in** ~ (*fig*) jdn auf frischer Tat ertappen **castagnaccio** [kastaɲ'ɲattʃo] <-cci> *m* Kuchen aus Maronenmehl **castagnata** [kastaɲ'ɲaːta] *f* gemeinsames Kastanienessen (*meist auf Straßen- und Volksfesten*) **castagneto** [kastaɲ'ɲeːto] *m* Kastanienwald *m* **castagnetta** [kastaɲ'netta] *f* ① (*petardo*) Knallkör-

per *m* ❷ *pl* (MUS) Kastagnetten *fpl* **castagno** [kasˈtaɲɲo] *m* Kastanie *f*; Kastanienbaum *m* **castagnola** [kastaɲˈɲɔːla] *f* ❶ (*petardo*) Knallkörper *m* ❷ (GASTR) kleiner Krapfen
**castaldo** [kasˈtaldo] *m* ❶ (AGR) Gutsverwalter *m* ❷ (HIST) Statthalter *m*
**castano, -a** [kasˈtaːno] *agg* kastanienbraun
**castellano** [kastelˈlaːno] *m* Kastellan *m*
**castelletto** [kastelˈletto] *m* ❶ (*piccolo castello*) kleine Burg ❷ (*edilizia*) Gerüst *nt* ❸ (FIN) [Überziehungs]kredit *m*
**castello** [kasˈtɛllo] *m* ❶ (*gener*) Burg *f*, Schloss *nt*; **fare -i in aria** (*fig*) Luftschlösser bauen ❷ (*impalcatura*) Gerüst *nt*; (NAUT) Aufbauten *mpl*; **letto a ~** Etagenbett *nt*
**castigamatti** [kastigaˈmatti] <-> *m* ❶ (*fig scherz: persona*) Zuchtmeister *m* ❷ (*bastone*) |Zucht]rute *f*
**castigare** [kastiˈgaːre] *vt* ❶ (*punire*) bestrafen ❷ (*correggere*) korrigieren, verbessern **castigatezza** [kastigaˈtettsa] *f* Untadeligkeit *f*, Korrektheit *f*; (*purezza*) Reinheit *f* **castigato, -a** [kastiˈgaːto] *agg* (*costumi, vita*) untadelig, korrekt; (*lingua*) rein; (*stile*) gepflegt
**castigatoia** [kastigaˈtoːia] <-ie> *f* (*poet*) v. **castigo castigo** [kasˈtiːgo] <-ghi> *m* Strafe *f*; **essere in ~** (*fam*) in der Ecke stehen; **mettere qn in ~** (*fam*) jdn in die Ecke stellen
**casting** [ˈkaːstiŋ] <-> *m* (FILM, TV) Casting *nt*; **ultimare il ~** die Rollenverteilung festlegen
**castità** [kastiˈta] <-> *f* Keuschheit *f*; **cintura di ~** Keuschheitsgürtel *m*; **fare voto di ~** das Keuschheitsgelübde ablegen
**casto, -a** [ˈkasto] *agg* keusch
**castone** [kasˈtoːne] *m* Fassung *f*
**castorino** [kastoˈriːno] *m* ❶ (*pelliccia*) Nutria *m*, Nutriafell *nt* ❷ (ZOO) Nutria *f*, Biberratte *f*
**castoro** [kasˈtɔːro] *m* ❶ (ZOO) Biber *m* ❷ (*pelliccia*) Biberpelz *m*
**castrante** [kasˈtrante] *agg* (*fig*) frustrierend
**castrare** [kasˈtraːre] *vt* (*animale, uomo*) kastrieren
**castrato** [kasˈtraːto] *m* ❶ (ZOO) kastriertes Tier ❷ (GASTR) Hammelfleisch *nt*, Schöpserne *nt* A ❸ (*cantante evirato*) Kastrat *m*
**castrato, -a** *agg* kastriert **castratore** [kastraˈtoːre] *m* ❶ (*chi castra*) Kastrierer *m* ❷ (*fig pej: censore*) strenger Zensor
**castrazione** [kastratˈtsioːne] *f* Kastration *f*
**castronaggine** [kastroˈnaddʒine] *f* (*fam*) Blödsinn *m* **castroneria** [kastroneˈriːa] <-ie> *f* (*fam*) Riesendummheit *f*
**casual** [ˈkæʒuəl] I. <inv> *agg* leger; **abbigliamento ~** Freizeitkleidung *f* II. *avv* leger, salopp; **vestirsi ~** sich leger und bequem kleiden III. <-> *m* legere Kleidung *f*, Freizeitmode *f*; **il ~ va sempre di moda** Freizeitmode ist zeitlos
**casuale** [kazuˈaːle] *agg* ❶ (*dovuto al caso*) zufällig ❷ (LING) Deklinations-, Kasus- **casualità** [cazualiˈta] <-> *f* Zufälligkeit *f* **casualizzare** [kazualidˈdzaːre] *vt* etw dem Zufall zuschreiben, etw als Schicksal deuten
**casupola** [kaˈsuːpola] *f* Hütte *f*
**cataclisma** [kataˈklizma] <-i> *m* ❶ (*calamità naturale*) Naturkatastrophe *f* ❷ (*fig: sovvertimento*) Umwälzung *f*
**catacomba** [kataˈkomba] *f* Katakombe *f*
**catafalco** [kataˈfalko] <-chi> *m* Katafalk *m*
**catafascio** [kataˈfaʃʃo] *m* **a ~** durcheinander; **andare a ~** durcheinandergeraten; (*in rovina*) verfallen; (*rapporto*) in die Brüche gehen; **mandare a ~** durcheinanderbringen; (*in rovina*) dem Verfall preisgeben
**catalisi** [kataˈlizi] <-> *f* (CHEM) Katalyse *f*
**catalitico, -a** [kataˈliːtiko] <-ci, -che> *agg* (MOT) katalytisch, Katalysator-; **marmitta -a** Katalysator *m* **catalizzare** [kataliddˈzaːre] *vt* ❶ (CHEM) katalysieren ❷ (*fig: accelerare*) beschleunigen; (*attirare*) anziehen **catalizzato, -a** [kataliddˈzaːto] *agg* (MOT: *dotato di catalizzatore*) mit Katalysator, mit Kat *fam* **catalizzatore** [kataliddzaˈtoːre] *m* (MOT) Katalysator *m*
**catalogare** [kataloˈgaːre] *vt* katalogisieren
**catalogo** [kaˈtaːlogo] <-ghi> *m* ❶ (*di libri, oggetti*) Katalog *m*, Verzeichnis *nt* ❷ (*fig: elencazione*) Katalog *m*, Aufzählung *f*
**catalografico, -a** [kataloˈgraːfiko] <-ci, -che> *agg* (TYP) katalografisch
**catanese** [kataˈneːse] I. *agg* aus Catania stammend II. *mf* (*abitante*) Einwohner(in) *m(f)* von Catania
**Catanese** <*sing*> *m* Umgebung *f* von Catania
**Catania** *f* Catania *nt* (*Stadt in Sizilien*)
**catanzarese** [katantsaˈreːse] I. *agg* aus Catanzaro II. *mf* (*abitante*) Einwohner(in) *m(f)* von Catanzaro
**Catanzarese** <*sing*> *m* Umgebung *f* von Catanzaro
**Catanzaro** *f* Catanzaro *nt* (*Hauptstadt Kalabriens*)
**catapecchia** [kataˈpekkia] <-cchie> *f* Bruchbude *f fam*

**cataplasma** [kata'plazma] <-i> *m* Wickel *m*, Packung *f*

**catapulta** [kata'pulta] *f* Katapult *nt o m*

**catapultare** [katapul'taːre] *vt* schleudern, katapultieren

**cataratta** [kata'ratta] *v.* **cateratta**

**catarifrangente** [katarifran'dʒɛnte] *m* Rückstrahler *m*, Katzenauge *nt fam*

**catarro** [ka'tarro] *m* Katarrh *m*

**catasta** [ka'tasta] *f* Stapel *m*, Stoß *m*; (*mucchio, a. fig*) Haufen *m*

**catasto** [ka'tasto] *m* ① (*registro*) Kataster *m o nt* ② (*ufficio*) Katasteramt *nt*

**catastrofale** [katastro'faːle] *agg* Katastrophen-

**catastrofe** [ka'tastrofe] *f* Katastrophe *f*; **~ ecologica** Umweltkatastrophe *f* **catastrofico, -a** [katas'trɔːfiko] <-ci, -che> *agg* katastrophal **catastrofismo** [katastro'fizmo] <*sing*> *m* ① (SCIENT) Katastrophentheorie *f* ② (*esagerato pessimismo*) Schwarzseherei *f*, Schwarzmalerei *f* **catastrofista** [katastro'fista] <-i *m*, -e *f*> *mf* Schwarzseher(in) *m(f)*, Schwarzmaler(in) *m(f)* **catastrofistico, -a** [katastro'fistiko] <-ci, -che> *agg* ① (SCIENT) katastrophentheoretisch ② (*pessimistico*) schwarzseherisch, schwarzmalerisch

**catch** [kætʃ] <-> *m* Catch *nt*

**catcher** ['kɛttʃer] <-> *m* (*nel baseball*) Fänger(in) *m(f)*, Catcher(in) *m(f)*

**catechesi** [kate'kɛːzi] <-> *f* Religionsunterricht *m*, Katechese *f* **catechismo** [kate'kizmo] *m* Katechismus *m* **catechizzare** [katekid'dzaːre] *vt* in Religion unterrichten; (*fig*) indoktrinieren

**categoria** [katego'riːa] <-ie> *f* Kategorie *f*; **~ a rischio** Risikogruppe *f*; **~ di prezzo** Preisklasse *f*; **~ di reddito** Einkommensklasse *f* **categorico, -a** [kate'gɔːriko] <-ci, -che> *agg* kategorisch **categorizzare** [kategorid'dzaːre] *vt* eingruppieren, kategorisieren *geh*

**catena** [ka'teːna] *f* Kette *f*; **~ di alberghi** Hotelkette *f*; **~ di negozi** Ladenkette *f*; **~ di montaggio** [*o* **di lavorazione**] Fließband *nt*; **~ cinematica** Antriebsstrang *m*; **~ di trasmissione** Antriebskette *f*; **reazione a ~** Kettenreaktion *f*; **una ~ di avvenimenti** (*fig*) eine Kette von Ereignissen **catenaccio** [kate'nattʃo] <-cci> *m* Riegel *m* **catenella** [kate'nɛlla] *f* Kettchen *nt*; **punto ~** Kettenstich *m*

**cateratta** [kate'ratta] *f* ① (MED) grauer Star ② (GEOG) Stromschnelle *f*, Katarakt *m* ③ (*chiusa*) Schleuse *f*

**catering** ['keitəriŋ] <-> *m* Catering *nt*

**caterpillar®** [kater'pillar] <-> *m* Raupenschlepper *m*, Caterpillar *m*

**caterva** [ka'tɛrva] *f* Haufen *m*

**catetere** [kate'tɛːre] *m* Katheter *m*

**cateto** [ka'tɛːto] *m* Kathete *f*

**catinella** [kati'nɛlla] *f* Waschschüssel *f*; **piove a -e** es schüttet, es gießt

**catino** [ka'tiːno] *m* (*recipiente*) Schüssel *f*; (*quantità*) Schüssel [voll] *f*

**catodico, -a** [ka'tɔːdiko] <-ci, -che> *agg* Kathoden- **catodo** ['kaːtodo] *m* Kathode *f*

**catorcio** [ka'tɔrtʃo] <-ci> *m* (*fam pej: oggetto*) Schrott *m*; (*veicolo*) Schrottkiste *f*

**catramare** [katra'maːre] *vt* teeren **catrame** [ka'traːme] *m* Teer *m*

**cattedra** ['kattedra] *f* ① (*di scuola*) Katheder *nt*, Pult *nt*; **stare in ~** (*fig scherz*) dozieren ② (*all'università*) Lehrstuhl *m* ③ (REL) Stuhl *m*

**cattedrale** [katte'draːle] I. *f* Kathedrale *f* II. *agg* Kathedral-

**cattedratico, -a** [katte'draːtiko] <-ci, -che> I. *agg* professoral II. *m, f* Lehrstuhlinhaber(in) *m(f)*

**cattiva** *f v.* **cattivo**

**cattivarsi** [katti'varsi] *vr* sich *dat* sichern, gewinnen

**cattiveria** [katti'vɛːria] <-ie> *f* Bosheit *f*, Boshaftigkeit *f*

**cattività** [kattivi'ta] <-> *f* (*poet*) Gefangenschaft *f*

**cattivo** [kat'tiːvo] *m* ① (*parte cattiva*) Schlechte(s) *nt*; (*immangiabile, imbevibile*) Ungenießbare(s) *nt* ② (METEO) schlechtes Wetter

**cattivo, -a** <più cattivo *o* peggiore, cattivissimo *o* pessimo> I. *agg* ① (*persona*) böse, schlecht ② (*cosa, tempo, aria*) schlecht; **essere di ~ umore** schlechte Laune haben; **essere in ~ stato** in einem schlechten Zustand sein; **fa ~ tempo** das Wetter ist schlecht; **essere** [*o* **navigare**] **in -e acque** (*fig*) sich in einer üblen Lage befinden II. *m, f* (*persona*) Böse(r) *f(m)*; **fare il ~** unartig sein

**cattocomunista** [kattokomu'nista] <-i *m*, -e *f*> *mf* Katholik(in) *m(f)* und Wähler(in) *m(f)* [*o* aktives Mitglied] einer kommunistischen Partei

**cattolica** *f v.* **cattolico**

**cattolicesimo** [kattoli'tʃeːzimo] *m* Katholizismus *m* **cattolicità** [kattolitʃi'ta] <-> *f* Katholizität *f* **cattolicizzare** [kattolitʃid'dzaːre] *vt* jdn zum Katholizismus bekehren, jdn für den Katholizismus gewin-

cattolico → cavallo 158

nen **cattolico, -a** [kat'tɔːliko] <-ci, -che> I. *agg* katholisch II. *m, f* Katholik(in) *m(f)*
**cattura** [kat'tuːra] *f* ❶ (JUR) Festnahme *f*, Ergreifung *f*; (*come prigioniero*) Festnahme *f*; **mandato** [*o* **ordine**] **di ~** Haftbefehl *m* ❷ (*di animale*) Fang *m* **catturare** [kattu'raːre] *vt* ❶ (*persona*) fangen, ergreifen; (*fare prigioniero*) gefangen nehmen ❷ (*animale*) fangen
**caucciù** [kaut'tʃu] <-> *m* Kautschuk *nt*
**caudale** [kau'daːle] *agg* Schwanz-; **pinna ~** Schwanzflosse *f* **caudato, -a** [kau'daːto] *agg* mit [einem] Schwanz [versehen]; **stella -a** Komet *m*, Schweifstern *m*
**caudiforme** [kaudi'forme] *agg* schweifartig
**caudino, -a** [kau'diːno] *agg* **passare le forche -e** Spießruten laufen
**caule** ['kaːule] *m* Stiel *m*, Stängel *m*
**causa** ['kaːuza] *f* ❶ (*origine*) Ursache *f*, Grund *m;* **~ ed effetto** Ursache und Wirkung; **essere ~ di qc** die Ursache für etw sein ❷ (JUR) Klage *f*; (*processo*) Prozess *m;* **~ civile** Zivilklage *f*; **~ penale** Strafverfahren *nt;* **far ~ a qu** jdn gerichtlich belangen; **fare** [*o* **muovere**] **~** klagen ❸ (*fig* POL, COM, SOC, REL) Sache *f*; **fare ~ comune** gemeinsame Sache machen; **perorare una ~** für etw eintreten ❹ (*motivo*) Anlass *m;* **a** [*o* **per**] **~ di qc** auf Grund einer Sache *gen* **causale** [kau'zaːle] I. *agg* kausal, ursächlich II. *f* ❶ (LING) Kausalsatz *m* ❷ (JUR: *di un delitto*) [Beweg]grund *m,* Ursache *f* ❸ (COM: *di un pagamento*) Verwendungszweck *m* **causalità** [kauzali'ta] <-> *f* Kausalität *f*, Ursächlichkeit *f* **causare** [kau'zaːre] *vt* verursachen **causativo, -a** [kauza'tiːvo] *agg* (LING) kausativ; **verbo ~** Kausativ *nt*
**causerie** [ko'zri] <causeries> *f* Smalltalk *m*, Plauderei *f*
**caustico, -a** ['kaːustiko] <-ci, -che> *agg* ❶ (CHEM) ätzend, kaustisch ❷ (*fig: mordace*) beißend, scharf, raß A
**cautela** [kau'tɛːla] *f* Vorsicht *f*, Umsicht *f* **cautelare**[1] [kaute'laːre] *agg* Vorsichts-, Sicherheits-
**cautelare**[2] I. *vt* [ab]sichern, sicherstellen II. *vr* **-rsi -rsi contro** [*o* **da**] **qc** (*assicurarsi*) sich gegen etw absichern; **-rsi da qc** (*proteggersi*) sich vor etw *dat* schützen
**cauterizzare** [kauterid'dzaːre] *vt* ätzen, kauterisieren
**cauterizzazione** [kauteriddzat'tsioːne] *f* Ätzung *f*, Kauterisation *f*

**cauto, -a** ['kaːuto] *agg* vorsichtig, umsichtig
**cauzionale** [kauttsio'naːle] *agg* Kautions- **cauzione** [kaut'tsioːne] *f* Kaution *f*
**Cav.** *abbr di* **Cavaliere** Träger eines Verdienstordens
**cava** ['kaːva] *f* Grube *f*; (*di pietre*) Steinbruch *m;* (*fig*) Fundgrube *f*
**cavadenti** [kava'dɛnti] <-> *mf* (*pej*) Zahnklempner(in) *m(f) fam*
**cavafrutti** [kava'frutti] <-> *m* Gemüseschneider *m*
**cavalcare** [kaval'kaːre] I. *vt* ❶ (*cavallo, asino*) reiten [auf + *dat*]; (*montare*) aufsteigen auf + *acc* ❷ (*muretto*) besteigen II. *vi* reiten **cavalcata** [kaval'kaːta] *f* Ritt *m*
**cavalcatore, -trice** [kavalka'toːre] *m, f* Reiter(in) *m(f)*
**cavalcavia** [kavalka'viːa] <-> *m* (*ponte*) Überführung *f*
**cavalcioni** [kaval'tʃoːni] *avv* **a ~** rittlings
**cavaliere** [kava'liɛːre] *m* ❶ (HIST) Ritter *m;* **i -i della tavola rotonda** König Artus' Tafelrunde *f* ❷ (SPORT) Reiter *m* ❸ (HIST) Kavallerist *m*, Soldat *m* der Kavallerie ❹ (*persona cortese*) Kavalier *m* ❺ (*chi accompagna una donna*) Begleiter *m*, Kavalier *m;* (*al ballo*) Tanzpartner *m*, Herr *m* ❻ (*onorificenza*) Ordensträger *m*
**cavalla** [ka'valla] *f* Stute *f*
**cavalleggero** [kavalled'dʒɛːro] *m* Soldat *m* der leichten Kavallerie
**cavalleresco, -a** [kavalle'resko] <-schi, -sche> *agg* ❶ (LIT) höfisch; **letteratura -a** höfische Literatur ❷ (HIST) Ritter-, ritterlich ❸ (*fig: nobile*) vornehm, edel; **animo ~** edle Gesinnung
**cavalleria** [kavalle'riːa] <-ie> *f* ❶ (MIL) Kavallerie *f* ❷ (HIST) Rittertum *nt* ❸ (*fig: raffinata cortesia*) Ritterlichkeit *f* **cavallerizzo, -a** [kavalle'rittso] *m, f* ❶ (*maestro d'equitazione*) Reitlehrer(in) *m(f)* ❷ (*chi cavalca*) Reiter(in) *m(f);* (*acrobata*) Kunstreiter(in) *m(f);* **pantaloni alla -a** Reithose *f*
**cavalletta** [kaval'letta] *f* (ZOO) Heuschrecke *f*
**cavalletto** [kaval'letto] *m* (TEC) Bock *m*, Gestell *nt;* (*da pittore*) Staffelei *f;* (FOTO, FILM) Stativ *nt;* (MIL) Dreifuß *m*
**cavallina** [kaval'liːna] *f* ❶ (ZOO) junge Stute ❷ (SPORT) Bock *m* ❸ (*loc*) **correre la ~** über die Stränge schlagen **cavallino, -a** [kaval'liːno] *agg* Pferde-; **mosca -a** Stechfliege *f*, Bremse *f;* **tosse -a** Keuchhusten *m*
**cavallo** [ka'vallo] *m* ❶ (ZOO, SPORT) Pferd *nt;* **~ a dondolo** Schaukel-

pferd *nt;* ~ **baio** Braune(r) *m;* ~ **bianco** Schimmel *m;* ~ **sauro** Fuchs *m;* ~ **da corsa** Rennpferd *nt;* ~ **da sella** Reitpferd *nt;* ~ **di battaglia** (*fig*) Stärke *f;* (*di artista*) Glanznummer *f;* **coda di** ~ Pferdeschwanz *m;* **ferro di** ~ Hufeisen *nt;* **andare a** ~ reiten; **montare** [*o* **salire**] **a** ~ aufsitzen; **scendere da** ~ absitzen; **a** ~ **di** rittlings auf +*dat;* **essere a** ~ (*fig*) über den Berg sein; **a caval donato non si guarda in bocca** (*prov*) einem geschenkten Gaul schaut man nicht ins Maul ❷ (*di scacchi*) Pferd *nt*, Springer *m;* (*di carte*) italienische Spielkartenfigur, ≈ Dame *f* (*beim französischen Blatt*) ❸ (*di calzoni, mutande*) Schritt *m*

**cavallone** [kaval'lo:ne] *m* ❶ (*onda*) Brecher *m*, große Welle ❷ (zoo) großes Pferd

**cavallone, -a** *m, f* (*fam pej*) Pferd *nt*, grobschlächtiger Mensch

**cavalluccio** [kaval'luttʃo] <-cci> *m* (*cavallo*) Pferdchen *nt;* (*pej*) Klepper *m;* ~ **marino** Seepferdchen *nt;* **portare un bambino a** ~ ein Kind auf den Schultern tragen

**cavapietre** [kava'piɛ:tre] <-> *m* Steinbrucharbeiter *m*

**cavare** [ka'va:re] *vt* ❶ (*estrarre, tirare fuori*) herausholen; (*dente*) ziehen; (*marmo*) [heraus]brechen; (*liquidi*) ablassen, abzapfen; **-rsi gli occhi** (*fig*) sich *dat* die Augen verderben; **non saper** ~ **un ragno dal buco** (*fig*) nichts erreichen ❷ (*levare*) weg-, ab-, fortnehmen; (*macchia*) entfernen; (*vestiti*) ausziehen, ablegen; **-rsi la fame** den Hunger stillen; **-rsi la sete** den Durst löschen; **-rsi la voglia di far qc** das Bedürfnis befriedigen etw zu tun ❸ **cavarsela** (*fam*) davonkommen; **come te la cavi?** (*fam*) wie kommst du zurecht?

**ça va sans dire** [sa va sã'di:r] *avv* natürlich

**cavastivali** [kavasti'va:li] <-> *m* Stiefelknecht *m*

**cavatappi** [kava'tappi] <-> *m* Korkenzieher *m*

**cavaturaccioli** [kavatu'rattʃoli] <-> *m v.* **cavatappi**

**caverna** [ka'vɛrna] *f* ❶ (*grotta*) Höhle *f,* Grotte *f* ❷ (MED) Kaverne *f* **cavernicolo, -a** [kaver'ni:kolo] I. *agg* Höhlen- II. *m, f* Höhlenbewohner(in) *m(f)* **cavernoso, -a** [kaver'no:so] *agg* ❶ (*fig: cupo*) hohl; (*voce*) tief ❷ (*luogo*) reich an Höhlen ❸ (MED) kavernös

**cavezza** [ka'vettsa] *f* ❶ (*di cavallo*) Halfter *m o nt;* **tenere a** ~ **qu** (*fig*) jdn [fest] an der Kandare halten ❷ (*furfante*) Schlingel *m*, Strick *m*

**cavia** ['ka:via] <-ie> *f* ❶ (zoo) Meerschweinchen *nt* ❷ (*fig: animale*) Versuchstier *nt;* (*persona*) Versuchsperson *f,* Proband(in) *m(f)*

**caviale** [ka'via:le] *m* Kaviar *m*

**cavicchio** [ka'vikkio] <-cchi> *m* ❶ (AGR) Pflanz-, Setzholz *nt* ❷ (*di scale*) [Leiter]sprosse *f;* (*piolo*) Pflock *m;* (*gancio*) Haken *m*

**caviglia** [ka'viʎʎa] <-glie> *f* (ANAT) Fußgelenk *nt;* (*di animale*) Fessel *f;* (*malleolo*) Fußknöchel *m* **cavigliera** [kaviʎ'ʎɛ:ra] *f* Fußgelenk-, Fesselbandage *f*

**cavillare** [kavil'la:re] *vi* Haarspaltereien treiben, Haare spalten **cavillo** [ka'villo] *m* Haarspalterei *f,* Spitzfindigkeit *f;* (*pretesto*) Vorwand *m* **cavillosità** [kavillosi'ta] <-> *f* Spitzfindigkeit *f* **cavilloso, -a** [kavil'lo:so] *agg* spitzfindig

**cavità** [kavi'ta] <-> *f* Höhle *f*

**cavo** ['ka:vo] *m* ❶ (*cavità*) Höhle *f,* Höhlung *f;* **nel** ~ **della mano** in der hohlen Hand ❷ (ANAT) ~ **orale** Mundhöhle *f* ❸ (EL) Kabel *nt;* **televisione via** ~ Kabelfernsehen *nt;* ~ **a fibbre ottiche** Glasfaserkabel *nt* ❹ (*corda*) Tau *nt,* Seil *nt*

**cavo, -a** *agg* hohl

**cavolaia** [kavo'la:ia] <-aie> *f* ❶ (*farfalla*) Kohlweißling *m* ❷ (*campo*) Kohlacker *m*

**cavolata** [kavo'la:ta] *f* (*fig fam*) Dummheit *f,* Blödsinn *m*

**cavolfiore** [kavol'fio:re] <-> *m* Blumenkohl *m,* Karfiol *m* A

**cavolo** ['ka:volo] *m* Kohl *m;* ~ **cappuccio** Weißkohl *m;* ~ **di Bruxelles** Rosenkohl *m,* Sprossenkohl *m* A; ~ **rapa** Kohlrabi *m;* ~ **verzotto** Wirsing[kohl] *m;* **testa di** ~ (*fig fam*) Dummkopf *m;* **non capire un** ~ (*fam*) nicht die Bohne verstehen; **non fare un** ~ (*fam*) keinen Strich tun; **non me ne importa un** ~ (*fam*) das kümmert mich keinen Dreck *vulg;* **col** ~ (*fam*) von wegen!, erst recht nicht!; **sono -i tuoi** (*fam*) das ist dein Bier; **entrarci** [*o* **starci**] **come il** ~ **a merenda** passen wie die Faust aufs Auge; **che** ~ **vuoi?** (*fam*) was zum Kuckuck willst du?

**cavour(r)iano, -a** [kavu(r)'rjano] *agg* Cavour'sche, Cavours

**cazzata** [kat'tsa:ta] *f* (*vulg*) Scheiß *m,* Mist *m fam;* **non dire -e!** red bloß keinen Scheiß!

**cazzeggiare** [kattsed'dʒa:re] *vt* (*vulg*) Blödsinn [*o* Blech] reden *fam;* (*vulg*)

rumhängen **cazzeggio** [kat'tseddʒo] <-ggi> *m* (*vulg*) Schwachsinn *m*, Gelaber *nt*
**cazziatone** [kattsia'toːne] *m* (MIL, *vulg*) Anschiss *m* **cazzo** ['kattso] *m* (*vulg: pene*) Schwanz *m*; **testa di ~** (*vulg*) Arschloch *nt*; **non me ne importa un ~** (*vulg*) das kümmert mich einen Scheißdreck; **non capisce un ~** (*vulg*) er/sie versteht einen Dreck davon
**cazzone** [kat'tsoːne] *m* ❶ (*vulg*) *v.* **cazzo** lange Latte *f* ❷ (*fam: balordo*) Blödmann *m*
**cazzottare** [kattsot'taːre] (*fam*) I. *vt* boxen, mit Fäusten schlagen II. *vr* **-rsi** [**con qu**] sich [mit jdm] schlagen **cazzottata, cazzottatura** [kattsot'taːta, kattsotta'tuːra] *f* (*fam*) Keilerei *f*, Prügelei *f* **cazzotto** [kat'tsɔtto] *m* (*fam*) Faustschlag *m*, Boxhieb *m*; **fare a -i** [**con qu**] sich [mit jdm] schlagen
**cazzuola** [kat'tsuɔːla] *f* [Maurer]kelle *f*
**cazzuto, -a** [kat'tsuːto] *agg* (*vulg*) ❶ (*scaltro, imbattibile*) ausgebufft, pfiffig *fam* ❷ (*noioso, faticoso, sgradevole*) abgefuckt
**CC** *abbr di* **Carabinieri** Karabinieri
**cc, c.c.** *abbr di* **corrente continua** Gleichstrom *m*
**C.C.** ❶ *abbr di* **Codice Civile** ≈ Bürgerliches Gesetzbuch ❷ *abbr di* **Corte Costituzionale** Verfassungsgericht *nt* ❸ *abbr di* **Corte di Cassazione** *[höchstes] Revisionsgericht* ❹ *abbr di* **Corte dei Conti** Rechnungshof *m*
**c/c** *abbr di* **conto corrente** Girokonto
**CCD** *m abbr di* **Centro Cristiano Democratico** *christlich demokratische Partei Italiens*
**CCN** [tʃitʃi'ɛnne] *f abbr di* **copia carbone nascosta** (INFORM) Blindkopie *f*, Blind Copy *f*
**CCT, cct** *m abbr di* **Certificato di Credito del Tesoro** [langfristige] Staatsanleihen *fpl*
**CD** [tʃi'diː] <-> *m abbr di* **Compact Disc** CD *f*; **lettore ~** CD-Player *m*
**c.d.d.** *abbr di* **come dovevasi dimostrare** q.e.d.
**C.d.M.** *f abbr di* **Cassa del Mezzogiorno** *Entwicklungsbank für Süditalien*
**CD-RAM** *m abbr di* **Compact Disc Random Access Memory** (INFORM) CD-RAM *f*
**CD-ROM, cd-rom** *m abbr di* **Compact Disc Read Only Memory** (INFORM) CD-ROM *f*; **lettore ~** CD-ROM-Laufwerk *nt*
**C.d.S.** *abbr di* **Codice della Strada** StVO
**CDU** *m abbr di* **Classificazione Decimale Universale** DK *f*, Dezimalklassifikation *f*

**ce** [tʃe] *pron pers* (*davanti a lo, la, li, le, ne*) *v.* **ci I., II., III.**
**CE** *f abbr di* **Comunità Europea** (HIST) EG *f*
**ceca** *f v.* **ceco**
**CECA** *f acro di* **Comunità Europea del Carbone e dell'Acciaio** (HIST) EGKS *f*, Montanunion *f*
**cecchino** [tʃek'kiːno] *m* Scharfschütze *m*
**cece** ['tʃeːtʃe] *m* Kichererbse *f*
**cecità** [tʃetʃi'ta] <-> *f* Blindheit *f*
**ceco** ['tʃɛːko] <*sing*> *m* (*lingua*) Tschechisch(e) *nt*
**ceco, -a** <-chi, -che> I. *agg* tschechisch II. *m, f* (*abitante*) Tscheche *m*, Tschechin *f*
**cecogramma** [tʃeko'gramma] <-i> *m in* Brailleschrift verfasste Nachricht
**Cecoslovacchia** [tʃekozlo'vakkia] *f* [**la**] ~ (HIST) die Tschechoslowakei **cecoslovacco, -a** [tʃekozlo'vakko] <-chi, -che> I. *agg* (HIST) tschechoslowakisch II. *m, f* (HIST) Tschechoslowake *m*/Tschechoslowakin *f*
**cecoviano, -a** [tʃeko'viaːno] *agg* Tschechov-, Tschechovs
**ced.** *abbr di* **cedola** Coupon *m*, Zinsschein *m*
**cedere** ['tʃɛːdere] I. *vi* ❶ (MIL: *ritirarsi*) zurückweichen; (*arrendersi*) sich ergeben; **~ a qc** vor etw *dat* zurückweichen ❷ (*fig: darsi per vinto*) sich beugen, nachgeben; **~ alle preghiere di qu** jds Bitten nachgeben ❸ (*pilastri, fondazioni*) nachgeben, einstürzen; (*abbassarsi*) absacken II. *vt* ❶ (*lasciare*) überlassen; **~ il passo a qu** jdm den Vortritt lassen; **~ le armi** (*a. fig*) sich ergeben, die Waffen strecken; **~ terreno** (*fig*) an Boden verlieren ❷ (COM, JUR) abtreten **cedevole** [tʃe'deːvole] *agg* ❶ (*duttile, molle*) nachgiebig, weich ❷ (*fig: docile*) gefügig **cedevolezza** [tʃedevo'lettsa] *f* ❶ (*duttilità*) Nachgiebigkeit *f* ❷ (*fig: docilità*) Gefügigkeit *f* **cedibile** [tʃe'diːbile] *agg* übertragbar
**cediglia** [tʃe'diʎʎa] <-glie> *f* Cedille *f*
**cedimento** [tʃedi'mento] *m* (*di terreno, strada*) Absinken *nt*, Absacken *nt*; (*di ponte*) Einsturz *m*; (*fig* MED) Schwächeanfall *m*
**cedola** ['tʃɛːdola] *f* Schein *m*; (COM, FIN) Coupon *m*; (*di interessi*) Zinsschein *m*; **~ di consegna** Lieferschein *m* **cedolare** [tʃedo'laːre] *agg* Dividenden-
**cedolino** [tʃedo'liːno] *m* ❶ *dim di* **cedola** Coupon *m*, Abschnitt *m* ❷ (FIN) Lohnstreifen *m*
**cedrata** [tʃe'draːta] *f* ❶ (*bevanda*) erfrischendes Getränk aus dem Sirup der Zitro-

*natzitrone* ②(*dolce*) sizilianischer Zitronatkuchen
**cedro** ['tʃeːdro] *m* ①(*conifera*) Zeder *f*; (*albero da frutto*) Zitronatbaum *m* ②(*frutto*) Zitronatzitrone *f* ③(*legno*) Zedernholz *nt* ④(*candito*) Zitronat *nt*
**ceduo, -a** ['tʃɛːduo] *agg* fällbar, schlagbar; **bosco** ~ Nutzwald *m*, Forst *m*
**CEE** ['tʃɛːe] *f abbr di* **Comunità Economica Europea** (HIST) EWG *f*
**cefalea** [tʃefa'lɛːa] *f* Kopfschmerz *m*
**cefalo** ['tʃɛːfalo] *m* Meeräsche *f*
**cefalopode** [tʃefa'lɔːpode] *m* Kopffüßer *m*, Zephalopode *m*
**ceffo** ['tʃɛffo] *m* ①(*muso*) Schnauze *f*, Maul *nt* ②(*fig pej*: *faccia*) Visage *f fam*; (*persona*) Halunke *m*
**ceffone** [tʃefˈfoːne] *m* Ohrfeige *f*, Watsche *f A*; **mollare** ~ **a qu** (*fam*) jdm eine Ohrfeige verpassen
**Ceilano** [tʃeiˈlaːno] *m* **il** ~ Ceylon *nt*
**celare** [tʃeˈlaːre] **I.** *vt* (*poet*) verbergen; (*verità*) verheimlichen **II.** *vr* **-rsi** sich verbergen; **-rsi a qu** sich vor jdm verbergen
**celata** [tʃeˈlaːta] *f* (HIST) Sturmhaube *f*
**celeberrimo, -a** [tʃeleˈbɛrrimo] *agg* superlativo di **celebre** hochberühmt, hochgefeiert
**celebrante** [tʃeleˈbrante] *m* Zelebrant *m*
**celebrare** [tʃeleˈbraːre] *vt* (*vittoria, festa*) feiern; (*messa*) lesen, zelebrieren; (*nozze*) vollziehen; (*processo*) [durch]führen **celebrativo, -a** [tʃelebraˈtiːvo] *agg* (*solenne*) festlich, Fest-; (*glorificatore*) preisend, Lob[es]- **celebrazione** [tʃelebratˈtsjoːne] *f* Feier *f*; (*di messa*) Zelebrieren *nt*; (*di matrimonio*) Vollziehung *f*; (*di processo*) [Durch]führung *f*
**celebre** ['tʃɛːlebre] *agg* <più celebre, celeberrimo> berühmt **celebrità** [tʃelebriˈta] <-> *f* ①(*fama*) Ruhm *m*, Berühmtheit *f* ②(*persona*) Berühmtheit *f*, Größe *f*
**celebrity** [seˈlɛːbriti] *f* VIP *m o f*, Celebrity *f*
**celere** ['tʃɛːlere] **I.** *agg* ①(*nave, servizio, spedizione*) Eil- ②(*corso*) schnell, rasch **II.** *f* Überfallkommando *nt* **celerità** [tʃeleriˈta] <-> *f* Geschwindigkeit *f*, Schnelligkeit *f*
**celeste** [tʃeˈlɛste] **I.** *agg* ①(ASTR) Himmels-; **corpi -i** Himmelskörper *mpl*; **fenomeni -i** Himmelserscheinungen *fpl* ②(*fig: divino*, REL) himmlisch ③(*colore*) himmelblau **II.** *m* Himmelblau *nt* **celestiale** [tʃeles'tjaːle] *agg* himmlisch
**celestino** [tʃelesˈtiːno] *m* Hellblau *nt*

**celetto** [seˈletto] *m* (THEAT) Bühnenhimmel *m*
**celia** ['tʃɛːlia] <-ie> *f* Spaß *m*, Scherz *m*, Schmäh *m A*
**celiachia** [tʃeliakˈkiːa] *f* (MED) Zöliakie *f*
**celibato** [tʃeliˈbaːto] *m* Junggesellendasein *nt*; (REL) Zölibat *nt o m*
**celibe** ['tʃɛːlibe] **I.** *agg* (*uomo*) unverheiratet, ledig **II.** *m* Junggeselle *m*
**cella** ['tʃɛlla] *f* ①(*di frati, suore, carcerati*) Zelle *f* ②(*vano*) Kammer *f*, Raum *m*; ~ **frigorifera** Kühlraum *m* ③(*delle api*) [Honig]wabe *f* ④(INFORM) Speicher *m*
**cello** ['tʃɛllo] *m* Cello *nt*
**cellofanare** [selofaˈnaːre] *vt* (TEC) einschweißen **cellofanatrice** [selofanaˈtriːtʃe] *f* Einschweißgerät *nt* **cellofanatura** [selofanaˈtuːra] *f* Einschweißen *nt*
**cellophane**® [seloˈfan] <-> *m* Zellophan *nt*
**cellula** ['tʃɛllula] *f* Zelle *f*; ~ **fotoelettrica** Fotozelle *f*, Photozelle *f*; **-e staminali** [embryonale] Stammzellen *fpl*
**cellulare** [tʃelluˈlaːre] **I.** *agg* ①(BIOL) zellular, Zell-; **struttura** ~ Zellstruktur *f* ②(*diviso in celle*) geteilt ③(*carcere, furgone*) Zellen- **II.** *m* ①(*telefono*) Handy *nt*, Mobiltelefon *nt*, Natel *nt CH*; ~ **con carta ricaricabile** Prepaidhandy; ~ **GSM** GSM-Handy ②(*furgone*) Grüne Minna *fam* ③(*carcere*) Zellengefängnis *nt* **cellularista** [tʃelluaˈrista] <-i *m*, -e *f*> *mf* Handybenutzer(in) *m(f)*
**cellulite** [tʃelluˈliːte] *f* Zellulitis *f*, Cellulite *f* **cellulitico, -a** [tʃelluˈliːtiko] <-ci, -che> *agg* Zellulitis-, Cellulite-
**celluloide** [tʃelluˈlɔːide] *f* Zelluloid *nt*; **mondo della** ~ Welt *f* des Films; **divi della** ~ Leinwandhelden *mpl*
**cellulosa** [tʃelluˈloːsa] *f* Zellulose *f*
**celtico, -a** ['tʃɛltiko] <-ci, -che> *agg* ①(*dei Celti*) keltisch ②(*venereo*) Geschlechts-; **malattie -che** Geschlechtskrankheiten *fpl*
**cembalista** [tʃembaˈlista] <-i *m*, -e *f*> *mf* Cembalist(in) *m(f)* **cembalo** ['tʃembalo] *m* Cembalo *nt*
**cementare** [tʃemenˈtaːre] *vt* ①(*edilizia*) zementieren; (*strada*) betonieren ②(*fig: affermazione*) bekräftigen; (*amicizia*) festigen **cementizio, -a** [tʃemenˈtitːtsjo] <-i, -ie> *agg* Zement- **cemento** [tʃeˈmento] *m* Zement *m*; (*calcestruzzo*) Beton *m*; ~ **armato** Stahlbeton *m*
**cena** ['tʃeːna] *f* Abendessen *nt*, Nachtmahl *nt A*; **l'ultima** ~ das [Letzte] Abendmahl
**cenacolo** [tʃeˈnaːkolo] *m* ①(*nell'arte*)

Abendmahl *nt* ❷ (*fig: di artisti e letterati*) Zirkel *m*, Künstlertreff *m*
**cenare** [tʃe'na:re] *vi* zu Abend essen
**cenciaio, -a** [tʃen'tʃa:io] <-ai, -aie> *m*, *f*, **cenciaiolo, -a** [tʃentʃa'iɔ:lo] *m*, *f* Lumpenhändler(in) *m(f)*, Lumpensammler(in) *m(f)*
**cencio** ['tʃentʃo] <-ci> *m* ❶ (*brandello*) Lumpen *m*; (*per pulire*) [Putz]lappen *m*, ·lumpen *m*; ~ **da dare in terra** (*fam*) Scheuerlappen *m*, Aufnehmer *m*; ~ **della polvere** Staubtuch *nt*; **pallido come un** ~ (*fig*) totenbleich, leichenblass ❷ (*pej: di abiti*) Fetzen *m*, Lumpen *m* ❸ (*fig: persona indebolita*) geschwächter Mensch, Schatten *m* seiner [*o* ihrer] selbst **cencioso, -a** [tʃen'tʃo:so] *agg* zerlumpt
**cenere**[1] [tʃe:nere] *f* Asche *f*; [**mercoledì del|le -i** Aschermittwoch *m*; **ridursi in** ~ ausbrennen; (*fig*) sich ruinieren; **covare sotto la** ~ (*a. fig*) schwelen
**cenere**[2] <inv> *agg* aschgrau
**cenerentola** [tʃene'rɛntola] *f* Aschenbrödel *nt*, Aschenputtel *nt*
**cenerino, -a** [tʃene'ri:no] *agg* aschgrau
**cenno** ['tʃenno] *m* ❶ (*gesto*) Wink *m*, Zeichen *nt*; ~ **di riscontro** kurze Empfangsbestätigung; **salutare qu con un** ~ **della mano** jdm zuwinken; **fare** ~ **di sì** nicken; **fare** ~ **di no** den Kopf schütteln ❷ (*indizio*) Anzeichen *nt* ❸ (*spiegazione*) Andeutung *f*, Hinweis *m*; **sull'argomento darò solo qualche** ~ das Thema werde ich nur streifen
**cenone** [tʃe'no:ne] *m* großes Abendessen; ~ **di San Silvestro** Silvesterabendessen *nt*
**cenotafio** [tʃeno'ta:fio] <-i> *m* Kenotaph *nt*, Zenotaph *nt*
**censimento** [tʃensi'mento] *m* Bestandsaufnahme *f*; ~ **della popolazione** Volkszählung *f* **censire** [tʃen'si:re] <censisco> *vt* zählen; (*registrare*) registrieren
**censore** [tʃen'so:re] *m* Zensor *m* **censura** [tʃen'su:ra] *f* ❶ (*controllo*) Zensur *f* ❷ (*ufficio*) Zensurbehörde *f* ❸ (*fig: biasimo*) Rüge *f*, Verweis *m* **censurabile** [tʃensu'ra:bile] *agg* zu beanstanden; (*biasimevole*) tadelnswert **censurare** [tʃensu'ra:re] *vt* ❶ (*film, opera, libro*) zensieren ❷ (*fig: criticare*) beanstanden
**centauro** [tʃen'ta:uro] *m* ❶ (*nella mitologia, astr*) Zentaur *m* ❷ (sport) Fahrer *m* von Motorradrennen
**centellinare** [tʃentelli'na:re] *vt* ❶ (*bevanda*) genussvoll trinken ❷ (*fig: gustare*) auskosten

**centenario** [tʃente'na:rio] <-i> *m* Hundertjahrfeier *f*
**centenario, -a** <-i, -ie> I. *agg* ❶ (*che ha cent'anni*) hundertjährig ❷ (*che ricorre ogni cento anni*) Hundertjahr[es]- II. *m*, *f* Hundertjährige(r) *f(m)* **centennale** [tʃenten'na:le] *agg* hundertjährig **centennio** [tʃen'tɛnnio] <-i> *m* Zeitraum *m* von hundert Jahren, hundert Jahre *ntpl*
**centerbe** [tʃen'tɛrbe] <-> *m* Kräuterlikör *aus den Abruzzen*
**centesima** *f v.* **centesimo**
**centesimale** [tʃentezi'ma:le] *agg* zentesimal
**centesimo** [tʃen'tɛ:zimo] *m* ❶ (*frazione*) Hundertstel *nt*, hundertster Teil ❷ (*moneta*) Cent *m* ❸ (*fig fam: denaro*) **non avere un** ~ **in tasca** blank sein; **non valere un** ~ keinen roten Heller wert sein
**centesimo, -a** I. *agg* hundertste(r, s) II. *m*, *f* Hundertste(r, s) *mfnt*
**centigrado, -a** [tʃen'ti:grado] *agg* hundertgradig, Celsius-; **grado** ~ Grad Celsius
**centigrammo** [tʃenti'grammo] *m* Zentigramm *nt*, Hundertstel Gramm *nt* **centilitro** [tʃen'ti:litro] *m* Zentiliter *m o nt*, Hundertstel Liter *m* **centimetro** [tʃen'ti:metro] *m* Zentimeter *m o nt*
**centimilionesimo, -a** [tʃentimilio'nɛ:zimo] *agg* hundertmillionstel
**centina** ['tʃentina] *f* ❶ (arch) Lehrbogen *m* ❷ (aero) Rippe *f*
**centinaio** [tʃenti'na:io] <*pl*: -aia *f*> *m* Hundert *nt*; **un** ~ [**di**...] etwa hundert [...]; **a -aia** zu Hunderten
**centista** [tʃen'tista] <-i *m*, -e *f*> *mf* Hundertmeterläufer(in) *m(f)*
**cento** ['tʃɛnto] I. *num* [ein]hundert; (*a. fig*) viel; ~ **di questi giorni!** noch viele solche Tage! II. <-> *m* Hundert *f*; **per** ~ Prozent; *v. a.* **cinque**
**centometrista** [tʃentome'trista] <-i *m*, -e *f*> *mf* Hundertmeterläufer(in) *m(f)*
**centomila** [tʃento'mi:la] I. *num* hunderttausend II. <-> *m* Hunderttausend *f* **centomillesimo, -a** [tʃentomil'lɛ:zimo] *agg* hunderttausendste(r, s)
**centonario, -a** [tʃento'na:rio] <-i, -ie> I. *agg* zusammengestückelt, geklittert II. *m* (*autore di centoni*) Verfasser(in) *m(f)* von Centos
**centone** [tʃen'to:ne] *m* (*scherz: banconota da cento*) Blauer *m*
**centopiedi** [tʃento'piɛ:di] <-> *m* Tausendfüßler *m*
**centotredici** [tʃento'treditʃi] <-> *m* ❶ (*numero di telefono*) italienischer Notruf

**②** (*gruppo di pronto intervento*) Polizei *f*, Streifendienst *m*; **chiamare il ~** die Polizei rufen

**centrale** [tʃen'traːle] **I.** *agg* **①** (*di posizione, a. fig: principale*) zentral, Zentral- **②** (ADM) Haupt- **③** (GEOG) Zentral-; **Italia ~** Mittelitalien *nt* **II.** *f* Zentrale *f*; **~ elettrica** Elektrizitätswerk *nt*; **~ telefonica** Telefonzentrale *f*; **~ nucleare** [*o* **atomica**] Kern-, Atomkraftwerk *nt*

**centralinista** [tʃentrali'nista] <-i *m*, -e *f*> *mf* Telefonist(in) *m(f)*

**centralino** [tʃentra'liːno] *m* Telefonvermittlung *f*

**centralismo** [tʃentra'lizmo] *m* Zentralismus *m* **centralità** [tʃentrali'ta] <-> *f* **①** (*posizione*) zentrale Lage, Zentralität *f* **②** (POL) Zentralismus *m*

**centralizzare** [tʃentralid'dzaːre] *vt* zentralisieren **centralizzazione** [tʃentraliddzat'tsioːne] *f* Zentralisierung *f*

**centrare** [tʃen'traːre] *vt* **①** (*bersaglio*) treffen; (*inquadrare*) visieren; (*mirare*) zielen auf +*acc* **②** (*fig: cogliere con precisione*) **~ qc** etw erfassen **③** (TEC) zentrieren; (MOT) auswuchten **④** (*nel calcio*) einwerfen, in die Feldmitte werfen

**centrasiatico, -a** [tʃentra'ziaːtiko] <-ci, -che> *agg* (GEOG) zentralasiatisch **centrato, -a** *agg* (*a computer*) zentriert

**centrattacco** [tʃentrat'takko] <-cchi> *m* Mittelstürmer(in) *m(f)* **centratura** [tʃentra'tuːra] *f* Zentrierung *f* **centravanti** [tʃentra'vanti] <-> *m* Mittelstürmer(in) *m(f)*

**centrifuga** [tʃen'triːfuga] <-ghe> *f* Schleuder *f*, Zentrifuge *f*; (*per frutta*) Entsafter *m* **centrifugare** [tʃentrifu'gaːre] *vt* schleudern, zentrifugieren **centrifugo, -a** [tʃen'triːfugo] <-ghi, -ghe> *agg* zentrifugal; **forza -a** Flieh-, Zentrifugalkraft *f*

**centrino** [tʃen'triːno] *m* [Häkel-, Spitzen]deckchen *nt*

**centritaliano, -a** [tʃentrita'liaːno] *agg* (GEOG) mittelitalienisch, Mittelitalien- **centritavola** *pl di* **centrotavola**

**centro** ['tʃentro] *m* **①** (MAT, GEOG) Mittelpunkt *m*; (POL, ANAT) Zentrum *nt* **②** (*di città*) [Stadt]zentrum *nt*, Stadtmitte *f*; **andare in ~** in die Stadt gehen; **~ abitato** [geschlossene] Ortschaft *f*; **~ balneare** Badeort *m*; **~ storico** Altstadt *f* **③** (*servizio*) Zentrum *nt*; **~ commerciale** Einkaufszentrum *nt*; **~ estetico** Beautysalon *m*; **~ profughi** Flüchtlingslager *nt* **④** (*istituto di studi*) Institut *nt*; **~ conferenze** Konferenzzentrum *nt*; **~ meccanografico** [*o* **elettronico**] (INFORM) Rechenzentrum *nt*; **~ trapianti** Transplantationszentrum *nt* **⑤** (*fig: punto fondamentale*) Kern-, Mittelpunkt *m*; **~ d'attrazione** Anziehungspunkt *m*; **~ di gravità** Schwerpunkt *m*; **far ~** (*a. fig*) treffen

**Centroamerica** [tʃentroa'mɛːrika] *f* Mittelamerika *nt*

**centrocampista** [tʃentrokam'pista] <-i *m*, -e *f*> *mf* Mittelfeldspieler(in) *m(f)* **centrocampo** [tʃentro'kampo] *m* Mittelfeld *nt*

**centroclassifica** [tʃentroklas'siːfika] <-> *m* (SPORT) mittlerer Rang *m*, Mittelfeld *nt*

**centro commerciale** [tʃentro kommer'tʃaːle] *m* Einkaufszentrum *nt*

**centrodestra** [tʃentro'dɛstra] <-> *m* Mitte-Rechts-Koalition *f*

**centroitaliano, -a** [tʃentroita'liaːno] *agg v.* **centritaliano**

**centromediano, -a** [tʃentrome'diaːno] *m, f* Mittelläufer(in) *m(f)* **centrosinistra** [tʃentrosi'nistra] <-> *m* Mitte-links-Koalition *f*

**centrotavola** [tʃentro'taːvola] <centritavola> *m* Tafelaufsatz *m*

**centuplicare** [tʃentupli'kaːre] *vt* **①** (COM) verhundertfachen; (MAT) mit hundert multiplizieren **②** (*fig: accrescere di molto*) vervielfachen, stark vermehren

**centuplo, -a** ['tʃɛntuplo] **I.** *agg* hundertfach **II.** *m* Hundertfache(s) *nt*

**ceppo** ['tʃeppo] *m* **①** (BOT) Wurzelstock *m*; (*di albero tagliato*) [Baum]stumpf *m* **②** (*da ardere*) Holzklotz *m*; (*pezzo lungo*) Scheit *m* **③** (*stirpe*) Stamm *m* **④** *pl* (*ai piedi dei prigionieri*) Fesseln *fpl*; (*catene*) Ketten *fpl*; (*fig*) Fesseln *fpl*, Ketten *fpl*

**cera**[1] ['tʃeːra] *f* **①** (*sostanza*) Wachs *nt*; (*per lucidare*) Wichse *f*; **~ da scarpe** Schuhwichse *f*, -creme *f*; **~ da pavimenti** Bohnerwachs *nt*; **~ per mobili** Möbelpolitur *f*; **dare la ~** wachsen, bohnern; **struggersi come la ~** sich verzehren **②** (*modello*) Wachsfigur *f*; **museo delle -e** Wachsfigurenkabinett *nt*

**cera**[2] ['tʃeːra *o* 'tʃɛːra] *f* (*del viso*) Gesichtsfarbe *f*; (*espressione*) Miene *f*; **avere una bella/brutta ~** gut/schlecht aussehen; (*umore*) gut/schlecht gelaunt sein

**ceralacca** [tʃera'lakka] <-cche> *f* Siegellack *m*

**ceramica** [tʃe'raːmika] <-che> *f* **①** (*oggetto*) Keramik *f*, Töpferware *f* **②** (*arte*) Keramik[kunst] *f* **③** (*impasto*) Steingut *nt*,

Ton *m* **ceramista** [tʃera'mista] <-i *m*, -e *f*> *mf* Keramiker(in) *m(f)*, Töpfer(in) *m(f)*

**cerato, -a** [tʃe'ra:to] *agg* gewachst, Wachs-; **tela -a** Wachstuch *nt*

**cerbero** ['tʃɛrbero] *m* ❶ (*nella mitologia*) Zerberus *m*, Höllenhund *m* ❷ (*fig pej: guardiano arcigno*) Zerberus *m*; (*persona intrattabile*) unzugänglicher Mensch

**cerbiatto, -a** [tʃer'biatto] *m*, *f* Hirschkalb *nt*

**cerbottana** [tʃerbot'ta:na] *f* Blasrohr *nt*

**cerca** ['tʃerka] <-che> *f* **in ~ di** auf der Suche nach

**cercafase** [tʃerka'fa:ze] <-> *m* (TEC: *in elettrotecnica*) Phasensucher *m*

**cercafughe** [tʃerka'fu:ge] <-> *m* (TEC) Gasdetektor *m*, Gassuch-, Gasspürgerät *nt*

**cercamine** [tʃerka'mi:ne] <-> *m* Minensuchgerät *nt*

**cercapersone** [tʃerkaper'so:ne] <-> *m* (*beeper*) Piep[s]er *m* einer Personensuchanlage

**cercare** [tʃer'ka:re] I. *vt* suchen; (*in un libro*) nachschlagen; (*desiderare*) wünschen; (*aspirare*) streben nach; **~ marito/moglie** sich *dat* einen Mann/eine Frau [zum Heiraten] suchen; **~ il proprio utile** auf den eigenen Vorteil aus sein; **~ guai** Streit suchen; **cercasi ...** ... gesucht II. *vi* versuchen; **cercherò di sbrigarmi** ich werde versuchen mich zu beeilen; **chi cerca trova** (*prov*) wer sucht, der findet

**cercatore, -trice** I. *agg* Such- II. *m, f* Sucher(in) *m(f)*

**cerchia** ['tʃerkia] <-chie> *f* ❶ (GEOG) Ring *m*; (*di mura*) Ringmauer *f* ❷ (*fig: di persone*) Kreis *m*, Runde *f*; **~ di amici** Freundeskreis *m*; **~ di utenti** Benutzerkreis *m* **cerchiare** [tʃer'kia:re] *vt* ❶ (*ruota, botte*) bereifen ❷ (*circondare*) umgeben

**cerchiato, -a** [tʃer'kia:to] *agg* ❶ (*ruota, botte*) bereift ❷ (*occhi*) umschattet, gerändert

**cerchietto** [tʃer'kietto] *m* ❶ (*piccolo cerchio*) kleiner Kreis ❷ (*anello*) Ring *m*; (*braccialetto*) Reif *m*; (*per capelli*) Haarreif *m*

**cerchio** ['tʃerkio] <-chi> *m* ❶ (MAT) Kreis *m* ❷ (*di botte*) Reifen *m*; **dare un colpo al ~ ed uno alla botte** (*fig*) keine klare Stellung beziehen ❸ (*di ruota*) Felge *f*; **-chi in lega** Leichtmetallfelgen *fpl* ❹ (*di persone*) Ring *m*, Kreis *m*; **fare ~ attorno a qu** einen Kreis um jdn bilden, jdn umringen; **disporsi in** [*o* **a**] **~** sich im Kreis aufstellen ❺ (*anello*) Ring *m*; (*bracciale*) Armreif *m*;

(*per capelli*) Stirnreif *m* ❻ (*loc*) **avere un ~ alla testa** (*fig*) Kopfschmerzen haben

**cerchione** [tʃer'kio:ne] *m* Felge *f*

**cercopiteco** [tʃerkopi'tɛ:ko] <-chi> *m* (ZOO) Meerkatze *f*

**cereagricolo, -a** [tʃerea'gri:kolo] *agg* den Getreideanbau einer landwirtschaftlichen Genossenschaft betreffend; **sezione -a** genossenschaftliche Sektion für Getreideanbau

**cereale** [tʃere'a:le] *agg* Getreide- **cereali** [tʃere'a:li] *mpl* Getreide *nt* **cerealicolo, -a** [tʃerea'li:kolo] *agg* Getreide-; **coltura -a** Getreideanbau *m* **cerealicoltore, -trice** [tʃerealikol'to:re] *m*, *f* Getreidebauer *m*/-bäuerin *f* **cerealicoltura** [tʃerealikol'tu:ra] *f* Getreideanbau *m* **cerealicultore, -trice** [tʃerealikul'to:re] *v.* **cerealicoltore cerealicultura** [tʃerealikul'tu:ra] *v.* **cerealicoltura**

**cerealista** [tʃerea'lista] <-i *m*, -e *f*> *mf* (*industriale che si occupa del commercio di cereali*) Vertriebsagent(in) *m(f)* für den Getreidehandel

**cerebrale** [tʃere'bra:le] *agg* ❶ (ANAT) Gehirn-, zerebral ❷ (*fig: persona, artista, opera*) kopflastig, [sehr] intellektuell **cerebralismo** [tʃerebra'lizmo] *m* Kopflastigkeit *f*, Intellektualismus *m* **cerebralità** [tʃerebrali'ta] <-> *f* Kopflastigkeit *f*

**cereo, -a** ['tʃɛ:reo] <-ei, -ee> *agg* ❶ (*di cera*) wächsern ❷ (*aspetto, volto*) wachs-, kreidebleich

**ceretta** [tʃe'retta] *f* Enthaarungswachs *nt* **cerimonia** [tʃeri'mɔ:nia] <-ie> *f* ❶ (*rito*) Zeremonie *f*; (*festeggiamento*) Feier *f*; **abito da ~** (*da donna*) Festkleid *nt*, Abendkleid *nt*; (*da uomo*) dunkler Anzug ❷ *pl* (*complimenti*) Förmlichkeiten *fpl* **cerimoniale** [tʃerimo'nia:le] *m* ❶ (*regole*) Zeremoniell *nt* ❷ (*libro*) Zeremonienbuch *nt* **cerimoniosità** [tʃerimoniosi'ta] <-> *f* Förmlichkeit *f* **cerimonioso, -a** [tʃerimo'nio:so] *agg* förmlich

**cerino** [tʃe'ri:no] *m* Wachsstreichholz *nt*

**cerniera** [tʃer'niɛ:ra] *f* ❶ (*di borsa*) Verschluss *m*, Schloss *nt*; **~ lampo** Reißverschluss *m* ❷ (*a cardine*) Scharnier *nt*

**cernita** [tʃer'ni:ta] *f* Auslese *f*, Auswahl *f*

**cero** ['tʃe:ro] *m* große Kerze; **~ pasquale** Osterkerze *f*

**cerone** [tʃe'ro:ne] *m* Schminke *f*

**ceroso, -a** [tʃe'ro:so] *agg* (*simile a cera*) wachsartig; (*di cera*) Wachs-; (*contenente cera*) wachshaltig

**cerottino** [tʃerot'ti:no] *m* (MED) *dim di* **cerotto** kleines Pflaster, Pflästerchen *nt*

**cerotto** [tʃe'rɔtto] *m* ① (MED) Pflaster *nt* ② (*fam pej: persona molesta*) Nervensäge *f;* (*di salute cagionevole*) kränklicher Mensch

**certamente** [tʃerta'mente] *avv* sicherlich, gewiss

**certezza** [tʃer'tettsa] *f* Sicherheit *f,* Gewissheit *f*

**certificare** [tʃertifi'ka:re] *vt* bescheinigen, bestätigen **certificato** [tʃertifi'ka:to] *m* Zeugnis *nt;* (ADM) Bescheinigung *f,* Nachweis *m;* (*documento*) Urkunde *f;* (*attesto*) Attest *nt;* ~ **di garanzia** Garantieschein *m;* ~ **di morte** Sterbeurkunde *f;* ~ **di nascita** Geburtsurkunde *f;* ~ **di proprietà** Kfz-Brief *m;* ~ **di residenza** Anmeldebestätigung *f;* ~ **medico** ärztliches Attest

**certo** ['tʃɛrto] *avv* sicher[lich], natürlich; ~ **che vengo!** natürlich komme ich!; **ma ~!** aber sicher!; **sì/no ~!,** ~ **che sì/no!** ja sicher/sicher nicht!; **ormai sarà ~ arrivato** jetzt ist er sicher schon angekommen; **lei,** ~ **, lo nega** sie bestreitet es natürlich

**certo, -a** *agg* ① (*sicuro*) sicher, gewiss; (*indubbio*) zweifellos; (*vero*) wahr; (*convinto*) überzeugt; **dare qc per ~** etw als Tatsache hinstellen ② (*qualche*) manche(r, s); **in -i giorni** an manchen Tagen ③ (*alquanto*) einige(r, s) ④ (*tale*) gewiss; **in un ~ senso** in gewissem Sinne; **quel ~ non so che** das gewisse Etwas; **hai -e occhiaie oggi!** hast du aber heute Ringe unter den Augen!; **ha telefonato una -a Gianna** eine gewisse Gianna hat angerufen

**certosa** [tʃer'to:za] *f* (REL, ARCH) Kartause *f*

**certosina** [tʃerto'zi:na] *f* (KUNST: *tavolino rinascimentale intarsiato con oro e vari legni*) Intarsia *f*

**certosino** [tʃerto'zi:no] *m* ① (REL) Kartäuser *m* ② (GASTR) Honigkuchen mit Gewürzen und kandierten Früchten; (*liquore*) Kräuterlikör *m,* Chartreuse® *m* ③ (*loc*) **pazienza da** [*o* **di un**] ~ Engelsgeduld *f;* **lavoro da** ~ Geduldsarbeit *f*

**certuno** [tʃer'tu:no] *pron indef* manch eine(r, s), manche(r, s)

**cerume** [tʃe'ru:me] *m* Ohrenschmalz *nt*

**cervelletto** [tʃervel'letto] *m* Kleinhirn *nt*

**cervello** [tʃer'vɛllo] <*pl a:* **cervella** *f*> *m* ① (ANAT) Gehirn *nt;* **lavaggio del ~** Gehirnwäsche *f;* **avere il ~ di una gallina** [*o* **di una formica**] (*fig*) ein Spatzenhirn haben *fam* ② (INFORM) Rechner *m;* ~ **elettronico** Elektronenhirn *nt,* -rechner *m* ③ (*fig: intelletto*) Verstand *m;* (*senno*) Vernunft *f;* (*intelligenza*) Intelligenz *f;* (*spirito*) Geist *m;* (*testa*) Kopf *m;* **è un ~** er/sie ist ein kluger Kopf; **agire senza ~** unvernünftig handeln; **usare il ~** nachdenken; **uscire di ~** (*fig*) den Verstand verlieren; **dare di volta il ~** (*fig*) durchdrehen *fam;* **bruciarsi** [*o* **farsi saltare**] **le cervella** sich *dat* eine Kugel durch den Kopf jagen; **mi si spacca il ~** mir platzt der Kopf; **arrovellarsi** [*o* **lambiccarsi**] **il ~** (*fig*) sich *dat* den Kopf zerbrechen **cervellone, -a** [tʃervel'lo:ne] *m, f* Intelligenzbestie *f* **cervellotico, -a** [tʃervel'lɔ:tiko] <-ci, -che> *agg* wunderlich, [ab]sonderlich

**cervicale** [tʃervi'ka:le] *agg* Nacken-, Hals-

**cervicite** [tʃervi'tʃi:te] *f* (MED) Gebärmutterhalsentzündung *f,* Zervizitis *f*

**Cervino** [tʃer'vi:no] *m* Matterhorn *nt*

**cervo** ['tʃɛrvo] *m* Hirsch *m;* ~ **volante** (ZOO) Hirschkäfer *m;* (*giocattolo*) [Papier]drachen *m*

**cesareo** [tʃe'za:reo] *agg* kaiserlich; **taglio ~** (MED) Kaiserschnitt *m*

**cesarismo** [tʃeza'rizmo] <*sing*> *m* (POL) Cäsarismus *m*

**cesarista** [tʃeza'rista] <-i *m,* -e *f*> I. *mf* (POL) Cäsarenherrscher(in) *m(f) geh* II. *agg* cäsarisch *geh,* selbstherrlich

**cesellare** [tʃezel'la:re] *vt* ziselieren **cesellatore, -trice** [tʃezella'to:re] *m, f* Ziseleur(in) *m(f),* Ziselierer(in) *m(f)* **cesellatura** [tʃezella'tu:ra] *f* Ziselierung *f*

**cesello** [tʃe'zɛllo] *m* Grabstichel *m;* (*a più punte*) Punze *f;* **lavorare di ~** (*a. fig*) ziselieren

**cesoia** [tʃe'zo:ia] <-oie> *f* ① (*per lamiere*) Draht-, Blechschere *f* ② *pl* (*da giardino*) Gartenschere *f*

**cesoiata** [tʃezo'ia:ta] *f* Scherenschnitt *m*

**cesoiatore, -trice** [tʃezoia'to:re] *m, f* Bediener(in) *m(f)* der Blechschneidemaschine **cesoiatrice** [tʃezoia'tri:tʃe] *f* (TEC) Blechschneidemaschine *f* **cesoista** [tʃezo'ista] <-i *m,* -e *f*> *mf v.* **cesoiatore**

**cespite** ['tʃɛspite] *m* Einnahmequelle *f*

**cespo** ['tʃespo] *m* [Salat-, Kohl]kopf *m;* ~ **d'insalata** Salatkopf *m*

**cespuglieto** [tʃespuʎ'ʎe:to] *m* Gebüsch *nt,* Strauchrabatte *f*

**cespuglio** [tʃes'puʎʎo] <-gli> *m* Busch *m,* Strauch *m* **cespuglioso, -a** [tʃespuʎ'ʎo:so] *agg* ① (BOT) strauchig ② (*fig: sopracciglia*) buschig

**cessare** [tʃes'sa:re] I. *vi essere o avere* ~ **di fare qc** aufhören etw zu tun II. *vt avere* einstellen, beenden

**cessate il fuoco** [tʃesˈsaːte il ˈfuɔːko] <-> *m* Waffenstillstand *m*

**cessazione** [tʃessatˈtsjoːne] *f* Beendigung *f*, Aufgabe *f*; **~ delle ostilità** Einstellung *f* der Feindseligkeiten; **~ di un contratto** Auslaufen *nt* eines Vertrages

**cessione** [tʃesˈsjoːne] *f* Abtretung *f*, Übertragung *f*

**cesso** [ˈtʃɛsso] *m* (*fam*) Klo *nt*, Lokus *m*

**cesta** [ˈtʃesta] *f* ❶ (*recipiente*) Korb *m* ❷ (*contenuto*) Korb [voll] *m* **cestello** [tʃesˈtɛllo] *m* ❶ (*piccola cesta*) Körbchen *nt*; (*per bottiglie*) Flaschenkorb *m* ❷ (*di lavatrice*) Trommel *f*; (*di lavastoviglie*) [Geschirr]korb *m*

**cestinare** [tʃestiˈnaːre] *vt* (*a. fig*) in den Papierkorb werfen

**cestino** [tʃesˈtiːno] *m* Körbchen *nt*; **~ da lavoro** Nähkästchen *nt*; **~ da viaggio** Lunchpaket *nt*; **~ della carta** Papierkorb *m*

**cesto** [ˈtʃesto] *m* Korb *m*; **~ regalo** Präsent-, Geschenkkorb *m*

**cesura** [tʃeˈzuːra] *f* Zäsur *f*

**cetaceo** [tʃeˈtaːtʃeo] *m* Walfisch *m*

**ceto** [ˈtʃɛːto] *m* Stand *m*; (*strato*) Schicht *f*

**cetra** [ˈtʃeːtra *o* ˈtʃɛːtra] *f* ❶ (MUS) Zither *f*, Lyra *f* ❷ (*fig: ispirazione poetica*) dichterische Inspiration

**cetriolo** [tʃetriˈɔːlo] *m* Gurke *f*

**cf., cfr.** *abbr di* **confronta** vgl.

**CFC** *mpl abbr di* **clorofluorocarburo** FCKW *m*, Fluorchlorkohlenwasserstoff *m*

**cg** *abbr di* **centigrammo** cg

**CGIL** *f abbr di* **Confederazione Generale Italiana del Lavoro** Allgemeiner italienischer Gewerkschaftsbund

**CH** *abbr di* **Confoederatio Helvetica** CH

**cha cha cha** [tʃa tʃa ˈtʃa] <-> *m* Cha-Cha[-Cha] *m*

**chairman** [ˈtʃɛəmən] <-> *m* Chairman *m*, Vorsitzende(r) *f(m)*, Älteste(r) *f(m)*

**chalet** [ʃaˈlɛ] <-> *m* Chalet *nt*, Sennhütte *f*

**chambré** [ʃãˈbre] <inv> *agg* (GASTR: *vino*) bei Raumtemperatur zu servieren

**champagne** [ʃãpaɲ] I.<-> *m* (GASTR) Champagne *m* II.<inv> *agg* (*colore*) champagnerfarben

**champignon** [ʃãpiˈɲõ] <- *o* champignons> *m* (GASTR) Champignon *m*

**chance** [ʃãːs] <-> *f* Chance *f*

**chanteuse** [ʃãˈtøːz] <-> *f* Kabarett-, Nachtclubsängerin *f*

**chantilly** [ʃãtiˈji] <-> *f* ❶ (GASTR) geschlagene Sahne, Schlag *m A*; (*crema*) Creme *f* für Tortenfüllungen; **crema ~** Schlagsahne *f*, Schlagobers *m A* ❷ (*pizzo*) Sahnehaube *f*

**chapter** [ˈtʃæptə] <- *o* chapters> *m* ❶ (*sala per assemblee*) Sitzungssaal *m*, Tagungsraum *m*, Konferenzraum *m* ❷ (*consiglio*) Rat *m*

**charango** [tʃaˈrango] <charangos> *m* (MUS) *fünfsaitige Mandoline der südamerikanischen Indios*

**charme** [ʃarm] <-> *m* Charme *m*

**chart** [tʃaːt] <-> *f* ❶ (FIN) Verlaufsdiagramm *nt* der Börsennotierungen ❷ (*graduatoria di successi*) Chart *f*

**charter** [ˈtʃaːtə] I. <-> *m* (AERO) Charterflugzeug *nt* II.<inv> *agg* gechartert, Charter-; **volo ~** Charterflug *m*

**chase** [tʃeis] <-> *m* (MUS: *jazz*) improvisierte Solopassage *f*

**châssis** [ʃaˈsi] <-> *m* Chassis *nt*, Fahrgestell *nt*

**chat** [tʃæt] <-> *f* (INET) Chatroom *m*, Chat-Room **chatlag** [ˈtʃætlæg] <-> *m* (INET) Chatlag *m* **chat-line** [ˈtʃætlain] <-> *f* (INET) Chatline *f*, Chat-Line **chat-room** [ˈtʃætruːm] <-> *f* (INET) Chatroom *m*, Chat-Room **chattare** [tʃatˈtaːre] *vi* (INET) chatten **chatting** [ˈtʃætting] <-> *m* (INET) Chatten *nt*

**chauffeur** [ʃoˈfœːr] <-> *m* Chauffeur *m*

**che** [ke] I. *pron rel* ❶ (*soggetto*) der/die/das, welcher/welche/welches *geh*; **le persone ~ passano** die Personen, die [*o* welche *geh*] vorbeigehen ❷ (*complemento*) den/die/das, welchen/welche/welches *geh*; **le cose ~ ti ho confidato** die Sachen, die [*o* welche *geh*] ich dir anvertraut habe ❸ (*la qual cosa*) was ❹ (*temporale*) als, an dem; (*luogo a*) wo II. *pron inter* ❶ was; **~** [**cosa**] **pensi?** was denkst du?; **~ cosa vuoi da bere?** was möchtest du trinken?; **~ ne dici?** was hältst du davon?; **di ~** [**cosa**] **ti lamenti?** [worüber] beklagst du dich? ❷ (*esclamativo*) was; **~ vedo!** was sehe ich?; **~, sei già in piedi!** was, du bist schon auf[gestanden]? III. *pron indef* etwas; **ha un certo non so ~ di curioso** er hat etwas Sonderbares an sich *dat* IV.<inv> *agg* (*interrogativo*) welche(r, s), was für ein(e); **a ~ pagina siamo arrivati?** auf welcher Seite sind wir?; **con ~ diritto?** mit welchem Recht?; **~ uomo sei?** was bist du für ein Mensch? V.<inv> *agg* (*esclamativo*) was für ein(e); **~ bella giornata!** was für ein schöner Tag!; **~ bello!** wie schön!; **~ stupido sono stato!** wie dumm ich doch gewesen bin! VI. *cong* +*conj* ❶ (*con proposizioni subordinate*) dass; (*affinché*) damit; **è ora ~ tu vada** es wird Zeit, dass du gehst; **c'era un'afa ~ non si respirava** es war so schwül, dass man kaum atmen konnte; **in modo ~** so, dass; **sempre ~** vorausgesetzt, dass ❷ (*temporale, eccettuativo, in comparazioni*) als; **è andata meglio ~ non credessi** es ging besser, als ich gedacht hatte; **nonostante ~** obwohl; **prima ~** bevor; **ogni volta ~** jedes Mal, wenn ❸ (*limitativo*) soweit; **~ io sappia non è ancora arrivato** soviel ich weiß, ist er noch nicht angekommen; **non fa altro ~ brontolare** er/sie meckert andauernd; **~ vada!** dann soll er/sie doch gehen!; **~ tu lo voglia o no, è lo stesso** ob du [es] willst oder nicht ist egal; **sia ~ ..., sia ~ ...** ob ... oder ..., sei es, dass ... oder ...; **~ mi sia sbagliato?** sollte ich mich getäuscht haben?; **~ nessuno osi entrare!** dass mir keiner hereinkommt!

**ché** [ke] *cong* (*poet*) weil, da

**checca** ['kekka] <-cche> *f* (*sl*) Tunte *f*

**checché** [kek'ke] *pron rel o pron indef* was auch immer

**check-in** ['tʃek'in] <-> *m* (AERO) Check-in-Schalter *m;* **fare il ~** einchecken

**check panel** ['tʃek 'pænl] <-> *m* (MOT) Kontrolltafel *f*

**checkpoint** ['tʃek'pɔint] <-> *m* ❶ (*posto di blocco*) Kontrollposten *m,* Checkpoint *m* ❷ (AERO: *punto di riferimento noto*) Kontrollpunkt *m*

**checks and balances** ['tʃeks ən(d) 'bælənsiz] *mpl* (JUR, POL: *sistema istituzionale*) Gewaltenteilung *f* (*Kontrolle und Teilung der Staatsgewalt in demokratischen Ordnungen*)

**check-up** ['tʃekʌp o tʃe'kap] <-> *m* (MED) gründliche Untersuchung, Check-up *m*

**cheerleader** [tʃi:'rli:der] <-> *mf* Cheerleader(in) *m(f)*

**cheese-burger** ['tʃi:zbə:gə] <-> *m* Cheeseburger *m*

**chef** [ʃef] <-> *m* Chefkoch *m*

**chela** ['kɛːla] *f* Schere *f* [von Schalentieren]

**chemioterapia** [kemiotera'pi:a] <-ie> *f* Chemotherapie *f*

**chemisier** [ʃəmi'zje] <-> *m* Hemdblusenkleid *nt*

**chepì** [ke'pi] <-> *m* Käppi *nt,* Schiffchen *nt*

**chèque** [ʃɛk] <-> *m* Scheck *m*

**cheratina** [kera'ti:na] *f* Keratin *nt*

**cherigma** [ke'rigma] *m* (REL) Kerygma *nt*

**cherigmatico, -a** [kerig'ma:tiko] <-ci, -che> *agg* (REL) kerygmatisch

**cherosene** [kero'zɛːne] *m* Kerosin *nt*

**cherubino** [keru'bi:no] *m* (REL) Cherub[im] *m*

**chetare** [ke'ta:re] I. *vt* beruhigen II. *vr* **-rsi** sich beruhigen

**chetichella** [keti'kɛlla] *f* **alla ~** heimlich, in aller Stille

**cheto, -a** ['ke:to] *agg* still, ruhig; **acqua -a** (*fig*) stilles Wasser; **acqua -a rompe i ponti** (*prov*) stille Wasser sind tief

**chewing gum** ['tʃu:ɪŋɡʌm] <-> *m* Kaugummi *nt o m*

**chi** [ki] I. *pron rel* ❶ (*soggetto*) derjenige, der [*o* welcher]/diejenige, die [*o* welche]/dasjenige, das [*o* welches]; **si salvi ~ può** rette sich, wer kann ❷ (*accusativo*) denjenigen, den/diejenige, die/dasjenige, das; **parlane a ~ vuoi** sag es, wem du willst II. *pron indef* ❶ (*soggetto*) jemand, einer; **~ dice una cosa, ~ un'altra** der eine sagt dies, der andere das ❷ (*oggetto*) wen; **~ si vede!** so trifft man sich! III. *pron inter* ❶ (*soggetto*) wer; **~ c'è?** wer ist da? ❷ (*accusativo*) wen; (*dativo*) wem; **di ~ hai paura?** vor wem hast du Angst?; **di ~ è questo giornale?** wem gehört diese Zeitung?; **a ~ telefoni?** wen rufst du an?; **con ~ esci?** mit wem gehst du aus?

**chiaccherato, -a** [kiakke'ra:to] *agg* im Gerede; **è una ragazza molto -a** über das Mädchen wird viel getratscht

**chiacchiera** ['kiakkiera] *f* ❶ *pl* (*conversazione*) Plauderei *f,* Schwätzchen *nt;* (*pej*) Geschwätz *nt;* **fare quattro -e** (*fam*) ein Schwätzchen halten ❷ (*loquacità*) Geschwätzigkeit *f* ❸ (*notizia infondata*) Gerede *nt,* Klatsch *m;* **tutte -e!** alles Geschwätz! ❹ *pl* (GASTR) Baiser *nt* **chiacchierare** [kiakkie'ra:re] *vt* ❶ (*parlare*) plaudern, schwatzen ❷ (*pej: spettegolare*) klatschen, tratschen *fam* **chiacchierata** [kiakie'ra:ta] *f* Plausch *m,* Plauderei *f* **chiacchiericcio** [kiakkie'rittʃo] <-cci> *m* ❶ (*chiacchierio, parlottio*) Geplauder *nt* ❷ (*pettegolezzo*) Gerede *nt,* Tratsch *m,* Klatsch *m* **chiacchierino, -a** [kiakie'ri:no] I. *agg* redselig, geschwätzig II. *m, f* Plappermaul *nt fam* **chiacchierio** [kiakie'ri:o] <-ii> *m* (*diceria*) Gerede *nt*; (*rumore*) Gemurmel *nt* **chiacchierone, -a** [kiakie'ro:ne] I. *agg* ❶ (*che chiacchiera molto*) geschwätzig, redselig ❷ (*che non sa tenere un segreto*) klatschhaft, schwatzhaft II. *m, f* ❶ (*chi chiacchiera molto*) Schwätzer *m fam,* Plaudertasche *f* ❷ (*chi non sa tenere un segreto*) Klatschmaul *nt*

**chiama** ['kia:ma] *f* [Namens]aufruf *m*

**chiamare** [kia'ma:re] I. *vt* ❶ (*gener*) rufen;

**mandare a ~ qu** jdn rufen lassen; **~ qu per nome** jdn mit seinem Namen ansprechen; **~ a raccolta** zusammenrufen; **~ aiuto** um Hilfe rufen; **~ alle armi** zu den Waffen rufen; (*servizio di leva*) einberufen; **~ in giudizio** (JUR) vor Gericht laden; **~ in causa** (*fig*) in etw *acc* hineinziehen ❷ (*telefonare*) anrufen ❸ (*dare nome*) [be]nennen; **~ qc** etw [be]nennen, einer Sache *dat* einen Namen geben; **~ le cose col loro [vero] nome** die Dinge beim Namen nennen ❹ (*a una carica*) ernennen, berufen II. *vr* **-rsi** (*aver nome*) heißen; (*considerarsi*) sich nennen; **come ti chiami?** wie heißt du? **chiamata** [kia'ma:ta] *f* ❶ (TEL) Anruf *m*, Telefongespräch *nt;* **~ interurbana** Ferngespräch *nt* ❷ (MIL) Einberufung *f* ❸ (JUR) Vorladung *f* ❹ (TYP) Verweis *m*
**chianti** ['kianti] <-> *m* Chianti *m* (*Rotwein aus der Toskana*)
**chiappa** ['kiappa] *f* (*vulg*) Arschbacke *f*
**chiappare** [kiap'pa:re] *vt* (*fam*) ❶ (*afferrare*) schnappen, packen ❷ (*sorprendere*) erwischen
**chiara** ['kia:ra] *f* (*fam*) Eiweiß *nt*, Eiklar *nt* A
**chiaretto** [kia'retto] *m* heller Wein; (*rosé*) Rosé[wein] *m*
**chiarezza** [kia'rettsa] *f* ❶ (*fig: lucidità*) Klarheit *f*, Deutlichkeit *f* ❷ (*di cielo*) Klarheit *f;* (*d'acqua*) Reinheit *f*
**chiarificare** [kiarifi'ka:re] *vt* ❶ (*liquido*) klären ❷ (*fig: chiarire*) klarstellen; (*spiegare*) erläutern, erklären
**chiarificatore** [kiarifika'to:re] *m* Klärmittel *nt;* (*recipiente*) Klärgefäß *nt* **chiarificazione** [kiarifikat'tsio:ne] *f* ❶ (*fig: chiarimento*) Erklärung *f*, Erläuterung *f* ❷ (*di liquido*) Klärung *f*
**chiarimento** [kiari'mento] *m* Erklärung *f*, Erläuterung *f* **chiarire** [kia'ri:re] <chiarisco> I. *vt* ❶ (*spiegare*) erläutern, erklären; (*situazione*) klären, klarstellen; (*dubbio*) aus der Welt schaffen; (*faccenda a bereinigen*) ❷ (*oro, argento*) putzen; (*lucidare*) polieren II. *vr* **-rsi** ❶ (*diventare chiaro*) sich aufklären ❷ (*procurarsi chiarezza*) **-rsi di qc** sich *dat* über etw *acc* Klarheit verschaffen
**chiarissimo, -a** [kia'rissimo] *agg* Anrede für eine(*n*) *Professor*(*in*)
**chiaro** ['kia:ro] I. *m* Helle(s) *nt;* (*luce*) Licht *nt*, Helligkeit *f;* **al ~ di luna** bei Mondschein; **vestire di ~** hell gekleidet sein; **mettere in ~ una questione** eine Angelegenheit klarstellen II. *avv* offen;

**parlar ~** offen reden; **vederci ~ in qc** etw durchschauen; **~ e tondo** klipp und klar
**chiaro, -a** *agg* ❶ (*giorno, cielo, acqua*) klar; (*colore, suoni, voce*) hell; **blu/ verde ~** hellblau/-grün ❷ (*fig: netto, deciso, comprensibile*) klar; **un no ~ e tondo** ein klares Nein; **~ come la luce del sole** sonnenklar; **ma è ~!** das ist doch klar!; **è ~ che più ~ non si può!** das ist so klar wie sonst was!
**chiarore** [kia'ro:re] *m* Schein *m*
**chiaroscuro** [kiaros'ku:ro] *m* ❶ (*tecnica*) Helldunkelmalerei *f* ❷ (*fig: della vita*) Wechselfälle *mpl;* (*contrasto*) Kontrast *m*
**chiaroveggente** [kiaroved'dʒɛnte] I. *agg* hellseherisch II. *mf* Hellseher(in) *m(f)*
**chiaroveggenza** [kiaroved'dʒɛntsa] *f* ❶ (*preveggenza*) Hellsehen *nt* ❷ (*fig: perspicacia*) Scharfblick *m*
**chiasmo** ['kiasmo] *m* (LING: *figura retorica*) Chiasmus *m*
**chiassata** [kias'sa:ta] *f* Theater *nt fam;* (*rumore*) Lärm *m;* (*lite*) Krach *m fam*
**chiasso** ['kiasso] *m* (*rumore*) Krach *m*, Lärm *m;* **fare un ~ del diavolo** (*fam*) einen Höllenlärm machen; **l'articolo ha fatto ~** (*fig*) der Artikel hat Aufsehen erregt
**chiassoso, -a** [kias'so:so] *agg* ❶ (*persone, luoghi*) laut ❷ (*colore*) grell
**chiatta** ['kiatta] *f* (*traghetto*) Fähre *f;* (*per trasporto merci*) Lastkahn *m*
**chiavarda** [kia'varda] *f* Bolzen *m*
**chiavare** [kia'va:re] *vt* (*vulg*) vögeln, ficken
**chiave**[1] ['kia:ve] *f* (*a. fig*) Schlüssel *m;* (*punto strategico*) Schlüsselpunkt *m;* **~ di ricerca** (INFORM) Suchausdruck *m;* **~ di volta** (ARCH) Schluss-, Scheitelstein *m;* (*fig*) Grundlage *f*, Basis *f;* **~ inglese** (TEC) Engländer *m;* **chiudere a ~** abschließen, absperren *A;* **mettere sotto ~** unter Verschluss halten; **-i in mano** (*casa*) schlüsselfertig, bezugsfertig; **la ~ di un enigma** (*fig*) eines Rätsels Lösung
**chiave**[2] <inv> *agg* Schlüssel-; **personaggio ~** Schlüsselfigur *f* **chiavetta** [kia'vetta] *f* (*di giocattolo*) [Aufzieh]schlüssel *m;* (*per condutture*) [Gas-, Wasser]hahn *m;* **~ d'accensione** Zündschlüssel *m*
**chiavica** ['kia:vika] <-che> *f* ❶ (*fogna*) Abzugskanal *m* ❷ (*in idraulica*) Schleuse *f;* **topo di ~** Kanalratte *f*
**chiavistello** [kiavis'tɛllo] *m* Riegel *m*
**chiazza** ['kiattsa] *f* Fleck *m;* (*di liquidi a*)

Klecks *m* **chiazzare** [kiat'...cken; (*con liquidi a*) bekle[...

**chic** [ʃik] I. <inv> *agg* ...
II. <-> *m* Schick *m*, Eleganz ...

**chicca** ['kikka] <-cche> *f* ... *infantile*) Süßigkeit *f*, Süße(s) *n*... bon *m o nt*, Zuckerl *nt A* (*fig: cosa* ... *sita*) Schmuckstück *nt*

**chicchera** ['kikkera] *f* Tasse *f*, Schale *f*, Häferl *nt A*

**chicchessia** [kikkes'si:a] <inv> *pron indef* wer auch immer

**chicchirichì** [kikkiri'ki] <-> *m* (*verso del gallo*) Kikeriki *nt*

**chicco** ['kikko] <-cchi> *m* (BOT: *di grano, riso*) Korn *nt*; (*di caffè*) Bohne *f* (*di grandine*) Korn *nt*; (*di un vezzo*) Perle *f*

**chiedere** ['kjɛːdere] <chiedo, chiesi, chiesto> I. *vt* (*per sapere*) fragen nach; ~ qc a qu jdn etw fragen; ~ il prezzo di qc nach dem Preis von etw fragen; ~ notizie di qu sich nach jdm erkundigen (*per avere*) bitten um, erbitten; ~ un favore a qu jdn um einen Gefallen bitten; ~ la mano di una ragazza um die Hand eines Mädchens anhalten II. *vi* fragen; ~ a qu di qc sich bei jdm nach etw erkundigen

**chierica** ['kjeːrika] <-che> *f* Tonsur *f*

**chierichetto** [kjeri'ketto] *m* Messdiener *m*, Ministrant *m* **chierico** ['kjɛːriko] <-ci> *m* Geistliche(r) *m*

**chiesa** [kjɛːza] *f* Kirche *f*

**chiesi** ['kjɛːsi *o* 'kjɛːzi] *1. pers sing pass rem di* **chiedere**

**chiesto** ['kjɛsto] *pp di* **chiedere**

**Chieti** *f* Chieti *nt* (*Stadt in den Abruzzen*)

**chietino, -a** [kje'tiːno] I. *agg* aus Chieti stammend II. *m, f* (*abitante*) Einwohner(in) *m(f)* von Chieti

**chifel** ['kiːfel] <-> *m* Hörnchen *nt*, Kipfe[r]l *m A*

**chiffon** [ʃi'fɔ̃] <-> *m* Chiffon *m*

**chiglia** ['kiʎʎa] <-glie> *f* Kiel *m*

**chignon** [ʃi'njɔ̃] <-> *m* [Haar]knoten *m*, Dutt *m*

**chilo** ['kiːlo] *m abbr di* **chilogrammo** Kilo *nt*

**chilocaloria** [kilokalo'riːa] *f* Kilokalorie *f*

**chilociclo** [kilo'tʃiːklo] *m* Kilohertz *nt*

**chilogrammo** [kilo'grammo] *m* Kilogramm *nt*

**chilohertz** [kilo'ɛrts] *m* Kilohertz *nt*

**chilometraggio** [kilome'traddʒo] <-ggi> *m* zurückgelegte Kilometerzahl; (*tasso di rimborso*) Kilometergeld *nt* **chilometrico, -a** [kilo'mɛːtriko] <-ci, -che> *agg* (*di chilometro*) Kilometer-; (*percorso*) (*fig: interminabile*) unendlich **chilometro** [ki'lɔːmetro] *m* Kilo...

chiazzare → chiodo

...n] *v.* **chilotone** ...:ne] *m* (PHYS: unità di ...) Kilo...

**chi...** *f* Hirn...o 'kiːlovat] *m* Kilo...re *f* [kilovat'toːra]

**ch[il]ora** -che] *agg* f... (*fig: fantastícheria*)

**chimica** ['kiːmika] ...ologia *f* <-ci, **mico, -a** ['kiːmiko]... -riko] <-ci, -che> agg che- misch; **concime** ~ Kuh...mie *f* **chi**- Chemiker(in) *m(f)* ...II. *m, f*

**chimo** ['kiːmo] *m* Speisebrei *m*

**chimono** [ki'mɔːno] <-> *m* Kimono *m*

**china¹** ['kiːna] <-> *f* (*inchiostro*) Tusche

**china²** *f* (*pendio*) Abhang *m*, Lehne *f A*

**chinare** [ki'naːre] I. *vt* (*capo, volto*) neigen, beugen; (*sguardo, occhi*) senken; ~ il capo [*o* la schiena] (*fig*) sich beugen II. *vr* -rsi sich bücken

**chinato, -a** [ki'naːto] *agg* (*piegato*) gebeugt (GASTR) mit Chinarinde aromatisiert

**chincaglieria** [kinkaʎʎe'riːa] <-ie> *f* pl (*oggetti*) Trödel *m*, Kleinkram *m*; (*ninnoli*) Nippes *pl* (*negozio*) Trödelladen *m*

**chinino** [ki'niːno] *m* Chinin *nt*

**chino, -a** ['kiːno] *agg* gebeugt

**chinotto** [ki'nɔtto] *m* (GASTR) Limonade aus Bitterorangen (BOT) Bitterorange *f*, Bittermandarine *f*

**chintz** [tʃints] <-> *m* Chintz *m*

**chioccia** ['kjɔttʃa] <-cce> *f* Glucke *f*

**chiocciare** [kjot'tʃaːre] *vi* (*emettere il verso delle galline*) glucken (*fig: stare rannicchiato*) kauern **chiocciata** [kjot'tʃaːta] *f* Brut *f*

**chioccio, -a** ['kjɔttʃo] <-cci, -cce> *agg* (*voce*) rau, knarrend

**chiocciola** ['kjɔttʃola] *f* (ANAT, ZOO) Schnecke *f*; **scala a** ~ Wendeltreppe *f* (INFORM) Klammeraffe *m* (*@-Symbol in einer Mail-Adresse*)

**chiodato, -a** [kjo'daːto] *agg* ge-, vernagelt; (*scarpe*) Nagel-

**chiodo** ['kjɔːdo] *m* (*da legno o metallo*) Nagel *m*; ~ **da roccia** Felshaken *m*; **mettere** [*o* **piantare**] **un** ~ einen Nagel einschlagen; **attaccare la bicicletta/i guantoni al** ~ (*fig* SPORT) den Radsport/die Boxhandschuhe an den Nagel hängen;

chioma → ciabatta

magro come a) (fig: idea fissa) un Mäh-i di garofano m chioma [ˈkjɔːma] Haar nt; ~ folta chiosare ne f (BOT) Kiosk m chiosa [ˈkjɔza] chiosco [ˈkjɔsko] Zugang m; (con- [kjoˈzaːre] chiostro [ˈ...RM) Chip m chip set vento] (INFORM) Chipset nt chip [tʃoˈmante] mf Handlinien- [tʃip...(f), Chiromant(in) m(f) chi- chiro... (kiromanˈtsiːa] <-ie> f Handle- deus chiromantie f rol f, v. chirurgo
**-niruˈɡiːa** [kirurˈdʒiːa] <-gie> f Chirurgie f; ~ **plastica** plastische Chirurgie, Schönheitschirurgie f **chirurgico, -a** [kiˈrurdʒiko] <-ci, -che> agg chirurgisch; **intervento** ~ operativer Eingriff **chirurgo, -a** [kiˈrurgo] <-gi o -ghi, -ghe> m, f Chirurg(in) m(f)

**chissà** [kisˈsa] avv wer weiß; ~ **chi verrà** wer weiß, wer kommen wird; ~ **quando/dove/mai** wer weiß, wann/wo/ob

**chitarra** [kiˈtarra] f Gitarre f; **suonare la** ~ Gitarre spielen **chitarrista** [kitarˈrista] <-i m, -e f> mf Gitarrist(in) m(f)

**chitina** [kiˈtiːna] f Chitin nt

**chiudere** [ˈkjuːdere] <chiudo, chiusi, chiuso> I. vt ① (finestra, porta, valigia) schließen, zumachen; (libro, ombrello) zuklappen, -machen; (acqua, gas) abdrehen; (mano) schließen; (pugno) ballen; (strada, passaggio) [ver]sperren; (radio) abstellen; (buco, falla) zumachen; ~ **qc sotto chiave** etw unter Verschluss nehmen; ~ **la bocca** den Mund zumachen; (fig) den Mund halten; ~ **un occhio** (fig) ein Auge zudrücken; ~ **gli occhi** (a. fig: morire) die Augen schließen; **non** ~ **occhio tutta la notte** die ganze Nacht kein Auge zutun [können]; [comando] **chiudi** (computer) Beenden nt ② (fig: lettera, scuole) schließen, beenden; (fabbrica) stilllegen, auflassen A; ~ **le scuole** den Unterricht beenden; ~ **il corteo** den Schluss eines Zuges bilden ③ (rinchiudere) einsperren, -schließen II. vi ① (porta, finestra) schließen, zugehen ② (scuola) schließen; (locale) schließen, auflassen A; **il negozio chiude alle otto** das Geschäft schließt um acht ③ (COM) abschließen; ~ **in avanzo/perdita** mit

Gewinn/Verlust abschließen III. vr -**rsi** ① (scuola, locale) schließen ② (rinchiudersi) sich verschließen; -**rsi in se stesso** sich in sich selbst zurückziehen ③ (cielo) sich bewölken, sich zuziehen

**chiudiporta** [kjudiˈpɔrta] <-> m Türschließer m

**chiunque** [kiˈunkue] <inv, solo al sing> pron indef ① (qualunque persona) jeder/jede/jedes; ~ **sia** egal, wer ② (qualunque persona che) wer auch immer

**chiurlo** [ˈkjurlo] m ① (ZOO) Brachschnepfe f ② (fig tosc: grullo) Dummkopf m

**chiusa** [ˈkjuːsa] f ① (di fiume, canale) Schleuse f ② (di lettera, discorso) Schluss m ③ (GEOG) Talenge f

**chiusi** [ˈkjuːsi] 1. pers sing pass rem di **chiudere**

**chiuso** [ˈkjuːso] m ① (luogo riparato) geschlossener Raum; **puzza di** ~ stickige Luft ② (per animali) Gehege nt; (per ovini) Pferch m

**chiuso, -a** I. pp di **chiudere** II. agg zu, geschlossen; (naso) zu, verstopft; (fig) verschlossen; **casa -a** Freudenhaus nt; **cielo** ~ bedeckter Himmel; **circolo** ~ geschlossene Gesellschaft; **persona -a** verschlossene Person; **tenere la bocca -a** (fig) den Mund halten **chiusura** [kjuˈsuːra] f ① (fine) Schluss m, Ende nt; (di attività) Beendigung f, [Ab]schluss m; **l'orario di** ~ **dei negozi** die Ladenschlusszeit ② (di strada) Absperrung f ③ (serratura) Verschluss m; ~ **automatica** [o **a scatto**] Schnappverschluss m; ~ **a strappo** Klett[en]verschluss m; ~ **centralizzata** Zentralverriegelung f; ~ **lampo** Reißverschluss m

**chiusurista** [kjusuˈrista] <-i m, -e f> mf Arbeitnehmer der letzten Schicht eines Arbeitstages

**ci** [tʃi] I. pron pers 1. pers pl uns II. pron rifl 1. pers pl uns III. pron dim davon, daran; **non** ~ **pensare più** denk[e] nicht mehr daran IV. pron indef man; ~ **si diverte** man amüsiert sich V. avv ① (qui) hier; (moto) hierhin; **c'è/ci sono ...** es gibt ... ② (lì) dort; (moto) dorthin ③ (per quel luogo) hier durch

**C.ia** abbr di **compagnia** Co.

**ciabatta** [tʃaˈbatta] f ① (pantofola) Pantoffel m, Hausschuh m, Patschen m A; (scarpa malandata) Latsche f fam; ~ **da mare** Badelatsche f ② (fig pej: cosa) Lumpen m; (persona) heruntergekommene Person; **trattare qu come una** ~ jdn wie den letzten Dreck behandeln fam

③ (*forma di pane*) Ciabatta *f* (*knuspriges, flaches, langes Brot*)
**ciabattare** [tʃabat'taːre] *vi* schlurfen, latschen *fam* **ciabattino, -a** [tʃabat'tiːno] *m, f* ❶ (*chi ripara scarpe*) Flickschuster(in) *m(f)* ❷ (*fig: chi esegue male il lavoro*) Stümper(in) *m(f)* **ciabattone, -a** [tʃabat'toːne] *m, f* Schludrian *m*, Schlamper(in) *m(f) fam*
**ciac** [tʃak] I. <-> *m* (FILM) Klappe *f* II. *int* ~, **si gira!** Achtung, Aufnahme!
**cialda** ['tʃalda] *f* ❶ Waffel *f* ❷ (*filtro di carta*) ~ [**di caffè**] [Kaffee]pad *nt* **cialdone** [tʃal'doːne] *m mit Sahne gefüllte Waffelrolle*
**cialtrona** *f v.* **cialtrone**
**cialtronaggine** [tʃaltro'naddʒine] *f* (*pej*) Pfuscherei *f*, Schlampigkeit *f*, Nachlässigkeit *f*; **questa è pura** ~ das ist reine Pfuscherei; **vestirsi con** ~ sich schlampig kleiden; **lavorare con** ~ schlampig arbeiten
**cialtronata** [tʃaltro'naːta] *f* Schlamperei *f*; (*bricconata*) Schelmenstreich *m*, Spitzbubenstreich *m* **cialtrone, -a** [tʃal'troːne] *m, f* (*persona incapace*) Stümper(in) *m(f)*, Dilettant(in) *m(f)*; (*persona trasandata*) ungepflegter Mensch, Schlampe *f*; (*briccone*) Gauner *m* **cialtroneria** [tʃaltrone'riːa] <-ie> *f* Schlamperei *f*; (*bricconaggine*) Gaunerei *f*, Betrügerei *f*
**ciambella** [tʃam'bɛlla] *f* ❶ (GASTR) Kringel *m*; **non tutte le -e riescono col buco** (*prov*) es geht nicht immer alles nach Wunsch ❷ (*salvagente*) Rettungsring *m*
**ciambellano** [tʃambel'laːno] *m* Kammerherr *m*, Kämmerer *m*
**ciancia** ['tʃantʃa] <-ce> *f* (*fam: discorso vuoto*) Geschwätz *nt*, Unsinn *m*; (*pettegolezzo*) Tratsch *m*; (*fandonia*) Flause *f*
**cianciare** [tʃan'tʃaːre] *vi* (*fam*) schwafeln, faseln
**ciancicare** [tʃantʃi'kaːre] I. *vt* (*dial*) zerknittern, verknautschen II. *vi* ❶ (*biascicare*) stammeln ❷ (*mangiare*) mühsam kauen
**ciancicone, -a** [tʃantʃi'koːne] I. *agg* ❶ (*che balbetta*) stammelnd ❷ (*fig*) träge, schwerfällig, arbeitsunlustig II. *m, f* ❶ (*chi balbetta*) Stotterer *m*, Stotterin *f* ❷ (*chi lavora svogliatamente*) unmotivierte [*o* arbeitsunlustige] Person *f*
**ciancione, -a** [tʃan'tʃoːne] I. *agg* schwatzhaft II. *m, f* Plaudertasche *f*, Plappermaul *nt*
**cianfrugliare** [tʃanfruʎ'ʎaːre] I. *vt* ❶ (*fare discorsi disordinati*) faseln, wirres Zeug reden ❷ (*lavorare in maniera imprecisa*) nachlässig arbeiten II. *vi* ❶ (*parlare*) faseln, schwafeln ❷ (*lavorare*) nachlässig arbeiten
**cianfruglione, -a** [tʃanfruʎ'ʎoːne] *m, f* Wirrkopf *m*
**cianfrusaglia** [tʃanfru'zaʎʎa] <-glie> *f* (*fam*) Firlefanz *m*, Krimskrams *m*
**ciangottare** [tʃangot'taːre] *vi* ❶ (*di persone*) lallen, brabbeln ❷ (*di uccelli*) zwitschern ❸ (*di acqua che gorgoglia*) murmeln, gurgeln
**ciangottio** [tʃangot'tiːo] <-ii> *m* ❶ (*chiacchericcio indistinto*) Brabbeln *nt*, Lallen *nt* ❷ (*di uccelli*) Zwitschern *nt* ❸ (*lieve gorgoglio dell'acqua*) Murmeln *nt*, Gurgeln *nt*
**ciangottone, -a** [tʃangot'toːne] *m, f* Stotterer *m*, Stotterin *f*
**cianidrico, -a** [tʃa'niːdriko] <-ci, -che> *agg* Zyan-; **acido** ~ Blausäure *f*
**cianocopia** [tʃano'kɔːpia] *f* (TYP) Blaupause *f*
**cianuro** [tʃa'nuːro] *m* Zyanid *nt*
**ciao** ['tʃaːo] *int* ❶ (*nell'incontrarsi*) hallo, grüß' dich ❷ (*nel lasciarsi*) tschüs, ade *dial*, servus A
**ciaramella** [tʃara'mɛlla] *f* Schalmei *f*
**ciarda** ['tʃarda] *f* Csárdás *m*
**ciarla** ['tʃarla] *f* ❶ (*notizia falsa*) Gerücht *nt* ❷ (*chiacchiere*) Geschwätz *nt* ❸ (*loquacità*) Geschwätzigkeit *f* **ciarlare** [tʃar'laːre] *vi* (*fam*) tratschen
**ciarlataneria** [tʃarlatane'riːa] <-ie> *f* Scharlatanerie *f* **ciarlatano** [tʃarla'taːno] *m* Scharlatan *m*
**ciarliero, -a** [tʃar'liɛːro] *agg* geschwätzig, redselig
**ciarpame** [tʃar'paːme] *m* Kram *m fam*, Gerümpel *nt*
**ciascuno, -a** [tʃas'kuːno] <sing> *agg o pron indef* jeder/jede/jedes; **a** ~ **il suo** jedem das Seine
**cibare** [tʃi'baːre] I. *vt* ernähren, füttern II. *vr* **-rsi** sich ernähren; **-rsi di qc** sich von etw ernähren **cibarie** [tʃi'baːrie] *fpl* Lebensmittel *ntpl*
**cibernetica** [tʃiber'nɛːtika] <-che> *f* Kybernetik *f*
**cibo** ['tʃiːbo] *m* Nahrung *f*, Speise *f*; (*per animali*) Futter *nt*; **non toccare** ~ nichts essen, fasten; **il** ~ **dell'anima** (*fig*) Seelennahrung *f*
**ciborio** [tʃi'bɔːrio] <-i> *m* Ziborium *nt*; (*ostensorio*) Monstranz *f*
**cicala** [tʃi'kaːla] *f* (ZOO) Zikade *f* **cicalare** [tʃika'laːre] *vi* palavern *fam* **cicaleccio** [tʃika'lettʃo] <-cci> *m* Palaver *nt fam*

cicatrice [tʃika'tri:tʃe] f Narbe f cicatriziale [tʃikatrit'tsia:le] agg Narben- cicatrizzare [tʃikatrid'dza:re] I. vt vernarben lassen II. vr -rsi vernarben, verheilen cicatrizzazione [tʃikatriddzat'tsio:ne] f Vernarbung f, Narbenbildung f

cicca ['tʃikka] <-cche> f ❶ (di sigaretta) Kippe f ❷ (da masticare) Priem m ❸ (loc) non valere una ~ (fig) keinen Pfifferling wert sein ciccare [tʃik'ka:re] vi priemen

cicchetto [tʃik'ketto] m ❶ (di vino, liquore) Gläschen nt; farsi un ~ sich dat einen genehmigen ❷ (ramanzina) Anpfiff m, Rüge f

ciccia ['tʃittʃa] <-cce> f (fam) Fleisch nt; (a. fig) Speck m; avere troppa ~ zu viel Speck auf den Rippen haben cicciolo ['tʃittʃolo] m ❶ (GASTR) Griebe f, Grammel f A ❷ (MED) Wucherung f ciccione, -a [tʃit'tʃo:ne] m, f (fam) Fettwanst m cicciotto, -a [tʃit'tʃotto] agg pummelig, dicklich

cicerone [tʃitʃe'ro:ne] m Fremdenführer m cicisbeo [tʃitʃiz'bɛ:o] m ❶ (HIST) Galan m ❷ (pej: vagheggino) Frauenheld m

ciclabile [tʃi'kla:bile] agg mit dem Fahrrad befahrbar; pista ~ Rad[fahr]weg m

ciclamino¹ [tʃikla'mi:no] m Alpenveilchen nt

ciclamino² <inv> agg zyklamfarben

ciclicità [tʃiklitʃi'ta] <-> f zyklischer Ablauf

ciclico, -a ['tʃi:kliko] <-ci, -che> agg zyklisch; (LIT) Zyklus-, Zyklen-

ciclismo [tʃi'klizmo] m Radsport m ciclista [tʃi'klista] <-i m, -e f> mf [Fahr]radfahrer(in) m(f); (SPORT) Radrennfahrer(in) m(f); pista riservata ai -i [Fahr]radweg m ciclistico, -a [tʃi'klistiko] <-ci, -che> agg Rad-

ciclo ['tʃi:klo] m ❶ (gener) Zyklus m; (decorso) Verlauf m; ~ biologico biologischer Kreislauf; ~ mestruale Periode f; ~ di vita Lebensdauer f ❷ (serie) Reihe f; ~ di prova Versuchsreihe f; ~ di trasmissioni Sendereihe f

cicloalpinista [tʃikloalpi'nista] <-i m, -e f> mf (SPORT) Querfeldeinfahrer(in) m(f), Mountainbike-Fahrer(in)

cicloamatore, -trice [tʃikloama'to:re] m, f (SPORT) Amateurradsportler(in) m(f)

cicloanalista [tʃikloana'lista] <-i m, -e f> mf REFA-Spezialist(in) m(f)

ciclocampestre [tʃiklokam'pɛstre] agg Geländerad- ciclocross [tʃiklo'krɔs] <-> m Geländeradrennen nt

ciclomanzia [tʃikloman'tsi:a] <-ie> f Parapsychologie f, übernatürliche Fähigkeiten fpl

ciclomotore [tʃiklomo'to:re] m Kleinkraftrad nt, Moped nt

ciclonauta [tʃiklo'na:uta] <-i> m (SPORT) Zeitfahrer(in) m(f)

ciclone [tʃi'klo:ne] m (METEO) Zyklon m; (tempesta) Wirbelsturm m ciclonico, -a [tʃi'kloniko] <-ci, -che> agg ❶ (METEO) Tiefdruck- ❷ (fig: esuberante) stürmisch, bewegt

ciclope [tʃi'klɔ:pe] m Zyklop m ciclopico, -a [tʃi'klɔ:piko] <-ci, -che> agg riesig, gewaltig

ciclopista [tʃiklo'pista] f Rad[fahr]weg m

cicloraduno [tʃiklora'du:no] m Radfahrertreffen nt

ciclostilare [tʃiklosti'la:re] vt hektographieren ciclostile [tʃiklos'ti:le] m Hektograph m

cicloturismo [tʃiklotu'rizmo] m Radwandern nt, Radtourismus m cicloturista [tʃiklotu'rista] <-i m, -e f> mf Radwanderer m/-wanderin f, Fahrradtourist(in) m(f) cicloturistico, -a [tʃiklotu'ristiko] <-ci, -che> agg Fahrrad-, Radwander-; giro ~ Fahrradausflug m

cicogna [tʃi'koɲɲa] f Storch m

cicoria [tʃi'kɔ:ria] <-ie> f ❶ (BOT) Wegwarte f ❷ (GASTR: insalata) Chicorée f o m, Schikoree f o m; (surrogato del caffè) Zichorie[nkaffee m] f

cicuta [tʃi'ku:ta] f ❶ (veleno) Schierlingsgift nt ❷ (BOT) Schierling m

cieco, -a ['tʃɛ:ko] <-chi, -che> I. agg (a. fig) blind; diventare ~ erblinden; essere ~ da un occhio auf einem Auge blind sein; alla -a (fig) blindlings; ubbidienza -a (fig) blinder Gehorsam; vicolo ~ (a. fig) Sackgasse f II. m, f Blinde(r) f(m); nel regno dei -chi [anche] un guercio è re (prov) unter den Blinden ist der Einäugige König

cielo ['tʃɛ:lo] I. m ❶ (a. fig REL) Himmel m; (MIL, ADM) Luftraum m; essere al settimo ~ (fig) im siebten Himmel sein; toccare il ~ con un dito (fig) überglücklich sein; muovere ~ e terra per ottenere qc (fig) Himmel und Erde in Bewegung setzen, um etw zu erreichen; non sta né in ~ né in terra (fig) das hat die Welt noch nicht gesehen fam; sotto altri -i (fig) unter anderen Sternen; per l'amore del ~! um Himmels Willen!; ~ a pecorelle, acqua a catinelle (prov) Schäfchenwolken kündigen Regen an ❷ (ASTR) Sphäre f II. int (fam) [du lieber] Himmel

**cifra** ['tʃi:fra] *f* ❶ (MAT) Ziffer *f*, Zahl *f*; **numero di tre -e** dreistellige Zahl ❷ (COM) Summe *f*; **~ d'affari** Umsatz *m* ❸ (*monogramma*) Monogramm *nt* ❹ (*scrittura segreta*) Chiffre *f*, Geheimschrift *f* **cifrare** [tʃi'fra:re] *vt* ❶ (*fazzoletti, lenzuola*) mit einem Monogramm versehen ❷ (*messaggio, testo*) chiffrieren, kodieren **cifrario** [tʃi'fra:rio] <-i> *m* Kode *m*, Code *m*
**cifratura** *f* (INFORM) Verschlüsselung *f*
**CIGA** ['tʃi:ga] *f acro di* **Compagnia Italiana dei Grandi Alberghi** Verband italienischer Erster-Klasse-Hotels
**ciglio**[1] ['tʃiʎʎo] <-gli> *m* (*orlo*) Rand *m*
**ciglio**[2] <*pl*: -glia *f*> *m* (ANAT, ZOO) Wimper *f*; (*sopracciglio*) [Augen]braue *f*; **aggrottare/alzare le -glia** die Brauen zusammenziehen/heben; **non batter ~** (*fig*) nicht mit der Wimper zucken
**ciglionamento** [tʃiʎʎona'mento] *m* Anlage *f* von Erdterrassen
**ciglione** [tʃiʎ'ʎo:ne] *m* (*di precipizio*) Rand *m*
**cigno** ['tʃiɲɲo] *m* Schwan *m*
**cigolare** [tʃigo'la:re] *vi* quietschen, knarren
**cigolio** [tʃigo'li:o] <-ii> *m* Quietschen *nt*, Knarren *nt*
**Cile** ['tʃi:le] *m* **il ~** Chile *nt*
**cilecca** [tʃi'lekka] *f* **far ~** (MIL, *fam*) vorbeischießen, danebentreffen; (*fig*) versagen, auslassen *A*
**cileno, -a** [tʃi'lɛ:no] I. *agg* chilenisch II. *m, f* Chilene *m*/Chilenin *f*
**ciliare** [tʃi'lia:re] *agg* Wimpern-
**cilicio** [tʃi'li:tʃo] <-ci> *m* (*cintura*) Bußgürtel *m*
**ciliegia** [tʃi'liɛ:dʒa] <-ge *o* -gie> *f* Kirsche *f* **ciliegio** [tʃi'liɛ:dʒo] <-gi> *m* Kirschbaum *m*; (*legno*) Kirschbaumholz *nt*
**cilindrata** [tʃilin'dra:ta] *f* Hubraum *m*; **macchina di piccola ~** Kleinwagen *m*; **macchina di media ~** Mittelklassewagen *m*; **macchina di grossa ~** Wagen *m* der gehobenen Klasse
**cilindrico, -a** [tʃi'lindriko] <-ci, -che> *agg* zylindrisch **cilindro** [tʃi'lindro] *m* ❶ (MAT, MOT) Zylinder *m* ❷ (TEC) Walze *f* ❸ (*cappello*) Zylinder[hut] *m*
**cima** ['tʃi:ma] *f* ❶ (*vertice*) Spitze *f*; (*di montagna*) Gipfel *m*; (*di albero*) Wipfel *m*, Krone *f*; **-e di rapa** Rübengrün *nt*; **da ~ a fondo** von Anfang bis Ende, von oben bis unten; (*fig*) durch und durch; **raggiungere la ~** (*a. fig*) den Gipfel erreichen ❷ (*fam: campione*) Ass *nt*
**cimasa** [tʃi'ma:za] *f* Sims *m o nt*

**cimbrico, -a** ['tʃimbriko] <-ci, -che> *agg* kimbrisch
**cimelio** [tʃi'mɛ:lio] <-i> *m* Reliquie *f*; (*ricordo*) Andenken *nt*
**cimentare** [tʃimen'ta:re] I. *vt* (*rischiare*) aufs Spiel setzen; (*mettere alla prova*) auf die Probe stellen II. *vr* ❶ (*impegnarsi*) **-rsi in qc** etw wagen ❷ (*misurarsi*) **-rsi con qu** sich mit jdm messen **cimento** [tʃi'mento] *m* (*rischio*) Wagnis *nt*; (*prova*) Probe *f*
**cimice** ['tʃi:mitʃe] *f* ❶ (ZOO) Wanze *f* ❷ (*puntina da disegno*) Reißzwecke *f*
**cimiero** [tʃi'miɛ:ro] *m* Helmschmuck *m*, -busch *m*
**ciminiera** [tʃimi'niɛ:ra] *f* Schornstein *m*
**cimiteriale** [tʃimite'ria:le] *agg* Friedhofs-
**cimitero** [tʃimi'tɛ:ro] *m* Friedhof *m*; **~ delle automobili** Autofriedhof *m*
**cimosa** [tʃi'mo:sa] *f* ❶ (*per lavagna*) Tafellappen *m* ❷ (*di stoffa*) Webkante *f*
**cimurro** [tʃi'murro] *m* (ZOO) Staupe *f*
**Cina** ['tʃi:na] *f* China *nt*
**cinabro** [tʃi'na:bro] *m* ❶ (MIN) Zinnober *m* ❷ (*colore*) Zinnoberrot *nt* ❸ (*rossetto*) Lippenstift *m*
**cinciallegra** [tʃintʃal'le:gra] *f* Kohlmeise *f*
**cincilla** [tʃin'tʃilla] <-> *m*, **cincillà** [tʃintʃi'la] <-> *m* ❶ (ZOO) Chinchilla *f o nt* ❷ (*pelliccia*) Chinchilla *m*
**cincin, cin cin** [tʃin'tʃin] *int* (*fam*) prost
**cincischiare** [tʃintʃis'kia:re] I. *vt* ❶ (*spiegazzare*) zerknittern ❷ (*tagliuzzare*) schnipseln, schnippeln *fam* ❸ (*fig: smozzicare le parole*) stammeln II. *vi* (*fam*) trödeln, bummeln
**cine** ['tʃi:ne] <-> *m* (*fam*) Kino *nt* **cineamatore, -trice** [tʃineama'to:re] *m, f* Amateurfilmer(in) *m(f)* **cineasta** [tʃine'asta] <-i *m*, -e *f*> *m/f* Filmemacher(in) *m(f)* **cinecassetta** [tʃinekas'setta] *f* Filmkassette *f* **cinecittà** [tʃinetʃit'ta] <-> *f* Filmstadt *f*, Filmstudios *ntpl* **cineclub** [tʃine'klub] *m* Filmklub *m* **cinedilettante** [tʃinedilet'tante] *mf* Filmamateur(in) *m(f)* **cineforum** [tʃine'fɔ:rum] <-> *m* Filmforum *nt* **cinegiornale** [tʃinedʒor'na:le] *m* Wochenschau *f*
**cinello** [tʃi'nɛllo] <*bes pl*> *m* (MUS, *obs*) Becken *nt*
**cinema** ['tʃi:nema] <-> *m* ❶ (*locale*) Kino *nt* ❷ (*arte*) Kino *nt*, Filmkunst *f*
**cinéma d'essai** [sine'ma de'sɛ *o* 'tʃinema des'se] <-> *m* Experimentalkino *nt*; (*locale*) Programmkino *nt* **cinemascope®** ['sinemǝskoup *o* 'tʃinemas'kɔp(e)] <-> *m* Cinemascope® *nt*

**cinematica** [tʃine'ma:tika] *f* Kinematik *f*
**cinematico, -a** [tʃine'ma:tiko] <-ci, -che> *agg* (PHYS) kinematisch
**cinematografare** [tʃinematogra'fa:re] *vt* filmen **cinematografia** [tʃinematogra'fi:a] *f* ① (*arte*) Filmkunst *f*, Kino *nt* ② (*industria*) Filmindustrie *f* **cinematografico, -a** [tʃinemato'gra:fiko] <-ci, -che> *agg* Film-, Kino- **cinematografo** [tʃinema'tɔ:grafo] *m* ① (*locale*) Kino *nt*, Lichtspielhaus *nt* ② (*arte*) Film *m*, Filmkunst *f*, Kino *nt*
**cineoperatore, -trice** [tʃineopera'to:re] *m, f* Filmer(in) *m(f)*, Kameramann *m*/-frau *f*
**cinepresa** [tʃine'pre:sa] *f* Filmkamera *f*
**cinerama**® [tʃine'ra:ma] <-> *m* Cinerama® *nt*
**cinerario, -a** [tʃine'ra:rio] <-i, -ie> *agg* Aschen-
**cineromanzo** [tʃinero'mandzo] *m* Fotoroman *m*
**cinese** [tʃi'ne:ze] I. *agg* chinesisch II. *mf* Chinese *m*/Chinesin *f* III. *m* Chinesisch(e) *nt*; **per me è ~** (*fig*) ich verstehe nur Bahnhof
**cinesina** [tʃine'zi:na] <*bes pl*> *f* Frauenschuh *mit flachem Absatz*
**cinesiologia** [tʃineziolo'dʒi:a] <-ie> *f* (MED) Kinesiologie *f*, Bewegungslehre *f*
**cinesiologo, -a** [tʃine'ziɔ:logo] <-ghi *o* -gi, -ghe> *m, f* Kinesiologe *m*/Kinesiologin *f*
**cinesiterapia** [tʃinezitera'pi:a] *f* Bewegungs-, Kinesiotherapie *f* **cinesiterapista** [tʃinezitera'pista] <-i *m*, -e *f*> *mf* Bewegungstherapeut(in) *m(f)*, Kinesiotherapeut(in)
**cineteca** [tʃine'tɛ:ka] <-che> *f* Filmarchiv *nt*
**cinetica** [tʃi'nɛ:tika] <-che> *f* Kinetik *f*
**cinetico, -a** [tʃi'nɛ:tiko] <-ci, -che> *agg* kinetisch
**cingere** ['tʃindʒere] <cingo, cinsi, cinto> I. *vt* ① (*circondare*) umschließen, umgeben; **~ d'assedio** (MIL) belagern ② (*avvolgere*) umhüllen ③ (*con le braccia*) umarmen II. *vr* **-rsi** sich umgürten mit; **-rsi una fascia intorno alla vita** sich *dat* eine Schärpe um die Taille legen
**cinghia** ['tʃingia] <-ghie> *f* Riemen *m*; (*cintura*) Gürtel *m*, Gurt *m*; **~ trapezoidale** Keilriemen *m*; **tirare** [*o* **stringere**] **la ~** (*fig*) den Gürtel enger schnallen
**cinghiale** [tʃiŋ'gia:le] *m* ① (ZOO) Wildschwein *nt* ② (*pelle*) Schweinsleder *nt*
**cingo** ['tʃingo] *1. pers sing pr di* **cingere**
**cingolato, -a** [tʃiŋgo'la:to] *agg* Raupen-, Ketten- **cingolo** ['tʃingolo] *m* ① (MOT) Raupenkette *f* ② (REL) Zingulum *nt*
**cinguettare** [tʃiŋguet'ta:re] *vi* zwitschern
**cinguettio** [tʃiŋguet'ti:o] <-ii> *m* Gezwitscher *nt*
**cinico, -a** ['tʃi:niko] <-ci, -che> I. *agg* zynisch II. *m, f* Zyniker(in) *m(f)*
**ciniglia** [tʃi'niʎʎa] <-glie> *f* Chenille *f*
**cinismo** [tʃi'nizmo] *m* Zynismus *m*
**cinofila** *f v.* **cinofilo**
**cinofilia** [tʃinofi'li:a] *f* Hundeliebhaberei *f*
**cinofilo, -a** [tʃi'nɔ:filo] I. *agg* hundefreundlich II. *m, f* Hundefreund(in) *m(f)*
**cinquanta** [tʃiŋ'kuanta] I. *num* fünfzig II. <-> *m* Fünfzig *f*; **gli anni ~** die fünfziger Jahre; **essere sui ~** um die fünfzig sein; **avere passato i ~** über fünfzig sein, die fünfzig überschritten haben **cinquantenario** [tʃiŋkuante'na:rio] <-i> *m* Fünfzigjahrfeier *f* **cinquantenne** [tʃiŋkuan'tɛnne] I. *agg* fünfzigjährig II. *mf* Fünfzigjährige(r) *f(m)* **cinquantennio** [tʃiŋkuan'tɛnnio] <-i> *m* Zeitraum *m* von fünfzig Jahren
**cinquantesimo** [tʃiŋkuan'tɛ:zimo] *m* (*frazione*) Fünfzigstel *nt*
**cinquantesimo, -a** I. *agg* fünfzigste(r, s) II. *m, f* Fünfzigste(r, s) *mf nt; v. a.* **quinto**
**cinquantina** [tʃiŋkuan'ti:na] *f* **una ~ [di ...]** [etwa] fünfzig [...]; **essere sulla ~** an [*o* um] die fünfzig sein
**cinque** ['tʃiŋkue] I. *num* fünf; **capitolo/pagina ~** Kapitel/Seite fünf; **tre più due fa ~** drei plus zwei macht fünf; **siamo in ~** wir sind zu fünft; **a ~ a ~** in Fünferreihen, zu [jeweils] fünfen; **ho ~ anni** ich bin fünf Jahre [alt]; **di ~ anni** fünfjährig; **ogni ~ anni** alle fünf Jahre; **~ volte** fünfmal II. <-> *m* ① (*numero*) Fünf *f*; **abita al [numero] ~** er/sie wohnt in Nummer fünf; **il [tram numero] ~** die [Straßenbahnlinie] Fünf ② (*nelle date*) Fünfte(r) *m*; **oggi è il ~ agosto** heute ist der fünfte August; **arriverò il ~** ich komme am Fünften; **arriverò il ~ maggio** ich komme am fünften Mai; **Roma, [il] ~ dicembre 2014** Rom, den fünften Dezember 2014 ③ (*voto scolastico*) ≈ mangelhaft, Fünf; **prendere un ~** eine Fünf bekommen ④ (*nei giochi a carte*) **il ~ di cuori** die Herzfünf III. *fpl* fünf Uhr; **alle ~** um fünf [Uhr]; **sono le ~ [del mattino/pomeriggio]** es ist fünf Uhr [morgens/nachmittags]; **sono le ~ in punto** es ist genau fünf Uhr; **sono le quattro meno ~** es ist fünf [Minuten] vor vier [Uhr]; **sono le ~ e mezzo** es ist halb sechs

**cinquecentenario** [tʃiŋkuetʃente'na:rio] <-ri> *m* Fünfhundertjahrfeier *f*
**cinquecentesco, -a** [tʃiŋkuetʃen'tesko] <-schi, -sche> *agg* aus dem sechzehnten Jahrhundert **cinquecentista** [tʃiŋkuetʃen'tista] <-i *m*, -e *f*> *mf* Künstler(in) *m(f)* des Cinquecento **cinquecento** [tʃiŋkue'tʃɛnto] I. *num* fünfhundert II. <-> *m* Fünfhundert *f*; **il Cinquecento** das sechzehnte Jahrhundert; (*nell'arte italiana*) das Cinquecento
**cinquemila** [tʃiŋkue'mi:la] I. *num* fünftausend II. <-> *m* Fünftausend *f*
**cinquenne** [tʃiŋ'kuenne] I. *agg* fünfjährig II. *mf* Fünfjährige(r) *f(m)*
**cinquina** [tʃiŋ'kui:na] *f* ① (*al lotto, alla tombola*) Quinterne *f* ② (MIL) Fünftagesold *m*; (THEAT) Fünftagelohn *m*
**cinsi** ['tʃinsi] *1. pers sing pass rem di* **cingere**
**cinta** ['tʃinta] *f* Umgrenzung *f*; (*recinto*) Einfriedung *f*; ~ **di mura** Mauerring *m*
**cintare** [tʃin'ta:re] *vt* einfrieden
**cinto** ['tʃinto] *pp di* **cingere**
**cintola** ['tʃintola] *f* ① (ANAT) Taille *f*; **dalla ~ in su** von der Taille aufwärts ② (*fam*: *cintura*) Gürtel *m*; **sopra/sotto la ~** oberhalb/unterhalb der Gürtellinie
**cintura** [tʃin'tu:ra] *f* Gürtel *m*; **allacciare la ~ di sicurezza** den Sicherheitsgurt anlegen; **~ verde** (*di una città*) Grüngürtel *m*
**cinturato** [tʃintu'ra:to] *m* Gürtelreifen *m*
**cinturino** [tʃintu'ri:no] *m* (*dell'orologio*) Band *nt* **cinturone** [tʃintu'ro:ne] *m* Koppel *nt*
**ciò** [tʃɔ] <solo sing> *pron dim* das, dies; **~ che ...** [das] was ...; **~ nonostante** dessen ungeachtet, dennoch; **~ non di meno** trotz alledem; **con tutto ~** bei all dem
**CIO** [tʃi:o] *f acro di* **Comitato Internazionale Olimpico** IOK *nt*
**ciocca** ['tʃɔkka] <-cche> *f* Strähne *f*; (*ciuffo*) Büschel *nt*
**ciocco** ['tʃɔkko] <-cchi> *m* ① (*pezzo di legno*) Baumstumpf *m*; (*da ardere*) [Brenn]klotz *m* ② (*fig: uomo stupido*) Dummkopf *m*
**cioccolata** [tʃokko'la:ta] *f* ① (*liquida*) Kakao *m*, Schokolade *f* ② (*solida*) Schokolade *f*; **una tavoletta di ~** eine Tafel Schokolade **cioccolatino** [tʃokkola'ti:no] *m* Praline *f* **cioccolato** [tʃokko'la:to] *m* Schokolade *f*
**cioè** [tʃo'ɛ] *avv* das heißt, nämlich
**ciondolare** [tʃondo'la:re] *vi* ① (*dondolare*) baumeln; (*pendere*) hängen ② (*fig: aggi-

rarsi oziosamente*) herumhängen *sl*, -lungern *fam*
**ciondolo** ['tʃondolo] *m* Anhänger *m*; **~ portachiavi** Schlüsselanhänger *m* **ciondolone** [tʃondo'lo:ne] *m*, *f* Faulenzer(in) *m(f)*, Tachinierer(in) *m(f)* A **ciondoloni** [tʃondo'lo:ni] *avv* baumelnd; **con le gambe ~** mit herunterhängenden Beinen; **andare ~** (*fig*) herumbummeln
**ciononostante, ciò nonostante** [tʃononos'tante, 'tʃɔ nonos'tante] *avv* dennoch, trotzdem
**ciotola** ['tʃɔ:tola] *f* Schälchen *nt*, Napf *m*
**ciottolo** ['tʃɔttolo] *m* Kieselstein *m*
**cip** [tʃip] <-> *m* Chip *m*
**CIP** [tʃip] *m acro di* **Comitato Interministeriale dei Prezzi** *italienische Preiskommission*
**cipiglio** [tʃi'piʎʎo] <-gli> *m* Stirnrunzeln *nt*; **guardare qu con ~** jdn finster ansehen
**cipolla** [tʃi'polla] *f* Zwiebel *f*
**cipollina** [tʃipol'li:na] *f* ① (*piccola cipolla*) kleine Zwiebel ② (*erba cipollina*) Schnittlauch *m*
**cippo** ['tʃippo] *m* (*funerario*) Grabstein *m*; (*di confine*) Grenzstein *m*
**cipresseto** [tʃipres'se:to] *m* Zypressenhain *m* **cipresso** [tʃi'prɛsso] *m* ① (BOT) Zypresse *f* ② (*legno*) Zypressenholz *nt*
**cipria** ['tʃi:pria] <-ie> *f* Puder *m*
**cipriota** [tʃipri'ɔ:ta] <-i *m*, -e *f*> I. *agg* zyprisch, zypriotisch II. *mf* Zyprier(in) *m(f)*, Zypriot(in) *m(f)*
**Cipro** ['tʃi:pro] *f* Zypern *nt*
**circ.** *abbr di* **circolare** Rundschreiben, Aussendung *f* A
**circa** ['tʃirka] I. *avv* etwa, circa; (*temporale*) gegen II. *prp* bezüglich +*gen*, in Bezug auf +*acc*, über +*acc*
**circense** [tʃir'tʃense] *agg* Zirkus-
**circo** ['tʃirko] <-chi> *m* Zirkus *m*
**circolante** [tʃirko'lante] *agg* umlaufend, zirkulierend; **biblioteca ~** Leihbücherei *f*
**circolare¹** [tʃirko'la:re] *vi essere o avere* ① (*veicoli*) fahren; (*traffico*) fließen; (*muoversi*) sich bewegen; (*persone*) weitergehen; **~!** weitergehen! ② (*sangue*) zirkulieren, kreisen ③ (FIN) kursieren, zirkulieren ④ (*voce*) kursieren, umgehen
**circolare²** I. *agg* ① (MAT) Kreis- ② (*stadio, tracciato*) kreisförmig, Kreis- ③ (FIN) **assegno ~** Orderscheck *m* II. *f* ① (ADM) Rundschreiben *nt*, Aussendung *f* A ② (*linea di autobus*) Ringbahn *f*
**circolatorio, -a** [tʃirkola'tɔ:rio] <-i, -ie> *agg* Kreislauf-; **apparato ~** Blutkreislauf *m*;

**disturbi -i** Kreislaufstörungen *fpl* **circolazione** [tʃirkolat'tsio:ne] *f* ① (BIOL) Blutzirkulation *f,* -kreislauf *m;* **disturbi di ~** Kreislaufstörungen *fpl* ② (MOT) Verkehr *m;* **carta di ~** [Kraft]fahrzeugschein *m;* **libretto di ~** [Kraft]fahrzeugbrief *m* ③ (FIN) Umlauf *m;* **mettere in ~** (*a. fig*) in Umlauf bringen; **togliere dalla ~** (*a. fig*) aus dem Verkehr ziehen

**circolo** ['tʃirkolo] *m* ① (MAT) Kreis *m* ② (GEOG) [Breiten]kreis *m;* **~ equatoriale** Äquator *m* ③ (*associazione*) Klub *m,* Zirkel *m* ④ (ADM) Kollegium *nt* ⑤ (*loc*) **~ vizioso** (*fig*) Teufelskreis *m*

**circoncidere** [tʃirkon'tʃi:dere] <circoncido, circoncisi, circonciso> *vt* beschneiden **circoncisione** [tʃirkontʃi'zio:ne] *f* Beschneidung *f* **circonciso** [tʃirkon'tʃi:zo] *pp di* **circoncidere**

**circondare** [tʃirkon'da:re] I. *vt* ① (MIL) umzingeln, umstellen; (*attorniare*) umringen; (*accerchiare*) einkreisen ② (*fig: contornare*) umgeben; **~ di qc** mit etw umgeben II. *vr* **-rsi** sich umgeben; **-rsi di qu/qc** sich mit jdm/etw umgeben

**circondario** [tʃirkon'da:rio] <-i> *m* ① (JUR, ADM) Bezirk *m* ② (*dintorni*) Umkreis *m,* Umgebung *f*

**circonduzione** [tʃirkondut'tsio:ne] *f* (SPORT) Kreisen *nt*

**circonferenza** [tʃirkonfe'rɛntsa] *f* [Kreis]umfang *m;* **~ vita** Taillenweite *f*

**circonflesso, -a** [tʃirkon'flɛsso] *agg* **accento ~** Zirkumflex *m*

**circonlocuzione** [tʃirkonlokut'tsio:ne] *f* Umschreibung *f,* Periphrase *f*

**circonvallazione** [tʃirkonvallat'tsio:ne] *f* Umgehungsstraße *f,* Umfahrung *f* A

**circoscritto, -a** [tʃirkos'kritto] I. *pp di* **circoscrivere** II. *agg* (MAT) *figura geometrica*) mit Umkreis; **triangolo ~ a un cerchio** der Inkreis eines Dreiecks **circoscrivere** [tʃirkos'kri:vere] <irr> *vt* ① (MAT) umschreiben ② (*fig: delimitare*) ein-, begrenzen

**circoscrizionale** [tʃirkoskrittsio'na:le] *agg* (ADM) den Verwaltungsbezirk einer Stadt betreffend; **ufficio ~** Verwaltungsstelle des Stadtbezirks; **biblioteca ~** Stadtbibliothek *f*

**circoscrizione** [tʃirkoskrit'tsio:ne] *f* (ADM) Bezirk *m;* **~ elettorale** Wahlbezirk *m*

**circospetto, -a** [tʃirkos'pɛtto] *agg* umsichtig, vorsichtig **circospezione** [tʃirkospet'tsio:ne] *f* Umsicht *f,* Vorsicht *f*

**circostante** [tʃirkos'tante] *agg* umgebend, umliegend; (*persone*) umstehend

**circostanti** [tʃirkos'tanti] *mpl* Umstehende[n] *pl*

**circostanza** [tʃirkos'tantsa] *f* Umstand *m,* Gegebenheit *f;* (*occasione*) Gelegenheit *f;* **atteggiamento di ~** angemessenes Verhalten; **-e attenuanti/aggravanti** (JUR) mildernde/erschwerende Umstände *mpl*

**circostanziare** [tʃirkostan'tsia:re] *vt* ausführlich beschreiben; (*riferire*) ausführlich berichten

**circuire** [tʃirku'i:re] <circuisco> *vt* umgarnen

**circuitale** [tʃirkui'ta:le] *agg* (TEC) Stromkreis-

**circuito** [tʃir'ku:ito] *m* ① (SPORT) Rennstrecke *f;* (*chiuso*) Ring *m;* (*gara*) Rundrennen *nt* ② (**~** *elettrico*) Stromkreis *m;* **~ base** Grundschaltung *f;* **corto ~** Kurzschluss *m*

**circumetneo, -a** [tʃirkumet'nɛ:o] <-ei, -ee> *agg* Ätna-, den Ätna umgebend **circumlacuale** [tʃirkumlaku'a:le] *agg* Seeufer-, einen See umgebend **circumlunare** [tʃirkumlu'na:re] *agg* den Mond umgebend; **orbita ~** Mondumlaufbahn *f*

**circumnavigare** [tʃirkumnavi'ga:re] *vt* umschiffen; (*a vela*) umsegeln **circumnavigatore,** **-trice** [tʃirkumnaviga'to:re] *m, f* Umsegler(in) *m(f)* **circumnavigazione** [tʃirkumnavigat'tsio:ne] *f* Umschiffung *f;* (*a vela*) Umseg[e]lung *f*

**circumterrestre** [tʃirkumter'rɛstre] *agg* die Erde umgebend; **orbita ~** Erdumlaufbahn *f*

**ciré** [si're] <-> *m* Wachstuch *nt*

**cirillico, -a** [tʃi'rilliko] <-ci, -che> *agg* kyrillisch

**cirro** ['tʃirro] *m* ① (METEO) Feder-, Zirruswolke *f* ② (BOT) Ranke *f* ③ (ZOO) Zirrus *m*

**cirrosi** [tʃir'rɔ:zi] <-> *f* Zirrhose *f;* **~ epatica** Leberzirrhose *f*

**cisalpino, -a** [tʃizal'pi:no] *agg* zisalpin[isch], diesseits der Alpen (*von Rom aus gesehen*)

**CISL** [tʃizl] *f acro di* **Confederazione Italiana Sindacati Lavoratori** *italienischer Arbeitergewerkschaftsbund*

**CISNAL** ['tʃiznal] *f acro di* **Confederazione Italiana Sindacati Nazionali dei Lavoratori** *Verband der nationalen italienischen Arbeitergewerkschaften*

**cispa** ['tʃispa] *f* Augenschleim *m*

**cispadano, -a** [tʃispa'da:no] *agg* diesseits des Po (*von Rom aus gesehen*)

**cisposo, -a** [tʃis'po:so] *agg* verschleimt

**ciste** ['tʃiste] *v. cisti*

**cistercense** [tʃister'tʃɛnse] I. *agg* Zister-

zienser-, zisterziensisch **II.** *m* Zisterzienser *m*
**cisterna** [tʃis'tɛrna] **I.** *f* Zisterne *f*; (*serbatoio*) Tank *m* **II.** <inv> *agg* Tank-
**cisti** ['tʃisti] <-> *f* Zyste *f*
**cistifellea** [tʃisti'fɛllea] *f* Gallenblase *f*
**cistite** [tʃis'ti:te] *f* Blasenentzündung *f*
**CIT** [tʃit] *f acro di* **Compagnia Italiana Turismo** *italienische Reiseverkehrsgesellschaft*
**cit.** *abbr di* **citato, -a** zit., cit.
**citare** [tʃi'ta:re] *vt* ① (*riferire*) zitieren, anführen; (*nominare*) erwähnen; **~ ad esempio** als Beispiel anführen ② (*testo, discorso*) zitieren ③ (JUR) **~ qu in tribunale** [*o* **giudizio**] jdn [bei Gericht] vorladen
**citazionale** [tʃitattsio'na:le] *agg* Zitaten-, zitiert **citazione** [tʃitat'tsio:ne] *f* ① (JUR) Vorladung *f* ② (LIT) Zitat *nt* ③ (*menzione*) Erwähnung *f*, Nennung *f*; **una ~ al merito** eine lobende Erwähnung
**citazionismo** [tʃitattsio'nizmo] *m* (LIT) *Verwendung von Zitaten in literarischen Werken*
**citazionista** [tʃitattsio'nista] <-i *m*, -e *f*> *mf* (LIT) *Autor, der Zitate in seine Werke einarbeitet*
**citizens' band** ['sitizənz bænd] <-> *m o f* CB-Funk *m*
**citofonare** [tʃitofo'na:re] *vi* durch die [Gegen]sprechanlage sprechen **citofonico, -a** [tʃito'fɔːniko] <-ci, -che> *agg* Gegensprech-; **impianto ~** Gegensprechanlage *f*
**citofoniera** [tʃitofo'nie:ra] *f* Tastenfeld *nt* einer Gegensprechanlage **citofono** [tʃi'tɔːfono] *m* [Gegen]sprechanlage *f*
**citologia** [tʃitolo'dʒi:a] <-gie> *f* Zytologie *f*; (*ricerca*) Zellforschung *f* **citologico, -a** [tʃito'lɔːdʒiko] <-ci, -che> *agg* zytologisch
**citoplasma** [tʃito'plazma] <-i> *m* Zytoplasma *nt*
**citrico, -a** ['tʃi:triko] <-ci, -che> *agg* zitronensauer; **acido ~** Zitronensäure *f*
**citrulla** *f v.* **citrullo**
**citrullaggine** [tʃitrul'laddʒine] *f* (*fam*) Dämlichkeit *f*, Doofheit *f*, Blödheit *f*
**citrullo, -a** [tʃi'trullo] (*fam*) **I.** *agg* dämlich, doof **II.** *m, f* Trottel *m*, Blödmann *m*
**città** [tʃit'ta] <-> *f* Stadt *f*; **~ nuova** Neubaugebiet *nt*; **~ vecchia** Altstadt *f*; **~ satellite** Satellitenstadt *f*; **~ universitaria** [*o* **degli studi**] Universitätsgelände *nt*, Campus *m*; **~ dei ragazzi** Kinderdorf *nt*; **Città del Vaticano** Vatikanstadt *f*; **Città del Capo** Kapstadt *nt;* **abitare in ~** in der Stadt wohnen

**cittadella** [tʃitta'dɛlla] *f* ① (MIL) Zitadelle *f* ② (*fig: roccaforte*) Hochburg *f*
**cittadina** [tʃitta'di:na] *f* Kleinstadt *f* **cittadinanza** [tʃittadi'nantsa] *f* ① (JUR) Staatsbürgerschaft *f*, -angehörigkeit *f*; **diritto di ~** Bürgerrecht *nt;* **~ onoraria** Ehrenbürgerschaft *f* ② (*insieme di cittadini*) Bürgerschaft *f*, Einwohnerschaft *f* **cittadino, -a** [tʃitta'di:no] **I.** *agg* städtisch, Stadt- **II.** *m, f* ① (JUR) Staatsangehörige(r) *f(m)* ② (*di città*) Bürger(in) *m(f);* **primo ~** Bürgermeister *m*
**città** (**CT**) [tʃi't] <-> *mf acro di* **Commissario Tecnico** Technischer Direktor *m*
**city** ['siti] <-> *f* City *f*
**citycar** ['sitikar] *f* Kleinstwagen *m*
**citymatic** ['siti'mætik] <-> *m* (MOT) Citymatic-System *nt*
**ciuca** *f v.* **ciuco**
**ciucca** ['tʃukka] <-cche> *f* (*fam*) Rausch *m*, Schwips *m;* **s'è preso una bella ~** er hat sich *dat* einen ordentlichen Rausch angetrunken
**ciucciare** [tʃut'tʃa:re] *vt* (*fam*) saugen; (*poppare*) trinken; **~ il dito** [am] Daumen lutschen **ciucciata** [tʃut'tʃa:ta] *f* (*fam*) Nuckeln *nt* **ciuccio** [tʃuttʃo] <-cci> *m* (*fam*) Schnuller *m*; (*per biberon*) Sauger *m* **ciucciotto** [tʃut'tʃɔtto] *m* (*fam*) Schnuller *m*
**ciuco, -a** ['tʃu:ko] <-chi, -che> *m, f* (*fam*) ① (ZOO) Esel(in) *m(f)* ② (*fig pej: balordo*) Esel *m*, Dummkopf *m*
**ciuffo** ['tʃuffo] *m* Büschel *nt*
**ciuffolotto** [tʃuffo'lɔtto] *m* Dompfaff *m*, Gimpel *m*
**ciurma** ['tʃurma] *f* ① (NAUT) Mannschaft *f*, Besatzung *f* ② (*fig pej: gentaglia*) Pack *nt*, Gesindel *nt*
**civaie** [tʃi'va:ie] *fpl* Hülsenfrüchte *fpl*
**civetta**[1] [tʃi'vetta] *f* ① (ZOO) Eule *f* ② (*fig pej: donna*) gefallsüchtige Frau; **fare da ~** (*fig*) ködern
**civetta**[2] <inv> *agg* **auto ~** ziviles Polizeiauto
**civettare** [tʃivet'ta:re] *vi* kokettieren **civetteria** [tʃivette'ri:a] <-ie> *f* Koketterie *f*
**civettuolo, -a** [tʃivet'tuɔːlo] *agg* kokett
**civico, -a** ['tʃi:viko] <-ci, -che> *agg* ① (*di città*) städtisch, Stadt- ② (JUR) staatsbürgerlich ③ (*dovere, sentimento*) Bürger-; **senso ~** Gemeinschaftssinn *m;* **educazione -a** Staatsbürger-, Gemeinschaftskunde *f*
**civile** [tʃi'vi:le] **I.** *agg* ① (*del cittadino*) bürgerlich, Bürger; **diritti -i** Bürgerrechte *ntpl*; **stato ~** Personenstand *m* ② (*non militare, ecclesiastico*) zivil; **guerra ~** Bür-

gerkrieg *m;* **matrimonio** ~ standesamtliche Trauung ● (*nazione, popolo*) zivilisiert; (*persona, maniera*) gesittet; (*colto*) kultiviert; (*letteratura, poesia*) gepflegt, stilvoll; (*abito*) anständig, gepflegt II. *m* Zivil *nt;* **essere vestito in** ~ Zivil tragen **civilista** [tʃivi'lista] <-i *m*, -e *f*> *mf* Zivilist(in) *m(f)*
**civilizzare** [tʃivilid'dza:re] I. *vt* zivilisieren II. *vr* **-rsi** ● (*popolo*) zivilisiert werden ● (*persona*) kultiviert werden **civilizzatore, -trice** [tʃiviliddza'to:re] I. *agg* zivilisierend II. *m, f* Überbringer(in) *m(f)* der Zivilisation **civilizzazione** [tʃiviliddzat'tsio:ne] *f* Zivilisierung *f*
**civilmente** [tʃivil'mente] *avv* ● (*educatamente*) anständig, höflich ● (ADM) zivilrechtlich; **sposarsi** ~ standesamtlich heiraten
**civiltà** [tʃivil'ta] <-> *f* ● (*cultura*) Kultur *f* ● (*progresso*) Zivilisation *f* ● (*cortesia*) Anstand *m*, Höflichkeit *f*
**civismo** [tʃi'vizmo] *m* Gemeinschaftssinn *m*
**CL** *abbr di* **Comunione e Liberazione** *kirchliche Laienbewegung in Italien*
**clacson** ['klakson] <-> *m* Hupe *f;* **suonare il** ~ hupen **clacsonare** [klakso'na:re] *vi* hupen
**clamore** [kla'mo:re] *m* ● (*chiasso*) Lärm *m* ● (*fig: scalpore*) Aufsehen *nt,* Wirbel *m;* **suscitare** [*o* **destare**] ~ Aufsehen erregen **clamoroso, -a** [klamo'ro:so] *agg* aufsehenerregend
**clan** [klan] <-> *m* Clan *m,* Klan *m*
**clandestina** *f v.* **clandestino**
**clandestinità** [klandestini'ta] <-> *f* Verborgenheit *f,* Heimlichkeit *f;* (*illegalità*) Illegalität *f;* (POL) Untergrund *m* **clandestino, -a** [klandes'ti:no] I. *agg* heimlich; (*illegale*) illegal, gesetzwidrig; (*lavoro, vendita, viaggio*) schwarz II. *m, f* blinder Passagier
**clanico, -a** ['kla:niko] <-ci, -che> *agg* (SOC) Clan-, dem Clan eigen
**claque** [klak] <-> *f* Claque *f*
**clarinettista** [klarinet'tista] <-i *m,* -e *f*> *mf* Klarinettist(in) *m(f)* **clarinetto** [klari'netto] *m* Klarinette *f* **clarino** [kla'ri:no] *m* Clarino *nt,* Bachtrompete *f*
**classe** ['klasse] *f* ● (*servizio*) Klasse *f;* **viaggiare in prima** ~ erster Klasse reisen ● (*scuola*) Schulklasse *f;* (*aula*) Klassenzimmer *nt* ● (MIL) Jahrgang *m;* ~ **di leva** Einberufungsjahrgang *m* ● (*fig: ceto*) Klasse *f,* Rang *m;* **lotta di** ~ Klassenkampf *m;* ~ **dirigente** Führungsschicht *f* ● (*fig: qua-* *lità*) **un uomo di** ~ ein Mann von Welt; **avere** ~ Klasse haben
**classica** ['klassika] <-che> *f* (SPORT) Internationales Sportfest
**classicismo** [klassi'tʃizmo] *m* ● (*qualità*) Klassische(s) *nt* ● (*epoca*) Klassik *f;* (*stile*) Klassizismus *m* **classicista** [klassit'tʃista] <-i *m,* -e *f*> *mf* ● (*nell'arte*) Klassiker(in) *m(f),* Klassizist(in) *m(f)* ● (*studioso*) Kenner(in) *m(f)* der Klassik **classicistico, -a** [klassit'tʃistiko] <-ci, -che> *agg* klassizistisch **classicità** [klassittʃi'ta] <-> *f* (*obs*) ● (*greca, romana*) Klassik *f* ● (*nell'arte*) Klassizismus *m*
**classico** ['klassiko] <-ci> *m* Klassiker *m*
**classico, -a** <-ci, -che> *agg* ● (LIT, MUS) klassisch; **danza -a** Ballett *nt* ● (*liceo, studi*) altsprachlich, humanistisch
**classifica** [klas'si:fika] <-che> *f* ● (SPORT) Tabelle *f,* Rangliste *f;* **arrivare ultimo in** ~ am Tabellenende stehen; **essere in testa alla** ~ Tabellenführer sein ● (*graduatoria*) Wertung *f,* Einstufung *f* **classificare** [klassifi'ka:re] I. *vt* ● (*scolaro, compito*) bewerten ● (*materiale, libri*) klassifizieren, einordnen II. *vr* **-rsi** sich platzieren; **-rsi bene** gut abschneiden; **-rsi terzo** Dritter werden
**classificatore** [klassifika'to:re] *m* ● (*raccoglitore*) [Akten]ordner *m;* (*cartella*) Schnellhefter *m;* ~ **di francobolli** Briefmarkenalbum *nt* ● (*mobile*) Büroschrank *m*
**classificazione** [klassifikat'tsio:ne] *f* ● (*ordinazione per classi*) Klassifizierung *f,* Klassifikation *f;* (*ripartizione*) Einteilung *f* ● (*valutazione*) Bewertung *f;* (SPORT) Wertung *f;* (*a scuola*) Zensur *f,* Note *f*
**classismo** [klas'sizmo] *m* (POL) Klassentheorie *f* **classista** [klas'sista] <-i *m,* -e *f*> I. *mf* Vertreter(in) *m(f)* der Klassentheorie II. *agg* Klassen[kampf]-; **lotta** ~ Klassenkampf *m*
**claudicante** [klaudi'kante] I. *agg* (*poet*) hinkend; (*fig a*) holp[e]rig II. *mf* Hinkende(r) *f(m)*
**claunesco, -a** [klau'nesko] <-schi, -sche> *agg* possenhaft, spaßig, clownesk
**clausola** ['klauzola] *f* Klausel *f*
**claustrale** [klaus'tra:le] *agg* Kloster-, klösterlich
**claustrofobia** [klaustrofo'bi:a] *f* Klaustrophobie *f,* Platzangst *f fam* **claustrofobico, -a** [klaustro'fɔ:biko] <-ci, -che> I. *agg* klaustrophobisch II. *m, f* an Klaustrophobie leidende Person *f*
**clausura** [klau'zu:ra] *f* ● (REL) Klausur *f*

② (*fig: luogo appartato*) Abgeschiedenheit *f*
**clava** ['kla:va] *f* Keule *f*
**clavetta** [kla'vetta] *f* ① *dim di* **clava** kleine Keule *f* ② (*attrezzo da ginnastica*) leichte Gymnastikkeule *f*
**clavicembalo** [klavi'tʃembalo] *m* [Clavi]cembalo *nt*
**clavicola** [kla'vi:kola] *f* Schlüsselbein *nt*
**clavicordo** [klavi'kɔrdo] *m* Clavichord *nt*
**clavioline** [klavio'li:ne] <-> *m o f* (MUS) elektronisches Klavier *nt*
**cleansing cream** ['klenziŋ kri:m] <-> *f* Reinigungscreme *f*
**clear** [kliə] <-> *m* (INFORM) Löschtaste *f*
**clearing** ['kliəriŋ] <-> *m* (FIN) Clearing *nt*, Abrechnungsverkehr *m*
**clemente** [kle'mɛnte] *agg* (*clima*) mild; (*persona*) gütig; (*tollerante*) nachsichtig
**clemenza** [kle'mɛntsa] *f* Milde *f*, Güte *f*
**cleptocrate** [klepto'kra:te] *mf* Steuergelder veruntreuende(r) Politiker(in) *m(f)*
**cleptocrazia** [kleptokrat'tsi:a] <-ie> *f* Amtsmissbrauch *m* bei Politikern, Veruntreuung *f* von Steuergeldern durch die Politik
**cleptomane** [klep'tɔ:mane] I. *agg* kleptomanisch II. *mf* Kleptomane *m*/Kleptomanin *f* **cleptomania** [kleptoma'ni:a] *f* Kleptomanie *f*
**clericale** [kleri'ka:le] I. *agg* klerikal II. *mf* Klerikale(r) *f(m)* **clericalismo** [klerika'lizmo] *m* Klerikalismus *m* **clero** ['klɛ:ro] *m* Klerus *m*, Geistlichkeit *f*; ~ **regolare/secolare** Ordens-/Weltgeistlichkeit *f*
**clessidra** [kles'si:dra] *f* (*a sabbia*) Sanduhr *f*; (*ad acqua*) Wasseruhr *f*
**clic** [klik] <-> *m* (*computer*) Klick *m*; ~ **del mouse** Mausklick *m*; **fare [doppio] ~** [doppelt] klicken **cliccare** [klik'ka:re] I. *vt* anklicken II. *vi* ~ **su qc** auf etw *acc* klicken
**cliché** [kli'ʃe] <-> *m* Klischee *nt*
**cliente** [kli'ɛnte] *mf* (*di un negozio*) Kunde *m*/Kundin *f*; (*di un albergo, ristorante, bar*) Gast *m*; (MED) Patient(in) *m(f)*; (JUR: *di un avvocato*) Mandant(in) *m(f)*, Klient(in) *m(f)*; ~ **fisso** [*o* **abituale**] Stammkunde *m* **clientela** [klien'tɛ:la] *f* (*di un negozio*) Kundschaft *f*; (*di un albergo, ristorante, bar*) Gäste *mpl*; (MED) Patienten *mpl*; (JUR: *di un avvocato*) Mandanten *mpl*, Klientel *f*
**clientelarismo** [klientela'rizmo] *m* (POL: *pej*) Protektionswirtschaft *f*, Ämterpatronage *f* **clientelistico, -a** [kliente'listiko]

<-ci, -che> *agg* Protektionswirtschaft unterstützend
**clima**[1] ['kli:ma] <-i> *m* (METEO) Klima *nt*
**clima**[2] ['kli:ma] <-> *m* Klimaanlage *f*, Klima *f fam*
**climaterico, -a** [klima'tɛ:riko] <-ci, -che> *agg* klimakterisch **climaterio** [klima'tɛ:rio] <-i> *m* Wechseljahre *ntpl*, Klimakterium *nt* **climatico, -a** [kli'ma:tiko] <-ci, -che> *agg* klimatisch, Klima-; **stazione -a** Luftkurort *m* **climatizzare** [klimatid'dza:re] *vt* klimatisieren **climatizzatore** [klimatiddza'to:re] *m* Klimaanlage *f* **climatizzazione** [klimatiddzat'tsio:ne] *f* Klimatisierung *f*; **impianto di ~** Klimaanlage *f*
**climatologo, -a** [klima'tɔ:logo] <-gi, -ghe> *m, f* Klimaforscher(in) *m(f)*
**clinica** ['kli:nika] <-che> *f* Klinik *f*
**clinical monitor** ['klinikəl 'mɔnitər] <-*o* clinical monitors> *m* für die klinische Erprobung von Arzneimitteln verantwortlicher Arzt/verantwortliche Ärztin
**clinicizzare** [klinitʃid'dza:re] *vt* in eine Klinik umwandeln
**clinico** ['kli:niko] <-ci> *m* Krankenhausarzt *m*; (*docente*) Kliniker *m*
**clinico, -a** <-ci, -che> *agg* klinisch; **cartella -a** Krankenblatt *nt*; **avere l'occhio ~** (*fig*) einen Röntgenblick haben
**clip** [klip] <-> *f* (*orecchino*) [Ohr]clip *m*
**CLIP** ['klip] *m* (TEL) CLIP-Funktion *f*
**clipboard** <-> *m* (INFORM) Zwischenablage *f*
**CLIR** ['klir] *m* (TEL) CLIR-Funktion *f*
**clistere** [klis'tɛ:re] *m* Klistier *nt*
**clitoride** [kli'tɔ:ride] *m o f* Klitoris *f*
**CLN** *m abbr di* **Comitato di Liberazione Nazionale** (HIST) Gemeinschaftsregierung aller Parteien während der Resistenza
**cloaca** [klo'a:ka] <-che> *f* ① (*canale, fogna*) Kloake *f* ② (*fig*) Sumpf *m*
**cloche** [klɔʃ] <-> *f* ① (MOT) Schaltknüppel *m*; (AERO) Steuerknüppel *m*; **cambio a ~** Knüppelschaltung *f* ② (*cappello*) Glocke *f*
**clonare** [klona:re] *vt* klonen **clonatore, -trice** [klona'to:re] *m, f* (BIOL) Biologe, der/Biologin, die Klonexperimente durchführt **clonazione** [klonat'tsio:ne] *f* Klonen *nt* **clone** [clɔne] *m* Klon *m*
**clorato** [klo'ra:to] *m* Chlorat *nt*
**cloridrico, -a** [klo'ri:driko] <-ci, -che> *agg* Chlorwasserstoff-; **acido ~** Salzsäure *f*
**cloro** ['klɔ:ro] *m* Chlor *nt*
**clorofilla** [kloro'filla] *f* Chlorophyll *nt* **clorofilliano, -a** [klorofil'lia:no] *agg* Chloro-

phyll-; **sintesi -a** Fotosynthese *f,* Photosynthese *f*
**clorofluorocarburo** [klorofluorokarˈbu:ro] *m* (CHEM) Fluorchlorkohlenwasserstoff *m*
**cloroformio** [kloroˈfɔrmio] <-i> *m* Chloroform *nt*
**cloruro** [kloˈru:ro] *m* Chlorid *nt*
**clou** [klu] <-> *m* Clou *m*
**clown** [klaun] <-> *m* Clown *m*
**clownerie** [klunˈri] <- *o* clowneries> *f* Clownerie *f*
**club** [klub] <-> *m* Klub *m*; ~ **amatoriale** Amateurverein *m*
**clubman** [ˈklʌbmən] <- *o* clubmen> *m* Clubmitglied *nt,* Clubgänger(in) *m(f)*
**cluster** [ˈklʌstə *o* ˈklaster] <- *o* clusters> *m* ① (*ammasso stellare*) Sternwolke *f* ② (MUS: *gruppo di suoni*) Cluster *m* ③ (INFORM: *gruppo di calcolatori*) Computernetz *nt* ④ (MAT: *gruppo di elementi*) Cluster *m*
**cm** *abbr di* **centimetro** cm
**CM** *abbr di* **Circolare Ministeriale** ministerieller Runderlass
**c.m.** *abbr di* **corrente mese** d. M.
**CNR** *m abbr di* **Consiglio Nazionale delle Ricerche** *staatliche italienische Forschungsgesellschaft*
**c/o** *abbr di* **care of** (*presso*) c/o, bei
**coabitare** [koabiˈta:re] *vi* zusammen wohnen **coabitazione** [koabitatˈtsio:ne] *f* Zusammenwohnen *nt*
**coacervo** [koaˈtʃɛrvo] *m* Mischmasch *m*
**coaching** [ˈkɔutʃiŋ] <-> *m* betriebsinterne Supervision *f* angehender Manager
**coadiutore, -trice** [koadiuˈto:re] *m, f* ① (*aiutante*) Gehilfe *m/* Gehilfin *f* ② (REL) Vikar(in) *m(f);* (*di un vescovo*) Koadjutor *m*
**coadiuvante** [koadiuˈvante] I. *agg* Hilfs- II. *m* Hilfsmedikament *nt* **coadiuvare** [koadiuˈva:re] *vt* mitwirken; (*collaborare a*) mitarbeiten
**coagulabile** [koaguˈla:bile] *agg* gerinnungsfähig, gerinnbar **coagulabilità** [koagulabiliˈta] <-> *f* Gerinnungsfähigkeit *f,* Gerinnbarkeit *f*
**coagulante** [koaguˈlante] I. *agg* gerinnungsfördernd II. *m* Gerinnungsmittel *nt*
**coagulare** [koaguˈla:re] I. *vt* gerinnen lassen; (MED) koagulieren II. *vr* **-rsi** gerinnen; (MED) koagulieren **coagulazione** [koagulatˈtsio:ne] *f* Gerinnen *nt;* (MED) Gerinnung *f,* Koagulation *f;* **la ~ del sangue** Blutgerinnung *f* **coagulo** [koˈa:gulo] *m* ① (MED) Blutgerinnsel *nt* ② (*caglio*) Lab *nt*

**coalizione** [koalitˈtsio:ne] *f* Koalition *f;* (*di enti*) Zusammenschluss *m;* **accordo di ~** Koalitionsvertrag *m* **coalizzare** [koalidˈdza:re] I. *vt* koalisieren; (*unire*) verbinden II. *vr* **-rsi** eine Koalition bilden
**coartare** [koarˈta:re] *vt* zwingen
**coattivo, -a** [koatˈti:vo] *agg* ① (*mezzo*) zwingend ② (JUR) Zwangs-; **misure -e** Zwangsmaßnahmen *fpl*
**coatto, -a** [koˈatto] *agg* Zwangs-, gezwungen
**coautore, -trice** [koauˈto:re] *m, f* Koautor(in) *m(f),* Mitautor(in)
**cobalto** [koˈbalto] *m* ① (CHEM) Kobalt *nt* ② (*colore*) Kobaltblau *nt* **cobaltoterapia** [kobaltoteraˈpi:a] *f* Kobalttherapie *f,* -bestrahlung *f*
**cobas** *m acro di* **Comitato di Base** *paragewerkschaftliche Basisgruppen in Italien*
**Coblenza** [koˈblɛntsa] *f* Koblenz *nt*
**cobol** <-> *m* (INFORM) *acro di* **Common Business Oriented Language** COBOL *nt*
**coboldo** [koˈbɔldo] *m* Kobold *m*
**cobra** [ˈkɔːbra] <-> *m* Kobra *f*
**coca** [ˈkɔːka] <-che> *f* ① (BOT) Kokastrauch *m* ② (*sl: cocaina*) Kokain *nt* ③ (*fam: bevanda*) Cola *f*
**cocaina** [kokaˈi:na] *f* Kokain *nt* **cocainomane** [kokaiˈnɔ:mane] *mf* Kokainsüchtige(r) *f(m)* **cocainomania** [kokainomaˈni:a] <-ie> *f* Drogen nehmen *nt,* Koksen *nt sl*
**coca party** [ˈkouka ˈpa:ti] <- *o* coca parties> *m* Drogenparty *f*
**cocca** [ˈkɔkka] <-che> *f* ① (*di fazzoletto, grembiule*) Zipfel *m* ② (*di freccia*) [Pfeil]kerbe *f*
**coccarda** [kokˈkarda] *f* Rosette *f,* Kokarde *f*
**cocchiere, -a** [kokˈkiɛ:re] *m, f* Kutscher *m* **cocchio** [ˈkɔkkio] <-cchi> *m* Kutsche *f*
**coccige** [kotˈtʃi:ge] *m* Steißbein *nt*
**coccinella** [kottʃiˈnɛlla] *f* Marienkäfer *m*
**cocciniglia** [kottʃiˈniʎʎa] <-glie> *f* ① (ZOO) Koschenillelaus *f,* Scharlachschildlaus *f* ② (*colore*) Koschenille *f*
**coccio** [ˈkɔttʃo] <-cci> *m* ① (*terracotta*) Steingut *nt* ② *pl* (*fam: stoviglie*) Geschirr *nt* ③ (*frammento*) Scherbe *f* ④ (*fig: persona malaticcia*) kränklicher Mensch
**cocciuta** *f v.* **cocciuto**
**cocciutaggine** [kottʃuˈtaddʒine] *f* Dickköpfigkeit *f,* Eigensinn *m* **cocciuto, -a** [kotˈtʃu:to] I. *agg* dickköpfig, eigensinnig II. *m, f* Dickkopf *m,* Sturkopf *m*
**cocco** [ˈkɔkko] <-cchi> *m* ① (BOT) Kokos-

palme *f;* **noce di** ~ Kokosnuss *f* ❷ (BIOL) Kokkus *m,* Kokke *f*
**cocco, -a** <-cchi, -cche> *m, f (fam scherz)* Liebling *m,* Schätzchen *nt;* **essere il** ~ **di mamma** Mamas Liebling sein; **povero** ~! armes Ding!
**coccodè** [kokko'dɛ] *int* gack, gack; **fare** ~ gackern
**coccodrillo** [kokko'drillo] *m* ❶ (ZOO) Krokodil *nt;* **lacrime di** ~ *(fig)* Krokodilstränen *fpl* ❷ *(pelle)* Kroko[dil]leder *nt*
**coccoina**® [kokko'i:na] <-> *f* Papierleim *m*
**coccola** [ko'kkola] *f* Liebkosung *f;* **fare le -e** schmusen
**coccolare** [kokko'la:re] *vt (fam)* schmusen mit; *(vezzeggiare)* [ver]hätscheln, verziehen **coccolo, -a** ['kɔkkolo] *m, f (fam)* Hätschelkind *nt,* Liebling *m* der Eltern **coccolone, -a** [kokko'lo:ne] *m, f (fam)* Schmusekater *m/*-katze *f*
**coccoloni** [kokko'lo:ni] *avv* in der Hocke, niedergekauert; **stare** ~ kauern, hocken
**cocente** [ko'tʃɛnte] *agg* ❶ *(ardente)* glühend heiß ❷ *(fig: dolore)* heftig, brennend, stechend; *(offesa)* schmerzend, verletzend
**cochon** [kɔ'ʃõ] <inv> *agg* obszön, pornografisch; **cinema** ~ Pornokino *nt*
**cocker** ['kɔkə o 'kɔker] <-> *m* Cockerspaniel *m*
**cocktail** ['kɔkteil o 'kɔktel] <-> *m* ❶ (GASTR) Cocktail *m;* ~ **di scampi** Krabbencocktail *m* ❷ *(trattenimento)* Cocktailparty *f;* **abito da** ~ Cocktailkleid *nt*
**cocktail-party** ['kɔkte(i)l 'pa:ti] <- *o* cocktail-parties> *m* Cocktail-Party *f*
**coclea** ['kɔ:klea] *f* ❶ (ANAT) [Ohr]schnecke *f* ❷ (TEC) Schnecke *f*
**cocomeraia** [kokome'ra:ia] <-ie> *f* Gurkenanbaufläche *f,* Gurkenfeld *nt*
**cocomerata** [kokome'ra:ta] *f* Wassermelonenessen *nt*
**cocomero** [ko'kɔ:mero] *m* Wassermelone *f*
**cocooning** [kə'ku:niŋ] <sing> *m* Cocooning *nt*
**cocopro** [koko'pro] <-> *abbr di* **contratto di collaborazione a progetto** I. *m (contratto)* [befristeter] projektbezogener Arbeitsvertrag II. *mf (collaboratore)* [befristet beschäftigte(r)] Projektmitarbeiter(in) *m(f)* III. *agg* Projekt-
**cocuzza** [ko'kuttsa] *f (mer: scherz)* Birne *f fam,* Rübe *f fam*
**cocuzzolo** [ko'kuttsolo] *m* ❶ *(di montagna)* Gipfel *m,* Kuppe *f* ❷ *(di testa, cappello)* Spitze *f*
**cod.** *abbr di* **codice** Gesetzbuch
**coda** ['ko:da] *f* ❶ (ZOO) Schwanz *m;* ~ **in umido** (GASTR) geschmorter Ochsenschwanz; ~ **di cavallo** *(acconciatura)* Pferdeschwanz *m;* ~ **di rospo** *(fam)* Seeteufel *m;* **andarsene con la** ~ **fra le gambe** *(fig)* mit eingezogenem Schwanz abziehen; **avere la** ~ **di paglia** *(fig)* Dreck am Stecken haben; *(essere più che prudente)* übervorsichtig sein; *(offendersi)* schnell beleidigt sein; **il diavolo ci ha messo** [*o* **ficcato**] **la** ~ *(fig)* der Teufel hat seine Hand im Spiel gehabt ❷ (ASTR) Schweif *m* ❸ *(di un abito femminile)* Schleppe *f;* *(di un abito maschile)* Rockschoß *m* ❹ *(di un aereo)* Heck *nt;* **vettura di** ~ (FERR) Schlusswagen *m* ❺ *(fila)* Reihe *f,* Schlange *f;* **fare la** ~ Schlange stehen; **mettersi in** ~ sich anstellen; **-e a tratti** streckenweise stockender Verkehr ❻ *(appendice)* Anhang *m;* **titoli di** ~ (FILM, TV) Abspann *m* ❼ *(loc)* **guardare con la** ~ **dell'occhio** aus den Augenwinkeln betrachten
**codarda** *f v.* **codardo**
**codardia** [kodar'di:a] <-ie> *f (poet)* Feigheit *f*
**codardo, -a** [ko'dardo] I. *agg* feige II. *m, f* Feigling *m*
**codazzo** [ko'dattso] *m (pej)* Schwarm *m,* Gefolgschaft *f*
**code** [koud] <- *o* codes> *m* (TEL, INFORM) Code *m*
**codesto, -a** [ko'desto] *pron dim (tosc: poet)* diese(r, s)
**codice** ['kɔ:ditʃe] *m* ❶ (JUR, LIT) Kodex *m;* ~ **civile** Bürgerliches Gesetzbuch; ~ **fiscale** Steuernummer *f;* ~ **penale** Strafgesetzbuch *nt;* ~ **di procedura civile** Zivilprozessordnung *f;* ~ **di procedura penale** Strafprozessordnung *f;* ~ **della strada** Straßenverkehrsordnung *f;* ~ **di avviamento postale** Postleitzahl *f* ❷ *(cifrario,* INFORM) Kode *m,* Code *m;* *(sistema)* Schlüssel *m;* ~ **a barre** Strichcode *m;* ~ **ASCII** ASCII-Code *m;* ~ **BIC** BIC *m;* ~ **SWIFT** SWIFT-Code *m*
**codicillo** [kodi'tʃillo] *m* Kodizill *nt*
**codificare** [kodifi'ka:re] *vt* ❶ (INFORM) codieren, kodieren; *(tradurre)* verschlüsseln ❷ (JUR) kodifizieren **codificatore** [kodifika'to:re] *m* (INFORM) Codierer *m,* Encoder *m* **codificazione** [kodifikat'tsio:ne] *f* Kodifizierung *f;* ~ **audio** (INFORM) Audiokodierung *f*
**codino** [ko'di:no] *m (di capelli)* Zopf *m,* Zöpfchen *nt*
**coeditare** [koedi'ta:re] *vt* gemeinsam herausgeben

**coeditore, -trice** [koedi'to:re] *m, f* Mitherausgeber(in) *m(f)* **coedizione** [koedit'tsio:ne] *f* gemeinschaftliche Herausgabe, Koedition *f geh*

**coefficiente** [koeffi'tʃɛnte] *m* Koeffizient *m*

**coercibile** [koer'tʃi:bile] *agg* ❶ (*domabile*) lenkbar, zähmbar ❷ (PHYS) komprimierbar

**coercitivo, -a** [koertʃi'ti:vo] *agg* Zwangs-, Druck-; **mezzi -i** Druckmittel *ntpl*

**coercizione** [koertʃit'tsio:ne] *f* Druck *m*, Zwang *m*

**coerede** [koe'rɛ:de] *mf* Miterbe *m*/-erbin *f*

**coerente** [koe'rɛnte] *agg* (*fig: argomento, discorso, ragionamento*) folgerichtig, schlüssig; (*persona*) zielstrebig, konsequent **coerenza** [koe'rɛntsa] *f* Folgerichtigkeit *f*, Kohärenz *f geh*; (*di persona*) Zielstrebigkeit *f*, Konsequenz *f*

**coesione** [koe'zio:ne] *f* (*fig: di ragionamento, discorso*) Zusammenhang *m*; (*di gruppo*) Zusammenhalt *m*, Geschlossenheit *f*

**coesistente** [koezis'tɛnte] *agg* koexistent **coesistenza** [koezis'tɛntsa] *f* Koexistenz *f*, Nebeneinanderbestehen *nt*

**coesistere** [koe'zistere] <irr> *vi essere* koexistieren

**coesivo, -a** [koe'zi:vo] *agg* ❶ (*che tiene unito*) Kleb-, klebend ❷ (PHYS) Kohäsions-

**coeso, -a** [ko'ɛ:zo] *agg* (*connesso*) zusammenhängend

**coetaneo, -a** [koe'ta:neo] I. *agg* gleichaltrig; (*coevo*) zeitgenössisch II. *m, f* Gleichaltrige(r) *f(m)*, Altersgenosse *m*/-genossin *f*; (*coevo*) Zeitgenosse/-genossin

**coevo, -a** [ko'ɛ:vo] *agg* zeitgenössisch

**cofanetto** [kofa'netto] *m* ❶ (*cassetta*) Kästchen *nt*; (*per gioielli*) Schmuckkästchen *nt* ❷ (*per libri*) Schuber *m*, Kassette *f*

**cofano** ['kɔ:fano] *m* ❶ (MOT) Motorhaube *f* ❷ (*cassa*) Truhe *f*, Kasten *m*

**coffa** ['kɔffa] *f* Mastkorb *m*

**coffee break** ['kɔfi breik] <-> *m* Kaffeepause *f*

**cofinanziamento** [kofinantsia'mento] *m* (FIN) Kofinanzierung *f* **cofinanziare** [kofinan'tsia:re] *vt* (FIN) kofinanzieren

**cofirmatario, -a** [kofirma'ta:rio] <-i, -ie> I. *agg* unterzeichnend, Unterzeichner-; **le nazioni -ie del Trattato di Maastricht** die Unterzeichnerstaaten des Maastrichter Vertrages II. *m, f* Mitunterzeichnende(r) *f(m)*

**cofondatore, -trice** [kofonda'to:re] *m, f* Mitbegründer(in) *m(f)*

**cogenerazione** [kodʒenerat'tsio:ne] *f* (TEC) Sekundärenergiegewinnung *f*, Fernwärme *f*

**cogerente** [kodʒe'rɛnte] *mf* Mitverwalter(in) *m(f)* **cogestione** [kodʒes'tio:ne] *f* Mitverwaltung *f* **cogestire** [kodʒes'ti:re] <cogestisco, cogestisci> *vt* gemeinsam leiten

**cogitabondo, -a** [kogita'bondo] *agg* (*poet*) grüblerisch, sinnend, seinen Gedanken nachhängend

**cogli** ['kɔʎʎi] *prp* = **con + gli** *v.* **con**

**cogliere** ['kɔʎʎere] <colgo, colsi, colto> *vt* ❶ (*fiore, frutto*) pflücken; (*frutto a*) ernten; (*bacche*) lesen ❷ (*colpo*) treffen; ~ **nel segno** genau treffen ❸ (*sorprendere*) erwischen, ertappen; ~ **qu in fallo/in flagrante** jdn auf frischer Tat/in flagranti erwischen ❹ (*fig: occasione*) ergreifen ❺ (*fig: significato, problema*) erfassen; ~ **qc al volo** etw sofort verstehen

**coglionaggine** [koʎʎonad'dʒi:ne] *f* (*vulg*) Hirnrissigkeit *f fam*, Hirnverbranntheit *f fam*

**coglionata** [koʎʎo'na:ta] *f* (*vulg*) Blödsinn *m fam*, Müll *m fam*

**coglione, -a** [koʎ'ʎo:ne] *m, f* (*vulg*) Eierarsch *m*, dumme Sau; **essere un** ~ (*vulg*) eine dumme Sau sein **coglioneria** [koʎʎone'ri:a] <-ie> *f* (*vulg*) [Bock]mist *m fam*

**coglioni** [koʎ'ʎo:ni] *mpl* (*vulg*) Eier *ntpl*; **rompere** [*o* **far girare**] **i ~ a qu** (*vulg*) jdm auf den Sack gehen

**cognac** [kɔ'ɲak *o* kɔɲ'ɲak] <- *o* cognacs> *m* Cognac *m* **cognacchino** [kɔɲɲak'ki:no] *m dim di* **cognac** kleiner Cognac

**cognato, -a** [koɲ'ɲa:to] *m, f* Schwager *m*/Schwägerin *f*

**cognizione** [koɲɲit'tsio:ne] *f* ❶ (*nozione*) Kenntnis *f* ❷ (JUR) Zuständigkeit *f*, Kompetenz *f*; **con ~ di causa** kompetent, mit Sachverstand

**cognome** [koɲ'ɲo:me] *m* Nach-, Familienname *m*; **nome e ~** Vor- und Nachname; ~ **da nubile** Mädchenname *m*

**cohousing** [ko'ausiŋ] <-> *m* (*coabitazione*) Cohousing *nt* (*Leben in einer Anlage von Privatwohnungen, die mit vielen Gemeinschaftseinrichtungen ausgestattet sind*)

**coi** ['ko:i] *prp* = **con + i** *v.* **con**

**coibentare** [koiben'ta:re] *vt* (TEC) isolieren, dämmen **coibentatore** [koibenta'to:re] *m* (TEC) Spezialist(in) *m(f)* für Wärmedämmung **coibente** [koi'bɛnte] I. *agg* isolierend, Isolier-, nicht leitend II. *m*

Isoliermaterial *nt* **coibenza** [koi'bɛntsa] *f* Isolierung *f*

**coiffeur, coiffeuse** [kwa'fœːr, kwa'føːz] <-o coiffeurs *m*, coiffeuses *f*> *m, f* Damenfriseur(in) *m(f)*

**coil** [kɔil] <-> *m* Drahtrolle *f*

**coincidenza** [kointʃi'dɛntsa] *f* ❶ (*avvenimento simultaneo*) Zusammentreffen *nt*; (*avvenimento casuale*) Zufall *m* ❷ (*mezzi di trasporto*) Anschluss *m* ❸ (*fig: corrispondenza*) Übereinstimmung *f* **coincidere** [koin'tʃiːdere] <irr> *vi* (*accadere insieme*) zusammenfallen; (*corrispondere*) sich *dat* entsprechen, übereinstimmen; (*essere la stessa cosa*) sich decken

**coin-op** [kɔin'ɔp] I.<-> *mf* Münzautomat *m* II.<inv> *agg* Münz-, mit Münzeinwurf, mit Münzen betrieben

**coinquilino, -a** [koiŋkui'liːno] *m, f* Mitbewohner(in) *m(f)*

**coinsieme** [koin'siɛːme] *m* (MAT) Wertemenge *f*

**cointeressare** [kointeres'saːre] *vt* beteiligen, teilhaben lassen **cointeressato, -a** [kointeres'saːto] I. *agg* teilhabend II. *m, f* Teilhaber(in) *m(f)* **cointeressenza** [kointeres'sɛntsa] *f* Teilhaberschaft *f*

**cointestario, -a** [kointes'taːrio] <-i, -ie> I. *agg* (JUR) beteiligt, Mitinhaber- II. *m, f* (JUR) Mitinhaber(in) *m(f)*

**coinvolgente** [koinvol'dʒɛnte] *agg* (*libro, spettacolo*) fesselnd, mitreißend; **un libro ~** ein fesselndes Buch **coinvolgere** [koin'vɔldʒere] <irr> *vt* **~ qu in qc** jdn in etw *acc* hineinziehen **coinvolgimento** [koin'vɔldʒmento] *m* Verwicklung *f*

**coinvolto, -a** [koin'vɔlto] I. *pp* di **coinvolgere** II. *agg* verwickelt; **essere ~ in qc** in etw *acc* verwickelt sein; **lo spettacolo mi ha ~** das Stück hat mich angesprochen

**coiote** [ko'ɔːte] <-> *m* Kojote *m*

**Coira** ['kɔːira] *f* Chur *nt*

**coito** ['kɔːito] *m* Koitus *m*, Beischlaf *m*

**coke** [kouk] <-> *m* Koks *m*

**cokefazione** [kokefat'tsioːne] *f* ❶ (TEC) Verkokung *f*, Koksgewinnung *f* ❷ (CHEM: *processo che lascia residuo carbonioso*) Verkohlung *f*

**col** [kol] *prp* = **con + il** *v.* **con**

**colà** [ko'la] *avv* (*poet*) dort, dorthin

**colabrodo** [kola'brɔːdo] <-> *m* Durchschlag *m*, Sieb *nt*; **essere un ~** (*fig*) durchsiebt sein

**colapasta** [kola'pasta] <-> *m* Nudelsieb *nt*, Seiher *m*

**colare** [ko'laːre] I. *vt* avere ❶ (*liquido*) abgießen, filtern; (*brodo*) durchseihen, durch ein Sieb schütten; (*pasta*) abgießen, -schütten ❷ (*metallo*) gießen ❸ (*loc*) **~ a picco** [o **a fondo**] (*nave*) versenken II. *vi* essere o avere (*gocciolare*) tropfen, rinnen; (*naso*) laufen; (*recipiente*) lecken; **mi cola il naso** mir läuft die Nase ❷ essere (*loc*) **~ a picco** [o **a fondo**] [auf den Grund] sinken **colata** [ko'laːta] *f* ❶ (GEOL) Strom *m*; **~ lavica** Lavastrom *m* ❷ (*di metallo*) Guss *m*

**colato, -a** [ko'laːto] *agg* rein, pur; **prendere qc per oro ~** (*fig*) etw für bare Münze nehmen

**colazione** [kolat'tsioːne] *f* ❶ (*prima ~*) Frühstück *nt*; **fare ~** frühstücken ❷ (*seconda ~*) Mittagessen *nt*; **~ di lavoro** Arbeitsessen *nt*

**cold boot** [kold 'but] <-> *m* (INFORM) Kaltstart *m*

**cold cream** ['kould 'kriːm] <-> *f* Gesichtscreme *f*

**COLDIRETTI** [koldi'rɛtti] *f abbr di* **Confederazione Nazionale Coltivatori Diretti** Verband (*selbstständiger*) Landwirte

**coldiretto** *m acro di* **Coltivatore diretto** selbstständiger Landwirt *m*

**colei** *f v.* **colui**

**coleottero** [kole'ɔttero] *m* Käfer *m*

**colera** [ko'lɛːra] <-> *m* Cholera *f* **colerico, -a** [ko'lɛːriko] <-ci, -che> *agg* Cholera-

**colesterina** [koleste'riːna] *f*, **colesterolo** [koleste'rɔːlo] *m* Cholesterin *nt*

**colf** [kɔlf] <-> *f* Haushaltshilfe *f*, Bedienung *f* A

**colgo** ['kɔlgo] *1. pers sing pr di* **cogliere**

**colibatterio** [kolibatte'riːo] <-ri> *m* (BIOL) Kolibakterie *f*

**colibrì** [koli'bri] <-> *m* Kolibri *m*

**colica** ['kɔːlika] <-che> *f* Kolik *f*

**colino** [ko'liːno] *m* kleines Sieb; (*per tè*) Teesieb *nt*

**colite** [ko'liːte] *f* (MED) Kolitis *f*

**colla**[1] ['kɔlla] *f* Leim *m*, Klebstoff *m*; **~ in stick** Klebestift *m*; **~ universale** Alleskleber *m*

**colla**[2] ['kɔlla] *prp* = **con + la** *v.* **con**

**collaborare** [kollabo'raːre] *vi* mitarbeiten; **~ a un progetto** an einem Projekt mitarbeiten; **~ con qu** mit jdm zusammenarbeiten; (*pej a*) mit jdm kollaborieren **collaboratore, -trice** [kollabora'toːre] *m, f* Mitarbeiter(in) *m(f)*; **~ esterno** freier Mitarbeiter; **-trice familiare** [*o* **domestica**] Hausangestellte *f*, Haushaltshilfe *f* **collaborazione** [kollaborat'tsioːne] *f*

Mitarbeit *f*, Zusammenarbeit *f*; **la ~ a un progetto** die Mitarbeit an einem Projekt **collaborazionismo** [kollaborattsio-'nizmo] *m* Kollaboration *f* **collaborazionista** [kollaborrattsio'nista] <-i *m*, -e *f*> *mf* Kollaborateur(in) *m(f)*
**collage** [ko'la:ʒ] <-> *m* Collage *f*
**collageno** [kol'la:dʒeno] *m* Kollagen *nt*
**collana** [kol'la:na] *f* ❶ (*di perle, oro, coralli*) [Hals]kette *f* ❷ (*di libri*) Reihe *f*
**collant** [kɔ'lã] <-> *m* Strumpfhose *f*
**collare** [kol'la:re] *m* ❶ (*per cani*) Halsband *nt* ❷ (*ornamento*) Halskrause *f* ❸ (REL) Beffchen *nt*, Kollar *nt*
**collasso** [kol'lasso] *m* Kollaps *m*
**collaterale** [kollate'ra:le] *agg* (*a lato*) seitlich, Seiten-; (*vicino*) Neben-; **effetti -i** Nebenwirkungen *fpl*
**collateralismo** [kollatera'lizmo] *m* (POL) Parteiunterstützung *f*
**collaudare** [kollau'da:re] *vt* prüfen, testen, zensurieren *A* **collaudatore, -trice** [kollauda'to:re] *m, f* Prüfer(in) *m(f)* **collaudo** [kol'la:udo] *m* Kontrolle *f*, Prüfung *f*; (*di macchine, impianti*) Probelauf *m*; **volo di ~** Probeflug *m*
**collazione** [kollat'tsio:ne] *f* Kollation *f*
**colle**[1] ['kɔlle] *m* ❶ (*rilievo*) Hügel *m* ❷ (*passo*) Pass *m*
**colle**[2] ['kolle] *prp* = **con + le** *v.* **con**
**collega** [kol'lɛ:ga] <-ghi *m*, -ghe *f*> *mf* Kollege *m*/Kollegin *f*
**collegamento** [kollega'mento] *m* ❶ (*connessione*) Verbindung *f*; **~ ferroviario** Eisenbahnverbindung; **~ radiofonico** Funkverbindung; **~ telefonico** Telefonverbindung ❷ (EL) Schaltung *f*; **~ in serie/parallelo** Serien-/Parallelschaltung *f* ❸ (MIL, TV, RADIO) Verbindung *f*; **ufficiale di ~** Verbindungsoffizier *m*; **in ~ con Madrid, vi trasmettiamo ...** (TV, RADIO) wir sind mit Madrid verbunden und senden ... ❹ (INET) Anschluss *m*; **~ a Internet** Internetanschluss **collegante** [kolle'gante] *agg* verbindend, Binde-; **elemento ~** Bindeglied *nt* **collegare** [kolle'ga:re] I. *vt* verbinden; (*a. fig*) in Verbindung setzen II. *vr* **-rsi con qu** sich mit jdm in Verbindung setzen **collegato, -a** [kolle'ga:to] *agg* verbunden, angeschlossen; **essere ~ a qc** an etw *acc* angeschlossen sein; **questo computer è ~ a Internet** dieser Computer ist ans Internet angeschlossen
**college** ['kɔlidʒ *o* 'kɔlledʒ] <- *o* colleges> *m* College *nt* **collegiale** [kolle'dʒa:le] I. *agg* ❶ (*collettivo*) kollegial, Kollegial- ❷ (*da collegio*) Internats- II. *mf* ❶ (*allievo*) Internatsschüler(in) *m(f)* ❷ (*fig: giovane inesperto, impacciato*) Schuljunge *m*, Schulmädchen *nt*, Grünschnabel *m* **collegialità** [kolledʒali'ta] <-> *f* Kollegialität *f* **collegialmente** [kolledʒal'mente] *avv* ❶ (*da collega*) kollegial ❷ (*collettivamente*) kollektiv, gemeinschaftlich
**collegio** [kol'lɛ:dʒo] <-gi> *m* ❶ (*istituto*) Internat *nt*, Internatsschule *f* ❷ (*professionale*) Kollegium *nt* ❸ (*circoscrizione*) **~ elettorale** Wahlbezirk *m*
**collera** ['kɔllera] *f* Wut *f*; **andare/essere in ~** wütend werden/sein; **essere in ~ con qu** auf jdn wütend sein **collerico, -a** [kol'lɛ:riko] <-ci, -che> I. *agg* cholerisch, jähzornig II. *m, f* Choleriker(in) *m(f)*
**colletta** [kol'lɛtta] *f* [Geld]sammlung *f*; (REL) Kollekte *f*
**collettanea** [kolletta'nɛ:a] <-ee> *f* Festschrift *f*, Essaysammlung *f*
**collettivismo** [kolletti'vizmo] *m* (POL) Kollektivismus *m* **collettivista** [kolletti'vista] <-i *m*, -e *f*> *mf* Kollektivist(in) *m(f)* **collettivistico, -a** [kolletti'vistiko] <-ci, -che> *agg* kollektivistisch
**collettività** [kollettivi'ta] <-> *f* Kollektivität *f*, Gemeinschaftlichkeit *f* **collettivizzare** [kollettivid'dza:re] *vt* kollektivieren **collettivizzazione** [kollettividdzat'tsio:ne] *f* Kollektivierung *f*
**collettivo** [kollet'ti:vo] *m* Kollektiv *nt*
**collettivo, -a** *agg* kollektiv, gemeinschaftlich
**colletto** [kol'letto] *m* ❶ (*di camicia, abito*) Kragen *m* ❷ (ANAT) Zahnhals *m* ❸ (BOT) Wurzelhals *m*; **~ bianco** (*fig*) Angestellte(r) *m*
**collettore** [kollet'to:re] *m* ❶ (TEC) Sammelleitung *f* ❷ (EL) Kollektor *m*
**collettore, -trice** *agg* Sammel-
**collezionare** [kollettsio'na:re] *vt* sammeln **collezione** [kollet'tsio:ne] *f* ❶ (*raccolta*) Sammlung *f*; **fare ~ di qc** etw sammeln ❷ (*nella moda*) Kollektion *f* ❸ (*di libri*) Reihe *f* **collezionismo** [kollettsio'nizmo] *m* ❶ (*interesse, propensione a collezionare oggetti*) Sammelleidenschaft *f* ❷ (*insieme dei collezionisti*) Sammler *mpl* **collezionista** [kollettsio'nista] <-i *m*, -e *f*> *mf* Sammler(in) *m(f)*
**collie** ['kɔli] <-> *m* Collie *m*
**collier** [kɔ'lje] <-> *m* Kollier *nt*
**collimare** [kolli'ma:re] *vi* übereinstimmen, sich *dat* entsprechen

**collimazione** [kollimat'tsjo:ne] *f* (OPT) Kollimation *f*

**collina** [kol'li:na] *f* Hügel *m*, Anhöhe *f* **collinoso, -a** [kolli'no:so] *agg* hüg[e]lig

**collirio** [kol'li:rjo] <-i> *m* Augentropfen *mpl*

**collisione** [kolli'zjo:ne] *f* Zusammenstoß *m*, Kollision *f*; **entrare in ~** zusammenstoßen, kollidieren

**collo**[1] ['kɔllo] *m* ❶ (ANAT) Hals *m*; (*del piede*) Spann *m*, Rist *m*; **avere/portare al ~** um den Hals haben/tragen; **allungare il ~** einen langen Hals machen; **avere la testa sul ~** Verstand haben; **tirare il ~ ad un pollo** einem Huhn den Hals umdrehen; **essere nei debiti fino al ~** bis zum Hals in Schulden stecken; **rompersi il** [*o* **l'osso del**] **~** (*fig*) sich *dat* den Hals brechen; **ci ho rimesso l'osso del ~** (*fig*) das hat mir das Genick gebrochen ❷ (*di bottiglia, fiasco*) Hals *m* ❸ (*di abito*) Kragen *m*; **prendere qu per il ~** jdn am Kragen packen; (*fig*) jdn nötigen; **a ~ alto** Rollkragen- ❹ (COM) Frachtstück *nt*, Kollo *nt* ❺ (TEC) **~ d'oca** Kurbelwelle *f*; (*di tubi*) Schwanenhals *m*

**collo**[2] ['kollo] = **con + lo**

**collocamento** [kolloka'mento] *m* ❶ (*impiego*) Stellung *f*; **agenzia di ~** Stellenvermittlung *f*; **ufficio di ~** Arbeitsamt *nt* ❷ (*disposizione*) Anordnung *f*, Stellung *f* ❸ (TEC) Einbau *m* **collocare** [kollo'ka:re] I. *vt* ❶ (*mettere*) setzen, stellen, legen; **~ qu a riposo** jdn in den Ruhestand versetzen ❷ (*trovare un lavoro per*) unterbringen II. *vr* **-rsi** sich *dat* eine Position verschaffen **collocazione** [kollokat'tsjo:ne] *f* Stellung *f*; (*di libro, fig*) Standort *m*; (*sistemazione*) Anordnung *f*

**colloquiale** [kollo'kwja:le] *agg* umgangssprachlich; **linguaggio ~** Umgangssprache *f*; **tono ~** Plauderton *m*

**colloquiare** [kollo'kwja:re] *vi* reden, plaudern; **~ con qu** sich mit jdm unterhalten **colloquio** [kol'lɔ:kwjo] <-qui> *m* ❶ (*conversazione*) Gespräch *nt*, Unterhaltung *f*; **~ di lavoro** Vorstellungsgespräch *nt* ❷ (*esame*) Kolloquium *nt*

**colloso, -a** [kol'lo:so] *agg* klebrig

**collottola** [kol'lɔttola] *f* (*fam*) Nacken *m*

**collusione** [kollu'zjo:ne] *f* Kollusion *f*

**colluso, -a** [kol'lu:so] I. *m, f* Teil *m* eines Klüngels II. *agg* (*di politico, amministratore*) unter einer Decke steckend (*con* mit +*dat*)

**collut(t)orio** [kollu'tɔ:rjo *o* kollut'tɔ:rjo] <-i> *m* [medizinisches] Mundwasser *nt*, Gurgelmittel *nt*

**colmare** [kol'ma:re] *vt* ❶ (*recipiente*) füllen; (*lacuna*) schließen, ausfüllen; **~ di qc** mit etw füllen ❷ (*fig: dare in abbondanza*) überschütten; **~ qu di regali** jdn mit Geschenken überschütten **colmata** [kol'ma:ta] *f* Auflandung *f*, Aufspülung *f*

**colmo** ['kolmo] *m* ❶ (*di cima, colle*) Gipfel *m* ❷ (*fig: apice*) Gipfel *m*; **questo è il ~!** (*fam*) das ist ja die Höhe!

**colmo, -a** *agg* ❶ (*bicchiere*) voll, [voll]gefüllt; (*cucchiaio*) gehäuft; **~ fino all'orlo** randvoll ❷ (*fig: di dolore, bile, amarezze*) voll; **essere ~ di qc** voll von etw sein

**colomba** [ko'lomba] *f* Taube *f*; **la ~ pasquale** traditioneller Osterkuchen aus Hefeteig in Form einer Taube **colombaccio** [kolom'battʃo] <-cci> *m* Ringeltaube *f* **colombaia** [kolom'ba:ia] <-aie> *f* Taubenschlag *m* **colombicoltura** [kolombikol'tu:ra] *f* Taubenzucht *f* **colombo** [ko'lombo] *m* Täuberich *m*/Taube *f*; **tubano come due -i** (*fam*) sie sind wie die Turteltauben

**colon** ['kɔ:lon] <-> *m* (ANAT) Grimmdarm *m*, Kolon *nt*

**colonia** [ko'lɔ:nja] <-ie> *f* ❶ (POL, BIOL) Kolonie *f* ❷ (*per le vacanze*) Ferienlager *nt*, -kolonie *f* ❸ (*gruppo di stranieri*) [Ausländer]kolonie *f* ❹ (*acqua di Colonia*) Kölnischwasser *nt*

**Colonia** [ko'lɔ:nja] *f* Köln *nt*; **acqua di ~** Kölnischwasser *nt*

**coloniale** [kolo'nja:le] I. *agg* ❶ (POL, COM) kolonial, Kolonial- ❷ (BIOL) Kolonien bildend II. *mf* Kolonist(in) *m(f)* **coloniali** [kolo'nja:li] *mpl* Kolonialwaren *fpl* **colonialismo** [kolonja'lizmo] *m* Kolonialismus *m* **colonialista** [kolonja'lista] <-i *m*, -e *f*> I. *mf* Kolonialist(in) *m(f)* II. *agg* Kolonial- **colonialistico, -a** [kolonja'listiko] <-ci, -che> *agg* kolonialistisch

**colonico, -a** [ko'lɔ:niko] <-ci, -che> *agg* [Land]pächter-; (*rurale*) Bauern-; **casa -a** Bauernhaus *nt*

**colonizzare** [kolonid'dza:re] *vt* ❶ (HIST, POL) kolonisieren ❷ (AGR) besiedeln **colonizzatore, -trice** [koloniddza'to:re] I. *agg* kolonisatorisch II. *m, f* Kolonisator *m* **colonizzazione** [koloniddzat'tsjo:ne] *f* ❶ (POL) Kolonisierung *f* ❷ (AGR) Besied[e]lung *f*

**colonna** [ko'lonna] *f* ❶ (ARCH) Säule *f* ❷ (*di automobili*) Kolonne *f*; (*di numeri*) Reihe *f*, Kolonne *f* ❸ (TYP) Spalte *f*, Kolumne *f* ❹ (*fig: sostegno*) Stütze *f* ❺ (*d'acqua, di*

colonnare → coltivare

*fuoco*) [Wasser-, Feuer]wand *f* ❸ (ANAT) ~ **vertebrale** Wirbelsäule *f* **colonnare** [kolon'na:re] *agg* Säulen- **colonnato** [kolon'na:to] *m* Säulenreihe *f*; (*portico*) Arkade *f*
**colonnello** [kolon'nɛllo] *m* Oberst *m*
**colonnina** [kolon'i:na] *f* ~ **di soccorso** Notrufsäule *f*
**colonnista** [kolon'ista] <-i *m*, -e *f*> *mf* (*columnist*) Kolumnist(in) *m(f)*
**colono** [ko'lɔ:no] *m* ❶ (AGR) Pächter *m* ❷ (HIST) Kolone *m*
**colorante** [kolo'rante] I. *agg* färbend, Färbe-, Farb- II. *m* Farbstoff *m*; **-i alimentari** Lebensmittelfarben *fpl*
**colorare** [kolo'ra:re] I. *vt* ❶ (*capelli, tessuti*) färben; (*disegno*) kolorieren, bemalen ❷ (*fig: mascherare*) tarnen, verbergen II. *vr* **-rsi** sich färben **colorazione** [kolora'tsio:ne] *f* Färbung *f*, Koloration *f*
**colore** [ko'lo:re] *m* Farbe *f*; (POL) Couleur *f*; ~ **locale** Lokalkolorit *nt*; **scatola di -i** Farbkasten *m*; **uomo di** ~ Farbige(r) *m*; **-i a olio/tempera/dita** Öl-/Tempera-/Fingerfarben *fpl*; **dare una mano di** ~ **a qc** etw anstreichen; **a -i** farbig, Farb-; **senza** ~ farblos; **dirne di tutti i -i** (*fig*) kein Blatt vor den Mund nehmen; **farne di tutti i -i** (*fig*) alles Mögliche anstellen, es bunt treiben; **diventare di mille** [*o* **di tutti i**] ~ (*fig: dovuto a un'emozione*) abwechselnd blass und rot werden **colorificio** [kolori'fi:tʃo] <-ci> *m* Färberei *f* **colorire** [kolo'ri:re] <colorisco> *vt* ❶ (*colorare*) kolorieren ❷ (*fig: racconto*) ausschmücken **colorismo** [kolo'rizmo] *m* Kolorismus *m* **colorista** [kolo'rista] <-i *m*, -e *f*> *mf* Kolorist(in) *m(f)*
**colorito** [kolo'ri:to] *m* (*tinta*) Farbe *f*, Färbung *f*; (*della pelle*) Gesichtsfarbe *f*, Teint *m*
**colorito**, **-a** *agg* ❶ (*viso, guance*) rosig; (*abito*) farbig ❷ (*fig*) lebhaft, farbig; (*linguaggio*) ausdrucksvoll
**coloro** [ko'lo:ro] *pron dim pl di* **colui**
**colossale** [kolos'sa:le] *agg* ❶ (*di enormi proporzioni*) kolossal, riesig ❷ (*fig: successo, sproposito, fiasco*) Riesen-, riesig **colosso** [ko'lɔsso] *m* ❶ (*statua*) Koloss *m* ❷ (*fig: personalità*) Größe *f*; **un** ~ **dello schermo** eine Filmgröße
**colostro** [ko'lɔstro] *m* Kolostrum *nt*
**colpa** ['kolpa] *f* Schuld *f*; **dare la** ~ **a qu** jdm die Schuld geben; **essere in** ~ schuldig sein; **sentirsi in** ~ sich schuldig fühlen; **per** ~ **di qu** durch jds Schuld; **per** ~ **di qc** wegen etw; **non è** ~ **mia** das ist nicht

meine Schuld, ich kann nichts dafür **colpevole** [kol'pe:vole] I. *agg* ❶ (*persona*) schuldig; ~ **di furto** des Diebstahls schuldig ❷ (*azione*) schuldhaft II. *mf* Schuldige(r) *f(m)* **colpevolezza** [kolpevo'lettsa] *f* Schuld *f*, Schuldhaftigkeit *f*
**colpevolismo** [kolpevo'lizmo] *m* Vorverurteilung *f* **colpevolistico**, **-a** [kolpevo'listiko] <-ci, -che> *agg* vorverurteilend **colpevolizzare** [kolpevolid'dza:re] *vt* ~ **qu** in jdm Schuldgefühle hervorrufen; (*dare la colpa*) jdm die Schuld geben
**colpire** [kol'pi:re] <colpisco> *vt* ❶ (*cogliere*) treffen; (*ferire*) schlagen; ~ **qu con un pugno** jdm einen Faustschlag versetzen; ~ **nel segno** ins Schwarze treffen ❷ (*fig: impressionare*) beeindrucken, treffen
**colpo** ['kolpo] *m* ❶ (*botta*) Schlag *m*; (*urto*) Stoß *m*; ~ **basso** (*a. fig*) Schlag *m* unter die Gürtellinie; **andare a** ~ **sicuro** (*fig*) sichergehen; **la notizia ha fatto** ~ (*fig*) die Nachricht hat [sofort] eingeschlagen ❷ (*fig pej: azione sleale*) Coup *m*; **fare un** ~ einen Coup landen; ~ **di Stato** Staatsstreich *m* ❸ (*sparo*) Schuss *m*; (*detonazione*) Knall *m* ❹ (*fig: manifestazione improvvisa*) **gli è venuto un** ~ ihn hat der Schlag getroffen; ~ **d'aria** Luftzug *m*; ~ **di fortuna** Glücksfall *m*; **un** ~ **di fulmine** (*fig*) Liebe *f* auf den ersten Blick; ~ **di grazia** (*a. fig*) Gnadenschuss *m*; ~ **di vento** Windstoß *m*; ~ **di scena** (*a. fig*) Überraschungseffekt *m*; **a** ~ **d'occhio** auf den ersten Blick; **di** ~ plötzlich; **sul** ~ auf der Stelle ❺ (*loc*) ~ **di testa** Kurzschlusshandlung *f*; **dare un** ~ **di telefono a qu** (*fam*) jdn kurz anrufen; **fare** ~ beeindrucken; **prendere un** ~ **di sole** einen Sonnenstich bekommen
**colposo**, **-a** [kol'po:so] *agg* (JUR) fahrlässig
**colsi** ['kɔlsi] *1. pers sing pass rem di* **cogliere**
**coltella** [kol'tɛlla] *f* Fleischermesser *nt* **coltellame** [koltel'la:me] *m* Messersatz *m*
**coltellata** [koltel'la:ta] *f* (*colpo*) Messerstich *m* **coltelleria** [koltelle'ri:a] <-ie> *f* ❶ (*fabbrica*) Messerfabrik *f*; (*negozio*) Messerhandlung *f* ❷ (*assortimento*) Messerwaren *fpl*
**coltello** [kol'tɛllo] *m* Messer *nt*; **avere il** ~ **dalla parte del manico** (*fig*) das Heft in der Hand haben
**coltivabile** [kolti'va:bile] *agg* anbaufähig; **area** ~ Anbaugebiet *nt* **coltivare** [kolti'va:re] *vt* ❶ (*campo, terreno*) bestellen, bebauen ❷ (*patate, rape*) anbauen ❸ (MIN)

abbauen ④ (*fig: amicizia*) pflegen; (*mente*) kultivieren, bilden; (*scienze, arti*) pflegen, betreiben **coltivato, -a** [kolti'va:to] *agg* ❶ (AGR: *terreno*) bestellt, bebaut ❷ (*rape, patate*) angebaut ❸ (*funghi, perle*) Zucht- **coltivatore, -trice** [koltiva'to:re] *m, f* Erzeuger(in) *m(f)*, Produzent(in) *m(f)*; ~ **diretto** Direkterzeuger *m* **coltivazione** [koltivat'tsio:ne] *f* (*di un prodotto*) Anbau *m*; (*di un campo*) Bestellen *nt* **coltivo, -a** [kol'ti:vo] *agg* bestellbar; (*coltivato*) bestellt

**colto** ['kɔlto] *pp di* **cogliere**

**colto, -a** ['kolto] *agg* kultiviert, gebildet

**coltre** ['koltre] *f* Decke *f*

**coltura** [kol'tu:ra] *f* ❶ (AGR) Anbau *m*, Kultur *f* ❷ (BIOL) Kultur *f* ❸ (ZOO) Zucht *f*

**colui, colei** [ko'lu:i, ko'lɛ:i] <**coloro**> *pron dim* diese(r, s) (dort), jene(r, s); ~ **che ...** der[jenige], der ...

**columnist** ['kɔləmnist] <-> *mf* Kolumnist(in) *m(f)*

**colza** ['kɔltsa] *f* Raps *m*

**coma** ['kɔ:ma] <-> *m* Koma *nt;* **essere in** ~ im Koma liegen

**comacino, -a** [koma'tʃi:no] *agg* (*obs*) *v.* **comasco**

**comandamento** [komanda'mento] *m* Gebot *nt*

**comandante** [koman'dante] *m* Kommandant *m;* (NAUT) Kapitän *m*

**comandare** [koman'da:re] I. *vt* ❶ (MIL: *reggimento, nave*) kommandieren, befehligen ❷ (TEC) bedienen ❸ (ADM) versetzen ❹ (*ordinare*) befehlen, anordnen, anschaffen *A;* **comandi!** zu Befehl! II. *vi* kommandieren, befehlen; ~ **a qu di fare qc** jdm befehlen etw zu tun **comandato, -a** [koman'da:to] *agg* ❶ (ADM) berufen; **professore** ~ **presso il ministero** Professor *m* im Ministerialdienst ❷ (MIL) beordert (*di* zu), abgestellt (*di* zu) ❸ (REL: *feste*) geboten **comando** [ko'mando] *m* ❶ (MIL) Kommando *nt*, Führung *f* ❷ (ADM) Leitung *f* ❸ (*ordine*) Befehl *m* ❹ (*computer*) Befehl *m;* **riga di** ~ Befehlszeile *f;* ~ **vocale** Sprachbedienung *f* ❺ (TEC) Schaltung *f;* **leva di** ~ Schalthebel *m* ❻ (SPORT) Führung *f*

**comare** [ko'ma:re] *f* ❶ (*di battesimo*) [Tauf]patin *f* ❷ (*donna pettegola*) Klatschbase *f*

**Comasco** [ko'masko] <*sing*> *m* Umgebung *f* von Como

**comasco, -a** <-schi, -sche> I. *agg* aus Como stammen II. *m, f* (*abitante*) Einwohner(in) *m(f)* von Como

**combaciare** [komba'tʃa:re] *vi* ❶ (*aderire*) [zusammen]passen ❷ (*fig: coincidere*) übereinstimmen

**combattente** [kombat'tɛnte] I. *agg* kämpfend, Kampf- II. *mf* Kämpfer(in) *m(f)*

**combattere** [kom'battere] I. *vi* ❶ (MIL) kämpfen; ~ **contro il nemico** gegen den Feind kämpfen ❷ (*fig: lottare*) sich einsetzen, kämpfen; ~ **contro** [*o* **per**] **qc** sich gegen [*o* für] etw einsetzen II. *vt* (*fig* MIL) bekämpfen, kämpfen gegen **combattimento** [kombatti'mento] *m* ❶ (MIL) Kampf *m*, Gefecht *nt;* **mettere fuori** ~ (*a. fig*) außer Gefecht setzen ❷ (SPORT) [Wett-, Ring]kampf *m* **combattività** [kombatti vi'ta] <-> *f* Kampfgeist *m* **combattivo, -a** [kombat'ti:vo] *agg* kämpferisch **combattuto, -a** [kombat'tu:to] *agg* unschlüssig; (*da dubbi*) gequält, geplagt; **essere** ~ **fra opposti pareri** zwischen gegensätzlichen Meinungen schwanken

**combinare** [kombi'na:re] I. *vt* ❶ (*colori, sapori*) kombinieren, zusammenstellen; (*gita, cena, riunione*) arrangieren, in die Wege leiten; (*affare*) zu Stande bringen ❷ (CHEM, TEC) verbinden ❸ (*unire*) vereinen ❹ (*fam scherz: fare*) zu Stande bringen, bewerkstelligen; ~ **un guaio** (*fam*) was anstellen; **ne ha combinata un'altra delle sue** (*fam*) er/sie hat mal wieder was angestellt II. *vr* **-rsi** ❶ (CHEM) sich verbinden ❷ (*fam: conciarsi*) sich herrichten; **ma come ti sei combinato oggi?** (*fam*) wie siehst du denn heute aus! ❸ (*mettersi d'accordo*) sich einigen; **-rsi su qc** sich über etw *acc* einigen **combinata** [kombi'na:ta] *f* (SPORT) Kombination *f* **combinatore, -trice** [kombina'to:re] I. *agg* Vermittlungs-; **disco** ~ Wählscheibe *f* II. *m, f* Arrangeur(in) *m(f)* **combinazione** [kombinat'tsio:ne] *f* ❶ (*caso fortuito*) Zufall *m;* **per** [**pura**] ~ [rein] zufällig ❷ (*di colori*) Zusammenstellung *f;* (*di idee*) Verbindung *f;* (*di cassaforte*) Kombination *f* ❸ (CHEM) Verbindung *f*

**combo** ['kombou] I. <-> *m* ❶ (FOTO) Fotomontage *f* ❷ (MUS) Ensemble *nt* II. <inv> *agg* (FOTO) Fotomontage-

**combriccola** [kom'brikkola] *f* Clique *f*, Bande *f*

**combustibile** [kombus'ti:bile] I. *agg* brennbar, Brenn- II. *m* Brennstoff *m* **combustibilità** [kombustibili'ta] <-> *f* Brennbarkeit *f*

**combustione** [kombus'tio:ne] *f* Verbrennung *f;* **camera di** ~ Brennraum *m;*

**motore a ~ interna** Verbrennungsmotor *m*
**combutta** [kom'butta] *f* (*pej*) Bande *f*; **essere in ~ con qu** (*pej*) mit jdm unter einer Decke stecken
**come** ['ko:me] **I.** *avv* ① (*interrogativo, esclamativo, nei paragoni*) wie; **~ me/te** wie ich/du; **~ è cara!** wie lieb sie ist!; **ma ~!** wie bitte?; **~ stai?** wie geht's [dir]?; **~ mai?** wieso?; **~ no?** natürlich! ② (*correlativo*) so wie; **ora ~ ora** so wie es jetzt aussieht; **~ viene viene** (*fam*) wie es kommt, so kommt es ③ (*in qualità di*) als **II.** *cong* ① (*dichiarativo*) wie ② (*condizionale*) als ③ (*temporale*) als ④ (*comparativo*) wie; **~ se** als ob **III.** <-> *m* Wie *nt*
**COMECON** ['kɔ:mekon] *m* Comecon *o nt*, COMECON *m o nt*
**comedone** [kome'do:ne] *m* Mitesser *m*
**comense** [ko'mɛnse] (LIT) *v.* **comasco**
**cometa** [ko'me:ta] *f* Komet *m*
**comfort** ['kʌmfət] <-> *m* Komfort *m*; **questa macchina offre tutti i ~** dieses Auto bietet jeden erdenklichen Komfort
**comic** ['kɔmik] <- *o* comics> *m* Comic *m*
**comica** ['kɔ:mika] <-che> *f* ① (FILM) Stummfilmsketch *m* ② (*fig: situazione farsesca*) Farce *f*
**comicità** [komitʃi'ta] <-> *f* Komik *f*
**comico, -a** <-ci, -che> *agg* ① (*della commedia*) Lustspiel- ② (*buffo*) komisch
**comignolo** [ko'miɲɲolo] *m* Schornstein *m*
**cominciare** [komin'tʃa:re] **I.** *vi essere* anfangen [mit], beginnen [mit]; **comincia a piovere** es beginnt zu regnen; **~ col dire ...** damit anfangen, dass man sagt ...; **a ~ da oggi** ab heute; **una parola che comincia per elle** ein Wort, das mit L anfängt **II.** *vt avere* (*lavoro, studi, discorso*) beginnen, anfangen; **chi ben comincia è a metà dell'opera** (*prov*) frisch gewagt ist halb gewonnen
**comino** [ko'mi:no] *v.* **cumino**
**comitato** [komi'ta:to] *m* Komitee *nt*; **Comitato delle regioni** (EU) Ausschuss *m* der Regionen; **Comitato economico e sociale** (EU) Wirtschafts- und Sozialausschuss *m*
**comitiva** [komi'ti:va] *f* [Reise]gruppe *f*, -gesellschaft *f*
**comiziante** [komit'tsiante] *mf* Kundgebungsteilnehmer(in) *m(f)*
**comizio** [ko'mittsio] <-i> *m* Kundgebung *f*

**Comm.** *abbr di* **Commendatore** Komtur *m*, Kommandeur *m*
**comma** ['komma] <-i> *m* ① (JUR) Absatz *m*, Paragraf *m*, Paragraph *m* ② (MUS) Komma *nt*
**commando** [kom'mando] <-> *m* Kommando *nt*
**commedia** [kom'mɛ:dia] <-ie> *f* Komödie *f*; **~ musicale** Musical *nt*; **~ a soggetto** Stegreifkomödie *f*; **~ dell'arte** Commedia dell'arte *f*; **~ d'intreccio/di carattere** Verwicklungs-/Charakterkomödie *f*; **personaggio da ~** Hanswurst *m*; **fare la ~** (*fig*) Theater spielen **commediante** [komme'diante] *mf* ① (THEAT) Komödiant(in) *m(f)* ② (*fig pej: persona simulatrice*) Heuchler(in) *m(f)*, Komödiant(in) *m(f)* **commediografo, -a** [komme'diɔ:grafo] *m*, *f* Lustspielautor(in) *m(f)*, Komödienautor(in) *m(f)*
**commemorare** [kommemo'ra:re] *vt* jds gedenken; (*celebrare*) feiern **commemorativo, -a** [kommemora'ti:vo] *agg* Gedenk-, Gedächtnis- **commemorazione** [kommemorat'tsio:ne] *f* Gedenken *nt*; (*cerimonia*) Gedächtnisfeier *f*; **la ~ di qu** das Gedenken an jdn
**commenda** [kom'mɛnda] *f* ① (REL) Komturei *f*, Kommende *f* ② (*titolo di commendatore*) Komturwürde *f*
**commendatore** [kommenda'to:re] *m* Komtur *m*, Kommandeur *m*
**commensale** [kommen'sa:le] *mf* Tischgenosse *m*/-genossin *f*
**commensurabile** [kommensu'ra:bile] *agg* kommensurabel, vergleichbar
**commentare** [kommen'ta:re] *vt* ① (*passo, poesia*) interpretieren, erläutern ② (*spiegare con commento*) kommentieren ③ (*esprimere giudizi*) seine Meinung äußern über +*acc*, bewerten **commentatore, -trice** [kommenta'to:re] *m*, *f* (RADIO, TV) Kommentator(in) *m(f)* **commento** [kom'mento] *m* ① (*nota illustrativa*) Kommentar *m*, Erläuterung *f*; (LIT, RADIO, TV) Besprechung *f* ② (*giudizio*) Kommentar *m*, Beurteilung *f*; (*opinione*) Meinung *f*; (*osservazione*) Bemerkung *f* ③ (FILM) **~ musicale** [Film]musik *f*
**commerciabile** [kommer'tʃa:bile] *agg* verkäuflich, marktgängig **commerciabilità** [kommertʃabili'ta] <-> *f* (COM) Marktfähigkeit *f*, Marktgängigkeit *f*
**commercial** [kə'mə:ʃəl] <-> *m* (RADIO, TV) Werbespot *m*
**commercial bank** [kə'mə:ʃəl bæŋk]

<-> m (FIN) Kreditinstitut nt, Geschäftsbank f
**commerciale** [kommer'tʃaːle] agg ❶ (lettera, valore, scuola) Handels- ❷ (prodotto, film, libro) kommerziell **commercialista** [kommertʃa'lista] <-i m, -e f> mf ❶ Steuerberater(in) m(f) ❷ (esperto in diritto commerciale) Handelsrechtsexperte m/-expertin f
**commercialità** [kommertʃali'ta] <-> f Warencharakter m **commercializzare** [kommertʃalid'dzaːre] vt ❶ (COM) vermarkten ❷ (fig pej) kommerzialisieren
**commercial paper** [kə'məːʃəl 'peipə] <-> m (FIN: financial paper) kurzfristiges Wertpapier nt, kurzfristiger Forderungstitel m
**commerciante** [kommer'tʃante] mf Händler(in) m(f); ~ **all'ingrosso** Großhändler(in) m(f); ~ **in pellami** Lederwarenhändler(in) m(f)
**commerciare** [kommer'tʃaːre] vi handeln; ~ **in qc** in [o mit] etw handeln **commercio** [kom'mɛrtʃo] <-ci> m Handel m; ~ **all'ingrosso** Großhandel m; ~ **al minuto** Einzelhandel m; ~ **equo e solidale** Dritte-Welt-Handel m; **essere in** ~ im Handel sein; **essere nel** ~ im Handel tätig sein; ~ **elettronico** Internethandel m
**commessa** [kom'messa] f ❶ (in un negozio) Verkäuferin f ❷ (ordinazione) Auftrag m, Bestellung f
**commesso, -a** [kom'messo] I. pp di **commettere** II. m, f Verkäufer(in) m(f); ~ **viaggiatore** Handlungsreisende(r) m
**commestibile** [kommes'tiːbile] agg essbar, genießbar **commestibili** [kommes'tiːbili] mpl Lebensmittel ntpl **commestibilità** [kommestibili'ta] <-> f Essbarkeit f, Genießbarkeit f
**commettere** [kom'mettere] <irr> vt (delitto, imprudenza) begehen; (errore) machen
**commettitura** [kommetti'tuːra] f Verbindungsstelle f
**commiato** [kom'miaːto] m (congedo) Abschied m; **prendere ~ da qu** von jdm Abschied nehmen
**commilitone, -a** [kommili'toːne] m, f Kamerad(in) m(f)
**comminare** [kommi'naːre] vt (JUR) vorsehen
**commiserare** [kommize'raːre] vt bemitleiden, bedauern **commiserazione** [kommizerat'tsioːne] f Mitleid nt
**commisi** [kom'miːzi] 1. pers sing pass rem di **commettere**

**commissaria** f v. **commissario**
**commissariale** [kommissa'riaːle] agg Kommissariats- **commissariamento** [kommissaria'mento] m kommissarische Leitung f **commissariare** [kommissa'riaːre] vt kommissarisch leiten, einen Kommissar einsetzen für
**commissariato** [kommissa'riaːto] m Kommissariat nt **commissario, -a** [kommis'saːrio] <-i, -ie> m, f ❶ (ADM) Kommissar(in) m(f), Kommissär(in) m(f) A, Beauftragte(r) f(m); ~ **di pubblica sicurezza** Polizeikommissar m; **Commissario europeo** (Unione europea) Europäischer Kommissar ❷ (membro di commissione) Kommissionsmitglied nt; ~ **d'esame** Mitglied nt einer Prüfungskommission ❸ (SPORT) Funktionär(in) m(f); ~ **tecnico** [Fußball]nationaltrainer m
**commissionare** [kommissio'naːre] vt bestellen, ordern **commissionario, -a** [kommissio'naːrio] <-i, -ie> m, f Auftragnehmer(in) m(f) **commissione** [kommis'sioːne] f ❶ (COM: ordinazione) Bestellung f, Auftrag m; (somma) Kommission f; **su** ~ auf Bestellung ❷ (comitato) Kommission f, Ausschuss m; ~ **direttiva** Lenkungsausschuss m; ~ **esaminatrice** Prüfungskommission f; **Commissione europea** (EU) Europäische Kommission; ~ **d'esami** Prüfungsausschuss m; ~ **d'inchiesta** Untersuchungsausschuss m; ~ **interna** Betriebsrat m ❸ (acquisto) **fare una** ~ eine Besorgung machen ❹ (FIN) Provision f; **spese di** ~ Provisionsaufwand m
**Commissione europea** f (Unione Europea) Europäische Kommission f
**commisurare** [kommizu'raːre] vt bemessen; ~ **qc a qc** etw nach etw bemessen
**committente** [kommit'tɛnte] mf Auftraggeber(in) m(f)
**commodoro** [kommo'dɔːro] m Kommodore m
**commossi** 1. pers sing pass rem di **commuovere**
**commosso** pp di **commuovere**
**commovente** [kommo'vɛnte] agg rührend, ergreifend **commozione** [kommot'tsioːne] f Rührung f, Bewegung f; ~ **cerebrale** (MED) Gehirnerschütterung f
**commuovere** [kom'muɔːvere] <irr> I. vt rühren, ergreifen II. vr **-rsi** gerührt sein
**commutare** [kommu'taːre] vt ❶ (scambiare) austauschen; (pena) umwandeln ❷ (EL) umschalten **commutativo, -a** [kommuta'tiːvo] agg kommutativ, Kommutativ- **commutatore** [kommuta'to-

re] *m* ❶ (EL) Kollektor *m*, Stromwender *m* ❷ (TEL) [Um]schaltung *f* **commutatrice** [kommuta'tri:tʃe] *f* Umformer *m*
**commutazione** [kommutat'tsio:ne] *f* ❶ (*scambio*) Austausch *m*, Auswechseln *nt* ❷ (MAT) Kommutation *f* ❸ (JUR) Umwandlung *f* ❹ (EL, TEL) Schaltung *f*
**comò** [ko'mɔ] <-> *m* Kommode *f*
**Como** ['kɔ:mo] *f* Como *nt* (*Stadt in der Lombardei*); **il lago di ~** der Comer See
**comoda** ['kɔ:moda] *f* (MED) Nachtstuhl *m*
**comodante** [komo'dante] *agg* (JUR) Verleiher(in) *m(f)*
**comodare** [komo'da:re] *vi essere* (*fam*) passen; **fai come ti comoda** mach's so, wie's dir gefällt
**comodatario, -a** [komoda'ta:rio] <-i, -ie> *m, f* (JUR) Entleiher(in) *m(f)*, Entlehner(in) *m(f)* **comodato** [komo'da:to] *m* (JUR) Leihe *f*; **in ~** zur unentgeltlichen Nutzung
**comodino** [komo'di:no] *m* Nachttisch *m*, -schränkchen *nt*
**comodità** [komodi'ta] <-> *f* Bequemlichkeit *f*
**comodo** ['kɔ:modo] *m* Bequemlichkeit *f*; **con ~** in Ruhe, ohne Eile; **fare** [*o* **tornare**] **~ a qu** jdm gelegen kommen; **fare il proprio ~** nur das tun, wozu man Lust hat
**comodo, -a** *agg* bequem; **state -i!** bleibt sitzen! bemüht euch nicht!
**compact disc** [kəm'pækt disk *o* 'kɔmpakt disk] <-> *m* ❶ (*disco*) Compact Disc *f* ❷ (*lettore*) CD-Player *m*
**compaesano, -a** [kompae'za:no] *m, f* Landsmann *m/*-männin *f*
**compagine** [kom'pa:dʒine] *f* ❶ (*congiungimento*) Gefüge *nt* ❷ (SPORT) Mannschaft *f*
**compagna** *f v.* **compagno**
**compagnia** [kompaɲ'ɲi:a] <-ie> *f* ❶ (*lo stare insieme*) Gesellschaft *f*; **essere di buona ~** gesellig sein; **fare** [*o* **tenere**] **~ a qu** jdm Gesellschaft leisten ❷ (*gruppo*) Clique *f*, Gruppe *f* ❸ (THEAT) [Schauspiel]truppe *f* ❹ (REL) Orden *m*; (*confraternità*) Bruderschaft *f* ❺ (MIL) Kompanie *f* ❻ (COM) Gesellschaft *f*; **~ di assicurazione** Versicherungsgesellschaft; **~ area** Fluggesellschaft, Fluglinie *f*; **~ low-cost** Billigfluglinie **compagno, -a** [kom'paɲɲo] I. *m, f* ❶ (*di persona amica*) Gefährte *m/*Gefährtin *f*; (*di classe, gioco, sport*) Kamerad(in) *m(f)*; **~ di banco** Banknachbar *m*; **~ di scuola** Klassenkamerad *m*; **~ di stanza** Zimmergenosse *m*; **~ di sventura** Leidensgenosse *m* ❷ (POL) Genosse *m/*Genossin *f*

❸ (COM) Teilhaber(in) *m(f)*, Partner(in) *m(f)* ❹ (*persona con cui si vive*) Lebensgefährte *m/*-gefährtin *f*, Partner(in) *m(f)* II. *agg* (*fam*) entsprechend, passend **compagnone, -a** [kompaɲ'ɲo:ne] *m, f* (*fam*) geselliger Mensch, lustiger Geselle, munteres Mädchen
**compaio** [kom'pa:io] *1. pers sing pr di* **comparire**
**companatico** [kompa'na:tiko] <-ci> *m* Beilage *f* zum Brot, Brotbelag *m*
**company** ['kʌmpəni] <-> *m* Firma *f*; **public ~** Volksaktionärsgesellschaft *f*
**comparare** [kompa'ra:re] *vt* vergleichen **comparativo, -a** *agg* ❶ (*studio, metodo*) vergleichend ❷ (LING) Komparativ-, Steigerungs-; **grado ~** Steigerungsstufe *f* **comparato, -a** [kompa'ra:to] *agg* vergleichend **comparazione** [komparat'tsio:ne] *f* ❶ (*paragone*) Vergleich *m* ❷ (LING) Steigerung *f*, Komparation *f*
**compare** [kom'pa:re] *m* (*mer*) ❶ (*di battesimo*) [Tauf]pate *m* ❷ (*amico*) Kumpel *m* ❸ (*pej: in azioni disoneste*) Kumpan *m*, Helfershelfer *m*
**comparire** [kompa'ri:re] <comparisco *o* compaio, comparvi *o* comparii, comparso> *vi essere* ❶ (*presentarsi*) erscheinen ❷ (*risultare*) auftreten, in Erscheinung treten ❸ (*far mostra*) sich in Szene setzen **comparizione** [komparit'tsio:ne] *f* Erscheinen *nt*; **mandato** [*o* **ordine**] **di ~** (JUR) Vorladung *f*
**comparsa** [kom'parsa] *f* ❶ (THEAT, FILM) Statist(in) *m(f)*, Komparse *m*, Komparsin *f*; **fare la ~** als Komparse auftreten ❷ (*il comparire*) Erscheinen *nt*, Auftreten *nt*; (THEAT) Auftritt *m* ❸ (JUR) Schriftsatz *m*
**comparso** [kom'parso] *pp di* **comparire**
**compartecipare** [kompartetʃi'pa:re] *vi* **~ a qc** sich an etw *dat* beteiligen **compartecipazione** [kompartetʃipat'tsio:ne] *f* Beteiligung *f* **compartecipe** [kompar'te:tʃipe] I. *agg* beteiligt II. *mf* Beteiligte *mf*
**compartimentale** [kompartimen'ta:le] *agg* Bezirks-
**compartimento** [komparti'mento] *m* ❶ (*suddivisione*) Abteilung *f*; (*di scaffale*) Fach *nt* ❷ (FERR) Abteil *nt* ❸ (ADM) Bezirk *m*
**comparvi** [kom'parvi] *1. pers sing pass rem di* **comparire**
**compassato, -a** [kompas'sa:to] *agg* beherrscht, distanziert
**compassionare** [kompassio'na:re] *vt* bemitleiden, bedauern

**compassione** [kompas'sio:ne] *f* Mitleid *nt;* (*pietà*) Erbarmen *nt;* **avere ~ di** [*o* **per**] [*o* **verso**] **qu** mit jdm Mitleid haben; **far ~ a qu** jdm leidtun **compassionevole** [kompassio'ne:vole] *agg* ❶ (*commovente*) bedauernswert ❷ (*pietoso*) mitleidig; (*a.* REL) barmherzig

**compasso** [kom'passo] *m* Zirkel *m;* (NAUT: *bussola*) Kompass *m*

**compatibile** [kompa'ti:bile] *agg* ❶ (*conciliabile*) vereinbar; (INFORM) kompatibel; **essere ~ con qc** mit etw vereinbar sein ❷ (*scusabile*) verzeihlich **compatibilità** [kompatibili'ta] <-> *f* Vereinbarkeit *f,* Verträglichkeit *f;* (INFORM) Kompatibilität *f* **compatibilmente** [kompatibil'mente] *avv* **~ con …** soweit es mit … vereinbar ist

**compatimento** [kompati'mento] *m* ❶ (*compassione*) Mitleid *nt,* Mitgefühl *nt* ❷ (*indulgenza*) Nachsicht *f* **compatire** [kompa'ti:re] <**compatisco**> *vt* ❶ (*avere compassione di*) Mitleid haben mit ❷ (*commiserare*) bedauern, bemitleiden ❸ (*scusare*) verzeihen

**compatriota** [kompatri'ɔ:ta] <-i *m,* -e *f*> *mf* Landsmann *m/*-männin *f*

**compattamento** [kompatta'mento] *m* ❶ (*consolidamento*) Stabilisierung *f,* Verfestigung *f* ❷ (*fig*) Einmütigkeit *f*

**compattare** [kompat'ta:re] I. *vt* ❶ (*materiali*) pressen, verdichten ❷ (*fig: rinsaldare, rafforzare*) zusammenschweißen, einen; **la crisi ha compattato tutti** die Krise hat alle zusammengeschweißt II. *vr* **-rsi** hart werden, sich verfestigen

**compattazione** [kompattat'tsio:ne] *f* ❶ (*consolidamento*) Verdichtung *f,* Pressen *nt* ❷ (*di terreni*) Verdichtung *f* von Erdreich

**compattezza** [kompat'tettsa] *f* ❶ (*solidità*) Kompaktheit *f,* Dichte *f* ❷ (*fig: di gruppo*) Geschlossenheit *f* **compatto, -a** [kom'patto] *agg* ❶ (*solido, denso*) kompakt, dicht ❷ (*fig: azioni*) geschlossen; (*idee*) übereinstimmend

**compendiabile** [kompen'dia:bile] *agg* zusammenfassbar

**compendiare** [kompen'dia:re] *vt* zusammenfassen **compendio** [kom'pɛndio] <-i> *m* Kompendium *nt,* Abriss *m;* **in ~** zusammengefasst

**compenetrare** [kompene'tra:re] I. *vt* ❶ (*penetrare*) durchdringen ❷ (*fig: pervadere*) erfüllen, durchdringen II. *vr* **-rsi** ❶ (*fig: in una situazione*) sich hineinversetzen (*in* in +*acc*) ❷ (*sostanze*) sich [gegenseitig] durchdringen **compenetrazione** [kompenetrat'tsio:ne] *f* Durchdringung *f*

**compensare** [kompen'sa:re] *vt* ❶ (*somma*) begleichen, bezahlen; **~ qu in qc** jdn mit etw bezahlen; **~ qu di qc** (*risarcire*) jdn für etw entschädigen ❷ (*differenza*) ausgleichen, wettmachen

**compensato** [kompen'sa:to] *m* Sperrholz *nt*

**compensato, -a** *agg* vergütet, entlohnt **compensatore** [kompensa'to:re] *m* Kompensator *m*

**compensazione** [kompensat'tsio:ne] *f* Ausgleich *m* **compenso** [kom'pɛnso] *m* ❶ (COM: *retribuzione*) Vergütung *f;* (*risarcimento*) Entschädigung *f* ❷ (*fig*) Ausgleich *m;* **in** [*o* **per**] **~** als [*o* zum] Ausgleich, dafür

**compera** ['kompera] *f* Kauf *m;* **fare -e** Einkäufe machen

**competente** [kompe'tɛnte] I. *agg* ❶ (*esperto*) kompetent, sachkundig ❷ (ADM) zuständig II. *mf* Sachverständige(r) *f(m),* Fachmann *m* **competenza** [kompe'tɛntsa] *f* ❶ (*perizia*) Kompetenz *f,* Sachverstand *m* ❷ (ADM) Zuständigkeit *f,* Befugnis *f;* **ciò non è di sua ~** dafür ist er/sie nicht zuständig ❸ *pl* (COM) Honorar *nt*

**competere** [kom'pɛ:tere] <**competo, competei** *o* **competetti,** *manca il pp*> *vi* ❶ (*gareggiare*) konkurrieren; **~ con qu** [*o* **per**] mit jdm [*o* um jdn] konkurrieren ❷ (ADM) zustehen, zukommen; **qc compete a qu** etw steht jdm zu **competitività** [kompetitivi'ta] <-> *f* ❶ (COM) Konkurrenz-, Wettbewerbsfähigkeit *f* ❷ (*fig: attitudine*) Konkurrenzdenken *nt* **competitivo, -a** [kompeti'ti:vo] *agg* ❶ (COM) konkurrenzfähig, wettbewerbsfähig ❷ (*fig: società*) vom Konkurrenzdenken geprägt **competitore, -trice** [kompeti'to:re] *m, f* Konkurrent(in) *m(f)* **competizione** [kompetit'tsio:ne] *f* ❶ (COM) Konkurrenz *f,* Wettbewerb *m* ❷ (*gara*) Wettkampf *m*

**competo** [kom'pɛ:to] *1. pers sing pr di* **competere**

**compiacente** [kompia'tʃɛnte] *agg* gefällig; (*cortese*) entgegenkommend **compiacenza** [kompia'tʃɛntsa] *f* ❶ (*cortesia*) Gefälligkeit *f,* Entgegenkommen *nt;* **avere la ~ di fare qc** so liebenswürdig sein, etw zu tun ❷ (*soddisfazione*) Befriedigung *f,* Zufriedenheit *f*

**compiacere** [kompia'tʃe:re] <irr> I. *vi* gefällig sein, entgegenkommen; (*assecondare*) zufrieden stellen; **qc compiace a qu**

etw stellt jdn zufrieden II. *vr* **-rsi** sich freuen; **-rsi di** [*o* **per**] **qc** sich über etw *acc* freuen **compiacimento** [kompiatʃi'mento] *m* Befriedigung *f*, Genugtuung *f*
**compiangere** [kom'pjandʒere] <irr> *vt* bedauern
**compianto** [kom'pjanto] *m* Trauer *f*
**compianto, -a** *agg* (*fig*) verstorben
**compiere** ['kompjere] <compio, compii *o* compiei, compiuto> I. *vt* ❶ (*concludere*) beenden; (*età*) vollenden; **~ gli anni** Geburtstag haben; **ha compiuto 10 anni giovedì** er/sie ist am Donnerstag zehn Jahre [alt] geworden ❷ (*adempiere*) ausführen, tun; (*dovere*) erfüllen II. *vr* **-rsi** ❶ (*concludere*) zu Ende gehen, zum Abschluss kommen ❷ (*avverarsi*) eintreffen, sich erfüllen
**compilare** [kompi'la:re] *vt* verfassen, zusammenstellen; (*lista*) aufstellen; (*modulo*) ausfüllen; (*vocabolario*) kompilieren **compilatore** [kompila'to:re] *m* (INFORM) Compiler *m* **compilazione** [kompilat'tsio:ne] *f* Zusammenstellung *f*, Verfassung *f*; (*di modulo*) Ausfüllen *nt*; (*di vocabolario*) Kompilation *f*
**compimento** [kompi'mento] *m* Abschluss *m*; **portare a ~ qc** etw zum Abschluss bringen
**compio** ['kompjo] *1. pers sing pr di* **compiere**
**compire** [kom'pi:re] *v.* **compiere**
**compitare** [kompi'ta:re] *vt* buchstabieren, mühsam lesen **compitazione** [kompitat'tsio:ne] *f* Buchstabieren *nt*
**compitezza** [kompi'tettsa] *f* Höflichkeit *f*, Korrektheit *f*
**compitino** [kompi'ti:no] *m* ❶ *dim di* **compito** leichte Aufgabe *f* ❷ (*iron*) abgedroschener Artikel *m*
**compito** ['kompito] *m* ❶ (*a scuola*) [Haus]aufgabe *f* ❷ (*incarico*) Aufgabe *f*, Pflicht *f*; **~ in classe** [**d'italiano**] Klassenarbeit *f* [in Italienisch], Schularbeit *f* [in Italienisch] A
**compito, -a** [kom'pi:to] *agg* korrekt, höflich
**compiutamente** [kompjuta'mente] *avv* vollständig
**compiuto, -a** [kom'pju:to] I. *pp di* **compiere** II. *agg* vollendet, abgeschlossen
**compleanno** [komple'anno] *m* Geburtstag *m*; **tanti auguri di buon ~** herzliche Glückwünsche zum Geburtstag
**complementare** [komplemen'ta:re] *agg* komplementär; (*accessorio*) zusätzlich, Zusatz- **complemento** [komple'mento] *m* (LING) Ergänzung *f*, Angabe *f*; **~ di causa/specificazione/tempo** [adverbiale] Bestimmung des Grundes/der Art und Weise/der Zeit; **~ di termine** Dativobjekt *nt*
**complessare** [komples'sa:re] *vt* Komplexe hervorrufen bei **complessato, -a** [komples'sa:to] I. *agg* komplexbeladen, voller Komplexe II. *m, f* an Komplexen leidender Mensch
**complessione** [komples'sjo:ne] *f* Statur *f*
**complessità** [komplessi'ta] <-> *f* Komplexität *f*; (*a. fig*) Vielschichtigkeit *f*; (*difficoltà*) Schwierigkeit *f*
**complessivamente** [komplessiva'mente] *avv* insgesamt, im Ganzen **complessivo, -a** [komples'si:vo] *agg* umfassend, gesamt
**complesso** [kom'plɛsso] *m* ❶ (PSIC) Komplex *m*; **~ d'inferiorità** Minderwertigkeitskomplex *m* ❷ (*industriale*) [Gebäude]komplex *m* ❸ (MUS) Gruppe *f*, Band *f* ❹ (*insieme*) Komplex *m*, Gesamtheit *f*; **in** [*o* **nel**] **~** insgesamt, im Großen und Ganzen
**complesso, -a** *agg* komplex; (*a. fig*) vielschichtig; (*difficile*) kompliziert, schwierig
**completamente** [kompleta'mente] *avv* völlig
**completamento** [kompleta'mento] *m* Vervollständigung *f*; (*a parte*) Ergänzung *f*
**completare** [kompleta're] *vt* vervollständigen, ergänzen **completezza** [komple'tettsa] *f* Vollständigkeit *f*
**completino** [komple'ti:no] *m* ❶ (*da donna*) Wäscheset *nt*, Wäschegarnitur *f* ❷ (*da bambino*) Set *nt*, [mehrteiliges] Outfit
**completo** [kom'plɛ:to] *m* ❶ (*accessori*) Satz *m*, Set *nt* ❷ (*abito*) Anzug *m* ❸ (*loc*) **al ~** (*con la presenza di tutti i partecipanti*) vollzählig; (*con tutti i posti occupati*) voll besetzt; (*albergo*) [voll] belegt
**completo, -a** *agg* ❶ (*assortimento, elenco*) vollständig ❷ (*cinema*) [voll] besetzt; (*albergo*) [voll] belegt; (*teatro*) ausverkauft
**compliance** [kəm'plaɪəns] <-> *m* (MED, PSIC) Mitarbeit *f* des Patienten, Compliance *f*
**complicanza** [kompli'kantsa] *f* Komplikation *f*
**complicare** [kompli'ka:re] I. *vt* komplizieren, schwierig[er] machen II. *vr* **-rsi** (*situazione, trama*) sich komplizieren, kompliziert werden; **la malattia si è complicata** (MED) es haben sich bei der Krank-

heit Komplikationen ergeben **complicato, -a** [kompli'ka:to] *agg* kompliziert
**complicazione** [komplikat'tsio:ne] *f* ❶ (MED) Komplikation *f* ❷ (*difficoltà*) Schwierigkeit *f*
**complice** ['kɔmplitʃe *o* 'komplitʃe] *mf* Komplize *m*/Komplizin *f*; (JUR) Mittäter(in) *m(f)* **complicità** [komplitʃi'ta] <-> *f* ❶ (*l'essere complice*) Mittäterschaft *f*, Komplizenschaft *f* ❷ (*intesa*) Einverständnis *nt*
**complimentare** [komplimen'ta:re] I. *vt* (*far complimenti*) ein Kompliment machen (*qu per qc* jdm für etw); (*riverire*) seine Reverenz erweisen (*qu* jdm) *obs* II. *vr* **-rsi** beglückwünschen (*con qu* jdn), gratulieren (*con qu* jdm)
**complimentarsi** [komplimen'tarsi] *vr* ~ **con qu per qc** jdm zu etw beglückwünschen [*o* gratulieren] **complimento** [kompli'mento] *m* ❶ (*lode*) Kompliment *nt*; **-i** Empfehlungen *fpl*; **-i!** [mein] Kompliment!; (*per la laurea, successo*) [ich] gratuliere! ❷ **-i** (*convenevoli*) Umstände *mpl*; **non fare -i! ich** bitte dich doch nicht!; **no grazie, senza -i!** nein danke, wirklich nicht! **complimentoso, -a** [komplimen'to:so] *agg* umständlich
**complottare** [komplot'ta:re] *vi* ein Komplott schmieden, sich verschwören **complottismo** [komplot'tizmo] *m* (POL) Untergrabung *f* der staatlichen Ordnung **complotto** [kom'plɔtto] *m* Komplott *nt*; **fare un** ~ **contro qu** ein Komplott gegen jdn anzetteln
**componente** [kompo'nɛnte] I. *agg* formend, bildend II. *mf* Mitglied *nt* III. *m* Bestandteil *m*, Komponente *f*
**componentistica** [komponen'tistika] <-che> *f* Zulieferindustrie *f*, Zulieferfirmen *fpl* **componentistico, -a** [komponen'tistiko] <-ci, -che> *agg* Zulieferer-
**compongo** *1. pers sing pr di* **comporre**
**componibile** [kompo'ni:bile] *agg* Anbau-; **cucina** ~ Einbauküche *f*
**componimento** [komponi'mento] *m* ❶ (*scolastico*) Aufsatz *m* ❷ (LIT) Werk *nt* ❸ (MUS) Komposition *f*
**comporre** [kom'porre] <*irr*> *vt* ❶ (*formare*) bilden; (*numero telefonico*) wählen ❷ (LIT) verfassen, schreiben ❸ (MUS) komponieren
**comportamentale** [komportamen'ta:le] *agg* Verhaltens- **comportamentismo** [kompor'tizmo] *m* Verhaltensforschung *f* **comportamentistico, -a** [komporta men'tistiko] <-ci, -che> *agg* behaviouristisch **comportamento** [kompor ta'mento] *m* Verhalten *nt*, Benehmen *nt*
**comportare** [kompor'tare] I. *vt* (*richiedere*) bedingen; (*implicare*) mit sich *dat* bringen II. *vr* **-rsi** sich verhalten, sich benehmen

**composi** *1. pers sing pass rem di* **comporre**
**composito, -a** [kom'pɔ:zito] *agg* gemischt, zusammengesetzt
**compositore, -trice** [kompozi'to:re] *m, f* (MUS) Komponist(in) *m(f)* **compositrice** [kompozi'tri:tʃe] *f* Setzmaschine *f* **composizione** [kompozit'tsio:ne] *f* ❶ (*il comporre*) Zusammensetzung *f*, Zusammenstellung *f*; (*formazione*) Bildung *f* ❷ (MUS: *testo*) Komposition *f* ❸ (*a scuola*) Aufsatz *m*
**compossedere** [kompos'se:dere] *vt* (JUR) mitbesitzen
**compost** ['kɔmpɔst] <-> *m* Kompost *m*
**composta** [kom'posta] *f* ❶ (GASTR) Kompott *m* ❷ (AGR) Kompost *m*
**compostaggio** [kompɔs'taddʒo] <-ggi> *m* Kompostierung *f*
**compostezza** [kompos'tettsa] *f* Anstand *m*
**compostiera** [kompɔs'tiɛ:ra] *f* Komposter *m*
**composto** [kom'posto] *m* ❶ (*composizione*) Zusammensetzung *f* ❷ (*misto*) Mischung *f*
**composto, -a** [kom'posto] I. *pp di* **comporre** II. *agg* ❶ (*formato da più elementi*) zusammengesetzt ❷ (*posizione*) gesittet; (*capelli*) geordnet; **cerca di star** ~ benimm dich bitte
**compra** ['kompra] *f* Kauf *m*
**comprare** [kom'pra:re] *vt* kaufen, erwerben **compratore, -trice** [kompra'to:re] *m, f* Käufer(in) *m(f)* **compravendita** [kompra'vendita] *f* (COM) Ein- und Verkauf *m*
**comprendere** [kom'prɛndere] <*irr*> I. *vt* ❶ (*capire*) verstehen, begreifen ❷ (*contenere*) umfassen, enthalten II. *vr* **-rsi** sich verstehen **comprendonio** [kompren'dɔ:nio] <-i> *m* (*fam scherz*) Grips *m*; **essere duro di** ~ schwer von Begriff sein **comprensibile** [kompren'si:bile] *agg* verständlich **comprensione** [kompren'sio:ne] *f* Verständnis *nt*
**comprensivo, -a** [kompren'si:vo] *agg* ❶ (*indulgente*) verständnisvoll ❷ (COM) einschließlich; ~ **di qc** einschließlich einer Sache +*gen*, etw inbegriffen; **prezzo** ~ **di I.V.A.** Preis einschließlich Mehrwertsteuer

**comprensoriale** [kompren·so'ria:le] *agg* -gebiet, -zone

**compresi** [kom'pre:si] *1. pers sing pass rem di* **comprendere**

**compreso, -a** [kom'pre:so] I. *pp di* **comprendere** II. *agg* ❶ (*persona*) aufgenommen, eingeschlossen ❷ (*incluso*) einschließlich, inbegriffen; **tutto ~** alles in allem; (COM) alles inklusive; **I.V.A. -a** einschließlich Mehrwertsteuer

**compressa** [kom'prɛssa] *f* ❶ (*pastiglia*) Tablette *f* ❷ (*garza*) Kompresse *f*

**compressi** [kom'prɛssi] *1. pers sing pass rem di* **comprimere**

**compressione** [kompres'sio:ne] *f* ❶ (*il comprimere*) Zusammendrücken *nt*, -pressen *nt;* **~ dati** (INFORM) Datenkomprimierung *f* ❷ (MOT) Verdichtung *f,* Kompression *f* **compresso, -a** [kom'prɛsso] I. *pp di* **comprimere** II. *agg* ❶ (*sottoposto a pressione*) zusammengedrückt, -gepresst ❷ (MOT) verdichtet, komprimiert

**compressore** [kompres'so:re] I. *agg* komprimierend, Druck- II. *m* Kompressor *m*

**comprimario** [kompri'ma:rio] *m* ❶ (MED) einer von mehreren Chefärzten ❷ (THEAT) Nebenrolle *f*

**comprimere** [kom'pri:mere] <comprimo, compressi, compresso> *vt* ❶ (*sottoporre a pressione*) zusammendrücken; (MED) abbinden ❷ (PHYS) komprimieren, verdichten ❸ (INFORM) komprimieren

**compromesso** [kompro'mɛsso] *m* ❶ (*fig: accomodamento*) Kompromiss *m;* **venire** [*o* **scendere**] **a un ~** einen Kompromiss eingehen ❷ (JUR: *di contratto*) Vorvertrag *m;* (*accordo*) Vergleich *m*

**compromesso, -a** I. *pp di* **compromettere** II. *agg* (*pej: persona*) kompromittiert; (*reputazione*) geschädigt

**compromettente** [kompromet'tɛnte] *agg* kompromittierend **compromettere** [kompro'mettere] <irr> I. *vt* (*impresa, reputazione*) gefährden; (*persona*) kompromittieren II. *vr* **-rsi** ❶ (*mettersi in cattiva luce*) sich kompromittieren ❷ (*impegnarsi*) **-rsi con qu** sich mit jdm einlassen

**compromissorio, -a** [kompromis'sɔ:rio] <-i, -ie> *agg* Kompromiss-; **clausola -a** (JUR) Vergleichsklausel *f*

**comproprietà** [komproprie'ta] *f* Miteigentum *nt* **comproprietario, -a** [komproprie'ta:rio] *m, f* Miteigentümer(in) *m(f)*

**comprovare** [kompro'va:re] *vt* nachweisen, beweisen

**compunto, -a** [kom'punto] *agg* reumütig, reuig **compunzione** [kompun'tsio:ne] *f* Reue *f,* Zerknirschung *f*

**computare** [kompu'ta:re] *vt* ❶ (*contare*) berechnen; (*calcolare*) ausrechnen ❷ (COM) berechnen

**computazionale** [komputattsio'na:le] *agg* Computer-, computergesteuert; **la linguistica ~** die Computerlinguistik

**computer** [kəm'pju:tə] *o* kom'pjuter] <-> *m* Computer *m;* **~ portatile** Laptop *m;* **~ tascabile** Taschencomputer *m;* **~ animation** Computeranimation *f*

**computerese** [kompjute're:se] <*sing*> *m* Computer-, Informatikjargon *m* **computeriale** [kompjute'rja:le] *agg* (INFORM) computergestützt, Computer-

**computeristica** [kompjute'ristika] <-che> *f* (INFORM) ❶ Computerindustrie *f* ❷ (*di un azienda*) EDV-System *nt,* Computeranlage *f* ❸ (*teoria e pratica*) Computertechnik *f*

**computeristico, -a** [kompjute'ristiko] <-ci, -che> *agg* computertechnisch, computerbezogen

**computerizzabile** [kompjuterid'dza:bile] *agg* durch Computer steuerbar **computerizzare** [kompjuterid'dza:re] *vt* computerisieren **computerizzato, -a** [kompjuterid'dza:to] *agg* computergestützt, -gesteuert **computerizzazione** [kompjuteriddzat'tsio:ne] *f* Computerisierung *f*

**computista** [kompu'tista] <-i *m*, -e *f*> *mf* Buchhalter(in) *m(f)* **computisteria** [komputiste'ri:a] <-ie> *f* Buchhaltung *f,* Buchführung *f* **computo** [kɔmputo] *m* [Be]rechnung *f*

**comunale** [komu'na:le] *agg* ❶ (ADM) kommunal, Gemeinde-; **palazzo ~** (HIST) Rathaus *nt* ❷ (HIST) **l'età ~** die Zeit der Stadtstaaten

**comunanza** [komu'nantsa] *f* Gemeinschaft *f,* Gemeinsamkeit *f*

**comunardo, -a** [komu'nardo] I. *agg* die Pariser Kommune betreffend II. *m, f* Kommunarde *m/*Kommunardin *f*

**comune** [ko'mu:ne] I. *agg* ❶ (*di tutti*) gemeinsam, Gemeinschafts-; **bene ~** Gemeinwohl *nt;* **il Mercato Comune** der Gemeinsame Markt ❷ (*opinione, uso*) allgemein, üblich ❸ (*medio, normale*) durchschnittlich, mittelmäßig; (*ordinario*) gewöhnlich; **~ mortale** Normalsterbliche(r) *f(m)* ❹ (*pej: non raffinato*) gewöhnlich II. *m* ❶ (ADM) Gemeinde *f;* (*sede*) Gemeindeverwaltung *f;* **sposarsi in ~** standesamtlich heiraten ❷ (HIST) Stadtstaat *m* ❸ (*loc*)

**avere qc in ~** etw gemeinsam haben; **~ mortale** Normalsterbliche(r) *f(m)*
**comunella** [komu'nɛlla] *f* (*accordo*) Abmachung *f*, Absprache *f*; **fare ~** gemeinsame Sache machen
**comunemente** [komune'mente] *avv* allgemein, gewöhnlich
**comunicabile** [komuni'ka:bile] *agg* mitteilbar
**comunicando, -a** [komuni'kando] *m, f* Kommunikant(in) *m(f)*
**comunicante** [komuni'kante] *agg* miteinander verbunden; (*vasi*) kommunizierend
**comunicare** [komuni'ka:re] I. *vt* ❶ (*notizia*) mitteilen; (*pubblicamente*) bekannt geben ❷ (*sentimenti*) zeigen ❸ (MED, PHYS) übertragen II. *vi* ❶ (*luoghi*) **~ con qc** mit etw verbunden sein ❷ (*persone*) sich verständigen; (*fig*) sich verstehen **comunicativa** [komunika'ti:va] *f* Mitteilsamkeit *f*, Kontaktfreudigkeit *f* **comunicatività** [komunikativi'ta] <-> *f* Gesprächsbereitschaft *f*, Kommunikationsfähigkeit *f* **comunicativo, -a** [komunika'ti:vo] *agg* extrovertiert, kontaktfreudig
**comunicato** [komuni'ka:to] *m* Meldung *f*, Bericht *m*; **~ stampa** Pressemeldung *f*; **~ di guerra** Kriegsbericht *m*
**comunicato, -a** *agg* bekannt gegeben, mitgeteilt
**comunicazione** [komunikat'tsio:ne] *f* Kommunikation *f*; (*collegamento*) Verbindung *f*; (*notizia*) Mitteilung *f*; **mezzi di ~** Kommunikationsmittel *ntpl*, Medien *pl*; **-i ferroviarie/marittime/stradali** Eisenbahn-/Schiffs-/Straßenverbindungen *fpl*; **~ telefonica/interurbana** Telefon-/Fernverbindung *f*; **essere in ~** in Verbindung stehen
**comunione** [komu'nio:ne] *f* ❶ (REL) Kommunion *f*, Abendmahl *nt*; **prima ~** Erstkommunion *f* ❷ (JUR) Gemeinschaft *f*; **~ dei beni** (JUR) Gütergemeinschaft *f* ❸ (*fig: di interessi, idee*) Gemeinsamkeit *f*
**comunismo** [komu'nizmo] *m* Kommunismus *m* **comunista** [komu'nista] <-i *m*, -e *f*> I. *mf* Kommunist(in) *m(f)* II. *agg* kommunistisch
**comunità** [komuni'ta] <-> *f* Gemeinschaft *f*; **la Comunità Economica Europea** (HIST) die Europäische Wirtschaftsgemeinschaft; **Comunità Europea** Europäische Gemeinschaft; **Comunità europea del carbone e dell'acciaio** (HIST) Europäische Gemeinschaft für Kohle und Stahl; **Comunità europea dell'energia atomica** Europäische Atomgemeinschaft

**comunitario, -a** [komuni'ta:rio] <-i, -ie> *agg* gemeinschaftlich, Gemeinschafts-, EU-; **trattato ~** EU-Vertrag *m*; **direttiva -a** EU-Verordnung *f*; **le istituzioni -ie** die EU-Institutionen *fpl*
**comunque** [ko'munkue] I. *avv* (*in ogni modo*) jedenfalls; (*tuttavia*) immerhin II. *cong + conj* wie auch immer
**con** [kon] <col, collo, colla, coi, cogli, colle> *prp* ❶ (*compagnia, unione*) mit *+dat*; **caffè col latte** Kaffee mit Milch; **un uomo coi capelli bianchi** ein Mann mit weißen Haaren ❷ (*mezzo, strumento, modo, maniera*) mit *+dat*; **viaggiare col treno/colla macchina** mit dem Zug/Auto reisen; **~ tutto il cuore** mit [*o* von] ganzem Herzen ❸ (*tempo, causa*) mit *+dat*, bei *+dat*; **~ questo** damit; **~ questo caldo non si può uscire** bei dieser Hitze kann man nicht aus dem Haus gehen ❹ (*verso*) zu *+dat*; **essere gentile ~ qu** nett zu jdm sein ❺ (*avversativo*) trotz *+dat o gen*; **~ tutti i soldi che hanno, non offrono mai da bere** obwohl sie viel Geld haben, geben sie [den anderen] nie einen aus; **~ tutto che …** obwohl …
**conato** [ko'na:to] *m* Ringen *nt*, krampfhaftes Bemühen; **avere -i di vomito** Brechreiz haben
**conca** ['koŋka] <-che> *f* ❶ (*recipiente*) [Wasch]schüssel *f* ❷ (GEOG) Becken *nt*, Mulde *f*
**concatenamento** [koŋkatena'mento] *m* Verkettung *f* **concatenare** [koŋkate'na:re] *vt* verketten, verbinden **concatenazione** [koŋkatenat'tsio:ne] *f* Verkettung *f*, Verbindung *f*
**concavità** [koŋkavi'ta] *f* Aushöhlung *f*
**concavo, -a** ['kɔŋkavo] *agg* konkav
**concedere** [kon'tʃɛdere] <concedo, concessi *o* concedei *o* concedetti, concesso> I. *vt* gewähren, zugestehen; (*a prestito*) einräumen II. *vr* **-rsi** ❶ (*donna*) sich hingeben ❷ (*permettersi*) sich *dat* gönnen, sich *dat* erlauben
**concentramento** [kontʃentra'mento] *m* Konzentration *f*; **campo di ~** Konzentrationslager *nt* **concentrare** [kontʃen'tra:re] I. *vt* ❶ (MIL) konzentrieren, zusammenziehen ❷ (*fig*) **~ qc su qc** etw auf etw *acc* konzentrieren II. *vr* **-rsi su qc** sich auf etw *acc* konzentrieren
**concentrato** [kontʃen'tra:to] *m* ❶ (GASTR) Konzentrat *nt*, Extrakt *m*; **~ di pomodoro** Tomatenmark *nt* ❷ (*fig: cumulo*) Häufung *f*
**concentrato, -a** *agg* konzentriert **concen-**

concentrazione → concimaia

**trazione** [kontʃentrat'tsio:ne] f Konzentration f **concentrazionismo** [kontʃentrattsio'nizmo] m (COM) Konzentrationsprozess m; **il ~** die zunehmende Konzentration in der Wirtschaft
**concentricità** [kontʃentritʃi'ta] <-> f Konzentrizität f **concentrico, -a** [kon'tʃɛntriko] <-ci, -che> agg konzentrisch
**concepibile** [kontʃe'pi:bile] agg vorstellbar, fassbar; **non è ~ che ...** +conj es ist nicht zu fassen, dass ...
**concepimento** [kontʃepi'mento] m ❶ (BIOL) Empfängnis f ❷ (fig: ideazione) Ausdenken nt, Ersinnen nt
**concepire** [kontʃe'pi:re] <concepisco> vt ❶ (BIOL) empfangen ❷ (fig: comprendere) begreifen ❸ (ideare) ausdenken, ersinnen
**concept** ['kɔnsept] <-> m Konzept nt; **~ car** Konzeptfahrzeug nt; **~ store** Concept-Store m
**conceria** [kontʃe'ri:a] <-ie> f Gerberei f
**concernente** [kontʃer'nɛnte] agg **~ qc** etw betreffend **concernere** [kon'tʃɛrnere] <mancano pass rem e pp> vt betreffen, angehen
**concertare** [kontʃer'ta:re] vt ❶ (pej: truffa, rapina, intrigo) planen, aushecken ❷ (MUS) [ein]stimmen
**concertato** [kontʃer'ta:to] m (MUS) Concertato nt
**concertatore** [kontʃerta'to:re] m Kapellmeister m **concertazione** [kontʃertat'tsio:ne] f [Ein]stimmen nt
**concertista** [kontʃer'tista] <-i m, -e f> mf Solist(in) m/f **concertistico, -a** [kontʃer'tistiko] <-ci, -che> agg Konzert- **concerto** [kon'tʃɛrto] m (MUS) Konzert nt
**concessi** [kon'tʃɛssi] 1. pers sing pass rem di **concedere**
**concessionaria** [kontʃessio'na:ria] <-ie> f Vertretung f
**concessionario** [kontʃessio'na:rio] <-i> m Konzessionär m; (ditta) Vertretung f
**concessionario, -a** <-i, -ie> agg Konzessions-; **ditta -a** Niederlassung f, Vertretung f
**concessione** [kontʃes'sio:ne] f ❶ (di prestito, mutuo, pensione) Bewilligung f, Gewährung f ❷ (COM) Konzession f ❸ (permesso) Genehmigung f
**concessiva** [kontʃes'si:va] f (LING) Konzessivsatz m
**concessivo, -a** [kontʃes'si:vo] agg konzessiv
**concesso** [kon'tʃɛsso] pp di **concedere**
**concetto** [kon'tʃɛtto] m Vorstellung f, Begriff m; **farsi un ~ di qc** sich dat eine Vorstellung von etw machen **concettoso, -a** [kontʃet'to:so] agg verschlüsselt, voller Symbole **concettuale** [kontʃettu'a:le] agg begrifflich, Begriffs-
**concezione** [kontʃet'tsio:ne] f ❶ (concetto, idea) Konzeption f, Auffassung f ❷ (di piano) Entwurf m
**conchiglia** [koŋ'kiʎʎa] <-glie> f ❶ (ZOO) Muschel f ❷ pl (GASTR) muschelförmige Nudeln
**concia** ['kontʃa] <-ce> f ❶ (delle pelli) Gerbung f; (del tabacco, delle olive) Fermentation f ❷ (sostanza) Gerbmittel nt
**conciante** [kon'tʃante] I. agg gerbend II. m Gerbmittel nt
**conciare** [kon'tʃa:re] I. vt ❶ (pelli) gerben ❷ (tabacco, olive) fermentieren ❸ (fig fam: ridurre in cattivo stato) [übel] zurichten, versauen sl; **~ qu per le feste** (fam) jdn übel zurichten II. vr **-rsi** (pej: vestirsi male) sich geschmacklos anziehen; **guarda come ti sei conciato!** wie siehst du denn aus! **conciatore, -trice** [kontʃa'to:re] m, f Gerber(in) m(f) **conciatura** [kontʃa'tu:ra] f Gerbung f
**conciliabile** [kontʃi'lia:bile] agg vereinbar **conciliabilità** [kontʃiliabili'ta] <-> f Vereinbarkeit f
**conciliabolo** [kontʃi'lia:bolo] m (pej) heimliche Zusammenkunft
**conciliante** [kontʃi'liante] agg versöhnlich
**conciliare** [kontʃi'lia:re] I. vt ❶ (ADM: multa) sofort bezahlen ❷ (sonno) fördern, herbeiführen; (appetito) anregen; **questo film concilia il sonno** dieser Film ist einschläfernd ❸ (litiganti, avversari) versöhnen; **~ due opinioni contrastanti** einen Konsens zwischen zwei gegensätzlichen Ansichten herstellen ❹ (fig: proposte, opinioni) vereinbaren II. vr **-rsi** (trovarsi d'accordo) übereinstimmen; **-rsi con qu** (mettersi d'accordo) sich mit jdm einigen
**conciliativo, -a** [kontʃilia'ti:vo] agg versöhnlich
**conciliatore, -trice** [kontʃilia'to:re] I. agg schlichtend, vermittelnd; (fig) begünstigend; **giudice ~** Schiedsmann m II. m, f ❶ (chi concilia) Vermittler(in) m(f) ❷ (JUR) Schiedsmann m
**conciliazione** [kontʃiliat'tsio:ne] f ❶ (di due avversari) Versöhnung f ❷ (JUR) Vergleich m
**concilio** [kon'tʃi:lio] <-i> m ❶ (REL) Konzil nt ❷ (scherz: riunione) Versammlung f
**concimaia** [kontʃi'ma:ia] <-aie> f Dunggrube f

**concimare** [kontʃi'maːre] *vt* düngen **concimazione** [kontʃimat'tsioːne] *f* Düngung *f* **concime** [kon'tʃiːme] *m* Dünger *m*, Düngemittel *nt*

**concio, -a** ['kontʃo] <-ci, -ce> *agg* ❶ (*pelle*) gegerbt ❷ (*tosc: fam: ridotto*) zugerichtet

**concionare** [kontʃo'naːre] *vi* ❶ (LIT) eine Rede halten ❷ (*iron: fare discorsi ampollosi*) predigen **concione** [kon'tʃoːne] *f* (*a. iron*) Sermon *m*

**concisione** [kontʃi'zioːne] *f* Bündigkeit *f*, Kürze *f* **conciso, -a** [kon'tʃiːzo] *agg* bündig, kurz

**concistoro** [kontʃis'tɔːro] *m* Konsistorium *nt*

**concitato, -a** [kontʃi'taːto] *agg* erregt, aufgeregt

**concitazione** [kontʃitat'tsioːne] *f* Aufregung *f*, Erregung *f*

**concittadino, -a** [kontʃitta'diːno] *m, f* Mitbürger(in) *m(f)*

**conclave** [kon'klaːve] *m* (REL) Konklave *nt* **conclavistico, -a** [konkla'vistiko] <-ci, -che> *agg* das Konklave betreffend; **la decisione -a** die Entscheidung des Konklaves

**concludente** [konklu'dɛnte] *agg* schlüssig **concludere** [kon'kluːdere] <concludo, conclusi, concluso> I. *vt* ❶ (*condurre a termine*) beenden, abschließen ❷ (*trattato, vertenza*) [ab]schließen; (*patto, pace*) schließen; (*affare*) abschließen ❸ (*di conseguenza*) schließen, folgern ❹ (*fare*) zu Stande bringen II. *vr* **-rsi** ausgehen, enden **conclusione** [konklu'zioːne] *f* ❶ (*fine*) [Ab]schluss *m*, Ende *nt*; (*di partita*) Ausgang *m*; **giungere alla ~ che ...** zu dem Ergebnis kommen, dass ...; **in ~** abschließend ❷ (*deduzione*) Folgerung *f*, Schluss *m*; (*di accordo*) Ergebnis *nt* **conclusivo, -a** [konklu'ziːvo] *agg* abschließend, End- **concluso, -a** [kon'kluːzo] I. *pp di* **concludere** II. *agg* [ab]geschlossen, vollendet; (*affare*) abgeschlossen; (*pace*) geschlossen

**concomitante** [koŋkomi'tante] *agg* begleitend, Begleit- **concomitanza** [koŋkomi'tantsa] *f* gemeinsames Vorkommen; **in ~** gleichzeitig

**concordanza** [koŋkor'dantsa] *f* ❶ (LING) Kongruenz *f* ❷ (*di opinioni, idee, fatti*) Übereinstimmung *f*, Einklang *m* **concordare** [koŋkor'daːre] I. *vt* ❶ (LING) in Kongruenz bringen ❷ (*prezzo, tregua*) vereinbaren, abmachen II. *vi* **~ con qc** mit etw übereinstimmen; **~ con qu su qc** mit jdm über etw *acc* einig sein

**concordatario, -a** [koŋkordata'taːrio] <-i, -ie> *agg* ❶ (JUR) Vergleichs- ❷ (REL) Konkordats- **concordato** [koŋkor'daːto] *m* ❶ (JUR) Vergleich *m* ❷ (REL) Konkordat *nt*

**concorde** [koŋ'kɔrde] *agg* einvernehmlich **concordia** [koŋ'kɔrdia] <-ie> *f* Einvernehmen *nt*; (*armonia*) Eintracht *f*

**concorrente** [koŋkor'rɛnte] I. *agg* ❶ (COM) konkurrierend, Konkurrenz- ❷ (MAT) konvergent II. *mf* ❶ (SPORT, COM) Konkurrent(in) *m(f)* ❷ (*di concorso*) [Mit]bewerber(in) *m(f)*, Kandidat(in) *m(f)* **concorrenza** [koŋkor'rɛntsa] *f* Konkurrenz *f*; (COM) Wettbewerb *m*; **~ libera/sleale** freier/unlauterer Wettbewerb; **i nostri prezzi non temono la ~** unsere Preise halten jedem Vergleich stand; **fare ~ a qu** jdm Konkurrenz machen **concorrenziale** [koŋkorren'tsiaːle] *agg* Konkurrenz-, Wettbewerbs-; (*prezzo*) konkurrenzfähig

**concorrere** [koŋ'korrere] <irr> *vi* ❶ (*partecipare*) **~ in qc** an etw *dat* teilnehmen ❷ (*competere*) **~ a qc** sich um etw bewerben; **~ a un concorso** an einem Wettbewerb teilnehmen ❸ (*contribuire*) sich beteiligen; **~ a qc** zu etw beitragen, an etw *dat* mitwirken; **~ alle spese** sich an den Kosten beteiligen **concorsista** [konkor'sista] <-i *m*, -e *f*> *mf* Bewerber(in) *m(f)* **concorso** [koŋ'korso] *m* ❶ (*gara*) Wettbewerb *m*; **~ di bellezza** Schönheitswettbewerb *m*; **~ a premi** Preisausschreiben *nt*; **fuori ~** außer Konkurrenz ❷ (SPORT) Wettkampf *m*; **~ ippico** Reitturnier *nt*; (*corsa di cavalli*) Pferderennen *nt*

**concretare** [konkre'taːre] I. *vt* konkretisieren; (*realizzare*) realisieren, verwirklichen II. *vr* **-rsi** sich verwirklichen, Gestalt annehmen

**concretezza** [koŋkre'tettsa] *f* Konkretheit *f*

**concretizzare** [konkreti'ddzaːre] I. *vt* konkretisieren; (*realizzare*) realisieren, verwirklichen II. *vr* **-rsi** sich verwirklichen, Gestalt annehmen **concretizzazione** [konkretiddzat'tsioːne] *f* Realisierung *f*, Verwirklichung *f*

**concreto** [koŋ'krɛːto] *m* Konkrete(s) *nt*; **venire al ~** zur Sache kommen; **in ~** konkret [betrachtet]

**concreto, -a** *agg* konkret; **nome ~** Konkretum *nt*

**concrezione** [koŋkret'tsioːne] *f* ❶ (GEOL) Konkretion *f* ❷ (MED) Konkrement *nt*

**concubina** *f* Konkubine *f* **concubinato**

[koŋkubi'na:to] *m* wilde Ehe **concubino, -a** [koŋku'bi:no] *m, f* in wilder Ehe lebender Mann/lebende Frau
**concupiscenza** [koŋkupiʃ'ʃɛntsa] *f* Wollust *f*
**concussionario, -a** [koŋkussio'na:rio] <-i, -ie> *m, f* Mensch, der Amtsmissbrauch betreibt
**concussione** [koŋkus'sio:ne] *f* Amtsmissbrauch *m*
**condanna** [kon'danna] *f* ① (JUR) Verurteilung *f*, Urteil *nt* ② (*fig: disapprovazione*) Missbilligung *f* **condannabile** [kondan'na:bile] *agg* tadelnswert, verwerflich **condannare** [kondan'na:re] *vt* ① (JUR) verurteilen; ~ **qu a qc/per qc** jdn zu etw/wegen etw verurteilen ② (*fig: disapprovare*) verurteilen, missbilligen **condannato, -a** [kondan'na:to] *m, f* Verurteilte(r) *f(m)*
**condebitore, -trice** [kondebi'to:re] *m, f* Mitschuldner(in) *m(f)*
**condensa** [kon'dɛnsa] *f* Kondenswasser *nt*
**condensamento** [kondensa'mento] *m* Kondensation *f* **condensare** [konden'sa:re] I. *vt* ① (PHYS) kondensieren, verdichten ② (*fig: riassumere*) zusammenfassen, resümieren II. *vr* **-rsi** kondensieren, sich verdichten
**condensato, -a** *agg* ① (*latte*) Kondens- ② (PHYS) kondensiert ③ (*libro*) zusammengefasst **condensatore** [kondensa'to:re] *m* Kondensator *m* **condensazione** [kondensat'tsio:ne] *f* Kondensation *f*
**condimento** [kondi'mento] *m* ① (GASTR) Gewürz *nt* ② (*fig*) Würze *f*, Pep *m fam* **condire** [kon'di:re] <condisco> *vt* ① (GASTR: *con frutta, prezzemolo*) anrichten; (*con pepe, sale*) würzen, abschmecken; (*insalata*) anmachen ② (*fig*) würzen, bereichern
**condirettore, -trice** [kondiret'to:re] *m, f* Kodirektor(in) *m(f)*
**condiscendente** [kondiʃʃen'dɛnte] *agg* entgegenkommend; (*cedevole*) nachgiebig **condiscendenza** [kondiʃʃen'dɛntsa] *f* Entgegenkommen *nt;* (*cedevolezza*) Nachgiebigkeit *f*
**condiscendere** [kondiʃ'ʃendere] <irr> *vi* ① (*consentire*) ~ **a qc** in etw *acc* einwilligen ② (*cedere*) ~ **a qu/qc** jdm/etw nachgeben
**condividere** [kondi'vi:dere] <irr> *vt* (*opinioni, idee, scelta*) teilen **condivisibile** [kondivi'zi:bile] *agg* ① (*opinione, idea*) nachvollziehbar ② (*decisione, punto di vista*) vertretbar **condivisione** [kondivi'zio:ne] *f* ① (*di idee, speranze*) Anteilnahme *f;* **la ~ di qc** die Anteilnahme an etw *dat* ② (INFORM: *di dati, stampante*) gemeinsame Nutzung, gemeinsamer Zugriff
**condizionale** [kondittsio'na:le] I. *agg* ① (LING) Konditional-, konditional ② (JUR) zur [*o* mit] Bewährung *A*, bedingt; **sospensione ~ della pena** Aussetzung *f* der Strafe zur Bewährung II. *m* (LING) Konditional *m* III. *f* ① (LING) Konditionalsatz *m* ② (JUR) Bewährung *f*
**condizionamento** [kondittsiona'mento] *m* (*dell'aria*) Klimatisierung *f;* **impianto di ~** Klimaanlage *f* **condizionare** [kondittsio'na:re] *vt* ① (*aria*) klimatisieren ② (PSIC) konditionieren ③ (*subordinare*) ~ **qu/qc a qc** jd/etw von etw abhängig machen **condizionatore** [kondittsiona'to:re] *m* Klimaanlage *f*
**condizione** [kondit'tsio:ne] *f* ① (*presupposto*) Bedingung *f*, Voraussetzung *f;* (*requisito*) Voraussetzung *f;* (JUR) Kondition *f;* **porre delle -i** Bedingungen stellen; **a ~ che ...** +*conj* unter der Bedingung, dass ... ② *pl* (COM) Konditionen *fpl*, Modalitäten *fpl* ③ *pl* (*stato*) Zustand *m;* (*finanziarie*) Lage *f;* **-i di salute** Gesundheitszustand *m;* **essere in ~ di fare qc** in der Lage sein etw zu tun ④ (*limite*) Bedingung *f*
**condoglianze** [kondoʎ'ʎantse] *fpl* Beileid *nt;* **fare le ~ a qu** jdm sein Beileid aussprechen
**condom** ['kɔndom] <-> *m* Kondom *nt*
**condominio** [kondo'mi:nio] <-i> *m* ① (JUR) Miteigentum *nt* ② (*casa*) Haus *nt* mit Eigentumswohnungen **condomino, -a** [kon'dɔ:mino] *m, f* Miteigentümer(in) *m(f)*
**condonabile** [kondo'na:bile] *agg* (*debito*) erlässlich; (*errore*) verzeihlich **condonare** [kondo'na:re] *vt* erlassen **condono** [kon'dɔ:no] *m* Erlass *m*, Erlassung *f*
**condor** ['kɔndor] <-> *m* Kondor *m*
**condotta** [kon'dɔtta] *f* ① (*comportamento*) Betragen *nt*, Verhalten *nt;* **voto di ~** Betragensnote *f* ② (*di gioco, impresa*) Führung *f*, Leitung *f* ③ (TEC: *tubazione*) Rohrleitung *f*
**condottiero** [kondot'tiɛ:ro] *m* (HIST, MIL) Söldnerführer *m;* (*fig*) Führer *m*
**condotto** [kon'dɔtto] *m* ① (ANAT: ~ **uditivo**, ~ **epatico**) Gang *m;* (~ *lacrimale*) Kanal *m;* (~ *spermatico*, ~ **ovario**) Leiter *m* ② (TEC) Rohr *nt*, Leitung *f*

**condotto, -a** I. *pp di* **condurre** II. *agg* (*medico*) Bezirks-
**conducente** [kondu'tʃɛnte] I. *mf* (*di veicolo*) Fahrer(in) *m(f)*, Chauffeur(in) *m(f)* II. *m* (MIL) Rittmeister *m*
**condurre** [kon'durre] <conduco, condussi, condotto> I. *vt* ❶ (MOT, FERR, NAUT) fahren, führen ❷ (*accompagnare*) führen, begleiten ❸ (*azienda*) leiten ❹ (*fig: trattative, vita*) führen ❺ (SPORT) anführen ❻ (*fig: portare a*) treiben; **~ qu al suicidio/alla rovina** jdn zum Selbstmord/in den Ruin treiben; **~ a termine** [*o* **compimento**] **qc** etw zum Abschluss bringen II. *vi* ❶ (SPORT) führen; **~ per due a zero** mit zwei zu null führen ❷ (*strada*) führen; **questa strada conduce a Padova** diese Straße führt nach Padua III. *vr* **-rsi** sich verhalten; **-rsi da idiota** sich wie ein Idiot aufführen **conduttanza** [kondut'tantsa] *f* Leitwert *m*
**conduttività** [konduttivi'ta] <-> *f* Leitfähigkeit *f* **conduttivo, -a** [kondut'ti:vo] *agg* leitfähig
**conduttore** [kondut'to:re] *m* (PHYS) Leiter *m*; (EL) Leitung *f*
**conduttore, -trice** I. *agg* führend, Führungs-; **filo ~** (*fig*) roter Faden II. *m, f* ❶ (FERR) Zugführer(in) *m(f)*, Zugschaffner(in) *m(f)* ❷ (MOT) [Renn]fahrer(in) *m(f)* ❸ (*di azienda*) Leiter(in) *m(f)*, Betreiber(in) *m(f)* ❹ (TV) Fernsehmoderator(in) *m(f)*; (RADIO) Radiomoderator(in) *m(f)* **conduttura** [kondut'tu:ra] *f* Leitungsnetz *nt*
**conduzione** [kondut'tsio:ne] *f* ❶ (*gestione*) Leitung *f* ❷ (PHYS) Übertragung *f* ❸ (*presentazione*) Moderation *f* ❹ (*di caldaie*) Überwachung *f*
**confabulare** [konfabu'la:re] *vi* (*scherz*) tuscheln **confabulazione** [konfabulat'tsio:ne] *f* (*scherz*) Getuschel *nt*
**confacente** [konfa'tʃɛnte] *agg* geeignet, passend
**CONFAGRICOLTURA** [konfagrikol'tu:ra] *f acro di* **Confederazione Generale dell'Agricoltura Italiana** *Verband der italienischen Landwirte*
**confarsi** [kon'farsi] <*irr rar il pp ed i tempi composti*> *vr* ❶ (*addirsi*) **~ a qu/qc** jdm/etw entsprechen, zu jdm/etw passen ❷ (*giovare*) **~ a qu/qc** jdm/etw [gut] bekommen; **l'aria di montagna non mi confà** die Bergluft bekommt mir nicht gut
**CONFARTIGIANATO** [konfartidʒa'na:to] *f acro di* **Confederazione Generale dell'Artigianato Italiano** *italienischer Handwerkerverband*

**CONFCOMMERCIO** [konfkom'mɛrtʃo] *f acro di* **Confederazione Generale del Commercio** *italienischer Handelsverband*
**confederale** [konfede'ra:le] *agg* Bündnis-, Bundes- **confederalità** [konfederali'ta] <-> *f* (POL) konföderaler Gedanke, konföderales Konzept
**confederare** [konfede'ra:re] I. *vt* zusammenschließen, vereinigen II. *vr* **-rsi** sich zusammenschließen, sich vereinigen
**confederata** *f v.* **confederato confederativo, -a** [konfedera'ti:vo] *agg* Bündnis-
**confederato, -a** [konfede'ra:to] I. *agg* verbündet II. *m, f* Verbündete(r) *f(m)*
**confederazione** [konfederat'tsio:ne] *f* ❶ (POL) Konföderation *f* ❷ (*tra organizzazioni, enti*) Verband *m*, Bund *m*; **la Confederazione Elvetica** die Schweizerische Eidgenossenschaft
**CONFEDILIZIA** [konfedi'littsia] *f acro di* **Confederazione Italiana della Proprietà Edilizia** *Verband des italienischen Bauwesens*
**conferenza** [konfe'rɛntsa] *f* ❶ (*discorso*) Vortrag *m*; **tenere una ~ su qc** einen Vortrag über etw *acc* halten ❷ (*riunione*) Konferenz *f*; **~ episcopale** Bischofskonferenz *f*; **~ stampa** Pressekonferenz *f*; **~ al vertice** Spitzentreffen *nt*; (POL) Gipfeltreffen *nt*, -konferenz *f*
**conferenziere, -a** [konferen'tsiɛ:re] *m, f* Sprecher(in) *m(f)*, Redner(in) *m(f)*
**conferimento** [konferi'mento] *m* Verleihung *f* **conferire** [konfe'ri:re] <conferisco> I. *vt* (*incarico*) vergeben; (*ricompensa*) geben; (*titolo*) verleihen II. *vi* ❶ (*colloquiare*) eine Besprechung haben ❷ (*giovare*) gut tun, gut bekommen
**conferma** [kon'ferma] *f* Bestätigung *f*; **trovare** [*o* **avere**] **~** bestätigt werden **confermare** [konfer'ma:re] I. *vt* (*convalidare*) bestätigen; (*rafforzare*) bekräftigen II. *vr* **-rsi** ❶ (*rafforzarsi*) sich festigen ❷ (*acquistare credito*) sich bestätigen **confermazione** [konfermat'tsio:ne] *f* Firmung *f*; (*nella chiesa luterana*) Konfirmation *f*
**CONFESERCENTI** [konfezer'tʃɛnti] *f acro di* **Confederazione degli Esercenti Attività Commerciali e Turistiche** *italienischer Handels- und Tourismusverband*
**confessare** [konfes'sa:re] I. *vt* ❶ (REL) beichten; (*fig: a persona amica*) anvertrauen, beichten *fam* ❷ (*colpa, errori*) gestehen II. *vr* **-rsi** ❶ (REL) zur Beichte gehen, beichten ❷ (*rivelarsi*) sich bekennen; **-rsi colpevole** sich schuldig bekennen **con-**

confessionale → confluenza

**fessionale** [konfessio'na:le] I. *m* Beichtstuhl *m* II. *agg* Beicht-; **segreto ~** Beichtgeheimnis *nt* **confessione** [konfes'sio:ne] *f* ❶ (REL) Bekenntnis *nt*, Konfession *f*; (*sacramento*) Beichte *f* ❷ (JUR) Geständnis *nt* **confesso, -a** [kon'fɛsso] *agg* ❶ (REL) bußfertig ❷ (JUR) geständig **confessore** [konfes'so:re] *m* Beichtvater *m*

**confettare** [konfet'ta:re] I. *vt* ❶ (*rivestire qc di zucchero*) kandieren ❷ (*fig: addolcire qc di spiacevole*) versüßen ❸ (*obs fig: lusingare, corteggiare*) schmeicheln [*o* den Hof machen] [*o* Honig ums Maul schmieren] (*qu* jdm) II. *vi* (*obs: mangiare dolciumi*) naschen, leckern

**confettatrice** [konfetta'tri:tʃe] *f* (TEC: *macchina per confettare*) Dragiermaschine *f*

**confetteria** [konfette'ri:a] <-ie> *f* ❶ (*bottega*) Süßwarenladen *m* ❷ (*assortimento*) Süßwaren *fpl* **confetto** [kon'fɛtto] *m* ❶ (GASTR) Pariser Mandel *f*; **mangiare i -i di qu** (*fig*) jds Hochzeit feiern ❷ *pl* (*poet: dolciumi*) Konfekt *nt*

**confettura** [konfet'tu:ra] *f* Konfitüre *f* **confetturiero, -a** [konfettu'rie:ro] *agg* Konfitüre-

**confezionamento** [konfettsiona'mento] *m* Verpackung *f*, Abpackung *f*; **data di ~** Verpackungsdatum *nt*

**confezionare** [konfettsio'na:re] *vt* ❶ (*vestito*) anfertigen ❷ (*merci*) ein-, verpacken; (*pacco*) machen **confezionatore, -trice** [konfettsiona'to:re] *m, f* ❶ (*per vendita, trasporto*) Packer(in) *m(f)* ❷ (*di biancheria*) Näher(in) *m(f)*, Konfektionsschneider(in) *m(f)* **confezionatrice** [konfettsiona'tri:tʃe] *f* Packmaschine *f* **confezione** [konfet'tsio:ne] *f* ❶ (*imballaggio*) [Ver]packung *f*; (*presentazione*) Aufmachung *f*; **~ regalo** Geschenkpackung *f*; **~ di cioccolatini** Pralinenschachtel *f* ❷ *pl* (*vestiti*) Konfektion *f* **confezionista** [konfettsio-'nista] <-i *m*, -e *f*> *mf* Konfektionär *m*/ Konfektioneuse *f*

**conficcare** [konfik'ka:re] I. *vt* ❶ (*ficcare*) einschlagen ❷ (*fig: nella mente*) einprägen II. *vr* **-rsi** ❶ (*penetrare*) eindringen ❷ (*nella mente*) sich einprägen

**confidare** [konfi'da:re] I. *vt* anvertrauen II. *vi* (*aver fiducia*) vertrauen; **~ in qu** auf jdn vertrauen III. *vr* **-rsi con qu** sich jdm anvertrauen **confidente** [konfi'dɛnte] *mf* ❶ (*persona amica*) Vertraute(r) *f(m)*, Vertrauensperson *f* ❷ (*della polizia*) Spitzel *m* **confidenza** [konfi'dɛntsa] *f* ❶ (*fiducia*) Vertrauen *nt*; (*familiarità*) Vertrautheit *f*;

essere in ~ con qu mit jdm vertraut sein; **prendere ~ con qc** mit etw *dat* vertraut werden; **prendersi la ~ di fare qc** sich *dat* erlauben etw zu tun ❷ (*segreto*) Vertraulichkeit *f*; **fare una ~ a qu** jdm etw anvertrauen **confidenziale** [konfiden'tsia:le] *agg* vertraulich

**configurabile** [konfigu'ra:bile] *agg* (INFORM) konfigurierbar **configurare** [konfigu'ra:re] <configuro> *vt* (INFORM) konfigurieren **configurarsi** [konfigu'rarsi] *vr* sich gestalten **configurazionale** [konfigurattsio'na:le] *agg* ❶ geformt, gebildet ❷ (CHEM: *atomi*) räumlich angeordnet ❸ (BIOL) gemeinsame Merkmale betreffend; **carattere ~** gemeinsames Verhaltensmerkmal **configurazione** [konfigurat'tsio:ne] *f* ❶ (*il configurare*) Darstellung *f*; (*aspetto, forma*) Gestalt *f*, Form *f* ❷ (INFORM) Konfiguration *f* ❸ (GEOG) Beschaffenheit *f* ❹ (ASTR) Konfiguration *f*

**confinante** [konfi'nante] *agg* angrenzend; **paese ~** Nachbarland *nt* **confinare** [konfi'na:re] I. *vi* [an]grenzen; **~ con qc** an etw *acc* angrenzen II. *vt* (*fig: relegare*) isolieren, verbannen **confinato, -a** [konfi'na:to] I. *agg* [an einen Zwangswohnort] verbannt II. *m, f* [an einen Zwangswohnort] Verbannte(r) *f(m)*

**CONFINDUSTRIA** [konfin'dustria] *f acro di* **Confederazione Generale dell'Industria Italiana** *Verband der italienischen Industrieunternehmen*

**confine** [kon'fi:ne] *m* Grenze *f*; **ai -i del mondo** (*fig*) am Ende der Welt

**confino** [kon'fi:no] *m* Verbannung *f* [an einen Zwangswohnort], Wohnortbeschränkung *f*

**confisca** [kon'fiska] <-sche> *f* (JUR) Beschlagnahmung *f* **confiscare** [konfis'ka:re] *vt* (JUR) konfiszieren, beschlagnahmen

**confiteor** [kon'fi:teor] <-> *m* Sündenbekenntnis *nt*, Confiteor *nt*; **dire** [*o* **recitare**] **il ~** (*fig*) sich schuldig bekennen

**conflagrazione** [konflagrat'tsio:ne] *f* Aufflammen *nt*

**conflitto** [kon'flitto] *m* ❶ (*combattimento*) Kampf *m*; (*guerra*) Krieg *m*; **~ mondiale** Weltkrieg *m* ❷ (*contrasto*) Zusammenstoß *m*, Streit *m* ❸ (*fig* PSIC, JUR) Konflikt *m*; **essere in ~** in einem Konflikt sein; **~ d'interesse** Zielkonflikt *m* **conflittuale** [konflittu'a:le] *agg* Konflikt- **conflittualità** [konflittuali'ta] <-> *f* Konflikt *m*, Konfliktsituation *f*

**confluenza** [konflu'ɛntsa] *f* Zusammen-

fluss *m* **confluire** [konflu'i:re] <confluisco> *vi* ① (GEOG) zusammenfließen ② (*fig: convergere*) zusammentreffen
**confondere** [kon'fondere] <irr> I. *vt* ① (*scambiare*) verwechseln, durcheinanderbringen ② (*turbare, imbarazzare*) verwirren II. *vr* -**rsi** ① (*mescolarsi*) sich mischen; -**rsi tra la folla** sich unters Volk mischen ② (*fig: smarrirsi*) sich verwischen, sich verlieren; (*colori*) verschwimmen ③ (*turbarsi*) durcheinandergeraten
**conformare** [konfor'ma:re] I. *vt* (*adeguare*) ~ **qc a qc** etw an etw *acc* anpassen II. *vr* -**rsi a qc** sich an etw *acc* anpassen
**conformazionale** [konformattsio'na:le] *agg* Struktur-; **analisi** ~ Strukturanalyse *f*
**conformazione** [konformat'tsio:ne] *f* Beschaffenheit *f*; (*figura*) Formgebung *f*, Form *f*
**conforme** [kon'forme] I. *agg* konform, übereinstimmend; **essere** ~ **alle norme** normgerecht sein II. *avv* gemäß, entsprechend **conformismo** [konfor'mizmo] *m* Konformismus *m* **conformista** [konfor'mista] <-i *m*, -e *f*> *mf* Konformist(in) *m(f)* **conformistico, -a** [konfor'mistiko] <-ci, -che> *agg* konformistisch **conformità** [konformi'ta] <-> *f* Übereinstimmung *f*; **in** ~ **a** [*o* **con**] in Übereinstimmung mit; ~ **a scopi** Zweckmäßigkeit *f*
**confort** [kɔ̃'fɔr *o* kon'fɔrt] <-> *m* Komfort *m*
**confortante** [konfor'tante] *agg* tröstend
**confortare** [konfor'ta:re] I. *vt* ① (*consolare*) trösten ② (*fig: tesi, assunto*) stärken, bekräftigen II. *vr* -**rsi** ① (*farsi animo*) sich *dat* Mut machen ② (*consolarsi*) sich trösten **confortevole** [konfor'te:vole] *agg* ① (*consolante*) tröstend ② (*comodo*) komfortabel **conforto** [kon'fɔrto] *m* ① (*consolazione*) Trost *m*; **portare** ~ **a qu** jdm Trost bringen ② (*agio*) Komfort *m*
**confratello** [konfra'tɛllo] *m* Ordensbruder *m*
**confraternita** [konfraterni'ta] *f* Bruderschaft *f*
**confrontabile** [konfron'ta:bile] *agg* vergleichbar
**confrontabilità** [konfrontabili'ta] <-> *f* Vergleichbarkeit *f*
**confrontare** [konfron'ta:re] *vt* vergleichen **confronto** [kon'fronto] *m* Vergleich *m*; (JUR) Gegenüberstellung *f*; **fare un** ~ [**fra**] einen Vergleich anstellen [zwischen]; **mettere a** ~ gegenüberstellen; **reggere al** ~ **con qu/qc** einem Vergleich mit etw/jdm standhalten; **in** ~ **a** verglichen mit; **nei** -**i di** gegen, gegenüber; **senza** -**i** beispiellos; **non c'è** ~! das ist unvergleichlich!
**confusi** [kon'fu:zi] *1. pers sing pass rem di* **confondere**
**confusionario, -a** [konfuzio'na:rio] <-i, -ie> I. *agg* wirr, durcheinander II. *m*, *f* Wirrkopf *m*, Chaot(in) *m(f)* *fam* **confusione** [konfu'zio:ne] *f* ① (*disordine*) Durcheinander *nt* ② (*agitazione, imbarazzo*) Verwirrung *f* **confuso, -a** [kon'fu:zo] I. *pp di* **confondere** II. *agg* ① (*discorso, situazione*) unklar, verworren ② (*persona*) verwirrt
**confutare** [konfu'ta:re] *vt* widerlegen **confutazione** [konfutat'tsio:ne] *f* Widerlegung *f*
**congedare** [kondʒe'da:re] I. *vt* (*geh*) verabschieden; (MIL) entlassen II. *vr* -**rsi** sich verabschieden **congedo** [kon'dʒɛ:do] *m* ① (*commiato*) Abschied *m;* **prendere** ~ **da** Abschied nehmen von ② (MIL) Abschied *m*, Entlassung *f* ③ (*di impiegato*) Beurlaubung *f*; **essere in** ~ beurlaubt sein; ~ **parentale** Erziehungsurlaub *m*
**congegnare** [kondʒeɲ'ɲa:re] *vt* ① (TEC) konstruieren ② (*fig: piano*) austüfteln, ausdenken
**congegno** [kon'dʒeɲɲo] *m* Mechanismus *m*, Werk *nt*
**congelabile** [kondʒe'la:bile] *agg* gefrierfähig, einfrierbar **congelamento** [kondʒela'mento] *m* ① (*gener*) Einfrieren *nt* ② (MED) Erfrierung *f* **congelare** [kondʒe'la:re] I. *vt* ① (*agghiacciare*) gefrieren lassen ② (FIN, COM, POL) einfrieren ③ (*alimenti*) einfrieren, tiefkühlen II. *vr* -**rsi** (PHYS) [ge]frieren; (MED) erfrieren **congelatore** [kondʒela'to:re] *m* Tiefkühltruhe *f*; (*nel frigorifero*) Gefrier-, Tiefkühlfach *nt* **congelazione** [kondʒelat'tsio:ne] *f* Erfrierung *f*
**congeniale** [kondʒe'nia:le] *agg* wesensgleich; (*persona a*) geistesverwandt
**congenito, -a** [kon'dʒɛ:nito] *agg* angeboren
**congerie** [kon'dʒɛ:rie] <-> *f* Aufhäufung *f*
**congestionare** [kondʒestio'na:re] *vt* ① (MED) einen Blutandrang bewirken in +*dat* ② (*fig: strade, centro*) verstopfen, unpassierbar machen **congestione** [kondʒes'tio:ne] *f* ① (MED) Blutandrang *m* ② (*fig: del traffico*) Stau *m*
**congettura** [kondʒet'tu:ra] *f* Vermutung *f*, Annahme *f* **congetturare** [kondʒettu'ra:re] *vt* vermuten
**congiungere** [kon'dʒundʒere] <irr> I. *vt*

verbinden; (*mani*) falten; **~ in matrimonio** vermählen II. *vr* **-rsi** sich verbinden; **-rsi in matrimonio** sich vermählen **congiungimento** [kondʒundʒi'mento] *m* Verbindung *f;* (*di mani*) Falten *nt*
**congiunta** *f v.* **congiunto**
**congiuntamente** [kondʒunta'mente] *avv* verbunden, in Verbindung
**congiuntiva** [kondʒun'ti:va] *f* Bindehaut *f*
**congiuntivale** [kondʒuntiva:le] *agg* Bindehaut-; **mucosa ~** Bindehaut *f*
**congiuntivite** [kondʒunti'vi:te] *f* Bindehautentzündung *f,* Konjunktivitis *f*
**congiuntivo** [kondʒun'ti:vo] *m* (LING) Konjunktiv *m*
**congiunto, -a** [kon'dʒunto] I. *agg* vereint, verbunden II. *m, f* Verwandte(r) *f(m)*
**congiuntura** [kondʒun'tu:ra] *f* ❶ (COM) Konjunktur *f* ❷ (ANAT) Gelenk *nt* **congiunturale** [kondʒuntu'ra:le] *agg* konjunkturell **congiunturalista** [kondʒuntura'lista] <-i *m,* -e *f*> *mf* Konjunkturexperte *m/*-expertin *f*
**congiunzione** [kondʒun'tsio:ne] *f* ❶ (ASTR, LING) Konjunktion *f* ❷ (*carnale*) Vereinigung *f*
**congiura** [kon'dʒu:ra] *f* Verschwörung *f*
**congiurare** [kondʒu'ra:re] *vi* sich verschwören; **~ contro qu** sich gegen jdn verschwören **congiurato, -a** [kondʒu'ra:to] *m, f* Verschwörer(in) *m(f)*
**conglomerale** [koŋglome'ra:le] *agg* (COM, FIN) Holding-, Konzern-
**conglomerare** [koŋglome'ra:re] *vt* zusammenballen **conglomerata** [koŋglome'ra:ta] *f* ❶ (COM) Mischkonzern *m* ❷ (FIN) Holding *f* **conglomerato** [koŋglome'ra:to] *m* Konglomerat *nt,* Gemisch *nt* **conglomerazione** [koŋglomerat'tsio:ne] *f* Zusammenballung *f*
**congratularsi** [koŋgratu'larsi] *vr* **~ con qu per qc** jdm zu etw gratulieren **congratulazione** [koŋgratulat'tsio:ne] *f* Glückwunsch *m,* Gratulation *f;* **fare le -i a qu per qc** jdm zu etw gratulieren; **-i!** herzlichen Glückwunsch!

**congrega** [koŋ'grɛ:ga] <-ghe-> *f* ❶ (*pej: combriccola*) Bande *f,* Clique *f* ❷ (REL) Bruderschaft *f* **congregare** [koŋgre'ga:re] I. *vt* versammeln II. *vr* **-rsi** sich versammeln **congregazione** [koŋgregat'tsio:ne] *f* ❶ (REL) Kongregation *f* ❷ (*comunità*) Versammlung *f*
**congressista** [koŋgres'sista] <-i *m,* -e *f*> *mf* Kongressteilnehmer(in) *m(f)* **congresso** [koŋ'grɛsso] *m* Kongress *m,* Tagung *f*

**congruente** [koŋgru'ɛnte] *agg* ❶ (*rispondente*) **~ a** [*o* **con**] **qc** einer Sache *dat* entsprechend ❷ (MAT) kongruent **congruenza** [koŋgru'ɛntsa] *f* ❶ (*corrispondenza*) Entsprechung *f* ❷ (MAT) Kongruenz *f*
**congruo, -a** ['kɔŋgruo] *agg* ❶ (*adeguato*) passend, angemessen ❷ (MAT) kongruent
**conguagliare** [koŋguaʎ'ʎa:re] *vt* ausgleichen **conguaglio** [koŋ'guaʎʎo] <-gli> *m* Ausgleich *m;* **~ salariale** Lohnausgleich *m;* **~ fiscale** Steuerausgleich *m*
**CONI** ['kɔ:ni] *m acro di* **Comitato Olimpico Nazionale Italiano** *Gesellschaft zur Förderung des Sports in Italien*
**coniare** [ko'nia:re] *vt* ❶ (FIN) prägen ❷ (*fig*) schöpfen, prägen **coniatore, -trice** [konia'to:re] *m, f* ❶ (*di monete, medaglie*) Präger(in) *m(f)* ❷ (*fig: di neologismi*) Schöpfer(in) *m(f)* **coniazione** [koniat'tsio:ne] *f* ❶ (FIN) Prägung *f* ❷ (*fig: di nuove espressioni*) Schöpfung *f,* Prägung *f*
**conica** ['kɔ:nika] <-che-> *f* Kegelschnitt *m*
**conico, -a** ['kɔ:niko] <-ci, -che-> *agg* konisch, kegelförmig
**conifera** [ko'ni:fera] *f* Nadelgewächs *nt,* Konifere *f*
**conigliera** [koniʎ'ʎɛ:ra] *f* Kaninchenstall *m*
**coniglio** [ko'niʎʎo] <-gli> *m* ❶ (ZOO) Kaninchen *nt* ❷ (*fig: persona paurosa*) Angsthase *m,* Hasenfuß *m*
**conio** ['kɔ:nio] <-i> *m* ❶ (TEC: *arnese*) Prägeeisen *nt* ❷ (*il coniare*) Prägen *nt* ❸ (*effetto*) Prägung *f;* **vocaboli di nuovo ~** sprachliche Neuschöpfungen ❹ (*fig: tipo*) Art *f,* Schlag *m;* **gente di basso ~** Leute *pl* aus der Unterschicht
**coniugale** [koniu'ga:le] *agg* ehelich, Ehe-
**coniugare** [koniu'ga:re] I. *vt* ❶ (LING) konjugieren ❷ (*unire in matrimonio*) verheiraten II. *vr* **-rsi** heiraten, sich verheiraten **coniugazione** [koniugat'tsio:ne] *f* (LING) Konjugation *f*
**coniuge** ['kɔniudʒe] *mf* Ehemann *m/* -frau *f,* Gatte *m/*Gattin *f geh*
**connaturale** [konnatu'ra:le] *agg* wie angeboren, natürlich; (*congeniale*) wesensgleich
**connaturare** [konnatu'ra:re] I. *vt* [sich *dat*] zur eigenen Natur machen II. *vr* **-rsi** in Fleisch und Blut übergehen **connaturato, -a** [konnatu'ra:to] *agg* wie angeboren, natürlich
**connazionale** [konnattsio'na:le] I. *agg* aus dem gleichen Land II. *mf* Landsmann *m/* -männin *f*
**connection** [kə'nɛkʃən] <-> *f* (*relazione*)

Verbindungen *fpl;* **~ tra …** Verbindungen zwischen …

**connessi** [kon'nɛssi] *mpl* **gli annessi e ~** alles Drum und Dran, alles, was dazugehört

**connessione** [konnes'sio:ne] *f* ① (*fra due fatti*) Verbindung *f* ② (EL) Anschluss *m* ③ (TEC) Verbindung *f;* **~ a banda larga** (TEL) Breitbandverbindung *f;* **~ a raggi infrarossi** Infrarotverbindung *f;* **~ flat** Flatrate *f* **connesso, -a** [kon'nɛsso] *agg* ① (EL) angeschlossen ② (TEC) verbunden ③ (*fig: fatti, fenomeni*) verbunden, zusammenhängend

**connettere** [kon'nɛttere] <connetto, connettei, connesso> I. *vt* ① (*fili, pezzi*) verbinden, zusammenfügen ② (*fig: fatti, fenomeni*) in Zusammenhang bringen; (*idee*) verknüpfen II. *vi* (*ordinare i propri pensieri*) klar denken; **non riesco a ~** ich kann keinen klaren Gedanken fassen III. *vr* **-rsi** zusammenhängen **connettivale** [konnetti'va:le] *agg* Bindegewebs-

**connettivo, -a** *agg* **tessuto ~** Bindegewebe *nt*

**connivente** [konni'vɛnte] I. *agg* stillschweigend einverstanden II. *mf* Mitwisser(in) *m(f)* **connivenza** [konni'vɛntsa] *f* stilles Einverständnis; (JUR) Mitwisserschaft *f*

**connotato** [konno'ta:to] *m* Kennzeichen *nt*, Merkmal *nt;* **cambiare i -i a qu** (*fam scherz*) jdn windelweich schlagen **connotazione** [konnotat'tsio:ne] *f* Konnotation *f*

**connubio** [kon'nu:bio] <-i> *m* ① (*matrimonio*) Heirat *f* ② (*fig: unione*) Verbindung *f;* (POL) Bündnis *nt*

**cono** ['kɔ:no] *m* Kegel *m;* (MAT) Konus *m;* **~ gelato** Eistüte *f;* **a ~** kegelförmig **conobbi** [ko'nobbi] *1. pers sing pass rem di* **conoscere**

**conocchia** [ko'nɔkkia] <-cchie> *f* [Spinn]rocken *m*

**conoide** [ko'nɔ:ide] *m* Konoid *nt*

**conoscente** [konoʃ'ʃɛnte] *mf* Bekannte(r) *f(m)* **conoscenza** [konoʃ'ʃɛntsa] *f* ① (*apprendimento*) Kenntnis *f;* **avere ~ di qc** von etw Kenntnis haben; **essere a ~ di qc** über etw *acc* Bescheid wissen; **per ~** zur Kenntnisnahme; **venire a ~ di qc** etw erfahren; **prendere ~ di qc** (ADM) etw zur Kenntnis nehmen; ② (MED) Bewusstsein *nt;* **perdere la ~** das Bewusstsein verlieren; **essere privo di ~** bewusstlos sein ③ (*persona*) Bekannte(r) *f(m)*, Bekanntschaft *f;* **avere molte -e** viele Bekannte haben;

**fare la ~ di qu** jds Bekanntschaft machen; **piacere di fare la sua ~** [sehr] angenehm; ich freue mich, Ihre Bekanntschaft zu machen; **una vecchia ~** ein alter Bekannter, eine alte Bekannte

**conoscere** [ko'noʃʃere] <conosco, conobbi, conosciuto> *vt* ① (*persona*) kennen, kennen lernen; **~ qu di vista/personalmente** jdn vom Sehen/persönlich kennen; **ti faccio ~ mio fratello** ich mache dich mit meinem Bruder bekannt; **conosco i miei polli** (*scherz*) ich kenne meine Pappenheimer ② (*cosa*) sich auskennen in +*dat* [*o* bei], kennen; (*lingue*) beherrschen, können **conoscibile** [konoʃʃi:bile] *agg* erkennbar **conoscitivo, -a** [konoʃʃi'ti:vo] *agg* Erkenntnis-

**conoscitore, -trice** [konoʃʃi'to:re] *m, f* Kenner(in) *m(f)*

**conosciuto, -a** [konoʃ'ʃu:to] I. *pp di* **conoscere** II. *agg* bekannt

**conosco** [ko'nosko] *1. pers sing pr di* **conoscere**

**conquibus** [koŋ'kui:bus] <-> *m* (*scherz*) Nervus rerum *m geh*

**conquista** [koŋ'kuista] *f* ① (*ottenimento*) Erreichen *nt*, Erwerbung *f;* (*della libertà*) Erringung *f*, Erlangung *f;* (*del potere*) Ergreifung *f* ② (MIL) Eroberung *f* ③ (*progresso*) Errungenschaft *f* ④ (*fig: ~ amorosa*) Eroberung *f* **conquistare** [koŋkuis'ta:re] *vt* ① (*ottenere*) erreichen, erwerben; (*libertà*) erlangen, erringen; (*potere*) ergreifen ② (MIL) erobern ③ (*fig: persona*) erobern; (*amicizia, amore, simpatia*) gewinnen **conquistatore, -trice** [koŋkuista'to:re] *m, f* ① (MIL) Eroberer(in) *m(f)* ② (*fig: chi fa conquiste amorose*) Herzensbrecher(in) *m(f)*

**consacrare** [konsa'kra:re] I. *vt* ① (REL) weihen ② (*re, imperatore*) salben ③ (*dedicare*) widmen II. *vr* **-rsi** sich widmen; (*a Dio, completamente*) sich weihen **consacrazione** [konsakrat'tsio:ne] *f* Weihe *f;* (*durante la messa*) Wandlung *f*

**consanguinea** *f v.* **consanguineo**

**consanguineità** [konsaŋguinei'ta] <-> *f* Blutsverwandtschaft *f* **consanguineo, -a** [konsaŋ'gui:neo] <-ei, -ee> I. *agg* blutsverwandt II. *m, f* Blutsverwandte(r) *f(m)*

**consapevole** [konsa'pe:vole] *agg* bewusst; **essere ~ delle proprie responsabilità** sich *dat* seiner Verantwortung bewusst sein **consapevolezza** [konsapevo'lettsa] *f* Bewusstsein *nt* **consapevolizzare** [konsapevolid'dza:re] I. *vt* bewusst machen; **~ qu di qc**

jdm etw bewusst machen II. *vr* **-rsi di qc** sich *dat* über etw *acc* bewusst werden **consapevolizzazione** [konsapevoliddzat'tsjo:ne] *f* Vergegenwärtigung *f*

**conscio, -a** ['kɔnʃʃo] <-sci, -sce> *agg* bewusst; **essere ~ dei propri doveri** sich *dat* seiner Pflichten bewusst sein

**consecutiva** [konseku'ti:va] *f* (LING) Konsekutivsatz *m*

**consecutivo, -a** [konseku'ti:vo] *agg* ① (*giorno, ora*) [darauf]folgend ② (*traduzione, interprete*) Konsekutiv- ③ (LING) Konsekutiv-, konsekutiv

**consegna** [kon'seɲɲa] *f* ① (*di merci*) [Aus]lieferung *f*, Zustellung *f*; **pagamento alla ~** Zahlung *f* bei Lieferung ② (ADM) [Amts]übergabe *f* ③ (*custodia*) Aufbewahrung *f*; **ricevere in ~** zur Aufbewahrung erhalten **consegnare** [konseɲ'ɲa:re] *vt* (*recapitare*) übergeben, abliefern; (COM) [aus]liefern; (*affidare*) anvertrauen **consegnatario, -a** [konseɲɲa'ta:rio] <-i, -ie> *m, f* Empfänger(in) *m(f)*

**conseguente** [konse'gwɛnte] *agg* ① (*danno, disturbi*) Folge- ② (*persona*) konsequent, unbeirrbar ③ (*ragionamento, deduzione*) konsequent, folgerichtig **conseguentemente** [konsegwente'mente] *avv* folglich

**conseguenza** [konse'gwɛntsa] *f* Konsequenz *f*, Folge *f*; (*conclusione logica*) [Schluss]folgerung *f*; **agire di ~** entsprechend handeln; **in ~ di qc** infolge einer Sache *gen*

**conseguimento** [konsegui'mento] *m* Erlangung *f* **conseguire** [konse'gui:re] I. *vt* erlangen II. *vi* hervorgehen; **da ciò consegue che ...** daraus folgt, dass ...

**consenso** [kon'sɛnso] *m* Zustimmung *f*, Einverständnis *nt;* **il ~ a qc** die Zustimmung zu etw; **dare il ~ a qc** einer Sache *dat* zustimmen; **tacito ~** stillschweigendes Einverständnis **consensuale** [konsensu'a:le] *agg* einvernehmlich

**consentire** [konsen'ti:re] I. *vi* ① (*essere d'accordo*) zustimmen, beipflichten ② (*acconsentire*) zustimmen II. *vt* zulassen **consenziente** [konsen'tsjɛnte] *agg* zustimmend

**consequenziale** [konsekuen'tsja:le] *agg* Folge-

**conserto** [kon'sɛrto] *m* **di ~** einmütig

**conserva** [kon'sɛrva] *f* (*cibo*) Konserve *f*; (*in vasi*) Eingemachte(s) *nt* **conservabile** [konser'va:bile] *agg* konservierbar, haltbar **conservabilità** [konservabili'ta] <-> *f*

Haltbarkeit *f* **conservante** [konser'vante] *m* Konservierungsstoff *m*

**conservare** [konser'va:re] I. *vt* ① (GASTR) konservieren, haltbar machen; (*in vasi*) einmachen ② (*custodire*) aufbewahren ③ (*fig: mantenere*) erhalten, bewahren II. *vr* **-rsi** ① (GASTR) sich halten ② (*mantenersi*) sich erhalten; (*in salute*) gesund bleiben

**conservatività** [konservativi'ta] <-> *f* ① Konservativität *f geh* ② (JUR) Konservativität *f*, konservative Beschaffenheit *f*

**conservativo** [konserva'ti:vo] *m* Konservierungsstoff *m*

**conservatore, -trice** [konserva'to:re] I. *agg* konservativ II. *m, f* Konservative(r) *f(m)*

**conservatorio** [konserva'tɔ:rio] <-i> *m* ① (MUS) Konservatorium *nt* ② (*per ragazze*) [Mädchen]stift *nt*, [Mädchen]institut *nt*

**conservatorismo** [konservato'rizmo] *m* Konservativismus *m* **conservatrice** *f v.* **conservatore**

**conservazione** [konservat'tsjo:ne] *f* ① (*mantenimento*) Erhaltung *f* ② (GASTR) Konservierung *f*, Haltbarmachung *f* ③ (BIOL) Selbsterhaltung *f*; **istinto di ~** Selbsterhaltungstrieb *m* ④ (PHYS) Speicherung *f* **conservazionismo** [konservattsjo'nizmo] *m* (ECOL) *dell'ecosistema*) Öko-Konservatismus *m* (*Tendenz zur Erhaltung von Ökosystemen*) **conservazionista** [konservattsjo'nista] <-i *m*, -e *f*> (ECOL) I. *agg* naturerhaltend II. *mf* Befürworter(in) *m(f)* intakter Ökosysteme

**conserviero, -a** [konser'vjɛ:ro] *agg* Konserven- **conservificio** [konservi'fi:tʃo] <-ci> *m* Konservenfabrik *f*

**consesso** [kon'sɛsso] *m* Vereinigung *f*; **~ di popoli** Völkervereinigung *f*

**considerabile** [konside'ra:bile] *agg* beachtlich

**considerare** [konside'ra:re] *vt* ① (*tenere conto*) berücksichtigen, bedenken; **tutto considerato** alles in allem; **considerata la sua età** wenn man sein [*o* ihr] Alter bedenkt, für sein [*o* ihr] Alter ② (*soppesare*) abschätzen; (*esaminare*) erwägen ③ (*ritenere*) betrachten ④ (*stimare*) achten, schätzen **considerazione** [konsiderat'tsjo:ne] *f* ① (*osservazione*) Betrachtung *f*; (*riflessione*) Überlegung *f*; **agire senza ~** unüberlegt handeln ② (*esame*) Erwägung *f*; **prendere in ~** beachten; **in ~ di qc** in Anbetracht einer Sache *gen* ③ (*stima*) Ansehen *nt*, Wertschätzung *f*;

**essere tenuto in gran ~** hoch angesehen sein **considerevole** [konside're:vole] *agg* beachtlich

**consigliabile** [konsiʎ'ʎa:bile] *agg* ratsam

**consigliare** [konsiʎ'ʎa:re] I. *vt* raten, empfehlen; (*persone*) beraten; **~ a qu di fare qc** jdm raten etw zu tun II. *vr* **-rsi** sich beraten **consigliere, -a** [konsiʎ'ʎɛ:re] *m, f* ❶ (*chi dà consigli*) Ratgeber(in) *m(f)*, Berater(in) *m(f)* ❷ (ADM) Rat *m/*Rätin *f*; **~ d'amministrazione** Aufsichtsrat *m*; **~ di stato** Staatsrat *m*

**consiglio** [kon'siʎʎo] <-gli> *m* ❶ (*suggerimento*) Rat[schlag] *m*, Empfehlung *f*; **chiedere un ~ a qu** jdn um Rat fragen; **dare un ~ a qu** jdm einen Rat geben; **la notte porta ~** (*prov*) man soll die Sache überschlafen ❷ (ADM) Rat *m*; **il ~ d'amministrazione** der Vorstand; **Consiglio Direttivo** Vorstand *m*; **~ dei ministri** Ministerrat *m*; **~ di fabbrica** Betriebsrat *m*; **~ di stato** Staatsrat *m*; **sala del ~** Ratssaal *m*; **Consiglio dell'Economia e della Finanza** (EU) ECOFIN-Rat *m*; **Consiglio europeo** (EU) Europäischer Rat, Europarat ❸ (*riunione*) Beratung *f*; **Consiglio ampliato** (EU) Erweiterter Rat *m*

**consiliare** [konsi'lia:re] *agg* Rats-

**consistente** [konsis'tɛnte] *agg* ❶ (*materiale*) fest, solide ❷ (*fig: notevole*) beträchtlich, beachtlich **consistenza** [konsis'tɛntsa] *f* ❶ (*di materiale*) Festigkeit *f* ❷ (COM) Bestand *m* ❸ (*fig: valore*) Gehalt *m*; **prendere ~** Form annehmen

**consistere** [kon'sistere] <consisto, consistei *o* consistetti, consistito> *vi essere* **~ in qc** aus etw [*o* in etw *dat*] bestehen

**consocia** *f v.* **consocio**

**consociare** [konso'tʃa:re] I. *vt* zusammenschließen II. *vr* **-rsi** sich zusammenschließen

**consociata** [konso'tʃa:ta] *f* Beteiligungsgesellschaft *f*

**consociativismo** [konsotʃati'vizmo] *m* (POL: *pej*) Kompromissstrategie *f*, Anbiederungspolitik *f* **consociativista** [konsotʃati'vista] <-i *m*, -e *f*> *mf* (*pej*) Kompromissler *m*

**consociato, -a** I. *agg* angeschlossen II. *m, f* Teilhaber(in) *m(f)* **consociazione** [konsotʃat'tsio:ne] *f* Zusammenschluss *m* **consocio, -a** [kon'sɔ:tʃo] *m, f* Teilhaber(in) *m(f)*; **~ in affari** Geschäftspartner *m*

**consolante** [konso'lante] *agg* tröstlich, tröstend

**consolare** [konso'la:re] I. *vt* trösten II. *vr* **-rsi di qc** sich über etw *acc* trösten; **-rsi con il pensiero che ...** sich mit dem Gedanken trösten, dass ...

**consolato** [konso'la:to] *m* Konsulat *nt*

**consolatore, -trice** [konsola'to:re] I. *agg* tröstend II. *m, f* Tröster(in) *m(f)* **consolazione** [konsolat'tsio:ne] *f* Trost *m*; **premio di ~** Trostpreis *m*

**console** ['kɔnsole] *m* Konsul *m*

**consolidamento** [konsolida'mento] *m* ❶ (*di struttura, terreno*) [Be]festigung *f* ❷ (*fig: rinsaldamento*) Konsolidierung *f*, Festigung *f*; (*di amicizia, conoscenza*) Vertiefung *f* **consolidare** [konsoli'da:re] I. *vt* ❶ (*rendere solido*) festigen ❷ (*fig: rinsaldare*) konsolidieren; (*posizione*) ausbauen, stärken; (*migliorare*) verbessern; (*amicizia, conoscenza*) vertiefen, festigen II. *vr* **-rsi** ❶ (*diventare solido*) fest werden ❷ (*amicizia, conoscenza*) sich festigen, sich vertiefen

**consolidato** [konsoli'da:to] *m* konsolidierte Schuld

**consolidato, -a** *agg* ❶ (COM) konsolidiert ❷ (*fig: rinsaldato*) gesichert, gefestigt **consolidazione** [konsolidat'tsio:ne] *f* Konsolidation *f*, Konsolidierung *f*

**consolle** [kon'sɔlle] <-> *f* Konsole *f*

**consommé** [kɔ̃sɔ'me] <-> *m* Kraftbrühe *f*, Consommé *f o nt*

**consonante** [konso'nante] *f* Konsonant *m*, Mitlaut *m* **consonantico, -a** [konso'nantiko] <-ci, -che> *agg* konsonantisch **consonanza** [konso'nantsa] *f* Konsonanz *f*, Gleichklang *m*

**consono, -a** ['kɔnsono] *agg* entsprechend, angemessen

**consorella** [konso'rɛlla] I. *f* [Mit]schwester *f* II. *agg* Schwester-

**consorte** [kon'sɔrte] *mf* Gemahl(in) *m(f)*, Gatte *m/*Gattin *f*

**consorteria** [konsorte'ri:a] <-ie> *f* ❶ (POL: *pej*) [Partei]klüngel *m*, Clique *f* ❷ (HIST) Sippenbündnis *nt*

**consorziare** [konsor'tsia:re] I. *vt* zusammenschließen II. *vr* **-rsi** sich zusammenschließen

**consorzio** [kon'sɔrtsio] <-i> *m* (JUR, FIN) Konsortium *nt*; (AGR) Genossenschaft *f*

**constare** [kons'ta:re] *vi essere* ❶ (*essere costituito*) bestehen; **~ di qc** aus etw bestehen ❷ (*risultare*) sich ergeben; (*essere noto*) bekannt sein; **a quanto mi consta** soweit mir bekannt ist

**constatare** [konsta'ta:re] *vt* feststellen

**constatazione** [konstatat'tsio:ne] f Feststellung f

**consueto, -a** agg gewohnt, üblich **consuetudinario, -a** [konsuetudi'na:rio] <-i, -ie> I. agg (JUR) Gewohnheits- II. m, f Gewohnheitsmensch m **consuetudine** [konsue'tu:dine] f ①(abitudine) Gewohnheit f; **avere la ~ di fare qc** die Gewohnheit haben, etw zu tun; **per ~** aus Gewohnheit ②(costume) Brauch m; **com'è nostra ~** wie es bei uns Brauch ist

**consulente** [konsu'lɛnte] mf Berater(in) m(f); **~ legale/tributario** Rechts-/Steuerberater(in) **consulenza** [konsu'lɛntsa] f Beratung f

**consulta** [kon'sulta] f ①(riunione) Beratung f, Besprechung f ②(ADM, POL) beratende Versammlung

**consultare** [konsul'ta:re] I. vt (medico, avvocato) zu Rate ziehen, konsultieren, beiziehen A; (libro) nachschlagen in +dat II. vr **-rsi** sich beraten **consultazione** [konsultat'tsio:ne] f ①(dare consigli) Beratung f ②(ricerca) Konsultation f; **opere di ~** Nachschlagewerke ntpl **consultivo, -a** [konsul'ti:vo] agg beratend **consulto** [kon'sulto] m Konsilium nt **consultore, -trice** [konsul'to:re] m, f Berater(in) m(f) **consultorio** [konsul'tɔ:rio] <-i> m Beratungsstelle f; **~ familiare** Familienberatung[sstelle] f

**consultrice** f v. **consultore**

**consumare** [konsu'ma:re] I. vt ①(usare) verbrauchen; (scarpe, cinturino) abnutzen ②(pasti) verzehren, zu sich dat nehmen ③(matrimonio) vollziehen; (delitto) begehen II. vr **-rsi** (logorarsi) sich abnutzen; **-rsi la vista** sich dat die Augen verderben **consumato, -a** [konsu'ma:to] agg ①(consunto) verbraucht, verlebt; (vestiti, scarpe) abgenutzt ②(matrimonio) vollzogen **consumatore, -trice** [konsuma'to:re] m, f Verbraucher(in) m(f) **consumazione** [konsumat'tsio:ne] f ①(consumo) Verbrauch m ②(GASTR) Verzehr m, Konsumation f A ③(JUR) Vollzug m **consumer benefit** [kənˈsjuːmə ˈbenefit] <-> m (COM) Produktattraktivität f, Kaufanreiz m **consumerismo** [konsume'rizmo] m Verbraucherschutzbewegung f

**consumismo** [konsu'mizmo] m Konsumdenken nt, -rausch m **consumistico, -a** [konsu'mistiko] <-ci, -che> agg konsumorientiert **consumo** [kon'su:mo] m Konsum m; (uso) Verbrauch m; **civiltà dei -i** Konsumgesellschaft f; **beni di ~** Konsumgüter ntpl

**consuntivo** [konsun'ti:vo] m Bilanz f; (a. fig) Abrechnung f, Bilanz f; **fare il ~** Bilanz ziehen

**consunto, -a** [kon'sunto] agg ①(consumato) verbraucht; (scarpe, indumenti) abgenutzt ②(persona) verbraucht; (volto) ausgezehrt **consunzione** [konsun'tsio:ne] f Auszehrung f

**consuocero, -a** [kon'suɔ:tʃero] m, f Vater m/Mutter f des Schwiegersohns

**consustanziale** [konsustan'tsia:le] agg Dreifaltigkeits- **consustanzialità** [konsustantsiali'ta] <-> f Dreifaltigkeit f

**conta** ['konta] f **fare la ~** (nei giochi) abzählen

**contabile** [kon'ta:bile] I. agg Rechnungs-, Buchungs- II. mf Buchhalter(in) m(f) **contabilità** [kontabili'ta] <-> f Buchführung f, -haltung f; **ufficio ~** Buchhaltung f; **tenere la ~** die Bücher führen; **la doppia ~ valutaria** (Unione monetaria europea) die doppelte Währungsbuchhaltung **contabilizzare** [kontabilid'dza:re] vt buchen

**contachilometri** [kontaki'lɔ:metri] <-> m Kilometerzähler m **contacopie** [konta'kɔ:pie] <-> m (TEC) Kopienzähler m

**contadina** f v. **contadino**

**contadinesco, -a** [kontadi'nesko] <-schi, -sche> agg bäuerlich, Bauern-

**contadino, -a** [konta'di:no] I. m, f ①(AGR) Bauer m/Bäuerin f; **~, scarpe grosse e cervello fino** (prov) der Schein trügt ②(pej: persona dai modi grossolani) Bauer m II. agg bäuerlich

**contado** [kon'ta:do] m ①(campagna) Umland nt ②(popolazione) Bevölkerung f des Umlandes

**contafiletti** [kontafi'letti] <-> m (TEC) Gewindemesser m

**contagiare** [konta'dʒa:re] vt anstecken, infizieren **contagio** [kon'ta:dʒo] <-gi> m Ansteckung f, Infizierung f **contagioso, -a** [konta'dʒo:so] agg ansteckend

**contagiri** [konta'dʒi:ri] <-> m Drehzahlmesser m, Tourenzähler m

**contagocce** [konta'gottʃe] <-> m Pipette f; **col ~** (scherz) tröpfchenweise

**container** [kən'teina o kon'tɛiner] <-> m Container m **containerizzare** [konteinerid'dza:re] vt in Container verladen **containerizzazione** [konteineriddzat'tsio:ne] f (TEC) Verladung f in Container

**contametri** [kontra'mɛ:tri] <-> m ①(TEC)

Messvorrichtung *f* für Stranglängen ❷ (FILM) Filmzähler *m*
**contaminare** [kontami'na:re] *vt* ❶ (*acque, aria*) verunreinigen, verseuchen ❷ (*fig: corrompere*) verderben, beeinträchtigen; (*reputazione, nome*) beschmutzen **contaminazione** [kontaminat'tsio:ne] *f* ❶ (*dell'acqua, aria*) Verunreinigung *f*, Verseuchung *f* ❷ (*fig: corruzione*) Beeinträchtigung *f*, Schädigung *f*
**contaminuti** [kontami'nu:ti] <-> *m* Eieruhr *f*
**contante** [kon'tante] I. *agg* bar; **denaro** [*o* **moneta**] ~ Bargeld *nt* II. *m* Bargeld *nt;* **pagare in -i** bar bezahlen
**contapallini** [kontapal'li:ni] <-> *m* Schrotkugelzähler *m*
**contare** [kon'ta:re] I. *vt* (*numerare*) zählen; (*calcolare*) zusammenzählen; **~ i giorni/le ore/i minuti** (*fig*) die Stunden zählen II. *vi* ❶ (*numeri*) zählen; **~ fino a trenta** bis dreißig zählen ❷ (*valere*) zählen, gelten; **questo non conta** das zählt nicht ❸ (*fare assegnamento*) zählen; **~ su qu/qc** auf jdn/etw zählen ❹ (*proporsi*) rechnen; **~ di** +*inf* damit rechnen, dass …, davon ausgehen, dass …
**contascatti** [konta'skatti] <-> *m* Gebührenzähler *m* **contasecondi** [kontase'kondi] <-> *m* Sekundenzähler *m* **contata** [kon'ta:ta] *f* Überschlagsrechnung *f;* **dare una ~ a qc** etw überschlagen
**contato, -a** [kon'ta:to] *agg* (*denaro*) abgezählt; (*fig*) wenig, gezählt; **avere i minuti -i** wenig Zeit haben **contatore** [konta'to:re] *m* Zähler *m;* (*orologio*) Stoppuhr *f*
**contattare** [kontat'ta:re] *vt* sich in Verbindung setzen mit, kontaktieren *geh* **contatteria** [kontatte'ri:a] <-rie> *f* (TEC) Kontaktmaterial *nt*, Kontaktzubehör *nt*, Kontaktteile *ntpl* **contatto** [kon'tatto] *m* ❶ (*accostamento*) Kontakt *m*, Berührung *f;* **lenti a ~** Kontaktlinsen *fpl* ❷ (*fig: relazione*) Kontakt *m*, Verbindung *f;* **mantenere i -i con qu** den Kontakt zu jdm aufrechterhalten; **prendere ~ con qu** mit jdm Kontakt aufnehmen; **essere in ~ con qu** mit jdm in Verbindung stehen; **venire a ~ con** in Kontakt kommen mit ❸ (EL) Kontakt *m* ❹ (MOT) Zündung *f* ❺ (TEL, RADIO) Verbindung *f*
**contattologo, -a** [kontat'tɔ:logo] <-gi, -ghe> *m, f* (OPT) Kontaktlinsenspezialist(in) *m(f)*
**conte, contessa** ['konte, kon'tessa] *m, f* Graf *m*/Gräfin *f* **contea** [kon'tɛ:a] *f* ❶ (ADM) Grafschaft *f* ❷ (*titolo*) Grafentitel *m*
**conteggiare** [konted'dʒa:re] I. *vt* ausrechnen II. *vi* rechnen **conteggio** [kon'teddʒo] <-ggi> *m* [Be]rechnung *f;* **~ alla rovescia** Countdown *m o nt*
**contegno** [kon'teɲɲo] *m* ❶ (*compostezza*) Haltung *f;* **darsi un ~** Haltung annehmen ❷ (*comportamento*) Verhalten *nt* **contegnoso, -a** [konteɲ'ɲo:so] *agg* zurückhaltend; (*altero*) hochmütig
**contemperare** [kontempe'ra:re] *vt* ❶ (*adattare*) angleichen (*a an* +*acc*), anpassen (*a an* +*acc*) ❷ (*mitigare*) ausgleichen, mildern
**contemplare** [kontem'pla:re] *vt* ❶ (*guardare attentamente*) betrachten; (*ammirare*) bewundern ❷ (*meditare*) sich vertiefen in +*acc* **contemplativo, -a** [kontempla'ti:vo] *agg* besinnlich; (REL) kontemplativ **contemplazione** [kontemplat'tsio:ne] *f* Betrachtung *f;* (REL) Kontemplation *f*
**contempo** [kon'tɛmpo] *m* **nel ~** gleichzeitig
**contemporanea** *f v.* **contemporaneo**
**contemporaneamente** [kontemporanea'mente] *avv* gleichzeitig **contemporaneista** [kontemporane'ista] <-i *m*, -e *f*> *mf* Experte *m*/Expertin *f* für zeitgenössische Geschichte und Literatur **contemporaneità** [kontemporanei'ta] <-> *f* Gleichzeitigkeit *f* **contemporaneo, -a** [kontempo'ra:neo] <-ei, -ee> I. *agg* gleichzeitig; (HIST) zeitgenössisch; **storia -a** Zeitgeschichte *f* II. *m, f* Zeitgenosse *m*/-genossin *f*
**contendente** [konten'dɛnte] I. *agg* rivalisierend II. *mf* Rivale *m*/Rivalin *f* **contendere** [kon'tɛndere] <irr> I. *vt* streitig machen [wollen], rivalisieren um II. *vi* streiten; **~ per qc** um etw streiten III. *vr* **-rsi qc** um etw kämpfen
**contenere** [konte'ne:re] <irr> I. *vt* ❶ (*persone, cose*) enthalten, fassen ❷ (*fig: lacrime, sdegno, entusiasmo*) unterdrücken ❸ (*piena*) eindämmen II. *vr* **-rsi** ❶ (*moderarsi*) sich beherrschen ❷ (*comportarsi*) sich verhalten **contenitore** [konteni'to:re] *m* Behälter *m*
**contentare** [konten'ta:re] I. *vt* zufrieden stellen II. *vr* **-rsi di qc** sich mit etw zufriedengeben; **chi si contenta gode** (*prov*) Zufriedenheit macht glücklich **contentezza** [konten'tettsa] *f* Zufriedenheit *f;* (*letizia*) Freude *f;* (*felicità*) Glück *nt* **contentino** [konten'ti:no] *m* (*fam*) Extra *nt*,

**contento, -a** [kon'tɛnto] *agg* ① (*soddisfatto*) zufrieden; **essere ~ di qc** mit etw zufrieden sein; **fare ~ qu** jdn zufrieden stellen ② (*lieto*) froh; **essere ~ di qc** über etw *acc* froh sein; (*felice*) mit etw glücklich sein; **sono ~ per te** ich freue mich für dich

**contenutistico, -a** [kontenu'tistiko] <-ci, -che> *agg* inhaltlich

**contenuto** [konte'nu:to] *m* Inhalt *m*

**contenuto, -a** I. *pp di* **contenere** II. *agg* (*gioia, carattere, stile*) verhalten, zurückhaltend

**contenzione** [konten'tsio:ne] *f* Ruhigstellung *f*; **camicia di ~** Zwangsjacke *f*

**contenzioso** [konten'tsio:so] *m* Gerichtsbarkeit *f*

**contenzioso, -a** *agg* Streit-

**conterraneo, -a** [konter'ra:neo] I. *agg* aus der gleichen Gegend kommend II. *m, f* Landsmann *m*/-männin *f*

**contesa** [kon'te:sa] *f* Streit *m*, Auseinandersetzung *f*

**contesi** [kon'te:si] *1. pers sing pass rem di* **contendere**

**conteso** [kon'te:so] *pp di* **contendere**

**contessa** *f v.* **conte**

**contestabile** [kontes'ta:bile] *agg* anfechtbar **contestare** [kontes'ta:re] *vt* protestieren gegen; (*negare*) bestreiten, abstreiten; (JUR) anfechten **contestatore, -trice** [kontesta'to:re] *m, f* Anfechter(in) *m(f)*; (POL, SOC) Protestler(in) *m(f)* **contestazione** [kontestat'tsio:ne] *f* ① (POL, SOC) Protest *m* ② (JUR) Anfechtung *f* ③ (*contrasto*) Widerspruch *m*

**conteste** [kon'tɛste] *mf* Mitzeuge *m*/-zeugin *f*

**contesto** [kon'tɛsto] *m* ① (*di scritto, discorso*) Zusammenhang *m*, Kontext *m* ② (*fig: ambiente*) Umfeld *nt*, Hintergrund *m* **contestuale** [kontestu'a:le] *agg* kontextuell; (LIT) Kontext- **contestualizzare** [kontestualid'dza:re] *vt* ① (*avvenimento*) einordnen, zuordnen ② (*parole*) im Sinnzusammenhang sehen

**contiguità** [kontigui'ta] <-> *f* Angrenzung *f*

**contiguo, -a** [kon'ti:guo] *agg* angrenzend

**continentale** [kontinen'ta:le] I. *agg* kontinental, Festland[s]- II. *mf* Festland[s]bewohner(in) *m(f)* **continente** [konti'nɛnte] *m* Kontinent *m*, Erdteil *m*; (*terraferma*) Festland *nt;* **~ antico/nuovo** Alte/Neue Welt

**continenza** [konti'nɛntsa] *f* Enthaltsamkeit *f*, Zurückhaltung *f*

**contingentamento** [kontindʒenta'mento] *m* Kontingentierung *f* **contingentare** [kontindʒen'ta:re] *vt* kontingentieren

**contingente** [kontin'dʒɛnte] *m* (COM) Kontingent *nt* **contingenza** [kontin'dʒɛntsa] *f* ① (*circostanza*) Umstand *m*, Zufälligkeit *f* ② (*loc*) **indennità di ~** Teuerungszulage *f*

**continuare** [kontinu'a:re] I. *vt* fortsetzen II. *vi* fortfahren; (*durare*) weitergehen, andauern; **~ a fare qc** mit etw fortfahren; **~ a dormire** weiterschlafen; **~ a vivere** weiterleben **continuativo, -a** [kontinua'ti:vo] *agg* Dauer-, dauerhaft; **impiego a carattere ~** Dauerbeschäftigung *f* **continuatore, -trice** [kontinua'to:re] *m, f* Fortsetzer(in) *m(f)* **continuazione** [kontinuat'tsio:ne] *f* Fortsetzung *f*; **in ~** dauernd, ununterbrochen **continuità** [kontinui'ta] <-> *f* Kontinuität *f*, Fortdauer *f* **continuo, -a** [kon'ti:nuo] *agg* dauernd, ständig; **di ~** dauernd, fortwährend

**contitolare** [kontito'la:re] I. *agg* Mit[inhaber]- II. *mf* Mitinhaber(in) *m(f)*

**conto** ['konto] *m* ① (MAT, COM) Rechnung *f*; **mettere in ~ qc a qu** jdm etw in Rechnung stellen; **a -i fatti** (*fig*) alles in allem; **fare i -i senza l'oste** (*fig*) die Rechnung ohne den Wirt machen ② (FIN) Konto *nt* ③ (*stima*) Ansehen *nt;* **tenere da ~ qc** etw in Ehren halten; **tenere in gran ~ qc/qu** eine hohe Meinung von etw/jdm haben ④ (*previsione, valutazione*) **far ~ di fare qc** planen etw zu tun; **far ~ su qu/qc** auf jdn/etw bauen; **dire qc sul ~ di qu** etw über jdn sagen; **tenere ~ di qc** etw berücksichtigen ⑤ (*fig: interesse*) **per ~ di qu** in jds Auftrag; **per ~ mio/tuo/suo** was mich/dich/ihn betrifft ⑥ (*fig*) **fare i -i con qu** mit jdm abrechnen; **dar [o render] ~ a qu di qc** jdm über etw *acc* Rechenschaft ablegen; **rendersi ~ di qc** sich *dat* einer Sache *gen* bewusst werden, sich *dat* über etw *acc* im Klaren sein; **alla fin[e] dei -i** schließlich, letztlich; **è un altro ~** das ist ein anderes Kapitel

**contorcere** [kon'tɔrtʃere] <irr> I. *vt* verdrehen II. *vr* **-rsi** sich krümmen **contorcimento** [kontortʃi'mento] *m* Winden *nt*, Krümmen *nt*

**contornare** [kontor'na:re] I. *vt* ① (*disegno, occhi*) umranden ② (*fig: amici*) umgeben; (*ammiratori*) umschwärmen II. *vr* **-rsi** sich umgeben; **-rsi di qu/qc** sich mit jdm/etw umgeben **contorno** [kon'torno] *m* ① (GASTR) Beilage *f* ② (*di* *disegno, volto*) Kontur *f*, Umriss *m* ❸(*ornamento*) Umrandung *f*, Einfassung *f*

**contorsi** *1.pers sing pass rem di* **contorcere**

**contorsione** [kontorˈsioːne] *f* [Ver]drehung *f*, Verrenkung *f* **contorsionista** [kontorsioˈnista] <-i *m*, -e *f*> *mf* Schlangenmensch *m*, Kontorsionist(in) *m(f)* **contorto, -a** [konˈtɔrto] I.*pp di* **contorcere** II.*agg* ❶(*storto*) gewunden ❷(*fig*) geschnörkelt, verschlungen

**contrabbandare** [kontrabbanˈdaːre] *vt* schmuggeln **contrabbandiere, -a** [kontrabbanˈdiɛːre] I.*m, f* Schmuggler(in) *m(f)* II.*agg* Schmuggler- **contrabbando** [kontrabˈbando] *m* Schmuggel *m*; **importare qc di ~** etw illegal einführen; **di ~** (*fig*) heimlich

**contrabbasso** [kontrabˈbasso] *m* Kontrabass *m*

**contraccambiare** [kontrakkamˈbiaːre] *vt* erwidern **contraccambio** [kontrakˈkambio] *m* Erwiderung *f*

**contraccettivo** [kontrattʃetˈtiːvo] *m* Verhütungsmittel *nt*

**contraccettivo, -a** *agg* empfängnisverhütend, Verhütungs-

**contraccolpo** [kontrakˈkolpo] *m* ❶(*urto*) Gegen-, Rückschlag *m* ❷(*fig: ripercussione*) Rückwirkung *f*

**contraccusa** [kontrakˈkuːza] *f* Gegenklage *f*

**contrada** [konˈtraːda] *f* Straße *f*, Gasse *f*; (HIST: *rione*) Stadtbezirk *m*

**contraddire** [kontradˈdiːre] <irr> I.*vt* jdm widersprechen II.*vr* **-rsi** sich widersprechen

**contraddistinguere** [kontraddisˈtinguere] <irr> I.*vt* unterscheiden, kennzeichnen II.*vr* **-rsi per qc** sich durch etw abheben

**contraddittorio, -a** <-i, -ie> *agg* widersprüchlich **contraddizione** [kontraddit'tsioːne] *f* Widerspruch *m*; **spirito di ~** Widerspruchsgeist *m*; **cadere in ~** sich in Widersprüche verwickeln

**contraente** [kontraˈɛnte] I.*agg* vertragsabschließend, Vertrags-; **parte ~** Vertragspartei *f* II.*mf* Vertragspartner(in) *m(f)*

**contraereo, -a** *agg* Flugabwehr-

**contraffare** [kontrafˈfaːre] <irr> *vt* nachmachen, imitieren; (*falsificare*) fälschen **contraffattore, -trice** [kontraffatˈtoːre] *m, f* Nachahmer(in) *m(f)*; (*falsificatore*) Fälscher(in) *m(f)*

**contraffazione** [kontraffatˈtsioːne] *f* Nachahmung *f*; (*falsificazione*) Fälschung *f*; **~ di certificati** Urkundenfälschung *f*

**contrafforte** [kontrafˈfɔrte] *m* (ARCH) Stütze *f*, Verstärkung *f*

**contraggo** [konˈtraggo] *1.pers sing pr di* **contrarre**

**contralto** [konˈtralto] I.*m* ❶(*voce*) Alt *m*, Altstimme *f* ❷(*persona*) Alt *m*, Altistin *f* II.<inv> *agg* (MUS) Alt-; **sassofono ~** Altsaxophon *nt*

**contrammiraglio** [kontrammiˈraʎʎo] *m* Konteradmiral *m*

**contrappasso** [kontrapˈpasso] *m* Vergeltung *f*

**contrappello** [kontrapˈpɛllo] *m* zweiter Appell

**contrappesare** [kontrappeˈsaːre] I.*vt* ❶(*bilanciare*) [ab-, aus]wiegen ❷(*fig: valutare*) abwägen II.*vr* **-rsi** sich ausgleichen **contrappeso** [kontrapˈpeːso] *m* ❶(TEC) Gegengewicht *nt* ❷(*fig: compensazione*) Ausgleich *m*

**contrapporre** [kontrapˈporre] <irr> I.*vt* ❶(*ostacolo, sbarramento*) entgegensetzen ❷(*fig: opporre*) gegenüberstellen, entgegenstellen II.*vr* **-rsi** ❶(*opporsi*) sich widersetzen ❷(*essere in contrasto*) gegensätzlich sein **contrapposizione** [kontrappozitˈtsioːne] *f* Gegenüberstellung *f*

**contrapposto** [kontrapˈposto] *m* Gegensatz *m*, Gegenteil *nt*; **~ di qc** Gegensatz zu etw

**contrapposto, -a** I.*pp di* **contrapporre** II.*agg* gegensätzlich

**contrappuntistico, -a** [kontrappun'tistiko] <-ci, -che> *agg* kontrapunktisch

**contrappunto** [kontrapˈpunto] *m* Kontrapunkt *m*

**contrariamente** [kontrariaˈmente] *avv* **~ a ...** im Gegensatz zu ...

**contrariare** [kontraˈriaːre] *vt* ❶(*contraddire*) widersprechen ❷(*infastidire*) verärgern ❸(*contrastare*) behindern, durchkreuzen **contrarietà** [kontrarieˈta] <-> *f* Ärgernis *nt*; (*fastidio*) Verärgerung *f*

**contrario** [konˈtraːrio] <-i> *m* Gegenteil *nt*; **al ~** im Gegenteil; **in caso ~** sonst, andernfalls; **avere qc in ~** etw dagegen haben; **non avere nulla in ~** nichts dagegen haben

**contrario, -a** <-i, -ie> *agg* ❶(*opposto*) gegenteilig, entgegengesetzt; **sono ~ a ...** ich bin gegen ... ❷(*avverso*) widrig, ungünstig

**contrarre** [konˈtrarre] <irr> I.*vt* ❶(*patto*) [ab]schließen; (*matrimonio*) schließen;

(*obbligo*) übernehmen ② (*malattia*) bekommen, sich *dat* zuziehen; (*abitudine*) sich *dat* zulegen; (*debito*) machen ③ (*labbra, muscolo, sopracciglia*) zusammenziehen II. *vr* -**rsi** sich zusammenziehen

**contrassegnare** [kontrasseɲˈnaːre] *vt* kennzeichnen **contrassegno** [kontrasˈseɲɲo] *m* ① (*distintivo*) Kennzeichen *nt* ② (*fig: di stima, affetto*) Zeichen *nt*

**contrastare** [kontrasˈtaːre] I. *vt* ① (*impedire*) ~ **qc** einer Sache *dat* entgegenwirken ② (*negare*) ~ **qc a qu** jdm etw streitig machen II. *vi* ① (*essere in disaccordo*) ~ **con qu** zu jdm in Widerspruch stehen ② (*discutere*) streiten **contrasto** [konˈtrasto] *m* ① (*di cose*) Gegensatz *m* ② (*diverbio*) Streit *m* ③ (FOTO, TV) Kontrast *m*

**contrattaccare** [kontrattakˈkaːre] *vt* einen Gegenangriff starten auf +*acc* **contrattacco** [kontraˈtakko] <-cchi> *m* Gegenangriff *m*

**contrattare** [kontratˈtaːre] I. *vt* verhandeln [um [*o* über +*acc*]]; (COM) handeln [um [*o* über +*acc*]] II. *vi* handeln **contrattazione** [kontrattatˈtsioːne] *f* Verhandlung *f*

**contrattempo** [kontratˈtɛmpo] *m* (*impedimento*) Verzögerung *f*, Zwischenfall *m*

**contrattista** [kontratˈtista] <-i *m*, -e *f*> *mf* Vertragsangestellte(r) *f(m)*

**contratto**[1] [konˈtratto] *m* Vertrag *m;* ~ |**collettivo**| **di lavoro** Tarifvertrag *m*, Kollektivvertrag *m A;* ~ **a progetto** projektgebundener Arbeitsvertrag; ~ **a termine** Zeitvertrag *m;* ~ **a tempo determinato** befristeter Arbeitsvertrag; ~ **a tempo indeterminato** unbefristeter Arbeitsvertrag; ~ **cornice** Rahmenvertrag *m;* ~ **di formazione lavoro** Ausbildungsvertrag *m*

**contratto**[2] *pp di* **contrarre contrattuale** [kontrattuˈaːle] *agg* Vertrags-, vertraglich **contratt(ual)izzato, -a** [kontratt(ual)idˈdzaːto] *agg* unter Vertrag stehend, vertraglich gebunden

**contravveleno** [kontravveˈleːno] *m* Gegengift *nt*

**contravvenire** [kontravveˈniːre] <irr> *vi* ~ **a qc** gegen etw verstoßen **contravventore, -trice** [kontravvenˈtoːre] *m, f* Gesetzesbrecher(in) *m(f)* **contravvenzione** [kontravvenˈtsioːne] *f* ① (*violazione*) |Gesetzes|übertretung *f;* **cadere in** ~ sich strafbar machen ② (*contestazione*) gebührenpflichtige Verwarnung, Geldstrafe *f*

**contrazione** [kontratˈtsioːne] *f* Zusammenziehung *f*

**contribuente** [kontribuˈɛnte] *mf* Steuerzahler(in) *m(f)*

**contribuire** [kontribuˈiːre] <contribuisco> *vi* ~ **a qc** zu etw beitragen **contributo** [kontriˈbuːto] *m* ① (COM) Beitrag *m;* ~ **previdenziale** Versicherungsbeitrag *m;* -**i sociali** Sozialabgaben *fpl* ② (JUR, ADM) Gebühr *f* ③ (*fig*) **dare un** ~ **a qc** einen Beitrag zu etw leisten **contribuzione** [kontributˈtsioːne] *f* ① (COM) Beitragszahlung *f*, -leistung *f* ② (*contributo*) Beitrag *m*

**contristare** [kontrisˈtaːre] I. *vt* betrüben II. *vr* -**rsi** betrübt sein

**contrito, -a** [konˈtriːto] *agg* zerknirscht; (REL) reuig **contrizione** [kontritˈtsioːne] *f* Zerknirschung *f;* (REL) Reue *f*

**contro** [ˈkontro] I. *prp* gegen +*acc*, entgegen +*dat;* **sparare** ~ **qu** auf jdn schießen; **votare/essere** ~ dagegen stimmen/sein; **dare** ~ Kontra geben; ~ **natura** wider die Natur, naturwidrig; ~ **assegno/ricevuta/pagamento** gegen Scheck/Quittung/Zahlung II. *avv* dagegen; ~ **di me/te/lei** gegen mich/dich/sie III.<-> *m* **il pro ed il** ~ Pro und Kontra

**contro-** [ˈkontro] (*in parole composte*) Gegen-, Wider-

**controaccusa** [kontroakˈkuːza] *f* Gegenklage *f*

**controbattere** [kontroˈbattere] *vt* (*fig: ribattere*) erwidern **controbatteria** [kontrobatteˈriːa] *f* Gegenfeuer *nt*

**controbilanciare** [kontrobilanˈtʃaːre] I. *vt* ① (*carico, pesi*) ausbalancieren ② (*fig: compensare*) ausgleichen, aufwiegen II. *vr* -**rsi** ① (*pesi*) sich aufwiegen ② (*pareggiarsi*) sich ausgleichen **controcampo** [kontroˈkampo] *m* Gegenfeldaufnahme *f*

**controcorrente** [kontrokorˈrɛnte] *avv* gegen den Strom; **andare** ~ (*fig*) gegen den Strom schwimmen

**controcultura** [kontrokulˈtuːra] *f* Alternativkultur *f*, alternative Kulturkreise *mpl*

**controdado** [kontroˈdaːdo] *m* Konter-, Gegenmutter *f* **controdata** [kontroˈdaːta] *f* ① (*data aggiunta*) Neudatierung *f* ② (*data di registrazione*) Eingangsdatum *nt*

**controdatare** [kontrodaˈtaːre] *vt* neu datieren

**controdomanda** [kontrodoˈmanda] *f* Gegenfrage *f* **controesame** [kontroeˈzaːme] *m* Kontrolle *f*, Kontrollprüfung *f* **controfagottista** [kontrofaɡotˈtista] <-i *m*, -e *f*> *mf* (MUS) Kontrafagottist(in) *m(f)*

**controffensiva** [kontroffen'si:va] *f* Gegenangriff *m;* (*a. fig*) Gegenoffensive *f;* **passare alla ~** (*a. fig*) zum Gegenangriff übergehen

**controfferta** [kontrof'fɛrta] *f* (COM) Gegenerbieten *nt,* Gegenangebot *nt,* Gegenofferte *f* **controffrire** [kontrof'fri:re] <controffro, controffersi, controfferto> *vt* ein Gegenangebot machen

**controfigura** [kontrofi'gu:ra] *f* Double *m*

**controfiletto** [kontrofi'letto] *m* Lendenstück *nt*

**controfinestra** [kontrofi'nɛstra] *f* Innenfenster *nt* **controfinta** [kontro'finta] *f* (SPORT: *finta e ~*) Körpertäuschung *f*

**controfirma** [kontro'firma] *f* Gegenzeichnung *f* **controfirmare** [kontrofir'ma:re] *vt* gegenzeichnen **controguerriglia** [kontroguer'riʎʎa] <-glie> *f* (MIL) Guerrillabekämpfung *f* durch Sondereinheiten des Militärs **controinchiesta** [kontroiŋ'kiɛsta] *f* Überprüfung *f* **controindicare** [kontroindi'ka:re] *vt* ① (MED) als gegenangezeigt erklären ② (*su pagina, testo*) am Rande vermerken

**controindicazione** [kontroindikat'tsio:ne] *f* ① (MED) Gegenanzeige *f,* Kontraindikation *f* ② (*su pagina, testo*) Randbemerkung *f* **controinformazione** [kontroinformat'tsio:ne] *f* alternative Berichterstattung *f* **controinteressato, -a** [kontrointeres'sa:to] *m, f* (JUR) Gegenpartei *f* **controinvestimento** [kontroinvesti'mento] *m* (PSIC) Verdrängungsbestreben *nt*

**controllabilità** [kontrollabili'ta] <-> *f* Kontrollierbarkeit *f*

**controllare** [kontrol'la:re] I. *vt* ① (*accertare*) kontrollieren, überprüfen; (*attività*) beaufsichtigen; (*sorvegliare*) überwachen ② (*situazione, mercato, avversario*) beherrschen, unter Kontrolle haben ③ (*fig: gesti, emozioni*) beherrschen, kontrollieren II. *vr* **-rsi** sich beherrschen; **non sapere** [*o* **riuscire a**] **-rsi** sich nicht beherrschen können; **-rsi nelle spese** sich bei den Ausgaben einschränken

**controller** [kən'troulə *o* kon'trɔller] <- *o* controllers> *m* ① (TEC, INFORM) Controller *m* ② (FERR) Kontroller *m*

**controllo** [kon'trɔllo] *m* ① (*verifica*) Kontrolle *f,* Überprüfung *f;* (*sorveglianza*) Aufsicht *f,* Überwachung *f;* **~ dei bagagli/biglietti** Gepäck-/Fahrkartenkontrolle *f;* **visita di ~** Kontrolluntersuchung *f;* **~ di gestione** (COM)

Controlling *nt* ② (*fig: di gesti, emozioni*) Beherrschung *f,* Kontrolle *f;* **perdere il ~** die Selbstbeherrschung verlieren ③ (TEC) Steuerung *f,* Regulierung *f;* **~ della stabilità dinamica** (AUTO) Elektronisches Stabilitätsprogramm *nt,* ESP® *nt* **controllore** [kontrol'lo:re] *m* Kontrolleur *m,* Schaffner *m*

**controluce** [kontro'lu:tʃe] I. *f* Gegenlicht *nt* II. *avv* Gegenlicht-; **fotografia in ~** Gegenlichtaufnahme *f;* **guardare qc ~** etw im Gegenlicht betrachten **contromano** [kontro'ma:no] *avv* gegen die Fahrrichtung **contromarca** [kontro'marka] <-che> *f* Kontrollmarke *f*

**contromisura** [kontromi'zu:ra] *f* Gegenmaßnahme *f*

**contropartei** [kontro'parte] *f* Gegenpartei *f*

**contropartita** [kontropar'ti:ta] *f* Gegenleistung *f*

**contropelo** [kontro'pe:lo] I. *avv* gegen den Strich; **prendere qu ~** (*fig*) jdn vor den Kopf stoßen II. *m* **fare** [**il pelo ed**] **il ~ a qu** (*fig*) jdn zerpflücken **controperizia** [kontrope'rittsia] <-zie> *f* Gegengutachten *nt* **contropezzo** [kontro'pettso] *m* Gegenstück *nt*

**contropiede** [kontro'piɛ:de] *m* Überraschungsangriff *m;* **prendere** [*o* **cogliere**] **qu in ~** (*fig*) jdn überraschen **contropiedista** [kontropie'dista] <-i *m,* -e *f*> *mf* (SPORT) Konterspieler(in) *m(f)* **contropotere** [kontropo'tɛ:re] *m* (POL) außerparlamentarische Opposition *f*

**controproducente** [kontroprodu'tʃɛnte] *agg* kontraproduktiv

**controproposta** [kontropro'posta] *f* Gegenvorschlag *m*

**controprova** [kontro'prɔ:va] *f* Gegenbeweis *m* **controquerela** [kontrokue'rɛ:la] *f* (JUR) Gegenklage *f*

**contrordine** [kon'trɔrdine] *m* Gegenbefehl *m;* (COM) Rückrufaktion *f*

**controriforma** [kontrori'forma] *f* Gegenreformation *f* **controrivoluzionario, -a** [kontroriluttsio'na:rio] I. *agg* konterrevolutionär II. *m, f* Konterrevolutionär(in) *m(f)*

**controrivoluzione** [kontrorivolut'tsio:ne] *f* Konterrevolution *f* **controsala** [kontro'sa:la] *f* (THEAT) Hintergrundkulisse *f*

**controsenso** [kontro'sɛnso] *m* Widersinn *m*

**controsoffittare** [kontrosoffit'ta:re] *vt* eine Zwischendecke *f* [*o* blinde Decke *f*] einbauen **controsoffittatura** [kontrosof-

fitta'tu:ra] *f* Bau *m* einer Zwischendecke [*o* blinden Decke]
**controsoffitto** [kontrosof'fitto] *m* Zwischendecke *f*, blinde Decke
**controspionaggio** [kontrospio'naddʒo] <-ggi> *m* Gegenspionage *f*
**controsterzare** [kontroster'tsa:re] *vt* gegenlenken **controsterzata** [kontroster'tsa:ta] *f* Gegenlenken *nt*, Gegenlenkvorgang *m* **controsterzo** [kontro'stɛrtso] *m v.* **controsterzata controstomaco** [kontros'tɔ:mako] I. *avv* angewidert; (*malvolentieri*) widerwillig II. <-chi> *m* Übelkeit *f*
**controtendenza** [kontroten'dɛntsa] *f* gegenläufige Tendenz
**controvalore** [kontrova'lo:re] *m* Gegenwert *m*
**controvento** [kontro'vɛnto] I. *avv* gegen den Wind; **andare ~** (*a. fig*) gegen den Wind segeln II. *m* Gegenwind *m*
**controversia** [kontro'vɛrsia] <-ie> *f* ❶ (JUR) Streitpunkt *m* ❷ (*polemica*) Meinungsverschiedenheit *f* **controverso, -a** [kontro'vɛrso] *agg* kontrovers, strittig
**controvoglia** [kontro'vɔʎʎa] *avv* ungern, widerwillig
**contumace** [kontu'ma:tʃe] I. *agg* (ADM) abwesend II. *mf* (ADM) Abwesende(r) *f(m)* **contumacia** [kontu'ma:tʃa] <-cie> *f* (JUR) Abwesenheit *f*
**contundente** [kontun'dɛnte] *agg* schlagend, Schlag-
**conturbante** [kontur'bante] *agg* verwirrend
**contusione** [kontu'zio:ne] *f* Prellung *f*, Quetschung *f* **contuso, -a** [kon'tu:zo] *agg* geprellt
**contuttoché** [kontutto'ke] *cong +conj* obwohl, trotz der Tatsache, dass ...
**contuttociò, con tutto ciò** [kontutto'tʃɔ] *cong* dennoch, trotzdem
**conurbazione** [konurbat'tsio:ne] *f* Ballungsgebiet *nt*
**convalescente** [konvaleʃ'ʃɛnte] I. *agg* genesend, rekonvaleszent II. *mf* Rekonvaleszent(in) *m(f)*, Genesende(r) *f(m)* **convalescenza** [konvaleʃ'ʃɛntsa] *f* Rekonvaleszenz *f*; **essere in ~** auf dem Wege der Genesung sein **convalescenziario** [konvaleʃʃen'tsia:rio] <-i> *m* Genesungsheim *nt*
**convalida** [kon'va:lida] *f* Beglaubigung *f*; (*riprova*) Bestätigung *f* **convalidare** [konvali'da:re] *vt* ❶ (JUR) bestätigen, beglaubigen ❷ (*fig: sospetto, supposizione*) bestätigen, bekräftigen

**convegnismo** [konveɲ'ɲizmo] *m* (*pej*) Kulturveranstaltungswelle *f*
**convegnista** [konveɲ'ɲista] <-i *m*, -e *f*> *mf* Tagungsteilnehmer(in) *m(f)* **convegnistica** [konveɲ'ɲistika] <*obs* -che> *f* Veranstaltung *f* [*o* Organisation *f*] von Tagungen
**convegno** [kon'veɲɲo] *m* (*incontro*) Treffen *nt*; (*di studi, medici, giuristi*) Tagung *f*; **darsi ~** sich verabreden
**convenevoli** [konve'ne:voli] *mpl* Förmlichkeiten *fpl*
**conveniente** [konve'niɛnte] *agg* angemessen; (*vantaggioso*) lohnend, günstig **convenienza** [konve'niɛntsa] *f* ❶ *pl* (*regole*) Form *f*, [Anstands]regeln *fpl* ❷ (*vantaggio*) Form *f*, Vorteil *m*; **matrimonio di ~** Vernunftehe *f*
**convenire** [konve'ni:re] <irr> I. *vi essere o avere* ❶ (*riunirsi*) sich versammeln ❷ (*concordare*) **~ su qc** sich über etw *acc* einigen; **~ con qu** sich mit jdm einigen ❸ (*tornare utile*) sich lohnen; **ci conviene tentare** das ist einen Versuch wert ❹ (*impersonale: essere opportuno*) besser sein; (*essere necessario*) nötig sein II. *vt avere* **~ qc** über etw *acc* übereinkommen
**convento** [kon'vɛnto] *m* Kloster *nt*; **contentarsi di quello che passa il ~** (*fig scherz*) sich mit dem Vorhandenen zufriedengeben **conventuale** [konventu'a:le] *agg* klösterlich, Kloster-
**convenuto, -a** I. *pp di* **convenire** II. *agg* vereinbart; **come ~** wie vereinbart III. *m, f* ❶ (JUR) Angeklagte(r) *f(m)* ❷ *pl* (*a riunione*) Anwesende *pl*
**convenzionale** [konventsio'na:le] *agg* ❶ (*per accordo*) Konventional- ❷ (*comune*) konventionell ❸ (*pej: banale*) banal **convenzionalismo** [konventsiona'lizmo] *m* Konventionalismus *m* **convenzionalità** [konventsionali'ta] <-> *f* Konventionalität *f*
**convenzionare** [konventsio'na:re] I. *vt* absprechen, abmachen II. *vr* **-rsi** übereinkommen, Abmachungen treffen
**convenzione** [konven'tsio:ne] *f* ❶ (JUR, ADM) Abkommen *nt* ❷ (POL) Konvent *m*, Versammlung *f* ❸ (*intesa*) Konvention *f* ❹ *pl* (*pej: regole tradizionali*) Formeln *fpl*, Konventionen *fpl*
**convergente** [konver'dʒɛnte] *agg* ❶ (*strade, linee*) konvergierend, zusammenlaufend ❷ (*fig: coincidente*) konvergent, übereinstimmend ❸ (MAT, PHYS) konvergent **convergenza** [konver'dʒɛntsa] *f*

❶ (*il convergere, a. fig*) Konvergenz *f*, Annäherung *f* ❷ (MAT) Konvergenz *f* ❸ (FIN, EU) **fase di ~** Konvergenzphase *f*; **politica di ~** Konvergenzpolitik *f*; **programma di ~** Konvergenzprogramm *nt*
**convergere** [kon'vɛrdʒere] <convergo, conversi, converso> I. *vi essere* ❶ (*strade, linee*) zusammenlaufen ❷ (*fig: mirare a un unico fine*) das gleiche Ziel anstreben; (*concordare*) übereinstimmen ❸ (MAT) konvergieren II. *vt avere* ❶ (PHYS) konvergieren lassen ❷ (*fig: volgere*) **~ qc su qc** etw auf etw *acc* richten
**conversa** *f v.* **converso**
**conversare** [konver'sa:re] *vi* sich unterhalten **conversatore, -trice** [konversa'to:re] *m, f* Gesellschafter(in) *m(f)* **conversazione** [konversat'tsio:ne] *f* Unterhaltung *f*, Konversation *f*
**conversi** [kon'vɛrsi] *1. pers sing pass rem di* **convergere**
**conversione** [konver'sio:ne] *f* ❶ (*trasformazione*) Umwandlung *f*; ❷ (EL, TEC) Konversion *f* ❷ (REL) Bekehrung *f* ❸ (EU) **~ monetaria** Währungsumstellung *f*
**converso, -a** [kon'vɛrso] *pp di* **convergere**
**convertibile** [konver'ti:bile] I. *agg* ❶ (*auto*) mit aufklappbarem Verdeck ❷ (*moneta*) konvertierbar II. *f* Kabrio[lett] *nt* **convertibilità** [konvertibili'ta] <-> *f* Konvertierbarkeit *f*
**convertire** [konver'ti:re] I. *vt* ❶ (*trasformare*) **~ qc in qc** etw in etw *acc* umwandeln ❷ (REL, POL) **~ qu a qc** jdn zu etw bekehren ❸ (FIN, INFORM) konvertieren II. *vr* **-rsi a qc** zu etw konvertieren; **-rsi in qc** (*trasformarsi*) sich in etw *acc* verwandeln
**convertista** [konver'tista] <-i *m*, -e *f*> *mf* (FIN: *chi converte le azioni in titoli*) Aktientauscher(in) *m(f)*, Aktienhändler(in) *m(f)* **convertito, -a** [konver'ti:to] I. *agg* bekehrt II. *m, f* Bekehrte(r) *f(m)* **convertitore** [konverti'to:re] *m* Umformer *m*, Konverter *m*; **~ di coppia** (MOT) Wandler *m*
**convessità** [konvessi'ta] <-> *f* Konvexität *f*
**convesso, -a** [kon'vɛsso] *agg* konvex; (*angolo*) stumpf
**convettore** [konvet'to:re] *m* Konvektor *m*
**convincere** [kon'vintʃere] <irr> I. *vt* **~ qu [di qc]** jdn [von etw] überzeugen; **mi hanno convinto a venire** sie haben mich überredet zu kommen II. *vr* **-rsi di qc** sich von etw überzeugen, etw einsehen **convinto, -a** [kon'vinto] *agg* überzeugt; (JUR) überführt **convinzione** [konvin'tsio:ne] *f* Überzeugung *f*, Meinung *f*

**convitato, -a** [konvi'ta:to] *m, f* Gast *m*
**convitto** [kon'vitto] *m* Internat *nt* **convittore, -trice** [konvit'to:re] *m, f* Internatsschüler(in) *m(f)*, Internatszögling *m*
**convivenza** [konvi'vɛntsa] *f* Zusammenleben *nt* **convivere** [kon'vi:vere] <irr> *vi essere o avere* zusammenleben
**conviviale** [konvi'via:le] *agg* (*poet*) Tafel-
**convocare** [konvo'ka:re] *vt* zusammenrufen; (POL, ADM) einberufen **convocazione** [konvokat'tsio:ne] *f* Einberufung *f*
**convogliabile** [konvoʎ'ʎa:bile] *agg* (*luce, acque*) kanalisierbar, lenkbar
**convogliare** [konvoʎ'ʎa:re] *vt* (*traffico, soccorsi*) leiten, führen **convoglio** [kon'vɔʎʎo] <-gli> *m* Konvoi *m*, Kolonne *f*; (FERR) Zug *m*
**convolare** [konvo'la:re] *vi essere* (*poet*) **~ a [giuste] nozze** sich vermählen
**convolvolo** [kon'vɔlvolo] *m* Winde *f*
**convulsione** [konvul'sio:ne] *f* Krampf[anfall] *m*, Konvulsion *f* **convulsivo, -a** [konvul'si:vo] *agg* Krampf-, konvulsiv; **tosse -a** Keuchhusten *m*
**convulso** [kon'vulso] *m* Krampf[anfall] *m*
**convulso, -a** *agg* ❶ (MED) krampfhaft, Krampf-; **tosse -a** Keuchhusten *m* ❷ (*pianto, riso*) krampfhaft ❸ (*fig: lavoro, attività*) hektisch, fieberhaft; (*parole, discorso*) verworren, konfus
**cookie** ['kuki] <-s> *m* (INFORM) Cookie *nt*
**coop** <-> *f acro di* **cooperativa** Kooperative *f*, Genossenschaft *f*
**cooperare** [koope'ra:re] *vi* zusammenarbeiten; (*contribuire*) mitwirken; **~ a [o in] qc** an etw *dat* mitwirken **cooperativa** [koopera'ti:va] *f* Genossenschaft *f* **cooperativizzare** [kooperativid'dza:re] *vt* in eine Kooperative [o Genossenschaft] umwandeln **cooperatore, -trice** [koopera'to:re] *m, f* ❶ (*di impresa*) Mitarbeiter(in) *m(f)* ❷ (COM) Genossenschaftler(in) *m(f)* **cooperazione** [kooperat'tsio:ne] *f* ❶ (*ad un'impresa*) Mitarbeit *f* ❷ (COM) Genossenschaftswesen *nt*
**coordinamento** [koordina'mento] *m* Koordination *f*, Koordinierung *f* **coordinare** [koordi'na:re] *vt* koordinieren, aufeinander abstimmen
**coordinata** [koordi'na:ta] *f* Koordinate *f*; **sistema di -e** Koordinatensystem *nt*
**coordinato, -a** *agg* ❶ (*armonizzato*) koordiniert, abgestimmt ❷ (LING) nebengeordnet, beigeordnet **coordinatore, -trice** [koordina'to:re] *m, f* Koordinator(in) *m(f)*

**coordinazione** [koordinat'tsio:ne] *f* Ko-ordination *f*, Abstimmung *f*
**Copenaghen** [kope'na:gen] *f* Kopenhagen *nt*
**copenaghense** [kopena'gɛnse] **I.** *agg* Kopenhagener-, aus Kopenhagen stammend **II.** *mf* Kopenhagener(in) *m(f)*, Einwohner(in) *m(f)* von Kopenhagen
**coperchio** [ko'pɛrkio] <-chi> *m* Deckel *m*
**copernicano, -a** [koperni'ka:no] *agg* kopernikanisch
**copersi** [ko'pɛrsi] *1. pers sing pass rem di* **coprire**
**coperta** [ko'pɛrta] *f* ❶ (*panno*) Decke *f* ❷ (NAUT) Deck *nt*
**copertina** [koper'ti:na] *f* Einband *m*, Umschlag *m*
**coperto** [ko'pɛrto] *m* ❶ (*in tavola*) Gedeck *nt* ❷ (*luogo riparato*) überdachter Ort; **mettersi al ~** sich unterstellen
**coperto, -a** **I.** *pp di* **coprire** **II.** *agg* ❶ (*luogo*) überdacht ❷ (FIN: *rischio*) gedeckt ❸ (METEO: *cielo, tempo*) bedeckt ❹ (*cosparso*) **essere ~ di qc** mit etw bedeckt sein
**copertone** [koper'to:ne] *m* ❶ (MOT) [Reifen]mantel *m*, Reifen *m* ❷ (*per riparo*) Plane *f*
**copertura** [koper'tu:ra] *f* ❶ (*del tetto*) Bedeckung *f*; (ARCH) Abdeckung *f* ❷ (COM, FIN, SPORT) Deckung *f*
**copia** ['kɔ:pia] <-ie> *f* ❶ (*trascrizione*) Kopie *f*, Abschrift *f*; **bella ~** Reinschrift *f*; **brutta ~** Konzept *nt*; **~ di sicurezza** (INFORM) Sicherheitskopie *f*; **per ~ conforme** (ADM) für die Richtigkeit der Abschrift ❷ (*di opere d'arte*) Kopie *f* ❸ (TYP) Exemplar *nt*, Stück *nt* ❹ (FILM) Kopie *f*; (FOTO) Abzug *m*
**copiare** [ko'pia:re] *vt* ❶ (*trascrivere*) abschreiben; (FILM) kopieren ❷ (INFORM) kopieren ❸ (*a scuola*) abschreiben ❹ (*imitare*) kopieren
**copiativo, -a** [kopia'ti:vo] *agg* Kopier-; **carta -a** Kohlepapier *nt*
**copiatore, -trice** [kopia'to:re] *m, f* ❶ (*di opere d'arte*) Fälscher(in) *m(f)* ❷ (*fig: imitatore*) Nachahmer(in) *m(f)*
**copiatrice** [kopia'tri:tʃe] *f* Kopiergerät *nt*, Kopierer *m*
**copiatura** [kopia'tu:ra] *f* ❶ (*operazione*) Kopieren *nt*; (*trascrizione*) Abschreiben *nt* ❷ (*brano, passo copiato*) Abgeschriebene(s) *nt*
**copiglia** *f v.* **coppiglia**
**copilota** [kopi'lɔ:ta] <-i *m*, -e *f*> *mf* (AERO) Kopilot(in) *m(f)*
**copione** [ko'pio:ne] *m* (THEAT) Regiebuch *nt*; (FILM) Drehbuch *nt*

**copioso, -a** [ko'pio:so] *agg* (*poet*) zahlreich, reichlich
**copista** [ko'pista] <-i *m*, -e *f*> *mf* Kopist(in) *m(f)* **copisteria** [kopiste'ri:a] <-ie> *f* Copyshop *m*, Kopierladen *m*
**coppa** ['kɔppa *o* 'kɔppa] *f* ❶ (*recipiente, contenuto*) Becher *m*, Kelch *m*; **~ da gelato** Eisbecher *m*; **~ da spumante** Sektschale *f*; **~ dell'olio** (TEC) Ölwanne *f* ❷ (SPORT) Pokal *m* ❸ (*del reggiseno*) Körbchen *nt* ❹ *pl* (*di carte da gioco*) italienische Spielkartenfarbe
**coppetta** [kop'petta] *f* Schröpfkopf *m*
**coppia** ['kɔppia] <-e> *f* ❶ (*gener*) Paar *nt*; **a -ie, in ~** paarweise ❷ (*uomo e donna*) [Ehe]paar *nt*; **problema di ~** Beziehungsproblem *nt* ❸ (SPORT) Doppel *nt*; **gara a -ie** Paarlauf *m*
**cop(p)iglia** [ko'piʎʎa (kop'piʎʎa)] <-glie> *f* Splint *m*
**copra** ['kɔ:pra] *f* Kopra *f*
**copresidente** [kopresi'dɛnte] *mf* Kopräsident(in) *m(f)*
**copriauto** [kopri'auto] <-> **I.** *m* Ganzgarage *f*, Vollgarage **II.** *agg inv* **telo ~** Ganzgarage *f*, Vollgarage, [Auto]abdeckplane *f*
**copricalorifero** [koprikalo'ri:fero] *m* Heizkörperverkleidung *f* **copricapo** [kopri'ka:po] *m* Kopfbedeckung *f* **copricostume** [koprikos'tu:me] <-> *m* Strandkleid *nt* **copridivano** [kɔpridi'va:no] *m* Sofa-Überwurf *m* **coprifilo** [kopri'fi:lo] *m* Türverkleidung *f*, Türbekleidung *f*, Deckleiste *f* **coprifuoco** [kopri'fuɔ:ko] *m* Ausgangssperre *f*
**coprii** [ko'pri:i] *1. pers sing pass rem di* **coprire**
**copriletto** [kopri'lɛtto] <-> *m* Tagesdecke *f* **coprimaterasso** [koprimate'rasso] <-> *m* Matratzenschoner *m* **copripiumone** [kopripiu'mo:ne] <-> *m* Federbettbezug *m*, Deckbettbezug **copriradiatore** [kopriradia'to:re] <-> *m* Kühlerschutz *m*
**coprire** [ko'pri:re] <copro, coprii *o* copersi, coperto> **I.** *vt* ❶ (*mettere sopra*) [be]decken, zudecken; **~ qu di baci** jdn mit Küssen bedecken; **~ qu di onori** jdn mit Ehrungen überhäufen ❷ (*persona*) bedecken, einhüllen ❸ (*fig: impiego*) bekleiden ❹ (FIN, COM: *debito, rischio*) [ab]decken **II.** *vr* ❶ (FIN) sich absichern ❷ (*cielo, viso*) sich bedecken, sich überziehen; **-rsi di qc** sich mit etw bedecken; **-rsi bene** sich warm anziehen
**coprisella** [kopri'sɛlla] <-> *m* Sattelschoner *m* **coprispalle** [kopris'palle] <-> **I.** *m*

Bolero *m*, Bolerojäckchen *nt* II. *agg* <inv> stola ~ Bolero *m* **copritermosifone** [kopritermosi'fo:ne] <-> *m v.* **copricalorifero**

**coprocessore** [koprotʃes'so:re] *m* (INFORM) Koprozessor *m*

**coproduzione** [koprodut'tsio:ne] *f* Koproduktion *f*

**copto, -a** ['kɔpto] I. *agg* koptisch II. *m*, *f* Kopte *m*/Koptin *f*

**copula** ['kɔ:pula] *f* ① (GRAM) Kopula *f* ② (BIOL) Begattung *f*, Kopulation *f*

**copy** ['kɔpi] <-> *m* ① (*copywriter*) Werbetexter(in) *m(f)* ② (*testo*) Werbetext *m*

**copychef** ['kɔpiʃɛf] <-> *m* Cheftexter(in) *m(f)*

**copyright** ['kɔpirait] <-> *m* Copyright *nt*

**copywriter** ['kɔpi'raitə *o* kɔpi'raiter] <-> *mf* Werbetexter(in) *m(f)*

**coque** [kɔk] <-> *f* **uovo alla ~** weich gekochtes Ei

**coraggio** [ko'raddʒo] *m* Mut *m;* **avere il ~ di fare qc** den Mut haben etw zu tun; **fare ~ a qu** jdm Mut machen; **mancare di ~** keinen Mut haben; **perdersi di ~** den Mut verlieren; **~!** nur Mut! **coraggioso, -a** [korad'dʒo:so] *agg* mutig

**corale** [ko'ra:le] I. *agg* (MUS) Chor-; **canto ~** Chorgesang *m;* **musica ~** Chormusik *f* II. *m* ① (MUS) Choral *m* ② (REL) Chorbuch *nt*

**corallifero, -a** [koral'li:fero] *agg* Korallen-, korallenreich **corallino, -a** [koral'li:no] *agg* ① (GEOG) Korallen-; **barriera -a** Korallenriff *nt* ② (*colore*) korallenrot **corallo** [ko'rallo] *m* Koralle *f*

**coram populo** ['kɔ:ram 'pɔ:pulo] *avv* coram publico *geh*, öffentlich

**corano** [ko'ra:no] *m* Koran *m*

**coratella** [kora'tella] *f* Innereien *fpl*

**corazza** [ka'rattsa] *f* ① (MIL) Rüstung *f*, Harnisch *m* ② (ZOO) Panzer *m* **corazzare** [korat'tsa:re] I. *vt* ① (MIL) panzern ② (*fig: difendere*) abschirmen II. *vr* **-rsi** ① (MIL) sich panzern ② (*difendersi*) sich wappnen **corazzata** [korat'tsa:ta] *f* Panzerkreuzer *m* **corazzato, -a** [korat'tsa:to] *agg* gepanzert, Panzer-

**corazziere** [korat'tsiɛ:re] *m* ① (MIL) Kürassier *m* ② (*fig: persona molto alta*) Riese *m*, Hüne *m*

**corazzino** [korad'dzi:no] *m* ① *dim di* **corazza** kleiner Brustharnisch *m* ② (SPORT) Fechtmaske *f*, Fechtkorb *m*

**corbellare** [korbel'la:re] *vt* (*fam*) hänseln **corbelleria** [korbelle'ri:a] <-ie> *f* (*fam*) Unsinn *m*, Blödsinn *m*

**corbezzolo** [kor'bettsolo] *m* Erdbeerbaum *m*

**corcontento** [korkon'tɛnto] *m* (*fam*) Sonnenkind *nt*

**corda** ['kɔrda] *f* ① (*fune*) Seil *nt*, Schnur *f*; (SPORT) Seil *nt;* **salto della ~** Seilspringen *nt;* **ballare** [*o* **camminare**] **sulla ~** seiltanzen; **essere con la ~ al collo** (*fig*) den Kopf in der Schlinge haben; **tenere qu sulla ~** (*fig*) jdn auf die Folter spannen; **tirar troppo la ~** (*fig*) den Bogen überspannen; **la ~ troppo tesa si spezza** (*prov*) man soll den Bogen nicht überspannen ② (MUS) Saite *f*; **strumenti a ~** Saiteninstrumente *ntpl;* **essere teso come le -e di un violino** (*fig*) gespannt sein wie ein Flitzebogen *fam* ③ (*di arco*) Sehne *f* ④ (ANAT) **-e vocali** Stimmbänder *ntpl* ⑤ (*fig*) **dare ~ a qu** auf jdn eingehen, jdn unterstützen; **essere giù di ~** missgestimmt sein; **tagliare la ~** Reißaus nehmen, sich aus dem Staub machen **cordame** [kor'da:me] *m* Tauwerk *nt*

**cordata** [kor'da:ta] *f* (*alpinismo*) Seilschaft *f*

**cordati** [kor'da:ti] *mpl* Chordaten *pl*

**cordiale** [kor'dia:le] *agg* herzlich **cordialità** [kordiali'ta] <-> *f* ① (*affabilità*) Herzlichkeit *f*; **accogliere qu con ~** jdn herzlich empfangen ② *pl* (*saluti*) herzliche Grüße *mpl* **cordialmente** [kordial'mente] *avv* herzlich

**cordless** [kɔ:dles] I. <inv> *agg* (TEL) schnurlos, ohne Kabel II. <-> *m* schnurloses Telefon

**cordoglio** [kor'dɔʎʎo] <-gli> *m* Schmerz *m*, [tiefe] Trauer *f*, Leid *nt*

**cordone** [kor'do:ne] *m* ① (*corda*) Schnur *f*, Kordel *f* ② (ANAT) **~ ombelicale** Nabelschnur *f* ③ (EL) Kabel *nt*

**cordoniforme** [kordoni'forme] *agg* faden-, schnurförmig

**coreografa** *f v.* **coreografo**

**coreografia** [koreogra'fi:a] *f* Choreografie *f* **coreografico, -a** [koreo'gra:fiko] <-ci, -che> *agg* ① (THEAT) choreografisch ② (*fig: cerimonia, manifestazione*) spektakulär **coreografo, -a** [kore'ɔ:grafo] *m*, *f* Choreograf(in) *m(f)*

**coriaceo, -a** [ko'ria:tʃeo] *agg* ① (*come il cuoio*) ledern, lederartig ② (*fig: privo di sensibilità*) dickfellig

**coriandolo** [ko'riandolo] *m* ① (BOT) Koriander *m* ② *pl* (*di carnevale*) Konfetti *nt*

**coricare** [kori'ka:re] I. *vt* [hin]legen II. *vr* **-rsi** sich hinlegen

**corifeo, -a** [kori'fɛːo] *m, f* (*a. fig*) Koryphäe *f*

**corinzio, -a** [ko'rintsio] <-i, -ie> *agg* korinthisch

**corista** [ko'rista] <-i *m*, -e *f*> *mf* Chorsänger(in) *m(f)*

**cormorano** [kormo'raːno] *m* Kormoran *m*

**cornacchia** [kor'nakkia] <-cchie> *f* Krähe *f*

**cornamusa** [korna'muːza] *f* Dudelsack *m*

**cornata** [kor'naːta] *f* Stoß *m* mit den Hörnern

**cornea** ['kɔrnea] *f* Hornhaut *f* **corneale** [korne'aːle] *agg* Hornhaut- **corneo, -a** ['kɔrneo] *agg* Horn-; **sostanza -a** Keratin *nt;* **strato ~** Hornschicht *f*

**corner** ['kɔrner] <-> *m* (SPORT) Eckball *m*, Corner *m* A

**cornetta** [kor'netta] *f* (*fam*) Telefonhörer *m;* **mettere giù la ~** den Telefonhörer auflegen **cornettista** [kornet'tista] <-i *m*, -e *f*> *mf* Kornettist(in) *m(f)* **cornetto** [kor'netto] *m* ❶ (*amuleto*) hornförmiges Amulett ❷ (GASTR) Hörnchen *nt*, Croissant *nt*

**cornflakes** [kɔːn'fleiks] *mpl* Cornflakes *mpl*

**cornice** [kor'niːtʃe] *f* ❶ (*di quadro, specchio*) Rahmen *m* ❷ (ARCH) Gesims *nt* **corniciaio** [korni'tʃaːio] <-ai> *m* Rahmenhersteller *m* **cornicione** [korni'tʃoːne] *m* Kranzgesims *nt*

**cornificare** [kornifi'kaːre] *vt* (*scherz*) jdm Hörner aufsetzen

**cornista** [kor'nista] <-i *m*, -e *f*> *mf* Hornist(in) *m(f)*

**corno**[1] ['kɔrno] <*pl:* -a *f*> *m* ❶ (ZOO) Horn *nt;* (*del cervo, dell'alce*) Geweih *nt;* **prendere il toro per le -a** (*fig*) den Stier bei den Hörnern packen; **rompere** [*o* **spezzare**] **le -a qu** (*fam*) jdn verdreschen ❷ *pl* (*fam fig: di persona*) Hörner *ntpl;* **fare le -a alla moglie** seine Frau betrügen; **fare le -a al marito** seinem Mann Hörner aufsetzen; **portare le -a** gehörnt sein ❸ (*vulg: niente*) **non me ne importa un ~** es kümmert mich einen Dreck!

**corno**[2] *m* ❶ (*sostanza*) Horn *nt* ❷ (*da scarpe*) Schuhlöffel *m* ❸ (MUS) Horn *nt*

**cornucopia** [kornu'kɔːpia] <-ie> *f* Füllhorn *nt*

**cornuto, -a** [kor'nuːto] **I.** *agg* ❶ (ZOO) Horn-, hörnertragend ❷ (*fam fig: persona*) gehörnt, betrogen **II.** *m, f* ❶ (*fam fig: persona tradita*) Gehörnte(r) *f(m)* ❷ (*vulg: insulto*) Blödmann *m fam*

**coro** ['kɔːro] *m* Chor *m;* **rispondere in ~** im Chor antworten

**corografia** [korogra'fiːa] *f* Chorographie *f*

**corolla** [ko'rɔlla] *f* Korolla *f*, Blumenkrone *f*

**corollario** [korol'laːrio] <-i> *m* Korollar[ium] *nt*

**corona** [ko'roːna] *f* ❶ (*di metallo prezioso*) Krone *f* ❷ (*ornamento*) Kranz *m;* **~ mortuaria** [*o* **funebre**] [Grab]kranz *m;* **~ di alloro** Lorbeerkranz *m;* **~ di spine** Dornenkrone *f;* **~ del rosario** Rosenkranz *m;* **~ dei santi** Heiligenschein *m* ❸ (*fig: potere*) Krone *f*, Herrschaft *f* ❹ (ASTR) Strahlenkranz *m;* **~ solare** Korona *f* ❺ (*in cerchio*) **disporsi a ~** sich im Kreis aufstellen

**coronale** [koro'naːle] *agg* ❶ (ANAT) **osso ~** Stirnbein *nt* ❷ (ASTR) die Korona betreffend

**coronamento** [korona'mento] *m* Krönung *f* **coronare** [koro'naːre] *vt* ❶ (*fig*) krönen ❷ (*cingere*) kränzen

**coronaria** [koro'naːria] <-ie> *f* (ANAT) Kranzgefäß *nt* **coronario, -a** [koro'aːrio] <-i, -ie> *agg* ❶ (ANAT) koronar, Kranz- ❷ (LIT) den Dichterkranz betreffend; **certame ~** Dichterwettstreit *m* [um den silbernen Lorbeerkranz]

**coronarografia** [koronarogra'fiːa] <-ie> *f* (MED) Koronarradiographie *f*

**corpetto** [kor'petto] *m* Leibchen *f;* (*panciotto*) Weste *f;* (*corpino*) Mieder *nt* **corpino** [kor'piːno] *m* Mieder *nt*

**corpo** ['kɔrpo] *m* ❶ (*parte di Materia*) Körper *m;* **-i celesti** Himmelskörper *mpl* ❷ (*oggetto*) **~ del reato** (JUR) Corpus delicti *nt*, Beweisstück *m* ❸ (*umano e animale*) Körper *m*, Leib *m;* **guardia del ~** Leibwache *f;* **avere il diavolo in ~** den Teufel im Leib haben; **anima e ~** [mit] Leib und Seele; **combattere ~ a ~** Mann gegen Mann kämpfen; **ha qc in ~** (*è tormentato da qc*) etw liegt ihm schwer im Magen ❹ (*parte sostanziale*) Hauptteil *m;* (*forma*) Form *f;* **dare ~ a qc** etw Form geben, etw verwirklichen; **prendere ~** Form annehmen ❺ (*insieme di persone*) Körper *m*, Körperschaft *f;* (MIL, POL) Korps *nt;* **~ insegnante** (ADM) Lehrkörper *m;* **~ di ballo** Ballettgruppe *f* ❻ (MUS) Klangkörper *m*, Korpus *nt* ❼ (*salma*) Leiche *f* ❽ (*loc*) **andare di ~** (*fam*) Stuhlgang haben; **~ di Bacco!** (*fam*) **~ di mille bombe!** (*fam*) Donnerwetter!

**corporale** [korpo'raːle] **I.** *agg* (*del corpo*) körperlich, Körper- **II.** *m* (REL) Korporale *nt*

**corporation** [kɔːpəˈreiʃən] <-> f Gesellschaft f, Unternehmen nt
**corporativismo** [korporatiˈvizmo] m Korporativismus m **corporativista** [korporatiˈvista] <-i m, -e f> mf (POL: fautore del corporativismo) Korporativist(in) m(f), Verfechter(in) m(f) des Korporativismus **corporativizzazione** [korporatividdzatˈtsioːne] f Anwendung korporativen Gedankengutes in Wirtschaft und Gesellschaft
**corporativo, -a** [korporaˈtiːvo] agg körperschaftlich, korporativ
**corporatura** [korporaˈtuːra] f Körperbau m
**corporazione** [korporatˈtsioːne] f ① (COM, ADM) Körperschaft f ② (HIST) Zunft f
**corporeità** [korporeiˈta] <-> f Körperlichkeit f
**corporeo, -a** [korˈpɔːreo] <-ei, -ee> agg körperlich; (peso) Körper-; (sostanza) materiell
**corposo, -a** [korˈpoːso] agg ① (denso) dicht, kompakt ② (vino) vollmundig
**corpulento, -a** [korpuˈlɛnto] agg korpulent, beleibt **corpulenza** [korpuˈlɛntsa] f Korpulenz f, Beleibtheit f
**corpus** [ˈkɔrpus] <-> m (LIT, LING, JUR) Korpus nt
**corpuscolare** [korpuskoˈlaːre] agg korpuskular, Teilchen- **corpuscolato, -a** [korpuskoˈlaːto] agg (BIOL, MED) -körperchen, -teilchen; **gli elementi -i del sangue** die Blutkörperchen
**corpuscolo** [korˈpuskolo] m ① (SCIENT, PHYS) Korpuskel nt ② (ANAT) [Blut]körperchen nt
**Corpus Domini** [ˈkɔrpus ˈdɔːmini] <-> m Fronleichnam m
**correa** f v. **correo**
**corredare** [korreˈdaːre] vt ausstatten; ~ **una stanza di qc** einen Raum mit etw ausstatten **corredo** [korˈrɛːdo] m ① (di sposa) Aussteuer f ② (di laboratorio, casa) Ausstattung f
**correggere** [korˈrɛddʒere] <irr> I. vt korrigieren, verbessern II. vr -**rsi di qc** sich dat etw abgewöhnen
**correggia** [korˈreddʒa] <-gge> f Riemen m
**correità** [korreiˈta] <-> f (JUR) Mitschuld f
**correlare** [korreˈlaːre] vt in [Wechsel]beziehung stellen **correlativo, -a** [korrelaˈtiːvo] agg korrelativ
**correlazione** [korrelatˈtsioːne] f Wechselbeziehung f; (LING) Korrelation f
**corrente** [korˈrɛnte] I. agg ① (acqua) fließend; **camera con acqua** ~ Zimmer nt mit fließendem Wasser ② (mese, anno) laufend; ~ **anno** dieses Jahres, heurig A; ~ **mese** dieses Monats ③ (FIN) **conto** ~ Girokonto nt II. m **essere/mettere al** ~ auf dem Laufenden sein/halten; **mettersi al** ~ sich auf dem Laufenden halten III. f ① (di fiume) Strömung f, Strom m; (di lava) [Lava]strom m ② (EL) Strom m; ~ **impulsiva** Reizstrom m; **prendere la** ~ einen Schlag bekommen; **presa di** ~ Steckdose f ③ (fig: moda, tendenza) Richtung f, Strömung f; (movimento) Bewegung f; **seguire la** ~ (fig) mit dem Strom schwimmen; **andare contro** [la] ~ (fig) gegen den Strom schwimmen
**correntemente** [korrenteˈmente] avv ① (speditamente) fließend ② (comunemente) üblicherweise
**correntista** [korrenˈtista] <-i m, -e f> mf Girokontoinhaber(in) m(f)
**correo, -a** [ˈkɔrreo o korˈrɛːo] m, f (JUR) Mitschuldige(r) f(m)
**correre** [ˈkorrere] <corro, corsi, corso> I. vi essere o avere ① (persone) laufen, rennen; (MOT, SPORT) fahren; ~ **dietro a qu** hinter jdm herlaufen; **lasciar** ~ (fig) nicht eingreifen; ~ **a gambe levate** die Beine in die Hand nehmen; ~ **ai ripari** Abhilfe schaffen ② (fig: strade) verlaufen ③ (tempo) schnell vergehen II. vt avere ① (SPORT: distanza) laufen; (gara) teilnehmen an +dat ② (rischio) eingehen
**corresponsabile** [korresponˈsaːbile] agg mitverantwortlich **corresponsabilizzare** [korresponsabilidˈdzaːre] vt ~ **qu** jdm Verantwortung übertragen, jdn einbeziehen
**corresponsione** [korresponˈsioːne] f Gegenleistung f
**corressi** [korˈrɛssi] 1. pers sing pass rem di **correggere**
**correttezza** [korretˈtettsa] f Korrektheit f
**correttivo** [korretˈtiːvo] m Geschmacksverstärker m
**correttivo, -a** agg bessernd, Heil-; **ginnastica -a** Krankengymnastik f
**corretto, -a** [korˈrɛtto] I. pp di **correggere** II. agg ① (giusto) korrekt, richtig ② (persona, comportamento) korrekt, untadelig
**correttore, -trice** [korretˈtoːre] m, f Korrektor(in) m(f)
**correzione** [korretˈtsioːne] f ① (miglioramento) Verbesserung f ② (dei compiti, saggio) Korrektur f; (dallo scolaro) Verbesserung f
**corrida** [korˈriːda] f Stierkampf m

**corridoio** [korri'do:io] <-oi> *m* ❶ (*di casa*) Korridor *m*, Flur *m;* **voci di ~** Gerüchte *ntpl* ❷ (FERR) Gang *m* ❸ (POL, SPORT) Korridor *m;* (*nel tennis*) Doppelfeld *nt*

**corridore, -trice** [korri'do:re] *m, f* Läufer(in) *m(f);* (MOT) Rennfahrer(in) *m(f)*

**corriera** [kor'riɛːra] *f* Überlandbus *m*

**corriere** [kor'riɛːre] *m* (*per trasporto*) [Eil]bote *m;* (MIL, POL) Kurier *m*

**corrigendo, -a** [korri'dʒɛndo] *m, f* Zögling *m* [einer Besserungsanstalt]

**corrimano** [korri'ma:no] *m* Griffstange *f;* (*di scala*) Geländer *nt,* Handlauf *m*

**corrispettivo** [korrispet'ti:vo] *m* Gegenleistung *f*

**corrispettivo, -a** *agg* entsprechend

**corrispondente** [korrispon'dɛnte] I. *agg* entsprechend, angemessen II. *mf* ❶ (*epistolare*) Briefpartner(in) *m(f)* ❷ (*di giornale*) Korrespondent(in) *m(f),* Berichterstatter(in) *m(f);* **~ di guerra** Kriegsberichterstatter(in); **~ dall'estero** Auslandskorrespondent(in) **corrispondenza** [korrispon'dɛntsa] *f* ❶ (*di lettere*) Korrespondenz *f;* (ADM) Schriftverkehr *m;* **~ commerciale** Handelskorrespondenz *f;* **~ epistolare** Briefwechsel *m;* **essere in ~ con qu** mit jdm in Briefwechsel stehen ❷ (*di giornale*) Korrespondentenbericht *m*

**corrispondere** [korris'pondere] <irr> I. *vi* ❶ (*equivalere*) entsprechen, übereinstimmen; **~ a qc** mit etw übereinstimmen ❷ (*sentimenti*) erwidern; **~ all'amore di qu** jds Liebe erwidern ❸ (*per lettera*) sich *dat* schreiben II. *vt* bezahlen

**corro** ['korro] *1. pers sing pr di* **correre**

**corroborante** [korrobo'rante] *agg* stärkend **corroborare** [korrobo'ra:re] *vt* ❶ (*rinvigorire*) kräftigen, stärken ❷ (*fig: tesi, opinione, teoria*) bestärken, untermauern

**corrodere** [kor'ro:dere] <irr> I. *vt* ❶ (*metalli*) zersetzen; (*acidi*) ätzen; (*denti*) angreifen ❷ (*fig*) nagen an *+dat*, zehren an *+dat* II. *vr* **-rsi** sich zersetzen

**corrompere** [kor'rompere] <irr> I. *vt* ❶ (*fig: con denaro*) korrumpieren, bestechen; (*moralmente*) verderben ❷ (*acqua, aria*) verderben II. *vr* **-rsi** ❶ (*depravarsi*) verderben ❷ (*putrefarsi*) sich zersetzen **corrompibile** [korrom'pi:bile] *agg* (*merci*) verderblich

**corrosi** *1. pers sing pass rem di* **corrodere**

**corrosione** [korro'zio:ne] *f* Korrosion *f;* (TEC, CHEM) Ätzung *f*

**corrosivo** [korro'zi:vo] *m* Ätzmittel *nt*

**corrosivo, -a** *agg* ❶ (CHEM) korrosiv ❷ (*azione, fenomeno*) Korrosions-, Zersetzungs-

**corroso** *pp di* **corrodere**

**corrotto** *pp di* **corrompere**

**corrucciare** [korrut'tʃa:re] I. *vt* verdrießen II. *vr* **-rsi** sich ärgern **corruccio** [kor'ruttʃo] <-cci> *m* Verdruss *m,* Missmut *m*

**corrugamento** [korruga'mento] *m* ❶ (GEOL) Faltung *f* ❷ (*di fronte*) Runzeln *nt;* (*di sopracciglia*) Zusammenziehen *nt*

**corrugare** [korru'ga:re] I. *vt* (*fronte*) runzeln; (*sopracciglia*) zusammenziehen II. *vr* **-rsi** sich runzeln

**corruppi** [kor'ruppi] *1. pers sing pass rem di* **corrompere**

**corruttela** [korrut'tɛ:la] *f* Verdorbtheit *f*

**corruttibile** [korrut'ti:bile] *agg* (*persona*) korrupt, bestechlich **corruttibilità** [korruttibili'ta] <-> *f* Korruptheit *f;* (*con denaro*) Bestechlichkeit *f*

**corruttore, -trice** [korrut'to:re] I. *agg* verderblich, Verderben bringend II. *m, f* Verderber(in) *m(f);* (*seduttore*) Verführer(in) *m(f)* **corruzione** [korrut'tsio:ne] *f* Korruption *f;* (*con denaro*) Bestechung *f;* **accusa di ~** Korruptionsvorwurf *m;* (*seduzione*) Verführung *f*

**corsa** ['korsa] *f* ❶ (*il correre*) Lauf *m,* Laufen *nt;* **di ~** schnell; **fare una ~** rennen; **fare una ~ in qualche luogo** auf einen Sprung irgendwo hingehen ❷ (SPORT) Lauf *m,* Rennen *nt;* **automobile da ~** Rennwagen *m;* **cavallo da ~** Rennpferd *nt;* **andare alle -e** zum Pferderennen gehen ❸ (*di automezzo*) Fahrt *f,* Tour *f;* **perdere l'ultima ~** den letzten Bus verpassen; **è proibito scendere dal veicolo in ~** es ist verboten während der Fahrt abzuspringen

**corsaro, -a** [kor'sa:ro] I. *m, f* (*pirata*) Korsar *m,* Freibeuter *m* II. *agg* Kaper-

**corsetteria** [korsette'ri:a] <-ie> *f* ❶ (*assortimento*) Miederwaren *fpl* ❷ (*negozio*) Miederwarengeschäft *nt*

**corsetto** [kor'setto] *m* ❶ (*da donna*) Korsett *nt* ❷ (MED) Stützkorsett *nt*

**corsi** ['korsi] *1. pers sing pass rem di* **correre**

**corsia** [kor'si:a] <-ie> *f* ❶ (MED) Krankensaal *m* ❷ (*di strada*) [Fahr]spur *f;* **~ di emergenza** Standspur *f;* **~ di marcia** Fahrspur *f;* **~ di sorpasso** Überholspur *f* ❸ (SPORT) Bahn *f*

**Corsica** ['kɔrsika] *f* Korsika *nt*

**corsivistica** [korsi'vistika] <-che> *f* Anmerkungen *fpl*, [kursiv gedruckter] Kommentar *m*

**corsivo** [kor'si:vo] *m* Kursivschrift *f*

**corsivo, -a** *agg* kursiv

**corso**[1] ['korso] *m* ① (*andamento*) Verlauf *m*, Lauf *m*; (*d'acqua*) Lauf *m*; **il ~ della vita** der Lauf des Lebens; **nel ~ dei secoli** im Laufe der Jahrhunderte; **seguire** [*o* **fare**] **il suo ~** seinen Lauf nehmen; **in ~ di stampa** im Druck [befindlich]; **aver ~** ablaufen ② (*insegnamento*) Kurs *m*; **~ di sci** Skikurs *m*; **essere fuori ~** die Regelstudienzeit überschritten haben ③ (FIN) Umlauf *m*; (*prezzo*) Kurs *m*; **moneta fuori ~** ungültige Münze ④ (COM) [Ab]lauf *m*, Gang *m* ⑤ (*strada*) Prachtstraße *f*, Korso *m* ⑥ (ASTR) Lauf *m*, Bahn *f*

**corso**[2] *pp di* **correre**

**corso, -a** ['kɔrso] **I.** *agg* korsisch **II.** *m, f* Korse *m*/Korsin *f*

**corte** ['korte] *f* ① (*reggia*) Hof *m* ② (ARCH) Hof *m* ③ (JUR) Gericht *nt*, [Gerichts]hof *m*; **~ d'appello** Berufungsgericht *nt*; **Corte di Cassazione** ≈ [Bundes]gerichtshof *m*; **Corte dei Conti** ≈ [Bundes]rechnungshof *m*; **Corte Costituzionale** ≈ [Bundes]verfassungsgericht *nt*; **~ dei conti/di giustizia dell'Unione europea** Europäischer Rechnungs-/Gerichtshof ④ (*loc*) **fare la ~ a qu** jdm den Hof machen

**corteccia** [kor'tettʃa] <-cce> *f* Rinde *f*; **~ cerebrale** Hirnrinde *f*

**corteggiamento** [korteddʒa'mento] *m* ① (*di donna*) [Um]werben *nt* ② (ZOO) Balz *f*

**corteggiare** [korted'dʒa:re] *vt* jdm den Hof machen, jdn umwerben; (*a principe*) hofieren

**corteggiatore, -trice** [korteddʒa'to:re] *m, f* Verehrer(in) *m(f)*

**corteo** [kor'tɛ:o] *m* [Um]zug *m*

**cortese** [kor'te:ze] *agg* ① (*garbato*) höflich; (*gentile*) freundlich ② (HIST) höfisch

**cortesia** [korte'zi:a] <-ie> *f* Höflichkeit *f*; (*gentilezza*) Freundlichkeit *f*; **per ~** bitte; **fammi la ~ di uscire** geh bitte hinaus

**cortigiana** [korti'dʒa:na] *f* (*prostituta*) Kurtisane *f*

**cortigiano, -a** [korti'dʒa:no] *m, f* ① (HIST) Höfling *m*/Hofdame *f* ② (*pej: adulatore*) Hofschranze *f*

**cortile** [kor'ti:le] *m* Hof *m*

**cortina** [kor'ti:na] *f* ① (*tenda*) Vorhang *m* ② (*fig: di nebbia, fumo*) Wand *f*

**cortisone** [korti'zo:ne] *m* Kortison *nt*

**cortisonoterapia** [kortizonotera'pi:a] <-ie> *f* (MED) Kortisontherapie *f*

**corto, -a** ['korto] **I.** *agg* kurz; **settimana -a** Fünftagewoche *f*; **essere a ~ di soldi** knapp bei Kasse sein; **per farla -a** um es kurz zu machen; **alle -e!** [nun aber] zur Sache! **II.** *avv* **tagliar ~** es kurz machen

**cortocircuitare** [kortotʃirkui'ta:re] *vt* (TEC) kurz schließen

**cortocircuito** [kortotʃir'ku:ito] *m* Kurzschluss *m*

**cortometraggio** [kortome'tradd?o] <-ggi> *m* Kurzfilm *m*

**corvé** [kor've] <-> *f* ① (MIL) Sonderkommando *nt*; **essere di ~** zu einem Sonderkommando abgestellt sein ② (*fig: lavoro ingrato e gravoso*) Schinderei *f*

**corvetta** [kor'vetta] *f* ① (NAUT, HIST) Korvette *f* ② (SPORT) Kurbette *f*

**corvino, -a** [kor'vi:no] *agg* raben-, pechschwarz

**corvo** ['kɔrvo] *m* Rabe *m*; **nero come un ~** rabenschwarz; **~ del malaugurio** (*fig*) Unglücksbote *m*

**cosa** ['kɔ:sa] *f* Sache *f*, Ding *nt*; **arrivare a -e fatte** sich vollendeten Tatsachen gegenübersehen; [**che**] **~?** was?; **a che ~ serve?** wozu dient das?; **a** [**che**] **~ pensi?** woran denkst du?; **di che ~?** wovon?; **credersi chissà che ~** sich für Gott weiß wen halten; **è ~ fatta** es ist erledigt; **non è una gran ~** das ist nichts Besonderes; **è la stessa ~** das ist egal; **è tutt'altra ~** das ist etwas völlig anderes; **ho le mie -e** (*fam*) ich habe meine Tage; **la ~ pubblica** der Staat; **le -e si mettono male** die Lage verschlimmert sich; **una ~ tira l'altra, da ~ nasce ~** eins zieht das andere nach [sich]; **raccontami come sono andate le -e** erzähl mir, wie es gelaufen ist; **dimmi una ~ sag' mal; sai una ~, ...** weißt du was? ...; **~ vuoi, sono bambini!** was willst du, so sind Kinder eben!; **per prima ~** als Erstes, vor allem; **sopra ogni ~** mehr als alles; **fra le altre -e** unter anderem; **tante** [**belle**] **-e!** alles Gute!; (*salutando*) viele Grüße!; **qualche ~** etwas; **qualsiasi ~ succeda** egal, was passiert

**cosca** ['kɔska] <-sche> *f* Mafia-Klan *m*

**coscia** ['kɔʃʃa] <-sce> *f* ① (ANAT) Schenkel *m* ② (GASTR) Keule *f*, Schlegel *m*

**cosciente** [koʃ'ʃɛnte] *agg* bewusst

**coscientemente** [koʃʃente'mente] *avv* bewusst, im Bewusstsein

**coscienza** [koʃ'ʃɛntsa] *f* ① (*consapevolezza*) Bewusstsein *nt*; **perdere/riacquistare la ~** das Bewusstsein verlieren/wiedererlangen ② (*valori morali*) Gewissen *nt*; **avere la ~ pulita/sporca** ein gutes/schlechtes Gewissen haben; **avere qc sulla ~** etw auf dem Gewissen haben; **caso di ~** Gewis-

sensfrage *f;* **esame di ~** Gewissensprüfung *f;* **mettersi una mano sulla ~** mit sich *dat* ins Gericht gehen ③ (*impegno, senso del dovere*) Gewissenhaftigkeit *f;* **agire con ~** gewissenhaft handeln ④ (*onestà*) Ehrlichkeit *f;* **obiettore di ~** Wehrdienstverweigerer *m* **coscienziale** [koʃʃen'tsiaːle] *agg* (PSIC) Bewusstseins- **coscienziosità** [koʃʃentsiosi'ta] <-> *f* Gewissenhaftigkeit *f* **coscienzioso, -a** [koʃʃen'tsioːso] *agg* ① (*persona*) gewissenhaft ② (*opera, lavoro*) gewissenhaft, sorgfältig
**coscio** ['kɔʃʃo] <-sci> *m* Keule *f*
**cosciotto** [koʃ'ʃɔtto] *m* Schlegel *m,* kleine Keule
**coscritto** [kos'kritto] *m* Rekrut *m* **coscrivere** [kos'kriːvere] <coscrivo, coscrissi, coscritto> *vt* einberufen **coscrizione** [koskrit'tsioːne] *f* Einberufung *f*
**coseno** [ko'seːno] *m* (MAT) Kosinus *m*
**Cosentino** [kosen'tiːno] <*sing*> *m* Umgebung *f* von Cosenza
**cosentino, -a** I. *agg* aus Cosenza stammend II. *m, f* (*abitante*) Einwohner(in) *m(f)* von Cosenza
**Cosenza** *f* Cosenza *nt* (*Stadt in Kalabrien*)
**così** [ko'si] I. *avv* ① (*in questo modo*) so; **come va? — Così** wie geht es? — So lala; **non devi fare ~** so darfst du das nicht machen; **per ~ dire** sozusagen; **e ~ via** und so weiter; **è proprio ~** es ist wirklich so ② (*tanto*) so ③ (*correlativo di come*) [so] wie II. <inv> *agg* solche(r, s), so ein(e, r, s) III. *cong* so; **~ sia** amen **cosicché** [kosik'ke] *cong* so dass, sodass *A*
**cosiddetto, -a** [kosid'detto] *agg* so genannt **cosiffatto, -a** [kosif'fatto] *agg* solcherart, so beschaffen
**cosmesi** [koz'mɛːzi] <-> *f,* **cosmetica** [kos'mɛːtika] <-che> *f* Kosmetik *f*
**cosmetico** [kos'mɛːtiko] <-ci> *m* Kosmetikprodukt *nt*
**cosmetico, -a** <-ci, -che> *agg* kosmetisch
**cosmetista** [kosme'tista] <-i *m,* -e *f*> *mf* Kosmetiker(in) *m(f)*
**cosmologia** [kozmolo'dʒiːa] <-ie> *f* (MED) Kosmetologie *f* **cosmetologico, -a** [kosmeto'lɔːdʒiko] <-ci, -che> *agg* (MED) kosmetologisch **cosmetologo, -a** [kosme'tɔːloɡo] <-gi, -ghe> *m, f* Kosmetologe *m/* Kosmetologin *f*
**cosmico, -a** ['kɔzmiko] <-ci, -che> *agg* ① (ASTR) kosmisch ② (*fig: di tutti*) universal **cosmo** ['kɔzmo] *m* Kosmos *m,* Weltall *nt* **cosmografia** [kozmogra'fiːa] *f* Kosmographie *f* **cosmologia** [kozmolo'dʒiːa] <-gie> *f* Kosmologie *f* **cosmonauta**

[kozmo'nauta] <-i *m,* -e *f*> *mf* Kosmonaut(in) *m(f)* **cosmonautica** [kozmo'nautika] *f* Kosmonautik *f,* Technik *f* der bemannten Raumfahrt **cosmonautico, -a** [kozmo'nautiko] <-ci, -che> *agg* kosmonautisch **cosmonave** [kozmo'naːve] *f* Raumschiff *nt*
**cosmopolita** [kozmopo'lita] <-i *m,* -e *f*> I. *mf* Kosmopolit(in) *m(f)* II. *agg* kosmopolitisch
**coso** ['kɔːso] *m* (*fam*) Dingsda *nt,* Dingsbums *nt*
**cosottoscrittore, -trice** [kosottoskrit'toːre] *m, f* Mitunterzeichner(in) *m(f),* Mitzeichner(in) *m(f)*
**cospargere** [kos'pardʒere] <irr> *vt* bestreuen; (*disseminare*) übersäen; **~ un dolce di zucchero** einen Kuchen mit Zucker bestreuen
**cospetto** [kos'pɛtto] *m* **al ~ di qu** in jds Gegenwart, jdm gegenüber
**cospicuità** [kospikui'ta] <-> *f* Ansehnlichkeit *f,* Beträchtlichkeit *f;* (*evidenza*) Augenfälligkeit *f*
**cospicuo, -a** [kos'piːkuo] *agg* ansehnlich, beträchtlich; (*evidente*) augenfällig
**cospirare** [kospi'raːre] *vi* sich verschwören
**cospirativo, -a** [kospira'tiːvo] *agg* konspirativ **cospiratore, -trice** [kospira'toːre] *m, f* Verschwörer(in) *m(f)* **cospirazione** [kospirat'tsioːne] *f* Verschwörung *f*
**cossi** ['kɔssi] *1. pers sing pass rem di* **cuocere**
**Cost.** *abbr di* **Costituzione** Verf.
**costa** ['kɔsta] *f* ① (GEOG) Küste *f* ② (ANAT, BOT) Rippe *f* ③ (*di libro, coltello*) Rücken *m* ④ (*di tessuto*) Rippe *f;* **velluto a -e** Kordsamt *m*
**costà** [kos'ta] *avv* (*tosc: stato*) dort; (*moto*) dorthin
**costale** [kos'taːle] *agg* Rippen-
**costante** [kos'tante] I. *agg* ① (*persona*) beharrlich; (*fermo*) beständig ② (*sentimenti*) anhaltend; (*tempo*) beständig II. *f* Konstante *f*
**Costantino** (*nome maschile*) Konstantin
**costanza** [kos'tantsa] *f* ① (*di persona*) Beharrlichkeit *f,* Ausdauer *f;* (*fermezza*) Beständigkeit *f* ② (TEC, SCIENT) Stetigkeit *f,* Konstanz *f*
**Costanza** [kos'tantsa] *f* Konstanz *nt;* **Lago di ~** Bodensee *m*
**costare** [kos'taːre] *vi, vt essere* (*a. fig*) kosten; **~ caro** viel kosten, teuer sein; **~ poco** wenig kosten, nicht teuer sein; **quanto costa?** wie viel kostet das?; **costi quel che**

**costi** koste es, was es wolle; **~ fatica a qu** jdn Mühe kosten
**costata** [kos'ta:ta] *f* Rumpsteak *nt*
**costato** [kos'ta:to] *m* Brustkorb *m*
**costeggiare** [kosted'dʒa:re] *vt* ① (NAUT) entlangfahren an +*dat* ② (*strada, sentiero*) vorbeiführen an +*dat,* entlanglaufen an +*dat*
**costei** *v.* **costui**
**costellare** [kostel'la:re] *vt* sprenkeln (*di* mit), übersäen (*di* mit)
**costellazione** [kostellat'tsio:ne] *f* (ASTR) Konstellation *f*; (*dello zodiaco*) Sternbild *nt*
**costernare** [koster'na:re] *vt* bestürzen
**costernazione** [kosternat'tsio:ne] *f* Bestürzung *f*
**costì** [kos'ti] *avv* (*stato*) dort; (*moto*) dorthin
**costicchiare** [kostik'kia:re] *vi essere* (*fam*) ganz schön teuer sein
**costiera** [kos'tiɛ:ra] *f* Küstenregion *f* **costiero, -a** [kos'tiɛ:ro] *agg* Küsten-
**costing** ['kɔstiŋ] <-> *m* Kosten[be]rechnung *f,* Kalkulation *f*
**costipare** [kosti'pa:re] *vt* ① (*terreno*) walzen ② (MED) verstopfen **costipazione** [kostipat'tsio:ne] *f* ① (MED: *d'intestino*) Verstopfung *f* ② (*fam: raffreddore*) starke Erkältung *f,* Verkühlung *f* A ③ (AGR) Bodenverdichtung *f*
**costituente** [kostitu'ɛnte] I. *agg* konstituierend II. *f* konstituierende Versammlung III. *m* ① (*persona*) Mitglied *nt* der verfassunggebenden Versammlung ② (CHEM) Bestandteil *m*
**costituire** [kostitu'i:re] <costituisco> I. *vt* ① (*fondare, creare*) gründen ② (*rappresentare*) darstellen, sein ③ (*formare*) bilden; **essere costituito da** bestehen aus, zusammengesetzt sein aus ④ (*eleggere*) ernennen; (*nominare*) einsetzen; **~ qu a erede** jdn zum Nachfolger ernennen II. *vr* **-rsi** ① (JUR) sich stellen; **-rsi parte civile** Nebenklage erheben; **-rsi in giudizio** vor Gericht erscheinen ② (*formarsi*) sich bilden **costituito, -a** [kostitu'i:to] *agg* Gesetzes- **costitutivo, -a** [kostitu'ti:vo] *agg* konstitutiv, bestimmend
**costituzionale** [kostituttsio'na:le] *agg* ① (POL) konstitutionell, verfassungsmäßig; (JUR) Verfassungs-; **Corte Costituzionale** ≈ Verfassungsgericht *nt*; **governo/monarchia ~** konstitutionelle Regierung/Monarchie *f* ② (MED) konstitutionell **costituzionalità** [kostituttsionali'ta] <-> *f* Verfassungsmäßigkeit *f* **costituzionalizzare** [kostituttsionalid'dza:re] *vt* (POL) konstitutionalisieren; **~ un partito** eine Partei an die Verfassung binden
**costituzione** [kostitut'tsio:ne] *f* ① (JUR) Verfassung *f* ② (*di società, giuria*) Bildung *f,* Gründung *f* ③ (GEOL) Formation *f* ④ (MED) Konstitution *f* ⑤ (*struttura*) Struktur *f,* Gefüge *nt*
**costo** ['kɔsto] *m* ① (*somma*) Preis *m;* (COM) Kosten *pl,* Unkosten *pl;* **~ della vita** Lebenshaltungskosten *pl;* **-i di nolo** Frachtkosten *pl;* **sotto ~** unter Preis; **a prezzo di ~** zum Selbstkostenpreis; **a basso ~** Billig-, Discount-; **compagnia aerea a basso ~** Billigfluglinie *f,* Billigflieger *m fam* ② (*fig*) Preis *m,* Einsatz *m;* **a qualunque** [*o* **ogni**] **~, a tutti i ~** um jeden Preis
**costola** ['kɔstola] *f* ① (ANAT, BOT) Rippe *f;* **stare alle -e di qu** jdm auf der Pelle liegen *fam;* **gli si contano le -e** bei ihm kann man die Rippen zählen *fam* ② (GASTR) Rippchen *nt* ③ (*di libro, lama*) Rücken *m* **costoletta** [kosto'letta] *f* Kotelett *nt* **costolone** [kosto'lo:ne] *m* Rippe *f*
**costone** [kos'to:ne] *m* Gebirgskamm *m,* Grat *m*
**costoro** [kos'to:ro] *v.* **costui**
**costoso, -a** [kos'to:so] *agg* teuer; (*dispendioso*) kostspielig
**costringere** [kos'trindʒere] <irr> *vt* zwingen; **~ qu a fare qc** jdn zwingen etw zu tun; **la febbre lo costringe a letto** das Fieber fesselt ihn ans Bett **costrittivo, -a** [kostrit'ti:vo] *agg* ① (JUR) zwingend, Zwangs- ② (LING) **consonanti -e** Reibelaute *mpl* **costrittore** [kostrit'to:re] *agg* (ANAT) Schließ-; **muscolo ~** Schließmuskel *m*
**costrizione** [kostrit'tsio:ne] *f* Zwang *m*
**costruire** [kostru'i:re] <costruisco> *vt* ① (ARCH) [er-, auf]bauen; (TEC) [zusammen]bauen ② (*fig*) errichten, aufbauen; **~ sulla sabbia** (*fig*) auf Sand bauen **costruttivo, -a** [kostrut'ti:vo] *agg* ① (*tecnica, processo*) baulich, Bau- ② (*fig*) konstruktiv, aufbauend **costrutto** [kos'trutto] *m* ① (LING) Konstruktion *f,* [Satz]bau *m* ② (*senso*) Sinn *m,* Zusammenhang *m* ③ (*fig: profitto*) Nutzen *m;* **cavare** [*o* **trarre**] **~ da qc** aus etw Nutzen ziehen **costruttore, -trice** [kostrut'to:re] *m, f* [Er]bauer(in) *m(f)* **costruzione** [kostrut'tsio:ne] *f* ① (ARCH) Bau *m;* (*fabbricazione*) [Auf]bau *m,* Konstruktion *f;* **essere in ~** im Bau [befindlich] sein ② (TEC) Bauart *f,* Bauweise *f* ③ (LING) Konstruktion *f,* [Satz]bau *m;* (LIT) Aufbau *m*

**costui, costei** [kos'tu:i, kos'tɛ:i] <costoro> *pron dim* diese(r, s), der/die/das da

**costume** [kos'tu:me] *m* ① (THEAT) Kostüm *nt;* (*foggia di vestire*) Tracht *f;* **~ da bagno** (*da donna*) Badeanzug *m;* (*da uomo*) Badehose *f* ② (*usanze*) Sitte *f*, Brauch *m;* (*abitudine*) Gewohnheit *f* ③ (*condotta morale*) Sitte *f*, Anstand *m;* **il buon ~** die guten Sitten *fpl;* **una donna di facili -i** eine Frau mit lockerem Lebenswandel; **squadra del buon ~** Sittenpolizei *f* **costumista** [kostu'mista] <-i *m*, -e *f*> *mf* Kostümbildner(in) *m(f)*

**costura** [kos'tu:ra] *f* Naht *f*

**cotangente** [kotan'dʒɛnte] *f* Kotangens *m*

**cotechino** [kote'ki:no] *m* Brühwurst aus Schweinefleisch

**cotenna** [ko'tenna] *f* Schwarte *f;* **avere la ~ dura** (*fig*) ein dickes Fell haben

**cotica** [ko:tika] <-che> *f* (*dial*) Schwarte *f*

**cotiledone** [koti'lɛ:done] *m* Keimblatt *nt*

**cotogna** [ko'toɲɲa] *f* Quitte *f* **cotognata** [kotoɲ'ɲa:ta] *f* Quittengelee *m* *o* *nt;* (*confitura*) Quittenmarmelade *f* **cotogno** [ko'toɲɲo] *m* Quitte *f*, Quittenbaum *m*

**cotoletta** [koto'letta] *f* Kotelett *nt;* (*senza osso*) Schnitzel *nt*

**cotonare** [koto'na:re] I. *vt* toupieren II. *vr* **-rsi** sich *dat* die Haare toupieren

**cotonata** [koto'na:ta] *f* einseitig bunt bedruckter Baumwollstoff *m* **cotonatura** [kotona'tu:ra] *f* Toupieren *nt*

**cotone** [ko'to:ne] *m* ① (*tessuto*) Baumwollstoff *m*, Baumwolle *f* ② (BOT) Baumwolle *f* ③ (*ovatta*) **~ |idrofilo|** Watte *f*

**cotoniero, -a** [koto'niɛ:ro] *agg* Baumwoll- **cotonificio** [kotoni'fi:tʃo] <-ci> *m* Baumwollspinnerei *f*

**cotta** [ˈkɔtta] *f* ① (*fam: passione amorosa*) Vernarrtheit *f*, Verliebtheit *f;* **avere una ~ per qu** in jdn verknallt sein; **prendersi una ~ per qu** sich in jdn verknallen ② (REL) Chorhemd *nt*

**cottage** [ˈkɔtidʒ] <-> *m* Landhaus *nt*

**cottimista** [kotti'mista] <-i *m*, -e *f*> *mf* Akkordarbeiter(in) *m(f)*

**cottimo** [ˈkɔttimo] *m* Akkord *m;* **lavorare a ~** im Akkord arbeiten

**cotto** [ˈkɔtto] *m* Tonfliese *f*

**cotto, -a** I. *pp di* **cuocere** II. *agg* ① (GASTR: *pronto*) gar; (*carne, verdura*) gekocht; (*in forno*) gebacken; (*in padella*) gebraten; (*in umido*) gedünstet, geschmort; **ben ~** durch[gebraten]; **~ e stracotto** (*a. fig*) zerkocht; **farne di -e e di crude** (*fig*) die unmöglichsten Dinge anstellen; **né ~ né crudo** (*fig*) weder Fisch noch Fleisch ② (*fam: innamorato*) **essere ~ di qu** in jdn verknallt sein ③ (*fig: sfinito*) geschafft

**cotton fioc** [ˈkɔtn fiˈɔk] <-> *m* Wattestäbchen *nt*

**cottura** [kot'tu:ra] *f* (GASTR) Garen *nt;* (*nell'acqua*) Kochen *nt;* (*in padella*) Braten *nt;* (*in umido*) Dünsten *nt*, Schmoren *nt;* (*in forno*) Backen *nt;* **punto di ~** Garpunkt *m*

**count** [ˈkaunt] <- *o* counts> *m* (SPORT) Punktzahl *f*

**count down** [ˈkaunt ˈdaun] <-> *m* Countdown *m* *o* *nt*

**coupé** [ku'pe] <-> *m* Coupé *nt*, Kupee *nt*

**coupon** [ku'pɔ̃] <-> *m* Coupon *m*, Abschnitt *m;* **~ per la benzina** Benzingutschein *m*

**couponing** [ˈku:pɔniŋ] <-> *m* Couponing *nt*

**couscoussiera** [kuskus'siera] *f* (GASTR) Pfanne zur Zubereitung von Kuskus

**cova** [ˈko:va] *f* Brut *f;* (*tempo*) Brutzeit *f*

**covare** [ko'va:re] I. *vt* ① (ZOO) ausbrüten ② (*fig: malattia*) ausbrüten *fam;* (*odio, sospetto, speranza*) hegen II. *vi* ① (ZOO) brüten ② (*fig: stare celato*) verborgen sein, schwelen **covata** [ko'va:ta] *f* Brut *f*

**coventrizzato, -a** [koventrid'dza:to] *agg* zerstört durch Bombardierung, dem Erdboden gleichgemacht

**coverage** [ˈkʌvəridʒ] <-> *m* Umfang *m*, Reichweite *f*, Geltungsbereich *m;* (INFORM) Versorgung *f*, Flächendeckung *f*

**cover girl** [ˈkʌvə ˈgəːl] *o* ˈkɔver ˈgɛrl] <-> *f* Covergirl *nt*

**cover story** [ˈkʌvə ˈstɔ:ri] <- *o* cover stories> *f* Titelgeschichte *f*, Titelstory *f*

**covo** [ˈko:vo] *m* ① (ZOO) Höhle *f*, Bau *m* ② (*fig: nascondiglio*) Schlupfwinkel *m*, Versteck *nt;* **~ di ladri** Diebesnest *nt*

**covone** [ko'vo:ne] *m* Garbe *f*

**cow-boy** [ˈkaubɔi] <-> *m* Cowboy *m*

**coyote** [ko'jote] *v.* **coiote**

**cozza** [ˈkɔttsa] *f* Miesmuschel *f*

**cozzare** [kot'tsa:re] I. *vi* ① (*sbattere*) anstoßen; **~ contro qu/qc** gegen jdn/etw stoßen ② (ZOO) mit den Hörnern stoßen ③ (*fig: mettersi in contrasto*) **~ con qu** sich mit jdm anlegen II. *vr* **-rsi** ① (*urtarsi*) zusammenstoßen ② (*contrastare*) aneinandergeraten **cozzo** [ˈkɔttso] *m* ① (*urto*) Stoß *m* ② (*fig: contrasto*) Auseinandersetzung *f*

**CP** *mpl abbr di* **Cattolici Popolari** *eine der Nachfolgeparteien der Democrazia Cristiana*

**C.P.** *abbr di* **Casella Postale** Postf.

**C.P.C.** *abbr di* **Codice di Procedura Civile** ZPO

**C.P.P.** *abbr di* **Codice di Procedura Penale** StPO

**C.p.r.** *abbr di* **con preghiera di restituzione** mit der Bitte um Rückerstattung

**CPU** *f abbr di* **Central Processing Unit** (INFORM) CPU *f*

**crac** [krak] <-> *m* ① (*rumore*) Knacken *nt*, Krachen *nt* ② (*fig* COM) Zusammenbruch *m*

**cracker** ['krækə *o* 'krɛkər] <-> *m* Cracker *m*

**cracking** ['krækiŋ] <-> *m* Krackverfahren *nt*

**Cracovia** *f* Krakau *nt*

**cracoviano, -a** [krako'vja:no] I. *agg* Krakauer II. *m, f* (*abitante*) Krakauer(in) *m(f)*

**CRAL** [kral] *m acro di* **Circolo Ricreativo Assistenziale Lavoratori** Freizeitverband für italienische Arbeiter

**crampo** ['krampo] *m* Krampf *m*

**cranico, -a** ['kra:niko] <-ci, -che> *agg* Schädel-; **trauma** ~ Schädeltrauma *nt* **cranio** ['kra:nio] <-i> *m* Schädel *m*

**crapula** ['kra:pula] *f* Völlerei *f*, Fressgier *f*

**crapulone, -a** [krapu'lo:ne] *m, f* Vielfraß *m*

**crash** [kræʃ] <-> *m* ① (*rumore*) Crash *m*, Krach[en] *nt* ② (INFORM) Absturz *m;* **avere un** ~ abstürzen **crash test** [kræʃ test] <- *o* crash tests> *m* Crashtest *m*

**crasso, -a** ['krasso] *agg* grob, krass; **intestino** ~ Dickdarm *m*

**cratere** [kra'tɛ:re] *m* Krater *m;* ~ **lunare** Mondkrater *m* **craterico, -a** [kra'tɛ:riko] <-ci, -che> *agg* Krater-

**crauti** ['kra:uti] *mpl* Sauerkraut *nt*

**cravatta** [kra'vatta] *f* Krawatte *f*, Schlips *m*

**cravattino** [kravat'ti:no] *m* Fliege *f*

**crawl** [krɔ:l] <-> *m* Kraul[schwimmen] *nt*, Kraulen *nt;* **battere il** ~ kraulen **crawlista** [kro'lista] <-i *m*, -e *f*> *mf* Kraulschwimmer(in) *m(f)*

**creanza** [kre'antsa] *f* ① (*educazione*) Erziehung *f* ② (*buone maniere*) Anstand *m*, Benehmen *nt*

**creare** [kre'a:re] *vt* ① (*produrre*) [er]schaffen; (COM: *società*) gründen; (*nella moda*) kreieren; (TEC) konstruieren; (*teoria*) aufstellen ② (*fig: scandalo, disagio*) verursachen; (*difficoltà*) machen, bereiten ③ (*nominare*) ernennen

**creatina** [krea'ti:na] *f* Kreatin *nt*

**creativa** *f v.* **creativo**

**creative writing** [kri(:)'etiv 'raitiŋ] <-> *f* kreatives Schreiben

**creatività** [kreativi'ta] <-> *f* Kreativität *f*

**creativo, -a** [krea'ti:vo] *agg* kreativ, schöpferisch

**creato** [kre'a:to] *m* Schöpfung *f*

**creato, -a** *agg* geschaffen **creatore, -trice** [krea'to:re] I. *agg* schöpferisch II. *m, f* Schöpfer(in) *m(f);* **il Creatore** (REL) der Herr, der Schöpfer **creatura** [krea'tu:ra] *f* ① (REL) Kreatur *f*, Geschöpf *nt* ② (*bambino*) kleines Wesen, Kind *nt* ③ (*essere umano*) Geschöpf *nt*, Wesen *nt* **creazione** [kreat'tsio:ne] *f* ① (*il creare*) [Er]schaffung *f*; (REL) Schöpfung *f* ② (*fondazione*) Gründung *f* ③ (*nella moda*) Kreation *f* ④ (TEC) Konstruktion *f* ⑤ (*invenzione*) Erfindung *f*

**crebbi** ['krebbi] *1. pers sing pass rem di* **crescere**

**credei** [kre'de:i] *1. pers sing pass rem di* **credere**[1]

**credente** [kre'dɛnte] I. *agg* gläubig II. *mf* Gläubige(r) *f(m)*

**credenza** [kre'dɛntsa] *f* ① (*mobile*) Anrichte *f* ② (*leggenda*) Glaube *m;* **-e popolari** Volksglaube *m*

**credenziale** [kreden'tsja:le] I. *agg* (*lettera*) Beglaubigungs- II. *pl* Akkreditiv *nt*

**credere**[1] ['kre:dere] <credo, credetti *o* credei, creduto> I. *vt* glauben; (*ritenere*) halten für; **io non ci credo** das glaube ich nicht; **lo credo bene!** (*fam*) das glaube ich gern!; **lo credo capace di tutto** ich glaube, er ist zu allem fähig; **credo che ...** +*conj* ich glaube, dass ...; **... da non** ~ (*fam*) so was von ..., ... ohne Ende; **qc è impertinente da non** ~ etw ist so was von dreist; **qc è noioso da non** ~ etw ist langweilig ohne Ende II. *vi* glauben; ~ **in qu/qc** an jdn/etw glauben; ~ **a qu** jdm glauben; **non potevo** ~ **ai miei occhi** ich traute meinen Augen kaum; **fa come credi** mach, was du für richtig hältst III. *vr* **-rsi** sich halten für; **-rsi furbo/intelligente** sich für schlau/intelligent halten; **ma chi ti credi di essere?** für wen hältst du dich eigentlich?

**credere**[2] *m* Meinung *f*, Vorstellung *f*

**credibile** [kre'di:bile] *agg* glaubhaft, glaubwürdig **credibilità** [kredibili'ta] <-> *f* Glaubhaftigkeit *f*, Glaubwürdigkeit *f*

**credit card** ['kredit ka:d] <- *o* credit cards> *f* Kreditkarte *f*

**creditizio, -a** [kredi'tittsio] <-i, -ie> *agg* Kredit-

**credit line** ['kredit lain] <- *o* credit lines> *f* Kredit|ober|grenze *f* **credito** ['kre:dito] *m* ① (COM, FIN) Kredit *m*, Forderung *f*, Darlehen *nt;* **comprare/vendere**

a ~ auf Kredit kaufen/verkaufen; **essere in** ~ Kredit haben; ~ **formativo** Ausbildungsdarlehen *nt;* ~ **d'imposta** Steuererstattungsanspruch *m* ② (*fig: stima*) Ansehen *nt;* (*attendibilità*) Glauben *m,* Beachtung *f;* **godere di molto** ~ sehr angesehen sein **creditore, -trice** [kredi'to:re] I. *agg* Gläubiger-, kreditgebend II. *m, f* Gläubiger(in) *m(f)*
**credo** ['krɛ:do] *m* (REL) Kredo *nt;* (*a. fig*) Glaubensbekenntnis *nt*
**credulità** [kreduli'ta] <-> *f* Leichtgläubigkeit *f* **credulo, -a** ['krɛ:dulo] *agg* leichtgläubig
**credulone, -a** [kredu'lo:ne] (*fam*) I. *agg* naiv, leichtgläubig II. *m, f* Einfaltspinsel *m,* Naivling *m* **creduto** [kre'du:to] *pp di* **credere**
**crema** ['krɛ:ma] I. *f* ① (*panna*) Sahne *f;* **gelato alla** ~ Eiscreme *f;* **la** ~ **della società** (*fig*) die Crème de la Crème ② (GASTR: *passato*) ~ **di pomodoro/piselli** Tomaten-/Erbsencremesuppe *f* ③ (*cosmetico, per calzature*) Creme *f;* ~ **antietà** Antiagingcreme *f;* ~ **per le mani** Handcreme *f;* ~ **da giorno/notte** Tages-/Nachtcreme *f;* ~ **da barba** Rasiercreme *f;* ~ **solare** Sonnencreme *f;* ~ **da scarpe** Schuhcreme *f* II. <inv> *agg* |color| ~ cremefarben
**cremagliera** [kremaʎ'ʎɛ:ra] *f* Zahnstange *f;* **ferrovia a** ~ Zahnradbahn *f*
**cremare** [kre'ma:re] *vt* einäschern **crematorio** [krema'tɔ:rio] <-i> *m* Krematorium *nt* **cremazione** [kremat'tsio:ne] *f* Einäscherung *f*
**crème** [krɛm] <-> *f* (*fig*) Crème *f;* **la** ~ **della società** die Crème de la Crème
**cremeria** [kreme'ri:a] <-ie> *f* Molkerei *f*
**cremisi** ['krɛ:mizi] I. <inv> *agg* karmesinrot, karminrot II. <-> *m* Karmesin *nt,* Karmin *nt*
**Cremlino** [krem'li:no] *m* Kreml *m*
**Cremona** [kre'mo:na] *f* Cremona *nt* (*Stadt in der Lombardei*)
**cremonese** [kremo'ne:se] I. *agg* Cremoneser II. *mf* (*abitante*) Cremoneser(in) *m(f)* III. *f* ① (*sistema di chiusura*) Basküleverschluss *m* ② (*focaccia dolce*) süßer Hefekuchen *m*
**Cremonese** <*sing*> *m* Umgebung *f* von Cremona
**cremore** [kre'mo:re] *m* ~ **di tartaro** Weinstein *m*
**cren** [krɛn] <-> *m* Meerrettich *m,* Kren *m A*

**crepa** ['krɛ:pa] *f* Riss *m,* Sprung *m* **crepaccio** [kre'pattʃo] <-cci> *m* Spalte *f;* ~ **di un ghiacciaio** Gletscherspalte *f*
**crepacuore** [krepa'kuɔ:re] *m* **morire di** ~ an gebrochenem Herzen sterben
**crepapelle** [krepa'pɛlle] *avv* **a** ~ (*fam*) zum Platzen; **ridere a** ~ (*fam*) sich kaputtlachen
**crepare** [kre'pa:re] I. *vi* essere ① (*muro, terra*) bersten, aufbrechen ② (*pelle*) aufspringen, aufplatzen ③ (*fig fam*) ~ **di rabbia** vor Wut platzen; ~ **di paura** vor Angst sterben ④ (*pej: morire*) krepieren *vulg,* verrecken *vulg;* ~ **dal caldo** (*fam*) vor Hitze eingehen; ~ **dalla sete/fame** (*fam*) vor Durst/Hunger eingehen; ~ **dalle risa** (*fam*) sich totlachen; **in bocca al lupo!** — **Crepi [il lupo]!** (*fam*) toi, toi, toi!, Hals- und Beinbruch! II. *vr* **-rsi** aufbrechen, rissig werden
**crêpe** [krɛp] <-> *f* (GASTR) Crêpe *f*
**creperia** [krepe'ri:a] <-ie> *f* Crêperie *f,* Lokal *nt,* in dem Crêpes serviert werden
**crepitare** [krepi'ta:re] *vi* (*fuoco*) knistern; (*pioggia*) prasseln **crepitio** [krepi'ti:o] <-ii> *m* (*del fuoco*) Knistern *nt;* (*della pioggia*) Prasseln *nt*
**crepuscolare** [krepusko'la:re] *agg* ① (*luce, cielo*) dämm[e]rig, Dämmer- ② (*fig: sentimenti, sensazione*) vage, unbestimmt **crepuscolarismo** [krepuskola'rizmo] *m* Crepuscolarismo *m* (*Richtung der italienischen Lyrik zu Beginn des 20. Jh.*)
**crepuscolo** [kre'puskolo] *m* ① (*ora*) Dämmerung *f;* (*luce*) Dämmerlicht *nt* ② (*fig: declino*) Untergang *m,* Ende *nt*
**crescendo** [kreʃ'ʃɛndo] *m* ① (MUS) Crescendo *nt* ② (*fig: aumento di intensità*) Anschwellen *nt* **crescente** [kreʃ'ʃɛnte] *agg* zunehmend
**crescenza** [kreʃ'ʃɛntsa] *f* (GASTR) *sahniger Weichkäse aus der Lombardei*
**crescere** ['kreʃʃere] <cresco, crebbi, cresciuto> I. *vi* essere ① (*aumentare, svilupparsi*) wachsen, zunehmen; ~ **di peso/volume** an Gewicht/Volumen zunehmen; **farsi** ~ **i capelli** sich *dat* die Haare wachsen lassen; **come sei cresciuto!** du bist aber gewachsen! ② (*fig*) ~ **in bellezza/virtù** an Schönheit/Tugend gewinnen; ~ **nella stima di qu** in jds Achtung steigen II. *vt* avere ① (*figli*) aufziehen, großziehen ② (BOT) ziehen, züchten ③ (COM: *prezzi*) erhöhen
**crescione** [kreʃ'ʃo:ne] *m* [Brunnen]kresse *f*
**crescita** ['kreʃʃita] *f* Wachstum *nt;* ~ **zero** (COM) Nullwachstum *nt*

**cresciuto** [kreʃˈʃuːto] *pp di* **crescere**
**cresco** [ˈkresko] *1. pers sing pr di* **crescere**
**cresima** [ˈkrɛːzima] *f* Firmung *f;* (*nella chiesa luterana*) Konfirmation *f* **cresimando, -a** [krezi'mando] *m, f* Firmling *m;* (*nella chiesa luterana*) Konfirmand(in) *m(f)* **cresimare** [krezi'maːre] I. *vt* firmen; (*nella chiesa luterana*) konfirmieren II. *vr* **-rsi** gefirmt/konfirmiert werden
**crespella** [kresˈpɛlla] *f* (GASTR) *dünner Pfannkuchen mit Füllung*
**crespo** [ˈkrespo] *m* Krepp *m*
**crespo, -a** *agg* (*capelli*) kraus; (*tessuto*) gekräuselt
**cresta** [ˈkresta] *f* ❶ (ZOO) [Hahnen]kamm *m;* **alzare/abbassare la ~** (*fig*) den Kopf hoch tragen/einziehen ❷ (GEOG) [Gebirgs]kamm *m*, Grat *m;* **essere sulla ~ dell'onda** (*fig*) auf dem Gipfel des Erfolgs sein
**creta** [ˈkreːta] *f* ❶ (MIN) Ton *m* ❷ (GEOL) Kreide *f* ❸ (*oggetto*) Tongefäß *nt;* (*statuetta*) Tonfigur *f*
**cretaceo, -a** *agg* Kreide-; **periodo ~** Kreidezeit *f*
**cretina** *f v.* **cretino**
**cretinata** [kretiˈnaːta] *f* (*fam*) Blödsinn *m*
**cretineria** [kretineˈriːa] <-ie> *f* (*fam*) Dummheit *f* **cretinismo** [kretiˈnizmo] *m* Kretinismus *m*, Schwachsinnigkeit *f* **cretino, -a** [kreˈtiːno] I. *agg* (*fam*) blöd[e], blödsinnig II. *m, f* (*fam: stupido*) Idiot(in) *m(f)*
**CRI** *f abbr di* **Croce Rossa Italiana** ≈ DRK *nt*
**cric** [krik] <-> *m* (*fam*) Wagenheber *m*
**cricca** [ˈkrikka] <-cche> *f* Clique *f;* (*a. pej*) Bande *f*
**cricchiare** [krikˈkiaːre] *vi* knirschen
**cricchio** [ˈkrikkio] <-cchi> *m* Knirschen *nt*
**cricco** [ˈkrikko] <-cchi> *m v.* **cric**
**criceto** [kriˈtʃɛːto] *m* Hamster *m*
**cricket** [ˈkrikit] <-> *m* Kricket *nt*
**Crimea** [kriˈmɛːa] *f* Krim *f*
**criminale** [krimiˈnaːle] I. *agg* Kriminal-; (*criminoso*) kriminell II. *mf* Kriminelle(r) *f(m)*, Verbrecher(in) *m(f)* **criminalista** [kriminaˈlista] <-i *m*, -e *f*> *mf* Kriminalist(in) *m(f)*, Strafrechtler(in) *m(f)* **criminalità** [kriminaliˈta] <-> *f* Kriminalität *f;* **~ finanziaria** Wirtschaftskriminalität *f;* **~ organizzata** organisiertes Verbrechen **criminalizzazione** [kriminaliddzatˈtsioːne] *f* Kriminalisierung *f;* **~ della protesta politica** politische Protestaktionen zur Strafsache machen **Criminalpol.** [ˈkriːminalpol] <-> *f* Kriminalpolizei *f*
**crimine** [ˈkriːmine] *m* Verbrechen *nt;* **-i di guerra** Kriegsverbrechen *ntpl*
**criminologa** *f v.* **criminologo**
**criminologia** [kriminoloˈdʒiːa] <-gie> *f* Kriminologie *f* **criminologo, -a** [kriˈmiːnɔːlogo] <-gi, -ghe> *m, f* Kriminologe *m*/Kriminologin *f* **criminoso, -a** [krimiˈnoːso] *agg* kriminell
**crinale** [kriˈnaːle] *m* [Gebirgs]kamm *m*, Grat *m*
**crine** [ˈkriːne] *m* ❶ (ZOO) [Ross]haar *nt* ❷ (BOT) Faser *f*
**criniera** [kriˈniɛːra] *f* (*a. scherz*) Mähne *f*
**crinolina** [krinoˈliːna] *f* Krinoline *f*
**cripta** [ˈkripta] *f* Krypta *f*
**criptare** [kripˈtaːre] *vt* (INFORM) kodieren, verschlüsseln; **~ un programma televisivo** einen Fernsehsender verschlüsseln
**criptato, -a** [kripˈtaːto] *agg* (INFORM) kodiert, verschlüsselt; **programma televisivo ~** Pay-TV *nt*, Abonnementfernsehen *nt*
**crisalide** [kriˈzaːlide] *f* (ZOO) Puppe *f*
**crisantemo** [krizanˈtɛːmo] *m* Chrysantheme *f*
**crisi** [ˈkriːzi] <-> *f* Krise *f;* (MED) Anfall *m;* **~ congiunturale** Konjunkturschwäche *f;* **~ economica** Wirtschaftskrise *f;* **~ epilettica** epileptischer Anfall; **~ di governo** Regierungskrise *f;* **~ di nervi** Nervenzusammenbruch *m;* **~ di pianto** Weinkrampf *m;* **essere in ~** sich in einer Krise befinden
**crisis management** [ˈkraisis ˈmɛnidʒmɛnt] *m* Beschwerdemanagement *nt*
**crisma** [ˈkrizma] <-i> *m* Chrisma *nt*, Salböl *nt;* **con tutti i -i** (*fig*) ganz ordnungsgemäß
**criss-cross** [ˈkriskrɔs] <inv> *agg* gekreuzt, Kreuz-; **reggiseno ~** Büstenhalter mit verschränkten Riemen
**cristalleria** [kristalleˈriːa] <-ie> *f* ❶ (*da tavola*) Tafelkristall *nt* ❷ (*fabbrica*) Kristallwarenfabrik *f*
**cristalliera** [kristalˈliɛːra] *f* [Glas]vitrine *f*
**cristallino** [kristalˈliːno] *m* (ANAT) Linse *f*
**cristallino, -a** *agg* ❶ (*fig: voce, acqua*) kristallklar ❷ (MIN) kristallin
**cristallizzare** [kristalliddˈdzaːre] I. *vt* ❶ (CHEM) kristallisieren ❷ (*fig*) erstarren lassen II. *vr* **-rsi** ❶ (CHEM) sich kristallisieren ❷ (*fig*) erstarren
**cristallizzazione** [kristalliddzatˈtsioːne] *f* ❶ (CHEM) Kristallisierung *f*, Kristallisation *f* ❷ (*fig*) Erstarrung *f*

**cristallo** [kris'tallo] *m* ①(MIN) Kristall *m* ②(*vetro*) Kristall[glas] *nt;* (*lastra*) [Fenster]scheibe *f*
**cristiana** *f v.* **cristiano**
**cristianesimo** [kristia'ne:zimo] *m* Christentum *nt* **cristianità** [kristiani'ta] <-> *f* ①(*qualità*) Christlichkeit *f* ②(*tutti i cristiani*) Christenheit *f* **cristianizzare** [kristianid'dza:re] *vt* zum Christentum bekehren, christianisieren
**cristiano, -a** [kris'tia:no] I. *agg* christlich, Christen- II. *m, f* ①(REL) Christ(in) *m(f)* ②(*fam fig: essere umano*) Mensch *m;* **da ~** (*fam*) anständig, vernünftig; **essere un buon ~** (*fam*) ein guter Mensch sein
**cristo** ['kristo] *m* ①(REL) **Cristo** Christus *m;* **avanti/dopo Cristo** vor/nach Christus ②(*fam: persona miserevole, malridotta*) Mensch *m,* Kerl *m;* **un povero ~** ein armer Teufel
**criterio** [kri'tɛ:rio] <-i> *m* ①(*norma*) Kriterium *nt* ②(*senno*) Vernunft *f,* Verstand *m;* **una persona di ~** ein vernünftiger Mensch; **fare qc con ~** etw mit Vernunft tun
**critica** ['kri:tika] <-che> *f* Kritik *f;* **~ sociale** Sozialkritik *f;* **~ storica/letteraria** Geschichts-/Literaturkritik *f;* **rivolgere -che a qu** jdn kritisieren **criticabile** [kriti'ka:bile] *agg* tadelnswert **criticare** [kriti'ka:re] *vt* kritisieren (LIT, FILM, THEAT, MUS) besprechen **critichese** [kriti'ke:se] *m* Kritikaster *m,* Nörgler *m* **critico, -a** ['kri:tiko] <-ci, -che> I. *agg* kritisch; (*difficile*) schwierig; (*a. pej*) nörglerisch II. *m, f* Kritiker(in) *m(f);* **~ letterario/musicale** Literatur-/Musikkritiker *m*
**criticone, -a** [kriti'ko:ne] *m, f* (*fam*) Nörgler(in) *m(f)*
**crittare** [krit'ta:re] *vt v.* **criptare**
**crittato, -a** [krit'ta:to] *agg v.* **criptato**
**crivellare** [krivel'la:re] *vt* durchsieben; **~ qu di pallottole** jdn mit Kugeln durchlöchern
**croato, -a** [kro'a:to] I. *agg* kroatisch; **repubblica ~a** kroatische Republik II. *m, f* (*abitante*) Kroate *m*/Kroatin *f* III. *m* (*lingua*) Kroatisch(e) *nt*
**Croazia** *f* Kroatien *nt*
**croccante** [krok'kante] I. *agg* knusp[e]rig II. *m* Krokant *m*
**crocchetta** [krok'ketta] *f* Krokette *f*
**crocchia** ['krɔkkia] <-cchie> *f* (*di capelli*) Knoten *m*
**crocchio** ['krɔkkio] <-cchi> *m* Grüppchen *nt*
**croce** ['kro:tʃe] *f* Kreuz *nt;* (*onorificenza*) [Verdienst]kreuz *nt;* (*segno*) Kreuz[zeichen] *nt;* **Croce Rossa/Verde** Rotes/Grünes Kreuz; **farsi il segno della ~** sich bekreuzigen; **testa o ~?** Kopf oder Zahl?; **fare una ~ su qc** (*fig*) etw abhaken; **in ~** gekreuzt; (*braccia*) verschränkt; **ciascuno ha la sua ~** (*fig*) jeder hat sein Kreuz zu tragen
**crocerossina** [krotʃeros'si:na] *f* Rotkreuzschwester *f*
**crocevia** [krotʃe'vi:a] <-> *m* [Weg]kreuzung *f*
**crociata** [kro'tʃa:ta] *f* Kreuzzug *m*
**crociato** [kro'tʃa:to] *m* Kreuzritter *m*
**crociato, -a** *agg* gekreuzt; **parole -e** Kreuzworträtsel *nt;* **scudo ~** Kreuzwappen *nt* (*Emblem della Democrazia Cristiana*)
**crocicchio** [kro'tʃikkio] <-cchi> *m* [Weg]kreuzung *f*
**crociera** [kro'tʃɛ:ra] *f* ①(NAUT) Kreuzfahrt *f* ②(AERO) Reiseflug *m;* **velocità di ~** Reisegeschwindigkeit *f* ③(ARCH) [Gewölbe]kreuz *nt;* **volta a ~** Kreuzgewölbe *nt*
**crocifiggere** [krotʃi'fiddʒere] <crocifiggo, crocifissi, crocifisso> *vt* ①(REL) kreuzigen ②(*fig: tormentare*) quälen **crocifissione** [krotʃifis'sio:ne] *f* Kreuzigung *f*
**crocifisso**[1] [krotʃi'fisso] *m* ①(*persona*) Gekreuzigte(r) *m* ②(REL: *immagine di Gesù*) Kruzifix *nt*
**crocifisso**[2] *pp di* **crocifiggere**
**croco** ['krɔ:ko] <-chi> *m* Krokus *m*
**crogiolare** [krodʒo'la:re] I. *vt* ①(*cuocere*) köcheln [lassen] ②(*oggetti di vetro*) langsam abkühlen lassen II. *vr* **-rsi** sich aalen; **-rsi al sole** sich in der Sonne aalen
**crogiolarsi** [krodʒo'larsi] *vr* sich aalen **crogiolo** [kro'dʒɔ:lo] *m* (*a. fig*) Schmelztiegel *m*
**crollare** [krol'la:re] *vi* essere ①(*costruzione*) einstürzen, zusammenbrechen ②(*persone*) zusammenbrechen; (*prezzi*) fallen **crollo** ['krɔllo] *m* ①(*di casa, ponte*) Einsturz *m,* Zusammenbruch *m* ②(COM) Zusammenbruch *m;* (*dei prezzi*) Sturz *m;* **~ delle nascite** Geburtenknick *m* ③(*fig: caduta definitiva*) Zusammenbruch *m,* Ende *nt*
**croma** ['krɔ:ma] *f* Achtelnote *f*
**cromare** [kro'ma:re] *vt* verchromen
**cromaticità** [kromatitʃi'ta] <-> *f* ①(*valore coloristico*) Farbigkeit *f,* Farbgebung *f* ②(LIT, MUS, KUNST) Chromatik *f*
**cromatico, -a** [kro'ma:tiko] <-ci, -che> *agg* chromatisch
**cromatismo** [kroma'tizmo] *m* Chromatik *f*
**cromato, -a** [kro'ma:to] *agg* verchromt

**cromatura** [kroma'tu:ra] *f* Verchromung *f*
**cromo** ['krɔ:mo] *m* Chrom *nt*
**cromosoma** [kromo'sɔ:ma] <-i> *m* Chromosom *nt* **cromosomico, -a** [kromo'sɔ:miko] <-ci, -che> *agg* Chromosomen-
**cronaca** ['krɔ:naka] <-che> *f* Chronik *f*, Reportage *f*; ~ **bianca** allgemeiner Nachrichtenteil; ~ **nera** Verbrechens- und Unfallmeldungen *fpl*; ~ **politica** politische Meldungen *fpl*; ~ **rosa** [*o* **mondana**] Klatschspalte *f*; **fatti di** ~ Tagesereignisse *ntpl*
**cronica** *f v.* **cronico**
**cronicità** [kronitʃi'ta] <-> *f* chronischer Charakter
**cronico, -a** ['krɔ:niko] <-ci, -che> I. *agg* chronisch II. *m, f* chronisch Kranke(r) *f(m)*
**cronista** [kro'nista] <-i *m*, -e *f*> *mf* Berichterstatter(in) *m(f)*, Reporter(in) *m(f)*
**cronistoria** [kronis'tɔ:ria] *f* Chronik *f*
**cronologia** [kronolo'dʒi:a] <-gie> *f* Chronologie *f*, zeitliche Abfolge **cronologico, -a** [krono'lɔ:dʒiko] <-ci, -che> *agg* chronologisch
**cronometraggio** [kronome'traddʒo] <-ggi> *m* Zeitmessung *f*, Zeitnahme *f* **cronometrare** [kronome'tra:re] *vt* [ab]stoppen **cronometrista** [kronome'trista] <-i *m*, -e *f*> *mf* Zeitnehmer(in) *m(f)* **cronometro** [kro'nɔ:metro] *m* Chronometer *m*; (SPORT) Stoppuhr *f*
**cronoscalata** [kronoska'la:ta] *f* (SPORT) Bergzeitfahren *nt*
**cronotachigrafo** [kronota'ki:grafo] *m* Chronotachograf *m*, Fahrtenschreiber *m*
**cronotecnica** [krono'tɛknika] <-che> *f* Chronotechnik *f* **cronotecnico, -a** [krono'tɛkniko] <-ci, -che> *m, f* Chronotechniker(in) *m(f)*
**cross** [krɔs] <-> *m* ① (*motociclismo*) Motocross *nt* ② (*nel calcio*) Flanke *f* ③ (*nel pugilato*) Gerade *f* **crossare** [kros'sa:re] *vi* flanken
**crossculturale** [krosskultu'ra:le] *agg* kulturübergreifend
**crossdromo** [kross'drɔmo] *m v.* **crossodromo**
**crossista** [kros'sista] <-i *m*, -e *f*> *mf* Motocross-Fahrer(in) *m(f)* **crossodromo** [krosso'drɔmo] *m* Motodrom *nt*
**crosta** ['krɔsta] *f* ① (*del pane*) Kruste *f*; (*del formaggio*) Rinde *f* ② (MED) Schorf *m*, Kruste *f*; ~ **lattea** Milchschorf *m* ③ (GEOG) Kruste *f*; ~ **terrestre** Erdkruste *f*
**crostacei** [kros'ta:tʃei] *mpl* Krustentiere *ntpl*

**crostale** [kros'ta:le] *agg* Erdkrusten-; **zona** ~ Erdkrustenzone *f*; **zolla** ~ Erdkrustenscholle *f*
**crostata** [kros'ta:ta] *f* Mürbeteigkuchen, meist mit Obst oder Marmelade
**crostino** [kros'ti:no] *m* [gerösteter] Brotwürfel *m*
**crotalo** ['krɔ:talo] *m* Klapperschlange *f*
**crucca** *f v.* **crucco**
**crucciare** [krut'tʃa:re] I. *vt* betrüben II. *vr* **-rsi** sich grämen **cruccio** ['kruttʃo] <-cci> *m* Kummer *m*, Gram *m*
**crucco, -a** ['krukko] <-cchi, -cche> *m, f* (*fam pej*) Deutsche(r) *f(m)*
**cruciale** [kru'tʃa:le] *agg* entscheidend, kritisch
**cruciforme** [krutʃi'fɔrme] *agg* kreuzförmig
**cruciverba** [krutʃi'vɛrba] <-> *m* Kreuzworträtsel *nt*
**crudele** [kru'de:le] *agg* grausam **crudeltà** [krudel'ta] <-> *f* Grausamkeit *f*
**crudo, -a** ['kru:do] *agg* ① (*carne, verdura*) roh ② (*fig*) nackt
**cruento, -a** [kru'ɛnto] *agg* blutig
**cruising** ['kru:ziŋ] <-> *m* Cruising *nt*
**crumira** *f v.* **crumiro**
**crumiraggio** [krumi'raddʒo] <-ggi> *m* Streikbruch *m*
**crumiro, -a** [kru'mi:ro] *m, f* Streikbrecher(in) *m(f)*
**cruna** ['kru:na] *f* Nadelöhr *nt*
**crusca** ['kruska] <-sche> *f* Kleie *f*; **l'Accademia della Crusca** *Gesellschaft zur Pflege der italienischen Sprache*
**cruscotto** [krus'kɔtto] *m* Armaturenbrett *nt*
**c.s.** *abbr di* **come sopra** w.o., wie oben
**CT** <-> *m abbr di* **Commissario Tecnico** ≈ Fußballbundestrainer
**cubanizzare** [kubanid'dza:re] (POL) I. *vt* politisch isolieren, ins politische Abseits stellen II. *vr* **-rsi** sich ins politische Abseits stellen **cubanizzazione** [kubaniddzat'tsio:ne] *f* (POL) politische Isolation *f*
**cubatura** [kuba'tu:ra] *f* Rauminhalt *m*, Volumen *nt*
**cubettatrice** [kubetta'tri:tʃe] *f* Maschine *f* zur Herstellung von Würfeln
**cubetto** [ku'betto] *m* Würfel *m*
**cubicità** [kubitʃi'ta] <-> *f* Würfelform *f*
**cubico, -a** [ku'bi:ko] <-ci, -che> *agg* ① (*forma*) kubisch, würfelförmig ② (MAT) kubisch, Kubik-; **radice -a** Kubikwurzel *f*
**cubismo** [ku'bizmo] *m* Kubismus *m*
**cubista** [ku'bista] <-i *m*, -e *f*> I. *mf* ① (*artista*) Kubist(in) *m(f)* ② (*nelle discoteche*) Table-Dancer *m* II. *agg* kubistisch

**cubito** ['ku:bito] *m* Elle *f*
**cubo** ['ku:bo] I. *m* ① (MAT) Kubus *m*, Würfel *m*; (*terza potenza*) dritte Potenz ② (*oggetto*) Würfel *m* II. *agg* **metro** ~ Kubikmeter *m o nt*
**cucador** [kuka'dor] <- *o* cucadores> *m* (*sl*) Frauenheld *m*, Playboy *m*
**cuccagna** [kuk'kaɲɲa] *f* Schlaraffenland *nt*; **il paese della** ~ das Schlaraffenland; **l'albero della** ~ *Klettermast, an dessen oberen Ende Preise hängen*
**cuccare** [kuk'ka:re] I. *vt* (*fam*) ① (*ingannare*) reinlegen, anschmieren ② (*prendere*) erwischen, ertappen ③ (*fig: rimorchiare*) abschleppen, mitschleppen II. *vr* **-rsi** (*fam*) ① (*prendersi*) sich holen ② (*sorbirsi*) über sich ergehen lassen
**cuccetta** [kut'tʃetta] *f* (NAUT) Koje *f*; (FERR) Platz *m* im Liegewagen **cuccettista** [kut-tʃet'tista] <-i *m*, -e *f*> *mf* Liegewagenschaffner(in) *m(f)*
**cucchiaiata** [kukkia'ia:ta] *f* Löffel [voll] *m*
**cucchiaino** [kukkia'i:no] *m* Teelöffel *m*; **sono da raccattare col ~** (*fam*) ich gehe auf dem Zahnfleisch **cucchiaio** [kuk'kia:io] <-ai> *m* ① (*da tavola*) [Ess]löffel *m* ② (TEC) Schaufel *f* **cucchiaione** [kukkia'io:ne] *m* Kelle *f*, Schöpflöffel *m*
**cuccia** ['kuttʃa] <-cce> *f* ① (*del cane*) Hundehütte *f*; (*giaciglio*) Körbchen *nt*; **a ~!** Platz!; (*fig scherz*) kusch! ② (*fig fam: letto*) Falle *f*, Kiste *f*
**cucciola** *f v.* **cucciolo**
**cucciolata** [kuttʃo'la:ta] *f* Wurf *m* **cucciolo, -a** ['kuttʃolo] *m*, *f* [Hunde]junge(s) *nt*, Welpe *m*
**cucco** ['kukko] <-cchi> *m* ① (*cuculo*) Kuckuck *m*; **vecchio come il ~** (*fam*) uralt ② (*cocco*) Liebling *m*, Nesthäkchen *nt*
**cuccuma** ['kukkuma] *f* Kanne *f*
**cucina** [ku'tʃi:na] *f* ① (*luogo*) Küche *f*; **~ componibile** [*o* **all'americana**] Einbauküche *f* ② (*arte, modo*) Küche *f*, Kochkunst *f*; **libro di ~** Kochbuch *nt* ③ (*apparecchio*) Herd *m*; **~ a gas** Gasherd *m*, Rechaud *m A*; **~ elettrica** Elektroherd *m*
**cucinare** [kutʃi'na:re] I. *vt* kochen, zubereiten II. *vi* kochen
**cuciniere, -a** [kutʃi'niɛ:re] *m*, *f* Küchenmeister *m*
**cucinino** [kutʃi'ni:no] *m*, **cucinotto** [kutʃi'nɔtto] *m* Kochnische *f*
**cucire** [ku'tʃi:re] *vt* nähen; **macchina da ~** Nähmaschine *f*; **~ la bocca a qu** (*fig*) jdm den Mund stopfen
**cucito** [ku'tʃi:to] *m* Näherei *f*, Näharbeit *f*

**cucito, -a** *agg* genäht; **avere le labbra -e** (*fig*) beharrlich schweigen **cucitrice** [kutʃi'tri:tʃe] *f* ① (TEC) Nähmaschine *f* ② (TYP) Heftmaschine *f*; (*per carta*) Hefter *m* **cucitura** [kutʃi'tu:ra] *f* ① (*di tessuto*) Naht *f* ② (TYP) Heftung *f*
**cucù** [ku'ku] I.<-> *m* ① (ZOO) Kuckuck *m* ② (*orologio*) Kuckucksuhr *f* II. *int* kuckuck **cuculo** [ku'ku:lo] *m* Kuckuck *m*
**cuffia** ['kuffia] <-ie> *f* ① (*per la testa*) Haube *f*; **~ da bagno** Badekappe *f* ② (TEL, RADIO) Kopfhörer *m*
**cugino, -a** [ku'dʒi:no] *m*, *f* Cousin *m*/Cousine *f*
**cui** ['ku:i] *pron rel* ① (*con preposizioni*) **con ~** mit dem/der; **di ~** von dem/der; **in ~** in [*o* an] dem/der; **per ~** für den/die/das ② (*a cui*) dem/der/denen *pl* ③ (*di cui*) dessen/deren
**culatello** [kula'tɛllo] *m emilianischer Schinkenart*
**culat(t)one** [kula(t)'to:ne] *m* (*vulg*) Hinterlader *m*
**culinaria** [kuli'na:ria] <-ie> *f* Kochkunst *f*
**culinario, -a** [kuli'na:rio] <-i, -ie> *agg* kulinarisch, Koch-; **arte -a** Kochkunst *f*
**culla** ['kulla] *f* Wiege *f*; **fin dalla ~** von Geburt an **cullare** [kul'la:re] I. *vt* wiegen II. *vr* **-rsi** (*a. fig*) sich wiegen
**culminante** [kulmi'nante] *agg* Haupt-, Gipfel-; **punto ~** Höhepunkt *m*
**culminare** [kulmi'na:re] *vi essere* ① (*fig: arrivare all'apice*) gipfeln; **~ in qc** in etw *dat* gipfeln ② (ASTR) kulminieren **culminazione** [kulminat'tsio:ne] *f* Kulmination *f*
**culmine** ['kulmine] *m* ① (*fig: apice*) Gipfel *m*, Höhepunkt *m* ② (*di monte*) Gipfel *m*, Spitze *f*
**culo** ['ku:lo] *m* ① (*vulg*) Arsch *m*; **prendere qu per il ~** jdn verarschen; **farsi il ~** [*o* **un ~ così**] sich den Arsch aufreißen; **va a fare in ~** leck mich am Arsch ② (*fam: fortuna*) Schwein *nt*, Dusel *m*; **avere ~** Schwein haben *fam* ③ (*di bicchiere, bottiglia*) Boden *m*
**cult** [kʌlt] I.<-> *m* Kult *m* II.<inv> *agg* Kult-; **~ movie** Kultfilm *m*
**culto** ['kulto] *m* ① (REL) Kult[us] *m*; (*religione*) Religion *f*; **libertà di ~** Religionsfreiheit *f* ② (*fig: venerazione*) Kult *m*; **avere il ~ della propria persona** übertriebenen Wert auf sein Äußeres legen **cultore, -trice** [kul'to:re] *m*, *f* Liebhaber(in) *m(f)*, Förderer *m*/Förderin *f*
**cultura** [kul'tu:ra] *f* ① (*gener*) Kultur *f*, Bildung *f*; **un uomo di ~** ein kultivierter Mann; **farsi una ~** sich bilden ② (AGR) Kul-

tur *f*, Pflanzung *f*, Anbau *m* **culturale** [kultu'ra:le] *agg* ❶ (*preparazione, prova*) kulturell ❷ (*associazione, scambi*) Kultur- **culturalismo** [kultura'lizmo] *m* ❶ (*sfoggio di cultura*) übertriebene Zurschaustellung von Bildung; **un'opera che presenta un ~ eccessivo** ein übertrieben bildungsbetontes Werk ❷ (*interpretazione*) Auslegung *f*, Deutung *f* **culturalistico, -a** [kultura'listiko] <-ci, -che> *agg* ❶ (*che sfoggia cultura*) bildungsprahlerisch, bildungsprotzig ❷ (*di interpretazione*) interpretatorisch; **opera eccessivamente -a** ein übertrieben bildungsbetontes Werk
**culturismo** [kultu'rizmo] *m* Bodybuilding *nt* **culturista** [kultu'rista] <-i *m*, -e *f*> *mf* Bodybuilder(in) *m(f)*
**cumino** [ku'mi:no] *m* Kümmel *m*
**cumulabile** [kumu'la:bile] *agg* kumulierbar **cumulare** [kumu'la:re] *vt* anhäufen, kumulieren **cumulativo, -a** [kumula'ti:vo] *agg* Sammel-; (*prezzo*) Gesamt- **cumulismo** [kumu'lizmo] *m* (*obs*) Kumulierung *f*, Anhäufung *f* **cumulo** ['ku:mulo] *m* ❶ (*di cose*) Haufen *m*; **dire un ~ di sciocchezze** einen Haufen Unsinn reden ❷ (METEO) Kumulus *m*, Haufenwolke *f*
**cuneense** [kune'ɛnse] I. *agg* aus [*o* von] Cuneo II. *mf* (*abitante*) Einwohner(in) *m(f)* von Cuneo III. *m* (*cioccolatino*) Praline *f* aus Schokolade
**Cuneense** <*sing*> *m* Umgebung *f* von Cuneo
**cuneiforme** [kunei'forme] I. *agg* keilförmig; **caratteri -i** Keilschriftzeichen *ntpl* II. *m* Keilschrift *f*
**cuneo** ['ku:neo] *m* Keil *m*
**Cuneo** *f* Cuneo *nt* (*Stadt in Piemont*)
**cunetta** [ku'netta] *f* Querrinne *f*
**cunicolo** [ku'ni:kolo] *m* Stollen *m*, unterirdischer Gang
**cuoca** *f v.* **cuoco**
**cuocere** ['kuɔ:tʃere] <cuocio, cossi, cotto> I. *vt avere* ❶ (GASTR) garen; (*nell'acqua*) kochen; (*in padella*) braten; (*in forno*) backen; (*in umido*) dünsten, schmoren; **~ alla griglia** grillen; **~ sulla brace** rösten ❷ (*ceramiche, mattoni, calcina*) brennen ❸ (*sole*) verbrennen, austrocknen II. *vi essere* ❶ (GASTR) kochen; **il riso sta cuocendo** der Reis kocht ❷ (*fig: offesa*) wehtun, brennen
**cuociuova** [kuɔ:tʃiu'ɔ:va] <-> *m* Eierkocher *m*
**cuoco, -a** ['kuɔ:ko] <-chi, -che> *m, f* Koch *m*/Köchin *f*; **troppi -chi guastano la cucina** (*prov*) viele Köche verderben den Brei
**cuoio** ['kuɔ:io] <*pl*: -oi *m o fig* -a *f*> *m* ❶ (ANAT, ZOO) Leder *nt* ❷ (*fig scherz: pelle dell'uomo*) Fell *nt*; **capelluto** Kopfhaut *f*; **tirare** [*o* **lasciarci**] **le -a** (*fig fam*) ins Gras beißen
**cuore** ['kuɔ:re] *m* ❶ (ANAT) Herz *nt* ❷ (*fig: sede dei sentimenti*) Herz *nt*; **affari di ~** Herzensangelegenheiten *fpl*; **gente di ~** herzliche Leute *pl*; **amico del ~** Busenfreund *m*; **avere buon ~** ein gutes Herz haben; **essere** [*o* **stare**] **a ~** am Herzen liegen; **prendersi a ~ qc** sich einer Sache annehmen; **ragionare col ~** nach dem Herzen handeln; **spezzare il ~ a qu** (*fig*) jdm das Herz brechen; **senza ~** herzlos; **con tutto il ~** von ganzem Herzen; **a [forma] di ~** herzförmig; **mi si stringe il ~** (*fig*) mir blutet das Herz; **un ~ ed una capanna** Raum ist in der kleinsten Hütte [für ein glücklich liebend Paar]; **~ contento il ciel l'aiuta** (*prov*) dem Glücklichen schlägt keine Stunde ❸ *pl* (*carte da gioco*) Herz *nt* ❹ (*fig: punto centrale*) Herz *nt*; **~ del carciofo** Artischockenherz *nt*; **nel ~ della notte** mitten in der Nacht ❺ (*loc*) **ridere di ~** herzlich lachen
**cupcake** ['kʌpke:k] <-> *m* Cupcake *m*
**cupezza** [ku'pettsa] *f* Düsterkeit *f*, Finsternis *f*
**cupidigia** [kupi'di:dʒa] <-gie> *f* Gier *f*; **~ di ...** Gier nach ...
**cupo, -a** ['ku:po] *agg* ❶ (*colore*) dunkel ❷ (*notte, foresta*) finster ❸ (*voce*) tief; (*brontolio*) dumpf ❹ (*fig: volto, sguardo*) düster, finster
**cupola** ['ku:pola] *f* ❶ (ARCH) Kuppel *f*, Wölbung *f* ❷ (ASTR) Kuppel *f*, Gewölbe *nt*
**cupoliforme** [kupoli'forme] *agg* kuppelförmig
**cupuliforme** [kupuli'forme] *agg v.* **cupoliforme**
**cura** ['ku:ra] *f* ❶ (*premura*) Aufmerksamkeit *f*; (*impegno*) Pflege *f*, Sorge *f*; (*oggetto di interessamento*) Sorge *f*; **avere ~ di qu** sich um jdn kümmern; **avere ~ della propria salute** auf seine Gesundheit achten ❷ (*accuratezza*) Sorgfalt *f*; **a ~ di ...** (*libro*) herausgegeben von ... ❸ (MED) Kur *f*; (*terapia*) Behandlung *f*; **casa di ~** Privatklinik *nt*; **luogo di ~ termale** Thermalbad *nt*; **essere in ~ da qu** bei jdm in Behandlung sein **curabile** [ku'ra:bile] *agg* heilbar **curante** [ku'rante] *agg* behandelnd

**curare** [ku'ra:re] **I.** *vt* ① (*malato, malattia*) behandeln ② (*badare*) achten auf +*acc*, pflegen; (*interessi*) wahrnehmen; **~ gli affari** den Geschäften nachgehen ③ (REL) sorgen für, betreuen ④ (*testo*) herausgeben **II.** *vr* **-rsi** ① (*prendersi cura*) sich pflegen; (MED) sich behandeln lassen ② (*preoccuparsi*) **-rsi di qu/qc** sich um jdn/etw *acc* kümmern; **curati dei fatti tuoi!** kümmere dich um deine Angelegenheiten!

**curatela** [kura'tɛ:la] *f* (JUR) Vormundschaft *f*, Kuratel *f*

**curativo, -a** [kura'ti:vo] *agg* Pflege-, Behandlungs-

**curato** [Be|wa'ro:to] *m* Pfarrer *m*

**curatore, -trice** [kura'to:re] *m, f* ① (*di antologia, edizione*) Herausgeber(in) *m(f)* ② (JUR) Verwalter(in) *m(f)*

**curia** ['ku:ria] <-ie> *f* Kurie *f* **curiale** [ku'ria:le] *agg* ① (REL) Kurien- ② (LIT: *stile*) erhaben

**curiosa** *f v.* **curioso**

**curiosare** [kurio'sa:re] *vi* herumschnüffeln

**curiosità** [kuriosi'ta] <-> *f* ① (*desiderio di sapere*) Neugier *f*; **mostrare ~ per qc** neugierig auf etw *acc* sein ② (*rarità*) Kuriosität *f* **curioso, -a** [ku'rio:so] **I.** *agg* ① (*indiscreto*) neugierig ② (*bizzarro*) kurios, sonderbar **II.** *m, f* Neugierige(r) *f(m)*

**curriculum** (**vitae**) [kur'ri:kulum ('vi:te)] <-> *m* Lebenslauf *m*

**curry** ['kʌri] <-> *m* Curry *m o nt*

**cursore** *m* (INFORM) Cursor *m*

**cursorio, -a** [kur'sɔ:rio] <-i, -ie> *agg* kursorisch, rasch

**curtain wall** ['kə:tən wɔ:l] <- *o* **curtain walls**> *f* (ARCH) Curtain-wall *m*

**curva** ['kurva] *f* Kurve *f*; **doppia ~** S-Kurve *f* **curvaiolo, -a** [kurva'io:lo] *m, f* (*obs*) Fußballzuschauer(in) *m(f)* in der Fankurve

**curvare** [kur'va:re] **I.** *vt* ① (*sbarra, ramo*) biegen ② (*capo, fronte*) beugen; (*schiena*) krümmen **II.** *vr* **-rsi** sich krümmen; (*persona*) sich beugen **curvatura** [kurva'tu:ra] *f* Rundung *f*; (*piegatura*) Krümmung *f*, Biegung *f*

**curvilineo, -a** *agg* gekrümmt; (MAT) krummlinig

**curvo, -a** ['kurvo] *agg* gebogen, gekrümmt; (*spalle, persona*) gebeugt

**CUS** [kus] *m acro di* **Centro Universitario Sportivo** Sportausschuss italienischer Universitäten

**cuscinetto¹** [kuʃʃi'netto] *m* ① (TEC) Lager *nt;* **~ a sfere** Kugellager *nt* ② (*per spilli, timbri*) Kissen *nt*

**cuscinetto²** <inv> *agg* **stato ~** Pufferstaat *m;* **zona ~** Pufferzone *f*

**cuscino** [kuʃʃi:no] *m* Kissen *nt*, Polster *m A*

**cuscus** ['kuskus] <-> *m* (GASTR) Kuskus *m o nt*

**cuspide** ['kuspide] *f* Spitze *f;* (ARCH) Giebel *m*

**custode** [kus'tɔ:de] **I.** *mf* ① (*sorvegliante*) Aufseher(in) *m(f)*, Wächter(in) *m(f);* (*di museo, palazzo, scuola*) Wärter(in) *m(f)*, Pförtner(in) *m(f)* ② (*fig: di valore, bene ideale*) [Be]wahrer(in) *m(f)* **II.** *agg* **angelo ~** Schutzengel *m* **custodia** [kus'tɔ:dia] <-ie> *f* ① (*cura*) Bewachung *f*, Beaufsichtigung *f*; (*conservazione*) Aufbewahrung *f*; **dare qc in ~ a qu** jdm etw zur Aufbewahrung geben ② (JUR) **~ cautelare** Sicherungshaft *f* ③ (*astuccio per violino*) Kasten *m;* (*degli occhiali*) Etui *nt* **custodire** [kusto'di:re] <custodisco> **I.** *vt* bewachen; (*casa, bambini, mandria, segreto*) hüten **II.** *vr* **-rsi** auf seine Gesundheit achten

**custom** ['kʌstəm] **I.** <inv> *agg* (*fatto su misura*) nach Maß angefertigt **II.** <-> *f* (*motocicletta*) Motorrad *nt*

**customizing** ['kʌstəaiziŋ] *m* (COM) Customizing *nt*

**cutaneo, -a** [ku'ta:neo] *agg* Haut- **cute** ['ku:te] *f* Haut *f* **cuticola** [ku'ti:kola] *f* ① (ANAT) Häutchen *nt;* **~ delle unghie** Nagelhaut *f* ② (BOT, ZOO) Kutikula *f*

**cutrettola** [ku'trettola *o* ku'trɛttola] *f* Bachstelze *f*

**CV** ① *abbr di* **Cavallo Vapore** PS, Pferdestärke ② *abbr di* **curriculum vitae** Lebenslauf

**cybercafé** [saiberka'fe] <-> *m* Cybercafé *nt* **cybernauta** [saiber'nauta] <-i *m*, -e *f*> *mf v.* **internettista cyberpizzo** [saiber'pittso] *m* Erpressungsgeld im Internet **cybersesso** *m* (INFORM) Cybersex *m* **cyberspazio** [tʃiber'spatsio] <-i> *m* (INFORM) Cyberspace *m*

**cyclette** [si'klɛt] <- *o* **cyclettes**> *f* Heim-, Hometrainer *m;* **fare ~** auf dem Heimtrainer trainieren

**czarda** *f v.* **ciarda**

# Dd

**D, d** [di] <-> *f* D, d *nt;* **d come Domodossola** D wie Dora

**d'** *prp* = **di** *vor Vokal; v.* **di**

**D** ❶ *abbr di* **Diretto** ≈ E ❷ *abbr di* **Deutschland** D

**da** [da] <dal, dallo, dall', dalla, dai, dagli, dalle> *prp* ❶ (*stato in luogo*) bei +*dat;* (*moto da luogo*) von +*dat,* aus +*dat;* (*moto a luogo: con persone*) zu +*dat;* (*attraverso*) durch +*acc,* über +*acc;* (*distanza*) von +*dat;* (*fuori di*) aus +*dat;* **abito ~ mio zio** ich wohne bei meinem Onkel; **andare ~ Torino a Stoccarda** von Turin nach Stuttgart fahren; **vado ~ un amico** ich gehe zu einem Freund; **vengo ~ casa** ich komme von daheim; **verrò ~ Firenze** ich werde aus [*o* von] Florenz kommen; **trattoria "~ Giovanni"** Gasthof „Bei Giovanni"; **~ dove** woher, von wo ❷ (*agente*) von +*dat,* durch +*acc* ❸ (*causa*) vor +*dat o acc;* **tremare dal freddo** vor Kälte zittern ❹ (*tempo*) seit +*dat,* von +*dat* ... an; **~ cinque anni** seit fünf Jahren; **~ domani** ab morgen; **~ oggi in poi** von heute an; [fin] **~ bambino** [schon] als Kind; **~ allora** seither, seit damals; **~ molto/poco** seit langem/kurzem; **~ principio** anfangs, am Anfang; **~ quanto tempo** seit wann ❺ (*fine, scopo*) als, zu; **auto ~ corsa** Rennauto *nt,* Rennwagen *m;* **cane ~ caccia** Jagdhund *m* ❻ (*modo*) wie; (*età*) als; **~ solo** [von] selbst, allein; **comportarsi ~ vero amico** sich wie ein wahrer Freund verhalten ❼ (*qualità*) mit +*dat;* **una ragazza dai capelli rossi** ein Mädchen mit roten Haaren ❽ (*valore*) zu +*dat,* im Wert von +*dat* ❾ (*con inf*) zu[m]; **essere così stanchi ~ non poter stare in piedi** sich vor Müdigkeit nicht mehr auf den Beinen halten können; **qc ~ bere** etw zum Trinken, etw zu trinken

**dabbasso** [dab'basso] *avv* unten

**dabbenaggine** [dabbe'naddʒine] *f* Vertrauensseligkeit *f,* Leichtgläubigkeit *f*

**dabbene** [dab'bɛːne] <inv> *agg* rechtschaffen, redlich

**daccapo** [dak'kaːpo] *avv* noch einmal [von Anfang an], von vorn

**dacché** [dak'ke] *cong* ❶ (*poet: poiché*) weil ❷ (*da quando*) seit, seitdem

**dadaismo** [dada'izmo] *m* Dadaismus *m*

**dado** [ˈdaːdo] *m* ❶ (*cubetto*) Würfel *m;* **giocare ai -i** Würfel spielen, würfeln ❷ (GASTR) Brüh-, Suppenwürfel *m* ❸ (*per bulloni*) [Schrauben]mutter *f*

**daffare** [dafˈfaːre] <-> *m* Arbeit *f,* [dringende] Aufgabe *f;* **avere un gran ~** sehr viel Arbeit haben

**daga** [ˈdaːga] <-ghe> *f* großer Dolch, kurzes Schwert

**dagli** [ˈdaʎʎi] I. *prp con articolo* **gli da** II. *int* (*fam*) gib [es] ihm!; **~ al ladro!** haltet den Dieb!; **~ oggi, ~ domani, alla fine lo convinse a partire** da er/sie keine Ruhe gab, ließ er sich am Ende zur Abreise überreden

**daino** [ˈdaːino] *m* Damhirsch *m*

**dal** [dal] *prp* = **da + il** *v.* **da**

**dalia** [ˈdaːlia] <-ie> *f* Dahlie *f*

**dall', dalla, dallo, dalle** [dall, ˈdalla, ˈdallo, ˈdalle] *prp* = **da + l', la, lo, le** *v.* **da**

**daltonico, -a** [dal'tɔːniko] <-ci, -che> I. *agg* farbenblind II. *m, f* Farbenblinde(r) *f(m)* **daltonismo** [dalto'nizmo] *m* Farbenblindheit *f,* Daltonismus *m*

**dama** [ˈdaːma] *f* ❶ (*persona*) Dame *f;* **~ di compagnia** Gesellschaftsdame *f;* **~ di corte** Hofdame *f* ❷ (*gioco*) Dame *f,* Damespiel *nt;* (*scacchiera*) Damebrett *nt;* **giocare a ~** Dame spielen

**damascare** [damas'kaːre] *vt* ❶ (*panno*) damastartig weben ❷ (*armi*) damaszieren

**damasco** [daˈmasko] <-schi> *m* Damast *m*

**damerino** [dameˈriːno] *m* ❶ (*giovane galante*) Galan *m geh* ❷ (*pej: bellimbusto*) Geck *m,* Stutzer *m obs*

**damigella** [damiˈdʒɛlla] *f* (HIST) Edelfräulein *nt;* **~ d'onore** Brautjungfer *f*

**damigiana** [damiˈdʒaːna] *f* große Korbflasche

**dammeno** [damˈmeːno] <inv> *agg* weniger wert; **essere ~ di qu** jdm unterlegen sein

**DAMS** [dams] *m acro di* **Discipline delle Arti, della Musica e dello Spettacolo** Hochschule für darstellende Kunst, Musik und Schauspiel

**danaro** [daˈnaːro] *v.* **denaro** **danaroso, -a** [danaˈroːso] *agg* vermögend, wohlhabend

**dance music** [ˈdaːns ˈmjuːzik] <-> *f* Dance music *f*

**dancing** [ˈdaːnsiŋ *o* ˈdɛnsin(g)] <-> *m* Tanzlokal *nt*

**danese** [da'ne:se] I. *agg* dänisch II. *mf* Däne *m*/Dänin *f*

**Danimarca** [dani'marka] *f* Dänemark *nt*

**dannare** [dan'na:re] I. *vt* verdammen, verfluchen; **far ~ qu** jdn zur Verzweiflung treiben II. *vr* **-rsi** sich plagen, sich quälen; **-rsi l'anima per qc** sich wegen etw aufzehren

**dannato, -a** [dan'na:to] I. *agg* verdammt II. *m, f* Verdammte(r) *f(m)* **dannazione** [dannat'tsio:ne] I. *f* ① (*perdizione*) Verdammnis *f*, Verdammung *f* ② (*fig: tormento*) Plage *f*, Strafe *f* II. *int* ~! verdammt [nochmal]! *fam*

**danneggiamento** [danneddʒa'mento] *m* Beschädigung *f* **danneggiare** [danned'dʒa:re] *vt* ① (*rovinare*) beschädigen ② (*nuocere*) schädigen, schaden; **~ qu/qc** jdm/etw schaden

**danno** ['danno] *m* Schaden *m*; **-i ambientali** Umweltschaden *pl*; **far -i** Schaden anrichten; **recare ~** Schaden zufügen; **pagare i -i** für den Schaden aufkommen; **a ~** [*o* **ai -i**] **di qu** zu jds Schaden; **rimanere** [*o* **restare**] **col ~ e con le beffe** wer den Schaden hat, braucht für den Spott nicht zu sorgen **dannoso, -a** [dan'no:so] *agg* **essere ~** [**per** [*o* **a**] **qu/qc**] [für jdn/etw] schädlich sein

**dantesco, -a** [dan'tesko] <-schi, -sche> *agg* dantisch, von Dante **dantista** [dan'tista] <-i *m*, -e *f*> *mf* Danteforscher(in) *m(f)*

**Danubio** [da'nu:bio] *m* Donau *f*

**danza** ['dantsa] *f* Tanz *m*; **~ classica** Ballett *nt*; **~ popolare** Volkstanz *m* **danzante** [dan'tsante] *agg* tanzend, Tanz-; **trattenimento ~** Tanzvergnügen *nt* **danzare** [dan'tsa:re] *vi, vt* tanzen **danzatore, -trice** [dantsa'to:re] *m, f* Tänzer(in) *m(f)*

**Danzica** ['dantsika] *f* Danzig *nt*

**dappertutto** [dapper'tutto] *avv* ① (*stato*) überall ② (*moto*) überallhin

**dappiè, dappiede, dappiedi** [dap'piɛ, dap'piɛ:de, dap'piɛ:di] *avv* (*poet*) am Fuß[e], zu Füßen

**dappiù** [dap'piu] <inv> *agg* mehr wert, besser

**dappocaggine** [dappo'kaddʒine] *f* Unfähigkeit *f*, Beschränktheit *f*

**dappoco** [dap'pɔ:ko] <inv> *agg* ① (*inetto*) unfähig, beschränkt ② (*di poca importanza*) unbedeutend, bedeutungslos

**dappresso** [dap'prɛsso] *avv* (*moto*) von nahem, aus der Nähe; (*stato*) in der Nähe (*a* von)

**dapprima** [dap'pri:ma] *avv* im ersten Moment, anfangs

**dapprincipio** [dapprin'tʃi:pio] *avv* anfangs, am Anfang

**dardeggiare** [darded'dʒa:re] I. *vt* (*poet*) ① (*sole*) versengen, verbrennen ② (*occhi*) durchbohren II. *vi* (*sole*) brennen, stechen

**dardo** ['dardo] *m* Pfeil *m*

**dare**[1] ['da:re] <do, diedi *o* detti, dato> I. *vt* ① (*gener*) geben; (*da portare via*) mitgeben; (*medicina*) eingeben, einflößen; (*disposizioni*) geben; (*esame*) ablegen; (*fuoco*) legen; (*sguardo*) werfen; **~ una multa a qu** jdm ein Bußgeld auferlegen; **~ una notizia** Nachricht geben; **~ peso a qc** Wert auf etw *acc* legen; **~ del Lei/tu a qu** jdn siezen/duzen ② (*assegnare*) verleihen, geben ③ (*produrre*) hervorbringen, erzeugen ④ (*causare*) verursachen; (*dispiacere, preoccupazioni, gioia*) machen ⑤ (*offrire*) anbieten ⑥ (*festa*) veranstalten; (*ricevimento*) geben ⑦ (*augurare*) wünschen; **~ il buongiorno a qu** jdm einen guten Tag wünschen II. *vi* ① (*guardare*) gehen; **la finestra dà sul cortile** das Fenster geht auf den Hof; **la finestra dà sulla strada** das Fenster geht nach der Straße ② (*prorompere*) ausbrechen ③ (*battere*) schlagen ④ (*fare effetto*) **~ nell'occhio** ins Auge springen; **~ alla testa** zu Kopf steigen ⑤ (*tendere a un colore*) **~ sul rosso** ins Rot gehen III. *vr* **-rsi** ① (*dedicarsi*) sich widmen; **darsi alla pittura** sich der Malerei widmen ② (*sottomettersi*) sich ergeben ③ (*incominciare*) anfangen, beginnen ④ (*trovare*) **non darsi pace** keine Ruhe finden ⑤ (*loc*) **si dà il caso che ...** +*conj* zufällig ...; **può darsi che ...** +*conj* es mag sein, dass ..., es kann sein, dass ...; **darsela a gambe** die Beine in die Hand nehmen; **-rsi per ...** sich ausgeben für ...

**dare**[2] <-> *m* Soll *nt*; **il ~ e l'avere** Soll und Haben

**dark** [da:k *o* dark] I.<inv> *agg* ① (*tipo di musica*) Dark music- *f* ② (*modo di vestirsi*) ausschließlich dunkle Kleidung tragend II.<-> *mf* Gruftie *m*

**darsena** ['darsena] *f* Dock *nt*

**darvinismo** [darvi'nizmo] *m* Darwinismus *m*

**DAT** ['dat] *m acro di* **digital audio tape** DAT *nt*

**data**[1] ['da:ta] *f* Datum *nt*, Zeitpunkt *m*; **~ di nascita** Geburtsdatum *nt*; **~ di scadenza** Haltbarkeitsdatum *nt*; **rimandare qc a ~ da destinarsi** etw bis auf Weiteres verschieben; **di fresca ~** neueren Datums; **un amico di lunga/vecchia ~** ein alter Freund

**data²** [data o 'deitə] *mpl* (INFORM) Daten *ntpl;* ~ **base** Datenbasis *f;* ~ **bank** Datenbank *f;* ~ **glove** Datenhandschuh *m;* ~ **management** Datenverwaltung *f,* -management *nt*

**datare** [da'ta:re] I. *vt avere* datieren II. *vi essere* datieren; **la nostra amicizia data da maggio 2005** wir sind seit Mai 2005 befreundet; **a ~ da domani** ab morgen

**datario** [da'ta:rio] *m* Datumsanzeige *f*

**datazione** [datat'tsio:ne] *f* Datierung *f*

**dativo** [da'ti:vo] *m* Dativ *m,* Wemfall *m*

**dato** ['da:to] *m* Anhaltspunkt *m;* ~ **di fatto** Tatsache *f,* Gegebenheit *f;* **banca ~** (INFORM) Datenbank *f;* **trasmissione** [di] **~** (INFORM) Datenübertragung *f;* **elaborazione elettronica dei -i** elektronische Datenverarbeitung *f;* **-i fiscali** Steuerdaten *pl*

**dato, -a** I. *pp di* **dare¹** II. *agg* ① (*determinato*) bestimmt, gewiss, dezidiert *A* ② (*dedito*) ergeben ③ (*supposto*) gegeben; **~ che** in Anbetracht der Tatsache, dass; **-e le circostanze** unter diesen Umständen; **-i i nostri ottimi rapporti** in Anbetracht unserer hervorragenden Beziehungen

**datore, -trice** [da'to:re] *m, f* Geber(in) *m(f);* ~ **di lavoro** Arbeitgeber(in) *m(f),* Dienstgeber(in) *m(f) A* **datoriale** [dato'ria:le] *agg* Arbeitgeber-, Dienstgeber- *A*

**dattero** ['dattero] *m* ① (*frutto*) Dattel *f* ② (*pianta*) Dattelpalme *f*

**dattilo** ['dattilo] *m* Daktylus *m*

**dattilocomposizione** [dattilokomposit'tsio:ne] *f* Fingersatz *m*

**dattilografa** *f v.* **dattilografo**

**dattilografare** [dattilogra'fa:re] *vt* mit der [Schreib]maschine schreiben **dattilografia** [dattilogra'fi:a] *f* Maschine[n]schreiben *nt* **dattilografico, -a** [dattilo'gra:fiko] <-ci, -che> *agg* [Schreib]maschine[n]-; **nastro ~** Farbband *nt* **dattilografo, -a** [datti'lɔ:grafo] *m, f* Maschine[n]schreiber(in) *m(f),* Stenotypist(in) *m(f)*

**dattilogramma** [dattilo'gramma] <-i> *m* Daktylogramm *nt,* Fingerabdruck *m*

**dattilologia** [dattilolo'dʒi:a] <-gie> *f* Daktylologie *f,* Finger- und Gebärdensprache *f*

**dattilologico, -a** [dattilo'lɔ:dʒiko] <-ci, -che> *agg* daktylologisch

**dattiloscopia** [dattilos'kɔ:pia] <-ie> *f* Daktyloskopie *f,* Fingerabdruckverfahren *nt,* -erkennung *f* **dattiloscopico, -a** [dattilos'kɔ:piko] <-ci, -che> *agg* daktyloskopisch; **esame ~** Fingerabdruckuntersuchung *f*

**dattiloscritto, -a** *agg* Maschine geschrieben, maschinenschriftlich **dattiloscrittura** [dattiloskrit'tu:ra] *f* Maschine[n]schreiben *nt,* Daktylografie *f CH* **dattiloscrivere** [dattilos'kri:vere] <irr> *vt* mit der Maschine schreiben, tippen, daktylografieren *CH*

**dattorno** [dat'torno] I. *avv* ① (*intorno*) umher, herum; **darsi ~** sich umtun, sich bemühen ② (*vicino*) in der Nähe II. *prp* ~ **a** (*intorno*) um ... herum; (*vicino*) in der Nähe von ... III. <inv> *agg* umliegend

**davanti** [da'vanti] I. *avv* davor; (*di fronte*) gegenüber; (*nella parte anteriore*) vorn[e] II. *prp* ~ **a me** (*stato*) vor mir; (*moto*) vor mich III. <inv> *agg* Vorder-, vordere(r, s) IV. *m* Vorderteil *nt,* Vorderseite *f*

**davanzale** [davan'tsa:le] *m* Fensterbank *f*

**davanzo, d'avanzo** [da'vantso] *avv* mehr als genug, im Überfluss

**davvero** [dav've:ro] *avv* wirklich, tatsächlich; **per ~** tatsächlich, im Ernst

**day** ['dei] <- *o* **days**> *m* Tag *m,* Tageszeit *f*

**day after** ['dei 'a:ftə] <*sing*> *m* day after *m,* Tag *m* danach

**day hospital** [dei 'hɔspitəl *o* dei 'ospitəl] <- *o* **day hospitals**> *m* Tagesklinik *f;* **servizio ~** ambulanter Klinikdienst

**daylight** ['deilait] <inv> *agg* **lampada ~** Tageslichtlampe *f*

**dazebao** [dattse'ba:o] <-> *m v.* **dazibao**

**daziare** [dat'tsia:re] *vt* Zoll erheben auf +*acc* **daziario, -a** [dat'tsia:rio] <-i, -ie> *agg* Zoll-

**dazibao** [dattsi'ba:o] <-> *m* [handgeschriebenes] politisches Plakat

**daziere** [dat'tsiɛ:re] *m* Zollbeamte(r) *m/* -beamtin *f,* Zöllner(in) *m(f)* **dazio** ['dattsio] <-i> *m* Zoll *m*

**d.C.** *abbr di* **dopo Cristo** n. Chr.

**DC** *f abbr di* **Democrazia Cristiana** (HIST) *ehemalige christdemokratische Partei Italiens*

**D.D.L.** *abbr di* **Disegno Di Legge** Gesetzesvorlage *f,* Gesetzentwurf *m*

**dea** ['dɛ:a] *f* Göttin *f*

**deaerare** [deae'ra:re] *vt* entlüften; ~ **un liquido** eine Flüssigkeit entlüften **deaerazione** [deaerat'tsio:ne] *f* (TEC) Entlüftung *f*

**deal** [di:l] <-> *m* Handel *m,* Geschäft *nt*

**dealer** ['di:lə] <- *o* **dealers**> *mf* Dealer(in) *m(f),* Drogenhändler(in) *m(f),* Rauschgifthändler(in) *m(f)*

**dealfabetizzazione** [dealfabetiddzat'tsio:ne] *f* Dealphabetisierung *f,* Rückgang *m* der Alphabetisierung

**deamarizzare** [deamatid'dza:re] *vt* (*caffè*) die Bitterstoffe entfernen

**deambulante** [deambu'lante] *mf* (*obs*) Spaziergänger(in) *m(f)* **deambulare** [deambu'la:re] *vi* (*poet*) sich ergehen *geh*, lustwandeln *geh, obs*

**deambulatorio, -a** <-i, -ie> *agg* **funzione -a** Fortbewegung *f* **deambulazione** [deambulat'tsio:ne] *f* Gang *m*, Fortbewegung *f*

**deamicisiano, -a** [deamitʃi'zia:no] *agg* (*patetico*) pathetisch; **socialismo ~** romantisch verklärter Sozialismus nach Art von De Amicis; **clima ~** (*fig*) schwülstiges Klima

**deamplificare** [demplifi'ka:re] *vt* (TEC) Verstärkung zurücknehmen **deamplificazione** [deamplifikat'tsio:ne] *f* (TEC) Rücknahme *f* der Verstärkung

**deasfaltizzazione** [deasfaltiddzat'tsio:ne] *f* (CHEM) Deasphaltierung *f*

**deb** [deb] <-> *mf* Debütant(in) *m(f)*

**débâcle** [de'bakl] <- *o débâcles*> *f* Debakel *nt*, Niederlage *f*; **avere** [*o* **subire**] **una ~** ein Debakel erleiden

**debbo** ['dɛbbo] *1. pers sing pr di* **dovere**¹

**debellamento** [debella'mento] *m* völlige Vernichtung **debellare** [debel'la:re] *vt* (*poet*) bezwingen, besiegen; (*male*) ausrotten

**debilitamento** [debilita'mento] *m* (*obs*) Schwächung *f*, Entkräftung *f*

**debilitante** [debili'tante] *agg* schwächend, entkräftend; **malattia ~** schwächende Krankheit **debilitare** [debili'ta:re] *vt* schwächen, entkräften **debilitazione** [debilitat'tsio:ne] *f* Schwächung *f*, Entkräftung *f*

**debitamente** [debita'mente] *avv* in der vorschriftsgemäßen Form, ordnungsgemäß

**debito** ['de:bito] *m* ❶(FIN) Schuld *f*, Verbindlichkeit *f*, Soll *nt*; **avere un ~ con qu** jdm etw schulden; **annullare un ~** eine Schuld tilgen; **~ pubblico** Staatsverschuldung *f* ❷(*obbligo morale*) Pflicht *f*, Schuldigkeit *f*; **sentirsi in ~ verso qu** in jds Schuld stehen

**debito, -a** *agg* ❶(*doveroso*) schuldig, gebührend ❷(*imposto*) notwendig, geboten ❸(*opportuno*) passend; **a tempo ~** im passenden Augenblick, zur rechten Zeit **debitore, -trice** [debi'to:re] *m, f* ❶(*a. fig*) Schuldner(in) *m(f)* ❷(COM) Debitor *m* **debitorio, -a** [debi'tɔ:rio] <-ri, -rie> *agg* (JUR) Schuld[en]-, Schuldner-; **la situazione -a di un'azienda** die Schuldensituation eines Unternehmens

**debitrice** *f v.* **debitore**

**debole** ['de:bole] I. *agg* schwach, kraftlos II. *m* Schwäche *f*, schwache Seite; **avere il ~ del gioco** eine Schwäche für das Glücksspiel haben **debolezza** [debo'lettsa] *f* Schwäche *f*, Schwachheit *f*

**debordare** [debor'da:re] *vi* überlaufen, überfließen

**debosciato, -a** [deboʃ'ʃa:to] I. *agg* ausschweifend, lasterhaft, zügellos II. *m, f* Wüstling *m*, zügelloser Mensch *m*

**debraiata** [debra'ia:ta] *f* (*sl* MOT) Schalten *nt* mit Zwischengas

**debug** [di'bʌg] <-> *m*, **debugging** [di'bʌgiŋ] <-> *m* (INFORM) Debugging *nt*, Fehlersuche *f* und -behebung *f*

**debuttante** [debut'tante] I. *agg* debütierend II. *mf* Debütant(in) *m(f)* **debuttare** [debut'ta:re] *vi* debütieren, erstmals [öffentlich] auftreten **debutto** [de'butto] *m* Debüt *nt*, erstes [öffentliches] Auftreten

**decacordo** [deka'kordo] *m* (MUS) ❶(*arpa*) zehnsaitige Harfe *f* ❷(*chitarra antica francese*) Déchacorde *nt*

**decade** ['dɛ:kade] *f* (*dieci giorni*) Dekade *f*

**decadente** [deka'dɛnte] *agg* dekadent **decadentismo** [decaden'tizmo] *m* (LIT) Dekadenz *f* **decadentista** [dekaden'tista] <-i *m*, -e *f*> I. *mf* Vertreter(in) *m(f)* der Dekadenzdichtung II. *agg* Dekadenz-; **poetica ~** Dekadenzdichtung *f* **decadentistico, -a** [dekaden'tistiko] <-ci, -che> *agg* dekadentistisch; **opera -a** dekadentistisches Werk

**decadenza** [deca'dɛntsa] *f* ❶(*declino*) Dekadenz *f*, Verfall *m* ❷(*fig* LIT) Dekadenz *f*

**decadere** [deka'de:re] <irr> *vi essere* verfallen **decadimento** [decadi'mento] *m* Verfall *m*, Dekadenz *f* **decaduto, -a** [deka'du:to] *agg* verarmt, heruntergekommen; **nobiltà -a** verarmter Adel; **antiche civiltà -e** untergegangene antike Zivilisationen

**decaedro** [deka'ɛ:dro] *m* (MAT) Dekaeder *nt*, Zehnflächner *m*

**decaffeinare** [dekaffei'na:re] *vt* entkoffeinieren **decaffeinato** [dekaffei'na:to] *m* koffeinfreier Kaffee [*o* Tee]

**decaffeinazione** [dekaffeinat'tsio:ne] *f v.* **decaffeinizzazione**

**decaffeinizzare** [dekaffeinid'dza:re] *vt* entkoffeinieren **decaffeinizzazione** [dekaffeiniddzat'tsio:ne] *f* Entkoffeinierung *f*

**decagono** [de'ka:gono] *m* (MAT) Dekagon *nt*, Zehneck *nt*

**decagrammo** [deka'grammo] *m* Dekagramm *nt*

**decalcare** [dekal'ka:re] *vt* [ab-, durch]pausen

**decalcificare** [dekaltʃifi'ka:re] *vt* (CHEM, MED) Kalzium entziehen **decalcificazione** [dekaltʃifikat'tsjo:ne] *f* Entkalkung *f*

**decalco** [de'kalko] <-chi> *m* Abpausen *nt*

**decalcomania** [dekalkoma'ni:a] <-ie> *f* Abziehbild *nt*

**decalitro** [de'ka:litro] *m* Dekaliter *m o nt*

**decalogo** [de'ka:logo] <-ghi> *m* ① (REL: *di Mosè*) die Zehn Gebote *ntpl*, Dekalog *m* ② (*norme*) Verhaltensregeln *fpl*, Gebote *ntpl*, Vorschriften *fpl*

**decametro** [de'ka:metro] *m* Dekameter *m o nt*

**decampare** [dekam'pa:re] *vi* ① (*rar* MIL) das Lager abbrechen ② (*fig*) verzichten (*da* auf +*acc*), aufgeben (*da qc* etw)

**decanato** [deka'na:to] *m* Dekanat *nt*

**decano** [de'ka:no] *m* Älteste(r) *m*, Doyen *m*; (*titolo*) Dekan *m*

**decantare** [dekan'ta:re] *vt* rühmen **decantazione** [dekantat'tsjo:ne] *f* ① (CHEM) Dekantierung *f*, Klärung *f* ② (*fig*) Läuterung *f*

**decapaggio** [deka'paddʒo] <-ggi> *m* Dekapierung *f*, Beizen *nt* **decapamento** [dekapa'mento] *m* (*obs*) *v.* **decapaggio**

**decapare** [deka'pa:re] *vt* beizen, entzundern, dekapieren **decapatore, -trice** [dekapa'to:re] *m, f* Beizer(in) *m(f)*

**decapitare** [dekapi'ta:re] *vt* enthaupten **decapitazione** [dekapitat'tsjo:ne] *f* Enthauptung *f*

**decappotabile** [dekappo'ta:bile] I. *agg* mit Klappverdeck; **auto** ~ Kabrio[lett] *nt* II. *f* Kabrio[lett] *nt* **decappotare** [dekappot'ta:re] *vt* das Verdeck aufklappen

**decartellizzazione** [dekartelliddzat'tsjo:ne] *f* (ADM) Dekartellisierung *f*, Entflechtung *f*

**decasillabo** [deka'sillabo] *m* zehnsilbiger Vers, Dekasyllabus *m*

**decasillabo, -a** *agg* zehnsilbig; **verso** ~ zehnsilbiger Vers, Dekasyllabus *m*

**decathlon** ['dɛ:katlon] <-> *m* Zehnkampf *m* **decatleta** [dekat'lɛ:ta] *mf* Zehnkämpfer(in) *m(f)* **decatlon** *m v.* **decathlon**

**decedere** [de'tʃɛ:dere] <decedo, decessi *o* decedetti, deceduto> *vi essere* (*poet*) entschlafen, versterben **deceduto, -a** [detʃe'du:to] I. *agg* verstorben, entschlafen II. *m, f* Verstorbene(r) *f(m)*, Tote(r) *f(m)*; **i -i in guerra** die Kriegstoten

**decelerare** [detʃele'ra:re] *vt* die Geschwindigkeit verringern **deceleratore, -trice** [detʃelera'to:re] *agg* verzögernd, verlangsamt; **azione -trice** verzögernde Wirkung **decelerazione** [detʃelerat'tsjo:ne] *f* Verringerung *f* der Geschwindigkeit

**decemvirato** [detʃemvi'ra:to] *m* Dezemvirat *nt*

**decennale** [detʃen'na:le] I. *agg* ① (*che dura 10 anni*) zehnjährig ② (*ogni 10 anni*) zehnjährlich II. *m* zehnter Jahrestag; (*celebrazione*) Zehnjahresfeier *f*

**decenne** [de'tʃɛnne] I. *agg* zehnjährig II. *mf* Zehnjährige(r) *f(m)* **decennio** [de'tʃɛnnjo] <-i> *m* Jahrzehnt *nt*

**decente** [de'tʃɛnte] *agg* ① (*di pudore*) schicklich, anständig; (*di tatto*) taktvoll ② (*fig: adeguato*) annehmbar, angemessen

**decentralizzare** [detʃentralid'dza:re] *vt* dezentralisieren **decentralizzazione** [detʃentraliddzat'tsjo:ne] *f* Dezentralisierung *f*, Auslagerung *f*; ~ **amministrativa** Dezentralisierung der Verwaltung; ~ **produttiva** Dezentralisierung der Produktion

**decentramento** [detʃentra'mento] *m* Dezentralisierung *f* **decentrare** [detʃen'tra:re] *vt* dezentralisieren **decentrato, -a** [detʃen'tra:to] *agg* dezentralisiert; **servizi/uffici -i** dezentralisierte Dienste/Ämter

**decenvirato** [detʃenvi'ra:to] *m v.* **decemvirato**

**decenza** [de'tʃɛntsa] *f* ① (*pudore, dignità*) Schicklichkeit *f*, Anstand *m*; (*tatto*) Takt *m* ② (*convenienza*) Angemessenheit *f*

**decerato, -a** [detʃe'ra:to] *agg* entwachst

**decerebrato, -a** [detʃere'bra:to] *agg* ① (*pej: stupido*) idiotisch *fam*, beknackt *fam* ② (MED) enthirnt

**decespugliatore** [detʃespuʎ'ʎa:tore] *m* Rodemaschine *f*

**decessi** [de'tʃɛssi] *1. pers sing pass rem di* **decedere**

**decesso** [de'tʃɛss] *m* (ADM) Ableben *nt geh*, Tod *m*

**decibel** [detʃi'bɛl *o* 'dɛ:tʃibel] <-> *m* (PHYS) Dezibel *nt*; **scala in** ~ Dezibelskala *f*; ~ **acustico** Schalldezibel *nt*

**decidere** [de'tʃi:dere] <decido, decisi, deciso> I. *vt* beschließen II. *vi* entscheiden III. *vr* -**rsi** sich entscheiden; -**rsi a fare qc** sich entschließen etw zu tun; -**rsi di fare qc** beschließen etw zu tun

**decidibile** [detʃi'di:bile] *agg* ① entscheidbar ② (MAT) lösbar, bestimmbar; **formula** ~

bestimmbare Formel **decidibilità** [detʃibi'lita] <-> *f* ❶ Entscheidbarkeit *f* ❷ (MAT) Lösbarkeit *f*, Bestimmbarkeit *f*

**deciduo, -a** [detʃi'duːo] *agg* (*foglie*) abfallend; **stella -a** sinkender Stern; **denti -i** Milchzähne *mpl*

**decifrabile** [detʃiˈfraːbile] *agg* entzifferbar **decifrabilità** [detʃifrabiliˈta] <-> *f* Dechiffrierbarkeit *f*; **calligrafia di facile ~** leicht zu entschlüsselnde Handschrift; **~ dei pensieri** (*fig*) Durchschaubarkeit *f* der Gedanken

**deciframento** [detʃiframento] *m* (*obs*) Dechiffrierung *f*, Entschlüsselung *f*, Entzifferung *f*; **~ di un testo crittografico** Entschlüsselung eines kodierten Textes **decifrare** [detʃiˈfraːre] *vt* (*scrittura*) entziffern; (*codice*) entschlüsseln; (*enigma*) [auf]lösen **decifrato, -a** [detʃiˈfraːto] *agg* dechiffriert, entschlüsselt, entziffert; **un messaggio ~** eine entschlüsselte Nachricht **decifratore, -trice** [detʃifraˈtoːre] *m, f* Entzifferer *m*/Entzifferin *f*; **~ di enigmi** Rätsellöser *m* **decifrazione** [detʃifratˈtsioːne] *f* Entzifferung *f*, Entschlüsselung *f*

**decigrado** [detʃiˈgraːdo] *m* (MAT) Dezigrad *m* **decigrammo** [detʃiˈgrammo] *m* Dezigramm *nt* **decilitro** [deˈtʃiːlitro] *m* Deziliter *m o nt*

**decima** [ˈdɛːtʃima] *f* ❶ (MUS) Dezime *f* ❷ (MAT) zehnte Potenz; **7 alla ~** sieben hoch zehn

**decimale** [detʃiˈmaːle] *agg* dezimal, Dezimal-

**decimalizzare** [detʃimalidˈdzaːre] *vt* dezimalisieren, auf das Dezimalsystem umstellen

**decimare** [detʃiˈmaːre] *vt* dezimieren **decimazione** [detʃimatˈtsioːne] *f* Dezimierung *f*, Dezimation *f*

**decimetro** [deˈtʃiːmetro] *m* Dezimeter *m o nt*

**decimilionesimo, -a** [detʃimilioˈnɛːzimo] **I.** *agg* ❶ (*posto*) zehnmillionste(r, s); **occupare il ~ posto** auf dem zehnmillionsten Platz liegen; **la -a targa di una provincia** das zehnmillionste Nummernschild einer Provinz ❷ (*con valore frazionario*) zehnmillion[s]tel **II.** *m, f* Zehnmillionstel *nt*; **un ~** ein Zehnmillionstel

**decimillesimo** [detʃimilˈlɛːzimo] *m* Zehntausendstel *nt*; **un ~ di secondo** eine Zehntausendstelsekunde

**decimillesimo, -a** *agg* ❶ (*posto*) zehntausendste(r, s) ❷ (*con valore frazionario*) zehntausendstel; **la -a parte** der zehntausendste Teil

**decimilligrammo** [detʃimilliˈgrammo] *m* Dezimiligramm *nt*

**decimillimetro** [detʃimilˈliːmetro] *m* Dezimillimeter *m o nt*

**decimo** [ˈdɛːtʃimo] *m* (*frazione*) Zehntel *nt*, zehnter Teil

**decimo, -a I.** *agg* zehnte(r, s) **II.** *m, f* Zehnte(r, s) *mfnt; v. a.* **quinto decimoprimo, decimosecondo** [detʃimoˈpriːmo, detʃimoseˈkondo] *agg* (*poet*) *v.* **undicesimo, dodicesimo**

**decina** [deˈtʃiːna] *f v.* **diecina**

**decisamente** [detʃizaˈmente] *avv* ❶ (*con risolutezza*) mit Entschiedenheit, [fest] entschlossen ❷ (*veramente*) ausgesprochen

**decisi** [deˈtʃiːzi] *1. pers sing pass rem di* **decidere**

**decisionale** [detʃizioˈnaːle] *agg* Entscheidungs- **decisionalità** [detʃizionaliˈta] <-> *f* Entscheidungsfähigkeit *f*, Entscheidungsfreudigkeit *f*

**decisione** [detʃiˈzioːne] *f* ❶ (*risolutezza*) Entschlossenheit *f* ❷ (*deliberazione*) Entscheidung *f*, Entschluss *m*; **prendere una ~** eine Entscheidung treffen; **~ preliminare** Vorentscheidung *f* ❸ (JUR: *sentenza*) Entscheid *m*, Beschluss *m*

**decisionismo** [detʃizioˈnizmo] *m* ❶ (*decidere affrettatamente*) [übereilte] Entscheidungsfreudigkeit *f* ❷ (PHILOS) Dezisionismus *m* **decisionista** [detʃizioˈnista] <-i *m*, -e *f*> *mf* Dezisionist(in) *m(f)*, Entscheidungsfreudige(r) *f(m)*

**decisionistico, -a** [detʃizioˈnistiko] <-ci, -che> *agg* (*modi, piglio*) entschieden

**decision maker** [diˈsiʒən ˈmeikə, diˈsiʒən meker] <- *o* decision makers> *mf* Entscheidungsträger(in) *m(f)*

**decisività** [detʃiziviˈta] <-> *f* Entschiedenheit *f*, Entschlossenheit *f*, Bestimmtheit *f*

**decisivo, -a** [detʃiˈziːvo] *agg* ausschlaggebend, entscheidend; (SPORT) Entscheidungs- **deciso, -a** [deˈtʃiːzo] **I.** *pp di* **decidere** **II.** *agg* entschlossen, entschieden **decisore, deciditrice** [detʃiˈzoːre, detʃidiˈtriːtʃe] *m, f* Entscheider(in) *m(f)* **decisorio, -a** [detʃiˈzoːrio] <-i, -ie> *agg* (JUR) entscheidend, Entscheidungs-; **giuramento ~** Entscheidungseid *m*; **parere ~** entscheidende Meinung

**deck** [dek] <- *o* decks> *m* ❶ (*ponte di una nave*) Deck *nt* ❷ (*registratore*) Kassettendeck *nt*

**declamare** [deklaˈmaːre] *vt, vi* deklamieren **declamatore, -trice** [deklamaˈtoːre] *m, f* Vortragskünstler(in) *m(f)*

**declamatorio, -a** [deklama'tɔ:rio] <-i, -ie> *agg* deklamatorisch **declamatrice** *f v.* **declamatore declamazione** [deklamat'tsio:ne] *f* Deklamation *f*

**declaratorio, -a** [deklara'tɔ:rio] <-i, -ie> *agg* deklaratorisch, feststellend

**declassamento** [deklassa'mento] *m* ❶ (*passaggio a una classe inferiore*) Deklassierung *f* ❷ (*diminuzione di prestigio*) Abstieg *m* **declassare** [deklas'sa:re] *vt* deklassieren, herabsetzen **declassificare** [deklassifi'ka:re] *vt* deklassieren, zurückstufen, herabsetzen, sozial erniedrigen

**declinante** [dekli'nante] *agg* ❶ (*che digrada verso il basso*) abfallend, sinkend; **pendio ~ verso la valle** Abhang *m*, Lehne *f* A ❷ (*fig: che si avvicina alla fine*) ausgehend, sich dem Ende nähernd **declinare** [dekli'na:re] I. *vt* ❶ (LING) deklinieren, beugen ❷ (*porre un rifiuto*) zurückweisen, ablehnen II. *vi* ❶ (*diminuire*) sinken, nachlassen ❷ (*volgere alla fine*) zu Ende gehen ❸ (*sole, astro*) untergehen **declinatoria** [deklina'tɔ:ria] <-ie> *f* (JUR) Einrede *f* der Unzuständigkeit, Einwand *m* des Rechtsmangels **declinazione** [deklinat'tsio:ne] *f* Deklination *f* **declino** [de'kli:no] *m* ❶ (*decadenza*) Niedergang *m*, Untergang *m* ❷ (*fig: di bellezza*) Schwinden *nt*, Verblühen *nt*

**declivio** [de'kli:vio] <-i> *m* Hang *m*, Berghang *m;* **in ~** geneigt, abfallend

**decloratore** [deklora'to:re] *m* Entchlorer *m* **declorazione** [deklorat'tsio:ne] *f* Entchlorung *f*

**decoder** [di'koudə *o* decoder] <- *o* decoders> *m* Decoder *m*, Datenentschlüsseler *nt*

**decodificabile** [dekodifi'ka:bile] *agg* decodierbar, entschlüsselbar; **dati -i** entschlüsselbare Daten **decodificare** [dekodifi'ka:re] *vt* dekodieren, entschlüsseln; (INFORM) decodieren, dekodieren **decodificatore, -trice** [dekodifika'to:re] *m, f* ❶ (*chi decodifica un messaggio*) Decodierer(in) *m(f)* einer Nachricht ❷ (INFORM) Decoder *m*, Datenentschlüsseler *m* **decodificazione** [dekodifikat'tsio:ne] *f* ❶ (*decifrazione*) Entzifferung *f*, Entschlüsselung *f* ❷ (INFORM) Dekodierung *f*, Entschlüsselung *f*

**decollare** [dekol'la:re] *vi* abheben, starten **décolleté** [dekɔl'te] I. <inv> *agg* (*abito*) ausgeschnitten, dekolletiert; (*scarpe*) ausgeschnitten II. <-> *m* (*di abito*) Ausschnitt *m*, Dekolletee *nt;* (*di scarpe*) Ausschnitt *m*

**decollettivizzazione** [dekollettividdzat'tsio:ne] *f* Dekollektivierung *f*

**decollo** [de'kɔllo] *m* ❶ (AERO) Start *m*, Abheben *nt* ❷ (*fig*) Aufschwung *m*

**decolonizzazione** [dekoloniddzat'tsio:ne] *f* Dekolonisation *f*, Entkolon[ial]isierung *f*

**decolorante** [deko'lorante] I. *agg* bleichend, Bleich- II. *m* Bleichmittel *nt*, Entfärbungsmittel *nt* **decolorare** [dekolo'ra:re] *vt* bleichen, entfärben **decolorazione** [dekolorat'tsio:ne] *f* Entfärbung *f*, Bleichung *f*, Blondierung *f*

**decommissioning** [di:kəmiʃəniŋ] <-> *m* Außerdienststellung *f*, Ausmusterung *f*, Stilllegung *f*

**decompongo** *1. pers sing pr di* **decomporre**

**decomponibile** [dekompo'ni:bile] *agg* zerlegbar, auflösbar **decomponibilità** [dekomponibili'ta] <-> *f* Zerlegbarkeit *f*, Auflösbarkeit *f*

**decomporre** [dekom'porre] <irr> I. *vt* (MAT, CHEM) zerlegen, [in seine Einzelteile] auflösen II. *vr* **-rsi** (CHEM) sich zersetzen **decomposizione** [dekompozit'tsio:ne] *f* ❶ (*scomposizione*) Zerlegung *f*, Auflösung *f* ❷ (*putrefazione*) Zersetzung *f*, Verwesung *f* **decomposto, -a** [dekom'pɔsto] I. *pp di* **decomporre** II. *agg* zerlegt, aufgelöst; **un prodotto ~** ein [in seine Einzelteile] zerlegtes Produkt; **cadavere ~** verweste Leiche

**decompressimetro** [dekompres'si:metro] *m* Dekometer *nt*

**decompressione** [dekompres'sio:ne] *f* Druckentlastung *f*, Dekompression *f*

**decomprimere** [dekom'pri:mere] <decomprimo, decompressi, decompresso> *vt* (*gas*) dekomprimieren, den Druck verringern

**deconcentrare** [dekontʃen'tra:re] I. *vt* zerstreuen; (ADM) dekonzentrieren, auflösen II. *vr* **-rsi** die Konzentration verlieren **deconcentrato, -a** [dekontʃen'tra:to] *agg* unkonzentriert, abgelenkt; **alunno ~** unkonzentrierter Schüler **deconcentrazione** [dekontʃentrat'tsio:ne] *f* ❶ (*distrazione*) Unkonzentriertheit *f*, Zerstreutheit *f* ❷ (COM: *diffusione di ricchezza*) Dekonzentration *f*, Entflechtung *f*

**decondizionamento** [dekondittsiona'mento] *m* (PSIC) Dekonditionierung *f*, Befreiung *f* von einer Abhängigkeit; **centro medico per il ~ dal tabacco** medizinisches Zentrum zur Raucherentwöhnung **decondizionare** [dekondittsio'na:re]

I. *vt* dekonditionieren, von einer bedingten Reaktion befreien II. *vr* **-rsi** sich von einer Konditionierung befreien
**decongelamento** [dekondʒela'mento] *m* ① (*decongelazione*) Auftauen *nt;* ~ **di una sostanza** Auftauen einer Substanz ② (*fig*) Auftauen *nt,* Aus-Sich-Herausgehen *nt;* ~ **di un credito** Auftauen eines Kredits **decongelare** [dekondʒe'la:re] *vt* auftauen **decongelazione** [dekondʒelat'tsio:ne] *f* Auftauen *nt*
**decongestionamento** [dekondʒestiona'mento] *m* ① (MED) Stillung *f* einer inneren Blutung, Auflösung *f* einer Blutstauung ② (*del traffico*) Entlastung *f* **decongestionante** [dekondʒestio'nante] I. *agg* abschwellend, den Blutandrang herabmindernd II. *m* Blut stillendes Mittel **decongestionare** [dekondʒestio'na:re] *vt* ① (MED) eine innere Blutung stillen, eine Blutstauung auflösen ② (*traffico*) entlasten **decongestione** [dekondʒes'tio:ne] *f* ① (MED) Abschwellung *f*, Herabminderung *f* des Blutandrangs ② (*fig*) Entlastung *f*
**decontaminare** [dekontami'na:re] *vt* dekontaminieren, entgiften; ~ **una centrale nucleare** ein Atomkraftwerk dekontaminieren **decontaminazione** [dekontaminat'tsio:ne] *f* Dekontamination *f,* Entgiftung *f*
**decontestualizzare** [dekontestualid'dza:re] *vt* vom Kontext abweichen; **decontestualizzi sempre i nostri discorsi!** du weichst immer vom Thema ab! **decontestualizzazione** [dekontestualiddzat'tsio:ne] *f* Abweichung *f* vom Kontext, Dekontextualisierung *f*
**decontrarre** [dekon'trarre] <irr> *vt* entkrampfen **decontratto, -a** [dekon'tratto] I. *pp di* **decontrarre** II. *agg* entspannt, locker **decontrazione** [dekontrat'tsio:ne] *f* Entkrampfung *f*
**décor** [de'kɔr] <- *o* décors> *m* ① (*scenario*) Bühnenausstattung *f,* Bühnenbild *nt,* [Film]kulisse *f* ② (*quadro*) Gemälde *nt* ③ (*arredamento*) Ausstattung *f,* Ausschmückung *f*
**decorare** [deko'ra:re] *vt* [aus]schmücken, verzieren
**decorativismo** [dekorati'vizmo] *m* Dekorativismus *m* **decorativo, -a** [dekora'ti:vo] *agg* schmückend, dekorativ; (*arte*) Dekorations- **decorato, -a** [deko'ra:to] *agg* dekoriert, verziert **decoratore, -trice** [dekora'to:re] *m, f* Dekorateur(in) *m(f)*

**decorazione** [dekorat'tsio:ne] *f* Dekoration *f,* Ausschmückung *f*
**decoro** [de'kɔ:ro] *m* ① (*dignità*) Anstand *m* ② (*fig: vanto*) Zierde *f,* Glanz *m* ③ (*onore, prestigio*) Ansehen *nt,* Prestige *nt* **decoroso, -a** [deko'ro:so] *agg* ① (*dignitoso*) anständig ② (*di prestigio*) angesehen, geachtet
**decorrenza** [dekor'rɛntsa] *f* ① (*data*) Fristbeginn *m;* **con** ~ **dal 1 maggio** vom 1. Mai ab ② (*periodo*) Laufzeit *f*
**decorrere** [de'kɔrrere] <irr> *vi essere* ① (*passare*) vergehen, verstreichen ② (FIN, COM) laufen; **a** ~ **da domani** von morgen an **decorso** [de'kɔrso] *m* ① (*del tempo*) Ablauf *m,* Verlauf *m* ② (*della malattia*) Verlauf *m*
**decorticare** [dekorti'ka:re] I. *vt* ① (*una pianta*) entrinden, [ab]schälen, enthülsen ② (*un animale*) rupfen II. *vr* **-rsi** die Rinde [*o* Schale] verlieren **decorticazione** [dekortikat'tsio:ne] *f* ① (BOT) Entrinden *nt* ② (*scuoiatura*) Häuten *nt,* Abziehen *nt* ③ (MED) Dekortikation *f*
**decostruttivismo** [dekostrutti'vizmo] *m* (FILOS, LETTER, ARCH) Dekonstruktivismus *m*
**decotto** [de'kɔtto] *m* Aufguss *m*
**decrebbi** *1. pers sing pass rem di* **decrescere**
**decremento** [dekre'mento] *m* Abnahme *f,* Minderung *f*
**decrepitezza** [dekrepi'tettsa] *f* Hinfälligkeit *f,* Gebrechlichkeit *f*
**decrepito, -a** [de'krɛ:pito] *agg* ① (*di estrema vecchiaia*) hinfällig, altersschwach ② (*fig*) überaltert, überholt
**decrescente** [dekreʃ'ʃɛnte] *agg* abnehmend, sinkend; **serie** ~ **di numeri** abnehmende Zahlenreihe; **la fase** ~ **della luna** die Phase des abnehmenden Mondes; **costi -i** (COM) sinkende Kosten **decrescenza** [dekreʃ'ʃɛntsa] *f* Abnahme *f,* Rückgang *m;* **la marea è in** ~ die Flut geht zurück **decrescere** [de'kreʃʃere] <irr> *vi essere* abnehmen, zurückgehen; (*prezzi*) fallen
**decrescita** [de'kreʃʃita] *f* ① (*diminuzione*) Rückgang *m;* (*di un ghiacciaio*) Rückgang, Kleinerwerden *nt;* ~ **del numero di reati** Rückgang der Kriminalität ② (ECON) Wachstumsrücknahme *f*
**decretare** [dekre'ta:re] *vt* anordnen, verordnen **decretazione** [dekretat'tsio:ne] *f* (JUR) Beschluss *m,* Verordnung *f;* ~ **d'urgenza** Dringlichkeitserlass *m*
**decreto** [de'krɛ:to] *m* Verordnung *f,* Dekret *nt;* ~ **di citazione** [Vor]ladung *f;* ~ **legge** Gesetzesverordnung *f;* ~ **legisla-**

**tivo** Rechtsverordnung *f;* ~ **ministeriale** *Ermächtigungsgesetz eines Ministeriums*
**decretone** [dekre'to:ne] *m* Gesamtbeschluss *m,* Gesamtverordnung *f;* ~ **fiscale** Steuergesamtbeschluss *m*
**decriminalizzare** [dekriminalid'dza:re] *vt* entkriminalisieren **decriminalizzazione** [dekriminaliddzat'tsio:ne] *f* Entkriminalisierung *f*
**decriptare** [dekrip'ta:re] *vt v.* **decrittare**
**decriptatorio, -a** [dekripta'tɔ:rio] <-i, -ie> *agg v.* **decrittatorio**
**decriptazione** [dekriptat'tsio:ne] *f v.* **decrittazione**
**decrittare** [dekrit'ta:re] *vt* dekryptieren, entziffern **decrittatorio, -a** [dekritta'tɔ:rio] <-i, -ie> *agg* dekryptisch, verschlüsselt **decrittazione** [dekrittat'tsio:ne] *f* Dekryption *f,* Entzifferung *f,* Entschlüsselung *f*
**decubito** [de'ku:bito] *m* (MED) **piaghe da ~** Wundliegen *nt*
**decuplicare** [dekupli'ka:re] *vt* verzehnfachen
**decuplo** ['dɛ:kuplo] *m* Zehnfache(s) *nt*
**decuplo, -a** *agg* zehnfach
**decurtare** [dekur'ta:re] *vt* [ver]kürzen **decurtazione** [dekurtat'tsio:ne] *f* (ADM, FIN) Kürzung *f,* Abschreibung *f;* ~ **dei salari** Kürzung der Löhne und Gehälter
**decussato, -a** [dekus'sa:to] *agg* **croce -a** Andreaskreuz *nt*
**dedalo** ['dɛ:dalo] *m* Labyrinth *nt*
**dedica** ['dɛ:dika] <-che> *f* Widmung *f*
**dedicante** [dedi'kante] I. *mf* Widmende(r) *f(m)* II. *agg* widmend, zueignend
**dedicare** [dedi'ka:re] I. *vt* widmen; (REL) weihen II. *vr* -**rsi** sich widmen **dedicatario, -a** [dedika'ta:rio] <-i, -ie> *m, f* Gewidmete(r) *f(m)* **dedicatoria** [dedika'tɔ:ria] <-ie> *f* Widmung *f* **dedicazione** [dedikat'tsio:ne] *f* ❶ (*cerimonia*) Weihe *f* ❷ (*dedica*) Widmung *f*
**dedito, -a** ['dɛ:dito] *agg* gewidmet; (*ai vizi*) ergeben
**dedizione** [dedit'tsio:ne] *f* Hingabe *f;* ~ **al lavoro** Hingabe an die Arbeit
**dedotto** [de'dotto] *pp di* **dedurre**
**deducibile** [dedu'tʃi:bile] *agg* ❶ (*conclusione*) ableitbar ❷ (COM: *spese*) abziehbar, abzugsfähig **deducibilità** [dedutʃibili'ta] <-> *f* (FIN) Absetzbarkeit *f;* ~ **fiscale** steuerliche Abzugsfähigkeit *f*
**dedurre** [de'durre] <deduco, dedussi, dedotto> *vt* ❶ (*conclusioni*) folgern; ~ **da qc** aus etw schließen, den Schluss aus etw ziehen ❷ (COM: *spese*) abziehen; ~ **le spese dalle tasse** die Kosten von der Lohnsteuer absetzen **deduttivo, -a** [dedut'ti:vo] *agg* ableitend, deduktiv
**deduzione** [dedut'tsio:ne] *f* ❶ (*conclusione*) [Schluss]folgerung *f,* Schluss *m* ❷ (*detrazione*) Abzug *m,* Absetzung *f*
**deejay** [di:'dʒei] <-> *o* deejays> *mf* DJ *m*
**de-escalation** [di:eskə'leiʃən] <-> *o* de-escalations> *f* ❶ (*di impegno militare*) Deeskalation *f* ❷ (*di fenomeno politico, sociale, economico*) Entschärfung *f*
**de facto** [de 'fakto] *avv* ❶ (JUR) de facto; **riconoscimento ~ di uno stato** De-facto-Anerkennung eines Staates ❷ (*in realtà*) tatsächlich; ~ **chi comanda in casa è lei!** in Wahrheit ist sie es, die zu Hause das Sagen hat!
**défaillance** [defa'jã:s] <-> *f* Schwäche[anfall *m*] *f*
**defalcare** [defal'ka:re] *vt* abziehen; ~ **le spese dalle tasse** die Kosten von den Steuern absetzen **defalcazione** [defalkat'tsio:ne] *f* ❶ (*detrazione*) Abrechnung *f,* Abschreibung *f* ❷ (*somma defalcata*) Abzug *m* **defalco** [de'falko] <-chi> *m* Absetzung *f,* Abzug *m*
**defascistizzare** [defaʃʃistid'dza:re] *vt* von faschistischen Elementen befreien **defascistizzazione** [defaʃʃistiddzat'tsio:ne] *f* Befreiung *f* von faschistischen Elementen
**defaticamento** [defatika'mento] *m* (SPORT) Lockerung *f;* **corsa di ~** Auslaufen *nt* **defaticante** [defati'kante] *agg* (SPORT) lockernd; **allenamento ~** Lockerungs-, Entspannungstraining **defaticarsi** [defati'karsi] *vr* (SPORT) Lockerungsübungen [*o* Dehnungsübungen] machen
**defatigante** [defati'gante] *agg* ermüdend, anstrengend **defatigare** [defati'ga:re] *vt* ermüden; ~ **l'avversario** den Gegner zermürben
**defatigatorio, -a** [defatiga'tɔ:rio] <-i, -ie> *agg* (JUR) schleppend, Verschleppungs-
**default** [di'fɔ:lt] <-> *m* ❶ (INFORM) Standardeinstellung *f* ❷ (*difetto*) Fehler *m*
**defecare** [defe'ka:re] I. *vt* klären II. *vi* Kot ausscheiden **defecazione** [defekat'tsio:ne] *f* Stuhlentleerung *f,* Defäkation *f*
**defedante** [defe'dɛnte] *agg* auszehrend, entkräftend; **una cura ~** eine kräftezehrende Behandlung **defedato, -a** [defe'da:to] *agg* (MED) ausgezehrt, entkräftet; **individuo ~** entkräftete Person; **organismo ~** entkräfteter Organismus
**defenestrare** [defenes'tra:re] *vt* ❶ (*buttare dalla finestra*) aus dem Fenster werfen

② (*fig*) hinauswerfen; (POL) stürzen
**defenestrazione** [defenestrat'tsio:ne] *f* ①(*lancio dalla finestra*) Fenstersturz *m* ②(*fig*) Hinauswurf *m;* (POL) Sturz *m*
**defensionale** [defensio'na:le] *agg* Verteidigungs-
**deferente** [defe'rɛnte] *agg* ①(*rispettoso*) ehrerbietig ②(ANAT) **canale ~** Samenleiter *m* **deferenza** [defe'rɛntsa] *f* Ehrerbietung *f,* Hochachtung *f*
**deferimento** [deferi'mento] *m* ①(*denuncia*) Anzeige *f* ②(*assegnazione*) Vorlage *f,* Unterbreitung *f*
**deferire** [defe'ri:re] *vt* ①(JUR: *giuramento*) auferlegen; (*denunciare*) anzeigen, belangen; **~ qu all'autorità giudiziaria** jdn gerichtlich belangen ②(*sottoporre*) überweisen, unterbreiten
**deferrizzazione** [deferriddzat'tsio:ne] *f* (*dell'acqua*) Enteisenung *f*
**defettologia** [defettolo'dʒi:a] <-gie> *f* Defektologie *f*
**defezionare** [defettsio'na:re] *vi* abfallen (*da* von), abtrünnig werden
**defezione** [defet'tsio:ne] *f* Wortbruch *m,* Treulosigkeit *f;* (POL) Abfall *m,* Abtrünnigkeit *f;* (MIL) Desertion *f* **defezionista** [defettsio'nista] <-i *m,* -e *f>* I. *agg* Abspaltungs-, abspaltend II. *mf* Abtrünnige(r) *f(m)*
**defibrillatore** [defibrilla'to:re] *m* (MED) Defibrillator *m* **defibrillazione** [defibrillat'tsio:ne] *f* Defibrillation *f*
**deficiente** [defi'tʃɛnte] I. *agg* ①(*scarso*) schwach, nicht ausreichend ②(*persona*) geistesschwach, schwachsinnig; (*scolaro*) lernbehindert II. *mf* (MED) Geistesgestörte(r) *f(m);* (*pej*) Schwachsinnige(r) *f(m),* Idiot *m* **deficienza** [defi'tʃɛntsa] *f* ①(*scarsità*) Mangel *m,* Unzulänglichkeit *f* ②(MED) Geistesgestörtheit *f,* Idiotie *f*
**deficit** ['dɛ:fitʃit] <-> *m* Verlust *m,* Defizit *nt* **deficitario, -a** [defitʃi'ta:rio] <-i, -ie> *agg* mangelhaft, Mangel-; (FIN) defizitär
**defilare** [defi'la:re] I. *vt* (MIL) aus der Schusslinie bringen; **~ le truppe** die Truppen in gedeckte Stellung bringen II. *vr* **-rsi** ①(MIL) aus der Schusslinie bringen; **le truppe si sono defilate** die Truppen haben sich in Deckung gebracht ②(*farsi da parte*) sich aus der Schusslinie bringen; **appena può si defila** er verdrückt sich so schnell er kann **defilato, -a** [defi'la:to] *agg* ①(*protetto*) geschützt, gedeckt; **mantenersi in una posizione -a** in Deckung bleiben ②(*appartato*) abgeschieden, abgesondert; **strada -a rispetto al traffico** Nebenstraße *f*
**défilé** [defi'le] <-> *m* Modenschau *f*
**definibile** [defi'ni:bile] *agg* ①(*precisabile*) bestimmbar, definierbar ②(*risolvibile*) lösbar
**definire** [defi'ni:re] <definisco> *vt* ①(*descrivere*) beschreiben; (*spiegare*) definieren, erklären ②(*limiti*) bestimmen ③(*risolvere*) [auf]lösen, beenden **definitezza** [definit'tettsa] *f* Bestimmtheit *f;* **~ di forma** Formvorgabe *f* **definitivista** [definiti'vista] <-i *m,* -e *f>* *mf* Layouter(in) *m(f)* **definitività** [definitivi'ta] <-> *f* Endgültigkeit *f* **definitivo, -a** [defini'ti:vo] *agg* endgültig, definitiv; **in -a** (*in conclusione*) schließlich; (*tutto sommato*) alles in allem **definito, -a** [defi'ni:to] *agg* ①(*determinato*) bestimmt, festgelegt, dezidiert ②(*nitido, chiaro*) klar, scharf **definitore, -trice** [defini'to:re] *m, f* ①Person *f,* die definiert ②(REL) Definitor *m* **definizione** [definit'tsio:ne] *f* ①(*determinazione*) Definition *f,* [genaue] Bestimmung *f;* **per ~** per Definition ②(*decisione*) Entscheidung *f,* Beendigung *f*
**defiscalizzabile** [defiskalid'dza:bile] *agg* (*importo*) entfiskalisierbar
**defiscalizzare** [defiskalid'dza:re] *vt* ①(FIN) entfiskalisieren ②(*fig*) entbürokratisieren **defiscalizzazione** [defiskaliddzat'tsio:ne] *f* Entfiskalisierung *f*
**deflagrante** [defla'grante] I. *agg* ①(*che esplode*) Detonations-, detonierend; **sostanza ~** explosive Substanz ②(*fig: sconvolgente*) aufwühlend, schockierend; **un dramma ~** ein erschütterndes Drama II. *m* (*esplosivo*) Sprengstoff *m*
**deflagrare** [defla'gra:re] *vi* ①(CHEM) verpuffen, [schwach] explodieren ②(*fig*) auflodern, aufflammen; (*mischia*) ausbrechen
**deflagrazione** [deflagrat'tsio:ne] *f* ①(CHEM) Verpuffung *f;* (GEOL) Deflagration *f* ②(*fig*) Explosion *f,* Ausbruch *m*
**deflativo, -a** [defla'ti:vo] *agg* Deflations-, deflationär **deflatore** [defla'to:re] *m* (FIN) Deflator *m* **deflatorio, -a** [defla'tɔ:rio] <-ri, -rie> *agg* deflatorisch
**deflazionare** [deflattsio'na:re] *vt* deflationieren
**deflazione** [deflat'tsio:ne] *f* Deflation *f* **deflazionista** [deflattsio'nista] <-i *m,* -e *f>* *mf* Deflationist(in) *m(f)* **deflazionistico, -a** [deflattsio'nistiko] <-ci, -che> *agg* deflationistisch, deflationär

**deflessione** [defles'sjo:ne] *f* ① (*fig: allontanamento*) Ausnahme *f*; **~ da un principio** Abweichung *f* von einem Prinzip ② (TEC) Ablenkung *f* ③ (OPT) Ablenkung *f* ④ (MED) Deflexion[s]age *f*
**deflettere** [de'flɛttere] <irr> *vi* abweichen
**deflettore** [deflet'to:re] *m* Deflektor *m*, Klappe *f*; (MOT) Ausstellfenster *nt*
**deflorare** [deflo'ra:re] *vt* (*poet*) entjungfern, deflorieren **deflorazione** [deflorat'tsjo:ne] *f* (*poet*) Entjungferung *f*, Defloration *f*
**defluire** [deflu'i:re] <defluisco> *vi* essere ① (*liquidi*) [her]abfließen, herunterfließen ② (*gas*) entweichen, ausströmen ③ (*fig: capitale*) abfließen; (*folla*) hinausströmen
**deflusso** [de'flusso] *m* ① (*di liquidi*) Abfluss *m*, Ablaufen *nt* ② (*di gas*) Abzug *m*, Entweichen *nt* ③ (*fig*) Auszug *m*; (*di capitale*) Abfluss *m*
**defogliante** [defoʎ'ʎante] I. *agg* Entlaubungs- II. *m* Entlaubungsmittel *nt* **defogliare** [defoʎ'ʎa:re] I. *vt* (*obs*) entlauben II. *vr* **-rsi** das Laub [*o* die Blätter] verlieren **defogliazione** [defoʎʎat'tsjo:ne] *f* Entlaubung *f*
**defoliante** *v.* **defogliante**
**deforestazione** [deforestat'tsjo:ne] *f* Entwaldung *f*
**deformabile** [defor'ma:bile] *agg* deformierbar, verformbar **deformabilità** [deformabili'ta] <-> *f* Deformierbarkeit *f*, Verformbarkeit *f* **deformante** [defor'mante] *agg* deformierend, verformend; **specchio ~** Zerr-, Vexierspiegel *m* **deformare** [defor'ma:re] *vt* ① (TEC) verformen; (*pej*) verunstalten, entstellen ② (*fig: verità*) verzerren, entstellen **deformato, -a** [defor'ma:to] *agg* deformiert, verformt; **dita -e** verkrüppelte Finger; **una notizia -a** (*fig*) eine entstellte Nachricht **deformazione** [deformat'tsjo:ne] *f* ① (TEC) Verformung *f*; (*pej*) Verunstaltung *f*, Entstellung *f* ② (*fig*) Verzerrung *f*, Entstellung *f*; **~ professionale** (*fig*) Berufskrankheit *f* **deforme** [de'forme] *agg* entstellt; (*troppo grosso*) unförmig **deformità** [deformi'ta] <-> *f* Verunstaltung *f*; (*senza forma*) Unförmigkeit *f*; (MED) Missbildung *f*
**deframmentazione** [deframmentat'tsjo:ne] *f* (INFORM) Defragmentierung *f*
**defraudamento** [defrauda'mento] *m* Unterschlagung *f*; **subire un ~** betrogen werden
**defraudare** [defrau'da:re] *vt* betrügen; **~ qu di qc** jdn um etw betrügen; (*fig*) jdm etw vorenthalten **defraudatore, -trice** [defrauda'to:re] *m, f* Betrüger(in) *m(f)*
**defraudazione** [defraudat'tsjo:ne] *f* Betrug *m*, Unterschlagung *f*
**defunto, -a** [de'funto] I. *agg* ① (*morto*) verstorben, tot ② (*fig: amore*) erloschen II. *m, f* Verstorbene(r) *f(m)*, Tote(r) *f(m)*
**degassamento** [degassa'mento] *m* Entgasung *f* **degassare** [degas'sa:re] *vt* (CHEM) entgasen **degassatore** [degassa'to:re] *m* Entgaser *m* **degassificare** [degassifi'ka:re] *vt* (CHEM) entgasen **degassificato, -a** [degassifi'ka:to] *agg* entgast **degassificazione** [degassifikat'tsjo:ne] *f* Entgasung *f*
**degenerare** [dedʒene'ra:re] *vi* ① (*dirizzare*) entarten, degenerieren; (MED, BIOL) verkümmern, degenerieren ② (*fig: cambiare in peggio*) ausarten; **~ in qc** in etw *acc* ausarten **degenerata** *f. v.* **degenerato**
**degenerativo, -a** [dedʒenera'ti:vo] *agg* Degenerations- **degenerato, -a** [dedʒene'ra:to] I. *agg* ① (MED, BIOL) degeneriert ② (*fig: di morale*) verkommen II. *m, f* verkommene Person **degenerazione** [dedʒenerat'tsjo:ne] *f* Degeneration *f* **degenere** [de'dʒɛnere] *agg* missraten
**degente** [de'dʒɛnte] I. *agg* bettlägerig II. *mf* Krankenhauspatient(in) *m(f)*
**degenza** [de'dʒɛntsa] *f* Bettlägerigkeit *f*; **~ ospedaliera** Krankenhausaufenthalt *m*
**deglassare** [deglas'sa:re] *vt* (GASTR) verdünnen
**degli** ['deʎʎi] *prp* = **di + gli** *v.* **di**
**deglutire** [deglu'ti:re] <deglutisco> *vt* schlucken, aufnehmen **deglutizione** [deglutit'tsjo:ne] *f* Schlucken *nt*, Aufnahme *f*
**degnare** [deɲ'ɲa:re] I. *vt* würdigen, für würdig halten; **non ~ qu di uno sguardo** jdn keines Blickes würdigen II. *vr* **-rsi** sich herablassen, sich bequemen
**degnazione** [deɲɲat'tsjo:ne] *f* Liebenswürdigkeit *f*, Güte *f* **degno, -a** ['deɲɲo] *agg* würdig, wert; **~ di nota** beachtenswert, bemerkenswert; **una -a ricompensa** eine angemessene Belohnung
**degradabile** [degra'da:bile] *agg* (CHEM) abbaubar **degradabilità** [degradabili'ta] <-> *f* Abbaubarkeit *f*
**degradante** [degra'dante] *agg* entwürdigend **degradare** [degra'da:re] I. *vt* degradieren II. *vr* **-rsi** sich erniedrigen **degradazione** [degradat'tsjo:ne] *f* ① (MIL) Degradierung *f* ② (REL, PHYS) Degradation *f* ③ (*fig*) Abbau *m*, Niedergang *m*; (*avvili-*

*mento morale*) Herabwürdigung *f,* Erniedrigung *f* **degrado** [de'gra:do] *m* Zerfall *m,* Verfall *m*
**degustare** [degus'ta:re] *vt* probieren, [ver]kosten **degustatore, -trice** [degusta'to:re] *m, f* Verkoster(in) *m(f),* Prüfer(in) *m(f)* **degustazione** [degustat'tsio:ne] *f* ❶ (*assaggio*) Probieren *nt,* [Ver]kosten *nt,* Degustation *f* ❷ (*locale*) Probierstube *f*
**deh** [dɛ] *int* (*poet*) oh, ach
**dei**[1] ['dɛ:i] *m pl di* **dio**
**dei**[2] ['de:i] *prp* = **di + i** *v.* **di**
**deicida** [dei'tʃi:da] <-i *m,* -e *f*> I. *agg* gottesmörderisch; **popolo ~** gottesmörderisches Volk II. *mf* Gottesmörder(in) *m(f)*
**deicidio** [dei'tʃi:dio] <-i> *m* Gottesmord *m*
**deideologizzare** [deideolodʒid'dza:re] *vt* (*partito*) entideologisieren **deideologizzazione** [deideolodʒiddzat'tsio:ne] *f* Entideologisierung *f*
**deidratare** [deidra'ta:re] *vt* dehydratisieren **deidratazione** [deidratat'tsio:ne] *f* Dehydratation *f,* Wasserentzug *m*
**deidrocongelazione** [deidrokondʒelat'tsio:ne] *f* Gefriertrocknung *f*
**deidrogenare** [deidrodʒe'na:re] *vt* (CHEM) dehydrieren **deidrogenazione** [deidrodʒenat'tsio:ne] *f* (CHEM) Dehydrierung *f*
**deiezione** [deiet'tsio:ne] *f* ❶ (GEOL: *deposito di detriti*) Schutthalde *f* ❷ (GEOG: *da cratere vulcanico*) Auswurf *m,* Ausstoßung *f* ❸ (MED: *di feci*) Entleerung *f* ❹ *pl* (*escrementi*) Exkremente *ntpl*
**deificare** [deifi'ka:re] *vt* ❶ (*divinizzare*) vergöttlichen ❷ (*fig: glorificare*) vergöttern, verherrlichen **deificazione** [deifikat'tsio:ne] *f* ❶ (REL) Vergöttlichung *f* ❷ (*fig*) Vergötterung *f,* Verherrlichung *f*
**deifico, -a** [de'i:fiko] <-ci, -che> *agg* vergöttlichend **deiforme** [dei'forme] *agg* (*poet*) göttlich, göttergleich
**deindicizzare** [deinditʃid'dza:re] *vt* ❶ (COM) deindexieren, vom Preisindex lösen; **~ i salari/l'economia** die Gehälter/die Wirtschaft deindexieren ❷ (INFORM) deindizieren **deindicizzazione** [deinditʃiddzat'tsio:ne] *f* ❶ (COM) Deindexierung *f* ❷ (INFORM) Deindizierung *f*
**deindustrializzare** [deindustrialid'dza:re] *vt* deindustrialisieren **deindustrializzazione** [deindustrialiddzat'tsio:ne] *f* Deindustrialisierung *f*
**deismo** [de'izmo] *m* Deismus *m* **deista** [de'ista] <-i *m,* -e *f*> *mf* Deist(in) *m(f)*
**deistico, -a** [de'istiko] <-ci, -che> *agg* deistisch

**deità** [dei'ta] <-> *f* (*poet*) Gottheit *f*
**déjà vu** [de'ʒa 'vy] I. <inv> *agg* Déjà-vu- II. <-> *m* (PSIC) Déjà-vu-Erlebnis *nt*
**del** [del] *prp* = **di + il** *v.* **di**
**delatore, -trice** [dela'to:re] *m, f* Denunziant(in) *m(f),* Spitzel *m* **delatorio, -a** [dela'tɔ:rio] <-i, -ie> *agg* Denunzianten-, denunzierend
**delattosizzato, -a** [delattosid'dza:to] *agg* laktosefrei, frei von Milchzucker
**délavé, délavée** [dela've] <inv *o* délavés *m,* délavées *f*> *agg* vorgewaschen; **jeans ~** verwaschene Jeans
**delazione** [delat'tsio:ne] *f* Denunziation *f,* denunzierende Anzeige
**delebile** [de'lɛ:bile] *agg* löschbar, entfernbar; **inchiostro ~** löschbare Tinte
**delega** ['dɛ:lega] <-ghe> *f* Vollmacht *f,* Ermächtigung *f;* **per ~** im Auftrag, in Vollmacht **delegante** [dele'gante] I. *agg* delegierend II. *mf* Delegant(in) *m(f),* Vollmachtgeber(in) *m(f);* **firma del ~** Unterschrift des Auftraggebers **delegare** [dele'ga:re] *vt* beauftragen; **~ qc a qu** jdn mit etw beauftragen, etw an jdn delegieren; (JUR) jdn zu etw ermächtigen, jdm die Vollmacht zu etw erteilen **delegatario, -a** [delega'ta:rio] <-i, -ie> I. *m, f* (JUR) Anweisungsbegünstigte(r) *f(m)* II. *agg* anweisungsbegünstigt; **creditore ~** Gläubiger, dem ein Schuldner angewiesen ist **delegato, -a** [dele'ga:to] I. *agg* beauftragt, bevollmächtigt II. *m, f* Delegierte(r) *f(m),* Beauftragte(r) *f(m),* Bevollmächtigte(r) *f(m)* **delegazione** [delegat'tsio:ne] *f* ❶ (POL) Delegation *f,* Ermächtigung *f* ❷ (*rappresentanza*) Delegation *f,* Abordnung *f* ❸ (*sede, circoscrizione territoriale*) Amtsbereich *m;* (REL) Delegatur *f*
**delegificare** [deledʒifi'ka:re] *vt* der öffentlichen Verwaltung übertragen **delegificazione** [deledʒifikat'tsio:ne] *f* Übertragung *f* an die öffentliche Verwaltung
**delegittimare** [deledʒitti'ma:re] *vt* die Legitimation entziehen; **~ un comitato** einem Ausschuss die Legitimation entziehen **delegittimazione** [deledʒittimat'tsio:ne] *f* Entzug *m* [*o* Aberkennung *f*] der Legitimation
**delete** [di'li:t] <-> *m* Löschen *nt,* Löschung *f;* **~ di un file** Löschen einer Datei
**deleterio, -a** [dele'tɛ:rio] <-i, -ie> *agg* verderblich, schädlich
**delfinario** [delfi'na:rio] <-ri> *m* Delfinarium *nt* **delfiniera** [delfi'nie:ra] *f* Delphinharpune *f* **delfinista** [delfi'nista]

<-i *m*, -e *f*> *mf* (SPORT) Delphinschwimmer(in) *m(f)*
**delfino** [del'fi:no] *m* Delphin *m*; **nuoto a** ~ Delphinschwimmen *nt*
**delibare** [deli'ba:re] *vt* ❶ (*poet: cibi, bevande*) kosten ❷ (JUR) anerkennen
**delibazione** [delibat'tsio:ne] *f* ❶ (*poet: assaggio*) Kosten *nt* ❷ (JUR) **giudizio di** ~ gerichtliches Verfahren, in dem über die Anerkennung eines ausländischen Urteils entschieden wird
**delibera** [de'li:bera] *f* Beschluss *m*, Entscheidung *f* **deliberante** [delibe'rante] *agg* beschließend, beschlussfassend; **tribunale** ~ beschließendes Gericht; **potere** ~ Entscheidungsgewalt *f* **deliberare** [delibe'ra:re] I. *vt* ❶ (*decidere*) entscheiden, beschließen ❷ (*nelle aste*) zuschlagen II. *vi* ~ **su qc** über etw *acc* beraten **deliberatamente** [deliberata'mente] *avv* mit [voller] Absicht, mit Vorbedacht
**deliberatario, -a** [delibera'ta:rio] <-i, -ie> I. *agg* erstehend, ersteigernd II. *m, f* Käufer(in) *m(f)*
**deliberato** [delibe'ra:to] *m* Entscheidung *f*, Beschluss *m*
**deliberato, -a** *agg* entschieden, beschlossen; (*risoluto*) entschlossen, entschieden
**deliberazione** [deliberat'tsio:ne] *f* ❶ (*decisione*) Entscheidung *f*, Beschluss *m* ❷ (*discussione preliminare*) Beratung *f*, Beratschlagung *f*
**delicatezza** [delika'tettsa] *f* ❶ (*finezza*) Zartheit *f* ❷ (*di sentimenti*) Zartgefühl *nt*, Feingefühl *nt* ❸ (*tatto*) Takt[gefühl *nt*] *m* ❹ (*cibo, bevanda*) Leckerbissen *m*, Delikatesse *f*, Schmankerl *nt* A
**delicato, -a** [deli'ka:to] *agg* ❶ (*per finezza*) fein, zart ❷ (*sentimento*) zart; (*gusto*) delikat ❸ (*facile a guastarsi*) empfindlich, anfällig; (*debole*) empfindlich, (*salute*) zart ❹ (*che richiede attenzione, tatto*) heikel, delikat ❺ (*cibo, bevanda*) delikat, köstlich
**delicious** [di'liʃəs *o* de'liʃus] I. <-> *f* Delicious *m*; **golden** ~ Golden Delicious *m* II. <inv> *agg* Delicious-; **mele** ~ Delicious *m*
**delimitabile** [delimi'ta:bile] *agg* begrenzbar, abgrenzbar **delimitare** [delimi'ta:re] *vt* ❶ (*circoscrivere*) abgrenzen, begrenzen ❷ (*fig*) abstecken, abgrenzen; (*definire*) definieren, festlegen **delimitativo, -a** [delimita'ti:vo] *agg* begrenzend, abgrenzend; **segnale** ~ Begrenzungszeichen *nt* **delimitazione** [delimitat'tsio:ne] *f* ❶ (*di confini*) Abgrenzung *f*, Begrenzung *f* ❷ (*fig: di attribuzioni*) Abgrenzung *f*, Definition *f*
**delineamento** [delinea'mento] *m* ❶ (*fig: descrizione essenziale*) kurze Beschreibung, Abriss *m*; ~ **di un problema** Abriss eines Problems ❷ (*abbozzo, esposizione sommaria*) Entwurf *m*, Skizzierung *f* **delineare** [deline'a:re] I. *vt* ❶ (*abbozzare*) umreißen, skizzieren ❷ (*fig*) [kurz] umreißen, skizzieren II. *vr* **-rsi** sich abzeichnen, sichtbar werden
**delinquente** [deliŋ'kuɛnte] *mf* ❶ (JUR) Verbrecher(in) *m(f)*, Straftäter(in) *m(f)* ❷ (*fig, scherz*) Gauner(in) *m(f)* **delinquenza** [deliŋ'kuɛntsa] *f* Kriminalität *f*, Straffälligkeit *f*; ~ **minorile** Jugendkriminalität *f*
**delinquenziale** [deliŋkuen'tsia:le] *agg* Verbrecher-, Verbrechens- **delinquere** [de'liŋkuere] *vi* Straftaten begehen; **associazione per** [*o* **a**] ~ kriminelle Vereinigung
**deliquescenza** [delikueʃ'ʃɛntsa] *f* (CHEM) Löslichkeit *f*, Auflösbarkeit *f*
**deliquio** [de'li:kuio] <-qui> *m* (*geh*) Ohnmacht *f*; **cadere in** ~ in Ohnmacht fallen
**delirante** [deli'rante] *agg* ❶ (*irragionevole*) irrsinnig, absurd ❷ (*frenetico*) irrsinnig; (*applauso*) rasend **delirare** [deli'ra:re] *vi* ❶ (MED) irrereden, delirieren ❷ (*fig*) phantasieren **delirio** [de'li:rio] <-i> *m* ❶ (MED) Wahn[vorstellung *f*] *m*, Delirium *nt* ❷ (*fig: esaltazione*) Rausch *m*, Taumel *m* **delirium tremens** [de'li:rium 'trɛmens] <--> *m* Delirium tremens *nt*
**delitto** [de'litto] *m* ❶ (JUR) Verbrechen *nt*, Delikt *nt*; ~ **colposo/doloso** fahrlässig/vorsätzlich begangene Straftat; **corpo del** ~ Beweisstück *nt* ❷ (ADM) Straftat *f*, strafbare Handlung **delittuosità** [delittuosi'ta] <--> *f* Verbrechen *nt*, Tatbestand *m* eines Verbrechens **delittuoso, -a** [delittu'o:so] *agg* ungesetzlich, verbrecherisch
**delivery** [di'livəri] <-*o* deliveries> *f* Lieferung *f* **delivery order** [di'livəri 'ɔ:də] <-*o* delivery orders> *m* Lieferanweisung *f*, -auftrag *m*
**delizia** [de'littsia] <-ie> *f* ❶ (*placere*) Genuss *m*, Vergnügen *nt*; **la** ~ **di qc** das Vergnügen an etw *dat* ❷ (*predilezione*) Genuss *m*, Freude *f* **deliziare** [delit'tsia:re] I. *vt* Freude bereiten (*qu* jdm), erfreuen, ergötzen II. *vr* **-rsi** sich erfreuen (*di* an +*dat*), sich ergötzen (*di* an +*dat*) **delizioso, -a** [delit'tsio:so] *agg* ❶ (*cibo, bevanda*) köstlich ❷ (*persona, cosa*) entzückend, reizend

**dell', della, delle, dello** [dell, 'della, 'delle, 'dello] *prp* = **di + l', la, le, lo** *v.* **di**
**delta** ['dɛlta] <-> I. *m o f* (*lettera greca*) Delta *nt* II. *m* (*di fiume*) Delta *nt*
**deltaplanista** [deltapla'nista] <-i *m*, -e *f*> *mf* (SPORT) Drachenflieger(in) *m(f)* **deltaplano** [delta'pla:no] *m* [Flug]drachen *m;* **fare il ~** Drachen fliegen
**deltista** [del'tista] <-i *m*, -e *f*> *mf* Drachenflieger(in) *m(f)*
**deltizio, -a** [del'ti:ttsio] <-zi, -zie> *agg* Delta-; **foce -a** Deltamündung *f;* **formazione -a** Deltaformation *f*
**delucidare** [delutʃi'da:re] *vt* erklären, verständlich machen **delucidazione** [delutʃidat'tsio:ne] *f* Erklärung *f,* Aufklärung *f*
**deludente** [delu'dɛnte] *agg* enttäuschend, frustrierend **deludere** [de'lu:dere] <deludo, delusi, deluso> *vt* enttäuschen **delusione** [delu'zio:ne] *f* Enttäuschung *f*
**deluso, -a** [de'lu:zo] I. *pp di* **deludere** II. *agg* enttäuscht
**demagogia** [demago'dʒi:a] <-gie> *f* Demagogie *f* **demagogico, -a** [dema'gɔ:dʒiko] <-ci, -che> *agg* demagogisch **demagogo** [dema'gɔ:go] <-ghi *m*> *mf* Demagoge *m*/Demagogin *f*
**demandare** [deman'da:re] *vt* ver-, überweisen; (*affidare*) anvertrauen
**demaniale** [dema'nia:le] *agg* Domänen-, staatlich; **bene ~** Domänengut *nt* **demanialità** [demaniali'ta] <-> *f* Domanialität *f* **demanializzare** [demanializ'dza:re] *vt* verstaatlichen, zur Domäne machen **demanializzazione** [demanializdzat'tsio:ne] *f* Verstaatlichung *f,* Domänialisierung *f* **demanio** [de'ma:nio] <-i> *m* Staatsgut *nt,* Domäne *f*
**demarcare** [demar'ka:re] *vt* abgrenzen **demarcativo, -a** [demarka'ti:vo] *agg* ● (*che delimita*) begrenzend, abgrenzend, Demarkations-; **linea -a** Demarkationslinie *f* ● (LING) demarkierend *f* **demarcazione** [demarkat'tsio:ne] *f* Abgrenzung *f;* **linea di ~** Demarkationslinie *f*
**demedicalizzare** [demedikalid'dza:re] *vt* der medizinischen Sphäre [*o* dem medizinischen Bereich] entziehen
**demente** [de'mɛnte] I. *agg* ● (MED) schwachsinnig ● (*pej: idiota*) blöd[e] II. *mf* ● (MED) Schwachsinnige(r) *f(m)* ● (*pej: idiota*) Blödian *m* fam, Dummkopf *m* **demenza** [de'mɛntsa] *f* ● (MED) Schwachsinn *m* ● (*pej: stoltezza*) Blödheit *f,* Dummheit *f* **demenziale** [demen-'tsia:le] *agg* ● (MED) Demenz-, dement; **stato ~** Demenz *f;* **comportamento ~** verrücktes Verhalten ● (*assurdo*) irrsinnig, schwachsinnig; **discorso ~** Faselei *f;* **comicità ~** (*fig*) absurde Komik, Blödelei *f* **demenzialità** [dementsiali'ta] <-> *f* Schwachsinnigkeit *f*
**demeritare** [demeri'ta:re] I. *vt* unwürdig sein (*qc* einer Sache *gen*), nicht verdienen (*qc* etw) II. *vi* (*rar*) sich unwürdig erweisen (*di qc* einer Sache *gen*)
**demerito** [de'mɛ:rito] *m* Vergehen *nt,* Schuld *f*
**demilitarizzare** [demilitarid'dza:re] *vt* entmilitarisieren **demilitarizzazione** [demilitariddzat'tsio:ne] *f* Entmilitarisierung *f*
**demi-monde** [d(a)mi'mɔ̃d] <- *o* demi--mondes> *m* Halbwelt *f,* Demimonde *f*
**demineralizzare** [demineralid'dza:re] *vt* (*acqua*) entmineralisieren **demineralizzazione** [demineraliddzat'tsio:ne] *f* Entmineralisierung *f*
**demistificante** [demistifi'kante] *agg* entmystifizierend **demistificare** [demistifi'ka:re] *vt* entmystifizieren **demistificatorio, -a** [demistifika'tɔ:rio] <-i, -ie> *agg* entmystifizierend **demistificazione** [demistifikat'tsio:ne] *f* Entmystifizierung *f*
**demitizzare** [demitid'dza:re] *vt* entmythisieren, entmythologisieren **demitizzazione** [demitiddzat'tsio:ne] *f* ● Entmythisierung *f* ● (*di testi sacri*) Entmythologisierung *f*
**demitologizzare** [demitolodʒid'dza:re] *vt* entmythologisieren, entmythisieren, von einem Mythos befreien **demitologizzazione** [demitolodʒiddzat'tsio:ne] *f* Entmythologisierung *f,* Entmythisierung *f*
**demiurgico, -a** [demi'urdʒiko] <-ci, -che> *agg* demiurgisch, weltenschöpfend **demiurgo** [demi'urgo] <-gi *o* -ghi> *m* Demiurg *m,* Weltschöpfer *m;* **atteggiarsi a ~** sich als Schöpfer gebärden
**demmo** ['demmo] *1. pers pl pass rem di* **dare**¹
**demo car** ['demo ka:] *f* Vorführwagen *m*
**democratica** *f v.* **democratico**
**democraticismo** [demokrati'tʃizmo] *m* Demokratismus *m*
**democraticità** [demokratitʃi'ta] <-> *f* demokratische Art, demokratisches Wesen
**democratico, -a** [demo'kra:tiko] <-ci, -che> I. *agg* ● (POL) demokratisch ● (*alla mano*) leutselig II. *m, f* Demokrat(in) *m(f)* **democratismo** [demokra'tizmo] *m* Demokratismus *m* **democratizzare** [demokratid'dza:re] *vt* demokratisieren **democratizzazione** [demokra-

tiddzat'tsio:ne] *f* Demokratisierung *f* **democrazia** [demokrat'tsi:a] <-ie> *f* Demokratie *f*; **Democrazia Cristiana** (HIST) *ehemalige christdemokratische Partei Italiens*
**democristianità** [demokristiani'ta] <-> *f* (*obs*) Christdemokratie *f*
**democristiano, -a** [demokris'tia:no] I. *agg* (HIST) christdemokratisch II. *m, f* (HIST) Christdemokrat(in) *m(f)*
**démodé** [demo'de] <inv> *agg* aus der Mode [gekommen], unmodern, nicht modisch
**demodossologia** [demodossolo'dʒi:a] <-gie> *f* Meinungsforschung *f*, Erforschung *f* der öffentlichen Meinungsbildung
**demodossologo, -a** [demodos'sɔ:logo] <-gi *o* -ghi, -ghe> *m, f* Meinungsforscher(in) *m(f)*
**demodulare** [demodu'la:re] *vt* (TEC) demodulieren, gleichrichten **demodulatore, -trice** [demodula'to:re] *agg* Demodulator-, demodulierend, gleichrichtend; **circuito elettrico** ~ Demodulatorstromkreis *m* **demodulazione** [demodulat'tsio:ne] *f* Demodulation *f*, Gleichrichtung *f*
**demoecologia** [demoekolo'dʒi:a] <-gie> *f* (ECOL) Demökologie *f*
**demofobia** [demofo'bi:a] <-ie> *f* Demophobie *f*
**demografia** [demogra'fi:a] *f* Demografie *f*, Bevölkerungswissenschaft *f* **demografico, -a** [demo'gra:fiko] <-ci, -che> *agg* demografisch, Bevölkerungs- **demografo, -a** [de'mɔ:grafo] *m, f* Demograf(in) *m(f)*
**demolire** [demo'li:re] <demolisco> *vt* ① (*distruggere*) zerstören; (*appartamento*) demolieren, verwüsten; (*muri*) abreißen, niederreißen; (*auto*) verschrotten; (*navi*) abwracken ② (*fig*) vernichten; (*reputazione*) ruinieren; (*scritto, film*) verreißen
**demolitivo, -a** [demoli'ti:vo] *agg* (MED) entfernend, Resektions-; **intervento chirurgico** ~ Resektion *f*, operative Entfernung
**demolitore, -trice** [demoli'to:re] I. *agg* zerstörerisch; (*a. fig*) vernichtend II. *m, f* Abbrucharbeiter(in) *m(f)* **demolizione** [demolit'tsio:ne] *f* ① (*distruzione*) Zerstörung *f*; (*di muri*) Abriss *m*, Abbruch *m*; (*di appartamento*) Verwüstung *f*; (*di macchinari*) Verschrottung *f* ② (*fig*) Vernichtung *f*; (*della critica*) Verriss *m*
**demologia** [demolo'dʒi:a] <-gie> *f* Volkskunde *f* **demologico, -a** [demo'lɔ:dʒiko]

<-ci, -che> *agg* demologisch, volkskundlich **demologo, -a** [de'mɔ:logo] <-gi, -ghe> *m, f* Demologe *m*/Demologin *f*, Volkskundler(in) *m(f)*
**demoltiplica** [demol'ti:plika] <-che> *f* Untersetzungsgetriebe *nt* **demoltiplicare** [demoltipli'ka:re] *vt* untersetzen **demoltiplicatore, -trice** [demoltiplika'to:re] I. *agg* Untersetzungs-, untersetzend II. *m* Untersetzungsgetriebe *nt*; ~ **di frequenza** Frequenzuntersetzer *m* **demoltiplicazione** [demoltiplikat'tsio:ne] *f* Untersetzung *f*
**demone** ['dɛ:mone] *m* Dämon *m*
**demonetizzare** [demonetid'dza:re] *vt* aus dem Umlauf ziehen **demonetizzazione** [demonetiddzat'tsio:ne] *f* Demonetisierung *f*, Außerkurssetzung *f* eines Zahlungsmittels
**demoniaco, -a** [demo'ni:ako] <-ci, -che> *agg* teuflisch, dämonisch **demonico, -a** [de'mɔ:niko] <-ci, -che> *agg* (*poet*) übernatürlich, dämonisch **demonio** [de'mɔ:nio] <-i> *m* Teufel *m*; (*a. fig*) Teufelskerl *m*; **fare il** ~ ausrasten **demonismo** [demo'nizmo] *m* Dämonismus *m*
**demonizzare** [demonid'dza:re] *vt* dämonisieren, verteufeln **demonizzazione** [demoniddzat'tsio:ne] *f* Dämonisierung *f*, Verteufelung *f*; ~ **della libertà di pensiero** Verteufelung der Gedankenfreiheit
**demonofobia** [demonofo'bi:a] <-ie> *f* (PSIC) Dämonophobie *f*, Teufelsangst *f*
**demonolatria** [demonola'tri:a] <-ie> *f* Teufelskult *m*
**demonologia** [demonolo'dʒi:a] <-gie> *f* Dämonologie *f* **demonologo, -a** [demo'nɔ:logo] <-gi, -ghe> *m, f* Dämonologe *m*/Dämonologin *f*
**demonomania** [demonoma'ni:a] <-ie> *f* Dämonomanie *f*
**demoplutocrazia** [demoplutokrat'tsi:a] <-ie> *f* Scheindemokratie *f*
**demoproletario, -a** [demoprole'ta:rio] <-i, -ie> I. *agg* volksproletarisch; **partito** ~ volksproletarische Partei II. *m, f* Anhänger(in) *m(f)* einer volksproletarischen Partei
**demopsicologia** [demopsikolo'dʒi:a] <-gie> *f* Völker-, Volkspsychologie *f*
**demoralizzante** [demorali'dzante] *agg* demoralisierend, entmutigend **demoralizzare** [demoralid'dza:re] I. *vt* entmutigen, demoralisieren II. *vr* **-rsi** den Mut verlieren **demoralizzato, -a** [demoralid'dza:to] *agg* demoralisiert,

entmutigt **demoralizzatore**, **-trice** [demoraliddza'to:re] **I.** *agg* demoralisierend **II.** *m, f* Demoralisierer(in) *m(f)* **demoralizzazione** [demoraliddzat'tsio:ne] *f* Entmutigung *f,* Demoralisierung *f*
**demordere** [de'mɔrdere] <demordo, demorsi, demorso> *vi* lockerlassen, ablassen
**demoscopia** [demosko'pi:a] <-ie> *f* Demoskopie *f,* Meinungsforschung *f* **demoscopico**, **-a** [demos'kɔ:piko] <-ci, -che> *agg* demoskopisch, Meinungsforschungs-; **sondaggio ~** demoskopische Umfrage; **tecniche -che** demoskopische Methoden **demoscopo**, **-a** *m, f* Meinungsforscher(in) *m(f)*
**demotivare** [demoti'va:re] *vt* demotivieren **demotivato**, **-a** [demoti'va:to] *agg* demotiviert; **sentirsi ~** sich frustriert fühlen **demotivazione** [demotivat'tsio:ne] *f* Demotivation *f*
**demuscazione** [demuskat'tsio:ne] *f* Mücken-, Fliegenvernichtung *f*
**denaro** [de'na:ro] *m* ❶ *(soldi)* Geld *nt;* **~ contante** Bargeld *nt;* **~ spicciolo** Kleingeld *nt;* **avere il ~ contato** knapp bei Kasse sein; **buttare il ~** sein Geld zum Fenster hinauswerfen; **far -i a palate** Geld scheffeln; **il ~ è una chiave che apre tutte le porte** *(prov)* Geld öffnet alle Türen ❷ *pl (di carte da gioco)* italienische Spielkartenfarbe
**denatalità** [denatali'ta] *f* Geburtenrückgang *m*
**denaturante** [denatu'rante] **I.** *agg* denaturierend, ungenießbar machend *nt* **II.** *m* Denaturiermittel *nt*
**denaturare** [denatu'ra:re] *vt* denaturieren, vergällen **denaturato**, **-a** [denatu'ra:to] *agg* denaturiert **denaturazione** [denaturat'tsio:ne] *f* Denaturierung *f*
**denazificare** [denattsifi'ka:re] *vt* entnazifizieren **denazificazione** [denattsifikat'tsio:ne] *f* (HIST) Entnazifizierung *f*
**denazionalizzare** [denattsionalid'dza:re] *vt* entstaatlichen **denazionalizzazione** [denattsionaliddzat'tsio:ne] *f* Denationalisierung *f,* Entstaatlichung *f*
**dendrocronologia** [dendrokronolo'dʒi:a] <-gie> *f* Dendrochronologie *f* **dendrologia** [dendrolo'dʒi:a] <-gie> *f* (BOT) Dendrologie *f,* Baumkunde *f* **dendrologico**, **-a** [dendro'lɔ:dʒiko] <-ci, -che> *agg* dendrologisch **dendrometria** [dendrome'tri:a] <-ie> *f* Dendrometrie *f,* Baummessung *f* **dendrometrico**, **-a** [dendrome'triko] <-ci, -che> *agg* dendrometrisch, Baummessungs-
**denegare** [dene'ga:re] *vt* nicht zugestehen
**denicotinizzare** [denikotinid'dza:re] *vt* **~ qc** einer Sache *dat* Nikotin entziehen **denicotinizzazione** [denikotiniddzat'tsio:ne] *f* Entnikotinisierung *f,* Entziehung *f* des Nikotins
**denigrare** [deni'gra:re] *vt* verleumden, diffamieren; *(reputazione)* ruinieren **denigratore**, **-trice** [denigra'to:re] *m, f* Verleumder(in) *m(f)* **denigratorio**, **-a** [denigra'tɔ:rio] <-i, -ie> *agg* verleumderisch **denigrazione** [denigrat'tsio:ne] *f* Verleumdung *f,* Diffamierung *f*
**denim** ['denim] <-> *m* Denim *m o nt*
**denocciolare** [denottʃo'la:re] *vt* entsteinen, entkernen; **~ le ciliegie/albicocche** Kirschen/Aprikosen entsteinen **denocciolato**, **-a** [denottʃo'la:to] *agg* entsteint, entkernt; **prugne -e** entsteinte Pflaumen **denocciolatrice** [denottʃola'tri:tʃe] *f* Entkerner *m*, Entsteiner *m*
**denominare** [denomi'na:re] **I.** *vt* [be]nennen, bezeichnen als **II.** *vr* **-rsi** sich nennen **denominativo**, **-a** [denomina'ti:vo] *agg* bezeichnend, benennend **denominatore** [denomina'to:re] *m* (MAT) Nenner *m* **denominazione** [denominat'tsio:ne] *f (attribuzione di un nome)* Bezeichnung *f,* Benennung *f; (nome)* Name *m;* (FIN) Denominierung *f;* **vino di ~ di origine controllata** [*o* **vino DOC**] Qualitätswein aus kontrolliertem Anbau
**denotare** [deno'ta:re] *vt* bedeuten, ausdrücken
**denotativo**, **-a** [denota'ti:vo] *agg* ❶ hinweisend, anzeigend ❷ (LING) denotativ **denotazione** [denotat'tsio:ne] *f* Andeutung *f*
**densimetrico**, **-a** [densi'mɛ:triko] <-ci, -che> *agg* densimetrisch; **esame ~** Dichteprüfung *f* **densimetro** [den'si:metro] *m* Dichtemesser *m,* Densimeter *nt*
**densità** [densi'ta] <-> *f* ❶ *(fittezza)* Dichte *f,* Dichtigkeit *f;* **~ della popolazione** Bevölkerungsdichte *f* ❷ *(fluidità ridotta)* Dicke *f,* Dickflüssigkeit *f* **denso**, **-a** ['dɛnso] *agg* ❶ *(fluido)* dick[flüssig] ❷ *(fitto)* dicht ❸ *(fig)* dicht, reich; **una settimana -a di avvenimenti** eine ereignisreiche Woche
**dentale** [den'ta:le] **I.** *agg* dental, Zahn- **II.** *f* (LING) Dental[laut] *m,* Zahnlaut *m* **dentario**, **-a** [den'ta:rio] <-i, -ie> *agg* Zahn-; **carie -a** Karies *f*
**dentata** [den'ta:ta] *f* Biss[wunde *f*] *m*

**dentato, -a** [den'ta:to] *agg* gezahnt, gezackt; (TEC) Zahn-; **ruota -a** Zahnrad *nt*
**dentatore, -trice** [denta'to:re] *m, f* Arbeiter(in) *m(f)* an einer Räderfräsmaschine
**dentatrice** [denta'tri:tʃe] *f* Räderfräsmaschine *f* **dentatura** [denta'tu:ra] *f* ① (ANAT) Gebiss *nt* ② (TEC) Zahnung *f*
**dente** ['dɛnte] *m* ① (ANAT) Zahn *m*; ~ **canino** Eckzahn *m*; ~ **incisivo** Schneidezahn *m*; ~ **molare** Backenzahn *m*; ~ **del giudizio** Weisheitszahn *m*; ~ **di latte** Milchzahn *m*; **avere mal di -i** Zahnschmerzen haben; **battere i -i** mit den Zähnen klappern; **avere il** ~ **avvelenato contro qu** jdn gefressen haben *fam*; **mettere qc sotto i -i** (*fig*) etw zwischen die Zähne schieben; **mostrare i -i a qu** (*fig*) jdm die Zähne zeigen; **restare a -i asciutti** (*fig*) leer ausgehen; **stringere i -i** (*fig*) die Zähne zusammenbeißen ② (GASTR) **al** ~ (*spaghetti, pasta*) bissfest, al dente; (*riso*) körnig ③ (TEC) Zacke *f*, Zahn *m* ④ (BOT) ~ **di leone** Löwenzahn *m*
**dentellare** [dentel'la:re] *vt* zacken, auszacken **dentellato, -a** [dentel'la:to] *agg* ausgezackt, gezähnt **dentellatura** [dentella'tu:ra] *f* Zähnung *f*; (ARCH) Zackenornament *nt* **dentello** [den'tɛllo] *m* ① (*di francobollo*) Zahn *m*, Zähnchen *nt* ② (ARCH) Zacke *f* ③ (*d'ingranaggio*) Zahn *m*
**dentice** ['dɛntitʃe] *m* (ZOO) Zahnbrasse *f*
**dentiera** [den'tiɛ:ra] *f* ① (*protesi*) Zahnersatz *m*, Gebiss *nt* ② (*cremagliera*) Zahnstange *f*, Zahnrad *nt*
**dentifricio** [denti'fri:tʃo] <-ci> *m* Zahnputzmittel *nt*; (*pasta*) Zahnpasta *f*
**dentifricio, -a** <-ci, -cie> *agg* **pasta -a** Zahnpasta *f*
**dentista** [den'tista] <-i *m*, -e *f*> *mf* Zahnarzt *m/*-ärztin *f* **dentistico, -a** [den'tistiko] <-ci, -che> *agg* zahnärztlich, Zahnarzt-
**dentizione** [dentit'tsio:ne] *f* Zahndurchbruch *m*, Zahnen *nt*
**dentro** ['dentro] I. *avv* (*stato*) darin, drinnen; (*moto*) hinein, herein; **essere** ~ (*fam*) drin sein; (*in carcere*) sitzen *sl*; **mettere** ~ (*fam*) einlochen *sl*, einbuchten *sl* II. *prp* (*stato*) in +*dat*; (*moto*) in +*acc*; ~ **casa** im Haus; ~ **di me** in meinem Inner|e|n, bei mir; **essere** ~ **a qc** (*fam*) in etw *dat* drinstecken
**denuclearizzare** [denukleatid'dza:re] *vt* Atomwaffen abrüsten **denuclearizzato, -a** [denuklearid'dza:to] *agg* atomwaffenfrei **denuclearizzazione** [denuklearidzat'tsio:ne] *f* Schaffung *f* einer atomwaffenfreien Zone, Abrüstung *f* von Atomwaffen
**denudamento** [denuda'mento] *m* Entblößung *f*, Entkleidung *f*
**denudare** [denu'da:re] I. *vt* entblößen; (*a. fig*) entkleiden II. *vr* **-rsi** sich entblößen, sich entkleiden **denudazione** [denudat'tsio:ne] *f* ① Entblößung *f*, Entkleidung *f* ② (GEOL) Abtragung *f*, Denudation *f*
**denuncia** [de'nuntʃa] <-ce *o* -cie, -ie> *f* ① (JUR) Anzeige *f*; **sporgere** ~ Anzeige erstatten ② (ADM) [An]meldung *f* ③ (*dichiarazione*) Erklärung *f*; ~ **dei redditi** Steuererklärung *f* **denunciante** [denun'tʃante] *mf* Erklärende(r) *f(m)*, Anzeigeerstatter *m* **denunciare** [denun'tʃa:re] *vt* ① (JUR) anzeigen; (*fig: accusare*) brandmarken ② (ADM) [an]melden ③ (*fig: dimostrare*) zeigen ④ (*dichiarare*) erklären **denunciatore, denunziatore, -trice** [denuntʃa'to:re] *m, f* Anzeigeerstattende(r) *f(m)*
**denutrito, -a** [denu'tri:to] *agg* unterernährt **denutrizione** [denutrit'tsio:ne] *f* Unterernährung *f*
**deodorante** [deodo'rante] I. *agg* de[s]odorierend II. *m* De[s]odorant *nt* **deodorare** [deodo'ra:re] *vt* de[s]odorieren **deodorazione** [deodorat'tsio:ne] *f* Deodorisierung *f*, Desodorisation *f* **deodorizzare** [deodorid'dza:re] *vt* de[s]odorieren; ~ **un ambiente** einen Raum de[s]odorieren **deodorizzazione** [deodoriddzat'tsio:ne] *f* Desodorisierung *f*, Desodorisation *f*
**deontologia** [deontolo'dʒi:a] <-gie> *f* ① (*codice morale*) Pflichtkodex *m* ② (PHILOS) Deontologie *f*, Ethik *f* als Pflichtenlehre; ~ **professionale** Berufsethos *nt*; ~ **medica** medizinische Ethik **deontologico, -a** [deonto'lɔ:dʒiko] <-ci, -che> *agg* deontologisch, Pflicht-
**deorbitare** [deorbi'ta:re] *vt* (ASTR) schießen, befördern; ~ **un satellite** einen Satelliten aus seiner Umlaufbahn befördern **deorbitazione** [deorbitat'tsio:ne] *f* (ASTR) Beförderung *f* aus der Umlaufbahn
**deossiribonucleico** [deossiribonu'klɛ:iko] *agg* **acido** ~ Desoxyribonukleinsäure *f*
**deostruire** [deostru'i:re] <deostruisco> *vt* eine Verstopfung beseitigen; (MED) von einer Verstopfung befreien; ~ **una conduttura** eine verstopfte Leitung reinigen
**deparlamentarizzazione** [deparlamen-

tariddzat'tsio:ne] *f* Entparlamentarisierung *f*
**dépassé, dépassée** [depa'se] <- *o* dépassés *m*, dépassées *f*> *agg* veraltet, unmodern; **moda ~** überholte Mode; **coma ~** (MED) irreversibles Koma, Hirntod *m*
**depauperamento** [depaupera'mento] *m* Erschöpfung *f*, Auslaugung *f*; (*fig*) Verarmung *f* **depauperare** [depaupe'ra:re] *vt* erschöpfen, auslaugen **depauperato, -a** [depaupe'ra:to] *agg* erschöpft, ausgelaugt
**depenalizzare** [depenalid'dza:re] *vt* (JUR) für straffrei erklären **depenalizzazione** [depenaliddzat'tsio:ne] *f* [Erklärung *f* der] Straffreiheit *f*
**dépendance** [depã'dã:s] <-> *f* Nebengebäude *nt*, Dependance *f*, Nebenbetrieb *m*, Filiale *f*
**depennamento** [depenna'mento] *m* Streichen *nt*, Streichung *f* **depennare** [depen'na:re] *vt* [aus-, durch]streichen
**deperibile** [depe'ri:bile] *agg* [leicht] verderblich
**deperimento** [deperi'mento] *m* ❶ (MED) Kräfteverfall *m*, Auszehrung *f* ❷ (*deterioramento*) Verfall *m;* (*danno*) Schaden *m*, Schädigung *f*; (*di alimenti*) Verderben *nt* **deperire** [depe'ri:re] <deperisco> *vi essere* ❶ (*di salute*) verkümmern, dahinsiechen ❷ (*deteriorarsi*) verderben, verkommen; (*consumarsi*) verfallen **deperito, -a** [depe'ri:to] *agg* ausgezehrt, mitgenommen
**depersonalizzazione** [depersonaliddzat'tsio:ne] *f* Entpersönlichung *f*, Depersonalisation *f*
**depicciolare** [depittʃo'la:re] *vt* den Stängel [*o* Stiel] entfernen, entstielen **depicciolatrice** [depittʃola'tri:tʃe] *f* Maschine *f* zum Entfernen der Stängel [*o* Stiele]
**depigmentato, -a** [depigmen'ta:to] *agg* (BIOL) pigmentlos, depigmentiert **depigmentazione** [depigmentat'tsio:ne] *f* (BIOL) Depigmentierung *f*
**depilare** [depi'la:re] *vt* ❶ (*gambe*) enthaaren ❷ (*peli*) entfernen; (*sopracciglia*) zupfen
**depilatore** [depila'to:re] *m* (*apparecchio*) Enthaarungsgerät *nt*, Epiliergerät *nt* **depilatore, -trice** *agg* enthaarend, Enthaarungs-
**depilatorio** [depila'tɔ:rio] *m* Enthaarungsmittel *nt*
**depilatorio, -a** <-i, -ie> *agg* enthaarend, Enthaarungs- **depilatrice** [depila'tri:tʃe] *f* Epiliergerät *nt*

**depilazione** [depilat'tsio:ne] *f* Enthaarung *f*
**dépistage** [depis'taʒ] <- *o* dépistages> *m* ❶ (*individuazione di piste*) Aufspüren *nt* ❷ (*ricerca particolareggiata*) [genaue] Untersuchung *f*; **~ di massa** (MED) Reihenuntersuchung *f*
**depistaggio** [depis'taddʒo] <-ggi> *m* Irreführung *f* **depistare** [depis'ta:re] *vt* irreleiten, irreführen
**dépliant** [depli'jã] <-> *m* Faltblatt *nt*, Prospekt *m o nt*
**deplorabile** [deplo'ra:bile] *agg* tadelnswert **deplorare** [deplo'ra:re] *vt* ❶ (*biasimare*) missbilligen, tadeln ❷ (*compiangere*) beklagen, bedauern **deplorazione** [deplorat'tsio:ne] *f* Missbilligung *f*, Tadel *m* **deplorevole** [deplo're:vole] *agg* ❶ (*da biasimare*) tadelnswert ❷ (*miserevole*) beklagenswert, bedauernswert; (*fatto*) bedauerlich
**depolarizzante** [depolarid'dzante] I. *agg* (CHEM) depolarisierend II. *m* (CHEM: *depolarizzatore*) Depolarisator *m*
**depolarizzare** [depolarid'dza:re] *vt* (CHEM) depolarisieren **depolarizzatore** [depolariddza'to:re] *m* (CHEM) Depolarisator *m* **depolarizzazione** [depolariddzat'tsio:ne] *f* (CHEM) Depolarisation *f*
**depoliticizzare** [depolititʃid'dza:re] *vt* entpolitisieren **depoliticizzazione** [depolititʃiddzat'tsio:ne] *f* Entpolitisierung *f*
**depolpaggio** [depol'paddʒo] <-ggi> *m* Fruchtfleischentfernung *f* **depolpatore** [depolpa'to:re] *m* Fruchtfleischentferner *m*, Schnitzelmaschine *f*
**depolverizzare** [depolverid'dza:re] *vt* (PHYS) entstauben, depulverisieren **depolverizzatore** [depolveriddza'to:re] *m* (TEC) Entstauber *m*, Depulverisator *m* **depolverizzazione** [depolveriddzat'tsio:ne] *f* (PHYS) Entstaubung *f*, Depulverisation *f*
**deponente** [depo'nɛnte] I. *agg* **verbo ~** Deponens *nt* II. *m* ❶ (LING) Deponens *nt* ❷ (TYP, MAT, CHEM) Indexzahl *f*, Index *m*
**deporre** [de'porre] <irr> I. *vt* ❶ (*oggetto*) absetzen, ablegen; (*uova*) legen; (*fig: armi*) niederlegen ❷ (*in giudizio*) ablegen; (*da testimone*) aussagen ❸ (*fig: pensiero*) fallen lassen II. *vi* ❶ (*in tribunale*) aussagen ❷ (*fig*) **~ a favore di qu** sich für jdn aussprechen
**deportare** [depor'ta:re] *vt* deportieren **deportato, -a** [depor'ta:to] *m*, *f* Depor-

tierte(r)  *f(m)* **deportazione** [deportat'tsio:ne] *f* Deportation *f*
**deporto** [de'pɔrto] *m* (FIN) Deport *m*, Deportgeschäft *nt*, Kursabschlag *m*
**deposi** *1. pers sing pass rem di* **deporre**
**depositante** [depozi'tante] *mf* Hinterleger(in) *m(f)*, Deponent(in) *m(f)*
**depositare** [depozi'ta:re] I. *vt* ① (*porre giù*) absetzen, abstellen, ablegen ② (*in banca*) deponieren, hinterlegen ③ (*in custodia*) zur Aufbewahrung geben; (*documenti*) deponieren, hinterlegen ④ (*in magazzino*) [ein]lagern ⑤ (*liquidi*) ablagern, absetzen II. *vi* einen Bodensatz bilden **depositario, -a** [depozi'ta:rio] <-i, -ie> *m, f* ① (*gener*) Verwahrer(in) *m(f)*, Aufbewahrer(in) *m(f)* ② (FIN) Depositar *m* ③ (*fig*) Bewahrer(in) *m(f)*, Wächter(in) *m(f)*, Hüter(in) *m(f)* **deposito** [de'pɔ:zito] *m* ① (*in banca*) Hinterlegung *f*; (*somma*) Depot *nt*, Einlage *f* ② (*di valigie*) Aufbewahrung *f*; (*di documenti*) Hinterlegung *f*; ~ **bagagli** Gepäckaufbewahrung *f*; ~ **a cassette** Schließfächer *ntpl* ③ (*in magazzino*) [Ein]lagerung *f*; (*luogo*) Depot *nt*, [Sammel]lager *nt* ④ (*di liquidi*) [Boden]satz *m*, Depot *nt*; (GEOL) Ablagerung *f* ⑤ (*cauzione*) Kaution *f*
**deposizione** [depozit'tsio:ne] *f* ① (*sedimento*) Ablagerung *f* ② (*da una carica*) Absetzung *f* ③ (*in tribunale*) Zeugenaussage *f* ④ (REL) Kreuzabnahme *f*
**deposto** *pp di* **deporre**
**depotenziamento** [depotentsia'mento] *m* Schwächung *f*, Abbau *m*
**depotenziare** [depoten'tsia:re] *vt* die Leistung vermindern, schwächen
**depravare** [depra'va:re] *vt* ① (*volgere al male*) verderben ② (*fig*) pervertieren, korrumpieren
**depravato, -a** [depra'va:to] I. *agg* verdorben, verkommen II. *m, f* verkommener Mensch **depravazione** [depravat'tsio:ne] *f* Verderbtheit *f*, Verkommenheit *f*
**deprecabile** [depre'ka:bile] *agg* unwillkommen, unliebsam
**deprecare** [depre'ka:re] *vt* missbilligen **deprecativo, -a** [depreka'ti:vo] *agg* missbilligend **deprecazione** [deprekat'tsio:ne] *f* Missbilligung *f*, Beanstandung *f*
**depredamento** [depreda'mento] *m* Plünderung *f*
**depredare** [depre'da:re] *vt* ① (*saccheggiare*) plündern ② (*derubare*) aus-, berauben; ~ **qu di qc** jdn einer Sache *gen* berau-

ben **depredatore, -trice** [depreda'to:re] *m, f* (*poet*) Plünderer *m*/Plünderin *f*
**depredatorio, -a** [depreda'tɔ:rio] <-i, -ie> *agg* plündernd
**depressa** *f v.* **depresso**
**depressi** [de'prɛssi] *1. pers sing pass rem di* **deprimere**
**depressionario, -a** [depressio'na:rio] <-i, -ie> *agg* (METEO) **area -a** Tiefdruckgebiet *nt*
**depressione** [depres'sio:ne] *f* ① (*avvallamento*) [Ab]senkung *f*, Vertiefung *f*; (GEOG) Landsenke *f* ② (METEO) Tief[druckgebiet] *nt* ③ (MED) Depression *f* **depressivo, -a** [depres'si:vo] *agg* depressiv, niedergeschlagen **depresso, -a** [de'prɛsso] I. *pp di* **deprimere** II. *agg* ① (*abbassato*) abgesenkt, vertieft ② (*avvilito*) deprimiert, niedergeschlagen III. *m, f* deprimierte Person; (MED) Depressive(r) *f(m)*
**depressore** [depres'so:re] I. *agg* depressorisch II. *m* Depressor *m*
**depressurizzare** [depressurid'dza:re] *vt* (TEC) den Luftdruck senken **depressurizzazione** [depressuriddzat'tsio:ne] *f* Luftdrucksenkung *f*
**deprezzamento** [deprettsa'mento] *m* Wertminderung *f*; (*della moneta*) Entwertung *f* **deprezzare** [depret'tsa:re] *vt* ① (*diminuire il prezzo*) ~ **qc** den Preis einer Sache *gen* senken; (*svalutare*) den Wert einer Sache *gen* mindern ② (*moneta*) entwerten ③ (*fig*) abwerten
**deprimente** [depri'mɛnte] *agg* deprimierend, bedrückend
**deprimere** [de'pri:mere] <deprimo, depressi, depresso> *vt* (*fig*) deprimieren, bedrücken **deprimibile** [depri'mi:bile] *agg* verminderbar, reduzierbar; **polso** ~ (MED) leichter Pulsschlag, schwacher Puls
**deprivare** [depri'va:re] *vt* berauben **deprivato, -a** [depri'va:to] *agg* beraubt; **una persona -a di ogni bene** eine Person, der alles geraubt wurde **deprivazione** [deprivat'tsio:ne] *f* ① (*sottrazione*) Entzug *m* ② (PSIC) Deprivation *f*, Mangel *m* ③ (MED) Deprivation *f*, Entzug *m*; ~ **sensoriale** verminderte Wahrnehmungsfähigkeit
**depurare** [depu'ra:re] *vt* reinigen; (CHEM) klären
**depurativo** [depura'ti:vo] *m* Entschlackungsmittel *nt*
**depurativo, -a** *agg* reinigend, entschlackend
**depuratore** [depura'to:re] *m* ① (*apparecchio*) Reinigungsapparat *m* ② (*impianto*) Kläranlage *f*
**depuratore, -trice** *agg* Klär-, Reinigungs-

**depurazione** [depurat'tsio:ne] f Reinigung f, Klärung f
**deputare** [depu'ta:re] vt beauftragen, abordnen
**deputato, -a** [depu'ta:to] m, f ① (*delegato*) Beauftragte(r) f(m) ② (POL) Abgeordnete(r) f(m), Mandatar(in) m(f) A **deputazione** [deputat'tsio:ne] f Abordnung f
**dequalificare** [dekualifi'ka:re] vt dequalifizieren, entqualifizieren **dequalificazione** [dekualifikat'tsio:ne] f Herabsetzung f
**déraciné** [derasi'ne] <inv> agg (*sradicato*) entwurzelt
**deragliamento** [deraʎʎa'mento] m Entgleisen nt **deragliare** [deraʎ'ʎa:re] vi essere entgleisen **deragliatore** [deraʎʎa'to:re] m (TEC) Kettenwechsler m
**dérapage** [dera'pa:ʒ] <-> m v. **derapaggio**
**derapaggio** [dera'paddʒo] <-ggi> m ① (AERO: *slittata o deviazione laterale*) Abgleiten nt ② (SPORT: *sci*) [seitliches] Abrutschen nt ③ (SPORT: *nell'automobilismo tecnica per affrontare le curve*) Übersteuern nt, Untersteuern nt; (*slittamento della vettura*) Ausbrechen nt; ~ **controlé** kontrolliertes Über-/Untersteuern **derapare** [dera'pa:re] vi (MOT) schleudern, ausbrechen; (AERO) abrutschen, abkippen **derapata** [dera'pa:ta] f v. **dérapage**
**derattizzante** [drattid'dzante] I. agg (CHEM) rattentötend, rattenvernichtend II. m (CHEM) Rattengift nt, Rattenvernichtungsmittel nt **derattizzazione** [derattiddzat'tsio:ne] f Rattenbekämpfung f, Rattenvernichtung f
**derby** ['dɛrbi] <-> m Derby nt
**deregolamentare** [deregolamen'ta:re] vt (ADM) deregulieren, die Reglementierung aufheben **deregolamentazione** [deregolamentat'tsio:ne] f (ADM) Aufhebung f einer Reglementierung **deregolare** [derego'la:re] vt (ADM) deregulieren, die Reglementierung aufheben [o lockern]
**deregulation** [diːregjuˈleɪʃən] <-> f (ADM) Deregulation f
**derelitto, -a** [dere'litto] I. agg vereinsamt, verlassen II. m, f vereinsamter Mensch **derelizione** [derelit'tsio:ne] f ① (JUR) Besitzaufgabe f, Eigentumsverzicht m, Dereliktion f ② (PHILOS) Dereliktion f, Verlassenheit f ③ (*obs: abbandono totale*) Alleinsein nt, Verlassensein nt, Vereinsamung f, Einsamkeit f
**derequisire** [derekui'zi:re] vt (ADM) freigeben **derequisizione** [derekuizit'tsio:ne] f Freigabe f

**deresponsabilizzare** [deresponsabilid'dza:re] vt von einer Verantwortung entheben **deresponsabilizzazione** [deresponsabiliddzat'tsio:ne] f Befreiung [o Freisprechung f] f von Verantwortung
**deretano** [dere'ta:no] m Gesäß nt
**deridere** [de'ri:dere] <irr> vt auslachen; ~ **qu per qc** jdn wegen etw auslachen
**derisione** [deri'zio:ne] f Verspottung f, Spott m **derisore** [deri'zo:re] m Spötter m
**derisorio, -a** [deri'zɔːrio] <-i, -ie> agg ① (*che deride*) Spott-, spöttisch ② (*di derisione*) lächerlich
**deriva** [de'ri:va] f ① (NAUT: *trascinamento*) Abtrift f, Drift f; **andare alla ~** abgetrieben werden; (*fig*) sich treiben lassen ② (*di natante*) [Kiel]schwert nt ③ (*di aereo*) Seitenruder nt ④ (GEOL) ~ **dei continenti** Kontinentaldrift f, Kontinentalverschiebung f
**derivabile** [deri'va:bile] agg ableitbar, herleitbar; **funzione ~** (MAT) ableitbare Funktion **derivabilità** [derivabili'ta] <-> f (MAT) Ableitbarkeit f, Herleitbarkeit f
**derivare** [deri'va:re] I. vi essere ① (*aver origine*) ~ **da** herkommen von, seinen Ursprung haben in +dat; (*fiumi*) entspringen in +dat ② (*fig: discendere*) [ab]stammen; **ciò deriva da ...** das kommt von ... her II. vt avere ① (*canale*) ableiten ② (*fig: per deduzione*) ableiten **derivata** [deri'va:ta] f Ableitung f **derivativo, -a** [deriva'ti:vo] agg ① (*non originario*) abgeleitet ② (MED) ableitend; **intervento chirurgico ~** ableitender chirurgischer Eingriff **derivato** [deri'va:to] m ① (CHEM) Derivat nt ② (LING) Ableitung f **derivatore** [deriva'to:re] m (TEC) Nebenwiderstand m, Shunt m **derivatore, -trice** agg Ableitungs-, ableitend; **circuito ~** Ableitungsstromkreis m; **canale ~ d'acque** Abwasser-, Entsorgungskanal m **derivazione** [derivat'tsio:ne] f ① (TEC) Abzweigung f, Ableitung f; (EL) Abzweigung f, Abzweig m; (TEL) Nebenanschluss m; **in ~** parallel geschaltet ② (MAT) Differenzialrechnung f ③ (LING) Derivation f, Ableitung f
**dermatite** [derma'ti:te] f Hautentzündung f, Dermatitis f; **~ atopica** Neurodermitis f **dermatologa** f v. **dermatologo**
**dermatologia** [dermatolo'dʒi:a] <-gie> f Dermatologie f **dermatologo, -a** [derma'tɔ:logo] <-gi, -ghe> m, f Hautarzt m/-ärztin f, Dermatologe m/Dermatologin f
**dermatoplastica** [dermato'plastika] <-che> f (MED) Hauttransplantation f, Dermatoplastik f

**dermatosi** [derma'tɔːzi] <-> *f* Hautkrankheit *f*, Dermatose *f*
**dermocosmetico** [dermokos'mɛːtiko] <-ci> *m* Hautkosmetikum *nt*
**dermocosmetico, -a** <-ci, -che> *agg* hautkosmetisch; **prodotto ~** hautkosmetisches Produkt **dermocosmetologo, -a** [dermokosme'tɔːlogo] <-gi, -ghe> *m*, *f* Hautkosmetiker(in) *m(f)*
**dermoide** [der'mɔːide] *f* Kunstleder *nt*
**dermosifilopatico, -a** [dermosifilo'paːtiko] <-ci, -che> *agg* Haut- und Geschlechtskrankheiten betreffend
**deroga** ['dɛːroga] <-ghe> *f* Abweichung *f*, [teilweise] Außerkraftsetzung *f*; **in ~ a** abweichend von, in Abweichung von
**derogabile** [dero'gaːbile] *agg* abdingbar
**derogare** [dero'gaːre] *vi* (JUR) etw teilweise außer Kraft setzen; **~ a qc** etw derogieren **derogatorio, -a** [deroga'tɔːrio] <-i, -ie> *agg* (JUR: *derogatorio*) abweichend, aufhebend, derogativ, derogatorisch **derogazione** [derogat'tsioːne] *f* ① (JUR: *deroga*) Abschaffung *f*, Aufhebung *f*, Zuwiderhandlung *f*, Derogation *f* ② (JUR, *obs*: *perdita temporanea della nobiltà*) temporäre Aberkennung *f* des Adelstitels
**derrata** [der'raːta] *f* [Ess]ware *f*; **-e alimentari** Lebens-, Nahrungsmittel *ntpl*
**derrick** ['derik] <-> *m* ① (TEC: *tipo di gru*) Derrickkran *m*, Montagekran *m* ② (TEC: *castello piramidale nei pozzi petroliferi*) Bohrturm *m*, Erdölturm *m* ③ (GEOL: *masse rocciose*) Spitze *f*
**derrista** [der'rista] <-i> *m* Minen-, Erdölbohrarbeiter *m*
**derubare** [deru'baːre] *vt* bestehlen, berauben **derubato, -a** [deru'baːto] *agg* beraubt, bestohlen; **~ di ogni dignità** (*fig*) aller Würde beraubt
**derubricare** [derubri'kaːre] *vt* (JUR) zurückstufen **derubricazione** [derubrikat'tsioːne] *f* (JUR) Zurückstufung *f*, Abschwächung *f*
**deruralizzare** [deruralid'dzaːre] *vt* (ADM) zum Baugrundstück erklären, als Baugebiet ausweisen **deruralizzazione** [deruraliddzat'tsioːne] *f* ① (ADM: *sottrazione di un immobile al catasto agricolo*) Ausweisung *f* als Baugebiet ② (*abbandono delle campagne*) Landflucht *f*
**derustizzazione** [derustiddzat'tsioːne] *f* Rostentfernung *f*
**derviscio** [der'viʃʃo] <-sci> *m* Derwisch *m*
**desacralizzare** [dezakralid'dzaːre] *vt* entweihen, entheiligen **desacralizzazione** [dezakraliddzat'tsioːne] *f* Entweihung *f*

**desalinizzare** [dezalinid'dzaːre] *vt* (CHEM) entsalzen **desalinizzazione** [dezaliniddzat'tsioːne] *f* Entsalzung *f*
**desaparecido, -a** [desapare'tʃiːdo] <- *o* desaparecidos *m*, desaparecidas *f*> *m*, *f* (*scomparso*) Verschwundene(r) *f(m)*, Verschleppungsopfer *nt*
**deschetto** [des'ketto] *m* Arbeitstisch *m* [des Schuhmachers], Werkbank *f*
**desco** ['desko] <-schi> *m* (*poet*) Tafel *f* geh
**descolarizzare** [deskolarid'dzaːre] *vt* entschulen, die bisher üblichen Schulformen abschaffen **descolarizzazione** [deskolariddzat'tsioːne] *f* Entschulung *f*, Abschaffung *f* der bisher üblichen Schulformen
**descrissi** *1. pers sing pass rem di* **descrivere**
**descrittivismo** [deskritti'vizmo] *m* (KUNST) Deskriptivismus *m*
**descrittivo, -a** [deskrit'tiːvo] *agg* beschreibend, deskriptiv **descrittore, -trice** [deskrit'toːre] *m*, *f* Beschreiber(in) *m(f)*
**descrivere** [des'kriːvere] <irr> *vt* ① (*rappresentare*) beschreiben; (*avvenimento*) schildern ② (*lasciare una traccia*) beschreiben; **l'aereo descrisse nel cielo un ampio arco** das Flugzeug beschrieb einen großen Bogen am Himmel **descrivibile** [deskri'viːbile] *agg* beschreibbar **descrizione** [deskrit'tsioːne] *f* Schilderung *f*, Beschreibung *f*
**desegregazione** [dezegragat'tsioːne] *f* (SOC) Aufhebung *f* der Rassentrennung, Desegregation *f*
**desensibilizzare** [desensibilid'dzaːre] *vt* desensibilisieren **desensibilizzatore** [dezensibiliddza'toːre] *m* (FOTO) Desensibilisator *m* **desensibilizzazione** [dezensibiliddzat'tsioːne] *f* (FOTO) Desensibilisation *f*, Desensibilisierung *f*
**desertico, -a** [de'zɛrtiko] <-ci, -che> *agg* Wüsten- **deserticolo, -a** [dezer'tiːkolo] *agg* Wüsten-; **animale ~** Wüstentier *nt* **desertificazione** [dezertifikat'tsioːne] *f* (GEOG) Desertifikation *f*, Wüstenbildung *f*
**deserto** [de'zɛrto] *m* ① (GEOG) Wüste *f* ② (*fig*) Einöde *f*
**deserto, -a** *agg* unbewohnt, menschenleer; (*fig*) ausgestorben
**desessualizzare** [dezessualid'daːre] *vt* entsexualisieren **desessualizzazione** [dezessualiddzat'tsioːne] *f* Entsexualisierung *f*
**déshabillé** [dezabi'je] <-> *m* Hauskleid *nt*, Morgenrock *m*

**desiderabile** [deside'ra:bile] *agg* wünschenswert; (*sessualmente*) begehrenswert **desiderabilità** [dezi̇derabili'ta] <-> *f* Begehrtheit *f*
**desiderare** [deside'ra:re] *vt* wünschen; (*sessualmente*) begehren; ~ **un figlio** sich *dat* ein Kind wünschen; ~ **di rivedere qu** sich wünschen, jdn wiederzusehen; **farsi** ~ sich rarmachen; **lasciare a** ~ zu wünschen übrig lassen; **ti desiderano al telefono** du wirst am Telefon verlangt **desiderata** [deside'ra:ta] *mpl* Wünsche *mpl*, Anliegen *ntpl* **desiderativo, -a** [desidera'ti:vo] *agg* ① (*che manifesta desiderio*) Wunsch- ② (LING) optativ, Wunsch- **desiderio** [desi'dɛ:rio] <-i> *m* ① (*aspirazione*) Wunsch *m*; ~ **di qc** Wunsch nach etw ② (*brama sensuale*) Begierde *f*; **il suo** ~ **di potenza** seine Begierde nach Macht **desideroso, -a** [deside'ro:so] *agg* verlangend, sehnsüchtig; **essere** ~ **di qc** etw wünschen
**design** [di'zain *o* de'zain] <-> *m* Design *nt*
**designabile** [deziɲ'ɲa:bile] *agg* bestimmbar, designierbar
**designare** [deziɲ'ɲa:re] *vt* bestimmen, bestellen **designato, -a** [deziɲ'ɲa:to] *agg* bestimmt, designiert **designatore, -trice** [deziɲɲato:re] I. *agg* bestimmend, designierend; **commissione -trice** designierender Ausschuss II. *m, f* Designierende(r) *f(m)* **designazione** [desiɲɲat'tsio:ne] *f* ① (*di incarico*) Ernennung *f*, Bestellung *f* ② (*indicazione*) Bestimmung *f*
**designer** [di'zainə *o* de'zainer] <-> *mf* Designer(in) *m(f)*
**desinare**[1] [dezi'na:re] *vi* [zu] Mittag essen
**desinare**[2] *m* Mittagessen *nt*
**desinente** [dezi'nɛnte] *agg* endend
**desinenza** [dezi'nɛntsa] *f* Endung *f*
**desistenza** [dezis'tɛntsa] *f* Rücktritt *m*; ~ **da un crimine** Ablassen *nt* von einem Verbrechen; ~ **da una querela** Rückzug *m* einer Anzeige
**desistere** [de'sistere] <desisto, desistei *o* desistetti, desistito> *vi* ① (JUR) zurücknehmen; ~ **da qc** etw zurücknehmen, von etw absehen ② (*da attuare qc*) verzichten; ~ **da un progetto** von einem Plan Abstand nehmen
**desk** ['desk] <-> *m* Desk *m*, Computertisch *m*
**desktop** <-> *m* (INFORM) Arbeitsoberfläche *f*, Benutzeroberfläche *f*
**desktop publishing** ['dɛsktɔp 'pʌbliʃiŋ] <-> *m* (INFORM) Desktoppublishing *nt*

**desocializzazione** [desotʃaliddzat'tsio:ne] *f* Desozialisierung *f*
**desolante** [dezo'lante] *agg* trostlos, desolat **desolare** [dezo'la:re] *vt* ① (*devastare*) verheeren, verwüsten ② (*addolorare*) [tief] betrüben, bekümmern **desolato, -a** [dezo'la:to] *agg* ① (*luogo*) verlassen, ausgestorben; (*per squallore*) öd[e], trostlos ② (*persona*) tief betrübt, bekümmert ③ (*dispiaciuto*) **sono veramente ~ di ...** es tut mir wirklich sehr leid, dass ... **desolazione** [dezolat'tsio:ne] *f* ① (*rovina*) Verheerung *f*, Verwüstung *f* ② (*squallore*) Öde *f*, Trostlosigkeit *f* ③ (*dolore*) [tiefe] Betrübnis *f*
**desolforare** [desolfo'ra:re] *vt* (CHEM) entschwefeln **desolforatore** [desolfora'to:re] *m* Entschweflungsanlage *f*, Entschwefler *m* **desolforazione** [desolforat'tsio:ne] *f* Entschwefelung *f*
**desovranizzare** [desovranid'dza:re] *vt* die Souveränität entziehen
**desperado** [despe'ra:do] <-> *m* Desperado *m*
**despota** ['dɛspota] <-i *m*, -e *f*> *mf* Despot(in) *m(f)*
**desquamativo, -a** [deskuama'ti:vo] *agg* abschuppend; **processo ~** Abschuppungsprozess *m* **desquamazione** [deskuamat'tsio:ne] *f* ① (*distacco di squame*) Abschuppung *f* ② (GEOL: *disgregazione delle rocce*) Desquamation *f* ③ (MED) Desquamation *f*
**dessert** [de'sɛ:r] <-> *m* Nachspeise *f*, Dessert *nt*
**dessi** ['dessi] *1. e 2. pers sing conj imp di* **dare**[1]
**destabilizzante** [destabilid'dzante] *agg* destabilisierend **destabilizzare** [destabilid'dza:re] *vt* destabilisieren, instabil machen **destabilizzatore** [destabiliddza'to:re] *m* destabilisierendes Element **destabilizzatore, -trice** *agg* destabilisierend **destabilizzazione** [destabiliddzat'tsio:ne] *f* Destabilisierung *f*
**destare** [des'ta:re] I. *vt* ① (*poet: svegliare*) [auf]wecken, erwecken *geh* ② (*fig*) wachrufen, erwecken; (*meraviglia, sospetti*) erregen II. *vr* **-rsi** (*poet*) erwachen *geh*
**deste** ['deste] *2. pers pl pass rem, 2. pers pl conj imp di* **dare**[1]
**desti** ['desti] *2. pers sing pass rem di* **dare**[1]
**destinare** [desti'na:re] *vt* verurteilen; (*somma*) widmen, zueignen; ~ **qc a qu** etw für jdn bestimmen; **destinato al fallimento** zum Scheitern verurteilt; **destinato a morire** dem Tod geweiht **destinatario,**

**-a** [destina'ta:rio] <-i, -ie> **I.** *agg* **banca -a** Empfängerbank *f*; **paese ~** Bestimmungsland *nt* **II.** *m, f* Adressat(in) *m(f)*, Empfänger(in) *m(f)* **destinazione** [destinat'tsio:ne] *f* ① (*scopo, fine*) Bestimmung *f*, [End]zweck *m*, Ziel *nt*; **raggiungere la propria ~** sein Ziel erreichen ② (*luogo*) Bestimmungsort *m*, Zielort *m*, Ziel *nt*; **giungere a ~** am Ziel ankommen

**destino** [des'ti:no] *m* Schicksal *nt*

**destituire** [destitu'i:re] <destituisco> *vt* absetzen; **~ qu da qc** jdn von etw absetzen, jdn einer Sache *gen* entheben **destituito, -a** [destitu'i:to] *agg* abgesetzt, enthoben **destituzione** [destitut'tsio:ne] *f* Absetzung *f*, [Amts]enthebung *f*

**desto, -a** ['desto] *agg* ① (*sveglio*) wach ② (*vigilante*) wachsam

**destoricizzare** [destoritʃid'dza:re] *vt* aus dem geschichtlichen Zusammenhang reißen **destorificazione** [destorifikat'tsio:ne] *f* Herausreißen *nt* aus dem geschichtlichen Zusammenhang

**destra** ['dɛstra] *f* ① (*mano*) Rechte *f*; **dare la ~ a qu** jdn rechts gehen lassen ② (*lato*) rechte Seite; **a ~** rechts; **alla mia ~** zu meiner Rechten ③ (POL) Rechte *f*

**destreggiarsi** [destred'dʒarsi] *vr* zurechtkommen; **~ con qu/qc** mit jdm/etw zurechtkommen; **~ in qc** sich in etw *dat* zurechtfinden

**destrese** [des'tre:ze] *m* (POL) Jargon *m* der Rechten

**destrezza** [des'trettsa] *f* Geschick *nt*, Gewandtheit *f*; **~ di mano** Fingerfertigkeit *f*; **gioco di ~** Geschicklichkeitsspiel *nt*

**destriero** [des'triɛ:ro] *m* (*poet*) [Schlacht]ross *nt obs*

**destrimano** [destri'ma:no] **I.** <inv> *agg* rechtshändig **II.** <-> *mf* Rechtshänder(in) *m(f)*

**destrismo** [des'trizmo] *m* ① (POL) Rechtsorientierung *f* ② (MED) Rechtshändigkeit *f*

**destro** ['dɛstro] *m* ① (*opportunità*) Gelegenheit *f*, rechter Zeitpunkt ② (SPORT) Rechte *f*

**destro, -a** *agg* ① (*lato, parte*) rechte(r, s); **il braccio ~ di qu** jds rechte Hand ② (*fig*) tüchtig, geschickt

**destrorso, -a** [des'trorso] *agg* rechtsdrehend

**destrutturare** [destruttu'ra:re] *vt* ① (*scomporre*) destrukturieren; **~ qc** die Struktur von etw auflösen ② (*smantellare*) demontieren, abbauen **destrutturato, -a** [destruttu'ra:to] *agg* destrukturiert, strukturlos **destrutturazione** [destruttu-rat'tsio:ne] *f* Destrukturation *f*, Destrukturierung *f*

**desueto, -a** [desu'ɛ:to] *agg* (*poet*) ungebräuchlich; (*disusato*) ungewohnt **desuetudine** [desue'tu:dine] *f* ① (*poet*) Ungebräuchlichkeit *f*, Ungewohntheit *f* ② (JUR) Nichtbeachtung *f*

**desumere** [de'su:mere] <desumo, desunsi, desunto> *vt* **~ qc [da qc]** etw [aus etw] folgern **desumibile** [desu'mi:bile] *agg* **è ~ che ...** es ist anzunehmen, dass ...

**desunsi** [de'sunsi] *1. pers sing pass rem di* **desumere**

**desunto** [de'sunto] *pp di* **desumere**

**detartraggio** [detar'traddʒo] <-ggi> *m* (MED) Zahnsteinentfernung *f*

**detartrasi** [detar'tra:si] <-> *f v.* **detartraggio**

**detassabilità** [detassabili'ta] <-> *f* Möglichkeit *f* der Steuerbefreiung

**detassare** [detas'sa:re] *vt* von der Steuer befreien **detassazione** [detassat'tsio:ne] *f* Steuerbefreiung *f*

**detective** [di'tektiv *o* de'tɛctiv] <-> *m* ① (*agente di polizia*) Geheimpolizist *m* ② (*investigatore privato*) [Privat]detektiv *m*

**detector** [di'tektə *o* de'tɛctor] <-> *m* Detektor *m*

**deteinato, -a** [detei'na:to] *agg* entkoffeiniert, koffein-, theinfrei

**detenere** [dete'ne:re] <irr> *vt* ① (*possedere*) besitzen, bei [*o* mit] sich *dat* führen; (*primato*) halten; (*incarico*) inne haben ② (*in prigione*) gefangen halten, in Haft [be]halten

**detentivo, -a** [deten'ti:vo] *agg* **pena -a** Freiheitsstrafe *f* **detentore, -trice** [deten'to:re] **I.** *agg* haltend, verteidigend **II.** *m, f* Inhaber(in) *m(f)*, Besitzer(in) *m(f)*; **~ di un titolo** (SPORT) Titelverteidiger(in) *m(f)*

**detenuto, -a** [dete'nu:to] *m, f* Häftling *m*, Inhaftierte(r) *f(m)* **detenzione** [deten'tsio:ne] *f* ① (*possesso*) Besitz *m*; (*fig*) Innehaben *nt*; **~ di armi e munizioni** unerlaubter Waffenbesitz ② (*pena*) Haft *f*, Gewahrsam *m*; **~ preventiva** Untersuchungshaft *f*

**detergente** [deter'dʒɛnte] **I.** *agg* reinigend, Reinigungs-; **latte ~** Reinigungsmilch *f* **II.** *m* Reinigungsmittel *nt* **detergenza** [deter'dʒɛntsa] *f* Reinigungskraft *f*, Reinigung *f*

**detergere** [de'tɛrdʒere] <irr> *vt* ① (*pulire*) reinigen, säubern; (*biancheria*) waschen ② (*togliere*) abwischen

**deteriorabile** [deterio'ra:bile] *agg* verderblich

**deterioramento** [deteriora'mento] *m* Abnutzung *f*, Verschleiß *m*; Verderb *m*, Verderben *nt*; (*di oggetti*) Beschädigung *f* **deteriorare** [deterio'ra:re] I. *vt* (*danneggiare*) beschädigen; (*cibi*) verderben II. *vr* **-rsi** ① (*cibi*) verderben, schlecht werden; (*oggetti*) beschädigt werden; (*edifici*) verfallen ② (*fig*) sich verschlechtern ③ (*logorarsi*) verschleißen **deteriorato, -a** [deterio'ra:to] *agg* verdorben, zerfressen; **rapporti -i** (*fig*) verschlechterte Beziehungen **deteriore** [dete'rio:re] *agg* minderwertig, miserabel

**determinabile** [determi'na:bile] *agg* bestimmbar **determinabilità** [determinabili'ta] <-> *f* Bestimmbarkeit *f*

**determinante** [determi'nante] *agg* ① (*decisivo*) entscheidend, maßgeblich, ausschlaggebend; **fattore ~ per la risoluzione del conflitto** ein maßgeblicher Faktor zur Beilegung des Konflikts ② (JUR) determinant, entscheidend

**determinare** [determi'na:re] *vt* ① (*precisare*) festlegen, bestimmen ② (*causare*) verursachen, bewirken **determinatezza** [determina'tettsa] *f* ① (*precisione*) Genauigkeit *f*, Exaktheit *f* ② (*fermezza*) Entschlossenheit *f*, Entschiedenheit *f* **determinativo, -a** [determina'ti:vo] *agg* bestimmt, dezidiert A **determinato, -a** [determi'na:to] *agg* ① (*stabilito, fissato*) bestimmt, festgelegt, dezidiert A; **in -i casi** in bestimmten Fällen ② (*risoluto*) entschlossen, entschieden, dezidiert A; (*volontà*) fest **determinazione** [determinat'tsio:ne] *f* ① (*stabilizzazione*) Festsetzung *f*, Festlegung *f* ② (*decisione*) Beschluss *m*; **la ~ di qc** der Beschluss eine Sache ③ (*risoluzione*) Entschiedenheit *f*, Bestimmtheit *f* **determinismo** [determi'nizmo] *m* Determinismus *m*

**deterrente** [deter'rɛnte] I. *agg* abschreckend, Abschreckungs- II. *m* Abschreckungswaffe *f*, Abschreckungsmittel *nt*

**deterrenza** [deter'rɛntsa] *f* Abschreckung *f*

**detersi** *1. pers sing pass rem di* **detergere**

**detersivo** [deter'si:vo] *m* (*sostanza per pulire*) Reinigungsmittel *nt*; (*per biancheria*) Waschmittel *nt*; (*per stoviglie*) Spülmittel *nt*; (*per pavimenti*) Putzmittel *nt*

**detersivo, -a** *agg* reinigend, Reinigungs-

**deterso** *pp di* **detergere**

**detestabile** [detes'ta:bile] *agg* verabscheuungswürdig, hassenswert; (*insopportabile*) unausstehlich, scheußlich

**detestare** [detes'ta:re] *vt* verabscheuen, hassen

**detonante** [deto'nante] I. *agg* explosiv, Spreng- II. *m* Sprengstoff *m*

**detonare** [deto'na:re] *vi* detonieren **detonatore** [detona'to:re] *m* Zünd-, Sprengkapsel *f*, Detonator *m* **detonazione** [detonat'tsio:ne] *f* ① (*scoppio*) Explosion *f*, Detonation *f* ② (*in motori*) Klopfen *nt*, Klingeln *nt*

**detraggo** *1. pers sing pr di* **detrarre**

**detraibile** [detra'i:bile] *agg* abzugsfähig, absetzbar; **spese -i** absetzbare Ausgaben **detraibilità** [detraibili'ta] <-> *f* Abzugsfähigkeit *f*, Absetzbarkeit *f*

**detrarre** [de'trarre] <irr> *vt* abziehen; **~ le spese dall'incasso** die Kosten von der Einnahme abziehen **detrattivo, -a** [detrat'ti:vo] *agg* Abzugs- **detrattore, -trice** [detrat'to:re] *m, f* Verleumder(in) *m(f)*, Ehrabschneider *m obs* **detrazione** [detrat'tsio:ne] *f* ① (*sottrazione*) Abzug *m*, Abrechnung *f* ② (*fig: denigrazione*) Verleumdung *f*

**detrimento** [detri'mento] *m* Nachteil *m*; **a ~ di qu** zu jds Nachteil

**detritico, -a** [de'tri:tiko] <-ci, -che> *agg* Geröll-; **depositi -i** Geröllhalde *f*

**detrito** [de'tri:to] *m* ① (*frammento*) Bruchstück *nt* ② (*rifiuto*) Schutt *m*, Abfall *m* ③ (GEOL) Geröll *nt*, [Gesteins]schutt *m*

**detronizzare** [detronid'dza:re] *vt* ① (POL) entthronen, stürzen ② (*fig*) entmachten, absetzen **detronizzazione** [detroniddzat'tsio:ne] *f* Entthronung *f*; **la ~ di un campione** die Entthronung eines Champions, die Ablösung eines Titelverteidigers

**detta** ['detta] *f* **a ~ di ...** nach Aussage von ..., wie von ... gesagt wird; **a ~ mia/tua** meiner/deiner Aussage nach; **a ~ sua** seiner Aussage nach

**dettagliante** [dettaʎ'ʎante] *mf* Einzelhändler(in) *m(f)*

**dettagliare** [dettaʎ'ʎa:re] *vt* im Einzelnen darlegen, detaillieren

**dettagliato, -a** [dettaʎ'ʎa:to] *agg* eingehend, detailliert **dettaglio** [det'taʎʎo] <-gli> *m* Detail *nt*, Einzelheit *f*; **vendita al ~** Einzelhandel *m*, Einzelverkauf *m*; **in ~** eingehend, detailliert

**dettame** [det'ta:me] <*gener al pl*> *m* ① (*principio*) Gebot *nt*, Grundsatz *m*; (*fig, pej*) Diktat *nt* ② (*suggerimento*) Impuls *m*, Anregung *f*

**dettare** [det'ta:re] *vt* ① (*lettera*) diktieren ② (*condizioni*) auferlegen, aufzwingen; (*legge*) vorschreiben; **~ legge** (*fig*) das Regiment führen; **~ sentenze** (*fig*) befehlen, kommandieren **dettato** [det'ta:to] *m* ① (*testo*) Diktat *nt* ② (*norma*) Vorschrift *f*, Bestimmungen *fpl* **dettatore, -trice** [detta'to:re] *m, f* (*chi detta un testo*) Diktierer(in) *m(f)*, Diktant(in) *m(f)* ② (LIT: *trattatista dell'arte del comporre*) Verfasser(in) *m(f)* einer Abhandlung über die Aufsatzkunst ③ (*dittatore, obs*) Diktator *m* **dettatura** [detta'tu:ra] *f* Diktat *nt*, Diktieren *nt*; **scrivere sotto ~** nach Diktat schreiben

**detti** ['dɛtti] *1. pers sing pass rem di* **dare**[1]

**detto** ['detto] *m* (*motto*) [Aus]spruch *m*, Wort *nt*; (*sentenza*) Lebensregel *f*, Sinnspruch *m*; **~ popolare** Volksweisheit *f*

**detto, -a** I. *pp di* **dire**[1] II. *agg* ① (*con soprannome*) genannt ② (*suddetto*) oben genannt, oben erwähnt ③ (ADM) vorgenannt

**deturpare** [detur'pa:re] *vt* entstellen, verunstalten **deturpatore, -trice** [deturpa'to:re] *agg* entstellend, verunstaltend **deturpazione** [deturpat'tsio:ne] *f* Entstellung *f*, Verunstaltung *f*

**deumidificare** [deumidifi'ka:re] *vt* entfeuchten **deumidificatore** [deumidifika'to:re] *m* Entfeuchtungsapparat *m*, Entfeuchter *m* **deumidificazione** [deumidifikat'tsio:ne] *f* Entfeuchtung *f*

**devalutazione** [devalutat'tsio:ne] *f* (FIN) Abwertung *f*, Devalutation *f*

**devastare** [devas'ta:re] *vt* ① (*guastare, rovinare*) verwüsten, verheeren ② (*distruggere*) vernichten, zerstören **devastatore, -trice** [devasta'to:re] I. *agg* verwüstend, verheerend; (*che distrugge*) vernichtend, zerstörend II. *m, f* Zerstörer(in) *m(f)* **devastazione** [devastat'tsio:ne] *f* Verwüstung *f*, Verheerung *f*; (*distruzione*) Vernichtung *f*, Zerstörung *f*

**deviamento** [devia'mento] *m* ① (*del traffico*) Umleitung *f* ② (*fig*) Abweichung *f* **deviante** [de'viante] *agg* abweichend; **comportamento ~** von der Norm sozialen Verhaltens abweichend **devianza** [devi'antsa] *f* ① (*aberranza*) Devianz *f*, Abnormität *f* ② (PHYS) Deviation *f* **deviare** [devi'a:re] I. *vi* ① (*di direzione*) abkommen; (*strada*) abzweigen ② (*fig*) abweichen, abkommen II. *vt* ① (*traffico*) umleiten ② (*fig*) lenken **deviato, -a** [de'via:to] *agg* umgeleitet; **traffico ~** umgeleiteter Verkehr **deviatoio** [devia'to:io] <-toi> *m* (FERR: *scambio ferroviario*) Weiche *f* **deviatore** [devia'to:re] *m* ① (TEC) Verteiler[kasten] *m* ② (FERR) Weichensteller *m*, Weichenwärter *m* **deviazione** [deviat'tsio:ne] *f* ① (*allontanamento dalla norma*) Abweichung *f*; (*spostamento*) Verschiebung *f* ② (*via diversa*) Umweg *m*; (*stradale*) Umleitung *f* **deviazionismo** [deviattsio'nizmo] *m* (POL) Abweichlertum *nt* **deviazionista** [deviattsio'nista] <-i *m*, -e *f*> *mf* (POL) Abweichler(in) *m(f)*

**deviscerare** [deviʃʃe'ra:re] *vt* ① (*togliere le viscere*) ausweiden, ausnehmen ② (*fig: sviscerare*) eingehend behandeln

**devitalizzare** [devitalid'dza:re] *vt* (MED) abtöten; **~ un molare** den Nerv eines Backenzahns abtöten **devitalizzazione** [devitaliddzat'tsio:ne] *f* (MED) Devitalisation *f*, Abtötung *f*

**devitaminizzante** [devitaminid'dzante] *agg* (BIOL) Vitamine entziehend, devitaminisierend **devitaminizzare** [devitaminid'dza:re] *vt* (MED) Vitamine entziehen

**devo** ['dɛ:vo] *1. pers sing pr di* **dovere**[1]

**devoltare** [devol'ta:re] *vt* (TEC) mit niedriger Spannung betreiben, heruntertransformieren **devoltore** [devol'to:re] *m* (TEC) Abwärtstransformator *m*

**devoluto** [devo'tu:to] *pp di* **devolvere**

**devoluzione** [devolut'tsio:ne] *f* ① (JUR) Übergabe *f*, Übertragung *f* ② (FIN) Zuweisung *f*, Zuwendung *f*

**devolvere** [de'vɔlvere] <devolvo, devolvei *o* devolvetti, devoluto> *vt* ① (JUR) übergeben; (*diritto*) übertragen ② (FIN) zuweisen, zuwenden

**devoto, -a** [de'vɔ:to] I. *agg* ① (*religioso*) gläubig, fromm; (*pej*) devot ② (*affezionato*) ergeben, treu ③ (*a un ideale*) ergeben II. *m, f* ① (REL) Gläubige(r) *f(m)*, Fromme(r) *f(m)*, frommer Mensch ② (*fig*) Ergebene(r) *f(m)*, Getreue(r) *f(m)*

**devozionale** [devottsio'na:le] *agg* Andachts-

**devozione** [devot'tsio:ne] *f* ① (*spirituale*) Andacht *f*; (*religiosità*) Frömmigkeit *f*, Gläubigkeit *f* ② (*deferenza*) Ergebenheit *f*, Hochachtung *f* ③ (*affetto*) Ergebenheit *f*, Treue *f* ④ (*dedizione*) Hingabe *f*; **~ a qu** Hingabe an jdn; **-i** Gebete *ntpl*

**di** [di] <d', del, dello, dell', della, dei, degli, delle> *prp* ① (*specificazione*) von +*dat*, für +*acc*, zu +*dat*; (*riferito a materia*) aus +*dat*; (*possessivo*) von +*dat*; **una donna ~ trent'anni** eine dreißigjährige Frau; **un litro ~ latte** ein Liter Milch; **la città ~ Torino** die Stadt Turin; **il mese ~**

**gennaio** der Monat Januar ❷ *(causa)* vor +*dat*; **gridare ~ gioia** vor Freude schreien ❸ *(modo, mezzo)* mit +*dat*; **venire ~ corsa** schnell kommen, angerannt kommen ❹ *(fine, scopo)* zu +*dat*, für +*acc* ❺ *(origine)* aus +*dat*, von +*dat*; **cittadino ~ Torino** Einwohner *m* von Turin; **essere ~ Trieste** aus Triest sein ❻ *(moto da luogo)* von +*dat*, aus +*dat* ❼ *(tempo)* bei +*dat*, in +*dat*, an +*dat*; **alzarsi ~ mattina** morgens aufstehen; **d'estate** im Sommer; **~ giorno** tagsüber, bei Tag[e], untertags *A;* **~ sera** abends, am Abend ❽ *(paragone)* als ❾ *(partitivo)* **vorrei del pane** ich möchte [etwas] Brot ❿ *(con infinito)* **mi sembra ~ capire** ich glaube, ich verstehe; **tentare ~ fuggire** zu fliehen versuchen ⓫ *(loc)* **non c'è ~ meglio** es gibt nichts Besseres; **invece ~ lui** an seiner Stelle; **dopo/prima ~ me** nach/vor mir

**dì** [di] <-> *m* (*poet*) Tag *m*

**dia** ['di:a] *1., 2. e 3.pers sing conj pr di* **dare**[1]

**diabete** [dia'bɛ:te] *m* Zuckerkrankheit *f*, Diabetes *m* **diabetico, -a** [dia'bɛ:tiko] <-ci, -che> I. *agg* diabetisch, zuckerkrank II. *m, f* Diabetiker(in) *m(f)*

**diabolico, -a** [dia'bɔ:liko] <-ci, -che> *agg* teuflisch, diabolisch

**diaconia** [diako'ni:a] <-ie> *f* Diakonie *f* **diacono** [di'a:kono] *m* Diakon *m*

**diacritico, -a** [dia'kri:tiko] <-ci, -che> *agg* diakritisch

**diacronia** [diakro'ni:a] <-ie> *f* Diachronie *f* **diacronico, -a** [dia'krɔ:niko] <-ci, -che> *agg* diachron[isch]

**diadema** [dia'dɛ:ma] <-i> *m* Diadem *nt*

**diafano, -a** [di'a:fano] *agg* ❶ *(trasparente)* durchscheinend, durchsichtig ❷ *(fig: delicato)* zart

**diafonia** [diafo'ni:a] <-ie> *f* ❶ (MUS) Diafonie *f* ❷ (TEC, TEL) Störgeräusch *nt*

**diaframma** [dia'framma] <-i> *m* ❶ *(elemento divisorio)* [Trenn]wand *f*, Barriere *f* ❷ (ANAT) Zwerchfell *nt* ❸ (FOTO, OPT) Blende *f* ❹ (TEL) Membran[e] *f* ❺ *(anticoncezionale)* Diaphragma *nt*, [Intrauterin]pessar *nt* **diaframmare** [diafram'ma:re] *vi* (FOTO) abblenden; **~ sul 16** Blende 16 einstellen

**diagnosi** [di'aɲɲozi] <-> *f* Diagnose *f;* **fare una ~** eine Diagnose stellen **diagnostica** [diaɲ'ɲɔstika] <-che> *f* Diagnostik *f*

**diagnosticare** [diaɲɲosti'ka:re] *vt* diagnostizieren **diagnostico, -a** [diaɲ'ɲɔstiko] <-ci, -che> I. *agg* diagnostisch II. *m, f* Diagnostiker(in) *m(f)*

**diagonale** [diago'na:le] I. *agg* diagonal II. *m* ❶ *(stoffa)* Diagonal *m* ❷ (SPORT: *calcio*) Querpass *m;* *(tennis)* Cross *m* III. *f* Diagonale *f*

**diagramma** [dia'gramma] <-i> *m* Diagramm *nt;* **~ di flusso** (INFORM: *flowchart*) Flussdiagramm *nt* **diagrammatore** [diagramma'to:re] *m* (INFORM: *plotter*) Plotter *m*, Dataplotter *m*

**dialettale** [dialet'ta:le] *agg* Dialekt-, dialektal **dialettalismo** [dialetta'lizmo] *m* Dialektausdruck *m*, Mundartwort *nt*

**dialettica** [dia'lɛttika] <-che> *f* Dialektik *f* **dialettico, -a** [dia'lɛttiko] <-ci, -che> *agg* dialektisch; **abilità -a** Unterredungskunst *f*

**dialettismo** [dialet'tizmo] *m* Dialektausdruck *m*, Mundartwort *nt*

**dialetto** [dia'lɛtto] *m* Mundart *f*, Dialekt *m;* **parlare in ~** Dialekt sprechen **dialettologia** [dialettolo'dʒi:a] <-ie> *f* (LING) Dialektologie *f*, Dialekt-, Mundartforschung *f*

**dialisi** [di'a:lizi] <-> *f* Dialyse *f*

**dialogare** [dialo'ga:re] *vi* ein Gespräch führen **dialogico, -a** [dia'lɔ:dʒiko] <-ci, -che> *agg* dialogisch, in Dialogform **dialogo** [di'a:logo] <-ghi> *m* Dialog *m*

**diamante** [dia'mante] *m* Diamant *m;* **di ~** diamanten; **un cuore di ~** *(fig)* ein Herz aus Stein; **nozze di ~** diamantene Hochzeit **diamantifero, -a** [diaman'ti:fero] *agg* Diamanten enthaltend, Diamant[en]-

**diametrale** [diame'tra:le] *agg* diametral, gegensätzlich **diametralmente** [diametral'mente] *avv* diametral, völlig anders; **~ opposto** vollkommen gegensätzlich

**diametro** [di'a:metro] *m* Durchmesser *m*

**diamine** ['dia:mine] *int* *(fam)* [zum] Teufel!; **~ se lo voglio!** und ob ich das will!

**diana** ['dia:na] *f* ❶ (MIL) Wecken *nt;* **suonare la ~** zum Wecken blasen; *(fig)* das Zeichen geben ❷ (ASTR) Morgenstern *m*

**dianzi** ['diantsi] *avv* *(poet)* vor kurzem

**diapason** [di'a:pazon] <-> *m* ❶ *(strumento)* Stimmgabel *f;* **dare il ~** den Ton angeben ❷ *(registro)* Register *nt*

**diapositiva** [diapozi'ti:va] *f* Dia *nt*

**diapoteca** [diapo'tɛ:ka] <-che> *f* *(diateca)* Diathek *f*

**diaproiettore** [diaproiet'to:re] *m* Diaprojektor *m*

**diaria** [di'a:ria] <-ie> *f* Tagegeld *nt*, Aufwandsentschädigung *f;* **~ parlamentare** Diäten *pl*

**diario** [di'a:rio] <-i> *m* Tagebuch *nt;* **~ di**

**bordo** Schiffstagebuch *nt*, Logbuch *nt*; ~ **scolastico** Aufgabenheft *nt*; **tenere un ~** ein Tagebuch führen
**diarrea** [diar'rɛ:a] *f* Durchfall *m*, Diarrhö *f*
**diaspora** [di'aspora] *f* Diaspora *f*
**diaspro** [di'aspro] *m* (MIN) Jaspis *m*
**diatonia** [diato'ni:a] <-ie> *f* Diatonik *f*
**diatriba** [di'a:triba] *f* Diatribe *f*; (*discorso*) Moralpredigt *f*; (*scritto*) Streitschrift *f*
**diavola** ['dia:vola] *f* **pollo alla ~** pikant gewürztes Hähnchen vom Rost; **fare un lavoro alla ~** miserable Arbeit leisten **diavoleria** [diavole'ri:a] <-ie> *f* ① (*perfidia*) Teufelei *f* ② (*fam: stravaganza*) Verrücktheit *f* **diavolerio** [diavo'lɛ:rio] <-i> *m* (*sett*) Höllenlärm *m* **diavolessa** [diavo'lessa] *f* Teufelin *f*; (*a. fig*) Teufel *m*; (*persona vivace*) Teufel[sweib *nt*] *m* **diavoletto, -a** [diavo'letto] *m, f* (*scherz*) kleiner Teufel *fam* **diavolio** [diavo'li:o] <-ii> *m* Höllenlärm *m fam*, höllisches Durcheinander *nt*
**diavolo** ['dia:volo] *m* Teufel *m*; (*persona vivace*) Teufel[skerl] *m*; **avvocato del ~** Advocatus Diaboli *m*; **un povero ~** (*fam*) ein armer Teufel; **avere il ~ addosso** den Teufel im Leib haben; **quel ragazzo è un ~ scatenato** dieser Junge hat den Teufel im Leib; **avere un ~ per capello** fuchsteufelswild sein; **mandare qu al ~** jdn zum Teufel schicken; **mandare tutto al ~** alles zur Hölle wünschen; **saperne una più del ~** mit allen Wassern gewaschen sein; **per mille -i!** Teufel nochmal!; **che ~ vuoi adesso?** was zum Teufel willst du jetzt?; **come/dove/perché ~?** wie/wo/warum zum Teufel?; **stare a casa del ~** (*scherz*) am Ende der Welt wohnen; **il ~ fa le pentole, ma non i coperchi** (*prov*) es ist nichts so fein gesponnen, es kommt doch ans Licht der Sonnen; **il diavolo non è brutto, quanto lo si dipinge** (*prov*) es wird nichts so heiß gegessen, wie es gekocht wird
**dibattere** [di'battere] I. *vt* erörtern II. *vr* **-rsi** um sich schlagen; (*divincolarsi*) sich winden **dibattimento** [dibatti'mento] *m* (JUR) Hauptverhandlung *f*, Gerichtsverhandlung *f* **dibattito** [di'battito] *m* [lebhafte] Diskussion *f*; **un ~ su qc** eine Diskussion über etw *acc* **dibattuto, -a** [dibat'tu:to] *agg* umstritten
**diboscamento** [diboska'mento] *m* Abholzung *f*, Entwaldung *f*
**dicembre** [di'tʃɛmbre] *m* Dezember *m*; *v. a.* **aprile**

**diceria** [ditʃe'ri:a] <-ie> *f* Gerede *nt*, Klatsch *m*
**dichiarante** [dikia'rante] *mf* (ADM) Erklärende(r) *f(m)*, Deklarant(in) *m(f)*
**dichiarare** [dikia'ra:re] I. *vt* ① (*manifestare*) kundtun, erklären; (ADM: *generalità*) angeben ② (FIN, COM: *notificare*) deklarieren, angeben ③ (*annunziare, proclamare*) erklären, [offiziell] mitteilen; ~ **marito e moglie** zu Mann und Frau erklären; ~ **la guerra** den Krieg erklären; ~ **qu in arresto** jdn für verhaftet erklären; ~ **aperta la seduta** die Sitzung für eröffnet erklären; ~ **colpevole qu** jdn für schuldig erklären II. *vr* **-rsi** ① (*confessare il proprio amore*) seine Liebe gestehen ② (*proclamarsi*) sich aussprechen; **-rsi favorevole** sich dafür aussprechen; **-rsi innocente** sich für unschuldig erklären **dichiaratamente** [dikiarata'mente] *avv* erklärtermaßen, ausdrücklich **dichiarativo, -a** [dikiara'ti:vo] *agg* erklärend, erläuternd **dichiarazione** [dikiarat'tsio:ne] *f* Erklärung *f*, Deklaration *f*; ~ **dei redditi** Einkommensteuererklärung *f*; ~ **d'amore** Liebeserklärung *f*; ~ **finale** Abschlusserklärung *f*
**diciannove** [ditʃan'nɔ:ve] I. *num* neunzehn II. <-> *m* ① (*numero*) Neunzehn *f* ② (*nelle date*) Neunzehnte(r) *m* III. *fpl* neunzehn Uhr; *v. a.* **cinque diciannovenne** [ditʃanno'vɛnne] I. *agg* neunzehnjährig II. *mf* Neunzehnjährige(r) *f(m)*
**diciannovesimo** [ditʃanno'vɛ:zimo] *m* (*frazione*) Neunzehntel *nt*, neunzehnter Teil
**diciannovesimo, -a** I. *agg* neunzehnte(r, s) II. *m, f* Neunzehnte(r, s) *mfnt*; *v. a.* **quinto**
**diciassette** [ditʃas'sɛtte] I. *num* siebzehn II. <-> *m* ① (*numero*) Siebzehn *f* ② (*nelle date*) Siebzehnte(r) *m* III. *fpl* siebzehn Uhr; *v. a.* **cinque diciassettenne** [ditʃasset'tɛnne] I. *agg* siebzehnjährig II. *mf* Siebzehnjährige(r) *f(m)*
**diciassettesimo** [ditʃasset'tɛ:zimo] *m* (*frazione*) Siebzehntel *nt*, siebzehnter Teil
**diciassettesimo, -a** I. *agg* siebzehnte(r, s) II. *m, f* Siebzehnte(r, s) *mfnt*; *v. a.* **quinto**
**diciottenne** [ditʃot'tɛnne] I. *agg* achtzehnjährig II. *mf* Achtzehnjährige(r) *f(m)* **diciottesimo, -a** [ditʃot'tɛ:zimo] I. *agg* achtzehnte(r, s) II. *m, f* Achtzehnte(r, s) *mfnt* III. *m* (*frazione*) Achtzehntel *nt*, achtzehnter Teil; *v. a.* **quinto diciotto** [di'tʃɔtto] I. *num* achtzehn II. <-> *m* ① (*numero*) Achtzehn *f* ② (*nelle date*)

Achtzehnte(r) *m* III. *fpl* achtzehn Uhr; *v. a.* **cinque**

**dicitore, -trice** [ditʃi'to:re] *m, f* Vortragskünstler(in) *m(f)*

**dicitura** [ditʃi'tu:ra] *f* Ausdruck *m*, Redeweise *f*; (*didascalia*) Aufschrift *f*, Beschriftung *f*

**dico** ['di:ko] *1. pers sing pr di* **dire**¹

**didascalia** [didaska'li:a] <-ie> *f* ❶ (LIT) Bildunterschrift *f*, Legende *f* ❷ (FILM) Untertitel *m* ❸ (THEAT) Regieanweisung *f*

**didascalico, -a** [didas'ka:liko] <-ci, -che> *agg* Lehr-, didaktisch

**didatta** [di'datta] <-i *m*, -e *f*> *mf* Didaktiker(in) *m(f)* **didattica** [di'dattika] <-che> *f* Didaktik *f* **didatticismo** [didatti'tʃizmo] *m* Schulmeisterlichkeit *f* **didattico, -a** [di'dattiko] <-ci, -che> *agg* didaktisch

**didentro** [di'dentro] <-> *m* (*fam*) Innere(s) *nt*

**didietro** [di'dis:tro] I.<inv> *agg* hintere(r, s), Hinter- II.<-> *m* ❶ (*parte posteriore*) Rückseite *f* ❷ (*scherz: sedere*) Hinterteil *nt*

**dido** ['di:do] *m* (zoo: *dronte*) Dronte *f*, Dodo *m*

**dieci** ['dis:tʃi] I. *num* zehn II.<-> *m* ❶ (*numero*) Zehn *f*; (*nelle date*) Zehnte(r) *m* ❷ (*voto scolastico*) sehr gut III. *fpl* zehn Uhr; *v. a.* **cinque diecimila** [dietʃi'mi:la] I. *num* zehntausend II.<-> *m* Zehntausend *f* **diecimilionesimo** [dietʃimilio'nɛ:zimo] *v.* **decimilionesimo diecimillesimo** [dietʃimil'lɛ:zimo] *v.* **decimillesimo**

**diecina** [die'tʃi:na] *f* (MAT) Zehner *mpl*; **una ~** [**di** ...] [etwa] zehn [...]; **a -e** zu [*o* in] Dutzenden

**diedi** ['die:di] *1. pers sing pass rem di* **dare**¹

**die-in** ['daiin] <-> *m* Die-in *nt*, Anti[atom]waffendemonstration *f*

**dieresi** [di'ɛ:rezi] <-> *f* Diärese *f*; (*segno diacritico*) Trema *nt*

**diesis** [di'ɛ:zis] <-> *m* (MUS) Kreuz *nt*, Erhöhungszeichen *nt*, Diesis *f*

**dieta** ['dis:ta] *f* Diät *f*; **stare a ~** Diät halten **dietetica** [die'tɛ:tika] <-che> *f* Diätetik *f* **dietetico, -a** [die'tɛ:tiko] <-ci, -che> *agg* diätetisch, Diät- **dietista** [die'tista] <-i *m*, -e *f*> *mf* Diätassistent(in) *m(f)* **dietologia** [dietolo'dʒi:a] <-gie> *f* Diätetik *f* **dietologo, -a** [die'tɔ:logo] <-gi, -ghe> *m, f* (MED) Diätist(in) *m(f)*, Diätassistent(in) *m(f)*

**dietro** ['die:tro] I. *prp* ❶ (*locale, stato*) hinter +*dat*; (*moto*) hinter +*acc*; **~ di me** hinter mir ❷ (*appresso*) **portarsi ~ qu** jdn mitnehmen ❸ (*fig: alle spalle*) **tutti gli ridono ~** alle lachen hinter seinem Rücken [über ihn] ❹ (*temporale*) nach +*dat*; **un guaio ~ l'altro** ein Unglück nach dem andern; **~ consegna** bei Lieferung ❺ (*dopo, mediante*) gegen +*acc*; **~ ricevuta** gegen Quittung; **~ domanda** auf Wunsch II. *avv* (*stato*) hinten; (*moto*) nach hinten

**dietrofront, dietro-front** ['dis:tro 'front] I.<-> *m* (*a. fig*) Kehrtwendung *f* II. *int* kehrt

**dietrologia** [dietrolo'dʒi:a] <-ie> *f Manie* (*vor allem in der Politik*), *hinter allem verborgene Beweggründe zu vermuten* **dietrologo, -a** [die'trɔ:logo] <-gi, -ghe> *m, f Person, die hinter allem verborgene Beweggründe vermutet*

**difatti** [di'fatti] *in der Tat, tatsächlich*

**difendere** [di'fɛndere] <difendo, difesi, difeso> I. *vt* (*gener*) verteidigen; (*diritto, interessi*) vertreten; (*dare riparo*) schützen II. *vr* **-rsi da qu/qc** sich gegen jdn/etw verteidigen; (*proteggersi*) sich vor jdm/ etw schützen **difendibile** [difen'di:bile] *agg* gut zu verteidigen

**difenditrice** *f v.* **difensore**

**difensiva** [difen'si:va] *f* Defensive *f*, Verteidigung *f*; **stare sulla ~** in der Defensive sein **difensivismo** [difensi'vizmo] *m* (SPORT) Defensivtaktik *f* **difensivista** [difensi'vista] <-i *m*, -e *f*> *mf* (SPORT) Anhänger(in) *m(f)* einer Defensivtaktik **difensivistico, -a** [difensi'vistiko] <-ci, -che> *agg* (*sport*) [übertrieben] defensiv; **tattica -a** [übertriebene] Defensivtaktik *f* **difensivo, -a** [difen'si:vo] *agg* Verteidigungs-, Defensiv- **difensore, difenditrice** (difen'so:re, difendi'tri:tʃe] *m, f* ❶ (*protettore*) Verteidiger(in) *m(f)*, Beschützer(in) *m(f)* ❷ (SPORT) Verteidiger(in) *m(f)* ❸ (*avvocato*) [Straf]verteidiger(in) *m(f)* **difesa** [di'fe:sa] *f* Verteidigung *f*, Abwehr *f*; (*riparo*) Schutz *m*; **la ~ da** [*o* contro] **qu/qc** die Verteidigung gegen jdn/ etw; **la ~ di qc** der Schutz vor etw *dat*; **legittima ~** Notwehr *f*; **~ antiaerea** Flugabwehr *f*

**difesi** [di'fe:si] *1. pers sing pass rem di* **difendere**

**difeso** [dife:so] *pp di* **difendere**

**difettare** [difet'ta:re] *vi* ❶ (*mancare, scarseggiare*) mangeln; **~ di qc** an etw *dat* mangeln ❷ (*essere difettoso*) Mängel haben, mangelhaft sein **difettivo, -a** [difet'ti:vo] *agg* ❶ (*poet: incompleto*) unvollkommen, unvollständig ❷(GRAM) defektiv

**difetto** [di'fɛtto] *m* ❶ (*mancanza*) Mangel *m;* **il ~ di qc** der Mangel an etw *dat;* **far ~** fehlen ❷ (*imperfezione*) Fehler *m,* Defekt *m;* **~ di fabbricazione** Fabrikationsfehler *m* **difettoso, -a** [difet'to:so] *agg* fehlerhaft, mangelhaft; (*meccanismo*) defekt; (*fisico*) angegriffen, mitgenommen

**diffamare** [diffa'ma:re] *vt* verleumden, diffamieren **diffamatore, -trice** [diffama'to:re] *m, f* Verleumder(in) *m(f)* **diffamatorio, -a** [diffama'tɔ:rio] <-i, -ie> *agg* verleumderisch; **campagna -a** Hetzkampagne *f* **diffamatrice** *f v.* **diffamatore diffamazione** [diffamat'tsio:ne] *f* Verleumdung *f;* (JUR) üble Nachrede

**differente** [diffe'rɛnte] *agg* unterschiedlich; **è una cosa ~** das ist etwas anderes **differentemente** [differente'mente] *avv* anders

**differenza** [diffe'rɛntsa] *f* (*diversità*) Verschiedenheit *f;* (*divario*) Unterschied *m;* **~ di opinioni** Meinungsunterschiede *mpl;* **~ di prezzo** Preisdifferenz *f;* **a ~ di** im Unterschied zu; **per me non fa ~** das ist mir egal **differenziabile** [differen'tsia:bile] *agg* unterscheidbar, differenzierbar **differenziabilità** [differentsiabili'ta] <-> *f* Unterscheidbarkeit *f;* (MAT) Differenzierbarkeit *f* **differenziale** [differen'tsia:le] I. *agg* Differenzial-; **calcolo ~** (MAT) Differenzialrechnung *f* II. *m* Differenzial|getriebe| *nt* **differenziare** [differen'tsia:re] I. *vt* unterscheiden, differenzieren *geh* II. *vr* **-rsi da qu/qc** sich von jdm/etw unterscheiden **differenziatore** [differentsia'to:re] *m* Differenziergerät *nt,* -kreis *m* **differenziazione** [differentsiat'tsio:ne] *f* Unterscheidung *f,* Differenzierung *f*

**differibile** [diffe'ri:bile] *agg* verschiebbar, aufschiebbar

**differimento** [differi'mento] *m* Verschiebung *f,* Aufschub *m*

**differire** [diffe'ri:re] <differisco> I. *vt avere* verschieben, aufschieben; **~ qc di un mese** etw um einen Monat verschieben; **~ qc al prossimo anno** etw auf nächstes Jahr verschieben II. *vi essere o avere* unterschiedlich sein; **~ da qu/qc** sich von jdm/ etw unterscheiden

**differita** [diffe'ri:ta] *f* Aufzeichnung *f,* zeitversetzte Übertragung *f*

**difficile** [dif'fi:tʃile] I. *agg* ❶ (*complicato, astruso*) schwer, schwierig ❷ (*faticoso*) mühsam ❸ (*persona*) schwierig; **essere di gusti -i** wählerisch sein ❹ (*improbabile*) kaum, schwerlich; **è ~ che venga ...** er/sie wird kaum ... kommen [können] II. *m* Schwierigkeit *f;* **fare il ~** Schwierigkeiten machen **difficilmente** [diffitʃil'mente] *avv* kaum, schwerlich

**difficoltà** [diffikol'ta] <-> *f* Schwierigkeit *f;* **incontrare ~** auf Schwierigkeiten stoßen; **sollevare ~** Schwierigkeiten machen; **con ~** unter Schwierigkeiten, mit Mühe; **ad ogni/alla minima ~** bei jeder/bei der kleinsten Schwierigkeit **difficoltoso, -a** [diffikol'to:so] *agg* schwer, schwierig

**diffida** [dif'fi:da] *f* Warnung *f,* Verwarnung *f* **diffidare** [diffi'da:re] I. *vi* **~ di qu** jdm misstrauen II. *vt* verwarnen; **~ qu dal fare qc** jdn [davor] warnen, etw zu tun **diffidente** [diffi'dɛnte] *agg* misstrauisch **diffidenza** [diffi'dɛntsa] *f* Misstrauen *nt*

**diffondere** [dif'fondere] <irr> I. *vt* ausbreiten, verbreiten; (*notizia*) verbreiten II. *vr* **-rsi** sich verbreiten, sich ausbreiten; **-rsi troppo su una questione** sich lang und breit über ein Thema auslassen **diffonditrice** *f v.* **diffusore**

**difforme** [dif'forme] *agg* andersförmig; (*fig*) abweichend, nicht übereinstimmend **difformità** [difformi'ta] <-> *f* Abweichung *f,* Verschiedenheit *f*

**diffrazione** [diffrat'tsio:ne] *f* (PHYS) Diffraktion *f*

**diffusi** *1. pers sing pass rem di* **diffondere**

**diffusione** [diffu'zio:ne] *f* ❶ (*il difondere*) Verbreitung *f,* Ausbreitung *f;* (*di notizia*) Verbreitung *f* ❷ (PHYS) Diffusion *f,* Streuung *f*

**diffusività** [diffuzivi'ta] <-> *f* (PHYS) Diffusionskoeffizient *m*

**diffuso, -a** [dif'fu:zo] I. *pp di* **diffondere** II. *agg* verbreitet, diffus

**diffusore** [diffu'zo:re] *m* (*apparecchio*) Diffusor *m;* **~ di luce** Streuscheibe *f;* **~ sonoro** Lautsprecher *m*

**diffusore, diffonditrice** [diffu'zo:re, diffondi'tri:tʃe] *m, f* (*propagatore*) Verbreiter(in) *m(f)*

**difilato, -a** [difi'la:to] *agg o avv* geradewegs, direkt

**difronte** [di'fronte] I.<inv> *agg* gegenüberliegend II. *avv* gegenüber

**difterite** [difte'ri:te] *f* Diphtherie *f*

**diga** ['di:ga] <-ghe> *f* Damm *m,* Deich *m,* [Stau]wehr *nt;* **~ di ritenuta** Staudamm *m;* **~ di sbarramento** Talsperre *f;* **~ marittima** Schutzdamm *m,* Hafenmole *f;* **rompere le -ghe** (*fig*) die Schranken durchbrechen

**digerente** [didʒe'rɛnte] *agg* Verdauungs-

**digeribile** [didʒe'riːbile] *agg* verdaulich
**digeribilità** [didʒeribili'ta] <-> *f* Verdaulichkeit *f*
**digerire** [didʒe'riːre] <digerisco> *vt* ① (MED) verdauen ② (*fig*) fressen *fam*, bewältigen ③ (*fig: sopportare*) ertragen
**digestione** [didʒes'tioːne] *f* Verdauung *f*
**digestivo** [didʒes'tiːvo] *m* ① (*farmaco*) verdauungsförderndes Mittel ② (*bevanda*) Digestif *m*, Magenbitter *m*
**digestivo, -a** *agg* Verdauungs-
**digesto** [di'dʒɛsto] *m* (HIST) Digesten *pl*
**digicam** ['didʒikam] <-> *f* Digitalkamera *f*, Digiknipse *f fam*
**digital divide** ['didʒitəl di'vaid] <-> *m* (INFORM) digitale Kluft
**digitale** [didʒi'taːle] I. *agg* ① (ANAT) Finger- ② (INFORM) digital, Digital- II. *f* (FOTO) Digitalkamera *f* **digitalina** [didʒita'liːna] *f* Digitalis *nt* **digitalizzare** *vt* (INFORM) digitalisieren **digitalizzato, -a** [didʒitalid'dzaːto] *agg* (TEC, INFORM) digitalisiert
**digitare** [didʒi'taːre] *vt* eintippen, eingeben; ~ **i dati sulla tastiera** die Daten über die Tastatur eingeben **digitazione** [didʒitat'tsioːne] *f* Fingersatz *m*
**digitronica** [didʒi'trɔːnika] <-che> *f* digitale Elektronik *f*
**digiunare** [didʒu'naːre] *vi* fasten, hungern **digiunatore, -trice** [didʒuna'toːre] *m, f* Fastende(r) *f(m)*, Hungerkünstler(in) *m(f)*
**digiuno** [di'dʒuːno] *m* ① (ANAT: *intestino*) Leerdarm *m* ② (*astensione da alimenti*) Fasten *nt*, Hungern *nt;* **a** ~ auf nüchternen Magen
**digiuno, -a** *agg* (*senza cibo*) nüchtern; **essere** [a] ~ **di qc** (*fig: essere privo*) ohne etw sein
**dignità** [diɲɲi'ta] <-> *f* ① (*rispetto*) Würde *f*, Dignität *f* ② (*decoro*) Anstand *m*, Schicklichkeit *f* ③ (*alta carica*) [Amts]würde *f* **dignitario** [diɲɲi'taːrio] <-i> *m* Würdenträger *m* **dignitoso, -a** [diɲɲi'toːso] *agg* würdevoll, würdig
**DIGOS** ['diːgos] *f acro di* **Divisione Investigazioni Generali e Operazioni Speciali** *Sondereinsatzdezernat der italienischen Polizei*
**digradare** [digra'daːre] *vi* abfallen, sich senken **digradazione** [digradat'tsioːne] *f* Dämpfung *f*, Abschwächung *f*
**digredire** [digre'diːre] <digredisco> *vi* abkommen, abschweifen **digressione** [digres'sioːne] *f* ① (*deviazione*) Abweichung *f*, Umweg *m* ② (*divagazione*) Abschweifung *f*, Exkurs *m* **digressivo, -a** [digres'siːvo] *agg* abschweifend
**digrignare** [digriɲ'ɲaːre] *vt* blecken, fletschen; ~ **i denti** (*persone*) mit den Zähnen knirschen; (*animali*) die Zähne fletschen
**digrossare** [digros'saːre] *vt* ① (*sgrossare*) behauen, [grob] bearbeiten ② (*fig*) einführen (*in* in +*acc*)
**dilagare** [dila'gaːre] *vi essere* ① (*espandersi*) über die Ufer treten, überfluten; **il fiume dilagò per la campagna** der Fluss überflutete das Land ② (*fig*) um sich greifen, sich ausbreiten ③ (SPORT) spielbestimmend sein
**dilaniare** [dila'niaːre] *vt* ① (*lacerare*) zerreißen, zerfetzen ② (*fig*) zerfleischen
**dilapidare** [dilapi'daːre] *vt* verschwenden
**dilapidatore, -trice** [dilapida'toːre] *m, f* Verschwender(in) *m(f)* **dilapidazione** [dilapidat'tsioːne] *f* Verschwendung *f*, Vergeudung *f*
**dilatabile** [dila'taːbile] *agg* ausdehnbar
**dilatare** [dila'taːre] I. *vt* [aus]dehnen, erweitern; (*bocca*) aufreißen, aufsperren II. *vr* -**rsi** (*ampliarsi*) sich ausdehnen; (*fig*) sich ausbreiten **dilatatorio, -a** [dilata'tɔːrio] <-i, -ie> *agg* dehnend **dilatazione** [dilatat'tsioːne] *f* Ausdehnung *f*, Erweiterung *f*
**dilatorio, -a** [dila'tɔːrio] <-i, -ie> *agg* aufschiebend, dilatorisch *geh;* (*tattica, manovra*) Verzögerungs-
**dilavamento** [dilava'mento] *m* Auswaschung *f*
**dilazionabile** [dilattsio'naːbile] *agg* aufschiebbar, verschiebbar; **pagamento ~ in rate mensili** Zahlung in monatlichen Raten **dilazionare** [dilattsio'naːre] *vt* hinaus-, aufschieben; (FIN) stunden **dilazione** [dilat'tsioːne] *f* Aufschub *m;* (FIN) Stundung *f;* (JUR) Dilation *f*
**dileggiare** [diled'dʒaːre] *vt* verhöhnen **dileggiatore, -trice** [diledddʒa'toːre] *m, f* Spötter(in) *m(f)* **dileggio** [di'leddʒo] <-ggi> *m* Verhöhnung *f*
**dileguare** [dile'guaːre] I. *vt* avere zerstreuen, vertreiben II. *vi essere* schwinden *geh*, verschwinden; (*fig*) verfliegen III. *vr* -**rsi** verschwinden
**dilemma** [di'lɛmma] <-i> *m* Dilemma *nt*
**diletta** *f v.* **diletto**
**dilettante** [dilet'tante] I. *agg* Amateur-, Laien-; (*pej*) dilettantisch; **fotografo** ~ Amateurfotograf *m;* **pittore** ~ Hobbymaler *m* II. *mf* ① (*non professionista*) Nichtfachmann *m*, Laie *m;* **compagnia di -i** (THEAT) Laienspielgruppe *f* ② (*pej*) Nichts-

könner(in) *m(f)*, Dilettant(in) *m(f)* **dilettantesco, -a** [dilettan'tesko] <-schi, -sche> *agg (pej)* stümperhaft, dilettantisch **dilettantismo** [dilettan'tizmo] *m* ❶ (SPORT) Amateursport *m* ❷ *(atteggiamento)* Dilettantismus *m;* *(pej)* Stümperhaftigkeit *f* **dilettantistico, -a** [dilettan'tistiko] <-ci, -che> *agg* ❶ (SPORT) amateurhaft, Amateur- ❷ *(pej: superficiale)* laienhaft, dilettantisch
**dilettare** [dilet'ta:re] I. *vt* erfreuen, ergötzen II. *vr* **-rsi** sich erfreuen; **-rsi di qc** etw zu seinem Vergnügen tun **dilettevole** [dilet'te:vole] I. *agg* erfreulich, angenehm II. *m* Erfreuliche(s) *nt,* Angenehme(s) *nt* **diletto** [di'lɛtto] *m* Vergnügen *nt,* Ergötzen *nt;* **far qc per** ~ etw zum Vergnügen tun **dilettoso, -a** [dilet'to:so] *agg (poet)* delektabel *geh,* delektierlich *geh*
**diligente** [dili'dʒɛnte] *agg* fleißig; *(accurato)* sorgfältig
**diligenza** [dili'dʒɛntsa] *f* ❶ *(cura)* Fleiß *m;* *(accuratezza)* Sorgfalt *f* ❷ (HIST: *carrozza)* Postwagen *m*
**diliscare** [dilis'ka:re] *vt* entgräten
**dilucidare, dilucidazione** [dilutʃi'da:re, dilutʃidat'tsio:ne] *v.* **delucidare, delucidazione**
**diluente** [dilu'ɛnte] *m* Verdünnung *f*
**diluire** [dilu'i:re] *vt* <diluisco> ❶ *(sostanze)* verdünnen; *(sciogliere)* auflösen ❷ *(fig)* verwässern **diluizione** [diluit'tsio:ne] *f* Verdünnung *f*
**dilungare** [dilun'ga:re] I. *vr* **-rsi in qc** sich in etw *dat* ergehen II. *vt (poet)* hinausschieben; *(rimuovere)* fernhalten
**diluviare** [dilu'via:re] *vi essere o avere* (METEO) in Strömen regnen, gießen *fam*
**diluvio** [di'lu:vio] <-i> *m* ❶ (METEO) Wolkenbruch *m,* sintflutartiger Regen ❷ *(fig)* Flut *f,* Regen *m;* ~ **universale** Sintflut *f*
**dimafonista** [dimafo'nista] <-i *m,* -e *f>* *mf* Aufzeichnungsgerätetechniker(in) *m(f)*
**dimafono** [di'ma:fono] *m* (TEC) Aufzeichnungsgerät *nt* für Telefongespräche
**dimagramento** [dimagra'mento] *m* ❶ (MED) Abmagerung *f* ❷ (AGR) Auslaugung *f* **dimagrante** [dima'grante] *agg* **cura** ~ Schlankheits-, Abmagerungskur *f* **dimagrare** [dima'gra:re] I. *vi essere* abnehmen, abmagern II. *vt avere* ❶ *(rendere magro)* abmagern [lassen] ❷ (AGR) auslaugen **dimagrimento** [dimagri'mento] *m v.* **dimagramento** **dimagrire** [dima'gri:re] <dimagrisco> *vi essere* abnehmen
**dimenare** [dime'na:re] I. *vt* schütteln; ~ **qc** [mit] etw schütteln; ~ **la coda** mit dem Schwanz wedeln II. *vr* **-rsi** sich schütteln; *(nel letto)* sich wälzen **dimenio** [dime'ni:o] <-ii> *m* Geschüttel *nt,* Gezappel *nt*
**dimensionamento** [dimensiona'mento] *m* (MAT) Dimensionierung *f,* Bemessung *f* **dimensionare** [dimentsio'na:re] *vt* dimensionieren, bemessen **dimensione** [dimen'sio:ne] *f* Dimension *f;* **-i** *(misure)* Abmessungen *pl*
**dimenticanza** [dimenti'kantsa] *f* ❶ *(omissione)* Versäumnis *nt* ❷ *(effetto del dimenticare)* Vergessenheit *f* ❸ *(mancanza di memoria)* Vergesslichkeit *f* **dimenticare** [dimenti'ka:re] I. *vt* vergessen; *(trascurare)* vernachlässigen II. *vr* **-rsi** **[di]** vergessen **dimenticatoio** [dimentika'to:io] <-oi> *m (scherz)* Vergessenheit *f;* **andare a finire nel** ~ in Vergessenheit geraten **dimentico, -a** [di'mentiko] <-chi, -che> *agg (poet)* vergessend, uneingedenk *geh*
**dimesso, -a** [di'messo] I. *pp di* **dimettere** II. *agg* ❶ *(modesto)* bescheiden, schlicht ❷ *(pej: trascurato)* nachlässig
**dimestichezza** [dimesti'kettsa] *f* ❶ *(familiarità)* Vertraulichkeit *f,* Vertrautheit *f;* **entrare in** ~ **con qu** mit jdm vertraut werden ❷ *(fig: pratica)* Vertrautheit *f;* **aver** ~ **con qc** mit etw vertraut sein, sich mit etw auskennen
**dimettere** [di'mettere] <irr> I. *vt* entlassen II. *vr* **-rsi** zurücktreten
**dimezzare** [dimed'dza:re] *vt* ❶ *(in due)* halbieren, teilen ❷ *(ridurre)* drosseln, herabdrücken
**diminuendo** [diminu'ɛndo] *m* (MUS) Diminuendo *nt*
**diminuire** [diminu'i:re] <diminuisco> I. *vt avere* vermindern, verringern II. *vi essere* geringer werden; ~ **di qc** an etw *dat* abnehmen; ~ **di prezzo** billiger werden
**diminutivo** [diminu'ti:vo] *m* (LING) Diminutiv[um] *nt,* Verkleinerungsform *f*
**diminutivo, -a** *agg* verkleinernd, diminutiv **diminuzione** [diminut'tsio:ne] *f* Verringerung *f,* Abnahme *f;* ~ **dei costi** Kostensenkung *f;* ~ **delle esportazioni** Exportrückgang *m;* ~ **di pena** Strafmilderung *f;* ~ **del personale** Personalabbau *m;* ~ **di peso** Gewichtsabnahme *f;* ~ **di temperatura** Temperaturrückgang *m;* ~ **del valore** Wertminderung *f*
**dimisi** *1. pers sing pass rem di* **dimettere** **dimissionare** [dimissio'na:re] *vt* entlassen **dimissione** [dimis'sio:ne] <*gener al pl*> *f*

Rücktritt *m*, Demission *f*; **lettera di -i** Rücktrittsgesuch *nt*
**dimissioni** [dimis'sio:ni] *fpl* Rücktritt *m*; **lettera di ~** Rücktrittsgesuch *nt*
**dimmer** ['dimə *o* 'dimmer] <-> *m* Dimmer *m*, Helligkeitsregler *m*
**dimora** [di'mɔ:ra] *f* Wohnsitz *m*; **senza fissa ~** ohne festen Wohnsitz **dimorare** [dimo'ra:re] *vi* (*poet* JUR) Aufenthalt nehmen *geh*, wohnen
**dimostrante** [dimos'trante] *mf* Demonstrant(in) *m(f)*
**dimostrare** [dimos'tra:re] I. *vt* ① (*palesare*) zeigen; **non dimostra affatto i suoi sessant'anni** man sieht ihm [*o* ihr] seine [*o* ihre] 60 Jahre überhaupt nicht an ② (*provare*) beweisen II. *vi* demonstrieren III. *vr* **-rsi** sich herausstellen; **la notizia si è dimostrata falsa** die Nachricht hat sich als falsch erwiesen **dimostrativo, -a** [dimostra'ti:vo] *agg* beweisend, Beweis- **dimostrazione** [dimostrat'tsio:ne] *f* ① (*manifestazione*) Beweis *m*, Bekundung *f geh* ② (*argomentazione*) Beweisführung *f*, Beweis *m* ③ (*protesta*) Demonstration *f*, [Protest]kundgebung *f*
**dinamica** [di'na:mika] <-che> *f* (*a. fig*) Dynamik *f* **dinamicità** [dinamitʃi'ta] <-> *f* Dynamik *f* **dinamico, -a** [di'na:miko] <-ci, -che> *agg* dynamisch
**dinamismo** [dina'mizmo] *m* Dynamismus *m*
**dinamitardo, -a** [dinami'tardo] I. *agg* Sprengstoff-, Dynamit- II. *m*, *f* Sprengstoffattentäter(in) *m(f)*
**dinamite** [dina'mi:te] *f* Dynamit *nt*
**dinamo** ['di:namo] <-> *f* Dynamo *m*, Generator *m* **dinamoelettrico, -a** [dinamoe'lɛttriko] <-ci, -che> *agg* **macchina -a** Dynamomaschine *f*, Lichtmaschine *f*
**dinanzi** [di'nantsi] I. *avv* (*stato*) vorn(e); (*moto*) voraus, nach vorne II. *prp* **~ a** (*stato*) vor +*dat*; (*moto*) vor +*acc* III. <inv> *agg* ① (*anteriore*) gegenüber liegend ② (*precedente*) vorhergehend, vorige(r, s)
**dinastia** [dinas'ti:a] <-ie> *f* Dynastie *f* **dinastico, -a** [di'nastiko] <-ci, -che> *agg* dynastisch
**dindin, din din** [din'din] I. <-> *m* Klingeln *nt*, Bimmeln *nt* II. *int* kling[e]ling
**dindon, din don** [din'dɔn] I. <-> *m* Bimbam *nt* II. *int* bim, bam
**dinette** [di'net] <-> *f* Dinette *f*
**diniego** [di'niɛ:go] <-ghi> *m* Verneinung *f*; (*rifiuto*) Weigerung *f*

**dinner jacket** ['dinə 'dʒækit *o* 'dinner 'dʒaket] <-> *m* Dinnerjacket *nt*, Smokingjackett *nt* **dinner party** ['dinə 'pa:ti *o* 'dinner 'parti] <-> *m* Dinnerparty *f*
**dinoccolato, -a** [dinokko'la:to] *agg* gelenkig
**dinosauro** [dino'sa:uro] *m* Dinosaurier *m*, Dinosaurus *m*
**dintorni** [din'torni] *mpl* Umgebung *f*; **nei ~ di** in der Umgebung von
**dintorno** [din'torno] I. *avv* herum, ringsherum, im Umkreis II. *prp* **~ a** um +*acc* ... herum
**dio** ['di:o] <dei> *m* Gott *m*; **cantare come un ~** singen wie ein junger Gott
**Dio** *m* (*Signore*) Gott *m*; **andarsene con ~** seines Weges gehen *geh*; **la pioggia viene giù che ~ la manda** der Himmel öffnet seine Schleusen; **come ~ vuole** (*alla meglio*) wie es Gott gefällt; **grazie a ~** Gott sei Dank; **senza ~** gottlos; **~ m'assista!** Gott steh mir bei!; **~ me ne guardi!** Gott behüte!; **~ ce la mandi buona!** Gott sei uns gnädig!; **~ sa quando** Gott weiß, wann; **~ sia lodato** Gott sei gelobt; **~ ci scampi e liberi!** Gott bewahre!; **~ lo voglia!** gebe es Gott!; **~ non voglia!** da sei Gott vor!; **per l'amor di ~!** um Gottes Willen!
**diocesano** [diotʃe'za:no] *m* Diözesan *m*
**diocesano, -a** *agg* diözesan
**diocesi** [di'ɔ:tʃezi] <-> *f* Diözese *f*, Bistum *nt*
**diodo** ['di:odo] *m* (TEC) Diode *f*
**dionisiaco, -a** [dioni'zi:ako] <-ci, -che> *agg* dionysisch
**diossina** [dios'si:na] *f* Dioxin *nt*
**diottria** [diot'tri:a] <-ie> *f* (OPT) Dioptrie *f* **diottrica** [di'ɔttrika] <-che> *f* (PHYS, OPT) Dioptrik *f* **diottrico, -a** [di'ɔttriko] <-ci, -che> *agg* dioptrisch
**dipanamento** [dipana'mento] *m* Aufwick[e]lung *f* **dipanare** [dipa'na:re] *vt* ① (*lana*) aufwickeln, aufspulen ② (*fig*) entwirren, auflösen
**dipartimento** [diparti'mento] *m* ① (*circoscrizione territoriale*) Verwaltungsbezirk *m*, Departement *nt* CH ② (*ministero*) Ministerium *nt*, Departement *nt* CH ③ (*di università*) Fachbereich *m*
**dipartita** [dipar'ti:ta] *f* (*poet: morte*) Hinscheiden *nt*
**dipendente** [dipen'dɛnte] I. *agg* abhängig, untergeordnet II. *mf* Beschäftigte(r) *f(m)*, Angestellte(r) *f(m)* **dipendenza** [dipen'dɛntsa] *f* (*subordinazione*) Abhängigkeit *f*; **in ~ di ciò** infolgedessen, folglich

**dipendere** [di'pɛndere] <dipendo, dipesi, dipeso> *vi essere* ~ **da qu/qc** von jdm/etw abhängen, durch jdn/etw bedingt sein; **vieni anche tu? — Dipende!** kommst du auch? — Das kommt [ganz] darauf an!

**dipingere** [di'pindʒere] <dipingo, dipinsi, dipinto> I. *vt* ① (*con colori*) malen; (*per adornare*) aus-, bemalen; ~ **su qc** auf etw *acc* malen; ~ **ad acquerello** mit Wasserfarben malen; ~ **ad olio** in Öl malen ② (*fig: descrivere*) ausmalen, zeichnen, beschreiben II. *vr* **-rsi** sich schminken

**dipinto** [di'pinto] *m* Gemälde *nt*

**dipinto, -a** I. *pp di* **dipingere** II. *agg* gemalt; (*ornato*) bemalt; (*truccato*) geschminkt; **non voler vedere qu neanche** ~ jdn nicht einmal im Traum sehen wollen; **non volerci stare neppure** ~ nicht einmal dort begraben sein wollen

**dipl.** *abbr di* **diploma** Dipl.

**diploma** [di'plɔma] <-i> *m* Diplom *nt*, [Abschluss]zeugnis *nt*; ~ **di benemerenza** Ehrenurkunde *f*, Diplom *nt* **diplomare** [diplo'maːre] I. *vt* ein Abschlusszeugnis ausstellen, diplomieren *geh* II. *vr* **-rsi** einen Abschluss machen

**diplomata** *f v.* **diplomato**

**diplomatico** [diploma'tiko] <-ci> *m* (POL) Diplomat(in) *m(f)*

**diplomatico, -a** <-ci, -che> *agg* (*a fig*) diplomatisch

**diplomatismo** [diploma'tizmo] *m* Diplomatie *f*, diplomatisches Verhalten

**diplomatizzare** [diplomatid'dzaːre] *vt* diplomatisch behandeln **diplomatizzazione** [diplomatiddzat'tsio:ne] *f* diplomatisches Vorgehen *nt*

**diplomato, -a** [diplo'maːto] I. *agg* diplomiert, (staatlich) geprüft, Diplom- II. *m, f* Diplominhaber(in) *m(f)*, Magister *m*, Magistra *f A;* ~ **in agraria** Diplomlandwirt *m*

**diplomazia** [diplomat'tsiːa] <-ie> *f* (*a. fig*) Diplomatie *f;* **entrare nella** ~ die Diplomatenlaufbahn einschlagen

**dipoi, di poi** [di'poːi] I. *avv* danach, nachher II. <inv> *agg* [darauf]folgend, nächste(r, s)

**dipolo** [di'pɔːlo] *m* (TEC) Dipol *m*

**diportismo** [dipor'tizmo] *m* Sportschifffahrt *f* **diportista** [dipor'tista] <-i *m*, -e *f*> *mf* Sportschifffahrt Betreibende(r) *f(m)*

**diporto** [di'pɔrto] *m* ① (*divertimento*) Vergnügen *nt*, Zerstreuung *f* ② (SPORT) **imbarcazione da** ~ Sportboot *nt*

**dipresso** [di'prɛsso] *avv* **a un** ~ ungefähr, annähernd

**diradamento** [dirada'mento] *m* ① (BOT) Ausdünnung *f*, Lichten *nt* ② (*fig: diminuzione*) Abnahme *f*, Verringerung *f*

**diradare** [dira'daːre] I. *vt* ① (*rendere meno fitto, spesso*) dünner werden lassen; (*piante, capelli*) lichten, ausdünnen ② (*fig: visite*) einschränken, verringern II. *vr* **-rsi** seltener werden; (*piante, capelli*) sich lichten; (*nebbia, folla*) sich auflösen

**diramare** [dira'maːre] I. *vt* ① (*diffondere*) in Umlauf bringen, verbreiten ② (*piante*) entästen, ausputzen II. *vr* **-rsi** sich verzweigen; (*strada*) abzweigen, sich gabeln **diramazione** [diramat'tsioːne] *f* ① (*ramificazione*) Verzweigung *f;* ~ **di un fiume** Flussarm *m* ② (*diffusione*) Verbreitung *f*

**dire**[1] ['diːre] <dico, dissi, detto> *vt* ① (*generi*) sagen; (*raccontare*) erzählen; (*parlare*) sprechen, reden; ~ **bugie** lügen; ~ **la sua** seine Meinung sagen; **dirle grosse** (*fam*) den Mund voll nehmen; **dir male di qu** jdm Übles nachsagen; **avere da** ~ **su qu** jdn kritisieren; **lasciar** ~ sprechen lassen; **a** ~ **il vero** um die Wahrheit zu sagen; **lo dicevo io!** das habe ich ja [gleich] gesagt!; **dico bene?** nicht wahr?; **è presto detto** das ist leicht gesagt; **come si dice in tedesco?** wie heißt das auf Deutsch?; **dice di essere ammalato** er sagt, er sei krank; **si dice che sia molto ricco** man sagt, er sei sehr reich; ~ **di sì/no** ja/nein sagen; ~ **pane al pane** das Kind beim Namen nennen; **dico sul serio** im Ernst; **un film che non dice nulla** (*fig*) ein nichts sagender Film; **così dicendo** mit diesen Worten; **diciamo, ...** sagen wir mal ...; **dica, signora?** Sie wünschen[, gnädige Frau]?, was darf es sein?; **è facile a dirsi** [ma non a farsi] das ist leichter gesagt als getan ② (*recitare*) vortragen; (*poesia*) aufsagen; (*preghiera*) sprechen; (*messa*) lesen ③ (*significare*) heißen, bedeuten; **sarebbe a** ~**?** wie meinen Sie?; **come sarebbe a** ~**?** was soll das?, wie ist das gemeint?; **voler** ~ bedeuten; **vale a** ~ will sagen, das heißt ④ (*pensare*) meinen; **che ne dici del mio abito nuovo?** was sagst du zu meinem neuen Kleid? ⑤ (*chiamare*) nennen

**dire**[2] *m* Sagen *nt*, Reden *nt*, Worte *ntpl;* **hai un bel** ~ du hast gut reden; **tra il** ~ **e il fare c'è di mezzo il mare** (*prov*) das ist leichter gesagt als getan

**direct mail** [di'rɛkt meil] <-> *f* (COM) Directmailing *nt*

**directory** [di'rekt(ə)ri] <-*o* directories> *f* (INFORM) Directory *nt*, Verzeichnis *nt*
**diressi** [di'rɛssi] *1. pers sing pass rem di* **dirigere**
**diretta** [di'rɛtta] *f* (TV, RADIO) **in** ~ live, direkt; **trasmissione in** ~ Livesendung *f*
**direttamente** [diretta'mente] *avv* ❶ (*per via diretta*) direkt, geradewegs ❷ (*senza interposizione*) unmittelbar
**direttissima** [diret'tissima] *f* Schnellverbindung *f*; **per** ~ (JUR) im Schnellverfahren
**direttiva** [diret'ti:va] *f* Direktive *f*, Verhaltensregel *f*; ~ **comunitaria** EU-Verordnung *f*
**direttivo** [diret'ti:vo] *m* Leitung *f*, Führung *f*
**direttivo, -a** *agg* leitend, Leitungs-, Führungs-; **norme -e** Direktiven *fpl*
**diretto** [di'rɛtto] *m* ❶ (*treno*) Eilzug *m* ❷ (SPORT: *pugilato*) Gerade *f*
**diretto, -a** I. *pp di* **dirigere** II. *agg* ❶ (*senza deviazioni*) direkt, unmittelbar ❷ (*guidato*) geleitet, geführt ❸ (LING) **complemento** ~ Akkusativobjekt *nt*; **discorso** ~ direkte Rede
**direttore, -trice** [diret'to:re] I. *agg* Leit-, Richt-; **principio** ~ Leitsatz *m* II. *m, f* Direktor(in) *m(f)*, Leiter(in) *m(f)*; ~ **di banda** Kapellmeister(in) *m(f)*; ~ **del coro** Chorleiter(in) *m(f)*; ~ **d'orchestra** Orchesterleiter(in) *m(f)*, Dirigent(in) *m(f)*; ~ **artistico** Regisseur(in) *m(f)*, künstlerische(r) Leiter(in) *m(f)*; ~ **didattico** Rektor(in) *m(f)* (*an Grund- u Hauptschulen*); ~ **responsabile** Herausgeber(in) *m(f)*; ~ **delle vendite** Vertriebsleiter(in) *m(f)*
**direttoriale** [diretto'ria:le] *agg* direktorial, Direktor-  **direttorio** [diret'tɔ:rio] <-ii> *m* Direktorium *nt*
**direttrice** [diret'tri:tʃe] *f* ❶ *v.* **direttore** ❷ (*mat*) Leitlinie *f*; (POL, MIL) Richtung *f*
**direzionale** [direttsio'na:le] *agg* ❶ (*relativo alla direzione*) Direktoren-, Direktions-; **centro** ~ Geschäftszentrum *nt*, City *f* ❷ (*di direzione*) Richt-, Richtungs-; **microfono** ~ Richtmikrofon *nt*
**direzione** [diret'tsio:ne] *f* ❶ (*organo dirigente*) Leitung *f*, Direktion *f*; ~ **amministrativa** Geschäftsleitung *f*; **sotto la** ~ **di** unter [der] Leitung von ❷ (*senso*) Richtung *f*; **in** ~ **di** in Richtung [auf +*acc* [*o* zu]]
**dirigente** [diri'dʒɛnte] I. *agg* führend, Führungs-, leitend; **classe** ~ Führungsschicht *f* II. *mf* leitende(r) Angestellte(r) *f(m)*; ~ **sindacale** Gewerkschaftsführer(in) *m(f)* **dirigenza** [diri'dʒɛntsa] *f* Führung *f*, Leitung *f*
**dirigere** [di'ri:dʒere] <dirigo, diressi, diretto> I. *vt* ❶ (*essere a capo*) leiten, führen; (MOT, NAUT) lenken; (MUS) dirigieren ❷ (*indirizzare*) richten; ~ **qu/qc verso qu/qc** jdn/etw auf jdn/etw richten II. *vr* **-rsi** zugehen; **-rsi verso qu** auf jdn zugehen; **-rsi verso ... Richtung ...** gehen/fahren
**dirigibile** [diri'dʒi:bile] *m* Luftschiff *nt*
**dirigibilità** [diridʒibili'ta] <-> *f* Lenkbarkeit *f*, Manövrierfähigkeit *f*
**dirigismo** [diri'dʒizmo] *m* (POL) Dirigismus *m*
**dirimente** [diri'mɛnte] *agg* (JUR) **impedimento matrimoniale** ~ Ehehindernis *nt*
**dirimere** [di'ri:mere] <dirimo, *obs* dirimei *o* dirimetti, *manca il pp*> *vt* (*poet*) beilegen, schlichten
**dirimpettaio, -a** [dirimpet'ta:io] <-ai, -aie> *m, f* (*fam*) Gegenüber *nt*, Visavis *nt*
**dirimpetto** [dirim'pɛtto] I. *avv* gegenüber, vis-à-vis II. *prp* ~ **a te** dir gegenüber III. <inv> *agg* gegenüber liegend
**diritto** [di'ritto] *m* ❶ (*complesso di norme*) Recht *nt*; ~ **civile** Zivilrecht *nt*; ~ **penale** Strafrecht *nt*; ~ **privato** Privatrecht *nt*; ~ **pubblico** öffentliches Recht ❷ (*scienza*) Jura *f*, Rechtswissenschaft *f*, Jus *nt A* ❸ (*facoltà, pretesa*) Recht *nt*; **avere** ~ **a qc** Recht auf etw *acc* haben; ~ **dei lavoratori** Arbeitnehmerrecht *nt*; ~ **di proprietà** Eigentumsrecht *nt*; ~ **di sciopero** Streikrecht *nt*; ~ **di voto** Wahlrecht *nt*; **-i d'autore** Urheberrechte *ntpl*; **-i dell'uomo** Menschenrechte *ntpl*; **rivendicare un** ~ einen Anspruch geltend machen; **a** ~ mit Recht; **a buon** ~ mit gutem Recht; **di** ~ von Rechts wegen ❹ *pl* (*tassa*) Gebühren *fpl*, Abgaben *fpl*; **avanzare dei -i** Gebühren erheben ❺ (*parte principale*) Vorderseite *f* ❻ (SPORT) Vorhand *f*
**diritto, -a** *agg* ❶ (*dritto*) gerade, aufrecht; **tirar** ~ ohne Halt durchfahren; (*fig*) unbeirrt seinen Weg machen ❷ (*fig*) geradlinig; (*onesto*) rechtschaffen, redlich; **rigar** ~ spuren *fam* **dirittura** [dirit'tu:ra] *f* ❶ (*linea retta*) Gerade *f* ❷ (SPORT) ~ **d'arrivo** Zielgerade *f*
**diroccare** [dirok'ka:re] <dirocco, dirocchi> *vt* niederreißen
**diroccato, -a** [dirok'ka:to] *agg* baufällig
**dirompente** [dirom'pɛnte] *agg* **bomba** ~ Spreng-, Splitterbombe *f*; **forza** ~ Sprengkraft *f*
**dirottamente** [dirotta'mente] *avv* in hohem Maß[e], heftig
**dirottamento** [dirotta'mento] *m* Kursän-

derung f, Kursabweichung f; (di un dirottatore) Flugzeugentführung f **dirottare** [dirot'ta:re] I. vt ❶ (far deviare) zur Kursänderung zwingen ❷ (deviare) umleiten II. vi den Kurs ändern **dirottatore, -trice** [dirotta'to:re] m, f Luftpirat(in) m(f), Flugzeugführer(in) m(f)

**dirotto, -a** [di'rotto] agg heftig, stark; **a ~** in hohem Maß[e]; **piovere a ~** in Strömen regnen

**dirozzare** [drod'dza:re] vt ❶ (legno, marmo) roh behauen [o bearbeiten] ❷ (fig) formen; (costumi) verfeinern; (popolo) zivilisieren

**dirt track** ['dɑːt trækt] <-> m (MOT) Dirt-Track m, Sandbahn f, Aschenbahn f

**dirupo** [di'ruːpo] m abschüssiges Gelände nt

**disabile** [di'zaːbile] I. agg behindert II. mf Behinderte(r) f(m); **posti riservati ai -i** für Behinderte reservierte Plätze **disabilità** [dizabili'ta] <-> f (handicap) Behinderung f, Invalidität f **disabilitare** [dizabili'taːre] vt abqualifizieren, [funktions]unfähig machen, für unfähig erklären **disabilitato, -a** [dizabili'taːto] agg außer Betrieb, außer Funktion

**disabitato, -a** [dizabi'taːto] agg unbewohnt

**disabituare** [dizabitu'aːre] I. vt **~ qu a qc** jdm etw abgewöhnen II. vr **-rsi a qc** sich dat etw abgewöhnen

**disaccoppiare** [dizakkop'pjaːre] vt trennen, scheiden, lösen, entkoppeln, auskuppeln

**disaccordo** [dizak'kɔrdo] m ❶ (MUS) Missklang m, Dissonanz f ❷ (contrasto) Uneinigkeit f; **essere in ~ su qc** über etw acc uneinig sein

**disacidare** [dizatʃi'daːre] vt entsäuern **disacidificazione** [dizatʃidifikat'tsjoːne] f Entsäuerung f **disacidire** [dizatʃi'diːre] vt entsäuern

**disadattamento** [dizadatta'mento] m Unangepasstheit f, fehlendes Anpassungsvermögen **disadattare** [dizadat'taːre] vt ❶ (rendere disadatto) unpassend [o ungeeignet] machen ❷ (PHYS, TEC) fehlanpassen, fehladaptieren A **disadattato, -a** [dizadat'taːto] I. agg unangepasst, nicht anpassungsfähig II. m, f nicht anpassungsfähige Person; **~ sociale** (sl) Asi m

**disadatto, -a** [diza'datto] agg ungeeignet; **essere ~ per qc** für etw ungeeignet sein; (persona) unfähig zu etw sein

**disadorno, -a** [diza'dorno] agg schmucklos, schlicht

**disaerare** [disae'raːre] vt entlüften **disaeratore** [dizaera'toːre] m Entlüfter m **disaerazione** [dizaerat'tsjoːne] f Entlüftung f

**disafferenza** [dizaffe'rɛntsa] f Aufhebung f der Zugehörigkeit

**disaffezionare** [dizaffettsjo'naːre] I. vt entfremden (da qc etw dat), abgeneigt machen (da qc etw dat) II. vr **-rsi a** [o **da**] **qu/qc** das Interesse an jdm/etw verlieren

**disaffezione** [dizaffet'tsjoːne] f ❶ (mancanza d'affetto) Lieblosigkeit f; **la ~ da qc** die Lieblosigkeit gegenüber etw ❷ (mancanza d'interesse) Abneigung f; **la ~ a qc** [o **per**] die Abneigung gegen etw

**disagevole** [diza'dʒeːvole] agg beschwerlich, mühselig

**disaggregare** [dizaggre'gaːre] I. vt trennen II. vr **-rsi** sich trennen, sich lösen **disaggregazione** [dizaggregat'tsjoːne] f Zersetzung f, Verwitterung f

**disagiato, -a** [diza'dʒaːto] agg ❶ (senza agio) unbehaglich, unbequem ❷ (povero) mittellos, ärmlich; **condizione -a** Bedürftigkeit f **disagio** [di'zaːdʒo] m Unbehagen nt; (mancanza di comodità) Unbequemlichkeit f; (imbarazzo) Verlegenheit f; **sentirsi a ~** sich unbehaglich fühlen; **mettere a ~ qu** jdn in Verlegenheit bringen

**disallineamento** [dizallinea'mento] m ❶ Ausgliederung f [aus einer Reihe] ❷ (mismatch) Missverhältnis nt; **~ tra i salari e il costo della vita** Missverhältnis [o Diskrepanz f] zwischen den Einkommen und den Lebenshaltungskosten **disallineare** [dizalline'aːre] vt auf verschiedene Frequenzen [o Leitungen] legen, aus einer Reihe nehmen

**disalveare** [dizalve'aːre] vt in ein [anderes] Flussbett [um]leiten

**disambientato, -a** [dizambjen'taːto] agg unvertraut, fremd

**disamina** [di'zaːmina] f (a. JUR) [gründliche] Prüfung f

**disamorare** [dizamo'raːre] I. vt verleiden (qu da qc jdm etw), die Freude verderben (qu da qc jdm an etw +dat) II. vr **-rsi** die Lust/Liebe/Freude verlieren (da an +dat)

**disamorarsi** [dizamo'rarsi] vr **~ da qc/qu** das Interesse an jdm/etw verlieren; **~ dal lavoro** die Freude an der Arbeit verlieren **disamorato, -a** [dizamo'raːto] agg gleichgültig (da, di gegen, gegenüber), teilnahmslos **disamore** [diza'moːre] m (obs) Gleichgültigkeit f (per, a gegenüber), Teilnahmslosigkeit *f;* (*avversione*) Abneigung *f* (*per* gegen)

**disancorare** [dizanko'ra:re] I. *vt* den Anker lichten II. *vr* **-rsi** (*liberarsi*) sich lösen; **-rsi da certi pregiudizi** bestimmte Vorurteile ablegen

**disappagato, -a** [dizappa'ga:to] *agg* unerfüllt, unbefriedigt; **aspettative -e** enttäuschte Erwartungen

**disappannamento** [dezappanna'mento] *m* Abwischen *nt* [beschlagener Scheiben]

**disappartenenza** [dizapparte'nɛntsa] *f* Nichtzugehörigkeit *f*

**disappetenza** [dizappe'tɛntsa] *f* Appetitlosigkeit *f*

**disapprovare** [dizappro'va:re] *vt* missbilligen, ablehnen **disapprovazione** [dizapprovat'tsio:ne] *f* Missbilligung *f,* Ablehnung *f*

**disappunto** [dizap'punto] *m* Enttäuschung *f*

**disarcionare** [dizartʃo'na:re] *vt* aus dem Sattel werfen

**disarmante** [dizar'mante] *agg* entwaffnend

**disarmare** [dizar'ma:re] *vt* (*persone, a fig*) entwaffnen; (*fortezze*) wehrlos machen **disarmato, -a** [dizar'ma:to] *agg* ❶ (*senza armi*) unbewaffnet ❷ (*fig*) wehrlos **disarmismo** [dizar'mizmo] *m* Befürwortung *f* der Abrüstung **disarmo** [di'zarmo] *m* ❶ (*di forze militari*) Abrüstung *f* ❷ (*di persone*) Entwaffnung *f*

**disarmonia** [dizarmo'ni:a] *f* Disharmonie *f,* Dissonanz *f* **disarmonico, -a** [dizar'mɔ:niko] <-ci, -che> *agg* disharmonisch, unharmonisch

**disarticolato, -a** [dizartiko'la:to] *agg* ❶ (MED) abgetrennt ❷ (*fig*) unartikuliert

**disassortire** [dizassor'ti:re] *vt* aussortieren, aus dem Sortiment nehmen **disassortito, -a** [dizassor'ti:to] *agg* verschieden; **scarpe -e** nicht zusammengehörende Schuhe

**disastrare** [dizas'tra:re] *vt* verwüsten, eine Katastrophe anrichten in [*o* bei] *dat* **disastrato, -a** [dizas'tra:to] *agg* verwüstet

**disastro** [di'zastro] *m* ❶ (*calamità*) [schweres] Unglück *nt,* Katastrophe *f;* (MIL) Niederlage *f* ❷ (*fig*) Katastrophe *f;* (*disordine*) Chaos *nt*

**disastrologo, -a** [dizas'trɔ:logo] <-gi, -ghe> *m, f* Unheilsprophet(in) *m(f)*

**disastroso, -a** [dizas'tro:so] *agg* katastrophal, fürchterlich

**disatomizzare** [dizatomid'dza:re] *vt* atomwaffenfrei machen **disatomizzazione** [dizatomiddzat'tsio:ne] *f* Schaffung *f* einer atomwaffenfreien Zone

**disattendere** [dizat'tɛndere] <disattendo, disattesi, disatteso> *vt* (JUR) missachten, nicht beachten

**disattento, -a** [dizat'tɛnto] *agg* unaufmerksam **disattenzione** [dizatten'tsio:ne] *f* ❶ (*mancanza d'impegno, di riguardo*) Unaufmerksamkeit *f* ❷ (*svista*) Unachtsamkeit *f,* Versehen *nt*

**disattivare** [dizatti'va:re] *vt* (*bomba*) entschärfen; (*impianto*) abschalten

**disavanzo** [diza'vantso] *m* Fehlbetrag *m,* Defizit *nt;* **-i pubblici** Haushaltsdefizit *nt*

**disavvedutezza** [dizavvedu'tettsa] *f* Unvorsichtigkeit *f,* Unbedachtheit *f*

**disavveduto, -a** [dizavve'du:to] *agg* unvorsichtig, unbedacht

**disavventura** [dizavven'tu:ra] *f* Unglück *nt,* Missgeschick *nt*

**disavvertenza** [dizavver'tɛntsa] *f* Unachtsamkeit *f,* Versehen *nt*

**disavvezzare** [dizavvet'tsa:re] *vt* abgewöhnen (*qu a qc* jdm etw), entwöhnen (*qu a qc* jdn einer Sache *gen*)

**disbrigo** [diz'bri:go] <-ghi> *m* [rasche] Erledigung *f*

**discanto** [dis'kanto] *m* (MUS) Diskant *m*

**discapito** [dis'ka:pito] *m* Nachteil *m,* Schaden *m;* **a ~ di qu** zu jds Nachteil

**discarica** [dis'ka:rika] <-che> *f* ❶ (*per rifiuti*) [Schutt]abladeplatz *m,* [Müll]deponie *f* ❷ (*da nave*) Ausladung *f,* Löschung *f*

**discarico** [dis'ka:riko] <-chi> *m* (*fig*) Entlastung *f;* **testimone a ~** Entlastungszeuge *m/*-zeugin *f*

**discendente** [diʃʃen'dɛnte] I. *agg* absteigend, fallend, Abwärts- II. *mf* Nachkomme *m* **discendenza** [diʃʃen'dɛntsa] *f* ❶ (*origine*) Abstammung *f* ❷ (*discendenti*) Nachkommenschaft *f*

**discendere** [diʃ'ʃendere] <irr> I. *vi essere* ❶ (*provenire*) **~ da qu/qc** von jdm/etw abstammen ❷ (*venire giù, scendere*) hinunter-, hinabsteigen; (*da veicolo*) aussteigen; (*da cavallo, bicicletta*) absteigen; **~ in una fossa** in eine Grube hinuntersteigen; **~ da un luogo** von einem Ort heruntersteigen ❸ (*fig: abbassarsi*) abfallen, sich senken; (*prezzi, temperatura*) sinken, fallen II. *vt avere* hinabsteigen, hinuntergehen **discensionale** [diʃʃensio'na:le] *agg* (PHYS) absteigend

**discepolo, -a** [diʃ'ʃe:polo] *m, f* ❶ (*poet: alunno*) Schüler(in) *m(f)* ❷ (*seguace*) Anhänger(in) *m(f)* ❸ (REL) Jünger *m*

**discernere** [diʃʃɛrnere] <discerno, discernei, *manca il pp*> vt ① (*distinguere*) auseinanderhalten, unterscheiden ② (*scorgere*) [klar] erkennen **discernimento** [diʃʃerni'mento] *m* Unterscheidungsvermögen *nt;* (*giudizio*) Urteilsvermögen *nt,* Vernunft *f*

**discesa** [diʃʃe:sa] *f* ① (*il venire giù*) Absteigen *nt,* Abstieg *m;* (*da cavallo*) Absitzen *nt;* (*da veicolo*) Aussteigen *nt* ② (*pendenza*) Gefälle *nt,* Abhang *m,* Lehne *f* A ③ (*invasione*) Einfall *m* ④ (SPORT) Abfahrt *f;* ~ **libera** Abfahrtslauf *m,* Abfahrtsrennen *nt*

**discesi** *1. pers sing pass rem di* **discendere**
**discesismo** [diʃʃe'sizmo] *m* Abfahrtslauf *m*
**discesista** [diʃʃe'sista] <-i *m,* -e *f*> *mf* Abfahrtsläufer(in) *m(f)*
**disceso** *pp di* **discendere**
**dischetto** [dis'ketto] *m* (INFORM) Diskette *f;* **drive per -i** Diskettenlaufwerk *nt*
**dischiudere** [dis'kiu:dere] <irr> vt ① (*schiudere*) aufmachen; (*occhi*) aufschlagen ② (*fig*) öffnen
**discinto, -a** [diʃʃinto] *agg* (*poet*) nachlässig gekleidet
**disciogliere** [diʃʃɔʎʎere] <irr> vt (*liquefare, stemperare*) auflösen; (*neve*) schmelzen
**disciplina** [diʃʃi'pli:na] *f* ① (*ordine*) Disziplin *f* ② (*materia di studio*) Disziplin *f,* [Unterrichts]fach *nt*
**disciplinare**[1] [diʃʃipli'na:re] *agg* disziplinarisch, Disziplinar-, disziplinär A; **sanzioni -i** Disziplinarmaßnahmen *fpl*
**disciplinare**[2] *vt* ① (*regolare*) regeln, ordnen ② (*fig*) disziplinieren *geh,* bezwingen
**disciplinato, -a** [diʃʃipli'na:to] *agg* diszipliniert
**disc-jockey** ['disk 'dʒɔki *o* 'dis 'dʒoki] <-> *mf* Diskjockey *m*
**disco**[1] [disko] <-schi> *m* ① (*piastra rotonda*) Scheibe *f;* ~ **volante** fliegende Untertasse; ~ **orario** Parkscheibe *f,* Parkuhr *f;* **zona** ~ blaue Zone, Kurzparkzone *f* ② (SPORT) Diskus *m;* **classificarsi primo nel** ~ beim Diskuswerfen den ersten Platz erreichen ③ (MUS) [Schall]platte *f;* **cambiare** ~ (*fig*) eine andere Platte auflegen ④ (INFORM: *disco magnetico*) Magnetplatte *f;* ~ **fisso** [*o* **rigido**] (INFORM) Festplatte *f* ⑤ (FERR) Lichtsignal *nt;* ~ **rosso** Haltsignal *nt* ⑥ (TEL: ~ *combinatore*) Wählscheibe *f* ⑦ (MOT) Scheibe *f;* ~ **del freno** Bremsscheibe *f;* ~ **della frizione** Kupplungsscheibe *f* ⑧ (ANAT) ~ **intervertebrale** Band-, Zwischenwirbelscheibe *f*

**disco**[2] <-> *f* (*discoteca, discomusic*) Disko *f;* **andare in** ~ in die Disko gehen
**discobar** [disko'bar] <-> *m* Tanzbar *f*
**discobolo** [dis'kɔ:bolo] *m* Diskuswerfer(in) *m(f)*
**disco dance** ['diskou 'da:ns] <-> *f* (MUS) Disco-Dance *m*
**disco-digitale** ['diskodidʒi'ta:le] <dischi- -digitali> *m* digitale Aufnahme, digitaler Tonträger
**discofilo, -a** [dis'kɔ:filo] *m, f* ① (*collezionista di dischi*) Schallplattenliebhaber(in) *m(f),* Schallplattensammler(in) *m(f)* ② (*frequentatore di discoteche*) Discogänger(in) *m(f),* Discofan *m*
**discografia** [diskogra'fi:a] *f* ① (*tecnica*) Schallplattenproduktion *f* ② (*elenco*) Diskografie *f* **discografico, -a** [disko'gra:fiko] <-ci, -che> I. *agg* Schallplatten- II. *m, f* Beschäftigte(r) *f(m)* in der Schallplattenindustrie
**discoide** [dis'kɔ:ide] I. *agg* scheibenförmig II. *m* (*compressa*) Dragee *nt*
**discolo, -a** ['diskolo] <-> *m, f* Bengel *m,* Lausejunge *m,* Göre *f,* Gör *nt*
**discolpa** [dis'kolpa] *f* Entlastung *f;* Rechtfertigung *f;* **a mia** ~ zu meiner Entlastung
**discolpare** [diskol'pa:re] I. *vt* entschuldigen; (JUR) entlasten; (*dall'accusa*) befreien II. *vr* -**rsi** sich rechtfertigen, sich entschuldigen
**disconoscere** [disko'noʃʃere] <irr> *vt* nicht anerkennen **disconoscimento** [diskonoʃʃi'mento] *m* Nichtanerkennung *f,* Nichtanerkennen *nt*
**discontinuità** [diskontinui'ta] *f* ① (*mancanza di continuità*) Diskontinuität *f;* (*interruzione*) Unterbrechung *f* ② (*fig*) Unbeständigkeit *f,* Unstetigkeit *f* **discontinuo, -a** [diskon'ti:nuo] *agg* ① (*non continuo*) unterbrochen, mit Unterbrechungen ② (*non costante*) unbeständig, unstet
**discordante** [diskor'dante] *agg* ① (*opposto*) gegensätzlich ② (*contraddittorio*) nicht übereinstimmend, widersprüchlich
**discordanza** [diskor'dantsa] *f* Diskordanz *f,* Missklang *m*
**discordare** [diskor'da:re] *vi* disharmonieren, nicht zusammenstimmen; ~ **da qu su qc** mit jdm in etw *dat* nicht übereinstimmen **discorde** [dis'kɔrde] *agg* gegensätzlich, widersprüchlich **discordia** [dis'kɔrdia] <-ie> *f* Zwietracht *f,* Uneinigkeit *f*
**discorrere** [dis'korrere] <irr> *vi* ~ **di qc** sich über etw *acc* unterhalten, über etw

*acc* reden **discorsivo, -a** [diskor'si:vo] *agg* ①(*relativo al discorso*) Rede-, Gesprächs- ②(*loquace*) gesprächig **discorso** [dis'korso] *m* ①(*discussione*) Unterhaltung *f*, Gespräch *nt;* **attaccar** ~ eine Unterhaltung anfangen; **il ~ cadde su di te** dann war die Rede von dir; **questo è un altro ~** das ist etw [ganz] anderes; **fare un ~ campato in aria** ins Blaue hinein reden ②(*esposizione orale*) Ansprache *f*, Rede *f;* ~ **inaugurale** Eröffnungsansprache *f;* **pronunciare un ~** eine Rede halten ③(LING) ~ **diretto/indiretto** direkte/indirekte Rede

**discostante** [diskos'tante] *agg* unsympathisch, abstoßend

**discostare** [diskos'ta:re] I. *vt* ab-, wegrücken II. *vr* **-rsi da qu/qc** sich von jdm/ etw entfernen **discosto, -a** [dis'kɔsto] I. *agg* abgelegen; **essere ~ da qc** von etw abgelegen sein II. *avv* weit, abseits

**discoteca** [disko'tɛ:ka] <-**che**> *f* Diskothek *f,* Disco *f fam;* **andare in ~** in die Disco gehen

**discount** ['diskaunt] <-> *m* Discountgeschäft *nt,* Discounter *m*

**discreditare** [diskredi'ta:re] I. *vt* in Verruf bringen, diskreditieren II. *vr* **-rsi** in Verruf kommen, sich diskreditieren **discredito** [dis'kre:dito] *m* Misskredit *m*

**discrepanza** [diskre'pantsa] *f* Widersprüchlichkeit *f,* Diskrepanz *f*

**discretamente** [diskreta'mente] *avv* ①(*con discrezione*) taktvoll, diskret ②(*sufficientemente*) ziemlich [gut], ganz gut; (*mediocremente*) einigermaßen, halbwegs *fam*

**discreto, -a** [dis'kre:to] *agg* ①(*sufficiente*) ausreichend, genügend ②(*moderato*) mäßig, bescheiden ③(*abbastanza buono*) ziemlich gut, ganz gut ④(*di tatto*) taktvoll, diskret

**discrezionale** [diskrettsio'na:le] *agg* (JUR) Ermessens-; **potere ~** Ermessensfreiheit *f* **discrezionalità** [diskrettsionali'ta] <-> *f* Ermessensfreiheit *f,* Ermessen *nt*

**discrezione** [diskret'tsio:ne] *f* (*fatto*) Diskretion *f;* (*senso della misura*) Maß *nt;* **senza ~** taktlos, indiskret; **a ~** nach Belieben

**discriminante** [diskrimi'nante] I. *agg* (JUR) **circostanza ~** Strafmilderungsgrund *m* II. *m* (MAT) Diskriminante *f*

**discriminare** [diskrimi'na:re] *vt* ①(*far differenza*) unterschiedlich behandeln ②(JUR: *crimine*) entkriminalisieren; (*persone*) entlasten **discriminatorio, -a** [diskrimina'tɔ:rio] <-**i, -ie**> *agg* unterscheidend; (POL) diskriminierend **discriminazione** [diskriminat'tsio:ne] *f* Diskriminierung *f;* ~ **razziale** Rassendiskriminierung *f*

**discussi** [dis'kussi] *1. pers sing pass rem di* **discutere**

**discussione** [diskus'sio:ne] *f* Diskussion *f,* Erörterung *f;* (POL) Debatte *f;* (*litigio*) Auseinandersetzung *f*

**discusso, -a** [dis'kusso] *agg* umstritten

**discutere** [dis'ku:tere] <**discuto, discussi, discusso**> I. *vt* ①(*per prendere una decisione*) diskutieren, besprechen ②(*contestare*) bestreiten, bezweifeln II. *vi* ①(*conversare*) ~ **di** [*o* **su**] **qc** über etw *acc* diskutieren ②(*litigare*) heftig diskutieren; ~ **di qc** [sich] über etw *acc* streiten **discutibile** [disku'ti:bile] *agg* ①(*da discutere*) diskutabel, strittig ②(*incerto*) umstritten, zweifelhaft

**disdegnare** [dizdeɲ'ɲa:re] *vt* verschmähen **disdegno** [diz'deɲɲo] *m* Geringschätzung *f,* Verachtung *f* **disdegnoso, -a** [dizdeɲ'ɲo:so] *agg* (*poet: sprezzante*) geringschätzig, verächtlich

**disdetta** [diz'detta] *f* ①(*sfortuna*) Pech *nt,* Missgeschick *nt* ②(*di contratto*) Kündigung *f* **disdettare** [dizdet'ta:re] *vt* (JUR) kündigen

**disdicevole** [dizdi'tʃe:vole] *agg* (*poet*) unziemlich *geh,* unschicklich *geh*

**disdire** [diz'di:re] <*irr*> I. *vt* ①(JUR) kündigen ②(*ritrattare*) zurücknehmen, widerrufen ③(*non rispettare*) absagen ④(*annullare*) rückgängig machen, stornieren II. *vr* **-rsi** sich *dat* widersprechen

**disdoro** [diz'dɔ:ro] *m* (*poet*) Schmach *f geh,* Schande *f*

**diseconomia** [dizekono'mi:a] <-**ie**> *f* (*squilibrio economico*) Unausgeglichenheit *f* der Handelsbilanz **diseconomicità** [dizekonomitʃi'ta] <-> *f* Kostenprogression *f* **diseconomico, -a** [dizeko'nɔ:miko] <-**ci, -che**> *agg* kostenprogressiv, nicht wirtschaftlich

**diseducativo, -a** [dizeduka'ti:vo] *agg* unpädagogisch

**disegnare** [diseɲ'ɲa:re] *vt* ①(*tracciando linee*) zeichnen ②(*descrivere*) beschreiben, skizzieren ③(*progettare*) konzipieren, planen; (*col disegno*) entwerfen ④(*fig: avere in animo*) planen, vorhaben, sich *dat* vornehmen **disegnatore, -trice** [diseɲɲa'to:re] *m, f* Zeichner(in) *m(f)* **disegno** [di'seɲɲo] *m* ①(*rappresentazione grafica*) Zeichnung *f,* Bild *nt;* ~ **animato** Zeichentrickfilm *m* ②(*fig: abbozzo*)

Entwurf *m*, Skizze *f;* **fare -i** Pläne schmieden ③ *(motivo ornamentale)* Muster *nt* ④ *(arte)* Zeichnen *nt*, Zeichenkunst *f* ⑤ *(fig: intenzione)* Plan *m;* **~ di legge** Gesetzesvorlage *f*, Gesetzentwurf *m*

**diseguale** [dize'gua:le] *agg v.* **disuguale**

**disequilibrio** [dizekui'libri:o] <-ri> *m* Ungleichgewicht *nt*

**diserbante** [dizer'bante] *m* Unkrautbekämpfungsmittel *nt*

**diserbare** [dizer'ba:re] *vt* Unkraut jäten auf, Unkraut entfernen von

**diseredare** [dizere'da:re] *vt* enterben **diseredazione** [dizeredat'tsio:ne] *f* Enterbung *f*

**disertare** [dizer'ta:re] I. *vi* ① (MIL) Fahnenflucht begehen, desertieren ② *(fig)* abfallen, abtrünnig werden; **~ dal partito** von der Partei abfallen II. *vt* verlassen **disertore** [dizer'to:re] *m* ① (MIL) Fahnenflüchtige(r) *f(m)*, Deserteur *m* ② *(fig)* Abtrünnige(r) *f(m)* **diserzione** [dizer'tsio:ne] *f* ① (MIL) Fahnenflucht *f*, Desertion *f* ② *(fig)* Abtrünnigkeit *f*, Abfall *m*

**disfacimento** [disfatʃi'mento] *m* ① *(decomposizione)* Auflösung *f;* *(di cadavere)* Verwesung *f* ② *(fig: sfacelo)* Auflösung *f*, Zerrüttung *f* **disfare** [dis'fa:re] <irr> I. *vt* *(scomporre)* auflösen; *(distruggere)* zerstören; *(letto)* auf-, abdecken II. *vr* **-rsi** ① *(andare in pezzi)* entzweigehen; *(fig)* sich auflösen ② *(liberarsi)* sich entledigen

**disfatta** [dis'fatta] *f* Niederlage *f* **disfattismo** [disfat'tizmo] *m* Defätismus *m* **disfattista** [disfat'tista] <-i *m*, -e *f*> I. *agg* defätistisch II. *mf* Defätist(in) *m(f)*

**disfatto** *pp di* **disfare**

**disfavore** [disfa'vo:re] *m* **a ~ di** zu Ungunsten [*o* zum Nachteil] von

**disfeci** *1. pers sing pass rem di* **disfare**

**disfida** [dis'fi:da] *f* *(poet)* Herausforderung *f*

**disfonia** [disfo'ni:a] <-ie> *f* Dysfonie *f*, Stimmbildungsstörung *f* **disfonico, -a** [dis'fɔ:niko] <-ci, -che> *agg* dysfonisch

**disfunzionale** [disfuntsio'na:le] *agg* nicht funktionsgerecht, nicht funktionell

**disfunzione** [disfun'tsio:ne] *f* ① (MED) Funktionsstörung *f* ② (TEC) schlechtes Funktionieren

**disgelare** [dizdʒe'la:re] I. *vt* avere erwärmen; *(liberare dal ghiaccio)* auftauen II. *vr* **-rsi** [auf]tauen **disgelo** [diz'dʒɛ:lo] *m* ① (METEO) [Auf]tauen *nt*, Tauwetter *nt* ② *(fig* POL) Tauwetter *nt*

**disgiungere** [diz'dʒundʒere] <irr> *vt* *(poet)* trennen, scheiden **disgiuntivo, -a** [dis'dʒun'ti:vo] *agg* trennend, Trenn-; (GRAM) disjunktiv **disgiunzione** [dizdʒun'tsio:ne] *f* Trennung *f*

**disgrazia** [diz'grattsia] *f* ① *(sventura)* Unglück *nt*, Pech *nt;* **per ~** unglücklicherweise; **le -ie non vengono mai sole, le -ie vengono a tre per volta** *(prov)* ein Unglück kommt selten allein ② *(sfavore)* Ungnade *f* **disgraziata** *f v.* **disgraziato disgraziatamente** [dizgrattsiata'mente] *avv* unglücklicherweise, unglückseligerweise **disgraziato, -a** [dizgrat'tsia:to] I. *agg* unglücklich, unglückselig II. *m, f* ① *(persona sfortunata)* Pechvogel *m*, Unglücksrabe *m;* *(persona deplorevole)* Unglückselige(r) *f(m)* ② *(fam: persona minorata)* Unglückliche(r) *f(m)*

**disgregabile** [dizgre'ga:bile] *agg* auflösbar **disgregamento** [dizgrega'mento] *m* Zerfall *m*, Auflösung *f* **disgregare** [dizgre'ga:re] I. *vt* ① *(frantumare)* auseinanderbrechen [lassen], zersplittern ② *(fig)* auflösen, zersetzen II. *vr* **-rsi** ① *(andare in pezzi)* auseinandergehen, zersplittern ② *(fig)* sich auflösen **disgregatore, -trice** [dizgrega'to:re] I. *agg* auflösend, zersetzend II. *m, f* zersetzender Faktor **disgregazione** [dizgregat'tsio:ne] *f* Zersetzung *f*, Auflösung *f;* *(~ meteorica)* Verwitterung *f*

**disguido** [diz'gui:do] *m* ① *(postale)* Fehlleitung *f*, Fehlzustellung *f* ② *(svista)* Versehen *nt*

**disgustare** [dizgus'ta:re] I. *vt* ① *(dare disgusto)* anwidern ② *(fig)* abstoßen II. *vr* **-rsi** Widerwillen empfinden; **-rsi di qc** von etw angeekelt sein **disgusto** [diz'gusto] *m* Widerwille *m*, Abscheu *m;* **il ~ per qc** der Ekel vor etw *dat* **disgustoso, -a** [dizgus'to:so] *agg* ① *(nauseante)* Ekel erregend; *(cibo)* unappetitlich, ungustiös A ② *(fig)* abstoßend, ekelhaft

**disidentità** [dizidenti'ta] <-> *f* Identitätsverlust *m*

**disidratare** [dizidra'ta:re] *vt* ① *(alimenti)* trocknen, dörren ② *(privare dell'acqua)* austrocknen **disidratato, -a** [dizidra'ta:to] *agg* ① *(alimenti)* getrocknet, Trocken-, Dörr- ② *(organismo)* ausgetrocknet ③ (MED) dehydratisiert **disidratatore** [dizidrata'to:re] *m* Entwässerungsgerät *nt* **disidratazione** [dizidratat'tsio:ne] *f* ① *(alimentare)* Trocknen *nt*, Dörren *nt* ② *(eliminazione dell'acqua)* Wasserentzug *m*, Dehydratation *f*

**disilludere** [dizil'lu:dere] <irr> I. *vt* ernüchtern, enttäuschen II. *vr* **-rsi** ernüch-

tert sein **disillusione** [dizillu'tsjo:ne] *f* Ernüchterung *f*, Enttäuschung *f*
**disimballare** [dizimbal'la:re] *vt* auspacken
**disimparare** [dizimpa'ra:re] *vt* verlernen
**disimpegnare** [dizimpeɲ'ɲa:re] I. *vt* (*liberare*) befreien; (*fig: da impegno, promessa*) entbinden II. *vr* **-rsi** (*liberarsi*) sich befreien **disimpegnato, -a** [dizimpeɲ'ɲa:to] *agg* ❶ (*locale*) frei zugänglich ❷ (*fig* POL) nicht engagiert **disimpegno** [dizim'peɲɲo] *m* ❶ (*di mansioni*) Erledigung *f*, [Aufgaben]erfüllung *f* ❷ (POL) fehlendes Engagement
**disimpiego** [dizim'pjɛ:go] <-ghi> *m* Arbeitslosigkeit *f*; (*lavoro ridotto*) Unterbeschäftigung *f*
**disincagliare** [dizinkaʎ'ʎa:re] I. *vt* ❶ (NAUT) flottschleppen, flottmachen ❷ (*fig*) wiederbeleben, wieder in Gang bringen II. *vr* **-rsi** ❶ (NAUT) flottkommen ❷ (*fig*) freikommen, herauskommen **disincaglio** [dizin'kaʎʎo] *m* Flottmachen *nt*
**disincantato, -a** [dizinkan'ta:to] *agg* ❶ (*disilluso*) nicht mehr verzaubert, entzaubert ❷ (*fig: smaliziato*) ernüchtert **disincanto** [dizin'kanto] *m* ❶ (*da influsso magico*) Entzauberung *f* ❷ (*fig*) Ernüchterung *f*
**disincentivante** [dizintʃenti'vante] *agg* hemmend, einschränkend
**disincentivare** [dizintʃenti'va:re] *vt* hemmen, einschränken **disincentivazione** [dizintʃentivat'tsjo:ne] *f* Hemmen *nt* **disincentivo** [dizintʃen'ti:vo] *m* Hemmung *f*, Beschränkung *f*
**disincrostante** [dizinkros'tante] I. *agg* [Kalk]ablagerungen lösend II. *m* Kesselsteinentferner *m* **disincrostare** [dizinkros'ta:re] *vt* von [Kalk]ablagerungen befreien
**disindustrializzare** [dizindustrialid'dza:re] *vt* die Industrie abbauen, einen Industriestandort verlegen **disindustrializzazione** [dizindustrialiddzat'tsjo:ne] *f* Industrieabbau *m*
**disinfestare** [dizinfes'ta:re] *vt* entwesen, von Ungeziefer befreien; **~ la cantina dai topi** den Keller von Mäusen befreien **disinfestazione** [dizinfestat'tsjo:ne] *f* Entwesung *f*, Vernichtung *f* von Schädlingen
**disinfettante** [dizinfet'tante] I. *agg* desinfizierend II. *m* Desinfektionsmittel *nt* **disinfettare** [dizinfet'ta:re] I. *vt* desinfizieren; **~ una ferita** eine Wunde desinfizieren II. *vr* **-rsi** sich desinfizieren; **-rsi con l'alcool** sich mit Alkohol desinfizieren

**disinfezione** [dizinfet'tsjo:ne] *f* Desinfektion *f*
**disinfiammare** [dizinfjam'ma:re] *vt* eine Entzündung stillen
**disinformato, -a** [dizinfor'ma:to] *agg* schlecht informiert **disinformazione** [dizinformat'tsjo:ne] *f* Fehlinformation *f*, Unkenntnis *f*
**disingannare** [dizingan'na:re] I. *vt* jdm die Augen öffnen; (*deludere*) enttäuschen, ernüchtern II. *vr* **-rsi** seine Illusionen aufgeben **disinganno** [dizin'ganno] *m* Enttäuschung *f*, Ernüchterung *f*
**disingranare** [dizingra'na:re] *vt* auseinandernehmen, trennen
**disinibire** [dizini'bi:re] <disinibisco, disinibisci> I. *vt* enthemmen; **atteggiamento disinibito** enthemmtes Verhalten II. *vr* **-rsi** seine Hemmungen verlieren
**disinibito, -a** [dizini'bi:to] I. *agg* unbefangen, ungehemmt II. *m, f* unbefangener Mensch *m* **disinibitorio, -a** [dizinibi'tɔ:rjo] <-i, -ie> *agg* enthemmend **disinibizione** [dizinibit'tsjo:ne] *f* Enthemmung *f*
**disinnescare** [dizinnes'ka:re] *vt* (*a. fig*) entschärfen **disinnesco** [dizin'nesko] <-schi> *m* (*a. fig*) Entschärfung *f*
**disinnestare** [dizinnes'ta:re] *vt* (MOT: *frizione*) auskuppeln; (*marcia*) herausnehmen; (TEC: *spina*) herausziehen **disinnesto** [dizin'nɛsto] *m* ❶ (*disinserimento*) Ausschalten *nt*; **~ della frizione** Auskupplung *f*; **leva di ~** Abschalthebel *m* ❷ (TEL) Unterbrechung *f* der Verbindung
**disinquinamento** [dizinkuina'mento] *m* Dekontaminierung *f*, Entseuchung *f* **disinquinare** [dizinkui'na:re] *vt* von Schadstoffen befreien
**disinserire** [dizinse'ri:re] <disinserisco> *vt* ab-, ausschalten **disinserito, -a** [dizinse'ri:to] I. *agg* ❶ (*non inserito*) ausgeschlossen ❷ (TEC) ausgeschaltet, vom Stromkreis getrennt II. *m, f* Außenseiter *m*, Ausgeschlossene(r) *f(m)*
**disinstallare** [dizinstal'la:re] *vt* (INFORM) deinstallieren
**disintasare** [dizinta'sa:re] *vt* frei machen, ausräumen; **~ il traffico** einen Stau auflösen
**disintegrare** [dizinte'gra:re] I. *vt* ❶ (*ridurre in frammenti*) zertrümmern, zerkleinern ❷ (PHYS) spalten II. *vr* **-rsi** (*ridursi in frammenti*) sich auflösen ❷ (PHYS) sich spalten, zerfallen **disintegratore** [dizintegra'to:re] *m* Desintegrator *m* **disintegrazione** [dizintegrat'tsjo:ne] *f* ❶ (*ri-*

*durre in frammenti*) Zertrümmerung *f*, Zerkleinerung *f* ❷ (PHYS) Spaltung *f*, Zerfall *m*
**disinteressamento** [dizinteressa'mento] *m* Interesselosigkeit *f*, Desinteresse *nt*; **il ~ per qc** das Desinteresse an etw *dat* **disinteressare** [dizinteres'sa:re] I. *vt* **~ qu a qc** jdm das Interesse an etw *dat* nehmen II. *vr* **-rsi di qu/qc** sich nicht für jdn/etw interessieren; (*smettere di interessarsi*) das Interesse an jdm/etw verlieren **disinteressato, -a** [dizinteres'sa:to] *agg* ❶ (*senza interesse*) uninteressiert, desinteressiert ❷ (*senza interesse personale*) uneigennützig **disinteresse** [dizinte'rɛsse] *m* ❶ (*imparzialità*) Unvoreingenommenheit *f* ❷ (*noncuranza*) Desinteresse *nt*, Interesselosigkeit *f*; **mostrare ~ per qc** Desinteresse an etw *dat* zeigen ❸ (*generosità*) Uneigennützigkeit *f*
**disintermediazione** [dizintermediat'tsio:ne] *f* (FIN) Geldanlage *f* (*außerbanklich, wodurch die Rolle der Banken geschwächt wird*)
**disintossicante** [dizintossi'kante] I. *agg* entgiftend, entschlackend II. *m* Entgiftungs-, Entschlackungsmittel *nt* **disintossicare** [dizintossi'ka:re] I. *vt* entgiften II. *vr* **-rsi** den Körper entschlacken **disintossicazione** [dizintossikat'tsio:ne] *f* Entgiftung *f*, Entschlackung *f*
**disinvolto, -a** [dizin'vɔlto] *agg* ❶ (*privo di timidezza*) unbefangen, ungezwungen ❷ (*pej: sfacciato*) frech, unverfroren **disinvoltura** [dizinvol'tu:ra] *f* ❶ (*franchezza*) Unbefangenheit *f*, Ungezwungenheit *f* ❷ (*pej: sfacciataggine*) Frechheit *f*, Unverfrorenheit *f*
**disistima** [dizis'ti:ma] *f* Geringschätzung *f*, Missachtung *f*
**disk drive** <-> *m* (INFORM: *drive per dischetti*) Diskettenlaufwerk *nt*
**dislivello** [dizli'vɛllo] *m* ❶ (*differenza di livello*) Höhenunterschied *m* ❷ (*fig*) Unterschied *m*; **~ tra classi sociali** Klassenunterschied *m*
**dislocamento** [dizloka'mento] *m* ❶ (*spostamento*) Verschiebung *f* ❷ (MIL) Dislozieren *nt*, Stationierung *f* **dislocare** [dizlo'ka:re] *vt* ❶ (*spostare*) verlegen, versetzen ❷ (MIL) dislozieren **dislocazione** [dizlokat'tsio:ne] *f* ❶ (*trasferimento*) Verschiebung *f* ❷ (MIL) Stationierung *f* ❸ (*collocazione*) Versetzung *f*, Verlegung *f*
**dismisura** [dizmi'zu:ra] *f* **a ~** maßlos, übermäßig

**disneyano, -a** [dizne'ia:no] *agg* Disney-; **personaggi -i** Disneyfiguren *fpl* **disneyland** ['dizniland *o* 'dizneiland] <*sing*> *f* Disneyland *nt*
**disobbediente** [dizobbe'diɛnte] *agg v.* **disubbidiente**
**disobbligare** [dizobbli'ga:re] I. *vt* **~ qu da qc** jdn von etw entbinden II. *vr* **-rsi con qu per qc** sich bei jdm für etw revanchieren
**disoccupato, -a** [dizokku'pa:to] I. *agg* ❶ (*senza lavoro*) arbeitslos ❷ (*poet: ozioso*) müßig *geh* II. *m, f* Arbeitslose(r) *f(m)*; **~ di lunga durata** Langzeitarbeitslose(r) *f(m)* **disoccupazione** [dizokkupat'tsio:ne] *f* Arbeitslosigkeit *f*; **~ giovanile** Jugendarbeitslosigkeit *f*; **~ stagionale** saisonbedingte Arbeitslosigkeit *f*
**disoleare** [dizole'a:re] *vt* Öl gewinnen [*o* herauspressen] **disoleazione** [dizoleat'tsio:ne] *f* Ölpressung *f*
**disomogeneità** [dizomodʒenei'ta] <-> *f* Ungleichheit *f*, Uneinheitlichkeit *f* **disomogeneo, -a** [dizomo'dʒɛ:neo] <-ei, -ee> *agg* ungleich, uneinheitlich
**disonestà** [dizones'ta] *f* Unehrlichkeit *f*, Unredlichkeit *f* **disonesto, -a** [dizo'nɛsto] *agg* ❶ (*privo di onestà*) unehrlich, unredlich ❷ (*immorale*) unanständig
**disonorare** [dizono'ra:re] I. *vt* entehren II. *vr* **-rsi** seine Ehre verlieren **disonore** [dizo'no:re] *m* ❶ (*perdita dell'onore*) Verlust *m* der Ehre ❷ (*vergogna*) Schande *f*; (*a. fig*) Schandfleck *m* **disonorevole** [dizono're:vole] *agg* unehrenhaft, entehrend
**disopra, di sopra** [di'so:pra] I. *avv* oben, darauf; (*moto*) nach oben; (*nella parte superiore*) darüber II. <inv> *agg* obere(r, s), darüber liegend III. <-> *m* Oberseite *f*, Außenseite *f*; (*parte*) oberer Teil; **essere al ~ di ogni cosa** über den Dingen stehen; **essere al ~ di ogni sospetto** über jeden Verdacht erhaben sein
**disordinare** [dizordi'na:re] *vt* in Unordnung bringen; (*a. fig*) durcheinanderbringen **disordinato, -a** [dizordi'na:to] I. *agg* ❶ (*scompigliato*) ungeordnet ❷ (*privo di modo*) unordentlich, ungeregelt ❸ (*privo di misura*) unmäßig II. *m, f* unordentliche Person
**disordine** [di'zordine] *m* ❶ (*scompiglio*) Unordnung *f*, Durcheinander *nt*; **in ~** unaufgeräumt ❷ (*situazione confusa*) Durcheinander *nt* ❸ (*sregolatezza*) Un-

mäßigkeit *f* ● *pl* (*tumulti*) Unruhen *fpl*

**disorganicità** [dizorganitʃi'ta] <-> *f* Unlogik *f*, Folgewidrigkeit *f*

**disorganico, -a** [dizor'ga:niko] <-ci, -che> *agg* unorganisch, anorganisch

**disorganizzare** [dizorganid'dza:re] I. *vt* desorganisieren, zerrütten II. *vr* **-rsi** sich auflösen **disorganizzato, -a** [dizorganid'dza:to] *agg* unorganisiert, desorganisiert **disorganizzazione** [dizorganiddzat'tsio:ne] *f* Organisationsmangel *m*, Desorganisation *f*

**disorientamento** [dizorienta'mento] *m* Verwirrung *f*, Desorientierung *f* **disorientare** [dizorien'ta:re] I. *vt* ● (*nella direzione*) in die Irre führen ● (*fig*) verwirren II. *vr* **-rsi** ● (*nella direzione*) sich verirren ● (*fig*) die Orientierung verlieren **disorientato, -a** [dizorien'ta:to] *agg* desorientiert, orientierungslos

**disorlare** [dizor'la:re] *vt* den Saum [*o* die Webkante] abtrennen

**disormeggiare** [dizormed'dza:re] *vt* die Leinen losmachen

**disossare** [dizos'sa:re] *vt* entbeinen **disossatore** [dizossa'to:re] *agg* **coltello ~** Ausbeinmesser *nt* **disossatrice** [dizossa'tri:tʃe] *f* Entkerner *m*, Entsteiner *m*

**disossidante** [dizossi'dante] I. *agg* desoxidierend II. *m* Reduktionsmittel *nt*

**disossidare** [dizossi'da:re] *vt* desoxidieren **disossidazione** [dizossidat'tsio:ne] *f* Desoxidation *f*

**disostruire** [dizostru'i:re] <disostruisco> *vt* (TEC, MED) ausräumen, von einer Verstopfung befreien **disostruzione** [dizostrut'tsio:ne] *f* (MED) Beseitigung *f* von Arterienverstopfungen

**disotto, di sotto** [di'sotto] I. *avv* unten; (*moto*) nach unten; (*nella parte inferiore*) darunter II. <inv> *agg* untere(r, s), darunter liegend III. <-> *m* Unterseite *f*, Innenseite *f*; (*parte*) unterer Teil; **al ~ del livello del mare** unter dem Meeresspiegel; **rimanere al ~ di qu** (*fig*) jdm unterlegen sein

**dispaccio** [dis'pattʃo] <-cci> *m* Botschaft *f*, Bericht *m*; **~ telegrafico** Telegramm *nt*

**disparato, -a** [dispa'ra:to] *agg* ungleichartig, verschieden

**disparere** [dispa're:re] *m* Meinungsunterschied *m*

**dispari** ['dispari] <inv> *agg* ungleich; (MAT) ungerade **disparità** [dispari'ta] *f* Ungleichheit *f*, Verschiedenheit *f*

**disparte** [dis'parte] *avv* **in ~** beiseite; **lasciare qc in ~** etw beiseitelassen; **tenersi** [*o* **starsene**] **in ~** abseitsstehen

**dispendio** [dis'pɛndio] <-i> *m* großer Aufwand; (*pej*) Verschwendung *f*; **~ di energie** Energieverschwendung *f* **dispendioso, -a** [dispen'dio:so] *agg* aufwändig, kostspielig

**dispensa** [dis'pensa] *f* ● (*fascicolo*) [Einzel]ausgabe *f*, Lieferung *f*; **~ universitaria** Skript *nt* ● (*esonero*) Freistellung *f*, Befreiung *f*; **~ matrimoniale** Ehedispens *f* ● (*mobile*) Anrichte *f* ● (*stanzino*) Vorrats-, Speisekammer *f* **dispensare** [dispen'sa:re] *vt* ● (*distribuire*) aus-, verteilen ● (*esonerare*) befreien, freistellen; (ADM) suspendieren **dispensario** [dispen'sa:rio] <-ri> *m* Krankenfürsorgeeinrichtung *f* **dispensatore, -trice** [dispensa'to:re] *m, f* Spender(in) *m(f)*, Freisteller(in) *m(f)*

**dispenser** [di'spensa *o* dis'pɛnser] <-> *m* Spender *m* **dispensiere, -a** [dispen'siɛ:re] *m, f* Verwalter(in) *m(f)* [eines Lebensmittelvorrats]; (NAUT) Proviantmeister *m*

**disperare** [dispe'ra:re] I. *vi* **~ di qc** an etw *dat* verzweifeln; **far ~ qu** jdn zur Verzweiflung bringen II. *vr* **-rsi** verzweifeln; **-rsi per qc** an etw *dat* verzweifeln **disperato, -a** [dispe'ra:to] I. *agg* verzweifelt, hoffnungslos; **caso ~** hoffnungsloser Fall II. *m, f* Verzweifelte(r) *f(m)*, Hoffnungslose(r) *f(m)*; **è un povero ~** (*fam*) er ist ein armer Schlucker; **lavorare come un ~** (*fam*) wie ein Wilder arbeiten **disperazione** [disperat'tsio:ne] *f* ● (*mancanza di speranza*) Verzweiflung *f*, Hoffnungslosigkeit *f*; **il coraggio della ~** der Mut der Verzweiflung ● (*che fa disperare*) Elend *nt*, Unglück *nt*

**disperdere** [dis'pɛrdere] <irr> I. *vt* ● (*dissipare*) ver-, zerstreuen ● (*consumare*) ver-, aufbrauchen II. *vr* **-rsi** ● (*dissiparsi*) sich zerstreuen, sich verlaufen ● (*fig*) **-rsi in qc** sich in etw *dat* verlieren; **lo scrittore si è disperso nella descrizione di dettagli** der Schriftsteller hat sich in Detailschilderungen verloren **dispersa** *f v.* **disperso dispersione** [disper'sio:ne] *f* ● (*dissipazione*) Zerstreuung *f*; (*fig*) Verschwendung *f* ● (PHYS) Dispersion *f*; **~ di calore** Wärmeverlust *m* **dispersività** [dispersivi'ta] <-> *f* ● (PSIC) Zerstreutheit *f* ● (PHYS) Dispersität *f* **dispersivo, -a** [disper'si:vo] I. *agg* zerstreut II. *m, f* zerstreute Person

**disperso, -a** [dis'pɛrso] I. *agg* ● (*sparso*)

zerstreut, versprengt ❷ (*perso*) verloren [gegangen] ❸ (*irreperibile*) vermisst, abgängig *A;* **dare qu per ~** jdn als vermisst melden ❹ (*fig*) zersplittert II. *m, f* Vermisste(r) **dispersore** [disper- 'so:re] *m* ❶ (PHYS) Ableiter *m,* Erdung *f* ❷ (*fosse biologiche*) biologische Kläranlage *f*

**dispetto** [dis'petto] *m* ❶ (*atto spiacevole*) Bosheit *f;* **fare un ~ a qu** jdm einen [bösen] Streich spielen; **a ~ di qu** jdm zum Trotz ❷ (*irritazione*) Ärger *m;* **provare ~ per qc** sich über etw *acc* ärgern **dispettoso, -a** [dispet'to:so] *agg* boshaft; (*fastidioso*) lästig, ärgerlich

**dispiacere**[1] [dispia'tʃe:re] *m* ❶ (*afflizione*) Kummer *m* ❷ (*rammarico*) Bedauern *nt*

**dispiacere**[2] <*irr*> *vi essere* missfallen, nicht zusagen; **mi dispiace** [che ...] es tut mir leid [, dass ...]; **ti dispiace posare il libro sul tavolo?** macht es dir etwas aus, das Buch auf den Tisch zu legen?; **se non ti dispiace ...** wenn du nichts dagegen hast ..., wenn es dir recht ist ... **dispiaciuto, -a** [dispia'tʃu:to] *agg* bekümmert; **essere ~ di qc** über etw *acc* bekümmert sein

**dispiegare** [dispie'ga:re] *vt* ausbreiten, auseinanderfalten

**dispiego** [dis 'piɛ:go] <-ghi> *m* großer Aufwand, großes Aufgebot; **~ di denaro** großer Kostenaufwand

**display** [di'splei] <-> *m* (INFORM) Display *nt;* **~ a colori** Farbdisplay *nt*

**displuvio** [dis'plu:vio] <-i> *m* ❶ (GEOG: *spartiacque*) Wasserscheide *f* ❷ (*del tetto*) Dachgrat *m*

**dispongo** *1. pers sing pr di* **disporre**

**disponibile** [dispo'ni:bile] *agg* ❶ (*a disposizione*) verfügbar; (*merce, libro*) vorrätig; **non c'è più un posto ~** es ist kein Platz mehr frei ❷ (*persone*) frei; **questo pomeriggio sono ~** heute Nachmittag habe ich Zeit **disponibilità** [disponibili'ta] <-> *f* Verfügbarkeit *f;* (*di merce, libro*) Vorrätigkeit *f*

**disporre** [dis'porre] <*irr*> I. *vt* ❶ (*collocare*) aufstellen, anordnen ❷ (*sistemare*) [an]ordnen ❸ (*preparare*) vorbereiten, einstimmen ❹ (*prescrivere*) veranlassen, anordnen II. *vi* ❶ (*avere a disposizione*) **~ di qc** über etw *acc* verfügen ❷ (*stabilire*) bestimmen, verfügen ❸ (*decidere*) entscheiden III. *vr* **-rsi** ❶ (*sistemarsi*) sich aufstellen ❷ (*prepararsi*) **-rsi a qc** sich auf etw *acc* vorbereiten

**disposal** [dis'pouzəl] <-> *m* Einwegartikel *m*

**dispositivo** [dispozi'ti:vo] *m* ❶ (JUR) Tenor *m* ❷ (*congegno*) Vorrichtung *f;* (*fig: di sicurezza*) Vorkehrung *f*

**dispositivo, -a** *agg* verfügend; (ADM, JUR) dispositiv **disposizione** [dispozit'tsio:ne] *f* ❶ (*collocazione*) Aufstellung *f,* Anordnung *f;* **la ~ degli invitati a tavola** die Tischordnung für die Gäste ❷ (*inclinazione*) Veranlagung *f;* **avere ~ a** [*o* **per**] **qc** zu etw Veranlagung haben ❸ (*condizione di spirito*) Verfassung *f* ❹ (*ordine*) Bestimmung *f* ❺ (*servizio*) Verfügung *f;* **mettere qc a ~ di qu** jdm etw zur Verfügung stellen; **tenersi a ~** sich zur Verfügung halten

**disposto** [dis'posto] *m* Bestimmung *f*

**disposto, -a** I. *pp di* **disporre** II. *agg* ❶ (*collocato*) aufgestellt, angeordnet; (*casa*) eingerichtet; (*sistemato*) [an]geordnet ❷ (*pronto*) bereit; **essere ~ a fare qc** bereit sein etw zu tun ❸ (*condizione d'animo*) bereit, geneigt; **ben/mal ~** gut/schlecht aufgelegt

**dispotico, -a** [dis'pɔ:tiko] <-ci, -che> *agg* ❶ (POL) despotisch ❷ (*fig*) despotisch, tyrannisch **dispotismo** [dispo'tizmo] *m* ❶ (POL) Despotismus *m* ❷ (*fig*) Tyrannei *f*

**dispregiativo, -a** [dispredʒa'ti:vo] *agg* verächtlich **dispregio** [dis'prɛ:dʒo] <-gi> *m* Verachtung *f,* Missachtung *f*

**disprezzabile** [dispret'tsa:bile] *agg* verachtenswert, zu verachten

**disprezzare** [dispret'tsa:re] *vt* ❶ (*ritenere indegno*) verachten; (*disdegnare*) verschmähen ❷ (*non osservare*) missachten, unterschätzen **disprezzo** [dis'prettso] *m* ❶ (*sdegnoso rifiuto*) Verachtung *f;* (*di cose*) Verschmähung *f* ❷ (*noncuranza*) Missachtung *f,* Unterschätzung *f*

**disputa** ['disputa] *f* ❶ (*discussione*) Disput *m,* Streitgespräch *nt* ❷ (*alterco*) Auseinandersetzung *f* **disputare** [dispu'ta:re] I. *vt* ❶ (*contendere*) streitig machen ❷ (SPORT: *partita*) austragen II. *vr* **-rsi qc** um etw kämpfen

**disquisire** [diskui'zi:re] <disquisisco> *vi* [ausführlich] diskutieren; **~ su qc** über etw *acc* debattieren **disquisizione** [diskuizit'tsio:ne] *f* [eingehende] Darlegung *f*

**dissacrante** [dissa'krante] *agg* ketzerisch **dissacrare** [dissa'kra:re] *vt* ❶ (REL) entweihen ❷ (*fig: demitizzare*) entmythisieren **dissacratore, -trice** [dissakra'to:re] I. *agg* ketzerisch II. *m, f* Ketzer(in) *m(f)* **dissacrazione** [dissakrat'tsio:ne] *f*

dissalare → dissipativo

❶ (REL) Entweihung *f* ❷ (*fig*) Entmythisierung *f*
**dissalare** [dissa'la:re] *vt* entsalzen **dissalatore** [dissala'to:re] *m* Entsalzungsanlage *f*, -gerät *nt* **dissalazione** [dissalat'tsjo:ne] *f* Entsalzung *f*
**dissaldatore** [dissalda'to:re] *m* Gerät *nt* zum Losschweißen
**dissanguamento** [dissaŋgwa'mento] *m* ❶ (MED) Verbluten *nt* ❷ (*fig*) Ausbluten *nt*, Aderlass *m geh* **dissanguare** [dissaŋ'gwa:re] I. *vt* ❶ (MED) verbluten lassen; (*animali*) ausbluten lassen ❷ (*fig*) schröpfen, ausnehmen, [bis aufs Blut] aussaugen II. *vr* **-rsi** ❶ (MED) verbluten; **-rsi per qc** an etw *dat* verbluten ❷ (*fig*) sich aufopfern **dissanguatore, -trice** [dissaŋgwa'to:re] I. *agg* (*fig*) ausbeuterisch II. *m, f* (*fig*) Ausbeuter(in) *m(f)*
**dissapore** [dissa'po:re] *m* Unstimmigkeit *f*
**disseccare** [disse'ka:re] *vt, vr* **-rsi** austrocknen, trocknen **disseccazione** [dissekkat'tsjo:ne] *f* Trocknen *nt*, Dörren *nt*
**disselciare** [dissel'tʃa:re] *vt* aufreißen, das Pflaster aufreißen von
**disseminare** [dissemi'na:re] *vt* ❶ (*spargere*) verstreuen, ausstreuen ❷ (*fig*) verbreiten
**disseminato, -a** [dissemi'na:to] *agg* ❶ (*sparso*) verteilt, verstreut ❷ ~ **di errore** voller Fehler, voll von Fehlern; ~ **di incoerenze** voller [*o* voll von] Unstimmigkeiten **disseminatore, -trice** [disseminato:re] *m, f* Kolporteur(in) *m(f)* **disseminazione** [disseminat'tsjo:ne] *f* Aussaat *f*
**dissennatezza** [dissenna'tettsa] *f* Unverstand *m*, Unvernunft *f*
**dissennato, -a** [dissen'na:to] *agg* unvernünftig, töricht
**dissenso** [dis'sɛnso] *m* ❶ (*divergenza di opinioni*) Meinungsverschiedenheit *f* ❷ (*disapprovazione*) Missbilligung *f*, Ablehnung *f* ❸ (POL, REL) Abweichlertum *nt*, Dissidententum *nt*
**dissenteria** [dissente'ri:a] <-ie> *f* Ruhr *f*
**dissentire** [dissen'ti:re] *vi* ~ **da qu su qc** mit jdm in etw *dat* nicht übereinstimmen **dissenziente** [dissen'tsjɛnte] I. *agg* anders denkend II. *mf* Andersdenkende(r) *f(m)*
**disseppellire** [disseppel'li:re] <disseppellisco> *vt* ❶ (*riportare alla luce*) ausgraben, freilegen ❷ (*esumare*) exhumieren
**dissequestrare** [dissekwes'tra:re] *vt* freigeben **dissequestro** [disse'kwɛstro] *m* Freigabe *f*

**dissertare** [disser'ta:re] *vi* ~ **su** [*o* **di**] **qc** etw [gründlich] abhandeln
**dissertazione** [dissertat'tsjo:ne] *f* wissenschaftliche Abhandlung, ~ **di laurea** Hochschulabschlussarbeit *f*
**disservizio** [disser'vittsjo] *m* Misswirtschaft *f*; (*cattivo funzionamento*) schlechtes Funktionieren
**dissestare** [disses'ta:re] *vt* ❶ (*mettere in disordine*) aus den Fugen gehen lassen, in Unordnung bringen ❷ (*fig*) das Gefüge zerstören; (*famiglia*) zerrütten **dissesto** [dis'sɛsto] *m* (*fig*) Zerrüttung *f*; **ditta in** ~ vom Konkurs bedrohte Firma; ~ **finanziario** katastrophale Finanzlage
**dissetante** [disse'tante] I. *agg* durstlöschend, durststillend II. *m* Durstlöscher *m* **dissetare** [disse'ta:re] I. *vt* ~ **qu** jds Durst löschen II. *vr* **-rsi** seinen Durst löschen
**dissezione** [disset'tsjo:ne] *f* Sezierung *f*
**dissi** ['dissi] *1. pers sing pass rem di* **dire**[1]
**dissidente** [dissi'dɛnte] I. *agg* abgefallen, abtrünnig II. *mf* Dissident(in) *m(f)*, Abtrünnige(r) *f(m)* **dissidenza** [dissi'dɛntsa] *f* Interessenkollision *f*, Dissidenz *f*
**dissidio** [dis'si:djo] <-i> *m* Zwist *m*, Meinungsverschiedenheit *f*
**dissigillare** [dissidʒil'la:re] *vt* das Siegel aufbrechen, entsiegeln
**dissimile** [dis'si:mile] *agg* nicht ähnlich, verschieden
**dissimmetria** [dissimme'tri:a] *f* Asymmetrie *f* **dissimmetrico, -a** [dissim'mɛ:triko] <-ci, -che> *agg* asymmetrisch
**dissimulare** [dissimu'la:re] *vt* ❶ (*nascondere*) verheimlichen, verbergen; (*sentimento*) verhehlen ❷ (*fingere*) vorspiegeln, vortäuschen **dissimulatore, -trice** [dissimula'to:re] *m, f* Heuchler(in) *m(f)* **dissimulazione** [dissimulat'tsjo:ne] *f* Verstellung *f*, Vortäuschung *f*
**dissintonia** [dissinto'ni:a] <-ie> *f* ❶ (RADIO) [Frequenz]störung *f* ❷ (*disarmonia*) Verstimmung *f* **dissintonizzare** [dissintonid'dza:re] *vt* auf Störfrequenz stellen [*o* schalten]
**dissipare** [dissi'pa:re] I. *vt* ❶ (*dissolvere*) auflösen, zerstreuen ❷ (*fig: dubbi*) zerstreuen ❸ (*sperperare*) vergeuden, verschwenden II. *vr* **-rsi** (*a. fig*) sich auflösen
**dissipata** *f v.* **dissipato**
**dissipatezza** [dissipa'tettsa] *f* ❶ (*sperpero*) Verschwendungssucht *f* ❷ (*modo vizioso*) Zügellosigkeit *f*, Liederlichkeit *f*
**dissipativo, -a** [dissipa'ti:vo] *agg* ❶ (*che*

*provoca dissipazione*) Verschwendung [*o* Vergeudung] hervorrufend ❷ (*obs: lassativo*) abführend
**dissipato, -a** [dissi'pa:to] **I.** *agg* ❶ (*di spero*) verschwenderisch ❷ (*sfrenato*) ausschweifend, liederlich **II.** *m, f* ausschweifender Mensch **dissipatore, -trice** [dissipa'to:re] *m, f* Verschwender(in) *m(f)*
**dissipazione** [dissipat'tsio:ne] *f* ❶ (*spero*) Verschwendung *f*, Vergeudung *f* ❷ (*condotta sregolata*) Zügellosigkeit *f*, Maßlosigkeit *f*
**dissociabile** [disso'tʃa:bile] *agg* trennbar
**dissociare** [disso'tʃa:re] *vt* ❶ (*separare*) trennen ❷ (CHEM) dissoziieren **dissociativo, -a** [dissotʃati:vo] *agg* Trennungs-, Spaltungs-; **fattore ~** Trennungsfaktor *m*
**dissociato, -a** [disso'tʃa:to] *m, f* ❶ (PSIC) an Dissoziation Leidende(r) *f(m)* ❷ (POL) Genosse *m*/Genossin *f*; (*nei processi contro i terroristi, la mafia*) Aussteiger(in) *m(f)* **dissociazione** [dissotʃat'tsio:ne] *f* ❶ (*disgiunzione*) Trennung *f* ❷ (CHEM, PSIC) Dissoziation *f*, Spaltung *f*
**dissodamento** [dissoda'mento] *m* Urbarmachung *f* **dissodare** [disso'da:re] *vt* urbar machen
**dissolsi** [dis'sɔlsi] *1. pers sing pass rem di* **dissolvere**
**dissolto** [dis'sɔlto] *pp di* **dissolvere**
**dissolubile** [disso'lu:bile] *agg* [auf]lösbar
**dissoluta** *f v.* **dissoluto**
**dissolutezza** [dissolu'tettsa] *f* Ausschweifung *f*, Sittenlosigkeit *f* **dissoluto, -a** [disso'lu:to] **I.** *agg* ausschweifend, sittenlos **II.** *m, f* zügelloser Mensch
**dissoluzione** [dissolut'tsio:ne] *f* ❶ (*disfacimento*) Auflösung *f*, Zersetzung *f* ❷ (*fig*) Auflösung *f*, Zerfall *m*
**dissolvenza** [dissol'vɛntsa] *f* (FILM) **~ in apertura** Einblendung *f*; **~ in chiusura** Ausblendung *f*; **~ incrociata** Überblendung *f*
**dissolvere** [dis'sɔlvere] <dissolvo, dissolsi, dissolto> **I.** *vt* ❶ (*sciogliere*) auflösen ❷ (*disperdere*) zerstreuen ❸ (*dissipare*) vertreiben **II.** *vr* **-rsi** sich auflösen
**dissomigliare** [dissomiʎ'ʎa:re] **I.** *vi* keine Ähnlichkeit haben; **~ da qu** jdm unähnlich sein **II.** *vr* **-rsi** sich *dat* nicht ähnlich sein
**dissonante** [disso'nante] *agg* ❶ (MUS) dissonant, misstönend ❷ (*fig*) nicht übereinstimmend, verschieden **dissonanza** [disso'nantsa] *f* ❶ (MUS) Dissonanz *f* ❷ (*fig*) Unstimmigkeit *f*, Disharmonie *f*
**dissotterrare** [dissotter'ra:re] *vt* ausgraben, exhumieren

**dissuadere** [dissua'de:re] <dissuado, dissuasi, dissuaso> *vt* abbringen; **~ qu da qc** jdn von etw abbringen, jdm etw ausreden **dissuasione** [dissua'zio:ne] *f* Abraten *nt* **dissuaso** [dissu'a:zo] *pp di* **dissuadere**
**dissuggellare** [dissuddʒel'la:re] *vt* ❶ (*lettera*) entsiegeln ❷ (*poet fig: segreto*) enthüllen, offenbaren; (*occhi, labbra*) öffnen
**distaccare** [distak'ka:re] **I.** *vt* ❶ (*separare*) abnehmen, ablösen, trennen ❷ (*allontanare*) entfernen; (*da famiglia*) trennen ❸ (SPORT) zurücklassen, abhängen **II.** *vr* **-rsi** ❶ (*allontanarsi*) sich abwenden ❷ (*distinguersi*) sich abheben **distaccato, -a** [distak'ka:to] *agg* distanziert
**distacco** [dis'takko] <-chi> *m* ❶ (*rimozione*) Abnahme *f*, Ablösung *f* ❷ (*fig: allontanamento*) Abkehr *f*, Abwendung *f* ❸ (*distanza*) Abstand *m*, Ablöse *f* A
**distante** [dis'tante] **I.** *agg* ❶ (*lontano*) fern, weit ❷ (*fig: di riserbo*) unnahbar **II.** *avv* [weit] entfernt; **venire da ~** von weit her kommen **distanza** [dis'tantsa] *f* ❶ (*spazio*) Abstand *m*, Entfernung *f*, Ablöse *f* A; **~ di sicurezza** Sicherheitsabstand *m*; **comando a ~** Fernsteuerung *f* ❷ (*tempo*) Abstand *m* ❸ (*fig: differenza*) Unterschied *m*
**distanziamento** [distantsia'mento] *m* Distanzierung *f* **distanziare** [distan'tsia:re] *vt* ❶ (*disporre a distanza*) in einem bestimmten Abstand aufstellen ❷ (*fig* SPORT) abhängen, hinter sich *dat* lassen
**distare** [dis'ta:re] <disto, mancano pass rem e pp> *vi* entfernt sein
**distendere** [dis'tɛndere] <irr> **I.** *vt* ❶ (*estendere*) ausbreiten; (*braccia, mani*) ausstrecken; (*vele*) aufziehen; (*biancheria*) aufhängen ❷ (*mettere a giacere*) [hin]legen ❸ (*gambe*) ausstrecken; (*nervi, muscoli*) entspannen ❹ (*spalmare*) **~ qc su qc** etw auf etw *acc* streichen ❺ (*abbattere*) niederstrecken **II.** *vr* **-rsi** ❶ (*rilassarsi*) sich entspannen ❷ (*sdraiarsi*) sich hinlegen ❸ (*stirarsi*) sich strecken, sich dehnen **distensione** [disten'sio:ne] *f* ❶ (*allungamento, estensione*) Dehnung *f*, Streckung *f* ❷ (*rilassamento*) Entspannung *f* **distensivo, -a** [disten'si:vo] *agg* entspannend; **politica -a** Entspannungspolitik *f*
**distesa** [dis'te:sa] *f* ❶ (*quantità*) [ganze] Reihe *f* ❷ (*estensione*) Ausdehnung *f*, Weite *f*

**distesamente** [distesa'mente] *avv* in allen Einzelheiten

**distesi** *1. pers sing pass rem di* **distendere**

**disteso, -a** [dis'te:so] **I.** *pp di* **distendere** **II.** *agg* ① (*sdraiato, allungato*) ausgestreckt; (*vela*) gestrafft ② (*pacato*) gedämpft ③ (*rilassato*) entspannt **III.** *avv* **a -a** ohne Unterbrechung; (*cantare*) aus vollem Hals[e]; **per ~** in allen Einzelheiten, ausführlich

**distico** ['distiko] <-ci> *m* Distichon *nt*, Zweizeiler *m*

**distillare** [distil'la:re] **I.** *vt avere* ① (CHEM) destillieren; (*acquavite*) brennen ② (*mandar fuori*) [tropfenweise] absondern **II.** *vi essere* tropfen, sich absondern

**distillato** [distil'la:to] *m* ① (CHEM) Destillat *nt* ② (*bevanda*) Branntwein *m* ③ (*fig*) Konzentrat *nt*

**distillato, -a** *agg* (*alcol*) gebrannt; (CHEM) destilliert

**distillatore** [distilla'to:re] *m* Destillator *m*

**distillatore, -trice** *m, f* ① (CHEM) Destillateur *m* ② (*di liquori*) Branntweinbrenner(in) *m(f)* **distillazione** [distillat'tsio:ne] *f* Destillation *f* **distilleria** [distille'ri:a] <-ie> *f* [Branntwein]brennerei *f*

**distinguere** [dis'tiŋguere] <distinguo, distinsi, distinto> **I.** *vt* ① (*discernere*) auseinanderhalten, unterscheiden ② (*percepire*) unterscheiden, wahrnehmen ③ (*vedere*) erkennen ④ (*contrassegnare*) kennzeichnen, unterscheiden **II.** *vr* **-rsi da qu [per qc]** sich von jdm [in etw *dat*] unterscheiden

**distinguo** [dis'tiŋguo] <-> *m* Präzisierung *f*

**distinta** [dis'tinta] *f* Aufstellung *f*, Liste *f*, Verzeichnis *nt*

**distintivo** [distin'ti:vo] *m* Erkennungsmarke *f*, Abzeichen *nt*

**distintivo, -a** *agg* Unterscheidungs-, unterscheidend, distinktiv; **caratteri -i** (SCIENT) Unterscheidungsmerkmale *ntpl*

**distinto, -a** [dis'tinto] **I.** *pp di* **distinguere** **II.** *agg* ① (*differente*) verschieden[artig], getrennt ② (*chiaro*) deutlich ③ (*fine*) vornehm, distinguiert *geh;* **-i saluti** hochachtungsvoll, mit freundlichen Grüßen

**distinzione** [distin'tsio:ne] *f* ① (*considerazione separata*) Unterschied *m* ② (*discriminazione*) Unterscheidung *f*, Unterschied *m* ③ (*riguardo*) Hochachtung *f*

**distogliere** [dis'tɔʎʎere] <irr> *vt* abbringen; (*attenzione*) ablenken; (*sguardo*) abwenden

**distonia** [disto'ni:a] <-ie> *f* (MED) Dystonie *f*

**distorcere** [dis'tɔrtʃere] <irr> **I.** *vt* ① (*torcere, contorcere*) verziehen, verzerren ② (*fig: verità*) entstellen, verzerren ③ (TEC, PHYS) verzerren **II.** *vr* **-rsi** sich winden; **-rsi il polso** sich *dat* die Hand verstauchen

**distorsione** [distor'sio:ne] *f* ① (MED) Verstauchung *f* ② (TEC, PHYS) Verzerrung *f* ③ (*fig*) Entstellung *f*, Verzerrung *f*

**distrarre** [dis'trarre] <irr> **I.** *vt* ① (*dallo studio*) ablenken; (*divertire*) zerstreuen ② (*sguardo*) abwenden; (*somma*) abzweigen; (*truppe*) abziehen **II.** *vr* **-rsi** ① (*volgere la mente*) sich ablenken [lassen] ② (*divertirsi*) sich zerstreuen **distratto, -a** [dis'tratto] **I.** *agg* unaufmerksam, zerstreut **II.** *m, f* zerstreute Person **distrazione** [distrat'tsio:ne] *f* ① (*disattenzione*) Unaufmerksamkeit *f*, Zerstreutheit *f* ② (*diversivo*) Zerstreuung *f*, Ablenkung *f*

**distretto** [dis'tretto] *m* Bezirk *m*, Distrikt *m;* **~ carbonifero** Kohlenrevier *nt;* **~ postale** Post-, Zustellbezirk *m*

**distribuire** [distribu'i:re] <distribuisco> *vt* verteilen, austeilen; (*fornire*) versorgen mit; (*onoreficenze*) vergeben; (*posta*) austragen, zustellen **distributivo, -a** [distribu'ti:vo] *agg* distributiv, verteilend; **giustizia -a** ausgleichende Gerechtigkeit

**distributore** [distribu'to:re] *m* (TEC) Verteiler *m;* **~ di benzina** Tankstelle *f;* **~ di sigarette** Zigarettenautomat *m;* **~ automatico** Automat *m*

**distributore, -trice** *m, f* Verteiler(in) *m(f);* (*della posta, di giornali*) Austräger(in) *m(f)*

**distribuzionale** [distributtsio'na:le] *agg* Verteiler-, Distributions- **distribuzionalismo** [distributtsiona'lizmo] *m* (LING) Distributionalismus *m* **distribuzionalista** [distributtsiona'lista] <-i *m*, -e *f*> *mf* (LING) Distributionalist(in) *m(f)*

**distribuzione** [distribut'tsio:ne] *f* ① (*assegnazione*) Zuteilung *f*, Verteilung *f* ② (*consegna*) Austeilung *f*, Zustellung *f* ③ (*fornitura*) Versorgung *f;* **~ energetica** Energieversorgung ④ (*meccanismo*) Steuerung *f* ⑤ (COM) Vertrieb *m*, Distribution *f* ⑥ (*posizione*) Verteilung *f*, Distribution *f*

**districare** [distri'ka:re] **I.** *vt* entwirren **II.** *vr* **-rsi** (*fig: trarsi d'impaccio*) sich herauswinden

**distruggere** [dis'truddʒere] <irr> *vt* ① (*annientare*) zerstören, vernichten; (*specie*) ausrotten ② (*vanificare*) zunichtemachen, vereiteln ③ (*fig*) zerstö-

**ren, zu Grunde richten distruttivo, -a** [distrut'ti:vo] *agg* zerstörerisch; *(a. fig)* destruktiv; *(critica)* vernichtend
**distrutto** [dis'trutto] *pp di* **distruggere**
**distruttore** [distrut'to:re] *m* ~ **di documenti** Reißwolf *m*, Aktenvernichter *m*
**distruttore, -trice** I. *agg* Zerstörungs- II. *m, f* Zerstörer(in) *m(f)*
**distruzione** [distrut'tsio:ne] *f* Zerstörung *f*, Vernichtung *f*; *(di specie)* Ausrottung *f*
**disturbare** [distur'ba:re] I. *vt* ❶ *(ostacolare)* stören ❷ *(infastidire)* belästigen, stören, sekkieren *A* II. *vr* **-rsi** sich bemühen, [sich *dat*] Umstände machen; **non si disturbi** machen Sie sich keine Umstände; **grazie, ma non doveva -rsi** vielen Dank, das war [doch] nicht nötig **disturbatore, -trice** [disturba'to:re] *m, f* Störenfried *m*
**disturbo** [dis'turbo] *m* ❶ (TEC) Störung *f* ❷ (MED) Verstimmung *f*, Beschwerden *fpl*; ~ **di stomaco** Magenbeschwerden *fpl* ❸ *(incomodo)* Bemühung *f*, Mühe *f*; **togliere il** ~ sich empfehlen *geh*, nicht länger stören wollen
**disubbidiente** [dizubbi'diɛnte] *agg* ungehorsam **disubbidienza** [dizubbi'diɛntsa] *f* Ungehorsam *m*, Nichtbefolgung *f*
**disubbidire** [dizubbi'di:re] <disubbidisco> *vi* ~ **a qu** jdm nicht gehorchen; ~ **a un ordine** einen Befehl nicht befolgen
**disuguaglianza** [dizuguaʎ'ʎantsa] *f* ❶ *(divario)* Unterschied *m*; **-e sociali** soziale Unterschiede ❷ (MAT) Ungleichung *f* **disuguale** [dizu'gua:le] *agg* ❶ *(diverso)* ungleich, unterschiedlich ❷ *(irregolare)* ungleichmäßig, unregelmäßig; *(terreno)* uneben
**disumanità** [dizumani'ta] <-> *f* Unmenschlichkeit *f*, Grausamkeit *f* **disumanizzare** [dizumanid'dza:re] *vt* entmenschlichen **disumanizzazione** [dizumaniddzat'tsio:ne] *f* Entmenschlichung *f* **disumano, -a** [dizu'ma:no] *agg* unmenschlich
**disunione** [dizu'nio:ne] *f* ❶ *(mancanza di coesione)* Uneinigkeit *f* ❷ *(discordia)* Zwietracht *f* **disunire** [dizu'ni:re] <disunisco> *vt* ❶ *(separare)* scheiden, trennen ❷ *(fig)* entzweien
**disusato, -a** [dizu'za:to] *agg* ungebräuchlich; *(antiquato)* veraltet
**disuso** [di'zu:zo] *m* **in** ~ veraltet; **cadere in** ~ veralten, ungebräuchlich werden
**disutile** [di'zu:tile] I. *agg* ❶ *(cose)* unnütz,

nutzlos ❷ *(pej: persone)* nichtsnutzig II. *m* Verlust *m*
**ditale** [di'ta:le] *m* Fingerhut *m*
**ditata** [di'ta:ta] *f* ❶ *(colpo)* Stoß *m* mit dem Finger ❷ *(impronta)* Fingerabdruck *m*
**diteggiatura** [diteddʒa'tu:ra] *f* (MUS: *atto e tecnica*) Fingersatz *m*
**dito** ['di:to] <nel loro insieme: -a *f*, considerati separatamente: -i *m*> *m* ❶ (ANAT: *della mano*) Finger *m*; *(del piede)* Zeh *m*, Zehe *f*; **avere qc sulla punta delle -a** *(fig)* etw aus dem Effeff beherrschen *fam*; **si contano sulle [o sulla punta delle] -a** man kann sie an zehn Finger abzählen; **leccarsi le -a** *(fig)* sich *dat* alle zehn Finger lecken *fam*; **mettere il ~ sulla piaga** *(fig)* den wunden Punkt treffen; **mordersi le -a** *(fig)* vor Wut mit den Zähnen knirschen; **non muovere un ~ in favore di qu** für jdn keinen Finger rühren; **segnare a ~ qu** *(fig)* mit Fingern auf jdn zeigen; **toccare il cielo con un ~** den Himmel offen sehen *geh*; **questo me lo lego al ~** *(fig)* das werde ich mir hinter die Ohren schreiben ❷ *(del guanto)* Finger *m* ❸ *(misura)* Fingerbreit *m*; *(di liquidi)* Schluck *m*
**ditta** ['ditta] *f* Firma *f*, Betrieb *m*
**dittafono** [dit'ta:fono] *m* ❶ *(per la dettatura)* Diktiergerät *nt*, Diktafon *nt* ❷ *(per la conversazione)* Sprechanlage *f*
**dittatore** [ditta'to:re] *m* Diktator *m* **dittatoriale** [dittato'ria:le] *agg* diktatorisch
**dittatura** [ditta'tu:ra] *f* Diktatur *f*
**dittongo** [dit'tɔŋgo] <-ghi> *m* (LING) Doppelvokal *m*, Diphthong *m*
**diuresi** [diu'rɛ:zi] <-> *f* (MED) Harnausscheidung *f*, Diurese *f*
**diuretico** [diu'rɛ:tiko] <-ci> *m* Diuretikum *nt*, harntreibendes Mittel
**diuretico, -a** <-ci, -che> *agg* harntreibend, diuretisch
**diurna** [di'urna] *f* (THEAT, FILM) Nachmittagsvorstellung *f*, -veranstaltung *f*
**diurnista** [diur'nista] <-i *m*, -e *f*> *mf* Aushilfskraft *f (mit täglicher Entlohnung)*
**diurno, -a** [di'urno] *agg* Tag[es]-; **albergo ~** Tageshotel *nt*; **servizio ~ e notturno** Tag und Nacht geöffnet
**diuturno, -a** [diu'turno] *agg (poet)* fortdauernd, fortwährend
**diva** ['di:va] *f* Diva *f*
**divagare** [diva'ga:re] I. *vi* abschweifen, abkommen II. *vt* zerstreuen, ablenken; ~ **da qc** von etw ablenken III. *vr* **-rsi** sich zerstreuen **divagazione** [divagat'tsio:ne] *f* Abschweifung *f*, Exkurs *m*

**divampare** [divam'pa:re] *vi essere* ① (*incendio, fiamma*) auflodern ② (*fig: emozione, guerra*) auflodern; (*persone*) glühen; ~ **d'ira** vor Zorn glühen

**divano** [di'va:no] *m* Sofa *nt,* Couch *f;* ~ **letto** Bettcouch *f*

**divaricare** [divari'ka:re] *vt* ① (*in ginnastica*) [weit] spreizen ② (*allargare*) verbreitern, öffnen **divaricatore** [divarika'to:re] *m* (MED) Wundhaken *m*

**divario** [di'va:rio] *m* Unterschied *m;* ~ **nord-sud** Nord-Süd-Gefälle *nt*

**divellere** [di'vɛllere] <divello, divelsi, divelto> *vt* (*poet*) ausreißen, entwurzeln

**divenire** [dive'ni:re] <irr> *vi essere* werden; ~ **qc** [zu] etw werden

**diventare** [diven'ta:re] *vi essere* werden; ~ **qc** [zu] etw werden; ~ **vecchio** alt werden; **il bambino è diventato uomo** das Kind ist zum Mann geworden; **mi fai ~ nervoso** du machst mich nervös

**diverbio** [di'vɛrbio] <-i> *m* Wortgefecht *nt,* Wortwechsel *m*

**divergente** [diver'dʒɛnte] *agg* ① (*in direzione diversa, a. fig*) auseinanderlaufend ② (MAT) divergent ③ (OPT) **lente ~** Zerstreuungslinse *f* **divergenza** [diver'dʒɛntsa] *f* ① (*punto di allontanamento*) Auseinanderlaufen *nt,* Auseinanderstreben *nt* ② (MAT) Divergenz *f* ③ (*fig*) [Meinungs]verschiedenheit *f,* Divergenz *f* **divergere** [di'vɛrdʒere] <divergo, mancano pass rem e pp> *vi* ① (*andare in direzioni diverse*) auseinanderlaufen, abzweigen ② (MAT, SCIENT) divergieren; (*fig*) abweichen

**diversamente** [diversa'mente] *avv* ① (*in maniera diversa*) anders, auf andere Weise ② (*altrimenti*) sonst, andernfalls

**diversificare** [diversifi'ka:re] I. *vt* unterscheiden II. *vr* **-rsi** sich unterscheiden

**diversificazione** [diversifikat'tsio:ne] *f* ① (*atto*) Unterscheidung *f* ② (*effetto*) Unterschiedlichkeit *f* ③ (COM) Diversifikation *f*

**diversione** [diver'sio:ne] *f* ① (*deviazione*) Um-, Ableitung *f* ② (MIL) Ablenkungsmanöver *nt*

**diversità** [diversi'ta] <-> *f* ① (*differenza*) Verschiedenheit *f;* (*divario*) Unterschied *m;* (*di prezzo*) Differenz *f* ② (*varietà*) Vielfalt *f* **diversivo** [diver'si:vo] *m* Abwechslung *f,* Ablenkung *f* **diversivo, -a** *agg* **manovra -a** Ablenkungsmanöver *nt* **diverso, -a** [di'vɛrso] I. *agg* ① (*differente*) verschieden, anders, andere(r, s) ② *pl* (*vari*) mehrere, diverse, einige II. *pron indef pl* etliche, mehrere

**divertente** [diver'tɛnte] *agg* unterhaltsam, lustig

**divertimentificio** [divertimenti'fi:tʃo] <-ci> *m* Unterhaltungsprogramm *nt,* Vergnügungspark *m,* Funpark *m*

**divertimento** [diverti'mento] *m* ① (*passatempo*) Unterhaltung *f,* Vergnügen *nt* ② (*godimento*) Vergnügen *nt;* **buon ~!** viel Vergnügen! ③ (*persona*) Unterhalter(in) *m(f)* ④ (MUS) Divertimento *nt,* Divertissement *nt* **divertire** [diver'ti:re] I. *vt* unterhalten, amüsieren II. *vr* **-rsi** sich vergnügen; **-rsi con qu/qc** sich mit jdm/etw vergnügen; **-rsi a fare qc** seinen Spaß an etw *dat* haben; **-rsi alle spalle di qu** sich über jdn lustig machen **divertito, -a** [diver'ti:to] *agg* vergnügt, belustigt, amüsiert

**divezzare** [divet'tsa:re] I. *vt* ① (*disabituare*) entwöhnen ② (*slattare*) abstillen II. *vr* **-rsi da qc** sich *dat* etw abgewöhnen

**dividendo** [divi'dɛndo] *m* ① (MAT) Dividend *m* ② (FIN) Dividende *f*

**dividere** [di'vi:dere] <divido, divisi, diviso> I. *vt* ① (*separare*) [auf]teilen, [in Stücke] teilen; ~ **in quattro** vierteln, in vier [Stücke] teilen ② (*suddividere*) ein-, aufteilen ③ (*distribuire*) [ver-, auf]teilen ④ (*fig: condividere*) teilen ⑤ (*fig: disunire*) trennen, entzweien ⑥ (MAT) teilen; ~ **per ...** durch ... teilen; ~ **9 per 3** 9 durch 3 teilen II. *vr* **-rsi** sich teilen; (*separarsi*) sich trennen; **-rsi tra casa e ufficio** eine Doppelbelastung [von Haushalt und Beruf] tragen

**divieto** [di'viɛ:to] *m* Verbot *nt;* ~ **di fumare** Rauchverbot *nt;* ~ **di parcheggio** Parkverbot *nt;* ~ **di sosta** Halteverbot *nt;* ~ **di transito** keine Durchfahrt

**divinare** [divi'na:re] *vt* hellsehen, wahrsagen **divinatore, -trice** [divina'to:re] I. *agg* hellseherisch II. *m, f* Hellseher(in) *m(f),* Wahrsager(in) *m(f)* **divinatorio, -a** [divina'tɔ:rio] <-i, -ie> *agg* hellseherisch **divinatrice** *f v.* **divinatore** **divinazione** [divinat'tsio:ne] *f* Wahrsagung *f*

**divincolamento** [diviŋkola'mento] *m* Krümmen *nt,* Winden *nt* **divincolarsi** [diviŋko'larsi] *vr* sich krümmen, sich winden

**diving** ['daiviŋ] <-> *m* (SPORT) Tauchen *nt,* Tauchsport *m*

**divinità** [divini'ta] <-> *f* ① (*natura*) Göttlichkeit *f* ② (*dio*) Gottheit *f*

**divinizzare** [dividid'dza:re] *vt* ① (*considerare divino*) vergöttlichen ② (*fig*) vergöttern **divinizzazione** [dividdzat'tsio:ne] *f* ① (*deificazione*) Vergöttlichung *f*, Vergottung *f* ② (*fig*) Vergötterung *f*
**divino** [di'vi:no] *m* Göttliche(s) *nt*
**divino, -a** *agg* ① (*appartenente alla divinità*) göttlich, Gottes- ② (*fig*) himmlisch, göttlich
**divisa** [di'vi:za] *f* ① (*uniforme*) Uniform *f*; ~ **sportiva** Sportdress *m*; **essere in** ~ eine Uniform tragen ② (FIN) Devise *f*, ausländisches Zahlungsmittel; ~ **europea** Eurowährung *f*
**divisamento** [diviza'mento] *m* (*obs*) Vorhaben *nt*, Absicht *f*
**divisare** [divi'za:re] *vt* vorhaben, beabsichtigen
**divisi** [di'vi:zi] *1. pers sing pass rem di* **dividere**
**divisibile** [divi'zi:bile] *agg* teilbar **divisibilità** [divizibili'ta] <-> *f* Teilbarkeit *f*
**divisionale** [divizio'na:le] *agg* ① (MIL) Divisions- ② (FIN) **moneta** ~ Scheidemünze *f*, Scheidegeld *nt*
**divisione** [divi'zio:ne] *f* ① (*ripartizione*) [Auf]teilung *f*; ~ **dei poteri** Gewaltenteilung *f* ② (*separazione*) Teilung *f*, Trennung *f*; (*scomposizione*) Trennung *f*; ~ **in sillabe** Silbentrennung *f*; ~ **dei beni** (JUR) Güterteilung *f*, Gütertrennung *f* ③ (*suddivisione*) Auf-, Einteilung *f* ④ (MAT) Teilung *f*, Division *f* ⑤ (*fig: disunione*) Kluft *f*, Gegensatz *m* ⑥ (*reparto*) Abteilung *f*; ~ **ospedaliera** Krankenhausabteilung *f*, -station *f* ⑦ (MIL) Division *f* ⑧ (SPORT) Spielklasse *f*, Division *f*; **massima** ~ (SPORT) erste Division *f*, 1. Liga *f*, ≈ Bundesliga *f*
**divismo** [di'vizmo] *m* ① (*ammirazione*) Starkult *m* ② (*comportamento capriccioso*) Starallüren *pl*
**diviso, -a** [di'vi:zo] I. *pp di* **dividere** II. *agg* ① (*separato*) getrennt, abgesondert ② (*fig*) uneinig, getrennt
**divisore** [divi'zo:re] *m* ① (MAT) Divisor *m*, Teiler *m*; ~ **comune** (MAT) gemeinsamer Teiler ② (TEC) Trennscheibe *f*
**divisorio** [divi'zɔ:rio] *m* Trennwand *f*; ~ **di vetro** Trennscheibe *f*
**divisorio, -a** <-i, -ie> *agg* Trenn-, Scheide-; **parete -a** Scheidewand *f*
**divo, -a** ['di:vo] *m, f* Star *m*
**divorare** [divo'ra:re] *vt* ① (*mangiare avidamente, a. fig*) verschlingen; ~ **la strada** Kilometer fressen ② (*fig: distruggere*) fressen, verzehren **divoratore, -trice** [divo-

ra'to:re] *m, f* Vielfraß *m*; ~ **di dolciumi** Schleckermaul *nt fam*; ~ **di libri** Bücherwurm *m*
**divorziare** [divor'tsia:re] *vi* ① (JUR) ~ **da qu** sich von jdm scheiden lassen ② (*fig*) sich trennen **divorzio** [di'vɔrtsio] <-i> *m* ① (JUR) [Ehe]scheidung *f*; **chiedere il** ~ die Scheidung einreichen ② (*fig*) Trennung *f*
**divorzismo** [divor'tsizmo] *m* Befürwortung der Ehescheidung **divorzista** [divor'tsista] <-i *m*, -e *f*> I. *agg* ① (*che riguarda il divorzio*) Scheidungs-, die Scheidung betreffend ② (*favorevole al divorzio*) scheidungsfreundlich, die Scheidung befürwortend II. *mf* (*avvocato*) Scheidungsanwalt *m*, Scheidungsanwältin *f*; (*giudice*) Scheidungsrichter(in) *m(f)*
**divorzistico, -a** [divor'tsistiko] <-ci, -che> *agg* (POL) Scheidungs-
**divulgare** [divul'ga:re] I. *vt* verbreiten, bekannt machen II. *vr* **-rsi** sich verbreiten, bekannt werden **divulgativo, -a** [divulga'ti:vo] *agg* allgemein verständlich, populärwissenschaftlich **divulgatore, -trice** [divulga'to:re] *m, f* Verbreiter(in) *m(f)*; (*di dottrina*) Propagandist(in) *m(f)* **divulgazione** [divulgat'tsio:ne] *f* Verbreitung *f*, Bekanntmachung *f*
**dizionario** [dittsio'na:rio] <-i> *m* Wörterbuch *nt*; ~ **monolingue/bilingue** ein-/ zweisprachiges Wörterbuch; ~ **tecnico** Fachwörterbuch *nt*; **consultare il** ~ im Wörterbuch nachschlagen **dizionarista** [dittsiona'rista] <-i *m*, -e *f*> *mf* Lexikograf(in) *m(f)*, Wörterbuchverfasser(in) *m(f)*
**dizione** [dit'tsio:ne] *f* ① (*modo*) Aussprache *f* ② (*recitazione*) Vortrag *m*, Deklamation *f*
**dl** *abbr di* **decilitro** dl
**D.L.** *abbr di* **Decreto legge** Verordnung mit Gesetzeskraft
**dm** *abbr di* **decimetro** dm
**D.M.** *abbr di* **Decreto Ministeriale** Ministerialerlass
**DNA** *m abbr di* **Deoxyribonucleic acid** (*acido deossiribonucleico*) DNA *f*, DNS *f*
**do**[1] [dɔ] <-> *m* (MUS) c, C *nt*; ~ **maggiore/minore** C-Dur/c-Moll; **chiave di** ~ C-Schlüssel *m*
**do**[2] *1. pers sing pr di* **dare**[1]
**dobbiamo** [dob'bia:mo] *1. pers pl pr di* **dovere**[1]
**DOC** [dɔk] *acro di* **Denominazione di Origine Controllata** QbA (*Qualitätswein aus bestimmten Anbaugebieten*)
**doccia** ['dottʃa] <-cce> *f* ① (*nel bagno*)

docciacrema → dolciario

Dusche *f*; **fare la ~** [sich] duschen; **una ~ fredda** eine kalte Dusche ❷ (*grondaia*) Dachrinne *f* ❸ (MED) Bein-, Armschiene *f*

**docciacrema** [dottʃa'krɛ:ma] *m* Cremedusche *f*

**doccione** [dot'tʃo:ne] *m* [Regen]abflussrohr *nt*; (*di costruzioni antiche*) Wasserspeier *m*

**docente** [do'tʃɛnte] **I.** *agg* Lehr[er]-; **personale ~** Lehrkörper *m* **II.** *mf* Lehrkraft *f*, Lehrer(in) *m(f)*; **~ universitario** Dozent(in) *m(f)*, Hochschullehrer(in) *m(f)*; **libero ~** Privatdozent(in) *m(f)* **docenza** [do'tʃɛntsa] *f* Dozentur *f*; **libera ~** Privatdozentur *f*

**docile** ['dɔ:tʃile] *agg* ❶ (*persone*) gefügig, fügsam ❷ (*animale*) zahm ❸ (*strumento*) handlich; (*materiale*) geschmeidig, weich

**docilità** [dotʃili'ta] <-> *f* ❶ (*sottomissione*) Gefügigkeit *f*, Fügsamkeit *f* ❷ (*di animali*) Zahmheit *f* ❸ (*di strumenti*) Handlichkeit *f*

**docking** ['dɔkiŋ *o* 'dokiŋ] <-> *m* (TEC) Docking *nt*, Docken *nt*

**documentale** [dokumen'ta:le] *agg* urkundlich, dokumentarisch; **prova ~** Urkundenbeweis *m*

**documentare** [dokumen'ta:re] **I.** *vt* dokumentieren; (*comprovare*) beweisen; (*con documenti*) belegen, nachweisen **II.** *vr* **-rsi** [**su qc**] sich [über etw *acc*] informieren

**documentario** [dokumen'ta:rio] <-i> *m* Dokumentarfilm *m*

**documentario, -a** <-i, -ie> *agg* dokumentarisch, Dokumentar-; **materiale ~** Dokumentations-, Belegmaterial *nt* **documentatore, -trice** [dokumenta'to:re] *m, f* Dokumentator(in) *m(f)*

**documentazione** [dokumentat'tsio:ne] *f* ❶ (*raccolta di materiale*) Dokumentation *f* ❷ (*appendice di documenti*) Dokumentations-, Belegmaterial *nt* ❸ (*insieme di documenti*) Unterlagen *fpl*, Akte *f*

**documento** [doku'mento] *m* ❶ (ADM) Dokument *nt*, Papiere *ntpl*; **~ contabile** (COM) Buchungsbeleg *m* ❷ *pl* (*di identità*) Papiere *ntpl*, [Personal]ausweis *m* ❸ (*fig*: *testimonianza storica*) Dokument *nt*, Zeugnis *nt*

**dodecaedro** [dodeka'ɛ:dro] *m* Zwölfflächner *m*

**dodecafonia** [dodekafo'ni:a] *f* Zwölftonmusik *f*

**dodecagono** [dode'ka:gono] *m* Zwölfeck *nt*

**dodecasillabo** [dodeka'sillabo] *m* zwölfsilbiger Vers

**dodecasillabo, -a** *agg* zwölfsilbig

**dodicenne** [dodi'tʃɛnne] **I.** *agg* zwölfjährig **II.** *mf* Zwölfjährige(r) *f(m)* **dodicennio** [dodi'tʃɛnnio] <-i> *m* Zeitraum *m* von zwölf Jahren, zwölf Jahre **dodicesimale** [doditʃezi'ma:le] *agg* (MAT) duodezimal; **calcolo ~** Duodezimalrechnung *f*

**dodicesimo** [dodi'tʃɛ:zimo] *m* (*frazionario*) Zwölftel *nt*, zwölfter Teil

**dodicesimo, -a I.** *agg* zwölfte(r, s) **II.** *m, f* Zwölfte(r, s) *mfnt*; *v. a.* **quinto**

**dodici** ['do:ditʃi] **I.** *num* zwölf **II.** <-> *m* ❶ (*numero*) Zwölf *f*; **essere in ~** zu zwölft sein ❷ (*nelle date*) Zwölfte(r) *m* **III.** *fpl* zwölf Uhr; *v. a.* **cinque**

**doga** ['do:ga] <-ghe-> *f* [Fass]daube *f*

**dogana** [do'ga:na] *f* ❶ (*imposta*) Zoll *m* ❷ (*ufficio*) Zoll *m*, Zollbehörde *f*; **operazioni di ~** Zollabfertigung *f*; **passare la ~** den Zoll passieren ❸ (*impiegati*) Zollbeamte[n] *mpl* **doganale** [doga'na:le] *agg* Zoll- **doganiere** [doga'niɛ:re] *mf* Zollbeamte(r) *m*/-beamtin *f*

**dogaressa** [doga'ressa] *f* (HIST) Frau *f* eines/des Dogen

**doge** ['dɔ:dʒe] *m* Doge *m*

**doglia** ['dɔʎʎa] <-glie-> *f* ❶ (*poet*) Weh *nt* geh, Schmerz *m* ❷ *pl* (*del parto*) [Geburts]wehen *fpl*

**dogma** ['dɔgma] <-i> *m* Dogma *nt* **dogmatica** [dog'ma:tika] *f* Dogmatik *f*

**dogmatico** [dog'ma:tiko] <-ci> *m* Dogmatiker *m*

**dogmatico, -a** <-ci, -che> *agg* dogmatisch

**dogmatismo** [dogma'tizmo] *m* Dogmatismus *m* **dogmatizzare** [dogmatid'dza:re] *vi* dogmatische Ansichten vertreten

**do-it-yourself** ['du:itjɔ:'self] <-> *m* (*fai da te*) Do-it-yourself *nt*

**dolby**® ['dɔlbi] <-> *m* Dolby® *nt*

**dolce** ['doltʃe] **I.** *agg* ❶ (*sapore*) süß; **~ come il miele** honigsüß ❷ (*lieve, tenero*) leicht, sanft ❸ (*delicato, mite*) mild **II.** *m* Süßspeise *f*, Süßigkeit *f*, Kuchen *m*, Dessert *nt*

**dolceamaro, -a** [doltʃea'ma:ro] *agg* bittersüß

**dolcetto** [dol'tʃetto] *m* ❶ (*piccolo dolce*) Gebäck *nt* ❷ (*vino rosso piemontese*) Dolcetto *m*

**dolcezza** [dol'tʃettsa] *f* ❶ (*sapore dolce, a. fig*) Süße *f*; **le -e della vita** die Freuden des Lebens ❷ (*mitezza*) Milde *f* ❸ (*bontà*) Sanftheit *f*, Güte *f*

**dolciario, -a** [dol'tʃa:rio] <-i, -ie> *agg* **industria -a** Süßwarenindustrie *f*

**dolciastro, -a** [dol'tʃastro] *agg* ① (*sapore*) unangenehm süß ② (*fig, pej: persona, maniera*) honigsüß, süßlich

**dolcificante** [doltʃifi'kante] I. *agg* süßend, Süß- II. *m* Süßstoff *m*

**dolcificare** [doltʃifi'ka:re] *vt* ① (*rendere dolce*) süßen ② (*acqua*) enthärten

**dolciume** [dol'tʃu:me] *m* ① (*sapore troppo dolce*) unangenehme Süße ② *pl* (*prodotti*) Süßwaren *fpl*

**dolente** [do'lɛnte] *agg* schmerzend, schmerzhaft; (*fig*) schmerzlich; **sono ~ per quanto è successo** ich bedaure, was geschehen ist

**dolere** [do'le:re] <dolgo, dolsi, doluto> I. *vi essere o avere* schmerzen, weh tun; **mi dolgono i denti** mir tun die Zähne weh; **mi duole di non potervi aiutare** es tut mir leid, euch nicht helfen zu können II. *vr* -**rsi** (*lamentarsi*) sich beklagen; -**rsi con qu di qc** sich bei jdm über etw *acc* beklagen; -**rsi di qc** etw bedauern, über etw *acc* betrübt sein

**dolina** [do'li:na] *f* (GEOL) Doline *f*

**dollaro** ['dɔllaro] *m* Dollar *m*

**dolmen** ['dɔlmen] <-> *m* Dolmen *m*

**dolo** ['dɔlo] *m* (*nel diritto penale*) Vorsatz *m*, Dolus *m;* (*nel diritto privato*) arglistige Täuschung

**dolomite** [dolo'mi:te] *f* Dolomit *m;* **le Dolomiti** (GEOG) die Dolomiten

**dolorante** [dolo'rante] *agg* schmerzend, schmerzhaft

**dolorare** [dolo'ra:re] *vi* (*poet*) leiden, Schmerzen erleiden

**dolore** [do'lo:re] *m* ① (MED) Schmerz *m*, Weh *nt;* ~ **di testa** Kopfschmerzen *mpl*, Kopfweh *nt;* ~ **alla schiena** Rückenschmerzen *mpl* ② (*fig: afflizione*) Kummer *m*, Leid *nt;* **con mio grande ~** zu meinem großen Leidwesen; **atto di ~** Bußgebet *nt* **dolorifico, -a** [dolo'ri:fiko] <-ci, -che> *agg* Schmerz- **doloroso, -a** [dolo'ro:so] *agg* ① (MED) schmerzhaft ② (*afflitto*) schmerzlich, traurig

**dolosità** [dolosi'ta] <-> *f* vorsätzliches Verhalten

**doloso, -a** [do'lo:so] *agg* (JUR) vorsätzlich

**dolsi** ['dɔlsi] *1. pers sing pass rem di* **dolere**

**doluto** [do'lu:to] *pp di* **dolere**

**domabile** [do'ma:bile] *agg* zähmbar; (*fig*) bezähmbar

**domanda** [do'manda] *f* ① (*interrogazione, quesito*) Frage *f;* **fare una ~** eine Frage stellen; **punto di ~** Fragezeichen *nt* ② (*richiesta*) Anfrage *f*, Antrag *m;* (ADM) Antrag *m*, Gesuch *nt*, Ansuchen *nt* A; (*di lavoro*) Bewerbung *f;* ~ **di matrimonio** Heiratsantrag *m* ③ (COM) Nachfrage *f*

**domandare** [doman'da:re] I. *vt* ① (*per sapere qc*) fragen [nach]; ~ **qc a qu** jdn etw fragen; ~ **un consiglio a qu** jdn um Rat fragen; ~ **notizie di qu** Auskunft über jdn erbitten; ~ **il prezzo** nach dem Preis fragen ② (*per ottenere qc*) bitten; ~ **un favore a qu** jdn um einen Gefallen bitten; ~ **la parola** um das Wort bitten; ~ **scusa** um Entschuldigung bitten II. *vr* -**rsi** sich fragen

**domani** [do'ma:ni] I. *avv* morgen; ~ **mattina** morgen früh; ~ **pomeriggio** morgen Nachmittag; **a ~!** bis morgen! II.<-> *m* ① (*giorno seguente*) darauffolgender Tag ② (*fig*) Morgen *nt*, Zukunft *f*

**domare** [do'ma:re] *vt* ① (*animali*) zähmen, bändigen ② (*fig*) bändigen; (*passioni*) bezähmen; (*popolo*) unterwerfen; (*rivolta*) niederwerfen **domatore, -trice** [doma'to:re] *m, f* ① (*di cavalli*) Zureiter(in) *m(f)* ② (*di belve*) Tierbändiger(in) *m(f)*, Dompteur *m*, Dompteuse *f*

**domattina** [domat'ti:na] *avv* morgen früh

**domatura** [doma'tu:ra] *f* Zähmung *f*, Bändigung *f*

**domenica** [do'me:nika] <-che> *f* Sonntag *m;* **la** [*o* **di**] ~ sonntags; **l'ho visto ~** ich habe ihn am Sonntag gesehen; ~ **scorsa/prossima** [am] letzten/[am] nächsten Sonntag; **tutta la ~** den ganzen Sonntag [über]; **ogni ~, tutte le -che** jeden Sonntag; **una ~ sì, una ~ no** jeden zweiten Sonntag; **una ~** eines Sonntags, an einem Sonntag; ~ **a otto** Sonntag in acht Tagen; ~ **mattina/pomeriggio/sera** [am] Sonntagmorgen/-nachmittag/-abend; **di ~ mattina/pomeriggio/sera** sonntagmorgens/-nachmittags/-abends; **oggi è ~ due maggio** heute ist Sonntag, der zweite Mai

**domenicale** [domeni'ka:le] *agg* Sonntags-, sonntäglich

**domestica** *f v.* **domestico**

**domesticità** [domestitʃi'ta] <-> *f* Domestikation *f*, Domestizierung *f*

**domestico, -a** [do'mɛstiko] <-ci, -che> I. *agg* Haus-, häuslich; (*animale*) Haus-; (*pianta*) Kultur-; **lavori -ci** Hausarbeit *f;* **per uso ~** für den Hausgebrauch II. *m, f* Hausangestellte(r) *f(m)*, Hausdiener *m*, Dienstmädchen *nt*

**domiciliare** [domitʃi'lia:re] *agg* Haus-; **arresti -i** Hausarrest *m;* **perquisizione ~** Haus[durch]suchung *f* **domiciliato, -a** [domitʃi'lia:to] *agg* ① (ADM) wohnhaft

❷ (COM) **cambiale -a** Domizilwechsel *m* **domicilio** [domi'tʃi:lio] <-i> *m* Wohnung *f*, Wohnsitz *m*, Domizil *nt;* **consegna a ~** Lieferung frei Haus; **lavoro a ~** Heimarbeit *f;* **violazione di ~** Hausfriedensbruch *m*
**dominante** [domi'nante] *agg* vorherrschend, dominierend
**dominare** [domi'na:re] I. *vi* ❶ *(essere padrone assoluto)* herrschen ❷ *(fig: primeggiare)* **~ su qu** jdm überlegen sein ❸ *(fig: prevalere)* [vor]herrschen, dominieren II. *vt* (*a. fig*) beherrschen III. *vr* **-rsi** sich beherrschen **dominatore, -trice** [domina'to:re] *m, f* [Be]herrscher(in) *m(f)* **dominazione** [dominat'tsio:ne] *f* Herrschaft *f*
**dominicale** [domini'ka:le] *agg* **reddito ~** (JUR) Pachteinkünfte *pl*
**dominio** [do'mi:nio] <-i> *m* ❶ *(padronanza)* Herrschaft *f;* **avere il ~ di qc** die Herrschaft über etw *acc* ausüben ❷ *(controllo)* Beherrschung *f;* **~ di sé** Selbstbeherrschung *f* ❸ (JUR: *proprietà*) Eigentum *nt*, Besitz *m;* **beni di ~ pubblico** Allgemeingut *nt* ❹ *(territorio)* Herrschaftsgebiet *nt*
**domino** ['dɔ:mino] <-> *m* ❶ *(costume)* Domino *m* ❷ *(persona mascherata)* Domino *m* ❸ *(gioco)* Domino[spiel] *nt*
**domma** ['dɔmma] *m v.* **dogma**
**donare** [do'na:re] I. *vt* ❶ *(regalare)* verschenken, geben ❷ *(fig)* hingeben ❸ *(sangue, organi)* spenden II. *vi* *(fig)* stehen, schmeicheln III. *vr* **-rsi** sich hingeben, sich [ganz] widmen **donatario, -a** [dona'ta:rio] <-i, -ie> *m, f* (JUR) Beschenkte(r) *f(m)* **donativo** [dona'ti:vo] *m* (*poet*) Gabe *f*, Belohnung *f* **donatore, -trice** [dona'to:re] *m, f* Spender(in) *m(f)* **donazione** [donat'tsio:ne] *f* Spende *f*, Geschenk *nt;* (JUR) Schenkung *f*
**donchisciotte** [donkiʃ'ʃɔtte] <-> *m* Don Quichotte *m*
**donde** ['donde] *avv* ❶ *(da dove)* woher, von wo ❷ *(da che)* woraus
**dondolamento** [dondola'mento] *m* Schaukeln *nt* **dondolare** [dondo'la:re] I. *vt* schaukeln II. *vr* **-rsi** ❶ *(muoversi oscillando)* schaukeln ❷ *(fig: oziare)* herumtrödeln *fam* **dondolio** [dondo'li:o] <-ii> *m* Schaukeln *nt* **dondolo** ['dondolo] *m* Hollywoodschaukel *f;* **a ~** Schaukel-; **cavallo a ~** Schaukelpferd *nt;* **sedia a ~** Schaukelstuhl *m* **dondoloni** [dondo'lo:ni] *avv* schaukelnd; **camminare ~** *(fig)* herumbummeln

**dongiovanni** [dondʒo'vanni] <-> *m* Don Juan *m*, Frauenheld *m*
**donna** ['dɔnna] *f* ❶ *(gener)* Frau *f;* **~ di casa** Hausfrau *f;* **~ di mondo** Dame *f* von Welt; **~ di strada** Strichmädchen *nt;* **~ di vita** Lebedame *f;* **bicicletta da ~** Damen[fahr]rad *nt* ❷ *(in carte da gioco)* Dame *f* ❸ *(domestica)* Hausangestellte *f*, Putzhilfe *f fam;* **~ di servizio** Haushaltshilfe *f* **donnaccia** [don'nattʃa] <-cce> *f* (*pej*) [liederliches] Weibsstück *nt* **donnaiolo** [donna'iɔ:lo] *m* Schürzenjäger *m fam*, Frauenheld *m* **donnesco, -a** [don'nesko] <-schi, -sche> *agg* Frauen-; **lavori -schi** Frauenarbeit *f* **donnicciola** [donnit'tʃɔ:la] *f* ❶ *(donna pettegola)* Waschweib *nt fam*, Klatschbase *f fam* ❷ *(pej: uomo pauroso)* Weichling *m*, Waschlappen *m fam* **donnina** [don'ni:na] *f* kleine Frau; **non è più una bambina, è già una ~** sie ist kein Kind mehr, sondern schon eine junge Frau; **~ allegra** leichtes Mädchen
**donnola** ['dɔnnola] *f* Wiesel *nt*
**dono** ['do:no] *m* ❶ *(regalo)* Geschenk *nt;* **in ~** zum Geschenk ❷ *(fig: dote)* Gabe *f*, Begabung *f;* **~ di natura** Naturbegabung *f*
**donzella** [don'dzɛlla] *f* (*poet*) Maid *f*
**doomwriter** ['du:m'raita *o* 'dum'raiter] <-> *m* (LIT) Apokalyptiker *m*, pessimistischer Schriftsteller *m* [*o* Journalist *m*]
**doomwriting** ['du:m'raitiŋ *o* 'dum'raitin(g)] <-> *m* (LIT) pessimistischer Journalismus, Schwarzmalerei *f*
**dopaggio** [do'paddʒo] <-ggi> *m* Dopingwirkung *f*
**dopante** [do'pante] *agg* Doping-; **sostanza ~** Dopingmittel *nt* **dopato, -a** [do'pa:to] *agg* gedopt; **atleta ~** gedopter Athlet **doping** ['doupiŋ *o* 'dɔpin(g)] <-> *m* Doping *nt*
**dopo** ['do:po] I. *avv* ❶ *(tempo)* nachher, danach; **poco ~** kurz danach; **a ~** bis später, bis dann *fam;* **~ di che** darauf[hin] ❷ *(luogo)* danach II. *prp* ❶ *(tempo)* nach +*dat*; **due anni ~** nach zwei Jahren ❷ *(luogo)* hinter +*dat* III. *cong* nachdem IV. <inv> *agg* [darauf]folgend, nächste(r, s); **il giorno ~** am nächsten Tag **dopobarba** [dopo'barba] <-> *m* Rasierwasser *nt*, Aftershave *nt* **dopoborsa** [dopo'borsa] <-> *m* Nachbörse *f* **dopocena** [dopo'tʃe:na] <-> *m* Zeit *f* nach dem Abendessen; *(trattenimento)* Empfang *m* nach dem Abendessen **dopodiché**, **dopo di che**

[dopodi'ke, 'do:po di 'ke] *avv* darauf, schließlich
**dopodomani** [dopodo'ma:ni] *avv* übermorgen
**dopofestival** [dopo'festival] <-> *m* Schlussveranstaltung *f* (*Veranstaltung, die nach einem Festival stattfindet, mit Interviews, Kommentaren etc*); **le rivelazioni del ~** die Enthüllungen der Schlussveranstaltung
**dopoguerra** [dopo'guɛrra] <-> *m* Nachkriegszeit *f*, Nachkriegsjahre *ntpl*; **storia del ~** Nachkriegsgeschichte *f*
**dopolavoro** [dopola'vo:ro] <-> *m* öffentliche Einrichtung für die Freizeitgestaltung des Arbeitnehmers
**dopopranzo** [dopo'prandzo] I. <-> *m* [früher] Nachmittag *m* II. *avv* am [frühen] Nachmittag, nachmittags
**doposci** [dopoʃʃi] *m* Après-Ski-Kleidung *f*, Après-Ski *nt*
**doposcuola** [dopos'kuɔ:la] <-> *m* Kinderhort *m*, nachmittägliche Kinderbetreuung
**dopoteatro** [dopote'a:tro] <-> *m* Ausklang *m* des Theaterabends
**dopotutto, dopo tutto** [dopo'tutto, 'do:po 'tutto] *avv* schließlich, letzten Endes
**dopovoto** [dopo'vo:to] <-> *m* Zeitraum *m* nach den Wahlen; **le reazioni del ~** die Reaktionen nach den Wahlen
**doppiaggio** [dop'pjaddʒo] <-ggi> *m* (FILM) Synchronisation *f*, Synchronisierung *f* **doppiare** [dop'pja:re] *vt* ❶ (NAUT) umschiffen ❷ (SPORT) überrunden ❸ (FILM) synchronisieren **doppiatore, -trice** [doppja'to:re] *m, f* Synchronsprecher(in) *m(f)*
**doppietta** [dop'pjetta] *f* ❶ (*fucile*) Doppelflinte *f*, -büchse *f* ❷ (SPORT: *nel pugilato*) Dublette *f*; (*nel calcio*) doppelter Treffer; (*due vittorie*) Doppelerfolg *m* ❸ (MOT) **fare la ~** mit Zwischengas schalten
**doppiezza** [dop'pjettsa] *f* Doppelzüngigkeit *f*, Falschheit *f*
**doppifondi** *pl* di **doppiofondo**
**doppio** ['doppio] *m* ❶ (*di quantità, numero, misura*) Doppelte(s) *nt* ❷ (SPORT) Doppel *nt*; **~ femminile/maschile** Damen-/Herrendoppel; **~ misto** gemischtes Doppel
**doppio, -a** <-i, -ie> I. *agg* ❶ (*gener*) doppelt, doppel-, Doppel-; **filo ~** Zwirn *m*; **chiudere a -a mandata** den Schlüssel zweimal umdrehen ❷ (*fig*) zweideutig; (*ipocrita*) doppelzüngig; **fare il ~ gioco** ein doppeltes Spiel spielen II. *avv* doppelt,

zweifach; **vederci ~** doppelt sehen *fam;* **in ~** in doppelter Ausfertigung
**doppiofallo** [doppio'fallo] <doppifalli> *m* (SPORT) ❶ (*tennis*) Doppelfehler *m* ❷ (*basket, pallavolo*) Doppelfehler *m*
**doppiofondo** [doppio'fondo] <doppifondi> *m* doppelter Boden; (NAUT) Doppelboden *m*
**doppione** [dop'pjo:ne] *m* Duplikat *nt*
**doppiopetto** [doppio'pɛtto] <-> *m* Zweireiher *m*, Doppelreiher *m*
**doppiovetro** [doppio've:tro] <doppivetri> *m* (*fam: vetrocamera*) Doppelfenster *nt*
**doppista** [dop'pista] <-i *m*, -e *f*> *mf* (SPORT) [Tennis]doppelspieler(in) *m(f)*
**dorare** [do'ra:re] *vt* ❶ (*con oro*) vergolden ❷ (GASTR) goldbraun backen ❸ (*fig*) **~ la pillola** die [*o* eine] bittere Pille versüßen
**dorato, -a** [do'ra:to] *agg* ❶ (*rivestito d'oro*) vergoldet, Gold- ❷ (*fig*) golden ❸ (GASTR) goldbraun gebacken **doratore, -trice** [dora'to:re] *m, f* Vergolder(in) *m(f)*
**doratura** [dora'tu:ra] *f* ❶ (*rivestimento*) Vergoldung *f* ❷ (*ornamento*) goldene Verzierung
**doriano, -a** [do'rja:no] I. *agg* den Fußballclub Sampdoria in Genua betreffend II. *m, f* Spieler *m*/Fan *m* des Fußballclubs Sampdoria
**dorico, -a** ['dɔ:riko] <-ci, -che> *agg* (KUNST) dorisch
**dormicchiare** [dormik'kja:re] *vi* nicken, dösen *fam*
**dormiglione, -a** [dormiʎ'ʎo:ne] *m, f* Langschläfer(in) *m(f)*, Schlafmütze *f fam*
**dormire** [dor'mi:re] I. *vi* ❶ (*gener*) schlafen; **~ come un ghiro** wie ein Murmeltier schlafen; **dormirci sopra** etw überschlafen ❷ (*fig*) ruhen; **qui dorme in pace ...** (*su sepolcri*) hier ruht [in Frieden] ...; **~ sugli allori** sich auf seinen Lorbeeren ausruhen *fam* II. *vt* schlafen; **~ sonni tranquilli** einen ruhigen Schlaf haben; **~ il sonno del giusto** den Schlaf des Gerechten schlafen **dormita** [dor'mi:ta] *f* langer, tiefer Schlaf **dormitina** [dormi'ti:na] *f* Schläfchen *nt* **dormitorio** [dormi'tɔ:rio] <-i> *m* ❶ (*stanzone*) Schlafsaal *m*; **~ pubblico** Nachtasyl *nt* ❷ (*città*) Schlafstadt *f*
**dormiveglia** [dormi'veʎʎa] <-> *m* Dämmerzustand *m*, Halbschlaf *m*
**dorsale** [dor'sa:le] I. *agg* (MED) Rücken-, dorsal; **spina ~** Rückgrat *nt*, Wirbelsäule *f* II. *m* ❶ (*di letto*) Kopfende *nt* ❷ (*di poltrona*) Rück[en]lehne *f* III. *f* (*Berg*)rücken *m*; (*catena*) Bergkette *f*

**dorsista** [dor'sista] <-i *m*, -e *f*> *mf* (SPORT) Rückenschwimmer(in) *m(f)*
**dorso** ['dɔrso] *m* ❶ (*schiena*) Rücken *m*; **a ~ nudo** mit nacktem Oberkörper ❷ (*faccia esterna*) Rücken *m*; **~ della mano** Handrücken *m* ❸ (SPORT) Rückenschwimmen *nt*
**dosacaffè** [dosakaf'fe] <-> *m* Kaffeedosierer *m*
**dosaggio** [do'zaddʒo] <-ggi> *m* Dosierung *f* **dosare** [do'zaːre] *vt* ❶ (*misurare*) dosieren ❷ (*fig*) dosieren, bemessen
**dosaspaghetti** [dosaspa'getti] <-> *m* Spaghettimessbehälter *m*
**dosatura** [doza'tuːra] *f* Dosierung *f*
**dosazucchero** [dosa'tsukkero] <-> *m* Zuckerstreuer *m*
**dose** ['dɔːze] *f* ❶ (*quantità*) Menge *f*, Ration *f*, Quantum *nt*; **una buona ~ di legnate** eine gehörige Tracht Prügel ❷ (MED) Dosis *f* ❸ (*fig, scherz*) Portion *f fam*; **rincarare la ~** noch einen draufsetzen
**dossier** [do'sje] <-> *m* Dossier *nt*
**dosso** ['dɔsso] *m* ❶ (*dorso*) Rücken *m*; **levarsi i vestiti di ~** sich ausziehen ❷ (~ *stradale*) Unebenheit *f*, Kuppe *f*
**dossometria** [dossome'triːa] <-ie> *f* (SOC) Doxometrie *f*
**dostowskiano, -a** [dostovs'kiaːno] *agg* (*dostoevskiano*) dostojewskisch; **l'opera -a** das dostojewskische Werk
**dotale** [do'taːle] *agg* Mitgift-; **beni -i** Mitgift *f*, Aussteuer *f*
**dotare** [do'taːre] *vt* ❶ (*dare la dote*) als Mitgift geben; **~ qu di qc** jdm etw als Mitgift geben ❷ (*corredare*) ausstatten; **~ qc di qc** etw mit etw ausstatten **dotato, -a** [do'taːto] *agg* ❶ (*di talento*) begabt, intelligent; **molto ~** hochbegabt ❷ (*provvisto*) versehen, ausgestattet; **essere ~ di qc** mit etw ausgestattet sein **dotazione** [dotat'tsioːne] *f* ❶ (*rendita*) Zuwendung *f* ❷ (*mezzi e materiali*) Ausstattung *f*, Ausrüstung *f*
**dotcom** [dɔt'cɔːm] *f* (*sl*) Dotcom *f*
**dote** ['dɔːte] *f* ❶ (*della sposa*) Mitgift *f*, Aussteuer *f*; **cacciatore di ~** Mitgiftjäger *m*; **portare in ~** in die Ehe mitbringen; **sposare la ~** (*fam*) Geld heiraten ❷ (*fig: pregio*) Mitgift *f*, Gabe *f*
**Dott.** *abbr di* **Dottore** ≈ Dipl., M.A. (*akademischer Grad, der nach einem mit einer Prüfung abgeschlossem Studium erworben wird*)
**dotto, -a** ['dɔtto] I. *agg* [sehr] gebildet, gelehrt II. *m*, *f* Gelehrte(r) *f(m)*, Wissenschaftler(in) *m(f)* **dottorale** [dotto'raːle] *agg* ❶ (*di, da dottore*) Doktor- ❷ (*iron, pej*) besserwisserisch, neunmalklug
**dottorato** [dotto'raːto] *m* Doktorwürde *f*, Promotion *f*; **fare il ~ di ricerca** promovieren **dottore, -essa** [dot'toːre, dotto'ressa] *m, f* ❶ (*laureato*) Doktor *m*; (*con diploma*) Diplominhaber(in) *m(f)*, Magister *m*/Magistra *f A*; **~ in legge/medicina** Doktor der Rechte/der Medizin ❷ (*fam: medico*) Doktor(in) *m(f)*
**dottrina** [dot'triːna] *f* ❶ (*cognizioni*) Wissen *nt*, Bildung *f* ❷ (*principi teorici*) Lehre *f*, Theorie *f* ❸ (REL: *principi di fede cristiana*) Glaubenslehre *f*; (*catechismo*) Katechismus *m* ❹ (JUR) Rechtslehre *f*, Rechtstheorie *f* **dottrinario** [dottri'naːrio] <-i> *m* Doktrinär *m*
**Dott.ssa** *abbr di* **Dottoressa** ≈ Dipl., M.A. (*akademischer Grad, der nach einem mit einer Prüfung abgeschlossem Studium erworben wird*)
**double event** ['dʌbl i'vent] <-> *m* Double event *m o nt*
**double-face** [duble'faːs] *agg* **giacca ~** Wendejacke *f*
**dove** ['doːve] I. *avv* ❶ (*stato*) wo ❷ (*moto*) wohin; **da** [*o* **di**] **~** woher; **~ vai?** wohin gehst du? II. *cong* ❶ +*conj* (*nel caso che*) falls, wenn ❷ (*mentre*) während III. *m* Wo *nt*; **per ogni ~** (*stato*) überall; (*moto*) überallhin
**dovere**[1] [do'veːre] <devo *o* debbo, dovei *o* dovetti, dovuto> I. *vi* müssen, sollen; **sono dovuto andare** ich musste gehen; **ho dovuto mangiare** ich musste essen; **come si deve** wie es sich gehört; **deve essere successo qc** es muss etw passiert sein; **strano, dovrebbe già nevicare** seltsam, es müsste [eigentlich] schon schneien II. *vt* (*essere debitore*) schulden; (a. *fig*) verdanken; **come dovevasi dimostrare** was zu beweisen war
**dovere**[2] *m* Pflicht *f*; **~ coniugale** eheliche Pflichten *fpl*; **farsi un ~ di qc** sich *dat* etw zur Pflicht machen; **sentirsi in ~ di …** sich verpflichtet fühlen zu …; **a ~** pflichtgemäß; (*come si deve*) wie es sich gehört
**doveroso, -a** [dove'roːso] *agg* geboten, gebührend
**dovizia** [do'vittsia] <-ie> *f* (*poet*) ❶ (*abbondanza*) Fülle *f* ❷ (*ricchezza*) unermesslicher Reichtum *m*
**dovunque** [do'vuŋkue] *cong* +*conj* ❶ (*stato*) wo [auch] immer; (*moto*) wohin [auch] immer ❷ (*dappertutto: stato*) überall; (*moto*) überallhin

**dovuto** [do'vu:to] *m* Schuld *f*, Verpflichtungen *fpl*

**dovuto, -a** *agg* ❶ (*necessario*) gebührend, geboten ❷ (*causato*) ~ **a** verursacht durch [*o* von]

**download** ['daunləud] (INFORM) I. *vt* (*scaricare*) downloaden, herunterladen II. *m* Download *m*, Herunterladen *nt*

**dozzina** [dod'dzi:na] *f* Dutzend *nt;* **una** ~ [**di** ...] [etwa] zwölf [...], ein Dutzend [...]; **a -e** in [*o* zu] Dutzenden, dutzendweise; **roba di** [*o* **da**] ~ (*pej*) Dutzendware *f*

**dozzinale** [doddzi'na:le] *agg* (*pej*) gewöhnlich, alltäglich; **prodotti -i** Billigwaren *fpl*

**D.P.** *abbr di* **Decreto Presidenziale** *Präsidialerlass*

**D.P.C.** *abbr di* **Decreto del Presidente del Consiglio** *Ermächtigungsgesetz des Ministerpräsidenten*

**D.P.R.** *abbr di* **Decreto del Presidente della Repubblica** *abbr di* **D.P.**

**Dr.** *abbr di* **Dottore, Dottoressa** ≈ Dipl., M.A. (*akademischer Grad, der nach einem mit einer Prüfung abgeschlossem Studium erworben wird*)

**dracma** ['drakma] *f* Drachme *f*

**draconiano, -a** [drako'nia:no] *agg* drakonisch; (*severo*) streng

**drafting** ['dra:ftiŋ] <-> *m* (JUR) Gesetzesentwurf *m*, Regierungsvorlage *f*

**draga** ['dra:ga] <-ghe> *f* [Schwimm]bagger *m*

**dragaggio** [dra'gaddʒo] <-ggi> *m* Ausbaggerung *f*

**dragamine** [draga'mi:ne] <-> *m* Minensuchboot *nt*

**dragare** [dra'ga:re] *vt* ❶ (*scavare sottacqua*) ausbaggern ❷ (*mine*) räumen

**dragata** [dra'ga:ta] *f* Ausbaggerung *f* [des Meeresgrundes]

**drago** ['dra:go] <-ghi> *m* Drache *m*

**dragona** [dra'go:na] *f* (MIL) Portepee *nt*

**dragone** [dra'go:ne] *m* ❶ (MIL) Dragoner *m* ❷ (*mostro*) [großer] Drache *m*

**dragster** ['drægstə] <-> *m* (MOT) Dragster *m*

**dramma** ['dramma] <-i> *m* ❶ (THEAT) Drama *nt*, Schauspiel *nt;* ~ **pastorale** Schäferspiel *nt*, Hirtenspiel *nt* ❷ (*fig*) Drama *nt;* (*esagerazione*) Theater *nt*

**drammatica** [dram'ma:tika] <-che> *f* Dramatik *f*, dramatische Kunst **drammaticità** [drammatitʃi'ta] <-> *f* Dramatik *f* **drammatico, -a** [dram'ma:tiko] <-ci, -che> *agg* dramatisch; **attore** ~ (THEAT) Theaterschauspieler *m;* **una situazione -a** eine dramatische Situation

**drammatizzare** [drammatid'dza:re] *vt* ❶ (*ridurre in forma di dramma*) für die Bühne bearbeiten ❷ (*fig: esagerare*) dramatisieren

**drammaturga** *f v.* **drammaturgo**

**drammaturgia** [drammatur'dʒi:a] <-gie> *f* dramatische Dichtkunst, Abhandlung *f* zur dramatischen Dichtkunst **drammaturgico, -a** [dramma'turdʒiko] <-ci, -che> *agg* dramatisch, die dramatische Dichtkunst betreffend **drammaturgo, -a** [dramma'turgo] <-ghi, -ghe> *m, f* Dramatiker(in) *m(f)*, Bühnendichter(in) *m(f)*

**drappeggiare** [drapped'dʒa:re] I. *vt* drapieren; (*avvolgere*) einhüllen II. *vr* **-rsi** sich [ein]hüllen; **-rsi in qc** sich in etw *acc* hüllen **drappeggio** [dra'peddʒo] <-ggi> *m* Drapierung *f*

**drappella** [drap'pɛlla] *f* Fanfarenflagge *f*

**drappello** [drap'pɛllo] *m* Schar *f*, Trupp *m*

**drapperia** [drappe'ri:a] <-ie> *f* ❶ (*assortimento*) Stoffsortiment *nt* ❷ (*magazzino*) Tuchfabrik *f*

**drappo** ['drappo] *m* Tuch *nt*

**drastico, -a** ['drastiko] <-ci, -che> *agg* drastisch

**drawback** ['drɔ:bæk] <-> *m* Drawback *nt*, Zollrückvergütung *f*

**drenaggio** [dre'naddʒo] <-ggi> *m* ❶ (*sistema per lo scolo delle acque*) Entwässerungsanlage *f*, Drainage *f* ❷ (*bonifica*) Dränung *f*, Dränierung *f* ❸ (MED) Drainage *f* **drenare** [dre'na:re] *vt* drainieren

**Dresda** ['drɛzda] *f* Dresden *nt*

**driade** ['dri:ade] *f* Dryade *f*, Waldnymphe *f*

**dribblare** [drib'bla:re] *vi* dribbeln

**drindrin, drin drin** [drin'drin] I. <-> *m* Klingeln *nt* II. *int* kling[e]ling

**drink** [driŋk *o* drink] <-> *m* Drink *m*

**dritto, -a** ['dritto] I. *m, f* (*fam*) Schlauberger *m*, Schlaukopf *m* II. *agg v.* **diritto, -a**

**drive** ['draiv] <-> *m* (INFORM) Laufwerk *nt*

**drive-in** ['draivin] I. <inv> *agg* Drive-in-, Auto-; **cinema** ~ Autokino *nt;* **ristorante** ~ Drive-in-Restaurant *nt* II. <-> *m* Autokino *nt*

**drizzare** [drit'tsa:re] I. *vt* ❶ (*raddrizzare*) gerade machen; ~ **le orecchie** die Ohren spitzen ❷ (*innalzare*) aufrichten ❸ (*dirigere*) ~ **verso qc** jdn auf etw *acc* hinlenken II. *vr* **-rsi** sich aufrichten

**droga** ['drɔ:ga] <-ghe> *f* ❶ (*sostanza aromatica*) Gewürz *nt* ❷ (MED) Arzneimittel *nt*, Droge *f* ❸ (*stupefacente*) Rauschgift *nt*, Droge *f;* **-ghe leggere/pesanti**

weiche/harte Drogen **drogaggio** [dro'gaddʒo] *m* Doping *nt* **drogare** [dro'ga:re] **I.** *vt* ❶ (GASTR) würzen ❷ (somministrare droghe a qu) unter Drogen setzen, Rauschgift geben; (SPORT) dopen; ~ qu jdm Rauschgift geben **II.** *vr* **-rsi** (prendere la droga) Rauschgift nehmen; (SPORT) dopen, Dopingmittel nehmen **drogato, -a** [dro'ga:to] *m, f* Drogenabhängige(r) *f(m)*, Rauschgiftsüchtige(r) *f(m)*

**drogheria** [droge'ri:a] <-ie> *f* Kolonialwarengeschäft *nt*, Drogerie *f* **droghiere, -a** [dro'giɛ:re] *m, f* Kolonialwarenhändler(in) *m(f)*, Drogist(in) *m(f)*

**dromedario** [drome'da:rio] <-i> *m* Dromedar *nt*

**drop-out** ['drɔpaut] <-> *mf* (a INFORM) Drop-out *m*

**drudo, -a** ['dru:do] *m, f* (poet) Buhle *mf* poet

**DS** *m abbr di* **Democratici di Sinistra** linke demokratische Partei Italiens

**duale** [du'a:le] *m* Dual[is] *m* **dualismo** [dua'lizmo] *m* Dualismus *m* **dualità** [duali'ta] <-> *f* Dualität *f*, Zweiheit *f*

**dubbio** ['dubbio] *m* Zweifel *m*; (sospetto) Verdacht *m*; **avere un ~ su qc** an etw *dat* Zweifel haben; **avere dei -i su qu** an jdm zweifeln; **essere in ~ su qc** über etw *acc* im Zweifel sein; **senza ~** zweifellos, ohne Zweifel; **mi sorge un ~** mir kommen Zweifel; **in caso di ~** im Zweifelsfalle

**dubbio, -a** <-i, -ie> *agg* zweifelhaft, fragwürdig, bedenklich

**dubbiosità** [dubbiosi'ta] <-> *f* Ungewissheit *f* **dubbioso, -a** [dub'bio:so] *agg* ❶ (che è in dubbio) zweifelnd, unsicher ❷ (che dà motivo di dubbio) zweifelhaft, dubios

**dubitare** [dubi'ta:re] *vi* ❶ (esitare) zweifeln; ~ **di qu/qc** an jdm/etw zweifeln; ❷ (ritenere poco probabile) bezweifeln; ~ **di qc** etw bezweifeln; **dubito assai che tu venga** ich bezweifle sehr, dass du kommst ❸ (temere) befürchten; **dubito che la malattia sia ben più grave** ich befürchte, dass die Krankheit wesentlich schlimmer ist **dubitativo, -a** [dubita'ti:vo] *agg* unbestimmt, zweifelnd

**Dublino** [du'bli:no] *f* Dublin *nt*

**duca** ['du:ka] <-chi> *m* Herzog *m* **ducale** [du'ka:le] *agg* herzoglich, Herzogs-

**ducato** [du'ka:to] *m* ❶ (POL) Herzogtum *nt* ❷ (moneta d'oro) Dukaten *m*

**duce** ['du:tʃe] <-ci> *m* Führer *m*; **il Duce** (Benito Mussolini) der Duce

**ducetto** [du'tʃetto] *m* Kaiser *m*, Zar *m*

**duchessa** [du'kessa] *f* Herzogin *f* **duchessina** [dukes'si:na] *f* Herzogstochter *f* **duchino** [du'ki:no] *m* Herzogssohn *m*

**due** ['du:e] **I.** *num* zwei; (fig fam) ein paar; **non poter dividersi in ~** (fig) sich nicht zweiteilen können; **fare ~ passi** (fam) ein paar Schritte gehen; **scambiare ~ chiacchiere** (fam) einen [kleinen] Schwatz halten; **a ~ a ~** zu zweien [nebeneinander], paarweise; **su ~ piedi** aus dem Stand **II.** <-> *m* ❶ (numero) Zwei *f*; **lavorare/mangiare per ~** für zwei arbeiten/essen ❷ (nelle date) Zweite(r) *m* ❸ (voto scolastico) ≈ mangelhaft, ungenügend ❹ (SPORT: nel canottaggio) ~ **con/senza** Zweier *m* mit/ohne **III.** *fpl* zwei Uhr; *v. a.* **cinque**

**duecentesco, -a** [duetʃen'tesko] <-schi, -sche> *agg* das dreizehnte Jahrhundert betreffend **duecentista** [duetʃen'tista] <-i *m*, -e *f*> *mf* ❶ (nell'arte) Künstler(in) *m(f)* des Duecento ❷ (SPORT) Zweihundertmeterläufer(in) *m(f)* **duecentistico, -a** [duetʃen'tistiko] <-ci, -che> *agg* das Duecento betreffend **duecento** [due'tʃɛnto] **I.** *num* zweihundert **II.** <-> *m* Zweihundert *f*; **il Duecento** das dreizehnte Jahrhundert; (nell'arte e nella letteratura italiana) das Duecento

**duellante** [duel'lante] *m* Duellant *m*

**duellare** [duel'la:re] *vi* ~ **con qu** sich mit jdm duellieren **duello** [du'ɛllo] *m* ❶ (HIST) Duell *nt*; **battersi a ~** ein Duell austragen; **sfidare a ~** zum Duell [heraus]fordern ❷ (SPORT) Zweikampf *m*, Duell *nt*

**duemila** [due'mi:la] **I.** *num* zweitausend **II.** <-> *m* Zweitausend *f*; **il ~** das Jahr 2000

**duepezzi, due pezzi** [due'pɛttsi, 'du:e'pɛttsi] <-> *m* (giacca e gonna) Kostüm *nt*, Zweiteiler *m*; (costume da bagno) Zweiteiler *m fam*, Bikini *m*

**duetto** [du'etto] *m* ❶ (MUS) Duett *nt* ❷ (scherz) Duo *nt*

**dulcamara** [dulka'ma:ra] <-> *m* (BOT) Quacksalber *m*

**dulia** [du'li:a] <-ie> *f* (REL) Heiligenverehrung *f*

**dumper** ['dʌmpər *o* 'damper] <-> *m* (MOT) Dumper *m*, Kipper *m*, Kippkarren *m*, Kippwagen *m* [für Erdtransport]

**dumping** ['dʌmpiŋ *o* 'dampin(g)] <-> *m* (COM) Dumping *nt*, Preisunterbietung *f*

**duna** ['du:na] *f* Düne *f*

**dune buggy** ['dju:n 'bʌgi] <-> *m o f* (MOT) Dünenfahrzeug *nt*, Dünenbuggy *m* (kleiner, offener Geländewagen)

**dunque** ['duŋkue] **I.** *cong* ❶ (perciò) folglich, also ❷ (*allora*) also ❸ (*esortativo*) nun, also **II.** *m* **essere al ~** vor einer Entscheidung stehen; **veniamo al ~** kommen wir zum springenden Punkt

**duo** ['du:o] <-> *m* Duo *nt*

**duodecimale** [duodetʃi'ma:le] *agg* duodezimal **duodecimo, -a** [duo'dɛ:tʃimo] *agg* (*obs*) zwölfte(r, s)

**duodeno** [duo'dɛ:no] *m* Zwölffingerdarm *m*

**duolo** ['duɔ:lo] *m* (*poet*) Pein *f geh*

**duomo** ['duɔ:mo] *m* Dom *m*

**duplicare** [dupli'ka:re] *vt* duplizieren **duplicato** [dupli'ka:to] *m* Duplikat *nt*, Kopie *f* **duplicatore** [duplika'to:re] *m* Kopiergerät *nt*, Kopierer *m* **duplicatorista** [duplikato'rista] <-i *m*, -e *f*> *mf* Spezialist(in) *m(f)* für das Duplizieren (*z.B. von Zeichnungen und Büchern*) **duplicazione** [duplikat'tsio:ne] *f* Kopieren *nt*, Duplizieren *nt*, Vervielfältigung *f*

**duplice** ['du:plitʃe] *agg* zweifach, doppelt **duplicità** [duplitʃi'ta] <-> *f* Duplizität *f*, Zweifachheit *f*

**dura** *f v.* **duro**

**durame** [du'ra:me] *m* (BOT) Kernholz *nt*, Kern *m*

**durante** [du'rante] *prp* während +*gen*; **~ la guerra** während des Krieges; **vita natural ~** zeitlebens

**durare** [du'ra:re] *vi* essere *o* avere ❶ (*continuare*) [an]dauern, weitergehen; **così non può ~** so kann das nicht weitergehen ❷ (*mantenersi*) halten, sich halten ❸ (*prov*) **chi la dura la vince** Beharrlichkeit führt zum Ziel **durata** [du'ra:ta] *f* Dauer *f*; (*di oggetti*) Lebensdauer *f*, Haltbarkeit *f*; **~ d'ascolto** (*di cassette*) Spieldauer *f*; **di lunga ~** haltbar, von langer Lebensdauer **duraturo, -a** [dura'tu:ro] *agg* bleibend, dauerhaft **durevole** [du're:vole] *agg* dauerhaft, langlebig

**durezza** [du'rettsa] *f* ❶ (*qualità*) Härte *f* ❷ (*fig: severità*) Härte *f*; (*del clima*) Strenge *f*; (*ostinazione*) Hartnäckigkeit *f*; **~ di cuore** Hartherzigkeit *f*

**duro** ['du:ro] *m* ❶ (*gener*) Harte(s) *nt* ❷ (*fig*) Schwierigkeit *f*

**duro, -a I.** *agg* ❶ (*resistente*) hart; **grano ~** Hartweizen *m*; **è un osso ~** (*fig*) das ist eine harte Nuss *fam*; (*persona*) er/sie ist ganz schön zäh *fam* ❷ (*tiglioso, a. fig*) zäh ❸ (*severo*) hart, streng; (*ostinato*) hartnäckig; **~ di cuore** hartherzig ❹ (*difficile*) schwer, schwierig; **un testo ~ da capire** ein schwer verständlicher Text; **tempi -i** harte Zeiten *fpl* ❺ (*persona*) **~ di comprendonio** schwer von Begriff; **~ d'orecchi** schwerhörig; **più ~ di un mulo** störrischer als ein Esel **II.** *avv* hart; **tener ~** durchhalten **III.** *m* harter Bursche **durone** [du'ro:ne] *m* Hornhaut *f*

**duttile** ['duttile] *agg* ❶ (*materiale*) dehnbar, geschmeidig; (*metallo*) duktil ❷ (*fig: carattere*) flexibel **duttilità** [duttili'ta] <-> *f* ❶ (*di materiale*) Dehnbarkeit *f*, Geschmeidigkeit *f*; (*di metallo*) Duktilität *f* ❷ (*fig*) Flexibilität *f*

**duty-free shop** [djuːtifriː 'ʃɔp] <-> *m* Dutyfreeshop *m*

**DVD** [divud'di] <-> *m abbr di* **digital versatile disc** DVD *f*; **lettore ~** DVD-Player *m*

# Ee

**E, e** [e] <-> *f* E, e *nt;* **e come Empoli** E wie Emil; **vitamina E** Vitamin E

**e** [e] *cong* ❶ (*correlativa*) und, sowie; **e ... e ...** sowohl ... als auch ... ❷ (*ma, invece*) aber, doch ❸ (*ebbene*) gut, nun ❹ (MAT) und, plus; **tutti e tre** alle drei

**E** *abbr di* **est** O

**è** [ɛ] *3. pers sing pr di* **essere**[1]

**EA** *abbr di* **Ente Autonomo** autonome Körperschaft

**EAD** *abbr di* **elaborazione automatica dei dati** automatische Datenverarbeitung

**ebanista** [eba'nista] <-i *m,* -e *f> mf* Kunsttischler(in) *m(f)* **ebanisteria** [ebaniste'riːa] <-ie> *f* Kunsttischlerei *f*

**ebanite** [eba'niːte] *f* Ebonit *nt*

**ebano** ['ɛːbano] *m* ❶ (BOT) Ebenholzbaum *m* ❷ (*legno*) Ebenholz *nt*

**ebbe** ['ɛbbe] *3. pers sing pass rem di* **avere**[1]

**ebbene** [eb'bɛːne] *cong* ❶ (*dunque*) also, [nun] gut ❷ (*interrogativo*) nun, also

**ebbi** ['ɛbbi] *1. pers sing pass rem di* **avere**[1]

**ebbrezza** [eb'brettsa] *f* (*a. fig*) Rausch *m,* Trunkenheit *f;* **~ della velocità** Geschwindigkeitsrausch *m;* **essere in stato di ~** betrunken sein **ebbro, -a** ['ɛbbro] *agg* betrunken; (*fig*) trunken, berauscht; **~ d'amore** liebestrunken; **~ di gioia** freudetrunken; **~ di felicità** glückstrahlend

**ebete** ['ɛːbete] I. *agg* schwachsinnig; (*viso, sguardo*) blöd[e] II. *mf* Schwachsinnige(r) *f(m);* (*fig, pej*) Schwachkopf *m* **ebetismo** [ebe'tizmo] *m* Stumpfsinn *m,* Schwachsinn *m*

**ebollizione** [ebollit'tsioːne] *f* Sieden *nt;* **punto di ~** Siedepunkt *m*

**e-book** ['ibuk] <inv> *m* (INFORM) E-Book *nt* **e-book reader** ['ibukrida] <-> *m* (INFORM) E-Book-Reader *m,* E-Reader

**ebraico, -a** [e'braːiko] <-ci, -che> *agg* hebräisch

**ebraismo** [ebra'izmo] *m* ❶ (REL) Judentum *nt* ❷ (LING) Hebraismus *m* **ebraista** [ebra'ista] <-i *m,* -e *f> mf* Hebraist(in) *m(f)*

**ebreo, -a** [e'brɛːo] <-ei, -ee> I. *agg* jüdisch II. *m, f* Jude *m*/Jüdin *f*

**EC** *abbr di* **EuroCity** (FERR) EC *m*

**ecatombe** [eka'tombe] *f* Gemetzel *nt,* Blutbad *nt*

**ecc.** *abbr di* **eccetera** etc.

**eccedente** [ettʃe'dɛnte] I. *agg* überschüssig II. *m* Überschuss *m* **eccedenza** [ettʃe'dɛntsa] *f* Überschuss *m;* **avere ~ di qc an etw** *dat* Überschuss haben; **in ~** im Überschuss, überzählig **eccedere** [et'tʃɛːdere] I. *vt* ❶ (*superare*) übersteigen, übertreffen ❷ (*fig: limiti*) überschreiten II. *vi* übertreiben; **~ in qc** sich bei etw *dat* übernehmen

**eccellente** [ettʃel'lɛnte] *agg* ausgezeichnet, Spitzen- **eccellenza** [ettʃel'lɛntsa] *f* ❶ (*titolo*) Exzellenz *f* ❷ (*qualità*) Unübertrefflichkeit *f,* Vorzüglichkeit *f;* (*perfezione*) Vollkommenheit *f;* **per ~** par excellence *geh,* schlechthin

**eccellere** [et'tʃɛllere] <eccello, eccelsi, eccelso> *vi essere o avere* sich auszeichnen; **~ in qc** sich durch etw auszeichnen; **~ su qu** jdm überlegen sein

**eccelso, -a** [et'tʃɛlso] *agg* ❶ (*fig*) erhaben, vortrefflich ❷ (*altissimo*) höchste(r, s)

**eccentrica** *f v.* **eccentrico**

**eccentricità** [ettʃentritʃi'ta] <-> *f* ❶ (*fig*) Überspanntheit *f,* Exzentrizität *f* ❷ (MAT, ASTR) Exzentrizität *f* **eccentrico, -a** [et'tʃɛntriko] <-ci, -che> *agg* ❶ (*fig*) exzentrisch, bizarr ❷ (MAT, ASTR) exzentrisch, abweichend

**eccepibile** [ettʃe'piːbile] *agg* (*argomento*) fraglich, angreifbar; (*contegno*) tadelnswert **eccepire** [ettʃe'piːre] <eccepisco> *vt* einwenden

**eccessivo, -a** [ettʃes'siːvo] *agg* ❶ (*esagerato*) übertrieben; (*prezzo, temperatura*) übermäßig hoch, zu hoch ❷ (*persona*) unbeherrscht **eccesso** [et'tʃɛsso] *m* ❶ (*esagerazione*) Übermaß *nt;* (*pej*) Exzess *m;* **l'~ di qc** das Übermaß an etw *dat;* **~ nel bere** übermäßiger Alkoholkonsum; **dare in -i** Wutanfälle bekommen; **all'~** übermäßig; **fino all'~** bis zum Exzess; **in ~** zu viel ❷ *pl* Ausschreitungen *fpl*

**eccetera** [et'tʃɛːtera] *avv* et cetera, und so weiter

**eccetto** [et'tʃɛtto] I. *prp* außer +*dat,* bis auf +*acc* II. *cong* **~ che ...** es sei denn, ..., außer [wenn] ... **eccettuare** [ettʃettu'aːre] *vt* ausnehmen, absehen von; **eccettuati i presenti** Anwesende ausgenommen

**eccezionale** [ettʃettsio'naːle] *agg* außergewöhnlich; (*singolare*) einmalig; **in via [del**

**tutto**| ~ [ganz] ausnahmsweise **eccezione** [ettʃet'tsio:ne] *f* ① (*rarità*) Ausnahme *f*; **fare** ~ eine Ausnahme darstellen; **senza** ~ ausnahmslos; **d'**~ Ausnahme-; **ad** ~ **di** mit Ausnahme von; **l'**~ **conferma la regola** (*prov*) die Ausnahme bestätigt die Regel ② (JUR) Einspruch *m*, Einrede *f*
**ecchimosi** [ek'ki:mozi] <-> *f* Bluterguss *m*
**eccì** [et'tʃi] *int* hatschi
**eccidio** [et'tʃi:dio] <-i> *m* Massaker *nt*, Gemetzel *nt*
**eccipiente** [ettʃi'piɛnte] *m* Arzneimittelträger *m*, Trägerstoff *m*
**eccitabile** [ettʃi'ta:bile] *agg* erregbar, reizbar **eccitabilità** [ettʃitabili'ta] <-> *f* Erregbarkeit *f*, Reizbarkeit *f*
**eccitamento** [ettʃita'mento] *m* Ansporn *m*, Anreiz *m* **eccitante** [ettʃi'tante] I. *agg* (*caffè*) anregend; (*atmosfera*) erregend II. *m* Aufputschmittel *nt* **eccitare** [ettʃi'ta:re] I. *vt* ① (*agitare*) erregen, aufregen; (*masse*) aufheizen ② (*fig: curiosità*) erwecken; (*fantasia*) anregen II. *vr* **-rsi** sich aufregen **eccitazione** [ettʃitat'tsio:ne] *f* ① (*fisica*) Erregung *f*, Aufregung *f* ② (*psichica*) Erregtheit *f* ③ (TEC, PHYS) Erregung *f*
**ecclesiastico** [ekkle'ziastiko] <-ci> *m* Geistliche(r) *m*
**ecclesiastico, -a** <-ci, -che> *agg* kirchlich, geistlich
**ecco** ['ɛkko] I. *avv* da [ist [*o* sind]], hier [ist [*o* sind]], da kommt [*o* kommen]; ~ **mi** da bin ich; ~ **ti il libro** da hast du das Buch; ~ **il libro** da ist das Buch; ~ **perché** ... deswegen, das ist der Grund, warum ...; ~ **tutto** das ist alles; ~ **fatto** fertig, das hätten wir II. *int* [ja] eben, genau
**eccome** [ek'ko:me] *avv* und wie, und ob
**ECG** *abbr di* **elettrocardiogramma** EKG *nt*
**echeggiare** [eked'dʒa:re] *vi* avere *o* essere widerhallen, [er]tönen
**echi** *pl di* **eco**
**echinococco** [ekino'kɔkko] <-cchi> *m* Blasenwurm *m*, Echinokokkus *m*
**echinodermi** [ekino'dɛrmi] *mpl* Stachelhäuter *mpl*
**eclatante** [ekla'tante] *agg* eklatant, offensichtlich; **un successo** ~ ein aufsehenerregender Erfolg
**eclettico, -a** [e'klɛttiko] <-ci, -che> *agg* ① (*persona, studioso*) vielseitig ② (PHILOS) eklektisch **eclettismo** [eklet'tizmo] *m* Eklektizismus *m*
**eclissare** [eklis'sa:re] I. *vt* ① (ASTR) verdunkeln ② (*fig*) in den Schatten stellen II. *vr* **-rsi** ① (ASTR) sich verdunkeln ② (*fig*) untertauchen **eclisse** [e'klisse] *f*, **eclissi** [e'klissi] <-> *f* Finsternis *f*; ~ **di luna** Mondfinsternis *f*; ~ **di sole** Sonnenfinsternis *f*
**eclittico, -a** [e'klittiko] <-ci, -che> *agg* ekliptisch
**ecloga** ['ɛ:kloga] *f v.* **egloga**
**eco** ['ɛ:ko] <echi *m*> *f o m* (*a. fig*) Echo *nt*, Widerhall *m*; **fare** ~ **alle parole di qu** jdm beipflichten
**ecoattivista** [ekoatti'vista] *f* Ökoaktivist *m*
**ecocardiografia** [ekokardiogra'fi:a] <-ie> *f* (MED) Echokardiografie *f*, Ultraschallkardiografie *f* **ecocardiografo** [ekokar'diɔ:grafo] *m* (MED) Echokardiograf *m*
**ecocatastrofe** [ekoka'tastrofe] *f* (ECOL) Umweltkatastrophe *f*
**ecocertificazione** [ekotʃertifika'tsio:ne] *f* Ökozertifikat *nt*
**ecocidio** [eko'tʃi:dio] <-di> *m* (ECOL) Ökozid *m*, Umweltzerstörung *f*
**ecocompatibile** [ekokompa'ti:bile] *agg* umweltverträglich
**ecocontributo** [ɛkokontri'bu:to] *m* (ECON) Verschrottungsprämie *f*
**ecodeputato** [ekodepu'ta:to] *m* (POL) Abgeordnete(r) *f(m)* der Grünen
**ecodesign** [ekodi'zain] *m* Ökodesign *nt*
**ecodiesel** [eko'di:zel] <-> *m o f* (AUTO) abgasreduziertes Dieselfahrzeug
**ecoetichetta** [ɛkoeti'ketta] *f* (ECOL) Umweltgütesiegel *nt*
**ecografia** [ekogra'fi:a] <-ie> *f* (MED: *esame*) Ultraschalluntersuchung *f*; (*diagnostica*) Ultraschalldiagnostik *f* **ecografico, -a** [eko'gra:fiko] <-ci, -che> *agg* (MED) Ultraschall-, echografisch **ecografo** [e'kɔ:grafo] *m* Ultraschallgerät *nt*
**ecogramma** [eko'gramma] <-i> *m* Ultraschallbild *nt*
**ecoincentivo** [ekointʃen'ti:vo] *m* Verschrottungsprämie *f*
**ecolabel** [ikə'leibl] <-> *m* ökologisches Gütesiegel der EU
**ecologa** *f v.* **ecologo**
**ecologia** [ekolo'dʒi:a] <-gie> *f* Ökologie *f*
**ecologico, -a** [eko'lɔdʒiko] <-ci, -che> *agg* ökologisch, Umwelt- **ecologista** [ekolo'dʒista] <-i *m*, -e *f*> *mf* Umweltschützer(in) *m(f)* **ecologo, -a** [e'kɔ:logo] <-gi, -ghe> *m, f* Ökologe *m*/Ökologin *f*
**ecometro** [e'kɔ:metro] *m* (TEC, NAUT) Echolot *m*
**e-commerce** [i'kɔmers] <-> *m* (COM) E-Commerce *m*
**ecomostro** [eko'mostro] *m* Betonklotz *m*

(*eine die Umwelt verschandelnde Gebäudekonstruktion*)
**economa** *f v.* **economo**
**economato** [ekono'ma:to] *m* Verwaltung *f*
**economia** [ekono'mi:a] <-ie> *f* ❶ (*gener*) Wirtschaft *f*; ~ **domestica** Hauswirtschaft *f*, Haushaltsführung *f*; ~ **politica** Volkswirtschaftslehre *f*; **Nuova Economia** New Economy *f* ❷ (*risparmio*) Sparsamkeit *f*; **fare** ~ [*o* **-ie**] sparen ❸ *pl* (*somma*) Ersparnisse *fpl*, Ersparte(s) *nt* **economicismo** [ekonomi'tʃizmo] *m* Ökonomismus *m* **economicistico, -a** [ekonomi'tʃistiko] <-ci, -che> *agg* ökonomistisch **economico, -a** [eko'nɔ:miko] <-ci, -che> *agg* ❶ (*condizioni, criterio*) wirtschaftlich ❷ (*poco costoso*) preiswert, billig **economismo** [ekono'mizmo] *m v.* **economicismo economista** [ekono'mista] <-i *m*, -e *f*> *mf* Wirtschaftswissenschaftler(in) *m(f)* **economizzare** [ekonomid'dza:re] I. *vt* sparen, einsparen II. *vi* haushalten, sparen **economizzatore** [ekonomiddza'to:re] *m* (TEC) Economiser *m*; (*per lavatrici*) Spartaste *f*, Sparvorrichtung *f* **economo, -a** [e'kɔ:nomo] *m, f* Verwalter(in) *m(f)*
**economy** (**class**) ['ikɔnəmi 'kla:s] <-> *f* Economyklasse *f*, Economy-Class *f*
**ecopacifismo** [ekopatʃi'fizmo] <*sing*> *m* Umweltschutz- und Friedensbewegung *f*
**ecopacifista** [ekopatʃi'fista] <-i *m*, -e *f*> *mf* Ökopazifist(in) *m(f)*
**ecoreato** [ɛkore'a:to] *m* (ECOL) Umweltvergehen *nt*
**ecoscandaglio** [ekoskan'daʎʎo] <-gli> *m* (NAUT) Echolot *nt*
**ecosfera** [eko'sfɛ:ra] *f* (ECOL, GEOG) Ökosphäre *f*
**ecosistema** [ekosis'tɛ:ma] *m* Ökosystem *nt*
**ecosolidale** [ekosoli'da:le] *agg* (*prodotto*) nachhaltig; (*progetto*) nachhaltig, ökologisch bewusst
**ecostrage** [eko'stradʒe] *f* (ECOL) Umweltkatastrophe *f*
**ecotassa** [ɛko'tassa] *f* (ECOL) Ökosteuer *f*
**ecoturismo** [ɛkotu'rizmo] *m* (ECOL) Ökotourismus *m*
**ecru** [e'kry] <inv> *agg* ❶ (*tessuto*) roh, ungebleicht ❷ (*colore*) ekrü, naturfarben
**ecstasy** ['ekstəsi] <-> *f* Ecstasy *nt*
**ecumenico, -a** [eku'mɛ:niko] <-ci, -che> *agg* ökumenisch
**eczema** [ek'dzɛ:ma] <-i> *m* Ekzem *nt*
**ed.** *abbr di* **edizione** Ed., Ausg.
**Ed.** *abbr di* **editore** Hg., Hrsg.

**ed** *cong* = **e** *davanti a vocale*
**edelweiss** ['e:dəlvais] <-> *f* Edelweiß *nt*
**edema** [e'dɛ:ma] <-i> *m* Ödem *nt*
**eden** ['ɛ:den] <-> *m* Eden *nt*; (*fig*) Paradies *nt*; **il giardino dell'~** der Garten Eden
**edera** ['e:dera] *f* Efeu *m*
**edibile** [e'di:bile] *agg* (*obs: commestibile*) essbar, genießbar
**edicola** [e'di:kola] *f* ❶ (*del giornalaio*) Zeitungsstand *m*, -kiosk *m* ❷ (ARCH) Ädikula *f*
**edicolante** [ediko'lante] *mf* Zeitungsverkäufer(in) *m(f)* (*am Zeitungsstand*)
**edificabile** [edifi'ka:bile] *agg* bebaubar, Bau- **edificabilità** [edifikabili'ta] <-> *f* Bebaubarkeit *f*
**edificante** [edifi'kante] *agg* erbaulich, erhebend
**edificare** [edifi'ka:re] *vt* ❶ (ARCH) [er]bauen, errichten ❷ (*fig*) bauen; (*stato, azienda*) aufbauen, gründen; (*dottrina*) begründen; (*teoria*) aufstellen; (*moralmente*) erbauen; ~ **sulla sabbia** (*fig*) auf Sand bauen **edificatore, -trice** [edifika'to:re] I. *agg* [er]bauend II. *m, f* Erbauer(in) *m(f)*
**edificazione** [edifikat'tsio:ne] *f* ❶ (ARCH) Bau *m*, Errichtung *f*, Erbauung *f* ❷ (*fig*) [Be]gründung *f*; (*moralmente*) Erbauung *f*
**edificio** [edi'fi:tʃo] <-ci> *m* ❶ (ARCH) Gebäude *nt*, Bau *m* ❷ (*fig*) Aufbau *m*, Gefüge *nt*
**edile** [e'di:le] I. *agg* baulich, Bau- II. *m* Bauarbeiter *m* **edilizia** [edi'littsia] <-ie> *f* Bauwesen *nt*, Baugewerbe *nt* **edilizio, -a** [edi'littsio] <-i, -ie> *agg* baulich, Bau-
**edipico, -a** [e'di:piko] <-ci, -che> *agg* ödipal, Ödipus-; **complesso** ~ Ödipuskomplex *m*

**editing** ['editiŋ] <-> *m* ❶ (*editoria*) Redigieren *nt*, Redaktion *f* ❷ (INFORM) Editieren *nt*
**edito, -a** ['ɛ:dito] *agg* verlegt, aufgelegt; (*a cura di*) herausgegeben von
**editor** <-> *m* (INFORM) Editor *m*
**editore, -trice** [edi'to:re] I. *agg* Verlags-; (*dell'editore*) Verleger-, verlegerisch; **casa -trice** Verlag *m*, Verlagshaus *nt* II. *m, f* ❶ (*pubblicatore*) Verleger(in) *m(f)* ❷ (*curatore*) Herausgeber(in) *m(f)* **editoria** [edito'ri:a] <-ie> *f* Verlagswesen *nt*; ~ **da tavolo** Desktop Publishing *nt* **editoriale** [edito'ria:le] I. *agg* Verlags-; (*dell'editore*) Verleger-, verlegerisch II. *m* Leitartikel *m*
**editorialista** [editoria'lista] <-i *m*, -e *f*> *mf* Leitartikler(in) *m(f)*, Leitartikelschreiber(in) *m(f)* **editrice** *f v.* **editore**
**editto** [e'ditto] *m* (HIST) Edikt *nt*, Erlass *m*

**edizione** [edit'tsio:ne] *f* ① (TYP) Auflage *f*; (*esemplare*) Ausgabe *f*; ~ **economica** Taschenbuch-, Billigausgabe *f*; ~ **originale** Originalausgabe *f*; ~ **straordinaria** Sonderausgabe *f* ② (TV, RADIO) Ausgabe *f* ③ (*di manifestazione*) Veranstaltung *f*

**edonismo** [edo'nizmo] *m* Hedonismus *m*

**edonista** [edo'nista] <-i *m*, -e *f*> *mf* Genussmensch *m* **edonistico, -a** [edo'nistiko] <-ci, -che> *agg* genießerisch

**EDP** *f abbr di* **Electronic Data Processing** EDV *f*

**educanda** [edu'kanda] *f* Internats-, Pensionatsschülerin *f*; (*fig*) schamhaftes Mädchen **educandato** [edukan'da:to] *m* Mädchenpensionat *nt*, Mädcheninternat *nt*

**educare** [edu'ka:re] *vt* ① (*giovani*) erziehen ② (*fig*) gewöhnen; (*allenare*) trainieren, stärken; ~ **qu a qc** jdn an etw *acc* gewöhnen **educativo, -a** [eduka'ti:vo] *agg* Erziehungs-; (*metodo*) erzieherisch; (*romanzo*) Erziehungs-, Bildungs- **educato, -a** [edu'ka:to] *agg* [wohl] erzogen, artig **educatore, -trice** [eduka'to:re] I. *agg* erzieherisch II. *m, f* Erzieher(in) *m(f)* **educazione** [edukat'tsio:ne] *f* ① (*dei giovani*) Erziehung *f*; ~ **fisica** Leibeserziehung *f*, Turnen *nt*; ~ **stradale** Verkehrserziehung *f* ② (*buone maniere*) [gutes] Benehmen *nt*, [gute] Erziehung *f*; **gente senza** ~ Leute ohne Benehmen

**EED** *abbr di* **elaborazione elettronica dei dati** EDV *f*

**EEG** *abbr di* **elettroencefalogramma** (MED) EEG *nt*

**efelide** [e'fɛ:lide] *f* Sommersprosse *f*

**effem(m)inata** *f v.* **effem(m)inato**

**effem(m)inatezza** [effem(m)ina'tettsa] *f* ① (*con tratti femminili*) Effeminiertheit *f*, Verweiblichung *f* ② (*pej*) Verweichlichung *f* **effem(m)inato** [effem(m)i'na:to] *m* (*pej*) Weichling *m* **effem(m)inato, -a** *agg* ① effeminiert, geziert ② (*pej*) verweichlicht, weibisch

**efferatezza** [effera'tettsa] *f* Grausamkeit *f*, Abscheulichkeit *f* **efferato, -a** [effe'ra:to] *agg* grausam, roh

**efferente** [effe'rente] *agg* (*condotto*) Ableitungs-, ableitend

**effervescente** [effervef'ʃɛnte] *agg* ① (*frizzante*) sprudelnd, [auf]brausend; (*pasticca*) Brause- ② (*fig*) lebhaft, resch *A* **effervescenza** [effervef'ʃɛntsa] *f* ① (*di pasticca, acqua*) Sprudeln *nt*; (*di vino*) Gärung *f* ② (*fig: agitazione*) Erregung *f*, Aufregung *f*

**effettato, -a** [effet'ta:to] *agg* effektvoll, wirkungsvoll **effettismo** [effet'tizmo] *m* Effekthascherei *f*

**effettivamente** [effettiva'mente] *avv* tatsächlich, in Wirklichkeit

**effettività** [effettivi'ta] <-> *f* Wirklichkeit *f*, Tatsächlichkeit *f*

**effettivo** [effet'ti:vo] *m* ① (ADM, COM) [Effektiv]bestand *m* ② (MIL) [Effektiv]stärke *f* **effettivo, -a** *agg* ① (*reale*) wirklich; (*valore, danno*) effektiv, tatsächlich ② (*socio, professore*) ordentlich; (*operaio*) festangestellt; **personale** ~ Personalbestand *m* ③ (MIL) aktiv, Berufs-; **ufficiale** ~ Berufsoffizier *m*

**effetto** [ef'fɛtto] *m* ① (JUR, PHYS) Wirkung *f*, Auswirkung *f*; (*fig*) Ergebnis *nt*; (*scopo*) Zweck *m*; ~ **serra** (ECOL) Treibhauseffekt *m*; **causa ed** ~ Ursache und Wirkung; **fare l'~ di** aussehen wie, den Eindruck machen als ob; **ottenere l'~ voluto** die gewünschte Wirkung erzielen; **fare** ~ Eindruck machen; **in -i** wirklich, in der Tat; **-i collaterali** Nebenwirkungen *fpl*; **-i personali** persönliche Gegenstände *mpl* ② (FIN) Schuldverschreibung *f*, Wechsel *m*

**effettuare** [effettu'a:re] *vt* aus-, durchführen **effettuazione** [effettuat'tsio:ne] *f* Aus-, Durchführung *f*

**efficace** [effi'ka:tʃe] *agg* wirksam, wirkungsvoll **efficacia** [effi'ka:tʃa] <-cie> *f* Wirksamkeit *f*, Wirkung *f*

**efficiente** [effi'tʃɛnte] *agg* (*organizzazione, persona*) leistungsfähig, effizient; (*che funziona*) wirksam, wirkungsvoll **efficientismo** [effitʃen'tizmo] *m* Streben *nt* nach Effizienz **efficientista** [effitʃen'tista] <-i *m*, -e *f*> *mf* Anhänger(in) *m(f)* des Effizienzstrebens **efficientistico, -a** [effitʃen'tistiko] <-ci, -che> *agg* nach Effizienz strebend, Efficiency- **efficienza** [effi'tʃɛntsa] *f* Wirksamkeit *f*, Effizienz *f*; (*di persona*) Leistungsfähigkeit *f*; (*di motore*) Leistung *f*

**effigiare** [effi'dʒa:re] *vt* (*poet*) darstellen, abbilden; (*modellare con effigi*) mit Bildern versehen [*o* schmücken]

**effigie** [ef'fi:dʒe] <- *o* -gi> *f* (*poet*) Bildnis *nt*, Bild *nt*

**effimero, -a** [ef'fi:mero] *agg* ① (*fugace*) flüchtig, vergänglich; (*di breve durata*) kurzlebig ② (ZOO) eintägig, Eintags-

**efflusso** [ef'flusso] *m* Ausströmen *nt*, Austreten *nt*

**effluvio** [ef'flu:vio] <-i> *m* Duft *m*

**effondere** [ef'fondere] <irr> *vt* ergießen

**effrazione** [effrat'tsio:ne] *f* Aufbrechen *nt*, Aufbruch *m*; (*fig*) Verletzung *f*

**effusione** [effu'zio:ne] *f* ① (*versamento*) Ver-, Ausgießen *nt;* (*di gas*) Ausströmen *nt;* (*di lava*) Erguss *m*, Effusion *f* ② (*fig*) Überschwänglichkeit *f;* (*cordialità*) Herzlichkeit *f;* **con ~** überschwänglich

**egalitario** [egali'ta:rio] *agg v.* **egualitario**

**egemone** [e'dʒɛːmone] *agg* hegemonial; (*a. fig*) [vor]herrschend **egemonia** [edʒemo'niːa] <-ie> *f* Hegemonie *f;* (*a. fig*) [Vor]herrschaft *f* **egemonico, -a** [edʒe'mɔːniko] <-ci, -che> *agg* hegemonial, Hegemonie- **egemonizzare** [edʒemonid'dzaːre] *vt* beherrschen

**Egeo** [e'dʒɛːo] *m* Ägäis *f*

**egida** [ˈɛːdʒida] *f* ① (*fig*) Schutz *m*, Obhut *f*, Ägide *f* ② (*nella mitologia*) Ägide *f*

**Egitto** [e'dʒitto] *m* **l'~** Ägypten *nt* **egittologa** *f v.* **egittologo egittologia** [edʒittolo'dʒiːa] <-ie> *f* Ägyptologie *f* **egittologo, -a** [edʒit'tɔːlogo] <-gi, -ghe> *m, f* Ägyptologe *m* / Ägyptologin *f*

**egizia** *f v.* **egizio**

**egiziano, -a** [edʒit'tsiaːno] **I.** *agg* ägyptisch **II.** *m, f* Ägypter(in) *m(f)*

**egizio, -a** [e'dʒittsio] <-i, -ie> **I.** *agg* altägyptisch **II.** *m, f* [Alt]ägypter(in) *m(f)*

**egli** [ˈeʎʎi] *pron pers 3. pers sing m* er

**egloga** [ˈɛːgloga] <-ghe> *f* Ekloge *f*

**ego** [ˈɛːgo] <-> *m* Ego *nt*, Ich *nt*

**egocentrica** *f v.* **egocentrico**

**egocentricità** [egotʃentritʃi'ta] <-> *f* Egozentrik *f*, Ichbezogenheit *f* **egocentrico, -a** [ego'tʃɛntriko] <-ci, -che> **I.** *agg* egozentrisch **II.** *m, f* Egozentriker(in) *m(f)* **egocentrismo** [egotʃen'trizmo] *m* Egozentrik *f*, Ichbezogenheit *f*

**egoismo** [ego'izmo] *m* Egoismus *m*, Selbstsucht *f* **egoista** [ego'ista] <-i *m*, -e *f*> **I.** *mf* Egoist(in) *m(f)* **II.** *agg* egoistisch, selbstsüchtig **egoistico, -a** [ego'istiko] <-ci, -che> *agg* egoistisch, selbstsüchtig

**egolalia** [egola'liːa] <-ie> *f* Tendenz, immer über sich selbst zu sprechen

**egotismo** [ego'tizmo] *m* Egotismus *m*

**Egr.** *abbr di* **egregio** sehr geehrte(r) ...

**egregio, -a** [e'grɛːdʒo] <-gi, -gie> *agg* ausgezeichnet, vortrefflich; (*nelle lettere*) sehr geehrte(r)

**eguaglianza** [eguaʎ'ʎantsa] *f v.* **uguaglianza**

**egualitario, -a** [eguali'ta:rio] <-i, -ie> **I.** *agg* egalitär **II.** *m, f* Gleichmacher(in) *m(f)* **egualitarismo** [egualita'rizmo] *m* Egalitarismus *m*

**eh** [ɛ *o* e] *int* (*fam*) he; (*sorpresa, compatimento*) oh; (*domanda*) was; **niente male, ~?** nicht übel, was?; **~!** **dove corri?** (*fam*) he! wo läufst du hin?

**ehi** [ˈeːi] *int* (*fam*) hallo, he[da]

**ehm** [m] *int* (*fam*) hm

**E.I.** *abbr di* **Esercito Italiano** *die italienischen Steitkräfte*

**eiaculare** [eiaku'laːre] *vi* ejakulieren **eiaculazione** [eiakulat'tsio:ne] *f* Ejakulation *f*, Samenerguss *m*

**eidomatica®** [eido'maːtika] <-che> *f* (INFORM) Bildverarbeitung *f*

**eidomatica** [eido'maːtika] <-che> *f* (INFORM) Bildverarbeitung *f*, -bearbeitung *f*

**eidophor, eidofor®** [eidi'fɔr] <-> *m* (TV: *grande schermo*) Eidophor® *nt*, Fernsehgroßbild-Projektionsanlage *f*

**eiettabile** [eiet'taːbile] *agg* **sedile ~** Schleudersitz *m*

**elaborare** [elabo'raːre] *vt* ① (*tesi, piano*) ausarbeiten, erarbeiten ② (INFORM: *dati*) verarbeiten ③ (BIOL: *digerire*) verdauen; (*secernere*) absondern, produzieren **elaboratezza** [elabora'tettsa] *f* Ausgefeiltheit *f*, Geschliffenheit *f*

**elaborato** [elabo'raːto] *m* ① (*a scuola*) Arbeit *f*, Aufgabe *f* ② (INFORM) Ausdruck *m* ③ (BIOL: *digestione*) Verdauung *f;* (*secrezione*) Absonderung *f*, Produktion *f*

**elaborato, -a** *agg* ausgefeilt, geschliffen

**elaboratore** [elabora'toːre] *m* (INFORM) Computer *m*, Rechner *m;* **~ elettronico** EDV-Anlage *f*

**elaboratore, -trice** *agg* aus-, verarbeitend **elaborazione** [elaborat'tsio:ne] *f* ① (INFORM) Verarbeitung *f* ② (*di progetto, piano, teoria*) Erstellung *f*, Ausarbeitung *f* ③ (BIOL) Verdauung *f*

**elargire** [elar'dʒiːre] <elargisco> *vt* spenden **elargizione** [elardʒit'tsio:ne] *f* Spende *f*

**elasticità** [elastitʃi'ta] <-> *f* ① (*di molle, gomma*) Elastizität *f*, Dehnbarkeit *f* ② (*agilità*) Beweglichkeit *f*, Gelenkigkeit *f* ③ (*fig*) Flexibilität *f*, Beweglichkeit *f;* **~ mentale** geistige Beweglichkeit **elasticizzare** [elastitʃid'dzaːre] *vt* flexibilisieren **elasticizzato, -a** [elastitʃid'dzaːto] *agg* Stretch-

**elastico** [e'lastiko] <-ci> *m* ① (*tessuto*) elastisches Gewebe ② (*per fissare*) Gummi[band] *nt*

**elastico, -a** <-ci, -che> *agg* ① (*molla, tessuto*) elastisch, dehnbar ② (*persona*) gelenkig, beweglich; (*carattere*) beweglich, flexibel; (*cedevole*) nachgiebig

**Elba** *f* ① (*isola toscana*) Elba *nt* ② (GEOG: *fiume*) Elbe *f* **elbano, -a** [el'ba:no] *m, f*

(*abitante dell'isola d'Elba*) Einwohner(in) *m(f)* von Elba

**eldorado** [eldo'ra:do] *m* [El]dorado *nt*

**elefante** [ele'fante] *m* Elefant *m* **elefantesco, -a** [elefan'tesko] <-schi, -sche> *agg* Elefanten-; (*fig*) gigantisch

**elefantessa** [elefan'tessa] *f* Elefantenkuh *f* **elefantiasi** [elefan'ti:azi] <-> *f* ① (MED) Elefantiasis *f* ② (*fig*) Aufgeblähtheit *f*

**elegante** [ele'gante] *agg* elegant **eleganza** [ele'gantsa] *f* Eleganz *f*

**eleggere** [e'lɛddʒere] <irr> *vt* wählen

**elegia** [ele'dʒi:a] <-gie> *f* Elegie *f* **elegiaco, -a** [ele'dʒi:ako] <-ci, -che> *agg* elegisch, Klage-

**elementare** [elemen'ta:re] I. *agg* (*semplice*) einfach; (*di base*) elementar, Grund-; **scuola** ~ Grundschule II. *fpl* Grundschule *f* **elementarizzare** [elementarid'dza:re] *vt* vereinfachen

**elemento** [ele'mento] *m* ① (*gener*, CHEM, PHILOS) Element *nt* ② (*fig: parte costitutiva*) Bestandteil *m*, Element *nt*; (*di studio, arte*) Grundlage *f* ③ (*fig, pej: individuo*) Person *f*, Subjekt *nt*

**elemosina** [ele'mɔ:zina] *f* Almosen *nt*, Spende *f*; **chiedere l'~** um Almosen bitten, betteln; **fare l'~** ein Almosen geben **elemosinare** [elemozi'na:re] I. *vt* erbetteln, betteln um II. *vi* betteln

**elencare** [eleŋ'ka:re] *vt* auflisten; (*enumerare*) aufzählen **elencazione** [eleŋkat'tsio:ne] *f* Auflistung *f*; (*enumerazione*) Aufzählung *f*

**elenco** [e'lɛŋko] <-chi> *m* Verzeichnis *nt*, Liste *f*; ~ **telefonico** Telefonbuch *nt*

**elessi** *1. pers sing pass rem di* **eleggere**

**eletta** *f v.* **eletto**

**elettivo, -a** [elet'ti:vo] *agg* Wahl-

**eletto, -a** [e'lɛtto] I. *pp di* **eleggere** II. *agg* ① (POL) gewählt ② (REL) auserwählt ③ (*fig*) erlesen III. *m, f* Gewählte(r) *f(m)*

**elettorale** [eletto'ra:le] *agg* Wahl- **elettoralismo** [elettora'lizmo] *m* Stimmenfang *m*

**elettorato** [eletto'ra:to] *m* Wählerschaft *f*, Wähler *mpl* **elettore, -trice** [elet'to:re] *m, f* Wähler(in) *m(f)*

**elettrauto** [elet'tra:uto] <-> *m* Kraftfahrzeugelektrodienst *m*

**elettrica** *f v.* **elettrico**

**elettrice** *f v.* **elettore**

**elettricista** [elettri'tʃista] <-i *m*, -e *f*> *mf* Elektriker(in) *m(f)* **elettricità** [elettritʃi'ta] <-> *f* (PHYS) Elektrizität *f* **elettrico, -a** [e'lɛttriko] <-ci, -che> I. *agg* (PHYS)

elektrisch, Elektrizitäts- II. *m, f* Elektriker(in) *m(f)*

**elettrificare** [elettrifi'ka:re] *vt* auf Elektrobetrieb umstellen **elettrificazione** [elettrifikat'tsio:ne] *f* Umstellung *f* auf Elektrobetrieb

**elettrizzante** [elettrid'dzante] *agg* aufregend

**elettrizzare** [elettrid'dza:re] I. *vt* ① (PHYS) elektrisieren ② (*fig*) aufrütteln; (*entusiasmare*) begeistern II. *vr* **-rsi** (PHYS) elektrisiert werden; (*fig*) in Aufregung geraten **elettrizzazione** [elettriddzat'tsio:ne] *f* Elektrisierung *f*

**elettro** [e'lɛttro] *m* ① (*lega*) Gold- und Silberlegierung *f* ② (*ambra*) [gelber] Bernstein *m*

**elettro-** [elettro] (*in parole composte*) Elektro-, elektrisch

**elettrocalamita** [elettrokala'mi:ta] *f* Elektromagnet *m*

**elettrocardiogramma** [elettrokardio'gramma] *m* Elektrokardiogramm *nt*

**elettrochimica** [elettro'ki:mika] <-che> *f* Elektrochemie *f* **elettrochimico, -a** [elettro'ki:miko] <-ci, -che> I. *agg* elektrochemisch II. *m, f* Elektrochemiker(in) *m(f)*

**elettrochoc** [elettro'ʃɔk] *m v.* **elettroshock**

**elettrodo** [e'lɛttrodo] *m* Elektrode *f*

**elettrodomestico** [elettrodo'mɛstiko] *m* Elektrogerät *nt*, Haushaltsgerät *nt*; **negozio di -ci** Elektrogeschäft *nt* **elettroencefalogramma** [elettroentʃefalo'gramma] *m* Elektroenzephalogramm *nt* **elettrofisica** [elettro'fi:zika] <-che> *f* Elektrophysik *f*

**elettrolisi** [elet'trɔ:lizi] <-> *f* Elektrolyse *f* **elettrolita, elettrolito** [elet'trɔ:lita, elet'trɔ:li:to] <-i> *m* Elektrolyt *m* **elettrolitico, -a** [elettro'li:tiko] <-ci, -che> *agg* elektrolytisch

**elettromagnete** [elettromaɲ'pɛ:te] *m* Elektromagnet *m* **elettromagnetico, -a** [elettromaɲ'pɛ:tico] <-ci, -che> *agg* elektromagnetisch

**elettromeccanica** [elettromek'ka:nika] <-che> *f* Elektromechanik *f* **elettromeccanico, -a** [elettromek'ka:niko] <-ci, -che> I. *agg* elektromechanisch II. *m, f* Elektromechaniker(in) *m(f)*

**elettromotrice** [elettromo'tri:tʃe] *f* E-Lok *f*

**elettrone** [elet'tro:ne] *m* Elektron *nt* **elettronica** [elet'trɔ:nika] <-che> *f* Elektronik *f* **elettronico, -a** [elet'trɔ:niko] <-ci, -che> *agg* ① elektronisch, Elektronik- ② (INFORM, INET) elektronisch; **posta -a**

elektronische Post; **commercio** ~ Internethandel *m,* Onlinehandel, E-commerce *m*
**elettroscopio** [elettros'kɔ:pio] <-i> *m* Elektroskop *nt*
**elettroshock** [elettro'ʃɔk] <-> *m* Elektroschock *m* **elettroshockterapia** [elettroʃɔktera'pi:a] <-ie> *f* (MED) Elektroschocktherapie *f*
**elettrosmog** [elɛttro'zmɔg] <-> *m* (ECOL) Elektrosmog *m*
**elettrostatica** [eletro'sta:tika] <-che> *f* (PHYS) Elektrostatik *f*
**elettrotecnica** [elettro'tɛknika] <-che> *f* Elektrotechnik *f* **elettrotecnico, -a** [elettro'tɛkniko] <-ci, -che> I. *agg* elektrotechnisch II. *m, f* Elektrotechniker(in) *m(f)*
**elettroterapia** [elettrotera'pi:a] *f* Elektrotherapie *f*
**elettrovalvola** [elettroval'vo:la] *f* (TEC) elektrisches Ventil
**elevamento** [eleva'mento] *m* [Boden]erhebung *f,* Erhöhung *f* **elevare** [ele'va:re] I. *vt* ❶ (*edificio*) aufstocken; ~ **un edificio di un piano** ein Gebäude um einen Stock erhöhen ❷ (*fig*) anheben, erhöhen ❸ (*alzare*) er-, anheben ❹ (ADM: *multa*) auferlegen ❺ (MAT) ~ **un numero al quadrato** eine Zahl zum Quadrat erheben, eine Zahl quadrieren II. *vr* **-rsi** sich erheben, emporragen
**elevatezza** [eleva'tettsa] *f* ❶ (*di monte*) Höhe *f* ❷ (*fig*) Erhabenheit *f* **elevato, -a** [eleva:to] *agg* (*monte, prezzo*) hoch
**elevatore** [eleva'to:re] *m* (TEC) Hebewerk *nt,* Elevator *m*
**elevatore, -trice** *agg* Hebe-; (TEC) Hub-; **carrello** ~ Gabelstapler *m*
**elevazione** [elevat'tsio:ne] *f* ❶ (*innalzamento, aumento*) Erhebung *f,* Erhöhung *f* ❷ (MIL, ASTR) Elevation *f*
**elezione** [elet'tsio:ne] *f* Wahl *f*
**eliambulanza** [eliambu'lantsa] *f* (AERO) Rettungshubschrauber *m*
**eliapprodo** [eliap'prɔ:do] *m* (AERO) Hubschraubernotlandeplatz *m*
**elibus** ['ɛ:libus] <-> *m* (AERO) Großraumhubschrauber *m*
**elica** ['ɛ:lika] <-che> *f* ❶ (NAUT) Schiffsschraube *f* ❷ (AERO) Propeller *m* **elicoidale** [elikoi'da:le] *agg* Spiral-, Schrauben-
**elicoplano** [eli'kɔ:plano] *m* (AERO) Kombinationshubschrauber *m*
**elicottero** [eli'kɔttero] *m* Hubschrauber *m,* Helikopter *m*
**elidere** [e'li:dere] <elido, elisi, eliso> *vt* (*annullare*) aufheben

**eliminare** [elimi'na:re] *vt* ❶ (*togliere*) beseitigen, entfernen ❷ (*fig: ipotesi*) ausschließen; (*espellere*) ausscheiden
**eliminatoria** [elimina'tɔ:ria] <-ie> *f* Vorrunde *f,* Qualifikation[srunde] *f,* Ausscheidungskämpfe *mpl* **eliminazione** [eliminat'tsio:ne] *f* ❶ (SPORT) Ausscheiden *nt;* (*squalifica*) [Platz]verweis *m* ❷ (*soppressione, rimozione*) Entfernen *nt,* Beseitigung *f*
**elio** ['ɛ:lio] *m* Helium *nt*
**eliocentrico, -a** [elio'tʃɛntriko] <-ci, -che> *agg* heliozentrisch
**elioelettrico, -a** [elioe'lɛttriko] <-ci, -che> *agg* (TEC) Sonnenenergie-, Solarenergie-
**eliografia** [eliogra'fi:a] *f* Heliografie *f,* Lichtdruckverfahren *nt*
**eliparco** [eli'parko] <-chi> *m* Hubschrauberparkplatz *m*
**eliportato, -a** [elipor'ta:to] *agg v.* **elitrasportato**
**eliporto** [eli'pɔrto] *m* Hubschrauberlandeplatz *m* **eliportuale** [eliportu'a:le] *agg* den Hubschrauberlandeplatz betreffend
**eliposta** [eli'pɔsta] *f* Hubschrauberpost *f,* Postbeförderung *f* per Hubschrauber; **inviato a mezzo** ~ per Hubschrauberpost gesendet
**elisi** [e'li:zi] *1. pers sing pass rem di* **elidere**
**elisio** [e'li:zio] *m* Elysium *nt*
**elisio, -a** <-i, -ie> *agg* elysisch
**elisione** [eli'zio:ne] *f* Elision *f*
**elisir** [eli'zir] <-> *m* Elixier *nt;* ~ **d'amore** Liebestrank *m*
**eliso** [e'li:zo] *pp di* **elidere**
**elitario, -a** [eli'ta:rio] <-i, -ie> *agg* elitär
**elitarismo** [elita'rizmo] *m* Elitedenken *nt,* elitäres Verhalten
**elitaxi** [elita'ksi] <-> *m* Hubschraubertaxi *nt*
**élite** [e'lit] <-> *f* Elite *f*
**elitista** [eli'tista] <-i *m,* -e *f*> I. *agg* ❶ (*che fa parte di un élite*) elitär ❷ (*che ha una concezione di tipo elitario*) elitegläubig II. *mf* ❶ (*chi fa parte di un élite*) Angehörige(r) *f(m)* einer Elite ❷ (*chi ha una concezione di tipo elitario*) Elitegläubige(r) *f(m)*
**elitrasportato, -a** [elitraspor'ta:to] *agg* mit dem Hubschrauber transportiert [*o* befördert]
**ella** ['ella] *pron pers 3. pers sing f* sie
**ellenico, -a** [el'lɛ:niko] <-ci, -che> *agg* hellenisch, [alt]griechisch **ellenismo** [elle'nizmo] *m* (HIST, LIT) Hellenismus *m* **ellenista** [elle'nista] <-i *m,* -e *f*> *mf* Hel-

lenist(in) *m(f)*, Gräzist(in) *m(f)* **ellenistico, -a** [elle'nistiko] <-ci, -che> *agg* hellenistisch
**ellisse** [el'lisse] *f* (MAT) Ellipse *f*
**ellissi** [el'lissi] <-> *f* (LING) Ellipse *f*
**ellittico, -a** [el'littiko] <-ci, -che> *agg* elliptisch
**elmetto** [el'metto] *m* (*per soldati, minatori, ciclisti*) Helm *m*
**elmo** ['elmo] *m* (*nelle antiche armature*) Helm *m*
**elogiare** [elo'dʒaːre] *vt* loben **elogiativo, -a** [elodʒa'tiːvo] *agg* lobend, Lobes- **elogio** [e'lɔːdʒo] <-gi> *m* Lob *nt*, Lobrede *f*; ~ **funebre** Trauerrede *f*
**eloquente** [elo'kuɛnte] *agg* ① (*oratore, discorso*) redegewandt ② (*sguardo, silenzio*) vielsagend, sprechend **eloquenza** [elo'kuɛntsa] *f* ① (*di oratore, discorso*) Redegewandtheit *f*, Wortgewandtheit *f*, Eloquenz *f* ② (*fig: di gesto, sguardo*) Beredtheit *f*
**elsa** ['elsa] *f* Degenglocke *f*
**elucubrare** [eluku'braːre] *vt* ausklügeln, austüfteln **elucubrazione** [elukubrat'tsioːne] *f* Tüftelei *f*
**eludere** [e'luːdere] <eludo, elusi, eluso> *vt* ~ **qc** einer Sache *dat* ausweichen **elusivo, -a** [elu'ziːvo] *agg* ausweichend **eluso** [e'luzo] *pp di* **eludere**
**elvetico, -a** [el'vɛːtiko] <-ci, -che> *agg* helvetisch, schweizerisch
**elzevirista** [eldzevi'rista] <-i *m*, -e *f*> *mf* Feuilletonist(in) *m(f)* **elzeviro** [eldze'viːro] *m* ① (*di giornale*) Feuilletonartikel *m*, Feuilleton *nt* ② (TYP) Elzevir *f*
**emaciamento** [ematʃa'mento] *m* starke Abmagerung, Auszehrung *f* **emaciare** [ema'tʃaːre] **I.** *vt* auszehren, ausmergeln **II.** *vr* **-rsi** stark abmagern **emaciato, -a** [ema'tʃaːto] *agg* stark abgemagert
**E-mail** [i'meil] <-> *f* E-Mail *f*
**emanare** [ema'naːre] *vt* avere ① (*luce, calore*) ausstrahlen; (*liquidi, gas*) ausströmen ② (JUR: *leggi*) erlassen ③ (*fig: simpatia*) ausstrahlen **emanazione** [emanat'tsioːne] *f* ① (*di luce, calore*) Ausstrahlung *f*; (*di liquidi, gas*) Ausströmen *nt* ② (JUR) Verkündung *f*, Erlass *m*
**emancipare** [emantʃi'paːre] **I.** *vt* emanzipieren, befreien; (JUR) mündig sprechen **II.** *vr* **-rsi** sich emanzipieren **emancipato, -a** [emantʃi'paːto] *agg* emanzipiert **emancipazione** [emantʃipat'tsioːne] *f* Emanzipation *f*
**emarginare** [emardʒi'naːre] *vt* ① (ADM) anmerken, am Rande vermerken ② (*fig*) ins Abseits drängen, ausgrenzen
**emarginati** [emardʒi'naːti] *mpl* Randgruppen *fpl*, Minderheiten *fpl* **emarginato, -a** [emardʒi'naːto] **I.** *agg* angemerkt, am Rande vermerkt **II.** *m, f* (*persona*) Ausgestoßene(r) *f(m)*
**ematico, -a** [e'maːtiko] <-ci, -che> *agg* (MED) hämato-, Blut-
**ematologo, -a** [ema'tɔːlogo] <-gi, -ghe> *m, f* Hämatologe *m*/Hämatologin *f*
**ematoma** [ema'tɔːma] <-i> *m* (MED) Hämatom *nt*; (*livido*) Bluterguss *m*
**embargo** [em'bargo] <-ghi> *m* Embargo *nt*
**emblema** [em'blɛːma] <-i> *m* Emblem *nt*, Sinnbild *nt* **emblematico, -a** [emble'maːtiko] <-ci, -che> *agg* emblematisch, sinnbildlich
**embolia** [embo'liːa] <-ie> *f* (MED) Embolie *f* **embolo** ['ɛmbolo] *m* ① (MED) Gefäßpfropf *m*, Embolus *m* ② (TEC, MOT) Luftblase *f*
**embrice** ['embritʃe] *m* Dachziegel *m*
**embrionale** [embrio'naːle] *agg* ① (BIOL) embryonal, Embryo- ② (*fig*) im Keim vorhanden; **un progetto** ~ ein unausgereifter Plan **embrione** [embri'oːne] *m* ① (BIOL) Embryo *m*; (BOT) Keimling *m* ② (*fig*) Keim *m*, Ansatz *m*; **essere in** ~ im Keim vorhanden sein
**emendabilità** [emendabili'ta] <-> *f* (*geh: correggibilità*) Verbesserungsfähigkeit *f*
**emendamento** [emenda'mento] *m* ① (*correzione*) Verbesserung *f*, Berichtigung *f* ② (JUR) Abänderung *f* **emendare** [emen'daːre] *vt* ① (*correggere*) verbessern, berichtigen ② (JUR) [ab]ändern
**emergente** [emer'dʒɛnte] *agg* aufstrebend, emporkommend; **paesi -i** Schwellenländer *ntpl*
**emergenza** [emer'dʒɛntsa] *f* unvorhergesehener Umstand; (*situazione critica*) Notfall *m*; **stato di** ~ Ausnahmezustand *m*; **freno di** ~ Notbremse *f*
**emergere** [e'mɛrdʒere] <emergo, emersi, emerso> *vi* essere ① (*apparire in alto*) emporragen ② (*venir fuori*) auftauchen ③ (*fig: eccellere*) herausragen, sich hervortun; (*risultare*) deutlich werden, herauskommen
**emerito, -a** [e'mɛːrito] *agg* ① (*professore*) emeritiert ② (*insigne*) hervorragend, bedeutend ③ (*fig, a scherz*) notorisch, bekannt; **sei un** ~ **stupido** du bist ein ausgesprochener Dummkopf

**emersi** [e'mɛrsi] *1. pers sing pass rem di* **emergere**

**emersione** [emer'sio:ne] *f* (NAUT) Auftauchen *nt;* (GEOG, ASTR) Emersion *f*

**emerso** [e'mɛrso] *pp di* **emergere**

**emetico** [e'mɛ:tiko] <-ci> *m* Brechmittel *nt*

**emetico, -a** <-ci, -che> *agg* Brechreiz erregend, Brech-

**emettere** [e'mettere] <irr> *vt* ❶ *(mandare fuori)* hervor-, herausbringen; *(calore)* ausströmen, ausstrahlen ❷ *(grido, sibilo)* ausstoßen, von sich *dat* geben ❸ (FIN) emittieren; *(assegno)* ausstellen ❹ (JUR: *sentenza)* aussprechen; *(mandato)* erlassen ❺ *(fig: opinione)* aussprechen, zum Ausdruck bringen **emettitore** [emetti'to:re] *m* (RADIO, TEL) Emitter *m* **emettitrice** [emetti'tri:tʃe] *f* Ausgabegerät *nt;* *(di biglietti)* Fahrkartenautomat *m*

**emiciclo** [emi'tʃi:klo] *m* Halbkreis *m*

**emicrania** [emi'kra:nia] <-ie> *f* (MED) Migräne *f*

**emigrante** [emi'grante] I. *agg* auswandernd, emigrierend II. *mf* Auswanderer *m*/Auswanderin *f*, Emigrant(in) *m(f)*

**emigrare** [emi'gra:re] *vi essere o avere* ❶ *(espatriare)* auswandern, emigrieren ❷ (ZOO) ziehen, wandern **emigrato, -a** [emi'gra:to] I. *agg* ausgewandert, emigriert II. *m, f* Auswanderer *m*/Auswanderin *f*, Emigrant(in) *m(f)* **emigratorio, -a** [emigra'tɔ:rio] <-i, -ie> *agg* Auswanderungs-, Emigrations- **emigrazione** [emigrat'tsio:ne] *f* ❶ *(espatrio)* Auswanderung *f*, Emigration *f* ❷ (ZOO) Wanderung *f*, Migration *f* ❸ (FIN) Abwanderung *f*, Flucht *f;* l'~ **di capitali** die Kapitalflucht

**Emilia** *f* ❶ *(regione)* Emilia-Romagna *f* ❷ *(città)* Emilia *f* *(Stadt in der Emilia Romagna)*

**emiliano** [emi'lia:no] <*sing*> *m (dialetto)* Emilianisch(e) *nt*, Dialekt *m* der Emilia

**emiliano, -a** I. *agg* aus der Emilia stammend, emlianisch II. *m, f (abitante)* Emilianer(in) *m(f)*

**Emilia-Romagna** [e'mi:lia ro'maɲɲa] *f* Emilia-Romagna *f*

**eminente** [emi'nɛnte] *agg* ❶ *(alzato)* erhöht ❷ *(fig)* hervorragend, vortrefflich **eminentemente** [eminente'mente] *avv* ausgesprochen; *(soprattutto)* über-, vorwiegend **eminentissimo, -a** [eminen'tissimo] *agg* hochwürdigste(r, s)

**eminenza** [emi'nɛntsa] *f* ❶ (REL) Eminenz *f* ❷ *(fig)* Vorzüglichkeit *f*, Vortrefflichkeit *f* ❸ *(luogo)* Erhebung *f*, Anhöhe *f*

**emirato** [emi'ra:to] *m* Emirat *nt* **emiro** [e'mi:ro] *m* Emir *m*

**emisferico, -a** [emis'fɛ:riko] <-ci, -che> *agg* hemisphärisch **emisfero** [emis'fɛ:ro] *m* ❶ (GEOG) Hemisphäre *f*, Erdhalbkugel *f;* ~ **australe/boreale** südliche/nördliche Hemisphäre; ~ **terrestre** Erdhalbkugel *f* ❷ (ANAT) Hemisphäre *f*, Gehirnhälfte *f* ❸ (MAT) Hemisphäre *f*, Halbkugel *f*

**emisi** *1. pers sing pass rem di* **emettere**

**emissario** [emis'sa:rio] <-i> *m* ❶ (GEOG) Abfluss *m* ❷ *(agente segreto)* geheimer Abgesandter, [Geheim]agent *m*

**emissione** [emis'sio:ne] *f* ❶ *(diffusione, fuoriuscita)* Aussenden *nt*, -stoßen *nt* ❷ (COM, FIN) Emission *f*, Ausgabe *f* ❸ (PHYS) Emission *f;* (RADIO) Ausstrahlung *f*

**emistichio** [emis'ti:kio] <-chi> *m* Halbvers *m*, Halbzeile *f*

**emittente** [emit'tɛnte] I. *agg* ❶ (RADIO) sendend, Sende- ❷ (FIN) Emissions- II. *f* (TV, RADIO) Sender *m* **emittenza** [emit'tentsa] *f* Ausstrahlung *f*, Sendung *f*

**Emmental** ['mɛntal] <-> *m* Emmentaler *m*

**emodialisi** [emodia'li:zi] <-> *f* (MED) Blutwäsche *f*, Hämodialyse *f* **emodializzato, -a** [emodialid'dza:to] *m, f* Hämodialysepatient(in) *m(f)*

**emodinamico, -a** [emodi'na:miko] <-ci, -che> *agg* (MED) hämodynamisch

**emofilia** [emofi'li:a] <-ie> *f* (MED) Bluterkrankheit *f*, Hämophilie *f* **emofiliaco** [emofi'li:ako] <-ci> *m* Bluter *m*

**emoglobina** [emoglo'bi:na] *f* Hämoglobin *nt*

**emolliente** [emol'liɛnte] I. *agg* weich machend II. *m* ❶ (MED) Schleim lösendes Mittel; *(crema)* entzündungshemmendes Mittel ❷ *(per tessuti)* Weichmacher *m*

**emolumento** [emolu'mento] *m (poet)* Bezüge *mpl*, Entgelt *nt*, Gehalt *nt*

**emorragia** [emorra'dʒi:a] <-gie> *f* (MED) Blutung *f*, Hämorrhagie *f*

**emorroidi** [emor'rɔ:idi] *fpl* Hämorrhoiden *fpl*

**emostatico** [emos'ta:tiko] <-ci> *m* Blut stillendes Mittel

**emostatico, -a** <-ci, -che> *agg* Blut stillend; **matita -a** Alaun-, Blutstillstift *m*

**emoteca** [emo'tɛ:ka] *f* Blutbank *f*

**emotiva** *f v.* **emotivo**

**emotività** [emotivi'ta] <-> *f* Gefühlsbetontheit *f* **emotivo, -a** [emo'ti:vo] I. *agg* Gefühls-, emotional, gefühlsmäßig; *(persona)* gefühlsbetont, emotional II. *m, f* Gefühlsmensch *m*

**emozionabilità** [emotsiona'bili'ta] <-> f Empfindsamkeit f, Emotionalität f
**emozionale** [emottsio'na:le] agg emotional, Gefühls-
**emozionante** [emottsio'nante] agg aufregend, spannend
**emozionare** [emottsio'na:re] I. vt bewegen, aufregen II. vr **-rsi** sich aufregen, sich erregen **emozione** [emot'tsio:ne] f Gefühl nt; (agitazione) Aufregung f, Erregung f; **provare una forte ~** stark bewegt sein
**empatia** [empa'ti:a] <-ie> f (PSIC) Empathie f, Einfühlungsvermögen nt
**empietà** [empie'ta] <-> f Schändlichkeit f; (REL) Gottlosigkeit f
**empii** [em'pi:i] 1. pers sing pass rem di **empire**
**empire** [em'pi:re] <empio, empii, empito> I. vt (riempire) füllen; **~ qc di qc** etw mit etw füllen II. vr **-rsi** sich satt essen; **-rsi di dolci** sich mit Süßigkeiten vollstopfen
**empio, -a** ['empio] <-i, -ie> agg schändlich, ruchlos; (REL) gottlos
**empireo** [em'pi:reo] m Empyreum nt
**empirico, -a** [em'pi:riko] <-ci, -che> I. agg ①(rimedio, metodo) empirisch ②(pej) unwissenschaftlich, laienhaft II. m, f (MED) Heilpraktiker(in) m(f)
**empirismo** [empi'rizmo] m ①(PHILOS) Empirismus m ②(MED) Naturheilverfahren nt
**empirista** [empi'rista] <-i m, -e f> mf (PHILOS) Empirist m **empiristico, -a** [empi'ristiko] <-ci, -che> agg empiristisch
**empito** [em'pi:to] pp di **empire**
**emporio** [em'pɔ:rio] <-i> m (COM) Handelszentrum nt; (negozio) Kaufhaus nt
**emù** [e'mu] <-> m (ZOO) Emu m
**emula** f v. **emulo**
**emulare** [emu'la:re] vt ①(sforzarsi di eguagliare) jdm nacheifern ②(INFORM) emulieren **emulazione** [emulat'tsio:ne] f ①(desiderio di eguagliare) Nacheifern nt ②(INFORM) Emulation f **emulo, -a** ['ɛ:mulo] I. agg nacheifernd II. m, f Nacheiferer m/Nacheiferin f, Schüler(in) m(f)
**emulsionare** [emulsio'na:re] vt emulgieren
**emulsionatore** [emulsiona'to:re] m (apparecchio) Emulgiergerät nt, Vorverstäuber m
**emulsionatore, -trice** agg emulgierend
**emulsione** [emul'sio:ne] f Emulsion f
**Enalotto** [ena'lɔtto] m staatlich organisierte Lotterie

**encefalico, -a** [entʃe'fa:liko] <-ci, -che> agg Enzephalo-, [Ge]hirn-
**encefalo** [en'tʃɛ:falo] m Großhirn nt
**encefalopatia** [entʃefalopa'ti:a] <-ie> f (MED) Enzephalopathie f, Gehirnerkrankung f
**enciclica** [en'tʃi:klika] <-che> f Enzyklika f
**enciclopedia** [entʃiklope'di:a] <-ie> f Enzyklopädie f, [Konversations]lexikon nt **enciclopedico, -a** [entʃiklo'pɛ:diko] <-ci, -che> agg enzyklopädisch
**enclave** [ã'kla:v] <-> f Enklave f
**enclitico, -a** [eŋ'kli:tiko] <-ci, -che> agg enklitisch
**encomiabile** [eŋko'mia:bile] agg (poet) lobens-, rühmenswert
**encomiare** [eŋko'mia:re] vt (poet) rühmen, [lob]preisen **encomiastico, -a** [eŋko'miastiko] <-ci, -che> agg (poet) rühmend, [lob]preisend; **discorso ~** Lobrede f **encomio** [eŋ'kɔ:mio] <-i> m Lob nt, Lobrede f; **degno di ~** rühmenswert
**endecasillabo** [endeka'sillabo] m Elfsilb[l]er m, elffüßiger Vers
**endecasillabo, -a** agg elfsilbig, elffüßig
**endemico, -a** [en'dɛ:miko] <-ci, -che> agg endemisch
**endocardio** [endo'kardio] <-i> m (ANAT) Endokard nt, Herzinnenhaut f
**endocrino, -a** [en'dɔ:krino] agg (ANAT) endokrin
**endoenergetico, -a** [endoenerdʒɛ'tiko] <-ci, -che> agg **processo ~** Prozess, dem von außen Energie zugefügt werden muss
**endogeno, -a** [en'dɔ:dʒeno] agg endogen
**endoscopio** [endos'kɔ:pio] <-i> m Endoskop nt
**endovenoso, -a** [endove'no:so] agg (MED) intravenös
**endurista** [endu'rista] <-i m, -e f> mf (MOT) Enduro-Fahrer(in) m(f) **enduro** [en'du:ro] <-> m Enduro f, geländegängiges Motorrad
**ENEL** ['ɛ:nel] m abbr di **Ente Nazionale per l'Energia Elettrica** staatliche italienische Elektrizitätsgesellschaft
**energetico, -a** [ener'dʒɛ:tiko] <-ci, -che> agg ①(PHYS) energetisch, energieerzeugend; **fonti -che** Energiequellen fpl ②(MED) kräftigend, aufbauend
**energia** [ener'dʒi:a] <-gie> f Energie f; **~ atomica** [o **nucleare**] Atom-, Kernenergie f; **~ elettrica** elektrische Energie; **~ rinnovabile** erneuerbare Energie; **~ verde** [o **sostenibile**] grüne Energie; **~ solare** Sonnenenergie f, Solarenergie f; **~ d'urto** Stoßenergie f; **con ~** kraftvoll, tatkräftig;

**senza ~ energielos energico, -a** [e'nɛrdʒiko] <-ci, -che> *agg* kraftvoll **energizzare** [enerdʒid'dzaːre] *vt* **~ qc** einer Sache *dat* Energie zuführen
**energumeno, -a** [ener'guːmeno] *m, f* Besessene(r) *f(m)*, Rasende(r) *f(m)*
**energy drink** ['enədʒi 'drink] <-> *m* Energydrink *m*, Energy-Drink **energy manager** ['enədʒi 'mænidʒə] <-> *mf* (*dirigente responsbile dell'energia*) Energiemanager(in) *m(f)*, Energy Manager *m*
**energy saving** ['enədʒi'seiviŋ] <-> *m* (*risparmio di energia*) Energiesparmaßnahme *f*
**enfant prodige** [ãˈfã prɔˈdiːʒ] <-> *m* Wunderkind *nt*
**enfant terrible** [ãˈfã teˈribl] <-> *m* Enfant terrible *nt*
**enfasi** ['ɛnfazi] <-> *f* Nachdruck *m*, Emphase *f* **enfatico, -a** [enˈfaːtiko] <-ci, -che> *agg* nachdrücklich, emphatisch
**enfatizzazione** [enfatiddzatˈtsioːne] *f* ① (*l'enfatizzare*) Emphatisierung *f* ② (*esagerazione*) Überbewertung *f*
**enfiteusi** [enfiˈtɛːuzi] <-> *f* (JUR) Erbpacht *f*
**Engadina** [eŋgaˈdiːna] *f* (GEOG) Engadin *nt*
**engagé** [ãgaˈʒe] <inv> *agg* engagiert
**engagement** [ãgaʒˈmã] <-> *m* Engagement *nt*
**engineer** [endʒiˈniə] <-> *mf* (*ingegnere*) Ingenieur(in) *m(f)* **engineering** [endʒiˈniəriŋ] <-> *m* (*ingegneria*) Ingenieurwesen *nt*
**ENI** ['ɛːni] *m abbr di* **Ente Nazionale Idrocarburi** staatlicher italienischer Energiekonzern
**enigma** [eˈnigma] <-i> *m* Rätsel *nt* **enigmatico, -a** [enigˈmaːtiko] <-ci, -che> *agg* rätselhaft **enigmista** [enigˈmista] <-i *m*, -e *f*> *mf* Rätsellöser(in) *m(f)* **enigmistico, -a** [enigˈmistiko] <-ci, -che> *agg* Rätsel-
**Enna** *f* Enna *nt* (*Stadt in Sizilien*)
**ennese** [enˈneːse] **I.** *agg* aus Enna stammend **II.** *mf* (*abitante*) Einwohner(in) *m(f)* von Enna
**Ennese** <*sing*> *m* Umgebung *f* von Enna
**ennesimo, -a** [enˈnɛːzimo] *agg* ① (*fam*) x-te[r,s], hundertste(r, s); **per l'~a volta** zum x-ten Mal ② (MAT) n-te[r,s]
**enologa** *f v.* **enologo**
**enologia** [enoloˈdʒiːa] <-gie> *f* Weinkunde *f* **enologico, -a** [enoˈlɔːdʒiko] <-ci, -che> *agg* weinkundlich **enologo, -a** [eˈnɔːlogo] <-gi, -ghe> *m, f* Weinkundler(in) *m(f)*
**enorme** [eˈnorme] *agg* enorm, ungeheuer

**enormità** [enormiˈta] <-> *f* ① (*grandezza*) Riesengröße *f*, Enormität *f* ② (*fig*) Ungeheuerlichkeit *f*; (*pej*) Abscheulichkeit *f*; **costa un'~!** (*fam*) das kostet ein Schweinegeld!
**enoteca** [enoˈtɛːka] *f* ① (*raccolta*) Weinsammlung *f*, Weinlager *nt* ② (*locale*) Weinhandlung *f*, Weinprobierstube *f*
**enoturismo** [enotuˈrizmo] *m* Weintourismus *m*
**en passant** [ã paˈsã] *avv* en passant, im Vorübergehen
**en plein** [ã ˈplɛ̃] <-> *m* ① (*alla roulette*) voller Gewinn ② (*fig*) Volltreffer *m*; **fare un ~** einen Volltreffer erzielen
**ensemble** [ãˈsãbl] <-> *m* ① (*moda*) Kostüm *nt* ② (MUS) Ensemble *nt*
**ente** ['ɛnte] *m* ① (*istituzione*) Körperschaft *f*, Anstalt *f* ② (PHILOS) Wesen *nt*
**enter** ['ɛntə] <-> *m* (INFORM: *invio*) Enter *nt*, Eingabetaste *f*
**entità** [entiˈta] <-> *f* ① (*valore*) Wert *m*; (*importanza*) Bedeutung *f* ② (PHILOS) Entität *f*
**entomologa** *f v.* **entomologo**
**entomologia** [entomoloˈdʒiːa] <-gie> *f* Insektenkunde *f*, Entomologie *f* **entomologo, -a** [entoˈmɔːlogo] <-gi, -ghi> *m, f* Insektenforscher(in) *m(f)*
**entourage** [ãtuˈraːʒ] <-> *m* Gefolge *nt*, Gefolgschaft *f*
**entraîneuse** [ãtrɛˈnøːz] <-> *f* Animierdame *f*
**entrambi, -e** [enˈtrambi] *agg o pron* [alle] beide; **-e le parti** beide Teile, beide Parteien
**entrante** [enˈtrante] *agg* kommende(r, s), nächste(r, s)
**entrare** [enˈtraːre] *vi* essere ① (*in un luogo*) hineingehen; **~ in casa** ins Haus gehen; **~ dalla porta/finestra** zur Tür/zum Fenster hereinkommen; **entrate pure!** kommt doch herein!; **fare ~ qu** jdn hereinlassen ② (*fig: in un gruppo*) eintreten; **~ nell'esercito** zum Militär gehen; **~ in convento** ins Kloster gehen ③ (*vestito*) passen; **la gonna non mi entra più** der Rock passt mir nicht mehr ④ (*trovare posto*) **qui non c'entra più nessuno** (*fam*) hier passt niemand mehr rein; **questo non c'entra** (*fig fam*) das hat damit nichts zu tun ⑤ (*fig: iniziare*) **~ in contatto con qu** mit jdm Verbindung aufnehmen; **~ in carica** ein Amt antreten
**entrata** [enˈtraːta] *f* ① (*ingresso*) Eingang *m*; (*per veicoli*) Einfahrt *f*; **~ principale** Haupteingang *m* ② (*l'entrare*) Ein-

tritt *m* ③ (INFORM) Eingabe *f* ④ *pl* (COM) Einnahmen *fpl* ⑤ (*in guerra*) Eintritt *m;* (*in carica*) Antritt *m* **entratura** [entra'tu:ra] *f* ① (*ingresso*) Eingang *m,* Flur *m,* Diele *f* ② (*fig*) Zugang *m*
**entrecôte** [ãtrə'ko:t] <-> *f* Entrecote *nt,* Zwischenrippenstück *nt*
**entro** ['entro] *prp* innerhalb +*gen* o *dat,* binnen +*gen* o *dat*; **~ e non oltre il 30 ottobre** (ADM) bis spätestens [zum] 30. Oktober; **si sposa ~ l'anno** er/sie heiratet noch in diesem Jahr
**entroterra** [entro'tɛrra] <-> *m* Hinterland *nt*
**entusiasmare** [entuziaz'ma:re] I. *vt* begeistern, mitreißen II. *vr* **-rsi** sich begeistern; **-rsi per qc** sich für etw begeistern
**entusiasmo** [entu'ziazmo] *m* Begeisterung *f,* Enthusiasmus *m;* **essere pieno di ~ per qc/qu** von etw/jdm hell[auf] begeistert sein **entusiasta** [entu'ziasta] <-i *m,* -e *f*> I. *agg* begeistert; **essere ~ di qc** von etw begeistert sein II. *mf* Enthusiast(in) *m(f),* Begeisterte(r) *f(m)* **entusiastico, -a** [entu'ziastiko] <-ci, -che> *agg* begeistert; (*applauso*) stürmisch
**enucleare** [enukl'a:re] *vt* ① (*poet*) herausarbeiten, herausschälen ② (MED) ausschälen, enukleieren **enucleazione** [enukleat'tsjo:ne] *f* (MED) Ausschälung *f,* Enukleation *f*
**enumerare** [enume'ra:re] *vt* aufzählen **enumerazione** [enumerat'tsjo:ne] *f* Aufzählung *f*
**enunciare** [enun'tʃa:re] *vt* darlegen, formulieren **enunciativo, -a** [enuntʃa'ti:vo] *agg* aussagend, Aussage- **enunciato** [enun'tʃa:to] *m* Formulierung *f,* Wortlaut *m* **enunciazione** [enuntʃat'tsjo:ne] *f* Formulierung *f,* Darlegung *f*
**enuresi** [enu'rɛ:zi] <-> *f* (MED) Bettnässen *nt,* Enurese *f*
**enzima** [en'dzi:ma] <-i> *m* Enzym *nt* **enzimologo, -a** [entsi'mɔ:logo] <-gi, -ghe> *m, f* (MED) Enzymologe *m/*Enzymologin *f*
**eolico, -a** [e'ɔ:liko] <-ci, -che> *agg* ① (*del vento*) Wind-; **energia -a** Windenergie *f;* **motore ~** Windmotor *m* ② (*degli Eoli*) äolisch
**Eolie** [e'ɔ:lie] *fpl* Liparische Inseln *fpl*
**epatico, -a** [e'pa:tiko] <-ci, -che> *agg* Leber-; **cirrosi -a** Leberzirrhose *f* **epatite** [epa'ti:te] *f* Hepatitis *f* **epatologo, -a** [epatɔ'lɔ:go] <-gi, -ghe> *m, f* (MED) Leberspezialist(in) *m(f)*
**epica** ['ɛ:pika] <-che> *f* Epik *f*

**epicentro** [epi'tʃɛntro] *m* ① (GEOL) Epizentrum *nt* ② (*fig*) Herd *m,* Schwerpunkt *m*
**epico, -a** ['ɛ:piko] <-ci, -che> *agg* episch, erzählend; **poema ~** Epos *nt*
**epicurea** *f v.* **epicureo**
**epicureismo** [epikure'izmo] *m* (PHILOS) Epikureismus *m* **epicureo, -a** [epiku'rɛo] I. *agg* epikureisch II. *m, f* ① (PHILOS) Epikureer(in) *m(f)* ② (*fig*) Genussmensch *m*
**epidemia** [epide'mi:a] <-ie> *f* ① (MED) Epidemie *f,* Seuche *f* ② (*fig*) Plage *f* **epidemico, -a** [epi'dɛ:miko] <-ci, -che> *agg* ① (MED) epidemisch, seuchenartig ② (*fig*) [weit] um sich greifend **epidemiologo, -a** [epide'mjɔ:logo] <-gi, -ghe> *m, f* (MED) Epidemiologe *m/*Epidemiologin *f*
**epidermico, -a** [epi'dɛrmiko] <-ci, -che> *agg* (ANAT) Oberhaut-, epidermal **epidermide** [epi'dɛrmide] *f* Epidermis *f,* Oberhaut *f*
**epifania** [epifa'ni:a] <-ie> *f* Epiphanie *f;* **Epifania** (*festa*) Dreikönigsfest *nt*
**epigono** [e'pi:gono] *m* Epigone *m,* Nachahmer *m*
**epigrafe** [e'pi:grafe] *f* Aufschrift *f,* Inschrift *f* **epigrafia** [epigra'fi:a] *f* Epigrafik *f,* Inschriftenkunde *f*
**epigrafica** [epi'gra:fika] <-che> *f* Meißelschrift *f* **epigrafico, -a** [epi'gra:fiko] <-ci, -che> *agg* epigrafisch, Epigrafik- **epigrafista** [epigra'fista] <-i *m,* -e *f*> *mf* Epigrafiker(in) *m(f),* Inschriftenforscher(in) *m(f)*
**epigramma** [epi'gramma] <-i> *m* (LIT) Epigramm *nt* **epigrammatico, -a** [epigram'ma:tiko] <-ci, -che> *agg* ① (LIT) epigrammatisch ② (*fig*) beißend, treffend
**epilatore** [epila'to:re] *m* Epiliergerät *nt* **epilatorio, -a** [epila'tɔ:rjo] <-i, -ie> *agg* Epilier-, Enthaarungs-; **crema -a** Enthaarungscreme *f* **epilazione** [epilat'tsjo:ne] *f* Enthaaren *nt*
**epilessia** [epiles'si:a] <-ie> *f* Epilepsie *f* **epilettico, -a** [epi'lɛttiko] <-ci, -che> I. *agg* epileptisch II. *m, f* Epileptiker(in) *m(f)*
**epilogo** [e'pi:logo] <-ghi> *m* ① (LIT) Epilog *m,* Nachwort *nt* ② (*fig*) Nachspiel *nt*
**episcopale** [episko'pa:le] *agg* bischöflich, Bischofs- **episcopato** [episko'pa:to] *m* Episkopat *nt,* Bischofsamt *nt*
**episodico, -a** [epi'zɔ:diko] <-ci, -che> *agg* ① (*film, romanzo*) episodisch, episodenartig ② (*fig*) vereinzelt **episodio** [epi'zɔ:djo] <-i> *m* Episode *f*
**epistassi** [epis'tassi] <-> *f* (MED) Nasenbluten *nt*
**epistola** [e'pistola] *f* ① (*poet*) Brief *m*

epistolare → equivoco

②(REL) Epistel *f*, Brief *m;* (*alla messa*) Lesung *f* **epistolare** [episto'la:re] *agg* brieflich, Brief-; **romanzo** ~ Briefroman *m;* **stile** ~ Briefstil *m* **epistolario** [episto'la:rio] <-i> *m* Briefsammlung *f*

**epitaffio** [epi'taffio] <-i> *m* Epitaph *nt,* Grabinschrift *f*

**epitelio** [epi'tɛ:lio] <-i> *m* (ANAT) Epithel *nt*

**epiteto** [e'pi:teto] *m* Beiname *m;* (*pej*) Schimpfname *m*

**epoca** ['ɛ:poka] <-che> *f* Zeit *f,* Epoche *f;* ~ **glaciale** Eiszeit *f;* **auto d'**~ Oldtimer *m;* **a quell'**~ zu jener Zeit, damals

**epodo** [e'pɔ:do] *m* (LIT) Epode *f,* Abgesang *m*

**eponimo, -a** [e'pɔ:nimo] I. *agg* namengebend II. *m, f* Namengeber(in) *m(f),* Eponym *nt*

**epopea** [epo'pɛ:a] *f* ①(LIT) [Helden]epos *nt;* (*genere letterario*) Epik *f* ②(HIST) Heldentaten *fpl* **epos** ['ɛ:pos] <-> *m* (LIT) Epos *nt*

**eppure** [ep'pu:re] *cong* und doch, trotzdem

**epulone** [epu'lo:ne] *m* (*scherz*) Schlemmer *m,* Prasser *m*

**epurare** [epu'ra:re] *vt* (POL) säubern **epurazione** [epurat'tsio:ne] *f* (POL) Säuberung *f*

**equalizzare** [ekualid'dza:re] *vt* (*obs*) nivellieren, gleichmachen

**equanime** [e'kua:nime] *agg* (*giudizio*) sachlich, gerecht; (*giudice*) unparteiisch, unvoreingenommen **equanimità** [ekuanimi'ta] <-> *f* (*di giudizio*) Sachlichkeit *f;* (*di giudice*) Unparteilichkeit *f,* Unvoreingenommenheit *f*

**equatore** [ekua'to:re] *m* Äquator *m* **equatoriale** [ekuato'ria:le] *agg* äquatorial, Äquator-

**equazione** [ekuat'tsio:ne] *f* Gleichung *f*

**equestre** [e'kuɛstre] *agg* Reiter-; (HIST) Ritter-

**equiangolo, -a** [ekui'aŋgolo] *agg* gleichwink[e]lig

**equidistante** [ekuidis'tante] *agg* gleich weit entfernt, äquidistant **equidistanza** [ekuidis'tantsa] *f* gleich große Entfernung, Äquidistanz *f*

**equilatero, -a** [ekui'la:tero] *agg* gleichseitig

**equilibrare** [ekuili'bra:re] I. *vt* ①(*tenere in equilibrio*) ausgleichen; (*pesi*) ins Gleichgewicht bringen; (*spese*) im Gleichgewicht halten ②(*scafo*) trimmen; (MOT) auswuchten II. *vr* **-rsi** sich ausgleichen **equilibrato, -a** [ekuili'bra:to] *agg* ①(*fig*) ausgeglichen ②(MOT) ausgewuchtet; (NAUT) getrimmt **equilibratura** [ekuilibra'tu:ra] *f* (TEC, MOT) Auswuchten *nt;* ~ **delle ruote** Auswuchten *nt* der Räder

**equilibrio** [ekui'li:brio] <-i> *m* ①(PHYS) Gleichgewicht *nt* ②(*fig*) Gleichgewicht *nt;* (*di persona*) Ausgeglichenheit *f;* **perdere/mantenere l'**~ das Gleichgewicht verlieren/halten **equilibrismo** [ekuili'brizmo] *m* ①(*arte*) Äquilibristik *f,* Gleichgewichtskunst *f* ②(*fig*) Schaukelpolitik *f* **equilibrista** [ekuili'brista] <-i *m,* -e *f*> *mf* Äquilibrist(in) *m(f),* Gleichgewichtskünstler(in) *m(f)*

**equalizzatore** [ekuiliddza'to:re] *m* Equalizer *m*

**equino** [e'kui:no] *m* Pferd *nt*

**equino, -a** *agg* Pferde-

**equinozio** [ekui'nɔttsio] <-i> *m* (ASTR) Tagundnachtgleiche *f,* Äquinoktium *nt;* ~ **di primavera** Frühlingsäquinoktium *nt;* ~ **d'autunno** Herbstäquinoktium *nt*

**equipaggiamento** [ekuipaddʒa'mento] *m* Ausrüstung *f* **equipaggiare** [ekuipad'dʒa:re] I. *vt* ausrüsten II. *vr* **-rsi** sich ausrüsten

**equipaggio** [ekui'paddʒo] <-ggi> *m* Besatzung *f,* Crew *f*

**equiparare** [ekuipa'ra:re] *vt* ①(*uguagliare*) gleichstellen ②(*comparare*) vergleichen **equiparazione** [ekuiparat'tsio:ne] *f* Gleichstellung *f*

**équipe** [e'kip] <-> *f* Team *nt,* Mannschaft *f;* **lavoro di** ~ Teamarbeit *f*

**equipollente** [ekuipol'lɛnte] *agg* gleichwertig **equipollenza** [ekuipol'lɛntsa] *f* Gleichwertigkeit *f*

**equità** [ekui'ta] <-> *f* Unparteilichkeit *f,* Unvoreingenommenheit *f;* ~ **sociale** Sozialverträglichkeit *f*

**equitazione** [ekuitat'tsio:ne] *f* Reiten *nt,* Reitsport *m*

**equivalente** [ekuiva'lɛnte] I. *agg* gleichwertig, gleich bedeutend; (MAT) äquivalent; (*in geometria*) deckungsgleich II. *m* Gegenwert *m* **equivalenza** [ekuiva'lɛntsa] *f* ①(MAT) Äquivalenz *f;* (*in geometria*) Deckungsgleichheit *f* ②(*fig*) Gleichwertigkeit *f*

**equivalere** [ekuiva'le:re] <irr> I. *vi essere o avere* entsprechen, gleichkommen II. *vr* **-rsi** gleichwertig sein, sich decken

**equivocare** [ekuivo'ka:re] *vi* sich täuschen, sich irren **equivocità** [ekuivotʃi'ta] <-> *f* Zweideutigkeit *f*

**equivoco** [e'kui:voko] <-ci> *m* Zweideu-

tigkeit *f*; (*malinteso*) Missverständnis *nt*; **cadere in un ~** einem Missverständnis zum Opfer fallen
**equivoco, -a** <-ci, -che> *agg* ❶ (*modo*) zweideutig ❷ (*fig: persona*) undurchsichtig
**equo, -a** ['ɛːkuo] *agg* ❶ (*persona, giudice*) gerecht, unvoreingenommen ❷ (COM) angemessen
**era**[1] ['ɛːra] *f* Ära *f*, Zeitalter *nt*; (HIST) Zeitrechnung *f*; **l'~ atomica** das Atomzeitalter; **l'~ cristiana/maomettana** die christliche/mohammedanische Zeitrechnung; **l'~ geologica** Erdzeitalter *nt*
**era**[2] *3. pers sing imp di* **essere**[1]
**erariale** [eraˈriaːle] *agg* Staatskassen- **erario** [eˈraːrio] <-i> *m* Staatskasse *f*
**erba** ['ɛrba] *f* ❶ (BOT) Gras *nt*; **un filo d'~** ein Grashalm *m*; **~ medicinale** Heilpflanze *f*; **fare d'ogni ~ un fascio** (*fig*) alles in einen Topf werfen; **la mala ~ non muore mai** (*prov*) Unkraut vergeht nicht ❷ (GASTR) Gewürz[kraut] *nt*; **~ cipollina** Schnittlauch *m* ❸ (*sl: marijuana*) Gras *nt*
**erbaceo, -a** [erˈbaːtʃeo] <-ei, -ee> *agg* grasartig, Gras- **erbaggio** [erˈbaddʒo] <-ggi> *m* Gemüse *nt* **erbario** [erˈbaːrio] <-i> *m* ❶ (*libro*) Kräuterbuch *nt* ❷ (*collezione*) Herbarium *nt*, Kräutersammlung *f*
**erbicida**[1] [erbiˈtʃiːda] <-i *m*, -e *f*> *agg* unkrautvernichtend, herbizid
**erbicida**[2] <-i> *m* Herbizid *nt*, Unkrautvernichtungsmittel *nt*
**erbivendolo, -a** [erbiˈvendolo] *m, f* Gemüsehändler(in) *m(f)* **erbivoro, -a** [erˈbiːvoro] I. *agg* ❶ (*animale*) pflanzenfressend II. *m* ❶ (*animale*) Pflanzenfresser *m* ❷ (*scherz*) Vegetarier(in) *m(f)*
**erborista** [erboˈrista] <-i *m*, -e *f*> *mf* (*esperto*) Kräuterspezialist(in) *m(f)*; (COM) Heilpflanzenverkäufer(in) *m(f)* **erboristeria** *f* ❶ (*disciplina*) Kräuterkunde *f* ❷ (*negozio*) Kräuterladen *m*
**erboso, -a** [erˈboːso] *agg* grasbewachsen, Gras-
**Ercolano** [erkoˈlaːno] *f* Herculaneum *nt*
**ercole** ['ɛrkole] *m* (*fig, scherz*) Muskelprotz *m*, Herkules *m*
**erculeo, -a** [erˈkuːleo] *agg* baumstark
**erede** [eˈrɛːde] *mf* Erbe *m*/Erbin *f* **eredità** [erediˈta] <-> *f* Erbschaft *f*, Erbe *nt*; **lasciare in ~** vererben; **ricevere in ~** erben **ereditare** [erediˈtaːre] *vt* erben **ereditarietà** [ereditarjeˈta] <-> *f* (BIOL) [Ver]erblichkeit *f*; (*fatto*) Vererbung *f* **ereditario, -a** [erediˈtaːrio] <-i, -ie> *agg* ❶ (*principe*) Erb-, Kron- ❷ (JUR) Erb-, Nachlass- ❸ (BIOL)

erblich **ereditiera** [erediˈtiɛːra] *f* [reiche] Erbin *f*
**eremita** [ereˈmiːta] <-i> *m* Eremit *m*, Einsiedler *m* **eremitaggio** [eremiˈtaddʒo] <-ggi> *m* Einsiedelei *f*
**eremitico, -a** [ereˈmiːtiko] <-ci, -che> *agg* Einsiedler-, eremitisch
**eremo** ['ɛːremo] *m* Einsiedelei *f*; (*fig*) Stille *f*, Abgeschiedenheit *f*
**eresia** [ereˈziːa] <-ie> *f* Ketzerei *f*, Häresie *f*; (*dottrina*) Irrlehre *f* **eresiarca** [ereziˈarka] <-chi> *m* Häresiarch *m*
**eressi** [eˈrɛssi] *1. pers sing pass rem di* **erigere**
**eretica** *f v.* **eretico**
**ereticale** [eretiˈkaːle] *agg* ketzerisch, Ketzer-
**eretico, -a** [eˈrɛːtiko] <-ci, -che> I. *agg* ketzerisch, Ketzer- II. *m, f* ❶ (REL) Ketzer(in) *m(f)* ❷ (*fam*) Gottlose(r) *f(m)*
**eretto, -a** [eˈrɛtto] I. *pp di* **erigere** II. *agg* gerade, aufrecht
**erezione** [eretˈtsjoːne] *f* ❶ (ARCH) Errichtung *f*, Bau *m* ❷ (BIOL) Erektion *f*
**erg** [ɛrg] <-> *m* ❶ (PHYS) Erg *nt* ❷ (GEOG) Erg *nt*
**ergastolano, -a** [ergastoˈlaːno] *m, f* zu lebenslänglich Verurteilte(r) *f(m)*, Lebenslängliche(r) *f(m) fam* **ergastolo** [erˈgastolo] *m* ❶ (*pena*) lebenslängliche Freiheitsstrafe ❷ (*luogo*) Zuchthaus *nt*
**ergere** ['ɛrdʒere] <ergo, ersi, erto> I. *vt* erheben, emporrichten II. *vr* **-rsi** aufragen
**ergo** ['ɛrgo] *cong* (*scherz*) ergo, also
**ergonomia** [ergonoˈmiːa] <-ie> *f* Ergonomie *f*, Ergonomik *f* **ergonomico, -a** [ergoˈnɔːmiko] <-ci, -che> *agg* ergonomisch **ergonomo, -a** *m, f* Ergonom(in) *m(f)*
**eri** ['ɛːri] *2. pers sing imp di* **essere**[1]
**erica** ['ɛːrika] <-che> *f* (BOT) Erika *f*, Heidekraut *nt*
**erigere** [eˈriːdʒere] <erigo, eressi, eretto> I. *vt* ❶ (ARCH) errichten, erbauen ❷ (*fig*) gründen II. *vr* **-rsi** sich aufwerfen; **-rsi a giudice** sich zum Richter aufwerfen
**erinni** [eˈrinni] *fpl* (LIT) Erinnyen *fpl*, Rachegöttinnen *fpl*
**eritema** [eriˈtɛːma] <-i> *m* Hautrötung *f*, Erythem[a] *nt*; **~ solare** Sonnenallergie *f*
**ermafroditismo** [ermafrodiˈtizmo] *m* Hermaphrodismus *m*, Zweigeschlechtigkeit *f*
**ermafrodito** [ermafroˈdiːto] *m* Zwitter *m*, Hermaphrodit *m*
**ermafrodito, -a** *agg* Zwitter-, hermaphroditisch

**ermellino** [erme'li:no] *m* ① (ZOO) Hermelin *nt* ② (*pelliccia*) Hermelin *m*
**ermeneutica** [erme'nɛ:utika] <-che> *f* Hermeneutik *f*
**ermetico, -a** [er'mɛ:tiko] <-ci, -che> *agg* ① (TEC, LIT) hermetisch ② (*fig*) unverständlich, dunkel
**ermetismo** [erme'tizmo] *m* ① (LIT) Hermetismus *m* ② (*di testo, frase, discorso*) Verschlüsseltheit *f*
**ernia** ['ɛrnia] <-ie> *f* (MED) [Eingeweide]bruch *m*, Hernie *f*; **~ del disco** Bandscheibenvorfall *m* **erniario, -a** [er'nia:rio] <-i, -ie> *agg* Bruch-; **cinto ~** Bruchband *nt*
**ero** ['ɛ:ro] *1. pers sing imp di* **essere**¹
**erodere** [e'rɔ:dere] <irr> *vt* erodieren, auswaschen
**eroe, eroina** [e'rɔ:e, ero'i:na] *m, f* Held(in) *m(f)*
**erogare** [ero'ga:re] *vt* ① (*gas, luce, acqua*) liefern ② (*denaro*) spenden
**erogatore** [eroga'to:re] *m* Verteiler *m*
**erogatore, -trice** *agg* versorgend, Versorgungs-; **società -trice del gas** Gas|versorgungs|gesellschaft *f*
**erogazione** [eroga'tsio:ne] *f* ① (*di gas, luce, acqua*) Lieferung *f*, Versorgung *f* ② (*di denaro*) Spende *f*
**eroicità** [eroitʃi'ta] <-> *f* Heldenhaftigkeit *f*
**eroicizzare** [eroid'dza:re] *vt* heroisieren; (*a. fig*) verherrlichen **eroico, -a** [e'rɔ:iko] <-ci, -che> *agg* heldenhaft, heroisch
**eroina**¹ [ero'i:na] *f* Heldin *f*
**eroina**² [ero'i:na] *f* (*droga*) Heroin *nt* **eroinomane** [eroi'nɔ:mane] I. *mf* Heroinsüchtige(r) *f(m)* II. *agg* heroinsüchtig
**eroismo** [ero'izmo] *m* Heldenhaftigkeit *f*
**erompere** [e'rompere] <irr> *vi* hervorbrechen; **~ in un grido** einen Schrei ausstoßen
**eros** ['ɛ:ros] <-> *m* Eros *m*
**erosi** *1. pers sing pass rem di* **erodere**
**erosione** [ero'zio:ne] *f* Erosion *f* **erosivo, -a** [ero'zi:vo] *agg* erosiv
**eroso** *pp di* **erodere**
**erosore** [ero'so:re] *m* (*obs*) *alter Begriff für steuerflüchtige Großgrundbesitzer*
**erotico, -a** [e'rɔ:tiko] <-ci, -che> *agg* erotisch **erotismo** [ero'tizmo] *m* Erotik *f*; (*tendenza*) Eroti|zi|smus *m* **erotizzare** [erotid'dza:re] *vt* erotisieren
**erpete** ['ɛrpete] *m* Herpes *m*; **~ zoster** Gürtelrose *f*, Herpes zoster *m*
**erpice** ['ɛrpitʃe] *m* (AGR) Egge *f*
**errabondo, -a** [erra'bondo] *agg* (*poet*) umherirrend **errante** [er'rante] *agg* umherirrend **errare** [er'ra:re] *vi* ① (*vagare*) umherirren ② (*sbagliare*) [sich] irren; **se non erro** wenn ich mich nicht irre
**errata corrige** [er'ra:ta 'kɔrridʒe] <-> *m* (TYP) Errata *ntpl*, Korrigenda *pl*
**errato, -a** [er'ra:to] *agg* irrig, verfehlt
**erroneità** [erronei'ta] <-> *f* Irrigkeit *f*, Abwegigkeit *f* **erroneo, -a** [er'rɔ:neo] *agg* irrig, falsch
**errore** [er'ro:re] *m* Irrtum *m*, Fehler *m*; **~ di battitura** Tippfehler *m*; **~ di calcolo** Rechenfehler *m*; **~ d'ortografia** Rechtschreibfehler *m*; **per ~** irrtümlich; **cadere in ~** einem Irrtum unterliegen
**ersi** ['ɛrsi] *1. pers sing pass rem di* **ergere**
**erta** ['erta] *f* Steigung *f*; **stare all'~** auf der Hut sein
**erto** ['erto] *pp di* **ergere**
**erudire** [eru'di:re] <erudisco> *vt* bilden, lehren **erudito, -a** [eru'di:to] I. *agg* gelehrt II. *m, f* Gelehrte(r) *f(m)* **erudizione** [erudit'tsio:ne] *f* Gelehrtheit *f*, Wissen *nt*
**eruibile** [eru'i:bile] *agg* (*obs*) ableitbar
**eruttare** [erut'ta:re] *vt* ausstoßen, ausspeien **eruttazione** [eruttat'tsio:ne] *f* Aufstoßen *nt*, Rülpser *m* fam **eruttivo, -a** [erut'ti:vo] *agg* eruptiv, Eruptions-; **rocce -e** (GEOL) Lavagestein *nt* **eruzione** [erut'tsio:ne] *f* Ausbruch *m*, Eruption *f*
**es.** *abbr di* **esempio** Bsp.
**esacerbare** [ezatʃer'ba:re] *vt* (*poet*) verschärfen, verschlimmern **esacerbazione** [ezatʃerbat'tsio:ne] *f* Verschärfung *f*, Verschlimmerung *f*, Verbitterung *f*, Erbitterung *f*
**esaedro** [eza'ɛ:dro] *m* Hexaeder *m*, Sechsflächner *m*
**esagerare** [ezadʒe'ra:re] *vt, vi* übertreiben; **~ in qc** mit etw übertreiben **esagerato, -a** [ezadʒe'ra:to] I. *agg* übertrieben, überzogen; (*persona*) überspannt II. *m, f* Übertreiber(in) *m(f)* **esagerazione** [ezadʒerat'tsio:ne] *f* Übertreibung *f*
**esagitato, -a** [ezadʒi'ta:to] *agg* aufgewühlt, stark erregt
**esagonale** [ezago'na:le] *agg* sechseckig, hexagonal **esagono** [e'za:gono] *m* Sechseck *nt*, Hexagon *nt*
**esalare** [eza'la:re] I. *vt* avere (*respiro*) aushauchen; (*profumo*) ausströmen II. *vi* essere (*odore, profumo*) aufsteigen **esalazione** [ezalat'tsio:ne] *f* Ausströmen *nt*
**esaltare** [ezal'ta:re] I. *vt* [lob]preisen, rühmen II. *vr* **-rsi** sich rühmen; (*entusiasmarsi*) sich begeistern **esaltato, -a** [ezal'ta:to] I. *agg* überschwänglich II. *m, f* überspannte Person **esaltazione** [ezaltat'tsio:ne] *f* ① (*lode*) Verherrlichung *f*,

Lobpreisung *f* ② (*fig*) Enthusiasmus *m*, Überschwang *m*
**esame** [e'za:me] *m* ① (*nell'insegnamento*) Prüfung *f*; **~ orale** mündliche Prüfung; **~ scritto** schriftliche Prüfung; **~ di guida** Fahrprüfung *f*; **~ di laurea** Diplomprüfung *f*, Examen *nt*; **-i di maturità** Abitur *nt*, Reifeprüfung *f*, Matura *f* A; **dare un ~** eine Prüfung ablegen; **passare un ~** eine Prüfung bestehen ② (MED) Untersuchung *f*; **~ del sangue** Blutuntersuchung *f*
**esametro** [e'za:metro] *m* Hexameter *m*
**esamificio** [ezami'fi:tʃo] <-ci> *m* (*pej: istituto di scarsa qualità didattica*) Prüfungsfabrik *f*
**esaminando, -a** [ezami'nando] *m, f* Prüfling *m*, Examenskandidat(in) *m(f)*
**esaminare** [ezami'na:re] *vt* prüfen; (MED) untersuchen; (JUR: *testimoni*) vernehmen, verhören **esaminatore, -trice** [ezamina'to:re] I. *agg* Prüfungs-; **commissione -trice** Prüfungskommission *f* II. *m, f* Prüfer(in) *m(f)*
**esangue** [e'zaŋgue] *agg* ① (*volto*) bleich; (*stile*) blutleer ② (*stile*) blutarm, anämisch
**esanime** [e'za:nime] *agg* leblos, tot
**esasperante** [ezaspe'rante] *agg* [nerven]aufreibend; (*voce*) schrill
**esasperare** [ezaspe'ra:re] I. *vt* ① (*persona*) empören, aufbringen ② (*pena, sofferenza*) verschärfen, verschlimmern II. *vr* **-rsi** wütend werden, aufdrehen A **esasperazione** [ezasperat'tsjo:ne] *f* Verschlimmerung *f*, Verschärfung *f*; (*irritazione*) Gereiztheit *f*; **portare qu all'~** jdn zur Weißglut bringen
**esattezza** [ezat'tettsa] *f* Genauigkeit *f*
**esattivo, -a** [ezat'ti:vo] *agg* (*esattoriale*) Eintreibungs-
**esatto** [e'zatto] I. *pp di* **esigere** II. *agg* genau, exakt; (*corretto*) richtig
**esattore, -trice** [ezat'to:re] *m, f* [Geld]einnehmer(in) *m(f)*, [Geld]eintreiber(in) *m(f)*
**esattoria** [ezatto'ri:a] <-ie> *f* Zahlstelle *f*, Steuereinnahmestelle *f* **esattrice** *f v.* **esattore**
**esaudire** [ezau'di:re] <esaudisco> *vt* (*persona*) erhören; (*desiderio*) erfüllen
**esauriente** [ezau'rjɛnte] *agg* erschöpfend, befriedigend
**esaurimento** [ezauri'mento] *m* Erschöpfung *f*; **~ nervoso** Nervenzusammenbruch *m*; **fino ad ~ della merce** solange der Vorrat reicht **esaurire** [ezau'ri:re] <esaurisco> I. *vt* aufbrauchen, verbrauchen II. *vr* **-rsi** ① (*sorgente, vena*) versiegen; (*forze*) zu Ende gehen ② (COM) ausgehen; (*libri*) vergriffen sein ③ (MED) sich erschöpfen **esaurito, -a** [ezau'ri:to] *agg* ① (*miniera*) ausgebeutet; (*sorgente*) versiegt ② (*posti*) ausverkauft; (*edizione*) vergriffen ③ (MED) erschöpft, einem Zusammenbruch nahe
**esaustivo, -a** [ezau'sti:vo] *agg* erschöpfend, ausreichend
**esausto, -a** [e'zausto] *agg* erschöpft
**esautorare** [ezauto'ra:re] *vt* absetzen, entmachten **esautorazione** [ezautorat'tsjo:ne] *f* Entmachtung *f*, Absetzung *f*
**esazione** [ezat'tsjo:ne] *f* (ADM) Eintreibung *f*
**esborso** [ez'borso] *m* (ADM) Ausgabe *f*, Auslage *f*
**esca** ['eska] <esche> *f* ① (*a. fig*) Köder *m*; **gettare l'~** den Köder auswerfen ② (*fig: sostanza infiammabile*) Zunder *m*
**escalation** [eskəˈleɪʃən] <-> *f* Eskalation *f*
**escandescenza** [eskandeʃ'ʃɛntsa] *f* Jähzorn *m*; **dare in -e** Tobsuchtsanfälle bekommen
**escape** [is'keip] <-> *m* (INFORM: *tasto del computer*) Escapetaste *f*
**escapismo** [eska'pizmo] *m* (PSIC) Eskapismus *m*
**escatologia** [eskatolo'dʒi:a] <-gie> *f* Eschatologie *f* **escatologico, -a** [eskato'lɔ:dʒiko] <-ci, -che> *agg* eschatologisch
**escavatore, -trice** [eskava'to:re] I. *agg* Bagger- II. *m* Bagger *m*
**escavazione** [eskavat'tsjo:ne] *f* Ausgrabung *f*
**esche** *pl di* **esca**
**eschimese** [eski'me:se] I. *agg* Eskimo- II. *mf* Eskimo *m*/Eskimofrau *f*
**eschimo** ['ɛskimo] *m v.* **eskimo**
**esclamare** [eskla'ma:re] *vt* ausrufen **esclamativo, -a** [eskla'ma'ti:vo] *agg* Ausrufe-; **punto ~** Ausrufezeichen *nt*, Ausrufzeichen *nt* A, Rufzeichen *nt* A
**esclamazione** [esklamat'tsjo:ne] *f* Ausruf *m*
**escludere** [es'klu:dere] <escludo, esclusi, escluso> *vt* ausschließen **esclusa** *f v.* **escluso**
**esclusi** [es'klu:zi] *1. pers sing pass rem di* **escludere**
**esclusione** [esklu'zjo:ne] *f* Ausschluss *m*; **a ~ di** mit Ausnahme von; **andare per ~** ausschlussweise vorgehen; **criterio di ~** Ausschlusskriterium *nt*
**esclusiva** [esklu'zi:va] *f* Alleinverkaufsrecht *nt*, Monopol *nt* **esclusivamente** [eskluziva'mente] *avv* ausschließlich, al-

lein **esclusivista** [eskluzi'vista] <-i *m*, -e *f*> *mf* (COM) Alleinverkäufer(in) *m(f)*, Alleinvertreter(in) *m(f)* **esclusività** [eskluzivi'ta] <-> *f* Exklusivität *f* **esclusivo, -a** [esklu'zi:vo] *agg* exklusiv, Exklusiv-

**escluso, -a** [es'klu:zo] I. *pp di* **escludere** II. *agg* ausgeschlossen; (*eccetto*) außer; **non è ~ che ...** +*conj* es ist nicht ausgeschlossen, dass ...; **fino al 24 maggio ~** bis einschließlich 23. Mai III. *m, f* Ausgeschlossene(r) *f(m)*

**esco** ['ɛsko] *1. pers sing pr di* **uscire**

**escogitare** [eskodʒi'ta:re] *vt* ausdenken, austüfteln

**escoriare** [esko'ria:re] *vt* abschürfen **escoriazione** [eskoriat'tsio:ne] *f* [Haut]abschürfung *f*

**escremento** [eskre'mento] *m* Exkrement *nt*

**escrescenza** [eskreʃ'ʃɛntsa] *f* Auswuchs *m,* Wucherung *f*

**escrezione** [eskret'tsio:ne] *f* Ausscheidung *f*, Absonderung *f*

**escursione** [eskur'sio:ne] *f* ❶ (*gita*) Ausflug *m;* (*per studi*) Exkursion *f*; **andare in ~ ...** einen Ausflug nach ... machen ❷ (METEO) Schwankung *f*; **~ termica** Temperaturschwankung *f* **escursionista** [eskursio'nista] <-i *m*, -e *f*> *mf* Ausflügler(in) *m(f)*

**escussi** [es'kussi] *1. pers sing pass rem di* **escutere**

**escussione** [eskus'sio:ne] *f* (JUR) Vernehmung *f*, Einvernahme *f* A **escutere** [es'ku:tere] <escuto, escussi, escusso> *vt* (JUR) vernehmen, anhören; (*debitore*) auf Zahlung verklagen

**esecrabile** [eze'kra:bile] *agg* verdammenswert **esecrando, -a** [eze'krando] *agg* (*poet*) verdammenswert **esecrare** [eze'kra:re] *vt* verdammen, verurteilen

**esecutare** [ezeku'ta:re] *vt* (JUR) bestrafen **esecutività** [ezekutivi'ta] <-> *f* Vollstreckbarkeit *f*

**esecutivo** [ezeku'ti:vo] *m* Exekutive *f*

**esecutivo, -a** *agg* ❶ (JUR) exekutiv ❷ (*progetto, fase*) ausführend

**esecutore, -trice** [ezeku'to:re] *m, f* ❶ (JUR) Vollstrecker(in) *m(f)* ❷ (MUS) Vortragende(r) *f(m)* **esecuzione** [ezekut'tsio:ne] *f* ❶ contratto, Ausführung *f* ❷ (JUR: *sentenza*) Vollstreckung *f* ❸ (MUS) Vortrag *m*

**eseguire** [eze'gui:re] *vt* ❶ (*realizzare*) aus-, durchführen ❷ (JUR: *sentenza*) vollstrecken ❸ (MUS) vortragen, spielen ❹ (INFORM) [**comando**] **esegui** Ausführen *nt*

**esempio** [e'zɛmpio] <-i> *m* Beispiel *nt;* **essere un ~ di bontà** ein Musterbeispiel an Güte sein; **dare il buon/cattivo ~** mit gutem/schlechtem Beispiel vorangehen; **fare un ~** ein Beispiel anführen; **seguire l'~ di qu** jds Beispiel folgen; **per ~** zum Beispiel; **che ti serva d'~!** das soll dir eine Lehre sein! **esemplare** [ezem'pla:re] I. *agg* beispielhaft II. *m* Exemplar *nt*, Stück *nt* **esemplificare** [ezemplifi'ka:re] *vt* durch Beispiele erläutern

**esentare** [ezen'ta:re] I. *vt* **~ qu da qc** jdn von etw befreien II. *vr* **-rsi da qc** sich einer Sache *dat* entziehen

**esentasse** [ezen'tasse] <inv> *agg* steuerfrei

**esente** [e'zɛnte] *agg* befreit, frei; **essere ~ da qc** von etw befreit sein; **~ da tasse** steuerfrei

**esequie** [e'zɛ:kuie] *fpl* Begräbnisfeier *f*, Exequien *pl*

**esercente** [ezer'tʃɛnte] *mf* Gewerbetreibende(r) *f(m)*

**esercitare** [ezertʃi'ta:re] I. *vt* ❶ (*professione*) ausüben ❷ (*corpo, memoria*) üben, trainieren ❸ (*potere, diritto*) ausüben II. *vr* **-rsi [in qc]** sich [in etw *dat*] üben **esercitazione** [ezertʃitat'tsio:ne] *f* ❶ (*allenamento*) Übung *f*, Training *nt* ❷ (*lezione*) Übungskurs *m*

**esercito** [e'zɛrtʃito] *m* Armee *f*, Heer *nt*

**esercizio** [ezer'tʃittsio] <-i> *m* ❶ (*gener*) Übung *f*; **essere fuori ~** außer Übung sein ❷ (COM: *gestione*) Betrieb *m;* (*anno*) Geschäftsjahr *nt*

**esibire** [ezi'bi:re] <esibisco> I. *vt* ❶ (*passaporto, documento*) vorzeigen, vorlegen ❷ (*bravura, nudità*) zeigen, zur Schau stellen II. *vr* **-rsi** ❶ (*offrirsi*) sich anbieten ❷ (*in pubblico*) auftreten **esibizione** [ezibit'tsio:ne] *f* ❶ (THEAT) Auftritt *m;* (SPORT) Darbietung *f* ❷ (*di documenti*) Vorlage *f*, Vorzeigen *nt* ❸ (*mostra*) Vorführung *f*, Schau *f* **esibizionismo** [ezibittsio'nizmo] *m* Prahlerei *f* **esibizionista** [ezibittsio'nista] <-i *m*, -e *f*> *mf* Exhibitionist(in) *m(f)*

**esigei** [ezi'dʒe:i] *1. pers sing pass rem di* **esigere**

**esigente** [ezi'dʒɛnte] *agg* anspruchsvoll, fordernd **esigenza** [ezi'dʒɛntsa] *f* Anspruch *m;* (*bisogno*) Bedürfnis *nt*

**esigere** [e'zi:dʒere] <esigo, esigei *o* esigetti, esatto> *vt* ❶ (*richiedere*) verlangen, fordern ② (*riscuotere*) einziehen ③ (*fig*) erfordern, verlangen

**esiguo, -a** [e'zi:guo] *agg* gering, geringfügig

**esilarante** [ezila'rante] *agg* erheiternd; **gas ~** Lachgas *nt*

**esile** ['ɛ:zile] *agg* schmächtig; (*tenue, gracile*) zart

**esiliare** [ezi'lia:re] I. *vt* verbannen, ins Exil schicken II. *vr* **-rsi** ① (POL) in die Verbannung gehen ② (*fig*) sich zurückziehen; **-rsi dalla società** sich von der Gesellschaft zurückziehen **esiliato, -a** [ezilia:to] I. *agg* verbannt, im Exil II. *m, f* Verbannte(r) *f(m)* **esilio** [e'zi:lio] <-i> *m* ① (POL) Exil *nt*, Verbannung *f* ② (*fig*) Abkehr *f*

**esimere** [e'zi:mere] <esimo, *mancano pass rem e pp*> *vt* befreien

**esimio, -a** [e'zi:mio] <-i, -ie> *agg* hervorragend; (*nelle lettere*) hochverehrt

**esistei** [ezis'tɛ:i] *1. pers sing pass rem di* **esistere**

**esistente** [ezis'tɛnte] *agg* vorhanden, existent **esistenza** [ezis'tɛntsa] *f* Existenz *f*; (*di cose*) Vorhandensein *nt*; (*vita*) Existenz *f*, Dasein *nt* **esistenziale** [ezisten'tsia:le] *agg* existenziell

**esistere** [e'zistere] <esisto, esistei *o* esistetti, esistito> *vi essere* existieren, bestehen; (*esserci*) da sein

**esitare** [ezi'ta:re] *vi* zögern **esitazione** [ezitat'tsio:ne] *f* Zögern *nt*

**esito** ['ɛ:zito] *m* ① (*risultato*) Ergebnis *nt* ② (ADM) Bearbeitung *f*, Erledigung *f*

**eskimo** ['ɛskimo] <-> *m* Parka *m o f*

**esobiologia** [ezobiolo'dʒi:a] <-ie> *f* Kosmobiologie *f*

**esodo** ['ɛ:zodo] *m* Abwanderung *f*; (REL, LIT) Exodus *m*, Auszug *m*

**esofago** [e'zɔ:fago] <-gi> *m* Speiseröhre *f*

**esogeno, -a** [e'zɔ:dʒeno] *agg* exogen

**esonerare** [ezone'ra:re] I. *vt* freistellen II. *vr* **-rsi** sich befreien **esonero** [e'zɔ:nero] *m* Freistellung *f*

**esorbitante** [ezorbi'tante] *agg* gewaltig, exorbitant

**esorcismo** [ezor'tʃizmo] *m* Exorzismus *m* **esorcista** [ezor'tʃista] <-i *m*, -e *f*> *mf* Exorzist(in) *m(f)* **esorcizzare** [ezortʃid'dza:re] *vt* austreiben

**esordiente** [ezor'diɛnte] I. *agg* angehend II. *mf* Debütant(in) *m(f)*, Anfänger(in) *m(f)* **esordio** [e'zɔrdio] <-i> *m* (*inizio*) Anfang *m*; (THEAT) Debüt *nt*

**esordire** [ezor'di:re] <esordisco> *vi* anfangen; (THEAT) debütieren

**esortare** [ezor'ta:re] *vt* ermahnen; **~ qu a [fare] qc** jdn zu etw ermahnen **esortazione** [ezortat'tsio:ne] *f* Ermahnung *f*

**esoso, -a** [e'zɔ:zo] *agg* (*persona*) habgierig; (*prezzo*) Wucher-

**esoterico, -a** [ezo'tɛ:riko] <-ci, -che> *agg* esoterisch **esoterismo** [ezote'rizmo] *m* Esoterik *f*

**esotermo** [ezo'tɛrmo] *agg* warmblütig

**esotico, -a** [e'zɔ:tiko] <-ci, -che> *agg* exotisch

**ESP** *abbr di* **Electronic Stability Program** (AUTO) **sistema ~** ESP *nt*

**espadrilles** [ɛspa'drij] *fpl* Espadrilles *fpl*

**espandere** [es'pandere] <espando, espansi *o* espandetti, espanso> I. *vt* ausdehnen, erweitern II. *vr* **-rsi** sich ausdehnen, sich ausbreiten; (COM) expandieren **espandibile** [espan'di:bile] *agg* ① (*aumentabile*) erweiterbar, ausdehnbar ② (PHYS) ausdehnbar, expansibel **espansione** [espan'sio:ne] *f* ① (PHYS) Ausdehnung *f*, Erweiterung *f*; (ASTR) Ausdehnung *f*, Weite *f*; (COM) Expansion *f* ② (*fig*) Überschwänglichkeit *f*, Herzlichkeit *f* **espansivo, -a** [espan'si:vo] *agg* ① (*affettuoso*) überschwänglich, offenherzig ② (PHYS) expansiv, Expansions- **espanso, -a** [es'panso] I. *pp di* **espandere** II. *agg* Schaumstoff-

**espatriare** [espa'tria:re] *vi essere* auswandern **espatrio** [es'pa:trio] <-i> *m* Auswanderung *f*

**espediente** [espe'diɛnte] *m* Notbehelf *m*, Ausweg *m*

**espellere** [es'pɛllere] <espello, espulsi, espulso> *vt* ① (*allievi, giocatore*) ausweisen, verweisen; (*persona*) ausstoßen ② (MED) ausscheiden

**esperanto** [espe'ranto] *m* (LING) Esperanto *nt*

**esperienza** [espe'riɛntsa] *f* ① (*gener*) Erfahrung *f*; **per ~** aus Erfahrung; **senza ~** unerfahren ② (SCIENT) Versuch *m*

**esperimento** [esperi'mento] *m* Experiment *nt*, Versuch *m*

**esperto, -a** [es'pɛrto] I. *agg* sachkundig; (*abile*) gewandt II. *m, f* Fachmann *m*/Fachfrau *f*, Experte *m*/Expertin *f*

**espiare** [espi'a:re] *vt* [ab-, ver]büßen; (REL) sühnen **espiatorio, -a** [espia'tɔ:rio] <-i, -ie> *agg* Sühne-; **capro ~** (*fig*) Sündenbock *m* **espiazione** [espiat'tsio:ne] *f* Buße *f*; (REL) Sühne *f*

**espirare** [espi'ra:re] *vt* ausatmen **espirazione** [espirat'tsio:ne] *f* Ausatmen *nt*

**espletare** [esple'ta:re] *vt* bearbeiten, erledigen

**esplicare** [espli'ka:re] *vt* (*esercitare*) ausüben; (*attività*) entfalten **esplicazione** [esplikat'tsio:ne] *f* (*esercizio*) Ausübung *f*; (*di attività*) Entfaltung *f*

**esplicito, -a** [es'pli:tʃito] *agg* explizit; (*ordine*) ausdrücklich

**esplodere** [es'plɔ:dere] <esplodo, esplosi, esploso> I. *vi* essere *o* avere ① (*bomba, dinamite*) explodieren; (*fucile*) losgehen ② (*fig*) ausbrechen II. *vt avere* abfeuern

**esplorare** [esplo'ra:re] *vt* ① (*indagare*) erforschen; (MED) untersuchen ② (*fig*) auskundschaften

**esploratore, -trice** *m, f* Forscher(in) *m(f)*

**esplorazione** [esplorat'tsio:ne] *f* Erforschung *f*; (MED) Untersuchung *f*

**esplosi** [es'plɔ:zi] *1. pers sing pass rem di* **esplodere**

**esplosione** [esplo'zio:ne] *f* ① (*di mina, bomba*) Explosion *f* ② (*fig*) Ausbruch *m*

**esplosivo** [esplo'zi:vo] *m* Sprengstoff *m*

**esplosivo, -a** *agg* Spreng-, explosiv

**esploso** [es'plɔ:zo] *pp di* **esplodere**

**esponente** [espo'nɛnte] I. *mf* ① (*rappresentante*) Vertreter(in) *m(f)* ② (*persona autorevole*) Wortführer(in) *m(f)* II. *m* (MAT) Exponent *m*, Hochzahl *f* **esponenziale** [esponen'tsia:le] (MAT) I. *agg* Exponenzial-, exponenziell II. *f* Exponenzialgleichung *f*

**esporre** [es'porre] <irr> I. *vt* ① (*porre fuori*) aussetzen, ausstellen ② (*narrare*) darlegen; (*spiegare*) erläutern II. *vr* **-rsi** sich aussetzen

**esportare** [espor'ta:re] *vt* ① (COM) exportieren, ausführen ② (*a. fig*) herausbringen **esportatore, -trice** [esporta'to:re] I. *m, f* Exporteur(in) *m(f)* II. *agg* Export-, exportierend **esportazione** [esportat'tsio:ne] *f* Export *m*, Ausfuhr *f*

**esposi** *1. pers sing pass rem di* **esporre**

**esposimetro** [espo'zi:metro] *m* (FOTO) Belichtungsmesser *m*

**esposizione** [espozit'tsio:ne] *f* ① (*di merci, opere d'arte*) Ausstellung *f* ② (*di fatto, brano*) Darstellung *f*, Ausführung *f*

**esposto, -a** [es'posto] I. *pp di* **esporre** II. *agg* ① (*mostra*) ausgestellt; (METEO) ausgesetzt ② (*motivo, ragione*) dargelegt, vorgetragen

**espressamente** [espressa'mente] *avv* ausdrücklich

**espressi** [es'prɛssi] *1. pers sing pass rem di* **esprimere**

**espressione** [espres'sio:ne] *f* Ausdruck *m*, Wendung *f*; **con** ~ ausdrucksvoll

**espressionismo** [espressio'nizmo] *m* (KUNST, LIT, MUS) Expressionismus *m* **espressionista** [espressio'nista] <-i *m*, -e *f*> I. *agg* expressionistisch II. *mf* Expressionist(in) *m(f)* **espressionistico, -a** [espressio'nistiko] <-ci, -che> *agg* expressionistisch

**espressivistico, -a** [espressi'vistiko] <-ci, -che> *agg* (LIT) ausdrucksvoll, ausdrucksstark

**espressività** [espressivi'ta] *f* Ausdruckskraft *f*

**espressivo, -a** [espres'si:vo] *agg* ausdrucksvoll

**espresso** [es'prɛsso] *m* ① (*caffè*) Espresso *m* ② (FERR) Schnellzug *m*, Express|zug| *m* ③ (*lettera*) Eil-, Expressbrief *m*

**espresso, -a** I. *pp di* **esprimere** II. *agg* ① (*ordine, dovere*) ausdrücklich ② (*lettera, treno*) Express-, Eil- ③ **caffè** ~ Espresso *m*

**esprimere** [es'pri:mere] <esprimo, espressi, espresso> I. *vt* ausdrücken, zum Ausdruck bringen II. *vr* **-rsi** sich ausdrücken

**espromissione** *f* (FIN) Schuldübernahme *f*

**espropriare** [espro'pria:re] *vt* enteignen

**espropriazione** [espropriat'tsio:ne] *f* Enteignung *f* **esproprio** [es'prɔ:pio] <-i> *m* Enteignung *f*

**espugnare** [espuɲ'ɲa:re] *vt* ① (MIL) [er]stürmen, einnehmen ② (*fig*) bezwingen **espugnazione** [espuɲɲat'tsio:ne] *f* Erstürmung *f*, Einnahme *f*

**espulsi** [es'pulsi] *1. pers sing pass rem di* **espellere**

**espulsione** [espul'sio:ne] *f* ① (*di socio, membro*) Ausschluss *m*; (*di allievo*) Verweis *m* ② (MED) Absonderung *f*; (*delle feci*) Ausscheidung *f*

**espulso** [es'pulso] *pp di* **espellere**

**esquimese** [eskui'me:se] *mf v.* **eschimese**

**essa** ['essa] *pron pers 3. pers sing f* sie; (*riferito a cose, animali*) es

**essai** [e'sɛ] <-> *m* Essay *m o nt*

**esse** ['esse] *pron pers 3. pers pl f* sie

**essenza** [es'sɛntsa] *f* ① (*di discorso, problema*) Wesen *nt*, Wesentliche(s) *nt* ② (CHEM) Essenz *f*; ~ **di rose** Rosenöl *nt* **essenziale** [essen'tsia:le] I. *agg* ① (*sostanziale*) wesentlich; (*principale*) Haupt- ② (CHEM) ätherisch; **oli -i** ätherische Öle II. *m* Wesentliche(s) *nt*, Hauptsache *f* **essenzialmente** [essentsial'mente] *avv* (*in sostanza, in effetti*) im Wesentlichen; (*fondamentalmente*) grundlegend

**essere¹** ['ɛssere] <sono, fui, stato> *vi* essere ① (*gener*) sein; **c'è, ci sono** es gibt; **c'è odore di ...** es riecht nach ...; **c'era una volta** es war einmal; **c'eri anche tu?** warst du auch da?; **ci siamo!** (*luogo*) da wären wir!; (*fig*) das hätten wir!; (*momento*) jetzt ist es so weit!; **~ di qu** jdm gehören; **è freddo** es ist kalt; **è Natale** es ist Weihnachten; **sono loro** sie sind es; **sono ore che t'aspetto** ich warte [schon] seit Stunden auf dich; **chi è?** wer ist es?; (*alla porta*) wer ist da?; **che ora è?, che ore sono?** wie spät ist es?; **come sarebbe a dire?** was soll das heißen? ② (*trovarsi*) sich befinden ③ (*fam: costare*) kosten; **quant'è?** (*fam*) was kostet das? ④ (*provenire*) stammen; **sono di Padova** ich bin aus Padua

**essere²** *m* ① (*esistenza*) Sein *nt*, Dasein *nt* ② (*essenza*) Wesen *nt* ③ (*fam: persona*) Mensch *m*, [Lebe]wesen *nt*; **gli -i viventi** die Lebewesen *ntpl*

**essi** ['essi] *pron pers 3. pers pl m* sie

**essiccare** [essik'ka:re] I. *vt* (*palude*) trockenlegen, austrocknen; (*frutta*) dörren II. *vr* **-rsi** ① (*frutta, materiali*) trocknen ② (*fig*) versiegen **essiccativo, -a** [essikka'ti:vo] *agg* austrocknend; **polvere -a** Trockenpulver *nt* **essiccatoio** [essikka'to:io] <-oi> *m* ① (*macchina per l'essicazione*) Trocken-, Dörrgerät *nt*, Darre *f* ② (*impianto per l'essicazione*) Trocken-, Trocknungsanlage *f* ③ (*luogo in cui si compie l'essicazione*) Trockenraum *m* **essiccazione** [essikkat'tsio:ne] *f* ① (*disidratazione*) Trocknung *f*, Dehydratation *f* ② (*bonifica*) Trockenlegung *f*

**esso** ['esso] *pron pers 3. pers sing m* er; (*riferito a cose, animali*) es

**est** [ɛst] <-> *m* Ost[en] *m*; **a ~ di** östlich von

**estasi** ['ɛstazi] <-> *f* Verzückung *f*, Ekstase *f*; **andare in ~** in Verzückung geraten

**estasiare** [esta'zia:re] I. *vt* hinreißen, in Ekstase bringen II. *vr* **-rsi** in Ekstase geraten

**estate** [es'ta:te] *f* Sommer *m*; **in ~, d'~** im Sommer

**estatico, -a** [es'ta:tiko] <-ci, -che> *agg* ekstatisch, verzückt

**estemporaneo, -a** [estempo'ra:neo] *agg* improvisiert, aus dem Stegreif, Stegreif-

**estendere** [es'tɛndere] <irr> I. *vt* erweitern, vergrößern; (*a. fig*) ausdehnen II. *vr* **-rsi** sich erstrecken, sich ausdehnen

**estensione** [esten'sio:ne] *f* ① (*di territorio, superficie*) Ausdehnung *f* ② (*di arto*, Streckung *f*, Strecken *nt* **estensivo, -a** [esten'si:vo] *agg* großflächig, extensiv

**estenuante** [estenu'ante] *agg* ermüdend

**estenuare** [estenu'a:re] I. *vt* ermatten, erschöpfen II. *vr* **-rsi** ermatten **estenuazione** [estenuat'tsio:ne] *f* Kräfteverlust *m*, Ermattung *f*

**estere** ['ɛstere] *m* (CHEM) Ester *m*

**esteriore** [este'rio:re] I. *agg* äußere(r, s), Außen- II. *m* Äußere(s) *nt*, Äußerliche(s) *nt*

**esterna** *f v.* **esterno**

**esternare** [ester'na:re] *vt* äußern **esternatore, -trice** [esterna'to:re] *m, f* Person *f*, die ihre persönliche Meinung äußert

**esterno** [es'tɛrno] *m* Äußere(s) *nt;* (*di edificio*) Außenseite *f*

**esterno, -a** I. *agg* äußere(r, s), Außen-; **per uso ~** zur äußerlichen Anwendung II. *m, f* (*di collegio*) Externe(r) *f(m)*

**estero** ['ɛstero] *m* Ausland *nt*; **all'~** im/ins Ausland

**estero, -a** *agg* ausländisch, Auslands-; **ministero degli affari -i** Außenministerium *nt*; **commercio ~** Außenhandel *m*

**esterofobia** [esterofo'bi:a] <-ie> *f* Auslandsfeindlichkeit *f*

**esterrefatto, -a** [esterre'fatto] *agg* bestürzt, entsetzt

**estesi** *1. pers sing pass rem di* **estendere**

**esteso, -a** [es'te:so] I. *pp di* **estendere** II. *agg* ausgedehnt; (*fig*) umfassend, umfangreich; **per ~** ausführlich

**esteta** [es'tɛta] <-i *m*, -e *f*> *mf* Ästhet(in) *m(f)* **estetica** [es'tɛtika] <-che> *f* Ästhetik *f*; (*bellezza*) Schönheit *f* **estetico, -a** [es'tɛtiko] <-ci, -che> *agg* ästhetisch, schön

**estetista** [este'tista] <-i *m*, -e *f*> *mf* Kosmetiker(in) *m(f)*

**estimo** ['ɛstimo] *m* [Ab]schätzung *f*

**estinguere** [es'tingure] <estinguo, estinsi, estinto> I. *vt* ① (*incendio*) löschen ② (COM) tilgen, löschen II. *vr* **-rsi** ① (*incendio*) erlöschen ② (*fig*) aussterben **estinto, -a** [es'tinto] I. *agg* ausgestorben, erloschen II. *m, f* Verstorbene(r) *f(m)* **estintore** [estin'to:re] *m* Feuerlöscher *m* **estinzione** [estin'tsio:ne] *f* ① (*di famiglia*) Aussterben *nt*, Erlöschen *nt*; (BIOL: *di specie*) Aussterben *nt* ② (*di incendio*) Löschen *nt*, Löschung *f* ③ (*di vulcano*) Erlöschen *nt* ④ (COM: *di debito*) Tilgung *f*

**estirpare** [estir'pa:re] *vt* ① (*sradicare*) [her]ausreißen; (MED: *dente*) ziehen; (*tumore*) entfernen ② (AGR: *erbacce*) aus-

estivo → eterizzazione

rotten, herausreißen ❸ (*fig*) ausmerzen, ausrotten

**estivo, -a** [es'ti:vo] *agg* sommerlich, Sommer-

**estone** ['ɛstone] **I.** *agg* estländisch, estisch **II.** *mf* Este *m*/Estin *f*

**Estonia** [es'tɔ:nia] *f* Estland *nt*

**estorcere** [es'bɔrtʃere] <estorco, estorsi, estorto> *vt* ❶ (*denaro*) ~ **qc a qu** jdm etw abpressen ❷ (*fig*) abnötigen; ~ **un favore a qu** jdm einen Gefallen abnötigen **estorsione** [estor'sio:ne] *f* Erpressung *f*

**estradizione** [estradit'tsio:ne] *f* Auslieferung *f*; **procedura di ~** Auslieferungsverfahren *nt*

**estraneità** [estranei'ta] <-> *f* ❶ (*non appartenenza, non pertinenza*) Nichtbeteiligung *f*, Unbeteiligtheit *f* ❷ (*freddezza, distacco*) Distanziertheit *f* **estraneo, -a** [es'tra:neo] <-ei, -ee> **I.** *agg* fremd; (ADM) unbefugt **II.** *m, f* Fremde(r) *f(m)*; (ADM) Unbefugte(r) *f(m)*; **vietato l'ingresso agli -i** Zutritt für Unbefugte verboten

**estraniare** [estra'nia:re] **I.** *vt* entfremden; ~ **qu da qu** jdn jdm entfremden **II.** *vr* **-rsi da qu** sich jdm entfremden; **-rsi dalla realtà** vor der Realität flüchten

**estrapolazione** [estrapolat'tsio:ne] *f* Extrapolation *f*

**estrarre** [es'trarre] <irr> *vt* ❶ (*tirare fuori*) aus-, herausziehen; (*dente*) ziehen ❷ (*numeri*) ziehen; ~ **a sorte** auslosen ❸ (MIN) fördern, gewinnen ❹ (MAT: *radice*) ziehen **estrattivo, -a** [estrat'ti:vo] *agg* Förder-; **industria -a** Bergbau *m*

**estratto** [es'tratto] *m* ❶ (GASTR: *di carne, pomodori*) Extrakt *m* ❷ (COM, ADM) Auszug *m*; ~ **conto** Kontoauszug *m* ❸ (*opuscolo*) Auszug *m*; ~ **di nascita** Auszug *m* aus dem Geburtsregister

**estratto, -a** *agg* (*alcaloide*) extrahiert; (*premio*) ausgelost

**estrazione** [estrat'tsio:ne] *f* ❶ [Aus-, Heraus]ziehen *nt*; (*di dente*) Ziehen *nt* ❷ (MIN) Förderung *f*, Gewinnung *f* ❸ (CHEM) Extraktion *f* ❹ (MAT: *di radice*) Ziehen *nt* ❺ (*di numeri*) Ziehung *f* ❻ (*fig*) Abstammung *f*, Herkunft *f*

**estremismo** [estre'mizmo] *m* Extremismus *m* **estremista** [estre'mista] <-i *m*, -e *f*> *mf* Extremist(in) *m(f)* **estremistico, -a** [estre'mistiko] <-ci, -che> *agg* extremistisch

**estremità** [estremi'ta] <-> *f* ❶ (*parte*) Ende *nt* ❷ *pl* (*mani e piedi*) Extremitäten *fpl* **estremizzare** [estremid'dza:re] *vt* radikalisieren; (*acuire le tensioni*) die Spannungen verschärfen **estremizzazione** [estremiddzat'tsio:ne] *f* Radikalisierung *f*

**estremo** [es'trɛ:mo] *m* ❶ (*punto estremo*) Ende *nt*, äußerster Punkt *m* ❷ (*fig*) Extrem *nt* ❸ *pl* (ADM) Hauptdaten *pl*

**estremo, -a** *agg* ❶ (*a. fig*) äußerste(r, s), letzte(r, s); **l'Estremo Oriente** (GEOG) der Ferne Osten; **a mali -i, -i rimedi** (*prov*) auf einen groben Klotz gehört ein grober Keil ❷ (POL) extrem; **l'-a destra/sinistra** die extreme Linke/Rechte

**estremorientale** [estremorien'ta:le] *agg* fernöstlich

**estrinsecare** [estrinse'ka:re] **I.** *vt* äußern **II.** *vr* **-rsi** sich äußern

**estro** ['ɛstro] *m* Eingebung *f*; (*capriccio*) Anwandlung *f*; ~ **creativo** Kreativität *f*

**estrogenato, -a** [estrodʒe'na:to] *agg* (*fornito, carico di estrogeni*) Östrogene enthaltend, mit Östrogenen versehen; **animale ~** mit Östrogenen gefüttertes Tier

**estrogeno** [es'trɔ:dʒeno] *m* Östrogen *nt*

**estroso, -a** [es'tro:so] *agg* ❶ (*fantasioso*) phantasievoll, originell ❷ (*capriccioso*) launisch

**estroverso, -a** [estro'vɛrso] **I.** *agg* extrovertiert **II.** *m, f* Extrovertierte(r) *f(m)*

**estuario** [estu'a:rio] <-i> *m* Trichtermündung *f*

**esuberante** [ezube'rante] *agg* ❶ (*sovrabbondante*) übermäßig ❷ (*persona*) temperamentvoll **esuberanza** [ezube'rantsa] *f* ❶ (*sovrabbondanza*) Übermaß *nt*, Überfluss *m* ❷ (*di persona*) Temperament *nt*

**esulare** [ezu'la:re] *vi* hinausgehen (*da* über +*acc*), fernstehen (*da* jdm *dat*)

**esule** ['ɛ:zule] **I.** *agg* verbannt, im Exil [lebend] **II.** *mf* Verbannte(r) *f(m)*, im Exil Lebende(r) *f(m)*

**esultare** [ezul'ta:re] *vi* jubeln, überglücklich sein; ~ **per qc** über etw *acc* hocherfreut sein

**età** [e'ta] <-> *f* Alter *nt*; (GEOL, HIST) Zeitalter *nt*; **l'~ del bronzo/ferro** die Bronze-/Eisenzeit; **maggiore ~** Volljährigkeit *f*; **minore ~** Minderjährigkeit *f*; **raggiungere la maggiore ~** volljährig werden; **all'~ di dodici anni** im Alter von zwölf Jahren

**etc.** *abbr di* **eccetera** etc.

**etere** ['ɛ:tere] *m* ❶ (*poet*) Äther *m*, Himmel *m* ❷ (CHEM) Äther *m* **eterizzazione** [eteriddzat'tsio:ne] *f* ❶ (*narcosi da etere*) Ätherisieren *nt*, Äthernarkose *f* ❷ (TEC: *eli-*

*minazione della manualità*) Fernsteuerung *f*, Fernbedienung *f*
**eternit®** [eter'nit *o* 'ɛ:ternit] <-> *m* Eternit® *nt o m*
**eternità** [eterni'ta] <-> *f* Ewigkeit *f*
**eterno** [e'tɛrno] *m* Ewigkeit *f*; **in** ~ in Ewigkeit
**eterno, -a** *agg* ewig
**etero** ['ɛtero] <inv> *agg v.* **eterosessuale**
**eterocentrico, -a** [etero't͡ʃɛntriko] <-ci, -che> *agg* heterozentrisch
**eterodiretto, -a** [eterodi'rɛtto] *agg* labil, unentschlossen und beeinflussbar
**eteroeducazione** [eteroedukat'tsio:ne] *f* Fremderziehung *f*
**eterogeneo, -a** [etero'dʒɛ:neo] *agg* heterogen
**eterosessuale** [eterosessu'a:le] I. *agg* heterosexuell II. *mf* Heterosexuelle(r) *f(m)*
**eterosessualità** [eterosessuali'ta] <-> *f* Heterosexualität *f*
**ethernet** ['iθə:nit] <-> *m* (INFORM: *tipo di rete informatica aziendale*) Ethernet *nt* (*LAN-topologie*)
**etica** ['ɛ:tika] <-che> *f* Ethik *f*; (*morale*) Moral *f*; (*ethos*) Ethos *nt*; ~ **professionale** Berufsethos *nt*
**etichetta** [eti'ketta] *f* ❶ (COM) Etikett *nt*; (*del prezzo*) [Preis]etikett *nt*, Preisschild *nt* ❷ (*cerimoniale*) Etikette *f*, Form *f*
**etico, -a** ['ɛ:tiko] <-ci, -che> *agg* ethisch, moralisch
**etilato, -a** [eti'la:to] *agg* verbleit; **benzina -a** verbleites Benzin
**etilico, -a** [e'ti:liko] <-ci, -che> *agg* Äthyl-; **alcool** ~ Äthylalkohol *m*
**etilismo** [eti'lizmo] *m* Alkoholismus *m*; (*intossicazione*) Alkoholvergiftung *f*
**etilometro** [eti'lɔ:metro] *m* Alkomat *m*, Alkoholmessgerät *nt*
**etilotest** [etilo'tɛst] <-> *m* Alkoholtest *m*; **sottoporsi all'~** sich einem Alkoholtest unterziehen
**etimologia** [etimolo'dʒi:a] <-gie> *f* Etymologie *f* **etimologico, -a** [etimo'lɔ:dʒiko] <-ci, -che> *agg* etymologisch
**Etna** ['ɛtna] *m* Ätna *m*
**etnico, -a** ['ɛtniko] <-ci, -che> *agg* ethnisch, Volks-
**etnocidio** [etno't͡ʃi:dio] <-di> *m* Völkermord *m*
**etnolinguista** [etnolin'gwista] <-i *m*, -e *f*> *mf* (LING) Ethnolinguist(in) *m(f)*
**etnolinguistica** [etnolin'gwistika] <-che> *f* (LING) Ethnolinguistik *f* **etnolinguistico, -a** [etnolin'gwistiko] <-ci, -che> *agg* ethnolinguistisch
**etnologia** [etnolo'dʒi:a] <-gie> *f* Ethnologie *f*, Völkerkunde *f* **etnologo, -a** [et'nɔ:logo] <-gi, -ghe> *m, f* Ethnologe *m*/Ethnologin *f*
**etnomusicologia** [etnomuzikolo'dʒi:a] <-gie> *f* (MUS) Musikethnologie *f*
**etnostoria** [etno'stɔ:ria] <-ie> *f* (HIST) Ethnohistorie *f*
**etologia** [etolo'dʒi:a] <-gie> *f* Ethologie *f* **etologo, -a** [e'tɔ:logo] <-gi, -ghe> *m, f* Ethologe *m*/Ethologin *f*
**ETR 500** *m abbr di* **Elettrotreno** (FERR) *italienischer Hochgeschwindigkeitszug*
**etrusco, -a** [e'trusko] <-schi, -sche> I. *agg* etruskisch II. *m, f* Etrusker(in) *m(f)*
**ettaedro** [etta'ɛ:dro] *m* Siebenflächner *m*, Heptaeder *nt*
**ettaro** ['ɛttaro] *m* Hektar *m o nt*
**etto** ['ɛtto] *m*, **ettogrammo** [etto'grammo] *m* hundert Gramm *ntpl*, Hektogramm *nt*
**ettolitro** [et'tɔ:litro] *m* Hektoliter *m o nt*
**eucalipto** [euka'lipto] *m* Eukalyptus *m*
**eucarestia, eucaristia** [eukares'ti:a, eukaris'ti:a] <-ie> *f* Eucharistie *f*
**eufemismo** [eufe'mizmo] *m* Euphemismus *m* **eufemistico, -a** [eufe'mistiko] <-ci, -che> *agg* euphemistisch
**euforia** [eufo'ri:a] <-ie> *f* Euphorie *f*, Hochgefühl *nt* **euforico, -a** [eu'fɔ:riko] <-ci, -che> *agg* euphorisch
**eugenetica** [eudʒe'nɛ:tika] <-che> *f* (SCIENT) Eugenetik *f*, Eugenik *f* **eugenetico, -a** [eudʒe'nɛ:tiko] <-ci, -che> *agg* eugenetisch, eugenisch **eugenismo** [eudʒe'nizmo] *m* Eugeniktheorie *f* **eugenista** [eudʒe'nista] <-i *m*, -e *f*> *mf* Eugeniker(in) *m(f)*
**eunuco** [eu'nu:ko] <-chi> *m* Eunuch *m*
**eureka** [eu'rɛ:ka] *int* heureka!; **quando ormai non ci speravo più...~! Ecco il risultato!** als ich schon nicht mehr hoffte... heureka! Da war die Lösung!
**euro** ['ɛuro] <-> *m* Euro *m*; **l'introduzione dell'~** die Einführung des Euro; **le monete e le banconote in ~** die Euro-Münzen und -Banknoten; **la fase di transizione dalla Lira all'~** die Übergangsphase von der Lira zum Euro; **la doppia indicazione in LIT e in ~** die doppelte Preisauszeichnung in LIT und in Euro; **il simbolo ~** das Euro-Symbol; **il pagamento in ~** die Bezahlung in Euro; **la crisi dell'~** die Eurokrise **euroamericano, -a** [euroameri'ka:no] *agg* Europa

und Amerika betreffend **euroasiatico, -a** [euroa'zia:tiko] <-ci, -che> *agg* eurasisch **eurobbligazioni** [ɛurobbligat-'tsio:ni] *fpl* (FIN) Euro-Anleihen *fpl*, Euroanleihen **eurobond** ['ɛurobɔnd] <-> *m* (FIN: *eurobbligazione*) Eurobond *m* **euroccidentale** [eurottʃiden'ta:le] *agg* westeuropäisch **Euro-cent, eurocent** <-> *m* (*unità valutaria*) Eurocent *m* **eurocentrico, -a** [euro'tʃɛntriko] <-ci, -che> *agg* eurozentrisch **eurocentrismo** [eurotʃen'trizmo] *m* Eurozentrismus *m* **eurocheque** [euroʃ'ʃɛk] <-> *m* Euroscheck *m* **eurocittà** [eurotʃit'ta] <-> *f* Europastadt *f* **eurocity** [euro'siti] <-> *m* (FERR) Eurocity *m* **eurocomunismo** [eurokomu'nizmo] *m* Eurokommunismus *m* **eurocomunista** [eurokomu'nista] <-i *m*, -e *f*> I. *agg* eurokommunistisch II. *mf* Eurokommunist(in) *m(f)* **eurocomunitario, -a** [eurokomuni'ta:rio] *agg* die EU betreffend, EU-; **norma -a** EU-Norm *f*, Euronorm *f*; **legge -a** EU-Gesetz *nt*

**eurocrate** [eu'rɔ:krate] *mf* (POL) Eurokrat(in) *m(f)*

**eurocritico, -a** [euro'kritiko] <-ci, -che> *agg* europakritisch **eurodeputato, -a** [eurodepu'ta:to] *m, f* (POL) EU-Abgeordnete(r) *f(m)*, EU-Mandatar(in) *m(f) A* **eurodestra** [ɛuro'dɛstra] *f* (POL) europäische Rechte **eurodivisa** [eurodi'vi:za] *f* (FIN) Eurodevisen *fpl*, Eurowährung *f* **eurodollaro** [euro'dɔllaro] *m* Eurodollar *m* **eurofilo, -a** [eu'rɔfilo] *m, f* Anhänger(in) *m(f)* der europäischen Idee **Eurolandia** [ɛuro'landia] *f* (*iron: Europa unita*) Euroland *nt* **eurolira** [ɛuro'li:ra] *f* (FIN) Eurolira *f* **euromercato** [ɛuromer'ka:to] *m* (FIN) Eurogeldmarkt *m*, Euro-Markt *m* **euromissile** [euro'missile] *m* Mittelstreckenrakete *f* **euromissilistico, -a** [ɛuromissi'listiko] <-ci, -che> *agg* die europäischen Mittelstreckenraketen betreffend **euromoneta** [ɛuromo'ne:ta] *f* (FIN: *eurodivisa*) europäische Währung

**Europa** [eu'rɔ:pa] *f* Europa *nt*

**europarlamentare** [europarlamen'ta:re] I. *agg* das Europaparlament betreffend II. *mf* Europaparlamentarier(in) *m(f)* **europarlamento** [europarla'mento] *m* ① (*Parlamento*) Europaparlament *nt*, Europäisches Parlament ② (*edificio*) Europaparlament[sgebäude] *nt*

**europea** *f v.* **europeo**

**europeismo** [europe'izmo] *m* Europagedanke *m*

**europeista** [europe'ista] <-i *m*, -e *f*> I. *mf* Europäer(in) *m(f)*, Anhänger(in) *m(f)* der Europabewegung II. *agg* europäisch **europeisticamente** [europeistika'mente] *avv* dem europäischen Gedanken folgend **europeistico, -a** [europe'istiko] <-ci, -che> *agg* europäisch, Europa-

**europeizzare** [europeid'dza:re] *vt* europäisieren **europeizzazione** [europeiddzat'tsio:ne] *f* Europäisierung *f*

**europeo, -a** [euro'pɛ:o] <-ei, -ee> I. *agg* europäisch; **il mercato comune** ~ der Gemeinsame Markt II. *m, f* Europäer(in) *m(f)*

**europocentrismo** [europotʃen'trizmo] *m v.* **eurocentrismo**

**Europol** [ɛuro'pɔl] *m acro di* **European Police** Europol *f* **europolitica** [ɛuropo'li:tika] *f* Europapolitik *f* **europoliziotto, -a** [ɛuropolit'tsiɔtto] *m, f* (*agente dell'Europol*) Europol-Beamte(r) *m/*-Beamtin *f* **euroscettico, -a** [euro'ʃɛttiko] <-ci, -che> I. *agg* euroskeptisch II. *m, f* Euroskeptiker(in) *m(f)* **euroseggio** [euro'sɛddʒo] <-ggi> *m* Europaparlamentssitz *m* **eurosinistra** [ɛurosi'nistra] *f* (POL) europäische Linke **eurosocialismo** [eurosotʃa-'lizmo] *m* europäische sozialistische Bewegung **Eurostar** [ɛuro'sta:r] <-> *m* (FERR) Eurostar *m* **eurotassa** [euro'tassa] *f* Europasteuer *f*, Unionssteuer **euroterrorismo** [euroterro'rizmo] *m* europaweiter Terrorismus **euroterrorista** [euroterro'rista] <-i *m*, -e *f*> I. *mf* Europa-Terrorist(in) *m(f)* II. *agg* den europaweiten Terrorismus betreffend

**eurovaluta** [eurova'lu:ta] *f* Eurowährung *f* **eurovisione** [eurovi'zio:ne] *f* Eurovision *f*; **collegamento in** ~ Eurovisionsübertragung *f*

**eutanasia** [eutana'zi:a] <-ie> *f* Sterbehilfe *f*, Euthanasie *f*

**eutrofizzante** [eutrofid'dzante] *agg* eutrophierend **eutrofizzazione** [eutrofiddzat'tsio:ne] *f* (BIOL) Eutrophierung *f*

**E.V.** *abbr di* **Vostra Eccellenza** E. Exz.

**evacuare** [evaku'a:re] I. *vt* ① (*città, territorio*) evakuieren, räumen ② (*feci*) ausscheiden II. *vi* ① (*luogo*) verlassen; ~ **da una città** eine Stadt verlassen ② (*defecare*) Stuhlgang haben **evacuazione** [evakuat'tsio:ne] *f* ① (*di territorio, piazza*) Evakuierung *f*, Räumung *f* ② (*di feci*) Ausscheidung *f*

**evadere** [e'va:dere] <evado, evasi, evaso> I. *vi essere* (*scappare*) ausbrechen;

~ **dalla prigione** aus dem Gefängnis ausbrechen II. *vt avere* ① (ADM: *pratica, corrispondenza*) erledigen ② (JUR) ~ **le tasse** Steuern hinterziehen
**evanescente** [evaneʃˈʃɛnte] *agg* verschwommen; (*suono*) undeutlich **evanescenza** [evaneʃˈʃɛntsa] *f* Verschwommenheit *f*
**evangelico, -a** [evanˈdʒɛːliko] <-ci, -che> *agg* evangelisch
**evangelista** [evandʒeˈlista] <-i> *m* Evangelist *m*
**evangelizzare** [evandʒelidˈdzaːre] *vt* ① (*Vangelo*) verkünden ② (*convertire*) evangelisieren ③ (*fig*) überreden **evangelizzazione** [evandʒeliddzatˈtsjoːne] *f* Evangelisation *f*
**Evangelo** [evanˈdʒɛːlo] *m v.* **Vangelo**
**evaporare** [evapoˈraːre] *vi essere o avere* verdunsten **evaporazione** [evaporatˈtsjoːne] *f* Verdunstung *f*
**evasa** *f v.* **evaso**
**evasi** [eˈvaːzi] *1. pers sing pass rem di* **evadere**
**evasione** [evaˈzjoːne] *f* ① (*fuga*) Flucht *f*; (*da carcere*) Ausbruch *m* ② (*fig: distrazione*) **romanzo d'** ~ Unterhaltungsroman *m* ③ (ADM) Erledigung *f* ④ (*mancato pagamento di tasse*) ~ **fiscale** Steuerhinterziehung *f*
**evasivo, -a** [evaˈziːvo] *agg* ausweichend
**evaso, -a** [eˈvaːzo] I. *pp di* **evadere** II. *m, f* Flüchtling *m*
**evasore** [evaˈzoːre] *m* Steuerhinterzieher *m*
**evenemenziale** [evenemenˈtsjaːle] *agg* (HIST: *obs*) ereignisbezogen
**evenienza** [eveˈnjɛntsa] *f* Fall *m*, Gelegenheit *f*; **nell'**~ **che ...** +*conj* für den Fall, dass ...; **falls ...**
**evento** [eˈvɛnto] *m* Ereignis *nt*, Vorfall *m*; **ad ogni** ~ für alle Fälle
**eventuale** [eventuˈaːle] I. *agg* eventuell, möglich II. *fpl* **varie ed -i** Verschiedene(s) *nt*, Sonstige(s) *nt* **eventualità** [eventualiˈta] <-> *f* Möglichkeit *f*; **nell'**~ **che ...** +*conj* für den Fall, dass ...; **per ogni** ~ für alle Fälle **eventualmente** [eventualˈmente] *avv* möglicherweise, eventuell
**evergreen** [ˈɛvəɡriːn *o* ɛvərˈɡrin] <inv> *agg* (*intramontabile*) immer modern, unvergänglich
**eversione** [everˈsjoːne] *f* [Gesellschafts]zersetzung *f* **eversivo, -a** [everˈsiːvo] *agg* [gesellschafts]zersetzend
**evidente** [eviˈdɛnte] *agg* evident; (*visibile*) augenfällig, sichtlich; (*manifesto*) offensichtlich; (*chiaro*) klar, deutlich **evidenza** [eviˈdɛntsa] *f* Evidenz *f*, Augenfälligkeit *f*; **mettere qc** ~ etw hervorheben; **mettersi in** ~ sich hervortun **evidenziare** *vt* markieren
**evidenziatore** *m* Textmarker *m*, Leuchtstift *m*
**evidenziatore, -trice** [evidentsiaˈtoːre] *agg* Markier-, Leucht-; **colore** ~ Leuchtfarbe *f*; **segnale** ~ Leuchtsignal *nt*
**evirare** [eviˈraːre] *vt* (MED) entmannen, kastrieren **evirazione** [eviratˈtsjoːne] *f* (MED) Entmannung *f*, Kastration *f*
**evitare** [eviˈtaːre] *vt* vermeiden; (*scansare*) meiden; (*pericolo*) umgehen, ausweichen +*dat*
**evo** [ˈɛːvo] *m* Zeitalter *nt*, Zeit *f*; ~ **antico** Altertum *nt*, Antike *f*; **medio** ~ Mittelalter *nt*
**evocare** [evoˈkaːre] *vt* ① (*spiriti*) beschwören ② (*fig: richiamare*) heraufbeschwören
**evolutivo, -a** [evoluˈtiːvo] *agg* Entwicklungs-, Evolutions-
**evoluto, -a** [evoˈluːto] I. *pp di* **evolvere** II. *agg* entwickelt, reif
**evoluzione** [evolutˈtsjoːne] *f* ① (*sviluppo*) Entwicklung *f*; (BIOL, SOC) Evolution *f* ② *gener al pl* (AERO, NAUT) Manöver *nt* ③ (SPORT) Übung *f*, Bewegung *f*
**evoluzionismo** [evoluttsjoˈnizmo] *m* Evolutionstheorie *f*
**evolvere** [eˈvɔlvere] <evolvo, evolvei *o* evolvetti, evoluto> I. *vt* entwickeln II. *vr* **-rsi** sich entwickeln
**evviva** [evˈviːva] I. *int* (*fam*) es lebe ..., hoch lebe ..., hurra; ~ **gli sposi!** hoch lebe das Brautpaar!, sie leben hoch!; ~ **il re!** hoch [o es] lebe der König! II. <-> *m* Hochruf *m*, Hurra *m*
**ex** [ɛks] *prp* ehemalig, ex-; (*presidente*) Alt-
**exchanger** [iksˈtʃeɪndʒə] <-> *m* (FIN) Exchanger *m*, Währungsumrechner *m*
**executive** [iɡˈzekjutiv] I. <-> *mf* Führungskraft *f*, Manager *m* II. <-> *m* (*aereo di piccole dimensioni*) Geschäftsflugzeug *nt*
**expo** [ɛksˈpo] <-> *f* Weltausstellung *f*, Expo *f*
**export** [ˈɛkspɔːt] <-> *m* (COM: *esportazione*) Export *m*; **ditta di import**-~ Import-Export-Firma *f*
**extention** [eksˈtɛnʃn] *f* Haarverlängerung *f*
**external auditor** [eksˈtəːnl ˈɔːditə] <-> *mf* (*revisore del bilancio*) externer Bilanzprüfer *m*, Revisor *m*
**extra** [ˈɛkstra] I. <inv> *agg* ① (*speciale*)

**besondere(r,** s), extra, Extra- ❷ (COM: *spese*) Sonder- **II.** <-> *m* Extra *nt,* Sonderausgabe *f* **III.** *prp* außerhalb +*gen*

**extraatmosferico, -a** [ekstraatmos'fɛːriko] <-ci, -che> *agg* außeratmosphärisch, Weltraum-

**extracee** [ekstra'tʃeːe] <-> *agg* EU-extern, nicht zur EU gehörig; **commercio/mercato** ~ EU-externer Handel/Markt

**extracellulare** [ekstratʃellu'laːre] *agg* (BIOL, MED) extrazellulär

**extracomunitario, -a** [ekstrakomuni'taːrio] <-i, -ie> **I.** *agg* nicht zur EU gehörig **II.** *m, f* Bürger(in) *m(f)* eines Nicht-EU-Staates

**extraconiugale** [ekstrakoniu'gaːle] *agg* außerehelich

**extracontrattuale** [ekstrakontrattu'aːle] *agg* ❶ (*che ha luogo fuori dal contratto*) außervertraglich ❷ (*che non deriva da rapporto contrattuale*) nicht vertraglich vereinbart

**extracorporeo, -a** [ekstra] <-ei, -ee> *agg* (MED) extrakorporal

**extracurricolare** [ekstrakurrikoˈlaːre] *agg* Zusatz-; **esame** ~ Zusatzprüfung *f*

**extradiegetico, -a** [ekstradie'dʒɛtiko] <-ci, -che> *agg* (LIT) extradiegetisch; **narrazione -a** Erzählhaltung, in der der Autor die Personen/Ereignisse von außerhalb des Geschehens kommentiert

**extraeuropeo, -a** [ekstraeuro'pɛːo] <-ei, -ee> *agg* außereuropäisch

**extragalattico, -a** [ekstraga'lattiko] <-ci, -che> *agg* (ASTR) extragalaktisch, außergalaktisch

**extragiudiziale** [ekstradʒudit'tsiaːle] *agg* (JUR) außergerichtlich

**extra-large** ['ekstrəˈlaːdʒ] <inv> *agg* XL (*Kleidergröße: sehr groß*)

**extralegale** [ekstrale'gaːle] *agg* ❶ (*non richiesto dalla legge*) außergesetzlich ❷ (*illegale*) ungesetzlich, illegal

**extralinguistico, -a** [ekstrakiŋ'guistiko] <-ci, -che> *agg* außersprachlich

**extramurale** [ekstramuˈraːle] *agg* außerhalb einer Institution [stattfindend]

**extranazionale** [ekstranattsio'naːle] *agg* außerstaatlich

**extraorario, -a** [ekstrao'raːrio] <-i, -ie> *agg* außerhalb des Zeitplans [stattfindend]

**extraparlamentare** [ekstraparlamen'taːre] **I.** *agg* außerparlamentarisch **II.** *mf* Mitglied *nt* einer außerparlamentarischen Organisation

**extraprocessuale** [ekstraprotʃessu'aːle] *agg* (JUR) ❶ (*che ha luogo fuori dal processo*) außerhalb des Prozesses stattfindend ❷ (*extragiudiziale*) außergerichtlich

**extraprofitto** [ekstraproˈfitto] *m* (FIN: *eccedenza di profitto*) Profit-, Gewinnüberschuss *m*

**extrarapido, -a** [ekstra'raːpido] *agg* ❶ (*rapidissimo*) sehr schnell, Hochgeschwindigkeits- ❷ (FOTO) **lastra fotografica -a** hochempfindliche Fotoplatte ❸ (TEC) **acciaio** ~ Hochleistungs-Schnellstahl *m*

**extrascolastico, -a** [ekstrasko'lastiko] <-ci, -che> *agg* außerschulisch

**extrasensibile** [ekstrasen'siːbile] *agg* (PHILOS) übersinnlich

**extrasensoriale** [ekstrasenso'riaːle] *agg* außersinnlich, übersinnlich

**extrasistole** [ekstra'sistole] *f* (MED) Extrasystole *f*

**extrasolare** [ekstraso'laːre] *agg* außerhalb des Sonnensystems befindlich

**extrasottile** [ekstrasot'tiːle] *agg* hauchdünn

**extrastrong** ['ekstrəˈstrɔŋ] **I.** <-> *f* (*tipo di carta*) Karton *m,* steifes Papier **II.** <inv> *agg* ❶ (*riferito a carta*) besonders steif ❷ (*fortissimo*) sehr stark, extrastark

**extratemporale** [ekstratempo'raːle] *agg* außerzeitlich

**extraterrestre** [ekstrater'rɛstre] **I.** *agg* außerirdisch **II.** *mf* Außerirdische(r) *f(m)*

**extraterritoriale** [ekstraterrito'riaːle] *agg* exterritorial, außerstaatlich **extraterritorialità** [ekstraterritoriali'ta] <-> *f* Exterritorialität *f*

**extrauniversitario, -a** [ekstrauniversi'taːrio] *agg* außeruniversitär

**extraurbano, -a** [ekstraur'baːno] *agg* außerhalb der Stadt, außerstädtisch

**extravergine** [ekstra'verdʒine] <inv> *agg* nativ, unbehandelt; **olio di oliva** ~ natives Olivenöl

**ex voto** [ɛks 'vɔːto] <-> *m* Exvoto *nt,* Weihegabe *f*

**eye-liner** ['aiˈlainə] <-> *m* Lidstrich *m,* Eyeliner *m*

**eye-shadow** ['ai ˈʃædou] <-> *m* (*ombretto, belletto per occhi*) Lidschatten *m*

# Ff

**F, f** ['ɛffe] <-> *f* F, f *nt;* **f come Firenze** F wie Friedrich
**F** *abbr di* **Fahrenheit** F
**fa**[1] [fa] <-> *m* (MUS) f, F *nt;* **~ maggiore** f-Moll; **~ minore** F-Dur
**fa**[2] I. *3. pers sing pr di* **fare**[1] II. *avv (addietro)* vor; **tre anni ~** vor drei Jahren
**fabbisogno** [fabbi'zoɲɲo] *m* Bedarf *m;* **il ~ di qc** der Bedarf an etw *dat*
**fabbrica** ['fabbrika] <-che> *f* ① *(stabilimento)* Fabrik *f*, Werk *nt* ② *(costruzione)* Bau *m*, Bauwerk *nt* **fabbricabile** [fabbri'ka:bile] *agg* ① *(edificabile)* bebaubar, Bau-; **area ~** Baugebiet *nt;* **terreno ~** Baugrund *m* ② *(producibile, realizzabile)* erzeugbar, herstellbar **fabbricabilità** [fabbrikabili'ta] <-> *f* Bebaubarkeit *f* **fabbricante** [fabbri'kante] *mf* Fabrikant(in) *m(f)* **fabbricare** [fabbri'ka:re] *vt* ① *(costruire)* [er-, auf]bauen ② *(produrre)* herstellen, erzeugen A **fabbricato** [fabbri'ka:to] *m* Bau *m*, Gebäude *nt;* **~ annesso** Anbau *m* **fabbricazione** [fabbrikat'tsio:ne] *f* Herstellung *f*, Produktion *f;* **~ in serie** Serienproduktion *f;* **difetto di ~** Fabrikationsfehler *m*
**fabbriceria** [fabbritʃe'ri:a] <-ie> *f* (REL) Kirchenverwaltung *f*, Kirchenpflege *f*
**fabbro** ['fabbro] *m* ① *(~ ferraio)* Schmied *m* ② *(di serrature)* Schlosser *m*
**fabulatore, -trice** [fabula'to:re] *m, f* Fabulant *m*, Fabulierer *m* **fabulatorio, -a** [fabula'tɔ:rio] <-i, -ie> *agg* (PSIC) Konfabulations- **fabulazione** [fabulat'tsio:ne] *f* (PSIC) Konfabulation *f*
**faccenda** [fat'tʃɛnda] *f* ① *(affare, cosa da fare)* Angelegenheit *f*, Sache *f* ② *pl (lavori domestici)* Hausarbeit *f* ③ *(situazione)* Umstand *m*, Lage *f*
**faccendone, -a** [fattʃen'do:ne] *m, f (fam)* Hansdampf *m* in allen Gassen
**facchinaggio** [fakki'naddʒo] <-ggi> *m* Trägerarbeit *f;* *(fig)* Plackerei *f* **facchino** [fak'ki:no] *m* ① *(portabagagli)* Träger *m*, Gepäckträger *m* ② *(d'albergo)* Hoteldiener *m* ③ *(fig, pej)* Rüpel *m*, Grobian *m;* **lavorare come un ~** wie ein Pferd arbeiten
**faccia** ['fattʃa] <-cce> *f* ① *(volto)* Gesicht *nt;* **~ tosta** *(fig)* Dreistigkeit *f;* *(persona)* unverschämte Person; **~ a ~** Auge in Auge, von Angesicht zu Angesicht; **non guardare in ~ a nessuno** auf niemanden

Rücksicht nehmen; **dire le cose in ~** [a qu] jdm etw ins Gesicht sagen, kein Blatt vor den Mund nehmen; **alla ~!** *(fam)* Donnerwetter! ② *(espressione)* Miene *f*, Ausdruck *m* ③ *(aspetto)* Aussehen *nt* ④ *(parte)* Seite *f;* *(di case)* Fassade *f* ⑤ *(superficie)* Oberfläche *f* **facciale** [fat'tʃa:le] *agg* Gesichts-
**facciata** [fat'tʃa:ta] *f* ① (ARCH) Fassade *f* ② *(di pagina)* Seite *f* ③ *(fig)* Aussehen *nt*
**faccia-vista** ['fattʃa 'vista] **a ~** unverputzt
**faccina** [fattʃi:na] *f* (INFORM) Emoticon *nt*, Smiley *nt*
**faccio** ['fattʃo] *1. pers sing pr di* **fare**[1]
**faccioso, -a** [fattʃo:so] *agg* pausbackig
**face lifting** [feis liftiŋ] <-> *m* Facelifting *nt*
**faceto, -a** [fa'tʃɛ:to] *agg* witzig **facezia** [fa'tʃɛttsia] <-ie> *f* Witz *m*, Schmäh *m* A
**fachiro** [fa'ki:ro] *m* Fakir *m*
**facile** ['fa:tʃile] *agg* ① *(agevole)* leicht; *(testo)* verständlich; **~ a dirsi** leicht zu sagen ② *(affabile)* umgänglich, nett ③ *(probabile)* wahrscheinlich ④ *(poco serio)* leichtfertig; **donna di -i costumi** leichte Frau **facilità** [fatʃili'ta] <-> *f* ① *(agevolezza)* Leichtigkeit *f* ② *(comprensibilità)* Verständlichkeit *f* ③ *(predisposizione)* Gewandtheit *f* ④ *(leggerezza)* Leichtfertigkeit *f* **facilitare** [fatʃili'ta:re] *vt* ① *(agevolare)* erleichtern ② *(essere utile)* **~ qu** jdm helfen **facilitazione** [fatʃilitat'tsio:ne] *f* Erleichterung *f;* (FIN) Vergünstigung *f* **facilone, -a** [fatʃi'lo:ne] *m, f* leichtsinniger Mensch **faciloneria** [fatʃilone'ri:a] <-ie> *f* Leichtfertigkeit *f*
**facinoroso, -a** [fatʃino'ro:so] I. *agg (turbolento)* gewalttätig; *(pronto alla violenza)* gewaltbereit II. *m, f* Gewalttäter(in) *m(f)*
**facocero** [fako'tʃɛ:ro] *m* (ZOO) Warzenschwein *nt*
**facoltà** [fakol'ta] <-> *f* ① *(capacità)* Fähigkeit *f*, Gabe *f;* **~ di intendere e di volere** (JUR) Zurechnungsfähigkeit *f* ② *(potere)* Befugnis *f*, Macht *f* ③ *(permesso)* Erlaubnis *f* ④ *(universitaria)* Fakultät *f;* **~ di farmacia** pharmazeutische Fakultät; **~ di legge** juristische Fakultät; **~ di lettere e filosofia** philosophische Fakultät
**facoltatività** [fakoltativi'ta] <-> *f* Freiwilligkeit *f* **facoltativo, -a** [fakolta'ti:vo] *agg* ① *(a discrezione)* beliebig ② *(di libera scelta)* wahlfrei, fakultativ ③ *(non obbliga-*

*torio*) unverbindlich; **fermata -a** Bedarfshaltestelle *f*
**facoltoso, -a** [fakol'to:so] *agg* vermögend, wohlhabend
**façon** [fa'sɔ̃] <-> *f* ① (*modello*) Modell *nt* ② (*produzione*) Konfektion *f*
**facondo, -a** [fa'kondo] *agg* (*poet*) redegewandt
**façonnista** [fason'nista] <-i *m*, -e *f*> *mf* (*confezionista*) Konfektionär *m*
**facsimilare** [faksimi'la:re] *agg* Faksimile-, Faksimiledruck- **facsimile** [fak'si:mile] <-> *m* Faksimile *nt*
**factor** ['fæktə] <-> *m* (FIN) Factoring-Unternehmen *nt* **factoring** ['fæktəriŋ] *o* 'faktorin(g)] <-> *m* (FIN) Factoring *nt*
**factotum** [fak'tɔ:tum] <-> *mf* Faktotum *nt*
**faenza** [fa'ɛntsa] *f* Fayence *f*
**faggio** ['faddʒo] <-ggi> *m* Buche *f*
**fagiano** [fa'dʒa:no] *m* Fasan *m*
**fagiolino** [fadʒo'li:no] *m* grüne Bohne *f*, Fisole *f* A **fagiolo** [fa'dʒɔ:lo] *m* Bohne *f*; **andare a ~** (*fam*) passen, behagen; **capitare a ~** (*fam*) wie gerufen kommen
**fagocitare** [fagotʃi'ta:re] *vt* ① (BIOL) phagozytieren ② (*fig: assorbire*) sich einverleiben
**fagocitatore, -trice** [fagotʃita'to:re] *m*, *f* Aufkäufer *m*
**fagocito** [fago'tʃi:to] *m* (BIOL) Phagozyt *m*, Fresszelle *f*
**fagotto** [fa'gɔtto] *m* ① (MUS) Fagott *nt* ② (*involto*) Bündel *nt;* **far ~** (*fig*) sein Bündel schnüren
**faida** ['fa:ida] *f* Fehde *f;* (*vendetta*) Blutrache *f*
**faidaté, fai da te** ['fa:ida'te] <-> *m* Do-it-yourself *nt*, Heimwerken *nt;* (*area di servizio*) Selbsttanken *nt*
**faina** [fa'i:na] *f* (ZOO) Steinmarder *m*
**falange** [fa'landʒe] *f* ① (MIL) Phalanx *f* ② (ANAT: *piede, mano*) [Finger-, Zehen]glied *nt*, erste Phalanx **falangetta** [falan'dʒetta] *f* (ANAT: *piede, mano*) dritte Phalanx **falangina** [falan'dʒi:na] *f* (ANAT: *piede, mano*) zweite Phalanx
**falangista** [falan'dʒista] <-i *m*, -e *f*> *mf* Falangist(in) *m(f)*
**falcata** [fal'ka:ta] *f* ① (*del cavallo*) Sprung *m* ② (*del podista*) Schritt *m*
**falce** ['faltʃe] *f* Sichel *f;* **~ fienaia** Sense *f;* **~ di luna** Mondsichel *f* **falciacaricatrice** [faltʃakarika'tri:tʃe] *f* (AGR) Mähader *m*
**falciare** [fal'tʃa:re] *vt* ① (*erba, grano*) mähen ② (*fig: mietere vittime*) dahinraffen; (MIL) niedermähen **falciatrice** [fal-

tʃa'tri:tʃe] *f* Mähmaschine *f;* **~ a mano** Rasenmäher *m*
**falcidia** [fal'tʃi:dia] <-ie> *f* ① (*riduzione*) Kürzung *f* ② (*strage*) Blutbad *nt*
**falco** ['falko] <-chi> *m* Falke *m* **falconiere** [falko'niɛ:re] *m* Falkner *m*
**falda** ['falda] *f* ① (GEOL) Schicht *f* ② (*di monte*) Hang *m* ③ (*di neve*) Schneeflocke *f* ④ (*di abito*) Schoß *m;* (*di cappello*) Krempe *f*
**falegname** [faleɲ'ɲa:me] *m* Schreiner *m*, Tischler *m* **falegnameria** [faleɲɲame'ri:a] <-ie> *f* Schreinerei *f*, Tischlerei *f*
**falena** [fa'lɛ:na] *f* Nachtfalter *m*
**falesia** [fa'lɛ:zia] <-ie> *f* Kliff *nt*
**falla** ['falla] *f* ① (NAUT) Leck *nt* ② (MIL: *nello schieramento*) Lücke *f*
**fallace** [fal'la:tʃe] *agg* trügerisch **fallacia** [fal'la:tʃa] <-cie> *f* Unzuverlässigkeit *f*
**fallatura** [falla'tu:ra] *f* Webfehler *m*
**fallico, -a** ['falliko] <-ci, -che> *agg* phallisch
**fallimentare** [fallimen'ta:re] *agg* ① (JUR) Konkurs- ② (*fig: situazione*) katastrophal **fallimento** [falli'mento] *m* ① (JUR) Konkurs *m;* **dichiarare ~** Konkurs anmelden ② (*fig: insuccesso*) Schiffbruch *m*, Scheitern *nt*
**fallire** [fal'li:re] <fallisco> I. *vi essere* ① (JUR) Konkurs machen ② (*fig*) misslingen, scheitern II. *vt avere* verfehlen **fallito, -a** [fal'li:to] I. *agg* ① (JUR) bankrott ② (*fig*) gescheitert, misslungen II. *m*, *f* ① (*bancarottiere*) Bankrotteur(in) *m(f)* ② (*fig*) Gescheiterte(r) *(f)m*, Versager(in) *m(f)*
**fallo** ['fallo] *m* ① (*errore*) Fehler *m*, Irrtum *m;* **cogliere qu in ~** jdn auf frischer Tat ertappen ② (SPORT) Foul *nt;* **~ laterale** Seitenaus *nt* ③ (ANAT) Phallus *m*
**fallocrate** [fal'lɔ:krate] *m* Phallokrat *m*, Macho *m* **fallocratico, -a** [fallo'kra:tiko] <-ci, -che> *agg* phallokratisch, Macho- **fallocrazia** [fallokrat'tsi:a] <-ie> *f* ① (*società*) Phallokratie *f* ② (*maschilismo*) männlicher Chauvinismus
**falloso, -a** [fal'lo:so] *agg* regelwidrig
**fall-out** [fɔ:l'aut] <-> *m* radioaktiver Niederschlag, Fallout *m*
**falò** [fa'lɔ] <-> *m* [Freuden]feuer *nt*
**falsare** [fal'sa:re] *vt* verdrehen; (*riportare alterando*) verfälschen
**falsariga** [falsa'ri:ga] <-ghe> *f* ① (*foglio*) Linienblatt *nt* ② (*fig: esempio, modello*) Beispiel *nt*, Vorbild *nt;* **sulla ~ di qu** nach jds Beispiel

**falsario** [fal'sa:rio] <-i> *m* Fälscher *m;* (*di monete*) Falschmünzer *m*
**falsetto** [fal'setto] *m* Falsett *nt*
**falsificabile** [falsifi'ka:bile] *agg* fälschbar
**falsificabilità** [falsifikabili'ta] <-> *f* (*imitabilità*) Fälschbarkeit *f;* (*modificabilità*) Abänderbarkeit *f*
**falsificare** [falsifi'ka:re] *vt* fälschen **falsificazione** [falsifikat'tsio:ne] *f* Fälschung *f*
**falsità** [falsi'ta] <-> *f* Unwahrheit *f;* (*ipocrisia*) Falschheit *f*
**falso** ['falso] *m* Falsche(s) *nt;* (JUR) Fälschung *f*
**falso, -a** *agg* falsch; (*falsificato*) gefälscht
**fama** ['fa:ma] *f* ❶ (*reputazione*) [guter] Ruf *m;* **di dubbia ~** von zweifelhaftem Ruf ❷ (*celebrità*) Ruhm *m*
**fame** ['fa:me] *f* ❶ (*stimolo*) Hunger *m;* **avere ~** Hunger haben; **mi viene ~** ich bekomme Hunger; **~ da lupi** [*o* **cani**] (*fam*) Bärenhunger *m;* **morire di ~** verhungern; (*fig fam*) vor Hunger umkommen ❷ (*fig: bramosia*) Gier *f,* Sucht *f;* (*di sapere*) Durst *m* **famelico, -a** [fa'mɛ:liko] <-ci, -che> *agg* ❶ (*affamato*) ausgehungert ❷ (*poet fig*) gierig
**famigerato, -a** [famidʒe'ra:to] *agg* berüchtigt
**famiglia** [fa'miʎʎa] <-glie> *f* Familie *f;* **~ allargata** Patchwork-Familie *f;* **~ reale** Königshaus *nt,* königliche Familie *f;* **~ umana** Menschengeschlecht *nt;* **essere di ~** zur Familie gehören; **essere di buona ~** aus gutem Hause sein; **metter su ~** eine Familie gründen
**famigliastra** [famiʎ'ʎastra] *f* Stieffamilie *f*
**familiare** [fami'lia:re] I. *agg* ❶ (*della famiglia*) familiär, Familien- ❷ (*consueto, noto*) vertraut ❸ (*semplice*) einfach; (*cucina*) gutbürgerlich ❹ (LING) umgangssprachlich, familiär; **linguaggio ~** Umgangssprache *f* II. *mf* [Familien]angehörige(r) *f(m)* III. *f* (MOT) Familienwagen *m* **familiarità** [familiari'ta] <-> *f* ❶ (*confidenza*) Vertraulichkeit *f* ❷ (*pratica*) Vertrautheit *f* **familiarizzarsi** [familiarid'dzarsi] *vr* vertraut werden; (*impratichirsi*) sich vertraut machen
**famoso, -a** [fa'mo:so] *agg* berühmt
**fan** [fæn *o* fan] <-> *m* Fan *m*
**fanale** [fa'na:le] *m* Licht *nt,* Lampe *f;* **~ antinebbia** (MOT) Nebellicht *nt,* Nebelleuchte *f* **fanalino** [fana'li:no] *m* kleine Lampe, Leuchte *f;* **~ di coda** (MOT) Rücklicht *nt;* (*fig*) Letzte *mf,* Schlusslicht *nt*
**fanatico, -a** [fa'na:tiko] <-ci, -che> I. *agg*
fanatisch; **essere ~ di qc** von etw begeistert sein II. *m, f* Fanatiker(in) *m(f)* **fanatismo** [fana'tizmo] *m* Fanatismus *m*
**fanciulla** [fan'tʃulla] *f* (*poet*) [junges] Mädchen **fanciullezza** [fantʃul'lettsa] *f* Kindheit *f,* Kindesalter *nt* **fanciullo** [fan'tʃullo] *m* (*poet*) Knabe *m,* Kind *nt*
**fanculo** [fan'ku:lo] *int* (*vulg: vaffanculo*) leck mich [am Arsch]!; **mandare qu a ~** jdn zum Teufel schicken; **andare a ~** den Bach hinuntergehen
**fandonia** [fan'dɔ:nia] <-ie> *f* Märchen *nt,* Lüge *f*
**fanfaluca** [fanfa'lu:ka] <-che> *f* (*fig*) Geschwätz *nt*
**fanfara** [fan'fa:ra] *f* ❶ (*banda*) Blechmusikkapelle *f* ❷ (*musica*) Fanfare *f*
**fanfarona** *f v.* **fanfarone**
**fanfaronata** [fanfaro'na:ta] *f* Prahlerei *f*
**fanfarone, -a** [fanfa'ro:ne] *m, f* Prahler(in) *m(f),* Prahlhans *m*
**fanghiglia** [faŋ'giʎʎa] <-glie> *f* Schlamm[schicht *f*] *m,* Gatsch *m A*
**fango** ['faŋgo] <-ghi> *m* ❶ (*limo*) Schlamm *m,* Gatsch *m A* ❷ (GEOL) Schlick *m* ❸ (MED) Fango *m* ❹ *pl* (*termali*) Moorbäder *ntpl;* **cura dei -ghi** Schlammkur *f* **fangoso, -a** [faŋ'go:so] *agg* ❶ (*pieno di fango*) schlammig ❷ (*coperto di fango*) dreckig, schmutzig **fangoterapia** [faŋgotera'pi:a] *f* (MED) Fangotherapie *f*
**fannullone, -a** [fannul'lo:ne] *m, f* Nichtstuer(in) *m(f),* Tachinierer *m A*
**fanone** [fa'no:ne] *m* (ZOO) Barte *f*
**fantapolitica** [fantapo'li:tika] <-che> *f* ❶ (LIT: *genere narrativo*) politische Scienceﬁction *f* ❷ (*ipotesi politica inverosimile*) politische Utopie *f;* **la sua proposta è pura ~!** sein Vorschlag ist eine reine politische Utopie!; **fare della ~** politische Phantasterei betreiben
**fantapolitico, -a** [fantapo'ti:tiko] <-ci, -che> *agg* utopisch-politisch
**fantascientifico, -a** [fantaʃen'ti:fiko] <-ci, -che> *agg* die Science-Fiction betreffend **fantascienza** [fantaʃʃɛntsa] *f* Science-Fiction *f*
**fantasia** [fanta'zi:a] <-ie> *f* ❶ (*immaginazione*) Phantasie *f,* Vorstellungsvermögen *nt* ❷ (*capriccio*) Laune *f* ❸ (*tessuto*) bunt gemusterter Stoff ❹ (MUS) Fantasie *f*
**fantasioso, -a** [fanta'zio:so] *agg* phantasievoll
**fantasista** [fanta'zista] <-i *m,* -e *f*> *mf* Kabarettkünstler(in) *m(f)*

**fantasma**[1] [fan'tazma] <-i> *m* Gespenst *nt,* Geist *m*
**fantasma**[2] <inv> *agg* (*governo*) Schein-; (*nave*) Geister-
**fantasmagoria** [fantazmago'ri:a] <-ie> *f* Phantasmagorie *f,* Trugbild *nt* **fantasmagorico, -a** [fantazma'gɔ:riko] <-ci, -che> *agg* phantasmagorisch, bizarr
**fantasmatico, -a** [fantas'ma:tiko] <-ci, -che> *agg* rätselhaft, unheimlich **fantasmico, -a** [fan'tasmiko] <-ci, -che> *agg* (*poet*) gespenstisch, geisterhaft **fantasmino** [fanta'smi:no] *m* Füßling *m* (*nur Zehen und Ferse bedeckend*)
**fantasticare** [fantasti'ka:re] I. *vt* träumen von, phantasieren von II. *vi* träumen, phantasieren **fantastichería** [fantastike'ri:a] <-ie> *f* Phantasterei *f,* Träumerei *f*
**fantastico, -a** [fan'tastiko] <-ci, -che> *agg* phantastisch; (*della fantasia*) Einbildungs-
**fante** ['fante] *m* ❶ (MIL) Infanterist *m* ❷ (*nelle carte francesi*) Bube *m;* (*nelle carte tedesche*) Unter *m* **fanteria** [fante'ri:a] <-ie> *f* Infanterie *f*
**fantino** [fan'ti:no] *m* Jockey *m,* Jockei *m*
**fantoccio** [fan'tɔttʃo] <-cci> *m* ❶ (*pupazzo*) Puppe *f* ❷ (*fig: succube*) Hampelmann *m,* Marionette *f;* **governo ~** Marionettenregierung *f*
**fantomatico, -a** [fanto'ma:tiko] <-ci, -che> *agg* unwirklich, unfassbar
**farabutto, -a** [fara'butto] *m, f* Schurke *m*/Schurkin *f*
**faraglione** [faraʎ'ʎo:ne] *m* Klippe *f*
**faraona** [fara'o:na] *f* (ZOO) Perlhuhn *nt*
**faraone** [fara'o:ne] *m* (HIST) Pharao *m*
**farcire** [far'tʃi:re] <farcisco> *vt* füllen, farcieren **farcitura** [fartʃi'tu:ra] *f* Füllung *f,* Farce *f*
**fard** [far(d)] <-> *m* (*cosmetico, belletto*) Rouge *nt;* **darsi il ~** Rouge auftragen; **un tocco di ~** ein Hauch Rouge
**fardello** [far'dɛllo] *m* ❶ (*involto*) Bündel *nt* ❷ (*fig: peso*) Bürde *f,* Last *f*
**fare**[1] ['fa:re] <faccio, feci, fatto> I. *vt* ❶ machen; (*fig: amicizia*) schließen; (*opera*) verfassen; **non fa niente** das macht nichts ❷ (*attività*) tun; (*mestiere*) ausüben; **~ il medico** Arzt sein ❸ (*sport*) treiben; (*tennis, calcio*) spielen ❹ (*comportamento*) spielen; **non ~ la sciocca!** spiel nicht die Dumme ❺ (*rappresentazione*) spielen; (*al teatro, cinema*) geben ❻ (*loc*) **~ sapere qc a qu** jdn etw wissen lassen; **~ vedere** zeigen; **~ a meno di qc** ohne etw auskommen; **~ tardi** zu spät kommen; **5 più 3**

**fa 8** 5 und 3 macht [*o* ist] 8; **farcela es schaffen; farla finita con qu** mit jdm Schluss machen; **strada facendo** unterwegs; **chi la fa l'aspetti** (*prov*) wie du mir, so ich dir; **far da sé** selbst machen; **quell'uomo si è fatto da sé** (*fig*) dieser Mann ist ein Selfmademan; **chi fa da sé fa per tre** (*prov*) selbst ist der Mann/die Frau II. *vi* ❶ (*lavorare*) tun; (*agire*) handeln ❷ (*essere efficace*) wirken ❸ (*essere adatto*) geeignet sein; **questo lavoro non fa per me** diese Arbeit ist nichts für mich ❹ (*loc*) **fa bello** es ist schön; **fa caldo** es ist warm; **fa freddo** es ist kalt; **faccia pure!** bitte sehr!; **non mi fa né caldo né freddo** das lässt mich kalt III. *vr* **-rsi** (*rendersi*) werden; **-rsi avanti** sich melden, vortreten; **-rsi da parte** zur Seite treten, den Platz räumen; **-rsi fare una copia** sich *dat* eine Kopie machen lassen; **-rsi notare** sich bemerkbar machen; **-rsi pregare** sich bitten lassen; **farsela addosso** (*fam*) [sich *dat*] in die Hosen machen; **-rsi in quattro** sich zerreißen, sich vierteilen; **-rsi strada** seinen Weg machen; **si è fatto tardi** es ist spät geworden

**fare**[2] *m* ❶ (*comportamento*) Benehmen *nt;* (*portamento*) Art *f* ❷ (*modo di fare*) Tun *nt,* Handlungsweise *f* ❸ (*loc*) **ha un bel ~ a pregarlo, ma è tutto inutile** er/sie kann ihn [noch so] viel bitten, es nützt doch nichts; **sul far del giorno** bei Tagesanbruch
**faretra** [fa'rɛ:tra] *f* Köcher *m*
**faretto** [fa'retto] *m* ❶ *dim di* **faro** kleiner Leuchtturm *m* ❷ (*lampada a incandescenza*) Spot *m*
**farfalla** [far'falla] *f* ❶ (ZOO) Schmetterling *m* ❷ (*cravatta*) Fliege *f* ❸ (SPORT) Schmetterlingsschwimmen *nt,* Butterfly *m* ❹ (TEC: *valvola*) Drosselklappe *f* ❺ *pl* (GASTR) *Nudelsorte* **farfallina** [farfal'li:na] *f* leichtes Mädchen **farfallone** [farfal'lo:ne] *m* (*fig*) Frauenheld *m*
**farfugliare** [farfuʎ'ʎa:re] *vi* murmeln
**farina** [fa'ri:na] *f* Mehl *nt;* **~ animale** (AGR) Tiermehl *nt;* **non è ~ del tuo sacco** (*fig*) das ist nicht auf deinem Mist gewachsen; **la ~ del diavolo se ne va in crusca** (*prov*) unrecht Gut gedeihet nicht
**farinacei** [fari'na:tʃei] *mpl* [Stärke]mehlprodukte *ntpl* **farinaceo, -a** *agg* mehlig
**faringe** [fa'rindʒe] *f* (ANAT) Rachen *m*
**faringite** [farin'dʒi:te] *f* Rachenentzündung *f*

**farinoso, -a** [fari'no:so] *agg* mehlhaltig, mehlig; **neve -a** Pulverschnee *m*

**fariseo, -a** [fari'zɛ:o] *m, f* (*a. fig*) Pharisäer *m*

**farmaceutico, -a** [farma't ʃɛ:utiko] <-ci, -che> *agg* pharmazeutisch; (*industria*) Pharma-, Arzneimittel-

**farmacia** [farma't ʃi:a] <-cie> *f* ❶ (*arte*) Pharmazie *f*, Arznei[mittel]kunde *f* ❷ (*locale*) Apotheke *f*; **~ di turno** diensttuende Apotheke; **da vendersi solo in ~** apothekenpflichtig **farmacista** [farma't ʃista] <-i *m*, -e *f*> *mf* Apotheker(in) *m(f)*

**farmaco** ['farmako] <-ci *o* -chi> *m* Heilmittel *nt*, Medikament *nt*, Arznei *f* **farmacodipendente** [farmakodipen'dɛnte] I. *mf* Medikamentenabhängige(r) *f(m)* II. *agg* medikamentenabhängig, medikamentensüchtig **farmacodipendenza** [farmakodipen'dɛntsa] *f* Medikamentenabhängigkeit *f*, -sucht *f* **farmacologia** [farmakolo'dʒi:a] <-gie> *f* Pharmakologie *f*, Arzneimittellehre *f* **farmacologo, -a** [farma'kɔ:logo] <-gi, -ghe> *m, f* Pharmakologe *m*/Pharmakologin *f* **farmacopea** [farmako'pɛ:a] *f* Arzneibuch *nt* **farmacovigilanza** [farmakovidʒi'lantsa] *f* Medikamentenprüfung *f*, Zulassungsverfahren *nt* für Medikamente

**Farnesina** [farne'zi:na] <*sing*> *f* (*Ministero degli Affari Esteri italiano*) **la ~** italienisches Außenministerium

**farneticare** [farneti'ka:re] *vi* ❶ (*delirare*) phantasieren ❷ (*dire assurdità*) faseln, wirr reden

**faro** ['fa:ro] *m* ❶ (*torre*) Leuchtturm *m* ❷ (*di veicolo*) Scheinwerfer *m*; **-i abbaglianti** Fernlicht *nt*; **-i anabbaglianti** Abblendlicht *nt* ❸ (*fig poet*) Leuchte *f fam*

**farragine** [far'ra:dʒine] *f* (*obs fig*) Durcheinander *nt* **farraginoso, -a** [farradʒi'no:so] *agg* verworren

**farsa** ['farsa] *f* ❶ (LIT) Farce *f*, Posse *f* ❷ (*fig: buffonata*) Posse *f*, [Narren]streich *m* **farsesco, -a** [far'sesko] <-schi, -sche> *agg* grotesk

**farsetto** [far'setto] *m* Wams *nt*; (*maglione*) Unterjacke *f*

**fasc.** *abbr di* **fascicolo** Faszikel *m*

**fascetta** [faʃ'ʃetta] *f* ❶ (*fiscale*) Banderole *f*, Streifband *nt* ❷ (*libri*) Buchbinde *f* ❸ (TEC) Schlauchklemme *f*

**fascia** ['faʃʃa] <-sce> *f* ❶ (*striscia di tessuto*) Band *nt*; (MED) Binde *f*; **~ elastica** (MED) elastische Binde ❷ *pl* (*per bambini*) Windel *f*; **bambino in -sce** Wickelkind *nt* ❸ (*di territorio*) Strich *m*, Streifen *m*; **~ piovosa tropicale** (METEO) der tropische Regenwaldgürtel ❹ (*di carta*) Banderole *f*, Streifband *nt* ❺ (*fig: settore*) Ausschnitt *m*, Teil *m*

**fasciame** [faʃ'ʃa:me] *m* (NAUT) Schiffsumhüllung *f*

**fasciare** [faʃ'ʃa:re] *vt* ❶ (*ferita*) verbinden ❷ (*bambino*) wickeln ❸ (*aderire*) [eng] anliegen an +*dat*, umschließen **fasciatoio** [faʃʃa'to:io] <-oi> *m* Wickelkommode *f* **fasciatura** [faʃʃa'tu:ra] *f* Verband *m*

**fascicolare** [faʃʃiko'la:re] *vt* einheften, zusammenheften **fascicolatore** [faʃʃikola'to:re] *m* Hefter *m*, Sorter *m* **fascicolatrice** [faʃʃikola'tri:t ʃe] *f* Heftmaschine *f* **fascicolazione** [faʃʃikolat'tsio:ne] *f* ❶ (*studio della composizione in fascicoli di codici e libri*) Heften *nt*, Hefttechnik *f* ❷ (*disposizione di rivista, di giornale in fascicoli*) Zeitungs-, Zeitschriftenordner *m* ❸ (MED: *lieve contrazione muscolare*) leichte Muskelkontraktion *f* **fascicolo** [faʃ'ʃi:kolo] *m* ❶ (*di riviste, dispensa*) Heft *nt*, Lieferung *f* ❷ (*di documenti*) Aktenbündel *nt*; **~ d'ufficio** Prozessakte *f*

**fascina** [faʃ'ʃi:na] *f* Reisigbündel *nt*

**fascino** ['faʃʃino] *m* ❶ (*attrattiva*) Charme *m*, Zauber *m* ❷ (*allettamento*) Reiz *m*, Faszination *f*

**fascio** ['faʃʃo] <-sci> *m* ❶ (*di legna*) Bund *m*, Stoß *m* ❷ (*di fiori*) Strauß *m* ❸ (*di nervi, raggi, erba*) Bündel *nt*; **far d'ogni erba un ~** (*fig*) alles über einen Kamm scheren ❹ (POL) Verband *m*, Bund *m*; (HIST: *partito fascista*) faschistische Partei *f* ❺ (HIST: *emblema*) Liktoren-, Rutenbündel *nt*, Faszes *pl*

**fascismo** [faʃ'ʃizmo] *m* Faschismus *m* **fascista** [faʃ'ʃista] <-i *m*, -e *f*> I. *agg* faschistisch II. *mf* Faschist(in) *m(f)*

**fase** ['fa:ze] *f* ❶ (*gener* ASTR, PHYS, CHEM, TEC) Phase *f*; (*a stadio*) Stadium *nt*, Abschnitt *m*; **essere fuori ~** (*fig*) nicht in Form sein; **~ di sviluppo** Entwicklungsstufe *f* ❷ (MOT) Takt *m*; **motore a tre -i** Dreitaktmotor *m*

**fastello** [fas'tɛllo] *m* (*legna, paglia*) Bündel *nt*, Bund *m*

**fast-food** ['fa(:)st'fu(:)d] <-> *m* ❶ (*pasto veloce*) Fastfood *nt* ❷ (*locale*) Fastfoodrestaurant *nt* **fast-fooder** ['fa:st'fu:də] <-> *mf* (*frequentatore abituale di fast-food*) Stammkunde *m*/-kundin *f* von Fastfoodrestaurants; **da quando lavora in centro è diventato un ~** seit er im Zentrum arbeitet isst er immer in Fastfoodrestaurants

**fasti** ['fasti] *mpl* (HIST) Heldentaten *fpl;* (*fatti memorabili*) Ruhmesblätter *ntpl*

**fastidio** [fas'ti:dio] <-i> *m* ❶ (*molestia*) Belästigung *f,* Störung *f;* **dare ~ a qu** jdn belästigen; **Le dà ~ il fumo?** stört Sie der Rauch? ❷ (*noia*) Überdruss *m,* Verdruss *m* ❸ (*disgusto*) Ekel *m* ❹ (*dispiacere*) Unannehmlichkeit *f* **fastidioso, -a** [fasti'dio:so] *agg* ❶ (*seccante*) lästig, unangenehm; (*noioso*) langweilig ❷ (*irritabile*) reizbar

**fasto** ['fasto] *m* Prunk *m* **fastoso, -a** [fas'to:so] *agg* prunkvoll

**fasullo, -a** [fa'zullo] *agg* ❶ (*moneta, oro*) falsch ❷ (*fig: persona*) unfähig, schlecht

**fata** ['fa:ta] *f* Fee *f*

**fatale** [fa'ta:le] *agg* fatal; (*di morte*) tödlich, todbringend; (*di disastro*) verhängnisvoll, unselig; (*di fascino*) unwiderstehlich

**fatalismo** [fata'lizmo] *m* Fatalismus *m*

**fatalista** [fata'lista] <-i *m,* -e *f*> *mf* Fatalist(in) *m(f)*

**fatalità** [fatali'ta] <-> *f* ❶ (*destino*) Schicksalhaftigkeit *f,* Fatalität *f* ❷ (*disgrazia*) Unglück *nt*

**fatamorgana** [fatamor'ga:na] *f* Fata Morgana *f*

**fatica** [fa'ti:ka] <-che> *f* ❶ (*sforzo, difficoltà*) Mühe *f,* Anstrengung *f;* **a ~** mit Mühe; **fare ~ a fare qc** Mühe haben etw zu tun ❷ (*stanchezza*) Müdigkeit *f* ❸ (*lavori pesanti*) Schwerarbeit *f* **faticare** [fati'ka:re] *vi* ❶ (*sottoporsi a sforzo*) hart arbeiten ❷ (*incontrare difficoltà*) sich abmühen, Mühe haben **faticoso, -a** [fati'ko:so] *agg* mühsam, anstrengend; (*stile*) bemüht

**fatiscente** [fatiʃʃɛnte] *agg* baufällig, heruntergekommen

**fato** ['fa:to] *m* Schicksal *nt*

**Fatt.** *abbr di* **fattura** Rechn.

**fattezze** [fat'tettse] *fpl* [Gesichts]züge *mpl*

**fattibile** [fat'ti:bile] *agg* möglich, machbar

**fattispecie** [fattis'pɛ:tʃe] <-> *f* Tatbestand *m;* **nella ~** im vorliegenden Fall

**fattivo, -a** [fat'ti:vo] *agg* tatkräftig

**fatto** ['fatto] *m* ❶ (*azione*) Tat *f;* **cogliere qu sul ~** jdn auf frischer Tat ertappen; **dato di ~** Tatsache *f;* **i -i parlano chiaro** die Tatsachen sprechen für sich; **il ~ è che ...;** **~ sta che ...** Tatsache ist, dass ...; **mettere qu davanti al ~ compiuto** jdn vor vollendete Tatsachen stellen ❷ (*avvenimento*) Ereignis *nt;* **~ di cronaca** Tagesgeschehen *nt,* -ereignis *nt* ❸ (*affare*) Angelegenheit *f,* Sache *f;* **badare ai** [*o* **farsi i**] **-i propri** sich um seine eigenen Angelegenheiten kümmern ❹ (*fig*) **andare per i -i propri** seines Weges gehen; **sapere il ~ proprio** sich zu helfen wissen

**fatto, -a** I. *pp di* **fare**[1] II. *agg* ❶ (*compiuto*) gemacht, getan; (*abito*) fertig, von der Stange; (TEC) hergestellt, gefertigt; **~ a macchina** maschinell hergestellt; **~ a mano** in Handarbeit hergestellt; **~ a cubo** würfelförmig [gemacht]; **~ a uovo** eiförmig [gemacht]; **~ di legno** aus Holz [gemacht]; **~ di plastica** aus Plastik [gemacht]; **ben ~!** gut gemacht!; **a conti -i** alles in allem; **detto ~** gesagt, getan ❷ (*maturo, a. fig*) reif ❸ (*conformato fisicamente*) gebaut; **individuo ben/mal ~** eine gut/schlecht gebaute Person ❹ (*addetto*) geschaffen; **essere ~ per qc/qu** für etw/jdn [wie] geschaffen sein; **non essere ~ per qc/qu** für etw/jdn nicht geeignet sein ❺ (*sl: sfinito*) geschafft, fertig ❻ (*sl: drogato*) breit; **è completamente ~** er ist völlig breit ❼ (*sl: pazzo*) verrückt, übergeschnappt

**fattora** *f* (*fam*) *v.* **fattore**

**fattore** [fat'to:re] *m* ❶ (*elemento determinante*) Faktor *m,* Umstand *m* ❷ (MAT, PHYS, BIOL) Faktor *m;* **~ ereditario** (BIOL) Erbfaktor *m*

**fattore, -essa** *o* **-a** [fat'to:re, fatto'ressa] *m, f* (*fam*) Gutsverwalter(in) *m(f)*

**fattoria** [fatto'ri:a] <-ie> *f* Gutshof *m,* [Land]gut *nt*

**fattorino, -a** [fatto'ri:no] *m, f* ❶ (*commesso*) Bote *m*/Botin *f;* (*di negozio*) Laufbursche *m*/-mädchen *nt* ❷ (*bigliettaio*) Schaffner(in) *m(f)*

**fattrice** [fat'tri:tʃe] *f* (ZOO) weibliches Zuchttier

**fattucchiera** [fattuk'kiɛ:ra] *f* Zauberin *f*

**fattura** [fat'tu:ra] *f* ❶ (*lavorazione*) Anfertigung *f,* Herstellung *f* ❷ (*confezione*) Fasson *f* ❸ (COM) Rechnung *f;* **rilasciare una ~** (COM) eine Rechnung ausstellen ❹ (*fam: maleficio*) Zauberei *f,* Hexerei *f*

**fatturante** [fattu'rante] *mf* (*obs*) Akkordarbeiter(in) *m(f),* Stückarbeiter(in) *m(f)*

**fatturare** [fattu'ra:re] *vt* (COM) fakturieren

**fatturato** [fattu'ra:to] *m* (COM) Umsatz *m*

**fatturatrice** [fattura'tri:tʃe] *f* Rechen-, Fakturiermaschine *f* **fatturazione** [fatturat'tsio:ne] *f* (COM) Verrechnung *f* **fatturista** [fattu'rista] <-i *m,* -e *f*> *mf* (COM) Fakturist(in) *m(f)*

**fatuo, -a** ['fa:tuo] *agg* oberflächlich, seicht

**fauci** ['fa:utʃi] *fpl* Rachen *m,* Schlund *m*

**fauna** ['fa:una] *f* Tierreich *nt,* Fauna *f*

**fauno** ['fa:uno] *m* Faun *m*

**fausto, -a** ['fausto] *agg* glücklich

**fautore, -trice** [fau'to:re] *m, f* Förderer *m*/Förderin *f*; (*sostenitore*) Befürworter(in) *m(f)*

**fava** ['fa:va] *f* (*legume*) dicke Bohne, Saubohne *f*; **prendere due piccioni con una ~** (*prov*) zwei Fliegen mit einer Klappe schlagen

**favelas** [fa'vɛlas] <-> *fpl* Favelas *fpl*, Elendsviertel *ntpl*

**favella** [fa'vɛlla] *f* Sprache *f* **favellare** [favel'la:re] *vt, vi* reden, sprechen

**favilla** [fa'villa] *f* ❶ (*scintilla*) Funke[n] *m*; **far -e** (*fig fam*) Erfolg haben, groß rauskommen ❷ (*fig: causa*) Auslöser *m*

**favo** ['fa:vo] *m* ❶ (*miele*) [Bienen]wabe *f* ❷ (MED) Favus *m*

**favola** ['fa:vola] *f* Fabel *f*, Märchen *nt*; **il mondo delle -e** Märchenwelt *f* **favolistica** [favo'listika] <-che> *f* Fabeldichtung *f*, Märchenschatz *m* **favoloso, -a** [favo'lo:so] *agg* fabelhaft; (*enorme*) großartig, außergewöhnlich

**favonio** [fa'vɔ:nio] <-> *m* (*poet: vento*) Zephir *m*

**favore** [fa'vo:re] *m* ❶ (*benevolenza*) Wohlwollen *nt* ❷ (*servizio*) Gefallen *m*, Gefälligkeit *f*; **per ~** bitte; **fare un ~ a qu** jdm einen Gefallen tun ❸ (*protezione*) Gunst *f*, Schutz *m*; **parlare in ~ di qu** zu jds Gunsten sprechen **favoreggiare** [favored'dʒa:re] *vt* begünstigen, bevorzugen, vorziehen **favoreggiatore, -trice** [favoreddʒa'to:re] *m, f* Förderer *m*/Förderin *f*; (*protettore*) Beschützer(in) *m(f)*

**favorevole** [favo're:vole] *agg* ❶ (*vantaggioso*) günstig ❷ (*benevolo*) wohlwollend ❸ (*consenziente*) zustimmend; **essere ~** dafür sein; **essere ~ a qc/qu** für etw/jdn sein

**favorire** [favo'ri:re] <favorisco> *vt* ❶ (*assecondare*) begünstigen ❷ (*agevolare*) unterstützen, fördern ❸ (*in espressioni di cortesia*) **favorisca il biglietto** die Fahrkarte, bitte; **vuole ~?** (*invitando a mangiare*) geben Sie mir [*o* uns] die Ehre?; (*offrendo*) darf ich Ihnen das anbieten?

**favorita** [favo'ri:ta] *f* (*amante*) Geliebte *f*; (*negli harem*) Favoritin *f*

**favoriti** [favo'ri:ti] *mpl* Backenbart *m*, Favoris *pl*

**favoritismo** [favori'tizmo] *m* Begünstigung *f*, Günstlingswirtschaft *f*

**favorito, -a** [favo'ri:to] I. *agg* ❶ (*prediletto*) Lieblings-, bevorzugt ❷ (*probabile vincitore*) favorisiert II. *m, f* ❶ (*beniamino*) Liebling *m* ❷ (*in gare, elezioni*) Favorit(in) *m(f)*

**fax** [faks] <-> *m* ❶ (*apparecchio*) Fax[gerät] *nt*; **via** [*o* **per**] **~** per Fax ❷ (*messaggio*) Fax *nt* **faxare** [fa'ksa:re] *vt* faxen

**fazione** [fat'tsio:ne] *f* Faktion *f* **fazioso, -a** [fat'tsio:so] I. *agg* faktiös, aufwieglerisch II. *m, f* Aufrührer(in) *m(f)*, Aufwiegler(in) *m(f)*

**fazzoletto** [fattso'letto] *m* Tuch *nt*; (*da naso*) Taschentuch *nt*; **~ di carta** Papiertaschentuch *nt*

**FC** *abbr di* **fuori corso: uno studente ~** *ein Student, der die Regelstudienzeit überschritten hat*

**febbraio** [feb'bra:io] *m* Februar *m*, Feber *m A*; *v. a.* **aprile**

**febbre** ['fɛbbre] *f* (*a. fig*) Fieber *nt*; **~ da fieno** Heuschnupfen *m*; **~ dell'oro** Goldfieber *nt* **febbricitante** [febbritʃi'tante] *agg* fiebernd

**febbrifugo** [feb'bri:fugo] <-ghi> *m* Fiebermittel *nt*

**febbrifugo, -a** <-ghi, -ghe> *agg* fiebersenkend

**febbrile** [feb'bri:le] *agg* ❶ (MED) fiebrig, Fieber- ❷ (*fig*) fieberhaft

**fecale** [fe'ka:le] *agg* Fäkal-

**feccia** ['fettʃa] <-cce> *f* ❶ (*di vino*) [Boden]satz *m*, Hefe *f* ❷ (*fig, pej*) Abschaum *m*

**feci**[1] ['fɛ:tʃi] *fpl* Fäkalien *pl*

**feci**[2] [fe:tʃi] *1. pers sing pass rem di* **fare**[1]

**fecola** ['fɛ:kola] *f* Stärkemehl *nt*

**fecondare** [fekon'da:re] *vt* ❶ (BIOL) befruchten ❷ (*rendere fertile*) fruchtbar machen **fecondazione** [fekondat'tsio:ne] *f* Befruchtung *f*; **~ artificiale** (MED) künstliche Befruchtung; **~ in vitro** In-vitro-Fertilisation *f*

**fecondità** [fekondi'ta] <-> *f* (*a. fig*) Fruchtbarkeit *f* **fecondo, -a** [fe'kondo] *agg* fruchtbar; (*nozze*) kinderreich

**fede** ['fe:de] *f* ❶ (*credo*) Glaube[n] *m* ❷ (*fiducia*) Vertrauen *nt* ❸ (*onestà, fedeltà*) Treue *f* ❹ (*anello*) Trau-, Ehering *m* ❺ (*attestato*) Schein *m*, Bescheinigung *f*; **~ di battesimo** Taufschein *m*; **~ di credito** Schuldschein *m* ❻ (*loc*) **far ~** bezeugen; **in ~** (ADM) für die Richtigkeit; **in buona ~** in gutem Glauben; **in mala ~** in böser Absicht

**fedele** [fe'de:le] I. *agg* ❶ (*devoto*) treu ❷ (*esatto*) genau; (*traduzione, riproduzione*) [original]getreu II. *mf* ❶ (*credente*) Gläubige(r) *f(m)* ❷ (*seguace*) Anhänger(in) *m(f)*, Getreue(r) *f(m)* **fedelissimo, -a** [fede'lissimo] *m, f* Vertraute(r) *f(m)*,

enge(r) Mitarbeiter(in) *m(f)* **fedeltà** [fedel'ta] <-> *f* ❶ (*devozione*) Treue *f* ❷ (*esattezza*) Zuverlässigkeit *f*, Treue *f*; (*in acustica*) Wiedergabetreue *f*, -genauigkeit *f*; **ad alta ~** Hi[gh]-Fi[delity]-
**federa** ['fɛ:dera] *f* [Kopf]kissenbezug *m*
**federale** [fede'ra:le] *agg* ❶ (POL) föderativ, Bundes- ❷ (*di società*) Verbands-, Vereins-
**federalismo** [federa'lizmo] *m* Föderalismus *m* **federativo, -a** [federa'ti:vo] *agg* föderativ, föderalistisch **federato, -a** [fede'ra:to] *agg* verbündet
**federazione** [federat'tsio:ne] *f* ❶ (*di stati*) Föderation *f* ❷ (*di società*) Verband *m*; **Federazione delle Borse Europee** (FIN) Europäischer Börsenverband *m*
**FEDERCALCIO** [feder'kaltʃo] *f abbr di* **Federazione Italiana Gioco Calcio** *italienischer Fußballverband*
**FEDERMECCANICA** [federmek'ka:nika] *f abbr di* **Federazione Sindacale dell'Industria Metalmeccanica Italiana** *italienischer Gewerkschaftsbund der Metall verarbeitenden Industrie*
**fedifrago, -a** [fe'di:frago] <-ghi, -ghe> *agg* (*poet a. scherz*) wortbrüchig
**fedina** [fe'di:na] *f* (JUR) Strafregisterauszug *m*; **~ penale** Führungszeugnis *nt*
**fedine** [fe'di:ne] *fpl* (*favoriti*) Koteletten *pl*
**feedback** ['fi:dbæk] *o* 'fidbɛk] <-> *m* ❶ Feed-back *nt* ❷ (INFORM: *retroazione*) Rückkopplung *f*
**feeling** ['fi:liŋ *o* 'filin(g)] <-> *m* Feeling *nt*; **tra di loro c'è un ~** die beiden fühlen sich zueinander hingezogen
**fegataccio** [fega'tattʃo] <-cci> *m* (*obs*) Draufgänger *m*
**fegatello** [fega'tɛllo] *m* (GASTR) gebackene Schweinsleberscheibe *f* **fegatini** [fega'ti:ni] *mpl* (GASTR) gebackene Geflügelleber *f*
**fegato** ['fe:gato] *m* (ANAT) Leber *f*; **avere ~** Mut haben; **si mangia il ~** (*fig*) es wurmt ihn/sie
**felce** ['feltʃe] *f* Farn *m*
**feldspato** [felds'pa:to] *m* (MIN) Feldspat *m*
**felice** [fe'li:tʃe] *agg* glücklich, freudig **felicità** [felitsi'ta] <-> *f* Glück *nt*, Glückseligkeit *f*
**felicitarsi** [felitʃi'tarsi] *vr* **~ di qc** sich über etw *acc* freuen; **~ con qu per qc** jdn zu etw beglückwünschen **felicitazione** [felitʃitat'tsio:ne] *f* Glückwunsch *m*
**felino** [fe'li:no] *m* Katze *f*
**felino, -a** *agg* katzenartig, Katzen-
**felliniano, -a** [felli'nia:no] *agg* Fellini'sch, Fellini-

**fellonia** [fello'ni:a] <-ie> *f* (*obs, poet*) Verrat *m*, Felonie *f*
**felpa** ['felpa] *f* Plüsch *m* **felpato, -a** [fel'pa:to] *agg* Plüsch-; **con passo ~** (*fig*) auf leisen Sohlen
**feltrabile** [fel'tra:bile] *agg* verfilzbar **feltrabilità** [feltrabili'ta] <-> *f* Verfilzbarkeit *f*
**feltro** ['feltro] *m* ❶ (*tessuto*) Filz *m* ❷ (*cappello*) Filzhut *m*
**feluca** [fe'lu:ka] <-che> *f* ❶ (NAUT) Feluke *f* ❷ (*cappello*) Zweispitz *m*
**femmina** ['femmina] *f* ❶ (*spesso pej: donna*) Weib *nt* ❷ (ZOO) Weibchen *nt* ❸ (TEC) Mutter *f*
**femminicidio** [femmini'tʃi:dio] <-di *rar* -dii> *m* Mord *m* an einer Frau, Frauenmord **femminile** [femmi'ni:le] I. *agg* weiblich; (*abito, sport*) Damen-; (*lavoro*) Frauen-; (*scuola*) Mädchen-; **genere ~** (LING) Femininum *nt* II. *m* ❶ (LING) Femininum *nt* ❷ (SPORT) Damenwettbewerb *m*
**femminilizzare** [femminilid'dza:re] *vt* frauenfreundlich gestalten **femminismo** [femmi'nizmo] *m* Feminismus *m*, Frauenbewegung *f* **femminista** [femmi'nista] <-i *m*, -e *f*> *mf* Feminist(in) *m(f)* **femminuccia** [femmi'nuttʃa] <-cce> *f* ❶ (*bambina*) Mädchen *nt* ❷ (*fig: uomo pavido*) Waschlappen *m fam*
**femore** ['fɛ:more] *m* Oberschenkelknochen *m*
**fendente** [fen'dɛnte] *m* Säbelhieb *m*
**fendere** ['fɛndere] <fendo, fendei *o* fendetti, fenduto> *vt* ❶ (*tagliare*) spalten ❷ (*folla*) sich *dat* einen Weg bahnen durch; (*onde*) durchpflügen
**fendinebbia** [fendi'nebbia] <-> *m* Nebelscheinwerfer *m*
**fenditura** [fendi'tu:ra] *f* ❶ (*taglio*) Spaltung *f* ❷ (*apertura*) Spalt *m*, Riss *m*
**fenice** [fe'ni:tʃe] *f* Phönix *m*; **essere come l'araba ~** so selten sein wie ein weißer Rabe
**fenicottero** [feni'kɔttero] *m* Flamingo *m*
**fenolo** [fe'nɔ:lo] *m* (CHEM) Phenol *nt*
**fenomenale** [fenome'na:le] *agg* phänomenal, unglaublich **fenomeno** [fe'nɔ:meno] *m* Phänomen *nt*
**ferale** [fe'ra:le] *agg* (*poet*) ❶ (*di lutto*) traurig ❷ (*di morte*) todbringend
**feretro** ['fɛ:retro] *m* Bahre *f*
**feriale** [fe'ria:le] *agg* Wochen-, Werk-
**ferie** ['fɛ:rie] *fpl* Ferien *pl*, Urlaub *m*; **andare in ~** in Urlaub gehen; **essere in ~** im Urlaub sein, Ferien haben; **prenderle ~** Urlaub nehmen

**ferimento** [feri'mento] *m* Verletzung *f*, Verwundung *f* **ferire** [fe'ri:re] <ferisco> *vt* ① verletzen; (*colpendo*) verwunden ② (*fig: offendere*) verletzen ③ (*fig: occhi*) blenden **ferita** [fe'ri:ta] *f* Verletzung *f*, Wunde *f*; **riaprire una ~** (*fig*) eine alte Wunde wieder aufreißen **ferito, -a** [fe'ri:to] I. *agg* verletzt, verwundet II. *m, f* Verletzte(r) *f(m)*, Verwundete(r) *f(m)*
**feritoia** [feri'to:ia] <-oie> *f* ① (MIL) Schießscharte *f* ② (*in ambienti*) Schlitz *m*
**feritore, -trice** [feri'to:re] *m, f* (JUR) Täter(in) *m(f)*
**ferma** ['ferma] *f* (MIL) Wehrdienstzeit *f*, Präsenzdienst *m* A
**fermacalzoni** [fermakal'tso:ni] <-> *m* Fahrradklammer *f*
**fermacarte** [ferma'karte] <-> *m* Briefbeschwerer *m*
**fermacravatta** [fermakra'vatta] <-e> *m* Krawattennadel *f*
**fermaglio** [fer'maʎʎo] <-gli> *m* ① (*borchia, fibbia*) Schnalle *f*, Spange *f* ② (*per fogli*) Heftklammer *f*
**fermaporte** [ferma'porte] <-> *m* Türstopper *m*
**fermare** [fer'ma:re] I. *vt* ① (*arrestare il movimento*) anhalten; (*emorragia*) stillen; (*motore*) abstellen; (*fuggitivo*) fassen; (*di polizia*) festnehmen ③ (*fissare*) befestigen; (*bottone*) annähen; (*fig: sguardo*) heften ④ (*chiudere*) schließen, sperren A II. *vr* **-rsi** ① (*arrestarsi*) [an]halten; (*orologio*) stehen bleiben ② (*trattenersi*) sich aufhalten; **senza -rsi** ununterbrochen **fermata** [fer'ma:ta] *f* ① (*sosta*) Halt *m*, Aufenthalt *m*; **~ facoltativa** [*o* **a richiesta**] Bedarfshaltestelle *f*; **~ obbligatoria** planmäßige Haltestelle ② (*luogo*) Haltestelle *f* ③ (MUS) Fermate *f*
**fermentabile** [fermen'ta:bile] *agg* gärungsfähig **fermentare** [fermen'ta:re] I. *vi* (*a. fig*) gären II. *vt* fermentieren **fermentatore** [fermenta'to:re] *m* Gärungsapparat *m*, Gärgerät *nt* **fermentazione** [fermentat'tsio:ne] *f* Gärung *f*
**fermentescibile** [fermenteʃʃi'bile] *agg* gärfähig **fermentescibilità** [fermenteʃʃibili'ta] <-> *f* Gärfähigkeit *f*
**fermento** [fer'mento] *m* ① (*enzima*) Ferment *nt* ② (*lievito*) Hefe *f*, Germ *m* A ③ (*fig: agitazione*) Unruhe *f*, Gärung *f*; (*forza creativa*) Kreativität *f*
**fermezza** [fer'mettsa] *f* Entschlossenheit *f*, Festigkeit *f*; **~ di propositi** Standhaftigkeit *f*

**fermo** ['fermo] *m* ① (*chiusura*) Haltevorrichtung *f* ② (JUR) Festnahme *f*
**fermo, -a** I. *agg* ① (*non in moto*) still, unbeweglich; (*sguardo*) starr; (*veicolo*) stehend; **essere ~** (*in piedi*) [still] stehen; (*seduto*) [still] sitzen; (*sdraiato*) [still] liegen ② (*non in funzione*) still stehend; (*orologio*) stehen geblieben; (COM) stillliegend, stockend ③ (*fig: risoluto*) entschlossen, dezidiert A; (*costante*) beständig II. *int* halt
**fermoposta** [fermo'pɔsta] I. <inv> *agg o avv* postlagernd II. <-> *m* Schalter *m* für postlagernde Sendungen
**feroce** [fe'ro:tʃe] *agg* ① (*bestia*) wild ② (*persona*) grausam ③ (*fig*) furchtbar, schrecklich **ferocia** [fe'rɔ:tʃa] <-cie> *f* ① (*di bestie*) Wildheit *f* ② (*di persone*) Grausamkeit *f*
**ferodo** [fe'rɔ:do] *m* (TEC) **~ per freni** Bremsbelag *m*
**Ferr.** *abbr di* **ferrovia** Eisenbahn
**ferraglia** [fer'raʎʎa] <-glie> *f* Schrott *m*, Alteisen *nt*
**ferragosto** [ferra'gosto] *m* ① (*festa*) Mariä Himmelfahrt ② (*periodo*) Mitte *f* August
**ferramenta** [ferra'menta] *fpl* Eisenwaren *fpl*
**Ferrara** *f* Ferrara *nt* (*Stadt in der Emilia-Romagna*)
**ferrare** [fer'ra:re] *vt* beschlagen
**ferrarese** [ferra're:se] I. *agg* aus Ferrara stammend II. *mf* (*abitante*) Einwohner(in) *m(f)* von Ferrara
**Ferrarese** <*sing*> *m* Umgebung *f* von Ferrara
**ferrarista** [ferra'rista] <-i *m*, -e *f*> *mf* Ferrarifahrer(in) *m(f)*
**ferrato, -a** [fer'ra:to] *agg* (*a. fig*) beschlagen; **strada -a** Schienenstrang *m*, Eisenbahn *f*
**ferravecchio** [ferra'vɛkkio] *m* Schrotthändler *m*
**ferreo, -a** ['fɛrreo] <-ei, -ee> *agg* eisern
**ferriera** [fer'riɛ:ra] *f* Eisenhütte *f*
**ferrifero, -a** [fer'ri:fero] *agg* eisenhaltig, Eisen-
**ferro** ['fɛrro] *m* ① (*metallo, oggetto*) Eisen *nt*; **~ da stiro** Bügeleisen *nt*; **~ battuto** Schmiedeeisen *nt*; **di ~** (*a. fig*) eisern; **battere il ~ finché è caldo** (*fig*) das Eisen schmieden, solange es heiß ist; **toccare ~** (*fig*) auf Holz klopfen ② (*da calza*) Stricknadel *f* ③ *pl* (*strumenti di lavoro*) Handwerkszeug *nt*, Werkzeug *nt* ④ *pl* (GASTR) Rost *m*, Grill *m*; **bistecca ai -i** gegrilltes Beef-

steak *nt* **ferroso, -a** [fer'ro:so] *agg* eisenhaltig

**ferrotranvieri** [ferrotran'vjɛ:ri] *mpl* Eisen- und Straßenbahner *mpl*

**FERROTRANVIERI** [ferrotran'vjɛ:ri] *mpl abbr di* **Federazione Nazionale Lavoratori Autoferrotranvieri e Internavigatori** *italienischer Gewerkschaftsbund der Angestellten des öffentlichen Verkehrs und der Binnenschifffahrt*

**ferrovia** [ferro'vi:a] *f* Eisenbahn *f*; **~ a cremagliera** Zahnradbahn *f* **ferroviario, -a** [ferro'vja:rio] *agg* Eisenbahn- **ferroviere** [ferro'vjɛ:re] *m* Eisenbahner *m*

**ferruginoso, -a** [ferrudʒi'no:so] *agg* eisenhaltig

**fertile** ['fɛrtile] *agg* fruchtbar

**fertilizzante** [fertilid'dzante] *m* Dünger *m* **fertilizzare** [fertilid'dza:re] *vt* düngen

**ferula** ['fɛ:rula] *f* Schiene *f*; (*fig*) Geißel *f*

**fervente** [fer'vɛnte] *agg* ❶ (*di passione*) leidenschaftlich; (*amore*) glühend; (*odio*) blind ❷ (*di zelo*) eifrig

**fervere** ['fɛrvere] <*fervo, fervei o fervetti, manca il pp*> *vi* ❶ (*ribollire*) kochen ❷ (*fig*) auf Hochtouren laufen **fervido, -a** ['fɛrvido] *agg* (*preghiera*) inbrünstig; (*auguri*) herzlich; (*fantasia*) blühend; (*attività*) eifrig

**fervore** [fer'vo:re] *m* ❶ (*passione*) Leidenschaft *f* ❷ (*zelo*) Inbrunst *f*, [Feuer]eifer *m* ❸ (*fig: momento culminante*) Höhepunkt *m* **fervorino** [fervo'ri:no] *m* (REL: *a. scherz*) Moralpredigt *f*

**fesseria** [fesse'ri:a] <-ie> *f* (*fam*) Dummheit *f*, Blödsinn *m*

**fesso, -a** ['fesso] I. *pp di* **fendere** II. *agg* ❶ (*incrinato*) gesprungen, rissig ❷ (*stridulo*) schrill ❸ (*fam: tonto*) bescheuert, beknackt *sl;* **fare ~ qu** (*vulg*) jdn bescheißen

**fessura** [fes'su:ra] *f* Spalt[e *f*] *m*, Schlitz *m*

**festa** ['fɛsta] *f* ❶ (*solennità*) Feiertag *m;* (*cerimonia*) Fest *nt*, Feier *f*; (REL) Fest *nt;* **~ della mamma** Muttertag *m;* **~ nazionale** Nationalfeiertag *m* ❷ (*dimostrazione gioiosa*) Fest[tag *m*] *nt;* **far ~ a qu** jdn herzlich begrüßen; **fare la ~ a qu** (*fig: ucciderlo*) jdn umbringen ❸ (*vacanza*) freier Tag *m* **festeggiamenti** [festedd'ʒa'menti] *mpl* Feierlichkeiten *fpl* **festeggiare** [fested'dʒa:re] *vt* ❶ (*anniversario*) feiern ❷ (*persona*) festlich empfangen **festino** [fes'ti:no] *m* Party *f*, Fete *f*

**festival** [festi'val *o* 'fɛstival] <-> *m* ❶ (*festa popolare*) Fest *nt* ❷ (*rassegna artistica*) Festival *nt;* **~ musicale** Musikfestspiele *ntpl*

**festività** [festivi'ta] <-> *f* Feiertag *m*, Festlichkeit *f* **festivo, -a** [fes'ti:vo] *agg* ❶ (*giorno*) Feier-, Fest-; (*orario*) Feiertags-, Festtags-; **riposo ~** Sonntagsruhe *f* ❷ (*banchetto*) Fest-; (*abito*) festlich

**festone** [fes'to:ne] *m* Girlande *f*; (*di fiori*) Gewinde *nt*

**festoso, -a** [fes'to:so] *agg* freudig

**festuca** [fes'tu:ka] <-che> *f* ❶ (*poet*) Strohhalm *m* ❷ (BOT) Schwingel *m*

**feticcio** [fe'tittʃo] <-cci> *m* Fetisch *m* **feticismo** [feti'tʃizmo] *m* Fetischismus *m* **feticista** [feti'tʃista] <-i *m*, -e *f*> I. *mf* Fetischist(in) *m(f)* II. *agg* fetischistisch

**fetido, -a** ['fɛ:tido] *agg* stinkend

**fetore** [fe'to:re] *m* Gestank *m*

**feto** ['fɛ:to] *m* Fötus *m*

**fetta** ['fetta] *f* ❶ (*di cibo*) Scheibe *f*; **tagliare a -e** in Scheiben schneiden; **-e biscottate** Zwieback *m* ❷ (*fig: di luna*) Sichel *f*; (*di terra*) Streifen *m* **fettina** [fet'ti:na] *f* ❶ (*piccola fetta*) kleine Scheibe ❷ (*carne*) [kleines] Kalbs- oder Rinderschnitzel *nt*

**fettuccia** [fettut'sʃa] <-ce> *f* Band *nt* **fettuccine** [fettut'tʃi:ne] *fpl* (*pasta*) Bandnudeln *fpl*

**feudale** [feu'da:le] *agg* feudal, Feudal-

**feudatario** [feuda'ta:rio] <-i> *m* ❶ (HIST) Lehnsherr *m* ❷ (*fig: proprietario terriero*) Großgrundbesitzer *m* **feudo** ['fɛ:udo] *m* ❶ (HIST) Lehen *nt* ❷ (*fig: proprietà terriera*) Großgrundbesitz *m*

**FF.AA.** *fpl abbr di* **Forze Armate** *italienische Streitkräfte*

**FI** *f abbr di* **Forza Italia** Forza Italia *f* (*italienische rechtsliberale Partei*)

**fiaba** ['fja:ba] *f* Märchen *nt* **fiabesco, -a** [fja'besko] <-schi, -sche> *agg* märchenhaft, Märchen-

**fiacca** ['fjakka] *f* ❶ (*stanchezza*) Müdigkeit *f* ❷ (*svogliatezza*) Trägheit *f*; **battere la ~** herumtrödeln **fiaccare** [fjak'ka:re] *vt* schwächen

**fiacchite** [fjak'ki:te] *f* (*fam scherz: pigrizia*) [akuter] Anfall von Faulheit

**fiacco, -a** ['fjakko] <-cchi, -cche> *agg* ❶ (*persona*) müde, matt ❷ (*fig*) schwach **fiaccola** ['fjakkola] *f* Fackel *f*; **la ~ olimpica** (SPORT) das olympische Feuer **fiaccolata** [fjakko'la:ta] *f* Fackelzug *m*

**fiala** ['fja:la] *f* Ampulle *f*, Phiole *f*

**fialoide** [fjalo'i:de] *m* Flacon *m o nt*

**fiamma** ['fjamma] *f* Flamme *f*; **andare in -e** in Flammen aufgehen **fiammante**

**fiammante** [fiam'mante] *agg* (*colore*) leuchtend, knall- *fam;* **rosso ~** feuerrot, knallrot *fam;* **nuovo ~** [funkel]nagelneu **fiammata** [fiam'ma:ta] *f* Stichflamme *f;* (*fig*) Strohfeuer *nt* **fiammeggiare** [fiammed'dʒa:re] *vi* aufflammen

**fiammifero** [fiam'mi:fero] *m* Streichholz *nt*, Zündholz *nt A*

**fiammingo, -a** [fiam'miŋgo] <-ghi, -ghe> *agg* flämisch, flandrisch

**fiancata** [fiaŋ'ka:ta] *f* ❶ (*parte laterale*) Seitenteil *nt*, Seitenwand *f* ❷ (*urto*) Seitenstoß *m*

**fiancheggiare** [fiaŋked'dʒa:re] *vt* ❶ (*stare a lato*) säumen ❷ (MIL) flankieren ❸ (*fig: sostenere*) **~ qu** jdn unterstützen, jdm zur Seite stehen **fiancheggiatore, -trice** [fiaŋkeddʒa'to:re] *m, f* Sympathisant(in) *m(f)*, Anhänger(in) *m(f)*

**fianco** ['fiaŋko] <-chi> *m* ❶ (ANAT) Hüfte *f* ❷ (*lato*) Seite *f;* (*di monte*) Abhang *m*, Lehne *f A;* **~ a ~** Seite an Seite; **di ~** (*laterale*) seitlich; (*accanto*) nebenan; **di ~ a** neben, bei

**Fiandra** ['fiandra] *f* Flandern *nt*

**fiasco** ['fiasko] <-schi> *m* ❶ (*recipiente*) Korbflasche *f*, [strohumflochtene] Flasche *f* ❷ (*fig: insuccesso*) Fiasko *nt;* **fare ~** Schiffbruch erleiden; (*all'esame*) durchfallen

**FIAT** *f acro di* **Fabbrica Italiana Automobili Torino** FIAT *m*

**fiat** ['fi:at] *m* **in un ~** im Nu

**fiatare** [fia'ta:re] *vi* ❶ atmen ❷ (*fig*) den Mund aufmachen, sprechen; **non ~!** halt' den Mund! **fiato** ['fia:to] *m* ❶ (*aria espirata*) Atem *m;* **prendere ~** Luft holen; **trattenere il ~** den Atem anhalten; **in un** [*o* **d'un**] **~** in einem Zug; **rimanere senza ~** (*fig*) sprachlos sein ❷ (*energia*) Ausdauer *f;* **fare il ~** (SPORT) trainieren ❸ *pl* (*strumenti*) Blasinstrumente *ntpl*

**fibbia** ['fibbia] <-ie> *f* Schnalle *f*

**fibra** ['fi:bra] *f* ❶ (BOT, BIOL) Faser *f* ❷ (TEC) Fiber *f;* (*cartone*) Vulkanfiber *f* ❸ (*fig: costituzione fisica*) Konstitution *f* **fibroso, -a** [fi'bro:so] *agg* faserig, Faser-

**fica** ['fi:ka] <-che> *f* (*vulg*) Möse *f*

**ficata** [fi'ka:ta] *f* (*sl*) *v.* **figata**

**ficcanaso** [fikka'na:so] <-i *o* - *m*, - *f*> *mf* (*fam*) Schnüffler(in) *m(f)*

**ficcare** [fik'ka:re] I. *vt* stecken II. *vr* **-rsi** sich legen; (*cacciarsi*) sich verstecken; **-rsi nei guai** sich in die Nesseln setzen; **-rsi qc in testa** sich *dat* etw in den Kopf setzen

**fichidindia** *pl di* **ficodindia**

**fico** ['fi:ko] <-chi> *m* ❶ (*frutto*) Feige *f;* **non me n'importa un ~ secco** (*fam*) das ist mir Wurscht, ich schere mich den Teufel darum; **non valere un ~ secco** (*fam*) keinen Pfifferling wert sein ❷ (*sl: persona attraente*) cooler Typ/coole Frau; **che ~!** cool!

**fico, -a** <-chi, -che> *agg* (*sl: bello*) geil

**ficodindia** [fiko'dindia] <**fichidindia**> *m* ❶ (*pianta*) Feigenkaktus *m* ❷ (*frutto*) Kaktusfeige *f*

**ficologia** [fikolo'dʒi:a] <-ie> *f* (BOT) Algenkunde *f*, Algologie *f* **ficologo, -a** [fi'kɔ:logo] <-gi, -ghe> *m, f* Algenforscher(in) *m(f)*, Algologe *m*/Algologin *f*

**fidanzamento** [fidantsa'mento] *m* Verlobung *f* **fidanzarsi** [fidan'tsarsi] *vr* sich verloben **fidanzato, -a** [fidan'tsa:to] *m, f* Verlobte(r) *f(m)*, Braut *f*, Bräutigam *m*

**fidare** [fi'da:re] I. *vi* **~ in qc** auf etw *acc* vertrauen II. *vr* **-rsi di qu** jdm vertrauen; **-rsi in qc** auf etw *acc* vertrauen; **non -rsi a uscire da soli** sich nicht trauen allein auszugehen; **-rsi è bene, non -rsi è meglio** (*prov*) Vertrauen ist gut, Kontrolle ist besser **fidato, -a** [fi'da:to] *agg* zuverlässig

**fideiussione** [fideius'sio:ne] *f* (JUR) Bürgschaft *f* **fideiussore** [fideius'so:re] *m* (JUR) Bürge *m*

**fido** ['fi:do] *m* ❶ (FIN) Kredit *m;* **~ bancario** Bankkredit *m* ❷ (*fedele*) Getreuer *m*

**fido, -a** *agg* treu

**fiducia** [fi'du:tʃa] <-cie> *f* Vertrauen *nt;* **avere ~ in qu** Vertrauen zu jdm haben; **di ~** Vertrauens-; **ispirare ~** Vertrauen erwecken **fiduciaria** [fidutʃa'ri:a] <-ie> *f* (COM) Treuhand *f* **fiduciario, -a** [fidu'tʃa:rio] <-i, -ie> I. *agg* Treuhand-, treuhänderisch; **moneta -a** Papierwährung *f* II. *m, f* Treuhänder(in) *m(f)* **fiducioso, -a** [fidu'tʃo:so] *agg* vertrauensvoll; **essere ~ in qc** auf etw *acc* vertrauen

**fiele** ['fiɛ:le] *m* ❶ (*bile*) Galle *f* ❷ (*fig: astio*) Bitterkeit *f*, Groll *m*

**fienagione** [fiena'dʒo:ne] *f* Heuernte *f*

**fienile** [fie'ni:le] *m* Heuschober *m*

**fieno** ['fiɛ:no] *m* Heu *nt;* **febbre** [*o* **raffreddore**] **da ~** Heuschnupfen *m*

**fiera** ['fiɛ:ra] *f* ❶ (*di paese*) Jahrmarkt *m* ❷ (*del bestiame*) [Vieh]markt *m* ❸ (COM: *esposizione*) Messe *f*, Ausstellung *f*

**fierezza** [fie'rettsa] *f* Stolz *m* **fiero, -a** ['fiɛ:ro] *agg* ❶ (*orgoglioso*) stolz ❷ (*feroce, crudele*) grausam

**fievole** ['fie:vole] *agg* schwach

**fifa** ['fi:fa] *f* (*fam*) Bammel *m*, Schiss *m;*

**avere una ~ blu** einen mächtigen Bammel haben
**fifo** ['fi:fo] <-> m (COM) Fifo-Methode f
**fifone, -a** [fi'fo:ne] m, f (fam) Angsthase m
**fig.** abbr di **figura** Abb.
**figata** [fi'ga:ta] f (sl: cosa riuscita) Knüller m, Knaller m; (cosa molto bella) geile Sache f; **che ~!** geil!
**figg.** abbr di **figure** Abb., Abbildungen
**figgiccino, -a** m, f Mitglied nt der italienischen Jungkommunisten **figgicciotto, -a** m, f (pej: figgiccino) italienische(r) Jungkommunist(in) m(f)
**figlia** ['fiʎʎa] <-glie> f ① (prole) Tochter f ② (ragazza) Mädchen nt ③ (tagliando) Abschnitt m
**figliare** [fiʎ'ʎa:re] vt werfen; (bovini) kalben
**figliastro, -a** [fiʎ'ʎastro] m, f Stiefsohn m/-tochter f
**figliata** [fiʎ'ʎa:ta] f Wurf m
**figlio** ['fiʎʎo] <-gli> m ① (prole) Kind nt; (di sesso maschile) Sohn m; **~ unico** Einzelkind nt; **~ di nessuno** Findelkind nt; **~ di mammà/papà** (fam) Mutter-/Vatersöhnchen nt; **~ di puttana** (vulg) Hurensohn m ② (ragazzo) Junge m, Bub m A ③ (ZOO) Junge(s) nt ④ pl (prole) Kinder ntpl; **senza -gli** kinderlos **figlioccio, -a** [fiʎ'ʎɔttʃo] <-cci, -cce> m, f Patenkind nt **figliolanza** [fiʎʎo'lantsa] f Nachwuchs m, Kinder ntpl
**figo** ['fi:go] <-ghi> m (sett) v. **fico 2.**
**figo, -a** <-ghi, -ghe> agg (sett) v. **fico, -a**
**figura** [fi'gu:ra] f ① (corporatura) Figur f ② (aspetto esteriore) Form f, Gestalt f; (apparenza) Aussehen nt, Erscheinung f ③ (illustrazione) Abbildung f, Bild nt ④ (loc) **fare [una] bella/brutta ~** einen guten/schlechten Eindruck machen; **che ~!** (iron) so eine Blamage!
**figurare** [figu'ra:re] I. vt ① (ritrarre) darstellen ② (simboleggiare) symbolisieren, versinnbildlichen ③ (plasmare) bearbeiten II. vi ① (apparire) [dabei] sein, erscheinen; (in registri) verzeichnet sein ② (far bella figura) im Vordergrund stehen, hervortreten III. vr **-rsi** sich dat vorstellen; **figurati!** stell dir vor!, denk nur! **figurativo, -a** [figura'ti:vo] agg bildlich, figurativ; (arti) bildend **figurato, -a** [figu'ra:to] agg ① (rappresentato in figura) bildlich; (significato) übertragen, figurativ; **danza -a** Figurentanz m ② (libro) bebildert **figurina** [figu'ri:na] f ① (statuina) Figurine f ② (su cartoncino) Bildchen nt **figurino** [figu'ri:no] m ① (disegno) Modeskizze f,

-zeichnung f ② (rivista) Modezeitschrift f
**figuro** [fi'gu:ro] m [verdächtiges] Individuum nt
**fila** ['fi:la] f ① (serie) Reihe f ② (successione nel tempo) Serie f, Folge f; **di ~** hintereinander, ununterbrochen ③ (fig) Reihe f, Serie f ④ (coda) Schlange f; **far la ~** Schlange stehen
**filamento** [fila'mento] m ① (BOT) Staubfaden m ② (di lampadina) Glühfaden m ③ (ANAT) Faser f
**filanca®** [fi'laŋka] f Helanca® nt
**filanda** [fi'landa] f Spinnerei f
**filantropa** f v. **filantropo**
**filantropia** [filantro'pi:a] f Menschenliebe f, Philanthropie f **filantropo, -a** [fi'lantropo] m, f Menschenfreund m, Philanthrop m
**filare**[1] [fi'la:re] m (di piante) Reihe f
**filare**[2] I. vt avere ① (fibre tessili) spinnen ② (ridurre in fili) Fäden ziehen lassen II. vi essere o avere ① (fare la tela) spinnen ② (assumere forma di filo) Fäden ziehen ③ (discorso) fließen; (avere un filo logico) schlüssig sein ④ (fam: andarsene) verschwinden; (svignarsela) sich verdrücken, sich aus dem Staub machen ⑤ (scherz: amoreggiare) etw miteinander haben
**filarmonica** [filar'mɔ:nika] <-che> f Philharmonie[orchester nt] f
**filarmonico, -a** [filar'mɔ:niko] <-ci, -che> I. agg philharmonisch II. m, f Philharmoniker(in) m(f)
**filastrocca** [filas'trɔkka] <-cche> f ① (per bambini) Kinderreim m ② (fig: tiritera) Litanei f
**filatelia** [filate'li:a] f Philatelie f, Briefmarkenkunde f **filatelico, -a** [fila'tɛ:liko] <-ci, -che> I. agg philatelistisch, Briefmarken- II. m, f Philatelist(in) m(f) **filatelista** [filate'lista] <-i m, -e f> mf Philatelist(in) m(f)
**filato** [fi'la:to] m Garn f
**filato, -a** agg ① (ridotto in filo) gesponnen ② (fig: ininterrotto) schlüssig **filatore, -trice** [fila'to:re] m, f Spinner(in) m(f)
**filatura** [fila'tu:ra] f ① (lavorazione) Spinnen nt ② (opificio) Spinnerei f
**file** ['fail] <-> m ① (INFORM) Datei f; **~ attuale** Update nt; **~ immagine** Bilddatei f; **~ di testo** Textdatei f; **percorso ~** Dateipfad m ② (ADM) Akte f
**filettaggio** [filet'taddʒo] <-ggi> m (TEC) Gewinde nt
**filettare** [filet'ta:re] vt mit Kordeln schmücken **filettatore, -trice** [filetta'to:re] m, f Filetierer(in) m(f) **filettatrice** [filetta'tri:tʃe] f (TEC) Filetiermaschine f **filetta-

**tura** [filetta'tu:ra] *f* ① (*insieme dei filetti*) Besatz *m*, Bänder *ntpl* ② (TEC) Gewinde *nt*
**filetto** [fi'letto] *m* ① (*nastrino*) Band *nt* ② (GASTR) Filet *nt*, Lungenbraten *m A*
**filiale** [fi'lia:le] *f* Filiale *f*, Zweigstelle *f*
**filiazione** [filiat'tsio:ne] *f* ① (JUR) Abstammung *f*; (*fig*) Herleitung *f*, Herkunft *f* ② (COM) Tochtergesellschaft *f*
**filibustiere** [filibus'tiɛ:re] *m* Freibeuter *m*, skrupelloser Mensch
**filière** [fi'ljɛr] <-> *m* (COM, ADM: *titolo all'ordine*) Orderpapier *nt*
**filiforme** [fili'forme] *agg* fadenförmig
**filigrana** [fili'gra:na] *f* ① (*in oreficeria*) Filigran *nt* ② (*sulla carta*) Wasserzeichen *nt*
**filippica** [fi'lippika] <-che> *f* Philippika *f*, Strafrede *f*
**filisteo, -a** [filis'tɛ:o] I. *agg* ① (HIST) Philister· ② (*fig: gretto*) spießbürgerlich, engstirnig II. *m, f* ① (HIST) Philister *m* ② (*fig: conformista*) Spießbürger(in) *m(f)*
**fillossera** [fi'lɔssera] *f* (ZOO) Reblaus *f*
**film** [film] <-> *m* ① (FOTO, FILM) Film *m*; ~ **d'animazione** Zeichentrickfilm *m*; ~ **giallo** Kriminalfilm *m*; **girare un** ~ einen Film drehen ② (*per alimenti*) Folie *f*
**filmare** [fil'ma:re] *vt* ① (*girare*) aufnehmen, filmen ② (*romanzo*) verfilmen
**filmico, -a** ['filmiko] <-ci, -che> *agg* filmisch, Film-
**filmina** [fil'mi:na] *f* (FILM) Diafilm[streifen] *m*
**filmmaker** ['film'meikə] <-> *mf* (FILM: *autore*) Filmemacher(in) *m(f)*
**film noir** ['film 'nwar] <-> *m* (FILM) Film noir *m*
**film-opera** <-> *m* (FILM) Opernfilm *m*, verfilmte Oper *f*
**film-strip** ['film'strip] <-> *m* (FILM) Filmsatz *m*
**filo** ['fi:lo] *m* (*gener*) Faden *m*; (*prodotto*) Garn *nt*; (*di perle*) Schnur *f*; (*metallico*) Draht *m*; ~ **spinato** Stacheldraht *m*; ~ **d'erba** Grashalm *m*; **un** ~ **d'acqua** ein dünner Wasserstrahl *m*; **un** ~ **di speranza** ein Hoffnungsschimmer *m*; **un** ~ **di voce** eine dünne Stimme; **dar del** ~ **da torcere a qu** eine harte Nuss für jdn sein; **essere attaccato a un** ~ an einem seidenen Faden hängen; **fare il** ~ **a qu** jdm den Hof machen; **perdere il** ~ **del discorso** den Faden verlieren; **per** ~ **e per segno** in allen Einzelheiten; ~ **conduttore** Leitfaden *m*
**filoamericano, -a** [filoameri'ka:no] *agg* amerikafreundlich
**filoarabo, -a** [filo'a:rabo] *agg* pro-arabisch
**filoatlantico, -a** [filoa'tlantiko] <-ci, -che> *agg* der NATO gegenüber positiv eingestellt
**filobus** ['fi:lobus] *m* Oberleitungsbus *m*
**filocinese** [filotʃi'ne:se] *agg* China gegenüber positiv eingestellt
**filocomunista** [filokomu'nista] <-i *m*, -e *f*> *agg* dem Kommunismus nahestehend
**filodendro** [filo'dɛndro] *m* (BOT) Philodendron *m*
**filodiffusione** [filodiffu'zio:ne] *f* Drahtfunk *m* **filodiffuso, -a** [filodif'fu:zo] *agg* (RADIO) per Kabel übertragen
**filodrammatica** [filodram'ma:tika] <-che> *f* Laienbühne *f*; (*compagnia*) Laienspiel[er]gruppe *f* **filodrammatico, -a** [filodram'ma:tiko] <-ci, -che> I. *agg* Laienspiel[er]- II. *m, f* Laien[schau]spieler(in) *m(f)*
**filofascista** [filofaʃ'ʃista] <-i *m*, -e *f*> *agg* faschistenfreundlich
**filogenesi** [filo'dʒɛ:nezi] *f* (BIOL) Stammesgeschichte *f*
**filoisraeliano, -a** [filoizrae'lia:no] *agg* pro-israelisch
**filologa** *f v.* **filologo**
**filologia** [filolo'dʒi:a] <-gie> *f* Philologie *f*; ~ **classica** Altphilologie *f*; ~ **germanica/romanza** germanische/romanische Philologie **filologico, -a** [filo'lɔ:dʒiko] <-ci, -che> *agg* philologisch **filologo, -a** [fi'lɔ:logo] <-gi, -ghe> *m, f* Philologe *m*/Philologin *f*
**filonazista** [filona'tsista] <-i *m*, -e *f*> *agg* Nazi-, neofaschistisch
**filoncino** [filon'tʃi:no] *m* Stangenbrötchen *nt*
**filone** [fi'lo:ne] *m* ① (*di giacimento*) Ader *f* ② (*pane*) längliches Brot ③ (*fig: di cultura*) Bewegung *f*, Strömung *f*
**filoneismo** [filone'izmo] *m* Innovationsfreude *f* **filoneista** [filone'ista] <-i *m*, -e *f*> *agg* innovationsfreudig **filoneistico, -a** [filone'istiko] <-ci, -che> *agg* (*poet*) aufgeschlossen gegenüber Neuem
**filonucleare** [filonukle'a:re] *agg* Pro-Atomkraft-; **vertice** ~ Pro-Atomkraftgipfel *m*
**filooccidentale** [filoottʃiden'ta:le] *agg* westlich orientiert; **politica** ~ Westpolitik *f*
**filorientale** [filorien'ta:le] *agg* östlich, Ost-; **politica** ~ Ostpolitik *f*
**filoso, -a** [fi'lo:so] *agg* ① (*pieno di fili*) faserig ② (*tiglioso*) zäh
**filosofa** *f v.* **filosofo**
**filosofale** [filozo'fa:le] *agg* (*scherz*) philosophenhaft; **pietra** ~ Stein *m* der Weisen
**filosofare** [filoso'fa:re] *vi* philosophieren,

**filosofeggiare** [filosofed'dʒa:re] *vi* (*iron*) sich als Philosoph aufspielen
**filosofessa** *f v.* **filosofo**
**filosofia** [filozo'fi:a] <-ie> *f* ❶ (*dottrina*) Philosophie *f* ❷ (*fig: serenità*) Gelassenheit *f,* Gleichmut *m* **filosofico, -a** [filo'zɔ:fiko] <-ci, -che> *agg* philosophisch **filosofo, -a o -essa** [fi'lɔ:zofo, filo‐zo'fessa] *m, f* Philosoph(in) *m(f)*
**filosovietico, -a** [filoso'vjɛ:tiko] <-ci, -che> *agg* der Sowjetunion nahestehend
**filossera** [fi'lɔssera] *f v.* **fillossera**
**filoveicolo** [filove'i:kolo] *m* (TEC) Fahrzeug *nt* mit Oberleitung
**filovia** [filo'vi:a] *f* Autobuslinie *f* mit Oberleitung
**filtrare** [fil'tra:re] I. *vt avere* filtern II. *vi essere* ❶ (*liquidi*) durchsickern ❷ (*luce*) durchdringen, ·scheinen ❸ (*fig: notizie*) durchsickern
**filtro** ['filtro] *m* ❶ (*apparecchio*) Filter *m;* (*per il tè*) Sieb *nt;* **sigaretta con ~** Filterzigarette *f;* **~ per caffè** Filtertüte *f,* Kaffeefilter; **~ antiodore** Geruchsfilter; **~ antispam** (INET) Spamfilter ❷ (*bevanda*) Zaubertrank *m* **filtrotè** [filtro'tɛ] <-> *m* Tee-Ei *nt*
**filugello** [filu'dʒɛllo] *m* (ZOO) Seidenraupe *f*
**filza** ['filtsa] *f* ❶ (*serie di elementi*) Kette *f* ❷ (*fig: sequela*) Reihe *f*
**fimosi** [fi'mɔ:zi] <-> *f* (MED) Phimose *f,* Vorhautverengung *f*
**fin** [fin] *prp v.* **fine, fino**
**finale** [fi'na:le] I. *agg* ❶ (*conclusivo*) letzte(r, s), Schluss- ❷ (*definitivo*) endgültig; (LING) final, Final- II. *m* ❶ (*conclusione*) Schluss *m,* Ende *nt* ❷ (MUS) Finale *nt* III. *f* ❶ (LING) Finalsatz *m* ❷ (SPORT) Endrunde *f;* (*calcio, tennis*) Finale *nt,* Endspiel *nt;* (*pugilato*) Endkampf *m* **finalina** [fina'li:na] *f* (SPORT) Spiel *nt* um den 3. Platz, kleines Finale *nt* **finalissima** [fina'lissima] *f* Endausscheidung *f* **finalista** [fina'lista] <-i *m,* -e *f*> *mf* Endspielteilnehmer(in) *m(f),* Finalist(in) *m(f)*
**finalità** [finali'ta] <-> *f* Zweck *m*
**finalizzare** [finalid'dza:re] *vt* **~ qc a qc** mit etw auf etw *acc* abzielen **finalizzazione** [finaliddzat'tsio:ne] *f* Zielsetzung *f,* Ziel *nt,* Zweck *m*
**finalmente** [final'mente] *avv* endlich, schließlich
**financial paper** [fai'nænʃəl 'peipə] <-> *f* (FIN: *cambiale finanziaria*) Forderungs-, Kreditpapier *nt,* Schuldtitel *m* **financial trust** [fai'nænʃəl 'trʌst] <-> *m* (FIN: *monopolio finanziario*) Finanzmonopol *nt*
**finanza** [fi'nantsa] *f* ❶ (*insieme di ricchezze*) Finanz *f,* Geldwesen *nt* ❷ *pl* (*mezzi di enti pubblici*) Gelder *ntpl,* Finanzen *fpl;* **ministero delle -e** Finanzministerium *nt* ❸ *pl* (*disponibilità private*) Finanzen *fpl* ❹ (*banche*) Bankwelt *f,* Finanz *f* **finanziamento** *m* Finanzierung *f* **finanziare** [finan'tsja:re] *vt* finanzieren **finanziaria** [finan'tsja:ria] <-ie> *f* ❶ (*società*) Finanzgesellschaft *f* ❷ (*legge*) Haushaltsgesetz *nt* **finanziario, -a** [finan'tsja:rio] <-i, -ie> *agg* finanziell, Finanz-; **legge -a** Haushaltsgesetz *nt,* Finanzgesetz *nt* **finanziarizzarsi** [finantsiarid'dzarsi] *vr* (*obs*) finanzwirtschaftliche Kompetenz erwerben **finanziarizzazione** [finantsiariddzat'tsio:ne] *f* ❶ (FIN: *importanza delle attività finanziarie*) Bedeutung *f* der Direktfinanzierung ❷ (*azione diretta a ricevere o a fornire finanziamenti*) Direktfinanzierung *f* **finanziatore, -trice** [finan‐tsja'to:re] *m, f* Finanzier *m,* Geldgeber(in) *m(f)* **finanziere** [finan'tsjɛ:re] *m* ❶ (*banchiere*) Finanz|fach|mann *m* ❷ (*della guardia di finanza doganale*) Zollbeamte(r) *m;* (*guardia tributaria*) Steuerfahnder *m*
**finca** ['fiŋka] <-che> *f* (ADM) [Tabellen]spalte *f*
**finché** [fiŋ'ke] *cong* ❶ (*per tutto il tempo che*) solange ❷ (*fino al momento in cui*) [solange] bis
**fine** ['fi:ne] I. *agg* ❶ fein; (*sottile*) dünn ❷ (*puro*) rein ❸ (*fig: eccellente*) fein, gut ❹ (*fig: elegante*) fein ❺ (*fig: vista*) scharf; (*udito*) fein II. *f* (*conclusione*) Ende *nt,* Schluss *m;* **alla ~** schließlich, endlich; **alla fin ~** alles in allem, im Endeffekt; **in ~** zum Schluss; **a ~ mese** am [*o* zum] Monatsende; **che ~ ha fatto?** was ist aus ihm [*o* ihr] geworden? III. *m* ❶ (*scopo*) Ziel *nt,* Zweck *m;* **secondo ~** Hintergedanke *m;* **a fin di bene** in bester Absicht; **il ~ giustifica i mezzi** der Zweck heiligt die Mittel ❷ (*esito*) Ende *nt,* Ausgang *m;* **lieto ~** Happy End *nt;* **salvo buon ~** (COM) unter üblichem Vorbehalt
**finesettimana** ['fi:ne setti'ma:na] <-> *m o f* Wochenende *nt*
**finestra** [fi'nɛstra] *f* ❶ (*gener*) Fenster *nt,* Öffnung *f* ❷ (INFORM) Fenster *nt* ❸ (*giornale*) Kurznachricht *f* **finestratura** [fine‐stra'tu:ra] *f* Verglasung *f,* Fenster *ntpl*

**finestrino** [fines'tri:no] *m* (*di veicolo*) Fenster *nt*

**finezza** [fi'nettsa] *f* Feinheit *f;* (*acutezza*) Schärfe *f*

**fingere** ['findʒere] <fingo, finsi, finto> **I.** *vt* vortäuschen **II.** *vi* sich verstellen; ~ **di ...** +*inf* so tun als ob ... **III.** *vr* **-rsi malato** sich krank stellen

**finger food** ['fiŋgər 'fu:d] <-> **I.** *m* Fingerfood *nt,* Finger-Food **II.** *agg* **stuzzichini ~** Appetithäppchen *nt pl* als Fingerfood

**finimenti** [fini'menti] *mpl* (*bardatura*) Geschirr *nt*

**finimento** [fini'mento] *m* ❶ (*rifinitura*) Feinbearbeitung *f* ❷ (*ornamento*) Verzierung *f,* Aufputz *m* A ❸ *pl* (*bardatura*) Geschirr *nt*

**finimondo** [fini'mondo] *m* (*fam*) Heidenlärm *m,* Mordskrach *m*

**finire** [fi'ni:re] <finisco> **I.** *vt* avere ❶ (*portare a compimento*) beenden; (*lavoro*) abschließen; **~ di bere** austrinken; **~ di mangiare** fertig essen; **~ di parlare** ausreden ❷ (*smettere*) aufhören; **finiscila!** hör auf damit!; **finiamola!** Schluss damit! ❸ (*estinguere*) auf-, verbrauchen ❹ (*loc*) **finirai con l'ammalarti** du wirst noch krank werden **II.** *vi* essere ❶ (*giungere alla fine*) zu Ende gehen; **~ male** böse enden; **ho finito** ich bin fertig ❷ (*cessare*) aufhören ❸ (*per consumo*) ausgehen ❹ (*morire*) sterben ❺ (*loc*) **com'è poi andata a ~?** wie ist die Sache eigentlich ausgegangen?; **dov'è andato a ~ il giornale?** wo ist die Zeitung hingekommen?

**finitimo, -a** [fi'ni:timo] *agg* (*poet*) angrenzend

**finito, -a** [fi'ni:to] *agg* ❶ (*compiuto*) beendet; (*lavoro*) abgeschlossen; **farla -a con qu** mit jdm Schluss machen; [**tutto**] **è ~** es ist [alles] aus ❷ (*fam: rovinato*) gebrochen, erledigt *fam* ❸ (*prodotto*) fertig, Fertig-

**finlandese** [finlan'de:se] **I.** *agg* finnisch **II.** *mf* Finne *m/*Finnin *f* **Finlandia** [fin'landia] *f* Finnland *nt*

**fino** ['fi:no] <davanti a consonante: fin> **I.** *prp* bis; ~ **a** bis; (*luogo*) bis [zu [*o* nach]]; ~ **a casa** bis nach Hause; ~ **a domani** bis morgen; ~ **a nuovo ordine** bis auf Weiteres; ~ **da ...** schon seit ...; **fin da bambino** von Kind an; **fin dove** bis wohin; **fin quando** bis wann **II.** *avv* (*perfino*) sogar, selbst

**fino, -a** *agg* ❶ (*sottile*) dünn, fein; (*oro*) fein ❷ (*purissimo*) fein ❸ (*acuto*) scharf, fein

**finocchio** [fi'nɔkkio] <-cchi> *m* ❶ (BOT) Fenchel *m* ❷ (*vulg*) Schwule(r) *m*

**finora** [fi'no:ra] *avv* bis jetzt

**finsi** ['finsi] *1. pers sing pass rem di* **fingere**

**finta** ['finta] *f* ❶ (*simulazione*) Verstellung *f;* **fare ~** sich verstellen; **fare ~ di niente** [so] tun, als ob nichts wäre; **fare ~ di non sentire** so tun, als ob man nichts hörte ❷ (SPORT) Finte *f*

**fintantoché** [fintanto'ke] *cong v.* **finché**

**finto, -a** ['finto] **I.** *pp di* **fingere II.** *agg* ❶ (*non vero*) falsch ❷ (*artificiale*) künstlich, Kunst- ❸ (*simulato*) vorgetäuscht, Schein-; **~ attacco** Scheinangriff *m*

**finzione** [fin'tsio:ne] *f* ❶ (*simulazione*) [Vor]täuschung *f* ❷ (*doppiezza*) Heuchelei *f,* Verstellung *f* ❸ (*invenzione*) Fiktion *f*

**fioccare** [fiok'ka:re] *vi essere* ❶ (*cadere a fiocchi*) [in Flocken] schneien ❷ (*fig*) regnen, hageln

**fiocco** ['fiɔkko] <-cchi> *m* ❶ (*bioccolo*) Flocke *f;* (*di stoffa*) Bausch *m;* **-cchi d'avena** Haferflocken *fpl;* **coi -cchi** (*fig*) ausgezeichnet, bärig A ❷ (*di nastro*) Schleife *f* ❸ (*di neve*) Schneeflocke *f*

**fiocina** ['fio:tʃina] *f* Harpune *f*

**fioco, -a** ['fiɔ:ko] <-chi, -che> *agg* schwach, leise

**fionda** ['fionda] *f* Schleuder *f*

**fiondarsi** [fion'darsi] *vr* (*fam*) stürmen, stürzen

**fioraio, -a** [fio'ra:io] <-ai, -aie> *m, f* Blumenhändler(in) *m(f)*

**fiorami** [fio'ra:mi] *mpl* **a ~** geblümt

**fiordaliso** [fiorda'li:zo] *m* ❶ (BOT) Kornblume *f* ❷ (HIST: *giglio*) [französische] Lilie *f*

**fiordilatte** [fiordi'latte] <-> *m* ❶ (*mozzarella*) Mozzarellakäse aus Kuhmilch ❷ (*gelato*) Eissorte aus Milch, Sahne und Zucker

**fiordo** ['fiɔrdo] *m* Fjord *m*

**fiore** ['fio:re] *m* ❶ (BOT) Blume *f* ❷ (*di albero, a. fig*) Blüte *f;* **essere in ~** (*a. fig*) blühen, in voller Blüte stehen ❸ (*parte eletta*) Auslese *f;* (*della società*) Elite *f;* **il fior ~ della società** die Spitzen der Gesellschaft ❹ *pl* (*di carte da gioco*) Kreuz *nt,* Eichel *f* ❺ (*loc*) **avere i nervi a fior di pelle** (*fam*) total angespannt sein

**fiorentino** [fioren'ti:no] <sing> *m* (*dialetto*) Florentinisch(e) *nt*

**Fiorentino** <sing> *m* Umgebung *f* von Florenz

**fiorentino, -a I.** *agg* florentinisch **II.** *m, f* (*abitante*) Florentiner(in) *m(f)*

**fioretto** [fio'retto] *m* ❶ (SPORT) Florett *nt*

fiorino → fissante 328

② (*offerta devota*) kleines Opfer; **fare un ~** ein kleines Opfer auf sich *acc* nehmen

**fiorino** [fio'ri:no] *m* Gulden *m*, Florin *m*

**fiorire** [fio'ri:re] <fiorisco> I. *vi essere* ① (*essere in fiore, a. fig*) blühen ② (*prosperare*) blühen; (*speranza*) keimen II. *vt avere* verzieren, schmücken **fiorista** [fio'rista] <-i *m*, -e *f*> *mf* Florist(in) *m(f)*

**fiorito, -a** [fio'ri:to] *agg* ① (*coperto di fiori*) blumenbedeckt; (*adorno di fiori*) blumengeschmückt ② (*fig: stile*) blumig **fioritura** [fiori'tu:ra] *f* ① (*processo, a. fig: sviluppo*) Blüte *f* ② (*epoca*) Blüte[zeit] *f* ③ (*di muffa*) Schimmel[fleck] *m*

**Firenze** [fi'rɛntse] *f* Florenz *nt* (*Hauptstadt der Toskana*)

**firma** ['firma] *f* ① (*sottoscrizione*) Unterschrift *f*; **~ elettronica** elektronische Signatur; **mettere la ~** unterschreiben ② (COM) Marke *f*

**firmamento** [firma'mento] *m* ① (*volta celeste*) Firmament *nt* ② (*fig: ambiente*) Welt *f*

**firmare** [fir'ma:re] *vt* unterschreiben **firmatario, -a** [firma'ta:rio] <-i, -ie> I. *agg* unterzeichnend II. *m, f* Unterzeichner(in) *m(f)*

**firmware** ['fə:mwɛa *o* 'firmwɛr] <-> *m* (INFORM) Firmware *f*

**FISAFS** ['fi:zafs] *f abbr di* **Federazione Italiana Sindacati Autonomi Ferrovie dello Stato** autonomer Gewerkschaftsbund für die Angestellten der italienischen Staatsbahn FS

**fisarmonica** [fizar'mɔ:nika] <-che> *f* Ziehharmonika *f*, Akkordeon *nt*

**fiscal adviser** ['fiskəl əd'vaizə] <-> *mf* (FIN: *consulente fiscale*) Finanzberater(in) *m(f)*

**fiscal drag** ['fiskəl dræg] <-> *m* (FIN: *drenaggio fiscale*) fiskalpolitische Bremswirkung *f*, heimliche Steuerprogression *f*

**fiscale** [fis'ka:le] *agg* ① (*di tributi*) fiskalisch, Steuer- ② (*per controllo*) Kontroll- ③ (*medico*) Amts- ④ (*fig: rigoroso*) streng, hart

**fiscalismo** [fiska'lizmo] *m* ① (*sistema fiscale eccessivamente oneroso*) Steuerschraube *f*, Fiskalpolitik *f* ② (*fig: atteggiamento duro*) harter Kurs *m*

**fiscalista** [fiska'lista] <-i *m*, -e *f*> *mf* ① (*consulente*) Steuerberater(in) *m(f)* ② (*fig*) Kleinigkeitskrämer *m* **fiscalistico, -a** [fiska'listiko] <-ci, -che> *agg* hart, streng

**fiscalizzare** [fiskalid'dza:re] *vt* fiskalisieren, auf den Fiskus übertragen **fiscalizzazione** [fiskaliddzat'tsio:ne] *f* Fiskalisierung *f*, Verstaatlichung *f*

**fischiare** [fi'skia:re] I. *vi* (*emettere un fischio*) pfeifen; (*serpente*) zischen; **mi fischiano le orecchie** (*fig*) mir klingen die Ohren II. *vt* ① (*zufolare*) pfeifen ② (SPORT: *partita*) anpfeifen; (*fine della partita*) abpfeifen ③ (*per disapprovare*) auspfeifen **fischietto** [fi'skietto] *m* Trillerpfeife *f* **fischio** ['fiskio] <-schi> *m* ① (*suono*) Pfiff *m*; (*a. fig*) Pfeifen *nt*; (*di serpenti*) Zischen *nt*; **prendere -schi per fiaschi** (*fig*) sich schwer täuschen, voll danebenliegen ② (*strumento*) Pfeife *f*

**fisco** ['fisko] *m* ① (*erario*) Staatskasse *f*, Fiskus *m* ② (*ufficio*) Steuerbehörde *f*

**fisherman** ['fiʃəmən] <-> *m* (NAUT) Motorboot *nt* für die Hochseefischerei

**fisica** ['fi:zika] <-che> *f* Physik *f*; **~ nucleare** Kernphysik *f*

**fisico** ['fi:ziko] <-ci> *m* (*corporatura*) Körperbau *m* **fisico, -a** <-ci, -che> I. *agg* ① (SCIENT, PHYS) physikalisch ② (*della natura*) physisch; (*del corpo umano*) physisch, Körper-; **educazione -a** Sport *m*, Leibeserziehung *f* II. *m, f* Physiker(in) *m(f)*

**fisima** ['fi:zima] *f* fixe Idee, Einbildung *f*

**fisiocinesiterapia** [fiziotʃinezitera'pi:a] <-ie> *f* (MED) Physio-Kinesiotherapie *f*, Bewegungstherapie *f* **fisiocinesiterapista** [fiziotʃinezitera'pista] <-i *m*, -e *f*> *mf* (MED) Physio-Kinesiotherapeut(in) *m(f)*

**fisiognom(on)ia** [fizionno'mi:a (fizionnomi'ni:a)] <-ie> *f* Physiognomik *f*

**fisiologia** [fiziolo'dʒi:a] *f* Physiologie *f* **fisiologico, -a** [fizio'lɔ:dʒiko] *agg* physiologisch **fisiologo, -a** [fiz'iologo] <-gi, -ghe> *m, f* Physiologe *m*/Physiologin *f*

**fisionomia** [fiziono'mi:a] <-ie> *f* ① (*di persona*) Physiognomie *f*, Gestalt *f*; (*del viso*) Physiognomie *f*, Gesichtszüge *mpl* ② (*fig*) Aussehen *nt*, Gesicht *nt*

**fisioterapia** [fiziotera'pi:a] *f* Physiotherapie *f*, Krankengymnastik *f* **fisioterapista** [fiziotera'pista] <-i *m*, -e *f*> *mf* Physiotherapeut(in) *m(f)*, Krankengymnast(in) *m(f)*

**fissaggio** [fis'saddʒo] <-ggi> *m* ① (BOT) Fixierung *f* ② (FOTO) Fixieren *nt*; **bagno di ~** Fixierbad *nt*

**fissamaiuscole** [fissama'iuskole] <-> *m* (*di macchina da scrivere*) Feststelltaste *f* für Großbuchstaben; (*di computer*) Shift-Taste *f*

**fissante** [fis'sante] I. *agg* Fixier-, Klebe-; **spray ~** Fixierspray *nt* II. *m* (*sostanza*) Fixiermittel *nt*, Kleber *m*

**fissare** [fis'sa:re] **I.** *vt* ① (*applicare*) befestigen, festmachen; (*chiodo*) einschlagen ② (*fig: sguardo, attenzione*) richten auf +*acc* ③ (*guardare*) den Blick richten auf +*acc,* fixieren ④ (*stabilire*) festsetzen; (*prezzo*) vereinbaren; (*domicilio*) legen, aufschlagen ⑤ (*prenotare*) reservieren; (*viaggio*) buchen **II.** *vr* **-rsi** ① (*tenersi fermo*) **-rsi su qu/qc** sich auf jdn/etw richten ② (*stabilirsi in un luogo*) sich niederlassen ③ (*intestarsi*) **-rsi su qc** sich auf etw *acc* versteifen; **si è fissato di diventare un pittore** er hat sich *dat* in den Kopf gesetzt, Maler zu werden **fissata** [fis'sa:ta] *f v.* **fissato fissativo** [fissa'ti:vo] *m* Fixiermittel *nt;* (*nella pittura*) Fixativ *nt* **fissato, -a** [fis'sa:to] *m, f* Besessene(r) *f(m)* **fissatore** [fissa'to:re] *m* Fixativ *nt;* ~ **per capelli** Haarfestiger *m* **fissazione** [fissat'tsio:ne] *f* ① (*determinazione*) Festsetzung *f;* ~ **di un termine** (FIN) Befristung *f* ② (*idea ossessiva*) fixe Idee; (PSIC) Zwangsvorstellung *f*
**fissile** ['fissile] *agg* spaltbar
**fissionare** [fissio'na:re] *vt* (PHYS) spalten
**fissione** [fis'sio:ne] *f* Kernspaltung *f*
**fissità** [fissi'ta] <-> *f* Unbeweglichkeit *f*
**fisso** ['fisso] *m* festes Gehalt
**fisso, -a** *agg* ① (*fissato saldamente*) fest [sitzend] ② (*sguardo*) starr ③ (*invariabile*) fest; (*domicilio, impiego*) fest; (*idea*) fix; **avere un chiodo** ~ eine fixe Idee haben; **prezzo** ~ fester Preis
**fistola** ['fistola] *f* (MED) Fistel *f* **fistolizzarsi** [fistolid'dzarsi] *vr* (MED) eine Fistel bilden, sich zur Fistel umbilden
**fitness** ['fitnis] <-> *f* ① (SPORT) Fitness *f;* **fare** [*o* **praticare**] ~ sich fit halten ② (*locale*) Fitnessstudio *nt*
**fitocosmesi** [fitokos'mɛ:zi] <-> *f* Naturkosmetik *f,* Pflanzenkosmetik *f*
**fitopreparatore, -trice** [fitoprepara'to:re] *m, f* Pflanzensortierer(in) *m(f)* für Pflanzenpräparate
**fitoterapia** [fitotera'pi:a] *f* ① (MED) Pflanzenheilkunde *f* ② (AGR) Schädlingsbekämpfung *f*
**fitta** ['fitta] *f* stechender Schmerz
**fittacamere** [fitta'ka:mere] <-> *mf* (*fam*) Zimmervermieter(in) *m(f)* **fittare** [fit'ta:re] *vt* (*fam*) vermieten
**fittavolo, -a** [fit'ta:volo] *m, f* [Land]pächter(in) *m(f)*
**fittile** ['fittile] *agg* tönern, Ton-
**fittizio, -a** [fit'tittsio] <-i, -ie> *agg* falsch, Schein-

**fitto** ['fitto] *m* ① (*fig*) Tiefe *f;* (*del bosco*) Dickicht *nt* ② (*pigione*) Miete *f*
**fitto, -a** *agg* ① dicht; (*tessuto*) engmaschig; **un tema ~ di errori** ein Aufsatz voller Fehler; **a capo ~** kopfüber ② (*chiodo*) eingeschlagen ③ (*fig: mistero*) tief
**fittone** [fit'to:ne] *m* (BOT) Pfahlwurzel *f*
**fiumana** [fiu'ma:na] *f* ① (*corrente*) Flut *f* ② (*fig: massa*) Strom *m,* Menge *f*
**fiume**¹ ['fiu:me] *m* ① (*corso d'acqua*) Fluss *m,* Strom *m* ② (*fig: grande quantità*) Strom *m;* (*di parole*) Schwall *m;* **a -i** in Strömen
**fiume**² <inv> *agg* (*fig*) endlos; **un romanzo ~** Romanzyklus *m*
**fiutare** [fiu'ta:re] *vt* ① (*annusare*) beschnuppern ② (*aspirare col naso*) schnupfen ③ (*fig: intuire*) wittern **fiuto** ['fiu:to] *m* ① (*il fiutare*) Schnuppern *nt;* (*odorato*) Witterung *f* ② (*aspirazione*) Schnupfen *nt;* **tabacco da ~** Schnupftabak *m* ③ (*fig: intuizione*) Spürsinn *m,* Riecher *m fam;* **riconoscere al ~** (*fig*) auf Anhieb erkennen
**fix** [fiks] <-> *f* (*sl*) Schuss *m,* Druck *m*
**fixing** ['fiksiŋ *o* 'fiksin(g)] <-> *m* (FIN) Fixing *nt*
**flabello** [fla'bɛllo] *m* Wedel *m*
**flaccido, -a** ['flattʃido] *agg* schlaff
**flacone** [fla'ko:ne] *m* Flakon *nt o m,* Fläschchen *nt*
**flag** [flæg] <-> *m* (INFORM) Flag *nt*
**flagellare** [fladʒel'la:re] *vt* ① (*col flagello*) geißeln; (*fig: grandine*) peitschen ② (*fig: censurare*) geißeln **flagello** [fla'dʒɛllo] *m* (*a. fig*) Geißel *f;* **un ~ di gente/di soldi** (*fam*) ein Haufen *m* Leute/Geld
**flagrante** [fla'grante] *agg* offensichtlich, offenkundig; **cogliere qu in ~** jdn auf frischer Tat ertappen
**flanella** [fla'nɛlla] *f* Flanell *m*
**flâneur** [fla'nœ:r] <-> *m* (*perditempo, fannullone*) Müßiggänger(in) *m(f),* Herumtreiber(in) *m(f)*
**flash** [flæʃ *o* flɛʃ] **I.** <inv> *agg* (*breve*) Kurz- **II.** <-> *m* ① (FOTO) Blitzlicht *nt* ② (*notizia*) Kurznachricht *f*
**flat** [flæt] *agg inv* pauschal, Festpreis-; **tariffa ~** Flatrate *f*
**flatting** ['flætiŋ *o* 'flatin(g)] <-> *m* (*vernice traslucida*) Möbelpolitur *f*
**flatulenza** [flatu'lɛntsa] *f* (MED) Blähung *f*
**flautista** [flau'tista] <-i *m,* -e *f*> *mf* Flötist(in) *m(f),* Flötenspieler(in) *m(f)* **flauto** ['fla:uto] *m* Flöte *f;* **~ dolce** Blockflöte *f;*

~ **magico** Zauberflöte *f;* ~ **traverso** Querflöte *f*
**flebile** ['flɛːbile] *agg* weinerlich, schwach
**flebite** [fle'biːte] *f* (MED) Venenentzündung *f*
**flebo** ['flɛːbo] <-> *f* (*fam: fleboclisi*) [Venen]infusion *f*
**fleboclisi** [flebo'kliːzi] <-> *f* [Venen]infusion *f*
**flebotomia** [fleboto'miːa] <-ie> *f* Aderlass *m*
**flemma** ['flɛmma] *f* Phlegma *nt,* Schwerfälligkeit *f* **flemmatico, -a** [flem'maːtiko] <-ci, -che> *agg* phlegmatisch, träge
**flesciare** [fle'ʃaːre] *vi* flashen
**flessibile** [fles'siːbile] *agg* biegsam; (*a. fig*) flexibel; (*carattere*) nachgiebig; **orario di lavoro** ~ Gleitzeit *f* **flessibilizzazione** [flessibiliddzat'tsioːne] *f* Flexibilisierung *f*
**flessione** [fles'sioːne] *f* ① (*azione*) Krümmen *nt,* Biegen *nt* ② (*plegatura, curvatura*) Krümmung *f,* Biegung *f* ③ (*in ginnastica*) Beuge *f;* ~ **sulle ginocchia** Kniebeuge *f* ④ (LING) Flexion *f,* Beugung *f* ⑤ (COM: *calo*) Rückgang *m*
**flessitario, -a** [flessi'taːrio] <-i, -ie> *m, f* (*fam*) Flexitarier(in) *m(f)* **flessivo, -a** [fles'siːvo] *agg* beugbar, flexivisch
**flesso** ['flɛsso] *pp di* **flettere**
**flessometro** [fles'sɔːmetro] *m* Rollbandmaß *nt*
**flessore** [fles'soːre] *m* (ANAT) Beugemuskel *m*
**flessuoso, -a** [flessu'oːso] *agg* ① (*corpo*) geschmeidig ② (*fiume, strada*) gewunden
**flettere** ['flɛttere] <fletto, fletei *o* flessi, flesso> I. *vt* ① biegen; (*membra*) beugen ② (LING) beugen II. *vr* **-rsi** sich biegen, sich beugen; **-rsi sulle ginocchia** in die Knie gehen
**flic** ['flik] <-> *m* (*sl*) Bulle *m*
**flicornista** [flikor'nista] <-i *m,* -e *f*> *mf* (MUS) Flügelhornspieler(in) *m(f)* **flicorno** [fli'kɔrno] *m* (MUS) Flügelhorn *nt;* ~ **basso grave** Kontrabass-Flügelhorn; ~ **baritono** Bariton-Flügelhorn
**flight dispatcher** ['flait dis'pætʃə] <-> *m* (*spedizioniere aereo*) Luftfrachtspediteur(in) *m(f)*
**flight recorder** ['flait ri'kɔːdə] <-> *m* (AERO: *scatola nera*) Blackbox *f,* Flugschreiber *m*
**flip-book** ['flipbuk] <-> *m* Daumenkino *nt*
**flippare** [flip'paːre] *vi avere* (*sl: drogarsi*) fixen; (*agitarsi*) ausflippen **flippato, -a** [flip'paːto] *agg* (*sl: stravolto*) ausgepumpt; (*drogato*) Junkie-

**flipper** ['flipper] <-> *m* Flipper *m;* **giocare a** ~ flippern, Flipper spielen
**flirt** [fləːt] <-> *m* Flirt *m* **flirtare** [flir'taːre] *vi* flirten
**flit** ['flit] <-> *m* (*per uso domestico*) Insektenspray *nt*
**F.lli** *abbr di* **fratelli** Gebr.
**FLM** *f abbr di* **Federazione Lavoratori Metalmeccanici** *italienischer Verband der Arbeitnehmer in der Metall verarbeitenden Industrie*
**float** ['flout] I. <inv> *agg* Float- II. <-> *m* (FIN: *fluttuazione*) Fluktuation *f;* (*fondo cassa*) Kassenfonds *m,* -bestand *m* **floating** ['floutiŋ] <-> *m* (FIN: *fluttuazione*) Fluktuation *f*
**floccaggio** [flok'kaddʒo] <-ggi> *m* (TEC) Flocculatur *f,* Beflocken *nt* **floccare** [flok'kaːre] *vt* (TEC) kotonisieren, flocken **floccato** [flok'kaːto] *m* (TEC) Faserflor *m,* Vlies *nt* **floccatrice** [flokka'triːtʃe] *f* (TEC) Flockdruckmaschine *f*
**flock** [flɔk] <-> *m* (TEC: *insieme di fibre*) Flocken *fpl,* Schuppen *fpl*
**flogistico, -a** [flo'dʒistiko] <-ci, -che> *agg* (MED) entzündlich, Entzündungs-
**flop** ['flop] *m* Flop *m*
**floppy disk** ['flɔppi disk] <-> *m* (INFORM) Diskette *f,* Floppydisk *f*
**flora** ['flɔːra] *f* Pflanzenwelt *f,* Flora *f*
**floreale** [flore'aːle] *agg* Blumen-
**floricoltore, -trice** [florikol'toːre] *m, f* Blumenzüchter(in) *m(f)* **floricoltura** [florikol'tuːra] *f* Blumenzucht *f*
**floridezza** [flori'dettsa] *f* Blüte *f,* Gedeihen *nt* **florido, -a** ['flɔːrido] *agg* blühend
**florovivaismo** [floroviva'izmo] *m v.* **florovivaistica floroivaista** [floroviva'ista] <-i *m,* -e *f*> *mf* Gärtner(in) *m(f)* **florovivaistica** [florovivaistika] <-che> *f* Gartenbau *m* **florovivaistico, -a** [florovivaˈistiko] <-ci, -che> *agg* Gärtner-; **impianto** ~ Gartenbaubetrieb *m*
**floscio, -a** ['flɔʃʃo] <-sci, -sce> *agg* ① (*non rigido*) weich ② (*moscio*) schlaff ③ (*fig: molle*) weichlich
**flotta** ['flɔtta] *f* Flotte *f*
**flow chart** ['flou tʃaːt] <-> *m* (INFORM) Flussdiagramm *nt*
**fluato, -a** [flu'aːto] *agg* (FOTO, FILM) unscharf, verschwommen
**fluente** [flu'ɛnte] *agg* fließend
**fluido** ['fluːido] *m* ① (PHYS) Flüssigkeit *f* ② (*fig*) Fluidum *nt*
**fluido, -a** *agg* ① (PHYS: *stile*) flüssig ② (*fig: mutevole*) wandelbar, unbeständig

**fluidodinamico, -a** [fluidodi'na:miko] <-ci, -che> *agg* hydrodynamisch

**fluidostatica** [fluido'sta:tika] <-che> *f* (PHYS) Hydrostatik *f* **fluidostatico, -a** [fluido'sta:tiko] <-ci, -che> *agg* hydrostatisch

**fluire** [flu'i:re] <fluisco> *vi essere* ① (*liquidi*) fließen; (*gas*) strömen ② (*fig: discorso*) fließen

**fluitazione** [fluitat'tsio:ne] *f* (*legname*) Flößen *nt*

**fluorescente** [fluoreʃ'ʃɛnte] *agg* fluoreszierend; **lampada ~** Neonlampe *f*; **striscia ~** Kontrastblende *f* **fluorescenza** [fluoreʃ'ʃɛntsa] *f* Fluoreszenz *f*

**fluorite** [fluo'ri:te] *f* (MIN) Flussspat *m*

**fluoro** [flu'ɔ:ro] *m* (CHEM) Fluor *nt* **fluoruro** [fluo'ru:ro] *m* Fluorid *nt*

**flusso** ['flusso] *m* ① (*scorrimento*, PHYS) Strom *m*, Fluss *m*; (*del gas*) Strömen *nt*; (*dell'acqua*) Fließen *nt* ② (*fig: della storia*) Lauf *m* ③ (*fig: di persone*) Strom *m*; (*di cose*) Fluss *m*; **~ di merci** Warenstrom *m* ④ (*alta marea*) Flut *f*; **~ e riflusso** (NAUT) Ebbe und Flut; (*fig*) Auf und Ab

**flûte** ['flyt] <-> *m* Sektflöte *f*

**fluttuare** [fluttu'a:re] *vi* ① (*ondeggiare*) wogen, schaukeln ② (FIN) schwanken **fluttuazione** [fluttuat'tsio:ne] *f* Schwankung *f*; **~ dei cambi** (FIN) Wechselkursschwankung *f*

**fluviale** [flu'vja:le] *agg* Fluss-

**fly and drive** ['flai ən 'draiv] <-> *m* (*biglietto*) Fly-and-Drive-Ticket *nt* **flyby** ['flaibai] <-> *m* (AERO) Fly-by *nt* **flying dutchman** ['flaiiŋ 'dʌtʃmən] <-> *m* Flying Dutchman *m*, Fliegender Holländer *m* **flying junior** ['flaiiŋ dʒu:njə] <-> *m* Flying Junior *m*

**f.m.** *abbr di* **fine mese** ult. (*ultimo, am Ende des Monats*)

**FM** *abbr di* **modulazione di frequenza** FM

**FMI** *m abbr di* **Fondo Monetario Internazionale** IWF *m*

**fobia** [fo'bi:a] <-ie> *f* [krankhafte] Angst *f*; (PSIC) Phobie *f*

**foca** ['fɔ:ka] <-che> *f* Seehund *m*

**focaccia** [fo'kattʃa] <-cce> *f* ① (*pane*) Fladen *m* ② (*dolce*) runder Hefekuchen *m* ③ (*loc*) **rendere pan per ~** mit gleicher Münze heimzahlen

**focale** [fo'ka:le] I. *agg* Brenn[punkt]-, fokal; **distanza ~** Brennweite *f* II. *f* Brennweite *f* **focalizzare** [fokalid'dza:re] *vt* ① (FOTO) scharf stellen ② (*fig*) scharf umreißen

**foce** ['fo:tʃe] *f* Mündung *f*

**focheggiamento** [fokeddʒa'mento] *m* Fokussierung *f*

**fochista** [fo'kista] <-i *m*, -e *f*> *mf* Heizer(in) *m(f)*

**focolaio** [foko'la:io] <-ai> *m* Herd *m*

**focolare** [foko'la:re] *m* ① (*per cucinare*) Herd *m*; (HIST) Feuerstelle *f* ② (TEC) Feuerraum *m*; (*di caldaia*) Feuerung *f*

**focoso, -a** [fo'ko:so] *agg* feurig

**fodera** ['fɔ:dera] *f* Hülle *f*, Bezug *m*; (*di vestito*) Futter *nt*; (*di libro*) Schutzhülle *f*; **~ del cuscino** Kissenbezug *m* **foderare** [fode'ra:re] *vt* (*vestiti*) füttern; (*libri*) einbinden; (*cassetti*) ausschlagen

**fodero** ['fɔ:dero] *m* Scheide *f*

**foga** ['fo:ga] *f* Hitze *f*, Ungestüm *nt*; **nella ~ del discorso** im Eifer des Gesprächs

**fogey** ['fougi] <-> *m* Traditionalist(in) *m(f)*

**foggia** ['fɔddʒa] <-gge> *f* ① (*forma*) Form *f*; (*di abito*) Schnitt *m* ② (*modo di abbigliarsi*) Tracht *f*, Mode *f*

**Foggia** *f* Foggia *nt* (*Stadt in Apulien*)

**Foggiano** [fod'dʒa:no] <*sing*> *m* Umgebung *f* von Foggia

**foggiano, -a** I. *agg* aus Foggia stammend II. *m, f* (*abitante*) Einwohner(in) *m(f)* von Foggia

**foglia** ['fɔʎʎa] <-glie> *f* Blatt *nt*; **~ d'oro** Blattgold *nt*; **ho mangiato la ~** (*fam*) jetzt ist bei mir der Groschen gefallen; **tremare come una ~** wie Espenlaub zittern

**fogliame** [foʎ'ʎa:me] *m* Laub *nt*

**foglio** ['fɔʎʎo] <-gli> *m* ① (*pezzo di carta*) Bogen *m*, Blatt *nt*; **~ protocollo** Kanzleipapierbogen *m* ② (*documento, banconota*) Schein *m*; **~ rosa** (MOT) provisorische Fahrerlaubnis *f* ③ (*giornale*) Blatt *nt*; **~ volante** Flugblatt *nt*, Flugzettel *m* ④ (*lamina*) Folie *f*; (*piastra*) Platte *f* A; **~ elettronico** (INFORM: *spreadsheet*) Tabellenkalkulationsprogramm *nt*; **~ di stile** Druckformatvorlage *f*

**fogna** ['foɲɲa] *f* ① (*canale*) Abwasserkanal *m* ② (*fig, pej: ambiente corrotto*) Sumpf *m* **fognatura** [foɲɲa'tu:ra] *f* Kanalisation *f*, Entwässerung *f*

**fogy** <-> *m v.* **fogey**

**föhn** [føːn] <-> *m* ① (METEO) Föhn *m* ② (*asciugacapelli*) [Haar]föhn *m*

**foia** ['fɔ:ia] <-oie> *f* ① (ZOO) Brunst *f* ② (*fig*) Begierde *f*

**fola** ['fɔ:la] *f* (*poet*) ① (*favola*) Märchen *nt* ② (*frottola*) Lüge *f*

**folaga** ['fɔ:laga] <-ghe> *f* (ZOO) Blässhuhn *nt*

**folata** [fo'la:ta] *f* Windstoß *m*

**folclore** [folk'lo:re] *m* Folklore *f* **folcloristico, -a** [folklo'ristiko] <-ci, -che> *agg* folkloristisch

**folgorante** [folgo'rante] *agg* ① (*luce*) blendend ② (*fig: sguardo*) [durch]bohrend; (*bellezza*) strahlend, blendend

**folgorare** [folgo'ra:re] *vt* ① (*fulmine*) treffen, erschlagen ② (*scarica elettrica*) ~ **qu** jdm einen elektrischen Schlag verpassen ③ (*con arma da fuoco*) niederschießen

**folgorazione** [folgorat'tsio:ne] *f* ① (*fulminazione*) Blitzschlag *m*; (*di corrente*) Stromschlag *m*, elektrischer Schlag ② (*fig: della mente*) Geistesblitz *m*

**folgore** ['folgore] *f* (*poet*) Blitz[strahl] *m*

**folk** ['fouk *o* 'fɔlk] I. <inv> *agg* Folk-; **canzone** ~ Folksong *m* II. <-> *m* (MUS) Folk *m*

**folk singer** ['fouk 'siŋə *o* 'fɔlk 'siŋə] <-> *mf* (MUS: *cantante di folk-song*) Folk-Interpret(in) *m(f)* **folk song** ['fouk sɔŋ *o* 'fɔlk sɔŋ] <-> *f* (MUS: *canzone popolare, spesso di protesta*) Volkslied *nt*, Folksong *m*; **al concerto ascolteremo solo** ~ auf dem Konzert werden wir nur Volkslieder hören

**folla** ['folla *o* 'fɔlla] *f* Menge *f*

**follante** [fol'lante] *m* (CHEM) Walkhilfsstoff *m*

**follare** [fol'la:re] *vt* ① (*sottoporre a follatura*) walken ② (*pigiare l'uva*) keltern, Trauben [mit den Füßen] pressen **follatrice** [folla'tri:tʃe] *f* (TEC) Walkmaschine *f*, Walke *f* **follatura** [folla'tu:ra] *f* (TEC) Walken *nt*, Walke *f*

**folle** ['fɔlle] I. *agg* verrückt, närrisch; (*progetto, spesa*) sinnlos, unsinnig; **in** ~ (MOT) im Leerlauf II. *mf* Narr *m*/Närrin *f* **folleggiare** [folled'dʒa:re] *vi* es toll treiben

**folletto** [fol'letto] *m* ① (*nelle fiabe*) Kobold *m* ② (*fig: ragazzo vivace*) Wildfang *m*

**follia** [fol'li:a] <-ie> *f* Wahnsinn *m*, Torheit *f*; **alla** ~ wahnsinnig; **fare -ie per qu** die verrücktesten Dinge für jdn tun

**follicolo** [fol'li:kolo] *m* ① (ANAT) Follikel *m* ② (BOT) Fruchthülse *f*, Samenkapsel *f*

**follow-up** ['fblouʌp *o* 'fɔllo'ap] <-> *m* ① Einarbeitungsphase *f* ② (MED) Nachuntersuchung *f*

**folto** ['folto] *m* ① (*del bosco*) Dickicht *nt*; **nel** ~ **del bosco** im Dickicht des Waldes ② (*fig: della mischia*) Getümmel *nt*, Gewühl *nt*

**folto, -a** *agg* dicht

**fomentare** [fomen'ta:re] *vt* schüren **fomentatore, -trice** [fomenta'to:re] *m, f* Anstifter(in) *m(f)*

**fomite** ['fɔ:mite] *m* (*poet*) Keim *m*, Nährboden *m*

**fonda** ['fonda] *f* (NAUT) Ankerplatz *m*; **essere alla** ~ vor Anker liegen

**fondaco** ['fondako] <-chi> *m* Faktorei *f*

**fondale** [fon'da:le] *m* ① (NAUT) Wassertiefe *f* ② (THEAT) Bühnenhintergrund *m*

**fondamentale** [fondamen'ta:le] *agg* wesentlich, Grund-

**fondamento**[1] [fonda'mento] <*pl*: -a> *f m* (ARCH) Fundament *nt*

**fondamento**[2] *m* (*fig*) Fundament *nt*, Grundlage *f*; **notizie senza** ~ Berichte, die jeder Grundlage entbehren; **fare** ~ **su qu/qc** (*fig*) auf jdn/etw bauen

**fondare** [fon'da:re] I. *vt* ① (*costruire*) das Fundament legen für ② (*fig: istituire*) gründen; (*teoria*) aufstellen; (*accusa*) stützen II. *vr* **-rsi su qc** sich auf etw *acc* stützen

**fondatezza** [fonda'tettsa] *f* Stichhaltigkeit *f*, Glaubwürdigkeit *f* **fondazione** [fondat'tsio:ne] *f* ① (*istituzione*) Gründung *f* ② (JUR) Stiftung *f*

**fondello** [fon'dɛllo] *m* (*di bossolo*) Unterseite *f*; (*di calzoni*) Hosenboden *m*; **prendere qu per i -i** sich über jdn lustig machen

**fondente** [fon'dɛnte] *m* ① (TEC) Schmelz-, Flussmittel *nt* ② (GASTR) Fondant *m o nt*; **cioccolato** ~ Bitterschokolade *f*

**fondere** [fon'dere] <fondo, fusi, fuso> I. *vt* ① (*neve, ghiaccio*) schmelzen ② (*statua*) gießen ③ (*fig*) verschmelzen II. *vi* schmelzen III. *vr* **-rsi** ① (*sciogliersi*) schmelzen ② (TEC: *valvola*) durchbrennen ③ (*fig*) sich zusammenschließen **fonderia** [fonde'ri:a] <-ie> *f* Gießerei *f*

**fondiario, -a** [fon'dia:rio] <-i, -ie> *agg* Boden-, Grund-

**fondista** [fon'dista] <-i *m*, -e *f*> *mf* ① (SPORT) Langstreckenläufer(in) *m(f)* ② (*di giornale*) Leitartikler(in) *m(f)*, Leitartikelschreiber(in) *m(f)*

**fondivalle** *pl di* **fondovalle**

**fondo** ['fondo] *m* ① (*di recipiente*) Boden *m*; (*di pozzo*) Grund *m*; (*di valle*) Sohle *f*; (*limite estremo*) Ende *nt*; (*parte inferiore*) unterer Rand; (*sfondo*) Hintergrund *m*; (*parte più interna, a. fig*) Innerste(s) *nt*; **in** ~ **alla stanza** hinten im Zimmer; **andare a** ~ (*nave*) untergehen; **andare in** ~ **a qc** (*fig*) einer Sache *dat* auf den Grund gehen; **avere uno stomaco senza** ~ unersättlich sein; **da cima a** ~ von Kopf bis Fuß; (*fig*) durch und durch; **in** ~ (*fig*) im Grunde [genommen]; **articolo di** ~ Leitartikel *m*; ~ **oculare** (ANAT) Augenhintergrund *m* ② (SPORT) Langstreckenlauf *m*; **fare sci di** ~ langlaufen ③ (*in cosmesi*)

Grundierung *f* ④ (*deposito*) Bodensatz *m*; (*di liquido*) Rest *m*; **-i di caffè** Kaffeesatz *m* ⑤ (*bene immobile*) Grundstück *nt*; (*terreno*) [Land]gut *nt* ⑥ (COM: *voce di bilancio*) Fonds *m*; **-i** Finanzmittel *pl*; **-i d'investimento** Investitionsfonds *m* ⑦ (*mezzi monetari*) Kapital *nt*, Geld[bestand *m*] *nt* ⑧ (FIN) **~ di cassa** Kassenbestand *m*; **~ d'esercizio** Betriebskapital *nt*, Gelder *ntpl*; **a ~ perduto** nicht rückzahlbar

**fondo, -a** *agg* ① (*profondo*) tief ② (*folto, fitto*) dicht; (*notte, foresta*) tief

**fondocampo** [fondo'kampo] <-> *m* (SPORT) Toraus *nt*

**fondoschiena** [fondos'kjɛ:na] <-> *m* (*fam: sedere*) Hintern *m*

**fondovalle** [fondo'valle] <fondivalle> *m* Talsohle *f*

**fonduta** [fon'du:ta] *f* (GASTR) Fondue *nt*

**fonema** [fo'nɛ:ma] <-i> *m* (LING) Phonem *nt*

**fonetica** [fo'nɛ:tika] <-che> *f* Phonetik *f*

**fonetico, -a** [fo'nɛ:tiko] <-ci, -che> *agg* phonetisch

**fonico** ['fɔ:niko] <-ci> *m* (FILM) Tonmeister *m*

**fonico, -a** <-ci, -che> *agg* Laut-, phonisch

**fonoassorbente** [fonoassor'bɛnte] *agg* schalldicht, schallisolierend; **materiale ~** schallisolierendes Material; **parete ~** schalldichte Wand

**fonocassetta** [fonokas'setta] *f* Tonband *nt*, Audiokassette *f*

**fonodettatura** [fonodetta'tu:ra] *f* (TEL) Phonodiktat *nt*

**fonografo** [fo'nɔ:grafo] *m* (MUS) Plattenspieler *m*

**fonogramma** [fono'gramma] <-i> *m* ① (LING) phonetisches Zeichen ② (PHYS) Phonogramm *nt*

**fonokit** [fono'kit] <-> *m* Stimmenrekonstruktion *f*

**fonologia** [fonolo'dʒi:a] <-gie> *f* (LING) Phonologie *f*

**fonometro** [fo'nɔ:metro] *m* (PHYS) Phonometer *nt*, Geräuschmesser *m*

**fonomontaggio** [fonomon'taddʒo] <-ggi> *m* Tonzusammenschnitt *m*

**fonoriproduttore** [fonoriprodut'to:re] *m* Tonwiedergabegerät *nt*

**fonoriproduzione** [fonoriprodut'tsio:ne] *f* Tonaufzeichnung *f*

**font** [fɔnt] <-> *m* o *f* Font *m*, Zeichensatz *m*

**fontana** [fon'ta:na] *f* Brunnen *m*; **~ a getto** Springbrunnen *m* **fontanella** [fonta'nɛlla] *f* ① [Trink]brunnen *m* ② (ANAT) Fontanelle *f* **fontaniere** [fonta'njɛ:re] *m* Wassermeister *m* **fontanile** [fonta'ni:le] *m* ① (*presa d'acqua*) Steigbrunnen *m* ② (*abbeveratoio*) Tränke *f*

**fonte** ['fonte] I. *f* (*a. fig*) Quelle *f* II. *m* **~ battesimale** Taufbecken *nt*

**footing** ['futiŋ] <-> *m* (SPORT) Jogging *nt*, Laufen *nt*; **fare ~** joggen

**foracchiare** [forak'kja:re] *vt* durchlöchern

**foraggero, -a** [forad'dʒɛ:ro] *agg* Futter-

**foraggiare** [forad'dʒa:re] *vt* ① (*cavalli*) füttern ② (*fig: mantenere*) durchfüttern *fam* **foraggio** [fo'raddʒo] <-ggi> *m* [Vieh]futter *nt*

**forare** [fo'ra:re] I. *vt* ① (*parete, lamiera*) durchlöchern, durchbohren ② (*biglietti*) lochen; **~ una gomma** eine Reifenpanne haben II. *vi* (*pneumatico*) platzen, ein Loch bekommen **foratura** [fora'tu:ra] *f* Reifenpanne *f*

**forbici** ['fɔrbitʃi] *fpl* Schere *f*; **un paio di ~** eine Schere

**forbitezza** [forbi'tettsa] *f* (*obs*) ① (*nettezza*) Reinheit *f* ② (*fig: stile, discorso*) Geschliffenheit *f*

**forbito** [for'bi:to] *agg* (*fig: lingua, discorso*) gewählt, geschliffen

**forca** ['forka] <-che> *f* ① (AGR) Heugabel *f* ② (*patibolo*) Galgen *m*; **condannare alla ~** jdn zum Tode durch den Strang verurteilen ③ (*valico*) enger Bergpass

**forcella** [for'tʃɛlla] *f* ① (TEC, BOT) Gabel *f*; (*per alberi*) Stütze *f*; **~ amortizzata** Federgabel *f* ② (*di montagna*) Felsspalte *f*

**forcellino** [fortʃel'li:no] *m* Radgabel *f*

**forchetta** [for'ketta] *f* Gabel *f*; **essere una buona ~** (*fig*) ein guter Esser sein; **parlare in punta di ~** hochgestochen reden

**forchettata** [forket'ta:ta] *f* ① eine Gabel [voll]; **una ~ di spaghetti** eine Gabel voll Spaghetti; **ne assaggio una ~** (*fig*) ich probiere ein bisschen davon

**forchettone** [forket'to:ne] *m* ① (*grande forchetta*) Fleischgabel *f*, Vorlegegabel *f* ② (*fig, pej*) Raffer *m*

**forcina** [for'tʃi:na] *f* Haarnadel *f*

**forcipe** ['fɔrtʃipe] *m* (MED) [Geburts]zange *f*

**forcone** [for'ko:ne] *m* Mistgabel *f*

**forense** [fo'rɛnse] *agg* Gerichts-, gerichtlich

**foresta** [fo'rɛsta] *f* Wald *m*; **~ vergine** Urwald *m* **forestale** [fores'ta:le] *agg* Wald-, Forst-

**foresteria** [foreste'ri:a] <-ie> *f* Gästehaus *nt*

**forestiero, -a** [fores'tjɛ:ro] I. *agg* fremd II. *m, f* Fremde(r) *f(m)*, Ausländer(in) *m(f)* forfait → formulazione 334

**forfait** [fɔr'fɛ] <-> *m* ❶ (FIN) Pauschalbetrag *m*, Pauschale *f;* **a ~** pauschal, Pauschal-; **lavoro a ~** Akkordarbeit *f* ❷ (SPORT) Aufgabe *f;* **dichiarare ~** (SPORT) aufgeben
**forfetario, -a** [forfe'ta:rio] <-i, -ie> *agg* (FIN) Pauschal- **forfettario, -a** [forfe'ta:rio] <-i, -ie> *agg* (FIN) Pauschal-
**forfora** ['forfora] *f* Schuppen *fpl*
**forgia** ['fɔrdʒa] <-ge> *f* Schmiede *f*
**forgiare** [for'dʒa:re] *vt* ❶ (*modellare*) schmieden ❷ (*fig: plasmare*) formen
**Forlì** *f* Forlì *nt* (*Stadt in der Emilia-Romagna*)
**forlivese** [forli've:se] I. *agg* aus Forlì stammend II. *mf* (*abitante*) Einwohner(in) *m(f)* von Forlì
**Forlivese** <*sing*> *m* Umgebung *f* von Forlì
**forma** ['forma] *f* ❶ (*aspetto*) Form *f;* **prendere ~** Gestalt annehmen; **a ~ di ...** ...-förmig ❷ (*del corpo*) Gestalt *f;* **badare alla ~** die Form wahren; **essere in ~** in Form sein; **essere giù di ~** nicht in Form sein ❸ (*per calzature*) Leisten *m;* (*per dolci*) Form *f;* (*del sarto*) Schneiderpuppe *f* ❹ (*fig: struttura*) Form *f;* (*POL*) Regierungsform *f;* (*stile, modo*) Form *f*
**formaggiera** [formad'dʒɛ:ra] *f* Käseschälchen *f* (*für geriebenen Käse*) **formaggino** [formad'dʒi:no] *m* Käseecke *f* **formaggio** [for'maddʒo] <-ggi> *m* Käse *m;* **~ da spalmare** Schmier-, Streichkäse *m;* **~ pecorino** Schaf[s]käse *m;* **~ fresco** Frischkäse *m*
**formaldeide** [formal'dɛide] *f* (CHEM) Formaldehyd *nt*
**formale** [for'ma:le] *agg* ❶ (*attinente alla forma*) formal, Form- ❷ (*osservante la forma*) förmlich, formal ❸ (*ufficiale*) formell
**formalina** [forma'li:na] *f* (CHEM) Formalin *nt*
**formalismo** [forma'lizmo] *m* Formalismus *m* **formalista** [forma'lista] <-i *m*, -e *f*> *mf* Formalist(in) *m(f)* **formalistico, -a** [forma'listiko] <-ci, -che> *agg* formalistisch; **dottrina/teoria -a** formalistische Doktrin/Theorie
**formalità** [formali'ta] <-> *f* Formalität *f;* **per ~** der Form halber **formalizzare** [formalid'dza:re] I. *vt* formalisieren II. *vr* **-rsi per qc** an etw *dat* Anstoß nehmen
**formare** [for'ma:re] I. *vt* ❶ (*modellare*) formen ❷ (*creare, costituire*) bilden ❸ (TEL: *numero*) wählen ❹ (*addestrare, educare*) aus-, heranziehen II. *vr* **-rsi** ❶ (*prodursi*) sich bilden ❷ (*svilupparsi*) sich entwickeln

**format** ['fɔ:mæt] <-> *m* (FOTO, INFORM) Format *nt;* **~ orrizontale** Querformat
**formato** [for'ma:to] *m* Größe *f;* (FOTO) Format *nt;* **fotografia ~ tessera** Passbild *nt;* **pellicola ~ ridotto** Schmalfilm *m*
**formato, -a** *agg* ❶ (*sviluppato*) voll entwickelt, reif ❷ (*costituito*) gebildet, zusammengesetzt
**formattare** [format'ta:re] *vt* (INFORM) formatieren; **~ un dischetto** eine Diskette formatieren **formattato, -a** *agg* (INFORM) formatiert **formattazione** [formattat'tsio:ne] *f* (INFORM) Formatierung *f*
**formazione** [format'tsio:ne] *f* ❶ (*creazione*) Entstehung *f,* Bildung *f;* (*sviluppo*) Entwicklung *f* ❷ (*addestramento*) Ausbildung *f;* **contratto di ~ [professionale]** Ausbildungsvertrag *m* ❸ (GEOL) Formation *f* ❹ (MIL) Formation *f;* (SPORT) Aufstellung *f*
**formella** [for'mɛlla] *f* ❶ (ARCH) Kassette *f;* (*riquadro*) Tafel *f;* (*per pavimentazione*) Fliese *f* ❷ (*combustibile*) Brikett *nt*
**formica**® ['fɔrmika] *f* (*laminato*) Resopal® *nt*
**formica** [for'mi:ka] <-che> *f* Ameise *f;* **~ operaia** Arbeiterin *f* **formicaio** [formi'ka:io] <-ai> *m* ❶ (ZOO) Ameisenhaufen *m* ❷ (*fig*) Gewimmel *nt* **formichiere** [formi'kiɛ:re] *m* (ZOO) Ameisenbär *m*
**formico, -a** ['fɔrmiko] <-ci, -che> *agg* (CHEM) Ameisen-; **acido ~** Ameisensäure *f*
**formicolare** [formiko'la:re] *vi* ❶ *avere* (*brulicare*) **~ di ...** wimmeln von [*o* vor] ...; **la strada formicolava di gente** auf der Straße wimmelte es von Leuten ❷ *avere* (*fig: essere pieno*) **~ di ...** wimmeln von ... *fam* ❸ *essere* (*essere intorpidito*) kribbeln **formicolio** [formiko'li:o] <-ii> *m* ❶ (*brulichio*) Gewimmel *nt* ❷ (*di arti*) Kribbeln *nt*
**formidabile** [formi'da:bile] *agg* furchtbar, schrecklich; (*fig*) riesig, außerordentlich
**formoso, -a** [for'mo:so] *agg* üppig; (*ben fatto*) wohl geformt
**formula** ['fɔrmula] *f* Formel *f,* Wendung *f;* **~ di commiato** Abschiedsformel *f;* **~ magica** Zauberspruch *m;* **~ di struttura** (CHEM) Strukturformel *f;* **gara automobilistica di Formula 1** (SPORT) Formel-1-Rennen *nt*
**formulare** [formu'la:re] *vt* formulieren **formulario** [formu'la:rio] <-i> *m* ❶ (*raccolta di formule*) Formularsammlung *f* ❷ (*modulo*) Formular *nt,* Vordruck *m* **formulazione** [formulat'tsio:ne] *f* Formulierung *f;* (*testo*) Wortlaut *m*

**fornace** [for'na:tʃe] f ① (TEC) Brennofen m ② (stabilimento) Ziegelei f ③ (fig: luogo caldo) Backofen m fam

**fornaio, -a** [for'na:io] <-ai, -aie> m, f Bäcker(in) m(f)

**fornello** [for'nɛllo] m ① (per cucinare) [kleiner] Herd m, Kocher m; ~ **a gas** Gasherd m; ~ **elettrico** Elektroherd m ② (di caldaia) Feuerung f ③ (di miniera) Blindschacht m

**fornicare** [forni'ka:re] vi (poet) Unzucht treiben **fornicazione** [fornikat'tsio:ne] f (poet) Unzucht f; (adulterio) Ehebruch m

**fornire** [for'ni:re] <fornisco> I. vt ① (somministrare, provvedere) ~ **qu di qc** jdn mit etw ausstatten; ~ **qc a qu** jdn mit etw beliefern, jdm etw liefern ② (informazioni) geben, erteilen; (prova) erbringen II. vr **-rsi di qc** sich mit etw versorgen **fornito, -a** [for'ni:to] agg (provvisto, equipaggiato) beliefert; (arredato) ausgerüstet, ausgestattet; **negozio ~ di ...** ein mit ... beliefertes Geschäft; **ben ~** gut ausgestattet **fornitore, -trice** [forni'to:re] m, f Lieferant(in) m(f); ~ **ufficiale** (SPORT) offizieller Ausrüster **fornitura** [forni'tu:ra] f ① (azione) [Be]lieferung f; **blocco delle forniture** Lieferblockade f ② (merce) Lieferung f ③ (arredamento) Ausstattung f; **-e per ufficio** Bürobedarf m

**forno** ['forno] m ① (costruzione) Ofen m; (per pane) Backofen m, Backrohr nt A; **pasta al ~** überbackenes Nudelgericht; **patate al ~** Ofenkartoffeln fpl; ~ **a microonde** Mikrowelle f ② (TEC) Schmelzofen m ③ (panetteria) Bäckerei f

**foro**[1] ['fo:ro] m (buco) Loch nt; (INFORM) Loch nt, Lochung f

**foro**[2] ['fɔ:ro] m ① (HIST) Forum nt ② (JUR) Gerichtsstand m

**Foro Europeo dei non Vedenti** <-> m Europäisches Behindertenforum nt

**forra** ['forra] f Schlucht f

**forse** ['forse] I. avv vielleicht II. m Zweifel m; **essere in ~** im Zweifel sein; **mettere in ~** in Frage stellen

**forsennato, -a** [forsen'na:to] I. agg rasend, wahnsinnig II. m, f Rasende(r) f(m), Wahnsinnige(r) f(m)

**forte**[1] ['fɔrte] avv ① (a voce alta) laut; **lo puoi dire ~!** das kannst du laut sagen! ② (velocemente) schnell ③ (assai) stark; (mangiare) gut, tüchtig

**forte**[2] I. agg ① (robusto) stark, kräftig; (carattere) fest ② (somma) groß, hoch ③ (intenso) stark; (colore) kräftig; (che non sbiadisce) waschecht; (sapore, odore) scharf ④ (abile) gut, stark ⑤ (LING) stark; **dare man ~ a qu** jdm zur Hand gehen; **farsi ~ di qc** sich auf etw acc stützen II. m ① (persona) Starke(r) f(m); (fig) Mächtige(r) f(m) ② (specialità) Stärke f; **la matematica non è il suo ~** Mathematik ist nicht seine Stärke ③ (MIL) Fort nt

**fortezza** [for'tettsa] f ① (MIL) Festung f ② (robustezza, fermezza) Stärke f; (d'animo, di carattere) Festigkeit f ③ (virtù) Tapferkeit f

**fortificare** [fortifi'ka:re] vt ① (MIL) befestigen ② (corpo) kräftigen, stärken **fortificazione** [fortifikat'tsio:ne] f Befestigung f

**fortilizio** [forti'littsio] <-i> m kleine Festung, Fort nt

**fortino** [for'ti:no] m Bunker m

**fortuito, -a** [for'tu:ito] agg zufällig; **per un caso ~** per [o durch] Zufall

**fortuna** [for'tu:na] f ① (destino) Schicksal nt ② (buona sorte) Glück nt; **un colpo di ~** ein Glücksfall m; **avere ~ in qc** bei etw Glück haben; **fare ~** ein Glück machen; **per ~** zum Glück ③ (patrimonio) Vermögen nt; **atterraggio di ~** Notlandung f **fortunato, -a** [fortu'na:to] agg glücklich; **essere ~** Glück haben **fortunoso, -a** [fortu'no:so] agg bewegt, wechselvoll

**foruncolo** [fo'ruŋkolo] m Furunkel m o nt

**forviare** [forvi'a:re] I. vt ① (sviare) irreleiten ② (fig: traviare) auf Abwege führen, verführen II. vi auf Abwege geraten; (bes fig) vom rechten Weg abkommen

**forwardare** vt (INFORM) weiterleiten, forwarden

**forza** ['fɔrtsa] f ① (robustezza) Kraft f, Stärke f; **essere in ~** bei Kräften sein; **con ~** mit Kraft; **con tutte le -e** mit aller Kraft ② (fig) Kraft f; **farsi ~** (fig) sich Mut machen; **in ~ di** kraft +gen; **a ~ di ...** vom vielen ..., nach langem ...; **a ~ di gridare** vom vielen Schreien ③ (efficacia) Macht f, Stärke f ④ (violenza) Gewalt f; ~ **bruta** rohe Gewalt; ~ **maggiore** höhere Gewalt; **con la ~** mit Gewalt; **per ~** (controvoglia) notgedrungen; (naturalmente) natürlich; **contro la ~ la ragion non vale** (prov) wo Gewalt herrscht, schweigen die Rechte ⑤ pl (MIL) **-e [armate]** Streitkräfte fpl ⑥ (POL) **Forza Italia** Forza f Italia (in den 90er Jahren entstandene italienische politische Bewegung)

**forzare** [for'tsa:re] I. vt ① (*scassinare*) aufbrechen; (*penetrare*) durchbrechen ② (*accelerare*) beschleunigen ③ (*sottoporre a sforzo*) beanspruchen ④ (*costringere*) zwingen II. vi drücken; (*porta, cassetto*) klemmen **forzato, -a** [for'tsa:to] I. agg ① (*privo di naturalezza*) gezwungen ② (JUR) Zwangs- ③ (TEC) Druck- II. m, f Zuchthäusler(in) m(f)

**forziere** [for'tsiɛ:re] m Geldschrank m

**forzista** [fort'tsista] <-i m, -e f> mf Mitglied der Partei Forza Italia

**forzoso, -a** [for'tso:so] agg Zwangs-

**forzuto, -a** [for'tsu:to] agg bärenstark

**fosburista** [fosbu'rista] <-i m, -e f> mf (SPORT) Hochspringer(in) m(f) mit Floptechnik **fosbury** ['fɔzbəri] <-> m (SPORT: *salto dorsale*) [Fosbury-]Flop m

**foschia** [fos'ki:a] <-schie> f Dunst m

**fosco, -a** ['fosko] <-schi, -sche> agg ① (*colore*) dunkel ② (*fig: sguardo*) finster, düster

**fosfato** [fos'fa:to] m Phosphat nt

**fosforescente** [fosforeʃ'ʃɛnte] agg phosphoreszierend; (*fig: occhi*) leuchtend **fosforescenza** [fosforeʃ'ʃɛntsa] f Phosphoreszenz f

**fosforo** ['fɔsforo] m ① (CHEM) Phosphor m ② (*fam fig: intelligenza*) Grips m

**fossa** ['fɔssa] f ① (*scavo*) Graben m ② (*buca*) Grube f, Loch nt ③ (*tomba*) Grab nt; **~ comune** Massengrab nt; **scavarsi la ~ con le proprie mani** sich dat sein eigenes Grab schaufeln ④ (ANAT) Höhle f ⑤ (GEOL) Graben m

**fossato** [fos'sa:to] m Wassergraben m

**fosse** ['fosse] *3. per sing conj imp di* **essere**[1]

**fossetta** [fos'setta] f Grübchen nt

**fossi** ['fossi] *1. e 2. pers sing conj imp di* **essere**[1]

**fossile** ['fɔssile] I. agg ① (*di epoca remota*) versteinert, fossil ② (*fig*) vorsintflutlich II. m Fossil nt

**fosso** ['fɔsso] m ① (MIL) Festungsgraben m ② (*per acqua*) Bewässerungsgraben m; **~ di scolo** Abflussrinne f; **saltare il ~** (*fig*) sich dat einen Ruck geben, sich durchringen

**foste** ['foste] *2. pers pl conj imp di* **essere**[1]

**fosti** ['fosti] *2. pers sing pass rem di* **essere**[1]

**foto** ['fɔ:to] <-> f Foto nt

**foto-** [foto] (*in parole composte*) Foto-, Photo-

**fotoamatore, -trice** [fotoama'to:re] m, f Hobbyfotograf(in) m(f), Amateurfotograf(in) m(f)

**fotobatteria** [fotobatte'ri:a] <-ie> f (TEC) Fotobatterie f, fotovoltaische Batterie f

**fotocellula** [foto'tʃɛllula] f Fotozelle f

**fotochimica** [foto'ki:mika] <*sing*> f Fotochemie f **fotochimico, -a** [foto'ki:miko] <-ci, -che> agg (CHEM) fotochemisch

**fotocinematografia** [fotoʃinematogra'fi:a] <-ie> f Filmfotografie f **fotocinematografico, -a** [fotoʃinemato'gra:fiko] <-ci, -che> agg die Filmfotografie betreffend

**fotocolor** [foto'kolor] <-> f (FOTO) Farbfilm m

**fotocomporre** [fotokom'porre] <irr> vt (TYP) im Fotosatz herstellen **fotocomposizione** [fotokompozit'tsio:ne] f Fotosatz m

**fotoconduttività** [fotokonduttivi'ta] <-> f (PHYS) Fotoleitfähigkeit f **fotoconduttivo, -a** [fotokondut'ti:vo] agg (PHYS) fotoleitfähig **fotoconduttore** [fotokondut'to:re] m (PHYS) Fotoleiter m, -widerstand m **fotoconduzione** [fotokondut'tsio:ne] f Fotoleitung f

**fotocopia** [foto'kɔ:pia] f Fotokopie f **fotocopiare** [fotoko'pia:re] vt fotokopieren **fotocopiatore** [fotoko'pia:re] m Fotokopiergerät nt **fotocopiatrice** [fotokopia'tri:tʃe] f Fotokopierer m

**fotocromatico, -a** [fotokro'ma:tiko] <-ci, -che> agg (OPT) fototrop; **lenti -che** fototrope Brillengläser

**fotocronaca** [foto'krɔ:naka] <-che> f Bildbericht m **fotocronista** [fotokro'nista] <-i m, -e f> mf Fotoreporter(in) m(f)

**fotoelettricità** [fotoelettritʃi'ta] <-> f Fotoelektrizität f **fotoelettrico, -a** [fotoe'lɛttriko] <-ci, -che> agg ① (TEC) fotoelektrisch; **effetto ~** Fotoeffekt m ② (TEC: *che produce luce*) lichterzeugend

**fotofit** [foto'fit] <-> m (*sistema di identificazione personale*) [fotografisches] Phantombild nt

**fotogeneratore** [fotodʒenera'to:re] m Solar-

**fotogenico, -a** [foto'dʒɛ:niko] <-ci, -che> agg fotogen

**fotogiornale** [fotodʒor'na:le] m Illustrierte f

**fotografa** f v. **fotografo**

**fotografare** [fotogra'fa:re] vt ① (FOTO) fotografieren, aufnehmen ② (*fig*) sich dat einprägen **fotografia** [fotogra'fi:a] f ① (*tecnica*) Fotografie f ② (*immagine,* *copia*) Fotografie *f,* Aufnahme *f;* ~ **a colori** Farbfoto *nt,* Farbbild *nt;* ~ **in bianco e nero** Schwarz-Weiß-Aufnahme *f;* ~ **formato tessera** Passbild *nt;* ~ **aerea** Luftbild *nt;* ~ **istantanea** Momentaufnahme *f,* Schnappschuss *m fam* **fotografico, -a** [foto'gra:fiko] <-ci, -che> *agg* ❶ (FOTO) Foto-, fotografisch; **macchina -a** Kamera *f,* Fotoapparat *m;* **studio** ~ Fotostudio *nt,* Fotoatelier *nt* ❷ (*fig: fedele al modello*) wirklichkeitsgetreu, genau **fotografo, -a** [fo'tɔ:grafo] *m, f* Fotograf(in) *m(f)*

**fotogramma** [foto'gramma] <-i> *m* ❶ (TEC, SCIENT) Fotogramm *nt* ❷ (FOTO, FILM) Einzelbild *nt*

**fotoincisione** [fotointʃi'zio:ne] *f* Fototiefdruckverfahren *nt,* Heliogravüre *f* **fotoincisore** [fotointʃi'zo:re] *m* Fotograveur *m*

**fotointerpretazione** [fotointerpretat'tsio:ne] *f* Fotoanalyseverfahren *nt*

**fotokit** [foto'kit] <-> *m v.* **fotofit**

**fotolaboratorio** [fotolabora'tɔ:rio] <-i> *m* (FOTO) Fotolabor *nt*

**fotolibro** [foto'li:bro] *m* Bildband *m*

**fotolografo, -a** [foto'lɔ:grafo] *m, f* Holografieexperte *m/*-expertin *f*

**fotomeccanico, -a** [fotomek'ka:niko] <-ci, -che> *agg* fotomechanisch

**fotometria** [fotome'tri:a] <-ie> *f* Fotometrie *f*

**fotomodella** [fotomo'dɛlla] *f* Fotomodell *nt*

**fotomontaggio** [fotomon'taddʒo] <-ggi> *m* Fotomontage *f*

**fotoreportage** [fotorəpor'taʒ] <-> *m* Fotoreportage *f,* Bildbericht *m* **fotoreporter** [fotore'pɔrter] <-> *mf* Fotoreporter(in) *m(f)*

**fotoriproduttore** [fotoriprodut'to:re] *m* (TEC, FOTO) Fotokopiergerät *nt* **fotoriproduzione** [fotoriprodut'tsio:ne] *f* ❶ (FOTO: *processo*) fotografische Wiedergabe *f* ❷ (FOTO: *copia*) Fotokopie *f*

**fotoromanzo** [fotoro'mandzo] *m* Fotoroman *m*

**fotosafari** [fotosa'fa:ri] <-> *m* Fotosafari *f*

**fotosensibile** [fotosen'si:bile] *agg* ❶ (*sensibile alla luce*) lichtempfindlich, fotosensibel ❷ (BIOL) fotosensibel

**fotoservizio** [fotoser'vi:tsio] <-zi> *m* Bildbericht *m*

**fotosintesi** [foto'sintezi] <-> *f* (BOT) Fotosynthese *f*

**fotosub** [foto'sub] <-> *mf* Unterwasserfotograf(in) *m(f)*

**fototeca** [fɔto'tɛ:ka] <-che> *f* Bildarchiv *nt*

**fototelegrafia** [fototelegra'fi:a] <-ie> *f* (TEC) Bildtelegrafie *f* **fototelegrafico, -a** [fototele'gra:fiko] <-ci, -che> *agg* bildtelegrafisch

**fototelegramma** [fototele'gramma] <-i> *m* Bildtelegramm *nt*

**fototessera** [foto'tɛssera] *f* (FOTO) Lichtbild *nt,* Passfoto *nt*

**fototipia** [fototi'pi:a] <-ie> *f* Lichtdruck *m*

**fottere** ['fottere] I. *vt* ❶ (*vulg*) ficken, bumsen, pempern A ❷ (*fam: imbrogliare*) leimen *sl,* linken *sl;* **va a farti** ~ ! (*vulg*) leck mich am Arsch! *vulg* II. *vr* **fottersene di qu/qc** (*vulg*) auf jdn/etw scheißen *vulg*

**foulard** [fu'lar] <-> *m* Kopftuch *nt;* (*per il collo*) Halstuch *nt*

**fra** [fra] *prp v.* **tra**

**frac** [frak] <-> *m* Frack *m*

**fracassare** [frakas'sa:re] I. *vt* zerbrechen, zertrümmern II. *vr* -**rsi** zerbrechen; (*su scogli*) zerschellen; (*legno*) zersplittern

**fracasso** [fra'kasso] *m* ❶ (*chiasso*) Krach *m,* Lärm *m;* (*di vetri*) Geklirr *nt* ❷ (*fam: forte quantità*) Haufen *m*

**fraccata** [frak'ka:ta] *f* **una** ~ **di panini** ein Haufen *m* Brötchen, jede Menge Brötchen

**fradicio** ['fra:ditʃo] *m* Korruption *f,* Korruptheit *f*

**fradicio, -a** <-ci, -ce> *agg* ❶ (*marcio*) verdorben; (*uova*) faul; (*legno*) morsch ❷ (*bagnato*) durchnässt; (*di sudore*) schweißgebadet; **bagnato** ~ klatschnass ❸ (*fig: corrotto*) verdorben **fradiciume** [fradi'tʃu:me] *m* ❶ (*putridume*) faules Zeug ❷ (*fig*) Verderbtheit *f,* Korruptheit *f*

**fragile** ['fra:dʒile] *agg* ❶ (*facile a rompersi*) zerbrechlich; (*capelli*) spröde; ~ ! (*su pacchi*) Vorsicht, Glas! ❷ (*fig: gracile*) zart, schwach; (*salute, speranza*) schwach

**fragilità** [fradʒili'ta] <-> *f* ❶ (*di vetro*) Zerbrechlichkeit *f* ❷ (*gracilità*) Zartheit *f,* Schwäche *f*

**fragola** ['fra:gola] *f* Erdbeere *f*

**fragore** [fra'go:re] *m* Getöse *nt;* (*del tuono*) Grollen *nt;* (*di motori*) Dröhnen *nt*

**fragoroso, -a** [frago'ro:so] *agg* tosend, dröhnend; (*applauso*) brausend; (*risata*) schallend

**fragrante** [fra'grante] *agg* duftend, wohl riechend **fragranza** [fra'grantsa] *f* Duft *m,* Wohlgeruch *m*

**fraintendere** [frain'tɛndere] <*irr*> *vt* missverstehen; **ti prego di non fraintendermi** bitte versteh mich recht

**frame** ['freim] <-> *m* ❶ (FOTO) Filmbild *nt* ❷ (INFORM) Frame *m o nt*

**frammentare** [frammen'ta:re] *vt* zerstückeln **frammentario, -a** [fram-

men'ta:rio] <-i, -ie> *agg* fragmentarisch; (*a. fig*) bruchstückhaft
**frammentazione** [frammentat'tsio:ne] *f* Zersplitterung *f*
**frammento** [fram'mento] *m* ❶(*pezzo*) Bruchstück *nt;* (*coccio*) Scherbe *f* ❷(*fig* LIT) Fragment *nt*
**frammettere** [fram'mettere] <irr> I. *vt* dazwischenstellen/-setzen/-legen II. *vr* **-rsi** ❶ sich dazwischenstellen/-setzen/-legen ❷ (*fig*) sich einmischen
**frammezzo** [fram'mɛddzo] I. *avv* dazwischen II. *prp* ~ **a** (*stato*) zwischen +*dat*; (*moto*) zwischen +*acc*
**frammischiare** [frammis'kia:re] *vt* vermischen
**frammisi** *1. pers sing pass rem di* **frammettere**
**frana** ['fra:na] *f* ❶(*di terreno*) Erdrutsch *m,* Steinlawine *f* ❷(*fig: rovina*) Misserfolg *m,* Fiasko *nt* ❸(*fam scherz*) Trampeltier *nt,* Trampel *m* **franare** [fra'na:re] *vi essere* ❶(*terreno*) abrutschen ❷(*fig*) zusammenbrechen, scheitern
**francamente** [franka'mente] *avv* ehrlich, offen [heraus]
**francescano** [frantʃes'ka:no] *m* Franziskaner *m*
**francescano, -a** *agg* franziskanisch, Franziskaner-
**francese** [fran'tʃe:se] I. *agg* französisch II. *mf* Franzose *m*/Französin *f*
**francesismo** [frantʃe'zizmo] *m* (LING) Gallizismus *m*
**francesista** [frantʃe'sista] <-i *m,* -e *f*> *mf* Romanist(in) *m(f)* mit Schwerpunkt Französisch **francesistica** [frantʃe'zistika] <-che> *f* französische Sprache und Kultur *f*
**franchezza** [fraŋ'kettsa] *f* ❶(*schiettezza*) Aufrichtigkeit *f,* Offenheit *f* ❷(*disinvoltura*) Unbefangenheit *f;* (*pej*) Unverfrorenheit *f*
**franchigia** [fraŋ'ki:dʒa] <-gie> *f* ❶(FIN) [Gebühren]freiheit *f;* (*nelle assicurazioni*) [teilweiser] Risikoausschluss *m;* ~ **fiscale** Steuerfreiheit *f;* **in** ~ [abgaben-, gebühren]frei; **in** ~ **doganale** zollfrei; **in** ~ **postale** portofrei ❷(NAUT) Landgang *m*
**franchising** [fræn'tʃaiziŋ *o* fran'tʃaisin(g)] <-> *m* Franchising *nt*
**Francia** ['frantʃa] *f* Frankreich *nt*
**franco** ['fraŋko] <-chi> *m* ❶(*moneta belga, francese*) Franc *m;* (*moneta svizzera*) Franken *m* ❷(HIST) Franke *m*
**franco, -a** <-chi, -che> *agg* ❶(COM) franko, frei; ~ **domicilio** frei Haus; ~ **fabbrica** ab Fabrik; ~ **magazzino** frei Lager ❷(*sicuro di sé*) unbefangen ❸(*sincero*) offen, aufrichtig ❹(*degli antichi Franchi*) fränkisch ❺(*loc*) **farla -a** (*fig*) ungeschoren davonkommen; **lingua -a** Lingua *f* franca, Verkehrssprache *f*
**francobollo** [fraŋko'bollo] *m* Briefmarke *f*
**francofilo, -a** [fraŋ'kɔ:filo] *agg* frankophil
**Francoforte** [fraŋko'fɔrte] *f* Frankfurt *nt*
**francone** ['fraŋkone] I. *agg* fränkisch II. *mf* Franke *m*/Fränkin *f* **Franconia** [fraŋ'kɔ:nia] *f* Franken *nt*
**frangente** [fran'dʒɛnte] *m* ❶(*onda*) Sturzwelle *f,* Brecher *m* ❷(*punto d'urto*) Klippe *f,* Riff *nt* ❸(*fig: momento grave*) Notlage *f* **frangere** ['frandʒere] <frango, fransi, franto> I. *vt* ❶(*rompere*) brechen; (*olive*) [aus]pressen ❷(*fig: resistenza*) brechen II. *vr* **-rsi** sich brechen
**frangetta** [fran'dʒetta] *f* Pony *m*
**frangia** ['frandʒa] <-ge> *f* ❶(*di stoffa*) Franse *f* ❷(*fascia costiera*) Küstenstreifen *m,* -saum *m* ❸(*fig* POL) Flügel *m* ❹(*fig: aggiunta*) Schnörkel *m,* Ausschmückung *f*
**frangibile** [fran'dʒi:bile] *agg* zerbrechlich
**frangiflutti** [frandʒi'flutti] <-> *m* Wellenbrecher *m*
**frangigramma** [frandʒi'gramma] <-i> *m* Herdgitter *nt*
**frangitura** [frandʒi'tu:ra] *f* [Aus]pressen *nt*
**frangivento** [frandʒi'vɛnto] <-> *m* Windschutz *m*
**fransi** ['fransi] *1. pers sing pass rem di* **frangere**
**franto** ['franto] *pp di* **frangere**
**frantoio** [fran'to:io] <-oi> *m* (*per olive*) Ölmühle *f;* (*per pietre*) Steinmühle *f*
**frantumare** [frantu'ma:re] I. *vt* zertrümmern II. *vr* **-rsi** zerbrechen, in Stücke gehen; (*legno*) zersplittern **frantumi** [fran'tu:mi] *mpl* [Bruch]stücke *ntpl,* Trümmer *pl;* **andare in** ~ in die Brüche gehen
**frappé** [frap'pɛ] <-> *m* Milchmixgetränk *nt,* Milchshake *m*
**frapporre** [frap'porre] <irr> I. *vt* ❶(*cose*) dazwischenlegen/-stellen/-setzen ❷(*fig: ostacoli*) in den Weg legen; ~ **indugi a qc** etw verzögern, etw verschleppen II. *vr* **-rsi** dazwischentreten, sich einmischen
**frasario** [fra'za:rio] <-i> *m* (*di persona*) Redeweise *f,* Ausdrucksweise *f;* (*di categoria*) Sprache *f*
**frasca** ['fraska] <-sche> *f* ❶(*fronda*) Zweig *m* ❷(*d'osteria*) Schild *nt,* Laubge-

binde *nt* ③ (*loc*) **saltare di palo in ~** (*fig*) Gedankensprünge machen

**frascati** [fras'ka:ti] <-> *m* (*vino laziale*) Frascati *m*

**frase** ['fra:ze] *f* ① (LING) Satz *m* ② (*espressione*) Ausdruck *m;* (*locuzione*) Redewendung *f;* **~ fatta** Gemeinplatz *m* ③ (MUS) Phrase *f* **fraseggiare** [frazed'dʒa:re] *vi* ① (LING) Sätze bilden ② (MUS) phrasieren **fraseggio** [fra'zeddʒo] <-ggi> *m* ① (LING) Satzbildung *f* ② (MUS) Phrasierung *f* **fraseologia** [frazeolo'dʒi:a] <-gie> *f* Phraseologie *f*

**frassino** ['frassino] *m* Esche *f*

**frastagliare** [frastaʎ'ʎa:re] *vt* zerschneiden; (*ai margini*) ausschneiden **frastagliato, -a** [frastaʎ'ʎa:to] *agg* (*terreno, costa*) zerklüftet

**frastornato, -a** [frastor'na:to] *agg* (*per rumore*) benommen; (*nelle idee*) verwirrt

**frastuono** [fras'tuɔ:no] *m* Getöse *nt*, Lärm *m*

**frate** ['fra:te] *m* (REL) Bruder *m;* **farsi ~** ins Kloster gehen

**fratellanza** [fratel'lantsa] *f* ① (*tra fratelli*) Brüderlichkeit *f,* Brüderschaft *f* ② (*comunanza*) Bruderschaft *f* ③ (*fig: d'idee*) Gemeinsamkeit *f* **fratellastro** [fratel'lastro] *m* Stiefbruder *m* **fratello** [fra'tɛllo] *m* ① (*parente*) Bruder *m* ② (*fig* REL: *di confraternita, comunanza*) Bruder *m* ③ *pl* (*solo maschi*) Brüder *mpl;* (*-i e sorelle*) Geschwister *pl;* (COM) Gebrüder *pl;* **~ d'armi** Waffenbruder *m*

**fraternità** [fraterni'ta] <-> *f* ① (*vincolo fraterno*) Brüderlichkeit *f* ② (*fig: amicizia, comunanza*) Bruderschaft *f* **fraternizzare** [fraternid'dza:re] *vi* sich verbrüdern

**fraterno, -a** [fra'tɛrno] *agg* ① (*relativo a fratelli*) brüderlich, Bruder- ② (*fig: amorevole*) brüderlich

**fratricida** [fratri'tʃi:da] <-i *m*, -e *f*> *mf* (*di fratello*) Brudermörder(in) *m(f);* (*di sorella*) Schwestermörder(in) *m(f);* **guerra ~** Bruderkrieg *m*

**fratta** ['fratta] *f* Unterholz *nt,* Dickicht *nt*

**frattaglie** [frat'taʎʎe] *fpl* Innereien *pl*

**frattale** [frat'ta:le] I. *agg* Fraktal- II. *m* (MAT, INFORM) Fraktal *nt*

**frattanto** [frat'tanto] *avv* inzwischen, währenddessen

**frattempo** [frat'tɛmpo] *m* **nel ~** inzwischen, währenddessen

**frattura** [frat'tu:ra] *f* (*a. fig*) Bruch *m*

**fraudolento, -a** [fraudo'lɛnto] *agg* betrügerisch **fraudolenza** [fraudo'lɛntsa] *f* Betrug *m*

**frazionale** [frattsio'na:le] *agg* aufteilbar, Bruch-; **moneta ~** Scheidemünze *f;* **numero ~** Bruchzahl *f*

**frazionare** [frattsio'na:re] *vt* [auf]teilen **frazionario, -a** [frattsio'na:rio] <-i, -ie> *agg* Bruch-, Teil- **frazione** [frat'tsio:ne] *f* ① (*porzione*) Teil *m,* Bruchteil *m* ② (POL) Fraktion *f* ③ (MAT) Bruch *m* ④ (*di città*) Vorort *m*

**freak** [fri:k] <-> *mf* Freak *m*

**freatico, -a** [fre'a:tiko] <-ci, -che> *agg* Grundwasser-

**freccia** ['frettʃa] <-cce> *f* Pfeil *m;* **veloce come una ~** pfeilschnell **frecciata** [fret'tʃa:ta] *f* Spitze *f,* Stichelei *f*

**freddare** [fred'da:re] *vt* ① (*cibi*) abkühlen lassen ② (*fig: entusiasmo*) abkühlen, dämpfen ③ (*fig: uccidere*) kaltmachen

**freddezza** [fred'dettsa] *f* Kälte *f;* (*indifferenza*) Gleichgültigkeit *f;* (*sangue freddo*) Kaltblütigkeit *f*

**freddo** ['freddo] *m* Kälte *f;* **a ~** (*fig*) kaltblütig; **avere ~** frieren; **fa ~** es ist kalt; **fa un ~ cane** (*fam*) es ist saukalt *fam;* **far venir ~** (*fig*) erschau[d]ern lassen; **non mi fa né caldo né ~** das lässt mich [völlig] kalt, das ist mir egal

**freddo, -a** *agg* kalt; (*a. fig*) kühl; (*colore*) kalt; **animali a sangue ~** Kaltblüter *mpl;* **guerra ~** Kalter Krieg; **mostrarsi ~ con qu** jdm die kalte Schulter zeigen **freddoloso, -a** [freddo'lo:so] *agg* gegen Kälte empfindlich, verfroren **freddura** [fred'du:ra] *f* Kalauer *m*

**free climber** [fri: 'klaimə] <-> *mf* (SPORT) Freeclimber *m* **free climbing** [fri: 'klaimiŋ] <-> *m* (SPORT) Freeclimbing *nt*

**freedom** ['fri:dəm] <-> *m* Freiheitsideal *nt*

**free jazz** ['fri: dʒæz] <-> *m* (MUS) Freejazz *m;* **concerto ~** Freejazz-Konzert *nt*

**free lance** ['fri:'læns] I. <inv> *agg* frei, freiberuflich; **artista ~** freie(r) Künstler(in); **giornalista ~** freie(r) Journalist(in) II. <-> *mf* Freelance *m,* freie(r) Mitarbeiter(in) *m(f)*

**free rider** ['fri: 'raidə] <-> *mf* (ADM: *chi trae vantaggio dal bene pubblico senza pagarne gli oneri*) Trittbrettfahrer *m*

**freestyle** ['fri:stail] I. <-> *m* (SPORT: *sci*) Akrobatikski *m;* (*nuoto*) Freistil *m* II. <inv> *agg* (SPORT) **competizione ~** Freistilschwimmen *nt*

**freeware** <- *o* freewares> *m* (INFORM) Freeware *f*

**freezer** ['fri:zə *o* 'frizer] <-> *m* ① (*cella del frigorifero*) Tiefkühlfach *nt,* Gefrierfach *f*

*(apparecchio congelatore)* Gefrierschrank *m,* Kühlbox *f*
**fregare** [fre'ga:re] I. *vt* ❶ *(pavimento)* scheuern; *(fiammifero)* reiben ❷ *(fig fam: imbrogliare)* anschmieren; *(rubare)* abstauben, klauen II. *vr* **-rsi** ❶ *(strisciarsi)* sich reiben ❷ *(fam)* **fregarsene di qc** auf etw *acc* pfeifen
**fregata** [fre'ga:ta] *f* Fregatte *f*
**fregatura** [frega'tu:ra] *f (fam)* Betrug *m,* Schwindel *m;* **dare una ~ a qu** jdn übers Ohr hauen; **prendere una ~** hereingelegt werden
**fregio** ['frɛ:dʒo] <-gi> *m* ❶ (ARCH) Fries *m* ❷ *(su copricapo)* Tresse *f*
**frego** ['frɛ:go] <-ghi> *m* Strich *m*
**fregola** ['frɛ:gola] *f* ❶ (ZOO) Brunst *f* ❷ *(fig: smania)* Sucht *f*
**fremere** ['frɛ:mere] <fremo, fremei *o* fremetti, fremuto> *vi* zittern, beben; *(di orrore)* schaudern **fremito** ['frɛ:mito] *m (turbamento)* Zittern *nt,* Beben *nt; (di orrore)* Schauder *m*
**frenare** [fre'na:re] I. *vt* ❶ *(veicolo)* [ab]bremsen ❷ *(cavallo)* zügeln ❸ *(fig: trattenere)* zügeln; *(lacrime)* zurückhalten; *(riso)* sich verbeißen *fam; (lingua)* im Zaum halten II. *vr* **-rsi** sich beherrschen
**frenastenia** [frenaste'ni:a] <-ie> *f* (MED) Schwachsinn *m* **frenastenico, -a** [frenas'tɛ:niko] <-ci, -che> I. *agg* schwachsinnig II. *m, f* Schwachsinnige(r) *f(m)*
**frenata** [fre'na:ta] *f* Bremsung *f,* Bremsen *nt*
**frenesia** [frene'zi:a] <-ie> *f* ❶ *(pazzia)* Tobsucht *f,* Raserei *f* ❷ *(fig: smania)* Sucht *f;* **~ del gioco** Spielleidenschaft *f* **frenetico, -a** [fre'nɛ:tiko] <-ci, -che> *agg (a. fig)* rasend; *(applauso)* frenetisch
**frenico, -a** ['frɛ:niko] <-ci, -che> *agg* (ANAT) Zwerchfell-
**frenista** [fre'nista] <-i *m,* -e *f*> *mf* Bremsenspezialist(in) *m(f)*
**freno** ['frɛ:no] *m* ❶ (TEC) Bremse *f;* **~ a mano** Handbremse *f* ❷ *(del cavallo)* Gebiss *nt* ❸ *(fig)* **mettere un ~ a qc** einer Sache *dat* einen Riegel vorschieben; **tenere a ~ qu** jdn im Zaum halten; **senza ~** zügellos
**frenocomio** [freno'kɔ:mio] <-i> *m* Irrenhaus *nt*
**frenulo** ['frɛ:nulo] *m* (ANAT) [Zungen]bändchen *nt,* Frenulum *nt*
**frequentare** [frekuen'ta:re] *vt* ❶ *(persone)* verkehren mit; **~ cattive compagnie** schlechten Umgang haben ❷ *(luoghi)* verkehren in +*dat; (scuola)* gehen in +*acc,* besuchen **frequentato, -a** [frekuen'ta:to] *agg (locale)* gut besucht; *(strada)* belebt
**frequente** [fre'kuɛnte] *agg* häufig **frequenza** [fre'kuɛntsa] *f* ❶ *(di incidenti, fatti)* Häufung *f,* Häufigkeit *f* ❷ *(di persone)* Menge *f,* Zahl *f* ❸ *(di scuola)* Besuch *m* ❹ (PHYS) Frequenz *f* ❺ (INFORM) **~ di refresh** Bildwiederholfrequenz *f*
**fresatrice** [freza'tri:tʃe] *f* (TEC) Fräsmaschine *f*
**freschezza** [fres'kettsa] *f* Frische *f*
**freschista** [fres'kista] <-i *m,* -e *f*> *mf* (KUNST) Freskenmaler(in) *m(f)*
**fresco** ['fresko] *m* ❶ *(temperatura)* Frische *f;* **fa ~** es ist kühl; **stare al ~** *(fig fam)* hinter Gittern sitzen ❷ *(tessuto)* Fresko *m*
**fresco, -a** <-schi, -sche> *agg (a. fig)* frisch; **essere ~ di studi** gerade sein Examen gemacht haben; **un dottore ~ di studi** ein frischgebackener Doktor; **stare ~** *(fig fam)* aufgeschmissen sein **frescura** [fres'ku:ra] *f* Kühle *f,* Frische *f*
**fretta** ['fretta] *f* Eile *f;* **aver ~** Eile haben, pressieren *A;* **far ~ a qu** jdn zur Eile antreiben; **non c'è ~** das hat keine Eile; **in ~** in Eile; **in ~ e furia** in aller Eile **frettoloso, -a** [fretto'lo:so] *agg* ❶ *(rapido)* eilig, hastig ❷ *(sommario)* oberflächlich
**friabile** [fri'a:bile] *agg (terreno)* locker, bröck[e]lig; *(pasta)* mürbe; *(neve)* körnig; *(pietre)* brüchig
**Fribourg** [fri'bu:r] *f (in Svizzera)* Freiburg *nt*
**Friburgo** [fri'burgo] *f (in Germania)* Freiburg *nt*
**fricassea** [frikas'sɛ:a] *f* (GASTR) Frikassee *nt*
**fricativa** [frika'ti:va] *f* (LING) Reibelaut *m,* Frikativ *m*
**fricchettone** [frikket'to:ne] *m (sl)* Freak *m*
**friggere** ['friddʒere] <friggo, frissi, fritto> I. *vt* backen, braten; *(con molto olio)* frittieren; **andare a farsi ~** *(fam)* sich zum Teufel scheren; **mandare qu a farsi ~** *(fam)* jdn zum Teufel jagen II. *vi* ❶ *(crepitare)* brutzeln ❷ *(fig: fremere)* kochen
**friggitoria** [friddʒito'ri:a] <-ie> *f* Bratstube *f,* Frittenbude *f*
**frigidità** [fridʒidi'ta] <-> *f* (MED) Frigidität *f*
**frigido, -a** [fri'dʒido] *agg* ❶ (MED) frigid[e] ❷ *(fig: freddo)* kalt[herzig]
**frignare** [friɲ'ɲa:re] *vi* wimmern
**frigo** ['fri:go] <-> *m (fam)* Eisschrank *m*
**frigobar** [frigo'bar] <-> *m* Mini-Bar *f* **frigocongelatore** [frigokondʒela'to:re] *m* Kühlschrank *m* mit [Dreisterne-]Gefrierfach

**frigorifero** [frigo'ri:fero] *m* Kühlschrank *m*, Eiskasten *m* A
**frigorifero, -a** *agg* Kühl-
**fringe benefit** [frindʒ 'bɛnəfit] <-> *m* (ADM: *beneficio accessorio*) Lohnnebenleistungen *fpl*
**fringuello** [friŋ'guɛllo] *m* Buchfink *m*
**frinire** [fri'ni:re] <frinisco> *vi* zirpen
**frisbee®** ['frisbi:] <-> *m* Frisbee® *nt*, Frisbeescheibe *f*; **lanciare il ~** die Frisbeescheibe werfen; **fare una partita a** [*o* **giocare a**] **~** Frisbee spielen
**Frisia** ['fri:zia] *f* Friesland *nt*; **~ Occidentale/Orientale** West-/Ostfriesland *nt* **frisone** [fri'zo:ne] I. *agg* friesisch II. *mf* Friese *m*/Friesin *f*
**frissi** ['frissi] *1. pers sing pass rem di* **friggere**
**frittata** [frit'ta:ta] *f* Eierkuchen *m*, Omelett *nt*; **fare una ~** (*fig fam*) Mist bauen
**frittella** [frit'tɛlla] *f* ① (GASTR) Krapfen *m* ② (*macchia d'unto*) Fettfleck *m*
**fritto** ['fritto] *m* Gebratene(s) *nt*, Gebackene(s) *nt*; **~ misto** gemischtes Ausgebackenes (*meist Fisch, aber auch Fleisch oder Gemüse*)
**fritto, -a** I. *pp di* **friggere** II. *agg* ① (GASTR) gebraten, gebacken; (*con molto olio*) frittiert ② (*fig fam: spacciato*) geliefert, angeschmiert, gelackmeiert; **esser bell'e ~** (*fig fam*) in Teufels Küche sein; **~ e rifritto** (*fam fig*) zum tausendsten Mal aufgewärmt **frittura** [frit'tu:ra] *f* [Aus]gebackene(s) *nt*, Frittüre *f*; **~ di pesce** gebackene Fische
**friulano** [friu'la:no] <*sing*> *m* Friaulanisch(e) *nt*
**friulano, -a** I. *agg* friaulanisch, friaulisch II. *m, f* (*abitante*) Bewohner(in) *m(f)* des Friaul
**Friuli** [fri'u:li] *m* Friaul *nt*; **il ~ è una regione a statuto speciale** die [autonome] Region Friaul hat einen Sonderstatus
**frivolezza** [frivo'lettsa] *f* Leichtfertigkeit *f*, Frivolität *f* **frivolo, -a** ['fri:volo] *agg* leichtfertig, frivol
**frizionare** [frittsio'na:re] *vt* einreiben **frizione** [frit'tsio:ne] *f* ① (*attrito*) Einreibung *f* ② (*fig: dissenso*) Reibung *f* ③ (*massaggio*) Massage *f* ④ (MOT) Kupplung *f*; **innestare la ~** einkuppeln; **disinnestare la ~** auskuppeln
**frizzante** [frid'dzante] *agg* ① (*vento*) schneidend ② (*bibita*) prickelnd ③ (*fig: motto*) beißend
**frizzo** ['friddzo] *m* bissige Bemerkung *f*

**frocio** ['frɔtʃo] <-i> *m* (*vulg: omosessuale*) Schwule(r) *m fam*
**frodare** [fro'da:re] *vt* betrügen; **~ il fisco** Steuern hinterziehen **frode** ['frɔ:de] *f* Betrug *m*; **~ fiscale** Steuerhinterziehung *f*
**frodo** ['frɔ:do] *m* Schmuggel *m*; **cacciare di ~** wildern
**frogia** ['frɔ:dʒa] <-gie *o* -ge> *f* (*cavallo*) Nüster *f*
**frollare** [frol'la:re] I. *vt avere* (*carne di selvaggina*) abhängen lassen, mürbe werden lassen II. *vi essere* abhängen, mürbe werden **frollatura** [frolla'tu:ra] *f* (*carne di selvaggina*) Abhängen[lassen] *nt*, Abhängezeit *f* **frollo, -a** ['frɔllo] *agg* ① (*carne*) abgehangen ② (*fig: persone*) schlapp, schlaff ③ (*loc*) **pasta -a** Mürbeteig *m*
**frombola** ['frombola] *f* (*poet*) Schleuder *f* **fromboliere** [frombo'liɛ:re] *m* ① (HIST) Schleuderschütze *m* ② (SPORT) Torjäger *m*
**fronda** ['fronda] *f* ① (*frasca*) Zweig *m* ② *pl* (*fogliame*) Laubwerk *nt* ③ *pl* (*fig: ornamenti*) Schnörkel *mpl*, Verzierungen *fpl*
**frondoso, -a** [fron'do:so] *agg* ① (BOT) [dicht] belaubt ② (*fig: stile*) verschnörkelt
**frontale** [fron'ta:le] *agg* ① (ANAT) Stirn- ② (*attacco*) frontal, Frontal- ③ (LING) frontal
**frontaliero, -a** [fronta'liɛ:ro] *m, f* (*frontiera*) Grenzgänger(in) *m(f)*
**frontalino** [fronta'li:no] *m* Bedienteil *nt* eines Autoradios; **~ estraibile** abnehmbares Bedienteil [eines Autoradios]
**fronte** ['fronte] I. *f* ① (ANAT) Stirn *f*; **a ~ alta/bassa** erhobenen/gesenkten Hauptes ② (*fig: volto*) Gesicht *nt* ③ (*facciata*) Vorderseite *f*; **a ~** (*a confronto*) gegenüber +*dat*; (*a lato*) nebenstehend ④ (*loc*) **di ~ alla casa** gegenüber dem Haus; **la casa di ~** das Haus gegenüber; **di ~ a questa situazione** angesichts der Lage II. *m* ① (MIL, POL) Front *f* ② (*loc*) **far ~ alle difficoltà** den Schwierigkeiten bewältigen; **far ~ agli impegni** den Verpflichtungen nachkommen; **far ~ alle spese** für die Kosten aufkommen
**fronteggiare** [fronted'dʒa:re] *vt* ① (*far fronte*) **~ qu** jdm widerstehen; **~ le difficoltà** (*fig*) die Schwierigkeiten bewältigen ② (*edificio*) **~ qc** einer Sache *dat* gegenüber liegen
**frontespizio** [frontes'pittsio] <-i> *m* Frontispiz *nt*, Titelseite *f*
**frontiera** [fron'tiɛ:ra] *f* [Staats]grenze *f*; **passare la ~** die Grenze überschreiten
**frontone** [fron'to:ne] *m* (ARCH) Giebel *m*

**fronzolo** ['frondzolo] *m* Flitter *m*, Tand *m*; (*fig: stile*) Schnörkel *m*
**Frosinone** *f* Frosinone *nt* (*Stadt im Latium*)
**frotta** ['frɔtta] *f* Schar *f*, Schwarm *m*; **a -e** in Scharen, scharenweise
**frottola** ['frɔttola] *f* Flunkerei *f*, Märchen *nt*
**frugale** [fru'ga:le] *agg* ❶ (*persona*) genügsam, anspruchslos ❷ (*pasto*) einfach, bescheiden **frugalità** [frugali'ta] <-> *f* Genügsamkeit *f*, Einfachheit *f*
**frugare** [fru'ga:re] I. *vi* [herum]kramen, [herum]stöbern II. *vt* durchsuchen
**frugolo** [fru:golo] *m* Wildfang *m*
**fruire** [fru'i:re] <fruisco> *vi* ~ **di qc** etw genießen
**fruit** [fru:t] <-> *f* (*obs: maglietta, t-shirt*) T-Shirt *nt*
**frullare** [frul'la:re] I. *vt* avere rühren, quirlen; (*panna*) schlagen II. *vi* essere *o* avere schwirren; (*a uccelli*) flattern; (*motore*) surren
**frullateria** [frullate'ri:a] <-ie> *f* Milchbar *f* **frullato** [frul'la:to] *m* [Milch]mixgetränk *nt* **frullatore** [frulla'to:re] *m* Mixer *m*; ~ **a immersione** Stabmixer *f*
**frullino** [frul'li:no] *m* Quirl *m*, Sprudler *m A*
**frumento** [fru'mento] *m* Weizen *m*, Korn *m*
**fruscio** [fruʃ'ʃi:o] <-scii> *m* Rauschen *nt*, Knistern *nt*
**frusinate** [fruzi'na:te] I. *agg* aus Frosinone stammend II. *mf* (*abitante*) Einwohner(in) *m(f)* von Frosinone
**frusta** ['frusta] *f* ❶ (*sferza*) Peitsche *f* ❷ (*da cucina*) Schneebesen *m* **frustare** [frus'ta:re] *vt* ❶ (*con la sferza*) [aus]peitschen ❷ (*fig: censurare*) geißeln **frustata** [frus'ta:ta] *f* Peitschenhieb *m* **frustino** [frus'ti:no] *m* Reitpeitsche *f*, [Reit]gerte *f*
**frustrante** [frus'trante] *agg* frustrierend, Frust- **frustrare** [frus'tra:re] *vt* (*tentativi*) vereiteln; (*speranze*) zunichtemachen, enttäuschen **frustrazione** [frustrat'tsio:ne] *f* ❶ Enttäuschung *f*; (PSIC) Frustration *f* ❷ (*di tentativi*) Vereitelung *f*
**frutice** ['fru:titʃe] *m* (BOT) Strauch *m*
**frutta** ['frutta] <*sing*> *f* Obst *nt*; ~ **candita** kandierte Früchte *fpl*; ~ **secca** Dörrobst *nt*; ~ **da tavola** Tafelobst *nt*; **essere alla** ~ beim Dessert sein; (*fig fam*) am Ende sein
**fruttare** [frut'ta:re] *vi* ❶ (*capitale*) einbringen, abwerfen ❷ (*fig: esempio*) Früchte tragen, fruchten
**frutteto** [frut'te:to] *m* Obstgarten *m*
**frutticolo, -a** [frut'ti:kolo] *agg* Obst- **frutticoltura** [fruttikol'tu:ra] *f* Obstbau *m*
**fruttiera** [frut'tiɛ:ra] *f* Obstschale *f*
**fruttifero, -a** [frut'ti:fero] *agg* ❶ (BOT) Obst-, fruchttragend ❷ (*fig*) einträglich; (*conto*) zinsbringend, -tragend
**fruttivendolo, -a** [frutti'vendolo] *m, f* Obsthändler(in) *m(f)*
**frutto** ['frutto] *m* ❶ (BOT) Frucht *f* ❷ *pl* (*fig: prodotti di attività umana*) Früchte *fpl* ❸ (*fig: conseguenza*) Ergebnis *nt*; ~ **dell'amore** Kind *nt* der Liebe ❹ (COM: *profitto*) Ertrag *m*, Gewinn *m*; (FIN: *interesse*) Zins *m*; **mettere a** ~ **un capitale** Kapital Gewinn bringend anlegen ❺ (*loc*) **-i di mare** Meeresfrüchte *fpl*
**fruttosio** [frut'tɔ:zio] <-i> *m* Fruchtzucker *m*, Fructose *f*
**fruttuoso, -a** [fruttu'o:so] *agg* fruchtbar, ertragreich
**FS** *fpl abbr di* **Ferrovie dello Stato** staatliche italienische Eisenbahn
**fsch** [f(ə)ʃ] *int* zisch; **fare** ~ zisch machen, zischen
**f.to** *abbr di* **firmato** gez.
**fu** [fu] I. *3. pers sing pass rem di* **essere**[1] II. <*inv*> *agg* verstorben, selig; **il** ~ **Giuseppe Bianchi** der selige Giuseppe Bianchi; **Bianchi Mario** ~ **Giuseppe** Mario Bianchi, Sohn des verstorbenen Giuseppe
**fucilare** [futʃi'la:re] *vt* erschießen **fucilata** [futʃi'la:ta] *f* Gewehrschuss *m* **fucilazione** [futʃilat'tsio:ne] *f* Erschießung *f*
**fucile** [fu'tʃi:le] *m* Gewehr *nt*; ~ **ad avancarica** Vorderlader *m*; ~ **da caccia** Jagdgewehr *nt*; ~ **mitragliatore** [leichtes] Maschinengewehr *nt* **fuciliere** [futʃi'liɛ:re] *m* Schütze *m*, Füsilier *m CH*
**fucina** [fu'tʃi:na] *f* ❶ (*focolare*) Schmiedeofen *m* ❷ (*locale*) Schmiede *f* **fucinare** [futʃi'na:re] *vt* schmieden
**fuco** ['fu:ko] <-chi> *m* Drohne *f*
**fuga** ['fu:ga] <-ghe> *f* ❶ (*atto del fuggire*) Flucht *f*; **darsi alla** ~ die Flucht ergreifen; **mettere in** ~ in die Flucht schlagen ❷ (*fuoriuscita*) Entweichen *nt*; (*a di liquidi*) Ausströmen *nt*; (*fig: di notizie*) Durchsickern *nt* ❸ (*fig: espatrio*) Abwanderung *f* ❹ (MUS) Fuge *f* ❺ (ARCH) Flucht *f* ❻ (SPORT) Ausreißen *nt* ❼ (COM) ~ **di capitali** Kapitalflucht *f*
**fugace** [fu'ga:tʃe] *agg* vergänglich, flüchtig **fugacità** [fugatʃi'ta] <-> *f* Vergänglichkeit *f*, Flüchtigkeit *f*

**fugare** [fu'ga:re] *vt* ① (*poet: mettere in fuga*) in die Flucht schlagen, verjagen ② (*fig: dissipare*) vertreiben; (*dubbi, nubi*) zerstreuen

**fuggiasco, -a** [fud'dʒasko] <-schi, -sche> I. *agg* flüchtig II. *m, f* Flüchtige(r) *f(m)*

**fuggifuggi** [fuddʒi'fuddʒi] <-> *m* [wilde] Flucht *f*

**fuggire** [fud'dʒi:re] I. *vi* essere ① (*scappare*) fliehen, flüchten; **~ via** fortlaufen ② (SPORT) ausreißen; (*fig*) davoneilen; (*tempo*) verfliegen II. *vt* avere meiden

**fuggitivo, -a** [fuddʒi'ti:vo] I. *agg* flüchtend II. *m, f* Flüchtling *m*

**fui** *1. pers sing pass rem di* **essere**¹

**fulcro** ['fulkro] *m* ① (TEC) Drehpunkt *m* ② (*fig*) Kern *m*, Angelpunkt *m*

**fulgido, -a** ['fuldʒido] *agg* glänzend, leuchtend

**fulgore** [ful'go:re] *m* Glanz *m*

**fuliggine** [fu'liddʒine] *f* Ruß *m* **fuligginoso, -a** [fuliddʒi'no:so] *agg* rußig

**full employment** [ful im'plɔimənt] <-> *m* Vollzeitbeschäftigung *f* **full immersion** [ful i'mə:ʃən] <-> *f* Full-immersion *f*; **essere in ~** maximalen Einsatz bringen; **fare un corso ~** einen Intensivkurs machen **full-time** [ful'taim] I. <inv> *agg* Vollzeit-, Ganztags-; **impiego ~** volle Stelle; **lavoro ~** Ganztagsarbeit *f*; **occupazione ~** Vollzeitbeschäftigung *f* II. *avv* ganztags; **lavorare a ~** ganztags arbeiten III. <-> *m* Vollzeitbeschäftigung *f*; **ho accettato il ~** ich habe den Fulltimejob angenommen

**fulminante** [fulmi'nante] I. *agg* ① (TEC) Spreng-, Schieß-, Zünd- ② (*fig: sguardo*) durchbohrend ③ (*malattia*) tödlich II. *m* (*fam*) Streichholz *nt*, Zündholz *nt* A

**fulminare** [fulmi'na:re] I. *vt* ① (*fulmine*) treffen, erschlagen ② (*scarica elettrica*) einen elektrischen Schlag verpassen ③ (*con arma da fuoco*) niederschießen ④ (*fig: con lo sguardo*) durchbohren II. *vi* blitzen III. *vr* **-rsi** durchbrennen

**fulmine** ['fulmine] *m* Blitz *m*; **un ~ a ciel sereno** [wie] ein Blitz aus heiterem Himmel; **un colpo di ~** (*fig*) Liebe *f* auf den ersten Blick; **come un ~** wie ein Blitz **fulmineo, -a** [ful'mi:neo] <-ei, -ee> *agg* ① (*veloce*) blitzschnell ② (*improvviso*) schlagartig

**fulvo, -a** ['fulvo] *agg* rotblond

**fumaiolo** [fuma'ɔ:lo] *m* Schornstein *m*

**fumare** [fu'ma:re] *vt, vi* rauchen **fumata** [fu'ma:ta] *f* ① (*colonna di fumo*) Rauchsäule *f* ② (*per segnalazione*) Rauchzeichen *nt* ③ (*di tabacco*) Rauchen *nt* **fumatore, -trice** [fuma'to:re] *m, f* Raucher(in) *m(f)*

**fumetto** [fu'metto] *m* ① (*nuvoletta*) Sprechblase *f* ② *pl* Comics *mpl*, Bildstreifen *mpl*; **racconto a -i** Comic *m*

**fumigazione** [fumigat'tsio:ne] *f* Ausräucherung *f*

**fumista** [fu'mista] <-i *m*, -e *f*> *mf* Ofensetzer(in) *m(f)*, Hafner(in) *m(f)* A

**fummo** ['fummo] *1. pers pl pass rem di* **essere**¹

**fumo** ['fu:mo] *m* ① (*prodotto di combustione*) Rauch *m*, Qualm *m*; (*vapore*) Dampf *m*; **andare in ~** (*fig*) sich in Rauch auflösen; **essere pieno di ~** (*fig*) aufgeblasen sein; **mandare in ~ qc** (*fam*) etw platzen lassen; **vendere ~** ein Schaumschläger sein; **molto ~ e poco arrosto** (*fig*) mehr Schein als Sein, viel Lärm um nichts ② (*del tabacco*) Rauchen *nt* **fumogeno, -a** [fu'mɔ:dʒeno] *agg* Rauch-, raucherzeugend

**fumoseria** [fumose'ri:a] <-ie> *f* Dunkelheit *f*, Unklarheit *f*

**fumoso, -a** [fu'mo:so] *agg* ① (*pieno di fumo*) verraucht, rauchig ② (*che fa fumo*) rauchend ③ (*fig: oscuro*) nebelhaft, dunkel

**funambolo, -a** [fu'nambolo] *m, f* Seiltänzer(in) *m(f)*

**fune** ['fu:ne] *f* (*corda*) Seil *nt*; (*cavo*) Tau *nt*; (*per bucato*) Leine *f*; **tiro alla ~** Tauziehen *nt*

**funebre** [fu'nebre] *agg* ① (*relativo ai morti*) Leichen-, Toten- ② (*fig: mesto, lugubre*) düster

**funerale** [fune'ra:le] *m* Beerdigung *f*; **una faccia da ~** ein Gesicht wie drei Tage Regenwetter

**funerario, -a** [fune'ra:rio] <-i, -ie> *agg* Grab-

**funereo, -a** [fu'nɛ:reo] <-ei, -ee> *agg v.* **funebre**

**funestare** [funes'ta:re] *vt* heimsuchen, überschatten

**funesto, -a** [fu'nɛsto] *agg* verderbenbringend, verhängnisvoll

**fungaia** [fuŋ'ga:ia] <-aie> *f* ① (*terreno*) Pilzplatz *m*, Pilzbeet *nt* ② (*fig, pej: quantità*) Haufen *m*

**fungere** ['fundʒere] <fungo, funsi, funto> *vi* **~ da** fungieren als; (ADM) amtieren als; (*essere*) sein; **~ da padrino** Pate sein

**fungibile** [fun'dʒi:bile] *agg* vertretbar

**fungo** ['fuŋgo] <-ghi> *m* Pilz *m*, Schwamm *m* A, Schwammerl *nt* A;

**~ edule** Speisepilz *m;* **~ porcino** Steinpilz *m;* **~ prataiolo** Champignon *m;* **~ velenoso** Giftpilz *m;* **crescere come -ghi** wie Pilze aus dem Boden schießen

**funicolare** [funiko'la:re] *f* [Stand]seilbahn *f*

**funivia** [funi'vi:a] <-ie> *f* [Draht]seilbahn *f,* Seilschwebebahn *f*

**funny** ['fʌni] <-> *m* (NAUT) Regatta-Yacht *f*

**funsi** ['funsi] *1. pers sing pass rem di* **fungere**

**funto** ['funto] *pp di* **fungere**

**funzionale** [funtsio'na:le] *agg* zweckmäßig, funktionell

**funzionalismo** [funtsiona'lizmo] *m* Funktionalismus *m* **funzionalistico, -a** [funtsiona'listiko] <-ci, -che> *agg* funktionalistisch

**funzionalizzare** [funtsionalid'dza:re] *vt* funktionstüchtig machen, verbessern

**funzionamento** [funtsiona'mento] *m* Arbeitsweise *f,* Funktionieren *nt*

**funzionante** [funtsio'nante] *agg* funktionsfähig, funktionierend; **congegno ~** funktionstüchtiges Gerät; **apparecchio ~** funktionsfähiger Apparat; **una radio degli anni '40 perfettamente ~** ein vollständig funktionsfähiges Radio aus den 40-ern

**funzionare** [funtsio'na:re] *vi* ❶ (TEC) funktionieren, gehen; **far ~** in Betrieb setzen, in Gang bringen ❷ (*persone*) fungieren, amtieren

**funzionario, -a** [funtsio'na:rio] <-i, -ie> *m, f* Amtsperson *f,* Funktionär(in) *m(f);* (*impiegato*) Beamte(r) *m*/Beamtin *f;* (*incaricato*) Beauftragte(r) *f(m)*

**funzione** [fun'tsio:ne] *f* ❶ (*gener* MAT, MED, TEC, INFORM) Funktion *f;* (*a di persona*) Tätigkeit *f,* Aufgabe *f;* (*ufficio*) Stellung *f;* (*carica*) Amt *nt;* (*mansione*) Befugnis *f;* **nell'esercizio delle proprie -i** in Ausübung seines Amtes; **entrare in ~** in Betrieb gehen; (*persone*) die Arbeit aufnehmen ❷ (*cerimonia, rito*) Feier *f;* **~ funebre** Totenmesse *f;* **~ religiosa** Gottesdienst *m*

**fuoco** ['fuɔ:ko] <-chi> *m* ❶ (*gener*) Feuer *nt;* **-chi d'artificio** Feuerwerk *nt;* **dar ~ a qc** etw in Brand setzen, etw anzünden; **pigliar ~** Feuer fangen; **andare a ~** in Flammen aufgehen; **scherzare col ~** (*fig*) mit dem Feuer spielen; **mettere a ~ un argomento** (*fig*) eine Frage genau unter die Lupe nehmen; **mettere la mano sul ~ per qu** (*fig*) für jdn die Hand ins Feuer legen; **soffiare sul ~** (*fig*) in die Glut blasen, das Feuer schüren; **al ~!** Feuer!, es brennt! ❷ (*fornello*) [Herd]platte *f,* Flamme *f,* Feuer *nt* ❸ (FOTO, PHYS) Brennpunkt *m,* Fokus *m* ❹ (MIL) Feuer *nt;* **fare ~** Feuer machen; (MIL) Feuer geben, feuern; **aprire/cessare il ~** das Feuer eröffnen/einstellen

**fuorché** [fuor'ke] I. *cong* außer II. *prp* ausgenommen +*nom o acc*, außer +*dat*, mit Ausnahme +*gen*

**fuordopera** <-> *m* (LIT: *parte non integrante di un'opera letteraria*) Kommentar *m,* Anmerkung *f*

**fuori** [fu'ɔ:ri] I. *avv* ❶ (*stato*) draußen; (*sulla superficie*) außen; (*fuori di casa: persone*) außer Haus; (*all'estero*) im Ausland ❷ (*moto*) heraus, hinaus; **sporgersi in ~** sich hinauslehnen; **~ [di qui]!** hinaus!; **~ i soldi!** her mit dem Geld! ❸ (*loc*) **fuor di dubbio** außer Zweifel; **essere ~ strada** (*fig*) auf dem falschen Dampfer sein; **far ~** (*fam: uccidere*) abmurksen; (*patrimonio*) durchbringen; **metter ~** (*denaro*) ausgeben; (*notizia*) verbreiten; (*persona*) vor die Tür setzen; **tagliar ~ qu** jdn [von etw] ausschließen; **essere ~ di sé** außer sich *dat* sein II. *prp* ❶ (*stato*) außerhalb +*gen*; (*fig*) außer +*dat* ❷ (*moto*) aus +*dat* ❸ (*loc*) **~ concorso/pericolo/uso** außer Konkurrenz/Gefahr/Gebrauch; **~ luogo** unangebracht, fehl am Platz[e]; **~ mano** abgelegen, entlegen; **~ orario** außerplanmäßig, außerhalb der [festgesetzten] Zeit; **~ tempo** aus dem Takt; **~ tiro** außer Schussweite III. *m* **il di ~** die Außenseite

**FUORI** ['fuɔ:ri] *m abbr di* **Fronte Unitario Omosessuale Rivoluzionario Italiano** *italienische Homosexuellenbewegung*

**fuoribordismo** [fuoribor'dizmo] *m* (SPORT) Regatta *f* mit Außenbordern **fuoribordo** [fuori'bordo] <-> *m* ❶ (*motore*) Außenbordmotor *m* ❷ (*imbarcazione*) Außenborder *m*

**fuoriborsa** [fuori'borsa] <-> *m* (FIN) Freiverkehr *m*

**fuoribusta** [fuori'busta] I. <-> *m* Extravergütung *f,* Nebenvergütung *f;* **il mio ~ è quasi pari al mio stipendio** meine Nebenvergütung ist fast so hoch wie mein Gehalt II. <inv> *agg* Sonder-, Neben-; **premio ~** Sonderprämie *f*

**fuoricampo** [fuori'kampo] I. <inv> *agg* (FILM) Off-, off; **voce ~** Off-Stimme *f* II. <-> *m* ❶ (FILM: *suono, voce*) Off *nt* ❷ (SPORT) Aus *nt*

**fuoriclasse** [fuori'klasse] I. <inv> *agg* erstklassig; (*speciale*) Spezial-, Sonder- II. <-> *mf* Sonderklasse *f fam,* Klassemann, -frau *m, f*

**fuori combattimento** [fuorikombatti-

'mento] I. <inv> *agg* knockout; **mettere qu ~** jdn k.o. schlagen; (*fig*) jdn außer Gefecht setzen II. <-> *m* Knock-out *m*

**fuori corsa** [fuori'korsa] I. *avv* (SPORT) ausgeschieden II. <inv> *agg* (SPORT) ausgeschieden

**fuoricorso** [fuori'korso] <-> *mf* Student(in) *m(f)*, der [die] die Studienzeit überschritten hat

**fuorigara** [fuori'ga:ra] I. *avv* außer Konkurrenz, aus dem Wettbewerb; **finire ~** aus dem Wettbewerb ausscheiden II. <inv> *agg* außer Konkurrenz

**fuorigioco** [fuori'dʒɔ:ko] <-> *m* Abseits *nt*, Aus *nt*

**fuorilegge** [fuori'leddʒe] <-> *mf* Gesetzlose(r) *f(m)*

**fuorimano** [fuori'ma:no] I. *avv* abgelegen; **abitare/vivere ~** abgelegen wohnen/leben II. <inv> *agg* abgelegen, abgeschieden; **strada ~** abseits gelegene Straße

**fuori misura, fuorimisura** [fu'ɔ:ri mi'zu:ra] I. <inv> *agg* ① (*che non risponde a misure standard*) Sonder-; **giacca ~** Jacke in Sondergröße; **armadio ~** Sondermodell eines Schrankes ② (*fig: esagerato, eccessivo*) unangemessen, Über-; **litigio ~** unangemessener Streit; **reazione ~** Überreaktion *f* II. *avv* (*in modo eccessivo, smodato*) maßlos, zu viel; **fumare ~** übermäßig rauchen; **mangiare ~** zu viel essen; **bere ~** zu viel trinken

**fuorimoda** [fuori'mɔ:da] I. <inv> *agg* unmodern, aus der Mode gekommen II. *avv* nicht modisch, nicht nach der Mode; **vestire ~** sich nicht nach der Mode kleiden

**fuori orario, fuoriorario** [fu'ɔ:ri o'ra:rjo] I. *avv* außerhalb des [feststehenden] Zeitplanes, nicht pünktlich II. <inv> *agg* unpünktlich, nicht pünktlich; **programma ~** nicht pünktlich beginnendes Programm

**fuoripagina** [fuori'pa:dʒina] <-> *m* Artikel *m* auf einer Sonderseite

**fuoripasto** [fuori'pasto] *avv* außerhalb der Mahlzeiten; **non mangio mai ~** ich esse nie zwischendurch

**fuoripista** [fuori'pista] <-> *m* (SPORT) Tiefschneefahren *nt*; **fare un ~** außerhalb der Piste fahren

**fuoriporta** [fuori'pɔrta] I. *avv* in der Vorstadt II. <inv> *agg* in der Vorstadt; **ristorante ~** Vorstadtrestaurant

**fuoriprogramma** [fuoripro'gramma] <-> *m* Zugabe *f*, Pausenfüller *m*, Programmfüller *m*; **eseguire un ~** eine Zugabe geben; **trasmettere un ~** einen Pausenfüller senden

**fuoriquota** [fuori'kuɔ:ta] <-> *mf* (SPORT) überzähliger Spieler/Athlet

**fuorisacco** [fuori'sakko] I. <-> *m* Eilbrief *m*, Eilsendung *f* II. <inv> *agg* Eil-; **plico ~** Eilsendung *f*

**fuorisede** [fuori'sɛ:de] I. <inv> *agg* auswärtig II. <-> *mf* Auswärtige(r) *f(m)*

**fuoriserie** [fuori'sɛ:rie] I. <inv> *agg* Sonder-, Spezial- II. <-> *f* Sonderausführung *f*, Sondermodell *nt*

**fuoristrada** [fuori'stra:da] I. <-> *m* ① (AUTO) Geländewagen *m* ② (SPORT: *gara*) Querfeldeinrennen *nt* II. <inv> *agg* Gelände-; **moto ~** Geländemotorrad *nt*; **auto ~** Geländewagen *m* **fuoristradista** [fuoristra'dista] <-i *m*, -e *f*> *mf* Fahrer(in) *m(f)* eines Geländewagens **fuoristradistico, -a** [fuoristra'di:stiko] *agg* Gelände-; **prestazioni -che** Geländeeigenschaften

**fuoriuscire** [fuoriuʃ'ʃi:re] <irr> *vi* **~ da** austreten aus **fuor(i)uscita** [fuori)uʃ'ʃi:ta] *f* Ausströmen *nt*, Entweichen *nt*; (*rinuncia*) Ausstieg *m*; (*dal partito*) Austritt *m*

**fuoriuscitismo** [fuoriuʃʃi'tizmo] *m* Opposition *f* emigrierter Exilanten; **il governo è minacciato dal forte ~ degli esuli** die Regierung wird durch die starke Opposition emigrierter Exilanten bedroht

**fuor(i)uscito, a** [fuor(i)uʃ'ʃi:to] *m, f* Emigrant(in) *m(f)*

**fuorivia** [fuori'vi:a] *avv* weit weg, außer Landes

**fuormisura** [fuormi'zu:ra] *v.* **fuorimisura**

**fuorviante** [fuor'vjante] *agg* ① (*che svia*) irreführend, abwegig ② (*fig: aberrante*) abwegig; **indizio ~** irreführendes Indiz; **ipotesi ~** irrige Annahme

**fuorviare** [fuorvi'a:re] I. *vt* ① (*sviare*) irreleiten ② (*fig: traviare*) auf Abwege führen, verführen II. *vi* auf Abwege geraten; (*bes fig*) vom rechten Weg abkommen

**furba** *f v.* **furbo**

**furbacchione, -a** [furbak'kio:ne] *m, f* (*fam*) Schlaumeier *m*

**furberia** [furbe'ri:a] <-ie> *f* Listigkeit *f*, List *f* **furbizia** [fur'bittsia] <-ie> *f* Schlauheit *f*, Schläue *f* **furbo, -a** ['furbo] I. *agg* schlau, listig II. *m, f* Schlaumeier *m*

**furente** [fu'rɛnte] *agg* wütend

**furetto** [fu'retto] *m* (ZOO) Frettchen *nt*

**furfante** [fur'fante] *m* Gauner *m*

**furgonato** [furgo'na:to] *m* (MOT) Nutzfahrzeug *nt*, Transporter *m*

**furgonato, -a** *agg* (MOT) Transport-, Nutz-

**furgone** [fur'go:ne] *m* Lieferwagen *m;* **~ per traslochi** Möbelwagen *m*

**furia** ['fu:ria] <-ie> *f* ① (*accesso di collera*) Wut *f;* **andare su tutte le -ie** einen heiligen Zorn bekommen, auf die Palme gehen *fam* ② (*fig: a del vento*) Wüten *nt* ③ (*fretta*) |große| Eile *f;* **in fretta e ~** in aller Eile ④ (*fig: di sentimenti*) Heftigkeit *f* ⑤ (*persona*) Furie *f fam* ⑥ (*loc*) **a ~ di ...** durch viel[es] ...

**furibondo, -a** [furi'bondo] *agg* wütend

**furiere** [fu'riɛ:re] *m* (MIL) Kompaniefeldwebel *m*

**furioso, -a** [fu'rio:so] *agg* ① (*persona*) wütend ② (*fig: passione, tempesta*) heftig

**furono** ['fu:rono] *3. pers pl pass rem di* **essere**¹

**furore** [fu'ro:re] *m* ① (*agitazione violenta*) Wut *f,* Raserei *f* ② (*veemenza*) Heftigkeit *f;* **far ~** (*fig*) Furore machen **furoreggiare** [furored'dʒa:re] *vi* Furore machen

**furtivo, -a** [fur'ti:vo] *agg* ① (*sguardo*) verstohlen, heimlich ② (*merce*) gestohlen

**furto** ['furto] *m* ① (*azione*) Diebstahl *m;* **~ di dati** (INFORM) Datenklau *m fam* ② (*cosa rubata*) Diebesgut *nt*

**fusa** ['fu:sa] *fpl* **far le ~** schnurren

**fuscello** [fuʃ'ʃɛllo] *m* |dürrer| Zweig *m;* (*di paglia*) Halm *m*

**fusciacca** [fuʃ'ʃakka] <-cche> *f* Schärpe *f*

**fuseaux** [fy'zo] <-> *mpl* Leggin[g]s *mpl*

**fusi** ['fu:zi] *1. pers sing pass rem di* **fondere**

**fusibile** [fu'zi:bile] *m* Schmelzsicherung *f*

**fusilli** [fu'silli] *o* fu'zilli] *mpl* (*pasta*) spiralförmige Nudelsorte

**fusione** [fu'zio:ne] *f* ① (*di metalli*) Schmelzen *nt;* (*di campane*) Gießen *nt;* **punto di ~** Schmelzpunkt *m;* **~ nucleare** Kernfusion *f* ② (*di colori*) Mischung *f* ③ (*di suoni*) Einklang *m* ④ (COM) Fusion *f;* (POL) Zusammenschluss *m;* (SPORT) Zusammenspiel *nt*

**fuso** ['fu:zo] **I.** *pp di* **fondere II.** *m* ① (*in filatura*) Spindel *f* ② (*della ruota*) Achszapfen *m;* (*dell'ancora*) Schaft *m* ③ (*loc*) **~ orario** Zeitzone *f*

**fusoliera** [fuzo'liɛ:ra] *f* (AERO) Rumpf *m*

**fustagno** [fus'taɲɲo] *m* Baumwollflanell *m,* Barchent *m*

**fustella** [fus'tɛlla] *f* (*medicinali*) Preisabschnitt *m*

**fustellare** [fustel'la:re] *vt* ① (*sagomare con una fustella*) stanzen, perforieren ② (*carotare il terreno con una fustella*) brechen

**fustellatrice** [fustellat'tri:tʃe] *f* (TEC: *macchina usata per fustellare*) Stanze *f*

**fustigare** [fusti'ga:re] *vt* ① (*battere*) [aus]peitschen ② (*fig*) geißeln **fustigazione** [fustigat'tsio:ne] *f* Auspeitschung *f;* (*fig*) Geißelung *f*

**fustino** [fus'ti:no] *m* Tonne *f;* **~ di detersivo** Waschpulverbehälter *m*

**fusto** ['fusto] *m* ① (BOT) Stamm *m* ② (*di colonna*) Schaft *m* ③ (*recipiente*) Fass *nt* ④ (*fig: tronco umano*) Rumpf *m* ⑤ (*fam: giovane aitante*) Prachtkerl *m*

**futile** ['fu:tile] *agg* unbedeutend, nichtig

**futilità** [futili'ta] <-> *f* Nichtigkeit *f*

**futuribile** [futu'ri:bile] **I.** *agg* Zukunfts-, zukünftig; **fenomeno ~** Zukunftsphänomen *nt;* **guerra ~** zukünftiger Krieg **II.** *m* (PHILOS, REL) Szenario *nt,* Apokalypse *f*

**futurismo** [futu'rizmo] *m* (KUNST, LIT, MUS) Futurismus *m* **futurista** [futu'rista] <-i *m,* -e *f*> **I.** *agg* futuristisch **II.** *mf* Futurist(in) *m(f)* **futuristico, -a** [futu'ristiko] <-ci, -che> *agg* futuristisch

**futuro** [fu'tu:ro] *m* ① (*avvenire*) Zukunft *f* ② (LING) Futur *nt*

**futuro, -a** *agg* zukünftig

**futurologia** [futurolo'dʒi:a] <-ie> *f* Zukunftsforschung *f* **futurologico, -a** [futuro'lɔ:dʒiko] <-ci, -che> *agg* futurologisch, Zukunftsforschung betreffend **futurologo, -a** [futu'rɔ:logo] <-gi, -ghe> *m, f* Zukunftsforscher(in) *m(f),* Futurologe *m/*Futurologin *f*

**FX producer** [ɛf ɛks prə'dju:sə] <- *o* FX producers> *mf* (FILM, TV) Effekttechniker(in) *m(f)*

# Gg

**G, g** [dʒi] <-> *f* G, g *nt;* **g come Genova** G wie Gustav

**g** *abbr di* **grammo** g

**gabardina, gabardine** [gabar'diːna, gabar'din] <-> *f* Gabardine *m o f*

**gabbana** [gab'baːna] *f* **voltar ~ das** [*o* sein] Mäntelchen nach dem Wind[e] hängen

**gabbare** [gab'baːre] *vt* ❶ (*ingannare*) betrügen, hintergehen ❷ (*deridere*) verulken, verschaukeln

**gabbia** ['gabbia] <-ie> *f* ❶ (ZOO) Käfig *m;* (*per uccelli*) Vogelbauer *nt o m* ❷ (*fig fam*) Kittchen *nt,* Loch *nt;* **~ di matti** (*fam*) Irrenhaus *nt* ❸ (ARCH) Armierung *f* ❹ (*involucro*) Korb *m;* (*per trasporto*) [Latten]verschlag *m*

**gabbiano** [gab'biaːno] *m* Möwe *f*

**gabella** [ga'bɛlla] *f* (HIST) Zoll *m,* Steuer *f*

**gabellare** [gabel'laːre] *vt* (HIST) ausgeben (*per* als) **gabelliere** [gabel'liɛːre] *m* (HIST) Zöllner *m*

**gabinetto** [gabi'netto] *m* ❶ (*toilette*) Toilette *f;* **andare al ~** auf die Toilette gehen ❷ (*studio*) Arbeitszimmer *nt;* (*a scuola*) Raum *m;* (MED) Praxis *f;* (ADM) Amtszimmer *nt;* **~ di fisica** Physikraum *m* ❸ (POL) Kabinett *nt*

**gadget** ['gadʒit] <-> *m* (*accessorio*) Schnickschnack *m fam;* (*omaggio*) Werbebeigabe *f*

**gaffe** [gaf] <-> *f* Schnitzer *m;* **fare una ~** ins Fettnäpfchen treten *fam*

**gaffer** ['gæfə] <-> *m* (FILM, TV) Filmtechniker *m*

**gag** [gæg *o* gag] <-> *f* Gag *m*

**gagà** [ga'ga] <-> *m* (*pej*) Lackaffe *m,* Laffe *m*

**gagliardetto** [gaʎʎar'detto] *m* (SPORT) Fähnchen *nt,* Wimpel *m;* (POL) Standarte *f;* (NAUT) Stander *m*

**gagliardia** [gaʎʎar'diːa] <-ie> *f* Stärke *f,* Kühnheit *f* **gagliardo, -a** [gaʎ'ʎardo] *agg* (*giovane, pianta, vino*) kräftig, feurig; (*guerriero*) wacker, kühn

**gaglioffa** *f v.* **gaglioffo**

**gaglioffaggine** [gaʎʎof'faddʒine] *f* Tölpelhaftigkeit *f* **gaglioffo, -a** [gaʎ'ʎɔffo] I. *agg* nichtsnutzig, tölpelhaft II. *m, f* Nichtsnutz *m,* Faulenzer(in) *m(f),* Tachinierer *m A*

**gaiezza** [ga'iettsa] *f* Fröhlichkeit *f,* Ausgelassenheit *f*

**gaio, -a** ['gaːio] <-ai, -aie> *agg* fröhlich

**gala** ['gaːla] *f* ❶ (*lusso*) Pracht *f,* Gala *f;* **mettersi in ~** sich in Schale werfen; **di ~** Gala- ❷ (*ricevimento*) Empfang *m* ❸ (*di tessuto*) Rüsche *f*

**galante** [ga'lante] I. *agg* galant II. *m* Kavalier *m* **galanteria** [galante'riːa] <-ie> *f* Galanterie *f,* Ritterlichkeit *f*

**galantina** [galan'tiːna] *f* (GASTR) Sülze *f,* Aspik *m o nt*

**galantuomo** [galan'tuɔːmo] <galantuomini> *m* Ehrenmann *m,* Gentleman *m;* **il re ~** Beiname von *Vittorio Emanuele II.;* **il tempo è ~** (*prov*) mit der Zeit wird alles ins rechte Lot kommen

**galassia** [ga'lassia] <-ie> *f* Milchstraße *f,* Galaxis *f*

**galateo** [gala'tɛːo] *m* Knigge *m,* gutes Benehmen

**galattico, -a** [ga'lattiko] <-ci, -che> *agg* galaktisch, Milchstraßen-

**galattosio** [galat'tɔːzio] <-> *m* (CHEM) Galaktose *f*

**galea** [ga'lɛːa] *f* Galeere *f*

**galeone** [gale'oːne] *m* Galeone *f,* Galione *f*

**galeotto** [gale'ɔtto] *m* ❶ (*ergastolano*) Sträfling *m,* Zuchthäusler *m* ❷ (NAUT, HIST) Galeerensklave *m,* -sträfling *m* ❸ (*scherz*) Gauner *m*

**galera** [ga'lɛːra] *f* ❶ (NAUT, HIST) Galeere *f* ❷ (*prigione*) Gefängnis *nt,* Zuchthaus *nt;* **avanzo di ~** Galgenvogel *m,* Galgenstrick *m;* **tipo da ~** Knastbruder *m fam*

**galla** ['galla] *f* ❶ (*vescica, bolla*) Blase *f;* (BOT) Galle *f,* Wucherung *f* ❷ (*loc*) **a ~** an der Oberfläche; **stare a ~** oben schwimmen; (*a. fig*) sich über Wasser halten; **tenersi a ~** sich über Wasser halten; **venire a ~** auftauchen; (*fig*) an den Tag kommen; **la verità vien sempre a ~** (*prov*) die Wahrheit kommt immer ans Licht

**galleggiabilità** [galleddʒabili'ta] <-> *f* Schwimmfähigkeit *f* **galleggiamento** [galleddʒa'mento] *m* Schwimmen *nt;* **linea di ~** Wasserlinie *f* **galleggiante** [galled'dʒante] I. *agg* schwimmend, Schwimm- II. *m* ❶ (NAUT) Wasserfahrzeug *nt* ❷ (*per la pesca, di recipiente*) Schwimmer *m* **galleggiare** [galled'dʒaːre] *vi* [obenauf] schwimmen, treiben

**galleria** [galle'riːa] <-ie> *f* ❶ (*traforo*) Tunnel *m;* (*di talpa*) Gang *m;* (MIN) Stollen *m;*

**~ del vento** Windkanal *m* ❷ (*di quadri*) Galerie *f* ❸ (THEAT, FILM) Rang *m*, Galerie *f* ❹ (MOT, AERO) Kanal *m* **gallerista** [galle'rista] <-i *m*, -e *f*> *mf* Galerist(in) *m(f)*

**galletta** [gal'letta] *f* [Schiffs]zwieback *m*

**galletto** [gal'letto] *m* ❶ (ZOO) Hähnchen *nt*, Hendl *nt A* ❷ (*fig fam*) Gockel *m*, Hallodri *m* ❸ (TEC) Flügelmutter *f*

**gallicismo** [galli'tʃizmo] *m* (LING) Gallizismus *m* **gallico, -a** ['galliko] <-ci, -che> *agg* (HIST, LING) gallisch

**gallina** [gal'li:na] *f* Henne *f*, [Haus]huhn *nt;* **avere un cervello di ~** (*fam*) ein Spatzenhirn haben; **andare a letto con le -e** mit den Hühnern zu Bett gehen; **~ vecchia fa buon brodo** (*prov, scherz*) das Alter hat auch seine Reize **gallinacei** [galli'na:tʃei] *mpl* Hühnervögel *mpl* **gallinella** [galli'nɛlla] *f* Wasserhuhn *nt*

**gallio** ['gallio] *m* (CHEM) Gallium *nt*

**gallismo** [gal'lizmo] *m* (*fig*) Männlichkeitswahn *m*, Gockeltum *nt*

**gallo**¹ ['gallo] *m* (ZOO) Hahn *m;* (*a. fig*) Gockel *m fam;* **fare il ~** sich wie ein Gockel aufführen; **al canto del ~** beim ersten Hahnenschrei; **troppi -i a cantare non fa mai giorno** (*prov*) viele Köche verderben den Brei

**gallo**² <inv> *agg* (SPORT) Bantam-; **peso ~** Bantamgewicht *nt*

**gallofilia** [gallofi'li:a] <-ie> *f* Frankophilie *f*

**gallonare** [gallo'na:re] *vt* mit Tressen versehen

**gallone** [gal'lo:ne] *m* ❶ (MIL) Tresse *f* ❷ (*guarnizione*) Besatz *m*

**galoche** [ga'lɔʃ] <-> *f v.* **caloscia**

**galoppante** [galop'pante] *agg* galoppierend; **inflazione ~** galoppierende Inflation

**galoppare** [galop'pa:re] *vi* (*fig* ZOO) galoppieren; (*persona*) hasten, sich abhetzen **galoppata** [galop'pa:ta] *f* Galopp *m;* (*fig*) Hetzerei *f* **galoppino** [galop'pi:no] *m* Lakai *m*, Laufbursche *m;* **~ elettorale** Wahlhelfer *m* **galoppo** [ga'lɔppo] *m* Galopp *m;* **andare al ~** galoppieren

**galoscia** [ga'lɔʃʃa] *f v.* **caloscia**

**galvanico, -a** [gal'va:niko] <-ci, -che> *agg* galvanisch **galvanismo** [galva'nizmo] *m* Galvanismus *m* **galvanizzare** [galvanid'dza:re] *vt* ❶ (TEC) galvanisieren ❷ (*fig*) aufrütteln **galvanizzazione** [galvaniddzat'tsio:ne] *f* ❶ (TEC) Galvanisierung *f* ❷ (*fig*) Aufrütt[e]lung *f* **galvanometro** [galva'nɔ:metro] *m* Galvanometer *nt* **galvanoplastica** [galvano'plastika] <-che> *f* Galvanoplastik *f* **galvanoplastico, -a** [galvano'plastiko] <-ci, -che> *agg* galvanoplastisch **galvanotipia** [galvanoti'pi:a] <-ie> *f* Galvanotypie *f*

**gamba** ['gamba] *f* ❶ (ANAT) Bein *nt;* (*a di animali*) Lauf *m;* **cadere a -e all'aria** (*a. fig*) aufs Kreuz fallen *fam;* **camminare a quattro -e** auf allen vieren laufen; **correre a -e levate** die Beine in die Hand nehmen; **darsela a -e** sich davonmachen, sich aus dem Staub machen; **essere in ~** auf Draht sein, fit sein *fam;* **prendere qc sotto ~** etw auf die leichte Schulter nehmen; **sedere a -e incrociate** im Schneidersitz sitzen ❷ (*di pantalone*) [Hosen]bein *nt;* (*di tavolo*) Bein *nt*, Fuß *m* ❸ (MUS: *d'organo*) Gambenstimme *f;* **viola da ~** Gambe *f*, Kniegeige *f* ❹ (*di lettera*) [Grund]strich *m*

**gambale** [gam'ba:le] *m* [Stiefel]schaft *m*

**gamberetto** [gambe'retto] *m* Garnele *f*

**gambero** ['gambero] *m* Krebs *m;* **diventare rosso come un ~** krebsrot werden; **fare come i -i** im Krebsgang gehen

**gambetto** [gam'betto] *m* (*gioco degli scacchi*) Gambit *nt;* **fare/dare il ~ a qu** (*a. fig*) jdm ein Bein stellen

**gambiera** [gam'biɛ:ra] *f* Beinschiene *f*

**gambizzare** [gambid'dza:re] *vt* in die Beine schießen **gambizzazione** [gambiddzat'tsio:ne] *f* Terrorakt, bei dem auf die Beine der Opfer geschossen wird

**gambo** ['gambo] *m* ❶ (BOT) Stiel *m*, Stängel *m* ❷ (*fig*) Stiel *m*, Schaft *m*

**game** [geim] <-> *m* (SPORT) Spiel *nt*

**gamella** [ga'mɛlla] *f* Essnapf *m*, Blechnapf *m*

**gamete** [ga'mɛ:te] *m* (BIOL) Geschlechtszelle *f*, Gamet *m* **gametogenesi** [gameto'dʒɛ:nezi] <-> *f* (BIOL) Gametogenese *f*

**gamia** [ga'mi:a] <-ie> *f* (BIOL) geschlechtliche Fortpflanzung *f* **gamico, -a** ['ga:miko] <-ci, -che> *agg* (BIOL) geschlechtlich, Geschlechts-

**gamma**¹ ['gamma] *f* ❶ (*di varie gradazioni*) Skala *f* ❷ (*serie*) Reihe *f*, Serie *f;* **~ di prodotti** Produktpalette *f* ❸ (RADIO) Band *nt;* **~ [di lunghezza] d'onda** Wellenlänge *f*

**gamma**² <inv> *agg* (PHYS) Gamma-; **raggi ~** Gammastrahlen *mpl*

**ganascia** [ga'naʃʃa] <-sce> *f* ❶ (ANAT) Kinnlade *f* ❷ (ZOO) Ganasche *f* ❸ (MOT: *del freno*) [Brems]backe *f* **ganascino** [ganaʃ'ʃi:no] *m* Bäckchen *nt*

**gancio** ['gantʃo] <-ci> *m* Haken *m;* **~ di traino** Anhängerkupplung *f*

**Gand** [gã] *f* (GEOG) Gent *nt*

**gang** [gæŋ *o* gaŋg] <-> *f* Gang *f*, Bande *f*
**ganga** ['gaŋga] *f* ❶ (MIN) Ganggestein *nt* ❷ (*fam*) Bande *f*, Clique *f*
**ganghero** ['gaŋgero] *m* ❶ (*di porte, finestre*) Angel *f* ❷ (*di vestito*) Häkchen *nt*, Öse *f* ❸ (*loc*) **uscire dai -i** aus der Haut fahren; **essere fuori dai -i** außer sich *dat* sein [vor Wut]
**ganglio** ['ganglio] <-gli> *m* ❶ (ANAT) Ganglion *nt*, Nervenknoten *m* ❷ (*fig*) Lebensnerv *m*
**gangrena** [gaŋ'grɛ:na] *f v.* **cancrena**
**gangster** ['ganster *o* 'gaŋgster] <-> *m* Gangster *m* **gangsteristico, -a** [gangste'ristiko] <-ci, -che> *agg* gangsterhaft, Gangster-; **gruppo ~** Gangsterbande *f*
**ganimede** [gani'mɛ:de] *m* Schönling *m*
**ganzo, -a** ['gandzo] I. *agg* (*fam*) pfiffig, clever II. *m, f* ❶ (*pej*) Liebhaber *m* ❷ (*fam*) cleverer Bursche
**gap** [gæp *o* gap] <-> *m* Kluft *f*
**gara** ['ga:ra] *f* Wettkampf *m*, Wettstreit *m*, Wettbewerb *m*; (*lotta concorrenziale*) Konkurrenzkampf *m*; **~ d'appalto** Ausschreibungswettbewerb *m*; **~ di solidarietà** Spendenmarathon *m*; **fare una ~** einen Wettkampf veranstalten; **fare a ~ con** wetteifern mit; **essere fuori ~** ausgeschieden sein
**garage** [ga'ra:ʒ] <-> *m* Garage *f*; (*per servizio*) [Autoreparatur]werkstatt *f*; **~ sotterraneo** Tiefgarage *f* **garagista** [gara'dʒista] <-i *m*, -e *f*> *mf* [Auto]werkstattbesitzer(in) *m(f)*
**garante** [ga'rante] *mf* Bürge *m*/Bürgin *f*, Garant(in) *m(f);* **farsi ~ per qu/di qc** für jdn/etw bürgen
**garantire** [garan'ti:re] <garantisco> I. *vt* ❶ (*assicurare*) bürgen für ❷ (JUR) haften für ❸ (COM) Garantie leisten für ❹ (*fig: dare per certo*) garantieren, versichern II. *vi* bürgen III. *vr* **-rsi** sich *dat* eine Bürgschaft besorgen **garantito, -a** [garan'ti:to] *agg* garantiert; **l'automobile è -a per un anno** das Auto hat ein Jahr Garantie; **impermeabile ~** garantiert wasserfest; **quei soldi, ~, non li rivedi più!** (*fam*) das Geld siehst du garantiert nicht wieder!
**garanzia** [garan'tsi:a] <-ie> *f* ❶ (JUR) Garantie *f*, Sicherheit *f;* **avviso di ~** Ermittlungsbescheid *m* ❷ (*fig*) Gewähr[leistung] *f;* **dare una ~** eine Garantie geben; **dare ~ di serietà** Seriosität zusichern; **essere una ~** (*persona, progetto*) eine [sichere] Bank sein

**garbare** [gar'ba:re] *vi* essere (*fam*) gefallen, zusagen
**garbatezza** [garba'tettsa] *f* Liebenswürdigkeit *f* **garbato, -a** [gar'ba:to] *agg* angenehm, liebenswürdig
**garbo** ['garbo] *m* (*grazia*) Charme *m*, Anmut *f*; (*buone maniere*) Höflichkeit *f*, Anstand *m;* **con bel ~** behutsam; **senza ~** ungehobelt, plump
**garbuglio** [gar'buʎʎo] <-gli> *m* Wirrwarr *m*, Gewirr *nt*
**garçonne** [gar'sɔn] <-> *f* **alla ~** nach Jungenart, nach Männerart
**garçonnière** [garsɔ'njɛ:r] <-> *f* Junggesellenwohnung *f*
**Gardena** [gar'de:na] *f* **Val ~** Grödner Tal *nt*, Gröden *nt*
**garden centre** ['ga:dn 'sentə] <-> *m* (*vivaio*) Großgärtnerei *f*
**gardenia** [gar'dɛ:nia] <-ie> *f* Gardenie *f*
**garden-party** ['ga:dn 'pa:ti *o* 'garden 'parti] *m* Gartenfest *nt*
**gardesano, -a** [garde'za:no] *agg* Gardasee-
**gareggiare** [gared'dʒa:re] *vi* wetteifern; (SPORT) kämpfen, antreten; **~ con qu in** [*o* **a**] **qc** mit jdm um etw [*o* in etw *dat*] wetteifern
**garganella** [garga'nɛlla] *f* **bere a ~** [direkt aus der Flasche] in den Mund gießen; (*fig*) saufen, zechen
**gargarismo** [garga'rizmo] *m* ❶ (*azione*) Gurgeln *nt;* **fare i -i** gurgeln ❷ (*liquido*) Gurgelmittel *nt* **gargarizzare** [gargarid'dza:re] *vi* gurgeln
**garibaldino, -a** [garibal'di:no] I. *agg* Garibaldi-, von [*o* wie] Garibaldi II. *m, f* Garibaldianer(in) *m(f)*
**garitta** [ga'ritta] *f* Wach[t]turm *m*
**garofano** [ga'rɔ:fano] *m* Nelke *f*; **chiodi di ~** Gewürznelken *fpl*
**garrese** [gar're:se] *m* Widerrist *m*
**garretto** [gar'retto] *m* ❶ (ZOO) Hachse *f* ❷ (*fam: caviglia*) Ferse *f*, Hacke *f*
**garrire** [gar'ri:re] <garrisco> *vi* (*uccelli*) kreischen, lärmen **garrito** [gar'ri:to] *m* lautes Gezwitscher
**garrotta** [gar'rɔtta] *f* Gar[r]otte *f*, Würgeisen *nt*
**garrulo, -a** ['garrulo] *agg* ❶ (*uccelli*) zwitschernd ❷ (*fig: persona*) kreischend; (*loquace*) geschwätzig
**garza** ['gardza] *f* Gaze *f*; (MED) Verbandmull *m*
**garzare** [gar'dza:re] *vt* aufrauen **garzatrice** [gardza'tri:tʃe] *f* Raumaschine *f* **garzatura** [gardza'tu:ra] *f* [Auf]rauen *nt*

**garzone, -a** [gar'dzo:ne] *m, f* [Lauf]bursche *m*, Laufmädchen *nt*

**gas** [gas] <-> *m* Gas *nt;* ~ **asfissiante** Giftgas *nt;* ~ **esilarante** Lachgas *nt;* ~ **lacrimogeno** Tränengas *nt;* ~ **nobile** Edelgas *nt;* **a tutto** ~ (*fig fam*) mit Volldampf; ~ **di scarico** Abgase *mpl;* ~ **serra** Treibgas *nt;* **bolletta del** ~ Gasrechnung *f*

**gasare** [ga'za:re] *v.* **gassare**

**gasarsi** [ga'sarsi] *vr* (*fig fam*) sich aufblasen, sich aufspielen

**gasato, -a** [ga'sa:to] **I.** *agg* (*gassato*) mit Kohlensäure versetzt; **acqua -a** Sprudelwasser *nt;* **bibita -a** Brause *f* **II.** *m, f* (*fig fam: esaltato*) aufgedrehte Person

**gasdotto** [gaz'dotto] *m* Gasleitung *f*

**gasista** [ga'zista] *v.* **gassista**

**gasolina**® [gazo'li:na] *f* Gasolin® *nt*

**gasolio** [ga'zɔ:lio] *m* Dieselkraftstoff *m*

**gasometro** [ga'zɔ:metro] *m* Gasbehälter *m*

**gassare** [gas'sa:re] *vt* mit Kohlensäure versetzen **gassato, -a** [gas'sa:to] *agg* kohlensäurehaltig

**gassificare** [gassifi'ka:re] *vt* gasifizieren **gassificazione** [gassifikat'tsio:ne] *f* Gasifizierung *f*

**gassista** [gas'sista] <-i *m,* -e *f*> *mf* Gasarbeiter(in) *m(f)* **gassometro** [gas'sɔ:metro] *v.* **gasometro**

**gassosa** [gas'so:sa] *f* Brause[getränk *nt*] *f* **gassoso, -a** [gas'so:so] *agg* gasförmig, Gas-

**gastrico, -a** ['gastriko] <-ci, -che> *agg* Magen-, gastrisch; **lavanda -a** Magenspülung *f* **gastrite** [gas'tri:te] *f* Gastritis *f*

**gastroenterico, -a** [gastroen'tɛ:riko] <-ci, -che> *agg* Magendarm- **gastroenterite** [gastroente'ri:te] *f* Magendarmentzündung *f,* Gastroenteritis *f*

**gastrointestinale** [gastrointesti'na:le] *agg* Magendarm-, gastrointestinal

**gastronoma** *f v.* **gastronomo**

**gastronomia** [gastrono'mi:a] <-ie> *f* Gastronomie *f* **gastronomico, -a** [gastro'nɔ:miko] <-ci, -che> *agg* gastronomisch

**gastronomo, -a** [gas'trɔ:nomo] *m, f* Gastronom(in) *m(f)*

**gastropatia** [gastropa'ti:a] <-ie> *f* Magenleiden *nt*

**gastroscopia** [gastrosko'pi:a] <-ie> *f* Magenspiegelung *f,* Gastroskopie *f* **gastroscopio** [gastros'kɔ:pio] <-i> *m* Gastroskop *nt*

**gate** [geit] <-> *m* Flugsteig *m,* Gate *nt*

**gâteau** [ga'to] <-> *m* Kuchen *m*

**gateway** ['geitwei] <-> *m* (INFORM) Gateway *nt*

**gatta** ['gatta] *f* Katze *f;* **una ~ da pelare** eine Heidenarbeit *fam;* (*difficile*) eine harte Nuss; **fare la ~ morta** sich dumm stellen, scheinheilig tun; ~ **ci cova!** da ist was faul!; **tanto va la ~ al lardo che ci lascia lo zampino** (*prov*) der Krug geht so lange zum Brunnen, bis er bricht

**gattabuia** [gatta'bu:ia] <-ie> *f* (*fam*) Kittchen *nt*

**gattesco, -a** [gat'tesko] <-schi, -sche> *agg* katzenhaft, Katzen-; **con agilità -a** flink wie ein Wiesel; **con furberia -a** schlau wie ein Fuchs

**gattimammoni** *pl di* **gattomammone**

**gattinara** [gatti'na:ra] <-> *m* Gattinara *m* (*trockener Rotwein aus Piemont*)

**gatto** ['gatto] *m* Katze *f;* (*maschio*) Kater *m;* ~ **selvatico** Wildkatze *f;* ~ **delle nevi** Schneekatze *f;* **il ~ con gli stivali** der Gestiefelte Kater; **c'erano quattro -i** (*fig*) es war kaum jemand da; **al buio tutti i -i sono neri** [*o* **bigi**] (*prov*) bei Nacht sind alle Katzen grau; **quando il ~ non c'è i topi ballano** (*prov*) wenn die Katze aus dem Haus ist, tanzen die Mäuse [auf dem Tisch]

**gattò** [gat'tɔ] <-> *m* (*dial*) süditalienisches Backofengericht aus Kartoffeln, Fleisch, Eiern und Käse

**gattofilo, -a** [gat'tɔ:filo] **I.** *agg* Katzen liebend **II.** *m, f* Katzenliebhaber(in) *m(f),* Katzennarr *m/-*närrin *f*

**gattomammone** [gattomam'mo:ne] <gattimammoni> *m* Buhmann *m,* schwarzer Mann

**gattoni** [gat'to:ni] *avv* auf allen vieren

**gattopardo** [gatto'pardo] *m* große Raubkatze; (~ *africano*) Serval *m;* ~ **americano** Ozelot *m*

**gaudente** [gau'dɛnte] **I.** *agg* genießerisch, Genießer- **II.** *mf* Genießer(in) *m(f)*

**gaudio** ['ga:udio] <-i> *m* (*poet*) Wonne *f*

**gaudioso, -a** [gau'dio:so] *agg* (*poet*) wonnevoll, freudig

**gavetta** [ga'vetta] *f* Blechnapf *m;* **venire dalla ~** von der Pike auf dienen

**gavettone** [gavet'to:ne] *m* ① (MIL: *recipiente per il rancio*) Feldküche *f* ② (*scherzo da caserma*) Wasserbombenwerfen *nt*

**gavotta** [ga'vɔtta] *f* Gavotte *f*

**gay** ['gei] **I.** <-> *m* Homosexuelle(r) *m* **II.** <inv> *agg* homosexuell; **locale ~** Schwulenlokal *nt;* **matrimonio ~** Homo-Ehe *f,* gleichgeschlechtliche Ehe

**gazebo** [gad'dzɛ:bo] *m* Gartenpavillon *m*

**gazza** ['gaddza] *f* Elster *f*; ~ **ladra** diebische Elster
**gazzarra** [gad'dzarra] *f* (*fam*) Spektakel *nt*, Zirkus *m*
**gazzella** [gad'dzɛlla] *f* ❶ (ZOO) Gazelle *f*; **occhi da** ~ Rehaugen *ntpl* ❷ (*sl: dei carabinieri*) Polizeieinsatzwagen *m* (*schnellster Einsatzwagen der Karabinieri*)
**gazzetta** [gad'dzetta] *f* Zeitung *f*, Gazette *f*; **la Gazzetta Ufficiale** Amtsblatt *m*
**gazzettino** [gaddzet'ti:no] *m* ❶ (*piccolo giornale*) [kleine] Zeitung *f* ❷ (*parte del giornale*) Sparte *f*, Spalte *f* ❸ (*fig pej: persona pettegola*) Klatschtante *f fam*, Waschweib *nt fam* **gazzettistico, -a** [gaddzet'tistiko] <-ci, -che> *agg* (*pej*) Käseblatt- *fam*
**gazzosa** [gad'dzo:sa] *v.* **gassosa**
**Gazz. Uff.** *abbr di* **Gazzetta Ufficiale** ≈ Amtsblatt *nt* (*mit regelmäßigen Mitteilungen der italienischen Regierung*)
**GB** *abbr di* **gigabyte** GB
**geco** ['dʒɛ:ko] <-chi> *m* Gecko *m*
**geiger** ['gaigər] <-> *m* Geigerzähler *m*
**gel** [dʒɛl] <-> *m* Gel *nt*
**gelare** [dʒe'la:re] I. *vi* ❶ *essere* (*diventare di ghiaccio*) frieren, gefrieren; (*stagno*) zufrieren ❷ *essere o avere* (*impersonale*, METEO) frieren II. *vt avere* gefrieren [lassen]; (*fig: sangue*) erstarren lassen III. *-rsi* erfrieren **gelata** [dʒe'la:ta] *f* Frost *m*
**gelataio, -a** [dʒela'ta:io] <-ai, -aie> *m, f* Eishersteller(in) *m(f)*; (*venditore*) Eisverkäufer(in) *m(f)* **gelateria** [dʒelate'ri:a] <-ie> *f* Eiscafé *nt*, Eisdiele *f* **gelatiera** [dʒela'tiɛra] *f* Eismaschine *f*
**gelatina** [dʒela'ti:na] *f* ❶ (GASTR) Gelatine *f*; (*salato*) Aspik *m o nt*; ~ **di frutta** Fruchtgelee *nt o m* ❷ (CHEM) Gelatine *f* **gelatinoso, -a** [dʒelati'no:so] *agg* gallertartig
**gelato** [dʒe'la:to] *m* Eis *nt*, Speiseeis *nt*
**gelato, -a** *agg* [zu]gefroren, eisig; **cono** ~ Eistüte *f*
**gelidezza** [dʒeli'dettsa] *f* ❶ (METEO) Frost *m* ❷ (*fig: di persona*) Kälte *f*, Frostigkeit *f* **gelido, -a** ['dʒɛ:lido] *agg* ❶ (*acqua, aria, stanza*) eisig, eiskalt ❷ (*fig: persona, accoglienza*) eisig, kühl
**gelo** ['dʒɛ:lo] *m* ❶ (METEO) Frost *m*, eisige Kälte ❷ (*fig*) Frostigkeit *f*, Kälte *f*; **essere di** ~ (*fig: persona*) eiskalt sein **gelone** [dʒe'lo:ne] *m* Frostbeule *f*
**gelosia** [dʒelo'si:a] <-ie> *f* ❶ (*stato d'animo*) Eifersucht *f*; **fare una scenata di** ~ eine Eifersuchtsszene machen; **custodire qc con** ~ etw sorgsam hüten ❷ (*cura attenta*) [peinliche] Sorgfalt *f* ❸ (*di finestra*) Jalousie *f*, Fensterladen *m*
**geloso, -a** [dʒe'lo:so] *agg* ~ **di qu** auf jdn eifersüchtig
**gelseto** [dʒel'se:to] *m* Maulbeerhain *m*
**gelsicoltura** [dʒelsikol'tu:ra] *f* Maulbeerzucht *f* **gelso** ['dʒɛlso] *m* Maulbeerbaum *m*
**gelsomino** [dʒelso'mi:no] *m* Jasmin *m*
**gemella** *f v.* **gemello**
**gemellaggio** [dʒemel'laddʒo] <-ggi> *m* Städtepartnerschaft *f*
**gemellare**[1] [dʒemel'la:re] *agg* Zwillings-; **parto** ~ Zwillingsgeburt *f*
**gemellare**[2] *vt* durch eine Städtepartnerschaft verbinden
**gemelli** [dʒe'mɛlli] *mpl* ❶ (ASTR) **Gemelli** Zwillinge *mpl*; **sono** [**dei**] **Gemelli** ich bin ein[] Zwilling ❷ (*golfini*) Twinset *nt* ❸ (*bottoni*) Manschettenknöpfe *mpl*
**gemello, -a** [dʒe'mɛllo] I. *agg* ❶ (*fratelli*) Zwillings-; (*letti*) Doppel-, doppelt ❷ (*fig: simile*) ähnlich, verwandt II. *m, f* Zwilling *m*
**gemere** ['dʒɛ:mere] *vi* ❶ (*piangere*) stöhnen, ächzen ❷ (*fig: soffrire*) stöhnen
**geminato, -a** [dʒemi'na:to] *agg* Zwillings-, Doppel- **geminazione** [dʒeminat'tsio:ne] *f* ❶ (MIN) Zwillingsbildung *f* ❷ (LING) Gemination *f*, Konsonantenverdoppelung *f*
**gemito** ['dʒɛ:mito] *m* (*lamento*) Stöhnen *nt*, Ächzen *nt*; (*del vento*) Heulen *nt*
**gemma** ['dʒɛmma] *f* ❶ (BOT) Knospe *f* ❷ (MIN) Edelstein *m* ❸ (*fig: preziosità*) Perle *f*, Juwel *nt*; (*del firmamento*) Stern *m*; **la** ~ **dell'Adriatico** (*Venezia*) die Perle der Adria **gemmario, -a** [dʒem'ma:rio] <-i, -ie> *agg* Edelstein- **gemmazione** [dʒemmat'tsio:ne] *f* Knospung *f* **gemmologia** [dʒemmolo'dʒi:a] <-gie> *f* Gemmologie *f*
**gemuto** [dʒe'mu:to] *pp di* **gemere**
**gendarme** [dʒen'darme] *m* ❶ (MIL) Gendarm *m* ❷ (*fig: persona*) Feldwebel *m fam*, Dragoner *m fam* **gendarmeria** [dʒendarme'ri:a] <-ie> *f* Gendarmerie *f*
**gene** ['dʒɛ:ne] *m* Gen *nt*
**genealogia** [dʒenealo'dʒi:a] <-gie> *f* Genealogie *f* **genealogico, -a** [dʒenea'lɔ:dʒiko] <-ci, -che> *agg* genealogisch; **albero** ~ Stammbaum *m* **genealo-**

**gista** [dʒenealo'dʒista] <-i *m*, -e *f*> *mf* Genealoge *m*/Genealogin *f*

**generale** [dʒene'ra:le] I. *agg* ① (*fatti, principi, norma*) allgemein; (*comune a tutti*) umfassend; **in ~** im Allgemeinen ② (*direttore*) General-; (*ispettore*) Ober-; (*segretario*) Haupt- II. *m* (MIL) General *m;* **~ di brigata** Brigadegeneral *m;* **~ di corpo d'armata** Generalleutnant *m* **generalesco, -a** [dʒenera'lesko] <-schi, -sche> *agg* (*pej*) feldwebelhaft, kommandiersüchtig **generalessa** [dʒenera'lessa] *f* ① (*scherz: moglie di un generale*) Frau General ② (*fig pej: di carattere*) Feldwebel *m fam*

**generalità** [dʒenerali'ta] <-> *f* ① *pl* (ADM) Personalien *pl*, Angaben *fpl* zur Person; **declinare le proprie ~** seine Personalien angeben ② (*maggioranza*) Allgemeinheit *f*, Mehrheit *f* ③ (*discorso, concetto generico*) Allgemeinheit *f*

**generalizzare** [dʒeneralid'dza:re] *vt, vi* verallgemeinern **generalizzazione** [dʒeneraliddzat'tsio:ne] *f* Verallgemeinerung *f*

**generalmente** [dʒeneral'mente] *avv* im Allgemeinen, gewöhnlich

**general trader** ['dʒenərəl 'treidə] <-> *mf* (COM) Hauptvertriebsleiter(in) *m(f)* einer Import-Export-Firma

**generare** [dʒene'ra:re] *vt* ① (*figlio*) zeugen ② (*fig: causare*) erzeugen; (*sospetto, dubbio*) erregen; (*provocare*) bewirken ③ (PHYS) erzeugen **generativo, -a** [dʒenera'ti:vo] *agg* [er]zeugend, [Er]zeugungs-

**generatore** [dʒenera'to:re] *m* (PHYS) Generator *m*

**generatore, -trice** *agg* erzeugend, Erzeugungs-

**generatrice** [dʒenera'tri:tʃe] *f* ① (MAT) Erzeugende *f* ② (EL) Lademaschine *f*

**generazionale** [dʒenerattsio'na:le] *agg* (*conflitto*) Generations-

**generazione** [dʒenerat'tsio:ne] *f* ① (*di coetanei*) Generation *f* ② (BIOL) Zeugung *f;* **tramandare di ~ in ~** von Generation zu Generation überliefern

**genere** ['dʒɛ:nere] *m* ① (LING) Genus *nt* ② *pl* (COM) Güter *ntpl;* **-i alimentari** Lebensmittel *ntpl;* **-i di consumo** Konsumgüter *ntpl;* **-i di prima necessità** lebensnotwendige Güter *pl* ③ (LIT) Gattung *f* ④ (BOT, ZOO) Gattung *f* ⑤ (*insieme di persone*) Geschlecht *nt;* (*insieme di cose*) Art *f;* **il ~ umano** das Menschengeschlecht ⑥ (*tipo*) Art *f* [und Weise *f* ] ⑦ (*loc*) **in ~** im Allgemeinen, gewöhnlich

**generica** *f v.* **generico**

**genericità** [dʒeneritʃi'ta] <-> *f* Allgemeinheit *f*

**generico** [dʒe'nɛ:riko] *m* Allgemeine(s) *nt*

**generico, -a** <-ci, -che> *agg* ① (MED) allgemein, praktisch; **medico ~** Arzt *m* für Allgemeinmedizin; **medicinali -ci** Generika *ntpl* ② (*discorso, significato*) allgemein

**genero** ['dʒɛ:nero] *m* Schwiegersohn *m*

**generosa** *f v.* **generoso**

**generosità** [dʒenerosi'ta] <-> *f* ① (*munificenza*) Großzügigkeit *f,* Freigebigkeit *f* ② (*magnanimità*) Großmut *f,* Hochherzigkeit *f* **generoso, -a** [dʒene'ro:so] I. *agg* ① (*magnanimo*) großherzig, großmütig ② (*mancia*) großzügig; (*vino*) edel; (*scollo*) tief, offenherzig II. *m, f* großmütiger Mensch

**genesi** ['dʒɛ:nezi] <-> I. *f* Entstehung *f;* (*di opera d'arte*) Genese *f* II. *f o m* (REL) Genesis *f,* Schöpfungsgeschichte *f*

**genetica** [dʒe'nɛ:tika] <-che> *f* Genetik *f*

**genetico, -a** [dʒe'nɛ:tiko] <-ci, -che> *agg* genetisch; **ingegneria -a** Gentechnik *f*

**genetista** [dʒene'tista] <-i *m*, -e *f*> *mf* Genforscher(in) *m(f)*

**genetliaco** [dʒene'tli:ako] <-ci> *m* Geburtstag *m;* **nel ~ di ...** am Geburtstag von ...

**gengiva** [dʒen'dʒi:va] *f* Zahnfleisch *nt*

**gengivale** [dʒendʒi'va:le] *agg* Zahnfleisch- **gengivite** [dʒendʒi'vi:te] *f* Zahnfleischentzündung *f*

**genia** [dʒe'ni:a] <-ie> *f* Gesindel *nt,* Brut *f*

**geniale** [dʒe'nia:le] *agg* genial **genialità** [dʒeniali'ta] <-> *f* Genialität *f*

**genico, -a** ['dʒɛ:niko] <-ci, -che> *agg* Gen-

**geniere** [dʒe'niɛ:re] *m* Pionier *m*

**genio** ['dʒɛ:nio] <-i> *m* ① (*capacità eccezionale*) Genie *nt;* **un uomo di ~** ein erfindungsreicher Mensch ② (*in mitologia*) Schutzgeist *m* ③ (*talento*) Begabung *f;* **lampo di ~** Geistesblitz *m* ④ (ADM) **~ civile** [staatliches] Bauamt *nt* ⑤ (*loc*) **mi va a ~** das sagt mir zu, das liegt mir

**genitale** [dʒeni'ta:le] *agg* genital, Geschlechts-

**genitali** [dʒeni'ta:li] *mpl* Genitalien *pl,* Geschlechtsorgane *ntpl*

**genitivo** [dʒeni'ti:vo] *m* Genitiv *m,* Wesfall *m*

**genitivo, -a** *agg* genitivisch, Genitiv-; **caso ~** Genitiv *m,* Wesfall *m*

**genitore** [dʒeni'to:re] *m* ① (*padre*) Vater *m,* Erzeuger *m;* (*madre*) Mutter *f* ② *pl* (*padre e madre*) Eltern *pl*

**genitorialità** [dʒenitoriali'ta] *f* Eltern-

**sein** *nt* **genitrice** [dʒeniˈtriːtʃe] *f* (*poet*) Schöpferin *f,* Mutter *f*

**gennaio** [dʒenˈnaːio] *m* Januar *m,* Jänner *m A; v. a.* **aprile**

**genocidio** [dʒenoˈtʃiːdio] <-i> *m* Völkermord *m*

**genotipo** [dʒenoˈtiːpo *o* dʒeˈnɔːtipo] *m* Genotyp *m*

**Genova** [ˈdʒɛːnova] *f* Genua *nt* (*Hauptstadt Liguriens*)

**genovese** [dʒenoˈveːse] **I.** *agg* genuesisch; **pesto alla ~** Pesto *nt* (*aus Genua stammende Soße aus Olivenöl, fein gehacktem Basilikum, geriebenem Parmesan und Pinienkernen*) **II.** *mf* (*abitante*) Genuese *m/*Genuesin *f* **III.** <*sing*> *m* (*dialetto*) Genuesisch(e) *nt*

**Genovese** <*sing*> *m* Umgebung *f* von Genua

**gentaglia** [dʒenˈtaʎʎa] <-glie> *f* (*pej*) Pack *nt,* Gesindel *nt*

**gente** [ˈdʒɛnte] *f* ❶ <*sing*> (*persone in genere*) Leute *pl,* Menschen *mpl;* **~ di campagna** Landbevölkerung *f,* Landvolk *nt;* **~ di teatro** Theaterleute *pl;* **la ~ dice ...** die Leute sagen ..., man sagt ...; **abbiamo ~ a cena** (*fam*) wir bekommen zum Abendessen Besuch ❷ (HIST) Familie *f,* Stamm *m;* **diritto delle -i** (JUR) Völkerrecht *nt*

**gentildonna** [dʒentilˈdɔnna] *f* vornehme Dame; (*nobile*) Edelfrau *f,* Adlige *f*

**gentile** [dʒenˈtiːle] **I.** *agg* ❶ (*persona, maniere*) freundlich, nett, höflich ❷ (*lineamenti*) weich, lieblich ❸ (*sentimenti, animo*) edel; **~ signora** gnädige Frau; (*nelle lettere*) sehr geehrte Frau ...; **il gentil sesso** das schwache Geschlecht **II.** *m* (REL) Ungläubige(r) *f(m),* Heide *m/*Heidin *f,* Nichtchrist(in) *m(f)*

**gentilezza** [dʒentiˈlettsa] *f* ❶ (*di persona*) Freundlichkeit *f,* Höflichkeit *f;* **~ di aspetto** nettes Äußeres; **~ di modi** freundliche Art; **~ di sentimenti** edle Gesinnung ❷ (*piacere*) Gefälligkeit *f;* **per ~** bitte, wären Sie bitte so freundlich, wären Sie bitte so nett; **fammi la ~ di ...** +*inf* sei so nett und ..., tu mir den Gefallen und ...

**gentilizio, -a** [dʒentiˈlittsio] <-i, -ie> *agg* (*poet*) Adels-, Familien-

**gentiluomo** [dʒentiˈluɔːmo] <gentiluomini> *m* Adlige(r) *m,* Edelmann *m;* **comportarsi da ~** sich wie ein Ehrenmann verhalten

**gentleman** [ˈdʒɛntəlmən] <-> *m* (*signore*) Gentleman *m,* Kavalier *m*

**genuflessione** [dʒenufles'sio:ne] *f* Kniefall *m,* Niederknien *nt* **genufletters**i [dʒenuˈflɛttersi] <*irr*> *vr* niederknien, auf die Knie fallen

**genuinità** [dʒenuiniˈta] <-> *f* Echtheit *f,* Unverfälschtheit *f* **genuino, -a** [dʒenuˈiːno] *agg* echt, unverfälscht

**genziana** [dʒenˈtsiaːna] *f* Enzian *m*

**geocaching** [ˈdʒeokæʃiŋ] *m* (INET) Geocaching *nt*

**geocentrico, -a** [dʒeoˈtʃɛntriko] <-ci, -che> *agg* geozentrisch **geocentrismo** [dʒeotʃenˈtrizmo] *m* Geozentrik *f*

**geochimica** [dʒeoˈkiːmika] <-che> *f* Geochemie *f*

**geode** [dʒeˈɔːde] *m* Geode *f*

**geodesia** [dʒeodeˈziːa] <-ie> *f* Erdvermessung *f,* Geodäsie *f* **geodetico, -a** [dʒeoˈdɛːtiko] <-ci, -che> *agg* Erdvermessungs-, geodätisch

**geodinamica** [dʒeodiˈnaːmika] <-che> *f* Geodynamik *f* **geodinamico, -a** [dʒeodiˈnaːmiko] <-ci, -che> *agg* geodynamisch

**geofisica** [dʒeoˈfiːzika] <-che> *f* Geophysik *f* **geofisico, -a** [dʒeoˈfiːziko] <-ci, -che> **I.** *agg* geophysisch **II.** *m, f* Geophysiker(in) *m(f)*

**geofisiologo, -a** [geofiˈzjɔːlogo] <-gi, -ghe> *m, f* Geophysiologe *m/*Geophysiologin *f*

**geografa** *f v.* **geografo**

**geografia** [dʒeograˈfiːa] *f* Geografie *f,* Erdkunde *f* **geografico, -a** [dʒeoˈgraːfiko] <-ci, -che> *agg* geografisch; **atlante ~** Atlas *m;* **carta -a** Landkarte *f* **geografo, -a** [dʒeˈɔːgrafo] *m, f* Geograf(in) *m(f)*

**geolinguistica** [dʒeoliŋˈguistika] <-che> *f* Sprachgeografie *f*

**geologa** *f v.* **geologo**

**geologia** [dʒeoloˈdʒiːa] <-gie> *f* Geologie *f* **geologico, -a** [dʒeoˈlɔːdʒiko] <-ci, -che> *agg* geologisch **geologo, -a** [dʒeˈɔːlogo] <-gi, -ghe> *m, f* Geologe *m/*Geologin *f*

**geomagnetismo** [dʒeomaɲɲeˈtizmo] *m* Erdmagnetismus *m*

**geometra** [dʒeˈɔːmetra] <-i *m,* -e *f*> *mf* Geometer *m,* Vermessungstechniker(in) *m(f)* **geometria** [dʒeomeˈtriːa] <-ie> *f* Geometrie *f* **geometrico, -a** [dʒeoˈmɛːtriko] *agg* ❶ (MAT) geometrisch ❷ (*fig: esattezza, precisione*) mathematisch

**geomorfologia** [dʒeomorfoloˈdʒiːa] *f* Geomorphologie *f*

**geonauta** [dʒeoˈnauta] <-i *m,* -e *f*> *mf* Höhlenforscher(in) *m(f)*

**geopolitica** [dʒeopoˈliːtika] <-che> *f* Geopolitik *f* **geopolitico, -a** [dʒeopo'liːtiko] <-ci, -che> *agg* geopolitisch

**georgico, -a** [dʒe'ɔrdʒiko] <-ci, -che> *agg* (*poet*) ländlich, Ackerbau-

**geotecnica** [dʒeo'tɛknika] <-che> *f* Geotechnik *f*

**geotermica** [dʒeo'tɛrmika] <-che> *f* Geothermik *f* **geotermico, -a** [dʒeo'tɛrmiko] <-ci, -che> *agg* geothermisch

**geotropico, -a** [dʒeo'trɔːpiko] <-ci, -che> *agg* geotrop **geotropismo** [dʒeotro'pizmo] *m* Geotropismus *m*

**geranio** [dʒe'raːnio] <-i> *m* Geranie *f*

**gerarca** [dʒe'rarka] <-chi> *m* ❶ (REL) Hierarch *m* ❷ (HIST, POL) hohes Parteimitglied

**gerarchia** [dʒerar'kiːa] <-chie> *f* Hierarchie *f*, Rangordnung *f*; **le -ie celesti** die himmlischen Heerscharen *fpl* **gerarchico, -a** [dʒe'rarkiko] <-ci, -che> *agg* hierarchisch

**gerbera** [dʒer'bɛːra] *f* Gerbera *f*

**geremiade** [dʒere'miːade] *f* (*pej*) ewiges Gejammer

**gerente** [dʒe'rɛnte] *mf* [Geschäfts]führer(in) *m(f)*, -leiter(in) *m(f)* **gerenza** [dʒe'rɛntsa] *f* [Geschäfts]führung *f*, -leitung *f*

**gergale** [dʒer'gaːle] *agg* Jargon-, Slang-; **espressione ~** Slangausdruck *m* **gergo** ['dʒɛrgo] <-ghi> *m* Jargon *m*, Slang *m*; **~ giornalistico** Journalistenjargon *m*

**geriatra** [dʒe'riːatra] <-i *m*, -e *f*> *mf* Geriater(in) *m(f)* **geriatria** [dʒeria'triːa] <-ie> *f* Geriatrie *f*, Altersheilkunde *f* **geriatrico, -a** [dʒe'riːatriko] <-ci, -che> *agg* geriatrisch; **clinica -a** Altenpflegeheim *nt*

**geriopsichiatra** [dʒeriopsi'kiːatra] <-i *m*, -e *f*> *mf* (MED) *auf dem Gebiet der Geriatrie spezialisierter Psychologe*

**gerla** ['dʒɛrla] *f* Tragkorb *m*, Hucke *f*

**germana** *f v.* **germano**

**Germania** [dʒer'maːnia] *f* Deutschland *nt*; **vado in ~** ich fahre nach Deutschland

**germanico, -a** [dʒer'maːniko] <-ci, -che> *agg* germanisch

**germanio** [dʒer'maːnio] *m* Germanium *nt*

**germanismo** [dʒerma'nizmo] *m* Germanismus *m*

**germanista** [dʒerma'nista] <-i *m*, -e *f*> *mf* Germanist(in) *m(f)* **germanistica** [dʒerma'nistika] <-che> *f* Germanistik *f*

**germano, -a** [dʒer'maːno] **I.** *agg* ❶ (*tedesco*) germanisch ❷ (*fratello*) leiblich **II.** *m, f* Germane *m*/Germanin *f*

**germanofilia** [dʒermanofi'liːa] *f* Deutschfreundlichkeit *f*

**germanofobia** [dʒermanofo'biːa] *f* Deutschfeindlichkeit *f*

**germanofono, -a** [dʒerma'nɔːfono] *agg* deutschsprachig

**germe** ['dʒɛrme] *m* ❶ (BIOL) Keim *m*, Keimling *m* ❷ (MED) Keim *m*; **-i patogeni** Krankheitserreger *mpl* ❸ (BOT) Keimling *m*, Sämling *m* ❹ (*fig: origine*) Keim *m*, Ursprung *m*; **in ~** (*fig*) im Keim

**germicida**¹ [dʒermi'tʃiːda] <-i, -e> *agg* keimtötend, bakterizid

**germicida**² <-i> *m* keimtötendes Mittel, Bakterizid *nt* **germinale** [dʒermi'naːle] *agg* Keim-

**germinare** [dʒermi'naːre] *vi essere o avere* (BOT) keimen **germinativo, -a** [dʒermina'tiːvo] *agg* Keim-, Keimungs- **germinazione** [dʒerminat'tsioːne] *f* Keimen *nt*, Keimung *f*

**germogliare** [dʒermoʎ'ʎaːre] *vi essere o avere* ❶ (BOT) sprießen, treiben ❷ (*fig: nascere*) keimen **germoglio** [dʒer'moʎʎo] <-gli> *m* ❶ (BOT) Spross *m*, Trieb *m* ❷ (*fig: origine*) Keim *m*

**gerocomio** [dʒero'kɔːmio] *v.* **gerontocomio**

**geroglifico** [dʒero'gliːfiko] *m* ❶ (LING) Hieroglyphe *f* ❷ *gener al pl* (*fig*) Krähenfüße *mpl fam*, Hieroglyphen *fpl*

**geroglifico, -a** <-ci, -che> *agg* (LING) hieroglyphisch, Hieroglyphen-

**gerontocomio** [dʒeronto'kɔːmio] <-i> *m* Altenheim *nt*

**gerontologa** *f v.* **gerontologo**

**gerontologia** [dʒerontolo'dʒiːa] <-gie> *f* Gerontologie *f* **gerontologo, -a** [dʒeron'tɔːlogo] <-gi, -ghe> *m, f* Gerontologe *m*/Gerontologin *f*

**gerundio** [dʒe'rundio] <-i> *m* Gerundium *nt* **gerundivo, -a** [dʒerun'diːvo] *agg* gerundiv

**Gerusalemme** [dʒeruza'lɛmme] *f* Jerusalem *nt*

**gessare** [dʒes'saːre] *vt* ❶ (*carta, bende*) [ein]gipsen ❷ (AGR) kalken, mit Kalkdünger anreichern

**gessato** [dʒes'saːto] *m* (*abito*) Nadelstreifenanzug *m*

**gessato, -a** *agg* (*trattato con gesso*) mit Gips behandelt; (*impregnato di gesso*) gipshaltig **gessatura** [dʒessa'tuːra] *f* ❶ (AGR) Kalken *nt*, Anreicherung *f* mit Kalkdünger ❷ (*di mosto*) Gipsen *nt*

**gessetto** [dʒes'setto] *m* Kreide *f*

**gesso** ['dʒɛsso] *m* ❶ (*per lavagna*) Kreide *f* ❷ (MIN) Gips *m* ❸ (MED) Gips[verband] *m*

❹ (*scultura*) Gipsfigur *f* **gessoso, -a** [dʒes'soːso] *agg* gipshaltig, Gips-
**gesta** ['dʒɛsta] *fpl* (LIT) Heldentaten *fpl*
**gestante** [dʒes'tante] *f* Schwangere *f*, werdende Mutter
**gestatorio, -a** [dʒesta'tɔːrio] <-i, -ie> *agg* **sedia -a** Tragsessel *m* [des Papstes] **gestazione** [dʒestat'tsjoːne] *f* ❶ (MED) Schwangerschaft *f* ❷ (*fig: preparazione*) Bearbeitung *f*; **in ~** in Bearbeitung, in Vorbereitung
**gesticolare** [dʒestiko'laːre] *vi* gestikulieren
**gestionale** [dʒestio'naːle] *agg* [Geschäfts]führungs- **gestione** [dʒes'tjoːne] *f* [Geschäfts]führung *f*, -leitung *f*; **~ dei costi** Kostenmanagement *nt*; **~ del motore** (AUTO) Motorsteuerung *f*; **~ fondi** (FIN) Fondsmanagement *nt*; **società di ~** (FIN) Fondsgesellschaft *f*; **~ prestiti** (FIN) Darlehensverwaltung *f*
**gestire** [dʒes'tiːre] <gestisco> I. *vt* (COM, JUR) leiten, führen, abwickeln II. *vi* (*gesticolare*) gestikulieren
**gesto** ['dʒɛsto] *m* Geste *f*, Gebärde *f*; **ha fatto un bel ~** das war eine nette Geste von ihm [*o* ihr]
**gestore, -trice** [dʒes'toːre] *m*, *f* Geschäftsführer(in) *m(f)*, [Geschäfts]leiter(in) *m(f)*; **~ telefonico** Mobilfunkanbieter *m*
**gestuale** [dʒestu'aːle] *agg* Gesten-, Gebärden-
**Gesù** [dʒe'zu] *m* Jesus *m*
**gesuita** [dʒezu'ita] <-i> *m* ❶ (REL) Jesuit *m* ❷ (*pej: ipocrita*) Heuchler *m* **gesuitico, -a** [dʒezu'iːtiko] <-ci, -che> *agg* ❶ (REL) jesuitisch, Jesuiten- ❷ (*pej: ipocrita*) heuchlerisch **gesuitismo** [dʒezui'tizmo] *m* Jesuitentum *nt*
**gettare** [dʒet'taːre] I. *vt* ❶ (*lanciare*) werfen, schmeißen; **~ via qc** etw wegwerfen; **~ le braccia al collo a qu** jdm die Arme um den Hals werfen ❷ (NAUT) *ancora, reti*) auswerfen ❸ (AGR: *seme*) [aus]säen ❹ (ARCH: *fondamenta*) legen ❺ (*statua*) gießen ❻ (*radici, ponte*) schlagen ❼ (*grido*) ausstoßen II. *vi* ❶ (BOT) keimen, treiben ❷ (*rubinetto, fontana*) fließen, laufen III. *vr* **-rsi** ❶ (*buttarsi*) **-rsi a terra** sich auf den Boden werfen; **-rsi ai piedi di qu** sich jdm vor die Füße werfen; **-rsi contro qu** sich auf jdn stürzen; **-rsi dalla finestra** sich aus dem Fenster stürzen; **-rsi in ginocchio** sich auf die Knie werfen ❷ (*fiume*) münden **gettata** [dʒet'taːta] *f* ❶ (*di metalli, cemento*) Guss *m* ❷ (*diga*) Damm *m*
**gettito** ['dʒɛttito] *m* Ertrag *m*

**getto** ['dʒɛtto] *m* ❶ (BOT) Spross *m*, Trieb *m* ❷ (*di liquido*) Strahl *m* ❸ (*di metallo*) Guss *m* ❹ (*di calcestruzzo*) [Beton]schüttung *f* ❺ (*fig*) **a ~ continuo** ununterbrochen; **di ~** flüssig, zügig
**gettonare** [dʒetto'naːre] *vt* (*fam*) ❶ (*disco*) spielen lassen ❷ (*scherz* TEL) anrufen **gettonato, -a** [dʒetto'naːto] *agg* (*fam*) gespielt, gedrückt; **la canzone più -a dell'anno** das meistgespielte Lied des Jahres
**gettone** [dʒet'toːne] *m* ❶ (*gener*) [Einwurf]münze *f*, -marke *f*; **telefono a -i** Münzfernsprecher *m*; **~ del telefono** [*o* **telefonico**] Telefonmünze *f* ❷ (*al gioco*) Spielmarke *f*, Jeton *m* **gettoniera** [dʒetto'niɛːra] *f* Münzbüchse *f*, Münzkassette *f*
**gettonista** [dʒetto'nista] <-i *m*, -e *f*> *mf* Abtreibungsarzt *m*/-ärztin *f*
**geyser** ['gaizə] <-> *m* Geysir *m*, Geiser *m*
**ghaneano, -a** [gane'aːno] I. *agg* (*del Ghana, ghaniano*) ghanaisch II. *m*, *f* (*nativo del Ghana*) Ghanaer(in) *m(f)* III. <*sing*> *m* (*dialetto del Ghana*) Ghanaisch(e) *nt*
**ghenga** ['gɛŋga] <-ghe> *f* (*scherz*) Clique *f*
**ghepardo** [ge'pardo] *m* Gepard *m*
**gheriglio** [ge'riʎʎo] <-gli> *m* [Nuss]kern *m*
**ghermire** [ger'miːre] *vt* ❶ (ZOO) [mit den Krallen] packen [*o* greifen] ❷ (*fig: carpire*) entreißen, fortnehmen; **~ un segreto a qu** jdm ein Geheimnis entreißen
**gherone** [ge'roːne] *m* ❶ (*di camicia*) Zwickel *m* ❷ (NAUT) Schothorn *nt*
**ghetta** ['getta] *f* Gamasche *f*; **pantaloni con le -e** Steghose *f*
**ghettizzare** [gettid'dzaːre] *vt* g[h]ettoisieren *geh* **ghettizzazione** [gettiddzat'sjoːne] *f* G[h]ettoisierung *f geh*
**ghetto** ['getto] *m* G[h]etto *nt*
**ghiacciaia** [gjat'tʃaːia] <-aie> *f* Eisschrank *m*, Eiskasten *m A*
**ghiacciaio** [gjat'tʃaːio] <-ai> *m* Gletscher *m*
**ghiacciare** [gjat'tʃaːre] I. *vt* avere ❶ (*gelare*) gefrieren, vereisen ❷ (*fig: una persona*) erstarren lassen II. *vr* **-rsi** zufrieren
**ghiacciata** [gjat'tʃaːta] *f* Eisgetränk *nt*
**ghiacciato, -a** [gjat'tʃaːto] *agg* ❶ (*strada, terreno*) vereist, gefroren ❷ (*molto freddo*) eiskalt, eisig
**ghiaccio** ['gjattʃo] <-cci> *m* Eis *nt*; **~ secco** Trockeneis *nt*; **pattinaggio sul ~** Schlittschuhlaufen *nt*; **rompere il ~** (*a. fig*) das Eis brechen; **rimanere di ~** (*fig*)

wie erstarrt sein; **essere un pezzo di ~** (*fig*) ein Eisklumpen sein
**ghiacciolo** [giat'tʃɔːlo] *m* ① (*pezzo di ghiaccio*) Eiszapfen *m* ② (GASTR) Wassereis *nt*
**ghiaia** ['gia:ia] <-aie> *f* Kies *m* **ghiaietino** [giaiet'ti:no] *m* ganz kleiner Kies
**ghiaione** [gia'io:ne] *m* Geröllhalde *f*, Berghalde *f* **ghiaioso, -a** [gia'io:so] *agg* kiesig, Kies-
**ghianda** ['gianda] *f* (ZOO) Eichel *f* **ghiandaia** [gian'da:ia] <-aie> *f* Eichelhäher *m*
**ghiandola** ['giandola] *f* Drüse *f* **ghiandolare** [giando'la:re] *agg* Drüsen-, glandulär scient
**ghiera** ['giɛra] *f* Ring *m*; (*a di bastone, ombrello*) Zwinge *f*
**ghigliottina** [giʎʎot'ti:na] *f* Guillotine *f*, Fallbeil *nt* **ghigliottinamento** [giʎʎottina'mento] *m* ① (*decapitazione*) Enthauptung *f* ② (*fig: licenziamento improvviso*) Feuern *nt* **ghigliottinare** [giʎʎotti'na:re] *vt* ① (*decapitare*) guillotinieren, enthaupten ② (*fig: licenziare improvvisamente*) feuern
**ghignare** [giɲ'ɲa:re] *vi* grinsen **ghignata** [giɲ'ɲa:ta] *f*, **ghigno** ['giɲɲo] *m* Grinsen *nt*
**ghingheri** ['giŋgeri] *avv* **in ~** (*fam scherz*) herausgeputzt, aufgetakelt
**ghiotto, -a** ['giotto] *agg* ① (*persona*) naschhaft; **è ~ di dolci** er mag gern Süßigkeiten, er nascht gern ② (*cibo*) schmackhaft, lecker **ghiottone, -a** [giot'to:ne] *m, f* ① (*persona*) Schlemmer(in) *m(f)*, Leckermaul *nt* ② (ZOO) Vielfraß *m* **ghiottoneria** [giottone'ri:a] <-ie> *f* ① (*avidità*) Naschhaftigkeit *f* ② (GASTR) Leckerbissen *m*, Schmankerl *nt* A
**ghiozzo** ['giɔddzo] *m* Grundel *f*, Gründling *m*
**ghiribizzo** [giri'biddzo] *m* (*fam*) Schnapsidee *f*
**ghirigoro** [giri'gɔ:ro] *m* Schnörkel *m*
**ghirlanda** [gir'landa] *f* ① (*di fiori, foglie*) Girlande *f*, Kranz *m* ② (ARCH) Feston *m*
**ghiro** ['gi:ro] *m* (ZOO) Siebenschläfer *m*; **dormire come un ~** wie ein Murmeltier schlafen
**ghisa** ['gi:za] *f* Gusseisen *nt*
**ghostbuster** ['goust'bʌstə] <-> *mf* (*acchiappafantasmi*) Ghostbuster *m*, Geisterjäger(in) *m(f)*
**ghost-writer** ['goust'raitə] <-> *mf* Ghostwriter *m*
**già** [dʒa] *avv* ① (*prima d'ora*) schon, bereits ② (*sin d'ora*) jetzt schon ③ (*ormai*) nun[mehr], schon ④ (*ex*) ehemalig ⑤ (*assenso*) gewiss, schon ⑥ (*rafforzativo*) gewiss; **~ ~** ja, ja
**giacca** ['dʒakka] <-cche> *f* Jacke *f*; (*indumento maschile*) Jackett *nt*, Sakko *m*; **~ a vento** Anorak *m*, Windjacke *f*; **~ ad un petto** Einreiher *m*; **~ a doppio petto** Zweireiher *m*
**giacché** [dʒak'ke] *cong* da ... [schon], weil ... [schon]
**giacchetta** [dzak'ketta] *f* Jacke *f* **giacchetto** [dzak'ketto] *m* Jackett *nt*
**giaccio** ['dʒattʃo] *1. pers sing pr di* **giacere**
**giacente** [dʒa'tʃɛnte] *agg* (*posta*) [post]lagernd; (*pratica*) unerledigt **giacenza** [dʒa'tʃɛntsa] *f* Lagerbestand *m*, Lager *nt*; **-e di magazzino** Lagerbestand *m*; **capitale in ~** brachliegendes Kapital
**giacere** [dʒa'tʃe:re] <giaccio, giacqui, giaciuto> *vi essere* liegen; (*a. fig*) ruhen; **~ bocconi** auf dem Bauch liegen; **~ sul fianco** auf der Seite liegen; **~ supino** auf dem Rücken liegen; **qui giace ...** (*sulle tombe*) hier ruht [in Frieden] ...
**giaciglio** [dʒa'tʃiʎʎo] <-gli> *m* Lager *nt*, Schlafgelegenheit *f*
**giacimento** [dʒatʃi'mento] *m* Vorkommen *nt*, Lager *nt*
**giacinto** [dʒa'tʃinto] *m* ① (BOT) Hyazinthe *f* ② (MIN) Hyazinth *m*
**giaciuto** [dʒa'tʃu:to] *pp di* **giacere**
**giacomo** ['dʒa:komo] *int* **far ~ ~** (*fam*) schlottern
**giacqui** ['dʒakkui] *1. pers sing pass rem di* **giacere**
**giaculatoria** [dʒakula'tɔ:ria] <-ie> *f* ① (REL) Stoßgebet *nt* ② (*scherz*) Leier *f*, Litanei *f*
**giada**[1] ['dʒa:da] *f* Jade *m o f*
**giada**[2] <inv> *agg* **verde ~** jadegrün
**giaggiolo** [dʒad'dʒɔːlo] *m* Schwertlilie *f*, Iris *f*
**giaguaro** [dʒa'gua:ro] *m* Jaguar *m*
**giallastro, -a** [dʒal'lastro] *agg* gelblich, schmutzig gelb **gialliccio, -a** [dʒal'littʃo] <-cci, -cce> *agg* gelblich **gialligno, -a** [dʒal'liɲɲo] *agg* gelblich, vergilbt **giallino, -a** [dʒal'li:no] *agg* blassgelb, gelblich; **pullover ~** blassgelber Pullover; **colorito ~** gelblicher Farbton
**giallista** [dʒal'lista] <-i *m*, -e *f*> *mf* Kriminalschriftsteller(in) *m(f)*
**giallo** ['dʒallo] *m* ① (*colore*) Gelb *nt*; **~ dell'uovo** Eigelb *nt*; **~ di Siena** Sienamarmor *m*; **passare col ~** bei Gelb über die Ampel fahren ② (LIT, FILM) Krimi *m fam*
**giallo, -a** *agg* ① (*colore*) gelb; **farina -a**

Maismehl *nt;* **febbre -a** Gelbfieber *nt;* **le Pagine -e** die Gelben Seiten® *fpl* ❷ (LIT, FILM, THEAT, TV) Kriminal-, Krimi- *fam;* **romanzo** ~ Kriminalroman *m;* **film** ~ Kriminalfilm *m*

**gialloblù** [dʒallo'blu] I. <inv> *agg* (*relativo alla squadra di calcio del Verona*) gelb-blau II. <-> *m* ❶ (*chi gioca nella squadra del Verona*) Gelb-Blaue(r) *m,* Spieler *m* bei Verona ❷ (*tifoso della squadra del Verona*) Fan *m* der Gelb-Blauen

**giallognolo, -a** [dʒal'loɲɲolo] *agg* blassgelb, gelblich

**giallorosa** [dʒallo'rɔːza] <inv> *agg* kitschig, Kitsch-; (*stampa*) Boulevard-

**giambo** ['dʒambo] *m* Jambus *m*

**giammai** [dʒam'maːi] *avv* (*poet*) nie, niemals

**gianduia** [dʒan'duːia] <-> *m* (GASTR) N[o]ugat *m* o *nt*

**giansenismo** [dʒanse'nizmo] *m* Jansenismus *m* **giansenista** [dʒanse'nista] <-i *m,* -e *f*> *mf* Jansenist(in) *m(f)* **giansenistico, -a** [dʒanse'nistiko] <-ci, -che> *agg* jansenistisch

**Giappone** [dʒap'poːne] *m* **il** ~ Japan *nt* **giapponese** [dʒappo'neːse] I. *agg* japanisch II. *mf* Japaner(in) *m(f)* **giapponeseria** [dʒapponese'riːa] <-ie> *f* (*pej*) [japanischer] Krimskrams *m,* Nippes *pl*

**giara** ['dʒaːra] *f* Amphore *f,* Kanne *f*

**giardinaggio** [dʒardi'naddʒo] <-ggi> *m* Gartenbau *m,* Gartenarbeit *f*

**giardinetta**® [dʒardi'netta] *f* Kombiwagen *m,* Kombi *m fam*

**giardiniera** [dʒardi'niɛːra] *f* ❶ (MOT) Kombiwagen *m,* Kombi *m fam* ❷ (GASTR) Mischgemüse *nt;* (*sottaceti*) Mixed Pickles *pl* ❸ (*mobile*) Blumenständer *m*

**giardiniere, -a** [dʒardi'niɛːre] *m, f* Gärtner(in) *m(f)*

**giardino** [dʒar'diːno] *m* ❶ Garten *m;* ~ **botanico** botanischer Garten; **-i pubblici** [öffentlicher] Park *m;* ~ **zoologico** Zoo *m,* Tiergarten *m* ❷ (*scuola*) ~ **musicale** Musikgarten *m*

**giarrettiera** [dʒarret'tiɛːra] *f* Strumpfband *nt,* Strumpfhalter *m*

**giavellottista** [dʒavellot'tista] <-i *m,* -e *f*> *mf* Speerwerfer(in) *m(f)* **giavellotto** [dʒavel'lɔtto] *m* ❶ (MIL) Wurfspieß *m,* Lanze *f* ❷ (SPORT) Speer *m*

**già-vissuto** ['dʒa vis'suːto] <-> *m* (PSIC: *déjà vu*) Déjà-vu-Erlebnis *nt*

**gibbo** ['dʒibbo] *m* Höcker *m,* Buckel *m*

**gibbone** [dʒib'boːne] *m* Gibbon *m*

**gibbosità** [dʒibbosi'ta] <-> *f* Buck[e]ligkeit *f;* (*del terreno*) Unebenheit *f* **gibboso, -a** [dʒib'boːso] *agg* buck[e]lig; (*terreno*) uneben

**giberna** [dʒi'bɛrna] *f* Patronentasche *f*

**gibigian(n)a** [dʒibi'dʒaːna] (dʒibi'dʒanna)] *f* (*lomb*) Lichtschimmer *m;* **fare la** ~ (*fig*) sich aufdonnern, sich auftakeln

**Gibilterra** [dʒibil'tɛrra] *f* Gibraltar *nt*

**gigabyte** [gigabait] <-> *m* (INFORM) Gigabyte *nt*

**gigaelettronvolt** [dʒigaelettron'vɔlt] <-> *m* (TEC: *unità di energia*) Gigaelektronvolt *nt*

**gigante** [dʒi'gante] I. *agg* riesengroß, Riesen-; **i Monti Giganti** das Riesengebirge II. *m* ❶ (*poet*) Gigant *m,* Riese *m* ❷ (*persona imponente*) Riese *m;* **fare passi da** ~ Riesenschritte machen **giganteggiare** [dʒiganted'dʒaːre] *vi* [riesenhaft] hervorragen, herausragen **gigantesco, -a** [dʒigan'tesko] <-schi, -sche> *agg* riesenhaft, Riesen- **gigantessa** [dʒigan'tessa] *f* (*scherz pej*) Riesin *f* **gigantismo** [dʒigan'tizmo] *m* (MED) Gigantismus *m,* Riesenwuchs *m*

**gigliaceo, -a** [dʒiʎ'ʎaːtʃeo] *agg* lilienartig, Lilien- **gigliato, -a** [dʒiʎ'ʎaːto] *agg* Lilien-

**giglio** ['dʒiʎʎo] <-gli> *m* Lilie *f*

**gigolo** [ʒigo'lo] <-> *m* Gigolo *m*

**gilda** ['dʒilda] *f* Gilde *f,* Zunft *f*

**gilè** [dʒi'lɛ] <-> *m* Weste *f*

**gillette**® [dʒi'let] *m* Rasierapparat *m*

**gimcana** [dʒim'kaːna] *v.* **gincana**

**gin** [dʒin] <-> *m* Gin *m*

**gincana** [dʒiŋ'kaːna] *f* Gymkhana *nt;* (*fig*) Hürdenlauf *m*

**ginecologa** *f v.* **ginecologo**

**ginecologia** [dʒinekolo'dʒiːa] <-gie> *f* Gynäkologie *f,* Frauenheilkunde *f* **ginecologico, -a** [dʒineko'lɔːdʒiko] <-ci, -che> *agg* gynäkologisch **ginecologo, -a** [dʒine'kɔːlogo] <-gi, -ghe> *m, f* Gynäkologe *m*/Gynäkologin *f,* Frauenarzt *m*/-ärztin *f*

**ginepro** [dʒi'neːpro] *m* Wacholder *m;* **bacche di** ~ Wacholderbeeren *fpl*

**ginestra** [dʒi'nɛstra] *f* Ginster *m*

**Ginevra** [dʒi'neːvra] I. *m* (*cantone*) Genf *nt* II. *f* (*città*) Genf *nt*

**gingillarsi** [dʒindʒil'larsi] *vr* ❶ (*giocherellare*) ~ **con qc** mit etw herumspielen ❷ (*fig: balloccarsi*) herumtrödeln **gingillo** [dʒin'dʒillo] *m* Krimskrams *m,* Nippes *pl*

**gingillone, -a** [dʒindʒil'loːne] *m, f* (*fam pej*) Tranfunzel *f,* Trödler(in) *m(f)*

**ginnasiale** [dʒinna'ziaːle] I. *agg* Gymnasial-, Gymnasium[s]- II. *mf* Schüler(in)

*ginnasio → giornalismo*

*m(f)* des ginnasio **ginnasio** [dʒin'naːzio] <-i> *m* ≈ gymnasiale Mittelstufe (*9. und 10. Klasse*)

**ginnasta** [dʒin'nasta] <-i *m*, -e *f*> *mf* Turner(in) *m(f)* **ginnastica** [dʒin'nastika] <-che> *f* ❶ (SPORT) Gymnastik *f*; ~ **correttiva** [*o* **medica**] Krankengymnastik *f* ❷ (*fig*) Übung *f*; ~ **mentale** Gedächtnistraining *nt* **ginnastico, -a** [dʒin'nastiko] <-ci, -che> *agg*, **ginnico, -a** ['dʒinniko] <-ci, -che> *agg* gymnastisch, Gymnastik-; (*fig*) gelenkig, sportlich; **percorso** [*o* **sentiero**] ~ Trimm-dich-Pfad *m*

**ginocchiera** [dʒinok'kiɛːra] *f* Knieschützer *m*

**ginocchio** [dʒi'nɔkkio] <-cchi *m* o -cchia *f*> *m* Knie *nt*; **arrivare fino al** ~ bis zum Knie gehen; **stare in** ~ knien; **piegare il** ~ einen Knicks machen; **mettersi in** ~ (*fig*) sich klein machen, sich beugen **ginocchioni** [dʒinok'kioːni] *avv* auf den Knien; **starsene** ~ knien

**giocare** [dʒo'kaːre] I. *vi* ❶ (*gener*) spielen; ~ **a carte** Karten spielen; ~ **a palla** Ball spielen; ~ **al lotto** Lotto spielen; ~ **con qc** mit etw spielen; ~ **con la propria vita** sein Leben aufs Spiel setzen ❷ (SPORT) ~ [**a qc**] [etw] spielen ❸ (FIN) spekulieren II. *vt* ❶ (*al gioco*) spielen; (*carta*) [aus]spielen; (*somma*) setzen, spielen um ❷ (*fig: ingannare*) betrügen, täuschen III. *vr* **-rsi** verspielen, riskieren; **-rsi l'anima** [*o* **l'osso del collo**] Kopf und Kragen riskieren

**giocata** [dʒo'kaːta] *f* ❶ (*mossa*) Zug *m*, Spiel *nt* ❷ (*puntata*) Einsatz *m*, Spiel *nt* ❸ (*partita*) Spiel *nt*, Partie *f* ❹ (*al lotto*) Tipp *m* **giocatore, -trice** [dʒoka'toːre] *m*, *f* ❶ Spieler(in) *m(f)*; ~ **d'azzardo** Glücksspieler(in) *m(f)* ❷ (FIN) Spekulant(in) *m(f)* **giocattolo** [dʒo'kattolo] *m* Spielzeug *nt* **giocherellare** [dʒokerel'laːre] *vi* [herum]spielen **giocherellone, -a** [dʒokerel'loːne] *agg* verspielt; (*persona*) leichtlebig **giocheria** [dʒoke'riːa] <-ie> *f* ❶ (*negozio*) Spielwarenhandlung *f* ❷ (*ludoteca*) Spielothek *f* **giochetto** [dʒo'ketto] *m* ❶ (*divertimento*) Spielchen *nt* ❷ (*fig: lavoro facile*) leichtes Spiel, Kinderspiel *nt*

**gioco** ['dʒɔːko] <-chi> *m* Spiel *nt*; (*giocattolo*) Spielzeug *nt*; ~ **d'azzardo** Glücksspiel *nt*; ~ **di parole** Wortspiel *nt*; ~ **di società** Gesellschaftsspiel *nt*; ~ **degli scacchi** Schachspiel *nt*; ~ **del lotto** Lottospiel *nt*; ~ **da bambini** [*o* **da ragazzi**] (*fig*) Kinderspiel *nt*; **i -chi olimpici** die Olympischen Spiele; **campo da** ~ Spielfeld *nt*;

**fare il** ~ **di qu** (*fig*) jdm in die Hände spielen; **fare il doppio** ~ (*fig*) ein falsches [*o* doppeltes] Spiel treiben; **entrare in** ~ ins Spiel kommen, im Spiel sein; **essere in** ~ auf dem Spiel stehen; **mettere in** ~ **qc** etw aufs Spiel setzen; **cambiar** ~ (*fig*) die Taktik ändern; **prendersi** ~ **di qu** sich über jdn lustig machen; **il** ~ **non vale la candela** (*prov*) das ist den Aufwand nicht wert; **ogni bel** ~ **dura poco** (*prov*) in der Kürze liegt die Würze **giocoforza** [dʒoko'fɔrtsa] <-> *m* **essere** ~ nötig sein; **è** ~ **andarci** da muss man hingehen

**giocoliere, -a** [dʒoko'liɛːre] *m*, *f* Jongleur(in) *m(f)*

**Gioconda** [dʒo'konda] *f* **La** ~ die Mona Lisa

**giocondità** [dʒokondi'ta] <-> *f* Heiterkeit *f* **giocondo, -a** [dʒo'kondo] *agg* heiter

**giocoso, -a** [dʒo'koːso] *agg* heiter; **opera -a** heiter-komische Oper

**giogaia** [dʒo'gaːia] <-aie> *f* Gebirgskette *f*
**giogo** ['dʒoːgo] <-ghi> *m* Joch *nt*
**gioia** ['dʒɔːia] <-> *f* ❶ (*emozione*) Freude *f*; **darsi alla pazza** ~ sich ins Vergnügen stürzen ❷ (*gioiello*) Juwel *m* o *nt*

**gioielleria** [dʒoielle'riːa] <-ie> *f* ❶ (*negozio*) Juweliergeschäft *nt* ❷ (*arte*) Goldschmiedekunst *f* **gioielliere, -a** [dʒoiel'liɛːre] *m*, *f* Juwelier(in) *m(f)* **gioiello** [dʒo'iɛllo] *m* ❶ (*monile*) Schmuck *m* ❷ (*fig*) Juwel *nt*, Perle *f*

**gioioso, -a** [dʒo'ioːso] *agg* fröhlich, freudig
**gioire** [dʒo'iːre] <gioisco> *vi* ~ **di qc** über etw *acc* jubeln

**giornalaio, -a** [dʒorna'laːio] <-ai, -aie> *m*, *f* Zeitungsverkäufer(in) *m(f)*, -händler(in) *m(f)*

**giornale** [dʒor'naːle] *m* ❶ (*quotidiano, settimanale*) Zeitung *f*; (*rivista*) Zeitschrift *f*; ~ **di moda** Modezeitschrift *f*; ~ **di strada** Straßenblatt *nt* ❷ (RADIO, TV) Nachrichten *fpl*; ~ **radio** Rundfunknachrichten *fpl* ❸ (*registro*) Journal *nt*, Buch *nt*; ~ **di bordo** Schiffstagebuch *nt*; ~ **di classe** Klassenbuch *nt*; ~ **di viaggio** Reisejournal *nt* **giornalese** [dʒorna'leːse] <-> *m* (*iron, pej*) Zeitungsjargon *m* **giornaletto** [dʒorna'letto] *m* (*fam*) Comicheft *nt*

**giornaliero, -a** [dʒorna'liɛːro] I. *agg* ❶ (*quotidiano*) [all]täglich, Tage[s]- ❷ (*variabile*) wechselnd, schwankend II. *m*, *f* Tagelöhner(in) *m(f)*

**giornalino** [dʒorna'liːno] *m* (*fam*) Comicheft *nt*

**giornalismo** [dʒorna'lizmo] *m* Journalis-

mus *m*, Zeitungswesen *nt*; ~ **partecipativo** (INET) Bürgerjournalismus **giornalista** [dʒorna'lista] <-i *m*, -e *f*> *mf* Journalist(in) *m(f)* **giornalistese** [dʒornalis'te:se] <-> *m* (*iron, pej*) *v.* **giornalese giornalistico, -a** [dʒorna'listiko] <-ci, -che> *agg* journalistisch, Zeitungs-
**giornalmente** [dʒornal'mente] *avv* täglich, jeden Tag
**giornata** [dʒor'na:ta] *f* ❶ (*giorno*) Tag *m*; ~ **libera** freier Tag; **uova di** ~ [lege]frische Eier *ntpl*; **in** ~ im Lauf[e] des Tages; **a -e** tageweise; **vivere alla** ~ in den Tag hinein leben ❷ (COM) Tagelohn *m*; **lavorare a** ~ im Tagelohn arbeiten
**giorno** ['dʒorno] *m* Tag *m*; (*ricorrenza*) Jahrestag *m*; ~ **feriale** Werktag *m*; ~ **festivo** Feiertag *m*; ~ **lavorativo** Arbeitstag *m*; **punto** [a] ~ Hohlsaumstich *m*; **piatto del** ~ Tagesgericht *nt*; **i fatti del** ~ die Tagesereignisse *ntpl*; **al** [*o* il] ~ am Tag, täglich; **di** ~ tags[über], bei Tag, untertags *A*; **di** ~ **in** ~ von Tag zu Tag; **da un** ~ **all'altro** von einem Tag zum anderen; **un** ~ **o l'altro** irgendwann, eines Tages; ~ **per** ~ Tag für Tag; **in pieno** ~ am helllichten Tag; **sul far del** ~ bei Tagesanbruch; **al** ~ **d'oggi** heutzutage; **ai nostri -i** zu unserer Zeit, heutzutage; **a -i alterni** jeden zweiten Tag; **uno di questi -i** in diesen Tagen, demnächst; **buon** ~ *v.* **buongiorno**
**giostra** ['dʒɔstra] *f* (*nelle fiere*) Karussell *nt*, Ringelspiel *nt A* **giostraio** [dʒo'stra:io] <-ai> *m* Karussellbetreiber(in) *m(f)* **giostrare** [dʒos'tra:re] *vi* sich durchlavieren
**giovamento** [dʒova'mento] *m* Nutzen *m*, Vorteil *m*
**giovane** ['dʒo:vane] I. *agg* jung; **animale** ~ Jungtier *nt* II. *mf* Jugendliche(r) *f(m)*; (*ragazzo*) Junge *m*, Bub *m A*; (*ragazza*) [junges] Mädchen *nt*; **da** ~ in der Jugend[zeit]; **Plinio il** ~ Plinius der Jüngere III. *avv* jugendlich **giovanetto, -a** [dʒova'netto] *m, f* (*ragazzo*) Jüngling *m*, Knabe *m*; (*ragazza*) [junges] Mädchen *nt* **giovanile** [dʒova'ni:le] *agg* jugendlich
**giovanilismo** [dʒovani'lizmo] *m* Jugendlichkeitskult *m*
**giovanotto** [dʒova'nɔtto] *m* junger Mann, Bursche *m*
**giovare** [dʒo'va:re] I. *vi* avere *o* essere nützen, nützlich sein; **non giova ...** +*inf* es ist nicht ratsam zu ... +*inf* II. *vr* **-rsi di qu/qc** sich *dat* jdn/etw zu Nutze machen
**Giove** ['dʒɔ:ve] *m* Jupiter *m*; **per** ~! (*fam*) bei allen Göttern!

**giovedì** [dʒove'di] <-> *m* Donnerstag *m*; ~ **grasso** Faschingsdonnerstag *m*; ~ **santo** Gründonnerstag *m*; *v. a.* **domenica**
**giovenca** [dʒo'vɛŋka] <-che> *f* Kalbe *f*
**gioventù** [dʒoven'tu] <-> *f* Jugend *f*; **amori/errori di** ~ Jugendlieben *fpl*/Jugendsünden *fpl*; **in** ~ in der Jugend
**giovevole** [dʒo've:vole] *agg* ~ [a] bekömmlich [für]
**gioviale** [dʒo'via:le] *agg* heiter **giovialità** [dʒoviali'ta] <-> *f* Heiterkeit *f*
**giovinastro** [dʒovi'nastro] *m* [junger] Flegel *m*
**giovinetto** [dʒovi'netto] *v.* **giovanetto**
**giovinezza** [dʒovi'nettsa] *f* Jugendlichkeit *f*, Jugendalter *nt*; **la seconda** ~ die zweite Jugend
**GIP** ['dʒip] <-> *mf abbr di* **giudice per le indagini preliminari** Untersuchungsrichter(in) *m(f)*
**gipsoteca** [dʒipso'tɛ:ka] <-che> *f* Gipsfigurenkabinett *nt*
**girabile** [dʒi'ra:bile] *agg* girierbar, übertragbar
**giradischi** [dʒira'diski] <-> *m* Plattenspieler *m*
**giradito** [dʒira'di:to] *m* Nagelbettentzündung *f*, [Nagel]umlauf *m*
**giraffa** [dʒi'raffa] *f* ❶ (ZOO) Giraffe *f* ❷ (FILM, TV, RADIO) Galgen *m sl*
**giramento** [dʒira'mento] *m* Schwindelgefühl *nt*, Schwindel *m*; ~ **di testa** (*fam*) Drehwurm *m*; **questo lavoro è un** ~ **di scatole** (*fam*) diese Arbeit geht mir auf den Keks *fam*
**giramondo** [dʒira'mondo] <-> *mf* Weltenbummler(in) *m(f)*
**giranastri** [dʒira'nastri] <-> *m* Kassettendeck *nt*, -recorder *m*
**girandola** [dʒi'randola] *f* ❶ (*fuoco d'artificio*) Feuerrad *nt* ❷ (*fig: persona*) Flattergeist *m*, Wetterfahne *f* ❸ (*giocattolo*) Windrädchen *nt* ❹ (*del vento*) Wetterfahne *f* **girandolone, -a** [dʒiran-do'lo:ne] *m, f* (*fam*) Herumtreiber(in) *m(f)*
**girante** [dʒi'rante] *mf* (FIN) Girant(in) *m(f)*, Indossant(in) *m(f)*
**girare** [dʒi'ra:re] I. *vt* ❶ (*chiave*) [herum]drehen, [um]drehen; (*testa, occhi*) drehen; (*fig: domanda*) weitergeben ❷ (FILM) drehen ❸ (FIN) indossieren, girieren ❹ (*città, isola*) abfahren, durchfahren; (*ostacolo*) umgehen; ~ **il mondo** in der Welt herumkommen ❺ (*fam: mescolare*) [um]rühren II. *vi* ❶ (*gener*) sich drehen; **mi girano le scatole** (*fam*) ich bin auf

hundertachtzig; **mi girano per la testa un sacco di idee** (*fam*) mir schwirren eine Menge Ideen im Kopf herum; **~ alla larga** Abstand halten; **gira e rigira** man kann es drehen und wenden, wie man will ❷ (MED) schwindlig werden; **far ~ la testa a qu** jdn schwindlig machen; (*fare innamorare*) jdm den Kopf verdrehen; **mi gira la testa** mir wird schwindlig ❸ (*fam*) passen; **dipende da come mi gira** (*fam*) kommt drauf an, wie es mir gerade passt ❹ (*camminare*) herumlaufen ❺ (*voltare*) abbiegen ❻ (FIN) zirkulieren ❼ (*notizie, dicerie*) im Umlauf sein III. *vr* **-rsi** ci si [um]wenden; **in questa casa non ci si gira** (*fam*) in diesem Haus kann man sich nicht bewegen

**girarrosto** [dʒirar'rɔsto] *m* Grill *m*, [Braten]spieß *m*

**girasole** [dʒira'so:le] *m* Sonnenblume *f*

**girata** [dʒi'ra:ta] *f* ❶ (*passeggiata*) Runde *f*, Rundgang *m* ❷ (FIN) Giro *nt* ❸ (*il girare*) Drehung *f* **giratario, -a** [dʒira'ta:rjo] <-i, -ie> *m, f* (FIN) Giratar *m*

**girato, -a** [dʒi'ra:to] *agg* ❶ (*persona*) mit dem Rücken zugewandt ❷ (GASTR) gegrillt, Grill-; **arrosto ~** Spießbraten *m;* **pollo ~** Grillhähnchen *nt* ❸ (FIN) giriert, indossiert

**giratubi** [dʒira'tu:bi] <-> *m* Rohrzange *f*

**giravolta** [dʒira'vɔlta] *f* Purzelbaum *m*

**girellare** [dʒirel'la:re] *vi* umherschlendern, bummeln

**girello** [dʒi'rɛllo] *m* ❶ (*per bambini*) Lauflernhilfe *f* ❷ (GASTR) Kugel *f*, Nuss *f*

**girellone, -a** [dʒirel'lo:ne] *m, f* (*fam*) Bummler(in) *m(f)*

**giretto** [dʒi'retto] *m* (*fam*) kleiner Rund-, Spaziergang *f*

**girevole** [dʒi're:vole] *agg* drehbar, Dreh-

**girgentino, -a** [dʒirdʒen'ti:no] *agg v.* **agrigentino**

**girigogolo** [dʒiri'gɔ:golo] *m* ❶ (*scrittura*) Schnörkel *m* ❷ (*parole*) Kauderwelsch *nt*

**girino** [dʒi'ri:no] *m* (ZOO) Kaulquappe *f*

**girl** [gəːl] <-> *f* [Tanz]girl *nt*

**girlfriend** [gəːl'frend] <-> *f* Freundin *f*, Flamme *f scherz*

**girlgroup** [gəːl'gruːp] <-> *m* Girlgroup *f*

**girlie** ['gəːli] <-> *f* Girlie *nt*

**giro** ['dʒi:ro] *m* ❶ (*cerchia*) Kreis *m;* **~ di parole** Umschreibung *f;* **~ di valzer** Walzerrunde *f* ❷ (*rotazione*) Drehung *f;* (TEC) Rotation *f;* (ASTR) Umdrehung *f;* (MOT) Drehzahl *f* ❸ (SPORT) Rundstreckenrennen *nt;* **il ~ di Francia** die Tour de France ❹ (*passeggiata*) Rundgang *m;* (*in macchina*) Rundfahrt *f;* (*viaggio*) Reise *f;* **fare il ~ della città** eine Stadtrundfahrt machen; **~ turistico** Rundfahrt *f;* **essere in ~ per lavoro/affari** beruflich/geschäftlich unterwegs sein; **andare in ~** umherlaufen ❺ (*di vestito*) Ausschnitt *m* ❻ (*di carte*) Runde *f* ❼ (*circolazione*) Umlauf *m;* **~ d'affari** Umsatz *m;* **mettere in ~ una diceria** ein Gerücht in Umlauf bringen ❽ (*periodo di tempo*) Lauf *m;* **nel ~ di un mese/anno** im Laufe eines Monats/Jahres ❾ (*fig*) **prendere in ~ qu** jdn auf den Arm nehmen; **essere su di -i** aufgedreht sein; **fare un ~ d'orizzonte** eine Bestandsaufnahme machen

**girocollo** [dʒiro'kɔllo] *m* Rundausschnitt *m*

**giroconto** [dʒiro'konto] *m* Girogeschäft *nt*

**girone** [dʒi'ro:ne] *m* ❶ (SPORT) Runde *f;* **~ d'andata** Vorrunde *f;* **~ di ritorno** Rückrunde *f* ❷ (LIT) Kreis *m;* **i -i dell'inferno di Dante** Dantes Höllenkreise

**gironzolare** [dʒirondzo'la:re] *vi* (*fam*) herumbummeln; **~ intorno a qu/qc** um jdn/etw herumschwänzeln

**giroscopio** [dʒiros'kɔ:pjo] <-i> *m* Gyroskop *nt*

**girotondo** [dʒiro'tondo] *m* Ringelreihen *m*

**girovaga** *f v.* **girovago**

**girovagare** [dʒirova'ga:re] *vi* umherschweifen, umherziehen **girovago, -a** [dʒi'ro:vago] <-ghi, -ghe> I. *agg* (*gente*) herum-, umherziehend; (*attori, suonatori*) fahrend, Wander- II. *m, f* Herum-, Umherziehende(r) *f(m)*

**girovita** [dʒiro'vi:ta] <-> *m* Taillenumfang *m;* **prendere il ~** Taillenumfang messen

**gita** ['dʒi:ta] *f* Ausflug *m;* **andare in ~ a ...** einen Ausflug nach ... machen

**gitano, -a** [dʒi'ta:no] *pej* I. *agg* Zigeuner-*pej* II. *m, f* Zigeuner(in) *m(f) pej*

**gitante** [dʒi'tante] *mf* Ausflügler(in) *m(f)*

**gittata** [dʒit'ta:ta] *f* Reichweite *f;* **missile a ~ intermedia** Mittelstreckenrakete *f*

**giù** [dʒu] *avv* (*stato*) unten; (*moto*) herunter, hinunter; **andare su e ~** auf und ab gehen; **mandare ~** (*a. fig*) schlucken; **mettere ~** ablegen; (*cappello*) abnehmen; **essere ~** (*fig*) niedergeschlagen sein; **essere ~ di morale** demoralisiert sein; **quella storia non mi va ~** diese Geschichte liegt mir schwer im Magen *fam;* **la notizia l'ha buttato ~** die Nachricht hat ihn zutiefst getroffen; **i prezzi sono andati ~** die Preise sind gesunken; **su per ~** ungefähr, etwa; **~ di lì** oder so [ungefähr]; (*temporale*) so herum; **in ~** (*verso il basso*) hinunter; (*in basso*) unten;

**scendi ~** komm herunter; **~ le mani!** Hände weg!

**giubba** ['dʒubba] *f* Jacke *f* **giubbetto** [dʒub'betto] *m* leichte Jacke **giubbino** [dʒub'bi:no] *m* Blouson *m* **giubbone** [dʒub'bo:ne] *m* weite Jacke; (*per motociclista*) Motorradjacke *f* **giubbotto** [dʒub'bɔtto] *m* Blouson *m*, Sportjacke *f*; **~ salvagente** Schwimmweste *f*; **~ antiproiettile** kugelsichere Weste

**giubilare** [dʒubi'la:re] **I.** *vt* (*scherz*) in den Ruhestand versetzen **II.** *vi* (*poet*) frohlocken *geh*, jubilieren *geh*

**giubileo** [dʒubi'lɛ:o] *m* ❶ (REL) Jubeljahr *nt* ❷ (*cinquantenario*) Jubiläum *nt*

**giubilo** ['dʒu:bilo] *m* (*poet*) Jubel *m*, Frohlocken *nt*

**giuda** ['dʒu:da] <-> *m* (*pej*) Judas *m*

**giudaico, -a** [dʒu'da:iko] <-ci, -che> *agg* jüdisch, Juden- **giudaismo** [dʒuda'izmo] *m* Judaismus *m*

**giudeo-italiano, -a** [dʒu'dɛːoita'lia:no] **I.** *m, f* Judenitaliener(in) *m(f)* **II.** *agg* judenitalienisch

**giudeo-romanesco, -a** [dʒu'dɛːoroma'nesko] <-chi, -che> **I.** *m, f* Mitglied *nt* der jüdischen Gemeinde in Rom **II.** *agg* der jüdischen Gemeinde in Rom

**giudicare** [dʒudi'ka:re] *vt* ❶ (JUR) entscheiden; (*persona*) verurteilen; **fu giudicato colpevole** er wurde [für] schuldig erklärt ❷ (*valutare*) urteilen über +*acc;* **giudicò opportuno tacere** er/sie hielt es für gut, zu schweigen

**giudicato** [dʒudi'ka:to] *m* (*sentenza*) rechtskräftiges Urteil; **passare in ~** Rechtskraft erlangen, rechtskräftig werden

**giudicato, -a** *agg* beurteilt

**giudicatore, -trice** [dʒudika'to:re] **I.** *agg* [be]urteilend, Urteils- **II.** *m, f* Beurteiler(in) *m(f)*

**giudice** ['dʒu:ditʃe] *mf* ❶ (JUR) Richter(in) *m(f);* **~ conciliatore** Friedensrichter(in) *m(f);* **~ costituzionale** (JUR) Verfassungsrichter(in) *m(f);* **~ penale** Strafrichter *m;* **~ popolare** Geschworene(r) *f(m)*, Schöffe *m*/Schöffin *f*; **~ togato** Berufsrichter *m* ❷ (SPORT) Zielrichter(in) *m(f);* **~ di gara** Kampfrichter(in) *m(f)*

**giudiziale** [dʒudit'tsia:le] *agg* gerichtlich, Gerichts- **giudiziario, -a** [dʒudit'tsia:rio] <-i, -ie> *agg* gerichtlich, richterlich; **carcere ~** Untersuchungsgefängnis *nt;* **ufficiale ~** Gerichtsvollzieher *m*

**giudizio** [dʒu'dittsio] <-i> *m* ❶ (*ragione*) Vernunft *f*, Verstand *m;* **l'età del ~** das Alter der Vernunft; **non avere ~** keinen Verstand haben ❷ (*opinione*) Urteil *nt*, Beurteilung *f*; (*facoltà*) Urteilsvermögen *nt;* **rimettersi al ~ di qu** sich jds Urteil beugen; **farsi un ~ su qu/qc** sich *dat* über jdn/etw ein Urteil bilden; **a mio/tuo ~** meiner/deiner Meinung nach; **a suo ~** seiner/ihrer Meinung nach ❸ (JUR) Prozess *m*, Verfahren *nt;* (*sentenza*) Urteil *nt;* **~ di assoluzione** Freispruch *m;* **~ di condanna** Verurteilung *f*; **comparire in ~** vor Gericht erscheinen; **trascinare qu in ~** jdn vor Gericht bringen; **rinviare qu a ~** das Hauptverfahren gegen jdn eröffnen ❹ (REL) Gericht *nt;* **il ~ universale** [*o* **finale**] das Jüngste [*o* Letzte] Gericht

**giudizioso, -a** [dʒudit'tsio:so] *agg* vernünftig, überlegt

**giuggiola** ['dʒuddʒola] *f* ❶ (BOT) Brustbeere *f* ❷ (*fig: cosa da nulla*) Lappalie *f*, Bagatelle *f* ❸ (*loc*) **andare in brodo di -e** (*fig*) vor Seligkeit vergehen

**giugno** ['dʒuɲɲo] *m* Juni *m; v. a.* **aprile**

**giugulare** [dʒugu'la:re] *agg* jugular, Hals-

**giuliano, -a** [dʒu'lia:no] **I.** *agg* ❶ (*del Venezia Giulia*) aus dem julischen Teil Venetiens stammend ❷ (*di Giulio Cesare*) julianisch; **il calendario ~** der julianische Kalender **II.** *m, f* (*abitante*) Bewohner(in) *m(f)* des julischen Teils Veneziens

**giulivo, -a** [dʒu'li:vo] *agg* fidel, vergnügt; **era tutto ~** er war kreuzfidel

**giullare** [dʒul'la:re] *m* Spielmann *m* **giullaresco, -a** [dʒulla'resko] <-schi, -sche> *agg* Spielmanns-

**giumenta** [dʒu'menta] *f* [Reit]stute *f*, Reitpferd *nt*

**giunco** ['dʒuŋko] <-chi> *m* Schilf *nt*, Binse *f*

**giungere** ['dʒundʒere] <giungo, giunsi, giunto> **I.** *vi essere* [an]kommen, eintreffen; (*nave*) einlaufen; **mi giunge nuovo** das ist mir neu; **~ all'orecchio di qu** jdm zu Ohren kommen **II.** *vt avere* (*poet*) vereinigen; **~ le mani in preghiera** die Hände zum Gebet falten

**giungla** ['dʒuŋgla] *f* (*a. fig*) Dschungel *m*

**giunone** [dʒu'no:ne] *f* Göttin *f* Juno

**giunsi** ['dʒunsi] *1. pers sing pass rem di* **giungere**

**giunta** ['dʒunta] *f* ❶ (ADM) Ausschuss *m* ❷ (*aggiunta*) Zugabe *f*; **per ~** überdies ❸ (*per indumenti*) Ansatz *m*

**giuntare** [dʒun'ta:re] *vt* ❶ (*fare una giunta*) zugeben ❷ (*cucendo*) annähen, einsetzen

**giuntatrice** [dʒunta'tri:tʃe] *f* ❶ (FILM) Filmklebepresse *f* ❷ (TEC) Fügehobel *m*
**giuntatura** [dʒunta'tu:ra] *f* Zusammenfügung *f*, Verbindung *f*
**giunto** ['dʒunto] *m* ❶ (FERR) Stoß *m*, Fuge *f* ❷ (MOT) Kupplung *f*; **~ cardanico** Gelenkkupplung *f*; **~ rotante** rotierender Dichtkopf
**giunto** *pp di* **giungere**
**giuntura** [dʒun'tu:ra] *f* ❶ (*di pezzi*) Verbindung *f*, Naht *f* ❷ (ANAT) Gelenk *nt*
**giunzione** [dʒun'tsio:ne] *f* Verbindung *f*, Fuge *f*
**giuocare** [dʒuo'ka:re] *v.* **giocare**
**giuoco** [dʒuɔ:ko] *v.* **gioco**
**Giura** ['dʒu:ra] *m* Jura *m*
**giuramento** [dʒura'mento] *m* Schwur *m*, Eid *m*; **fare ~** schwören; **prestar ~** einen Eid leisten **giurare** [dʒu'ra:re] I. *vt* schwören, beschwören; **~ il falso** einen Meineid leisten II. *vi* **~ su qc** bei etw [*o* auf etw *acc*] schwören **giurato, -a** [dʒu'ra:to] I. *agg* (*nemico*) [ein]geschworen; (*interprete, guardia*) vereidigt, beeidigt II. *m, f* Geschworene(r) *f(m)*
**giureconsulto** [dʒurekon'sulto] *m* Rechtsgelehrte(r) *f(m)*
**giurì** [dʒu'ri] <-> *m* **~ d'onore** Ehrengericht *nt*
**giuria** [dʒu'ri:a] <-ie> *f* ❶ (*di gara, concorso*) Jury *f*, Preisgericht *nt* ❷ (JUR) Schwurgericht *nt*
**giuridicità** [dʒuriditʃi'ta] <-> *f* Rechtlichkeit *f*, Rechtsgültigkeit *f* **giuridico, -a** [dʒu'ri:diko] <-ci, -che> *agg* juristisch; **persona -a** juristische Person
**giurin giurella** [dʒu'ri:n dʒu'rella], **giurin giurello** [dʒu'ri:n dʒu'rello], **giurin giuretta** [dʒu'ri:n dʒu'retta] I. *int* (*giuro*) ich schwöre II. *m* **fare ~** (*giurare*) [es] hoch und heilig schwören, es ganz fest versprechen
**giurisdizionale** [dʒurizdittsio'na:le] *agg* Gerichtsbarkeits-, gerichtlich **giurisdizione** [dʒurizdit'tsio:ne] *f* ❶ (JUR) Gerichtsbarkeit *f*, Rechtsprechung *f* ❷ (*competenza*) Zuständigkeit *f*
**giurisprudenza** [dʒurispru'dɛntsa] *f* Jura *ntpl*, Jus *nt* A **giurisprudenziale** [dʒurispruden'tsia:le] *agg* juristisch
**giurista** [dʒu'rista] <-i *m*, -e *f*> *mf* Jurist(in) *m(f)*
**giusta** ['dʒusta] *prp* (ADM) laut +*gen*, gemäß +*gen*; **~ il decreto** laut Beschluss
**giustapporre** [dʒustap'porre] <irr> *vt* nebeneinanderstellen **giustapposizione** [dʒustappozit'tsio:ne] *f* ❶ (*il giustap-*

*porre*) Nebeneinanderstellung *f* ❷ (LING) Juxtaposition *f*
**giustapposto** *pp di* **giustapporre**
**giustezza** [dʒus'tettsa] *f* ❶ (*esattezza*) Richtigkeit *f* ❷ (TYP) Spaltenbreite *f*
**giustificare** [dʒustifi'ka:re] I. *vt* ❶ (*condotta, errore*) rechtfertigen ❷ (*spese*) belegen II. *vr* **-rsi** sich rechtfertigen
**giustificativo** [dʒustifika'ti:vo] *m* Beleg[stück *nt*] *m*
**giustificativo, -a** *agg* belegend, Beleg-
**giustificazione** [dʒustifikat'tsio:ne] *f* ❶ (*gener*) Rechtfertigung *f* ❷ (*a scuola*) Entschuldigung *f*; **libretto delle -i** Entschuldigungsbüchlein *nt* (*in das die Eltern die Entschuldigungen für Schulversäumnisse eintragen*) ❸ (*riconoscimento*) Unterlage *f*, Beleg *m*
**giustificazionistico, -a** [dʒustifikattsio'nistiko] <-ci, -che> *agg* rechtfertigend, entschuldigend
**giustizia** [dʒus'tittsia] <-ie> *f* ❶ (*equità*) Gerechtigkeit *f*; **rendere ~ a qu** jdm Gerechtigkeit widerfahren lassen; **con ~** gerecht; **secondo ~** rechtmäßig ❷ (JUR) Justiz *f*; **~ sommaria** (*a. fig*) kurzer Prozess; **ricorrere alla ~** vor Gericht gehen
**giustiziare** [dʒustit'tsia:re] *vt* hinrichten
**giustiziato, -a** [dʒustit'tsia:to] *m, f* Hingerichtete(r) *f(m)* **giustiziere** [dʒustit'tsiɛ:re] *m* Scharfrichter *m*, Henker *m*
**giusto**[1] ['dʒusto] *m* Rechte(s) *nt*, Richtige(s) *nt*; **chiedere il ~** sein[en] Teil verlangen; **dare a ciascuno il ~** jedem das geben, was ihm zusteht
**giusto**[2] I. *avv* ❶ (*esattamente*) genau, richtig; **colpire ~** (*fig*) ins Schwarze treffen; **arrivare ~** [**in tempo**] [gerade noch] rechtzeitig kommen ❷ (*proprio*) eben II. *int* (*in risposta*) richtig, stimmt
**giusto, -a** I. *agg* (*persona, causa*) gerecht; (*osservazione, parola*) richtig, passend; (*salario*) gerecht; (*prezzo*) angemessen; (*preciso*) genau; (*vero*) richtig; **essere ~ di sale** genug gesalzen sein; **il conto è ~** die Rechnung stimmt; **hai l'ora -a?** hast du die genaue [Uhr]zeit? II. *m, f* Gerechte(r) *f(m)*
**glabro, -a** ['gla:bro] *agg* [glatt] rasiert, bartlos
**glacé** [gla'se] <inv> *agg* ❶ (GASTR) glaciert, kandiert ❷ (*lucido*) **guanti ~** Glaceehandschuhe *mpl*
**glaciale** [glat'ʃa:le] *agg* eiskalt, Eis-; (*a. fig*) eisig; **il mar ~ artico** das nördliche Eismeer

**glaciazione** [glatʃat'tsio:ne] *f* Vereisung *f*

**gladiatore** [gladia'to:re] *m* Gladiator *m* **gladiatorio, -a** [gladia'tɔ:rio] <-i, -ie> *agg* Gladiatoren-

**gladiolo** [gla'di:olo] *m* Gladiole *f*

**glande** ['glande] *m* (ANAT) Eichel *f*

**glandolare** [glando'la:re] *agg* glandulär, Drüsen-

**Glarona** [gla'ro:na] I. *m* (*cantone*) Glarus *nt* II. *f* (*città*) Glarus *nt*

**glasnost** ['glasnost] <-> *f* Glasnost *nt*

**glassa** ['glassa] *f* Glasur *f*; (*per torta*) Tortenguss *m* **glassare** [glas'sa:re] *vt* glasieren, glacieren

**glauco, -a** ['gla:uko] <-chi, -che> *agg* (*poet*) blaugrün, meergrün

**glaucoma** [glau'kɔ:ma] <-i> *m* grüner Star, Glaukom *nt*

**gleba** ['glɛ:ba] *f* (*poet*) [Erd]scholle *f*; **servo della ~** Leibeigene(r) *m*

**gli** [ʎi] I. *art det m pl* (*davanti a s impura, gn, pn, ps, x, z*) die II. *pron pers* ① 3. *pers m sing* ihm ② 3. *pers m e f pl* (*fam*) ihnen

**glicemia** [glitʃe'mi:a] <-ie> *f* Blutzucker *m* **glicemico, -a** [gli'tʃɛ:miko] <-ci, -che> *agg* Blutzucker-

**gliceride** [gli'tʃɛ:ride] *m* Glyzerid *nt*

**glicerina** [glitʃe'ri:na] *f* Glyzerin *nt*

**glicine** [gli'tʃi:ne] *f* Glyzinie *f*

**gliela, gliele, glieli, glielo, gliene** ['ʎe:la, 'ʎe:le, 'ʎe:li, 'ʎe:lo, 'ʎe:ne] = **gli/le + la, le, li, lo, ne**

**glissare** [glis'sa:re] *vi* hinweggehen

**glittoteca** [glitto'tɛ:ka] <-che> *f* Glyptothek *f*

**globale** [glo'ba:le] *agg* global, umfassend **globalistico** [globa'listiko] <-ci, -che> *agg* global **globalità** [globali'ta] <-> *f* Gesamtheit *f*

**globalizzare** [globalid'dza:re] *vt* globalisieren **globalizzazione** [globaliddzat'tsio:ne] *f* Globalisierung *f*

**global player** <- *o* global players> *m* Global Player *m*

**globe-trotter** [gloub'trɔtə] <-> *mf* Globetrotter(in) *m(f)*, Weltenbummler(in) *m(f)*

**globo** ['glɔ:bo] *m* ① (*gener*) Kugel *f* ② (ASTR) Kugel *f*, Globus *m;* **~ celeste** [Himmels]firmament *nt;* **~ terrestre** Erdball *m* ③ (ANAT) Apfel *m;* **~ oculare** Augapfel *m* ④ (EL) Lampenglocke *f*

**globulare** [globu'la:re] *agg* ① (ASTR) kugelförmig, rund; **ammasso ~** Sternhaufen *m* ② (MED) Blutkörperchen-

**globulina** [globu'li:na] *f* Globulin *nt*

**globulo** ['glɔ:bulo] *m* Blutkörperchen *nt*

**glocalizzazione** [glokaliddzat'tsio:ne] *f* (POL) Glokalisierung *f*

**gloria**[1] ['glɔ:ria] <-ie> *f* Ruhm *m;* (REL) Herrlichkeit *f;* (*vanto*) Stolz *m;* **il cammino della ~** der Weg zum Ruhm; **lavorare per la ~** (*scherz*) für Gottes Lohn arbeiten

**gloria**[2] <-> *m* (*preghiera*) Gloria *nt*

**gloriarsi** [glo'riarsi] *vr* **~ di qc** sich einer Sache *gen* rühmen; (*vantarsi*) mit etw prahlen

**glorificare** [glorifi'ka:re] *vt* ① (*Dio*) preisen ② (*martire, eroe*) ehren, verherrlichen **glorificazione** [glorifikat'tsio:ne] *f* ① (*di Dio*) Verherrlichung *f* ② (*di poeta, martire, eroe*) Verehrung *f*

**glorioso, -a** [glo'rio:so] *agg* glorreich, ruhmreich; **essere** [*o* andare] **~ di qc** sehr stolz auf etw *acc* sein

**glossa** ['glɔssa] *f* Glosse *f* **glossare** [glos'sa:re] *vt* glossieren **glossario** [glos'sa:rio] <-i> *m* Glossar *nt* **glossatore** [glossa'to:re] *m* Glossator *m*

**glottide** ['glɔttide] *f* Glottis *f*

**glottologa** *f v.* **glottologo**

**glottologia** [glottolo'dʒi:a] <-gie> *f* Sprachwissenschaft *f* **glottologico, -a** [glotto'lɔ:dʒiko] <-ci, -che> *agg* sprachwissenschaftlich **glottologo, -a** [glot'tɔ:logo] <-gi, -ghe> *m, f* Sprachwissenschaftler(in) *m(f)*

**glucide** [glu'tʃi:de] *m* Glykosid *nt*

**glucosio** [glu'kɔ:zio] <-i> *m* Glykose *f*, Glucose *f*

**glutammato** [glutam'ma:to] *m* Glutamat *nt* **glutammico, -a** [glu'tammiko] <-ci, -che> *agg* Glutamin-; **acido ~** Glutaminsäure *f*

**gluteo** ['glu:teo] *m* Gesäßbacke *f*, -muskel *m*

**glutine** [glu'tine] *m* Gluten *nt*

**gnao, gnau** ['ɲa:o, 'ɲa:u] *int* miau **gnaulare** [ɲau'la:re] *vi* (ZOO) miauen

**gnocco** ['ɲɔkko] <-cchi> *m* ① (GASTR) Klößchen *nt* ② (*fam pej: uomo goffo*) Tölpel *m*

**gnomico, -a** ['ɲɔ:miko] <-ci, -che> *agg* gnomisch

**gnomo** ['ɲɔ:mo] *m* Gnom *m*, Kobold *m*

**gnorri** ['ɲɔrri] *m* **fare lo ~** (*fam*) sich dumm stellen

**gnoseologia** [ɲozeolo'dʒi:a] <-gie> *f* Erkenntnislehre *f*

**gnosi** ['ɲɔ:zi] <-> *f* Gnosis *f*

**gnostica** *f v.* **gnostico**

**gnosticismo** [ɲosti'tʃizmo] *m* Gnostizismus *m* **gnostico, -a** ['ɲɔstiko] <-ci,

-che> I. *agg* gnostisch II. *m, f* Gnostiker(in) *m(f)*

**gnu** [ɲu] <-> *m* Gnu *nt*

**goal** [goul *o* gɔl] <-> *m* Tor *nt;* **fare** [*o* **segnare**] **un ~** ein Tor schießen

**gobba** ['gɔbba] *f* (*fam: sulla schiena*) Buckel *m;* (*su altra parte del corpo*) Höcker *m;* **avere la ~** (*fam*) einen Buckel haben; **~ a ponente luna crescente, ~ a levante luna calante** (*prov*) z wie zunehmender Mond, a wie abnehmender Mond

**gobbo, -a** ['gobbo] I. *agg* ❶ (*che ha la gobba*) buckelig ❷ (*con le spalle curve*) krumm, gebückt; **diventare ~** krumm werden ❸ (*curvo*) höckerig, krumm; **ha il naso ~** er/sie hat eine höckerige Nase ❹ (*fig, scherz*) **colpo ~** ein böser Streich II. *m, f* Buckelige(r) *f(m);* **il ~ di Notre Dame** der Glöckner von Notre Dame

**gobelin** [go'blɛ̃] <-> *m* Gobelin *m*

**goccia** ['gottʃa] <-cce> *f* Tropfen *m;* **somigliarsi come due -cce d'acqua** sich *dat* gleichen wie ein Ei dem anderen; **la ~ che fa traboccare il vaso** (*fig*) der Tropfen, der das Fass zum Überlaufen bringt; **fino all'ultima ~** bis zum letzten Tropfen; **a ~** tropfenförmig; **a ~ a ~** tropfenweise; **a ~ a ~ si** [*o* **l'acqua**] **scava la pietra** (*prov*) steter Tropfen höhlt den Stein

**goccio** ['gottʃo] <-cci> *m* (*fam*) Tropfen *m,* Schluck *m*

**gocciola** ['gottʃola] *f* Tropfen *m;* **ho la ~ al naso** mir läuft die Nase **gocciolamento** [gottʃola'mento] *m* Tropfen *nt*

**gocciolare** [gottʃo'la:re] I. *vt avere* tropfen, tröpfeln; **la ferita gocciolava sangue** aus der Wunde tropfte Blut II. *vi essere o avere* ❶ (*bricco, cannella*) tropfen; (*naso*) laufen ❷ (*liquido*) tropfen **gocciolatoio** [gottʃola'to:io] <-oi> *m* Dachtraufe *f* **gocciolio** [gottʃo'li:o] <-ii> *m* Tröpfeln *nt,* Tropfen *nt* **gocciolo** ['gottʃolo] *m* (*fam*) Tropfen *m,* Tröpfchen *nt;* **non ce n'è più neanche un ~** (*fam*) es ist kein Tropfen mehr da

**godere** [go'de:re] <godo, godei *o* godetti, goduto> I. *vi* **~ di qc** etw genießen; (*compiacersi*) sich über etw *acc* freuen; **~ di ...** +*inf,* **~ che ...** +*conj* sich freuen, dass ...; **~ della fiducia di qu** jds Vertrauen genießen; **godeva nel vederlo così felice** er/sie freute sich, ihn so glücklich zu sehen II. *vt* genießen; **~ ottima salute** sich bester Gesundheit erfreuen, bei bester Gesundheit sein; **-rsi la vita/le vacanze** das Leben/den Urlaub genießen; **godersela** (*fam*) sich vergnügen; **me la godo al sole** (*fam*) ich genieße die Sonne **godereccio, -a** [gode'rettʃo] <-cci, -cce> *agg* (*fam: gente*) genießerisch, lebenslustig; (*vita*) locker

**godibile** [go'di:bile] *agg* nutzbar; (*alimenti*) genießbar

**godibilità** [godibili'ta] <-> *f* ❶ (*piacevolezza*) Unterhaltsamkeit *f* ❷ (*fruibilità*) Nutzbarkeit *f*

**godimento** [godi'mento] *m* ❶ (*diletto*) Genuss *m;* (*vantaggio*) Nutzen *m;* **trarre ~ da qc** (*vantaggio*) aus etw Nutzen ziehen; (*gioia*) an etw *dat* Freude haben ❷ (JUR) Genuss *m*

**godurioso, -a** [gadu'rio:so] *agg* (*scherz*) vergnüglich; **un fine-settimana ~, all'insegna di cibo e amore** ein vergnügliches Wochenende unter dem Motto „Essen und Liebe"

**goffaggine** [gof'faddʒine] *f* Plumpheit *f*

**goffo, -a** ['gɔffo] *agg* ❶ (*impacciato*) ungeschickt, unbeholfen ❷ (*inelegante*) schlecht sitzend

**goffrare** [gof'fra:re] *vt* gaufrieren **goffratura** [goffra'tu:ra] *f* Gaufrage *f*

**gogna** ['goɲɲa] *f* Halseisen *nt;* (*berlina*) Pranger *m;* **mettere alla ~** (*fig*) anprangern

**gogò** [go'gɔ] <-> *m* **a ~** haufenweise

**go-kart** ['gouka:t *o* go'kart] <-> *m* Gokart *m*

**gol** [gɔl] *v.* goal

**gola** ['go:la] *f* ❶ (ANAT) Kehle *f;* (*collo*) Hals *m;* **prendere qu per la ~** (*a. fig*) jdn an [*o* bei] der Gurgel packen; **ricacciarsi il pianto in ~** das Weinen unterdrücken; **urlare a piena ~** aus vollem Hals schreien; **ho l'acqua alla ~** (*a. fig*) das Wasser steht mir bis zum Hals; **fino alla ~** bis zum Hals(e) ❷ (*vizio*) Gefräßigkeit *f;* **peccati di ~** Völlerei *f;* **far ~** Appetit machen; (*fig*) reizen; **ne ammazza più la ~ che la spada** (*prov*) mehr noch als des Krieges Lanze führt Völlerei zum Todestanze ❸ (GEOG) Schlucht *f* ❹ (*del camino*) Schlot *m*

**golden delicious** ['gouldən di'liʃəs] I. <-> *m* (*varietà di melo*) Apfelbaum *m* der Sorte Golden Delicious II. <-> *f* (*frutto di tale qualità di melo*) Golden Delicious *m*

**golden girl** ['gouldən gəːl] <-> *f reiches erfolgreiches Mädchen*

**golden goal** ['golden gɔl] <-> *m* (SPORT) Golden Goal *nt*

**golden share** ['gouldən 'ʃɛə] <-> *m* (FIN) Schlüsselbeteiligung *f*

**goldoniano, -a** [goldo'nia:no] *agg* goldonianisch

**golf** [gɔlf] <-> *m* ① (SPORT) Golf *nt*, Golfspiel *nt* ② (*maglia*) [kragenlose] Strickjacke *f*

**golfista** [gol'fista] <-i *m*, -e *f*> *mf* Golfspieler(in) *m(f)* **golfistico, -a** [gol'fistiko] <-ci, -che> *agg* Golf-

**golfo** ['golfo] *m* Golf *m*, Bucht *f*; **guerra del Golfo** Golfkrieg *m*

**goliarda** *f v.* goliardo

**goliardia** [goliar'di:a] <-ie> *f* ① (*spirito universitario*) Studentengeist *m* ② (*insieme dei goliardi*) Studentenschaft *f* **goliardico, -a** [go'liardiko] <-ci, -che> *agg* studentisch, Studenten-; (*fig*) jugendlich leichtsinnig **goliardo, -a** [go'liardo] *m, f* Student(in) *m(f)*

**golletto** [gol'letto] *m* (SPORT) kümmerliches Tor *nt*

**golosa** *f v.* goloso

**golosità** [golosi'ta] <-> *f* ① (*ghiottoneria*) Naschhaftigkeit *f* ② (*leccornia*) Leckerbissen *m*, Schmankerl *nt* A **goloso, -a** [go'lo:so] I. *agg* ① (*ghiotto*) naschhaft ② (*fig: avido*) **essere ~ di qc** nach etw gieren II. *m, f* Schlemmer(in) *m(f)*, Leckermaul *nt*

**golpe** ['gɔlpe] <-> *m* [Militär]putsch *m*, Staatsstreich *m* **golpista** [gol'pista] <-i *m*, -e *f*> *mf* Putschist(in) *m(f)* **golpistico, -a** [gol'pistiko] <-ci, -che> *agg* Militärputsch-; **tentativo ~** Putschversuch *m*

**gomena** ['go:mena] *f* Tau *nt*

**gomitata** [gomi'ta:ta] *f* Stoß *m* mit dem Ellenbogen

**gomito** ['go:mito] *m* ① (ANAT) Ell[en]bogen *m*; **alzare il ~** einen heben *fam*; **farsi largo a forza di -i** (*fig*) die Ellbogen benutzen ② (*di fiume, tubazioni*) Knie *nt*; **curva a ~** Haarnadelkurve *f*

**gomitolo** [go'mi:tolo] *m* Knäuel *m o nt*

**gomma** ['gomma] *f* ① (*materiale*) Gummi *m o nt*; **~ naturale** Kautschuk *m*; **~ americana** [*o* **da masticare**] Kaugummi *m o nt* ② (*fam*) [Auto]reifen *m*; **cambiare una ~** (*fam*) einen Reifen wechseln; **forare una ~** (*fam*) einen Platten fahren ③ (*da cancellare*) Radiergummi *m*; **~ da matita** Radiergummi *m*

**gommapiuma**® [gomma'piu:ma] *f* Schaumgummi *m*

**gommato, -a** [gom'ma:to] *agg* gummiert

**gommatura** [gomma'tu:ra] *f* (MOT) Bereifung *f*

**gommifero, -a** [gom'mi:fero] *agg* gummihaltig, Gummi- **gommificio** [gommi'fi:tʃo] <-ci> *m* Gummifabrik *f*

**gommina**® [gom'mi:na] <-> *f* Wet-Gel *nt*, Haargel *nt*

**gommino** [gom'mi:no] *m* Gummidichtung *f*

**gommista** [gom'mista] <-i *m*, -e *f*> *mf* Reifenhändler(in) *m(f)*

**gommone** [gom'mo:ne] *m* Schlauchboot *nt*

**gommosità** [gommosi'ta] <-> *f* Gummigehalt *m*, Gummiartigkeit *f* **gommoso, -a** [gom'mo:so] *agg* Gummi-, gummiartig

**gonade** ['gɔ:nade] *f* Gonade *f*, Keimdrüse *f*

**gondola** ['gondola] *f* Gondel *f* **gondoliere** [gondo'liɛ:re] *m* Gondoliere *m*, Gondelführer *m*

**gonfalone** [gonfa'lo:ne] *m* Banner *nt*

**gonfaloniere** [gonfalo'niɛ:re] *m* Bannerträger *m*

**gonfiabile** [gon'fia:bile] *agg* aufblasbar

**gonfiare** [gon'fia:re] I. *vt* ① (*pallone, materassino*) aufblasen, aufpumpen; (*guance, vele, stomaco*) aufblähen ② (*fig: notizia*) aufbauschen; (*persona*) übertrieben loben II. *vr* **-rsi** (*diventare gonfio*) sich aufblähen; (*inorgoglire*) sich [vor Stolz] aufblasen **gonfiato, -a** [gon'fia:to] *agg* (*pallone, materassino*) aufgepumpt; (*vele*) [auf]gebläht; **pallone ~** (*fig, pej*) aufgeblasener Mensch **gonfiezza** [gon'fiettsa] *f* Schwellung *f*

**gonfio, -a** ['gonfio] <-i, -ie> *agg* ① (MED) [an]geschwollen; (*occhi*) verquollen, geschwollen ② (*fiume, torrente*) angeschwollen ③ (*fig: persona*) aufgeblasen ④ (*fig: stile*) geschwollen, schwülstig ⑤ (*loc*) **andare a -ie vele** (*fig*) gut vorankommen; (*cosa*) gut laufen **gonfiore** [gon'fio:re] *m* [An]schwellung *f*

**gong** [gɔŋg] <-> *m* Gong *m*; **colpo di ~** Gongschlag *m*

**gongolare** [goŋgo'la:re] *vi* frohlocken *geh*

**gonna** ['gonna *o* 'gɔnna] *f* [Damen]rock *m*; **~ a pieghe** Faltenrock *m*; **~ a portafoglio** Wickelrock *m*; **~ pantalone** Hosenrock *m* **gonnella** [gon'nɛlla] *f* Rock *m*, Röckchen *nt*; **correre dietro alle -e** (*fam*) hinter jedem Rock her sein

**gonococco** [gono'kɔkko] <-cchi> *m* Gonokokkus *m*

**gonorrea** [gonor'rɛ:a] *f* Gonorrhöe *f*, Tripper *m*

**gonzo, -a** ['gondzo] I. *agg* (*fam pej*) einfältig II. *m, f* (*fam pej*) Dämlack *m*, Schwachkopf *m*

**googlare** [gug'la:re] <googlo, googli> vt googeln

**google®** ['gugel] m (INET) Google® nt; **fare una ricerca su ~** googeln; **cercare qu/qc su ~** jdn/etw googeln

**gora** ['gɔ:ra] f ❶ (di mulino) Mühlbach m ❷ (stagno) Sumpfwasser nt

**gordiano, -a** [gor'dia:no] agg gordisch; **nodo ~** gordischer Knoten

**gorgheggiare** [gorged'dʒa:re] vi ❶ (ZOO) trillern; (usignoli) schlagen ❷ (MUS) trillern **gorgheggio** [gor'geddʒo] <-ggi> m ❶ (ZOO) Getriller nt; (di usignoli) Schlagen nt ❷ (MUS) Triller m

**gorgiera** [gor'dʒɛ:ra] f (HIST) ❶ (di abito femminile) Halsband nt ❷ (di armatura) Halsberge f

**gorgo** ['gorgo] <-ghi> m ❶ (d'acqua) Strudel m ❷ (fig) Wirbel m

**gorgogliare** [gorgoʎ'ʎa:re] vi (liquido) blubbern; (intestino) rumoren

**gorgoglio¹** [gor'goʎʎo] <-gli> m (di liquido) Blubbern nt

**gorgoglio²** [gorgoʎ'ʎi:o] <-glii> m fortwährendes Gurgeln

**gorgonzola** [gorgon'dzɔ:la] m Gorgonzola m (Blauschimmelkäse aus der Lombardei)

**gorilla** [go'rilla] <-> m (fig ZOO) Gorilla m

**Gorizia** f Görz nt (Stadt im Friaul)

**Goriziano** [gori'tsia:no] <sing> m Umgebung f von Görz

**goriziano, -a** I. agg aus Görz II. m, f (abitante) Einwohner(in) m(f) von Görz

**gota** ['gɔ:ta] f (tosc: poet) Wange f

**goticheggiante** [gotiked'dʒante] agg (chiesa) gotisch angehaucht

**gotico** m Gotik f; **~ fiorito** Flamboyantstil m

**gotico, -a** ['gɔ:tiko] <-ci, -che> agg gotisch

**goto** ['gɔ:to] m Gote m

**gotta** ['gotta] f Gicht f

**Gottinga** [got'tiŋga] f Göttingen nt

**gottoso, -a** [got'to:so] I. agg gichtartig, Gicht- II. m, f Gichtkranke(r) f(m)

**governante** [gover'nante] I. mf (POL) Regierende(r) f(m) II. f ❶ (istitutrice) Gouvernante f ❷ (di casa) Haushälterin f

**governare** [gover'na:re] I. vt ❶ (paese, stato) regieren; (comune, regione) verwalten ❷ (casa, famiglia, azienda) führen, leiten; (bestie) versorgen ❸ (NAUT, AERO) steuern II. vr **-rsi** sich verhalten **governativo, -a** [governa'ti:vo] agg Regierungs- **governatorato** [governato'ra:to] m Gouvernement nt **governatore, -trice** [governa'to:re] m, f (POL, ADM) Gouverneur(in) m(f); (FIN: di una banca) Präsident(in) m(f) **governatoriale** [governato'ria:le] agg Gouverneurs- **governatrice** f v. **governatore**

**governissimo** [gover'nissimo] m (POL) große Koalitionsregierung

**governo** [go'vɛrno] m ❶ (POL) Regierung f; **~ fantasma** Scheinregierung f; **~ fantoccio** Marionettenregierung f; **~ federale** Bundesregierung f; **~ monocolore** Einparteienregierung f; **~ ponte** Übergangsregierung f; **~ di coalizione** Koalitionsregierung f ❷ (della casa) Haushalt m, Hauswirtschaft f; (delle bestie) Versorgung f ❸ (direzione) Leitung f; (ADM) Verwaltung f

**gozzo** ['gottso] m Kropf m; **restare sul ~** (fig) im Hals stecken bleiben

**gozzoviglia** [gottso'viʎʎa] <-glie> f Prasserei f **gozzovigliare** [gottsoviʎ'ʎa:re] vi prassen

**gozzuto, -a** [got'tsu:to] agg kropfig, Kropf-

**GR** m abbr di **Giornale Radio** Rundfunknachrichten fpl; **il ~ 1** die Rundfunknachrichten im ersten Programm

**gracchiare** [grak'kia:re] vi krächzen; (rana) quaken; (cicala) zirpen **gracchio** ['grakkio] <-cchi> m ❶ (il gracchiare) Krächzen nt; (di rana) Quaken nt; (di cicala) Zirpen nt ❷ (uccello) Alpendohle f

**gracidare** [gratʃi'da:re] vi quaken **gracidio** [gratʃi'di:o] <-ii> m Quaken nt, Gequake nt

**gracile** ['gra:tʃile] agg (fragile) zart, grazil; (fig) schwach **gracilità** [gratʃili'ta] <-> f Zartheit f, Grazilität f

**gradasso** [gra'dasso] m (pej) Aufschneider m; **fare il ~** (pej) prahlen, aufschneiden

**gradatamente** [gradata'mente] avv stufenweise

**gradazione** [gradat'tsio:ne] f ❶ (di vino, liquore) Grad m; **~ alcolica** Alkoholgehalt m ❷ (di colori, luci, suoni) Abstufung f; **in ~** abgestuft

**gradevole** [gra'de:vole] agg angenehm, gefällig **gradevolezza** [gradevo'lettsa] f Annehmlichkeit f

**gradimento** [gradi'mento] m Wohlgefallen m; (accoglimento) Billigung f; **indice di ~** Einschaltquote f; **questo è di mio ~** das gefällt mir, das sagt mir zu

**gradinata** [gradi'na:ta] f Freitreppe f; (di stadi, teatri) Sitzreihe f, Rang m **gradino** [gra'di:no] m Stufe f

**gradire** [gra'di:re] <gradisco> vt [gern]

mögen, [gern] entgegennehmen; (*desiderare*) wünschen; **voglia ~ i più sentiti auguri** mit den besten Wünschen; **gradisci un caffè?** möchtest du [gern] einen Kaffee? **gradito, -a** [gra'di:to] *agg* willkommen, angenehm, gern gesehen

**grado** ['gra:do] *m* ① (METEO, MAT, LING, PHYS, MED) Grad *m;* **~ alcolico** Alkoholgehalt *m;* **~ comparativo** (LING) Komparativ *m;* **~ superlativo** (LING) Superlativ *m;* **~ di vaporizzazione** Verdampfungsgrad *m;* **ustioni di terzo ~** Verbrennungen *fpl* dritten Grades; **la temperatura è di 7 -i** die Temperatur beträgt 7 Grad ② (*di parentela*) [Verwandtschafts]grad *m* ③ (*stadio*) Schritt *m*, Stufe *f;* (*di difficoltà*) Schwierigkeitsgrad *m;* **andare per -i** schrittweise vorgehen; **a ~ a ~** Schritt für Schritt, allmählich; **al massimo ~** im höchsten Grade ④ (*condizione sociale*) Stellung *f;* (MIL) Rang *m;* **essere al più alto ~ della carriera** auf dem Höhepunkt der beruflichen Laufbahn sein; **rimuovere dal ~** degradieren ⑤ (*fig*) **essere in ~ di fare qc** in der Lage sein etw zu tun; **di buon ~** (*poet*) gern[e]

**graduabile** [gradu'a:bile] *agg* abstufbar

**graduale** [gradu'a:le] *agg* graduell, stufenweise **gradualismo** [gradua'lizmo] *m* Staffelung *f* **gradualità** [graduali'ta] <-> *f* Staffelung *f* **gradualmente** [gradual'mente] *avv* stufen-, schrittweise

**graduare** [gradu'a:re] *vt* ① (TEC) in Grade einteilen, graduieren ② (*fig: ordinare per gradi*) abstufen, staffeln

**graduato** [gradu'a:to] *m* (MIL) Unterführer *m*

**graduato, -a** *agg* in Grade eingeteilt, graduiert

**graduatoria** [gradua'tɔ:ria] <-ie> *f* Rangfolge *f*, Rangliste *f*

**graduazione** [graduat'tsio:ne] *f* Gradeinteilung *f*, Graduation *f*

**graffa** ['graffa] *f* Schelle *f*, Krampe *f* **graffetta** [graf'fetta] *f* Kabelschelle *f* **graffettatrice** [graffetta'tri:tʃe] *f* Heftgerät *nt*, Tacker *m*

**graffiante** [graf'fiante] *agg* (*fig*) bissig, beißend **graffiare** [graf'fia:re] I. *vt* [ver-, zer]kratzen II. *vr* **-rsi** sich kratzen **graffiata** [graf'fia:ta] *f* (*atto*) Kratzen *nt;* (*effetto*) Kratzer *m* **graffiatura** [graffia'tu:ra] *f,* **graffio** ['graffio] <-i> *m* Kratzer *m*, Schramme *f;* (*di pelle*) Kratzwunde *f*

**graffitaro, -a** [graffit'ta:ro] *m, f* Graffitimaler(in) *m(f),* Graffitikünstler(in) *m(f)* **graffito** [graf'fi:to] *m* Sgraffito *nt;* **i -i** die Graffiti *pl*

**graffito, -a** *agg* [ein]geritzt, Sgraffito-

**grafia** [gra'fi:a] <-ie> *f* Grafie *f,* Schrift *f*

**grafica** ['gra:fika] <-che> *f* (*arte*) Grafik *f;* **~ computerizzata** Computergraphik *f*

**grafic design** <-> *m* Grafikdesign *nt*

**graficizzare** [grafitʃid'dza:re] *vt* grafisch gestalten

**grafico** ['gra:fiko] <-ci> *m* (*rappresentazione*) Grafik *f*

**grafico, -a** <-ci, -che> I. *agg* grafisch II. *m, f* (*tecnico*) Grafiker(in) *m(f)*

**grafite** [gra'fi:te] *f* Graphit *m*

**grafologa** *f v.* **grafologo**

**grafologia** [grafolo'dʒi:a] <-gie> *f* Grafologie *f* **grafologico, -a** [grafo'lɔ:dʒiko] <-ci, -che> *agg* grafologisch **grafologo, -a** [gra'fɔ:logo] <-gi, -ghe> *m, f* Grafologe *m* / Grafologin *f*

**gramaglie** [gra'maʎʎe] *fpl* **in ~** in Trauer

**gramigna** [gra'miɲɲa] *f* (BOT) Quecke *f,* Queckengras *nt;* **crescere** [*o* **moltiplicarsi**] **come la ~** wuchern, sich wie Unkraut vermehren

**graminacee** [grami'na:tʃee] *fpl* Gräser *ntpl* **graminaceo, -a** [grami'na:tʃeo] <-ei, -ee> *agg* grasartig, Gras-

**grammaestro** *v.* **gran maestro**

**grammatica** [gram'ma:tika] <-che> *f* Grammatik *f* **grammaticale** [grammati'ka:le] *agg* grammatikalisch; **errore ~** Grammatikfehler *m*

**grammaticalizzare** [grammatikalid'dza:re] I. *vt* (LING) grammatikalisieren II. *vi* (LING: *assumere funzione grammaticale*) grammatikalische Funktion haben

**grammaticalizzazione** [grammatikaliddzat'tsio:ne] *f* (LING) Grammatikalisierung *f*

**grammaticografia** [grammatikogra'fi:a] <-ie> *f* Grammatikologie *f*

**grammo** ['grammo] *m* ① (*unità di misura*) Gramm *nt* ② (*fig: quantità minima*) Funke *m*

**grammofono** [gram'mɔ:fono] *m* Grammofon *nt*

**gramo, -a** ['gra:mo] *agg* armselig, elend

**gran** [gran] *v.* **grande I.**

**grana**[1] ['gra:na] *f* ① (*sl: denaro*) Kies *m* ② (*fig fam*) Stunk *m;* **piantare una ~** (*fam*) Stunk machen; **avere un sacco di -e** (*fam*) eine Menge Ärger am Hals haben ③ (FOTO, MIN) Korn *nt*

**grana**[2] <-> *m* (GASTR) *ein dem Parmesan ähnlicher Hartkäse aus der Lombardei*

**granaglie** [gra'naʎʎe] *fpl* Getreide *nt* **granaio** [gra'na:io] <-ai> *m* ❶ (AGR) Getreidespeicher *m* ❷ (*fig*) Kornkammer *f* **granario, -a** [gra'na:rio] <-i, -ie> *agg* Getreide-

**granata** [gra'na:ta] *f* ❶ (*per scopare*) Stroh-, Reisigbesen *m* ❷ (MIL) Granate *f* ❸ (BOT) Granatapfel *m*

**granatiere** [grana'tiɛ:re] *m* ❶ (MIL) Grenadier *m* ❷ (*fig: persona alta e robusta*) Koloss *m*, Brocken *m*

**granato** [gra'na:to] *m* Granat *m*

**granato, -a** *agg* granat-, Granat-; **mela -a** Granatapfel *m*; **rosso ~** granatrot

**Gran Bretagna** ['gram bre'taɲɲa] *f* Großbritannien *nt*

**grancassa** [graŋ'kassa] *f* große Trommel; **battere la ~** (*fig*) die Werbetrommel rühren

**grancevola** [gran'tʃɛ:vola] *f* Meer-, Seespinne *f*

**granchio** ['graŋkio] <-chi> *m* ❶ (ZOO) Krabbe *f*, Taschenkrebs *m* ❷ (*fig: sbaglio*) Schnitzer *m*; **prendere un ~** hereinfallen *fam*, einem Trugschluss erliegen

**grand'** [grand] *v.* **grande I.**

**grandangolare** [grandaŋgo'la:re] I. *m* Weitwinkelobjektiv *nt* II. *agg* weitwinklig, Weitwinkel-

**grand commis** [grã kɔ'mi] <-> *m* (*altissimo funzionario di amministrazione pubblica*) hoher Verwaltungsfunktionär *m*

**grande** ['grande] <più grande *o* maggiore, grandissimo *o* massimo *o* sommo> I. *agg* ❶ (*gener*) groß; (*largo*) breit; (*esteso*) weit; **come ti sei fatto ~!** wie du gewachsen bist! ❷ (*fig*) groß, bedeutend ❸ (*rafforzativo*) **ci vogliono [dei] gran quattrini** dazu braucht man eine Menge Geld; **una gran bella donna** eine bildschöne Frau; **un gran bevitore/fumatore** ein starker Trinker/Raucher; **avere una gran fame** (*fam*) Kohldampf haben; [**una**] **gran cosa** (*fam*) super, toll, bärig *A*; **non è un gran che** das ist nichts Besonderes II. *mf* ❶ (*adulto*) Erwachsene(r) *f(m)* ❷ (*chi eccelle*) Große(r) *f(m)*, Mächtige(r) *f(m)* ❸ (HIST) Grande *m*; **Federico il Grande** Friedrich der Große III. *m* Größe *f*; (*fig*) Großartige(s) *nt*; **riprodurre in ~** vergrößern; **fare le cose in ~** etw groß aufziehen

**grandeggiare** [granded'dʒa:re] *vi* ❶ (*di costruzione*) **~ su qc** über etw *acc* hinausragen ❷ (*fig: darsi arie*) den großen Herrn/die große Dame spielen

**grandezza** [gran'dettsa] *f* ❶ (*gener*, PHYS, MAT) Größe *f*; (*dimensione*) Ausmaß *nt*; **mania di ~** Größenwahnsucht *f*; **aspirare alla ~** nach Macht und Größe streben; **in ~ naturale** in Originalgröße; (*persone*) in Lebensgröße ❷ (*fig: nobiltà*) Größe *f*; **~ d'animo** Edelmut *m*

**grandiglione, -a** [grandiʎ'ʎo:ne] *m, f* (*tosc: fam*) großes Kind

**grandinare** [grandi'na:re] *vi essere o avere* (METEO) hageln; **grandina** es hagelt; **grandinano bombe** (*fig*) es hagelt Bomben **grandinata** [grandi'na:ta] *f* Hagel[schlag] *m* **grandine** ['grandine] *f* (METEO) Hagel *m*; **chicco di ~** Hagelkorn *nt*; **~ di riso** (*fig*) Reisregen *m*

**grandiosità** [grandiosi'ta] <-> *f* Großartigkeit *f*, Größe *f* **grandioso, -a** [gran'dio:so] *agg* großartig, grandios

**grandissimo** [gran'dissimo] *superlativo di* **grande**

**granduca, -duchessa** [gran'du:ka] *m, f* Großherzog(in) *m(f)* **granducale** [grandu'ka:le] *agg* großherzoglich **granducato** [grandu'ka:to] *m* ❶ (*titolo*) Großherzogwürde *f* ❷ (*territorio*) Großherzogtum *nt* **granduchessa** *f v.* **granduca granduchessina** [grandukes'si:na] *f* jüngste Großherzogtochter

**granello** [gra'nɛllo] *m* (*di seme, sabbia, a. fig*) Korn *nt*; (*di uva*) Kern *m*

**granicolo, -a** [gra'ni:kolo] *agg* Getreide- **granicoltura** [granikol'tu:ra] *f* Getreidebau *m*

**granita** [gra'ni:ta] *f* Granita *f* (*Sorbet aus gestoßenem Eis und Fruchtsaft oder Kaffee*)

**granitico, -a** [gra'ni:tiko] <-ci, -che> *agg* ❶ (MIN) granitisch, Granit- ❷ (*fig: fede, volontà*) unerschütterlich **granito** [gra'ni:to] *m* Granit *m*

**gran maestro** ['gram ma'ɛstro] *m* ❶ (*di Massoneria*) Großmeister *m* ❷ (HIST) Hofmeister *m*

**grano** ['gra:no] *m* ❶ (BOT) Korn *nt*, Getreide *nt*; (*frumento*) Weizen *m*; **~ saraceno** Buchweizen *m* ❷ (*di pepe*) Korn *nt* ❸ (*di rosario, collana*) Perle *f*, Kugel *f* ❹ (*fig: quantità minima*) Korn *nt*; **con un ~ di sale** (*fig*) einsichtig und vernünftig

**gran(o)turco** [gran(o)'turko] <-chi> *m* Mais *m*, Kukuruz *m A*

**granulare**[1] [granu'la:re] *agg* körnig, gekörnt, Korn-

**granulare**[2] *vt* granulieren, körnen

**granulato** [granuˈlaːto] *m* (*materiale in granuli*) Granulat *nt*
**granulato, -a** *agg* (*ridotto in granuli*) granulös; (*ruvido*) rau; **superficie -a** raue Oberfläche
**granulo** [ˈgraːnulo] *m* Granulum *nt* **granuloma** [granuˈlɔːma] <-i> *m* Granulom *nt*
**granulosità** [granulosiˈta] <-> *f* Körnigkeit *f* **granuloso, -a** [granuˈloːso] *agg* gekörnt, körnig
**grappa** [ˈgrappa] *f* (GASTR) Grappa *m* (*italienischer Tresterbranntwein*)
**grappetta** [grapˈpetta] *f* Heftklammer *f*
**grappino** [grapˈpiːno] *m* (*fam*) Gläschen *nt* Grappa
**grappolo** [ˈgrappolo] *m* ① (BOT) [Wein]traube *f;* **un ~ d'uva** eine [Wein]traube; **fiori a ~** Traubenblütler *mpl* ② (*fig*) Traube *f*
**grassaggio** [grasˈsaddʒo] <-ggi> *m* [Ab]schmieren *nt*
**grassatore** [grassaˈtoːre] *m* Straßenräuber *m*, Wegelagerer *m*
**grassetto** [grasˈsetto] *m* halbfette Schrift
**grassetto, -a** *agg* halbfett; (*computer*) fett
**grassezza** [grasˈsettsa] *f* ① (*di persona, animale*) Fettleibigkeit *f* ② (*di cibo*) Fettgehalt *m*, Fettigkeit *f* ③ (AGR) Fruchtbarkeit *f*, Fettheit *f*
**grasso** [ˈgrasso] *m* Fett *nt;* (GASTR) Schmalz *nt;* **~ vegetale** Pflanzenfett *nt;* **~ per lubrificare** Schmierfett *nt;* **cercare di perdere un po' di ~** ein wenig abzuspecken versuchen
**grasso, -a** *agg* ① (*persona*) dick[leibig], fett ② (BOT, AGR) fett; **piante -e** Fettpflanzen *fpl* ③ (*pelle, capelli*) fettig ④ (GASTR: *carne, formaggio, brodo*) fett; (*cucina, cibo*) fetthaltig, fettig ⑤ (*fig: ricco*) fett; **fare -i guadagni** dicke Geld machen ⑥ (*di carnevale*) **la settimana -a** die letzte Karnevalswoche
**grassoccio, -a** [grasˈsɔttʃo] <-cci, -cce> *agg* pummelig, rundlich **grassone, -a** [grasˈsoːne] *m, f* Dickwanst *m*
**grata** [ˈgraːta] *f* Gitter *nt*
**gratella** [graˈtɛlla] *f* Grill *m*, Rost *m;* **bistecca in ~** gegrilltes Steak
**graticcio** [graˈtittʃo] <-cci> *m* ① (*stuoia*) Darre *f* ② (*di chiusura*) Gitter *nt*
**graticola** [graˈtiːkola] *f* ① (GASTR) Rost *m*, Grill *m;* **pesce in ~** gegrillter Fisch ② (*di confessionale*) Beichtgitter *nt* ③ (*di tortura*) Rost *m*
**gratifica** [graˈtiːfika] <-che> *f* (COM) Gratifikation *f*, [Sonder]zuwendung *f;* **~ natalizia** Weihnachtsgeld *nt;* **~ di fine rapporto** goldener Händedruck (*äußerst üppige Abfindung*) **gratificante** [gratifiˈkante] *agg* befriedigend **gratificare** [gratifiˈkaːre] *vt* eine [Sonder]zuwendung gewähren für
**gratificazione** [gratifikatˈtsioːne] *f* Gratifikation *f*, [Sonder]zuwendung *f*
**gratin** [graˈtɛ̃] <-> *m* **al ~** gratiniert, überbacken **gratinare** [gratiˈnaːre] *vt* gratinieren, überbacken
**gratis** [ˈgraːtis] *avv* gratis, kostenlos
**gratitudine** [gratiˈtuːdine] *f* Dankbarkeit *f;* **provare ~ nei confronti di qu** jdm dankbar sein
**grato, -a** [ˈgraːto] *agg* ① (*persona*) dankbar; **essere ~ a qu di qc** jdm für etw dankbar sein ② (*odore, sapore*) angenehm, erfreulich
**grattacapo** [grattaˈkaːpo] *m* (*fam*) Schererei *f*, Unannehmlichkeit *f*
**grattacielo** [grattaˈtʃɛːlo] *m* Wolkenkratzer *m*
**gratta e vinci** [ˈgratta e ˈvintʃi] <-> *m* Rubbellos *nt*
**grattare** [gratˈtaːre] I. *vt* ① (*pelle*) kratzen ② (*grattugiare*) reiben ③ (*graffiare*) [weg]kratzen, verkratzen ④ (*sl*) klauen *fam* II. *vi* ① (*produrre rumore metallico*) kratzen ② (*fam* MOT: *marcia*) krachen, kratzen III. *vr* **-rsi** sich kratzen **grattata** [gratˈtaːta] *f* ① (*fam* MOT) Krachen *nt*, Kratzen *nt;* **che bella ~!** (*fam scherz*) schönen Gruß vom Getriebe! ② (*di testa, naso*) Kratzen *nt*
**grattugia** [gratˈtuːdʒa] <-gie> *f* Reibe *f*
**grattugiare** [grattuˈdʒaːre] *vt* reiben
**gratuità** [gratuiˈta] <-> *f* ① (*senza pagamento*) Unentgeltlichkeit *f* ② (*fig*) Grundlosigkeit *f* **gratuito, -a** [graˈtuːito *o* graˈtuːito] *agg* ① gratis, umsonst; **biglietto ~** Freikarte *f* ② (*fig*) grundlos
**gravame** [graˈvaːme] *m* ① (*fig: peso*) Last *f*, Belastung *f* ② (JUR) Rechtsmittel *nt*
**gravare** [graˈvaːre] I. *vt* ① (*caricare*) **~ qc di qc** etw mit etw beladen ② (*fig*) **~ qu/qc di qc** jdn/etw mit etw belasten II. *vi* **~ su qu/qc** (*a. fig*) auf jdm/etw lasten; **il peso della famiglia grava sulle sue spalle** die Sorge für die Familie lastet schwer auf seinen [*o* ihren] Schultern
**grave** [ˈgraːve] *agg* ① (*importante, serio*) schwer wiegend; (*errore, peccato, malattia*) schwer; (*situazione, caso*) ernst; (*atteggiamento*) ernsthaft ② (MUS) grave; (*nota*) tief ③ (*pesante*) schwer
**gravidanza** [graviˈdantsa] *f* Schwangerschaft *f* **gravido, -a** [ˈgraːvido] *agg*

① (*donna*) schwanger; (*animale*) trächtig; **è -a di cinque mesi** sie ist im fünften Monat schwanger ② (*fig poet*) **nubi -e di pioggia** regenschwere Wolken *fpl*

**gravimetria** [gravime'tri:a] <-ie> *f* Gravimetrie *f*

**gravità** [gravi'ta] <-> *f* ① (PHYS) Schwerkraft *f*, Anziehungskraft *f* ② (*fig*) Schwere *f*; (*di situazione*) Ernst *m*

**gravitare** [gravi'ta:re] *vi* ① (ASTR) kreisen, gravitieren ② (*fig*) sich bewegen; ~ **intorno a** angezogen werden von

**gravitazionale** [gravitattsio'na:le] *agg* Gravitations- **gravitazione** [gravitat'tsio:ne] *f* Gravitation *f*, Anziehungskraft *f*; **legge di** ~ Gravitationsgesetz *nt*

**gravosità** [gravosi'ta] <-> *f* Bürde *f*, Last *f*

**gravoso, -a** [gra'vo:so] *agg* drückend, beschwerlich

**grazia** ['grattsia] <-ie> *f* ① (*armonia, delicatezza*) Anmut *f*; **le tre -ie** die drei Grazien ② (*gentilezza*) Liebenswürdigkeit *f*; **con** ~ freundlich ③ (REL) Gnade *f*; **colpo di** ~ (*fam*) Gnadenstoß *m*; ~ **di Dio** (*fam*) Gottesgabe *f* ④ (JUR) Begnadigung *f*; **concedere la** ~ begnadigen ⑤ (*benevolenza*) Gunst *f*, Wohlwollen *nt*; **essere nelle -ie di qu** in jds Gunst stehen; **in** [*o* **per**] ~ **di** dank +*dat o gen*; **nell'anno di** ... im Jahre des Heils ...; **troppa** ~ **Sant'Antonio!** (*fam*) zu viel des Guten!

**graziare** [grat'tsia:re] *vt* ① (JUR) begnadigen ② (*fig: concedere*) ~ **qu di qc** jdm etw gewähren **graziato, -a** [grat'tsia:to] *m, f* ① (JUR) Begnadigte(r) *f(m)* ② (REL) Begnadete(r) *f(m)*

**grazie** ['grattsie] *int* danke; **tante** ~ **!** vielen Dank!, danke schön!; ~ **mille!, mille** ~ **!** vielen Dank!, tausend Dank!; **sì/no,** ~ ja, bitte/nein, danke; ~ **a** dank +*dat o gen*, durch +*acc*; ~ **a Dio/al cielo** Gott/dem Himmel sei Dank; ~ **per l'ospitalità** danke für die Gastfreundschaft

**graziosità** [grattsiosi'ta] <-> *f* Liebreiz *m*, Anmut *f* **grazioso, -a** [grat'tsio:so] *agg* graziös, lieblich; (*piacevole*) reizend; (*gentile*) liebenswürdig

**greca** ['grɛ:ka] <-che> *f* (*motivo ornamentale*) Mäander *m*

**grecale** [gre'ka:le] I. *agg* nordöstlich, Nordost- II. *m* Nordostwind *m*

**Grecia** ['grɛ:tʃa] *f* Griechenland *nt* **grecismo** [gre'tʃizmo] *m* Gräzismus *m* **grecista** [gre'tʃista] <-i *m*, -e *f*> *mf* Gräzist(in) *m(f)* **grecità** [gretʃi'ta] <-> *f* Griechentum *nt*, griechische Kultur und Literatur **grecizzare** [gretʃid'dza:re] *vt, vi* gräzisieren

**greco** ['grɛ:ko] <*sing*> *m* (LING) Griechisch(e) *nt*; ~ **antico/moderno** Alt-/Neugriechisch(e) *nt*

**greco, -a** <-ci, -che> I. *agg* (HIST, LING) griechisch, altgriechisch; (GEOG) griechisch; (*naso, profilo*) griechisch, klassisch; ~ **-ortodosso** griechisch-orthodox; ~ **-romano** griechisch-römisch II. *m, f* Grieche *m*/Griechin *f*

**green card** [gri:n 'ka:d] <-> *f* Green Card *f*

**gregario** [gre'ga:rio] <-i> *m* (*di società, organizzazione*) Mitglied *nt*; (*pej*) Mitläufer(in) *m(f)*

**gregario, -a** <-i, -ie> *agg* Herden-

**gregge** ['greddʒe] <*pl*: -i *f*> *m* ① (ZOO) Herde *f* ② (*fig: moltitudine di persone*) Herde *f*, Masse *f*; **il** ~ **del parroco** die Schäflein *ntpl* des Pfarrers; **uscire dal** ~ (*fig*) nicht mit der Herde laufen

**greggio** ['greddʒo] *m* Rohöl *nt*, Erdöl *nt*

**greggio, -a** <-ggi, -gge> *agg* ① (*materiali, prodotti*) roh; **allo stato** ~ im Urzustand ② (*fig: rozzo*) ungehobelt, grob

**gregoriano, -a** [grego'ria:no] *agg* gregorianisch

**grembiale, grembiule** [grem'bia:le, grem'biu:le] *m* Schürze *f*; (*camice*) Kittel *m*; (*per bambini*) Schürzchen *nt*

**grembo** ['grɛmbo *o* 'grembo] *m* Schoß *m*

**gremire** [gre'mi:re] <gremisco> I. *vt* füllen, bevölkern II. *vr* -**rsi di** sich füllen mit

**greppia** ['greppia] <-ie> *f* Futtertrog *m*, [Futter]krippe *f*

**grésil** [gre'sil] <-> *f* typische Frühlingseisregenfälle

**greto** ['gre:to] *m* Kiesbank *f*

**grettezza** [gret'tettsa] *f* Kleinlichkeit *f*

**gretto, -a** ['gretto] *agg* ① (*avaro*) geizig; **animo** ~ Krämerseele *f* ② (*fig*) kleinlich

**greve** ['grɛ:ve] *agg* schwer, schwül

**grezza** ['grettsa] *f* (*mer: figuraccia, gaffe*) Fettnäpfchen *nt*; **fare una** ~ ins Fettnäpfchen treten

**grezzo** ['greddzo] *v*. **greggio**

**grida** ['gri:da] *f* (HIST) Erlass *m*, Bekanntmachung *f*

**gridare** [gri'da:re] I. *vi* schreien; (*per chiamare*) rufen; ~ **a squarcia gola** aus vollem Halse schreien II. *vt* ① (*dire ad alta voce*) schreien; (*per chiamare*) rufen; ~ **aiuto** um Hilfe rufen ② (*fam*) ausschimpfen **gridio** [gri'di:o] <-ii> *m* Geschrei *nt*

**grido¹** ['gri:do] <*pl*: -a *f*> *m* ① (*di persone*) Schrei *m*, Ruf *m*; (*invocazione*) Aufschrei *m* ❷ (*fig: fama*) Ruf *m;* **di ~** von Ruf, berühmt; **essere all'ultimo ~** der letzte Schrei sein

**grido²** <*pl:* -i *m*> *m* (*di animali*) Schrei *m,* Ruf *m*

**griffare** [grifˈfaːre] *vt* lizenzieren, die Lizenz erteilen für

**griffato, -a** [grifˈfaːto] *agg* ❶ (*abito, oggetto firmato da stilista*) Marken- ❷ (*chi utilizza solo oggetti firmati da stilisti*) auf Markenartikel fixiert

**griffe** [grif] <> *f* Designeretikett *nt*

**grifone** [griˈfoːne] *m* ❶ (*uccello*) Gänsegeier *m* ❷ (*mostro*) Greif *m*

**grigiastro, -a** [griˈdʒastro] *agg* gräulich

**grigio** [ˈgriːdʒo] <-gi> *m* Grau *nt*

**grigio, -a** <-gi, -gie> *agg* ❶ (*colore*) grau; **~ cenere** aschgrau; **~ perla** perlgrau ❷ (*fig: scialbo*) grau, trostlos; **vedere tutto ~** (*fig*) alles grau in grau sehen

**Grigioni** [griˈdʒoːni] *mpl* Graubünden *nt*

**grigiore** [griˈdʒoːre] *m* ❶ (*di paesaggio*) Grau *nt* ❷ (*fig*) Eintönigkeit *f*

**grigioverde** [gridʒoˈverde] I. *agg* graugrün II. *m* ❶ (*colore*) Graugrün *nt* ❷ (*MIL*) Uniform *f,* Soldatenrock *m*

**griglia** [ˈgriʎʎa] <-glie> *f* ❶ (*GASTR*) Grill *m,* [Brat]rost *m;* **pollo/bistecca alla ~** Hähnchen *nt*/Steak *nt* vom Grill, gegrilltes Hähnchen/Steak ❷ (*inferriata,* MOT, PHYS) Gitter *nt;* **del radiatore** Kühlergrill *m*

**grignolo** [griɲˈɲɔːlo] *m* Grignolo *m* (*Rotwein aus Piemont*)

**grill** [gril] <> *m* ❶ (*griglia*) Grill *m,* [Brat]rost *m* ❷ (*carne*) Grillfleisch *nt;* (*pesce*) gegrillter Fisch *m* ❸ (*fam: ristorante*) Autobahnrestaurant *nt*

**grilletto** [grilˈletto] *m* Abzug *m;* **premere il ~** abdrücken

**grillino, -a** [grilˈliːno] *m, f* (POL) Anhänger(in) *m(f)* der Fünf-Sterne-Bewegung

**grillo** [ˈgrillo] *m* ❶ (ZOO) Grille *f* ❷ (*fig: capriccio*) Grille *f,* Laune *f;* **avere molti -i per il capo** (*fam*) eine Menge Flausen im Kopf haben

**grinfia** [ˈgrinfja] <-ie> *f* (*fam*) Klaue *f;* **cadere** [*o* **finire**] **nelle -ie di qu** (*fig fam*) jdm in die Hände fallen

**grinta** [ˈgrinta] *f* ❶ (*faccia dura*) grimmiges Gesicht; **mostrare la ~** grimmig dreinschauen ❷ (SPORT) [verbissener] Kampfgeist *m*

**grinza** [ˈgrintsa] *f* ❶ (*della pelle*) Falte *f,* Runzel *f* ❷ (*di vestito*) Falte *f;* **le calze fanno le -e** die Strümpfe werfen Falten ❸ (*fig*) **non fare una ~** einwandfrei sein; (*calcolo*) aufs Haar stimmen **grinzoso, -a**

[grinˈtsoːso] *agg* (*pelle*) faltig, runz[e]lig; (*vestito*) zer-, verknittert

**grip** [grip] <> *m* (SPORT) Griff *m*

**grippaggio** [gripˈpaddʒo] *m* **~ del pistone** Kolbenfresser *m* **grippare** [gripˈpaːre] I. *vi* fressen II. *vr* **-rsi** (MOT) sich festfressen

**grisou** [griˈzu] <> *m* Grubengas *nt*

**grissino** [grisˈsiːno] *m* ❶ (GASTR) Grissini *ntpl* (*Knabberstangen aus Weißbrotteig*) ❷ (*fig: persona molto magra*) Hering *m;* **è magro come un ~** er ist dünn wie ein Hering

**groenlandese** [groenlanˈdeːse] I. *agg* grönländisch II. *mf* Grönländer(in) *m(f)*

**Groenlandia** [groenˈlandja] *f* Grönland *nt*

**grog** [grɔg] <> *m* Grog *m*

**gromma** [ˈgromma] *f* Weinstein *m*

**grondaia** [gronˈdaːja] <-aie> *f* Dachrinne *f,* Regenrinne *f*

**grondare** [gronˈdaːre] I. *vi* (*piovere*) triefen; (*cadere a gocce*) tröpfeln, tropfen; **~ di qc** von etw triefen II. *vt* vergießen, verlieren

**groppa** [ˈgrɔppa] *f* ❶ (ZOO) Kruppe *f* ❷ (*fig scherz: dorso dell'uomo*) Buckel *m,* Kreuz *nt;* **avere molti anni sulla ~** schon viele Jahre auf dem Buckel haben **groppone** [gropˈpoːne] *m* (*fam scherz*) Buckel *m;* **piegare il ~** (*fig*) schuften, malochen

**gros-grain** [groˈgrɛ̃] <> *m* Ripsband *nt*

**grossa** [ˈgrɔssa] *f* Gros *nt;* **dormire della ~** (*fam*) schlafen wie ein Murmeltier

**Grossetano** [grosseˈtaːno] <*sing*> *m* Umgebung *f* von Grosseto

**grossetano, -a** I. *agg* aus Grosseto stammend II. *m, f* (*abitante*) Einwohner(in) *m(f)* von Grosseto

**Grosseto** *f* Grosseto *nt* (*Stadt in der Toskana*)

**grossezza** [grosˈsettsa] *f* Dicke *f,* Umfang *m*

**grossista** [grosˈsista] <-i *m,* -e *f*> *mf* Grossist(in) *m(f),* Großhändler(in) *m(f)*

**grosso** [ˈgrɔsso] *m* Hauptteil *m,* Großteil *m* **grosso, -a** *agg* ❶ (*grande*) groß; **dito ~** (*fam*) Daumen *m;* (*del piede*) großer Zeh *m;* **il pesce ~ mangia il piccolo** (*prov*) die großen Fische fressen die kleinen ❷ (*di notevole spessore*) dick; (*sale*) grob[körnig] ❸ (*robusto*) kräftig ❹ (*fig: persona*) groß, wichtig; **un pezzo ~** ein hohes Tier *fam;* **un ~ industriale** ein Großunternehmer ❺ (COM: *somma, guadagno*) hoch; (*affare*) groß, wichtig

**grossolanità → guanto** 372

❸ (*rozzo*) grob, roh ❼ (*loc*) **mare ~** bewegte See; **sbagliarsi di ~** (*fam*) sich gewaltig irren; **questa sì che è -a!** (*fam*) das ist heiß!; **dirle -e** (*fam*) Stuss verzapfen; **farle -e** (*fam*) Dummheiten machen

**grossolanità** [grossolani'ta] <-> *f* (*modi*) Grobschlächtigkeit *f*; (*parole*) Grobheit *f*

**grossolano, -a** [grosso'la:no] *agg* (*persona, modi*) grob; **fare un errore ~** einen groben Fehler begehen

**grossomodo** [grosso'mɔ:do] *avv* ungefähr

**grotta** ['grɔtta] *f* Grotte *f*

**grottescamente** [grotteska'mente] *avv* grotesk, lachhaft

**grottesco** [grot'tesko] *m* Groteske *f*

**grottesco, -a** <-schi, -sche> *agg* grotesk, absonderlich

**groupie** ['gru:pi] <-> *mf* Groupie *nt*

**groviera** [gro'viɛ:ra] <-> *m o f* Gruyère[käse] *m*, Greyerzer *m*

**groviglio** [gro'viʎʎo] <-gli> *m* Gewirr *nt*, Durcheinander *nt*

**gru** [gru] <-> *f* ❶ (zoo) Kranich *m* ❷ (TEC) Kran *m*

**gruccia** ['gruttʃa] <-cce> *f* ❶ (MED) Krücke *f*; **camminare con le -cce** auf Krücken gehen ❷ (*per abiti*) Bügel *m*; **~ appendiabiti** Kleiderbügel *m*

**grufolare** [grufo'la:re] *vi* ❶ (zoo) [mit der Schnauze] [herum]wühlen ❷ (*fig, pej*) schlürfen, schmatzen

**grugnire** [gruɲ'ɲi:re] <grugnisco> I. *vi* ❶ (zoo) grunzen ❷ (*fig, pej*) knurren, maulen II. *vt* (*fig pej: saluto*) grunzen **grugnito** [gruɲ'ɲi:to] *m* Grunzen *nt*

**grugno** ['gruɲɲo] *m* ❶ (zoo) Schnauze *f*, Rüssel *m* ❷ (*pej: faccia*) Schnauze *f vulg*, Fresse *f vulg*; **rompere il ~ a qu** jdm die Fresse polieren *vulg* ❸ (*fig fam: broncio*) Schnute *f*

**grullo, -a** ['grullo] (*pej*) I. *agg* doof II. *m, f* Schwachkopf *m*

**grumo** ['gru:mo] *m* Klumpen *m*

**gruppettaro, -a** [gruppet'ta:ro] *m, f* (*sl*) Gruppenmitglied *nt*, Teilnehmer(in) *m(f)* einer Runde

**gruppista** [grup'pista] <-i *m*, -e *f*> *mf* Vermittler(in) *m(f)* zwischen Heimarbeitern und Auftraggebern

**gruppo** ['gruppo] *m* ❶ (*gener*) Gruppe *f*; (POL) Fraktion *f*; (SPORT) Verein *m*, Gruppe *f*; **~ sanguigno** Blutgruppe *f*; **lavoro di ~** Teamarbeit *f* ❷ (COM, FIN) Verband *m*, Konzern *m*, Kette *f*; **~ economico** Wirtschaftsverband *m*; **~ finanziario** Finanzgruppe *f* ❸ (MOT) Satz *m*, Aggregat *nt*

**gruppuscolo** [grup'puskolo] *m* (POL) Splittergruppe *f*

**gruviera** [gru'viɛ:ra] *v.* **groviera**

**gruzzolo** ['gruttsolo] *m* (*fam*) Notgroschen *m*

**GSM** *m abbr di* **Global System for Mobile communication** GSM *nt*

**G.U.** *v.* **Gazzetta Ufficiale** ≈ Amtsblatt *(mit regelmäßigen Mitteilungen der italienischen Regierung)*

**guadagnare** [guadaɲ'ɲa:re] I. *vt* ❶ (*denaro*) verdienen ❷ (*fig: tempo, spazio, velocità*) gewinnen [an +*dat*] ❸ (*cima, vetta*) erreichen ❹ (*vincere*) gewinnen; **tanto di guadagnato** umso besser II. *vi* ❶ (*ricevere uno stipendio*) verdienen; **~ per vivere** seinen Lebensunterhalt verdienen ❷ (*fare una migliore figura*) zur Geltung kommen; **senza il cappello ci guadagna** ohne Hut sieht er besser aus

**guadagno** [gua'daɲɲo] *m* Verdienst *m*; (*utile, vantaggio*) Gewinn *m*; **~ lordo/ netto** Brutto-/Nettoverdienst *m*

**guadagnucchiare** [guadaɲɲuk'kia:re] I. *vt* (*guadagnare poco*) wenig verdienen II. *vi* (*guadagnare appena il necessario per vivere*) gerade so viel verdienen, wie man für die Lebenshaltungskosten benötigt, sich gerade so über Wasser halten

**guadare** [gua'da:re] *vt* durchwaten **guado** ['gua:do] *m* Furt *f*; **passare a ~** durchwaten

**guaglione, -a** [guaʎ'ʎo:ne] *m, f* (*napol*) Schlingel *m*, Strick *m*

**guai** ['gua:i] *int* wehe; **~ a te se ci riprovi!** wehe, du machst das noch mal!

**guaina** [gua'i:na] *f* ❶ (*di spada*) Scheide *f* ❷ (ANAT, BOT) Scheide *f* ❸ (*indumento*) Korsett *nt*

**guaio** ['gua:io] <-ai> *m* ❶ (*disgrazia*) Unglück *nt*; **ficcarsi nei -ai** (*fam*) Ärger kriegen; **passare un ~** im Schlamassel stecken ❷ (*fastidio*) Ärger *m*; **che ~!** so ein Ärger!

**guaire** [gua'i:re] *vi* winseln **guaito** [gua'i:to] *m* Gewinsel *nt*

**gualdrappa** [gual'drappa] *f* Satteldecke *f*

**guancia** ['guantʃa] <-ce> *f* ❶ (ANAT) Wange *f*, Backe *f* ❷ (GASTR) [Schweins-/ Kalbs]kopf *m*

**guanciale** [guan'tʃa:le] *m* (*cuscino*) [Kopf]kissen *nt*, Polster *m A*; **dormire fra due -i** (*fig*) ruhig schlafen

**guano** ['gua:no] *m* Guano *m*

**guantiera** [guan'tiɛ:ra] *f* Tablett *nt*

**guanto** ['guanto] *m* Handschuh *m*; **calzare come un ~** wie angegossen sitzen; **trattare qu coi -i** jdn mit Glaceehandschuhen anfassen; **mandare** [*o* **gettare**] **il ~** (*fig*) das Handtuch werfen; **raccogliere il ~** (*fig*) den Fehdehandschuh aufnehmen; **con mano di ferro e ~ di velluto** harter Kern unter einer weichen Schale **guantone** [guan'to:ne] *m* Boxhandschuh *m*

**guappo** ['guappo] *m* (*napol*) Mitglied *nt* der Kamorra

**guar** [gaː] *m* (*additivo alimentare*) Guar *nt*, Guarkernmehl *nt*

**guardaboschi** [guarda'boski] <-> *m* Waldhüter(in) *m(f)*, Förster(in) *m(f)*

**guardacaccia** [guarda'kattʃa] <-> *m* Jagdaufseher(in) *m(f)*

**guardacoste** [guarda'kɔste] <-> *m* Küstenwache *f*

**guardalinee** [guarda'liːnee] <-> *m* ① (FERR) Streckenwärter(in) *m(f)* ② (SPORT) Linienrichter(in) *m(f)*

**guardare** [guar'daːre] **I.** *vt* ① (*vedere*) [an]sehen, anschauen; **guarda!** sieh mal!; **~ la televisione** fernsehen; **~ un film** einen Film ansehen; **~ qu/qc con la coda dell'occhio** jdn/etw aus den Augenwinkeln beobachten; **~ qu dall'alto in basso** jdn von oben herab ansehen; **~ qu di sbieco** jdn schief anschauen; **stare a ~** zuschauen, dastehen ② (*custodire*) hüten **II.** *vi* ① (*badare*) **~ a qc** sich um etw kümmern, auf etw *acc* aufpassen; **non ~ a spese** keine Kosten scheuen; **Dio ce ne guardi!** (*fam*) Gott behüte uns!, Gott bewahre! ② (*edificio, finestra*) **~ su qc** auf etw *acc* gehen; **le finestre guardano sul cortile** die Fenster gehen auf den Hof; **le finestre guardano a sud** die Fenster liegen auf der Südseite **III.** *vr* **-rsi** ① (*osservarsi*) sich ansehen; **non si guardano più in faccia** sie reden nicht mehr miteinander ② (*stare in guardia*) **-rsi da qc** sich vor etw *dat* hüten

**guardaroba** [guarda'rɔːba] <-> *m* ① (*armadio*) Kleiderschrank *m*, Kleiderkasten *m* A ② (*stanza*) Garderobe *f*, Ankleideraum *m* ③ (*indumenti*) Kleidung *f*, Garderobe *f* **guardarobiere, -a** [guardaro'biɛːre] *m, f* Garderobier *m*/Garderobiere *f* [*o* Garderobenfrau *f*]

**guardasigilli** [guardasi'dʒilli] <-> *m* ① (JUR) *Justizminister als Gegenzeichner des Staatssiegels* ② (HIST) Siegelbewahrer *m*

**guardata** [guar'daːta] *f* Blick *m*; **dammi una ~ ai bambini!** schau mal nach den Kindern!

**guardia** ['guardia] <-ie> *f* ① (*mil*) Wache *f*; (MED) Wachdienst *m*; (SPORT) Deckung *f*; **~ del corpo** Leibwache *f*; **~ di finanza** Zollbehörde *f*; (*persona*) Zollbeamte(r) *m*/-beamtin *f*; **~ forestale** Förster(in) *m(f)*; **~ giurata** vereidigte(r) Wächter(in) *m(f)*; **~ medica** ärztlicher Notdienst; **cane da ~** Wachhund *m*; **cambio della ~** (*a. fig*) Wachablösung *f*; **corpo di ~** Gardekorps *nt*; **medico di ~** diensthabender Arzt; **mettere qu in ~** jdn warnen; **mettersi/stare in ~** in Deckung gehen/sein; **essere di ~** auf Wache sein; **fare la ~** Wache halten; **giocare a -ie e ladri** Räuber und Gendarm spielen; **in ~!** Achtung!, aufgepasst! ② (*limite*) Anzeiger *m*; **segnale di ~** Wasserstandsanzeiger *m* ③ (*di libro*) Vorsatz *m* **guardiamarina** [guardiama'riːna] <-> *m* Leutnant *m* zur See

**guardiano, -a** [guar'diaːno] *m, f* ① (*di proprietà*) Wächter(in) *m(f)*, Aufseher(in) *m(f)* ② (REL) Hüter(in) *m(f)*

**guardina** [guar'diːna] *f* Arrestzelle *f*

**guardingo, -a** [guar'diŋgo] <-ghi, -ghe> *agg* behutsam, umsichtig

**guardone** [guar'doːne] *m* Voyeur *m*

**guardrail** [gaːd'reil *o* gard'rɛil] <-> *m* Leitplanke *f*

**guarentigia** [guaren'tiːdʒa] <-gie> *f* Garantie *f*, Gewährleistung *f*

**guarigione** [guari'dʒoːne] *f* Heilung *f*, Genesung *f*; **pronta ~!** gute Besserung!

**guarire** [gua'riːre] <guarisco> **I.** *vt avere* ① (MED) heilen; (*persona a*) gesund machen ② (*fig: noia, tristezza*) besiegen; **~ qu da qc** jdn von etw heilen **II.** *vi essere* ① (MED) gesund werden, genesen ② (*fig: dal vizio*) **~ da qc** von etw geheilt werden

**guaritore, -trice** [guari'toːre] *m, f* Heilpraktiker(in) *m(f)*

**guarnigione** [guarni'dʒoːne] *f* Garnison *f*

**guarnire** [guar'niːre] <guarnisco> *vt* ① (*indumento, tovaglia*) verzieren, schmücken; (GASTR) garnieren ② (MIL: *di soldati*) bemannen **guarnizione** [guarnit'tsioːne] *f* ① (*di indumento, tenda*) Garnitur *f*, Verzierung *f* ② (GASTR: *contorni*) Beilage *f* ③ (TEC, MOT) Dichtung *f*

**guastafeste** [guasta'fɛste] <-> *mf* Spielverderber(in) *m(f)*, Miesmacher(in) *m(f)* *fam*

**guastare** [guas'taːre] **I.** *vt* ① (*gener*) verderben; (*gioia*) trüben ② (*meccanismi, strada*) beschädigen, kaputt machen **II.** *vr* **-rsi** ① (*tempo*) sich verschlechtern ② (*cosa, meccanismo*) kaputt gehen ③ (*cibi*) verderben, schlecht werden

**guasto** ['guasto] *m* ① (TEC) Schaden *m*, De-

fekt *m,* Aussetzer *m;* (MOT) Panne *f,* Havarie *f* A ② (*fig: corruzione*) Verderbnis *f*
**guasto, -a** *agg* ① (*gener*) kaputt, defekt ② (*cibo*) verdorben, schlecht; (*frutta*) verfault; (*uova*) faul ③ (MED: *dente*) krank, schlecht ④ (*fig*) verderbt, korrupt; **cervello ~** (*fig*) krankes Hirn
**guazza** ['guattsa] *f* Tau[nässe *f*] *m*
**guazzabuglio** [guattsa'buʎʎo] <-gli> *m* Durcheinander *nt,* Kunterbunt *nt;* (*a. fig*) Wust *m*
**guazzo** ['guattso] *m* ① (*arte*) Gouache *f* ② (*di liquidi*) Lache *f;* **ciliegie in ~** Kirschen *fpl* in Alkohol
**guercio, -a** ['guɛrtʃo] <-ci, -ce> I. *agg* schielend, schieläugig II. *m, f* Schielende(r) *f(m);* **essere ~** schielen
**guerra** ['guɛrra] *f* ① (MIL) Krieg *m;* **~ aerea** Luftkrieg *m;* **~ atomica** Atomkrieg *m;* **~ batteriologica** Krieg *m* mit biologischen Waffen; **~ chimica** Krieg *m* mit chemischen Waffen; **~ civile** Bürgerkrieg *m;* **~ fredda** Kalter Krieg; **~ lampo** Blitzkrieg *m;* **~ psicologica** psychologische Kriegsführung; **~ di successione** Erbfolgekrieg *m;* **·e stellari** Krieg *m* der Sterne; **zona di ~** Kriegsgebiet *nt;* **la prima/seconda ~ mondiale** der Erste/Zweite Weltkrieg; **entrare in ~** in den Krieg eintreten; **essere in ~ con qu** mit jdm Krieg führen; **essere sul piede** [*o* in **assetto**] **di ~** kriegsbereit sein ② (*fig* POL, COM) Krieg *m,* Kampf *m;* **~ d'interessi** Interessenkonflikt *m;* **la ~ contro la droga/la criminalità** der Kampf gegen die Drogen/die Kriminalität **guerrafondaio, -a** [guerrafon'da:io] <-ai, -aie> I. *agg* kriegstreibend, kriegshetzerisch II. *m, f* Kriegstreiber(in) *m(f),* -hetzer(in) *m(f)* **guerreggiare** [guerred'dʒa:re] *vi* Krieg führen; **~ con/contro qu** mit jdm/gegen jdn Krieg führen **guerresco, -a** [guer'resko] <-schi, -sche> *agg* ① (MIL) kriegerisch, Kriegs- ② (*fig: incline alla guerra*) kriegerisch, kriegslustig **guerriero, -a** [guer'riɛ:ro] I. *agg* ① kriegerisch, Krieger- ② (*fig: aspetto, animo*) streitbar; (*combattivo*) angriffslustig II. *m, f* Krieger(in) *m(f)*
**guerriglia** [guer'riʎʎa] <-glie> *f* Guerilla[krieg *m*] *f* **guerrigliero, -a** [guerriʎ'ʎɛ:ro] *m, f* Guerillero *m,* Guerillakämpfer(in) *m(f)*
**guest star** [ges(t) 'sta: *o* gɛst 'star] <-> *mf* (FILM) Gaststar *m,* Gastschauspieler(in) *m(f)*
**gufare** [gu'fa:re] I. *vi* (*verso del gufo*) rufen [wie ein Uhu oder Kauz] II. *vt* (*sl: portare sfortuna*) Unglück bringen
**gufata** [gu'fa:ta] *f* (*sl: iettatura*) böser Blick *m,* Unglück *nt*
**gufo** ['gu:fo] *m* ① (ZOO) Eule *f;* **~ reale** Uhu *m;* **~ comune** Waldohreule *f* ② (*fig, pej: persona poco socievole*) Eigenbrötler *m,* Kauz *m*
**guglia** ['guʎʎa] <-glie> *f* ① (ARCH) Fiale *f* ② (GEOG) Felsnadel *f* ③ (*per l'albero di Natale*) Christbaumspitze *f*
**gugliata** [guʎ'ʎa:ta] *f* Faden[länge *f*] *m*
**guida**[1] ['gui:da] *f* ① (MOT) Fahren *nt,* Führen *nt;* **scuola ~** Fahrschule *f;* **patente di ~** Führerschein *m;* **posto di ~** Fahrersitz *m* ② (*libro*) Leitfaden *m;* (*per il turista*) Reiseführer *m;* (TEL) [Telefon]buch *nt;* **~ al comporre/al tradurre** Aufsatz-/Übersetzungshandbuch *nt* ③ (*persona*) [Reise]führer(in) *m(f),* Leiter(in) *m(f);* **fare da ~ a qu** jdn führen, jdm den Weg weisen ④ (TEC) Führung *f,* Schiene *f;* (MOT) Lenkung *f*
**guida**[2] <inv> *agg* Führungs-
**guidare** [gui'da:re] *vt* ① (*gener*) führen, leiten ② (MOT) fahren, führen; **non sa ~** er/sie kann nicht Auto fahren ③ (SPORT) anführen, führen [in +*dat*] **guidatore, -trice** [guida'to:re] *m, f* Fahrer(in) *m(f),* Lenker(in) *m(f)*
**guidistica** [gui'distika] <-che> *f* (*produzione di guide turistiche*) Reiseführerproduktion *f;* (*reparto di guide turistiche nelle librerie*) Reiseführerabteilung *f*
**guinness**® <-> *m* Guinnessbuch *nt* [der Rekorde]
**guinzaglio** [guin'tsaʎʎo] <-gli> *m* ① (ZOO) [Hunde]leine *f;* **portare il cane al ~** den Hund an der Leine führen ② (*fig*) Leine *f;* **tenere qu al ~** (*fig*) jdn an der [kurzen] Leine halten
**guisa** ['gui:za] *f* Art *f* und Weise *f;* **a ~ di** wie; **di** [*o* **in**] **~ che** so dass, sodass A
**guitto, -a** ['guitto] *m, f* (*pej*) Schmierenkomödiant(in) *m(f);* **compagnia di -i** Schmierentheater *nt*
**guizzare** [guit'tsa:re] *vi* essere ① (*pesce, serpente*) [in die Höhe] schnellen; (*fiamme*) züngeln; (*lampi*) zucken ② (*fig: sfuggire*) entschlüpfen, [ent]gleiten **guizzo** ['guittso] *m* ① (*di pesce, serpente*) Zucken *nt,* Schnellen *nt;* (*di fiamme*) Züngeln *nt* ② (*fig*) Ruck *m*
**guru** ['gu:ru] <-> *m* Guru *m*
**guscio** ['guʃʃo] <-sci> *m* ① (ZOO) Schale *f;* (*della tartaruga*) Panzer *m;* (*di chiocciola*) Haus *nt* ② (BOT) Schale *f;* (*di piselli*) Hül-

se *f*, Schote *f*; (*dell'uovo*) Schale *f* ③ (*fig*) Schneckenhaus *nt;* **chiudersi nel ~** sich in sein Schneckenhaus zurückziehen; **stare nel proprio ~** zurückgezogen leben, ein verschlossener Mensch sein; **uscire dal ~** aus seinem Schneckenhaus herauskommen

**gustare** [gus'ta:re] I. *vt* ① (GASTR) probieren, kosten ② (*fig: godere*) genießen II. *vr* **-rsi** genießen **gustativo, -a** [gusta'ti:vo] *agg* Geschmacks-

**gusto** ['gusto] *m* ① (*senso, sensazione, sapore*) Geschmack *m;* **al ~ di lampone** mit Himbeergeschmack ② (*piacere*) Gefallen *nt,* Freude *f;* (*godimento*) Genuss *m;* **lavorare di ~** gern arbeiten; **mangiare di ~** mit Appetit essen; **ridere di ~** herzlich lachen; **prenderci ~** Spaß daran haben; **non c'è ~** es macht keinen Spaß ③ (*opinione, estetica*) Geschmack *m;* **avere buon ~** einen guten Geschmack haben; **vestire con ~** sich geschmackvoll kleiden; **uno scherzo di pessimo ~** ein geschmackloser Scherz; **è questione di -i** es ist eine Geschmacksfrage; **non è di mio ~** das ist nicht nach meinem Geschmack; **tutti i -i son -i** (*prov*) über Geschmack lässt sich [nicht] streiten **gustoso, -a** [gus'to:so] *agg* ① (GASTR) schmackhaft, wohlschmeckend ② (*fig: che diverte*) köstlich, amüsant

**guttaperca** [gutta'pɛrka] <-che> *f* Guttapercha *f o nt*

**gutturale** [guttu'ra:le] *agg* guttural, Guttural-, kehlig

# Hh

**H, h** ['akka] <-> *f* H, h *nt;* **h come hotel** H wie Heinrich; **bomba H** Wasserstoffbombe *f*

**h** ① *abbr di* **ora** h, Std. ② *abbr di* **etto** 100 Gramm

**ha** *abbr di* **ettaro** ha

**ha** [a] *3. pers sing pr di* **avere**[1]

**habitat** ['a:bitat] <-> *m* ① (BIOL) Habitat *nt* ② (*fig: ambiente adatto*) geeignetes Milieu

**habitué** [abi'tɥe] <-> *mf* Stammgast *m*

**habitus** ['a:bitus] <-> *m* (MED, BIOL) Habitus *m*

**hacker** ['hækə *o* 'haker] <-> *mf* (INFORM) Hacker(in) *m(f)* **hackeraggio** [ake'raddʒo] *m* (*pirateria informatica*) Softwarepiraterie *f* **hacking** ['hækiŋ *o* 'akiŋ] <-> *m* (*pirateria nell'informatica*) Hacken *nt*

**hai** [a:i] *2. pers sing pr di* **avere**[1]

**hairstyle** [hɛa'stail *o* ɛr'stail] <-> *m* (*acconciatura*) Styling *nt,* Frisur *f* **hairstyling** [hɛa'stailiŋ *o* ɛr'stailiŋ] <-> *m* (*studio di un'acconciatura*) Hairstyling *nt* **hairstylist** [hɛa'stailist *o* ɛr'stailist] <-> *mf* Hairstylist(in) *m(f)*

**hall** [hɔ:l] <-> *f* [Eingangs]halle *f*

**hamburger** [am'burger] <-> *m* Hamburger *m,* Burger *m;* **~ vegetariano** Gemüseburger **hamburgerizzazione** [amburgeriddzat'tsio:ne] *f* ① (*pasto rapido*) Fast Food *nt* ② (*semplificazione*) [problematische] Vereinfachung *f* eines Prozesses; (*finalizzazione al consumo*) auf den Konsum ausgerichtete Vorgehensweise *f* **hamburg(h)eria** [amburge'ri:a] <-ie> *f* Burger-Imbissbude *f*

**handheld** <-> *m* (INFORM) Handheld *m*

**handicap** ['hændikæp *o* 'ɛndikap] <-> *m* Handikap *nt* **handicappare** [andikap'pa:re] *vt* behindern, handikapen **handicappato, -a** [andikap'pa:to] I. *agg* (*fig* MED ) behindert II. *m, f* (*fig* MED ) Behinderte(r) *f(m)*

**handling** ['hændliŋ *o* 'ɛndliŋ] <-> *m* ① (AERO: *assistenza a terra negli aeroporti*) Bodenorganisation *f* ② (ADM, COM: *operazioni manuali di magazzino*) manuelle Lagerarbeiten *fpl*

**handmade** ['hænd'meid *o* 'ɛnd'meid] <inv> *agg* (*fatto a mano*) handgemacht; **maglione ~** in Handarbeit hergestellter Pullover

**hangar** [ã'ga:r] <-> *m* Hangar *m,* Flugzeughalle *f*

**hanno** ['anno] *3. pers pl pr di* **avere**[1]

**happening** ['ɛpəniŋ *o* 'ɛppenin(g)] <-> *m* Happening *nt*

**happy end** ['ɛppi 'end *o* ɛppi 'ɛnd] <-> *m* Happy End *nt* **happy hour** ['ɛppi 'auar] <-> *f* Happy Hour *f*

**hard-core** ['ard kɔr] <inv> *agg* (FILM) Hardcore-

**hard discount** ['ard dis'kaunt] <-> *m* Billig-Discountmarkt *m*

**hard disk** ['ard 'disk] <-> *m* (INFORM) Festplatte *f*

**hard top** ['ard 'tɔp *o* ard 'top] <-> *m* Hardtop *nt o m*

**hardware** ['ard 'wɛə *o* 'ardwer] <-> *m* (INFORM) Hardware *f* **hardwarista** [ardwe'rista] <-i *m*, -e *f*> *mf* (INFORM) Hardware-Informatiker(in) *m(f)*

**harem** [a'rem *o* 'arem] <-> *m* Harem *m*

**harmonium** [armo'njom *o* ar'monium] <-> *m* Harmonium *m*

**hascisc** [aʃʃiʃ] <-> *m*, **hashish** [aʃʃiʃ] <-> *m* Haschisch *nt o m*

**haute** [ot] <-> *f* (*poet*) High Society *f*, gesellschaftliche Oberschicht

**haute-couture** ['ot ku'tyr] <-> *f* Haute Couture *f*

**HDTV** *abbr di* **high definition television** HDTV *nt*

**head hunter** ['ed 'hʌnta *o* 'ɛd 'anter] <-> *m* Headhunter(in) *m(f)* **head hunting** ['ed 'hʌntiŋ *o* 'ɛd 'antin(g)] <-> *m* ① (*caccia all'uomo, caccia di taglie*) Menschenjagd *f* ② (COM: *ricerca di personale altamente qualificato*) Headhuntertätigkeit *f*

**heading** ['ediŋ *o* 'ɛdin(g)] <-> *m* ① (*testata giornalistica*) Aufmacher *m* ② (SPORT: *colpo di testa*) Kopfstoß *m*

**health food** ['elθ 'fu:d *o* 'ɛlt 'fud] <-> *m* (*alimento salutistico*) gesundheitlich wertvolles Nahrungsmittel *nt*

**hearing** ['iəriŋ *o* 'hiariŋ] <-> *m* (*indagine conoscitiva*) Hearing *nt*, öffentliche Anhörung *f*

**heavy metal** ['evi 'met(a)l] I. <-> *m* (MUS: *rock duro*) Heavy Metal *nt*, Heavy Rock *m* II. <inv> *agg* (MUS) Heavymetal-; **gruppo ~** Heavymetal-Gruppe *f*

**help** ['elp *o* 'ɛlp] <-> *m* (INFORM) Hilfe[funktion] *f*

**Helsinki** ['ɛlsiŋki] *f* Helsinki *nt*

**henna** ['ɛnna] *f* ① (*tintura*) Henna *f o nt* ② (BOT) Hennastrauch *m*

**herpes** ['ɛrpes] <-> *m* Herpes *m*

**hertz** [(h)ɛrts] <-> *m* Hertz *nt*

**hg** *abbr di* **ettogrammo** 100 g

**hi-fi** ['aifai] *abbr di* **high-fidelity** Hi-Fi

**high** ['ai] I. <inv> *agg* (*sotto effetto di droga*) high II. <-> *m o f* Hochstimmung *f* nach dem Genuss von Rauschgift

**high-fidelity** ['aifi'deliti] I. <inv> *agg* High-Fidelity- II. <-> *f* High Fidelity *f*

**highlight** [ai'la:it] <-> *m* Highlight *nt*

**high society** ['ai sə'saiəti] <-> *f* High Society *f*, gesellschaftliche Oberschicht

**hijacking** ['ai'dʒækiŋ] <-> *m* (*dirottamento o sequestro aereo a scopo politico*) Luftpiraterie *f*, Flugzeugentführung *f*

**hippy** ['ippi] I. <-> *mf* Hippie *m* II. <inv> *agg* Hippie-

**hit** [it *o* 'it] <-> *m* Hit *m*

**hit-parade** ['it pə'reid] <-> *f* (MUS) Hitparade *f*, Charts *fpl;* **entrare nella ~** in die Charts kommen

**hl** *abbr di* **ettolitro** hl, 100 l

**ho** [ɔ] *1. pers sing pr di* **avere**[1]

**hobby** ['ɔbi *o* 'ɔbbi] <-> *m* Hobby *nt*, Steckenpferd *nt*

**hockey** ['ɔki *o* 'ɔkei] <-> *m* Hockey *nt*

**holding** ['ouldiŋ *o* 'ɔldin(g)] <-> *f* Holdinggesellschaft *f*

**home banking** ['oum bɛnkiŋ] <-> *m* Homebanking *nt*

**home design** ['oum di'zain *o* 'om de'zain] <-> *m* (*architettura d'interni*) Innenarchitektur *f;* **progetto di ~** Projekt *nt* der Innenarchitektur **home designer** ['oum di'zainə *o* 'om de'zainer] <-> *mf* (*progettista d'interni, arredatore*) Innenarchitekt(in) *m(f)*

**home fitness** ['oum 'fitnis *o* 'om 'fitnes] <-> *f* (*esercizi ginnici praticati in casa*) Hometraining *nt*

**homeland** ['oumlænd *o* 'omlend] <-> *f* Homeland *nt*

**homeless** ['oumlis] <-> *mf* (*senzatetto*) Obdachlose(r) *f(m)*

**home movie** ['oum 'mu:vi *o* 'om 'muvi] <-> *m* (*film amatoriale*) [Amateur]video *nt*

**homepage** ['oumpeidʒ] <-> *f* (INFORM: *pagina Internet*) Homepage *f*

**Hong Kong** [xoŋ'kɔŋ] *f* Hongkong *nt*

**horror** ['ɔrror] <-> *m* (FILM) Horrorfilm *m;* (LIT) Horrorroman *m*

**host** ['ost] <-> *m* (INFORM) Host *m*

**hostaria** [osta'ri:a] <-ie> *f* rustikales Gasthaus

**hostess** ['ɔstes] <-> *f* ① (AERO) Stewardess *f* ② (*guida turistica*) Reiseführerin *f*, Reiseleiterin *f*, Hostess *f*

**hot dog** ['ɔt dɔg] <-> *m* ① (*panino*) Hotdog *nt o m* ② (SPORT) Akrobatikski *m*

**hotel** [o'tɛl] <-> *m* Hotel *nt;* **~ benessere** Wellnesshotel

**hôtellerie** [otelle'ri:] <-> *f* Hotellerie *f*, Hotelgewerbe *nt*

**hot line** ['ɔt 'lain] <- *o* hot lines> *f* Hotline *f*

**hot money** ['ɔt 'mʌni] <-> *m* ① (FIN) heißes Geld, vagabundierende Gelder *ntpl*

❷ (*moneta in rapida svalutazione*) Inflationswährung *f*
**hot pants** ['ɔt 'pænts] <-> *mpl* (*pantaloncini femminili molto corti e aderenti*) Hotpants *fpl*
**house music** ['aus 'mjuːzik] <-> *f* (MUS) House *m*, Housemusik *f*
**HTML** *abbr di* **Hypertext Markup Language** (INFORM) **codice** ~ HTML-Code *m*
**human relations** ['juːmən ri'leiʃəns] *fpl*

(ADM: *rivalutazione aziendale dell'elemento umano*) Human Relations *fpl*
**humour** ['juːmə *o* 'jumor] <-> *m* Humor *m;* **avere senso dello** ~ Sinn für Humor haben
**humus** ['umus] <-> *m* ❶ (BOT) Humus *m* ❷ (*fig*) Nährboden *m*
**hustler** ['ʌstlə] I.<inv> *agg* streberisch II. <-> *mf* (*arrivista*) Streber(in) *m(f)*
**Hz** *abbr di* **hertz** Hz

# I

**I, i** [i] <-> *f* I, i *nt;* **i come Imola** I wie Ida; **i lunga** J, j *nt*
**i** *art det m pl* die
**I** *abbr di* **Italia** I
**IA** *abbr di* **intelligenza artificiale** KI *f*
**IAL** *m abbr di* **Istituto Addestramento Lavoratori** *Berufsschule für die Ausbildung von* (*technischen*) *Handwerkern*
**iato** [i'ato] *m* ❶ (LING) Hiat[us] *m* ❷ (*fig*) Bruch *m*, Unterbrechung *f*
**ib.** *abbr di* **ibidem** ib.
**IBAN** [i'baːn] <-> *m abbr di* **International Bank Account Number** (FIN) IBAN *f*
**iberico, -a** [i'bɛːriko] <-ci, -che> *agg* iberisch
**ibernare** [iber'naːre] *vi* Winterschlaf halten
**ibernazione** [ibernat'tsioːne] *f* ❶ (ZOO) Winterschlaf *m* ❷ (MED) Hibernation *f*
**ibi, ibis** ['iːbi, 'iːbis] <-> *m* (*poet*) Ibis *m*
**ibid.** *abbr di* **ibidem** ibd.
**ibisco** [i'bisko] <-schi> *m* Hibiskus *m*
**ibrido** ['iːbrido] *m* ❶ (ZOO, BOT) Hybridzüchtung *f*, Hybride *f o m* ❷ (*fig: mescolanza*) Mischung *f*, Gemisch *nt*
**ibrido, -a** *agg* ❶ (ZOO, BOT) hybrid, Hybrid-; **animale** ~ Mischling *m*, Bastard *m* ❷ (TEC) Hybrid-; **motore** ~ Hybridantrieb *m;* **veicolo** ~ Hybridfahrzeug *nt* ❸ (*fig: stile, linguaggio*) hybrid, Misch-
**IC** (FERR) *abbr di* **InterCity** IC *m*
**ICE** (FERR) *abbr di* **InterCity Express** ICE *m*
**ICI, Ici** *f abbr di* **Imposta Comunale sugli Immobili** Grundsteuer *f*
**icona** [i'kɔːna *o* i'koːna] *f* ❶ (*immagine sacra*) Ikone *f* ❷ (INFORM) Icon *nt*, Schaltfläche *f;* ~ **di applicazione** Icon *nt;* **ridurre a** ~ minimieren **iconicità** [ikonitʃi'ta] <-> *f* Bildhaftigkeit *f*, Ikonismus *m* **ico-**

**nico, -a** [i'kɔːniko] <-ci, -che> *agg* ikonisch *geh* **iconologo, -a** [iko'nɔːlogo] <-gi, -ghe> *m, f* Ikonograf(in) *m(f)*
**ics** [iks] <-> *f v.* **X, x**
**id.** *abbr di* **idem** desgl.
**Iddio** [id'diːo] *m* [Herr]gott *m;* **Signore** ~! mein Gott!, Herrgott!; **benedetto** ~! allmächtiger Gott!
**idea** [i'dɛːa] *f* ❶ (PHILOS) Idee *f*, Begriff *m* ❷ (*conoscenza elementare*) Vorstellung *f;* (*immagine*) Bild *nt;* **farsi un'** ~ **di qc** sich *dat* eine Vorstellung von etw machen ❸ (*pensiero*) Idee *f*, Gedanke *m;* ~ **fissa** fixe Idee; **neanche per** ~! nicht im Mindesten!, nicht [mal] im Traum! ❹ (*impressione*) Eindruck *m;* (*opinione*) Meinung *f*, Ansicht *f;* **-e politiche** politische Gesinnung; **cambiare** ~ es sich *dat* anders überlegen ❺ (*trovata*) Idee *f*, Einfall *m* ❻ (*proposito*) Gedanke *m;* (*piano, progetto*) Plan *m*, Vorhaben *nt;* **accarezzare un'** ~ mit einem Gedanken spielen ❼ (*sapere*) Ahnung *f;* (*sensazione*) Gefühl *nt;* **avere** ~ **di qc** eine Ahnung von etw haben; **non averne la più pallida** ~ keinen blassen Schimmer davon haben ❽ (*apparenza*) Anschein *m;* **dare l'** ~ **di qc** den Anschein von etw erwecken
**ideale** [ide'aːle] I. *agg* ❶ (*che concerne l'idea*) ideell, geistig ❷ (*perfetto*) ideal, vollkommen II. *m* Ideal *nt;* (*modello*) Vorbild *nt* **idealista** [idea'lista] <-i *m*, -e *f*> *mf* Idealist(in) *m(f)* **idealistico, -a** [idea'listiko] <-ci, -che> *agg* idealistisch
**idealizzare** [idealid'dzaːre] *vt* idealisieren **idealizzazione** [idealiddzat'tsioː ne] *f* Idealisierung *f* **idealmente** [ide-

al'mente) *avv* ❶ (*teoricamente, di pensiero*) ideell, geistig ❷ (*in modo ideale*) ideal

**ideare** [ide'a:re] *vt* ❶ (*concepire*) [sich *dat*] ausdenken; (*inventare*) erfinden ❷ (*progettare*) planen **ideatore, -trice** [idea'to:re] *m, f* Schöpfer(in) *m(f)*; (*inventore*) Erfinder(in) *m(f)* **ideazione** [ideat'tsio:ne] *f* ❶ (*atto dell'ideare*) Ausdenken *nt*, Ersinnen *nt*; (*invenzione*) Erfinden *nt* ❷ (*progettazione*) Planung *f*

**idem** ['i:dem] <-> **I.** *pron dim* idem, desgleichen **II.** *avv* (*fam*) ebenso

**identicità** [identitʃi'ta] <-> *f* Identität *f*, völlige Übereinstimmung **identico, -a** [i'dɛntiko] <-ci, -che> *agg* identisch; **essere ~ a qc** mit etw identisch sein, völlig übereinstimmen

**identificabile** [identifi'ka:bile] *agg* identifizierbar

**identificare** [identifi'ka:re] **I.** *vt* ❶ (*riconoscere*) identifizieren; **~ qu** jds Identität feststellen, jdn identifizieren ❷ (*considerare identico*) gleichsetzen **II.** *vr* **-rsi con qu/qc** sich mit jdm/etw identifizieren **identificazione** [identifikat'tsio:ne] *f* Identifikation *f*, Identifizierung *f*

**identikit** [identi'kit *o* i'dɛntikit] <-> *m* Phantombild *nt*

**identità** [identi'ta] <-> *f* ❶ (*di persona*) Identität *f*; **carta d'~** Personalausweis *m* ❷ (*l'essere identico*) Gleichheit *f*

**ideografico, -a** [ideo'gra:fiko] <-ci, -che> *agg* ideografisch

**ideogramma** [ideo'gramma] <-i> *m* ❶ (*di scrittura*) Ideogramm *nt*, Begriffszeichen *nt* ❷ (*di statistica*) [Statistik]diagramm *nt*

**ideologa** *f v.* **ideologo**

**ideologia** [ideolo'dʒi:a] <-gie> *f* Ideologie *f*

**ideologicamente** [ideolodʒika'mente] *avv* ideologisch

**ideologico, -a** [ideo'lɔ:dʒiko] <-ci, -che> *agg* ideologisch **ideologo, -a** [ide'ɔ:logo] <-gi *o fam* -ghi, -ghe> *m, f* Ideologe *m*/Ideologin *f*

**idi** ['i:di] *m pl o f pl* (HIST) Iden *pl*

**idilliaco, -a** [idil'li:ako] <-ci, -che> *agg*, **idillico, -a** [i'dilliko] <-ci, -che> *agg* idyllisch **idillio** [i'dillio] <-i> *m* ❶ (LIT) Idylle *f* ❷ (*fig*) Idyll *nt*; **~ familiare** Familienidyll *nt*; **intrecciare un ~** zarte Bande knüpfen

**idiocultura** [idiokul'tu:ra] *f* Eigenkultur *f*, Idiokultur *f*; **l'~ dei sardi** die sardische Eigenkultur

**idioma** [i'diɔ:ma] <-i> *m* Idiom *nt* **idiomatico, -a** [idio'ma:tiko] <-ci, -che> *agg* idiomatisch; **frasi -che** idiomatische Redewendungen *fpl*

**idiosincrasia** [idiosiŋkra'zi:a] <-ie> *f* ❶ (MED) Idiosynkrasie *f*, Überempfindlichkeit *f* ❷ (*fig: avversione totale*) unüberwindliche Abneigung (*per* gegen), Abscheu *m* (*per* vor + *dat*)

**idiota** [i'diɔ:ta] <-i *m*, -e *f*> **I.** *agg* idiotisch; (MED) schwachsinnig **II.** *mf* Idiot(in) *m(f)*; (MED) Schwachsinnige(r) *f(m)*

**idiotismo** [idio'tizmo] *m* (LING) Spracheigenheit *f*

**idiozia** [idiot'tsi:a] <-ie> *f* ❶ (MED) Idiotie *f*, Schwachsinn *m* ❷ (*stupidità*) Idiotie *f*, Dummheit *f*

**idolatra** [ido'la:tra] <-i *m*, -e *f*> **I.** *agg* götzenanbetend, -verehrend **II.** *mf* ❶ (REL) Götzenanbeter(in) *m(f)*, -diener(in) *m(f)* ❷ (*fig: fanatico*) fanatische(r) Verehrer(in) **idolatrare** [idola'tra:re] *vt* ❶ (REL) [als Götzen] anbeten ❷ (*fig: ammirare*) abgöttisch verehren; (*amare*) vergöttern, anbeten **idolatria** [idola'tri:a] <-ie> *f* ❶ (REL) Götzendienst *m* ❷ (*fig: ammirazione*) abgöttische Verehrung; (*amore*) Vergötterung **idolatrico, -a** [ido'la:triko] <-ci, -che> *agg* ❶ (REL) Götzen-, götzendienerisch ❷ (*fig*) abgöttisch

**idolo** ['i:dolo] *m* ❶ (*divinità*) Götze *m*; (*oggetto*) Götzenbild *nt* ❷ (*fig*) Idol *nt*

**idoneità** [idonei'ta] <-> *f* Fähigkeit *f*, Tauglichkeit *f*; **~ all'insegnamento** Lehrbefähigung *f*; **~ al lavoro** Arbeitsfähigkeit *f*; **esami di ~** Eignungsprüfungen *fpl* **idoneo, -a** [i'dɔ:neo] <-ei, -ee> *agg* ❶ (*atto*) fähig, tauglich; **~ al servizio militare** wehrdiensttauglich ❷ (*adatto*) geeignet

**idra** ['i:dra] *f* ❶ (ZOO) Hydra *f* ❷ (*fig*) Übel *nt*

**idrante** [i'drante] *m* ❶ (*dispositivo*) Hydrant *m* ❷ (*autobotte*) Löschfahrzeug *nt*

**idratabile** [idra'ta:bile] *agg* (CHEM) hydrierbar

**idratante** [idra'tante] *agg* Feuchtigkeits-, feuchtigkeitsspendend; **crema ~** Feuchtigkeitscreme *f*

**idratare** [idra'ta:re] *vt* **~ qc** einer Sache *dat* Feuchtigkeit zuführen; (CHEM) etw hydratisieren

**idrato** [i'dra:to] *m* Hydrat *nt*; **-i di carbonio** Kohlenhydrate *ntpl*

**idraulica** [i'drauli:ka] <-che> *f* Hydraulik *f* **idraulico, -a** [i'dra:uliko] <-ci, -che>

**I.** *agg* hydraulisch; **sistema** ~ Hydraulik *f* **II.** *m, f* Installateur(in) *m(f)*
**idrico, -a** ['i:driko] <-ci, -che> *agg* Wasser-, Hydro-
**idroaerogiro** [idroaero'dʒi:ro] *m* (AERO) Hydrocopter *m* **idroaeroporto** [idroaero'pɔrto] *m* (AERO: *idroscalo*) Wasserflughafen *m* **idrocarburo** [idrokar'bu:ro] *m* Kohlenwasserstoff *m* **idrocultura** [idrokul'tu:ra] *f* Hydrokultur *f* **idrodegradazione** [idrodegradat'tsio:ne] *f* (CHEM) Zersetzung *f* durch Wasser **idrodinamica** [idrodi'na:mika] *f* Hydrodynamik *f* **idroelettrico, -a** [idroe'lɛttriko] <-ci, -che> *agg* hydroelektrisch; **centrale -a** Wasserkraftwerk *nt* **idrofilo, -a** [i'drɔ:filo] *agg* hydrophil, Wasser aufnehmend **idrofobia** [idrofo'bi:a] *f* ① (CHEM) Hydrophobie *f* ② (MED: *rabbia*) Tollwut *f* **idrofobo, -a** [i'drɔ:fobo] *agg* ① (MED) tollwütig ② (*fig fam: furioso*) fuchsteufelswild **idrofono** [i'drɔ:fono] *m* Echolot *nt* **idrofugo, -a** [i'drɔ:fugo] <-ghi, -ghe> *agg* wasserabstoßend, wasserabweisend **idrogenare** [idrodʒe'na:re] *vt* hydrieren **idrogeno** [i'drɔ:dʒeno] *m* Wasserstoff *m* **idrografia** [idrogra'fi:a] *f* Hydrografie *f*, Gewässerkunde *f* **idroguida** [idro'gui:da] *f* (MOT) Servolenkung *f* **idrolisi** [i'drɔ:lizi] <-> *f* Hydrolyse *f* **idromassaggio** [idromas'saddzo] <-ggi> *m* ① (*massaggio*) Unterwassermassage *f* ② (*impianto*) Unterwassermassagevorrichtung *f*; **vasca [da]** ~ Whirlpool *m* **idrometro** [i'drɔ:metro] *m* Wasserstandsmesser *m* **idronomia** [idrono'mi:a] <-ie> *f* (SCIENT) Erosionsforschung *f* **idroplano** [idro'pla:no] *m* Tragflächenboot *nt* **idropotabile** [idropo'ta:bile] *agg* trinkbar **idropulitrice** [idropuli'tri:tʃe] *f* Hochdruckreiniger *m* **idrorepellente** [idrorepel'lɛnte] *agg* wasserabstoßend **idroscala** [idro'ska:la] *f* (TEC) hydraulische Hubleiter *f* **idroscalo** [idros'ka:lo] *m* Wasserflughafen *m* **idrosolubile** [idroso'lu:bile] *agg* wasserlöslich **idrossido** [i'drɔssido] *m* Hydroxyd *nt* **idrostatica** [idros'ta:tika] <-che> *f* Hydrostatik *f* **idrovia** [idro'vi:a] *f* Wasserstraße *f* **idrovolante** [idrovo'lante] *m* Wasserflugzeug *nt* **idrovora** [i'drɔ:vora] *f* [Wasser]saugpumpe *f* **idrovoro, -a** [i'drɔ:voro] *agg* Wasser absorbierend
**idruntino, -a** [idrun'ti:no] **I.** *agg* (*di Otranto*) aus Otranto **II.** *m, f* (*abitante*) Einwohner(in) *m(f)* von Otranto
**ie, i.e.** *abbr di* **id est** d.h., d.i.
**iella** ['iɛlla] *f* (*fam*) Pech *nt*, Unglück *nt*; **portare** ~ Unglück bringen **iellato, -a** [iel'la:to] *agg* (*fam*) vom Pech verfolgt
**iena** ['iɛ:na] *f* Hyäne *f*
**ieratico, -a** [ie'ra:tiko] <-ci, -che> *agg* ① (*sacerdotale*) hieratisch *geh,* priesterlich ② (*fig*) würdevoll; (*solenne*) feierlich
**ieri** ['iɛ:ri] **I.** *avv* gestern; ~ **l'altro** vorgestern; ~ **mattina** gestern Morgen; ~ **sera** gestern Abend; **da ~ ad oggi** von gestern auf heute; **sembra nato** ~ (*fig*) er ist naiv **II.** <-> *m* Gestern *nt*
**iettatore, -trice** [ietta'to:re] *m, f* Unglücksbringer(in) *m(f)* **iettatura** [ietta'tu:ra] *f* böser Blick, Unglück *nt*
**IGE** ['i:dʒe] *f abbr di* **Imposta Generale sull'Entrata** USt, Umsatzsteuer *f*
**igiene** [i'dʒɛ:ne] *f* Hygiene *f*, Gesundheitspflege *f*; **ufficio d'**~ Gesundheitsamt *nt*; ~ **della bocca** Mundpflege *f*; ~ **personale** Körperpflege *f* **igienico, -a** [i'dʒɛ:niko] <-ci, -che> *agg* hygienisch; (*salutare*) gesund; **carta -a** Toilettenpapier *nt*; **impianti ~-sanitari** sanitäre Anlagen *fpl* **igienista** [idʒe'nista] <-i m, -e f> *mf* Hygieniker(in) *m(f)*; (*fig*) Reinlichkeitsfanatiker(in) *m(f)* **igienizzante** [idʒenid'dzante] *agg* antibakteriell **igienizzare** [idʒenid'dzare] *vt* hygienisch reinigen
**ignaro, -a** [iɲ'ɲa:ro] *agg* unwissend; (*inesperto*) unerfahren; ~ **degli avvenimenti** über die Ereignisse nicht unterrichtet
**ignavia** [iɲ'ɲa:via] <-ie> *f* Willensschwäche *f* **ignavo, -a** [iɲ'ɲa:vo] *agg* willensschwach
**ignifugo, -a** [iɲ'ɲi:fugo] <-ghi, -ghe> *agg* Feuer hemmend; (*resistente al fuoco*) feuerfest
**ignobile** [iɲ'ɲɔ:bile] *agg* niederträchtig, gemein **ignobiltà** [iɲɲobil'ta] <-> *f* Niederträchtigkeit *f*, Gemeinheit *f*
**ignominia** [iɲɲo'mi:nia] <-ie> *f* Schande *f* **ignominioso, -a** [iɲɲomi'nio:so] *agg* schändlich
**ignorante** [iɲɲo'rante] **I.** *agg* ① (*incompetente*) unfähig; (*inesperto*) unerfahren ② (*senza cultura*) ungebildet; (*che non sa*) unwissend ③ (*maleducato*) ungezogen **II.** *mf* ① (*senza istruzione*) Unwissende(r) *f(m)*, Ignorant(in) *m(f)* ② (*maleducato*) ungezogener Mensch, Flegel *m* **ignoranza** [iɲɲo'rantsa] *f* ① (*insipienza*) Unwissenheit *f*; **non è ammessa l'**~ **della legge** Unwissenheit schützt vor Strafe nicht ② (*maleducazione*) Ungezogenheit *f*
**ignorare** [iɲɲo'ra:re] *vt* ① (*non conoscere*) nicht kennen; (*non sapere*) nicht

wissen (*trascurare*) übersehen, ignorieren **ignorato, -a** [iɲɲo'ra:to] *agg* ❶ (*non conosciuto*) unbekannt ❷ (*trascurato*) unbeachtet

**ignoto** [iɲ'ɲɔ:to] *m* Unbekannte(s) *nt*

**ignoto, -a** I. *agg* unbekannt, nicht bekannt; **monumento al Milite Ignoto** Denkmal *nt* des Unbekannten Soldaten II. *m, f* Unbekannte(r) *f(m)*

**ignudo, -a** [iɲ'ɲu:do] *agg* (*poet*) nackt, unbekleidet

**igrometro** [i'grɔ:metro] *m* Feuchtigkeitsmesser *m,* Hygrometer *nt*

**igroscopico, -a** [igros'kɔ:piko] <-ci, -che> *agg* hygroskopisch

**ih** [i] *int* ❶ (*disgusto*) igitt, pfui ❷ (*stupore*) ach ❸ (*al cavallo*) hü

**il** [il] *art det m sing* der/die/das

**ilare** [i'la:re] *agg* heiter, fröhlich **ilarità** [ilari'ta] <-> *f* Heiterkeit *f,* Fröhlichkeit *f*

**ileo** ['i:leo] *m* ❶ (ANAT: *intestino*) Krummdarm *m;* (*osso*) Darmbein *nt* ❷ (MED) Darmverschluss *m* **iliaco, -a** [i'li:ako] <-ci, -che> *agg* Darmbein-

**ill.** *abbr di* **illustrazione** Abb.

**illanguidire** [illaŋgui'di:re] <illanguidisco, illanguidisci> I. *vt avere* schwächen II. *vi essere* [immer] schwächer werden; (*persona a*) ermatten; (*forze, attenzione*) erlahmen, nachlassen

**illazione** [illat'tsio:ne] *f* Schlussfolgerung *f*

**illecito** [il'le:tʃito] *m* gesetzwidrige Handlung; ~ **penale** strafrechtliches Vergehen

**illecito, -a** *agg* unerlaubt, unzulässig; (*illegale*) gesetzwidrig, widerrechtlich

**illegale** [ille'ga:le] *agg* illegal, gesetzwidrig **illegalità** [illegali'ta] *f* Illegalität *f;* (*atto*) Gesetzwidrigkeit *f*

**illeggiadrire** [illeddʒa'dri:re] <illeggiadrisco, illeggiadrisci> *vt avere* (*cosa*) verschönen, Glanz verleihen (*qc* etw *dat*); (*persona*) [eine gewisse] Anmut verleihen (*qu* jdm)

**illeggibile** [illed'dʒi:bile] *agg* (*difficile a leggersi*) unleserlich, schwer entzifferbar

**illegittima** *f v.* **illegittimo**

**illegittimità** [illedʒittimi'ta] *f* Unrechtmäßigkeit *f,* Gesetzwidrigkeit *f;* (*di figli*) Unehelichkeit *f;* ~ **costituzionale** Verfassungswidrigkeit *f* **illegittimo, -a** [ille'dʒittimo] I. *agg* gesetzwidrig, unrechtmäßig; (*figli*) unehelich II. *m, f* uneheliches Kind

**illeso, -a** [il'le:zo] *agg* ❶ (*incolume*) heil, unversehrt ❷ (*indenne, cosa*) unbeschädigt; (*persona*) unbeschadet

**illetterato, -a** [illette'ra:to] *agg* ungebildet; (*analfabeta*) analphabetisch

**illibatezza** [illiba'tettsa] *f* Reinheit *f,* Unschuld *f;* (JUR) Unbescholtenheit *f;* (*di donna*) Jungfräulichkeit *f* **illibato, -a** [illi'ba:to] *agg* rein, unschuldig; (JUR) unbescholten; (*donna*) jungfräulich

**illicenziabilità** [illitʃentsiabili'ta] <-> *f* Unkündbarkeit *f*

**illimitato, -a** [illimi'ta:to] *agg* unbegrenzt, unbeschränkt

**illiquidità** [illikuidi'ta] *f* (COM) Illiquidität *f,* [vorübergehende] Zahlungsunfähigkeit *f*

**illividire** [illivi'di:re] <illividisco> I. *vt avere* ❶ (*rendere livido*) blau anlaufen lassen ❷ (*coprire di lividi*) mit blauen Flecken übersäen II. *vr* **-rsi** blau anlaufen

**Ill.mo** *abbr di* **illustrissimo** (*in Briefen*) hochverehrter ...

**illogico, -a** [il'lɔ:dʒiko] <-ci, -che> *agg* unlogisch

**illudere** [il'lu:dere] <illudo, illusi, illuso> I. *vt* ~ **qu** jdm falsche Hoffnungen machen II. *vr* **-rsi** sich *dat* etwas vormachen

**illuminante** [illumi'nante] *agg* ❶ (*che diffonde luce*) leuchtend, Leucht- ❷ (*fig*) erleuchtend; **la grazia** ~ die Gnade der Erleuchtung

**illuminare** [illumi'na:re] I. *vt* ❶ (*diffondere luce*) be-, erleuchten ❷ (REL) erleuchten ❸ (*fig: svelare il vero*) ~ **qu su qc** jdn über etw *acc* aufklären II. *vr* **-rsi** (*apparire in luce*) hell werden, aufleuchten; **-rsi di contentezza** vor Freude strahlen **illuminato, -a** [illumi'na:to] *agg* ❶ (*rischiarato*) er-, beleuchtet ❷ (*fig*) erleuchtet, eingeweiht ❸ (HIST, POL) aufgeklärt **illuminazione** [illuminat'tsio:ne] *f* ❶ (*atto, effetto*) Beleuchtung *f,* Beleuchten *nt* ❷ (*apparato*) Beleuchtung[sanlage] *f* ❸ (*fig*) Erleuchtung *f*

**illuminismo** [illumi'nizmo] *m* Aufklärung *f* **illuminista** [illumi'nista] <-i *m,* -e *f*> *mf* Aufklärer(in) *m(f),* Anhänger(in) *m(f)* der Aufklärung

**illuminotecnica** [illumino'tɛknika] <-che> *f* Beleuchtungstechnik *f*

**illusa** *f v.* **illuso**

**illusi** [il'lu:zi] *1. pers sing pass rem di* **illudere**

**illusione** [illu'zio:ne] *f* Täuschung *f,* Illusion *f;* ~ **ottica** optische Täuschung; **dare l'**~ vortäuschen; **farsi delle** -i sich *dat* Illusionen machen **illusionismo** [illuzio'nizmo] *m* Zauberkunst *f* **illusionista** [illuzio'nista] <-i *m,* -e *f*> *mf* Zauberkünstler(in) *m(f)* **illusionistico, -a** [illuzio'nistiko] <-ci, -che> *agg* Zauber-

**illuso, -a** [il'lu:zo] I. *pp di* **illudere** II. *m, f* Träumer(in) *m(f)*, Schwärmer(in) *m(f)*

**illusorietà** [illuzorie'ta] <-> *f* Schein *m*, [Lug *m* und] Trug *m*; **l'~ di quelle promesse è ovvia** das sind offenkundig nur leere Versprechungen

**illusorio, -a** [illu'zɔ:rio] <-i, -ie> *agg* illusorisch, trügerisch

**illustrare** [illus'tra:re] *vt* ① (*con figure*) illustrieren ② (*con spiegazioni*) erläutern, veranschaulichen **illustrativo, -a** [illustra'ti:vo] *agg* veranschaulichend, illustrierend; **materiale ~** Bildmaterial *nt;* **nota -a** erläuternde Anmerkung **illustrato, -a** [illus'tra:to] *agg* illustriert; **cartolina -a** Ansichtskarte *f;* **rivista -a** Illustrierte *f* **illustratore, -trice** [illustra'to:re] *m, f* Buchillustrator(in) *m(f)*, Zeitschriftenillustrator(in) *m(f)* **illustrazione** [illustrat'tsio:ne] *f* ① (*figura*) Illustration *f*, Abbildung *f;* **-i fuori testo** Abbildungen *fpl* auf Tafeln ② (*commento*) Illustration *f*, Erläuterung *f*

**illustre** [il'lustre] *agg* ① (*famoso*) berühmt, bekannt ② (*nobile*) vornehm **illustrissimo, -a** [illus'trissimo] *agg* sehr verehrt; **Vostra Signoria Illustrissima** (HIST) Euer Hochwohlgeboren

**ILOR** ['lɔr] *f acro di* **Imposta Locale sui Redditi** *kommunale Einkommensteuer*

**imbacuccare** [imbakuk'ka:re] I. *vt* einhüllen II. *vr* **-rsi** sich einhüllen

**imbaldanzire** [imbaldan'tsi:re] I. *vt avere* übermütig machen II. *vi essere* übermütig werden III. *vr* **-rsi** übermütig werden

**imbaldanzirsi** [imbaldan'tsirsi] *vr* übermütig werden

**imballaggio** [imbal'laddʒo] <-ggi> *m* Verpackung *f;* **~ a perdere** Einwegverpackung *f;* **~ a rendere** Leergut *nt;* **carta da ~** Packpapier *nt*

**imballare** [imbal'la:re] *vt* ver-, einpacken

**imballatore, -trice** [imballa'to:re] *m, f* Packer(in) *m(f)*

**imbalneabile** [imbalne'a:bile] *agg* mit Badeverbot belegt

**imbalsamare** [imbalsa'ma:re] *vt* ① (*persone*) einbalsamieren ② (*animali*) ausstopfen, präparieren **imbalsamatore, -trice** [imbalsama'to:re] *m, f* ① (*di persone*) Einbalsamierer(in) *m(f)* ② (*di animali*) Tierpräparator(in) *m(f)* **imbalsamazione** [imbalsamat'tsio:ne] *f* ① (*di persone*) Einbalsamierung *f* ② (*di animali*) Ausstopfen *nt*

**imbambolato, -a** [imbambo'la:to] *agg* verträumt, träumerisch; (*pej*) wie betäubt, bewegungslos

**imbandierare** [imbandie'ra:re] *vt* beflaggen, mit Fahnen schmücken

**imbandigione** [imbandi'dʒo:ne] *f* Herrichtung *f* [einer Festtafel]

**imbandire** [imban'di:re] <imbandisco> *vt* (*pasto*) auftischen; (*mensa*) [festlich] herrichten

**imbarazzante** [imbarat'tsante] *agg* heikel; (*increscioso*) peinlich

**imbarazzare** [imbarat'tsa:re] I. *vt* (*fig: mettere in imbarazzo*) in Verlegenheit bringen, verlegen machen; (*confondere*) verwirren II. *vr* **-rsi** verlegen werden **imbarazzato, -a** [imbarat'tsa:to] *agg* (*persona*) verlegen; (*confuso*) verwirrt

**imbarazzo** [imba'rattso] *m* Verlegenheit *f;* (*confusione*) Verwirrung *f;* **non avere che l'~ della scelta** die Qual der Wahl haben; **mettere qu in ~** jdn in Verlegenheit bringen

**imbarbarimento** [imbarbari'mento] *m* Verrohung *f* **imbarbarire** [imbarba'ri:re] <imbarbarisco> I. *vt avere* verrohen lassen II. *vi essere* verrohen

**imbarcadero** [imbarka'dɛ:ro] *m* Landungssteg *m*

**imbarcare** [imbar'ka:re] I. *vt* einschiffen, an Bord nehmen; (*merce*) verladen II. *vr* **-rsi** ① (*salire a bordo*) sich einschiffen, an Bord gehen ② (*impegnarsi*) **-rsi in qc** sich auf etw *acc* einlassen **imbarcatoio** [imbarka'to:io] <-oi> *m* Fallreep *nt* **imbarcatura** [imbarka'tu:ra] *f* Krümmung *f* **imbarcazione** [imbarkat'tsio:ne] *f* Boot *nt;* **~ a remi** Ruderboot *nt;* **~ a vela** Segelboot *nt*

**imbarco** [im'barko] <-chi> *m* ① (*atto dell'imbarcare*) Einschiffung *f;* (*di merci*) Verladung *f* ② (*banchina*) Verladeplatz *m*, Kai *m* ③ (*arruolamento*) Anmusterung *f;* **ottenere un ~** angeheuert werden

**imbastardire** [imbastar'di:re] <imbastardisco> I. *vi essere* ① (*divenire bastardo*) entarten ② (*fig: degenerare*) verkommen II. *vt avere* ① (*rendere bastardo*) bastardieren ② (*fig: guastare*) verderben

**imbastire** [imbas'ti:re] <imbastisco> *vt* ① (*tessuti*) heften, [an]reihen ② (*fig*) [in groben Zügen] entwerfen, skizzieren; (*mettere in opera*) einfädeln **imbastitura** [imbasti'tu:ra] *f* ① (*cucitura*) Heften *nt;* (*risultato*) Heftnaht *f* ② (SPORT) Erschlaffung *f*

**imbattersi** [im'battersi] *vr* ~ **in qu/qc** auf jdn/etw stoßen

**imbattibile** [imbat'ti:bile] *agg* unschlagbar

**imbattuto, -a** [imbat'tu:to] *agg* ungeschlagen

**imbavagliamento** [imbavaʎʎa'mento] *m* ① (*atto di imbavagliare*) Knebeln *nt*, Kneb[e]lung *f* ② (*fig: censura, oppressione*) Mundtotmachen *nt*

**imbavagliare** [imbavaʎ'ʎa:re] *vt* knebeln

**imbeccare** [imbek'ka:re] *vt* ① (*nutriere*) füttern ② (*fig: istruire*) vorsagen, einflüstern **imbeccata** [imbek'ka:ta] *f* [Schnabel voll *m*] Futter *nt;* (*fig*) Mundtotmachen *nt*

**imbecille** [imbe'tʃille] I. *agg* dumm, blöd; (MED) schwachsinnig II. *mf* Schwachkopf *m*, Dummkopf *m;* (MED) Schwachsinnige(r) *f(m)* **imbecillità** [imbetʃilli'ta] <-> *f* (MED) Imbezillität *f*, Schwachsinn *m* [mittleren Grades]

**imbelle** [im'bɛlle] *agg* ① (*poet: inetto alla guerra*) unkriegerisch ② (*fig: debole*) schwach; (*vile*) feige

**imbellettare** [imbellet'ta:re] I. *vt* ① (*ornare di belletto*) schminken ② (*fig*) verschönern, ausschmücken II. *vr* **-rsi** sich schminken

**imbellire** [imbel'li:re] <imbellisco> I. *vt avere* verschönern II. *vr* **-rsi** schöner werden

**imberbe** [im'bɛrbe] *agg* bartlos; (*fig scherz*) unreif, unerfahren

**imbestialire** [imbestia'li:re] <imbestialisco, imbestialisci> I. *vi essere* wütend [*o* rasend] werden, aufdrehen *A* II. *vr* **-rsi** wütend [*o* rasend] werden, aufdrehen *A*

**imbestialirsi** [imbestia'lirsi] <mi imbestialisco> *vr* rasend werden, ausrasten, aufdrehen *A*

**imbevere** [im'be:vere] <imbevo, imbevvi *o* imbevetti, imbevuto> I. *vt* eintunken; (*fare assorbire*) durchtränken II. *vr* **-rsi di qc** sich mit etw vollsaugen

**imbiancare** [imbiaŋ'ka:re] I. *vt avere* weiß färben; (*tessuto*) bleichen; (*pareti*) [weiß] anstreichen, tünchen II. *vi essere* ① (*diventar bianco*) weiß werden; (*incanutire*) ergrauen ② (*fig: impallidire*) erblassen **imbiancato, -a** [imbiaŋ'ka:to] *agg* (*tessuto*) gebleicht; (*pareti*) [weiß] getüncht **imbiancatura** [imbiaŋka'tu:ra] *f* (*di biancheria*) Bleichen *nt;* (*tinteggiatura*) [weißer] Anstrich *m* **imbianchimento** [imbiaŋki'mento] *m* Bleichen *nt* **imbianchino** [imbiaŋ'ki:no] *m* ① (*operaio*) Anstreicher *m*, Maler *m* ② (*pej: pittore*) Farbenkleckser *m* **imbianchire** [imbiaŋ-

'ki:re] <imbianchisco> I. *vt avere* bleichen II. *vi essere* weiß werden, ergrauen

**imbibizione** [imbibit'tsio:ne] *f* Durchtränkung *f;* (*assorbimento*) Einsaugen *nt*

**imbiondire** [imbion'di:re] <imbiondisco> I. *vt avere* blondieren, blond färben II. *vi essere* blond werden

**imbizzarrire** [imbiddzar'ri:re] <imbizzarrisco> *vi essere* ① (*cavallo*) scheuen ② (*persona*) sich erregen

**imboccare** [imbok'ka:re] *vt* ① (*introdurre cibo*) füttern ② (*strada*) einbiegen in +*acc* **imboccatura** [imbokka'tu:ra] *f* ① (*entrata*) Einfahrt *f;* (*apertura*) Öffnung *f;* (*sbocco*) Mündung *f* ② (*di strumento a fiato*) Mundstück *nt* ③ (*del morso*) Gebiss *nt* **imbocco** [im'bokko] <-cchi> *m* Eingang *m;* (*apertura*) Öffnung *f;* (*sbocco*) [Ein]mündung *f*

**imbonimento** [imboni'mento] *m* ① (*di un prodotto*) Anpreisung *f* ② (*fig*) Lobhudelei *f;* (*su cose di pregio inesistente*) Schönfärberei *f* **imbonire** [imbo'ni:re] <imbonisco, imbonisci> *vt* anpreisen (*qu* jdm etw) **imbonitore, -trice** [imboni'to:re] *m, f* Anpreiser(in) *m(f);* (*al mercato*) Marktschreier(in) *m(f)*

**imborghesire** [imborge'zi:re] <imborghesisco> I. *vi essere* verbürgerlichen; (*pej*) verspießern II. *vr* **-rsi** verspießern

**imboscare** [imbos'ka:re] I. *vt* ① (*nascondere*) im Wald verstecken ② (*fig: merce*) hamstern II. *vr* **-rsi** ① (*nascondersi*) sich im Wald verstecken ② (MIL) sich dem Militärdienst entziehen ③ (*scherz: sottrarsi a compiti, impegni*) sich drücken *fam*

**imboscata** [imbos'ka:ta] *f* Hinterhalt *m;* **cadere in un'~** in einen Hinterhalt geraten

**imboscato** [imbos'ka:to] *m* (MIL) Deserteur *m*, Fahnenflüchtiger *m;* (*fig*) Drückeberger *m*

**imboscato, -a** *agg* untergetaucht

**imboschimento** [imboski'mento] *m* Bewaldung *f*

**imboschire** [imbos'ki:re] <imboschisco, imboschisci> I. *vt avere* aufforsten, mit Bäumen bepflanzen II. *vi essere* sich bewalden, sich mit Wald bedecken III. *vr* **-rsi** sich bewalden, sich mit Wald bedecken

**imbottigliamento** [imbottiʎʎa'mento] *m* ① (*di liquidi*) [Flaschen]abfüllung *f* ② (*del traffico*) [Verkehrs]stau *m* **imbottigliare** [imbottiʎ'ʎa:re] I. *vt* [in Flaschen] abfüllen; **essere** [*o* **restare**] **imbottigliati** (*fig: veicoli*) im Stau stecken bleiben II. *vr* **-rsi** sich stauen **imbottigliatore, -trice** [imbottiˈʎʎaːtoːre] *m, f* Abfüller(in) *m(f)* **imbottigliatrice** [imbottiʎʎaˈtriːtʃe] *f* Abfüllmaschine *f*

**imbottire** [imbotˈtiːre] <imbottisco> *vt* ① (*riempire*) füllen; (*vestiti*) wattieren; (*poltrona*) polstern ② (*panini*) belegen ③ (*fig: riempire*) vollstopfen **imbottita** [imbotˈtiːta] *f* Steppdecke *f* **imbottito, -a** [imbotˈtiːto] *agg* (*poltrona*) gepolstert; (*abito*) wattiert; (*panino*) belegt **imbottitura** [imbottiˈtuːra] *f* (*di poltrone*) Polsterung *f*; (*di abiti*) Wattierung *f*

**imbracare** [imbraˈkaːre] *vt* ① (*cingere con corde o catene*) mit einem Seil [*o* einer Kette] umwickeln ② (*bambino*) wickeln

**imbracciare** [imbratˈtʃaːre] *vt* in den Arm nehmen; (*fucile*) schultern

**imbranato, -a** [imbraˈnaːto] I. *agg* tollpatschig II. *m, f* Tollpatsch *m*

**imbrancare** [imbraŋˈkaːre] I. *vt* zusammentreiben II. *vr* **-rsi** eine Gruppe bilden; **-rsi in cattive compagnie** sich in schlechte Gesellschaft begeben

**imbrattacarte** [imbrattaˈkarte] <-> *mf* Schreiberling *m*

**imbrattare** [imbratˈtaːre] I. *vt* beschmieren, beschmutzen II. *vr* **-rsi** sich beschmutzen; **-rsi di sangue** (*a. fig*) sich mit Blut beflecken

**imbrattatele** [imbrattaˈteːle] <-> *mf* Farbenkleckser(in) *m(f)*, Sonntagsmaler(in) *m(f)*

**imbratto** [imˈbratto] *m* Schmutz *m*, Geschmiere *nt*

**imbrigliare** [imbriʎˈʎaːre] I. *vt* ① (*mettere le redini*) auf[zäumen ② (*fig: tenere a freno*) zügeln, bändigen II. *vr* (*fig*) sich verfangen **imbrigliatura** [imbriʎʎaˈtuːra] *f* ① (*di terreno*) Befestigung *f*; (*di corso d'acqua*) Eindämmung *f* ② (NAUT) Verstärkung *f*

**imbroccare** [imbrokˈkaːre] *vt* ① (*colpire nel segno*) [ins Schwarze] treffen ② (*fig: azzeccare*) treffen; (*indovinare*) erraten; **non ne imbrocca una** ihm [*o* ihr] geht alles schief

**imbrogliare** [imbroʎˈʎaːre] I. *vt* ① (*confondere*) durcheinanderbringen; ~ **le idee a qu** jdm verwirren; ~ **la matassa** Verwirrung stiften ② (*truffare*) in die Irre führen; (*frodare*) betrügen II. *vr* **-rsi** ① (*ingarbugliarsi*) sich verwickeln ② (*nel parlare*) sich verhaspeln

**imbroglio** [imˈbrɔʎʎo] *m* ① (*ingarbugliamento*) Verwicklung *f*; (*fig: difficoltà*) Hindernis *nt* ② (*truffa*) Betrug *m* **imbroglione, -a** [imbroʎˈʎoːne] *m, f* Betrüger(in) *m(f)*, Schwindler(in) *m(f)*

**imbronciarsi** [imbronˈtʃarsi] *vr* ① (*corrucciarsi*) schmollen, verärgert sein ② (*fig: cielo*) sich verdüstern; (*tempo*) sich verschlechtern

**imbrunire**[1] [imbruˈniːre] <imbrunisco> *vi essere o avere* dunkel werden; (*dopo il tramonto*) dämmern; **il cielo imbrunisce** der Himmel verdunkelt sich

**imbrunire**[2] <*sing*> *m* [Abend]dämmerung *f*; **sull'~** in der [Abend]dämmerung

**imbruttire** [imbrutˈtiːre] <imbruttisco> I. *vt* avere hässlich machen II. *vi essere* hässlich[er] werden

**imbucare** [imbuˈkaːre] *vt* (*impostare*) einwerfen

**imbufalire** [imbufaˈliːre] <imbufalisco, imbufalisci> I. *vi essere* vor Wut kochen [*o* platzen] II. *vr* **-rsi** vor Wut kochen [*o* platzen]

**imbufalirsi** [imbufaˈlirsi] <m'imbufalisco> *vr* ausrasten **imbufalito, -a** [imbufaˈliːto] *agg* (*arrabbiato, incazzato*) aufgebracht, wütend

**imbullonare** [imbulloˈnaːre] *vt* verbolzen, mit einem Bolzen befestigen

**imburrare** [imburˈraːre] *vt* mit Butter bestreichen, buttern

**imbussolare** [imbussoˈlaːre] *vt* ① (MIL) [mit einer Patrone] laden ② (*nell'urna*) in die Urne werfen

**imbustare** [imbusˈtaːre] *vt* kuvertieren, in einen Umschlag stecken **imbustamento** [imbustaˈmento] *m* Kuvertieren *nt*, Eintüten *nt fam* **imbustatrice** [imbustaˈtriːtʃe] *f* (TEC) Kuvertiermaschine *f* **imbustinatrice** [imbustinaˈtriːtʃe] *f* (TEC) Tütenfüllmaschine *f*

**imbuto** [imˈbuːto] *m* Trichter *m*; **a ~** trichterförmig

**IME** *m abbr di* **Istituto Monetario Europeo** EWI *nt*

**imene** [iˈmɛːne] *m* (ANAT) Jungfernhäutchen *nt*, Hymen *nt o m scient*

**imitabile** [imiˈtaːbile] *agg* nachahmbar, nachzuahmen

**imitare** [imiˈtaːre] *vt* imitieren, nachahmen; (*firma*) fälschen; **questo vetro imita l'alabastro** dieses Glas sieht aus wie Alabaster **imitativo, -a** [imitaˈtiːvo] *agg* Nachahmungs-, Imitations- **imitatore, -trice** [imitaˈtoːre] *m, f* Nachahmer(in) *m(f)* **imitazione** [imitatˈtsioːne] *f* Nachahmung *f*; (*contraffazione*) Fälschung *f*; **fare l'~ di qu** jdn nachahmen

**immacolato, -a** [immako'la:to] *agg* rein, makellos; **la Vergine -a** die Heilige Jungfrau [Maria]

**immagazzinamento** [immagaddzina'mento] *m* [Ein]lagerung *f* **immagazzinare** [immagaddzi'na:re] *vt* ❶ (*nel magazzino*) [ein]lagern ❷ (INFORM) einspeisen ❸ (*fig: nozioni*) speichern; (*raccogliere*) ansammeln

**immaginabile** [immadʒi'na:bile] *agg* denkbar, vorstellbar

**immaginare** [immadʒi'na:re] *vt* ❶ (*figurarsi*) sich *dat* vorstellen; **La disturbo? — S'immagini!** störe ich [Sie]? — Aber keineswegs, [Aber] ich bitte Sie! ❷ (*ideare*) sich *dat* ausdenken; (*inventare*) erfinden ❸ (*supporre*) annehmen, vermuten; (*intuire*) ahnen; (*indovinare*) erraten ❹ (*illudersi*) sich *dat* einbilden; (*sperare*) hoffen **immaginario, -a** [immadʒi'na:rio] <-i, -ie> *agg* imaginär; (*non reale*) unwirklich, Phantasie-; **numero ~** imaginäre Zahl **immaginativa** [immadʒina'ti:va] *f* Vorstellungskraft *f,* -vermögen *nt;* **mancare di ~** keine Phantasie haben **immaginativo, -a** [immadʒina'ti:vo] *agg* Vorstellungs-

**immaginazione** [immadʒinat'tsio:ne] *f* Vorstellung[skraft] *f;* (*fantasia*) Phantasie *f;* **una fervida ~** eine blühende Phantasie

**immagine** [im'ma:dʒine] *f* ❶ (*gener*) [Ab]bild *nt;* (*figura*) Gestalt *f,* Figur *f* ❷ (*nell'arte*) Bildnis *nt,* Bild *nt* ❸ (*riproduzione*) Abbild *nt,* Ebenbild *nt* ❹ (*evocazione di una realtà*) Verkörperung *f* ❺ (*rappresentazione simbolica*) Sinnbild *nt,* Symbol *nt* ❻ (*fig: descrizione*) Bild *nt;* (*rappresentazione*) Darstellung *f*

**immaginismo** [immadʒi'nizmo] *m* Hang *m* zu bildhafter Rede

**immaginoso, -a** [immadʒi'no:so] *agg* phantasievoll, phantasiereich

**immalinconire** [immaliŋko'ni:re] <immalinconisco> I. *vt* avere schwermütig machen II. *vr* **-rsi** schwermütig werden

**immancabile** [imman'ka:bile] *agg* unausbleiblich; (*inevitabile*) unvermeidlich

**immane** [im'ma:ne] *agg* riesig, ungeheuer

**immanente** [imma'nɛnte] *agg* immanent **immanenza** [imma'nɛntsa] *f* Immanenz *f*

**immangiabile** [imman'dʒa:bile] *agg* ungenießbar

**immanicato, -a** [immani'ka:to] *agg* ❶ (*provvisto di maniche*) mit Ärmeln ❷ (*provvisto di impugnatura, di manico*) mit Griff ❸ (*raccomandato, ammanicato*) gedeckt, begünstigt

**immantinente** [immanti'nɛnte] *avv* (*poet*) sofort, unverzüglich

**immateriale** [immate'ria:le] *agg* immateriell; (*dello spirito*) geistig; **beni -i** (JUR) geistige Güter *ntpl*

**immatricolare** [immatriko'la:re] I. *vt* eintragen, registrieren; (*automobili*) zulassen; (*all'università*) immatrikulieren, einschreiben, inskribieren *A* II. *vr* **-rsi** sich immatrikulieren [lassen], sich inskribieren *A*

**immatricolazione** [immatrikolat'tsio:ne] *f* Immatrikulation *f,* Einschreibung *f,* Inskription *f A;* (*di un'automobile*) Zulassung *f,* Typisierung *f A*

**immaturità** [immaturi'ta] *f* Unreife *f*

**immaturo, -a** [imma'tu:ro] *agg* ❶ (*acerbo, a. fig*) unreif ❷ (*prematuro*) vorzeitig, verfrüht ❸ (MED) unreif; **nascita -a** Frühgeburt *f*

**immedesimare** [immedezi'ma:re] I. *vt* (*obs*) identifizieren II. *vr* **-rsi** verwachsen (*in* mit), eins werden (*in* mit), sich identifizieren (*in* mit)

**immedesimarsi** [immedezi'marsi] *vr* **~ in qu** sich in jdn hineinversetzen; **~ nella situazione di qu** sich in jds Lage hineinversetzen **immedesimazione** [immedezimat'tsio:ne] *f* Identifikation *f* (*di* mit)

**immediatamente** [immediata'mente] *avv* sofort, unverzüglich

**immediatezza** [immedia'tettsa] *f* Unmittelbarkeit *f;* (*simultaneità*) Unverzüglichkeit *f* **immediato, -a** [imme'dia:to] *agg* ❶ (*diretto*) unmittelbar, direkt; **~ superiore** unmittelbarer Vorgesetzter; **nelle -e vicinanze** in unmittelbarer Nähe ❷ (*pronto*) sofortig, prompt

**immemorabile** [immemo'ra:bile] *agg* undenklich

**immemore** [im'mɛ:more] *agg* nicht gedenkend

**immensità** [immensi'ta] <-> *f* ❶ (*qualità*) Unermesslichkeit *f,* Unendlichkeit *f* ❷ (*quantità*) Unmenge *f* **immenso, -a** [im'mɛnso] *agg* ❶ (*enorme*) unermesslich, immens; (*sconfinato*) grenzenlos, unendlich [groß]; (*numeroso*) unzählig ❷ (*fig: intenso*) ungeheuer; (*desiderio*) brennend

**immensurabile** [immensu'ra:bile] *agg* unmessbar; (*fig*) unermesslich

**immergere** [im'mɛrdʒere] <immergo, immersi, immerso> I. *vt* ❶ (*tuffare*) eintauchen ❷ (*fig*) versenken II. *vr* **-rsi** ❶ (*penetrare*) eindringen; (*in acqua, tra la folla*) untertauchen ❷ (*dedicarsi*) sich vertiefen; **-rsi nel sonno** in Schlaf sinken; **-rsi nello studio** sich ins Studium vertiefen

**immeritato, -a** [immeri'ta:to] *agg* unverdient

**immeritevole** [immeri'te:vole] *agg* unwürdig

**immersi** [im'mɛrsi] *1. pers sing pass rem di* **immergere**

**immersione** [immer'sio:ne] *f* ① (*introduzione in mezzo liquido*) [Ein-, Unter]tauchen *nt* ② (NAUT) Tiefgang *m*

**immerso** [im'mɛrso] *pp di* **immergere**

**immettere** [im'mettere] <irr> *vt* einführen; (*fig*) zuführen; (*acqua*) einlaufen lassen

**immigrante** [immi'grante] **I.** *agg* immigrierend, einwandernd **II.** *mf* Einwanderer *m*/Einwanderin *f*, Zuwanderer/Zuwanderin, Immigrant(in) *m(f)*

**immigrare** [immi'gra:re] *vi essere* immigrieren, einwandern **immigrato, -a** [immi'gra:to] **I.** *agg* immigriert, eingewandert **II.** *m, f* Immigrant(in) *m(f)*, Einwanderer *m*/Einwanderin *f*, Zuwanderer/Zuwanderin; **ufficio -i** Ausländeramt *nt;* (*entro i confini comunali*) Zugezogene(r) *f(m)* **immigrazione** [immigrat'tsio:ne] *f* Immigration *f*, Einwanderung *f*

**imminente** [immi'nɛnte] *agg* [unmittelbar] bevorstehend **imminenza** [immi'nɛntsa] *f* [unmittelbares] Bevorstehen

**immischiare** [immis'kia:re] **I.** *vt* ~ **qu in qc** jdn in etw *acc* hineinziehen **II.** *vr* **-rsi** [**in qc**] sich [in etw *acc*] einmischen

**immiserimento** [immizeri'mento] *m* (*a. fig*) Verarmung *f* **immiserire** [immize'ri:re] <immiserisco> **I.** *vt* avere verarmen lassen **II.** *vr* **-rsi** (*a. fig*) verarmen

**immisi** [im'mi:zi] *1. pers sing pass rem di* **immettere**

**immissario** [immis'sa:rio] <-i> *m* Zufluss *m*

**immissione** [immis'sio:ne] *f* (*introduzione*) Einführen *nt;* (*sbocco*) Einströmen *nt*

**immobile** [im'mɔ:bile] **I.** *agg* unbeweglich **II.** *m* Immobilie *f*, unbewegliches Gut

**immobiliare** [immobi'lia:re] *agg* Immobilien-, Immobiliar-

**immobilismo** [immobi'lizmo] *m* starre Haltung; (*inazione*) Untätigkeit *f*

**immobilità** [immobili'ta] *f* Unbeweglichkeit *f;* (*inerzia*) Regungslosigkeit *f*

**immobilizzare** [immobilid'dza:re] *vt* ① (*rendere immobile*) bewegungsunfähig machen; (MED) ruhigstellen, immobilisieren ② (COM: *capitale*) festlegen, langfristig anlegen **immobilizzatore** [immobiliddza-'to:re] *m* (AUTO) Wegfahrsperre *f* **immobilizzazione** [immobiliddzat'tsio:ne] *f* ① (*atto dell'immobilizzare*) Unbeweglichmachen *nt* ② (MED) Ruhigstellung *f* ③ (FIN) Festlegung *f* **immobilizzo** [immobi'liddzo] *m* Festlegung *f*

**immodestia** [immo'dɛstia] *f* Unbescheidenheit *f* **immodesto, -a** [immo'dɛsto] *agg* unbescheiden

**immolare** [immo'la:re] **I.** *vt* [auf]opfern **II.** *vr* **-rsi** sich aufopfern **immolazione** [immolat'tsio:ne] *f* [Auf]opferung *f*

**immondezza** [immon'dettsa] *f* ① (*immondizie*) Müll *m*, Abfall *m* ② (*fig: sudiciume*) Schmutzigkeit *f* **immondezzaio** [immondet'tsa:io] <-ai> *m* Müllabladeplatz *m*

**immondizia** [immon'dittsia] <-ie> *f* Abfall *m*, Müll *m;* **bidone delle -e** Mülltonne *f*

**immondo, -a** [im'mondo] *agg* ① (*sporco*) schmutzig ② (*fig: indecente*) unanständig

**immorale** [immo'ra:le] *agg* unmoralisch **immoralità** [immorali'ta] *f* Unmoral *f;* (*scostumatezza*) Unsittlichkeit *f;* (*corruzione*) Verderbtheit *f*

**immortalare** [immorta'la:re] **I.** *vt* verewigen **II.** *vr* **-rsi** sich verewigen; (*ottenere fama*) unsterblichen Ruhm erlangen **immortale** [immor'ta:le] *agg* unsterblich; (*fig*) ewig **immortalità** [immortali'ta] *f* Unsterblichkeit *f*

**immotivato, -a** [immoti'va:to] *agg* unmotiviert; (*senza ragione*) unbegründet

**immoto, -a** [im'mɔ:to] *agg* unbeweglich, regungslos

**immune** [im'mu:ne] *agg* ① (MED) **essere ~ a qc** gegen etw immun sein ② (*libero*) **essere ~ da qc** frei von etw sein; **rimanere ~ da qc** von etw verschont bleiben **immunità** [immuni'ta] <-> *f* (MED, POL) Immunität *f* **immunitario, -a** [immuni'ta:rio] <-i, -ie> *agg* Immunitäts- **immunizzare** [immunid'dza:re] *vt* immunisieren **immunizzazione** [immuniddzat'tsio:ne] *f* Immunisierung *f*

**immunodeficienza** [immunodefi'tʃɛntsa] *f* Immunschwäche *f;* **sindrome da ~ acquisita** Immunschwächekrankheit *f*, Aids *nt*

**immunologico, -a** [immuno'lɔ:dʒiko] <-ci, -che> *agg* immunologisch **immunologo, -a** [immu'nɔ:logo] <-gi *m*, -ghe *f*> *m, f* Immunologe *m*/Immunologin *f*

**immusonirsi** [immuzo'nirsi] <m'immusonisco> *vr* schmollen

**immutabile** [immu'ta:bile] *agg* unveränderlich, unwandelbar **immutabilità** [immutabili'ta] <-> *f* Unveränderlichkeit *f* **immutato, -a** [immu'ta:to] *agg* unverändert

**impaccare** [impak'ka:re] *vt* verpacken **impaccatore, -trice** [impakka'to:re] *m, f* [Ver]packer(in) *m(f)* **impaccatrice** [impakka'tri:tʃe] *f* (TEC) Paketiermaschine *f*

**impacchettare** [impakket'ta:re] *vt* ❶ (*involgere*) ab-, ein-, verpacken ❷ (*fig fam: arrestare*) schnappen; (*prendere*) kassieren **impacchettatrice** [impakketta'tri:tʃe] *f* (TEC) Paketiermaschine *f*

**impacciare** [impat'tʃa:re] *vt* behindern; (*disturbare*) stören **impacciato, -a** [impat'tʃa:to] *agg* ❶ (*maldestro*) unbeholfen, plump ❷ (*imbarazzato*) verlegen, befangen **impaccio** [im'pattʃo] <-cci> *m* ❶ (*imbarazzo*) Verlegenheit *f*; **cavarsi d'~** sich aus der Verlegenheit ziehen ❷ (*disturbo*) Störung *f*; **essere d'~ a qu** jdm im Wege sein

**impacco** [im'pakko] <-chi> *m* Umschlag *m*, Kompresse *f*

**impact factor** ['impækt 'fæktə] <-> *m* (COM) Einflussfaktor *m*, Impact *m*

**impadronirsi** [impadro'nirsi] <m'impadronisco> *vr* ❶ (*impossessarsi*) **~ di qc** sich einer Sache *gen* bemächtigen; (*appropriarsi indebitamente*) sich *dat* etw aneignen ❷ (*fig: acquisire a fondo*) **~ di qc** sich *dat* etw aneignen

**impagabile** [impa'ga:bile] *agg* (*a. fig*) unbezahlbar

**impaginare** [impadʒi'na:re] *vt* (TYP) umbrechen **impaginato, -a** [impadʒi'na:to] I. *agg* (TYP) umbrochen II. *m* (TYP) Umbruch *m*, umbrochener Satz **impaginazione** [impadʒinat'tsio:ne] *f* (TYP) Umbruch *m*

**impagliare** [impaʎ'ʎa:re] *vt* ❶ (*rivestire*) mit Stroh umwickeln ❷ (*imbalsamare*) ausstopfen **impagliatore, -trice** [impaʎʎa'to:re] *m, f* ❶ (*di oggetti*) Korbflechter(in) *m(f)*, Strohflechter(in) *m(f)* ❷ (*di animali*) [Tier]präparator(in) *m(f)* **impagliatura** [impaʎʎa'tu:ra] *f* ❶ (*rivestimento*) Strohgeflecht *nt*, Korbgeflecht *nt* ❷ (*imballo*) Strohfüllung *f* ❸ (*di animali*) Ausstopfung *f*

**impalare** [impa'la:re] I. *vt* pfählen II. *vr* **-rsi** eine kerzengerade Haltung einnehmen; **-rsi sull'attenti** stramm stehen **impalato, -a** [impa'la:to] *agg* (*rigido*) kerzengerade; **starsene ~** untätig herumstehen

**impalcatura** [impalka'tu:ra] *f* [Bau]gerüst *nt*; (*fig*) Aufbau *m*

**impallidire** [impalli'di:re] <impallidisco> *vi essere* ❶ (*sbiancare*) erblassen ❷ (*fig: attenuarsi*) verblassen

**impallinare** [impalli'na:re] *vt* [mit einem Schrotschuss] treffen; (*tirare*) abfeuern

**impalmare** [impal'ma:re] *vt* zum Traualtar führen

**impalpabile** [impal'pa:bile] *agg* kaum wahrnehmbar; (*finissimo*) hauchdünn

**impaludare** [impalu'da:re] I. *vt* versumpfen lassen II. *vr* **-rsi** versumpfen, sumpfig werden

**impanare** [impa'na:re] *vt* ❶ (GASTR) panieren ❷ (*vite*) ein Gewinde schneiden in +*acc*

**impancarsi** [impaŋ'karsi] *vr* sich aufspielen (*a* als)

**impaniare** [impa'nia:re] I. *vt* ❶ (*spalmare di pania*) mit Vogelleim bestreichen ❷ (*fig: ingannare*) hereinlegen, anschmieren *fam*, leimen *sl* II. *vr* **-rsi** ❶ (*uccelli*) auf Leimruten hängen bleiben ❷ (*fig: impastoiarsi*) sich verfangen; **-rsi in un affare poco pulito** sich in ein unsauberes Geschäft hineinziehen lassen

**impantanare** [impanta'na:re] I. *vt* in einen Sumpf verwandeln, versumpfen lassen II. *vr* **-rsi** ❶ (*affondare nel pantano, a. fig*) im Morast versinken; **si è impantanato in un mare di debiti** er steckt bis zum Hals in Schulden ❷ (*fig*) sich verwickeln [*o* hineinziehen] lassen (*in* in +*acc*)

**impantanarsi** [impanta'narsi] *vr* ❶ (*affondare nel pantano*) im Morast versinken ❷ (*fig: impegolarsi*) **~ in qc** sich in etw *acc* verwickeln lassen; **si è impantanato in un mare di debiti** er steckt bis zum Hals in Schulden

**impaperarsi** [impape'rarsi], **impappinarsi** [impappi'narsi] *vr* sich verhaspeln *fam*, sich verheddern *fam*

**imparabile** [impa'ra:bile] *agg* (*tiro di pallone*) unhaltbar

**imparare** [impa'ra:re] *vt* [er]lernen; **~ a leggere/scrivere** lesen/schreiben lernen; **impara l'arte e mettila da parte** (*prov*) gelernt ist gelernt

**imparaticcio** [impara'tittʃo] *m* ❶ (*nozioni mal assimilate*) oberflächliches Wissen ❷ (*lavoro malfatto*) Stümperei *f*

**impareggiabile** [impared'dʒa:bile] *agg* unvergleichlich

**imparentarsi** [imparen'tarsi] *vr* ~ **con qu** sich mit jdm verschwägern; ~ **con qc** (*per mezzo del matrimonio*) in etw *acc* einheiraten

**impari** ['impari] <inv> *agg* ❶ (*disuguale*) ungleich ❷ (MAT: *dispari*) ungerade **imparità** [impari'ta] *f* Ungleichheit *f*; (*inferiorità*) Unterlegenheit *f*

**impartire** [impar'ti:re] <impartisco> *vt* ❶ (*distribuire*) zuteilen, verteilen ❷ (*concedere*) erteilen, geben

**imparziale** [impar'tsia:le] *agg* unparteiisch; (*non prevenuto*) unvoreingenommen; (*giusto*) gerecht **imparzialità** [impartsiali'ta] *f* Unparteilichkeit *f*; (*mancanza di prevenzione*) Unvoreingenommenheit *f*; **giudicare con** ~ unparteiisch urteilen

**impasse** [ɛ̃'pas] <-> *f* Sackgasse *f*

**impassibile** [impas'si:bile] *agg* unerschütterlich; (*indifferente*) gleichmütig; **restare** ~ keine Miene verziehen **impassibilità** [impassibili'ta] <-> *f* Unerschütterlichkeit *f*; (*indifferenza*) Gleichmut *m*

**impastare** [impas'ta:re] *vt* ❶ (*pasta*) kneten ❷ (*colori*) mischen **impastato, -a** [impas'ta:to] *agg* ❶ (*imbrattato*) ~ **di qc** mit etw beschmiert; **avere la lingua -a** eine belegte Zunge haben ❷ (*fig: formato*) **essere** ~ **di bontà** die Güte selbst sein; **è** ~ **di cattiveria** er steckt voller Bosheit

**impastatore, -trice** [impasta'to:re] *m, f* [Teig]kneter(in) *m(f)* **impastatrice** [impasta'tri:tʃe] *f* Knetmaschine *f*

**impasticcarsi** [impastik'karsi] *vr* (*fam: di droghe*) sich mit Drogen vollpumpen; (*di medicinali*) sich mit Tabletten vollstopfen **impasticcato, -a** [impastik'ka:to] I. *m, f* (*sl: drogato*) Fixer(in) *m(f)*, Junkie *m* II. *agg* drogensüchtig, drogenabhängig

**impasticciare** [impastit'tʃa:re] I. *vt* ❶ (GASTR) vermengen, mixen ❷ (*fig*) zusammenschustern II. *vr* -**rsi** ❶ (*sporcarsi*) sich dreckig machen ❷ (*fig: confondersi*) sich verzetteln

**impasto** [im'pasto] *m* Mischung *f*, Gemisch *nt*; (GASTR) Teig *m*

**impastoiare** [impasto'ja:re] *vt* ❶ (*legare*) fesseln ❷ (*fig: intralciare*) behindern

**impatto** [im'patto] *m* ❶ (*urto*) Aufprall *m*; (*scontro*) Zusammenstoß *m* ❷ (*fig*) Wirkung *f*; (*contatto*) Berührung *f*; (*incontro*) Begegnung *f*

**impaurire** [impau'ri:re] <impaurisco> I. *vt* avere ~ **qu** jdm Furcht einjagen; (*intimidare*) jdn einschüchtern II. *vr* -**rsi** erschrecken

**impavido, -a** [im'pa:vido] *agg* unerschrocken

**impaziente** [impat'tsiɛnte] *agg* ❶ (*senza pazienza*) ungeduldig ❷ (*ansioso*) aufgeregt; (*desideroso*) begierig **impazientirsi** [impattsien'tirsi] <m'impazientisco> *vr* ungeduldig werden **impazienza** [impat'tsiɛntsa] *f* Ungeduld *f*

**impazzare** [impat'tsa:re] *vi essere* toben **impazzata** [impat'tsa:ta] *f* **all'**~ wie verrückt, wie wahnsinnig; **fuggire all'**~ Hals über Kopf davonlaufen; **menare colpi all'**~ wie wahnsinnig um sich schlagen

**impazzimento** [impattsi'mento] *m* Verrücktwerden *nt*; **che** ~ **questo lavoro!** (*fig*) diese Arbeit bringt mich noch zum Wahnsinn! **impazzire** [impat'tsi:re] <impazzisco> *vi essere* ❶ (*ammattire*) verrückt werden ❷ (*fig: languire*) ~ **d'amore** vor Liebe vergehen; ~ **per qu** auf jdn [*o* nach jdm] verrückt sein; ~ **per il ballo** leidenschaftlich gern tanzen ❸ (*fig: stillarsi il cervello*) sich *dat* den Kopf zerbrechen ❹ (GASTR) gerinnen

**impeccabile** [impek'ka:bile] *agg* einwandfrei, tadellos **impeccabilità** [impekkabili'ta] <-> *f* Fehlerlosigkeit *f*

**impedenza** [impe'dɛntsa] *f* Impedanz *f*, Scheinwiderstand *m*

**impedimento** [impedi'mento] *m* Hindernis *nt*; **essere d'**~ ein Hindernis sein, im Wege sein **impedire** [impe'di:re] <impedisco> *vt* ❶ (*intralciare*) behindern; (*vista, transito*) versperren ❷ (*ostacolare*) ~ **qc a qu** jdn an etw *dat* hindern; (*trattenere*) jdn von etw abhalten ❸ (*impacciare*) ~ **qc a qu** jdn bei etw [be]hindern ❹ (*scongiurare*) verhindern; (*prevenire*) verhüten ❺ (MED) lähmen

**impegnare** [impeɲ'ɲa:re] I. *vt* ❶ (*per garanzia*) verpfänden ❷ (*prenotare*) vormerken, reservieren ❸ (*tenere occupato*) beschäftigen ❹ (*obbligare*) ~ **a qc** zu etw verpflichten II. *vr* -**rsi** ❶ (*obbligarsi*) -**rsi a fare qc** sich verpflichten etw zu tun ❷ (*impiegare energie*) sich einsetzen, sich engagieren; -**rsi nello studio** sich dem Studium widmen

**impegnativa** [impeɲɲa'ti:va] *f* Krankenschein *m*, ärztliche Überweisung

**impegnativo, -a** [impeɲɲa'ti:vo] *agg* ❶ (*vincolante*) verbindlich; (*che obbliga*) verpflichtend ❷ (*che richiede impegno*) anspruchsvoll **impegnato, -a** [impeɲ'ɲa:to] *agg* ❶ (*occupato*) beschäftigt ❷ (*fidanzato*) verlobt; (*promesso*) ver-

sprochen ❸(*riservato*) belegt, besetzt; (*prenotato*) [vor]bestellt
**impegno** [im'peɲɲo] *m* ❶(*obbligo*) Verpflichtung *f*, Revers *m A;* (FIN, COM) Verbindlichkeit *f;* (*promessa*) Versprechen *nt;* **soddisfare gli -i** den Verpflichtungen nachkommen; **senza ~** unverbindlich ❷(*fig*) Engagement *nt*, Einsatz *m;* (*zelo*) Eifer *m;* **lottare con ~** mit vollem Einsatz kämpfen
**impegolarsi** [impego'larsi] *vr* ~ **in qc** sich auf etw *acc* einlassen; (*intromettersi*) sich in etw *acc* einmischen; ~ **nei guai** sich in Schwierigkeiten verstricken
**impelagarsi** [impela'garsi] *vr* ~ **in qc** sich in etw *acc* verstricken
**impellente** [impel'lɛnte] *agg* dringend, dringlich; (*motivo*) zwingend
**impenetrabile** [impene'tra:bile] *agg* ❶(*non trapassabile*) undurchlässig; (*inaccessibile*) undurchdringlich ❷(*fig*) unergründlich, undurchschaubar **impenetrabilità** [impenetrabili'ta] <-> *f* Unzugänglichkeit *f;* (PHYS) Undurchlässigkeit *f*
**impenitente** [impeni'tɛnte] *agg* unverbesserlich
**impennaggio** [impen'naddʒo] <-ggi> *m* Leitwerk *nt*
**impennarsi** [impen'narsi] *vr* ❶(*cavallo*) sich aufbäumen ❷(AERO: *cabrare*) steil aufsteigen ❸(*fig: inalberarsi*) hochfahren, aufbrausen **impennata** [impen'na:ta] *f* ❶(*di cavallo*) [Sich]aufbäumen *nt* ❷(*di aereo*) überzogener Flug; (*di nave*) Achterlastigkeit *f*
**impensabile** [impen'sa:bile] *agg* ❶(*inconcepibile*) undenkbar, unvorstellbar; (*assurdo*) unmöglich, absurd ❷(*imprevedibile*) unvorhersehbar
**impensato, -a** [impen'sa:to] *agg* unvermutet, ungeahnt; (*inaspettato*) unerwartet, überraschend
**impensierire** [impensie'ri:re] <impensierisco> I. *vt* **~ qu** jdm Sorgen machen, jdn beunruhigen II. *vr* **-rsi** sich *dat* Sorgen machen
**impepata** [impe'pa:ta] *f* (GASTR) Impepata *f* (*neapolitanisches Meeresfrüchtegericht*)
**imperare** [impe'ra:re] *vi* ~ **su qu/qc** jdn/ etw beherrschen, über jdn/etw herrschen
**imperativo** [impera'ti:vo] *m* ❶(LING) Imperativ *m*, Befehlsform *f* ❷(PHILOS) Imperativ *m;* **categorico/ipotetico** kategorischer/hypothetischer Imperativ
**imperativo, -a** *agg* ❶(*gener*) befehlend, Befehls-; **tono ~** Befehlston *m* ❷(JUR) zwingend; (POL) imperativ; **mandato ~** imperatives Mandat ❸(LING) Imperativ-, Befehls-
**imperatore, -trice** [impera'to:re] *m, f* Kaiser(in) *m(f)*
**impercettibile** [impertʃet'ti:bile] *agg* kaum wahrnehmbar
**imperdonabile** [imperdo'na:bile] *agg* unverzeihlich
**imperfetto** [imper'fɛtto] *m* (LING) Imperfekt *nt*, Mitvergangenheit *f A*
**imperfetto, -a** *agg* ❶(*difettoso*) mangelhaft, unvollkommen ❷(*incompleto*) unvollständig
**imperfezione** [imperfet'tsio:ne] *f* Unvollkommenheit *f*, Fehlerhaftigkeit *f;* (*difetto*) Fehler *m;* ~ **della vista** Sehfehler *m*
**Imperia** [impe'ri:a] *f* Imperia *nt* (*Stadt in Ligurien*)
**imperiale** [impe'ria:le] *agg* kaiserlich, Kaiser- **imperialismo** [imperia'lizmo] *m* Imperialismus *m* **imperialista** [imperia'lista] <-i *m*, -e *f*> I. *agg* imperialistisch II. *mf* Imperialist(in) *m(f)* **imperialistico, -a** [imperia'listiko] <-ci, -che> *agg* imperialistisch
**imperialregio, -a** [imperial'rɛ:dʒo] *agg* kaiserlich-königlich
**imperiese** [impe'tie:se] I. *agg* aus Imperia stammend II. *mf* (*abitante*) Einwohner(in) *m(f)* von Imperia
**Imperiese** <*sing*> *m* Umgebung *f* von Imperia
**imperio** [im'pɛ:rio] <-i> *m* (*poet*) ❶(*impero*) [Kaiser]reich *nt* ❷(*comando*) Herrschaft *f*
**imperiosità** [imperiosi'ta] <-> *f* herrische Art **imperioso, -a** [impe'rio:so] *agg* ❶(*autoritario*) herrisch ❷(*fig: impellente*) zwingend
**imperito, -a** [impe'ri:to] *agg* (*poet*) unerfahren; (*incapace*) unfähig
**imperituro, -a** [imperi'tu:ro] *agg* unvergänglich
**imperizia** [impe'rittsia] *f* Unerfahrenheit *f;* (*poca formazione*) mangelhafte Ausbildung
**imperlare** [imper'la:re] *vt* ❶(*adornare con perle*) mit Perlen besetzen ❷(*cospargere di gocce*) [ab]perlen (*qc* von etw); (*rugiada*) benetzen
**impermalirsi** [imperma'lirsi] <impermalisco, impermalisci> *vr* gekränkt sein; ~ **con qu di qc** jdm etw übel nehmen
**impermeabile** [imperme'a:bile] I. *agg* (*riferito a liquidi*) undurchlässig; (*riferito all'acqua*) wasserdicht II. *m* Regenman-

tel *m* **impermeabilità** [impermeabili'ta] <-> *f* [Wasser]undurchlässigkeit *f* **impermeabilizzare** [impermeabilid'dza:re] *vt* [wasser]dicht machen; (*tessuto*) imprägnieren; (*muri*) abdichten
**impermutabile** [impermu'ta:bile] *agg* unabänderlich
**imperniare** [imper'nia:re] *vt* ❶ (*collegare con perni*) verzapfen; (*con bulloni*) verbolzen ❷ (*fig: basare*) ~ **qc su qc** etw auf etw *acc* stützen
**impero**¹ [im'pɛ:ro] *m* ❶ (*potestà imperiale*) kaiserliche Gewalt ❷ (*territorio*) [Kaiser]reich *nt,* Imperium *nt;* **l'~ britannico** das britische Empire; **gli -i centrali** die Mittelmächte *fpl* ❸ (*stile*) Empire *nt* ❹ (*fig: potere*) Macht *f,* Herrschaft *f*
**impero**² <inv> *agg* Empire-
**imperscrutabile** [imperskru'ta:bile] *agg* unergründlich; (*persona*) undurchschaubar
**impersonale** [imperso'na:le] *agg* unpersönlich
**impersonare** [imperso'na:re] *vt* ❶ (*simbolo, tipo*) verkörpern, personifizieren ❷ (*da attore*) darstellen, spielen
**impersonificare** [impersonifi'ka:re] *vt* (*forb*) personifizieren, verkörpern
**impersonificazione** [impersonifikat'tsio:ne] *f* ❶ (*rappresentazione*) Personifizierung *f geh,* Verkörperung *f* ❷ (*quintessenza*) **l'~ della bontà/stupidità** die personifizierte Güte/Dummheit *geh,* die Güte/Dummheit in Person
**imperterrito, -a** [imper'tɛrrito] *agg* unerschrocken; (*imperturbabile*) unerschütterlich
**impertinente** [imperti'nɛnte] I. *agg* frech; (*sfrontato*) unverschämt II. *mf* unverschämter Mensch **impertinenza** [imperti'nɛntsa] *f* Frechheit *f;* (*sfrontatezza*) Unverschämtheit *f*
**imperturbabile** [impertur'ba:bile] *agg* unerschütterlich **imperturbabilità** [imperturbabili'ta] <-> *f* Gelassenheit *f* **imperturbato, -a** [impertur'ba:to] *agg* gelassen, ungerührt
**imperversare** [imperver'sa:re] *vi* toben, wüten
**impervio, -a** [im'pɛrvio] <-i, -ie> *agg* unwegsam; (*inaccessibile*) unzugänglich
**impeto** ['impeto] *m* ❶ (*moto violento*) Heftigkeit *f;* (*violenza*) Wucht *f;* (*assalto*) Ansturm *m;* **urtare con ~** mit Wucht aufprallen ❷ (*fig: impulso violento*) Ausbruch *m;* (*slancio*)

Schwung *m;* **nell'~ del discorso** im Redeeifer; **agire d'~** ungestüm handeln
**impetrare** [impe'tra:re] *vt* (*poet*) erbitten, erflehen
**impettito, -a** [impet'ti:to] *agg* kerzengerade; (*fig*) mit [stolz]geschwellter Brust
**impetuosità** [impetuosi'ta] <-> *f* Ungestüm *nt* **impetuoso, -a** [impetu'o:so] *agg* ungestüm, heftig
**impiallacciare** [impiallat'tʃa:re] *vt* furnieren (*in* mit) **impiallacciatura** [impiallat tʃa'tu:ra] *f* Furnier *nt;* (*operazione*) Furnierung *f*
**impiantabile** [impian'ta:bile] *agg* (MED) als Implantat geeignet **impiantabilità** [impiantabili'ta] <-> *f* (MED: *possibilità di essere trapiantato*) Eignung *f* für Implantationen
**impiantare** [impian'ta:re] *vt* ❶ (*costruire*) errichten, aufbauen; (TEC) installieren ❷ (*fondare*) gründen ❸ (*fig: discussione, dibattito*) in Gang bringen
**impiantito** [impian'ti:to] *m* Fußboden *m;* (*a mattonelle*) Fliesenfußboden *m,* Plattenfußboden *m*
**impianto** [im'pianto] *m* ❶ (*fase iniziale*) Einrichtung *f;* (TEC) Installierung *f* ❷ (*complesso di attrezzature*) Anlage *f;* **~ sportivo** Sportanlage *f;* **~ telefonico** Fernsprechanlage *f*
**impiastrare** [impias'tra:re] I. *vt* ❶ (*spalmare*) beschmieren ❷ (*insudiciare*) beschmieren; (*macchiare*) beklecksen II. *vr* **-rsi** (*pej*) sich bemalen, sich übertrieben schminken
**impiastricciare** [impiastrit'tʃa:re] *vt* beschmieren, besudeln
**impiastro** [im'piastro] *m* ❶ (MED) [Brei]umschlag *m* ❷ (*fig fam: persona seccante*) Nervensäge *f,* Quälgeist *m*
**impiattare** [impiat'ta:re] *vt* auf dem Teller anrichten
**impiccagione** [impikka'dʒo:ne] *f,* **impiccamento** [impikka'mento] *m* Erhängen *nt,* Hinrichtung *f* **impiccare** [impik'ka:re] I. *vt* [er]hängen, aufhängen II. *vr* **-rsi** sich erhängen, sich aufhängen; **impiccati!** *geh* zum Teufel! **impiccato, -a** [impik'ka:to] I. *agg* erhängt II. *m, f* Erhängte(r) *f(m)*
**impicciare** [impit'tʃa:re] I. *vt* (*impedire*) behindern; (*ostacolare*) versperren II. *vr* **-rsi in qc** sich in etw *acc* einmischen
**impiccio** [im'pittʃo] <-cci> *m* ❶ (*ostacolo*) Hindernis *nt;* **essere d'~** im Weg sein ❷ (*fig: seccatura*) Plage *f* ❸ (*fig:*

*guaio*) Klemme *f fam;* **essere negli -cci** in der Klemme stecken *fam* **impiccione, -a** [impit'tʃoːne] *m, f* Störenfried *m;* (*curioso*) Naseweis *m*

**impiccolire** [impikko'liːre] <impiccolisco> I. *vt avere* verkleinern II. *vr* **-rsi** sich verkleinern

**impiegare** [impie'gaːre] *vt* ① (*applicare*) anwenden; (*usare*) verwenden ② (*tempo*) brauchen; (*trascorrere*) verbringen

**impiegata** *f v.* **impiegato**

**impiegatizio, -a** [impiega'tittsio] <-i, -ie> *agg* Angestellten-; **rapporto ~** Angestelltenverhältnis *nt*

**impiegatizzazione** [impiegatiddzat'tsioːne] *f* ① (*riduzione alla condizione di impiegato*) Beschränkung *f* auf ein Angestelltenverhältnis ② (*diffusione del ruolo impiegatizio*) zunehmende Beliebtheit *f* von Angestelltenverhältnissen

**impiegato, -a** [impie'gaːto] *m, f* Angestellte(r) *f(m);* (*funzionario pubblico*) Beamte(r) *m*/Beamtin *f;* **~ d'amministrazione** Verwaltungsangestellte(r) *m,* Verwaltungsbeamte(r) *m;* **~ pubblico** Angehörige(r) *f(m)* des öffentlichen Dienstes; **~ ministeriale** Ministerialbeamte(r) *m;* **~ statale** |Staats|beamte(r) *m*

**impiego** [im'piɛːgo] <-ghi> *m* ① (*occupazione*) Beschäftigung *f;* (*posto di lavoro*) Stelle *f;* **~ fisso** feste Stelle; **~ a tempo pieno** Vollbeschäftigung *f;* **~ pubblico** Stelle *f* im öffentlichen Dienst ② (*utilizzazione*) Gebrauch *m,* Verwendung *f;* (*applicazione*) Anwendung *f* ③ (FIN) Anlage *f*

**impietosire** [impieto'siːre] <impietosisco> I. *vt* **~ qu** jds Mitleid erregen; (*commuovere*) jdn rühren II. *vr* **-rsi** Mitleid haben; (*commuoversi*) gerührt sein

**impietrire** [impie'triːre] <impietrisco> *vi essere* (*fig*) erstarren; **-rsi per lo spavento** vor Schreck erstarren; **starsene lì impietrito** wie versteinert dastehen

**impigliare** [impiʎ'ʎaːre] I. *vt* gefangen halten, festhalten II. *vr* **-rsi** ① (*rimanere avviluppato*) sich verfangen (*in* in +*dat*), hängen bleiben (*in* in +*dat*) ② (*fig: rimanere coinvolto*) sich verstricken (*in* in +*acc*)

**impigliarsi** [impiʎ'ʎarsi] *vr* **~ in qc** sich in etw *dat* verfangen, an etw *dat* hängen bleiben

**impigrire** [impi'griːre] <impigrisco> I. *vt avere* träge machen II. *vr* **-rsi** träge werden

**impinguare** [impiŋ'gwaːre] I. *vt* ① (*ingrassare*) mästen ② (*fig: arricchire*) bereichern II. *vr* **-rsi** sich bereichern

**impiombare** [impiom'baːre] *vt* ① (*saldare con piombo*) plombieren, mit einer Plombe versehen; (*dente*) plombieren, mit einer Füllung versehen ② (*rivestire di piombo*) verbleien; (*tubo*) verlöten **impiombatura** [impiomba'tuːra] *f* ① (*atto dell'impiombare*) Verplombung *f,* Verbleiung *f* ② (*sigillo*) Plombe *f* ③ (*fam: di dente*) Plombe *f,* Füllung *f*

**impiparsi** [impi'parsi] *vr* (*fam*) pfeifen (*di* auf +*acc*); **me ne impipo di quello che dicono di me!** ich pfeife darauf, was die [anderen] über mich sagen!

**impitonire** [impito'niːre] <impitonisco, impitonisci> *vt* (*sl: incantare, abbindolare*) um den Finger wickeln, becircen

**implacabile** [impla'kaːbile] *agg* unversöhnlich, unerbittlich **implacabilità** [implakabili'ta] <-> *f* Unversöhnlichkeit *f,* Unerbittlichkeit *f*

**implementare** [implemen'taːre] *vt* (INFORM) implementieren

**implicare** [impli'kaːre] I. *vt* ① (*coinvolgere*) **~ qu in qc** jdn in etw *acc* verwickeln ② (*sottintendere*) implizieren, einschließen; (*come conseguenza*) mit sich *dat* bringen II. *vr* **-rsi in qc** sich in etw *acc* verstricken **implicazione** [implikat'tsioːne] *f* Einbeziehen *nt,* Einbeziehung *f*

**implicito, -a** [im'pliːtʃito] *agg* ① (*sottinteso*) unausgesprochen, implizit; **accettazione -a** (JUR) stillschweigende Annahme ② (LING, MAT) implizit

**implorare** [implo'raːre] *vt* erflehen, erbitten; **~ Dio** zu Gott flehen **implorazione** [implorat'tsioːne] *f* Flehen *nt,* flehentliche Bitte

**implume** [im'pluːme] *agg* federlos, unbefiedert

**impluvio** [im'pluːvio] <-i> *m* (ARCH) Impluvium *nt*

**impolitico, -a** [impo'liːtiko] <-ci, -che> *agg* ① (*inopportuno*) politisch unangebracht; (*non consigliabile*) politisch unklug ② (*fig*) unklug

**impollinare** [impolli'naːre] *vt* bestäuben **impollinazione** [impollinat'tsioːne] *f* Bestäubung *f*

**impoltronire** [impoltro'niːre] <impoltronisco> I. *vt avere* träge machen II. *vr* **-rsi** träge werden

**impolverare** [impolver'aːre] I. *vt* staubig machen II. *vr* **-rsi** staubig werden

**imponderabile** [imponde'raːbile] *agg* nicht abzuwägen; (*incalcolabile*) unberechenbar **imponderabilità** [imponderabi-

li'ta] <-> *f* Unberechenbarkeit *f,* Unwägbarkeit *f*
**imponente** [impo'nɛnte] *agg* ① (*grandioso*) imposant, großartig ② (*che incute rispetto*) imponierend, beeindruckend
**imponenza** [impo'nɛntsa] *f* ① (*grandiosità*) Großartigkeit *f* ② (*di persona*) Ansehnlichkeit *f*
**impongo** [im'poŋo] *1. pers sing pr di* **imporre**
**imponibile** [impo'ni:bile] **I.** *agg* besteuerbar, steuerpflichtig **II.** *m* Bemessungsgrundlage *f;* (*reddito*) steuerpflichtiges Einkommen, Steuerbasisbetrag *m;* **~ di mano d'opera** gesetzlich festgelegte Einstellungsquote von Arbeitskräften
**impopolare** [impopo'la:re] *agg* unpopulär
**impopolarità** [impopolari'ta] *f* Unpopularität *f*
**imporporare** [imporpo'ra:re] **I.** *vt* purpurrot färben **II.** *vr* **-rsi** [purpur]rot werden, erröten
**imporre** [im'porre] <irr> **I.** *vt* ① (*prescrivere*) vorschreiben ② (*legge, tassa, silenzio*) auferlegen; (*nome*) geben; (*volontà*) aufzwingen ③ (*mani*) auflegen **II.** *vr* **-rsi** ① (*persone*) sich durchsetzen; (*affermarsi*) sich behaupten ② (*moda*) sich durchsetzen
**import** ['impɔ:t] <- *o* imports> *m* (COM: *importazione*) Import *m;* **società di ~-export** Import-Export-Firma *f*
**importante** [impor'tante] **I.** *agg* bedeutend, wichtig **II.** *m* Wichtige(s) *nt;* (*cosa essenziale*) Hauptsache *f;* **l'~ è stare bene** Hauptsache, man ist gesund **importanza** [impor'tantsa] *f* Wichtigkeit *f,* Bedeutung *f;* **dare ~ a qc** einer Sache *dat* Bedeutung beimessen; **di nessuna** [*o* **senza**] **~** bedeutungslos; (*senza rilievo*) belanglos; **di poca ~** von geringer Bedeutung, unwichtig
**importare** [impor'ta:re] **I.** *vt* avere (*dall'estero*) importieren; (*a. fig*) einführen; **~ in franchigia** (COM) zollfrei einführen **II.** *vi* essere ① (*stare a cuore*) am Herzen liegen ② (*interessare*) interessieren ③ (*essere necessario*) nötig sein; (*interessare*) interessieren; **non me ne importa niente** das ist mir egal; **non importa** das macht nichts; **importa che ...** +*conj* es ist wichtig, dass ...; **devo proprio venire o non importa?** muss ich wirklich kommen, oder ist es nicht nötig?
**importatore, -trice** [importa'to:re] **I.** *agg* Einfuhr-, Import-; **paese ~ di caffè** Kaffeeimportland *nt;* **società -trice di automobili** Autoimportfirma *f* **II.** *m, f* Importeur(in) *m(f),* Einfuhrhändler(in) *m(f)*
**importazione** [importat'tsio:ne] *f* ① (*introduzione dall'estero*) Import *m,* Einfuhr *f* ② (*complesso delle merci importate*) Einfuhrgut *nt,* Importware *f*
**importo** [im'pɔrto] *m* Betrag *m;* (*somma*) Summe *f*
**importuna** *f v.* **importuno**
**importunare** [importu'na:re] *vt* belästigen, sekkieren *A;* (*disturbare*) stören
**importunità** [importuni'ta] <-> *f* Lästigkeit *f;* (*invadenza*) Aufdringlichkeit *f*
**importuno, -a** [impor'tu:no] **I.** *agg* lästig; (*invadente*) aufdringlich; (*visitatore*) ungelegen **II.** *m, f* lästige Person
**imposi** [im'po:zi] *1. pers sing pass rem di* **imporre**
**imposizione** [impozit'tsio:ne] *f* ① (*ingiunzione*) Befehl *m;* (*costrizione*) Zwang *m* ② (FIN) Abgabe *f,* Steuer *f* ③ (*di nome*) Namensgebung *f* ④ (REL) [Hand]auflegen *nt*
**impossessarsi** [imposses'sarsi] *vr* ① (*appropriarsi*) **~ di qu** jdn in seine Gewalt bringen; **~ di qc** von etw Besitz ergreifen ② (*fig: apprendere*) **~ di qc** sich *dat* etw aneignen
**impossibile** [impos'si:bile] **I.** *agg* ① (*inattuabile*) unmöglich ② (*incredibile*) unglaublich ③ (*insopportabile*) unmöglich, unerträglich **II.** *m* Unmögliche(s) *nt*
**impossibilità** [impossibili'ta] *f* Unmöglichkeit *f* **impossibilitare** [impossibili'ta:re] *vt* verhindern **impossibilitato, -a** [impossibili'ta:to] *agg* verhindert; **essere ~ a fare qc** nicht in der Lage sein etw zu tun
**impossidenza** [impossi'dɛntsa] *f* (*form: povertà*) Besitzlosigkeit *f*
**imposta** [im'pɔsta] *f* ① (*battente*) [Fenster]laden *m* ② (FIN) Steuer *f,* Abgabe *f;* **~ di ricchezza mobile** Einkommen[s]steuer *f;* **~ sul valore aggiunto** Mehrwertsteuer *f;* **ufficio delle -e** Finanzamt *nt;* **esente da ~** steuerfrei; **soggetto a ~** steuerpflichtig ③ (ARCH) Kämpfer *m*
**impostare** [impos'ta:re] *vt* ① (*cosa*) die Voraussetzungen schaffen für; (*problemi*) genau bestimmen; (*lavoro*) anlegen ② (*imbucare: nella cassetta*) einwerfen; (*alla posta*) aufgeben
**impostazione** [impostat'tsio:ne] *f* Anlegen *nt;* **~ di un problema** Aufgabenstellung *f;* **~ della voce** Einnehmen *nt* der korrekten Singhaltung
**imposto, -a** [im'posto] **I.** *pp di* **imporre** **II.** *agg* auferlegt; **prezzo ~** vorgeschriebener Preis

**impostore, -a** [impos'to:re] *m, f* Schwindler(in) *m(f)*, Betrüger(in) *m(f)* **impostura** [impos'tu:ra] *f* Schwindel *m*, Betrug *m*

**impotente** [impo'tɛnte] **I.** *agg* ① (*senza potenza*) machtlos ② (*incapace*) unfähig ③ (MED) impotent ④ (*debole*) schwach, kraftlos ⑤ (*inefficace*) wirkungslos **II.** *m* impotenter Mann **impotenza** [impo'tɛntsa] *f* ① (*mancanza di potenza*) Machtlosigkeit *f* ② (*incapacità*) Unfähigkeit *f*, Unvermögen *nt* ③ (MED) Impotenz *f* ④ (*debolezza*) Schwäche *f*

**impoverimento** [impoveri'mento] *m* Verarmung *f* **impoverire** [impove'ri:re] <impoverisco> **I.** *vt avere* ① (*rendere povero*) verarmen lassen, in Armut bringen ② (*terreno*) auslaugen; (*cultura*) verkümmern lassen **II.** *vr* **-rsi** (*a. fig*) verarmen

**impraticabile** [imprati'ka:bile] *agg* ① (*non percorribile*) unwegsam; (*strada*) unbefahrbar ② (*non applicabile*) unanwendbar; (*inattuabile*) undurchführbar ③ (*fig: intrattabile*) unverträglich ④ (*campo da gioco*) unbespielbar **impraticabilità** [impratikabili'ta] *f* ① (*di terreno*) Unwegsamkeit *f*; (*di strada*) Unbefahrbarkeit *f*; (*di campo da gioco*) Unbespielbarkeit *f* ② (*fig*) Unbrauchbarkeit *f*, Unanwendbarkeit *f*

**impratichire** [imprati'ki:re] <impratichismo, impratichisci> **I.** *vt* einüben; (*in un lavoro*) einarbeiten; ~ **qu nell'uso del computer** jdn in den Umgang mit dem Computer einführen **II.** *vr* **-rsi** sich [ein]üben; (*in un lavoro*) sich einarbeiten; **-rsi a cucinare** sich im Kochen üben

**impratichirsi** [imprati'kirsi] <m'impratichisco> *vr* sich [ein]üben; (*in un lavoro*) sich einarbeiten

**imprecare** [impre'ka:re] *vi* ~ [**contro qu/qc**] fluchen [auf [*o* über] jdn/etw] **imprecazione** [imprekat'tsio:ne] *f* Fluch *m*; **lanciare -i** Flüche ausstoßen, fluchen

**imprecisato, -a** [impretʃi'za:to] *agg* nicht genau; (*indeterminato*) unbestimmt

**imprecisione** [imprettʃi'zio:ne] *f* Ungenauigkeit *f*; (*senza accuratezza*) Nachlässigkeit *f*; (*indeterminatezza*) Unbestimmtheit *f* **impreciso, -a** [impre'tʃi:zo] *agg* ungenau; **calcolo** ~ Überschlagsrechnung *f*

**impregiudicato, -a** [impredʒudi'ka:to] *agg* (JUR) nicht vorbestraft; (*incensurato*) unbescholten

**impregnare** [impreɲ'ɲa:re] **I.** *vt* ① (*imbevere*) ~ **qc di qc** etw mit etw [durch]tränken ② (*fig: riempire*) ~ **qc di qc** etw mit etw erfüllen; (*permeare*) etw mit etw durchsetzen ③ (TEC) imprägnieren **II.** *vr* **-rsi** sich voll saugen; (*fig*) sich füllen

**imprendere** [im'prɛndere] <imprendo, impresi, impreso> *vt* (*poet*) beginnen; (*intraprendere*) unternehmen

**imprendibile** [impren'di:bile] *agg* uneinnehmbar

**imprenditore, -trice** [imprendi'to:re] *m, f* Unternehmer(in) *m(f)* **imprenditoriale** [imprendito'ria:le] *agg* Unternehmer- **imprenditrice** *f v.* **imprenditore**

**impreparato, -a** [imprepa'ra:to] *agg* unvorbereitet; (*senza formazione*) unausgebildet **impreparazione** [imprepara'zio:ne] *f* mangelnde Vorbereitung

**impresa** [im'pre:sa] *f* ① (*azione*) Unternehmen *nt*, Unterfangen *nt*; ~ **eroica** Heldentat *f*, heroische Tat ② (*organismo*) Unternehmen *nt*, Betrieb *m*; ~ **industriale** Industrieunternehmen *nt*

**impresario, -a** [impre'sa:rio] <-i, -ie> *m, f* ① (*di una ditta*) Unternehmer(in) *m(f)* ② (*di spettacolo*) Theateragent(in) *m(f)*, Impresario *m*

**imprescindibile** [impreʃʃin'di:bile] *agg* unumgänglich; (*indispensibile*) unabdingbar

**imprescrittibile** [impreskrit'ti:bile] *agg* unverjährbar

**impresi** [im'pre:zi] *1. pers sing pass rem di* **imprendere**

**impreso** [im'pre:zo] *pp di* **imprendere**

**impressi** [im'prɛssi] *1. pers sing pass rem di* **imprimere**

**impressionabile** [impressio'na:bile] *agg* ① (*fantasia*) [leicht] erregbar ② (FOTO) belichtbar **impressionante** [impressio'nante] *agg* beeindruckend, eindrucksvoll

**impressionare** [impressio'na:re] **I.** *vt* ① (*turbare*) beeindrucken; (*commuovere*) tief bewegen; (*disgrazia*) erschüttern ② (*colpire, fare effetto*) Eindruck machen auf +*acc* ③ (FOTO) belichten **II.** *vr* **-rsi** ① (*turbarsi*) sich beeindrucken lassen; (*essere scosso*) erschüttert sein ② (FOTO) belichtet werden

**impressione** [impres'sio:ne] *f* ① (*sensazione*) [Sinnes]eindruck *m*, Empfindung *f*; (*presentimento*) Gefühl *nt* ② (*opinione*) Eindruck *m*; **fare buona** ~ einen guten Eindruck machen ③ (*turbamento*) [starker] Eindruck *m*; (*scossa*) Erschütterung *f* ④ (*impronta*) Abdruck *m* ⑤ (*stampa*) Druck *m*, Auflage *f*

**impressionismo** [impressio'nizmo] *m*

**Impressionismus** *m* **impressionista** [impressio'nista] <-i *m*, -e *f*> I. *agg* impressionistisch II. *mf* Impressionist(in) *m(f)* **impressionistico, -a** [impressio'nistiko] <-ci, -che> *agg* impressionistisch

**impresso** [im'prɛsso] *pp di* **imprimere**

**imprevedibile** [impreve'di:bile] *agg* unvorhersehbar; (*persona*) unberechenbar **impreveduto, -a** [impreve'du:to] *agg* unvorhergesehen; (*inatteso*) unvermutet

**imprevidente** [imprevi'dɛnte] *agg* nicht vorausschauend; (*non prudente*) leichtsinnig **imprevidenza** [imprevi'dɛntsa] *f* mangelnde Voraussicht

**imprevisto** [impre'visto] *m* Unvorhergesehene(s) *nt*; **salvo -i** wenn nichts [Unvorhergesehenes] dazwischenkommt

**imprevisto, -a** *agg* unvorhergesehen; (*inatteso*) unvermutet

**impreziosire** [imprettsjo'si:re] <impreziosisco> *vt* (*a. fig*) bereichern; (*ornare*) verzieren, ausschmücken

**imprigionamento** [impridʒona'mento] *m* Einsperren *nt*, Inhaftierung *f adm* **imprigionare** [impridʒo'na:re] *vt* ❶ (*incarcerare*) einsperren, inhaftieren ❷ (*fig: bloccare*) einklemmen; (*rinchiudere*) einschließen

**imprimere** [im'pri:mere] <imprimo, impressi, impresso> *vt* ❶ (*impronta*) aufprägen; (*sigillo, timbro*) aufdrücken ❷ (*fig: carattere distintivo*) verleihen ❸ (*fig: ricordo*) einprägen

**imprinting** ['imprintin] <-> *m* (SCIENT, BIOL, ZOO) Imprinting *nt*

**improbabile** [impro'ba:bile] *agg* unwahrscheinlich **improbabilità** [improbabili'ta] <-> *f* Unwahrscheinlichkeit *f*

**improbo, -a** [im'probo] *agg* (*poet*) ❶ (*disonesto*) unehrlich; (*malvagio*) boshaft ❷ (*fig: faticoso, duro*) mühsam, anstrengend, hart; **fatica -a** große und nicht lohnende Mühe

**improduttività** [improduttivi'ta] *f* Unproduktivität *f*; (*mancanza di rendimento*) Unergiebigkeit *f* **improduttivo, -a** [improdut'ti:vo] *agg* unproduktiv; (*che non rende*) unergiebig

**impronta** [im'pronta] *f* ❶ (*segno*) Abdruck *m*; (*traccia*) Spur *f*; **-e digitali** Fingerabdrücke *mpl* ❷ (*fig: carattere distintivo*) Stempel *m*

**improntare** [impron'ta:re] *vt* (*fig: caratterizzare*) gestalten

**improntitudine** [impronti'tu:dine] *f* Frechheit *f*; (*sfrontatezza*) Unverschämtheit *f*

**impronunziabile** [impronun'tsia:bile] *agg* unaussprechlich, unaussprechbar

**improperio** [impro'pɛ:rio] <-i> *m* Beleidigung *f*; (*espressione irriverente*) Schimpfwort *nt*

**improprietà** [improprie'ta] <-> *f* ❶ (*del linguaggio*) Ungenauigkeit *f*; (*errore*) Unkorrektheit *f* ❷ (*singolo vocabolo*) ungenauer Ausdruck **improprio, -a** [im'prɔ:prio] <-i, -ie> *agg* unangebracht, unpassend; (*parole, locuzioni*) nicht korrekt

**improrogabile** [improro'ga:bile] *agg* unaufschiebbar

**improvvido, -a** [im'prɔvvido] *agg* (*poet*) ❶ (*imprevidente*) nicht vorsorgend (*di* für) ❷ (*incauto*) unvorsichtig, unbedacht

**improvvisare** [improvvi'za:re] I. *vt* (*a. fig*) improvisieren II. *vr* **-rsi** spielen; **-rsi cuoco** sich als Koch versuchen

**improvvisata** [improvvi'za:ta] *f* (*fam*) ❶ (*avvenimento piacevole*) Überraschung *f* ❷ (*visita*) überraschender Besuch **improvvisatore, -trice** [improvviza'to:re] *m, f* (MUS) Improvisator(in) *m(f)*; (LIT) Stegreifdichter(in) *m(f)* **improvvisazione** [improvvizat'tsio:ne] *f* Improvisation *f*

**improvviso** [improv'vi:zo] *m* **all'~** plötzlich

**improvviso, -a** *agg* ❶ (*inatteso*) unerwartet ❷ (*repentino*) überraschend, plötzlich

**imprudente** [impru'dɛnte] I. *agg* ❶ (*sventato*) unbesonnen, leichtsinnig ❷ (*incauto*) unvorsichtig; (*senza riflettere*) unüberlegt II. *mf* unvorsichtiger Mensch **imprudenza** [impru'dɛntsa] *f* Unvorsichtigkeit *f*; (*sventatezza*) Leichtsinn *m*

**impubere** [im'pu:bere] I. *agg* nicht [geschlechts]reif II. *mf* noch nicht geschlechtsreifer Junge/noch nicht geschlechtsreifes Mädchen

**impudente** [impu'dɛnte] I. *agg* unverschämt II. *mf* unverschämter Kerl **impudenza** [impu'dɛntsa] *f* ❶ (*assenza di ritegno*) Schamlosigkeit *f* ❷ (*sfacciataggine*) Unverschämtheit *f*

**impudicizia** [impudi'tʃittsia] *f* Schamlosigkeit *f* **impudico, -a** [im'pu:diko] <-ci, -che> *agg* schamlos; (*indecente*) unanständig

**impugnabile** [impuɲ'ɲa:bile] *agg* anfechtbar

**impugnare** [impuɲ'ɲa:re] *vt* ❶ (*afferrare*) ergreifen; (*tenere in mano*) in der Hand

halten ❷ (*contestare*) beanstanden; (*sentenza, testamento*) anfechten
**impugnatura** [impuɲɲa'tu:ra] *f* Griff *m*
**impugnazione** [impuɲɲat'tsio:ne] *f* Anfechtung *f*; **mezzo d'~** (JUR) Rechtsmittel *nt*
**impulsiva** *f v.* **impulsivo**
**impulsività** [impulsivi'ta] <-> *f* Impulsivität *f* **impulsivo, -a** [impul'si:vo] I. *agg* impulsiv II. *m, f* impulsiver Mensch
**impulso** [im'pulso] *m* ❶ (*fig: incremento*) Anreiz *m*, Antrieb *m*; (*moto istintivo*) Impuls *m*, innere Regung; (*inclinazione naturale*) Trieb *m* ❷ (PHYS) Impuls *m*
**impunemente** [impune'mente] *avv* ungestraft, straflos
**impunibile** [impu'ni:bile] *agg* ❶ (*azione*) nicht strafbar ❷ (*persona*) nicht der Strafe unterliegend **impunibilità** [impunibili'ta] <-> *f* Nicht-Strafbarkeit *f*
**impunità** [impuni'ta] <-> *f* Straffreiheit *f*, Straflosigkeit *f*; **godere l'~** Straffreiheit genießen **impunito, -a** [impu'ni:to] *agg* unbestraft, straflos
**impuntare** [impun'ta:re] I. *vi* ❶ (*inciampare*) stolpern; (*urtare*) anstoßen (*in* an +*acc*), stoßen (*in* gegen, an +*acc*) ❷ (*fig: nel parlare*) stocken; **~ per emozione** vor Aufregung stammeln II. *vr* -**rsi** ❶ (*per resistere*) sich [auf dem Boden] aufstemmen ❷ (*ostinarsi*) beharren (*a* auf +*dat*), sich versteifen (*a* auf +*acc*)
**impuntarsi** [impun'tarsi] *vr* ❶ (*per resistere*) bocken ❷ (*ostinarsi*) **~ a fare qc** darauf beharren etw zu tun; **s'impunta a dire di no** er beharrt auf seinem/sie beharrt auf ihrem Nein
**impuntire** [impun'ti:re] <impuntisco, impuntisci> *vt* steppen **impuntura** [impun'tu:ra] *f* ❶ (*cucitura*) Steppnaht *f*; (*punto*) Steppstich *m* ❷ (NAUT: *di vela*) Nockohr *nt*
**impurità** [impuri'ta] *f* (*a. fig: morale*) Unreinheit *f*; (*imbrattamento*) Verunreinigung *f*; **~ dell'aria** Luftverschmutzung *f* **impuro, -a** [im'pu:ro] *agg* ❶ (*sporco*) unrein, unsauber ❷ (*immorale*) unanständig ❸ (LING) **esse -a** vorkonsonantisches s
**imputabile** [impu'ta:bile] *agg* ❶ (*attribuibile*) zuschreibbar, zuzuschreiben; **una svista ~ a negligenza** ein auf Nachlässigkeit zurückzuführendes Versehen ❷ (*responsabile*) **essere ~ per** [*o* **di**] **qc** für etw verantwortlich sein ❸ (JUR) zurechnungsfähig **imputabilità** [imputabili'ta] <-> *f* (MED, JUR) Zurechnungsfähigkeit *f*
**imputare** [impu'ta:re] *vt* ❶ (*considerare responsabile*) **~ qu di qc** jdn für etw verantwortlich machen ❷ (*attribuire la colpa*) **~ qc a qu** jdm für etw die Schuld geben ❸ (JUR: *accusare*) **~ qu di qc** jdn einer Sache *gen* beschuldigen **imputato, -a** [impu'ta:to] *m, f* (*nella fase del giudizio*) Angeklagte(r) *f(m)*; (*nella fase dell'inchiesta*) Beschuldigte(r) *f(m)* **imputazione** [imputat'tsio:ne] *f* ❶ (JUR) Anklage *f* ❷ (COM) Anrechnung *f*
**imputridimento** [imputridi'mento] *m* Verwesung *f* **imputridire** [imputri'di:re] <imputridisco> *vi* verwesen; (*marcire*) verfaulen

**in¹** [in] <nel, nello, nell', nella, nei, negli, nelle> *prp* ❶ (*stato in luogo*) in +*dat*, auf +*dat*; (*moto a luogo*) nach +*acc*, in +*acc*; (*moto attraverso luogo*) durch +*acc*; **andare ~ Austria** nach Österreich fahren; **restare ~ casa** im Haus bleiben; **vivere ~ campagna** auf dem Lande leben; **~ alto** oben; (*verso l'alto*) nach oben; **~ fuori** nach außen; **~ giù** nach unten ❷ (*tempo determinato*) in +*dat*; (*tempo continuato*) innerhalb +*gen*, im Laufe +*gen*; **sbrigare qc ~ giornata** etw im Laufe des Tages erledigen; **~ breve** in Kürze; **di quando ~ quando** von Zeit zu Zeit; **di volta ~ volta** von Mal zu Mal ❸ (*modo, maniera*) in +*dat*, mit +*dat*; **andare ~ sei** in sechs Teile teilen; **disporsi ~ cerchio** sich im Kreis aufstellen; **~ tedesco** auf Deutsch; **~ pace** in Frieden ❹ (*mezzo, strumento*) mit +*dat*, in +*dat*; **andare ~ tram** mit der Straßenbahn fahren; **pagare ~ contanti** bar bezahlen ❺ (*materia*) aus +*dat*, von +*dat* ❻ (*scopo, fine*) zu +*dat*, für +*acc*; **accorrere ~ aiuto di qu** jdm zu Hilfe eilen ❼ (*causa*) vor +*dat*, wegen +*gen* ❽ (*stato coniugale femminile*) verheiratete; **Filomena Rossi ~ Neri** Filomena Rossi, verheiratete Neri ❾ (*quantità*) zu +*dat*; **essere ~ due** zu zweit sein; **venire ~ gran numero** zahlreich erscheinen ❿ (GASTR) mit +*dat*; **carne ~ umido** gedünstetes Fleisch; **riso ~ bianco** Reis mit Butter ⓫ (*loc*) **~ compagnia di** in Begleitung +*gen*; **~ relazione a** in Bezug auf; **~ seguito a** infolge von
**in²** [in] I. *avv* (*di moda, trendy*) in; **essere "in" sein; **fare ~** im Trend liegen, „in" sein II. <inv> *agg* (*elegante, alla moda*) „in", trendy; **questo è proprio un locale ~** das Lokal ist absolut „in"

**INA** ['i:na] *f abbr di* **Istituto Nazionale delle Assicurazioni** *nationales italienisches Versicherungsinstitut*

**inabbordabile** [inabbor'da:bile] *agg* unzugänglich; (*persona*) unnahbar

**inabile** [i'na:bile] *agg* unfähig; **~ al lavoro** arbeitsunfähig; **~ al servizio militare** [wehrdienst]untauglich **inabilità** [inabili'ta] <-> *f* Unfähigkeit *f* **inabilitare** [inabili'ta:re] *vt* ❶ (*rendere inadatto*) untauglich [*o* unfähig] machen ❷ (JUR) **~ qu** jds Geschäftsfähigkeit einschränken **inabilitazione** [inabilitat'tsjo:ne] *f* ❶ (*incapacità*) Unfähigkeit *f* ❷ (JUR) beschränkte Geschäftsfähigkeit

**inabissamento** [inabissa'mento] *m* Versinken *nt* **inabissare** [inabis'sa:re] I. *vt* versenken II. *vr* **-rsi** versinken

**inabitabile** [inabi'ta:bile] *agg* unbewohnbar **inabitato, -a** [inabi'ta:to] *agg* unbewohnt

**inabrogabile** [inabro'ga:bile] *agg* (JUR) unaufhebbar

**inaccessibile** [inattʃes'si:bile] *agg* ❶ (*irraggiungibile*) unerreichbar ❷ (*impercorribile*) unzugänglich ❸ (*fig: incomprensibile*) unverständlich; (*di prezzo*) unerschwinglich

**inaccettabile** [inattʃet'ta:bile] *agg* unannehmbar, inakzeptabel

**inaccostabile** [inakkos'ta:bile] *agg* unnahbar; (*irraggiungibile*) unerreichbar

**inacerbire** [inatʃer'bi:re] <inacerbisco> I. *vt* verschärfen; (*peggiorare*) verschlimmern II. *vr* **-rsi** sich verschlimmern; (*inasprirsi*) sich verschärfen

**inacidire** [inatʃi'di:re] <inacidisco> I. *vt* avere ❶ (*render acido*) sauer machen ❷ (*fig: inasprire*) verbittern; **~ il sangue** böses Blut machen II. *vr* **-rsi** sauer werden

**inadattabile** [inadat'ta:bile] *agg* (*persona*) nicht anpassungsfähig; (*cosa*) unanpassbar **inadattabilità** [inadattabili'ta] <-> *f* ❶ (*inservibilità*) Unverwendbarkeit *f* ❷ (*fig: incapacità di adattarsi*) mangelnde Anpassungsfähigkeit

**inadatto, -a** [ina'datto] *agg* **essere ~ a qc** für etw ungeeignet sein

**inadeguatezza** [inadegua'tettsa] *f* Unangemessenheit *f* **inadeguato, -a** [inade'gua:to] *agg* unangemessen; **mezzi -i** unzureichende Mittel *ntpl;* **essere ~ a un compito** einer Aufgabe nicht gewachsen sein

**inadempiente** [inadem'pjɛnte] I. *agg* (JUR) vertragsbrüchig II. *mf* ❶ (JUR) Vertragsbrüchige(r) *f(m)* ❷ (*debitore*) Schuldner(in) *m(f)* **inadempienza** [inadem'pjɛntsa] *f* Nichterfüllung *f*

**inafferrabile** [inaffer'ra:bile] *agg* ❶ (*non catturabile*) nicht fassbar ❷ (*incomprensibile*) unverständlich

**inagibile** [ina'dʒi:bile] *agg* (*apparecchio*) außer Betrieb; (*luogo*) nicht betretbar

**inalare** [ina'la:re] *vt* inhalieren, einatmen **inalatore** [inala'to:re] *m* Inhalator *m* **inalazione** [inalat'tsjo:ne] *f* Inhalation *f*

**inalberare** [inalbe'ra:re] I. *vt* aufpflanzen II. *vr* **-rsi** ❶ (*cavallo*) sich aufbäumen ❷ (*adirarsi*) zornig werden

**inalienabile** [inalie'na:bile] *agg* (JUR) unveräußerlich

**inalterabile** [inalte'ra:bile] *agg* ❶ (*non alterabile*) unveränderlich; (*tinta, colore*) [wasch]echt; (*cibo*) unverderblich ❷ (*imperturbabile*) unerschütterlich **inalterabilità** [inalterabili'ta] <-> *f* Unveränderlichkeit *f* **inalterato, -a** [inalte'ra:to] *agg* unverändert; (*cibo*) unverdorben

**INAM** ['i:nam] *f acro di* **Istituto Nazionale per l'Assicurazione contro le Malattie** nationale italienische Krankenversicherungsanstalt

**inamidare** [inami'da:re] *vt* stärken

**inammissibile** [inammis'si:bile] *agg* unannehmbar; (JUR) unzulässig **inammissibilità** [inammissibili'ta] <-> *f* Unzulässigkeit *f*

**inamovibile** [inamo'vi:bile] *agg* (JUR) unabsetzbar

**inane** [i'na:ne] *agg* (*poet*) vergeblich; (*vuoto*) leer

**inanellato, -a** [inanel'la:to] *agg* ❶ (*capelli*) gekringelt ❷ (*dita*) beringt

**inanimato, -a** [inani'ma:to] *agg* ❶ (*che non ha vita*) unbeseelt ❷ (*privo di sensi*) leblos

**inappagabile** [inappa'ga:bile] *agg* unerfüllbar; (*insaziabile*) unstillbar **inappagamento** [inappaga'mento] *m* Unerfülltheit *f;* (*scontentezza*) Unzufriedenheit *f* **inappagato, -a** [inappa'ga:to] *agg* unerfüllt; (*insoddisfatto*) unbefriedigt

**inappellabile** [inappel'la:bile] *agg* ❶ (JUR) unanfechtbar ❷ (*fig*) unwiderruflich

**inappetente** [inappe'tɛnte] *agg* appetitlos **inappetenza** [inappe'tɛntsa] *f* Appetitlosigkeit *f*

**inapplicabile** [inappli'ka:bile] *agg* unanwendbar **inapplicabilità** [inapplikabili'ta] <-> *f* Unanwendbarkeit *f*

**inapprendibile** [inappren'di:bile] *agg* nicht erlernbar

**inapprensibile** [inappren'si:bile] *agg* unverständlich

**inapprezzabile** [inappret'tsa:bile] *agg* unschätzbar; (*impagabile*) unbezahlbar

**inappuntabile** [inappun'ta:bile] *agg* ① (*irreprensibile*) untad[e]lig ② (*privo di difetti*) einwandfrei

**inarcamento** [inarka'mento] *m* Krümmung *f* **inarcare** [inar'ka:re] I. *vt* krümmen; ~ **le sopracciglia** die Augenbrauen hochziehen II. *vr* **-rsi** sich krümmen

**inargentare** [inardʒen'ta:re] *vt* (*a. fig*) versilbern

**inarginato, -a** [inardʒi'na:to] *agg* nicht eindämmbar, nicht in den Griff zu bekommen

**inaridimento** [inaridi'mento] *m* Austrocknen *nt* **inaridire** [inari'di:re] <inaridisco> *vi essere* ① (*diventare secco*) austrocknen, vertrocknen ② (*fig: esaurirsi*) versiegen

**inarrestabile** [inarres'ta:bile] *agg* unaufhaltsam

**inarrivabile** [inarri'va:bile] *agg* unerreichbar

**inarticolato, -a** [inartiko'la:to] *agg* unartikuliert

**inascoltato, -a** [inaskol'ta:to] *agg* ① (*non ascoltato*) nicht befolgt ② (*inesaudito*) nicht erhört

**inaspettato, -a** [inaspet'ta:to] *agg* unerwartet; (*insperato*) unverhofft

**inasprimento** [inaspri'mento] *m* Verschärfung *f*; (*peggioramento*) Verschlimmerung *f* **inasprire** [inas'pri:re] <inasprisco> I. *vt* ① (*rendere più aspro*) verschärfen; (*peggiorare*) verschlimmern ② (*esasperare*) verbittern ③ (*aumentare*) erhöhen II. *vr* **-rsi** ① (*diventare aspro*) sauer werden ② (*persona, animo*) verbittert sein; (*situazioni*) sich verschärfen

**inastare** [inas'ta:re] *vt* aufpflanzen, aufstecken

**inattaccabile** [inattak'ka:bile] *agg* ① (*immune da attacchi*) unangreifbar ② (*resistente*) beständig, -fest

**inattendibile** [inatten'di:bile] *agg* unglaubwürdig

**inatteso, -a** [inat'te:so] *agg* unerwartet; (*imprevisto*) unvorhergesehen

**inattitudine** [inatti'tu:dine] *f* ~ **a qc** mangelnde Begabung für etw

**inattivare** [inatti'va:re] *vt* (MED, CHEM) inaktivieren; (TEC) entschärfen **inattività** [inattivi'ta] *f* Untätigkeit *f*; (*interruzione*) Stillstand *m*; (CHEM) Inaktivität *f* **inattivo, -a** [inat'ti:vo] *agg* ① (*non attivo*) tatenlos ② (*vulcano*) untätig; (*spento*) erloschen ③ (*fermo*) stillgelegt

**inattuabile** [inattu'a:bile] *agg* undurchführbar; (*irrealizzabile*) nicht zu verwirklichen; **un progetto** ~ ein nicht zu verwirklichendes Projekt

**inattuale** [inattu'a:le] *agg* nicht aktuell; (*opinione, abito*) unzeitgemäß

**inaudito, -a** [inau'di:to] *agg* unglaublich; **comportamento** ~ unerhörtes Benehmen

**inaugurale** [inaugu'ra:le] *agg* Einweihungs-; (*di apertura*) Eröffnungs-

**inaugurare** [inaugu'ra:re] *vt* ① (*iniziare con solennità*) feierlich eröffnen ② (*aprire al pubblico*) eröffnen; (*costruzione, edificio*) einweihen; (*monumento*) enthüllen; (*consacrare*) weihen ③ (*scherz: usare per la prima volta*) einweihen **inaugurazione** [inaugurat'tsio:ne] *f* (*di mostre, opere pubbliche*) Eröffnung *f*; (*di edificio*) Einweihung *f*; (*di monumenti*) Enthüllung *f*

**inavvedutezza** [inavvedu'tettsa] *f* Unachtsamkeit *f*, Unvorsichtigkeit *f* **inavveduto, -a** [inavve'du:to] *agg* unachtsam

**inavvertenza** [inavver'tɛntsa] *f* Unachtsamkeit *f*; (*imprudenza*) Unvorsichtigkeit *f*

**inavvertitamente** [inavvertita'mente] *avv* unabsichtlich, versehentlich

**inavvertito, -a** [inavver'ti:to] *agg* unbemerkt

**inazione** [inat'tsio:ne] *f* Untätigkeit *f*, Tatenlosigkeit *f*

**inbreeding** [in'bri:diŋ] <-> *m* (BIOL) Endogamie *f*

**incacchiarsi** [inkat'tʃarsi] *vr* (*fam: arrabbiarsi*) sich tierisch ärgern; **non farmi incacchiare!** bring mich nicht zur Weißglut! **incacchiato, -a** [inkat'tʃa:to] *agg* (*fam*) verärgert, grantig A; **sono ~ nero per colpa sua!** ich habe mich über ihn/sie schwarz geärgert!

**incafonire** [inkafo'ni:re] <incafonisco, incafonisci> I. *vt* (*far diventare qu cafone*) zum Rüpel [*o* Flegel] machen II. *vi essere* (*diventare cafone, rozzo, maleducato*) zum Rüpel [*o* Flegel] werden III. *vr* **-rsi** zum Rüpel [*o* Flegel] werden

**incafonirsi** [inkafo'nirsi] <incafonisco> *vr* zum Rüpel werden

**incagliare** [iŋkaʎ'ʎa:re] I. *vi essere* (NAUT) auflaufen, stranden II. *vr* **-rsi** ① (NAUT) auflaufen, stranden ② (*fig: interrompersi*) ins Stocken geraten; (*nel parlare*) stocken, stecken bleiben III. *vt avere* ① (NAUT) stranden lassen, auflaufen lassen ② (*fig: ostacolare*) behindern, hemmen

**incagliarsi** [iŋkaʎ'ʎarsi] *vr* ① (NAUT) auflaufen, stranden ② (*fig: interrompersi*) ins Stocken geraten; (*nel parlare*) stocken, stecken bleiben **incaglio** [iŋ'kaʎʎo] <-gli> *m*

①(NAUT) Auflaufen *nt* ②(*fig: intoppo*) Hindernis *nt*
**incalcinare** [iŋkaltʃi'na:re] *vt* (*muro*) verputzen; (AGR) kalken
**incalcolabile** [iŋkalko'la:bile] *agg* nicht berechenbar; (*non valutabile*) unschätzbar
**incallimento** [iŋkalli'mento] *m* Schwieligwerden *nt;* (*fig*) Verhärtung *f* **incallire** [incal'li:re] <incallisco, incallisci> I. *vt avere* ① (*rendere calloso*) schwielig machen ② (*fig: indurire*) verhärten II. *vi essere* ① (*fare il callo*) Schwielen bekommen ② (*fig: assuefarsi*) sich gewöhnen (*in* an +*acc*) III. *vr* **-rsi** ① (*fare il callo*) Schwielen bekommen ② (*fig: assuefarsi*) sich gewöhnen (*in* an +*acc*); **-rsi nel vizio** dem Laster verfallen sein
**incallirsi** [incal'lirsi] <incallisco> *vr* ① (*fare il callo*) Schwielen bekommen ② (*fig: assuefarsi*) ~ **nel vizio** dem Laster verfallen sein **incallito, -a** [incal'li:to] *agg* ① (*reso calloso*) schwielig ② (*fig: accanito*) hartnäckig; (*insensibile*) hart; **fumatore** ~ Kettenraucher *m;* **bevitore** ~ Gewohnheitstrinker *m*
**incalorirsi** [iŋkalo'rirsi] <mi incalorisco, ti incalorisci> *vr* ① (*riscaldarsi*) sich erwärmen ② (MED) sich entzünden ③ (*fig: infervorarsi*) sich eifern, sich erhitzen
**incalzante** [iŋkal'tsante] *agg* bedrängend; (*urgente*) dringend
**incalzare** [iŋkal'tsa:re] I. *vt* ① (*inseguire*) verfolgen; (*assalire*) bedrängen; ~ **qu** sich jdm an die Fersen heften ② (*fig: urgere*) drängen II. *vr* **-rsi** sich überstürzen
**incameramento** [iŋkamera'mento] *m* Einziehung *f* **incamerare** [iŋkame'ra:re] *vt* einziehen
**incamiciare** [iŋkami'tʃa:re] *vt* verkleiden; (TEC) ummanteln **incamiciatura** [iŋkamitʃa'tu:ra] *f* ① (*strato di materiale*) Verkleidung *f;* (*strato di protezione*) Schutzschicht *f* ② (MIL) Hülse *f*
**incamminare** [iŋkammi'na:re] I. *vt* in die Wege leiten II. *vr* **-rsi** ① (*andare*) sich auf den Weg machen ② (*fig*) **-rsi verso qc** auf etw *acc* zusteuern
**incanalare** [iŋkana'la:re] I. *vt* ① (*acqua*) kanalisieren; (*convogliare*) [in einen Kanal] auffangen ② (*dirigere*) lenken ③ (*fig*) leiten II. *vr* **-rsi verso qc** auf etw *acc* zuströmen **incanalatura** [iŋkanala'tu:ra] *f* Kanalisierung *f*
**incancellabile** [iŋkantʃel'la:bile] *agg* ① (*scrittura*) nicht ausradierbar ② (*fig: indelebile*) unauslöschlich

**incancrenire** [iŋkaŋkre'ni:re] <incancrenisco> *vi essere* (MED) brandig werden
**incandescente** [iŋkandeʃ'ʃente] *agg* (*a. fig*) glühend **incandescenza** [iŋkandeʃ'ʃentsa] *f* Glühen *nt;* **lampada a** ~ Glühlampe *f*
**incantamento** [iŋkanta'mento] *m* Verzauberung *f*
**incantare** [iŋkan'ta:re] I. *vt* ① (*con arti magiche*) verzaubern ② (*serpenti*) beschwören ③ (*fig: estasiare*) bezaubern, entzücken II. *vr* **-rsi** ① (*restare ammaliato*) entzückt sein ② (*restare intontito*) benommen sein; (*essere stordito*) betäubt sein **incanto, -a** [iŋkan'ta:to] *agg* ① (*fatato*) verzaubert, Zauber-; **anello** ~ Zauberring *m;* **castello** ~ verwunschenes Schloss ② (*estasiato*) verzaubert ③ (*intontito*) benommen, wie betäubt **incantatore, -trice** [iŋkanta'to:re] *m, f* ① (*operatore d'incantesimi*) Zauberer *m*/Zauberin *f* ② (*fig: ammaliatore*) Verführer(in) *m(f);* ~ **di serpenti** Schlangenbeschwörer(in) *m(f)* **incantesimo** [iŋkan'te:zimo] *m* Zauber *m;* (*formula magica*) Zauberformel *f* **incantevole** [iŋkan'te:vole] *agg* zauberhaft, bezaubernd
**incanto** [iŋ'kanto] *m* ① (*magia*) Zauberei *f;* **come per** ~ wie von Zauberhand ② (*fig: fascino*) Zauber *m;* **d'**~ wunderbar; **quella ragazza è un** ~ das Mädchen ist bezaubernd ③ (JUR) Versteigerung *f;* **mettere all'**~ versteigern
**incanutire** [iŋkanu'ti:re] <incanutisco> *vi essere* ergrauen
**incapace** [iŋka'pa:tʃe] I. *agg* unfähig; (*inetto*) untüchtig; ~ **di intendere e di volere** (JUR) unzurechnungsfähig II. *mf* Versager(in) *m(f)* **incapacità** [iŋkapatʃi'ta] *f* ① (*inabilità*) Unfähigkeit *f* ② (JUR) Rechtsunfähigkeit *f;* ~ **giuridica** Rechtsunfähigkeit *f*
**incaparbirsi** [iŋkapar'birsi] <m'incaparbisco> *vr* ~ **a fare qc** sich *dat* etw in den Kopf setzen
**incaponirsi** [iŋkapo'nirsi] <mi incaponisco, ti incaponisci> *vr* ~ **in qc** sich *dat* etw in den Kopf setzen; (*intestardirsi*) sich auf etw *acc* versteifen
**incappare** [iŋkap'pa:re] *vi essere* ~ **in qu** auf jdn stoßen; ~ **in qc** in etw *acc* [hinein]geraten
**incappottare** [iŋkappot'ta:re] I. *vt* in einen Mantel hüllen II. *vr* **-rsi** sich in einen Mantel hüllen
**incappucciare** [iŋkapput'tʃa:re] *vt* ~ **qu**

jdm eine Mütze/Kapuze aufsetzen; **-rsi di neve** schneebedeckt sein

**incapricciarsi** [iŋkaprit'tʃarsi] *vr* **~ di qu/ qc** sich in jdn/etw vernarren

**incapsulamento** [iŋkapsula'mento] *m* ❶ (MED) Einkapselung *f;* (*di denti*) Überkronung *f* ❷ (TEC: *di bottiglie*) Verkapselung *f* [mit einem Kronkorken] **incapsulare** [iŋkapsu'laːre] *vt* ❶ (MED) einkapseln; (*denti*) verkronen ❷ (TEC: *bottiglie*) verkapseln

**incarceramento** [iŋkartʃera'mento] *m* Einsperren *nt;* (HIST) Einkerkerung *f* **incarcerare** [iŋkartʃe'raːre] *vt* ❶ (*imprigionare*) einsperren, inhaftieren; (HIST) einkerkern ❷ (*fig: rinchiudere*) einschließen

**incardinare** [iŋkardi'naːre] *vt* ❶ (*porta*) einhängen ❷ (*fig*) **~ qc su qc** (*impostare*) etw auf etw *dat* aufbauen; (*basare*) etw auf etw *acc* stützen

**incaricare** [iŋkari'kaːre] I. *vt* **~ qu di fare qc** jdn beauftragen, etw zu tun II. *vr* **-rsi di fare qc** es übernehmen, etw zu tun **incaricato, -a** [iŋkari'kaːto] I. *agg* **essere ~ di qc** mit etw beauftragt sein; **professore ~** außerordentlicher Professor II. *m, f* ❶ (*funzionario*) Beauftragte(r) *f(m)* ❷ (*professore*) Lehrbeauftragte(r) *f(m)*

**incarico** [iŋ'kaːriko] <-chi> *m* Auftrag *m;* (*di insegnante*) Lehrauftrag *m;* **per ~ di** im Auftrag von

**incarnare** [iŋkar'naːre] I. *vt* verkörpern; (*rappresentare*) darstellen II. *vr* **-rsi** ❶ (REL: *Cristo*) Mensch werden ❷ (MED: *unghia*) [ins Fleisch] einwachsen **incarnato, -a** [iŋkar'naːto] *agg* ❶ (REL: *Cristo*) Fleisch geworden ❷ (*unghie*) eingewachsen **incarnazione** [iŋkarnat'tsioːne] *f* ❶ (REL: *di Cristo*) Menschwerdung *f* ❷ (*fig: concretizzazione*) Verkörperung *f;* **è l'~ della malvagità** er/sie ist die Bosheit in Person

**incarnire** [iŋkar'niːre] <incarnisco, incarnisci> I. *vi essere* [ins Fleisch] einwachsen II. *vr* **-rsi** [ins Fleisch] einwachsen

**incarnirsi** [iŋkar'nirsi] <incarnisco> *vr* [ins Fleisch] einwachsen

**incarognirsi** [iŋkaroɲ'ɲirsi] <m'incarognisco> *vr* verkommen, verludern *fam*

**incartamento** [iŋkarta'mento] *m* Akte *f,* Aktenbündel *nt*

**incartapecorire** [iŋkartapeko'riːre] <incartapecorisco, incartapecorisci> *vi essere* ❶ (*insecchire*) vertrocknen; (*pelle*) runzlig werden ❷ (*fig: inaridirsi*) verknöchern

**incartare** [iŋkar'taːre] *vt* [in Papier] einwickeln

**incarto** [iŋ'karto] *m* Verpackung *f*

**incartocciare** [iŋkartot'tʃaːre] *vt* in Tüten abpacken

**incasellare** [iŋkasel'laːre] *vt* ❶ (*disporre in casellario*) auf Fächer verteilen ❷ (*fig: catalogare*) katalogisieren

**incasinare** [inkazi'naːre] *vt* (*fam*) ein Chaos anrichten **incasinato, -a** [inkazi'naːto] *agg* (*fam: cosa*) verworren, chaotisch; (*fam: persona*) konfus, kopflos

**incassare** [iŋkas'saːre] *vt* ❶ (*collocare in cassa*) in Kisten verpacken ❷ (*riscuotere*) [ein]kassieren, einheben *A* **incassatore, -trice** [iŋkassa'toːre] *m, f* (*imballatore*) Packer(in) *m(f)* **incassatura** [iŋkassa'tuːra] *f* ❶ (*inserimento*) Einlassen *nt,* Einpassen *nt* ❷ (*incastonatura*) Einfassung *f* **incassettatrice** [inkassetta'triːtʃe] *f* (TEC) Kästenabfertigungsmaschine *f*

**incasso** [iŋ'kasso] *m* Einnahme *f;* (COM) Inkasso *nt;* **realizzare un forte ~** hohe Einnahmen verbuchen können

**incastellatura** [iŋkastella'tuːra] *f* Gerüst *nt;* (*di supporto*) Gestell *nt*

**incastonare** [iŋkasto'naːre] *vt* ❶ (*fermare nel castone*) [ein]fassen ❷ (*fig: inserire*) [schmückend] einfügen **incastonatura** [iŋkastona'tuːra] *f* [Ein]fassung *f*

**incastrare** [iŋkas'traːre] I. *vt* ❶ (TEC) zusammenstecken ❷ (*fam: coinvolgere*) festnageln, verwickeln II. *vr* **-rsi** sich verklemmen, sich spießen *A*

**incastro** [iŋ'kastro] *m* ❶ (TEC) [Steck]verbindung *f;* **a ~** zusammengesteckt; **~ a maschio e femmina** Spundung *f* ❷ (*gioco enigmistico*) Einschachtelung eines Wortes in ein anderes

**incatenamento** [iŋkatena'mento] *m* Verkettung *f* **incatenare** [iŋkate'naːre] I. *vt* ❶ (*legare con catene*) anketten; (*persona*) in Ketten legen ❷ (*fig: soggiogare*) fesseln; (*legare strettamente*) festbinden II. *vr* **-rsi** sich [eng] verbinden, sich vereinigen

**incatramare** [iŋkatra'maːre] *vt* [ein]teeren

**incattivire** [iŋkatti'viːre] I. *vt avere* (*rendere cattivo*) böse machen; (*adirare*) verärgern, erzürnen II. *vr* **-rsi** sich erbosen

**incauto, -a** [iŋ'kauto] *agg* unvorsichtig; (*avventato*) unüberlegt

**incavare** [iŋka'vaːre] *vt* aushöhlen **incavato, -a** [iŋka'vaːto] *agg* ❶ (*cavo*) ausgehöhlt ❷ (*fig: occhi*) tief liegend; (*guance*) hohl, eingefallen **incavatura** [iŋka-

va'tu:ra] *f* Aushöhlung *f* **incavo** [iŋ'ka:vo] *m* Aushöhlung *f;* (*cavità*) Vertiefung *f;* (*di abiti*) Ausschnitt *m;* ~ **della manica** Ärmelausschnitt *m*
**incavolarsi** [iŋkavo'larsi] *vr* (*fam*) fuchsteufelswild werden; **mi fai incavolare** du bringst mich auf die Palme **incavolato, -a** [inkavo'la:to] *agg* (*fam scherz*) sauer, wütend; **essere ~ nero con qu** stinksauer auf jdn sein **incavolatura** [iŋkavola'tu:ra] *f* (*fam*) Koller *m*
**incazzarsi** [iŋkat'tsarsi] *vr* (*vulg*) ausrasten *sl* **incazzato, -a** [inkat'tsa:to] *agg* (*vulg*) sauwütend **incazzatura** [iŋkattsa'tu:ra] *f* (*vulg*) Sauwut *f* **incazzoso, -a** [inkat'tso:so] *agg* (*vulg: iroso*) reizbar, jähzornig
**incedere** [in'tʃɛ:dere] <incedo, incessi *o* incedei *o* incedetti, incesso> *vi* (*geh*) [einher]schreiten
**incedibile** [intʃe'di:bile] *agg* nicht übertragbar
**incendiare** [intʃen'dia:re] I. *vt* ① (*bruciare*) anzünden, in Brand setzen ② (*fig: infiammare*) entflammen II. *vr* **-rsi** sich entzünden, in Brand geraten; (*prendere fuoco*) Feuer fangen **incendiario, -a** [intʃen'dia:rio] <-i, -ie> I. *agg* Brand-; **bombe -ie** Brandbomben *fpl* II. *m, f* Brandstifter(in) *m(f)*
**incendio** [in'tʃɛndio] <-i> *m* (*fuoco*) Brand *m*, Feuer *nt*; ~ **doloso** Brandstiftung *f*, Brandlegung *f A*
**incenerimento** [intʃeneri'mento] *m* ~ [**delle immondizie**] Müllverbrennung *f*
**incenerire** [intʃene'ri:re] <incenerisco> I. *vt* ① (*ridurre in cenere*) einäschern ② (CHEM) veraschen II. *vr* **-rsi** zu Asche werden **inceneritore** [intʃeneri'to:re] *m* Müllverbrennungsanlage *f*
**incensamento** [intʃensa'mento] *m* (*a. fig*) Beweihräucherung *f* **incensare** [intʃen'sa:re] *vt* (*a. fig* REL) beweihräuchern **incensata** [intʃen'sa:ta] *f* (*a. fig*) Beweihräucherung *f* **incensatore, -trice** [intʃensa'to:re] *m, f* (*fig*) Schmeichler(in) *m(f)*, Schöntuer(in) *m(f)* **incensiere** [intʃen'siɛ:re] *m* Weihrauchfass *nt*
**incenso** [in'tʃɛnso] *m* Weihrauch *m*
**incensurabile** [intʃensu'ra:bile] *agg* tadellos; (*inappuntabile*) untadelig **incensurato, -a** [intʃensu'ra:to] *agg* ① (*irreprensibile*) tadellos ② (JUR) nicht vorbestraft
**incentivante** [intʃenti'vante] *agg* Leistungs-, Anreiz-; **compenso ~** Prämie *f*, Leistungszulage *f*
**incentivare** [intʃenti'va:re] *vt* anregen; (*incrementare*) ankurbeln **incentiva-**

**zione** [intʃentivat'tsio:ne] *f* Anregung *f;* (*incremento*) Ankurbelung *f* **incentivo** [intʃen'ti:vo] *m* Anreiz *m;* (*stimolo*) Anregung *f;* ~ **fiscale** Steuererleichterung *f*
**incentrare** [intʃen'tra:re] I. *vt* (*poet*) in den Mittelpunkt stellen II. *vr* **-rsi su qu/ qc** sich um jdn/etw drehen
**inceppamento** [intʃeppa'mento] *m* ① (*l'incepparsi, l'incepparsi*) Hemmung *f;* (*di apparecchi meccanici*) Klemmen *nt;* (*di armi*) Ladehemmung *f* ② (*fig: ostacolo*) Hindernis *nt*
**inceppare** [intʃep'pa:re] I. *vt* [be]hindern II. *vr* **-rsi** [sich ver]klemmen; (*bloccarsi*) blockieren
**incerare** [intʃe'ra:re] *vt* [ein]wachsen
**incerata** [intʃe'ra:ta] *f* ① (*tela*) Wachstuch *nt* ② (*impermeabile*) Regenhaut *f*, Regenschutz *m*
**incerottatura** [intʃerɔtta'tu:ra] *f* Verarztung *f* mit Pflastern
**incertezza** [intʃer'tettsa] *f* ① (*mancanza di certezza*) Ungewissheit *f* ② (*esitazione*) Unsicherheit *f*
**incerto** [in'tʃɛrto] *m* unvorherzusehender Fall, Risiko *nt*
**incerto, -a** *agg* ungewiss, unsicher; **data -a** nicht feststehendes Datum; **tempo ~** unbeständiges Wetter
**incespicare** [intʃespi'ka:re] *vi* ① (*inciampare*) ~ [**in qc**] [über etw *acc*] stolpern ② (*fig*) ~ **nel leggere/parlare** stockend lesen/sprechen
**incessante** [intʃes'sante] *agg* unaufhörlich; (*persistente*) anhaltend
**incessi** [in'tʃɛssi] *1. pers sing pass rem di* **incedere**
**incesso** [in'tʃɛsso] *pp di* **incedere**
**incesto** [in'tʃɛsto] *m* Inzest *m*, Blutschande *f* **incestuoso, -a** [intʃestu'o:so] *agg* inzestuös
**incetta** [in'tʃɛtta] *f* Vorratskauf *m*, Großeinkauf *m*, Hamsterkauf *m;* **fare ~ di zucchero** einen großen Zuckervorrat kaufen
**incettare** [intʃet'ta:re] *vt* ① (*accaparrare*) auf Vorrat kaufen, hamstern *fam* ② (*fig: procacciarsi*) sich *dat* verschaffen **incettatore, -trice** [intʃetta'to:re] *m, f* Großeinkäufer(in) *m(f)*, Hamsterer *m fam*, Hamsterin *f fam*
**inchiappettare** [inkiappet'ta:re] *vt* (*vulg; inculare*) arschficken
**inchiesta** [iŋ'kiɛsta] *f* ① (JUR) Ermittlung *f*, Ausforschung *f A;* **commissione d'~** Untersuchungsausschuss *m*, Ermittlungsausschuss *m;* ~ **giudiziaria** Ermittlungsverfahren *nt* ② (*giornalistica*) Bericht *m;*

(*indagine*) Nachforschung *f*; **svolgere un'~** Nachforschungen anstellen ③ (SOC) Umfrage *f*; **~ statistica** statistische Erhebung

**inchinare** [iŋki'naːre] I. *vt* neigen; (*corpo*) beugen; **~ la fronte** den Kopf senken II. *vr* ① (*per riverenza*) **-rsi davanti a qu/qc** sich vor jdm/etw verneigen ② (*cedere*) **-rsi a qc** sich einer Sache *dat* beugen; (*sottomettersi*) sich in etw *acc* fügen **inchino** [iŋ'kiːno] *m* Verneigung *f*, Verbeugung *f*

**inchiodare** [iŋkio'daːre] I. *vt* ① (*fissare con chiodi*) annageln, festnageln; **~ una cassa** eine Kiste zunageln; **~ alla croce** ans Kreuz nageln ② (*fig: immobilizzare*) festhalten; **il lavoro lo inchioda a tavolino** die Arbeit fesselt ihn an den Schreibtisch; **~ la macchina** scharf bremsen II. *vr* **-rsi** (*fig*) plötzlich stehen bleiben

**inchiodata** [iŋkio'daːta] *f* (*fam: frenata*) Vollbremsung *f*

**inchiostrare** [iŋkios'traːre] *vt* einfärben **inchiostrazione** [iŋkiostrat'tsioːne] *f* Einfärbung *f*

**inchiostro** [iŋ'kiɔstro] *m* Tinte *f*; **~ di china** [Auszieh]tusche *f*; **~ da stampa** Druckerfarbe *f*; **~ per timbri** Stempelfarbe *f*; **~ simpatico** Geheimtinte *f*; **nero come l'~** pechschwarz

**inciampare** [intʃam'paːre] *vi essere o avere* ① (*incespicare*) **~ in qc** über etw *acc* stolpern ② (*fig*) **~ in qu/qc** auf jdn/etw stoßen

**inciampo** [in'tʃampo] *m* ① (*ostacolo*) Hindernis *nt*; **essere d'~ a qu** jdm im Wege sein ② (*fig: difficoltà*) Hindernis *nt*

**incidentale** [intʃiden'taːle] *agg* ① (*casuale*) zufällig ② (*secondario*) nebensächlich, Neben- ③ (JUR) Inzidenz-

**incidentalità** [intʃidentali'ta] <-> *f* (*casualità*) Zufälligkeit *f*

**incidente** [intʃi'dɛnte] I. *agg* (MAT, OPT) Einfalls-, Inzidenz-; **raggio ~** Einfallsstrahl *m* II. *m* Unfall *m*; **~ di piccola entità** Bagatellunfall *m*

**incidentistica** [intʃiden'tistika] <-che> *f* (*studio degli incidenti*) Unfallursachenforschung *f*, Unfallstatistik *f*

**incidenza** [intʃi'dɛntsa] *f* ① (MAT, OPT) Einfall *m*; **angolo d'~** Einfallswinkel *m* ② (*fig: ripercussione*) Auswirkung *f*

**incidere** [in'tʃiːdere] <incido, incisi, inciso> I. *vi* **~ su qc** sich auf etw *acc* auswirken II. *vt* ① (*tagliare*) einschneiden ② (*intagliare*) [ein]ritzen; (*scolpire*) [ein]gravieren; **~ il legno** [in Holz] schnitzen; **~ la pietra** [in Stein] hauen; **~ il rame** [in Kupfer] stechen ③ (*registrare*) aufzeichnen, aufnehmen ④ (*fig: imprimere*) **~ qc nella memoria** sich etw einprägen

**incinta** [in'tʃinta] *agg* schwanger; **è ~ di quattro mesi** sie ist im vierten Monat schwanger; **rimanere ~** schwanger werden

**incipiente** [intʃi'piɛnte] *agg* beginnend; **calvizie ~** erste Anzeichen *ntpl* einer Glatze

**incipriare** [intʃi'priaːre] I. *vt* [ein]pudern II. *vr* **-rsi** sich [ein]pudern

**incirca** [in'tʃirka] *avv* ungefähr, **all'~** ungefähr, etwa

**incisi** [in'tʃiːzi] *1. pers sing pass rem di* **incidere**

**incisione** [intʃi'zioːne] *f* ① (*taglio*) [Ein]schnitt *m* ② (*arte*) Gravierung *f* ③ (*disegno inciso*) Gravur *f*, Stich *m*; **~ all'acquaforte** Radierung *f*; **~ a bulino** Stich *m*; **~ in legno** Holzschnitt *m*; **~ su rame** Kupferstich *m* ④ (*registrazione*) Aufnahme *f*

**incisività** [intʃizivi'ta] <-> *f* ① (*taglio*) Schärfe *f* ② (*fig: efficacia*) Einprägsamkeit *f*

**incisivo** [intʃi'ziːvo] *m* Schneidezahn *m*

**incisivo, -a** *agg* ① (*tagliente*) schneidend ② (*fig*) einschneidend; (*efficace*) wirkungsvoll

**inciso**¹ [in'tʃiːzo] *pp di* **incidere**

**inciso**² *m* (LING) Einschiebsel *nt*; **per ~** nebenbei

**incisore** [intʃi'zoːre] *m* Graveur(in) *m(f)*; **~ in legno** Holzschneider(in) *m(f)*; **~ in pietra** Bildhauer(in) *m(f)*; **~ in rame** Kupferstecher(in) *m(f)*; **~ in litografia** Litograf(in) *m(f)*

**incisorio, -a** [intʃi'zɔːrio] <-i, -ie> *agg* Gravier-, Schneide-; **sala -a** Seziersaal *m*

**incitamento** [intʃita'mento] *m* Anreiz *m*; (*stimolo*) Anregung *f* **incitare** [intʃi'taːre] *vt* **~ qu a [fare] qc** jdn zu etw anregen; (*pej*) jdn zu etw aufwiegeln [*o* aufhussen *A*] **incitatore, -trice** [intʃita'toːre] *m*, *f* Antreiber(in) *m(f)*

**incitrullire** [intʃitrul'liːre] <incitrullisco> *vi essere* verdummen, verblöden

**inciucio** [in'tʃutʃo] <-ci> *m* (*pej* POL) fauler Kompromiss

**incivile** [intʃi'viːle] *agg* ① (*barbaro*) unzivilisiert ② (*maleducato*) unhöflich, grob

**incivilimento** [intʃivili'mento] *m* Zivilisierung *f* **incivilire** [intʃivi'liːre] <incivilisco> I. *vt* (*popolo*) zivilisieren; (*ingentilire*) verfeinern II. *vr* **-rsi** zivilisierter werden; (*ingentilirsi*) sich verfeinern

**incivilità** [intʃiviliˈta] *f* ❶ (*basso livello di civiltà*) Mangel *m* an Kultur ❷ (*azione incivile*) Ungezogenheit *f*, ungehobeltes Benehmen

**inclassificabile** [iŋklassifiˈkaːbile] *agg* ❶ (*che non si può classificare*) nicht klassifizierbar; (*in livelli*) nicht einstufbar ❷ (*a scuola*) unzensierbar ❸ (*fig: scorretto*) unter aller Kritik

**inclemente** [iŋkleˈmɛnte] *agg* ❶ (*inflessibile*) erbarmungslos, unerbittlich ❷ (*fig: avverso*) widrig, ungünstig; (*clima*) rau

**inclemenza** [iŋkleˈmɛntsa] *f* Erbarmungslosigkeit *f*

**inclinabile** [iŋkliˈnaːbile] *agg* [schräg] verstellbar; (*ribaltabile*) kippbar

**inclinare** [iŋkliˈnaːre] I. *vt* neigen, schräg stellen II. *vi* ❶ (*pendere*) ~ **a destra/sinistra** sich nach rechts/links neigen ❷ (*fig*) ~ **a fare qc** geneigt sein, etw zu tun III. *vr* **-rsi** sich neigen, sich beugen

**inclinazione** [iŋklinatˈtsjoːne] *f* ❶ (*pendenza*) Neigung *f*; (*piano obliquo*) Schräge *f* ❷ (*fig: propensione*) Neigung *f*; (*capacità naturale*) Veranlagung *f*; (*simpatia*) Zuneigung *f* **incline** [iŋˈkliːne] *agg* **essere ~ a qc** zu etw neigen

**includere** [iŋˈkluːdere] <includo, inclusi, incluso> *vt* ❶ (*inserire*) einfügen ❷ (*comprendere*) einschließen, einbeziehen ❸ (*implicare, racchiudere*) [mit] einbegreifen

**inclusione** [iŋkluˈzjoːne] *f* ❶ (*atto dell'includere*) Einbeziehung *f* ❷ (soc) Inklusion *f* ❸ (adm) Anlage *f*

**inclusive tour** [inˈkluːsiv tur] <-> *m* Pauschalreise *f*

**inclusivo, -a** [iŋkluˈziːvo] *agg* einschließlich; ~ **delle spese** inklusive Spesen

**incluso** [iŋˈkluːzo] *pp di* **includere**

**incocciare** [iŋkotˈtʃaːre] I. *vt avere* ❶ (NAUT: *agganciare*) einhaken ❷ (*dial: incontrare*) zufällig treffen; (*urtare*) stoßen (*qc* gegen, an etw *acc*) II. *vi essere* (*dial: imbattersi*) stoßen (*in* auf +*acc*); ~ **male/bene** es schlecht/gut treffen III. *vr* **-rsi** (*dial*) ❶ (*incaponirsi*) sich versteifen (*in* auf +*acc*) ❷ (*impermalirsi*) beleidigt sein, einschnappen *fam*

**incoercibile** [iŋkoerˈtʃiːbile] *agg* ❶ (CHEM, PHYS) unverdichtbar ❷ (*che non si può reprimere*) unbezwingbar

**incoerente** [iŋkoeˈrɛnte] *agg* (*contraddittorio*) widersprüchlich; **discorso ~** unzusammenhängende Rede; **persona ~** inkonsequente Person **incoerenza** [iŋkoeˈrɛntsa] *f* (*contraddizione*) Widersprüchlichkeit *f*; (*incongruenza*) Zusammenhang[s]losigkeit *f*

**incogliere** [iŋˈkɔʎʎere] <irr> *poet* I. *vt avere* überraschen; (*cogliere di sorpresa*) ertappen II. *vi essere* widerfahren; (*capitare*) zustoßen

**incognita** [iŋˈkɔɲɲita] *f* ❶ (MAT) Unbekannte *f*, unbekannte Größe ❷ (*fig*) unvorhersehbare Sache

**incognito** [iŋˈkɔɲɲito] *m* Inkognito *nt*; **viaggiare in ~** inkognito reisen

**incognito, -a** *agg* (*non conosciuto*) unbekannt; (*non riconosciuto*) unerkannt

**incollare** [iŋkolˈlaːre] I. *vt* ❶ (*attaccare*) aufkleben, ankleben; ~ **parti insieme** zusammenkleben ❷ (*fig*) [fest]kleben; ~ **la faccia contro la vetrina** das Gesicht an das Schaufenster drücken II. *vr* **-rsi a qc** etw *dat* festkleben; **-rsi a qu** (*fig*) sich an jdn [o jdm] klammern

**incollatura** [iŋkollaˈtuːra] *f* ❶ (*operazione dell'incollare*) Ankleben *nt*, Anleimen *nt* ❷ (*nell'ippica*) Halslänge *f*; **vincere di mezza ~** um eine halbe Halslänge siegen

**incollerire** [iŋkolleˈriːre] <incollerisco, incollerisci> I. *vi essere* sich erzürnen, in Zorn geraten II. *vr* **-rsi** sich erzürnen, in Zorn geraten

**incollerirsi** [iŋkolleˈrirsi] <incollerisco> *vr* sich erzürnen

**incolmabile** [iŋkolˈmaːbile] *agg* unausfüllbar; (*insostituibile*) unersetzbar

**incolonnare** [iŋkolonˈnaːre] I. *vt* ❶ (*cifre*) [in einer Spalte/in Spalten] untereinanderschreiben ❷ (*persone*) in Reih und Glied aufstellen II. *vr* **-rsi** sich in Reih und Glied aufstellen

**incolonnatore** [iŋkollonaˈtoːre] *m* Tabulator *m*

**incolore** [iŋkoˈloːre] *agg* (*a. fig*) farblos

**incolpare** [iŋkolˈpaːre] *vt* ~ **qu di qc** (*accusare*) jdn einer Sache *gen* beschuldigen; (*rendere responsabile*) jdn für etw verantwortlich machen

**incolpevole** [iŋkolˈpeːvole] *agg* schuldlos; (*innocente*) unschuldig **incolpevolezza** [iŋkolpevoˈlettsa] *f* Schuldlosigkeit *f*; (*innocenza*) Unschuld *f*

**incolsi** [iŋˈkolsi] *1. pers sing pass rem di* **incogliere**

**incolto, -a** [iŋˈkolto] I. *pp di* **incogliere** II. *agg* ❶ (*terreno*) unbestellt, brach ❷ (*fig: non curato*) ungepflegt; (*trascurato*) vernachlässigt ❸ (*fig: ignorante*) ungebildet

**incolume** [iŋˈkɔːlume] *agg* unversehrt; (*cosa*) unbeschädigt **incolumità** [iŋkolu-

mi'ta] <-> *f* Unversehrtheit *f;* (*fig*) Unverletzlichkeit *f*
**incombente** [iŋkom'bɛnte] *agg* bevorstehend; (*pericolo*) drohend
**incombenza** [iŋkom'bɛntsa] *f* ❶ (*incarico*) Auftrag *m* ❷ (*dovere*) Aufgabe *f,* Verpflichtung *f*
**incombere** [iŋ'kombere] <incombo, incombei *o* incombetti, manca il pp> *vi* ❶ (*essere imminente*) bevorstehen; (*sovrastare minacciando*) drohen ❷ (*spettare*) ~ **a qu** jdm obliegen
**incombustibile** [iŋkombus'ti:bile] *agg* nicht brennbar; (*resistente al fuoco*) feuerfest
**incominciare** [iŋkomin'tʃa:re] *vt, vi* beginnen, anfangen
**incommensurabile** [iŋkommensu'ra:bile] *agg* riesig, unermesslich
**incomodare** [iŋkomo'da:re] I. *vt* ~ **qu** jdm Umstände bereiten II. *vr* **-rsi** sich bemühen, sich *dat* Umstände machen; **non s'incomodi!** machen Sie sich *dat* keine Umstände!
**incomodo** [iŋ'kɔ:modo] *m* Unbequemlichkeit *f;* **essere d'~ per qu** jdm unbequem sein; **scusi l'~** entschuldigen Sie die Störung
**incomodo, -a** *agg* (*inopportuno*) ungelegen; (*fastidioso*) lästig
**incomparabile** [iŋkompa'ra:bile] *agg* unvergleichlich
**incompatibile** [iŋkompa'ti:bile] *agg* (*inconciliabile*) unvereinbar; (*persone*) nicht zusammenpassend; (*sistemi*) inkompatibel **incompatibilità** [iŋkompatibili'ta] *f* Unvereinbarkeit *f;* (*di persone*) Unverträglichkeit *f*
**incompetente** [iŋkompe'tɛnte] I. *agg* ❶ (*inesperto*) nicht kompetent ❷ (JUR) nicht zuständig ❸ (*pej*) untüchtig; (*incapace*) unfähig II. *mf* Laie *m* **incompetenza** [iŋkompe'tɛntsa] *f* ❶ (*ignoranza*) Unkenntnis *f;* (*mancanza di competenza*) Inkompetenz *f* ❷ (JUR) Unzuständigkeit *f*
**incompiuto, -a** [iŋkom'piu:to] *agg* unvollendet
**incompleto, -a** [iŋkom'plɛ:to] *agg* unvollständig
**incomprensibile** [iŋkompren'si:bile] *agg* unverständlich
**incomprensione** [iŋkompren'sio:ne] *f* Unverständnis *nt;* (*mancanza di comprensione*) Verständnislosigkeit *f* **incompreso, -a** [iŋkom'pre:so] *agg* unverstanden; (*genio*) verkannt

**incomunicabile** [iŋkomuni'ka:bile] *agg* nicht mitteilbar
**inconcepibile** [iŋkontʃe'pi:bile] *agg* undenkbar; (*inimmaginabile*) unvorstellbar; (*incomprensibile*) unfassbar, unbegreiflich
**inconciliabile** [iŋkontʃi'lia:bile] *agg* unversöhnlich; (*fig*) unvereinbar
**inconcludente** [iŋkoŋklu'dɛnte] *agg* (*discorso*) zusammenhang[s]los; (*vano*) unnütz, fruchtlos; (*persona*) unbeständig
**incondizionato, -a** [iŋkondittsio'na:to] *agg* bedingungslos
**inconfessabile** [iŋkonfes'sa:bile] *agg* uneingestehbar; (*turpe*) schändlich **inconfessato, -a** [iŋkonfes'sa:to] *agg* ungestanden; (*tenuto segreto*) uneingestanden
**inconfondibile** [iŋkonfon'di:bile] *agg* unverwechselbar; (*fig*) unverkennbar
**inconfutabile** [iŋkonfu'ta:bile] *agg* unwiderlegbar; (*incontestabile*) unanfechtbar
**incongruente** [iŋkoŋgru'ɛnte] *agg* nicht übereinstimmend; (*contraddittorio*) widersprüchlich **incongruenza** [iŋkoŋgru'ɛntsa] *f* Nichtübereinstimmung *f;* (*contraddizione*) Widerspruch *m*
**incongruo, -a** [iŋ'kɔŋgruo] *agg* unangemessen; (*non adatto*) unpassend
**inconsapevole** [iŋkonsa'pe:vole] *agg* unbewusst; (*ignaro*) ahnungslos **inconsapevolezza** [iŋkonsapevo'lettsa] *f* Unbewusstheit *f*
**inconscio** [iŋ'kɔnʃo] <*sing*> *m* Unbewusste(s) *nt*
**inconscio, -a** <-sci, -scie *o* -sce> *agg* unbewusst
**inconseguente** [iŋkonse'gwɛnte] *agg* inkonsequent **inconseguenza** [iŋkonse'gwɛntsa] *f* Inkonsequenz *f*
**inconsideratezza** [iŋkonsidera'tettsa] *f* Unüberlegtheit *f* **inconsiderato, -a** [iŋkonside'ra:to] *agg* unüberlegt
**inconsistente** [iŋkonsis'tɛnte] *agg* ❶ (*senza fondamento*) unhaltbar; (*persona*) haltlos ❷ (PHYS, CHEM) unbeständig, inkonsistent *scient* **inconsistenza** [iŋkonsis'tɛntsa] *f* ❶ (*infondatezza*) Unhaltbarkeit *f;* (*di persona*) Haltlosigkeit *f* ❷ (PHYS, CHEM) Unbeständigkeit *f,* Inkonsistenz *f scient*
**inconsolabile** [iŋkonso'la:bile] *agg* untröstlich
**inconsueto, -a** [iŋkonsu'ɛ:to] *agg* ungewohnt; (*insolito*) ungewöhnlich
**inconsulto, -a** [iŋkon'sulto] *agg* unbesonnen
**incontaminato, -a** [iŋkontami'na:to] *agg* unbefleckt; (*non infestato*) unverseucht

**incontentabile** [iŋkonten'ta:bile] *agg* ungenügsam; (*insaziabile*) unstillbar; **sei ~** du bist nie zufrieden

**incontestabile** [iŋkontes'ta:bile] *agg* unbestreitbar **incontestato, -a** [iŋkontes'ta:to] *agg* unbestritten

**incontinenza** [iŋkonti'nɛntsa] *f* ① (*intemperanza*) Zügellosigkeit *f* ② (MED) Inkontinenz *f*

**incontrare** [iŋkon'tra:re] I. *vt* ① (*gener*) **~ qu** jdn treffen, jdm begegnen ② (*trovarsi di fronte a*) **~ qc** einer Sache *dat* gegenüberstehen ③ (*fig: trovare*) finden ④ (SPORT) treffen *auf* +*acc* II. *vr* **-rsi** ① sich treffen, sich begegnen ② (*conoscersi*) sich kennen lernen ③ (SPORT) gegeneinander antreten

**incontrario** [iŋkon'tra:rio] *avv* **all'~** (*fam*) verkehrt herum; **andare all'~** schiefgehen

**incontrastabile** [iŋkontras'ta:bile] *agg* unwiderstehlich; (*inoppugnabile*) unanfechtbar

**incontrastato, -a** [iŋkontras'ta:to] *agg* unangefochten; (*indiscusso*) unbestritten

**incontro**[1] [iŋ'kontro] *m* ① (*di persone*) Begegnung *f*; (*convegno*) Zusammenkunft *f*, Treffen *nt*; **fissare un ~** einen Termin [für ein Treffen] ausmachen ② (SPORT) Begegnung *f*; (*partita*) Spiel *nt*; (*di pugilato*) Kampf *m*

**incontro**[2] I. *avv* entgegen; **mi corse ~** er/sie lief mir entgegen, er/sie lief auf mich zu II. *prp* **~ a qu/qc** auf jdn/etw +*acc* ... zu; **farsi ~ a qu** auf jdn zugehen; **venire ~ a qu** (*fig*) jdm entgegenkommen; **andare ~ a difficoltà** Schwierigkeiten begegnen

**incontrollabile** [iŋkontrol'la:bile] *agg* unkontrollierbar **incontrollato, -a** [iŋkontrol'la:to] *agg* unkontrolliert; (*privo di controllo*) unbeherrscht

**incontrovertibile** [iŋkontrover'ti:bile] *agg* unanfechtbar; (*indiscutibile*) unbestreitbar

**inconveniente** [iŋkonve'niɛnte] *m* Unannehmlichkeit *f*; (*difficoltà*) Schwierigkeit *f*

**incoraggiamento** [iŋkoraddʒa'mento] *m* Ermutigung *f*, **incoraggiare** [iŋkorad'dʒa:re] *vt* ermutigen; (*fig a*) unterstützen; (*favorire*) fördern; **~ qu a qc** jdn zu etw ermutigen

**incordatura** [iŋkorda'tu:ra] *f* (*di racchetta*) Bespannung *f*; (*di strumento*) Besaitung *f*

**incornare** [iŋkor'na:re] *vt* ① (*colpire con le corna*) auf die Hörner nehmen ② (*fam: tradire il coniuge*) **~ qu** jdm Hörner aufsetzen

**incorniciare** [iŋkorni'tʃa:re] *vt* ① (*mettere in cornice*) [ein]rahmen ② (*fig*) umrahmen **incorniciatura** [iŋkornitʃa'tu:ra] *f* [Ein]rahmung *f*

**incoronare** [iŋkoro'na:re] *vt* (*cingere di corona*) krönen; (*inghirlandare*) bekränzen; **~ la moglie/il marito** der Ehefrau/dem Ehemann Hörner aufsetzen

**incoronazione** [iŋkoronat'tsio:ne] *f* Krönung *f*

**incorporare** [iŋkorpo'ra:re] *vt* ① (*più elementi in una massa*) vermengen ② (*fig: annettere*) einverleiben; (*inserire*) eingliedern **incorporazione** [iŋkorporat'tsio:ne] *f* Vermengung *f*; (*fig*) Einverleibung *f*

**incorporeo, -a** [iŋkor'pɔ:reo] <-ei, -ee> *agg* körperlos; (*fig*) zart, durchscheinend

**incorreggibile** [iŋkorred'dʒi:bile] *agg* unkorrigierbar; (*fig*) unverbesserlich

**incorrere** [iŋ'korrere] <irr> *vi essere* **~ in un errore** einem Irrtum verfallen; **~ in un pericolo** in Gefahr geraten

**incorrotto, -a** [iŋkor'rotto] *agg* (*fig: puro*) unverdorben, unbestochen **incorruttibile** [iŋkorrut'ti:bile] *agg* ① (*inalterabile*) unverderblich ② (*fig: persona*) unbestechlich

**incorsi** *1. pers sing pass rem di* **incorrere**
**incorso** *pp di* **incorrere**

**incosciente** [iŋkoʃ'ʃɛnte] I. *agg* ① (*senza coscienza*) gewissenlos; (*irresponsabile*) verantwortungslos ② (MED) bewusstlos II. *mf* verantwortungslose Person **incoscienza** [iŋkoʃ'ʃɛntsa] *f* ① (*mancanza di coscienza*) Gewissenlosigkeit *f*; (*irresponsabilità*) Verantwortungslosigkeit *f* ② (*leggerezza*) Unbeschwertheit *f* ③ (MED) Bewusstlosigkeit *f*

**incostante** [iŋkos'tante] *agg* unbeständig; (*volubile*) wankelmütig **incostanza** [iŋkos'tantsa] *f* Unbeständigkeit *f*; (*volubilità*) Wankelmut *m*

**incostituzionale** [iŋkostituttsio'na:le] *agg* verfassungswidrig

**incravattato, -a** [iŋkravat'ta:to] *agg* mit Krawatte

**incredibile** [iŋkre'di:bile] *agg* unglaublich
**incredula** *f v.* **incredulo**
**incredulità** [iŋkreduli'ta] <-> *f* Ungläubigkeit *f* **incredulo, -a** [iŋ'krɛ:dulo] I. *agg* ungläubig II. *m, f* Ungläubige(r) *f(m)*

**incrementare** [iŋkremen'ta:re] *vt* steigern; (*fare prosperare*) fördern **incrementativo, -a** [iŋkrementa'ti:vo] *agg* (COM, FIN) fördernd, Anreiz- **incremento** [iŋkre'mento] *m* Steigerung *f*; (*sviluppo*) Zunahme *f*; **tasso annuale d'~** (COM, FIN) jährliche Zuwachsrate

**increscioso, -a** [iŋkreʃˈʃo:so] *agg* bedauerlich; (*sgradito*) lästig
**increspare** [iŋkresˈpa:re] *vt* (*stoffa*) kräuseln; (*carta*) kreppen **increspatura** [iŋkrespaˈtu:ra] *f* Kräuselung *f*; (*di carta*) Kreppung *f*
**incretinire** [iŋkretiˈni:re] <incretinisco> *vi essere* verblöden
**incriccarsi** [iŋkrikˈka:rsi] *vr* (*fam*) **mi si è incriccata la mano** ich habe mir die Hand verknackst *fam*
**incriminare** [iŋkrimiˈna:re] *vt* anklagen; (*incolpare*) beschuldigen **incriminazione** [iŋkriminatˈtsjo:ne] *f* Anschuldigung *f*
**incrinare** [iŋkriˈna:re] I. *vt* ❶ (*fendere*) einen Sprung verursachen in +*dat* [*o* an +*dat*] ❷ (*fig: danneggiare*) schädigen II. *vr* -**rsi** einen Riss bekommen **incrinatura** [iŋkrinaˈtu:ra] *f* Sprung *m*; (*crepa*) Riss *m*
**incrociare** [iŋkroˈtʃa:re] I. *vt* ❶ (*gener*, BIOL, ZOO) kreuzen; (*gambe, braccia*) verschränken; ~ **le armi** (*fig*) die Waffen kreuzen; ~ **le braccia** (*fig*) die Arbeit niederlegen, streiken ❷ (*incontrare*) ~ **qu/qc** jdm/etw begegnen II. *vr* -**rsi** sich kreuzen; (*incontrarsi*) sich treffen, sich begegnen **incrociatore** [iŋkrotʃaˈto:re] *m* Kreuzer *m*
**incrocio** [iŋˈkro:tʃo] <-ci> *m* Kreuzung *f*
**incrollabile** [iŋkrolˈla:bile] *agg* unerschütterlich; (*stabile*) fest
**incrostare** [iŋkrosˈta:re] *vt* ❶ (*ricoprire come una crosta*) verkrusten ❷ (*per ornamento*) inkrustieren
**incrostarsi** [iŋkrosˈtarsi] *vr* verkrusten **incrostazione** [iŋkrostatˈtsjo:ne] *f* ❶ (*formazione di crosta*) Verkrustung *f*; (*effetto*) Kruste *f* ❷ (*sedimento*) Belag *m*
**incrudelire** [iŋkrudeˈli:re] <incrudelisco, incrudelisci> *vi* ❶ *avere* (*infierire*) wüten; (*essere crudele*) grausam sein (*su* gegen) ❷ *essere* (*diventare malvagio*) grausam werden
**incrudimento** [iŋkrudiˈmento] *m* (*di metalli*) Verfestigung *f* **incrudire** [iŋkruˈdi:re] <incrudisco, incrudisci> I. *vt avere* [ver]härten, hart machen; (*metalli*) verfestigen II. *vi essere* ❶ (*metalli*) spröde werden; (*indurire*) hart werden; (*ferita*) sich verschlimmern ❷ (*fig: diventare crudo*) hart werden; (*inasprire*) sich verschärfen
**incruento, -a** [iŋkruˈɛnto] *agg* unblutig; **battaglia -a** (*scherz*) Wortgefecht *nt*
**incubatrice** [iŋkubaˈtri:tʃe] *f* ❶ (*per uova*) Brutapparat *m* ❷ (*per neonati*) Brutkasten *m* **incubazione** [iŋkubatˈtsjo:ne] *f* ❶ (*cova*) Brüten *nt*; (*periodo*) Brutzeit *f* ❷ (MED) Inkubation *f* ❸ (*fig: sviluppo*) Entwicklung *f*
**incubo** [ˈiŋkubo] *m* ❶ (*da sogni, a. fig*) Alptraum *m* ❷ (*fig: paura*) Angst *f*, Alpdruck *m*; (*persona*) Schreckgespenst *nt*; ~ **degli esami** Prüfungsangst *f*
**incudine** [iŋˈku:dine] *f* Amboss *m*; **essere tra l'~ e il martello** (*fig*) in der Zwickmühle sein
**inculcare** [iŋkulˈka:re] *vt* einschärfen, eintrichtern *fam*
**inculturazione** [iŋkulturatˈtsjo:ne] *f* kulturelle Anpassung *f*
**incunabolo** [iŋkuˈna:bolo] *m* Inkunabel *f*, Wiegendruck *m*
**incuneare** [iŋkuneˈa:re] I. *vt* einkeilen; (*fissare*) verkeilen; (*fig*) einzwängen II. *vr* -**rsi** sich einkeilen; (*inserirsi a forza*) eindringen
**incupire** [iŋkuˈpi:re] <incupisco> *vi essere* ❶ (*diventare scuro*) sich verdunkeln ❷ (*fig*) sich verdüstern
**incurabile** [iŋkuˈra:bile] *agg* unheilbar; (*fig*) unverbesserlich
**incurante** [iŋkuˈrante] *agg* **essere ~ di qc** sich um etw keine Gedanken machen; (*indifferente*) einer Sache gegenüber gleichgültig sein **incuranza** [iŋkuˈrantsa] *f* Unbekümmertheit *f*; (*indifferenza*) Gleichgültigkeit *f*; (*disprezzo*) Missachtung *f*
**incuria** [iŋˈku:rja] *f* Sorglosigkeit *f*
**incuriosire** [iŋkurjoˈsi:re] <incuriosisco> I. *vt* neugierig machen II. *vr* -**rsi** neugierig werden
**incursione** [iŋkurˈsjo:ne] *f* Einfall *m*; (*attacco*) Angriff *m*; (*per rapina*) Überfall *m*
**incurvamento** [iŋkurvaˈmento] *m* Krümmung *f* **incurvare** [iŋkurˈva:re] I. *vt* [durch]biegen; (*inchinare*) beugen; (*curvare*) krümmen; ~ **la schiena** (*fig*) dienern II. *vr* -**rsi** sich beugen; (*piegarsi*) sich biegen
**incussi** [iŋˈkussi] *1. pers sing pass rem di* **incutere**
**incusso** [iŋˈkusso] *pp di* **incutere**
**incustodito, -a** [iŋkustoˈdi:to] *agg* unbeaufsichtigt; (*non sorvegliato*) unbewacht; **parcheggio** ~ unbewachter Parkplatz; **passaggio a livello** ~ unbeschrankter Bahnübergang
**incutere** [iŋˈku:tere] <incuto, incussi, incusso> *vt* ~ **qc a qu** jdm etw einflößen; ~ **timore/spavento a qu** jdm Angst/einen Schreck einjagen

**indaco** ['indako] I. <inv> *agg* indigoblau, Indigo- II. <-chi> *m* Indigo *m o nt*
**indaffarato, -a** [indaffa'ra:to] *agg* viel beschäftigt
**indagare** [inda'ga:re] I. *vt* erforschen II. *vi* ermitteln; **~ su qc** über etw *acc* Nachforschungen anstellen **indagatore, -trice** [indaga'to:re] I. *agg* (*sguardo*) forschend II. *m, f* Forscher(in) *m(f)*
**indagine** [in'da:dʒine] *f* Untersuchung *f*; (JUR) Ermittlung *f*, Ausforschung *f* A; (*ricerca*) Erforschung *f*
**indebitamento** [indebita'mento] *m* Verschuldung *f* **indebitarsi** [indebi'tarsi] *vr* sich verschulden
**indebito, -a** [in'de:bito] *agg* ❶ (*che non è dovuto*) ungebührlich; (*illecito*) unrechtmäßig; (JUR) widerrechtlich ❷ (*inopportuno*) unpassend
**indebolimento** [indeboli'mento] *m* Schwächung *f* **indebolire** [indebo'li:re] <indebolisco> I. *vt avere* schwächen II. *vr* **-rsi** schwach werden
**indecente** [inde'tʃɛnte] *agg* unanständig; (*disdicevole*) unschicklich; **prezzi -i** unverschämte Preise **indecenza** [inde-'tʃɛntsa] *f* Unanständigkeit *f*; (*sconvenienza*) Anstößigkeit *f*; (*vergogna*) Schande *f*
**indecifrabile** [indetʃi'fra:bile] *agg* ❶ (*scrittura*) unentzifferbar; (*codice*) undechiffrierbar ❷ (*fig: oscuro*) unerforschlich
**indecisione** [indetʃi'zio:ne] *f* Unentschlossenheit *f* **indeciso, -a** [inde'tʃi:zo] *agg* ❶ (*irresoluto*) unentschlossen, unschlüssig ❷ (*fig: incerto*) verschwommen; **tempo ~** unbeständiges Wetter
**indeclinabile** [indekli'na:bile] *agg* (LING) undeklinierbar
**indecoroso, -a** [indeko'ro:so] *agg* ungehörig; (*disdicevole*) unschicklich
**indefesso, -a** [inde'fɛsso] *agg* unermüdlich
**indefinibile** [indefi'ni:bile] *agg* undefinierbar; (*inspiegabile*) unerklärlich
**indefinito, -a** [indefi'ni:to] *agg* ❶ (*indeterminato*) unbestimmt; (*spazio*) unbegrenzt ❷ (LING) unbestimmt, indefinit ❸ (*non risolto*) ungelöst
**indegnità** [indeɲɲi'ta] <-> *f* Unwürdigkeit *f* **indegno, -a** [in'deɲɲo] *agg* unwürdig
**indelebile** [inde'lɛ:bile] *agg* ❶ (*non cancellabile*) unauslöschbar; (*colore*) echt; (*inchiostro*) dokumentenecht ❷ (*fig: indimenticabile*) unauslöschlich
**indelicatezza** [indelika'tettsa] *f* Taktlosigkeit *f* **indelicato, -a** [indeli'ka:to] *agg* taktlos
**indemagliabile** [indemaʎ'ʎa:bile] *agg* maschenfest; (*calze*) laufmaschensicher
**indemoniato, -a** [indemo'nia:to] I. *agg* ❶ (*ossesso*) [vom Teufel] besessen ❷ (*fig*) **un ragazzino ~** (*scherz*) ein Wildfang *m* II. *m, f* Besessene(r) *f(m)*
**indenne** [in'dɛnne] *agg* ❶ (*incolume*) unverletzt, unversehrt ❷ (*senza danni*) schadlos, unbeschädigt
**indennità** [indenni'ta] <-> *f* ❶ (*attribuzione patrimoniale*) Vergütung *f*; **~ di buonuscita** Abfindung *f*, Abfertigung *f* A; **~ chilometrica** Fahrtgeld *nt*; **~ di contingenza** Teuerungszulage *f*; **~ di licenziamento** [Kündigungs]abfindung *f*; **~ di trasferta** Reisekostenvergütung *f* ❷ (*risarcimento*) Schadensersatz *m*
**indennizzare** [indennid'dza:re] *vt* entschädigen **indennizzo** [inden'niddzo] *m* Entschädigung *f*; **richiesta di ~** Entschädigungsforderung *f*
**indentro, in dentro** [in'dentro] I. *aw* hinein; **all'~** nach innen II. <inv> *agg* tief [liegend]
**inderogabile** [indero'ga:bile] *agg* unabdingbar **inderogabilità** [inderogabili'ta] <-> *f* Unabdingbarkeit *f*
**indescrivibile** [indeskri'vi:bile] *agg* unbeschreiblich
**indesiderabile** [inside'ra:bile] *agg*, **indesiderato, -a** [inside'ra:to] *agg* unerwünscht
**indeterminabile** [indetermi'na:bile] *agg* unbestimmbar
**indeterminatezza** [indetermina'tettsa] *f* Unbestimmtheit *f*; (*irrisolutezza*) Unentschiedenheit *f* **indeterminativo, -a** [indetermina'ti:vo] *agg* unbestimmt; **articolo ~** (LING) unbestimmter Artikel **indeterminato, -a** [indetermi'na:to] *agg* unbestimmt; (*vago*) vage; **contratto a tempo ~** unbefristeter Vertrag **indeterminazione** [indeterminat'tsio:ne] *f* ❶ (*imprecisione*) Unbestimmtheit *f* ❷ (*indecisione*) Unentschlossenheit *f*
**indetraibile** [indetra'i:bile] *agg* (FIN) nicht [steuerlich] absetzbar; **queste spese sono tutte -i** keine dieser Ausgaben ist steuerlich absetzbar
**indetto** [in'detto] *pp di* **indire**
**indeuropeo, -a** [indeuro'pɛ:o] *v.* **indoeuropeo**
**indi** ['indi] *aw* (*poet*) danach, sodann
**India** ['india] *f* Indien *nt* **indiano, -a** [in'dia:no] I. *agg* ❶ (*dell'India*) indisch

❷ (*dell'America del Nord*) indianisch, Indianer-; **camminare in fila -a** (*fig*) im Gänsemarsch gehen II. *m, f* ❶ (*dell'India*) Inder(in) *m(f);* **fare l'~** (*fig*) sich dumm stellen ❷ (*pellerossa*) Indianer(in) *m(f)*

**indiavolato, -a** [indiavo'la:to] *agg* besessen, vom Teufel geritten; **un ragazzo ~** ein kleiner Teufel; **rumore ~** Höllenlärm *m*

**indicare** [indi'ka:re] *vt* ❶ (*additare*) zeigen auf *+acc* ❷ (TEC) [an]zeigen, angeben; **il termometro indica venti gradi** das Thermometer zeigt zwanzig Grad [an] ❸ (*consigliare*) empfehlen, nennen

**indicativo** [indika'ti:vo] *m* (LING) Indikativ *m*

**indicativo, -a** *agg* hinweisend; (*segnalare*) anzeigend; (*fig*) bezeichnend; **modo ~** (LING) Indikativ *m;* **prezzo ~** Preisempfehlung *f;* **valore ~** Richtwert *m*

**indicato, -a** [indi'ka:to] *agg* angezeigt; (*adatto*) geeignet

**indicatore** [indika'to:re] *m* ❶ (TEC) Anzeiger *m,* Indikator *m;* **~ di direzione** (AUTO) seitliche Blinkleuchte ❷ (*elenco*) Verzeichnis *nt*

**indicatore, -trice** *agg* Hinweis-, Anzeige-; **cartello ~** Verkehrsschild *nt,* Verkehrszeichen *nt*

**indicazione** [indikat'tsio:ne] *f* ❶ (*atto dell'indicare*) [An]zeigen *nt* ❷ (*dato, notizia*) Angabe *f* ❸ (*informazione, cenno*) Hinweis *m* ❹ (MED) Indikation *f*

**indice** ['indit∫e] *m* ❶ (ANAT) Zeigefinger *m* ❷ (TEC) Zeiger *m* ❸ (*fig: indizio*) [An]zeichen *nt* ❹ (*elenco*) Verzeichnis *nt;* (REL) Index *m;* **~ analitico** Sachregister *nt;* **~ dei libri proibiti** Index *m* der verbotenen Bücher; **mettere all'~** auf den Index setzen ❺ (*in statistica*) Index *m;* **~ azionario tedesco** Deutscher Aktienindex; **~ di gradimento** Einschaltquote *f;* **~ di natalità** Geburtenziffer *f*

**indicibile** [indi't∫i:bile] *agg* unsagbar

**indicizzabile** [indit∫id'dza:bile] *agg* (COM, FIN) indexierbar; **i salari non sono sempre -i** die Löhne sind nicht immer indexierbar **indicizzare** [indit∫id'dza:re] *vt* (COM) indexieren, dynamisieren **indicizzato, -a** [indit∫id'dza:to] *agg* (COM, FIN) indexiert; **il mutuo sulla casa è ~** die Hypothek auf dem Haus ist indexiert; **prestito ~** indexierte Anleihe **indicizzazione** [indit∫iddzat'tsio:ne] *f* Indexierung *f,* Dynamisierung *f*

**indico** [in'di:ko] *1. pers sing pr di* **indire**

**indietreggiare** [indietred'dʒa:re] *vi essere o avere* zurückweichen

**indietro** [in'diɛ:tro] *avv* zurück, retour *A;* **dare ~ qc** etw zurückgeben; **fare marcia ~** (*fig*) einen Rückzieher machen; **lasciare ~ qu** jdn zurücklassen; (*fig*) jdn überholen; **tirarsi ~** sich zurückziehen; **tornare ~** zurückkehren; **voltarsi ~** sich umdrehen; **essere ~ con il lavoro** mit der Arbeit im Rückstand sein; **l'orologio è ~** die Uhr geht nach; **all'~** rückwärts

**indifeso, -a** [indi'fe:so] *agg* wehrlos; (*non protetto*) ungeschützt

**indifferente** [indiffe'rɛnte] *agg* gleichgültig; **è ~ a tutto** ihm ist alles gleichgültig; **per me è ~** das ist mir gleich **indifferenza** [indiffe'rɛntsa] *f* Gleichgültigkeit *f;* **trattare qu con ~** jdn gleichgültig behandeln

**indifferibile** [indiffe'ri:bile] *agg* unaufschiebbar **indifferibilità** [indifferibili'ta] <-> *f* Unaufschiebbarkeit *f*

**indigeno, -a** [in'di:dʒeno] I. *agg* (*popolazione, cucina*) einheimisch; (*di colonia*) eingeboren; (*flora, fauna*) heimisch II. *m, f* Einheimische(r) *f(m);* (*di colonia*) Eingeborene(r) *f(m)*

**indigente** [indi'dʒɛnte] I. *agg* notleidend; (*povero*) bedürftig II. *mf* Notleidende(r) *f(m);* (*povero*) Bedürftige(r) *f(m)* **indigenza** [indi'dʒɛntsa] *f* Not *f,* Elend *nt*

**indigestione** [indidʒes'tio:ne] *f;* **fare un'~ di film/libri** (*fig*) bis zum Überdruss Filme sehen/Bücher lesen

**indigesto, -a** [indi'dʒɛsto] *agg* ❶ (*cibo*) unverdaulich ❷ (*fig*) unerträglich, schwer verdaulich

**indignare** [indiɲ'ɲa:re] I. *vt* entrüsten, empören; **cittadini indignati** Wutbürger *mpl* II. *vr* **-rsi per qc** sich über etw *acc* entrüsten **indignazione** [indiɲɲat'tsio:ne] *f* Entrüstung *f,* Empörung *f*

**indilazionabile** [indilattsio'na:bile] *agg* unaufschiebbar

**indimenticabile** [indimenti'ka:bile] *agg* unvergesslich

**indipendente** [indipen'dɛnte] I. *agg* unabhängig; (*autonomo*) selbst[st]ändig II. *mf* Unabhängige(r) *f(m)* **indipendentismo** [indipenden'tizmo] *m* Unabhängigkeits[be]streben *nt* **indipendentista** [indipenden'tista] <-i *m,* -e *f*> *mf* Befürworter(in) *m(f)* der Unabhängigkeit, Vertreter(in) *m(f)* der Unabhängigkeit **indipendenza** [indipen'dɛntsa] *f* Unabhängigkeit *f;* (*autonomia*) Selbst[st]ändigkeit *f*

**indire** [in'di:re] <irr> *vt* ansagen; (*con-*

*corso*) ausschreiben; (*assemblea*) einberufen; (*elezioni*) anberaumen

**indiretto, -a** [indi'rɛtto] *agg* indirekt; **per vie -e** auf Umwegen

**indirizzare** [indirit'tsa:re] **I.** *vt* ① (*dirigere*) lenken; **~ qu da qu** (*mandare*) jdn zu jdm schicken ② (*fig: instradare*) lenken ③ (*rivolgere*) **~ la parola a qu** das Wort an jdn richten ④ (*corredare dell'indirizzo*) adressieren **II.** *vr* **-rsi** ① (*rivolgersi*) sich wenden ② (*per consiglio, aiuto*) **-rsi a qu** sich an jdn wenden **indirizzario** [indirit'tsa:rio] <-i> *m* Adressbuch *nt* **indirizzo** [indi'rittso] *m* Anschrift *f*, Adresse *f*

**indisciplina** [indiʃʃi'pli:na] *f* Disziplinlosigkeit *f* **indisciplinato, -a** [indiʃipli'na:to] *agg* disziplinlos, undiszipliniert

**indiscreto, -a** [indis'kre:to] *agg* indiskret; (*importuno*) zudringlich, aufdringlich **indiscrezione** [indiskret'tsio:ne] *f* Indiskretion *f*; (*importunità*) Aufdringlichkeit *f*, Zudringlichkeit *f*

**indiscriminato, -a** [indiskrimi'na:to] *agg* unterschiedslos; (*a caso*) wahllos; **violenza -a** blinde Gewalt

**indiscusso, -a** [indis'kusso] *agg* unbestritten; **è ~ che avete torto** es ist gar keine Frage, dass ihr im Unrecht seid

**indiscutibile** [indisku'ti:bile] *agg* unbestreitbar

**indispensabile** [indispen'sa:bile] **I.** *agg* unentbehrlich; (*assolutamente necessario*) unerlässlich **II.** *m* Allernötigste(s) *nt*

**indispettire** [indispet'ti:re] <indispettisco> **I.** *vt* avere [ver]ärgern **II.** *vr* **-rsi** sich ärgern

**indisponente** [indispo'nɛnte] *agg* ärgerlich

**indispongo** *1. pers sing pr di* **indisporre**

**indisponibile** [indispo'ni:bile] *agg* unverfügbar

**indisporre** [indis'porre] <irr> *vt* verstimmen, ärgern

**indisposizione** [indispozit'tsio:ne] *f* Unwohlsein *nt* **indisposto, -a** [indis'posto] **I.** *pp di* **indisporre II.** *agg* unpässlich, unwohl

**indissi** [in'dissi] *1. pers sing pass rem di* **indire**

**indissolubile** [indisso'lu:bile] *agg* unauflösbar

**indistintamente** [indistinta'mente] *avv* ① (*senza discriminazione*) unterschiedslos ② (*vagamente*) unklar, vage

**indistinto, -a** [indis'tinto] *agg* verschwommen; (*non chiaro*) undeutlich

**indistruttibile** [indistrut'ti:bile] *agg* (a. *fig*) unzerstörbar; (*materiale, stoffa*) unverwüstlich

**indisturbato, -a** [indistur'ba:to] *agg* ungestört; (*non ostacolato*) unbehindert

**indivia** [in'di:via] <-ie> *f* Endivie *f*

**individuale** [individu'a:le] **I.** *agg* individuell, persönlich; **gara ~** (SPORT) Einzel[spiel] *nt* **II.** *f* Einzelkampf *m* **individualismo** [individua'lizmo] *m* Individualismus *m* **individualista** [individua'lista] <-i *m*, -e *f*> *mf* Individualist(in) *m(f)* **individualistico, -a** [individua'listiko] <-ci, -che> *agg* individualistisch **individualità** [individuali'ta] <-> *f* ① (*gener*) Individualität *f*; (*singolarità*) Besonderheit *f* ② (*personaggio*) Persönlichkeit *f*, Erscheinung *f*

**individualizzazione** [individualiddzat'tsio:ne] *f* Personalisierung *f*

**individuare** [individu'a:re] **I.** *vt* ① (*riconoscere*) erkennen; (JUR) identifizieren ② (*determinare*) bestimmen; (*scoprire*) herausfinden **II.** *vr* **-rsi** sich zu einer Persönlichkeit entwickeln; (*prendere forma*) Gestalt annehmen **Individuazione** [individuat'tsio:ne] *f* ① (*riconoscimento*) Erkennen *nt*; (JUR) Identifizierung *f* ② (*determinazione*) Feststellung *f*; (*scoperta*) Auffinden *nt*

**individuo** [indi'vi:duo] *m* ① (BIOL) [Einzel]wesen *nt* ② (*persona singola*) Individuum *nt*, Person *f* ③ (*pej*) Subjekt *nt*

**indivisibile** [indivi'zi:bile] *agg* ① (MAT, JUR) unteilbar ② (*cose*) untrennbar ③ (*persone*) unzertrennlich **indivisibilità** [indivizibili'ta] *f* Unteilbarkeit *f*

**indiviso, -a** [indi'vi:zo] *agg* ungeteilt

**indiziare** [indit'tsia:re] *vt* verdächtigen **indiziario, -a** [indit'tsia:rio] <-i, -ie> *agg* Indizien- **indiziato, -a** [indit'tsia:to] **I.** *agg* verdächtigt **II.** *m, f* Verdächtige(r) *f(m)*

**indizio** [in'dittsio] <-i> *m* ① (*sintomo*) **un ~ di qc** ein Zeichen *nt* für etw; (JUR) ein Indiz *nt* für etw ② (*base*) Anhaltspunkt *m*

**indocile** [in'dɔ:tʃile] *agg* unfügsam

**indoeuropeo** [indoeuro'pɛ:o] <*sing*> *m* Indoeuropäisch(e) *nt*

**indoeuropeo, -a** <-ei, -ee> **I.** *agg* indoeuropäisch **II.** *m, f* Indoeuropäer(in) *m(f)*

**indole** ['indole] *f* Wesen *nt*, Natur *f*; (*carattere*) Charakter *m*; **per ~** von Natur aus

**indolente** [indo'lɛnte] *agg* nachlässig; (*apatico*) träge **indolenza** [indo'lɛntsa] *f* Nachlässigkeit *f*; (*pigrizia*) Trägheit *f*

**indolenzimento** [indolentsi'mento] *m* Fühllosigkeit *f* **indolenzire** [indolen-

'tsi:re] <indolenzisco> I. *vt* avere einschlafen lassen II. *vr* **-rsi** steif werden; **il mio braccio** [si] **è indolenzito** mein Arm ist eingeschlafen

**indolore** [indo'lo:re] *agg* schmerzlos

**indomabile** [indo'ma:bile] *agg* unbezähmbar

**indomani** [indo'ma:ni] *m* **l'~** der darauf folgende Tag; **l'~ dell'incidente** am Tag nach dem Unfall; **rimandare la visita all'~** den Besuch auf den nächsten Tag verschieben

**indomito, -a** [in'dɔ:mito] *agg* ungezähmt; (*fig*) unbeugsam

**indorare** [indo'ra:re] I. *vt* ❶ (*rivestire d'oro*) mit Gold überziehen; (*a. fig*) vergolden; **~ la pillola** (*fig*) die bittere Pille versüßen ❷ (GASTR) vor dem Braten in geschlagenem Ei wälzen II. *vr* **-rsi** sich vergolden, golden werden

**indossare** [indos'sa:re] *vt* ❶ (*avere indosso*) tragen, anhaben ❷ (*mettersi indosso*) anziehen **indossatore, -trice** [indossa'to:re] *m, f* (*uomo*) Dressman *m;* (*donna*) Mannequin *nt*

**indosso** [in'dɔsso] *avv* an, auf; **avere, mettersi ~** *v.* **indossare**

**indotto** [in'dɔtto] *m* Zuliefer- und Dienstleistungsbereich *m*

**indotto, -a** I. *pp di* **indurre** II. *agg* induziert; **corrente -a** Nebenstrom *m*, Induktionsstrom *m*

**indottrinare** [indottri'na:re] *vt* unterweisen

**indovina** *f v.* **indovino**

**indovinare** [indovi'na:re] I. *vt* [er]raten II. *vi* raten; **tirare a ~** auf gut Glück raten; **indovina un po' chi ha vinto?** (*fam*) rate mal, wer gewonnen hat? **indovinato, -a** [indovi'na:to] *agg* geglückt, gelungen **indovinello** [indovi'nɛllo] *m* Rätsel *nt*

**indovino, -a** [indo'vi:no] *m, f* Wahrsager(in) *m(f)*

**indubbio, -a** [in'dubbio] <-i, -ie> *agg* zweifellos, ohne Zweifel

**indubitabile** [indubi'ta:bile] *agg* unzweifelhaft

**induco** [in'du:ko] *1. pers sing pr di* **indurre**

**indugiare** [indu'dʒa:re] I. *vi* zögern II. *vr* **-rsi** verweilen *geh,* sich aufhalten **indugio** [in'du:dʒo] <-gi> *m* Zögern *nt;* **senza ~** unverzüglich

**indulgente** [indul'dʒɛnte] *agg* nachsichtig **indulgenza** [indul'dʒɛntsa] *f* Nachsicht *f*

**indulgere** [in'duldʒere] <indulgo, indulsi, indulto> *vi* (*poet*) nachgeben, Nachsicht haben (*a* mit)

**indulto** [in'dulto] *m* Straferlass *m*

**indumento** [indu'mento] *m* Kleidungsstück *nt;* **-i intimi** Unterwäsche *f*

**indurimento** [induri'mento] *m* [Ver]härtung *f* **indurire** [indu'ri:re] <indurisco> I. *vt* avere (*a. fig*) [ver]härten, hart machen II. *vr* **-rsi** (*diventar duro*) [sich] verhärten, hart werden; **-rsi in qc** sich auf etw *acc* versteifen

**indurre** [in'durre] <induco, indussi, indotto> *vt* **~ qu a qc** jdn zu etw bewegen; **~ qu in errore** jdn irreführen; **~ qu in tentazione** jdn in Versuchung führen

**industria** [in'dustria] <-ie> *f* ❶ (*attività*) Gewerbe *nt,* Handel *m;* (*impresa commerciale*) Industrie *f;* **~ libraria** Buchhandel *m;* **~ turistica** Fremdenverkehrsgewerbe *nt;* **~ leggera** Konsumgüterindustrie *f;* **~ pesante** Schwerindustrie *f* ❷ (*operosità*) Betriebsamkeit *f*

**industrial design** [in'dʌstriəl di'zain] <-> *m* Industrial Design *nt* **industrial designer** [in'dʌstriəl di'zainə] <- *o* industrial designers> *mf* Industrial Designer(in) *m(f)*

**industriale** [indus'tria:le] I. *agg* industriell, gewerblich; **chimica ~** industrielle Chemie; **corrente ~** Industriestrom *m;* **scuola ~** Gewerbeschule *f;* **zona ~** Industriegebiet *nt* II. *mf* Industrielle(r) *f(m)* **industrializzare** [industrialid'dza:re] *vt* industrialisieren **industrializzazione** [industrializdzat'tsio:ne] *f* Industrialisierung *f*

**industriarsi** [indus'triarsi] *vr* sich bemühen, sich abmühen **industrioso, -a** [indus'trio:so] *agg* betriebsam

**induttivo, -a** [indut'ti:vo] *agg* (PHILOS, EL) induktiv **induzione** [indut'tsio:ne] *f* ❶ (PHILOS, PHYS) Induktion *f* ❷ (*supposizione*) Vermutung *f*

**inebetire** [inebe'ti:re] <inebetisco> *vi essere* verblöden

**inebriare** [inebri'a:re] I. *vt* ❶ (*ubriacare*) berauschen, betrunken machen ❷ (*fig*) berauschen, trunken machen II. *vr* **-rsi** ❶ (*ubriacarsi*) sich betrinken ❷ (*fig*) sich berauschen (*a* an +*dat*)

**ineccepibile** [inettʃe'pi:bile] *agg* einwandfrei

**inedia** [i'nɛ:dia] <-ie> *f* [langes] Fasten *nt*

**inedificabile** [inedifi'ka:bile] *agg* unbebaubar

**inedito** [i'nɛ:dito] *m* unveröffentlichte Schrift

**inedito, -a** *agg* ❶ (LIT) unveröffentlicht ❷ (*fig*) unbekannt, neu

**ineducato, -a** [inedu'ka:to] *agg* unerzogen, ungezogen
**ineffabile** [inef'fa:bile] *agg* unaussprechlich, unsagbar
**inefficace** [ineffi'ka:tʃe] *agg* unwirksam **inefficacia** [ineffi'ka:tʃa] *f* Unwirksamkeit *f*
**inefficiente** [ineffi'tʃɛnte] *agg* nicht leistungsfähig **inefficienza** [ineffi'tʃɛntsa] *f* Leistungsunfähigkeit *f*
**ineguagliabile** [ineguaʎ'ʎa:bile] *agg* unvergleichlich, unerreichbar **ineguaglianza** [ineguaʎ'ʎantsa] *f* Ungleichheit *f* **ineguale** [ine'gua:le] *agg* ungleich
**ineleggibile** [ineled'dʒi:bile] *agg* unwählbar **ineleggibilità** [ineleddʒibili'ta] *f* Unwählbarkeit *f*
**ineludibilità** [ineludibili'ta] <-> *f* Unvermeidbarkeit *f*
**ineluttabile** [inelut'ta:bile] *agg* (*poet*) unabwendbar **ineluttabilità** [ineluttabili'ta] <-> *f* (*poet*) Unabwendbarkeit *f*
**inequivocabile** [inekuivo'ka:bile] *agg* unmissverständlich
**inerente** [ine'rɛnte] *agg* ~ **a qc** in Zusammenhang mit etw, etw betreffend
**inerme** [i'nɛrme] *agg* ① (*disarmato*) unbewaffnet ② (*indifeso*) wehrlos
**inerpicarsi** [inerpi'karsi] *vr* ~ **su qc** auf etw *acc* klettern [*o* kraxeln *A*]
**inerte** [i'nɛrte] *agg* ① (*inoperoso,* PHYS) träge; (*inattivo*) untätig ② (CHEM) untätig, reaktionsträge; (*gas*) Edel-
**inertizzazione** [inertiddzat'tsio:ne] *f* (CHEM) chemische Inaktivierung *f*, Stabilisierung *f*
**inerzia** [i'nɛrtsia] <-ie> *f* ① (*oziosità*, PHYS) Trägheit *f*; (*inoperosità*) Untätigkeit *f*; **forza d'~** Trägheit *f* der Masse; (*fig*) Macht *f* der Gewohnheit ② (CHEM) Reaktionsträgheit *f*, Untätigkeit *f*
**inesattezza** [inezat'tettsa] *f* Ungenauigkeit *f* **inesatto, -a** [ine'zatto] *agg* ungenau
**inesauribile** [inezau'ri:bile] *agg* unerschöpflich
**ineseguibile** [ineze'gui:bile] *agg* undurchführbar
**inesigibile** [inezi'dʒi:bile] *agg* (FIN) uneinbringlich
**inesistente** [inezis'tɛnte] *agg* nicht bestehend; **questa cosa è ~** das gibt es nicht **inesistenza** [inezis'tɛntsa] *f* Nichtbestehen *nt*
**inesorabile** [inezo'ra:bile] *agg* ① (*implacabile*) unerbittlich ② (*fatale*) unabwendbar **inesorabilità** [inezorabili'ta] <-> *f* ① (*implacabilità*) Unerbittlichkeit *f* ② (*fatalità*) Unabwendbarkeit *f*
**inesperienza** [inespe'riɛntsa] *f* Unerfahrenheit *f* **inesperto, -a** [ines'pɛrto] *agg* unerfahren
**inesplicabile** [inespli'ka:bile] *agg* unerklärlich, unerklärbar **inesplicato, -a** [inespli'ka:to] *agg* ungeklärt, unerklärt
**inesplorabile** [insplo'ra:bile] *agg* unerforschlich, unergründbar **inesplorato, -a** [inesplo'ra:to] *agg* unerforscht
**inespressivo, -a** [inespres'si:vo] *agg* ausdruckslos **inespresso, -a** [ines'prɛsso] *agg* unausgedrückt **insprimibile** [inespri'mi:bile] *agg* unaussprechlich
**inespugnabile** [inespuɲ'ɲa:bile] *agg* uneinnehmbar
**inestimabile** [inesti'ma:bile] *agg* unschätzbar
**inestinguibile** [inestiŋ'gui:bile] *agg* ① (*fuoco*) nicht löschbar ② (*fig*) unauslöschlich
**inestirpabile** [inestir'pa:bile] *agg* unausrottbar
**inestricabile** [inestri'ka:bile] *agg* ① (*nodo*) unentwirrbar ② (*fig*) unlösbar
**inetta** *f v.* **inetto**
**inettitudine** [inetti'tu:dine] *f* Untauglichkeit *f* **inetto, -a** [i'nɛtto] I. *agg* untauglich; (*incapace*) unfähig; **essere ~ alle armi** [wehrdienst]untauglich sein II. *m, f* Versager(in) *m(f)*
**inevaso, -a** [ine'va:zo] *agg* unbearbeitet, unerledigt
**inevitabile** [inevi'ta:bile] *agg* unvermeidbar
**in extremis** [in eks'trɛ:mis] *avv* (*sul punto di morte*) im Sterben; (*all'ultimo momento*) im letzten Moment
**inezia** [i'nettsia] <-ie> *f* Kleinigkeit *f*, Lappalie *f*
**infagottare** [infagot'ta:re] (*fam*) I. *vt* ① (*persona*) einmumme[l]n, dick anziehen ② (*vestito*) dick machen II. *vr* **-rsi** sich einmumme[l]n; (*pej*) sich unvorteilhaft kleiden
**infallibile** [infal'li:bile] *agg* ① (*che non fallisce*) unfehlbar ② (*preciso*) sicher **infallibilità** [infallibili'ta] <-> *f* ① (*di metodo*) Unfehlbarkeit *f* ② (*precisione*) Sicherheit *f*
**infamare** [infa'ma:re] I. *vt* entehren II. *vr* **-rsi** sich entehren
**infame** [in'fa:me] *agg* ① (*ignobile*) schändlich, infam ② (*fig scherz*) widerlich, scheußlich **infamia** [in'fa:mia] <-ie> *f* ① (*ignominia*) Schande *f*, Schmach *f*

infangare → inferocire 410

❷(*scelleratezza*) Schändlichkeit *f* ❸(*fig, scherz*) Schande *f fam;* **senza ~ e senza lode** (*fam*) ohne Saft und Kraft
**infangare** [infaŋˈgaːre] *vt* ❶(*sporcare di fango*) [mit Schlamm] beschmutzen ❷(*fig: infamare*) durch den Schmutz ziehen; **~ il proprio nome** seinen Namen mit Schimpf und Schande bedecken
**infante** [inˈfante] *mf* (*bambino*) Kleinkind *nt*
**infanticida** [infantiˈtʃiːda] <-i *m*, -e *f*> *mf* Kindesmörder(in) *m(f)* **infanticidio** [infantiˈtʃiːdio] <-i> *m* Kindermord *m*, Kindesmord *m*
**infantile** [infanˈtiːle] *agg* ❶(*dell'infanzia*) kindlich, Kinder-; **asilo ~** Kindergarten *m* ❷(*pej: immaturo*) kindisch, infantil
**infantilismo** [infantiˈlizmo] *m* ❶(MED) Infantilismus *m* ❷(*fig pej*) mangelnde Reife, Infantilität *f geh* **infantilità** [infantiliˈta] <-> *f* Kindlichkeit *f;* (*pej*) Infantilität *f geh*
**infanzia** [inˈfantsia] <-ie> *f* ❶(*periodo*) Kindheit *f* ❷(*bambini in generale*) Kinder *ntpl;* **prima ~** Kleinkindalter *nt;* **seconda ~** Kindheit *f* (*vom dirtten bis zum zwölften Lebensjahr*)*;* **dall'~** von Kindheit an
**infarcire** [infarˈtʃiːre] <infarcisco> *vt* ❶(GASTR) füllen ❷(*fig*) **~ un discorso di citazioni** eine Rede mit Zitaten spicken
**infarinare** [infariˈnaːre] I. *vt* ❶(*stampo*) mit Mehl bestäuben; (*pesce, carne*) in Mehl wenden ❷(*fig*) **~ qc di qc** etw mit etw bestreuen II. *vr* **-rsi** (*scherz: incipriarsi*) sich pudern **infarinatura** [infarinaˈtuːra] *f* ❶(*l'infarinare*) Einmehlen *nt* ❷(*fig*) oberflächliche Kenntnis; **avere un'~ di tedesco** oberflächliche Deutschkenntnisse haben
**infartato, -a** [infarˈtaːto] I. *agg* (*colpito da infarto*) Infarkt- II. *m, f* Infarktpatient(in) *m(f)*
**infarto** [inˈfarto] *m* Infarkt *m;* **~ cardiaco** Herzinfarkt *m;* **~ cerebrale** Gehirnschlag *m*
**infastidire** [infastiˈdiːre] <infastidisco> I. *vt* belästigen, ärgern, sekkieren *A* II. *vr* **-rsi per qc** sich über etw *acc* ärgern
**infaticabile** [infatiˈkaːbile] *agg* unermüdlich
**infatti** [inˈfatti] *cong* in der Tat, tatsächlich
**infatuare** [infatuˈaːre] I. *vt* begeistern (*per* für), einnehmen (*per* für) II. *vr* **-rsi** sich vernarren (*di, per* in +*acc*) **infatuazione** [infatuatˈtsioːne] *f* Schwärmerei *f*

**infausto, -a** [inˈfausto] *agg* unheilvoll, unglückselig
**infecondo, -a** [infeˈkondo] *agg* (*terreno*) unfruchtbar; (*persona a*) steril; (*matrimonio*) kinderlos
**infedele** [infeˈdeːle] I. *agg* ❶(*sleale*) untreu, treulos ❷(*fig*) ungetreu ❸(REL) ungläubig II. *mf* Ungläubige(r) *f(m)* **infedeltà** [infedelˈta] *f* ❶(*l'essere infedele*) Untreue *f,* Treulosigkeit *f* ❷(*fig: inesattezza*) Ungenauigkeit *f*
**infelice** [infeˈliːtʃe] I. *agg* ❶(*sfortunato*) unglücklich ❷(*mal riuscito*) misslungen ❸(*sfavorevole*) ungünstig, unglücklich II. *mf* Unglückliche(r) *f(m)* **infelicità** [infelitʃiˈta] *f* Unglück *nt*
**infelicitare** [infelitʃiˈtaːre] *vt* unglücklich machen
**infeltrire** [infelˈtriːre] <infeltrisce> *vi* verfilzen
**inferii** [infeˈriːi] *1. pers sing pass rem di* **inferire²**
**inferiore** [infeˈrioːre] <comparativo di *basso*> I. *agg* niedrig; (*minore*) niedriger; (*più basso*) untere(r, s), Unter-; (*a. fig*) minderwertig; **essere ~ a qu per intelligenza** jdm geistig unterlegen sein II. *mf* Untergebene(r) *f(m)* **inferiorità** [inferioriˈta] <-> *f* Minderwertigkeit *f;* (*di persona*) Unterlegenheit *f;* **complesso d'~** Minderwertigkeitskomplex *m*
**inferire** [infeˈriːre] <inferisco, infersi, inferto> *vt* (*colpo, pugnalata*) versetzen
**inferma** *f v.* **infermo**
**infermeria** [infermeˈriːa] <-ie> *f* Krankenstation *f* **infermiere, -a** [inferˈmiɛːre] *m, f* Krankenpfleger *m*/Krankenschwester *f* [*o* Krankenpflegerin *f*] **infermieristica** [infermieˈristika] <-che> *f* Krankenpflege *f* **infermieristico, -a** [infermieˈristiko] <-ci, -che> *agg* Krankenpflege(r)-; **assistenza -a** Krankenpflege *f*
**infermità** [infermiˈta] <-> *f* Krankheit *f;* **~ della volontà** Willensschwäche *f*
**infermo, -a** [inˈfermo] I. *agg* krank II. *m, f* Kranke(r) *f(m)*
**infernale** [inferˈnaːle] *agg* ❶(*dell'inferno*) höllisch ❷(*fig: persona, azione*) teuflisch, diabolisch; (*musica, chiasso*) Höllen-; **un caos ~** ein heilloses Chaos **inferno** [inˈfɛrno] *m* Hölle *f;* **vita d'~** Hundeleben *nt;* **mandare qu all'~** jdn zum Teufel jagen
**inferocire** [inferoˈtʃiːre] I. *vt avere* wild machen II. *vi* ❶ *essere* (*divenire feroce, adi-*

*rarsi*) wild werden ❷ *avere* (*infierire*) wüten (*contro* gegen) III. *vr* **-rsi** wild [*o* wütend] werden

**inferocirsi** [infero'tʃirsi] <m'inferocisco> *vr* wild werden

**inferriata** [infer'ria:ta] *f* [Eisen]gitter *nt*

**infersi** [in'fɛrsi] *1. pers sing pass rem di* **inferire**

**inferto** [in'fɛrto] *pp di* **inferire**

**infervorare** [infervo'ra:re] I. *vt* anspornen II. *vr* **-rsi** sich erhitzen

**infestare** [infes'ta:re] *vt* verseuchen; **erba infestante** Unkraut *nt* **infestazione** [infestat'tsio:ne] *f* Verseuchung *f*

**infettare** [infet'ta:re] I. *vt* ❶ (MED) anstecken, infizieren *scient* ❷ (*fig: contaminare*) verseuchen, infizieren *geh*; (INFORM) mit einem Virus verseuchen II. *vr* **-rsi** sich anstecken, sich infizieren

**infettività** [infettivi'ta] <-> *f* (MED) Ansteckungsfähigkeit *f*, Infektiosität *f*

**infettivo, -a** [infet'ti:vo] *agg* infektiös, Infektions- **infettivologo, -a** [infetti'vɔ:logo] <-gi *o* -ghi, -ghe> *m, f* (MED) Spezialist(in) *m(f)* für Infektionskrankheiten

**infetto, -a** [in'fɛtto] *agg* ❶ (MED) infiziert ❷ (*inquinato*) verseucht

**infeziologo, -a** [infet'tsiɔ:logo] <-gi, -ghe> *m, f v.* **infettivologo**

**infezione** [infet'tsio:ne] *f* Infektion *f*, Entzündung *f fam*

**infiacchire** [infiak'ki:re] <infiacchisco> I. *vt avere* schwächen, entkräften II. *vr* **-rsi** matt werden, ermatten

**infialatore, -trice** [infiala'to:re] *m, f* (TEC: *persona addetta all'infialatrice*) Abfüller(in) *m(f)* für Ampullenmedikamente

**infiammabile** [infiam'ma:bile] I. *agg* (*sostanza*) entflammbar, entzündbar; (*con pericolo d'incendio*) feuergefährlich II. *m* feuergefährliches Material **infiammabilità** [infiammabili'ta] <-> *f* Entflammbarkeit *f*, Entzündbarkeit *f*; (*con pericolo d'incendio*) Feuergefährlichkeit *f*

**infiammare** [infiam'ma:re] I. *vt* ❶ (*bruciare*) anzünden ❷ (*fig: cuore, animo*) entflammen lassen ❸ (GASTR) flambieren II. *vr* **-rsi** ❶ (*incendiarsi*) sich entzünden; (*bruciare*) brennen ❷ (*adirarsi*) aufbrausen ❸ (*sole, guance*) rot werden; **-rsi in viso** erröten ❹ (MED) sich entzünden **infiammatorio, -a** [infiamma'tɔ:rio] <-i, -ie> *agg* Entzündungs-, entzündend **infiammazione** [infiammat'tsio:ne] *f* Entzündung *f*

**infiascare** [infias'ka:re] *vt* in [Korb]flaschen füllen

**inficiare** [infi'tʃa:re] *vt* anfechten

**infido, -a** [in'fi:do] *agg* treulos, untreu; (*a. fig*) tückisch

**infierire** [infie'ri:re] <infierisco> *vi* wüten

**infiggere** [in'fiddʒere] <infiggo, infissi, infitto> I. *vt* ❶ (*chiodo*) einschlagen; (*palo*) hineinrammen ❷ (*fig: nella mente, memoria*) einprägen II. *vr* **-rsi** eindringen

**infilare** [infi'la:re] I. *vt* ❶ (*chiave, anello*) stecken; (*ago*) einfädeln; (*perle*) auffädeln, aufreihen ❷ (*trapassare*) ~ **qc in qc** etw auf [*o* in] etw *acc* stecken ❸ (*vestito, scarpe*) schlüpfen in +*acc*, anziehen ❹ (*strada*) einschlagen, nehmen II. *vr* **-rsi** schlüpfen; **-rsi nel letto** ins Bett schlüpfen

**infilata** [infi'la:ta] *f* Reihe *f*; **d'~** in Längsrichtung

**infiltrarsi** [infil'trarsi] *vr* durchsickern

**infiltrazione** [infiltrat'tsio:ne] *f* ❶ (*di gas, liquido*) Eindringen *nt*, Durchsickern *nt* ❷ (MED) Infiltration *f*

**infilzare** [infil'tsa:re] *vt* (*trafiggere*) durchbohren; (*con spada*) aufspießen

**infilzata** [infil'tsa:ta] *f* Reihe *f*; (*fig*) [Ab]folge *f*

**infimo, -a** ['infimo] *agg superlativo di* **basso** niedrigste(r, s), unterste(r, s)

**infine** [in'fi:ne] *avv* ❶ (*finalmente*) schließlich, am Ende ❷ (*insomma*) endlich, vielleicht einmal

**infingarda** *f v.* **infingardo**

**infingardaggine** [infiŋgar'daddʒine] *f* Drückebergerei *f* **infingardo, -a** [infin'gardo] I. *agg* drückebergerisch, unwillig II. *m, f* Drückeberger(in) *m(f)*

**infinità** [infini'ta] <-> *f* ❶ (*illimitatezza*) Unendlichkeit *f* ❷ (*fig: quantità immensa*) Unmenge *f* **infinitamente** [infinita-'mente] *avv* unendlich

**infinitesimale** [infinitezi'ma:le] *agg* ❶ (MAT) infinitesimal ❷ (*fig: minimo*) winzig klein

**infinitesimo** [infini'tɛ:zimo] *m* ❶ (*parte infinitamente piccola*) winziger Teil ❷ (MAT) Grenzwert *m*

**infinitesimo, -a** *agg* ❶ (MAT) infinitesimal ❷ (*minimo*) allerkleinste(r, s), winzig

**infinitivo, -a** [infini'ti:vo] *agg* (LING) **proposizione -a** Infinitivsatz *m*

**infinito** [infi'ni:to] *m* ❶ (*ciò che non ha fine*) Unendliche(s) *nt*, Endlose(s) *nt*; **all'~** endlos, ewig ❷ (LING) Infinitiv *m* ❸ (MAT, FOTO) Unendlich *nt*

**infinito, -a** *agg* unendlich; (LING) infinit
**infinocchiare** [infinok'kia:re] *vt* (*fam*) übers Ohr hauen
**infiocchettare** [infiokket'ta:re] *vt* mit Schleifen verzieren
**infiorare** [infio'ra:re] *vt* ①(*con fiori*) mit Blumen schmücken ②(*fig: discorso*) ausschmücken
**infiorescenza** [infioreʃ'ʃɛntsa] *f* Blütenstand *m*
**infirmare** [infir'ma:re] *vt* anfechten; (*argomento*) entkräften
**infischiarsi** [infis'kiarsi] *vr* (*fam*) ~ **di qc** auf etw *acc* pfeifen
**infissi** [in'fissi] *1. pers sing pass rem di* **infiggere**
**infisso** [in'fisso] *m* ①(ARCH) Einfassung *f*, Rahmenwerk *nt* ②(*serramento*) Blendrahmen *m*, Einfassung *f* ③(LING) Infix *nt*
**infittire** [infit'ti:re] <infittisco, infittisci> I. *vt avere* dichter machen II. *vi essere* sich verdichten, dichter werden III. *vr* **-rsi** sich verdichten, dichter werden
**infitto** [in'fitto] *pp di* **infiggere**
**inflazionato, -a** [inflat'tsiona:to] *agg* inflationiert
**inflazione** [inflat'tsio:ne] *f* ①(*in economia*) Inflation *f*; ~ **galoppante/strisciante** galoppierende/schleichende Inflation ②(*fig: rapido accrescimento*) Schwemme *f* **inflazionistico, -a** [inflattsio'nistiko] <-ci, -che> *agg* inflationistisch, inflatorisch
**inflessibile** [infles'si:bile] *agg* nicht biegsam; (*fig*) unbeugsam **inflessibilità** [inflessibili'ta] <-> *f* Unbeugsamkeit *f*
**inflessione** [infles'sio:ne] *f* Tonfall *m*
**infliggere** [in'fliddʒere] <infliggo, inflissi, inflitto> *vt* auferlegen, verhängen
**influente** [influ'ɛnte] *agg* einflussreich **influenza** [influ'ɛntsa] *f* ①(*azione determinante*) Einfluss *m*; **l'~ su qu/qc** der Einfluss auf jdn/etw; **sfera d'~** Einflussbereich *m* ②(MED) Grippe *f* **influenzabile** [influen'tsa:bile] *agg* (*persona*) beeinflussbar, leicht zu beeinflussen; **un elettore ~** ein leicht zu beeinflussender Wähler
**influenzale** [influen'tsa:le] *agg* grippal, Grippe-
**influenzare** [influen'tsa:re] I. *vt* beeinflussen II. *vr* **-rsi** eine Grippe bekommen
**influire** [influ'i:re] <influisco> *vi* ~ **su qu/qc** auf jdn/etw einwirken, jdn/etw beeinflussen **influsso** [in'flusso] *m* Einfluss *m*
**infocato, -a** [info'ka:to] *agg* (*a. fig*) glühend [heiß]

**infognarsi** [infoɲ'ɲarsi] *vr* (*fam*) ~ **nei debiti** sich in Schulden stürzen; ~ **con qu** sich mit jdm einlassen
**infoltire** [infol'ti:re] <infoltisco> I. *vt avere* verdichten II. *vr* **-rsi** dichter werden
**infomediario** [infome'dia:rio] <-i> *m* (INFORM) *Berater für neue Medien*
**infondatezza** [infonda'tettsa] *f* Unbegründetheit *f* **infondato, -a** [infon'da:to] *agg* unbegründet
**infondere** [in'fondere] <irr> *vt* (*coraggio*) einflößen; (*fiducia*) erwecken
**inforcare** [infor'ka:re] *vt* ①(*fieno*) aufgabeln ②(*occhiali*) aufsetzen ③(*bicicletta*) sich setzen auf +*acc*
**informale** [infor'ma:le] *agg* informell
**informante** [infor'mante] *mf* Informant(in) *m(f)*, Umfrageteilnehmer(in) *m(f)*
**informare** [infor'ma:re] I. *vt* ~ **qu di** [*o* **su**] **qc** jdn über etw *acc* informieren, jdn von etw benachrichtigen II. *vr* **-rsi su** [*o* **di**] **qc** sich nach etw erkundigen, sich über etw *acc* informieren
**informatica** [infor'ma:tika] <-che> *f* Informatik *f* **informatico, -a** [infor'ma:tiko] <-ci, -che> I. *agg* Datenverarbeitungs-, Informatik-; **autostrada -a** Datenautobahn *f*; **pirata ~** Hacker *m;* **sistema ~** EDV-System *nt* II. *m, f* Informatiker(in) *m(f)*
**informativa** [informa'ti:va] *f* ①(ADM) Informationsschreiben *nt* ②(JUR: *atto*) Polizeibericht *m*
**informativo, -a** [informa'ti:vo] *agg* informativ; **a titolo ~** zur Information
**informatizzare** [informatid'dza:re] *vt* (INFORM) computerisieren **informatizzazione** [informatiddzat'tsio:ne] *f* (INFORM) Computerisierung *f*
**informato, -a** [infor'ma:to] *agg* unterrichtet, informiert **informatore, -trice** [informa'to:re] I. *agg* auskunftgebend, Informations- II. *m, f* Informant(in) *m(f)*, Auskunftgeber(in) *m(f)*
**informazione** [informat'tsio:ne] *f* Auskunft *f*, Information *f*; **-i sul traffico** (RADIO) Verkehrsmeldung *f*
**informe** [in'forme] *agg* unförmig; (*fig*) gestaltlos
**informicolamento** [informikola'mento] *m* Kribbeln *nt* **informicolarsi, informicolirsi** [informiko'larsi, informiko'lirsi] *vr* einschlafen
**infornare** [infor'na:re] *vt* in den Backofen schieben; ~ **il pane** [Brot] backen **infornata** [infor'na:ta] *f* Einschieben *nt,* Backen *nt*
**infortunarsi** [infortu'narsi] *vr* verunglü-

cken **infortunato**, **-a** [infortu'na:to] I. *agg* verunglückt II. *m, f* Verunglückte(r) *f(m)*
**infortunio** [infor'tu:nio] <-i> *m* Unfall *m*, Havarie *f A*
**infortunistica** [infortu'nistika] *f* Unfallforschung *f*
**infortunistico**, **-a** [infortu'nistiko] <-ci, -che> *agg* [Arbeits]unfall- *f*
**infossamento** [infossa'mento] *m* Versenken *nt* **infossare** [infos'sa:re] I. *vt* versenken II. *vr* **-rsi** ① (*guance*) einfallen ② (*avvallarsi*) einsinken **infossato**, **-a** [infos'sa:to] *agg* ① (*campo*) mit Furchen durchzogen ② (*guance*) hohl, eingefallen; (*occhi*) tief liegend
**infotainment** [infou'teinmənt] <-> *m* (TV) Infotainment *nt*
**infra** ['infra] *avv* unten; **vedi ~** siehe unten
**infracidire** [infratʃi'di:re] *vi essere* faulen
**infradiciare** [infradi'tʃa:re] I. *vt* durchnässen II. *vr* **-rsi** nass werden
**infradito** [infra'di:to] I.<-> *m o f* Dianette *f* II.<inv> *agg* Dianetten-; **striscia ~** Dianettenriemen *m*
**inframmesso** *pp di* **inframmettere**
**inframmettenza** [inframmet'tɛntsa] *f* Aufdringlichkeit *f*
**inframmettere** [infram'mettere] <irr> I. *vt* dazwischensetzen/dazwischenlegen/dazwischenstellen II. *vr* **-rsi in qc** sich in etw *acc* einmischen
**inframmezzare** [inframmed'dza:re] *vt* **~ qc a qc** etw mit etw vereinbaren; **~ periodi di lavoro a periodi di svago** Arbeit und Freizeit miteinander vereinbaren
**inframmischiare** [inframmis'kia:re] *vt* **~ qc a qc** etw unter etw *acc* mischen
**inframmisi** *1. pers sing pass rem di* **inframmettere**
**infrangere** [in'frandʒere] <irr> I. *vt* ① (*rompere*) zerbrechen ② (*fig*) übertreten; **~ la legge** das Gesetz brechen; **~ un contratto** einen Vertrag verletzen II. *vr* **-rsi** zerbrechen **infrangibile** [infran'dʒi:bile] *agg* unzerbrechlich; (*vetro*) bruchfest
**infransi** *1. pers sing pass rem di* **infrangere**
**infranto**, **-a** [in'franto] I. *pp di* **infrangere** II. *agg* ① (*frantumato*) zerbrochen ② (*fig*) **cuore ~** gebrochenes Herz
**infraordine** [infra'ordine] *m* (ZOO) Untergattung *f*
**infrarosso**, **-a** [infra'rosso] *agg* infrarot, Infrarot-
**infrasettimanale** [infrasettima'na:le] *agg* während der Woche

**infrastruttura** [infrastrut'tu:ra] *f* Infrastruktur *f* **infrastrutturale** [infrastruttu'ra:le] *agg* infrastrukturell
**infrasuono** [infra'suɔ:no] *m* Infraschall *m*
**infrazione** [infrat'tsio:ne] *f* **l'~ a qc** die Verletzung einer Sache *gen*
**infreddatura** [infredda'tu:ra] *f* Schnupfen *m*, Erkältung *f*, Verkühlung *f A*
**infreddolito**, **-a** [infreddo'li:to] *agg* **essere tutto ~** ganz durchgefroren sein
**infrequente** [infre'kuɛnte] *agg* nicht häufig, selten **infrequenza** [infre'kuɛntsa] *f* Seltenheit *f*
**infrociare** [infro'tʃa:re] I. *vt* (*sl*) **~ qc** gegen etw knallen II. *vr* **-rsi** (*sl*) aufeinanderknallen
**infrollire** [infrol'li:re] <infrollisco, infrollisci> *vi essere* ① (GASTR: *carne*) mürbe werden, abhängen ② (*fig: indebolire*) schlapp [*o* kraftlos] werden
**infruttescenza** [infruttef'ʃɛntsa] *f* Fruchtstand *m*
**infruttifero**, **-a** [infrut'ti:fero] *agg* ① (BOT) keine Früchte tragend, fruchtlos ② (FIN: *capitale*) unverzinslich **infruttuoso**, **-a** [infruttu'o:so] *agg* ① (*infruttifero*) fruchtlos ② (*fig*) vergeblich, erfolglos; (*fatica*) fruchtlos
**infuori** [in'fuɔ:ri] I. *avv* **all'~** nach außen, hinaus II. *prp* **all'~ di** mit Ausnahme von +*dat*, außer +*dat*
**infuriare** [infu'ria:re] I. *vi* wüten, toben II. *vr* **-rsi** wütend werden
**infusi** [in'fu:zi] *1. pers sing pass rem di* **infondere**
**infusione** [infu'zio:ne] *f* (*di erbe*) Aufguss *m*; (*bevanda*) [Kräuter]tee *m*
**infuso** [in'fu:zo] *m* Aufguss *m*; (*bevanda*) [Kräuter]tee *m*
**infuso**, **-a** I. *pp di* **infondere** II. *agg* (*versato sopra*) übergossen; **avere la scienza -a** (*scherz*) die Weisheit mit Löffeln gefressen haben
**ingabbiare** [iŋgab'bia:re] *vt* ① (*mettere in gabbia*) in einen Käfig stecken ② (*fig*) einkesseln **ingabbiatura** [iŋgabbia'tu:ra] *f* Tragwerk *nt*
**ingaggiare** [iŋgad'dʒa:re] *vt* (*assumere con contratto*) verpflichten; (SPORT) unter Vertrag nehmen; (THEAT, FILM, MUS) engagieren; (*impiegati*) einstellen, aufnehmen *A*
**ingaggio** [iŋ'gaddʒo] <-ggi> *m* ① (*assunzione con contratto*) Anwerbung *f*, Verpflichtung *f*; (SPORT) Einkauf *m* ② (*somma*) Gage *f*
**ingagliardire** [iŋgaʎʎar'di:re] <ingagliardisco, ingagliardisci> I. *vt avere* kräftigen,

**ingannabile** [iŋganˈnaːbile] *agg* gutgläubig, leicht zu täuschen; **un cliente ~** ein gutgläubiger [*o* leicht zu täuschender] Kunde

**ingannare** [iŋganˈnaːre] I. *vt* ❶ (*indurre in errore*) täuschen; **l'apparenza inganna** der Schein trügt ❷ (*imbrogliare*) betrügen, hintergehen; **~ il tempo** die Zeit totschlagen II. *vr* **-rsi** sich irren, sich täuschen; **se non m'inganno ...** wenn ich mich nicht täusche ... **ingannatore, -trice** [iŋgannaˈtoːre] I. *agg* trügerisch II. *m, f* Betrüger(in) *m(f)* **ingannevole** [iŋganˈneːvole] *agg* trügerisch, irreführend **inganno** [inˈganno] *m* ❶ (*frode*) Betrug *m;* **cadere in ~** getäuscht werden; **trarre in ~** täuschen ❷ (*illusione*) Täuschung *f*

**ingarbugliare** [iŋgarbuʎˈʎaːre] I. *vt* (*a. fig*) verwirren, durcheinanderbringen II. *vr* **-rsi** (*a. fig*) sich verheddern **ingarbugliato, -a** [iŋgarbuʎˈʎaːto] *agg* ❶ (*aggrovigliato*) verheddert ❷ (*fig: complicato*) verzwickt

**ingegnaccio** [indʒeɲˈnattʃo] <-cci> *m* (*fam*) Intelligenzbestie *f*

**ingegnarsi** [indʒeɲˈɲarsi] *vr* ❶ (*adoperarsi*) sich eifern ❷ (*industriarsi*) sich bemühen; (*arrabattarsi*) sich durchschlagen

**ingegnere** [indʒeɲˈnɛːre] *m* Ingenieur(in) *m(f);* **~ civile** Bauingenieur(in) *m(f);* **~ meccanico** Maschinenbauingenieur(in) *m(f);* **~ navale** Schiffbauingenieur(in) *m(f)* **ingegneria** [indʒeɲɲeˈriːa] <-ie> *f* Ingenieurwesen *nt;* **facoltà d'~** Technische Hochschule; **~ civile** Bauingenieurwesen *nt;* **~ nucleare** Kerntechnik *f*

**ingegno** [inˈdʒeɲɲo] *m* ❶ (*facoltà dell'intelletto, intelligenza*) Geist *m,* Verstand *m* ❷ (*inclinazione*) Talent *nt,* Begabung *f* **ingegnosità** [indʒeɲɲosiˈta] <-> *f* Einfallsreichtum *m* **ingegnoso, -a** [indʒeɲˈɲoːso] *agg* findig, einfallsreich

**ingelosire** [indʒeloˈsiːre] <ingelosisco> I. *vt avere* eifersüchtig machen II. *vr* **-rsi** eifersüchtig werden

**ingenerare** [indʒeneˈraːre] *vt* hervorrufen, erzeugen, erregen; (*confusione*) stiften

**ingeneroso, -a** [indʒeneˈroːso] *agg* unedel, schlecht

**ingente** [inˈdʒɛnte] *agg* riesig, ungeheuer

**ingentilire** [indʒentiˈliːre] <ingentilisco, ingentilisci> I. *vt avere* veredeln, verfeinern II. *vi essere* sich verfeinern III. *vr* **-rsi** sich verfeinern

**ingentilirsi** [indʒentiˈlirsi] <ingentilisco> *vr* sich verfeinern

**ingenua** *f v.* **ingenuo**

**ingenuità** [indʒenuiˈta] <-> *f* Naivität *f;* (*candore*) Unschuld *f* **ingenuo, -a** [inˈdʒɛːnuo] I. *agg* naiv; (*candido*) unschuldig II. *m, f* naiver Mensch

**ingerenza** [indʒeˈrɛntsa] *f* Einmischung *f*

**ingerire** [indʒeˈriːre] <ingerisco> I. *vt* einnehmen, [hinunter]schlucken II. *vr* **-rsi in qc** sich in etw *acc* einmischen

**ingessare** [indʒesˈsaːre] *vt* vergipsen; (MED) eingipsen **ingessato** [indʒesˈsaːto] *agg* (*fam*) **un'atmosfera un po' ingessata** eine etwas gezwungene Atmosphäre **ingessatura** [indʒessaˈtuːra] *f* Gips[verband] *m*

**ingestione** [indʒesˈtioːne] *f* Einnahme *f* **Inghilterra** [iŋgilˈtɛrra] *f* England *nt*

**inghiottire** [iŋgiotˈtiːre] <inghiottisco *o* inghiotto> *vt* (*a. fig*) [hinunter]schlucken

**inghirlandare** [iŋgirlanˈdaːre] *vt* ❶ (*con ghirlanda*) [mit Girlanden] schmücken; (*capo a*) bekränzen ❷ (*fig*) umschließen, umgeben

**ingiallire** [indʒalˈliːre] <ingiallisco, ingiallisci> I. *vt avere* gelb färben II. *vi essere* ❶ (*diventare giallo*) gelb werden; (*carta*) vergilben ❷ (*fig*) vergehen; (*bellezza*) [ver]welken

**ingigantire** [indʒiganˈtiːre] <ingigantisco> I. *vt avere* aufbauschen II. *vr* **-rsi** riesengroß werden

**inginocchiarsi** [indʒinokˈkiarsi] *vr* sich knien, [sich] niederknien **inginocchiatoio** [indʒinokkiaˈtoːio] <-oi> *m* Kniebank *f*

**ingioiellare** [indʒoielˈlaːre] I. *vt* mit Schmuck versehen; (*cosa*) schmücken II. *vr* **-rsi** Schmuck anlegen

**ingiù** [inˈdʒu] *avv* **all'~** nach unten, hinunter; **guardare dall'~** von unten heraufsehen

**ingiudicato, -a** [indʒudiˈkaːto] *agg* unentschieden

**ingiungere** [inˈdʒundʒere] <irr> *vt* auferlegen

**ingiuntivo, -a** [indʒunˈtiːvo] *agg* Mahn-; **decreto ~** Mahnbescheid *m*

**ingiunto** *pp di* **ingiungere**

**ingiunzione** [indʒunˈtsioːne] *f* Anordnung *f;* (*richiesta perentoria*) Aufforderung *f;* **~ di pagamento** Zahlungsaufforderung *f,* Mahnung *f;* **procedimento d'~** Mahnverfahren *nt*

**ingiuria** [inˈdʒuːria] *f* Beleidigung *f,* Schmähung *f* **ingiuriare** [indʒuˈriaːre] *vt*

beleidigen, beschimpfen **ingiurioso, -a** [indʒu'rio:so] *agg* Schmäh-, beleidigend
**ingiusta** *f v.* **ingiusto**
**ingiustificabile** [indʒustifi'ka:bile] *agg* unentschuldbar **ingiustificato, -a** [indʒustifi'ka:to] *agg* ungerechtfertigt, unbegründet
**ingiustizia** [indʒus'tittsia] *f* Ungerechtigkeit *f*
**ingiusto** [in'dʒusto] *m* Unrecht *nt*, Ungerechtigkeit *f*
**ingiusto, -a** I. *agg* ❶ *(persona)* ungerecht ❷ *(cosa)* ungerechtfertigt II. *m, f* ungerechter Mensch
**inglese** [iŋ'gle:se] I. *agg* englisch, britisch II. *mf* Engländer(in) *m(f)*, Brite *m*, Britin *f*; **giardino all'~** englischer Garten **inglesismo** [iŋgle'sizmo] *m* Anglizismus *m*
**inglobare** [iŋglo'ba:re] *vt* einverleiben
**inglorioso, -a** [iŋglo'rio:so] *agg* ruhmlos
**ingobbire** [iŋgob'bi:re] <ingobbisco, ingobbisci> I. *vi essere* buck[e]lig werden II. *vr* **-rsi** buck[e]lig werden
**ingobbirsi** [iŋgob'birsi] <ingobbisco> *vr* buck[e]lig werden **ingobbito, -a** [iŋgob'bi:to] *agg* buck[e]lig
**ingoiare** [iŋgo'ia:re] *vt* ❶ *(cibo)* verschlingen ❷ *(fig: subire)* [hinunter]schlucken *fam*
**ingolfamento** [iŋgolfa'mento] *m* Absaufen *nt fam*
**ingolfarsi** [iŋgol'farsi] *vr* (MOT) zu viel Benzin bekommen, absaufen *fam*
**ingolosire** [iŋgolo'si:re] <ingolosisco> *vt avere* ❶ *(rendere goloso)* ~ **qu** jdm Appetit machen ❷ *(fig: allettare)* verlocken
**ingombrante** [iŋgom'brante] *agg* sperrig
**ingombrare** [iŋgom'bra:re] *vt* versperren
**ingombro** [iŋ'gombro] *m* Hindernis *nt*; **essere d'~** im Wege sein, Platz wegnehmen
**ingombro, -a** *agg* versperrt
**ingommare** [iŋgom'ma:re] *vt* kleben
**ingordigia** [iŋgor'di:dʒa] <-gie> *f* ❶ *(voracità)* Gefräßigkeit *f* ❷ *(fig: cupidigia)* **l'~ di qc** die Gier nach etw **ingordo, -a** [iŋ'gordo] *agg* ❶ *(vorace)* gefräßig; **essere ~ di dolci** naschsüchtig sein ❷ *(fig: cupido)* **essere ~ di qc** gierig nach etw sein
**ingorgare** [iŋgor'ga:re] I. *vt* verstopfen II. *vr* **-rsi** sich verstopfen; *(traffico)* sich stauen **ingorgo** [iŋ'gorgo] <-ghi> *m* ❶ *(intasamento)* Verstopfung *f*; **~ [di traffico]** Verkehrsstau *m* ❷ (MED) Stauung *f*

**ingovernabile** [iŋgover'na:bile] *agg* unregierbar
**ingozzare** [iŋgot'tsa:re] I. *vt (animali)* fressen; *(fig)* verschlingen II. *vr* **-rsi** sich vollstopfen
**ingranaggio** [iŋgra'naddʒo] <-ggi> *m (a. fig* TEC*)* Getriebe *nt*; **essere preso nell'~ degli affari** von den Geschäften voll in Anspruch genommen sein
**ingranare** [iŋgra'na:re] I. *vt* einkuppeln; *(marcia)* einlegen II. *vi* ❶ (TEC) ineinandergreifen ❷ *(fam: funzionare)* klappen
**ingrandimento** [iŋgrandi'mento] *m* Vergrößerung *f*; **lente d'~** Vergrößerungsglas *nt* **ingrandire** [iŋgran'di:re] <ingrandisco> I. *vt avere* ❶ *(gener,* FOTO*)* vergrößern ❷ (COM) steigern; *(casa, negozio, regno)* ausbauen ❸ *(fig: esagerare)* aufbauschen II. *vr* **-rsi** ❶ *(crescere)* sich vergrößern ❷ *(fig: espandersi)* sich erweitern, wachsen
**ingranditore** [iŋgrandi'to:re] *m* Vergrößerer *m*
**ingrassamento** [iŋgrassa'mento] *m* ❶ (ZOO) Mästung *f* ❷ (AGR) Düngung *f*
**ingrassare** [iŋgras'sa:re] I. *vt avere* ❶ *(persone)* dick machen ❷ (AGR) düngen ❸ *(ungere con grasso)* einfetten, schmieren II. *vr* **-rsi** *(aumentare di peso)* zunehmen, dick werden; *(diventare ricco)* reich werden
**ingrasso** [iŋ'grasso] *m* ❶ (ZOO) Mast *f* ❷ (AGR) Düngung *f*; *(concime)* Dünger *m*; **buoi da ~** Mastochsen *mpl*
**ingrata** *f v.* **ingrato**
**ingratitudine** [iŋgrati'tu:dine] *f* Undankbarkeit *f*, Undank *m* **ingrato, -a** [iŋ'gra:to] I. *agg (a. fig)* undankbar II. *m, f* Undankbare(r) *f(m)*
**ingravidare** [iŋgravi'da:re] *vi essere* schwanger werden
**ingraziarsi** [iŋgrat'tsiarsi] *vr* **~ qu** sich bei jdm beliebt machen
**ingrediente** [iŋgre'diɛnte] *m* Zutat *f*
**ingressaggio** [iŋgres'saddʒo] <-ggi> *m* (ADM) Katalogisierung *f*, Aufnahme *f* in die Bibliothekskartei **ingressare** [iŋgres'sa:re] *vt* (ADM) katalogisieren, registrieren
**ingresso** [iŋ'grɛsso] *m* ❶ *(entrata, accesso)* Eingang *m* ❷ *(anticamera)* Vorzimmer *nt* ❸ (THEAT) Auftritt *m*; *(in una carica)* Antritt *m* ❹ *(facoltà)* Zutritt *m*; **vietato l'~ ai non addetti ai lavori** Zutritt für Unbefugte verboten ❺ *(biglietto)* [Eintritts]karte *f*; **~ libero** Eintritt frei

**ingrippare** [iŋgrip'paːre] I. vt (MOT) festfressen II. vr **-rsi** (MOT) sich festfressen

**ingrossamento** [iŋgrossa'mento] m Verdickung f **ingrossare** [iŋros'saːre] I. vt avere ① (*rendere grosso*) dick machen ② (*accrescere*) verstärken ③ (*mare*) aufwühlen II. vr **-rsi** anschwellen

**ingrosso** [iŋ'grɔsso] avv **all'~** (COM) en gros, im Großen; **commercio all'~** Großhandel m; **vendere all'~** en gros verkaufen

**inguacchio** [iŋ'guakkio] <-chi> m (*fam: pasticcio, pastrocchio*) Schlamassel m, Pfuscherei f

**inguaiare** [iŋgua'iaːre] (*fam*) I. vt Schereien einbringen (*qu* jdm), in Schwierigkeiten bringen (*qu* jdn); **~ una ragazza** ein Mädchen schwängern II. vr **-rsi** in Schwierigkeiten geraten; **si è inguaiato fino al collo** er steckt bis zum Hals in Schwierigkeiten

**inguainare** [iŋguai'naːre] vt einziehen; (*spada*) [ein]stecken; **quell'abito la inguaina molto bene** das Kleid betont ihre Formen sehr gut

**ingualcibile** [iŋgual'tʃiːbile] agg knitterfrei

**inguaribile** [iŋgua'riːbile] agg unheilbar; (*fig*) unverbesserlich

**inguinale** [iŋgui'naːle] agg Leisten-

**inguine** ['iŋguine] m Leiste f

**ingurgitare** [iŋgurdʒi'taːre] vt hinunterschlucken, hinunterwürgen

**inibire** [ini'biːre] <inibisco> vt ① (*proibire*) untersagen, verbieten ② (PSIC) hemmen **inibito**, **-a** [ini'biːto] I. agg gehemmt II. m, f gehemmter Mensch **inibitore** [inibi'toːre] m (CHEM) Hemmstoff m; **~ d'appetito** Appetitzügler m **inibizione** [inibit'tsioːne] f Hemmung f

**inidoneità** [inidonei'ta] f Untauglichkeit f **inidoneo**, **-a** [ini'dɔːneo] agg ungeeignet, untauglich

**iniettare** [iniet'taːre] vt [ein]spritzen, injizieren

**iniettore** [iniet'toːre] m Injektor m; **~ del carburante** Einspritzventil nt **iniezione** [iniet'tsioːne] f ① (TEC) Einspritzung f; **motore ad ~** Einspritzmotor m ② (MED) Injektion f, Spritze f

**inimicare** [inimi'kaːre] I. vt zum Feind [o zu Feinden] machen, entzweien II. vr **-rsi** sich verfeinden

**inimicarsi** [inimi'karsi] vr sich verfeinden

**inimicizia** [inimi'tʃittsia] <-ie> f Feindschaft f

**inimitabile** [inimi'taːbile] agg unnachahmlich

**inimmaginabile** [inimmadʒi'naːbile] agg unvorstellbar

**ininfiammabile** [ininfiam'maːbile] agg nicht entzündbar

**inintelligibile** [inintelli'dʒiːbile] agg unverständlich; (*grafia*) unleserlich

**ininterrotto**, **-a** [ininter'rotto] agg ununterbrochen

**iniqua** f v. **iniquo**

**iniquità** [inikui'ta] <-> f ① (*ingiustizia*) Ungerechtigkeit f ② (*malvagità*) Niederträchtigkeit f, Bosheit f **iniquo**, **-a** ['niːkuo] I. agg ① (*ingiusto*) ungerecht, unbillig ② (*malvagio*) niederträchtig, boshaft, bösartig, raß A ③ (*poet: avverso, sfavorevole*) abscheulich II. m, f niederträchtiger [o ungerechter] Mensch

**iniziale** [init'tsiaːle] I. agg anfänglich, Anfangs- II. f Anfangsbuchstabe m; **le -i di un nome** die Initialen **inizialmente** [inittsial'mente] avv am Anfang, zu Beginn

**iniziare** [init'tsiaːre] vt avere ① (*intraprendere*) beginnen, anfangen ② (*avviare*) **~ qu a qc** jdn in etw acc einführen; **~ qu ai riti massonici** jdn in die Rituale der Freimaurer einweihen ③ (*computer*) starten

**iniziata** f v. **iniziato**

**iniziatico**, **-a** [init'tsiaːtiko] <-ci, -che> agg Einführungs-, Initiations-; **cerimoniale ~** Einführungszeremoniell nt; (*nell'etnologia*) Initiationsritus m

**iniziativa** [inittsia'tiːva] f ① (*azione*) Initiative f, Anregung f; **agire di propria ~** etw auf eigene Faust [o von sich dat aus] tun; **prendere l'~ di qc** etw in die Hand nehmen ② (*attitudine*) Unternehmung f; **spirito d'~** Unternehmungsgeist m

**iniziato**, **-a** [init'tsiaːto] agg **essere ~ a qc** in etw acc eingeführt sein; (*a un rito*) in etw acc eingeweiht sein **iniziatore**, **-trice** [inittsia'toːre] m, f Initiator(in) m(f) **iniziazione** [inittsiat'tsioːne] f **l'~ a qc** die Einweihung in etw acc

**inizio** [i'nittsio] <-i> m Beginn m, Anfang m; **-i** Anfänge mpl; **avere ~** beginnen, anfangen; **all'~** anfangs, am Anfang; **dall'~** im Voraus, im Vorhinein A

**inlettera** [in'lɛttera o inl'lettera] <-> m (INFORM) Zeichenlängenakzent m

**innalzamento** [innaltsa'mento] m ① (ARCH) Errichtung f, Bau m ② (*a. fig*) Erhebung f; **~ a potenza** Erhebung f zur Potenz **innalzare** [innal'tsaːre] I. vt ① (*levare in alto*) hochheben ② (*erigere*) errich-

ten II. *vr* **-rsi** ❶ (*levarsi verso l'alto*) sich erheben ❷ (*socialmente*) aufsteigen
**innamoramento** [innamora'mento] *m* Verliebtheit *f* **innamorare** [innamo'ra:re] I. *vt* verliebt machen; **un sorriso che innamora** [*o* **che fa ~**] ein Lächeln zum Verlieben II. *vr* **-rsi** [**di qu**] sich [in jdn] verlieben **innamorato, -a** [innamo'ra:to] I. *agg* verliebt; **~ cotto** bis über beide Ohren verliebt II. *m, f* Verliebte(r) *f(m)*
**innanzi** [in'nantsi] I. *avv* ❶ (*avanti*) vorn[e] ❷ (*prima*) vorher, vorhin II. *prp* vor +*dat*; **~ tutto** vor allem, insbesondere III. <inv> *agg* vorhergehend
**innato, -a** [in'na:to] *agg* ❶ (*per natura*) angeboren ❷ (*spontaneo*) natürlich, spontan
**innaturale** [innatu'ra:le] *agg* unnatürlich
**innegabile** [inne'ga:bile] *agg* unleugbar, unbestreitbar
**inneggiare** [inned'dʒa:re] *vi* **~ a qc** auf etw *acc* eine Hymne singen
**innervosire** [innervo'si:re] <innervosisco> *vt* nervös machen II. *vr* **-rsi** nervös werden
**innescare** [innes'ka:re] *vt* ❶ (*ami*) einen Köder festmachen an +*dat* ❷ (*cariche esplosive*) scharf machen **innesco** [in'nesko] <-schi> *m* Auslösung *f*; (*di carica esplosiva*) Zündvorrichtung *f*
**innestare** [innes'ta:re] I. *vt* ❶ (AGR) veredeln, pfropfen ❷ (TEC) kuppeln; (*marcia*) einlegen ❸ (*inserire, a. fig*) einschieben; (EL: *spina*) einstecken II. *vr* **-rsi in qc** in etw *acc* einmünden **innesto** [in'nɛsto] *m* ❶ (AGR) Veredel[el]lung *f*, Pfropfung *f* ❷ (TEC) Kupplung *f* ❸ (*fig*) Einschieben *nt* ❹ (AUTO) Schaltvorgang *m*, Getriebeschaltung *f*
**innevato, -a** [inne'va:to] *agg* verschneit
**inno** ['inno] *m* Hymne *f*
**innocente** [inno'tʃɛnte] I. *agg* unschuldig; (*ingenuo*) naiv, harmlos II. *mf* Unschuldige(r) *f(m)* **innocenza** [inno'tʃɛntsa] *f* ❶ (*mancanza di colpa*) Unschuld *f*, Schuldlosigkeit *f* ❷ (*purezza d'animo*) Unschuld *f*; (*ingenuità*) Naivität *f*
**innocuità** [innokui'ta] <-> *f* Unschädlichkeit *f* **innocuo, -a** [in'nɔ:kuo] *agg* unschädlich; (*animale, persona*) harmlos
**innominabile** [innomi'na:bile] *agg* unaussprechlich
**innovamento** [innova'mento] *m* Erneuerung *f*; (*novità*) Neuerung *f* **innovare** [inno'va:re] *vt* erneuern **innovativo, -a** [innova'ti:vo] *agg* erneuernd, Erneuerungs- **innovatore, -trice** [innova'to:re] *m, f* Erneuerer *m*/Erneuerin *f* **innovazione** [innovat'tsio:ne] *f* Erneuerung *f*; (*novità*) Neuerung *f*
**Innsbruck** ['insbruk] *f* Innsbruck *nt*
**innumerevole** [innume're:vole] *agg* unzählig
**inoccupato, -a** [inokku'pa:to] I. *agg* unbeschäftigt, beschäftigungslos II. *m, f* Unbeschäftigte(r) *f(m)*
**inoculare** [inoku'la:re] *vt* ❶ (MED) [ein]impfen ❷ (*fig*) einimpfen **inoculazione** [inokulat'tsio:ne] *f* ❶ (MED) [Ein]impfung *f* ❷ (*fig*) Einimpfen *nt*
**inodore, -a** [ino'do:re] *agg* geruchlos; (*fiore*) nicht riechend
**inoffensivo, -a** [inoffen'si:vo] *agg* (*parole*) nicht beleidigend; (*animale*) ungefährlich, harmlos
**inoltrare** [inol'tra:re] I. *vt* ❶ (ADM) einreichen ❷ (*far proseguire*) übermitteln, weiterleiten II. *vr* **-rsi** ❶ (*addentrarsi*) vordringen ❷ (*fig: progredire*) sich einarbeiten **inoltrato, -a** [inol'tra:to] *agg* spät [abends]; **a notte** [*o* **sera**] **-a** zu vorgerückter Stunde; **fino a notte -a** bis spät in die Nacht [hinein]
**inoltre** [i'noltre] *avv* ❶ (*oltre a ciò*) ferner, außerdem ❷ (*per di più*) darüber hinaus, überdies
**inoltro** [i'noltro] *m* Weiterleiten *nt*
**inondare** [inon'da:re] *vt* ❶ (*allagare*) überschwemmen ❷ (*fig: gioia*) erfüllen; (*lacrime*) überströmen, fließen über +*acc* **inondazione** [inondat'tsio:ne] *f* ❶ (*allagamento*) Überschwemmung *f* ❷ (*fig*) Schwemme *f*
**inoperabile** [inope'ra:bile] *agg* inoperabel, nicht operierbar
**inoperante** [inope'rante] *agg* wirkungslos
**inoperosità** [inoperosi'ta] <-> *f* Untätigkeit *f* **inoperoso, -a** [inope'ro:so] *agg* (*persona*) untätig; (*capitale*) tot; (*macchina*) stillgelegt
**inopinabile** [inopi'na:bile] *agg* unvorstellbar **inopinato, -a** [inopi'na:to] *agg* unvorhergesehen
**inopportunità** [inopportuni'ta] *f* Ungelegenheit *f* **inopportuno, -a** [inoppor'tu:no] *agg* unangebracht; (*visita*) ungelegen
**inoppugnabile** [inoppuɲ'ɲa:bile] *agg* ❶ (*certo, evidente*) unwiderlegbar ❷ (JUR) unanfechtbar **inoppugnabilità** [inoppuɲɲabili'ta] <-> *f* ❶ (*evidenza*) Unwiderlegbarkeit *f* ❷ (JUR) Unanfechtbarkeit *f*
**inorganico, -a** [inor'ga:niko] <-ci, -che> *agg* (CHEM) anorganisch

**inorgoglire** [inorgoʎ'ʎiːre] <inorgoglisco, inorgoglisci> I. *vt avere* stolz machen (*di* auf +*acc*) II. *vi essere* stolz werden (*di* auf +*acc*) III. *vr* **-rsi** stolz werden (*di* auf +*acc*)

**inorgoglirsi** [inorgoʎ'ʎirsi] *vr* ~ **di qc** auf etw *acc* stolz werden

**inorridire** [inorri'diːre] <inorridisco> I. *vt avere* erschrecken, entsetzen II. *vi essere* [er]schaudern

**inospitale** [inospi'taːle] *agg* ① (*persona, casa*) ungastlich, unfreundlich ② (*regione*) unwirtlich

**inosservanza** [inosser'vantsa] *f* Nichtbeachtung *f* **inosservato, -a** [inosser'vaːto] *agg* unbemerkt; (*non rispettato*) unbeachtet

**inossidabile** [inossi'daːbile] *agg* rostfrei

**INPS** [imps] *m acro di* **Istituto Nazionale Previdenza Sociale** *nationale italienische Sozialversicherungsanstalt*

**input** ['input] <-> *m* ① (INFORM) Eingabe *f*, Input *m o nt* ② (*fig: impulso*) Anstoß *m*

**inquadramento** [iŋkuadra'mento] *m* Einordnung *f* **inquadrare** [iŋkua'draːre] *vt* ① (*incorniciare*) einrahmen ② (*fig*) einordnen ③ (FOTO, FILM) aufnehmen **inquadratura** [iŋkuadra'tuːra] *f* (FOTO) Bildausschnitt *m*; (FILM) Einstellung *f*

**inqualificabile** [iŋkualifi'kaːbile] *agg* unter aller Kritik

**inquietante** [iŋkuie'tante] *agg* ① (*preoccupante*) beunruhigend ② (*perturbante*) hinreißend

**inquietare** [iŋkuie'taːre] I. *vt* beunruhigen, beängstigen II. *vr* **-rsi** sich beunruhigen **inquieto, -a** [iŋ'kuiɛːto] *agg* ① (*turbato*) unruhig ② (*irritato*) verärgert, grantig *A* ③ (*preoccupato*) besorgt **inquietudine** [iŋkuie'tuːdine] *f* Unruhe *f*; (*preoccupazione*) Beunruhigung *f*, Sorge *f*

**inquilino, -a** [iŋkui'liːno] *m, f* Mieter(in) *m(f)*

**inquinamento** [iŋkuina'mento] *m* ① (ECOL) Verschmutzung *f*; **~ acustico** Lärmbelästigung *f*; **~ atmosferico** Luftverschmutzung; **~ dell'ambiente** Umweltverschmutzung; **~ marino** Meeresverschmutzung; **~ nucleare** radioaktive Verseuchung ② (JUR) **~ delle prove** Manipulation *f* von Beweismaterial **inquinante** [iŋkui'nante] *agg* umweltgefährdend **inquinare** [iŋkui'naːre] *vt* ① (*infettare*) verschmutzen, verseuchen ② (*fig: corrompere*) verderben

**inquirente** [iŋkui'rɛnte] I. *agg* ermittelnd, Untersuchungs-; **magistrato ~** Untersuchungsrichter *m* II. *f* Untersuchungsausschuss *m*

**inquisire** [iŋkui'ziːre] <inquisisco> I. *vt* untersuchen, [nach]forschen über +*acc* II. *vi* nachforschen, ermitteln

**inquisitore, -trice** [iŋkuizi'toːre] I. *agg* forschend; (JUR) Ermittlungs-, Untersuchungs-; (HIST) Inquisitions- II. *m, f* Ermittler(in) *m(f)* **inquisitorio, -a** [iŋkuizi'tɔːrio] <-i, -ie> *agg* ① (HIST) inquisitorisch, Inquisitions- ② (*fig: severo*) forschend **inquisitrice** *f v.* **inquisitore**

**inquisizione** [iŋkuizit'tsioːne] *f* ① (*inchiesta*) Untersuchung *f* ② (HIST) **[Santa] Inquisizione** Inquisition *f*

**insabbiamento** [insabbia'mento] *m* Versandung *f*

**insabbiare** [insab'biaːre] I. *vt* ① (*coprire di sabbia*) mit Sand bedecken ② (*fig: celare*) vertuschen; (*non far procedere*) im Sand[e] verlaufen lassen II. *vr* **-rsi** ① (*coprirsi di sabbia*) versanden ② (*arenarsi*) auf Sand laufen **insabbiatore, -trice** [insabbia'toːre] I. *m, f* ① (*fig: chi agisce per insabbiare, ostacolare una procedura*) Vertuscher(in) *m(f)* ② (JUR) Prozessverschlepper(in) *m(f)* II. *agg* ① (*che insabbia*) vertuschend, verschleiernd ② (*fig: che manovra per ostacolare una procedura*) behindernd, verschleppend

**insaccare** [insak'kaːre] I. *vt* (*mettere in sacchi*) einsacken, in Säcke füllen; (*in budelli*) in Häute [*o* Därme] füllen II. *vr* **-rsi** zusammensacken

**insaccati** [insak'kaːti] *mpl* Wurst *f*, Wurstwaren *fpl*

**insacchettare** [insakket'taːre] *vt* eintüten

**insalata** [insa'laːta] *f* Salat *m;* **~ russa** Gemüsesalat mit Mayonnaise **insalatiera** [insala'tiɛːra] *f* Salatschüssel *f*

**insalubre** [insa'luːbre] *agg* ungesund, gesundheitsschädlich

**insalutato, -a** [insalu'taːto] *agg* ungegrüßt

**insanabile** [insa'naːbile] *agg* ① (*inguaribile*) unheilbar ② (*irrimediabile*) hoffnungslos

**insanguinare** [insaŋgui'naːre] I. *vt* blutig machen; (*a. fig*) mit Blut beflecken II. *vr* **-rsi** sich blutig machen; (*a. fig*) sich mit Blut beflecken

**insania** [in'saːnia] <-ie> *f* (*poet*) Torheit *f*, Wahnsinn *m* **insanire** [insa'niːre] *vi essere* (*poet*) wahnsinnig werden

**insano, -a** [in'saːno] *agg* (*poet*) wahnsinnig; (*atto*) wahnwitzig

**insaponare** [insapo'naːre] *vt* einseifen

**insaporire** [insapo'riːre] <insaporisco>

I. *vt* abschmecken II. *vi* schmackhaft werden

**insaporo, -a** [insa'po:ro] *agg* geschmacklos

**insaputa** [insa'pu:ta] *f* **all'~ di** ohne Wissen +*gen;* **a mia ~** ohne mein Wissen

**insaturo, -a** [in'sa:turo] *agg* ungesättigt

**insaziabile** [insat'tsia:bile] *agg* unersättlich **insaziabilità** [insattsiabili'ta] <-> *f* Unersättlichkeit *f*

**inscatolare** [inskato'la:re] *vt* in Dosen füllen

**inscenare** [inʃe'na:re] *vt* ❶ (THEAT) inszenieren ❷ (*fig*) veranstalten, machen

**inscindibile** [inʃin'di:bile] *agg* untrennbar

**insecchire** [insek'ki:re] <insecchisco> *vi essere* ❶ (*diventare secco*) austrocknen ❷ (*fig: persona*) abmagern

**insediamento** [insedia'mento] *m* ❶ (*in una carica*) Amtseinsetzung *f,* Amtsantritt *m* ❷ (*presa di possesso*) Einnahme *f* ❸ (*stanziamento in dimora*) Ansiedlung *f;* (*pej*) Einnistung *f* **insediare** [inse'dia:re] I. *vt* [in das Amt] einsetzen II. *vr* **-rsi** ❶ (ADM) sein Amt antreten ❷ (*stabilirsi*) sich niederlassen, sich ansiedeln; (*pej*) sich einnisten

**insediativo, -a** [insedia'ti:vo] *agg* Siedlungen und Industrieansiedlungen betreffend

**insegna** [in'seɲɲa] *f* ❶ (*di grado, dignità*) Abzeichen *nt,* Zeichen *nt;* **all'~ di** (*fig*) im Zeichen +*gen* ❷ (*di negozio*) Schild *nt*

**insegnamento** [inseɲɲa'mento] *m* ❶ (*di una disciplina, di un'arte*) Unterricht *m* ❷ (*precetto*) Lehre *f* **insegnante** [inseɲ'ɲante] I. *agg* lehrend, Lehr-; **personale ~** Lehrpersonal *nt* II. *mf* Lehrer(in) *m(f),* Lehrkraft *f adm* **insegnare** [inseɲ'ɲa:re] I. *vt* lehren, unterrichten; **~ qc a qu** jdn etw lehren, jdm etw beibringen; **~ a leggere e a scrivere a qu** jdm das Lesen und Schreiben beibringen II. *vi* unterrichten, lehren

**inseguire** [inse'gui:re] *vt* **~ qu/qc** jdn/etw verfolgen **inseguitore, -trice** [insegui'to:re] *m, f* Verfolger(in) *m(f)*

**insellare** [insel'la:re] *vt* satteln

**inselvatichire** [inselvati'ki:re] <inselvatichisco> I. *vt avere* verwildern lassen II. *vr* **-rsi** verwildern

**inseminato, -a** [insemi'na:to] *agg* befruchtet, besamt **inseminazione** [inseminat'tsio:ne] *f* Befruchtung *f;* **~ artificiale** künstliche Befruchtung

**insenatura** [insena'tu:ra] *f* Einbuchtung *f,* Bucht *f*

**insensatezza** [insensa'tettsa] *f* Unbesonnenheit *f* **insensato, -a** [insen'sa:to] *agg* ❶ (*persona*) unvernünftig ❷ (*azione*) unsinnig

**insensibile** [insen'si:bile] *agg* ❶ (*impercettibile*) unmerklich, unauffällig ❷ (*persona*) unempfindlich; (*pej*) gefühllos **insensibilità** [insensibili'ta] <-> *f* Unempfindlichkeit *f;* (*pej*) Gefühllosigkeit *f*

**inseparabile** [insepa'ra:bile] *agg* ❶ (*cose*) untrennbar ❷ (*persone*) unzertrennlich

**insepolto, -a** [inse'polto] *agg* unbegraben

**inserimento** [inseri'mento] *m* Einfügung *f;* (*di persona*) Eingliederung *f;* **punto di ~** (INFORM) Einfügemarke *f* **inserire** [inse'ri:re] <inserisco> I. *vt* ❶ (*introdurre, a. fig*) einfügen; (*spina*) einstecken ❷ (*in un giornale*) aufgeben II. *vr* **-rsi** (*essere attaccato*) sich einfügen; **-rsi in qc** (*integrarsi*) einer Sache *dat* beitreten, in etw *acc* eintreten

**inserto** [in'sɛrto] *m* ❶ (*incartamento*) Aktenheft *nt* ❷ (*in giornale, rivista*) Beilage *f* ❸ (FILM) Insert *nt;* **~ pubblicitario** Werbebeilage *f*

**inservibile** [inser'vi:bile] *agg* unbrauchbar, nutzlos

**inserviente** [inser'viɛnte] *mf* Dienstbote *m/*-botin *f*

**inserzione** [inser'tsio:ne] *f* ❶ (*atto dell'inserire*) Einfügung *f,* Einschiebung *f* ❷ (*annuncio pubblicitario*) Anzeige *f,* Inserat *nt;* **fare un'~** eine Anzeige aufgeben **inserzionista** [insertsio'nista] <-i *m,* -e *f*> *mf* Inserent(in) *m(f)*

**insetticida**[1] [insetti'tʃi:da] <-i *m,* -e *f*> *agg* insektizid, insektentötend; **polvere ~** Insektenpulver *nt*

**insetticida**[2] <-i> *m* Insektenvernichtungsmittel *nt,* Insektizid *nt scient*

**insettivoro** [inset'ti:voro] *m* Insektenfresser *m*

**insettivoro, -a** *agg* insektenfressend

**insetto** [in'sɛtto] *m* Insekt *nt;* **~ nocivo** Schädling *m*

**insicurezza** [insiku'rettsa] *f* Unsicherheit *f*

**insicuro, -a** [insi'ku:ro] *agg* unsicher

**inside** ['in'said] I. *avv* (*dentro*) innerhalb, in II. <-> *m* (*i retroscena di un fatto*) Hintergrund *m*

**insidia** [in'si:dia] <-ie> *f* Falle *f* **insidiare** [insi'dia:re] *vt* **~ qu** jdn in einen Hinterhalt locken, jdm auflauern **insidioso, -a** [insi'dio:so] *agg* (*persone, domande*) hinterhältig; (*cose*) [heim]tückisch; (*situazione*) verfänglich

**insieme** [in'siɛme] I. *avv* ❶ (*complessiva-*

insight → insospettabile

*mente*) zusammen ❷ (*contemporaneamente*) zugleich, gleichzeitig II. *prp* ❶ (*in compagnia*) ~ **a** [*o* **con**] zusammen mit +*dat* ❷ (*contemporaneamente*) gleichzeitig mit +*dat* III. *m* ❶ (*totalità*) Gesamtheit *f*, Ganze(s) *nt* ❷ (MAT) Menge *f*

**insight** ['insait] <- *o* **insights**> *m* (PSIC: *penetrazione psicologica*) Einblick *m*

**insigne** [in'siɲɲe] *agg* bedeutend, hervorragend

**insignificante** [insiɲɲifi'kante] *agg* unbedeutend, bedeutungslos

**insignire** [insiɲ'ɲi:re] *vt* auszeichnen (*di* mit)

**insincerità** [insintʃeri'ta] *f* Unaufrichtigkeit *f*, Unehrlichkeit *f* **insincero, -a** [insin'tʃɛ:ro] *agg* unaufrichtig, unehrlich

**insindacabile** [insinda'ka:bile] *agg* unkontrollierbar; (*definitivo*) unanfechtbar, endgültig

**insinuante** [insinu'ante] *agg* einschmeichelnd

**insinuare** [insinu'a:re] I. *vt* ❶ (*introdurre*) [ein]stecken, hineinstecken ❷ (*fig*) unterstellen; (*sospetti*) erwecken, erregen; **cosa vuoi ~?** was willst du damit sagen? II. *vr* **-rsi** (*infiltrarsi*) eindringen; **-rsi in qc** (*penetrare*) sich in etw *acc* einschleichen

**insinuazione** [insinuat'tsio:ne] *f* Unterstellung *f*

**insipidezza** [insipi'dettsa] *f* Fadheit *f*, Geschmacklosigkeit *f* **insipido, -a** [in'si:pido] *agg* ❶ (GASTR) fade, geschmacklos ❷ (*fig: banale*) fade

**insipiente** [insi'pjɛnte] *agg* unwissend, dumm **insipienza** [insi'pjɛntsa] *f* Unwissenheit *f*, Dummheit *f*

**insistente** [insis'tɛnte] *agg* nachdrücklich, eindringlich; (*ostinato*) beharrlich; (*continuo*) anhaltend **insistenza** [insis'tɛntsa] *f* (*perseveranza*) Beharrlichkeit *f*; (*continuità*) Anhalten *nt*

**insistere** [in'sistere] <insisto, insistei *o* insistetti, insistito> *vi* ❶ (*persistere*) **~ in qc** auf etw *dat* beharren ❷ (*ribadire*) **~ su qc** auf etw *acc* immer wieder zurückkehren

**insito, -a** ['insito] *agg* verwurzelt, innewohnend; (*qualità*) angeboren

**insoddisfatto, -a** [insoddis'fatto] *agg* ❶ (*persona*) unbefriedigt, unzufrieden; **rimanere ~ di qc** mit etw unzufrieden sein ❷ (*desiderio*) unerfüllt **insoddisfazione** [insoddisfat'tsio:ne] *f* Unzufriedenheit *f*, Unbefriedigtsein *nt*

**insofferente** [insoffe'rɛnte] *agg* unduldsam **insofferenza** [insoffe'rɛntsa] *f* Unduldsamkeit *f*

**insolazione** [insolat'tsio:ne] *f* Sonnenstich *m*

**insolente** [inso'lɛnte] *agg* frech **insolentire** [insolen'ti:re] <insolentisco> *vi* ❶ *avere* (*usare parole insolenti*) schimpfen ❷ *essere* (*diventare insolente*) frech werden **insolenza** [inso'lɛntsa] *f* ❶ (*arroganza*) Frechheit *f* ❷ (*villania*) Beleidigung *f*

**insolito, -a** [in'sɔ:lito] *agg* ungewöhnlich

**insolubile** [inso'lu:bile] *agg* ❶ (*problema, questione*) unlösbar; (*dubbio*) nicht zu zerstreuen ❷ (CHEM) unlöslich **insolubilità** [insolubili'ta] <-> *f* ❶ (*di problema, questione*) Unlösbarkeit *f* ❷ (CHEM) Unlöslichkeit *f*

**insoluti** [inso'lu:ti] *mpl* Außenstände *pl*

**insoluto, -a** [inso'lu:to] *agg* ❶ (*problema, questione*) ungelöst ❷ (CHEM) nicht gelöst ❸ (*debito*) nicht eingelöst, unbezahlt

**insolvente** [insol'vɛnte] *agg* zahlungsunfähig, insolvent **insolvenza** [insol'vɛntsa] *f* Zahlungsunfähigkeit *f*, Insolvenz *f*

**insolvibile** [insol'vi:bile] *agg* zahlungsunfähig, insolvent **insolvibilità** [insolvibili'ta] <-> *f* Zahlungsunfähigkeit *f*, Insolvenz *f*

**insomma** [in'somma] I. *avv* (*in conclusione*) also, somit; (*in breve*) kurz; (*in conclusione*) schließlich II. *int* [was] nun, also [was]

**insondabile** [inson'da:bile] *agg* ❶ (*profondità*) nicht auslotbar ❷ (*fig: inesplorabile*) unerforschlich, unergründlich

**insonne** [in'sɔnne] *agg* ❶ (*persona, notte*) schlaflos ❷ (*fig: instancabile*) unermüdlich **insonnia** [in'sɔnnia] <-ie> *f* Schlaflosigkeit *f*

**insonnolito, -a** [insonno'li:to] *agg* schläfrig, verschlafen

**insonorizzare** [insonorid'dza:re] *vt* schalldicht isolieren **insonorizzazione** [insonoriddzat'tsio:ne] *f* Schalldämpfung *f*

**insopportabile** [insoppor'ta:bile] *agg* unerträglich

**insorgenza** [insor'dʒɛntsa] *f* Auftreten *nt* **insorgere** [in'sordʒere] <irr> *vi essere* ❶ (*ribellarsi*) **~ contro qu/qc** sich gegen jdn/etw erheben ❷ (*manifestarsi*) auftreten, erscheinen

**insormontabile** [insormon'ta:bile] *agg* unüberwindlich

**insorsi** *1. pers sing pass rem di* **insorgere**

**insorto, -a** [in'sorto] I. *pp di* **insorgere** II. *m, f* Aufständische(r) *f(m)*

**insospettabile** [insospet'ta:bile] *agg*

❶ (*senza sospetto*) unverdächtig ❷ (*imprevisto*) unvermutet
**insospettire** [insospet'ti:re] <insospettisco> I. *vt* avere argwöhnisch machen II. *vr* -**rsi** argwöhnisch werden
**insostenibile** [insoste'ni:bile] *agg* ❶ (*pena*) unerträglich; (*spese*) untragbar ❷ (*tesi*, MIL) unhaltbar
**insostituibile** [insostitu'i:bile] *agg* unersetzlich
**insozzare** [insot'tsa:re] I. *vt* besudeln; (*reputazione*) beschmutzen II. *vr* -**rsi** sich beschmutzen; (*di vergogna*) sich bedecken
**insperabile** [inspe'ra:bile] *agg* nicht zu erhoffen; **un aiuto ~** eine nicht zu erhoffende Hilfe **insperato, -a** [inspe'ra:to] *agg* unverhofft
**inspiegabile** [inspie'ga:bile] *agg* unerklärlich
**inspirare** [inspi'ra:re] *vt* einatmen **inspirazione** [inspirat'tsio:ne] *f* Einatmen *nt*
**instabile** [ins'ta:bile] *agg* ❶ (*non stabile*) nicht stabil, instabil ❷ (*tempo*) unbeständig; (*carattere*) wankelmütig ❸ (PHYS) instabil, labil **instabilità** [instabili'ta] <-> *f* Unbeständigkeit *f*, Instabilität *f*
**installare** [instal'la:re] *vt* ❶ (*persone*) unterbringen; (*in una carica*) einsetzen ❷ (TEC) anschließen; (INFORM) installieren **installatore, -trice** [installa'to:re] *m, f* Installateur(in) *m(f)* **installazione** [installat'tsio:ne] *f* Installation *f*; **dischetto di ~** (INFORM) Installationsdiskette *f*
**instancabile** [instaŋ'ka:bile] *agg* unermüdlich
**instaurare** [instau'ra:re] I. *vt* schaffen, errichten; (*processo*) einleiten II. *vr* -**rsi** errichtet werden **instauratore, -trice** [instaura'to:re] *m, f* Gründer(in) *m(f)* **instaurazione** [instaurat'tsio:ne] *f* Gründung *f*, Errichtung *f*
**instillare** [instil'la:re] *vt* einträufeln, eintröpfeln
**instradare** [instra'da:re] *vt* (*a. fig*) leiten, einweisen
**insù** [in'su] *avv* **all'~** nach oben, hinauf; **naso all'~** Stupsnase *f*
**insubordinato, -a** [insubordi'na:to] *agg* undiszipliniert **insubordinazione** [insubordinat'tsio:ne] *f* ❶ (*indisciplina*) Undiszipliniertheit *f* ❷ (JUR, MIL) Gehorsamsverweigerung *f*, Insubordination *f*
**insuccesso** [insut'tʃɛsso] *m* Misserfolg *m*
**insudiciare** [insudi'tʃa:re] I. *vt* ❶ (*sporcare*) beschmutzen ❷ (*fig: disonorare*) entehren II. *vr* -**rsi** (*sporcarsi*) sich schmutzig machen; (*compromettersi*) sich in Verruf bringen
**insufficiente** [insuffi'tʃɛnte] *agg* ungenügend **insufficienza** [insuffi'tʃɛntsa] *f* ❶ (*inadeguatezza*) Unzulänglichkeit *f*; **assolvere qu per ~ di prove** jdn aus Mangel an Beweisen freisprechen ❷ (*incapacità*) Ungeeignetheit *f* ❸ (*votazione scolastica*) Ungenügend *nt* ❹ (MED) Schwäche *f*, Versagen *nt*
**insulare** [insu'la:re] *agg* Insel-, insular
**insulina** [insu'li:na] *f* Insulin *nt*
**insulso, -a** [in'sulso] *agg* ❶ (*cosa*) banal ❷ (*persona*) geistlos
**insultante** [insul'tante] *agg* beleidigend
**insultare** [insul'ta:re] *vt* beleidigen, beschimpfen **insulto** [in'sulto] *m* ❶ (*ingiuria, offesa*) Beleidigung *f*, Beschimpfung *f* ❷ (*fig: danno*) Anfechtung *f*
**insuperabile** [insupe'ra:bile] *agg* ❶ (*insormontabile*) unüberwindlich ❷ (*imbattibile*) unübertrefflich, bärig *A* **insuperato, -a** [insupe'ra:to] *agg* unübertroffen
**insuperbire** [insuper'bi:re] <insuperbisco> I. *vt* avere stolz machen II. *vr* -**rsi** stolz werden
**insurrezionale** [insurrettsio'na:le] *agg* aufständisch **insurrezione** [insurret'tsio:ne] *f* Aufstand *m*
**insussistente** [insussis'tɛnte] *agg* inexistent **insussistenza** [insussis'tɛntsa] *f* Inexistenz *f*
**intaccare** [intak'ka:re] *vt* ❶ (*incidere*) [ein]kerben ❷ (*corrodere, a. fig* MED) angreifen **intaccatura** [intakka'tu:ra] *f* ❶ (*atto dell'intaccare*) [Ein]kerben *nt* ❷ (*tacca, incavatura*) Kerbe *f* **intacco** [in'takko] <-chi> *m* Kerbe *f*
**intagliare** [intaʎ'ʎa:re] *vt* (*legno*) schnitzen; (*metallo*) [aus]stechen; (*pietra*) hauen **intaglio** [in'taʎʎo] *m* Schnitzerei *f*
**intangibile** [intan'dʒi:bile] *agg* unberührbar; (*fig*) unantastbar
**intanto** [in'tanto] I. *avv* (*nel frattempo*) inzwischen, unterdessen; (*invece*) dagegen; **per ~** einstweilen II. *cong* **~ che** während
**intarsiare** [intar'sia:re] *vt* ❶ (*lavorare a intarsio*) intarsieren ❷ (*fig: impreziosire*) schmücken, verzieren **intarsio** [in'tarsio] <-i> *m* ❶ (*decorazione*) Intarsie *f*, Einlegearbeit *f* ❷ (*in enigmistica*) Schachtelrätsel *nt*
**intasamento** [intasa'mento *o* intaza'mento] *m* Verstopfung *f* **intasare** [inta'sa:re *o* inta'za:re] I. *vt* verstopfen II. *vr* -**rsi** sich verstopfen
**intascare** [intas'ka:re] *vt* einstecken

**intatto, -a** [in'tatto] *agg* unberührt, unversehrt

**intavolare** [intavo'la:re] *vt* ❶ (*registrare*) aufstellen ❷ (*avviare*) einleiten; (*discussione*) eröffnen

**integerrimo, -a** [inte'dʒɛrrimo] *agg* superlativo di **integro** äußerst integer; (*fig*) makellos

**integrale** [inte'gra:le] **I.** *agg* ❶ (*completo, intero*) vollständig, Voll-; **edizione** ~ Gesamtausgabe *f* ❷ (MAT) Integral- ❸ (*farina*) Vollkorn-; **pane** ~ Vollkornbrot *nt* **II.** *m* (MAT) Integral *nt*

**integrare** [inte'gra:re] **I.** *vt* ❶ (*completare*) ergänzen ❷ (SOC) integrieren, eingliedern **II.** *vr* **-rsi** ❶ (*completarsi*) sich ergänzen ❷ (SOC) sich integrieren **integrativo, -a** [integra'ti:vo] *agg* Ergänzungs-; (*esame*) Aufbau- **integratore** [integra'to:re] *m* Ergänzer *m*; **-i alimentari** Nahrungsergänzung *f* **integrazione** [integrat'tsio:ne] *f* ❶ (*completamento*) Ergänzung *f*; **cassa** ~ Lohnergänzungskasse *f*, ≈ Kurzarbeitergeld *nt*; **andare** [*o* **essere**] **in cassa** ~ kurzarbeiten ❷ (SOC) Integration *f*, Eingliederung *f*

**integrità** [integri'ta] <-> *f* ❶ (*qualità di intatto*) Unversehrtheit *f*, Intaktheit *f*; (*completezza*) Vollständigkeit *f* ❷ (*fig: probità*) Rechtschaffenheit *f*, Integrität *f*

**integro, -a** ['integro] <più integro, integerrimo> *agg* ❶ (*intatto*) intakt, unversehrt; (*completo*) vollständig ❷ (*fig: probo*) integer, rechtschaffen

**intelaiatura** [intelaia'tu:ra] *f* (ARCH) Gerüst *nt*; (*di finestra*) Rahmen *m*

**intellettivo, -a** [intellet'ti:vo] *agg* geistig, Verstandes-

**intelletto** [intel'lɛtto] *m* Geist *m*, Intellekt *m* **intellettuale** [intellettu'a:le] **I.** *agg* geistig, intellektuell; **facoltà** ~ Denkvermögen *nt*; **lavoro** ~ geistige Arbeit **II.** *mf* Intellektuelle(r) *f(m)*, Geistesarbeiter *m* **intellettualistico, -a** [intellettua'listiko] <-ci, -che> *agg* intellektualistisch **intellettualità** [intellettuali'ta] <-> *f* Intellektualität *f*, Verstandesmäßigkeit *f*

**intelligence** [in'telidʒɛns] *f* Geheimdienst *m*

**intelligente** [intelli'dʒɛnte] *agg* intelligent **intelligenza** [intelli'dʒɛntsa] *f* Verstand *m*, Intelligenz *f*; **quoziente di** ~ Intelligenzquotient *m*

**intelligibile** [intelli'dʒi:bile] *agg* verständlich

**INTELSAT** *m acro di* **INternational TELecommunications SATellite** INTELSAT *m*

**intemerata** [inteme'ra:ta] *f* Maßregelung *f*

**intemerato, -a** *agg* unbescholten; (*coscienza*) rein

**intemperante** [intempe'rante] *agg* unmäßig, maßlos **intemperanza** [intempe'rantsa] *f* ❶ (*smodatezza*) Unmäßigkeit *f* ❷ (*violenza*) Unbeherrschtheit *f*

**intemperie** [intem'pɛ:rie] *fpl* schlechtes Wetter

**intempestivo, -a** [intempes'ti:vo] *agg* ungelegen

**intendente** [inten'dɛnte] *m* Verwalter *m*, Direktor *m* **intendenza** [inten'dɛntsa] *f* Direktion *f*, Verwaltungsstelle *f*; ~ **di finanza** Finanzdirektion *f*

**intendere** [in'tɛndere] <irr> **I.** *vt* ❶ (*comprendere*) verstehen; **darla a** ~ **a qu** jdm etw weismachen; **lasciare** ~ **qc a qu** jdm etw zu verstehen geben ❷ (*udire*) vernehmen, hören ❸ (*avere intenzione*) beabsichtigen, vorhaben, wollen; **non intendo offenderti** ich will dich nicht beleidigen **II.** *vr* **-rsi** ❶ (*andare d'accordo*) sich verstehen; **intendersela con qu** mit jdm etw haben; (*illecitamente*) mit jdm unter einer Decke stecken ❷ (*esser competente*) **-rsi di qc** sich in etw dat auskennen **intendimento** [intendi'mento] *m* ❶ (*facoltà d'intendere*) Verständnis *nt*; (*intelligenza*) Verstand *m* ❷ (*intenzione, scopo*) Absicht *f*, Sinn *m* **intenditore, -trice** [intendi'to:re] *m, f* Kenner(in) *m(f)*; **a buon intenditor poche parole** (*prov*) einem Gelehrten ist gut predigen

**intenerire** [intene'ri:re] <intenerisco> **I.** *vt* ❶ (*render tenero*) weich machen ❷ (*fig: commuovere*) erweichen, rühren **II.** *vr* **-rsi** ❶ (*divenire tenero*) weich werden ❷ (*commuoversi*) sich erweichen lassen

**intensificare** [intensifi'ka:re] **I.** *vt* verstärken, intensivieren **II.** *vr* **-rsi** sich verstärken **intensificazione** [intensifikat'tsio:ne] *f* Verstärkung *f*, Zunahme *f*

**intensità** [intensi'ta] <-> *f* Stärke *f*, Intensität *f* **intensivo, -a** [inten'si:vo] *agg* intensiv **intenso, -a** [in'tɛnso] *agg* intensiv; (*colore, luce*) kräftig, satt; (*sguardo*) eindringlich

**intentare** [inten'ta:re] *vt* (JUR) anstrengen; ~ **una causa contro qu** gegen jdn einen Prozess anstrengen

**intentato, -a** [inten'ta:to] *agg* unversucht; **non lasciar nulla d'~** nichts unversucht lassen

**intento** [in'tɛnto] *m* (*proposito*) Absicht *f*; (*fine*) Zweck *m*; ~ **suicida** Suizidabsicht *f*
**intento, -a** *agg* aufmerksam; **essere ~ a fare qc** dabei sein, etw zu tun
**intenzionale** [intentsio'na:le] *agg* absichtlich, vorsätzlich **intenzionato, -a** [intentsio'na:to] *agg* gesinnt; **essere bene/male ~** gute/böse Absichten haben
**intenzione** [inten'tsio:ne] *f* ❶ (*intendimento*) Absicht *f*; **avere ~ di fare qc** die Absicht haben etw zu tun ❷ (*desiderio*) Wille *m*
**interafricano, -a** [interafri'ka:no] *agg* interafrikanisch
**interagente** [intera'dʒɛnte] *agg* interagierend **interagire** [intera'dʒi:re] <interagisco> *vi* ❶ (*esercitare un'azione reciproca*) interagieren, zusammenwirken ❷ (PHYS) Wechselwirkungen zeigen
**interalleato, -a** [interalle'a:to] *agg* interalliiert; **conferenza -a** Alliiertenkonferenz *f*; **forze -e** alliierte Streitkräfte *fpl*
**interamente** [intera'mente] *avv* ganz, vollständig
**interamericano, -a** [interameri'ka:no] *agg* interamerikanisch
**interarabo, -a** [inter'a:rabo] *agg* interarabisch
**interarmi** [inter'armi] <inv> *agg* (MIL) unter Beteiligung mehrerer Truppenteile
**interasiatico, -a** [intera'zia:tiko] <-ci, -che> *agg* interasiatisch
**interasse** [inter'asse] *m* (TEC) Achsabstand *m*
**interatomico, -a** [intera'tɔ:miko] <-ci, -che> *agg* Atom-; **spazio ~** Atomabstand *m*; **forze -che** Atomstreitkräfte *fpl*
**interattività** [interattivi'ta] <-> *f* Interaktivität *f*, Dialog *m* **interattivo, -a** [interat'ti:vo] *agg* (INFORM) interaktiv
**interaziendale** [interaddzien'da:le] *agg* zwischenbetrieblich
**interazione** [interat'tsio:ne] *f* ❶ (*influenza reciproca*) Interaktion *f* ❷ (PHYS) Wechselwirkung *f*
**interbancario, -a** [interbaŋ'ka:rio] <-i, -ie> *agg* zwischen Banken; **accordi -i** Abstimmungen zwischen Banken
**interbase** [inter'ba:ze] <-> *m o f* (SPORT) im Baseball, Malspieler zwischen dem zweiten und dritten Mal
**interbellico, -a** [inter'bɛlliko] <-ci, -che> *agg* **periodo ~** Friedensperiode *f* zwischen zwei Kriegen
**interbinario** [interbi'na:rio] <-i> *m* (FERR) Gleisabstand *m*, Spur *f*
**interblocco** [inter'blɔkko] <-cchi> *m* ❶ (TEC) Notschalter *m* ❷ (INFORM) Abstand *m* zwischen zwei Absätzen
**intercalare**[1] [interka'la:re] I. *agg* Zwischen-; (*mese, anno*) Schalt- II. *m* ❶ (*nel parlare*) Füllwort *nt* ❷ (LIT) Kehrreim *m*, Refrain *m*
**intercalare**[2] *vt* einfügen, einschieben
**intercambiabile** [interkam'bia:bile] *agg* austauschbar, auswechselbar **intercambiabilità** [interkambiabili'ta] <-> *f* Austauschbarkeit *f*
**intercapedine** [interka'pɛ:dine] *f* Zwischenraum *m*
**intercategoriale** [interkatego'ria:le] *agg* zwischen Berufsgruppen [*o* Berufsständen]
**intercedere** [inter'tʃɛ:dere] I. *vt avere* erbitten II. *vi* ❶ *essere* (*intercorrere*) dazwischenliegen ❷ *avere* (*farsi intermediario*) vermitteln, sich einsetzen **interceditrice** *f v.* **intercessore intercessione** [intertʃes'sio:ne] *f* Fürsprache *f* **intercessore, -ceditrice** [intertʃes'so:re, intertʃedi'tri:tʃe] *m, f* Fürsprecher(in) *m(f)*
**intercettare** [intertʃet'ta:re] *vt* abhören **intercettazione** [intertʃettat'tsio:ne] *f* (*di lettera*) Abfangen *nt*; (*di telefonata*) Abhören *nt*
**intercity** [inter'siti] <-> *m* (FERR) Intercity *m*
**interclasse** [inter'klasse] I. <-> *f* (*nella scuola elementare, insieme di più classi parallele*) Jahrgangsstufe *f* II. <inv> *agg* (*che interessa più classi*) Jahrgangs-
**interclassismo** [interklas'sizmo] <-> *m* (PHILOS, SOC: *ideologia*) Ablehnung *f* von Klassenunterschieden **interclassista** [interklas'ista] <-i *m*, -e *f*> I. *mf* (PHILOS, SOC: *sostenitore dell'interclassismo*) Befürworter(in) *m(f)* einer Gesellschaft ohne Klassenunterschiede II. *agg* ❶ (*comune a tutte le classi sociali, interclassistico*) Klassen übergreifend, klassenlos ❷ (PHILOS, SOC: *proprio dell'interclassismo*) gegen Klassenunterschiede **interclassistico, -a** [interklas'istiko] <-ci, -che> *agg* Klassen übergreifend
**intercompartimentale** [interkompartimen'ta:le] *agg* zwischen Abteilungen
**intercomunale** [interkomu'na:le] *agg* interkommunal
**intercomunicante** [interkomuni'kante] *agg* Verbindungs-
**interconfederale** [interkonfede'ra:le] *agg* mehrere [Gewerkschafts]verbände betreffend
**interconfessionale** [interkonfessio'na:le] *agg* (REL) interkonfessionell, ökumenisch

**interconfessionalismo** [interkonfessio-na'lizmo] *m* (REL) Interkonfessionalismus *m geh*, Ökumene *f* **interconfessionalista** [interkonfessiona'lista] <-i *m*, -e *f*> I. *mf* (REL) Anhänger(in) *m(f)* des ökumenischen Gedankens II. *agg* (REL) ökumenisch **interconfessionalistico, -a** [interkonfessiona'listiko] <-ci, -che> *agg* (REL: *interconfessionale*) ökumenisch, interkonfessionell **interconfessionalità** [interkonfessionali'ta] <-> *f* (REL) Ökumene *f*

**interconnessione** [interkonnes'sio:ne] *f* ❶ (*connessione reciproca tra fatti*) Verbindung *f* ❷ (TEC) Zusammenschaltung *f*

**interconnettere** [interkon'nɛttere] <irr> *vt* (TEC) zusammenschalten

**intercontinentale** [interkontinen'ta:le] *agg* interkontinental; **missile ~** Interkontinentalrakete *f*

**intercooler** [intəˈkuːlə o inter'kuler] <- *o* intercoolers> *m* (MOT) Zwischenkühler *m*

**intercorrente** [interkorˈrɛnte] *agg* ❶ (*che trascorre tra due momenti*) zwischenzeitlich ❷ (MED) interkurrent

**intercorrere** [interˈkorrere] <irr> *vi essere* dazwischenliegen; (*fig*) bestehen

**interculturale** [interkultuˈraːle] *agg* interkulturell **interculturalismo** [interkulturaˈlizmo] <-> *m* interkulturelle Verständigung

**interdentale** [interdenˈtaːle] *agg* interdental; **spazio ~** Zahnzwischenraum *m;* **filo ~** Zahnseide *f;* **suono ~** Interdental-, Zwischenzahnlaut *m*

**interdetto** [interˈdetto] *m* (REL) Interdikt *nt*

**interdetto, -a** I. *pp di* **interdire** II. *m, f* (JUR) Entmündigte(r) *f(m)* III. *agg* (*sorpreso, turbato*) sprachlos

**interdigitale** [interdidʒiˈtaːle] *agg* zwischen den Zehen; **membrana ~** Schwimmhaut *f*

**interdipendente** [interdipenˈdɛnte] *agg* voneinander abhängig **interdipendenza** [interdipenˈdɛntsa] *f* gegenseitige Abhängigkeit

**interdire** [interˈdiːre] <irr> *vt* ❶ (*proibire*) untersagen, verbieten ❷ (REL) mit einem Interdikt belegen ❸ (JUR) entmündigen

**interdisciplinare** [interdiʃʃipliˈnaːre] *agg* interdisziplinär **interdisciplinarità** [interdiʃʃiplinari'ta] <-> *f* ❶ (*atteggiamento*) interdisziplinäre Denkweise ❷ (*collaborazione tra diverse discipline*) interdisziplinäre Zusammenarbeit

**interdissi** *1. pers sing pass rem di* **interdire**

**interditore** [interdi'toːre] *m* (SPORT) im Tackling [*o* Stören gegnerischer Aktionen] gewandter Fußballspieler

**interdizione** [interditˈtsioːne] *f* ❶ (*proibizione*) Verbot *nt* ❷ (REL) Interdikt *nt* ❸ (JUR) Entmündigung *f*

**interessamento** [interessa'mento] *m* ❶ (*interesse*) Interesse *nt;* (*partecipazione*) Anteilnahme *f* ❷ (*intervento*) Bemühung *f,* Verwendung *f* **interessante** [interes'sante] *agg* interessant; **essere in stato ~** in anderen Umständen sein **interessare** [interes'saːre] I. *vt* avere ❶ (*riguardare*) betreffen, angehen ❷ (*destare attenzione*) interessieren, interessant sein für II. *vi essere* **~ a qu** jdn interessieren III. *vr* **-rsi** ❶ (*occuparsi*) **-rsi di qu/qc** sich um jdn/etw kümmern ❷ (*mostrare interesse*) **-rsi a** [*o* **di**] **qu/qc** sich für jdn/etw interessieren **interessato, -a** [interesˈsaːto] I. *agg* (*fig, pej: azione*) eigennützig; (*persona*) materiell eingestellt II. *m, f* Interessent(in) *m(f);* (*la persona in causa*) Betreffende(r) *f(m)*

**interesse** [inteˈrɛsse] *m* ❶ (FIN) Zins *m,* Zinsen *mpl;* **tasso d'~** Zinssatz *m* ❷ (*tornaconto, utilità*) Interesse *nt;* **agire nell'~ di qu** jds Interessen wahrnehmen ❸ (*interessamento*) Interesse *nt;* (*partecipazione*) [An]teilnahme *f* ❹ *pl* (*affari*) Angelegenheiten *fpl,* Interessen *ntpl* **interessenza** [interesˈsɛntsa] *f* Gewinnbeteiligung *f*

**interetnico, -a** [interˈɛtniko] <-ci, -che> *agg* zwischen ethnischen Gruppen

**intereuropeo, -a** [intereuroˈpɛːo] <-ei, -ee> *agg* zwischen europäischen Staaten, innerhalb der EU

**interezza** [inteˈrettsa] *f* Gesamtheit *f*

**interfaccia** [interˈfattʃa] <-cce> *f o m* (INFORM) Schnittstelle *f;* **~ grafica** Grafikoberfläche *f;* **~ seriale** serielle Schnittstelle; **~ stampante** Druckerschnittstelle *f;* **~ utente** Benutzeroberfläche *f* **interfacciabile** [interfatˈtʃaːbile] *agg* (INFORM) über Schnittstellen verbindbar **interfacciale** [interfatˈtʃaːle] *agg* (INFORM) Schnittstellen-, Interface-; **sistema ~** Oberflächensystem *nt* **interfacciamento** [interfattʃaˈmento] *m* ❶ (*l'interfacciare*) Einschub *m* ❷ (INFORM) Verbindung *f* über Schnittstellen **interfacciare** [interfatˈtʃaːre] *vt* ❶ (*porre tra due superfici*) zwischenlegen ❷ (INFORM) über eine Schnittstelle verbinden

**interfacoltà** [interfakolˈta] *f* Studentenausschuss *m*

**interfalda** [inter'falda] *f* Füllmaterial *nt*
**interfederale** [interfede'ra:le] *agg* Bundes-, interföderal
**interferenza** [interfe'rɛntsa] *f* ❶ (PHYS) Interferenz *f* ❷ (*fig: intromissione*) Einmischung *f*
**interferenziale** [interferen'tsia:le] *agg* (PHYS) Interferenz-
**interferire** [interfe'ri:re] <interferisco> *vi* ❶ (PHYS) interferieren ❷ (*fig: intromettersi*) ~ **in qc** sich in etw *acc* einmischen
**interfogliare** [interfɔʎ'ʎa:re] *vt* (TYP) durchschießen, interfoliieren **interfogliatura** [interfɔʎʎa'tu:ra] *f* (TYP) Durchschießen *nt*, Interfoliierung *f*
**interfoglio** [inter'fɔʎʎo] *m* Trennblatt *nt*
**interfonico, -a** [inter'fɔ:niko] <-ci, -che> *agg* Sprech-, Haustelefon-; **impianto** ~ Sprechanlage *f* **interfono** [inter'fɔ:no] <-> *m* Sprechanlage *f*; ~ **per neonati** Babyphon *nt*
**interforze** [inter'fɔrtse] <inv> *agg* (MIL) truppenübergreifend
**intergalattico, -a** [interga'lattiko] <-ci, -che> *agg* intergalaktisch
**intergenerazionale** [interdʒenerattsio'na:le] *agg* zwischen den Generationen, generationenübergreifend
**interiezione** [interiet'tsio:ne] *f* Interjektion *f*
**interim** ['interim] <-> *m* Interimsregierung *f*, Übergangsregierung *f*; **ad** ~ auf Zeit, ad Interim **interimistico, -a** [interi'mistiko] <-ci, -che> *agg* (ADM) Übergangs-, vorübergehend
**interinale** [interi'na:le] *agg* vorübergehend, vorläufig; **lavoro** ~ Zeitarbeit *f*
**interinato** [interi'na:to] *m* provisorische Amtszeit
**interiora** [inte'rio:ra] *fpl* Innereien *fpl*
**interiore** [inte'rio:re] *agg* innere(r, s), innen-; **vita** ~ Innenleben *nt* **interiorità** [interiori'ta] <-> *f* Innere *nt*
**interiorizzare** [interiorid'dza:re] I. *vt* verarbeiten; ~ **un evento traumatico** ein traumatisches Erlebnis verarbeiten II. *vr* **-rsi** verinnerlicht werden **interiorizzazione** [interioriddzat'tsio:ne] *f* Verinnerlichung *f*
**interista** [inte'rista] <-i *m*, -e *f*> I. *mf* ❶ (SPORT: *giocatore*) Inter-Spieler *m* ❷ (SPORT: *tifoso*) Inter Mailand-Fan *m* II. *agg* (*dell'Inter*) Inter-, Inter Mailand-
**interlinea** [inter'li:nea] *f* Zeilenabstand *m*
**interlineare**[1] [interline'a:re] *agg* zwischen den Zeilen, Zeilen-
**interlineare**[2] *vt* durchschießen

**interlingua** [inter'liŋgua] *f* (LING: *lingua artificiale*) Interlingua *f*, Welthilfssprache *f*
**interlinguistica** [interliŋ'guistika] <-che> *f* (LING) Interlinguistik *f* **interlinguistico, -a** [interliŋ'guistiko] <-ci, -che> *agg* ❶ (LING: *comune a più lingue diverse*) interlingual, zwei oder mehrere Sprachen betreffend ❷ (LING: *che riguarda l'interlinguistica*) interlinguistisch
**interlocale** [interlo'ka:le] *agg* überörtlich, überregional
**interlocutore, -trice** [interloku'to:re] *m, f* Gesprächspartner(in) *m(f)* **interlocutorio, -a** [interloku'tɔ:rio] <-i, -ie> *agg* Zwischen- **interlocutrice** *f v.* **interlocutore**
**interludio** [inter'lu:dio] <-i> *m* Zwischenspiel *nt*, Interludium *nt*
**intermediale** [interme'dia:le] *agg* (KUNST) multimedial
**intermediario, -a** [interme'dia:rio] <-i, -ie> I. *agg* dazwischenliegend, Zwischen- II. *m, f* Vermittler(in) *m(f)*, Mittelsperson *f*
**intermediazione** [intermediat'tsio:ne] *f* Vermittlungstätigkeit *f*; **operazione di** ~ Vermittlungsgeschäft *nt* **intermedio, -a** [inter'mɛ:dio] *agg* Zwischen-, Mittel-
**intermestruale** [intermestru'a:le] *agg* intermenstrual, intermenstruell
**intermestruo** [inter'mɛstruo] *m* (MED) Zyklus *m*
**intermezzo** [inter'mɛddzo] *m* ❶ (MUS, LIT) Intermezzo *nt* ❷ (*intervallo*) Pause *f*
**interminabile** [intermi'na:bile] *agg* endlos, unaufhörlich
**interministeriale** [interministe'ria:le] *agg* interministeriell
**intermittente** [intermit'tɛnte] *agg* wechselnd, Wechsel-; (TEC) intermittierend; **febbre** ~ Wechselfieber *nt*; **luce** ~ Blinklicht *nt* **intermittenza** [intermit'tɛntsa] *f* Diskontinuität *f geh*; (TEC) Intermittenz *f*
**intermodale** [intermo'da:le] *agg* Umlade-, Umsteige-; **trasporto** ~ **di merci** Umladetransport *m*
**intermuscolare** [intermusko'la:re] *agg* (MED) intermuskulär
**interna** *f v.* **interno**
**internal auditing** [in'tə:nl 'ɔ:ditiŋ *o* in'ternal 'ɔditiŋ] <-> *m* (COM) betriebsinterne Rechnungsprüfung **internal auditor** [in'tə:nl 'ɔ:ditə *o* in'ternal 'ɔditor] <- *o* internal auditors> *m* (COM) betriebsinterne(r) Rechnungsprüfer(in) *m(f)*
**internamente** [interna'mente] *avv* ❶ (*dentro*) innen, im Inner[e]n ❷ (*fig: nell'anima*) innerlich, im Inner[e]n
**internamento** [interna'mento] *m* Inter-

nierung *f;* (MED) Einweisung *f* **internare** [inter'na:re] *vt* internieren; (MED) einweisen

**internato** [inter'na:to] *m* ① (*periodo*) Praktikum *nt* ② (*convitto*) Internat *nt*

**internauta** [inter'nauta] <-i *m,* -e *f*> *mf* Surfer(in) *m(f)*

**internavigatore** [internaviga'to:re] *m* (NAUT) Angestellte(r) *f(m)* einer Binnenschifffahrtsgesellschaft

**internazionale** [internattsio'na:le] I. *agg* international II. *f* **Internazionale** Internationale *f* **internazionalismo** [internattsiona'lizmo] *m* ① (HIST) Internationalismus *m* ② (COM) Tendenz *f* zur Bildung multinationaler Konzerne **internazionalista** [internattsiona'lista] <-i *m,* -e *f*> *mf* (HIST) Internationalist(in) *m(f)* **internazionalistico, -a** [internattsiona'listiko] <-ci, -che> *agg* internationalistisch; **movimento ~** sozialistische Internationale; **ideologia -a** Ideologie der sozialistischen Internationale **internazionalità** [internattsionali'ta] <-> *f* internationale Bedeutung, Internationalität *f* **internazionalizzare** [internattsionalid'dza:re] *vt* internationalisieren **internazionalizzazione** [internattsionaliddzat'tsio:ne] *f* Internationalisierung *f*

**internegativo** [interneqa'ti:vo] *m* (FOTO) Dianegativ *nt* für Abzüge

**Internet** [inter'net] <-> *f* (INFORM, TEL) Internet *nt;* **navigare su ~** im Internet surfen; **~ browser** Internetbrowser *m;* **~ café** Internetcafé *nt;* **~ provider** Internetprovider *m;* **sito ~** Website *f;* **pagina ~** Webseite *f,* Internetseite; **collegamento a ~** Internetanschluss *m;* **accesso a ~** Internetzugang *m;* **gergo di ~** Internetjargon *m* **Internet-dipendente** *mf* Internetabhängige(r) *f(m)* **Internet-scenario** *m* Internetszene *f* **internettista** [internet'tista] <-i *m,* -e *f*> *mf* Internetanwender(in) *m(f)*

**internista** [inter'nista] <-i *m,* -e *f*> *mf* Internist(in) *m(f)*

**interno** [in'tɛrno] *m* ① (*parte interna*) Innere(s) *nt* ② (FILM) Innenaufnahme *f* ③ (*numero interno*) Wohnungsnummer *f;* (TEL) Durchwahlnummer *f,* Apparat *m* ④ (*territorio nazionale*) Inland *nt;* **ministro degli interni** [*o* **dell'~**] Innenminister *m*

**interno, -a** I. *agg* innere(r, s), Innen-; (*mare*) Binnen-; (ADM: *alunno*) intern; (*politica*) Innen-; (*fig*) innerlich; **medicina -a** innere Medizin; **regolamento ~** interne Regelung II. *m, f* Interne(r) *f(m);* (SPORT) Mittelstürmer(in) *m(f)*

**intero** [in'te:ro] *m* Ganze(s) *nt;* **per ~** ganz, im Ganzen; **firmare per ~** mit vollem Namen unterschreiben

**intero, -a** *agg* ganz, vollständig; (*fig: fiducia*) voll; **un anno ~** ein ganzes Jahr; **latte ~** Vollmilch *f*

**interoceanico, -a** [interotʃe'a:niko] <-ci, -che> *agg* interozeanisch

**interparete**® [interpa're:te] <-> *f* (SPORT) künstliche Kletterwand

**interparlamentare** [interparlamen'ta:re] *agg* (PARL) interparlamentarisch

**interpartitico, -a** [interpar'ti:tiko] <-ci, -che> *agg* (POL) überparteilich, Mehrparteien-

**interpellante** [interpel'lante] I. *mf* (PARL) Interpellant(in) *m(f)* II. *agg* (PARL) Anfrage-, eine Anfrage einbringend **interpellanza** [interpel'lantsa] *f* Anfrage *f,* Interpellation *f* geh **interpellare** [interpel'la:re] *vt* befragen, anfragen bei; (POL) interpellieren an +*acc* **interpellato, -a** [interpel'la:to] I. *m, f* (ADM) Angesprochene(r) *f(m)* II. *agg* (*consultato*) zu Rate gezogen, kontaktiert

**interpersonale** [interperso'na:le] *agg* zwischenmenschlich

**interpiano** [inter'pia:no] *m* (AERO) Tragflächenabstand *m*

**interplanetario, -a** [interplane'ta:rio] *agg* interplanetar[isch], Weltraum-

**interpolabile** [interpo'la:bile] *agg* interpolierbar **interpolare** [interpo'la:re] *vt* interpolieren **interpolazione** [interpolat'tsio:ne] *f* Interpolation *f*

**interporre** [inter'porre] <irr> I. *vt* dazwischenlegen; (JUR: *appello*) einlegen; **~ la propria influenza** seinen Einfluss geltend machen; **~ ostacoli** Hindernisse in den Weg legen; **~ tempo** zögern II. *vr* **-rsi** dazwischentreten; (*fig*) sich einschalten

**interporto** [inter'pɔrto] *m* (COM) Zwischenlager *nt*

**interposi** 1. *pers sing pass rem di* **interporre**

**interposizione** [interpozit'tsio:ne] *f* Vermittlung *f*

**interposto** *pp di* **interporre**

**interpretabile** [interpre'ta:bile] *agg* interpretierbar

**interpretare** [interpre'ta:re] *vt* ① (*chiarire*) deuten, auslegen ② (MUS, FILM, THEAT) interpretieren; (*rappresentare*) spielen, darstellen

**interpretariato** [interpreta'ria:to] *m* Dolmetschen *nt*

**interpretativo, -a** [interpreta'ti:vo] *agg* ① (*esegetico*) auslegend, kommentierend ② (JUR) interpretativ, auslegend

**interpretazione** [interpretat'tsio:ne] *f* ① (*di testi, leggi*) Interpretation *f*, Auslegung; (*di parole, azione*) Deutung *f*, Auslegung *f* ② (*attribuzione di un significato*) Deutung *f* ③ (MUS) Interpretation *f*; (FILM, THEAT) Darstellung *f*

**interprete** [in'tɛrprete] *mf* ① (*traduttore*) Dolmetscher(in) *m(f)*; ~ **simultaneo** Simultandolmetscher *m* ② (FILM, TV, THEAT) Darsteller(in) *m(f)*; (MUS) Interpret(in) *m(f)* ③ (*commentatore*) Kommentator(in) *m(f)*, Interpret(in) *m(f)* ④ (*espositore di volontà altrui*) Vermittler(in) *m(f)*; **farsi ~ di qc presso qu** bei jdm in etw *dat* vermitteln

**interprovinciale** [interprovin'tʃa:le] *agg* provinzenübergreifend; **campionato ~** Bezirksmeisterschaften *fpl*

**interpsicologia** [interpsikolo'dʒi:a] <-ie> *f* (PSIC) Interpsychologie *f*, Psychologie *f* der zwischenmenschlichen Beziehungen

**interpunzione** [interpun'tsio:ne] *f* Interpunktion *f*, Zeichensetzung *f*

**interrail** [inter'reil] <-> *m* (FERR) Interrailticket *nt*, -karte *f*

**interramento** [interra'mento] *m* Eingraben *nt* **interrare** [inter'ra:re] I. *vt* eingraben, vergraben II. *vr* **-rsi** sich mit Erde füllen **interrato** [inter'ra:to] *m* Kellergeschoss *nt*

**interrazziale** [interrat'tsia:le] *agg* zwischen den Rassen

**interregionale** [interredʒo'na:le] I. *agg* überregional II. *m* (FERR) Interregio *m*

**interregno** [inter'reɲɲo] *m* Interregnum *nt*

**interrelato, -a** [interre'la:to] *agg* miteinander in Zusammenhang stehend; **fenomeni -i** Phänomene, die miteinander in Zusammenhang stehen **interrelazione** [interrelat'tsio:ne] *f* Zusammenhang *m*

**interrogante** [interro'gante] I. *mf* Fragesteller(in) *m(f)* II. *agg* fragend, Fragen stellend

**interrogare** [interro'ga:re] *vt* ① (*porre domande*) [be]fragen, anfragen bei; (*a scuola*) abhören, abfragen ② (JUR) verhören, vernehmen ③ (*fig: coscienza*) befragen ④ (INFORM) abfragen, abrufen

**interrogativo** [interroga'ti:vo] *m* ① (LING) Fragezeichen *nt* ② (*quesito*) Frage *f*

**interrogativo, -a** *agg* fragend, Frage-; (LING) interrogativ

**interrogato, -a** [interro'ga:to] I. *m, f* Befragte(r) *f(m)* II. *agg* befragt, verhört

**interrogatorio** [interroga'tɔ:rio] <-i> *m* Verhör *nt*, Vernehmung *f*, Einvernahme *f A*

**interrogazione** [interrogat'tsio:ne] *f* ① (*l'interrogare*) Befragung *f*; (*a scuola*) Abfragen *nt* ② (JUR) Vernehmung *f*, Einvernahme *f A* ③ (POL) Anfrage *f*

**interrompere** [inter'rompere] <irr> I. *vt* ① (*troncare*) unterbrechen, abbrechen ② (*sospendere*) unterbrechen, einstellen II. *vr* **-rsi** einhalten; (*nel parlare*) sich unterbrechen

**interrompibile** [interrom'pi:bile] *agg* unterbrechbar, aussetzbar; **questa lezione non è ~** eine Unterbrechung der Unterrichtseinheit ist nicht möglich

**interrotto** *pp di* **interrompere**

**interruttore** [interrut'to:re] *m* Schalter *m*

**interruzione** [interrut'tsio:ne] *f* Unterbrechung *f*; **senza ~** ununterbrochen

**interscambiabile** [interskam'bia:bile] *agg* austauschbar, auswechselbar; **queste parti sono -i** die Teile sind austauschbar

**interscambiabilità** [interskambiabili'ta] <-> *f* Austauschbarkeit *f*, Auswechselbarkeit *f*

**interscambio** [inters'kambio] *m* Warenaustausch *m*

**interscolastico, -a** [intersko'la:stiko] <-ci, -che> *agg* zwischen Schulen

**interscuola** [inter'skuɔ:la] <-> *f* Mittagspause *f* in Internaten

**intersecare** [interse'ka:re] I. *vt* [durch]kreuzen II. *vr* **-rsi** sich schneiden, sich kreuzen

**intersettoriale** [intersetto'ria:le] *agg* fachübergreifend, gebietsübergreifend

**intersezione** [interset'tsio:ne] *f* Schnittpunkt *m*, Schnittstelle *f*

**intersindacale** [intersinda'ka:le] *agg* gewerkschaftsübergreifend; **agitazione ~** gewerkschaftsübergreifende Proteste; **incontro ~** Treffen mehrerer Gewerkschaftsgruppen

**intersoggettivo, -a** [intersoddʒet'ti:vo] *agg* intersubjektiv

**interstazionale** [interstattsio'na:le] *agg* (FERR) zwischen zwei Bahnhöfen

**interstellare** [interstel'la:re] *agg* (ASTR: *intersiderale*) interstellar

**interstiziale** [interstit'tsia:le] *agg* ① (BIOL, ANAT) interstitiell, in den Zwischenräumen liegend ② (PHYS, CHEM) frei im Kristallgitter

interstizio → intifada

vorkommend; **atomi -i** freie Atome im Gitter; **composto ~** 2-Phasen-Verbindung
**interstizio** [inters'tittsio] <-i> *m* Zwischenraum *m;* (*di tempo*) Zwischenzeit *f*
**intertemporale** [intertempo'ra:le] *agg* zwischenzeitlich
**intertesto** [inter'tɛsto] *m* Texteinschub *m*
**intertestuale** [intertestu'a:le] *agg* intertextual, zwischen zwei Texten; **analisi ~** textkritischer Vergleich **intertestualità** [intertestuali'ta] <-> *f* (LING) intertextuelle Beziehungen *fpl*
**intertropicale** [intertropi'ka:le] *agg* (GEOG) in den Tropen liegend; **regione ~** Tropen *fpl*
**interurbana** [interur'ba:na] *f* (TEL) Ferngespräch *nt*
**interurbano, -a** [interur'ba:no] *agg* zwischen den Städten liegend; (TEL) Fern[sprech]-; **linea di servizio -a** Fernsprechverbindung *f*
**intervallare** [interval'la:re] *vt* unterbrechen, dazwischenschieben **intervallo** [inter'vallo] *m* ① (*di tempo*) [Zwischen]zeit *f* ② (*di spazio*) Zwischenraum *m,* Abstand *m* ③ (MUS) Intervall *nt* ④ (*ricreazione*) Pause *f*
**interveniente** [interve'niɛnte] *mf* ① (JUR: *chi interviene a un processo in corso*) Intervenient(in) *m(f)* ② (COM, FIN: *chi interviene a favore di terzi nel pagare una cambiale*) Ehrenzahler(in) *m(f),* Honorant(in) *m(f)*
**intervenire** [interve'ni:re] <irr> *vi essere* ① (*intromettersi*) **~ in qc** sich in etw *acc* einmischen; **~ in una discussione** sich in eine Diskussion einschalten ② (*partecipare*) **~ a qc** an etw *dat* teilnehmen ③ (MED) einen Eingriff vornehmen
**interventismo** [interven'tizmo] <-> *m* ① (HIST) Bewegung *f* zu Gunsten militärischer Interventionen (*bes. 1914–15*) ② (POL) Interventionismus *m* **interventista** [interven'tista] <-i *m,* -e *f*> I. *mf* ① (*hist*) Befürworter(in) *m(f)* militärischer Interventionen ② (JUR) Interventionist(in) *m(f)* II. *agg* (*interventistico*) für militärische Interventionen **interventistico, -a** [interven'tistiko] <-ci, -che> *agg* militärische Interventionen unterstützend; **propaganda -a** Propaganda für Militäreinsätze
**intervento** [inter'vɛnto] *m* ① (*intromissione*) Eingreifen *nt,* Dazwischentreten *nt;* (*della polizia*) Einschreiten *nt;* (*ingerenza*) Einmischung *f;* (POL, COM) Intervention *f;* **politica del non ~** Politik *f* der Nichteinmischung ② (*partecipazione*) l'**~ a qc** die Teilnahme an etw *dat* ③ (*discorso in un dibattito*) Ansprache *f,* Rede *f* ④ (MED) Eingriff *m*
**intervenuti** [interve'nu:ti] *mpl* (*presenti*) Erschienene[n] *pl;* **ringraziamo tutti gli ~** wir danken allen, die gekommen sind **intervenuto, -a** [interve'nu:to] I. *pp di* **intervenire** II. *agg* anwesend, versammelt; **il pubblico ~ era molto folto** die Öffentlichkeit war zahlreich erschienen
**intervenzionismo** [interventsio'nizmo] <-> *m* (COM, FIN) Interventionismus *m*
**interview** ['intəvju] <- *o* interviews> *f* (*intervista*) Interview *nt*
**intervista** [inter'vista] *f* Interview *nt;* (*statistica*) Befragung *f* **intervistare** [intervis'ta:re] *vt* interviewen; (*statisticamente*) befragen **intervistatore, -trice** [intervista'to:re] *m, f* Interviewer(in) *m(f)*
**intesa** [in'te:sa] *f* ① (*accordo*) Einverständnis *nt,* Absprache *f* ② (COM) Absprache *f* ③ (POL) Bündnis *nt,* Entente *f*
**intesi** [in'tesi] *1. pers sing pass rem di* **intendere**
**inteso, -a** [in'te:so] I. *pp di* **intendere** II. *agg* vereinbart, verstanden; **resta ~ che ...** es ist vereinbart, dass ...
**intessere** [in'tɛssere] *vt* ① (*tessere, intrecciare*) flechten ② (*fig: comporre*) ersinnen, anzetteln
**intestardirsi** [intestar'dirsi] <m'intestardisco> *vr* **~ su** [*o* **in**] **qc** sich auf etw *acc* versteifen
**intestare** [intes'ta:re] *vt* ① (*libro*) mit einer Überschrift versehen; (*busta*) mit Namen versehen; (*lettera*) mit Briefkopf versehen ② **~ qc a qu** (*conto*) etw auf jds Namen eintragen; (*casa*) etw auf jds Namen überschreiben **intestatario, -a** [intesta'ta:rio] <-i, -ie> *m, f* Inhaber(in) *m(f)* **intestato, -a** [intes'ta:to] *agg* (*carta*) mit Namen versehen; **~ a** lautend auf
**intestazione** [intestat'tsio:ne] *f* ① (*registrazione*) Eintragung *f* ② (*dicitura*) Überschrift *f*
**intestinale** [intesti'na:le] *agg* Darm- **intestino** [intes'ti:no] *m* Darm *m;* **~ cieco** Blinddarm *m*
**intiepidire** [intiepi'di:re] <intiepidisco> I. *vt avere* ① (*rendere tiepido*) lau[warm] machen ② (*fig: mitigare*) abkühlen II. *vr* **-rsi** ① (*diventare tiepido*) lau[warm] werden ② (*attenuarsi*) sich abschwächen, nachlassen
**intifada** [inti'fa:da] *f* Intifada *f*

**intima** ['intima] *f* ① (ANAT) Intima *f* ② (*dial: federa*) Bettbezug *m*
**intimare** [inti'maːre] *vt* anordnen, befehlen; (*guerra*) erklären; **~ l'alt** Halt gebieten **intimazione** [intimat'tsjoːne] *f* Aufforderung *f*, Befehl *m*; (*di guerra*) Erklärung *f*; **~ di pagamento** Zahlungsaufforderung *f*
**intimidazione** [intimidat'tsjoːne] *f* Einschüchterung *f* **intimidire** [intimi'diːre] <intimidisco> I. *vt avere* ① (*rendere timido*) schüchtern machen ② (*incutere timore*) einschüchtern II. *vr* **-rsi** schüchtern werden
**intimità** [intimi'ta] <-> *f* ① (*di sentimenti*) Intimität *f*, Vertraulichkeit *f*; **essere in ~ con qu** mit jdm vertraut sein ② (*di ambienti*) Gemütlichkeit *f*
**intimo** ['intimo] *m* ① (*dell'animo*) Innerste(s) *nt* ② *pl* engste Verwandte *pl*
**intimo, -a** *agg* ① (*più interno*) innerste(r, s); **biancheria -a** Unterwäsche *f* ② (*persona*) intim, vertraut; **rapporti -i** intime Beziehungen ③ (*ambiente*) gemütlich
**intimorire** [intimo'riːre] <intimorisco> I. *vt* [ver]ängstigen, verschüchtern II. *vr* **-rsi** sich fürchten
**intingere** [in'tindʒere] <irr> *vt* eintauchen, eintunken
**intingolo** [in'tiŋgolo] *m* Tunke *f*, Soße *f*
**intirizzire** [intirid'dziːre] I. *vt avere* erstarren lassen II. *vr* **-rsi** erstarren
**intisichire** [intizi'kiːre] <intisichisco, intisichisci> *vi essere* ① (MED) schwindsüchtig werden ② (BOT) verkümmern ③ (*fig*) verkümmern, versauern
**intitolare** [intito'laːre] *vt* ① (*dare un titolo*) betiteln, überschreiben ② (*dedicare*) widmen
**intoccabile** [intok'kaːbile] I. *agg* unberührbar II. *mf* Unberührbare(r) *f(m)*
**intollerabile** [intolle'raːbile] *agg* unerträglich
**intollerante** [intolle'rante] *agg* intolerant, unduldsam **intolleranza** [intolle'rantsa] *f* Intoleranz *f*, Unduldsamkeit *f*; **~ alimentare** (MED) Nahrungsmittelintoleranz *f*
**intonacare** [intona'kaːre] *vt* verputzen **intonaco** [in'tɔːnako] <-ci *o* -chi> *m* Verputz *m*
**intonare** [into'naːre] I. *vt* (MUS) anstimmen, intonieren; (*strumento*) stimmen II. *vr* **-rsi con** [*o* **a**] **qc** zu etw passen **intonazione** [intonat'tsjoːne] *f* ① (MUS) Anstimmen *nt*; (*di strumento*) Stimmen *nt* ② (LING) Intonation *f*, Tongebung *f*
**intontimento** [intonti'mento] *m* Benommenheit *f* **intontire** [inton'tiːre] <intontisco> I. *vt avere* benommen machen II. *vi essere* benommen werden
**intoppo** [in'tɔppo] *m* ① (*ostacolo*) Hindernis *nt* ② (*urto*) Stoß *m*
**intorbidamento** [intorbida'mento] *m* Trübung *f* **intorbidare** [intorbi'daːre] I. *vt avere* trüben, trübe machen II. *vr* **-rsi** trübe werden
**intorno** [in'torno] I. *avv* umher, herum; **girare ~** umherlaufen; **guardarsi ~** umherschauen, sich umschauen; **tutt'~** ringsherum, ringsumher II. *prp* **~ a** an +*dat*; (*locale, temporale*) um +*acc* ... herum; **lavorare ~ a un progetto** an einem Projekt arbeiten III. <inv> *agg* umliegend
**intorpidimento** [intorpidi'mento] *m* Erstarrung *f* **intorpidire** [intorpi'diːre] <intorpidisco> I. *vt avere* ① (*membra*) gefühllos machen ② (*fig*) stumpf machen II. *vr* **-rsi** ① (*membra*) gefühllos werden ② (*fig*) stumpf werden
**intortare** [intor'taːre] *vt* (*fam: raggirare, abbindolare qu*) jdn um den Finger wickeln, jdn einwickeln
**intossicare** [intossi'kaːre] I. *vt* vergiften II. *vr* **-rsi** sich vergiften **intossicazione** [intossikat'tsjoːne] *f* Vergiftung *f*
**intracomunitario, -a** [intrakomuni'taːrjo] <-i, -ie> *agg* innereuropäisch, EU-intern; **scambi -i** EU-interne Transaktionen
**intradosso** [intra'dɔsso] *m* ① (ARCH) Laibung *f* ② (AERO: *superficie inferiore di un'ala*) Tragflügelunterseite *f*
**intraducibile** [intradu'tʃiːbile] *agg* ① (*lingua*) unübersetzbar ② (*fig: sentimento*) unausdrückbar **intraducibilità** [intradutʃibili'ta] <-> *f* Unübersetzbarkeit *f*
**intralciare** [intral'tʃaːre] I. *vt* behindern, hemmen II. *vr* **-rsi** ① (*complicarsi*) sich verwickeln ② (*ostacolarsi*) sich behindern
**intralcio** [in'traltʃo] <-ci> *m* Hindernis *nt*
**intrallazzare** [intrallat'tsaːre] *vi* Machenschaften betreiben **intrallazzatore, -trice** [intrallattsa'toːre] *m, f* Ränkeschmied *m* **intrallazzo** [intral'lattso] *m* Machenschaft *f*, Intrige *f* **intrallazzone, -a** [intrallat'tsoːne] *m, f* (*fam: intrallazzatore*) Schieber *m fam*
**intramezzare** [intramed'dzaːre] *vt* **~ qc con qc** etw in etw *acc* einschieben
**intramontabile** [intramon'taːbile] *agg* unvergänglich, unsterblich
**intramuscolare** [intramusko'laːre] I. *agg* (MED) intramuskulär II. *f* (MED: *iniezione*) intramuskuläre Injektion
**intramuscolo** [intra'muskolo] I. <inv> *agg*

(MED: *intramuscolare*) intramuskulär; **iniezione ~** intramuskuläre Injektion II. <-> *f* (MED) intramuskuläre Injektion *f*

**Intranet** [intra'nɛt] <-> *f* (INFORM) Intranet *nt*

**intransigente** [intransi'dʒɛnte] *agg* unnachgiebig, unversöhnlich **intransigenza** [intransi'dʒɛntsa] *f* Unnachgiebigkeit *f*, Unversöhnlichkeit *f*

**intransitabile** [intransi'ta:bile] *agg* unbefahrbar **intransitabilità** [intransitabili'ta] <-> *f* Unpassierbarkeit *f*

**intransitivo** [intransi'ti:vo] *m* (LING) Intransitiv *nt*, intransitives Verb

**intransitivo, -a** *agg* (LING) intransitiv

**intrapersonale** [intraperso'na:le] *agg* persönlich, intim

**intrappolare** [intrappo'la:re] *vt* ❶ (*animali*) in einer Falle fangen ❷ (*fig: truffare*) hereinlegen

**intraprendente** [intrapren'dɛnte] *agg* unternehmungslustig; (*con le donne*) draufgängerisch **intraprendenza** [intrapren'dɛntsa] *f* Unternehmungslust *f;* (*con le donne*) Draufgängertum *nt*

**intraprendere** [intra'prɛndere] <irr> *vt* (*spedizione*) unternehmen; (*carriera*) einschlagen; (*studi*) ergreifen, beginnen

**intrapsichico, -a** [intra'psi:kiko] <-ci, -che> *agg* (PSIC) psychisch bedingt

**intrasferibile** [intrasfe'ri:bile] *agg* unübertragbar **intrasferibilità** [intrasferibili'ta] <-> *f* Unübertragbarkeit *f*

**intrasportabile** [intraspor'ta:bile] *agg* nicht transportfähig; **il malato è ~** der Kranke ist nicht transportfähig

**intrattabile** [intrat'ta:bile] *agg* ❶ (*problema*) heikel, schwierig; (*persona, carattere*) schwierig, unzugänglich ❷ (*metallo*) schwer zu bearbeiten; **un materiale ~** ein schwer zu bearbeitendes Material ❸ (*prezzo*) nicht verhandlungsfähig **intrattabilità** [intrattabili'ta] <-> *f* ❶ (*di persona*) Unleidlichkeit *f*, Unverträglichkeit *f* ❷ (TEC) schlechte Bearbeitbarkeit *f* ❸ (*di argomento*) Schwierigkeit *f*

**intrattenere** [intratte'ne:re] <irr> I. *vt* unterhalten II. *vr* **-rsi su qc** sich bei etw aufhalten **intrattenimento** [intratteni'mento] *m* Unterhaltung *f* **intrattenitore, -trice** [intratteni'to:re] *m, f* Unterhalter(in) *m(f)*, Entertainer(in) *m(f)*

**intrauterino, -a** [intraute'ri:no] *agg* (ANAT) intrauterin

**intrav(v)edere** [intrav(v)e'de:re] <irr> *vt* ❶ (*scorgere*) [flüchtig] erblicken ❷ (*fig: intuire*) [er]ahnen

**intrecciare** [intrettʃa:re] I. *vt* ❶ (*capelli, vimini*) flechten; (*dita*) verschlingen ❷ (*fig*) knüpfen, spinnen II. *vr* **-rsi** ❶ (*incrociarsi*) sich verschlingen ❷ (*interesse*) sich verflechten **intreccio** [in'trettʃo] <-cci> *m* ❶ (*lavoro*) Flechtwerk *nt*, Geflecht *nt* ❷ (*fig: trama*) Verwicklung *f*, Handlung *f*

**intrepido, -a** [in'trɛ:pido] *agg* unerschrocken, draufgängerisch

**intricare** [intri'ka:re] I. *vt* verwickeln, verwirren II. *vr* **-rsi** sich verwickeln **intrico** [in'tri:ko] <-chi> *m* Geflecht *nt;* (*fig*) Gewirr *nt*

**intrigante** [intri'gante] I. *agg* intrigant II. *mf* Intrigant(in) *m(f)* **intrigare** [intri'ga:re] I. *vi* Ränke schmieden, intrigieren II. *vr* **-rsi in qc** (*fam: impicciarsi*) sich in etw *acc* einmischen **intrigo** [in'tri:go] <-ghi> *m* ❶ (*briga*) Intrige *f*, Machenschaften *fpl;* **ordire un ~** eine Intrige anzetteln ❷ (*situazione imbarazzante*) Schlamassel *m fam*

**intrinseco, -a** [in'trinseko] <-ci, -che> *agg* innere(r, s); (*fig*) vertraut; (*amicizia*) innig

**intriso, -a** *agg* **~ di** triefend von [*o* vor +*dat*]

**introdurre** [intro'durre] <introduco, introdussi, introdotto> I. *vt* ❶ (*inserire*) [hinein]stecken, einführen ❷ (*mettere in uso*, COM) einführen ❸ (*far entrare*) eintreten lassen; (*presentare*) vorstellen ❹ (*fig: avviare*) einleiten ❺ (LING) einleiten II. *vr* **-rsi in qc** in etw *acc* eindringen **introduttivo, -a** [introdut'ti:vo] *agg* einleitend, einführend **introduzione** [introdut'tsio:ne] *f* ❶ (*immissione*) Einführung *f* ❷ (COM) Einfuhr *f* ❸ (*prefazione*) Einleitung *f* ❹ (*avviamento, guida*) Einführung *f* ❺ (*di persona*) Vorstellung *f* ❻ (MUS) Vorspiel *nt;* (*di opera*) Ouvertüre *f*

**introitare** [introi'ta:re] *vt* einnehmen **introito** [in'trɔ:ito] *m* (*incasso*) Einnahme *f*, Einkünfte *fpl*

**intromettersi** [intro'mettersi] <irr> *vr* ❶ (*interporsi*) dazwischentreten ❷ (*immischiarsi*) **~ in qc** sich in etw *acc* einmischen **intromissione** [intromis'sio:ne] *f* ❶ (*intervento*) Dazwischentreten *nt*, Eingreifen *nt;* (*mediazione*) Vermittlung *f* ❷ (*ingerenza*) Einmischung *f*

**introvabile** [intro'va:bile] *agg* unauffindbar

**introverso, -a, introvertito, -a** [intro-

'vɛrso, introver'ti:to] I. *agg* introvertiert II. *m, f* Introvertierte(r) *f(m)*
**intrufolare** [intrufo'la:re] I. *vt* (*fam*) gleiten lassen II. *vr* **-rsi** sich einschmuggeln
**intrufolarsi** [intrufo'larsi] *vr* sich einschmuggeln
**intrugliare** [intruʎ'ʎa:re] I. *vt* (*fam: mescolare*) zusammenrühren, mixen II. *vr* **-rsi** ① (*fam: sporcarsi*) sich schmutzig machen ② (*immischiarsi*) **-rsi in qc** sich auf etw *acc* einlassen **intruglio** [in'truʎʎo] <-gli> *m* ① (*pej: mistura*) Gemisch *nt*; (*bevanda*) Gebräu *nt* ② (*fig: imbroglio*) Machenschaft *f*
**intrusa** *f v.* **intruso**
**intrusione** [intru'zio:ne] *f* ① (*intervento*) Eindringen *nt* ② (*ingerenza*) Einmischung *f* ③ (GEOL) Intrusion *f* **intruso, -a** [in'tru:zo] *m, f* Eindringling *m*
**intuibile** [intu'i:bile] *agg* [er]ahnbar, fühlbar
**intuire** [intu'i:re] <intuisco> *vt* ① (*sentire*) fühlen, ahnen ② (*presentire*) [voraus]ahnen **intuitivo, -a** [intui'ti:vo] *agg* ① (*comprensibile, ovvio*) verständlich, offensichtlich; **è ~** das versteht sich von selbst ② (*relativo all'intuizione*) intuitiv **intuito** [in'tu:ito] *m* ① (*conoscenza immediata*) Gefühl *nt*, Intuition *f*; **sapere per ~** gefühlsmäßig wissen ② (*perspicacia*) Scharfsinn *m* **intuizione** [intuit'tsio:ne] *f* Intuition *f*; (*presentimento*) Vorgefühl *nt*, Vorahnung *f*
**inturgidire** [inturdʒi'di:re] <inturgidisco, inturgidisci> *vi essere* [an]schwellen
**inumano, -a** [inu'ma:no] *agg* unmenschlich, inhuman
**inumare** [inu'ma:re] *vt* begraben, beerdigen **inumazione** [inumat'tsio:ne] *f* Beerdigung *f*
**inumidire** [inumi'di:re] <inumidisco> I. *vt* befeuchten, anfeuchten; (*bucato*) besprengen, einsprengen II. *vr* **-rsi** feucht werden
**inurbamento** [inurba'mento] *m* Landflucht *f* **inurbano, -a** [inur'ba:no] *agg* (*persona*) grobschlächtig; (*comportamento*) unzivilisiert **inurbarsi** [inur'barsi] *vr* in die Stadt ziehen
**inusitato, -a** [inuzi'ta:to] *agg* ungewöhnlich
**inutile** [i'nu:tile] *agg* ① (*senza utilità*) unnütz, nutzlos ② (*inefficace*) nutzlos, unwirksam ③ (*vano, superfluo*) zwecklos, sinnlos **inutilità** [inutili'ta] *f* ① (*mancanza di utilità*) Nutzlosigkeit *f*, Zwecklosigkeit *f* ② (*inefficacia*) Unwirksamkeit *f* ③ (*l'essere vano, superfluo*) Sinnlosigkeit *f* **inutilizzabile** [inutilid'dza:bile] *agg* unbrauchbar, nicht verwendbar
**invadente** [inva'dɛnte] I. *agg* aufdringlich II. *mf* aufdringlicher Mensch **invadenza** [inva'dɛntsa] *f* Aufdringlichkeit *f*
**invadere** [in'va:dere] <invado, invasi, invaso> *vt* ① (*con forza*) überfallen; (*città*) einnehmen; (*fortezza*) stürmen; (*paese*) einfallen in +*acc* ② (*fig*) überschwemmen
**invaditrice** *f v.* **invasore**
**invaghire** [inva'gi:re] <invaghisco> I. *vt* verliebt machen II. *vr* **-rsi di qu** sich in jdn verlieben; **-rsi di qc** (*fig*) mit etw liebäugeln
**invalida** *f v.* **invalido**
**invalidare** [invali'da:re] *vt* für ungültig erklären; (JUR) anfechten **invalidità** [invalidi'ta] *f* ① (*gener*) Ungültigkeit *f* ② (JUR) Rechtsungültigkeit *f* ③ (*per menomazione*) Invalidität *f* **invalido, -a** [in'va:lido] I. *agg* ① (*gener*) ungültig, nichtig ② (JUR) rechtsungültig ③ (*per menomazione*) invalide II. *m, f* Invalide *mf*; **~ di guerra** Kriegsversehrte(r) *m*; **~ civile** Erwerbsunfähige(r) *m*
**invalso, -a** [in'valso] *agg* üblich, verbreitet
**invano** [in'va:no] *avv* umsonst, vergebens
**invariabile** [inva'ria:bile] *agg* unveränderlich **invariabilità** [invariabili'ta] *f* Unveränderlichkeit *f* **invariato, -a** [inva'ria:to] *agg* unverändert
**invasamento** [invaza'mento] *m* ① (*ossessione*) Besessenheit *f* ② (*esaltazione*) Aufgebrachtheit *f*
**invasare** [inva'za:re] *vt* ① (*ossessionare*) besessen machen ② (*mettere in un vaso*) in ein Gefäß füllen; (*piante*) eintopfen **invasatura** [invaza'tu:ra] *f* Eintopfen *nt*
**invasi** [in'va:zi] *1. pers sing pass rem di* **invadere**
**invasione** [inva'zio:ne] *f* ① (MIL) Invasion *f*, Einfall *m* ② (*enorme affluenza*) Ansturm *m* ③ (*fig: diffusione*) Verbreitung *f*
**invaso¹** [in'va:zo] *pp di* **invadere**
**invaso²** *m* (*di piante*) Eintopfen *nt*
**invasore, invaditrice** [inva'zo:re, invadi'tri:tʃe] I. *agg* eindringend, einfallend II. *m, f* Invasor(in) *m(f)*, Eindringling *m*
**invecchiamento** [invekkia'mento] *m* ① (BIOL) Altern *nt*, Alterung *f*; **~ della pelle** Hautalterung *f* ② (*del vino*) Alterung *f*, Lagerung *f* ③ (TEC) Aushärtung *f*, Aushärten *nt* ④ (*fig*) Veralten *nt*
**invecchiare** [invek'kia:re] I. *vi essere* ① (BIOL) altern, alt werden ② (*vino*) altern, [ab]lagern II. *vt avere* ① (*far diventare*

*vecchio*) alt werden lassen ❷ (*far sembrare vecchio*) alt machen ❸ (*vino*) altern lassen
**invece** [in'vetʃe] **I.** *avv* dagegen, indes[sen] **II.** *prp* ~ **di** [an]statt +*gen;* ~ **di lei** an ihrer Stelle
**inveire** [inve'i:re] <inveisco> *vi* ~ **contro qu/qc** auf jdn/etw schimpfen, gegen jdn/ etw wettern
**invelenire** [invele'ni:re] *vi essere* ~ **contro qu** gegen jdn aufgebracht sein
**invendibile** [inven'di:bile] *agg* unverkäuflich
**inventare** [inven'ta:re] *vt* ❶ (*scoprire, trovare*) erfinden ❷ (*escogitare*) ersinnen, ausdenken ❸ (*ideare, immaginare*) erfinden; **inventarne di tutti i colori** die unglaublichsten Dinge erfinden, Geschichten erzählen
**inventariare** [inventa'ria:re] *vt* inventarisieren, Bestandsaufnahme machen von
**inventario** [inven'ta:rio] <-i> *m* ❶ (*elencazione di beni*) Inventur *f,* Bestandsaufnahme *f* ❷ (*registro*) Aufnahmeverzeichnis *nt*
**inventiva** [inven'ti:va] *f* Erfindungsgabe *f;* **ricco d'** ~ erfindungsreich **inventivo, -a** [inven'ti:vo] *agg* erfinderisch, Erfinder- **inventore, -trice** [inven'to:re] *m, f* Erfinder(in) *m(f)*
**invenzione** [inven'tsio:ne] *f* ❶ (*ideazione*) Erfindung *f;* (*scoperta*) Entdeckung *f* ❷ (*prodotto della fantasia*) Erfindung *f;* (*bugia*) Lüge *f*
**inverecondia** [invere'kondia] <-ie> *f* Schamlosigkeit *f* **inverecondo, -a** [invere'kondo] *agg* schamlos
**invernale** [inver'na:le] *agg* winterlich, Winter-; **sport** ~ Wintersport *m* **invernata** [inver'na:ta] *f* Winter[s]zeit *f*
**inverniciare** [inverni'tʃa:re] *vt* lackieren, anstreichen **inverniciatura** [invernitʃa'tu:ra] *f* ❶ (*verniciatura*) Lackierung *f,* Anstrich *m* ❷ (*fig: infarinatura*) Anstrich *m*
**inverno** [in'vɛrno] *m* Winter *m;* **d'**~ im Winter; **nel cuore dell'**~ im tiefsten Winter
**invero** [in've:ro] *avv* (*poet*) wahrlich *geh,* wirklich
**inverosimiglianza** [inverosimiʎ'ʎantsa] *f* Unwahrscheinlichkeit *f* **inverosimile** [invero'si:mile] *agg* unwahrscheinlich
**inversione** [inver'sio:ne] *f* ❶ (*atto dell'invertire*) Umkehrung *f;* ~ **di marcia** (MOT) Wenden *nt;* ~ **di rotta** Kurswechsel *m* ❷ (LING, CHEM) Inversion *f*
**inverso** [in'vɛrso] *m* Gegenteil *nt*

**inverso, -a** *agg* umgekehrt, entgegengesetzt
**invertebrati** [inverte'bra:ti] *mpl* (ZOO) Wirbellose[n] *pl*
**invertebrato, -a** [inverte'bra:to] *agg* ❶ (ZOO) wirbellos ❷ (*fig: persona smidollata*) ohne Rückgrat
**invertire** [inver'ti:re] *vt* ❶ (*nel senso contrario*) umkehren; (*direzione*) ändern ❷ (*scambiare*) [aus]tauschen, [aus]wechseln; (*posto, disposizione*) umstellen ❸ (LING, CHEM) invertieren ❹ (*fig: capovolgere*) auf den Kopf stellen, umkehren
**invertito, -a** [inver'ti:to] *m, f* Invertierte(r) *f(m)* **invertitore** [inverti'to:re] *m* Wender *m,* Wechsler *m*
**investigare** [investi'ga:re] **I.** *vt* erforschen, untersuchen **II.** *vi* Nachforschungen anstellen **investigativo, -a** [investiga'ti:vo] *agg* (*agente*) Kriminal-; (*ufficio*) Detektiv-; **servizio** ~ Ermittlungsdienst *m* **investigatore, -trice** [investiga'to:re] *m, f* [Er]forscher(in) *m(f);* ~ **privato** Privatdetektiv *m* **investigazione** [investigat'tsio:ne] *f* Untersuchung *f,* Nachforschung *f*
**investimento** [investi'mento] *m* ❶ (FIN) Investition *f,* Anlage *f;* ~ **estero** (FIN) Auslandsinvestition *f* ❷ (*urto*) Zusammenstoß *m;* (*di persone, animali*) Anfahren *nt;* (*a morte*) Überfahren *nt* **investire** [inves'ti:re] **I.** *vt* ❶ ~ **qu di qc** (*di una carica*) jdn mit etw betrauen; (*di potere, titolo, dignità*) jdm etw verleihen ❷ (FIN) investieren, anlegen ❸ (*urtare*) zusammenstoßen mit, auffahren auf +*acc;* (*persone, animali*) anfahren; (*a morte*) überfahren **II.** *vr* -**rsi** (*di un titolo*) erreichen, bekleiden; **-rsi di qu/qc** (*di persona, parte*) sich in jdn/etw hineinversetzen **investitore, -trice** [investi'to:re] *m, f* ❶ (*stradale*) Unfallfahrer(in) *m(f)* ❷ (FIN) Anleger(in) *m(f),* Investor(in) *m(f)* **investitura** [investi'tu:ra] *f* Investitur *f*
**investment trust** [in'vɛstmənt trʌst] <-> *m* (FIN: *fondo chiuso*) Investmenttrust *m*
**inveterato, -a** [invete'ra:to] *agg* eingewurzelt
**invetriare** [invetri'a:re] *vt* ❶ (*di vernice vitrea*) glasieren ❷ (*di vetri*) verglasen **invetriata** [invetri'a:ta] *f* (*finestra*) Glasfenster *nt;* (*porta*) Glastür *f*
**invettiva** [invet'ti:va] *f* Schmährede *f,* Schmähung *f*
**inviare** [invi'a:re] *vt* ❶ (*cose*) [ver]schicken, [ver]senden ❷ (*persone*) schicken, entsenden **inviato, -a** [invi'a:to] *m, f*

❶ (*di giornale*) Berichterstatter(in) *m(f)*; **~ speciale** Sonderberichterstatter *m* ❷ (*in diplomazia*) [Ab]gesandte(r) *f(m)*
**invidia** [inˈviːdia] <-ie> *f* Neid *m*; **crepare d'~** vor Neid platzen; **possedere una salute che fa ~** eine beneidenswerte Gesundheit besitzen **invidiabile** [inviˈdiaːbile] *agg* beneidenswert **invidiare** [inviˈdiaːre] *vt* ❶ (*persone*) neidisch sein auf +*acc*; **~ qu per qc** jdn um etw beneiden ❷ (*cose*) missgönnen, neiden **invidioso, -a** [inviˈdioːso] I. *agg* neidisch; **essere ~ di qu/qc** auf jdn/etw neidisch sein II. *m, f* neidischer Mensch
**inviluppare** [invilupˈpaːre] *vt* ❶ (*avvolgere*) einhüllen ❷ (*fig: irretire*) hineinziehen (*in* in +*acc*), verwickeln (*in* in +*acc*) ❸ (*fig: nascondere, mascherare*) verbergen, verhüllen **inviluppo** [inviˈluppo] *m* ❶ (*intrico*) Geflecht *nt* ❷ (*fig: imbroglio*) verwickelte Angelegenheit
**invincibile** [invinˈtʃiːbile] *agg* unbesiegbar
**invio** [inˈviːo] <-ii> *m* ❶ (*spedizione*) Sendung *f*; (*di persone*) Entsendung *f* ❷ (INFORM: *tasto*) Eingabe-, Entertaste *f*
**inviolabile** [invioˈlaːbile] *agg* unverletzlich, unverletzbar; (*diritto*) unantastbar; (*luoghi*) heilig **inviolabilità** [inviolabiliˈta] <-> *f* Unverletzbarkeit *f*; (*di diritto*) Unantastbarkeit *f* **inviolato, -a** [invioˈlaːto] *agg* unverletzt; (*foresta, verginità*) unberührt; (*fede*) ungebrochen
**inviperirsi** [invipeˈrirsi] <m'inviperisco> *vr* wütend werden, aufdrehen A
**invischiare** [invisˈkiaːre] I. *vt* ❶ (*spalmare di vischio*) mit Vogelleim einstreichen ❷ (*catturare con il vischio*) mit Vogelleim fangen ❸ (*fig: coinvolgere*) einwickeln II. *vr* **-rsi** sich einlassen (*in* auf +*acc*)
**invischiarsi** [invisˈkiarsi] *vr* **~ in qc** sich auf etw *acc* einlassen
**invisibile** [inviˈziːbile] *agg* unsichtbar **invisibilità** [invizibiliˈta] *f* Unsichtbarkeit *f*
**inviso, -a** [inˈviːzo] *agg* (*malvisto*) unbeliebt; (*odiato*) verhasst
**invitante** [inviˈtante] *agg* einladend, verlockend
**invitare** [inviˈtaːre] *vt* ❶ (*chiamare a partecipare*) einladen; **~ qu a cena** jdn zum Abendessen einladen ❷ (*esortare*) auffordern, mahnen; (*convocare*) bitten, ersuchen; (*ordinare*) auffordern **invitato, -a** [inviˈtaːto] *m, f* Gast *m*, Eingeladene(r) *f(m)* **invito** [inˈviːto] *m* ❶ (*chiamata, biglietto*) Einladung *f* ❷ (*esortazione*) Aufforderung *f*, [Er]mahnung *f*
**invitto, -a** [inˈvitto] *agg* (*poet*) unbesiegt

**invivibile** [inviˈviːbile] *agg* unerträglich; (*ambiente*) menschenunwürdig **invivibilità** [invivibiliˈta] <-> *f* Unerträglichkeit *f* der herrschenden Lebensbedingungen, schlechte Lebensqualität
**invocare** [invoˈkaːre] *vt* ❶ (*chiamare con fervore*) anflehen, anrufen ❷ (*implorare*) erbitten, bitten um ❸ (*ambire*) beschwören **invocazione** [invokatˈtsioːne] *f* ❶ (*azione dell'invocare*) Anrufung *f* ❷ (*grido*) Ruf *m*; **~ di soccorso** Hilferuf *m*
**invogliare** [invoʎˈʎaːre] I. *vt* **~ qu a qc** jdn zu etw anregen II. *vr* **-rsi di qc** auf etw *acc* Lust bekommen
**involare** [involaːre] (*poet*) I. *vt* entwenden *geh* II. *vi* dahinschwinden *geh*
**involgarire** [involgaˈriːre] <involgarisco> I. *vt* avere ordinär machen II. *vr* **-rsi** ordinär werden
**involgere** [inˈvɔldʒere] <irr> *vt* **~ qc in qc** etw in etw *acc* einwickeln
**involontario, -a** [involonˈtaːrio] *agg* ❶ (*contro la propria volontà*) unfreiwillig ❷ (*senza intenzione*) unabsichtlich, ungewollt ❸ (*gesto*) unwillkürlich
**involsi** *1. pers sing pass rem di* **involgere**
**involtare** [involˈtaːre] *vt* einwickeln
**involtino** [involˈtiːno] *m* Roulade *f*
**involto¹** [inˈvɔlto] *pp di* **involgere**
**involto²** *m* ❶ (*pacco*) Paket *nt* ❷ (*fagotto*) Bündel *nt*
**involucro** [inˈvɔːlukro] *m* Hülle *f*
**involutivo, -a** [involuˈtiːvo] *agg* rückbildend, Rückbildungs-
**involuto, -a** [invoˈluːto] *agg* verworren
**involuzione** [involutˈtsioːne] *f* ❶ (*declino, degenerazione*) Rückentwicklung *f* ❷ (MED) Rückbildung *f* ❸ (*l'essere contorto*) Gewundenheit *f*
**invulnerabile** [invulneˈraːbile] *agg* unverwundbar; (*fig*) unangreifbar **invulnerabilità** [invulnerabiliˈta] *f* Unverwundbarkeit *f*; (*fig*) Unangreifbarkeit *f*
**inzaccherare** [intsakkeˈraːre] *vt* mit Schlamm beschmutzen
**inzigare** [indziˈgaːre] *vt* reizen, sticheln
**inzuccherare** [intsukkeˈraːre] *vt* ❶ (*di zucchero*) zuckern ❷ (*fig*) versüßen
**inzuppare** [intsupˈpaːre] I. *vt* ❶ (*impregnare*) durchnässen ❷ (*intingere*) eintauchen, eintunken; (*imbevere*) einweichen II. *vr* **-rsi** ❶ (*imbeversi*) sich vollsaugen ❷ (*sotto la pioggia*) durchnässt werden
**io** [ˈiːo] I. *pron pers 1. pers sing* ich II. <-> *m* Ich *nt*; **nel proprio ~** im Inneren, innerlich
**iodato** [ioˈdaːto] *m* Jodat *nt*

iodato, -a *agg* jodhaltig, jodsauer **iodico, -a** ['iɔːdiko] <-ci, -che> *agg* jodhaltig, Jod- **iodio** ['iɔːdio] *m* Jod *nt* **ioduro** [ioˈduːro] *m* Jodid *nt*
**iogurt** ['iɔːgurt] <-> *m* Joghurt *m o nt*
**iole** ['iɔːle] *f* Jolle *f*
**ione** ['ioːne] *m* Ion *nt*
**ionico, -a** ['iɔːniko] <-ci, -che> *agg* ① (GEOG) ionisch ② (PHYS) Ionen-
**iosa** ['iɔːza] *aw* **a ~** in Hülle und Fülle
**IP** *f abbr di* **Italiana Petroli** *italienische Mineralölgesellschaft*
**iper-** [iper] (*in parole composte*) über-, Über-
**iperacidità** [iperatʃidiˈta] <-> *f* (MED) Hyperacidität *f*, Magenübersäuerung *f*
**iperaffaticamento** [iperaffatikaˈmento] *m* (MED) Überanstrengung *f*
**iperattività** [iperattiviˈta] <-> *f* (MED) Hyperaktivität *f*, Überfunktion *f*; **~ intestinale** Überfunktion des Verdauungstraktes
**iperattivo, -a** [iperatˈtiːvo] *agg* extrem aktiv, hyperaktiv
**iperbole** [iˈpɛrbole] *f* ① (MAT, LING) Hyperbel *f* ② (*fig: esagerazione*) Übertreibung *f*
**iperbolico, -a** [iperˈbɔːliko] <-ci, -che> *agg* ① (MAT, LING) hyperbolisch ② (*fig: smisurato*) übertrieben
**ipercalorico, -a** [iperkaˈlɔːriko] <-ci, -che> *agg* kalorienreich
**ipercritica** [iperˈkriːtika] <-che> *f* übertrieben beißende [Verreiß]kritik **ipercriticismo** [iperkritiˈtʃizmo] *m* übertrieben kritische Einstellung **ipercritico, -a** [iperˈkriːtiko] <-ci, -che> *agg* überkritisch
**ipereccitabile** [iperettʃiˈtaːbile] *agg* (MED) überempfindlich, hypersensibel **ipereccitabilità** [iperettʃitabiliˈta] <-> *f* (MED) Hypersensibilität *f*, Übererregbarkeit *f*
**iperemotività** [iperemotiviˈta] <-> *f* (PSIC) Überempfindlichkeit *f* **iperemotivo, -a** [iperemoˈtiːvo] I. *agg* emotionsgeladen II. *m, f* stark gefühlsbetonter Mensch
**iperestensione** [iperestenˈsioːne] *f* (ANAT, SPORT) Überstrecken *nt* von Gliedmaßen
**iperglicemia** [iperglitʃeˈmiːa] <-ie> *f* (MED) Hyperglykämie *f* **iperglicemico, -a** [iperglitʃɛːmiko] <-ci, -che> *agg* (MED) hyperglykämisch
**iperinflazione** [iperinflatˈtsioːne] *f* (FIN) galoppierende Inflation, hohe Inflationsrate
**ipermarket** [iperˈmaːkit] <-> *m*, **ipermercato** [ipermerˈkaːto] *m* Großmarkt *m*
**ipermetrope** [iperˈmɛːtrope] I. *agg* weitsichtig II. *mf* Weitsichtige(r) *f(m)* **ipermetropia** [ipermetroˈpiːa] <-ie> *f* Weitsichtigkeit *f*

**ipernutrire** [ipernuˈtriːre] *vt* (MED) überernähren **ipernutrizione** [ipernuˈtritˈtsioːne] *f* ① (MED: *nutrizione eccessiva*) Überernährung *f* ② (MED: *forma di terapia*) künstliche Überernährung
**iperossigenazione** [iperossidʒenatˈtsioːne] *f* (MED) überdosierte Sauerstoffzufuhr
**iperproteico, -a** [iperproˈtɛːiko] <-ci, -che> *agg* eiweißreich; **dieta -a** eiweißreiche Kost/Diät
**iperprotettività** [iperprotettiviˈta] <-> *f* übertriebene Fürsorge **iperprotettivo, -a** [iperprotetˈtiːvo] *agg* überängstlich, überfürsorglich
**ipersensibile** [ipersenˈsiːbile] *agg* übersensibel, hochempfindlich **ipersensibilità** [ipersensibiliˈta] <-> *f* ① (*acuita percezione delle cose*) ausgeprägte Sensibilität ② (MED) Hyperästhesie *f*
**ipertensione** [ipertenˈsioːne] *f* Bluthochdruck *m* **ipertensivo, -a** [ipertenˈsiːvo] I. *agg* (MED: *che causa l'ipertensione arteriosa o è dovuto a essa*) hypertonisch, Hypertonie hervorrufend, durch Bluthochdruck bedingt II. *m* (MED: *farmaco che aumenta la pressione*) hypertonisches Pharmakum *nt*
**ipertermale** [iperterˈmaːle] *agg* (*acqua sorgiva avente temperatura superiore a 40 gradi*) über 40 Grad heißes Quellwasser betreffend
**iperteso, -a** [iperˈteːso] I. *agg* (MED) hypertonisch II. *m, f* (MED) Hypertoniker(in) *m(f)*
**ipertesto** [iperˈtɛsto] *m* (INFORM) Hypertext *m* **ipertestuale** [ipertestuˈaːle] *agg* (INFORM) Hypertext- **ipertestualità** [ipertestualiˈta] <-> *f* (INFORM) Hypertext *m*
**ipertradizionalista** [ipertradittsionaˈlista] *agg* (*fam*) stinkkonservativ
**iperventilazione** [iperventilatˈtsioːne] *f* (MED) Hyperventilation *f*
**ipervitaminico, -a** [ipervitaˈmiːniko] <-ci, -che> *agg* vitaminreich, [über]reich an Vitaminen; **dieta -a** vitaminreiche Kost
**ipnosi** [ipˈnɔːzi] <-> *f* Hypnose *f* **ipnoterapeuta** [ipnoteraˈpɛuta] <-i *m*, -e *f*> *mf* (MED, PSIC) Hypnotherapeut(in) *m(f)*
**ipnotico, -a** [ipˈnɔːtiko] <-ci, -che> I. *agg* hypnotisch II. *m* Hypnotikum *nt*
**ipnotizzare** [ipnotidˈdzaːre] *vt* hypnotisieren **ipnotizzatore, -trice** [ipnotiddzaˈtoːre] *m, f* Hypnotiseur(in) *m(f)*
**ipoalimentazione** [ipoalimentatˈtsioːne] *f* Unterernährung *f*
**ipoallergenico, -a** [ipoallerˈdʒɛːniko]

**<-ci, -che>** *agg* -freundlich, antiallergen; **cosmetici -ci** hautfreundliche Kosmetika
**ipocalorico, -a** [ipoka'lɔːriko] <-ci, -che> *agg* kalorienarm
**ipocondria** [ipokon'driːa] <-ie> *f* ❶ (PSIC) Hypochondrie *f* ❷ (*poet: malinconia*) Schwermut *f* **ipocondriaco, -a** [ipokon'driːako] <-ci, -che> I. *agg* hypochondrisch II. *m, f* Hypochonder *m*
**ipocrisia** [ipokri'ziːa] <-ie> *f* Scheinheiligkeit *f*, Heuchelei *f* **ipocrita** [i'pɔːkrita] <-i *m*, -e *f*> I. *agg* scheinheilig, heuchlerisch II. *mf* Scheinheilige(r) *f(m)*, Heuchler(in) *m(f)*
**ipodermico, -a** [ipo'dɛrmiko] <-ci, -che> *agg* (MED) subkutan
**ipodotato, -a** [ipodo'taːto] *agg* (PSIC) minderbemittelt
**ipoeccitabilità** [ipoettʃitabili'ta] <-> *f* (MED) verminderte [*o* herabgesetzte] Empfindlichkeit *f*
**ipofisi** [i'pɔːfizi] <-> *f* (ANAT) Hirnanhangdrüse *f*, Hypophyse *f*
**iponutrire** [iponu'triːre] *vt* (MED) unterernähren **iponutrizione** [iponutrit'tsioːne] *f* (MED) Unterernährung *f*, Mangelernährung *f*
**ipopigmentazione** [ipopigmentat'tsioːne] *f* (MED) schwache Pigmentation *f* der Haut
**ipoproteico, -a** [ipopro'tɛːiko] <-ci, -che> *agg* eiweißarm
**iposodico, -a** [ipo'sɔːdiko] <-ci, -che> *agg* natriumarm, salzarm
**ipostasi** [i'pɔstazi] <-> *f* Hypostase *f*
**ipoteca** [ipo'tɛːka] <-che> *f* Hypothek *f*; **mettere un'~ su qc** (*fig*) auf etw *acc* setzen **ipotecare** [ipote'kaːre] *vt* (JUR) mit einer Hypothek belasten **ipotecario, -a** [ipote'kaːrio] <-i, -ie> *agg* hypothekarisch; (*mutuo*) grundpfandrechtlich
**ipotenusa** [ipote'nuːza] *f* (MAT) Hypotenuse *f*
**ipotesi** [i'pɔːtezi] <-> *f* ❶ (*congettura, supposizione*) Annahme *f*, Hypothese *f* ❷ (MAT, PHILOS) Hypothese *f* ❸ (*caso, eventualità*) Fall *m*, Eventualität *f*; **nell'~ che ...** +*conj* für den [*o* im] Fall, dass ...; **nella migliore delle ~** im günstigsten Fall
**ipotetico, -a** [ipo'tɛːtiko] <-ci, -che> *agg* ❶ (*considerato per ipotesi*) angenommen, hypothetisch ❷ (*dubbio, incerto*) unsicher, zweifelhaft ❸ (LING) **periodo ~** Bedingungssatz *m*
**ipotizzare** [ipotid'dzaːre] *vt* annehmen
**ipotonia** [ipoto'niːa] <-ie> *f* Hypotonie *f*
**ipotrofia** [ipotro'fiːa] <-ie> *f* (MED) Hypotrophie *f*
**ippica** ['ippika] <-che> *f* Reitsport *m*, Reiten *nt*; **ma datti all'~!** (*fig, iron*) such dir einen anderen Beruf! **ippico, -a** ['ippiko] <-ci, -che> *agg* Reit-, Pferde-
**ippocampo** [ippo'kampo] *m* Seepferdchen *nt*
**ippocastano** [ippokas'taːno] *m* Rosskastanie *f*
**ippodromo** [ip'pɔːdromo] *m* Pferderennbahn *f*, Hippodrom *m o nt*
**ippopotamo** [ippo'pɔːtamo] *m* Nilpferd *nt*, Flusspferd *nt*
**iprite** [i'priːte] *f* Senfgas *nt*
**ipsilon** ['ipsilon] <-> *f* Ypsilon *nt*
**IPZS** *m abbr di* **Istituto Poligrafico e Zecca dello Stato** staatliche *Druckerei und Münze*
**IR** *abbr di* **treno InterRegionale** (FERR) Interregio *m*
**ira** ['iːra] *f* Zorn *m*; **avere uno scatto d'~** einen Zornesausbruch haben; **successe l'~ di Dio** (*fam*) es war der Teufel los
**iracheno, -a** [ira'kɛːno] I. *agg* irakisch II. *m, f* Iraker(in) *m(f)*
**iracondia** [ira'kondia] <-ie> *f* Jähzorn *m*
**iracondo, -a** [ira'kondo] *agg* jähzornig
**Iran** [i'ran] *m* **l'~** der Iran **iraniano, -a** [ira'niaːno] I. *agg* iranisch II. *m, f* Iraner(in) *m(f)*
**Iraq** [i'rak] *m* **l'~** der Irak
**irascibile** [iraʃ'ʃiːbile] *agg* jähzornig **irascibilità** [iraʃibili'ta] <-> *f* Jähzornigkeit *f*
**irato, -a** [i'raːto] *agg* zornig, erzürnt
**irenologia** [irenolo'dʒiːa] <-ie> *f* (SCIENT) Irenik *f*, Bemühung *f* um eine friedliche Aussöhnung
**ireos** ['iːreos] <-> *m* Iris *f*, Schwertlilie *f*
**IRI** ['iːri] *m abbr di* **Istituto per la Ricostruzione Industriale** *Institut für industriellen Wiederaufbau*
**iridare** [iri'daːre] *vt* regenbogenartig färben
**iridato, -a** [iri'daːto] *agg* regenbogenfarbig; **maglia -a** Regenbogentrikot *nt*
**iride** ['iːride] *f* ❶ (*arcobaleno*) Regenbogen *m* ❷ (ANAT) Iris *f*, Regenbogenhaut *f* ❸ (OPT) Irisblende *f* ❹ (BOT) Iris *f*, Schwertlilie *f* **iridescente** [irideʃ'ʃɛnte] *agg* irisierend, in Regenbogenfarben schillernd **iridescenza** [iride'ʃɛntsa] *f* Schillern *nt* in Regenbogenfarben
**iris** ['iːris] <-> *m* Iris *f*
**irish coffee** ['aiəriʃ 'kɔfi] <- *o* irish coffees> *m* (GASTR) Irish Coffee *m*
**Irlanda** [ir'landa] *f* Irland *nt* **irlandese** [irlan'deːse] I. *agg* irisch II. *mf* Ire *m*/Irin *f*

**ironia** [iro'ni:a] <-ie> *f* Ironie *f*; **~ della sorte** Ironie des Schicksals **ironico, -a** [i'rɔ:niko] <-ci, -che> *agg* ironisch **ironizzare** [ironid'dza:re] *vt, vi* ironisieren

**iroso, -a** [i'ro:so] *agg* zornig

**IRPEF** ['irpef] *f acro di* **Imposta sul Reddito delle PErsone Fisiche** Einkommen(s)steuer *f*, Lohnsteuer *f*

**IRPEG** *f acro di* **Imposta sul Reddito delle PErsone Giuridiche** Körperschaftssteuer *f*

**irradiamento** [irradia'mento] *m* [Aus]strahlung *f*

**irradiare** [irra'dia:re] **I.** *vt avere* ① (*rischiarare*) bestrahlen; (*illuminare*) anstrahlen, strahlen auf +*acc* ② (*diffondere*) ausstrahlen ③ (MED, PHYS) bestrahlen; (*colpire con raggi radioattivi*) verstrahlen ④ (RADIO) ausstrahlen **II.** *vr* **-rsi** ausstrahlen; (*strade*) abzweigen

**irradiazione** [irradiat'tsio:ne] *f* ① (*emissione di raggi*) Strahlung *f*; (*propagazione*) Ausstrahlung *f* ② (MED) Bestrahlung *f*

**irraggiungibile** [irraddʒun'dʒi:bile] *agg* unerreichbar

**irragionevole** [irradʒo'ne:vole] *agg* ① (*irrazionale*) irrational, ohne Vernunft ② (*senza raziocinio*) unvernünftig ③ (*fig: sospetto*) unbegründet; (*prezzo*) ungerechtfertigt

**irrancidire** [irrantʃi'di:re] <irrancidisco> *vi essere* ranzig werden

**irrappresentabilità** [irrapprezentabili'ta] <-> *f* Nichtvorstellbarkeit *f*

**irrazionale** [irrattsio'na:le] *agg* ① (*irragionevole*) irrational, vernunftlos ② (*insensato*) vernunftwidrig; (*persone*) unvernünftig ③ (MAT, PHILOS) irrational, irrationell **irrazionalismo** [irrattsiona'lizmo] *m* Irrationalismus *m* **irrazionalistico, -a** [irrattsiona'listiko] <-ci, -che> *agg* irrational, irrationell **irrazionalità** [irrattsionali'ta] <-> *f* Irrationalität *f*

**irreale** [irre'a:le] *agg* unwirklich, irreal

**irrealismo** [irrea'lizmo] *m* ① (ARTE, LETTER) Irrealismus *m* ② (*mancanza di realismo*) Realitätsferne *f*

**irrealizzabile** [irrealid'dza:bile] *agg* undurchführbar, unrealisierbar

**irrealtà** [irreal'ta] <-> *f* Unwirklichkeit *f*, Irrealität *f*

**irrecuperabile** [irrekupe'ra:bile] *agg* unwiederbringlich; **un credito ~** eine uneinbringliche Forderung

**irrecusabile** [irreku'za:bile] *agg* unabweisbar; (*prova*) unwiderlegbar

**irredento, -a** [irre'dɛnto] *agg* unerlöst, unbefreit

**irredimibile** [irredi'mi:bile] *agg* untilgbar

**irrefrenabile** [irrefre'na:bile] *agg* unaufhaltsam; (*fig a*) ununterdrückbar

**irrefutabile** [irrefu'ta:bile] *agg* unwiderlegbar

**irreggimentare** [irreddʒimen'ta:re] *vt* ① (MIL) einem Regiment eingliedern ② (*fig*) reglementieren

**irregolare** [irrego'la:re] **I.** *agg* ① (*gener*) unregelmäßig; (*non conforme alla regola*) regelwidrig; (*condotta*) unordentlich; (MIL) irregulär; (JUR) rechtswidrig, gesetzwidrig; (*non uniforme*) ungleichmäßig ② (LING) unregelmäßig, irregulär **II.** *m* Irreguläre(r) *m* **irregolarità** [irregolari'ta] <-> *f* ① (*gener*) Unregelmäßigkeit *f* ② (JUR) Rechtswidrigkeit *f*, Gesetzwidrigkeit *f*; (*reato*) Vergehen *nt*

**irreligioso, -a** [irreli'dʒo:so] *agg* unreligiös, nicht religiös; (*contrario alla religione*) religionswidrig

**irremissibile** [irremis'si:bile] *agg* unverzeihbar, unverzeihlich

**irremovibile** [irremo'vi:bile] *agg* unbeugsam, unerschütterlich

**irreparabile** [irrepa'ra:bile] *agg* ① (*danno*) nicht wiedergutzumachen, irreparabel; (*perdita*) unersetzlich; **un danno ~** ein nicht wiedergutzumachender Schaden ② (*fig: inevitabile*) unvermeidlich

**irreperibile** [irrepe'ri:bile] *agg* unauffindbar

**irreprensibile** [irrepren'si:bile] *agg* tadellos, einwandfrei

**irrequietezza** [irrekuie'tettsa] *f* Unruhe *f*, Ruhelosigkeit *f* **irrequieto, -a** [irre'kuiɛ:to] *agg* unruhig, ruhelos **irrequietudine** [irrekuie'tu:dine] *f* innere Unruhe

**irresistibile** [irresis'ti:bile] *agg* unwiderstehlich

**irresoluto, -a** [irreso'lu:to] *agg* unentschlossen, unschlüssig

**irrespirabile** [irrespi'ra:bile] *agg* ① (*aria*) stickig, unerträglich; (*tossico*) schädlich ② (*fig: insopportabile*) unerträglich

**irresponsabile** [irrespon'sa:bile] *agg* ① (*esente da responsabilità*) unverantwortlich; (*persone*) verantwortungslos ② (JUR) unzurechnungsfähig **irresponsabilità** [irresponsabili'ta] <-> *f* ① (*l'essere irresponsabile*) Unverantwortlichkeit *f*; (*di persone*) Verantwortungslosigkeit *f* ② (JUR) Unzurechnungsfähigkeit *f*

**irrestringibile** [irrestrinˈdʒiːbile] *agg* nicht einlaufend

**irretire** [irreˈtiːre] <irretisco, irretisci> *vt* ❶ (*rar: prendere nella rete*) im Netz fangen ❷ (*fig: abbindolare*) einwickeln, umgarnen

**irreversibile** [irreverˈsiːbile] *agg* nicht umkehrbar, irreversibel *geh;* (*fig*) unwiderruflich

**irrevocabile** [irrevoˈkaːbile] *agg* unwiderruflich

**irriconoscibile** [irrikonoʃˈʃiːbile] *agg* nicht wiederzuerkennen

**irridere** [irˈriːdere] <irrido, irrisi, irriso> *vt* verlachen, verhöhnen

**irriducibile** [irriduˈtʃiːbile] *agg* ❶ (*prezzo*) nicht herabsetzbar, fest ❷ (*volontà*) unbeugsam ❸ (MAT: *frazione*) echt

**irriflessivo, -a** [irriflesˈsiːvo] *agg* unüberlegt

**irrigare** [irriˈgaːre] *vt* (AGR) bewässern

**irrigatore** [irrigaˈtoːre] *m* (AGR) Sprinkler *m,* Beregnungsvorrichtung *f*

**irrigatore, -trice** *agg* bewässernd, Bewässerungs- **irrigazione** [irrigatˈtsjoːne] *f* (AGR) Bewässerung *f*

**irrigidimento** [irridʒidiˈmento] *m* ❶ (*l'irrigidire, l'irrigidirsi*) Versteifung *f;* (*di un cadavere*) Erstarrung *f* ❷ (*fig*) Verschärfung *f* **irrigidire** [irriˈdiːre] <irrigidisco> I. *vt* ❶ (*rendere rigido*) versteifen, steif machen ❷ (*fig: inasprire*) verschärfen II. *vr* **-rsi** ❶ (*farsi rigido*) steif werden; (*aria*) rau werden ❷ (*ostinarsi*) **-rsi in** [*o* **su**] **qc** sich auf etw *acc* versteifen

**irriguo, -a** [irˈriːguo] *agg* ❶ (TEC) Bewässerungs- ❷ (GEOG) wasserreich

**irrilevante** [irrileˈvante] *agg* irrelevant; (*trascurabile*) unbedeutend, unerheblich **irrilevanza** [irrileˈvantsa] *f* Bedeutungslosigkeit *f,* Irrelevanz *f*

**irrimediabile** [irrimeˈdjaːbile] *agg* nicht wiedergutzumachen, irreparabel; **un danno ~** ein nicht wiedergutzumachender Schaden

**irripetibile** [irripeˈtiːbile] *agg* unwiederholbar; (*pagamento*) einmalig

**irrisi** [irˈriːsi] *1. pers sing pass rem di* **irridere**

**irrisione** [irriˈzjoːne] *f* Verspottung *f*

**irriso** [irˈriːso] *pp di* **irridere**

**irrisorio, -a** [irriˈzɔːrjo] <-i, -ie> *agg* spöttisch, Spott-; **prezzo ~** Spottpreis *m;* **salario ~** Hungerlohn *m*

**irrispettoso, -a** [irrispetˈtoːso] *agg* respektlos; (*condotta*) ungebührlich

**irritabile** [irriˈtaːbile] *agg* ❶ (*eccitabile*) reizbar, erregbar ❷ (MED) empfindlich **irritabilità** [irritabiliˈta] <-> *f* ❶ (*eccitabilità*) Reizbarkeit *f,* Erregbarkeit *f* ❷ (MED) Empfindlichkeit *f*

**irritare** [irriˈtaːre] I. *vt* ❶ (*provocare fastidio*) reizen; (*far arrabbiare*) ärgern ❷ (MED) entzünden II. *vr* **-rsi** ❶ (*adirarsi*) sich ärgern ❷ (MED) sich entzünden **irritazione** [irritatˈtsjoːne] *f* ❶ (*per stizza*) Gereiztheit *f,* Ärger *m* ❷ (MED) Entzündung *f*

**irriverente** [irriveˈrɛnte] *agg* respektlos **irriverenza** [irriveˈrɛntsa] *f* Respektlosigkeit *f*

**irrobustire** [irrobusˈtiːre] <irrobustisco> I. *vt* stärken, kräftigen II. *vr* **-rsi** sich kräftigen, stark werden

**irrogare** [irroˈgaːre] *vt* verhängen (*a carico di* gegen, über *+acc*) **irrogazione** [irrogatˈtsjoːne] *f* Verhängung *f*

**irrompere** [irˈrompere] <irr> *vi essere* **~ in qc** in etw *acc* einbrechen

**irrorare** [irroˈraːre] *vt* ❶ (*bagnare*) benetzen; **il sangue irrora l'organismo** das Blut versorgt den Organismus ❷ (AGR) spritzen **irroratrice** [irroraˈtriːtʃe] *f* Pflanzenspritze *f*

**irrotto** *pp di* **irrompere**

**irruente** [irruˈɛnte] *agg* ungestüm, heftig **irruenza** [irruˈɛntsa] *f* Ungestüm *nt*

**irruppi** *1. pers sing pass rem di* **irrompere**

**irruvidire** [irruviˈdiːre] <irruvidisco> I. *vt* avere aufrauen; (*pelle*) rau machen II. *vr* **-rsi** rau werden

**irruzione** [irrutˈtsjoːne] *f* Einbruch *m;* **fare ~ in ...** einbrechen in ... *+acc*

**irsuto, -a** [irˈsuːto] *agg* struppig

**irto, -a** [ˈirto] *agg* ❶ (*ispido*) struppig ❷ (*fig*) **~ di qc** gespickt mit etw; (*terreno*) voll mit etw

**ISBN** [iːɛsseˈbiɛnne] *m abbr di* **International Standard Book Number** ISBN *f*

**iscrissi** *1. pers sing pass rem di* **iscrivere**

**iscritto** [isˈkritto] *m* **in** [*o* **per**] **~** schriftlich

**iscritto, -a** I. *pp di* **iscrivere** II. *m, f* Mitglied *nt,* Eingetragene(r) *f(m)*

**iscrivere** [isˈkriːvere] <irr> I. *vt* ❶ (*registrare*) eintragen ❷ (*far ammettere*) anmelden; (*all'università*) einschreiben II. *vr* **-rsi a qc** sich zu etw anmelden; **-rsi a un partito** einer Partei beitreten; **-rsi all'università** sich an der Universität einschreiben [*o* inskribieren *A*] **iscrizione** [iskritˈtsjoːne] *f* ❶ (*atto dell'iscrivere*) Anmeldung *f;* (*all'università*) Einschreibung *f* ❷ (*registrazione*) Eintragung *f* ❸ (*frase incisa*) Inschrift *f*

**ISDN** [i:ɛsse'di:nne] (TEL) *abbr di* **Integrated Services Digital Network** ISDN
**ISEF** ['i:zef] *m acro di* **Istituto Superiore di Educazione Fisica** *italienische Sporthochschule*
**Isernia** *f* Isernia *nt* (*Stadt in Molise*)
**Isernino** <*sing*> *m* Umgebung *f* von Isernia
**isernino, -a** I. *agg* (*di Isernia*) aus Isernia II. *m, f* (*abitante*) Einwohner(in) *m(f)* von Isernia
**Islam** [iz'lam] <-> *m* Islam *m* **islamico, -a** [iz'la:miko] <-ci, -che> I. *agg* islamisch II. *m, f* Mohammedaner(in) *m(f)*
**islamismo** [izla'mizmo] *v.* **Islam islamista** [izla'mista] <-i *m*, -e *f*> *mf* Islamist(in) *m(f)* **islamistico** *agg* islamistisch
**Islanda** [iz'landa] *f* Island *nt* **islandese** [izlan'de:se] I. *agg* isländisch II. *mf* Isländer(in) *m(f)*
**isobara** [i'zɔ:bara] *f* Isobare *f*
**isola** ['i:zola] *f* Insel *f*; ~ **pedonale** Verkehrsinsel *f*; (*nel centro storico*) Fußgängerzone *f*; ~ **spartitraffico** Mittelstreifen *m*
**isolamento** [izola'mento] *m* ❶ (*esclusione da contatti*) Absonderung *f*, Isolierung *f*; (*solitudine*) Einsamkeit *f* ❷ (JUR, MED, EL, PHYS, TEC) Isolierung *f*; ~ **dal freddo** Kälteisolierung *f*; ~ **acustico** Schalldämmung *f*; ~ **termico** Wärmedämmung *f*
**isolano, -a** [izo'la:no] I. *agg* insular, Insel- II. *m, f* Inselbewohner(in) *m(f)*
**isolante** [izo'lante] I. *agg* isolierend, Isolier- II. *m* Isolierstoff *m*; ~ **acustico** Schallisolierstoff *m*; ~ **termico** Wärmeisolierstoff *m*
**isolare** [izo'la:re] I. *vt* ❶ (*separare*) isolieren, [ab]trennen; ~ **una frase dal contesto** einen Satz aus dem Zusammenhang nehmen ❷ (*ammalato, detenuto*, CHEM, PHYS) isolieren II. *vr* **-rsi** sich absondern
**isolato** [izo'la:to] *m* Häuserblock *m*
**isolato, -a** I. *agg* isoliert; (*persona*) abgesondert, zurückgezogen; (*luogo*) abgeschieden; **un caso** ~ ein Einzelfall *m*; **vivere** ~ abgeschieden leben II. *m, f* zurückgezogen lebender Mensch
**isolatore** [izola'to:re] *m* Isolator *m*
**isoscele** [i'zɔʃʃele] *agg* gleichschenk[e]lig
**isotermico, -a** [izo'tɛrmiko] *agg* isothermisch
**ispanismo** [ispa'nizmo] *m* (LING) Hispanismus *m*
**ispanista** [ispa'nista] <-i *m*, -e *f*> *mf* Hispanist(in) *m(f)* **ispanistica** [ispa'nistika] <-che> *f* Hispanistik *f*
**ispanizzare** [ispanid'dza:re] I. *vt* hispanisieren II. *vr* **-rsi** sich an die spanische Kultur anpassen **ispanizzazione** [ispaniddzat'tsio:ne] *f* Hispanisierung *f*
**ispano-americano, -a** [ispanoameri'ka:no] *agg* ❶ (*dell'America latina*) lateinamerikanisch ❷ (*della Spagna e dell'America*) spanisch-amerikanisch
**ispettivo, -a** [ispet'ti:vo] *agg* Inspektions-
**ispettorato** [ispetto'ra:to] *m* ❶ (*organo, edificio*) Aufsichtsamt *nt*, Aufsichtsbehörde *f*; ~ **del lavoro** Gewerbeaufsichtsamt *nt* ❷ (*ufficio, grado*) Inspektorat *nt*
**ispettore, -trice** [ispet'to:re] *m, f* Inspektor(in) *m(f)*
**ispezionare** [ispet'tsio'na:re] *vt* prüfen, zensurieren *A* **ispezione** [ispet'tsio:ne] *f* ❶ (*di vigilanza*) Überwachung *f*, Aufsicht *f* ❷ (*di controllo*) Revision *f*, Inspektion *f* ❸ (MED) Untersuchung *f*
**ispido, -a** ['ispido] *agg* ❶ (*irto*) borstig, struppig ❷ (*fig: carattere*) rüde, kratzbürstig, raß *A*
**ispirare** [ispi'ra:re] I. *vt* ❶ (*suscitare*) erwecken, erregen; (*paura*) einflößen ❷ (*suggerire*) empfehlen, anregen ❸ (*estro creativo*) inspirieren II. *vr* **-rsi a qc** sich von etw inspirieren lassen; (*prendere a modello*) sich an etw *dat* orientieren; (*adeguarsi*) sich nach etw richten **ispirato, -a** [ispi'ra:to] *agg* beseelt **ispiratore, -trice** [ispira'to:re] *m, f* Anreger(in) *m(f)*; (*fig*) Ursache *f* **ispirazione** [ispirat'tsio:ne] *f* ❶ (*estro creativo*) Inspiration *f*, Eingebung *f* ❷ (*suggerimento*) Inspiration *f*, Anregung *f* ❸ (*trovata*) Einfall *m*, Eingebung *f*
**Israele** [izra'ɛ:le] *m* Israel *nt* **israeliano, -a** [izrae'lia:no] I. *agg* israelisch II. *m, f* Israeli *mf* **israelita** [israe'li:ta] <-i *m*, -e *f*> *mf* Israelit(in) *m(f)* **israelitico, -a** [israe'li:tiko] <-ci, -che> *agg* israelitisch
**issare** [is'sa:re] *vt* stemmen, hochheben; (*vele*) hissen
**Istanbul** [is'tambul] *f* Istanbul *nt*
**istantanea** [istan'ta:nea] <-ee> *f* Momentaufnahme *f*, Schnappschuss *m* **istantaneo, -a** [istan'ta:neo] <-ei, -ee> *agg* augenblicklich, sofortig
**istante** [is'tante] *m* Augenblick *m*, Moment *m*; **all'**~ augenblicklich, unverzüglich
**istanza** [is'tantsa] *f* ❶ (*richiesta*) Antrag *m*, Ansuchen *nt A* ❷ (JUR, ADM) Instanz *f*
**ISTAT** *m acro di* **Istituto** (**Centrale**) **di STATistica** *italienisches Zentralamt für Statistik*
**ISTEL** *f acro di* **Indagine Sull'ascolto**

**delle TELevisioni** (in Italia) *nationales Institut für Medienforschung* (in Italien)

**isteria** [iste'ri:a] <-ie> f Hysterie f **isterico, -a** [is'tɛ:riko] <-ci, -che> I. agg hysterisch II. m, f Hysteriker(in) m(f)

**isterilire** [isteri'li:re] <isterilisco, isterilisci> I. vt ❶ (*rendere sterile*) unfruchtbar machen ❷ (*fig*) verkümmern lassen II. vr -rsi ❶ (*divenire sterile*) unfruchtbar werden ❷ (*fig*) versiegen, verkümmern

**istigare** [isti'ga:re] vt ~ **qu a qc** jdn zu etw anstiften **istigatore, -trice** [istiga'to:re] m, f Anstifter(in) m(f), Aufwiegler(in) m(f) **istigazione** [istigat'tsio:ne] f Anstiftung f, Aufwiegelung f

**istintivo, -a** [istin'ti:vo] agg instinktiv

**istinto** [is'tinto] m Instinkt m; (*impulso*) Trieb m; (*sentimento*) Gefühl nt; ~ **di conservazione** Selbsterhaltungstrieb m; ~ **materno** Mutterinstinkt m

**istituire** [istitu'i:re] <istituisco> vt ❶ (*fondare*) gründen ❷ (*stabilire*) stiften ❸ (*nominare*) einsetzen, ernennen ❹ (*impostare*) aufstellen, anstellen

**istitutivo, -a** [istitu'ti:vo] agg gründend, Satzungs-

**istituto** [isti'tu:to] m ❶ (*ente, impresa*) Institut nt, Anstalt f; ~ **di bellezza** Schönheitssalon m, Kosmetikinstitut nt; ~ **di pena** Strafanstalt f; ~ **ospedaliero** Krankenanstalt f ❷ (*banca*) Institut nt, Bank f; ~ **di credito** Kreditinstitut nt; **Istituto monetario europeo** Europäisches Währungsinstitut ❸ (*di facoltà universitaria*) Institut nt ❹ (*scuola*) Schule f, Institut nt; ~ **superiore** Oberschule f

**istitutore, -trice** [istitu'to:re] m, f ❶ (*precettore*) Hauslehrer(in) m(f), Privatlehrer(in) m(f); (*nei collegi*) Heimlehrer(in) m(f) ❷ (*fondatore*) Gründer(in) m(f)

**istituzionale** [istituttsio'na:le] agg istituzionell; **fini -i** Grundziele ntpl; **referendum** ~ Volksentscheid m

**istituzionalizzare** [istituttsionalid'dza:re] I. vt ❶ (*rendere istituzione*) institutionalisieren ❷ (*fig*) fest etablieren II. vr -rsi sich etablieren **istituzionalizzazione** [istituttsionaliddzat'tsio:ne] f Institutionalisierung f

**istituzione** [istitut'tsio:ne] f ❶ (*fondazione*) Stiftung f, Gründung f; (*ente*) Institution f; (*ordinamento*) Einrichtung f ❷ (*nomina*) Einsetzung f, Ernennung f ❸ (*fondato su leggi, usi*) Institution f ❹ pl (*nozioni fondamentali*) Grundbegriffe mpl, Grundlagen fpl

**istmo** ['istmo] m ❶ (GEOG) Landenge f ❷ (ANAT) Verengung f

**istoriare** [isto'ria:re] vt bebildern

**istrice** ['istritʃe] m ❶ (ZOO) Stachelschwein nt ❷ (*fig*) ruppiger Mensch

**istrione** [istri'o:ne] m (HIST) Histrione m; (*pej*) Schmierenkomödiant m; (*fig*) Komödiant m **istrionesco, -a** [istrio'nesko] <-schi, -sche> agg (*pej*) komödiantenhaft

**istruire** [istru'i:re] <istruisco> I. vt ❶ (*insegnare*) unterrichten, lehren ❷ (*educare*) erziehen, bilden; (*ammaestrare*) dressieren ❸ (*dare istruzioni*) unterrichten, anleiten ❹ (JUR: *processo*) einleiten II. vr -rsi ❶ (*darsi un'istruzione*) sich bilden; -rsi su qc (*informarsi*) sich über etw acc informieren

**istruttivo, -a** [istrut'ti:vo] agg lehrreich

**istruttore, -trice** [istrut'to:re] I. agg ausbildend, Ausbildungs-; (JUR) Untersuchungs- II. m, f Lehrer(in) m(f) **istruttoria** [istrut'tɔ:ria] <-ie> f [Vor]untersuchung f **istruttorio, -a** [istrut'tɔ:rio] <-i, -ie> agg ermittelnd, untersuchend **istruttrice** f v. **istruttore istruzione** [istrut'tsio:ne] f ❶ (*insegnamento*) Unterricht m ❷ (*cognizioni acquisite*) [Aus]bildung f; **grado di** ~ Bildungsniveau nt; **titolo di** ~ Bildungsabschluss m ❸ (*direttiva*) Anweisung f; **impartire -i** Anweisungen erteilen ❹ pl (*prescrizioni*) Gebrauchsanweisung f ❺ (JUR) [Vor]untersuchung f

**istupidire** [istupi'di:re] <istupidisco> I. vt avere verdummen, dumm machen II. vi essere verdummen, dumm werden

**ITALCABLE** [ital'ka:ble] f acro di **Servizi Cablografici Radiotelegrafici e Radioelettrici** *interkontinentale Fernmeldegesellschaft*

**ITALCASSE** [ital'kasse] m acro di **Istituto di Credito della Cassa di Risparmio Italiana** *Kreditinstitut der italienischen Sparkassen*

**ITALGAS** [ital'gas] f acro di **Società Italiana per il Gas** *Gesellschaft für die italienische Gasversorgung*

**Italia** [i'ta:lia] f Italien nt; **vado in** ~ ich fahre nach Italien; **l'** ~ **è un paese molto bello** Italien ist ein sehr schönes Land **italiana** f v. **italiano italianismo** [italia'nizmo] m Italianismus m **italianista** [italia'nista] <-i m, -e f> mf Italianist(in) m(f) **italianistica** [italia'nistika] <-che> f (LING) Italianistik f; **dipartimento di** ~ italienische Abteilung; **professore di** ~ Professor für Italianistik **italianità** [italiani'ta] <-> f italienische Wesensart **italianizzare** [italianid'dza:re] *vt* italianisieren

**italiano** [ita'lia:no] <*sing*> *m* Italienisch(e) *nt;* **come si dice in ~?** was [*o* wie] heißt das auf Italienisch?; **parla ~?** sprechen Sie Italienisch?

**italiano, -a** I. *agg* italienisch; **all'-a** auf italienische Art II. *m, f* Italiener(in) *m(f);* **è -a** sie ist Italienerin

**italico, -a** [i'ta:liko] <-ci, -che> I. *agg* italisch; **carattere ~** (TYP) Kursivschrift *f* II. *m, f* Italiker(in) *m(f)*, Italier(in) *m(f)*

**italo-** [italo] (*in parole composte*) italo-, Italo-

**italocentrico, -a** [italo'tʃɛntriko] <-ci, -che> *agg* Italiens Bedeutung hervorhebend, auf Italien ausgerichtet; **atteggiamento ~** nationalistisches Italiengehabe

**italofilo, -a** [ita'lɔ:filo] I. *agg* italienbegeistert, italophil; **viaggiatori -i** begeisterte Italienreisende II. *m, f* Italienliebhaber(in) *m(f)*, Italienfan *m*

**ITALTEL** *f acro di* **società ITAliana TELecomunicazioni** *italienische Telekom*

**item** ['aitəm] <- *o* **items**> *m* Item *nt*

**iter** ['i:ter] <-> *m* (*trafila burocratica*) Weg *m*, Gang *m; ~* **burocratico** Dienstweg *m*

**iterativo, -a** [itera'ti:vo] *agg* iterativ **iterazione** [iterat'tsio:ne] *f* Wiederholung *f*

**itinerante** [itine'rante] *agg* Wander-, wandernd; **mostra ~** Wanderausstellung *f*

**itinerario** [itine'ra:rio] <-i> *m* [Reise]weg *m*, Route *f; ~* **europeo** Europastraße *f*

**ITIS** ['i:tis] *m acro di* **Istituto Tecnico Industriale Statale** *Schule für industrietechnische Berufsausbildung*

**itterico, -a** [it'tɛ:riko] <-ci, -che> I. *agg* gelbsüchtig, Gelbsucht- II. *m, f* an Gelbsucht Erkrankte(r) *f(m)*

**itterizia** [itter'rittsia] <-ie> *f* Gelbsucht *f*

**ittico, -a** ['ittiko] <-ci, -che> *agg* Fisch-

**ittiologia** [ittiolo'dʒi:a] <-gie> *f* Fischkunde *f*

**iugero** ['iu:dʒero] *m* Joch *nt*

**Iugoslavia** [iugoz'la:via] *f* **l'ex ~** das ehemalige Jugoslawien **iugoslavo, -a** [iugoz'la:vo] I. *agg* jugoslawisch II. *m, f* Jugoslawe *m*/Jugoslawin *f*

**iuta** ['iu:ta] *f* Jute *f*

**IVA** ['i:va] *f acro di* **Imposta sul Valore Aggiunto** MwSt., MWSt.

**ivato, -a** [i'va:to] *agg* Mehrwertsteuer inbegriffen

**ivi** ['i:vi] *avv* (*poet*) ① (*lì*) da, dort ② (*nelle citazioni*) ebenda

# J j

**J, j** [i l'luŋga] <-> *f* J, j *nt;* **j come jersey** J wie Julius

**J** *abbr di* **Joule** J

**jabot** [ʒa'bo] <-> *m* Jabot *nt*

**jack** [dʒæk] <-> *m* (*nelle carte da gioco*) Bube *m*

**jacket** ['dʒækit *o* 'dʒaket] <-> *m* ① (TEC: *rivestimento in lega di alluminio*) Leichtmetallüberzug *m*, Schutzmantel *m* aus Leichtmetall ② (TEC) Bohrinselfundament *nt*

**jackpot** ['dʒækpɔt] <-> *m* Jackpot *m*

**jacquard** [ʒa'kar] <inv> *agg* Jacquard-

**jazz** [dʒæz *o* dʒɛts] <-> *m* Jazz *m* **jazzista** [dʒad'dzista] <-i *m*, -e *f*> *mf* Jazzmusiker(in) *m(f)* **jazzistico, -a** [dʒad'dzistiko] <-ci, -che> *agg* Jazz-

**jeans** [dʒi:nz] *mpl* Jeans *pl* **jeanseria** [dʒinse'ri:a] <-ie> *f* ① (*negozio*) Jeansladen *m* ② (*fabbrica, stabilimento*) Jeansfabrik *f*

**jeep®** [dʒi:p] <-> *f* Jeep® *m*

**jersey** ['dʒɛzi *o* 'dʒɛrzi] <-> *m* Jersey *m*

**jet** [dʒɛt] <-> *m* Jet *m*

**jetlag** [dʒɛt'læg *o* 'dʒɛtlɛg] <-> *m* Jetlag *m*

**jet pocket** [dʒɛt 'pɔkit] <-> *o* jet pockets> *m* (AERO: *paracadute con motore*) Motorfallschirm *m*

**jet-set** [dʒɛt 'sɛt] <-> *m*, **jet-society** [dʒɛt sə'saiəti] <-> *f* Jetset *m*

**jingle** ['dʒɪŋgəl] <-> *m* Jingle *m*

**job** [dʒɔb] <- *o* jobs> *m* (INFORM) Job *m*

**jockey** ['dʒɔki] <-> *m* Jockei *m*, Jockey *m*

**jodler** ['jo:dlər] <-> *m* Jodeln *nt*

**jogging** ['dʒɔgɪŋ] <-> *m* Jogging *nt;* **fare ~** joggen

**joint** ['dʒɔint] <- *o* joints> *m* (*sl: spinello*) Joint *m*

**joint venture** ['dʒɔint 'vɛntʃə] <- *o* joint ventures> *f* (COM, FIN: *contratto*) Jointventure *nt*, Joint Venture *nt*

**jolly** ['dʒɔli] <-> *m* Joker *m*

**jorky ball** [ʒɔr'ki bɔ:l] <*sing*> *m* (SPORT) Jorkyballspiel *nt*

**joule** [dʒu:l *o* 'dʒaul] <-> *m* Joule *nt*

**journal** [ʒur'nal] <- *o* journaux> *m* (*diario*) Tagebuch *nt*, Journal *nt obs*

**joystick** ['dʒɔistik] <- *o* joysticks> *m* (INFORM) Joystick *m*

**jr.** *abbr di* **junior** jr., jun.

**judo** ['dʒi:do *o* 'dʒu:dɔ] <-> *m* Judo *nt* **judoista** [dʒu:dɔ'ista] <-i *m*, -e *f*> *mf* Judosportler(in) *m(f)*

**jukebox** ['dʒu:kbɔks] <-> *m* Musikbox *f*

**jumbo** ['dʒʌmbou *o* dʒumbo] *m*, **jumbo--jet** ['dʒʌmbou'dʒɛt *o* dʒumbo'dʒɛt] <-> *m* (AERO) Jumbojet *m*

**jumbo-tram** ['dʒʌmbou'tram *o* dʒumbo'tram] <-> *m* (*vettura tranviaria più lunga del normale*) Straßenbahn *f* mit erhöhter Beförderungskapazität

**jumping** ['dʒampiŋ] <-> *m v.* **bungee-jumping**

**junior¹** ['iunjor] <inv> *agg* junior

**junior²** ['iunjor, iu'njɔ:res] <juniores> *mf* (SPORT) Junior(in) *m(f)*

**junkie** ['dʒʌŋki] <- *o* junkies> *m* ① (*sl: tossicodipendente*) Junkie *m* ② (*eroinomane*) Heroinsüchtige(r) *f(m)*

**jus** [ʒy] <-> *m* Parfümessenz *f*

**juventino, -a** I. *agg* ① (*della Juventus*) Juventus-, Juve- ② (*di giocatore o di tifoso*) Juventus-, Juve-; **la maglia -a** das Juventus-Trikot II. *m*, *f* ① (*giocatore*) Juve-Spieler *m*, Spieler *m* von Juventus Turin ② (*tifoso*) Juve-Fan *m*

# Kk

**K, k** ['kappa] <-> *m o f* K, k *nt;* **k come Kursaal** K wie Kaufmann
**kajal** [ka'dʒal] <-> *m* (*in cosmetologia*) Kajal *m*
**kalashnikov** [ka'laʃnikɔf] <-> *m* Kalaschnikow *f*
**kamikaze** [kami'kaddze] <-> *m* Selbstmordattentäter *m*
**kaputt** [ka'put] <inv> *agg* kaputt
**karaoke** [kara'ɔke] <-> *m* Karaoke *nt*
**karatè** [kara'tɛ *o* ka'rate] <-> *m* Karate *nt*
**karateka** [kara'tɛka] <-> *m o f* (*chi pratica il karate*) Karateka *m*, Karatekämpfer(in) *m(f)*
**kart** [ka:t] <-> *m* Gokart *m* **kartismo** [kar'tizmo] *m* Gokartfahren *nt*, Gokartsport *m* **kartodromo** [kar'tɔːdromo] *m* Gokartbahn *f*
**kashmir** ['kaʃmir *o* ka'ʃmir] <-> *m* Kaschmir *m*
**kayak** [ka'jak] <-> *m* Kajak *m*
**KB** *abbr di* **kilobyte** (INFORM) KB
**Kbyte** [kei'bait] *m abbr di* **kilobyte** KByte *m*
**kefir** ['kɛfir *o* kɛ'fir] <-> *m* Kefir *m*
**keirin** [kei'rin] <-> *m* (SPORT: *nel ciclismo, gara di velocità*) Radsprint *m*
**képi** [ke'pi] <-> *m* Käppi *nt*
**kermesse** [ker'mɛs] <-> *f* ① (*festa*) Kirmes *f*, Kir[ch]tag *m A* ② (SPORT) Ehrenrunde *f* ③ (*fig: allegria*) Jubel
**kerosene** [kero'zɛːne] *v.* **cherosene**
**ketamina** [keta'miːna] *f* Ketamin *nt*
**ketch** [kɛtʃ] <-> *m* Ketsch *f*
**ketchup** ['kɛtʃəp] <-> *m* Ketchup *m o nt*
**key** [kiː] <-> *m* ① (TEC: *capo di un gruppo di tecnici*) technische(r) Leiter(in) *m(f)*; **~ engineer** leitender Ingenieur ② (INFORM: *insieme di caratteri*) Key *m* ③ (INFORM: *tasto*) Computertaste *f*
**keyboard** ['kiːbɔːd] <- *o* keyboards> *f* (INFORM, MUS) Keyboard *nt*
**kg** *abbr di* **chilogrammo** kg
**kibbu(t)z** [kib'buts] <-> *m* Kibbuz *m*
**kidnapping** ['kidnæpiŋ *o* kid'nɛpping] <-> *m* Kidnapping *nt*, [Kindes]entführung *f*
**killer** ['kilə *o* 'killer] <-> *mf* Killer *m fam*, Mörder(in) *m(f)*
**killing** ['kiliŋ] <-> *m* (*colpo di fortuna*) Glücksfall *m*, Glücksgriff *m*
**kilobyte** ['kilə bait] <- *o* kilobytes> *m* (INFORM: *unità pari a 1024 byte*) Kilobyte *nt*
**kiloton** [kilo'ton] <-> *m*, **kilotone** [kilo'toːne] <-> *m* Kilotonne *f*
**kindergarten** ['kindərgartən] <-> *m* Kindergarten *m* **kinderheim** ['kindərhaim] <-> *m* Kinderheim *nt*
**kingmaker** ['kiŋmeikə] <- *o* kingmakers> *m* (POL: *chi ha il potere di favorire una nomina*) einflussreiche(r) Wahlhelfer(in) *m(f)*
**kirsch** [kirʃ] <-> *m* Kirsch *m*, Kirschwasser *m*
**kit** [kit] <- *o* kits> *m* (*insieme di pezzi*) Kit *m o nt*, Satz *m;* **~ di montaggio** Werkzeugsatz *m;* **~ per campeggio** Campingausrüstung *f;* **~ da trucco** Schminkutensilien *ntpl*
**kitesurf** [kait'səf] <-> *m* (SPORT) Kitesurfen *nt*
**kitsch** [kitʃ] I.<inv> *agg* kitschig II.<-> *m* Kitsch *m*
**kiwi** ['kiwi] <-> *m* Kiwi *f*
**kleenex®** ['kliːneks] <-> *m* Kosmetiktuch *nt*, Kleenex® *nt*
**km** *abbr di* **chilometro** km
**knockdown** [nɔk'daun *o* 'knok'daun] I.<-> *m* (SPORT) Knockdown *m* II.<inv> *agg* knockdown
**knockout** [nɔk'aut] I.<-> *m* Knockout *m*, K.-o.-Schlag *m* II.<inv> *agg o avv* knockout, k.o.; **essere** ~ (*a. fig*) k.o. sein; **mettere qu** ~ (SPORT) jdn k.o. schlagen; (*fig*) jdn erledigen
**know-how** [nou'hau] <-> *m* Knowhow *nt*
**knowledge engineer** ['nɔlidʒ ɛndʒi'niə *o* 'nɔlidʒ 'enginir] <- *o* knowledge engineers> *mf* (INFORM) auf leistungsfähige Datensysteme spezialisierte(r) Informatiker(in)
**koala** [ko'aːla] <-> *m* Koala[bär] *m*, Beutelbär *m*
**kolchoz** [kal'xɔs] <-> *m* Kolchose *f*, Kolchos *m*
**kolossal** [kolɔ'saːl] <-> *m* (FILM) Monumentalfilm *m*, monumentale Inszenierung
**krapfen** ['krapfən *o* 'krafen] <-> *m* Krapfen *m*
**kris(s)** [kris] <-> *m* Kris *m*
**krug** [kruːk] <-> *m* Krug *m*
**kümmel** ['kʏməl] <-> *m* Kümmel|branntwein| *m*

**kursaal** ['kuːrzaːl] <-> *m* Kursaal *m*
**kW** *abbr di* **chilowatt** kW
**K-Way**® [kei'wei, 'kappawei] <-> *m o f*
[umschnallbare] Windjacke mit Kapuze
**kWh** *abbr di* **chilowattora** kWh

# L

**L, l** ['ɛlle] <-> *f* L, l *nt;* **ferro a L** Winkeleisen *nt;* **l come Livorno** L wie Ludwig
**l** *abbr di* **litro** l
**l'** I. *art det m e f sing davanti a vocale* der/die/das II. *pron pers* ❶ *3. pers m sing* ihn ❷ *3. pers f sing* sie ❸ *(forma di cortesia: L')* Sie
**L** *abbr di* **lira** L, Lit
**la**[1] [la] I. *art det f sing* der/die/das II. *pron pers* ❶ *3. pers f sing* sie ❷ *(forma di cortesia: La)* Sie
**la**[2] <-> *m* (MUS) a, A *nt;* **dare il ~** (*a. fig*) den Ton angeben
**là** [la] *avv (stato)* dort, da; *(moto)* dorthin, dahin; **andare troppo in ~** *(fig)* zu weit gehen; **tirarsi in ~** zur Seite gehen; **chi va ~?** (MIL) wer da?; **di ~** *(stato in luogo)* drüben; *(da quel luogo)* von dort, von dorther; *(verso quel luogo)* hinüber; **al di ~ del fiume** jenseits des Flusses; **per di ~** dort hindurch; **via di ~!** weg da!
**labaro** ['laːbaro] *m* Standarte *f*, Fahne *f*
**labbro**[1] ['labbro] <*pl:* **-a** *f*> *m* (ANAT) Lippe *f;* **pendere dalle -a di qu** an jds Lippen hängen; **~ leporino** Hasenscharte *f;* **rifarsi le -a** sich die Lippen aufspritzen lassen
**labbro**[2] *m (margine)* Rand *m*
**labiale** [la'bjaːle] I. *agg* labial, Lippen- II. *f* (LING) Labiallaut *m*, Lippenlaut *m;* **leggere il ~** lippenlesen
**labile** ['laːbile] *agg* flüchtig, vergänglich
**labiolettura** [labjolet'tuːra] *f* Ablesen *nt* von den Lippen
**labirintico, -a** [labi'rintiko] <-ci, -che> *agg* labyrinthisch; *(fig)* verworren **labirinto** [labi'rinto] *m* Labyrinth *nt*
**laboratorio** [laboraˈtɔːrjo] <-i> *m* ❶ (SCIENT) Labor[atorium] *nt* ❷ *(officina)* Werkstatt *f* **laboratorista** [laborato'rista] <-i *m*, -e *f*> *mf* Laborant(in) *m(f)*
**laboriosità** [laborjosi'ta] <-> *f* Arbeitsamkeit *f*, Fleiß *m* **laborioso, -a** [labo'rjoːso] *agg* arbeitsam, eifrig
**lacca** ['lakka] <-cche> *f* ❶ *(sostanza)* Lack *m;* *(per unghie)* Nagellack *m*
❷ *(per capelli)* Haarspray *nt* **laccare** [lak'kaːre] *vt* lackieren, lacken **laccatura** [lakkaˈtuːra] *f* Lackierung *f,* Politur *f*
**lacchè** [lak'kɛ] <-> *m* ❶ *(valletto)* Lakai *m* ❷ *(fig pej)* Kriecher *m*, Speichellecker *m*
**laccio** ['lattʃo] <-cci> *m (nodo)* Schlinge *f;* *(nastro)* Schnur *f;* *(delle scarpe)* Schnürsenkel *m*
**lacerabile** [latʃe'raːbile] *agg* zerreißbar
**lacerante** [latʃe'rante] *agg (che lacera)* zerreißend; *(fig)* quälend
**lacerare** [latʃe'raːre] I. *vt* ❶ *(strappare)* zerreißen ❷ *(fig)* quälen II. *vr* **-rsi** *(strapparsi)* reißen; *(fig)* sich quälen **lacerazione** [latʃerat'tsjoːne] *f* ❶ *(atto)* Zerreißen *nt* ❷ (MED) Risswunde *f* **lacero, -a** ['laːtʃero] *agg* zerrissen, zerlumpt; **ferita -a** Risswunde *f*
**lacerto** [la'tʃɛrto] *m (muscolo)* [Arm]muskel *m*
**laconicità** [lakonitʃi'ta] <-> *f* ❶ *(di persona)* Einsilbigkeit *f,* Wortkargheit *f* ❷ *(di discorso, risposta)* Kürze *f,* Bündigkeit *f* **laconico, -a** [la'kɔːniko] <-ci, -che> *agg* ❶ *(risposta)* lakonisch, kurz und bündig ❷ *(persona)* wortkarg, einsilbig
**lacrima** ['laːkrima] *f* ❶ *(dell'occhio)* Träne *f;* **-e di coccodrillo** Krokodilstränen *fpl;* **avere le -e agli occhi** Tränen in den Augen haben; **ridere fino alle -e** Tränen lachen ❷ *(goccia)* Tropfen *m* **lacrimale** [lakri'maːle] *agg* Tränen-; **secreto ~** Tränenflüssigkeit *f* **lacrimare** [lakri'maːre] *vi* weinen **lacrimazione** [lakrimat'tsjoːne] *f* Tränen *nt*, Tränenfluss *m* **lacrimevole** [lakri'meːvole] *agg* beklagenswert, bedauerlich **lacrimogeno, -a** [lakri'mɔdʒeno] *agg* Tränen erregend, Tränen-; **gas ~** Tränengas *nt* **lacrimoso, -a** [lakri'moːso] *agg* verweint
**lacuale** [laku'aːle] *agg* [Binnen]see-
**lacuna** [la'kuːna] *f* Lücke *f;* *(fig a)* Mangel *m;* **~ della memoria** Gedächtnislücke *f* **lacunosità** [lakunosi'ta] <-> *f* Lückenhaftigkeit *f* **lacunoso, -a** [laku-'noːso] *agg* lückenhaft, unvollständig

**lacustre** [la'kustre] *agg* [Binnen]see-
**ladar** ['la:dar] <-> *m* (TEC: *radar ottico*) Laserradargerät *nt*
**laddove** [lad'do:ve] (*obs, poet*) I. *avv* (*stato*) dort, wo; (*moto*) dorthin, wo II. *cong* ① (*qualora*) wenn, falls ② (*mentre*) anstatt, wo doch
**ladino, -a** [la'di:no] I. *agg* ladinisch II. *m, f* Ladiner(in) *m(f)*
**ladra** ['la:dra] *f* v. **ladro ladreria** [ladre'ri:a] <-ie> *f* Diebereit *f*, Diebstahl *m*
**ladresco, -a** [la'dresko] <-schi, -sche> *agg* diebisch
**ladro, -a** ['la:dro] I. *agg* diebisch II. *m, f* Dieb(in) *m(f)*; (*fig*) Gauner(in) *m(f)*, Halsabschneider(in) *m(f)* **ladrocinio** [ladro'tʃi:nio] *v.* **latrocinio**
**ladrone** [la'dro:ne] *m* [Straßen]räuber *m*; **i due -i** (*sul Calvario*) die beiden Schächer **ladronesco, -a** [ladro'nesko] <-schi, -sche> *agg* räuberisch
**ladruncolo, -a** [la'druŋkolo] *m, f* Spitzbube *m/*-bübin *f*; (*ladro*) kleiner Dieb/kleine Diebin
**lager** ['la:gər] <-> *m* Konzentrations-, Vernichtungslager *nt*; **il ~ di Dachau** das Konzentrationslager Dachau
**Lager** <-> *f* (GASTR: *tipo di birra*) Lagerbier *nt*; **una ~ per favore!** ein Lager, bitte!
**laggiù** [lad'dʒu] *avv* (*stato*) dort unten, da drüben; (*moto*) dort hinunter, dort hinüber
**lagna** ['laɲɲa] *f* (*fam*) ① (*lamento*) Gejammer *nt* ② (*persona*) Nervensäge *f* ③ (*discorso*) Litanei *f*, Salbaderei *f* **lagnanza** [laɲ'ɲantsa] *f* Beschwerde *f*, Klage *f* **lagnarsi** [laɲ'ɲarsi] *vr* ~ **per** [*o* **di**] **qc** sich über etw *acc* beschweren; (*lamentarsi*) über etw *acc* klagen
**lagno** ['laɲɲo] *m* (*poet*) Wehklage *f*
**lago** ['la:go] <-ghi> *m* (GEOG) See *m*; **~ artificiale** Stausee *m*; **Lago Maggiore** Lago *m* Maggiore; **Lago Trasimeno** Trasimenischer See; **Lago di Costanza** Bodensee *m*; **Lago di Garda** Gardasee *m*
**lagotto** [la'gɔtto] *m* (ZOO) Jagd- und Trüffelhund *m*
**lagrima** ['la:grima] *v.* **lacrima**
**laguna** [la'gu:na] *f* Lagune *f* **lagunare** [lagu'na:re] *agg* Lagunen-
**L'Aia** ['la:ia] *f* Den Haag *nt*
**laica** *f v.* **laico**
**laicale** [lai'ka:le] *agg* weltlich, Laien-; (*aconfessionale*) konfessionslos **laicato** [lai'ka:to] *m* Laienstand *m* **laicismo** [lai'tʃizmo] *m* Laizismus *m* **laicità** [laitʃi'ta] <-> *f* Laientum *nt* **laicizzare** [laitʃid'dza:re] *vt* ① (*persone*) in den Laienstand zurückversetzen, laisieren ② (*beni*) säkularisieren, verweltlichen **laico, -a** ['la:iko] <-ci, -che> I. *agg* ① (*non ecclesiastico*) weltlich, Laien- ② (*non confessionale*) konfessionslos II. *m, f* Laie *m*
**laidezza** [lai'dettsa] *f* (*poet*) ① (*sozzura*) Schmutzigkeit *f* ② (*fig: sconcezza*) Unflätigkeit *f* **laido, -a** ['la:ido] *agg* (*poet*) ① (*sporco, sozzo*) schmutzig ② (*fig: sconcio*) unflätig, unanständig
**lama**[1] ['la:ma] *f* ① (*del coltello*) [Messer]klinge *f* ② (*spada*) Schwert *nt*, Degen *m*; **~ a doppio taglio** (*fig*) zweischneidiges Schwert
**lama**[2] <-> *m* ① (REL) Lama *m* ② (ZOO) Lama *nt*
**lambada** [lam'ba:da] *f* (MUS) Lambada *m o f*
**lambiccare** [lambik'ka:re] I. *vt* destillieren II. *vr* **-rsi il cervello** [**su qc**] sich *dat* [über etw *acc*] den Kopf zerbrechen **lambiccato, -a** [lambik'ka:to] *agg* gekünstelt, geschraubt; (*soluzione*) spitzfindig
**lambire** [lam'bi:re] <lambisco> *vt* ① (*con la lingua*) [ab]lecken ② (*fig: sfiorare*) leicht berühren, streifen
**lambrusco** [lam'brusko] <-schi> *m* Lambrusco *m* (*Rotwein aus der Emilia-Romagna*)
**lamella** [la'mɛlla] *f* Lamelle *f* **lamellare** [lamel'la:re] *agg* lamellenförmig, lamellar **lamelliforme** [lamelli'forme] *agg* lamellenförmig
**lamentare** [lamen'ta:re] I. *vt* klagen über +*acc*, beklagen II. *vr* **-rsi per** [*o* **di**] **qc** sich über etw *acc* beklagen, über etw *acc* klagen **lamentazione** [lamentat'tsio:ne] *f* Jammern *nt*, Gejammer *nt* **lamentela** [lamen'tɛ:la] *f* Beschwerde *f*, Klage *f* **lamentevole** [lamen'te:vole] *agg* (*poet*) klagend **lamentio** [lamen'ti:o] <-ii> *m* Gejammer *nt*
**lamento** [la'mento] *m* ① (*gemito*) Klage *f*, Wehklagen *nt* ② (ZOO) Heulen *nt*; (*di cane*) Winseln *nt* ③ (MUS) Klagelied *nt* **lamentoso, -a** [lamen'to:so] *agg* klagend, jammernd
**lametta** [la'metta] *f* [Rasier]klinge *f*
**lamiera** [la'miɛ:ra] *f* Blech *nt*; **~ ondulata** Wellblech *nt* **lamierino** [lamie'ri:no] *m* Feinblech *nt* **lamierista** [lamie'rista] <-i *m*, -e *f*> *mf* Blechschläger(in) *m(f)*, Metallschmied(in) *m(f)*
**lamina** ['la:mina] *f* Blättchen *nt*, Folie *f*; **~ d'oro** Goldfolie *f*
**laminare**[1] [lami'na:re] *agg* blättchenförmig
**laminare**[2] *vt* ① (*ridurre in lamine*)

[aus]walzen ❷ (*coprire con lamine*) mit einem Metallbelag versehen; (*sci*) mit Stahlkanten versehen
**laminato** [lami'na:to] *m* Walzstück *nt*, Walzgut *nt*
**laminato, -a** *agg* [aus]gewalzt **laminatoio** [lamina'to:io] <-oi> *m* Walzmaschine *f*, Walzwerk *nt* **laminazione** [laminat'tsio:ne] *f* [Aus]walzen *nt*
**lampada** ['lampada] *f* Lampe *f*, Leuchte *f*; ~ **al neon** Neonröhre *f*, Neonlampe *f*
**lampadario** [lampa'da:rio] <-i> *m* Lüster *m*, [Kron]leuchter *m*
**lampadato, -a** [lampa'da:to] *agg* solariumgebräunt
**lampadina** [lampa'di:na] *f* [Glüh]birne *f*; ~ **a basso consumo** Energiesparlampe *f*
**lampante** [lam'pante] *agg* (*evidente*) einleuchtend, klar
**lampeggiamento** [lampedd3a'mento] *m* ❶ (METEO) Blitzen *nt*, Wetterleuchten *nt* ❷ (*di auto*) Blinken *nt*
**lampeggiare** [lamped'd3a:re] *vi* ❶ *avere* (METEO) blitzen, wetterleuchten ❷ *avere* (*fig: occhi*) funkeln, leuchten ❸ *avere* (MOT, TEC) blinken ❹ *essere o avere* (*impersonale*) blitzen, wetterleuchten **lampeggiatore** [lampedd3a'to:re] *m* (MOT) Blinker *m* **lampeggio** [lamped'd3i:o] <-ii> *m* Aufleuchten *nt*; (METEO) Wetterleuchten *nt*
**lampioncino** [lampion'tʃi:no] *m* Lampion *m o nt*, Papierlaterne *f*
**lampione** [lam'pio:ne] *m* [Straßen]laterne *f*
**lampista** [lam'pista] <-i *m*, -e *f*> *mf* (FERR) Signalwärter(in) *m(f)*; (MIN) Lampenwärter(in) *m(f)*
**lampo**[1] ['lampo] *m* Blitz *m*; (*a. fig*) Aufleuchten *nt*; ~ **di genio** Geistesblitz *m*; **in un** ~ im Nu
**lampo**[2] <inv> *agg* Blitz-; **chiusura** [*o* **cerniera**] ~ Reißverschluss *m*; **visita** ~ (POL) Blitzbesuch *m*
**lampone** [lam'po:ne] *m* ❶ (*pianta*) Himbeerstrauch *m* ❷ (*frutto*) Himbeere *f*
**lampreda** [lam'prɛ:da] *f* Lamprete *f*, Neunauge *nt*
**lana** ['la:na] *f* Wolle *f*; ~ **d'acciaio** Stahlwolle *f*; ~ **di legno** Holzwolle *f*; ~ **di vetro** Glaswolle *f* **lanaiolo, -a** [lana'ɔ:lo] *m, f* Wollhändler(in) *m(f)*
**lanceolato, -a** [lantʃeo'la:to] *agg* lanzenförmig; (BOT) lanzettförmig
**lancetta** [lan'tʃetta] *f* (*di orologio*) Zeiger *m*
**lancia** ['lantʃa] <-ce> *f* Lanze *f*; **spezzare una** ~ **in favore di qu** (*fig*) für jdn eine Lanze brechen

**lanciabile** [lan'tʃa:bile] *agg* schleuderbar; (COM) absetzbar
**lanciabombe** [lantʃa'bombe] <-> *m* Granatwerfer *m*
**lanciafiamme** [lantʃa'fiamme] <-> *m* Flammenwerfer *m*
**lanciamissili** [lantʃa'missili] I. <inv> *agg* Raketen-, Raketenabschuss- II. <-> *m* Raketenabschussrampe *f* **lanciapiattello** [lantʃapiat'tɛllo] <-> *m* Wurfmaschine *f*
**lanciarazzi** [lantʃa'raddzi] <-> *m* Raketenwerfer *m*
**lanciare** [lan'tʃa:re] I. *vt* ❶ (*gettare*) werfen, schleudern; (*razzo*) abschießen; (*bombe*) abwerfen ❷ (COM) einführen, lancieren ❸ (*fig: grido*) ausstoßen; (*occhiata*) zuwerfen II. *vr* **-rsi** ❶ (*buttarsi*) sich stürzen; (*dall'alto*) sich fallen lassen; **-rsi contro qu/qc** sich auf jdn/etw stürzen ❷ (*fig*) **-rsi in qc** sich in etw *acc* stürzen
**lanciasiluri** [lantʃasi'lu:ri] <-> *m* Torpedo[ausstoß]rohr *nt*
**lanciato, -a** [lan'tʃa:to] *agg* abgeworfen, abgeschossen; **essere** ~ (*fig*) in Fahrt sein
**lanciatore, -trice** [lantʃa'to:re] *m, f* Werfer(in) *m(f)*; ~ **del disco** Diskuswerfer *m*; ~ **del giavellotto** Speerwerfer *m*; ~ **del peso** Kugelstoßer *m*
**lanciere** [lan'tʃɛ:re] *m* Lanzenreiter *m*
**lancinante** [lantʃi'nante] *agg* (*fig*) stechend
**lancio** ['lantʃo] <-ci> *m* ❶ (*gener*) Wurf *m*; (*salto*) Sprung *m*; (*dall'alto*) Absprung *m*; (*di bombe*) Abwurf *m* ❷ (*fig* COM) Lancieren *nt*
**landa** ['landa] *f* Heide *f*, Heideland *nt*
**lanerie** [lane'ri:e] *fpl* Wollwaren *fpl*
**lanetta** [la'netta] *f* leichter Wollstoff; (*tessuto misto*) Halbwolle *f*
**langravio** [laŋ'gra:vio] <-i> *m* Landgraf *m*
**languidezza** [laŋgui'dettsa] *f* Mattigkeit *f*, Schwäche *f* **languido, -a** ['laŋguido] *agg* ❶ (*fiacco*) matt ❷ (*fig: sguardo, occhi*) schmachtend
**languire** [laŋ'gui:re] <languo *o* languisco, languii, languito> *vi* ❶ (*struggersi*) schmachten; ~ **in carcere** im Kerker schmachten ❷ (*indebolirsi*) ermatten; (*attività*) stocken; **la conversazione langue** die Konversation stockt ❸ (*venir meno*) vergehen; ~ **dalla fame** vor Hunger vergehen **languore** [laŋ'guo:re] *m* ❶ (*fiacchezza*) Mattigkeit *f* ❷ (*fig: spirituale*) Niedergeschlagenheit *f* ❸ (*struggimento*) Schmachten *nt*
**laniccio** [la'nittʃo] <-cci> *m* Staubfluse *f*
**laniere, -a** [la'niɛ:re] *m, f* Wollwarenfabri-

kant(in) *m(f)* **laniero, -a** [la'niɛːro] *agg* Woll- **lanificio** [lani'fiːtʃo] <-ci> *m* Wollspinnerei *f*

**lanolina** [lano'liːna] *f* Lanolin *nt*

**lanoso, -a** [la'noːso] *agg* wollig

**lanterna** [lan'tɛrna] *f* ① (*gener*) Laterne *f* ② (NAUT) Blinklicht *nt;* (*faro*) Leuchtturm *m* **lanternino** [lanter'niːno] *m* kleine Laterne; **cercare qu col ~** (*fig*) jdn verzweifelt suchen

**lanugine** [lanu'dʒiːne] *f* Flaum *m*

**lapalissiano, -a** [lapalis'sjaːno] *agg* altbekannt; **verità -a** Binsenwahrheit *f*

**lapidare** [lapi'daːre] *vt* steinigen

**lapidario** [lapi'daːrjo] <-i> *m* ① (*operaio*) Steinmetz *m,* Steinhauer *m* ② (*museo*) Lapidarium *nt*

**lapidario, -a** <-i, -ie> *agg* ① (*arte*) Stein-, Steinmetz- ② (*fig*) kurz und bündig, lapidar **lapidazione** [lapidat'tsjoːne] *f* Steinigung *f*

**lapide** ['laːpide] *f* (*su sepolcri*) Grabstein *m;* (*su muri*) Gedenktafel *f,* Gedenkstein *m*

**lapis** ['laːpis] <-> *m* Bleistift *m;* (*di colore*) Buntstift *m;* **~ emostatico** Blutstillstift *m*

**lapislazzuli** [lapiz'laddzuli] <-> *m* Lapislazuli *m*

**lappare** [lap'paːre] *vt, vi* schlabbern

**lappatrice** [lappa'triːtʃe] *f* (TEC) Läppmaschine *f*

**lappatura** [lappa'tuːra] *f* ① (TEC: *di metallo*) Läppen *nt* ② (TEC: *di pietre preziose*) Schleifen *nt*

**lapsus** ['lapsus] <-> *m* Lapsus *m,* Flüchtigkeitsfehler *m*

**laptop** ['læptɔp] <- *o* laptops> *m* (INFORM) Laptop *m*

**L'Aquila** *f* L'Aquila *nt* (*Hauptstadt der Region Abruzzen*)

**lardellare** [lardel'laːre] *vt* (GASTR) spicken, füllen

**lardo** ['lardo] *m* Speck *m*

**largheggiare** [larged'dzaːre] *vi* **~ di** [*o* **in**] **qc** mit etw freigebig sein; **~ in cortesie** betont höflich sein; **~ in mance** reichlich Trinkgeld geben

**larghezza** [lar'gettsa] *f* ① (*gener*) Breite *f;* (*ampiezza*) Weite *f,* Geräumigkeit *f* ② (*fig: liberalità*) Großzügigkeit *f,* Freigebigkeit *f;* **~ d'idee** Weitblick *m*

**largire** [lar'dʒiːre] <largisco> *vt* (*poet*) spenden, gewähren **largitore, -trice** [lardʒi'toːre] *m, f* (*poet*) Spender(in) *m(f)* **largizione** [lardʒit'tsjoːne] *f* (*poet*) freizügige Spende, großzügiges Geschenk

**largo** ['largo] <-ghi> *m* ① *sing* (*larghezza*) Breite *f,* Weite *f;* **farsi ~ tra la folla** sich *dat* einen Weg durch die Menge bahnen; **girare al ~ da qu** um jdn einen [großen] Bogen machen; **fate ~!** Platz da! ② *sing* (*mare*) offene See, offenes Meer; **prendere il ~** (NAUT) in See stechen; (*fig*) das Weite suchen, sich aus dem Staube machen ③ (MUS) Largo *nt* ④ (*piccola piazza*) Platz *m*

**largo, -a** <-ghi, -ghe> *agg* ① (*gener*) breit; (*ampio*) weit; (*spazioso*) geräumig; (*vestito*) bequem; **~ di fianchi** mit breiten Hüften; **~ di spalle** breitschultrig; **~ tre metri** drei Meter breit; **curva -a** flache Kurve; **stare alla -a da qu** jdn meiden, sich *dat* jdn vom Halse halten; **su -a scala** in großem Umfang ② (*generoso*) großzügig; (*quantità*) reichlich; (*d'idee*) großzügig, aufgeschlossen

**larice** ['laːritʃe] *m* Lärche *f*

**laringe** [la'rindʒe] *f o m* (ANAT) Kehlkopf *m*

**laringite** [larin'dʒiːte] *f* (MED) Kehlkopfentzündung *f*

**laringotomia** [laringoto'miːa] <-ie> *f* (MED) Kehlkopfschnitt *m*

**LARN** *mpl acro di* **Livelli di Assunzione giornalieri Raccomandati di energia e di Nutrienti per la popolazione italiana** *italienische Empfehlungen für die Nährstoffzufuhr*

**larva** ['larva] *f* ① (ZOO) Larve *f* ② (*fig: ombra*) Gespenst *nt,* Schatten *m;* **un uomo ridotto a una ~** ein Mensch, der nur noch ein Schatten seiner selbst ist ③ (*fig: apparenza*) [An]schein *m* **larvale** [lar'vaːle] *agg* larval, Larven-

**larvato, -a** [lar'vaːto] *agg* verhüllt, verschleiert

**lasagne** [la'zaɲɲe] *fpl* Lasagne *f* (*überbackene Nudelplatten mit Hackfleischfüllung*)

**lasciapassare** [laʃʃapas'saːre] <-> *m* Passierschein *m*

**lasciare** [laʃ'ʃaːre] **I.** *vt* ① (*non portare con sé*) lassen, zurücklassen; (*dimenticare*) [liegen/stehen/hängen] lassen ② (*abbandonare*) verlassen; (*posto*) aufgeben; (*separarsi da*) sich trennen von; **chi lascia la via vecchia per la nuova, sa quel che lascia, ma non sa quel che trova** (*prov*) ≈ ein Spatz in der Hand ist besser als eine Taube auf dem Dach ③ (*in eredità*) hinterlassen, vermachen; **~ detto** ausrichten lassen; **~ scritto** schriftlich festlegen ④ (*mollare*) loslassen, auslassen *A;* (*liberare*) freilassen; **~ le cose come stanno** die Dinge auf sich beruhen lassen; **~ il discorso a**

**mezzo** das Gespräch nicht zu Ende führen; **o prendere o ~** entweder oder, ja oder nein; **~ ogni speranza** jede Hoffnung aufgeben ⑤ (*affidare, consegnare*) lassen, abgeben, überlassen ⑥ (*consentire*) lassen, zulassen; **~ andare** fortlassen; (*non curarsi*) sich nicht kümmern um; **~ andare** [*o* **perdere**] [*o* **stare**] sein lassen; **~ correre** es geschehen lassen, ein Auge zudrücken; **a desiderare** zu wünschen übrig lassen; **~ fare** in Ruhe lassen, gewähren lassen; **~ stare qu** jdn in Ruhe lassen; **lasciamo stare!** reden wir nicht mehr darüber! II. *vr* **-rsi** auseinandergehen, sich trennen; **-rsi andare** (*fig*) sich gehen lassen

**lascito** ['laʃʃito] *m* Vermächtnis *nt,* Hinterlassenschaft *f*

**lascivia** [laʃ'ʃi:via] <-ie> *f* Wollust *f* **lascivo, -a** [laʃ'ʃi:vo] *agg* wollüstig

**laser** ['la:zer] <-> *m* Laser *m*

**laserfoto** [lazer'fɔ:to] <-> *f* Laserfoto *nt*

**laserista** [laze'rista] <-i *m,* -e *f*> *mf* (TEC) Lasertechniker(in) *m(f)*

**La Spezia** *f* La Spezia *nt* (*Stadt in Ligurien*)

**lassativo** [lassa'ti:vo] *m* Abführmittel *nt*

**lassativo, -a** *agg* abführend, Abführ-

**lassismo** [las'sizmo] *m* ① (REL) Laxismus *m* ② (*fig*) Laxheit *f,* Gleichgültigkeit *f*

**lasso** ['lasso] *m* **~ di tempo** Zeitraum *m,* Zeitspanne *f*

**lassù** [las'su] *avv* (*stato*) dort [*o* da] oben; (*moto*) da [*o* dort] hinauf

**last minute** [la:st'mɪnɪt] <inv> *agg* volo **~** Last-Minute-Flug *m;* **offerta ~** Last-Minute-Angebot *nt*

**lastra** ['lastra] *f* ① (*piastra*) Platte *f,* Tafel *f;* (*di vetro*) Scheibe *f* ② (FOTO) Fotoplatte *f;* (*radiografia*) Röntgenaufnahme *f* ③ (TYP) Druckplatte *f*

**lastricare** [lastri'ka:re] *vt* pflastern **lastricato** [lastri'ka:to] *m* [Straßen]pflaster *nt*

**lastrico** ['lastriko] <-chi *o* -ci> *m* ① (*di strada*) Pflaster *nt,* Pflasterung *f* ② (*fig: miseria*) Armut *f,* Elend *nt;* **buttare** [*o* **ridurre**] **qu sul ~** (*fig*) jdn an den Bettelstab bringen

**lastrone** [las'tro:ne] *m* Felsplatte *f,* Felswand *f*

**latebra** [la'tɛ:bra] *f* (*poet*) ① (*nascondiglio*) Unterschlupf *m,* Schlupfwinkel *m* ② (*fig*) Tiefe *f,* Unterste(s) *nt*

**latente** [la'tɛnte] *agg* versteckt, verborgen

**laterale** [late'ra:le] I. *agg* seitlich, Neben- II. *m* (SPORT) Außenläufer *m*

**lateranense** [latera'nɛnse] *agg* lateranisch, Lateran-

**laterizi** [late'rittsi] *mpl* Ziegel[steine] *mpl,* Backsteine *mpl*

**laterizio, -a** [late'rittsio] <-i, -ie> *agg* aus [gebrannter] Tonerde, Ziegel-, Backstein-; **materiale ~** Ziegelsteine *mpl*

**latice** ['la:tiʃe] *m* Latex *m,* Gummimilch *f*

**latifoglio, -a** [lati'fɔʎʎo] <-gli, -glie> *agg* breitblätt[e]rig

**latifondista** [latifon'dista] <-i *m,* -e *f*> *mf* Großgrundbesitzer(in) *m(f)* **latifondistico, -a** [latifon'distiko] <-ci, -che> *agg* (HIST) Großgrund- **latifondo** [lati'fondo] *m* Großgrundbesitz *m,* Latifundium *nt*

**Latina** [la'ti:na] *f* Latina *nt* (*Stadt in Latium*)

**latina** *f v.* **latino**

**latine[n]se** [lati'nɛ(n)se] I. *agg* (*di Latina*) latinisch II. *mf* (*abitante*) Einwohner(in) *m(f)* von Latina

**latinismo** [lati'nizmo] *m* Latinismus *m*

**latinità** [latini'ta] <-> *f* ① (*tradizione, carattere*) lateinischer Charakter, Latinität *f* ② (*lingua, letteratura*) römische Klassik

**latino** [la'ti:no] <*sing*> *m* Latein *nt,* Lateinisch *nt*

**latino, -a** I. *agg* lateinisch; (*neolatino*) romanisch; (REL) römisch[-katholisch]; **America -a** Lateinamerika *nt;* **~-americano** lateinamerikanisch; **chiesa -a** römisch-katholische Kirche II. *m, f* ① (*abitante del Lazio antico*) Latiner(in) *m(f)* ② (*romano*) Römer(in) *m(f)*

**latitante** [lati'tante] I. *agg* flüchtig [vor dem Gesetz] II. *mf* Flüchtige(r) *f(m)* **latitanza** [lati'tantsa] *f* Flüchtigsein *nt*

**latitudinale** [latitudi'na:le] *agg* Breiten-; **coordinata ~** Breitengrad *m* **latitudine** [lati'tu:dine] *f* [geografische] Breite *f*

**lato** ['la:to] *m* ① (*parte*) Seite *f;* **a ~ di qu** neben jdm, an jds Seite ② (*fig: aspetto*) Seite *f,* Aspekt *m;* (*punto di vista*) Gesichtspunkt *m,* Standpunkt *m;* **d'altro ~** and[e]rerseits; **da un ~ ..., dall'altro ...** einerseits ..., and[e]rerseits ...

**lato, -a** *agg* (*poet*) ausgedehnt; (*fig*) weit; **in senso ~** im weiteren Sinne

**latore, -trice** [la'to:re] *m, f* Überbringer(in) *m(f)*

**latrare** [la'tra:re] *vi* kläffen **latrato** [la'tra:to] *m* Gekläff[e] *nt*

**latrice** *f v.* **latore**

**latrina** [la'tri:na] *f* Abort *m*

**latrocinio** [latro'tʃi:nio] <-i> *m* betrügerischer Diebstahl

**latta** ['latta] *f* ① (*lamiera*) Blech *nt* ② (*recipiente*) Kanne *f,* Kanister *m*

**lattaio, -a** [lat'ta:io] <-i, -ie> *m, f* Milchmann *m*/-frau *f*, Milchhändler(in) *m(f)*
**lattante** [lat'tante] I. *agg* saugend II. *mf* Säugling *m*
**lattazione** [lattat'tsio:ne] *f* Milchabsonderung *f*, Milchproduktion *f*
**latte** ['latte] <*sing*> *m* Milch *f*; ~ **cagliato** Dickmilch *f*; ~ **condensato** Kondensmilch *f*; ~ **detergente** Reinigungsmilch *f*; ~ **intero** Vollmilch *f*; ~ **materno** Muttermilch *f*; ~ **scremato** Magermilch *f*; ~ **in polvere** Milchpulver *nt*; ~ **in scatola** Dosenmilch *f*; **denti da** ~ Milchzähne *mpl*; **fior di** ~ Rahm *m*; **bianco come il** ~ schneeweiß **lattemiele** [latte'miɛ:le] <-> *m* ① (GASTR) *Süßspeise aus Honig und Milch* ② (*fig*) Gefälligkeit *f*, Fügsamkeit *f*; **essere tutto** ~ **con qu** jdm Honig ums Maul schmieren **latteo, -a** ['latteo] <-ei, -ee> *agg* Milch-; (*simile al latte*) milchig; **via** ~ **a** (ASTR) Milchstraße *f* **latteria** [latte'ri:a] <-ie> *f* Molkerei *f*
**lattescente** [lattef'fɛnte] *agg* milchig, milchfarben **lattescenza** [lattef'fɛntsa] *f* Milchigkeit *f*
**lattice** ['lattitfe] *v.* **latice**
**latticello** [latti'tfɛllo] *m* Buttermilch *f*
**latticini** [latti'tfi:ni] *mpl* Milchprodukte *ntpl*, Milcherzeugnisse *ntpl*
**lattico, -a** ['lattiko] <-ci, -che> *agg* Milch-
**lattiera** [lat'tiɛ:ra] *f* Milchkanne *f* **lattiero, -a** [lat'tiɛ:ro] *agg* Milch-
**lattifero, -a** [lat'ti:fero] *agg* milchführend, milcherzeugend; **vacca -a** Milchkuh *f*
**lattiginoso, -a** [lattidʒi'no:so] *agg* ① (*simile al latte*) milchig, milchartig ② (BOT) Milchsaft absondernd
**lattina** [lat'ti:na] *f* Büchse *f*, Dose *f*
**lattoniere** [latto'niɛ:re] *m* Klempner *m*, Blechschmied *m*
**lattonzolo** [lat'tontsolo] *m* Jungtier *nt* (*das noch gesäugt wird*); (*maialino*) Spanferkel *nt*
**lattosio** [lat'tɔ:zio] <-i> *m* Laktose *f*, Milchzucker *m*
**lattuga** [lat'tu:ga] <-ghe> *f* Lattich *m*; (GASTR) grüner Salat
**lauda** ['la:uda] <-i> *f* Lauda *f*, Laude *f*
**laudano** ['la:udano] *m* Opiumtinktur *f*, Laudanum *nt*
**laudativo, -a** [lauda'ti:vo] *agg* lobend, Lob-
**laurea** ['la:urea] *f* Hochschulabschluss *m*, Diplom *nt*; ~ **breve** *dreijähriges Kurzstudium*; **esame di** ~ Examen *nt*, Diplomprüfung *f*; **tesi di** ~ Diplomarbeit *f*, Magisterarbeit *f*; **conseguire la** ~ den Hochschulabschluss erwerben; **prendere la** ~ **in giurisprudenza** seinen Abschluss in Jura machen
**laureando, -a** [laure'ando] *m, f* Examenskandidat(in) *m(f)*, Diplomand(in) *m(f)*
**laureare** [laure'a:re] I. *vt* ~ **qu** jdm einen akademischen Grad verleihen II. *vr* -**rsi** den Hochschulabschluss erwerben; -**rsi in medicina** seinen Abschluss in Medizin machen **laureato, -a** [laure'a:to] I. *agg* (*studente*) mit Hochschulabschluss, diplomiert II. *m, f* Hochschulabsolvent(in) *m(f)*, Akademiker(in) *m(f)*; ~ **in legge**/ **lettere** Absolvent *m* der Rechte/Philologie
**lauro** ['la:uro] *m* ① (*poet*) Lorbeer *m* ② (*fig*) Lorbeerkranz *m*
**lautal®** [lau'ta:l] <-> *f* (MIN: *lega costituita da alluminio, silicio e rame*) Lautal® *nt* (*Al-Si-Cu-Legierung*)
**lauto, -a** ['la:uto] *agg* auserlesen; (*abbondante*) üppig
**LAV** *f abbr di* **Lega Anti Vivisezione** *Vereinigung gegen Tierversuche*
**lava** ['la:va] *f* Lava *f*
**lavaauto** [lava'a:uto] <-> *mf* (MOT) Autowäscher(in) *m(f)*
**lavabiancheria** [lavabiaŋke'ri:a] <-> *f* Waschmaschine *f*
**lavabile** [la'va:bile] *agg* waschbar, waschecht
**lavabo** [la'va:bo] *m* (*ambiente*) Waschraum *m*; (*lavandino*) Waschbecken *nt*
**lavacristallo** [lavakris'tallo] <-> *m* (MOT) Scheibenwaschanlage *f*
**lavacro** [la'va:kro] *m* ① (*poet*) Waschung *f* ② (*fig*) Läuterung *f*, Reinigung *f*; (*battesimo*) Taufe *f*; **Santo** ~ Taufe *f*
**lavafrutta** [lava'frutta] <-> *m* mit Wasser gefüllte Tischschale zum Waschen von Obst
**lavaggiatore, -trice** [lavaddʒa'to:re] *m, f* ① (TEC) Verantwortliche(r) *f(m)* für industrielle Reinigungsprozesse ② (*lavamacchine*) Autowäscher(in) *m(f)*
**lavaggio** [la'vaddʒo] <-ggi> *m* ① (*gener*) Reinigung *f*, Wäsche *f*, Waschen *nt*; ~ **del cervello** Gehirnwäsche *f*; ~ **a secco** chemische Reinigung ② (MED) Spülung *f*; ~ **gastrico** Magenspülung *f*
**lavagna** [la'vaɲɲa] *f* ① (GEOL) Schiefer *m* ② (*nelle scuole*) [Schiefer]tafel *f*; ~ **luminosa** Overheadprojektor *m*
**lavamacchine** [lava'makkina] <-> *mf v.* **lavaauto**
**lavamano** [lava'ma:no] <-> *m* Waschtisch *m*

**lavamoquette** [lavamo'kɛt] <-> *f* Reinigungsgerät *nt* für Teppichböden
**lavanda** [la'vanda] *f* ① (*atto del lavare, del lavarsi*) Waschung *f*; (MED) Spülung *f*; **~ gastrica** Magenspülung *f* ② (BOT) Lavendel *m*; (*profumo*) Lavendelwasser *nt*
**lavandaia** [lavan'daːia] *f* (*fig, pej*) Waschweib *nt*
**lavandaio, -a** [lavan'daːio] <-ai, -aie> *m, f* Wäscher(in) *m(f)*
**lavanderia** [lavande'riːa] <-ie> *f* Wäscherei *f*; (*stanza*) Waschküche *f*
**lavandino** [lavan'diːno] *m* Waschbecken *nt*, Spülbecken *nt*
**lavapavimenti** [lavapavi'menti] <-> *f* Bodenreinigungsgerät *nt*
**lavapiatti** [lava'pjatti] <-> *mf* Tellerwäscher(in) *m(f)*
**lavare** [la'vaːre] I. *vt* [ab]waschen; (*stoviglie*) spülen, abwaschen; (*denti, vetri*) putzen; **~ a secco** chemisch reinigen II. *vr* **-rsi** sich waschen; **-rsi come i gatti** Katzenwäsche machen; **lavarsene le mani** (*fig*) seine Hände in Unschuld waschen
**lavasciuga** [lavaʃ'ʃuːga] <-> *f* (TEC) Waschtrockner *m*
**lavasecco** [lava'sekko] <-> *m o f* chemische Reinigung
**lavastoviglie** [lavasto'viʎʎe] <-> *f* [Geschirr]spülmaschine *f*
**lavata** [la'vaːta] *f* [flüchtiges] [Ab]waschen *nt*; **dare a qu una ~ di capo** (*fig*) jdm den Kopf waschen
**lavatergifari** [lavatɛrdʒi'faːri] <-> *m* (MOT) Scheinwerferwischer *m* **lavatergilunotto** [lavatɛrdʒilu'nɔtto] <-> *m* (MOT) Heckscheibenwisch- und Waschanlage *f*
**lavatesta** [lava'tɛsta] I. <-> *m* Nackenstütze *f* für die Haarwäsche beim Friseur II. <inv> *agg* **catino ~** Haarwaschnackenstütze *f*
**lavativo** [lava'tiːvo] *m* Drückeberger *m*, Taugenichts *m*
**lavatoio** [lava'toːio] <-oi> *m* ① (*stanza*) Waschküche *f* ② (*vasca*) Waschtrog *m* ③ (*lastra*) Waschbrett *nt*
**lavatore, -trice** [lava'toːre] *m, f* (*persona*) Wäscher(in) *m(f)*
**lavatrice** [lava'triːtʃe] *f* (TEC) Waschmaschine *f* **lavatura** [lava'tuːra] *f* ① (*il lavare*) Waschen *nt*, Wäsche *f* ② (*acqua*) Spülwasser *nt*, Waschwasser *nt*; **un brodo che è una ~ di piatti** eine Brühe, die wie Abwaschwasser schmeckt
**lavavetri** [lava'veːtri] <-> *mf* ① (*persona*) Fensterputzer(in) *m(f)* ② (*di parabrezza*) Autoscheibenputzer(in) *m(f)* ③ (*attrezzo*) [elektrisches] Fensterputzgerät *nt*
**lavello** [la'vɛllo] *m* Spülbecken *nt*, Waschbecken *nt*
**lavico, -a** ['laːviko] <-ci, -che> *agg* aus Lava, Lava-
**lavina** [la'viːna] *f* Lawine *f*
**lavorabile** [lavo'raːbile] *agg* bearbeitbar, verarbeitbar; (*terreno*) bestellbar
**lavorante** [lavo'rante] *mf* Geselle *m*/Gesellin *f*
**lavorare** [lavo'raːre] I. *vt* (*agire su*) bearbeiten; (*pasta*) kneten; (*terreno*) bestellen II. *vi* ① (*gener*) arbeiten ② (*funzionare*) laufen ③ (*negozio*) [gut] gehen III. *vr* **-rsi qu** (*fam*) jdn herumbekommen [wollen], jdn umgarnen
**lavorativo, -a** [lavora'tiːvo] *agg* Arbeits-, Werk-; **terreno ~** Ackerland *nt*; **settimana -a** Arbeitswoche *f* **lavoratore, -trice** [lavora'toːre] I. *agg* arbeitend, erwerbstätig II. *m, f* Arbeiter(in) *m(f)*, Erwerbstätige(r) *f(m)*; **~ agricolo** Landarbeiter *m*; **~ autonomo** Selbständige(r) *m*; **~ dipendente** Festangestellte(r) *f(m)*, Arbeitnehmer *m*, Dienstnehmer *m A*; **~ qualificato** gelernter Arbeiter; **~ specializzato** Facharbeiter *m*
**lavorazione** [lavorat'tsjoːne] *f* Bearbeitung *f*; (*di materie prime*) Verarbeitung *f*; (*di film*) Herstellung *f*; (*di terreno*) Bestellung *f*; (*di pasta*) Kneten *nt*; **~ in serie** Serienfertigung *f*; **essere in ~** in Arbeit sein
**lavorio** [lavo'riːo] <-ii> *m* ① (*attività*) Geschäftigkeit *f*, Betriebsamkeit *f* ② (*fig: intrigo*) Intrige *f*
**lavoro** [la'voːro] *m* ① (*attività di produzione*) Arbeit *f*, Tätigkeit *f*; (*remunerato*) Beschäftigung *f*; **~ nero** [*o* **abusivo**] Schwarzarbeit *f*, Pfusch *m A*; **-i domestici** Hausarbeit *f*; **-i forzati** Zwangsarbeit *f*; **~ di manovalanza** Knochenjob *m*; **~ straordinario** Überstunden *fpl*; **-i in corso** (*su strade*) Baustelle *f*; **senza ~** arbeitslos; **andare al ~** zur Arbeit gehen ② (*opera*) Arbeit *f*, Werk *nt*; **~ teatrale** Theaterstück *nt*, Bühnenwerk *nt*; **hai fatto proprio un bel ~!** (*iron*) da hast du ja was Schönes angerichtet!
**layout** ['lɛiaut] <-> *m* Layout *nt* **layout man** ['lɛiaut mæn] <- *o* layout men> *m* (TYP) Layouter(in) *m(f)*
**laziale** [lat'tsjaːle] I. *mf* ① (*abitante*) Bewohner(in) *m(f)* Latiums ② (SPORT: *giocatore*) Spieler(in) *m(f)* von Lazio Rom

Lazio → legalitario

❸ (SPORT: *tifoso*) Lazio-Fan *m* II. *agg* aus Latium
**Lazio** ['lattsjo] <*sing*> I. *m* Latium *nt* II. *f* (SPORT: *squadra di calcio romana*) Lazio Rom *ohne Artikel*
**lazo** ['laddzo] <-> *m* Lasso *nt o m;* **prendere al** ~ mit dem Lasso einfangen
**lazzaretto** [laddza'retto] *m* Lazarett *nt*
**lazzaronata** [laddzaro'na:ta] *f* Gaunerei *f*
**lazzarone** [laddza'ro:ne] *m* Schurke *m*, Lump *m;* (*fannullone*) Nichtsnutz *m*
**lazzeretto** [laddze'retto] *m v.* **lazzaretto**
**lazzo** ['laddzo *o* 'lattso] *m* Schwank *m*, Witz *m*, Schmäh *m A*
**LC** *abbr di* **Lotta Continua** *italienische Linkspartei*
**le** [le] I. *art det f pl* die *fpl;* ~ **signore** die Frauen II. *pron pers 3. pers f sing* ❶ (*complemento di termine*) ihr; **non ~ hai detto nulla?** hast du ihr nichts gesagt? ❷ (*complemento di termine, forma di cortesia: Le*) Ihnen; **adesso Le comunico i Suoi risultati** ich teile Ihnen jetzt Ihre Ergebnisse mit III. *pron pers 3. pers f pl* ❶ (*complemento oggetto*) sie; **non ~ avevo mai sentite così entusiaste** so begeistert habe ich sie noch nie gehört ❷ (*in espressioni ellittiche, spesso non tradotto*) **guarda che ~ prendi!** pass auf, sonst setzt es was!
**lead** [li:d] <-> *m* (TYP: *nel linguaggio giornalistico, il cappello introduttivo di un articolo*) Vorspann *m* eines Zeitungsartikels
**leader** ['li:də] <-> *mf* Führer *m* **leaderismo** [lide'rizmo] *m* Herrscherallüren *fpl* **leadership** ['li:dəʃip *o* 'lidərʃip] <-> *f* Führung *f*, Führerschaft *f*
**leale** [le'a:le] *agg* ❶ (*onesto, sincero*) aufrichtig; (*di comportamento*) fair ❷ (*fedele*) treu, loyal **lealismo** [lea'lizmo] *m* Loyalität *f*, Regierungstreue *f* **lealista** [lea'lista] <-i *m*, -e *f*> I. *mf* Regierungstreue(r) *f(m);* (HIST) Loyalist(in) *m(f)* II. *agg* loyal
**lealtà** [leal'ta] <-> *f* ❶ (*onestà, sincerità*) Aufrichtigkeit *f*, Rechtschaffenheit *f;* (*comportamento*) Fairness *f* ❷ (*fedeltà*) Treue *f*, Loyalität *f*
**leardo** [le'ardo] I. *agg* grau und weiß getupft, grauscheckig II. *m* Grauschimmel *m*
**leasing** ['li:siŋ] <-> *m* (FIN) Leasing *nt;* **prendere un'auto in** ~ ein Auto leasen; **società di** ~ Leasingfirma *f;* ~ **immobiliare** Immobilienleasing *nt;* ~ **finanziario** Finanzierungsleasing *nt*
**lebbra** ['lebbra] *f* ❶ (MED) Lepra *f*, Aussatz *m* ❷ (BOT) Schorf *m* ❸ (*fig*) Aussatz *m*, Übel *nt* **lebbrosa** *f v.* **lebbroso lebbrosario** [lebbro'sa:rjo] <-i> *m* Leprakrankenhaus *nt*, Leprastation *f* **lebbroso, -a** [leb'bro:so] I. *agg* aussätzig, leprakrank II. *m, f* Aussätzige(r) *f(m)*
**leccaculo** [lekka'ku:lo] <-li *o* -> *m* (*vulg*) Arschkriecher *m*, Schleimscheißer *m*
**lecca lecca** [lekka'lekka] <-> *m* Lutscher *m*
**leccapiatti** [lekka'pjatti] <-> *mf* (*ghiottone*) Leckermaul *nt*
**leccapiedi** [lekka'piɛ:di] <-> *mf* (*pej*) Speichellecker *m*
**leccarda** [lek'karda] *f* Fettfänger *m*, Fettpfanne *f*
**leccare** [lek'ka:re] I. *vt* lecken, schlecken; ~ **i piedi a qu** (*fig*) vor jdm kriechen II. *vr* **-rsi** sich schniegeln, sich schön machen; **-rsi le dita** [*o* **i baffi**] **per qc** (*fig*) sich die Finger nach etw lecken
**leccata** [lek'ka:ta] *f* Lecken *nt*, Ablecken *nt*
**leccato, -a** [lek'ka:to] *agg* (*fig*) gepflegt
**leccatura** [lekka'tu:ra] *f* (*fig*) Schmeichelei *f*
**Lecce** *f* Lecce *nt* (*Stadt in Apulien*)
**leccese** [lek'ke:se] I. *agg* (*di Lecce*) aus Lecce II. *mf* (*abitante*) Einwohner(in) *m(f)* von Lecce
**Leccese** <*sing*> *m* Umgebung *f* von Lecce
**leccio** ['lettʃo] <-cci> *m* Steineiche *f*
**leccornia** [lekkor'ni:a] <-ie> *f* Delikatesse *f*, Leckerbissen *m*
**lecitina** [letʃi'ti:na] *f* Lezithin *nt*
**lecito, -a** ['le:tʃito] *agg* erlaubt, zulässig
**ledere** ['lɛ:dere] <ledo, lesi, leso> *vt* beschädigen; (*fig*) schädigen; (MED) verletzen
**lega** ['le:ga] <-ghe> *f* ❶ (*federazione*) Bund *m*, Liga *f;* (*associazione*) Verband *m*, Vereinigung *f;* ~ **anseatica** (HIST) Hanse *f;* ~ **delle nazioni** (HIST) Völkerbund *m* ❷ (*di metalli*) Legierung *f;* ~ **in argento** Silberlegierung *f;* **di bassa** ~ [**d'oro**] niedriger Goldgehalt
**legaccio** [le'gattʃo] <-cci> *m* [Schnür]band *nt;* **-cci delle scarpe** Schnürsenkel *mpl*
**legaiolo, -a** [lega'io:lo] I. *m, f* (*pej: leghista*) Parteimitglied *nt* der Lega Nord II. *agg* Lega-
**legale** [le'ga:le] I. *agg* legal, gesetzlich, Gesetzes-; (*secondo legge*) gesetzmäßig, rechtsgültig; (*a. fig*) rechtmäßig; (*per vie legali*) gerichtlich; **studio** ~ Anwaltsbüro *nt*, [Rechts]anwaltskanzlei *f* II. *m* [Rechts]anwalt *m* **legalità** [legali'ta] <-> *f* Gesetzlichkeit *f*, Legalität *f;* (*a. fig*) Rechtmäßigkeit *f* **legalitario, -a** [legali'ta:rjo]

<-i, -ie> *agg* gesetzmäßig, sich im Rahmen der Legalität bewegend

**legalizzare** [legalid'dza:re] *vt* (JUR) legalisieren; (ADM) amtlich beglaubigen **legalizzazione** [legaliddzat'tsio:ne] *f* (JUR) Legalisierung *f*; (ADM) amtliche Beglaubigung

**Legambiente** [legam'bjɛnte] *f* (ECOL) *acro di* **Lega per l'ambiente** *italienischer Naturschutzbund*

**legame** [le'ga:me] *m* ① (*vincolo*) Bindung *f*, Band *nt geh*; (*rapporto*) Verhältnis *nt* ② (*nesso logico*) Zusammenhang *m*

**legamento** [lega'mento] *m* ① (*legame*) Verbindung *f*, Bindung *f* ② (ANAT) Band *nt*

**Lega Nord** [le:ga nɔrd] *f* (POL) Lega Nord *f* (*sezessionistische Partei Norditaliens*)

**legante** [le'gante] *m* Bindemittel *nt*

**legare** [le'ga:re] I. *vt* ① (*collegare*) binden, an-, festbinden; (*con spago*) zu-, verschnüren; (*con funi*) vertäuen; (*alla catena*) fesseln; (*cane*) anketten; (*capelli*) zusammenbinden; **ho le mani legate** (*fig*) mir sind die Hände gebunden; **legarsela al dito** (*fam*) es sich hinter die Ohren schreiben ② (MED: *arteria*) abbinden ③ (*libri*) [ein]binden ④ (*fig*) verpflichten, [ver]binden II. *vi* ① (CHEM) eine Legierung bilden ② (*fig*) zusammenpassen; (*andar d'accordo*) sich verstehen, sich vertragen III. *vr* -**rsi a qu** sich an jdn binden **legatario, -a** [lega'ta:rio] <-i, -ie> *m, f* Legatar *m*, Vermächtnisnehmer(in) *m(f)*

**legato** [le'ga:to] *m* ① (MUS) Legato *nt* ② (POL) Gesandte(r) *f(m)*, Legat *m* ③ (JUR) Vermächtnis *nt*

**legatore, -trice** [lega'to:re] *m, f* Buchbinder(in) *m(f)* **legatoria** [legato'ri:a] <-ie> *f* Buchbinderei *f* **legatrice** *f v.* **legatore**

**legatura** [lega'tu:ra] *f* ① (*il legare*) Bindung *f*; (*azione*) Binden *nt*; (*con spago*) Verschnürung *f*; (*con funi*) Vertäuen *nt* ② (MED) Abbinden *nt* ③ (MUS) Ligatur *f* ④ (*rilegatura*) Einband *m*; **~ in pelle** Ledereinband *m*; **~ a spirale** Spiralheftung *f*

**legazione** [legat'tsio:ne] *f* Gesandtschaft *f*, Legation *f*

**legenda** [le'dʒɛnda] *f* Legende *f*, Zeichenerklärung *f*

**legge** ['leddʒe] *f* ① (*norma*) Gesetz *nt*, Regel *f*; **~ del gioco** Spielregel *f*; **~ dell'onore** Ehrenkodex *m* ② (JUR: *precetto giuridico*) Gesetz *nt*; (*diritto*) Recht *nt*; **per ~** gesetzlich, nach dem Gesetz ③ (*giurisprudenza*) Jura *ohne Artikel*, Rechtswissenschaft *f*, Recht *nt*, Jus *nt A*; **uomo di ~** Gesetzeskundige(r) *f(m)*, Jurist *m*; **dottore in ~** Doktor *m* der Rechte ④ (*ordine*) Vorschrift *f*

**leggenda** [led'dʒɛnda] *f* ① (LIT) Sage *f*, Legende *f* ② (*fig*) Märchen *nt* ③ (*in araldica*) Wappenspruch *m*, Wahlspruch *m* ④ (*didascalia*) Legende *f*, Zeichenerklärung *f*

**leggendario** [leddʒen'da:rio] <-i> *m* Legendenbuch *nt*, Legendensammlung *f*

**leggendario, -a** <-i, -ie> *agg* sagenhaft, Sagen-

**leggere** ['lɛddʒere] <leggo, lessi, letto> I. *vt* lesen; (*ad altri*) vorlesen; (ADM, JUR) verlesen; **~ il futuro** die Zukunft voraussagen; **~ la mano** aus der Hand lesen; **~ la musica** Noten lesen II. *vi* lesen

**leggerezza** [leddʒe'rettsa] *f* ① (*gener*) Leichtigkeit *f* ② (*fig*) Unbeschwertheit *f*; (*frivolezza*) Leichtfertigkeit *f*; (*sconsideratezza*) Leichtsinn *m*

**leggero, -a** [led'dʒɛ:ro] *agg* (*gener*) leicht; (*delicato*) leise, sanft; (*agile*) gewandt, flink; **atletica -a** Leichtathletik *f*; **musica -a** leichte Musik, Unterhaltungsmusik *f*; **una ragazza -a** ein leichtes Mädchen; **prendere le cose alla -a** die Dinge auf die leichte Schulter nehmen

**leggerone, -a** [leddʒe'ro:ne] *m, f* (*facilone*) Leichtfuß *m*

**leggiadria** [leddʒa'dri:a] <-ie> *f* Anmut *f*, Grazie *f* **leggiadro, -a** [led'dʒa:dro] *agg* anmutig, reizend; (*forma*) zierlich

**leggibile** [led'dʒi:bile] *agg* (*scrittura*) leserlich; (*libro*) lesbar; (*raccomandabile*) lesenswert

**leggiero** [led'dʒɛ:ro] *agg v.* **leggero**

**leggina** [led'dʒi:na] *f* Gesetzesnovelle *f*

**leggings** ['legiŋs] *mpl* Leggin[g]s *pl*

**leggio** [led'dʒi:o] <-ii> *m* ① (*per libri*) Lesepult *nt* ② (MUS) Notenständer *m*

**leggiucchiare** [leddʒuk'kia:re] *vt* überfliegen

**leggo** ['lɛggo] *1. pers sing pr di* **leggere**

**leghismo** [le'gizmo] *m* Bündnisbildung *f*

**leghista** [le'gista] <-i *m*, -e *f*> I. *mf* ① (POL: *sostenitore di una lega*) Anhänger(in) *m(f)* eines Bündnisses, Bündnismitglied *nt* ② (POL: *sostenitore della Lega Nord*) Anhänger(in) *m(f)* der Lega Nord II. *agg* (*relativo alla Lega Nord*) der Lega Nord, Lega-; **il deputato ~** der Lega-Abgeordnete; **la manifestazione ~** die Lega-Nord-Kundgebung

**legiferare** [ledʒife'ra:re] *vi* ① (JUR) Gesetze erlassen ② (*fig, scherz*) Vorschriften machen, befehlen

**legionario** [ledʒo'na:rio] <-i> *m* ① (HIST)

**Legionär** *m* ❷ (*della Legione straniera*) Fremdenlegionär *m*
**legionario, -a** <-i, -ie> *agg* Legions-, Legionär[s]-
**legione** [le'dʒoːne] *f* (MIL) Legion *f*
**legislativo, -a** [ledʒizla'tiːvo] *agg* gesetzgebend, legislativ; **potere ~** Legislative *f*
**legislatore, -trice** [ledʒizla'toːre] *m, f* Gesetzgeber(in) *m(f)* **legislatura** [ledʒizla'tuːra] *f* ❶ (*attività, assemblea*) Legislative *f,* Legislatur *f* ❷ (*periodo*) Legislaturperiode *f* **legislazione** [ledʒizlat-'tsioːne] *f* ❶ (*attività*) Gesetzgebung *f* ❷ (*le leggi*) Gesetze *ntpl,* Recht *nt*
**legittima** [le'dʒittima] *f* (JUR) Pflichtteil *m o nt* **legittimare** [ledʒitti'maːre] *vt* ❶ (JUR) legitimieren; (*figlio*) anerkennen ❷ (*fig: giustificare*) rechtfertigen, entschuldigen **legittimario, -a** [ledʒitti'maːrio] <-i, -ie> *m, f* gesetzlicher Erbe, gesetzliche Erbin
**legittimatorio, -a** [ledʒittima'tɔːrio] <-i, -ie> *agg* (JUR) berechtigend, legitimierend; **documento ~** Legitimationsurkunde *f* **legittimazione** [ledʒittimat'tsioːne] *f* Legitimation *f,* Legitimierung *f* **legittimità** [ledʒittimi'ta] <-> *f* ❶ (JUR) Rechtsgültigkeit *f,* Gesetzlichkeit *f;* (*fig*) Legitimität *f,* Rechtmäßigkeit *f* ❷ (*di prole*) Ehelichkeit *f* ❸ (*fig: fondatezza*) Berechtigung *f* **legittimo, -a** [le'dʒittimo] *agg* ❶ (*conforme alla legge*) gesetzlich, rechtsgültig; (*per disposizione di legge*) berechtigt; (*fig*) legitim, rechtmäßig; **-a difesa** Notwehr *f* ❷ (*prole*) ehelich ❸ (*fig: fondato*) berechtigt, gerechtfertigt; (*dubbio*) begründet
**legna** ['leɲɲa] <-*o* -e> *f* [Brenn]holz *nt;* **far ~** Holz sammeln; **mettere ~ al fuoco** (*fig*) Öl ins Feuer gießen **legnaia** [leɲ'naːia] <-aie> *f* Holzschuppen *m* **legname** [leɲ'naːme] *m* Holz *nt,* Nutzholz *nt;* **~ da costruzione** Bauholz *nt* **legnare** [leɲ'naːre] *vt* (*tosc*) verprügeln, verhauen *fam* **legnata** [leɲ'naːta] *f* Prügel *mpl*
**legno** ['leɲɲo] *m* Holz *nt;* (*pezzo*) Holzscheit *nt;* **testa di ~** (*fam: persona poco intelligente*) Holzkopf *m;* (*persona ostinata*) Dickschädel *m,* Dickkopf *m;* **~ compensato** Sperrholz *nt* **legnosità** [leɲɲosi'ta] <-> *f* Holzigkeit *f,* Zähigkeit *f* **legnoso, -a** [leɲ'noːso] *agg* ❶ (*di legno*) hölzern, aus Holz ❷ (*fig: frutta*) holzig; (*carne*) zäh
**leguleio** [legu'leːio] <-ei> *m* (*pej*) Rechtsverdreher *m,* Winkeladvokat *m*

**legume** [le'guːme] *m* ❶ (*baccello*) Hülse *f,* Schote *f* ❷ *pl* Hülsenfrüchte *fpl*
**lei** ['lɛːi] *pron pers* ❶ 3. *pers f sing* sie; (*con preposizione*) sie, ihr, ihrer; **beata ~!** die Glückliche ❷ 3. *pers m e f sing* (*forma di cortesia: Lei*) Sie; (*con preposizione*) Sie, Ihnen, Ihrer; **dare del Lei a qu** jdn siezen, jdn mit Sie anreden
**lembo** ['lembo] *m* Rand *m;* (*di indumento*) Saum *m;* (*a. fig*) Zipfel *m;* (*striscia*) [dünner] Streifen *m*
**lemma** ['lɛmma] <-i> *m* Stichwort *nt,* Lemma *nt* **lemmario** [lem'maːrio] <-i> *m* Stichwörterverzeichnis *nt*
**lemme lemme** ['lɛmme 'lɛmme] *avv* (*fam*) gemächlich, in aller Gemütsruhe
**lemure** ['lɛːmure] *m* ❶ (*mitologia*) Lemur[e] *m* ❷ (ZOO) Lemur *m,* Maki *m*
**lena** ['leːna] *f* Eifer *m,* Kraft *f;* (*di volontà*) Willensstärke *f;* **lavorare di buona ~** eifrig, tüchtig arbeiten
**lendine** ['lɛndine] *m* Nisse *f*
**lenimento** [leni'mento] *m* Linderung *f,* Milderung *f*
**leninismo** [leni'nizmo] *m* Leninismus *m*
**lenire** [le'niːre] *vt* (*poet*) lindern, mildern
**lenitivo** [leni'tiːvo] *m* Schmerz stillendes Mittel, Schmerzmittel *nt*
**lenitivo, -a** *agg* Schmerz stillend, lindernd
**lenocinio** [leno'tʃiːnio] <-i> *m* ❶ (JUR) Kuppelei *f,* Zuhälterei *f* ❷ (*fig*) Verlockung *f*
**lenone** [le'noːne] *m* Kuppler *m,* Zuhälter *m*
**lente** ['lɛnte] *f* Linse *f;* **-i** Brille *f;* **~ d'ingrandimento** Lupe *f,* Vergrößerungsglas *nt;* **-i a contatto** [*o* **corneali**] Kontaktlinsen *fpl*
**lentezza** [len'tettsa] *f* (*di persona*) Langsamkeit *f;* (*di cosa*) Langwierigkeit *f*
**lenticchia** [len'tikkia] <-cchie> *f* (BOT) Linse *f*
**lenticolare** [lentiko'laːre] *agg* linsenförmig
**lentiggine** [len'tiddʒine] *f* Sommersprosse *f* **lentigginoso, -a** [lentiddʒi'noːso] *agg* voll[er] Sommersprossen, sommersprossig
**lento** ['lɛnto] *m* (MUS) Lento *nt,* Blues *m*
**lento, -a** *agg* ❶ (*non veloce*) langsam; (*veleno, medicina, rimedio*) langsam wirkend; **cuocere a fuoco ~** auf kleiner Flamme kochen ❷ (*lungo, interminabile*) lang, langwierig ❸ (*fig: lungo, monotono*) langsam, träge; **essere ~ a capire** schwer von Begriff sein ❹ (*molle, allentato*) locker, lose; (*abito*) locker sitzend ❺ (*dolce*) sanft
**lentocrazia** [lentokrat'tsiːa] <-ie> *f* (*iron, pej*) schleichende Bürokratie *f*

**lenza** ['lɛntsa] f Angelschnur f
**lenzuolo** [lɛn'tsuɔ:lo] <-i m, o -a f> m ❶ (gener) Laken nt; ~ **funebre** Leichentuch nt ❷ (nel letto) Betttuch nt, [Bett]laken nt, Leintuch nt A; ~ **con gli angoli** Spannbettlaken nt
**leonardesco, -a** [leonar'desko] <-schi, -sche> agg ❶ im Stile Leonardos [o Leonardo da Vincis] ❷ (fig) Universal-; **ingegno** ~ Universalgenie nt
**leone** [le'o:ne] m ❶ (ZOO) Löwe m; **fare la parte del** ~ sich den Löwenanteil nehmen ❷ (ASTR) **Leone** Löwe m; **sono Leone, sono un** [o **del**] **Leone** ich bin [ein] Löwe
**leonessa** [leo'nessa] f Löwin f **leonino, -a** [leo'ni:no] agg Löwen-; **chioma -a** Löwenmähne f
**leopardo** [leo'pardo] m Leopard m
**lepido, -a** ['lɛ:pido] agg scharfsinnig, geistreich
**lepidottero** [lepi'dɔttero] m Falter m, Schmetterling m
**leporino** [lepo'ri:no] agg **labbro** ~ (MED) Hasenscharte f
**lepre** ['lɛ:pre] f Hase m; ~ **in salmì** Hasenpfeffer m; **pauroso come una** ~ hasenfüßig, hasenherzig
**lercio, -a** ['lɛrtʃo o 'lertʃo] <-ci, -ce> agg ❶ (sozzo) schmutzig, dreckig ❷ (fig) widerlich, ekelhaft **lerciume** [ler'tʃu:me] m Schmutz m, Unrat m
**lesbica** ['lɛzbika] <-che> f Lesbierin f **lesbico, -a** ['lɛzbiko] <-ci, -che> agg lesbisch
**lesi** [le:zi] 1. pers sing pass rem di **ledere**
**lesina** ['le:zina] f Ahle f **lesinare** [lezi'na:re] **I.** vt ~ **qc** mit [o an] etw dat sparen; ~ **il centesimo** jeden Pfennig [o Groschen A] umdrehen **II.** vi ~ **su qc** mit [o an] etw dat sparen
**lesionare** [lezio'na:re] vt beschädigen
**lesione** [le'zio:ne] f Beschädigung f, Schaden m; (MED, JUR) Verletzung f; **pericolo di** ~ Verletzungsgefahr f **lesivo, -a** [le'zi:vo] agg schädigend
**leso, -a** ['le:zo] **I.** pp di **ledere II.** agg beschädigt; (MED) verletzt; (JUR) geschädigt; (fig) verletzt, gekränkt
**lessare** [les'sa:re] vt kochen, sieden
**lessi** ['lɛssi] 1. pers sing pass rem di **leggere**
**lessicale** [lessi'ka:le] agg lexikalisch
**lessico** ['lɛssiko] <-ci> m ❶ (LIT) Wörterbuch nt ❷ (LING) Wortschatz m **lessicografa** f v. **lessicografo lessicografia** [lessikogra'fi:a] f Lexikografie f **lessicografo, -a** [lessi'kɔ:grafo] m, f Lexikograf(in) m(f) **lessicologa** f v. **lessicologo lessicologia** [lessikolo'dʒi:a] <-ie> f Lexikologie f **lessicologo, -a** [lessi'kɔ:logo] <-gi, -ghe> m, f Lexikologe m/Lexikologin f
**lessicostatistica** [lessikosta'tistika] <-che> f (LING) Lexiko-, Sprachstatistik f
**lesso** ['lesso] m Koch-, Suppenfleisch nt
**lesso, -a** agg gekocht, gesotten
**lesto, -a** ['lɛsto] agg gewandt, behände; **essere** ~ **di mano** lange Finger machen; ~ **di mente** scharfsinnig
**lestofante** [lesto'fante] mf Betrüger(in) m(f), Gauner(in) m(f)
**letale** [le'ta:le] agg tödlich, Todes-
**letamaio** [leta'ma:io] <-ai> m ❶ (concimaia) Misthaufen m, Mistgrube f ❷ (fig) Schweinestall m fam **letame** [le'ta:me] m Mist m
**letargia** [letar'dʒi:a] <-gie> f Lethargie f **letargico, -a** [le'tardʒiko] <-ci, -che> agg lethargisch
**letargo** [le'targo] <-ghi> m ❶ (MED) Lethargie f, Schlafkrankheit f ❷ (ZOO: invernale) Winterschlaf m; (estivo) Sommerschlaf m ❸ (fig) Lethargie f, Teilnahmslosigkeit f
**letizia** [le'tittsia] <-ie> f Freude f, Fröhlichkeit f
**letta** ['lɛtta] f rasches Durchlesen, Überfliegen nt
**lettera** ['lɛttera o 'lettera] f ❶ (dell'alfabeto) Buchstabe m; (TYP) Type f, Letter f; **alla** ~ buchstabengetreu; (traduzione) wörtlich ❷ (comunicazione scritta) Brief m, Schreiben nt; ~ **assicurata** Wertbrief m; ~ **circolare** Rundschreiben nt; ~ **espresso** Eilbrief m; ~ **raccomandata** Einschreib[e]brief m; **per** ~ brieflich ❸ pl (letteratura) Literatur f; (materie letterarie) Geisteswissenschaften fpl; **uomo di -e** Literat m, literarisch gebildeter Mensch
**letterale** [lette'ra:le] agg wörtlich, wortgetreu f **letteralmente** [letteral'mente] avv ❶ (alla lettera) wörtlich ❷ (fig: completamente) buchstäblich, gänzlich
**letterario, -a** [lette'ra:rio] <-i, -ie> agg literarisch, Literatur-; (LING) gehoben; **lingua -a** Schriftsprache f; **materie -ie** geisteswissenschaftliche Fächer ntpl
**letterato, -a** [lette'ra:to] m, f Literat(in) m(f), literarisch gebildeter Mensch **letteratura** [lettera'tu:ra] f Literatur f
**lettiga** [let'ti:ga] <-ghe> f ❶ (portantina) Sänfte f ❷ (barella) [Trag]bahre f, Krankentrage f
**lettino** [let'ti:no] m (letto per bambini) Kin-

derbett *nt;* (*branda*) Liege *f;* ~ **solare** Sonnenbank *f*

**letto** ['lɛtto] *m* ① (*mobile*) Bett *nt;* ~ **matrimoniale** [*o* **a due piazze**] Doppelbett *nt,* Ehebett *nt;* ~ **a castello** Doppelstockbett *nt;* **andare a** ~ ins [*o* zu] Bett gehen, schlafen gehen; **andare a** ~ **con qu** (*fam*) mit jdm ins Bett gehen; **mettersi a** ~ (*per dormire*) ins [*o* zu] Bett gehen; (*per malattia*) das Bett hüten [müssen]; ~ **funebre** Sarg *m,* [Toten]bahre *f* ② (GEOL) Lager *nt,* Bank *f;* (*di fiume*) Flussbett *nt;* (*di valle*) Talsohle *f* ③ (*fig: matrimonio*) Ehe *f;* **figlio di primo** ~ Kind *nt* aus erster Ehe

**letto** <-a> I. *pp* di **leggere** II. *agg* ~ **ed approvato** (ADM) gelesen und genehmigt; ~, **confermato e sottoscritto** (ADM) gelesen, bestätigt und unterschrieben

**lettorato** [letto'ra:to] *m* Lektorat *nt*

**lettore** [let'to:re] *m* (TEC) Laufwerk *nt;* ~ **CD** [*o* **di compact disc**] CD-Player *m;* ~ **CD-ROM** CD-ROM-Laufwerk *nt;* ~ **DVD** DVD-Player *m;* ~ **ottico** Scanner *m;* ~ **MP3** MP3-Player *m;* ~ **per microfilm** Lesegerät *nt* [für Mikrofilme]

**lettore, -trice** *m, f* ① (*chi legge*) Leser(in) *m(f)* ② (*professione*) Lektor(in) *m(f)*

**lettura** [let'tu:ra] *f* ① (*atto del leggere*) Lesen *nt,* Lektüre *f;* (*ad alta voce*) Vorlesen *nt;* (TEC: *del contatore*) Ablesen *nt* ② (*scritto*) Lektüre *f,* Lesestoff *m;* **-e per l'infanzia** Kinderliteratur *f,* Kinderbücher *ntpl* **letturista** [lettu'rista] <-i *m,* -e *f*> *mf* Ableser(in) *m(f)*

**leucemia** [leutʃe'mi:a] <-ie> *f* (MED) Leukämie *f* **leucemico, -a** [leu'tʃɛ:miko] <-ci, -che> *m, f* an Leukämie Erkrankte(r) *f(m)*

**leucocita** [leuko'tʃi:ta] <-i> *m,* **leucocito** [leuko'tʃi:to] *m* Leukozyt *m,* weißes Blutkörperchen *nt*

**leucorrea** [leukor'rɛ:a] *f* Weißfluss *m*

**leva** ['lɛ:va] *f* ① (TEC) Hebel *m* ② (*sbarra*) Brechstange *f,* -eisen *nt* ③ (*fig*) Hebel *m;* (*stimolo*) Antrieb *m;* **fare** ~ **su qu** auf jdn einwirken ④ (*arruolamento*) Einberufung *f* [zum Wehrdienst], Wehrpflicht *f;* **classe di** ~ [Rekruten]jahrgang *m*

**levanoccioli** [leva'nɔttʃoli] <-> *m* Entsteiner *m*

**levante** [le'vante] I. *agg* aufgehend; **sole** ~ aufgehende Sonne II. *m* ① (*est*) Osten *m* ② (*vento*) Ostwind *m* ③ (*Paesi del Mediterraneo orientale*) Küstenländer *ntpl* des östlichen Mittelmeers, Levante *f*

**levapunti** [leva'punti] <-> *m o f* Entklammerer *m*

**levare**[1] [le'va:re] I. *vt* ① (*alzare*) heben, aufheben; (*ancora*) lichten; ~ **le braccia in alto** sich geschlagen geben; ~ **gli occhi al cielo** die Augen verdrehen ② (*togliere*) fort-, wegnehmen; (*ostacolo*) beseitigen; ~ **di mezzo qu** jdn beseitigen; **levati di mezzo!** geh aus dem Weg!; **levati dai piedi!** bleib mir vom Leibe! ③ (*estrarre: dente*) ziehen; (*chiodo*) herausziehen ④ (*seduta*) schließen, auflösen ⑤ (*fame, sete*) stillen ⑥ (*tenda*) abbrechen ⑦ (*tassa, divieto*) aufheben ⑧ (*vizio*) abgewöhnen II. *vr* **-rsi** ① (*alzarsi*) aufstehen; **-rsi in volo** [zum Flug] starten, abfliegen ② (*sollevarsi*) sich erheben; (*vento*) aufkommen ③ (*indumenti*) sich *dat* ausziehen, ablegen ④ (*voglia*) befriedigen; (*fame, sete*) stillen; (*vizio*) sich abgewöhnen; **-rsi qu/qc dalla testa** sich *dat* jdn/etw aus dem Kopf schlagen

**levare**[2] *m* (*di sole, astro*) Aufgang *m,* Aufgehen *nt*

**levata** [le'va:ta] *f* ① (*di sole, astro*) Aufgang *m,* Aufgehen *nt* ② (*dal letto*) Aufstehen *nt* ③ (*della posta*) Leerung *f* ④ (*di merci*) Beziehen *nt,* Bezug *m* **levataccia** [leva'tattʃa] <-cce> *f* frühes Aufstehen; **fare una** ~ sehr früh aufstehen [müssen]

**levato, -a** [le'va:to] *agg* ① (*alzato dal letto*) auf[geblieben] ② (*sollevato*) aufgehoben ③ (*salvo*) abgesehen von +*dat,* außer +*dat*

**levatoio, -a** [leva'to:io] <-oi, -oie> *agg* beweglich; **ponte** ~ Zugbrücke *f,* Fallbrücke *f*

**levatrice** [leva'tri:tʃe] *f* Hebamme *f*

**levatura** [leva'tu:ra] *f* Format *nt,* Niveau *nt*

**leveraggio** [leve'raddʒo] <-ggi> *m* (TEC, MOT) Hebelwerk *nt,* Hebelsystem *nt*

**levigare** [levi'ga:re] *vt* ① (*limare, lisciare*) glätten, polieren; (*con abrasivo*) schleifen, schmirgeln ② (*lappare*) läppen **levigatezza** [leviga'tettsa] *f* Glätte *f,* Schliff *m*

**levitazione** [levitat'tsio:ne] *f* Levitation *f,* freies Schweben

**levriere, levriero** [le'vriɛ:re, le'vriɛ:ro] *m* Windhund *m,* Windspiel *nt*

**lezione** [let'tsio:ne] *f* ① (*scolastica*) Unterrichtsstunde *f;* ~ **di ballo** Tanzstunde *f;* ~ **di storia** Geschichtsunterricht *m;* **assistere alla** ~ am Unterricht teilnehmen; **fare** ~ unterrichten; (*all'università*) Vorlesungen halten; **prendere/dare -i** Privatunterricht nehmen/geben ② (*di università*) Vorlesung *f* ③ (*in un libro*) Lektion *f;* (*compito a casa*) Hausaufgabe *f* ④ (*fig: ammaestramento*) Belehrung *f,* Lehre *f;* **dare a qu una** ~ jdm eine Lektion erteilen

**leziosità** [lettsiosi'ta] <-> *f* Affektiertheit *f*, Gezierheit *f* **lezioso, -a** [let'tsio:so] *agg* affektiert, geziert; (*smorfioso*) zimperlich
**lezzo** ['leddzo] *m* ❶(*cattivo odore*) Gestank *m* ❷(*fig*) Schmutz *m*, Verworfenheit *f*
**li** [li] *pron pers* ❶ 3. *pers m pl* sie ❷ (*forma di cortesia: Li*) Sie
**lì** [li] *avv* (*stato*) dort, da; (*moto*) dorthin, dahin; **essere ~ ~ per fare qc** nahe dran sein, etw zu tun; **di ~ a pochi giorni** wenige Tage später; **fin ~** bis dort[hin]; **giù di ~** mehr oder weniger, ungefähr; **per |di| ~** da [hin]durch; **~ per ~** im ersten Augenblick
**liana** [li'a:na] *f* Liane *f*
**libagione** [liba'dʒo:ne] *f* ❶(*cerimonia,* REL) Trankopfer *nt* ❷(*scherz*) Zecherei *f*, Trinkgelage *nt*
**libanesizzare** [libanezid'dza:re] *vt* (*linguaggio giornalistico*) mit Krieg überziehen, in Unruhe versetzen **libanizzazione** [libaniddzat'tsio:ne] *f* (*linguaggio giornalistico*) Kriegszustand *m*, zerrüttete Lage
**libbra** ['libbra] *f* Pfund *nt*
**libeccio** [li'bettʃo] <-cci> *m* ❶(*vento*) Südwest[wind] *m* ❷(*sud-ovest*) Südwesten *m*
**libello** [li'bɛllo] *m* Schmähschrift *f*, Pamphlet *nt*
**libellula** [li'bɛllula] *f* Libelle *f*
**liberale** [libe'ra:le] I. *agg* ❶(*che rispetta la libertà*) freisinnig, freiheitlich gesinnt; (*generoso*) freigebig, großzügig; (*magnanimo*) großmütig ❷(POL) liberal II. *m* ❶(*chi rispetta la libertà*) freisinniger Mensch ❷(POL) Liberale(r) *f(m)* **liberalismo** [libera'lizmo] *m* Liberalismus *m* **liberalità** [liberali'ta] <-> *f* Großzügigkeit *f*
**liberalizzare** [liberalid'dza:re] *vt* liberalisieren **liberalizzazione** [liberaliddzat'tsio:ne] *f* Liberalisierung *f*; **~ dei servizi finanziari** Liberalisierung der Finanzdienstleistungen
**liberamente** [libera'mente] *avv* ❶(*con franchezza*) freimütig, frei, offen ❷(*senza formalità*) anstandslos, ohne weiteres
**liberare** [libe'ra:re] I. *vt* ❶(*restituire alla libertà*) befreien, freilassen; (*fig: da impiego*) entbinden ❷(*salvare da pericolo*) retten, bewahren ❸(*sgombrare*) abräumen, [aus]räumen; **~ l'intestino** den Darm entleeren II. *vr* **-rsi da** [*o* **di**] **qc** sich von etw befreien **liberatore, -trice** [libera'to:re] I. *agg* befreiend, Befreiungs- II. *m, f* Befreier(in) *m(f)* **liberatorio, -trice** [libera'tɔ:rio] <-i, -ie> *agg* ❶(*gener*) befreiend ❷(FIN) Schulden tilgend **liberatrice** *f v.* **liberatore liberazione** [liberat'tsio:ne] *f* ❶(*gener*) Befreiung *f*, Freilassung *f* ❷(*fig*) Erleichterung *f*

**liberismo** [libe'rizmo] *m* Freihandel *m*; (*dottrina*) Freihandelslehre *f*
**liberista** [libe'rista] <-i *m*, -e *f*> I. *mf* ❶(*seguace del liberismo*) Befürworter(in) *m(f)* des Freihandels ❷(SPORT: *discesista*) Abfahrtsläufer(in) *m(f)* II. *agg* (*che riguarda il liberalismo*) Freihandels-; **principi -i** Grundsätze des Freihandels
**libero, -a** ['li:bero] *agg* frei; **~ arbitrio** Willensfreiheit *f*; **mercato ~** freier Markt; **è ~ di ... +** *inf* es steht Ihnen frei zu ...
**libertà** [liber'ta] <-> *f* Freiheit *f*; **~ di parola** Redefreiheit *f*; **~ di scelta** freie Wahl; **~ vigilata** Entlassung *f* auf Bewährung; **giorno di ~** freier Tag; **mettere in ~** freilassen; **prendersi la ~ di fare qc** sich *dat* die Freiheit [heraus]nehmen, etw zu tun
**liberta** *f v.* **liberto**
**libertario, -a** [liber'ta:rio] <-i, -ie> I. *agg* anarchistisch, libertär II. *m, f* libertärer Mensch **liberticida** [liberti'tʃi:da] <-i *m*, -e *f*> *agg* freiheitsfeindlich, freiheitsgefährdend
**libertinaggio** [liberti'naddʒo] <-ggi> *m* Zügellosigkeit *f*, Ausschweifung *f*; (*religioso, morale*) Libertinage *f geh* **libertino, -a** [liber'ti:no] I. *agg* frei denkend; (*sessualmente*) zügellos, ausschweifend II. *m, f* Libertin *m*, Freigeist *m*; (*sessualmente*) Wüstling *m*
**liberto, -a** [li'bɛrto] *m, f* (HIST) Freigelassene(r) *f(m)*
**liberty** ['li:berti] *m* Jugendstil *m*
**libidine** [li'bi:dine] *f* ❶(*lascivia*) Lüsternheit *f*, Geilheit *f*; **che ~ ragazzi!** (*fam*) echt geil! ❷(*fig*) Begierde *f*, Sucht *f* **libidinoso, -a** [libidi'no:so] *agg* lüstern, geil
**libido** [li'bi:do] <-> *f* Libido *f*
**libraio, -a** [li'bra:io] <-ai, -aie> *m, f* Buchhändler(in) *m(f)*
**librario, -a** [li'bra:rio] <-i, -ie> *agg* Buch-, Bücher-
**librarsi** [li'brarsi] *vr* schweben; (*equilibrarsi*) balancieren **librato, -a** [li'bra:to] *agg* schwebend, gleitend; **volo ~** Gleitflug *m* **libratore** [libra'to:re] *m* Gleitflugzeug *nt*, Gleiter *m*
**libreria** [libre'ri:a] <-ie> *f* ❶(*negozio*) Buchhandlung *f*, Buchladen *m* ❷(*mobile*)

Bücherschrank *m,* Bücherregal *nt;* (*fig*) Schrankwand *f*

**libresco, -a** [li'bresko] <-schi, -sche> *agg* (*pej*) Buch-, Bücher-; **cultura -a** Bücherweisheit *f,* Buchwissen *nt*

**librettista** [libret'tista] <-i *m,* -e *f*> *mf* Librettist(in) *m(f)* **libretto** [li'bretto] *m* ① (*piccolo libro*) Büchlein *nt,* kleines Buch; (*per appunti*) Notizbuch *nt,* Notizblock *m;* ~ **di assegni** Scheckheft *nt,* Scheckbuch *nt;* ~ **di risparmio** Sparbuch *nt* ② (MUS) Libretto *nt,* Textbuch *nt* ③ (*documento*) Ausweis *m,* Papier *nt;* ~ **di circolazione** Fahrzeugschein *m;* ~ **personale** (MIL) Wehrpass *m;* ~ **universitario** Studienbuch *nt*

**libro** ['li:bro] *m* Buch *nt;* ~ **di cucina** Kochbuch *nt;* ~ **di testo** Schulbuch *nt,* Lehrbuch *nt;* ~ **illustrato** Bilderbuch *nt;* ~ **mastro** (COM) Hauptbuch *nt;* ~ **nero** schwarze Liste; (JUR) Strafregister *nt;* **Libro Verde** (EU) Grünbuch *nt*

**Libro Verde** <-> *m* (*Unione europea*) Grünbuch *nt*

**licantropo** [li'kantropo] *m* Werwolf *m,* Wolfsmensch *m*

**liceale** [litʃe'a:le] **I.** *agg* ≈ gymnasial, Gymnasial- **II.** *mf* Schüler(in) *m(f)* eines liceo

**liceità** [litʃei'ta] <-> *f* Zulässigkeit *f*

**licenza** [li'tʃɛntsa] *f* ① (*autorizzazione*) Erlaubnis *f,* Genehmigung *f;* ~ **di caccia** Jagdschein *m;* ~ **di esercizio** Gewerbeschein *m;* ~ **di porto d'armi** Waffenschein *m* ② (MIL: *congedo*) Urlaub *m,* Urlaubsschein *m;* ~ **di convalescenza** (MIL) Erholungs-, Genesungsurlaub *m* ③ (*abuso*) Freiheit *f;* ~ **poetica** dichterische Freiheit; **prendersi troppe -e** sich *dat* zu viele Freiheiten herausnehmen ④ (*attestato*) Abgangszeugnis *nt;* ~ **elementare** Grundschulabgangszeugnis *nt* ⑤ (*patente*) Lizenz *f,* Patent *nt;* (SPORT, COM, ADM) Lizenz *f;* **su ~ tedesca** in deutscher Lizenz

**licenziabile** [litʃen'tsia:bile] *agg* kündbar **licenziabilità** [litʃentsiabili'ta] <-> *f* Kündbarkeit *f* **licenziamento** [litʃentsia'mento] *m* Entlassung *f,* Kündigung *f;* ~ **per giusta causa** gerechtfertigte Kündigung **licenziare** [litʃen'tsia:re] **I.** *vt* ① (*impiegato*) entlassen ② (*ospiti*) verabschieden **II.** *vr* **-rsi** ① (*da un impiego*) kündigen ② (*per commiato*) sich verabschieden

**licenziosità** [litʃentsiosi'ta] <-> *f* Zügellosigkeit *f,* Liederlichkeit *f* **licenzioso, -a** [litʃen'tsio:so] *agg* zügellos, liederlich

**liceo** [li'tʃɛ:o] *m Schule für die letzten fünf Jahre vor dem Abitur;* ~ **classico** *humanistische Schule für die letzten drei Jahre vor dem Abitur*

**lichene** [li'kɛ:ne] *m* Flechte *f*

**licitare** [litʃi'ta:re] *vi* bieten **licitazione** [litʃita'tsio:ne] *f* ① (*asta*) Versteigerung *f,* Versteigern *nt* ② (*offerta*) Gebot *nt*

**lido** ['li:do] *m* ① (*spiaggia*) [Sand]strand *m;* (*Venezia*) Lido *m* ② (*poet*) Gestade *nt*

**Liechtenstein** ['lɪçtənʃtain] *m* **il ~** Liechtenstein *nt*

**lieto, -a** ['liɛ:to] *agg* ① (*persone*) froh, glücklich; **sono ~ di conoscerLa** [ich bin] sehr erfreut[, Sie kennen zu lernen] ② (*eventi*) freudig, froh

**lieve** ['liɛ:ve] *agg* ① (*poco pesante*) leicht ② (*debole*) geringfügig, leicht; (*delicato*) leise, sanft

**lievitare** [lievi'ta:re] *vi essere* ① (*pasta*) aufgehen ② (*fig: prezzi*) ansteigen, in die Höhe klettern **lievitazione** [lievita'tsio:ne] *f* ① (*di pasta*) Gärung *f,* Aufgehen *nt* ② (*fig: dei prezzi*) Ansteigen *nt*

**lievitista** [lievi'tista] <-i *m,* -e *f*> *mf* (GASTR) Hefebäcker(in) *m(f)*

**lievito** ['liɛ:vito] *m* (BIOL) Hefe *f,* Germ *m A;* ~ **di birra** Bierhefe *f;* ~ **in polvere** Trockenhefe *f*

**lift** [lift] <-> *m* Liftboy *m,* Fahrstuhlführer *m*

**liftback** [lift'bæk] **I.** <inv> *agg* (MOT) mit Heckklappe **II.** <-> *m* (MOT: *station wagon*) Kombi *m*

**lifting** ['lifting] <-> *m* Liften *nt;* ~ **facciale** Gesichtsstraffung *f,* Facelifting *nt*

**light** ['lait] <inv> *agg* ① (*leggero*) light, leicht ② (SPORT: *categoria di pugili*) Leichtgewichts-

**light pen** ['lait pɛn] <- *o* light pens> *f* (INFORM) Leuchtstift *m*

**ligio, -a** ['li:dʒo] <-gi, -gie> *agg* treu, untertan; ~ **al dovere** pflichteifrig, pflichttreu

**lignaggio** [liɲ'naddʒo] <-ggi> *m* (*poet*) Abstammung *f,* Herkunft *f*

**ligneo, -a** ['liɲneo] <-ei, -ee> *agg* hölzern, aus Holz

**lignite** [liɲ'ni:te] *f* Lignit *m,* Braunkohle *f*

**ligure**[1] [li'gu:re] <*sing*> *m* (*dialetto*) ligurischer Dialekt

**Ligure** <*gener al pl*> *m* (HIST) Ligurer *mpl*

**ligure**[2] **I.** *mf* (*abitante*) Ligurer(in) *m(f)* **II.** *agg* ligurisch

**Liguria** [li'gu:ria] <*sing*> *f* Ligurien *nt*

**lilla, lillà** ['lilla, lil'la] **I.** <inv> *agg* lila, fliederfarben **II.** <-> *m* ① (*colore*) Lila *nt,* Fliederfarbe *f* ② (BOT) Flieder *m*

**lillipuziano, -a** [lilliput'tsia:no] I. *agg* Liliputaner- II. *m, f* Liliputaner(in) *m(f)*
**LIM** [ɛllei'ɛmme] *abbr di* **lavagna interattiva multimediale** [digitales] Whiteboard
**lima** ['li:ma] *f* Feile *f*
**limaccioso, -a** [limat'tʃo:so] *agg* schlammig, trüb
**limare** [li'ma:re] I. *vt* ① (*sbarre*) feilen ② (*fig: romanzo*) [stilistisch] überarbeiten, ausfeilen II. *vr* **-rsi le unghie** sich *dat* die Nägel feilen **limatura** [lima'tu:ra] *f* ① (*lavorazione*) Feilen *nt* ② (*particelle*) Feilstaub *m*, Feilspäne *mpl*
**limbo** ['limbo] *m* Vorhölle *f*, Limbus *m*
**lime** [laim] *m* Limette *f*
**limetta** [li'metta] *f* Nagelfeile *f*
**liming** ['limiŋ] <-> *m* (GEOL, AGR) Kalkung *f*
**limitare**[1] [limi'ta:re] *m* ① (*soglia*) [Tür]schwelle *f* ② (*fig*) Schwelle *f*
**limitare**[2] I. *vt* ① (*confinare*) ein-, begrenzen ② (*restringere*) ein-, beschränken II. *vr* **-rsi [in qc]** sich [in etw *dat*] einschränken; **-rsi a qc** sich auf etw *acc* beschränken
**limitativo, -a** [limita'ti:vo] *agg* ein-, beschränkend **limitato, -a** [limi'ta:to] *agg* ① (*scarso*) beschränkt, begrenzt ② (*modesto*) bescheiden, mäßig **limitazione** [limitat'tsio:ne] *f* Beschränkung *f*, Begrenzung *f*
**limite** ['li:mite] *m* (*a. fig*) Grenze *f*; **caso ~** Grenzfall *m*; **-i di età** Altersgrenze *f*; **~ di velocità** Geschwindigkeitsbegrenzung *f*; **al ~** letzten Endes, im Endeffekt; **fuori ~** (SPORT) im Aus, außerhalb des Spielfeldes; **nei -i del possibile** im Rahmen des Möglichen; **essere al ~ del minimo esistenziale** am Rand des Existenzminimums sein
**limitrofo, -a** [li'mi:trofo] *agg* angrenzend, Grenz-
**limo** ['li:mo] *m* Schlamm *m*, Schlick *m*
**limonare** [limo'na:re] *vi* (*fam*) schmusen, rummachen *fam*
**limonata** [limo'na:ta] *f* [Zitronen]limonade *f* **limone** [li'mo:ne] *m* ① (*frutto*) Zitrone *f* ② (*pianta*) Zitronenbaum *m* ③ (*colore*) Zitronengelb *nt*
**limoso, -a** [li'mo:so] *agg* schlammig
**limpidezza** [limpi'dettsa] *f* Klarheit *f*, Durchsichtigkeit *f* **limpido, -a** ['limpido] *agg* ① (*trasparente*) klar, durchsichtig ② (*fig*) klar, rein
**lince** ['lintʃe] *f* Luchs *m*
**linciaggio** [lin'tʃaddʒo] <-ggi> *m* Lynchjustiz *f*, Lynchen *nt*; **~ morale** Rufmord *m*
**linciare** [lin'tʃa:re] *vt* lynchen

**lindo, -a** ['lindo] *agg* ① (*pulito*) reinlich, sauber; (*accurato*) ordentlich ② (*fig: abbigliamento*) gepflegt, fesch *A*
**linea** ['li:nea] *f* ① (*segno*) Linie *f*, Strich *m*; (TYP) Zeile *f*; **a grandi -e** in groben Zügen ② (*di abito*) Schnitt *m*, Modell *nt* ③ (*su strumenti di misura*) Teilstrich *m* ④ (TEL, EL) Leitung *f*; **restare in ~** (TEL) am Apparat bleiben ⑤ (AERO, FERR, NAUT, MOT) Linie *f*
**lineamenti** [linea'menti] *mpl* ① (*fisionomia*) [Gesichts]züge *mpl* ② (*fig*) Grundzüge *mpl*
**lineare** [line'a:re] *agg* ① (*come una linea*) linienartig, linear, Linear- ② (*fig*) geradlinig, klar **linearità** [lineari'ta] <-> *f* (*di condotta*) Geradheit *f*, Aufrichtigkeit *f*; (*di discorso*) Geradlinigkeit *f*, Klarheit *f*
**lineatura** [linea'tu:ra] *f* Lineatur *f*, Lini[i]erung *f*
**lineetta** [line'etta] *f* (*trattino*) Bindestrich *m*, Gedankenstrich *m*; (TYP) [kleiner] Strich *m*; (MAT) Minuszeichen *nt*
**linfa** ['linfa] *f* ① (ANAT) Lymphe *f*; (BOT) Pflanzensaft *m*; **~ vitale** Lebenselixier *nt*, Energiequelle *f* ② (*fig*) Inspiration *f*, Eingebung *f* **linfatico, -a** [lin'fa:tiko] <-ci, -che> I. *agg* lymphatisch, Lymph- II. *m, f* an Lymphatismus Erkrankte(r) *f(m)* **linfatismo** [linfa'tiz-mo] *m* Lymphatismus *m*
**lingotto** [liŋ'gɔtto] *m* ① (*massello*) Barren *m* ② (TYP) Reglette *f*
**lingua** ['liŋgua] *f* ① (ANAT) Zunge *f*; **mala ~** böse Zunge; **avere la ~ lunga** (*fig*) eine lose Zunge haben; **avere la ~ sciolta** ein flinkes Mundwerk haben; **avere qc sulla punta della ~** (*fig*) etw auf der Zunge [liegen] haben; **mordersi la ~** (*fig*) sich *dat* auf die Zunge beißen ② (*linguaggio*) Sprache *f*; **di ~ tedesca** deutschsprachig; **~ parlata** gesprochene Sprache, Umgangssprache *f*; **studiare -e** Sprachen studieren ③ (*striscia*) länglicher Streifen, Zunge *f*; **~ di terra** Landzunge *f* **linguaccia** [liŋ'guattʃa] <-cce> *f* ① (MED) belegte Zunge ② (*fig*) böse Zunge, Lästermaul *nt* **linguacciuto, -a** [liŋguat'tʃu:to] I. *agg* klatschsüchtig, klatschhaft II. *m, f* Lästermaul *nt fam*; (*pettegolo*) Klatschmaul *nt fam* **linguaggio** [liŋ'guaddʒo] <-ggi> *m* Sprache *f*; **~ simbolico** (INFORM) Symbolsprache *f*; **~ tecnico** Fachsprache *f*; **~ di programmazione** (INFORM) Programmiersprache *f* **linguella** [liŋ'guɛlla] *f* gummiertes Papier **linguetta** [liŋ'guetta] *f* ① (*piccola lingua*) kleine Zunge, Zünglein *nt* ② (*delle buste*) Klappe *f*; (*delle scarpe*)

Zunge *f*, Lasche *f* ❸ (MUS) Zunge *f*, Rohrblatt *nt* ❹ (TEC) Feder *f*

**linguista** [liŋˈguista] <-i *m*, -e *f*> *mf* Linguist(in) *m(f)*, Sprachwissenschaftler(in) *m(f)* **linguistica** [liŋˈguistika] <-che> *f* Linguistik *f*, Sprachwissenschaft *f*; **~ computazionale** Computerlinguistik *f* **linguistico, -a** [liŋˈguistiko] <-ci, -che> *agg* ❶ (*della lingua*) sprachlich, Sprach[en]- ❷ (*della linguistica*) linguistisch, sprachwissenschaftlich

**linificio** [liniˈfiːtʃo] <-ci> *m* Leinenweberei *f*

**linimento** [liniˈmento] *m* Einreibemittel *nt*

**link** [liŋk] <- *o* links> *m* ❶ (INFORM) Link *m*, Hyperlink *m* ❷ (TEC) Linkkopplung *f*

**lino** [ˈliːno] *m* ❶ (*pianta*) Flachs *m*, Lein *m* ❷ (*tessuto*) Leinen *nt*

**linoleum** [liˈnɔːleum] <-> *m* Linoleum *nt*

**linotipia** [linotiˈpiːa] <-ie> *f* ❶ (*composizione*) Linotypesatz *m*, Zeilensatz *m* ❷ (*locale*) Zeilensetzerei *f* **linotype®** [ˈlainotaip *o* linoˈtaip] <-> *f* Linotype-Setzmaschine *f*

**Linz** [lɪnts] *f* Linz *nt*

**liofilizzare** [liofilidˈdzaːre] *vt* gefriertrocknen **liofilizzato** [liofilidˈdzaːto] *m* gefriergetrocknetes Produkt **liofilizzato, -a** *agg* gefriergetrocknet; **caffè ~** gefriergetrockneter Kaffee **liofilizzazione** [liofiliddzatˈtsioːne] *f* Gefriertrocknung *f*, Liophylisation *f*; **prodotti sottoposti a ~** gefriergetrocknete Produkte *ntpl*

**lipide** [liˈpiːde] *m* Fett *nt*, Lipid *nt*

**lipizzano** [lipitˈtsaːno] *m* Lipizzaner *m*

**lipoaspirazione** [lipoaspiratˈtsioːne] *f* (MED) Fettabsaugung *f*

**lipoma** [liˈpoːma] <-i> *m* (MED) Lipom[a] *nt*

**liposolubile** [liposoˈluːbile] *agg* fettlöslich

**liposuzione** [liposutˈtsioːne] *f v.* **lipoaspirazione**

**Lipsia** [ˈlipsia] *f* Leipzig *nt*

**lipstick** [ˈlipstik] <- *o* lipsticks> *m* Lippenstift *m*

**LIPU** *f acro di* **Lega Italiana per la Protezione degli Uccelli** italienischer Vogelschutzbund

**liquame** [liˈkuaːme] *m* Jauche *f*

**liquefare** [likueˈfaːre] <irr> I. *vt* ❶ (*gas*) verflüssigen, flüssig machen ❷ (*metalli*) zum Schmelzen bringen, schmelzen ❸ (*neve*) zergehen lassen, schmelzen II. *vr* -rsi ❹ (*gas*) sich verflüssigen, flüssig werden ❷ (*metalli, ghiaccio*) schmelzen **liquefazione** [likuefatˈtsioːne] *f* Verflüssigung *f*

**liquefeci** *1. pers sing pass rem di* **liquefare**

**liquidare** [likuiˈdaːre] *vt* ❶ (*conto*) bezahlen, begleichen; (*somma*) auszahlen ❷ (*persone*) auszahlen ❸ (*svendere*) ausverkaufen; (*azienda*) auflösen ❹ (*affare*) abwickeln, erledigen ❺ (*fig: impiegato*) entlassen; (*avversario*) beseitigen; (*uccidere*) liquidieren **liquidatore, -trice** [likuidaˈtoːre] *m*, *f* Liquidator(in) *m(f)*, Abwickler(in) *m(f)* **liquidazione** [likuidatˈtsioːne] *f* ❶ (*di un'azienda*) Geschäftsauflösung *f* ❷ (*somma liquidata*) Abfindung *f* ❸ (*della pensione*) Auszahlung *f* ❹ (*svendita*) Ausverkauf *m*; **~ di fine stagione** [Saison]ausverkauf *m*, [Saison]schlussverkauf *m*

**liquidità** [likuidiˈta] <-> *f* ❶ (PHYS) Flüssigkeit *f* ❷ (FIN) Liquidität *f*

**liquido** [ˈliːkuido] *m* ❶ (PHYS) Flüssigkeit *f*; **~ amniotico** Fruchtwasser *nt*; **~ per freni** Bremsflüssigkeit *f*; **~ refrigerante** Kältemittel *nt* ❷ (FIN) Bargeld *nt*

**liquido, -a** *agg* ❶ (PHYS) flüssig ❷ (FIN) liquid[e], zahlungsfähig; **denaro ~** Bargeld *nt*

**liquirizia** [likuiˈrittsia] <-ie> *f* ❶ (BOT) Süßholz *nt* ❷ (GASTR) Lakritze *f*

**liquore** [liˈkuoːre] *m* Likör *m*; **negozio di -i** Spirituosengeschäft *nt* **liquoroso, -a** [likuoˈroːso] *agg* likörartig, Likör-

**lira** [ˈliːra] *f* ❶ (*moneta*) Lira *f*; **non avere una ~** keinen Pfennig haben ❷ (MUS) Leier *f*, Lyra *f* ❸ (*uccello ~*) Leierschwanz *m*

**lirica** [ˈliːrika] <-che> *f* ❶ (LIT) Lyrik *f*, Poesie *f* ❷ (MUS) Opernmusik *f*, Komposition *f* für Gesang **liricità** [liritʃiˈta] <-> *f* lyrischer Charakter, Poesie *f* **lirico, -a** [ˈliːriko] <-ci, -che> I. *agg* ❶ (LIT) lyrisch ❷ (*fig*) lyrisch, gefühlvoll ❸ (MUS) Opern-; **cantante -a** Opernsängerin *f*; **stagione -a** [Theater]spielzeit *f* II. *m*, *f* Lyriker(in) *m(f)*

**Lisbona** [lizˈboːna] *f* Lissabon *nt*

**lisca** [ˈliska] <-sche> *f* [Fisch]gräte *f*

**lisciamento** [liʃʃaˈmento] *m* ❶ (*levigazione*) Glätten *nt*, Glattstreichen *nt* ❷ (*fig: adulazione*) Schmeichelei *f*

**lisciare** [liʃˈʃaːre] I. *vt* ❶ (*levigare*) glätten; (*marmo, legno*) polieren ❷ (*capelli, barba*) [glatt] streichen; **-rsi i capelli** sich die Haare glatt streichen ❸ (*animali*) streicheln ❹ (*fig: adulare*) **~ qu** jdm schmeicheln ❺ (*opera*) verschönern, ausschmücken II. *vr* -rsi ❶ (*persone*) sich herausputzen, sich schniegeln ❷ (*animali*) sich putzen

**liscio** [ˈliʃʃo] *m* ❶ (*ballo*) Gesellschaftstanz *m* ❷ (SPORT) Fehlschuss *m*, Fehlstoß *m*

**liscio, -a** <-sci, -sce> *agg* ❶ (*levigato*)

glatt, eben; *(capelli)* glatt ❷ *(fig)* glatt, einfach, ohne Komplikationen; **va tutto ~** es läuft alles glatt; **passarla -a** mit heiler Haut davonkommen ❸ (GASTR: *caffè*) ohne Milch, ohne Schnaps; *(bevanda alcolica)* ohne Selterswasser, pur

**lisciva** [liʃʃiˈva] *f* [Aschen]lauge *f* **liscivia** [liʃʃiˈvia] <-ie> *f* [Aschen]lauge *f*

**liseuse** [liˈzøːz] <-> *f* Bettjacke *f*, Bettjäckchen *nt*

**liso, -a** [ˈliːzo] *agg* abgenutzt, abgetragen

**lista** [ˈlista] *f* ❶ *(striscia)* Streifen *m* ❷ *(elenco)* Liste *f*, Verzeichnis *nt* ❸ *(menu)* Speisekarte *f*; **~ dei vini** Weinkarte *f* **listare** [lisˈtaːre] *vt* einfassen, umranden **listello** [lisˈtɛllo] *m* [Zier]leiste *f*

**listing** [ˈlistiŋ] <-> *m* ❶ *(elenco)* Listenschreibung *f* ❷ (INFORM) Listing *nt*

**listino** [lisˈtiːno] *m* Liste *f*, Verzeichnis *nt*; **~ dei prezzi** Preisliste *f*

**litania** [litaˈniːa] <-ie> *f* (*a. fig*) Litanei *f*

**litantrace** [litanˈtraːtʃe] *m* Steinkohle *f*

**lite** [ˈliːte] *f* ❶ *(litigio)* Streit *m*, Zank *m* ❷ (JUR) Rechtsstreit *m*, Prozess *m*

**litigante** [litiˈgante] *mf* Streitende(r) *f(m)*; **fra i due -i il terzo gode** *(prov)* wenn zwei sich streiten, freut sich der Dritte

**litigare** [litiˈgaːre] *vi* [sich] streiten

**litigio** [liˈtiːdʒo] <-gi> *m* Streit *m*, Zank *m* **litigiosità** [litidʒosiˈta] <-> *f* Streitsucht *f*, Zanksucht *f* **litigioso, -a** [litidˈdʒoːso] *agg* streitsüchtig, zanksüchtig

**litografare** [litograˈfaːre] *vt* lithographieren **litografia** [litograˈfiːa] *f* ❶ *(arte, opera)* Lithographie *f* ❷ *(stabilimento)* Steindruckerei *f* **litografico, -a** [litoˈgraːfiko] <-ci, -che> *agg* lithographisch **litografo** [liˈtɔːgrafo] *m* Lithograph *m*

**litologia** [litoloˈdʒiːa] <-gie> *f* Gesteinskunde *f*

**litorale** [litoˈraːle] I. *agg* Küsten-, Strand- II. *m* Küste *f*, Küstenstreifen *m*

**litoranea** [litoˈraːnea] *f* Küstenstraße *f*

**litoraneo, -a** [litoˈraːneo] *agg* Küsten-

**litote** [liˈtɔːte] *f* (LING: *figura retorica*) Litotes *f*

**litro** [ˈliːtro] *m* Liter *m o nt*

**littore** [litˈtoːre] *m* Liktor *m*

**littorina** [littoˈriːna] *f* Triebwagen *m* [mit Dieselmotor]

**littorio, -a** [litˈtɔːrio] <-i, -ie> *agg* ❶ (HIST) Liktoren- ❷ *(fascista)* Faschisten-, faschistisch

**Lituania** [lituˈaːnia] *f* Litauen *nt*

**liturgia** [liturˈdʒiːa] <-gie> *f* Liturgie *f*

**liturgico, -a** [liˈturdʒiko] <-ci, -che> *agg* liturgisch

**liutista** [liuˈtista] <-i *m*, -e *f*> *mf* Lautenspieler(in) *m(f)* **liuto** [liˈuːto] *m* Laute *f*

**livella** [liˈvɛlla] *f* Wasserwaage *f* **livellamento** [livellaˈmento] *m* ❶ (TEC) Einebnung *f*, Planierung *f* ❷ *(fig)* Angleichen *nt*, Ausgleichen *nt* **livellare** [livelˈlaːre] *vt* ❶ (TEC) [ein]ebnen, planieren ❷ *(fig)* ausgleichen, angleichen; *(persone)* gleich machen, gleich stellen; *(differenze)* nivellieren **livellatore, -trice** [livellaˈtoːre] I. *agg* ausgleichend II. *m, f* ❶ (TEC) Planierer(in) *m(f)* ❷ *(fig)* Gleichmacher(in) *m(f)* **livellatrice** *f* Planierraupe *f* **livellazione** [livellatˈtsioːne] *f* Nivellierung *f*

**livello** [liˈvɛllo] *m* ❶ *(altezza)* Höhe *f*, Niveau *nt*; *(del mare)* Spiegel *m*, Stand *m*; **differenza di ~** Höhenunterschied *m* ❷ *(fig)* Niveau *nt*, Stand *m*; *(condizione sociale)* Rang *m*, Stand *m*; **~ dei prezzi** Preisniveau *nt*; **~ di sussistenza** Existenzminimum *nt*; **ad alto ~** auf höhere Ebene

**livido** [ˈliːvido] *m* blauer Fleck *m*

**livido, -a** *agg* bläulich, blassblau

**lividura** [liviˈduːra] *f v.* **livido** II

**living-room** [ˈliviŋruːm] <- *o* living-rooms> *m* *(soggiorno)* Wohnzimmer *nt*

**livore** [liˈvoːre] *m* Missgunst *f*, [blasser] Neid *m*

**livornese** [livorˈneːse] I. *mf* *(abitante)* Einwohner(in) *m(f)* Livornos, Livorneser(in) *m(f)* II. *agg* livornesisch; **triglie alla ~** Meerbarbe auf livornesische Art

**Livornese** <*sing*> *m* Provinz *f* Livorno

**Livorno** [liˈvɔrno] <*sing*> *f* Livorno *nt* *(Stadt in der Toskana)*

**livrea** [liˈvrɛːa] *f* Livree *f*

**lizza** [ˈlittsa] *f* Wettkampf *m*, Streit *m*; **scendere in ~** in die Schranken treten

**lo** [lo] I. *art det m sing davanti a s impura, gn, pn, ps, x, z* der/die/das II. *pron pers 3. pers m sing* ihn/sie/es

**load** [ˈloud] <-> *m* (INFORM) Laden *nt* **loading** [ˈloudiŋ] <-> *m* (INFORM) Laden *nt*

**lobato, -a** [loˈbaːto] *agg* lappig, gelappt

**lobbismo** [lɔbˈbizmo] *m* Lobbyismus *m*

**lobbista** [lɔbˈbista] <-i *m*, -e *f*> *mf* Lobbyist(in) *m(f)* **lobbistico, -a** [lɔbˈbistiko] <-ci, -che> *agg* Lobby-; **sistema ~** Lobbyismus *m*; **politica -a** lobbyistische Interessenpolitik **lobby** [ˈlɔbi] <- *o* lobbies> *f* Lobby *f* **lobbying** [ˈlɔbiiŋ] <-> *m* *(lobbismo)* Lobbyismus *m*

**lobo** [ˈlɔːbo] *m* (ANAT) Lappen *m* [eines Organs], Lobus *m*; **~ dell'orecchio** Ohrläppchen *nt;* ~ **polmonare** Lungenflügel *m*

**locale** [lo'ka:le] I. *agg* ❶ *(di luogo)* örtlich, Orts-; *(di un determinato luogo)* einheimisch; *(persone)* ortsansässig ❷ *(caratteristico del luogo)* ortsüblich, örtlich ❸ (MED) örtlich, Lokal- II. *m* ❶ *(stanza)* Raum *m,* Räumlichkeit *f* ❷ *(luogo pubblico)* Lokal *nt;* ~ **notturno** Nachtlokal *nt*

**localino** [loka'li:no] *m* ❶ *dim di* **locale** kleiner Raum ❷ *(appartamento, stanza)* Bude *f* ❸ *(ambiente pubblico di ritrovo)* [kleine] Kneipe, Beisel *ntf A*

**localista** [loka'lista] <-i *m,* -e *f>* I. *mf* ❶ (POL) Regionalist(in) *m(f)* ❷ (LING: *sostenitore del localismo)* Befürworter(in) *m(f)* des Lokalismus II. *agg* (POL) regional; **politica** ~ regionale Strukturpolitik

**località** [lokali'ta] <-> *f* Ort *m,* Örtlichkeit *f*

**localizzabile** [lokalid'dza:bile] *agg* lokalisierbar **localizzare** [lokalid'dza:re] *vt* lokalisieren, örtlich festlegen; (NAUT, AERO) orten; *(circoscrivere)* eingrenzen, eindämmen **localizzazione** [lokaliddzat'tsio:ne] *f* Lokalisierung *f;* (NAUT, AERO) Ortung *f*

**locanda** [lo'kanda] *f* Gasthaus *nt,* Gastwirtschaft *f* **locandiere, -a** [lokan'diɛ:re] *m, f* Wirt(in) *m(f),* Gastwirt(in) *m(f)*

**locandina** [lokan'di:na] *f* Reklamezettel *m*

**locare** [lo'ka:re] *vt* (JUR: *fabbricati)* vermieten; *(terreni)* verpachten **locatario, -a** [loka'ta:rjo] <-i, -ie> *m, f (di casa)* Mieter(in) *m(f); (di terreno)* Pächter(in) *m(f)*

**location** [lou'keiʃən] <- *o* locations> *f* (FILM, PHOTO: *set esterno)* Drehort *m*

**locativo** [loka'ti:vo] *m* (LING) Lokativ *m,* Ortsfall *m*

**locativo, -a** *agg* Miets-, Pacht-

**locatore, -trice** [loka'to:re] *m, f* Vermieter(in) *m(f); (di terreno)* Verpächter(in) *m(f)* **locazione** [lokat'tsio:ne] *f* ❶ *(da parte del locatore)* Vermietung *f; (di terreni)* Verpachtung *f* ❷ *(da parte del locatario)* Miete *f,* Pacht *f;* **dare in** ~ vermieten; *(terreni)* verpachten

**loc. cit.** *abbr di* **loco citato** loc. cit., a.a.O. *(am angegebenen Ort)*

**loco** ['lɔ:ko] *m* **in alto** ~ an höchster Stelle

**locomotiva** [lokomo'ti:va] *f* Lokomotive *f* **locomotore** [lokomo'to:re] *m* Elektrolokomotive *f,* E-Lok *f* **locomotorio, -a** [lokomo'tɔ:rjo] <-i, -ie> *agg* lokomotorisch, Fortbewegungs- **locomotrice** [lokomo'tri:tʃe] *f* [Elektro]triebwagen *m* **locomozione** [lokomot'tsio:ne] *f* ❶ *(facoltà propria)* Fortbewegung *f,* Sichfortbewegen *nt* ❷ *(mediante veicolo)* Transport *m,* Beförderung *f;* **mezzo di** ~ Beförderungsmittel *nt*

**loculo** ['lɔ:kulo] *m* Grabnische *f*

**locusta** [lo'ku:sta] *f* ❶ (ZOO) [Wander]heuschrecke *f* ❷ *(fig)* Blutsauger *m,* Schmarotzer *m*

**locuzione** [lokut'tsio:ne] *f* Redewendung *f,* Redensart *f*

**lodabile** [lo'da:bile] *agg* löblich, lobenswert

**lodare** [lo'da:re] I. *vt* ❶ *(dar lodi)* loben, anerkennen ❷ *(dichiararsi soddisfatto)* billigen, gutheißen ❸ *(celebrare)* preisen, rühmen; **sia lodato il cielo!** dem Himmel sei Dank!, Gott sei Dank! II. *vr* **-rsi** sich [selbst] loben; **chi si loda s'imbroda** *(prov)* Eigenlob stinkt **lodatore, -trice** [loda'to:re] *m, f* Lobredner(in) *m(f),* Schmeichler(in) *m(f)*

**lode** ['lɔ:de] *f* ❶ *(elogio)* Lob *nt,* Anerkennung *f;* **a** [*o* **in**] ~ **di** zu Ehren von ❷ *(voto)* Auszeichnung *f* ❸ *(contemplazione)* Lobpreisung *f*

**loden** ['lo:dən] <-> *m* ❶ *(panno)* Loden *m* ❷ *(cappotto)* Lodenmantel *m*

**lodevole** [lo'de:vole] *agg* ❶ *(meritevole di lode)* löblich, lobenswert ❷ *(voto scolastico)* ausgezeichnet, sehr gut

**lodo** ['lɔ:do] *m* Schiedsspruch *m*

**logaritmico, -a** [loga'ritmiko] <-ci, -che> *agg* logarithmisch, Logarithmen- **logaritmo** [loga'ritmo] *m* Logarithmus *m*

**loggare** [log'ga:re] (INFORM) I. *vi* sich einloggen II. *vpr* **-si** [**su qc**] sich [in etw *acc*] einloggen

**loggia** ['lɔddʒa] <-gge> *f* ❶ (ARCH) Loggia *f,* Säulen[vor]halle *f* ❷ *(di massoneria)* Loge *f* **loggiato** [lɔd'dʒa:to] *m* Loggia *f,* Arkade *f* **loggione** [lɔd'dʒo:ne] *m* Galerie *f* **loggionista** [lɔddʒo'nista] <-i *m,* -e *f> mf* Zuschauer(in) *m(f)* in der Galerie

**logica** ['lɔ:dʒika] <-che> *f* Logik *f;* **a filo di** ~ logisch, folgerichtig; **a rigor di** ~ streng genommen **logicità** [lodʒitʃi'ta] <-> *f* Logizität *f,* Folgerichtigkeit *f* **logico, -a** ['lɔ:dʒiko] <-ci, -che> *agg* ❶ *(conforme alla logica)* logisch, folgerichtig ❷ *(naturale)* natürlich, selbstverständlich

**login** [log'ɪn] <-> *f* (INFORM) Login *nt;* **fare il** ~ sich einloggen

**logistica** [lo'dʒistika] <-che> *f* Logistik *f* **logistic manager** [lou'dʒistik 'mænidʒə] <- *o* logistic managers> *m* (COM) Logistic

Manager(in) *m(f)* **logistico, -a** [lo'dʒistiko] <-ci, -che> *agg* logistisch

**loglio** ['lɔʎʎo] <-gli> *m* Lolch *m;* **separare il grano dal ~** *(fig)* die Spreu vom Weizen trennen

**logo** ['logo] <-> *m* Logo *nt;* **~ per cellulare** Handylogo *nt*

**logoff** [log'ɔf] <-> *f* (INFORM) Logoff *nt*

**logogrifo** [logo'gri:fo] *m* Buchstaben-, Silbenrätsel *nt*

**logomachia** [logoma'ki:a] <-chie> *f* *(poet)* Wortgefecht *nt*

**logopedista** [logope'dista] <-i *m*, -e *f*> *mf* (MED) Logopäde *m*/Logopädin *f*

**logoramento** [logora'mento] *m* Abnutzung *f,* Verschleiß *m*

**logorante** [logo'rante] *agg* aufreibend, zermürbend

**logorare** [logo'ra:re] I. *vt* abnutzen, verschleißen; *(vestiti)* abtragen; *(salute)* ruinieren II. *vr* **-rsi** ① *(consumarsi)* sich abnutzen; **-rsi la vista** sich die Augen verderben ② *(fig)* sich aufreiben, sich zugrunde richten **logorio** [logo'ri:o] <-ii> *m* ① *(logoramento)* [kontinuierliche] Abnutzung *f* ② *(fig)* Zermürbung *f,* Zerrüttung *f* **logoro, -a** ['lo:goro] *agg* abgenutzt, verbraucht; *(vestito)* abgetragen

**logorrea** [logor'rɛ:a] *f* ① (MED) Logorrhö[e] *f* ② *(fig, scherz)* krankhafte Geschwätzigkeit

**logoterapeuta** [logotera'pɛ:uta] *mf* (MED) *v.* **logopedista logoterapia** [logotera'pi:a] *f* (PSIC) Gesprächstherapie *f* **logoterapista** [logotera'pista] <-i *m*, -e *f*> *mf* (MED) *v.* **logopedista**

**lol** [lɔl] *int (fam) abbr di* **laughing out loud** (INET) lol

**lolla** ['lɔlla] *f* Streu *f*

**lombaggine** [lom'baddʒine] *f* Hexenschuss *m*

**lombarda** *f v.* **lombardo**

**Lombardia** [lombar'di:a] *f* Lombardei *f*

**lombardo** [lom'bardo] <sing> *m* *(dialetto)* lombardischer Dialekt, Lombardisch(e) *nt;* **scrivere poesie in ~** Gedichte in lombardischem Dialekt verfassen

**lombardo, -a** I. *agg* lombardisch II. *m, f* *(abitante)* Lombarde *m*/Lombardin *f*

**lombare** [lom'ba:re] *agg* Lumbal-, Lendenlombata [lom'ba:ta] *f* ① *(taglio di carne)* Lende *f,* Lendenstück *nt* ② *(arrosto)* Lendenbraten *m*

**lombo** ['lombo] *m* ① (ANAT) Lende *f* ② *pl* Hüften *fpl*

**lombricicoltore, -trice** [lombrikikol'to:re] *m, f* (AGR) Regenwurmzüchter(in) *m(f)*

**lombrico** [lom'bri:ko] <-chi> *m* Regenwurm *m*

**lompo** ['lo:mpo] *m* (GASTR: *surrogato del caviale)* Kaviarersatz *m*

**Londra** ['londra] *f* London *nt*

**longa manus** ['lɔŋga 'ma:nus] <-> *f* im Auftrag [eines anderen] Handelnde(r) *f(m)*

**longanime** [lon'ga:nime] *agg* nachsichtig

**longanimità** [longanimi'ta] <-> *f* Nachsicht *f*

**longarina** [longa'ri:na] *v.* **longherina**

**longarone** [longa'ro:ne] *v.* **longherone**

**long drink** ['lɔŋ 'driŋk] <- *o* **long drinks**> *m* Longdrink *m*

**longevità** [londʒevi'ta] <-> *f* Langlebigkeit *f* **longevo, -a** [lon'dʒɛ:vo] *agg* langlebig

**longherina** [longe'ri:na] *f* Längsträger *m;* *(di scala)* Freiwange *f;* *(traversina)* Schwellenrost *m* **longherone** [longe'ro:ne] *m* Holm *m,* Längsträger *m*

**longilineo, -a** [londʒi'li:neo] <-ei, -ee> *agg* hochgewachsen, schlank und groß

**longitudinale** [londʒitudi'na:le] *agg* längsgerichtet, längs- **longitudine** [londʒi'tu:dine] *f* [geographische] Länge *f,* Längengrad *m*

**long play** ['lɔŋ 'plei] <- *o* **long plays**> *m* (MUS) Langspielplatte *f*

**long seller** ['lɔŋ 'selə] <- *o* **long sellers**> *m* Longseller *m*

**lontanamente** [lontana'mente] *avv* ① *(in lontananza)* weit, entfernt ② *(con negazione)* im Geringsten, im Entferntesten; **non ci penso neanche ~** ich denke nicht im Traum daran

**lontananza** [lonta'nantsa] *f* Ferne *f,* Entfernung *f;* *(fig)* Fernsein *nt*

**lontano, -a** [lon'ta:no] I. *agg* ① *(spaziale)* fern, entfernt ② *(temporale)* lange her ③ *(assente, estraneo)* abwesend, fern ④ *(vago)* entfernt, unklar; *(somiglianza)* entfernt II. *avv* weit entfernt, weitab; **andare ~** sich entfernen; *(fig)* abweichen; **vedere ~** *(fig)* weitblickend sein; **alla -a** vage, flüchtig; **~ dagli occhi, ~ dal cuore** *(prov)* aus den Augen, aus dem Sinn

**lontra** ['lontra] *f* Fischotter *m* **lontrato, -a** [lon'tra:to] *agg* nach Art des Fischotterfells gegerbt

**lonza** ['lontsa] *f* *(sett:* GASTR) Lendenstück *nt*

**look** [luk] <- *o* **looks**> *m* ① (COM: *di prodotto)* Produktimage *nt* ② *(moda)* Look *m;* **~ casual** lässiges Outfit

**lookologo, -a** [lu'kɔlogo] <-gi, -ghe> *m, f* ① (COM) Produktwerber(in) *m(f)* ② (*stilista che si cura dell'aspetto esteriore*) Imagepfleger(in) *m(f)*

**loop** [lu:p] <- *o* **loops**> *m* ① (TEC) Ringschaltung *f* ② (*circuito chiuso*) geschlossener Stromkreis ③ (INFORM) zyklische Programmierung ④ (AERO: *acrobazia*) Looping *m*

**loppa** ['lɔppa] *f* Spreu *f*

**loquace** [lo'kua:tʃe] *agg* gesprächig; (*pej*) geschwätzig, redselig; (*fig: gesto, silenzio*) bedeutungsvoll, vielsagend **loquacità** [lokuatʃi'ta] <-> *f* Gesprächigkeit *f*; (*pej*) Redseligkeit *f*

**lord** [lɔrd] <-> *m* ① (*titolo*) Lord *m* ② (*fam: gran signore*) großer Herr; **vivere come un** ~ (*fam*) auf großem Fuße leben

**lordare** [lor'dare] *vt* beschmutzen **lordo, -a** ['lordo] *agg* ① (*sudicio*) schmutzig, beschmutzt ② (COM) Brutto-, brutto **lordume** [lor'du:me] *m* Schmutz *m*, Unrat *m* **lordura** [lor'du:ra] *f* ① (*sozzura*) Schmutzigkeit *f* ② (*persone*) Gesindel *nt*, Pack *nt*

**lorica** [lo'ri:ka] <-che> *f* Brustpanzer *m* [der römischen Legionäre]

**loro** ['lɔ:ro] I. *pron pers* ① 3. *pers pl* sie; (*con preposizione*) sie, ihnen, ihrer; (*complemento di termine*) ihnen; **beati ~!** die Glücklichen! ② 3. *pers pl* (*forma di cortesia: Loro*) Sie; (*con preposizione*) Sie, Ihnen, Ihrer; (*complemento di termine*) Ihnen II. <inv> *agg* ihr; (*forma di cortesia: Loro*) Ihr; **le ~ speranze** ihre Hoffnungen; **il ~ padre/zio** ihr Vater/Onkel; **un ~ amico** ein Freund von ihnen III. *pron poss* **il/la ~** ihre(r, s); (*forma di cortesia: Loro*) Ihre(r, s) IV. *m* **il ~** das Ihre; **anche tu sei dei ~?** bist du auch einer von ihnen?; **~ due** die beiden

**losanga** [lo'zaŋga] <-ghe> *f* Rhombus *m*, Raute *f*

**Losanna** [lo'zanna] *f* Lausanne *nt*

**losco, -a** ['losko] <-schi, -sche> *agg* ① (*strabico*) schielend ② (*miope*) kurzsichtig ③ (*fig*) finster, suspekt; (*affare*) unsauber, anrüchig

**loto** ['lɔ:to] *m* Lotos *m*, Lotosblume *f*

**lotta** ['lɔtta] *f* ① (*combattimento*) Kampf *m*; **~ a corpo a corpo** Nahkampf *m*; **fare la ~** raufen ② (SPORT) Ringen *nt*, Ringkampf *m*; **~ libera** Freistilringen *nt* ③ (*fig: dissidio*) Streit *m*, Auseinandersetzung *f*; **~ di classe** Klassenkampf *m*; **~ per l'esistenza** Existenzkampf *m*; **~ al terrorismo** Anti-Terror-Kampf *m* **lottare** [lot'ta:re] *vi* kämpfen, ringen; **~ con il sonno** mit dem Schlaf kämpfen **lottatore, -trice** [lotta'to:re] *m, f* ① (*chi lotta, combatte*) Kämpfer(in) *m(f)* ② (SPORT) Ringkämpfer(in) *m(f)*

**lotteria** [lotte'ri:a] <-ie> *f* Lotterie *f*

**lottizzabile** [lottid'dza:bile] *agg* parzellierbar, in Landparzellen aufteilbar; **terreno ~** aufteilbares Landgut **lottizzare** [lottid'dza:re] *vt* in Parzellen aufteilen, parzellieren, Ländereien aufteilend **lottizzatore, -trice** [lottiddza'to:re] I. *agg* ① (*che lottizza*) parzellierend, Ländereien aufteilend ② (ADM) bei der Ämtervergabe parteiisch handelnd, Ämterschieberei betreibend II. *m, f* ① (*chi lottizza*) Verantwortliche(r) *f(m)* für die Landaufteilung ② (ADM) Ämterschieber(in) *m(f)* **lottizzatorio, -a** [lottiddza'tɔ:rio] <-i, -ie> *agg* (POL) Vetternwirtschaft betreibend, Ämterschieberei betreibend; **sistema ~** Vetternwirtschaft *f* **lottizzazione** [lottiddzat'tsio:ne] *f* ① (*di terreno*) Aufteilung *f* in Parzellen, Parzellierung *f* ② (*di potere*) Ämteraufteilung *f* [zwischen den Parteien]

**lotto** ['lɔtto] *m* ① (*gioco*) Lotto[spiel] *nt*; **giocare al ~** [im] Lotto spielen ② (*di terreno*) Parzelle *f*; (*di merce*) [Waren]posten *m*, Partie *f*; **a -i** partieweise, parzellenweise

**love affair** [lʌv ə'fɛa] <- *o* **love affairs**> *f* Liebesaffäre *f*, Affäre *f* **love boat** [lʌv bout] <- *o* **love boats**> *m* Loveboat *nt*; **molte coppie vanno in crociera su una ~** viele Paare verbringen ihre Kreuzfahrt auf einem Loveboat **love story** [lʌv 'stɔ:ri] <- *o* **love stories**> *f* Lovestory *f*, Liebesaffäre *f*

**low technology** [lou tek'nɔlədʒi] I. <inv> *agg* (TEC) Lowtech- II. <-> *m* (TEC) Lowtech *nt o f*

**lozione** [lot'tsio:ne] *f* Lotion *f*, Wasser *nt*; **~ per capelli** Haarwasser *nt*

**LP** <-> *m* LP *f*

**Lubecca** [lu'bɛkka] *f* Lübeck *nt*

**lubrico, -a** ['lu:briko] <-ci, -che> *agg* ① (*sdrucciole*) schlüpfrig, rutschig, glitschig ② (*fig*) schlüpfrig, zweideutig

**lubrificante** [lubrifi'kante] I. *agg* Schmier- II. *m* Schmiere *f*, Schmiermittel *nt*

**lubrificare** [lubrifi'ka:re] *vt* [ab]schmieren **lubrificazione** [lubrifikat'tsio:ne] *f* [Ab]schmieren *nt*

**lucano** [lu'ka:no] <sing> *m* (*dialetto*) lukanische Dialektgruppe

**lucano, -a** I. *agg* lukanisch; **Appennino ~**

der lukanische Teil des Appennins II. *m, f* (*abitante*) Lukaner(in) *m(f)*
**Lucca** *f* Lucca *nt* (*Stadt in der Toskana*)
**lucchese** [luk'ke:se] I. *mf* (*abitante*) Einwohner(in) *m(f)* aus Lucca II. *agg* aus Lucca
**Lucchese** <*sing*> *m* Provinz *f* Lucca
**lucchetto** [luk'ketto] *m* Vorhängeschloss *nt*
**luccicare** [luttʃi'ka:re] *vi* leuchten, funkeln
**luccichio** [luttʃi'ki:o] <-chii> *m* Gefunkel *nt*, Glitzern *nt*
**luccio** ['luttʃo] <-cci> *m* Hecht *m*
**lucciola** ['luttʃola] *f* Glühwürmchen *nt*, Leuchtkäfer *m;* **prender -e per lanterne** etw falsch verstehen, etw verwechseln
**luce** ['lu:tʃe] *f* ① (*gener* PHYS, TEC) Licht *nt;* **-i di posizione** Standlicht *nt;* **dare alla ~** zur Welt bringen; **fare ~ su qc** Licht in etw *acc* bringen, etw aufklären; **mettere in ~ qc** etw an den Tag bringen; **mettere qu in cattiva ~** jdn ins schiefe Licht rücken, jdn schlechtmachen; **mettersi in ~** sich hervortun; **riportare qc alla ~** etw wieder ans Licht bringen; **~ intermittente** Blinklicht *nt;* **a -i rosse** (*cinema*) Porno-; **alla ~ dei fatti** in Anbetracht der Tatsachen; **contro ~** bei Gegenlicht ② (*sole*) Helligkeit *f,* Tages-, Sonnenlicht *nt;* **alle prime -i** bei Tagesanbruch, im Morgengrauen **lucente** [lu'tʃɛnte] *agg* leuchtend, funkelnd, glänzend **lucentezza** [lutʃen'tettsa] *f* Leuchten *nt,* Glanz *m;* (*di seta, perle*) Schimmer *m*
**lucerna** [lu'tʃɛrna] *f* Lampe *f,* Öllampe *f*
**Lucerna** [lu'tʃɛrna] I. *m* (*cantone*) Luzern *nt* II. *f* (*città*) Luzern *nt*
**lucernario** [lutʃer'na:rio] <-i> *m* Oberlicht *nt*
**lucertola** [lu'tʃɛrtola] *f* Eidechse *f*
**lucherino** [luke'ri:no] *m* Zeisig *m,* Erlenfink *m*
**lucidabile** [lutʃi'da:bile] *agg* polierbar, polierfest **lucidabilità** [lutʃi'dabili'ta] <-> *f* Polierbarkeit *f*
**lucidalabbra** [lutʃida'labbra] <-> *m* Lipgloss *nt*
**lucidante** [lutʃi'dante] I. *m* Poliermittel *nt* II. *agg* Polier- **lucidare** [lutʃi'da:re] *vt* ① (*gener*) glänzend machen; (*scarpe*) putzen, wichsen; (*mobili*) polieren; (*pavimenti*) bohnern, wienern ② (*disegni*) durchpausen **lucidatore, -trice** [lutʃida'to:re] *m, f* Polierer(in) *m(f)* **lucidatrice** [lutʃida'tri:tʃe] *f* Bohnermaschine *f*
**lucidatura** [lutʃida'tu:ra] *f* ① (*lustratura*) Polieren *nt;* (*di scarpe*) Putzen *nt,* Wich-

sen *nt;* (*di pavimenti*) Bohnern *nt* ② (*di disegni*) Durchpausen *nt*
**lucidità** [lutʃidi'ta] <-> *f* Klarheit *f*
**lucido** ['lu:tʃido] *m* ① (*lucentezza*) Glanz *m* ② (*per mobili*) Politur *f,* Poliermittel *nt;* (*per scarpe*) Schuhcreme *f;* (*per pavimenti*) Bohnerwachs *nt* ③ (*disegno*) Pause[zeichnung] *f;* (*per lavagna luminosa*) Folie *f*
**lucido, -a** *agg* ① (*lucente*) glänzend, blank; **carta -a** Transparentpapier *nt* ② (*fig*) klar, durchsichtig
**lucignolo** [lu'tʃiɲɲolo] *m* ① (*stoppino*) Docht *m* ② (*scherz: persona*) Bohnenstange *f fam,* Klappergestell *nt fam*
**lucrare** [lu'kra:re] *vt* ① (*somme*) einnehmen, einstecken ② (*fig: indulgenze*) erlangen **lucrativo, -a** [lukra'ti:vo] *agg* einträglich, lukrativ **lucro** ['lu:kro] *m* Gewinn *m,* Vorteil *m* **lucroso, -a** [lu'kro:so] *agg* Gewinn bringend, einträglich, lohnend
**luculliano, -a** [lukul'lia:no] *agg* lukullisch, üppig
**ludibrio** [lu'di:brio] <-i> *m* Hohn *m,* [boshafter] Spott *m;* **essere il ~ di tutti** zum Gespött aller [Leute] werden
**ludico, -a** ['lu:diko] <-ci, -che> *agg* spielerisch, Spiel- **ludo** ['lu:do] *m* ① (HIST) Spiel *nt,* Schauspiel *nt* ② *pl* Festspiele *ntpl* **ludoteca** [ludo'tɛ:ka] <-che> *f* Spiel[l]othek *f* **ludotecario, -a** [ludote'ka:rio] <-i, -ie> *m, f* Verleiher(in) *m(f)* einer Spiel[l]othek
**lue** ['lu:e] <-> *f* Syphilis *f,* Lues *f*
**luganiga** [lu'ga:niga] <-ghe> *f* (*sett*) [feine] Wurst *f*
**luglio** ['luʎʎo] *m* Juli *m; v. a.* **aprile**
**lugubre** ['lu:gubre] *agg* schaurig, unheilvoll
**lui** ['lu:i] *pron pers 3. pers m sing* ① (*soggetto*) er ② (*oggetto*) ihn; (*con preposizione*) ihn, ihm, seiner; **beato ~!** der Glückliche!
**lumaca** [lu'ma:ka] <-che> *f* Schnecke *f* **lumacone** [luma'ko:ne] *m, f* (*goffo*) Tranfunzel *f fam,* Schlafmütze *f fam*
**lumbard** [lum'bard] I. <inv> *agg* (*lomb: dial*) Lega Nord- II. <-> *mf* (*lomb: dial*) überzeugte(r) Lega Nord-Wähler(in) *m(f)*
**lume** ['lu:me] *m* Lampe *f;* (*a. fig*) Leuchte *f;* (*luce*) Licht *nt;* **perdere il ~ della ragione** außer sich sein **lumeggiare** [lumed'dʒa:re] *vt* ① (*in pittura*) Lichteffekte erzielen ② (*fig: fatto*) aufklären, erhellen
**lumicino** [lumi'tʃi:no] *m* Lämpchen *nt,* kleine Lampe

**lumiera** [lu'miɛːra] *f* Kronleuchter *m*, Lüster *m*, Luster *m* A

**luminare** [lumi'naːre] *m* Leuchte *f* **luminaria** [lumi'naːria] <-ie> *f* ❶ (*illuminazione*) [Fest]beleuchtung *f* ❷ (*quantità di lumi accesi*) Lichtermeer *nt*

**luminescente** [lumineʃ'ʃɛnte] *agg* luminieszierend, Leucht- **luminescenza** [lumineʃ'ʃɛntsa] *f* Lumineszenz *f*, Leuchten *nt*

**luminismo** [lumi'nizmo] *m* Helldunkelmalerei *f* **luministica** [lumi'nistika] <-che> *f* Beleuchtungstechnik *f*

**lumino** [lu'miːno] *m* Lämpchen *nt;* **~ da notte** Nachttischlampe *f*

**luminosità** [luminosi'ta] <-> *f* ❶ (*chiarore*) Helligkeit *f* ❷ (PHYS) Lichtstärke *f*

**luminoso, -a** [lumi'noːso] *agg* ❶ (*che emette luce*) strahlend, leuchtend ❷ (*limpido*) klar, hell ❸ (*fig*) hervorragend, glänzend; (*sorriso*) strahlend

**lumpo** ['lumpo] *m v.* **lompo**

**luna** ['luːna] *f* ❶ (ASTR) Mond *m;* **~ calante** abnehmender Mond; **~ crescente** zunehmender Mond; **~ piena** Vollmond *m;* **a mezza ~** halbmondförmig; **~ di miele** Flitterwochen *fpl* ❷ (*lunazione*) Mondwechsel *m* ❸ (*fig*) Laune *f;* **avere la ~ di traverso** [*o* **storta**] schlechte Laune haben

**luna park** ['luːna 'park] <-> *m* Vergnügungspark *m*

**lunare** [lu'naːre] *agg* Mond- **lunario** [lu'naːrio] <-i> *m* Kalender *m*, Almanach *m*

**lunatico, -a** [lu'naːtiko] <-ci, -che> *agg* launenhaft, unbeständig; (*strano*) wunderlich **lunazione** [lunat'tsioːne] *f* Mondwechsel *m*

**luncheonette** [lʌnʃə'nɛt] <- *o* luncheonettes> *f* (GASTR) Imbissstube *f*, Bistro *nt*

**Luneburgo** [lune'burgo] *f* Lüneburg *nt;* **Lande di ~** Lüneburger Heide *f*

**lunedì** [lune'di] <-> *m* Montag *m; v. a.* **domenica**

**lunetta** [lu'netta] *f* ❶ (ARCH) Lünette *f*, Bogenfeld *nt* ❷ (*mezzaluna*) Wiegemesser *nt*

**Lungadige** <*sing*> *m* Etsch-Uferpromenade [Lungadige] *f*

**lungaggine** [luŋ'gaddʒine] *f* Langatmigkeit *f*, Schwerfälligkeit *f;* **le -i della burocrazia** Bürokratismus *m*

**lungamente** [luŋga'mente] *avv* lange [Zeit]

**lungarno** [luŋ'garno] *m* Straße *f* am Arno [entlang]

**lunghezza** [luŋ'gettsa] *f* ❶ (*estensione*) Länge *f*, Längsseite *f;* (*di tempo*) Länge *f*, Dauer *f* ❷ (*lentezza*) Langsamkeit *f*

**lungi** ['lundʒi] *avv* (*poet*) fern, fernab *geh,* in weiter Ferne; **~ da me ogni sospetto!** jeglicher Verdacht sei fern von mir! **lungimirante** [lundʒimi'rante] *agg* weitblickend, vorausehend **lungimiranza** [lundʒimi'rantsa] *f* Weitblick *m*, Weitsicht *f*

**lungo** ['luŋgo] I. *m* Länge *f;* **per il ~** der Länge nach II. *prp* ❶ (*di luogo*) längs +*gen o dat,* entlang ... +*dat o gen,* ... +*acc* entlang ❷ (*di tempo*) während +*gen o dat*

**lungo, -a** <-ghi, -ghe> *agg* ❶ (*estensione*) lang; (*tempo*) lange dauernd, langwierig; (*affare, progetto, programma*) langfristig; (*lontananza*) weit, lang; **avere le mani** [*o* **le unghie**] **-ghe** (*fig*) lange Finger machen; **saperla -a** mit allen Wassern gewaschen sein, es faustdick hinter den Ohren haben; **alla -a** auf die Dauer; **di gran -a** weitaus, bei weitem; **in ~ e in largo** kreuz und quer; (*fig*) ausführlich, des Langen und Breiten ❷ (*persona*) hochgewachsen; (*lento*) langsam ❸ (*bevanda, brodo*) dünn, verdünnt

**lungofiume** [luŋgo'fiuːme] *m* Uferstraße *f*, Uferpromenade *f* **lungolago** [luŋgo'laːgo] *m* Promenade *f* am Seeufer **lungomare** [luŋgo'maːre] *m* Strandpromenade *f*, Straße *f* am Meer

**lungometraggio** [luŋgome'traddʒo] <-ggi> *m* Spielfilm *m* **lungotevere** [luŋgo'teːvere] *m* Straße *f* am Tiber [entlang]

**lunotto** [lu'nɔtto] *m* Heckscheibe *f;* **~ termico** heizbare Heckscheibe

**lunula** ['luːnula] *f* Nagelmond *m*

**luogo** ['luɔːgo] <-ghi> *m* Ort *m*, Stelle *f;* (*località*) Ortschaft *f*, Örtlichkeit *f;* (*posto*) Platz *m*, Raum *m;* (*locale*) Lokal *nt*, Raum *m;* (*punto*) Stelle *f;* **~ di divertimento** Vergnügungsstätte *f;* **le autorità del ~** die örtliche Behörde, die Lokalbehörde; **in nessun ~** nirgends; **in primo ~** zunächst; **sul ~** an Ort und Stelle; **fuori ~** unangebracht, fehl am Platz[e]; **in ~ di** anstelle von; **aver ~** stattfinden; **dar ~ a qc** Anlass zu etw geben **luogotenente** [luɔgote'nɛnte] *m* Statthalter *m*

**lupa** ['luːpa] *f* ❶ (ZOO) Wölfin *f* ❷ (*fig*) Nymphomanin *f* **lupanare** [lupa'naːre] *m* (*poet*) Freudenhaus *nt*

**lupetto** [lu'petto] *m* ❶ (ZOO) kleiner Wolf; (*cane*) junger Wolfshund ❷ (*scout*) junger Pfadfinder, Wölfling *m*

**lupino** [lu'piːno] *m* Lupine *f*

**lupo** ['lu:po] *m* Wolf *m;* **cane ~** Wolfshund *m,* deutscher Schäferhund; **~ mannaro** Werwolf *m,* Wolfsmensch *m;* **fame da -i** Bärenhunger *m fam;* **tempo da -i** Hundewetter *nt fam;* **~ di mare** Seebär *m;* **al ~!** fangt den Wolf!; **il ~ perde il pelo ma non il vizio** (*prov*) die Katze lässt das Mausen nicht

**luppolo** ['luppolo] *m* Hopfen *m*

**lurex**® ['lu:reks] <-> *m* Lurex® *nt* (*Garn mit metallisierten Fasern*)

**lurido, -a** ['lu:rido] *agg* ❶ (*sporco*) schmutzig, dreckig ❷ (*fig*) verkommen, unmoralisch **luridume** [luri'du:me] *m* ❶ (*sporcizia*) Schmutz *m,* Unrat *m* ❷ (*fig*) Sündenpfuhl *m*

**lusinga** [lu'ziŋga] <-ghe-> *f* Schmeichelei *f*
**lusingare** [luziŋ'ga:re] I. *vt* **~ qu** jdm schmeicheln II. *vr* **-rsi** (*osar credere*) hoffen **lusingatore, -trice** [luziŋga'to:re] I. *agg* schmeichelnd II. *m, f* Schmeichler(in) *m(f),* Schöntuer(in) *m(f)* **lusinghiero, -a** [luziŋ'giɛ:ro] *agg* schmeichlerisch, schmeichelhaft

**lussazione** [lussat'tsio:ne] *f* Luxation *f,* Verrenkung *f*

**lussemburghese** [lussembur'ge:se] I. *agg* luxemburgisch, Luxemburger II. *mf* Luxemburger(in) *m(f)*

**Lussemburgo** [lussem'burgo] *m* **il ~** Luxemburg *nt*

**lusso** ['lusso] *m* Luxus *m;* **automobile di ~** Luxuswagen *m,* Luxuslimousine *f;* **edizione di ~** Luxusausgabe *f,* Prachtausgabe *f;* **permettersi certi -i** sich *dat* einen gewissen Luxus erlauben **lussuoso, -a** [lussu'o:so] *agg* luxuriös, Luxus-

**lussureggiante** [lussured'dʒante] *agg* üppig, prächtig

**lussuria** [lus'su:ria] <-ie> *f* Fleischeslust *f,* Unzucht *f* **lussurioso, -a** [lussu'rio:so] I. *agg* geil, unzüchtig II. *m, f* unzüchtiger Mensch

**lustrale** [lus'tra:le] *agg* (*poet* REL) reinigend, läuternd; **acqua ~** Weihwasser *nt*

**lustrare** [lus'tra:re] I. *vt* reinigen; (*mobili, metallo*) polieren; (*pavimenti*) bohnern; (*scarpe*) putzen, wichsen; **~ le scarpe a qu** (*fig*) jdm nicht das Wasser reichen können II. *vi* blank sein, glänzen **lustrascarpe** [lustras'karpe] <-> *mf* Schuhputzer(in) *m(f)* **lustrata** [lus'tra:ta] *f* rasches Putzen

**lustrino** [lus'tri:no] *m* Flitter *m;* (*paillette*) Paillette *f*

**lustro** ['lustro] *m* ❶ (*lucentezza*) Glanz *m* ❷ (*fig: gloria*) Ruhm *m,* Ehre *f*

**lustro, -a** *agg* glänzend, blank

**luterano, -a** [lute'ra:no] I. *agg* lutherisch II. *m, f* Lutheraner(in) *m(f)*

**lutto** ['lutto] *m* Trauer *f;* (*abito*) Trauerkleidung *f;* (*periodo*) Trauerzeit *f;* **essere in ~** in Trauer sein; **prendere il ~** Trauer tragen; **chiuso per ~** wegen Trauerfall geschlossen **luttuoso, -a** [luttu'o:so] *agg* ❶ (*sventuroso*) unheilvoll, verhängnisvoll ❷ (*funesto*) tödlich

# Mm

**M, m** ['ɛmme] <-> f M, m nt; **m come Milano** M wie Martha

**m** abbr di **metro** m

**ma**[1] [ma] **I.** cong ① (però) [je]doch, aber ② (bensì) sondern ③ (rafforzativo) sogar, doch; ~ **è impossibile!** das ist doch nicht möglich! **II.** int wer weiß; ~ **[insomma]!** na ja! fam; **sarà vero? — Ma!** ob es [wohl] wahr ist? — Was weiß ich!

**ma**[2] <-> m Aber nt; **non ci sono ~ che tengano** da gibt es kein Wenn und kein Aber

**macabro, -a** ['ma:kabro] agg makaber

**macaco** [ma'ka:ko] <-chi> m ① (ZOO) Makak m ② (fig, pej) Affe m fam

**macché** [mak'ke] int im Gegenteil, ach was

**maccheroni** [makke'rɔ:ni] mpl Makkaroni pl **maccheronico, -a** [makke'rɔ:niko] <-ci, -che> agg ① (LIT) makkaronisch ② (fig: storpiato) stümperhaft

**macchia** ['makkia] <-cchie> f ① (sporco) Fleck m ② (chiazza) Sprenkel m; (in pittura) Farbtupfer m ③ (fig: colpa) Makel m, Schandfleck m ④ (BOT) Macchia f (für den Mittelmeerraum charakteristischer Buschwald)

**macchiare** [mak'kia:re] **I.** vt ① (sporcare) beflecken, Flecken machen auf +acc; ~ **di vino la tovaglia** Weinflecken auf die Tischdecke machen ② (fig: onore, innocenza) beflecken **II.** vr **-rsi** ① (sporcarsi) sich beflecken; (cose) Flecken bekommen ② (fig) sich besudeln; **-rsi di una colpa** eine Schuld auf sich laden **macchiato, -a** [mak'kia:to] agg (sporco) mit Flecken; (di colore diverso) gefleckt; **caffè** ~ Espresso mit einem Schluck Milch **macchietta** [mak'kietta] f ① (schizzo, bozzetto) Farbskizze f ② (persona) Original nt ③ (THEAT) Karikatur f **macchiettista** [makkiet'tista] <-i m, -e f> mf ① (che fa caricature) Karikaturist(in) m(f) ② (attore) Komiker(in) m(f)

**macchina** ['makkina] f ① (congegno) Maschine f, Apparat m; (apparecchiatura) Apparatur f; **da caffè** Kaffeemaschine f, Espressomaschine; ~ **da cucire** Nähmaschine; ~ **da scrivere** Schreibmaschine; ~ **fotografica** Fotoapparat m; ~ **[fotografica] digitale** Digitalkamera f; **scrivere a** ~ Maschine schreiben; **fatto a** ~ maschinell hergestellt ② (auto) Auto nt, Wagen m; **andare in** ~ mit dem Auto fahren ③ (fig: struttura) Apparat m ④ (fig: meccanismo) Maschinerie f, Getriebe nt **macchinale** [makki'na:le] agg mechanisch, unwillkürlich **macchinare** [makki'na:re] vt anzetteln, anstiften **macchinario** [makki'na:rio] <-i> m Maschinen fpl, Maschinenpark m **macchinatore, -trice** [makkina'to:re] m, f Intrigant(in) m(f); (di un complotto) Drahtzieher(in) m(f) **macchinazione** [makkinat'tsio:ne] f Machenschaften fpl, Intrige f **macchinetta** [makki'netta] f ① dim di **macchina** Maschinchen nt ② (fam: apparecchio) Ding nt, Maschine f; **la ~ da caffè** die Espressomaschine; **parlare come una ~** reden wie ein Wasserfall; **rispondere a ~** ohne nachzudenken antworten **macchinismo** [makki'nizmo] m Technisierung f **macchinista** [makki'nista] <-i m, -e f> mf ① (addetto alle macchine) Maschinist(in) m(f), Mechaniker(in) m(f) ② (FERR) Lokomotivführer(in) m(f) ③ (NAUT) Maschinist(in) m(f) ④ (THEAT) Maschinenmeister(in) m(f) **macchinoso, -a** [makki'no:so] agg kompliziert, verwickelt

**macedonia** [matʃe'dɔ:nia] <-ie> f Obstsalat m

**macellaio, -a** [matʃel'la:io] <-i, -ie> m, f ① (chi macella) Schlachter(in) m(f), Fleischer(in) m(f) ② (negoziante) Metzger(in) m(f), Fleischer(in) m(f), Fleischhauer(in) m(f) A ③ (fig, pej) Schlächter m **macellare** [matʃel'la:re] vt ① (animali) schlachten ② (fig) abschlachten, hinmetzeln **macelleria** [matʃelle'ri:a] <-ie> f Metzgerei f, Fleischerei f **macello** [ma'tʃɛllo] m ① (mattatoio) Schlachthof m ② (strage) Blutbad nt, Gemetzel nt ③ (fig, scherz) Fiasko nt, Reinfall m

**macerare** [matʃe'ra:re] **I.** vt auflösen, aufweichen **II.** vr **-rsi** ① (consumarsi) sich verschleißen, sich verbrauchen ② (tormentarsi) sich quälen

**Macerata** f Macerata nt (Stadt in den Marken)

**maceratese I.** mf (abitante) Einwohner(in) m(f) aus Macerata **II.** agg aus [o von] Macerata

**macerazione** [matʃerat'tsio:ne] f (processo) Auflösung f, Aufweichen nt **macerie** [ma'tʃɛ:rie] fpl Trümmer pl, Schutt m

**macero** ['ma:tʃero] m Auflösung f, Einstampfen nt; **carta da** ~ Makulatur f

**macero, -a** *agg* ① (*decomposto*) aufgelöst, verrottet ② (*fig: sfinito*) zerschlagen, entkräftet

**machiavellico, -a** [makia'vɛlliko] <-ci, -che> *agg* machiavellistisch; (*a. fig*) skrupellos **machiavellismo** [makiavel'lizmo] *m* Machiavellismus *m*

**macigno** [ma'tʃiɲɲo] *m* Fels|block| *m*; **un cuore di ~** ein Herz aus Stein

**macilento, -a** [matʃi'lɛnto] *agg* aus-, abgezehrt

**macina** ['ma:tʃina] *f* Mühlstein *m*

**macinacaffè** [matʃinakaf'fɛ] <-> *m* Kaffeemühle *f*

**macinadosatore** [matʃinadoza'to:re] *m* (TEC) Kaffeedosiermühle *f*

**macinapepe** [matʃina'pe:pe] <-> *m* Pfeffermühle *f*

**macinare** [matʃi'na:re] *vt* ① (*grano, caffè*) mahlen ② (*fig: strada, chilometri*) fressen *fam* **macinato** [matʃi'na:to] *m* ① (*prodotto di macinazione*) Mehl *nt*, Gemahlene(s) *nt* ② (*fam: carne tritata*) Hackfleisch *nt*, Faschierte *nt* A **macinatore, -trice** [matʃina'to:re] *m, f* Müller(in) *m(f)* **macinazione** [matʃinat'tsio:ne] *f* [Zer]mahlen *nt*, Zerreiben *nt* **macinino** [matʃi'ni:no] *m* ① (*per caffè*) Kaffeemühle *f*; (*per pepe*) Pfeffermühle *f* ② (*fig, scherz: vecchia auto*) Mühle *f fam*, [Klapper]kiste *f fam*

**maciste** [ma'tʃiste] *m* (*scherz*) Herkules *m*

**maciullare** [matʃul'la:re] *vt* ① (*canapa, tessuti*) brechen ② (*stritolare*) zermalmen, zerquetschen

**macroanalisi** [makroa'na:lizi] *f* ① (*gener*) Makroanalyse *f* ② (COM, FIN: *macroeconomia*) Makroökonomie *f*

**macrobiotica** [makrobi'ɔ:tika] <-che> *f* Makrobiotik *f* **macrobiotico, -a** [makrobi'ɔ:tiko] <-ci, -che> *agg* makrobiotisch; **negozio ~** Laden *m* mit makrobiotischen Lebensmitteln

**macroclima** [makro'kli:ma] *m* (METEO) Großklima *nt*, Makroklima *nt*

**macrocontesto** [makrokon'tɛsto] *m* ① (LING) Makrokontext *m* ② (*gener*) globaler Textzusammenhang

**macrocosmo** [makro'kɔzmo] *m* Makrokosmos *m*

**macrocristallino, -a** [makrokristal'li:no] *agg* (GEOL) makrokristallin

**macrodistribuzione** [makrodistribut'tsio:ne] *f* (FIN) globale Einkommensverteilung

**macrodonte** [makro'dɔnte] I. *agg* (MED) an Makrodontose erkrankt II. *mf* (MED) Makrodontosepatient(in) *m(f)*

**macroeconomia** [makroekono'mi:a] *f* (COM, FIN) Makroökonomie *f* **macroeconomico, -a** [makroeko'nɔ:miko] <-ci, -che> *agg* makroökonomisch

**macrometeorologia** [makrometeorolo'dʒi:a] <*sing*> *f* (METEO) Großklimaforschung *f*

**macromolecola** [makromo'lɛ:kola] *f* (CHEM) Makromolekül *nt* **macromolecolare** [makromoleko'la:re] *agg* (CHEM) makromolekular

**macronutriente** [makronutri'ɛnte] *m* (BIOL) Grundnährstoff *m*

**macropetalo, -a** [makro'pɛ:talo] *agg* (BOT) großblütig

**macroprogrammazione** [makroprogrammat'tsio:ne] *f* (INFORM) Makroprogrammierung *f*

**macroscopico, -a** [makros'kɔ:piko] <-ci, -che> *agg* ① (TEC) makroskopisch ② (*fig: enorme*) riesig, gewaltig

**macrosistema** [makrosis'tɛ:ma] <-i> *m* Makrosystem *nt*

**macrosociologia** [makrosotʃolo'dʒi:a] <*sing*> *f* (SOC) Makrosoziologie *f* **macrosociologico, -a** [makrosotʃo'lɔ:dʒiko] <-ci, -che> *agg* (SOC) makrosoziologisch

**macrostruttura** [makrostru'tu:ra] *f* ① (*gener*) Grobgefüge *nt* ② (SCIENT) Makrostruktur *f*

**maculato, -a** [maku'la:to] *agg* gefleckt, gesprenkelt

**madama** [ma'da:ma] *f* ① (HIST) Madame *f* ② (*scherz*) Gnädige *f* **madamigella** [madami'dʒɛlla] *f* (*scherz*) gnädiges Fräulein

**madia** ['ma:dia] <-ie> *f* Backtrog *m*

**madido, -a** ['ma:dido] *agg* nass, feucht; **~ di sudore** (*persona*) schweißgebadet; (*camicia*) schweißnass

**Madonna** [ma'dɔnna] *f* ① (REL) Jungfrau Maria *f*, Muttergottes *f* ② (*nell'arte*) Madonna *f*, Madonnenbild *nt* **madonnaro, -a** [madon'na:ro] *m, f* Pflastermaler(in) *m(f)* **madonnina** [madon'ni:na] *f* engelhaftes Mädchen

**madornale** [mador'na:le] *agg* gewaltig, enorm

**madre**[1] ['ma:dre] *f* ① (*genitrice*) Mutter *f*; **~ natura** Mutter *f* Natur ② (*di animali*) Muttertier *nt*, Mutter *f* ③ (REL) Schwester *f*; **~ superiora** [Schwester] Oberin *f*

**madre**[2] <inv> *agg* ① (*che ha figli*) Mutter-; **ragazza ~** unverheiratete Mutter ② (*principale*) Leit-, Haupt-

**madrelingua** [madreˈliŋgua] *f* Muttersprache *f;* **essere di ~ italiana** Italienisch als Muttersprache sprechen

**madrepatria** [madreˈpaːtria] *f* Vaterland *nt;* (*delle colonie*) Mutterland *nt*

**madreperla** [madreˈpɛrla] *f* Perlmutter *f,* Perlmutt *nt* **madreperlaceo, -a** [madreperˈlaːtʃeo] *agg* perlmutt[er]farben

**madrepora** [maˈdrɛːpora] *f* Steinkoralle *f,* Madrepore *f* **madrevite** [madreˈviːte] *f* Mutter *f,* Mutter-, Innengewinde *nt*

**madrigale** [madriˈgaːle] *m* Madrigal *nt*

**madrilista** [madriˈlista] <-i *m*, -e *f*> I. *agg* (SPORT) Real-, Madrid- II. *mf* ❶ (SPORT: *giocatore del Real Madrid*) Spieler *m* von Real Madrid ❷ (SPORT: *tifoso del Real Madrid*) Madrid-Fan *m,* Real-Fan *m*

**madrina** [maˈdriːna] *f* ❶ (*ai sacramenti*) Patin *f,* Patentante *f* ❷ (*ad inaugurazioni*) Patin *f*

**maestà** [maesˈta] <-> *f* ❶ (*imponenza*) Erhabenheit *f,* Majestät *f* ❷ (*di sovrani*) Majestät *f;* **Sua ~** Seine [*o* Ihre] Majestät **maestosità** [maestosiˈta] <-> *f* Erhabenheit *f,* Großartigkeit *f* **maestoso, -a** [maesˈtoːso] *agg* ❶ (*aspetto, gesto*) hoheitsvoll, majestätisch ❷ (MUS) feierlich, maestoso

**maestra** [maˈɛstra *o* maˈestra] *f* ❶ (*insegnante*) [Grundschul]lehrerin *f;* **~ d'asilo** Kindergärtnerin *f* ❷ (*esperta*) Meisterin *f* ❸ (NAUT) Großsegel *nt*

**maestrale** [maesˈtraːle] *m* Mistral *m*

**maestranze** [maesˈtrantse] *fpl* Arbeiterschaft *f,* Belegschaft *f*

**maestria** [maesˈtriːa] <-ie> *f* (*abilità*) Meisterschaft *f,* Geschicklichkeit *f*

**maestro, -a** [maˈɛstro *o* maˈestro] I. *m, f* ❶ (*di scuola primaria*) [Grundschul]lehrer(in) *m(f)* ❷ (*istruttore*) Lehrer(in) *m(f);* **~ di nuoto/di ballo** Schwimm-/Tanzlehrer *m;* **~ del coro** Chorleiter *m* ❸ (*esperto*) Meister *m,* Experte *m;* **nessuno nasce ~** (*prov*) es ist noch kein Meister vom Himmel gefallen II. *agg* ❶ (*principale*) Haupt-; **strada -a** Hauptstraße *f;* **muro ~** tragende Wand ❷ (*abile*) meisterhaft, Meister-

**mafia** [ˈmaːfia] *f* Mafia *f* **mafiosità** [mafiosiˈta] <-> *f* mafioser Charakter **mafioso, -a** [maˈfioːso] I. *agg* Mafia- II. *m, f* Mafioso *m*/Mafiosa *f*

**maga** [ˈmaːga] <-ghe> *f* ❶ (*che fa magie*) Zauberin *f* ❷ (*fig: donna affascinante*) Circe *f*

**magagna** [maˈgaɲɲa] *f* ❶ (*difetto*) Mangel *m,* Defekt *m;* (*di frutta*) faule Stelle ❷ (*acciacco*) Gebrechen *nt*

**magari** [maˈgaːri] I. *int* und wie, schön wär's [ja] *fam* II. *cong* +*conj* wenn nur ... +*conj,* wenn doch ... +*conj;* **~ fosse vero!** wenn es doch wahr wäre! III. *avv* ❶ (*forse*) möglicherweise, vielleicht ❷ (*persino*) sogar

**magazzinaggio** [magaddziˈnaddʒo] <-ggi> *m* ❶ (*periodo*) Lagerung *f,* Lagerhaltung *f* ❷ (*prezzo*) Lagergebühr *f* **magazziniere, -a** [magaddziˈniɛːre] *m, f* Lagerverwalter(in) *m(f),* Lagerhalter(in) *m(f)*

**magazzino** [magadˈdziːno] *m* ❶ (*deposito*) [Waren]lager *nt* ❷ (*punto di vendita*) Kaufhaus *nt,* Warenhaus *nt*

**maggese** [madˈdʒeːse] *m* Brachland *nt,* Brache *f*

**maggio** [ˈmaddʒo] *m* Mai *m; v. a.* **aprile**

**maggiolino** [maddʒoˈliːno] *m* ❶ (ZOO) Maikäfer *m* ❷ (*autovettura*) Käfer *m*

**maggiorana** [maddʒoˈraːna] *f* Majoran *m*

**maggioranza** [maddʒoˈrantsa] *f* ❶ (*maggior parte*) Mehrzahl *f* ❷ (*in assemblea*) Mehrheit *f,* Majorität *f* **maggiorare** [maddʒoˈraːre] *vt* (COM: *prezzi*) anheben, erhöhen **maggiorazione** [maddʒoratˈtsioːne] *f* Erhöhung *f*

**maggiordomo** [maddʒorˈdɔːmo] <-i> *m* ❶ (*capo della servitù*) Butler *m* ❷ (HIST) Hausmeister *m,* Ober[haus]hofmeister *m*

**maggiore** [madˈdʒoːre] I. *agg* ❶ (*comparativo: più grande*) größer; (*più alto*) höher; (*più vecchio*) älter; (*più importante*) größer, bedeutender; (MAT) größer, Ober-; (MUS) Dur-, -Dur; **la sorella è ~ di tre anni** die Schwester ist [um] drei Jahre älter; **forza ~** höhere Gewalt; **Stato Maggiore** (MIL) Stab *m;* **tono ~** (MUS) Durtonart *f,* Dur *nt;* **andare per la ~** einen hervorragenden Ruf haben, großen Erfolg haben ❷ (*superlativo relativo: il più grande*) größte(r, s); (*il più vecchio*) älteste(r, s); (*per importanza*) bedeutendste(r, s), Haupt- II. *mf* ❶ (MIL) Major *m* ❷ (*primogenito*) Erstgeborene(r) *f(m),* Älteste(r) *f(m)*

**maggiorenne** [maddʒoˈrɛnne] I. *agg* volljährig, mündig II. *mf* Volljährige(r) *f(m)*

**maggiorenti** [maddʒoˈrɛnti] *mpl* Oberschicht *f*

**maggioritario, -a** [maddʒoriˈtaːrio] <-i, -ie> *agg* mehrheitlich, Mehrheits-; **sistema ~** (POL) Mehrheitswahlrecht *nt*

**maggiormente** [maddʒorˈmente] *avv* ❶ (*di più*) mehr, stärker, in höherem Maß ❷ (*più di tutto*) am meisten

**magi** ['ma:dʒi] *mpl* **i re ~** die Heiligen Drei Könige *mpl*, die drei Weisen *mpl* aus dem Morgenland

**magia** [ma'dʒi:a] <-gie> *f* ① (*arte occulta*) Magie *f*, Zauberei *f* ② (*fig*) Zauber *m*

**magico, -a** ['ma:dʒiko] <-ci, -che> *agg* ① (*di magia*) Zauber-, magisch; **formula -a** Zauberformel *f* ② (*fig: incantevole*) zauberhaft, bezaubernd

**magione** [ma'dʒo:ne] *f* (*obs a. scherz*) Domizil *nt*

**magistero** [madʒis'tɛ:ro] *m* ① (*insegnamento*) Lehrtätigkeit *f*, Lehramt *nt* ② (*obs: facoltà*) pädagogische Hochschule **magistrale** [madʒis'tra:le] *agg* ① (*per maestri*) Lehrer-, Lehr-; **istituto ~** Lehrerbildungsanstalt für Grundschullehrer ② (*da maestro*) meisterhaft, vorbildlich

**magistrato** [madʒis'tra:to] *m* ① (ADM: *carica pubblica*) öffentliches Amt; (*persona*) Amtsperson *f* ② (JUR: *giudice*) Richter *m* **magistratura** [madʒistra'tu:ra] *f* ① (*organi giudiziari*) Justiz *f*, Justizbehörde *f* ② (*funzione*) Richteramt *nt* ③ (*magistrati*) Richterstand *m*

**maglia** ['maʎʎa] <-glie> *f* ① (*intrecciatura*) Masche *f*; **~ diritta/rovescia** rechte/linke Masche; **lavorare a ~** stricken ② (*maglione*) Pullover *m*; (SPORT) Trikot *nt* ③ *pl* (*fig: trame*) Netz *nt*; **cadere nelle -glie d'un intrigo** in ein Intrigennetz geraten **magliaia** [maʎ'ʎa:ia] <-aie> *f* Strickerin *f* **maglieria** [maʎʎe'ri:a] <-ie> *f* ① (*genere di merci*) Trikotagen *fpl*, Strickwaren *fpl* ② (*fabbrica*) Strickerei *f*, Wirkerei *f* ③ (*bottega*) Strickwarengeschäft *nt* **maglietta** [maʎ'ʎetta] *f* (*indumento*) Strickhemd *nt*, [leichter] Strickpullover *m*, T-Shirt *nt* **maglificio** [maʎʎi'fi:tʃo] <-ci> *m* Strickwarenfabrik *f*

**maglio** ['maʎʎo] <-gli> *m* ① (*per forgiare*) Gesenkhammer *m* ② (*martello*) [schwerer] Hammer *m* ③ (SPORT: *hockey*) Schläger *m*

**maglione** [maʎ'ʎo:ne] *m* [dicker] Pullover *m*

**magma** ['magma] <-i> *m* Magma *nt*

**magnaccia** [maɲ'ɲattʃa] <-> *m* (*dial*) Zuhälter *m*

**magnanimità** [maɲɲanimi'ta] <-> *f* Großmut *f* **magnanimo, -a** [maɲ'ɲa:nimo] *agg* großmütig, edel

**magnate** [maɲ'ɲa:te] *m* Magnat *m*

**magnesia** [maɲ'ɲɛ:zia] *f* (CHEM) Magnesiumoxid *nt*, Magnesia *f*

**magnesio** [maɲ'ɲɛ:zio] *m* Magnesium *nt*

**magnete** [maɲ'ɲɛ:te] *m* ① (PHYS) Magnet *m* ② (EL) Zündmagnet *m*, Zündspule *f*

**magnetico, -a** [maɲ'ɲɛtiko] <-ci, -che> *agg* ① (EL) magnetisch, Magnet-; **campo ~** Magnetfeld *nt* (*fig: sguardo*) magnetisierend **magnetismo** [maɲɲe'tizmo] *m* Magnetismus *m* **magnetizzabile** [maɲɲetid'dza:bile] *agg* (PHYS) magnetisierbar **magnetizzare** [maɲɲetid'dza:re] *vt* magnetisieren **magnetizzazione** [maɲɲetiddzat'tsio:ne] *f* Magnetisierung *f* **magnetofonico, -a** [maɲɲeto'fɔ:niko] <-ci, -che> *agg* ① (*del magnetofono*) Magnetophon-, magnetisch ② (*che è stato registrato dal magnetofono*) Tonband-, Magnetband-

**magnetofono**® [maɲɲe'tɔ:fono] *m* Tonbandgerät *nt*, Magnetophon® *nt*

**magnetolettore** [maɲɲetolet'to:re] *m* (INFORM) Tonbandwiedergabegerät *nt* **magnetolettura** [maɲɲetolet'tu:ra] *f* (INFORM) Abruf *m* von auf Datenträgern gespeicherten Daten **magnetomeccanica** [maɲɲetomek'ka:nika] <-che> *f* (PHYS) Magnetomechanik *f*

**magnificare** [maɲɲifi'ka:re] *vt* verherrlichen, rühmen **magnificenza** [maɲɲifi'tʃɛntsa] *f* ① (*dell'animo*) Großmut *f* ② (*di una festa, di una villa*) Pracht *f*, Prunk *m* ③ (*titolo*) Magnifizenz *f* **magnifico, -a** [maɲ'ɲi:fiko] <-ci, -che> *agg* herrlich, prächtig, (*sontuoso*) prunkvoll

**magniloquente** [maɲɲilo'kuɛnte] *agg* salbungsvoll, pathetisch **magniloquenza** [maɲɲilo'kuɛntsa] *f* Pathos *m*, Schwülstigkeit *f*

**magno, -a** ['maɲɲo] *agg* (*poet*) groß; **aula -a** Festsaal *m*, Aula *f*; **Carlo Magno** Karl der Große

**magnolia** [maɲ'ɲɔ:lia] <-ie> *f* Magnolie *f*

**mago, -a** ['ma:go] <-ghi, -ghe> *m*, *f* ① (*che esercita magia*) Magier(in) *m(f)*, Zauberer *m*, Zauberin *f* ② (*guaritore*) Wunderheiler(in) *m(f)*

**magone** [ma'go:ne] *m* (*sett*) ① (*del pollo*) Hühnermagen *m* ② (*fig: affanno*) Sorge *f*, Kummer *m*; **avere il ~** ein unangenehmes Gefühl in der Magengegend haben

**Magonza** [ma'gontsa] *f* Mainz *nt*

**magra** ['ma:gra] *f* Niedrigwasser *nt*; **tempi di ~** (*fig*) magere Zeiten *fpl*

**magrezza** [ma'grettsa] *f* Magerkeit *f*

**magro** [ma'gro] *m* ① (*senza grasso*) magerer Teil, Magere(s) *nt* ② (*senza carni*) fleischlose Kost; **mangiare di ~** fleischlos essen

**magro, -a** *agg* ① (*persona*) mager; **~ come un chiodo** spindeldürr ② (*fig: scarso*) dürftig, spärlich

**mah** [ma] *int v.* **ma¹** II.

**maharaja** [maa'ra:dʒa] *o* maara'dʒa] <-> *m* Maharadscha *m*

**mai** ['ma:i] *avv* ❶ (*nessuna volta*) nie[mals]; **nessuno ... ~** niemand ... je; **non ... ~** nie; **~ più** nie mehr, nie wieder; **ora più che ~** jetzt erst recht, jetzt mehr denn je; **~ e poi ~** nie und nimmer ❷ (*qualche volta*) jemals, je; **chi l'avrebbe ~ detto?** wer hätte das jemals gedacht? ❸ (*fam: interrogativo*) denn; **come ~ non vieni?** wieso kommst du denn nicht?

**maiala** [ma'ia:la] *f* (*vulg*) Sau *f* **maiale** [ma'ia:le] *m* ❶ (*zoo*) Schwein *nt* ❷ (*carne*) Schweinefleisch *nt*, Schwein *nt* ❸ (*vulg*) Sau *f*

**mail** ['meil] <-> *f* Mail *f*

**mailinglist** [meiliŋ'list] <-> *f* (INFORM) Mailinglist *f*

**mail order** ['meil 'ɔ:də] <-> *m* Bestellung *f* per Post

**mainframe** [mein'freim] <- *o* mainframes> *m* (INFORM) Großrechner *m*

**maiolica** [ma'ɔ:lika] <-che> *f* ❶ (*ceramica*) Majolika *f* ❷ *pl* (*vasellame*) Majolikawaren *fpl*

**maionese** [maio'ne:se] *f* Mayonnaise *f*

**Maiorca** [ma'ɔrka] *f* Mallorca *nt*

**mais** ['ma:is] <-> *m* Mais *m*, Kukuruz *m* A

**maiuscola** [ma'iuskola] *f* Großbuchstabe *m* **maiuscolo, -a** [ma'iuskolo] *agg* (*scrittura*) groß; (*lettera*) groß, Groß-, großgeschrieben

**mal** [mal] *m v.* **male²**

**mala** ['ma:la] *f* (*sl*) Unterwelt *f*

**malaccetto, -a** [malat'tʃɛto] *agg* unwillkommen, ungern gesehen

**malaccio** *avv* (*fam*) schlimm, übel

**malaccolto, -a** [malak'kɔlto] *agg* schlecht empfangen, schlecht aufgenommen

**malacconcio, -a** [malak'kontʃo] <-ci, -ce> *agg* unpassend, unangemessen

**malaccortezza** [malakkor'tettsa] *f* Unvorsichtigkeit *f*, Unachtsamkeit *f* **malaccorto, -a** [malak'kɔrto] *agg* ❶ (*frase*) unpassend, unklug ❷ (*persona*) unachtsam, unvorsichtig

**malachite** [mala'ki:te] *f* Malachit *m*

**malacopia** [mala'kɔ:pia] <malecopie> *f* Konzept *nt;* **scrivere in ~ qc** etw ins Unreine schreiben **malacreanza** [malakre'antsa] <malecreanze> *f* Unhöflichkeit *f*, Plumpheit *f*

**malafede** [mala'fe:de] <*pl* malefedi> *f* böse Absicht *f*, Böswilligkeit *f;* **agire in ~ in** böser Absicht handeln

**malaffare** [malaf'fa:re] *m* **di ~** verrufen, übel beleumdet

**malagevole** [mala'dʒe:vole] *agg* beschwerlich, anstrengend

**malagevolezza** [maladʒevo'lettsa] *f* Unbefahrbarkeit *f*

**malagiato, -a** [mala'dʒa:to] *agg* unbemittelt

**malagrazia** [mala'grattsia] <malegrazie> *f* Grobheit *f*, Ungeschliffenheit *f*

**malalingua** [mala'liŋgua] <malelingue> *f* Lästerzunge *f*, Lästermaul *nt fam*

**malamente** [mala'mente] *avv* in übler Weise, schlecht

**malandato, -a** [malan'da:to] *agg* ❶ (*ridotto male*) heruntergekommen; (*negozio, bar*) heruntergewirtschaftet ❷ (*sciatto*) verwahrlost

**malandrinesco, -a** [malandri'nesko] <-chi, -che> *agg* schurkenhaft; **alla -a** wie ein Schurke

**malandrino, -a** [malan'dri:no] I. *m, f* ❶ (*scherz: furbo*) Schlingel *m*, Spitzbube *m* ❷ (*persona losca*) Übeltäter *m*, Bösewicht *m* II. *agg* ❶ (*gente, vita*) diebisch, unehrlich ❷ (*scherz: occhi, sorriso*) spitzbübisch, schelmisch

**malanimo** [ma'la:nimo] *m* Abneigung *f;* (*ostilità*) Feindseligkeit *f;* **con ~** feindselig; **di ~** widerwillig

**malanno** [ma'lanno] *m* ❶ (*disgrazia*) Unglück *nt*, Unheil *nt;* **un ~ non vien mai solo** (*prov*) ein Unglück kommt selten allein ❷ (*malattia*) Leiden *nt*, Übel *nt* **malaparata** [malapa'ra:ta] <maleparate> *f* (*fam*) kritische [*o* gefährliche] Situation *f*

**malaparola** [malapa'rɔ:la] <maleparole *o* male parole> *f* böses Wort *nt;* **prendere qc a male parole** etw in den falschen Hals bekommen

**malapena** [mala'pe:na] *f* **a ~** mit Müh und Not, kaum

**malaria** [ma'la:ria] <-ie> *f* Malaria *f*

**malarico, -a** [ma'la:riko] <-ci, -che> I. *agg* Malaria-; **febbre -a** Sumpffieber *nt* II. *m, f* Malariakranke(r) *f(m)*

**malasanità** [malasani'ta] <-> *f* schlecht funktionierendes Gesundheitswesen; **un altro episodio di ~** ein weiteres Beispiel für die vielen Übel im Gesundheitswesen

**malasorte** [mala'sɔrte] <malesorti> *f* Missgeschick *nt*, Unglück *nt*

**malata** *f v.* **malato**

**malaticcio, -a** [mala'tittʃo] <-cci, -cce> *agg* kränklich **malato, -a** [ma'la:to] I. *agg* krank; **è ~ di fegato** er ist leberkrank; **essere ~ di invidia** (*fig*) blass sein vor

Neid **II.** *m, f* Kranke(r) *f(m)* **malattia** [malat'ti:a] <-ie> *f* ❶ *(morbo)* Krankheit *f* ❷ *(fig: vizio)* Laster *nt;* *(fissazione)* fixe Idee; **~ professionale** Berufskrankheit *f*; **non bisogna farne una ~** man darf sich deshalb nicht verrückt machen lassen

**malaugurato, -a** [malaugu'ra:to] *agg* unglückselig, verhängnisvoll **malaugurio** [malau'gu:rio] <-i> *m* böses Omen; **fare l'uccello del ~** den Teufel an die Wand malen

**malavita** [mala'vi:ta] *f* Unterwelt *f* **malavitoso, -a** [malavi'to:so] **I.** *agg* Unterwelt-, Verbrecher- **II.** *m, f* Verbrecher(in) *m(f);* **gruppi di -i** Gruppierungen der Unterwelt

**malavoglia** [mala'vɔʎʎa] <malevoglie> *f* Widerwillen *nt,* Unlust *f;* **di ~** ungern, widerwillig

**malcaduco** [malka'du:ko] <-chi> *m (fam: epilessia)* Fallsucht *f*

**malcapitato, -a** [malkapi'ta:to] **I.** *agg* unglücklich **II.** *m, f* Unglückliche(r) *f(m),* Pechvogel *m*

**malcelato, -a** [maltʃe'la:to] *agg* unverhohlen

**malconcio, -a** [mal'kontʃo] <-ci, -ce> *agg (persona)* übel zugerichtet

**malcontento** [malkon'tɛnto] *m* Unzufriedenheit *f*

**malcontento, -a** *agg* unzufrieden

**malcostume** [malkos'tu:me] *m* Sittenlosigkeit *f,* Verdorbenheit *f*

**maldestro, -a** [mal'dɛstro] *agg* ungeschickt, unbeholfen

**maldicente** [maldi'tʃɛnte] **I.** *agg* klatschsüchtig **II.** *mf* Lästerzunge *f,* Lästermaul *nt fam* **maldicenza** [maldi'tʃɛntsa] *f* ❶ *(sparlare)* Lästern *nt* ❷ *(calunnie)* üble Nachrede, Verleumdung *f*

**maldisposto, -a** [maldis'posto] *agg* **essere ~ verso qu** jdm übel gesinnt sein

**male¹** ['ma:le] <peggio, malissimo> *avv* ❶ *(non bene)* schlecht; **star ~** krank sein, sich unwohl fühlen; **finir ~** ein böses Ende nehmen; **andar di ~ in peggio** immer schlechter gehen; **meno ~ che è finita** gut, dass es vorbei ist ❷ *(erroneamente)* fälschlicherweise

**male²** *m* ❶ *(non bene)* Schlechte(s) *nt,* Böse(s) *nt;* **fare il ~** Böses tun; **far ~ alla salute** ungesund sein; **non c'è ~** es geht; **andare a ~** *(fam: carne, frutta)* vergammeln *fam* ❷ *(danno)* Schaden *m* ❸ *(sventura)* Unglück *nt,* Unheil *nt;* **non tutto il ~ vien per nuocere** *(prov)* durch Schaden wird man klug; **mal comune mezzo gaudio** *(prov)* geteiltes Leid ist halbes Leid ❹ *(dolore)* Schmerz *m;* **far ~** weh tun; **mal di denti** Zahnschmerzen *mpl* ❺ *(malattia)* Krankheit *f,* Leiden *nt;* **mal d'auto** Reisekrankheit *f*

**malecopie** *pl di* **malacopia**

**malecreanze** *pl di* **malacreanza**

**maledetto** [male'detto] **I.** *pp di* **maledire** **II.** *agg* (*a. fam pej*) verdammt, verflucht **III.** *m, f* Verdammte(r) *f(m),* Verfluchte(r) *f(m)* **maledire** [male'di:re] <irr> *vt* verdammen, verfluchen

**maledizione¹** [maledit'tsio:ne] *f* ❶ *(condanna)* Fluch *m,* Verwünschung *f* ❷ *(fig: rovina)* Fluch *m*

**maledizione²** *int* ~**! il treno è partito** *(fam)* verdammt [nochmal], der Zug ist weg

**maleducato, -a** [maledu'ka:to] **I.** *agg* ungezogen, flegelhaft **II.** *m, f* Flegel *m,* Lümmel *m* **maleducazione** [maledukat'tsio:ne] *f* Ungezogenheit *f,* Flegelhaftigkeit *f*

**malefatta** [male'fatta] *f* Verfehlung *f,* Missetat *f*

**malefedi** *(rar) pl di* **malafede**

**maleficio** [male'fi:tʃo] <-ci> *m* Hexerei *f,* Zauberei *f* **malefico, -a** [ma'lɛ:fiko] <-ci, -che> *agg* ❶ *(nocivo)* schädlich, giftig ❷ *(di maleficio)* Zauber-, Hexen-

**malegrazie** *pl di* **malagrazia**

**malelingue** *pl di* **malalingua**

**maleodorante** [maleodo'rante] *agg* übel riechend

**maleparate** *pl di* **malaparata**

**malerba** [ma'lɛrba] *f* Unkraut *nt;* **la ~ non muore mai** *(scherz)* Unkraut vergeht nicht *fam*

**malesorti** *pl di* **malasorte**

**malessere** [ma'lɛssere] *m* ❶ *(indisposizione)* Unwohlsein *nt,* Unpässlichkeit *f* ❷ *(fig: turbamento)* Unbehagen *nt,* Unruhe *f*

**malestro** [ma'lɛstro] *m* Schaden *m*

**malevoglie** *pl di* **malavoglia**

**malevolenza** [malevo'lɛntsa] *f* Missgunst *f,* Böswilligkeit *f* **malevolo, -a** [ma'lɛ:volo] *agg* missgünstig, böswillig

**malfamato, -a** [malfa'ma:to] *agg* verrufen, übel beleumdet

**malfatto** [mal'fatto] *m* Unrecht *nt,* Verfehlung *f*

**malfatto, -a** *agg* ❶ *(lavoro, azione)* missraten, misslungen ❷ *(corpo, persona)* missgestaltet

**malfattore, -trice** [malfat'to:re] *m, f* Übeltäter(in) *m(f),* Missetäter(in) *m(f)*

**malfermo, -a** [mal'fermo] *agg* (*passo, persona*) unsicher; (*struttura*) instabil
**malformato, -a** [malfor'ma:to] *agg* missgebildet **malformazione** [malformat'tsio:ne] *f* Missbildung *f*
**malfunzionamento** [malfuntsiona'mento] *m* mangelnde Funktionstüchtigkeit
**malga** ['malga] <-ghe> *f* Alm *f*, Hochweide *f*
**malgarbo** [mal'garbo] *m* Grobheit *f*
**malgoverno, mal governo** [malgo'vɛrno] *m* Misswirtschaft *f*
**malgrado** [mal'gra:do] I. *prp* trotz +*gen* o *dat* II. *cong* +*conj* obwohl, wenn ... auch III. *avv* **mio/tuo ~** gegen meinen/deinen Willen
**malia** [ma'li:a] <-ie> *f* ① (*fascino*) Zauber *m*, Faszination *f* ② (*pratica magica*) Zauberei *f*, Hexerei *f* **maliardo, -a** [ma'liardo] *agg* bezaubernd, faszinierend
**malignare** [malip'na:re] *vi* **~ su qu/qc** über jdn/etw klatschen **malignità** [malipni'ta] <-> *f* Boshaftigkeit *f*, Bosheit *f* **maligno, -a** [ma'lipno] *agg* ① (*avverso*) böse ② (*malvagio*) boshaft, böswillig ③ (MED) bösartig
**malinconia** [malipko'ni:a] <-ie> *f* Melancholie *f* **malinconico, -a** [malip'kɔ:niko] <-ci, -che> *agg* melancholisch
**malincuore** [malip'kuɔ:re] *m* **a ~** schweren Herzens, notgedrungen
**malinformato, -a** [malinfor'ma:to] *agg* schlecht informiert
**malintenzionato, -a** [malintentsio'na:to] *agg* übel gesinnt, böswillig
**malinteso** [malin'te:so] *m* Missverständnis *nt*
**malinteso, -a** *agg* (*male interpretato*) missverstanden
**malissimo** [ma'lissimo] *avv superlativo di* **male**[1]
**malizia** [ma'littsia] <-ie> *f* ① (*sentimento*) Arglist *f*, Bosheit *f* ② (*furbizia allusiva*) Pfiffigkeit *f*, Gewitztheit *f* ③ (*astuzia*) Trick *m*, Finesse *f* **malizioso, -a** [malit'tsio:so] *agg* ① (*maligno*) boshaft, arglistig ② (*birichino*) pfiffig, gewitzt
**malleabile** [malle'a:bile] *agg* ① (*metallo*) hämmerbar, formbar; (PHYS) dehnbar ② (*fig: carattere*) gefügig **malleabilità** [malleabili'ta] <-> *f* ① (PHYS) Dehnbarkeit *f* ② (*fig*) Gefügigkeit *f*
**malleolo** [mal'lɛ:olo] *m* [Fuß]knöchel *m*
**mallevadore, -drice** [malleva'do:re] *m, f* Bürge *m* **malleveria** [malleve'ri:a] <-ie> *f* Bürgschaft *f*
**mallo** ['mallo] *m* weiche Außenschale *f* (*von Nüssen u Mandeln*)
**malloppo** [mal'lɔppo] *m* (*fam*) Sore *f sl*, |Diebes]beute *f*
**malmenare** [malme'na:re] *vt* ① (*conciare male*) misshandeln; (*picchiare*) verprügeln ② (*fig*) attackieren; (*strumento*) malträtieren
**malmesso, -a** [mal'messo] *agg* verwahrlost; (*negli abiti*) nachlässig, ungepflegt
**malnutrito, -a** [malnu'tri:to] *agg* unterernährt
**malo, -a** ['ma:lo] *agg* böse, schlecht; **in ~ modo** in übler Weise
**malocchio** [ma'lɔkkio] *m* böser Blick
**malora** [ma'lo:ra] *f* Verderben *nt*, Verhängnis *nt*; **mandare qu in ~** jdn zugrunde richten; [**va**] **in ~!** (*fam*) [geh] zum Teufel!
**malore** [ma'lo:re] *m* plötzliche Übelkeit
**malpagato, -a** [malpa'ga:to] *agg* schlecht bezahlt, unterbezahlt
**malpartito** [malpar'ti:to] *avv* **a ~** in einem schlechten Zustand, in einer schlechten Lage
**malpensante** [malpen'sante] *agg* übel gesinnt, schlecht denkend **malpreparato, -a** [malprepa'ra:to] *agg* unvorbereitet, schlecht vorbereitet **malridotto, -a** [malri'dotto] *agg* ① (*oggetto*) verschlissen, abgenutzt ② (*persona*) übel zugerichtet
**malriuscito, -a** [malriuʃʃi:to] *agg* nicht geglückt, misslungen
**malsano, -a** [mal'sa:no] *agg* ① (*clima, ambiente*) ungesund ② (*persona*) krank, kränklich
**malservito, -a** [malser'vi:to] *agg* schlecht bedient **malsicuro, -a** [malsi'ku:ro] *agg* ① (*instabile*) instabil, schwankend ② (*fig: incerto*) ungewiss, zweifelhaft, unsicher
**malta** ['malta] *f* Mörtel *m*
**Malta** ['malta] *f* Malta *nt*
**maltagliati** [maltaʎ'ʎa:ti] *mpl* kleine, unregelmäßig geschnittene Nudeln
**maltempo** [mal'tɛmpo] *m* Unwetter *nt*; (*cattivo tempo*) schlechtes Wetter
**malto** ['malto] *m* Malz *nt*
**maltrattamento** [maltratta'mento] *m* Misshandlung *f* **maltrattare** [maltrat'ta:re] *vt* ① (*persone, animali*) misshandeln, quälen ② (*fig*) verstümmeln, verschandeln
**malumore** [malu'mo:re] *m* ① (*cattiva vena*) schlechte Laune, Missstimmung *f* ② (*scontentezza*) Unzufriedenheit *f*, Verstimmung *f*
**malva** ['malva] *f* Malve *f*
**malvagio, -a** [mal'va:dʒo] <-gi, -gie>

**I.** *agg* niederträchtig, böse **II.** *m, f* Bösewicht *m* **malvagità** [malvadʒi'ta] <-> *f* Niedertracht *f,* Bosheit *f*
**malversazione** [malversat'tsjo:ne] *f* Veruntreuung *f,* Unterschlagung *f*
**malvestito, -a** [malves'ti:to] *agg* schlecht gekleidet
**malvissuto, -a** [malvis'su:to] *agg* verlebt
**malvisto, -a** [mal'visto] *agg* unbeliebt
**malvivente** [malvi'vɛnte] *mf* Übeltäter(in) *m(f),* Verbrecher(in) *m(f)* **malvivenza** [malvi'vɛntsa] *f* ❶ (*rar: malavita*) Unterwelt *f,* Verbrecherwelt *f,* Verbrechertum *nt* ❷ (*modo di comportarsi da malvivente*) sträfliches Verhalten
**malvolentieri** [malvolen'tjɛ:ri] *avv* ungern, widerwillig
**malvolere** [malvo'le:re] *vt* **farsi ~ da qu** sich bei jdm unbeliebt machen
**mamma**[1] ['mamma] *f* ❶ (*fam*) Mama *f,* Mami *f fam* ❷ (*fig*) Mutter *f*
**mamma**[2] *int* **~ mia!** [ach] du lieber Himmel!
**mammario, -a** [mam'ma:rio] <-i, -ie> *agg* Brust- **mammella** [mam'mɛlla] *f* ❶ (ANAT) [weibliche] Brust *f* ❷ (*di animali*) Zitze *f* **mammifero** [mam'mi:fero] *m* Säugetier *nt*
**mammo** ['mammo] *m* (*scherz*) Hausmann *m*
**mammografia** [mammogra'fi:a] *f* Mammographie *f*
**mammola** ['mammola:fi:a] *f* Veilchen *nt*
**mammut** [mam'mut] <-> *m* Mammut *nt*
**management** ['mænidʒmənt] <- *o* managements> *m* Management *nt*
**manager** ['mænidʒə *o* 'manadʒer] <- *o* managers> *mf* (COM) Manager(in) *m(f),* Leiter(in) *m(f)* **manageriale** [manadʒe'ria:le] *agg* Manager-, Führungs-; **spirito ~** unternehmerischer Geist **managerialità** [manadʒeriali'ta] <-> *f* Führungsqualitäten *fpl*
**managerismo** [manadʒe'rizmo] *m* (*pej*) Zielstrebigkeit *f,* Karrieredenken *nt*
**managing** ['mænadʒiŋ *o* 'manadʒiŋ(g)] <-> *m* Führungsetage *f*
**manata** [ma'na:ta] *f* ❶ (*colpo*) Schlag *m* mit der Hand ❷ (*quantità*) Hand *f* voll
**mancamento** [maŋka'mento] *m* Ohnmacht *f*
**mancanza** [maŋ'kantsa] *f* ❶ (*carenza*) **la ~ di qc** der Mangel an etw *dat;* **per ~ di** aus Mangel an +*dat;* **in ~ di meglio** mangels Alternative ❷ (*fallo*) Fehler *m,* Verfehlung *f* **mancare** [maŋ'ka:re] **I.** *vi* ❶ *essere* (*essere assente, insufficiente*) fehlen; (*persone*) abwesend sein ❷ *essere* (*venir meno*) wegbleiben; (*luce*) ausfallen ❸ *essere* (*spazio, tempo*) fehlen; **mancano tre giorni a Natale** es sind noch drei Tage bis Weihnachten ❹ *avere* **~ a qc** (*sottrarsi*) etw versäumen; (*non mantenere*) etw nicht [ein]halten ❺ *avere* (*trascurare*) **~ a qc** etw vernachlässigen **II.** *vt avere* ❶ (*fallire*) verfehlen ❷ (*perdere*) verpassen; **non farsi ~ niente** es sich *dat* an nichts fehlen lassen; **ci mancherebbe altro!** das fehlte gerade noch! **mancato, -a** [maŋ'ka:to] *agg* (*tentativo*) fehlgeschlagen, erfolglos; (*scrittore, artista*) verhindert
**manche** ['mãː∫] <-> *f* Durchgang *m,* Runde *f*
**manchevole** [maŋ'ke:vole] *agg* ❶ (*insufficiente*) unzulänglich ❷ (*imperfetto*) mangelhaft **manchevolezza** [maŋkevo'lettsa] *f* ❶ (*scorrettezza*) Verfehlung *f,* Fehltritt *m* ❷ (*insufficienza*) Unzulänglichkeit *f,* Mangelhaftigkeit *f*
**mancia** ['mantʃa] <-ce> *f* Trinkgeld *nt*
**manciata** [man'tʃa:ta] *f* Handvoll *f;* **a -e** mit vollen Händen; **una ~ di sabbia** eine Handvoll Sand
**mancino, -a** [man'tʃi:no] **I.** *agg* ❶ (*persona*) linkshändig ❷ (*lato*) linke(r, s) ❸ (*fig*) link *fam,* hinterhältig, [heim]tückisch **II.** *m, f* Linkshänder(in) *m(f)*
**manco** [ˈmaŋko] *avv* (*fam*) nicht mal, auch nicht; **~ per sogno** nicht mal im Traum; **~ a dirlo!** darüber reden wir nicht [ein]mal!; **~ male!** zum Glück!, Gott sei Dank!
**mandante** [man'dante] *mf* Auftraggeber(in) *m(f);* (JUR) Mandant(in) *m(f)*
**mandarancio** [manda'rantʃo] <-ci> *m* Klementine *f*
**mandare** [man'da:re] *vt* ❶ (*inviare*) schicken, [über]senden; (*far andare*) schicken; **~ a chiamare qu** nach jdm schicken; **non ~ giù qc** (*fig*) etw nicht schlucken *fam,* etw nicht hinnehmen ❷ (*raggi, profumo*) ausstrahlen; (*grido*) ausstoßen
**mandarino** [manda'ri:no] *m* ❶ (BOT) Mandarine *f* ❷ (HIST) Mandarin *m*
**mandata** [man'da:ta] *f* ❶ (*spedizione*) Sendung *f* ❷ (*di serrature*) [Schlüssel]umdrehung *f* **mandatario, -a** [manda'ta:rio] <-i, -ie> *m, f* Mandatar(in) *m(f),* Beauftragte(r) *f(m)* **mandato** [man'da:to] *m* ❶ (*incarico*) Auftrag *m;* **~ di cattura** Haftbefehl *m* ❷ (POL: *delega*) Mandat *nt;* **durata del ~** Mandatszeit *f* ❸ (COM) [Zahlungs]anweisung *f*
**mandibola** [man'di:bola] *f* Unterkiefer *m*

**mandolino** [mando'li:no] *m* Mandoline *f*
**mandorla** ['mandorla] *f* Mandel *f* **mandorlato** [mandor'la:to] *m* Mandelgebäck *nt*, Mandelkuchen *m* **mandorlo** ['mandorlo] *m* Mandelbaum *m*
**mandra** ['mandra] *f*, **mandria** ['mandria] *f* (*a. fig, pej*) Herde *f* **mandriano** [mandri'a:no] *m* Viehhüter *m*
**mandrillo** [man'drillo] *m* ❶ (ZOO) Mandrill *m* ❷ (*fam fig: libidinoso*) Lustmolch *m*, Sexprotz *m*
**mandrino** [man'dri:no] *m* Spindel *f*
**mandrogno, -a** [man'droɲɲo] **I.** *agg* (*persona, specialità*) aus Alessandria (*in Piemont*) **II.** *m, f* (*abitante*) Einwohner(in) *m(f)* Allessandrias
**maneggevole** [maned'dʒe:vole] *agg* ❶ (*arnese*) handlich ❷ (*fig: carattere*) gefügig, fügsam **maneggiare** [maned'dʒa:re] *vt* ❶ (*materiali*) bearbeiten ❷ (*arnesi*) handhaben, umgehen mit **maneggio** [ma'neddʒo] <-ggi> *m* ❶ (*uso*) Verwendung *f*, Handhabung *f* ❷ (*amministrazione*) Verwaltung *f*, Führung *f* ❸ (*manovra*) Manipulation *f*, Manöver *nt* ❹ (*esercizi per cavalli*) Zureiten *nt*; (*luogo*) Manege *f* **maneggione, -a** [maned'dʒo:ne] *m, f* Intrigant(in) *m(f)*
**manesco, -a** [ma'nesko] <-schi, -sche> *agg* handgreiflich, tätlich
**manetta** [ma'netta] *f* ❶ (TEC) [Hand]hebel *m;* **andare a ~** mit Vollgas fahren ❷ *pl* Handschellen *fpl;* **mettere le -e a qu** jdm Handschellen anlegen
**manga** ['manga] <-> *m* Manga-Comic *m*
**manganellare** [manganel'la:re] *vt* (*nieder*)knüppeln **manganello** [manga'nɛllo] *m* Knüppel *m*
**manganese** [manga'ne:se] *m* Mangan *nt*
**mangereccio, -a** [mandʒe'rettʃo] <-cci, -cce> *agg* essbar, Speise-
**mangeria** [mandʒe'ri:a] <-ie> *f* (*fam*) Unterschlagung *f*
**mangiabambini** [mandʒabam'bi:ni] <-> *mf* Kinderschreck *m;* **orco ~** der gute Riese
**mangiabile** [man'dʒa:bile] *agg* essbar
**mangiadischi** [mandʒa'diski] <-> *m* (*obs*) *automatischer tragbarer Plattenspieler mit Schlitzöffnung*
**mangia-e-bevi** [mandʒae'be:vi] <-> *m* (GASTR) gemischtes Eis mit Früchten [und Likör], Fruchtbecher *m* **mangiafagioli** [mandʒafa'dʒɔ:li] <-> *mf* ❶ (*scherz: persona che mangia moltissimi fagioli*) Bohnenfan *m*, Bohnenesser(in) *m(f)* ❷ (*pej: persona goffa e grossolana*) Bauer *m*

**mangiafumo** [mandʒa'fu:mo] <inv> *agg* Rauchverzehrer-; **candela ~** Rauchverzehrer *m*
**mangiamoccoli** [mandʒa'mɔkkoli o mandʒa'mokkoli] <-> *mf* (*pej*) Frömmler(in) *m(f)*
**mangianastri** [mandʒa'nastri] <-> *m* Kassettenrecorder *m* **mangiapagnotte** [mandʒapaɲ'ɲɔtte] <-> *mf* Schmarotzer(in) *m(f)* auf Staatskosten
**mangiapane** [mandʒa'pa:ne] <-> *mf* Tagedieb(in) *m(f);* **~ a tradimento** [*o* a ufo] Schnorrer *m* **mangiapatate** [mandʒapa'ta:ta] **I.** <-> *mf* (*fig pej*) Faulenzer(in) *m(f)*, Tagedieb(in) *m(f)*, Tachinierer(in) *m(f)* A **II.** <inv> *agg* kartoffelessend; **tedeschi ~** Kartoffelesser *mpl* **mangiapolenta** [mandʒapo'lɛnta] <-> *mf* (*scherz: riferito ai lombardi e veneti*) Polentaesser(in) *m(f)* (*meist abwertender Spitzname der Süditaliener für Norditaliener*) **mangiapopolo** [mandʒa'pɔ:polo] <*rar* -i> *mf* Volksausbeuter(in) *m(f)*
**mangiapreti** [mandʒa'prɛ:ti] <-> *mf* Pfaffenhasser(in) *m(f)*, Pfaffenächter(in) *m(f)*
**mangiare**[1] [man'dʒa:re] *vt* ❶ (*cibi*) essen; (*animali*) fressen; **dare da ~ a qu** jdn füttern; **mangiarsi le mani** (*fig*) sich *dat* in den Hintern beißen [können] *fam;* **mangiarsi qu con gli occhi** jdn mit den Augen verschlingen ❷ (*consumare*) verbrauchen; (*patrimonio, risparmi*) verschlingen, aufzehren ❸ (*parole*) verschlucken ❹ (*pedina*) schlagen; (*carta*) stechen ❺ (*fig: intaccare*) zerfressen
**mangiare**[2] *m* Essen *nt*, Speise *f*; (*di animali*) Fressen *nt*
**mangiasapone** [mandʒasa'po:ne] <-> *mf* (*pej*) Seifenfresser(in) *m(f)* (*Schimpfname der Norditaliener für die Süditaliener*)
**mangiasoldi** [mandʒa'sɔldi] <inv> *agg* **macchinetta ~** Spielautomat *m*
**mangiata** [man'dʒa:ta] *f* (*fam*) Schmaus *m;* **farsi una bella ~** sich den Bauch vollschlagen
**mangiatoia** [mandʒa'to:ia] <-oie> *f* [Futter]krippe *f* **mangiatore, -trice** [mandʒa'to:re] *m, f* Esser(in) *m(f);* **~ di fuoco** Feuerschlucker *m*
**mangiauomini** [mandʒa'uɔ:mini] <-> *f* (*scherz*) Männervernascherin *f*, männermordender Vamp
**mangime** [man'dʒi:me] *m* Futter *nt*
**mangione, -a** [man'dʒo:ne] *m, f* (*scherz*) Vielfraß *m fam* **mangiucchiare** [mandʒuk'kia:re] *vt* essen wie ein Spatz
**mango** ['mango] <-ghi> *m* Mango *f*

**mangusta** [maŋˈgusta] *f* Manguste *f*, Mungo *m*

**mania** [maˈniːa] <-ie> *f* ❶ (PSIC) Wahn *m*, Manie *f*; ~ **di persecuzione** Verfolgungswahn *m* ❷ (*fig: fissazione*) Manie *f*; (*passione*) Leidenschaft *f*; **avere la ~ del ballo** leidenschaftlich gern tanzen **maniacalità** [maniakaliˈta] <-> *f* Besessenheit *f*

**maniaco, -a** [maˈniːako] <-ci, -che> I. *agg* ❶ (PSIC) manisch, Wahn- ❷ (*fig: fanatico*) fanatisch II. *m, f* ❶ (PSIC) Wahnsinnige(r) *f(m)* ❷ (*fig*) Fanatiker(in) *m(f)*, Verrückte(r) *f(m) fam*

**manica** [ˈmaːnika] <-che> *f* Ärmel *m*; **in -che di camicia** (*a. fig*) hemdsärmelig; **senza -che** ärmellos; **essere di ~ larga** (*fig*) nachsichtig sein; **essere di ~ stretta** (*fig*) streng sein; **è un altro paio di -che!** (*fam*) das ist ein anderes Paar Schuhe

**Manica** [ˈmaːnika] *f* Ärmelkanal *m*

**manicaretto** [manikaˈretto] *m* Leckerbissen *m*

**manichetta** [maniˈketta] *f* ❶ (*mezza manica*) Ärmelschoner *m* ❷ (TEC: *tubo*) Schlauch *m*

**manichino** [maniˈkiːno] *m* ❶ (*per artisti*) Gliederpuppe *f* ❷ (*per sarti*) Schneiderpuppe *f*, Kleiderpuppe *f*; (*da vetrina*) Schaufensterpuppe *f*

**manico** [ˈmaːniko] <-chi *o* -ci> *m* Griff *m*; (*di coltello*) Heft *nt*; (*di pentola*) Henkel *m*; (*di scopa*) Stiel *m*; (*di borsa*) Bügel *m*; (*di strumento a corda*) Hals *m*

**manicomio** [maniˈkɔːmio] <-i> *m* ❶ (*ospedale*) Psychiatrie *f*, psychiatrische Klinik ❷ (*fig, scherz*) Irrenhaus *nt fam*

**manicotto** [maniˈkɔtto] *m* ❶ (*di pelliccia*) Muff *m* ❷ (TEC) Muffe *f*, Manschette *f*

**manicure** [maniˈkuːre] <-> *f* Maniküre *f*

**maniera** [maˈniɛːra] *f* ❶ (*modo*) Art *f*, Weise *f*; (*stile*) Stil *m*; **alla ~ di …** nach Art +*gen*, auf …-art; **in tutte le -e** unbedingt; **ognuno alla sua ~** jeder nach seinem Geschmack ❷ *pl* (*galateo*) Manieren *fpl*

**manierato, -a** [manieˈraːto] *agg* gekünstelt **manierismo** [manieˈrizmo] *m* (*arte*) Manierismus *m* **manierista** [manieˈrista] <-i *m*, -e *f*> I. *mf* Manierist(in) *m(f)* II. *agg* manieristisch

**maniero** [maˈniɛːro] *m* (*poet*) Schloss *nt*, Burg *f*

**manifattura** [manifatˈtuːra] *f* ❶ (*lavorazione*) Verarbeitung *f* ❷ (*stabilimento*) Manufaktur *f*, Manufakturbetrieb *m* **manifatturiero, -a** [manifattuˈriɛːro] *agg* Verarbeitungs-

**manifestante** [manifesˈtante] *mf* Demonstrant(in) *m(f)*, Teilnehmer(in) *m(f)* einer Kundgebung **manifestare** [manifesˈtaːre] I. *vt* kundtun *geh*, äußern II. *vi* demonstrieren III. *vr* **-rsi** sich zeigen, sich erweisen **manifestazione** [manifestatˈtsioːne] *f* ❶ (*di coraggio, gioia*) Zeichen *nt*, Äußerung *f* ❷ (*spettacolo*) Veranstaltung *f* ❸ (*dimostrazione pubblica*) Demonstration *f*, Kundgebung *f*; ~ **contro la guerra** Antikriegskundgebung *f* **manifestino** [manifesˈtiːno] *m* Flugblatt *nt*, Flugzettel *m* A

**manifesto** [maniˈfɛsto] *m* ❶ (*avviso*) Plakat *nt*, Bekanntmachung *f* ❷ (*programma*) Manifest *nt*

**manifesto, -a** *agg* deutlich, offenkundig; (*noto*) bekannt

**maniglia** [maˈniʎʎa] <-glie> *f* Griff *m*; (*di sostegno*) Handgriff *m*; (*di porta*) Klinke *f*, Türschnalle *f* A

**manigoldo** [maniˈgoldo] *m* ❶ (*furfante*) Schurke *m* ❷ (*scherz*) Spitzbube *m*, Gauner *m*

**manipolare** [manipoˈlaːre] *vt* ❶ (*materiale*) bearbeiten ❷ (*sofisticare*) verfälschen ❸ (*fig: elezioni, risultati*) manipulieren **manipolativo, -a** [manipolaˈtiːvo] *agg* ❶ (*di manipolazione*) manipulierend, manipulativ *geh* ❷ (JUR: *nel processo costituzionale*) **sentenze -e** Verfassungsurteile *ntpl* **manipolazione** [manipolatˈtsioːne] *f* ❶ (*di ingredienti*) Bearbeitung *f* ❷ (*fig: di notizie, dati*) Manipulation *f*

**manipolo** [maˈniːpolo] *m* ❶ (*fascio*) Bündel *nt* ❷ (*gruppetto*) Schar *f*

**mani pulite** [mani puˈliːte] <*senza articolo*> *pl* (*fig*) Antikorruptionsprozesse *mpl*

**maniscalco** [manisˈkalko] <-chi> *m* Hufschmied *m*

**manna** [ˈmanna] *f* ❶ (REL, BOT) Manna *nt* ❷ (*fig: bene inatteso*) Geschenk *nt* des Himmels, Segen *m*; **aspettare la ~ dal cielo** warten, bis einem die gebratenen Tauben in den Mund fliegen *fam*

**mannaggia** [manˈnaddʒa] *int* (*mer*) verflixt [nochmal] *fam*, verdammt [nochmal] *fam*

**mannaia** [manˈnaːia] <-aie> *f* Henkersbeil *nt*

**mannaro** [manˈnaːro] *agg* **lupo ~** Werwolf *m*; (*delle favole*) böser Wolf

**mannequin** [manˈkɛ̃] <-> *f* Mannequin *nt*

**mano** [ˈmaːno] *f* ❶ (*arto*) Hand *f*; **fallo di ~** (SPORT) Handspiel *nt*; **a portata di ~** bei der Hand, [griff]bereit; **alla ~** (*fig: persona*) umgänglich; **fuori ~** abgelegen, entlegen;

**man ~ che** (*come*) wie; (*mentre*) während; **a ~ a ~, man ~** nach und nach; **andare contro ~** die falsche Fahrspur benutzen; **dare la ~** die Hand geben; **dare una ~ a qu** (*fig*) jdm zur Hand gehen; **di prima/seconda ~** aus erster/zweiter Hand; **tenere per ~** an der Hand halten; **far man bassa di qc** etw einsacken, etw an sich *acc* raffen; (*mangiare*) etw aufessen; **prendere la ~** (*cavallo*) durchgehen; **stare con le -i in ~** die Hände in den Schoß legen; **ho le -i legate** mir sind die Hände gebunden; **ho le -i bucate** mir zerrinnt das Geld zwischen den Fingern; **-i in alto!** Hände hoch!; **-i pulite** (*fig* POL) Antikorruptionsprozesse *mpl* ❷ (*di colore, vernice*) Anstrich *m*; (*strato*) Schicht *f* ❸ (*potere*) Gewalt *f*, Macht *f*; **essere in ~ a qu** in jds Gewalt sein ❹ (*lato*) Seite *f* **manodopera, mano d'opera** [mano'dɔ:pera] *f* ❶ (*lavoratori*) Arbeitskräfte *fpl* ❷ (*costo*) Arbeitslohn *m*

**manomesso** *pp di* **manomettere**

**manometria** [manome'tri:a] <*sing*> *f* (PHYS) Manometrie *f*

**manometro** [ma'nɔ:metro] *m* Manometer *nt*, Druckmesser *m*

**manomettere** [mano'mettere] <*irr*> *vt* ❶ (*lettera*) [unerlaubt] öffnen; (*cassetto*) aufbrechen; (*tomba*) plündern ❷ (*documenti*) fälschen

**manomorta** [mano'mɔrta] *f* (*fam scherz*) **fare la ~** zudringlich werden

**manopesca** [mano'peska] <*inv*> *agg* Samt~, aus Samt; **stoffa ~** Samt *m*

**manopola** [ma'nɔ:pola] *f* ❶ (*impugnatura*) Halteriemen *m*, [Halte]griff *m* ❷ (TEC) [Dreh]knopf *m*, Regler *m*

**manoscritto** [manos'kritto] *m* Manuskript *nt*

**manoscritto, -a** *agg* handschriftlich, handgeschrieben

**manovalanza** [manova'lantsa] *f* Hilfsarbeit *f*, Handlangerdienst *m* **manovale** [mano'va:le] *m* Handlanger *m*, Hilfsarbeiter *m*

**manovella** [mano'vɛlla] *f* Kurbel *f* **manovellismo** [manovel'li:zmo] *m* Kurbeltrieb *m*

**manovra** [ma'nɔ:vra] *f* ❶ (TEC) Bedienung *f* ❷ (*fig*) Maßnahmen *fpl*, Vorkehrungen *fpl* ❸ (*guida, timone*) Steuerung *f*

**manovrabile** [mano'vra:bile] *agg* (TEC) lenkfähig, manövrierfähig **manovrare** [mano'vra:re] I. *vt* ❶ (*azionare*) betätigen, bedienen ❷ (*fig: persona*) lenken, handhaben II. *vi* ❶ (MIL) manövrieren ❷ (*fig: tramare*) manövrieren **manovratore** [manovra'to:re] *m* (*guidatore*) Führer *m*, Lenker *m*

**manrovescio** [manro'vɛʃʃo] *m* Ohrfeige *f* [mit dem Handrücken]

**mansarda** [man'sarda] *f* Mansarde *f*

**mansionario** [mansio'na:rio] <-i> *m* ❶ (HIST, REL) Kirchendiener(in) *m(f)*, Messner(in) *m(f)*, Küster(in) *m(f)* ❷ (ADM) Aufgabenfeld *nt* ❸ (JUR) Aufgabenverteilung *f*

**mansione** [man'sio:ne] *f* ❶ (*compito*) Aufgabe *f*; (ADM) Obliegenheit *f* ❷ (*competenza*) Befugnis *f*

**mansueto, -a** [mansu'ɛ:to] *agg* sanft; (*animale*) zahm **mansuetudine** [mansue'tu:dine] *f* Sanftheit *f*; (*di animale*) Zahmheit *f*

**mantecare** [mante'ka:re] *vt* (*pasta*) kneten; (*colla*) anrühren **mantecato** [mante'ka:to] *m* (*gelato*) weiches, feinkörniges Speiseeis

**mantella** [man'tɛlla] *f* Cape *nt*, Pelerine *f*

**mantello** [man'tɛllo] *m* ❶ (*cappotto*) Mantel *m*, Umhang *m* ❷ (ZOO) Fell *nt* ❸ (*fig: strato*) Decke *f*

**mantenere** [mante'ne:re] <*irr*> I. *vt* ❶ (*far continuare*) [er]halten ❷ (*persone, famiglia*) unterhalten, ernähren; (*amante*) aushalten ❸ (*parola, promessa*) einhalten, halten; (*segreto*) bewahren; (*ordine, affermazione*) aufrecht erhalten; (*posto*) behaupten, halten II. *vr* **-rsi** ❶ (*giovani, in forze*) sich erhalten ❷ (*provvedere ai bisogni*) für seinen Unterhalt sorgen **mantenimento** [manteni'mento] *m* ❶ (*conservazione*) Erhaltung *f* ❷ (*di famiglia*) Unterhalt *m*, Ernährung *f* ❸ (*di parola, promessa*) Einhaltung *f*, Halten *nt*; (*di posto*) Behauptung *f*; (*di ordine, affermazione*) Aufrechterhaltung *f*

**mantenni** *1. pers sing pass rem di* **mantenere**

**mantenuto** *pp di* **mantenere**

**mantice** ['mantitʃe] *m* ❶ (MUS) [Blase]balg *m* ❷ (*di auto, carrozza*) Verdeck *nt*

**mantide** ['mantide] *f* Fangheuschrecke *f*; **~ religiosa** Gottesanbeterin *f*

**manto** ['manto] *m* ❶ (*indumento*) Mantel *m* ❷ (*di neve*) Decke *f* ❸ (*fig: finzione, pretesto*) Deckmantel *m*

**Mantova** ['mantova] *f* Mantua *nt* (*Stadt in der Lombardei*)

**mantovano** [manto'va:no] <*sing*> *m* (*dialetto*) Dialekt *m* Mantuas

**Mantovano** <*sing*> *m* Umgebung *f* von Mantova

**mantovano, -a** I. *agg* aus Mantua; **il**

**poeta** ~ der Dichter aus Mantua (*Vergil*) II. *m, f* (*abitante*) Einwohner(in) *m(f)* von Mantua

**manuale** [manu'a:le] I. *agg* handgemacht, Hand- II. *m* Hand-, Lehrbuch *nt*

**manualistica** [manua'listika] <-che> *f* (TYP) Universalhandbuch *nt*

**manubrio** [ma'nu:brio] <-i> *m* (*di bicicletta*) Lenkstange *f*

**manufatto** [manu'fatto] *m* ❶ (*prodotto*) Manufaktur|ware| *f* ❷ (*piccola costruzione*) Arbeit *f*, Arbeiten *fpl*

**manufatto, -a** *agg* Manufaktur-

**manutenibilità** [manutenibili'ta] <-> *f* erforderliche [*o* fällige] Wartung

**manutenzione** [manuten'tsio:ne] *f* Wartung *f*, Instandhaltung *f*

**manzo** ['mandzo] *m* Rind *nt*

**maoismo** [mao'izmo] *m* Maoismus *m*

**maomettano, -a** [maomet'ta:no] I. *m, f* Mohammedaner(in) *m(f)* II. *agg* mohammedanisch

**mappa** ['mappa] *f* Landkarte *f;* ~ **catastale** Katasterkarte *f;* ~ **concettuale** Mindmap *f*

**mappamondo** [mappa'mondo] *m* Weltkarte *f;* (*globo*) Globus *m*

**mappato, -a** [map'pa:to] *agg* (TEC) kennfeldgesteuert

**mappatura** [mappa'tu:ra] *f* (GEOG) Kartierung *f;* (TEC) Kennfeld *nt*

**maquillage** [maki'ja:ʒ] <-> *m* Make-up *nt*, Schminke *f*

**marabù** [mara'bu] <-> *m* Marabu *m*

**marachella** [mara'kɛlla] *f* (*fam*) Mogelei *f*, Schwindel *m*

**maracuja** [maraku'ʒa] <-> *f* Maracuja *f*

**maramaldismo** [maramal'dizmo] *m* Siegen *nt* über Wehrlose

**maramao, maramèo** [mara'ma:o, mara'mɛ:o] *int* (*scherz*) ätsch *fam*, Pustekuchen *fam;* **far ~ a qu** jdm eine lange Nase machen *fam*

**marasca** [ma'raska] <-sche> *f* Sauerkirsche *f* **maraschino** [maras'ki:no] *m* Maraschino *m*

**marasma** [ma'razma] <-i> *m* (*fig*) Durcheinander *nt*, Chaos *nt*

**maratona** [mara'to:na] *f* Marathon *m*

**marca** ['marka] <-che> *f* ❶ (*segno*) Zeichen *nt* ❷ (COM) Marke *f;* ~ **depositata** [*o* **registrata**] eingetragenes Warenzeichen ❸ (*scontrino*) [Aufbewahrungs]schein *m*, [Quittungs]zettel *m;* (*bollo*) [Steuer-, Wert-, Gebühren]marke *f*, Stempelmarke *f* A

**marcamento** [marka'mento] *m* (SPORT) Deckung *f*

**marcantonio, -a** [markan'tɔ:nio] <-i, -ie> *m, f* (*fam*) ❶ (*uomo*) Mordskerl *m* ❷ (*donna*) Walküre *f scherz*

**marcare** [mar'ka:re] *vt* ❶ (*oggetti*) kennzeichnen, markieren ❷ (SPORT: *punti*) machen; (*gol*) schießen; (*avversario*) decken ❸ (*parola, voce*) hervorheben, betonen

**marcato, -a** [mar'ka:to] *agg* ❶ (*con marchio*) gekennzeichnet, markiert ❷ (*fig*) ausgeprägt, markant **marcatore, -trice** [marka'to:re] *m, f* (*chi fa marcature*) Kennzeichner(in) *m(f)*, Markierer(in) *m(f)* ❷ (SPORT: *di gol*) Torschütze *m/-*schützin *f*

**marcatura** [marka'tu:ra] *f* ❶ (*gener*) Kennzeichnung *f*, Markierung *f* ❷ (SPORT: *punteggio*) Punktezahl *f*

**Marche** ['marke] *fpl* Marken *fpl*

**marchese, -a** [mar'ke:ze] *m, f* Marchese *m/*Marchesa *f;* (*in Francia*) Marquis(e) *m(f)*

**marchetta** [mar'ketta] *f* [Versicherungs]-marke *f;* **far -e** (*fam*) anschaffen gehen

**marchiano, -a** [mar'kia:no] *agg* ungeheuer, riesig

**marchiare** [mar'kia:re] *vt* ❶ (*marcare*) [kenn]zeichnen, markieren; (*con timbro*) stempeln ❷ (*fig*) zeichnen

**marchigiano** <*sing*> *m* Mundarten *fpl* der Marken

**marchigiano, -a** I. *m, f* (*abitante*) Bewohner(in) *m(f)* der Marken II. *agg* der Marken, aus den Marken

**marchio** ['markio] <-chi> *m* ❶ (*del bestiame*) [Brand]zeichen *nt*, [Brand]-mal *nt* ❷ (*fig*) Brandmal *nt*, Schandmal *nt* ❸ (COM) Warenzeichen *nt*, Markenzeichen *nt;* ~ **di qualità** Gütezeichen *nt*, Gütesiegel *nt*

**marchionimo** [mar'kio:nimo] *m* Markenbezeichnung *f*

**marcia** ['martʃa] <-ce> *f* ❶ (*cammino*) Marsch *m;* ~ **silenziosa** Schweigemarsch *m;* **mettersi in** ~ sich in Bewegung setzen ❷ (MUS) Marsch *m* ❸ (TEC, MOT) Gang *m;* ~ **indietro** Rückwärtsgang *m* ❹ (SPORT) Gehen *nt*

**marcialonga** [martʃa'longa] <marcelonghe> *f* (SPORT) Wettkampf *m* im Skilanglauf

**marciapiede** [martʃa'piɛ:de] *m* ❶ (*di strada*) Gehweg *m*, Bürgersteig *m;* **battere il** ~ auf den Strich gehen *fam* ❷ (*di stazione*) Bahnsteig *m*

**marciare** [mar'tʃa:re] *vi* ❶ (*camminare*, MIL) marschieren ❷ (*fam: funzionare*) laufen, gehen ❸ (SPORT) gehen

**marcio** ['martʃo] *m* ❶ (*parte marcia*) verdorbene Stelle ❷ (*fig: corruzione*) Verderbtheit *f*

**marcio, -a** <-ci, -ce> *agg* ❶ (*frutto*) faul, verdorben; (*legno*) morsch ❷ (MED) eitrig ❸ (*fig: società, costume*) verderbt, verkommen; **aver torto ~** völlig im Unrecht sein

**marcire** [mar'tʃiːre] <marcisco> *vi essere* ❶ (*frutta, carne*) [ver]faulen, verderben ❷ (MED: *ferita*) eitern ❸ (*fig: nell'ozio*) verkommen **marciume** [mar'tʃuːme] *m* ❶ (*cose marce*) faules Zeug, Moder *m* ❷ (*fig: corruzione*) Verderbtheit *f*, Verkommenheit *f*

**marco** ['marko] <-chi> *m* Mark *f*; **~ tedesco** Deutsche Mark, D-Mark *f*

**marconista** [marko'nista] <-i> *m* Funker *m*

**mare** ['maːre] *m* See *f*, Meer *nt*; **Mar Egeo** Ägäis *f*; **Mar Ligure** Ligurisches Meer; **Mare Mediterraneo** Mittelmeer *nt*; **Mar Tirreno** Tyrrhenisches Meer; **Mare del Nord** Nordsee *f*; **Mare del Sud** Südsee *f*; **sul livello del ~** über dem Meeresspiegel; **essere in alto ~** (*fig*) noch weit vom Ziel entfernt sein; **promettere mari e -i** (*fig*) das Blaue vom Himmel versprechen; **uomo in ~!** Mann über Bord! **marea** [ma'rɛːa] <-ee> *f* ❶ (NAUT) Gezeiten *pl*; **alta ~** Flut *f*; **bassa ~** Ebbe *f* ❷ (*fig*) Flut *f* **mareggiata** [mared'dʒaːta] *f* Sturmflut *f*

**maremma** [ma'remma] *f* (*pianura lungo la costa marina*) Seemarsch *m*; **Maremma toscana** Maremmen *fpl*

**maremoto** [mare'mɔːto] *m* Seebeben *nt* **maresciallo** [mareʃˈʃallo] *m* ❶ (*ufficiale supremo*) Marschall *m* ❷ (*sottufficiale*) Feldwebel *m*

**maretta** [ma'retta] *f* ❶ (NAUT) leichter Seegang, leichte See ❷ (*fig: nervosismo*) gespannte Atmosphäre

**marezzato, -a** [mared'dzaːto] *agg* gemasert **marezzatura** [mareddza'tuːra] *f* ❶ (*di stoffa, carta*) Moiré[muster] *nt* ❷ (*di legno, marmo*) Maserung *f*

**margarina** [marga'riːna] *f* Margarine *f*

**margherita** [marge'riːta] *f* Margerite *f*; **torta ~** Sandkuchen *m*; [**pizza**] **~** Pizza mit Mozzarella und Tomaten

**marginale** [mardʒi'naːle] *agg* nebensächlich, Neben-; (COM) Marge-; **nota ~** Randbemerkung *f*

**marginalizzare** [mardʒinalid'dzaːre] *vt* ausgrenzen; **~ le minoranze etniche** ethnische Minderheiten ausgrenzen; **~ una questione** eine Frage ausklammern

**marginare** [mardʒi'naːre] *vt* den Rand von etw bestimmen, einlegen

**margine** ['mardʒine] *m* ❶ (*parte estrema*) Rand *m* ❷ (TYP) Steg *m* ❸ (COM: *quantità*) Spanne *f*, Marge *f* ❹ (*fig: di tempo*) Spanne *f*; (*eccedenza*) Spielraum *m*

**mariano, -a** [mari'aːno] *agg* Marien-

**marijuana** [mæri'waːnə *o* mari'wana] *f* Marihuana *nt*

**marina**[1] [ma'riːna] *f* ❶ (*riva*) Küste *f*; (*città*) Küstensiedlung *f*, Küstenstadt *f* ❷ (NAUT, MIL) Marine *f*

**marina**[2] [ma'riːna] *m o f* Marina *f*, Motorboothafen *m*

**marinaio** [mari'naːio] <-ai> *m* Seemann *m*; (MIL) Matrose *m*; **promessa da ~** (*fig*) leere Versprechung **marinara** [mari'naːra] *f* ❶ (*abito*) Matrosenanzug *m* ❷ (*cappello*) Strohhut mit breiter, hochgezogener Krempe **marinare** [mari'naːre] *vt* ❶ (GASTR) einlegen, marinieren ❷ (*fam fig: scuola*) schwänzen **marinaresco, -a** [marina'resko] <-schi, -sche> *agg* Seemanns-, Matrosen- **marinaro, -a** [mari'naːro] *agg* See-, Matrosen-; (*di pescatori*) Fischer-

**marinata** [mari'naːta] *f* Marinade *f*

**marine** [məˈriːn *o* ma'riːn] <-> *m* Marinesoldat *m*, Mariner *m* sl **marineria** [marine'riːa] <-ie> *f* Seestreitkräfte *fpl*, Marine *f* **marino, -a** [ma'riːno] *agg* Meer[es]-, See-; **acqua -a** Meerwasser *nt*; **cavalluccio ~** Seepferdchen *nt*; **blu ~** marineblau

**marioleria** [mariole'riːa] <-ie> *f* Gaunerei *f* **mariolo** [mari'ɔːlo] *m* Gauner *m*

**marionetta** [mario'netta] *f* ❶ (*fantoccio*) Marionette *f* ❷ (*fig*) Hampelmann *m*; (*senza carattere*) Marionette *f*

**maritale** [mari'taːle] *agg* des [Ehe]manns; **potestà ~** eheliche Gewalt **maritare** [mari'taːre] **I.** *vt* verheiraten **II.** *vr* **-rsi con qu** jdn heiraten **marito** [ma'riːto] *m* [Ehe]mann *m*; **prender ~** heiraten; **ragazza** [**in età**] **da ~** Mädchen *nt* im heiratsfähigen Alter

**maritozzo** [mari'bttso] *m süßes Brötchen aus Hefeteig mit Rosinen und Pinienkernen*

**marittimo** [ma'rittimo] *m* Hafenarbeiter *m*; (*marinaio*) Seemann *m*

**marittimo, -a** *agg* See-, Hafen-; (*clima, città*) maritim

**marker** ['maːkə] <- *o* markers> *m* ❶ (*evidenziatore*) Marker *m* ❷ (BIOL, MED) Kontrastmittel *nt*

**market** ['maːkit *o* 'market] <-> *m* Supermarkt *m*

**marketer** ['ma:kitə o 'marketer] <- o marketers> m Marketingexperte m/-expertin f

**marketing** ['ma:kitiŋ o 'marketing] <-> m Marketing nt; **ricerca di ~** Marktforschung f; **direct ~** Direktmarketing nt

**marmaglia** [mar'maʎʎa] <-glie> f [Lumpen]pack nt, Gesindel nt

**marmellata** [marmel'la:ta] f Marmelade f

**marmifero, -a** [mar'mi:fero] agg Marmor-

**marmista** [mar'mista] <-i m, -e f> mf Marmorsteinmetz(in) m(f)

**marmitta** [mar'mitta] f ❶ (pentolone) [Koch]kessel m, Topf m ❷ (MOT) Auspufftopf m; **~ catalitica** [Auspuff m mit] Katalysator m **marmittone** [marmit'to:ne] m Schlafmütze f

**marmo** ['marmo] m Marmor m

**marmocchio, -a** [mar'mɔkkio] <-cchi, -cchie> m, f (fam) Knirps m/Göre f

**marmoreo, -a** [mar'mɔ:reo] <-ei, -ee> agg Marmor- **marmorizzare** [marmorid'dza:re] vt marmorieren

**marmotta** [mar'mɔtta] f ❶ (ZOO) Murmeltier nt ❷ (fig) Schlafmütze f fam, Faulpelz m

**marna** ['marna] f Mergel m

**marocchino** [marok'ki:no] m ❶ (cuoio) Maroquin m, Maroquinleder nt ❷ (bevanda) kleiner Cappuccino mit Schokoladengeschmack im Glas

**marocchino, -a** I. agg marokkanisch II. m, f Marokkaner(in) m(f)

**Marocco** [ma'rɔkko] m **il ~** Marokko nt

**maroso** [ma'ro:so] m Sturzwelle f

**marrano** [mar'ra:no] m Flegel m

**marrone¹** [mar'ro:ne] m ❶ (BOT) [Edel]kastanie f ❷ (GASTR) [Ess]kastanie f, Maroni f A ❸ (colore) Braun nt

**marrone²** <inv> agg [kastanien]braun

**marsala** [mar'sa:la] <-> m Marsala[wein] m

**marsc'** [marʃ] int marsch

**marsina** [mar'si:na] f Frack m

**marsupiali** [marsu'pia:li] mpl Beuteltiere ntpl **marsupio** [mar'su:pio] <-i> m Bauchtasche f, Beutel m

**Marte** ['marte] <-> m Mars m

**martedì** [marte'di] <-> m Dienstag m; **~ grasso** Faschingsdienstag m; v. a. **domenica**

**martellamento** [martella'mento] m ❶ (colpo) Hämmern nt ❷ (fig: di domande) Trommelfeuer nt **martellare** [martel'la:re] I. vt ❶ (il ferro) hämmern ❷ (percuotere) schlagen, hämmern ❸ (fig) **~ qu di domande** jdn mit Fragen überschütten II. vi klopfen, pochen **martellata** [martel'la:ta] f Hammerschlag m **martelletto** [martel'letto] m ❶ (MED) Perkussionshammer m ❷ (del pianoforte) Hämmerchen nt, Hammer m; (della macchina da scrivere) Typenhebel m **martellio** [martel'li:o] <-ii> m Hämmern nt, Gehämmer nt

**martello** [mar'tɛllo] m (gener, a. fig ANAT, SPORT) Hammer m; (da ghiaccio) Pickel m

**martinetto** [marti'netto] m Winde f

**martingala** [martiŋ'ga:la] f Rückengurt m

**martin pescatore** [mar'tin peska'to:re] <-i-> m Eisvogel m

**martire** ['martire] mf Märtyrer(in) m(f)

**martirio** [mar'ti:rio] <-i> m (REL) Martyrium nt; (fig: supplizio) Qual f **martirizzare** [martirid'dza:re] vt v. **martoriare**

**martora** ['martora] f Marder m

**martoriare** [marto'ria:re] vt ❶ (torturare) martern ❷ (fig: tormentare) quälen, peinigen

**marxismo** [mark'sizmo] m Marxismus m

**marxista** [mark'sista] <-i m, -e f> I. mf Marxist(in) m(f) II. agg marxistisch

**marzapane** [martsa'pa:ne] m Marzipan nt

**marziale** [mar'tsia:le] agg ❶ (della guerra) Kriegs-; **arti -i** Kampfsportarten fpl ❷ (fig: aspetto, passo) martialisch geh, kriegerisch

**marziano, -a** [mar'tsia:no] I. agg Mars- II. m, f ❶ (ASTR) Marsmensch m ❷ (fig) Sonderling m

**marzo** ['martso] m März m; **tempo di ~** Aprilwetter nt; v. a. **aprile**

**mas** [mas] <-> m Schnellboot nt

**mascalzonata** [maskaltso'na:ta] f (fam) Lumperei f **mascalzone** [maskal'tso:ne] m (fam) Lump m, Schuft m

**mascara** [mas'ka:ra] <-> m Wimperntusche f, Mascara m

**mascarpone** [maskar'po:ne] m Frischmilchkäse aus der Lombardei

**mascella** [maʃ'ʃɛlla] f Kiefer m **mascellare** [maʃʃel'la:re] I. agg Kiefer- II. m Kieferknochen m, Kiefer m

**maschera** ['maskera] f ❶ (finto volto, persona, a. fig) Maske f; **~ antigas** Gasmaske f; **~ subacquea** Tauchermaske f, Taucherbrille f ❷ (travestimento) Kostümierung f, Maskerade f; **ballo in ~** Maskenball m ❸ (THEAT) Kostüm nt, Maske f ❹ (protezione) [Schutz]maske f; (mortuaria) [Toten]maske f; (cosmetica) [Schönheits]maske f ❺ (THEAT, FILM) Platzanweiser(in) m(f) **mascheramento** [maskera'mento] m ❶ (il mascherare)

Maskierung f ②(MIL: fig) Tarnung f **mascherare** [maske'ra:re] I. vt ①(travestire) kostümieren, verkleiden ②(mimetizzare, MIL) tarnen ③(fig: nascondere) verdecken, tarnen II. vr **-rsi da qu** (travestirsi) sich als jdn verkleiden; (assumere un'apparenza) sich als jdn ausgeben **mascherata** [maske'ra:ta] f ①(gruppo) Maskenzug m ②(festa) Maskerade f **mascherato, -a** [maske'ra:to] agg maskiert, verkleidet; **ballo ~** Maskenball m **mascherina** [maske'ri:na] f (per il viso) Halbmaske f **mascherone** [maske'ro:ne] m ①(ornamento) Maskaron m ②(volto deformato) Fratze f **maschietta** [ma'skietta] f burschikoses Mädchen nt; **capelli alla ~** Bubikopf m **maschietto** [ma'skietto] m Junge m **maschile** [ma'ski:le] I. agg ① männlich; (di uomo) Herren-, Männer-; (di ragazzo) Knaben-, Jungen- ②(LING) männlich, maskulin II. m (LING) Maskulinum nt **maschilismo** [maski'lizmo] m Männlichkeitswahn m, Machismo m **maschilista** [maski'lista] <-i m, -e f> I. mf Macho m II. agg Macho-, machohaft **maschilistico, -a** [maski'listiko] <-ci, -che> agg frauenfeindlich, machohaft **maschio** ['maskio] <-schi> m ①(BIOL) Männchen nt ②(uomo) Mann m; (ragazzo) Junge m, Knabe m ③(TEC) Zapfen m; (utensile) Gewindebohrer m **mascolinizzare** [maskolinid'dza:re] I. vt vermännlichen II. vr **-rsi** männlich werden **mascolino, -a** [masko'li:no] agg männlich **mascotte** [mas'kɔt] <-> f Maskottchen nt **masnada** [maz'na:da] f Horde f, Bande f **masnadiere** [mazna'diɛ:re] m Halunke m, Bandit m; **faccia da ~** (fam) Gaunervisage f **masochismo** [mazo'kizmo] m Masochismus m **masochista** [mazo'kista] <-i m, -e f> mf Masochist(in) m(f) **masochistico, -a** [mazo'kistiko] <-ci, -che> agg masochistisch **massa** ['massa] f ①(PHYS) Masse f ②(mucchio) Menge f, Haufen m; (moltitudine) [Un]menge f, große Menge; **in ~** massenweise, massenhaft; (in blocco) im Ganzen, en bloc ③(SOC) [breite] Masse f, Volk nt ④(nella tecnica dello spettacolo) Gesamtheit f ⑤(EL) Erde f, Masse f; **collegare** [o **mettere**] **a ~** erden

**Massa** ['massa] f Massa nt (Stadt in der Toskana)

**massacrante** [massa'krante] agg aufreibend, mörderisch **massacrare** [massa'kra:re] vt ①(trucidare) niedermetzeln, hinschlachten ②(malmenare) misshandeln; (fig: logorare) aufreiben **massacro** [mas'sa:kro] m ①(eccidio) Massaker nt, Gemetzel nt ②(fig) Katastrophe f **massaggiare** [massad'dʒa:re] vt massieren **massaggiatore** [massaddʒa'to:re] m Massagegerät nt **massaggiatore, -trice** m, f Masseur(in) m(f) **massaggio** [mas'saddʒo] <-ggi> m Massage f **massaia** [mas'sa:ia] <-aie> f Hausfrau f **massaio** [mas'sa:io] <-ai> m Gutsverwalter m, Aufseher m **massello** [mas'sɛllo] m ①(lingotto) Metallblock m, Massel f ②(blocco di pietra) Werkstein[block] m, Naturstein m **masseria** [masse'ri:a] <-ie> f Bauernhof m, Gutshof m **masserizie** [masse'rittsie] fpl Hausrat m **massese** [mas'se:se] I. mf (abitante) Einwohner(in) m(f) von Massa II. agg aus Massa

**Massese** <sing> m Umgebung f von Massa

**massicciata** [massit'tʃa:ta] f Tragschicht f; **~ ferroviaria** Schotterung f, Schotterbettung f **massiccio** [mas'sittʃo] <-cci> m [Gebirgs]massiv nt **massiccio, -a** <-cci, -cce> agg ①(solido) massiv; (sodo) fest, solide; (voluminoso) massiv, wuchtig ②(fig: violento) massiv; (pesante) erdrückend **massificare** [massifi'ka:re] vt vermassen **massificazione** [massifikat'tsio:ne] f Vermassung f **massima** ['massima] f ①(sentenza, motto) Maxime f ②(principio) Grundsatz m; **in linea di ~** im Prinzip, grundsätzlich ③(temperatura) Höchsttemperatur f **massimale** [massi'ma:le] I. agg höchste(r, s), Höchst- II. m ①(limite) Höchstgrenze f ②(FIN) Höchstbetrag m, Höchstsumme f **massimalismo** [massima'lizmo] m (POL, HIST) Extremismus m **massimalista** [massima'lista] <-i m, -e f> I. mf (POL) Extremist(in) m(f) II. agg extremistisch; **programma ~** Parteiprogramm ohne Zugeständnisse **massimalistico, -a** [massima'listiko] <-ci, -che> agg extremistisch **massimizzare** [massimid'dza:re] vt maximieren **massimizzazione** [massimiddzat'tsio:ne] f Maximierung f; **~ dei profitti** Gewinnmaximierung f **massimo** ['massimo] m ①(il grado più elevato) Maximum nt, Höchstmaß nt; **al ~**

höchstens ❷ (SPORT) Schwergewicht *nt*, Schwergewichtler *m*
**massimo, -a** <superlativo di *grande*> *agg* ❶ (*estremamente grande*) maximal, sehr groß ❷ (*il più grande*) größte(r, s); **peso ~** (SPORT) Schwergewicht *nt*; **~ comune divisore** (MAT) größter gemeinsamer Teiler; **in -a parte** größtenteils ❸ (*il più alto*) höchste(r, s); **temperatura -a** Höchsttemperatur *f*
**massimoleggero** [massimoled'dʒɛːro] <-i> I. *agg* leichtgewichtig; **peso ~** Gewichtsklasse zwischen 79 kg und 86 kg II. *m* Boxer *m* in der Gewichtsklasse zwischen 79 kg und 86 kg
**massivo, -a** [mas'siːvo] *agg* ❶ (*in massa*) Massen- ❷ (MED: *asportazione*) Total-; (*emorragia*) massiv ❸ (*massiccio*) stark, massiv
**mass media** [mæs 'miːdjə *o* mas 'mɛdia] *mpl* Massenmedien *pl*
**masso** ['masso] *m* Felsblock *m*; **sentirsi un ~ sullo stomaco** ein schweres Gefühl im Magen haben
**massofisioterapia** [massofiziotera'piːa] *f* (MED) Massage[therapie] *f* **massofisioterapista** [massofiziotera'pista] <-i *m*, -e *f*> *mf* (MED) Masseur(in) *m(f)*
**massone** [mas'soːne] *m* Freimaurer *m* **massoneria** [massone'riːa] <-ie> *f* Freimaurerei *f* **massonico, -a** [mas'sɔːniko] <-ci, -che> *agg* freimaurerisch, Freimaurer-
**mastello** [mas'tɛllo] *m* Bottich *m*, Bütte *f*
**master** ['maːsta *o* 'master] <- *o* masters> *m* Ausbildungsgang nach dem Universitätsabschluss; **un ~ in economia aziendale** ein Master in Betriebswirtschaft
**masterizzare** [masterid'dzaːre] *vt* (INFORM) brennen **masterizzatore** *m* (TEC) Brenner *m*; **~ [per] CD-ROM** CD-ROM-Brenner *m*
**masticare** [masti'kaːre] *vt* ❶ (*cibo, tabacco*) kauen ❷ (*fig: biascicare*) murmeln; (*lingua*) radebrechen; **~ amaro** [*o* **veleno**] (*fig*) etw zähneknirschend schlucken **masticatorio, -a** [mastika'tɔːrio] <-i, -ie> *agg* Kau- **masticazione** [mastikat'tsioːne] *f* Kauen *nt*
**mastice** ['mastitʃe] *m* ❶ (*miscuglio adesivo*) Kitt *m* ❷ (*resina*) Mastix *m*
**mastino** [mas'tiːno] *m* Bluthund *m*
**mastite** [mas'tiːte] *f* Brust[drüsen]entzündung *f*
**mastodonte** [masto'dɔnte] *m* (*fig*) Koloss *m* **mastodontico, -a** [masto'dɔntiko] <-ci, -che> *agg* kolossal

**mastro** ['mastro] *m* (*artigiano*) Meister *m*
**masturbare** [mastur'baːre] *vt* **-rsi** masturbieren, sich selbst befriedigen
**masturbarsi** [mastur'barsi] *vr* masturbieren **masturbazione** [masturbat'tsioːne] *f* Masturbation *f*, Selbstbefriedigung *f*
**matassa** [ma'tassa] *f* ❶ (*di filo*) Docke *f*, Strähne *f* ❷ (EL) Wicklung *f* ❸ (*fig*) verwickelte Situation, Verwicklung *f*
**match** [mætʃ] <-> *m* Match *nt o m*; (*di pugilato*) Fight *m*, Boxkampf *m*
**match winner** [mætʃ 'winə] <-> *m* (SPORT) Matchwinner *m*
**matematica** [mate'maːtika] <-che> *f* Mathematik *f*
**matematicamente** [matematika'mente] *avv* ❶ (MAT) nach mathematischen Regeln ❷ (*fig: in modo certo*) todsicher *fam* **matematico, -a** [mate'maːtiko] <-ci, -che> I. *agg* ❶ (MAT) mathematisch ❷ (*di assoluta precisione*) exakt, präzis[e] II. *m, f* Mathematiker(in) *m(f)*
**Matera** *f* Matera *nt* (*Stadt in Basilicata*)
**Materano** [mate'raːno] <*sing*> *m* Umgebung *f* von Matera
**materano, -a** [mate'raːno] I. *m, f* (*abitante*) Einwohner(in) *m(f)* von Matera II. *agg* aus Matera
**materassaio, -a** [materas'saːio] <-ai, -aie> *m, f* Polsterer *m*/Polsterin *f*
**materassino** [materas'siːno] *m* Luftmatratze *f* **materasso** [mate'rasso] *m* Matratze *f*; **~ a molle** Federkernmatratze *f*; **~ di gommapiuma** Schaumstoffmatratze *f*; **~ in lattice** Latexmatratze *f*
**materia** [ma'tɛːria] <-ie> *f* ❶ (*sostanza*) Stoff *m*, Substanz *f*; **~ grigia** graue Substanz; **-ie plastiche** Kunststoffe *ntpl*; **-ie prime** Rohstoffe *ntpl* ❷ (*contrapposta a spirito*) Materie *f* ❸ (*argomento*) Thema *nt*, Stoff *m*; **indice per -ie** Sachregister *nt*; **entrare in ~** zum Thema kommen ❹ (*disciplina*) [Lehr]fach *nt* **materiale** [mate'riaːle] I. *agg* ❶ (*di, della materia*) stofflich, materiell ❷ (*concreto*) real, konkret ❸ (*effettivo*) effektiv notwendig II. *m* ❶ (*prodotto necessario*) Material *nt*, Stoff *m*, Mittel *nt*; **~ composito** Verbundmaterial, n ❷ (*strumenti*) Mittel *ntpl*, Bedarf *m* ❸ (*appunti e documenti*) Unterlagen *fpl*
**materialismo** [materia'lizmo] *m* Materialismus *m* **materialista** [materia'lista] <-i *m*, -e *f*> I. *mf* Materialist(in) *m(f)* II. *agg* materialistisch **materialistico, -a** [materia'listiko] <-ci, -che> *agg* materialistisch **materialità** [materiali'ta] <-> *f*

materializzare → matusa

① (*condizione*) Materialität *f* ② (*fig: volgarità*) Grobheit *f*, Vulgarität *f* **materializzare** [materialid'dza:re] I. *vt* materialisieren II. *vr* **-rsi** ① (*prender corpo*) sich materialisieren ② (*diventar concreto*) konkret werden **materializzazione** [materialiddzat'tsio:ne] *f* Materialisation *f* **materialmente** [material'mente] *avv* konkret, tatsächlich; (*in sostanza*) faktisch
**maternità** [materni'ta] <-> *f* ① (*condizione di madre*) Mutterschaft *f*; **interruzione della ~** Schwangerschaftsunterbrechung *f* ② (JUR) Mutterschutz *m*; **essere in ~** im Mutterschutz sein ③ (*reparto ospedaliero*) Entbindungsstation *f*
**materno, -a** [ma'tɛrno] *agg* ① (*di, da madre*) mütterlich, Mutter-; **scuola -a** Kindergarten *m*, Vorschule *f* ② (*da parte di madre*) mütterlicherseits ③ (*lingua*) Mutter-; (*terra*) Heimat-
**matita** [ma'ti:ta] *f* Stift *m*; (*lapis*) Bleistift *m*
**matriarcale** [matriar'ka:le] *agg* matriarchalisch **matriarcato** [matriar'ka:to] *m* Matriarchat *nt*
**matrice** [ma'tri:tʃe] *f* ① (MAT, BIOL) Matrix *f* ② (TYP) Matrize *f*, Mater *f* ③ (TEC) Gesenk *nt* ④ (COM) Stammregister *nt* ⑤ (*fig: fonte*) Ursprung *m*
**matricida** [matri'tʃi:da] <-i *m*, -e *f*> *mf* Muttermörder(in) *m(f)* **matricidio** [matri'tʃi:dio] <-i> *m* Muttermord *m*
**matricola** [ma'tri:kola] *f* ① (*registro*) Matrikel *f*, Register *nt* ② (*numero*) Matrikelnummer *f* ③ (*studente*) Studienanfänger(in) *m(f)* ④ (*fig* SPORT) Anfänger(in) *m(f)*, Neuling *m* ⑤ (MIL) Stammrolle *f*
**matricolare** [matriko'la:re] *agg* Matrikel- **matricolato, -a** [matriko'la:to] *agg* (*scherz*) abgefeimt; (*bugiardo*) gerissen, durchtrieben; (*sciocco*) ausgemacht
**matrigna** [ma'triɲɲa] *f* Stiefmutter *f*
**matrimoniale** [matrimo'nia:le] *agg* ehelich, Ehe- **matrimonio** [matri'mɔ:nio] <-i> *m* ① (*rapporto*) Ehe *f*; **~ gay** Homoehe *f* ② (*cerimonia*) Hochzeit *f*, Trauung *f*; **unire in ~** trauen
**matrona** [ma'trɔ:na] *f* Matrone *f*
**matroneo** [matro'nɛ:o] *m* Empore *f*
**matta**[1] ['matta] *f* (*carta da gioco*) Joker *m*
**matta**[2] *f v.* **matto**
**mattacchione, -a** [mattak'kio:ne] *m*, *f* (*scherz*) Spaßvogel *m*, Witzbold *m fam*
**mattana** [mat'ta:na] *f* (*fam*) Kapriole *f*, launiger Einfall *m*
**mattatoio** [matta'to:io] <-oi> *m* Schlachthof *m*

**matterello** [matte'rɛllo] *m* Nudelholz *nt*
**mattina** [mat'ti:na] *f* Morgen *m*; **di ~** morgens; **di prima ~** am frühen Morgen; **domani ~** morgen früh; **ieri ~** gestern früh; **questa ~** heute Morgen; **sabato ~** Samstag früh **mattinata** [matti'na:ta] *f* Vormittag *m* **mattiniero, -a** [matti'niɛ:ro] *agg* **essere ~** Frühaufsteher(in) *m(f)* sein **mattino** [mat'ti:no] *m* Morgen *m*; **di buon ~** frühmorgens; **giornale del ~** Morgenzeitung *f*
**matto, -a** ['matto] I. *agg* ① (*pazzo*) wahnsinnig, verrückt; **scacco ~** schachmatt; **avere una voglia -a di qc** (*fam*) ganz verrückt auf etw *acc* sein; **essere ~ da legare** (*fam*) total verrückt sein, spinnen ② (*fig: falso*) falsch, unecht II. *m*, *f* (*pazzo*) Wahnsinnige(r) *f(m)*; (*fam*) Verrückte(r) *f(m)*
**mattone** [mat'to:ne] *m* ① (*laterizio*) Ziegel[stein] *m*, Backstein *m* ② (*fig: libro, film*) Schinken *m*; (*persona*) Langweiler *m fam* **mattonella** [matto'nɛlla] *f* (*piastrella*) Fliese *f*, [Stein]platte *f*
**mattutino** [mattu'ti:no] *m* ① (REL) Mette *f*, Matutin *f* ② (*della campana*) Morgenläuten *nt*
**mattutino, -a** *agg* Morgen-, morgendlich
**matura** *f v.* **maturo**
**maturando, -a** [matu'rando] *m*, *f* Abiturient(in) *m(f)*, Maturant(in) *m(f)* A
**maturare** [matu'ra:re] I. *vi* essere ① (*frutti*) reifen, reif werden; (*diventar stagionato*) ausreifen ② (*persona*) reifer werden ③ (COM: *interessi*) fällig werden ④ (*giungere a compimento*) reif werden II. *vt* avere ① (*frutti*) reifen lassen, reif werden lassen; (*formaggio, vino*) [aus]reifen lassen ② (*idea, piano*) reifen lassen ③ (*fig: promuovere*) **~ qu** jdm das Reifezeugnis erteilen III. *vr* **-rsi** reif werden **maturazione** [maturat'tsio:ne] *f* ① (*gener*) Reifen *nt*, Reifeprozess *m* ② (COM) Fälligkeit *f* **maturità** [maturi'ta] <-> *f* ① (*età*) bestes Alter; (*a. fig*) Reife *f* ② (BIOL) [Geschlechts]reife *f* ③ (*diploma*) Abiturzeugnis *nt*, Reifezeugnis *nt*; **esame di ~** ≈ Abitur *nt*, Matura *f* A, Maturität *f* CH **maturo, -a** [ma'tu:ro] I. *agg* ① (*frutto*) reif; (*vino*) ausgereift ② (*adulto*) erwachsen, reif ③ (*studente*) mit Abitur, mit Matura A ④ (*fig: equilibrato, compiuto*) reif ⑤ (*fig: approfondito*) reiflich, gründlich ⑥ (COM) fällig II. *m*, *f* Abiturient(in) *m(f)* [nach der Reifeprüfung], Maturant(in) *m(f)* A
**matusa** [ma'tu:za] I. <-> *mf* verknöcherter Mensch II. <inv> *agg* überlebt, veraltet

**mausoleo** [mauzo'lɛːo] *m* Mausoleum *nt*
**max** [maks] *avv* maximal
**maxicalcolatore** [maksikalkola'toːre] *m* (TEC) Großrechner *m* **maxicappotto** [maksikap'pɔtto] *m* Maximantel *m* (*knöchellanger Mantel*)
**maxicondono** ['maksikon'doːno] *m* Riesenstraferlass für Steuer- und Bausünder
**maxidecreto** ['makside'krɛːto] *m* umfangreiches Dekret
**maxiemendamento** [maksiemenda'mento] *m* (POL) umfangreicher Änderungsantrag im Gesetzgebungsverfahren **maxigonna** [maksi'gonna *o* maksi'gɔnna] *f* Maxirock *m* (*knöchellanger Rock*) **maximoto** [maksi'mɔːto] *f* schweres Motorrad *nt*, Feuerstuhl *m fam* **maximulta** [maksi'multa] *f* saftige Strafe, Denkzettel *m*
**maxiprocesso** [maksipro'tʃɛsso] *m* Mammutprozess *m* **maxirissa** [maksi'rissa] *f* Massenauseinandersetzung *f*
**maxischermo** [maksi'skermo] *m* Riesenleinwand *f*; **televisore a ~** Großbildschirmfernseher *m*
**maxitangente** [maksitan'dʒɛnte] *f* Spitzenschmiergelder *ntpl*, astronomische [Schmier]geldsumme
**maxitram** [maksi'tram] <-> *m* Großraumstraßenbahn *f*
**mayday** ['meidei] <-> *m* internationaler Notruf im Funksprechverkehr
**mazza** ['mattsa] *f* ❶ (*bastone*) Knüppel *m*, Schlagstock *m* ❷ (MIL) Keule *f* ❸ (SPORT) Schlagholz *nt*; (*a. fig: persona*) Schläger *m* ❹ (*grosso martello*) Vorschlaghammer *m*, Fäustel *m* **mazzata** [mat'tsaːta] *f* Knüppel-, Hammerschlag *m*; (*a. fig*) Keulenschlag *m* **mazziare** [mat'tsiaːre] *vt* ❶ (*merid: bastonare*) **~ qu** jdn [ver]prügeln; **~ qc** auf etw *acc* einprügeln ❷ (*rimproverare*) zusammenstauchen
**mazzo** ['mattso] *m* ❶ (*di fiori*) Strauß *m*; (*di erbe*) Bündel *nt*; (*di oggetti*) Bund *m* ❷ (*di carte*) [Karten]spiel *nt* ❸ (*vulg scherz*) **farsi il ~** sich *dat* den Arsch aufreißen
**MB** *abbr di* **megabyte** MB
**MBA** *m abbr di* **Master in Business Administration** MBA *mf*
**MCD** *abbr di* **Massimo Comune Divisore** ggT (*größter gemeinsamer Teiler*)
**mcm** *abbr di* **Minimo Comune Multiplo** kgV (*kleinstes gemeinsames Vielfaches*)
**M5S** [ɛmmetʃiŋkue'ɛsse] *abbr di* **Movimento 5 stelle** (POL) Fünf-Sterne-Bewegung *f*

**me** [me] *pron pers 1. pers sing* ❶ (*oggetto*) mich; (*con preposizione*) mich, mir, meiner; **da ~** selbst, selber; **fra** [*o* **tra**] **~ e ~** in meinem Innern; **per** [*o* **quanto a**] **~** was mich betrifft; **secondo ~** meiner Meinung nach ❷ (*soggetto in forme comparative ed esclamative*) ich ❸ (*complemento di termine davanti a lo, la, li, le, ne*) mir; (*complemento oggetto davanti a lo, la, li, le, ne*) mich
**meandro** [me'andro] *m* Mäander *m*
**MEC** [mɛk] *m acro di* **Mercato Comune Europeo** Gemeinsamer [europäischer] Markt
**Mecca** ['mɛkka] <-cche> *f* Mekka *nt*; **venire dalla ~** (*fam fig: ignorare*) aus allen Wolken fallen; (*comportarsi o vestirsi*) von einem anderen Planeten sein
**meccanica** [mek'kaːnika] <-che> *f* ❶ (PHYS, TEC) Mechanik *f* ❷ (*attività tecnologica*) Maschinenbau *m*, Technik *f*
**meccanicità** [mekkanitʃi'ta] <-> *f* Automatismus *m* **meccanico, -a** [mek'kaːniko] <-ci, -che> **I.** *agg* mechanisch; (*a. fig*) automatisch **II.** *m, f* Mechaniker(in) *m(f)*; (*per automobil*) Automechaniker(in) *m(f)* **meccanismo** [mekka'nizmo] *m* Mechanismus *m*
**meccanizzare** [mekkanid'dzaːre] *vt* mechanisieren **meccanizzazione** [mekkaniddzat'tsioːne] *f* Mechanisierung *f*
**meccano®** [mek'kaːno] *m* [technischer] Metallbaukasten *m*
**meccanografia** [mekkanogra'fiːa] *f* [automatisierte] Datenverarbeitung *f*
**meccanografico, -a** [mekkano'graːfiko] <-ci, -che> *agg* Datenverarbeitungs-, Rechen-; **centro ~** Rechenzentrum *nt*
**meccatronica** [mekka'trɔːnika] <-che> *f* (TEC) Elektromechanik *f* **meccatronico, -a** [mekka'trɔːniko] <-ci, -che> **I.** *agg* ❶ (*relativo alla meccatronica*) elektromechanisch ❷ (*che si occupa del funzionamento di macchine elettroniche*) Elektromechanik-; **manutentore ~** Experte für die Wartung elektromechanischer Anlagen **II.** *m, f* Elektromechaniker(in) *m(f)*
**mecenate** [metʃe'naːte] *mf* Mäzen(in) *m(f)* **mecenatismo** [metʃena'tizmo] *m* Mäzenatentum *nt*
**mèche** [mɛʃ] <-> *f* Strähne *f*; **farsi le ~** sich *dat* Strähnen ins Haar einarbeiten
**medaglia** [me'daʎʎa] <-glie> *f* Medaille *f*; (*riconoscimento*) Orden *m*, Auszeichnung *f*; **~ al valor civile** Verdienstorden *m*; **~ al valor militare** Tapferkeitsmedaille *f*; **il rovescio della ~** (*fig*)

die Kehrseite der Medaille **medaglietta** [meda&'&etta] *f* (REL) kleine Medaille (*als Medaillon getragen*) **medaglione** [meda&'&o:ne] *m* Medaillon *nt*

**medesimo, -a** [me'de:zimo] I. *agg* ① (*stesso*) il ~/la -a derselbe/dieselbe/ dasselbe ② (*uguale*) gleich ③ (*in persona*) selbst II. *pron dim* il ~/la -a derselbe/dieselbe/dasselbe

**media**[1] ['mɛ:dia] <-ie> *f* ① (*gener*) Durchschnitt[swert] *m;* **in** ~ im Durchschnitt; ~ **[dei] voti** Notendurchschnitt ② (MAT) Mittel *nt*, Mittelwert *m;* (~ *ponderata*) gewichteter Durchschnitt

**media**[2] ['mi:dʒe] *mpl* Massenmedien *ntpl;* ~ **digitali** digitale Medien; **magnate dei** ~ (*fam*) Medienzar *m*

**media buyer** ['mi:dʒe 'baiə] <-> *m* Werbeberater(in) *m(f)*

**mediale** [me'dia:le] *agg* Medien-; **cultura** ~ Medienkultur *f*

**media man** ['mi:dʒe mæn] <-> *m* Werbestratege *m/*-strategin *f*

**medianico, -a** [me'dia:niko] <-ci, -che> *agg* medial **medianità** [mediani'ta] <-> *f* Fähigkeit *f* des Mediums, mediale Fähigkeit *f*

**mediano, -a** [me'dia:no] I. *agg* Mittel-, mittlere(r, s) II. *m, f* Läufer(in) *m(f)*

**mediante** [me'diante] *prp* mit +*dat*, durch +*acc*, mittels +*gen*

**mediare** [me'dia:re] *vt* ① (*da mediatore*) vermitteln ② (MAT) den Mittelwert bilden aus

**mediateca** [media'tɛ:ka] <-che> *f* Medienarchiv *nt*, Mediathek *f*

**mediatico, -a** [me'dia:tiko] *agg* Medien-; **evento** ~ Medienevent *m*

**mediato, -a** [me'dia:to] *agg* mittelbar, indirekt **mediatore, -trice** [media'to:re] I. *m, f* ① (*intermediario*) Mittelsmann *m/* -person *f,* Vermittler(in) *m(f)* ② (COM) Makler(in) *m(f)* II. *agg* vermittelnd, Mittler- **mediazione** [mediat'tsio:ne] *f* ① (*conciliazione*) Vermittlung *f* ② (*provvigione*) Maklergebühr *f*

**medica** *f* (*rar*) *v.* **medico**

**medicabile** [medi'ka:bile] *agg* heilbar, behandelbar **medicalizzazione** [medikaliddzat'tsio:ne] *f* medizinische Interpretation fachexterner Phänomene **medicamento** [medika'mento] *m* Medikament *nt,* Arznei *f* **medicamentoso, -a** [medikamen'to:so] *agg* heilkräftig, Heil-, medikamentös **medicare** [medi'ka:re] I. *vt* behandeln II. *vr* **-rsi** sich [selbst] behandeln **medicastro** [medi'kastro] *m* (*pej*) Kurpfuscher *m* **medicazione** [medikat'tsio:ne] *f* Behandlung *f*

**medicina** [medi'tʃi:na] *f* ① (*scienza*) Medizin *f;* ~ **legale** Gerichtsmedizin *f;* **studiare** ~ Medizin studieren ② (*farmaco*) Medizin *f,* Arznei *f* **medicinale** [meditʃi'na:le] I. *m* Arzneimittel *nt;* **-i generici** Generika *ntpl* II. *agg* Heil-, Arznei-

**medico, -a** ['mɛ:diko] <-ci, -che> I. *m, f* Arzt *m/*Ärztin *f;* ~ **di base** Arzt/Ärztin für Allgemeinmedizin, Allgemeinarzt/-ärztin II. *agg* ① (*della medicina*) medizinisch ② (*del medico*) ärztlich, Arzt-

**medievale** [medie'va:le] *agg* mittelalterlich **medievistica** [medie'vistika] <*sing*> *f* (SCIENT) Mediävistik *f*

**medio** ['mɛ:dio] <-i> *m* Mittelfinger *m*

**medio, -a** <-i, -ie> *agg* ① (*di mezzo*) Mittel-, mittlere(r, s); **ceto** ~ Mittelstand *m;* **dito** ~ Mittelfinger *m;* **peso** ~ (SPORT) Mittelgewicht *nt*, Mittelgewichtler *m;* **scuola** **-a** Mittelschule *f;* **licenza -a** Mittelschulabschluss *m* ② (*di valore intermedio*) Durchschnitts-, durchschnittlich

**mediocre** [me'diɔ:kre] *agg* mittelmäßig, mäßig; (*ordinario*) gewöhnlich

**mediocredito** [medio'krɛ:dito] *m* mittelfristiger Kredit

**mediocrità** [mediokri'ta] <-> *f* Mittelmäßigkeit *f;* **l'aurea** ~ der goldene Mittelweg

**medioevale** [medioe'va:le] *agg v.* **medievale medioevo** [medio'ɛ:vo] *m* Mittelalter *nt*

**medioleggero** [medioled'dʒɛ:ro] I. *agg* **peso** ~ Weltergewicht *nt* II. *m* Weltergewicht *nt,* Weltergewichtler *m*

**mediologia** [mediolo'dʒi:a] <*sing*> *f* (SCIENT) Medienwissenschaften *fpl*

**mediomassimo** [medio'massimo] I. *agg* **peso** ~ Halbschwergewicht *nt* II. *m* Halbschwergewicht *nt,* Halbschwergewichtler *m*

**mediorientale** [mediorien'ta:le] *agg* Nahost-, Mittelost-

**meditabondo, -a** [medita'bondo] *agg* gedankenversunken

**meditare** [medi'ta:re] I. *vi* meditieren II. *vt* ① (*considerare*) bedenken, nachdenken über +*acc* ② (*preparare*) planen, ausdenken **meditativo, -a** [medita'ti:vo] *agg* nachdenklich; (*della meditazione*) meditativ **meditato, -a** [medi'ta:to] *agg* [wohl]überlegt, [wohl]bedacht **meditazione** [meditat'tsio:ne] *f* ① (*riflessione*) Meditation *f* ② (*considerazione*) Überlegung *f,* Erwägung *f* ③ (*preparazione*) Ausdenken *nt,* Planen *nt*

**mediterraneità** [mediterranei'ta] <-> f Charakteristik f des Mittelmeerraumes
**Mediterraneo** [mediter'ra:neo] m Mittelmeer nt
**mediterraneo, -a** <-ei, -ee> agg ❶ (gener) mittelländisch ❷ (del Mediterraneo) mediterran, Mittelmeer-; **il Mar Mediterraneo** das Mittelmeer
**medium** ['mɛdjum] <-> mf Medium nt
**medusa** [me'du:za] f Qualle f
**meeting** ['mi:tiŋ] <-> m Treffen nt, Begegnung f
**meeting-point** ['mi:tiŋ 'point] <-> m Jugendtreffpunkt m
**mefitico, -a** [me'fi:tiko] <-ci, -che> agg ❶ (fetido) stinkend ❷ (fig: corrotto) verkommen
**megabit** [mɛga'bit] <-> m (INFORM) Megabit nt
**megabyte, Megabyte** ['mɛgəbait o 'mega'bait] <-> m (INFORM) Megabyte nt
**megacaloria** [megakalo'ri:a] <-ie> f (PHYS) Megajoule nt
**megaciclo** [mega'tʃi:klo] m Megahertz nt
**megaconcerto** [megakon'tʃɛrto] m Megakonzert nt **megafonista** [megafo'nista] <-i m, -e f> mf Megaphonist(in) m(f)
**megafono** [me'ga:fono] m Megaphon nt, Sprachrohr nt
**megagalattico, -a** [mɛgagalat'ti:ko] <-ci, -che> agg (fam) riesig, Riesen-; **una somma -a** eine Riesensumme
**megahertz** [mega'ɛrts] <-> m Megahertz nt
**megalomane** [mega'lɔ:mane] agg größenwahnsinnig **megalomania** [megaloma'ni:a] f Größenwahn m
**megalopoli** [mega'lɔ:poli] <-> f Megalopolis f, Riesenmetropole f
**megateneo** [mɛgate'nɛo] m (UNIV) Universität mit einer übergroßen Zahl von Studenten **megatrend** [mega'trend] <-> m (COM, FIN) Megatrend m, Haupttrend m
**megavolt** [mega'vɔlt] <-> m (TEC) Megavolt nt
**megawatt** [mega'vat] <-> m (TEC) Megawatt nt
**megera** [me'dʒɛ:ra] f Megäre f
**meglio**¹ ['mɛʎʎo] I.<comparativo di bene> avv ❶ (in modo migliore) besser; **andar di bene in ~** immer besser werden; (iron) immer schöner werden; **tanto ~!, ~ così!** umso besser! ❷ (piuttosto) lieber, besser ❸ (più) mehr, besser ❹ (ovvero) [oder] besser; **per ~ dire** [oder] besser gesagt ❺ (più facilmente) leichter, besser ❻ (con valore di superlativo) am besten II.<comparativo di buono> agg ❶ (migliore) besser ❷ (preferibile) besser ❸ (fam: con valore di superlativo) beste(r, s), allerbeste(r, s)
**meglio**² <-> mf Beste(s) nt; **il ~ possibile** das Bestmögliche; **fare del proprio ~** sein Bestes tun
**mela** ['me:la] f Apfel m **melagrana** [mela'gra:na] f Granatapfel m
**melanina** [mela'ni:na] f Melanin nt
**melanzana** [melan'dza:na o melan-'tsa:na] f Aubergine f, Melanzani f A
**melassa** [me'lassa] f Melasse f
**melato, -a** [me'la:to] agg ❶ (GASTR) mit Honig gesüßt ❷ (fig, pej) honigsüß, süßlich
**melenso, -a** [me'lɛnso] agg ❶ (persona) einfältig, dämlich ❷ (cosa) albern, geistlos
**melissa** [me'lissa] f Melisse f
**mellifluo, -a** [mel'li:fluo] agg (pej) honigsüß, süßlich
**melma** ['melma] f ❶ (fango) Schlamm m ❷ (fig) Schmutz m **melmoso, -a** [mel'mo:so] agg schlammig
**melo** ['me:lo] m Apfelbaum m
**mélo** [me'lo] I.<inv> agg melodramatisch II.<-> m Melodram[a] nt
**melodia** [melo'di:a] <-ie> f ❶ (MUS) Melodie f ❷ (fig) Harmonie f **melodico, -a** [me'lɔ:diko] <-ci, -che> agg melodisch
**melodioso, -a** [melo'dio:so] agg melodiös; (armonico) melodisch **melodista** [melo'dista] <-i m, -e f> mf Melodiker(in) m(f)
**melodramma** [melo'dramma] <-i> m ❶ (THEAT) Melodram[a] nt ❷ (fig, pej) Theatralik f; **cadere nel ~** pathetisch werden **melodrammatico, -a** [melodram'ma:tiko] <-ci, -che> agg ❶ (THEAT) melodramatisch ❷ (teatrale) theatralisch
**melograno** [melo'gra:no] m Granat[apfel]baum m
**melone** [me'lo:ne] m [Netz]melone f, [Honig]melone f
**meltdown** [mɛlt'daun] <- o meltdowns> m (PHYS) Schmelzen nt des Reaktorkerns, Kernschmelze f
**melting pot** ['mɛltiŋ pɔt] <- o melting pots> m Schmelztiegel m
**membrana** [mem'bra:na] f ❶ (ANAT, BIOL, TEC, RADIO) Membran(e) f ❷ (MUS: del tamburo) Trommelfell nt ❸ (pergamena) Pergament nt **membranoso, -a** [membra'no:so] agg membran[en]artig
**membratura** [membra'tu:ra] f Gliederung f
**membro**¹ ['mɛmbro] m ❶ (persona) Mit-

glied *nt* ❷ (*parte costitutiva*) Teil *nt*, Glied *nt* ❸ (ANAT: *pene*) [männliches] Glied *nt*

**membro²** <*pl*: **-a** *f*> *m* (ANAT: *arto*) Gliedmaßen *fpl*, Glieder *ntpl*

**membruto, -a** [mem'bru:to] *agg* starkgliedrig

**memorabile** [memo'ra:bile] *agg* denkwürdig

**memorandum** [memo'randum] <-> *m* ❶ (*promemoria*) Merkzettel *m* ❷ (*documento espositivo*) Denkschrift *f*, Memorandum *nt*

**memore** ['mɛːmore] *agg* (*geh*) eingedenk; **essere ~ di qc** einer Sache *gen* eingedenk sein

**memoria** [me'mɔːria] <-ie> *f* ❶ (*capacità, processo*) Gedächtnis *nt*, Erinnerungsvermögen *nt*; **a ~** auswendig ❷ (*ricordo*) **la ~ di qu/qc** die Erinnerung an jdn/etw ❸ (*annotazione*) Notiz *f*, Gedächtnisstütze *f* ❹ (*menzione*) Erwähnung *f* ❺ (*cimelio, documento*) Erinnerungsstück *nt* ❻ *pl* (*opera*) Memoiren *fpl* ❼ (INFORM) Speicher *m*; **~ ad accesso casuale** (*RAM*) Arbeitsspeicher *m*; **capacità di ~** Speicherkapazität *f*; **~ di correzione** Korrekturspeicher *m*; **spazio di ~** Speicherplatz *m*; **~ principale** Hauptspeicher *m* ❽ (TEC) Steuerung *f* **memorial** [mi'mɔːrial] <- *o* memorials> *m* ❶ (*manifestazione*) Memorial *nt* ❷ (*monumento di commemorazione*) Denkmal *nt*; **il Lincoln ~ a Washington** das Lincoln-Denkmal in Washington **memoriale** [memo'ria:le] *m* ❶ (*scritto*) Denkschrift *f*, Verteidigungsschrift *f* ❷ (*monumento*) Gedenkstätte *f*

**memorizzare** [memorid'dza:re] *vt* ❶ (*nella memoria*) ins Gedächtnis einprägen ❷ (INFORM) speichern **memorizzazione** [memoriddzat'tsio:ne] *f* ❶ (PSIC) Memorisierung *f* ❷ (INFORM) Speicherung *f*

**Memotel®** ['mɛmotel] *m* (TEL) *zentraler Anrufbeantworterservice der Telecom*

**menabò** [mena'bɔ] <-> *m* Layout *nt*

**menadito** [mena'di:to] *avv* **sapere a ~** etw aus dem Effeff beherrschen; **ripetere a ~** etw wie am Schnürchen heruntersagen *fam*

**menare** [me'na:re] I. *vt* ❶ (*condurre*) führen; **~ il can per l'aia** (*fig*) etw auf die lange Bank schieben *fam*; **~ qu per il naso** jdn an der Nase herumführen ❷ (*battere, picchiare*) schlagen; (*colpi*) austeilen; **~ le mani** handgreiflich werden ❸ (*coda*) wedeln mit ❹ (*fam*: *trascorrere*) verbringen; (*vita*) führen II. *vr* **-rsi** sich schlagen

**menata** [me'na:ta] *f* (*fam fig*) Litanei *f*

**mencio, -a** ['mentʃo] <-ci, -ce> *agg* (*tosc*) schlaff, schlapp; **cappello ~** Schlapphut *m*

**mendicante** [mendi'kante] I. *agg* Bettel-, bettelnd II. *mf* Bettler(in) *m(f)* **mendicare** [mendi'ka:re] I. *vt* ❶ (*elemosinare*) erbetteln, betteln um ❷ (*fig*) flehen um II. *vi* betteln [gehen] **mendicità** [menditʃi'ta] <-> *f* Armut *f* **mendico, -a** [men'di:ko] <-chi, -che> I. *agg* Bettler- II. *m, f* Bettler(in) *m(f)*

**menefreghismo** [menefre'gizmo] *m* [zynische] Gleichgültigkeit *f*, Ungerührtheit *f* **menefreghista** [menefre'gista] <-i *m*, -e *f*> I. *agg* gleichgültig, ungerührt II. *mf* gleichgültige Person

**menestrello** [menes'trɛllo] *m* Spielmann *m*, fahrender Musikant *m*

**meninge** [me'nindʒe] *f* Hirnhaut *f* **meningite** [menin'dʒi:te] *f* Hirnhautentzündung *f*, Meningitis *f scient*

**menisco** [me'nisko] <-schi> *m* Meniskus *m*

**meno** ['meːno] I. *avv* ❶ (*comparativo di poco*) weniger, nicht so viel; **di** [*o* in] **~** weniger; **uno più o ~** einer mehr oder weniger; **~ male!** (*fam*) Gott sei Dank!; **non essere da ~ di qu** jdm unterlegen sein ❷ (*in frasi comparative*) **~ di** nicht so wie, weniger als; **poco ~** so gut wie, fast; **tanto ~** umso weniger; **niente ~ che ...** kein Geringerer als ...; **né più né ~** nicht mehr und nicht weniger; **in ~ di un attimo** in null Komma nichts *fam* ❸ (*in frasi superlative*) am wenigsten; **quanto ~** wenigstens; **~ che ~** am allerwenigsten ❹ (*di temperatura, nelle votazioni scolastiche,* MAT) minus ❺ (*di ora*) vor; **sono le tre ~ cinque** es ist fünf [Minuten] vor drei ❻ (*no*) nicht; **dobbiamo decidere se andarci o ~** wir müssen entscheiden, ob wir hingehen oder nicht ❼ (*loc*) **fare a ~ di qc/qu** auf etw/jdn verzichten, ohne etw/jdn auskommen; **venir ~ a qc** einer Sache *dat* nicht nachkommen II. <inv> *agg* ❶ (*minore in quantità*) geringer, weniger ❷ (*in minor numero*) weniger, nicht so viel; **ha ~ anni di me** er/sie ist jünger als ich III. *prp* außer +*dat*; **a ~ di** [*o* che +*conj*] es sei denn, dass ..., außer wenn ... IV. <-> *m* ❶ (*la minor cosa*) Geringste(s) *nt*, Mindeste(s) *nt*; **parlare del più e del ~** von diesem und jenem reden ❷ (*la parte minore*) geringerer Teil ❸ (MAT) Minus[zeichen] *nt* ❹ *pl* (*minoranza*) Minderheit *f*

**Meno** ['mɛːno] *m* Main *m*

**menomare** [meno'ma:re] *vt* ① (*mutilare*) behindern, beeinträchtigen; (*danneggiare*) verletzen ② (*ridurre*) verringern, schmälern **menomato** [meno'ma:to] *m, f* Behinderte(r) *f(m)* **menomazione** [menomat'tsio:ne] *f* (*perdita*) Beeinträchtigung *f*; (*mutilazione*) Behinderung *f*

**menopausa** [meno'pa:uza] *f* Menopause *f*

**mensa** ['mɛnsa] *f* ① (*locale*) Kantine *f*; (*universitaria*) Mensa *f* ② (*tavola*) Tafel *f* geh, Tisch *m*

**menscevico, -a** [menʃʃe'viko] <-chi, -che> I. *agg* (HIST) menschewistisch II. *m, f* Menschewik(in) *m(f)*, Menschewist(in) *m(f)* **menscevismo** [menʃʃe'vizmo] *m* (HIST) Menschewismus *m*

**mensile** [men'si:le] I. *agg* ① (*di ogni mese*) monatlich, Monats- ② (*che dura un mese*) einmonatig II. *m* ① (*stipendio*) Monatsgehalt *nt* ② (*periodico*) Monatsheft *nt*, -schrift *f* **mensilità** [mensili'ta] <-> *f* ① (*retribuzione*) Monatsgehalt *nt*, Monatslohn *m*; **tredicesima ~** dreizehntes Monatsgehalt ② (*periodicità mensile*) monatliche Leistung, monatlicher Vorgang

**mensola** ['mɛnsola] *f* Konsole *f*

**menta** ['menta] *f* ① (BOT) Minze *f* ② (GASTR; *liquore*) Pfefferminzlikör *m*; (*confetto*) Pfefferminzbonbon *nt*

**mentale** [men'ta:le] *agg* ① (*della mente*) Geistes-, geistig ② (*senza parlare*) still; (*calcolo, lavoro*) Kopf- **mentalità** [mentali'ta] <-> *f* Mentalität *f* **mentalmente** [mental'mente] *avv* ① (*con la mente*) im Geiste ② (*di mente*) innerlich

**mente** ['mente] *f* ① (*intelligenza, intelletto*) Geist *m*, Verstand *m*; **a ~ lucida** bei klarem Verstand ② (*attenzione*) Gedanken *mpl*, Kopf *m*; (*intenzione*) Sinn *m*; **avere in ~ di fare qc** im Sinn haben, etw zu tun ③ (*memoria*) Gedächtnis *nt*; **a ~** auswendig; **passare** [*o* **uscir**] **di ~** aus dem Sinn kommen, entfallen; **venire in ~, passare per la ~** in den Sinn kommen, einfallen ④ (*fig*) Kopf *m*, Geist *m*; **levarsi qu/qc dalla ~** sich *dat* jdn/etw aus dem Kopf schlagen; **ficcarsi** [*o* **mettersi**] **in ~ di fare qc** (*fam*) sich *dat* in den Kopf setzen, etw zu tun; **cosa ti salta in ~?** was fällt dir ein?

**mentecatto, -a** [mente'katto] *agg* schwachsinnig; **povero ~!** (*fam*) du armer Irrer!

**mentina** [men'ti:na] *f* Pfefferminzbonbon *nt*

**mentire** [men'ti:re] *vi* lügen **mentito, -a** [men'ti:to] *agg* falsch, erlogen; **sotto -e spoglie** verkappt, unter falschem Namen

**mentitore, -trice** [menti'to:re] *m, f* Lügner(in) *m(f)*

**mento** ['mento] *m* Kinn *nt*; **doppio ~** Doppelkinn *nt*

**mentolo** [men'tɔ:lo] *m* Menthol *nt*

**mentore** ['mɛntore] *m* (*poet*) Mentor(in) *m(f)*

**mentre** ['mentre] I. *cong* ① (*temporale*) während ② (*avversativo*) während, wohingegen II. *m* **in quel ~** gerade in diesem Moment

**menu** [me'nu] <-> *m* ① (*lista*) Speise[n]karte *f* ② (*insieme di vivande*) Speisenfolge *f*, Menü *nt* ③ (INFORM) Menü *nt*; **barra dei ~** Menüleiste *f*; **~ di assistenza** Hilfemenü *nt*; **~ d'avvio** Startmenü *nt*; **~ a discesa** Pull-down-Menü *nt*; **opzione ~** Menüpunkt *m*

**menzionare** [mentsio'na:re] *vt* nennen, erwähnen **menzione** [men'tsio:ne] *f* Erwähnung *f*

**menzogna** [men'tsoɲɲa] *f* Lüge *f* **menzognero, -a** [mentsoɲ'ɲɛ:ro] *agg* ① (*bugiardo*) verlogen, lügend ② (*fig: fallace, illusorio*) trügerisch, täuschend

**Merano** [me'ra:no] *f* Meran *nt* (*Stadt in Südtirol*)

**meraviglia** [mera'viʎʎa] <-glie> *f* ① (*sorpresa*) Überraschung *f* ② (*stupore*) Erstaunen *nt*, Verwunderung *f* ③ (*cosa, persona meravigliosa*) Wunder *nt*; **le sette -glie del mondo** die Sieben Weltwunder; **a ~** wunderbar, ausgezeichnet **meravigliare** [meraviʎ'ʎa:re] I. *vt* verwundern, erstaunen II. *vr* **-rsi** sich wundern; **mi meraviglio di te!** ich muss mich doch sehr über dich wundern!; **non mi meraviglierei affatto se ...** es würde mich [gar] nicht wundern, wenn ...

**meraviglioso, -a** [meraviʎ'ʎo:so] *agg* wunderbar

**mercante, -essa** [mer'kante, merkan'tessa] *m, f* Händler(in) *m(f)*; (*fig, pej*) Krämer *m*; **~ di uomini** Menschenhändler *m*, Schlepper *m* **mercanteggiare** [merkanted'dʒa:re] I. *vi* [**su qc**] [um etw] feilschen II. *vt* (*pej*) verschachern **mercantesco, -a** [merkan'tesko] <-schi, -sche> *agg* (*pej*) Krämer- **mercantessa** *f v.* **mercante mercantile** [merkan'ti:le] I. *agg* Handels-, kaufmännisch; (*del mercante*) Händler- II. *m* Handels-, Frachtschiff *nt* **mercantilismo** [merkanti'lizmo] *m* Merkantilismus *m*

**mercanzia** [merkan'tsi:a] <-ie> *f* [Handels]ware *f*

**mercatino** [merka'ti:no] *m* [Wochen]-

markt *m;* ~ **di Natale** Weihnachtsmarkt *m*
**mercatistica** [merka'tistika] <-che> *f* Marketing *nt*
**mercato** [mer'ka:to] *m* ❶ (COM) Markt *m;* (FIN) Handel *m;* ~ **all'ingrosso** Großmarkt *m;* ~ **al minuto** Einzelhandel *m;* ~ **monetario** Geldhandel *m;* ~ **nero** Schwarzmarkt *m;* **Mercato Comune [Europeo]** Gemeinsamer Markt; **Mercato Interno Europeo** Europäischer Binnenmarkt; **piazza del** ~ Marktplatz *m;* **analisi di** ~ Marktanalyse *f;* **economia di** ~ Marktwirtschaft *f;* **a buon** ~ preiswert, günstig ❷ (*fig: confusione*) Durcheinander *m*
**merce** ['mɛrtʃe] *f* ❶ (COM) Ware *f* ❷ *pl* Güter *ntpl;* **scalo -i** Güterbahnhof *m;* **treno -i** Güterzug *m* ❸ (*fig*) Gut *nt*
**mercenario** [mertʃe'na:rio] <-i> *m* Söldner *m*
**mercenario, -a** <-i, -ie> *agg* ❶ (*truppe, soldati*) Söldner- ❷ (*fig, pej*) käuflich, bestechlich
**merceologia** [mertʃeolo'dʒi:a] <-ie> *f* Warenkunde *f*
**merceria** [mertʃe'ri:a] <-ie> *f* ❶ (*assortimento*) Kurzwaren *fpl* ❷ (*negozio*) Kurzwarenhandlung *f*
**mercerizzare** [mertʃerid'dza:re] *vt* merzerisieren
**merchandiser** ['məːtʃəndaizə] <- *o* merchandisers> *mf* (COM) Verkäufer(in) *m(f)* [von Fan-Artikeln]
**merchandizing** ['məːtʃəndaiziŋ] <-> *m* (COM) Merchandising *nt*
**merci** ['mɛrtʃi] <-> *m* Güterzug *m* **merciaio, -a** [mer'tʃa:io] <-ciai, -ciaie> *m, f* Kurzwarenhändler(in) *m(f)* **mercificare** [mertʃifi'ka:re] *vt* kommerzialisieren **mercificazione** [mertʃifikat'tsio:ne] *f* Kommerzialisierung *f* **mercimonio** [mertʃi'mɔ:nio] <-i> *m* [schmutziger] Handel *m*
**mercoledì** [merkole'di] <-> *m* Mittwoch *m; v. a.* **domenica**
**mercuriale** [merku'ria:le] I. *agg* ❶ (ASTR) Merkur- ❷ (CHEM) Quecksilber- II. *f* (COM) Marktbericht *m*
**mercurio** [mer'ku:rio] *m* (CHEM) Quecksilber *nt*
**Mercurio** [mer'ku:rio] *m* (ASTR) Merkur *m*
**merda** ['mɛrda] *f* (*vulg*) Scheiße *f;* **essere nella** ~ in der Scheiße stecken, beschissen dran sein **merdaio** [mer'da:io] <-ai> *m* (*vulg*) Dreck[s]loch *nt* **merdoso, -a** [mer'do:so] *agg* (*vulg*) beschissen; (*a. fig*) dreckig
**merenda** [me'rɛnda] *f* Vesper[brot] *nt,* Nachmittagsimbiss *m,* Jause *f A;* **fare [la]** ~ Vesper machen, vespern, jausnen *A*
**meretrice** [mere'tri:tʃe] *f* (*poet*) Dirne *f,* Hure *f*
**merge** [məːdʒ] <- *o* merges> *m* (INFORM) Dateiverknüpfung *f*
**meridiana** [meri'dia:na] *f* ❶ (*orologio*) Sonnenuhr *f* ❷ (ASTR) Mittagslinie *f*
**meridiano** [meri'dia:no] *m* Meridian *m*
**meridiano, -a** *agg* Mittags-
**meridionale** [meridio'na:le] I. *agg* ❶ (*del sud*) südlich, Süd- ❷ (*del Mezzogiorno italiano*) süditalienisch; **l'Italia** ~ Süditalien *nt* II. *mf* ❶ (*del sud*) Südländer(in) *m(f)* ❷ (*del Mezzogiorno italiano*) Süditaliener(in) *m(f)* **meridionalismo** [meridiona'lizmo] *m* (LING) süditalienischer Ausdruck **meridione** [meri'dio:ne] *m* Süden *m*
**meringa** [me'riŋga] <-ghe> *f* Meringe *f,* Baiser *nt,* Windbäckerei *f A*
**merino** [me'ri:no] I. <inv> *agg* Merino- II. <-> *m* ❶ (ZOO) Merino *m,* Merinoschaf *nt* ❷ (*lana*) Merinowolle *f*
**meritare** [meri'ta:re] I. *vt* verdienen II. *vi* (*fam: valere*) sich lohnen, der Mühe wert sein III. *vr* **-rsi** [sich] verdienen; **questa te la sei proprio meritata!** (*fam*) das geschieht dir gerade recht!
**meritevole** [meri'te:vole] *agg* wert, würdig
**merito** ['mɛ:rito] *m* ❶ (*qualità*) Verdienst *nt;* **in** ~ **a ...** was ... betrifft, in Bezug auf +*acc* ...; **a pari** ~ bei Gleichwertigkeit ❷ (*valore*) Wert *m,* Vorzug *m*
**meritocratico, -a** [mɛrito'kra:tiko] <-ci, -che> *agg* Verdienst-, Leistungs-; **il principio** ~ das Leistungsprinzip **meritocrazia** [mɛritokrat'tsi:a] *f* Leistungsprinzip *nt*
**meritorio, -a** [meri'tɔ:rio] <-i, -ie> *agg* verdienstvoll
**merlato, -a** [mer'la:to] *agg* mit Zinnen versehen **merlatura** [merla'tu:ra] *f* Zinnenkranz *m* **merlettaia** [merlet'ta:ia] <-aie> *f* Spitzenklöpplerin *f*
**merletto** [mer'letto] *m* Spitze *f*
**merlo** ['mɛrlo] *m* (ARCH) Zinne *f*
**merlo, -a** *m, f* ❶ (ZOO) Amsel *f,* Schwarzdrossel *f* ❷ (*fam fig*) Gimpel *m*
**merluzzo** [mer'luttso] *m* Kabeljau *m*
**mero, -a** ['mɛ:ro] *agg* (*poet*) pur, rein
**mésalliance** [meza'ljɑ̃s] <mésalliances> *f* Mesalliance *f geh,* nicht standesgemäße Ehe
**mescere** ['meʃʃere] <mesco, mescei, mesciuto> *vt* (*poet*) einschenken, eingießen

**meschina** *f v.* **meschino**
**meschinità** [meskini'ta] <-> *f* ① (*ristrettezza mentale*) Kleinlichkeit *f*, Engherzigkeit *f* ② (*inadeguatezza*) Dürftigkeit *f*, Unzulänglichkeit *f* **meschino, -a** [mes'ki:no] **I.** *agg* ① (*misero*) armselig; (*fig*) kläglich ② (*insufficiente*) dürftig, spärlich ③ (*gretto*) kleinlich, engstirnig **II.** *m, f* armer Teufel *fam*
**mesciato, -a** [meʃ'ʃa:to] *agg* (*capelli*) gesträhnt; (*ragazza -a*) Mädchen *nt* mit gesträhnten Haaren [*o* mit Strähnchen]
**mescita** ['meʃʃita] *f* Ausschank *m*
**mesciuto** *pp di* **mescere**
**mescolanza** [mesko'lantsa] *f* ① (*il mescolare*) Mischung *f*, Mischen *nt* ② (*insieme di cose mescolate*) Mischung *f*, Gemisch *nt* ③ (*fig, pej: confusione*) Mischmasch *m fam*
**mescolare** [mesko'la:re] **I.** *vt* ① (*mischiare*) [ver]mischen; (*carte*) mischen ② (*fig: confondere*) durcheinanderbringen **II.** *vr* **-rsi** ① (*unirsi in una massa*) sich vermischen ② (*confondersi*) sich mischen ③ (*fig: immischiarsi*) sich einmischen
**mescolata** [mesko'la:ta] *f* [kurzes] Umrühren *nt;* **dare una ~ alle carte** die Karten kurz mischen **mescolatrice** [meskola'tri:tʃe] *f* Rührmaschine *f*, Mischkneter *m*
**mese** ['me:se] *m* ① (*periodo di tempo*) Monat *m;* **essere al terzo ~** im dritten Monat [schwanger] sein ② (*stipendio*) Monatslohn *m*, -gehalt *nt* ③ (*canone d'affitto*) Monatsmiete *f*
**messa** ['messa] *f* ① (REL, MUS) Messe *f;* **dire la ~** die Messe lesen; **sentire la ~** die Messe hören; **servir la ~** ministrieren, bei der Messe dienen ② (*azione del mettere*) **~ a fuoco** Scharfeinstellung *f;* **~ a massa** [*o* **a terra**] (EL) Erdung *f;* **~ a punto** (TEC) Einstellung *f*, Regulierung *f;* **~ in marcia** (TEC) Ingangsetzen *nt;* **~ in moto** (TEC) Anlassen *nt;* **~ in opera** (TEC) Installation *f*, Verlegung *f;* **~ in piega** Wellung *f*, [Wasser]welle *f;* **~ in scena** *v.* **messinscena**
**messaggera** *f v.* **messaggero**
**messaggeria** [messaddʒe'ri:a] <-ie> *f* Versandbuchhandel *m;* **~ postale** Bahnpost *f*
**messaggero, -a** [messad'dʒɛ:ro] **I.** *m, f* Bote *m*/Botin *f* **II.** *agg* (*poet*) kündend
**messaggiare** [messad'dʒa:re] **I.** *vi* (*fam*) simsen **II.** *vt* (*fam*) eine SMS/eine E-Mail schicken **III.** *vr* **-rsi** (*fam*) sich simsen

**messaggino** [messad'dʒi:no] *m* (TEL) SMS *f*
**messaggio** [mes'saddʒo] <-ggi> *m* ① (*notizia*) Nachricht *f;* (*a. fig*) Botschaft *f* ② (*discorso solenne*) Botschaft *f* ③ (INFORM) Message *f*, Nachricht *f*
**messaggistica** [messad'dʒistika] <-che> *f* Kommunikationswesen *nt*
**messale** [mes'sa:le] *m* Messbuch *nt*, Missale *nt*
**messe** ['messe] *f* ① (*mietitura*) [Getreide]ernte *f* ② (*quantità di cereali*) Getreide *nt*, Korn *nt* ③ (*epoca*) Erntezeit *f* ④ (*fig*) Ernte *f*, Ausbeute *f*
**messia** [mes'si:a] <-> *m* ① (REL: *il Messia*) der Messias ② (*fig*) Befreier *m*, Retter *m*
**messicano, -a** [messi'ka:no] **I.** *agg* mexikanisch **II.** *m, f* Mexikaner(in) *m(f)* **Messico** ['mɛssiko] *m* **il ~** Mexiko *nt*
**Messina** [mes'si:na] *f* Messina *nt* (*Stadt in Sizilien*)
**messinese** [messi'ne:se] **I.** *mf* (*abitante*) Einwohner(in) *m(f)* Messinas **II.** *agg* aus Messina
**Messinese** <*sing*> *m* Umgebung *f* von Messina
**messinscena, messa in scena** [messin'ʃɛ:na] <messe in scena> *f* Inszenierung *f*
**messo**[1] ['messo] *pp di* **mettere**
**messo**[2] *m* (*poet*) ① (*messaggero*) Bote *m* ② (ADM) Amtsdiener *m;* **~ di tribunale** Gerichtsdiener *m*
**mestierante** [mestie'rante] *mf* (*pej*) Pfuscher(in) *m(f)*
**mestiere** [mes'tiɛ:re] *m* ① (*lavoro*) Beruf *m*, Handwerk *nt;* **i ferri del ~** das Handwerkszeug; **fare i -i** die Hausarbeit verrichten ② (*competenza*) Fach *nt*, Metier *nt*, Handwerk *nt;* **essere del ~** vom Fach sein ③ (*pej*) Gewerbe *nt*
**mestizia** [mes'tittsia] <-ie> *f* Wehmut *f*, Traurigkeit *f* **mesto, -a** ['mɛsto] *agg* wehmütig, traurig
**mestola** ['mestola] *f* ① (*da cucina*) Schöpflöffel *m,* [Schöpf]kelle *f* ② (*del muratore*) [Maurer]kelle *f* **mestolo** ['mestolo] *m* Kochlöffel *m*
**mestruale** [mestru'a:le] *agg* menstrual, Menstruations- **mestruazione** [mestrua'tsio:ne] *f*, **mestruo** ['mɛstruo] *m* Monatsblutung *f*, Menstruation *f*
**meta** ['me:ta] *f* ① (*destinazione*) Ziel *nt* ② (*scopo*) Zweck *m*
**metà** [me'ta] <-> *f* ① (*parte*) Hälfte *f;* **a ~** halb, zur Hälfte; **dire le cose a ~** sich vage ausdrücken; **fare a ~** halbe-halbe machen

**❷** (*punto di mezzo*) Mitte *f;* ~ **campo** Mittelfeld *nt;* **a ~ strada** auf halbem Wege **❸** (*fig, scherz: coniuge*) bessere Hälfte
**metabolico, -a** [meta'bɔːliko] <-ci, -che> *agg* metabolisch **metabolismo** [metabo'lizmo] *m* Stoffwechsel *m,* Metabolismus *m*
**metacarpo** [meta'karpo] *m* Mittelhand *f*
**metadone** [meta'dɔːne] *m* (CHEM, MED) Methadon *nt*
**metafisica** [meta'fiːzika] *f* Metaphysik *f* **metafisico, -a** [meta'fiːziko] <-ci, -che> I. *agg* metaphysisch II. *m, f* Metaphysiker(in) *m(f)*
**metafora** [me'taːfora] *f* Metapher *f;* **fuor di ~** unverblümt **metaforico, -a** [meta'fɔːriko] <-ci, -che> *agg* metaphorisch **metaletteratura** [metaletteraˈtuːra] *f* (LIT) Literatur *f* über das Schreiben
**metalinguaggio** [metaliŋˈɡwaddʒo] <-ggi> *m* Metasprache *f*
**metallico, -a** [meˈtalliko] <-ci, -che> *agg* Metall-, metallen; (*a. fig*) metallisch **metallifero, -a** [metalˈliːfero] *agg* metallhaltig, erzhaltig **metallizzare** [metallidˈdzaːre] *vt* metallisieren **metallizzato, -a** [metallidˈdzaːto] *agg* metallic
**metallo** [meˈtallo] *m* Metall *nt*
**metallurgia** [metallurˈdʒiːa] <-gie> *f* Metallurgie *f,* Hüttenkunde *f* **metallurgico, -a** [metalˈlurdʒiko] <-ci, -che> I. *agg* metallurgisch, Hütten-, II. *m, f* Hütten-, Metallarbeiter(in) *m(f)*
**metalmeccanico, -a** [metalmekˈkaːniko] I. *agg* Metall- [und Maschinenbau-] II. *m, f* Metallarbeiter(in) *m(f)*
**metamorfosi** [metaˈmɔrfozi] <-> *f* Metamorphose *f*
**metano** [meˈtaːno] *m* Methan[gas] *nt* **metanodotto** [metanoˈdotto] *m* Gas-[fern]leitung *f*
**metastasi** [meˈtastazi] <-> *f* Metastase *f,* Tochtergeschwulst *f*
**metatesi** [meˈtaːtezi] <-> *f* Lautumstellung *f,* Metathese *f*
**metatesto** [metaˈtesto] *m* (*a.* LETTER) Metatext *m*
**metempsicosi** [metempsiˈkɔːzi] <-> *f* Seelenwanderung *f*
**meteo** [ˈmɛːteo] *m* Wettervorhersage *f*
**meteoecologia** [meteoekoloˈdʒiːa] *f* (ECOL, METEO) Klimaforschung *f* unter ökologischen Gesichtspunkten, ökologische Klimaforschung
**meteora** [meˈtɛːora] *f* Meteor *m* **meteorico, -a** [meteˈɔːriko] <-ci, -che> *agg* meteorisch **meteorite** [meteoˈriːte] *m o f* Meteorit *m* **meteorologa** *f v.* **meteorologo**
**meteorologia** [meteoroloˈdʒiːa] <-gie> *f* Meteorologie *f,* Wetterkunde *f* **meteorologico, -a** [meteoroˈlɔːdʒiko] <-ci, -che> *agg* meteorologisch; **bollettino ~** Wetterbericht *m* **meteorologo, -a** [meteoˈrɔːlogo] <-gi, -ghe> *m, f* Meteorologe *m*/Meteorologin *f*
**meteosat** [ˈmɛːteosat] <-> *m* (METEO) Wettersatellit *m*
**meticciare** [metitˈtʃaːre] I. *vt* ❶ (*razze*) [miteinander] kreuzen ❷ (*ricette*) vermischen, [miteinander] mischen II. *vr* **-rsi** (*culture*) [miteinander] verschmelzen
**meticcio, -a** [meˈtittʃo] <-cci, -cce> *m, f* ❶ (BIOL) Hybride *f o m* ❷ (*persona*) Mestize *m,* Mischling *m*
**meticolosità** [metikolosiˈta] <-> *f* Gewissenhaftigkeit *f,* Akribie *f* **meticoloso, -a** [metikoˈloːso] *agg* gewissenhaft, minutiös
**metile** [meˈtiːle] *m* Methyl *nt*
**metilico, -a** [meˈtiːliko] <-ci, -che> *agg* Methyl-
**metodica** [meˈtɔːdika] <-che> *f* Methodik *f* **metodicità** [metoditʃiˈta] <-> *f* methodisches Vorgehen **metodico, -a** [meˈtɔːdiko] <-ci, -che> *agg* ❶ (*sistematico*) methodisch ❷ (*abitudinario*) gewohnheitsmäßig
**metodismo** [metoˈdizmo] *m* Methodismus *m* **metodista** [metoˈdista] <-i *m,* -e *f*> I. *agg* methodistisch, Methodisten- II. *mf* Methodist(in) *m(f)* **metodistico, -a** [metoˈdistiko] <-ci, -che> *agg* methodistisch
**metodo** [ˈmɛːtodo] *m* ❶ (*procedimento*) Methode *f,* Verfahren *nt* ❷ (*ordine*) System *nt,* Methode *f* ❸ (*manuale*) Leitfaden *m,* Lehrbuch *nt* **metodologia** [metodoloˈdʒiːa] <-gie> *f* Methodik *f,* Methodologie *f* **metodologicamente** [metodolodʒikaˈmente] *avv* methodologisch **metodologico, -a** [metodoˈlɔːdʒiko] <-ci, -che> *agg* methodologisch, methodisch **metodologo, -a** [metoˈdɔːlogo] <-gi, -ghe> *m, f* (SCIENT) Experte *m,* Expertin *f* für Methodologie
**metonimia** [metoˈniːmia *o* metoniˈmiːa] *f* (LIT) Metonymie *f*
**metraggio** [meˈtraddʒo] <-ggi> *m* Messen *nt* [nach Metern]; **film a corto/lungo ~** Kurz-/[Normal]film *m* **metratura** [metraˈtuːra] *f* Länge *f* in Metern
**metrica** [ˈmɛːtrika] <-che> *f* Verslehre *f,*

Metrik *f* **metrico, -a** ['mɛ:triko] <-ci, -che> *agg* metrisch

**metro**[1] ['mɛ:tro] *m* ① (*unità di lunghezza*) Meter *m* o *nt* ② (*strumento*) Metermaß *nt*, Meterband *nt;* ~ **pieghevole** Stabmeter *m* ③ (*fig: criterio di giudizio*) Maßstab *m* ④ (LIT: *piede*) Versfuß *m;* (*verso*) Metrum *nt*, Versmaß *nt*

**metro**[2] ['mɛ:tro] <-> *f*, **metrò** [me'trɔ] <-> *m* (*fam*) U-Bahn *f;* (*a Parigi e Mosca*) Metro *f*

**metronomo** [me'trɔ:nomo] *m* Metronom *nt*

**metronotte** [metro'nɔtte] <-> *m* Nachtwächter *m*

**metropoli** [me'trɔ:poli] <-> *f* Großstadt *f*, Metropole *f* **metropolita** [metropo'li:ta] <-i> *m* Metropolit *m*

**metropolitana** [metropoli'ta:na] *f* Untergrundbahn *f*, U-Bahn *f*

**metropolitano** [metropoli'ta:no] *m* Polizist *m*, Schutzmann *m*

**metropolitano, -a** *agg* Großstadt-

**mettere** ['mettere] <metto, misi, messo> **I.** *vt* ① (*collocare, apporre*) setzen; (*in piedi*) stellen; (*orizzontalmente*) legen; ~ **a confronto** gegenüberstellen, vergleichen; ~ **ai voti** zur Abstimmung bringen; ~ **al mondo** zur Welt bringen; (*fig*) in die Welt setzen; ~ **in chiaro** klarstellen; ~ **in funzione** in Betrieb setzen; ~ **in giro** in Umlauf bringen; ~ **in pericolo** in Gefahr bringen; ~ **qu in libertà** jdm die Freiheit geben; ~ **su** (*fondare*) gründen; (*organizzare*) einrichten, aufbauen; (*aprire*) eröffnen; (*fam: mettere a cuocere*) aufsetzen ② (*ficcare*) [hinein]stecken; ~ **dentro** (*infilare*) hineinstecken; (*fam fig: imprigionare*) einlochen ③ (*applicare*) [auf]kleben; (*appendere*) [auf]hängen ④ (*fam: installare*) installieren; (EL) legen ⑤ (*infondere*) machen; (*discordia*) säen; (*provocare*) verursachen, auslösen; ~ **paura a qu** jdm Angst einjagen ⑥ (*indossare*) anziehen, tragen; (*cappello*) aufsetzen ⑦ (*imporre*) auferlegen ⑧ (*ridurre*) umsetzen, machen zu; ~ **in pratica** in die Tat umsetzen ⑨ (*sviluppare*) bekommen; (*radici*) ansetzen; ~ **i denti** Zähne bekommen; ~ **le radici** Wurzeln schlagen ⑩ (*alloggiare*) unterbringen ⑪ (*depositare*) deponieren ⑫ (*puntare*) [ein]setzen ⑬ (*fam: far pagare*) zahlen lassen ⑭ (*loc*) **mettercela tutta** alles daran setzen; ~ **bocca** d[a]reinreden, sich einmischen **II.** *vi* ① (*sboccare*) münden ② (*germogliare*) keimen, treiben ③ (*supporre*) annehmen; **mettiamo** che ... +*conj* nehmen wir an, dass ... **III.** *vr* **-rsi** ① (*collocarsi*) sich stellen; (*sedersi*) sich setzen; (*sdraiarsi*) sich legen; **-rsi a ...** +*inf* anfangen zu ... +*inf*, beginnen zu ... +*inf;* **-rsi a sedere** sich [hin]setzen; **-rsi a proprio agio** es sich bequem machen ② (*cacciarsi*) sich bringen, sich stürzen ③ (*indossare*) [sich] anziehen; (*cappello*) [sich] aufsetzen ④ (*unirsi*) sich vereinigen, sich zusammentun; **-rsi con qu** (*associarsi*) sich mit jdm vereinigen; (*avere una relazione amorosa*) mit jdm gehen; **-rsi in contatto con qu** sich mit jdm in Verbindung setzen

**mezzacalzetta, mezza calzetta** [meddzakal'tsetta] <mezzecalzette> *f* (*fam*) kleines Würstchen

**mezzacartuccia, mezza cartuccia** [meddzakar'tuttʃa] <mezzecartucce> *f* (*fam*) Niete *f*, Blindgänger *m*

**mezzadria** [meddza'dri:a] <-ie> *f* Halbpacht *f* **mezzadro** [med'dza:dro] *m* Halbpächter *m* **mezzala, mezz'ala** [med'dza:la] <-i *o* mezze ali> *f* Halbstürmer(in) *m(f);* ~ **destra** Halbrechte(r) *(f)m*

**mezzaluna** [meddza'lu:na] <mezzelune> *f* ① (ASTR) Halbmond *m* ② (*coltello*) Wiegemesser *nt*

**mezzana** [med'dza:na] *f* ① (NAUT) Besansegel *nt* ② *v.* **mezzano**

**mezzanino** [meddza'ni:no] *m* Zwischengeschoss *nt*, Mezzanin *nt*

**mezzano, -a** [med'dza:no] **I.** *m, f* Kuppler(in) *m(f)* **II.** *agg* mittlere(r, s), Mittel-

**mezzanotte** [meddza'nɔtte] <mezzenotti> *f* Mitternacht *f*

**mezzapunta** [meddza'punta] <mezzepunte> *f* ① (SPORT: *nel calcio*) Libero *m* ② (*scarpa da danza*) Ballettschuh *m* ③ (*posizione di danza*) Vorderfuß *m;* **ballare sulle mezzepunte** auf dem Vorderfuß tanzen

**mezz'aria** [med'dza:ria] *f* **a** ~ in halber Höhe

**mezzasega** [meddza'se:ga] <mezzeseghe> *mf* (*vulg*) kleiner Schwächling

**mezz'asta** [med'dzasta] *f* **a** ~ auf Halbmast

**mezzatacca** [meddza'takka] <mezzetacche> *f* (*fam*) Nichtskönner(in) *m(f)*, Volltrottel *m*

**mezzecalzette** *pl di* **mezzacalzetta**
**mezzecartucce** *pl di* **mezzacartuccia**
**mezzelune** *pl di* **mezzaluna**
**mezzenotti** *pl di* **mezzanotte**
**mezzeria** [meddze'ri:a] <-ie> *f* (*linea*)

mittlere Linie; (*punto*) mittlerer Punkt; **linea di ~** (*di strada*) Mittellinie *f*
**mezzibusti** *pl di* **mezzobusto**
**mezzicontralti** *pl di* **mezzocontralto**
**mezzi di comunicazione** ['mɛddzi di komunikat'tsio:ne] *mpl* Kommunikationsmittel *ntpl* **mezzi di comunicazione di massa** ['mɛddzi di komunikat'tsio:ne di 'massa] *mpl* Massenmedien *ntpl*
**mezzisoprani** *pl di* **mezzosoprano**
**mezzo** ['mɛddzo] I. *m* ❶ (*metà*) Hälfte *f* ❷ (*parte centrale*) Mitte *f* ❸ (*espediente*) Mittel *nt;* **~ legale** Rechtsmittel *nt;* **con ogni ~** mit allen Mitteln; **per ~ di** (*persona*) durch; (*cosa*) mit, mit Hilfe von; **il fine giustifica i -i** (*prov*) der Zweck heiligt die Mittel ❹ (*veicolo*) Verkehrsmittel *nt*, Fahrzeug *nt* ❺ *pl* Mittel *ntpl;* **privo di -i** mittellos; **-i di comunicazione di massa** Massenmedien *ntpl* ❻ (PHYS) Medium *nt* ❼ (*fig: misura*) Maß *nt;* **via di ~** (*fig*) Mittelweg *m* ❽ (*fig: dote, capacità*) Fähigkeit *f* ❾ (*loc*) **andarci di ~** etw abbekommen *fam;* **esserci di ~** beteiligt sein, mit von der Partie sein *fam;* **levar** [*o* **togliere**] **di ~** aus dem Weg räumen, ausschalten II. *avv* zur Hälfte, halb

**mezzo, -a** *agg* ❶ (*metà di un intero*) halb, Halb-; **le tre e ~** drei Uhr dreißig, halb vier; **mezz'ora** halbe Stunde *f;* **non dire una -a parola** kein Wort sagen ❷ (*medio, intermedio*) mittlere(r, s); **vestito di -a stagione** Übergangskleid *nt;* **un uomo** [*o* **una donna**] **di -a età** ein Mann [*o* eine Frau] mittleren Alters ❸ (*fig: quasi o non completo*) halb

**mezzobusto, mezzo busto** [meddzo-'busto] <**mezzibusti**> *m* ❶ (*parte del corpo*) Büste *f;* **fotografia a ~** Brustbild *nt* ❷ (*iron: annunciatore televisivo*) Fernsehansager(in) *m(f)*, Nachrichtensprecher(in) *m(f)*

**mezzobusto** <**mezzibusti**> *m* (*iron*) Fernsehansager(in) *m(f)*, Nachrichtensprecher(in) *m(f)* **mezzocontralto, mezzo contralto** [meddzokon'traltro] <**mezzicontralti**> *m* Mezzosopran *m*

**mezzofondista** [meddzofon'dista] <-i *m*, -e *f*> *mf* Mittelstreckenläufer(in) *m(f)*, -schwimmer(in) *m(f)* **mezzofondo** [meddzo'fondo] *m* Mittelstreckenlauf *m*, -schwimmen *nt*

**mezzogiorno** [meddzo'dʒorno] *m* ❶ (*le 12*) Mittag *m*, zwölf Uhr [mittags] ❷ (*sud*) Süden *m* ❸ (*l'Italia meridionale*) Süditalien *nt*

**mezz'ora** [med'dzo:ra] <**mezze ore**> *f* halbe Stunde **mezzosangue** [meddzo-'saŋgue] <-> *m* Halbblut *nt*

**mezzosoprano, mezzo soprano** [meddzoso'pra:no] <**mezzisoprani**> *m* Mezzosopran *m*

**mezzuccio** [med'dzuttʃo] <-cci> *m* (*pej*) fauler Trick *m*

**mi¹** [mi] I. *pron pers 1. pers sing* ❶ (*complemento di termine*) mir ❷ (*complemento oggetto*) mich II. *pron rifl 1. pers sing* mich

**mi²** <-> *m* (MUS) e, E *nt*

**miagolare** [miago'la:re] *vi* ❶ (*gatto*) miauen ❷ (*pej: cantare*) jaulen **miagolata** [miago'la:ta] *f* (*pej: canto lamentoso*) Katzenmusik *f fam* **miagolio** [miago'li:o] <-ii> *m* ❶ (*di gatto*) Miauen *nt* ❷ (*fig: piagnucolio*) Geplärr[e] *nt fam* **miao** ['mia:o] *int* miau

**miasma** [mi'azma] <-i> *m* Pestgestank *m*, Miasma *nt*

**MIB** *m abbr di* **Milano Indice Borsa** Mailänder Börsenindex *m*

**MIBTEL** *m abbr di* **Milano Indice Borsa Telematico** Mailänder telematischer Börsenindex *m*

**mica** ['mi:ka] *avv* ❶ (*affatto, per niente*) **non ... ~** doch nicht, gar nicht; (*per caso*) doch [wohl] nicht; **non è ~ morto nessuno!** bloß keine Hektik! ❷ (*fam*) nicht; **~ male quel tipo!** nicht übel, dieser Typ!
**miccia** ['mittʃa] <-cce> *f* Zündschnur *f*
**michelaccio** [mike'lattʃo] <-cci> *m* Müßiggänger *m*
**michetta** [mi'ketta] *f* (*sett*) *kleines, rundes Brötchen*
**micia** *f v.* **micio**
**micidiale** [mitʃi'dia:le] *agg* ❶ (*mortale*) tödlich ❷ (*fig: molto dannoso*) schädlich; (*intollerabile*) mörderisch *fam*
**micio, -a** ['mi:tʃo] <-ci, -ce> *m*, *f* (*fam*) Mieze *f*
**micosi** [mi'kɔ:zi] <-> *f* Pilzkrankheit *f*, Mykose *f*
**microampere** [mikroa'pɛ:r] <-> *m* (PHYS) Mikroampere *nt* **microamperometro** [mikroampe'rɔ:metro] *m* (PHYS) Mikroamperemeter *nt*
**microanalisi** [mikroa'na:lizi] <-> *f* (CHEM) Mikroanalyse *f* **microbibliografia** [mikrobibliogra'fi:a] *f* (FOTO) Mikrodokumentation *f*
**microbicida** [mikrobi'tʃi:da] <-i> *m* (CHEM) Bakterizid *nt* **microbico, -a** [mi'krɔ:biko] <-ci, -che> *agg* mikrobiell **microbilancia** [mikrobi'lantʃa] <-ce> *f* (CHEM) Mikroanalysenwaage *f*, mikrochemische Waage,

Mikrowaage *f* **microbiologa** *f v.* **microbiologo**
**microbiologia** [mikrobiolo'dʒi:a] *f* Mikrobiologie *f* **microbiologico, -a** [mikrobio'lɔ:dʒiko] <-ci, -che> *agg* (CHEM, BIOL) mikrobiologisch **microbiologo, -a** [mikrobi'ɔ:logo] <-gi, -ghe> *m, f* Mikrobiologe *m*/Mikrobiologin *f*
**microbo** ['mi:krobo] *m* Mikrobe *f*
**microcalcolatore** [mikrokalkola'to:re] *m* (INFORM) Mikrocomputer *m* **microcamera** [mikro'ka:mera] *f* Kleinstbildkamera *f* **microcassetta** [mikrokas'setta] *f* (TEC) Mikrokassette *f*
**microchimica** [mikro'ki:mika] *f* (CHEM) Mikrochemie *f*
**microchip** ['maikrout∫ip] <- *o* microchips> *m* (TEC) Mikrochip *m*, Chip *m*
**microchirurgia** [mikrokirur'dʒi:a] *f* (MED) Mikrochirurgie *f*
**microcircuito** [mikrot∫ir'ku:ito] *m* (TEC) Mikroschaltung *f*
**microclima** [mikro'kli:ma] *m* Mikroklima *nt* **microclimatologia** [mikrokliatolo'dʒi:a] <-ie> *f* (METEO) Mikroklimatologie *f* **microcomponente** [mikrokompo'nɛnte] *m* (TEC) Mikrobaustein *m*
**microcomputer** ['mikrokəm'pju:tə] <-> *m v.* **microcalcolatore microconflittualità** [mikrokonflittuali'ta] <-> *f* Kleinkrieg *m* **microcontesto** [mikrokon'tɛsto] *m* (LING) Mikrokontext *m*
**microcosmico, -a** [mikro'kɔzmiko] <-ci, -che> *agg* mikrokosmisch **microcosmo** [mikro'kɔzmo] *m* Mikrokosmos *m*
**microcriminalità** [mikrokriminali'ta] <-> *f* Kleinkriminalität *f*
**microdelinquenza** [mikrodeliŋ'kuentsa] *f v.* **microcriminalità microdinamometro** [mikrodina'mɔ:mɛtro] *m* (PHYS) Mikrodynamometer *nt*
**microeconomia** [mikroekono'mi:a] *f* (COM, FIN) Mikroökonomie *f*
**microelaboratore** [mikroelabora'to:re] *m v.* **microcalcolatore**
**microelemento** [mikroele'mento] *m* ❶ (BIOL) oligodynamische Substanz ❷ (CHEM) Mikroelement *nt*
**microelettronica** [mikroelet'trɔ:nika] *f* (TEC) Mikroelektronik *f* **microelettronico, -a** [mikroelet'trɔ:niko] <-ci, -che> *agg* (TEC) mikroelektronisch **microfarad** [mikro'fa:rad] <-> *m* (PHYS) Mikrofarad *nt* **microfessurazione** [mikrofessurat'tsio:ne] *f* Mikrorissbildung *f*
**microfibra** [mikro'fi:bra] *f* Mikrofaser *f*

**microfiche** [mikro'fi∫] <- *o* microfiches> *f* (FOTO) Mikrofiche *nt o m*, Mikrokarte *f*
**microfilm** [mikro'film] *m* Mikrofilm *m* **microfilmare** [mikrofil'ma:re] *vt* mikroverfilmen **microfilmatrice** [mikrofilma'tri:t∫e] *f* (FOTO) Mikrofilm-Aufnahmegerät *nt* **microfilmatura** [mikrofilma'tu:ra] *f* (FOTO) Mikrodokumentation *f*, Mikroverfilmung *f*
**microflora** [mikro'flɔ:ra] *f* (BIOL) pflanzliche Mikroorganismen *mpl*
**microfono** [mi'krɔ:fono] *m* Mikrophon *nt*; (TEL) Telefonhörer *m*
**microfotografia** [mikrofotogra'fi:a] *f* Mikrofotografie *f* **microfotografico, -a** [mikrofoto'gra:fiko] <-ci, -che> *agg* (FOTO) mikrofotografisch; **apparecchio** ~ Mikrophoto-Kopiergerät *nt* **microglossario** [mikroglos'sa:rio] *m* ❶ (LING: *linguaggio settoriale*) fachsprachliches Wörterbuch ❷ (LING: *vocaboli più frequenti di un autore*) Frequenzwörterbuch *nt* **microgrammo** [mikro'grammo] *m* Mikrogramm *nt* **microimpresa** [mikroim'pre:sa] *f* Kleinstunternehmen *nt*, Kleinstbetrieb *m* **microinterruttore**® [mikrointerrut'to:re] *m* (TEC) Mikroschalter *m* **microistruzione** [mikroisttrut'tsio:ne] *f* (INFORM) Mikrobefehl *m*
**microlettore** [mikrolet'to:re] *m* Lesegerät *nt* [für Mikrofilme] **microlingua** [mikro'liŋgua] *f* (LING) Fachsprache *f* **microlitro** [mikro'li:tro] *m* Mikroliter *m* **micromacinatore** [mikromat∫ina'to:re] *m* (PHYS) Feinmörser *m*, Mikropulverisator *m* **micromania** [mikroma'ni:a] *f* (PSIC) Tendenz *f* zur Verharmlosung [*o* Bagatellisierung] **micrometeorologia** [mikrometeorolo'dʒi:a] *f* (METEO) Mikrometeorologie *f* **micrometria** [mikrome'tri:a] *f* (TEC) Mikrometrologie *f*, Feinmessung *f* mittels Messschraube [*o* Bügelmessschraube] **micrometrico, -a** [mikro'mɛ:triko] <-ci, -che> *agg* ❶ (TEC: *di minima entità*) mikrometer-, im Mikrometerbereich ❷ (TEC: *relativo al micrometro*) Messschrauben-; **vite -a** Messschraube *f*, Bügelmessschraube *f* **micrometro** [mi'krɔ:metro] *m* Mikrometer *nt* **micromillimetro** [mikromil'li:metro] *m* ein Millionstel Millimeter *m* **microminiaturizzare** [mikrominiaturid'dza:re] *vt* (TEC) mikrominiaturisieren **microminiaturizzazione** [mikrominiaturiddzat'tsio:ne] *f* Mikrominiaturisierung *f*, starke Verkleinerung **micromotore** [mikromo'to:re] *m* ❶ (*motore*) Kleinmotor *m* ❷ (*veicolo*) Kleinmotorfahrzeug *nt* **micro-**

**motorista** [mikromoto'rista] <-i *m*, -e *f*> *mf* Kleinkraftradfahrer(in) *m(f)*
**micron** ['mi:kron] <-> *m* (*obs*) Mikron *nt*
**micronizzare** [mikronid'dza:re] *vt* (PHYS, TEC) pulverisieren **micronizzatore** [mikroniddza'to:re] *m* (TEC) Pulverisator *m*, Mörser *m* **micronizzazione** [mikroniddzat'tsio:ne] *f* (TEC) Pulverisierung *f* im My-Bereich **micronutriente** [mikronutri'ɛnte] *m* (BIOL) Mikronährstoff *m*, Spurenelement *nt* **microonda** [mikro'onda] *f* Mikrowelle *f*; **forno a -e** Mikrowellenherd *m* **micropolvere** [mikro'polvere] *f* (*polveri sottili*) Feinstaub *m* **microporosità** [mikroporosi'ta] <-> *f* Mikroporen *fpl* **microporoso, -a** [mikropo'ro:so] *agg* Mikroporen-; **materiale ~** Mikroporenmaterial *nt*
**microprocessore** [mikroprotʃes'so:re] *m* (INFORM) Mikroprozessor *m*
**microprogramma** [mikropro'gramma] <-i> *m* (INFORM) Mikroprogramm *nt* **microprogrammazione** [mikroprogrammat'tsio:ne] *f* (INFORM) Mikroprogrammierung *f*
**microproiettore** [mikroproiet'to:re] *m* (OPT) Mikroprojektor *m* **microproiezione** [mikroproiet'tsio:ne] *f* (OPT) Mikroprojektion *f* **micropropagatore, -trice** [mikropropaga'to:re] *m*, *f* (BOT) Pflanzer(in) *m(f)* von Mestemen **micropropagazione** [mikropropagat'tsio:ne] *f* (BOT) Massenanpflanzung *f* von Mestemen
**microregistratore** [mikroredʒistra'to:re] *m* Taschenaufnahmegerät *nt*
**microrganismo** [mikroorga'nizmo] *m* Mikroorganismus *m* **microriproduttore** [mikroriprodut'to:re] *m*, *v.* **microfilmatrice microsaldatura** [mikrosalda'tu:ra] *f* ❶ (TEC: *tecnica di precisione usata per saldare*) Mikroschweißtechnik *f* ❷ (TEC: *operazione di saldatura*) Mikroschweißen *nt* ❸ (TEC: *punto di saldatura*) extrem dünne Schweißfuge *f*
**microscheda** [mikros'kɛ:da] *f* Mikrokarte *f*
**microscopia** [mikrosko'pi:a] <-ie> *f* Mikroskopie *f* **microscopico** [mikros'kɔ:piko] <-ci, -che> *agg* mikroskopisch; (*fig: estremamente piccolo*) verschwindend klein, winzig **microscopio** [mikros'kɔ:pio] <-i> *m* Mikroskop *nt*; **~ elettronico** Elektronenmikroskop *nt* **microscopista** [mikrosko'pista] <-i *m*, -e *f*> *mf* (TEC) Mikroskopierer(in) *m(f)*, Mikroskopiker(in) *m(f)*

**microsecondo** [mikrose'kondo] *m* Mikrosekunde *f*
**micro-show** ['maikrouʃou] <-> *o* micro-shows> *m* (TV) kurze Showeinlage, Blitzauftritt *m* in einer Show
**microsisma** [mikro'sizma] <-i> *m* (GEOL) mikroseismische Bewegung **microsismico, -a** [mikro'sizmiko] <-ci, -che> *agg* mikroseismisch **microsismografo** [mikrosiz'mɔ:grafo] *m* (TEC) Mikroseismograph *m*
**microsociologia** [mikrosotʃolo'dʒi:a] *f* (SOC) Mikrosoziologie *f* **microsociologico, -a** [mikrosotʃo'lɔ:dʒiko] <-ci, -che> *agg* (SOC) mikrosoziologisch
**microsolco**[1] [mikro'solko] <-chi> *m* ❶ (*solco*) Mikrorille *f* ❷ (*disco*) Langspielplatte *f*
**microsolco**[2] <inv> *agg* **disco ~** Langspielplatte *f*
**microsonda** [mikro'sonda] *f* (TEC, MED) Mikrosonde *f*
**microspazio** [mikro'spattsio] *m* (PHYS) Ausdehnung *f* atomarer Größenordnung
**microspia** [mikros'pi:a] *f* Minispion *m*, [Abhör]wanze *f* **microstampatrice** [mikrostampa'tri:tʃe] *f* (TEC) Lese- und Rückvergrößerungsdrucker *m* **microstazione** [mikrostat'tsio:ne] *f* kleine Polizeiwache der Carabinieri **microstoria** [mikros'tɔ:ria] <-> *f* (HIST) regionale Kulturgeschichte **microstorico, -a** [mikros'tɔ:riko] <-ci, -che> *agg* (HIST) die regionale Kulturgeschichte betreffend
**microstruttura** [mikrostrut'tu:ra] *f* ❶ (BIOL) Mikrostruktur *f* ❷ (*fig* LIT) Mikrogefüge *nt*
**microtelefono** [mikrote'lɛ:fono] *m* (TEL) Telefonhörer *m* **microtomo** [mikro'tɔ:mo] *m* (MED) Mikrotom *nt* **microvolt** [mikrovɔlt] <-> *m* (PHYS) Mikrovolt *nt*
**middlebrow** ['midlbrau] I. <inv> *agg* durchschnittlich gebildet II. <- *o* middlebrows> *mf* durchschnittlich gebildeter Mensch
**middle class** ['midl 'kla:s] <-> *f* Mittelschicht *f*
**midolla** [mi'dolla] *f* Krume *f* **midollare** [midol'la:re] *agg* [Knochen]mark- **midollo** [mi'dollo] <*pl* -a *f o rar* -i *m*> *m* ❶ (ANAT, BOT) Mark *nt* ❷ (*fig*) Mark *nt*, Knochen *m*; **fino alle -a** durch und durch; **un uomo senza ~** ein Mann *m* ohne Rückgrat
**midsummer** ['mid'sʌmə] <*sing*> *m* Mittsommer *m*, Hochsommer *m*
**mie, miei** ['mi:e, 'miɛ:i] *v.* **mio**

**miele** ['mιε:le] *m* Honig *m;* **luna di ~** Flitterwochen *fpl*
**mietere** ['miε:tere] *vt* ① (AGR) mähen ② (*fig: raccogliere*) einheimsen *fam,* ernten ③ (*fig: vittime*) fordern **mietilega, mietilegatrice** [mieti'le:ga, mietilega-'tri:tʃe] *f* Mähbinder *m* **mietitore, -trice** [mieti'to:re] I. *m, f* Mäher(in) *m(f),* Schnitter(in) *m(f)* II. *agg* vernichtend **mietitrebbiatrice** [mietitrebbia'tri:tʃe] *f* Mähdrescher *m* **mietitrice** [mieti'tri:tʃe] *f* Mähmaschine *f*
**mietitura** [mieti'tu:ra] *f* ① (*lavoro*) Mähen *nt* ② (*periodo*) Erntezeit *f*
**migliaccio** [miʎ'ʎattʃo] <-cci> *m* Kastanienkuchen *m*
**migliaio** [miʎ'ʎa:io] <*pl:* -aia *f*> *m* Tausend *nt;* **un ~** [**di ...**] etwa tausend [...]; **-aia** tausend, Tausende *pl;* **a -aia** zu Tausenden
**miglio**¹ ['miʎʎo] <*pl:* -glia *f*> *m* ① (*unità di misura*) Meile *f* ② (*fig: distanza notevole*) meilenweite Entfernung; **essere lontano un ~** meilenweit entfernt sein ③ (*pietra*) Meilenstein *m*
**miglio**² <-gli> *m* (BOT) Hirse *f*
**miglioramento** [miʎʎora'mento] *m* [Ver]besserung *f*
**migliorare** [miʎʎo'ra:re] I. *vt avere* [ver]bessern II. *vi essere* besser werden, sich bessern; **il malato migliora di giorno in giorno** dem Kranken geht es von Tag zu Tag besser III. *vr* **-rsi** sich bessern **migliorativo, -a** [miʎʎora'ti:vo] *agg* [Ver]besserungs-
**migliore** [miʎ'ʎo:re] I. *agg* (*comparativo di buono*) besser; (*superlativo relativo*) beste(r, s); **nel ~ dei casi** im günstigsten Fall II. *mf* Beste(r) *f(m)*
**miglioria** [miʎʎo'ri:a] <-ie> *f* Ausbau *m,* Umbau *m*
**migliorista** [miʎʎo'rista] <-i *m,* -e *f*> *mf* Anhänger(in) *m(f)* der gemäßigt systemkritischen Linken
**mignatta** [miɲ'ɲatta] *f* ① (ZOO) Blutegel *m* ② (*pej*) Blutsauger *m*
**mignolo** ['miɲɲolo] *m* ① (*della mano*) kleiner Finger ② (*del piede*) kleiner Zeh
**mignotta** [miɲ'ɲotta] *f* (*dial, vulg*) Hure *f*
**migrare** [mi'gra:re] *vi essere* wandern; (*uccelli*) ziehen **migratore, -trice** [migra'to:re] I. *agg* Wander-; (*uccelli*) Zug- II. *m, f* Wanderer *m*/Wanderin *f*; (*emigrante*) Auswanderer/Auswanderin
**migratorio, -a** [migra'tɔ:rio] <-i, -ie> *agg* ① (*correnti*) Migrations-, Wander- ② (ZOO) Zug- ③ (SOC) **background ~**
Migrationshintergrund *m* **migratrice** *f v.* **migratore migrazione** [migrat'tsio:ne] *f* Wanderung *f,* Migration *f;* **~ di ioni**/**~ dei poli** Ionen-/Polwanderung *f*
**milanese**¹ [mila'ne:se] <*sing*> *m* (*dialetto*) mailändischer Dialekt; **parlare in ~** mailändischen Dialekt sprechen
**milanese**² I. *mf* (*abitante*) Mailänder(in) *m(f)* II. *agg* mailändisch; **risotto alla ~** Risotto nach Mailänder Art
**Milanese** <*sing*> *m* Umgebung *f* von Mailand
**milanesità** [milanezi'ta] <-> *f* mailändische Identität **milanista** [mila'nista] <-i *m,* -e *f*> I. *agg* (SPORT) Milan-, von AC Mailand II. *mf* (*tifoso*) AC Mailand-Fan *m*
**Milano** [mi'la:no] *f* Mailand *nt* (*Hauptstadt der Lombardei*)
**miliardario, -a** [miliar'da:rio] <-i, -ie> I. *m, f* Milliardär(in) *m(f)* II. *agg* Milliardär[s]-; (*somma*) Milliarden-
**miliardo** [mi'liardo] *m* Milliarde *f*
**miliare** [mi'lia:re] *agg* **pietra ~** (*a. fig*) Meilenstein *m*
**milionario, -a** [milio'na:rio] <-i, -ie> I. *m, f* Millionär(in) *m(f)* II. *agg* Millionär[s]-; (*somma*) Millionen-; (*persona*) millionenschwer *fam*
**milione** [mi'lio:ne] *m* Million *f*
**militante** [mili'tante] I. *agg* militant II. *mf* Militant(in) *m(f)*
**militare**¹ [mili'ta:re] I. *agg* Militär-, Soldaten-; **esercitazione ~** Wehrübung *f;* **servizio ~** Wehrdienst *m* II. *m* Soldat *m*
**militare**² *vi* ① (*fare il soldato*) Soldat sein, Wehrdienst leisten ② (*fig: partecipare attivamente*) aktiv [tätig] sein **militaresco, -a** [milita'resko] <-schi, -sche> *agg* (*pej*) Kasernen- **militaria** [mili'ta:ria] *f* (MIL) Militaria *ntpl*
**militarismo** [milita'rizmo] *m* Militarismus *m* **militarista** [milita'rista] <-i *m,* -e *f*> *mf* Militarist(in) *m(f)* **militaristico, -a** [milita'ristiko] <-ci, -che> *agg* militaristisch **militarizzare** [militarid'dza:re] *vt* militarisieren; (*fortificare*) befestigen **militarizzazione** [militariddzat'tsio:ne] *f* Militarisierung *f*
**militassolto, -a** [militas'sɔlto] *agg* [aus dem Wehrdienst] entlassen
**milite** ['mi:lite] *m* ① (*soldato*) Soldat *m;* **il Milite Ignoto** der Unbekannte Soldat ② (*membro*) Milizsoldat *m* ③ (*fig: chi lotta*) Kämpfer *m,* Streiter *m*
**militesente** [milite'zεnte] *agg* [von der Wehrpflicht] freigestellt
**milizia** [mi'littsia] <-ie> *f* ① (MIL: *esercito*)

Armee *f*, Heer *nt* ❷ (*speciale corpo armato*) Miliz *f* ❸ (*fig: partecipazione attiva*) Kämpfen *nt*, Kampf *m*

**milk-shake** [milk'ʃeik] <- *o* milk--shakes> *m* (GASTR) Milchmixgetränk *nt* [mit Speiseeis]

**millantare** [millan'ta:re] I. *vt* rühmen, angeben mit II. *vr* **-rsi di qc** sich einer Sache *gen* rühmen **millantatore**, **-trice** [millanta'to:re] I. *m*, *f* Angeber(in) *m(f)*, Prahler(in) *m(f)* II. *agg* prahlerisch **millanteria** [millante'ri:a] <-ie> *f* Prahlen *nt*, Prahlerei *f*

**mille** ['mille] I. *num* [ein]tausend; **~ grazie** tausend Dank II. <-> *m* [Ein]tausend *f o nt*; **l'anno ~** das Jahr Tausend (*nach Christus*); **le ~ ed una notte** Tausendundeine Nacht; **per ~** Promille, vom Tausend; **uno su** [*o* **fra**] **~** einer von tausend

**millecento** [mille'tʃɛnto] *m* zwölftes Jahrhundert

**millefoglie** [mille'fɔʎʎe] <-> *mf* ❶ (GASTR) Blätterteiggebäck *nt* ❷ (BOT) Schafgarbe *f*

**millenario** [mille'na:rio] <-i> *m* tausendster Jahrestag

**millenario**, **-a** <-i, -ie> *agg* ❶ (*che dura mille anni*) tausendjährig ❷ (*che ricorre ogni mille anni*) alle tausend Jahre, Tausendjahr[es]-

**millennio** [mil'lɛnnio] <-i> *m* Jahrtausend *nt*, Millennium *nt*

**millepiedi** [mille'piɛ:di] <-> *m* Tausendfüß[l]er *m*

**millesimale** [millɛzi'ma:le] *agg* ❶ (*millesima parte*) Tausendstel- ❷ (*fig*) winzig

**millesimato**, **-a** [millɛzi'ma:to] *agg* Jahrgang-; **una bottiglia -a** eine Weinflasche mit Angabe des Jahrgangs

**millesimo** [mil'lɛ:zimo] *m* (*frazione*) Tausendstel *nt*

**millesimo**, **-a** I. *agg* tausendste(r, s) II. *m*, *f* Tausendste(r, s) *f(mn)*

**milleusi** [mille'u:zi] <inv> *agg* Allzweck-, Mehrzweck-; **apriscatole ~** multifunktionaler Dosenöffner

**millibar** [milli'bar] <-> *m* Millibar *nt*

**milligrammo** [milli'grammo] *m* Milligramm *nt*

**millimetrato**, **-a** [millime'tra:to] *agg* **carta -a** Millimeterpapier *nt*

**millimetro** [mil'li:metro] *m* Millimeter *m o nt*

**milza** ['miltsa] *f* Milz *f*

**mimare** [mi'ma:re] I. *vt* mimen, mimisch darstellen II. *vi* schauspielern

**mimetico**, **-a** [mi'mɛ:tiko] <-ci, -che> *agg* ❶ (*gener* PHILOS, LIT, ZOO) mimetisch ❷ (*imitativo*) imitativ ❸ (*mimetizzante*) Tarn-, tarnend **mimetismo** [mime'tizmo] *m* ❶ (ZOO) Mimese *f* ❷ (*fig*) Anpassungsfähigkeit *f*, Anpassungsvermögen *nt* **mimetizzare** [mimetid'dza:re] I. *vt* (MIL) tarnen II. *vr* **-rsi** ❶ (MIL) sich tarnen ❷ (*adeguarsi*) sich anpassen

**mimica** [ˈmiːmika] <-che> *f* Mimik *f*

**mimico**, **-a** [ˈmiːmiko] <-ci, -che> *agg* mimisch; **linguaggio ~** Gebärdensprache *f*

**mimo**, **-a** ['mi:mo] *m*, *f* Pantomime *m/* Pantomimin *f*

**mimosa** [mi'mo:sa] *f* Mimose *f*

**min.** ❶ *abbr di* **minuto** min., Min. ❷ *abbr di* **minimo**, **minima** min.

**mina** ['mi:na] *f* Mine *f*

**minaccia** [mi'nattʃa] <-cce> *f* ❶ (*intimidazione*) Drohung *f* ❷ (*pericolo*) Bedrohung *f*, Gefahr *f* **minacciare** [minat'tʃa:re] *vt* ❶ (*intimidire*) drohen; **~ qu di qc** jdn mit etw [be]drohen ❷ (*fig*) drohen, befürchten lassen **minaccioso**, **-a** [minat'tʃo:so] *agg* drohend; (*pericoloso*) bedrohlich, gefährlich

**minare** [mi'na:re] *vt* ❶ (*collocare mine*) verminen, Minen legen in ❷ (*fig: logorare*) untergraben, zerstören

**minareto** [mina're:to] *m* Minarett *nt*

**minatore** [mina'to:re] *m* Bergmann *m*

**minatorio**, **-a** [mina'tɔ:rio] <-i, -ie> *agg* Droh-

**minchia** ['miŋkia] <-chie> *f* (*mer: vulg: pene*) Schwanz *m*; **testa di ~!** Saftsack!

**minchiona** *f v.* **minchione minchionaggine** [miŋkio'naddʒine] *f (vulg)* Dämlichkeit *f fam* **minchionare** [miŋkio'na:re] *vt* (*vulg*) verarschen *vulg*

**minchione**, **-a** [miŋ'kio:ne] *m*, *f* (*vulg*) Blödmann *m fam*, [Einfalts]pinsel *m fam*; **fossi ~!** ich wär' ja blöd! *fam* **minchioneria** [miŋkione'ri:a] <-ie> *f* (*vulg*) Scheiß *m*, Scheiße *f*

**minerale** [mine'ra:le] I. *agg* mineralisch, Mineral- II. *m* Mineral *nt*, Erz *nt* **mineralizzare** [mineralid'dza:re] *vt* mineralisieren **mineralizzazione** [mineraliddzat'tsio:ne] *f* Mineralisation *f* **mineralogia** [mineralo'dʒi:a] <-gie> *f* Mineralogie *f* **mineralogico**, **-a** [minera'lɔ:dʒiko] <-ci, -che> *agg* mineralogisch **mineralurgia** [mineralur'dʒi:a] *f* ❶ (MIN: *trattamento con il fuoco dei minerali metalliferi*) Erzverhüttung *f* ❷ (MIN: *raffinazione*) Erzverarbeitung *f* **minerario**, **-a** [mine'ra:rio] <-i, -ie> *agg* ❶ (*dei minerali*) Erz- ❷ (*delle miniere*) Bergbau-, Montan-

**minerva**[1] [mi'nɛrva] <-> *m* Zündhölzer *ntpl*, Zündholzbriefchen *nt*
**minerva**[2] *f* (*per il collo*) Stützkorsett *nt*
**minestra** [mi'nɛstra] *f* ❶ (GASTR) Suppe *f* ❷ (*fig*) Geschichte *f*, Sache *f*; **è sempre la solita ~** (*fig*) es ist immer die alte Geschichte **minestrina** [mines'tri:na] *f* [leichte] Suppe *f*, Brühe *f* **minestrone** [mines'tro:ne] *m* ❶ (GASTR) [dicke] Suppe *f* (*meist mit Gemüsen, Hülsenfrüchten, Teigwaren oder Reis*) ❷ (*fig: miscuglio*) Mischmasch *m fam*, Sammelsurium *nt fam*
**mingherlino, -a** [miŋɡer'li:no] *agg* schmächtig; (*uomo*) schmalbrüstig
**mini** ['mi:ni] I. <-> *f* Mini[rock] *m* II. <inv> *agg* Mini-, mini
**miniabito** [mini'a:bito] *m* Minikleid *nt*
**miniacciaieria** [miniattʃaie'ri:a] *f* (TEC) Ministahlwerk *nt*
**minialloggio** [minial'lɔddʒo] <-ggi> *m* 1-2-Zimmerwohnung *f*, kleine Wohnung
**miniappartamento** [miniapparta'mento] *m v.* **minialloggio**
**miniare** [mi'nia:re] *vt* mit Miniaturen ausschmücken
**miniassegno** [minias'seɲɲo] *m* (FIN) Minischeck *m*
**miniatore, -trice** [minia'to:re] *m, f* Miniatur[en]maler(in) *m(f)* **miniatura** [minia-'tu:ra] *f* ❶ (*arte*) Miniaturmalerei *f* ❷ (*opera*) Miniatur *f*; **in ~** en miniature, im Kleinen ❸ (*fig: lavoro di precisione*) Präzisionsarbeit *f* **miniaturista** [miniatu'rista] <-i *m*, -e *f*> *mf* (*artista*) Miniatur[en]maler(in) *m(f)* **miniaturizzare** [miniaturid'dza:re] *vt* (TEC) miniaturisieren
**minibar** [mini'bar] <-> *m* Minibar *f* **minibasket** [mini'ba:skit] <*sing*> *m* (SPORT) Minibasketball *m* **minibomber** [mini'bɔmber] <-> *m* kurze Bomberjacke
**minibus** ['minibus *o* mini'bus] <-> *m* (MOT) Kleinbus *m*
**minicalcolatore** [minikalkola'to:re] *m v.* **microcalcolatore minicomputer** [minikəm'pju:tə] <-> *m v.* **microcalcolatore**
**minidisco** [mini'disko] <-chi> *m* (INFORM) Diskette *f* **minielaboratore** [miniela-bo'ra:re] *m v.* **microcalcolatore**
**miniera** [mi'niɛ:ra] *f* ❶ (MIN) Bergwerk *nt*, Grube *f* ❷ (*fig: fonte*) Fundgrube *f*
**minigolf** [mini'gɔlf] <-> *m* Minigolf *nt*
**minigonna** [mini'gonna *o* mini'gɔnna] *f* Minirock *m*
**minima** ['mi:nima] *f* ❶ (METEO) Tiefsttemperatur *f* ❷ (MUS) halbe Note

**minimal art** ['miniməl a:t] <-> *f* (KUNST) Minimal Art *f*
**minimale** [mini'ma:le] *agg* Mindest-
**minimalismo** [minima'lizmo] *m* Minimalismus *m* **minimalista** [minima'lista] <-i *m*, -e *f*> I. *agg* minimalistisch II. *mf* Minimalist(in) *m(f)* **minimalistico, -a** [minima'listiko] <-ci, -che> *agg* minimalistisch
**minimal music** ['miniməl 'mju:zik] <-> *f* (MUS) Minimal Music *f*
**minimarket** [mini'ma:kit] <-> *m v.* **minimercato minimercato** [minimer'ka:to] *m* kleiner Supermarkt **minimissile** [mini'missile] *m* (MIL) Kleinstrakete *f*
**minimizzare** [minimid'dza:re] *vt* bagatellisieren, verniedlichen
**minimo** ['mi:nimo] *m* Geringste(s) *nt*, Mindeste(s) *nt;* (*misura*) Mindestmaß *nt*, Minimum *nt;* **al ~** mindestens; **~ salariale** Grundlohn *m*
**minimo, -a** *agg* ❶ (*superlativo di piccolo*) minimal, sehr klein ❷ (*il più piccolo*) kleinste(r, s); (a. *fig*) geringste(r, s) ❸ (*il più basso*) tiefste(r, s), niedrigste(r, s) ❹ (*ultimo*) Mindest-, äußerste(r, s) ❺ (*nessuno*) geringste(r, s), mindeste(r, s)
**minimosca** [mini'moska] <-> *m* ❶ (SPORT: *categoria di pugili leggeri*) Junior-Fliegengewicht *nt* ❷ (SPORT: *pugile dei pesi minimosca*) Junior-Fliegengewichtler(in) *m(f)*
**minimum tax** ['miniməm tæks] <*sing*> *f* (FIN) steuerpflichtiger Mindestbetrag für Selbstständige
**minio** ['mi:nio] *m* Mennige *f*
**minipillola** [mini'pillola] *f* Minipille *f*
**miniregistratore** [miniredʒistra'to:re] *m* Minirecorder *m* **miniriforma** [miniri'forma] *f* (POL) Minireform *f*
**minischermo** [mini'skermo] *m* (*di un cellulare o tablet*) [kleines] Display, [kleiner] Screen
**miniserie** [mini'sɛ:rie] <-> *f* (TV) Mehrteiler *m*
**ministeriale** [ministe'ria:le] *agg* Minister-, ministerial; **crisi ~** Regierungskrise *f*
**ministero** [minis'tɛ:ro] *m* ❶ (*dicastero*) Ministerium *nt;* **~ degli [affari] esteri** Außenministerium *nt;* **~ della difesa** Verteidigungsministerium *nt;* **~ delle finanze** Finanzministerium *nt* ❷ (*governo*) Kabinett *nt*, Regierung *f* ❸ (JUR) **pubblico ~** Staatsanwalt *m;* (*organo*) Staatsanwaltschaft *f* ❹ (*fig: ufficio*) Mission *f*, hoher Auftrag
**ministro** [mi'nistro] *m* ❶ (POL) Minister(in)

*m(f)*; **primo ~** Premierminister *m;* **~ della difesa** Verteidigungsminister(in) *m(f);* **~ degli esteri** Außenminister(in) *m(f);* **~ delle finanze** Finanzminister(in) *m(f);* **~ degli interni** Innenminister(in) *m(f);* **~ della giustizia** Justizminister(in) *m(f)* ❷ *(fig)* Diener(in) *m(f); (divulgatore)* Verbreiter(in) *m(f)*

**minoranza** [mino'rantsa] *f* Minderheit *f,* Minorität *f*

**minorato, -a** [mino'ra:to] I. *agg* behindert II. *m, f* Behinderte(r) *f(m)* **minorazione** [minorat'tsio:ne] *f* ❶ (MED) Behinderung *f* ❷ *(riduzione)* [Ver]minderung *f,* Kürzung *f*

**minore** [mi'no:re] I. *agg* ❶ *(comparativo: più piccolo)* kleiner; *(fig)* geringer; *(più breve)* kürzer; *(più giovane)* jünger; *(meno importante)* unbedeutend; **Asia Minore** Kleinasien *nt;* **l'Orsa ~** der Kleine Bär ❷ *(superlativo relativo)* kleinste(r, s) ❸ (MUS) Moll-, -Moll II. *mf* ❶ *(persona più giovane)* Jüngste(r) *f(m)* ❷ *(minorenne)* Minderjährige(r) *f(m),* Jugendliche(r) *f(m)*

**minorenne** [mino'rɛnne] I. *mf* Minderjährige(r) *f(m),* Jugendliche(r) *f(m);* **tribunale dei -i** Jugendgericht *nt* II. *agg* minderjährig **minorile** [mino'ri:le] *agg* Jugend-, jugendlich; **delinquenza ~** Jugendkriminalität *f;* **lavoro ~** Kinderarbeit *f* **minoritario, -a** [minori'ta:rio] <-i, -ie> *agg* Minderheiten-, Minderheits-

**minuendo** [minu'ɛndo] *m* (MAT) Minuend *m*

**minuetto** [minu'etto] *m* Menuett *nt*

**minuscola** [mi'nuskola] *f* Kleinbuchstabe *m*

**minuscolo, -a** [mi'nuskolo] *agg* ❶ *(scrittura)* klein; **lettera -a** kleiner Buchstabe, Kleinbuchstabe *m* ❷ *(piccolissimo)* winzig

**minuta** [mi'nu:ta] *f* Konzept *nt,* Entwurf *m*

**minutaglia** [minu'taʎʎa] <-glie> *f (pej)* [Klein]kram *m fam* **minutamente** [minuta'mente] *avv* ❶ *(a pezzetti)* in kleine[n] Stücke[n] ❷ *(in modo particolareggiato)* in allen Einzelheiten, aufs Genaueste **minuteria** [minute'ri:a] <-ie> *f* Kleinartikel *mpl,* Nippes *mpl*

**minuto** [mi'nu:to] *m* Minute *f;* **~ primo** Minute *f;* **~ secondo** Sekunde *f;* **~ di silenzio** Schweigeminute *f;* **in un ~** *(fig: rapidamente)* in einer Sekunde *fam;* **spaccare il ~** *(fig)* auf die Minute genau sein; **questa è una questione di pochi -i** das ist eine Sache von wenigen Minuten; **non avere un ~ di pace** keine ruhige Minute haben; **ho i -i contati** meine Zeit ist knapp [bemessen]

**minuto, -a** *agg* ❶ *(piccolo)* klein, Klein- ❷ *(di poca importanza)* klein ❸ *(gracile)* zierlich; *(delicato, sottile)* fein ❹ *(particolareggiato)* genau, eingehend ❺ *(di bassa condizione)* nieder, einfach

**minuzia** [mi'nuttsia] <-ie> *f* Kleinigkeit *f*

**minuziosità** [minuttsiosi'ta] <-> *f* peinliche Genauigkeit **minuzioso, -a** [minut'tsio:so] *agg (lavoro)* minutiös; *(persona)* peinlich genau

**minuzzolo** [mi'nuttsolo] *m* Stückchen *nt,* kleines Stück

**mio, -a** ['mi:o] <miei, mie> I. *agg* mein; **la -a anima/voce** meine Seele/Stimme; **~ padre/zio** mein Vater/Onkel; **un ~ amico** ein Freund von mir II. *m, f* **il ~** das Meine; **dire la -a** meine Meinung sagen; **essere** [*o* **stare**] **dalla -a** auf meiner Seite sein; **la -a del ...** mein Brief vom ...; **ne ho fatta una delle -e** ich habe einen meiner Streiche gespielt III. *pron poss* **il ~**, **la -a** meiner, meine, mein[e]s; **i miei** meine Eltern

**miope** ['mi:ope] I. *agg (fig* MED *)* kurzsichtig II. *mf* Kurzsichtige(r) *f(m)* **miopia** [mio'pi:a] <-ie> *f (fig* MED *)* Kurzsichtigkeit *f*

**miosotide** [mio'zɔ:tide] *f* Vergissmeinnicht *nt*

**mira** ['mi:ra] *f* ❶ *(il mirare)* Zielen *nt,* [An]visieren *nt;* **prendere di ~ qu** *(fig)* jdn aufs Korn nehmen *fam* ❷ *(bersaglio)* Ziel *nt* ❸ *(fig: intenzione, scopo)* Ziel *nt,* Absicht *f*

**mirabile** [mi'ra:bile] *agg* bewundernswert; *(meraviglioso)* wunderbar **mirabilie** [mira'bi:lie] *fpl (scherz)* Wunderdinge *ntpl*

**mirabolante** [mirabo'lante] *agg* märchenhaft *fam,* unglaublich, großartig

**miracolato, -a** [mirako'la:to] *agg* durch [ein] Wunder geheilt **miracolo** [mi'ra:kolo] *m* Wunder *nt;* **~ economico** Wirtschaftswunder *nt;* **far -i** Wunder tun; *(fig)* Wunder vollbringen; **conoscere** [*o* **sapere**] **vita, morte e -i di qu** von jdm auch noch das kleinste Detail kennen; **per ~** wie durch ein Wunder; **che ~!** *(fam)* o Wunder! **miracoloso, -a** [mirako'lo:so] *agg* ❶ *(che fa miracoli)* wundertätig ❷ *(cosa)* wunderbar; *(persona)* phänomenal, fabelhaft

**miraggio** [mi'raddʒo] <-ggi> *m* ❶ (PHYS) Luftspiegelung *f* ❷ *(fig: promessa seducente)* Trugbild *nt*

**mirare** [mi'ra:re] *vi* ❶ *(puntare)* zielen; **~ a qc** auf etw *acc* zielen, etw anvisieren

❷ (*fig: tendere*) ~ **a qc** nach etw trachten; ~ **in alto** ein hohes Ziel anstreben
**mirato, -a** [mi'ra:to] *agg* zielgerichtet
**miriade** [mi'ri:ade] *f* Myriade *f*
**mirino** [mi'ri:no] *m* ❶ (MIL) Korn *nt*; (*a. fig*) Visier *nt*, Fadenkreuz *nt* ❷ (FOTO) Sucher *m*
**mirra** ['mirra] *f* Myrrhe *f*
**mirtillo** [mir'tillo] *m* Heidelbeere *f*, Blaubeere *f*
**mirto** ['mirto] *m* Myrte *f*
**misantropa** *f v.* **misantropo**
**misantropia** [mizantro'pi:a] <-ie> *f* Menschenhass *m* **misantropo, -a** [mi'zantropo] I. *m, f* Menschenfeind(in) *m(f)*, Misanthrop *m geh* II. *agg* menschenfeindlich, misanthropisch *geh*
**miscela** [miʃʃɛ:la] *f* Mischung *f*; (MOT) Gemisch *nt* **miscelamento** [miʃʃela'mento] *m* Mischen *nt* **miscelare** [miʃʃe'la:re] *vt* [ver]mischen
**miscelatore** [miʃʃela'to:re] *m* ❶ (*apparecchio*) Mixer *m* ❷ (*recipiente graduato*) Mischbecher *m*, Mixbecher *m*
**miscelatore, -trice** *agg* Misch-, Mix-
**miscelatura** [miʃʃela'tu:ra] *f* Mischen *nt*, Mischung *f*
**miscellanea** [miʃʃel'la:nea] *f* ❶ (*mescolanza*) Mischung *f*, Gemisch *nt* ❷ (*di libro*) Sammelband *m*, Sammelwerk *nt* **miscellaneo, -a** [miʃʃel'la:neo] <-ei, -ee> *agg* Sammel-
**mischia** ['miskia] <-schie> *f* ❶ (*gener*, SPORT) Gewühl *nt*, Gedränge *nt* ❷ (*rissa*) Handgemenge *nt*, Getümmel *nt*
**mischiare** [mis'kia:re] I. *vt* [ver]mischen; (*carte*) mischen II. *vr* **-rsi tra la folla** sich unters Volk mischen
**misconoscere** [misko'noʃʃere] <irr> *vt* nicht anerkennen, verkennen
**miscredente** [miskre'dɛnte] I. *mf* Ungläubige(r) *f(m)* II. *agg* ungläubig
**miscuglio** [mis'kuʎʎo] <-gli> *m* Mischung *f*, Gemisch *nt*
**misera** *f v.* **misero**
**miserabile** [mize'ra:bile] I. *agg* ❶ (*compassionevole*) erbärmlich, jämmerlich ❷ (*povero*) armselig, miserabel ❸ (*pej*) erbärmlich, miserabel II. *mf* Elende(r) *f(m)*
**miserere** [mize'rɛ:re] <-> *m* Miserere *nt*
**miserevole** [mize're:vole] *agg* ❶ (*compassionevole*) Mitleid erregend, bedauernswert ❷ (*misero*) armselig, elend
**miseria** [mi'zɛ:ria] <-ie> *f* ❶ (*povertà*) Armut *f*, Elend *nt* ❷ (*infelicità*) Not *f*, Leid *nt* ❸ (*nonnulla*) **costare una** ~ spottbillig sein; **pagare una** ~ einen Hungerlohn zahlen ❹ (*meschinità*) Armseligkeit *f*, Armut *f* ❺ (*loc*) **porca ~!**, **~ ladra!** (*fam*) elende Schweinerei! *vulg*
**misericordia** [mizeri'kɔrdia] <-ie> *f* Barmherzigkeit *f*; (*pietà*) Mitleid *nt;* **avere ~ di qu** mit jdm Mitleid haben; **senza ~** erbarmungslos **misericordioso, -a** [mizerikor'dio:so] *agg* barmherzig; (*compassionevole*) mitleidsvoll, mitleidig
**misero, -a** ['mi:zero] I. *agg* ❶ (*povero*) arm, elend ❷ (*insufficiente*) kümmerlich, jämmerlich; (*meschino*) kläglich II. *m, f* Arme(r) *f(m)*
**misfatto** [mis'fatto] *m* Untat *f*, Missetat *f*
**misi** ['mi:zi] *1. pers sing pass rem di* **mettere**
**mismatch** ['mismætʃ] <-> *m* Ungleichgewicht *nt*, Missverhältnis *nt;* **~ tra domanda e offerta** Missverhältnis zwischen Nachfrage und Angebot
**misoginia** [mizodʒi'ni:a] <-ie> *f* Frauenhass *m*, Misogynie *f*
**misogino, -a** [mi'zɔ:dʒino] *agg* frauenfeindlich, misogyn
**miss** [mis] <-> *f* Miss *f*
**missaggio** [mis'saddʒo] <-ggi> *m* (FILM) Mischen *nt*
**missile** ['missile] *m* Flugkörper *m*, Rakete *f;* **~ Cruise** Marschflugkörper *m* **missilistica** [missi'listika] <-che> *f* Raketenforschung *f*, Raketentechnik *f* **missilistico, -a** [missi'listiko] <-ci, -che> *agg* Raketen-
**missing** ['misiŋ] <-> *m* Verschollene(r) *f(m)*
**missino, -a** [mis'si:no] *m, f* Mitglied oder Anhänger der Partei M(ovimento) S(ociale) I(taliano), die sich 1995 aufgelöst hat
**missionario, -a** [missio'na:rio] <-i, -ie> I. *m, f* ❶ (REL) Missionar(in) *m(f)* ❷ (*fig: apostolo*) Apostel *m* II. *agg* ❶ (REL) missionarisch, Missions- ❷ (*fig: zelante*) missionarisch **missione** [mis'sio:ne] *f* Mission *f*; (*funzione*) Auftrag *m*
**missiva** [mis'si:va] *f* (*scherz*) Epistel *f*
**mister** ['mistɐ] <-> *m* ❶ (*vincitore di un concorso*) Mister *m;* **~ universo** Mister *m* Universum ❷ (SPORT: *allenatore*) Coach *m*, Trainer *m*
**misterioso, -a** [miste'rio:so] *agg* (*incomprensibile*) geheimnisvoll, mysteriös; (*enigmatico*) rätselhaft; (*segreto*) geheim, heimlich **mistero** [mis'tɛ:ro] *m* ❶ (*segreto*) Geheimnis *nt;* **non fare ~ di qc** aus etw kein Geheimnis machen ❷ (*enigma*) Rätsel *nt* ❸ (REL) Mysterium *nt*
**mistica** ['mistika] <-che> *f* Mystik *f* **misticismo** [misti'tʃizmo] *m* Mystizismus *m*

**mistico, -a** ['mistiko] <-ci, -che> I. *agg* mystisch II. *m, f* Mystiker(in) *m(f)*
**mistificare** [mistifi'ka:re] *vt* ①(*ingannare*) täuschen, irreführen ②(*falsificare*) fälschen **mistificatore, -trice** [mistifika'to:re] *m, f* ①(*ingannatore*) Heuchler(in) *m(f)*, Täuscher(in) *m(f)* ②(*falsificatore*) Fälscher(in) *m(f)* **mistificazione** [mistifikat'tsio:ne] *f* Täuschung *f*, Irreführung *f*
**misto** ['misto] *m* Mischung *f*, Gemisch *nt*
**misto, -a** *agg* Misch-, gemischt; **classe/scuola -a** gemischte Klasse/Schule; **matrimonio ~** Mischehe *f*; **fritto ~** verschiedenes Ausgebackenes, meist Fisch, aber auch Gemüse und Fleisch
**mistura** [mis'tu:ra] *f* Gemisch *nt*, Mischung *f*
**misura** [mi'zu:ra] *f* ①(*gener, a. fig*) Maß *nt*; **non avere il senso della ~** kein Gefühl für das rechte Maß haben; **spendere senza ~** ohne Maß und Ziel vergeuden; **a ~** maßgerecht; (*fig*) maßvoll, in Maßen; **fuor di ~** maßlos; **oltre ~** über die Maßen; **su ~** nach Maß, Maß- ②(*taglia*) Größe *f*; **prendere le -e a qu** bei jdm Maß nehmen; **prendere le -e di qc** etw [ab]messen ③(*provvedimento*) Maßnahme *f* **misurabile** [mizu'ra:bile] *agg* messbar **misurare** [mizu'ra:re] I. *vt* ①(*valutare*) [aus-, ab]messen; (*terreni*) vermessen ②(*provare*) anprobieren ③(*limitare*) begrenzen, einschränken II. *vi* messen III. *vr* **-rsi** ①(*fig: cimentarsi*) sich messen ②(*contenersi*) sich mäßigen, maßvoller werden **misurato, -a** [mizu'ra:to] *agg* ①(*moderato*) mäßig, maßvoll ②(*equilibrato*) ausgeglichen, gemäßigt ③(*ponderato*) abgewogen ④(*limitato*) begrenzt
**misuratore** [mizura'to:re] *m* Messgerät *nt* **misuratore, -trice** *m, f* Vermesser(in) *m(f)* **misurazione** [mizurat'tsio:ne] *f* Messen *nt*, Messung *f*; (*di terreni*) Vermessung *f* **misurino** [mizu'ri:no] *m* Messbecher *m*; (CHEM) Messzylinder *m*
**mite** ['mi:te] *agg* ①(*benevolo*) mild[e], sanftmütig; (*tono*) mild; (*indulgente*) nachsichtig ②(*clima*) mild ③(*mansueto*) zahm ④(*moderato*) mäßig **mitezza** [mi'tettsa] *f* ①(*benevolenza*) Milde *f*, Sanftmut *f*; (*indulgenza*) Nachsicht *f* ②(*di clima*) Milde *f* ③(*mansuetudine*) Zahmheit *f*
**miticità** [mititʃi'ta] <-> *f* mythischer Charakter **miticizzare** [mititʃid'dza:re] *vt* zum Mythos erheben **mitico, -a** ['mi:tiko] <-ci, -che> *agg* ①(*del mito*) mythisch ②(*leggendario*) legendär, sagenhaft
**mitigare** [miti'ga:re] I. *vt* ①(*addolcire*) mildern; (*dolore*) lindern ②(*attenuare*) [ab]mildern, dämpfen II. *vr* **-rsi** (*freddo, dolore*) nachlassen **mitigazione** [mitigat'tsio:ne] *f* Milderung *f*
**mitizzare** [mitid'dza:re] I. *vt* zum Mythos erheben II. *vi* Mythen schaffen
**mito** ['mi:to] *m* Mythos *m* **mitologia** [mitolo'dʒi:a] <-gie> *f* Mythologie *f* **mitologico, -a** [mito'lɔ:dʒiko] <-ci, -che> *agg* ①(*di mito*) mythologisch ②(*fig: favoloso*) sagenhaft
**mitra**[1] ['mi:tra] <-> *m* (MIL) Maschinengewehr *nt*, -pistole *f*
**mitra**[2] *f* (REL) Mitra *f*, Bischofsmütze *f*
**mitraglia** [mi'traʎʎa] <-glie> *f* ①(*insieme di colpi*) Feuerstoß *m*, Feuersalve *f* ②(*mitragliatrice*) Maschinengewehr *nt* **mitragliamento** [mitraʎʎa'mento] *m* Maschinengewehrfeuer *nt* **mitragliare** [mitraʎ'ʎa:re] *vt* ①(MIL) unter Maschinengewehrfeuer nehmen ②(*fig: bersagliare*) bombardieren **mitragliata** [mitraʎ'ʎa:ta] *f* Feuerstoß *m*, Feuergarbe *f*
**mitragliatore** [mitraʎʎa'to:re] *m* MG-Schütze *m*
**mitragliatore, -trice** *agg* Maschinen- **mitragliatrice** [mitraʎʎa'tri:tʃe] *f* Maschinengewehr *nt*; **parlare come una ~** (*fam*) reden wie ein Wasserfall
**mitragliera** [mitraʎ'ʎɛ:ra] *f* Maschinenkanone *f*
**mitraglietta** [mitraʎ'ʎetta] *f* Maschinenpistole *f*
**mitt.** *abbr di* **mittente** Abs.
**mittente** [mit'tɛnte] *mf* Absender(in) *m(f)*
**mixare** [mik'sa:re] *vt* (FILM, TV) mischen
**mixer** ['miksə] <-> I. *m* ①(*recipiente*) Misch-, Mixbecher *m* ②(*del frullatore*) Mixer *m* II. *mf* (TV) Bildmischer(in) *m(f)*
**mixeraggio** [mikse'raddʒo] <-ggi> *m* ①(FILM, TV: *missaggio*) Mischen *nt* ②(MUS) Mix *m*, Mixen *nt*
**MLD** *m abbr di* **Movimento per la Liberazione della Donna** Bewegung für die Befreiung der Frau
**MLS** *m abbr di* **Movimento dei Lavoratori per il Socialismo** sozialistische Arbeiterbewegung Italiens
**mm** *abbr di* **millimetro** mm
**M.M.** *abbr di* **Marina Militare** italienische Kriegsmarine
**MM.GG.** *mpl abbr di* **Magazzini Generali** Fruchtgroßhandel *m*
**mnemonico, -a** [mne'mɔ:niko] <-ci,

-che> *agg* Erinnerungs-, mnemonisch; **facoltà -a** Erinnerungsvermögen *nt;* **esercizi -ci** Gedächtnisübungen *fpl;* **mezzi -ci** Gedächtnishilfen *fpl*
**mo'** [mɔ] *m* **a ~ di** (*fam*) auf die Art
**MO** *abbr di* **Medio Oriente** Nahost
**mobbing** ['mɔbiŋ] *m* Mobbing *nt;* **fare ~** mobben
**mobile** ['mɔːbile] I. *m* ❶ (*oggetto d'arredamento*) Möbel[stück] *nt;* **~ imbottito** Polstermöbel *nt;* **~ portacomputer** Computertisch *m* ❷ (PHYS) beweglicher Körper II. *agg* ❶ (*gener*) beweglich; **scala ~** (TEC) Rolltreppe *f;* (*corpo*) gleitende Lohnskala ❷ (MIL) mobil **mobilia** [moˈbiːlia] <-ie> *f* Mobiliar *nt,* Hausrat *m* **mobiliare** [mobiˈliaːre] *agg* (COM) beweglich; **mercato ~** Effektenmarkt *m* **mobiliere** [mobiˈliɛːre] *m* Möbelfabrikant *m;* (*commerciante*) Möbelhändler *m* **mobilificio** [mobiliˈfiːtʃo] <-ci> *m* Möbelfabrik *f* **mobilio** [moˈbiːlio] <-i> *m v.* **mobilia**
**mobilità** [mobiliˈta] <-> *f* (*capacità di spostamento*) Beweglichkeit *f;* (*professionale, sociale*) Mobilität *f;* **~ articolare** Gelenkigkeit *f* **mobilitare** [mobiliˈtaːre] I. *vt* (*gener, MIL.*) mobilisieren; (*capitale*) flüssig machen II. *vr* **-rsi** sich in Bewegung setzen **mobilitazione** [mobilitatˈtsioːne] *f* ❶ (*appello generale*) Mobilisierung *f* ❷ (MIL) Mobilmachung *f*
**moca**[1] ['mɔːka] <-> *m* Mokka[kaffee] *m*
**moca**[2] <-che> *f Kaffeemaschine für die Zubereitung von Mokkakaffee*
**mocassino** [mokasˈsiːno] *m* Mokassin *m*
**moccicare** [mottʃiˈkaːre] *vi* (*dial*) ❶ (*colar moccio*) schleimen, laufen ❷ (*frignare*) greinen *fam*
**moccio** ['mɔttʃo] <-cci> *m* (*fam*) Rotz *m,* Rotze *f dial* **moccioso, -a** [motˈtʃoːso] I. *agg* verschleimt *fam,* rotzig *fam* II. *m, f* (*a. fig*) Rotznase *f fam*
**moccolo** ['mɔkkolo *o* 'mokkolo] *m* ❶ (*di candela*) Kerzenstummel *m;* **reggere il ~** (*fig*) Anstandswauwau sein ❷ (*fam: moccio*) Rotz *m,* Rotze *f dial*
**mochettato, -a** [mokɛtˈtaːto] *agg* Moquette-, Teppich-; **pavimento ~** Teppichboden *m*
**moda** ['mɔːda] *f* Mode *f;* **alla ~** nach der Mode, modisch; **l'alta ~** die Haute Couture; **~ pronta** Konfektionsmode; **~ green** Ökomode; **fuori ~** altmodisch; **di ~** modern; **andare** [*o* **essere**] **di ~** [in] Mode sein; **passare di ~** aus der Mode kommen; **seguire la ~** mit der Mode gehen
**modale** [moˈdaːle] *agg* modal, Modal-

**modalità** [modaliˈta] <-> *f* ❶ (*circostanza caratteristica*) Bedingung *f* ❷ (*cosa formale*) Formsache *f* ❸ (JUR) Bestimmung *f,* Modalität *f* ❹ (INET, TEC) Modus *m;* **~ in linea** Online-Betrieb *m;* **~ fuori linea** Offline-Betrieb; **~ standby** Stand-by-Betrieb, Stand-by-Modus *m*
**modanatura** [modanaˈtuːra] *f* Dekorleiste *f,* Blende *f,* Zierteil *nt*
**modella** [moˈdɛlla] *f* Modell *nt;* (*indossatrice*) Modell *nt,* Mannequin *nt*
**modellare** [modelˈlaːre] I. *vt* ❶ (*plasmare*) formen, modellieren ❷ (*disegnare*) umreißen, skizzieren ❸ (*fig: conformare ad un modello*) **~ qc su qc** etw an etw *dat* ausrichten II. *vr* **-rsi su qc** sich nach etw richten
**modellatore** [modellaˈtoːre] *m* Korsett *nt*
**modellatore, -trice** *m, f* Modelleur(in) *m(f)*
**modellatura** [modellaˈtuːra] *f* Modellierung *f*
**modellinista** [modelliˈnista] <-i *m,* -e *f*> *mf* (FILM, TV) Miniaturmodellierer(in) *m(f),* Miniaturmodelleur(in) *m(f)* **modellino** [modelˈliːno] *m* Modell *nt* [in verkleinertem Maßstab] **modellismo** [modelˈlizmo] *m* Modellbau *m* **modellista** [modelˈlista] <-i *m,* -e *f*> *mf* Modelleur(in) *m(f),* Modellist(in) *m(f);* (*di abiti*) Modelldesigner(in) *m(f)* **modellistica** [modelˈlistika] <-che> *f* Modellbau *m*
**modello** [moˈdɛllo] *m* ❶ (*gener*) Modell *nt;* (*oggetto di riferimento*) Muster *nt* ❷ (*abito*) Modell[kleid] *nt* ❸ (*figurino*) [Schnitt]muster *nt* ❹ (*fig: esempio*) Vorbild *nt;* **essere un ~ di qc** ein Muster an etw *dat* sein ❺ (*forma, stampo*) Form *f*
**modem** ['modem] <-> *m* (INFORM, TEL) Modem *nt;* **~ esterno** externes Modem
**Modena** ['modena] *f* Modena *nt* (*Stadt in der Emilia-Romagna*)
**modenese** [modeˈneːse] I. *mf* (*abitante*) Einwohner(in) *m(f)* von Modena II. *agg* aus [*o* von] Modena
**Modenese** <*sing*> *m* Umgebung *f* von Modena
**moderare** [modeˈraːre] I. *vt* ❶ (*ridurre*) vermindern, mäßigen; (*spese*) einschränken ❷ (*misurare*) zügeln, mäßigen; (*richieste*) herunterschrauben II. *vr* **-rsi** sich mäßigen, maßhalten **moderatezza** [modera'tettsa] *f* maßvolles Verhalten
**moderato, -a** [modeˈraːto] *agg* ❶ (*non eccessivo*) maßvoll, mäßig; (*nel mangiare, fumare*) maßvoll; (*equilibrato*) ausgegli-

chen ❷(POL) gemäßigt ❸(MUS) moderato, mäßig schnell

**moderatore** [modera'to:re] *m* (PHYS) Moderator *m*

**moderatore, -trice** I. *m, f* Moderator(in) *m(f)* II. *agg* mäßigend

**moderazione** [moderat'tsio:ne] *f* Mäßigkeit *f*; (*nel bere, mangiare*) Maßhalten *nt*

**modernamente** [moderna'mente] *avv* ❶(*in modo moderno*) modern ❷(*in tempi moderni*) in jüngster Zeit

**modern dance** ['mɔdən 'da:ns] <-> *f* moderne Tanzrichtungen *fpl*

**modernismo** [moder'nizmo] *m* Modernismus *m* **modernità** [moderni'ta] <-> *f* Modernität *f* **modernizzare** [modernid'dza:re] I. *vt* modernisieren II. *vr* -**rsi** mit der Zeit gehen

**moderno** [mo'dɛrno] *m* Moderne(s) *nt*

**moderno, -a** *agg* modern; (*lingua*) neuere(r, s); (*storia*) neuzeitlich

**modern style** ['mɔdən 'stail] <-> *m* (KUNST) Jugendstil *m*

**modestia** [mo'dɛstia] <-ie> *f* ❶(*virtù*) Bescheidenheit *f*; ~ **a parte** (*scherz*) bei aller Bescheidenheit ❷(*sobrietà*) Genügsamkeit *f*, Anspruchslosigkeit *f* ❸(*pudore*) Sittsamkeit *f* **modesto, -a** [mo'dɛsto] *agg* ❶(*umile*) bescheiden; (*parsimonioso*) anspruchslos, genügsam ❷(*privo di sfarzo*) bescheiden, einfach; (*prezzo*) niedrig, reell ❸(*pudico, serio*) sittsam, anständig

**modicità** [moditʃi'ta] <-> *f* Mäßigkeit *f*, Niedrigkeit *f* **modico, -a** ['mɔ:diko] <-ci, -che> *agg* gering; (*prezzi*) niedrig, mäßig **modifica** [mo'di:fika] <-che> *f* [Ab-, Um-, Ver]änderung *f*, Modifikation *f*

**modificare** [modifi'ka:re] I. *vt* [ab-, um-, ver]ändern, modifizieren; [**comando**] **modifica** (*computer*) Bearbeiten *nt* II. *vr* -**rsi** sich [ver]ändern **modificazione** [modifikat'tsio:ne] *f* [Ab]änderung *f*, Modifizierung *f*; (BIOL) Modifikation *f*

**modiglianesco, -a** [modiʎʎa'nesko] <-schi, -sche> *agg* (*del pittore A. Modigliani*) wie in Modiglianis Bildern; **un volto ~** ein Gesichtsausdruck à la Modigliani

**modista** [mo'dista] *f* Modistin *f*

**modo** ['mɔ:do] *m* ❶(*gener*) Art *f*, Weise *f*, Art und Weise *f*; **una persona a ~** eine anständige Person; **~ di pagamento** Zahlungsweise *f*; **~ di vivere** Lebensart *f*; **di** [*o* **in**] **~ che ...** +*conj* so, dass ...; **in che ~?** wie?; **in qualche ~** irgendwie; **in qualunque ~** unter allen Umständen; **c'è ~ e ~ di dire qc** man kann etwas so oder so sagen; **ciascuno a suo ~** (*prov*) jeder nach seinem Geschmack ❷(*occasione*) Gelegenheit *f*, Möglichkeit *f*; **ad** [*o* **in**] **ogni ~** auf jeden Fall, jedenfalls; **in nessun ~** auf keinen Fall ❸(LING) Modus *m*, Aussageweise *f*; **~ condizionale** Konditional *m*; **~ congiuntivo** Konjunktiv *m*; **~ indicativo** Indikativ *m* ❹(*locuzione*) Redewendung *f*; **~ di dire** Redensart *f* ❺(MUS) Tonart *f*; **~ maggiore** Dur *nt*; **~ minore** Moll *nt*

**modulare**¹ [modu'la:re] *agg* ❶(ADM) Formular- ❷(TEC) Modul[ar]-; (*sistema*) Baukasten-

**modulare**² *vt* ❶(MUS, PHYS) modulieren ❷(RADIO, TEC) regeln

**modulatore** [modula'to:re] *m* Modulator *m*

**modulatore, -trice** *agg* modulatorisch, Modulations-

**modulazione** [modulat'tsio:ne] *f* ❶(PHYS, RADIO) Modulation *f* ❷(MUS) Übergang *m*, Modulieren *nt*

**modulo** ['mɔ:dulo] *m* ❶(*formulario*) Formblatt *nt*, Formular *nt* ❷(TEC, ARCH, MAT) Modul *m*

**moffetta** [mo'fetta] *f* Stinktier *nt*, Skunk *m*

**mogano** ['mɔ:gano] *m* Mahagoni *nt*

**moggio** ['mɔddʒo] <*pl*: -**ggia** *f*> *m* Scheffel *m*

**mogio, -a** ['mɔ:dʒo] <-gi, -ge> *agg* ❶(*avvilito*) niedergeschlagen, bedrückt ❷(*privo di vivacità*) schlapp, lustlos

**moglie** ['moʎʎe] <-gli> *f* [Ehe]frau *f*; **dare in ~** zur Frau geben; **prender ~** heiraten; **~ e buoi dei paesi tuoi** (*prov*) bleibe im Lande und nähre dich redlich; **tra ~ e marito non mettere il dito** (*prov*) lass Eheleute ihre Streitigkeiten allein ausfechten!

**mogul** [mou'gʌl] <- *o* moguls> *m* (FILM, TV) Medien-Mogul *m*

**mohair** [mɔ'ɛ:r] <-> *m* Mohair *m*

**moina** [mo'i:na] *f* (*fam*) Schmeichelei *f*; **fare le -e a qu** (*fam*) jdm um den Bart gehen

**moire** [mwuar] *f* Moiré *nt o m*

**mola** ['mɔ:la] *f* Schleifstein *m*, Schleifscheibe *f*

**molare** [mo'la:re] I. *m* Backenzahn *m*; (*di animali*) Mahlzahn *m*, Molar[zahn] *m* II. *agg* (ANAT) **dente ~** Backenzahn *m*

**molatrice** [mola'tri:tʃe] *f* Schleifmaschine *f*

**molatura** [mola'tu:ra] *f* Schleifen *nt*

**mole** ['mɔ:le] *f* ❶(*dimensione*) Ausmaß *nt*, Umfang *m* ❷(ARCH) [imponierendes] Bauwerk *nt*, Burg *f* ❸(*volume*)

[wuchtige] Masse ❶ (*fig: quantità*) Menge *f,* Masse *f fam;* ~ **di studio** Lernpensum *nt*
**molecola** [mo'lɛ:kola] *f* Molekül *nt* **molecolare** [moleko'la:re] *agg* molekular, Molekular-
**molestare** [moles'ta:re] *vt* belästigen
**molestia** [mo'lɛstia] <-ie> *f* ❶ (*fastidio*) Plage *f,* Lästigkeit *f* ❷ (*azione molesta*) Belästigung *f;* **-ie sessuali** sexuelle Belästigung ❸ (JUR) Störung *f,* Unfug *m*
**molesto, -a** [mo'lɛsto] *agg* lästig
**molisano** [moli'za:no] <*sing*> *m* (*dialetto*) Dialekt *m* des Molise
**molisano, -a** I. *m, f* (*abitante*) Bewohner(in) *m(f)* des Molise II. *agg* aus der Region Molise
**Molise** [mo'li:ze] *m* Molise *m*
**molitorio, -a** [moli'tɔ:rio] <-i, -ie> *agg* Mühl(en)- **molitura** [moli'tu:ra] *f* (*di cereali*) Mahlen *nt;* (*di olive*) Pressen *nt*
**molla** ['mɔlla] *f* ❶ (TEC) Feder *f;* **materasso a -e** Federkernmatratze *f* ❷ *pl* (*pinze*) Zange *f;* **prendere qu con le -e** (*fam fig*) jdn mit Vorsicht genießen ❸ (*fig: impulso*) Triebfeder *f*
**mollare** [mol'la:re] I. *vt* ❶ (*lasciar andare*) loslassen ❷ (*allentare*) locker machen ❸ (*fam fig: dare*) austeilen, verpassen ❹ (*fam fig: piantare*) sitzen lassen II. *vi* ❶ (*cedere*) nachgeben ❷ (*fam fig: smetterla*) locker lassen; **tira e molla** nach langem Hin und Her
**molle** ['mɔlle] I. *agg* ❶ (*morbido*) weich; (*flessibile*) biegsam, geschmeidig ❷ (*bagnato*) nass, durchnässt; (*umido*) feucht ❸ (*fig: debole*) schwach, weichlich II. *m* ❶ (*il morbido*) Weiche(s) *nt* ❷ (*liquido*) Flüssigkeit *f* zum Einweichen
**molleggiamento** [molleddʒa'mento] *m* Federn *nt,* Federung *f* **molleggiare** [molled'dʒa:re] I. *vi* federn II. *vr* **-rsi** sich federnd bewegen; **-rsi sulle gambe** in den Knien federn **molleggio** [mol'leddʒo] <-ggi> *m* Federung *f*
**molletta** [mol'letta] *f* ❶ (*per capelli*) [Haar]klammer *f,* -klemme *f* ❷ (*per panni*) [Wäsche]klammer *f* ❸ *pl* (*per zucchero*) Zuckerzange *f;* (*per ghiaccio*) Eiszange *f*
**mollettone** [molet'to:ne] *m* Molton *m*
**mollezza** [mol'lettsa] *f* ❶ (*l'essere molle*) Weichheit *f* ❷ (*fig: fiacchezza*) Weichlichkeit *f,* Schwäche *f*
**mollica** [mol'li:ka] <-che> *f* [Brot]krume *f*
**molliccio, -a** [mol'littʃo] <-cci, -cce> *agg* ❶ (*alquanto molle*) matschig *fam* ❷ (*fam pej: viscido*) schlüpfrig, [aal]glatt

**mollo** ['mɔllo] *m* Flüssigkeit *f* zum Einweichen
**mollo, -a** *agg* nass; (*umido*) feucht; **pappa -a** (*fam pej*) Schlappschwanz *m,* Waschlappen *m*
**molluschicoltore, -trice** [molluʃʃikol'to:re] *m, f* Muschelzüchter(in) *m(f)*
**mollusco** [mol'lusko] <-schi> *m* ❶ (ZOO) Weichtier *nt,* Molluske *f* ❷ (*fig, pej*) Waschlappen *m fam,* Weichling *m*
**molo** ['mɔ:lo] *m* [Hafen]mole *f*
**moloc** ['mɔ:lok] <-> *m* Moloch *m geh*
**molotov** ['mɔ:lotov] <-> *f* Molotowcocktail *m*
**molteplice** [mol'te:plitʃe] *agg* vielfältig **molteplicità** [molteplitʃi'ta] <-> *f* Vielfältigkeit *f;* (*varietà*) Vielfalt *f*
**moltiplica** [mol'ti:plika] <-che> *f* (TEC) Übersetzung *f*
**moltiplicando** [moltipli'kando] *m* (MAT) Multiplikand *m*
**moltiplicare** [moltipli'ka:re] I. *vt* ❶ (MAT) multiplizieren; ~ **un numero per un altro** eine Zahl mit einer anderen multiplizieren ❷ (*accrescere*) vervielfachen, vermehren; (*fig*) steigern II. *vr* **-rsi** sich vermehren
**moltiplicatore** [moltiplika'to:re] *m* ❶ (*fig* MAT) Multiplikator *m* ❷ (TEC) Verstärker *m,* Vervielfacher *m;* (*di velocità*) Übersetzungsgetriebe *nt*
**moltiplicatore, -trice** *agg* Vervielfältigungs-
**moltiplicazione** [moltiplikat'tsio:ne] *f* ❶ (MAT) Multiplikation *f* ❷ (*accrescimento numerico*) Vermehrung *f,* Zuwachs *m* ❸ (BOT) Fortpflanzung *f,* Vermehrung *f*
**moltissimo** [mol'tissimo] *avv superlativo di* **molto, -a**
**moltitudine** [molti'tu:dine] *f* ❶ (*di persone*) Menge *f;* (*folla*) Masse *f* ❷ (*di cose*) Vielzahl *f,* Menge *f*
**molto** ['molto] I. *avv* ❶ (*quantità*) viel ❷ (*intensità*) sehr ❸ (*a lungo*) lange ❹ (*spesso*) oft, viel ❺ (*con comparativi*) viel II. *pron indef* viel[e, s]; **a dir** ~ höchstens; **fra non** ~ in Kürze; **per** ~ auf lange [Zeit hinaus]; ~ **dopo/prima** viel später/ früher
**molto, -a** <più, moltissimo> *agg* ❶ (*in gran numero*) viel ❷ (*intenso, grande*) groß ❸ (*lungo*) lange
**momentaneamente** [momentanea'mente] *avv* in diesem Moment **momentaneo, -a** [momen'ta:neo] <-ei, -ee> *agg* augenblicklich, momentan
**momento** [mo'mento] *m* (*istante*) Augenblick *m,* Moment *m;* (*periodo*) Zeit *f,* Zeit-

raum *m*; **a -i** jeden Moment; (*quasi*) um ein Haar; **dal ~ che** (*temporale*) seit dem Augenblick, da ...; (*causale*) da ...; **da un ~ all'altro** von einem Augenblick zum andern; **del ~** momentan; **in qualunque ~** jederzeit; **in un ~** in einem Augenblick, im Nu; **ogni ~** andauernd, ununterbrochen; **per il ~** einstweilen, vorläufig; **sul ~** sofort, auf der Stelle; **un ~!** einen Augenblick!

**mona** ['mo:na] I. *m* (*venez: vulg: stupido*) Affenarsch *m* II. *f* (*sett: vulg: vulva*) Möse *f*

**monaca** ['mɔ:naka] <-che> *f* Nonne *f*

**monacale** [mona'ka:le] *agg* (*da monaco*) mönchisch, Mönchs-; (*da monaca*) Nonnen-; (*a. fig*) mönchisch **monachesimo** [mona'ke:zimo] *m* Mönch[s]tum *nt*

**monaco** ['mɔ:nako] <-ci> *m* Mönch *m*

**Monaco** ['mɔ:nako] *f* ❶ (*principato*) Monaco *nt* ❷ (*di Baviera*) München *nt*

**monade** ['mɔ:nade] *f* Monade *f*

**monarca** [mo'narka] <-chi> *m* Monarch *m* **monarchia** [monar'ki:a] <-chie> *f* Monarchie *f* **monarchico, -a** [mo'narkiko] <-ci, -che> I. *agg* monarchistisch II. *m, f* Monarchist(in) *m(f)*

**monastero** [monas'tɛ:ro] *m* Kloster *nt* **monastico, -a** [mo'nastiko] <-ci, -che> *agg* Kloster-; (*a. fig*) klösterlich

**monatto** [mo'natto] *m* (HIST) Leichenträger *m*

**monca** *f v.* **monco**

**moncherino** [monke'ri:no] *m* Armstumpf *m*

**monco, -a** ['monko] <-chi, -che> I. *agg* (*a. fig*) verstümmelt; **essere ~ d'un braccio** nur einen Arm haben II. *m, f* Krüppel *m*

**moncone** [moŋ'ko:ne] *m* Stumpf *m*

**mondanità** [mondani'ta] <-> *f* ❶ (*frivolezza*) Mondänität *f* ❷ (*gente*) Highsociety *f*, Schickeria *f sl* **mondano, -a** [mon'da:no] *agg* ❶ (*ricercato*) mondän; (*frivolo*) Halbwelt- ❷ (*del mondo*) weltlich

**mondare** [mon'da:re] *vt* säubern, putzen

**mondezzaio** [mondet'tsa:io] <-ai> *m* ❶ (*luogo*) Müllabladeplatz *m*, Mülldeponie *f* ❷ (*fig, pej: letamaio*) Saustall *m fam*

**mondiale** [mon'dia:le] *agg* ❶ (*del mondo*) Welt- ❷ (*fam fig: ottimo*) fabelhaft *fam*

**mondiali** [mon'dia:li] *mpl* (SPORT) Weltmeisterschaften *fpl*

**mondo** ['mondo] *m* ❶ (*gener*) Welt *f*; (*universo*) Weltall *nt*; (*terra*) Erde *f*; **fare il giro del ~** eine Weltreise machen; **mettere al ~** zur Welt bringen; **venire al ~** auf die Welt kommen; **fuori del ~** (*fig*) weltfremd; **da che ~ è ~** seit die Welt besteht; **per nessuna cosa** [*o* **per niente**] **al ~** nicht um alles in der Welt; **com'è piccolo il ~!** wie klein doch die Welt ist; **tutto il ~ è paese** (*prov*) die Menschen sind doch überall gleich ❷ (*fig: regno*) Reich *nt*; (*ambiente sociale, civiltà*) Welt *f*; **il ~ animale/minerale/vegetale** das Tier-/Mineral-/Pflanzenreich; **il ~ antico/il nuovo ~** die Alte/Neue Welt; **il bel ~** die vornehme Welt; **l'altro ~** das Jenseits; **cose dell'altro ~** (*fam*) haarsträubende Dinge; **donna di ~** Frau *f* von Welt; **uomo di ~** Weltmann *m* ❸ (*fig: gran quantità*) Unmenge *f*, Fülle *f*; **divertirsi un ~** (*fam*) sich köstlich amüsieren; **essere la fine del ~** umwerfend sein

**mondo, -a** *agg* ❶ (*lindo*) gesäubert ❷ (*fig: puro*) sauber; (*coscienza*) rein

**mondovisione** [mondovi'zio:ne] *f* Satellitenübertragung *f*

**monelleria** [monelle'ri:a] <-ie> *f* Lausbubenstreich *m* **monello, -a** [mo'nɛllo] *m, f* ❶ (*pej: ragazzo di strada*) Straßenjunge *m*, -mädchen *nt* ❷ (*ragazzo vivace*) Lausbub *m*, Lausejunge *m fam*

**moneta** [mo'ne:ta] *f* (FIN) Münze *f*, Geldstück *nt*; (*denaro*) Geld *nt*; (*valuta*) Währung *f*; (*spicciolo*) Kleingeld *nt*; **[ri]pagare qu con la stessa ~** es jdm mit gleicher Münze heimzahlen; **la ~ unica europea** die europäische Einheitswährung **monetario, -a** [mone'ta:rio] <-i, -ie> *agg* Münz-, Geld-, Währungs- **monetica** [mo'ne:tika] <*sing*> *f* (INFORM) Zahlungsverkehr *m* per Magnetkarte **monetizzare** [monetid'dza:re] *vt* (FIN) in Geldwert umrechnen **monetizzazione** [monetiddzat'tsio:ne] *f* (FIN) Schätzung *f* von Sachwerten

**money manager** ['mʌni 'mænidʒə] <- *o* money managers> *mf* (COM, FIN) Vermögensverwalter(in) *m(f)*

**mongolfiera** [moŋgol'fiɛ:ra] *f* [Heißluft]ballon *m*

**mongolismo** [moŋgo'lizmo] *m* Mongolismus *m* **mongoloide** [moŋgo'lɔ:ide] I. *agg* mongoloid II. *mf* Mongoloide(r) *f(m)*

**monile** [mo'ni:le] *m* Schmuckstück *nt*

**monismo** [mo'nizmo] *m* Monismus *m*

**monito** ['mɔ:nito] *m* Mahnung *f*

**monitor, monitore** ['mɔnitə *o* 'mɔnitor, moni'to:re] <-> *m* (INFORM: *schermo*) Monitor *m*

**monitoraggio** [monito'raddʒio] <-ggi> *m* Monitorüberwachung *f*, Überwachung *f* am Monitor; **~ dell'attività cardiaca** Überwachung der Herztätigkeit am Monitor; **~ dell'attività sismica** seismografische Monitoraufzeichnungen **monitorare** [monito'ra:re] *vt* überwachen, kontrollieren

**monitoriale** [monito'ria:le] *agg* ❶ (*relativo al funzionamento del monitor*) Monitor-, Bildschirm- ❷ (*in pedagogia, mutuo insegnamento*) **sistema ~** Dialogmodell *nt*

**monitorio, -a** [moni'tɔ:rio] <-i, -ie> *agg* ❶ (*che ammonisce*) Warn[ungs]-, Mahn- ❷ (TV) Monitor-

**monitorizzare** [monitorid'dza:re] *vt* ❶ (*dotare di monitor*) mit Bildschirmen ausstatten ❷ (*sottoporre a monitoraggio*) am Monitor überwachen

**monna** ['mɔnna] *f* (*poet, obs*) Frau *f*

**mono** ['mono] <inv> *agg* (*monofonico*) mono

**monoasse** [mono'asse] <inv> *agg* einachsig

**monoblocco¹** [mono'blɔkko] <-cchi> *m* Zylinderblock *m*

**monoblocco²** <inv> *agg* aus einem Block bestehend, Block-

**monocamera** [mono'ka:mera] *f* Einzimmerwohnung *f*

**monocamerale** [monokame'ra:le] *agg* Einkammer-; **sistema ~** Einkammersystem *nt* **monocameralismo** [monokamera'lizmo] *m* (POL) Einkammersystem *nt*

**monocanna** [mono'kanna] I. <-> *m* (*fucile*) einläufiges Gewehr II. <inv> *agg* einläufig

**monocassetta** [monokas'setta] I. <-> *m* Recorder *m* mit einfachem Kassettendeck II. <inv> *agg* mit einfachem Kassettendeck

**monocilindrico, -a** [monotʃi'lindriko] <-ci, -che> *agg* Einzylinder-

**monoclasse** [mono'klasse] <inv> *agg* Einklassen-, aus einer Klasse bestehend

**monocolo¹** [mo'nɔ:kolo] *m* ❶ (*lente*) Monokel *nt* ❷ (*canocchiale*) Fernrohr *nt*

**monocolo²** <inv> *agg* einäugig

**monocolore** [monoko'lo:re] <inv> *agg* ❶ (POL) Einparteien- ❷ (*di un solo colore*) einfarbig

**monocoltura** [monokol'tu:ra] *f* Monokultur *f*

**monocomando** [monoko'mando] <inv> *agg* ❶ (*che ha un solo comando*) mit nur einer Betätigungsmöglichkeit ❷ (*con un solo posto di pilotaggio*) **velivolo ~** Einsitzer *m*

**monocromaticità** [monokromatitʃi'ta] <-> *f* ❶ (*gener*) Einfarbigkeit *f* ❷ (PHYS, MED) Monochromasie *f* **monocromatico, -a** [monokro'ma:tiko] <-ci, -che> *agg* ❶ (*di un solo colore*) einfarbig, monochrom ❷ (PHYS) monochromatisch, einfarbig

**monocromatore** [monokroma'to:re] *m* (PHYS) Monochromator *m*

**monocromo** [mo'nɔ:kromo] *m* monochromes Gemälde

**monocromo, -a** *agg* einfarbig, monochrom

**monoculare** [monoku'la:re] *agg* monokular

**monocultura** [monokul'tu:ra] *f* (BIOL) einheitliche Kultur

**monodose** [mono'dɔ:ze] <inv> *agg* in Einzeldosen abgepackt; **farmaco ~** Einzeldosis *f*

**monofamiliare** [monofami'lia:re] *agg* Einfamilien-

**monofase** [mono'fa:ze] <inv> *agg* einphasig

**monogamia** [monoga'mi:a] <-ie> *f* Einehe *f*, Monogamie *f*

**monogenitoriale** [monodʒenitori'a:le] *agg* allein erziehend; **famiglia ~** Elternfamilie *f*; **affidamento ~** alleiniges Sorgerecht

**monografia** [monogra'fi:a] *f* Monographie *f* **monografico, -a** [mono'gra:fiko] <-ci, -che> *agg* monographisch

**monogramma** [mono'gramma] <-i> *m* Monogramm *nt*

**monokini** [mono'ki:ni] <-> *m* Minikini *m*

**monolingue** [mono'liŋgue] <inv> *agg* einsprachig **monolinguismo** [monoliŋ'guizmo] *m* Einsprachigkeit *f*

**monolitico, -a** [mono'li:tiko] <-ci, -che> *agg* (*a. fig*) monolithisch **monolito** [mo'nɔ:lito] *m* Monolith *m*

**monolocale** [monolo'ka:le] *m* Einzimmerwohnung *f*, Garçonniere *f* A

**monologo** [mo'nɔ:logo] <-ghi> *m* Monolog *m*, Selbstgespräch *nt*

**monomania** [monoma'ni:a] *f* Monomanie *f*

**monomediale** [monome'dia:le] *agg* monomedial

**monomotore** [monomo'to:re] *m* einmotoriges Flugzeug

**monopartitico, -a** [monopart'ti:tiko] <-ci, -che> *agg* (POL) Einparteien-; **sistema ~** Einparteiensystem *nt* **monopartitismo** [monoparti'tizmo] *m* (POL) Einparteiensystem *nt*

**monopattino** [mono'pattino] *m* Roller *m*

**monopetto** [mono'pɛtto] I. <inv> *agg* einreihig II. <-> *m* Einreiher *m*

**monopezzo** [mono'pettso] I. <-> *m* Einteiler *m*, einteiliger Badeanzug II. <inv>

*agg* einteilig; **costume** ~ einteiliger Badeanzug

**monoplano** [mono'plaːno] *m* Eindecker *m*

**monopoli**® [mo'nɔːpoli] <-> *m* Monopoly® *nt*

**monopolio** [mono'pɔːlio] <-i> *m* (*a. fig*) Monopol *nt* **monopolista** [monopo'lista] <-i *m*, -e *f*> *mf* Monopolist(in) *m(f)* **monopolistico, -a** [monopo'listiko] <-ci, -che> *agg* monopolistisch **monopolizzare** [monopolid'dzaːre] *vt* ① (COM) monopolisieren ② (*fig: accentrare su di sé*) [auf sich] konzentrieren ③ (*fig: riservare a pochi*) reservieren, [für sich] in Anspruch nehmen **monopolizzatore, -trice** [monopoliddza'toːre] I. *agg* Monopol- II. *m, f* Monopolist(in) *m(f)* **monopolizzazione** [monopoliddzat'tsioːne] *f* ① (COM) Monopolisierung *f* ② (*fig: possesso esclusivo di una cosa*) Alleinanspruch *m*

**monoposto** [mono'posto] I. <inv> *agg* einsitzig II. <-> *m* Einsitzer *m*

**monoprogrammazione** [monoprogrammat'tsioːne] *f* (INFORM) Monotasking *nt*

**monorecchino** [monorek'kiːno] *m* Single-Ohrring *m*

**monoreddito** [mono'rɛddito] <inv> *agg* **famiglia** ~ Familie mit nur einem Einkommen

**monormeggio** [monor'meddʒo] <-ggi> *m* (NAUT) Anlegeboje *f* für Öltankschiffe

**monorotaia** [monoro'taːia] <-aie> *f* Einschienenbahn *f*

**monoscafo** [mono'skaːfo] *m* (NAUT) Eindecker *m*

**monoscì** [mono'ʃi] <-> *m* (SPORT) Monoski *m*

**monoscocca** [mono'skɔkka] I. <-> *f* (MOT) Fahrzeug *nt* mit selbsttragender Karosserie II. <inv> *agg* (MOT) mit selbsttragender Karosserie

**monoscopio** [monos'kɔːpio] <-i> *m* Testbild *nt*

**monosillabico** [monosil'laːbiko] *m* einsilbiges Wort

**monosillabico, -a** <-ci, -che> *agg* einsilbig

**monossido** [mo'nɔssido] *m* Monoxyd *nt*
**monoteismo** [monote'izmo] *m* Monotheismus *m* **monoteista** [monote'ista] <-i *m*, -e *f*> I. *mf* Monotheist(in) *m(f)* II. *agg* monotheistisch **monoteistico, -a** [monote'istiko] <-ci, -che> *agg* monotheistisch

**monotipo** [mono'tiːpo] *m* ① (*stampa*) Monotypie *f* ② (®*macchina*) Monotype® *f*

**monotonia** [monoto'niːa] <-ie> *f* Eintönigkeit *f*, Monotonie *f* **monotono, -a** [mo'nɔːtono] *agg* (*uniforme*) gleichförmig, monoton; (*privo di varietà*) eintönig; (*fig: noioso*) langweilig

**monotype**® ['mɔnətaip] <-> *f* Monotype® *f*

**monouso** [mono'uːzo] <inv> *agg* Einweg-; **siringa** ~ Einwegspritze *f*

**monovalente** [monova'lɛnte] *agg* einwertig

**monovano** [mono'vaːno] I. *m* Zimmer *nt* II. *agg* <inv> Zimmer-, Einzimmer-; **appartamento** ~ Einzimmerwohnung *f*, Garconniere *f A*

**monovolume** [monovo'luːme] I. *f* (MOT) Großraumlimousine *nt* II. *agg* (TEC, MOT) Großraum-

**monsignore** [monsiɲ'ɲoːre] *m* Monsignore *m*

**monsone** [mon'soːne] *m* Monsun *m*

**monta** ['monta] *f* ① (*accoppiamento*) Decken *nt*, Beschälung *f* ② (*luogo*) Deckstation *f* ③ (SPORT) Reiten *nt*

**montacarichi** [monta'kaːriki] <-> *m* Lastenaufzug *m*

**montaggio** [mon'taddʒo] <-ggi> *m* ① (TEC) Montage *f*; **catena di** ~ Fließband *nt* ② (FILM) Montage *f*, Schnitt *m* ③ (*incorniciatura*) Rahmung *f*

**montagna** [mon'taɲɲa] *f* ① (*monte*) Berg *m*; -**e russe** Achterbahn *f* ② (*regione montuosa*) Gebirge *nt*, Berge *mpl*; **andare in** ~ in die Berge fahren ③ (*fig: grande quantità*) Berg *m* **montagnoso, -a** [montaɲ'ɲoːso] *agg* bergig, gebirgig

**montanaro, -a** [monta'naːro] I. *m, f* Gebirgsbewohner(in) *m(f)*, Bergbewohner(in) *m(f)* II. *agg* Gebirgs-, Berg- **montano, -a** [mon'taːno] *agg* Gebirgs-, Berg-

**montante** [mon'tante] *m* (*asta*) Pfeiler *m*, Pfosten *m*

**montapanna** [monta'panna] <-> *m* elektrisches Rührgerät

**montare** [mon'taːre] I. *vi essere* ① (*salire*) [auf]steigen; (*in veicolo*) einsteigen ② (GASTR: *panna*) steif werden II. *vt avere* ① (ZOO: *accoppiarsi*) bespringen, besteigen ② (*comporre*) auf-, zusammenbauen, aufstellen; (*mobili*) einbauen; (TEC) montieren ③ (GASTR) schlagen ④ (FILM) montieren ⑤ (*fig: esagerare*) aufbauschen, übertreiben; ~ **la testa a qu** (*fam*) jdm den Kopf verdrehen III. *vr* -**rsi** sich aufregen; -**rsi la testa** (*fam*) sich *dat* was einbilden **mon-**

**tato, -a** [mon'ta:to] *agg* ① (GASTR) **panna -a** Schlagsahne *f,* Schlag *m* A ② (*sl: persona*) aufgeblasen *fam* **montatore, -trice** [monta'to:re] **I.** *m, f* ① (TEC) Montagearbeiter(in) *m(f),* Monteur(in) *m(f)* ② (FILM) Cutter(in) *m(f)* **II.** *agg* Montage- **montatura** [monta'tu:ra] *f* ① (*di gioielli*) Fassung *f* ② (*di occhiali*) Gestell *nt* ③ (*fig: esagerazione*) Aufbauschen *nt,* Übertreibung *f* ④ (*fig: finzione*) Vortäuschung *f* ⑤ (TEC) Montage *f,* Zusammenbau *m* **montavivande** [montavi'vande] <-> *m* Speisenaufzug *m*
**monte** ['monte] *m* ① (*rilievo*) Berg *m;* **Monte Bianco** Montblanc *m* ② (*fig: grande quantità*) Berg *m,* Haufen *m fam* ③ (FIN: *somma*) Geldsumme *f;* (*banca*) Geldinstitut *nt;* ~ **dei pegni** Pfandleihanstalt *f;* ~ **di pietà** Leihhaus *nt* ④ (*fig*) **andare a** ~ ins Wasser fallen, scheitern; **mandare a** ~ über den Haufen werfen *fam*
**montebianco** [monte'bjaŋko] *m* kegelförmige Süßspeise aus Kastaniencreme mit Sahne
**Montecitorio** [montetʃi'to:rio] *m* (*sede della Camera dei deputati*) Sitz des italienischen Parlamentes
**MONTEDISON**® *f* großer italienischer Chemiekonzern
**montone** [mon'to:ne] *m* ① Schafbock *m;* (*castrato*) Hammel *m* ② (*fam: giaccone*) Schaffelljacke *f;* (*cappotto*) Schaffellmantel *m*
**montuosità** [montuosi'ta] <-> *f* Gebirge *nt* **montuoso, -a** [montu'o:so] *agg* gebirgig, bergig
**monumentale** [monumen'ta:le] *agg* ① (*di monumento*) Denkmal[s]-, Monumental- ② (*città, regione*) reich an Denkmälern ③ (*fig: enorme*) monumental **monumento** [monu'mento] *m* Monument *nt;* (*a. fig*) Denkmal *nt*
**moog**® [mu:d] <-> *m* (MUS) Synthesizer *m*
**moon boot**® ['mu:n 'bu:t *o* 'mɔn but] <-> *m* Moonboot *m*
**moquettato, -a** [mokɛt'ta:to] *agg* mit Teppichboden ausgelegt **moquette** [mo'kɛt] <-> *f* Teppichboden *m*
**mora** ['mɔ:ra] *f* ① (BOT: *del rovo*) Brombeere *f;* (*del gelso*) Maulbeere *f* ② (JUR: *ritardo*) Verzug *m;* (*somma*) Verzugszinsen *mpl*
**morale** [mo'ra:le] **I.** *agg* moralisch, Moral- **II.** *f* ① (*moralità*) Moral *f* ② (PHILOS) Moralphilosophie *f,* Ethik *f* ③ (*insegnamento*) Lehre *f;* (*della favola*) Moral *f* **III.** *m* (*fam:*

*spirito*) Stimmung *f,* Moral *f;* **essere giù di** ~ den Moralischen haben *fam;* **essere su di** ~ in guter Stimmung sein; **risollevare il** ~ **di qu** jdn aufmuntern, aufbauen
**moraleggiare** [moraled'dʒa:re] *vi* moralisieren, Moral predigen **moralismo** [mora'lizmo] *m* Moralismus *m* **moralista** [mora'lista] <-i *m,* -e *f> mf* ① (*pej: intransigente*) Moralprediger(in) *m(f)* ② (PHILOS) Moralist(in) *m(f)* **moralistico, -a** [mora'listiko] <-ci, -che> *agg* moralistisch **moralità** [morali'ta] <-> *f* Sittlichkeit *f;* (*morale*) Moral *f* **moralizzare** [moralid'dza:re] *vt* sittlich machen
**moratoria** [mora'tɔ:ria] <-ie> *f* ① (*sospensione*) Moratorium *nt,* [Zahlungs]aufschub *m* ② (*dilazione*) Stundung *f,* Aussetzung *f* **moratorio, -a** [mora'tɔ:rio] <-i, -ie> *agg* Verzugs-
**morbidezza** [morbi'dettsa] *f* Weichheit *f,* Zartheit *f;* (*al tatto*) Haptik *f* **morbido, -a** ['mɔrbido] *agg* (*a. fig*) weich
**morbillo** [mor'billo] *m* Masern *fpl*
**morbo** ['mɔrbo] *m* ① (MED) Krankheit *f* ② (*fig: piaga*) Plage *f,* Übel *nt* **morbosità** [morbosi'ta] <-> *f* Krankhaftigkeit *f,* Morbidität *f* **morboso, -a** [mor'bo:so] *agg* ① (*anormale*) krankhaft, morbid[e] ② (MED) Krankheits-
**morchia** ['mɔrkia] <-chie> *f* [Boden]satz *m*
**mordace** [mor'da:tʃe] *agg* ① (*cane*) bissig ② (*fig: caustico*) bissig, scharf; (*lingua*) spitz **mordacità** [mordatʃi'ta] <-> *f* Bissigkeit *f,* Schärfe *f*
**mordente** [mor'dɛnte] *m* ① (CHEM) Beize *f,* Beizmittel *nt* ② (*fig: grinta*) Kampfgeist *m,* Mumm *m*
**mordenzare** [mordɛn'tsa:re] *vt* ① (TEC: *in tintoria*) beizen ② (TEC: *in tipografia*) ätzen **mordenzatura** [mordɛntsa'tu:ra] *f* ① (TEC: *operazione nell'industria tessile*) Beizen *nt* ② (TYP: *morsura*) Ätzung *f,* Ätzen *nt* ③ (FOTO) Fixieren *nt,* Fixage *f*
**mordere** ['mɔrdere] <mordo, morsi, morso> *vt* ① (*morsicare*) beißen; (*insetti*) stechen; (*mela, cibi*) beißen in +*acc;* **-rsi le dita** [*o* **le mani**] (*fig*) sich *dat* in den Hintern beißen [können] *fam;* **can che abbaia non morde** (*prov*) Hunde, die bellen, beißen nicht ② (*far presa*) fassen, packen ③ (*corrodere*) ätzen ④ (*fig: irritare*) beißen, stechen ⑤ (*fig: tormentare*) quälen; **mi morde la coscienza** mein Gewissen plagt mich, ich habe Gewissensbisse
**mordicchiare** [mordik'kia:re] *vt* knabbern, nagen
**morello** [mo'rɛllo] *m* Rappe *m*

**morena** [mo'rɛ:na] *f* Moräne *f*
**morendo** [mo'rɛndo] <-> *m* (MUS) Morendo *nt*
**morente** [mo'rɛnte] I. *mf* Sterbende(r) *f(m)* II. *agg* ① (*persona*) sterbend, im Sterben liegend ② (*fig*) zu Ende gehend; (*sole*) untergehend
**morfema** [mor'fɛ:ma] <-i> *m* Morphem *nt*
**morfina** [mor'fi:na] *f* Morphium *nt,* Morphin *nt* **morfinismo** [morfi'nizmo] *m* Morphinismus *m* **morfinomane** [morfi'nɔ:mane] I. *agg* morphiumsüchtig II. *mf* Morphinist(in) *m(f)*
**morfologia** [morfolo'dʒi:a] <-gie> *f* ① (LING, BIOL) Morphologie *f* ② (GEOG, MIN) [Geo]morphologie *f* **morfologico, -a** [morfo'lɔ:dʒiko] *agg* morphologisch
**morganatico, -a** [morga'na:tiko] <-ci, -che> *agg* morganatisch
**moria** [mo'ri:a] <-ie> *f* Massensterben *nt*
**moribondo, -a** [mori'bondo] I. *agg* sterbend, im Sterben liegend; **essere ~** im Sterben liegen II. *m, f* Sterbende(r) *f(m)*
**morigeratezza** [moridʒera'tettsa] *f* Mäßigkeit *f,* maßvolle Haltung *f*
**morigerato, -a** [moridʒe'ra:to] *agg* sittsam; (*sobrio*) gemäßigt, mäßig
**morire** [mo'ri:re] <muoio, morii, morto> *vi* essere ① (*cessare di vivere*) sterben; (*piante*) eingehen; (*animali*) eingehen, sterben; **~ ammazzato** umgebracht werden; **~ impiccato** durch Erhängen sterben; **~ di morte naturale/violenta** eines natürlichen/gewaltsamen Todes sterben ② (*fig*) **~ di fame/sete** vor Hunger/Durst sterben; **~ dal sonno** todmüde sein; **una fame da ~** (*fam*) ein Mordshunger *m;* **una sete da ~** (*fam*) ein Mordsdurst *m;* **più brutto di così si muore** so etwas Hässliches habe ich noch nie gesehen ③ (*fig: cessare di esistere*) sterben; (*luce*) er-, verlöschen; (*suono*) ersterben, verhallen; (*estinguersi*) aussterben; (*terminare*) enden; (*non riuscire*) in die Brüche gehen
**mormone** [mor'mo:ne] *m* Mormone *m*
**mormorare** [mormo'ra:re] *vi* ① (*bisbigliare*) murmeln, flüstern ② (*sparlare*) munkeln ③ (*fig: acque, fronde*) murmeln, rauschen **mormorazione** [mormorat'tsio:ne] *f* (*pej*) Gerede *nt,* Gemunkel *nt* **mormoreggiare** [mormored'dʒa:re] *vi* ① (*mormorare*) murmeln, rauschen ② (*fig*) murren **mormorio** [mormo'ri:o] <-ii> *m* ① (*sussurro*) Gemurmel *nt,* Geraune *nt* ② (*di acque, fronde*) Murmeln *nt poet,* Rauschen *nt* ③ (*commento maligno*) Gerede *nt,* Gemunkel *nt*

**moro** ['mɔ:ro] *m* Maulbeerbaum *m*
**moro, -a** I. *agg* ① (*nero*) schwarz ② (*di capelli scuri*) dunkelhaarig, brünett; (*di carnagione scura*) dunkelhäutig II. *m, f* ① (*persona*) Schwarze(r) *f(m)* ② (*di capelli scuri*) dunkelhaarige Person; (*di carnagione scura*) dunkelhäutige Person
**morosa** *f v.* **moroso**
**morosità** [morosi'ta] <-> *f* (JUR) Verzug *m,* Säumigkeit *f* **moroso, -a** [mo'ro:so] *agg* (JUR) säumig
**morsa** ['mɔrsa] *f* Schraubstock *m;* **essere preso in una ~** (*fig*) in die Zange genommen werden *fam* **morsetto** [mor'setto] *m* Zwinge *f,* Klammer *f;* (EL) Klemme *f*
**morsi** ['mɔrsi] *1. pers sing pass rem di* **mordere**
**morsicare** [morsi'ka:re] *vt* ① (*mordere*) beißen [in +*acc*]; (*insetti*) stechen ② (*pungere*) beißen, stechen **morsicatura** [morsika'tu:ra] *f* (*segno di morso*) Biss *m,* Bisswunde *f;* (*segno di puntura d'insetto*) Stich *m*
**morso¹** ['mɔrso] *pp di* **mordere**
**morso²** *m* ① (*il mordere*) Biss *m,* [Zu]beißen *nt* ② (*segno*) Biss *m,* Bisswunde *f;* (*puntura d'insetto*) Stich *m;* (*di serpente*) Biss *m* ③ (*boccone*) Bissen *m* ④ (*di cavallo*) Gebiss *nt*
**morta** *f v.* **morto**
**mortacci** [mor'tattʃi] *int* (*pej*) **i ~ [loro]!** zum Teufel [mit ihnen]!; **~ tua/vostra!** leck/leckt mich!
**mortadella** [morta'dɛlla] *f* Mortadella *f*
**mortaio** [mor'ta:io] <-ai> *m* Mörser *m*
**mortale** [mor'ta:le] *agg* ① (*soggetto a morte*) sterblich ② (*che causa la morte, a. fig*) tödlich; **peccato ~** Todsünde *f;* **salto ~** Salto mortale *m* ③ (*di morte*) Tod[es]-, tödlich; (*di morto*) Toten- **mortalità** [mortali'ta] <-> *f* Sterblichkeit *f* **mortalmente** [mortal'mente] *avv* ① (*in modo mortale*) tödlich ② (*fig: profondamente*) tödlich; (*odiare*) auf den Tod; (*annoiarsi*) zu Tode, tödlich
**mortaretto** [morta'retto] *m* Böller *m*
**morte** ['mɔrte] *f* ① (*cessazione della vita*) Tod *m;* (*di piante, animali*) Eingehen *nt;* **pericolo di ~** Lebensgefahr *f;* **fare una brutta ~** einen schlimmen Tod haben; **condannare a ~ qu** jdn zum Tode verurteilen; **darsi la ~** sich töten, sich das Leben nehmen; **scherzare con la ~** mit dem Leben spielen; **a ~!** Tod!, tötet ihn/sie!; **finché ~ non ci separi** bis dass der Tod uns scheidet; **~ civile** (JUR) Verlust *m* der bürgerlichen Ehrenrechte;

**pena di ~** Todesstrafe *f;* **sentenza di ~** Todesurteil *nt* ❷ (*fig: fine*) Tod *m,* Ende *nt;* **silenzio di ~** Totenstille *f;* **avere la ~ nel cuore** todunglücklich sein; **annoiarsi a ~** (*fam*) sich zu Tode langweilen; **avercela a ~ con qu** (*fam*) jdn wie die Pest hassen

**mortificare** [mortifi'ka:re] I. *vt* (*umiliare*) beschämen, demütigen II. *vr* **-rsi** ❶ (*avvilirsi*) beschämt sein ❷ (REL: *punirsi*) sich kasteien **mortificazione** [mortifikat'tsio:ne] *f* ❶ (*umiliazione*) Demütigung *f* ❷ (REL) Kasteiung *f*

**morto, -a** ['mɔrto] I. *pp di* **morire** II. *m, f* (*persona morta*) Tote(r) *f(m);* (*defunto*) Verstorbene(r) *f(m);* **giorno dei -i** Allerseelen *nt;* **fare il ~** sich tot stellen; **sembrare un ~ che cammina** (*fam*) wie eine wandelnde Leiche aussehen III. *agg* ❶ (*che ha cessato di vivere*) tot ❷ (*fig: inerte*) leblos, [wie] tot; **punto ~** toter Punkt; **stanco ~** (*fam*) todmüde; **fare la mano -a** zudringlich werden ❸ (*fig: civiltà*) untergegangen, versunken; (*lingua, capitale, binario*) tot; (*acqua*) stehend **mortorio** [mor'tɔ:rio] <-i> *m* (*fam*) todlangweilige Sache *f;* **questa città è un ~** in dieser Stadt ist überhaupt nichts los [*o* ist tote Hose *fam*] **mortuario, -a** [mortu'a:rio] <-i, -ie> *agg* Toten-, Leichen-; **la camera -a** das Totenzimmer

**mosaicista** [mozai't∫ista] <-i *m,* -e *f*> *mf* (*artista*) Mosaikkünstler(in) *m(f);* (*operaio*) Mosaikarbeiter(in) *m(f)* **mosaico** [mo'za:iko] <-ci> *m* Mosaik *nt;* **pavimento a ~** Mosaik[fuß]boden *m*

**mosca**[1] ['moska] <-sche> *f* ❶ (*a. fig* ZOO) Fliege *f;* **giocare a ~ cieca** Blindekuh spielen; **essere raro come le -sche bianche** selten sein wie ein weißer Rabe; **fare d'una ~ un elefante** (*fam*) aus einer Mücke einen Elefanten machen; **non far male ad una ~** (*fam*) keiner Fliege etw zuleide tun, gutmütig sein; **non si sente volare una ~** (*fig*) es ist totenstill; **gli salta la ~ al naso** (*fam fig*) ihm reißt der Geduldsfaden; **zitto e ~!** (*fam*) Ruhe!, kein Wort [mehr]! ❷ (*fig: persona noiosa*) Quälgeist *m fam*

**mosca**[2] I.<inv> *agg* **peso ~** Fliegengewicht *nt* II.<-> *m* Fliegengewicht *nt,* Fliegengewichtler *m*

**Mosca** ['moska] *f* Moskau *nt*

**moscaio** [mos'ka:io] <-ai> *m* Fliegenschwarm *m*

**moscardino** [moskar'di:no] *m* (ZOO: *roditore*) Haselmaus *f*

**moscatello** [moska'tɛllo] *m* Muskateller *m*
**moscato** [mos'ka:to] *m* Muskateller *m*
**moscato, -a** *agg* ❶ (*uva*) Muskateller- ❷ (*noce*) Muskat-
**moscerino** [mo∫∫e'ri:no] *m* Taufliege *f,* kleine Fliege
**moschea** [mos'kɛ:a] *f* Moschee *f*
**moschettiere** [mosket'tiɛ:re] *m* ❶ (MIL) Musketier *m;* **i tre -i** die drei Musketiere ❷ (SPORT) Spieler in der italienischen Fußballnationalmannschaft **moschetto** [mos'ketto] *m* Karabiner *m;* (HIST) Muskete *f* **moschettone** [mosket'to:ne] *m* Karabiner[haken] *m*
**moschicida** [moski't∫i:da] <-i> I. *m* Fliegengift *nt* II. *agg* Fliegen[gift]-
**moscio, -a** ['mo∫∫o] <-sci, -sce> *agg* schlapp, schlaff; **cappello ~** Schlapphut *m;* **un tipo ~** ein Schlaffi *m sl*
**moscone** [mos'ko:ne] *m* ❶ (ZOO) große Fliege, Brummer *m fam* ❷ (*fam fig: corteggiatore*) Verehrer *m* ❸ (*pattino*) Ruderboot *nt*
**Mosella** [mo'zɛlla] *f* Mosel *f*
**mossa** ['mɔssa] *f* ❶ (*movimento*) Bewegung *f* ❷ (*movenza*) Geste *f,* Gebärde *f* ❸ (MIL) Manöver *nt* ❹ (*nel gioco, a. fig*) Zug *m*
**mossi** ['mɔssi] *1. pers sing pass rem di* **muovere**
**mosso, -a** ['mɔsso] I. *pp di* **muovere** II. *agg* ❶ (*agitato*) bewegt ❷ (*ondulato*) gewellt ❸ (MUS) lebhaft, mosso
**mostarda** [mos'tarda] *f* ❶ (*salsa*) Senfsoße *f* ❷ (*frutta*) **~ di Cremona** Früchte in Senfsirup
**mosto** ['mosto] *m* [Trauben]most *m*
**mostra** ['mostra] *f* ❶ (*d'arte*) Ausstellung *f;* **~ fotografica** Bilderausstellung *f* ❷ (COM) Messe *f* ❸ (*fig: sfoggio*) Schau *f,* Zurschaustellung *f;* **mettere in ~ qc** (*fig*) etw zur Schau stellen ❹ (*fig: finta*) [äußerer] Schein *m,* Anschein *m;* **far ~ di** +*inf* den Anschein erwecken, etw zu tun ❺ (*vetrina*) Auslage *f*
**mostrare** [mos'tra:re] I. *vt* ❶ (*far vedere*) zeigen; (*per controllo*) [vor]zeigen; **~ i denti** (*fig*) die Zähne zeigen *fam* ❷ (*fingere*) vortäuschen, heucheln II. *vr* **-rsi** sich zeigen
**mostriciattolo** [mostri't∫attolo] *m* (*fam*) kleines Monster
**mostrina** [mos'tri:na] *f* Kragenspiegel *m*
**mostro** ['mostro] *m* ❶ (*creatura fantastica*) Monstrum *nt,* Ungeheuer *nt;* (*a. fig*) Scheusal *nt* ❷ (*scherz: portento*) **essere un ~ di qc** ein Ausbund an etw *dat* sein

**mostruosità** [mostruosi'ta] <-> f Monstrosität f **mostruoso, -a** [mostru'o:so] agg ① (*orrendo*) scheußlich ② (*eccezionale*) ungeheuer[lich]
**mota** ['mɔ:ta] f Schlamm m
**motel** [mo'tɛl] <-> m Motel nt
**motivare** [moti'va:re] vt ① (*causare*) verursachen ② (*precisare il motivo*) begründen ③ (PSIC) motivieren **motivazione** [motivat'tsio:ne] f ① (*esposizione delle ragioni*) Begründung f ② (PSIC) Motivation f
**motivo** [mo'ti:vo] m ① (*ragione*) Motiv nt, [Beweg]grund m, Ursache f; **aver ~ di** [o **per**] ... **+inf** Grund haben zu ... +inf; **dar ~ di** Anlass geben zu; **per -i di famiglia/salute** aus familiären/gesundheitlichen Gründen ② (MUS, LIT) Thema nt, Motiv nt; **~ conduttore** Leitmotiv nt ③ (*canzone*) Melodie f, [Musik]stück nt ④ (*decorazione*) Muster nt
**moto**¹ ['mɔ:to] m (*gener* HIST, POL) Bewegung f; **avverbi di ~** Ortsadverbien ntpl der Bewegung; **con ~** (MUS) mit Bewegung, etwas beschleunigt; **fare** [**del**] **~** sich dat Bewegung verschaffen; **essere in ~** in Bewegung sein; (MOT) in Gang sein; **mettere in ~** in Gang setzen; **mettersi in ~** sich in Bewegung setzen; (*fig*) in Gang kommen
**moto**² <-> f (*motocicletta*) Motorrad nt; **~ d'acqua** Seascooter m
**motobarca** [moto'barka] <-che> f kleines Motorboot
**motocarro** [moto'karro] m dreirädriger Kastenwagen, Dreirad nt
**motocarrozzetta** [motokarrot'tsetta] f Motorrad nt mit Beiwagen, Beiwagenmaschine f
**motocicletta** [motot ʃi'kletta] f Motorrad nt
**motociclismo** [motot ʃi'klizmo] m Motorradsport m **motociclista** [motot ʃi'klista] mf Motorradfahrer(in) m(f) **motociclistico, -a** [motot ʃi'klistiko] agg Motorrad-; (SPORT) Motorrad[sport]- **motociclo** [moto't ʃi:klo] m Motorrad nt
**motocross** [moto'krɔs] <-> m Motocross nt **motocrossista** [motokros'sista] <-i m, -e f> mf Motocross-Fahrer(in) m(f)
**motodromo** [mo'tɔ:dromo] m Motodrom nt **motofalciatrice** [motofalt ʃa'tri:t ʃe] f Mähmaschine f **motofurgone** [motofur'go:ne] m dreirädriger Lieferwagen m, Dreirad nt
**motonave** [moto'na:ve] f Motorschiff nt
**motopeschereccio** [motopeske'rett ʃo] m Fischkutter m

**motopompa** [moto'pompa] f Motorpumpe f **motopropulsore** [motopropul'so:re] I. agg Antriebs-; **gruppo ~** Antriebsaggregat nt, Triebwerk nt II. m Antriebsmotor m, Triebwerk nt **motoraduno** [motora'du:no] m Motorradfahrertreffen nt
**motorboat** ['moutə'bout] <-> m (NAUT) Motorboot nt
**motorcaravan** [moutəkærə'væn o mɔtor'karavan] <-> m (MOT) Campingbus m
**motore** [mo'to:re] m ① (TEC) Motor m, Antrieb m; **~ a benzina** Benzinmotor m; **~ ad iniezione diretta** Motor m mit Direkteinspritzung; **~ a scoppio** Verbrennungsmotor m; **~ Diesel** Dieselmotor m ② (*fig: movente*) Motor m, Triebfeder f ③ (INFORM) **~ di ricerca** Suchmaschine f
**motore, -trice** agg ① (TEC) Antriebs-, Trieb- ② (*nervi*) Bewegungs-
**motoretta** [moto'retta] f (*fam*) [Motor]roller m
**motorhome** ['moutəhoum] <-> m (MOT) Wohnmobil nt
**motorino** [moto'ri:no] m ① (*fam: ciclomotore*) Mofa nt, Moped nt, Mokick nt ② (TEC) Kleinmotor m, kleiner Motor; **~ d'avviamento** Anlasser m, Starter m
**motorio, -a** [mo'tɔ:rio] <-i, -ie> agg Bewegungs-, motorisch **motorismo** [moto'rizmo] m Motorsport m **motorista** [moto'rista] <-i> m Maschinist m **motoristico, -a** [moto'ristiko] <-ci, -che> agg Motorsport- **motorizzare** [motorid'dza:re] I. vt motorisieren II. vr **-rsi** (*fam*) sich motorisieren **motorizzazione** [motoriddzat'tsio:ne] f Motorisierung f; **Ispettorato della ~** Straßenverkehrsamt nt
**motorscooter** ['moutəsku:tə] m [Motor]roller m
**motoscafo** [motos'ka:fo] m Motorboot nt
**motosega** [moto'se:ga] <-ghe> f Motorsäge f
**motovedetta** [motove'detta] f Patrouillenboot nt, Wachboot m
**motoveicolo** [motove'i:kolo] m Motorfahrzeug nt
**motovelodromo** [motove'lɔ:dromo] m Motorradrennbahn f
**motozappa** [moto'tsappa] f (TEC) Motorhacke f
**motrice** [mo'tri:t ʃe] f ① (*di autotreno*) Sattelschlepper m ② (TEC: *macchina*) Zugmaschine f ③ (FERR) Triebwagen m
**motteggiare** [motted'dʒa:re] vi witzeln, scherzen **motteggiatore** [mot-

teddʒa'toːre] I. <-trice> m, f Spötter(in) m(f) II. agg spöttisch **motteggio** [mot'teddʒo] <-ggi> m Spott m, Spöttelei f
**mottetto** [mot'tetto] m ❶ (MUS) Motette f ❷ (LIT) Volksweisheit f
**motto** ['mɔtto] m (detto arguto) Witz m, Schmäh m A; (detto sentenzioso) Wahlspruch m, Motto nt; (massima) Wahlspruch m, Devise f; (slogan pubblicitario) Werbeslogan m, Werbespruch m
**mountain-bike** ['mauntin 'baik] <-> f Mountainbike nt
**mouse** [maus] <-> m (INFORM) Maus f; **tappetino per il ~** Mauspad nt, Mousepad nt
**mouse pad** ['maus pɛd] <-> m (INFORM) Mauspad nt, Mousepad nt
**mousse** [mus] <-> f Mousse f
**moutonné** [mutɔ'ne] <inv> agg **velluto ~** Kordsamt m
**movente** [mo'vɛnte] m Beweggrund m
**movenza** [mo'vɛntsa] f ❶ (atteggiamento) Bewegung f ❷ (fig: andamento) Tendenzen fpl
**movil**® [mo'vil] <-> m Synthetikgewebe aus PVC
**movimentare** [movimen'taːre] vt beleben, in Schwung bringen **movimentazione** [movimentat'tsjone] f Warenumschlag m **movimentista** [movimen'tista] <-i m, -e f> I. mf (POL) Befürworter(in) m(f) von Bürgerinitiativen II. agg Bürgerinitiativen unterstützend
**movimento** [movi'mento] m ❶ (mossa, moto) Bewegung f; **mettersi in ~** sich in Bewegung setzen ❷ (MIL) Bewegung f, Verschiebung f ❸ (FERR, FIN, COM) Verkehr m ❹ (MUS) Tempo nt ❺ (corrente, POL) Bewegung f ❻ (TEC) Antrieb m; (meccanismo) Werk nt, Mechanik f
**moviola** [mo'vjɔːla] f Schneidetisch m
**mozambicano, -a** [motsambi'kaːno] I. agg mosambikanisch II. m, f (abitante) Mosambikaner(in) m(f)
**mozione** [mot'tsjoːne] f Antrag m, Motion f CH; **~ di fiducia** Vertrauensantrag m; **~ di sfiducia** Misstrauensantrag m
**mozzafiato** [mottsa'fjaːto] <inv> agg (fam) atemberaubend
**mozzare** [mot'tsaːre] vt ❶ (recidere) abschneiden, abschlagen ❷ (fig: interrompere) abbrechen; **da ~ il fiato** den Atem berauben
**mozzarella** [mottsa'rɛlla] f Mozzarella m (Frischkäse aus Büffel- oder Kuhmilch); **~ in carrozza** Käse- und Brotscheiben, die zusammen paniert und frittiert werden

**mozzicone** [mottsi'koːne] m Stumpf m; (di sigaretta) Stummel m
**mozzo** ['mottso] m (marinaio) Schiffsjunge m
**mozzo, -a** agg ❶ (reciso) abgeschnitten, abgeschlagen ❷ (fig: mutilo) verstümmelt, verkürzt
**ms., MS.** abbr di **manoscritto** Ms., Mskr.
**M.S.** abbr di **Movimento Studentesco** Studentenbewegung Ende der 60er-Jahre
**MSI-DN** m abbr di **Movimento Sociale Italiano – Destra Nazionale** italienische neofaschistische Partei
**mucca** ['mukka] <-cche> f Kuh f; **~ pazza** (fam) an BSE erkranktes Rind
**mucchio** ['mukkjo] <-cchi> m Haufen m, Menge f; **a -cchi** haufenweise fam
**muco** ['muːko] <-chi> m Schleim m
**mucosa** [mu'koːsa] f Schleimhaut f
**mucoso, -a** [mu'koːso] agg schleimig; (ANAT) Schleim-
**muda** ['muːda] f Mauser f
**muffa** ['muffa] f ❶ Schimmel m; **fare la ~** schimm[e]lig werden, schimmeln ❷ (fig: abbandono, inattività) Muff m fam
**muffin** ['mʌffin] <-> m Muffin m; **piccolo ~** Cupcake m **muffire** [muf'fiːre] <muffisco> vi essere schimmeln; (a. fig) verschimmeln
**muffola** [muffola] f ❶ (SPORT: guanto) Fausthandschuh m ❷ (TEC: di forno) Muffel f ❸ (EL) [Kabel]muffe f
**muflone** [mu'floːne] m Mufflon m
**mugghiare** [mug'gjaːre] vi ❶ (bue) muhen, brüllen ❷ (fig: mare, vento) heulen
**mugghio** ['muggjo] <-gghi> m ❶ (di bue) Muhen nt, Brüllen nt ❷ (fig: di mare, vento) Heulen nt
**muggine** ['muddʒine] m Meeräsche f
**muggire** [mud'dʒiːre] <muggisco> vi ❶ (bovino) muhen, brüllen ❷ (fig: mare, vento) heulen **muggito** [mud'dʒiːto] m ❶ (di bovino) Muhen nt, Brüllen nt ❷ (di mare, vento) Heulen nt
**mughetto** [mu'getto] m ❶ (BOT) Maiglöckchen nt ❷ (MED) Soor m
**mugnaio, -a** [muɲ'ɲaːjo] <-i, -ie> m, f Müller(in) m(f)
**mugo** ['muːgo] <-ghi> m Latschenkiefer f
**mugolare** [mugo'laːre] I. vi ❶ (cane) winseln ❷ (fig: vento) heulen ❸ (persona) stöhnen II. vt brumme[l]n, murmeln **mugolio** [mugo'liːo] <-ii> m Gewinsel nt, Winseln nt
**mugugnare** [muguɲ'ɲaːre] vi brummen, knurren **mugugno** [mu'guɲɲo] m Gebrumme[l] nt

**mulatta** *f v.* **mulatto**
**mulattiera** [mulatˈtiɛːra] *f* Saumpfad *m*, Maultierpfad *m*
**mulatto, -a** [muˈlatto] I. *m, f* Mulatte *m/* Mulattin *f* II. *agg* Mulatten-
**muliebre** [muˈliːebre] *agg* weiblich, Frauen-
**mulinare** [muliˈnaːre] I. *vt avere* ① (*macchinare*) sich ausdenken, aushecken *fam* ② (*girare*) herumwirbeln, wirbeln II. *vi essere* wirbeln
**mulinello** [muliˈnɛllo] *m* ① (*moto vorticoso*) Wirbel *m* ② (*di canna da pesca*) Rolle *f* ③ (NAUT) Ankerwinde *f* ④ (*ventilatore*) Ventilator *m*, Lüfter *m*
**mulino** [muˈliːno] *m* Mühle *f;* ~ **ad acqua** Wassermühle *f;* ~ **a vento** Windmühle *f;* **tirare** [*o* **portare**] **acqua al proprio** ~ (*fig*) immer zuerst für sich selbst sorgen
**mulo** [ˈmuːlo] *m* Maultier *nt*, Maulesel *m;* **ostinato come un** ~ störrisch wie ein Esel
**multa** [ˈmulta] *f* ① (*pena*) Geldstrafe *f* ② (*ammenda*) Verwarnungs-, Bußgeld *nt*
**multare** [mulˈtaːre] *vt* mit einer Geldstrafe belegen
**multi-access** [ˈmʌltiˈækses] <inv> *agg* mit vielfältigen Zugriffsmöglichkeiten
**multiaccessoriato, -a** [multiattʃessoˈriːato] *agg* (AUTO) mit allen Extras
**multicanale** [multikaˈnaːle] <inv> *agg* Mehrkanal-
**multicapsulare** [multikapsuˈlaːre] *agg* (BOT) Vielkapsel-
**multicellulare** [multitʃelluˈlaːre] *agg* (BIOL) vielzellig; **organismo** ~ Vielzeller *m*
**multicentrico, -a** [multiˈtʃɛntriko] <-ci, -che> *agg* dezentral, mit vielen Zentren
**multicolore** [multikoˈloːre] *agg* bunt, vielfarbig
**multicomponente** [multikompoˈnɛnte] *agg* (SCIENT) Mehrkomponenten-
**multiculturale** [multikultuˈraːle] *agg* multikulturell, Multikulti- *fam* **multiculturalismo** [multikultuˈrizmo] *m* multikulturelle Zugehörigkeit
**multidisciplinare** [multidiʃʃipliˈnaːre] *agg* fachübergreifend, multidisziplinär **multidisciplinarità** [multidiʃʃiplinariˈta] <-> *f* multidisziplinärer Charakter
**multietnico, -a** [multiˈɛtniko] <-ci, -che> *agg* multiethnisch, Völker-
**multifattoriale** [multifattoˈriːale] *agg* multifaktoriell, mit verschiedenen Ursachen
**multiflash** [muliˈflæʃ] <inv> *agg* (FOTO) Mehrfachblitz-
**multifocale** [multifoˈkaːle] *agg* (TEC) mit mehreren Brennpunkten

**multiforme** [multiˈforme] *agg* ① (*vario, molteplice*) vielfältig, vielgestaltig ② (*versatile*) vielseitig
**multifunzionale** [multifuntsioˈnaːle] *agg* multifunktional, Multifunktions- **multifunzionalità** [multifuntsionaliˈta] <-> *f* Funktionsvielfalt *f* **multifunzione** [multifuntˈsioːne] <inv> *agg* multifunktional
**multigrade** [ˈmʌltigreid] <inv> *agg* **olio** ~ Mehrbereichsöl *nt*
**multilaterale** [multilateˈraːle] *agg* mehrseitig; (*a. fig*) multilateral **multilateralismo** [multilateraˈlizmo] <-> *m* multilaterale Beziehungen *fpl* **multilateralità** [multilateraliˈta] <-> *f* multilateraler Charakter
**multilingue** [multiˈliŋɡue] <inv> *agg* mehrsprachig, polyglott **multilinguismo** [multiliŋˈɡuizmo] *m* Mehrsprachigkeit *f*
**multimedia** [multiˈmɛːdia] <inv> *agg* Multimedia- **multimediale** [multimɛˈdiaːle] *agg* (INFORM) multimedial; **enciclopedia** ~ multimediales Lexikon **multimedialità** [multimɛdialiˈta] <-> *f* (INFORM, TEL) Multimedia *nt*
**multimetro** [multiˈmɛːtro] *m* (TEC) Vielfachmessgerät *nt*, Vielfachmessinstrument *nt*
**multimilionario, -a** [multimilioˈnaːrio] <-i, -ie> I. *m, f* Multimillionär(in) *m(f)* II. *agg* millionenschwer *fam*
**multimmagine** [multimˈmaːdʒine] <inv> *agg* (TEC, TV) mit Bildfeldzerleger
**multimodale** [multimoˈdaːle] *agg* auf verschiedene Art und Weise; **trasporto** ~ Beförderung mit wechselnden Transportmitteln
**multimodo, -a** [multiˈmɔːdo] *agg* (OPT) Multimode-
**multinazionale** [multinattsioˈnaːle] I. *f* multinationales Unternehmen II. *agg* multinational
**multinomiale** [multinoˈmiaːle] *agg* (*in statistica*) Multinomial-
**multipartitico, -a** [multiparˈtiːtiko] <-ci, -che> *agg* (POL) Mehrparteien-; **sistema** ~ Mehrparteiensystem *nt* **multipartitismo** [multipartiˈtizmo] *m* (POL) Mehrparteiensystem *nt*
**multipiano** [multiˈpiaːno] <inv> *agg* mehrstöckig, Etagen-; **un parcheggio** ~ ein mehrstöckiges Parkhaus
**multiplazione** [multiplatˈtsioːne] *f* (TEL) Multiplexbetrieb *m*
**multiplex** [multiˈplɛks] <-> *m* (TEL, INFORM) Multiplexing *nt* **multiplexer** [multiˈplɛkser] <-> *m* (INFORM) Multiplexer *nt*

**multiplo** ['multiplo] *m* Vielfache(s) *nt*; **il minimo comune ~** (MAT) das kleinste gemeinsame Vielfache
**multiplo, -a** *agg* mehrfach, vielfach; **presa -a** Mehrfachsteckdose *f*
**multipolare** [multipo'la:re] *agg* mehrpolig **multipolarità** [multipolari'ta] <-> *f* ① (PHYS) Mehrpoligkeit *f* ② (*compresenza di più centri di potere*) dezentrale Machtverteilung
**multiprocessing** [mʌlti'prousesiŋ] <-> *m* (INFORM) Multiprozessorbetrieb *m*
**multiprogrammazione** [multiprogrammat'sio:ne] *f* (INFORM) Multiprogramming *nt*, Multiprogrammierung *f*
**multiproprietà** [multiproprie'ta] <-> *f* (JUR) gemeinschaftlicher Immobilienbesitz **multiproprietario, -a** [multiproprie'ta:rio] <-i, -ie> *agg* (JUR) gemeinschaftlich besitzend, mitbesitzend; **assetto ~** Ausrüstung aus Gemeinschaftsbesitz
**multirazziale** [multirat'tsia:le] *agg* Vielvölker-; **società ~** multikulturelle [*o* multiethnische] Gesellschaft
**multiruolo** [multi'zuɔ:lo] <inv> *agg* mit vielen Aufgaben [*o* Rollen]
**multisala** [multi'sa:la] I.<inv> *agg* mit mehreren Kinosälen II.<-> *f* (FILM) Kinozentrum *nt*, Multiplexkino *nt*
**multiscafo** [multi'ska:fo] I.<-> *m* (NAUT) Mehrdecker *m* II.<inv> *agg* mit geteiltem Bootsrumpf
**multisecolare** [multiseko'la:re] *agg* jahrhundertealt
**multistadio** [multi'sta:dio] <inv> *agg* (AERO) mehrstufig
**multistrato** [multi'stra:to] <inv> *agg* (TEC) Schichtholz-; **pannello ~** Schichtholzplatte *f*
**multiuso** [multi'u:zo] <inv> *agg* Vielzweck-, Mehrzweck-; **dispositivo ~** Mehrzweckgerät *nt*
**multiutenza** [multiu'tɛntsa] *f* vielseitige Anwendungsmöglichkeiten *fpl*, vielseitige Nutzung; **~ telefonica** vielseitige Telefonnutzung
**multivideo** [multi'vi:deo] I.<-> *m* (TEC, FILM) Multivisionswand *f* II.<inv> *agg* Multivisions-; **schermo ~** Multivisionswand *f*
**multivisione** [multivi'zio:ne] *f* (TEC, FILM) Multivision *f*
**multivoltino, -a** [multivɔl'ti:no] *agg* (ZOO) mit mehreren Würfen im Jahr
**mummia** ['mummia] <-ie> *f* ① (*cadavere imbalsamato*) Mumie *f* ② (*sl fig: persona vecchia*) Scheintote(r) *f(m)* **mummificare** [mummifi'ka:re] I.*vt* mumifizieren II.*vr* **-rsi** (*fam: fossilizzarsi spiritualmente*) verkalken; (*rinsecchirsi*) verknöchern **mummificazione** [mummifikat'tsio:ne] *f* Mumifizierung *f*
**mungere** ['mundʒere] <mungo, munsi, munto> *vt* ① (*mucca, capra*) melken ② (*sl: sfruttare*) ausnehmen *fam*, melken *fam* **mungitore, -trice** [mundʒi'to:re] *m, f* Melker(in) *m(f)* **mungitrice** [mundʒi'tri:tʃe] *f* Melkmaschine *f*, Melkanlage *f* **mungitura** [mundʒi'tu:ra] *f* Melken *nt*
**municipale** [munitʃi'pa:le] *agg* Stadt-, Gemeinde-; **consiglio ~** Gemeinderat *m*; **palazzo ~** Rathaus *nt* **municipalismo** [munitʃipa'lizmo] *m* Lokalpatriotismus *m*, Kirchturmpolitik *f* **municipalizzare** [munitʃipalid'dza:re] *vt* kommunalisieren **municipalizzazione** [munitʃipaliddzat'tsio:ne] *f* Kommunalisierung *f*
**municipio** [muni'tʃi:pio] <-i> *m* ① (*amministrazione*) Stadt|verwaltung| *f*, Gemeinde|verwaltung| *f* ② (*sede*) Rathaus *nt*; **sposarsi in ~** standesamtlich heiraten
**munificenza** [munifi'tʃɛntsa] *f* (*poet*) Hochherzigkeit *f geh*, Generosität *f geh* **munifico, -a** [mu'ni:fiko] <-ci, -che> *agg* (*poet*) generös *geh*, hochherzig *geh*
**munire** [mu'ni:re] <munisco> I.*vt* **~ qu/qc di qc** jdn/etw mit etw versehen II.*vr* **-rsi di qc** (*procurarsi*) sich mit etw ausrüsten; **-rsi contro qc** (*premunirsi*) sich gegen etw wappnen
**munito, -a** [mu'ni:to] *agg* ① (*fortificato*) befestigt ② (*fig: dotato*) **essere ~ di qc** mit etw ausgestattet sein; **essere ~ di biglietto** einen Fahrschein besitzen ③ (*fig: negli annunci funebri*) erhalten haben
**munizioni** [munit'tsio:ni] *fpl* Munition *f*
**munsi** ['munsi] *1. pers sing pass rem di* **mungere**
**munto** ['munto] *pp di* **mungere**
**muoio** ['muɔ:io] *1. pers sing pr di* **morire**
**muovere** ['muɔ:vere] <muovo, mossi, mosso> I. *vt avere* ① (*spostare*) bewegen; (*coda*) wedeln mit; (*pedina*) vorrücken, ziehen; **~ i primi passi** die ersten Schritte machen; **non ~ un dito** (*fam fig*) keinen Finger rühren ② (*mettere in moto*) in Bewegung setzen ③ (*suscitare*) erregen, hervorrufen ④ (*sollevare*) vorbringen, erheben ⑤ (*spingere*) bringen, treiben II. *vi essere* ① (*partire*) **~ da** abgehen von ② (*andare*) **~ incontro a qu** jdm entgegengehen ③ (*fig: derivare*) **~ da qc** von

**muraglia** [muˈraʎʎa] <-glie> *f* (*fig*) Mauer *f* **muraglione** [muraʎˈʎoːne] *m* Schutzmauer *f*

**murale** [muˈraːle] *agg* Mauer-; (*carta, giornale, pittura*) Wand-

**murales** [muˈrales] *mpl* (KUNST) Murales *mpl,* Wandmalerei *f* **muralismo** [muraˈlizmo] *m* (KUNST) Wandmalerei *f,* Deckenmalerei *f*

**murare** [muˈraːre] I. *vt* mauern; (*chiudere*) zumauern; (*conficcare*) einmauern II. *vr* **-rsi** (*fig*) sich abkapseln **murario, -a** [muˈraːrio] <-i, -ie> *agg* ❶ (*di muratura*) Mauer-, gemauert ❷ (*di muratore*) Maurer- **muratore** [muraˈtoːre] *m* ❶ (*operaio*) Maurer *m* ❷ (*fig: massone*) [Frei]maurer *m* **muratura** [muraˈtuːra] *f* ❶ (*costruzione*) Mauerwerk *nt,* Mauer *f* ❷ (*il murare*) Mauern *nt,* Mauerung *f*

**murena** [muˈrɛːna] *f* Muräne *f*

**muriatico, -a** [muˈriaːtiko] <-ci, -che> *agg* **acido ~** Salzsäure *f*

**muricciolo** [muritˈtʃɔːlo] *m* Einfassungsmauer *f,* Grenzmauer *f;* (*del giardino*) Gartenmauer *f*

**muro**[1] [ˈmuːro] <*pl*: **-a** *f*> *m* (*cinta difensiva*) Mauer *f;* **~ di cinta** Ringmauer *f,* Einfriedungsmauer *f;* **chiudersi fra quattro -a** (*fig*) sich in die eigenen vier Wände zurückziehen

**muro**[2] *m* (*parete*) Mauer *f;* (*fig*) Wand *f;* **~ divisorio** Trenn-, Zwischenwand *f;* **~ maestro** tragende Wand; **~ del pianto** Klagemauer *f;* **armadio a ~** Wand-, Einbauschrank *m;* **mettere qu al ~** (*fig*) jdn an die Wand stellen; **parlare al ~** (*fam fig*) gegen eine Wand reden; **sbattere la testa contro il ~** (*fig*) mit dem Kopf durch die Wand wollen; **è scritto anche sui -i** (*fig*) das pfeifen die Spatzen von den Dächern; **è come urtare contro il ~** da beißt man auf Granit

**musa** [ˈmuːza] *f* ❶ (*dea*) Muse *f* ❷ (*poet: ispirazione*) Muse *f,* Musenkuss *m;* (*fig: poeta*) Dichter *m,* von der Muse Geküsste(r) *f(m) scherz*

**muschiato, -a** [musˈkiaːto] *agg* Moschus-, moschus-; **topo ~** (ZOO) Bisamratte *f*

**muschio** [ˈmuskio] <-schi> *m* ❶ (BOT) Moos *nt* ❷ (*secrezione*) Moschus *m*

**musco** [ˈmusko] *m* (BOT) *v.* **muschio**

**muscolare** [muskoˈlaːre] *agg* muskulär, Muskel- **muscolatura** [muskolaˈtuːra] *f* Muskulatur *f*

**muscolo** [ˈmuskolo] *m* ❶ (ANAT) Muskel *m* ❷ (*sett: cozza*) Miesmuschel *f* **muscoloso, -a** [muskoˈloːso] *agg* muskulös

**muscoso, -a** [musˈkoːso] *agg* bemoost, moosbedeckt

**museificare** [muzɛifiˈkaːre] *vt* ❶ (*collocare qc in un museo*) im Museum ausstellen ❷ (*rendere un luogo simile a un museo*) in ein Museum verwandeln ❸ (*fig: togliere vivacità a qc*) überladen

**museificazione** [muzɛifikatˈsioːne] *f* ❶ (*collocazione di qc in un museo*) Ausstellung *f* im Museum ❷ (*fig: imbalsamazione*) Ausstopfen *nt,* Präparierung *f* [von Ausstellungsstücken]

**museo** [muˈzɛːo] *m* Museum *nt;* **pezzo da ~** (*fig*) Museumsstück *nt fam* **museologo, -a** [muzɛˈɔlogo] <-gi, -ghe> *m, f* Museumsfachkraft *f*

**museruola** [muzeˈrwɔːla] *f* Maulkorb *m;* **mettere la ~ a qu** (*fig*) jdm einen Maulkorb anlegen *fam*

**musica** [ˈmuːzika] <-che> *f* ❶ (*gener*) Musik *f;* **~ da camera** Kammermusik *f;* **~ di fondo** Hintergrundmusik *f;* **carta da ~** Notenpapier *nt;* **far ~** Musik machen, musizieren; **leggere la ~** Noten lesen; **mettere in ~** vertonen; **le sue parole sono ~ per le mie orecchie** seine [o ihre] Worte sind Musik in meinen Ohren; **è sempre la solita ~** (*fam*) es ist immer dasselbe Lied ❷ (*singolo componimento*) Musikstück *nt,* Musik *f* ❸ (*fam: banda*) Musik *f,* Musikkapelle *f* **musicabile** [muziˈkaːbile] *agg* vertonbar

**musical** [ˈmjuːzikəl] <-> *m* Musical *nt*

**musicale** [muziˈkaːle] *agg* ❶ (*di musica*) Musik-, musikalisch ❷ (*portato per la musica*) musikalisch ❸ (*armonioso*) musikalisch, klangvoll **musicalità** [muzikaliˈta] <-> *f* Klangfülle *f,* Musikalität *f*

**musicante** [muziˈkante] I. *mf* (*a. pej*) Musikant(in) *m(f)* II. *agg* musizierend **musicare** [muziˈkaːre] *vt* in Musik setzen, vertonen

**musicassetta** [muzikasˈsetta] *f* Musikkassette *f*

**music hall** [ˈmjuːzik hɔːl] <-> *m* Varietee *nt*

**musicista** [muziˈtʃista] <-i *m,* -e *f*>

*mf* ❶ (*compositore*) Komponist(in) *m(f)* ❷ (*esecutore*) Musiker(in) *m(f)*
**musicologia** [muzikolo'dʒi:] *f* Musikwissenschaft *f*
**musicoterapia** [muzikotera'pi:a] *f* Musiktherapie *f*
**muso** ['mu:zo] *m* ❶ (*di animale*) Schnauze *f*, Maul *nt* ❷ (*fig, pej: di persona*) Schnauze *f vulg*, Maul *nt vulg*; (*broncio*) Schnute *f fam*, Flappe *f fam*; (*faccia*) Visage *f fam*; **a ~ duro** (*fig*) kaltschnäuzig *fam*; **avere** [*o* **fare**] [*o* **tenere**] **il ~** (*fam*) eine Schnute ziehen, schmollen; **rompere** [*o* **spaccare**] **il ~ a qu** (*sl*) jdm eins auf die Schnauze hauen *fam*, jdm die Fresse polieren *vulg* ❸ (*fig: di auto*) Schnauze *f fam*; (*di aereo*) Nase *f* **musone** [mu'zo:ne] *m, f* (*fam*) Miesepeter *m*, Sauertopf *m* **musoneria** [muzone'ri:a] <-ie> *f* (*fam*) Miesepetrigkeit *f*, Sauertöpfischkeit *f*

**mussare** [mus'sa:re] *vi* moussieren
**mussola** ['mussola] *f* Musselin *m*
**mussulmano** [mussul'ma:no] *m v.* **musulmano**
**mustacchi** [mus'takki] *mpl* Schnauzbart *m*, [großer] Schnurrbart *m*
**musulmano, -a** [musul'ma:no] I. *agg* muselmanisch; (*islamico*) moslemisch II. *m, f* Moslem *m*/Moslime *f*
**muta** ['mu:ta] *f* ❶ (*di uccelli*) Mauser *f*; (*di rettili, insetti*) Häutung *f* ❷ (SPORT) Taucheranzug *m* ❸ (MIL) Ablösung *f* ❹ (*di cani*) [Hunde]meute *f*
**mutabile** [mu'ta:bile] *agg* veränderlich
**mutamento** [muta'mento] *m* ❶ (*cambiamento*) [Ver]änderung *f* ❷ (*trasformazione*) Wandel *m*, Wechsel *m*
**mutande** [mu'tande] *fpl* Unterhose *f*
**mutandine** [mutan'di:ne] *fpl* ❶ (*indumento femminile*) Schlüpfer *m*, Slip *m* ❷ (*calzoncini da bagno*) Badehose *f*
**mutare** [mu'ta:re] I. *vt avere* [ver]ändern, wechseln II. *vi, vr* **-rsi** sich verwandeln, sich verändern **mutazione** [mutat'tsio:ne] *f* ❶ (*cambiamento*) Wechsel *m*, Veränderung *f* ❷ (BIOL) Mutation *f*
**mutevole** [mu'te:vole] *agg* veränderlich, wechselhaft; (*a. pej*) unbeständig **mutevolezza** [mutevo'lettsa] *f* Unbeständigkeit *f*, Wechselhaftigkeit *f*
**mutilare** [muti'la:re] *vt* verstümmeln; (*a. fig*) entstellen **mutilato, -a** [muti'la:to] I. *m, f* Versehrte(r) *f(m)*, Körperbeschädigte(r) *f(m)*; **~ di guerra** Kriegsversehrte(r) *m* II. *agg* versehrt; (*a. fig*) verstümmelt **mutilazione** [mutilat'tsio:ne] *f* Verstümmelung *f*; (*a. fig*) Entstellung *f* **mutilo, -a** ['mu:tilo] *agg* (*poet*) verstümmelt
**mutismo** [mu'tizmo] *m* ❶ (MED) Stummheit *f* ❷ (*silenzio*) Schweigen *nt*, Schweigsamkeit *f*
**muto** ['mu:to] *m* Stummfilm *m*
**muto, -a** I. *agg* (MED, LING) stumm; (*per lo stupore*) sprachlos; **cinema ~** Stummfilm *m*; **fare scena -a** (*fig*) kein Wort hervorbringen; **essere ~ come un pesce** stumm sein wie ein Fisch II. *m, f* Stumme(r) *f(m)*
**mutua** ['mu:tua] *f* (ADM) Versicherungsträger *m*; **cassa ~ malattia** Krankenkasse *f*; **essere in ~** krankgeschrieben sein; **mettersi in ~** sich krankschreiben lassen **mutualistico, -a** [mutua'listiko] <-ci, -che> *agg* (ADM) [Sozial]versicherungs- **mutuante** [mutu'ante] I. *agg* Darlehens-, Kredit- II. *mf* Darlehens-, Kreditgeber *m* **mutuare** [mutu'a:re] *vt* (FIN) [als Darlehen] aufnehmen **mutuata** *f v.* **mutuato** **mutuatario, -a** [mutua'ta:rio] <-i, -ie> *m, f* Darlehens-, Kreditnehmer *m* **mutuato, -a** [mutu'a:to] *m, f* Versicherte(r) *f(m)*; (MED) Kassenpatient(in) *m(f)*
**mutuo** ['mu:tuo] *m* Darlehen *nt*, Kredit *m*
**mutuo, -a** *agg* gegenseitig
**mystery** ['mɪstəri] <- *o* mysteries> *m* Krimi *m*, Thriller *m*

# Nn

**N, n** ['ɛnne] <-> *f* N, n *nt;* **n come Napoli** N wie Nordpol

**n** *abbr di* **numero** Nr.

**N** *abbr di* **nord** N

**nabuk** ['na:buk] <-> *m* Nabukleder *nt;* **scarpe in ~** Schuhe aus Nabukleder

**nacchere** ['nakkere] *fpl* Kastagnetten *fpl*

**nacqui** ['nakkui] *1. pers sing pass rem di* **nascere**

**nafta** ['nafta] *f* ① (*petrolio greggio*) Rohöl *nt* ② (*per motori Diesel*) Dieselöl *nt*

**naftalina** [nafta'li:na] *f* Naphthalin *nt*

**naia** ['na:ia] <-aie> *f* ① (ZOO) Kobra *f*, Brillenschlange *f* ② (MIL, *sl*) Barras *m sl*

**naïf** [na'if] <inv> *agg* naiv

**nailon** ['na:ilon] *m v.* **nylon**

**nana** *f v.* **nano**

**nanismo** [na'nizmo] *m* Zwergwuchs *m*

**nanna** ['nanna] *f* (*linguaggio infantile*) Heia *f;* **andare a ~** in die Heia gehen; **fare la ~** heia machen; **mettere a ~** ins Heiabett legen

**nano, -a** ['na:no] I. *agg* zwergenhaft, Zwerg[en]- II. *m, f* Zwerg(in) *m(f);* (*persona*) Liliputaner *m*

**NAP** [nap] *mpl acro di* **Nuclei Armati Proletari** *italienische Terroristenorganisation*

**napalm** ['napalm *o* na'palm] *m* Napalm *nt;* **bomba al ~** Napalmbombe *f*

**napoletana** [napole'ta:na] *f* neapolitanische Kaffeemaschine **napoletani** [napole'ta:ni] *mpl* (GASTR) spaghettiartige Suppennudeln *fpl*

**napoletano** [napole'ta:no] *m* ① *sing* (*dialetto*) neapolitanischer Dialekt ② *pl* (GASTR) spaghettiartige Suppennudeln *fpl*

**Napoletano** <*sing*> *m* Umgebung *f* von Neapel

**napoletano, -a** I. *m, f* (*abitante*) Neapolitaner(in) *m(f)* II. *agg* neapolitanisch; **canzone -a** neapolitanisches Lied; **pizza alla -a** *Pizza mit Tomaten, Mozzarella, Sardellen und Origano*

**Napoli** ['na:poli] *f* Neapel *nt* (*Hauptstadt Kampaniens*)

**nappa** ['nappa] *f* ① (*ornamento*) Quaste *f*, Troddel *f* ② (*pelle*) Nappa[leder] *nt* ③ (*fam: nasone*) dicke Nase, Zinken *m*

**NAR** [nar] *mpl acro di* **Nuclei Armati Rivoluzionari** *italienische Terroristenorganisation*

**narcisismo** [nartʃi'zizmo] *m* Narzissmus *m*

**narcisista** [nartʃi'zista] <-i *m*, -e *f*> *mf* Narzisst(in) *m(f)* **narciso** [nar'tʃi:zo] *m* ① (BOT) Narzisse *f* ② (*fig*) Narziss *m* **narciso, -a** *agg* selbstverliebt

**narco** ['narko] <narcos> *m* Drogendealer(in) *m(f)* **narcodollari** [narko'dɔllari] *mpl* Narkodollars *mpl*

**narcosi** [nar'kɔ:zi] <-> *f* Narkose *f*, Betäubung *f*

**narcotest** [narko'tɛst] <-> *m* (MED) Drogentest *m*

**narcotico** [nar'kɔ:tiko] <-ci> *m* Narkotikum *nt*, Betäubungsmittel *nt*

**narcotico, -a** <-ci, -che> *agg* betäubend, narkotisch

**narcotizzare** [narkotid'dza:re] *vt* narkotisieren, betäuben

**narcotrafficante** [narkotraffi'kante] *mf* Drogenhändler(in) *m(f)* **narcotraffico** [narko'traffiko] <-ci> *m* Drogenhandel *m*

**nari** ['na:ri] *fpl* (*poet*) Nasenlöcher *ntpl*, Nüstern *fpl*

**narice** [na'ri:tʃe] *f* (ANAT) Nasenloch *nt;* (ZOO) Nüster *f*

**narrare** [nar'ra:re] I. *vt* erzählen II. *vi* **~ di qu/qc** von jdm/etw erzählen

**narratage** [nə'reitidʒ] <-> *f* (FILM) *Erzählerperspektive eines involvierten Filmdarstellers*

**narrativa** [narra'ti:va] *f* ① (LIT) erzählende Literatur ② (JUR) Darlegung *f* des Tatbestandes **narratività** [narrativi'ta] <-> *f* Erzählstil *m* **narrativo, -a** [narra'ti:vo] *agg* erzählend, Erzähl- **narratore, -trice** [narra'to:re] *m, f* Erzähler(in) *m(f)* **narrazione** [narrat'tsio:ne] *f* Erzählung *f*

**NAS** *acro di* **Nucleo Antisofisticazioni Sanità** (**dei Carabinieri**) *für Ernährungshygiene zuständige Abteilung der italienischen Militärpolizei*

**NASA** ['na:za] *f* NASA *f*

**nasale** [na'sa:le] I. *agg* ① (ANAT) Nasen- ② (LING) nasal, Nasal- ③ (*voce*) näselnd II. *f* (LING) Nasal[laut] *m* **nasata** [na'sa:ta] *f* Nasenstüber *m*

**nascente** [naʃʃɛnte] *agg* (*giorno*) anbrechend; (*astro, sole*) aufgehend

**nascere** [ˈnaʃʃere] <nasco, nacqui, nato> *vi essere* ① (*persone*) geboren werden, zur Welt kommen; **non sono nato ieri** ich bin nicht von gestern ② (ZOO: *mammiferi*) geworfen werden ③ (BOT) keimen, sprießen ④ (*fiumi*) entspringen ⑤ (ASTR: *sole*)

aufgehen; (*giorno*) anbrechen ❻ (*fig: avere origine*) entstehen ❼ (*fig: venire alla mente*) einfallen, kommen; **mi nasce un sospetto** mir kommt ein Verdacht **nascita** ['naʃʃita] *f* ❶ (*gener*) Geburt *f*; **di ~ von Geburt** [an] ❷ (zoo: *di mammiferi*) Wurf *m* ❸ (BOT) Keimen *nt* ❹ (*fig: del sole*) Aufgang *m*; (*del giorno*) Anbruch *m* **nascituro, -a** [naʃʃi'tu:ro] I. *agg* ungeboren II. *m, f* ungeborenes Kind **nasco** ['nasko] *1. pers sing pr di* **nascere**
**nascondere** [nas'kondere] <nascondo, nascosi, nascosto> I. *vt* ❶ (*celare*) verstecken ❷ (*sentimento*) verhehlen, verheimlichen; **~ qc a qu** jdm etw verheimlichen II. *vr* **-rsi** sich verstecken **nascondiglio** [naskon'diʎʎo] <-gli> *m* Versteck *nt* **nascondino** [naskon'di:no] *m* **giocare a ~** Verstecken spielen
**nascosi** [nas'ko:si] *1. pers sing pass rem di* **nascondere**
**nascosto, -a** [nas'kosto] I. *pp di* **nascondere** II. *agg* ❶ (*celato*) versteckt, verborgen; (*luogo*) abgelegen; **rimanere ~** im Verborgenen bleiben ❷ (*fig*) heimlich; **di ~** heimlich
**nasello** [na'sɛllo] *m* Seehecht *m*
**naso** ['na:so] *m* Nase *f*; (zoo) Schnauze *f*; **~ all'insù** Stupsnase *f*; **avere buon ~** einen guten Riecher haben *fam*; **ficcare il ~ negli affari altrui** sich einmischen; **non vedere più in là del proprio ~** nicht über die eigene Nasenspitze hinaussehen
**nassa** ['nassa] *f* Reuse *f*
**nastro** ['nastro] *m* Band *nt*; **~ adesivo** Klebestreifen *m*; **~ biadesivo** Doppelklebeband *nt*; **~ elastico** Gummiband *nt*; **~ isolante** Isolierband *nt*; **~ magnetico** Magnet[ton]band *nt*; **~ sonoro** Tonband *nt*; **~ trasportatore** Förderband *nt*
**nastroteca** [nastro'tɛːka] <-che> *f* Phonothek *f*
**nasturzio** [nas'turtsio] <-i> *m* Kresse *f*
**natale** [na'ta:le] *agg* Geburts-, Heimat-
**Natale** [na'ta:le] *m* Weihnacht *f*, Weihnachten *nt*
**natalità** [natali'ta] <-> *f* Geburtenziffer *f*
**natalizio, -a** [nata'littsio] <-i, -ie> *agg* ❶ (*relativo alla nascita*) Geburts- ❷ (*relativo al Natale*) Weihnachts-, weihnachtlich
**natante** [na'tante] I. *agg* schwimmend II. *m* Wasserfahrzeug *nt* **natatorio, -a** [nata'tɔːrio] <-i, -ie> *agg* Schwimm-
**natica** ['na:tika] <-che> *f* Gesäß-, Hinterbacke *f*
**nativo, -a** [na'ti:vo] I. *agg* ❶ (*paese*) Geburts-, Heimat-; (*dialetto*) einheimisch, regional; **essere ~ di Firenze/Parigi** aus Florenz/Paris stammen ❷ (MIN) gediegen II. *m, f* Eingeborene(r) *f(m)*; **i -i digitali** die Digital Natives *mpl*
**N.A.T.O.** ['na:to] *f* NATO *f*, Nato *f*
**nato, -a** ['na:to] I. *pp di* **nascere** II. *agg* geboren; **cieco/sordo ~** von Geburt an blind/taub; **un attore ~** (*fig*) der geborene Schauspieler
**natura** [na'tu:ra] *f* Natur *f*; (*indole*) Wesen *nt*, Anlage *f*; **~ morta** Stillleben *nt*; **contro ~** naturwidrig **naturale** [natu'ra:le] I. *agg* natürlich; **a grandezza ~** in Lebensgröße; **scienze -i** Naturwissenschaften *fpl* II. *avv* gewiss, sicherlich
**naturalezza** [natura'lettsa] *f* Natürlichkeit *f*; **con ~** natürlich, ungezwungen
**naturalismo** [natura'lizmo] *m* Naturalismus *m* **naturalista** [natura'lista] <-i *m*, -e *f*> I. *agg* Natur-; **medico ~** Heilpraktiker *m* II. *mf* ❶ (SCIENT) Naturforscher(in) *m(f)* ❷ (LIT) Naturalist(in) *m(f)* **naturalistico, -a** [natura'listiko] <-ci, -che> *agg* ❶ (SCIENT) naturwissenschaftlich ❷ (LIT) naturalistisch
**naturalizzare** [naturalid'dza:re] *vt* naturalisieren, einbürgern **naturalizzazione** [naturaliddzat'tsio:ne] *f* Naturalisation *f*, Einbürgerung *f*
**naturalmente** [natural'mente] *avv* ❶ (*di, per natura*) von Natur [aus] ❷ (*fig*) selbstverständlich
**naturismo** [natu'rizmo] *m* Naturismus *m*, Freikörperkultur *f* **naturista** [natu'rista] <-i *m*, -e *f*> *mf* Anhänger(in) *m(f)* des Naturismus
**naufraga** *f v.* **naufrago**
**naufragare** [naufra'ga:re] *vi essere o avere* (*a. fig*) Schiffbruch erleiden **naufragio** [nau'fra:dʒo] <-gi> *m* ❶ (NAUT) Schiffbruch *m* ❷ (*fig*) Scheitern *nt*, Schiffbruch *m* **naufrago, -a** ['na:ufrago] <-ghi, -ghe> *m, f* Schiffbrüchige(r) *f(m)*
**nausea** ['na:uzea] *f* ❶ (MED) Übelkeit *f* ❷ (*fig*) Ekel *m* **nauseabondo, -a** [nauzea'bondo] *agg*, **nauseante** [nauze'ante] *agg* ekelerregend, widerwärtig **nauseare** [nauze'a:re] *vt* [an]ekeln
**nautica** ['nautika] <-che> *f* Nautik *f*, Schifffahrtskunde *f* **nautico, -a** ['nautiko] <-ci, -che> *agg* (*di mare*) Schifffahrts-, See-; **sport ~** Wassersport *m*
**navale** [na'va:le] *agg* Schiff[s]-, Schifffahrts-; (*di mare*) See-
**navalmeccanica** [navalmek'ka:nika] *f* Schiffbau *m* **navalmeccanico** [navalmek'ka:niko] <-ci> *m* Schiffbauarbeiter *m*

**navalmeccanico**, **-a** <-ci, -che> *agg* Schiffbau-

**navata** [na'va:ta] *f* [Kirchen]schiff *nt;* ~ **centrale** Mittelschiff *nt;* ~ **laterale** Seitenschiff *nt*

**nave** ['na:ve] *f* Schiff *nt;* ~ **a vapore** Dampfschiff *nt;* ~ **a vela** Segelschiff *nt;* ~ **da carico** Frachtschiff *nt;* ~ **da guerra** Kriegsschiff *nt;* ~ **cisterna** Tanker *m;* ~ **traghetto** Fähre *f* **navetta** [na'vetta] *f* ❶ (*spola*) [Weber]schiffchen *nt* ❷ (*treno*) Pendelzug *m;* ~ **spaziale** Raumfähre *f* **navicella** [navi'tʃɛlla] *f* ❶ (*piccola nave*) Schiffchen *nt* ❷ (*di dirigibile*) Gondel *f*; (*di aerostato*) Korb *m* **navigabile** [navi'ga:bile] *agg* schiffbar, befahrbar **navigabilità** [navigabili'ta] <-> *f* Schiffbarkeit *f* **navigante** [navi'gante] I. *agg* ❶ (NAUT) Schiffs-; (*persone*) seefahrend ❷ (AERO) fliegend; **personale** ~ fliegendes Personal II. *mf* Seefahrer(in) *m(f)* **navigare** [navi'ga:re] *vi* ❶ (NAUT) [zur See] fahren; ~ **in cattive acque** (*fig*) sich in einer üblen Lage befinden ❷ (AERO) fliegen ❸ (INFORM: *Internet*) surfen; ~ **in Internet/in Rete** im Internet/Web surfen **navigato, -a** [navi'ga:to] *agg* ❶ (*percorso da navi*) befahren ❷ (*fig: persona*) [welt]erfahren, lebenserfahren **navigatore** [naviga'to:re] *m* ~ **[satellitare]** Navigationssystem *nt*, Navigationsgerät *nt*, Navi *nt fam* **navigatore, -trice** [naviga'to:re] *m, f* Seefahrer(in) *m(f)*, Schiffer(in) *m(f)* **navigazione** [navigat'tsio:ne] *f* ❶ (NAUT) Schifffahrt *f* ❷ (AERO) Navigation *f* **naviglio** [na'viʎʎo] <-gli> *m* Flotte *f*, Schiffe *ntpl;* ~ **mercantile** Handelsflotte *f;* ~ **da passeggeri** Passagierschiffe *ntpl*

**navimodellismo** [navimodel'lizmo] *m* Schiffsmodellbau *m* **navimodellista** [navimodel'lista] <-i *m*, -e *f*> *mf* Schiffsmodellbauer(in) *m(f)*

**navy** ['neivi] I. <inv> *agg* dunkelblau; **un pullover color** ~ ein dunkelblauer Pullover II. <-> *f* (NAUT) Marine *f*

**nazi** ['na:tsi] I. <inv> *agg* Nazi- II. <-> *mf* Nazi *m*

**nazionale** [nattsio'na:le] I. *agg* (*di nazione*) National-, national; (*di paese*) Landes-, einheimisch; (*di Stato*) Staats-, staatlich II. *f* Nationalmannschaft *f*; ~ **di calcio** Fußballnationalmannschaft *f*

**nazionalismo** [nattsiona'lizmo] *m* Nationalismus *m* **nazionalista** [nattsiona'lista] <-i *m*, -e *f*> *mf* Nationalist(in) *m(f)* **nazionalistico, -a** [nattsiona'listiko] <-ci, -che> *agg* nationalistisch

**nazionalità** [nattsionali'ta] <-> *f* Nationalität *f*, Staatsangehörigkeit *f* **nazionalizzare** [nattsionalid'dza:re] *vt* nationalisieren, verstaatlichen **nazionalizzazione** [nattsionaliddzat'tsio:ne] *f* Nationalisierung *f*, Verstaatlichung *f*

**nazionalsocialismo** [nattsionalsotʃa-'lizmo] *m* Nationalsozialismus *m* **nazionalsocialista** [nattsionalsotʃa'lista] <-i *m*, -e *f*> I. *agg* nationalsozialistisch II. *mf* Nationalsozialist(in) *m(f)*

**nazione** [nat'tsio:ne] *f* Nation *f*; (*Stato*) Staat *m;* **Nazioni Unite** Vereinte Nationen *fpl*

**naziskin** ['na:tsiskin] <-> *mf* Neonazi *m*

**nazismo** [nat'tsizmo] *m* Nazismus *m* **nazista** [nat'tsista] <-i *m*, -e *f*> I. *agg* nazistisch II. *mf* Nazi *m*

**N.B.**, **n.b.** *abbr di* **nota bene** NB

**N.d.A.** *abbr di* **nota dell'autore** Anm. d. Verf.

**N.d.D.** *abbr di* **nota della direzione** Anmerkung der Geschäftsleitung

**N.d.E.** *abbr di* **nota dell'editore** Anm. d. Verl.

**N.d.R.** *abbr di* **nota della redazione** Anm. d. R.

**'ndrangheta** [n'draŋgeta] *f* 'Ndrangheta *f* (*kalabresische Form der Mafia*)

**'ndranghetista** [n'draŋge'tista] <-i *m*, -e *f*> I. *mf* Mitglied *nt* der 'Ndrangheta II. *agg* (*mentalità*) charakteristisch für die 'Ndrangheta

**N.d.T.** *abbr di* **nota del traduttore** Anm. d. Ü.

**ne** [ne] I. *pron* ❶ (*persona: di lui*) von ihm, über ihn, seiner; (*di lei*) von ihr, über sie, ihrer; (*di loro*) von ihnen, über sie, ihrer; ~ **parlano molto** man spricht viel von ihm/ihr/ihnen ❷ (*cosa*) damit, darüber, davon, daraus; ~ **parlano molto** man spricht viel davon; **non** ~ **vedo proprio la ragione** ich sehe wirklich keinen Grund dafür ❸ (*con valore partitivo*) davon, einige, welche; **dammene ancora** gib mir mehr davon; **quanti anni hai? — Ne ho 29** wie alt bist du? — Ich bin 29 [Jahre alt]; **hai dei giornali? — Sì, ~ ho** hast du Zeitungen? — Ja, ich habe welche II. *avv* (*spesso non si traduce*) von hier [*o* da]; **andarsene** fortgehen, weggehen; **non te ~ andare** geh nicht fort!

**né** [ne] *cong* und nicht, auch nicht; ~ **... ~ ...** weder ... noch ...; ~ **più ~ meno** nicht mehr und nicht weniger

**NE** *abbr di* **nordest** NO
**neanche** [ne'aŋke] *avv v.* **nemmeno**
**nebbia** ['nebbia] <-ie> *f* ❶ (METEO) Nebel *m* ❷ (*fig*) Nebel *m*, Trübung *f*
**nebbiogeno** [neb'biɔːdʒeno] *m* Nebelwerfer *m*
**nebbiogeno, -a** *agg* Nebel erzeugend
**nebbiolo** [neb'biɔːlo] *m* Nebbiolo *m* (*Rotwein aus Piemont*)
**nebbiosità** [nebbiosi'ta] <-> *f* ❶ (METEO) Nebligkeit *f* ❷ (*fig*) Verschwommenheit *f*
**nebbioso, -a** [neb'bioːso] *agg* ❶ (METEO) neb[e]lig ❷ (*fig*) unklar
**nebulizzare** [nebulid'dzaːre] *vt* zerstäuben, sprühen **nebulizzatore** [nebuliddzato:re] *m* Zerstäuber *m*, Sprühgerät *nt* **nebulizzazione** [nebuliddzat'tsio:ne] *f* Zerstäubung *f*, Sprühen *nt*
**nebulosa** [nebu'loːsa] *f* Nebelfleck *m*, Nebel *m*
**nebulosità** [nebulosi'ta] <-> *f* ❶ (METEO) Nebligkeit *f* ❷ (*fig*) Unklarheit *f*, Verworrenheit *f* **nebuloso, -a** [nebu'loːso] *agg* ❶ (METEO) neb[e]lig ❷ (*fig: sfumato*) unklar, nebelhaft
**nécessaire** [nesɛ'ser] <-> *m* Set *nt*; **~ per le unghie** Maniküret *nt*
**necessariamente** [netʃessaria'mente] *avv* notgedrungen
**necessario** [netʃes'saːrio] *m* Nötige(s) *nt*, Notwendige(s) *nt*
**necessario, -a** <-i, -ie> *agg* nötig, notwendig
**necessità** [netʃessi'ta] <-> *f* Notwendigkeit *f*; (*bisogno, povertà*) Not *f*; **avere ~ di qc** etw notwendig brauchen; **essere nella ~ di fare qc** gezwungen sein, etw zu tun; **in caso di ~** im Notfall, im Bedarfsfall; **per ~** gezwungenermaßen
**necessitare** [netʃessita:re] I. *vt avere* erfordern, erforderlich machen II. *vi avere* ❶ (*avere bisogno*) **~ di qc** etw benötigen ❷ (*impersonale*) nötig sein **necessitato, -a** [netʃessita'to] *agg* genötigt, gezwungen
**necrofila** *f v.* **necrofilo**
**necrofilia** [nekrofi'liːa] <-ie> *f* Nekrophilie *f* **necrofilo, -a** [ne'krɔːfilo] I. *agg* nekrophil II. *m, f* Nekrophile(r) *f(m)*
**necroforo** [ne'krɔːforo] *m* Totengräber *m*
**necrologio** [nekro'lɔːdʒo] <-gi> *m* Nachruf *m*; (*annunzio*) Todesanzeige *f*
**necropoli** [ne'krɔːpoli] <-> *f* ❶ (*città dei morti*) Nekropolis *f*, Totenstadt *f* ❷ (*cimitero*) Friedhof *m* **necroscopia** [nekrosko'piːa] <-ie> *f* Leichenschau *f*, Autopsie *f* **necroscopico, -a** [nekros'kɔːpiko]

<-ci, -che> *agg* Leichen-, Toten-; **esame ~** Leichenschau *f*
**nefandezza** [nefan'dettsa] *f* Ruchlosigkeit *f*, Frevelhaftigkeit *f* **nefando, -a** [ne'fando] *agg* ruchlos, schändlich
**nefasto, -a** [ne'fasto] *agg* Unglücks-, unheilvoll
**nefrosi** [ne'frɔːzi] <-> *f* Nephrose *f*
**negare** [ne'gaːre] *vt* ❶ (*contestare*) verneinen, abstreiten; **chi tutto nega, tutto confessa** (*prov*) wer sich verteidigt, klagt sich an ❷ (*rifiutare*) verweigern, versagen ❸ (*non riconoscere*) absprechen **negativa** [nega'tiːva] *f* ❶ (*il negare*) Verneinung *f* ❷ (*rifiuto*) Verweigerung *f* ❸ (*risposta negativa*) Absage *f*, Nein *nt* ❹ (FOTO) Negativ *nt*
**negatività** [negativi'ta] <-> *f* Negativität *f*
**negativo** [nega'tiːvo] *m* (FOTO) Negativ *nt*
**negativo, -a** *agg* ❶ (*non affermativo*) negativ, verneinend; (ADM) abschlägig; (*risposta*) ablehnend ❷ (*sfavorevole*) ungünstig, nachteilig
**negato, -a** [ne'gaːto] *agg* ❶ (*contestato*) verneint; (*rifiutato*) versagt ❷ (*fig: non portato*) **essere ~ per qc** für etw unbegabt sein **negatore, -trice** [nega'toːre] I. *agg* verneinend, leugnend, verweigernd II. *m, f* Leugner(in) *m(f)*, Verweigerer *m*, Verweigerin *f*
**negazione** [negat'tsio:ne] *f* ❶ (*gener*) Verneinung *f*; (*contestazione*) Leugnung *f* ❷ (*rifiuto*) Verweigerung *f* ❸ (*contrario*) Gegenteil *nt* ❹ (LING) Verneinung *f*, Negation *f* **negazionismo** [negatsio'nizmo] *m* (HIST) Geschichtsverleugnung *f*, Verleugnung *f* des Holocaust
**neghittosità** [negittosi'ta] <-> *f* Nachlässigkeit *f*; (*pigrizia*) Trägheit *f* **neghittoso, -a** [negit'toːso] *agg* nachlässig, gleichgültig; (*pigro*) träge
**negletto, -a** [neg'lɛtto] *agg* vernachlässigt
**negli** ['neʎʎi] *prp* = **in + gli** *v.* **in**[1]
**négligé** [negli'ʒe] <-> *m* Negligee *nt*, leichter Morgenmantel *m*
**negligente** [negli'dʒɛnte] I. *agg* nachlässig II. *mf* nachlässiger Mensch **negligenza** [negli'dʒɛntsa] *f* Nachlässigkeit *f*
**negoziabile** [negot'tsiaːbile] *agg* ❶ (COM) bankfähig ❷ (FIN: *titoli*) handelsfähig; (*cambiali*) übertragbar **negoziale** [negot'tsia:le] *agg* rechtsgeschäftlich
**negoziante** [negot'tsiante] *mf* Kaufmann *m*/Kauffrau *f*, Händler(in) *m(f)*
**negoziare** [negot'tsiaːre] I. *vt* ❶ (*contrat-*

negoziato → neopentecostalismo

*tare*) aushandeln, verhandeln über +*acc* ❷ (FIN: *titoli*) handeln mit; (*cambiali*) begeben II. *vi* ~ **in qc** mit etw Handel treiben **negoziato** [negot'tsia:to] *m* Verhandlung *f*, Unterhandlung *f*; **-i di pace** Friedensverhandlungen *fpl*; **essere in ~ con qu** mit jdm in Verhandlung stehen **negoziatore, -trice** [negottsia'to:re] *m*, *f* Unterhändler(in) *m(f)* **negoziazione** [negottsiat'tsio:ne] *f* ❶ (*trattativa*) Verhandlung *f* ❷ (FIN: *di titoli, cambiali*) Handel *m*
**negozio** [ne'gɔttsio] <-i> *m* Geschäft *nt*, Laden *m*
**negra** *f v.* **negro**
**negriere, negriero** [ne'griɛ:re, ne'griɛ:ro] *m* ❶ (HIST) Sklavenhändler *m* ❷ (*fig, pej*) Sklaventreiber *m*
**negro, -a** ['ne:gro] I. *agg* schwarz, farbig II. *m*, *f* Schwarze(r) *f(m)*, Farbige(r) *f(m)* **negroamericano, -a** [negroameri'ka:no] *agg* afroamerikanisch
**negromante** [negro'mante] *mf* Zauberer *m*/Zauberin *f* **negromantico, -a** [negro'mantiko] <-ci, -che> *agg* Zauber-, Schwarzkünstler- **negromanzia** [negroman'tsi:a] <-ie> *f* Zauberei *f*
**nel, nell', nella, nelle, nello, nei** [nel, 'nella, 'nelle, 'nello, 'ne:i] *prp* = **in + il, l', la, le, lo, i** *v.* **in**[1]
**nembo** ['nembo] *m* Sturmwolke *f* **nembostrato** [nembos'tra:to] *m* Regenwolke *f*
**nemico, -a** [ne'mi:ko] <-ci, -che> I. *agg* ❶ (*ostile*) feindlich; **essere ~ di qu** jdm feindlich gesinnt sein; **farsi ~ qu** sich *dat* jdn zum Feind machen ❷ (*fig: avverso*) **essere ~ di qu/qc** jdm/etw abgeneigt sein II. *m*, *f* Feind(in) *m(f)*, Gegner(in) *m(f)*; **~ mortale** Todfeind *m*
**nemmeno** [nem'me:no] *avv* nicht einmal, auch nicht; **~ una settimana dopo** noch keine Woche später; **~ uno** kein einziger; **~ per idea** [*o* **per sogno**]! nicht [einmal] im Traum
**nenia** ['nɛ:nia] <-ie> *f* Trauergesang *m*; (*cantilena*) Kantilene *f*
**neo** ['nɛ:o] *m* ❶ (ANAT) Muttermal *nt*, Leberfleck *m* ❷ (*di bellezza*) Schönheitspflästerchen *nt*, Schönheitsfleck *m* ❸ (*fig: piccolo difetto*) Schönheitsfehler *m*
**neo-** [neo] (*in parole composte*) Neo-, neo-
**neoacquisto** [neoak'kuisto] *m* (SPORT) Neuzugang *m*
**neoassunto, -a** [neoas'sunto] I. *agg* neu angestellt II. *m*, *f* neue(r) Mitarbeiter(in) *m(f)*

**neobarocco** [neoba'rɔkko] *m* (ARCH) Neobarock *m*
**neocentrismo** [nɛotʃen'trizmo] *m* (POL) *politische Tendenz zur Wiederstärkung des Zentrums*
**neoclassicismo** [neoklassi'tʃizmo] *m* Klassizismus *m*
**neocomunista** [neokomu'nista] *mf* Neokommunist(in) *m(f)*
**neocorporativismo** [neokorporati'vizmo] *m* (POL) Neokorporativismus *m*
**neodiplomato, -a** [neodiplo'ma:to] *m*, *f* Schulabgänger(in) *m(f)* mit Abitur, Maturant(in) *m(f) A*
**neoevoluzionismo** [neoevolutsio'nizmo] *m* Neoevolutionismus *m*
**neofascismo** [neofaʃ'ʃizmo] *m* Neofaschismus *m* **neofascista** [neofaʃ'ʃista] <-i *m*, -e *f*> I. *agg* neofaschistisch II. *mf* Neofaschist(in) *m(f)*
**neofita** [ne'ɔ:fita] <-i *m*, -e *f*> *mf* ❶ (REL) Neubekehrte(r) *f(m)*, Neugetaufte(r) *f(m)* ❷ (*fig*) Neuling *m*
**neoformazione** [neoformat'tsio:ne] *f* Neubildung *f*
**neoindustriale** [neoindus'tria:le] *agg* hoch industrialisiert; **la società ~** die hoch industrialisierte Gesellschaft
**neointegralismo** [neointegra'lizmo] *m* Schaffung *f* neuer Wertvorstellungen
**neolaureato, -a** [neolaure'a:to] *m*, *f* frischgebackene(r) Hochschulabsolvent(in) *m(f)*
**neoliberismo** [neolibe'rizmo] *m* (COM, FIN) Neoliberalismus *m*
**neolitico** [neo'li:tiko] *m* Neolithikum *nt*, Jungsteinzeit *f*
**neologismo** [neolo'dʒizmo] *m* Neologismus *m*
**neologizzare** [neolodʒid'dza:re] *vi* (*creare neologismi*) Neologismen prägen, Wortneubildungen kreieren
**neomarxista** [neomark'sista] <-i *m*, -e *f*> (POL) I. *mf* Neomarxist(in) *m(f)* II. *agg* neomarxistisch
**neon** ['nɛ:on] <-> *m* Neon *nt*; **illuminazione al ~** Neonbeleuchtung *f*
**neonato, -a** [neo'na:to] I. *agg* ❶ (*bambino*) neugeboren ❷ (*fig, scherz*) frischgebacken II. *m*, *f* Neugeborene(s) *nt*
**neonazismo** [neonat'tsizmo] *m* Neonazismus *m* **neonazista** [neonat'tsista] <-i *m*, -e *f*> I. *agg* neonazistisch II. *mf* Neonazist(in) *m(f)*
**neopatentato, -a** [neopaten'ta:to] *m*, *f* Person, die gerade den Führerschein gemacht hat **neopentecostalismo** [neo-

pentekosta'lizmo] *m* (REL) Pfingstbewegung *f*

**neoplatonico, -a** [neopla'tɔːniko] *agg* neuplatonisch

**neopositivismo** [neopoziti'vizmo] *m* Neopositivismus *m*

**neopromosso, -a** [neopro'mɔsso] I. *agg* (SPORT) neu aufgestiegen; **la squadra -a in serie A** die neu in die 1. Liga aufgestiegene Mannschaft II. *m, f* (SPORT) Aufsteiger(in) *m(f)*

**neorealismo** [neorea'lizmo] *m* ❶ (PHILOS) Neorealismus *m* ❷ (LIT, FILM) Neoverismus *m* **neotestamentario, -a** [neotestamen'taːrio] *agg* neutestamentlich

**neozelandese** [neoddzelan'deːse] I. *agg* neuseeländisch II. *m, f* Neuseeländer(in) *m(f)*

**neozoico** [neod'dzɔːiko] *m* Neozoikum *nt*

**nepitella** [nepi'tɛlla] *f* Bergmelisse *f*, Bergminze *f*

**nepotismo** [nepo'tizmo] *m* Vetternwirtschaft *f*

**neppure** [nep'puːre] *avv v.* **nemmeno**

**nequizia** [ne'kuittsia] <-ie> *f* Bosheit *f*, Boshaftigkeit *f*

**nerastro, -a** [ne'rastro] *agg* schwärzlich

**nerazzurro** [nerad'dzurro] *m* Spieler der Fußballmannschaft Inter Mailand

**nerazzurro, -a** *agg* schwarzblau

**nerbata** [ner'baːta] *f* Peitschenhieb *m*, -schlag *m*

**nerbo** ['nɛrbo] *m* ❶ (staffile) Peitsche *f*, Ochsenziemer *m* ❷ (fig) Kern *m*; (forza) Kraft *f* **nerboruto, -a** [nerbo'ruːto] *agg* sehnig; (a. fig) kräftig, stark

**neretto** [ne'retto] *m* ❶ (colore) schwärzliche Farbe ❷ (TYP) Halbfettdruck *m*, Halbfettschrift *f*; **in ~** halbfett

**nerista** [ne'rista] <-i *m*, -e *f*> *mf* Zeitungsredakteur(in) *m(f)* der Cronaca nera (Unglücksmeldungen und Kriminalität)

**nero** ['neːro] *m* Schwarz(e) *nt*, Schwärze *f*; **~ di seppia** Sepia *f*; **~ su bianco** Schwarz auf Weiß

**nero, -a** *agg* (colore, a. fig) schwarz; **cronaca -a** Verbrechens- und Unfallmeldungen *fpl*; **vino ~** Rotwein *m*; **vedere tutto ~** [immer] schwarzsehen *fam* **nerofumo, nero fumo** [nero'fuːmo] *m* Ruß *m*

**nerume** [ne'ruːme] *m* ❶ Schwärze *f*, Schwarz *nt* ❷ (BOT) Blattfleckenkrankheit *f*

**nervatura** [nerva'tuːra] *f* ❶ (BOT) Blattaderung *f*, Rippen *fpl* ❷ (elemento di sostegno) Rippe *f*

**nervino, -a** [ner'viːno] *agg* Nerven-; (medicamento) Nerven stärkend

**nervo** ['nɛrvo] *m* ❶ (ANAT) Nerv *m*; **avere i -i a fior di pelle** (fig) überreizte Nerven haben, ein Nervenbündel sein; **avere i -i a pezzi** (fig) mit den Nerven herunter sein; **far venire i -i a qu** (fig) jdm auf die Nerven gehen ❷ (BOT) Blattader *f*, Rippe *f* ❸ (fam: tendine) Sehne *f* ❹ (fig) Kraft *f*, Stärke *f*

**nervosismo** [nervo'sizmo] *m* Nervosität *f*, Reizbarkeit *f* **nervosità** [nervosi'ta] <-> *f* ❶ (nervosismo) Nervosität *f* ❷ (fig: incisività) Prägnanz *f*

**nervoso** [ner'voːso] *m* (fam) Nervosität *f*; **mi viene il ~** ich werde nervös; **far venire il ~ a qu** jdm auf die Nerven gehen *fam* **nervoso, -a** *agg* ❶ (relativo ai nervi) Nerven- ❷ (eccitabile) nervös, reizbar

**nesci** ['nɛʃʃi] *m* (tosc) **fare il ~** sich dumm stellen

**nespola** ['nɛspola] *f* ❶ (BOT) Mispel *f* ❷ (fam fig) Schlag *m*, Hieb *m*

**nespole** ['nɛspole] *int* Donnerwetter!

**nespolo** ['nɛspolo] *m* Mispelbaum *m*

**nesso** ['nɛsso] *m* Zusammenhang *m*; (LING) Verbindung *f*; **senza ~** zusammenhang[s]los; (discorso) unzusammenhängend

**nessuno** [nes'suːno] *m* Niemand *m*; **terra di ~** Niemandsland *nt*; **figli di ~** Findelkinder *ntpl*

**nessuno, -a** I. *agg* kein; (in frasi interrogative) irgendein; **in nessun caso** auf keinen Fall; **in nessun luogo** nirgends; **non ho -a voglia** ich habe keine Lust II. *pron indef* ❶ (non uno) niemand, keine(r, s); **non ho visto ~** ich habe niemanden gesehen ❷ (qualcuno) jemand; **nessun altro** kein anderer

**netiquette** <-> *m* (INFORM) Netiquette *f*

**nettapenne** [netta'penne] <-> *m* Tintenwischer *m*, Federwischer *m*

**nettapiedi** [netta'piɛːdi] <-> *m* Fußmatte *f*

**nettare**[1] ['nɛttare] *m* Göttertrank *m*, Nektar *m*

**nettare**[2] [net'taːre] *vt* reinigen, putzen

**nettezza** [net'tettsa] *f* Sauberkeit *f*; (a. fig) Reinheit *f*; **~ urbana** (pulizia stradale) Straßenreinigung *f*; (raccolta rifiuti) Müllabfuhr *f*

**netto, -a** ['nɛtto] *agg* ❶ (biancheria) rein, sauber ❷ (risposta, rifiuto) klar, entschieden; **tagliar ~** kurzen Prozess machen ❸ (COM) Netto-, Rein-; **stipendio ~** Nettogehalt *nt*; **al ~** netto

**netturbino** [nettur'biːno] *m* Straßenkehrer *m*

**network** ['netwəːk] <- *o* networks> *m* (RADIO, TV) Network *nt*

**neurale** [neuˈraːle] *agg* neural, Nerven-

**neurite** [neuˈriːte] *f v.* **nevrite**

**neuro** ['nɛːuro] *f* (*fam* MED: *clinica neurologica*) Neuro *f*; **venir ricoverato alla** [*o* **in**] ~ auf der Neuro eingeliefert werden

**neurobiologia** [neurobioloˈdʒiːa] *f* Neurobiologie *f* **neurobiologico, -a** [neurobioˈlɔːdʒiko] <-ci, -che> *agg* neurobiologisch **neurobiologo, -a** [neuroˈbiɔːlogo] <-gi, -ghe> *m, f* Neurobiologe *m*/Neurobiologin *f*

**neurochimica** [neuroˈkiːmika] *f* Neurochemie *f*

**neurochirurgia** [neurokirurˈdʒiːa] *f* Neurochirurgie *f*

**neurofarmacologia** [neurofarmakoloˈdʒiːa] *f* (MED) Neuropharmakologie *f*

**neurofisiologia** [neurofizioloˈdʒiːa] *f* (MED) Neurophysiologie *f* **neurofisiologo, -a** [neurofiˈziɔːlogo] <-gi, -ghe> *m, f* (MED) Neurophysiologe *m*/Neurophysiologin *f*

**neurologa** *f v.* **neurologo**

**neurologia** [neuroloˈdʒiːa] *f* Neurologie *f* **neurologico, -a** [neuroˈlɔːdʒiko] <-ci, -che> *agg* neurologisch, Nerven- **neurologo, -a** [neuˈrɔːlogo] <-gi, -ghe> *m, f* Neurologe *m*/Neurologin *f*

**neuropatologa** *f v.* **neuropatologo**

**neuropatologia** [neuropatoloˈdʒiːa] *f* Neuropathologie *f* **neuropatologo, -a** [neuropaˈtɔːlogo] <-gi, -ghe> *m, f* Neuropathologe *m*/Neuropathologin *f*, Nervenarzt *m*/-ärztin *f*

**neuropsicologia** [neuropsikoloˈdʒiːa] *f* (PSIC, MED) Neuropsychologie *f*

**neuroscienze** [neuroʃˈʃɛntse] *fpl* neurologische Disziplinen *fpl* **neurotomia** [neurotoˈmiːa] <-ie> *f* Neurotomie *f*

**neurotonico** [neuroˈtɔːniko] *m* Nerventonikum *nt*

**neurotrasmettitore** [neurotrazmettiˈtoːre] *m* (MED) Neurotransmitter *m* **neurotrasmissione** [neurotrazmisˈsioːne] *f* (MED) Neurotransmission *f*, Übertragungen *fpl* im Nervensystem

**neurovegetativo, -a** [neurovedʒetaˈtiːvo] *agg* neurovegetativ; **sistema ~** vegetatives Nervensystem

**neutrale** [neuˈtraːle] I. *agg* neutral II. *mf* Neutrale(r) *f(m)*

**neutralismo** [neutraˈlizmo] *m* Neutralismus *m* **neutralista** [neutraˈlista] <-i *m*, -e *f*> *mf* Neutralist(in) *m(f)*

**neutralità** [neutraliˈta] <-> *f* Neutralität *f* **neutralizzare** [neutralidˈdzaːre] *vt* ① (CHEM) neutralisieren ② (POL) für neutral erklären ③ (*fig*) unwirksam machen **neutralizzazione** [neutraliddzatˈtsioːne] *f* ① (POL, CHEM) Neutralisation *f* ② (*fig*) Unwirksammachung *f*

**neutro** ['nɛːutro] *m* ① (EL) Mittelleiter *m* ② (LING) Neutrum *nt,* sächliches Geschlecht

**neutro, -a** *agg* ① (CHEM) neutral ② (EL) ungeladen, unelektrisch ③ (POL) neutral, parteilos ④ (LING) sächlich, neutrum

**neutrone** [neuˈtroːne] *m* (PHYS) Neutron *nt;* **~ nucleare** Spaltneutron *nt*

**nevaio** [neˈvaːio] <-ai> *m* ① (*terreno*) Schneefeld *nt* ② (*accumulo*) Schneewehe *f*

**nevato** [neˈvaːto] *m* Firnfeld *nt,* Firn *m*

**nevato, -a** *agg* ① (*coperto di neve*) schneeig; (*alberi, tetti*) Schnee bedeckt; (*strada, terra*) verschneit ② (*fig: colore*) schneeweiß

**neve** ['neːve] *f* ① (METEO) Schnee *m;* **~ carbonica** Trockeneis *nt;* **~ farinosa** Pulverschnee *m;* **~ fresca** Neuschnee *m;* **fiocco di ~** Schneeflocke *f;* **palla di ~** Schneeball *m;* **bianco come la ~** schneeweiß ② (*sl: cocaina*) Schnee *m*

**nevicare** [neviˈkaːre] *vi essere o avere* schneien **nevicata** [neviˈkaːta] *f* Schneefall *m,* Schneien *nt*

**nevischio** [neˈviskio] <-schi> *m* Schneegestöber *nt*

**nevosità** [nevosiˈta] <-> *f* Schneemenge *f* **nevoso, -a** [neˈvoːso] *agg* ① (*terra, monte*) Schnee bedeckt ② (*stagione*) schneereich ③ (METEO) Schnee-

**nevralgia** [nevralˈdʒiːa] <-gie> *f* Neuralgie *f* **nevralgico, -a** [neˈvraldʒiko] <-ci, -che> *agg* neuralgisch

**nevrastenia** [nevrasteˈniːa] <-ie> *f* Neurasthenie *f*

**nevrastenico** [nevrasˈtɛːniko] *m, f* Neurastheniker(in) *m(f);* (*a. fig*) nervöser Mensch **nevrastenico, -a** <-ci, -che> *agg* neurasthenisch; (*a. fig*) nervös

**nevrite** [neˈvriːte] *f* Nervenentzündung *f*, Neuritis *f* **nevrosi** [neˈvrɔːzi] <-> *f* Neurose *f* **nevrotico, -a** [neˈvrɔːtiko] <-ci, -che> I. *agg* neurotisch II. *m, f* Neurotiker(in) *m(f)* **nevrotizzante** [nevrotidˈdzante] *agg* Nerven aufreibend, nervtötend

**nevrotizzare** [nevrotidˈdzaːre] *vt* wahnsinnig machen, nerven

**nevvero** [nevˈveːro] *avv* (*sett: fam*) nicht wahr

**newbie** ['nju:bi] <-> *m* (INFORM) Newbie *m*
**new entry** ['nju: 'entri] <- *o* new entries> *f* ① (RADIO) Newcomer *m* ② (COM) Neuerwerbung *f*
**news** ['nju:z] *fpl* ① (*ultime notizie*) News *fpl*, Neuigkeiten *fpl* ② (TV) Nachrichten *fpl*
**newsgroup** <-> *m*, **news group** <-> *m* (INFORM) Newsgroup *f*
**newsletter** ['nju:z'letə] <- *o* newsletters> *m* (FIN) Börsenschlagzeilen *fpl*, Börsennachrichten *fpl*
**newsmagazine** ['nju:zmægə'zi:n] <- *o* newsmagazines> *m* Kulturmagazin *nt*
**new wave** ['nju: 'weiv] <- *o* new waves> *f* neue Welle, neuer Trend
**nicchia** ['nikkia] <-cchie> *f* ① (ARCH) Nische *f*; (*nella roccia*) [Fels]nische *f* ② (*ripostiglio*) Abstellraum *m*
**nicchiare** [nik'kia:re] *vi* unschlüssig sein, zögern
**nicchio** ['nikkio] <-cchi> *m* ① (*conchiglia*) Muschel *f*, Muschelschale *f* ② (*lucerna*) Öllampe *f* ③ (*scherz: cappello*) Birett *nt*
**nicciano, -a** [nit'tʃa:no] *agg v.* **nietzschiano**
**nichel** ['ni:kel] *m* Nickel *nt* **nichelare** [nike'la:re] *vt* vernickeln **nichelatura** [nikela'tu:ra] *f* Vernick[el]ung *f* **nichelino** [nike'li:no] *m* (HIST) *kleine Nickelmünze im Wert von 20 Centesimi* **nichelio** [ni'kɛ:lio] *m v.* **nichel**
**nichilismo** [niki'lizmo] *m* Nihilismus *m*
**nichilista** [niki'lista] <-i *m*, -e *f*> I. *agg* nihilistisch II. *mf* Nihilist(in) *m(f)*
**nicotina** [niko'ti:na] *f* Nikotin *nt*; **senza ~** nikotinfrei; **cerotto alla ~** Nikotinpflaster *nt* **nicotinismo** [nikoti'nizmo] *m* Nikotinvergiftung *f* **nicotinizzare** [nikotinid'dza:re] I. *vt* Nikotin zusetzen (*qc* etw *dat*) II. *vr* **-rsi** sich mit Nikotin vollpumpen
**nicromo** [ni'krɔ:mo] *m* Nickelchromstahl *m*
**nictalope** [nik'ta:lope] *agg* tagblind
**nictalopia** [niktalo'pi:a] <-ie> *f* Tagblindheit *f*
**nidiace, nidiaceo** (-a) [ni'dia:tʃe, ni'dia:tʃeo] I. *agg* nicht flügge; Nest- II. *m* Nestling *m*
**nidiata** [ni'dia:ta] *f* ① (ZOO) Brut *f* ② (*fig, scherz*) Kinderschar *f*
**nidificare** [nidifi'ka:re] *vi* nisten, ein Nest bauen
**nido** ['ni:do] *m* ① (ZOO) Nest *nt*; (*di rapaci*) Horst *m*; **a ~ d'ape** (*fig*) wabenartig, Waben- ② (*fig: casa*) Heim *nt*, Nest *nt*; (*covo*) Versteck *nt*, Schlupfwinkel *m*; **~ d'infanzia** Kinderhort *m*

**niellare** [niel'la:re] *vt* niellieren **niello** [ni'ɛllo] *m* ① (*arte*) Niellierkunst *f*, Niellierarbeit *f* ② (*materiale, oggetto*) Niello *nt*
**niente** ['nɛnte] <*sing*> I. *pron indef* ① (*nessuna cosa*) nichts ② (*interrogativo*) etwas, nichts; **ti serve ~?** brauchst du etwas? ③ (*poca cosa*) nichts von Belang, eine Kleinigkeit; **è una cosa da ~** es ist eine Kleinigkeit II. *m* ① (*nessuna cosa*) Nichts *nt* ② (*poca cosa*) Kleinigkeit *f*, Nichtigkeit *f* III. *avv* nichts, keineswegs; **non è ~ male** er/sie/es ist nicht schlecht; **~ affatto** ganz und gar nicht, durchaus nicht; **nient'altro** nichts anderes; **~ di ~** absolut nichts, ganz und gar nichts; **per ~** (*affatto*) durchaus nicht; (*invano*) vergebens, umsonst; **~ paura!** nur keine Angst!
**nientedimeno, nientemeno** [nientedi'me:no, niente'me:no] I. *avv* sogar II. *int* Donnerwetter
**nietzschiano, -a** [nit'tʃa:no] I. *agg* Nietzsche- II. *m, f* Anhänger(in) *m(f)* Nietzsches
**nightclub** ['naitklʌb *o* 'naitkleb] *m* Nachtclub *m*
**Nilo** ['ni:lo] *m* Nil *m*
**nimbo** ['nimbo] *m* ① (*sfolgorio*) Lichtstrahl *m*; (*splendore*) Glanz *m* ② (*aureola*) Nimbus *m*, Heiligenschein *m*
**ninfa** ['ninfa] *f* (ZOO) Nymphe *f* **ninfale** [nin'fa:le] I. *agg* nymphenhaft II. *m* ① (LIT) Nymphendichtung *f* ② (MUS) Regal *nt*
**ninfea** [nin'fɛ:a] *f* Seerose *f*
**ninfetta** [nin'fetta] *f* (*a. fig*) Nymphchen *nt*, kleine Nymphe
**ninfomane** [nin'fɔ:mane] I. *agg* nymphoman II. *f* Nymphomanin *f* **ninfomania** [ninfoma'ni:a] *f* Nymphomanie *f*
**ninja** ['nindʒa] <-> *m* (SPORT) Ninja *m*
**ninjatsu** [nin'giatzu] <-> *m* (SPORT) Ninja-Kampfsport *m*
**ninnananna** [ninna'nanna] <ninnenanne> *f* Wiegenlied *nt* **ninnare** [nin'na:re] *vt* in den Schlaf wiegen **ninnenanne** *pl di* **ninnananna**
**ninnolo** ['ninnolo] *m* ① (*gingillo*) [Kinder]spielzeug *nt* ② (*soprammobile*) Nippfigur *f* ③ (*fig: cosa di poca importanza*) Kleinigkeit *f*, Bagatelle *f*
**nipote** [ni'po:te] *mf* ① (*di zio*) Neffe *m*/Nichte *f* ② (*di nonno*) Enkel(in) *m(f)*, Enkelkind *nt* ③ *pl* (*discendenti*) Nachkommen *mpl*
**nipplo** ['nipplo] *m* Nippel *m*
**nippomania** [nippoma'ni:a] *f* Japanbegeisterung *f*
**nipponico, -a** [nip'pɔ:niko] <-ci, -che> I. *agg* japanisch; **l'arte -a** die japanische

**nirvana** [nir'va:na] *m* Nirwana *nt*
**nisseno, -a** [nis'se:no] I. *m, f* (*abitante*) Einwohner(in) *m(f)* II. *agg* aus Caltanissetta
**nitidezza** [niti'dettsa] *f* ① (*nettezza, chiarezza*) Klarheit *f*, Reinheit *f* ② (FOTO) Schärfe *f* **nitido, -a** ['ni:tido] *agg* ① (*netto, chiaro*) klar, rein ② (FOTO) scharf
**nitrato** [ni'tra:to] *m* Nitrat *nt* **nitrazione** [nitrat'tsio:ne] *f* Nitrierung *f*
**nitrico, -a** ['ni:triko] <-ci, -che> *agg* Salpeter-
**nitrire** [ni'tri:re] <nitrisco> *vi* wiehern
**nitrito** [ni'tri:to] *m* ① (ZOO) Gewieher *nt*, Wiehern *nt* ② (CHEM) Nitrit *nt*
**nitro** ['ni:tro] *m* Salpeter *m* **nitrocellulosa** [nitrotʃellu'lo:sa] *f* Nitrozellulose *f*, Zellulosenitrat *nt* **nitroglicerina** [nitroglitʃe'ri:na] *f* Nitroglyzerin *nt*, Glyzerintrinitrat *nt* **nitroso, -a** [ni'tro:so] *agg* salpet[e]rig **nitrurazione** [nitrurat'tsio:ne] *f* Nitrierhärtung *f* **nitruro** [ni'tru:ro] *m* Nitrid *nt*
**nitticora** [nit'ti:kora] *f* Nachtreiher *m*
**nittitante** [nitti'tante] *agg* **membrana ~** Nickhaut *f*
**nivale** [ni'va:le] *agg* ① (*poet*) Schnee bedeckt, schneeig ② (GEOG) Schnee-; **zona ~** Schneegebiet *nt* **niveo, -a** ['ni:veo] *agg* (*poet*) schneeweiß
**NN** *abbr di* **nescio nomen** (*di padre ignoto*) N.N. (*Name unbekannt*)
**no** [nɔ] I. *avv* nein; (*in frasi negative*) nicht; **parti o ~?** fährst du ab oder nicht?; **lo farai, ~?** du wirst es tun, oder [nicht]?; **pare di ~** es scheint nicht so zu sein; **come ~!** und ob!, und wie!; **perché ~?** warum nicht?; **~ e poi ~** nein, nein und nochmals nein; **dire di ~** Nein sagen; **rispondere di ~** Nein sagen, mit Nein antworten; **non dico di ~** da sage ich nicht Nein; (*ammettere*) das schon, das gebe ich zu II. <-> *m* ① (*risposta*) Nein *nt* ② (*voto*) Nein *nt*, Neinstimme *f*
**NO** *abbr di* **nordovest** NW
**nobildonna** [nobil'dɔnna] *f* Adlige *f*, Edelfrau *f*
**nobile** ['nɔ:bile] I. *agg* ① (*di nobiltà*) ad[e]lig, Adels- ② (*fig*) nobel, vornehm, edel; (*eccellente*) vortrefflich, erhaben ③ (CHEM) edel, Edel- II. *mf* Adlige(r) *f(m)*; **i -i** Adel *m* **nobiliare** [nobi'lia:re] *agg* ad[e]lig, Adels- **nobilitare** [nobili'ta:re] I. *vt* adeln II. *vr* **-rsi** sich erheben **nobilitazione** [nobilitat'tsio:ne] *f* Adelung *f*, Erhebung *f* in den Adelsstand
**nobiltà** [nobil'ta] <-> *f* Adel *m;* (*a. fig*) Vornehmheit *f*
**nobiluomo** [nobi'luɔ:mo] <nobiluomini> *m* Adlige(r) *m*, Edelmann *m*
**nocca** ['nɔkka] <-cche> *f* Knöchel *m*
**nocchiere, nocchiero** [nok'kiɛ:re, nok-'kiɛ:ro] *m* ① (NAUT, *poet*) Steuermann *m* ② (MIL) [Ober]bootsmann *m* ③ (*fig*) Führer *m*
**nocchio** ['nɔkkio] <-cchi> *m* Knorren *m* **nocchiuto, -a** [nok'kiu:to] *agg* knorrig
**noccio** ['nɔttʃo] *1. pers sing pr di* **nuocere**
**nocciola**[1] [not'tʃɔ:la] *f* Haselnuss *f*
**nocciola**[2] I.<inv> *agg* haselnussbraun II. <-> *m* Haselnussfarbe *f*
**nocciolaia** [nottʃo'la:ia] <-aie> *f* Tannenhäher *m* **nocciolato** [nottʃola:to] *m* [Haselnussschokolade *f* **nocciolina** [nottʃo'li:na] *f* Erdnuss *f*
**nocciolo**[1] ['nɔttʃolo] *m* ① (BOT) Kern *m*, Stein *m* ② (*fig*) Kern *m*, Hauptsache *f*
**nocciolo**[2] [not'tʃɔ:lo] *m* (BOT) Haselnuss *f*, Haselnussstrauch *m*
**noce** ['no:tʃe] I. *m* ① (*albero*) Walnussbaum *m;* (*legno*) Nussbaum *m*, Nussbaumholz *nt* ② (*colore*) Nussbraun *nt* II. *f* ① (BOT) [Wal]nuss *f;* **~ moscata** Muskatnuss *f* ② (ANAT) [Fuß]knöchel *m* ③ (*misura*) nussgroße Menge ④ (GASTR: *di vitello*) Nuss *f*, Nüsschen *nt*
**nocella** [no'tʃɛlla] *f* ① (ANAT) [Hand]knöchel *m* ② (TEC: *nel compasso*) Spreizgelenk *nt*
**nocepesca** [notʃe'pɛska] <nocipesche> *f* Nektarine *f*
**noceto** [no'tʃe:to] *m* Nussbaumgarten *m*, Nussbaumpflanzung *f* **nocino** [no'tʃi:no] *m* Nusslikör *m*
**nociuto** [no'tʃu:to] *pp di* **nuocere**
**nocività** [notʃivi'ta] <-> *f* Schädlichkeit *f* **nocivo, -a** [no'tʃi:vo] *agg* schädlich
**no comment** [nou 'kɔment] <-> *m* **la sua risposta fu un deciso ~** er/sie antwortete entschlossen: „Kein Kommentar!"
**nocqui** ['nɔkkui] *1. pers sing pass rem di* **nuocere**
**NOCS** *mpl acro di* **Nucleo Operativo Corpi Speciali** Sonderkommando *nt* der Polizei
**nocumento** [noku'mento] *m* (*poet*) Schaden *m*, Schädigung *f;* **essere di ~ a qu** jdm zum Schaden gereichen *geh*
**nodale** [no'da:le] *agg* ① (TEC, SCIENT) Knoten- ② (*fig*) zentral, wesentlich
**nodo** ['nɔ:do] *m* ① (*legamento, intreccio*)

Knoten *m;* ~ **linfatico** (ANAT) Lymphknoten *m;* **avere un ~ alla gola** (*fig*) einen Kloß im Hals haben; **fare il ~ alla cravatta** die Krawatte binden; **tutti i -i vengono al pettine** (*prov*) es ist nichts so fein gesponnen, es kommt doch ans Licht der Sonnen ❷ (*trama*) Handlung *f;* (*complicazione*) Verwicklung *f,* Schwierigkeit *f* ❸ (*vincolo*) Band *nt,* Fessel *f;* (*impedimento*) Hindernis *nt* ❹ (*punto centrale*) Kern *m,* Hauptsache *f* ❺ (MOT, FERR) Knotenpunkt *m;* **~ di collegamento** (TEL) Einwahlknoten *m* ❻ (MED) Knötchenbildung *f* **nodosità** [nodosi'ta] <-> *f* ❶ (*gener*) Knotigkeit *f* ❷ (BOT) Knorrigkeit *f* ❸ (MED) Knötchenbildung *f* **nodoso, -a** [no'do:so] *agg* knotig

**nodulare** [nodu'la:re] *agg* knötchenförmig

**nodulo** ['nɔ:dulo] *m* (BIOL, MED) Knötchen *nt*

**no frost** [nou 'frɔst] I. <-> *m* Abtauautomatik *f* II. <inv> *agg* **congelatore ~** Tiefkühltruhe *f* mit Abtauautomatik

**noi** ['no:i] *pron pers 1. pers pl* ❶ (*soggetto*) wir ❷ (*oggetto*) uns; (*con preposizione*) uns

**noia** ['nɔ:ia] <-oie> *f* ❶ (*gener*) Lang[e]weile *f;* (*tedio*) Überdruss *m* ❷ (*molestia*) Störung *f,* Belästigung *f;* (*seccatura*) Unannehmlichkeit *f,* Schererei *f*

**noialtri** [no'ialtri] *pron pers 1. pers pl* wir, wir unsererseits

**noiosaggine** [noio'sa:ddʒine] *f* Langweiligkeit *f,* langweilige [*o* dröge] Art

**noioso, -a** [no'io:so] I. *agg* ❶ (*che procura noia*) langweilig ❷ (*che dà fastidio*) lästig II. *m, f* langweiliger Mensch, Langweiler(in) *m(f) fam*

**noleggiare** [noled'dʒa:re] *vt* ❶ (*dare a nolo*) vermieten, verleihen ❷ (*prendere a nolo*) mieten, leasen; (*navi, aerei*) chartern **noleggiatore, -trice** [noled-dʒa'to:re] *m, f* ❶ (*che dà a nolo*) Vermieter(in) *m(f)* ❷ (*che prende a nolo*) Mieter(in) *m(f);* (*di navi, aerei*) Charterer *m*/Charterin *f* **noleggio** [no'leddʒo] <-ggi> *m* ❶ (*affitto*) Miete *f;* (*di navi, aerei*) Chartern *nt* ❷ (*prezzo*) Mietpreis *m,* Leihgebühr *f;* (*di navi, aerei*) Charterpreis *m* ❸ (*impresa*) Verleih *m*

**nolente** [no'lɛnte] *agg* (*poet*) widerwillig; **volente o ~** wohl oder übel, nolens volens *geh*

**no limits** [nou 'limits] <inv> *agg* ohne Grenzen; **sport ~** Extremsport *m*

**nolo** ['nɔ:lo] *m* ❶ (*trasporto, carico*) Fracht *f* ❷ (*prezzo*) Mietpreis *m;* (*per navi, aerei*) Charterpreis *m*

**nomade** ['nɔ:made] I. *agg* nomadisch, Nomaden- II. *mf* Nomade *m*/Nomadin *f*

**nomadismo** [noma'dizmo] *m* Nomadentum *nt*

**nome** ['no:me] *m* ❶ (*gener*) Name *m;* (*prenome*) Vorname *m;* **~ di battesimo** Vorname *m,* Taufname *m;* **farsi un ~** sich einen Namen machen; **a ~ di qu** in jds Namen; **di ~** (*chiamato*) namens; **conoscere qu di ~** jdn dem Namen nach kennen; **qual è il Suo nome?** wie ist Ihr Name?; **~ utente** Benutzername *m,* Username *m* ❷ (*denominazione*) Bezeichnung *f,* Benennung *f;* **~ depositato** Schutzmarke *f* ❸ (LING) Nomen *nt,* Hauptwort *nt;* **~ astratto** Abstraktum *nt;* **~ collettivo** Kollektivum *nt;* **~ composto** Kompositum *nt,* zusammengesetztes Hauptwort; **~ comune** Gattungsname *m;* **~ proprio** Eigenname *m* **nomea** [no'mɛ:a] *f* Ruf *m,* Leumund *m*

**nomenclatore** [nomeŋkla'to:re] *m* Namenverzeichnis *nt,* Sachregister *nt*

**nomenclatura** [nomeŋkla'tu:ra] *f* Nomenklatur *f*

**nomignolo** [no'miɲɲolo] *m* Spitzname *m*

**nomina** ['nɔ:mina] *f* Ernennung *f,* Nominierung *f;* (*all'università*) Berufung *f,* Ruf *m* **nominabile** [nomi'na:bile] *agg* nennbar, erwähnbar

**nominale** [nomi'na:le] *agg* ❶ (LING) nominal, Nominal- ❷ (*del nome*) namentlich, Namens- ❸ (*di nome*) nominell, [nur] dem Namen nach bestehend ❹ (COM) nominell, Nominal- **nominalismo** [nomina'lizmo] *m* Nominalismus *m* **nominalista** [nomina'lista] <-i *m,* -e *f*> *mf* Nominalist(in) *m(f)*

**nominalistico, -a** [nomina'listiko] <-ci, -che> *agg* nominalistisch

**nominare** [nomi'na:re] *vt* ❶ (*chiamare*) nennen; (*cose*) [be]nennen ❷ (*citare*) erwähnen, nennen; **mai sentito ~!** nie gehört! ❸ (*eleggere*) wählen; (*professore*) ernennen, berufen; (*commissione*) einsetzen, einberufen; (*avvocato*) bestellen

**nominatamente** [nominata'mente] *avv* namentlich; (*fig*) ausdrücklich, besonders

**nomination** [nɔmi'neiʃən] <-> *f* Nominierung *f;* **una ~ all'Oscar** eine Oscar-Nominierung *f;* **ricevere una ~** für etw nominiert werden

**nominativo** [nomina'ti:vo] *m* ❶ (LING) Nominativ *m,* Werfall *m* ❷ (ADM) Name *m*

**nominativo, -a** *agg* namentlich, Namen[s]- **non** [non] *avv* ❶ (*con verbi*) nicht ❷ (*con sostantivi determinati*) kein, nicht

nona → non ritorno

③ *(come prefisso)* nicht, Nicht-, non-, Non-; ~ **fumatori** Nichtraucher *mpl;* ~ **violenza** Gewaltlosigkeit *f* ④ *(seguito da un'altra negazione, non si traduce)* ~ **appena** sobald; ~ ... **niente** nichts; ~ ... **mai** nie[mals]; ~ **che** *v.* **nonché**
**nona** ['nɔːna] *f* ① (HIST) Gebetsstunde *f* [zur 9. Tagesstunde], None *f* ② (MUS) None *f*
**nonagenario, -a** [nonadʒeˈnarjo] <-i, -ie> I. *agg* neunzigjährig II. *m, f* Neunzigjährige(r) *f(m)*
**non aggressione** [non aggresˈsjoːne] *f* (JUR) Nichtangriffspolitik *f*
**non allineamento** [non allineaˈmento] *m* (JUR) Anti-Bündnispolitik *f* **non allineato** [non allineˈaːto] *m* blockfreier Staat **non allineato, -a** *agg* eine Anti-Bündnispolitik betreibend
**non belligerante** [non bellidʒeˈrante] I. *agg* (JUR) nicht Krieg führend II. *m* nicht im Kriegszustand befindlicher Staat **non belligeranza** [non bellidʒeˈrantsa] *f* (JUR) Nichterwägung *f* militärischer Konflikte
**nonchalance** [nɔ̃ʃaˈlɑ̃s] <-> *f* Nonchalance *f,* Lässigkeit *f;* **muoversi con** ~ sich nonchalant geben
**nonché, non che** [noŋˈke] *cong* ① *(e inoltre)* sowie, und auch, außerdem ② *(e tanto meno)* geschweige denn
**non collaborazione** [non kollaboratˈtsjoːne] *f* Verweigerung *f* der Zusammenarbeit [mit den Arbeitgebern]
**nonconformismo** [nonkonforˈmizmo] *m* Nonkonformismus *m* **nonconformista** [noŋkonforˈmista] <-i *m,* -e *f>* I. *agg* nonkonformistisch II. *mf* Nonkonformist(in) *m(f)*
**non credente** [non kreˈdɛnte] *mf* (REL) Nichtgläubige(r) *f(m)*
**noncurante** [noŋkuˈrante] *agg* **essere ~ di qc** um etw unbekümmert sein **noncuranza** [noŋkuˈrantsa] *f* ① *(disinvoltura)* Unbekümmertheit *f,* Sorglosigkeit *f* ② *(inosservanza)* Nichtbeachtung *f*
**non deambulante** [non deambuˈlante] I. *mf* Gehbehinderte(r) *f(m)* II. *agg* gehbehindert
**nondimeno** [nondiˈmeːno] *cong (nonostante)* nichtsdestoweniger; *(tuttavia)* trotzdem, dennoch
**non docente** [non doˈtʃɛnte] I. *agg* nicht lehrend, ohne Lehrauftrag; **personale ~** das Schulpersonal ohne Lehrauftrag II. *mf* Schulbedienstete(r) *f(m)* ohne Lehrauftrag
**none** ['nɔːne] *fpl* Nonen *fpl*
**non eleggibilità** [non elɛddʒibiliˈta] <-> *f* Nichtwählbarkeit *f*

**nonetto** [noˈnetto] *m* Nonett *nt*
**non garantito, -a** [non garanˈtiːto] I. *agg* nicht sozial abgesichert II. *m, f* nicht sozial abgesicherte Person
**non gioco** [non ˈdʒɔːko] <-> *m* (SPORT) Mauern *nt,* defensives Spiel
**non interferenza** [non interfeˈrɛntsa] *f* Nichteinmischungspolitik *f*
**non intervento** [non interˈvɛnto] *m* (JUR, POL) Prinzip *nt* der Nichteinmischung
**nonio** ['nɔːnjo] <-ii> *m* Nonius *m*
**non lettore, -trice** [non letˈtoːre] *m, f* Nichtleser *m* **non libro** [non ˈliːbro] *m* Schundliteratur *f* **non menzione** [non menˈtsjoːne] <-> *f* (JUR) Absehen von einer Eintragung ins Strafregister **non metallo** [non meˈtallo] *m* (MIN) Nichtmetall *nt*
**nonna** [ˈnɔnna] *f* Großmutter *f;* *(fam a. fig)* Oma *f*
**nonni** [ˈnɔnni] *mpl* Großeltern *pl; (antenati)* Vorfahren *mpl*
**nonnismo** [nonˈnizmo] <*sing*> *m* (MIL, *fam*) Schikanierung *f* von Rekruten seitens der Dienstältesten
**nonno, -a** [ˈnɔnno] *m, f* Großvater *m/* Großmutter *f; (fam)* Opa *m/*Oma *f*
**nonnulla** [nonˈnulla] <-> *m* **un ~** eine Kleinigkeit, nichts
**nono** [ˈnɔːno] *m (frazione)* Neuntel *nt,* neunter Teil
**nono, -a** I. *agg* neunte(r, s) II. *m, f* Neunte(r, s) *mf/nt; v. a.* **quinto**
**nonostante** [nonosˈtante] I. *prp* trotz +*dat o gen* II. *cong* +*conj* auch wenn, obwohl; **ciò ~, pur ~** trotzdem
**nonpertanto, non per tanto** [nonperˈtanto] *cong (poet)* nichtsdestoweniger, trotzdem
**non plus ultra** [nɔn plus ˈultra] <-> *m* Nonplusultra *nt,* Gipfel *m*
**non professionale** [non professjoˈnaːle] *agg* ① *(amatoriale)* Amateur-, nicht professionell ② *(pej: senza serietà e competenza)* dilettantisch, dilettantenhaft
**non profit** [non ˈprofit] <inv> *agg* (JUR) wohltätig, karitativ
**non proliferazione** [non proliferatˈtsjoːne] *f* (JUR) Rüstungskontrolle *f;* **principio di ~** Nonproliferation *f,* Nichtverbreitung *f* von Atomwaffen; **trattato di ~** Kernwaffensperrvertrag *m* **non ricordo** [non riˈkɔrdo] <-> *m* angebliche Gedächtnislücke **non ritorno** [non riˈtorno] <-> *m* unmögliches Zurück, unmögliche Wiederkehr

**nonsense** ['nɔnsəns] <-> *m*, **nonsenso** [non'sɛnso] *m* Nonsens *m*, Unsinn *m*

**non so che** [non sɔ k'ke] <-> *m* **un [certo]** ~ ein gewisses Etwas

**nonstop, non stop** [nɔn stɔp] I. <inv> *agg* Nonstop-, durchgehend; **orario** ~ durchgehende Öffnungszeiten *fpl*; **volo** ~ Nonstop-Flug *m* II. <-> *f* (TV) Fernsehsendung *f* ohne Unterbrechungen

**non tessuto** [non tes'su:to] I. *m* Synthetik *nt* II. *agg* synthetisch; **stoffa** ~ synthetisches Gewebe

**nontiscordardime, non-ti-scordar-di--me** [nontiskordardi'me] <-> *m* Vergissmeinnicht *nt*

**non udente** [non u'dɛnte] I. *mf* (ADM, *form: sordo*) Gehörlose(r) *f(m)*; **sottotitoli per i non udenti** Untertitel für Gehörlose II. *agg* gehörlos

**non valore** [non va'lo:re] *m* ❶ (PHILOS) Wertfreiheit *f* ❷ (*fig: mancanza di valore*) Fehlen *nt* von Werten

**non vedente** [non ve'dɛnte] I. *mf* (ADM, *form: cieco*) Blinde(r) *f(m)* II. *agg* blind

**non violento, -a** [non vio'lɛnto] I. *agg* gewaltfrei, friedlich II. *m, f* Befürworter(in) *m(f)* des Gewaltverzichts **non voto** [non 'vo:to] <sing> *m* Nichtwählen *nt*; **un massiccio** ~ eine hohe Nichtwählerquote

**noo** ['noo], **nooo** ['no:] *int* (*fam*) nee, oder? *fam*

**norcino, -a** [nor'tʃi:no] *m, f* Einwohner(in) *m(f)* von Norcia

**nord** [nɔrd] *m* Nord[en] *m*; **Italia del** ~ Norditalien *nt*; **a** ~ **di ...** nördlich von ...; **verso** ~ nordwärts; **Mare del Nord** Nordsee *f*; **Polo Nord** Nordpol *m*

**nord-** (*in parole composte*) Nord-, nord- **nordest** [nɔr'dɛst] *m* Nordost[en] *m*; **di** ~ nordöstlich, Nordost-

**nordico, -a** ['nɔrdiko] <-ci, -che> I. *agg* nordisch, Nord- II. *m, f* Nordländer(in) *m(f)*

**nordismo** [nor'dizmo] *m* Präferenz *f* norditalienischer Interessen **nordista** [nor'dista] <-i *m*, -e *f*> I. *agg* nordstaatlich, Nordstaaten- II. *mf* Nordstaatler(in) *m(f)*

**nordovest** [nor'dɔ:vest] *m* ❶ (GEOG) Nordwest[en] *m*; **di** ~ nordwestlich, Nordwest- ❷ (*cappello*) Südwester *m*

**Norimberga** [norim'bɛrga] *f* Nürnberg *nt*

**norma** ['nɔrma] *f* ❶ (*regola*) Norm *f*, Richtschnur *f*; **-e di circolazione** Verkehrsvorschriften *fpl*; **-e di navigazione** Schifffahrtsordnung *f*; **-e per l'uso** Gebrauchsanweisung *f*; **a** ~ **di** laut + *dat o gen*, gemäß + *dat o gen*, nach; **come di** ~ wie üblich ❷ (*uso*) Regel *f* ❸ (*in statistica*) dichtester Wert

**normale** [nor'ma:le] I. *agg* ❶ (*conforme alla norma*) normal, üblich ❷ (*regolare*) regelmäßig II. *f* Normale *f*, Senkrechte *f*

**normalità** [normali'ta] <-> *f* Normalität *f*; **rientrare nella** ~ sich wieder normalisieren

**normalizzare** [normalid'dza:re] I. *vt* ❶ (*rendere normale*) normalisieren, normal gestalten ❷ (*standardizzare*) normieren, vereinheitlichen II. *vr* **-rsi** sich normalisieren **normalizzazione** [normaliddzat'tsio:ne] *f* ❶ (*atto del normalizzare*) Normalisierung *f* ❷ (*standardizzazione*) Normierung *f*, Vereinheitlichung *f*

**normalmente** [normal'mente] *avv* normalerweise, gewöhnlich; (*conforme alla norma*) vorschriftsmäßig

**normanno, -a** [nor'manno] I. *agg* ❶ (GEOG) aus der Normandie ❷ (HIST) normannisch II. *m, f* ❶ (GEOG) Einwohner(in) *m(f)* der Normandie ❷ (HIST) Normanne *m*/Normannin *f*

**normativo, -a** [norma'ti:vo] *agg* normativ, maßgebend

**normografo** [nor'mɔ:grafo] *m* Schablone *f*

**norvegese** [norve'dʒe:se] I. *agg* norwegisch II. *mf* Norweger(in) *m(f)* **Norvegia** [nor'vɛ:dʒa] *f* Norwegen *nt*

**no-show** [nou'ʃou] <-> *m* Nichterscheinen *nt*

**no smoking** [nou 'smoukiŋ] <-> *m* (*simbolo di divieto*) Rauchen verboten

**nossignora** [nossiɲ'ɲo:ra] *int* nein, meine Dame; (*iron*) aber nein! **nossignore** [nossiɲ'ɲo:re] *int* nein, mein Herr; (*iron*) aber nein!

**nostalgia** [nostal'dʒi:a] <-gie> *f* Nostalgie *f*; (*rimpianto*) Sehnsucht *f*; **avere la** ~ **di qc** nach etw Sehnsucht haben; **sentire** ~ **del proprio paese** Heimweh haben

**nostalgico, -a** [nos'taldʒiko] <-ci, -che> I. *agg* sehnsüchtig, sehnsuchtsvoll; (*della patria*) heimwehkrank II. *m, f* Reaktionär(in) *m(f)*

**nostrano, -a** [nos'tra:no] *agg* einheimisch, hiesig

**nostro, -a** ['nɔstro] I. *agg* unser; **la -a speranza** unsere Hoffnung; ~ **padre/zio** unser Vater/Onkel; **un** ~ **amico** ein Freund von uns II. *pron poss* il ~/la -a unsere(r, s)

**nostromo** [nos'trɔ:mo] *m* Bootsmann *m*, Bootsmaat *m*

**nota** ['nɔ:ta] *f* ❶ (*contrassegno*) [Kenn]zei-

chen *nt*, Merkmal *nt* ❷ (*appunto*) Anmerkung *f*; Notiz *f*; **prendere ~ di qc** etw notieren ❸ (*osservazione*) Bemerkung *f*; **degno di ~** bemerkenswert ❹ (*commento*) Erläuterung *f*; **~ introduttiva** Einleitung *f*; **~ marginale** Randbemerkung *f* ❺ (*elenco*) Aufstellung *f*, Verzeichnis *nt* ❻ (*conto*) Rechnung *f* ❼ (*comunicazione*) Mitteilung *f*, Schreiben *nt* ❽ (MUS) Note *f*; **trovare la giusta ~** den richtigen Ton treffen ❾ (*fig: impronta*) Eigenart *f*, Note *f*
**nota bene** ['nɔ:ta 'bɛ:ne] <-> *m* Notabene *nt*, Anmerkung *f*
**notabile** [no'ta:bile] **I.** *agg* bemerkenswert, beachtlich; (*persona*) angesehen, bedeutend **II.** *mpl* Honoratioren *mpl*, Prominenz *f* **notabilità** [notabili'ta] <-> *f* ❶ (*qualità*) Angesehensein *nt* ❷ *pl* (*persone*) Honoratioren *mpl*, Prominenz *f*
**notaio** [no'ta:io] <-ai> *m* Notar(in) *m(f)*
**notare** [no'ta:re] *vt* ❶ (*prender nota*) aufzeichnen, vermerken ❷ (*contrassegnare*) kennzeichnen ❸ (*rilevare*) bemerken, hervorheben; **farsi ~** sich bemerkbar machen ❹ (*considerare*) beachten, in Betracht ziehen; **far ~ a qu qc** jdn auf etw *acc* aufmerksam machen
**notaresco, -a** [nota'resko] <-schi, -sche> *agg* (*pej*) Notar[s]-, eines Notars
**notariato** [nota'ria:to] *m* Notariat *nt*
**notarile** [nota'ri:le] *agg* notariell, Notariat[s]- **notaro** [no'ta:ro] *m v.* **notaio**
**notazione** [notat'tsio:ne] *f* ❶ (*segnatura*) Kennzeichnung *f*, Anmerkung *f* ❷ (MUS) Notenschrift *f*, Notation *f* ❸ (*fig: osservazione*) Beobachtung *f*, Bemerkung *f*
**notebook** ['noutbuk *o* not'buk] <- *o* notebooks> *m* (INFORM) Notebook *nt*
**notes** ['nɔ:tes] <-> *m* Notizblock *m*
**notevole** [no'te:vole] *agg* beträchtlich, bemerkenswert
**notifica** [no'ti:fika] <-che> *f* ❶ (ADM) Mitteilung *f*, Bekanntmachung *f* ❷ (JUR) Zustellung *f* **notificabile** [notifi'ka:bile] *agg* (ADM, *form*) zustellbar; **atto d'ufficio ~** Amtshandlung zur Bekanntmachung **notificare** [notifi'ka:re] *vt* ❶ (ADM) bekannt geben, mitteilen; (JUR: *sentenza*) zustellen ❷ (*dichiarare*) anmelden, anzeigen **notificazione** [notifikat'tsio:ne] *f v.* **notifica**
**notizia** [no'tittsia] <-ie> *f* ❶ (*comunicato, novità*) Nachricht *f*, Meldung *f*; **dare ~ di qc** etw melden; **giunge ~ che ...** es wird gemeldet, dass ...; **-ie** Nachrichten *fpl*; **buone -ie** gute Neuigkeiten *fpl*; **-ie infondate** Falschmeldungen *fpl* ❷ (*informazione*) Auskunft *f*, Information *f*; **avere ~** 

**di qc** von etw Kenntnis haben **notiziale** [notit'tsia:le] *agg* ❶ (ADM, *form*) bekannt machend ❷ (JUR) verbreitend
**notiziario** [notit'tsia:rio] <-i> *m* (TV, RADIO) Nachrichten *fpl*, Nachrichtensendung *f*
**noto, -a** ['nɔ:to] *agg* bekannt; (*famoso*) berühmt; (*pej*) berüchtigt; **ben ~** wohlbekannt
**notoriamente** [notoria'mente] *avv* bekanntlich, bekanntermaßen **notorietà** [notorie'ta] <-> *f* Bekanntheit *f*; (*fama*) Berühmtheit *f*; (JUR) Offenkundigkeit *f*; (ADM) Aktenkundigkeit *f* **notorio, -a** [no'tɔ:rio] <-i, -ie> *agg* [allgemein] bekannt; (JUR) offenkundig; (ADM) aktenkundig; **atto ~** Zeugenurkunde *f*
**nottambula** *f v.* **nottambulo**
**nottambulismo** [nottambu'lizmo] *m* Nachtschwärmerei *f* **nottambulo, -a** [not'tambulo] **I.** *agg* nachtschwärmerisch **II.** *m, f* Nachtschwärmer(in) *m(f)*
**nottante** [not'tante] *mf* Nachtschwester *f*, Krankenpfleger(in) *m(f)* im Nachtdienst
**nottata** [not'ta:ta] *f* Nacht *f*; **far ~** die ganze Nacht durchmachen
**notte** ['nɔtte] *f* Nacht *f*; **nel cuore della ~** mitten in der Nacht; **~ bianca** [*o* **in bianco**] schlaflose Nacht; **di ~** nachts, bei Nacht **nottetempo** [notte'tɛmpo] *avv* nachts, bei Nacht
**nottola** ['nɔttola] *f* (ZOO: *pipistrello*) Abendsegler *m* **nottolino** [notto'li:no] *m* ❶ (*saliscendi*) [Tür]klinke *f*, [Tür]schnalle *f* ❷ (*di arresto*) Sperrklinke *f*, Sperrzahn *m*
**nottolone** [notto'lo:ne] *m* Ziegenmelker *m*
**notturno** [not'turno] *m* ❶ (*in liturgia*) [Nacht]mette *f* ❷ (*in pittura*) Nachtszene *f*, Nachtbild *nt* ❸ (FOTO, FILM) Nachtaufnahme *f* ❹ (MUS) Nocturne *nt o f*
**notturno, -a** *agg* nächtlich, Nacht-
**novanta** [no'vanta] **I.** *num* neunzig **II.** <-> *m* Neunzig *f*; **pezzo da ~** Mafiaboss *m*; (*fig*) Respektsperson *f*; *v. a.* **cinquanta novantenne** [novan'tɛnne] **I.** *agg* neunzigjährig **II.** *mf* Neunzigjährige(r) *f(m)*
**novantennio** [novan'tɛnnio] <-i> *m* Zeitraum *m* von neunzig Jahren
**novantesimo** [novan'tɛ:zimo] *m* Neunzigstel *nt*
**novantesimo, -a** **I.** *agg* neunzigste(r, s) **II.** *m, f* Neunzigste(r, s) *mfnt; v. a.* **quinto**
**novantina** [novan'ti:na] *f* **una ~** [**di ...**] [etwa] neunzig [...]; **essere sulla ~** an [*o* um] die neunzig sein
**Novara** *f* Novara *nt* (*Stadt in Piemont*)
**novarese** [nova're:se] **I.** *mf* (*abitante*) Ein-

wohner(in) *m(f)* von Novara II. *agg* aus Novara

**Novarese** <*sing*> *m* Provinz *f* Novara

**novatore, -trice** [nova'to:re] I. *m, f* Neuerer *m*/Neuerin *f* II. *agg* innovatorisch

**novazione** [novat'tsio:ne] *f* Novation *f*, Schuldenumschreibung *f*

**nove** ['nɔ:ve] I. *num* neun II. <-> *m* ➊ (*numero*) Neun *f* ➋ (*nelle date*) Neunte(r) *m* ➌ (*voto scolastico*) ≈ [Note *f*] sehr gut, Eins *f* III. *fpl* neun Uhr; *v. a.* **cinque novecentesco, -a** [novetʃen'tesko] <-schi, -sche> *agg* das zwanzigste Jahrhundert betreffend **novecentista** [novetʃen'tista] <-i *m*, -e *f*> *mf* Künstler(in) *m(f)* des 20. Jahrhunderts

**novecento** [nove'tʃɛnto] I. *num* neunhundert II. <-> *m* Neunhundert *f*; **il Novecento** das zwanzigste Jahrhundert; (*nell'arte italiana*) das Novecento

**novella** [no'vɛlla] *f* ➊ (LIT) Novelle *f* ➋ (*poet: notizia*) Nachricht *f*, Kunde *f*; **la buona ~** die Frohe Botschaft

**novellame** [novel'la:me] *m* (*pesci*) junge Fische *mpl*; (*gener*) junge Tiere *ntpl*

**novellare** [novel'la:re] *vi* Novellen erzählen **novellatore, -trice** [novella'to:re] *m, f* [Novellen]erzähler(in) *m(f)*

**novellino, -a** [novel'li:no] I. *agg* jung, neu; (*persone*) frischgebacken II. *m, f* Neuling *m*

**novellista** [novel'lista] <-i *m*, -e *f*> *mf* Novellenschreiber(in) *m(f)*, Novellist(in) *m(f)* **novellistica** [novel'listika] *f* Novellistik *f*, Novellendichtung *f*

**novello** [no'vɛllo] *m* Trieb *m*, Schössling *m*

**novello, -a** *agg* neu, frisch; **i -i sposi** die Jungvermählten *mfpl*

**novembre** [no'vɛmbre] *m* November *m*; *v. a.* **aprile novembrino, -a** [novem'bri:no] *agg* novemberhaft, November-

**novemila** [nove'mi:la] I. *num* neuntausend II. <-> *m* Neuntausend *f*

**novena** [no'vɛ:na] *f* Novene *f* **novenario** [nove'na:rjo] <-i> *m* neunsilbiger Vers

**novennale** [noven'na:le] *agg* ➊ (*che dura nove anni*) neunjährig ➋ (*ricorrente ogni nove anni*) neunjährlich, Neunjahr[es]- **novenne** [no'vɛnne] I. *agg* neunjährig II. *mf* Neunjährige(r) *f(m)* **novennio** [no'vɛnnjo] <-i> *m* Zeitraum *m* von neun Jahren

**novilunio** [novi'lu:njo] <-i> *m* Neumond *m*

**novissimo, -a** [no'vissimo] *agg* (*poet*) *superlativo di* **nuovo**

**novità** [novi'ta] <-> *f* ➊ (*qualità*) Neuheit *f*, Neuartigkeit *f*; (*cosa*) Neuheit *f* ➋ (*notizia*) Neuigkeit *f*, Nachricht *f* ➌ (*innovazione*) Neuerung *f*, Neuschöpfung *f*

**novizia** *f v.* **novizio**

**noviziato** [novit'tsja:to] *m* ➊ (REL: *stato, periodo*) Noviziat *nt*; (*luogo*) Novizeninternat *nt* ➋ (*tirocinio*) Einarbeitungszeit *f*

**novizio, -a** [no'vittsjo] <-i, -ie> *m, f* ➊ (REL) Novize *m*/Novizin *f* ➋ (*fig: inesperto*) Anfänger(in) *m(f)*, Neuling *m*

**nozione** [not'tsjo:ne] *f* ➊ (*conoscenza*) Kenntnis *f* ➋ (*concetto*) Begriff *m* **nozionismo** [nottsjo'nizmo] *m* oberflächliches Wissen **nozionistico, -a** [nottsjo'nistiko] <-ci, -che> *agg* oberflächlich

**nozze** ['nɔttse] *fpl* Hochzeit *f*; **~ d'argento/di diamante/d'oro** silberne/diamantene/goldene Hochzeit; **andare a ~** (*fig*) sich freuen wie ein Schneekönig; **celebrare le ~** Hochzeit feiern; **festa di ~** Hochzeitsfeier *f*

**ns.** *abbr di* **nostro** unser

**NT** *abbr di* **Nuovo Testamento** N.T.

**NU** *abbr di* **Nazioni Unite** UN *fpl*

**nuance** [nɥɑ̃:s] <-> *f* Nuance *f*, Abstufung *f*

**nube** ['nu:be] *f* ➊ (SCIENT, *poet*) Wolke *f* ➋ (*fig*) Nebel *m*, Schleier *m*

**nubifragio** [nubi'fra:dʒo] <-gi> *m* Wolkenbruch *m*

**nubile** ['nu:bile] I. *agg* ledig, unverheiratet II. *f* Ledige *f*, ledige Frau, Junggesellin *f*

**nuca** ['nu:ka] <-che> *f* Nacken *m*, Genick *nt*

**nucleare** [nukle'a:re] *agg* nuklear, Kern-; **armi -i** Atomwaffen *fpl* **nuclearizzazione** [nukleariddzat'tsjo:ne] *f* friedliche Nutzung von Kernenergie

**nucleico, -a** [nu'klɛ:iko] <-ci, -che> *agg* **acido ~** Nukleinsäure *f* **nucleina** [nukle'i:na] *f* Nuklein *nt* **nucleinico, -a** [nuklei'niko] *agg v.* **nucleico**

**nucleo** ['nu:kleo] *m* ➊ (SCIENT) Kern *m* ➋ (*fig: reparto*) Gruppe *f* **nucleonica** [nukleo:nika] <*sing*> *f* (PHYS) Nukleotik *f* **nuclide** [nu'kli:de] *m* Nuklid *nt*

**nudismo** [nu'dizmo] *m* Nudismus *m*, Freikörperkultur *f* **nudista** [nu'dista] <-i *m*, -e *f*> *mf* Nudist(in) *m(f)*

**nudità** [nudi'ta] <-> *f* Nacktheit *f*, Blöße *f*

**nudo** ['nu:do] *m* Akt *m*

**nudo, -a** *agg* nackt, bloß; (*terreno*) kahl; **~ e crudo** nackt, bloß; **a occhio ~** mit bloßem Auge; **mettere a ~ qc** (*fig*) etw offenlegen

**nuke** ['nju:k] <- *o* nukes> *f* ➊ (MIL: *il complesso delle armi nucleari*) Atomwaffenar-

senal *nt* ❷ *(fig: le centrali nucleari)* Atommeiler *mpl*, Atomkraftwerke *ntpl*
**nulla** ['nulla] I.<inv> *pron indef* nichts [von Belang]; *(interrogativo)* etwas; **una cosa da ~** Kleinigkeit *f*, Nichtigkeit *f*; **~ osta** *v.* **nullaosta** II. *avv* **non ... ~** nicht im Geringsten, ganz und gar nicht; **non fa ~** es macht nichts III.<-> *m* Nichts *nt*, Kleinigkeit *f*
**nulladimeno** [nulladi'me:no] *cong v.* **nondimeno**
**nullaggine** [nul'laddʒine] *f* Nichtswürdige(s) *nt*
**nullaosta, nulla osta** [nulla'ɔsta] <-> *m* [amtliche] Genehmigung *f*, Erlaubnis *f*
**nullatenente** [nullate'nɛnte] I. *agg* (ADM) mittellos, unbemittelt; (JUR) besitzlos II. *mf* (ADM) Mittellose(r) *f(m)*; (JUR) Besitzlose(r) *f(m)* **nullatenenza** [nullate'nɛntsa] *f* (ADM) Mittellosigkeit *f*; (JUR) Besitzlosigkeit *f*
**nullità** [nulli'ta] <-> *f* ❶ *(qualità)* Nichtigkeit *f* ❷ (ADM) Ungültigkeit *f* ❸ *(persona)* Null *f fam* **nullo, -a** ['nullo] *agg* ❶ *(non valido)* nichtig, ungültig ❷ (SPORT) unentschieden
**number one** ['nʌmbə wʌn] <-> *mf* Nummer *f* eins
**nume** ['nu:me] *m* Gottheit *f*, Numen *nt*; **~ tutelare** *(fig)* Beschützer *m*, Schutzherr *m*
**numerabile** [nume'ra:bile] *agg* nummerierbar, zählbar **numerale** [nume'ra:le] I. *agg* Zahlen- II. *m* Zahlwort *nt*
**numerare** [nume'ra:re] *vt* ❶ *(segnare con un numero)* nummerieren ❷ *(contare)* [auf]zählen **numerario** [nume'ra:rio] <-i> *m* Kassenbestand *m*, Bargeld *nt*
**numeratore** [numera'to:re] *m* ❶ (MAT) Zähler *m* ❷ (TEC) Nummerator *m*, Nummerierwerk *nt* **numerazione** [numerat'tsio:ne] *f* Nummerierung *f*
**numerico, -a** [nu'mɛ:riko] <-ci, -che> *agg* zahlenmäßig, Zahlen-; (MAT, INFORM) numerisch
**numero** ['nu:mero] *m* ❶ (MAT) Zahl *f*, Ziffer *f* ❷ *(telefonico)* Nummer *f*; **~ civico** Hausnummer *f*; **~ di emergenza** Notrufnummer *f*; **~ di gara** Startnummer *f*; **~ verde** (TEL) *für den Anrufer kostenfreie Servicetelefonnummer;* **dare i -i** *(fam)* unverständliches Zeug reden, sich seltsam benehmen; **chiamare un ~** (TEL) eine Nummer wählen; **sbagliare ~** (TEL) sich verwählen, eine falsche Nummer wählen ❸ *(quantità)* [An]zahl *f*, Menge *f*; **far ~** *(a. fig)* die Zahl vollmachen; **un buon ~ di persone** eine große Anzahl von Personen;

**in gran ~** zahlreich, zahllos; **~ chiuso** Numerus clausus *m* ❹ *(di mezzi pubblici)* Linie *f* ❺ *(esemplare di giornale)* Nummer *f*, Exemplar *nt;* **~ unico** Sonderausgabe *f*; **~ zero** Nullnummer einer Zeitschrift ❻ *(di spettacolo)* Nummer *f* ❼ *(taglia, misura)* Größe *f* ❽ (LING) Numerus *m*, Zahl *f*
**numerosità** [numerosi'ta] <-> *f* große Anzahl, Vielzahl *f* **numeroso, -a** [nume'ro:so] *agg* zahlreich; *(famiglia, pubblico)* groß; **una famiglia -a** eine große Familie
**numismatica** [numiz'ma:tika] <-che> *f* Numismatik *f*, Münzkunde *f* **numismatico, -a** [numiz'ma:tiko] <-ci, -che> I. *agg* numismatisch, Münzen- II. *m, f* Numismatiker(in) *m(f)*, Münzenkenner(in) *m(f)*, Münzensammler(in) *m(f)*
**nunzio** ['nuntsio] <-i> *m* [Apostolischer] Nuntius *m*
**nuocere** ['nuɔ:tʃere] <noccio *o* nuoccio, nocqui, nociuto> *vi* schaden
**nuora** ['nuɔ:ra] *f* Schwiegertochter *f*
**nuorese** [nuo're:se] I. *mf (abitante)* Einwohner(in) *m(f)* von Nuoro II. *agg* aus Nuoro
**Nuorese** <*sing*> *m* Umgebung *f* von Nuoro
**Nuoro** *f* Nuoro *nt (Stadt in Sardinien)*
**nuotare** [nuo'ta:re] *vi* schwimmen; *(oggetti)* treiben; **~ a farfalla** im Schmetterlingsstil schwimmen; **~ a rana** Brust schwimmen; **~ nell'abbondanza** *(fig)* im Überfluss leben **nuotata** [nuo'ta:ta] *f* Schwimmen *nt;* *(stile)* Schwimmstil *m*
**nuotatore, -trice** [nuota'to:re] *m, f* Schwimmer(in) *m(f)* **nuoto** [ɔ:to] *m* Schwimmen *nt*, Schwimmsport *m;* **buttarsi a ~** ins Wasser tauchen; **traversare a ~ un fiume** durch einen Fluss schwimmen
**nuova** ['nuɔ:va] *f* Neuigkeit *f*, Nachricht *f*; **nessuna ~, buona ~** keine Nachricht, gute Nachricht
**Nuova York** ['nu:ɔ:va 'ɔrk] *f* New York *nt*
**Nuova Zelanda** ['nuɔ:va ddze'landa] *f* Neuseeland *nt*
**nuovismo** [nuo'vizmo] *m* blinder Fortschrittsglaube, unkritische Akzeptanz alles Neuen
**nuovista** [nuo'vista] <-i *m*, -e *f*> *mf* Fortschrittsgläubige(r) *f(m)*
**nuovo** ['nuɔ:vo] <*sing*> *m* Neue(s) *nt*, Neuigkeit *f*; **che c'è di ~?** was gibt es Neues?
**nuovo, -a** <più nuovo, nuovissimo> *agg* neu; **~ fiammante** [*o* **di zecca**] [funkel]nagelneu; **questa è proprio -a!** das ist wirklich unerhört!; **di ~** von Neuem, nochmals

**nurse** [nə:s] <-> f Kinderfräulein nt
**nut** [nʌt] <- o **nuts**> m (SPORT) Klemmschlaufe f
**nutria** ['nu:tria] <-ie> f Biberratte f
**nutrice** [nu'tri:tʃe] f Ernährerin f; (balia) Amme f, Nährmutter f
**nutriciglia** [nutri'tʃiʎʎa] I.<-> m Mascara f II.<inv> agg Mascara-
**nutriente** [nutri'ɛnte] agg (sostanzioso) nährend, nahrhaft; (che nutrisce) Nahrungs-, Nähr- **nutrimento** [nutri'mento] m Nahrung f
**nutrire** [nu'tri:re] I. vt ❶ (alimentare) nähren, ernähren ❷ (fig: mente) fördern, pflegen; (fiducia, odio) hegen II. vr -**rsi** sich ernähren, essen **nutritivo, -a** [nutri'ti:vo] agg (cibo) Nähr-, Nahrungs-; (sostanzioso) nahrhaft **nutrito, -a** [nu'tri:to] agg ❶ (alimentato) ernährt, genährt; **ben ~** wohl ernährt; **mal ~** unterernährt ❷ (fitto) lebhaft, stürmisch; (ampio) ausgiebig **nutritore** [nutri'to:re] m Futterkrippe f **nutrizionale** [nutritsio'na:le] agg (MED) Ess-, Nähr-, Ernährungs-; **disturbi -i** Essstörungen fpl; **valori -i** Nährwerte mpl; **deficienze -i** Ernährungsmängel mpl
**nutrizione** [nutrit'tsio:ne] f ❶ (atto del nutrire) Ernährung f ❷ (cibo) Nahrung f, Essen nt **nutrizionista** [nutritsio'nista] <-i m, -e f> mf (SCIENT, MED) Ernährungswissenschaftler(in) m(f)
**nutrizionistica** [nutritsio'nistika] <sing> f Ernährungswissenschaft f
**nuvola** ['nu:vola] f Wolke f; **avere la testa tra le -e** (fam) in den Wolken schweben; **cadere** [o **cascare**] **dalle -e** (fam) aus allen Wolken fallen; **vivere nelle -e** (fam) im Wolkenkuckucksheim leben **nuvolaglia** [nuvo'laʎʎa] <-glie> f Gewölk nt
**nuvolo, -a** ['nu:volo] I. agg (dial: poet) wolkig, bewölkt II. m ❶ (METEO) Bewölkung f; (dial: poet) Wolke f ❷ (fig: moltitudine) Masse f, Haufen m; (di zanzare, di gente) Schwarm m **nuvolone** [nuvo'lo:ne] m große Wolke
**nuvolosità** [nuvolosi'ta] <-> f Bewölkung f **nuvoloso, -a** [nuvo'lo:so] agg wolkig, bedeckt
**nuziale** [nut'tsia:le] agg ehelich, Ehe-; (festa, rito) Hochzeits-; **anello ~** Trauring m **nuzialità** [nuttsiali'ta] <-> f Eheschließungsziffer f; **premio di ~** Heiratsprämie f
**nylon**® ['nailən] <-> m Nylon nt

# Oo

**O, o** [ɔ] <-> f O, o nt; **o come Otranto** O wie Otto
**o** [o] I.<davanti a vocale spesso od> cong ❶ (oppure) oder ❷ (ossia, vale a dire) oder auch, das heißt; **o ... o** entweder ... oder II. int o, oh, ach
**O** abbr di **ovest** W
**oasi** ['ɔ:azi] <-> f Oase f
**obbediente** [obbe'diɛnte] agg v. **ubbidiente**
**obbligare** [obbli'ga:re] I. vt ❶ (costringere) zwingen; **~ a letto** ans Bett fesseln ❷ (JUR: vincolare) verpflichten ❸ (per riconoscenza) [zu Dank] verpflichten II. vr -**rsi** ❶ (per riconoscenza) sich verpflichtet fühlen ❷ (JUR: vincolarsi) bürgen, haften ❸ (impegnarsi) sich verpflichten **obbligato, -a** [obbli'ga:to] I. agg ❶ (costretto) gezwungen ❷ (JUR: vincolato) verpflichtet ❸ (per riconoscenza) [zu Dank] verpflichtet ❹ (non variabile, inevitabile) obligatorisch II. m, f (JUR) Schuldner(in) m(f) **obbligatorio, -a** [obbliga'tɔ:rio] <-i, -ie> agg vorgeschrieben, obligatorisch; (materia) Pflicht-; (JUR) rechtsgültig, -verbindlich **obbligazione** [obbligat'tsio:ne] f ❶ (obbligo) Verpflichtung f ❷ (impegno, debito) Verbindlichkeit f ❸ (FIN) Obligation f, Wertpapier nt; **-i dello Stato** Staatsanleihen fpl; **-i convertibili europee** Euro-Obligationen fpl ❹ (JUR) Schuldverschreibung f **obbligo** ['ɔbbligo] <-ghi> m Pflicht f; **essere in ~ di fare qc** die Pflicht haben, etw zu tun; **d' ~** vorgeschrieben, obligatorisch, Pflicht-; **~ scolastico** Schulpflicht f; **sentirsi in ~** sich verpflichtet fühlen
**obb.mo** abbr di **obbligatissimo** sehr ergebener ...
**obbrobrio** [ob'brɔ:brio] <-i> m Schande f **obbrobrioso, -a** [obbro'brio:so] agg schändlich; (molto brutto) scheußlich
**obelisco** [obe'lisko] <-schi> m Obelisk m
**oberato, -a** [obe'ra:to] agg ❶ (di debiti)

überschuldet, übermäßig belastet ❷ (*fig: sovraccarico*) überladen, überhäuft
**obesa** *f v.* **obeso**
**obesità** [obezi'ta] <-> *f* Fettleibigkeit *f*, Fettsucht *f* **obeso, -a** [o'bɛ:zo] **I.** *agg* fettleibig **II.** *m, f* fettleibige Person
**obice** ['ɔ:bitʃe] *m* Haubitze *f*
**obiettare** [objet'ta:re] *vt* einwenden
**obiettività** [objettivi'ta] <-> *f* Objektivität *f*
**obiettivo** [objet'ti:vo] *m* ❶ (FOTO, PHYS) Objektiv *nt* ❷ (MIL: *bersaglio*) Ziel[gebiet] *nt*, Zielpunkt *m* ❸ (*scopo*) Ziel *nt*, Zweck *m*
**obiettivo, -a** *agg* objektiv; (*giudizio*) sachlich; (*arbitro*) unvoreingenommen
**obiettore, -trice** [objet'to:re] *m, f* Widerspruch Einlegende(r) *f(m)*; **~ di coscienza** Wehrdienstverweigerer *m* **obiezione** [objet'tsio:ne] *f* Einwand *m*, Gegenargument *nt*; **~ di coscienza** Wehrdienstverweigerung *f*
**obitorio** [obi'tɔ:rio] <-i> *m* Leichenschauhaus *nt*
**oblatività** [oblativi'ta] <-> *f* (ADM, *form*) Selbstlosigkeit *f*
**oblazione** [oblat'tsio:ne] *f* ❶ (*offerta*) Spende *f* ❷ (JUR) Strafabwendung durch Geldzahlung
**obliare** [obli'a:re] **I.** *vt* (*poet*) vergessen, aus dem Gedächtnis verlieren **II.** *vr* **-rsi** (*poet*) sich vergessen, sich versenken; **-rsi in qu** mit den Gedanken bei jdm sein
**oblio** [o'bli:o] <-ii> *m* (*poet*) Vergessenheit *f*
**obliquità** [oblikui'ta] <-> *f* Schräge *f*, Schiefe *f* **obliquo, -a** [ob'li:kuo] *agg* ❶ (*sghembo*) schief, schräg; (*fig: sguardo*) schief ❷ (*fig: indiretto*) krumm *fam* ❸ (LING) abhängig
**obliterare** [oblite'ra:re] *vt* entwerten **obliteratrice** [oblitera'tri:tʃe] *f* Entwerter *m* **obliterazione** [obliterat'tsio:ne] *f* Entwertung *f*
**oblò** [o'blɔ] <-> *m* Bullauge *nt*
**oblungo, -a** [o'blungo] <-ghi, -ghe> *agg* länglich, mehr lang als breit
**oboe** ['ɔ:boe] *m* Oboe *f* **oboista** [obo'ista] <-i *m*, -e *f*> *mf* Oboist(in) *m(f)*
**obolo** ['ɔ:bolo] *m* Obolus *m*; **~ di San Pietro** Peterspfennig *m*
**obsolescenza** [obsoleʃ'ʃɛntsa] *f* Veralten *nt*
**obsoleto, -a** [obso'lɛ:to] *agg* veraltet, obsolet *geh*
**OC** *abbr di* **onde corte** KW (*Kurzwelle*)
**oca** ['ɔ:ka] <oche> *f* Gans *f*; **collo d'~** (TEC) Kurbelwelle *f*; (*di tubi*) Schwanenhals *m*; **pelle d'~** (*fig*) Gänsehaut *f*; **gioco dell'~** ein Würfelspiel **ocaggine** [o'kaddʒine] *f* (*fam*) Dummheit *f*, Doofheit *f fam*
**ocarina** [oka'ri:na] *f* Okarina *f*
**occasionale** [okkazio'na:le] *agg* Gelegenheits-, gelegentlich; (*per caso*) zufällig; **incontro ~** Zufallsbekanntschaft *f* **occasione** [okka'zio:ne] *f* ❶ (*opportunità*) Gelegenheit *f*; **cogliere l'~** die Gelegenheit nutzen; **perdere un'~** eine Gelegenheit verpassen ❷ (COM) Gelegenheitskauf *m*, Angebot *nt*; **auto d'~** Gebrauchtwagen *m* ❸ (*circostanza*) Gelegenheit *f*, Anlass *m*; **all'~** gegebenenfalls; **con l'~** bei der Gelegenheit; **in ~ di ...** anlässlich +*gen*; **per l'~** aus diesem Anlass; **l'~ fa l'uomo ladro** (*prov*) Gelegenheit macht Diebe ❹ (*motivo*) Grund *m*, Anlass *m*
**occaso** [ok'ka:zo] *m* (*poet*) ❶ (*tramonto*) Sonnenuntergang *m* ❷ (*occidente*) Okzident *m obs*, Abend *m obs* ❸ (*fig: declino*) Untergang *m* ❹ (*fig: morte*) Heimgang *m geh*
**occhi** *pl di* **occhio**
**occhiaccio** [ok'kiattʃo] <-cci> *m* **far gli -cci a qu** jdn böse anblicken
**occhiaia** [ok'kia:ia] <-aie> *f* ❶ (*cavità del cranio*) Augenhöhle *f* ❷ *pl* [dunkle] Ränder *mpl*, [Augen]ringe *mpl*
**occhialaio, -a** [okkia'la:io] <-ai, -aie> *m, f* Brillenspezialist(in) *m(f)* **occhialeria** [okkiale'ri:a] <-ie> *f* Brillengeschäft *nt*
**occhialetto** [okkia'letto] *m* Lorgnette *f*, Lorgnon *nt* **occhiali** [ok'kia:li] *mpl* Brille *f*; **~ da sole** Sonnenbrille *f*; **serpente dagli ~** Brillenschlange *f* **occhialuto, -a** [okkia'lu:to] **I.** *agg* bebrillt **II.** *m, f* Brillenträger(in) *m(f)*
**occhiata** [ok'kia:ta] *f* [kurzer] Blick *m*; **dare un'~ a qc** einen [kurzen] Blick auf etw *acc* werfen; **dare un'~ al giornale** einen Blick in die Zeitung werfen; **dare un'~ ai bambini** ein Auge auf die Kinder haben; **lanciare un'~ a qu** jdm einen Blick zuwerfen
**occhieggiare** [okkied'dʒa:re] **I.** *vt* verstohlen schauen; (*a. fig*) liebäugeln mit **II.** *vi* hervorschauen, zu sehen sein; (*luci*) [auf]leuchten, blinken
**occhiello** [ok'kiɛllo] *m* Knopfloch *nt*
**occhietto** [ok'kietto] *m* ❶ (*occhio piccolo e vivace*) Äuglein *nt*; **far l'~ a qu** jdm zuzwinkern ❷ (TYP) Schmutztitel *m*
**occhio** ['ɔkkio] <-chi> *m* ❶ (ANAT, BOT) Auge *nt*; **uova all'~ di bue** Spiegeleier *ntpl*; **colpo d'~** [kurzer] Blick *m*; **avere gli occhi foderati di prosciutto** (*fam*)

Tomaten auf den Augen haben; **costare** [*o* **valere**] **un ~ della testa** ein Vermögen kosten; **non credere ai propri occhi** seinen Augen nicht trauen; **dare all'** [*o* **nell'**] **~** ins Auge fallen; **essere tutt'occhi** seine Augen überall haben; **non levar gli occhi di dosso a qu** jdn nicht aus den Augen lassen; **mettere gli occhi addosso a qu** ein Auge auf jdn werfen; **non perdere d'~** nicht aus den Augen verlieren; **vedere di buon ~ qu** jdm wohl gesonnen sein; **a ~** schätzungsweise, ungefähr; **a ~ e croce** über den Daumen gepeilt *fam*; **a occhi chiusi** (*fig*) blindlings; **essere [come] un pugno in un ~** (*fig*) wie die Faust aufs Auge passen; **in un batter d'~** im Nu, in null Komma nichts *fam*; **~!** aufgepasst!, Augen auf!; **~ per ~, dente per dente** Auge um Auge, Zahn um Zahn; **~ non vede, cuore non duole** (*prov*) was ich nicht weiß, macht mich nicht heiß ❷ (*fig: accortezza*) Blick *m*, Auge *nt*; **avere buon ~** ein Auge für etw haben ❸ (*foro*) Auge *nt*, Loch *nt* ❹ (TYP) Schriftbild *nt* **occhiolino** [okkio'li:no] *m* **fare l'~ a qu** jdm zuzwinkern; **fare l'~ a qc** mit etw liebäugeln

**occidentale** [ottʃiden'ta:le] I. *agg* West-, westlich; (*civiltà*) abendländisch II. *mf* Bewohner(in) *m(f)* der westlichen Welt **occidente** [ottʃi'dɛnte] *m* Westen *m*; (*civiltà*) Abendland *nt*; **a ~ di** westlich von

**occipite** [ot'tʃi:pite] *m* Hinterkopf *m*

**occitanico, -a** [ottʃi'ta:niko] <-ci, -che> *agg* okzitanisch

**occludere** [ok'klu:dere] <occludo, occlusi, occluso> *vt* verschließen **occlusione** [okklu'zio:ne] *f* (MED, LING) Verschluss *m* **occlusiva** [okklu'zi:va] *f* Verschlusslaut *m*, Okklusiv *nt* **occlusivo, -a** [okklu'zi:vo] *agg* verschließend

**occluso** [ok'klu:zo] *pp di* **occludere** **occlusore** [okklu'so:re] I. *m* (OPT) Okklusiv *nt* II. *agg* das Okklusiv betreffend

**occorrente** [okkor'rɛnte] I. *agg* erforderlich, notwendig II. *m* Notwendige(s) *nt*, Nötige(s) *nt*; **~ per scrivere** Schreibzeug *nt* **occorrenza** [okkor'rɛntsa] *f* ❶ (*necessità, bisogno*) Bedarf *m*; **all'~** bei Bedarf, im Bedarfsfall ❷ (*evenienza*) Bedarfsfall *m*

**occorrere** [ok'korrere] <irr> *vi essere* ❶ (*essere necessario*) erforderlich sein, benötigt werden ❷ (*impersonale*) nötig sein, müssen; **occorrono medicinali** es sind Medikamente erforderlich; **mi occorre del latte** ich brauche Milch; **occorre ...** +*inf* man muss ...; **non occorre ...** +*inf* man braucht nicht ..., es ist nicht nötig, dass ...

**occultamento** [okkulta'mento] *m* Verbergen *nt*, Verstecken *nt*; (*fig*) Unterdrückung *f*

**occultare** [okkul'ta:re] *vt* verbergen, verstecken; (*fig*) verheimlichen; (ASTR) verfinstern **occultazione** [okkultat'tsio:ne] *f* Verbergen *nt*, Verstecken *nt*; (ASTR) Finsternis *f*, Eklipse *f*

**occultismo** [okkul'tizmo] *m* Okkultismus *m* **occultista** [okkul'tista] <-i *m*, -e *f*> *mf* Okkultist(in) *m(f)* **occulto, -a** [ok'kulto] *agg* geheim, okkult; **scienze -e** Okkultismus *m*

**occupabile** [okku'pa:bile] *agg* besetzbar, einnehmbar **occupante** [okku'pante] I. *agg* Besatzungs-, besetzend; **esercito ~** Besatzungsarmee *f*, -heer *nt* II. *mf* ❶ (*veicolo*) Insasse *m*/Insassin *f* ❷ (*edificio*) Hausbesetzer(in) *m(f)*

**occupare** [okku'pa:re] I. *vt* ❶ (*luogo*) besetzen; (MIL) einnehmen ❷ (*appartamento*) beziehen ❸ (*carica*) inne haben, bekleiden ❹ (*spazio*) brauchen, wegnehmen II. *vr* **-rsi** ❶ (*interessarsi*) **-rsi di qc** sich mit etw beschäftigen ❷ (*prendersi cura*) **-rsi di qu** sich um jdn kümmern ❸ (*impiegarsi*) angestellt werden ❹ (*impicciarsi*) **-rsi di qu** sich in etw *acc* einmischen **occupato, -a** [okku'pa:to] *agg* ❶ (*posto, telefono*) besetzt, belegt ❷ (*affaccendato*) beschäftigt ❸ (*impiegato*) angestellt, beschäftigt **occupatore, -trice** [okkupa'to:re] *m*, *f* Besetzer(in) *m(f)* **occupazionale** [okkupattsio'na:le] *agg* Beschäftigungs- **occupazione** [okkupat'tsio:ne] *f* ❶ (*presa di possesso*) Besetzung *f* ❷ (JUR) Aneignung *f* ❸ (*impiego*) Beschäftigung *f*, Anstellung *f* ❹ (*attività abituale*) Beschäftigung *f* ❺ (*complesso di lavoratori*) Beschäftigte[n] *mfpl*; **piena ~** Vollbeschäftigung *f*

**oceanauta** [otʃea'na:uta] <-i *m*, -e *f*> *mf* ❶ (SCIENT) Ozeanaut(in) *m(f)*, Unterwasserforscher(in) *m(f)* ❷ (NAUT) Seefahrer(in) *m(f)*

**oceanico, -a** [otʃe'a:niko] <-ci, -che> *agg* ❶ (*dell'oceano*) ozeanisch ❷ (*fig: immenso*) unermesslich, unendlich **oceano** [o'tʃɛ:ano] *m* ❶ (GEOG) Ozean *m* ❷ (*fig: immensità*) Meer *nt* **oceanografia** [otʃeanogra'fi:a] *f* Meereskunde *f*, Ozeanographie *f* **oceanografico, -a** [otʃeano'gra:fiko] <-ci, -che> *agg* meereskundlich

**ocelot** [otʃeˈlɔt] *m v.* **ozelot**
**oche** *pl di* **oca**
**ochesco, -a** [oˈkesko] <-schi, -sche> *agg* ① (*caratteristico delle oche*) gänseartig, Gänse- ② (*fig*) dämlich
**ocra** [ˈɔːkra] **I.** *agg* <inv> ockerfarben **II.** *f* (*colore, tinta*) Ocker *m o nt*
**OCSE** *f abbr di* **Organizzazione per la Collaborazione e lo Sviluppo Economico** OECD *f*
**oculare** [okuˈlaːre] *agg* Aug[en]-, okular *scient;* **testimone** ~ Augenzeuge *m/-*zeugin *f*
**oculatezza** [okulaˈtettsa] *f* Umsicht *f*, Besonnenheit *f* **oculato, -a** [okuˈlaːto] *agg* umsichtig, besonnen
**oculista** [okuˈlista] <-i *m*, -e *f*> *mf* Augenarzt *m/-*ärztin *f* **oculistica** [okuˈlistika] *f* Augenheilkunde *f* **oculistico, -a** [okuˈlistiko] <-ci, -che> *agg* augenärztlich
**od** [od] *cong* = **o** *davanti a vocale*
**ode** [ˈɔːde] *f* Ode *f*
**odiare** [oˈdiaːre] *vt* hassen
**odierno, -a** [oˈdiɛrno] *agg* heutig
**odio** [ˈɔːdio] <-i> *m* Hass *m*, [heftige] Abneigung *f;* **avere in ~ qu** jdn hassen; **venire in ~ a qu** sich jds Hass zuziehen; **in ~ a** aus Abneigung gegen **odiosità** [odiosiˈta] <-> *f* ① (*l'essere odioso*) Abscheulichkeit *f*, Verabscheuenswürdigkeit *f* ② (*l'incitare all'odio*) Gehässigkeit *f* **odioso, -a** [oˈdioːso] *agg* verhasst, hassenswert
**odissea** [odisˈsɛːa] *f* Odyssee *f*
**odo** [ˈɔːdo] *1. pers sing pr di* **udire**
**odontalgia** [odontalˈdʒiːa] <-gie> *f* Zahnschmerz[en *pl*] *m*
**odontalgico** [odonˈtaldʒiko] <-ci> *m* [Zahn]schmerzmittel *nt*
**odontoiatra** [odontoˈiaːtra] <-i *m*, -e *f*> *mf* Zahnarzt *m/-*ärztin *f* **odontoiatria** [odontoiaˈtriːa] <-ie> *f* Zahnmedizin *f*, Zahnheilkunde *f* **odontoiatrico, -a** [odontoˈiaːtriko] <-ci, -che> *agg* zahnärztlich, zahnmedizinisch
**odontotecnica** [odontoˈtɛknika] *f* Zahntechnik *f* **odontotecnico, -a** [odontoˈtɛkniko] <-ci, -che> **I.** *agg* zahntechnisch **II.** *m, f* Zahntechniker(in) *m(f)*
**odorare** [odoˈraːre] *vi* ~ **di qc** nach etw riechen **odorato** [odoˈraːto] *m* Geruch[ssinn] *m*
**odore** [oˈdoːre] *m* ① (*sensazione*) Geruch *m;* **sento ~ di ...** es riecht hier nach ... ② (*fig: concetto, fama*) [Ge]ruch *m geh* ③ *pl* (GASTR) Gewürzkräuter *ntpl* **odorino** [odoˈriːno] *m* Aroma *nt,* [würziger] Duft *m* **odoroso, -a** [odoˈroːso] *agg* duftend, wohlriechend
**of course** [ɔv ˈkɔːs] *avv* sicher, selbstverständlich
**offendere** [ofˈfɛndere] <offendo, offesi, offeso> **I.** *vt* ① (*fig: persona*) beleidigen, kränken ② (*violare*) verletzen, verstoßen gegen ③ (*danneggiare*) beschädigen; (*ferire*) verletzen **II.** *vr* **-rsi** ① (*risentirsi*) beleidigt sein ② (*ingiuriarsi*) sich [gegenseitig] beleidigen
**offenditrice** *f v.* **offensore**
**offensiva** [offenˈsiːva] *f* Offensive *f* **offensivo, -a** [offenˈsiːvo] *agg* ① (*lesivo della dignità*) beleidigend, verletzend ② (MIL) offensiv, Angriffs- ③ (*atto a ferire*) verletzend
**offensore, offenditrice** [offenˈsoːre, offendiˈtriːtʃe] *m, f* ① (*chi offende*) Beleidiger(in) *m(f)* ② (MIL) Angreifer *m*
**offerente** [offeˈrɛnte] *m(f)* Bieter(in) *m(f);* **aggiudicare qc al migliore ~** etw dem Meistbietenden zuschlagen
**offersi** [ofˈfɛrsi] *1. pers sing pass rem di* **offrire**
**offerta** [ofˈfɛrta] *f* ① (*dono*) Gabe *f;* (*obolo*) Spende *f* ② (*proposta*) Angebot *nt;* ~ **di lavoro** Stellenangebot *nt* ③ (COM) Angebot *nt,* Offerte *f;* **domanda e ~** Angebot und Nachfrage
**offerto** [ofˈfɛrto] *pp di* **offrire**
**offertorio** [offerˈtɔːrio] <-i> *m* Offertorium *nt*
**offesa** [ofˈfeːsa] *f* ① (*fig*) Kränkung *f*, Beleidigung *f* ② (*danno materiale*) Schaden *m;* (*lesione fisica*) Verletzung *f* ③ (*oltraggio, violazione*) Verletzung *f*, Verstoß *m*
**offesi** [ofˈfeːsi] *1. pers sing pass rem di* **offendere**
**offeso, -a** [ofˈfeːso] **I.** *pp di* **offendere** **II.** *agg* beleidigt, gekränkt **III.** *m, f* Beleidigte(r) *f(m)*, Gekränkte(r) *f(m);* **fare l'~** den Beleidigten spielen
**officiante** [offiˈtʃante] **I.** *agg* zelebrierend **II.** *m* Zelebrant *m,* Offiziant *m* **officiare** [offiˈtʃaːre] *vt, vi* zelebrieren
**officina** [offiˈtʃiːna] *f* Werkstatt *f*
**officinale** [offitʃiˈnaːle] *agg* Arznei-
**offline, off line** [ˈɔːf lain] <inv> *agg* (INFORM) offline
**offrire** [ofˈfriːre] <offro, offersi *o* offrii, offerto> **I.** *vt* ① (*mettere a disposizione*) anbieten ② (*regalare*) schenken ③ (*fig: esporre, presentare*) bieten, zeigen ④ (COM: *mettere in vendita*) anbieten, offerieren ⑤ (*fam: pagare*) zahlen; (*dare*) geben; **oggi offre lui il pranzo** er zahlt heute das Mittagessen; **chi mi offre una**

**sigaretta?** wer gibt mir eine Zigarette? II. *vr* **-rsi** sich anbieten
**offset** [ˈɔːfset] <-> *m* Offsetdruck *m*
**offuscamento** [offuskaˈmento] *m* Verdunk[e]lung *f* **offuscare** [offusˈkaːre] *vt* ① (*oscurare, ottenebrare*) verdunkeln, verfinstern ② (*fig*) trüben; (*meriti*) schmälern
**ofidi** [oˈfiːdi] *mpl* Schlangen *fpl*
**oftalmico, -a** [ofˈtalmiko] <-ci, -che> *agg* Augen- **oftalmologo, -a** [oftalˈmɔːlogo] <-gi, -ghe> *m, f* Augenarzt *m*/-ärztin *f*
**oggettistica** [oddʒetˈtistika] <-che> *f* Geschenk- und Haushaltsartikel *mpl*
**oggettivare** [oddʒettiˈvaːre] *vt* objektivieren **oggettivazione** [oddʒettivatˈtsjoːne] *f* Objektivierung *f* **oggettivismo** [oddʒettiˈvizmo] *m* Objektivismus *m* **oggettività** [oddʒettiviˈta] <-> *f* Objektivität *f*; **giudicare con ~** objektiv urteilen **oggettivo, -a** [oddʒetˈtiːvo] *agg* ① (PHILOS) objektiv ② (*obiettivo*) objektiv, sachlich ③ (LING) Objekt-
**oggetto** [odˈdʒɛtto] *m* ① (*unità materiale*) Gegenstand *m*, Ding *nt*; **-i preziosi** Wertgegenstände *mpl* ② (*scopo, argomento*) Gegenstand *m*; **~ del discorso** Gesprächsgegenstand *m*; **avere per ~** zum Gegenstand haben ③ (JUR) Gegenstand *m* ④ (PHILOS) Objekt *nt* ⑤ (LING: *complemento ~*) Akkusativobjekt *nt* ⑥ (ADM) Betreff *m*; **con riferimento a quanto indicato in ~ ...** (ADM) unter Bezugnahme auf die im Betreff genannte Angelegenheit
**oggettualità** [oddʒettualiˈta] <-> *f* objektive Wirklichkeit *f*, Realität]
**oggi** [ˈɔddʒi] I. *avv* heute; **~ stesso** heute noch; **~ a otto/quindici** heute in acht Tagen/zwei Wochen II. *m* Heute *nt*, Gegenwart *f*; **il giornale di ~** die Zeitung von heute; **al giorno d'~** heutzutage; **dall'~ al domani** von heute auf morgen **oggidì**, **oggigiorno** [oddʒiˈdi, oddʒiˈdʒorno] I. *avv* heutzutage II. *m* gegenwärtige Zeit *f*, Heute *nt*
**ogiva** [oˈdʒiːva] *f* ① (ARCH) Spitzbogen *m* ② (MIL: *di un missile, di un proiettile*) Spitze *f*; **~ nucleare** Atomsprengkopf *m* **ogivale** [odʒiˈvaːle] *agg* ① (ARCH) spitzbogig, Spitzbogen- ② (*missili*) spitz zulaufend
**OGM** *acro di* **Organismi Geneticamente Modificati** genmanipulierte Organismen *mpl*
**ogni** [ˈoɲɲi] <inv, solo al sing> *agg* jeder/jede/jedes; **uno ~ dieci** jeder Zehnte; **~ tre giorni** alle drei Tage; **~ tanto** hin und wieder, von Zeit zu Zeit; **~ momento** andauernd, die ganze Zeit; **ad ~ modo** jedenfalls; **con ~ mezzo** mit allen Mitteln; **con ~ riguardo** mit Hochachtung, mit höchster Achtung; **in ~ caso** in jedem Fall; **in ~ luogo** überall; **in ~ modo** auf jeden Fall, auf alle Fälle **ogniqualvolta** [oɲɲikualˈvɔlta] *cong* (*poet*) jedes Mal wenn, sooft
**Ognissanti** [oɲɲisˈsanti] <-> *m* Allerheiligen *nt* **ognora** [oɲˈɲoːra] *avv* (*poet*) allezeit *obs*
**ognuno, -a** [oɲˈɲuːno] <sing> *pron indef* jedermann, [ein] jeder, [eine] jede, [ein] jedes
**oh** [ɔ o o] *int* o, oh
**ohé** [oˈe] *int* (*fam*) he
**ohi** [ˈɔːi] *int* au, aua **ohibò** [oiˈbɔ] *int* pfui; **~, che schifo!** pfui Teufel! **ohimè** [oiˈmɛ] *int* oje, weh mir *geh*
**ohm** [oːm] <-> *m* Ohm *nt*
**oibò** *int v.* **ohibò**
**OL** *abbr di* **onde lunghe** LW (*Langwelle*)
**olà** [oˈla] *int* heda
**ola** *f* (SPORT) La-Ola-Welle *f*
**Olanda** [oˈlanda] *f* Holland *nt*
**olandese**[1] [olanˈdeːse] <sing> *m* (*lingua*) Holländisch *nt*, Niederländisch *nt*
**olandese**[2] I. *agg* holländisch, niederländisch; **zoccoli -i** Holzschuhe *mpl* II. *mf* Holländer(in) *m(f)*, Niederländer(in) *m(f)*
**old fashion** [ˈould ˈfæʃən] <sing> *m* „Oldie"-Mode *f*
**old-time** [ˈouldˈtaim] <inv> *agg* aus der guten alten Zeit
**oleandro** [oleˈandro] *m* Oleander *m*
**oleario, -a** [oleˈaːrjo] <-i, -ie> *agg* ① (*dell'olio*) Öl- ② (*delle olive*) Oliven-
**oleato, -a** [oleˈaːto] *agg* **carta -a** Ölpapier *nt* **oleico, -a** [oˈlɛːiko] <-ci, -che> *agg* **acido ~** Ölsäure *f*
**oleificio** [oleiˈfiːtʃo] <-ci> *m* Ölfabrik *f*
**oleochimica** [oleoˈkiːmika] *f* (CHEM) Fettverseifungsindustrie *f*
**oleodotto** [oleoˈdɔtto] *m* [Erd]ölleitung *f*, Pipeline *f* **oleografia** [oleograˈfiːa] *f* ① (TYP) Öl[farben]druck *m* ② (*fig, pej*) Kitsch *m* **oleografico, -a** [oleoˈgraːfiko] *agg* ① (TYP) den Ölfarbendruck betreffend ② (*fig, pej*) kitschig **oleosità** [oleosiˈta] <-> *f* ölige Beschaffenheit *f*, Öligkeit *f*
**oleoso, -a** [oleˈoːso] *agg* ① (*che contiene olio*) ölhaltig, ölig ② (*simile all'olio*) ölig
**olezzante** [oledˈdzante] *agg* (*poet*) wohlriechend *geh* **olezzare** [oledˈdzaːre] *vi* (*poet*) Wohlgeruch ausströmen *geh*, duften *geh* **olezzo** [oˈleddzo] *m* (*poet*) Wohlgeruch *m geh*, Duft *m*
**olfattivo, -a** [olfatˈtiːvo] *agg* den Geruchs-

sinn betreffend **olfatto** [ol'fatto] *m* Geruch[ssinn] *m*
**oliare** [o'lia:re] *vt* ölen **oliatore** [olia'to:re] *m* ❶(TEC) Schmiernippel *m* ❷(*recipiente*) Ölkännchen *nt*
**oliera** [o'liɛ:ra] *f* Menage *f*
**oligarchia** [oligar'ki:a] <-chie> *f* Oligarchie *f*
**oligopsonio** [oligop'sio:no] <-i> *m* (COM, FIN) oligopsonische Marktform, Oligopson *nt* **oligopsonista** [oligopso'nista] <-i *m*, -e *f*> *mf* (COM, FIN) Einkäufer(in) *m(f)* in einer oligopsonistischen Marktsituation **oligopsonistico, -a** [oligopso'nistiko] <-ci, -che> *agg* oligopsonistisch
**olimpiade** [olim'pi:ade] *f* Olympiade *f* **olimpico, -a** [o'limpiko] <-ci, -che> *agg* olympisch, Olympia- **olimpionico, -a** [olim'pjo:niko] <-ci, -che> I. *agg* **campione** ~ Olympionike *m* II. *m, f* Olympionike *m*/Olympionikin *f*
**olimpo** [o'limpo] *m* Olymp *m*
**olio** ['ɔ:lio] <-i> *m* Öl *nt;* ~ **abbronzante** Sonnenöl *nt;* ~ **combustibile** Heizöl *nt;* ~ **commestibile** Speiseöl *nt;* ~ **essenziale** ätherisches Öl; ~ **di oliva** Olivenöl *nt;* ~ **di ricino** Rizinusöl *nt;* ~ **di semi** Keimöl *nt;* **quadro ad** ~ Ölbild *nt*, Ölgemälde *nt;* **andare liscio come l'**~ glatt laufen; **estendersi a macchia d'**~ sich zusehends ausbreiten; **sott'**~ (GASTR) in Öl eingelegt
**oliva**[1] [o'li:va] *f* Olive *f*
**oliva**[2] <inv> *agg* oliv[grün]
**olivastro** [oli'vastro] *m* (BOT) Oleaster *m*, wilde Olive
**olivastro, -a** *agg* oliv, olivfarben
**oliveto** [oli've:to] *m* Olivenhain *m* **olivicoltore, -trice** [olivikol'to:re] *m, f* Olivenbauer *m*/-bäuerin *f* **olivicoltura** [olivikol'tu:ra] *f* Olivenanbau *m* **olivo** [o'li:vo] *m* ❶(BOT) Olivenbaum *m*, Olive *f* ❷(*simbolo di pace*) Ölzweig *m*
**olla** ['ɔlla] *f* Tonvase *f*, Tontopf *m*
**olmo** ['olmo] *m* Ulme *f*
**olocausto** [olo'ka:usto] *m* ❶(REL) Menschenopfer *nt*, Brandopfer *nt* ❷(*fig*) Opfer *nt* ❸(HIST) Holocaust *m*
**olografia** [ologra'fi:a] *f* (OPT, FOTO) Holographie *f* **olografico, -a** [olo'gra:fiko] *agg* holographisch **olografo, -a** [o'lɔ:grafo] *agg* holographisch, [ganz] eigenhändig **ologramma** [olo'gramma] <-i> *m* (OPT, TEC) Hologramm *nt*
**olona** [o'lo:na] *f* Segeltuch *nt*
**oloturia** [olo'tu:ria] <-ie> *f* Seegurke *f*

**OLP** [ɔlp] *m abbr di* **Organizzazione per la Liberazione della Palestina** PLO *f*
**oltraggiare** [oltrad'dʒa:re] *vt* [schwer] beleidigen, beschimpfen **oltraggiatore, -trice** [oltraddʒa'to:re] *m, f* Beleidiger(in) *m(f)* **oltraggio** [ol'traddʒo] <-ggi> *m* [schwere] Beleidigung *f;* ~ **a pubblico ufficiale** Beamtenbeleidigung *f* **oltraggioso, -a** [oltrad'dʒo:so] *agg* beleidigend
**oltralpe, oltr'alpe** [ol'tralpe] I. *avv* jenseits der Alpen (*von Italien aus gesehen*) II. *m* Länder *nt pl* jenseits der Alpen
**oltramontano, -a** [oltramon'ta:no] *agg* jenseits der Berge (*d. h. Alpen*); (*fig*) ausländisch
**oltranza** [ol'trantsa] *f* **a** ~ bis zum Äußersten **oltranzismo** [oltran'tsizmo] *m* Extremismus *m* **oltranzista** [oltran'tsista] <-i *m*, -e *f*> *mf* Extremist(in) *m(f)*
**oltre** ['oltre] I. *avv* ❶(*di tempo*) länger ❷(*di luogo*) weiter; **andare** ~ weitergehen; **andare troppo** ~ (*fig*) zu weit gehen II. *prp* ❶(*dall'altra parte di*) jenseits +*gen;* (*moto*) über +*acc* ❷(*più di*) mehr als, über +*acc* ❸(*in aggiunta, in più*) neben +*dat*, außer +*dat* ❹(*eccetto*) ~ **a** außer +*dat*
**oltrecortina** [oltrekor'ti:na] I. <inv> *agg* (HIST) hinter dem Eisernen Vorhang [gelegen] II. *m* Länder *ntpl* hinter dem Eisernen Vorhang
**oltrefrontiera** [oltrefron'tiɛ:ra] I. <inv> *agg* jenseits der Grenze II. *avv* ❶(*stato in luogo*) jenseits der Grenze ❷(*moto a luogo*) über die Grenze III. <*sing*> *m* **paesi d'**~ Nachbarländer *ntpl*
**oltremanica** [oltre'ma:nika] I. <*sing*> *m* (GEOG: *spec. la Gran Bretagna*) Großbritannien *nt* II. <inv> *agg* jenseits des Ärmelkanals III. *avv* ❶(*stato in luogo*) jenseits des Ärmelkanals ❷(*moto a luogo*) über den Ärmelkanal
**oltremare** [oltre'ma:re] I. *avv* (*stato*) in Übersee; (*moto*) nach Übersee II. <inv> *agg* **blu** ~ ultramarin[blau] III. <*sing*> *m* **d'**~ aus Übersee **oltremarino, -a** [oltrema'ri:no] *agg* ❶(*d'oltremare*) überseeisch, Übersee- ❷(*colore*) ultramarin
**oltremisura, oltre misura** [oltremi'zu:ra] *avv* überaus, über die Maßen *geh*
**oltremodo, oltre modo** [oltre'mɔ:do] *avv* höchst, überaus
**oltremondano, -a** [oltremon'da:no] *agg* überirdisch
**oltreoceano** [oltre'tʃɛ:ano] I. *avv* (*stato*) in Übersee; (*moto*) nach Übersee

**II.** <*sing*> *m* **d'~** aus Übersee; (*prodotti*) überseeisch

**oltrepassare** [oltrepas'sa:re] *vt* (*a. fig*) überschreiten

**oltretomba** [oltre'tomba] <-> *m* Jenseits *nt;* **voce d'~** Grabesstimme *f*

**OM** *abbr di* **onde medie** MW (*Mittelwelle*)

**omaggiare** [omad'dʒa:re] *vt* ① (*riverire*) die Hochachtung erweisen (*qu* jdm); **la omaggio!** meine Hochachtung! ② (*ossequiare*) bedenken (*qu con o di qc* jdn mit etw), huldigen

**omaggio¹** [o'maddʒo] <-ggi> *m* ① (*offerta*) [Werbe]geschenk *nt;* **libro in ~** Freiexemplar *nt* ② (*fig: segno di rispetto*) Huldigung *f;* (*a un artista*) Hommage *f;* **rendere ~ a qu** jds gedenken, jdm huldigen ③ *pl* (*ossequi*) Verehrung *f,* Hochachtung *f;* (*saluti*) Empfehlung[en *pl*] *f;* **Le porgo i miei -ggi** meine Empfehlung

**omaggio²** <inv> *agg* **confezione ~** Werbegeschenk *nt*

**ombelicale** [ombeli'ka:le] *agg* Nabel-; **cordone ~** Nabelschnur *f* **ombelico** [ombe'li:ko] <-chi> *m* [Bauch]nabel *m*

**ombra** ['ombra] *f* ① (*gener*) Schatten *m;* **all'~ di** im Schatten von; **aver paura della propria ~** sich vor seinem eigenen Schatten fürchten; **restare nell'~** (*fig*) im Dunkeln bleiben ② (*fig: parvenza*) Anschein *m;* **senz'~ di dubbio** zweifellos ③ (*fig: protezione*) Schutz *m;* **all'~ di** unter dem Schutz von **ombreggiare** [ombred'dʒa:re] *vt* (*in pittura*) schattieren **ombreggiatura** [ombreddʒa'tu:ra] *f* (*in pittura*) Schattierung *f*

**ombrella** [om'brɛlla] *f* ① (BOT) Dolde *f* ② (ZOO) Schirm *m* (*der Qualle*)

**ombrellaio, -a** [ombrel'la:io] <-ai, -aie> *m, f* ① (*fabbricante*) Schirmmacher(in) *m(f)* ② (*venditore*) Schirmverkäufer(in) *m(f)* **ombrellificio** [ombrelli'fi:tʃo] <-ci> *m* Schirmfabrik *f* **ombrellino** [ombrel'li:no] *m* ① (*parasole per signora*) [kleiner] Sonnenschirm *m* ② (REL) [kleiner] Baldachin *m*

**ombrello** [om'brɛllo] *m* Schirm *m;* **~ atomico** [*o* **nucleare**] (MIL) atomarer Schutzschild; **~ pieghevole** Knirps *m* **ombrellone** [ombrel'lo:ne] *m* [großer] Sonnenschirm *m*

**ombretto** [om'bretto] *m* Lidschatten *m*

**ombrina** [om'bri:na] *f* Umber *m*

**ombrosità** [ombrosi'ta] <-> *f* ① (*oscurità*) Dunkel *nt* ② (*fig*) Verletzlichkeit *f* **ombroso, -a** [om'bro:so] *agg* ① (*ricco d'ombra*) schattig ② (*che dà ombra*) Schatten spendend ③ (*fig*) verletzlich; (*animale*) scheu

**ombudsman** ['ɔmbydsman] <-> *m* (JUR) Ombudsmann *m/*Ombudsfrau *f*

**omega** [o'mɛ:ga] <-> *m* Omega *nt*

**omelette** [ɔm'lɛt] <-> *f* Omelett *nt*

**omelia** [ome'li:a] <-ie> *f* ① (REL) Homilie *f* ② (*fig, scherz*) Predigt *f*

**omeopatia** [omeopa'ti:a] <-ie> *f* Homöopathie *f* **omeopatico, -a** [omeo'pa:tiko] <-ci, -che> **I.** *agg* homöopathisch **II.** *m, f* Homöopath(in) *m(f)*

**omerico, -a** [o'mɛ:riko] <-ci, -che> *agg* homerisch

**omero** ['ɔ:mero *o* 'o:mero] *m* ① (ANAT) Oberarmknochen *m* ② (*poet: spalla*) Schulter *f*

**omertà** [omer'ta] <-> *f* Schweigepflicht *f,* Verschwiegenheit *f*

**omettere** [o'mettere] <irr> *vt* aus-, weglassen; (*non fare*) unterlassen

**ometto** [o'metto] *m* Männchen *nt;* (*fig: bambino*) kleiner Mann **omiciattolo** [omi'tʃattolo] *m* (*pej*) kleiner Kerl *m,* Knirps *m*

**omicida** [omi'tʃi:da] <-i *m,* -e *f*> **I.** *agg* Mörder-, Mord-; **intenzione ~** mörderische Absicht **II.** *mf* Mörder(in) *m(f)* **omicidio** [omi'tʃi:dio] <-i> *m* Mord *m;* **~ colposo** fahrlässige Tötung; **~ doloso** Totschlag *m;* **~ premeditato** heimtückischer Mord; **~ su commissione** Auftragsmord *m;* **~ volontario** vorsätzliche Tötung

**omisi** *1. pers sing pass rem di* **omettere**

**omissibile** [omis'si:bile] *agg* weglassbar; (*atto*) unterlassbar **omissione** [omis'sio:ne] *f* ① (*tralasciamento*) Weg-, Auslassung *f* ② (*volontario mancato compimento*) Unterlassung *f,* Unterlassen *nt;* **~ di soccorso** unterlassene Hilfeleistung

**omo** ['ɔ:mo] *m* (*tosc: obs*) Mensch *m;* **~ sapiens** Homo Sapiens *m*

**omoerotico, -a** [omoe'rɔ:tiko] *agg* (*omosessuale*) homoerotisch *geh* **omoerotismo** [omoero'tizmo] *m* (*omosessualità*) Homoerotismus *m geh* **omofobia** [omofo'bi:a] *f* Homophobie *f*

**omofonia** [omofo'ni:a] <-ie> *f* (MUS) Homophonie *f*

**omofono** [o'mɔ:fono] *m* (LING) Homophon *nt* **omofono, -a** *agg* (MUS, LING) homophon

**omogeneità** [omodʒenei'ta] <-> *f* Homogenität *f,* Gleichartigkeit *f*

**omogeneizzare** [omodʒeneid'dza:re] *vt* homogenisieren **omogeneizzati** [omo-

dʒeneid'dzaːti] *mpl* [Kinder]fertignahrung *f* **omogeneizzato, -a** [omodʒeneid'dzaːto] *agg* homogenisiert; **latte ~** H-Milch *f* **omogeneizzazione** [omodʒeneiddzat'tsioːne] *f* Homogenisierung *f*
**omogeneo, -a** [omo'dʒɛːneo] *agg* homogen, gleich[artig]
**omografia** [omogra'fiːa] *f* Homographie *f* **omografo** [o'mɔːgrafo] *m* (LING) Homograph *nt* **omografo, -a** *agg* (LING) homographisch
**omologare** [omolo'gaːre] *vt* genehmigen; (*autoveicoli*) zulassen; (*riconoscere*) anerkennen, bestätigen **omologazione** [omologat'tsioːne] *f* Genehmigung *f*; (*di automezzi*) Zulassung *f*; (*riconoscimento*) Anerkennung *f*, Bestätigung *f*
**omologia** [omolo'dʒiːa] <-gie> *f* Homologie *f* **omologo, -a** [o'mɔːlogo] <-ghi, -ghe> *agg* homolog
**omonima** *f v.* **omonimo**
**omonimia** [omoni'miːa] <-ie> *f* ❶ (*uguaglianza di nome*) Gleichnamigkeit *f* ❷ (LING) Homonymie *f*
**omonimo** [o'mɔːnimo] *m* (LING) Homonym *nt* **omonimo, -a** I. *agg* ❶ (*d'ugual nome*) gleichnamig ❷ (LING) homonym II. *m, f* Namensvetter(in) *m(f)*
**omosessuale** [omosessu'aːle] I. *agg* (*persona, amore, rapporti*) homosexuell; (*matrimonio*) gleichgeschlechtlich II. *mf* Homosexuelle(r) *f(m)* **omosessualità** [omosessuali'ta] *f* Homosexualität *f*
**omuncolo** [o'muŋkolo] *m* (*pej*) kleiner Kerl *m*, Knirps *m*
**onagro** ['ɔːnagro *o* o'naːgro] *m* Onager *m*, Halbesel *m*
**onanismo** [ona'nizmo] *m* Onanie *f* **onanista** [ona'nista] <-i *m*, -e *f*> *mf* Onanist(in) *m(f)*
**oncia** ['ontʃa] <-ce> *f* Unze *f* **onciale** [on'tʃaːle] I. *agg* **scrittura ~** Unzialschrift *f* II. *f* Unzialschrift *f*, Unziale *f*
**onda** ['onda] *f* ❶ (*del mare*) Welle *f* ❷ (*fig*) Flut *f*; **essere sulla cresta dell'~** auf dem Gipfel des Erfolgs sein; **seguire l'~** mit dem Strom schwimmen ❸ (PHYS) **-e corte/lunghe/medie** Kurz-/Lang-/Mittelwelle *f*; **~ d'urto** (*a. fig*) Schockwelle *f*; **mettere** [*o* **mandare**] **in ~** (TV, RADIO) ausstrahlen **ondata** [on'daːta] *f* Sturzwelle *f*; (*fig*) Welle *f*; **~ di caldo** Hitzewelle *f*
**onde** ['onde] I. *avv* ❶ (*da dove*) woher, von wo ❷ (*dalla qual cosa*) wovon, woraus II. *cong* +*conj* damit; **~ ...** +*inf* um zu ... +*inf*
**ondeggiamento** [ondeddʒa'mento] *m* (*a.*

*fig*) Schwanken *nt*, Schaukeln *nt* **ondeggiare** [onded'dʒaːre] *vi* (*a. fig*) schwanken, schaukeln
**ondina** [on'diːna] *f* Undine *f*
**ondoso, -a** [on'doːso] *agg* (*mare*) bewegt; **moto ~** Wellengang *m*
**ondulante** [ondu'lante] *agg* ❶ (*moto*) schwankend, schaukelnd ❷ (*febbre*) undulierend **ondulare** [ondu'laːre] *vt* ❶ (*capelli*) wellen, in Wellen legen ❷ (*lamiera*) wellen **ondulato, -a** [ondu'laːto] *agg* (*capelli*) gewellt, wellig; (*terreno*) wellig; (*lamiera*) Well- **ondulatorio, -a** [ondula'tɔːrio] <-i, -ie> *agg* wellenförmig, wellenartig; (PHYS) Wellen-, undulatorisch **ondulazione** [ondulat'tsioːne] *f* ❶ (*disposizione a onde*) Welligkeit *f* ❷ (*oscillazione*) Wellenbewegung *f* ❸ (*acconciatura a onde*) Wellen *nt*
**one-man show** [wʌnmæn 'ʃou] <- *o* one-man shows> *m* One-Man-Show *f*, Solonummer *f*
**onerare** [one'raːre] *vt* belasten (*qu di qc* jdn mit etw), aufbürden (*qu di qc* jdm etw)
**onere** ['ɔːnere] *m* Last *f*, Verpflichtung *f*; **~ fiscale** (JUR) Belastung *f* **onerosità** [onerosi'ta] <-> *f* Belastung *f*, Last *f* **oneroso, -a** [one'roːso] *agg* ❶ (JUR) entgeltlich ❷ (*fig: pesante*) belastend
**onestà** [ones'ta] <-> *f* ❶ (*rettitudine*) Ehrlichkeit *f*, Rechtschaffenheit *f* ❷ (*comportamento virtuoso*) Ehrbarkeit *f*, Ehrenhaftigkeit *f*
**onesta** *f v.* **onesto onestamente** [onesta'mente] *avv* ❶ (*con onestà*) ehrlich, redlich ❷ (*in tutta sincerità*) ehrlicherweise
**onesto, -a** [o'nɛsto] I. *agg* ❶ (*retto*) ehrlich, redlich ❷ (*decoroso, lecito*) anständig, schicklich II. *m, f* ehrlicher Mensch
**ONG** [oenᵛdʒi] <-> *f abbr di* **organizzazione non governativa** (POL) NGO *f*
**onice** ['ɔːnitʃe] *f* Onyx *m*
**oniomania** [onioma'niːa] *f* (PSIC) Verschwendungssucht *f*, Kaufsucht *f*
**onirico, -a** [o'niːriko] <-ci, -che> *agg* Traum-, traumhaft **oniromanzia** [oniroman'tsiːa] <-ie> *f* Traumdeutung *f*
**online, on line** ['ɔnlain] <inv> *agg* (INFORM) online; **servizio ~** Onlinedienst *m*
**Onlus** ['ɔnlus] <-> *f acro di* **organizzazione non lucrativa di utilità sociale** gemeinnützige Organisation ohne lukrative Zwecke, Non-Profit-Organisation *f*

**onni-** [onni] (*in parole composte*) All[es]-, all[es]-

**onnicomprensivo, -a** [onnikompren'si:vo] *agg* gesamt, allumfassend

**onnipotente** [onnipo'tɛnte] *agg* allmächtig **onnipotenza** [onnipo'tɛntsa] *f* Allmacht *f*

**onnipresente** [onnipre'zɛnte] *agg* allgegenwärtig **onnipresenza** [onnipre'zɛntsa] *f* Allgegenwart *f*

**onnisciente** [onniʃʃɛnte] *agg* allwissend **onniscienza** [onniʃʃɛntsa] *f* Allwissenheit *f*

**onniveggente** [onnived'dʒɛnte] *agg* allsehend **onniveggenza** [onnived'dʒɛntsa] *f* Fähigkeit alles zu sehen

**onnivoro** [on'ni:voro] *m* Allesfresser *m* **onnivoro, -a** *agg* allesfressend

**onomastica** [ono'mastika] <-che> *f* Namenkunde *f*, Onomastik *f*

**onomastico** [ono'mastiko] *m* ❶ (*festa*) Namenstag *m* ❷ (*lessico*) Namenverzeichnis *nt*

**onomastico, -a** <-ci, -che> *agg* namenkundlich, Namen[s]-; **lessico ~** Namenverzeichnis *nt*

**onomatopea** [onomato'pɛ:a] <-ee> *f* (LING) Lautmalerei *f*, Onomatopöie *f* **onomatopeico, -a** [onomato'pɛiko] <-ci, -che> *agg* (LING) lautmalend, onomatopoetisch

**onorabile** [ono'ra:bile] *agg* ehrbar **onorabilità** [onorabili'ta] <-> *f* Ehrbarkeit *f*, Ehrenhaftigkeit *f* **onoranze** [ono'rantse] *fpl* Ehrenerweisungen *fpl*, Ehrungen *fpl*

**onorare** [ono'ra:re] *vt* ❶ (*rendere onore*) ehren ❷ (*venerare, adorare*) verehren

**onorario** [ono'ra:rio] *m* Honorar *nt*

**onorario, -a** <-i, -ie> *agg* Ehren-

**onoratezza** [onora'tettsa] *f* Ehrbarkeit *f*, Honorigkeit *f geh*

**onorato, -a** [ono'ra:to] *agg* ❶ (*stimato*) angesehen, geachtet ❷ (*onorevole*) ehrenwert; **l'~a società** die ehrenwerte Gesellschaft (*Mafia, Camorra e le altre simili associazioni*) ❸ (*in frasi di cortesia*) sehr erfreut; **molto ~ di fare la Sua conoscenza** es ist mir eine Ehre, Ihre Bekanntschaft zu zu machen

**onore** [o'no:re] *m* ❶ (*reputazione, gloria*) Ehre *f*; **parola d'~** Ehrenwort *nt*; **fare ~ a qc** einer Sache *dat* Ehre antun; (*al pranzo*) sich *dat* etw schmecken lassen; **farsi ~ in qc** mit etw Ehre einlegen; **in ~ di** zu Ehren von ❷ (REL: *adorazione*) Verehrung *f* ❸ (*dignità, carica*) Würde *f*; **damigella d'~** Brautjungfer *f*; **uomo d'~** Ehrenmann *m*; **ho l'~ di presentarLe ...** ich habe die Ehre, Ihnen ... vorzustellen ❹ (*decoro*) Ehrenhaftigkeit *f*, Anstand *m*; **Vostro Onore** Euer Ehren **onorevole** [ono're:vole] I. *agg* ❶ (*degno di onore*) ehrenwert; (*comportamento*) löblich ❷ (*parlamentare*) Bezeichnung für die Abgeordneten des italienischen Parlaments; **l'~ deputato** der Herr Abgeordnete II. *mf* Abgeordnete(r) *f(m)* des italienischen Parlaments

**onorificenza** [onorifi'tʃɛntsa] *f* ❶ (*titolo*) Ehrentitel *m*, Ehrenbezeichnung *f* ❷ (*decorazione*) Ehrenzeichen *nt* **onorifico, -a** [ono'ri:fiko] <-ci, -che> *agg* Ehren-; (*senza retribuzione*) ehrenamtlich

**onta** ['onta] *f* Schande *f*

**ontano** [on'ta:no] *m* Erle *f*

**on the rocks** [ɔn ðə 'rɔks] <inv> *agg* on the rocks

**ontologia** [ontolo'dʒi:a] <-gie> *f* Ontologie *f* **ontologico, -a** [onto'lɔ:dʒiko] *agg* ontologisch

**ONU** ['ɔ:nu] *f acro di* **Organizzazione delle Nazioni Unite** UNO *f*

**oosfera** [oos'fɛ:ra] *f* Eizelle *f*

**opacità** [opatʃi'ta] <-> *f* ❶ (*mancanza di lucentezza*) Undurchsichtigkeit *f*; (*di metallo*) Mattheit *f* ❷ (*fig*) Dumpfheit *f* **opacizzare** [opatʃid'dza:re] *vt* mattieren, undurchsichtig machen

**opaco, -a** [o'pa:ko] <-chi, -che> *agg* ❶ (*vetro*) trübe; (*lente*) lichtundurchlässig, opak; (*marmo*) glanzlos, matt ❷ (*fig*: *mente, suono*) dumpf; (*sguardo*) glanzlos, matt

**opale** [o'pa:le] *m o f* Opal *m* **opalescente** [opaleʃʃɛnte] *agg* opaleszent, opalisierend **opalescenza** [opaleʃʃɛntsa] *f* Opaleszenz *f*

**opalina** [opa'li:na] *f* Opalglas *nt* **opalino, -a** [opa'li:no] *agg* opalen, opalartig

**op. cit.** *abbr di* **opera citata** ebd. (*ebenda*)

**open day** ['oupən 'dei] <-> *m* Tag *m* der offenen Tür **open-end** ['oupənɛnd] <inv> *agg* Open-End-, offen; **filatura ~** (TEC) Open-End-Spinnen *nt*; **fondo d'investimento ~** (FIN) Open-End-Investmentfonds *m*

**opera** ['ɔ:pera] *f* ❶ (*azione*) Arbeit *f*; (*prodotto*) Werk *nt*; **mettersi all'~** sich ans Werk machen; **è ~ sua** (*a. fig, iron*) das ist sein [*o* ihr] Werk ❷ (LIT, KUNST) Werk *nt*; **~ d'arte** Kunstwerk *nt*; **~ omnia** Gesamtwerk *nt* ❸ (MUS) Oper *f*; **~ buffa** Opera buffa *f*; **~ lirica** Oper *f* ❹ (*teatro*) Oper *f*,

Opernhaus *nt* ⑤(*ente assistenziale*) |Hilfs|werk *nt*
operabile [ope'ra:bile] *agg* operabel, operierbar
operaio, -a [ope'ra:io] <-ai, -aie> I. *agg* Arbeiter-; classe -a Arbeiterklasse *f* II. *m, f* Arbeiter(in) *m(f)*; ~ qualificato gelernter Arbeiter; ~ specializzato Facharbeiter *m*
operante [ope'rante] *agg* ①(*valido*) gültig ②(*attivo*) wirksam
operare [ope'ra:re] I. *vt* ①(*fare, realizzare*) bewirken, tun; (*miracoli*) vollbringen; (*a. fig*) wirken ②(MED) operieren II. *vr* -rsi ①(*realizzarsi*) geschehen, sich ereignen ②(MED) sich operieren lassen operativo, -a [opera'ti:vo] *agg* operativ, Operations-; (*in grado di funzionare*) funktionsfähig
operato [ope'ra:to] *m* Werk *nt*, Tat *f*
operato, -a *agg* ①(MED) operiert ②(*stoffa*) gemustert
operatore, -trice [opera'to:re] *m, f* ①(*genere*) Arbeiter(in) *m(f)*; ~ sociale Sozialarbeiter *m* ②(MED) Chirurg(in) *m(f)* ③(COM) Makler(in) *m(f)*, Händler(in) *m(f)*; ~ di borsa Börsenmakler *m*; ~ economico Wirtschaftsmakler *m* ④(INFORM) Operator(in) *m(f)* operatorio, -a [opera'tɔ:rio] <-i, -ie> *agg* (*intervento*) operativ; (*sala*) Operations- operatrice *f v.* operatore
operazione [operat'tsio:ne] *f* ①(MED, MIL, MAT) Operation *f* ②(*azione*) Aktion *f* ③(COM) Geschäft *nt*, Transaktion *f*; ~ finanziaria Finanzgeschäft *nt*
opercolatrice [operkola'tri:tʃe] *f* (TEC, MED) Kapselaufziehmaschine *f*
opercolo [o'pɛrkolo] *m* ①(BOT, ZOO) Deckel *m*; ~ delle branchie Kiemendeckel *m* ②(*fig: rivestimento, coperchio*) Deckel *m*, Überzug *m* ③(MED) Kapsel *f*
operetta [ope'retta] *f* Operette *f* operettista [operet'tista] <-i *m*, -e *f*> *mf* Operettenkomponist(in) *m(f)* operettistico, -a [operet'tistiko] <-ci, -che> *agg* Operetten-
operistico, -a [ope'ristiko] <-ci, -che> *agg* Opern-
operosità [operosi'ta] <-> *f* Arbeitsamkeit *f*, Eifer *m* operoso, -a [ope'ro:so] *agg* ①(*laborioso, attivo*) arbeitsam, fleißig ②(*poet: faticoso*) mühevoll, beschwerlich
opificio [opi'fi:tʃo] <-ci> *m* Fabrik *f*, Werk *nt*
opimo, -a [o'pi:mo] *agg* ①(*poet: grasso*) fett ②(*abbondante*) reich, fett *geh* ③(*fertile*) fett, ertragreich

opinabile [opi'na:bile] *agg* denkbar; (*discutibile*) diskutierbar opinabilità [opinabili'ta] <-> *f* Strittigkeit *f*, Diskutierbarkeit *f*
opinare [opi'na:re] *vt, vi* meinen, der Meinung sein
opinione [opi'nio:ne] *f* Meinung *f*, Ansicht *f*; questione di -i Ansichtssache *f*; manifestare un'~ eine Meinung äußern; ~ pubblica öffentliche Meinung; condividere l'~ di qu jds Meinung teilen
opinionista [opinio'nista] <-i *m*, -e *f*> *mf* Kolumnist(in) *m(f)*
opinion leader [ə'pinjən 'li:də] <- *o* opinion leaders> *mf* maßgebende Persönlichkeit der öffentlichen Meinung opinion maker [ə'pinjən 'meikə] <- *o* opinion makers> *mf* Meinungsbildner(in) *m(f)*
op là [op 'la] *int* hopp, hoppla
opossum [o'pɔssum] <-> *m* Opossum *nt*
oppiare [op'pia:re] *vt* ①(*drogare*) ~ qu jdm Opium geben ②(*fig*) berauschen, betäuben
oppiato [op'pia:to] *m* Opiat *nt*
oppiato, -a *agg* opiumhaltig, mit Opium vermischt
oppio ['ɔppio] <-i> *m* Opium *nt* oppiomane [op'piɔ:mane] I. *agg* opiumsüchtig II. *mf* Opiumsüchtige(r) *f(m)*
opponente [oppo'nɛnte] *mf* Gegner(in) *m(f)*, Opponent(in) *m(f)* opponibile [oppo'ni:bile] *agg* einwendbar
opporre [op'porre] <irr> I. *vt* ①(*addurre contro*) entgegenhalten, einwenden ②(*mettere contro*) entgegenstellen ③(*fig: ostacolare*) entgegensetzen, -stellen; ~ resistenza Widerstand leisten II. *vr* -rsi a qu/qc sich jdm/etw widersetzen; mi oppongo! (JUR) [ich erhebe] Einspruch!
opportunismo [opportu'nizmo] *m* Opportunismus *m* opportunista [opportu'nista] <-i *m*, -e *f*> *mf* Opportunist(in) *m(f)* opportunistico, -a [opportu'nistiko] <-ci, -che> *agg* opportunistisch
opportunità [opportuni'ta] <-> *f* [günstige] Gelegenheit *f* opportuno, -a [oppor'tu:no] *agg* zweckmäßig, passend; (*visita*) gelegen; a tempo ~ bei passender Gelegenheit, zu gegebener Zeit
opposi *1. pers sing pass rem di* opporre
oppositivo, -a [oppozi'ti:vo] *agg* widersprechend
oppositore, -trice [oppozi'to:re] *m, f* Gegner(in) *m(f)*, Opponent(in) *m(f)*
opposizione [oppozit'tsio:ne] *f* ①(*resistenza*) Widerstand *m* ②(POL) Oppositi-

on *f;* **capo dell'~** Oppositionsführer *m* ❸ (JUR) Einspruch *m,* Widerspruch *m;* **fare ~** Einspruch erheben, Widerspruch einlegen ❹ (*contrapposizione*) Gegensatz *m*
**opposto** [op'posto] *m* Gegenteil *nt;* **all'~** im Gegenteil
**opposto, -a** *agg* ❶ (*situato di fronte*) gegenüberliegend, entgegengesetzt ❷ (*contrario*) gegensätzlich, entgegengesetzt
**oppressa** *f v.* **oppresso**
**oppressi** [op'pressi] *1. pers sing pass rem di* **opprimere**
**oppressione** [oppres'sio:ne] *f* ❶ (*sopraffazione*) Unterdrückung *f* ❷ (*fig*) Beklemmung *f,* beklemmendes Gefühl **oppressivo, -a** [oppres'si:vo] *agg* ❶ (*caldo*) drückend ❷ (*regime*) repressiv, Zwangs- **oppresso, -a** [op'presso] I. *pp di* **opprimere** II. *agg* ❶ (*popolo*) unterdrückt ❷ (*respiro*) schwer, mühsam III. *m, f* Unterdrückte(r) *f(m)* **oppressore** [oppres-'so:re] *m* Unterdrücker *m*
**opprimente** [oppri'mente] *agg* (*caldo*) unerträglich; (*persona*) unausstehlich
**opprimere** [op'pri:mere] <opprimo, oppressi, oppresso> *vt* ❶ (*angariare*) unterdrücken ❷ (*gravare*) niederdrücken ❸ (*fig: affliggere*) bedrücken
**oppugnabilità** [oppuɲɲabili'ta] <-> *f* Anfechtbarkeit *f* **oppugnare** [oppuɲ'ɲa:re] *vt* anfechten, bekämpfen **oppugnazione** [oppuɲɲat'tsio:ne] *f* Anfechtung *f,* Bekämpfung *f*
**oppure** [op'pu:re] *cong* ❶ (*o, o invece*) oder ❷ (*altrimenti*) sonst, andernfalls
**optacon** ['ɔptakon] <-> *m* (TEC) Optacon-Gerät *nt*
**optare** [op'ta:re] *vi* ❶ (*scegliere*) **~ per qc** sich für etw entscheiden ❷ (POL, FIN, JUR) optieren
**optical art** ['ɔptikəl 'a:t] <-> *f* (KUNST) Op-Art *f*
**optimum** ['ɔptimum] <-> *m* Optimum *nt*
**optional(s)** ['ɔpʃənəl(s) *o* 'ɔpʃonal(s)] *mpl* Sonderausstattung *f*
**optoelettronica** [optoele'trɔ:nika] <-che> *f* (TEC) Optronik *f* **optoelettronico, -a** *agg* optronisch **optometria** [optome'tri:a] <-ie> *f* Optometrie *f*
**opulento, -a** [opu'lɛnto] *agg* üppig; (*stile*) überladen **opulenza** [opu'lɛntsa] *f* Üppigkeit *f;* (*di stile*) Überladenheit *f*
**opuscolo** [o'puskolo] *m* Heft *nt,* Prospekt *m*
**opzionale** [optsio'na:le] *agg* fakultativ, wahlfrei, optional; (JUR, POL) Options-

**opzione** [op'tsio:ne] *f* ❶ (*libera scelta*) Wahlfreiheit *f* ❷ (POL, FIN, JUR) Option *f*
**ora**[1] ['o:ra] I. *avv* ❶ (*adesso, presentemente*) jetzt, nun; (*per il momento*) jetzt, im Augenblick; **d'~ in avanti** [*o* **in poi**] von jetzt an, von nun an; **fin d'~** von diesem Augenblick an; **prima d'~** zuvor, vor diesem Augenblick ❷ (*poco fa*) [so]eben, gerade [jetzt]; **or ~** soeben, gerade ❸ (*tra poco*) gleich ❹ (*in correlazioni*) **~ ... ~ ...** einmal ..., einmal ...; bald ..., bald ...; jetzt ..., dann...; **~ come ~** unter diesen Umständen, nun; **or bene** *v.* **orbene**, **fin ~** *v.* **finora** II. *cong* ❶ (*invece*) nun, aber ❷ (*dunque, allora*) da, dann, nun; **~ che ...** nun, da ...
**ora**[2] *f* ❶ (*unità, spazio*) Stunde *f;* **a -e** stundenweise; **correre a cento all'~** mit hundert Stundenkilometern fahren; **tra mezz'~** in einer halben Stunde; **per -e e -e** stundenlang ❷ (*nelle indicazioni temporali*) Uhr *f;* **~ civile** Normalzeit *f;* **~ legale** [*o* **estiva**] Sommerzeit *f;* **~ locale** Ortszeit *f;* **che ~ è? — È l'una** wie viel Uhr ist es? — Es ist ein Uhr; **che -e sono? — Sono le quattro** wie viel Uhr ist es? — Es ist vier Uhr ❸ (*fig: momento*) Stunde *f,* Zeit *f;* **di buon'~** früh[morgens]; **è ~ di partire** es ist Zeit abzureisen; **era ora!** es wurde aber auch Zeit!; **far le -e piccole** bis in die frühen Morgenstunden/ die Puppen aufbleiben; **non veder l'~ di ... +***inf* es kaum erwarten können zu ... +*inf;* **di ~ in ~** von einem Augenblick zum anderen
**oracolo** [o'ra:kolo] *m* Orakel *nt*
**orafo, -a** ['ɔ:rafo] *m, f* Goldschmied(in) *m(f)*
**orale** [o'ra:le] I. *agg* ❶ (*della bocca*) Mund-, oral; **da somministrare per via ~** (*di medicinale*) zum Einnehmen ❷ (*di voce*) mündlich II. *m* mündliche Prüfung
**oramai** [ora'ma:i] *avv v.* **ormai**
**orango** [o'raŋgo] <-ghi> *m,* **orang-utan** [oraŋgu'tan] <-> *m* Orang-Utan *m*
**orare** [o'ra:re] *vt, vi* (*poet: pregare*) beten; (*chiedere pregando*) bitten
**orario** [o'ra:rio] <-i> *m* ❶ (*gener*) Stunden *fpl,* Zeit *f;* **~ delle visite** Besuchszeit; **~ d'ufficio** Bürozeit *fpl;* **~ di sportello** Schalterstunden *fpl;* **~ d'apertura dei negozi** Ladenöffnungszeiten *fpl;* **~ di lavoro** Arbeitszeit; **~ continuato** durchgehende Arbeitszeit; **~ elastico** [*o* **flessibile**] Gleitzeit; **~ stabilito** [*o* **fisso**] Kernzeit ❷ (FERR) Fahrplan *m;* (*libro*) Kursbuch *nt;* (AERO) Flugplan *m;* **in ~** pünktlich; (FERR)

[fahr]planmäßig; (AERO) planmäßig ③ (*delle lezioni*) Stundenplan *m*

**orario, -a** <-i, -ie> *agg* Stunden-, stündlich; (*di tempo*) Zeit-; **disco ~** Parkscheibe *f*; **fuso ~** Zeitzone *f*; **velocità -a** Stundengeschwindigkeit *f*

**orata** [o'ra:ta] *f* Goldbrasse *f*

**oratore, -trice** [ora'to:re] *m, f* Redner(in) *m(f)*

**oratoria** [ora'tɔ:ria] <-ie> *f* Redekunst *f*

**oratoriale** [orato'ria:le] *agg* oratorisch

**oratorio** [ora'tɔ:rio] *m* Oratorium *nt*

**oratorio, -a** <-i, -ie> *agg* Rede- **oratrice** *f v.* **oratore orazione** [orat'tsio:ne] *f* ① (*preghiera*) Gebet *nt* ② (*discorso*) Rede *f*

**orba** *f v.* **orbo**

**orbare** [or'ba:re] *vt* (*poet*) berauben (*qu di qc*) jdn einer Sache *gen*)

**orbe** ['ɔrbe] *m* (*poet*) ① (*cerchio*) Kreis *m*; **~ terracqueo** Erdkreis *m* ② (*sfera, globo*) Kugel *f* ③ (*fig: mondo*) Welt *f*

**orbene, or bene** [or'bɛ:ne] *cong* also, nun

**orbettino** [orbet'ti:no] *m* Blindschleiche *f*

**orbita** ['ɔrbita] *f* ① (PHYS) Bahn *f* ② (ASTR) [Umlauf]bahn *f*, Orbit *m*, Orbitalbahn *f* ③ (*fig: ambito*) [Einfluss]bereich *m*; (*limite*) Sphäre *f*, Rahmen *m*; **uscire dall'~ della legalità** den Bereich der Legalität verlassen ④ (ANAT) Augenhöhle *f*; **con gli occhi fuori delle -e** mit weit aufgerissenen Augen **orbitale** [orbi'ta:le] *agg* orbital, Umlauf-; **stazione ~** [Welt]raum-, Orbitalstation *f*; **velocità ~** Umlaufgeschwindigkeit *f* **orbitante** [orbi'tante] *agg* ① (ASTR) umlaufend, auf der Umlaufbahn ② (*fig: che gravita attorno a qu*) im Dunstkreis von jdm **orbitare** [orbi'ta:re] *vi* (*a. fig*) kreisen; **~ intorno alla terra** die Erde umkreisen; **~ intorno a qu** (*fig*) in jds Dunstkreis sein

**orbo, -a** ['ɔrbo] I. *agg* blind II. *m, f* Blinde(r) *f(m)*

**orca** ['ɔrka] <-che> *f* (ZOO) Mörder-, Schwertwal *m*

**orchestra** [or'kɛstra] *f* Orchester *nt*

**orchestrale** [orkes'tra:le] I. *agg* Orchester-, orchestral; **complesso ~** Orchester *nt* II. *mf* Orchestermusiker(in) *m(f)* **orchestrare** [orkes'tra:re] *vt* ① (MUS) orchestrieren ② (*fig: organizzare*) organisieren **orchestrazione** [orkestrat'tsio:ne] *f* ① (MUS) Orchestration *f* ② (*fig: organizzazione*) Organisation *f*

**orchestrina** [orkes'tri:na] *f* [Musik]kapelle *f*

**orchidea** [orki'dɛ:a] *f* Orchidee *f*

**orcio** ['ɔrtʃo] <-ci> *m* [amphorenförmiger] Tonkrug *m*

**orco** ['ɔrko] <-chi> *m* ① (*nella mitologia antica*) Orkus *m*, Hades *m* ② (*scherz: nelle fiabe*) Ungeheuer *nt*, Scheusal *nt*

**orda** ['ɔrda] *f* Horde *f*

**ordigno** [or'diɲɲo] *m* ① (*arnese*) Gerät *nt*, Maschine *f*; **~ esplosivo** Sprengkörper *m* ② (*fig*) komplizierter Apparat ③ (*fam: oggetto strano*) Apparat *m*, Ding *nt*

**ordinale** [ordi'na:le] I. *agg* Ordinal-, Ordnungs- II. *m* Ordinal-, Ordnungszahl *f*

**ordinamento** [ordina'mento] *m* Ordnung *f*

**ordinanza** [ordi'nantsa] *f* ① (ADM) Verordnung *f*, Anordnung *f*, Erlass *m*; **d'~** vorschriftsmäßig ② (JUR) Verfügung *f* ③ (MIL) Ordonnanz *f*; **ufficiale d'~** Ordonnanzoffizier *m*; **uniforme d'~** Dienstkleidung *f*, -uniform *f*

**ordinare** [ordi'na:re] I. *vt* ① (*mettere in ordine*) ordnen; (*stanza*) in Ordnung bringen, aufräumen ② (*comandare*) befehlen, anordnen ③ (*prescrivere*) verordnen, verschreiben ④ (COM: *commissionare*) ordern, bestellen, in Auftrag geben ⑤ (*in locali pubblici*) bestellen ⑥ (REL) ordinieren; **~ qu sacerdote** jdn zum Priester weihen II. *vr* **-rsi** sich aufstellen

**ordinariato** [ordina'ria:to] *m* Ordinariat *nt*

**ordinario** [ordi'na:rio] <-i> *m* ① (*consuetudine, normalità*) Übliche(s) *nt*, Normale(s) *nt*; **fuori dell'~** außergewöhnlich, ungewöhnlich ② (*professore di ruolo*) Ordinarius *m*

**ordinario, -a** <-i, -ie> *agg* ① (*consueto*) üblich; (*normale*) normal; **tariffa -a** Normalpreis *m* ② (*regolare, di ruolo*) ordentlich ③ (*scadente, volgare*) [ganz] gewöhnlich, ordinär

**ordinata** *f* ① (MAT) Ordinate *f* ② (NAUT) Spant *nt*; (AERO) Spant *nt o m*, Rippe *f*; **dare un'~ a qc** (*fam*) etw [schnell] in Ordnung bringen

**ordinativo** [ordina'ti:vo] *m* (COM) Order *f*

**ordinativo, -a** *agg* Ordnungs-

**ordinato, -a** [ordi'na:to] *agg* ① (*in ordine*) geordnet, ordentlich ② (COM) geordert

**ordinatore, -trice** [ordina'to:re] I. *agg* Ordnungs-; **commissione -trice** Lenkungsausschuss *m* II. *m, f* Ordner(in) *m(f)*

**ordinazione** [ordinat'tsio:ne] *f* ① (COM) Order *f*, Bestellung *f*, Auftrag *m* ② (*in locali pubblici*) Bestellung *f* ③ (REL) Ordination *f*

**ordine** ['ordine] *m* ① (*sistemazione, struttura*) Ordnung *f*; **mettere ~** Ordnung

schaffen; **richiamare qu all'~** jdn zur Ordnung rufen; **in ~ sparso** in aufgelöster Formation; **con ~** geordnet; **per ~ di merito** leistungsgerecht ❷ (*categoria*) Kategorie *f*; (*professionale*) [Berufs]stand *m*; (*qualità, natura*) Klasse *f*, Art *f*; **di prim'~** erstklassig; **di terz'~** drittklassig; **d'infimo ~** minderwertig; **d'~ generale** von allgemeiner Bedeutung; **questioni d'~ pratico** Angelegenheiten *fpl* praktischer Art ❸ (*ceto, classe*) Stand *m*, Klasse *f* ❹ (*cavalleresco, religioso*) Orden *m*; **~ episcopale** Bischofswürde *f* ❺ (*comando*) Anordnung *f*; (MIL) Befehl *m*, Order *f*; (ADM) Verfügung *f*; (*disposizione, direttiva*) Order *f*, Anweisung *f*; **~ del giorno** Tagesordnung *f*; (MIL) Tagesbefehl *m*; **~ di comparizione** (JUR) Vorladung *f*; **parola d'~** Parole *f*, Kennwort *nt*; **fino a nuovo ~** bis auf Weiteres; **ai vostri -i** zu Ihren Diensten; **agli -i!** zu Befehl! ❻ (COM) Order *f*, Auftrag *m*; **~ di consegna** Lieferauftrag *m*; **~ di pagamento** Zahlungsanweisung *f*; **per ~ di** auf Anordnung von, im Auftrag von ❼ (THEAT) Reihe *f*, Rang *m* ❽ (*successione, classifica*) Reihenfolge *f*, Platzierung *f*; **~ alfabetico** alphabetische Reihenfolge; **narrare per ~** in chronologischer Reihenfolge berichten ❾ (INFORM: *comando*) Befehl *m*; (*disposizione*) Order *f*
**ordire** [or'di:re] <ordisco> *vt* ❶ (*abbozzare*) entwerfen, konzipieren ❷ (*fig: tramare*) anzetteln *fam*, anstiften **ordito** [or'di:to] *m* ❶ (TEC) Kette *f* ❷ (*fig: trama*) [Handlungs]gerüst *nt* ❸ (*fig: intreccio*) Netz *nt*, Gewebe *nt* **orditore, -trice** [ordi'to:re] *m, f* ❶ (*operaio tessile*) Anknüpfer(in) *m(f)*, Andreher(in) *m(f)* ❷ (*fig: chi trama*) Anstifter(in) *m(f)* **orditura** [ordi'tu:ra] *f* ❶ (TEC) Anknüpfen *nt*, Andrehen *nt* ❷ (*fig: trama di un'opera*) [Handlungs]gerüst *nt* ❸ (*fig: macchinazione*) Anzett[el]ung *f*, Anstiftung *f*
**orecchia** [o'rekkia] <-cchie> *f* Ohr *nt*; *v. a.* **orecchio orecchiabile** [orek'kia:bile] *agg* ins Ohr gehend, eingängig **orecchiante** [orek'kiante] I. *agg* ❶ (*a orecchio*) nach dem Gehör ❷ (*fig*) oberflächlich, laienhaft II. *mf* ❶ nach dem Gehör singende Person *f* ❷ (*fig*) Schwätzer(in) *m(f)* **orecchietta** [orek'kietta] *f* ❶ (ANAT) Vorhof *m*, Vorkammer *f* ❷ (*mer*) Art von Pasta **orecchino** [orek'ki:no] *m* Ohrring *m*, Ohrclip *m*
**orecchio** [o'rekkio] <-cchi *m*, -cchie *f*> *m* ❶ (ANAT) Ohr *nt*; **entrare da un ~ e uscire dall'altro** zum einen Ohr hinein- und zum anderen wieder hinausgehen *fam*; **fare -cchie da mercante** sich taub stellen; **mettere una pulce nell'~ a qu** jdm einen Floh ins Ohr setzen; **stare con l'~ teso** die Ohren spitzen *fam*; **tirare le -cchie a qu** jdm die Ohren lang ziehen *fam*; **essere duro d'orecchi** (*a. fig*) schwerhörig sein; **da questo ~ non ci sento** (*fig*) auf diesem Ohr bin ich taub *fam*; **aprir bene le -cchie** die Ohren aufsperren *fam*; **essere tutt'-cchi** ganz Ohr sein ❷ (*udito*) Ohren *ntpl*, Gehör *nt*; **essere debole d'~** schlechte Ohren haben; **avere molto ~** ein feines Ohr [für die Musik] haben; **cantare a ~** nach Gehör singen
**orecchioni** [orek'kio:ni] *mpl* (*fam*) Ziegenpeter *m*, Mumps *m*
**orecchiuto, -a** [orek'kiu:to] *agg* ❶ (*che ha grandi orecchie*) langohrig ❷ (*fig: ignorante*) eselig *fam*
**orefice** [o're:fitʃe] *mf* Goldschmied(in) *m(f)*; (*negoziante*) Juwelier(in) *m(f)* **oreficeria** [orefitʃe'ri:a] <-ie> *f* ❶ (*arte*) Goldschmiedekunst *f* ❷ (*laboratorio*) Goldschmiedewerkstatt *f*; (*negozio*) Juwelierladen *m*, -geschäft *nt*
**oretta** [o'retta] *f* Stündchen *nt*
**orfano, -a** ['ɔrfano] I. *agg* verwaist, Waisen-; **essere ~ di madre** mutterlos sein II. *m, f* Waisenkind *nt*, Waise *f* **orfanotrofio** [orfano'trɔ:fio] <-i> *m* Waisenhaus *nt*
**organetto** [orga'netto] *m* ❶ (*organo meccanico mobile*) kleine Orgel ❷ (*fam: armonica a bocca*) Maulorgel *f*
**organicità** [organitʃi'ta] <-> *f* organische Einheit, organischer Aufbau
**organico** [or'ga:niko] <-ci> *m* (ADM: *personale*) Personal *nt*, Personalbestand *m*; (MIL: *personale e mezzi*) Bestand *m*
**organico, -a** <-ci, -che> *agg* organisch; (*a. fig*) einheitlich
**organigramma** [organi'gramma] <-i> *m* ❶ (ADM) Organigramm *nt* ❷ (INFORM) Ablaufdiagramm *nt*
**organino** [orga'ni:no] *m* Drehorgel *f*
**organismo** [orga'nizmo] *m* ❶ (*struttura fisiologica*) Organismus *m* ❷ (*fig: ente*) Organisation *f*
**organista** [orga'nista] <-i *m*, -e *f*> *mf* Organist(in) *m(f)* **organistico, -a** [orga'nistiko] <-ci, -che> *agg* Orgel-
**organizzare** [organid'dza:re] I. *vt* organisieren; (*festa, spettacolo*) veranstalten II. *vr* **-rsi** sich organisieren **organizzata** *f v.* **organizzato organizzativo, -a** [organiddza'ti:vo] *agg* Organisations-, or-

ganisatorisch **organizzato, -a** [organid-
'dza:to] I. *agg* organisiert II. *m, f* organi-
siertes Mitglied **organizzatore, -trice**
[organiddzat'to:re] I. *agg* Organisations-,
organisatorisch II. *m, f* (*di festa, spettacolo*) Veranstal-
ter(in) *m(f)* **organizzazione** [orga-
niddzat'tsio:ne] *f* ① (*l'organizzare*) Orga-
nisation *f*; (*di festa, spettacolo*) Veranstal-
tung *f* ② (*associazione*) Organisation *f*,
Verband *m*; **~ segreta** Geheimorganisa-
tion *f*

**organo** ['ɔrgano] *m* ① (ANAT) Organ *nt*
② (TEC) Teil *m* ③ (MUS) Orgel *f* ④ (ADM:
*giornale*) Organ *nt*; **~ di controllo** Kon-
trollgremium *nt* **organolettico, -a** [orga-
no'lɛttiko] <-ci, -che> *agg* [durch die
Sinne] wahrnehmbar

**orgasmo** [or'gazmo] *m* ① (*sessuale*) Or-
gasmus *m* ② (*agitazione*) Erregung *f*, Auf-
regung *f*

**orgia** ['ɔrdʒa] <-ge *o* -gie> *f* Orgie *f* **or-
giastico, -a** [or'dʒastiko] <-ci, -che> *agg*
orgiastisch

**orgoglio** [or'goʎʎo] <-gli> *m* Stolz *m*
**orgoglioso, -a** [orgoʎ'ʎo:so] *agg* stolz;
**essere ~ di qu/qc** auf jdn/etw stolz
sein

**oricella** [ori'tʃɛlla] *f* Lackmus *m o nt*

**orientabile** [orien'ta:bile] *agg* einstellbar,
ausrichtbar

**orientale** [orien'ta:le] I. *agg* (*dell'est*) öst-
lich, Ost-; (*civiltà*) orientalisch; **tappeto ~**
Orientteppich *m* II. *mf* Orientale *m*/
Orientalin *f* **orientalista** [orienta'lista]
<-i *m*, -e *f*> *mf* Orientalist(in) *m(f)* **orien-
talistica** [orienta'listika] <-che> *f* Orien-
talistik *f* **orientalistico, -a** [orienta'li-
stiko] <-ci, -che> *agg* orientalistisch

**orientamento** [orienta'mento] *m* Orien-
tierung *f*; (*a. fig*) [Aus]richtung *f*; **~ profes-
sionale** Berufsberatung *f*

**orientare** [orien'ta:re] I. *vt* ① (*disporre*)
**~ qc a sud/nord/verso l'alto** etw
nach Süden/Norden/oben richten ② (*fig:
avviare*) **~ qu verso qc** jdn zu etw hinfüh-
ren II. *vr* **-rsi** ① (*orizzontarsi*) sich orien-
tieren ② (*indirizzarsi*) **-rsi verso qc** sich
etw zuwenden **orientativo, -a** [orien-
ta'ti:vo] *agg* Orientierungs-, orientierend;
**te lo dico a titolo ~** ich sage dir das nur
zur Info **orientazione** [orientat'tsio:ne] *f*
Ausrichtung *f*

**oriente** [o'riɛnte] *m* ① (*est*) Osten *m* ② (*ci-
viltà*) Orient *m*; **l'Estremo ~** der Ferne Os-
ten; **il Medio ~** der Mittlere Osten; **il
Vicino ~** der Nahe Osten

**orifizio** [ori'fittsio] <-i> *m* ① (*foro*) Öff-
nung *f* ② (ANAT) Öffnung *f*, Mund *m*

**origami** [ori'gami] <-> *m* (KUNST) Ori-
gami *nt* **origamista** [origa'mista] <-i *m*,
-e *f*> *mf* (KUNST) Origamispezialist(in) *m(f)*

**origano** [o'ri:gano] *m* ① (*pianta*) Origa-
num *nt*, wilder Majoran ② (*spezie*) Ori-
gano *m*, Oregano *m*

**originale** [oridʒi'na:le] I. *agg* ① (*non modi-
ficato*) Original-, original; (*delle origini*)
ursprünglich; (*proprio dell'autore*) echt;
**peccato ~** Erbsünde *f* ② (*nuovo*) neuartig
③ (*stravagante*) originell II. *m* ① (*opera di
mano dell'autore*) Original *nt*; **fedele
all'~** originalgetreu ② (*esemplare di docu-
mento*) Original *nt*, Urschrift *f* ③ (*lingua
originale*) Originalsprache *f* ④ (*modello*)
Original *nt* III. *mf* Original *nt* **originalità**
[oridʒinali'ta] <-> *f* Originalität *f*

**originare** [oridʒi'na:re] *vt* hervorrufen, er-
zeugen

**originario, -a** [oridʒi'na:rio] <-i, -ie> *agg*
① (*proveniente da un luogo*) [ab]stam-
mend; (*persona*) gebürtig ② (*primitivo*)
ursprünglich, Ur- ③ (*che dà origine*)
Ursprungs-, Herkunfts-

**origine** [o'ri:dʒine] *f* ① (*momento, fase ini-
ziale*) Ursprung *m*, Anfang *m*; **dare ~ a qc**
etw hervorrufen, etw verursachen; **in ~** an-
fangs, am Anfang ② (*punto d'inizio*) An-
fang *m*, Beginn *m* ③ (*provenienza*) Her-
kunft *f*, Abstammung *f* ④ *pl* Ursache *f*,
Ursprung *m*

**origliare** [oriʎ'ʎa:re] *vi* lauschen, horchen

**orina** [o'ri:na] *f* Urin *m*, Harn *m* **orinale**
[ori'na:le] *m* Urinal *nt*; (*vaso da notte*)
Nachttopf *m* **orinare** [ori'na:re] I. *vi*
Harn lassen, urinieren II. *vt* ausscheiden
**orinatoio** [orina'to:io] <-oi> *m* (*obs*)
Pissoir *nt*

**oriolo** [ori'ɔ:lo] *m* (*tosc: orologio*) Uhr *f*

**oristanese** [orista'ne:se] I. *mf* (*abitante*)
Einwohner(in) *m(f)* von Oristano II. *agg*
aus Oristano

**Oristanese** <*sing*> *m* Umgebung *f* von
Oristano

**Oristano** [ori'sta:no] *f* Oristano *nt* (*Stadt in
Sardinien*)

**oriundo, -a** [o'riundo] *agg* gebürtig, stam-
mend; **è ~ austriaco** er ist gebürtiger Ös-
terreicher

**orizzontale** [oriddzon'ta:le] I. *agg* waage-
recht, horizontal II. *f* Horizontale *f*, Waage-
rechte *f*

**orizzontamento** [oriddzonta'mento] *m*
Orientierung *f* **orizzontarsi** [oriddzon-
'tarsi] *vr* sich orientieren

**orizzonte** [orid'dzɔnte] *m* (*a. fig*) Horizont *m;* **giro d'~** Übersicht *f,* Überblick *m*
**orlare** [or'la:re] *vt* einfassen, umranden; (*nel cucito*) [ein]säumen **orlatura** [orla'tu:ra] *f* ① (*messa a punto*) Einfassen *nt;* (*di tessuto*) Säumen *nt* ② (*orlo*) Rand *m;* (*di tessuto*) Saum *m* **orlo** ['ɔrlo] *m* ① (*margine*) Rand *m* ② (*di tessuto*) Saum *m* ③ (*fig*) Rand *m;* **essere sull'~ della pazzia** am Rande des Wahnsinns [*o* des Nervenzusammenbruchs] sein
**orma** ['ɔrma] *f* ① (*di persona*) Spur *f,* Fußstapfe *f* ② (*di animale*) Fährte *f* ③ (*fig*) Spur *f;* **mettersi sulle -e** [*o* **calcare le -e**] **di qu** in jds Fußstapfen treten, jds Beispiel folgen
**ormai** [or'ma:i] *avv* ① (*ora*) nun, jetzt ② (*già*) schon, bereits
**ormeggiare** [ormed'dʒa:re] **I.** *vt* (NAUT) fest machen, vertäuen; (AERO) verankern **II.** *vi* **-rsi** fest machen **ormeggio** [or'medːʒo] <-ggi> *m* ① (NAUT) Verankerung *f,* Vertäuung *f;* (AERO) Verankerung *f* ② (*luogo*) Ankerplatz *m* ③ *pl* [Halte]leinen *fpl*
**ormonale** [ormo'na:le] *agg* hormonal, Hormon- **ormone** [or'mo:ne] *m* Hormon *nt*
**ornamentale** [ornamen'ta:le] *agg* Zier-, Ornament-, dekorativ; **piante -i** Zierpflanzen *fpl* **ornamentazione** [ornamentat'tsjo:ne] *f* Verzierung[en *pl*] *f* **ornamento** [orna'mento] *m* (*decorazione*) Ornament *nt,* Verzierung *f;* (*a. fig*) Ausschmückung *f*
**ornare** [or'na:re] **I.** *vt* ① (*abbellire*) verzieren; (*casa, tavola*) [aus]schmücken ② (*fig: arricchire*) schmücken; (*discorso*) ausschmücken **II.** *vr* **-rsi** sich schmücken
**ornato** [or'na:to] *m* Ornamentik *f*
**ornato, -a** *agg* verziert, geschmückt
**ornitologa** *f v.* **ornitologo**
**ornitologia** [ornitolo'dʒi:a] <-gie> *f* Vogelkunde *f,* Ornithologie *f* **ornitologico, -a** [ornito'lɔ:dʒiko] <-ci, -che> *agg* vogelkundlich, ornithologisch **ornitologo, -a** [orni'tɔ:logo] <-gi, -ghe> *m, f* Vogelkundler(in) *m(f),* Ornithologe *m*/Ornithologin *f* **ornitomanzia** [ornitoman'tsi:a] <-ie> *f* Vogelschau *f*
**ornitorinco** [ornito'riŋko] <-chi> *m* Schnabeltier *nt*
**oro** ['ɔ:ro] *m* ① (*metallo, colore*) Gold *nt;* **~ bianco/giallo/rosso** Weiß-/Gelb-/Rotgold *nt;* **d'~** golden, aus Gold; **il secolo d'~** das Goldene Zeitalter; **vale tant'~ quanto pesa** das ist nicht mit Gold aufzuwiegen, das ist Gold wert; **non è tutto ~ quel che luccica** (*prov*) es ist nicht alles Gold, was glänzt ② (*denaro*) Gold *nt,* Geld *nt;* **nemmeno per tutto l'~ del mondo** nicht um alles in der Welt; **nuotare nell'~** im Geld schwimmen ③ *pl* (*oggetti d'~*) Goldstücke *ntpl,* Gold *nt* ④ *pl* (*di carte*) Karo *nt*
**orologeria** [orolodʒe'ri:a] <-ie> *f* ① (*arte*) Uhrmacherhandwerk *nt;* (*industria*) Uhrenindustrie *f* ② (*negozio*) Uhrengeschäft *nt* ③ (*dispositivo*) Zeitzünder *m;* **bomba a ~** Zeitbombe *f*
**orologiaio, -a** [orolod'dʒa:io] <-giai, -giaie> *m, f* ① (*fabbricante*) Uhrenfabrikant(in) *m(f)* ② (*riparatore*) Uhrmacher(in) *m(f)* ③ (*venditore*) Uhrenhändler(in) *m(f)* **orologiero, -a** [orolod'dʒɛ:ro] *agg* Uhr[en]-
**orologio** [oro'lɔ:dʒo] <-gi> *m* Uhr *f;* **~ al quarzo** Quarzuhr *f;* **~ da polso** Armbanduhr *f;* **~ da tasca** Taschenuhr *f;* **caricare l'~** die Uhr aufziehen; **essere un ~** (*fig*) wie ein Uhrwerk funktionieren; **l'~ va avanti/indietro** die Uhr geht vor/nach
**oroscopia** [orosko'pi:a] *f* (ASTR) Schicksalsdeutung *f* anhand Horoskopen, Erstellung *f* von Horoskopen
**oroscopo** [o'rɔskopo] *m* ① (ASTR) Horoskop *nt* ② (*pronostico, previsione*) Vorhersage *f*
**orpello** [or'pɛllo] *m* ① (*similoro*) Flittergold *nt* ② (*fig: falsa apparenza*) Schein *m,* Blendwerk *nt geh* ③ *pl* (*pej: fronzoli*) Flitter *m*
**orrendo, -a** [or'rɛndo] *agg* schrecklich, fürchterlich
**orribile** [or'ri:bile] *agg* ① (*atroce*) schrecklich, furchtbar; (*delitto*) grausig ② (*fig: pessimo*) schrecklich, grässlich
**orrido** ['ɔrrido] *m* Klamm *f*
**orrido, -a** *agg* schrecklich; (*aspetto*) furchteinflößend
**orripilante** [orripi'lante] *agg* haarsträubend
**orrore** [or'ro:re] *m* (*repulsione, spavento*) Entsetzen *nt;* (*avversione*) Abscheu *m;* (*terrore*) Schrecken *m;* **film dell'~** Horrorfilm *m;* **gli -i della guerra** die Schrecken *mpl* des Krieges; **un sacro ~** ein heiliger Schauer; **avere in ~ qc** einen Horror vor etw *dat* haben *fam*
**orsa** ['orsa] *f* ① (ZOO) Bärin *f* ② (ASTR) **l'Orsa maggiore/minore** der Große/Kleine Bär **orsacchiotto** [orsak'kjɔtto] *m* Teddy-, Plüschbär *m;* **~ di peluche** Plüschbär *m* **orso** ['orso] *m* Bär *m;* **~ bianco**

[*o* **polare**] Eisbär *m;* ~ **bruno** Braunbär *m;* ~ **grigio** Grizzlybär *m;* ~ **lavatore** Waschbär *m*
**orsù** [or'su] *int (poet)* wohlauf *obs,* wohlan *obs*
**ortaggio** [or'taddʒo] <-ggi> *m* Gemüse *nt*
**ortensia** [or'tɛnsia] <-ie> *f* Hortensie *f*
**ortica** [or'ti:ka] <-che> *f* Brennnessel *f* **orticante** [orti'kante] *agg* brennend, Brenn- **orticaria** [orti'ka:ria] <-ie> *f* Nesselsucht *f,* -fieber *nt*
**orticolo, -a** [or'ti:kolo] *agg* Garten-, Gartenbau-; *(piante)* Gemüse-
**orticoltore, -trice** [ortikol'to:re] *m, f* Gärtner(in) *m(f)* **orticoltura** [ortikol'tu:ra] *f* Gartenbau *m*
**Ortisei** [orti'zɛ:i] *f* Sankt Ulrich *nt*
**ortivo, -a** [or'ti:vo] *agg* ● *(coltivato ad orto)* Garten- ● (ASTR) **punto** ~ Aufgangspunkt *m*
**orto** ['ɔrto] *m* [Gemüse-, Nutz]garten *m;* ~ **botanico** botanischer Garten
**ortodontista** [ortodon'tista] <-i *m,* -e *f*> *mf* (MED) Kieferorthopäde *m/*-orthopädin *f*
**ortodossa** *f v.* **ortodosso**
**ortodossia** [ortodos'si:a] <-ie> *f* Orthodoxie *f* **ortodosso, -a** [orto'dɔsso] I. *agg* orthodox II. *m, f* Angehörige(r) *f(m)* der griechisch-orthodoxen Kirche
**ortoflorofrutticolo, -a** [ortoflorofrut'ti:kolo] *agg* (AGR, COM) den Blumen-, Obst- und Gemüsehandel betreffend **ortoflorofrutticoltura** *f* (AGR, COM) Anbau *m* und Vertrieb *m* von Blumen, Obst und Gemüse
**ortofonico, -a** [orto'fɔ:niko] <-ci, -che> *agg* klangtreu
**ortofrenia** [ortofre'ni:a] <-ie> *f* Lernbehindertenpädagogik *f* **ortofrenico, -a** [orto'frɛ:niko] <-ci, -che> *agg* **istituto** ~ Schule *f* für Lernbehinderte
**ortofrutticolo, -a** [ortofrut'ti:kolo] *agg* Obst- und Gemüse- **ortofrutticoltura** [ortofruttikol'tu:ra] *f* Obst- und Gemüseanbau *m*
**ortogonale** [ortogo'na:le] *agg* rechtwink[e]lig
**ortografia** [ortogra'fi:a] *f* Rechtschreibung *f,* Orthographie *f* **ortografico, -a** [orto'gra:fiko] <-ci, -che> *agg* Rechtschreib-, orthographisch
**ortolano, -a** [orto'la:no] *m, f* ● *(coltivatore)* Gemüsegärtner(in) *m(f)* ● *(venditore)* Gemüsehändler(in) *m(f)*
**ortomercato** [ortomer'ka:to] *m* (AGR, COM) Obst- und Gemüsemarkt *m*
**ortopedagogia** [ortopedago'dʒi:a] *f* (MED) Sonderpädagogik *f,* Heilpädagogik *f*
**ortopedagogista** [ortopedago'dʒista] <-i *m,* -e *f*> *mf* (MED) Heilpädagoge *m/*-pädagogin *f*
**ortopedia** [ortope'di:a] <-ie> *f* Orthopädie *f* **ortopedico, -a** [orto'pɛ:diko] <-ci, -che> I. *agg* orthopädisch, Orthopädie- II. *m, f* Orthopäde *m/*Orthopädin *f*
**ortovivaismo** [ortoviva'izmo] *m* (AGR) Baumschulzucht *f*
**orvieto** [or'viɛ:to *o* or'vie:to] *m* Orvieto *m* *(Weißwein aus Umbrien)*
**orza** ['ɔrtsa] *f* ● *(cavo)* Luvbrasse *f* ● *(lato)* Luv *f o nt,* Luvseite *f*
**orzaiolo** [ordza'jɔ:lo] *m* (MED) Gerstenkorn *nt*
**orzare** [or'tsa:re] *vi* luven
**orzata** [or'dza:ta] *f* (GASTR) ● *(bevanda)* Mandelmilch *f* ● *(sciroppo)* Mandelsirup *m*
**orzo** ['ɔrdzo] *m* Gerste *f;* ~ **perlato** Perlgraupen *fpl*
**osanna** [o'zanna] I. *int* hosianna II. <-> *m* Hosianna *nt,* Hosiannaruf *m* **osannare** [ozan'na:re] I. *vt* bejubeln II. *vi* Hosianna rufen; ~ **a qu** *(fig)* jdm zujubeln
**osare** [o'za:re] *vt* wagen; **non oso chiedere** ich wage nicht zu fragen
**oscenità** [oʃʃeni'ta] <-> *f* ● *(indecenza)* Obszönität *f,* Unanständigkeit *f* ● *(fam: opera bruttissima)* Widerlichkeit *f,* Gräuel *m* **osceno, -a** [oʃ'ʃɛ:no] *agg* ● *(indecente)* obszön, unanständig ● *(fam: bruttissimo)* widerlich, ekelhaft
**oscillare** [oʃʃil'la:re] *vi* ● *(dondolare)* schaukeln; (PHYS) schwingen ● *(variare, tentennare)* schwanken **oscillatore** [oʃʃilla'to:re] *m* Oszillator *m* **oscillatorio, -a** [oʃʃilla'tɔ:rio] <-i, -ie> *agg* schwingend; (PHYS) Schwingungs-, oszillatorisch **oscillazione** [oʃʃillat'tsio:ne] *f* Schwankung *f;* (PHYS) Schwingung *f,* Oszillation *f;* (a. *fig* FIN) Schwanken *nt;* **-i di temperatura** Temperaturschwankungen *fpl* **oscillografo** [oʃʃil'lɔ:grafo] *m* Oszillograph *m* **oscillogramma** [oʃʃillo'gramma] <-i> *m* Oszillogramm *nt*
**oscuramento** [oskura'mento] *m* ● *(eliminazione della luce)* Verdunk[e]lung *f,* Verfinsterung *f* ● *(fig: ottenebramento)* Trübung *f;* *(della mente)* Umnachtung *f* **oscurare** [osku'ra:re] I. *vt (rendere oscuro)* verdunkeln, verfinstern II. *vr* **-rsi** ● *(diventare oscuro)* sich verfinstern ● *(fig: vista)* sich trüben; *(mente)* sich umnachten; *(volto)* sich verfinstern
**oscurità** [oskuri'ta] <-> *f* ● *(assenza di*

*luce*) Dunkelheit *f*, Finsternis *f* ❷ (*fig: ottenebramento*) Trübung *f*; (*di mente*) Umnachtung *f* ❸ (*fig: difficile intelligibilità*) Undurchschaubarkeit *f*, Dunkel *nt*

**oscuro** [osˈkuːro] *m* Dunkel *nt*, Dunkelheit *f*; **essere all'~ di qc** von etw keine Ahnung haben

**oscuro, -a** *agg* ❶ (*buio*) finster, dunkel; **camera -a** Dunkelkammer *f*; (HIST) Camera obscura *f* ❷ (*fig*) dunkel; (*pensiero, volto*) finster; (*pej*) obskur

**osmosi** [ozˈmɔːzi] <-> *f* Osmose *f*

**ospedale** [ospeˈdaːle] *m* Krankenhaus *nt*, Spital *nt A;* **~ da campo** Feldlazarett *nt;* **essere un ~ ambulante** (*fam*) an allen Krankheiten der Welt leiden; **fare sei mesi d'~** sechs Monate im Krankenhaus liegen **ospedaliero, -a** [ospedaˈliːero] *agg* Krankenhaus-, Spitals- *A;* **cure -e** Krankenhausbehandlung *f* **ospedalismo** [ospedaˈlizmo] *m* (PSIC) Krankenhaussyndrom *nt* **ospedalità** [ospedaliˈta] <-> *f* ❶ (*complesso delle pratiche necessarie per il ricovero in ospedale*) Einlieferung *f* ins Krankenhaus ❷ (*degenza ospedaliera*) Krankenhausaufenthalt *m*, Spitalsaufenthalt *m A* **ospedalizzare** [ospedalidˈdzaːre] *vt* ins Krankenhaus einliefern

**ospitale** [ospiˈtaːle] *agg* ❶ (*persona*) gastfreundlich ❷ (*luogo*) gastlich, einladend **ospitalità** [ospitaliˈta] <-> *f* Gastfreundschaft *f*

**ospitare** [ospiˈtaːre] *vt* ❶ (*dare ospitalità*) zu Gast haben; (*accogliere*) beherbergen ❷ (SPORT) empfangen ❸ (*fig: custodire*) beherbergen; (*articolo, quadri*) aufnehmen ❹ (INFORM) hosten **ospite** [ˈɔspite] I. *mf* ❶ (*persona che ospita*) Gastgeber(in) *m(f)* ❷ (*persona ospitata*) Gast *m;* **l'~ è come il pesce, dopo tre giorni puzza** (*prov*) Besuch ist wie Fisch, nach drei Tagen stinkt er II. *agg* Gast-

**ospizio** [osˈpittsio] <-i> *m* Heim *nt;* **~ per orfani** Waisenhaus *nt;* **~ per vecchi** Altersheim *nt*, Altenheim *nt*

**ossario** [osˈsaːrio] <-i> *m* Beinhaus *nt*, Ossarium *nt*

**ossatura** [ossaˈtuːra] *f* ❶ (ANAT: *insieme delle ossa*) Skelett *nt*, Knochengerüst *nt;* (*struttura*) Knochenbau *m* ❷ (*fig: struttura portante*) Gerippe *f*, Skelett *nt;* (*orditura*) Gerüst *nt*

**osseo, -a** [ˈɔsseo] <-ei, -ee> *agg* Knochen-, knöchern

**ossequente** [osseˈkuɛnte] *agg* (*poet*) gehorsam, respektvoll (*a* gegenüber), ehrerbietig (*a* gegenüber) **ossequiare** [osseˈkuiaːre] *vt* (*poet*) ~ **qu** jdn hoch achten, jdm Hochachtung entgegenbringen

**ossequio** [osˈsɛkuio] <-qui> *m* (*poet*) Hochachtung *f;* **gradisca i miei -qui** (*nelle lettere*) hochachtungsvoll **ossequiosità** [ossekuiosiˈta] <-> *f* (*poet*) Ehrerbietigkeit *f* geh, Ehrerbietung *f* geh; (*pej*) Unterwürfigkeit *f* **ossequioso, -a** [osseˈkuioːso] *agg* (*poet*) ehrerbietig geh; (*pej*) unterwürfig

**osservante** [osserˈvante] I. *agg* ❶ (*rispettoso*) **essere ~ di qc** etw befolgen ❷ (REL) strenggläubig II. *mf* (REL) Strenggläubige(r) *f(m)* **osservanza** [osserˈvantsa] *f* Befolgung *f*, Beachtung *f*; (REL) Observanz *f*

**osservare** [osserˈvaːre] *vt* ❶ (*guardare attentamente*) beobachten, betrachten ❷ (*mantenere*) beachten, befolgen ❸ (*rilevare*) bemerken, beobachten **osservatore, -trice** [osservaˈtoːre] I. *agg* beobachtend, Beobachtungs- II. *m, f* Beobachter(in) *m(f)* **osservatorio** [osservaˈtɔːrio] <-i> *m* Observatorium *nt;* **~ astronomico** Sternwarte *f;* **~ meteorologico** Wetterwarte *f*

**osservatrice** *f v.* **osservatore**

**osservazione** [osservatˈtsioːne] *f* ❶ (*atto, studio*) Beobachtung *f;* **spirito di ~** Beobachtungsgabe *f;* **essere tenuto in ~** unter Beobachtung sein ❷ (*considerazione critica*) Betrachtung *f*, Untersuchung *f* ❸ (*rimprovero*) Vorhaltung *f*, Tadel *m* ❹ (*obiezione*) Einwand *m*

**ossessa** *f v.* **ossesso**

**ossessionante** [ossessioˈnante] *agg* bedrängend, quälend; **idea ~** fixe Idee, Zwangsvorstellung *f* **ossessionare** [ossessioˈnaːre] *vt* ❶ (*tormentare la coscienza*) bedrängen, quälen ❷ (*fig: infastidire*) verfolgen, bedrängen **ossessione** [ossesˈsioːne] *f* ❶ (*invasamento demoniaco*) Besessenheit *f* ❷ (PSIC) Zwangsvorstellung *f*, Obsession *f* ❸ (*preoccupazione angosciosa*) Angstvorstellung *f*, Wahn *m* **ossessivo, -a** [ossesˈsiːvo] *agg* quälend; (PSIC) Zwangs-, obsessiv **ossesso, -a** [osˈsɛsso] I. *agg* besessen II. *m, f* Besessene(r) *f(m)*

**ossia** [osˈsiːa] *cong* oder [besser gesagt], oder [auch]

**ossiacido** [ossiˈaːtʃido] *m* Sauerstoffsäure *f*

**ossibuchi** *pl di* **ossobuco**

**ossidabile** [ossiˈdaːbile] *agg* oxydierbar

**ossidante** [ossiˈdante] I. *agg* oxydationsfähig II. *m* Oxydationsmittel *nt* **ossidare** [ossiˈdaːre] *vt, vr* **-rsi** oxydieren **ossida-**

**zione** [ossidat'tsio:ne] *f* Oxydation *f* **ossido** ['ɔssido] *m* Oxyd *nt*, Oxid *nt*; **~ di azoto** Stickoxid *nt* **ossidrico, -a** [os'si:driko] <-ci, -che> *agg* **cannello ~** Schweißbrenner *m*

**ossificazione** [ossifikat'tsio:ne] *f* Verknöcherung *f*, Ossifikation *f*

**ossigenare** [ossidʒe'na:re] *vt* (CHEM) mit Sauerstoff anreichern; **-rsi i capelli** sich *dat* die Haare blondieren **ossigenato, -a** [ossidʒe'na:to] *agg* ❶ (CHEM) sauerstoffhaltig, mit Sauerstoff angereichert; **acqua -a** Wasserstoffsuperoxyd *nt* ❷ (*capelli*) gebleicht, blondiert; **bionda -a** Wasserstoffblondine *f fam* **ossigenatura** [ossidʒena'tu:ra] *f* Blondierung *f* **ossigenazione** [ossidʒenat'tsio:ne] *f* Sauerstoffzufuhr *f*

**ossigeno** [os'si:dʒeno] *m* ❶ (CHEM) Sauerstoff *m* ❷ (*fig: sovvenzione*) Geldspritze *f fam* ❸ (*fig: linfa rinnovatrice*) Frischzellen *fpl*, frisches Blut

**ossimoro** [ossi'mo:ro] *m* (LIT) Oxymoron *nt*

**osso**[1] ['ɔsso] <*pl*: **-a** *f*> *m* (ANAT) Knochen *m*; **avere le -a rotte** zerschlagen sein; **ridursi pelle e -a** vom Fleisch fallen; **farsi le -a** sich die Hörner abstoßen *fam*; **un ~ duro** (*fig: difficoltà*) eine harte Nuss *fam*; (*persona*) ein zäher Knochen *fam*

**osso**[2] *m* ❶ (*osso animale lavorato*) Bein *nt* ❷ (*nocciolo*) Kern *m*, Stein *m*; **sputa l'~!** (*fam scherz*) spuck es aus!

**ossobuco** [osso'bu:ko] <ossibuchi> *m mit Weißwein, Tomaten und anderen Zutaten geschmorte Kalbshaxe*

**ossuto, -a** [os'su:to] *agg* knochig, knöch[e]rig

**ostacolare** [ostako'la:re] *vt* behindern, aufhalten; (*progetti*) hintertreiben

**ostacolista** [ostako'lista] <-i *m*, -e *f*> *mf* (*atleta*) Hindernisläufer(in) *m(f)*, Hürdenläufer(in) *m(f)*

**ostacolo** [os'ta:kolo] *m* Hindernis *nt*; **corsa a -i** Hindernisrennen *nt*; **essere l'~ alla vista** eine Sichtbehinderung darstellen; **saltare un ~** (*a. fig*) ein Hindernis überwinden

**ostaggio** [os'taddʒo] <-ggi> *m* Geisel *f*; **tenere qu in ~** jdn als Geisel festhalten

**ostalgia** [ostal'dʒi:a] <-gie> *f* Ostalgie *f*

**ostare** [os'ta:re] *vi* (ADM) entgegenstehen, im Wege stehen; **nulla osta all'accoglimento della domanda** der Genehmigung *dat* des Antrags steht nichts entgegen **ostativo, -a** [osta'ti:vo] *agg* (JUR) **motivo ~** Hinderungsgrund *m*

**oste, -essa** ['ɔste, os'tessa] *m, f* [Gast]wirt(in) *m(f)*; **fare i conti senza l'~** (*fig*) die Rechnung ohne den Wirt machen

**osteggiare** [osted'dʒa:re] *vt* bekämpfen

**ostello** [os'tɛllo] *m* Herberge *f*; **~ della gioventù** Jugendherberge *f*

**ostensorio** [osten'sɔ:rio] <-i> *m* Monstranz *f*

**ostentare** [osten'ta:re] *vt* zur Schau stellen, hervorkehren **ostentato, -a** [osten'ta:to] *agg* ostentativ, zur Schau gestellt **ostentazione** [ostentat'tsio:ne] *f* Zurschaustellung *f*

**osteopatia** [osteopa'ti:a] *f* Osteopathie *f*

**osteria** [oste'ri:a] <-ie> *f* Schenke *f*, [kleine] Gaststätte *f*

**ostessa** *f v.* **oste**

**ostetrica** [os'tɛ:trika] <-che> *f* ❶ (*infermiera*) Hebamme *f* ❷ (*donna medico*) Geburtshelferin *f* **ostetricia** [oste'tri:tʃa] <-cie> *f* Geburtshilfe *f* **ostetrico, -a** [os'tɛ:triko] <-ci, -che> I. *agg* Entbindungs-, Geburts- II. *m, f* (*medico*) Geburtshelfer(in) *m(f)*

**ostia** ['ɔstia] <-ie> *f* ❶ (REL) Hostie *f* ❷ (*cialda*) Oblate *f*

**ostico, -a** [ɔs'tiko] <-ci, -che> *agg* hart, mühsam

**ostile** [os'ti:le] *agg* feindlich, feindselig; **acquisizione ~** (COM) feindliche Übernahme **ostilità** [ostili'ta] <-> *f* Feindschaft *f*, Feindseligkeit *f*

**ostinarsi** [osti'narsi] *vr* **~ su qc** sich auf etw *acc* versteifen **ostinato, -a** [osti'na:to] I. *agg* hartnäckig, beharrlich II. *m, f* Dickkopf *m*, Starrkopf *m* **ostinazione** [ostinat'tsio:ne] *f* (*caparbietà*) Dick-, Starrköpfigkeit *f*, Halsstarrigkeit *f*; (*persistenza*) Hartnäckigkeit *f*, Beharrlichkeit *f*

**ostracismo** [ostra'tʃizmo] *m* Ostrazismus *m*; (*fig*) Verbannung *f*

**ostrica** ['ɔstrika] <-che> *f* Auster *f* **ostricoltore, -trice** [ostrikol'to:re] *m, f* Austernzüchter(in) *m(f)* **ostricoltura** [ostrikol'tu:ra] *f* Austernzucht *f*

**ostruire** [ostru'i:re] <ostruisco> *vt* (*condotto*) verschließen, verstopfen; (*passaggio*) versperren **ostruzione** [ostrut'tsio:ne] *f* (*di condotto*) Verschluss *m*; (*di passaggio*, MIL) Sperre *f*, Sperrung *f*

**ostruzionismo** [ostruttsio'nizmo] *m* Obstruktion *f*; (SPORT) Sperre *f* **ostruzionista** [ostruttsio'nista] <-i *m*, -e *f*> *mf* Obstruktionist(in) *m(f)* **ostruzionistico, -a**

[ostruttsio'nistiko] <-ci, -che> *agg* Obstruktions-

**otite** [o'ti:te] *f* Ohrenentzündung *f*, Otitis *f*

**otoiatra** [oto'ia:tra] <-i *m*, -e *f*> *mf* Ohrenarzt *m*/-ärztin *f* **otoiatria** [otoia'tri:a] <-ie> *f* Ohrenheilkunde *f*

**otorinolaringoiatra** [otorinolariŋgo'ia:tra] <-i *m*, -e *f*> *mf* Hals-Nasen-Ohren-Arzt *m*/-Ärztin *f*

**otre** [ˈo:tre] *m* Schlauch *m*; **essere pieno come un ~** zum Platzen voll sein; (*ubriaco*) zu bis oben hin sein *fam*

**ottaedro** [ottaˈɛ:dro] *m* Achtflächner *m*, Oktaeder *m*

**ottagonale** [ottago'na:le] *agg* achteckig, oktogonal **ottagono** [ot'ta:gono] *m* Achteck *nt*, Oktogon *nt*

**ottano** [ot'ta:no] *m* Oktan *nt*; **numero di -i** Oktanzahl *f*

**ottanta** [ot'tanta] I. *num* achtzig II. <-> *m* Achtzig *f*; *v. a.* **cinquanta ottantenne** [ottan'tɛnne] I. *agg* achtzigjährig II. *mf* Achtzigjährige(r) *f(m)* **ottantennio** [ottan'tɛnnio] <-i> *m* Zeitraum *m* von achtzig Jahren

**ottantesimo** [ottan'tɛ:zimo] *m* (*frazione*) Achtzigstel *nt*

**ottantesimo, -a** I. *agg* achtzigste(r, s) II. *m, f* Achtzigste(r, s) *mf/nt; v. a.* **quinto**

**ottantina** [ottan'ti:na] *f* **una ~** [**di ...**] [etwa] achtzig [...]; **essere sull'~** an [*o* um] die achtzig sein

**ottativo** [otta'ti:vo] *m* (LING) Optativ *m*

**ottativo, -a** *agg* (LING) optativ

**ottava** [ot'ta:va] *f* ① (REL) Oktav *f* ② (LIT, MUS) Oktave *f*

**ottavino** [otta'vi:no] *m* Pikkoloflöte *f*

**ottavo** [ot'ta:vo] *m* ① (*frazione*) Achtel *nt* ② (*formato*) Oktav *nt* ③ (SPORT) **-i di finale** Achtelfinale *nt*

**ottavo, -a** I. *agg* achte(r, s) II. *m, f* Achte(r, s) *mf/nt; v. a.* **quinto**

**ottemperanza** [ottempeˈrantsa] *f* (ADM) Beachtung *f*, Befolgung *f*; **in ~ alle norme di legge** unter Beachtung der gesetzlichen Bestimmungen

**ottemperare** [ottempe'ra:re] *vi* (*poet*) Folge leisten, folgen

**ottenebrare** [ottene'bra:re] *vt* (*poet*) ① (*offuscare*) verfinstern, verdunkeln ② (*fig*) trüben

**ottenere** [otte'ne:re] <irr> *vt* ① (*conseguire*) erlangen, erzielen; (*vittoria*) erringen ② (*ricevere*) erhalten ③ (*ricavare*) gewinnen, erhalten **ottenibile** [otte'ni:bile] *agg* erhältlich **ottenimento** [otteni-'mento] *m* Erlangung *f*, Erringung *f*

**ottenni** *1. pers sing pass rem di* **ottenere**

**ottentotto, -a** [otten'tɔtto] *m, f* (*a. fig, pej*) Hottentotte *m*/Hottentottin *f*

**ottenuto** *pp di* **ottenere**

**ottetto** [ot'tetto] *m* Oktett *nt*

**ottica** [ˈɔttika] <-che> *f* Optik *f* **ottico** [ˈɔttiko] <-ci> *m* Optiker *m* **ottico, -a** <-ci, -che> *agg* optisch; (*nervo*) Seh-; **lettore ~** (INFORM) Lesestift *m*

**ottimale** [otti'ma:le] *agg* optimal **ottimalizzare** [ottimalid'dza:re] *vt* optimieren **ottimalizzazione** [ottimaliddzat'tsio:ne] *f* Optimierung *f*

**ottimamente** [ottima'mente] *avv superlativo di* **bene**[1] hervorragend, ausgezeichnet

**ottimare** [otti'ma:re] *v.* **ottimizzare**

**ottimismo** [otti'mizmo] *m* Optimismus *m*

**ottimista** [otti'mista] <-i *m*, -e *f*> I. *agg* optimistisch II. *mf* Optimist(in) *m(f)* **ottimistico, -a** [otti'mistiko] <-ci, -che> *agg* optimistisch

**ottimizzare** [ottimid'dza:re] *vt* optimieren, optimalisieren

**ottimo** [ˈɔttimo] *m* höchster Wert, höchstes Maß; (*stato ideale*) Optimum *nt*

**ottimo, -a** *agg superlativo di* **buono, -a** ① (*il più buono*) beste(r, s) ② (*molto buono*) sehr gut, ausgezeichnet

**otto** [ˈɔtto] I. *num* acht; **dare gli ~ giorni** [mit acht Tagen Frist] kündigen; **oggi a ~** heute in acht Tagen II. <-> *m* ① (*numero*) Acht *f* ② (*nelle date*) Achte(r) *m* ③ (*voto scolastico*) ≈ gut, zwei ④ (SPORT: *nel pattinaggio*) Acht *f*, Achter *m*; (*nel canottaggio*) Achter *m* ⑤ (*percorso a forma di otto*) **~ volante** Achterbahn *f* III. *fpl* acht Uhr; *v. a.* **cinque**

**ottobre** [ot'to:bre] *m* Oktober *m*; *v. a.* **aprile**

**ottocentesco, -a** [ottotʃen'tesko] <-schi, -sche> *agg* das neunzehnte Jahrhundert betreffend **ottocentista** [ottotʃen'tista] <-i *m*, -e *f*> *mf* ① (*artista*) Künstler(in) *m(f)* des Ottocento ② (SPORT) Achthundertmeterläufer(in) *m(f)* **ottocento** [otto'tʃɛnto] I. *num* achthundert II. <-> *m* ① (*numero*) Achthundert *f*; **l'Ottocento** das neunzehnte Jahrhundert; (*nell' arte italiana*) das Ottocento ② *pl* (SPORT) Achthundertmeterlauf *m* **ottocifre** [otto'tʃi:fre] <-> *m* (TEC) Uhrmacheröse *f*

**ottomana** [otto'ma:na] *f* Ottomane *f*

**ottomano, -a** [otto'ma:no] I. *agg* ① (*poet*) osmanisch ② (*turco*) türkisch II. *m, f* ① (*poet*) Osmane *m*/Osmanin *f* ② (*turco*) Türke *m*/Türkin *f*

**ottomila** [otto'mi:la] I. *num* achttausend II. <-> *m* Achttausend *f*
**ottone** [ot'to:ne] *m* ① (*lega*) Messing *nt* ② *pl* (MUS) Blechblasinstrumente *ntpl*
**ottotipo** [ot'tɔ:tipo] *m* Sehprobentafel *f*
**ottuagenario, -a** [ottuadʒe'na:rio] <-i, -ie> I. *agg* achtzigjährig II. *m, f* Achtzigjährige(r) *f(m)*
**ottundere** [ot'tundere] <ottundo, ottussi, ottuso> *vt* (*a. fig*) abstumpfen **ottundimento** [ottundi'mento] *m* (*a. fig*) Abstumpfung *f*
**ottuplo** [ˈɔttuplo] *m* Achtfache(s) *nt*
**otturare** [ottu'ra:re] I. *vt* ① (MED: *dente*) füllen, plombieren ② (TEC: *falla*) [ver-, zu]stopfen; (*tubo*) abdichten II. *vr* **-rsi** verstopfen **otturatore** [ottura'to:re] *m* ① (MIL) [Gewehr]schloss *nt,* Verschluss *m* ② (FOTO) Verschluss *m* **otturazione** [otturat'tsio:ne] *f* ① (*atto, effetto*) Abdichtung *f;* (*di un dente*) Plombieren *nt* ② (*amalgama*) Füllung *f,* Plombe *f*
**ottusi** [ot'tu:zi] *I. pers sing pass rem di* **ottundere**
**ottusità** [ottuzi'ta] <-> *f* Stumpfsinnigkeit *f* **ottuso, -a** [ot'tu:zo] I. *pp di* **ottundere** II. *agg* (MAT) stumpf; (*suono*) dumpf; (*fig*) stumpfsinnig
**Ötztal** [ˈœtsta:l] *f* Ötztal *nt*
**outdoor** ['autdɔ:] <inv> *agg* (SPORT) Freiluft-; **torneo ~** Freiluftturnier *nt*
**outing** ['auting] <-> *m* Outing *nt*
**outline** ['autlain] <- *o* outlines> *m* Kurzzusammenfassung *f*
**output** ['autput] <-> *m* (INFORM) Output *m o nt,* Ausgabe *f*
**outsider** [aut'saidə *o* aut'saider] <- *o* outsiders> *mf* Außenseiter(in) *m(f),* Outsider *m* **outstanding** [aut'stændiŋ] <inv> *agg* beachtlich, außergewöhnlich gut
**ouverture** [uvɛr'ty:r] <-> *f* Ouvertüre *f*
**ovaia** [o'va:ia] <-aie> *f,* **ovaio** [o'va:io] <*pl:* -aia *f*> *m* Eierstock *m*
**ovaiolo, -a** [ova'ɔ:lo] *agg* **gallina -a** Legehenne *f*
**ovale** [o'va:le] I. *agg* oval; **palla ~** Rugby *nt* II. *m* Oval *nt* **ovalizzare** [ovalid'dza:re] *vt* (TEC) oval machen
**ovarico, -a** [o'va:riko] <-ci, -che> *agg* ① (ANAT) Eierstock- ② (BOT) Fruchtknoten- **ovario** [o'va:rio] <-i> *m* Fruchtknoten *m*
**ovatta** [o'vatta] *f* Watte *f* **ovattare** [ovat'ta:re] *vt* ① (*imbottire di ovatta*) wattieren ② (*fig: rumore*) dämpfen
**ovazione** [ovat'tsio:ne] *f* Ovation *f*

**ove** ['o:ve] I. *avv* (*poet: stato*) wo; (*moto*) wohin II. *cong* +*conj* (*poet*) sofern, falls
**overcoat** ['ouvəkout] <- *o* overcoats> *m* langer Mantel
**overdose** ['ouvədous *o* over'dɔz(e)] <overdosi> *f* (*dose eccessiva*) Überdosis *f* **overdrive** ['ouvə'draiv *o* over'draiv] <-> *m* Overdrive *m*
**overnight** ['ouvənait] <inv> *agg* (FIN) kurzfristig
**oversize** ['ouvə'saiz] <inv> *agg* extraweit
**overtime** ['ouvə'taim] <-> *m* (SPORT) Verlängerung *f*
**ovest** ['ɔ:vest] *m* Westen *m*
**ovile** [o'vi:le] *m* Schafstall *m;* **tornare all'~** (*fig*) in den Schoß der Familie zurückkehren
**ovino** [o'vi:no] *m* Schaf *nt*
**ovino, -a** *agg* Schaf-
**oviparo, -a** [o'vi:paro] *agg* Eier legend
**ovoide** [o'ɔ:ide] *agg* eiförmig
**ovolo** ['ɔ:volo] *m* Kaiserling *m*
**ovovia** [ovo'vi:a] *f* Kabinenbahn *f*
**ovulare** [ovu'la:re] *agg* oval, eiförmig **ovulazione** [ovulat'tsio:ne] *f* Eisprung *m*
**ovulo** ['ɔ:vulo] *m* ① (BOT) Samenanlage *f,* Ovulum *nt scient* ② (BIOL) Eizelle *f*
**ovunque** [o'vuŋkue] *avv* ① (*dovunque stato*) wo [auch] immer; (*moto*) wohin [auch] immer ② (*dappertutto*) überall
**ovvero** [ov've:ro] *cong* oder [auch]
**ovviare** [ovvi'a:re] *vi* begegnen, entgegenwirken
**ovvietà** [ovvie'ta] <-> *f* Offensichtlichkeit *f* **ovvio, -a** ['ɔvvio] <-i, -ie> *agg* ① (*naturale*) selbstverständlich ② (*evidente*) offensichtlich
**ozelot** [oddze'lɔt] *m* Ozelot *m*
**oziare** [ot'tsia:re] *vi* faulenzen **ozio** ['ɔttsio] <-i> *m* ① (*abituale inoperosità*) Müßiggang *m;* **stare in ~** müßig sein; **l' ~ è il padre dei vizi** (*prov*) Müßiggang ist aller Laster Anfang ② (*inattività temporanea*) Untätigkeit *f* ③ (*tempo libero*) Muße *f,* Mußestunde *f* ④ *pl* (*vita lussuosa*) luxuriöses Leben, Leben *nt* im Überfluss **oziosa** *f v.* **ozioso oziosità** [ottsiosi'ta] <-> *f* Müßigkeit *f* **ozioso, -a** [ot'tsio:so] I. *agg* ① (*fannullone*) faul ② (*inoperoso*) untätig ③ (*futile*) überflüssig, müßig II. *m, f* Müßiggänger(in) *m(f)*
**ozonizzare** [oddzonid'dza:re] *vt* ozonisieren
**ozono** [od'dzɔ:no] *m* (CHEM) Ozon *nt;* **buco nell'~** Ozonloch *nt* **ozonosfera** [oddzonos'fɛ:ra] *f* Ozonschicht *f,* -sphäre *f*

# P p

**P, p** [pi] <-> f P, p nt; **p come Palermo** P wie Paula

**p.** abbr di **pagina** S.

**PA** abbr di **Pubblica Amministrazione** öffentliche Verwaltung

**pacatezza** [paka'tettsa] f [Gemüts]ruhe f, Gelassenheit f **pacato, -a** [pa'ka:to] agg ruhig, gelassen

**pacca** ['pakka] <-cche> f (fam) Klaps m

**pacchetto** [pak'ketto] m ① (piccolo pacco) Päckchen nt, kleines Paket; **un ~ di sigarette** eine Schachtel Zigaretten ② (POL, FIN) Paket nt; **~ azionario** Aktienpaket; **un ~ di proposte** ein Paket von Vorschlägen; **~ salva-euro** Eurorettungsschirm m ③ (INFORM) Office-Paket nt

**pacchia** ['pakkia] <-cchie> f (fam: divertimento) Vergnügen nt, Spaß m

**pacchianeria** [pakkiane'ri:a] <-ie> f Geschmacklosigkeit f, Plumpheit f

**pacchiano, -a** [pak'kia:no] agg geschmacklos, plump

**pacco** ['pakko] <-cchi> m ① (involto) Paket nt; **~ bomba** Paketbombe f ② (fam: fregatura) Betrug m, Mogelpackung f; **mi ha fatto il ~** er hat mich versetzt

**paccottiglia** [pakkot'tiʎʎa] <-glie> f Ramsch m, Ausschussware f

**pace** ['pa:tʃe] f ① (assenza di guerra) Frieden m ② (accordo) Friede m, Eintracht f; **fare ~ con qu** sich mit jdm versöhnen ③ (serenità, REL) Seelenfriede m, innere Ruhe; (tranquillità fisica) Ruhe f; **godersi la propria ~** seine Ruhe genießen; **mettere** [o **mettersi**] **il cuore in ~** es gut sein lassen; **non trovar ~** keine Ruhe finden; **lasciare in ~** in Ruhe lassen; **starsene in** [santa] **~** in Ruhe sein

**pacemaker** ['peismeikə] <-> m (MED) Herzschrittmacher m

**pachiderma** [paki'dɛrma] <-i> m ① (ZOO) Dickhäuter m ② (fig) schwerfälliger Mensch

**Pachistan** [pakis'tan] m **il ~** Pakistan nt

**pachistano, -a** [pakis'ta:no] I. agg pakistanisch II. m, f Pakistaner(in) m(f), Pakistani m

**paciere, -a** [pa'tʃɛ:re] m, f Friedensstifter(in) m(f)

**pacifica** f v. **pacifico**

**pacificare** [patʃifi'ka:re] I. vt ① (nemici) versöhnen ② (animi) beruhigen, besänftigen II. vr **-rsi** sich versöhnen **pacificatore, -trice** [patʃifika'to:re] I. m, f Frieden[s]stifter(in) m(f) II. agg Versöhnungs-, versöhnlich **pacificatorio, -a** [patʃifika'tɔ:rio] <-i, -ie> agg Friedens-; **intervento ~** Friedensmission f; **intento ~** Friedensabsicht f **pacificazione** [patʃifikat'tsio:ne] f Versöhnung f, Befriedung f

**pacifico, -a** [pa'tʃi:fiko] <-ci, -che> agg ① (uomo, indole) friedliebend, friedlich ② (vita) friedlich, ruhig ③ (fig: chiaro) klar, selbstverständlich ④ (GEOG) **il** [o **l'Oceano**] **Pacifico** der Pazifische Ozean, der Pazifik

**pacifismo** [patʃi'fizmo] m Friedensbewegung f **pacifista** [patʃi'fista] <-i m, -e f> I. mf Pazifist(in) m(f) II. agg pazifistisch

**pacioccone, -a** [patʃok'ko:ne] m, f (fam) gutmütiger, friedliebender Mensch

**pacioso, -a** [pa'tʃo:so] agg friedlich, umgänglich

**pack** [pæk] <-> m Packeis nt

**package** ['pækdʒ] <- o **packages**> m ① (INFORM) Softwarepaket nt ② (POL) Paket nt

**packaging** ['pækidʒiŋ] <-> m (COM) Produktverpackung f

**padano, -a** [pa'da:no] agg Po-; **pianura -a** Poebene f

**padella** [pa'dɛlla] f ① (utensile) [Brat]pfanne f, Stielpfanne f; **~ antiaderente** beschichtete Pfanne; **cadere dalla ~ nella brace** (fig) vom Regen in die Traufe kommen ② (per malati) Bettpfanne f

**padiglione** [padiʎ'ʎo:ne] m ① (ARCH) Pavillon m; (di fiera) Halle f ② (auricolare) Hörmuschel f

**Padova** ['pa:dova] f Padua nt (Stadt in Venetien)

**Padovano** <sing> m Umgebung f von Padua

**padovano, -a** [pado'va:no] I. m, f (abitante) Paduaner(in) m(f) II. agg Paduas, aus [von] Padua

**padre** ['pa:dre] m ① (gener a. fig) Vater m; (poet: progenitore) [Stamm]vater m; **~ adottivo** Adoptivvater m; **~ putativo** Pflegevater m; **di ~ in figlio** von Generation zu Generation; **per parte di ~** väterlicherseits; **tale il ~ tale il figlio** (prov) der Apfel fällt nicht weit vom Stamm ② (REL) Dio [Gott]vater m; (papa) Papst m; (titolo) Pater m; **Dio, Padre Onnipotente** Gott, der allmächtige Vater ③ pl (antenati) Vorfahren mpl, Ahnen mpl **padreggiare**

[padred'dʒa:re] *vi* seinem Vater nachschlagen [*o* ähnlich sein]

**Padrenostro** [padre'nɔstro] <-> *m* Vaterunser *nt* **padrenostro** [padre'nɔstro] <-> *m* Vaterunser *nt,* Paternoster *nt* **padreterno** [padre'tɛrno] *m* (*fam*) ❶(REL) Gottvater *m* ❷(*fig*) hohes Tier *nt fam*

**padrinesco, -a** [padri'nesko] <-chi, -che> *agg* nach Mafiaart, tyrannisch

**padrino** [pa'dri:no] *m* ❶(REL: *di battesimo*) [Tauf]pate *m;* (*di cresima*) [Firm]pate *m* ❷(*nei duelli*) Sekundant *m*

**padrona** *f v.* **padrone**

**padronale** [padro'na:le] *agg* ❶(*del padrone*) herrschaftlich, Herren- ❷(*di proprietà*) eigen ❸(*imprenditoriale*) Unternehmer-, Arbeitgeber-

**padronanza** [padro'nantsa] *f* ❶(*fig: conoscenza sicura*) Beherrschung *f* ❷(*controllo*) Beherrschung *f,* Kontrolle *f*

**padronato** [padro'na:to] *m* Arbeitgeberschaft *f,* Unternehmertum *nt*

**padroncino, -a** [padron'tʃi:no] *m, f* junger Herr, junge Herrin

**padrone, -a** [pa'dro:ne] *m, f* ❶(*proprietario*) Eigentümer(in) *m(f),* Besitzer(in) *m(f);* ~ **di casa** Hausherr(in) *m(f);* (*per gli inquilini*) Hausbesitzer(in) *m(f)* ❷(*datore di lavoro*) Arbeitgeber(in) *m(f)* ❸(*dominatore*) Herrscher(in) *m(f),* Gebieter(in) *m(f);* **essere ~ di ...** +*inf* sich frei entscheiden können zu ... +*inf,* die Wahl haben zu ... +*inf* ❹(*conoscitore*) Kenner(in) *m(f)* **padroneggiare** [padroned'dʒa:re] I. *vt* beherrschen II. *vr* **-rsi** sich beherrschen

**paesaggio** [pae'zaddʒo] <-ggi> *m* ❶(GEOG) Landschaft *f;* ~ **alpino** Alpenlandschaft *f;* ~ **montano** Gebirgslandschaft *f* ❷(*panorama*) Panorama *nt,* Aussicht *f* ❸(*pittura*) Landschaftsbild *nt;* (FOTO) Landschaftsaufnahme *f* **paesaggista** [paezad'dʒista] <-i *m,* -e *f*> *mf* Landschaftsmaler(in) *m(f)* **paesaggistica** [paezad'dʒistika] *f* (KUNST) Landschaftsmalerei *f* **paesaggistico, -a** [paezad'dʒistiko] <-ci, -che> *agg* landschaftlich, Landschafts-

**paesano, -a** [pae'za:no] I. *agg* dörflich, Dorf-; (*rustico*) ländlich; **alla -a** nach Bauernart II. *m, f* (*abitante*) Dorfbewohner(in) *m(f)*

**paese** [pa'e:ze] *m* ❶(*nazione, stato*) Land *nt,* Staat *m;* ~ **emergente** Schwellenland *nt;* ~ **esportatore di petrolio** Erdölexportland *nt;* ~ **industrializzato** Industrieland *nt;* ~ **in via di sviluppo** Entwicklungsland *nt;* **il bel ~** (*fig: l'Italia*) Italien *nt;* **i Paesi Bassi** die Niederlande *pl;* **mandare qu a quel ~** (*fam fig*) jdn dahin schicken, wo der Pfeffer wächst; ~ **che vai, usanze che trovi** (*prov*) andere Länder, andere Sitten ❷(*patria*) Vaterland *nt,* Heimat *f* ❸(*villaggio*) Dorf *nt* ❹(*regione*) Gegend *f,* Landschaft *f*

**paffuto, -a** [paf'fu:to] *agg* pausbackig, pausbäckig

**pag.** *abbr di* **pagina** S.

**paga** ['pa:ga] <-ghe> *f* (*retribuzione*) Lohn *m;* (*a. iron*) Dank *m;* **giorno di ~** Zahltag *m;* **busta ~** Lohntüte *f* **pagabile** [pa'ga:bile] *agg* [be]zahlbar; ~ **a rate** zahlbar in Raten [*o* nach]; ~ **a vista** zahlbar bei [*o* nach] Sicht; ~ **alla consegna** zahlbar bei Erhalt; ~ **alla presentazione** zahlbar bei Vorlage; ~ **alla scadenza** zahlbar bei Fälligkeit; ~ **in anticipo** im Voraus zahlbar; ~ **in contanti** bar zahlbar

**pagaia** [pa'ga:ia] <-aie> *f* Paddel *nt*

**pagamento** [paga'mento] *m* [Be]zahlung *f;* ~ **anticipato** Vorauszahlung *f;* ~ **alla consegna** Zahlung *f* bei [Ab]lieferung; ~ **a mezzo assegno** Zahlung *f* per Scheck; ~ **a pronta cassa** Barzahlung *f;* ~ **a rate** Ratenzahlung *f;* ~ **contro assegno** Zahlung *f* gegen Nachnahme; ~ **supplementare** Zuzahlung *f;* **mancato ~** Nichtzahlung *f*

**pagana** *f v.* **pagano**

**paganesimo** [paga'ne:zimo] *m* Heidentum *nt*

**pagano, -a** [pa'ga:no] I. *agg* heidnisch II. *m, f* Heide *m/* Heidin *f*

**pagante** [pa'gante] I. *agg* zahlend II. *mf* Zahlende(r) *f(m);* **reparto -i** Station *f* für Privatpatienten

**pagare** [pa'ga:re] *vt* ❶(*gener*) [be]zahlen; (*stipendio*) auszahlen; (*versare*) [ein]zahlen; (*imposte, tasse*) [be]zahlen, entrichten; ~ **caro qc** (*a. fig*) etw teuer bezahlen; **a ~ e morire c'è sempre tempo** (*prov*) mit dem Bezahlen und dem Sterben hat es keine Eile ❷(*offrire*) spendieren, ausgeben *fam;* ~ **da bere a qu** jdm einen ausgeben ❸(*ricompensare*) belohnen, bezahlen; ~ **qu di** [*o* **con**] **qc** jdn mit etw belohnen ❹(JUR) ab-, verbüßen; **farla ~ cara a qu** (*fam*) jdn für etw büßen lassen, sich an jdm rächen **pagatore, -trice** [paga'to:re] I. *m, f* Zahler(in) *m(f),* Zahlende(r) *f(m)* II. *agg* Zahl-, zahlend; **ufficiale ~** Zahlmeister *m*

**pagella** [pa'dʒɛlla] *f* [Schul]zeugnis *nt*

**pagellino** [padʒel'liːno] *m* ❶ *(nella scuola)* Zwischenzeugnis *nt*, Halbjahreszeugnis ❷ *(di una partita)* Bewertung *f*, Benotung *f*

**paggio** ['paddʒo] <-ggi> *m* Page *m*

**pagherò** [page'rɔ] <-> *m* Eigen-, Solawechsel *m*

**paghetta** [pa'getta] *f* ❶ *dim di* **paga** *(retribuzione scarsa)* Hungerlohn *m* ❷ *(fam: mancetta)* Taschengeld *nt;* **ricevere la ~ settimanale** ein wöchentliches Taschengeld bekommen

**pagina** ['paːdʒina] *f* Seite *f;* **prima ~** *(fig)* Titelseite *f;* **quarta ~** *(fig)* Anzeigenteil *m;* **terza ~** *(fig)* Feuilletonteil *m;* **Pagine gialle** Gelbe Seiten *fpl;* **voltar ~** umblättern; *(fig)* ein neues Kapitel anfangen; *(parlare d'altre cose)* das Thema wechseln; **mettere in ~** (TYP) umbrechen; **~ web** (INFORM) Webseite *f* **paginatura** [padʒina'tuːra] *f* Paginierung *f;* *(impaginazione)* Umbruch *m*

**paglia** ['paʎʎa] <-glie> *f* ❶ *(materiale)* Stroh *nt;* **fuoco di ~** *(fig)* Strohfeuer *nt* ❷ *(oggetto)* Strohware *f;* *(cappello)* Strohhut *m*

**pagliaccetto** [paʎʎat'tʃetto] *m* ❶ *(per bambini)* Strampelhose *f* ❷ *(per donna)* Body[stocking] *m*

**pagliacciata** [paʎʎat'tʃaːta] *f* *(fam)* Narrenposse *f,* Hanswurstiade *f* **pagliaccio** [paʎ'ʎattʃo] <-cci> *m* ❶ *(di circo)* Clown *m,* Bajazzo *m* ❷ *(fig: buffone)* Hanswurst *m,* Narr *m*

**pagliaio** [paʎ'ʎaːio] <-ai> *m* Strohhaufen *m;* **cercare un ago in un ~** *(fig)* eine Stecknadel im Heuhaufen suchen

**paglericcio** [paʎʎe'rittʃo] <-cci> *m* Strohsack *m*

**paglierino, -a** [paʎʎe'riːno] *agg* strohgelb

**paglietta** [paʎ'ʎetta] *f* ❶ *(cappello)* Strohhut *m* ❷ *(d'acciaio)* Stahlwolle *f*

**pagliuzza** [paʎ'ʎuttsa] *f* ❶ *(fuscellino di paglia)* Strohhalm *m* ❷ *(d'oro, d'argento)* Flitter *m,* Paillette *f*

**pagnotta** [paɲ'ɲɔtta] *f* Rundbrot *nt,* Brotlaib *m*

**pago, -a** ['paːgo] <-ghi, -ghe> *agg* zufrieden, befriedigt

**pagoda** [pa'gɔːda] *f* Pagode *f*

**paguro** [pa'guːro] *m* [Einsiedler]krebs *m*

**paia** *pl di* **paio**²

**paillard** [pa'jaːr] <-> *f* gegrilltes Kalbsschnitzel

**paillette** [pa'jɛt] <-> *f* Flitter *m,* Paillette *f*

**paio**¹ ['paːio] *1. pers sing pr di* **parere**¹

**paio**² <*pl:* paia *f*> *m* *(coppia)* Paar *nt;* **un ~ di** ein paar, einige; **un ~ di calzoni** eine Hose, ein Paar Hosen; **un ~ di forbici** eine Schere; **un ~ di occhiali** eine Brille

**paiolo** [pa'jɔːlo] *m* [Koch]kessel *m*

**Pakistan** [pakis'tan] *m v.* **Pachistan**

**pakistano, -a** [pakis'taːno] I. *agg v.* **pachistano** II. *m, f v.* **pachistano**

**pala** ['paːla] *f* ❶ *(attrezzo)* Schaufel *f,* Schippe *f* ❷ *(d'altare)* Altartafel *f,* Altarbild *nt*

**paladino** [pala'diːno] *m* *(cavaliere)* Paladin *m*

**paladino, -a** *m, f* *(difensore)* Verteidiger(in) *m(f);* *(di dottrina)* Verfechter(in) *m(f)*

**palafitta** [pala'fitta] *f* (HIST) Pfahlbau *m*

**palafitticolo, -a** [palafit'tiːkolo] I. *m, f* Pfahlbaubewohner(in) *m(f)* II. *agg* Pfahlbau-

**palafreniere** [palafre'niɛːre] *m* Reitknecht *m*

**palaghiaccio** [pala'giattʃo] <-> *m* (SPORT) Eissporthalle *f*

**palanca** [pa'laŋka] <-che> *f* ❶ *(trave)* Balken *m,* Planke *f* ❷ *pl (fam: soldi)* Moneten *fpl*

**palandrana** [palan'draːna] *f* *(fam pej)* Kittel *m,* [weites] Hemd *nt*

**palasport** [pala'spɔrt] <-> *m* (SPORT) Sportpalast *m*

**palata** [pa'laːta] *f* ❶ *(quantità)* Schaufel[voll] *f;* **guadagnar soldi a -e** *(fam fig)* Geld scheffeln ❷ *(colpo di pala)* Hieb *m* mit der Schaufel

**palatale** [pala'taːle] I. *agg* ❶ (ANAT) Gaumen- ❷ (LING) palatal II. *f* (LING) Palatal[laut] *m,* Gaumenlaut *m* **palatalizzazione** [palataliddzat'tsioːne] *f* Palatalisierung *f*

**palatenda** [pala'tɛnda] <-> *m* [großes] Festzelt

**Palatinato** [palati'naːto] *m* Pfalz *f;* **Renania-~** Rheinland-Pfalz *nt*

**palatino, -a** [pala'tiːno] *agg* ❶ *(del palazzo reale)* Palast-, Hof- ❷ *(del Quirinale)* Quirinal- ❸ *(del Palatino)* des Palatins

**palato** [pa'laːto] *m* ❶ (ANAT) Gaumen *m* ❷ *(fig: gusto)* Gaumen *m,* Geschmack *m;* **avere il ~ delicato** einen feinen Gaumen haben

**palazzina** [palat'tsiːna] *f* Mehrfamilienhaus *nt*

**palazzinaro** [palattsi'naːro] *m* *(pej)* Baulöwe *m*

**palazzo** [pa'lattso] *m* ❶ (ARCH) Palast *m;* **~ reale** Königspalast *m;* *(del periodo* *barocco*) Schloss *nt* ② (*condominio*) Wohnhaus *nt* ③ (POL) Regierungsgebäude *nt*; **il ~ di giustizia** der Justizpalast; **Palazzo** politisches Machtzentrum **Palazzo Madama** [pa'lattso ma'da:ma] *m* ① (POL: *sede del Senato*) Sitz *m* des italienischen Senats ② (POL: *il Senato stesso*) italienischer Senat; **la riunione a ~** die Sitzung im italienischen Senat

**palazzotto** [palat'tsotto] *m* kleiner Palast

**palchettista** [palket'tista] <-i *m*, -e *f*> *mf* Logeninhaber(in) *m(f)*, -abonnent(in) *m(f)*

**palchetto** [pal'ketto] *m* ① (*ripiano*) Regalbrett *nt* ② (THEAT) Loge *f*

**palchista** [pal'kista] <-i *m*, -e *f*> *mf* ① (THEAT) Inhaber(in) *m(f)* eines Logenplatzes ② (*fig fam: persona che racconta frottole*) Schauspieler(in) *m(f)*

**palco** ['palko] <-chi> *m* ① (THEAT) Loge *f* ② (*piano sopraelevato*) Tribüne *f*, Bühne *f*

**palcoscenico** [palkoʃ'ʃɛ:niko] <-ci> *m* ① (THEAT) Bühne *f* ② (*fig: arte*) Bühnenkunst *f*, Bühne *f*

**paleocene** [paleo'tʃɛ:ne] *m* Paleozän *nt*

**paleocristiano, -a** [paleokris'tia:no] *agg* frühchristlich, urchristlich

**paleolitico** [paleo'li:tiko] *m* Paläolithikum *nt*, Altsteinzeit *f*

**paleomarxismo** [paleomark'sizmo] *m* Altmarxismus *m*, überholter Marxismus

**paleontologa** *f v.* **paleontologo**

**paleontologia** [paleontolo'dʒi:a] <-gie> *f* Paläontologie *f* **paleontologico, -a** [paleonto'lɔ:dʒiko] <-ci, -che> *agg* paläontologisch **paleontologo, -a** [paleon'tɔ:logo] <-gi, -ghe> *m, f* Paläontologe *m*/Paläontologin *f*

**Palermitano** <*sing*> *m* Umgebung *f* von Palermo

**palermitano, -a I.** *m, f* (*abitante*) Palermitaner(in) *m(f)* **II.** *agg* palermitanisch, aus Palermo

**Palermo** *f* Palermo *nt* (*Hauptstadt Siziliens*)

**palesare** [pale'za:re] **I.** *vt* kundtun, kundgeben **II.** *vr* **-rsi** sich offenbaren **palese** [pa'le:ze] *agg* offenkundig, deutlich

**palestra** [pa'lɛstra] *f* ① (SPORT: *locale*) Turnhalle *f*; (*esercizio*) Turnübung *f*, Gymnastik *f* ② (*fig*) Schule *f*, Schulung *f*

**palestrato** [pale'stra:to] *agg* durchtrainiert

**paletot** [pal'to] <-> *m* [Winter]mantel *m*

**paletta** [pa'letta] *f* ① (*piccola pala*) kleine Schaufel; (*per brace, carbone*) Kohlenschaufel *f* ② (*di carabinieri, vigili*) Kelle *f*; (*del capostazione*) Signalstab *m* ③ (*per dolci*) Tortenheber *m*, Kuchenschaufel *f*

**paletto** [pa'letto] *m* ① (*chiavistello*) Riegel *m* ② (*da infiggere nel terreno*) Pflock *m*; (*da tenda*) Hering *m*; **~ dissuasore** Pfosten *m* (*um das Parken auf dem Bürgersteig zu verhindern*)

**palinare** [pali'na:re] *vt* abstecken

**palingenesi** [palin'dʒɛ:nezi] *f* ① (REL) Wiedergeburt *f* ② (*rinnovamento*) Erneuerung *f*

**palio** ['pa:lio] <-i> *m* ① (*drappo*) kostbar besticktes Tuch (*als Siegesprämie bei Pferderennen, die in einigen italienischen Städten veranstaltet werden*) ② (*gara*) Pferderennen *nt*; **correre il ~** am Pferderennen teilnehmen; **il Palio di Siena** der Palio in Siena ③ (*fig*) **essere/mettere in ~** als Preis ausgesetzt sein/aussetzen

**palissandro** [palis'sandro] *m* Palisander *m*, Palisanderholz *nt*

**palizzata** [palit'tsa:ta] *f* Palisadenwand *f*, Palisaden *fpl*

**palla** ['palla] *f* ① (*gener, SPORT*) Ball *m*; (*sfera*) Kugel *f*; **pesce ~** Kugelfisch *m*; **~ di neve** Schneeball *m*; **~ di vetro** Glaskugel *f*; **~ da tennis** (SPORT) Tennisball *m*; **~ a volo** (SPORT) Volleyball *m*; **giocare a ~** Ball spielen; **prendere** [*o* **cogliere**] **la ~ al balzo** (*fig*) die Gelegenheit beim Schopf ergreifen; **essere una ~ al piede di qu** jdm ein Klotz am Bein sein ② (*proiettile*) Kugel *f* ③ *pl* (*vulg: testicoli*) Eier *ntpl*; **che -e!** wie langweilig!; **averne le -e piene di qc** die Schnauze voll haben; **far girare le -e** auf die Palme bringen; **non mi rompere le -e!** (*vulg*) du gehst mir auf die Eier!

**pallabase** [palla'ba:ze] *f* Baseball *m*

**pallacanestro** [pallaka'nɛstro] *f* Basketball *m*

**palladio** [pal'la:dio] *m* Palladium *nt*

**pallamano** [palla'ma:no] *f* Handball *m*

**pallanotistico, -a** [pallano'tistiko] <-ci, -che> *agg* Wasserball-

**pallanuoto** [palla'nuɔ:to] *f* Wasserball *m*

**pallavolo** [palla'vo:lo] *f* Volleyball *m*

**palle** ['palle] *fpl v.* **palla**

**palleggiamento** [palleddʒa'mento] *m* (*a. fig*) Hin- und Herspielen *nt*, -passen *nt*

**palleggiare** [palled'dʒa:re] *vi* sich im Ballfangen und -werfen üben; (*nella pallavolo*) den Ball in der Luft halten **palleggio** [pal'leddʒo] <-ggi> *m* Jonglieren *nt*, Zuwerfen *nt* des Balles

**palliativo** [pallia'ti:vo] *m* ① (*fig: rimedio inefficace*) Trostpflaster *nt*, Notbehelf *m* ② (MED) Linderungsmittel *nt*

**pallido, -a** ['pallido] *agg* ① (*viso*) blass; (*colore*) blass, matt ② (*fig: debole*) schwach; (*idea*) blass; **non avere la più -a idea** keinen blassen Schimmel haben

**pallina** [pal'li:na] *f* Murmel *f*, Klicker *m*; **~ da ping pong** Tischtennisball *m*

**pallino** [pal'li:no] *m* ① (*del biliardo*) [weißer] Punktball *m*; (*delle bocce*) Malkugel *f*, Zielkugel *f* ② *pl* (*da caccia*) Schrot *m* o *nt* ③ (*fam fig: fissazione*) fixe Idee, Manie *f*; **avere il ~ della pulizia** (*fam*) einen Putzfimmel haben, ein Putzteufel sein

**pallonata** [pallo'na:ta] *f* Schuss *m* mit dem Ball

**palloncino** [pallon't∫i:no] *m* ① (*giocattolo*) [Luft]ballon *m* ② (*fam: alcoltest*) **fare la prova del ~** ins Röhrchen blasen

**pallone** [pal'lo:ne] *m* ① (*grossa palla*) großer Ball; (SPORT) Fußball *m*, Lederball *m*; **avere** [o *sentirsi*] **la testa come un ~** (*fam*) einen dicken Kopf haben; **essere un ~ gonfiato** (*fam*) ein aufgeblasener Mensch sein, eingebildet sein ② (*aerostato*) Ballon *m*

**pallonetto** [pallo'netto] *m* (*calcio*) Heber *m*; (*tennis*) Lob *m*

**pallore** [pal'lo:re] *m* Blässe *f*

**pallottola** [pal'lɔttola] *f* ① (*proiettile*) Kugel *f*, Geschoss *nt* ② (*di carta, di legno, vetro*) kleine Kugel, Kügelchen *nt*

**pallottoliere** [pallotto'liɛ:re] *m* Rechenbrett *nt*

**palma** ['palma] *f* ① (BOT) Palme *f*; (*ramo*) Palm[en]zweig *m*; **~ da cocco** Kokospalme *f*; **domenica delle Palme** Palmsonntag *m* ② (*della mano*) Handteller *m*, Handfläche *f*

**palmare** [pal'ma:re] *m* (*computer*) Palmtop *m*

**palmato, -a** [pal'ma:to] *agg* ① (ZOO) Schwimm- ② (BOT) gefingert, handförmig

**palmento** [pal'mento] *m* Mühlstein *m*, Mühle *f*; **mangiare a quattro -i** wie ein Scheunendrescher essen *fam*

**palmeto** [pal'me:to] *m* Palmenhain *m*, Palmenpflanzung *f*

**palmipede** [pal'mi:pede] I. *m* Schwimmvogel *m* II. *agg* **uccello ~** Schwimmvogel *m*

**palmo** ['palmo] *m* ① (*della mano*) Handteller *m*, Handfläche *f*; **portare qu in ~ di mano** (*fig*) jdn auf Händen tragen; **restare con un ~ di naso** ein langes Gesicht machen ② (*unità di misura*) Spanne *f*

**palm top** ['pa:mtɔp] <-> *m* (*Taschencomputer*) Palmtop® *m*

**palo** ['pa:lo] *m* ① (*gener*) Pfahl *m*; (*del telegrafo*) Mast *m*; **fare il** [o **da**] **~** (*sl*) Schmiere stehen; **star dritto come un ~** wie ein Stock dastehen; **saltare di ~ in frasca** (*fig*) vom Hundertsten ins Tausendste kommen ② (SPORT: *calcio*) [Tor]pfosten *m*

**palombaro** [palom'ba:ro] *m* Froschmann *m*

**palombo** [pa'lombo] *m* Glatthai *m*

**palpabile** [pal'pa:bile] *agg* ① (*che si può palpare*) greifbar, fühlbar ② (*fig: evidente*) offensichtlich; (*prova*) handfest

**palpare** [pal'pa:re] *vt* betasten, befühlen; (MED) abtasten **palpazione** [palpat'tsjo:ne] *f* Untersuchung *f* [durch Abtasten], Palpation *f*

**palpebra** ['palpebra] *f* [Augen]lid *nt*

**palpitante** [palpi'tante] *agg* (*a. fig*) pulsierend, zuckend; **una notizia di ~ attualità** eine Nachricht von brennender Aktualität

**palpitare** [palpi'ta:re] *vi* (*sussultare*) zucken; (*cuore*) schlagen, klopfen **palpitazione** [palpitat'tsjo:ne] *f* ① (MED) Herzklopfen *nt*; **avere le -i** (*fam*) Herzklopfen haben ② (*fig: ansia*) Angst *f*, Erregung *f*

**palpito** ['palpito] *m* ① (*del cuore*) Herzschlag *m* ② (*fig*) Herzklopfen *nt*; **~ d'amore** Liebesgefühle *ntpl*

**paltò** [pal'tɔ] <-> *m* [Winter]mantel *m*

**paludamento** [paluda'mento] *m* (*pej, iron*) geschmacklose, auffällige Kleidung *f*

**paludarsi** [palu'darsi] *vr* ① (*pej: conciarsi*) sich zurechtmachen, sich herausputzen ② (*avvolgersi*) sich einhüllen

**palude** [pa'lu:de] *f* Sumpf *m*, Moor *nt*

**paludoso, -a** [palu'do:so] *agg* sumpfig, moorig

**palustre** [pa'lustre] *agg* Sumpf-, Moor-

**pampa** ['pampa] <pampas> *f* Pampa *f*

**pamphlet** [pã'flɛ] <-> *m* Pamphlet *nt*, Streit-, Schmähschrift *f*

**pampino** ['pampino] *m* Blatt *nt* der Weinrebe

**panacea** [pana't∫ɛ:a] <-ee> *f* Allheil-, Wundermittel *nt*

**panama** ['pa:nama] <-> *m* ① (*cappello*) Panama[hut] *m* ② (*fibra*) Panama *m*, Gewebe *nt* in Panamabindung

**panare** [pa'na:re] *vt* panieren

**panario, -a** [pa'na:rio] <-i, -ie> *agg* Brot-

**panca** ['paŋka] <-che> *f* [Sitz]bank *f*

**pancarré** [paŋkar're] <-> *m* Kastenbrot *nt*, Toastbrot *nt*

**pancetta** [pan't∫etta] *f* ① (GASTR) durchwachsener Speck, Bauchspeck *m* ② (*fam: addome*) Bäuchlein *nt*; **mettere su la ~** ein Bäuchlein ansetzen

**panchetto** [paŋ'ketto] *m* Schemel *m*, Hocker *m*; (*per piedi*) Fußbank *f*
**panchina** [paŋ'ki:na] *f* [Garten]bank *f*; **rimanere in** [*o* **far**] ~ (SPORT) auf der Reservebank sitzen
**pancia** ['pantʃa] <-ce> *f* ❶ (*fam: ventre*) Bauch *m*; **avere** [**il**] **mal di** ~ Bauchweh haben; **metter su** ~ (*fam*) einen Bauch ansetzen; **starsene a ~ all'aria** (*fam*) auf der faulen Haut liegen ❷ (*fig: di fiasco*) [Flaschen]bauch *m*, Ausbauchung *f* **panciata** [pan'tʃa:ta] *f* Schlag *m* in den Bauch; (*con la pancia*) Stoß *m* mit dem Bauch **panciera** [pan'tʃɛ:ra] *f* Bauch-, Leibbinde *f* **panciolle** [pan'tʃɔlle] (*tosc: fam*) **starsene in** ~ auf der faulen Haut liegen **pancione** [pan'tʃo:ne] *m* (*fam*) ❶ (*grossa pancia*) dicker Bauch, Schmerbauch *m* ❷ (*persona*) Dickbauch *m* **panciotto** [pan'tʃɔtto] *m* Weste *f* **panciuto, -a** [pan'tʃu:to] *agg* (*persona*) dickbäuchig; (*vaso*) [dick]bauchig
**pancotto** [paŋ'kɔtto] *m* Brotsuppe *f*
**pancreas** ['paŋkreas] <-> *m* Bauchspeicheldrüse *f*
**pancristiano, -a** [paŋkris'tia:no] *agg* gesamtchristlich, ökumenisch
**panda** ['panda] <-> *m* Panda *m*, Katzenbär *m*
**pandemia** [pande'mi:a] *f* Pandemie *f*
**pandemonio** [pande'mɔ:nio] <-i> *m* Höllenspektakel *nt*, -lärm *m*
**pandolce** [pan'doltʃe] *m* Hefegebäck aus Genua
**pandoro** [pan'dɔ:ro] *m* Hefegebäck aus Verona, das zu Weihnachten gegessen wird
**pane** ['pa:ne] *m* Brot *nt*; ~ **bianco** Weißbrot *nt*; ~ **integrale** Vollkornbrot *nt*; ~ **nero** Schwarzbrot *nt*; **Pan di Spagna** *eine Art Sandkuchen*; **tenere qu a ~ ed acqua** jdn bei Brot und Wasser halten; **dire ~ al ~ e vino al vino** (*fig*) die Dinge beim Namen nennen; **trovare ~ per i propri denti** (*fig*) eine harte Nuss zu knacken haben; **rendere pan per focaccia** (*fam*) Gleiches mit Gleichem vergelten; **levarsi il ~ di bocca per qu** (*fam*) sich für jdn jeden Bissen vom Munde absparen; **buono come il ~** herzensgut
**panegirico** [pane'dʒi:riko] <-ci> *m* ❶ (LIT) Panegyrikus *m* ❷ (*fig*) Verherrlichung *f*, Lobpreisung *f* **panegirista** [panedʒi'rista] <-i *m*, -e *f*> *mf* Panegyriker(in) *m(f)*
**panetteria** [panette'ri:a] <-ie> *f* Bäckerei *f*, Bäckerladen *m* **panettiere, -a** [panet'tiɛ:re] *m*, *f* Bäcker(in) *m(f)*

**panettone** [panet'to:ne] *m* Hefenapfkuchen aus Mailand, der zur Weihnachtszeit gegessen wird
**panfilo** ['panfilo] *m* Jacht *f*
**panforte** [pan'fɔrte] *m* Früchtebrot aus Siena
**pangasio** [paŋ'ga:zio] <-i> *m* Pangasius *m*
**pangolino** [paŋgo'li:no] *m* Schuppentier *nt*
**pangrattato, pan grattato** [paŋgrat'ta:to] *m* Semmelbrösel *mpl*, Paniermehl *nt*
**panico** ['pa:niko] *m* Panik *f*; **essere preso dal ~** in Panik geraten
**panico, -a** <-ci, -che> *agg* panisch
**paniera** [pa'niɛ:ra] *f* (*per pane*) [Brot]korb *m*; (*per biancheria*) [Wäsche]korb *m*
**paniere** [pa'niɛ:re] *m* Korb *m*; **un ~ di frutta** ein Korb voll Obst; **~ ISTAT** (COM) statistischer Warenkorb; **il ~ valutario** (FIN) der Währungskorb
**panificare** [panifi'ka:re] *vi* Brot backen **panificatore, -trice** [panifika'to:re] *m*, *f* [Brot]bäcker(in) *m(f)* **panificazione** [panifikat'tsio:ne] *f* Brotbacken *nt*, -herstellung *f* **panificio** [pani'fi:tʃo] <-ci> *m* Bäckerei *f*, Brotfabrik *f*
**panino** [pa'ni:no] *m* Brötchen *nt*
**panna** ['panna] *f* ❶ (GASTR) Sahne *f*, Rahm *m*, Obers *nt A*; **~ montata** Schlagsahne *f*, Schlag *m A* ❷ (MOT: *guasto*) [Auto]panne *f*
**panne** [pan] <-> *f* (MOT) [Auto]panne *f*; **essere** [*o* **rimanere**] **in ~** eine Autopanne haben
**panneggiamento** [panneddʒa'mento] *m* Drapierung *f* **panneggiare** [panne'dʒa:re] *vt* drapieren
**panneggio** [pan'neddʒo] <-ggi> *m* Draperie *f*, Faltenwurf *m*
**pannello** [pan'nello] *m* ❶ (EL) Schaltbrett *nt*, -tafel *f*; (INFORM) Bedienungsfeld *nt*; **~ isolante** Isolierplatte *f*; **~ solare** Solarzelle *f* ❷ (*arte*) Paneel *nt*
**pannilani** *pl di* **pannilano**
**panno** ['panno] *m* ❶ (*tessuto*) Stoff *m*, Tuch *nt* ❷ *pl* (*biancheria*) Wäsche *f*; (*vestiti*) Kleider *ntpl*; **mettersi nei -i di qu** sich in jdn hineinversetzen; **non stare più nei propri -i** (*fam*) es nicht mehr aushalten können
**pannocchia** [pan'nɔkkia] <-cchie> *f* ❶ (BOT) Rispe *f* ❷ (GASTR) Maiskolben *m*
**pannolino** [panno'li:no] *m* ❶ (*per neonato*) Windel *f* ❷ (*assorbente*) [Damen]binde *f*

**panorama** [pano'ra:ma] <-i> *m* ① (*veduta*) Panorama *nt*, Rundblick *m* ② (*fig: rassegna*) Überblick *m*, Übersicht *f* **panoramica** [pano'ra:mika] <-che> *f* ① (*veduta*) Überblick *m*, Übersicht *f* ② (FOTO) Panoramaaufnahme *f*; (FILM) Panoramaschwenk *m* ③ (*strada*) Panoramastraße *f*
**panoramico, -a** [pano'ra:miko] <-ci, -che> *agg* ① (*veduta*) mit schöner Aussicht-; (*strada, percorso*) mit schöner Aussicht, Panorama- ② (*visione, rassegna*) Übersichts-, umfassend ③ (FOTO) Panorama-; (FILM) Breitwand- ④ (OPT) Richt-, Panorama-
**panpepato** [pampe'pa:to] *m* Pfeffer-, Lebkuchen *m*
**pansé** [pan'se] <-> *f* Ackerstiefmütterchen *nt*
**pantacollant** [pantakol'lan] *mpl* Leggings *pl*
**pantaloncini** [pantalon'tʃi:ni] *mpl* kurze [Sommer]hosen *fpl*, Shorts *pl*
**pantalone** [panta'lo:ne] <inv> *agg* (*gonna*) Hosen-
**pantaloni** [panta'lo:ni] *mpl* Hose *f*, Hosen *fpl*; **un paio di ~** eine Hose; **~ a cerniera** Zipp-off-Hose *f*; **~ alla pescatora** Caprihose *f*
**pantano** [pan'ta:no] *m* (*a. fig*) Sumpf *m*
**pantanoso, -a** [panta'no:so] *agg* sumpfig, schlammig
**panteismo** [pante'izmo] *m* Pantheismus *m* **panteistico, -a** [pante'istiko] <-ci, -che> *agg* pantheistisch
**pantera** [pan'tɛ:ra] *f* ① (ZOO) Panther *m* ② (*sl: della polizia*) schneller Funkstreifenwagen
**pantofola** [pan'tɔ:fola] *f* Pantoffel *m*, Hausschuh *m*, Patschen *m* A **pantofolaio, -a** [pantofo'la:io] <-ai, -aie> *m, f* Hausschuhfabrikant(in) *m(f)*
**pantografo** [pan'tɔ:grafo] *m* ① (*per disegni*) Storchschnabel *m*, Pantograph *m* ② (EL) Stromabnehmer *m*
**pantomima** [panto'mi:ma] *f* Pantomime *f* **pantomimico, -a** [panto'mi:miko] <-ci, -che> *agg* pantomimisch **pantomimo** [panto'mi:mo] *m* Pantomime *m*
**panzana** [pan'tsa:na] *f* (*fam*) Flunkerei *f*, Ammenmärchen *nt*
**panzanella** [pantsa'nɛlla] *f* *Brotscheiben mit Tomaten, Kräutern, Essig und Öl*
**panzarotto, panzerotto** [pantsa'rɔtto, pantse'rɔtto] *m* *mit Käse, Schinken und Ähnlichem gefüllte Teigtasche*
**paonazzo, -a** [pao'nattso] *agg* [dunkel]violett

**papa** ['pa:pa] <-i> *m* Papst *m*; **ad ogni morte di ~** (*fig*) alle Jubeljahre [einmal]; **morto un ~ se ne fa un altro** (*prov*) niemand ist unersetzlich
**papà** [pa'pa] <-> *m* (*fam*) Papa *m*, Vati *m*; **figlio di ~** (*pej*) verwöhnter Sohn reicher Eltern
**papabile** [pa'pa:bile] I. *agg* ① (REL) zum Papst wählbar ② (*favorito*) bevorzugt, in der engeren Wahl II. *m* Papstkandidat *m*
**papaia** [pa'pa:ia] <-aie> *f* Papaya *f*
**papale** [pa'pa:le] *agg* päpstlich, Papst-
**papalina** [papa'li:na] *f* Käppchen *nt*
**papalino** [papa'li:no] *m* ① (*soldato*) päpstlicher Soldat *m* ② (*militante*) Papstanhänger *m* ③ (*clericale*) Klerikale(r) *m*
**paparazzo** [papa'rattso] *m* Skandalreporter *m*, Paparazzo *m*
**papato** [pa'pa:to] *m* ① (*istituto storico*) Papsttum *nt*, Papat *m o nt* ② (*dignità papale*) Papstwürde *f* ③ (*durata della carica*) Amtszeit *f* eines Papstes
**papavero** [pa'pa:vero] *m* (BOT) [Klatsch]mohn *m*
**papera** ['pa:pera] *f* ① (ZOO) [junge] Gans *f* ② (*fig: errore*) Versprecher *m*; **prendere una ~** sich versprechen ③ (*fam pej: donna stupida*) dumme Gans **papero** ['pa:pro] *m* [junger] Gänserich *m*
**papessa** [pa'pessa] *f* Päpstin *f*
**papilla** [pa'pilla] *f* (ANAT) Papille *f*, Warze *f*; **-e gustative** Geschmackspapillen *fpl*
**papillare** [papil'la:re] *agg* papillar, warzenförmig
**papillon** [papi'jɔ̃] <-> *m* Fliege *f*
**papiraceo, -a** [papi'ra:tʃeo] <-cei, -cee> *agg* Papyrus-, papyrusartig
**papiro** [pa'pi:ro] *m* ① (BOT: *testo*) Papyrus *m* ② (*scherz: lunga lettera*) Epistel *f*
**papismo** [pa'pizmo] *m* Papismus *m*
**papista** [pa'pista] <-i *m*, -e *f*> *mf* Papist(in) *m(f)*
**papocchio** [pa'pɔkkio] <-cchi> *m* (*fam*) Betrügerei *f*, Gemauschel *nt*
**pappa** ['pappa] *f* ① (*minestrina*) Brot-, Grießsuppe *f*; **~ reale** Gelee *nt* royale; **trovare la ~ pronta** (*fam fig*) sich ins gemachte Nest setzen ② (*pej*) Pampe *f fam*, Brei *m*; **~ molle** (*fam fig*) Schlappschwanz *m* ③ (*per bambini*) Brei *m*
**pappafico** [pappa'fi:ko] <-chi> *m* Vorbramsegel *nt*; **mollare i -chi** die Segel streichen; (*fig*) resignieren
**pappagallo** [pappa'gallo] *m* ① (ZOO) Papagei *m* ② (*fig: uomo*) Papagallo *m* ③ (MED) Uringlas *nt*, Urinal *nt* ④ (TEC) Wasserpumpenzange *f*

**pappagorgia** [pappa'gɔrdʒa] <-ge> *f* Doppelkinn *nt*

**pappardella** [pappar'dɛlla] <-> *f* ❶ *pl* (GASTR) *breite, gewellte Bandnudeln* ❷ *(fig: scritto)* langer Wisch *fam;* *(discorso)* langatmige Rede

**pappare** [pap'pa:re] I. *vt* *(fam)* ❶ *(mangiare)* hinunterschlingen ❷ *(fig: trarre profitti)* einsacken *fam* II. *vr* **-rsi** *(divorarsi)* verschlingen **pappata** [pap'pa:ta] *f (fam)* Mampfen *nt,* Schlingen *nt* **pappatoria** [pappa'tɔ:ria] <-ie> *f* *(fam)* ❶ *(il mangiare)* Schlingerei *f,* Fresserei *f vulg* ❷ *(fig: profitto)* Mauserei *f,* Einsacken *nt*

**pappina** [pap'pi:na] *f (fam: per bambini)* Breichen *nt*

**pappone, -a** [pap'po:ne] *m, f (fam)* Vielfraß *m,* Fresssack *m*

**paprica** ['pa:prika] <-che> *f* Paprikagewürz *nt*

**pap-test** [pap'test] *m* Abstrich *m*

**par.** *abbr di* **paragrafo** Par.

**para** ['pa:ra] *f* Paragummi *m o nt*

**parabancario** [parabaŋ'ka:rio] *m* Banknebengeschäft *nt*

**parabancario, -a** *agg* als Banknebengeschäft; **leasing** ~ Leasing als Banknebengeschäft

**parabile** [pa'ra:bile] *agg* (SPORT) haltbar

**parabola** [pa'ra:bola] *f* ❶ (LIT) Parabel *f;* (REL) Gleichnis *nt* ❷ (MAT) Parabel *f* ❸ *(fig: declino)* allmählicher Niedergang, Abstieg *m*

**parabolico, -a** [para'bɔ:liko] <-ci, -che> *agg* ❶ (MAT) Parabel- ❷ (TEL) Parabol-, Satelliten-; **antenna -a** Satellitenschüssel *f,* Parabolantenne *f*

**parabordo** [para'bordo] *m* Fender *m*

**parabrace** [para'bra:tʃe] <-> *m* Glutfang *m*

**parabrezza** [para'breddza] <-> *m* Windschutzscheibe *f*

**paracadutare** [parakadu'ta:re] *vt* mit dem Fallschirm abwerfen **paracadute** [paraka'du:te] <-> *m* Fallschirm *m* **paracadutismo** [parakadu'tizmo] *m* Fallschirmspringen *nt,* Fallschirmsport *m* **paracadutista** [parakadu'tista] <-i *m,* -e *f*> I. *mf* ❶ Fallschirmspringer(in) *m(f)* ❷ (MIL) Fallschirmjäger *m* II. *agg* Fallschirm-

**paracalli** [para'kalli] <-> *m* (MED) Hühneraugenring *m*

**paracamino** [paraka'mi:no] *m* (TEC) Ofenschirm *m*

**paracarro** [para'karro] *m* Leitplanke *f*
**paracenere** [para'tʃe:nere] <-> *m* Aschfang *m* **paracera** [para'tʃe:ra] <-> *m* Kerzenhalter *m* **paracielo** [para'tʃɛ:lo] <-> *m* (TEC) Schutzabdeckung *f*

**paracolpi** [para'kolpi] <-> *m* *(per porte e finestre)* Stoßfänger *m,* Puffer *m;* *(paraurti)* Stoßstange *f* **paracomunista** [parakomu'nista] <-i *m,* -e *f*> I. *mf* (POL) Parakommunist(in) *m(f)* II. *agg* parakommunistisch; **persona** ~ Parakommunist(in) *m(f)* **paracoppa** [para'kɔppa] *f* (MOT) [Öl]wannenschutzverkleidung *f*

**paraculo** [para'ku:lo] *m* *(vulg)* Analverkehr erhaltende(r) Schwule(r)

**paradenti** [para'dɛnti] <-> *m* (SPORT) Zahnschutz *m*

**paradentoma** [paraden'to:ma] <-i> *m* (MED) Zahnfleischgeschwulst *f*

**paradentosi** [paraden'tɔ:zi] <-> *f* (MED) Parodontose *f*

**paradigma** [para'digma] <-i> *m* Paradigma *nt* **paradigmatico, -a** [paradig'ma:tiko] <-ci, -che> *agg* paradigmatisch

**paradisiaco, -a** [paradi'zi:ako] <-ci, -che> *agg* ❶ *(del Paradiso)* paradiesisch, Paradies- ❷ *(fig)* himmlisch **paradiso** [para'di:zo] *m* *(a. fig)* Paradies *nt;* ~ **terrestre** [Garten] Eden *m; sentirsi in* ~ sich wie im [siebten] Himmel fühlen

**paradontale** [paradon'ta:le] *agg* paradontal, Zahnbett-, Zahnfleisch-; **infezione** ~ Zahnbettentzündung *f* **paradontologia** [paradontolo'dʒi:a] *f* (MED) Paradontologie *f* **paradontopatia** [paradontopa'ti:a] *f* (MED) Zahnbetterkrankung *f,* Paradontose *f*

**paradossale** [parados'sa:le] *agg* paradox **paradossalità** [paradosali'ta] <-> *f* Paradoxie *f* **paradosso** [para'dɔsso] *m* Paradox[on] *nt*

**parafango** [para'faŋgo] <-ghi> *m* *(della macchina)* Kotflügel *m; (della motocicletta)* Schutzblech *nt*

**parafarmaceutico, -a** [parafarma'tʃɛ:utiko] <-ci, -che> *agg* nicht-medizinisch, Gesundheits- **parafarmacia** [parafarma'tʃi:a] *f* (MED) *Herstellung und Vertrieb rezeptfreier Apothekenartikel* **parafarmaco** [para'farmako] <-ci> *m* (MED) rezeptfreier Apothekenartikel, Gesundheitsartikel *m*

**parafernale** [parafer'na:le] *agg* (JUR) zusätzlich zur Mitgift eingebracht

**paraffina** [paraf'fi:na] *f* Paraffin *nt*

**parafiamma** [para'fiamma] I. <-> *m* Feuer-, Flammenschutz *m* II. <inv> *agg* feuersicher, -fest

**parafiscale** [parafis'ka:le] *agg* (FIN) Sozial-

versicherungs- **parafiscalità** [parafiska-li'ta] <-> *f* (FIN) Sozialversicherungswesen *nt*
**paraflying** ['pærə'flaiiŋ] <*sing*> *m* (SPORT) Paraflying *nt*
**parafrasare** [parafra'za:re] *vt* paraphrasieren, umschreiben **parafrasi** [pa'ra:frazi] <-> *f* Umschreibung *f*, Paraphrase *f*
**parafrastico, -a** [para'frastiko] <-ci, -che> *agg* paraphrastisch; **spiegazione -a** Paraphrase *f*
**parafulmine** [para'fulmine] *m* Blitzableiter *m*
**parafumo** [para'fu:mo] *m* Rußfänger *m*
**parafuoco** [para'fuɔ:ko] <-> *m* Ofenschirm *m*
**paraggi** [pa'raddʒi] *mpl* [nähere] Umgebung *f*, Gegend *f*
**paraggio** [pa'raddʒo] <-ggi> *m* ❶ (NAUT) Küstenbereich *m*, Küstennähe *f* ❷ (*fig: luoghi circonvicini*) Umgebung *f* ❸ (*obs: confronto, parità*) Gleiche(s) *nt* ❹ (*obs: origine nobilare*) Haus *nt*; **un nobile d'alto ~** ein Ad[e]liger aus gutem Hause
**paragocce** [para'gottʃe] I.<inv> *agg* Tropfenfänger- II.<-> *m* Tropfenfänger *m*
**paragonabile** [parago'na:bile] *agg* vergleichbar; **essere ~ a qc** mit etw vergleichbar sein
**paragonare** [parago'na:re] I.*vt* vergleichen II.*vr* **-rsi** sich vergleichen **paragone** [para'go:ne] *m* ❶ (*confronto*) Vergleich *m*, Gegenüberstellung *f*; **a ~ di** im Vergleich zu; **essere senza ~** [*o* **non avere -i**] unvergleichlich sein; **termine del ~** [*o* **pietra di ~**] Vergleichsmoment *nt* ❷ (*esempio, parallelo*) Beispiel *nt* [zum Vergleich]
**paragrafare** [paragra'fa:re] *vt* in Paragraphen einteilen **paragrafo** [pa'ra:grafo] *m* ❶ (*di libro, documento*) Abschnitt *m*, Paragraph *m* ❷ (*segno*) Paragraph *m*
**paragrilletto** [paragril'letto] *m* Abzugsbügel *m*
**paraguai** [para'gua:i] <-> *m* (*scherz*) Überzieher *m* (*um Löcher zu tarnen*)
**paraletterario, -a** [paralette'ra:rio] *agg* der Konsumliteratur *gen*, von Konsumliteratur; **generi -i** Genres der Massenliteratur
**paraletteratura** [paralettera'tu:ra] *f* (LIT) Konsumliteratur *f*, Massenliteratur *f*
**paralisi** [pa'ra:lizi] <-> *f* ❶ (MED) Lähmung *f*, Paralyse *f scient* ❷ (*fig*) Lahmlegung *f* **paralitico, -a** [para'li:tiko] <-ci, -che> I. *agg* gelähmt; (*stato*) Lähmungs- II. *m, f* Gelähmte(r) *f(m)*, Paralytiker(in)

*m(f)* **paralizzare** [paralid'dza:re] *vt* ❶ (MED) lähmen ❷ (*fig*) lähmen, lahmlegen
**parallasse** [paral'lasse] *f* Parallaxe *f*
**parallela** [paral'lɛ:la] *f* ❶ (MAT) Parallele *f* ❷ *pl* (SPORT) Barren *m*
**parallelepipedo** [parallele'pi:pedo] *m* (MAT) Parallelepiped *nt*, Quader *m* **parallelismo** [paralle'lizmo] *m* ❶ (MAT) Parallelität *f* ❷ (*fig*) Parallelität *f geh*, Übereinstimmung *f*
**parallelo** [paral'lɛ:lo] *m* ❶ (GEOG) Breitenkreis *m* ❷ (MAT) Parallelprojektion *f*; **in ~** Parallel-
**parallelo, -a** *agg* Parallel-, parallel
**parallelogramma** [parallelo'gramma] <-i> *m*, **parallelogrammo** [parallelo'grammo] *m* Parallelogramm *nt*
**paralogismo** [paralo'dʒizmo] *m* ❶ (PHILOS) Paralogismus *m* ❷ (*fig: deduzione arbitraria da premesse corrette*) Fehlschluss *m*
**paralogistico, -a** [paralo'dʒistiko] <-ci, -che> *agg* paralogistisch **paralologia** [paralolo'dʒi:a] *f* (SCIENT) *hydrografische und biologische Erforschung von Sumpfgebieten*
**paraluce** [para'lu:tʃe] <-> *m* Sonnenblende *f*
**paralume** [para'lu:me] *m* Lampenschirm *m*
**paramano** [para'ma:no] *m* ❶ (*guardamano*) Schwertmanschette *f* ❷ (*in edilizia*) Klinker[stein] *m* ❸ (*risvolto della manica*) Manschette *f*
**paramedico** [para'mɛ:diko] <-ci> *m* (MED) medizinisches Hilfspersonal
**paramedico, -a** <-ci, -che> *agg* (MED) **personale ~** medizinisches Hilfspersonal
**paramento** [para'mento] *m* ❶ *pl* (REL) Paramente *ntpl* ❷ (ARCH) Wandfläche *f*, Maueroberfläche *f*
**parametrazione** [parametrat'tsio:ne] *f* (ADM, *form*) Einteilung *f* in Vergütungsklassen
**parametrico, -a** [para'mɛ:triko] <-ci, -che> *agg* Parameter-, parametrisch
**parametrizzare** [parametrid'dza:re] *vt* parametr[is]ieren, in Parametern ausdrücken **parametrizzazione** [parametriddzat'tsio:ne] *f* (PHYS, MAT) Parametrisierung *f*
**parametro** [pa'ra:metro] *m* (*a. fig*) Parameter *m*
**paramilitare** [paramili'ta:re] *agg* paramilitärisch
**paramosche** [para'moske] <-> *m* Fliegenglocke *f*

**paramotore** [paramo'to:re] *m* (AERO) Paraglider *m* mit Hilfsmotor

**paranco** [pa'raŋko] <-chi> *m* Flaschenzug *m*

**paraneve** [para'ne:ve] <-> *m* Schneezaun *m*

**paranoia** [para'nɔ:ia] <-oie> *f* Verfolgungswahn *m*, Paranoia *f* **paranoico, -a** [para'nɔ:iko] <-ci, -che> I. *agg* paranoisch II. *m, f* Paranoiker(in) *m(f)*

**paranormale** [paranor'ma:le] *agg* paranormal, übersinnlich

**paranza** [pa'rantsa] *f* ① (*barca*) Fischerboot *nt* [mit Lateinersegel] ② (*rete*) Schleppnetz *nt*

**paraocchi** [para'ɔkki] <-> *m* (*a. fig*) Scheuklappe *f*; **avere i ~** Scheuklappen tragen

**paraorecchie** [parao'rekkie] <-> *m* ① (SPORT) Rugbyhelm *m* ② (*contro il freddo*) Ohrenschützer *mpl*

**parapendio** [parapen'di:o] <-> *m* ① (SPORT: *paracadute*) Paraglider *m*, Gleitschirm *m* ② (SPORT: *attività*) Gleitschirmfliegen *nt*

**parapetto** [para'pɛtto] *m* ① (*riparo*) Geländer *nt* ② (NAUT) Reling *f* ③ (MIL) Brustwehr *f*

**parapiglia** [para'piʎʎa] <-> *m* (*fam*) Getümmel *nt*

**parapioggia** [para'piɔddʒa] <-> *m* Regenschirm *m*

**paraplegia** [paraple'dʒi:a] <-gie> *f* doppelseitige Lähmung; (MED) Paraplegie *f*; (*agli arti inferiori*) Querschnittslähmung *f*

**paraplegico, -a** [para'plɛ:dʒiko] <-ci, -che> I. *agg* querschnitt[s]gelähmt II. *m, f* Querschnitt[s]gelähmte(r) *f(m)*

**parapolitico, -a** [parapo'litiko] <-ci, -che> *agg* politisch orientiert

**paraponzi** [para'pontsi] *int* trallala

**parapsichico, -a** [para'psi:kiko] <-ci, -che> *agg* parapsychisch, übersinnlich

**parapsicologia** [parapsikolo'dʒi:a] *f* Parapsychologie *f* **parapsicologico, -a** [parapsiko'lɔ:dʒiko] <-ci, -che> *agg* parapsychologisch **parapsicologo, -a** [parapsi'kɔ:logo] <-gi, -ghe> *m, f* (PSIC) Parapsychologe *m/*Parapsychologin *f*

**parare** [pa'ra:re] I. *vt* ① (*colpo*) abwehren, auffangen; (SPORT: *tiro*) parieren, abfangen ② (*ornare*) behängen, schmücken ③ (*schermare*) **~ qc da qc** etw vor etw *dat* schützen, etw gegen etw abschirmen II. *vi* hinauswollen [auf +*acc*]; **dove vuoi andare a ~?** worauf willst du hinaus? III. *vr* **-rsi da qc** (*ripararsi*) sich vor etw schützen

**parasailing** ['pærə'sailiŋ] <-> *m* (SPORT) Parasailing *nt*

**parasalite** [parasa'li:te] <-> *m* (TEC) Steigschutz *m* an Hochspannungsmasten

**paraschegge** [para'skeddʒe] <-> *m* (MIL) Granatsplitterschutz *m*; **scudo ~** Granatsplitterschirm *m*

**parascientifico, -a** [paraʃen'ti:fiko] <-ci, -che> *agg* pseudowissenschaftlich

**parascintille** [paraʃin'tille] <-> *m* (TEC) Funkenfänger *m*

**parascolastico, -a** [parasko'lastiko] <-ci, -che> *agg* unterrichtsbegleitend

**parasiluri** [parasi'lu:ri] <-> *m* (NAUT, MIL) Torpedoschutzschild *nt*

**paraski** [para'ʃi] <-> *m* (SPORT) Paraski *m*

**parasole** [para'so:le] I. <-> *m* ① (*ombrello*) Sonnenschirm *m* ② (FOTO) Sonnenblende *f*, Gegenlichtblende *f* II. <inv> *agg* Sonnen[schutz]-

**paraspalle** [para'spalle] <-> *m* (SPORT) Schulterschoner *m*

**paraspigolo** [para'spi:golo] *m* (TEC) Kantenschutz *m*

**paraspruzzi** [paras'pruttsi] <-> *m* (MOT) Spritzschutz *m*

**parassita** [paras'si:ta] <-i *m*, -e *f*> I. *mf* ① (BIOL) Parasit *m* ② (*fig*) Schmarotzer(in) *m(f)* II. *agg* ① (BIOL) Schmarotzer-, parasitär ② (*fig*) schmarotzerhaft **parassitario, -a** [parassi'ta:rio] <-i, -ie> *agg* ① (BIOL) parasitär ② (*fig*) schmarotzerhaft **parassiticida** [parassiti'tʃi:da] <-i *m*, -e *f*> I. *agg* gegen Parasiten; **sostanza ~** Mittel *nt* gegen Parasiten II. *m* Mittel *nt* gegen Parasiten **parassitico, -a** [paras'sitiko] <-ci, -che> *agg* ① (BIOL) parasitisch, parasitär, Schmarotzer- ② (*fig*) schmarotzerisch, schmarotzerhaft **parassitismo** [parassi'tizmo] *m* ① (BIOL) Parasitismus *m* ② (*fig*) Schmarotzertum *nt*

**parastatale** [parasta'ta:le] I. *agg* halbstaatlich, mit staatlicher Beteiligung II. *mf* Angestellte(r) *f(m)* einer halbstaatlichen Einrichtung

**parastato** [para'sta:to] *m* Gesamtheit der halbstaatlichen Einrichtungen

**parastinchi** [para'stiŋki] <-> *m* (SPORT) Schienbeinschützer *mpl*

**parata** [pa'ra:ta] *f* ① (SPORT: *calcio*) Abwehr *f* [durch den Torhüter]; (*scherma*) Parade *f*; (*boxe*) Parieren *nt* ② (MIL) [Militär]parade *f* ③ (*rassegna*) Vorführung *f* ④ (*pompa*) Gala *f*, Prunk *m*; **abito da ~** Galauniform *f*; **carrozza da ~** Prunkwagen *m*

**paratasca** [para'taska] <-sche> *m* Patte *f*

**paratassi** [para'tassi] <-> f Parataxe f
**paratesto** [para'tɛsto] m (LIT) textbegleitende Elemente ntpl
**parati** [pa'ra:ti] mpl **carta da ~** Tapete f
**paratia** [para'ti:a] <-ie> f (NAUT) Schott nt, Scheidewand f
**paratifo** [para'ti:fo] m Paratyphus m
**parato** [pa'ra:to] m ① (addobbo) Vorhang m ② (rivestimento) Tapete f; **carta da -i** Tapete f
**parauniversitario, -a** [parauniversi'ta:rio] <-i, -ie> agg auf Universitätsebene, mit Universitäten vergleichbar
**paraurti** [para'urti] <-> m ① (MOT) Stoßstange f ② (FERR: del binario) Prellbock m; (del vagone) Puffer m
**paravalanghe** [parava'laŋge] I. <-> m Lawinenschutz m, Lawinenverbauung f II. <inv> agg Lawinenschutz-
**paravento** [para'vɛnto] <-> m ① (suppellettile) Paravent m o nt, spanische Wand ② (fig) Deckmantel m
**parboiled** ['pa:bɔild] <inv> agg parboiled; **riso ~** Parboiled-Reis m
**parca** ['parka] <-che> f Parze f
**parcella** [par'tʃɛlla] f ① (di terreno) Parzelle f ② (delle spese) Honorarforderung f
**parcellare** [partʃel'la:re] agg partiell; (terreno) Parzellen- **parcellazione** [partʃellat'tsio:ne] f Parzellierung f **parcellizzare** [partʃellid'dza:re] vt ① (lavoro) in einzelne Arbeitsgänge zerstückeln ② (terreni) parzellieren **parcellizzazione** [partʃelliddzat'tsio:ne] f ① (di lavoro) fortgeschrittene Arbeitsteilung ② (di terreni) Parzellierung f
**parcheggiare** [parked'dʒa:re] vt parken **parcheggio** [par'keddʒo] <-ggi> m ① (posteggio) Parkplatz m; **~ a pagamento** gebührenpflichtiger Parkplatz; **~ custodito** bewachter Parkplatz; **area di ~** Parkzone f; (a. fig) Abstellplatz m; **divieto di ~** Parkverbot nt; **è vietato il ~** Parken verboten ② (manovra) [Ein]parken nt
**parchimetro** [par'ki:metro] m Parkuhr f, Parkometer nt o m
**parco** ['parko] <-chi> m Park m; **~ giochi** [Kinder]spielplatz m; **~ vetture** [o **automobilistico**] Fahrzeugpark m; **~ dei divertimenti** Vergnügungspark m
**parco, -a** <-chi, -che> agg ① (nel mangiare, bere) sehr genügsam; (nello spendere) geizig ② (mensa, pasto) karg
**parcometro** [par'kɔmetro] m v. **parchimetro**
**par condicio** [par kon'ditʃo] <-> f (DIR,

POL) Gleichbehandlung f, gleiche Wettbewerbsbedingungen fpl
**pardon** [par'dɔ̃] int ① (scusi) Pardon ② (con permesso) Sie gestatten?
**parecchio** [pa'rekkio] avv ziemlich, ganz schön fam; **mi sono fermato ~** ich bin ziemlich lange geblieben
**parecchio, -a** <-cchi, -cchie> I. agg [ziemlich] viel, mehr als genug; **-cchie volte** mehrmals; **~ tempo** ziemlich lange; **c'è ~ vento** es ist ziemlich windig; **c'è ancora -a strada** es ist noch viel zu laufen II. pron indef ziemlich viel(e), etliche; **c'è ancora ~ da fare** es gibt noch viel zu tun; **-cchi di noi** viele von uns
**pareggiamento** [pareddʒa'mento] m ① (equiparazione) Gleichstellung f ② (di terreno) Einebnung f ③ (di bilancio) Ausgleich m; (di conti) Begleichung f **pareggiare** [pared'dʒa:re] I. vt ① (terreno) einebnen ② (bilanci) ausgleichen; (conti) begleichen ③ (uguagliare) **~ qu [in qc]** jdm [in etw dat] gleichkommen ④ (equiparare) gleichstellen II. vi **~ [con qu]** [gegen jdn] unentschieden spielen **pareggio** [pa'reddʒo] <-ggi> m ① (COM) Ausgleich m, Deckung f ② (SPORT) Unentschieden nt, Ausgleich m; **chiudere in ~** unentschieden ausgehen
**parelio** [pa'rɛ:lio] <-i> m Nebensonne f, Sonnenring m
**parentado** [paren'ta:do] m ① (insieme dei parenti) Verwandtschaft f ② (fig: legame) Verwandtschaft f, Verwandtsein nt
**parentale** [paren'ta:le] agg (vincolo) verwandtschaftlich; (autorità) elterlich; (malattia) erblich, Erb-; **congedo ~** Erziehungsurlaub m
**parentame** [parɛn'ta:me] m (pej) Sippschaft f pej, Bagage f pej
**parente** [pa'rɛnte] mf ① (persona) Verwandte(r) f(m) ② (fig: simile) Ähnliche(s) nt, Verwandte(s) nt **parentela** [paren'tɛ:la] f ① (insieme dei parenti) Verwandtschaft f, Verwandte[n] pl ② (fig: legame) Verwandtschaft f; **grado di ~** Verwandtschaftsgrad m ③ (fig: affinità) Gleichartigkeit f, Affinität f
**parentesi** [pa'rɛntezi] <-> f ① (espressione) Einschub m, Parenthese f; **fra ~** (fig) nebenbei bemerkt ② (segno grafico) Klammer f; **~ tonda/quadra/graffa** runde/eckige/geschweifte Klammer ③ (fig: intervallo) Unterbrechung f **parentetico, -a** [paren'tɛ:tiko] <-ci, -che> agg parenthetisch, eingeschoben
**parere**[1] [pa're:re] <paio, parvi, parso> vi

*essere* ① (*apparire*) scheinen, aussehen; **mi pare di averlo visto** mir scheint, dass ich ihn gesehen habe; **non mi par vero** das ist zu schön, um wahr zu sein ② (*pensare*) meinen, glauben; **ti pare di aver ragione?** glaubst du, Recht zu haben?; **che te ne pare?** was hältst du davon?; **ma Le pare!** wo denken Sie hin! ③ (*fam: volere*) passen, belieben; **fai come ti pare** mache es, wie du meinst/denkst ④ (*assomigliare*) ~ **qu/qc** jdm/etw ähnlich sein ⑤ (*impersonale, sembrare*) scheinen, den Anschein haben; (*dare l'impressione*) so aussehen, als ob; **pare di sì/no** anscheinend schon/nicht; **pare impossibile** es scheint unmöglich [zu sein]; **pare che tu non ci tenga** es scheint, dass du keinen Wert darauf legst; **a quanto pare** wie es scheint, sieht so aus

**parere**² *m* ① (*opinione*) Meinung *f*, Ansicht *f*; **a mio ~** meiner Meinung nach; **essere del ~ che ...** der Ansicht sein, dass ... ② (*consiglio*) Rat|schlag *m*

**parete** [pa're:te] *f* Wand *f*; **le -i domestiche** (*fig*) die eigenen vier Wände

**pargolo** ['pargolo] *m* (*poet: bambino*) Kind *nt*

**pari** ['pa:ri] I. <inv> *agg* ① (*uguale*) gleich; **essere ~ a qc** einer Sache *dat* entsprechen; **di ~ passo** im Gleichschritt; **~ ~** haargenau, wortwörtlich ② (*allo stesso livello*) gleichrangig, gleichgestellt ③ (MAT: *numero*) gerade ④ (*sport, nei giochi*) unentschieden ⑤ (ANAT) paarig, paarweise vorhanden; **essere ~ con qu** mit jdm quitt sein ⑥ (*loc*) **alla ~** Au-pair-, au pair; **ragazza alla ~** Au-pair-Mädchen *nt* II. <inv> *avv* gleich; **alla ~** gleich berechtigt, gleich gestellt III. <-> *mf* Gleichgestellte(r) *f(m)*, Ebenbürtige(r) *f(m)*; **trattare qu da ~ a ~** jdn als seinesgleichen behandeln; **non aver ~** einzigartig sein; **senza ~** einzigartig, einmalig IV. <-> *m* Gleichheit *f*; **far ~** (SPORT) unentschieden spielen; **far ~ e dispari** auslosen

**paria** ['pa:ria] <-> *m* Paria *m*

**parietale** [parie'ta:le] I. *agg* ① (*graffito, pittura*) Wand- ② (ANAT) parietal II. *m* Scheitelbein *nt*

**parificare** [parifi'ka:re] *vt* ① (JUR) [rechtlich] gleich stellen ② (ADM) [staatlich] anerkennen **parificato, -a** [parifi'ka:to] *agg* rechtsgültig anerkannt, gleich gestellt **parificazione** [parifikat'tsio:ne] *f* [staatliche] Anerkennung *f*, rechtliche Gleichstellung

**Parigi** [pa'ri:dʒi] *f* Paris *nt*

**pariglia** [pa'riʎʎa] <-glie> *f* ① (*coppia di cavalli*) Gespann *nt* ② (*nelle carte*) Zwilling *m* [beim Pokern]; (*nei dadi*) Zweierpasch *m*

**parigrado** [pari'gra:do] <-> *mf* Ebenbürtige(r) *f(m)*, Gleichgestellte(r) *f(m)*

**parimenti** [pari'menti] *avv* (*poet*) gleichfalls, ebenfalls

**parità** [pari'ta] <-> *f* ① (*uguaglianza*) Gleichheit *f*; (*di diritti*) Gleichberechtigung *f*; **a ~ di condizioni** bei gleichen Bedingungen; **a ~ di diritti** bei Gleichberechtigung; **a ~ di voti** bei Stimmengleichheit ② (SPORT) Unentschieden *nt*; **chiudere in ~** unentschieden ausgehen ③ (COM) Parität *f*; **~ salariale** Lohngleichheit *f* **paritario, -a** [pari'ta:rio] <-i, -ie> *agg* gleich, Gleich- **paritetico, -a** [pari'tɛ:tiko] <-ci, -che> *agg* paritätisch

**parka** ['parka] <-> *m* Parka *m o f*

**parlamentare** [parlamen'ta:re] I. *agg* parlamentarisch, Parlaments- II. *mf* (POL) Parlamentarier(in) *m(f)*, Abgeordnete(r) *f(m)*

**parlamentarismo** [parlamenta'rizmo] *m* Parlamentarismus *m*

**parlamento** [parla'mento] *m* Parlament *nt*; (*assemblea*) Parlamentssitzung *f*; **sedere in ~** einen Sitz im Parlament haben; **Parlamento europeo** Europäisches Parlament

**parlante** [par'lante] I. *agg* ① (*che parla*) sprechend ② (*fig: molto espressivo*) sprechend, ausdrucksvoll II. *mf* Sprecher(in) *m(f)* **parlantina** [parlan'ti:na] *f* (*fam*) Redseligkeit *f*; (*lingua sciolta*) Zungenfertigkeit *f*; **avere una bella** [*o* **buona**] **~** ein flinkes [*o* flottes] Mundwerk haben

**parlare**¹ [par'la:re] I. *vi* ① (*gener*) sprechen; (*comunicare*) reden; **~ a caso** unüberlegt daherreden; **~ a gesti** sich mit Zeichen verständigen; **~ a vanvera** ins Blaue hineinreden, dummes Zeug reden; **~ con le mani** mit den Händen sprechen; **~ tra i denti** in den Bart brummeln; **~ tra sé e sé** Selbstgespräche führen, mit sich selbst sprechen; **~ come un libro stampato** wie gedruckt reden; **far ~ di sé** von sich reden machen; **per non ~ di** ganz zu schweigen von ② (*conversare*) sprechen, sich unterhalten; **~ di qu/qc** über jdn/etw sprechen; **non se ne parli più** Schwamm drüber, darüber soll kein Wort mehr verloren werden ③ (*rivolgere la parola*) **~ a qu** jdn ansprechen ④ (*confessare*) ein Geständnis ablegen ⑤ (*fig: ricordare*) **~ di qu/qc** an jdn/etw erinnern II. *vt* sprechen, reden; **~ tedesco/francese/**

**inglese** Deutsch/Französisch/Englisch sprechen III. vr **-rsi** miteinander reden
**parlare**² m ① (*modo di parlare*) Sprech-, Redeweise f ② (*parlata*) Gerede nt
**parlata** [par'la:ta] f Sprech-, Redeweise f
**parlato, -a** [par'la:to] agg (*linguaggio, uso*) gesprochen, Sprach- **parlatore, -trice** [parla'to:re] m, f guter Redner/gute Rednerin
**parlatorio** [parla'tɔ:rio] <-i> m Besuchszimmer nt
**parlatrice** f v. **parlatore**
**parlottare** [parlot'ta:re] vi flüstern, tuscheln **parlottio** [parlot'ti:o] <-ii> m Getuschel nt, Geflüster nt
**Parma** ['parma] f Parma nt (*Stadt in Emilia-Romagna*)
**parmense** [par'mɛnse] I. mf (*abitante*) Einwohner(in) m(f) von Parma II. agg aus Parma, Parma
**Parmense** <sing> m Provinz f Parma
**parmigiana** [parmi'dʒa:na] f Gericht mit Parmesan und Tomatensoße; **~ di melanzane** Auberginenauflauf mit Mozzarella und Tomatensoße
**parmigiano** [parmi'dʒa:no] m Parmesankäse m
**parmigiano, -a** I. m, f (*abitante*) Einwohner(in) m(f) von Parma II. agg aus Parma
**parodia** [paro'di:a] <-ie> f Parodie f **parodiare** [paro'dia:re] vt parodieren **parodista** [paro'dista] <-i m, -e f> mf Parodist(in) m(f) **parodistico, -a** [paro'distiko] <-ci, -che> agg parodistisch
**parola** [pa'rɔ:la] f ① (*gener*) Wort nt; **~ d'ordine** Parole f, Losung f; **~ chiave** Schlüsselwort nt; **-e [in]crociate** Kreuzworträtsel nt; **giro di -e** Umschreibung f; **in una ~** kurz gesagt, mit einem Wort; **~ per ~** Wort für Wort; **nel vero senso della ~** im wahrsten Sinne des Wortes; **restare senza -e** keine Worte finden, sprachlos sein; **avere l'ultima ~** das letzte Wort haben; **cavare le -e di bocca a qu** jdm die Worte aus der Nase ziehen; **una ~ tira l'altra** ein Wort gibt das andere ② pl (*consiglio*) Worte ntpl, Rat[schlag] m ③ pl (*chiacchiere, ciance*) Gerede nt, Geschwätz nt ④ (*facoltà di parlare*) Sprache f; **avere la ~ facile** redegewandt sein ⑤ (*il parlare*) Reden nt, Sprechen nt; **rivolgere la ~ a qu** jdn ansprechen ⑥ (*modo di esprimersi*) Redeweise f, Art f zu sprechen ⑦ (*diritto di parlare*) Wort nt, Rederecht nt ⑧ (*promessa*) [Ehren]wort nt; **~ d'onore** Ehrenwort nt; **essere di ~, mantenere la ~** sein Wort halten; **credere a qu sulla ~** jdm aufs Wort glauben; **prendere** [o **pigliare**] **in ~** beim Wort nehmen **parolaccia** [paro'lattʃa] <-cce> f unflätiges Wort, ordinärer Ausdruck, Fluchwort **parolaio, -a** [paro'la:io] <-ai, -aie> I. agg schwatzhaft II. m, f Schwätzer(in) m(f) **paroliere, -a** [paro'liɛ:re] m, f Texter(in) m(f), Textdichter(in) m(f) **parolina** [paro'li:na] f Wörtchen nt; **devo dirti una ~** (*confidenza*) ich muss dir was anvertrauen; (*rimprovero*) ich habe noch ein Wörtchen mit dir zu reden **parolona** [paro'lo:na] f, **parolone** [paro'lo:ne] m langes Wort
**parossismo** [paros'sizmo] m Paroxysmus m **parossistico, -a** [paros'sistiko] <-ci, -che> agg (MED) paroxysmal, anfallsweise auftretend
**parotite** [paro'ti:te] f Mumps m, Parotitis f
**parquet** [par'kɛ] <-> m Parkett nt
**parricida** [parri'tʃi:da] <-i m, -e f> mf Vatermörder(in) m(f) **parricidio** [parri'tʃi:dio] <-i> m Vatermord m
**parrocchetto** [parrok'ketto] m ① (ZOO) Sittich m ② (NAUT) Fockmastsegel nt
**parrocchia** [par'rɔkkia] <-ie> f ① (*circoscrizione*) Pfarrei f, Pfarrbezirk m ② (*chiesa*) Pfarrkirche f; (*edificio*) Pfarrhaus nt; (*ufficio*) Pfarramt nt ③ (*insieme dei fedeli*) Pfarrgemeinde f, Pfarre f **parrocchiale** [parrok'kia:le] agg Pfarr- **parrocchiano, -a** [parrok'kia:no] m, f Mitglied nt einer Pfarrgemeinde, Pfarrkind nt
**parroco** ['parroko] <-ci> m Pfarrer m
**parrucca** [par'rukka] <-cche> f Perücke f **parrucchiere, -a** [parruk'kiɛ:re] m, f Friseur m/Friseuse f [o Friseurin f]; (*per signora*) Damenfriseur/-friseuse [o -friseurin]
**parrucchino** [parruk'ki:no] m [Herren]perücke f
**parruccone, -a** [parruk'ko:ne] m, f (*pej*) altmodischer Mensch m
**parsimonia** [parsi'mɔ:nia] f Sparsamkeit f
**parsimonioso, -a** [parsimo'nio:so] agg sparsam, genügsam
**parso** ['parso] pp di **parere**¹
**partaccia** [par'tattʃa] <-cce> f (*fam*) ① (*comportamento sleale*) schlechtes Benehmen ② (*colpo mancino*) böser Streich
**parte**¹ ['parte] f ① (*pezzo, settore*) Teil nt, Einzelteil nt; (ANAT) [Körper]teil m; **-i di ricambio** Ersatzteile ntpl; **-i intime** Intimzonen fpl ② (*porzione*) Teil m, Portion f; (*quota*) [An]teil m; **~ del discorso** Satzteil m, Satzglied nt; **in ~** zum Teil, teilweise; **essere** [o **far**] **~ di qc** zu etw gehören, Bestandteil von etw sein; **prendere ~ a qc**

parte → partire

an etw *dat* teilnehmen; **l'occhio vuole la sua ~** (*fig*) das Äußere darf nicht vernachlässigt werden ③ (*luogo*) Gegend *f;* **da ogni ~** von überall|her|; **in ogni ~** überall; **stare dalle -i di Fiesole** in der Gegend von Fiesole wohnen ④ (*lato*) Seite *f;* (*direzione*) Richtung *f;* **da ~ di** von +*dat*, vonseiten +*gen*, seitens +*gen*; **da una ~ ... dall'altra** einerseits ... andererseits; **mettere da ~** (*metter via*) beiseitelegen, als erledigt betrachten; (*tralasciare*) beiseitelassen; **non sapere da che ~ voltarsi** (*fig*) weder ein noch aus wissen; **essere dalla ~ del torto** im Unrecht sein; **fatti da ~!** (*fam*) geh zur Seite!, geh weg!, hau ab! ⑤ (*frazione*) Seite *f,* Partei *f;* (*partito*) Flügel *m,* Richtung *f;* (JUR) Partei *f;* **essere ~ in causa** [Prozess]partei sein; (*fig*) betroffen sein; **costituirsi ~ civile** Nebenklage erheben ⑥ (THEAT) Rolle *f;* (*fig: ruolo*) Rolle *f,* Aufgabe *f;* (MUS) Part *m,* Partie *f* ⑦ (*separato*) **a ~** getrennt, separat

**parte**² *avv* teils; **gli scolari furono ~ promossi e ~ bocciati** die Schüler wurden teils versetzt, teils sind sie durchgefallen

**partecipante** [partetʃi'pante] I. *mf* Teilnehmer(in) *m(f)* II. *agg* teilnehmend, Teilnehmer-

**partecipare** [partetʃi'pa:re] I. *vi* **~ a qc** an etw *dat* teilnehmen; (COM) an etw *dat* teilhaben; **~ al dolore/alla gioia di qu** jds Schmerz/Freude teilen II. *vt* [durch Anzeige] bekannt geben **partecipazione** [partetʃi'pat'tsio:ne] *f* ① (*di matrimonio, morte*) Anzeige *f* ② (*intervento*) Teilnahme *f,* Mitwirkung *f;* ③ (*interessamento*) Anteilnahme *f* ④ (COM, FIN, ADM) Beteiligung *f;* **~ agli utili** Gewinnbeteiligung *f* **partecipe** [par'te:tʃipe] *agg* **essere ~ di qc** an etw *dat* teilnehmen; (COM) an etw *dat* teilhaben; **essere ~ del dolore/della gioia di qu** jds Schmerz/Freude teilen

**parteggiare** [parted'dʒa:re] *vi* **~ per qu/qc** für jdn/etw Partei nehmen

**partenariato** [partena'ria:to] *m* (*partnership*) Partnerschaft *f,* Zusammenarbeit *f*

**partenogenesi** [parteno'dʒɛ:nezi] <-> *f* Parthenogenese *f,* Jungfernzeugung *f*

**partenopeo, -a** [parteno'pɛ:o] *m, f* Neapolitaner(in) *m(f)*

**partenza** [par'tɛntsa] *f* ① (*il partire*) Abreise *f,* Aufbruch *m;* **punto di ~** (*a. fig*) Ausgangspunkt *m;* **in ~** abreisend, abfahrend; (COM) abgehend; **pronto per la ~** abfahr[t]bereit, startbereit ② (*di veicolo*) Abfahrt *f* ③ (SPORT, INFORM) Start *m;* **~ a caldo** (INFORM) Warmstart *m;* **~ a freddo** (INFORM) Kaltstart *m*

**parterre** [par'tɛ:r] <-> *m* (THEAT) Parterre *nt*

**particella** [parti'tʃɛlla] *f* (LING, PHYS) Partikel *f*

**participiale** [partitʃi'pa:le] *agg* (LING) Partizipial-, partizipial **participio** [parti'tʃi:pio] <-i> *m* (LING) Partizip *nt,* Mittelwort *nt*

**particola** [par'ti:kola] *f* Hostie *f,* Partikel *f*

**particolare** [partiko'la:re] I. *m* ① (*parte*) Detail *nt,* Einzelheit *f;* **entrare** [*o* **scendere**] **in -i** ins Detail gehen; **fin nei minimi -i** bis ins Detail ② (*elemento costitutivo*) Bestandteil *m* II. *agg* ① (*specifico*) besondere(r, s), spezifisch; (*speciale*) Spezial-, Sonder- ② (*proprio*) eigene(r, s), besondere(r, s); (*personale*) persönlich, Privat- ③ (*singolo*) einzeln, Einzel- ④ (*caratteristico*) charakteristisch, eigentümlich, typisch ⑤ (*fuori dal comune*) außergewöhnlich, außerordentlich **particolareggiare** [partikolared'dʒa:re] *vt* ausführlich erzählen, eingehend schildern **particolareggiato, -a** [partikolared'dʒa:to] *agg* ausführlich, detailliert **particolarismo** [partikola'rizmo] *m* Partikularismus *m* **particolarista** [partikola'rista] <-i *m,* -e *f*> *mf* (POL) Partikularist(in) *m(f)* **particolaristico, -a** [partikola'ristiko] <-ci, -che> *agg* partikularistisch **particolarità** [partikolari'ta] <-> *f* ① (*caratteristica*) Besonderheit *f,* Eigenheit *f* ② (*dettaglio*) Einzelheit *f,* Detail *nt*

**particolarizzare** [partikolarid'dza:re] *vt* detailliert schildern **particolarizzazione** [partikolariddzat'tsio:ne] *f* Detailschilderung *f*

**partigiana** *f v.* **partigiano**

**partigianeria** [partidʒane'ri:a] <-ie> *f* Parteilichkeit *f* **partigiano, -a** [parti'dʒa:no] I. *m, f* ① (POL, MIL) Partisan(in) *m(f),* Widerstandskämpfer(in) *m(f)* ② (*sostenitore*) Parteigänger(in) *m(f),* Verfechter(in) *m(f)* II. *agg* ① (*guerra, lotta, resistenza*) Partisanen- ② (*giudizio*) parteiisch ③ (*spirito, politica*) von Parteiengeist beseelt, faktiös

**partire** [par'ti:re] *vi essere* ① (*andarsene*) weggehen; (*in viaggio*) abreisen; (*con l'aereo*) abfliegen; (*con il treno, l'automobile*) abfahren; **~ per Napoli** nach Neapel abreisen; **~ per le vacanze** in die Ferien fahren; **~ in quarta** (*fam*) loslegen; **~ è un po' morire** (*prov*) Scheiden tut weh ② (*colpo*) losgehen; (*macchina*) anspringen; (SPORT) starten ③ (*fig: avere inizio*) beginnen; **a ~**

**da** seit, von ... an ④ (*provenire*) ~ **da qc** von etw ausgehen ⑤ (*fam scherz: guastarsi*) kaputt gehen; (*impazzire*) durchdrehen; **Gianni è partito** Gianni hat durchgedreht

**partita** [par'ti:ta] *f* ① (SPORT) Spiel *nt*, Wettkampf *m*; (*gioco*) Partie *f*, Spiel *nt*; **fare una ~ a carte/scacchi** eine Runde Karten/Schach spielen; **andare alla ~** zum Fußballspiel/ins Stadion gehen; **dare ~ vinta a qu** jdm gegenüber nachgeben ② (COM) Partie *f*, Posten *m*; **~ semplice/ doppia** (COM) einfache/doppelte Buchführung ③ (*di caccia*) [Jagd]partie *f* ④ (MUS) Partita *f* **partita di ritorno** [par'ti:ta di ri'torno] *f* (SPORT) Rückspiel *nt*

**partitico, -a** [par'ti:tiko] <-ci, -che> *agg* Partei-, partei-

**partitino** [parti'ti:no] *m* (POL) Splitterpartei *f*

**partitismo** [parti'tizmo] *m* Parteienwirtschaft *f*

**partitissima** [parti'tissima] *f wichtigstes oder spannendstes Spiel eines Spieltages oder Turniers*

**partitivo, -a** [parti'ti:vo] *agg* partitiv

**partito** [par'ti:to] *m* ① (POL) Partei *f*; **prendere ~ per qu** für jdn Partei ergreifen ② (*risoluzione, decisione*) Entschluss *m*, Entscheidung *f*; **per ~ preso** aus Voreingenommenheit ③ (*offerta di matrimonio*) Partie *f* **partitocrazia** [partitokrat'tsi:a] *f* (POL: *pej*) Parteienherrschaft *f*

**partitore** [parti'to:re] *m* Teiler *m*, Trenner *m*

**partitura** [parti'tu:ra] *f* Partitur *f*

**partizionamento** [partittsiona'mento] *m* (INFORM) Partition *f*, Partitionierung *f*

**partizione** [partit'tsio:ne] *f* (INFORM) Partition *f*

**partner** ['pa:tnə o 'partner] <-> *mf* Partner(in) *m(f)* **partnership** ['pa:tnəʃip o partner'ʃip] <-> *f* [Bündnis]partnerschaft *f*

**parto** ['parto] *m* ① (*il partorire*) Geburt *f*, Entbindung *f* ② (*la creatura partorita*) Neugeborene(s) *nt* ③ (*fig*) Schöpfung *f*; (*pej*) Ausgeburt *f* **partoriente** [parto'riɛnte] *f* Gebärende *f*, Wöchnerin *f*

**partorire** [parto'ri:re] <partorisco> *vt* ① (MED) gebären, zur Welt bringen ② (*fig: produrre*) hervorbringen, schaffen

**part-time** [pa:t'taim *o* part'taim] I.<inv> *agg* Teilzeit- II.<-> *m* Teilzeitarbeit *f*

**party** ['pa:ti *o* 'parti] <-> *m* Party *f*

**parure** [pa'ry:r] <-> *f* ① (*di biancheria*) [Wäsche]garnitur *f* ② (*di gioielli*) Set *nt*, Garnitur *f*

**parvenu** [parvə'ny] <-> *mf* Emporkömmling *m*, Neureiche(r) *f(m)*

**parvenza** [par'vɛntsa] *f* [An]schein *m*

**parvi** ['parvi] *1. pers sing pass rem di* **parere**¹

**parziale** [par'tsia:le] *agg* ① (*non totale*) Teil-, partiell ② (*arbitro, giudizio*) parteiisch **parzialità** [partsiali'ta] <-> *f* ① (*atteggiamento*) Parteilichkeit *f* ② (*aspetto parziale*) Teil[aspekt] *m*

**parzializzabile** [partsialid'dza:bile] *agg* (TEC) regelbar

**parzializzato, -a** [partsiali'dza:to] *agg* ① (*gener*) geteilt, aufgeteilt ② (TEC) Durchfluss geregelt

**parzializzazione** [partsiliddzat'tsio:ne] *f* (TEC) Durchflussregelung *f*

**parziario, -a** [par'tsia:rio] <-i, -ie> *agg* Teil-, Partial-

**pascere** ['paʃʃere] <pasco, pascetti, pasciuto> *vt* (*poet*) abgrasen, abweiden; **~ l'erba** grasen

**pascià** [paʃ'ʃa] <-> *m* Pascha *m*; **stare** [*o* **vivere**] **come un ~** wie Gott in Frankreich leben

**pasciuto, -a** [paʃ'ʃu:to] *agg* wohlgenährt

**pascolare** [pasko'la:re] *vt*, *vi* weiden **pascolo** ['paskolo] *m* Weide *f*

**pasoliniano, -a** [pasoli'nia:no] *agg* Pasolini'sche, Pasolinis

**Pasqua** ['paskua] *f* (*cristianesimo*) Ostern *nt*, Osterfest *nt*; (*ebraismo*) Passah[fest] *nt*; **~ di resurrezione** Osterfest *nt*; **essere contento come una ~** sich wie ein Schneekönig freuen **pasquale** [pas'kua:le] *agg* österlich, Oster- **pasquetta** [pas'kuetta] *f* Ostermontag *m*; **fare ~** [am Ostermontag] einen Ausflug [ins Grüne] machen

**pass** [pa:s] <-> *m* Kennkarte *f*; **esibire il ~** die Kennkarte vorzeigen

**passa** ['passa] I.<inv> *agg* getrocknet II. *avv* **e ~** oder mehr

**passabile** [pas'sa:bile] *agg* annehmbar, passabel

**passaggio** [pas'saddʒo] <-ggi> *m* ① (*il passar davanti*) Vorbeigehen *nt*, Vorübergehen *nt*; (*di truppe*) Vorbeimarschieren *nt*, -marsch *m*; (*di veicoli*) Vorbeifahren *nt*, -fahrt *f*; (*di aerei*) Vorbeifliegen *nt*, -flug *m* ② (*il passare attraverso*) Durchgehen *nt*; (*di persone*) Durchgehen *nt*, -gang *m*; (*di veicoli*) Durchfahren *nt*, -fahrt *f*; (*di aerei*) Durchfliegen *nt*, -flug *m*; **essere di ~** auf der Durchfahrt sein; **vietato il ~** Durchgang verboten ③ (*il passare oltre*) Hinübergehen *nt*; (*di veicoli*) Über-

fahrt *f; ~* **a livello** Bahnübergang *m* ❹ (*movimento, traffico*) Verkehr *m* ❺ (*viaggio per nave, aereo*) [Schiffs-, Flug]reise *f* ❻ (*ospitalità su un veicolo*) Mitfahrt *f;* **dare un ~ a qu** jdn [im Auto] mitnehmen; **offrire un ~ a qu** jdm eine Mitfahrgelegenheit anbieten ❼ (*strada*) Durchgang *m*, Weg *m;* (*in mare*) [enge] Durchfahrt *f,* Passage *f; ~* **pedonale** Fußgängerüberweg *m*, Schutzweg *m* A ❽ (*fig: cambiamento*) Übergang *m,* Wechsel *m; ~* **di proprietà** Eigentumsübertragung *f* ❾ (LIT: *brano*) Passage *f,* Stelle *f* ❿ (MUS) Passage *f,* Stück *nt* ⓫ (*successione*) Übergang *m,* Aufeinanderfolge *f;* (PHYS) Übergang *m* ⓬ (SPORT) Pass *m,* Zuspiel[en] *nt* [des Balles]
**passamaneria** [passamane'ri:a] <-ie> *f* ❶ (*guarnizioni*) Posament *nt,* Besatzartikel *m* ❷ (*negozio*) Kurzwarenhandlung *f*
**passamano** [passa'ma:no] *m* ❶ (*nastrino*) Besatzborte *f* ❷ (*passaggio di cose*) Kette *f* [zum Weiterreichen von Gegenständen]
**passamontagna** [passamon'taɲɲa] <-> *m* Sturm-, Windhaube *f;* (*di giacca a vento*) Anorakkapuze *f*
**passante** [pas'sante] I. *mf* Passant(in) *m(f)* II. *m* Lasche *f,* Schlaufe *f*
**passaparola** [passapa'rɔ:la] <-> *m* ❶ (MIL) Durchgeben *nt* ❷ (*fig: gioco*) stille Post; **giocare a ~** stille Post spielen
**passaporto** [passa'pɔrto] *m* [Reise]pass *m*
**passare** [pas'sa:re] I. *vi essere* ❶ (*attraversare*) **~ per qc** durch etw gehen; (*veicoli*) durch etw fahren; **~ per la mente/il capo** durch den Sinn/Kopf gehen; **~ inosservato** (*fig*) unbemerkt bleiben; **~ sopra a qc** (*fig*) über etw *acc* hinweggehen; **di qui non si passa** hier geht es nicht durch ❷ (*transitare*) vorübergehen, vorbeigehen; (*veicoli*) vorbeifahren; (*venire brevemente*) vorbeikommen; **~ a prendere qu** (*fam*) jdn abholen kommen; **ti passo a salutare** ich komme auf einen Sprung bei dir vorbei *fam* ❸ (*entrare*) durch-, hereinkommen ❹ (*penetrare*) durchgehen, durchpassen ❺ (*trasferirsi*) umziehen, verziehen ❻ (*tramandarsi*) **~ da qu a qu** von jdm auf jdn übergehen; **~ alla storia** in die Geschichte eingehen ❼ (*trascorrere*) ver-, vorbeigehen ❽ (*cambiar stato*) **~ da qc a qc** von etw zu etw überwechseln; (*cambiare argomento*) von etw zu etw übergehen ❾ (*cessare*) vorbei-, vorübergehen; (*dolore*) vergehen; **~ di moda** aus der Mode kommen; **passo e chiudo** Ende der Durchsage ❿ (*essere accettabile*) durchgehen ⓫ (*scolaro*) versetzt werden, aufsteigen A; (*avanzare di grado*) aufsteigen, befördert werden; (*legge*) verabschiedet werden; **~ di ruolo** eine Planstelle bekommen ⓬ (*essere considerato*) **~ per bello** als schön gelten; **mi vuoi far ~ per stupido?** willst du mich für dumm verkaufen? *fam* ⓭ (*nei giochi*) passen; (SPORT) zuspielen, abgeben; **per questa volta passi** diesmal mag es [noch] durchgehen II. *vt avere* ❶ (*attraversare*) überschreiten, überqueren; (*con veicoli*) fahren über +*acc* ❷ (*sorpassare*) überholen; (*fig: superare*) überschreiten; **~ il segno** [*o* **la misura**] das Maß überschreiten; **ha passato i settanta** er/sie hat die siebzig überschritten ❸ (*trafiggere*) durchbohren ❹ (GASTR) passieren ❺ (*porgere*) reichen, geben; (*assegnare*) zukommen lassen; (*ordinazione*) erteilen ❻ (*patire*) durchmachen, erleiden; **passarne di tutti i colori** allerhand durchmachen; **passarsela male** (*fam*) schlechte Zeiten durchmachen ❼ (*notizia*) weitergeben, weitersagen; (*voce*) verbreiten; (SPORT: *palla*) zuspielen ❽ (*tempo, vacanze*) verbringen ❾ (*perdonare, accettare*) durchgehen lassen; (*legge*) verabschieden; (*provvedimento*) billigen; **~ qc sotto silenzio** etw verschweigen ❿ (*superare: esame*) bestehen; (*pericolo*) überstehen; **passarla liscia** (*fam*) mit heiler Haut davonkommen ⓫ (*scorrere*) durchsehen, überfliegen ⓬ (TEL) verbinden mit; **mi può ~ la signora Maier, per favore?** können Sie mich bitte mit Frau Maier verbinden?
**passata** [pas'sa:ta] *f* ❶ (*scorsa*) Überfliegen *nt* ❷ (*di straccio, cencio*) Darüberwischen *nt,* -gehen *nt,* -fahren *nt* ❸ (*di selvaggina*) Wildwechsel *m* ❹ (*breve applicazione*) [rascher] Anstrich *m* ❺ (GASTR) Creme[suppe] *f* ❻ (*avvenimento di breve durata*) Episode *f;* (*fig*) Anflug *m*
**passatello, -a** [passa'tɛllo] *agg* (*scherz*) nicht mehr der Jüngste
**passatempo** [passa'tɛmpo] *m* Zeitvertreib *m;* **per ~** zum Zeitvertreib
**passatistico, -a** [passa'tistiko] <-ci, -che> *agg* traditionalistisch
**passato** [pas'sa:to] *m* ❶ (*di tempo*) Vergangenheit *f* ❷ (LING) **~ prossimo** Passato prossimo *nt; ~* **remoto** Passato remoto *nt* ❸ (GASTR) Püree *nt,* Brei *m*
**passato, -a** *agg* ❶ (*trascorso*) vergangen, vorbei; (*settimana, anno*) vorige(r, s), letzte(r, s) ❷ (GASTR) passiert ❸ (*fig: anziano*) ältlich ❹ (*andato a male*) nicht mehr ganz frisch; (*guasto*) verdorben; (*frutta*) überreif

**passatoia** [passa'to:ia] <-oie> *f* ❶ (*tappeto*) Läufer *m* ❷ (FERR) Gleisübergang *m*
**passatrice** [passa'tri:tʃe] *f* (TEC) industrielle Passiermaschine
**passatutto** [passa'tutto] <-> *m* Passiermaschine *f*
**passaverdura, passaverdure** [passaver'du:ra, passaver'du:re] <-> *m* Passiermaschine *f*
**passeggero, -a** [passed'dʒɛ:ro] I. *agg* vorübergehend, vergänglich II. *m, f* Reisende(r) *f(m)*; (NAUT, AERO) Passagier(in) *m(f)*, Fahrgast *m*; **~ clandestino** blinder Passagier
**passeggiare** [passed'dʒa:re] *vi* spazieren [gehen] **passeggiata** [passed'dʒa:ta] *f* ❶ (*il passeggiare*) Spazierengehen *nt* ❷ (*percorso*) Spaziergang *m*; (*con veicolo*) Spazierfahrt *f* ❸ (*strada*) Promenade *f*, Spazierweg *m* ❹ (*fig: cosa facile*) Kinderspiel *nt* **passeggiatrice** [passeddʒa'tri:tʃe] *f* (*eufemismo*) Strichmädchen *nt* **passeggino** [passed'dʒi:no] *m* Kinderwagen *m*, Sportwagen *m*; **~ trekking** Buggy *m* **passeggio** [pas'seddʒo] <-ggi> *m* ❶ (*atto*) Spaziergang *m*; **andare a ~** spazieren gehen; **portare a ~** spazieren führen, ausführen ❷ (*luogo*) Promenade *f*, Spazierweg *m*
**passe-partout** [paspar'tu] <-> *m* ❶ (*chiave*) Hauptschlüssel *m*, Generalschlüssel *m* ❷ (*cornice*) Passepartout *nt*
**passera** ['passera] *f* ❶ (ZOO: *femmina del passero*) Sperlingsweibchen *nt*; (*pesce*) Flunder *f* ❷ (*vulg*) Möse *f*
**passeraio** [passe'ra:io] <-ai> *m* ❶ (*pigolio*) Gezwitscher *nt* ❷ (*fig: cicaleccio*) Schnattern *nt*
**passerella** [passe'rɛlla] *f* ❶ (*ponte*) Steg *m*, (kleine) Brücke *f* ❷ (NAUT) Bootssteg *m*, Laufgang *m*; (AERO) Gangway *f*, Laufgang *m*; (FERR) Gleisübergang *m*, Steg *m* ❸ (THEAT) [Bühnen]rampe *f* ❹ (*per indossatrici*) Laufsteg *m*
**passero, -a** ['passero] *m, f* Sperling *m*, Spatz *m* **passerotto** [passe'rɔtto] *m* ❶ (ZOO) [junger] Sperling *m* ❷ (*fam fig*) Spätzchen *nt*, Häschen *nt*
**passeur, passeuse** [pa'sœ:r, pa'sø:z] <- *o* passeurs> *m, f* ❶ (*merce*) Schmuggler(in) *m(f)* ❷ (*persone*) Schlepper(in) *m(f)*
**passi** ['passi] <-> *m* Passierschein *m*
**passibile** [pas'si:bile] *agg* **~ di** (JUR) strafbar mit; **prezzo ~ d'aumento** Preis, der sich erhöhen kann; **~ di miglioramenti** ausbaufähig

**passiflora** [passi'flɔ:ra] *f* Passionsblume *f*
**passim** ['passim] *avv* an verschiedenen Stellen
**passino** [pas'si:no] *m* (*fam*) Sieb *nt*
**Passio** ['passio] <-> *m* Passion *f*, Leidensgeschichte *f* Christi
**passionale** [passio'na:le] *agg* leidenschaftlich; (JUR: *delitto*) Affekt- **passionalità** [passionali'ta] <-> *f* Leidenschaftlichkeit *f*
**passione** [pas'sio:ne] *f* ❶ (*sofferenza*) Schmerz *m*, Leid[en] *nt*, Kummer *m* ❷ (*violento amore*) Leidenschaft *f*, leidenschaftliche Liebe ❸ (*grande interesse*) Leidenschaft *f*, Passion *f* ❹ (*persona*) [große] Liebe *f*, [große] Leidenschaft *f* ❺ (REL) Leiden *nt*
**passito, -a** [pas'si:to] *m, f* Beerenauslese *f*
**passivante** [passi'vante] *agg* (GRAM) passivierend
**passività** [passivi'ta] <-> *f* ❶ (*estraneità*) Passivität *f*, Teilnahmslosigkeit *f* ❷ (COM) Passiva *pl*, Schulden *fpl*
**passivo** [pas'si:vo] *m* ❶ (LING) Passiv *nt*, Leideform *f* ❷ (COM) Passiva *pl*; **chiudere in ~** mit Verlust abschließen
**passivo, -a** *agg* ❶ (*senza reazione*) passiv ❷ (LING) passiv[isch] ❸ (COM) passiv, Passiv-
**passo** ['passo] *m* ❶ (*movimento, spazio*) Schritt *m*; (*andatura*) Gangart *f*; (MIL) Gleichschritt *m*; **senza muovere un ~** ohne sich von der Stelle zu rühren; (*fig*) ohne einen Finger krumm zu machen; **a ~ d'uomo** im Schritttempo; **andare al ~** im Schritttempo fahren; **fare due** [*o* **quattro**] **-i** (*fig*) sich *dat* die Beine vertreten; **fare il ~ più lungo della gamba** (*fig*) sich überfordern; (*fare spese eccessive*) über seine Verhältnisse leben; **fare un ~ indietro** einen Rückzieher machen; **muovere i primi -i** (*a. fig*) erste Schritte tun; **procedere di buon ~** gut vorankommen; **tornare sui propri -i** [denselben Weg] zurückgehen; (*fig*) von vorne anfangen, sich das anders überlegen; **essere a pochi -i** wenige Schritte entfernt sein; **ad ogni ~** auf Schritt und Tritt; **~ ~** langsam; **un ~ dopo l'altro** Schritt für Schritt; **e via di questo ~** (*fam*) und so weiter und so fort ❷ (*impronta*) Fußstapfe *f*, [Fuß]spur *f* ❸ (TEC) Gewindegang *m* ❹ (MOT) Rad-, Achsstand *m* ❺ (FILM) Perforationsabstand *m* ❻ (LIT) [Text]stelle *f*, Passus *m* ❼ (MUS) Passage *f*, Stelle *f* ❽ (*fig: progresso*) Fortschritt *m* ❾ (*passaggio*) Durchgang *m*; (*con veicolo*) Durchfahrt *f*; **~ carrabile** [*o* **carraio**] Einfahrt *f*, Ausfahrt *f*; **aprirsi il ~ tra la folla** sich *dat* ei-

nen Weg durch die Menge bahnen ⑩ (*valico*) Pass *m* ⑪ (*braccio di mare*) Meeresstraße *f*
**password** ['pa:swə:d *o* 'pasword] <- *o* passwords> *f* (INFORM) Passwort *nt*
**pasta** ['pasta] *f* ① (GASTR: *impasto*) Teig *m*; (*alimentare*) Nudeln *fpl*, Teigwaren *fpl*; (*dolce*) [Fein]gebäck *nt*, Bäckerei *f* A; ~ **frolla** Mürb[e]teig *m*; ~ **sfoglia** Blätterteig *m* ② (*fig: indole*) Wesen *nt*, Charakter *m*; **essere della stessa ~** aus dem gleichen Holz geschnitzt sein ③ (*massa*) Masse *f*, Brei *m* ④ (*polpa di frutti*) Fruchtfleisch *nt*
**pastafrolla** [pasta'frɔlla] *f v.* **pasta**
**pastasciutta** [pastaʃˈʃutta] *f* Nudelgericht *nt* **pastasciuttaio, -a** [pastaʃ-ʃutˈtaːio] <-ai, -aie> *m, f* (*fam scherz*) Nudelfan *m*
**pasteggiare** [pastedˈdʒaːre] *vi* speisen
**pastella** [pasˈtɛlla] *f* Teig *m* (*aus Mehl, Wasser, Hefe*)
**pastello**[1] [pasˈtɛllo] *m* ① (*per dipingere*) Pastellfarbe *f*; (*matita*) Pastellstift *m* ② (*dipinto*) Pastell[bild] *nt*
**pastello**[2] <inv> *agg* pastellfarben, pastell-; **tinta ~** Pastellfarbe *f*
**pasticca** [pasˈtikka] <-cche> *f* Pastille *f*, Tablette *f*
**pasticcere** *m v.* **pasticciere**
**pasticceria** [pastitˌtʃeˈriːa] <-ie> *f* ① (*negozio*) Konditorei *f* ② (*assortimento*) [Fein]gebäck *nt*, Bäckerei *f* A
**pasticciare** [pastitˈtʃaːre] *vt* ① (*eseguire male*) hinhauen *fam* ② (*sporcare*) beklecksen, beschmieren
**pasticciato, -a** [pastitˈtʃaːto] *agg* mit Tomaten, Fleischsoße und Käse überbacken
**pasticciere, -a** [pastitˈtʃɛːre] *m, f* Konditor(in) *m(f)*, Feinbäcker(in) *m(f)*, Zuckerbäcker(in) *m(f)* A **pasticcino** [pastitˈtʃiːno] *m* Klein-, Feingebäck *nt*, Bäckerei *f* A
**pasticcio** [pasˈtittʃo] <-cci> *m* ① (GASTR) Pastete *f*; ~ **di maccheroni** Makkaroniauflauf *m*, Pastitsio *nt* ② (*fam fig: faccenda imbrogliata*) [schöne] Bescherung *f*, Schlamassel *m*; **mettersi nei -cci** (*fam*) sich in die Nesseln setzen ③ (*fig: lavoro mal fatto*) Hudelei *f fam*, Pfuscherei *f* ④ (MUS) Pasticcio *nt* **pasticcione, -a** [pastitˈtʃoːne] I. *m, f* (*fam*) ⑤ (*arruffone*) Pfuscher(in) *m(f)* ② (*confusionario*) Wirrkopf *m* II. *agg* (*fam*) Pfusch-
**pastiche** [pasˈtiʃ] <-> *m* (LIT) Pastiche *nt*; (MUS) Pasticcio *nt*

**pastiera** [pasˈtiɛːra] *f* neapolitanischer Osterkuchen aus Mürbeteig, gefüllt mit Quark, Vanillecreme und kandierten Früchten
**pastificare** [pastifiˈkaːre] *vt* (*paste*) herstellen
**pastificio** [pastiˈfiːtʃo] <-ci> *m* Teigwarenfabrik *f*, Nudelfabrik *f*
**pastiglia** [pasˈtiʎʎa] <-glie> *f* ① (*pasticca*) Pastille *f*, Tablette *f* ② (*contro le zanzare*) Mückenvertreibungsmittel *nt* ③ (MOT: *dei freni*) Bremsbelag *m* **pastigliatrice** [pastiʎʎaˈtriːtʃe] *f* (TEC) Tablettenpresse *f*, Tablettierautomat *m*
**pastina** [pasˈtiːna] *f* ① (*in brodo*) Suppennudeln *fpl* ② (*pasticcino*) Feingebäck *nt*, kleines Gebäck
**pasto** ['pasto] *m* Essen *nt*, Mahlzeit *f*; **vino da ~** Tisch-, Tafelwein *m*; **saltare il ~** eine Mahlzeit auslassen; **fare due -i al giorno** zwei Mahlzeiten am Tag zu sich nehmen
**pastoia** [pasˈtoːia] <-oie> *f* ① (*fig: impedimento*) Behinderung *f*, Fessel *f* ② (*fune*) [Fuß]fessel *f*
**pastone** [pasˈtoːne] *m* ① (*per animali*) Kleinfutter *nt* ② (*cibo troppo cotto*) verkochtes Essen, Mampf *m fam*, Pampe *f fam*
**pastora** *f v.* **pastore**
**pastorale** [pastoˈraːle] I. *agg* ① (LIT) Hirten-, Schäfer- ② (REL) pastoral, Bischofs- II. *f* ① (REL) Hirtenbrief *m* ② (MUS) Pastorale *f* III. *m* Hirtenstab *m*, Pastorale *nt*
**pastore, -a** [pasˈtoːre] *m, f* ① (*custode*) Hirte *m*/Hirtin *f*, Schäfer(in) *m(f)*; ~ **di pecore** Schafshirte *m(f)* ② (*cane*) Schäferhund *m*/-hündin *f* ③ (*fig: guida*) [An]führer(in) *m(f)* ④ (REL) Seelsorger(in) *m(f)*, Geistliche(r) *f(m)*, Pfarrer *m*; (*ministro*) Pastor(in) *m(f)*; ~ **di anime** Seelsorger *m*
**pastorella** [pastoˈrɛlla] *f* ① (*pecoraia*) Hirtenmädchen *nt*, kleine Schäferin ② (MUS) Pastorella *f* ③ (LIT) Pastorelle *f*
**pastorizia** [pastoˈrittsia] <-ie> *f* Viehzucht *f*; (*di ovini*) Schafzucht *f*
**pastorizzare** [pastoridˈdzaːre] *vt* pasteurisieren **pastorizzazione** [pastoriddzatˈtsioːne] *f* Pasteurisation *f*, Pasteurisierung *f*
**pastosità** [pastosiˈta] <-> *f* ① (*di pasta*) Teigigkeit *f* ② (*fig: di stile*) Weichheit *f*; (*di colore*) Zartheit *f*; (*di vino*) Vollmundigkeit *f* **pastoso, -a** [pasˈtoːso] *agg* ① (*molle ed elastico*) teigig, knetbar ② (*fig: colore, stile, voce*) weich, zart; (*vino*) vollmundig, samtig
**pastrano** [pasˈtraːno] *m* dicker Mantel

**pastrocchio** [pas'trɔkkio] <-cchi> *m* (*fam*) Kuddelmuddel *m o nt*
**pastura** [pas'tu:ra] *f* [Vieh]futter *nt*
**pat** [pat] *int* tätschel; **fare ~ ~ sulla spalla a qu** jdm die Schulter tätscheln
**patacca** [pa'takka] <-cche> *f* ① (*fam: distintivo*) Plakette *f*, billiger Orden ② (*fam fig: macchia*) [Fett-, Schmutz]fleck *m*
**pataccone** [patak'ko:ne] *m* (*fam scherz: grosso orologio*) Zwiebel *f*, Kartoffel *f*
**patata** [pa'ta:ta] *f* Kartoffel *f*, Erdapfel *m A*; **~ americana** [*o dolce*] Süßkartoffel *f*; **-e fritte** Pommes frites *pl*; **-e lesse** Salzkartoffeln *fpl*; **sacco di ~** (*fam*) Trampel *m o nt*, Trampeltier *nt* **patatina** [pata'ti:na] *f* kleine Kartoffel; **-e fritte** Kartoffelchips *mpl*
**patatrac** [pata'trak] I. <-> *m* Einsturz *m*, Zusammenbruch *m* II. *int* krach, plumps
**patella** [pa'tɛlla] *f* Napfschnecke *f*
**patema** [pa'tɛ:ma] <-i> *m* Kummer *m*, seelischer Schmerz
**patentato, -a** [paten'ta:to] *agg* ① (*munito di patente*) staatlich geprüft, zugelassen ② (*fam scherz*) ausgemacht, Ober-
**patente** [pa'tɛnte] *f* ① (ADM) Genehmigung *f*; (*licenza*) Lizenz *f*; **prendere la ~ di guida** den Führerschein machen; **~ a punti** Punkteführerschein *m* ② (*fig, scherz*) Stempel *m*; **dare a qu la ~ di bugiardo** jdn zum Lügner abstempeln
**patentino** [paten'ti:no] *m* vorläufiger Führerschein
**patereccio** [pate'rettʃo] <-cci> *m* Nagelbettentzündung *f*
**paternale** [pater'na:le] *f* Strafpredigt *f*, Standpauke *f fam*
**paternalismo** [paterna'lizmo] *m* ① (POL) Paternalismus *m* ② (*atteggiamento benevolo*) väterliche Fürsorglichkeit/Fürsorge *f*
**paternalistico, -a** [paterna'listiko] <-ci, -che> *agg* ① (POL) paternalistisch ② (*fig*) gönnerhaft
**paternità** [paterni'ta] <-> *f* ① (*condizione di padre*) Vaterschaft *f* ② (ADM) Name[n] *m* des Vaters ③ (*fig*) Urheberschaft *f*
**paterno, -a** [pa'tɛrno] *agg* ① (*del padre*) väterlich, Vater- ② (*da parte del padre*) väterlicherseits
**paternoster, pater noster** [pater'nɔster] <-> *m* Vaterunser *nt*, Paternoster *nt*
**paternostro** [pater'nɔstro] <-> *m* Vaterunser *nt*; (*del rosario*) Rosenkranzperle *f*; **sapere qc come il ~** etw aus dem Effeff können *fam*
**pateticità** [patetitʃi'ta] <-> *f* Pathetik *f*

**patetico, -a** [pa'tɛ:tiko] <-ci, -che> *agg* pathetisch
**pathos** ['pa:tos] *m* Pathos *nt*
**patibolare** [patibo'la:re] *agg* Galgen- **patibolo** [pa'ti:bolo] *m* Schafott *nt*; (*forca*) Galgen *m*
**patimento** [pati'mento] *m* Leiden *nt*, Schmerz *m*
**patina** ['pa:tina] *f* ① (*strato*) [dünne] Schicht *f*; (*su oggetti metallici*) Patina *f* ② (MED) [Zungen]belag *m* **patinare** [pati'na:re] *vt* (*metallo*) patinieren; (*carta*) satinieren **patinata** [pati'na:ta] *f* (TYP) Probedruck *m* auf Kunstdruckpapier **patinatura** [patina'tu:ra] *f* (*di carta*) Satinage *f*, Satinieren *nt*; (*di metallo*) Patinierung *f*
**patino** [pa'ti:no] *m v.* **pattino**
**patire** [pa'ti:re] <patisco> I. *vt* (*offesa, torto*) erleiden, ertragen; (*fame, sete*) leiden; (*freddo, caldo*) leiden unter +*dat* II. *vi* leiden **patito, -a** [pa'ti:to] I. *agg* abgemagert; (*faccia*) eingefallen II. *m, f* [leidenschaftlicher] Fan *m*
**patogeno, -a** [pa'tɔ:dʒeno] *agg* krankheitserregend, pathogen
**patologa** *f v.* **patologo**
**patologia** [patolo'dʒi:a] <-gie> *f* Pathologie *f* **patologico, -a** [pato'lɔ:dʒiko] <-ci, -che> *agg* ① (MED) pathologisch, krankhaft ② (*fig, scherz*) außergewöhnlich **patologizzare** [patolodʒit'tsa:re] *vt* pathologisieren **patologo, -a** [pa'tɔ:logo] <-gi, -ghe> *m, f* Pathologe *m*/Pathologin *f*
**patomorfosi** [patomor'fɔ:si] <-> *f* (MED) Symptomveränderungen *fpl*
**patos** *m v.* **pathos**
**patria** ['pa:tria] <-ie> *f* ① (*nazione*) Vaterland *nt*; (*città, paese*) Heimatstadt *f*, Geburtsort *m* ② (*luogo d'origine*) Heimat *f*; (*di cosa*) Herkunftsland *nt*; **~ d'elezione** Wahlheimat *f*; **la madre ~** das Mutterland *nt*
**patriarca** [patri'arka] <-chi> *m* (*capo*) Patriarch *m*, Oberhaupt *nt*; (*capostipite*) Erz-, Stammvater *m* **patriarcale** [patriar'ka:le] *agg* patriarchalisch, Patriarchen- **patriarcato** [patriar'ka:to] *m* Patriarchat *nt*
**patrigno** [pa'triɲɲo] *m* Stiefvater *m*
**patrimoniale** [patrimo'nia:le] I. *agg* Vermögens- II. *f* Vermögenssteuer *f* **patrimonio** [patri'mɔ:nio] <-i> *m* ① (COM) Vermögen *nt*, Kapital *nt* ② (BIOL) Erbgut *nt* ③ (*fig: ricchezza*) Reichtum *m*, Schätze *mpl*
**patrio, -a** ['pa:trio] <-ii, -ie> *agg* (*obs*) ① (*del padre*) väterlich ② (*della patria*) vaterländisch, Vaterlands-, Heimat-; **-a**

patriota → pavido

**potestà** (JUR) väterliche Gewalt; **ritornare ai -ii lidi** zu den heimatlichen Gestaden zurückkehren *geh*
**patriota** [patri'ɔ:ta] <-i *m*, -e *f*> *mf* Patriot(in) *m(f)* **patriottardo, -a** [patriot'tardo] I. *agg* chauvinistisch, übertrieben patriotisch II. *m, f* fanatische(r) Patriot(in) *m(f)*, Chauvinist(in) *m(f)* **patriottico, -a** [patri'ɔttiko] <-ci, -che> *agg* patriotisch **patriottismo** [patriot'tizmo] *m* Patriotismus *m*
**patrizia** *f v.* **patrizio**
**patriziato** [patrit'tsia:to] *m* Patriziat *nt*
**patrizio, -a** [pa'trittsio] <-i, -ie> I. *agg* patrizisch, Patrizier- II. *m, f* Patrizier(in) *m(f)*
**patrocinare** [patrotʃi'na:re] *vt* ① (JUR) [vor Gericht] verteidigen ② (*sostenere*) begünstigen, befürworten; (*iniziativa*) unterstützen **patrocinatore, -trice** [patrotʃina'to:re] *m, f* ① (JUR) Rechtsbeistand *m*, Verteidiger(in) *m(f)* ② (*fig*) Verfechter(in) *m(f)*, Befürworter(in) *m(f)* **patrocinio** [patro'tʃi:nio] <-i> *m* ① (JUR) Verteidigung *f*, Rechtsbeistand *m* ② (REL) Schutzherrschaft *f* eines Heiligen
**patrona** *f v.* **patrono**
**patronato** [patro'na:to] *m* ① (*istituzione assistenziale*) Fürsorgeeinrichtung *f*, Hilfswerk *nt* ② (*protezione*) Schirmherrschaft *f*, Patronat *nt* **patronessa** [patro'nessa] *f* ① (*socia di patronato*) Förderin *f* [*o* Mitglied *nt*] eines Hilfswerkes ② (*protettrice*) Schirmherrin *f* **patrono, -a** [pa'trɔ:no] *m, f* ① (*protettore*) Schirmherr(in) *m(f)*; (REL) Schutzpatron(in) *m(f)* ② (*socio di patronato*) Förderer *m*/Förderin *f* eines Hilfswerkes
**patta** ['patta] *f* ① (*di tasca*) Patte *f* ② (*pareggio*) Patt *nt*, Unentschieden *nt*
**patteggiare** [patted'dʒa:re] I. *vt* aushandeln, verhandeln über +*acc* II. *vi* verhandeln, Verhandlungen führen
**pattinaggio** [patti'naddʒo] <-ggi> *m* (*a rotelle*) Rollschuhlaufen *nt*; (*su ghiaccio*) Schlittschuhlaufen *nt*; **~ in linea** Inlineskating *nt* **pattinare** [patti'na:re] *vi* ① (*a rotelle*) Rollschuh laufen; (*su ghiaccio*) Schlittschuh laufen; **~ inline** skaten, Inliner fahren ② (MOT: *scivolare*) schleudern, rutschen **pattinatore, -trice** [pattina'to:re] *m, f* (*a rotelle*) Rollschuhläufer(in) *m(f)*; (*su ghiaccio*) Schlittschuhläufer(in) *m(f)*
**pattino**¹ ['pattino] *m* ① (*a rotelle*) Rollschuh *m*; (*da ghiaccio*) Schlittschuh *m*; **-i in linea** Inlineskater *mpl* ② (*di slitta, aereo*) Kufe *f* ③ (TEC) [Gleit]schuh *m*
**pattino**² [pat'ti:no] *m* (*barca*) Tretboot *m*
**patto** ['patto] *m* ① (*accordo*) Vereinbarung *f*, Übereinkunft *f*; **venire** [*o* **scendere**] **a -i con qu** mit jdm übereinkommen ② (POL) Pakt *m*, Vertrag *m*; **Patto Atlantico** Atlantisches Bündnis, [Nord]atlantikpakt; **~ di non aggressione** Nichtangriffspakt; **~ di bilancio** (EU) Fiskalpakt; **~ di stabilità e di crescita** (EU) Stabilitäts- und Wachstumspakt ③ (*condizione*) Bedingung *f*; **a ~ che ...** +*conj* unter der Bedingung, dass ...; **a nessun ~** unter keiner Bedingung
**pattuglia** [pat'tuʎʎa] <-glie> *f* Patrouille *f*, Streife *f*; **~ stradale** Verkehrsstreife *f*; **~ di ricognizione** Spähtrupp *m*; **essere di ~** auf Streife sein **pattugliare** [pattuʎ'ʎa:re] I. *vi* patrouillieren II. *vt* absuchen
**pattuire** [pattu'i:re] <pattuisco> *vt* abmachen, vereinbaren
**pattuito** [pattu'i:to] *m* vereinbarte Summe
**pattuito, -a** *agg* ausgehandelt, vereinbart
**pattume** [pat'tu:me] *m* Müll *m*, Abfall *m*
**pattumiera** [pattu'miɛ:ra] *f* Müll-, Abfalleimer *m*
**pauperismo** [paupe'rizmo] *m* ① (*povertà*) Massenarmut *f*, Pauperismus *m geh* ② (REL) Armut *f*, Besitzlosigkeit *f*
**pauperizzazione** [pauperiddzat'tsio:ne] *f* zunehmende Verarmung [*o* Verelendung]
**paura** [pa'u:ra] *f* Angst *f*, Furcht *f*; **una ~ da morire** eine Sterbensangst; **una ~ del diavolo** eine Höllenangst; **avere ~ di qc/qu** Angst vor etw/jdm haben; **aver ~ che ...** +*conj* befürchten, dass ..., Angst haben, dass ...; **per ~ che ...** +*conj* aus Angst, dass ...; **fare ~ a qu** jdm Angst machen; **mettere ~ a qu** jdm Angst einjagen; **da far ~** schrecklich, zum Fürchten **pauroso, -a** [pau'ro:so] *agg* ① (*spaventoso*) Angst erregend, Furcht erregend ② (*timoroso*) ängstlich, furchtsam ③ (*fig: straordinario*) unglaublich, sagenhaft
**pausa** ['pa:uza] *f* Pause *f*, [kurze] Unterbrechung *f*; (*sosta*) Stockung *f*, Stillstand *m*; **~ caffè** Kaffeepause *f*
**pavé** [pa've] <-> *m* [Straßen]pflaster *nt*
**paventare** [paven'ta:re] *vt* (*poet*) fürchten
**pavesare** [pave'za:re] *vt* beflaggen
**pavese** I. *mf* (*abitante*) Einwohner(in) *m(f)* von Pavia II. *agg* aus Pavia
**Pavese** <*sing*> *m* Umgebung *f* von Pavia
**Pavia** *f* Pavia *nt* (*Stadt in der Lombardei*)
**pavido, -a** ['pa:vido] *agg* (*poet*) ängstlich, furchtsam

**pavimentare** [pavimen'ta:re] *vt* (*stanza*) [mit Fußboden] belegen; (*strada*) pflastern
**pavimentazione** [pavimentat'tsjo:ne] *f* Pflaster *nt*, Pflasterung *f*
**pavimentista** [pavimen'tista] <-i *m*, -e *f*> *mf* Fußbodenleger(in) *m(f)*, Pflasterer *m*
**pavimento** [pavi'mento] *m* Fußboden *m*, Boden[belag] *m*
**pavona** [pa'vo:na] *f* Pfauenhenne *f*
**pavone**[1] [pa'vo:ne] *m* (ZOO) Pfau *m;* **fare il ~** sich brüsten, sich aufplustern *fam*
**pavone**[2] <inv> *agg* (*colore*) pfauenblau, -grün
**pavoneggiarsi** [pavoned'dʒarsi] *vr* sich aufplustern *fam*, sich brüsten **pavonessa** [pavo'nessa] *f v.* **pavona**
**pay TV** ['pei ti:'vi] <-> *f* Pay-TV *nt* (*nur gegen Gebühr zu empfangendes Privatfernsehen*)
**pazientare** [pattsien'ta:re] *vi* Geduld haben, sich gedulden **paziente** [pat'tsiɛnte] I. *agg* ① (*persona*) geduldig ② (*lavoro, ricerca*) mühselig; (*con precisione*) sorgfältig II. *mf* Patient(in) *m(f)* **pazienza** [pat'tsiɛntsa] *f* Geduld *f;* (*a precisione*) Sorgfalt *f;* **~!** (*fam*) da kann man nichts machen!; **perdo [*o* mi scappa] la ~** ich verliere die Geduld, mir reißt der Geduldsfaden
**pazza** *f v.* **pazzo**
**pazzerello, -a** [pattse'rɛllo] *agg* (*fam*) ein wenig verrückt; (*scherz: tempo*) launisch, launenhaft **pazzerellone, -a** [pattserel'lo:ne] I. *m, f* (*fam*) lustiger Kauz II. *agg* (*fam*) närrisch, verrückt
**pazzesco, -a** [pat'tsesko] <-schi, -sche> *agg* ① (*di, da pazzo*) verrückt ② (*fam*) unglaublich, wahnsinnig
**pazzia** [pat'tsi:a] <-ie> *f* ① (MED) Wahnsinn *m* ② (*azione stravagante*) Verrücktheit *f*, Torheit *f* ③ (*fig: assurdità*) Unsinn *m* **pazzo, -a** ['pattso] I. *agg* ① (MED) wahnsinnig, verrückt; (*insensato*) unsinnig, verrückt; **essere ~ da legare** vollkommen verrückt sein ② (*fig: stravagante*) verrückt, extravagant; (*tempo*) unbeständig; (*spese*) wahnsinnig; **essere innamorato ~ di qu** wahnsinnig in jdn verliebt sein; **andare ~ per qc** verrückt nach etw [*o* auf etw *acc*] sein; **darsi alla -a gioia** sich ins Vergnügen stürzen II. *m, f* ① (MED) Wahnsinnige(r) *f(m)*, Irre(r) *f(m)* ② (*fig*) Verrückte(r) *f(m)*, Narr *m/*Närrin *f*
**p.c.** *abbr di* **per conoscenza** z.K.
**p/c** *abbr di* **per conto** für
**PC** <-> *m abbr di* **personal computer** PC *m*

**p.c.c.** *abbr di* **per copia conforme** f.d.R.d.A.
**PCI** *m* (HIST) *abbr di* **Partito Comunista Italiano** ehemalige kommunistische Partei Italiens
**PCUS** *m abbr di* **Partito Comunista dell'Unione Sovietica** KPdSU *f*
**PDCI** *m abbr di* **Partito dei Comunisti Italiani** kommunistische Partei Italiens
**PDS** *m abbr di* **Partito Democratico della Sinistra** sozialistisch-kommunistische Partei Italiens
**PdUP** *m abbr di* **Partito d'Unità Proletaria per il Comunismo** italienische Linkspartei
**pecca** ['pɛkka] <-cche> *f* Fehler *m*, Makel *m;* **avere le proprie -cche** nicht fehlerlos sein, [seine] Macken haben *fam*
**peccaminoso, -a** [pekkami'no:so] *agg* (*pensiero, vita*) sündig, sündhaft; (*lettura, film*) Schund-
**peccare** [pek'ka:re] *vi* ① (REL) sündigen ② (*commettere errori*) Fehler begehen; **~ di leggerezza** leichtsinnig sein; **~ di presunzione** überheblich sein; **~ per [la] troppa bontà** zu gutmütig sein **peccato** [pek'ka:to] *m* ① (REL) Sünde *f;* **~ capitale** Hauptsünde *f;* **~ mortale** Todsünde *f;* **~ originale** Erbsünde *f* ② (*errore*) Fehltritt *m*, Fehler *m* ③ (*fig: inopportunità*) Unangebrachtheit *f*, Sünde *f;* (*disappunto*) Jammer *m;* **che ~!** welch ein Jammer!, wie schade!; **è un ~ che ...** +*conj* es ist schade, dass ... **peccatore, -trice** [pekka'to:re] I. *agg* sündig, sündhaft II. *m, f* Sünder(in) *m(f)*
**pece** ['pe:tʃe] *f* Pech *nt;* **nero come la ~** pechschwarz
**pechinese** [peki'ne:se] I. *agg* aus [*o* von] Peking; **cane ~** Pekinese *m* II. *mf* ① (*abitante*) Einwohner(in) *m(f)* Pekings ② (ZOO) Pekinese *m*
**Pechino** [pe'ki:no] *f* Peking *nt*
**pecora** ['pɛkora] *f* ① (ZOO) Schaf *nt;* **~ nera** (*fig*) schwarzes Schaf (*fig, pej*) Duckmäuser *m*, Schwächling *m* **pecoraggine** [peko'raddʒine] *f* Mitläufertum *nt*, Duckmäuserei *f* **pecoraio, -a** [peko'ra:io] <-ai, -aie> *m, f* Schäfer(in) *m(f)*, Schafhirte *m*, -hirtin *f* **pecorella** [peko'rɛlla] *f* ① (ZOO) Schäfchen *nt*, Schäflein *nt;* **la ~ smarrita** das verlorene Schaf ② (*fig: nuvoletta*) Schäfchenwolke *f*
**pecorino** [peko'ri:no] *m* Schaf[s]käse *m*
**pecorino, -a** *agg* Schafs-, vom Schaf
**pecorone** [peko'ro:ne] *m* [großer] Feigling *m*

**pectina** [pek'ti:na] *f* Pektin *nt*
**peculato** [peku'la:to] *m* Unterschlagung *f* [im Amt], Veruntreuung *f* [im Amt]
**peculiare** [peku'lia:re] *agg* charakteristisch, eigentümlich **peculiarità** [pekulia-ri'ta] <-> *f* Besonderheit *f*, Eigentümlichkeit *f*
**peculio** [pe'ku:lio] <-i> *m* (*fam scherz*) Spargroschen *m*, Sparpfennig *m*
**pecuniario, -a** [peku'nia:rio] <-i, -ie> *agg* Geld-
**pedaggio** [pe'daddʒo] <-ggi> *m* Maut *f*, Straßengebühr *f*; **~ autostradale** Autobahngebühr *f*; **a ~** maut-, gebührenpflichtig
**pedagogia** [pedago'dʒi:a] <-gie> *f* Pädagogik *f*, Erziehungswissenschaft *f* **pedagogico, -a** [peda'gɔ:dʒiko] <-ci, -che> *agg* pädagogisch, Erziehungs-
**pedalare** [peda'la:re] *vi* in die Pedale treten **pedalata** [peda'la:ta] *f* Pedaltritt *m*, Treten *nt* in die Pedale
**pedale** [pe'da:le] *m* Pedal *nt*; **~ del freno** Bremspedal *nt*; **a ~** Tret-, Pedal- **pedaliera** [peda'liɛ:ra] *f* ❶ (*di bicicletta*) Fahrradpedale *ntpl* ❷ (MOT) Pedalerie *f*
**pedalino** [peda'li:no] *m* (*dial*) Socke *f*
**pedalò** [peda'lo] <-> *m* (SPORT, NAUT) Tretboot *nt*; **fare un giro in ~** einen Ausflug im Tretboot machen
**pedalone** [peda'lo:ne] *m v.* **pedalò**
**pedana** [pe'da:na] *f* ❶ (*struttura*) Fußbrett *nt* ❷ (SPORT) Sprungbrett *nt* ❸ (*tappeto*) Fußteppich *m*, Läufer *m*
**pedante** [pe'dante] I. *agg* pedantisch, kleinlich II. *m, f* Pedant(in) *m(f)*, Klein[igkeits]krämer(in) *m(f)* **pedanteria** [pedante'ri:a] <-ie> *f* Pedanterie *f*, Kleinigkeitskrämerei *f* **pedantesco, -a** [pedan'tesko] <-schi, -sche> *agg* pedantisch, schulmeisterlich
**pedata** [pe'da:ta] *f* ❶ (*calcio*) Fußtritt *m*; **prendere qu a -e** jdn mit Fußtritten traktieren ❷ (*impronta*) Fußabdruck *m*, Fußspur *f*
**pedemontano, -a** [pedemon'ta:no] *agg* am Fuße einer Bergkette liegend
**pederasta** [pede'rasta] <-i> *m* Päderast *m*
**pedestre** [pe'dɛstre] *agg* ❶ (*lavoro, discorso*) gewöhnlich, gemein; (*a. fig*) platt, trivial ❷ (*milizia*) Fuß-
**pediatra** [pe'dia:tra] <-i *m*, -e *f*> *mf* Kinderarzt *m*/-ärztin *f* **pediatria** [pedia'tri:a] <-ie> *f* Kinderheilkunde *f*, Pädiatrie *f* **pediatrico, -a** [pe'dia:triko] <-ci, -che> *agg* Kinder-, pädiatrisch

**pedicure** [pedi'ku:re] <-> I. *f* Fußpflege *f*, Pediküre *f* II. *mf* Fußpfleger(in) *m(f)*
**pediluvio** [pedi'lu:vio] <-i> *m* Fußbad *nt*; **fare un ~** ein Fußbad nehmen
**pedina** [pe'di:na] *f* ❶ (*da gioco*) Spielstein *m*; (*negli scacchi*) Figur *f* ❷ (*fig: strumento*) Werkzeug *nt*, Marionette *f*
**pedinare** [pedi'na:re] *vt* bespitzeln, beschatten
**pedissequo, -a** [pe'dissekuo] *agg* sklavisch genau; (*traduzione, imitazione*) wortgetreu, wörtlich, Wort-für-Wort-
**pedonale** [pedo'na:le] *agg* Fußgänger-; **isola** [*o* **zona**] **~** Fußgängerzone *f*; **strisce -i** Zebrastreifen *m*, Schutzweg *m A* **pedonalizzare** [pedonalid'dza:re] *vt* zur Fußgängerzone erklären **pedonalizzazione** [pedonaliddzat'tsio:ne] *f* Verkehrsberuhigung *f*
**pedone** [pe'do:ne] *m* ❶ (*persona*) Fußgänger *m*; **zona riservata ai -i** Fußgängerzone *f* ❷ (*negli scacchi*) Bauer *m*
**pedonizzazione** [pedoniddzat'tsio:ne] *f v.* **pedonalizzazione**
**pedopornografia** [pɛdopornogra'fi:a] <-ie> *f* Kinderpornographie *f*
**peduncolo** [pe'duŋkolo] *m* ❶ (BOT) Stiel *m*, Stängel *m* ❷ (ANAT) Fortsatz *m*
**peeling** ['piliŋ] <-> *m* (MED) Peeling *nt*; **fare il ~** ein Peeling durchführen
**peggio** ['pɛddʒo] *comparativo di* **male**[1] I. *avv* schlechter, schlimmer; **andare di male in ~** immer schlimmer werden; **cambiare in ~** sich verschlechtern, sich zu seinem Nachteil verändern; **alla [meno] ~** schlecht und recht, hudelig *fam*; **tanto ~ per lui!** (*fam*) umso schlimmer für ihn! II. <inv> *agg* schlimmer, schlechter III. <-> *m o f* Schlimmste(s) *nt*, Schlechteste(s) *nt*; **aver la ~** den Kürzeren ziehen; **per il ~** im schlimmsten Fall **peggioramento** [peddʒora'mento] *m* Verschlechterung *f*, Verschlimmerung *f* **peggiorare** [peddʒo'ra:re] I. *vt* avere verschlechtern, schlechter machen II. *vi* essere sich verschlechtern, schlechter werden; (*aggravare*) sich verschlimmern
**peggiorativo** [peddʒora'ti:vo] *m* Pejorativum *nt*, Deteriorativum *nt*
**peggiorativo, -a** *agg* (LING) pejorativ, abwertend
**peggiore** [ped'dʒo:re] *comparativo di* **cattivo, -a** I. *agg* ❶ (*comparativo*) schlechter, schlimmer; (*meno capace*) unfähiger; (*più scadente*) weniger wert; (*meno opportuno*) unpassender ❷ (*superlativo*) schlechteste(r, s), schlimmste(r, s); **nel ~**

**dei casi** im schlimmsten Fall II. *mf* Schlimmste(r) *f(m)*, Übelste(r) *f(m)*
**pegno** ['peɲɲo] *m* Pfand *nt*; (*a. fig*) Unterpfand *nt*
**pel** <-> *m* (INFORM) Pixel *nt*
**pelame** [pe'la:me] *m* Fell *nt*
**pelandrone, -a** [pelan'dro:ne] *m, f* (*fam*) Drückeberger(in) *m(f)*; (*fannullone*) Faulpelz *m*
**pelapatate** [pelapa'ta:te] <-> *m* Kartoffelschäler *m*
**pelare** [pe'la:re] I. *vt* ❶ (*patate, castagne*) schälen, pellen ❷ (*pollo*) rupfen; (*selvaggina*) häuten ❸ (*fig: viso*) die Haut aufspringen lassen ❹ (*tagliare a zero*) kahl scheren II. *vr* **-rsi** ❶ (*perdere i capelli*) das Haar verlieren; (*animali*) sich haaren ❷ (*spellarsi*) sich häuten, sich schälen
**pelata** [pe'la:ta] *f* ❶ (*calvizie*) Glatze *f* ❷ (*il pelare*) Enthaaren *nt*; (*di pollo*) Rupfen *nt*; **ti hanno dato una bella ~!** (*fam scherz*) da haben sie dich ganz schön geschröpft! *fam*; (*dal parrucchiere*) dich haben sie aber ordentlich geschoren! *fam*
**pelati** [pe'la:ti] *mpl* (GASTR) geschälte Tomaten *fpl*
**pelato** [pe'la:to] *m* (*calvo*) Glatzkopf *m* *fam*
**pelato, -a** *agg* ❶ (*testa*) kahl, Glatz- ❷ (GASTR) geschält, gepellt
**pelatrice** [pela'tri:tʃe] *f* (TEC) Schälmaschine *m*
**pelatura** [pela'tu:ra] *f* Pellen *nt*, Schälen *nt*
**pellaccia** [pel'lattʃa] <-cce> *f* (*fam: persona astuta*) durchtriebener Mensch *m*; (*persona resistente*) zähe Natur *f*
**pellaio, -a** [pel'la:io] <-ai, -aie> *m, f* ❶ (*conciatore*) Gerber(in) *m(f)* ❷ (*venditore*) Fellhändler(in) *m(f)*, Fellverkäufer(in) *m(f)*
**pellame** [pel'la:me] *m* ❶ (*pelli conciate*) Leder *nt* ❷ (*pej*) Haut *f*
**pelle** ['pɛlle] *f* ❶ (*cute*) Haut *f*; **avere la ~ dura** (*fig*) ein dickes Fell haben; **avere la ~ d'oca** (*fig*) eine Gänsehaut haben; **esser [ridotto] ~ ed ossa** nur noch Haut und Knochen sein; **non stare più nella ~** (*fig*) es nicht mehr abwarten können ❷ (*pellame*) Leder *nt*, [gegerbtes] Fell *nt*; **~ di camoscio** Wildleder *nt*; **~ di daino** Hirschleder *nt*; **oggetti di [o in] ~** Lederwaren *fpl* ❸ (*fam fig: vita*) Leben *nt*, Haut *f*; **amici per la ~** Busenfreunde *mpl*; **lasciarci [o rimetterci] la ~** sein Leben dabei einbüßen [o verlieren]; **salvar la ~** mit heiler Haut davonkommen ❹ (*buccia*) Schale *f*, Haut *f*
**pellegrina** *f v.* **pellegrino**
**pellegrinaggio** [pellegri'naddʒo] <-ggi> *m* Wallfahrt *f*, Pilgerfahrt *f* **pellegrino, -a** [pelle'gri:no] *m, f* Pilger(in) *m(f)*, Wallfahrer(in) *m(f)*
**pellerossa** [pelle'rossa] <pellirosse> *mf* Rothaut *f*
**pellet** ['pelit] <- *o* pellets> *m* (TEC) Pellets *ntpl*, Kugelsinter *m*
**pelletizzare** [pelletid'dza:re] *vt* (TEC) pelletisieren
**pelletteria** [pellette'ri:a] <-ie> *f* ❶ (*industria*) Leder[waren]industrie *f* ❷ (*assortimento*) Lederwaren *fpl* ❸ (*negozio*) Lederwarengeschäft *nt* **pellettiere, -a** [pellet'tiɛ:re] *m, f* ❶ (*produttore*) Lederwarenfabrikant(in) *m(f)* ❷ (*venditore*) Lederwarenhändler(in) *m(f)*
**pellicano** [pelli'ka:no] *m* Pelikan *m*
**pellicceria** [pellittʃe'ri:a] <-ie> *f* ❶ (*lavorazione*) Kürschnerei *f* ❷ (*negozio*) Pelz[waren]geschäft *nt* ❸ (*assortimento*) Pelzwaren *fpl*, Pelze *mpl* **pelliccia** [pel'littʃa] <-cce> *f* Fell *nt*; (*indumento*) Pelz[mantel] *m*; **~ ecologica** Webpelz *m*
**pellicciaio, -a** [pellit'tʃa:io] <-ciai, -ciaie> *m, f* ❶ (*negoziante*) Pelzhändler(in) *m(f)* ❷ (*confezionista*) Kürschner(in) *m(f)* ❸ (*conciatore*) Gerber(in) *m(f)*
**pellicola** [pel'li:kola] *f* ❶ (FOTO, FILM) Film *m* ❷ (*pelle sottile*) dünne Haut, Häutchen *nt* ❸ (*strato sottile*) Film *m*
**pellirossa** [pelli'rossa] *mf v.* **pellerossa**
**pellirosse** *pl di* **pellerossa, pellirossa**
**pelo** ['pe:lo] *m* ❶ (*di uomo*) [Körper]haar *nt*; (*di animale*) [Tier]haar *nt*; **per un ~, c'è mancato un ~ che ... +***conj* (*fam fig*) um ein Haar ..., mit Mühe und Not; **non avere -i sulla lingua** (*fig*) kein Blatt vor den Mund nehmen; **cercare il ~ nell'uovo** (*fig*) ein Haar in der Suppe finden ❷ (*pelame*) Fell *nt*; (*pelliccia*) Pelz *m*; **la volpe [o il lupo] perde il ~, ma non il vizio** (*prov*) die Katze lässt das Mausen nicht ❸ (BOT) Härchen *ntpl*, Flaum *m* ❹ (*fig: superficie*) Oberfläche *f* **peloso, -a** [pe'lo:so] *agg* behaart, haarig
**peltro** ['peltro] *m* Hartzinn *nt*
**peluche** [pə'luʃ] <-> *m* Plüsch *m*
**peluria** [pe'lu:ria] <-ie> *f* Flaum *m*
**pelvi** ['pɛlvi] <-> *f* (ANAT) Becken *nt* **pelvico, -a** ['pɛlviko] <-ci, -che> *agg* Becken-
**pena** ['pe:na] *f* ❶ (*punizione*) Strafe *f*, Bestrafung *f*; **~ capitale [o di morte]** Todesstrafe *f*; **~ pecuniaria** Geldstrafe *f* ❷ (*sofferenza*) Leid[en] *nt*, Qual *f*, Kummer *m*;

-e d'amore Liebeskummer *m;* fare ~ a qu jdm leidtun; soffrire le -e dell'inferno Höllenqualen erleiden ❸ (*angoscia, pietà*) Sorge *f,* Mitleid *nt;* essere [*o* stare] in - per qu in Sorge um jdn sein ❹ (*fatica, stento*) Anstrengung *f;* (*disturbo*) Mühe *f;* a gran ~ mit Mühe und Not; a mala ~ mit knapper Not; valere la ~ sich lohnen, der Mühe wert sein

penale [pe'na:le] I. *agg* Straf-, strafrechtlich; azione ~ strafbare Handlung; causa ~ Strafsache *f;* il codice ~ das Strafgesetzbuch II. *f* Strafe *f,* Strafbestimmung *f* penalista [pena'lista] <-i *m,* -e *f*> *mf* Strafrechtler(in) *m(f)* penalità [penali'ta] <-> *f* ❶ (JUR) Strafe *f;* (*sanzione*) Konventionalstrafe *f,* Vertragsstrafe *f* ❷ (SPORT) Strafe penalizzare [penalid'dza:re] *vt* mit einer Strafe belegen penalizzazione [penaliddzat'tsio:ne] *f* (SPORT) Strafe *f*

penalty ['penəlti] <-> *f* Strafstoß *m,* Penalty *m*

penare [pe'na:re] *vi* leiden, [viel] durchmachen

pencolare [peŋko'la:re] *vi* ❶ (*oscillare*) wanken, schwanken ❷ (*fig: essere indeciso*) schwanken, unentschieden sein

pen computer [pɛn kom'pjuter] <-> *m* (INFORM) Palmcomputer *m*

pendaglio [pen'daʎʎo] <-gli> *m* Anhängsel *nt,* Anhänger *m*

pendant [pā'dā] <-> *m* Pendant *nt,* Gegenstück *nt;* fare il [*o* da] ~ a qc das Pendant zu etwas bilden

pendente [pen'dɛnte] I. *agg* ❶ (*che pende*) [herab]hängend; (*inclinato*) geneigt, schief; la torre ~ der schiefe Turm [von Pisa] ❷ (JUR) anhängig, schwebend ❸ (*conto, causa*) offen[stehend]; crediti -i Außenstände *mpl* II. *m* Ohrgehänge *nt* pendenza [pen'dɛntsa] *f* ❶ (*inclinazione*) Gefälle *nt;* (MAT) Neigung *f* ❷ (JUR) anhängiges Verfahren ❸ (COM) Schuld *f,* offene Rechnung ❹ (*fig: questione non risolta*) offene Frage

pendere ['pɛndere] *vi* ❶ (*essere appeso*) ~ da qc an etw *dat* hängen, von etw herabhängen ❷ (*essere inclinato*) schief stehen, sich neigen ❸ (*fig: incombere*) ~ su qu jdm bevorstehen ❹ (JUR) anhängig sein ❺ (*fig: propendere*) ~ verso qc zu etw neigen; ~ dalla parte di qu jdn vorziehen pendici [pen'di:tʃi] *fpl* [Ab]hang *m* pendio [pen'di:o] <-ii> *m* ❶ (*pendenza*) Gefälle *nt* ❷ (*luogo*) [Ab]hang *m*

pendola ['pɛndola] *f* Pendeluhr *f*

pendolare[1] [pendo'la:re] *vi* pendeln

pendolare[2] I. *agg* ❶ (*moto*) Pendel-, pendelnd ❷ (*fig: con fasi alterne*) Wechsel-, schwankend II. *mf* Pendler(in) *m(f)*

pendolarismo [pendola'rizmo] *m* Pendelbewegung *f,* Pendeln *nt* pendolarità [pendolari'ta] <-> *f v.* pendolarismo

pendolino [pendo'li:no] *m* ❶ *dim di* pendolo [kleines] Pendel *nt* ❷ (ZOO: *uccello*) Beutelmeise *f* ❸ (FERR) *italienischer Hochgeschwindigkeitszug mit Neigetechnik*

pendolo ['pɛndolo] *m* ❶ (PHYS: *di orologio*) Pendel *nt* ❷ (*filo a piombo*) Senkblei *nt,* Senklot *nt*

pene ['pɛ:ne] *m* Penis *m,* [männliches] Glied *nt*

penetrante [pene'trante] *agg* ❶ (*odore*) penetrant, scharf; (*freddo, gelo*) scharf, schneidend ❷ (*fig*) tiefgehend, gründlich; (*sguardo*) durchdringend; (*osservazione*) spitz; (*dolore*) heftig

penetrare [pene'tra:re] I. *vi essere* ~ in qc in etw *acc* eindringen II. *vt avere* ❶ (*fig: capire*) ergründen, eindringen in +*acc* ❷ (*trapassare*) durchdringen, durchbohren penetrazione [penetrat'tsio:ne] *f* ❶ (*avanzamento*) Eindringen *nt,* Penetration *f* ❷ (*fig: di prodotto*) Vordringen *nt,* Verbreitung *f;* quota di ~ (COM) Eroberungsrate *f* ❸ (MIL) Einmarsch *m,* Einfallen *nt* ❹ (*fig: introduzione*) Durchdringung *f* ❺ (*fig: intuizione*) Einfühlungsvermögen *nt;* (*con prontezza*) Scharfsinn *m*

penicillina [penitʃil'li:na] *f* Penizillin *nt* peninsulare [peninsu'la:re] *agg* Halbinsel-, halbinselartig

penisola [pe'ni:zola] *f* Halbinsel *f*

penitente [peni'tɛnte] I. *agg* büßend, reuig II. *mf* Büßer(in) *m(f)* penitenza [peni'tɛntsa] *f* ❶ (*pentimento*) Reue *f;* (REL) Buße *f* ❷ (*castigo*) Buße *f,* Strafe *f* penitenziario [peniten'tsia:rio] <-i> *m* Strafanstalt *f,* Gefängnis *nt*

penitenziario, -a <-i, -ie> *agg* Gefängnis-, Straf-

penna ['penna] *f* ❶ (ZOO) Feder *f;* mettere le -e Federn bekommen; mutare le -e das Federkleid wechseln; lasciarci [*o* rimetterci] le -e (*fig*) Federn lassen [müssen], dabei sterben ❷ (*per scrivere*) [Schreib]feder *f,* Federhalter *m;* ~ biro [*o* a sfera] Kugelschreiber *m;* ~ luminosa (INFORM) Lightpen *m,* Lichtgriffel *m;* ~ ottica (INFORM) Lesestift *m;* ~ stilografica Füllfederhalter *m;* avere la ~ facile eine gewandte Feder führen ❸ *pl* (GASTR) *kurze, an Federkiele erinnernde Makkaroni*

**pennacchio** [pen'nakkjo] <-cchi> *m* ① (*ornamento*) Federbusch *m*, Panasch *m* ② (*fig: di fumo*) Rauchfahne *f* ③ (ARCH) Pendentif *nt* **pennarello** [penna'rɛllo] *m* Filzstift *m*

**pennellare** [pennel'la:re] *vi* ① (*col pennello*) pinseln ② (*fig: descrivere*) skizzieren **pennellata** [pennel'la:ta] *f* ① (*di pennello*) Pinselstrich *m* ② (*fig: elemento descrittivo*) Strich *m*, Zug *m* **pennellessa** [pennel'lessa] *f* Maler-, Lackpinsel *m* **pennellificio** [pennelli'fi:tʃo] <-ci> *m* Pinselfabrik *f* **pennello** [pen'nɛllo] *m* Pinsel *m*; ~ **da barba** Rasierpinsel *m*; **a** ~ (*fig*) haargenau; **andare** [*o* **stare**] **a** ~ (*vestito*) wie angegossen sitzen

**pennino** [pen'ni:no] *m* [Schreib]feder *f*

**pennone** [pen'no:ne] *m* ① (NAUT) Segelstange *f*, [Mars]rahe *f* ② (*di bandiera*) Fahnenstange *f*

**pennuto** [pen'nu:to] *m* Vogel *m*; -**i** Federvieh *nt*

**pennuto, -a** *agg* gefiedert

**penombra** [pe'nombra] *f* Halbschatten *m*, Halbdunkel *nt*

**penoso, -a** [pe'no:so] *agg* ① (*che dà pena*) leidvoll, schmerzlich ② (*faticoso*) mühsam, beschwerlich ③ (*imbarazzante*) peinlich, unangenehm

**pensare** [pen'sa:re] I. *vt* ① (*gener*) denken an +*acc*; **cosa stai pensando?** woran denkst du? ② (*figurarsi*) sich *dat* vorstellen, ausmalen ③ (*considerare*) bedenken, erwägen ④ (*inventare*) ausdenken, erfinden ⑤ (*progettare*) planen; **una ne fa e cento ne pensa** (*fam*) er hat immer Überraschungen auf Lager, er ist gut für Überraschungen II. *vi* ① (*riflettere*) denken; ~ **su qc** über etw *acc* nachdenken; **dar da** ~ zu denken geben; **e** ~ **che ...** und wenn man bedenkt, dass ...; **pensaci su!** denk darüber nach!; **pensa e ripensa** nach langer Überlegung ② (*ricordare*) ~ **a qu/qc** an jdn/etw denken ③ ~ **a qc** (*badare*) auf etw *acc* achten; (*provedere*) an etw *acc* denken; **pensa ai fatti tuoi** kümmere dich um deine Angelegenheiten ④ (*giudicare*) ~ **bene/male di qu** gut/schlecht über jdn denken ⑤ (*credere*) meinen, glauben; **penso che ...** +*conj* ich glaube, dass ... ⑥ (*avere in animo*) **pensare di fare qc** daran denken, etw zu tun **pensata** [pen'sa:ta] *f* Einfall *m*, Idee *f* **pensatoio** [pensa'to:jo] <-oi> *m* (*fam scherz*) [stilles] Örtchen *nt* **pensatore, -trice** [pensa'to:re] *m, f* Denker(in) *m(f)*; **libero** ~ Freidenker(in) *m(f)*

**pensée** [pā'se] <-> *f* (BOT) Stiefmütterchen *nt*

**pensierino** [pensie'ri:no] *m* ① (*pensiero allettante*) verführerischer Gedanke; **fare un** ~ **su qc** mit etw liebäugeln; **farci un** ~ etw in Erwägung ziehen ② (*fam: piccolo dono*) kleine Aufmerksamkeit ③ (*composizione scolastica*) kurzer [Übungs]aufsatz

**pensiero** [pen'sie:ro] *m* ① (*attività mentale*) Gedanke *m*; (*idea*) Idee *f*; **essere assorto nei propri -i** in Gedanken versunken sein; **essere sopra** ~ vertieft sein ② (*opinione*) Meinung *f*, Ansicht *f* ③ (*ansia*) Sorge *f*; **stare in** ~ **per qu/qc** in Sorge um jdn/wegen etw sein; **dar -i a qu** jdm Sorge[n] bereiten ④ (*dottrina, teoria*) Lehre *f*, Denken *nt* ⑤ (*comportamento*) Haltung *f* ⑥ (*fam: dono*) Aufmerksamkeit *f* **pensieroso, -a** [pensie'ro:so] *agg* nachdenklich, besorgt

**pensile** ['pɛnsile] *agg* hängend, Hänge-; (*giardino*) Dach-

**pensilina** [pensi'li:na] *f* [Bahnsteig]überdachung *f*; (*di stadio*) Wetterdach *nt*, Schutzdach *nt*

**pensionabile** [pensio'na:bile] *agg* pensionsberechtigt **pensionamento** [pensiona'mento] *m* Pensionierung *f*, Versetzung *f* in den Ruhestand; ~ **anticipato** Frühpensionierung *f*

**pensionante** [pensio'nante] *mf* Pensionsgast *m*

**pensionare** [pensio'na:re] *vt* pensionieren, in den Ruhestand versetzen

**pensionato** [pensio'na:to] *m* Pensionat *nt*, Heim *nt*

**pensionato, -a** I. *agg* pensioniert II. *m, f* Rentner(in) *m(f)*, Bezieher(in) *m(f)* einer Pension, Rentenempfänger(in) *m(f)*

**pensione** [pen'sio:ne] *f* ① (*albergo, alloggio*) Pension *f*; ~ **completa** Vollpension *f*; **mezza** ~ Halbpension *f*; **essere** [*o* **stare**] **a** ~ **da** [*o* **presso**] **qu** bei jdm in Pension sein ② (*rendita*) Pension *f*, Rente *f*; **andare in** ~ in Pension gehen; ~ **integrativa** Privatrente *f* **pensionistico, -a** [pensio'nistiko] <-ci, -che> *agg* Renten-, Ruhestands-

**pensosità** [pensosi'ta] <-> *f* Nachdenklichkeit *f* **pensoso, -a** [pen'so:so] *agg* nachdenklich, gedankenverloren

**pentagonale** [pentago'na:le] *agg* fünfeckig **pentagono** [pen'ta:gono] *m* Fünfeck *nt*; **il Pentagono** das Pentagon

**pentagramma** [penta'gramma] <-i> *m* Notenliniensystem *nt*

**pentathlon, pentatlon** ['pɛntatlon] <-> m Fünfkampf m
**pentavalente** [pentava'lɛnte] agg fünfwertig
**Pentecoste** [pente'kɔste] f Pfingsten nt, Pfingstfest nt
**penthouse** [pɛnt'haus] <- o penthouses> m Penthouse nt
**pentimento** [penti'mento] m Reue f; (rimorso) Gewissensbiss m **pentirsi** [pen'tirsi] vr ~ **di qc** etw bereuen
**pentola** ['pentola] f [Koch]topf m; ~ **a pressione** Schnellkochtopf m, Dampfkochtopf m; **bollire in** ~ (fam fig) ausgekocht werden **pentolaccia** [pento'lattʃa] <-cce> f ❶ (pej) hässlicher Topf ❷ (gioco carnevalesco) eine Art Topfschlagen **pentolino** [pento'liːno] m Stielkochtopf m, Stielkasserolle f
**penultimo, -a** [pe'nultimo] I. agg vorletzte(r, s) II. m, f Vorletzte(r) f(m)
**penuria** [pe'nuːria] <-ie> f **la ~ di qc** der Mangel an etw dat
**penzolare** [pendzo'laːre] vi herabhängen, baumeln **penzoloni** [pendzo'loːni] avv [herab]hängend, baumelnd; **con la lingua ~** mit heraushängender Zunge; **con le orecchie ~** mit hängenden Ohren
**peonia** [pe'ɔːnia] <-ie> f Pfingstrose f
**pepare** [pe'paːre] vt pfeffern, mit Pfeffer würzen **pepato, -a** [pe'paːto] agg ❶ (condito col pepe) gepfeffert ❷ (piccante) pikant, würzig ❸ (fig: pungente) bissig
**pepe¹** ['peːpe] m Pfeffer m; **bianco/nero** weißer/schwarzer Pfeffer m; **~ in grani** Pfefferkörner ntpl
**pepe²** <inv> agg (fam fig: vivace) sehr lebhaft
**peperonata** [pepero'naːta] f Gericht aus gedünsteten Paprikaschoten **peperoncino** [peperon'tʃiːno] m kleine Pfefferschote; **-i Peperoni** pl **peperone** [pepe'roːne] m Paprika m; (frutto) Paprikaschote f; **diventare** [o **farsi**] **rosso come un ~** (fig) bis über die Ohren rot werden
**pepita** [pe'piːta] f Klumpen m
**peppermint** ['pepəmint] <-> m ❶ (gener) Pfefferminz ❷ (caramella) Pfefferminz[bonbon] nt
**pepsina** [pep'siːna] f Pepsin nt
**per** [per] I. prp ❶ (scopo, fine) für +acc; **~ iscritto** schriftlich; **~ esempio** zum Beispiel; **essere,** [o **stare**] **~ . . .** +inf dabei sein zu . . . +inf ❷ (locale) durch +acc, nach +acc, in +acc; (su) auf +acc; **passare ~ Firenze** durch Florenz fahren; **partire ~ Londra** nach London [ab]reisen; **~ terra** auf [o den] Boden ❸ (temporale) während +gen, … +acc hindurch, … +acc lang; **~ il momento** für den Augenblick; **~ ora** im Augenblick; **~ tempo** rechtzeitig; **~ poco** fast, beinahe; **~ questa volta** [für] dieses Mal; **correre ~ 30 chilometri** 30 Kilometer [lang] laufen ❹ (per mezzo) mit +dat, durch +acc; **spedire ~ posta** mit der Post schicken ❺ (causa) wegen +gen o dat, infolge +gen; **~ caso** zufällig; **~ ciò** deshalb; **~ il fatto che** … weil …; **~ quale motivo?** aus welchem Grund? ❻ (MAT) mal; **tre ~ tre** drei mal drei; **dividere ~ sette** durch sieben teilen; **moltiplicare ~ sette** mit sieben multiplizieren; **il tre ~ cento** drei Prozent ❼ (come) zu +dat, als +acc; **prendere ~ moglie** zur Frau nehmen; **l'ho preso ~ un altro** ich habe ihn für einen anderen gehalten; **~ l'amor di Dio!** (fam) um Gottes willen!; **~ Bacco!** (fam) zum Donnerwetter! II. cong ❶ +conj (concessivo) so [auch] ❷ +inf (finale, consecutivo) um zu +inf ❸ +inf (causale) da, weil
**pera** ['peːra] f ❶ (frutto di forma oblunga) Birne f ❷ (scherz: capo, testa) Birne f ❸ (sl: dose di eroina) Schuss m, Druck m; **farsi una ~** sich einen Schuss setzen
**peraltro** [pe'raltro] avv übrigens, im Übrigen
**perbacco** [per'bakko] int (fam) [zum] Donnerwetter
**perbene** [per'bɛːne] I. <inv> agg anständig II. avv ordentlich, sorgfältig **perbenismo** [perbe'nizmo] m (pej) kleinbürgerliche Moralvorstellung, Moralismus m **perbenistico, -a** [perbe'nistiko] <-ci, -che> agg (pej) spießig, spießbürgerlich
**percento** [per'tʃɛnto] <-> m Prozent nt **percentuale** [pertʃentu'aːle] I. agg prozentual, Prozent- II. f Prozentsatz m **percentualizzare** [pertʃentualid'dzaːre] vt **~ qc** den Prozentsatz einer Sache gen errechnen **percentualizzazione** [pertʃentualiddzat'tsioːne] f (MAT) Prozentuierung f
**percepire** [pertʃe'piːre] <percepisco> vt ❶ (ricevere) bekommen, beziehen ❷ (sentire) wahrnehmen **percettibile** [pertʃet'tiːbile] agg wahrnehmbar **percezione** [pertʃet'tsioːne] f ❶ (facoltà) Wahrnehmungsvermögen nt ❷ (ADM) Beziehen nt, Bezug m
**perché** [per'ke] I. avv weshalb, warum II. cong ❶ (causale) weil, da ❷ +conj (finale) damit ❸ +conj (consecutivo) als

dass +*conj* III. <-> *m* ❶ (*motivo*) Warum *nt*, Grund *m* ❷ (*interrogativo*) Frage *f* IV. *pron rel* (*fam*) ❶ (*per cui*) weshalb, weswegen ❷ (*perciò*) deshalb, deswegen

**perciò** [per'tʃɔ] *cong* deshalb, darum
**percome** [per'ko:me] <-> *m* (*fam*) Wie *nt*
**percorrenza** [perkor'rɛntsa] *f* Strecke *f*
**percorrere** [per'korrere] <irr> *vt* durchqueren, durchstreifen; (*cammino*) zurücklegen
**percorso** [per'korso] *m* ❶ (*tragitto*) Überfahrt *f* ❷ (*viaggio*) Fahrt *f* ❸ (*distanza percorsa*) Strecke *f*, Weg *m* ❹ (INFORM) Pfad *m*
**percorso, -a** *agg* zurückgelegt
**percossa** [per'kɔssa] *f* Schlag *m*, Hieb *m*; **-e della sventura** Schicksalsschläge *mpl*
**percuotere** [per'kuɔ:tere] <percuoto, percossi, percosso> *vt* schlagen, prügeln
**percussione** [perkus'sio:ne] *f* ❶ (*colpo*) Schlag *m*, Stoß *m*; **strumenti a ~** Schlag-, Perkussionsinstrumente *ntpl* ❷ (MED) Abklopfen *nt*, Perkussion *f* **percussore** [perkus'so:re] *m* Schlagbolzen *m*
**perdei** [per'de:i] *1. pers sing pass rem di* **perdere**
**perdente** [per'dɛnte] I. *agg* verlierend, unterliegend II. *mf* Verlierer(in) *m(f)*, Unterlegene(r) *f(m)*
**perdere** ['pɛrdere] <perdo, persi *o* perdei *o* perdetti, perso *o* perduto> I. *vt* ❶ (*cessare di avere*) verlieren; (*smarrire*) verlegen; ~ [il] colore verblassen; ~ la faccia/la ragione (*fig*) das Gesicht/den Verstand verlieren; ~ la testa/la pazienza (*fig*) den Kopf/die Geduld verlieren; ~ le staffe (*fam*) die Nerven verlieren, ausrasten, einen Ausraster bekommen; ~ ogni speranza jede Hoffnung aufgeben; ~ la vita ums Leben kommen ❷ (*treno, coincidenza*) verpassen, versäumen; (*tempo*) vergeuden; (*occasione*) verpassen ❸ (*acqua*) auslaufen [lassen], verlieren; (*gas*) ausströmen [lassen]; (*sangue*) verlieren ❹ (*loc*) ~ qu di vista jdn aus den Augen verlieren; fare qc a tempo perso (*fam*) etw als Hobby betreiben, etw zum Zeitvertreib tun II. *vi* ❶ (*colare*) undicht sein, lecken ❷ (*avere la peggio*) verlieren, den Kürzeren ziehen; chi perde ha sempre torto (*prov*) der Verlierer ist immer im Unrecht ❸ (*loc*) vuoto a ~ Einwegflasche *f*; lasciar ~ es sein lassen, es aufgeben; perso per perso (*fam*) da sowieso nichts zu verlieren ist III. *vr* -rsi ❶ (*smarrirsi*) sich verirren; (*uscire dalla vista*) sich verlieren, sich verlaufen; (*svanire*) sich verflüchtigen ❷ (*rovinarsi*) sich ruinieren ❸ (NAUT) Schiffbruch erleiden ❹ (*loc*) -rsi d'animo [*o* di coraggio] den Mut verlieren; -rsi in chiacchiere [unnötig] viele Worte machen; -rsi in un bicchiere d'acqua (*fig*) über einen Strohhalm stolpern; -rsi dietro a qu sich jdm völlig hingeben

**perdiana** [per'dia:na] *int* potztausend *fam*
**perdifiato** [perdi'fia:to] *avv* a ~ (*gridare*) lauthals, aus vollem Hals; (*correre*) bis zur Atemlosigkeit
**perdigiorno** [perdi'dʒorno] <-> *mf* Tagedieb *m*
**perdinci** [per'dintʃi] *int* (*fam*) mein Gott
**perdindirindina** [perdindirin'di:na] *int* (*scherz*) ach du lieber Gott, ach herrjemine
**perdio, per Dio** [per'di:o] *int* (*fam*) Herrgott nochmal
**perdita** ['pɛrdita] *f* ❶ (*gener* PHYS, COM) Verlust *m*; (JUR) Verwirkung *f*; (MED) Abgang *m*; (TEC) Ausfall *m*; essere in ~ im Minus sein, Verluste verzeichnen ❷ (*fuga*) Austreten *nt*, Lecken *nt*; (*luogo*) Leck *nt* ❸ (*spreco*) Vergeudung *f* ❹ (*esaurimento*) Verschleiß *m*; a ~ d'occhio so weit das Auge reicht
**perditempo** [perdi'tɛmpo] <-> I. *m* (*fam*) Zeitverschwendung *f* II. *mf* (*fam*) Nichtstuer(in) *m(f)*, Taugenichts *m*
**perdizione** [perdit'tsio:ne] *f* ❶ (*rovina*) Ruin *m*, Verderben *nt* ❷ (REL) Verdammnis *f*; luogo di ~ Lasterhöhle *f*
**perdonare** [perdo'na:re] I. *vt* ❶ (REL) vergeben ❷ (*scusare*) entschuldigen, verzeihen ❸ (JUR: *pena*) erlassen II. *vi* verzeihen III. *vr* -rsi sich *dat* verzeihen **perdono** [per'do:no] *m* ❶ (REL) Vergebung *f* ❷ (*scusa*) Verzeihung *f*; chiedere ~ a qu jdn um Entschuldigung bitten; concedere il ~ a qu jdm verzeihen; rifiutare il ~ a qu jdm nicht verzeihen ❸ (JUR) Strafnachlass *m*
**perdurare** [perdu'ra:re] *vi* ❶ (*permanere*) andauern, anhalten ❷ (*persistere*) ~ in qc auf etw *dat* beharren, bei etw bleiben
**perdutamente** [perduta'mente] *avv* leidenschaftlich
**perduto, -a** [per'du:to] *agg* ❶ (*smarrito, a. fig*) verloren; andare ~ verloren gehen ❷ (*corrotto*) verdorben, verkommen
**peregrinare** [peregri'na:re] *vi* [umher]ziehen **peregrinazione** [peregrinat'tsio:ne] *f* Umherziehen *nt*, Wanderung *f*
**perenne** [pe'rɛnne] *agg* ❶ (*neve, gloria*) immerwährend, ewig ❷ (BOT) mehrjährig,

Dauer- ❸ (*fig: continuo*) fortwährend, ständig **perennità** [perenni'ta] <-> *f* unbegrenzte Dauer *f*, Ewigkeit *f*
**perentorietà** [perentorie'ta] <-> *f* ❶ (*categoricità*) Entschiedenheit *f* ❷ (JUR) Endgültigkeit *f*, peremptorischer Charakter *m*
**perentorio, -a** [peren'tɔːrio] <-i, -ie> *agg* ❶ (JUR) endgültig, aufhebend ❷ (*tono, risposta*) entschieden, deutlich
**perequare** [pere'kuaːre] *vt* (ADM) ausgleichen, gerecht aufteilen
**perequazione** [perekuat'tsioːne] *f* (ADM) Ausgleich *m*, Ausgleichen *nt*; **~ degli oneri/stipendi** Lasten-/Gehaltsausgleich *m*
**perestroika** [peres'trɔika] <*sing*> *f* (POL) Perestroika *f*
**peretta** [pe'retta] *f* ❶ (EL) Schnurschalter *m* ❷ (MED) Klistier *nt*, Klistierspritze *f*
**perfettamente** [perfetta'mente] *avv* ❶ (*del tutto*) völlig, ganz und gar ❷ (*benissimo*) ausgezeichnet, sehr gut **perfettibile** [perfet'tiːbile] *agg* verbesserungsfähig
**perfetto, -a** [per'fɛtto] *agg* ❶ (*irreprensibile*) perfekt; (*completo*) vollkommen ❷ (*privo di difetti*) einwandfrei, tadellos
**perfezionamento** [perfettsiona'mento] *m* Vervollkommnung *f*, Perfektionierung *f*; **corso di ~** Fortbildungskurs *m*
**perfezionare** [perfettsio'naːre] I. *vt* (*opera, contratto*) vervollkommnen, vollenden; (*metodo, macchina*) verbessern, perfektionieren II. *vr* **-rsi** ❶ (*diventare perfetto*) sich vervollkommnen ❷ **-rsi in qc** (*specializzarsi*) sich auf etw *acc* spezialisieren; (*frequentare corsi*) sich in etw *dat* fortbilden **perfezione** [perfet'tsioːne] *f* ❶ (*compiutezza*) Vollkommenheit *f*, Perfektion *f*; **a** [*o* **alla**] **~** mit Perfektion, perfekt ❷ (*eccellenza*) Vortrefflichkeit *f* ❸ (*realizzazione totale*) Vollendung *f* **perfezionismo** [perfettsio'nizmo] *m* Perfektionismus *m* **perfezionista** [perfettsio'nista] <-i *m*, -e *f*> *mf* Perfektionist(in) *m/f*
**perfidia** [per'fiːdia] <-ie> *f* ❶ (*qualità*) Heimtücke *f*, Bösartigkeit *f* ❷ (*azione*) Gemeinheit *f* **perfido, -a** ['pɛrfido] *agg* heimtückisch, bösartig
**perfino** [per'fiːno] *avv* sogar
**perforante** [perfo'rante] *agg* durchbohrend, durchstechend; **appendicite ~** Blinddarmdurchbruch *m*
**perforare** [perfo'raːre] *vt* durchbohren, durchlöchern; (*carta*) perforieren; (*scheda*) lochen **perforato, -a** [perfo'raːto] *agg* durchlöchert; (*carta*) perfo-

riert; (*scheda*) Loch-; **nastro ~** Lochstreifen *m*; **scheda -a** Lochkarte *f*
**perforatore** [perfora'toːre] *m* Locher *m*; (TEC) Bohrer *m*, Bohrmaschine *f*
**perforatrice** [perfora'triːtʃe] *f* ❶ (INFORM) Locher *m*, Stanze *f* ❷ (GEOL) Bohrhammer *m*
**perforazione** [perforat'tsioːne] *f* Lochung *f*, Perforation *f*; (MED) Durchbruch *m*, Perforation *f*; (GEOL) Bohrung *f*
**performance** [pə'fɔːməns *o* per'fɔrməns] <-> *f* Leistung *f*, Performance *f*; (*di una rete*) Leistungsfähigkeit *f*
**performante** [perfor'mante] *agg* leistungsfähig, leistungsstark
**performativo, -a** [performa'tiːvo] *agg* (LING) performativ
**pergamena** [perga'mɛːna] *f* Pergament *nt*
**pergola** ['pɛrgola] *f* (Wein)laube *f*, Pergola *f* **pergolato** [pergo'laːto] *m* Laube *f*; (*insieme di pergole*) Weinlauben *fpl*
**pericardio** [peri'kardio] <-i> *m* Herzbeutel *m*, Perikard[ium] *nt*
**pericolante** [periko'lante] *agg* einsturzgefährdet; (*a. fig*) [krisen]gefährdet
**pericolo** [pe'riːkolo] *m* Gefahr *f*; **~ di morte** Lebensgefahr *f*; **essere in ~** in Gefahr sein; **essere fuori ~** außer Gefahr sein; **correre ~** Gefahr laufen; **c'è ~ che ... +** *conj* es besteht die Gefahr, dass ...; **non c'è ~** (*fam scherz*) keine Gefahr, das wird sicher nicht der Fall sein; **a proprio rischio e ~** auf eigene Gefahr **pericolosità** [perikolosi'ta] <-> *f* Gefährlichkeit *f* **pericoloso, -a** [periko'loːso] *agg* gefährlich
**periferia** [perife'riːa] <-ie> *f* ❶ (*di città*) Stadtrand *m*, Peripherie *f*; **quartiere di ~** Außenbezirk *m*; **abitare in ~** am Stadtrand wohnen ❷ (ANAT) periphere Körperzonen *fpl*
**periferica** [peri'fɛːrika] <-che> *f* (INFORM) periphere Einheit, peripheres Gerät
**periferico, -a** [peri'fɛːriko] <-ci, -che> *agg* ❶ (*di periferia*) peripher, Außen- ❷ (ANAT, INFORM) peripher ❸ (ADM) lokal ❹ (*fig: marginale*) nebensächlich, Rand-
**perifrasi** [pe'riːfrazi] <-> *f* Umschreibung *f*, Periphrase *f*
**perigeo** [peri'dʒɛːo] *m* Erdnähe *f*, Perigäum *nt*
**perilunio** [peri'luːnio] <-i> *m* (ASTR) Mondnähe *f*, Perilun *nt*
**perimetrale** [perime'traːle] *agg* Außen-, äußere(r, s) **perimetro** [pe'riːmetro] *m* ❶ (MAT) Umfang *m* ❷ (*linea esterna*) Begrenzungslinie *f*

**perinatalità** [perinatali'ta] *f* (MED) perinataler Zeitraum
**perineo** [peri'nɛːo] *m* (ANAT) Damm *m*
**periodare** [perio'daːre] I. *vi* Sätze bilden II. *m* Satzbau *m*
**periodicista** [periodi'tʃista] <-i *m*, -e *f*> *mf* Zeitschriftenredakteur(in) *m(f)*
**periodicità** [perioditʃi'ta] <-> *f* Periodizität *f*, regelmäßige Wiederkehr
**periodico** [pe'riɔːdiko] <-ci> *m* Zeitschrift *f*
**periodico, -a** <-ci, -che> *agg* ①(*ricorrente*) periodisch, regelmäßig wiederkehrend ②(MAT) periodisch
**periodo** [pe'riːodo] *m* ①(*intervallo di tempo*) Periode *f*, Zeit *f*; (HIST) Zeit *f*, Zeitalter *nt*; ~ **di aspettativa** Wartezeit *f*; ~ **di incubazione** Inkubationszeit *f*; ~ **di prova** Probezeit *f*; ~ **elettorale** Wahlperiode *f*; **andare a -i** (*fig*) launisch sein ②(LING) Satzgefüge *nt* ③(MUS, MAT) Periode *f* ④(ASTR) Umlaufzeit *f* ⑤(GEOL) Periode *f*, Formation *f* ⑥(PHYS) Periode *f*, Schwingungsdauer *f*
**peripezia** [peripet'tsiːa] <-ie> *f* Schicksalsschläge *mpl*, Wechselfälle *mpl* [des Lebens]
**periplo** ['pɛːriplo] *m* Umsegel|ung *f*, Umschiffung *f*
**perire** [pe'riːre] <perisco> *vi essere* (*poet*) umkommen; (*fig*) vergehen
**periscopio** [peris'kɔːpio] <-i> *m* Periskop *nt*
**peristaltico, -a** [peris'taltiko] <-ci, -che> *agg* peristaltisch
**perito, -a** [pe'riːto] I. *m, f* ①(*esperto*) Sachverständige(r) *f(m)* ②(*titolo di studio*) Techniker(in) *m(f)* [mit Fachschulabschluss]; ~ **agrario/chimico/industriale** Absolvent *m* einer Fachoberschule für Landwirtschaft/Chemie/Industrie II. *agg* ①(*morto*) tot, umgekommen ②(*competente*) sachverständig, sachkundig
**peritoneo** [perito'nɛːo] *m* Bauchfell *nt*
**peritonite** [perito'niːte] *f* Bauchfellentzündung *f*
**perizia** [pe'rittsia] <-ie> *f* ①(*abilità*) Gewandtheit *f*, Fertigkeit *f* ②(*giudizio, esame*) Gutachten *nt*, Expertise *f*
**perizoma** [perid'dzɔːma] <-i> *m* Lendenschurz *m*
**perla¹** ['pɛrla] *f* (a. *fig*) Perle *f*; ~ **coltivata** Zuchtperle *f*
**perla²** <inv> *agg* perlfarben; **grigio** ~ perlgrau
**perlaceo, -a** [per'laːtʃeo] <-ei, -ee> *agg* perlfarben

**perlage** [pɛr'laʒ] <- *o* perlages> *m* aufsteigende Perlen *fpl* im Sekt
**perlaquale, per la quale** [per la 'kuaːle] I. <inv> *agg* (*fam*) anständig, vertrauenswürdig II. *avv* (*fam*) **non** ~ nicht besonders [gut]
**perlato, -a** [per'laːto] *agg* perlfarben, perl-; (*riso*) perlig **perlifero, -a** [per'liːfero] *agg* Perl[en]- **perlina** [per'liːna] *f* kleine Perle; (*per collane*) [Glas]perle *f*
**perlinguale** [perliŋ'guaːle] *agg* perlingual, durch die Zunge
**perlomeno, per lo meno** [perlo'meːno] *avv* ①(*a dir poco*) mindestens ②(*almeno*) wenigstens
**perlopiù, per lo più** [perlo'piu] *avv* fast immer, meistens
**perlustrare** [perlus'traːre] *vt* ab-, durchsuchen **perlustrazione** [perlustrat'tsioːne] *f* Durchsuchung *f*, Erkundung *f*
**permagelo** [perma'dʒɛːl] *m* (GEOL) Permafrost *m*, Dauerfrostboden *m*
**permalosa** *f v.* **permaloso**
**permalosità** [permalosi'ta] <-> *f* Überempfindlichkeit *f*, Reizbarkeit *f* **permaloso, -a** [perma'loːso] I. *agg* überempfindlich, reizbar II. *m, f* überempfindlicher Mensch
**permanente** [perma'nɛnte] I. *agg* Dauer-, bleibend; (*fisso*) ständig II. *f* Dauerwelle *f* **permanentemente** [permanente'mente] *avv* dauerhaft; **risiedere ~ in un luogo** einen ständigen Wohnsitz haben **permanenza** [perma'nɛntsa] *f* ①(*soggiorno*) Aufenthalt *m*; **buona ~!** angenehmen Aufenthalt! ②(*il perdurare*) Fortdauer *f*, Andauern *nt* **permanere** [perma-'neːre] <permango, permasi, permaso> *vi essere* bleiben
**permanganato** [permaŋga'naːto] *m* Permanganat *nt*
**permango** [per'maŋgo] *1. pers sing pr di* **permanere permasi** [per'maːsi] *o* per'maːzi] *1. pers sing pass rem di* **permanere permaso** [per'maːso] *pp di* **permanere**
**permeabile** [perme'aːbile] *agg* durchlässig **permeabilità** [permeabili'ta] <-> *f* Durchlässigkeit *f* **permeare** [perme'aːre] *vt* (a. *fig*) durchdringen
**permesso** [per'messo] *m* ①(*autorizzazione*) Erlaubnis *f*; ~ **di lavoro** Arbeitserlaubnis *f*; ~ **di soggiorno** Aufenthaltsgenehmigung *f*; ~ **di caccia** Jagdschein *m*; ~ **di pesca** Angelschein *m*; **chiedere il ~ di fare qc** um die Erlaubnis fragen, etw zu tun; **con ~?** Sie gestatten? ②(ADM) Beurlau-

bung *f;* (MIL) Urlaub *m;* **essere in ~ beurlaubt sein permettere** [per'mettere] <irr> I. *vt* erlauben, zulassen, gestatten; **~ a qu di fare qc** jdm erlauben, etw zu tun; **è permesso?** gestatten Sie?, darf ich? II. *vr* **-rsi** sich *dat* erlauben; **come si permette!** was fällt Ihnen ein?

**permissivismo** [permissi'vizmo] *m* Permissivität *f,* antiautoritäre Erziehung **permissivista** [permissi'vista] <-i *m,* -e *f>* I. *mf* antiautoritärer [*o* permissiver] Mensch II. *agg* antiautoritär, permissiv **permissività** [permissivi'ta] <-> *f* Permissivität *f* **permissivo, -a** [permis'si:vo] *agg* freizügig, permissiv

**permuta** ['pɛrmuta] *f* Tausch *m,* Tauschgeschäft *nt* **permutare** [permu'ta:re] *vt* ein-, umtauschen **permutazione** [permutat'tsio:ne] *f* Ein-, Umtausch *m*

**pernice** [per'ni:tʃe] *f* Rebhuhn *nt;* **occhio di ~** (*fig*) Hühnerauge *nt*

**pernicioso, -a** [perni'tʃo:so] *agg* schädlich, gefährlich

**perno** ['pɛrno] *m* ❶ (TEC) Bolzen *m,* Stift *m* ❷ (*fig: sostegno*) Stütze *f*

**pernottamento** [pernotta'mento] *m* Übernachtung *f,* Übernachten *nt* **pernottare** [pernot'ta:re] *vi* übernachten

**pero** ['pe:ro] *m* Birnbaum *m;* **cadere dal ~** (*essere sorpreso*) fast [*o* beinahe] vom Stängel fallen *fam*

**però** [pe'rɔ] *cong* ❶ (*ma*) aber ❷ (*tuttavia*) dennoch

**perone** [pe'ro:ne] *m* (ANAT) Wadenbein *nt* **perorare** [pero'ra:re] *vt* befürworten, eintreten für **perorazione** [perorat'tsio:ne] *f* (*poet*) Plädoyer *nt*

**per os** [per 'ɔ:s] *avv* (*fam*) **assumere qc ~** etw oral verabreicht bekommen; **un farmaco da assumere ~** ein oral zu verabreichendes Medikament

**perpendicolare** [perpendiko'la:re] I. *agg* senkrecht, lotrecht II. *f* Senkrechte *f* **perpendicolo** [perpen'di:kolo] *m* **a ~** senkrecht, lotrecht

**perpetrare** [perpe'tra:re] *vt* (*poet*) begehen, verüben

**perpetua** [per'pɛ:tua] *f* Haushälterin *f* eines Geistlichen

**perpetuare** [perpetu'a:re] I. *vt* (*nome, ricordo*) verewigen; (*stirpe*) erhalten II. *vr* **-rsi** sich verewigen **perpetuità** [perpetui'ta] <-> *f* Fortbestand *m,* Beständigkeit *f* **perpetuo, -a** [per'pɛ:tuo] *agg* ❶ (*eterno*) ewig, immerwährend ❷ (*continuo*) fortwährend, fortdauernd

**perplessità** [perplessi'ta] <-> *f* Unschlüssigkeit *f,* Ratlosigkeit *f* **perplesso, -a** [per'plɛsso] *agg* unschlüssig, ratlos

**perquisire** [perkui'zi:re] <perquisisco> *vt* durchsuchen **perquisizione** [perkuizit'tsio:ne] *f* Durchsuchung *f;* **mandato di ~** Durchsuchungsbefehl *m*

**persecutore, -trice** [perseku'to:re] I. *m, f* Verfolger(in) *m(f)* II. *agg* unterdrückend **persecutorio, -a** [perseku'tɔ:rio] <-i, -ie> *agg* Verfolgungs-, Unterdrückungs- **persecutrice** *f v.* **persecutore**

**persecuzione** [persekut'tsio:ne] *f* ❶ (*vessazione*) Verfolgung *f;* **mania di ~** Verfolgungswahn *m* ❷ (*fig: molestia*) Last *f,* Qual *f*

**perseguibile** [perse'gui:bile] *agg* strafbar **perseguimento** [persegui'mento] *m* Verfolgung *f,* Verfolgen *nt*

**perseguire** [perse'gui:re] *vt* verfolgen, anstreben

**perseguitare** [persegui'ta:re] *vt* ❶ (*sottoporre a persecuzione*) verfolgen ❷ (*fig: infastidire*) belästigen, quälen **perseguitato, -a** [persegui'ta:to] I. *agg* verfolgt II. *m, f* Verfolgte(r) *f(m);* **i -i politici** die politisch Verfolgten *mpl*

**perseguito** *pp di* **perseguire**

**perseveranza** [perseve'rantsa] *f* Hartnäckigkeit *f,* Beharrlichkeit *f* **perseverare** [perseve'ra:re] *vi* **~ in qc** auf etw *dat* beharren

**persi** ['pɛrsi] *1. pers sing pass rem di* **perdere**

**Persia** ['pɛrsia] *f* Persien *nt*

**persiana** [per'sia:na] *f* (*imposta*) Fensterladen *m;* **~ avvolgibile** Rollladen *m*

**persiano** [per'sia:no] *m* ❶ (*lingua*) Persisch(e) *nt* ❷ (*gatto*) Perser *m,* Perserkatze *f,* Perserkater *m* ❸ (*pelliccia*) Persianer *m*

**persiano, -a** I. *agg* persisch, Perser- II. *m, f* Perser(in) *m(f)*

**persico, -a** ['pɛrsiko] <-ci, -che> *agg* ❶ (GEOG) persisch; **il Golfo Persico** der Persische Golf ❷ (ZOO) **pesce ~** Flussbarsch *m*

**persino** [per'si:no] *avv* sogar

**persistente** [persis'tɛnte] *agg* andauernd, anhaltend; (*continuo*) fortwährend **persistenza** [persis'tɛntsa] *f* ❶ (*durata*) Anhalten *nt* ❷ (*perseveranza*) Beharrlichkeit *f,* Ausdauer *f*

**persistere** [per'sistere] <persisto, persistetti *o* persistei, persistito> *vi* **~ in qc** auf etw *dat* beharren

**perso** ['pɛrso] *pp di* **perdere**

**persona** [per'so:na] *f* ❶ (*individuo,* JUR,

LING) Person *f;* (*al plurale*) Leute *pl;* ~ **fisica/giuridica** natürliche/juristische Person; ~ **di famiglia** Familienangehörige(r) *f(m);* ~ **di fiducia** Vertrauensperson *f* ❶ (*corpo*) Körper *m;* **di** ~ persönlich; **in** ~ (*personalmente*) [höchst]persönlich; (*fatta persona*) [in der Eigenschaft] als **personaggio** [perso'naddʒo] <-ggi> *m* ❶ (*persona importante*) Persönlichkeit *f* ❷ (THEAT, LIT) Figur *f,* Gestalt *f* ❸ (*fig: tipo strano*) Figur *f fam,* Individuum *nt*

**personal computer** ['pəːsnəl kəm'pjuːtə] <-> *m* (INFORM) Personalcomputer *m,* PC *m*

**personale** [perso'naːle] I. *agg* persönlich; (LING) Personal- II. *m* ❶ (*impiegati*) Personal *nt;* ~ **di servizio** Dienstpersonal *nt;* ~ **di volo** Flugpersonal *nt;* ~ **qualificato** Fachpersonal *nt,* Fachkräfte *fpl;* ~ **insegnante** Lehrkörper *m;* **reparto del** ~ Personalabteilung *f* ❷ (*corpo*) Figur *f,* Gestalt *f*

**personalismo** [persona'lizmo] *m* (PHILOS) Personalismus *m* **personalità** [personali'ta] <-> *f* Persönlichkeit *f;* ~ **giuridica** juristische Person **personalizzare** [personalid'dzaːre] *vt* persönlich gestalten **personalizzato, -a** [personalid'dzaːto] *agg* individuell, personalisiert; **arredamento** ~ individuelle Einrichtung **personalizzazione** [personaliddzat'tsjoːne] *f* persönliche Gestaltung, Personalisierung *f* **personalmente** [personal'mente] *avv* persönlich, selbst **personificare** [personifi'kaːre] *vt* ❶ (*rappresentare*) personifizieren ❷ (*essere simbolo*) verkörpern **personificazione** [personifikat'tsjoːne] *f* ❶ (*rappresentazione*) Personifizierung *f,* Personifikation *f* ❷ (*esempio*) anschauliches Beispiel

**perspicace** [perspi'kaːtʃe] *agg* ❶ (*persona, ingegno*) scharfsinnig ❷ (*politica, provvedimento*) umsichtig, weit blickend **perspicacia** [perspi'kaːtʃa] <-cie> *f* Scharfsinn *m,* Weitblick *m*

**persuadere** [persua'deːre] <persuado, persuasi, persuaso> I. *vt* ❶ (*convincere*) überzeugen; ~ **qu di qc** jdn von etw überzeugen; ~ **qu di fare qc** jdn überreden, etw zu tun ❷ (*suscitare consenso*) Zustimmung auslösen bei; **ha un modo di fare che non mi persuade** er hat eine Art, die mir nicht gefällt II. *vr* **-rsi** ❶ (*convincersi*) sich überzeugen ❷ (*capacitarsi*) **-rsi di qc** sich mit etw abfinden

**persuaditrice** *f v.* **persuasore**

**persuasi** [persu'aːzi] *1. pers sing pass rem di* **persuadere**

**persuasione** [persua'zjoːne] *f* Überzeugung *f,* feste Meinung **persuasivo, -a** [persua'ziːvo] *agg* überzeugend, Überzeugungs-

**persuaso** [persu'aːzo] *pp di* **persuadere**

**persuasore, persuaditrice** [persua'zoːre, persuadi'triːtʃe] *m, f* Überzeugungs-, Überredungskünstler(in) *m(f)*

**pertanto** [per'tanto] *cong* deshalb, deswegen

**pertica** ['pɛrtika] <-che> *f* Stange *f*

**pertinace** [perti'naːtʃe] *agg* (*poet*) ❶ (*ostinato*) hartnäckig, starrköpfig ❷ (*costante*) beharrlich **pertinacia** [perti'naːtʃa] <-cie> *f* (*poet*) Hartnäckigkeit *f,* Starrköpfigkeit *f*

**pertinente** [perti'nɛnte] *agg* zugehörig; **la risposta non è** ~ **al tema** die Antwort geht am Thema vorbei **pertinenza** [perti'nɛntsa] *f* Zugehörigkeit *f;* (*competenza*) Zuständigkeit *f;* **essere di** ~ **di qu** in jds Zuständigkeit fallen

**pertosse** [per'tosse] *f* Keuchhusten *m*

**pertugio** [per'tuːdʒo] <-gi> *m* Spalt *m,* Loch *nt*

**perturbare** [pertur'baːre] I. *vt* verwirren, stören II. *vr* **-rsi** (METEO) sich verschlechtern **perturbazione** [perturbat'tsjoːne] *f* ❶ (METEO, ASTR) Störung *f* ❷ (FIN, COM) Krise *f*

**Perù** [pe'ru] *m* **il** ~ Peru *nt*

**Perugia** *f* Perugia *nt* (*Hauptstadt der Region Umbrien*)

**Perugino** <sing> *m* ❶ (GEOG) Provinz *f* Perugia ❷ **il** ~ (*pittore*) umbrischer Maler des 15. Jahrhunderts

**perugino, -a** [peru'dʒiːno] I. *m, f* (*abitante*) Einwohner(in) *m(f)* von Perugia II. *agg* aus Perugia

**peruviano, -a** [peru'vjaːno] I. *agg* peruanisch II. *m, f* Peruaner(in) *m(f)*

**pervadere** [per'vaːdere] <pervado, pervasi, pervaso> *vt* (*poet*) durchdringen; (*a. fig*) erfüllen

**pervasivo, -a** [perva'siːno] *agg* ❶ (*che tende a diffondersi ovunque*) durchdringend, penetrant ❷ (*fig*) durchdringend

**pervenire** [perve'niːre] <irr> *vi essere* ❶ (*giungere*) ankommen; (ADM) eingehen; ~ **a destinazione** (ADM) dem Empfänger zugestellt werden; **far** ~ (ADM) zukommen lassen ❷ (*raggiungere*) ~ **a qc** zu etw gelangen, etw erreichen

**perversione** [perver'sjoːne] *f* Perversion *f* **perversità** [perversi'ta] <-> *f* Perversität *f;* (*anomalia*) Abartigkeit *f* **perverso, -a** [per'vɛrso] *agg* niederträchtig, verdorben **pervertimento** [perverti'mento] *m* Entartung *f*, Verkommenheit *f*, Pervertiertheit *f*

**pervertire** [perver'ti:re] I. *vt* verderben II. *vr* **-rsi** verkommen, entarten **pervertito, -a** [perverti'ti:to] I. *agg* pervers, entartet II. *m, f* Perverse(r) *f(m)* **pervertitore, -trice** [perverti'to:re] I. *agg* verderblich, verderbend II. *m, f* [Sitten]verderber(in) *m(f)*, Verführer(in) *m(f)*, Perverse(r) *f(m)*, perverse Person

**pervicace** [pervi'ka:tʃe] *agg* (*poet*) hartnäckig, halsstarrig **pervicacia** [pervi'ka:tʃa] <-cie> *f* (*poet*) Hartnäckigkeit *f*, Halsstarrigkeit *f*

**pervinca**[1] [per'viŋka] <-che> *f* Immergrün *nt*

**pervinca**[2] I. <-> *m* Blauviolett *nt* II. <inv> *agg* blauviolett

**p. es.** *abbr di* **per esempio** z. B.

**pesa** ['pe:sa] *f* ① (*operazione*) [Ab]wiegen *nt* ② (*luogo, apparecchiatura*) Waage *f;* ~ **per persone** Personenwaage *f*

**pesalettere** [pesa'lɛttere *o* pesa'lettere] <-> *m* Briefwaage *f*

**pesante** [pe'sante] *agg* ① (*che pesa*) schwer ② (MIL, TEC, SPORT) Schwer-, schwer- ③ (METEO) drückend; (*fig: atmosfera*) bedrückend ④ (*faticoso*) beschwerlich, mühsam ⑤ (*molesto*) lästig, unangenehm ⑥ (*stile, passo*) schwerfällig, plump ⑦ (*sonno*) tief, fest ⑧ (*a. fig: gioco*) hart **pesantezza** [pesan'tettsa] *f* Schwere *f;* (*di movimento, stile*) Schwerfälligkeit *f;* ~ **di stomaco** Völlegefühl *nt;* ~ **di testa** schwerer Kopf

**pesare** [pe'sa:re] I. *vt* ① (*persona, merce*) [ab]wiegen ② (*fig: valutare*) abwägen; (*giudicare*) abschätzen, prüfen II. *vi* ① (*avere un peso*) wiegen; (*essere pesante*) schwer sein ② (*gravare*) ~ **su qc** etw belasten; ~ **sullo stomaco** schwer im Magen liegen ③ (*fig: influire*) Gewicht haben, ins Gewicht fallen ④ (*fig: incombere*) ~ **su qu/qc** auf jdm/etw lasten; III. *vr* **-rsi** sich wiegen

**pesarese** [pesa're:se] I. *mf* (*abitante*) Einwohner(in) *m(f)* von Pesaro II. *agg* aus Pesaro

**Pesarese** <*sing*> *m* Provinz *f* Pesaro
**Pesaro** *f* Pesaro *nt* (*Stadt in den Marken*)
**pesata** [pe'sa:ta] *f* ① (*atto*) [Ab]wiegen *nt* ② (*quantità*) Gewogene(s) *nt*, Gewicht *nt*
**pesatura** [pesa'tu:ra] *f* [Ab]wiegen *nt*
**pesca**[1] ['pɛska] <-sche> *f* (*frutto*) Pfirsich *m;* ~ **noce** Nektarine *f*
**pesca**[2] ['peska] <-sche> *f* ① (*il pescare*) Fischfang *m*, Fischerei *f;* ~ **subacquea** Unterwasserfischerei *f*, -jagd *f;* **canna da ~** Angelrute *f* ② (*lotteria*) Glückstopf *m*, Lotterie *f*

**pescaggio** [pes'kaddʒo] <-ggi> *m* Tiefgang *m*

**pescaia** [pes'ka:ia] <-aie> *f* Fischdamm *m*, Schleuse *f*

**Pescara** *f* Pescara *nt* (*Stadt in den Abruzzen*)

**pescare** [pes'ka:re] I. *vt* ① (*pesci*) fischen, angeln; (*fig: annegato, relitto*) herausfischen ② (*fig: trovare*) aufgabeln *fam* ③ (*fig: prendere a caso*) herausgreifen, ziehen ④ (*fig: sorprendere*) erwischen, ertappen; ~ **qu con le mani nel sacco** (*fam*) jdn auf frischer Tat ertappen II. *vi* Tiefgang haben

**pescarese** [peska're:se] I. *mf* (*abitante*) Einwohner(in) *m(f)* von Pescara II. *agg* aus Pescara

**Pescarese** <*sing*> *m* Provinz *f* Pescara
**pescata** [pes'ka:ta] *f* ① (*il pescare*) Angelpartie *f* ② (*quantità*) [Fisch]fang *m* **pescatore, -trice** [peska'to:re] I. *m, f* Fischer(in) *m(f)*, Angler(in) *m(f)* II. *agg* (ZOO) **martin ~** Eisvogel *m;* **rana -trice** Seeteufel *m*

**pesce** ['peʃʃe] *m* ① (ZOO) Fisch *m;* ~ **d'acqua dolce** Süßwasserfisch *m;* ~ **di mare** Meeres-, Seefisch *m;* ~ **d'aprile** (*fam*) Aprilscherz *m;* **non sapere che -i prendere** [*o* **pigliare**] (*fam*) nicht wissen, was man tun soll; **chi dorme non piglia -i** (*prov*) man muss sich schon anstrengen, wenn man zu etw kommen will, ein schlafender Fuchs fängt kein Huhn ② (TYP) Leiche *f* ③ (ASTR) **Pesci** Fische *mpl;* **sono** [**dei**] **Pesci** ich bin [ein] Fisch, mein Sternzeichen ist Fische **pescecane** [peʃʃe'ka:ne] <pescicani *o* pescecani> *m* ① (ZOO) Hai[fisch] *m* ② (*fig*) Hai *m*

**peschereccio** [peske'rettʃo] <-cci> *m* Fischerboot *nt*, Fischkutter *m*

**peschereccio, -a** <-cci, -cce> *agg* Fischer[ei]- **pescheria** [peske'ri:a] <-ie> *f* Fischhalle *f*, Fischmarkt *m*

**pescheto** [pes'ke:to] *m* Pfirsichgarten *m*
**peschiera** [pes'kiɛ:ra] *f* Fischteich *m*
**pesciaiola** [peʃʃa'iɔ:la] *f* (*pentola*) Fisch[koch]topf *m*
**pesciaiolo, -a** [peʃʃa'iɔ:lo] *m, f* Fischverkäufer(in) *m(f)*, Fischhändler(in) *m(f)*
**pescicani** *pl di* **pescecane**
**pesciera** [peʃ'ʃɛ:ra] *f* Fisch[koch]topf *m*
**pescivendolo, -a** [peʃʃi've:ndolo] *m, f*

Fischverkäufer(in) *m(f)*, Fischhändler(in) *m(f)*
**pesco** ['pɛsko] <-schi> *m* Pfirsichbaum *m*
**pescosità** [peskosi'ta] <-> *f* Fischreichtum *m* **pescoso, -a** [pes'ko:so] *agg* fischreich
**pesista** [pe'sista] <-i *m*, -e *f*> *mf* Gewichtheber(in) *m(f)* **pesistica** [pe'sistika] <-che> *f* Gewichtheben *nt* **pesistico, -a** [pe'sistiko] <-ci, -che> *agg* Gewichthebe(r)-
**peso** ['pe:so] *m* ① (*gener*) Gewicht *nt;* (*oggetto*) Last *f;* (SPORT) Gewichtsklasse *f;* ~ **lordo/netto** Brutto-/Nettogewicht *nt;* ~ **massimo/medio** (SPORT) Schwer-/Mittelgewicht *nt;* **eccedenza di** ~ Übergewicht *nt* ② (*fig: valore*) Gewicht *nt,* Bedeutung *f* ③ (*fig: disagio*) Belastung *f,* Last *f,* Bürde *f;* **avere un** ~ **sullo stomaco** ein Schweregefühl im Magen haben; **avere un** ~ **sulla coscienza** etw auf dem Gewissen haben ④ (SPORT: *attrezzo*) Kugel *f;* **sollevamento -i** Gewichtheben *nt*
**pessimismo** [pessi'mizmo] *m* Pessimismus *m* **pessimista** [pessi'mista] <-i *m*, -e *f*> I. *mf* Pessimist(in) *m(f)* II. *agg* pessimistisch **pessimistico, -a** [pessi'mistiko] <-ci, -che> *agg* pessimistisch
**pessimo, -a** ['pɛssimo] *agg superlativo di* **cattivo, -a** sehr schlecht, sehr böse, sehr übel; **di** ~ **gusto** geschmacklos
**pestaggio** [pes'taddʒo] <-ggi> *m* Prügelei *f,* Schlägerei *f*
**pestare** [pes'ta:re] *vt* ① (*battere*) klopfen; (*pepe, sale*) zerstoßen ② (*calpestare*) zertreten; (*uva*) [zer]stampfen; (*mozzicone*) austreten ③ (*fig: picchiare*) [ver]prügeln
**pestata** [pes'ta:ta] *f* ① (*frantumazione*) Zerstoßen *nt,* Zerstampfen *nt* ② (*fam: botte*) Schlägerei *f* ③ (*pestone*) Fußtritt *m*
**peste**[1] ['pɛste] *f* ① (MED) Pest *f* ② (*fig: persona*) Plage *f* ③ (*fig: rovina*) Übel *nt,* Ruin *m;* **dire** ~ **e corna di qu** (*fam*) an jdm kein gutes Haar lassen
**peste**[2] ['peste] *fpl* ① (*orme*) Spuren *fpl,* Fußstapfen *fpl;* (*di animali*) Fährte *f* ② (*fig: guai*) Klemme *f,* Patsche *f*
**pestello** [pes'tɛllo] *m* Stößel *m*
**pesticciare** [pestit'tʃa:re] I. *vt* (*tosc*) zertreten, treten auf +*acc* II. *vi* (*tosc*) mit den Füßen stampfen
**pestifero, -a** [pes'ti:fero] *agg* (*fig: cattivo*) schlimm, ekelhaft; (*nauseabondo*) ekelhaft, abscheulich
**pestilenza** [pesti'lɛntsa] *f* ① (*fig: fetore*) Gestank *m;* (*rovina*) Verderbnis *f,* Übel *nt* ② (MED) Pest *f* **pestilenziale** [pestilen'tsia:le] *agg* (*fetente*) stinkend
**pesto** ['pesto] *m* Pesto *nt* o *m* (*Soße aus Öl, feingehacktem Basilikum, Knoblauch, Käse und Pinienkernen*)
**pesto, -a** *agg* ① (*pepe, aglio*) zerstoßen; (*ossa*) zerschlagen ② (*ammaccato*) blau; (*occhi*) mit Ringen unter den Augen ③ (*fig: buio*) stockdunkel
**pestone** [pes'to:ne] *m* (*fam*) Fußtritt *m*
**petalo** ['pɛ:talo] *m* Blumen-, Blütenblatt *nt*
**petardo** [pe'tardo] *m* ① (*bombetta di carta*) Knallfrosch *m,* Knallerbse *f* ② (FERR) Knallkapsel *f*
**petecchiale** [petek'kia:le] *agg* Fleck-
**petizione** [petit'tsio:ne] *f* (JUR) Eingabe *f,* Petition *f;* **a** ~ auf Ersuchen
**peto** ['pe:to] *m* (*vulg*) Furz *m*
**petrarchesco, -a** [petrar'kesko] <-schi, -sche> *agg* des Petrarca, im Stil von Petrarca **petrarchismo** [petrar'kizmo] *m* Petrarkismus *m* **petrarchista** [petrar'kista] <-i *m*, -e *f*> *mf* Petrarkist(in) *m(f);* (*a studioso*) Petrarcaforscher(in) *m(f)*
**petro(l)chimica** [petro(l)'ki:mika] <-che> *f* Petrochemie *f* **petro(l)chimico, -a** [petro(l)'ki:miko] <-ci, -che> *agg* petrochemisch
**petro(l)dollari** [petro(l)'dɔllari] *mpl* Petrodollars *mpl*
**petroliera** [petro'liɛ:ra] *f* [Öl]tanker *m*
**petroliere** [petro'liɛ:re] *m* ① (*tecnico*) Erdölarbeiter *m,* -techniker *m* ② (*industriale*) Erdölindustrielle(r) *m* **petroliero, -a** [petro'liɛ:ro] *agg* [Erd]öl-
**petrolifero, -a** [petro'li:fero] *agg* Erdöl-, erdölhaltig; **industria -a** Mineralölindustrie *f*
**petrolio** [pe'trɔ:lio] *m* Erdöl *nt;* (*illuminante*) Petroleum *nt;* ~ **grezzo** Rohöl *nt;* **estrazione del** ~ Erdölförderung *f*
**pettegola** *f v.* **pettegolo**
**pettegolare** [pettego'la:re] *vi* klatschen, tratschen *fam* **pettegolezzo** [pettego'leddzo] *m* Klatsch *m,* Tratsch *m fam* **pettegolio** [pettego'li:o] <-ii> *m* Klatscherei *f,* Geschwätz *nt* **pettegolo, -a** [pe'te:golo] I. *agg* klatschsüchtig, geschwätzig II. *m, f* Klatschbase *f,* Klatschmaul *nt fam*
**pettinare** [petti'na:re] I. *vt* ① (*capelli*) kämmen; (*acconciare*) frisieren ② (*lino, canapa, lana*) hecheln, kämmeln II. *vr* -**rsi** sich kämmen **pettinata** [petti'na:ta] *f* [schnelles] Kämmen; **darsi una** ~ sich [schnell] kämmen *fam*

**pettinato** [petti'na:to] *m* Kammgarn[gewebe] *nt*

**pettinato, -a** *agg* ① (*persona*) gekämmt, frisiert ② (*filato, tessuto*) Kamm-

**pettinatrice** [pettina'tri:tʃe] *f* Friseuse *f* **pettinatura** [pettina'tu:ra] *f* ① (*di capelli*) Frisur *f* ② (*di lana*) Hecheln *nt*, Kämmen *nt*

**pettine** ['pɛttine] *m* Kamm *m*; (*per tessitura*) Hechel *f*

**petting** ['pɛtiŋ] <-> *m* Petting *nt*

**pettino** [pet'ti:no] *m* ① (*di grembiule*) Brustlatz *m* ② (*di camicia*) Hemdbrust *f* ③ (*di vestito femminile*) Miedereinsatz *m*

**pettirosso** [petti'rosso] <-i> *m* Rotkehlchen *nt*

**petto** ['pɛtto] *m* ① (ANAT) Brust *f*; (*di donna*) Busen *m*; (*polmoni*) Lungen *fpl*, Brustorgane *ntpl*; (GASTR) Bruststück *nt*; **~ della camicia** Hemdbrust *f*; **nota/voce di ~** Brustton *m*/Bruststimme *f*; **a un/doppio ~** ein-/zweireihig; **essere debole di ~** schwach auf der Brust sein ② (*fig: cuore*) Herz *nt*; **mettersi una mano sul ~** (*fig*) die Hand aufs Herz legen **pettorale** [petto'ra:le] I. *agg* Brust- II. *m* Brustblatt *nt*, -riemen *m* **pettorina** [petto'ri:na] *f* [Brust]latz *m*, [Brust]einsatz *m*

**pettoruto, -a** [petto'ru:to] *agg* (*uomo*) breitschult[e]rig; (*donna*) vollbusig

**petulante** [petu'lante] *agg* ① (*arrogante*) anmaßend, überheblich ② (*insistente*) aufdringlich **petulanza** [petu'lantsa] *f* Anmaßung *f*, Überheblichkeit *f*

**petunia** [pe'tu:nia] <-ie> *f* Petunie *f*

**pezza** ['pɛttsa] *f* ① (*di tessuto*) Ballen *m*; (*di lana*) Knäuel *m o nt* ② (*toppa*) Flicken *m*, Fleck[en] *m*; **mettere una ~ a qc** (*fig*) etw wieder gutmachen ③ (*cencio*) Lappen *m*, Tuch *nt*; **trattare qu come una ~ da piedi** (*fam*) jdn wie [den letzten] Dreck behandeln

**pezzato** [pet'tsa:to] *m* Schecke *m*

**pezzato, -a** *agg* gescheckt, scheckig

**pezzatura** [pettsa'tu:ra] *f* (COM) [Stück]größe *f*

**pezzente** [pet'tsɛnte] *mf* (*straccione*) Bettler(in) *m(f)*; (*fam pej*) Hungerleider(in) *m(f) fam*

**pezzo** ['pettso] *m* ① (*parte*) Stück *nt*; (*parte di serie*) Teil *nt*; **un ~ di dolce/pane** ein Stück Kuchen/Brot; **un uomo tutto d'un ~** ein ganzer Kerl; **andare in cento** [*o* **mille**] **-i** in tausend Stücke gehen; **cadere a** [*o* **in**] **-i** auseinanderfallen; (*fig*) ganz verkommen; **ridurre in -i** zerstückeln; **essere un ~ di legno** (*fig*) wie aus Stein sein ② (*oggetto*) Stück *nt*, Gegenstand *m*; **un ~ raro** ein seltenes Stück ③ (TEC) [Bau]teil *nt* ④ (LIT, MUS: *brano*) Stück *nt*, Stelle *f*; (*nel giornalismo*) Artikel *m* ⑤ (*di abito*) Teil *nt*; **un due -i** ein Bikini *m*, ein Zweiteiler *m* ⑥ (*di scacchi*) [Spiel]stein *m*, Figur *f* ⑦ (*tratto*) Stück *nt*, Strecke *f* ⑧ (*fig: tempo*) Weile *f*, Zeitlang *f*; **è un ~ che non ci vediamo** es ist eine Weile her, seit wir uns gesehen haben ⑨ (*loc*) **un ~ grosso** ein hohes Tier *fam*; **un bel ~ di ragazza** ein gut aussehendes Mädchen

**pezzuola** [pet'tsuɔ:la] *f* Lappen *m*; (*fazzoletto*) Taschentuch *nt*

**PG** *m abbr di* **Procuratore Generale** ≈ Generalstaatsanwalt

**pH** [pi'akka] <-> *m* pH-Wert *m*

**phone banking** [fon 'bɛŋkiŋ] <-> *m* (FIN) Telebanking *nt*

**photo finish** [foutə 'finiʃ] <-> *m* Zielfoto *nt*, Zielfilm *m*

**photoflood** ['foutəflʌd] <- *o* photofloods> *m* (FOTO) Fotospaltlampe *f*

**PI** *abbr di* (**Ministero della**) **Pubblica Istruzione** *italienisches Kultusministerium*

**pia** *f v.* **pio**

**piaccametro** [piak'ka:metro] *m* (CHEM) PH-Meter *m*, PH-Messgerät *nt*

**piaccio** ['piattʃo] *1. pers sing pr di* **piacere**[1]

**piacente** [pia'tʃɛnte] *agg* gewinnend, einnehmend

**Piacentino** <*sing*> *m* Umgebung *f* von Piacenza

**piacentino, -a** [piatʃen'ti:no] I. *m, f* (*abitante*) Einwohner(in) *m(f)* von Piacenza II. *agg* aus Piacenza, piacentinisch

**Piacenza** *f* Piacenza *nt* (*Stadt in Emilia-Romagna*)

**piacere**[1] [pia'tʃe:re] <piaccio, piacqui, piaciuto> *vi essere* gefallen, passen; (*cibi*) schmecken; **mi piace nuotare** ich schwimme gern; **mi piacerebbe rivederti** es würde mich freuen, dich wiederzusehen; **che ti piaccia o no** ob es dir gefällt oder nicht

**piacere**[2] *m* ① (*soddisfazione*) Gefallen *nt*; **dare ~ a qu** jdm Freude machen; **provare ~ nella musica** Freude an der Musik haben ② (*divertimento*) Vergnügen *nt*, Freude *f*; **gita di ~** Vergnügungsfahrt *f*; **viaggio di ~** Vergnügungsreise *f*; **canta che è un ~** er/sie singt, dass es eine Freude ist; **~!** angenehm!; **è un ~ conoscerLa** angenehm, Sie kennen zu lernen; **con ~**

mit Vergnügen, gern ❸ (*onore*) Ehre *f* ❹ (*favore*) Gefallen *m*; **fare un ~ a qu** jdm einen Gefallen tun; **fammi il** [**santo**] **~ di ...** +*inf* (*fam*) tu mir den Gefallen und ..., sei so lieb und ...; **ma mi faccia il ~!** aber ich bitte Sie!; **per ~** bitte[schön] ❺ (*volontà*) Belieben *nt*; **a ~** nach Wunsch, nach Belieben

**piacevole** [pia'tʃe:vole] *agg* angenehm, erfreulich **piacevolezza** [piatʃevo'lettsa] *f* Annehmlichkeit *f*, Anmut *f*

**piacimento** [piatʃi'mento] *m* **a ~** nach Belieben

**piaciuto** [pia'tʃu:to] *pp* di **piacere**[1]

**piacqui** ['piakkui] *1. pers sing pass rem di* **piacere**[1]

**piadina** [pia'di:na] *f* [Teig]fladen *m*

**piaga** ['pia:ga] <-ghe> *f* ❶ (MED) Wunde *f*, Verletzung *f* ❷ (*fig: danno*) Übel *nt*, Plage *f* ❸ (*fig: dolore*) Schmerz *m* ❹ (*fam: persona noiosa*) Quälgeist *m* **piagare** [pia'ga:re] *vt* ❶ (*ferire*) verwunden ❷ (*fig*) verletzen, kränken

**piagnisteo** [piaɲɲis'tɛ:o] *m* Gejammer *nt*, Geheule *nt*

**piagnone, -a** [piaɲ'ɲo:ne] *m, f* (*fam: bambino*) Heulpeter *m*/Heulsuse *f*

**piagnucolare** [piaɲɲuko'la:re] *vi* wimmern, heulen **piagnucolio** [piaɲɲuko'li:o] <-ii> *m* Gewimmer *nt*, Geplärre *nt fam* **piagnucolone, -a** [piaɲɲuko'lo:ne] *m, f* (*fam*) Heulpeter *m*/Heulsuse *f* **piagnucoloso, -a** [piaɲɲuko'lo:so] *agg* weinerlich, klagend

**pialla** ['pialla] *f* Hobel *m* **piallare** [pial'la:re] *vt* [ab]hobeln **piallata** [pial'la:ta] *f* Hobelstrich *m*, Hobeln *nt* **piallatore, -trice** [pialla'to:re] I. *m, f* Hobler(in) *m(f)* II. *agg* Hobel- **piallatrice** *f* Hobelmaschine *f* **piallatura** [pialla'tu:ra] *f* [Ab]hobeln *nt*

**piana** ['pia:na] *f* Ebene *f*

**pianale** [pia'na:le] *m* ❶ (MOT) Absatz *m* ❷ (FERR) Plattformwagen *m* ❸ (TEC) Plattform *f*

**pianeggiante** [pianed'dʒante] *agg* flach, eben **pianeggiare** [pianed'dʒa:re] I. *vi* eben sein II. *vt* ebnen

**pianella** [pia'nɛlla] *f* ❶ (*pantofola*) Pantoffel *m* ❷ (*mattonella*) Fliese *f*, Kachel *f*

**pianerottolo** [piane'rɔttolo] *m* Treppenabsatz *m*

**pianeta** [pia'ne:ta] <-i> *m* (ASTR) Planet *m*

**piangente** [pian'dʒɛnte] *agg* ❶ (*voce, persona*) weinerlich, wehklagend ❷ (*salice*) Trauer-

**piangere** ['piandʒere] <piango, piansi, pianto> I. *vi* weinen; **~ di gioia/dolore/rabbia** vor Freude/Schmerz/Wut weinen; **~ sul latte versato** (*fam fig*) unnütze Tränen vergießen; **mi piange il cuore** mir blutet das Herz II. *vt* ❶ (*lacrime*) vergießen ❷ (*lamentare*) beklagen, beweinen ❸ (*rimpiangere*) **~ qc** einer Sache *dat* nachtrauern

**pianificabile** [pianifi'ka:bile] *agg* planbar **pianificabilità** [pianifikabili'ta] <-> *f* Planbarkeit *f*

**pianificare** [pianifi'ka:re] *vt* planen **pianificato, -a** [pianifi'ka:to] *agg* geplant, Plan- **pianificatore, -trice** [pianifika'to:re] *m, f* Planer(in) *m(f)* **pianificazione** [pianifikat'tsio:ne] *f* Planung *f*; **~ familiare** Familienplanung *f*

**pianista** [pia'nista] <-i *m*, -e *f*> *mf* Klavierspieler(in) *m(f)*; (*professionale*) Pianist(in) *m(f)* **pianistico, -a** [pia'nistiko] <-ci, -che> *agg* pianistisch, Klavier-

**piano**[1] ['pia:no] *m* ❶ (*livello*) Stufe *f*, Ebene *f*, Niveau *nt*; (MAT) Ebene *f*; (GEOL) Schicht *f*; **di primo ~** von Rang; **passare in secondo ~** (*fig*) in den Hintergrund treten ❷ (*superficie*) Fläche *f*; **~ inclinato** schiefe Ebene ❸ (*di edificio*) Stockwerk *nt*, Stock *m*; **abitare al primo ~** im ersten Stock wohnen ❹ (*progetto*) Plan *m*, Projekt *nt*; (COM, POL) Programm *nt*; (*fig*) Vorhaben *nt*, Absicht *f*; **~ regolatore** (ADM) Bebauungsplan *m*; **~ di attacco** Angriffsplan *m*; **~ di battaglia** Schlachtplan *m* ❺ (AERO) Tragfläche *f* ❻ (FOTO, FILM) Perspektive *f*; **primo ~** Vordergrund *m*; **secondo ~** Hintergrund *m* ❼ (MUS) Klavier *nt*

**piano**[2] *avv* ❶ (*adagio*) langsam, bedächtig; **pian|o| ~** allmählich; **chi va ~, va sano e va lontano** (*prov*) eile mit Weile ❷ (*a bassa voce*) leise

**piano, -a** *agg* eben, glatt

**pianobar** [piano'bar] <-> *m* Tanzlokal *nt* mit Livemusik

**pianoforte** [piano'fɔrte] *m* Klavier *nt*, Piano *nt*; **~ a coda** Flügel *m*

**pianola** [pia'nɔ:la] *f* Pianola *nt*

**pianoro** [pia'nɔ:ro] *m* Hochebene *f*

**pianoterra** [piano'tɛrra] <-> *m* Erdgeschoss *nt*, Parterre *nt*

**piansi** [piansi] *1. pers sing pass rem di* **piangere**

**pianta** ['pianta] *f* ❶ (BOT) Pflanze *f*, Gewächs *nt* ❷ (ANAT: *del piede*) Sohle *f* ❸ (*disegno*) Plan *m*; (*carta topografica*) Karte *f*, Plan *m* ❹ (ADM: *ruolo*) Stellenplan *m*, Stellenverzeichnis *nt* ❺ (*loc*)

**inventare qc di sana ~** etw völlig aus der Luft greifen **piantagione** [pianta'dʒo:ne] *f* Pflanzung *f*, Plantage *f*
**piantagrane** [pianta'gra:ne] <-> *mf* (*fam*) Pedant(in) *m(f)*, Haarspalter(in) *m(f)*
**piantare** [pian'ta:re] **I.** *vt* ❶ (AGR: *piante*) pflanzen, anbauen; (*terreno*) bepflanzen, bebauen ❷ (*conficcare*) [ein]schlagen, einrammen ❸ (*fig: lasciare*) verlassen, im Stich lassen; **piantala!** (*fam*) hör auf [damit]! **II.** *vr* **-rsi** ❶ (*fam: lasciarsi*) auseinandergehen, sich trennen ❷ (*accamparsi*) **-rsi in casa di qc** sich bei jdm einnisten **piantato, -a** [pian'ta:to] *agg* ❶ (AGR: *terreno*) bepflanzt; (*piante*) gepflanzt ❷ (*fig: robusto*) stämmig, robust; (*immobile*) starr, angewurzelt **piantatore, -trice** [pianta'to:re] *m, f* ❶ (AGR) Pflanzer(in) *m(f)* ❷ (*proprietario*) Plantagenbesitzer(in) *m(f)* **piantatrice** *f* Pflanzmaschine *f* **piantatura** [pianta'tu:ra] *f* ❶ (*operazione*) [An]pflanzen *nt* ❷ (*stagione*) Pflanzzeit *f*
**piantello** [pian'tɛllo] *m* (TEC) Zwirnmaschine *f*, Zwirner *m*
**pianterreno** [pianter're:no] *m* Erdgeschoss *nt*, Parterre *nt*
**pianto** ['pianto] *m* Weinen *nt;* (*lacrime*) Tränen *fpl*
**pianto, -a I.** *pp di* **piangere II.** *agg* beweint, betrauert
**piantonamento** [pianto'namento] *m* Überwachen *nt*, Bewachung *f*
**piantonare** [pianto'na:re] *vt* bewachen, überwachen **piantone** [pian'to:ne] *m* ❶ (MIL) wachhabender Soldat, Wach[t]posten *m* ❷ (ADM) Wache *f*
**pianura** [pia'nu:ra] *f* Ebene *f*
**pianurizzazione** [pianuriddzat'tsio:ne] *f* (GEOL) Verflachung *f*
**piastra** ['piastra] *f* ❶ (*lastra*) Scheibe *f*, Platte *f* ❷ (TEC, EL) Platte *f* ❸ (*moneta*) Piaster *m*
**piastrella** [pias'trɛlla] *f* Kachel *f*, Fliese *f* **piastrellaio, -a** [piastrel'la:io] <-ai, -aie> *m, f* Fliesenleger(in) *m(f)* **piastrellare** [piastrel'la:re] *vt* kacheln, fliesen **piastrellista** [piastrel'lista] <-i *m*, -e *f>* *mf* Fliesenleger(in) *m(f)*
**piastrina** [pias'tri:na] *f* ❶ (BIOL) Blutplättchen *nt*, Thrombozyt *m* ❷ (MIL) Erkennungsmarke *f*, Plakette *f* ❸ (TEC) Zwischenlegscheibe *f*
**piattaforma** [piatta'forma] <piattaforme> *f* ❶ (*superficie*) Plattform *f*, Rampe *f* ❷ (GEOG) Tafel *f* ❸ (TEC) Scheibe *f* ❹ (FERR) Umlaufblech *nt*, Drehscheibe *f* ❺ (*fig* POL) Basis *f*, Plattform *f*
**piattello** [piat'tɛllo] *m* (*bersaglio*) Tontaube *f*; **tiro al ~** Tontaubenschießen *nt*
**piattezza** [piat'tettsa] *f* Plattheit *f*, Banalität *f*
**piattina** [piat'ti:na] *f* ❶ (EL) Flachkabel *nt* ❷ (*profilato metallico*) Metallband *nt*, Bandeisen *nt* ❸ (*carrello*) Plattformkarren *m*
**piattino** [piat'ti:no] *m* Untertasse *f*
**piatto** ['piatto] *m* ❶ (*recipiente*) Teller *m;* **~ fondo/piano** tiefer/flacher Teller ❷ (GASTR: *vivanda*) Gericht *nt*, Speise *f*; (*portata*) Gang *m*, Speisenfolge *f;* **un ~ di minestra/di spaghetti** ein Teller Suppe/Spaghetti; **primo ~** erster Gang; **~ del giorno** Tagesgericht *nt* ❸ (TEC) Schale *f*, Scheibe *f* ❹ *pl* (MUS) Becken *ntpl*
**piatto, -a** *agg* ❶ (*piano*) flach, platt; (MAT: *angolo*) gestreckt ❷ (*fig*) seicht, platt
**piattola** ['piattola] *f* ❶ (ZOO) [Küchen]schabe *f* ❷ (*fam fig: persona noiosa*) Nervensäge *f*
**piazza** ['piattsa] *f* ❶ (*area*) Platz *m;* **la ~ San Pietro** der Petersplatz; **fare ~ pulita** (*fig*) reinen Tisch machen ❷ (*mercato*) Marktplatz *m*; **scendere in ~** (*fig*) auf die Straße gehen, demonstrieren ❸ (COM, FIN) Markt *m* ❹ (MIL) Übungsgelände *nt* ❺ (*posto*) Platz *m;* **letto ad una ~** Einzelbett *nt* ❻ (*fig: gente*) Menge *f*; **mettere in ~** (*fig*) an die große Glocke hängen
**piazzaffari** [piattsaf'fa:ri] *f* (*Borsa di Milano*) Mailänder Börse *f*
**piazzaforte** [piattsa'fɔrte] <piazzeforti> *f* ❶ (*roccaforte*) Festung *f* ❷ (*a. fig*) Bollwerk *nt*
**piazzale** [piat'tsa:le] *m* ❶ (*piazza*) [großer] Platz *m* ❷ (*area di servizio*) Servicestation *f* ❸ (FERR) Bahnanlage *f*
**piazzamento** [piattsa'mento] *m* (SPORT) Aufstellung *f*; (*in classifica*) Platzierung *f*; (MIL) Aufstellung *f*, Formierung *f*
**piazzare** [piat'tsa:re] **I.** *vt* ❶ (*collocare*) aufstellen ❷ (COM) absetzen, auf den Markt bringen ❸ (*fig: colpo*) platzieren **II.** *vr* **-rsi** ❶ (SPORT) sich platzieren ❷ (*fam: sistemarsi*) sich einrichten, sich breitmachen *fam* **piazzata** [piat'tsa:ta] *f* (*fam*) Szene *f* **piazzato, -a** [piat'tsa:to] *agg* ❶ (SPORT) platziert ❷ (*fig: corpulento*) stämmig, korpulent ❸ (*fig: con solida posizione*) gut situiert, in gesicherter Position
**piazzatore** [piattsa'to:re] *m* (SPORT: *nel rugby*) Ballhalter(in) *m(f)*

**piazzeforti** *pl di* **piazzaforte**
**piazzista** [piat'tsista] <-i *m*, -e *f*> *mf* Handelsvertreter(in) *m(f)*
**piazzola** [piat'tsɔːla] *f* Ausweichstelle *f*, Haltemöglichkeit *f*; **~ di servizio** Servicestation *f*; **~ di sosta** Rastplatz *m*; **~ di emergenza** Notparkplatz *m*
**picaresco, -a** [pikaˈresko] <-schi, -sche> *agg* pikaresk, Schelmen-; **romanzo ~** Schelmenroman *m*
**picca** ['pikka] <-cche> *f* ❶ (*puntiglio*) Trotz *m*, Groll *m* ❷ (*arma*) Pike *f* ❸ *pl* (*di carte da gioco*) Pik *nt*; **prendersi un due di -cche** eine Abfuhr erhalten; **rispondere -cche a qu** (*fam*) jdm eine Abfuhr erteilen
**piccante** [pikˈkante] *agg* ❶ (GASTR) scharf gewürzt, pikant ❷ (*fig: mordace*) bissig, boshaft
**piccarsi** [pikˈkarsi] *vr* sich *dat* einbilden
**piccata** [pikˈkaːta] *f mit Zitrone zubereitetes Kalbsschnitzel*
**piccato, -a** [pikˈkaːto] *agg* beleidigt, gereizt, pikiert
**picchettaggio** [pikketˈtaddʒo] <-ggi> *m* Streikposten *m* **picchettamento** [pikkettaˈmento] *m* Aufstellen *nt* von Streikposten **picchettare** [pikketˈtaːre] *vt* ❶ (*fabbrica*) Streikposten beziehen vor +*dat* ❷ (*piantar paletti*) abstecken, Pflöcke aufstellen in [*o* auf] +*dat*
**picchetto** [pikˈketto] *m* ❶ (*paletto*) Pflock *m*, Pfahl *m* ❷ (MIL) Einsatzkommando *nt* ❸ (*gruppo di scioperanti*) Streikposten *mpl*
**picchiare** [pikˈkjaːre] I. *vt* ❶ (*battere*) schlagen ❷ (*percuotere*) verprügeln, schlagen ❸ (*bussare*) klopfen, pochen; **~ un colpo alla porta** an die Tür klopfen II. *vi* ❶ (*battere*) klopfen, pochen ❷ (AERO) im Sturzflug fliegen III. *vr* **-rsi** sich prügeln, sich schlagen
**picchiata** [pikˈkjaːta] *f* ❶ (AERO) Sturzflug *m* ❷ (*colpo*) Schlag *m*
**picchiatello, -a** [pikkjaˈtɛllo] I. *agg* (*fam*) verrückt, überspannt II. *m, f* (*fam*) Sonderling *m* **picchiato, -a** [pikˈkjaːto] I. *agg* (*fam*) wunderlich, sonderbar II. *m, f* (*fam*) Kauz *m*, seltsamer Vogel
**picchiatore, -trice** [pikkjaˈtoːre] *m, f* Schläger(in) *m(f)*
**picchiettare** [pikkjetˈtaːre] I. *vi* (*picchiare*) klopfen; (*pioggia*) trommeln, prasseln II. *vt* sprenkeln, [be]tupfen
**picchiettato** [pikkjetˈtaːto] *m* Saltato *nt*
**picchiettatura** [pikkjettaˈtuːra] *f* Tüpfelung *f*, Sprenkelung *f*

**picchiettio** [pikkjetˈtiːo] <-ii> *m* Klopfen *nt*; (*della pioggia*) Prasseln *nt*
**picchio** ['pikkjo] <-cchi> *m* ❶ (ZOO) Specht *m* ❷ (*colpo*) Schlag *m*
**piccina** *f v.* **piccino**
**piccineria** [pittʃineˈriːa] <-ie> *f* Kleinlichkeit *f*
**piccino, -a** [pitˈtʃiːno] I. *agg* ❶ (*piccolo*) klein, winzig ❷ (*fig: umile*) dürftig, bescheiden II. *m, f* ❶ (*bambino*) kleines Kind ❷ (*di animale*) Junge(s) *nt*
**picciolo** [pitˈtʃɔːlo] *m* [Blatt]stängel *m*, [Blatt]stiel *m*
**piccionaia** [pittʃoˈnaːja] <-aie> *f* ❶ (*luogo per piccioni*) Taubenschlag *m* ❷ (THEAT: *loggione*) Galerie *f*
**piccioncino, -a** [pittʃonˈtʃiːno] *m, f* (*fam*) Turteltaube *f*, Verliebte(r) *f(m)*
**piccione** [pitˈtʃoːne] *m* Taube *f*; **~ viaggiatore** Brieftaube *f*; **tiro al ~** Tontaubenschießen *nt*; **pigliare** [*o* **prendere**] **due -i con una fava** (*fig*) zwei Fliegen mit einer Klappe schlagen
**picciotto** [pitˈtʃɔtto] *m* (*sicil*) ❶ (*giovanotto*) junger Mann *m*, junger Spund *m fam* ❷ (HIST) sizilianischer Freiheitskämpfer *m*
**picco** ['pikko] <-cchi> *m* (*vetta*) Bergspitze *f*, Gipfel *m*; **a ~** senkrecht, steil
**piccola** *f v.* **piccolo**
**piccolezza** [pikkoˈlettsa] *f* ❶ (*dimensione*) Kleinheit *f* ❷ (*inezia*) Belanglosigkeit *f*, Lappalie *f* ❸ (*fig: grettezza*) Kleinlichkeit *f*
**piccolo, -a** ['pikkolo] <più piccolo *o* minore, piccolissimo *o* minimo> I. *agg* ❶ (*non grande*) klein; **~ borghese** Kleinbürger *m*, Spießer *m*; **~ imprenditore** Kleinunternehmer *m*; **in ~** verkleinert, in kleinem Maßstab ❷ (*insufficiente*) ungenügend, gering ❸ (*giovane*) jung, klein; **fin da ~** von klein auf, von Kindheit an ❹ (*trascurabile*) belanglos, geringfügig; (*errore, obiezione*) unerheblich; (*somma*) unbeträchtlich ❺ (*fig: meschino*) kleinlich, pedantisch ❻ (*fig: umile*) bescheiden, zurückhaltend, genügsam; **farsi ~** (*fig*) sich klein machen, sein Licht unter den Scheffel stellen II. *m, f* ❶ (*bambino*) Kind *nt*, Kleine(r, s) *mfnt* ❷ (ZOO) Junge(s) *nt*, Jungtier *nt* ❸ (*loc*) **nel mio ~** in meinen bescheidenen Verhältnissen, in meinem bescheidenen Rahmen
**piccone** [pikˈkoːne] *m* [Spitz]hacke *f*
**piccoso, -a** [pikˈkoːso] *agg* reizbar **piccozza** [pikˈkɔttsa] *f* [Kreuz]hacke *f*, [Eis]pickel *m*
**pick-up** ['pikʌp] <-> *m* Tonabnehmer *m*

**picnic** [pik'nik] <-> *m* Picknick *nt*
**picosecondo** [pikose'kondo] *m* (PHYS) Pikosekunde *f*
**pidiesse** [pidi'ɛsse] <-> *m* (POL: *Partito Democratico della Sinistra, PDS*) Sozialistische Partei Italiens
**pidiessino, -a** [pidies'si:no] I. *agg* sozialistisch, der PDS; **il leader ~ der Parteichef der PDS** II. *m*, *f* PDS-Mitglied *nt*
**pidocchieria** [pidokkie'ri:a] <-ie> *f* Knaus[e]rigkeit *f*
**pidocchio** [pi'dɔkko] <-cchi> *m* ● (ZOO) Laus *f* ● (*fig*) Knauser *m fam*, Geizhals *m fam* **pidocchioso, -a** [pidok'kio:so] *agg* ● (*infestato dai pidocchi*) verlaust, von Läusen befallen ● (*fig*) geizig, knaus[e]rig *fam*
**piè** [piɛ] *m* (*poet*) Fuß *m*; **a ~ [di] pagina** in der Fußnote
**pied-à-terre** [pieta'tɛ:r] <-> *m* Zweitwohnung *f*
**pied-de-poule** [piet'pul] <-> *m* Hahnentrittmuster *nt*
**piede** ['piɛ:de] *m* ● (ANAT) Fuß *m*; **essere [o stare] in -i** [auf den Füßen] stehen; **essere a -i** zu Fuß sein; **non stare in -i** (*fig*) auf wackeligen Füßen stehen; **andare a -i** zu Fuß gehen; **restare a -i** zu Fuß gehen müssen; **essere tra i -i** (*fam*) im Weg sein; **levarsi** [*o* **togliersi**] **dai -i qu** (*fam*) sich *dat* jdn vom Hals[e] schaffen; **prender ~** Fuß fassen; **tenere in -i** (*fig*) aufrecht erhalten; **mettere i -i in testa a qu** (*fig*) jdn in die Knie zwingen; **mettere in -i qc** (*fig*) etw auf die Beine stellen; **puntare i -i** auf seiner Meinung beharren; **avere tutti ai propri -i** alle zu seinen Füßen liegen haben; **fatto coi -i** (*fam*) schlecht gemacht; **ragionare** [*o* **parlare**] **coi -i** (*fam*) unsinniges Zeug [daher]reden; **a -i nudi** barfuß; **da capo a -i** von Kopf bis Fuß; **su due -i** (*fig*) stehenden Fußes, augenblicklich; **i -i piatti** (*sl*) die Bullen *mpl*, die Polypen *mpl* ● (*di mobile*) Bein *nt*; (*di lampadario*) Fuß *m*; **~ del tavolo** Tischbein *nt* ● (*di monte*) Fuß *m*; **ai -i della montagna** am Fuß der Berge ● (LIT) Versfuß *m*, Versmaß *nt* ● (*unità di misura*) Fuß *m*
**piedestallo** [piedes'tallo] *m v*. **piedistallo**
**piedino** [pi'di:no] *m* Pressenotiz *f*; **fare [il] ~** fußeln
**piedipiatti** [piedi'piatti] <-> *m* (*sl*) Bulle *m*
**piedistallo** [piedis'tallo] *m* Sockel *m*, Postament *nt*
**piedritto** [pie'dritto] *m* Widerlager *nt*

**piega** ['piɛ:ga] <-ghe> *f* Falte *f*; **gonna a -ghe** Faltenrock *m*; **messa in ~** Einlegen *nt* der Haare; **non fare una ~** (*fig*) haargenau stimmen
**piegaciglia** [piega'tʃiʎʎa] <-> *m* Wimpernzange *f*
**piegaferro** [piega'fɛrro] <-> *m* Eisenbieger *m*
**piegamento** [piega'mento] *m* ● (*fare una piega*) Falten *nt*; (*piegatura*) Biegen *nt* ● (SPORT) [Knie-/Rumpf]beuge *f*
**piegare** [pie'ga:re] I. *vt* ● (*curvare*) biegen; (*flettere*) krümmen; (*inclinare*) beugen, biegen; (*testa*) senken ● (*ripiegare*) [zusammen]falten, zusammenlegen; (*fronte*) runzeln ● (*fig*) zwingen, beugen II. *vi* ● (*voltare*) [ab]biegen ● (*pendere da una parte*) sich krümmen, sich neigen III. *vr* -**rsi** ● (*fig: arrendersi*) sich ergeben, aufgeben ● (*incurvarsi*) sich beugen; -**rsi sotto il peso degli anni** sich unter der Last der Jahre beugen **piegata** [pie'ga:ta] *f* Falten *nt*; **dare una ~ ai vestiti** die Kleider falten **piegatrice** [piega'tri:tʃe] *f* Falzmaschine *f* **piegatura** [piega'tu:ra] *f* Falten *nt*, Biegen *nt*
**pieghettare** [pieget'ta:re] *vt* plissieren, fälteln **pieghettatura** [piegetta'tu:ra] *f* Fälteln *nt*, Plissieren *nt*
**pieghevole** [pie'ge:vole] *agg* ● (*metallo, ramo*) biegsam ● (*sedia, tavolo*) [zusammen]klappbar, Klapp-; (*porta*) Falt- **pieghevolezza** [piegevo'lettsa] *f* Biegsamkeit *f*; (*fig*) Nachgiebigkeit *f*
**Piemonte** [pie'monte] *m* Piemont *m*
**piemontese**[1] <*sing*> *m* (*dialetto*) piemontesischer Dialekt
**piemontese**[2] I. *mf* (*abitante*) Piemontese *m*/Piemontesin *f* II. *agg* piemontesisch; **le colline -i** das piemontesische Bergland
**piena** ['piɛ:na] *f* ● (*di corso d'acqua*) Hochwasser *nt*; **essere in ~** Hochwasser haben ● (*calca*) Gedränge *nt*, Menge *f* ● (*fig: intensità*) Stärke *f*, Kraft *f*
**pienezza** [pie'nettsa] *f* ● (*intensità*) Fülle *f*, Stärke *f* ● (*fig: impeto*) Wucht *f*
**pieno** ['piɛ:no] *m* ● (*materia, parte piena*) voller Teil ● (*colmo*) Höhepunkt *m*, Blüte *f*; **nel ~ dell'estate/inverno** mitten im Sommer/im Winter; **nel ~ della notte** mitten in der Nacht ● (MOT) voller Tank; (*carico*) volle Ladung; **fare il ~** volltanken
**pieno, -a** *agg* ● (*colmo*) voll; **~ zeppo** (*fam*) gerammelt voll ● (*massiccio*) massig, stark ● (*abbondante*) **~ di** reich an +*dat* ● (*completo*) vollständig, vollkommen; **luna -a** Vollmond *m*; **in ~** (*comple-*

*tamente*) vollständig, gänzlich; (*esattamente*) genau; **sbagliare in ~** [sich] gründlich irren; **in ~ giorno** am helllichten Tag; **in ~ inverno** im tiefsten Winter ⑤ (*fig: pervaso*) **essere ~ di qc** von etw erfüllt sein; **essere ~ di invidia/stupore** voller Neid/Erstaunen sein; **essere ~ di sé** von sich *dat* eingenommen sein **pienone** [pie'no:ne] *m* (*fam*) Gedränge *nt*, Gewühl *nt* **pienotto, -a** [pie'nɔtto] *agg* rundlich, voll

**piercing** ['pi:rsing] <-> *m* Piercing *nt*
**pietà** [pie'ta] <-> *f* ① (*compassione*) Mitleid *nt*, Erbarmen *nt;* **avere ~ di qu** mit jdm Mitleid haben; **muovere qu a ~** jds Mitleid erregen ② (REL) Andächtigkeit *f*, Frömmigkeit *f*, Pietät *f* ③ (*amore*) Liebe *f*, Zuneigung *f* ④ (*in arte*) Pietà *f*
**pietanza** [pie'tantsa] *f* Gericht *nt*, Speise *f*
**pietismo** [pie'tizmo] *m* ① (REL) Pietismus *m* ② (*fig, pej*) Frömmelei *f* **pietista** [pie'tista] <-i *m*, -e *f*> *mf* Pietist(in) *m(f)*
**pietistico, -a** [pie'tistiko] <-ci, -che> *agg* ① (REL) pietistisch ② (*fig, pej*) bigott, frömmlerisch
**pietoso, -a** [pie'to:so] *agg* ① (*caritatevole*) barmherzig, mildtätig ② (*compassionevole*) Mitleid erregend, erbarmungswürdig; (*persona, stato*) bemitleidenswert
**pietra** ['piɛ:tra] *f* Stein *m*, Gestein *nt*; **età della ~** Steinzeit *f*; **porre la prima ~** (*a. fig*) den Grundstein legen; **scagliare la prima ~** (*fig*) den ersten Stein werfen; **mettere una ~ sopra qc** (*fig*) Gras über etw *acc* wachsen lassen, mit etw abschließen; **avere un cuore di ~** ein Herz aus Stein haben **pietraia** [pie'tra:ia] <-aie> *f* (*ammasso*) Steinhaufen *m*; (*luogo*) steiniges Gelände **pietrame** [pie'tra:me] *m* Gesteinsmasse *f*; (*ammasso*) Steinhaufen *m*
**pietrificare** [pietrifi'ka:re] I. *vt* versteinern, zu Stein werden lassen; (*a. fig*) erstarren lassen II. *vr* **-rsi** zu Stein werden; (*a. fig*) erstarren **pietrificazione** [pietrifikat'tsio:ne] *f* Versteinerung *f*, Petrifikation *f*
**pietrina** [pie'tri:na] *f* Feuerstein *m*
**pietrisco** [pie'trisko] <-schi> *m* Splitt *m*, Schotter *m*
**pietroso, -a** [pie'tro:so] *agg* ① (*di pietra*) steinern, aus Stein ② (*pieno di pietre*) steinig
**pieve** ['piɛ:ve] *f* [Kirchen]gemeinde *f*, Pfarre[i] *f*
**pifferaio** [piffe'ra:io] <-ai> *m* [umherziehender] Schalmeienspieler *m* **piffero** ['piffero] *m* Pfeife *f*, Schalmei *f*; (*a. fig*) Pfeifenspieler *m*
**pigiama** [pi'dʒa:ma] <-i> *m* Pyjama *m*, Schlafanzug *m*
**pigia pigia** ['pi:dʒa 'pi:dʒa] <-> *m* [dichtes] Gedränge *nt*
**pigiare** [pi'dʒa:re] *vt* (*premere*) stoßen, drücken; (*spingere*) dräng[l]n; (*uva*) keltern **pigiatura** [pidʒa'tu:ra] *f* Keltern *nt*, Kelterung *f*
**pigione** [pi'dʒo:ne] *f* (ADM) Miete *f*
**pigliare** [piʎ'ʎa:re] *vt* (*fam*) **~ qc** sich *dat* etw schnappen; **pigliarle** Prügel kriegen **piglio** ['piʎʎo] *m* Fassen *nt*, Ergreifen *nt*; **dar di ~ a qc** etw schnell packen
**pigmentazione** [pigmentat'tsio:ne] *f* Pigmentierung *f* **pigmento** [pig'mento] *m* Pigment *nt*
**pigna** ['piɲɲa] *f* Pinienzapfen *m*; **avere le -e in testa** (*fig*) Flausen im Kopf haben *fam*
**pignatta** [piɲ'ɲatta] *f* (*fam*) [Koch]topf *m*
**pignola** *f v.* **pignolo**
**pignoleria** [piɲɲoleˈri:a] <-ie> *f* Kleinlichkeit *f*
**pignolesco, -a** [piɲɲo'lesko] <-schi, -sche> *agg* pingelig, kleinlich **pignolo, -a** I. *agg* kleinlich, pedantisch II. *m*, *f* Pedant(in) *m(f)*, Klein[igkeits]krämer(in) *m(f)*
**pignone** [piɲ'ɲo:ne] *m* Ritzel *nt*, Triebrad *nt*
**pignorabile** [piɲɲo'ra:bile] *agg* pfändbar **pignorabilità** [piɲɲorabili'ta] <-> *f* Pfändbarkeit *f*
**pignoramento** [piɲɲora'mento] *m* Pfändung *f*, Pfänden *nt* **pignorare** [piɲɲo'ra:re] *vt* ① (JUR) pfänden ② (*al monte di pietà*) versetzen, verpfänden
**pigolare** [pigo'la:re] *vi* ① (*pulcino*) piep[s]en ② (*fig: lamentarsi*) jammern, greinen **pigolio** [pigo'li:o] <-ii> *m* Piep[s]en *nt*, Gepiep[s]e *nt*
**pigotta** [pi'gɔtta] *f* (*lomb*) Stoffpuppe *f*
**pigra** *f v.* **pigro**
**pigrizia** [pi'grittsia] <-ie> *f* Faulheit *f*, Trägheit *f* **pigro, -a** ['pi:gro] I. *agg* (*indolente*) faul, träge II. *m*, *f* Faulenzer(in) *m(f)* **pigrone, -a** [pi'gro:ne] *m*, *f* (*fam*) Faulpelz *m*, Tachinierer *m* A

**PIL** [pil] *abbr di* **Prodotto Interno Lordo** BIP *nt*
**pila** ['pi:la] *f* ① (EL) Batterie *f*; **~ a combustibile** Brennstoffzelle *f* ② (*serie*) Reihe *f*, Stapel *m* ③ (*fam: lampadina tascabile*) Taschenlampe *f* ④ (*di ponte*) [Brücken]pfeiler *m*
**pilastro** [pi'lastro] *m* ① (ARCH) [Wand]pfeiler *m*, Pilaster *m* ② (*fig: sostegno*) Stüt-

**pilatesco** → **piombo** 590

ze *f,* Säule *f;* **essere il ~ della famiglia** die Stütze der Familie sein

**pilatesco, -a** [pila'tesko] <-schi, -sche> *agg* ausweichend; **rispondere in maniera -a** ausweichende Antworten geben

**pilatura** [pila'tu:ra] *f* Schälung *f,* Schälen *nt*

**pile** [pail] *m* Fleece *nt*

**pilifero, -a** [pi'li:fero] *agg* behaart, Haar-

**pillola** ['pillola] *f* ❶ (MED) Pille *f,* Tablette *f;* (*anticoncezionale*) [Antibaby]pille *f;* **prendere una** [*o* **la**] **~** eine Tablette [*o* die Pille] [ein]nehmen; **la ~ del giorno dopo** die Pille danach ❷ (*fig: difficoltà*) Ärger *m,* Verdruss *m;* **indorare la ~** (*fig*) die bittere Pille versüßen; **una ~ amara** (*fig*) eine bittere Pille

**pillolo** ['pillolo] *m* ❶ (MED: *scherz: anticoncezionale per l'uomo*) Pille *f* für den Mann ❷ (*tosc: pietra di fiume*) Flusskiesel *m*

**pilone** [pi'lo:ne] *m* ❶ (ARCH) Pylon *m,* [Stütz]pfeiler *m* ❷ (SPORT) Dränger *m*

**piloro** [pi'lɔ:ro] *m* Pförtner *m,* Pylorus *m*

**pilota**[1] [pi'lɔ:ta] <-i> *m* (TEC) **~ automatico** Autopilot *m*

**pilota**[2] <-i *m,* -e *f*> *mf* ❶ (AERO) Pilot(in) *m(f);* (MOT) [Renn]fahrer(in) *m(f)* ❷ (NAUT) Lotse *m*/Lotsin *f*

**pilota**[3] <inv> *agg* ❶ (*guida*) Pilot-, Lotsen- ❷ (*sperimentale*) Modell-, Pilot-

**pilotaggio** [pilo'taddʒo] <-ggi> *m* ❶ (AERO) Steuerung *f;* **scuola di ~** Flugschule *f* ❷ (NAUT) Lotsen *nt* **pilotare** [pilo'ta:re] *vt* ❶ (*automobile*) fahren, steuern; (*nave*) lotsen; (*aereo*) fliegen, führen ❷ (*fig: condurre*) führen, begleiten

**piluccare** [piluk'ka:re] *vt* ❶ (*uva*) abbeeren ❷ (*mangiare sbocconcellando*) knabbern

**pimento** [pi'mento] *m* Piment *m o nt*

**pimpante** [pim'pante] *agg* lebhaft, keck

**pin** [pin] <-> *m acro di* **personal identification number** PIN *f*

**pina** ['pi:na] *f v.* **pigna**

**pinacoteca** [pinako'tɛ:ka] <-che> *f* Pinakothek *f*

**pinco** ['piŋko] <-chi> *m* Dummkopf *m,* Trottel *m;* **~ pallino** (*fam*) irgendwer, ein x-beliebiger

**pineta** [pi'ne:ta] *f* Pinienwald *m*

**ping-pong** [piŋ 'pɔŋg] <-> *m* Tischtennis *nt,* Pingpong *nt*

**pingue** ['piŋgue] *agg* ❶ (*grasso*) dick, fett ❷ (*fertile*) fruchtbar ❸ (*fig: abbondante*) reichlich, fett **pinguedine** [piŋ'gu:edine] *f* ❶ (*adiposità*) Fettsucht *f* ❷ (*grassezza*) Fettleibigkeit *f*

**pinguino** [piŋ'gui:no] *m* Pinguin *m*

**pinna** ['pinna] *f* ❶ (ZOO) Flosse *f* ❷ (SPORT) [Schwimm]flosse *f* ❸ (NAUT) Boots-, Schlingerkiel *m*

**pinnacolo** [pin'na:kolo] *m* ❶ (ARCH) Fiale *f* ❷ (*fig: roccia*) Zinne *f*

**pinneggiare** [pinned'dʒa:re] *vi* mit Flossen [*o* Beinschlag] schwimmen

**pino** ['pi:no] *m* ❶ (BOT) Kiefer *f* ❷ (*legno*) Kiefernholz *nt*

**pinolo** [pi'nɔ:lo] *m* Pinienkern *m*

**pin-up girl** ['pinʌp 'gəːl] <-> *f* Fotomodell *nt*

**pinza** ['pintsa] *f* ❶ (TEC) Zange *f;* (MED) Pinzette *f* ❷ (ZOO, *fam*) Schere *f,* Zange *f* **pinzare** [pin'tsa:re] *vt* stechen, beißen **pinzatura** [pintsa'tu:ra] *f* Stich *m,* Biss *m*

**pinzetta** [pin'tsetta] *f* Pinzette *f*

**pinzimonio** [pintsi'mɔ:nio] <-i> *m* (*tosc*) Salatsoße aus Öl, Pfeffer u Salz

**pio, -a** ['pi:o] <pii, pie> *agg* ❶ (*devoto*) demütig, ergeben ❷ (*religioso*) gläubig, gottesfürchtig ❸ (*caritatevole*) barmherzig, wohltätig

**pioggerella** [pioddʒe'rɛlla] *f* Niesel-, Sprühregen *m* **pioggia** ['piɔddʒa] <-gge> *f* ❶ (METEO) Regen *m;* **-gge acide** saurer Regen; **~ fine/fitta/scrosciante** leichter/heftiger/prasselnder Regen; **~ mista a neve** Schneeregen *m;* **stagione delle -gge** Regenzeit *f* ❷ (*fig*) Regen *m,* Flut *f;* (*rimproveri*) Hagel *m*

**piolo** ['piɔ:lo] *m* ❶ (*legnetto*) Holzpflock *m;* (*della tenda*) Hering *m* ❷ (*di scala*) [Holz]sprosse *f*

**piombare** [piom'ba:re] I. *vi* essere ❶ (*cadere dall'alto*) herunterfallen, herunterstürzen ❷ (*fig: sprofondare*) fallen, versinken ❸ (*fig: disgrazie*) zustoßen, widerfahren II. *vt* avere ❶ (*fam: dente*) plombieren ❷ (*pacco*) versiegeln, verplomben; (*carro*) verbleien, plombieren **piombatura** [piomba'tu:ra] *f* ❶ (*di dente*) Plombe *f,* Füllung *f* ❷ (*atto*) Füllen *nt,* Plombieren *nt* ❸ (*rivestimento di piombo*) Verbleiung *f*

**piombifero, -a** [piom'bi:fero] *agg* bleihaltig, Blei-

**piombino** [piom'bi:no] *m* ❶ (*proiettile*) Geschoss *nt,* Kugel *f* ❷ (*di lenza*) Angelblei *nt,* Senker *m;* (*di rete*) Netzblei *nt* ❸ (*di filo a piombo*) Senkblei *nt;* (*scandaglio*) Lot *nt*

**piombo** ['piombo] *m* ❶ (CHEM) Blei *nt;* **pesare come il ~** schwer wie Blei sein; **andare coi piedi di ~** (*fig*) auf der Hut sein, vorsichtig sein; **senza ~** bleifrei

❷ (*del filo a piombo*) Senkblei *nt*; (*di lenza*) Angelblei *nt*, Senker *m*; **filo a ~** Lot *nt*, Senkblei *nt*; **a ~** senkrecht ❸ (*sigillo*) Plombe *f* ❹ (*proiettile*) [Blei]kugel *f*, Projektil *nt* ❺ *pl* Bleiplatten *fpl* ❻ (TYP) Drucktypen *mpl*, Lettern *fpl*

**pioniere** [pio'nɪɛ:re] *m* Pionier *m* **pionierismo** [pionie'rizmo] *m* Pioniergeist *m* **pionieristico, -a** [pionie'ristiko] <-ci, -che> *agg* wegbereitend, bahnbrechend

**pio pio** ['pi:o 'pi:o] I. <-> *m* Piep[s]en *nt* II. *int* piep[s] piep[s]

**pioppaia** [piop'pa:ia] <-aie> *f* Pappelpflanzung *f* **pioppeto** [piop'petto] *m* Pappelwald *m* **pioppo** ['pioppo] *m* Pappel *f*

**piorrea** [pior'rɛ:a] *f* (MED) Eiterfluss *m*

**piota** ['pjɔːta] *f* Rasen-, Erdscholle *f*

**piovano, -a** [pio'va:no] *agg* Regen- **piovasco** [pio'vasko] <-schi> *m* Regenschauer *m*, Platzregen *m*

**piovere** ['pjɔ:vere] <piove, piovve, piovuto> *vi essere o avere* ❶ (METEO) regnen; (*penetrare acqua*) durch-, hereinregnen; **~ a catinelle** wie aus Eimern schütten; **~ a dirotto** gießen; **~ a scroscio** in Strömen regnen; **su questo non ci piove** (*fam fig*) das ist so klar wie Kloßbrühe; **piove sul bagnato** (*in senso positivo*) wer hat dem wird gegeben; (*in senso negativo*) ein Unglück kommt selten allein ❷ (*fig*) hageln, regnen; (*rimproveri*) hageln ❸ (*fig: notizia*) eingehen; (*disgrazia*) hereinbrechen

**piovigginare** [pioviddʒi'na:re] *vi essere o avere* nieseln, tröpfeln **piovigginoso, -a** [pioviddʒi'no:so] *agg* regnerisch **pioviscolare** [piovisko'la:re] *vi essere o avere* nieseln **piovosità** [piovosi'ta] <-> *f* Niederschlags-, Schauerneigung *f* **piovoso, -a** [pio'vo:so] *agg* regnerisch, Regen-

**piovra** ['pjɔ:vra] *f* ❶ (ZOO) Polyp *m* ❷ (*fig*) Blutsauger *m*, Schmarotzer *m*

**piovuto** [pio'vu:to] *pp di* **piovere**

**piovve** ['pjɔvve] *3. pers sing pass rem di* **piovere**

**pipa** ['pi:pa] *f* Pfeife *f*; **fumare la ~** Pfeife rauchen **pipata** [pi'pa:ta] *f* ❶ (*quantità di tabacco*) Pfeife[voll] *f*, Pfeifenfüllung *f* ❷ (*tirata di fumo*) [Pfeifen]zug *m*; **fare una ~** an der Pfeife ziehen

**pipeline** ['paiplain] <-> *m* Pipeline *f*, Erdölleitung *f*

**pipetta** [pi'petta] *f* Pipette *f*

**pipì** [pi'pi] <-> *f* (*fam*) Pipi *nt*; **fare [la] ~** Pipi machen, pieseln

**pipistrello** [pipis'trɛllo] *m* ❶ (ZOO) Fledermaus *f* ❷ (*mantello*) Umhang *m*, Fledermauscape *nt*

**pipita** [pi'pi:ta] *f* ❶ (ZOO) Pips *m* ❷ (ANAT) Nagelhaut *f*

**piqué** [pi'ke] <-> *m* Pikee *m o nt*, Piqué *m o nt*

**pira** ['pi:ra] *f* (*poet*) Scheiterhaufen *m*

**piramidale** [pirami'da:le] *agg* ❶ (ARCH) pyramidenförmig, Pyramiden- ❷ (*fig: madornale*) gewaltig, riesig ❸ (*organizzazione*) hierarchisch **piramide** [pi'ra:mide] *f* Pyramide *f*

**piranha** [pi'raɲɲa] <-> *m* Piranha *m*

**pirata** <inv> *agg* Piraten-; **edizione** [*o* **copia**] **~** Raubkopie *f*; **emittente ~** Piratensender *m*

**pirata, -tessa** [pi'ra:ta, pira'tessa] <-i, -esse> *m, f* ❶ (*uomo di mare*) Pirat(in) *m(f)*, Seeräuber(in) *m(f)*; **~ della strada** Unfallflüchtige(r) *f(m)*; **~ dell'aria** Flugzeugentführer(in) *m(f)*, Luftpirat(in) *m(f)* ❷ (*fig*) Gauner(in) *m(f)*, Betrüger(in) *m(f)* ❸ (INFORM) **~ informatico** Hacker *m*

**piratare** [pira'ta:re] *vt* (INFORM) **~ qc** von etw Raubkopien anfertigen **piratato, -a** [pira'ta:to] *agg* (INFORM) **software ~** Software-Raubkopie *f* **pirateggiare** [pirated'dʒa:re] *vi* ❶ (*esercitare la pirateria*) Pirat sein ❷ (*fig: fare ruberie*) gaunern, betrügen

**pirateria** [pirate'ri:a] <-ie> *f* ❶ (*azione, mondo*) Piraterie *f*; **~ informatica** Software-Piraterie *f* ❷ (*fig*) Gaunerei *f*, Betrügerei *f* **piratesco, -a** [pira'tesko] <-schi, -sche> *agg* seeräuberisch, Piraten- **piratessa** *f v.* **pirata**

**Pirenei** [pire'nɛ:i] *mpl* Pyrenäen *pl*

**pirico, -a** ['pi:riko] <-ci, -che> *agg* pyritisch, Pyrit-; **polvere -a** Schießpulver *nt*

**pirite** [pi'ri:te] *f* Pyrit *m*, Schwefelkies *m*

**piritico, -a** [pi'ri:tiko] <-ci, -che> *agg* Pyrit-, pyrithaltig

**piroetta** [piro'etta] *f* Pirouette *f*; (*giravolta*) schnelle [Um]drehung **piroettare** [piroet'ta:re] *vi* Pirouetten drehen

**pirofila** [pi'rɔ:fila] *f* ❶ (*materiale*) feuerfestes Material ❷ (*tegame*) feuerfeste Form **pirofilo, -a** [pi'rɔ:filo] *agg* feuerfest, hitzebeständig

**piroga** [pi'rɔ:ga] <-ghe> *f* Einbaum *m*

**piromane** [pi'rɔ:mane] *mf* Pyromane *m/*Pyromanin *f* **piromania** [piroma'ni:a] *f* Pyromanie *f*

**pirometallurgia** [pirometallur'dʒi:a] *f* (TEC) Pyrometallurgie *f*

**piroscafo** [pi'rɔskafo] *m* Dampfer *m*, Dampfschiff *nt*

**piroscissione** [piroʃʃis'sio:ne] *f* Krackverfahren *nt*

**pirotecnica** [piro'tɛknika] <-che> f Pyrotechnik f, Feuerwerkskunst f
**pirotecnico** [piro'tɛkniko] <-ci> m Rüstungsfabrik f **pirotecnico, -a** <-ci, -che> I. agg pyrotechnisch II. m, f Feuerwerker(in) m(f), Pyrotechniker(in) m(f)
**Pisa** f Pisa nt (Stadt in der Toskana)
**Pisano** <sing> m Umgebung f von Pisa
**pisano, -a** [pi'sa:no] I. m, f (abitante) Pisaner(in) m(f) II. agg pisanisch
**piscia** ['piʃʃa] <-sce> f (vulg) Pisse f; **fare la ~** pissen, pinkeln **pisciare** [piʃ'ʃa:re] vi (vulg) pissen; **~rsi addosso** [o **sotto**] (fig) sich dat in die Hosen machen fam **pisciata** [piʃ'ʃa:ta] f (vulg) Pissen nt; **fare una ~** [mal] pinkeln [gehen] fam **pisciatoio** [piʃʃa'to:io] <-oi> m (vulg) Pissoir nt, Pissbecken nt
**piscicoltore, -trice** [piʃʃikol'to:re] m, f Fischzüchter(in) m(f) **piscicoltura** [piʃʃikol'tu:ra] f Fischzucht f
**piscina** [piʃ'ʃi:na] f ①(vasca) Schwimmbecken nt, -bassin nt ②(stabilimento) Schwimmbad nt, Badeanstalt f; **~ coperta** Hallenbad nt; **~ scoperta** Freibad nt
**piscio** ['piʃʃo] <-sci> m (vulg) Pisse f **piscione, -a** [piʃ'ʃo:ne] m, f (vulg) Pisser(in) m(f)
**pisello**[1] [pi'sɛllo] m ①(BOT, GASTR) Erbse f; **crema di -i** Erbsencremesuppe f ②(fam: pene) Zipfel m
**pisello**[2] <inv> agg erbsengrün
**pisolare** [pizo'la:re] vi (fam) dösen, ein Nickerchen machen
**pisolino** [pizo'li:no] m (fam) Nickerchen nt; **fare** [o **schiacciare**] **un ~** dösen, ein Nickerchen machen
**pisside** ['pisside] f (REL) Hostienkelch m
**pissi pissi** ['pissi 'pissi] I. <-> m Wispern nt, Zischeln nt II. int psch[t], psch[t]
**pista** ['pista] f ①(traccia) Fährte f, Spur f ②(da ballo) Tanzfläche f ③(SPORT) Piste f, Bahn f ④(di circo) Manege f ⑤(AERO) Rollfeld nt; **~ di atterraggio** Landebahn f; **~ di rullaggio** Rollbahn f; **~ di volo** Flugbahn f ⑥(del registratore) [Magnet]spur f; (FILM) Streifen m, Spur f ⑦(via) Weg m, Pfad m; **~ ciclabile** Rad[fahr]weg m
**pistacchio**[1] [pis'takkio] <-cchi> m Pistazie f
**pistacchio**[2] <inv> agg pistaziengrün
**pistillo** [pis'tillo] m [Blüten]stempel m, Blütennarbe f
**Pistoia** f Pistoia nt (Stadt in der Toskana)
**pistoiese** [pistoi'e:se] I. mf (abitante) Einwohner(in) m(f) von Pistoia II. agg aus Pistoia, von Pistoia; **cittadino ~** Bürger von Pistoia
**Pistoiese** <sing> m Provinz f Pistoia
**pistola** [pis'tɔ:la] f Pistole f; **~ ad acqua** Wasserpistole f **pistolero** [pisto'lɛ:ro] m Pistolen-, Revolverheld m **pistolettata** [pistolet'ta:ta] f Pistolenschuss m
**pistone** [pis'to:ne] m ①(MOT) [Motor]kolben m ②(MUS) Ventil nt, Piston nt
**pitagorico** [pita'gɔ:riko] m Pythagoreer m
**pitagorico, -a** <-ci, -che> agg pythagoreisch; **tavola -a** Einmaleins nt
**pitale** [pi'ta:le] m (fam) Nachttopf m
**pitoccare** [pitok'ka:re] vi betteln
**pitoccheria** [pitokke'ri:a] <-ie> f Knaus[e]rigkeit f **pitocco, -a** [pi'tɔkko] <-cchi, -cche> I. m, f Geizhals m II. agg geizig, knaus[e]rig
**pitone** [pi'to:ne] m Python m
**pittima** ['pittima] f Nervensäge f, Quälgeist m
**pittografia** [pittogra'fi:a] f Bilderschrift f, Piktografie f **pittografico, -a** [pitto'gra:fiko] <-ci, -che> agg Bilder-, piktographisch
**pittogramma** [pitto'gramma] <-i> m Piktogramm nt
**pittore, -trice** [pit'to:re] m, f ①(artista) Zeichner(in) m(f), Maler(in) m(f) ②(imbianchino) Maler(in) m(f), Anstreicher(in) m(f) **pittoresco, -a** [pitto'resko] <-schi, -sche> agg (a. fig) pittoresk, malerisch **pittorico, -a** [pit'tɔ:riko] <-ci, -che> agg ①(di pittura) Mal-, Zeichen- ②(fig) malerisch
**pittrice** f v. **pittore**
**pittura** [pit'tu:ra] f ①(arte) Malerei f, Zeichenkunst f ②(dipinto) Bild nt, Gemälde nt; **sembrare una ~** wie gemalt sein ③(verniciatura) Anstrich m **pitturare** [pittu'ra:re] I. vt ①(dipingere) malen ②(verniciare) anstreichen II. vr -**rsi** (fam) sich schminken, sich anmalen
**più** [piu] comparativo di **molto, -a** I. avv ①(maggiormente) mehr; (comparativo) [noch] mehr; (superlativo) am meisten; **~ intelligente/bello** intelligenter/schöner; **è il ~ vecchio** er ist der Älteste, er ist am ältesten; **ha lasciato i bambini quando ~ avevano bisogno del padre** er hat die Kinder verlassen, als sie den Vater am meisten brauchten; **in ~** darüber hinaus; **mi ha dato un libro in ~** er/sie hat mir ein Buch zu viel gegeben; **tanto ~** viel mehr; **niente [di] ~** nichts mehr; **non ne posso ~** ich kann nicht mehr; **mai ~** nie[mals] mehr, nie wieder; **~ che mai**

mehr denn je; ~ ... che ... mehr ... als ..., eher ... als ...; ~ o meno mehr oder weniger; chi ~ chi meno der eine mehr, der andere weniger; ~ su weiter oben; **tra non ~ di un mese** in nicht mehr als einem Monat; **chi ~ ha ~ vuole** (*prov*) wer viel hat, will noch mehr; **chi ~ ne ha ~ ne metta** und so fort ist [längst] noch nicht alles, und so weiter und so fort ❷ (*di temperatura*) plus, über null; ~ **tre** drei Grad über null ❸ (MAT) plus, und ❹ (*votazione scolastica*) plus ❺ (*oltre*) weiter; **per di ~** obendrein, darüber hinaus II. *prp* [und] außerdem [noch], nun III.<inv> *agg* mehr; (*parecchi*) einige, mehrere; **ci vuole ~ tempo** es braucht mehr Zeit; ~ **persone vengono e meglio è** je mehr Leute kommen, umso besser ist es; **al ~ presto** so schnell wie möglich; **al ~ tardi** spätestens IV. <-> *m* ❶ (*massimo*) Höchste(s) *nt*, Meiste(s) *nt*; **al ~** höchstens; **a ~ non posso** (*fam*) mit voller Kraft, was das Zeug hält; **tutt'al ~** allerhöchstens, maximal; **per lo ~** umso mehr, als ❷ (*parte maggiore*) größter Teil, Großteil *m*; **il ~ delle volte** meistens, in den meisten Fällen ❸ *pl* (*la maggioranza*) Mehrzahl *f*, Mehrheit *f* ❹ (*cosa più importante*) Hauptsache *f*, Wichtigste(s) *nt* ❺ (MAT) Plus[zeichen] *nt* ❻ (*loc*) **parlare del ~ e del meno** über dieses und jenes reden

**piuccheperfetto** [piukkeper'fɛtto] *m* Plusquamperfekt *nt*, Vorvergangenheit *f*

**piuma**[1] ['piu:ma] *f* ❶ (*penna*) [Flaum]feder *f*, Daune *f* ❷ (*ornamento*) [Schmuck]feder *f*

**piuma**[2] <inv> *agg* **peso ~** (SPORT) Federgewicht *nt* **piumaggio** [piu'maddʒo] <-ggi> *m* Federkleid *nt*, Gefieder *nt* **piumato, -a** [piu'ma:to] *agg* gefedert, Feder-

**piumino** [piu'mi:no] *m* ❶ (ZOO) Flaumfeder *f*, Flaum *m* ❷ (*per la cipria*) Puderquaste *f* ❸ (*coperta*) Federbett *nt* ❹ (*per spolverare*) Staubwedel *m* ❺ (*proiettile*) Schießbolzen *m*

**piumone**® [piu'mo:ne] *m* Steppdecke *f*, Daunenjacke *f*

**piumoso, -a** [piu'mo:so] *agg* (*fig: soffice*) flaumig, weich

**piuttosto** [piut'tɔsto] *avv* ❶ (*più volentieri*) eher, lieber; (*più facilmente*) leichter; ~ **che** +*conj o inf*, ~ **di** ... +*inf* eher, als dass ...; (*anziché*) [an]statt zu ... +*inf*, [an]statt dass ... ❷ (*alquanto*) ziemlich, relativ ❸ (*invece*) anstatt ❹ (*meglio*) besser, vielmehr

**piva** ['pi:va] *f* Dudelsack *m*

**pivello, -a** [pi'vɛllo] *m, f* (*fam*) Grünschnabel *m*

**piviale** [pi'via:le] *m* Chormantel *m*, Pluviale *nt*

**pixel** ['piksəl] <-> *m* ❶ (INFORM) Pixel *nt*, Bildelement *nt* ❷ (FOTO) Bildpunkt *m*, Bildelement *nt*

**pizza** ['pittsa] *f* ❶ (GASTR) Pizza *f*; ~ **al taglio** Pizza in Stücken ❷ (*fig: persona o cosa noiosa*) Langweiler(in) *m(f)*, langweilige Sache; **che ~!** wie langweilig! **pizzaiolo, -a** [pittsa'iɔ:lo] *m, f* ❶ (*chi fa le pizze*) Pizzabäcker(in) *m(f)*; **alla -a** mit Tomaten, Knoblauch und Petersilie ❷ (*gestore di pizzeria*) Inhaber(in) *m(f)* einer Pizzeria

**pizzardone** [pittsar'do:ne] *m* (*dial*) Schutzmann *m*

**pizzeria** [pittse'ri:a] <-ie> *f* Pizzeria *f*, Pizzbäckerei *f*

**pizzicagnolo, -a** [pittsi'kaɲɲolo] *m, f* Wurst- und Käsehändler(in) *m(f)*

**pizzicare** [pittsi'ka:re] I. *vt* ❶ (*stringere*) kneifen, zwicken ❷ (*pungere*) stechen ❸ (*stuzzicare*) stochern, bohren ❹ (*fig*) stechen; (*freddo*) beißen ❺ (MUS) zupfen II. *vi* ❶ (*prudere*) kitzeln, jucken; (*fam fig*) kribbeln, prickeln ❷ (*bruciare*) brennen, stechen

**pizzicato** [pittsi'ka:to] *m* Pizzicato *nt*

**pizzicato, -a** *agg* gezupft, pizzicato; **strumenti a corde -e** Zupfinstrumente *ntpl*

**pizzicheria** [pittsike'ri:a] <-ie> *f* Wurst- u Käsegeschäft *nt*

**pizzico** ['pittsiko] <-chi> *m* ❶ (*pizzicotto*) Kniff *m* ❷ (*di sale, di pepe*) Prise *f* ❸ (*puntura d'insetto*) [Insekten]stich *m*, -biss *m*

**pizzicore** [pittsi'ko:re] *m* ❶ (*prurito*) Jucken *nt*, Kribbeln *nt* ❷ (*fam fig*) Lust *f*, Laune *f*

**pizzicottare** [pittsikot'ta:re] *vt* (*fam*) kneifen, zwicken **pizzicotto** [pittsi'kɔtto] *m* Kneifen *nt*, Zwicken *nt*

**pizzo** ['pittso] *m* ❶ (*merletto*) Spitze *f* ❷ (*barba*) Spitzbart *m* ❸ (*tangente*) Schutzgeld *nt*; **pagare il ~** Schutzgeld zahlen

**placare** [pla'ka:re] I. *vt* ❶ (*fig*) besänftigen, beruhigen ❷ (*fame, sete*) stillen II. *vr* **-rsi** sich beruhigen; (*a. fig*) sich legen

**placca** ['plakka] <-cche> *f* ❶ (*piastra*) Platte *f* ❷ (*targhetta*) Plakette *f*, Schildchen *nt* ❸ (EL) Anode *f* ❹ (MED) Fleck *m*; ~ **batterica** [*o* **dentaria**] [bakterieller] Zahnbelag *m*, Plaque *f*

**placcaggio** [plak'kaddʒo] <-ggi> *m* Festhaltegriff *m*, Stoppgriff *m* [im Rugby]

**placcare** [plak'ka:re] *vt* plattieren; ~ **d'**

[*o* **in**] **oro/argento** vergolden/versilbern
**placcatura** [plakka'tuːra] *f* Plattierung *f*, Dublierung *f*
**placchetta** [plak'ketta] *f* ①(EL) Fangelektrode *f* ②(*bassorilievo*) Plakette *f* ③(TEC) [Schneid]plättchen *nt*
**placebo** [pla'tʃɛbo] <-> *m* Placebo *nt*
**placenta** [pla'tʃɛnta] *f* Plazenta *f*, Mutterkuchen *m*
**placet** ['plaːtʃet] <-> *m* Plazet *nt*
**placidità** [platʃidi'ta] <-> *f* Ruhe *f*, Stille *f*
**placido, -a** ['platʃido] *agg* ruhig, still
**placito** ['platʃito] *m* (HIST) Urteil *nt*
**plafond** [pla'fɔ̃] <-> *m* ①(*soffitto*) [Zimmer]decke *f* ②(FIN, COM) Plafond *m*
**plafoniera** [plafo'niɛːra] *f* Deckenlampe *f*, -leuchte *f*; (FILM) Deckenstrahler *m*, -scheinwerfer *m*
**plagiare** [pla'dʒaːre] *vt* ①(LIT) plagiieren ②(JUR) hörig machen, gefügig machen **plagiario, -a** [pla'dʒaːrio] <-i, -ie> I. *agg* plagiatorisch II. *m, f* Plagiator(in) *m(f)* **plagio** ['pladʒo] <-gi> *m* ①(LIT) Plagiat *nt* ②(JUR) Hörigmachen *nt*
**plaid** [plɛd] <-> *m* Plaid *nt o m*, Reisedecke *f*
**planare** [pla'naːre] *vi* gleiten **planarità** [planari'ta] <-> *f* (TEC) Planheit *f* **planata** [pla'naːta] *f* Gleitflug *m* **planato, -a** [pla'naːto] *agg* Gleit-; **volo** ~ Gleitflug *m*
**plancia** ['plantʃa] <-ce> *f* ①(AUTO) Armaturenbrett *nt;* ~ **portastrumenti** Instrumententafel *f* ②(NAUT: *ponte*) [Kommando]brücke *f*; (*passerella*) [Lauf]steg *m*
**plancton** ['plaŋkton] <-> *m* Plankton *nt*
**planetario** [plane'taːrio] <-i> *m* ①(ASTR) Planetarium *nt* ②(MOT) Planetengetriebe *nt*
**planetario, -a** <-i, -ie> *agg* planetar[isch], Planeten-
**planetologia** [planetolo'dʒiːa] *f* (ASTR) Planetologie *f* **planetologo, -a** [plane'tɔːlogo] <-ghi, -ghe> *m, f* (ASTR) Planetologe *m*/Planetologin *f*
**planimetria** [planime'triːa] <-ie> *f* ①(MAT) Planimetrie *f*, ebene Geometrie ②(*pianta*) Gebäudeplan *m* ③(*topografia*) Flächenmessung *f* **planimetrico, -a** [plani'mɛːtriko] <-ci, -che> *agg* planimetrisch
**planimetro** [pla'niːmetro] *m* Planimeter *nt*, Flächenmesser *m*
**planisfero** [planis'fɛːro] *m* Planisphäre *f*, Planiglobium *nt;* ~ **celeste** Himmels-, Sternkarte *f*
**plantare** [plan'taːre] *m* orthopädische [Schuh]einlage
**plantigrado, -a** [plan'tiːgrado] I. *agg* Sohlen- II. *m, f* ①(ZOO) Sohlengänger *m* ②(*fam pej*) lahme Ente *f*
**plasma** ['plazma] <-i> *m* Plasma *nt*
**plasmabile** [plaz'maːbile] *agg* formbar, gestaltbar **plasmare** [plaz'maːre] *vt* ①(*materiale*) modellieren, formen ②(*fig*) formen, bilden
**plastica** ['plastika] <-che> *f* ①(*materiale*) Plastik *nt*, Kunststoff *m* ②(KUNST, MED) Plastik *f* **plasticismo** [plasti'tʃizmo] *m* Plastizität *f* **plasticità** [plastitʃi'ta] <-> *f* Plastizität *f*
**plasticizzante** [plastitʃid'dzante] I. *agg* (TEC) plastifizierend, Plastifizier- II. *m* (TEC: *sostanza* ~) Plastifiziermittel *nt*
**plastico** ['plastiko] <-ci> *m* ①(ARCH) Modell *nt* ②(*rappresentazione topografica*) Relief *nt*
**plastico, -a** <-ci, -che> *agg* ①(*in plastica*) aus Plastik, Plastik- ②(*arte*) darstellend, bildend; (*in rilievo*) plastisch ③(TEC) dehnbar, modellierbar ④(MED) plastisch
**plastificante** [plastifi'kante] *m* Weichmacher *m*, Plastifikator *m* **plastificare** [plastifi'kaːre] *vt* ①(*rendere plastico*) plasti[fi]zieren ②(*rivestire di plastica*) [mit Kunststoff] beschichten **plastificazione** [plastifikat'tsioːne] *f* Plastifizierung *f*; (*di plastica*) Beschichtung *f*
**plastilina**® [plasti'liːna] *f* Plastilin® *nt*, Knetgummi *m o nt*
**plastimetro** [plas'tiːmetro] *m* (GEOL, TEC) Prüfgerät *nt* für Bodendurchlässigkeit
**platano** ['plaːtano] *m* Platane *f*
**platea** [pla'tɛːa] *f* ①(THEAT) Parkett *nt* ②(TV: *pubblico*) Publikum *nt*, Zuschauer *mpl* **plateale** [plate'aːle] *agg* offensichtlich, eindeutig
**plateau** [pla'to] <-> *m* ①(GEOG) Plateau *nt*, Tafel *f* ②(*cassetta*) Kasten *m*, Kästchen *nt*
**platinare** [plati'naːre] *vt* platinieren; (*capelli*) platinblond färben **platino** ['plaːtino] *m* Platin *nt*
**platonico** [pla'tɔːniko] <-ci> *m* Platoniker *m*
**platonico, -a** <-ci, -che> *agg* platonisch
**plausibile** [plau'ziːbile] *agg* (*spiegazione, ragione*) plausibel, einsehbar; (*prova*) stichhaltig **plausibilità** [plauzibili'ta] <-> *f* Glaubwürdigkeit *f*, Plausibilität *f*
**plauso** ['plaːuzo] *m* Beifall *m*, [begeisterte] Zustimmung *f*
**playback** ['pleibæk] <-> *m* Play-back *nt*
**playboy** ['pleibɔi] <- *o* playboys> *m* Playboy *m* **playgirl** ['pleigəːl *o* plɛi'gɛrl] <-> *f* (*donna piacente*) Playgirl *nt*

**playmaker** ['pleimeikə] <-> *m* Spielführer(in) *m(f)*

**playout** ['pleiaut] <- *o* playouts> *m* (SPORT) Spiele *ntpl* um den Klassenerhalt

**plaza** ['plaza] <- *o* plazas> *f* ① (*piazza*) Plaza *f*, Platz *m* ② (*l'arena dove ha luogo la corrida*) Stierkampfarena *f*

**plazer** [pla'tser] <plazers> *m* (LIT) Troubadourlyrik *f*

**plebaglia** [ple'baʎʎa] <-glie> *f* (*pej*) Pöbel *m*, Gesindel *nt* **plebe** ['plɛ:be] *f* ① (*pej*) Pöbel *m*, Mob *m* ② (HIST) Plebs *f* **plebeo, -a** [ple'bɛ:o] *agg* ① (*pej*) pöbelhaft, gemein ② (HIST) plebejisch

**plebiscitario, -a** [plebiʃʃi'ta:rio] <-i, -ie> *agg* ① (POL) plebiszitär ② (*fig*) einstimmig, einhellig **plebiscito** [plebiʃ'ʃi:to] *m* ① (POL) Plebiszit *nt*, Volksabstimmung *f* ② (*fig*) Einstimmigkeit *f*

**Pleiadi** ['plɛ:iadi] *fpl* Plejaden *pl*

**plenario, -a** [ple'na:rio] <-i, -ie> *agg* ① (*riunione*) Voll-, Plenar- ② (*totale*) vollkommen, vollständig; **indulgenza -a** (REL) vollständiger Ablass

**plenilunare** [plenilu'na:re] *agg* Vollmond- **plenilunio** [pleni'lu:nio] <-i> *m* Vollmond *m*

**plenipotenziario, -a** [plenipoten'tsia:rio] <-i, -ie> I. *agg* bevollmächtigt II. *m, f* Bevollmächtigte(r) *f(m)*

**plenum** ['plɛ:num] <-> *m* Vollversammlung *f*, Plenum *nt*

**pleonasmo** [pleo'nazmo] *m* Pleonasmus *m* **pleonastico, -a** [pleo'nastiko] <-ci, -che> *agg* ① (LING, LIT) pleonastisch ② (*fig: superfluo*) überflüssig, unnötig

**plesso** ['plɛsso] *m* ① (ANAT) Plexus *m*; ~ **solare** Sonnengeflecht *nt*, Solarplexus *m* ② (*fig*) Geflecht *nt*, Komplex *m*

**pletora** ['plɛ:tora] *f* ① (*fig: sovrabbondanza*) Überschuss *m*, Überfluss *m* ② (MED) Plethora *f*, Blutfülle *f* **pletorico, -a** [ple'tɔ:riko] <-ci, -che> *agg* (*sovrabbondante*) überflüssig, übermäßig

**plettro** ['plɛttro] *m* Plektron *nt*

**pleura** ['plɛura] *f* Brustfell *nt*, Rippenfell *nt* **pleurico, -a** ['plɛuriko] <-ci, -che> *agg* Brustfell-, Rippenfell- **pleurite** [pleu'ri:te] *f* Brust-, Rippenfellentzündung *f*, Pleuritis *f*

**PLI** *m abbr di* **Partito Liberale Italiano** liberale Partei Italiens

**plico** ['pli:ko] <-chi> *m* Aktenbündel *nt*; (*busta*) großer Umschlag; ~ **postale** Postsendung *f*

**plin** ['plin] <-> *m* kleine, üblicherweise hausgemachte, mit Fleisch gefüllte Teigtasche; Spezialität aus dem Piemont

**plissé** [pli'se] I. <inv> *agg* plissiert, Plissee- II. <-> *m* Plissee *nt* **plissettare** [plisset'ta:re] *vt* plissieren **plissettatrice** [plisset'tri:tʃe] *f* (TEC) Faltmaschine *f*, Plisseemaschine *f* **plissettatura** [plissetta'tu:ra] *f* (TEC) Plissieren *nt*

**plot** [plɔt] <-> *m* (FILM, TV, LIT) Plot *m*, Handlung *f*

**plotone** [plo'to:ne] *m* (MIL) Zug *m*, Abteilung *f*; ~ **d'esecuzione** Exekutionskommando *nt*

**plotter** ['plɔtə] <- *o* plotters> *m* (INFORM) Plotter *m*, Kurvenzeichner *m*

**plug-in** [plʌg'ɪn] <-> *m* (INFORM) Plug-in *nt*

**plumbeo, -a** ['plumbeo] <-ei, -ee> *agg* ① (*di piombo*) bleiern ② (*colore*) bleifarben

**plurale** [plu'ra:le] I. *agg* pluralisch, Mehrzahl- II. *m* Plural *m*, Mehrzahl *f* **pluralismo** [plura'lizmo] *m* Pluralismus *m* **pluralista** [plura'lista] <-i *m*, -e *f*> *mf* Pluralist(in) *m(f)* **pluralistico, -a** [pluralistiko] <-ci, -che> *agg* pluralistisch **pluralità** [plurali'ta] <-> *f* (*maggioranza*) Mehrheit *f*, Mehrzahl *f*

**pluri-** [pluri] (*in parole composte*) mehr[fach]-, viel-

**pluriaggravato, -a** [pluriaggra'va:to] *agg* (JUR) durch mehrere Umstände erschwert

**pluriarticolato, -a** [pluriartiko'la:to] *agg* Mehrgelenk-; **grù -a** Mehrgelenkkran *m*

**pluriatomico, -a** [pluria'tɔ:miko] <-ci, -che> *agg* (PHYS) mehratomig

**pluricellulare** [pluritʃellu'la:re] *agg* vielzellig; **organismo** ~ Vielzeller *m*

**pluricentrico, -a** [pluri'tʃɛntriko] <-ci, -che> *agg* polizentralistisch, dezentral

**pluriclasse** [pluri'klasse] I. *f* in mehrere Klassen aufgeteilter Grundschulunterricht II. *agg* Mehrklassen-; **scuola** ~ Zwergschule *f*

**pluricoltura** [plurikol'tu:ra] *f* (AGR) Polykultur *f*

**pluridecorato, -a** [plurideko'ra:to] I. *agg* mehrfach ausgezeichnet, mehrfach prämiert II. *m, f* mehrfach ausgezeichnete Person *f*

**pluridimensionale** [pluridimensio'na:le] *agg* mehrdimensional

**pluridimensionalità** [pluridimensionali'ta] <-> *f* Mehrdimensionalität *f*, Vielschichtigkeit *f*

**pluridirezionale** [pluridirettsio'na:le] *agg* in mehrere Richtungen; **indagini -i** Ermittlungen, die in mehrere Richtungen laufen

**pluridisabilità** [pluridizabili'ta] *f* Mehrfachbehinderung *f*

**pluridisciplinare** [pluridiʃʃipli'na:re] *agg* multidisziplinär; **una ricerca** ~ eine multidisziplinäre Studie

**pluriennale** [plurien'na:le] *agg* mehrjährig

**plurietnico, -a** [pluri'ɛtniko] <-ci, -che> *agg* multiethnisch

**plurifase** [pluri'fa:ze] <inv> *agg* ❶ (*che si svolge in più fasi*) mehrphasig, in mehreren Phasen ❷ (TEC) Mehrphasen-; **corrente** ~ Mehrphasenstrom *m* ❸ (COM, FIN) Mehrphasen-

**pluriforme** [pluri'forme] *agg* mehrgestaltig

**plurigemellare** [pluridʒemel'la:re] *agg* (MED) Mehrlings-; **parto** ~ Mehrlingsgeburt *f*

**plurigemino, -a** [pluri'dʒe:mino] *agg* (MED) *v.* **plurigemellare**

**plurilaterale** [plurilate'ra:le] *agg* ❶ (*gener*) mehrseitig ❷ (POL: *nel linguaggio diplomatico*) multilateral **plurilateralità** [plurilaterali'ta] <-> *f* multilateraler Charakter

**plurilingue** [pluri'liŋgue] <inv> *agg* mehrsprachig, plurilingue; **zona** ~ mehrsprachige Region; **testo** ~ mehrsprachig abgefasster Text **plurilinguismo** [pluriliŋ'guizmo] *m* (LING) Mehrsprachigkeit *f*, Vielsprachigkeit *f* **plurilinguistico, -a** [pluriliŋ'guistiko] <-ci, -che> *agg* den Multilinguismus betreffend

**plurimandatario, -a** [plurimanda'ta:rio] I. *m, f* (COM) Verkaufsagent(in) *m(f)* mit mehreren Auftraggebern II. *agg* mit mehreren Auftraggebern

**plurimiliardario, -a** [plurimiliar'da:rio] I. *agg* milliardenschwer *fam* II. *m, f* Multimilliardär(in) *m(f)* **plurimilionario, -a** [plurimilio'na:rio] I. *agg* millionenschwer *fam* II. *m, f* Multimillionär(in) *m(f)*

**plurimillenario, -a** [plurimille'na:rio] *agg* jahrtausendealt

**plurimo, -a** ['plu:rimo] *agg* ❶ (*parto*) mehrfach ❷ (*voto*) Mehr[stimmen]-

**plurimotore** [plurimo'to:re] I. *agg* mehrmotorig II. *m* Mehrmotorenflugzeug *nt*

**plurinazionale** [plurinattsio'na:le] *agg* Mehrvölker-, mehrstaatlich

**plurinominale** [plurinomi'na:le] *agg* mehrstimmenwahlberechtigt

**plurinquisito, -a** [pluriŋkui'si:to] *agg* (JUR) mehrerer Vergehen verdächtig

**pluriomicida** [pluriomi'tʃi:da] *mf* Massenmörder(in) *m(f)*; **l'evaso è un** ~ der entlaufene Sträfling ist ein Massenmörder

**pluripartitico, -a** [pluripar'ti:tiko] <-ci, -che> *agg* Mehrparteien- **pluripartitismo** [pluriparti'tizmo] *m* (POL) Mehrparteiensystem *nt*

**plurireddito** [pluri'rɛddito] <inv> *agg* (FIN) mit mehreren Einkommen

**plurisecolare** [pluriseko'la:re] *agg* jahrhundertealt

**plurisettimanale** [plurisettima'na:le] *agg* mehrwöchentlich

**plurisettoriale** [plurisetto'ria:le] *agg* (COM) Sektoren übergreifend

**plurisillabo, -a** [pluri'sillabo] *agg* mehrsilbig **pluristadio, -a** [pluris'ta:dio] <-i, -ie> *agg* Mehrstufen-

**pluristilismo** [pluristi'lizmo] *m* stilistische Vielfalt **pluristilistico, -a** [pluristilistico] <-ci, -che> *agg* stilistisch variierend **plurititolato, -a** [pluritito'la:to] *agg* (SPORT) zahlreiche Titel innehabend; **è una squadra -a** die Mannschaft hat mehrere Titel errungen

**pluriuso** [pluri'u:zo] <inv> *agg* Mehrzweck-, Allzweck-

**plurivalente** [pluriva'lɛnte] *agg* ❶ (*gener*) vielseitig ❷ (*med*) polyvalent ❸ (CHEM) mehrwertig, mehrbindig

**plurivalutario, -a** [plurivalu'ta:rio] *agg* (FIN) in mehreren Währungen

**plusvalenza** [pluzva'lɛntsa] *f* Wertzuwachs *m*

**plusvalore** [pluzva'lo:re] *m* ❶ (COM) Wertzuwachs *m* ❷ (PHILOS) Mehrwert *m*

**plutocrate** [plu'tɔ:krate] *mf* Plutokrat(in) *m(f)* **plutocratico, -a** [pluto'kra:tiko] <-ci, -che> *agg* plutokratisch **plutocrazia** [plutokrat'tsi:a] <-ie> *f* Plutokratie *f*

**plutonio** [plu'tɔ:nio] *m* Plutonium *nt*

**pluviale** [plu'via:le] *agg* Regen-

**pluviometro** [plu'vjɔ:metro] *m* Niederschlagsmesser *m*, Pluviometer *nt*

**PM** *m abbr di* **Pubblico Ministero** ≈ Staatsanwaltschaft *f*

**p.m.** *abbr di* **pomeridiano** p.m.

**pneumatico** [pneu'ma:tiko] <-ci> *m* Reifen *m*

**pneumatico, -a** <-ci, -che> *agg* ❶ (TEC) pneumatisch, Luftdruck-; **martello** ~ Presslufthammer *m* ❷ (*gonfiabile*) aufblasbar; **materasso** ~ Luftmatratze *f*

**po'** [pɔ] *avv* (*fam*) ein wenig, ein bisschen; **un ~ di ...** etwas ..., ein wenig ...; **dimmi un ~!** sag mal!; **senti un ~!** hör' mal [her]!; *v. a.* **poco**

**PO** *m abbr di* **Potere Operaio** linke Arbeiterbewegung Italiens

**poc'anzi** [pok'antsi] *avv* (*poet*) vor kurzem, eben erst

**pochezza** [pok'kettsa] *f* ① *(fig: meschinità)* Kleinlichkeit *f* ② *(scarsezza)* Knappheit *f*, Spärlichkeit *f* ③ *(modestia)* Bescheidenheit *f*

**pochino** [po'ki:no] *m* (*fam*) **un ~** ein bisschen

**pocketbook** ['pɔkitbuk] <- *o* pocketbooks> *m* Taschenbuch *nt*

**pocket money** ['pɔkit 'mʌni] <-> *m* Taschengeld *nt*

**poco**[1] ['pɔ:ko] <meno, pochissimo> *avv* wenig, nicht sehr; (*breve tempo*) kurz, nicht lange; (*con comparativo*) [nur] wenig, nicht viel; **mangia ~** er/sie isst wenig; **~ gentile** nicht sehr freundlich; **pesa ~ più di ...** er/sie wiegt etwas mehr als ...; **~ dopo/prima** kurz darauf/vorher; **~ fa** vor kurzem, eben; **fra ~** in Kürze, bald; **per ~** (*temporale*) kurz; (*a buon mercato*) billig, preiswert; (*quasi*) beinahe, fast; **da ~** (*di poca importanza*) unbedeutend, geringfügig; (*da poco tempo*) seit kurzem; **a ~ a ~** nach und nach, allmählich; **~ importa** das macht nichts; **~ male** auch gut, das macht nichts; **stare ~ bene** sich nicht [ganz] wohlfühlen

**poco**[2] <-chi> *m* Wenige(s) *nt*, Geringe(s) *nt*; **un ~** ein bisschen *nt fam*; **un ~ di ...** ein wenig ...; **accontentarsi del ~** sich mit wenig zufriedengeben; **essere un ~ di buono** (*fam*) ein Nichtsnutz sein

**poco, -a** <-chi, -che> I. *agg* wenig, gering; (*debole*) schwach; (*piccolo*) gering, klein; (*breve*) wenig, kurz; (*cattivo*) wenig, schlecht; **è -a cosa** das ist eine Kleinigkeit II. *pron indef* ① *pl* (*persone*) wenige; (*cose*) wenig, **essere in -chi** wenige sein ② (*piccola quantità*) wenig, nicht viel; **c'è ~ da fare** (*fam*) da kann man nicht viel machen; **meglio ~ che niente** (*prov*) besser wenig als gar nichts

**podagra** [po'da:gra] *f* [Fuß]gicht *f*

**podcast** ['podkast] <-> *m* (INET) Podcast *m*

**podere** [po'de:re] *m* [Land]gut *nt*

**poderoso, -a** [pode'ro:so] *agg* ① (*muscoli, braccia*) kräftig, stark ② (*esercito*) mächtig ③ (*fig*) groß, gewaltig

**podestà** [podes'ta] <-> *m* (HIST: *nel medioevo*) [mittelalterlicher] Stadtvogt *m*; (*nel periodo fascista*) Ortsvorsteher *m*

**podio** ['pɔ:dio] <-i> *m* Tribüne *f*, Podium *nt*; (MUS) Dirigentenpult *nt*

**podismo** [po'dizmo] *m* Gehen *nt*, Gehsport *m* **podista** [po'dista] <-i *m*, -e *f*> *mf* Geher(in) *m(f)* **podistico, -a** [po'distiko] <-ci, -che> *agg* Geh-

**poema** [po'ɛ:ma] <-i> *m* ① (LIT) Dichtung *f*; **~ cavalleresco** Ritterepos *nt*; **~ epico** Epos *nt* ② (*fig: scritto prolisso*) Roman *m* **poemetto** [poe'metto] *m* Kurzepos *nt*

**poesia** [poe'zi:a] <-ie> *f* ① (*genere*) Dichtung *f*; (*a. fig*) Poesie *f* ② (*singolo componimento*) Gedicht *nt* ③ (*complesso di opere*) Dichtung *f*, Gedichte *ntpl*

**poeta, -tessa** [po'ɛ:ta, poe'tessa] <-i, -esse> *m, f* ① (LIT) Dichter(in) *m(f)*, Poet(in) *m(f)* ② (*fam pej*) Schwärmer(in) *m(f)*, Träumer(in) *m(f)* **poetare** [poe'ta:re] *vt, vi* dichten **poetastro, -a** [poe'tastro] *m, f* (*pej*) Dichterling *m* **poetessa** *f v.* **poeta**

**poetica** [po'ɛ:tika] <-che> *f* Poetik *f* **poeticità** [poetitʃi'ta] <-> *f* Poetische(s) *nt*, poetische Qualität **poetico, -a** [po'ɛ:tiko] <-ci, -che> *agg* poetisch, Dichtungs-; (*sentimentale*) schwärmerisch, sentimental

**poggiare** [pod'dʒa:re] I. *vt* (*appoggiare*) [an]lehnen; (*posare*) [hin]legen II. *vi* ① (ARCH) stehen, ruhen ② (*fig*) basieren, [sich] gründen III. *vr* **-rsi** sich stützen, sich [an]lehnen

**poggiata** [pod'dʒa:ta] *f* ① (SPORT: *nell'equitazione*) Dressurstellung *f* auf den Hinterbeinen ② (NAUT) Beidrehen *nt* ③ (*terreno sulla sommità di un poggio*) Terrasse *f* auf einer Anhöhe

**poggiatesta** [poddʒa'tɛsta] <-> *m* Kopfstütze *f*

**poggio** ['pɔddʒo] <-ggi> *m* Anhöhe *f*, Hügel *m*

**poggiolo** [pod'dʒɔ:lo] *m* Balkon *m*

**pogrom** [pa'grɔm] <-> *m* Pogrom *nt o m*

**poh** [phɔ] *int* pfui, bah

**poi** ['pɔ:i] *avv* ① (*dopo*) nachher ② (*quindi*) dann, darauf ③ (*più tardi*) später; **pensare al ~** an später denken; **prima o ~** früher oder später; **d'ora in ~** von nun an ④ (*inoltre*) außerdem ⑤ (*enfatico*) dann [noch]; **no e ~ no** (*fam*) nein und nochmals nein ⑥ (*posposto, infine*) schließlich, endlich

**poiché** [poi'ke] *cong* da, weil

**pois** [pwa] <-> *m* Tupfen *m*; **a ~** getüpfelt, getupft

**poker** ['poukar *o* poker] <-> *m* Poker[spiel] *nt*; **giocare a ~** pokern, Poker spielen **pokerista** [poke'rista] <-i *m*, -e *f*> *mf* Pokerspieler(in) *m(f)*

**polacca** [po'lakka] *f* (*danza*) Polonäse *f*

**polacco, -a** [po'lakko] <-cchi, -cche> I. *agg* polnisch II. *m, f* Pole *m*/Polin *f*

**polare** [po'la:re] *agg* Polar-, polar; (*a. fig*)

polarità → polimaterico

gegensätzlich **polarità** [polari'ta] <-> f ① (PHYS) Polarität f ② (fig) Polarität f; Gegensätzlichkeit f

**polarizzare** [polarid'dza:re] vt ① (PHYS) polarisieren ② (fig) anziehen **polarizzazione** [polariddzat'tsio:ne] f ① (PHYS) Polarisation f ② (fig: attrazione) Anziehung f

**polca** ['pɔlka] <-che> f Polka f

**polemica** [po'lɛ:mika] <-che> f Polemik f; (controversia) Auseinandersetzung f, Kontroverse f; **fare della ~** polemisieren **polemicità** [polemitʃi'ta] <-> f polemische Haltung, Neigung f zur Polemik **polemico, -a** [po'lɛ:miko] <-ci, -che> agg ① (combattivo) kämpferisch ② (proprio della polemica) polemisch **polemista** [pole'mista] <-i m, -e f> mf ① (autore) Verfasser(in) m(f) von Streitschriften ② (persona polemica) Polemiker(in) m(f)

**polemizzare** [polemid'dza:re] vi **~ su qc** gegen etw polemisieren

**polenta** [po'lɛnta] f Polenta f

**polentone, -a** [polen'to:ne] m, f ① (fam: persona lenta) Lahmarsch m vulg/lahme Ente ② (pej) Polentafresser(in) m(f) vulg (Schimpfname für Norditaliener)

**pole position** ['poul pa'zifən] <sing> f (SPORT: nelle gare automobilistiche) Pole Position f

**polesine** [po'le:zine] m Flussinsel f; (del Po) Podelta nt

**poli-** [poli] (in parole composte) Mehr-, Viel-

**poliaccoppiato, -a** [poliakkop'pia:to] agg mit mehreren Materialien beschichtet, mehrfach beschichtet

**poliacrilico, -a** [polia'kri:liko] <-ci, -che> agg Polyacryl-; **fibre -che** Polyacrylfasern fpl

**poliambulatorio** [poliambula'tɔ:rio] <-i> m (MED) Polyklinik f

**poliammide** [poliam'mi:de] f Polyamid nt **poliammidico, -a** [poliam'mi:diko] <-ci, -che> agg Polyamid-; **fibre -che** Polyamidfasern fpl

**poliandria** [polian'dri:a] <-ie> f Vielmännerei f, Polyandrie f

**poliatomico, -a** [polia'tɔ:miko] <-ci, -che> agg (PHYS) mehratomig

**policentrico, -a** [poli'tʃɛntriko] <-ci, -che> agg polyzentrisch **policentrismo** [politʃen'trizmo] m ① (gener) Dezentralisation f ② (POL) Polyzentrismus m

**policlinica** [poli'kli:nika] <-che> f (MED) Polyklinik f

**policlinico** [poli'kli:niko] <-ci> m Poliklinik f

**policoltura** [polikol'tu:ra] f (AGR) Polykultur f; **praticare la ~** in Polykultur bebauen

**policromatico, -a** [polikroma'tiko] <-ci, -che> agg polychrom, vielfarbig **policromia** [polikro'mi:a] <-ie> f Polychromie f, Vielfarbigkeit f **policromo, -a** [po'li:kromo] agg vielfarbig, bunt

**poliedricità** [poliedritʃi'ta] <-> f ① (fig) Vielseitigkeit f ② (MAT) Vielflächigkeit f, Polyedrie f **poliedrico, -a** [poli'ɛ:driko] <-ci, -che> agg ① (fig: ingegno, mente) vielseitig ② (MAT) vielflächig, polyedrisch **poliedro** [poli'ɛ:dro] m (MAT) Vielflächner m, Polyeder nt

**poliennale** [polien'na:le] agg mehrjährig **poliestere¹** [poli'ɛstere] m Polyester m
**poliestere²** <inv> agg Polyester-, aus Polyester

**polietilene** [polieti'lɛ:ne] m Polyäthylen nt **polifase** [poli'fa:ze] <inv> agg mehrphasig, Mehrphasen-

**polifonia** [polifo'ni:a] <-ie> f (MUS) Polyphonie f, Mehrstimmigkeit f **polifonico, -a** [poli'fɔ:niko] <-ci, -che> agg (MUS) polyphon, mehrstimmig **polifonismo** [polifo'nizmo] m (MUS) Polyphonie f **polifonista** [polifo'nista] <-i m, -e f> mf (MUS) Polyphoniker(in) m(f)

**polifunzionale** [polifuntsio'na:le] agg Mehrzweck-

**poligama** f v. poligamo
**poligamia** [poliga'mi:a] <-ie> f ① (di persone) Vielehe f ② (BOT, ZOO) Polygamie f **poligamico, -a** [poli'ga:miko] <-ci, -che> agg polygam **poligamo, -a** [po'li:gamo] I. agg polygam II. m, f Polygamist(in) m(f)

**poliglotta** [poli'glɔtta] <-i m, -e f> I. mf Mehrsprachige(r) f(m) II. agg polyglott, mehrsprachig **poliglottico, -a** [poli'glɔttiko] <-ci, -che> agg mehrsprachig, polyglott **poliglottismo** [poliglo'tizmo] m (LING) Mehrsprachigkeit f

**poligonale** [poligo'na:le] agg (MAT) polygonal, vieleckig **poligono** [po'li:gono] m ① (MAT) Vieleck nt, Polygon nt ② (MIL) Schießplatz m

**poligrafia** [poligra'fi:a] f Vervielfältigung f; (copia) Abzug m, Kopie f
**poligrafico** [poli'gra:fiko] <-ci> m Druckerei f
**poligrafico, -a** <-ci, -che> agg ① (copia) vervielfältigt ② (di poligrafia) Vervielfältigungs- ③ (istituto) graphisch **poligrafo** [po'li:grafo] m (duplicatore) Vervielfältigungsapparat m, Kopierer m

**polimaterico, -a** [polima'teriko] <-ci,

-che> *agg* (KUNST) multimedial **polimaterismo** [polimate'rizmo] *m* (KUNST) multimediale Kunst

**polimeria** [polime'ri:a] <-ie> *f* Polymerie *f*

**polimerico, -a** [poli'mɛ:riko] <-ci, -che> *agg* polymer **polimerizzare** [polimerid'dza:re] *vt* polymerisieren **polimerizzazione** [polimeriddzat'tsio:ne] *f* Polymerisation *f*

**polimero** [po'li:mero] *m* Polymer *nt*

**polimero, -a** *agg* ❶ (BIOL) vielteilig, mehrgliedrig ❷ (CHEM) polymer

**polimorfismo** [polimor'fizmo] *m* Polymorphismus *m* **polimorfo, -a** [poli'mɔrfo] *agg* polymorph

**polinomio** [poli'nɔ:mio] <-i> *m* Polynom *nt*

**polio** ['pɔ:lio] <-> *f* Kinderlähmung *f*, Polio *f* **poliomielite** [poliomie'li:te] *f* Kinderlähmung *f*

**poliomielitico, -a** [poliomie'li:tiko] <-ci, -che> I. *m, f* (MED) Polymeliekranke(r) *f(m)* II. *agg* (MED) an Polymelie erkrankt, durch Polymelie bedingt

**polipo** ['pɔ:lipo] *m* ❶ (ZOO) Polyp *m*, Krake *m* ❷ (MED) Polyp *m*

**poliscafo** [poli'ska:fo] *m* (NAUT) Doppelrumpfboot *nt*

**polisemia** [polise'mi:a] <-ie> *f* Polysemie *f*

**polisettoriale** [polisetto'ria:le] *agg* Sektoren übergreifend

**polish** [pɔliʃ] <-> *m* Metallputzmittel *nt*

**polisillabo, -a** [poli'sillabo] I. *agg* mehrsilbig II. *m* mehrsilbiges Wort

**polisportiva** [polispor'ti:va] *f* Sportverein *m;* **una ~ milanese** ein Mailänder Sportverein

**polista** [po'lista] <-i *m,* -e *f*> *mf* (SPORT) Polospieler(in) *m(f)* **polistico, -a** [po'listiko] <-ci, -che> *agg* (SPORT) Polo-

**polistirolo** [polisti'rɔ:lo] *m* Polystyrol *nt*, Styropor® *nt*

**politecnico** [poli'tɛkniko] <-ci> *m* Polytechnikum *nt*

**politecnico, -a** <-ci, -che> *agg* polytechnisch

**politeismo** [polite'izmo] *m* Polytheismus *m*, Vielgötterei *f* **politeista** [polite'ista] <-i *m,* -e *f*> I. *mf* Polytheist(in) *m(f)* II. *agg* polytheistisch **politeistico, -a** [polite'istiko] <-ci, -che> *agg* polytheistisch

**politica** [po'litika] <-che> *f* Politik *f;* (*a. fig*) Diplomatie *f;* ~ **estera** Außenpolitik *f;* ~ **interna** Innenpolitik *f;* ~ **finanziaria** Finanzpolitik *f;* ~ **salariale** Lohnpolitik *f;* ~ **scolastica** Bildungspolitik *f;* ~ **sociale** Sozialpolitik *f;* ~ **dei prezzi** Preispolitik *f;* ~ **dell'occupazione** Beschäftigungspolitik *f;* ~ **del non intervento** Politik *f* der Nichteinmischung; **la ~ monetaria unica** (EU) die gemeinsame Währungspolitik

**politically correct** [pə'litikəli kə'rekt] <inv> *agg* politisch korrekt

**politicante** [politi'kante] *mf* (*pej*) Politisierer(in) *m(f)* **politicastro, -a** [politi'kastro] *m, f* Politikaster *m*

**politichese** [politi'ke:se] *m* (POL: *pej*) Politjargon *m*

**politichino** [politi'ki:no] *m* ❶ (*scherz: persona astuta che riesce con gentilezza a conseguire ciò che vuole*) Diplomat(in) *m(f)* ❷ (*rar, pej: politico maneggione*) intrigante(r) Politiker(in) *m(f)*

**politicismo** [politi'tʃizmo] *m* Politisierung *f* **politicità** [polititʃi'ta] <-> *f* (POL) politischer Charakter, Politikum *nt;* **la ~ di uno sciopero** der Streik als Politikum

**politicizzare** [polititʃid'dza:re] *vt* politisieren **politicizzazione** [polititʃiddzat'tsio:ne] *f* Politisierung *f*

**politico** [po'li:tiko] <-ci> *m* ❶ (POL) Politiker *m* ❷ (*fig*) diplomatischer Mensch

**politico, -a** <-ci, -che> *agg* politisch; **economia -a** Volkswirtschaft *f;* **elezioni -che** Parlamentswahlen *f;* **scienze -che** Politikwissenschaft *fpl* **politicone, -a** [politi'ko:ne] *m, f* (*fam*) Lavierer *m*, raffinierter Mensch

**politologa** *f v.* **politologo**

**politologia** [politolo'dʒi:a] <-gie> *f* Politologie *f*, Politikwissenschaft *f* **politologo, -a** [poli'tɔ:logo] <-gi, -ghe> *m, f* Politologe *m*/Politologin *f*, Politikwissenschaftler(in) *m(f)*

**politrasfuso, -a** [politras'fu:so] I. *m, f* mehrfache(r) Transfusionspatient(in) *m(f)* II. *agg* **paziente ~** mehrfacher Transfusionspatient

**polittico** [po'littiko] <-ci> *m* Flügelaltar *m*, Polyptydion *m*

**politura** [poli'tu:ra] *f* Glätten *nt*, Polieren *nt*

**polivalente** [poliva'lɛnte] *agg* polyvalent, mehrwertig **polivalenza** [poliva'lɛntsa] *f* Mehrwertigkeit *f*

**polivinile** [polivi'ni:le] *m* Polyvinyl *nt*

**polizia** [polit'tsi:a] <-ie> *f* Polizei *f*; (*commissariato*) Polizeiwache *f;* **agente di ~** Polizeibeamte(r) *m;* ~ **sanitaria** Gesundheitspolizei *f;* ~ **stradale** Verkehrspolizei *f;* ~ **tributaria** Steuerfahndungsdienst *m;* ~ **urbana** städtische Polizei **poliziesco, -a**

[polit'tsiesko] <-schi, -sche> *agg* ❶ (ADM) polizeilich, Polizei- ❷ (LIT, FILM) Kriminal-
**poliziotto** [polit'tsiɔtto] <inv> *agg* **cane ~** Polizeihund *m;* **donna ~** Polizistin *f*
**poliziotto, -a** *m, f* ❶ (ADM) Polizist(in) *m(f)* ❷ (*fig, pej*) Spitzel *m*, Schnüffler(in) *m(f) fam*
**polizza** ['pɔlittsa] *f* (COM) Police *f*, Polizze *f* A; **~ di assicurazione** Versicherungspolice *f;* **fare una ~** eine Versicherung abschließen
**polla** ['polla] *f* Quelle *f*
**pollaio** [pol'la:io] <-ai> *m* ❶ (*per polli*) Hühnerstall *m* ❷ (*fam fig: luogo sporco*) Schweinestall *m*, Saustall *m*
**pollaiolo, -a** [polla'iɔ:lo] *m, f* Geflügelhändler(in) *m(f)* **pollame** [pol'la:me] *m* Geflügel *nt*
**pollastro, -a** [pol'lastro] *m, f* ❶ (ZOO) junger Hahn *m*/junge Henne *f* ❷ (*fam fig*) Einfaltspinsel *m* **polleria** [polle'ri:a] <-ie> *f* Geflügelhandlung *f*
**pollice** ['pɔllitʃe] *m* ❶ (ANAT: *della mano*) Daumen *m;* **avere il ~ verde** (*fig*) eine grüne Hand haben ❷ (*unità di misura*) Zoll *m;* **non cedere di un ~** (*fig*) keinen Zoll[breit] zurückweichen
**pollicoltura** [pollikol'tu:ra] *f* Geflügel-, Hühnerzucht *f*
**polline** ['pɔlline] *m* Pollen *m*, Blütenstaub *m*
**pollivendolo, -a** [polli'vendolo] *m, f* Geflügelhändler(in) *m(f)*
**pollo** ['pollo] *m* ❶ (ZOO) Huhn *nt;* (GASTR) Hähnchen *nt*, Hendl *nt* A; **andare a letto con i -i** mit den Hühnern zu Bett gehen; **conoscere i propri -i** (*fam*) seine Pappenheimer kennen; **fa ridere i -i!** da lachen ja die Hühner! *fam* ❷ (*fig: individuo ingenuo*) dummes Huhn *fam*
**pollone** [pol'lo:ne] *m* Schössling *m*, Spross *m*
**polluzione** [pollut'tsio:ne] *f* ❶ (MED) Pollution *f* ❷ (*inquinamento*) Verschmutzung *f*, Verunreinigung *f*
**polmonare** [polmo'na:re] *agg* Lungen-
**polmone** [pol'mo:ne] *m* ❶ (ANAT) Lunge *f;* **gridare a pieni -i** aus voller Kehle schreien; **respirare a pieni -i** tief einatmen ❷ (*fig: stimolo*) Antrieb *m*, Motor *m* ❸ (*fig: di città*) [grüne] Lunge *f*, Grünzone *f* **polmonite** [polmo'ni:te] *f* Lungenentzündung *f*
**polo**¹ ['pɔ:lo] *m* ❶ (GEOG) Pol *m;* **~ nord** Nordpol *m;* **~ sud** Südpol *m;* **da un ~ all'altro** (*fig*) überall auf der Welt ❷ (*fig*) **essere ai -i opposti** (*fig*) gegensätzliche Positionen vertreten ❸ (POL: *coalizione*) Koalition *f;* **Polo della libertà** (POL) Mitte-Rechts-Parteiengruppierung ❹ (SPORT) Polo *nt*
**polo**² <-> *f* Polohemd *nt*
**polonaise** [polo'nɛ:z] <-> *f* Polonäse *f*
**Polonia** [po'lɔ:nia] *f* Polen *nt*
**polpa** ['polpa] *f* (*di frutto*) [Frucht]fleisch *nt;* (*di carne*) [mageres, knochenloses] Fleisch *nt*
**polpaccio** [pol'pattʃo] <-cci> *m* Wade *f*
**polpacciuto, -a** [polpat'tʃu:to] *agg* (*fam*) mit dicken Waden
**polpastrello** [polpas'trɛllo] *m* (*della mano*) Fingerkuppe *f;* (*del piede*) Zehenkuppe *f*
**polpetta** [pol'petta] *f* (GASTR) Fleischklößchen *nt*, Frikadelle *f*, faschiertes Laibchen A; **far -e di qu** [*o* **ridurre qu in -e**] (*scherz*) aus jdm Hackfleisch machen *fam* **polpettone** [polpet'to:ne] *m* (GASTR) Hackbraten *m*, falscher Hase
**polpo** ['polpo] *m* Krake *m*, Oktopus *m*
**polposo, -a** [pol'po:so] *agg* fleischig
**polsiera** [pol'siɛ:ra] *f* (MED) Handgelenkbandage *f;* (SPORT) Handgelenkschoner *m*
**polsino** [pol'si:no] *m* Manschette *f*
**polso** ['polso] *m* ❶ (ANAT) Handgelenk *nt* ❷ (*di manica*) Manschette *f* ❸ (*fig: energia*) Tatkraft *f*, Energie *f;* (COM) Finanzkraft *f;* (*ingegno*) Talent *nt*, Geist *m;* **un uomo di ~** ein Mann der Tat ❹ (MED) Puls[schlag] *m;* **sentire** [*o* **tastare**] **il ~ a qu** jdm den Puls fühlen; (*fig*) jdm auf den Zahn fühlen
**Poltergeist** ['pɔltərgaist *o* 'polterrgaist] <-> *m* Poltergeist *m*
**poltiglia** [pol'tiʎʎa] <-glie> *f* ❶ (*miscuglio*) Brei *m;* **ridurre qu in ~** jdn zu Brei schlagen *fam* ❷ (*fango*) Schlamm *m*
**poltrire** [pol'tri:re] <poltrisco> *vi* ❶ (*starsene a letto*) sich im Bett rekeln ❷ (*fig*) faulenzen, auf der faulen Haut liegen *fam*, tachinieren *A;* **~ nell'ozio** müßig sein, dem Müßiggang frönen
**poltrona** [pol'tro:na] *f* ❶ (*mobile*) Sessel *m* ❷ (*fig: carica*) [bequemer] Posten *m*, [gute] Stellung *f* ❸ (THEAT) Parkettplatz *m*
**poltronaggine** [poltro'naddʒine] *f* Trägheit *f*, Faulheit *f* **poltrone, -a** [pol'tro:ne] I. *m, f* Faulenzer(in) *m(f)*, Tachinierer(in) *m(f)* A II. *agg* faul, träge **poltroneria** [poltrone'ri:a] <-ie> *f* Müßiggang *m*, Trägheit *f*
**polvere** ['polvere] *f* ❶ (*gener*) Staub *m;* **togliere la ~** Staub wischen; **ridurre qu in ~** (*fig*) jdn zur Schnecke machen *fam*

❷ (*sostanza*) Staub *m*, Pulver *nt;* (MIL) [Schieß]pulver *nt;* ~ **di carbone/vetro/ d'oro** Kohlen-/Glas-/Goldstaub *m;* ~ **da sparo** Schießpulver *nt;* **in** ~ in Pulverform, Pulver-; **caffè in** ~ Pulverkaffee *m* ❸ (REL) Staub *m*, Asche *f* **polveriera** [polve'riɛːra] *f* ❶ (*magazzino*) Pulvermagazin *nt*, Munitionsdepot *nt* ❷ (*fig*) Pulverfass *nt* **polverificio** [polveri'fiːtʃo] <-ci> *m* Pulverfabrik *f* **polverina** [polve-'riːna] *f* ❶ (MED) Pulver *nt;* Pülverchen *nt fam* ❷ (*sl: cocaina*) Koks *m* **polverio** [polve'riːo] <-ii> *m* Staubwolke *f*
**polverizzare** [polverid'dzaːre] I. *vt* ❶ (*ridurre in polvere*) pulverisieren, zu Pulver zermahlen ❷ (*nebulizzare*) zerstäuben ❸ (*fig: suddividere*) zerstückeln; (*annientare*) vernichten, niedermachen; (*superare*) zunichtemachen; (*record*) brechen ❹ (GASTR) bestreuen, bestäuben II. *vr* **-rsi** zu Staub werden
**polverizzatore** [polveriddza'toːre] *m* Zerstäuber *m*, Sprühgerät *nt;* (MOT) Einspritzdüse *f*
**polverizzatore, -trice** *agg* Zerstäubungs-
**polverizzazione** [polveriddzat'tsioːne] *f* Zerstäubung *f*, Pulverisierung *f*; (*fig*) Zerstückelung *f*
**polverone** [polve'roːne] *m* dichte Staubwolke
**polveroso, -a** [polve'roːso] *agg* staubig, staubbedeckt
**pomata** [po'maːta] *f* Salbe *f*, Creme *f*; (*per capelli*) Pomade *f*
**pomello** [po'mɛllo] *m* ❶ (*zigomo*) Jochbogen *m*, Zygoma *nt* ❷ (*oggetto sferico*) Knauf *m*, Knopf *m*
**pomeridiano, -a** [pomeri'diaːno] *agg* nachmittäglich, Nachmittags-
**pomeriggio** [pome'riddʒo] <-ggi> *m* Nachmittag *m;* **di** ~ nachmittags; **domani/oggi** ~ morgen/heute Nachmittag; **nel primo/tardo** ~ am frühen/späten Nachmittag; [**il**] **venerdì** ~ [am] Freitagnachmittag
**pomfo** ['pɔnfo] *m* (MED) Blase *f*
**pomice** ['poːmitʃe] <-ci> *f* Bimsstein *m;* **pietra** ~ Bimsstein *m*
**pomiciare** [pomi'tʃaːre] *vi* (*sl*) knutschen *fam*, schmusen *fam* **pomicione, -a** [pomi'tʃoːne] *m, f* (*sl*) Knutscher(in) *m(f) fam*
**pomo** ['poːmo] *m* ❶ (BOT) Apfelfrucht *f*; ~ **d'Adamo** Adamsapfel *m* ❷ (*dial: mela*) Apfel *m* ❸ (*oggetto sferico*) Kugel *f*, Knauf *m*
**pomodorata** [pomodo'raːta] *f* (*fam*) Tomatenwurf *m;* **prendere qu a -e** (*fam*) jdn mit Tomaten bewerfen
**pomodoro** [pomo'dɔːro] *m* Tomate *f*, Paradeiser *m A;* **diventare rosso come un** ~ rot wie eine Tomate werden
**pompa** ['pompa] *f* ❶ (TEC) Pumpe *f* ❷ (*fam*) Tank-, Zapfsäule *f* ❸ (*sfarzo*) Pomp *m*, Prunk *m;* **impresa di -e funebri** Bestattungsinstitut *nt;* **mettersi in** ~ **magna** (*scherz*) sich in Schale werfen *fam*
**pompaggio** [pom'paddʒo] <-ggi> *m* Pumpen *nt* **pompare** [pom'paːre] *vt* ❶ (*gener*) pumpen ❷ (*fam: gonfiare*) aufpumpen ❸ (*fam fig: esagerare*) aufbauschen
**Pompei** [pom'pɛːi] *f* Pompeji *nt*
**pompelmo** [pom'pɛlmo] *m* Pampelmuse *f*, Grapefruit *f*
**pompiere** [pom'piɛːre] *m* Feuerwehrmann *m*
**pompon** [põ'põ] <-> *m* Pompon *m*, Quaste *f*
**pomposità** [pomposi'ta] <-> *f* Prunk *m*, Pracht *f* **pomposo, -a** [pom'poːso] *agg* ❶ (*sfarzoso*) pompös, prunkvoll ❷ (MUS) feierlich
**ponderabile** [ponde'raːbile] *agg* ❶ (*quantità*) messbar ❷ (*fig: decisione*) erwägenswert
**ponderare** [ponde'raːre] *vt* er-, abwägen, in Erwägung ziehen **ponderatezza** [pondera'tettsa] *f* Überlegtheit *f*, Besonnenheit *f* **ponderato, -a** [ponde'raːto] *agg* ❶ (*discorso, decisione*) [wohl, gut] überlegt ❷ (*persona*) überlegt, besonnen **ponderazione** [ponderat'tsioːne] *f* Erwägung *f*, Überlegung *f*
**ponderoso, -a** [ponde'roːso] *agg* mühsam, aufwendig
**ponente** [po'nɛnte] *m* ❶ (GEOG) Westen *m* ❷ (*vento*) Westwind *m*
**pongo** ['poŋgo] *1. pers sing pr di* **porre**
**ponte** ['ponte] *m* ❶ (TEC, NAUT, SPORT) Brücke *f*; (*a. fig*) Verbindung *f*; ~ **levatoio/ sospeso** Zug-/Hängebrücke; ~ **aereo** Luftbrücke; ~ **di comando** Kommandobrücke; ~ **radio** [Rund]funkverbindung *f*; **gettare un** ~ (*a. fig*) eine Brücke schlagen ❷ (*nell'edilizia*) [Bau]gerüst *nt* ❸ (MOT) Achse *f* ❹ (MED) [Zahn]brücke *f* ❺ (EL) Brückendraht *m* ❻ (*loc*) **rompere** [*o* **tagliare**] **i -i** alle Brücken hinter sich *dat* abbrechen; **fare il** ~ einen Brückentag nehmen, ein langes Wochenende machen
**pontefice** [pon'teːfitʃe] <-ci> *m* ❶ (REL) Papst *m* ❷ (HIST) Pontifex *m*
**ponticello** [ponti'tʃɛllo] *m* Steg *m*

**pontiere** [pon'tiɛːre] *m* Brückenbaupionier *m*

**pontificale** [pontifi'kaːle] I. *agg* päpstlich, Papst-, pontifikal II. *m* (*messa*) Pontifikalmesse *f*; (*libro*) Pontifikale *nt* **pontificare** [pontifi'kaːre] *vi* ❶ (REL) das Pontifikalamt zelebrieren ❷ (*fig*) [auf übertriebene Art] dozieren **pontificato** [pontifi'kaːto] *m* (REL: *papato*) Papsttum *nt*, Papstwürde *f*; (*carica*) Pontifikat *nt* **pontificio, -a** [ponti'fiːtʃo] <-ci, -cie> *agg* ❶ (REL) päpstlich, Papst- ❷ (HIST) **lo stato ~** der Kirchenstaat

**pontile** [pon'tiːle] *m* Landungssteg *m*, Landungsbrücke *f*

**pony** ['pouni] <-> *m* Pony *nt*

**pony express** ['pouni iks'pres] <-> *m* Schnellkurierservice *m*

**ponzare** [pon'tsaːre] I. *vi* (*tosc: fam*) sich *dat* den Kopf zerbrechen II. *vt* (*fam*) aushecken

**pool** [puːl] <- *o* pools> *m* ❶ (FIN) Kartell *nt* ❷ (*gruppo di persone*) Team *nt* ❸ (*gruppo di giudici*) richterliche Untersuchungskommission; **~ antimafia** Richter *mpl* gegen die Mafia; **~ Mani Pulite** *richterlicher Untersuchungsausschuss der 90er Jahre zur Aufklärung der Korruptionsskandale* ❹ (BIOL) gemeinsames Erbgut ❺ (SPORT) Poolbillard *nt*

**pop** [pɔp] <inv> *agg* poppig; (*musica, cultura, moda*) Pop- **pop art** ['pɔp aːt] <-> *f* Pop-Art *f*

**pop-corn** ['pɔpkɔːn] <-> *m* Popcorn *nt*

**pope** ['pɔːpe] <-> *m* Pope *m*

**popelin** ['pɔːpelin] <-> *m*, **popeline** [pɔpəˈlin *o* pope'line] <-> *m* *o* *f* Popelin *m*, Popeline *m* *o* *f*

**pop jazz** [pɔp 'dʒæz *o* pɔp 'dʒets] <-> *m* (MUS) Pop-Jazz *m* **pop music** [pɔp 'mjuːzik] <-> *f* (MUS) Pop *m*, Popmusik *f*

**popò** [po'pɔ] <-> I. *f* (*fam: feci*) Aa *nt* II. *m* (*fam: sedere*) Po[po] *m*, Hintern *m*

**popolamento** [popola'mento] *m* ❶ (*di persone*) Besiedlung *f* ❷ (ZOO, BOT) Bestand *m*

**popolano, -a** [popo'laːno] I. *agg* ❶ (*del popolo*) volkstümlich, Volks- ❷ (*a sostegno del popolo*) zugunsten des Volkes, Volks- II. *m, f* Mann *m*/Frau *f* aus dem Volk

**popolare**¹ [popo'laːre] *agg* ❶ (*del popolo*) Volks-; **casa ~** Siedlungshaus *nt*; (*abitazione sociale*) Sozialwohnung *f* ❷ (*diffuso nel popolo*) Volks-, volkstümlich; **canzone ~** Volkslied *nt*; **musica ~** Volksmusik *f* ❸ (*noto*) populär, beliebt ❹ (*divulgativo*) populär, allgemein verständlich

**popolare**² I. *vt* ❶ (*rendere abitato*) bevölkern, besiedeln ❷ (*abitare*) bewohnen ❸ (*riempire di gente*) bevölkern II. *vr* **-rsi** ❶ (*diventare popolato*) besiedelt werden ❷ (*affollarsi*) sich bevölkern

**popolaresco, -a** [popola'resko] <-schi, -sche> *agg* volkstümlich

**popolarità** [popolari'ta] <-> *f* Popularität *f*, Beliebtheit *f*

**popolazione** [popolat'tsjoːne] *f* ❶ (*quantità di persone*) Bevölkerung *f*, Population *f*; **~ civile** Zivilbevölkerung *f*; **densità di ~** Bevölkerungsdichte *f* ❷ (*di un territorio*) Einwohner *mpl* ❸ (*popolo*) Volk *nt* ❹ (ZOO) Bewohner *mpl* ❺ (*raggruppamento*) Bevölkerungsgruppe *f*

**popolazionismo** [popolattsjo'nizmo] *m* (POL) Bevölkerungszuwachs fördernde Politik *f*

**popolazionista** [popolattsjo'nista] <-i *m*, -e *f*> *mf* (POL) Befürworter(in) *m(f)* des Bevölkerungswachstums

**popolino** [popo'liːno] *m* (*pej*) niederes Volk

**popolo** ['pɔːpolo] *m* ❶ (*di un paese*) Volk *nt*; (*di una città, regione*) Bevölkerung *f* ❷ (*classe sociale*) Volk *nt* ❸ (*moltitudine*) Volksmenge *f*, Volksmasse *f* ❹ (*sudditi*) Volk *nt*, Untertanen *mpl*

**popoloso, -a** [popo'loːso] *agg* dicht bevölkert, dicht besiedelt

**popone** [po'poːne] *m* (*tosc*) Melone *f*

**poppa** ['poppa] *f* ❶ (NAUT) Heck *nt* ❷ (*fam: mammella*) Brust *f*

**poppante** [pop'pante] I. *agg* (*bambino*) an der Mutterbrust trinkend II. *mf* ❶ (*lattante*) Säugling *m* ❷ (*fam fig*) Grünschnabel *m* **poppare** [pop'paːre] *vt* saugen, [an der Mutterbrust] trinken **poppata** [pop'paːta] *f* Milchmahlzeit *f* **poppatoio** [poppa'toːjo] <-oi> *m* Fläschchen *nt*, Nuckelflasche *f* *fam*

**pop star** ['pɔp star] <- *o* pop stars> *f* (MUS) Popstar *m*

**populismo** [popu'lizmo] *m* Populismus *m* **populistico, -a** [popu'listiko] <-ci, -che> *agg* populistisch

**porcaio** [por'kaːjo] <-ai> *m* (*vulg*) Saustall *m*

**porcata** [por'kaːta] *f* (*vulg*) Sauerei *f*

**porcellana** [portʃel'laːna] *f* Porzellan *nt*

**porcellaneo, -a** [portʃella'naːtʃeo] <-ei, -ee> *agg* porzellanen, aus Porzellan **porcellanato, -a** [portʃella'naːto] *agg* Email-

**porcellino** [portʃel'liːno] *m* ❶ (ZOO) Ferkel *nt*; **~ d'India** Meerschweinchen *nt* ❷ (*stufa*) tragbares [Elektro]öfchen ❸ (*fam*

*fig: bambino sporco*) Schweinchen *nt*, Ferkel *nt* **porcellone, -a** [portʃel'loːne] *m, f* (*fam*) Schweinehund *m vulg*/Schwein *nt vulg*
**porcheria** [porke'riːa] <-ie> *f* ① (*sporcizia*) Dreck *m*, Schmutz *m* ② (*pasto*) Schweinefraß *m fam*; (*bevanda*) Gesöff *nt fam* ③ (*fig: azione*) Schweinerei *f fam*; (*fam: cosa brutta*) scheußliche Sache; (*cosa sporca*) Schweinerei *f*, Schweinkram *m*
**porchetta** [por'ketta] *f* Spanferkel *nt*
**porcile** [por'tʃiːle] *m* ① (*per maiali*) Schweinestall *m* ② (*fig, pej*) Schweinestall *m*, Saustall *m vulg*
**porcino** [por'tʃiːno] *m* Steinpilz *m*
**porco, -a** ['pɔrko] <-ci, -che> I. *m, f* ① (ZOO) Schwein *nt*; **piede** [*o* **piè**] **di ~** (TEC) Brechstange *f*; **gettar le perle ai -ci** (*fig*) Perlen vor die Säue werfen ② (*fig, pej*) Schwein *nt*, Sau *f vulg* II. *agg* ① (*pej: schifoso*) widerlich, ekelhaft ② (*vulg: in esclamazioni*) verdammt *fam*, beschissen, Sau-, Scheiß- *fam*; **-a miseria!** (*vulg*) verfluchte Schweinerei!; **~ Giuda!** (*vulg*) zum Teufel nochmal! *fam*
**porcospino** [porkos'piːno] *m* ① (ZOO) Stachelschwein *nt* ② (*fig*) Kratzbürste *f*
**Pordenone** [porde'noːne] *f* Pordenone *nt* (*Stadt in Friaul*)
**pordenonese** [pordeno'neːse] I. *mf* (*abitante*) Einwohner(in) *m(f)* von Pordenone II. *agg* aus Pordenone
**Pordenonese** <*sing*> *m* Umgebung *f* von Pordenone
**porfido** ['pɔrfido] *m* Porphyr *m*
**porgere** ['pɔrdʒere] <porgo, porsi, porto> *vt* ① (*dare*) geben, reichen; **~ la mano** die Hand geben; **~ l'orecchio** ganz Ohr sein ② (*esporre*) darlegen, vortragen ③ (*fig*) [an]bieten
**poriferi** [po'riːferi] *mpl* Schwämme *mpl*
**porno** ['porno] I. <-> *m* Porno *m* II. <inv> *agg* Porno-, pornografisch; **film ~** Pornofilm *m*; **rivista ~** Pornozeitschrift *f* **pornoattore, -trice** [pornoat'toːre] *m, f* (FILM) Pornodarsteller(in) *m(f)* **pornocassetta** [pornokas'setta] *f* Pornovideo *nt* **pornodivo, -a** [porno'diːvo] *m, f* Pornostar *m* **pornofilm** [porno'film] <-> *m* (FILM) Porno *m*, Pornostreifen *m* **pornofumetto** [pornofu'metto] *m* pornografischer Comicstrip
**pornografia** [pornogra'fiːa] *f* Pornografie *f* **pornografico, -a** [porno'graːfiko] <-ci, -che> *agg* pornografisch
**pornolocale** [pornolo'kaːle] *m* Nachtclub *m* mit Peepshow **pornorivista** [pornori'vista] *f* Pornozeitschrift *f* **pornoshop** [pɔrno'ʃɔp] <-> *m* Sexshop *m* **porno show** [pɔrno 'ʃou] <-> *m* Peepshow *f* **pornosoft** ['pɔrnosoft] <inv> *agg* **film ~** Softporno *m* **pornostampa** [porno'stampa] *f* pornografische Druckerzeugnisse *ntpl* **pornostar** [porno'staː] <-> *mf* (FILM) Pornostar *m* **pornotelefono** [pɔrnote'lɛfono] *m* Sextelefon *nt* **pornovideo** [porno'viːdeo] <-> *m* Pornovideo *nt*
**poro** ['pɔːro] *m* Pore *f*; **~ sudorifero** Schweißpore *f*; **sprizzare veleno da tutti i -i** (*fig*) Gift und Galle spucken **porosità** [porosi'ta] <-> *f* Porosität *f* **poroso, -a** [po'roːso] *agg* ① (*pelle*) großporig ② (*roccia, legno*) porös
**porpora** ['porpora] *f* (*a. fig*) Purpur *m*
**porporato** [porpo'raːto] *m* Kardinal *m*
**porporato, -a** *agg* purpurgekleidet
**porporina** [porpo'riːna] *f* ① (*colorante*) Purpurin *nt* ② (*miscuglio di polveri*) Bronzefarbe *f* **porporino, -a** [porpo'riːno] *agg* purpurrot, purpurfarben
**porre** ['porre] <pongo, posi, posto> I. *vt* ① (*mettere*) stellen, legen, setzen ② (*fig: supporre*) annehmen; **poniamo che sia errato** nehmen wir an, dass es falsch ist ③ (JUR) voraussetzen, annehmen ④ (*loc*) **~ una domanda a qu** jdm eine Frage stellen; **~ fine** [*o* **termine**] **a qc** einer Sache *dat* ein Ende bereiten II. *vr* **-rsi** (*mettersi*) sich setzen/sich stellen/sich legen; **-rsi in marcia** sich in Bewegung setzen; **-rsi in salvo** sich in Sicherheit bringen
**porro** ['pɔrro] *m* ① (BOT) Lauch *m*, Porree *m* ② (MED, *fam*) Warze *f*
**porsi** ['pɔrsi] *I. pers sing pass rem di* **porgere**
**porta** ['pɔrta] *f* ① (*apertura*) Tür *f*; **a -e chiuse** (JUR) unter Ausschluss der Öffentlichkeit; **prendere la ~** (*fam*) fortgehen; **sfondare una ~ aperta** (*fig*) offene Türen einrennen; **mettere qu alla ~** jdn vor die Tür setzen; **indicare la ~ a qu** (*fig*) jdm die Tür weisen *geh*, jdn hinauswerfen; **chiudere la ~ in faccia a qu** jdm die Tür vor der Nase zuschlagen; **ha tutte le -e aperte** ihm [*o* ihr] stehen alle Türen offen ② (*portone*) Tor *nt*, Pforte *f* ③ (SPORT) Tor *nt* ④ (NAUT) Luke *f*
**portaaghi** [porta'aːgi] <-> *m* Nadelbüchse *f*
**portabagagli** [portabaˈɡaʎʎi] <-> *m* ① (*per veicoli*) [Dach]gepäckträger *m*; (*per biciclette*) Gepäckständer *m* ② (*facchino*) Gepäckträger *m*

**portabandiera** [portabandiɛ:ra] <-> *mf* ① (*fig: esponente principale*) Anführer(in) *m(f)*, Hauptvertreter(in) *m(f)* ② (MIL) Fahnenträger(in) *m(f)*

**portabastoni** [portabas'to:ni] <-> *m* (SPORT: *nel golf*) Caddie *m*

**portabiancheria** [portabiaŋke'ri:a] <-> *m* Wäscheständer *m*

**portabiglietti** [portabiʎ'ʎetti] <-> *m* Kreditkartenetui *nt*

**portabile** [por'ta:bile] *agg* tragbar, bequem

**portabilità** [portabili'ta] <-> *f* ① (*di abbigliamento*) Tragbarkeit *f* ② (TEC) Anpassungsfähigkeit *f* ③ (*fig*) Vielseitigkeit *f*

**portabiti** [port'a:biti] I. <-> *m* Kleiderhalter *m* II. <inv> *agg* Kleider-

**portabollo** [pota'bollo] <-> *m* Sichthülle *f* für den Kfz-Steuerbeleg

**portabombe** [porta'bombe] I. <-> *m* (MIL, AERO) Bombenträger *m* II. <inv> *agg* Bomben-

**portaborse** [porta'borse] <-> *mf* (*pej*) Taschenträger(in) *m(f)*

**portabottiglie** [portabo'tiʎʎe] <-> *m* Flaschengestell *nt*

**portaburro** [porta'burro] <-> *m* Butterdose *f*

**portacaratteri** [portaka'ratteri] <inv> *agg* (TEC) Typenrad-

**portacarta** [porta'karta] <-> *m* Toilettenpapierhalter *m*

**portacarte** [porta'karte] <-> *m* Mappe *f*, Ordner *m*

**portacassette** [portakas'sette] <-> *m* Kassettenständer *m*

**portacatino** [portaka'ti:no] <- *o* -i> *m* Waschtisch *m*

**portacenere** [porta'tʃe:nere] <-> *m* Aschenbecher *m*

**portaceste** [porta'tʃeste] <-> *mf* (THEAT, *obs*) Kofferträger(in) *m(f)*

**portachiatte** [porta'kiatte] <-> *f* ① (NAUT: *nave mercantile che traina chiatte*) Schutenschlepper *m*, Lastkahnschlepper *m* ② (NAUT: *barcone a fondo piatto*) Schute *f*, Lastkahn *m*

**portachiavi** [porta'kia:vi] <-> *m* Schlüsselring *m*, -bund *m*

**portacicche** [porta'tʃikke] <-> *m* (*sl: giberna*) Patronentasche *f*

**portacipria** [porta'tʃi:pria] <-> *m* Puderdose *f*

**portacolori** [portako'lo:ri] <-> *mf* (SPORT: *nel ciclismo e nell'ippica*) Teamfahrer(in) *m(f)*, Jockey *m* eines Rennstalls

**portacontainer** [portakon'tɛiner] I. <- *o*

**portacontainers**> *m o f* (MOT) Containerfahrzeug *nt* II. <inv> *agg* Container-; **autocarro** ~ Containerwagen *m;* **nave** ~ Containerschiff *nt;* **vagone** ~ Containertragwagen *m*

**portacontenitori** [portakonteni'to:ri] <-> *m o f v.* **portacontainer**

**portacqua** [port'akkua] <-> *mf* ① (*chi porta l'acqua*) Wasserfahrer(in) *m(f)* ② (SPORT: *nel ciclismo*) Wasserträger(in) *m(f)* ③ (*fig: chi partecipa a un'impresa da una posizione subalterna*) dienstbarer Geist, Taschenträger *m*

**portacravatte** [portakra'vatte] <-> *m* Krawattenstange *f*

**portadocumenti** [potadoku'menti] <-> *m* Brieftasche *f*

**portadolci** [porta'doltʃi] <-> *m* Kuchenteller *m*, Kuchenplatte *f*

**portaelicotteri** [portaeli'kɔtteri] I. <-> *f* (NAUT, MIL) Hubschrauberträger *m* II. <inv> *agg* Hubschrauber-; **nave** ~ Hubschrauberträger *m*

**portaerei** [porta'ɛ:rei] <-> *f* Flugzeugträger *m*

**portaferiti** [portafe'ri:ti] <-> *m* (MIL) Militärsanitäter(in) *m(f)*

**portafiaccole** [porta'fiakkole] <-> *m* Fackelhalterung *f*

**portafiammiferi** [portafiam'mi:feri] I. <-> *m* Streichholzschachtel *f*, Zündholzschachtel *f* A II. <inv> *agg* Streichholz-, Zündholz- A

**portafiaschi** [porta'fiaski] <-> *m* Tragegestell *nt* für Korbflaschen

**portafilo** [porta'fi:lo] <-> *m* (TEC) Fädenspanner *m*

**portafinestra** [portafi'nɛstra] <portefinestre> *f* Balkontür *f*

**portafiori** [porta'fio:ri] I. <inv> *agg* Blumen- II. <-> *m* Blumenständer *m*

**portafoglio** [porta'fɔʎʎo] *m* ① (*per denaro*) Geldtasche *f*; (*per carte*) Brieftasche *f* ② (*per documenti*) Aktentasche *f* ③ (*fig* POL) Portefeuille *nt*, Geschäftsbereich *m* ④ (FIN) Wertpapierbestand *m;* ~ **estero** Devisenbestand *m*

**portaformaggio** [portafor'maddʒo] <-i *o* -> *m* Käseglocke *f*

**portafortuna** [portafor'tu:na] I. <inv> *agg* Glücks- II. <-> *m* Glücksbringer *m*

**portafoto** [porta'fɔ:to] <-> *m*, **portafotografie** [portafotogra'fi:e] <-> *m* (FOTO) Fotomappe *f*

**portafrutta** [porta'frutta] <-> *m* Obstteller *m*, Obstschale *f*

**portafusibili** [portafu'ziːbili] <-> *m* (TEC) Sicherungskasten *m*
**portaghiaccio** [porta'giattʃo] I. <-> *m* Eiswürfelbereiter *m*, Eiswürfelschale *f* II. <inv> *agg* Eis-, Eiswürfel-
**portagioie, portagioielli** [porta'dʒɔːie, portadʒo'iɛlli] <-> *m* Schmuckkästchen *nt*, Schmuckschatulle *f*
**portagomitoli** [portago'miːtoli] <-> *m* Knäuldose *f*
**portaimmondizie** [portaimmon'dittsie] I. <-> *m* Abfalleimer *m*, Mülleimer *m* II. <inv> *agg* Müll-, Abfall-
**portaimpronta** [portaim'pronta] <-> *m* (MED) Abnahmegerät *nt* für Gebissabdrücke
**portaincenso** [portain'tʃɛnso] <-> *m* Weihrauchfass *nt*
**portalampade** [porta'lampade] <-> *m* ❶ (*elemento in cui si avvita la lampadina*) Lampenfassung *f* ❷ (*fig*) Tischlampe *f*
**portalapis** [porta'laːpis] <-> *m* ❶ (*portamatita*) Bleistifthalter *m* ❷ (*astuccio*) Federmappe *f*
**portale** [por'taːle] *m* (*a.* INET) Portal *nt*; ~ **Internet** Onlineportal, Internetportal
**portalettere** [porta'lɛttere *o* porta'lettere] *mf* Briefträger(in) *m(f)*, Postbote *m/*-botin *f*
**portaliquori** [portali'kuoːri] <-> *m* Tablett *nt* für Likörflasche und -gläser
**portamalgama** [porta'malgama] <-> *m* (MED) Instrument *nt* für Amalgamfüllungen
**portamatita** [portama'tiːta] <-> *m* Bleistifthalter *m*
**portamatite** [portama'tiːte] <-> *m* Bleistiftmäppchen *nt*, -etui *nt*
**portamento** [porta'mento] *m* Haltung *f*
**portamine** [porta'miːne] <-> *m* Druckbleistift *m*
**portamissili** [porta'missili] <-> *m* Raketenträger *m*
**portamonete** [portamo'neːte] <-> *m* Portemonnaie *nt*, Geldbörse *f*
**portampolle** [portam'polle] <-> *m* (GASTR: *oliera*) Öl-und Essigständer *m*
**portante** [por'tante] *agg* (*struttura, muro*) tragend-; **piano** [*o* **superficie**] ~ Tragfläche *f*
**portantina** [portan'tiːna] *f* ❶ (*per ammalati*) [Trag]bahre *f*, Trage *f* ❷ (*sedia portatile*) Sänfte *f*, Tragsessel *m*
**portantino, -a** [portan'tiːno] *m, f* Krankenträger(in) *m(f)*
**portanza** [por'tantsa] *f* ❶ (*gener*) Tragfähigkeit *f* ❷ (PHYS) Auftrieb *m*
**portaobiettivi** [portaobiet'tiːvi] <-> *m* (OPT) Objektivträger *m*, Objektivhalter *m*; ~ **rotatorio** Objektivrevolver *m*
**portaocchiali** [portaok'kiaːli] <-> *m* Brillenetui *nt*
**portaoggetti** [portaod'dʒɛtti] I. <inv> *agg* Objekt- II. <-> *m* Objektträger *m*
**portaolio** [porta'ɔːlio] <-> *m* Ölständer *m*
**portaombrelli** [portaom'brɛlli] <-> *m* Schirmständer *m*
**portapacchi** [porta'pakki] <-> *m* ❶ (*di veicolo*) Gepäckträger *m* ❷ (*fattorino*) Paketzusteller *m*
**portapenne** [porta'penne] <-> *m* ❶ (*astuccio*) Federetui *nt*, Federmäppchen *nt* ❷ (*asticciola*) Federhalter *m*
**portapiatti** [porta'piatti] I. <-> *m* ❶ (*scolapiatti*) Geschirrständer *m* ❷ (*vassoio*) großes Tablett, Serviertablett *nt* II. <inv> *agg* **vassoio** ~ Serviertablett *nt*
**portapillole** [porta'pillole] <-> *m* Pillendöschen *nt*
**portapipe** [porta'piːpe] <-> *m* Pfeifenständer *m*
**portaposate** [portapo'saːte] <-> *m* Besteckkasten *m*
**portapranzi** [porta'prandzi] <-> *m* Servierwagen *m*, Tablett *nt*
**portarazzi** [porta'raddzi] <-> *m* (MIL) Raketenträger *m*
**portare** [por'taːre] I. *vt* ❶ (*trasportare*) tragen; (*recare*) bringen; ~ **in dote** als Aussteuer mitbringen; ~ **in regalo** als Geschenk mitbringen; ~ **in tavola** auftischen, auftragen; ~ **via** wegbringen; ~ **bene** [*o* **fortuna**] **a qu** (*fig*) jdm Glück bringen; ~ **male** [*o* **sfortuna**] **a qu** (*fig*) jdm Unglück bringen ❷ (*spostare*) verschieben, rücken; ~ **su/giù** hinauf-/hinuntertragen; ~ **dentro/fuori** hinein-/heraustragen ❸ (*indossare*) tragen, anhaben ❹ (*reggere, tenere*) halten, tragen ❺ (*condurre*) führen; (*veicoli*) fahren, lenken; (*animali*) führen, treiben; ~ **a spasso qu** jdn spazieren führen ❻ (*avere*) haben, tragen; ~ **gli occhiali** eine Brille tragen; ~ **un titolo** einen Titel führen ❼ (*mostrare*) aufweisen, tragen; ~ **bene/male gli anni** für sein Alter gut/schlecht aussehen ❽ (*indurre*) [hin]treiben, bringen ❾ (*addurre*) [an]bringen, aufführen; (*prova*) erbringen; (*esempio*) anführen ❿ (*produrre*) hervorbringen, mit sich *dat* bringen; (*causare*) verursachen ⓫ (*sostenere*) unterstützen ⓬ (*trasmettere*) überbringen, übertragen; (MAT) übertragen ⓭ (*fig: amore*) empfinden; (*rancore*) hegen; (*rispetto*) entgegenbringen;

(*pazienza*) aufbringen II. *vr* **-rsi** ❶ (*recarsi*) sich begeben ❷ (*stare di salute*) sich fühlen, sich befinden ❸ (*comportarsi*) sich verhalten, sich führen ❹ (*spostarsi*) rücken

**portareliquie** [portare'li:kuie] <-> *m* Reliquienschrein *m*

**portarifiuti** [portari'fiu:ti] I. <-> *m* Abfalleimer *m*, Mülleimer, m II. <inv> *agg* Müll-, Abfall-; **cestino ~** Mülleimer *m*

**portaritratti** [portari'tratti] <-> *m* Bilderrahmen *m*

**portariviste** [portari'viste] <-> *m* Zeitungsständer *m*

**portarocchetti** [portarok'ketti] <-> *m* Spulenhalter *m*

**portarossetto** [portaros'etto] <-> *m* Lippenstiftetui *nt*

**portarotoli** [porta'rɔ:toli] <-> *m* Papierrollenhalter *m*

**portasapone** [portasa'po:ne] <-> *m* Seifendose *f*, -schale *f*

**portasci** [portaʃ'ʃi] <-> *m* Skiträger *m*

**portasciugamano** [portaʃʃuga'ma:no] <-> *m* Handtuchhalter *m*

**portascopino** [portasko'pi:no] <-> *m* Klosettbürstenständer *m*

**portasigarette** [portasiga'rette] <-> *m* Zigarettenetui *nt* **portasigari** [porta'si:gari] <-> *m* Zigarrenetui *nt*

**portaspada** [porta'spa:da] <-> *m* Schwertscheide *f*, Scheide *f*

**portaspazzolini** [portaspattso'li:ni] <-> *m* Zahnputzbecherhalter *m* **portaspazzolino** [portaspattso'li:no] <-> *m* Zahnbürstenhülse *f*

**portaspilli** [portas'pilli] <-> *m* Nadelkissen *nt*

**portastecchini** [portastek'ki:ni] <-> *m v.* **portastuzzicadenti**

**portastuzzicadenti** [portastuttsika'dɛnti] <-> *m* Zahnstochergefäß *nt*

**portata** [por'ta:ta] *f* ❶ (*di pranzo*) Gang *m* ❷ (*capacità di carico*) Tragfähigkeit *f*, Ladefähigkeit *f* ❸ (MIL) Reichweite *f*, Schussweite *f* ❹ (*di fiume*) Wassermenge *f* ❺ (*fig: importanza*) Tragweite *f*, Bedeutung *f*; (*autorità*) Einfluss *m*, Stellung *f*, Rang *m* ❻ (*loc*) **alla ~ di** erreichbar für; (*prezzo*) erschwinglich für; **a ~ di mano** in Reichweite

**portatessera** [porta'tɛssera] <-> *m* Ausweishülle *f*

**portatile** [por'ta:tile] I. *agg* (*televisione*) tragbar; (*macchina da scrivere*) Reise-; (*radio*) Koffer- II. *m* (*computer*) Laptop *m*

**portato, -a** *agg* ❶ (*abito, giacca*) getragen ❷ (*fig: predisposto*) **essere ~ per qc** für etw begabt sein

**portatore, -trice** [porta'to:re] *m, f* ❶ (*addetto al trasporto*) Träger(in) *m(f)* ❷ (MED) [Über]träger(in) *m(f)* ❸ (FIN) Überbringer(in) *m(f)* ❹ (COM: *possessore*) Inhaber(in) *m(f)*; **titolo al ~** Inhaberpapier *nt*, -aktie *f*

**portatovagliolo** [portatovaʎ'ʎɔ:lo] *m* (*busta*) Serviettentasche *f*; (*anello*) Serviettenring *m*

**portatrice** *f v.* **portatore**

**portattrezzi** [portat'trettsi] <-> *m* Werkzeugkoffer *m*, Werkzeugkasten *m*

**portauova, portauovo** [porta'uɔ:va, porta'uɔ:vo] <-> *m* ❶ (*piccolo contenitore*) Eierbecher *m* ❷ (*scatola*) Eierschachtel *f*

**portautensili** [portauten'si:li] <-> *m* (TEC) Werkzeugspindel *f*

**portavalori** [portava'lo:ri] I. <inv> *agg* Geld-; **furgone ~** Geldtransporter *m* II. <-> *mf* Geldtransporteur(in) *m(f)*

**portavasi** [porta'va:zi] <-> *m* Blumenständer *m*

**portavivande** [portavi'vande] <-> *m* (*carrello*) Speise-, Servierwagen *m*; (*cesta*) Speisebehälter *m*

**portavoce** [porta'vo:tʃe] <-> *mf* Sprecher(in) *m(f)*, Wortführer(in) *m(f)*; **essere il ~ di qu** jds Sprachrohr *nt* sein

**porte-enfant** ['pɔrt ã'fã] <-> *m* Babytragesitz *m*, -gestell *nt*

**portefinestre** *pl di* **portafinestra**

**portello** [por'tɛllo] *m* ❶ (*sportello*) [Schrank]flügel *m* ❷ (NAUT) Luke *f*; (AERO) Klappe *f* **portellone** [portel'lo:ne] *m* Heckklappe *f*

**portento** [por'tɛnto] *m* ❶ (*avvenimento*) Wunder *nt*, außergewöhnliches Ereignis ❷ (*persona*) außergewöhnlicher Mensch, Genie *nt*; **essere un ~ di memoria** ein unglaublich gutes Gedächtnis haben

**portentoso** [porten'to:so] *m* Außergewöhnliche(s) *nt*, Wunderbare(s) *nt*

**portentoso, -a** *agg* (*eccezionale*) außergewöhnlich, sagenhaft *fam*

**porticato** [porti'ka:to] *m* Laubengang *m*, Arkaden *fpl*

**porticato, -a** *agg* Lauben-, Arkaden- **portico** ['pɔrtiko] <-ci> *m* ❶ (ARCH) Lauben-, Bogengang *m* ❷ (*costruzione rurale*) [Geräte]schuppen *m*

**portiera** [por'tiɛ:ra] *f* Wagen-, Autotür *f*

**portiere, -a** [por'tiɛ:re] *m, f* ❶ (*portinaio*) Pförtner(in) *m(f)* ❷ (SPORT) Torwart *m*/Torfrau *f*

**portinaio, -a** [porti'na:io] <-i, -ie> *m, f*

Portier *m*/Portiersfrau *f*; Pförtner(in) *m(f)*
**portineria** [portine'ri:a] <-ie> *f* Portier[s]loge *f*
**porto**[1] ['pɔrto] *pp di* **porgere**
**porto**[2] *m* ① (*d'armi*) Waffenschein *m* ② (*spesa di trasporto*) Porto *nt*; **franco di ~** portofrei, gebührenfrei ③ (NAUT) Hafen *m*; (*rifugio*) Zuflucht *f*; **~ di mare** Seehafen *m*; (*fig*) Rummelplatz *m*, Durcheinander *nt* ④ (*fig: punto d'arrivo*) Ziel *nt*, Ende *nt*; **giungere in ~** (*fig*) am Ziel ankommen; **condurre in ~ un affare** (*fig*) eine Angelegenheit abschließen, ein Geschäft unter Dach und Fach bringen
**porto**[3] <-> *m* (*vino*) Portwein *m*
**Portogallo** [porto'gallo] *m* **il ~** Portugal *nt*
**portoghese** [porto'ge:se] I. *agg* portugiesisch II. *mf* ① (*abitante*) Portugiese *m*/Portugiesin *f* ② (*fig: chi entra senza pagare*) Zaungast *m*; **fare il ~** sich ohne Eintrittskarte hineinschmuggeln
**portone** [por'to:ne] *m* Portal *nt*, Tor *nt*; (*per veicoli*) Einfahrt *f*
**portuale** [portu'a:le] I. *agg* Hafen- II. *m* Hafenarbeiter *m*
**porzionatura** [portsiona'tu:ra] *f* (*di un alimento*) Portionierung *f*
**porzione** [por'tsio:ne] *f* [An]teil *m*; (*di cibo*) Portion *f*
**posa** ['pɔ:sa] *f* ① (*collocazione*) Aufstellung *f*, Anbringung *f* ② (FOTO) Belichtung *f*; (*ripresa*) Zeitaufnahme *f*; (*fotografia*) Bild *nt*, Aufnahme *f* ③ (*atteggiamento*) Pose *f*, Positur *f*; **mettersi in ~** sich in Positur setzen
**posacenere** [posa'tʃe:nere] <-> *m* Aschenbecher *m*
**posare** [po'sa:re] I. *vt* (*metter giù*) niederstellen, hinstellen, -legen, absetzen II. *vi* ① (*poggiare*) ruhen, liegen ② (*stare in posa*) posieren ③ (*fig: fondarsi*) sich stützen, beruhen III. *vr* **-rsi** sich niederlassen
**posata** [po'sa:ta] *f* Besteck *nt* **posateria** [posate'ri:a] <-ie> *f* Bestecksatz *m*
**posatezza** [posa'tettsa] *f* Bedächtigkeit *f*, Gesetztheit *f* **posato, -a** [po'sa:to] *agg* bedächtig, gesetzt; (*equilibrato*) ausgeglichen
**poscritto** [pos'kritto] *m* Postskript[um] *nt*, Nachschrift *f*
**posdomani** [pozdo'ma:ni] *avv* (*poet*) übermorgen
**posi** ['pɔ:si] *1. pers sing pass rem di* **porre**
**positiva** [pozi'ti:va] *f* Positiv *nt*
**positivismo** [pozitiˈvismo] *m* (PHILOS) Positivismus *m* **positivista** [poziti'vista] <-i *m*, -e *f*> *mf* ① (PHILOS) Positivist(in) *m(f)* ② (*utilitarista*) Utilitarist(in) *m(f)*,

Pragmatiker(in) *m(f)* **positivistico, -a** [pozitiˈvistiko] <-ci, -che> *agg* positivistisch
**positività** [pozitivi'ta] <-> *f* positiver Charakter
**positivo** [poziˈti:vo] *m* ① (*ciò che è buono*) Positive(s) *nt*; (*ciò che esiste*) Wirkliche(s) *nt*, Konkrete(s) *nt*; (*ciò che è sicuro*) Sichere(s) *nt*, Gewisse(s) *nt* ② (OPT, FOTO) Positiv *nt* ③ (LING) Positiv *m*, Grundstufe *f*
**positivo, -a** *agg* ① (MAT, FOTO, MED, EL, PHYS) positiv ② (LING) im Positiv ③ (*affermativo*) positiv, bestätigend; (*favorevole*) günstig
**posizionare** [pozittsio'na:re] *vt* ① (*rilevare la posizione altrui*) anpeilen, orten ② (FIN, TEC) positionieren; **~ un prodotto** ein Produkt positionieren **posizionatore** [pozittsiona'to:re] *m* (TEC) Positioniervorrichtung *f*
**posizione** [pozit'tsio:ne] *f* ① (GEOG, ASTR) Lage *f*, Position *f*; (MIL, TEC) Stellung *f*; (SPORT) Stellung *f*, Position *f*; (*ubicazione*) Lage *f*, Standort *m*; **luci di ~** Standlicht *nt*, Positionslichter *ntpl* ② (*atteggiamento del corpo*) Haltung *f* ③ (*collocazione*) Anordnung *f*, Aufstellung *f* ④ (*fig: convinzione*) Standpunkt *m*, Überzeugung *f*; **prendere ~** Stellung beziehen
**posologia** [pozolo'dʒi:a] <-gie> *f* Dosierungsanweisung *f*
**posporre** [pos'porre] <irr> *vt* ① (*collocare dopo*) nach-, zurückstellen ② (*differire*) ver-, aufschieben **posposizione** [pospozit'tsio:ne] *f* Nachstellung *f*; (*fig*) Verschiebung *f*
**possedere** [posse'de:re] <possiedo, possedetti *o* possedei, posseduto> *vt* besitzen, haben; (*a. fig*) verfügen über +*acc* **possedimento** [possedi'mento] *m* ① (*proprietà terriera*) Ländereien *fpl*, Besitztum *nt* ② (POL) Hoheitsgebiet *nt* **posseditrice** *f v.* **possessore**
**posseduto** *pp di* **possedere**
**possente** [pos'sɛnte] *agg* mächtig, groß
**possessione** [posses'sio:ne] *f* Besitz *m*
**possessivo, -a** [posses'si:vo] *agg* ① (LING) **aggettivo ~** besitzanzeigendes Adjektiv; **pronome ~** Possessivpronomen *nt* ② (*fig*) Besitz ergreifend
**possesso** [pos'sɛsso] *m* ① (*il possedere*) Besitz *m*; **presa di ~** Inbesitznahme *f*; **venire in ~ di qc** in den Besitz von etw gelangen ② (*padronanza*) Beherrschung *f*; **essere nel pieno ~ delle proprie facoltà mentali** im Vollbesitz seiner geistigen Kräfte sein ③ *pl* (*proprietà terriera*) Lände-

**possessore → postindustriale**

reien *fpl;* (POL) Kolonialbesitz *m,* Hoheitsgebiet *nt* **possessore, posseditrice** [posses'so:re, possedi'tri:tʃe] *m, f* Besitzer(in) *m(f),* Inhaber(in) *m(f)* **possessorio, -a** [posse'sɔ:rio] <-i, -ie> *agg* (JUR) possessorisch, Besitz-; **azione -a** Besitzklage *f,* possessorische Klage

**possibile** [pos'si:bile] I. *agg* ① (*eventuale*) möglich ② (*fattibile*) möglich, durchführbar; **con tutta la cura ~** mit der größtmöglichen Sorgfalt; **al più presto ~** so bald wie möglich ③ (*probabile*) wahrscheinlich ④ (*pensabile*) möglich, denkbar ⑤ (*con superlativi e comparativi*) möglichst II. *m* Mögliche(s) *nt;* **nei limiti del ~** im Rahmen des Möglichen **possibilità** [possibili'ta] <-> *f* Möglichkeit *f* **possibilmente** [possibil'mente] *avv* (*se possibile*) möglicherweise, wenn möglich

**possidente** [possi'dɛnte] *mf* Besitzer(in) *m(f);* (*di immobili*) Grundbesitzer(in) *m(f)*

**posso** ['pɔsso] *1. pers sing pr di* **potere**¹

**post** [post] *m* (INET) Kommentar *m,* Beitrag *m;* **lasciare un ~ su un blog** in einem Blog posten

**posta** ['pɔsta] *f* ① (*gener*) Post *f;* (*ufficio*) Postamt *nt;* **~ aerea** Luftpost *f;* **~ elettronica** (INFORM) elektronische Post; **~ prioritaria** schneller beförderte Post; **spedire per ~** mit der Post schicken; **a giro di ~** postwendend; **fermo ~** postlagernd ② (*nei giochi*) [Spiel]einsatz *m* ③ (*di giornale*) Leserbriefrubrik *f*

**postacelere** [posta'tʃe:lere] *m* Eilpost *f*

**postagiro** [posta'dʒi:ro] *m* Postscrecküberweisung *f*

**postale** [pos'ta:le] I. *agg* Post-; **cartolina ~** Postkarte *f;* **casella ~** Postfach *nt* II. *m* (NAUT) Postschiff *nt;* (FERR) Postzug *m;* (AERO) Postflugzeug *nt* **postalizzazione** [postaliddzat'tsio:ne] *f* Postzustellung *f*

**Postamat®** [posta'mat] <-> *m* Geldautomat *für* Postgirokontoinhaber

**postare** [pos'ta:re] *vt, vi* (INET) posten

**postarsi** [pos'tarsi] *vr* sich auf die Lauer legen, sich postieren

**postazione** [postat'tsio:ne] *f* Stellung *f*

**postbellico, -a** [post'bɛlliko] <-ci, -che> *agg* Nachkriegs-

**postcomunismo** [postkomu'nizmo] *m* (POL) Postkommunismus *m* **postcomunista** [postkomu'nista] <-i *m,* -e *f*> I. *mf* Postkommunist(in) *m(f)* II. *agg* postkommunistisch

**postcongressuale** [postkoŋgressu'a:le] *agg* nach dem Kongress, Kongress-; **documento ~** Kongresspapier *nt*

**postdatare** [postda'ta:re] *vt* vor[aus]datieren **postdatazione** [postdatat'tsio:ne] *f* Vordatierung *f,* Vordatieren *nt*

**postdibattimentale** [postdibattimen'ta:le] *agg* nach der Debatte, im Anschluss an die Debatte; **fase ~** Urteilsfindung *f* **postdibattimento** [postdibatti'mento] *m* (JUR) Urteilsfindung *f*

**posteggiare** [posted'dʒa:re] *vt, vi* parken **posteggiatore, -trice** [posteddʒa'to:re] *m, f* Parkwächter(in) *m(f)* **posteggio** [pos'teddʒo] <-ggi> *m* ① (*luogo*) Parkplatz *m;* **~ a pagamento** gebührenpflichtiger Parkplatz ② (*operazione*) Parken *nt;* **divieto di ~** Parkverbot *m*

**postelegrafico, -a** [postele'gra:fiko] <-ci, -che> I. *agg* Post- und Telegrafen- II. *m, f* Post- und Telegrafenangestellte(r) *f(m)* **postelegrafonico, -a** [postelegra'fɔ:niko] <-ci, -che> I. *agg* Post-, Telegrafen- und Telefon- II. *m, f* Post-, Telegrafen- und Telefonangestellte(r) *f(m)*

**poster** ['pɔster] <-> *m* Poster *nt* o *m*

**posteri** ['pɔsteri] *mpl* Nachkommen *mpl*

**posteriore** [poste'rio:re] I. *agg* ① (*spazio*) hintere(r, s), rückwärtig ② (*tempo*) später, nachfolgend ③ (*arto*) Hinter- II. *m* (*fam scherz: sedere*) Hintern *m* **posteriorità** [posteriori'ta] <-> *f* Späterkommen *nt,* Spätersein *nt*

**posterità** [posteri'ta] <-> *f* Nachwelt *f;* (*discendenza*) Nachkommenschaft *f*

**postfazione** [postfat'tsio:ne] *f* Nachwort *nt*

**posticcio** [pos'tittʃo] <-ci> *m* (*toupet*) Toupet *nt*

**posticcio, -a** <-cci, -cce> *agg* künstlich, falsch

**posticino** [posti'tʃi:no] *m* (*fam*) [stilles] Örtchen *nt*

**posticipare** [postitʃi'pa:re] *vt* verschieben, aufschieben; (*seduta*) vertagen **posticipato, -a** [postitʃi'pa:to] *agg* o *avv* nachträglich **posticipazione** [postitʃipat'tsio:ne] *f* Verschiebung *f,* Vertagung *f*

**posticipo** [pos'ti:tʃipo] *m* ① (*posticipazione*) Verschiebung *f,* Vertagung *f* ② (TV) Fernsehaufzeichnung *f*

**postiglione** [postiʎ'ʎo:ne] *m* Postillion *m*

**postilla** [pos'tilla] *f* Anmerkung *f,* Randbemerkung *f;* (JUR) Nachtrag *m* **postillare** [postil'la:re] *vt* mit Anmerkungen versehen

**postindustriale** [postindus'tria:le] *agg*

postindustriell; **la società ~** die postindustrielle Gesellschaft

**postino, -a** [pos'ti:no] *m, f* Briefträger(in) *m(f)*, Postbote *m*, -botin *f*

**post-it®** ['poustit] <-> *m* Haftzettel *m*

**post-it** ['poustit] <-> *m* Haftzettel *m*

**postmilitare** [postmili'ta:re] *agg* nach der Entlassung aus dem Wehrdienst

**postmoderno, -a** [postmo'dɛrno] *agg* postmodern

**posto** ['pɔsto] *m* ❶ (*luogo*) Platz *m*, Ort *m*, Stelle *f*; (*zona*) Gebiet *nt*, Gegend *f*; (*sedile*) [Sitz]platz *m*; **~ di blocco** (FERR) Blockstelle *f*; (ADM) Polizeisperre *f*; **~ di guida** Fahrer-, Führersitz *m*; **~ a sedere** Sitzplatz *m*; **~ in piedi** Stehplatz *m*; **vicino di ~** Sitznachbar *m*; **stare al proprio ~** (*fig*) sich gut benehmen; **far ~ a qu** jdm Platz machen; **mandare qu in quel ~** (*fam*) jdn zum Teufel jagen; **al ~ di qu** an jds Stelle; **sul ~** an Ort und Stelle; **-i esauriti** ausverkauft ❷ (*posizione*) Rang *m*, Stellung *f*; (MIL) Posten *m*; **~ di guardia** Wachposten *m*; **~ di polizia** Polizeiwache *f*, -revier *m* ❸ (*impiego*) Stelle *m*, [An]stellung *f* ❹ (*locale*) Lokal *nt* ❺ (*situazione*) Lage *f*, Stelle *f*; **essere a ~** in Ordnung sein; **essere una persona a ~** (*fig*) in Ordnung sein *fam*; **essere fuori ~** unangebracht sein; **mettere a ~** (*a. fig*) in Ordnung bringen; **mettere la testa a ~ a qu** (*fig*) jdm den Kopf zurechtrücken *fam* ❻ (INFORM) Platz *m*, Station *f*

**posto, -a** I. *pp di* **porre** II. *agg* ❶ (*collocato*) aufgestellt ❷ (*supposto*) angenommen; **~ che** *+conj* angenommen, dass ...; **~ ciò** ... davon ausgehend ...

**postoperatorio, -a** [postopera'tɔ:rio] *agg* postoperativ

**post-produzione** [postprodut'tsio:ne] *f* (FILM, TV) Nachproduktion *f*

**postribolo** [pos'tri:bolo] *m* Bordell *nt*, Freudenhaus *nt*

**postscriptum** [post'skriptum] <-> *m* Postskriptum *nt*

**post-sessantottesco, -a** [postsessantot'tesko] <-ci, -che> *agg* ❶ (*che viene dopo l'ideologia studentesca del Sessantotto*) nach der 68er Bewegung ❷ (*che si ispira a tali tendenze*) im Dunst der 68er Bewegung

**post-sessantottino, -a** [postsessantot'ti:no] *m, f* Anhänger(in) *m(f)* der 68er-Generation

**postulare** [postu'la:re] *vt* fordern, postulieren **postulato** [postu'la:to] *m* Postulat *nt*

**postumo** ['pɔstumo] *m* ❶ (MED) Nachwirkung *f* ❷ *pl* (*conseguenze*) Folgen *fpl*, Folgeerscheinungen *fpl*

**postumo, -a** *agg* postum; (*figlio*) nachgeboren

**post-universitario, -a** [postuniversi'ta:rio] <-i, -ie> *agg* nach der Uni, im Anschluss an die Uni; **formazione -a** Weiterbildung *f* nach der Uni

**potabile** [po'ta:bile] *agg* Trink-, trinkbar

**potare** [po'ta:re] *vt* beschneiden, stutzen

**potassa** [po'tassa] *f* Pottasche *f*

**potassio** [po'tassio] *m* Kalium *nt*

**potei** [po'te:i] *1. pers sing pass rem di* **potere¹**

**potente** [po'tɛnte] *agg* ❶ (*stato, persona*) mächtig; (*di forza fisica*) stark, kräftig; (*efficace*) wirksam, stark ❷ (*fam: di grande effetto*) sehr wirkungsvoll ❸ (MED) potent, zeugungsfähig ❹ (TEC) leistungsfähig

**Potentino** <*sing*> *m* Umgebung *f* von Potenza

**potentino, -a** [poten'ti:no] I. *m, f* (*abitante*) Einwohner(in) *m(f)* von Potenza II. *agg* aus Potenza

**potenza** [po'tɛntsa] *f* ❶ (*potere, autorità*) Macht *f*, Gewalt *f*; (MIL) Stärke *f*, Schlagkraft *f*; (*forza fisica*) Kraft *f*, Stärke *f*; (PHYS) Kraft *f*, Leistung *f*; (TEC, EL, MOT) Leistung *f* ❷ (MED, MAT) Potenz *f*; **all'ennesima ~** (MAT) zur n-ten Potenz; (*fig*) in höchster Potenz ❸ (*intensità*) Intensität *f*, Heftigkeit *f*; (*efficacia*) Wirksamkeit *f* ❹ (POL) Macht *f*; **le grandi -e** die Großmächte ❺ (*fig: capacità*) Kraft *f*, Vermögen *nt*

**Potenza** *f* Potenza *nt* (*Hauptstadt der Region Basilicata*)

**potenziale** [poten'tsia:le] I. *agg* potenziell; (PHILOS, LING) potenzial II. *m* (*fig* PHYS, EL) Potenzial *nt*; (PHYS) Leistungsfähigkeit *f*

**potenzialità** [potentsiali'ta] <-> *f* Möglichkeit *f*; (PHILOS) Potenzialität *f*

**potenziamento** [potentsia'mento] *m* Steigerung *f*, Ausbau *m*; (MIL: *di missili*) Nachrüstung *f* **potenziare** [poten'tsia:re] *vt* verstärken, erweitern

**potere¹** [po'te:re] <posso, potei, potuto> *vi* ❶ (*avere la possibilità*) können; (*riuscire*) vermögen, in der Lage sein; **si può fare** das lässt sich machen; **non si può** es geht nicht; **non ne posso più** ich kann nicht mehr ❷ (*avere il permesso*) dürfen, können; **si può?** ist es gestattet?, darf ich? ❸ (*dovere*) müssen, sollen ❹ (*essere probabile*) können, mögen; **può darsi** [*o* **essere**] **che** ... *+conj* es könnte sein, dass ... ⑤(*osare*) wagen, können ⑥(*avere influenza*) vermögen

**potere**² *m* ①(*possibilità*) Können *nt*, Vermögen *nt*; (*capacità*) Fähigkeit *f*; (*facoltà*) Möglichkeit *f*, Fähigkeit *f* ②(*virtù*) Kraft *f*, Macht *f* ③(*influenza*) Einfluss *m*, Macht *f* ④(POL: *possesso*) Macht *f*, Gewalt *f*; (*comando*) Macht *f*; **~ temporale** weltliche Macht; **pieni -i** Vollmacht *f*; **i -i dello stato** die Staatsgewalt; **essere al ~** an der Macht sein ⑤(JUR) Gewalt *f* ⑥(PHYS) Kraft *f* ⑦(COM) **~ d'acquisto** Kaufkraft *f* ⑧(MED) **~ nutritivo** Nährwert *m*

**potestà** [potes'ta] <-> *f* Befugnis *f*, Gewalt *f*; **patria ~** (JUR) elterliche Gewalt

**pot-pourri** ['po pu'ri] <-> *m* ①(GASTR) Eintopf aus Gemüse und Fleisch ②(*miscuglio*) Potpourri *nt*, buntes Gemisch

**potuto** [po'tu:to] *pp di* **potere**

**povera** *f v.* **povero**

**poveraccio, -a** [pove'rattʃo] <-cci, -cce> *m, f* (*fam*) armer Teufel **poverino, -a** [pove'ri:no] I. *agg* arm, elend II. *m, f* (*fam*) Ärmste(r) *f(m)*

**povero, -a** ['pɔ:vero] I. *agg* ①(*misero*) arm, elend; **~ in canna** bettelarm, arm wie eine Kirchenmaus; **un ~ diavolo** (*fam*) ein armer Teufel ②(*frugale*) einfach, genügsam; **in parole -e** (*fam*) in simplen Worten ③(*scarso*) spärlich, dürftig; (*disadorno*) schmucklos, einfach; (*vuoto*) leer, arm ④(*privo*) **~ di** arm an +*dat* ⑤(*infelice*) unglücklich, unglückselig ⑥(*defunto*) selig II. *m, f* Arme(r) *f(m)*

**povertà** [pover'ta] <-> *f* ①(*indigenza*) Armut *f*; **far voto di ~** das Armutsgelübde ablegen ②(*mancanza*) **la ~ di qc** die Armut an etw *dat*; **~ di risorse** Mittellosigkeit *f*

**pozione** [pot'tsio:ne] *f* ①(*filtro magico*) Zaubertrank *m* ②(MED) Heiltrank *m*, Saft *m*

**pozza** ['pottsa] *f* (*d'acqua*) Pfütze *f*; (*di sangue*) [Blut]lache *f* **pozzanghera** [pot'tsaŋgera] *f* [Wasser]pfütze *f*

**pozzetto** [pot'tsetto] *m* ①(*nelle fognature*) Gully *m*, Abfluss *m* ②(NAUT) Plicht *f*, Cockpit *nt*

**pozzo** ['pottso] *m* ①(*per estrarre acqua*) Brunnen *m* ②(MIN) Schacht *m*, Grube *f*; (*di petrolio*) Bohrloch *nt*; (GEOL) Höhle *f*; (~ *nero*) Kloake *f*, Senkgrube *f* ③(*fig: grande quantità*) Unmenge *f*; **essere un ~ di scienza** ein Wunder an Gelehrsamkeit sein; **essere un ~ senza fondo** (*fig*) ein Fass ohne Boden sein; **avere un ~ di soldi** eine Unmenge Geld haben ④(NAUT) Plicht *f*, Cockpit *nt*

**pozzolanicità** [pottsolanitʃi'ta] <-> *f* (MIN) Eigenschaften *fpl* der Puzzolanerde, Kalkbindeeigenschaften *fpl*

**pp.** *abbr di* **pagine** Seiten

**PPI** *m abbr di* **Partito Popolare Italiano** italienische Volkspartei

**PP.TT.** *abbr di* (**Ministero delle**) **Poste e Telecomunicazioni** italienisches Postministerium

**PRA** *m abbr di* **Pubblico Registro Automobilistico** zentrales Straßenverkehrregister Italiens

**Praga** ['pra:ga] *f* Prag *nt*

**pragmatico, -a** [prag'ma:tiko] <-ci, -che> *agg* pragmatisch **pragmatismo** [pragma'tizmo] *m* Pragmatismus *m* **pragmatista** [pragma'tista] <-i *m*, -e *f*> *mf* Pragmatiker(in) *m(f)*

**pralina** [pra'li:na] *f* Praline *f* **pralinare** [prali'na:re] *vt* mit Schokolade oder Zuckerguss überziehen

**prammatica** [pram'ma:tika] *f* **di ~** obligat, üblich; (*prescritto*) vorgeschrieben **prammatico, -a** [pram'ma:tiko] <-ci, -che> *agg* praktisch, pragmatisch

**pranoterapeutico, -a** [pranotera'pɛu-tiko] <-ci, -che> *agg* (*seduta*) Handauflege- **pranoterapia** [pranotera'pi:a] *f* (MED) Handauflegen *nt* **pranoterapico, -a** [pranote'ra:piko] <-ci, -che> *agg* Handauflege- **pranoterapista** [pranotera'pista] <-i *m*, -e *f*> *mf* Handaufleger(in) *m(f)*

**pranzare** [pran'dza:re] *vi* zu Mittag essen **pranzo** ['prandzo] *m* [Mittag]essen *nt*; **~ di gala** Galadiner *nt*; **sala da ~** Esszimmer *nt*; **all'ora di ~** zur Mittagszeit; **dopo ~** nach dem [Mittag]essen

**prassi** ['prassi] <-> *f* ①(*procedura corrente*) Gepflogenheit *f* ②(*pratica*) Praxis *f*

**prataiolo** [prata'jɔ:lo] *m* Wiesenchampignon *m*

**prataiolo, -a** *agg* Feld-, Wiesen-

**prateria** [prate'ri:a] <-ie> *f* Prärie *f*

**pratica** ['pra:tika] <-che> *f* ①(*attività*) Praxis *f*; (*pej*) Praktik *f*; **mettere in ~** in die Praxis umsetzen; **in ~** in der Praxis; **vale più la ~ che la grammatica** (*prov*) Probieren geht über Studieren ②(*esperienza*) Erfahrung *f*; **avere ~ di qc** mit etw Erfahrung haben ③(ADM) Vorgang *m*, Akte *f* ④ *pl* (*atti*) Akten *fpl*, Dokumente *ntpl* ⑤(*usanza*) Brauch *m*, Sitte *f*; (REL) Handlung *f*, Übung *f* ⑥(*tirocinio*) Praktikum *nt*

**praticabile** [prati'ka:bile] I. *agg* ① (*che si può praticare*) ausführbar, anwendbar ② (*terreno*) begehbar; (*strada*) befahrbar II. *m* Praktikabel *nt* **praticabilità** [pratikabili'ta] <-> *f* ① (*l'essere praticabile*) Ausführbarkeit *f*, Anwendbarkeit *f* ② (*di terreno*) Begehbarkeit *f*; (*di strada*) Befahrbarkeit *f*

**praticamente** [pratika'mente] *avv* ① (*in effetti*) im Grunde, praktisch ② (*in modo pratico*) praktisch

**praticantato** [pratikan'ta:to] *m* Praktikum *nt* **praticante** [prati'kante] I. *agg* (REL) praktizierend II. *mf* ① (*chi fa un tirocinio*) Praktikant(in) *m(f)* ② (REL) praktizierende(r) Gläubige(r) *f(m)* **praticare** [prati'ka:re] I. *vt* ① (*mettere in pratica*) in die Praxis umsetzen, praktizieren ② (*fare*) machen, durchführen; (*esercitare*) ausüben, betreiben; (MED) praktizieren; (*seguire*) [aus]üben II. *vi* ~ **con qu** mit jdm verkehren; ~ **in un locale** in einem Lokal verkehren

**praticità** [pratitʃi'ta] <-> *f* ① (*comodità*) Bequemlichkeit *f* ② (*l'essere pratico*) Zweckmäßigkeit *f*, Handlichkeit *f*; ~ **di comando** Bedienkomfort *m*; ~ **d'uso** Bedienungsfreundlichkeit *f* **pratico, -a** ['pra:tiko] <-ci, -che> *agg* ① (*metodo, problema, consiglio*) praktisch ② (*carattere, persona*) praktisch [veranlagt], geschickt; **essere** ~ **di qc** in etw *dat* erfahren sein; **non sono** ~ **del posto** ich kenne mich hier nicht aus ③ (*macchina, utensile*) zweckmäßig, praktisch; (*comodo a usarsi*) handlich

**prato** ['pra:to] *m* Wiese *f*; (*di giardino, parco*) Rasen *m*; (AGR) Weide *f*

**pratolina** [prato'li:na] *f* Gänseblümchen *nt*

**pre-** [pre] (*in parole composte*) Vor-, Prä-

**prealpino, -a** [preal'pi:no] *agg* Voralpen-

**preambolo** [pre'ambolo] *m* ① (*discorso introduttivo*) Einleitungsrede *f*, Vorrede *f* ② (*fam: cerimonia*) Umschweife *pl*, Umständlichkeit *f*; **senza tanti -i** (*fam*) ohne Umschweife

**preanestetico, -a** [preanes'tɛ:tiko] <-ci, -che> I. *agg* (MED) vor der Anästhesie II. *m* (MED) Pränästhetikum *nt*

**preannunziare, preannunciare** [preannun'tsia:re, preannun'tʃa:re] *vt* vorankündigen, anzeigen **preannunzio, preannuncio** [prean'nuntsio, prean'nuntʃo] *m* Vorankündigung *f*

**preapertura** [preaper'tu:ra] *f* (POL) Sondierungsgespräche *ntpl*

**preavvisare** [preavvi'za:re] *vt* im Voraus benachrichtigen **preavviso** [preav'vi:zo] *m* ① (*avviso preventivo*) Vorankündigung *f*, vorherige Benachrichtigung; (ADM) Voranmeldung *f* ② (JUR) Voranzeige *f* ③ (*periodo*) Frist *f*

**prebarba** [pre'barba] I. <-> *m* Preshavelotion *f* II. <inv> *agg* Preshave-, Rasier-

**prebellico, -a** [pre'bɛlliko] <-ci, -che> *agg* Vorkriegs-

**prebenda** [pre'bɛnda] *f* ① (REL) Pfründe *f*, Präbende *f* ② (*pej*) unrechtmäßiger [*o* illegaler] Verdienst *m*

**precampionato¹** [prekampio'na:to] <inv> *agg* Vorbereitungs-

**precampionato²** *m* (SPORT) Vorbereitungsspiel *nt*, Freundschaftsspiel *nt*

**precaria** *f v.* **precario**

**precariato** [preka'ria:to] *m* befristetes Arbeitsverhältnis **precarietà** [prekarie'ta] <-> *f* ① (*provvisorietà*) Vorläufigkeit *f* ② (MED) Bedenklichkeit *f* **precario, -a** [pre'ka:rio] <-i, -ie> I. *agg* ① (*provvisorio*) vorläufig, provisorisch; (ADM) zeitlich befristet, auf Zeit; **personale** ~ Zeitpersonal *nt* ② (*insicuro*) unsicher ③ (MED) prekär, bedenklich; (COM) prekär, schwierig II. *m, f* Angestellte(r) *f(m)* mit Zeitvertrag

**precauzionale** [prekauttsio'na:le] *agg* vorbeugend, Vorsichts-; (MED) prophylaktisch **precauzione** [prekaut'tsio:ne] *f* Vorsicht *f*; (*misura preventiva*) Vorsorgemaßnahme *f*, Vorsichtsmaßnahme *f*; **prendere le proprie -i** eigene Vorkehrungen treffen

**precedei** *1. pers sing pass rem di* **precedere**

**precedente** [pretʃe'dɛnte] I. *agg* vorige(r, s), vorherige(r, s) II. *m* ① *pl* (JUR) Vorleben *nt*; -**i penali** Vorstrafen *fpl* ② (*atto*) Präzedenzfall *m*; **senza** ~ beispiellos, nie da gewesen ③ *pl* (*condotta*) Führung *f* **precedenza** [pretʃe'dɛntsa] *f* ① (MOT) Vorfahrt *f* ② (*diritto di precedere*) Vortritt *m*, Vor[tritts]recht *nt* ③ (*priorità*) Priorität *f*; (*nelle cerimonie*) Vorrang *m* **precedere** [pre'tʃɛ:dere] <precedo, precedetti *o* precedei, preceduto> *vt* ① (*andare innanzi*) vorangehen, vorfahren ② (*essere anteriore*) vorausgehen, voraus sein ③ (*fig: arrivare prima*) zuvorkommen, zuerst ankommen

**precessione** [pretʃes'sio:ne] *f* Präzession *f*

**precetto** [pre'tʃɛtto] *m* ① (*insegnamento*) Regel *f*, Vorschrift *f*; (REL) Gebot *nt* ② (ADM: *ordine*) Befehl *m*, Bescheid *m* ③ (MIL) Einberufung *f* **precettore, -trice** [pretʃet'to:re] *m, f* Erzieher(in) *m(f)*, Privatlehrer(in) *m(f)*

**precipitante** [pretʃipi'tante] *m* Ausfällungs-, Präzipitationsmittel *nt*

**precipitare** [pretʃipi'ta:re] I. *vt avere* ❶ (*gettare*) hinab-, hinunterstürzen ❷ (*fig: affrettare*) überstürzen, übereilen II. *vi essere* ❶ (*cadere*) [herab]stürzen ❷ (*fig*) sich überschlagen III. *vr* **-rsi** ❶ (*gettarsi*) sich [hinab]stürzen ❷ (*recarsi in fretta*) stürzen

**precipitato, -a** *agg* überstürzt, übereilt

**precipitatore** [pretʃipita'to:re] *m* (CHEM) Fällmittel *nt*, Fällungsmittel *nt*

**precipitazione** [pretʃipitat'tsio:ne] *f* ❶ (METEO) Niederschlag *m* ❷ (*fig: fretta*) Überstürzung *f*, Übereilung *f*

**precipitevolissimevolmente** [pretʃipitevolissimevol'mente] *avv* (*scherz*) Hals über Kopf **precipitosamente** [pretʃipitosa'mente] *avv* ungestüm, überstürzt **precipitoso, -a** [pretʃipi'to:so] *agg* (*fig*) voreilig, unüberlegt; (*fuga, corsa*) kopflos

**precipizio** [pretʃi'pittsio] <-i> *m* ❶ (*abisso*) Abgrund *m*; **correre a ~** (*fig*) laufen, als ob der Teufel hinter einem her sei ❷ (*fig*) Verderben *nt*, Abgrund *m*; **essere sull'orlo del ~** (*fig*) am Rande des Abgrunds stehen

**precipuo, -a** [pre'tʃi:puo] *agg* hauptsächlich, Haupt-

**precisamente** [pretʃiza'mente] *avv* ❶ (*esattamente*) präzise, exakt ❷ (*come risposta*) jawohl, [ganz] genau **precisare** [pretʃi'za:re] *vt* präzisieren, genauer bestimmen; (*esporre*) detailliert erläutern

**precisazione** [pretʃizat'tsio:ne] *f* Präzisierung *f*, Erläuterung *f*

**precisino, -a** [pretʃi'si:no] I. *agg* genau nehmend, pingelig II. *m, f* (*iron*) pingelig genaue Person; **Giovanni è un ~!** Giovanni nimmt es ganz genau!

**precisione** [pretʃi'zio:ne] *f* Präzision *f*, Genauigkeit *f*; **strumento di ~** Präzisionsgerät *nt*; **esprimersi con ~** sich präzise ausdrücken; **lavorare con ~** mit Präzision arbeiten; **sapere qc con ~** etw genau wissen **preciso, -a** [pre'tʃi:zo] I. *agg* ❶ (*esatto*) genau, exakt; **sono le dieci -e** es ist Punkt zehn [Uhr]; **queste sono le sue -e parole** das sind genau seine/ihre Worte ❷ (*ordinato*) ordentlich, genau ❸ (*determinato*) bestimmt II. *avv* (*nelle risposte*) [ganz] genau, jawohl

**precludere** [pre'klu:dere] <precludo, preclusi, precluso> *vt* ❶ (*fuga, cammino, passaggio*) [ver]sperren ❷ (*fig: possibilità*) verbauen **preclusione** [preklu'zio:ne] *f* Verhinderung *f*, Ausschließen *nt*; (JUR) Ausschluss *m*

**precluso** [pre'klu:zo] *pp di* **precludere**

**precoce** [pre'kɔ:tʃe] *agg* ❶ (*bambino, ragazzo*) frühreif ❷ (*inverno, stagione*) vorzeitig, Früh- ❸ (BOT) Früh- ❹ (*morte, vecchiaia*) allzu früh, vorzeitig **precocemente** [prekotʃe'mente] *avv* verfrüht, [zu] früh **precocità** [prekotʃi'ta] <-> *f* Frühzeitigkeit *f*

**precognizione** [prekoɲɲit'tsio:ne] *f* Voraussehen *nt*, Präkognition *f*

**preconcetto** [prekon'tʃɛtto] *m* Vorurteil *nt*, vorgefasste Meinung; **avere** [*o* **nutrire**] **dei -i nei confronti di qu** Vorurteile gegen jdn haben

**preconcetto, -a** *agg* vorgefasst

**preconfezionamento** [prekonfettsiona'mento] *m* Herstellung *f* von Fertigprodukten **preconfezionare** [prekonfettsio'na:re] *vt* vorverpacken **preconfezionato** [prekonfettsio'na:to] *m* Fertigprodukt *nt* **preconfezionato, -a** *agg* abgepackt; **prodotti alimentari -i** abgepackte Nahrungsmittel *ntpl*

**preconizzare** [prekonid'dza:re] *vt* voraussagen, weissagen

**preconoscenza** [prekonoʃ'ʃɛntsa] *f* Voraussehen *nt*, Weissagen *nt*

**preconscio, -a** [pre'kɔnʃo] <-sci, -scie> I. *agg* vorbewusst II. *m* Vorbewusste(s) *nt*

**precorrere** [pre'korrere] <irr> *vt* vorwegnehmen **precorritore, -trice** [prekorri'to:re] I. *m, f* Vorläufer(in) *m(f)* II. *agg* der Zeit voraus, vorhergehend

**precorsi** *1. pers sing pass rem di* **precorrere**

**precorso** *pp di* **precorrere**

**precostituire** [prekostitu'i:re] <precostituisco> *vt* vorher bilden

**precotto** [pre'kɔtto] *m* Fertiggericht *nt* **precottura** [prekot'tu:ra] *f* industrielle Herstellung von vorgekochten Fertiggerichten

**precursore, -corritrice** [prekur'so:re] I. *agg* vorausgehend II. *m, f* Vorläufer(in) *m(f)*

**preda** ['prɛ:da] *f* Beute *f*; (*animale*) Fang *m*; (*a. fig*) Opfer *nt*; **uccello da ~** Raubvogel *m*; **essere** [*o* **cadere**] **in ~ a qu/qc** jdm zum Opfer fallen/Opfer von etw sein, von etw gepackt sein **predare** [pre'da:re] *vt* ❶ (*denari, preziosi*) erbeuten, rauben ❷ (*persone*) berauben, ausrauben; (*luogo*) plündern, ausrauben **predatore, -trice** [preda'to:re] I. *agg* Raub-, räuberisch II. *m, f* ❶ (ZOO) Raubtier *nt*;

(*uccello*) Raubvogel *m* ❷ (*predone*) Räuber(in) *m(f)*
**predecessore** [predet∫es'so:re] *m, f* Vorgänger(in) *m(f);* **-i** Vorfahren *mpl*
**predella** [pre'dɛlla] *f* Podest *nt;* (*dell'altare*) Altarsockel *m*
**predellino** [predel'li:no] *m* Trittbrett *nt*
**predestinare** [predesti'na:re] *vt* vorherbestimmen, prädestinieren **predestinazione** [predestinat'tsio:ne] *f* Prädestination *f*, Vorherbestimmung *f*
**predeterminare** [predetermi'na:re] *vt* [vorab] veranschlagen, ansetzen **predeterminato, -a** [predetermi'na:to] *agg* veranschlagt, geplant
**predetto, -a** [pre'dɛtto] I. *pp di* predire II. *agg* oben genannt, erwähnt
**predica** ['prɛ:dika] <-che> *f* ❶ (REL) Predigt *f* ❷ (*fam fig*) Strafpredigt *f*, Standpauke *f* **predicare** [predi'ka:re] *vt* ❶ (REL) predigen ❷ (*insegnare*) predigen, lehren; **~ al deserto** ein Prediger in der Wüste sein; **~ al vento** in den Wind reden
**predicativo, -a** [predika'ti:vo] *agg* ❶ (LING) prädikativ, Aussage- **predicato** [predi'ka:to] *m* ❶ (LING) Prädikat *nt*, Satzaussage *f* ❷ (*titolo*) Titel *m*, Prädikat *nt* ❸ (ADM) Anwartschaft *f*
**predicatore, -trice** [predika'to:re] I. *m, f* ❶ (REL) Prediger(in) *m(f)* ❷ (*sostenitore*) Verfechter(in) *m(f)*, Prediger(in) *m(f)* II. *agg* Dominikaner-, Prediger- **predicatorio, -a** [predika'tɔ:rio] <-i, -ie> *agg* predigend, Prediger- **predicatrice** *f v.* **predicatore predicazione** [predikat'tsio:ne] *f* Predigen *nt*
**predico** [pre'di:co] *1. pers sing pr di* **predire**
**predicozzo** [predi'kɔttso] *m* (*fam scherz*) Strafpredigt *f*, Standpauke *f*
**predigerito, -a** [predidʒe'ri:to] *agg* vorverdaut
**predilessi** [predi'lɛssi] *1. pers sing pass rem di* **prediligere**
**prediletto, -a** [predi'lɛtto] I. *pp di* **prediligere** II. *agg* bevorzugt, Lieblings- III. *m, f* Liebling *m*
**predilezione** [prediletˈtsio:ne] *f* ❶ (*preferenza*) Vorliebe *f* ❷ (*oggetto*) bevorzugter Gegenstand **prediligere** [predi'li:dʒere] <prediligo, predilessi, prediletto> *vt* vorziehen, bevorzugen
**predire** [pre'di:re] <irr> *vt* vorhersagen, prophezeien
**predisporre** [predis'porre] <irr> I. *vt* ❶ (*preparare*) vorbereiten; **~ qu/qc a qc** jdn/etw auf etw *acc* vorbereiten ❷ (MED) **~ a qc** für etw anfällig machen ❸ (INFORM: *sistema*) einrichten II. *vr* **-rsi a qc** sich auf etw *acc* vorbereiten **predisposizione** [predispozit'tsio:ne] *f* ❶ (*inclinazione*) Neigung *f*; **avere ~ alla musica** musisch veranlagt sein ❷ (MED) Anfälligkeit *f*, Prädisposition *f* ❸ (*preparazione*) Vorbereitung *f*
**predisposto, -a** [predis'posto] I. *pp di* **predisporre** II. *agg* ❶ (*organizzato*) geplant ❷ (*compatibile*) geeignet, kompatibel ❸ (*incline, propenso*) veranlagt, neigend ❹ (MED) **essere ~ a qc** für etw prädisponiert sein
**predissi** *1. pers sing pass rem di* **predire**
**predizione** [predit'tsio:ne] *f* Vorhersage *f*, Vorausschau *f*
**predominante** [predomi'nante] *agg* vorherrschend **predominare** [predomi'na:re] *vi* ❶ (*prevalere*) vorherrschen, überwiegen ❷ (*dominare*) **~ su qu** über jdn herrschen **predominio** [predo'mi:nio] <-i> *m* Vorherrschaft *f*
**predone** [pre'do:ne] *m* Räuber *m*
**preedipico, -a** [pree'di:piko] <-ci, -che> *agg* (PSIC) dem Ödipuskomplex vorangegangen
**preesame** [pree'za:me] *m* Vorprüfung *f*
**preesistei** *1. pers sing pass rem di* **preesistere**
**preesistente** [preezis'tɛnte] *agg* vorherig, Ausgangs- **preesistenza** [preezis'tɛntsa] *f* Präexistenz *f*, vorheriges Bestehen **preesistere** [pree'zistere] <irr> *vi* **essere** vorher bestehen, präexistieren **preesistito, -a** [preezis'ti:to] *agg* schon da gewesen; **una situazione -a** eine schon da gewesene Situation
**prefabbricare** [prefabbri'ka:re] *vt* ❶ (ARCH) vorfertigen ❷ (*fig*) sich *dat* zurechtlegen
**prefabbricato** [prefabbri'ka:to] *m* Fertig[bau]teil *nt*
**prefabbricato, -a** *agg* Fertig[bau]-; **casa -a** Fertighaus *nt* **prefabbricazione** [prefabbrikat'tsio:ne] *f* Fertigbauweise *f*
**prefazione** [prefat'tsio:ne] *f* Vorwort *nt*
**preferenza** [prefe'rɛntsa] *f* Vorzug *m*, Vorliebe *f*; **diritto di ~** Vorzugsrecht *nt;* **dare** [*o* **accordare**] **la propria ~ a qc/qu** etw/jdn bevorzugen; **fare -e** Unterschiede machen; **non ho -e** das ist mir egal **preferenziale** [preferen'tsia:le] *agg* Vorzugs-, Präferenz-; **corsia ~** Fahrspur *f* für öffentliche Verkehrsmittel; **trattamento ~** Vorzugsbehandlung *f* **preferibile** [prefe'ri:bile] *agg*

vorzuziehen, vorteilhafter **preferibilità** [preferibili'ta] <-> *f* Vorzug *m* **preferibilmente** [preferibil'mente] *avv* lieber, am liebsten
**preferire** [prefe'ri:re] <preferisco> *vt* vorziehen, bevorzugen; ~ **il nuoto allo sci** lieber schwimmen als Ski laufen **preferito, -a** [prefe'ri:to] I. *agg* Lieblings- II. *m, f* Liebling *m*
**prefestivo, -a** [prefes'ti:vo] *agg* vor einem Feiertag
**prefettizio, -a** [prefet'tittsio] <-i, -ie> *agg* Präfektur-
**prefetto** [pre'fɛtto] *m* Präfekt *m* **prefettura** [prefet'tu:ra] *f* Präfektur *f*
**prefiggere** [pre'fiddʒere] <prefiggo, prefissi, prefisso> I. *vt* im Voraus festsetzen II. *vr* **-rsi** sich *dat* vornehmen; **-rsi uno scopo** sich *dat* ein Ziel setzen
**prefigurare** [prefigu'ra:re] *vt* ① (*costituire l'anticipazione di*) [symbolisch] ankündigen, ein Vorbote sein (*qc* von etw) ② (*anticipare, precorrere*) vorwegnehmen, ein Vorläufer sein (*qc* von etw)
**prefigurativo, -a** [prefigura'ti:vo] *agg* (KUNST) noch nicht gegenständlich
**prefigurato, -a** [prefigu'ra:to] *agg* angekündigt, vorweggenommen
**prefigurazione** [prefigurat'tsio:ne] *f* Präfiguration *f*
**prefinanziamento** [prefinantsia'mento] *m* (FIN) Vorfinanzierung *f* **prefinanziare** [prefinan'tsia:re] *vt* (FIN) vorfinanzieren
**prefissare** [prefis'sa:re] I. *vt* vorveranschlagen, [im Voraus] festsetzen II. *vr* **-rsi** sich *dat* vornehmen; **-rsi una meta** sich *dat* ein Ziel setzen **prefissato, -a** [prefis'sa:to] *agg* angesetzt, festgesetzt
**prefissi** [pre'fissi] *1. pers sing pass rem di* **prefiggere**
**prefisso**[1] [pre'fisso] *pp di* **prefiggere**
**prefisso**[2] *m* ① (LING) Präfix *nt* ② (TEL) Vorwahl[nummer] *f*
**preformatrice** [preforma'tri:tʃe] *f* (TEC) Modellformmaschine *f*
**pregare** [pre'ga:re] *vt* ① (REL) beten zu ② (*chiedere*) bitten; **ti prego di farmi un favore** ich bitte dich um einen Gefallen; **farsi** ~ sich bitten lassen ③ (*in frasi di cortesia*) bitten, ersuchen; **entri, La prego** treten Sie bitte ein
**pregevole** [pre'dʒe:vole] *agg* ① (*oggetto*) fein, erlesen; (*opera*) beachtenswert ② (*persona*) ehrwürdig, achtenswert
**preghiera** [pre'gjɛ:ra] *f* ① (REL) Gebet *nt* ② (*richiesta*) Bitte *f*

**pregiarsi** [pre'dʒarsi] *vr* (*poet*) sich geehrt fühlen, die Ehre haben **pregiatissimo, -a** [pre'dʒa'tissimo] *agg* (*geh*) hochverehrt; (*nelle lettere*) verehrteste(r, s) **pregiato, -a** [pre'dʒa:to] *agg* (*vini, tessuti*) hochwertig, Qualitäts-; (*oggetto*) wertvoll; (*valuta*) hart; (*lettera*) geschätzt; **in risposta alla Vostra -a lettera del …** in Beantwortung Ihres geschätzten Schreibens vom …
**pregio** ['prɛ:dʒo] <-gi> *m* ① (*valore*) Wert *m* ② (*vantaggio*) Vorteil *m*, Vorzug *m* ③ (*stima*) Wert *m*, Wertschätzung *f*; **tenere in** ~ [hoch] schätzen; **farsi** ~ **di … +**inf* sich beehren, zu … +*inf*
**pregiudicante** [predʒudi'kante] *agg* kompromittierend, beeinträchtigend **pregiudicare** [predʒudi'ka:re] *vt* ① (*compromettere*) beeinträchtigen ② (*danneggiare*) ~ **qc** einer Sache *dat* schaden **pregiudicato, -a** [predʒudi'ka:to] *m, f* Vorbestrafte(r) *f(m)* **pregiudiziale** [predʒudit'tsia:le] (JUR) I. *agg* präjudiziell II. *f* Präjudiz *nt* **pregiudizievole** [predʒudit'tsie:vole] *agg* schädlich
**pregiudizio** [predʒu'dittsio] <-zi> *m* ① (*preconcetto*) Vorurteil *nt;* **avere -i nei confronti di** [*o* **contro**] **qc/qu** gegen etw/jdn Vorurteile haben; **essere senza -i** unvoreingenommen sein ② (*danno*) Schaden *m;* **recare** ~ **a qu/qc** jdm/etw Schaden zufügen; **essere di** ~ **per la salute** gesundheitsschädlich sein
**Preg.mo** *abbr di* **pregiatissimo** verehrtester …
**pregnante** [preɲ'ɲante] *agg* bedeutungsvoll, prägnant **pregnanza** [preɲ'ɲantsa] *f* Bedeutungsfülle *f*, Prägnanz *f*
**pregno, -a** ['preɲɲo] *agg* ① (ZOO) trächtig ② (*fam: donna*) schwanger
**prego** ['prɛ:go] *int* bitte; ~ **?** wie bitte?
**pregustare** [pregus'ta:re] *vt* [schon] im Voraus genießen, sich auf etw freuen
**preinstallato, -a** [preinstal'la:to] *agg* (TEC) vorinstalliert
**preislamico, -a** [preiz'la:miko] <-ci, -che> *agg* (HIST) vorislamisch
**preistoria** [preis'tɔ:ria] *f* ① (HIST) Vorgeschichte *f*, Prähistorie *f* ② (*fig: origine*) Ursprung *m* **preistorico, -a** [preis'tɔ:riko] <-ci, -che> *agg* ① (HIST) prähistorisch, vorgeschichtlich ② (*fam scherz*) vorsintflutlich
**preistruttoria** [preistrut'tɔ:ria] *f* (JUR) Vorverhandlung *f* **preistruttorio, -a** [preistrut'tɔ:rio] <-i, -ie> *agg* (JUR) vor der

Hauptverhandlung, Vorverhandlungs-; **atti -i** Gerichtsakte *f* vor der Hauptverhandlung **preistruzione** [preistrut'tsio:ne] *f* (JUR) Vorverhandlung *f*
**prelatizio, -a** [prela'tittsio] <-i, -ie> *agg* ① (REL) Prälaten- ② (JUR) Vorkaufs-, das Vorkaufsrecht betreffend **prelato** [pre'la:to] *m* Prälat *m*
**prelavaggio** [prela'vaddʒo] <-ggi> *m* Vorwaschgang *m*
**prelazione** [prelat'tsio:ne] *f* Vorkauf *m;* **diritto di ~** Vorkaufsrecht *nt*
**prelevamento** [preleva'mento] *m* Entnahme *f,* Abholung *f;* (FIN) Abhebung *f,* Behebung *f A* **prelevare** [prele'va:re] *vt* ① (FIN) abheben, beheben *A* ② (*ritirare*) abholen, übernehmen ③ (*arrestare*) festnehmen ④ (*requisire*) beschlagnahmen ⑤ (INFORM) abrufen
**prelibato, -a** [preli'ba:to] *agg* köstlich
**prelievo** [pre'liɛ:vo] *m* ① (MED) Entnahme *f* ② (FIN) Abhebung *f*
**preliminare** [prelimi'na:re] *agg* ① (*iniziale*) einleitend ② (*preparatorio*) Vorbereitungs-; **corso ~** Vorbereitungskurs *m;* **esame ~** Zwischen-, Vorprüfung *f* **preliminari** [prelimi'na:ri] *mpl* Einleitung *f,* Präliminarien *pl;* (*della pace, di un trattato*) Vorverhandlung *f*
**preludere** [pre'lu:dere] <preludo, prelusi, preluso> *vi* **~ a qc** (*preannunciare*) auf etw *acc* hindeuten; (*fare un'introduzione*) auf etw *acc* hinführen
**preludio** [pre'lu:dio] <-i> *m* ① (MUS) Präludium *nt* ② (*segno preliminare*) Vorzeichen *nt* ③ (*proemio*) Vorrede *f,* Einleitung *f* ④ (*fig: premessa*) Auftakt *m*
**prelusi** [pre'lu:zi] *1. pers sing pass rem di* **preludere**
**preluso** [pre'lu:zo] *pp di* **preludere**
**pré-maman** [pre ma'mã] I. <-> *m* Umstandskleid *nt* II. <inv> *agg* Umstands-
**premarcato, -a** [premar'ka:to] *agg* vorgedruckt
**prematrimoniale** [prematrimo'nia:le] *agg* vorehelich
**prematuro, -a** [prema'tu:ro] I. *agg* ① (*morte*) vorzeitig, früh ② (*parto, neonato*) Früh- ③ (*fig: affrettato*) voreilig II. *m, f* Frühgeburt *f*
**premeditare** [premedi'ta:re] *vt* vorsätzlich begehen, planen **premeditato, -a** [premedi'ta:to] *agg* vorsätzlich [begangen]; **omicidio ~** [vorsätzlicher] Mord *m* **premeditazione** [premeditat'tsio:ne] *f* Vorsatz *m;* **con/senza ~** vorsätzlich/nicht vorsätzlich

**premere** ['prɛ:mere] I. *vt* ① (*comprimere*) drücken; (*calcare*) auf-, durchdrücken; **~ il freno/l'acceleratore** [auf] das Brems-/Gaspedal treten ② (*fig: gravare*) drücken, belasten; (*incalzare*) drängen II. *vi* ① (*esercitare una pressione*) **~ su qc** auf etw *acc* drücken; **~ su qu** (*fig*) auf jdn Druck ausüben ② (*fig: gravare*) **~ su qu** auf jdm lasten ③ (*fig: stare a cuore*) am Herzen liegen ④ (*fig: essere urgente*) drängen
**premessa** [pre'messa] *f* ① (*chiarimento preliminare*) Vorbemerkung *f;* (*nel libro*) Vorwort *nt* ② (*condizione necessaria*) Voraussetzung *f;* (PHILOS) Prämisse *f* **premettere** [pre'mettere] <irr> *vt* vorausschicken; **ciò premesso** ... dies vorausgeschickt ..., unter diesen Umständen ...
**premiale** [pre'mia:le] *agg* ausgezeichnet
**premiare** [pre'mia:re] *vt* auszeichnen, prämieren **premiazione** [premiat'tsio:ne] *f* Preisverleihung *f,* Prämierung *f;* **~ degli Oscar** Oscarverleihung *f*
**premier** ['prəmjə o 'prɛmjer] <-> *m* Premier *m,* Premierminister(in) *m(f)*
**première** [prə'mjɛr] <- o premières> *f* (FILM) Premiere *f*
**premier ship** ['prɛmier ʃip] <-> *f* Amt *nt* des Regierungschefs
**preminente** [premi'nɛnte] *agg* vorrangig, Haupt- **preminenza** [premi'nɛntsa] *f* Überlegenheit *f,* Vorrang *m*
**premio¹** ['prɛ:mio] <-i> *m* ① (*vincita*) Gewinn *m,* Preis *m;* **Premio Nobel** Nobelpreis *m;* **Premio Oscar** (*vincitore*) Oscarpreisträger(in) *m(f);* **monte -i** [Gesamt]gewinnsumme *m* ② (*indennità*) Zulage *f,* Prämie *f;* **~ d'anzianità** Alterszulage *f* ③ (FIN, SPORT) Prämie *f*
**premio²** <inv> *agg* Gewinn-, Preis-; **viaggio ~** Gewinnreise *f*
**premisi** *1. pers sing pass rem di* **premettere**
**premonitore, -trice** [premoni'to:re] *agg* warnend, Warn- **premonizione** [premonit'tsio:ne] *f* Weissagung *f*
**premunire** [premu'ni:re] <premunisco> I. *vt* (*fig*) im Voraus sichern II. *vr* **-rsi contro qc** sich vor etw schützen **premunizione** [premunit'tsio:ne] *f* Abwehr *f*
**premura** [pre'mu:ra] *f* ① (*fretta*) Eile *f,* Drängen *nt* ② (*cura*) Sorgfalt *f* ③ (*sollecitudine*) Aufmerksamkeit *f,* Zuvorkommenheit *f* **premuroso, -a** [premu'ro:so] *agg* ① (*sollecito*) eifrig, beflissen ② (*pieno d'attenzioni*) bemüht, aufmerksam
**prenatale** [prena'ta:le] *agg* vorgeburtlich, pränatal *scient*

**prenatalizio, -a** [prenata'littsio] <-i, -ie> *agg* vorweihnachtlich, Vorweihnachts-

**prendere** ['prɛndere] <prendo, presi, preso> I. *vt* ❶ (*pigliare*) nehmen; (*afferrare*) er|greifen, fassen; (*strada*) nehmen, einschlagen; (*odore, nome*) annehmen; (MIL) einnehmen; (*rilevare*) [über]nehmen; (*derivare*) übernehmen, annehmen; (*lezioni, tram*) nehmen; (*decisione*) treffen, fassen; (*coraggio*) fassen; (*aria*) schnappen, schöpfen; (*fuoco*) fangen; (*parola*) ergreifen; (*mangiare, bere*) [ein]nehmen; **~ appunti** [sich *dat*] Notizen machen; **~ forma** Form annehmen; **~ piede** Fuß fassen; **~ posizione/posto/atto** Stellung/Platz/Kenntnis nehmen; **~ sonno** einschlafen; **~ tempo** zögern, zaudern; **~ le misure** Maß nehmen; **~ le mosse** anlaufen, beginnen; **~ il sole** sich sonnen; **~ in affitto** mieten; **~ in consegna** übernehmen, in Empfang nehmen; **~ qu sul serio** jdn ernst nehmen; **~ qu in braccio** jdn in den Arm nehmen; **~ qu con le buone** (*fam*) es jdm im Guten sagen; **~ qu con le cattive** (*fam*) jdm drohen ❷ (*portare con sé*) mitnehmen ❸ (*rubare*) [weg]nehmen, stehlen ❹ (*catturare*) fassen; (*arrestare*) festnehmen, verhaften ❺ (*uccidere*) erlegen, schießen; (*pesci*) fangen ❻ (*sorprendere*) erwischen, ertappen ❼ (*guadagnare*) bekommen, verdienen; (*buscarsi*) bekommen, einstecken; (*malattia*) bekommen, sich *dat* holen *fam* ❽ (*occupare*) brauchen, beanspruchen ❾ (*trattare*) behandeln, nehmen ❿ (*scambiare*) **~ qu per qu** jdn mit jdm verwechseln, jdn für jdn halten II. *vi* ❶ (*piante*) Wurzel fassen ❷ (*fuoco*) brennen, zünden ❸ (*colla*) fest werden; (*cemento*) [ab]binden ❹ (*avviarsi*) **~ per qc** auf etw *acc* zugehen ❺ (*cominciare*) **~ a fare qc** anfangen, etw zu tun III. *vr* **-rsi** ❶ (*afferrarsi*) **-rsi a qc** sich an etw *dat* festhalten ❷ (*azzuffarsi*) sich verprügeln, sich schlagen; **prenderle** (*fam*) Prügel beziehen; **prenderne** (*fam*) den Frack vollkriegen ❸ (*assumersi*) übernehmen; **-rsi cura di qu** sich um jdn kümmern ❹ (*fare*) machen, nehmen; **-rsi un giorno di ferie** einen Tag frei nehmen; **-rsi una vacanza** Urlaub machen ❺ (*loc*) **prendersela** (*fam*) sich ärgern, sich aufregen; **prendersela con qu** (*fam*) auf jdn böse sein; **prendersela comoda** (*fam*) eine ruhige Kugel schieben; **prendersela a cuore** (*fam*) es sich *dat* zu Herzen nehmen

**prendisole** [prendi'so:le] <-> *m* Trägerkleid *nt*

**prenditore, -trice** [prendi'to:re] *m, f* ❶ (FIN) Wechselnehmer *m*; (*di assegno*) Zahlungsempfänger(in) *m(f)* ❷ (SPORT) Fänger(in) *m(f)*

**prenome** [pre'no:me] *m* ❶ (*nome individuale*) Vorname *m* ❷ (HIST) Pränomen *nt*

**prenotare** [preno'ta:re] I. *vt* [vor]bestellen, reservieren; (*viaggio*) buchen II. *vr* **-rsi per qc** sich für etw *acc* anmelden **prenotazione** [prenotat'tsio:ne] *f* [Vor]bestellung *f*, Reservierung *f*; (*di viaggio*) Buchung *f*

**prensile** ['prɛnsile] *agg* Greif-; **coda ~** Greifschwanz *m*

**preoccupante** [preokku'pante] *agg* Besorgnis erregend

**preoccupare** [preokku'pa:re] I. *vt* beunruhigen II. *vr* **-rsi [per qu/qc]** sich *dat* [um jdn/etw] Sorgen machen **preoccupazione** [preokkupat'tsio:ne] *f* Sorge *f*

**preolimpico, -a** [preo'limpiko] <-ci, -che> *agg* (SPORT) vorolympisch

**preordinamento** [preordina'mento] *m* Vorherbestimmung *f* **preordinare** [preordi'na:re] *vt* vorbereiten, bereit stellen **preordinato, -a** [preordi'na:to] *agg* vorherbestimmt

**prepagamento** [prepaga'mento] *m* Voraus[be]zahlung *f* **prepagato, -a** [prepa'ga:to] *agg* vor[aus]bezahlt

**preparare** [prepa'ra:re] I. *vt* ❶ (*gener*) vorbereiten; (*apprestare*) herrichten, zurechtmachen; (*letto*) richten; (*pranzo*) zubereiten; (*tavola*) decken; (CHEM) präparieren ❷ (*elaborare*) vorbereiten, ausarbeiten ❸ (*fig: predisporre*) vorbereiten; (*tenere in serbo*) bringen, bereithalten II. *vr* **-rsi a qc** (*fare preparativi*) sich auf etw *acc* vorbereiten; **-rsi per andare a teatro** sich für den Theaterbesuch fertig machen **preparativi** [prepara'ti:vi] *mpl* Vorbereitungen *fpl*

**preparato** [prepa'ra:to] *m* Präparat *nt*

**preparato, -a** *agg* vorbereitet; (*pronto*) bereit; **essere ~ a tutto** auf alles vorbereitet sein

**preparatore, -trice** [prepara'to:re] I. *m, f* Vorbereiter(in) *m(f)* II. *agg* vorbereitend **preparatorio, -a** [prepara'tɔ:rio] <-i, -ie> *agg* Vorbereitungs-, vorbereitend **preparatrice** *f v*. **preparatore preparazione** [preparat'tsio:ne] *f* ❶ (*addestramento*) Vorbereitung *f*; **la ~ agli esami** die Prüfungsvorbereitung ❷ (*complesso di nozioni*) Wissen *nt*, Bildung *f*; **~ generale** Allgemeinwissen *nt* ❸ (*di cibi*) Zubereitung *f*

**preparucchiare** [preparuk'kia:re] *vt* auf die Schnelle machen
**prepensionabile** [prepensio'na:bile] *agg* zum Vorruhestand berechtigt
**prepensionamento** [prepensiona'mento] *m* Vorruhestand *m*, Frührente *f*
**preponderante** [preponde'rante] *agg* vorherrschend, überwiegend **preponderanza** [preponde'rantsa] *f* Überwiegen *nt*, Übermacht *f*
**preporre** [pre'porre] <irr> *vt* ❶ (*anteporre*) vor[an]setzen; (*mettere a capo*) an die Spitze stellen ❷ (*fig: preferire*) ~ **qu/qc a qu/qc** jdn/etw jdm/einer Sache vorziehen
**prepositivo, -a** [prepozi'ti:vo] *agg* präpositional, Präpositions-
**preposizione** [prepozit'tsio:ne] *f* Präposition *f*, Verhältniswort *nt*
**preposto** *pp di* **preporre**
**prepotente** [prepo'tɛnte] I. *agg* ❶ (*persona*) arrogant, anmaßend ❷ (*fig*) dringend, sehnlich II. *mf* arrogante Person
**prepotenza** [prepo'tɛntsa] *f* (*caratteristica*) Rücksichtslosigkeit *f*; (*atto*) Übergriff *m*
**preprint** ['pri:print] <- *o* preprints> *m* Vordruck *m*
**preprocessuale** [preprotʃssu'a:le] *agg* (JUR) vor der Gerichtsverhandlung
**prepuzio** [pre'puttsio] <-i> *m* Vorhaut *f*
**prerogativa** [preroga'ti:va] *f* ❶ (*caratteristica*) besondere Eigenschaft, besonderer Vorzug ❷ (*privilegio*) Vorrecht *nt*, Privileg *nt*
**preromanticismo** [preromanti'tʃizmo] *m* Vorromantik *f*
**preruolo** [pre'ru:ɔlo] <-> *m* die Zeit vor der Übernahme ins Beamtenverhältnis
**presa** ['pre:sa] *f* ❶ (*il prendere*) Griff *m*, Umklammerung *f*; ~ **di posizione** Stellungnahme *f*; ~ **di possesso** Inbesitznahme *f*; ~ **in consegna** Entgegennahme *f*; ~ **in considerazione** Berücksichtigung *f*; ~ **in giro** (*fam*) Veräppelung *f*; **essere alle -e con qc** sich mit etw herumschlagen ❷ (*effetto*) Halt *m*; (TEC) Greifen *nt*; (*di cemento, colla*) Festwerden *nt* ❸ (EL) Steckdose *f* ❹ (*di sale, pepe, tabacco*) Prise *f*
**presagio** [pre'za:dʒo] <-gi> *m* ❶ (*presentimento*) [Vor]ahnung *f* ❷ (*segno*) Vorzeichen *nt* **presagire** [preza'dʒi:re] <presagisco> *vt* (*presentire*) [voraus]ahnen; (*predire*) voraussagen; (*prevedere*) vorhersehen **presago, -a** [pre'za:go] <-ghi, -ghe> *agg* (*poet*) vorausahnend

**presalario** [presa'la:rio] *m* staatliches Stipendium für Studenten, ≈ BAföG *nt*
**presbiopia** [prezbio'pi:a] <-ie> *f* Weitsichtigkeit *f*
**presbite** ['prɛzbite] I. *agg* weitsichtig II. *mf* Weitsichtige(r) *f(m)*
**presbiteriano, -a** [prezbite'ria:no] I. *m, f* Presbyterianer(in) *m(f)* II. *agg* presbyterianisch
**presbiterio** [prezbi'tɛ:rio] <-i> *m* ❶ (ARCH) Chorraum *m* ❷ (REL) Presbyterium *nt*
**prescegliere** [preʃʃeʎʎere] <irr> *vt* [aus]wählen
**prescienza** [preʃʃentsa *o* preʃʃi'ɛntsa] *f* Vor[her]wissen *nt*, Vorauswissen *nt*, Kenntnis *f* der Zukunft
**presciistico, -a** [preʃʃi'istiko] <-ci, -che> *agg* (SPORT) Ski-; **ginnastica -a** Skigymnastik *f*
**prescindere** [preʃʃindere] <irr> *vi* ~ **da qc** von etw absehen; **a ~ da, prescindendo da** abgesehen von
**prescolare** [presko'la:re] *agg* Vorschul-; **età** ~ Vorschulalter *nt*
**prescolastico, -a** [presko'lastiko] <-ci, -che> *agg* Vorschul-
**prescrivere** [pres'kri:vere] <irr> *vt* ❶ (JUR) verjähren lassen ❷ (*ordinare*) vorschreiben; (MED) verschreiben, verordnen **prescrivibile** [preskri'vi:bile] *agg* (MED) verschreibbar
**prescrizionale** [preskrittsio'na:le] *agg* **termine** ~ Verjährungsfrist *f* **prescrizione** [preskrit'tsio:ne] *f* ❶ (JUR) Verjährung *f* ❷ (MED) Verschreibung *f*, Verordnung *f* ❸ (*norma*) Vorschrift *f*
**preselezione** [preselet'tsio:ne] *f* ❶ (*selezione preliminare*) Vorauswahl *f* ❷ (SPORT) Vorentscheidung *f* ❸ (TEL) Vorwahl *f*
**presentare** [prezen'ta:re] I. *vt* ❶ (*documento, passaporto*) [vor]zeigen, vorlegen; (*persona*) vorstellen; (*candidato*) aufstellen; (*prodotti, macchine*) vorführen; (FILM) vorführen; (THEAT) aufführen ❷ (*saluti*) ausrichten, übermitteln; (*rispetti*) erweisen; (*scusa, reclamo*) vorbringen ❸ (*introdurre*) einführen ❹ (ADM: *domanda*) stellen; (*richiesta*) einreichen ❺ (*fig*) aufweisen, haben; (*offrire*) [dar]bieten, anbieten; (*illustrare*) erläutern, beschreiben II. *vr* -**rsi** ❶ (*apparire*) erscheinen ❷ (*farsi conoscere*) sich vorstellen, sich bekannt machen ❸ (*offrirsi*) sich [an]bieten; (*capitare*) sich einstellen, eintreten; (*apparire*) sich erweisen; (*essere*) sich präsentieren **presentatore, -trice** [prezenta'to:re] *m, f* ❶ (*chi presenta*) Präsentator(in)

*presentazione → pressione* 618

*m(f)* ② (TV, MUS, FILM) Ansager(in) *m(f)*, Moderator(in) *m(f)* ③ (JUR, ADM) Antragsteller(in) *m(f)* **presentazione** [prezentat'tsio:ne] *f* ① (ADM) Einreichung *f;* (*di documento*) Vorlage *f* ② (*di persona*) Vorstellung *f;* (*in pubblico*) Vorstellung *f*, Auftritt *m;* (*di candidati*) Aufstellung *f* ③ (*raccomandazione*) Empfehlung *f;* **lettera di** ~ Empfehlungsschreiben *nt* ④ (*introduzione*) Einführung *f*, Präsentation *f;* (*di prodotti, merci, modelli*) Einführung *f*, Vorführung *f* ⑤ (THEAT) Aufführung *f;* (FILM) Vorführung *f*
**presente** [pre'zεnte] I. *agg* ① (*partecipante*) anwesend, gegenwärtig; **aver** ~ **qu/qc** (*fig*) sich an jdn/etw erinnern; **far** ~ **qc a qu** (*fig*) jdn auf etw *acc* hinweisen; **tener** ~ **qc** (*fig*) etw bedenken; **tener** ~ **qu** (*fig*) jdn berücksichtigen ② (*attuale*) jetzig, gegenwärtig; (*anno, mese, secolo*) diese(r, s); **il tempo** ~ die heutige Zeit, die Gegenwart ③ (LING) Präsens- ④ (*questo*) vorliegend, diese(r, s) ⑤ (*negli appelli*) hier, anwesend II. *mf* Anwesende(r) *f(m);* **-i esclusi** Anwesende ausgenommen III. *m* ① (*tempo*) Gegenwart *f;* **al** ~ derzeit, jetzt; **per il** ~ für den Moment, im Augenblick ② (LING) Präsens *nt*, Gegenwart *f* ③ (*dono*) Geschenk *nt*, Präsent *nt* IV. *f* [vorliegendes] Schreiben *nt;* **con la** ~ **Le comunichiamo ...** hiermit teilen wir Ihnen mit ...
**presentimento** [presenti'mento] *m* Vorgefühl *nt*, [Vor]ahnung *f* **presentire** [presen'ti:re] *vt* [voraus]ahnen
**presenza** [pre'zεntsa] *f* ① (*l'essere presente*) Anwesenheit *f*, Gegenwart *f;* (*esistenza*) Vorhandensein *nt;* **fare atto di** ~ anwesend sein, sich sehen lassen ② (*aspetto*) Aussehen *nt* **presenziare** [prezen'tsia:re] *vt, vi* ~ [a] **qc** einer Sache *dat* beiwohnen
**presepio** [pre'zε:pio] <-i> *m* Krippe *f*
**preserale** [prese'ra:le] *agg* Vorabend-
**preservare** [preser'va:re] *vt* ~ **qu/qc da qc** jdn/etw vor etw *dat* schützen
**preservativo** [preserva'ti:vo] *m* Präservativ *nt*, Verhütungsmittel *nt*
**presi** ['pre:si] *1. pers sing pass rem di* **prendere**
**preside** ['prε:side] *mf* (*di scuola*) Schulleiter(in) *m(f)*, Direktor(in) *m(f);* (*di facoltà*) Dekan *m*
**presidente, -essa** [presi'dεnte, presi-den'tessa] *m, f* (*dirigente*) Vorsitzende(r) *f(m)*, Leiter(in) *m(f);* (JUR, POL) Präsident(in) *m(f);* ~ **della regione** Regions-

vorsitzende(r) *f(m);* ~ **della Repubblica** Staatspräsident(in) *m(f);* ~ **del consiglio dei ministri** Ministerpräsident(in) *m(f)*
**presidenza** [presi'dεntsa] *f* ① (*carica*) Präsidentschaft *f* ② (*sede*) Präsidium *nt* ③ (*personale*) Leitung *f* ④ (*di scuola*) Schulleitung *f;* (*di facoltà*) Dekanat *nt*
**presidenziale** [presiden'tsia:le] *agg* Präsidenten-, präsidial **presidenzialismo** [presidentsia'lizmo] *m* (POL) Präsidenzialismus *m*
**presidiare** [presi'dia:re] *vt* ① (MIL) besetzen, unter Besatzung nehmen ② (*fig*) sichern **presidio** [pre'si:dio] <-i> *m* ① (MIL) Garnison *f*, Besatzung *f* ② (*fig*) Sicherung *f* **presidium** [pre'si:dium] <-> *m* Präsidium *nt*
**presiedere** [pre'siε:dere] <presiedo, presiedei *o* presiedetti, presieduto> I. *vt* leiten II. *vi* ~ **a qc** die Leitung einer Sache *gen* haben
**preso** ['pre:so] *pp di* **prendere**
**pressa** ['prεssa] *f* ① (TEC, TYP) Presse *f* ② (*fam: calca*) Gedränge *nt;* **avere** ~ (*fam dial*) es eilig haben
**press agent** ['preseid3ənt *o* 'presad3ənt] <- *o* press agents> *mf* Presseagent(in) *m(f)*
**pressainsilatrice** [pressainsila'tri:tʃe] *f* (AGR) Silopresse *f*
**pressante** [pres'sante] *agg* dringend
**pressapasta** [pressa'pasta] <-> *m* (TEC) Gautschpresse *f*
**pressappoco, press'a poco** [pressap'pɔ:ko] *avv* ungefähr, nahezu
**pressare** [pres'sa:re] *vt* ① (TEC) pressen ② (*fig: incalzare*) drängen
**pressatrice** [pressa'tri:tʃe] *f* (AGR) Druckwalze *f* **pressatura** [pressa'tu:ra] *f* Pressen *nt*
**pressi** ['prεssi] *mpl* **nei -i di** in der Nähe von
**pressibile** [pres'si:bile] *agg* kompressibel **pressibilità** [pressibili'ta] <-> *f* Kompressibilität *f*
**pressing** ['prεssiŋ] <-> *m* (SPORT) Powerplay *m*
**pressione** [pres'sio:ne] *f* ① (*forza*) Druck *m;* ~ **atmosferica** Luftdruck *m;* ~ **di iniezione** Einspritzdruck *m;* **pentola a** ~ Dampfkochtopf *m*, Schnellkochtopf *m;* **far** ~ **su qu** auf jdn Druck ausüben, jdn unter Druck setzen ② (COM) Last *f;* ~ **tributaria** Steuerlast *f* ③ (*del sangue*) Blutdruck *m;* **avere la** ~ **alta/bassa** hohen/niedrigen Blutdruck haben

**presso** ['prɛsso] I. *avv* nahe, in der Nähe II. *prp* ❶ (*vicino a*) nahe an +*dat*, nahe bei +*dat*, in der Nähe +*gen;* (*moto*) zu +*dat*, in die Nähe +*gen* ❷ (*in casa di, fig*) bei +*dat;* (*moto*) zu +*dat* ❸ (*nelle lettere*) bei +*dat*

**pressoché** [presso'ke] *avv* fast, beinahe

**pressocolata** [pressoko'la:ta] *f* (TEC) Spritzguss *m*

**pressofusione** [pressofu'tsio:ne] *f* (TEC) Spritzguss *m* **pressofuso, -a** [presso'fu:zo] *agg* im Spritzgussverfahren gefertigt

**pressostatico, -a** [presso'sta:tiko] *agg* (TEC) Druckregel-; **valvola -a** Druckregelventil *nt* **pressostato** [presso'sta:to] *m* (TEC) Druckregler *m*

**pressurizzare** [pressurid'dza:re] *vt* unter Überdruck setzen **pressurizzazione** [pressuriddzat'tsio:ne] *f* Überdruck *m*

**prestabilire** [prestabi'li:re] <prestabilisco> *vt* [vorher] festsetzen **prestabilito, -a** [prestabi'li:to] *agg* (*prefissato*) vorgemerkt, geplant; **una data -a** ein vorgemerktes Datum

**prestampare** [prestam'pa:re] *vt* Probeexemplare drucken

**prestampato** [prestam'pa:to] *m* Vordruck *m*

**prestampato, -a** *agg* vorgedruckt

**prestanome** [presta'no:me] <-> *mf* Strohmann *m*

**prestante** [pres'tante] *agg* stattlich **prestanza** [pres'tantsa] *f* Stattlichkeit *f*

**prestare** [pres'ta:re] I. *vt* ❶ (*dare in prestito*) [ver]leihen, ausleihen ❷ (*fig: aiuto, giuramento*) leisten; (*fede*) schenken; (*attenzione*) zollen, schenken; ~ **ascolto a qu/qc** jdm/etw Gehör schenken; ~ **orecchio a qu** jdm sein Ohr leihen II. *vr* **-rsi** ❶ (*adoperarsi*) sich zur Verfügung stellen ❷ (*essere adatto*) **-rsi a qc** sich für etw eignen **prestatore, -trice** [presta'to:re] *m, f* Verleiher(in) *m(f);* ~ **di lavoro** [*o* **d'opera**] Arbeitnehmer(in) *m(f)*

**prestavoce** [presta'vo:tʃe] <-> *mf* Synchronsprecher(in) *m(f)*

**prestazione** [prestat'tsio:ne] *f* Leistung *f*

**presti(di)giatore, -trice** [presti(di)dʒa'to:re] *m, f* Taschenspieler(in) *m(f)*, Illusionist(in) *m(f)*

**prestigio** [pres'ti:dʒo] <-gi> *m* ❶ (*fama*) Ansehen *nt*, Prestige *nt* ❷ (*illusione*) **giochi di ~** Zaubertricks *mpl* **prestigioso, -a** [presti'dʒo:so] *agg* Luxus-

**prestito** ['prɛstito] *m* ❶ (FIN) Darlehen *nt*, Anleihe *f* ❷ (*il prestare*) Ausleihen *nt;* **dare in** [*o* **a**] **~ qc** etw [ver]leihen; **prendere in** [*o* **a**] **~ qc** [sich *dat*] etw leihen

**presto** ['prɛsto] *avv* ❶ (*fra poco*) bald; **a ~** bis gleich, bis bald ❷ (*in fretta*) schnell, rasch; **fare ~** sich beeilen; **al più ~** so schnell wie möglich; (*non prima*) frühestens ❸ (*facilmente*) leicht, schnell; **è ~ detto/fatto** das ist leicht gesagt/getan ❹ (*prima del tempo*) zu früh, verfrüht ❺ (*di buon'ora*) früh[zeitig] ❻ (MUS) presto

**presumere** [pre'zu:mere *o* pre'su:mere] <presumo, presunsi, presunto> *vt* ❶ (*supporre*) annehmen, vermuten ❷ (*pretendere*) sich *dat* anmaßen **presumibile** [prezu'mi:bile *o* presu'mi:bile] *agg* wahrscheinlich

**presunsi** [pre'zunsi] *1. pers sing pass rem di* **presumere**

**presuntivo, -a** [prezun'ti:vo *o* presun'ti:vo] *agg* mutmaßlich; **bilancio ~** Haushaltsplan *m;* **somma -a** veranschlagte Summe

**presunto, -a** [pre'zunto *o* pre'sunto] I. *pp di* **presumere** II. *agg* vermutlich; (JUR) mutmaßlich

**presuntuoso, -a** [prezuntu'o:so] *agg* anmaßend, eingebildet **presunzione** [prezun'tsio:ne *o* presun'tsio:ne] *f* (*ambizione*) Überheblichkeit *f*, Anmaßung *f*

**presupponenza** [presuppo'nɛntsa] *f* Zumutung *f*

**presupporre** [presup'porre] <irr> *vt* ❶ (*immaginare*) vermuten, annehmen ❷ (*implicare*) voraussetzen **presupposizione** [presuppozit'tsio:ne] *f* ❶ (*supposizione*) Annahme *f*, Vermutung *f* ❷ (*implicazione*) Voraussetzung *f*

**presupposto** [presup'posto] *m* Voraussetzung *f*

**presupposto, -a** I. *pp di* **presupporre** II. *agg* vorausgesetzt

**prêt-à-porter** ['prɛt a por'te] <-> *m* Konfektion *f;* (*abito*) Konfektionskleid *nt*

**prete** ['prɛ:te] *m* Priester *m;* **scherzo da ~** (*fam*) schlechter Witz

**pretendente** [preten'dɛnte] *mf* ❶ (*al trono*) Anwärter(in) *m(f)* ❷ (*corteggiatore*) Freier *m*

**pretendere** [pre'tɛndere] <irr> *vt* ❶ (*esigere*) verlangen, fordern ❷ (*presumere*) sich *dat* einbilden

**pretensionatore** [pretensiona'to:re] *m* (AUTO) Gurtstraffer *m*

**pretenzioso, -a** [preten'tsio:so] *agg* anspruchsvoll, prätentiös

**preterintenzionale** [preterintentsio'na:le] *agg* nicht vorsätzlich, unabsichtlich;

**omicidio** ~ Totschlag *m*, Körperverletzung *f* mit Todesfolge **preterintenzione** [preterintent'tsio:ne] *f* (JUR) Nichtvorsätzlichkeit *f*

**pretermine** [pre'tɛrmine] <inv> *agg* (MED) Früh-, verfrüht; **parto** ~ Frühgeburt *f*

**pretesa** [pre'te:sa] *f* ❶ (*esigenza*) Anspruch *m*; (*richiesta*) Forderung *f*; **una persona senza -e** ein anspruchsloser Mensch; **con la ~ di ...** mit dem Anspruch, zu ... ❷ (*presunzione*) Einbildung *f*, Anmaßung *f*

**pretesi** *1. pers sing pass rem di* **pretendere**

**preteso** *pp di* **pretendere**

**pretesto** [pre'tɛsto] *m* (*scusa*) Vorwand *m*; (*a occasione*) Gelegenheit *f*; **con il ~ di ...** unter dem Vorwand, zu ...

**pretestuosità** [pretestuosi'ta] <-> *f* Vorwandfunktion *f* **pretestuoso, -a** [pretestu'ɔ:so] *agg* vorgeschoben

**pretore** [pre'to:re] *m* ❶ (JUR) Amtsrichter *m* ❷ (HIST) Prätor *m*

**pretorio** [pre'tɔ:rio] <-i> *m* Prätorium *nt*

**pretorio, -a** <-i, -ie> *agg* ❶ (ADM) Gemeinde- ❷ (JUR) amtsrichterlich

**pretto, -a** ['prɛtto] *agg* ❶ (*vino*) rein ❷ (*fig*) echt, rein

**pretura** [pre'tu:ra] *f* ❶ (JUR) Amtsgericht *nt* ❷ (HIST) Prätur *f*

**prevalente** [preva'lɛnte] *agg* überwiegend, vorwiegend; (*opinione*) vorherrschend

**prevalentemente** [prevalente'mente] *avv* hauptsächlich **prevalenza** [preva'lɛntsa] *f* ❶ (*maggioranza*) Mehrheit *f*; (*di cose*) Übergewicht *nt* ❷ (TEC) Förderhöhe *f*

**prevalere** [preva'le:re] <irr> *vi* essere *o* avere ❶ (*imporsi*) überwiegen, vorherrschen ❷ (*vincere*) ~ **su qu** jdm überlegen sein

**prevalgo** *1. pers sing pr di* **prevalere**

**prevaricare** [prevari'ka:re] *vi* unehrenhaft handeln; (*abusare del potere*) seine Macht missbrauchen **prevaricazione** [prevarikat'tsio:ne] *f* Macht-, Amtsmissbrauch *m*, Übergriff *m*

**prevedere** [preve'de:re] <irr> *vt* voraussehen, vorhersagen **prevedibile** [preve'di:bile] *agg* voraus-, vorhersehbar

**prevendita** [pre'vendita] *f* Vorverkauf *m*

**prevenire** [preve'ni:re] <irr> *vt* ❶ (*precedere*) ~ **qu/qc** jdm/etw zuvorkommen ❷ (*anticipare*) vorwegnehmen ❸ (*prendere precauzioni*) ~ **qc** einer Sache *dat* vorbeugen ❹ (*influenzare*) voreinnehmen ❺ (*avvertire prima*) [vor]warnen

**preventivare** [preventi'va:re] *vt* veranschlagen

**preventivista** [preventi'vista] <-i *m*, -e *f*> *mf* (COM: *chi stende preventivi*) Experte, Expertin *m*, *f* für Kostenvoranschläge

**preventivo** [preven'ti:vo] *m* Kostenvoranschlag *m*

**preventivo, -a** *agg* Vorbeuge-, vorbeugend; (JUR) Untersuchungs-; (MED) vorbeugend; (COM) Vor-; **carcere ~** Untersuchungshaft *f*

**prevenuto, -a** [preve'nu:to] I. *pp di* **prevenire** II. *agg* **essere ~ contro qu/qc** gegenüber jdm/etw voreingenommen sein

**prevenzione** [preven'tsio:ne] *f* ❶ (*pregiudizio*) Voreingenommenheit *f*, Vorurteil *nt*; **senza ~** unvoreingenommen ❷ (MED) Vorbeugung *f* ❸ (JUR) Verhütung *f*; **~ degli incidenti** Unfallverhütung *f*

**prevertice** [pre'vɛrtitʃe] *m* (POL) Vorbereitungsgipfel *m*

**previdente** [previ'dɛnte] *agg* vorausschauend; (*prudente*) vorsorgend **previdenza** [previ'dɛntsa] *f* ❶ (*assistenza*) Fürsorge *f*; **~ per la vecchiaia** Altersvorsorge *f*; **~ sociale** soziale Fürsorge; **cassa di ~** Versorgungskasse *f*; **ente di ~** Sozialversicherungsträger *m* ❷ (*l'essere previdente*) Voraussicht *f*, Weitblick *m* **previdenziale** [previden'tsia:le] *agg* Versorgungs-, Fürsorge-

**previdi** *1. pers sing pass rem di* **prevedere**

**previo, -a** ['prɛ:vio] <-i, -ie> *agg* (ADM) nach vorherigem/vorheriger

**previsionale** [previzio'na:le] *agg* Vor-, Voranschlags- **previsione** [previ'zio:ne] *f* ❶ (*pronostico*) Vorhersage *f*, Voraussicht *f*; (METEO) Vorhersage *f* ❷ (COM) Planung *f*

**previsto** *pp di* **prevedere**

**preziosa** *f v.* **prezioso preziosi** [pret'tsio:si] *mpl* Wertsachen *fpl*

**preziosismo** [prettsio'sizmo] *m* Erlesenheit *f*, Geziertheit *f* **preziosità** [prettsiosi'ta] <-> *f* ❶ (*valore*) Kostbarkeit *f* ❷ (*eleganza*) Erlesenheit *f* **prezioso, -a** [pret'tsio:so] I. *agg* ❶ (*oggetto, pietra, metallo, a. fig*) wertvoll, kostbar ❷ (*fig: ricercato*) erlesen II. *m*, *f* (*fam*) **fare il ~** sich rarmachen; **non fare tanto il ~!** nun hab dich doch nicht so!, stell dich nicht so an!

**prezzare** [pret'tsa:re] *vt* auszeichnen **prezzario** [pret'tsa:rio] <-ie> *m* Preisliste *f* **prezzato, -a** [pred'dza:to] *agg* ausgezeichnet **prezzatrice** [preddza'tri:tʃe] *f* (TEC, COM) Auszeichnungsmaschine *f* **prezzatura** [preddza'tu:ra] *f* (COM) Warenauszeichnung *f*

**prezzemolo** [pret'tse:molo] *m* Petersilie *f;* **essere come il ~** überall mitmischen *fam,* ein Tausendsassa sein

**prezzo** ['prɛttso] *m* Preis *m;* (*cartellino*) Preisschild *nt;* **~ di favore** Vorzugs-, Sonderpreis *m;* **~ di listino** Listen-, Katalogpreis *m;* **a ~ di costo** zum Selbstkostenpreis; **a ~ di grossi** [*o* **grandi**] **sacrifici** unter großen Opfern; **a metà ~** zum halben Preis; **a qualunque ~** (*fig*) um jeden Preis, unbedingt; **pagare qc a caro ~** (*fig*) etw teuer bezahlen; **non avere ~** unbezahlbar sein; **tirare sul ~** den Preis drücken

**prezzolare** [prettso'la:re] *vt* anwerben, dingen, kaufen *fam*

**PRI** *m abbr di* **Partito Repubblicano Italiano** republikanische Partei Italiens

**pricing** ['praisiŋ] <-> *m* (COM, FIN) Preisbildung *f,* Preisfestsetzung *f*

**prigione** [pri'dʒo:ne] *f* ❶ (*carcere*) Gefängnis *nt* ❷ (*fig: luogo buio*) Loch *nt fam;* (*ambiente privo di libertà*) Gefängnis *nt,* Käfig *m* **prigionia** [pridʒo'ni:a] <-ie-> *f* Gefangenschaft *f* **prigioniero, -a** [pridʒo-'niɛ:ro] I. *agg* ❶ (*carcerato*) gefangen ❷ (*fig*) ge-, befangen; **essere ~ dei pregiudizi** in Vorurteilen befangen sein II. *m, f* Gefangene(r) *f(m)*

**prima**[1] ['pri:ma] *avv* ❶ (*temporale*) vorher, [zu]erst; (*più presto, una volta*) früher; **come ~** [so] wie früher; **quanto ~** so bald wie möglich; **ne so quanto ~** (*fam*) jetzt bin ich so schlau wie vorher; **~ di** vor; (*piuttosto*) bevor; **~ che** +*conj,* **~ di** +*inf* bevor; **~ o poi** früher oder später ❷ (*locale*) vor ❸ (*in primo luogo*) zuerst, zunächst; **~ di tutto** vor allem; **~ il dovere, poi il piacere** [zu]erst die Arbeit, dann das Vergnügen

**prima**[2] *f* ❶ (THEAT, FILM) Premiere *f;* **~ TV** Fernsehpremiere *f* ❷ (MOT) erster Gang ❸ (*scuola*) erste Klasse ❹ (FERR, NAUT, AERO) erste Klasse ❺ (SPORT: *nella scherma*) Prim *f*

**primario, -a** [pri'ma:rio] <-i, -ie-> I. *agg* ❶ (*scuola*) Grund-; (*era*) paläozoisch ❷ (*importanza, interesse*) vorrangig, Spitzen- ❸ (*settore*) Haupt-, Primär- II. *m, f* Chefarzt *m*/-ärztin *f,* Primar *m*/Primaria *f A*

**primate** [pri'ma:te] *m* Primas *m*

**primati** [pri'ma:ti] *mpl* Primaten *mpl*

**primaticcio, -a** [prima'tittʃo] <-cci, -cce> *agg* frühreif, Früh-

**primatista** [prima'tista] <-i *m,* -e *f*> *mf* Rekordhalter(in) *m(f),* -inhaber(in) *m(f)*

**primato** [pri'ma:to] *m* ❶ (SPORT) Rekord *m* ❷ (*superiorità*) Spitzenstellung *f,* Primat *nt o m;* **~ tecnologico** Technologievorsprung *m*

**primavera** [prima'vɛ:ra] *f* ❶ (*stagione*) Frühling *m,* Frühjahr *nt;* **in ~** im Frühling; **Primavera araba** (POL) Arabischer Frühling ❷ (*fig: anno*) Lenz *m geh,* Jahr *nt* ❸ (BOT) Schlüsselblume *f* **primaverile** [primave'ri:le] *agg* frühlingshaft, Frühlings-

**primeggiare** [primed'dʒa:re] *vi* die erste Stelle einnehmen, führen

**prime rate** ['praim reit] <- *o* prime rates> *m* (FIN) Primerate *f*

**primitiva** *f v.* **primitivo**

**primitivismo** [primiti'vizmo] *m* Primitivismus *m*

**primitivo, -a** [primi'ti:vo] I. *agg* ❶ (*originario*) primitiv, urtümlich ❷ (*fig, pej*) primitiv; (*rozzo*) ungehobelt II. *m, f* ❶ (*di popolazione*) Ureinwohner(in) *m(f),* Eingeborene(r) *f(m)* ❷ (*fig, pej*) primitiver Mensch, Primitivling *m fam*

**primizia** [pri'mittsia] <-ie-> *f* ❶ (*frutta*) Frühobst *nt;* (*verdura*) Frühgemüse *nt* ❷ (*notizia*) Neuigkeit *f;* (*pubblicazione*) Neuerscheinung *f*

**primo** ['pri:mo] *m* ❶ (*primo giorno*) Erste(r) *m;* **il ~ dell'anno** der Neujahrstag; **il ~ di maggio** der Erste Mai ❷ *pl* die ersten Tage (*der Woche, des Monats, des Jahres*); **ai -i di maggio** in den ersten Maitagen, Anfang Mai; **sui -i del Novecento** am Anfang des 20. Jahrhunderts ❸ (GASTR) erster Gang; **per ~ prenderò il risotto** als ersten Gang nehme ich Risotto

**primo, -a** I. *agg* ❶ (*gener*) erste(r, s); (*iniziale*) früh; (*prossimo*) nächste(r, s); (*più bravo*) beste(r, s), tüchtigste(r, s); **alla -a** beim ersten Mal; **Alessandro ~** Alexander der Erste; **nelle -e ore del mattino** in den ersten Morgenstunden; **in ~ luogo** an erster Stelle; **in un ~ tempo** zunächst, zuerst; **sulle -e** am Anfang; **di ~ grado** ersten Grades; **di prim'ordine** erstklassig, von höchstem Rang; **di -a qualità** (COM) erste Wahl; (*fig*) erstklassig; **di -a mano** (*fig*) aus erster Hand; **a -a vista** auf den ersten Blick ❷ (*fig: principale*) hauptsächlich, Haupt-; (*elementare*) grundlegend, Grund-; **~ piano** Vordergrund *m;* **-a donna** Primadonna *f;* **il ~ cittadino** (POL) der italienische Staatspräsident *m;* (ADM) der Bürgermeister II. *m, f* (*di successione*) Erste(r) *f(m);* (*più*

*bravo*) Beste(r) *f(m)*, Tüchtigste(r) *f(m)*; **essere il ~ in graduatoria** der Erste in der Rangordnung sein; **per ~** zuerst
**primogenito, -a** [primo'dʒɛːnito] I. *m, f* Erstgeborene(r) *f(m)* II. *agg* erstgeboren
**primonovecentesco, -a** [primonovetʃen'tesko] <-schi, -sche> *agg* Anfang des 20.Jahrhunderts; **gli anni -schi** zu Beginn des 20.Jahrhunderts
**primordi** [pri'mɔrdi] *mpl* [erste] Anfänge *mpl*
**primordiale** [primor'diaːle] *agg* ① (*dei primordi*) anfänglich, Anfangs-; (*primigenio*) ursprünglich, Ur-; **istinto ~** Urinstinkt *m* ② (*fig: antiquato*) unterentwickelt, antiquiert
**primula** ['priːmula] *f* Primel *f*
**principale** [printʃi'paːle] I. *agg* ① (*più importante*) hauptsächlich, wichtigste(r, s) ② (*di maggior valore*) wertvollste(r, s), Haupt- ③ (*di maggior autorità*) bedeutendste(r, s), führend ④ (LING) Haupt- II. *mf* Chef(in) *m(f)*, Vorgesetzte(r) *f(m)* **principalmente** [printʃipal'mente] *avv* hauptsächlich, vor allem
**principato** [printʃi'paːto] *m* ① (*stato*) Fürstentum *nt* ② (*dignità, governo*) Herrschaft *f*
**principe¹** ['printʃipe] *m* ① (*sovrano*) Herrscher *m*, Fürst *m* ② (*figlio di sovrano*) [Kron]prinz *m*; **~ azzurro** Märchenprinz *m* ③ (*fam fig*) König *m*; **fare una vita da ~** fürstlich leben
**principe²** <inv> *agg* **edizione ~** Erstausgabe *f* **principesco, -a** [printʃi'pesko] <-schi, -sche> *agg* fürstlich, Fürsten- **principessa** [printʃi'pessa] *f* Prinzessin *f*, Fürstin *f*
**principiante** [printʃi'pjante] *mf* Anfänger(in) *m(f)* **principiare** [printʃi'pjaːre] *vt o vi essere o avere* beginnen, anfangen; **è** [*o* **ha**] **principiato a nevicare** es hat zu schneien begonnen; **a ~ da ...** ab ...
**principio** [prin'tʃiːpjo] <-i> *m* ① (*inizio*) Anfang *m*, Beginn *m*; (*di luogo*) Anfang *m*; **da** [*o* **in**] [*o* **al**] **~** am Anfang, zu Beginn; [sin] **dal ~** von Anfang an ② (*origine*) Ursprung *m*, Anfang *m* ③ (*concetto fondamentale*) Prinzip *nt*, Grundsatz *m*; (*norma*) Regel *f*, Norm *f*; **questione di ~** Grundsatzfrage *f*; **in linea di ~, per ~** grundsätzlich, prinzipiell
**priore** [pri'oːre] *m* ① (REL) Prior *m* ② (HIST) Zunftvorsteher *m*
**priorità** [priori'ta] <-> *f* Priorität *f*, Vorrang *m* **prioritario, -a** [priori'taːrjo] <-i, -ie> *agg* Vorzugs-, bevorzugt; (*impegno, scelta, interesse*) vorrangig
**prisma** ['prizma] <-i> *m* Prisma *nt* **prismatico, -a** [priz'maːtiko] <-ci, -che> *agg* Prisma-, prismatisch
**privacy** ['praivəsi *o* 'praivasi] <-> *f* Privatsphäre *f*
**privare** [pri'vaːre] I. *vt* **~ qu di qc** jdn einer Sache *gen* berauben II. *vr* **-rsi di qc** auf etw *acc* verzichten
**privata** *f v.* **privato**
**privatista** [priva'tista] <-i *m*, -e *f*> *mf* (*studente*) Privatschüler(in) *m(f)*
**privativa** [priva'tiːva] *f* Monopol *nt*; **~ industriale** Patentschutz *m*
**privatizzabile** [privatid'dzaːbile] *agg* (FIN) privatisierbar **privatizzare** [privatid'dzaːre] *vt* privatisieren **privatizzazione** [privatiddzat'tsjoːne] *f* (FIN) Privatisierung *f*
**privato** [pri'vaːto] *m* Privatleben *nt*, Privatsphäre *f*
**privato, -a** *agg* privat, Privat-; **in ~** privat, persönlich II. *m, f* Privatperson *f*, Privatmann *m*
**privazione** [privat'tsjoːne] *f* ① (*rinuncia*) Entbehrung *f*, Verzicht *m* ② (JUR) Entzug *m*, Aberkennung *f*
**privé** [pri'veː] <-> *m* abgetrennter Saal in einem Restaurant, Casino o. Ä.
**privilegiare** [privile'dʒaːre] *vt* privilegieren; (*a. fig*) bevorzugen **privilegiato, -a** [privile'dʒaːto] I. *agg* privilegiert II. *m, f* Privilegierte(r) *f(m)* **privilegio** [privi'lɛːdʒo] <-gi> *m* ① (*onore*) Ehre *f*, Privileg *nt*; **avere il ~ di ...** die Ehre haben, zu ... ② (*vantaggio*) Vorzug *m*, Privileg *nt*
**privo, -a** ['priːvo] *agg* **~ di** ohne, -los; **cadere ~ di sensi** bewusstlos zusammenbrechen
**pro** [prɔ] I. *prp* zugunsten +*gen*, für +*acc* II. <-> *m* Für *nt*, Pro *nt*; (*utilità*) Nutzen *m*; **a che ~?** wozu?, wofür?; **buon ~ gli faccia!** (*fam scherz*) wohl bekomm's!; **il ~ ed il contro** das Für und Wider, das Pro und Kontra
**probabile** [pro'baːbile] *agg* wahrscheinlich **probabilità** [probabili'ta] <-> *f* (*attendibilità*) Wahrscheinlichkeit *f*; (*possibilità*) Chance *f*, Möglichkeit *f*, Aussicht *f*; **avere una ~ su cento** eine Chance von eins zu hundert haben; **con molta** [*o* **tutta**] [*o* **ogni**] **~** aller Wahrscheinlichkeit nach, sehr wahrscheinlich **probabil-**

**mente** [probabil'mente] *avv* wahrscheinlich

**probante** [pro'bante] *agg* überzeugend, beweisend

**probiotico** [pro'bjɔːtiko] <-ci, -che> *agg* probiotisch

**probità** [probi'ta] <-> *f* Redlichkeit *f*, Rechtschaffenheit *f*

**problema** [pro'blɛːma] <-i> *m* ① (*gener*) Problem *nt*; (*difficoltà*) Schwierigkeit *f*; (MAT) Frage *f*, Aufgabe *f* ② (*fig: persona*) Problemfall *m*, Problem *nt* **problematica** [proble'maːtika] <-che> *f* Problematik *f*

**problematicità** [problematitʃi'ta] <-> *f* Fraglichkeit *f* **problematico, -a** [proble'maːtiko] <-ci, -che> *agg* problematisch, schwierig; (*poco attendibile*) fraglich, zweifelhaft

**problematizzare** [problematid'dzaːre] *vt* ① (*rendere problematico*) verkomplizieren ② (*analizzare criticamente*) problematisieren

**probo, -a** ['prɔːbo] *agg* (*poet*) redlich, rechtschaffen

**proboscide** [pro'bɔʃʃide] *f* Rüssel *m*

**procacciare** [prokat'tʃaːre] *vt* besorgen, beschaffen; (*fig*) verschaffen

**procace** [pro'kaːtʃe] *agg* (*poet*) provozierend, herausfordernd

**procapite, pro capite** [pro'kaːpite] *avv* pro Kopf, Pro-Kopf-

**procedere** [pro'tʃɛːdere] <procedo, procedei *o* procedetti, proceduto> *vi* ① essere (*avanzare*) vorangehen, voranschreiten ② avere (*fig: seguitare*) fortfahren, weitermachen ③ essere (*seguire il proprio corso*) [voran]gehen, laufen ④ avere (*dare inizio*) ~ **a qc** mit etw beginnen, etw vornehmen ⑤ avere (JUR) ~ **contro qu** gerichtlich gegen jdn vorgehen **procedimento** [protʃedi'mento] *m* Vorgang *m*; (JUR) Verfahren *nt*

**procedura** [protʃe'duːra] *f* Prozedur *f*; (ADM) Vorgang *m*; (JUR) Verfahren *nt*; ~ **burocratica** Amtsvorgang *m*; ~ **di espulsione** Abschiebungsverfahren *nt* **procedurale** [protʃedu'raːle] *agg* Verfahrens-

**proceduto** *pp di* **procedere**

**processare** [protʃes'saːre] *vt* vor Gericht stellen

**processione** [protʃes'sjoːne] *f* Prozession *f*

**processo** [pro'tʃɛsso] *m* ① (JUR) Verfahren *nt*, Prozess *m*; ~ **civile/penale** Zivil-/Strafprozess *m* ② (*procedimento*) Verfahren *nt* ③ (*sviluppo*) Vorgang *m*, Prozess *m*

**processore** *m* (INFORM) Prozessor *m*

**processuale** [protʃessu'aːle] *agg* Verfahrens-, Prozess-

**procinto** [pro'tʃinto] *m* **in ~ di ...** +*inf* im Begriff, zu ... +*inf*

**procione** [pro'tʃoːne] *m* Waschbär *m*

**proclama** [pro'klaːma] <-i> *m* Aufruf *m*

**proclamare** [prokla'maːre] *vt* proklamieren, erklären; ~ **lo sciopero generale** den Generalstreik ausrufen **proclamazione** [proklamat'tsjoːne] *f* Ausrufung *f*, Proklamation *f*

**procrastinare** [prokrasti'naːre] *vt* (*poet*) aufschieben, hinausschieben

**procreare** [prokre'aːre] *vt* zeugen **procreatica** [prokre'aːtika] <-che> *f* künstliche Befruchtung im Reagenzglas **procreazione** [prokreat'tsjoːne] *f* Fortpflanzung *f*, Zeugung *f*

**procura** [pro'kuːra] *f* ① (JUR) Vollmacht *f*; (COM) Prokura *f*; **matrimonio per ~** Ferntrauung *f* ② (*ufficio*) Staatsanwaltschaft *f*

**procurare** [proku'raːre] *vt* ① (*fare avere*) besorgen; (*a. fig*) verschaffen ② (*causare*) verursachen, bereiten **procuratore, -trice** [prokura'toːre] *m, f* ① (JUR: *magistrato*) Staatsanwalt *m*/-anwältin *f*; (*laureato in legge*) Anwaltsanwärter(in) *m(f)*; **Procuratore Generale** ≈ Generalstaatsanwalt *m*; ~ **della Repubblica** Staatsanwalt *m*; ~ **legale** Rechtsanwalt *m* ② (COM) Bevollmächtigte(r) *f(m)*, Prokurist(in) *m(f)*

**proda** ['prɔːda] *f* Ufer *nt*

**prode** ['prɔːde] I. *agg* (*poet*) kühn, tapfer II. *m* (*poet*) tapferer Recke, Held *m*

**prodezza** [pro'dettsa] *f* ① (*coraggio*) Kühnheit *f* ② (LIT, HIST) Heldentat *f*

**prodiga** *f v.* **prodigo**

**prodigalità** [prodigali'ta] <-> *f* Großzügigkeit *f*, Freigebigkeit *f*

**prodigarsi** [prodi'garsi] *vr* ~ **per qu** sich für jdn aufopfern

**prodigio**[1] [pro'diːdʒo] <-gi> *m* Wunder *nt*

**prodigio**[2] <inv> *agg* Wunder-; **bambino ~** Wunderkind *nt*; **fanciullo** [*o* **ragazzo**] **~** Wunderknabe *m* **prodigioso, -a** [prodi'dʒoːso] *agg* wunderbar, Wunder-; (*memoria, cultura*) außerordentlich, phänomenal

**prodigo, -a** ['prɔːdigo] <-ghi, -ghe> *agg* ① (*pej: che dà senza misura*) verschwenderisch; **la parabola del figliol ~** das Gleichnis vom verlorenen Sohn ② (*fig: generoso*) freigebig

**proditorio, -a** [prodi'tɔːrjo] <-i, -ie> *agg* verräterisch; **omicidio ~** Meuchelmord *m*

**prodotto**[1] [pro'dotto] *pp di* **produrre**

**prodotto**[2] *m* ① (COM) Erzeugnis *nt*, Produkt *nt;* ~ **alimentare** Lebensmittel *nt;* ~ **interno lordo** Bruttoinlandsprodukt *nt;* ~ **nazionale** Volkseinkommen *nt;* ~ **sociale lordo** Bruttosozialprodukt *nt;* **-i di bellezza** Kosmetikartikel *mpl,* Kosmetika *ntpl* ❷ (*risultato*) Ergebnis *nt* ❸ (*fig: della fantasia, del pensiero*) Produkt *nt*

**prodromo** ['prɔ:dromo] *m* ❶ (*segno precorrente*) Vorzeichen *nt* ❷ (MED) Prodrom *nt,* Frühsymptom *nt* ❸ (ARCH) Pronaos *m*

**producibile** [produ'tʃi:bile] *agg* herstellbar, erzeugbar **producibilità** [produtʃibili'ta] <-> *f* Herstellbarkeit *f,* Erzeugbarkeit *f*

**produco** *1. pers sing pr di* **produrre**

**product manager** ['prɔdʌkt 'mænidʒə] <-o product managers> *mf* (COM) Produktmanager(in) *m(f)*

**produrre** [pro'durre] <produco, produssi, prodotto> I. *vt* ❶ (COM) erzeugen, produzieren; (AGR) erzeugen; (*fabbricare*) herstellen ❷ (*dare*) liefern, hervorbringen ❸ (*causare*) verursachen, hervorrufen; (*generare*) erzeugen ❹ (*presentare*) vorlegen; (*al pubblico*) vorstellen, vorführen ❺ (JUR: *prove, documento*) anführen; (*testimone*) vorführen II. *vr* **-rsi** ❶ (THEAT) auftreten ❷ (*formarsi*) sich bilden **produttività** [produttivi'ta] <-> *f* ❶ (COM) Produktivität *f* ❷ (AGR) Ertragfähigkeit *f* **produttivo, -a** [produt'ti:vo] *agg* ❶ (COM) produktiv; (AGR) ergiebig, ertragreich ❷ (*di produzione*) Herstellungs-, Produktions- ❸ (*fig*) produktiv **produttore, -trice** [produt'to:re] I. *m, f* ❶ (COM) Hersteller(in) *m(f),* Erzeuger(in) *m(f);* (AGR) Erzeuger *m* ❷ (FILM) Produzent(in) *m(f)* II. *agg* Herstellungs-, Produktions-; **casa -trice** Herstellerfirma *f;* **i paesi -i di cacao** die kakaoproduzierenden Länder **produzione** [produt'tsio:ne] *f* ❶ (COM) Erzeugung *f,* Produktion *f;* (AGR) Erzeugung *f;* (*fabbricazione*) Herstellung *f;* (FILM) Produktion *f;* ~ **in serie** Serienherstellung *f,* Serienproduktion *f;* ~ **a catena** Fließbandfertigung *f,* Fließbandproduktion *f;* ~ **integrata** Produktionsverbund *m;* **costo di ~** Produktionskosten *pl* ❷ (*formazione*) Bildung *f* ❸ (LIT, MUS) Schaffen *nt;* (*opera*) Werk *nt* ❹ (ADM: *di documenti*) Vorlage *f* ❺ (JUR: *di prove*) Anführung *f;* (*di testimone*) Vorführung *f*

**proemio** [pro'ɛ:mio] <-i> *m* Einleitung *f,* Vorwort *nt*

**profana** *f v.* **profano**

**profanare** [profa'na:re] *vt* entweihen **profanazione** [profanat'tsio:ne] *f* Entweihung *f* **profano** [pro'fa:no] *m* Weltliche(s) *nt,* Profane(s) *nt*

**profano, -a** *agg* (*mondano*) weltlich, profan; (*fig*) profan

**proferire** [profe'ri:re] <proferisco> *vt* ❶ (*parola, frase*) aussprechen ❷ (*giuramento, voto*) ablegen

**professare** [profes'sa:re] I. *vt* ❶ (*dichiarare*) bekunden, bezeigen ❷ (*manifestare*) sich bekennen zu II. *vr* **-rsi** sich erklären; **si professa mio amico** er sagt, er sei mein Freund

**professionale** [professio'na:le] *agg* beruflich, professionell **professionalità** [professionali'ta] <-> *f* Professionalität *f* **professionalizzare** [professionalid'dza:re] I. *vt* professionalisieren II. *vr* **-rsi** professionell werden **professionalizzazione** [professionaliddzat'tsio:ne] *f* Professionalisierung *f*

**professione** [profes'sio:ne] *f* ❶ (*attività*) Beruf *m,* Gewerbe *nt* ❷ (*dichiarazione*) Bekundung *f,* Bezeugung *f;* (REL: *di fede*) Bekenntnis *nt;* (*dei voti*) Gelübde *nt* **professionismo** [professio'nizmo] *m* (SPORT) Berufs-, Profisport *m* **professionista** [professio'nista] <-i *m,* -e *f*> *mf* (SPORT) Berufssportler(in) *m(f),* Profi *m fam;* **libero ~** Freiberufler(in) *m(f)* **professionistico, -a** [professio'nistiko] <-ci, -che> *agg* Profi-, Berufs-

**professorale** [professo'ra:le] *agg* ❶ (*di, da professore*) professorenmäßig, Professor- ❷ (*fig, pej*) schulmeisterlich **professorato** [professo'ra:to] *m* Professur *f,* Lehramt *nt*

**professore, -essa** [profes'so:re, professo'ressa] *m, f* (*insegnante*) Lehrer(in) *m(f);* (*di università*) Professor(in) *m(f);* ~ **incaricato** Lehrbeauftragte(r) *m;* ~ **straordinario/di ruolo** außerordentlicher/ordentlicher Professor

**profeta, -tessa** [pro'fɛ:ta, profe'tessa] <-i, -esse> *m, f* Prophet(in) *m(f)* **profetico, -a** [pro'fɛ:tiko] <-ci, -che> *agg* prophetisch **profetizzare** [profetid'dza:re] *vt, vi* prophezeien, weissagen **profezia** [profet'tsi:a] <-ie> *f* Prophezeiung *f;* (*di astrologo*) Weissagung *f*

**proficuo, -a** [pro'fi:kuo] *agg* Gewinn bringend, nützlich

**profilare** [profi'la:re] I. *vt* ❶ (*delineare i contorni*) abzeichnen, umreißen ❷ (*orlare*) besetzen II. *vr* **-rsi** ❶ (*risaltare*) sich abheben, sich abzeichnen ❷ (*essere imminente*) sich abzeichnen

**profilassi** [profi'lassi] <-> *f* Prophylaxe *f*, Krankheitsverhütung *f*
**profilato** [profi'la:to] *m* Profil[eisen] *nt*
**profilato, -a** *agg* ❶ (*ben delineato*) abgezeichnet, konturiert ❷ (*abito, gonna*) betresst **profilatrice** [profila'tri:tʃe] *f* Profilmaschine *f*
**profilattico** [profi'lattiko] <-ci> *m* Präservativ *nt*, Kondom *nt o m*
**profilattico, -a** <-ci, -che> *agg* prophylaktisch, krankheitsverhütend
**profilatura** [profila'tu:ra] *f* Profilierung *f*
**profilo** [pro'fi:lo] *m* ❶ (*gener*) Profil *nt* ❷ (*linea*) Umriss *m*, Kontur *f* ❸ (*fig*) Charakterisierung *f*, Kurzbeschreibung *f*
**profiterole** [prɔfi'trɔl] <-> *m Eclair mit Sahnefüllung und Schokoladensoße*
**profittare** [profit'ta:re] *vi* ~ **di qc** aus etw Nutzen ziehen **profittatore, -trice** [profitta'to:re] *m, f* Nutznießer(in) *m(f)*
**profittevole** [profit'te:vole] *agg* Gewinn bringend, nützlich **profitto** [pro'fitto] *m* ❶ (*vantaggio*) Profit *m*, Nutzen *m*; **trarre ~ da qc** aus etw Profit ziehen ❷ (*fig: progresso*) Fortschritt *m*, Erfolg *m* ❸ (COM) Profit *m*, Gewinn *m*
**profondere** [pro'fondere] <irr> I. *vt* (*lodi, complimenti*) austeilen, um sich werfen mit II. *vr* **-rsi in qc** sich in etw *dat* ergehen
**profondità** [profondi'ta] <-> *f* ❶ (*gener*) Tiefe *f* ❷ (*fig: intensità*) Stärke *f* **profondo** [pro'fondo] *m* Tiefe *f*; **psicologia del ~** Tiefenpsychologie *f*
**profondo, -a** *agg* ❶ (*gener*) tief ❷ (*fig: intenso*) tief; (*sentimento*) stark; (*non superficiale*) tiefgehend, gründlich
**proforma, pro forma** [pro'forma, prɔ 'forma] I. <inv> *avv o agg* pro forma II. <-> *m* Formalität *f*
**profugo, -a** ['prɔ:fugo] <-ghi, -ghe> I. *agg* [heimat]vertrieben, flüchtend II. *m, f* Flüchtling *m*, [Heimat]vertriebene(r) *f(m)*
**profumare** [profu'ma:re] I. *vt* avere [ein]parfümieren II. *vi* essere ~ [**di qc**] [nach etw] duften III. *vr* **-rsi** sich parfümieren **profumatamente** [profumata'mente] *avv* teuer; **pagare qc ~** für etw einen saftigen Preis zahlen *fam* **profumeria** [profume'ri:a] <-ie> *f* ❶ (*negozio*) Parfümerie *f* ❷ (*fabbricazione*) Parfümherstellung *f* **profumiere, -a** [profu'mjɛ:re] *m, f* ❶ (*fabbricante*) Parfümhersteller(in) *m(f)*, Parfümeur *m* ❷ (*rivenditore*) Parfümhändler(in) *m(f)* **profumiero, -a** [profu'mjɛ:ro] *agg* Parfüm-
**profumo** [pro'fu:mo] *m* ❶ (*fragranza*) Duft *m* ❷ (*essenza*) Parfüm *nt*

**profusi** *1. pers sing pass rem di* **profondere**
**profusione** [profu'zio:ne] *f* **a ~** im Überfluss
**profuso** *pp di* **profondere**
**progenie** [pro'dʒɛ:nie] <-> *f* (*poet*) Geschlecht *nt*
**progenitore, -trice** [prodʒeni'to:re] *m, f* ❶ (*capostipite*) Stammvater *m*/-mutter *f* ❷ *pl* (*antenati*) Vorfahren *mpl*
**progesterone** [prodʒeste'ro:ne] *m* Progesteron *nt*
**progettare** [prodʒet'ta:re] *vt* ❶ (*viaggio, spedizione*) planen ❷ (*ponte, diga*) planen, entwerfen **progettazione** [prodʒettat'tsio:ne] *f* Planung *f* **progettista** [prodʒet'tista] <-i *m*, -e *f*> *mf* ❶ Entwerfer(in) *m(f)* ❷ (TEC) Planer(in) *m(f)*, Konstrukteur(in) *m(f)* **progettistica** [prodʒet'tistika] <-che> *f* Planung *f* **progetto** [pro'dʒetto] *m* ❶ (COM) Projekt *nt*; (JUR, TEC) Entwurf *m*; **~ di legge** Gesetzentwurf *m*; **~ di riforma** Reformvorhaben *nt* ❷ (*proposito*) Plan *m* ❸ (*ideazione*) Planung *f*; **essere in ~** in Planung sein, geplant sein
**prognosi** ['prɔɲɲozi] <-> *f* Prognose *f*
**programma** [pro'gramma] <-i> *m* ❶ (*gener* POL, LIT, COM, INFORM) Programm *nt*; **avere in ~ qc** etw vorhaben; **~ antivirus** (INFORM) Antivirenprogramm *nt*; **~ mail** (INFORM) Mailprogramm *nt*; **~ di |video|scrittura** (INFORM) Textverarbeitungsprogramm *nt* ❷ (*elenco di spettacoli*) Programm *nt*; (*singolo spettacolo*) Vorstellung *f*; (*opuscolo*) Programmheft *nt*; **fuori ~** nicht programmgemäß, außerplanmäßig ❸ (*di scuola*) [Lehr]stoff *m*
**programmare** [program'ma:re] *vt* ❶ (FILM, THEAT, TV, RADIO) aufs Programm setzen, ins Programm nehmen ❷ (INFORM) programmieren ❸ (COM) planen **programmatico, -a** [program'ma:tiko] <-ci, -che> *agg* programmatisch **programmatore, -trice** [programma'to:re] *m, f* ❶ (INFORM) Programmierer(in) *m(f)* ❷ (COM) Wirtschaftsplaner(in) *m(f)* **programmazione** [programmat'tsio:ne] *f* ❶ (COM) [Wirtschafts]planung *f* ❷ (INFORM) Programmierung *f* ❸ (*di scuola*) Lehrplan *m*
**progredire** [progre'di:re] <progredisco> *vi* essere *o* avere ❶ (*avanzare*) fort-, voranschreiten ❷ (*far progressi*) Fortschritte machen, vorankommen **progredito, -a** [progre'di:to] *agg* fortschrittlich, fortgeschritten
**progressione** [progres'sio:ne] *f* ❶ (MAT)

progressismo → promiscuo

Reihe *f* ②(*aumento*) Steigerung *f*, Zunahme *f*; **essere in ~** ansteigen ③(MUS) Sequenz *f*

**progressismo** [progres'sizmo] *m* (POL) Progressismus *m* **progressista** [progres'sista] <-i *m*, -e *f*> I. *mf* Fortschrittsgläubige(r) *f(m)*, Progressist(in) *m(f)* II. *agg* fortschrittlich, Fortschritts- **progressistico, -a** [progres'sistiko] <-ci, -che> *agg* progressiv

**progressività** [progressivi'ta] <-> *f* stufenweise Erhöhung, Progressivität *f* **progressivo, -a** [progres'si:vo] *agg* fortschreitend, progressiv; **imposta -a** Progressivsteuer *f*

**progresso** [pro'grɛsso] *m* (*perfezionamento*) Fortschritt *m*; (*sviluppo*) Weiter-, Fortentwicklung *f*; **far -i** Fortschritte machen, vorankommen

**proibire** [proi'bi:re] <proibisco> *vt* verbieten, untersagen **proibitivo, -a** [proibi'ti:vo] *agg* ①(*decreto, provvedimento*) verbietend, prohibitiv ②(*prezzi*) unerschwinglich **proibizione** [proibit'tsjo:ne] *f* Verbot *nt*, Verbieten *nt* **proibizionismo** [proibittsjo'nizmo] *m* Prohibition *f*

**proiettare** [proiet'ta:re] I. *vt* ①(FILM, FOTO) vorführen; (*sullo schermo*) projizieren ②(*gettar fuori*) hinauswerfen, -schleudern ③(*fig*) ~ **qc in qc** etw auf [*o* in] etw *acc* projizieren II. *vr* **-rsi** (*riflettersi*) sich auswirken

**proiettile** [proiet'ti:le] *m* Geschoss *nt*, Projektil *nt*

**proiettore** [proiet'to:re] *m* ①(FILM, FOTO) Projektor *m* ②(MOT) Scheinwerfer *m* ③(INFORM) Beamer *m* **proiezione** [proiet'tsjo:ne] *f* ①(FILM, FOTO) Vorführung *f*; (*sullo schermo*) Projektion *f* ②(MAT, GEOG) Projektion *f* ③(*lancio*) Werfen *nt*

**project manager** ['prɔdʒekt 'mænidʒə] <-o project managers> *mf* Projektleiter(in) *m(f)*

**prolasso** [pro'lasso] *m* Prolaps *m*, Vorfall *m*

**prole** ['prɔ:le] *f* Kinder *ntpl*, Nachkommen *mpl*

**proletaria** *f v.* **proletario**

**proletariato** [proleta'ria:to] *m* Proletariat *nt* **proletario, -a** [prole'ta:rio] <-i, -ie> I. *agg* proletarisch II. *m, f* Proletarier(in) *m(f)* **proletarizzare** [proletarid'dza:re] I. *vt* proletarisieren II. *vr* **-rsi** zum Proletarier werden **proletarizzazione** [proletariddzat'tsjo:ne] *f* Proletarisierung *f*

**proliferare** [prolife'ra:re] *vi* ①(BIOL) wuchern ②(*fig: moltiplicarsi*) wuchern, sich vermehren **proliferazione** [proliferat'tsjo:ne] *f* ①(BIOL) Wucherung *f* ②(*fig: espansione*) Vermehrung *f*, Ausbreitung *f*, Proliferation *f geh* **prolifero, -a** [pro'li:fero] *agg* wuchernd

**prolificare** [prolifi'ka:re] *vi* ①(BIOL) sich fortpflanzen, sich vermehren; (BOT) keimen ②(*fig: espandersi*) sich ausbreiten **prolificazione** [prolifikat'tsjo:ne] *f* ①(BIOL) Fortpflanzung *f*, Vermehrung *f*; (BOT) Keimung *f* ②(*fig*) Ausbreitung *f*, Sichausbreiten *nt* **prolificità** [prolifitʃi'ta] <-> *f* ①(BIOL) Zeugungsfreudigkeit *f* ②(*fig: fecondità*) Fruchtbarkeit *f* **prolifico, -a** [pro'li:fiko] <-ci, -che> *agg* ①(*fecondo*) zeugungsfreudig, fruchtbar ②(*fig*) schaffensfreudig, fruchtbar

**prolissità** [prolissi'ta] <-> *f* Weitschweifigkeit *f*, Langatmigkeit *f* **prolisso, -a** [pro'lisso] *agg* langatmig, ausschweifend

**prologo** ['prɔ:logo] <-ghi> *m* Prolog *m*; (*personaggio, preambolo*) Einleitung *f*

**prolunga** [pro'lunga] <-ghe> *f* ①(EL) Verlängerung *f*, Verlängerungskabel *nt*, Verlängerungsschnur *f* ②(*estensione*) Verlängerung *f* **prolungamento** [prolunga'mento] *m* Verlängerung *f*; ~ **della vita** Lebensverlängerung

**prolungare** [prolun'ga:re] I. *vt* ①(*rendere più lungo*) verlängern ②(*fig*) in die Länge ziehen II. *vr* **-rsi** (*estendersi*) sich ausbreiten, sich verlängern; (*nello spazio*) sich verlängern, sich erstrecken; (*nel tempo*) sich hinziehen, sich in die Länge ziehen ②(*nel discorso*) ausschweifen, ausholen

**promemoria** [prome'mɔ:ria] <-> *m* [Akten]notiz *f*, Merkzettel *m*

**promessa** [pro'messa] *f* ①(*parola*) Versprechen *nt*; **fare una ~** ein Versprechen geben; **-e** Versprechungen *fpl* ②(*fig: giovane*) Hoffnung *f* **promesso, -a** [pro'messo] I. *pp di* **promettere** II. *agg* (*sposo*) versprochen; (*terra*) gelobt III. *m, f* Verlobte(r) *f(m)*

**promettente** [promet'tɛnte] *agg* viel versprechend

**promettere** [pro'mettere] <irr> I. *vt* ①(*impegnarsi*) versprechen ②(*fig: far intravedere*) aussehen nach II. *vr* **-rsi** sich versprechen; (*a Dio*) sich weihen

**prominente** [promi'nɛnte] *agg* vorspringend **prominenza** [promi'nɛntsa] *f* Vorspringen *nt*, Vorsprung *m*

**promiscuità** [promiskui'ta] <-> *f* Vermischung *f*; (*sessuale*) Promiskuität *f*

**promiscuo** [pro'miskuo] *m* Kombiwagen *m*

**promiscuo, -a** *agg* gemischt; (*classe, scuola*) Gemeinschafts-; (LING) beidgeschlechtig; (*sessualmente*) promisk

**promisi** *1. pers sing pass rem di* **promettere**

**promontorio** [promon'tɔ:rio] <-i> *m* Kap *nt*

**promossi** *1. pers sing pass rem di* **promuovere**

**promosso, -a** [pro'mɔsso] I. *pp di* **promuovere** II. *agg* gefördert, versetzt III. *m, f* [in die nächste Klasse] versetzte(r) Schüler(in) *m(f)*

**promotion** [prəˈmoʊʃən] <-> *f* Werbung *f*, Promotion *f*

**promotore, -trice** [promo'to:re] I. *m, f* Förderer *m*/Förderin *f*; (*iniziatore*) Initiator(in) *m(f)* II. *agg* Förderer-

**promozionale** [promotsjo'na:le] *agg* Werbe-, Verkaufsförderungs-

**promozione** [promot'tsjo:ne] *f* ❶ (*avanzamento*) Beförderung *f*; (*di alunno*) Versetzung *f*; (SPORT) [Tabellen]aufstieg *m* ❷ (COM) Werbung *f*, Verkaufsförderung *f*

**prompt** *m* ~ **dei comandi** (INFORM) Eingabeaufforderung *f*

**promulgare** [promul'ga:re] *vt* ❶ (JUR: *legge*) erlassen ❷ (*diffondere*) verbreiten, verkünden **promulgazione** [promulgat'tsjo:ne] *f* ❶ (JUR: *di legge*) Erlass *m* ❷ (*divulgazione*) Verbreitung *f*, Verkündung *f*

**promuovere** [pro'mwɔ:vere] <irr> *vt* ❶ (*proporre*) anregen, fördern; (*iniziare*) initiieren; (*arti, cultura, ricerca*) fördern ❷ (*far avanzare*) befördern; (*alunno*) versetzen

**pronipote** [proni'po:te] *mf* ❶ (*dei nonni*) Urenkel(in) *m(f)*; (*degli zii*) Großneffe *m/* -nichte *f* ❷ *pl* Nachkommen *mpl*

**pronome** [pro'no:me] *m* Pronomen *nt*, Fürwort *nt* **pronominale** [pronomi'na:le] *agg* pronominal, Pronominal-

**pronosticare** [pronosti'ka:re] *vt* voraussagen, prognostizieren **pronostico** [pro'nɔstiko] <-ci> *m* Voraussage *f*, Prognose *f*

**prontezza** [pron'tettsa] *f* Promptheit *f*, Schnelligkeit *f*

**pronto** ['pronto] *int* (TEL) hallo!

**pronto, -a** *agg* ❶ (*preparato*) bereit, fertig; **essere ~ per partire** reisefertig sein; **~i? Attenti, via!** auf die Plätze, fertig, los! ❷ (*disposto*) bereit; **essere ~ a fare qc** bereit sein etw zu tun; **essere ~ a tutto** zu allem bereit sein ❸ (*rapido*) schnell, rasch; (*cosa*) prompt, sofortig; **~ soccorso** Erste Hilfe; **auguri di -a guarigione** gute Wünsche für baldige Genesung ❹ (*facile*) leicht, schnell

**prontuario** [prontu'a:rio] <-i> *m* Handbuch *nt*

**pronuncia** [pro'nuntʃa] <-ce> *f* ❶ (LING) Aussprache *f* ❷ (JUR) Urteilsspruch *m*, Entscheidung *f* **pronunciare** [pronun'tʃa:re] I. *vt* (*parola, consonante*) aussprechen; (*giudizio, sentenza*) sprechen, verkünden; (*discorso*) halten II. *vr* -**rsi** ❶ (*esprimere giudizio*) sich aussprechen ❷ (JUR) urteilen **pronunciato** [pronun'tʃa:to] *m* (JUR) Urteilsspruch *m* **pronunciato, -a** *agg* ❶ (*naso, mento*) ausgeprägt ❷ (*fig*) ausgeprägt, ausgesprochen

**pronunzia** [pro'nuntsia] *f v.* **pronuncia**

**proof-reading** [pruːf 'riːdɪŋ] *m* Korrekturlesen *nt;* **fare il ~** Korrektur lesen

**propaganda** [propa'ganda] *f* Propaganda *f*, Werbung *f;* **~ dell'odio** Hasspropaganda *f* **propagandare** [propagan'da:re] *vt* verbreiten, propagieren **propagandista** [propagan'dista] <-i *m*, -e *f*> *mf* ❶ (*chi fa propaganda*) Propagandist(in) *m(f)* ❷ (COM) [Handels]vertreter(in) *m(f)* **propagandistico, -a** [propagan'distiko] <-ci, -che> *agg* propagandistisch, Werbe-

**propagare** [propa'ga:re] I. *vt* (*fig: fede, dottrina*) verbreiten, propagieren II. *vr* -**rsi** ❶ (*diffondersi*) sich ausbreiten, sich ausdehnen ❷ (BIOL) sich fortpflanzen, sich vermehren **propagatore, -trice** [propaga'to:re] *m, f* Verbreiter(in) *m(f)*, Verkünder(in) *m(f)* **propagazione** [propagat'tsjo:ne] *f* ❶ (PHYS) Verbreitung *f*; (*della luce*) Fortpflanzung *f*; (*del calore, suono*) Ausbreitung *f* ❷ (*diffusione*) Verbreitung *f*, Ausbreitung *f* ❸ (BIOL) Fortpflanzung *f*, Vermehrung *f*

**propaggine** [pro'paddʒine] *f* (*diramazione*) Verzweigung *f*; (*di un monte*) Ausläufer *m;* (*di una stirpe*) Nachkommen *mpl*

**propalare** [propa'la:re] *vt* verbreiten, ausplaudern

**propano** [pro'pa:no] *m* Propan[gas] *nt*

**propedeutica** [prope'dɛ:utika] <-che> *f* Propädeutik *f* **propedeutico, -a** [prope'dɛ:utiko] <-ci, -che> *agg* propädeutisch

**propellente** [propel'lɛnte] I. *agg* vorwärtstreibend, Treib- II. *m* Treibstoff *m*

**propendere** [pro'pɛndere] <propendo, propendei *o* propesi, propenso> *vi* **~ per qu/qc** zu jdm/etw neigen, für jdn/etw sein **propensione** [propen'sjo:ne] *f*

**propenso → prosaico**

① (*l'essere propenso*) Neigung *f;* **avere la ~ a fare qc** geneigt sein, etw zu tun ② (*disposizione*) Anlage *f;* **avere ~ per la musica** musisch veranlagt sein **propenso, -a** [pro'pɛnso] I. *pp di* **propendere** II. *agg* geneigt; **essere** [*o* **sentirsi**] **~ verso qu** jdm geneigt sein

**propesi** [pro'pe:si] *1. pers sing pass rem di* **propendere**

**propilene** [propi'lɛ:ne] *m* Propylen *nt*

**propinare** [propi'na:re] *vt* ① (*somministrare*) [ein]geben, verabreichen ② (*fig, scherz*) auftischen, unterjubeln *fam*

**propiziare** [propit'tsia:re] *vt* günstig stimmen, geneigt machen **propiziatore, -trice** [propittsia'to:re] I. *agg* günstig stimmend II. *m, f* Fürsprecher(in) *m(f)*

**propiziatorio, -a** [propittsia'tɔ:rio] <-i, -ie> *agg* günstig stimmend, Versöhnungs- **propiziatrice** *f v.* **propiziatore**

**propizio, -a** [pro'pittsio] <-i, -ie> *agg* günstig

**proponente** [propo'nɛnte] *mf* Antragssteller(in) *m(f)*

**propongo** *1. pers sing pr di* **proporre**

**proponibile** [propo'ni:bile] *agg* vorschlagbar

**proponimento** [proponi'mento] *m* Vorsatz *m*

**proporre** [pro'porre] <irr> I. *vt* vorschlagen; (*tesi, problema*) vorbringen; (*questione, mozione, richiesta*) stellen II. *vr* **-rsi** sich *dat* vornehmen; **-rsi un fine** [*o* **una meta**] sich *dat* ein Ziel stecken

**proporzionale** [proportsio'na:le] *agg* ① (*della proporzione*) verhältnismäßig, proportional; **elezione ~** Verhältniswahl *f* ② (MAT) proportional **proporzionalità** [proportsionali'ta] <-> *f* ① (*relazione*) Verhältnismäßigkeit *f* ② (MAT) Proportionalität *f* **proporzionare** [proportsio'na:re] *vt* anpassen, ins richtige Verhältnis setzen **proporzionato, -a** [proportsio'na:to] *agg* ① (*adeguato*) entsprechend ② (*armonico*) proportioniert; (*corpo*) wohlproportioniert **proporzione** [proport-'tsio:ne] *f* ① (MAT) Proportion *f*, Verhältnisgleichung *f* ② (*rapporto*) Verhältnis *nt*; **in ~ a** im Verhältnis zu ③ *pl* (*fig*) Ausmaße *ntpl;* **avere il senso delle -i** (*fig*) ein Gefühl für das rechte Maß haben

**proposi** *1. pers sing pass rem di* **proporre**

**proposito** [pro'pɔ:zito] *m* ① (*proponimento*) Vorsatz *m*, Vorhaben *nt;* (*progetto*) Plan *m;* **di ~** (*apposta*) mit Absicht, absichtlich ② (*argomento*) Bezug *m;* **a ~ di** in Bezug auf, was ... betrifft; **a ~** übrigens, apropos; **arrivare** [*o* **venire**] **a ~** gelegen kommen; **a questo ~** hierzu, in dieser Hinsicht

**proposizione** [propozit'tsio:ne] *f* Satz *m*, These *f*

**proposta** [pro'posta] *f* Vorschlag *m;* (ADM) Antrag *m;* **~ di matrimonio** Heiratsantrag *m;* **~ di legge** Gesetzesvorlage *f;* **fare** [*o* **avanzare**] **una ~** einen Vorschlag machen [*o* vorbringen]; (ADM) einen Antrag stellen; **su ~ di qu** auf jds Vorschlag [hin]

**proposto** *pp di* **proporre**

**propriamente** [propria'mente] *avv* ① (*in senso proprio*) eigentlich ② (*in modo appropriato*) passend, richtig

**proprietà** [proprie'ta] <-> *f* ① (JUR) Eigentum *nt*, Besitz *m;* **diritto di ~** Eigentumsrecht *nt* ② (*qualità*) Eigenschaft *f*, Beschaffenheit *f* ③ (*precisione*) Richtigkeit *f*

**proprietario, -a** [proprie'ta:rio] <-i, -ie> *m, f* Eigentümer(in) *m(f)*, Besitzer(in) *m(f)*

**proprio**¹ ['prɔ:prio] *avv* ① (*precisamente*) [ganz] genau ② (*davvero*) wirklich

**proprio**² <-i> *m* Eigene(s) *nt;* **lavorare in ~** selbständig arbeiten

**proprio, -a** <-i, -ie> *agg* ① (*suo*) eigen; (*di lui*) sein; (*di lei, loro*) ihr; **vino di produzione -a** Wein *m* aus eigener Herstellung; **con le -ie mani** eigenhändig ② (*tipico*) bestimmt, besondere(r, s); **vero e ~** echt, wirklich ③ (*adatto*) eigen, eigentlich

**propugnare** [propuɲ'ɲa:re] *vt* verfechten **propugnatore, -trice** [propuɲ-ɲa'to:re] *m, f* Verfechter(in) *m(f)*

**propulsione** [propul'sio:ne] *f* ① (*fig: spinta*) Antrieb *m*, Aufschwung *m* ② (TEC) Antrieb *m* **propulsivo, -a** [propul'si:vo] *agg* treibend, Schub- **propulsore** [propul'so:re] *m* Triebwerk *nt*

**prora** ['prɔ:ra] *f* Bug *m*

**proroga** ['prɔ:roga] <-ghe> *f* Aufschub *m*, Verlängerung *f;* (*di termine*) Verschiebung *f;* (*di cambiale*) Prolongierung *f;* (*di pagamento*) Stundung *f* **prorogabile** [proro'ga:bile] *agg* aufschiebbar, verlängerbar **prorogare** [proro'ga:re] *vt* aufschieben, verlängern; (*pagamento*) stunden; (*termine*) verschieben

**prorompente** [prorom'pɛnte] *agg* ungestüm; (*gioia, forza*) unbändig **prorompere** [pro'rompere] <irr> *vi* hervorbrechen; **~ in lacrime** in Tränen ausbrechen

**prosa** ['prɔ:za] *f* (LIT) Prosa *f;* (*componimento*) Prosatext *m* **prosaico, -a** [pro'za:iko] <-ci, -che> *agg* ① (*fig, pej*)

nüchtern, prosaisch ❷ (LIT) prosaisch, Prosa- **prosatore, -trice** [proza'to:re] *m, f* Prosaschriftsteller(in) *m(f)*
**proscenio** [proʃ'ʃɛ:nio] <-i> *m* Proszenium *nt,* Vorbühne *f*
**prosciogliere** [proʃʃɔʎʎere] <irr> *vt* ❶ (*liberare*) befreien ❷ (JUR) freisprechen **proscioglimento** [proʃʃoʎʎi'mento] *m* ❶ (*liberazione*) Befreiung *f,* Lossprechung *f* ❷ (JUR) Freisprechung *f,* Freispruch *m*
**prosciolsi** *1. pers sing pass rem di* **prosciogliere**
**prosciolto** *pp di* **prosciogliere**
**prosciugamento** [proʃʃuga'mento] *m* ❶ (*il prosciugare*) Trockenlegung *f* ❷ (*inaridimento*) Austrocknung *f* **prosciugare** [proʃʃu'ga:re] I. *vt* (*terreno*) austrocknen; (*palude*) trocken legen II. *vr* -**rsi** trocken werden, austrocknen
**prosciutto** [proʃ'ʃutto] *m* Schinken *m*
**proscrissi** *1. pers sing pass rem di* **proscrivere**
**proscritto, -a** [pros'kritto] I. *pp di* **proscrivere** II. *agg* geächtet, verbannt III. *m, f* Verbannte(r) *f(m),* Geächtete(r) *f(m)* **proscrivere** [pros'kri:vere] <irr> *vt* ❶ (*esiliare*) verbannen, ächten ❷ (*fig*) verbieten, abschaffen **proscrizione** [proskrit'tsio:ne] *f* ❶ (HIST) Ächtung *f,* Proskription *f* ❷ (*esilio*) Verbannung *f* ❸ (*fig*) Abschaffung *f,* Verbot *nt*
**prosecco** [pro'sekko] <-chi> *m* Prosecco *m*
**prosecuzione** [prosekut'tsio:ne] *f* Fortsetzung *f,* Weiterführung *f*
**proseguimento** [prosegui'mento] *m* Fortsetzung *f,* Weiterführung *f;* **buon ~!** weiter so!, weiterhin alles Gute! **proseguire** [prose'gui:re] I. *vt* fortsetzen, weiterführen II. *vi* weitermachen; **~ in qc** etw fortsetzen
**proselito, -a** [pro'zɛ:lito] *m, f* Proselyt *m*
**prosieguo** [pro'siɛ:guo] *m* (ADM) Fortsetzung *f,* Folge *f;* **in ~ di tempo** in der Folgezeit
**prosindaco, -a** [pro'sindako] *m, f* stellvertretende(r) Bürgermeister(in) *m(f)*
**prosodia** [prozo'di:a] <-ie> *f* Prosodie *f*
**prosopopea** [prozopo'pɛ:a] *f* Blasiertheit *f*
**prosperare** [prospe'ra:re] *vi* gedeihen
**prosperità** [prosperi'ta] <-> *f* Wohlstand *m,* Gedeihen *nt* **prospero, -a** ['prɔspero] *agg* (*commercio*) blühend; (*paese*) wohlhabend, blühend; (*annata*) glücklich; (*sorte*) günstig **prosperoso, -a** [prospe'ro:so] *agg* (*commercio, regione*) blühend, wohlhabend

**prospettare** [prospet'ta:re] I. *vt* darstellen, darlegen II. *vr* -**rsi** sich darstellen
**prospettico, -a** [pros'pɛttiko] <-ci, -che> *agg* perspektivisch
**prospettiva** [prospet'ti:va] *f* ❶ (*tecnica*) Perspektive *f* ❷ (*vista*) Ausblick *m* ❸ (*fig*) Aussicht *f,* Perspektive *f* ❹ (*disegno*) perspektivische Zeichnung **prospettivismo** [prospetti'vizmo] *m* (KUNST) perspektivische Kunst
**prospetto** [pros'pɛtto] *m* ❶ (*tabella*) Übersicht *f,* Aufstellung *f* ❷ (*veduta*) [Vorder]ansicht *f* ❸ (*facciata*) Vorderseite *f* ❹ (*disegno*) Tabelle *f,* Schaubild *nt*
**prospiciente** [prospi'tʃɛnte] *agg* **~ qc** mit Blick auf etw *acc*
**prossimamente** [prossima'mente] *avv* (*fra breve*) in Kürze, demnächst; **~ su questo schermo** demnächst in diesem Kino
**prossimità** [prossimi'ta] <-> *f* Nähe *f;* **in ~ di** in der Nähe von
**prossimo** ['prɔssimo] *m* Nächste(r) *f(m)*
**prossimo, -a** *agg* ❶ (*vicino*) nächste(r, s); (*nel tempo*) kommend; **passato ~** (LING) Perfekt *nt;* **trapassato ~** (LING) Plusquamperfekt *nt;* **la -a volta** das nächste Mal; **ci vediamo venerdì ~** wir sehen uns nächsten Freitag ❷ (*parente*) nah[e] ❸ (*diretto*) unmittelbar, direkt
**prostata** ['prɔstata] *f* (ANAT) Prostata *f*
**prosternarsi** [proster'narsi] *vr* sich auf die Knie werfen
**prostituire** [prostitu'i:re] <prostituisco> I. *vt* prostituieren, verkaufen II. *vr* -**rsi** sich prostituieren, sich verkaufen **prostituta** [prosti'tu:ta] *f* Prostituierte *f*
**prostituto** [prosti'tu:to] *m* (*omosessuale che si prostituisce*) Strichjunge *m*
**prostituzione** [prostitut'tsio:ne] *f* Prostitution *f*
**prostrare** [pros'tra:re] I. *vt* ❶ (*fig: fiaccare*) schwächen, entkräften ❷ (*fig: umiliare*) erniedrigen, kränken II. *vr* -**rsi** ❶ (*gettarsi ai piedi*) sich auf die Knie werfen ❷ (*fig: umiliarsi*) kriechen, sich erniedrigen **prostrazione** [prostrat'tsio:ne] *f* ❶ (*depressione*) Niedergeschlagenheit *f* ❷ (*spossatezza*) Erschöpfung *f,* Ermattung *f*
**protagonismo** [protago'nizmo] *m* (*pej*) Geltungsdrang *m,* Profilsucht *f*
**protagonista** [protago'nista] <-i *m,* -e *f*> *mf* ❶ (FILM, THEAT) Hauptdarsteller(in) *m(f)* ❷ (LIT) Protagonist(in) *m(f)*
**proteggere** [pro'tɛddʒere] <proteggo, protessi, protetto> *vt* (*difendere*)

[be]schützen; (*soccorrere, garantire*) schützen

**proteggi-slip** [pro'tɛddʒizlip] <-> *m* Slipeinlage *f*

**proteico, -a** [pro'tɛːiko] <-ci, -che> *agg* eiweißhaltig, Eiweiß-

**proteiforme** [protei'forme] *agg* wandelbar, vielgestaltig

**proteina** [prote'iːna] *f* Protein *nt*, Eiweiß *nt*

**protendere** [pro'tɛndere] <irr> I. *vt* hin-, vor-, ausstrecken II. *vr* **-rsi** sich vorbeugen

**protervia** [pro'tɛrvia] <-ie> *f* Vermessenheit *f* **protervo, -a** [pro'tɛrvo] *agg* (*poet*) vermessen

**protesi**[1] [pro'teːsi] *1. pers sing pass rem di* **protendere**

**protesi**[2] ['prɔːtezi] <-> *f* (MED, LING) Prothese *f*

**proteso** *pp di* **protendere**

**protessi** [pro'tɛssi] *1. pers sing pass rem di* **proteggere**

**protesta** [pro'tɛsta] *f* ❶ (*disapprovazione*) Protest *m*; **per ~** aus Protest ❷ (*dichiarazione*) Bezeugung *f*, Beteuerung *f*

**protestante** [protes'tante] I. *agg* protestantisch II. *mf* Protestant(in) *m(f)* **protestantesimo** [protestan'teːzimo] *m* Protestantismus *m*

**protestare** [protes'taːre] I. *vt* ❶ (*sentimento*) bezeugen, beteuern ❷ (FIN: *cambiale*) zu Protest gehen lassen, protestieren; (COM: *merce*) beanstanden, reklamieren II. *vi* **~ [contro qc]** [gegen etw] protestieren **protestatario, -a** [protesta'taːrio] <-i, -ie> *agg* Protest- **protesto** [pro'tɛsto] *m* Protest *m*

**protettivo, -a** [protet'tiːvo] *agg* schützend, Schutz- **protetto, -a** [pro'tɛtto] I. *pp di* **proteggere** II. *m, f* Schützling *m*, Protegé *m* III. *agg* ❶ (*difeso*) Schutz-, geschützt ❷ (INFORM) **~ in scrittura** schreibgeschützt

**protettorato** [protetto'raːto] *m* ❶ (*tutela*) Protektorat *nt*, Schutzherrschaft *f* ❷ (*territorio*) Schutzgebiet *nt*, Protektorat *nt*

**protettore, -trice** [protet'toːre] I. *m, f* ❶ (*chi protegge*) [Be]schützer(in) *m(f)* ❷ (*chi favorisce*) Förderer *m*/Förderin *f*; (*di una persona amata*) Gönner(in) *m(f)* ❸ (*patrono*) [Schutz]patron(in) *m(f)*, Schutzheilige(r) *f(m)* ❹ (*sfruttatore di prostitute*) Zuhälter *m* II. *agg* [be]schützend, Schutz-; **santo ~** Schutzheilige(r) *m*; **società -trice degli animali** Tierschutzverein *m*, -verband *m* **protezione** [protet'tsioːne] *f* ❶ Schutz *m* ❷ (*pej: favoreg-*

*giamento*) Protektion *f*, Begünstigung *f* ❸ (*pej: superiorità*) Gönnerhaftigkeit *f*

**protezionismo** [protettsio'nizmo] *m* Protektionismus *m* **protezionista** [protettsio'nista] <-i *m*, -e *f*> I. *mf* Protektionist(in) *m(f)* II. *agg* protektionistisch **protezionistico, -a** [protettsio'nistiko] <-ci, -che> *agg* protektionistisch

**proto** ['prɔːto] *m* Faktor *m*

**protocollare** [protokol'laːre] I. *vt* protokollieren, ins Protokollbuch eintragen II. *agg* protokollarisch, Protokoll- **protocollo** [proto'kɔllo] *m* Protokoll *nt*; **carta [formato] ~** Kanzleipapier *nt*; **mettere a ~** protokollieren, zu Protokoll nehmen

**protomartire** [proto'martire] *mf* erste(r) Märtyrer(in) *m(f)*

**protone** [pro'toːne] *m* Proton *nt*

**protoplasma** [proto'plazma] *m* Protoplasma *nt*

**prototipo**[1] [pro'tɔːtipo] *m* ❶ (TEC) Prototyp *m* ❷ (*scherz*) Muster[stück] *nt*, Inbegriff *m* ❸ (*modello*) Urbild *nt*

**prototipo**[2] *agg* früher, Ur-

**protozoi** [protod'dzɔːi] *mpl* Protozoen *ntpl*

**protrarre** [pro'trarre] <irr> I. *vt* hinausziehen, in die Länge ziehen; (*differire*) aufschieben II. *vr* **-rsi** sich hinausziehen, sich in die Länge ziehen **protrazione** [protrat'tsioːne] *f* ❶ (*proroga*) Hinausschieben *nt* ❷ (*prolungamento*) Verlängerung *f*, Aufschub *m*

**protuberanza** [protube'rantsa] *f* Auswuchs *m*, Vorsprung *m*; (*sul naso*) Höcker *m*

**Prov.** *abbr di* **provincia** ≈ Reg. Bez.

**prova** ['prɔːva] *f* ❶ (*esame*) Prüfung *f*; **~ orale/scritta** mündliche/schriftliche Prüfung ❷ (*esperimento*) Test *m*, Probe *f*; **mettere qu alla ~** jdn auf die Probe stellen ❸ (*dimostrazione*) Beweis *m*, Nachweis *m*; (*testimonianza*) Beweis *m*, Zeugnis *nt*; **alla ~ dei fatti** anhand der Tatsachen; **fino a ~ contraria** bis zum Beweis des Gegenteils, bis zum Gegenbeweis ❹ (*esperienza*) Erfahrung *f* ❺ (JUR) Beweis *m* ❻ (*theat, mus*) Probe *f*; **~ generale** Generalprobe *f* ❼ (TYP: *di stampa*) [Korrektur]abzug *m*, [Korrektur]fahne *f* ❽ (SPORT) Wettkampf *m* **provabile** [pro'vaːbile] *agg* beweisbar, nachweisbar

**provapile** [prova'piːle] <-> *m* (TEC) Batterieprüfer *m*

**provare** [pro'vaːre] I. *vt* ❶ (*sperimentare*) probieren, versuchen; (TEC, SCIENT) testen; (*abito, scarpe*) anprobieren; **bisogna ~**

per credere man muss es selbst probieren, um es glauben zu können ❷ (*saggiare*) auf die Probe stellen, versuchen ❸ (*assaggiare*) probieren, kosten ❹ (*sentire*) empfinden, fühlen; (*dolore, simpatia, pietà*) haben ❺ (*cimentare*) prüfen ❻ (*dimostrare*) beweisen ❼ (MUS, THEAT, FILM) proben II. *vr* -**rsi** ❶ (*tentare*) versuchen, probieren; -**rsi a fare qc** versuchen, etw zu tun ❷ (*cimentarsi*) -**rsi in qc** sich in etw *dat* üben **provato, -a** [pro'va:to] *agg* ❶ (*fedele*) treu ❷ (*dimostrato*) erwiesen; (*rimedio*) [alt]bewährt; (TEC) erprobt ❸ (*estenuato*) heimgesucht, geprüft; (*stanco*) erschöpft

**provengo** *1. pers sing pr di* **provenire**

**provenienza** [prove'niɛntsa] *f* Herkunft *f*; (a. *fig*) Quelle *f* **provenire** [prove'ni:re] <irr> *vi essere* ❶ (*arrivare*) ~ **da** [her]kommen aus [*o* von] ❷ (*fig: trarre origine*) ~ **da qc** aus [*o* von] etw stammen

**provento** [pro'vɛnto] *m* Ertrag *m*

**provenuto** *pp di* **provenire**

**proverbiale** [prover'bja:le] *agg* (a. *fig*) sprichwörtlich **proverbio** [pro'vɛrbjo] <-i> *m* Sprichwort *nt*

**provetta** [pro'vetta] *f* Reagenzglas *nt*; **figlio in** ~ Retortenbaby *nt*

**provetto, -a** [pro'vetto] *agg* erfahren

**provider** <-*o* providers> *m* (INFORM: *Internet*) Provider *m*

**provincia** [pro'vintʃa] <-cie *o* -ce> *f* ❶ (ADM) Provinz *f* ❷ (*territorio*) Land *nt*; (*pej*) Provinz *f* **provinciale** [provin'tʃa:le] *agg* ❶ (ADM) Provinzial-, Provinz-; **strada** ~ Landstraße *f* ❷ (*pej*) provinziell, kleinstädtisch **provincialismo** [provintʃa'lizmo] *m* (a. *pej*) Provinzialismus *m* **provincialità** [provintʃali'ta] <-> *f* Provinzlertum *nt*, Provinzialität *f*

**provincializzare** [provintʃalid'dza:re] I. *vt* (ADM) provinzialisieren, an die Provinz abtreten II. *vr* -**rsi** (*pej*) zum Provinzler [*o* zur Provinzlerin] werden **provincializzazione** [provintʃaliddzat'tsjo:ne] *f* ❶ (ADM) Provinzialisierung *f* ❷ (*pej*) Provinziellwerden *nt*

**provino** [pro'vi:no] *m* ❶ (FILM) Probeaufnahme *f* ❷ (*campione*) Muster *nt*, Probe *f* ❸ (TEC, CHEM) Reagenzglas *nt*, Prüfglas *nt*

**provocante** [provo'kante] *agg* herausfordernd, provozierend; (*sessualmente*) aufreizend

**provocare** [provo'ka:re] *vt* ❶ (*cagionare*) hervorrufen, verursachen ❷ (*eccitare*) reizen, provozieren; (*sessualmente*) aufreizen ❸ (*muovere*) reizen, bewegen; (*pej: spingere*) aufstacheln **provocatore, -trice** [provoka'to:re] I. *agg* herausfordernd; **agente** ~ Agent *m* provocateur, Lockspitzel *m* II. *m, f* Provokateur(in) *m(f)*, Aufwiegler(in) *m(f)* **provocatorio, -a** [provoka'tɔ:rjo] <-i, -ie> *agg* herausfordernd, provozierend, provokativ **provocatrice** *f* v. **provocatore provocazione** [provokat'tsjo:ne] *f* Herausforderung *f*, Provokation *f*

**provola** ['prɔ:vola] *f* (*mer*) Provola *f* (*vorwiegend aus Büffelmilch hergestellter Käse*) **provolone** [provo'lo:ne] *m* Provolone *m* (*vorwiegend aus Kuhmilch hergestellter, birnenförmiger Käse*)

**provvedere** [provve'de:re] <irr> I. *vi* ~ **a qc** für etw sorgen II. *vt* ❶ (*fornire*) ~ **qu/qc di qc** jdn/etw mit etw versehen ❷ (*procurarsi*) besorgen, beschaffen III. *vr* -**rsi di qc** sich *dat* etw besorgen **provvedimento** [provvedi'mento] *m* Maßnahme *f*, Vorkehrung *f*

**provveditorato** [provvedito'ra:to] *m* Verwaltungsamt *nt*; ~ **agli studi** [Ober]schulamt *nt* **provveditore, -trice** [provvedi'to:re] *m, f* Amtsleiter(in) *m(f)*

**provvidenza** [provvi'dɛntsa] *f* ❶ (REL) [göttliche] Vorsehung *f* ❷ (*fig*) Glück *nt* ❸ *pl* (*provvedimento*) Vorsorge-, Versorgungsmaßnahmen *fpl* **provvidenziale** [provviden'tsja:le] *agg* ❶ (*opportuno*) willkommen, gelegen ❷ (*della divina provvidenza*) gottgewollt **provvidenzialità** [provvidentsjali'ta] <-> *f* Willkommensein *nt*, glückliche Fügung

**provvidi** *1. pers sing pass rem di* **provvedere**

**provvido, -a** ['prɔvvido] *agg* (*previdente*) vorsorglich; (*utile*) günstig; (*decisione*) weitsichtig

**provvigione** [provvi'dʒo:ne] *f* Provision *f*, Vermittlungsgebühr *f*

**provvisorietà** [provvizorie'ta] <-> *f* Vorläufigkeit *f* **provvisorio, -a** [provvi'zɔ:rjo] <-i, -ie> *agg* vorläufig, vorübergehend; (*governo, lavoro*) Übergangs-

**provvista** [prov'vista] *f* Vorrat *m*, Versorgung *f*; **fare** ~ **di qc** sich mit etw eindecken

**provvisto, -a** [prov'visto] I. *pp di* **provvedere** II. *agg* **essere** ~ **di qc** mit etw versehen sein

**prozio, -a** [prot'tsi:o] *m, f* Großonkel *m*/Großtante *f*

**prua** ['pru:a] *f* Bug *m*

**prudente** [pru'dɛnte] *agg* ❶ (*persona*) vorsichtig ❷ (*azione, comportamento*)

umsichtig, überlegt **prudenza** [pru-'dɛntsa] *f* Vorsicht *f*, Umsicht *f*; **guidare con ~** vorsichtig fahren; **la ~ non è mai troppa** (*prov*) Vorsicht ist die Mutter der Porzellankiste, sicher ist sicher
**prudenziale** [pruden'tsia:le] *agg* Vorsichts-; **misure -i** Vorsichtsmaßnahmen *fpl*
**prudere** ['pru:dere] <*manca il pp*> *vi* jucken; **mi prude la schiena/il naso** mir [*o* mich] juckt der Rücken/die Nase
**pruderie** [pry'dri] <-> *f* Prüderie *f*
**prugna** ['pruɲɲa] *f* Pflaume *f* **prugnola** ['pruɲɲola] *f* Schlehe *f*
**prunaio** [pru'na:io] <-ai> *m* Dornengestrüpp *nt*
**pruno** ['pru:no] *m* ❶ (BOT) Dornbusch *m* ❷ (*spina*) Dorn *m*
**prurigine** [pru'ri:dʒine] *f* Jucken *nt* **pruriginoso, -a** [pruridʒi'no:so] *agg* ❶ (MED) juckend ❷ (*fig*) aufreizend, [sexuell] erregend
**prurito** [pru'ri:to] *m* Jucken *nt*, Juckreiz *m*
**Prussia** ['prussia] *f* Preußen *nt* **prussiano, -a** [prus'sia:no] I. *agg* preußisch II. *m, f* Preuße *m*/Preußin *f*
**prussico, -a** ['prussiko] <-ci, -che> *agg* **acido ~** Blausäure *f*
**PS** ❶ *abbr di* **Pubblica Sicurezza** unbewaffnete Sicherheitspolizei ❷ *abbr di* **postscriptum** PS
**psammoterapia** [psammotera'pi:a] *f* (MED) Psammotherapie *f* **psammoterapico, -a** [psammote'ra:piko] <-ci, -che> *agg* psammotherapeutisch; **cura -a** Psammotherapie *f*
**PSd'A** *abbr di* **Partito Sardo d'Azione** sardische Aktionspartei
**PSDI** *m* (HIST) *abbr di* **Partito Socialista Democratico Italiano** sozialdemokratische Partei Italiens
**psefologia** [psefolo'dʒi:a] *f* ❶ (POL: *gener*) Wahlstatistik *f* ❷ (POL: *spostamenti degli elettori*) Wählerwanderungen *fpl*
**pseudepigrafia** [pseudepigra'fi:a] *f* (LIT) fälschliche Autorenzuordnung
**pseudoanglicismo** [pseudoaŋgli'tʃizmo] *m* (LING) Pseudoanglizismus *m*, englisches Lehnwort mit veränderter Bedeutung
**pseudoanglismo** [pseudoaŋ'glizmo] *m* Pseudoanglizismus *m*
**pseudocultura** [pseudokul'tu:ra] *f* Halbbildung *f*
**pseudoermafroditismo** [pseudoermafrodi'tizmo] *m* (BIOL) Scheinzwitter *m*

**pseudofrancese** [pseudofran'tʃe:se] *agg* (LING) pseudofranzösisch
**pseudogravidanza** [pseudogravi'dantsa] *f* (MED) Scheinschwangerschaft *f*
**pseudoinglese** [pseudoiŋ'gle:se] *agg* (LING) pseudoenglisch
**pseudonimo** [pseu'dɔ:nimo] *m* Pseudonym *nt*, Deckname *m*
**PSI** *m* (HIST) *abbr di* **Partito Socialista Italiano** sozialistische Partei Italiens
**psicanalisi** [psika'na:lizi] *f* Psychoanalyse *f*
**psicanalista** [psikana'lista] <-i *m*, -e *f*> *mf* Psychoanalytiker(in) *m(f)* **psicanalitico, -a** [psikana'li:tiko] <-ci, -che> *agg* psychoanalytisch **psicanalizzare** [psikanalid'dza:re] *vt* psychoanalytisch behandeln, psychoanalysieren, eine Psychoanalyse vornehmen bei
**psiche** ['psi:ke] *f* Psyche *f*
**psichedelico, -a** [psike'dɛ:liko] <-ci, -che> *agg* psychedelisch
**psichiatra** [psi'kia:tra] <-i *m*, -e *f*> *mf* Psychiater(in) *m(f)* **psichiatria** [psikia'tri:a] <-ie> *f* Psychiatrie *f* **psichiatrico, -a** [psi'kia:triko] <-ci, -che> *agg* psychiatrisch **psichiatrizzare** [psikiatrid'dza:re] *vt* ❶ (*trattare con i metodi della psicoterapia*) einer Psychotherapie unterziehen ❷ (*problematizzare in termini psichiatrici*) psychiatrisch interpretieren **psichiatrizzazione** [psikiatriddzat'tsio:ne] *f* (PSIC) psychiatrische Interpretation aller Abweichungen von der sozialen Norm
**psichico, -a** ['psi:kiko] <-ci, -che> *agg* psychisch
**psicobiofisico, -a** [psikobio'fi:ziko] <-ci, -che> *agg* psychobiologisch
**psicodidattica** [psikodi'dattika] <*sing*> *f* (PSIC) psychologische Didaktik
**psicodramma** [psiko'dramma] *m* ❶ (PSIC) Psychodrama *nt* ❷ (*fig: situazione di conflittualità esasperata*) Nervenkrieg *m*
**psicofarmaco** [psiko'farmako] *m* Psychopharmakon *nt* **psicofarmacologia** [psikofarmakolo'dʒi:a] *f* (MED, PSIC) Psychopharmakologie *f* **psicofarmacologico, -a** [psikofarmako'lɔ:dʒiko] <-ci, -che> *agg* psychopharmakologisch
**psicogeno, -a** [psi'kɔ:dʒeno] *agg* psychogen, psychisch bedingt
**psicografologia** [psikografolo'dʒi:a] *f* Graphologie *f* **psicografologo, -a** [psikogra'fɔ:logo] <-gi, -ghe> *m, f* Grafologe *m*/Grafologin *f*
**psicogramma** [psiko'gramma] <-i> *m* Psychogramm *nt*

**psicolabile** [psiko'la:bile] *agg* psychisch labil

**psicolinguistica** [psikoliŋ'guistika] <*sing*> *f* (LING) Psycholinguistik *f* **psicolinguistico, -a** [psikoliŋ'guistiko] <-ci, -che> *agg* psycholinguistisch; **disciplina -a** Psycholinguistik *f*

**psicologa** *f v.* **psicologo**

**psicologia** [psikolo'dʒi:a] <-gie> *f* Psychologie *f;* ~ **del profondo** Tiefenpsychologie *f* **psicologico, -a** [psiko'lɔ:dʒiko] <-ci, -che> *agg* ❶ (SCIENT) psychologisch ❷ (*dell'anima*) seelisch, psychisch **psicologistico, -a** [psikolo'dʒistiko] *agg* psychologistisch **psicologo, -a** [psi'kɔ:logo] <-gi, -ghe> *m, f* Psychologe *m*/Psychologin *f*

**psicometria** [psikome'tri:a] <-ie> *f* Psychometrie *f*

**psicomotricista** [psikomotri'tʃista] <-i *m*, -e *f*> *mf* (PSIC) Therapeut(in) *m(f)* für Psychomotorik

**psicopatico, -a** [psiko'pa:tiko] <-ci, -che> I. *agg* psychopathisch II. *m, f* Psychopath(in) *m(f)* **psicopatologia** [psikopatolo'dʒi:a] *f* Psychopathologie *f* **psicopatologico, -a** [psikopato'lɔ:dʒiko] <-ci, -che> *agg* psychopathologisch

**psicopedagogico, -a** [psikopeda'gɔ:dʒiko] <-ci, -che> *agg* (PSIC) psychagogisch

**psicosessualità** [psikosessuali'ta] <-> *f* (PSIC) Sexualpsychologie *f*

**psicosi** [psi'kɔ:zi] <-> *f* Psychose *f;* ~ **collettiva** Massenpsychose *f;* ~ **degli esami** Prüfungsangst *f*

**psicosociale** [psikoso'tʃa:le] *agg* psychosozial

**psicosociologia** [psikosotʃolo'dʒi:a] <*sing*> *f* (SOC, PSIC) Sozialpsychologie *f* **psicosociologo, -a** [psikoso'tʃɔ:logo] <-gi, -ghe> *m, f* (SOC, PSIC) Spezialist(in) *m(f)* der Sozialpsychologie

**psicosomatico, -a** [psikoso'ma:tiko] <-ci, -che> *agg* psychosomatisch **psicosomatizzare** [psikosomatid'dza:re] *vt* somatisieren, psychische Konflikte somatisch werden lassen

**psicoterapia** [psikotera'pi:a] *f* Psychotherapie *f* **psicoterapico, -a** [psikote'ra:piko] <-ci, -che> *agg* psychotherapeutisch **psicoterapista** [psikotera'pista] <-i *m*, -e *f*> *mf* Psychotherapeut(in) *m(f)*

**psicotico, -a** [psi'kɔ:tiko] <-ci, -che> *agg* psychotisch

**psoriasi** [pso'ri:azi] <-> *f* Schuppenflechte *f,* Psoriasis *f*

**pss, pst** [ps] *int* ❶ (*per imporre silenzio*) pst ❷ (*per imporre attenzione*) he, hallo, pst

**PT** *abbr di* **Poste e Telecomunicazioni** *italienisches Post- und Fernmeldewesen*

**PTP, P.T.P.** *abbr di* **Posto Telefonico Pubblico** Münzfernsprecher *m,* öffentliches Telefon

**P.T.P.**

**puah** [puah] *int* pfui, igitt; ~ **che schifo!** pfui, wie ekelhaft!

**pub** [pʌb *o* pab] <- *o* pubs> *m* Pub *m,* Kneipe *f*

**pubblicano** [pubbli'ka:no] *m* (HIST) Zöllner *m*

**pubblicare** [pubbli'ka:re] *vt* veröffentlichen, herausgeben **pubblicazione** [pubblikat'tsio:ne] *f* ❶ (*il pubblicare*) Veröffentlichung *f,* Herausgabe *f* ❷ (*opera*) Veröffentlichung *f,* Publikation *f* ❸ *pl* (*di matrimonio*) Aufgebot *nt;* **fare le -i** das Aufgebot bestellen **pubblicista** [pubbli'tʃista] <-i *m*, -e *f*> *mf* ❶ (LIT) Publizist(in) *m(f)* ❷ (JUR) Staatsrechtler(in) *m(f)* **pubblicistica** [pubbli'tʃistika] <-che> *f* ❶ (*attività*) Publizistik *f* ❷ (JUR) Staatsrecht *nt,* Staatsrechtslehre *f* **pubblicistico, -a** [pubbli'tʃistiko] <-ci, -che> *agg* ❶ (LIT) publizistisch ❷ (JUR) des öffentlichen Rechts, staatsrechtlich

**pubblicità** [pubblitʃi'ta] <-> *f* ❶ (*propaganda*) Werbung *f,* Reklame *f* ❷ (*diffusione*) Verbreitung *f* **pubblicitario, -a** [pubblitʃi'ta:rio] <-i, -ie> I. *agg* Werbe- II. *m, f* Werbefachmann *m*/-fachfrau *f* **pubblicizzare** [pubblitʃid'dza:re] *vt* bewerben, werben für

**pubblico** ['pubbliko] *m* Öffentlichkeit *f,* Allgemeinheit *f;* (*spettatori, lettori, ascoltatori*) Publikum *nt*

**pubblico, -a** <-ci, -che> *agg* öffentlich; (*dello Stato*) Staats-, staatlich; (*della collettività*) [All]gemein-; ~ **funzionario** Beamte(r) *m;* **agente di -a sicurezza** Polizeibeamte(r) *m*/-beamtin *f;* **i servizi -ci** der öffentliche Dienst; **-che relazioni** Public Relations *pl,* Öffentlichkeitsarbeit *f*

**pubblivoro, -a** [pub'bli:voro] *m, f* Werbespot-Fan *m*

**pube** ['pu:be] *m* Schambein *nt*

**puberale** [pube'ra:le] *agg* pubertär, Pubertäts- **pubertà** [puber'ta] <-> *f* Pubertät *f*

**public company** ['pʌblik 'kʌmpani] <- *o* public companies> *f* (FIN) Börsenaktiengesellschaft *f* **public relations** ['pʌblik ri'leiʃanz *o* 'pablik re'leʃonz] *fpl* Public Relations *pl*

**publiredazionale** [publiredattsio'na:le] I. *agg* die Schleichwerbung betreffend II. *m* Schleichwerbung *f* in Zeitschriften und Zeitungen

**pudibondo, -a** [pudi'bondo] *agg* (*poet*) schamhaft

**pudicizia** [pudi'tʃittsia] <-ie> *f* Schamhaftigkeit *f*

**pudico, -a** [pu'di:ko] <-chi, -che> *agg* (*persona*) schamhaft; (*sguardo, bacio*) verschämt

**pudore** [pu'do:re] *m* ① (*vergogna*) Scham *f* ② (*pudicizia*) Schamhaftigkeit *f*; (*discrezione*) Verschämtheit *f* **puericultore, -trice** [puerikul'to:re] *m, f* Säuglingspfleger(in) *m(f)* **puericultura** [puerikul'tu:ra] *f* Säuglingspflege *f*

**puerile** [pue'ri:le] *agg* ① (*età*) Kindes-, Kinder- ② (*pej*) kindisch, albern **puerilità** [puerili'ta] <-> *f* (*a. pej*) Albernheit *f*, Kinderei *f*

**puerpera** [pu'ɛrpera] *f* Wöchnerin *f* **puerperale** [puerpe'ra:le] *agg* (*febbre*) Kindbett- **puerperio** [puer'pɛ:rio] <-i> *m* Wochenbett *nt*

**pugilato** [pudʒi'la:to] *m* Boxsport *m*, Boxen *nt* **pugile** ['pu:dʒile] *m* Boxer *m* **pugilistico, -a** [pudʒi'listiko] <-ci, -che> *agg* Box-

**Puglia** ['puʎʎa] *f* Apulien *nt*

**pugliese**[1] [puʎ'ʎe:se] <*sing*> *m* (*dialetto*) apulischer Dialekt

**pugliese**[2] I. *mf* (*abitante*) Apulier(in) *m(f)* II. *agg* apulisch

**pugnalare** [puɲɲa'la:re] *vt* erdolchen, erstechen **pugnalata** [puɲɲa'la:ta] *f* Dolchstoß *m* **pugnale** [puɲ'ɲa:le] *m* Dolch *m*

**pugno** ['puɲɲo] *m* ① (*mano chiusa*) Faust *f*; **avere qc in ~** (*fig*) sich *dat* einer Sache *gen* sicher sein, etw im Griff haben; **mostrare il ~** [*o* **i -i**] mit der Faust drohen; **essere [come] un ~ in un occhio** (*fig*) wie die Faust aufs Auge passen ② (*colpo*) Faustschlag *m*; **fare a -i** sich prügeln; (*fig: colori*) sich beißen; **venire a -i** aneinandergeraten, mit den Fäusten aufeinander losgehen ③ (*quantità*) Handvoll *f*

**puh** [phu] *int* pfui

**pula** ['pu:la] *f* ① (*di cereali*) Spreu *f* ② (*sl: polizia*) Polente *f*, Bullen *mpl*

**pulce** ['pultʃe] *f* Floh *m*; **mercato delle -i** Flohmarkt *m*; **mettere una ~ nell'orecchio a qu** jdm einen Floh ins Ohr setzen **pulciaio** [pul'tʃa:io] <-ciai> *m* ① (*zoo*) Flohnest *nt* ② (*pej*) Schweinestall *m fam*

**Pulcinella** [pultʃi'nɛlla] <-> *m* (*maschera*) Pulcinella *m*

**pulcino** [pul'tʃi:no] *m* (*zoo*) Küken *nt*; **sembrare un ~ bagnato** dastehen wie ein begossener Pudel

**pulcioso, -a** [pul'tʃo:so] *agg* voller Flöhe

**puledro, -a** [pu'le:dro] *m, f* Fohlen *nt*, Füllen *nt*

**puleggia** [pu'leddʒa] <-gge> *f* Riemenscheibe *f*, Rollenzug *m*

**pulire** [pu'li:re] <pulisco> I. *vt* sauber machen; (*casa, scarpe*) putzen; (*strada*) reinigen II. *vr* **-rsi i denti** [sich *dat*] die Zähne putzen; **-rsi il naso** [sich *dat*] die Nase putzen; **-rsi la bocca** [sich *dat*] den Mund abwischen

**puliscivetri** [puliʃʃi've:tri] <-> I. *mf* (*pulivetri, lavavetri*) [Auto]scheibenputzer(in) *m(f)* II. *m* (*fam: tergicristallo*) Scheibenwischer *m*

**pulita** [pu'li:ta] *f* [schnelle] Reinigung *f*

**pulito** [pu'li:to] *m* ① (*l'essere pulito*) Saubere(s) *nt*, Reine(s) *nt* ② (*bella copia*) Reinschrift *f*

**pulito, -a** *agg* ① (*cose, mani, viso, a. fig*) sauber, rein ② (*persone*) sauber, gepflegt ③ (*fig*) anständig; (*faccenda, affari*) sauber; (*coscienza*) rein; (*barzelletta*) anständig, stubenrein *fam* ④ (*fam fig: senza denaro*) blank, abgebrannt **pulitrice** [puli'tri:tʃe] *f* ① (TEC) Poliermaschine *f* ② (AGR) Dreschmaschine *f* **pulitura** [puli'tu:ra] *f* Reinigung *f*, Säuberung *f*; **~ a secco** Trockenreinigung *f*

**pulivetri** [puli've:tri] <-> *mf v.* **puliscivetri** **pulizia** [pulit'tsi:a] <-ie> *f* (*azione*) Säuberung *f*, Reinigung *f*; **donna delle -ie** Putzfrau *f*; **fare le -ie** sauber machen, putzen; **fare ~** (*fig*) aufräumen, Ordnung schaffen; **~ etnica** ethnische Säuberung

**pullman** ['pulman] <-> *m* [Reise]bus *m*

**pullover** [pul'ɔ:ver] <-> *m* Pullover *m*

**pullulare** [pullu'la:re] *vi* ① (*insetti, persone*) wimmeln ② (*fig*) sprießen

**pulmino** [pul'mi:no] *m* Kleinbus *m*

**pulmistico, -a** [pul'mistiko] <-ci, -che> *agg* Bus-, mit dem Bus

**pulpito** ['pulpito] *m* Kanzel *f*; **montare** [*o* **salire**] **sul ~** (*fig*) [Moral]predigten halten, predigen; **senti da che ~ viene la predica!** (*fam*) ausgerechnet er/sie will eine Moralpredigt halten!

**pulsante** [pul'sante] I. *m* [Druck]taste *f*, Drücker *m*; **~ del campanello** Klingelknopf *m* II. *agg* pulsierend

**pulsare** [pul'sa:re] *vi* (*cuore*) klopfen, po-

chen; (sangue, a. fig) pulsieren **pulsazione** [pulsat'tsjo:ne] f Pulsschlag m
**pulviscolo** [pul'viskolo] m Staub m
**puma** ['pu:ma] <-> m Puma m
**pummarola** [pumma'rɔ:la] f (napol)
① (pomodoro) Tomate f, Paradeiser m A
② (salsa) Tomatensoße f
**punch** [pʌntʃ] <-> m Punsch m
**pungente** [pun'dʒɛnte] agg ① (freddo) beißend ② (spina, insetto) stechend ③ (fig: risposta, critica) bissig; (desiderio) brennend; (pensiero, curiosità) quälend
**pungere** ['pundʒere] <pungo, punsi, punto> vt ① (spina, insetto) stechen; (ortica) brennen; (barba) kratzen; (freddo) beißen ② (fig: parole, offesa) stechen, treffen; (desiderio) brennen; (pensiero, curiosità) quälen
**pungiglione** [pundʒiʎ'ʎo:ne] m Stachel m
**pungolare** [puŋgo'la:re] vt ① (buoi, muli) antreiben ② (fig: stimolare) anspornen
**pungolo** ['puŋgolo] m ① (bastone) Ochsenziemer m ② (fig) Stachel m
**punibile** [pu'ni:bile] agg strafbar
**punire** [pu'ni:re] <punisco> vt [be]strafen
**punitivo, -a** [puni'ti:vo] agg Straf-, strafend **punizione** [punit'tsjo:ne] f Strafe f, Bestrafung f; **per ~** zur Strafe; **tiro di ~** Strafstoß m
**punk** [pʌŋk] <-> mf Punk m, Punker(in) m(f)
**punsi** ['punsi] 1. pers sing pass rem di **pungere**
**punta** ['punta] f ① (estremità) Spitze f; (GEOG: cima) Spitze f, Gipfel m; (della costa) Landzunge f; **ore di ~** Spitzenzeit f, Stoßzeiten fpl; **cappello a tre -e** Dreispitz m; **~ del naso** Nasenspitze f; **camminare in ~ di piedi** auf Zehenspitzen gehen; **fare la ~ ad una matita** einen Bleistift spitzen; **terminare a ~** spitz zulaufen; **prendere qu di ~** (fig) jdm entschieden widersprechen ② (massima intensità) Maximum nt, Höchstmaß nt ③ (quantità minima) Kleinigkeit f; (GASTR) Idee f, Prise f; (fig) Hauch m ④ (SPORT) Angriffsspieler m, Spitze f
**puntale** [pun'ta:le] m Zwinge f; (NAUT) Stütze f; (dell'ombrello) Spitze f
**puntamento** [punta'mento] m Zielen nt, Zielortung f
**puntare** [pun'ta:re] I. vt ① (appoggiare) stemmen, stützen; **~ i piedi per terra** (fig) sich hartnäckig sträuben ② (dirigere) zielen, richten; **~ il dito verso qu** mit dem Finger auf jdn zeigen ③ (cane) aufspüren ④ (scommettere) setzen; **~ qc su qc** etw auf etw acc setzen; **~ sul cavallo perdente** (fig) auf das falsche Pferd setzen II. vi ① (dirigersi) **~ su** [o a] qc auf etw acc zuhalten ② (fig) **~ su qc** auf etw acc setzen, mit etw rechnen

**puntasecca** [punta'sekka] <puntesecche> f Kaltnadelradierung f
**puntaspilli** [puntas'pilli] <-> m Nadelkissen nt
**puntata** [pun'ta:ta] f ① (gita) Abstecher m ② (scommessa) Einsatz m ③ (MIL, SPORT) Vorstoß m ④ (colpo di punta) Stoß m mit der Spitze ⑤ (fascicolo) [Nach]lieferung f, Ergänzungslieferung f ⑥ (TV, RADIO) Folge f, Fortsetzung f; **a -e** in Fortsetzungen, mehrteilig
**puntatore** [punta'to:re] m (INFORM) Cursor m
**puntatore, -trice** [punta'to:re] m, f ① (scommettitore) Wetter(in) m(f) ② (MIL) Richtschütze m/-schützin f
**punteggiare** [punted'dʒa:re] vt ① (lamiera, linea) lochen, punktieren ② (fig) **~ qc di qc** etw mit etw durchsetzen **punteggiatura** [puntedd ʒa'tu:ra] f ① (LING) Interpunktion f ② (macchiettatura) Tüpfelung f
**punteggio** [pun'teddʒo] <-ggi> m Punktzahl f, Wertung f
**puntellamento** [puntella'mento] m [Ab]stützung f
**puntellare** [puntel'la:re] vt ① (sostenere) [ab]stützen ② (fig: tesi) untermauern **puntellatura** [puntella'tu:ra] f [Ab]stützung f
**puntello** [pun'tɛllo] m (a. fig) Stütze f
**punteria** [punte'ri:a] <-ie> f ① (MOT) Stößel m ② (MIL) Richten nt
**punteruolo** [punte'rwɔ:lo] m (del calzolaio) Ahle f; (del meccanico) Körner m
**puntesecche** pl di **puntasecca**
**puntiforme** [punti'forme] agg punktartig
**puntiglio** [pun'tiʎʎo] <-gli> m Eigensinn m, Starrsinn m **puntiglioso, -a** [puntiʎ'ʎo:so] agg verbohrt, eigensinnig
**puntina** [pun'ti:na] f ① (da giradischi) Nadel f, Saphirnadel f ② (da disegno) Reißzwecke f ③ (chiodino) Stift m
**puntinatore** [puntina'to:re] m (TEC) Lochstreifenstanzer m
**puntinatura** [puntina'tu:ra] f (KUNST) Pointillismus m
**puntinistico, -a** [punti'nistiko] <-ci, -che> agg (KUNST) pointillistisch
**puntino** [pun'ti:no] m Pünktchen nt; **-i di sospensione** Auslassungspunkte mpl;

**mettere i -i sulle i** (*fig*) Klarheit in die Sache bringen; (*di persona*) ein Pedant sein
**punto**[1] ['punto] *pp di* **pungere**
**punto**[2] *m* ① (*gener* MAT, MUS, PHYS, TYP, TEC) Punkt *m;* ~ **esclamativo/interrogativo** Ausrufe-/Fragezeichen *nt;* **-i di sospensione** Auslassungspunkte *mpl;* ~ **e virgola** Strichpunkt *m*, Semikolon *nt;* **due -i** Doppelpunkt *m;* ~ **di fusione/ebollizione** Schmelz-/Siedepunkt *m;* **-i neri** Mitesser *mpl;* **i -i cardinali** die Himmelsrichtungen *fpl;* **messa a ~** (TEC) Einstellung *f,* Justierung *f;* **alle tre in ~** Punkt drei [Uhr]; ~ **e basta!** (*fam*) basta!, punktum! ② (*nel cucito*) Stich *m;* (*a maglia*) Masche *f;* ~ **croce/erba** Kreuz-/Stielstich *m;* **dare un ~ a qc** etw schnell übernähen ③ (MED: *metallo*) Klammer *f;* (*filo*) Faden *m;* (*operazione*) Stich *m* ④ (*argomento*) Frage *f,* Punkt *m,* Sache *f;* ~ **di vista** Stand-, Gesichtspunkt *m;* ~ **a favore** Pluspunkt *m;* **venire al ~** zur Sache kommen; **questo è il ~** das ist das Problem ⑤ (*istante*) [Zeit]punkt *m*, Augenblick *m;* ~ **culminante** Höhepunkt *m;* **essere sul ~ di …**, im Begriff sein, zu …; **in ~ di morte** in der Todesstunde, dem Tod nahe; **ad un certo ~** dann auf einmal, unversehens; **fino a questo ~** bis hierher; **di ~ in bianco** auf einmal, ganz plötzlich ⑥ (*ricapitolazione*) Zusammenfassung *f,* Überblick *m;* **fare il ~** (NAUT) die Position bestimmen; **fare il ~ su una questione** ein Problem rekapitulieren; **fare il ~ della situazione** eine Situation schildern, es auf den Punkt bringen ⑦ (*luogo*) Punkt *m,* Stelle *f;* ~ **debole** wunder Punkt, Schwachstelle *f;* ~ **di assistenza** Servicestation *f;* ~ **di vendita** Verkaufsstelle *f,* -büro *nt;* ~ **di ritrovo** Treffpunkt *m* ⑧ (*voto*) Punkt *m*, Note *f*
**puntone** [pun'to:ne] *m* Strebe *f*
**puntuale** [puntu'a:le] *agg* pünktlich; (*esatto*) genau **puntualità** [puntuali'ta] <-> *f* Pünktlichkeit *f;* (*esattezza*) Genauigkeit *f*
**puntualizzare** [puntualid'dza:re] *vt* präzisieren, umreißen **puntualizzazione** [puntualiddzat'tsio:ne] *f* Präzisierung *f*
**puntura** [pun'tu:ra] *f* ① (MED) Punktion *f* ② (*fam*) Spritze *f,* Injektion *f* ③ (*di ago, zanzara, spina*) Stich *m* ④ (*dolore*) Stechen *nt* ⑤ (*fig*) Stich *m*
**puntuto, -a** [pun'tu:to] *agg* spitz
**punzecchiamento** [puntsekkia'mento] *m* Sticheln *nt*, Stichelei *f*
**punzecchiare** [puntsek'kia:re] *vt* ① (*pungere*) stechen ② (*fig: provocare*) sticheln
**punzecchiatura** [puntsekkia'tu:ra] *f* ① (*puntura*) [leichter] Stich *m* ② (*fig*) Stichelei *f*
**punzonare** [puntso'na:re] *vt* stanzen
**punzonatrice** [puntsona'tri:tʃe] *f* Stanzmaschine *f,* Stanze *f* **punzonatura** [puntsona'tu:ra] *f* Stanzen *nt* **punzone** [pun'tso:ne] *m* Prägestempel *m,* Punze *f*
**può** ['puɔ] *3. pers sing pr di* **potere**[1]
**puoi** ['puɔːi] *2. pers sing pr di* **potere**[1]
**pupa** ['pu:pa] *f* (*fam fig: ragazza*, ZOO) Puppe *f*
**pupattola** [pu'pattola] *f* (*fam: bambola*) Puppe *f;* (*fig, pej: donna*) Püppchen *nt*
**pupazzo** [pu'patso] *m* ① (*fantoccio*) Puppe *f* ② (*fig*) Hampelmann *m*
**pupilla** [pu'pilla] *f* ① (ANAT) Pupille *f* ② (*occhio*) Auge *nt*, Augapfel *m* ③ (*fig*) Augenstern *m*
**pupillare** [pupil'la:re] *agg* ① (ANAT) Pupillen- ② (JUR) Mündel-
**pupillo, -a** [pu'pillo] *m, f* ① (JUR) Mündel *nt* ② (*fam*) Liebling *m*
**pupinizzare** [pupinid'dza:re] *vt* (TEC) mit Induktanzrollen [*o* Drosselwiderständen] versehen
**pupo** ['pu:po] *m* ① (*burattino*) sizilianische Marionette ② (*fam: bambino*) Bübchen *nt,* Kindchen *nt*
**pur** *v.* **pur(e)**
**pura** *f v.* **puro**
**puramente** [pura'mente] *avv* lediglich, bloß
**purché** [pur'ke] *cong* + *conj* wenn … [nur]
**purchessia** [purkes'si:a] <inv> *agg* irgendein, beliebig
**pure** ['pu:r] I. *cong* ① (*anche se*) auch wenn, obwohl, wenn … auch ② (*tuttavia*) doch, dennoch II. *avv* ① (*anche*) auch, ebenso ② (*proprio*) wirklich ③ (*rafforzativo*) doch ④ (*esortativo*) nur, ruhig; **faccia ~!** nur zu!, bitte sehr!
**purè** [pu'rɛ] <-> *m,* **purea** [pu'rɛ:a] *f* Püree *nt*
**purezza** [pu'rettsa] *f* Reinheit *f;* (*regolarità*) Feinheit *f,* Korrektheit *f*
**purga** ['purga] <-ghe> *f* Abführmittel *nt*
**purgante** [pur'gante] I. *m* Abführmittel *nt* II. *agg* büßend, Fegefeuer-
**purgare** [pur'ga:re] I. *vt* ① (MED) ~ **qu** jdm ein Abführmittel geben ② (*pulire*) reinigen, säubern ③ (POL) säubern II. *vr* **-rsi** ① (MED) ein Abführmittel [ein]nehmen ② (*fig*) rein [gewaschen] werden, sich rein waschen **purgativo, -a** [purga'ti:vo] *agg*

**purgato**, **-a** [pur'ga:to] *agg* (LIT: *stile*) rein; (*edizione*) purgiert
**purgatorio** [purga'tɔ:rio] <-i> *m* Fegefeuer *nt*
**purificare** [purifi'ka:re] I. *vt* ① (*depurare*) klären, reinigen ② (*fig*) läutern, rein waschen II. *vr* **-rsi** ① (*diventare puro*) rein werden ② (*fig*) geläutert werden **purificatore**, **-trice** [purifika'to:re] I. *agg* rein waschend, reinigend II. *m*, *f* Reiniger(in) *m(f)* **purificazione** [purifikat'tsio:ne] *f* ① (*depurazione*) Reinigung *f*, Klärung *f* ② (*fig*) Reinwaschung *f*, Läuterung *f*
**purismo** [pu'rizmo] *m* Purismus *m* **purista** [pu'rista] <-i *m*, -e *f*> *mf* Purist(in) *m(f)* **puristico**, **-a** [pu'ristiko] <-ci, -che> *agg* puristisch
**purità** [puri'ta] <-> *f* Reinheit *f*, Lauterkeit *f*
**puritana** *f v.* **puritano**
**puritanesimo** [purita'ne:zimo] *m* Puritanismus *m* **puritano**, **-a** [puri'ta:no] I. *agg* puritanisch II. *m*, *f* Puritaner(in) *m(f)*
**puro**, **-a** ['pu:ro] *agg* ① (*vino, acqua, alcol, aria*) rein; (*animali*) reinrassig ② (*solo*) pur; **il ~ necessario** das Allernötigste ③ (*fig*) rein; **per ~ caso** aus purem Zufall
**purosangue** [puro'saŋgue] I. <inv> *agg* ① (*cavallo*) vollblütig, reinrassig ② (*fig, scherz*) echt, Vollblut- II. <-> *mf* Vollblut[pferd] *nt*
**purpureo**, **-a** [pur'pu:reo] *agg* purpurn, purpurfarben
**purtroppo** [pur'trɔppo] *avv* leider
**purulento**, **-a** [puru'lɛnto] *agg* eit[e]rig, eiternd **purulenza** [puru'lɛntsa] *f* Eiterung *f*, Eiter *m*
**pus** [pus] *m* Eiter *m*
**push up** ['puʃʌp] <-> *m* Push-up-BH *m*
**pusillanime** [puzil'la:nime] I. *agg* duckmäuserisch II. *mf* Duckmäuser *m* **pusillanimità** [puzillanimi'ta] <-> *f* Duckmäuserei *f*, Duckmäusertum *nt*
**pustola** ['pustola] *f* Pustel *f* **pustoloso**, **-a** [pusto'lo:so] *agg* pustulös
**putacaso**, **puta caso** [puta'ka:zo] *avv* et-
wa, zufällig; **~ che ... +*conj*** gesetzt den Fall, dass ...
**putativo**, **-a** [puta'ti:vo] *agg* vermeintlich
**putiferio** [puti'fɛ:rio] <-i> *m* Geschrei *nt*, Gezänk *nt*; (*fig*) Durcheinander *nt*
**putredine** [pu'trɛ:dine] *f* Fäulnis *f*
**putrefare** [putre'fa:re] <irr> I. *vi essere* faulen, verwesen II. *vr* **-rsi** faulen, verwesen **putrefazione** [putrefat'tsio:ne] *f* ① (*decomposizione*) Verwesung *f*, Fäulnis *f* ② (*fig*) Zersetzung *f*, Verderbtheit *f*
**putrefeci** *1. pers sing pass rem di* **putrefare**
**putrella** [pu'trɛlla] *f* Eisenträger *m*
**putrescente** [putreʃ'ʃɛnte] *agg* faulend, verwesend **putrescenza** [putreʃ'ʃɛntsa] *f* Verwesung *f*, Fäulnis *f*
**putrido**, **-a** ['pu:trido] *agg* ① (*marcio*) faul, verwest ② (*fig*) verderbt, zersetzt
**putsch** [putʃ] <-> *m* (POL, MIL) Putsch *m*
**puttana** [put'ta:na] *f* (*vulg*) Hure *f*, Nutte *f* **puttanesco**, **-a** [putta'nesko] <-schi, -sche> *agg* (*vulg*) huren-, dirnenhaft; **spaghetti alla -a** Spaghetti mit Tomatensoße, Sardellen, Kapern und schwarzen Oliven **puttaniere** [putta'niɛ:re] *m* (*vulg*) Hurenbock *m*; (*scherz: dongiovanni*) Schürzenjäger *m*
**putto** ['putto] *m* Putte *f*
**puzza** ['puttsa] *f* (*dial*) Gestank *m*; **avere la ~ sotto il naso** hochnäsig sein **puzzare** [put'tsa:re] *vi* ① (*fare puzzo*) stinken, übel riechen; **~ di qc** nach etw stinken; **gli puzza il fiato** er riecht aus dem Mund, er hat Mundgeruch ② (*fig: essere sospetto*) stinken ③ (*fam: non interessare*) pfeifen auf
**puzzle** ['pʌzəl *o* 'patsle] <-> *m* Puzzle *nt*
**puzzo** ['puttso] *m* Gestank *m* **puzzola** ['puttsola] *f* Iltis *m*; (*fig*) Stinktier *nt*
**puzzolente** [puttso'lɛnte] *agg* stinkend **puzzone**, **-a** [put'tso:ne] *m*, *f* (*dial, fam*) Stinker *m*/Stinktier *nt*; (*fig*) Widerling *m*/Schwein *nt*
**P.za** *abbr di* **Piazza** Pl.

# Q q

**Q, q** [ku] <-> f Q, q nt; **q come quarto** Q wie Quelle

**q** abbr di **quintale** dz

**QCER** [kutʃie'ɛrre] m abbr di **Quadro Comune Europeo di Riferimento per le lingue** GER m

**QI** [ku'i:] abbr di **quoziente d'intelligenza** IQ m

**qua** [kua] I. avv ① (stato) da, hier; **di ~ von hier** [aus]; **essere più di là che di ~** (fig) mehr tot als lebendig sein ② (moto) hierher, her; **dà qua** her, her damit; **andare di ~ e di là** hin und her gehen; **per di ~** hier durch, in dieser Richtung; **vieni ~** komm her!; **~ i soldi!** (fam) her mit dem Geld! fam, Geld her! ③ (preceduto da questo) da, hier ④ (temporale) **da quando in ~?** (fam) seit wann?; **da un anno in ~** seit einem Jahr II. <-> m Quaken nt III. int quak quak

**quaderneria** [kuaderne'ri:a] f Heftsortiment nt, Auswahl f an Heften

**quaderno** [kua'dɛrno] m [Schreib-, Schul]heft nt; (in bibliografia) Heft nt, Nummer f; **~ a quadretti/a righe** kariertes/lini[i]ertes Heft; **~ formato A4** DIN-A4-Heft nt

**quadrangolare** [kuadraŋgo'la:re] agg ① (MAT) viereckig ② (SPORT) Vier[er]- **quadrangolo** [kua'draŋgolo] m Viereck nt **quadrangolo, -a** agg viereckig

**quadrante** [kua'drante] m ① (di orologio) Zifferblatt nt; (di bussola) Kompassquadrant m ② (MAT) Quadrant m, Viertelkreis m

**quadrare** [kua'dra:re] I. vt avere (MAT) quadrieren, ins Quadrat erheben II. vi essere o avere ① (corrispondere) **~ con qc** mit etw übereinstimmen ② (fam fig: piacere) passen, liegen ③ (conti, calcoli) stimmen **quadratico, -a** [kua'dra:tiko] <-ci, -che> agg quadratisch, Quadrat-

**quadrato** [kua'dra:to] m ① (MAT: quadrangolo) Quadrat nt; (potenza) Quadrat nt, zweite Potenz; **7 al ~** 7 hoch zwei; **elevare un numero al ~** eine Zahl quadrieren [o ins Quadrat erheben] ② (SPORT: pugilato) Ring m **quadrato, -a** agg ① (forma) quadratisch, viereckig ② (fig: solido) stabil, kräftig; (equilibrato) ausgeglichen, ausgewogen ③ (MAT) Quadrat-

**quadratura** [kuadra'tu:ra] f (MAT, ASTR) Quadratur f

**quadrettare** [kuadret'ta:re] vt karieren, kästeln **quadrettatura** [kuadretta'tu:ra] f ① (suddivisione) Karieren nt, Kästeln nt ② (reticolato) Kästchenmuster nt

**quadretto** [kua'dretto] m ① (piccolo quadro) kleines Bild, Skizze f ② (piccolo quadrato) Kästchen nt; (di cioccolata) Stück nt ③ (fig: scena) nette [o lebhafte] Szene

**quadricromia** [kuadrikro'mi:a] <-ie> f Vierfarbendruck m

**quadridimensionale** [kuadridimensio'na:le] agg vierdimensional **quadridimensionalità** [kuadridimensionali'ta] <-> f Vierdimensionalität f

**quadriennale** [kuadrien'na:le] I. agg ① (che dura quattro anni) vierjährig ② (che ricorre ogni quattro anni) vierjährlich II. f Quadriennale f **quadriennalità** [kuadriennali'ta] <-> f vierjährige Dauer, vierjährliche Wiederkehr **quadriennio** [kuadri'ɛnnio] <-i> m Zeitraum m von vier Jahren, Quadriennium nt

**quadrifoglio** [kuadri'fɔʎʎo] <-gli> m ① (BOT) vierblätt[e]riges Kleeblatt ② (di strada) **raccordo a ~** Kleeblatt nt

**quadrigemino, -a** [kuadri'dʒɛ:mino] agg Vierlings-

**quadriglia** [kua'driʎʎa] <-glie> f Quadrille f

**quadrilatero** [kuadri'la:tero] m ① (MAT) Viereck nt ② (configurazione) viereckige Form **quadrilatero, -a** agg viereckig, vierseitig, Vierseiten-

**quadrilingue** [kuadri'liŋgue] <inv> agg viersprachig; **la Svizzera ~** die viersprachige Schweiz; **il documento ~** ein Papier in vier Sprachen; **una persona ~** jemand, der vier Sprachen spricht

**quadrimestralità** [kuadrimestrali'ta] <-> f viermonatiger Zeitraum **quadrimestre** [kuadri'mɛstre] m ① (periodo) Zeitraum m von vier Monaten ② (di scuola) Hälfte f des Schuljahres [von viermonatiger Dauer]

**quadrimotore** [kuadrimo'to:re] m viermotoriges Flugzeug

**quadripartire** [kuadripar'ti:re] <quadripartisco> vt durch vier teilen, vierteln

**quadripartito** [kuadripar'ti:to] m Vierparteienregierung f **quadripartito, -a** agg ① (POL) Vierparteien- ② (di quattro contraenti) Vierer-; **accordo ~** Viererabkom-

men *nt;* **patto ~** Viermächtepakt *m* ❸ (*diviso in quattro*) viergeteilt
**quadripartizione** [kuadripartit'tsio:ne] *f* Teilung *f* in vier Teile, Vierteilung *f*
**quadripolarità** [kuadripolari'ta] *f* (TEC) Vierpoligkeit *f*
**quadrisillabico, -a** [kuadrisil'la:biko] <-ci, -che> *agg* (*parola*) viersilbig
**quadrisillabo, -a** [kuadri'sillabo] I. *agg* viersilbig II. *m* ❶ (*parola*) viersilbiges Wort ❷ (*verso*) viersilbiger Vers
**quadrista** [kua'drista] <-i *m*, -e *f*> *mf* (TEC) Kontrolleur(in) *m(f)* von Steuersystemen
**quadrivio** [kua'dri:vio] <-i> *m* [Straßen]kreuzung *f*
**quadro** ['kua:dro] *m* ❶ (*dipinto*) Bild *nt*, Gemälde *nt* ❷ (*quadrato*) Viereck *nt;* **a -i** kariert ❸ (*fig: descrizione*) Bild *nt*, Beschreibung *f;* (*scena*) Szene *f*, Anblick *m;* **fare un ~ della situazione** die Situation schildern ❹ (*fig: prospetto*) Tabelle *f*, Übersicht *f* ❺ (*fig: ambito*) Rahmen *m;* **nel ~ dei nuovi accordi** im Rahmen der neuen Vereinbarungen ❻ (THEAT) Bild *nt;* (FILM) [Film]szene *f*, Einstellung *f;* (TV) [Fernseh]bild *nt* ❼ (TEC) Tafel *f*, Brett *nt* ❽ *pl* (POL, MIL) Führung[sschicht] *f*, Kader *mpl;* (ADM) Führungskräfte *fpl;* (SPORT) Kader *m;* **-i amministrativi** leitende Angestellte *mpl;* **-i direttivi** Führungskräfte *fpl* ❾ *pl* (*di carte da gioco*) Karo *nt* **quadro, -a** *agg* ❶ (*quadrato*) quadratisch, [vier]eckig ❷ (MAT) Quadrat-; **metro/centimetro ~** Quadratmeter *m* o *nt/*-zentimeter *m* o *nt*
**quadrumvirato, quadrunvirato** [kuadrunvi'ra:to] *m* ❶ (POL) Vierergremium *nt* ❷ (HIST) Quadrumvirat *nt* **quadrunviro, quadrunviro** [kua'drunviro] *m* Mitglied *nt* eines Vierergremiums
**quadrupede** [kua'dru:pede] I. *m* Vierfüß[l]er *m* II. *agg* vierbeinig, vierfüßig
**quadruplicare** [kuadrupli'ka:re] I. *vt avere* ❶ (MAT) mit vier multiplizieren ❷ (*fig*) vervierfachen II. *vi essere* um ein Vierfaches ansteigen [*o* sich vermehren] III. *vr* **-rsi** sich vervierfachen **quadruplice** [kua'dru:plitʃe] *agg* Vierfach-, vierfach [ausgeführt] **quadruplo** ['kua:druplo] *m* Vierfache(s) *nt* **quadruplo, -a** *agg* vierfach, viermal so groß

**quaggiù** [kuad'dʒu] *avv* ❶ (*qua in basso: stato*) hier [*o* da] unten; (*moto*) hier herunter, hinunter ❷ (*sulla terra*) auf Erden, hienieden *poet;* (*al sud*) hier unten [im Süden]

**quaglia** ['kuaʎʎa] <-glie> *f* Wachtel *f*
**qual** [kual] *v.* **quale**
**qualche** ['kualke] <inv, solo al sing> *agg* ❶ (*alcuni*) einige; **~ minuto/ora/mese** einige Minuten/Stunden/Monate; **~ volta** manchmal ❷ (*uno*) ein(e), irgendein(e); **in ~ modo** irgendwie ❸ (*un certo*) ein(e) gewisse(r, s); **~ cosa** *v.* **qualcosa**
**qualcheduno** [kualke'du:no] *pron indef v.* **qualcuno**
**qualcosa** [kual'kɔ:sa] <inv> *pron indef* etwas; **~ di grande** etwas Großes; **~ come cinquanta euro** so ungefähr fünfzig Euro; **è già ~** das ist doch [immerhin] schon etwas
**qualcuno, -a** [kual'ku:no] <solo al sing> *pron indef* ❶ (*alcuni*) einige, welche *fam* ❷ (*uno: riferito a persone*) [irgend]jemand, [irgend]eine(r); (*riferito a cose*) irgendeine(r, s) ❸ (*persona importante*) jemand [Besonderer]
**quale** ['kua:le] <*davanti a consonante spesso* qual> I. *agg* ❶ (*interrogativo*) welche(r, s), was für ein(e); **qual è il tuo libro preferito?** welches ist dein Lieblingsbuch? ❷ (*esclamativo*) welch ein(e), was für ein(e); **ma -i vacanze: sono pieno di lavoro!** von wegen Ferien: ich habe einen Haufen Arbeit! ❸ (*come*) wie; **è tale ~ te l'ho descritto** er ist so, wie ich ihn dir beschrieben habe II. *pron inter* welche(r, s) III. *pron rel* ❶ der ..., welcher/die ..., welche/das ..., welches *geh,* der ..., der/die ..., die/das ..., das *geh;* **il bambino del ~ t'ho accennato** das Kind, das ich dir gegenüber [bereits] erwähnt habe ❷ (*come*) wie, wie zum Beispiel; **erbe, -i la menta e l'ortica** Kräuter wie Minze und Brennnessel IV. *avv* als, wie; **in certo qual modo** gewissermaßen, irgendwie; **tale e ~ sua madre** (*fam*) ganz die Mutter; **non tanto per la ~** (*fam: persona*) nicht ganz in Ordnung; (*lavoro*) nicht so, wie es sein sollte, nicht regulär
**qualifica** [kua'li:fika] <-che> *f* ❶ (*titolo*) Titel *m*, Bezeichnung *f* ❷ (*doti professionali*) Qualifikation *f*, Eignung *f* ❸ (*giudizio*) Beurteilung *f* **qualificante** [kualifi'kante] *agg* ❶ (*che attribuisce una qualifica*) qualifizierend ❷ (*fig: saliente*) wichtig, bemerkenswert **qualificare** [kualifi'ka:re] I. *vt* ❶ (*definire*) bezeichnen, kennzeichnen; (*con giudizio*) beurteilen ❷ (*preparare*) qualifizieren, befähigen; (*professionalmente*) aus-, weiterbilden II. *vr* **-rsi** ❶ (*definirsi*) sich bezeichnen [als] ❷ (*ottenere una qualifica*) sich qualifizie-

ren [als], anerkannt werden [als] ❸ (SPORT) sich qualifizieren **qualificativo, -a** [kualifika'ti:vo] *agg* ❶ (LING) Eigenschafts-; **aggettivo ~** Eigenschaftswort *nt* ❷ (*che serve a qualificare*) qualifizierend **qualificato, -a** [kualifi'ka:to] *agg* ❶ (*operaio, tecnico*) gelernt, qualifiziert; **operaio ~** Facharbeiter *m* ❷ (*esperto*) erfahren, fähig; (*dotato*) geeignet, begabt ❸ (*fig: famiglia, persona*) vornehm, distinguiert **qualificazione** [kualifikat'tsio:ne] *f* ❶ (*qualifica*) Qualifikation *f*, Qualifizierung *f* ❷ (*titolo*) Titel *m*

**qualità** [kuali'ta] <-> *f* ❶ (*gener*) Qualität *f*; **prodotti di ~** Qualitätsware *f*, Qualitätserzeugnisse *ntpl*; **di ~** von Qualität; **di prima ~** erstklassig; **di ~ superiore** hochwertig ❷ (*dote*) Begabung *f*, Gabe *f* ❸ (*varietà*) Sorte *f*, Qualität *f* **qualitativo, -a** [kualita'ti:vo] *agg* ❶ (*valutazione, differenza*) qualitativ, Qualitäts- ❷ (CHEM) qualitativ

**qualora** [kua'lo:ra] *cong* +*conj* falls, wenn **qualsiasi** [kual'si:asi] <inv, solo al sing> *agg* jeder/jede/jedes [beliebige], jeglicher/jegliche/jegliches; **vieni un giorno ~** komm an irgendeinem Tag; **a ~ prezzo** um jeden Preis

**qualunque** [kua'luŋkue] <inv, solo al sing> *agg* ❶ (*ogni, ciascuno*) jeder/jede/jedes [beliebige], jeglicher/jegliche/jegliches; **a ~ costo** zu jedem Preis ❷ (*uno qualsiasi*) irgendein/irgendeine/irgendein, ein gewöhnlicher/eine gewöhnliche/ein gewöhnliches; **in ~ modo** wie auch immer; **l'uomo ~** der Mann von der Straße; **è una persona ~** er/sie ist eine Person wie jede andere ❸ (*relativo*) welcher/welche/welches [auch immer], was [auch immer]

**qualunquismo** [kualuŋ'kuizmo] *m* „Jedermann"-Bewegung *f* **qualunquista** [kualuŋ'kuista] <-i *m*, -e *f*> *mf* unpolitischer Mensch **qualunquistico, -a** [kualuŋ'kuistiko] <-ci, -che> *agg* (POL) der Qualunquisten, qualunquistisch

**quando** ['kuando] I. *avv* ❶ (*interrogativo*) wann; **per ~?** [für] wann?, bis wann?; **da ~?** seit wann?; **di ~?** von wann?, aus welcher Zeit?; **fino a ~?** bis wann?, wie lange noch? ❷ (*relativo*) als, wenn; **di ~ in ~** ab und zu, dann und wann II. *cong* ❶ (*temporale, col passato*) als; (*col presente ed il futuro*) wenn, sobald; **quand'ecco che ...** da, als plötzlich ... ❷ (*tutte le volte che*) wenn, jedes Mal [o immer] wenn ❸ (*mentre*) während, aber ❹ (*poiché*) da, wenn ❺ +*conj* (*condizionale*) wenn, falls ❻ (*esclamativo*) wenn; **~ si dice la fortuna!** wenn das kein Glück ist! III. *m* Wann *nt*

**quantificare** [kuantifi'ka:re] *vt* bestimmen, quantifizieren *geh* **quantificatore, -trice** [kuantifika'to:re] I. *agg* den Quantor betreffend II. *m* Quantor *m* **quantificazione** [kuantifikat'tsio:ne] *f* Quantifikation *f*, Festlegung *f*

**quantistico, -a** [kuan'tistiko] <-ci, -che> *agg* Quanten-; **teoria/meccanica -a** Quantentheorie *f*/-mechanik *f*

**quantità** [kuanti'ta] <-> *f* ❶ (PHYS) Menge *f*, Quantität *f* ❷ (*gran numero*) [große] Menge *f*; **in ~** in Hülle und Fülle **quantitativo, -a** [kuantita'ti:vo] I. *agg* ❶ (*di quantità*) quantitativ, mengenmäßig ❷ (CHEM) quantitativ II. *m* Menge *f*, Anzahl *f*

**quanto** ['kuanto] I. *m* (PHYS) Quant *nt*; **teoria dei -i** Quantentheorie *f* II. *avv* ❶ (*interrogativo*) wie viel; (*tempo*) wie lang[e]; (*distanza*) wie weit ❷ (*esclamativo*) wie [sehr], so viel ❸ (*nella misura che*) so viel ... als, so viel ... dass; **per ~ io ne sappia** soviel ich weiß ❹ (*come*) wie; **tanto ... ~ ...** [genau]so [*o* ebenso] ... wie ...; (*sia ... sia ...*) als auch ..., ... so wie ...; **per ~** +*conj* wie [sehr] auch, so [sehr] auch; **~ mai** überaus, mehr denn je; **~ prima** so bald wie möglich **quanto, -a** I. *agg* ❶ (*interrogativo*) wie viel; **~ [tempo] dura lo spettacolo?** wie lange dauert die Vorstellung?; **-i anni hai?** wie alt bist du?; **-i ne abbiamo oggi?** der Wievielte ist heute? ❷ (*esclamativo*) wie viel, so viel ❸ (*nella quantità che*) so viel ... wie; **compra -e cartoline vuoi** kauf so viele Postkarten, wie du willst; **tutti -i** alle miteinander, allesamt ❹ (*quello che*) **da ~ ho capito** so viel ich verstanden habe II. *pron inter* wie viel(e); **~ costa?, quant'è?** was [*o* wie viel] kostet das? III. *pron rel* ❶ was ❷ *pl* (*coloro che*) [alle] die ❸ (*con partitivo*) etwas [von]

**quantunque** [kuan'tuŋkue] *cong* +*conj* wenn auch, obwohl

**qua qua** [kua k'kua] *v.* **qua²**

**quaranta** [kua'ranta] I. *num* vierzig II. <-> *m* Vierzig *f*; *v. a.* **cinquanta**

**quarantena** [kuaran'tɛ:na] *f* ❶ (MED) Quarantäne *f*; **fare la ~** unter Quarantäne stehen; **mettere in ~** (MED) unter Quarantäne stellen; (*fig: comunicazione*) sperren ❷ (*periodo*) vierzig Tage

**quarantenne** [kuaran'tɛnne] I. *agg* vierzigjährig II. *mf* Vierzigjährige(r) *f(m)* **quarantennio** [kuaran'tɛnnio] <-i> *m* Zeitraum *m* von vierzig Jahren, vierzig Jahre *ntpl*

**quarantesimo** [kuaran'tɛ:zimo] *m* (*frazione*) Vierzigstel *nt*, vierzigster Teil **quarantesimo, -a** I. *agg* vierzigste(r, s) II. *m, f* Vierzigste(r, s) *mfnt* **quarantina** [kuaran'ti:na] *f* **una ~** [**di ...**] [etwa] vierzig [...]; **essere sulla ~** an [*o* um] die vierzig sein

**quarantotto** [kuaran'tɔtto] I. *num* achtundvierzig II. <-> *m* ❶ (*numero*) Achtundvierzig *f* ❷ (*fam fig: confusione*) Durcheinander *nt,* Wirrwarr *m;* **fare un ~** (*fam*) Krach schlagen

**quarantott'ore** [kuarantɔt'to:re] <-> *f* Handköfferchen *nt*

**quaresima** [kua're:zima] *f* Fastenzeit *f* **quaresimale** [kuarezi'ma:le] *agg* Fasten-, Fastenzeit-

**quarta** ['kuarta] *f* ❶ (*classe*) vierte Klasse; (*alla scuola superiore*) vorletztes Schuljahr ❷ (MOT) vierter Gang; **partire in ~** (*fig*) loslegen *fam* ❸ (MUS) Quart(e) *f*

**quartana** [kuar'ta:na] *f* Viertagefieber *nt,* Quartan|a| *f*

**quartetto** [kuar'tetto] *m* Quartett *nt*

**quartiere** [kuar'tiɛ:re] *m* ❶ (*di città*) Viertel *nt,* Stadtteil *m* ❷ (MIL) Quartier *nt;* **~ generale** Hauptquartier *nt*

**quartierino** [kuartie'ri:no] *m* ❶ *dim di* **quartiere** [Stadt]viertel *nt* ❷ (*tosc: piccolo alloggio*) kleines Apartment

**quartina** [kuar'ti:na] *f* ❶ (LIT) Vierzeiler *m,* vierzeilige Strophe ❷ (MUS) Quartole *f*

**quartino** [kuar'ti:no] *m* ❶ (*fam: di vino*) Viertel *nt,* Viertelliter *m* ❷ (*quarta parte*) Viertel *nt*

**quarto** ['kuarto] *m* (*frazione, quantità*) Viertel *nt,* vierter Teil; **~ d'ora** Viertelstunde *f;* **sono le tre e un ~** es ist Viertel nach drei [Uhr]; **il ~ d'ora accademico** das akademische Viertel; **i -i di finale** das Viertelfinale *nt;* **un ~ di vino** ein Viertel *nt* Wein **quarto, -a** I. *agg* vierte(r, s); **-a malattia** leichte Form von Scharlach II. *m, f* Vierte(r, s) *f(m, nt); v. a.* **quinto**

**quarzifero, -a** [kuar'tsi:fero] *agg* quarzhaltig

**quarzo** ['kuartso] *m* Quarz *m*

**quasi** ['kua:zi] I. *avv* ❶ (*circa*) ungefähr, etwa ❷ (*pressoché*) fast, beinahe ❸ (*forse*) wohl ❹ (*come se fosse*) gleichsam, beinahe II. *cong* + *conj* ~ [**che**] als ob

**quasi flagranza** ['kua:zi fla'grantsa] <-> *f* (JUR) Verhaftung *f* in flagranti

**quasi gol** ['kua:zi gɔl] <-> *m* (SPORT) Beinahe-Tor *nt*

**quassù** [kuas'su] *avv* ❶ (*qua in alto: stato*) hier [*o* da] oben; (*moto*) [hier]herauf, [hier]hinauf ❷ (*al nord*) hier oben [im Norden] ❸ (*in montagna*) hier oben [in den Bergen]

**quaterna** [kua'tɛrna] *f* (*nel lotto, nella tombola*) Quaterne *f,* Vierergewinn *m*

**quaternario, -a** [kuater'na:rio] <-i, -ie> *agg* ❶ (*verso*) viersilbig ❷ (GEOL) quartär

**quatto, -a** ['kuatto] *agg* ❶ (*chinato e basso*) geduckt, gebückt ❷ (*zitto zitto*) ganz still, sachte

**quattordicenne** [kuattordi'tʃɛnne] I. *agg* vierzehnjährig II. *mf* Vierzehnjährige(r) *f(m)*

**quattordicesima** [kuattordi'tʃezima] *f* (*retribuzione*) vierzehntes Monatsgehalt **quattordicesimo** [kuattordi'tʃezimo] *m* (*frazione*) Vierzehntel *nt*

**quattordicesimo, -a** I. *agg* vierzehnte(r, s) II. *m, f* Vierzehnte(r, s) *f(m, nt); v. a.* **quinto quattordici** [kuat'torditʃi] I. *num* vierzehn II. <-> *m* ❶ (*numero*) Vierzehn *f* ❷ (*nelle date*) Vierzehnte(r) *m* III. *fpl* vierzehn Uhr; *v. a.* **cinque**

**quattrino** [kuat'tri:no] *m* ❶ (*moneta spicciola*) Heller *m,* Pfennig *m* ❷ *pl* (*denari*) Geld *nt;* **avere un sacco di -i** (*fam*) Geld wie Heu haben, steinreich sein

**quattrinoso, -a** [kuattri'no:so] *agg* (*fam*) betucht; **una persona -a** eine betuchte Person

**quattro** ['kuattro] I. *num* vier II. *agg* (*fig: pochi*) ein paar, wenig; **gridare ai ~ venti** in alle Welt hinausposaunen; **spargere qc ai ~ venti** etw in alle Winde [*o* Himmelsrichtungen] verstreuen; **dirne ~ a qu** jdm die Meinung sagen; **parlare a quattr'occhi con qu** mit jdm unter vier Augen sprechen; **fare ~ chiacchiere** schwätzen; **fare ~ passi** einen kleinen Spaziergang machen; **fare ~ salti** das Tanzbein schwingen; **fare il diavolo a ~** einen Höllenlärm machen; **farsi in ~ per qu** sich für jdn krummlegen [*o* zerreißen] *fam;* **in ~ e quattr'otto** im Handumdrehen, im Nu III. <-> *m* ❶ (*numero*) Vier *f* ❷ (*nelle date*) Vierte(r) *m* ❸ (*voto scolastico*) ≈ mangelhaft, ungenügend ❹ (SPORT) Vierer *m* IV. *fpl* vier Uhr; *v. a.* **cinque**

**quattrocchi, quattr'occhi** [kuat'trɔkki] *avv* **a ~** unter vier Augen

**quattrocentesco, -a** [kuattrotʃen'tesko] <-schi, -sche> *agg* das fünfzehnte Jahrhundert betreffend **quattrocentista** [kuattrotʃen'tista] <-i *m,* -e *f*> *mf* ❶ (*ar-*

*tista*) Künstler(in) *m(f)* des Quattrocento ❷ (SPORT) Vierhundert-Meter-Läufer(in) *m(f)*; (*nuotatore*) Vierhundert-Meter-Schwimmer(in) *m(f)* **quattrocento** [kuattro'tʃɛnto] I. *num* vierhundert II. <-> *m* Vierhundert *f*; **il Quattrocento** das fünfzehnte Jahrhundert; (*nell'arte italiana*) das Quattrocento

**quattroesettanta** [kuattroeset'anta] <*sing*> *m* Segelbootsklasse für 2 Personen

**quattromila** [kuattro'mi:la] I. *num* viertausend II. <-> *m* Viertausend *f*

**quello, -a** ['kuello] I. <quel, quell', quei, quegli> *agg* ❶ (*persona, animale, cosa lontana*) jene(r, s), der, die, das (da) ❷ (*persona, animale, cosa già nota*) jene(r, s), der, die, das ❸ (*tale*) solche(r, s), derartige(r, s) II. *pron dim* ❶ (*persona, animale, cosa lontana*) jene(r, s), der, die, das (da) ❷ (*colui, ciò*) der, die, das; (*quel*)jenige, der [*o* welcher]; **di ~ che ...** als ...; **tutto ~ che ...** [all] das, was ...; **per quel che ne so io** soviel ich [darüber] weiß ❸ (*uomo*) der [Mann]; (*donna*) die [Frau]; **una di -e** (*pej*) eine von der Straße; **arriva ~ dei gelati** der Eisverkäufer kommt ❹ (*abitanti*) Einwohner *mpl*, Bewohner *mpl*

**querceto** [kuer'tʃe:to] *m* Eichenwald *m*

**quercia** ['kuɛrtʃa] <-ce> *f* ❶ (BOT) Eiche *f*, Eichenbaum *m*; **forte** [*o* **saldo**] **come una ~** bärenstark, unerschütterlich [*o* unverwüstlich] wie eine Eiche ❷ (*legno*) Eiche *f*, Eichenholz *nt* ❸ **la Quercia** (POL) Symbol der linksdemokratischen Partei Italiens PDS

**Quercia** ['kuertʃa] <*sing*> *f* (POL: *simbolo del PDS*) italienische Sozialisten *fpl*

**querela** [kue'rɛ:la] *f* Klage *f*; **sporgere ~ contro qu** gegen jdn Klage erheben, jdn verklagen **querelabile** [kuere'la:bile] *agg* (JUR) verklagbar **querelante** [kuere'lante] *mf* Kläger(in) *m(f)* **querelare** [kuere'la:re] *vt* verklagen, Klage erheben gegen **querelato, -a** [kuere'la:to] *m, f* Beklagte(r) *f(m)*, Angeklagte(r) *f(m)*

**quesito** [kue'zi:to] *m* Frage *f*, Problem *nt*

**quest** [kwest] <- *o* quests> *f* Ermittlung *f*, Untersuchung *f*

**questionare** [kuestio'na:re] *vi* ❶ (*discutere*) **~ di qc** [über] etw *acc* diskutieren ❷ (*litigare*) **~ con qu su qc** mit jdm über etw *acc* streiten

**questionario** [kuestio'na:rio] <-i> *m* Fragenkatalog *m*; (*foglio relativo*) Fragebogen *m*

**questione** [kues'tio:ne] *f* ❶ (*problema, disputa*, POL, SOC, HIST) Problem *nt*, Frage *f*;

**essere fuori ~** außer Frage stehen ❷ (*controversia*) Streitfrage *f* ❸ (*litigio*) Auseinandersetzung *f*, Streit *m* ❹ (*faccenda*) Angelegenheit *f*, Sache *f*; **la ~ meridionale** die süditalienische Frage; **~ d'onore** Ehrensache *f*; **è ~ di un minuto** es ist eine Sache von einer Minute; **è ~ di vita o di morte** es geht um Leben und Tod

**questo, -a** ['kuesto] I. *agg* ❶ (*persona, animale, cosa vicina*) diese(r, s), der, die, das (hier); **in ~ momento** soeben, in diesem Augenblick; **quest'oggi** heute; **uno di -i giorni** in den nächsten Tagen ❷ (*persona, animale, cosa nota*) diese(r, s), der/die/das ❸ (*simile*) derartige(r, s), solche(r, s), so ein(e) II. *pron dim* ❶ (*persona, animale, cosa vicina*) diese(r, s), dies, das [hier] ❷ (*ciò*) dies, das; **~ mai** niemals; **~ no/sì** das nicht/schon; **senti -a!** hör dir das an!; **in ~** darin; **per ~** deshalb, deswegen; **su ~** darüber; **con ~** damit, mit diesen Worten; **con tutto ~** nichtsdestoweniger, trotz alledem; **a ~ siamo arrivati!** (*fam*) so weit sind wir [also] gekommen!; **-a proprio non ci voleva!** (*fam*) das hat gerade noch gefehlt!; **-a sì che è bella!** (*fam*) das ist ja allerhand! ❸ (*quanto segue*) dies, folgendes

**questore** [kues'to:re] *m* Polizeipräsident *m*, Polizeichef *m*

**questua** ['kuɛstua] *f* Almosensammeln *nt*; (*in chiesa*) Kollekte *f* **questura** [kues'tu:ra] *f* Amt *nt* des Polizeipräsidenten; (*sede*) Polizeipräsidium *nt*, Polizei *f*; **andare in ~** zur Polizei gehen **questurino** [kuestu'ri:no] *m* (*fam*) Schutzmann *m*, Büttel *m*, Bulle

**qui** [kui] *avv* ❶ (*stato*) hier, da; **di ~ in avanti** (*spazio*) von hier an; (*tempo*) von jetzt an; **~ dentro/fuori/sopra/sotto/vicino** hier drinnen/draußen/oben/unten/in der Nähe ❷ (*moto*) hierher, [da]her; **da ~** von hier aus; **di ~** von hier [aus]; **per di ~** hier durch, hier [herum]; **fin ~** (*locale*) bis hierhin; (*temporale*) bis jetzt; **~ dentro/fuori/sopra/sotto/vicino** hier hinein/heraus/herauf/herunter/in die Nähe ❸ (*preceduto da questo*) hier, da

**quiescenza** [kuieʃ'ʃɛntsa] *f* Ruhestand *m*, Pension *f*

**quietanza** [kuie'tantsa] *f* Quittung *f*, Empfangsbestätigung *f*; **per ~** Betrag erhalten

**quietanzatrice** [kuietantsa'tri:tʃe] *f* (COM, TEC) Quittungsdrucker *m*

**quietare** [kuie'ta:re] I. *vt* beruhigen, dämpfen II. *vr* **-rsi** sich beruhigen, ruhig werden

**quiete** ['kuiɛ:te] *f* ❶ (*calma*) Ruhe *f*; (*pace*

*dell'anima*) Seelenfrieden *m,* innere Ruhe ❷ (*silenzio*) Stille *f*
**quietismo** [kuie'tizmo] *m* Quietismus *m*
**quieto, -a** ['kuiɛ:to] *agg* ❶ (*mare, aria*) ruhig ❷ (*persona*) ruhig; (*fig*) friedfertig, friedliebend ❸ (*animale*) friedlich, zahm ❹ (*silenzioso*) still, geräuschlos
**quindi** ['kuindi] I. *avv* dann, darauf II. *cong* daher, also
**quindicenne** [kuindi'tʃɛnne] I. *agg* fünfzehnjährig II. *mf* Fünfzehnjährige(r) *f(m)*
**quindicennio** [kuindi'tʃɛnnio] <-i> *m* Zeitraum *m* von fünfzehn Jahren
**quindicesima** [kuindi'tʃɛ:zima] *f* (*retribuzione aggiuntiva*) 15. Monatsgehalt *nt*
**quindicesimo** [kuindi'tʃɛ:zimo] *m* (*frazione*) Fünfzehntel *nt* **quindicesimo, -a** I. *agg* fünfzehnte(r, s) II. *m, f* Fünfzehnte(r, s) *mfnt; v. a.* **quinto quindici** ['kuinditʃi] I. *num* fünfzehn; **fra ~ giorni** in vierzehn Tagen II. <-> *m* ❶ (*numero*) Fünfzehn *f* ❷ (*nelle date*) Fünfzehnte(r) *m* III. *fpl* fünfzehn Uhr; *v. a.* **cinque quindicina** [kuindi'tʃi:na] *f* ❶ (*serie*) **una ~ [di ...]** [etwa] fünfzehn [...] ❷ (*periodo*) zwei Wochen *fpl;* **la prima ~ di luglio** die erste Julihälfte **quindicinale** [kuinditʃi'na:le] I. *agg* vierzehntägig, vierzehntäglich, Halbmonats- II. *m* Halbmonatszeitschrift *f*
**quindicisillabo** [kuinditʃi'l:abo] *m* (LIT) fünfzehnsilbiges Versmaß
**quinquennale** [kuiŋkuen'na:le] *agg* ❶ (*che dura cinque anni*) fünfjährig ❷ (*che ricorre ogni cinque anni*) fünfjährlich, Fünfjahr[es]- **quinquennalità** [kuiŋkuennali'ta] <-> *f* ❶ (*durata di cinque anni*) fünfjähriger Zeitraum ❷ (*scadenza, periodicità quinquennale*) Fünfjahresfrist *f,* Fünfjahresrate *f* **quinquennio** [kuiŋ'kuɛnnio] <-i> *m* Zeitraum *m* von fünf Jahren
**quinta** ['kuinta] *f* ❶ (THEAT) Kulisse *f;* **stare dietro le -e** (*a. fig*) hinter den Kulissen bleiben, im Hintergrund bleiben ❷ (*classe*) fünfte Klasse; (*alla scuola superiore*) letztes Schuljahr ❸ (MOT) fünfter Gang ❹ (MUS) Quint(e) *f; v. a.* **quinto**
**quintale** [kuin'ta:le] *m* Doppelzentner *m,* Zentner *m* A
**quintessenza** [kuintes'sɛntsa] *f* ❶ (*a. fig*) Quintessenz *f* ❷ (*esempio*) Inbegriff *m,* Muster[bild] *nt*
**quintetto** [kuin'tetto] *m* Quintett *nt*
**quinto** ['kuinto] *m* (*frazione*) Fünftel *nt;* **quattro -i** vier Fünftel *ntpl* **quinto, -a** I. *agg* fünfte(r, s); **la -a volta** das fünfte Mal; **la -a parte di** ein Fünftel *gen;* **Ales-**

**sandro V** Alexander der Fünfte II. *m, f* Fünfte(r, s) *mfnt;* **arrivare ~** als Fünfter ankommen
**quintuplicare** [kuintupli'ka:re] I. *vt* verfünffachen, um ein Fünffaches erhöhen II. *vr* **-rsi** sich verfünffachen, um ein Fünffaches ansteigen **quintuplo** ['kuintuplo] *m* Fünffache(s) *nt* **quintuplo, -a** *agg* fünffach, fünfmal so groß
**qui pro quo** ['kui prɔ 'kuɔ] <-> *m* Verwechslung *f,* Missverständnis *nt*
**Quirinale** [kuiri'na:le] *m* ❶ (GEOG) Quirinal *m* ❷ (POL) Quirinal *m,* Sitz *m* des Staatspräsidenten
**quisquilia** [kuis'kui:lia] <-ie> *f* Belanglosigkeit *f,* Kinkerlitzchen *nt fam*
**quiz** [kuidz] <-> *m* Quiz *nt* **quizshow** [kuidz'ʃou] <-> *m* (TV) Quizshow *f*
**quizzarolo, -a** [kuittsa'rɔ:lo] (TV) I. *agg* Quiz-; **trasmissione -a** Quizsendung *f;* **televisione -a** (*fig*) mit Quizsendungen überfrachtetes Fernsehen II. *m, f* ❶ (*conduttore*) Quizmaster *m* ❷ (*partecipante*) Quizteilnehmer(in) *m(f)*
**quorum** ['kuɔ:rum] *m* Quorum *nt*
**quota** ['kuɔ:ta] *f* ❶ (*parte*) Anteil *m,* Quote *f;* (*statistica*) Quote *f,* Rate *f* ❷ (SPORT: *posizione*) Stelle *f,* Platz *m;* (*ippica*) Gewinnquote *f* ❸ (*cifra*) Betrag *m* ❹ (COM, FIN) Teilzahlung *f,* Rate *f;* (*ripartizione*) [Mitglieds]beitrag *m;* **~ d'ammortamento** Tilgungsrate *f,* Amortisationsquote *f;* **~ di partecipazione** Gesellschaftsanteil *m,* Kapitalanteil *m* ❺ (*altitudine*) Höhe *f;* (AERO) [Flug]höhe *f;* **prendere/perdere ~** an Höhe gewinnen/verlieren
**quotare** [kuo'ta:re] *vt* ❶ (FIN) quotieren; (*titoli, quota*) notieren ❷ (*fig: stimare*) schätzen **quotato, -a** [kuo'ta:to] *agg* ❶ (*apprezzato*) angesehen, geschätzt ❷ (FIN) notiert, quotiert **quotazione** [kuotat'tsio:ne] *f* ❶ (FIN) [Kurs]notierung *f,* Quotation *f* ❷ (*di persona*) Achtung *f,* Wertschätzung *f*
**quotidiano** [kuoti'dia:no] *m* ❶ (*giornale*) [Tages]zeitung *f* ❷ (*vita quotidiana*) Alltag *m;* **cultura del ~** Alltagskultur *f* **quotidiano, -a** *agg* täglich, Tages-; (*solito*) alltäglich
**quoziente** [kuot'tsiɛnte] *m* ❶ (MAT) Quotient *m* ❷ (*in statistica*) Ziffer *f,* Rate *f*
**qwerty** ['kwɛrti] <inv> *agg* QWERTY-; **tastiera ~** englischsprachige Standardtastatur[belegung]
**qzerty** ['ktsɛrti] <inv> *agg* QZERTY-; **tastiera ~** italienische Standardtastatur[belegung]

# R r

**R, r** ['ɛrre] <-> *f* R, r *nt;* **r come Roma** R wie Richard
**R.** ❶ *abbr di* **rapido** ≈ IC *m* ❷ *abbr di* **raccomandata** Einschr. ❸ *abbr di* **Réaumur** R
**rabarbaro** [ra'barbaro] *m* ❶ (*pianta*) Rhabarber *m* ❷ (*liquore*) Rhabarberlikör *m*
**rabberciare** [rabber'tʃaːre] *vt* flicken, ausbessern; (*fig*) zusammenstoppeln, zurechtschustern **rabberciatura** [rabbertʃa'tuːra] *f* Ausbesserung *f*
**rabbi** ['rabbi] <-> *m* Rabbi *m*
**rabbia** ['rabbia] <-ie> *f* ❶ (*collera*) Wut *f*, Zorn *m;* **fare ~ a qu** jds Zorn erregen; **mi fa ~** (*fam*) das ärgert mich; **che ~!** (*fam*) so ein Mist!; **sfogare la propria ~ su qu** seine Wut an jdm auslassen ❷ (*dispetto*) Verdruss *m*, Unmut *m* ❸ (MED: *idrofobia*) Tollwut *f* ❹ (*fig: impeto, furia*) Toben *nt*, Wüten *nt;* (*del vento*) Tosen *nt;* **sfogare la propria ~ su qu** seine Wut an jdm auslassen
**rabbico, -a** ['rabbiko] <-ci, -che> *agg* Tollwut-
**rabbino** [rab'biːno] *m* Rabbiner *m*
**rabbioso, -a** [rab'bioːso] *agg* ❶ (*arrabbiato*) wütend, zornig ❷ (*fig: furioso*) wütend, tobend; (*vento*) tosend ❸ (*accanito*) verbissen, wütend ❹ (MED) tollwütig
**rabbonire** [rabbo'niːre] <rabbonisco> I. *vt* besänftigen, beruhigen II. *vr* **-rsi** sich besänftigen, sich beruhigen
**rabbrividire** [rabbrivi'diːre] <rabbrividisco> *vi essere* [er]schaudern; (*dal freddo*) schaudern, erschauern
**rabbuffare** [rabbuf'faːre] I. *vt* zerzausen II. *vr* **-rsi** sich zusammenbrauen **rabbuffo** [rab'buffo] *m* Rüffel *m*, Verweis *m*
**rabbuiare** [rabbu'iaːre] *vi*, *vr* **-rsi** sich verdüstern, sich verfinstern
**rabdomante** [rabdo'mante] *mf* Wünschelrutengänger(in) *m(f)* **rabdomanzia** [rabdoman'tsiːa] <-ie> *f* Radiästhesie *f*, Wünschelrutengängerei *f*
**racc.** *abbr di* **raccomandata** Einschr.
**raccapezzare** [rakkapet'tsaːre] I. *vt* ❶ (*mettere insieme*) zusammenbringen, zusammenkratzen ❷ (*capire*) begreifen II. *vr* **-rsi** (*fam*) sich zurechtfinden, klarkommen; **con tutta questa confusione non mi raccapezzo più** aus diesem ganzen Durcheinander werde ich nicht mehr schlau
**raccapezzarsi** [rakkapet'tsarsi] *vr* (*fam*) sich zurechtfinden, klarkommen
**raccapricciante** [rakkaprit'tʃaːnte] *agg* schauderhaft, entsetzlich **raccapricciare** [rakkaprit'tʃaːre] I. *vi essere* erschaudern II. *vr* **-rsi** sich grausen **raccapricciarsi** [rakkaprit'tʃarsi] *vr* sich grausen **raccapriccio** [rakka'prittʃo] <-ci> *m* Schaudern *nt*, Entsetzen *nt*
**raccattafieno** [rakkatta'fiɛːno] <-> *m* Heurechen *m* **raccattapalle** [rakkatta'palle] <-> *mf* Balljunge *m/*Ballmädchen *nt*
**raccattare** [rakkat'taːre] *vt* ❶ (*raccogliere da terra*) auflesen, einsammeln ❷ (*mettere insieme*) sammeln, zusammentragen ❸ (*fam fig*) zusammenkratzen
**racchetta** [rak'ketta] *f* (SPORT: *da tennis*) Schläger *m*, Racket *nt;* (*da sci*) Stock *m*
**racchettone** [rakket'tɔːne] *m* großer Tennisschläger *m*
**racchio, -a** ['rakkio] <-cchi, -cchie> I. *agg* (*fam*) hässlich, garstig II. *m, f* (*fam*) Missgeburt *f*
**racchiudere** [rak'kiuːdere] <irr> *vt* enthalten
**raccoglibriciole** [rakkoʎʎi'briːtʃole] <-> *m* Tischbesen *m*, Krümelbesen *m*
**raccogliere** [rak'kɔʎʎere] <irr> I. *vt* ❶ (*da terra*) aufheben ❷ (*frutti*) ernten ❸ (*fig*) einheimsen, erlangen ❹ (*radunare*) sammeln II. *vr* **-rsi** ❶ (*riunirsi*) sich versammeln ❷ (*fig: volgere la mente*) sich sammeln **raccoglimento** [rakkoʎʎi'mento] *m* Sammlung *f;* (REL) Andacht *f*
**raccogliticcio, -a** [rakkoʎʎi'tittʃo] <-cci, -cce> I. *agg* zusammengeklaubt; (*cultura, nozioni*) oberflächlich II. *m* buntes Allerlei *nt*, Gemisch *nt*
**raccoglitore** [rakkoʎʎi'toːre] *m* ❶ (*per documenti*) Sammelmappe *f*, Ordner *m* ❷ (TEC: *vaschetta*) Sammelbecken *nt*
**raccoglitrice** *f* Erntemaschine *f*
**raccolgo** *1. pers sing pr di* **raccogliere**
**raccolsi** *1. pers sing pass rem di* **raccogliere**
**raccolta** [rak'kɔlta] *f* ❶ (*atto*) Sammeln *nt;* **~ differenziata** Abfalltrennung *f;* **~ multimateriale** Wertstofftonne *f* ❷ (*collezione*) Sammlung *f* ❸ (AGR: *raccolto*) Ernte *f*
**raccolto** [rak'kɔlto] *m* Ernte *f* **raccolto, -a** I. *pp di* **raccogliere** II. *agg* ❶ (*riunito*) vereint, zusammengebracht ❷ (*fig: pensoso*)

versunken; (*concentrato*) gesammelt ❸(*capelli*) geschlungen, geflochten ❹(*con le membra rannicchiate*) zusammengekauert

**raccomandabile** [rakkoman'daːbile] *agg* empfehlenswert

**raccomandare** [rakkoman'daːre] I. *vt* ❶(*affidare alle cure*) anvertrauen, ans Herz legen ❷(*segnalare*) empfehlen; (*intervenire per*) sich verwenden für, protegieren ❸(*consigliare*) empfehlen, anraten II. *vr* **-rsi** ❶(*implorare*) anflehen; **mi raccomando!** ich möchte doch sehr bitten!, denk daran! ❷(*affidarsi*) sich anvertrauen ❸(*essere raccomandato*) protegiert werden

**raccomandata** [rakkoman'daːta] *f* (*lettera*) Einschreiben *nt*, Einschreib[e]brief *m*

**raccomandatario, -a** [rakkomanda'taːrio] <-i, -ie> *m, f* Empfänger(in) *m(f)* einer Empfehlung **raccomandato, -a** [rakkoman'daːto] I. *agg* empfohlen; **lettera -a** Einschreib[e]brief *m* II. *m, f* Empfohlene(r) *f(m)*, Schützling *m* **raccomandazione** [rakkomandat'tsioːne] *f* Empfehlung *f*

**raccomodare** [rakkomo'daːre] *v.* **riaccomodare**

**raccontare** [rakkon'taːre] *vt* ❶(*narrare*) erzählen; **raccontarne delle belle** [*o* **di cotte e di crude**] [*o* **di tutti i colori**] (*fam*) alles Mögliche erzählen; **a me non la racconti** (*fam*) das kannst du mir nicht weismachen ❷(*riferire*) berichten; **~ per filo e per segno** haarklein berichten, lang und breit erzählen **racconto** [rak'konto] *m* ❶(*narrazione*) Erzählung *f*, Geschichte *f*; (*il raccontare*) Erzählen *nt* ❷(LIT) Kurzgeschichte *f*

**raccorciare** [rakkor'tʃaːre] I. *vt* [ver]kürzen II. *vr* **-rsi** kürzer werden

**raccordare** [rakkor'daːre] *vt* anschließen, verbinden

**raccorderia** [rakkorde'riːa] *f* (TEC) Rohrmuffen *fpl*, Rohrverbindungsstücke *ntpl*

**raccordo** [rak'kɔrdo] *m* ❶(*collegamento*) Anschluss *m*, Verbindung *f* ❷(FERR) Anschluss *m*; (*strada*) Zubringerstraße *f*; **~ ad anello** Ringstraße *f*; **~ autostradale** Autobahnkreuz *nt*, Autobahnanschluss *m* ❸(TEC) Anschlussstück *nt*, Nippel *m*; (MOT) Verbindungsstück *nt*

**raccostamento** [rakkosta'mento] *m* Annäherung *f* **raccostare** [rakkos'taːre] I. *vt* ❶(*ravvicinare*) annähern, heranrücken ❷(*raffrontare*) gegenüberstellen, vergleichen II. *vr* **-rsi** sich annähern

**raccozzare** [rakkot'tsaːre] *vt* zusammenklauben, zusammenkratzen

**rachide** ['raːkide] *f* (ANAT) Rückgrat *nt*, Wirbelsäule *f*

**rachitico, -a** [ra'kiːtiko] <-ci, -che> I. *agg* ❶(MED) rachitisch ❷(*fig*) kümmerlich II. *m, f* Rachitiker(in) *m(f)* **rachitismo** [raki'tizmo] *m* Rachitis *f*

**racimolare** [ratʃimo'laːre] *vt* ❶(*fig*) zusammenklauben, zusammenkratzen ❷(AGR) unreife, harte Weintrauben lesen

**racket** ['rækit *o* 'raket] <-> *m* Verbrechersyndikat *nt*

**rada** ['raːda] *f* Reede *f*

**radar** ['raːdar] I.<-> *m* Radar *m o nt* II.<inv> *agg* Radar- **radarabile** [rada'raːbile] *agg* mit Radar erfassbar [*o* ortbar]; **un aereo ~** ein mit Radarhilfe lokalisierbares Flugzeug **radarista** [rada'rista] <-i *m*, -e *f*> *mf* Radartechniker(in) *m(f)*, Radarbeobachter(in) *m(f)* **radaristica** [rada'ristika] <*sing*> *f* (TEC) Radartechnik *f*

**radarlocalizzazione** [radarlokaliddzat'tsjoːne] *f* (TEC) Radarerfassung *f*

**radarmeteorologia** [radarmeteorolo'dʒiːa] *f* (TEC, METEO) Wetterradartechnik *f*

**radarnavigazione** [radarnavigat'tsjoːne] *f* (AERO, NAUT) Radarnavigation *f*

**radarriflettente** [radarriflet'tɛnte] *agg* (TEC) durch Radar erfassbar

**radarsonda** [radar'sonda] *f* (TEC) Radarsonde *f*

**radartachimetro** [radarta'kiːmetro] *m* (TEC) Radar[kontroll]gerät *nt*, Radarpistole *f*

**radartopografia** [radartopogra'fiːa] *f* (GEOG, TEC) Radarkartographie *f* **radartopografico, -a** [radartopo'graːfiko] *agg* radarkartographisch

**raddensare** [radden'saːre] I. *vt* verdichten II. *vr* **-rsi** sich verdichten

**raddobbare** [raddob'baːre] *vt* ausbessern **raddobbo** [rad'dɔbbo] *m* Ausbesserung *f*

**raddolcire** [raddol'tʃiːre] <raddolcisco> I. *vt* ❶(*bevanda*) [ver]süßen ❷(*fig*) mildern II. *vr* **-rsi** milder werden

**raddoppiamento** [raddoppia'mento] *m* Verdopp[e]lung *f* **raddoppiare** [raddop'pjaːre] I. *vt avere* ❶(*duplicare*) verdoppeln ❷(*fig: accrescere*) verstärken, steigern II. *vi essere* (*crescere*) sich verdoppeln, zunehmen **raddoppio** [ra'ddoppjo] <-pi> *m* ❶(*raddoppiamento*) Verdopp[e]lung *f*, Verdoppeln *nt* ❷(FERR) Umbau *m* auf Doppelspur

**raddrizzamento** [raddrittsa'mento] *m*

**①** (*correzione*) Aufrichten *nt*, Geraderücken *nt* **②** (EL) Gleichrichtung *f* **raddrizzare** [raddrit'tsa:re] I. *vt* **①** (*lama, chiodo, quadro*) gerade richten, zurechtbiegen **②** (*fig: correggere*) berichtigen, verbessern **③** (EL) gleichrichten II. *vr* **-rsi** sich aufrichten **raddrizzatore** [raddrittsa'to:re] *m* Gleichrichter *m* **raddrizzatrice** [raddrittsa'tri:tʃe] *f* **①** (TEC) Richtmaschine *f* **②** (RADIO, TV, EL) Gleichrichterröhre *f*

**radente** [ra'dɛnte] *agg* streifend, Streif-

**radere** ['ra:dere] <rado, rasi, raso> I. *vt* **①** (*col rasoio*) rasieren **②** (*abbattere*) abholzen, abhauen II. *vr* **-rsi** sich rasieren

**radezza** [ra'dettsa] *f* **①** (*di capelli, denti*) Spärlichkeit *f* **②** (*di visita*) Seltenheit *f*

**radiale** [ra'dia:le] *agg* (MAT, PHYS, ASTR) radial, Radial-; **pneumatico ~** Gürtelreifen *m*, Radialreifen

**radiante** [ra'diante] *agg* (*splendente*) strahlend; (PHYS) Strahlungs-, Strahlen-; **terapia ~** Strahlentherapie *f*

**radiare** [ra'dia:re] *vt* (ADM) streichen

**radiatore** [radia'to:re] *m* **①** (*termosifone*) Heizkörper *m*, Radiator *m* **②** (MOT) Kühler *m* **③** (PHYS) Strahler *m*

**radiazione** [radiat'tsio:ne] *f* (PHYS) Strahlung *f*

**radica** ['ra:dika] <-che> *f* Wurzelholz *nt;* (*per pipe*) Bruyèreholz *nt*

**radicale** [radi'ka:le] I. *agg* **①** (*fig*) radikal, tief greifend **②** (POL) radikal **③** (LING) Wurzel-, Stamm- **④** (BOT) Wurzel- II. *mf* Radikale(r) *f(m)* **radicaleggiare** [radikaled'dʒa:re] *vi* eine radikale Politik vertreten **radicalismo** [radika'lizmo] *m* Radikalismus *m* **radicalità** [radikali'ta] <-> *f* (*rigidezza, estrema durezza*) Radikalität *f* **radicalizzare** [radikalid'dza:re] *vt* radikalisieren

**radicando** [radi'kando] *m* Radikand *m*

**radicare** [radi'ka:re] *vi, vr* **-rsi** sich einwurzeln, Wurzeln schlagen **radicato, -a** [radi'ka:to] *agg* **①** (BOT) verwurzelt **②** (*fig*) verhaftet

**radicchio** [ra'dikkio] <-cchi> *m* Radicchio *m*

**radice** [ra'di:tʃe] *f* **①** (BOT, ANAT, MAT) Wurzel *f;* **mettere -i** (*fig*) Wurzeln schlagen **②** (LING) Wurzel *f,* Stamm *m* **③** (*fig: causa*) Wurzel *f,* Quelle *f* **radicolare** [radiko'la:re] *agg* Wurzel-

**radi e getta** ['ra:di e 'dʒɛtta] I. <-> *m* Einwegrasierer *m* II. <inv> *agg* Einmalrasier-

**radio**[1] ['ra:dio] I. <-> *f* **①** (TEC) Rundfunk *m,* Radio *nt;* **trasmettere per ~** im Radio übertragen; **~ ricevente** Rundfunkempfänger *m;* **~ trasmittente** Rundfunksender *m* **②** (*apparecchio*) **la ~** Radio[gerät] *nt;* **sentire** [*o* **ascoltare**] **la ~** Radio hören II. <inv> *agg* Radio-, [Rund]funk-; **contatto ~** Funkkontakt *m;* **giornale ~** Rundfunknachrichten *fpl;* **ponte ~** Funkbrücke *f*

**radio**[2] *m* (CHEM) Radium *nt*

**radioabbonato, -a** [radioabbo'na:to] *m, f* Rundfunkteilnehmer(in) *m(f)*

**radioamatore, -trice** [radioama'to:re] *m, f* Amateurfunker(in) *m(f)* **radioamatoriale** [radioamato'ria:le] *agg* Amateurfunk[er]-, für den Amateurfunk

**radioascoltatore, -trice** [radioaskolta'to:re] *m, f* Rundfunkhörer(in) *m(f)*

**radioassistenza** [radioassis'tɛntsa] *f* Funknavigation *f*

**radioattivare** [radioatti'va:re] *vt* (CHEM) spalten; **~ l'uranio** Uran spalten **radioattivazione** [radioattivat'tsio:ne] *f* (CHEM) Kernspaltung *f,* Spaltung *f* in radioaktive Zerfallsprodukte **radioattività** [radioattivi'ta] *f* Radioaktivität *f* **radioattivo, -a** [radioat'ti:vo] *agg* radioaktiv; **rifiuti -i** Atommüll *m;* **scorie -e** radioaktive Abfälle *mpl*

**radioaudizione** [radioaudit'tsio:ne] *f* Rundfunkempfang *m*

**radiobiologia** [radiobiolo'dʒi:a] *f* Radio-, Strahlenbiologie *f*

**radiocanalizzazione** [radiokanaliddzat'tsio:ne] *f* (TEL) Frequenzteilung *f*

**radiocentro** [radio'tʃɛntro] *m* Rundfunksendeanlage *f*

**radiocinema** [radio'tʃi:nema] <-> *m* (TEL) Rundfunksendung *f* von Kinofilmen

**radiocollegamento** [radiokollega'mento] *m* Funkverbindung *f,* -kontakt *m*

**radiocomandare** [radiokoman'da:re] *vt* fernsteuern

**radiocomandato, -a** [radiokoman'da:to] *agg* ferngesteuert **radiocomando** [radioko'mando] *m* Fernsteuerung *f*

**radiocomunicazione** [radiokomunikat'tsio:ne] *f* Funkverkehr *m*

**radiocontaminazione** [radiokontaminat'tsio:ne] *f* (ECOL) radioaktive Verseuchung

**radioconversazione** [radiokonversat'tsio:ne] *f* Rundfunkgespräch *nt*

**radiocronaca** [radio'krɔ:naka] *f* Rundfunkreportage *f* **radiocronista** [radiokro'nista] *mf* Rundfunkreporter(in) *m(f)*

**radiodiffondere** [radiodif'fondere] <irr>

*vt* senden, im Rundfunk übertragen **radiodiffusione** [radiodiffu'zio:ne] *f* Rundfunk *m*
**radiodiffuso** *pp di* **radiodiffondere**
**radiodisturbo** [radiodis'turbo] *m* Funkstörung *f*
**radiodramma** [radio'dramma] *m* Hörspiel *nt* **radiodrammaturgia** [radiodrammatur'dʒi:a] *f* Hörspiele *ntpl*
**radioelettrico, -a** [radioe'lɛttriko] <-ci, -che> *agg* Radio-, Funk-
**radioestesista** [radioeste'zista] <-i *m*, -e *f*> *mf* Wünschelrutengänger(in) *m(f)*
**radiofonia** [radiofo'ni:a] <-ie> *f* Radiophonie *f* **radiofonico, -a** [radio'fɔ:niko] <-ci, -che> *agg* Rundfunk-, Funk-
**radiogoniometro** [radiogo'niɔ:metro] *m* Funkpeilgerät *nt*
**radiografia** [radiogra'fi:a] *f* ❶ (*operazione, tecnica*) Radiographie *f* ❷ (*lastra*) Röntgenbild *nt*, Röntgenaufnahme *f* ❸ (*fig*) Analyse *f* **radiografico, -a** [radio'gra:fiko] <-ci, -che> *agg* Röntgen-, radiographisch
**radiogramma** [radio'gramma] <-i> *m* ❶ (*telegramma*) Funktelegramm *nt* ❷ (FOTO) Radiogramm *nt* **radiogrammofono** [radiogram'mɔ:fono] *m* (*obs*) Musiktruhe *f*
**radioinfetto, -a** [radioin'fɛtto] *agg* (ECOL) radioaktiv belastet; **zona -a** ein radioaktiv verseuchtes Gebiet
**radiointervista** [radiointer'vista] *f* Radiointerview *nt*
**radiolari** [radio'la:ri] *mpl* Strahlentierchen *ntpl*, Radiolarien *pl*
**radiolina** [radio'li:na] *f* Transistorradio *nt*
**radiologa** *f v.* **radiologo**
**radiologia** [radiolo'dʒi:a] <-gie> *f* Radiologie *f* **radiologico, -a** [radio'lɔ:dʒiko] <-ci, -che> *agg* radiologisch **radiologo, -a** [ra'diɔ:logo] <-gi, -ghe> *m*, *f* Radiologe *m*/Radiologin *f*
**radioluminescenza** [adioluminef'ʃɛntsa] *f* (TEC) Radioluminiszenz *f*
**radiomessaggio** [radiomes'saddʒo] <-ggi> *m* Funkmeldung *f* **radiomicrofono** [radiomi'krɔ:fono] *m* (RADIO, TEL) Funkmikrophon *nt* **radiomobile** [radio'mɔ:bile] *f* ❶ (*automezzo*) Funkstreifenwagen *m* ❷ (TEL) Mobilfunk *m*
**radionovella** [radiono'vɛlla] *f* Hörspiel *m*
**radiooperatore, -trice** [radiooperaˈto:re] *m*, *f* (RADIO, TEL) Radiotechniker(in) *m(f)*
**radiopilota** [radiopi'lɔ:ta] <-i *m*, -e *f*> *m* Autopilot *m*

**radioregistratore** [radioredʒistraˈto:re] *m* Radiorecorder *m*
**radiorepetitore** [radiorepeti'to:re] *m* (RADIO, TEL) Relaisstation *f*
**radioricevente** [radioritʃe'vɛnte] I. *agg* Rundfunkempfangs- II. *f* Rundfunkempfänger *m* **radioricevitore** [radioritʃevi'to:re] *m* Rundfunkempfänger *m* **radioricezione** [radioritʃet'tsio:ne] *f* Rundfunkempfang *m*
**radiorilevamento** [radiorileva'mento] *m* Funkpeilung *f*
**radioripetitore** [radioripeti'to:re] *m* (RADIO, TEL) Relaisstation *f*
**radioscanner** ['reidio'skænə] <- *o* -s> *f* (RADIO, TEL) Funkscanner *m*
**radioscopia** [radiosko'pi:a] <-ie> *f* Radioskopie *f* **radioscopico, -a** [radios'kɔ:piko] <-ci, -che> *agg* radioskopisch
**radioscrivente** [radioskri'vɛnte] *f* (RADIO, TEL) Funkfernschreiber *m*
**radiosegnale** [radioseɲ'ɲa:le] *m* Sendezeichen *nt*
**radiosentiero** [radiosen'tiɛ:ro] *m* (RADIO, TEL) Funkleitlinie *f*
**radiosità** [radiosi'ta] <-> *f* Leuchten *nt*, Strahlen *nt* **radioso, -a** [ra'dio:so] *agg* leuchtend; (*bellezza, sorriso*) strahlend
**radiostazione** [radiostat'tsio:ne] *f* Rundfunkstation *f*
**radiostereofonia** [radiostereofo'ni:a] *f* (RADIO, TEL) digitale Rundfunkübertragung **radiostereofonico, -a** [radiostereo'fɔ:niko] <-ci, -che> *agg* im Stereotonverfahren übertragen
**radiosveglia** [radioz'veʎʎa] *f* Radiowecker *m*
**radiotachimetro** [radiotaˈki:metro] *m* (TEC) Radar[kontroll]gerät *nt*, Radarpistole *f*
**radiotaxi, radiotassì** [radio'taksi, radiotas'si] <-> *m* Funktaxi *nt*
**radiotecnica** [radio'tɛknika] <-che> *f* Radio-, Funktechnik *f* **radiotecnico, -a** [radio'tɛkniko] <-ci, -che> I. *agg* radio-, funktechnisch II. *m*, *f* Radiotechniker(in) *m(f)*, Rundfunkmechaniker(in) *m(f)*
**radiotelefono** [radiote'lɛ:fono] *m* Funksprechgerät *nt*
**radiotelegrafico, -a** [radiotele'gra:fiko] <-ci, -che> *agg* Funk- **radiotelegrafista** [radiotelegra'fista] <-i *m*, -e *f*> *mf* Funker(in) *m(f)*
**radiotelegramma** [radiotele'gramma] *m* Funktelegramm *nt*
**radiotelemetria** [radioteleme'tri:a] *f* (TEL, RADIO) Funkfernmessen *nt*

**radiotelescopio** [radioteles'kɔ:pio] *m* Radioteleskop *nt*
**radiotelevisione** [radiotelevi'zio:ne] *f* Rundfunk- und Fernsehanstalt *f* **radiotelevisivo, -a** [radiotelevi'zi:vo] *agg* Rundfunk- und Fernseh-
**radioterapia** [radiotera'pi:a] *f* Radio-, Strahlentherapie *f*
**radiotossicità** [radiotositʃi'ta] *f* (ECOL) Radiotoxizität *f*
**radiotrasmettere** [radiotraz'mettere] <irr> *vt* senden, übertragen **radiotrasmettitore** [radiotrazmetti'to:re] *m* Radiosender *m*
**radiotrasmisi** *1. pers sing pass rem di* **radiotrasmettere**
**radiotrasmissione** [radiotrazmis'sio:ne] *f* Radiosendung *f*, -übertragung *f* **radiotrasmittente** [radiotrazmit'tɛnte] I. *agg* Sende-, Funk- II. *f* Rundfunksender *m*
**radioutente** [radiou'tɛnte] *mf* Rundfunkteilnehmer(in) *m(f)*
**rado, -a** ['ra:do] *agg* spärlich; (*capelli*) licht; (*nebbia, tela*) dünn; **di ~** selten
**radome** ['reidoum] <- *o* radomes> *m* (TEL, AERO) Radom *nt*, Antennenkuppel *f*
**radunare** [radu'na:re] I. *vt* ① (*cose*) ansammeln, zusammentragen ② (*persone*) versammeln II. *vr* **-rsi** sich versammeln **radunata** [radu'na:ta] *f* Versammlung *f*, Zusammenkunft *f* **raduno** [ra'du:no] *m* Versammlung *f*, Zusammenkunft *f*
**radura** [ra'du:ra] *f* Lichtung *f*
**rafano** ['ra:fano] *m* Rettich *m;* (*crèn*) Meerrettich *m*, Kren *m* A
**raffa** ['raffa] *f* **di riffa o di ~** (*fam*) so oder so, wohl oder übel
**raffazzonamento** [raffattsona'mento] *m* ① (*operazione*) Zusammenstückeln *nt* ② (*cosa*) Stückwerk *nt*
**raffazzonare** [raffattso'na:re] *vt* zusammenstoppeln, zurechtschustern
**rafferma** [raf'ferma] *f* freiwillige Verlängerung *f* des Wehrdienstes
**raffermare** [raffer'ma:re] *vt* ① (*riconfermare*) bestätigen ② (MIL) erneut [zum Wehrdienst] verpflichten **raffermo, -a** [raf'fermo] *agg* (*pane*) altbacken
**raffica** ['raffika] <-che> *f* ① (METEO) Bö[e] *f;* **~ di vento** Windstoß *m* ② (*di mitra*) Garbe *f* ③ (*fig*) Hagel *m*
**raffigurare** [raffigu'ra:re] I. *vt* ① (*rappresentare*) darstellen ② (*simboleggiare*) symbolisieren, verkörpern II. *vr* **-rsi** sich *dat* vorstellen
**raffilare** [raffi'la:re] *vt* (*lama*) wieder schärfen, neu schleifen **raffilatura** [raffila'tu:ra] *f* Egalisierung *f*, Angleichung *f*
**raffinamento** [raffina'mento] *m* Verfeinerung *f* **raffinare** [raffi'na:re] I. *vt* ① (*olio, zucchero, sale*) raffinieren; (*oro*) läutern ② (*gusto, stile*) verfeinern II. *vr* **-rsi** sich verfeinern, feiner werden
**raffinata** *f v.* **raffinato**
**raffinatezza** [raffina'tettsa] *f* Finesse *f*, Feinheit *f* **raffinato, -a** [raffi'na:to] I. *agg* ① (*olio, sale, zucchero*) raffiniert ② (*fig*) auserlesen, gepflegt II. *m, f* feiner Mensch
**raffinazione** [raffinat'tsio:ne] *f* Raffination *f*
**raffineria** [raffine'ri:a] <-ie> *f* Raffinerie *f*
**rafforzamento** [raffortsa'mento] *m* ① (*invigorimento*) Kräftigung *f*, Verstärkung *f* ② (*fig*) [Be]stärkung *f;* (*di carattere*) Festigung *f* **rafforzare** [raffor'tsa:re] I. *vt* ① (*rinforzare*) verstärken ② (*fig*) bekräftigen, [be]stärken; (*carattere*) festigen II. *vr* **-rsi** sich [ver]stärken
**raffreddamento** [raffredda'mento] *m* Erkalten *nt*, Abkühlen *nt;* **~ ad acqua/aria** Wasser-/Luftkühlung *f* **raffreddare** [raffred'da:re] I. *vt* abkühlen [lassen], kalt werden lassen; (*fig*) abkühlen lassen II. *vr* **-rsi** ① (*diventar freddo*) abkühlen, kühler werden; (*cibo*) kalt werden ② (*fam*) sich erkälten **raffreddato, -a** [raffred'da:to] *agg* erkältet **raffreddore** [raffred'do:re] *m* Erkältung *f*
**raffrontare** [raffron'ta:re] *vt* gegenüberstellen, vergleichen **raffronto** [raf'fronto] *m* Gegenüberstellung *f*, Vergleich *m*
**rafting** ['raftiŋ] <-> *m* (SPORT) Rafting *nt*, Wildwasserfahrt *f* im Schlauchboot
**ragade** ['ra:gade] *f* Schrunde *f*
**raganella** [raga'nɛlla] *f* ① (ZOO) Laubfrosch *m* ② (MUS) Rätsche *f*
**ragazza** [ra'gattsa] *f* Mädchen *nt*, Jugendliche *f*, junge Frau; (*fam: fidanzata*) Freundin *f;* **~ copertina** Covergirl *nt;* **è rimasta ~** sie ist unverheiratet geblieben **ragazzata** [ragat'tsa:ta] *f* (*fam*) Lausbubenstreich *m* **ragazzo** [ra'gattso] *m* Junge *m*, Bub *m dial;* (*fam*) Jugendliche(r) *m*, junger Mann; (*fidanzato*) Freund *m;* (*garzone*) Bursche *m*
**raggelare** [raddʒe'la:re] I. *vi essere* gefrieren, vereisen II. *vt avere* ① (*rendere gelido*) einfrieren, gefrieren lassen ② (*fig*) erstarren lassen III. *vr* **-rsi** gefrieren, einfrieren
**raggiante** [rad'dʒante] *agg* leuchtend; (*a. fig*, PHYS) strahlend

**raggiare** [rad'dʒaːre] **I.** *vi* leuchten; (*a. fig*, PHYS) strahlen **II.** *vt* ausstrahlen **raggiato, -a** [rad'dʒaːto] *agg* strahlenförmig

**raggiera** [rad'dʒɛːra] *f* Strahlenkranz *m*

**raggio** ['raddʒo] <-ggi> *m* ① (*del sole, delle stelle*) Strahl *m*; (*luce*) Schein *m*, Schimmer *m* ② (*fig: di speranza, fede*) Strahl *m*, Schimmer *m* ③ (PHYS) Strahl *m*; **-ggi alfa** Alphastrahlen *mpl*; **-ggi X** [*o* **Röntgen**] Röntgenstrahlen *mpl*; **andare a farsi i -ggi** sich durchleuchten lassen ④ (MAT) Radius *m* ⑤ (*zona*) Umkreis *m*; (*ambito*) Gebiet *nt*, Kreis *m*; **~ d'azione** Aktionsradius *m* ⑥ (*di ruota*) Speiche *f*

**raggirare** [raddʒi'raːre] *vt* einwickeln, hintergehen **raggiro** [rad'dʒiːro] *m* Betrug *m*, Schwindel *m*

**raggiungere** [rad'dʒundʒere] <irr> *vt* erreichen; (*arrivare a riunirsi*) einholen; (*colpire*) treffen **raggiungimento** [raddʒundʒi'mento] *m* Erreichen *nt*

**raggiunsi** *1. pers sing pass rem di* **raggiungere**

**raggiunto** *pp di* **raggiungere**

**raggiustare** [raddʒus'taːre] **I.** *vt* ① (*scarpe, vestito*) ausbessern ② (*fig*) ausgleichen; (*lite*) beilegen; (*amici*) versöhnen **II.** *vr* **-rsi** sich versöhnen

**raggomitolare** [raggomito'laːre] **I.** *vt* auf-, zusammenwickeln **II.** *vr* **-rsi** sich zusammenkauern

**raggranellare** [raggranel'laːre] *vt* (*fam*) zusammenkratzen

**raggrinzare, raggrinzire** [raggrin'tsaːre, raggrin'tsiːre] **I.** *vt* **avere** ① (*pelle*) runzeln ② (*stoffa*) [zer]knittern **II.** *vi* **essere** ① (*pelle*) sich runzeln ② (*stoffa*) knittern **III.** *vr* **-rsi** ① (*pelle*) sich runzeln ② (*stoffa*) knittern

**raggrumare** [raggru'maːre] **I.** *vt* gerinnen lassen **II.** *vr* **-rsi** gerinnen

**raggruppabilità** [raggruppabili'ta] <-> *f* Möglichkeit *f* der Zusammenlegung **raggruppamento** [raggruppa'mento] *m* Gruppierung *f* **raggruppare** [raggrup'paːre] **I.** *vt* versammeln, gruppieren **II.** *vr* **-rsi** sich versammeln, sich gruppieren

**ragguagliare** [raggwaʎ'ʎaːre] *vt* ① (*paragonare*) vergleichen ② (*informare*) informieren, unterrichten **ragguaglio** [rag'gwaʎʎo] <-gli> *m* ① (*confronto*) Vergleich *m* ② (*informazione*) Information *f*

**ragguardevole** [raggwar'deːvole] *agg* ① (*persona*) angesehen ② (*somma*) beachtlich, ansehnlich

**ragia** ['raːdʒa] <-gie *o* -ge> *f* Harz *nt*; **acqua ~** Terpentin *nt*

**ragionamento** [radʒona'mento] *m* Gedankengang *m*, Überlegung *f*; (*discorso*) Rede *f* **ragionare** [radʒo'naːre] *vi* ① (*riflettere*) nachdenken, überlegen ② (*fam: discorrere*) **~ di qc** über etw *acc* sprechen

**ragionato, -a** [radʒo'naːto] *agg* durchdacht, vernünftig; (*bibliografia, grammatica*) erläutert **ragionatore, -trice** [radʒona'toːre] *m, f* Denker(in) *m(f)*

**ragione** [ra'dʒoːne] *f* ① (*facoltà*) Verstand *m*, Vernunft *f*; **perdere l'uso** [*o* **il lume**] **della ~** den Verstand verlieren; **farsi una ~ di qc** sich mit etw abfinden, mit etw abschließen; **ridurre qu alla ~** jdn zur Vernunft bringen ② (*causa, motivo*) Grund *m*; **non sentir ~** sich *dat* nichts sagen lassen; **per -i di famiglia** aus familiären Gründen; **per -i di forza maggiore** aufgrund höherer Gewalt; **a maggior ~** umso mehr ③ (*diritto*) Recht *nt*, Anspruch *m*; **avere ~** Recht haben; **dare ~ a qu** jdm Recht geben ④ (*misura, rapporto*, MAT) Verhältnis *nt* ⑤ (*loc*) **picchiare qu di santa ~** (*fam*) jdn gehörig verprügeln; **a ragion veduta** nach gründlicher Überlegung; **in ~ di** im Verhältnis zu

**ragioneria** [radʒone'riːa] <-ie> *f* ① (*disciplina*) Buchhaltung *f*, Rechnungswesen *nt*; **studiare ~** die höhere Handelsschule besuchen ② (*ufficio*) Buchhaltung *f*, Rechnungsbüro *nt*

**ragionevole** [radʒo'neːvole] *agg* vernünftig **ragionevolezza** [radʒonevo'lettsa] *f* Vernunft *f*

**ragioniere, -a** [radʒo'niɛːre] *m, f* Buchhalter(in) *m(f)*

**raglan** [ra'glan] <inv> *agg* Raglan-

**ragliare** [raʎ'ʎaːre] *vi* ① (*asino*) schreien ② (*pej: cantar male*) kreischen, krächzen **raglio** ['raʎʎo] <-gli> *m* ① (*dell'asino*) Schrei *m* ② (*pej: canto*) Gekrächze *nt*, Gekreisch[e] *nt*

**ragnatela** [raɲɲa'teːla] *f* ① (*di ragno*) Spinnennetz *nt*, Spinn[ge]webe *f* ② (*fig: tessuto logoro*) abgewetzter Stoff **ragno** ['raɲɲo] *m* Spinne *f*

**ragù** [ra'gu] <-> *m* ① (*sugo*) [Fleisch]soße *f* ② (*stufato*) Ragout *nt*

**Ragusa** [ra'guːsa] *f* Ragusa *nt* (*Stadt in Sizilien*)

**Ragusano** <sing> *m* Umgebung *f* von Ragusa

**ragusano, -a** [ragu'saːno] **I.** *m, f* (*abitante*) Ragusaner(in) *m(f)* **II.** *agg* ragusanisch

**RAI** [raːi] *f acro di* **Radio Audizione Italiana** staatliche Rundfunkanstalt Italiens

**raid** [reid *o* raid] <-> *m* ①(SPORT) Rennen *nt* ②(MIL) Überraschungsangriff *m*
**raider** ['reidə] <-> *mf* (FIN) Börsenspekulant(in) *m(f)*
**RAI-TV** ['ra:i tiv'vu] *f abbr di* **Radio Televisione Italiana** *italienische Rundfunk- und Fernsehanstalt*
**rallargare** [rallar'ga:re] I. *vt* erweitern, verbreitern II. *vr* **-rsi** sich ausdehnen
**rallegramenti** [rallegra'menti] *mpl* Glückwünsche *mpl* **rallegrare** [ralle'gra:re] I. *vt* erheitern, erfreuen II. *vr* **-rsi** ①(*diventar allegro*) sich aufheitern ②(*congratularsi*) **-rsi con qu** jdm gratulieren; **mi rallegro!** [ich] gratuliere!
**rallentamento** [rallenta'mento] *m* ①(*il rallentare*) Verlangsamung *f*; (*fig*) Nachlassen *nt* ②(FILM) Zeitlupe *f* **rallentare** [rallen'ta:re] I. *vt* ①(*passo, corsa*) verlangsamen ②(*vigilanza, visite*) verringern, einschränken II. *vi* ①(*diventare più lento*) langsamer werden ②(*fig: diventare meno intenso*) nachlassen **rallentatore** [rallenta'to:re] *m* Zeitlupe *f*; **fare una cosa al ~** (*fig*) etw im Zeitlupentempo tun
**rallistico, -a** [ral'listiko] <-ci, -che> *agg* Rallye-; **prove -che** Rallye-Tests *mpl* **rally** ['ræli] <-> *m* (SPORT) Rallye *f*; **~ di Montecarlo** die Rallye Montecarlo
**RAM** [ram] *m acro di* **Random Access Memory** (*memoria ad accesso casuale*) RAM *f*, RAM-Speicher *m*
**ramaiolo** [rama'ɔ:lo] *m* Schöpflöffel *m*, Schöpfkelle *f*
**ramanzina** [raman'dzi:na] *f* (*fam*) Standpauke *f*; **fare una ~ a qu** jdm eine Standpauke halten
**ramare** [ra'ma:re] *vt* ①(TEC) verkupfern ②(AGR) mit Kupfervitriol spritzen
**ramarro** [ra'marro] *m* Smaragdeidechse *f*
**ramato** [ra'ma:to] *m* Kupfervitriol *nt*
**ramato, -a** *agg* ①(*filo*) Kupfer-; **zolfo ~** Kupfervitriol *nt* ②(*capelli, barba*) rotblond
**ramazza** [ra'mattsa] *f* Reisigbesen *m*; **essere di ~** (MIL) zum Stubendienst eingeteilt sein
**rambismo** [ram'bizmo] *m* Gewaltverherrlichung *f*
**rambo** ['rambo] <-> *m* ①(FILM) Rambo *m* ②(*fig: persona forte e violenta*) Bestie *f*, Kampfmaschine *f*
**rame** ['ra:me] *m* ①(CHEM) Kupfer *nt* ②(*oggetto*) Kupfergefäß *nt* ③(*incisione*) Kupferstich *m* ④(*colore*) **biondo ~** rotblond; **rosso ~** kupferrot
**ramerino** [rame'ri:no] *m* (*tosc: rosmarino*) Rosmarin *m*

**ramificare** [ramifi'ka:re] I. *vi* Zweige austreiben II. *vr* **-rsi** sich verzweigen, sich verästeln **ramificazione** [ramifikat'tsjo:ne] *f* ①(BOT) Verzweigung *f*, Verästelung *f* ②(*suddivisione*) Verzweigung *f*, Aufgliederung *f*
**ramingo, -a** [ra'mingo] <-ghi, -ghe> *agg* (*obs*) umherirrend, ziellos
**ramino** [ra'mi:no] *m* Rommé *nt*
**rammaricare** [rammari'ka:re] I. *vt* betrüben II. *vr* **-rsi** ①(*dispiacersi*) betrübt sein ②(*lamentarsi*) sich beklagen **rammarico** [ram'ma:riko] <-chi> *m* ①(*afflizione*) Kummer *m*, Gram *m* ②(*rincrescimento*) Bedauern *nt* ③(*lamento*) Klage *f*
**rammendare** [rammen'da:re] *vt* ausbessern, flicken **rammendatrice** [rammenda'tri:tʃe] *f* Kunststopferin *f* **rammendatura** [rammenda'tu:ra] *f* ①(*rammendo*) geflickte Stelle *f* ②(*operazione*) Flicken *nt* **rammendo** [ram'mɛndo] *m* Flickarbeit *f*
**rammentare** [rammen'ta:re] I. *vt* ①(*richiamare alla mente*) **~ qu/qc** sich an jdn/etw erinnern ②(*assomigliare*) **~ qu** jdn an jdn erinnern ③(*far presente*) **~ qc a qu** jdn an etw *acc* erinnern II. *vr* **-rsi di qu/qc** sich an jdn/etw erinnern
**rammollimento** [rammolli'mento] *m* Erweichung *f* **rammollire** [rammol'li:re] <rammollisco> I. *vt* ①(*ammorbidire*) erweichen ②(*fam fig*) verweichlichen; (*instupidire*) verblöden II. *vr* **-rsi** ①(*diventar molle*) weich werden ②(*fam fig*) verweichlichen; (*instupidire*) verblöden **rammollito, -a** [rammol'li:to] *m, f* Schwachkopf *m fam*, Trottel *m fam*
**rammorbidire** [rammorbi'di:re] <rammorbidisco> I. *vt* ①(*cera, cuoio*) erweichen, weich machen ②(*fig*) mildern II. *vr* **-rsi** ①(*diventare morbido*) weich werden ②(*fig*) sich mildern
**ramo** ['ra:mo] *m* ①(BOT) Zweig *m*, Ast *m* ②(*di fiume, lago*) Arm *m* ③(*diramazione*) Verzweigung *f*, Verästelung *f* ④(*di scienza, disciplina*) Zweig *m*, Gebiet *nt* ⑤(*discendenza*) Linie *f*, Stamm *m*
**ramolatore** [ramola'to:re] *m* (TEC) Reinigungskraft *f* für Gussformen
**ramoscello** [ramoʃ'ʃɛllo] *m* [kleiner] Zweig *m*; **portare un ~ d'olivo** (*fig*) Frieden stiften **ramoso, -a** [ra'mo:so] *agg* verästelt, verzweigt
**rampa** ['rampa] *f* ①(*di scale*) Rampe *f*, Lauf *m* ②(AERO) Rampe *f* ③(*salita*) Steigung *f*
**rampante** [ram'pante] I. *agg* ①(*leone,*

**rampantismo** [rampan'tizmo] *m* Karrierismus *m*
**rampicante** [rampi'kante] I. *agg* kletternd, Kletter- II. *m* Kletterpflanze *f*
**rampichino** [rampi'ki:no] <-> *m* (BOT) Kletterpflanze *f*
**rampino** [ram'pi:no] *m* ① (*ferro*) Haken *m* ② (NAUT) Draggen *m*
**rampista** [ram'pista] <-i *m*, -e *f*> *mf* (AERO) Fluglotse *m*/-lotsin *f*
**rampollo** [ram'pollo] *m* ① (*scherz: figlio*) Sprössling *m* ② (*discendente*) Abkömmling *m*
**rampone** [ram'po:ne] *m* ① (*fiocina*) Harpune *f* ② (*ferro piegato*) Krampe *f* ③ (*per scarpe*) Steigeisen *nt*
**rana** ['ra:na] *f* Frosch *m*; **~ pescatrice** Seeteufel *m*; **nuoto a ~** Brustschwimmen *nt*
**rancidezza** [rantʃi'dettsa] *f* Ranzigkeit *f*
**rancido** ['rantʃido] *m* (*sapore*) ranziger Geschmack; (*odore*) ranziger Geruch
**rancido, -a** *agg* ① (*olio, burro*) ranzig ② (*fig*) verstaubt, altmodisch **rancidume** [rantʃi'du:me] *m* ① (*gusto*) ranziger Geschmack; (*odore*) ranziger Geruch ② (*cosa rancida*) ranziges Zeug ③ (*fig*) Plunder *m*, Kram *m*
**rancio** ['rantʃo] <-ci> *m* (MIL) Verpflegung *f*
**rancore** [raŋ'ko:re] *m* Groll *m*
**randagio, -a** [ran'da:dʒo] <-gi, -ge *o* -gie> *agg* herrenlos, streunend
**randellare** [randel'la:re] *vt* verprügeln **randellata** [randel'la:ta] *f* Knüppelschlag *m* **randello** [ran'dɛllo] *m* Prügel *m*, Knüppel *m*
**random** ['rændəm] <inv> *agg* ① (SCIENT) zufällig ② (INFORM) **accesso ~** Random[-Access] *m* **randomizzare** [randomid'dza:re] *vt* (INFORM) randomisieren **randomizzazione** [randomiddzat'tsio:ne] *f* (MAT: *in statistica*) Zufallsexperiment *nt*
**range** ['reindʒ] <- *o* ranges> *m* (PHYS) Reichweite *f* **ranger** ['reindʒə] <-> *m* Ranger *m*
**ranghinatore** [raŋgina'to:re] *m* (AGR) Heurechen *m* **ranghinatura** [raŋgina'tu:ra] *f* (AGR) Heuernte *f* mittels Heurechen
**rango** ['raŋgo] <-ghi> *m* ① (*condizione sociale*) Rang *m*, Stand *m* ② (MIL) Reihe *f*
**ranking** [ræŋkiŋ] <- *o* rankings> *m* Rangordnung *f*
**rannicchiarsi** [rannik'kiarsi] *vr* ① (*raccogliersi*) sich zusammenkauern ② (*fig*) sich verkriechen
**ranno** ['ranno] *m* Lauge *f*; **perdere il ~ ed il sapone** (*fig*) Zeit und Mühe verschwenden
**rannuvolamento** [rannuvola'mento] *m* (METEO) Bewölkung *f* **rannuvolarsi** [rannuvo'larsi] *vr* (METEO) sich bewölken
**ranocchia** [ra'nɔkkia] <-cchie> *f* Frosch *m*
**ranocchio** [ra'nɔkkio] <-cchi> *m* Frosch *m*
**rantolare** [ranto'la:re] *vi* ① (*emettere rantoli*) röcheln ② (*in agonia*) in den letzten Zügen liegen **rantolio** [ranto'li:o] <-ii> *m* Röcheln *nt*, Geröchel *nt* **rantolo** ['rantolo] *m* Röcheln *nt*
**ranuncolo** [ra'nuŋkolo] *m* Ranunkel *f*
**rap** ['ræp] I. <-> *m* Rap *m* II. <inv> *agg* Rap-; **musica ~** Rap *m*
**rapa** ['ra:pa] *f* Rübe *f*; **cavolo ~** Kohlrabi *m*; **cima di ~** Rübengrün *nt*; **testa di ~** (*fig, scherz*) Dummkopf *m*
**rapace** [ra'pa:tʃe] I. *agg* ① (*uccello*) Raub- ② (*ladri, amministratori*) räuberisch ③ (*sguardo*) gierig II. *m* Raubvogel *m*
**rapacità** [rapatʃi'ta] <-> *f* Raubgier *f*
**rapallizzare** [rapallid'dza:re] *vt* verbauen, verschandeln **rapallizzazione** [rapalliddzat'tsio:ne] *f* Verbauung *f*
**rapare** [ra'pa:re] *vt* glatt scheren, abrasieren
**raperonzolo** [rape'rontsolo] *m* Rapunzel *f*
**rapida** ['ra:pida] *f* Stromschnelle *f*
**rapidità** [rapidi'ta] <-> *f* Geschwindigkeit *f*, Schnelligkeit *f*
**rapido** ['ra:pido] *m* Schnellzug *m*
**rapido, -a** *agg* schnell
**rapimento** [rapi'mento] *m* ① (*di persona*) Entführung *f* ② (*fig* REL) Verzückung *f*
**rapina** [ra'pi:na] *f* Raub *m*, Raubüberfall *m*
**rapinare** [rapi'na:re] *vt* ① (*cose*) rauben ② (*persone*) berauben **rapinatore, -trice** [rapina'to:re] *m, f* Räuber(in) *m(f)*
**rapire** [ra'pi:re] <rapisco> *vt* ① (*persone*) entführen ② (*cose*) rauben ③ (*fig: estasiare*) hinreißen **rapitore, -trice** [rapi'to:re] *m, f* Entführer(in) *m(f)*
**rappacificare** [rappatʃifi'ka:re] I. *vt* versöhnen, aussöhnen II. *vr* **-rsi** sich versöhnen, sich aussöhnen **rappacificazione** [rappatʃifikat'tsio:ne] *f* Versöhnung *f*, Aussöhnung *f*
**rapper** ['ræpə] <- *o* rappers> *mf* (MUS) Rapper(in) *m(f)*
**rappezzare** [rappet'tsa:re] *vt* ① (*vestito, scarpa*) flicken, ausbessern ② (*fig, pej*) zusammenstückeln **rappezzatura** [rappettsa'tu:ra] *f* Flickwerk *nt* **rappezzo** [rap'pettso] *m* ① (*riparazione*) Flicken *nt*

②(*parte riparata*) Flickstelle *f* ③(*fig*) [Not]behelf *m*, Provisorium *nt*

**rappista** [rap'pista] <-i *m*, -e *f*> *mf* (MUS) Rapper(in) *m(f)*

**rapportare** [rappor'taːre] I. *vt* ①(*confrontare*) vergleichen ②(*riprodurre*) übertragen II. *vr* **-rsi a qc** sich auf etw *acc* beziehen **rapporto** [rap'pɔrto] *m* ①(*relazione*) Bericht *m*, Meldung *f* ②(MIL) Rapport *m* ③(*connessione, legame*) Beziehung *f*, Verhältnis *nt;* ~ **qualità-prezzo** Preis-Leistungs-Verhältnis *nt;* **-i commerciali** Geschäftsverbindungen *fpl;* **-i intimi** [*o* **sessuali**] intime Beziehungen *fpl;* ~ **di lavoro** Arbeitsverhältnis *nt;* **essere in buoni -i con qu** zu jdm ein gutes Verhältnis haben; **in ~ a** in Bezug auf +*acc* ④(MAT) Verhältnis *nt* ⑤(TEC) Übersetzung *f*

**rapprendere** [rap'prɛndere] <irr> I. *vt* gerinnen lassen II. *vr* **-rsi** gerinnen

**rappresaglia** [rappre'saʎʎa] <-glie> *f* Repressalie *f*, Strafmaßnahme *f*

**rappresentante** [rapprezen'tante] *mf* ①(*gener*) Vertreter(in) *m(f)*, Repräsentant(in) *m(f);* ~ **di classe** Klassensprecher *m* ②(COM) Vertreter(in) *m(f)* ③(*fig*) Vertreter(in) *m(f)*, Exponent(in) *m(f)* **rappresentanza** [rapprezen'tantsa] *f* ①(*potere riconosciuto*) Vertretung *f*, Repräsentation *f* ②(COM) Vertretung *f*, Niederlassung *f*

**rappresentare** [rapprezen'taːre] *vt* ①(*raffigurare*) darstellen ②(*simboleggiare*) symbolisieren, verkörpern ③(THEAT: *dramma*) aufführen; (*ruolo*) spielen ④(*agire per conto di*) vertreten **rappresentativo, -a** [rapprezenta'tiːvo] *agg* vertretend; (*a. fig*) darstellend; (POL: *sistema*) repräsentativ; (JUR) stellvertretend **rappresentazione** [rapprezentat'tsjoːne] *f* ①(*gener*) Darstellung *f* ②(THEAT) Aufführung *f*, Vorstellung *f;* **prima ~** Erstaufführung *f*, Premiere *f*

**rappresi** *1. pers sing pass rem di* **rapprendere**

**rappreso** *pp di* **rapprendere**

**rapsodia** [rapso'diːa] <-ie> *f* Rhapsodie *f*

**rapsodo** [rap'sɔːdo] *m* Rhapsode *m*

**raptus** ['raptus] <-> *m* ①(MED, PSIC) Wutanfall *m* ②(*fig*) Erleuchtung *f*

**rarefare** [rare'faːre] <irr> I. *vt* verdünnen II. *vr* **-rsi** ②(*diventare rado*) dünn werden, schwinden ②(*fig*) selten werden **rarefazione** [rarefat'tsjoːne] *f* ①(PHYS) Verdünnung *f* ②(*fig*) Verminderung *f*

**rarefeci** *1. pers sing pass rem di* **rarefare**

**rarità** [rari'ta] <-> *f* ①(*condizione*) Seltenheit *f* ②(*cosa*) Rarität *f*, Seltenheit *f* **raro, -a** ['raːro] *agg* (*esemplare, animale*) selten, rar; **una bestia -a** (*fig*) ein seltenes Exemplar

**rasaerba** [rasa'ɛrba] <-> *m* (TEC) Rasentrimmer *m*

**rasare** [ra'saːre] I. *vt* ①(*barba, capelli*) [ab]rasieren, scheren ②(*siepe, prato*) [kurz] schneiden, scheren II. *vr* **-rsi** sich rasieren

**rasato** [ra'saːto] *m* Satin *m*

**rasato, -a** *agg* ①(*barba, persona*) rasiert ②(*tessuto*) satiniert

**rasatura** [rasa'tuːra] *f* Rasur *f*

**raschiamento** [raskja'mento] *m* Abschaben *nt*, Auskratzen *nt;* (MED) Ausschabung *f* **raschiare** [ras'kjaːre] *vt* [ab]schaben, abkratzen; **-rsi la gola** sich räuspern **raschiatura** [raskja'tuːra] *f* Abschaben *nt*, Auskratzen *nt* **raschietto** [ras'kjetto] *m* ①(*per scrivania*) Radiermesser *nt* ②(*per le scarpe*) Schaber *m*, Kratzer *m* **raschino** [ras'kiːno] *m* Schaber *m*, Kratzer *m* **raschio** ['raskjo] <-schi> *m* Kratzen *nt*

**rasentare** [razen'taːre] *vt* ①(*sfiorare*) streifen ②(*fig: avvicinarsi molto a*) ~ **qc** einer Sache *dat* nahekommen; ~ **il ridicolo** sich am Rande des Lächerlichen bewegen **rasente** [ra'zɛnte] *prp* ~ [**a**] dicht an +*dat;* (*a. fig*) hart an +*dat*

**rasi** ['raːsi] *1. pers sing pass rem di* **radere**

**raso** ['raːso] *m* Atlas *m*, Satin *m*

**raso, -a** I. *pp di* **radere** II. *agg* ①(*volto, testa*) kahl, geschoren ②(*bicchiere*) randvoll; (*cucchiaio*) gestrichen voll; ~ **terra** *v.* **rasoterra**

**rasoio** [ra'soːjo] <-oi> *m* Rasiermesser *nt;* (*elettrico*) Rasierapparat *m;* **sul filo del ~** (*fig*) auf des Messers Schneide

**rasoterra** [raso'tɛrra] <inv> *agg o avv* dicht über dem Boden

**raspare** [ras'paːre] I. *vt* ①(*legno*) schaben, raspeln ②(*irritare*) reizen, kratzen; ~ **la gola** im Hals kratzen II. *vi* ①(*grattare*) kratzen, scharren ②(*raschiare*) kratzen

**raspo** ['raspo] *m* Traubenkamm *m*

**rassegna** [ras'seɲɲa] *f* ①(MIL) Parade *f*, Truppenschau *f;* **passare in ~** (MIL) die Parade abnehmen ②(*esame accurato*) [Über]prüfung *f*, Analyse *f*, Untersuchung *f;* **passare in ~ qc** (*fig*) etw Revue passieren lassen; **fare la ~ di qc** etw überprüfen ③(*resoconto*) Übersicht *f*, Querschnitt *m;* ~ **degli spettacoli** Veranstaltungskalender *m* ④(*recensione*) Be-

richt *m* ⑤ (*mostra*) Schau *f*, Ausstellung *f* ⑥ (*enumerazione*) Aufzählung *f*
**rassegnare** [rasseɲˈɲaːre] I. *vt* (*carica*) niederlegen, aufgeben; (*dimissioni*) einreichen; (*reclamo*) vorbringen II. *vr* **-rsi a qc** sich mit etw abfinden **rassegnazione** [rasseɲɲatˈtsjoːne] *f* Resignation *f*
**rasserenamento** [rasserenaˈmento] *m* Aufheiterung *f* **rasserenare** [rassereˈnaːre] I. *vt* ① (*aria, cielo*) aufheitern ② (*fig*) aufheitern, aufhellen II. *vr* **-rsi** ① (METEO) sich aufheitern ② (*fig*) sich aufheitern, sich aufhellen
**rassestamento** [rassestaˈmento] *m* Neuordnung *f*, Neuregelung *f*; **il ~ di una ditta** die Neuordnung einer Firma
**rassettare** [rassetˈtaːre] I. *vt* ① (*stanza, casa*) aufräumen ② (*abiti*) ausbessern II. *vr* **-rsi** sich zurechtmachen
**rassicurare** [rassikuˈraːre] I. *vt* beruhigen, versichern II. *vr* **-rsi** sich beruhigen **rassicurazione** [rassikuratˈtsjoːne] *f* Beruhigung *f*, Versicherung *f*
**rassodamento** [rassodaˈmento] *m* Festigung *f*, Straffung *f* **rassodare** [rassoˈdaːre] I. *vt* ① (*indurire*) festigen; (*muscoli, seno*) straffen; (*terreno*) befestigen ② (*fig*) stärken, festigen II. *vr* **-rsi** sich straffen; (*rafforzarsi*) sich stärken, sich festigen
**rassomiglianza** [rassomiʎˈʎantsa] *f* Ähnlichkeit *f* **rassomigliare** [rassomiʎˈʎaːre] I. *vi* gleichen, ähnlich sein II. *vr* **-rsi** sich *dat* gleichen, sich *dat* ähneln
**rastrellamento** [rastrellaˈmento] *m* ① (AGR) Harken *nt* ② (*fig*) Durchkämmen *nt* **rastrellare** [rastrelˈlaːre] *vt* ① (AGR) harken ② (*fig*) durchkämmen, absuchen **rastrellata** [rastrelˈlaːta] *f* ① (*operazione*) Harken *nt* ② (*colpo*) Schlag *m* mit der Harke
**rastrelliera** [rastrelˈljɛːra] *f* ① (*per il fieno*) Futterraufe *f* ② (*per i piatti*) Abtropfkorb *m*
**rastrello** [rasˈtrɛllo] *m* Harke *f*
**rata** [ˈraːta] *f* Rate *f*; **pagare/comprare a -e** in Raten zahlen/kaufen
**ratafià** [rataˈfja] <-> *m* Ratafia *m* (*Fruchtlikör*)
**rateale** [rateˈaːle] *agg* Raten-, ratenweise **ratealista** [rateaˈlista] <-i *m*, -e *f*> *mf* (COM) Verkaufsagent(in) *m(f)* für Ratengeschäfte **ratealizzazione** [realealiddzatˈtsjoːne] *f* (FIN) Rateneinteilung *f*, Ratenfestsetzung *f*
**rateizzare** [rateidˈdzaːre] *vt* in Raten aufteilen

**rateo** [ˈraːteo] *m* Rechnungsabgrenzung *f*; (*rateizzazione*) Ratenzahlung *f*
**ratifica** [raˈtiːfika] <-che> *f* Bestätigung *f*; (JUR) Ratifizierung *f*, Ratifikation *f* **ratificante** [ratifiˈkante] *agg* ratifizierend **ratificare** [ratifiˈkaːre] *vt* bestätigen; (JUR) ratifizieren **ratificazione** [ratifikatˈtsjoːne] *f* Ratifizierung *f*, Ratifikation *f*
**rating** [ˈreitiŋ] *m* ① (FIN) Prüfung *f* von Obligationen; **agenzia di ~** Ratingagentur *f* ② (TV, RADIO) Beliebtheitsskala *f* für Rundfunksendungen
**Ratisbona** [ratizˈboːna] *f* Regensburg *nt*
**rattening** [ˈrætəniŋ] <-> *m* Behinderung von Streikbrechern durch die Entwendung von Arbeitsmitteln
**ratticida** [rattiˈtʃiːda] <-i *m*, -e *f*> I. *m* Rattengift *nt* II. *agg* Rattengift-; **esca ~** Rattengiftköder *m*
**rattizzare** [rattidˈdzaːre] *vt* ① (*fuoco*) wieder anfachen ② (*fig: odio, ira, passione*) wieder aufleben lassen, neu entfachen
**ratto** [ˈratto] *m* ① (ZOO) Ratte *f* ② (JUR) Raub *m*
**rattoppare** [rattopˈpaːre] *vt* ① (*riparare*) flicken ② (*fig*) zusammenstoppeln **rattoppatura** [rattoppaˈtuːra] *f*, **rattoppo** [ratˈtɔppo] *m* ① (*riparazione*) Flicken *m* ② (*fig*) Notlösung *f*, [Not]behelf *m*, Provisorium *nt*
**rattrappimento** [rattrappiˈmento] *m* Verkrampfung *f* **rattrappire** [rattrapˈpiːre] <rattrappisco> I. *vt* verkrampfen II. *vr* **-rsi** sich verkrampfen
**rattristare** [rattrisˈtaːre] I. *vt* betrüben II. *vr* **-rsi** betrübt werden
**raucedine** [rauˈtʃɛːdine] *f* Heiserkeit *f*
**rauco, -a** [ˈrauko] <-chi, -che> *agg* ① (*voce*) heiser ② (*persona*) rau ③ (MUS) dumpf
**rava** [ˈrava] *f* ① (*dial*) Radieschen *nt*, Rübe *f*, Rübchen *nt* ② **raccontare la ~ e la fava** (*fam*) sich lang und breit auslassen
**ravanare** [ravaˈnaːre] *vi* ① (*sett: frugare, rovistare*) wühlen, stöbern (*in* in +*dat*) ② (*fig*) streben, sich extrem engagieren
**ravanello** [ravaˈnɛllo] *m* Radieschen *nt*
**rave** [reiv] I. <- *o* **raves**> *m* (*sl*) Rave *m* *o nt*, Fete *f*, [Techno]party *f* II. <inv> *agg* Rave-; **raduno** *m* Raveparty *f*
**ravegnano, -a** [raveɲˈɲaːno] I. *m, f* Einwohner(in) *m(f)* von Ravenna II. *agg* aus Ravenna
**Ravenna** *f* Ravenna *nt* (*Stadt in der Emilia-Romagna*)
**ravennate** [ravenˈnaːte] I. *mf* (*abitante*)

Einwohner(in) *m(f)* Ravennas II. *agg* aus Ravenna
**Ravennate** *m* Umgebung *f* von Ravenna
**ravioli** [ra'viɔ:li] *mpl* Ravioli *pl* (*Teigtaschen mit Fleisch-, Gemüse-, Frischkäsefüllung*)
**ravvalorare** [ravvalo'ra:re] *vt* bestärken, bekräftigen
**ravvedersi** [ravve'dersi] <irr> *vr* bereuen, sein Unrecht einsehen **ravvedimento** [ravvedi'mento] *m* Reue *f,* Einsicht *f*
**ravveduto** *pp di* **ravvedersi**
**ravviare** [ravvi'a:re] I. *vt* aufräumen; (*matassa*) entwirren II. *vr* -**rsi** sich zurechtmachen, sich frisch machen **ravviata** [ravvi'a:ta] *f* (*fam*) Zurechtmachen *nt,* Ordnen *nt;* **darsi una ~** (*fam*) sich ein wenig zurechtmachen
**ravvicinamento** [ravvitʃina'mento] *m* ❶ (*il ravvicinarsi*) Annäherung *f,* Näherkommen *nt* ❷ (*fig: riconciliazione*) Versöhnung *f* **ravvicinare** [ravvitʃi'na:re] I. *vt* ❶ (*avvicinare di più*) annähern, näher bringen ❷ (*fig: rappacificare*) versöhnen II. *vr* -**rsi** ❶ (*avvicinarsi*) sich annähern ❷ (*rappacificarsi*) sich versöhnen **ravvicinato, -a** [ravvitʃi'na:to] *agg* nah[e], Nah-
**ravviluppare** [ravvilup'pa:re] I. *vt* einwickeln II. *vr* -**rsi** sich einwickeln
**ravvisare** [ravvi'za:re] *vt* erkennen
**ravvivare** [ravvi'va:re] I. *vt* ❶ (*fuoco*) neu entfachen ❷ (*ricordi, speranze*) wieder aufleben lassen II. *vr* -**rsi** wieder aufleben
**ravvoltolare** [ravvolto'la:re] I. *vt* einwickeln II. *vr* -**rsi** sich einwickeln
**raw materials** [rɔ: mə'tiərials] *mpl* Rohstoffe *mpl*
**raziocinante** [rattsiotʃi'nante] *agg* vernünftig, vernunftbegabt **raziocinio** [rattsio'tʃi:nio] <-i> *m* Vernunft *f*
**razionale** [rattsio'na:le] I. *agg* ❶ (*uomo*) rational, vernunftbegabt ❷ (*procedimento, metodo*) rational, vernünftig ❸ (*alimentazione, architettura*) rationell, zweckmäßig ❹ (MAT) rational II. *m* Rationale(s) *nt* **razionalismo** [rattsiona'lizmo] *m* Rationalismus *m* **razionalista** [rattsiona'lista] <-i *m,* -e *f*> *mf* Rationalist(in) *m(f)* **razionalistico, -a** [rattsiona'listiko] <-ci, -che> *agg* rationalistisch **razionalità** [rattsionali'ta] <-> *f* ❶ (*facoltà*) Rationalität *f,* Vernünftigkeit *f* ❷ (*funzionalità*) Zweckmäßigkeit *f* **razionalizzare** [rattsionalid'dza:re] *vt* ratioalisieren
**razionalizzazione** [rattsionaliddzat'tsio:ne] *f* Rationalisierung *f*
**razionamento** [rattsiona'mento] *m* Rationierung *f* **razionare** [rattsio'na:re] *vt* rationieren, begrenzen **razione** [rat'tsio:ne] *f* Ration *f;* (*porzione*) Portion *f;* (*a. fig*) Anteil *m*

**razza**[1] ['rattsa] *f* ❶ (*di uomini, animali*) Rasse *f;* **di ~ pura** reinrassig ❷ (*di piante*) Sorte *f* ❸ (*famiglia, stirpe*) Herkunft *f,* Abstammung *f* ❹ (*fig*) Klasse *f;* (*fam pej*) Art *f,* Sorte *f;* **che ~ di uomo sei!** was bist du nur für ein Mensch!
**razza**[2] ['raddza] *f* (ZOO) Rochen *m*
**razzia** [rat'tsi:a] <-ie> *f* ❶ (*scorreria*) Razzia *f* ❷ (*di animali*) Raub-, Beutezug *m*
**razziale** [rat'tsia:le] *agg* Rassen-; **conflitto ~** Rassenkonflikt *m;* **odio ~** Rassenhass *m*
**razziare** [rat'tsia:re] *vt* ausrauben
**razzismo** [rat'tsizmo] *m* Rassismus *m* **razzista** [rat'tsista] <-i *m,* -e *f*> I. *mf* Rassist(in) *m(f)* II. *agg* rassistisch **razzistico, -a** [rat'tsistiko] <-ci, -che> *agg* rassistisch
**razzo** ['raddzo] *m* ❶ (*fuoco artificiale*) Rakete *f,* Feuerwerkskörper *m* ❷ (*proiettile*) Rakete *f*
**razzolare** [rattso'la:re] *vi* scharren
**RC** *f abbr di* **Rifondazione Comunista** *italienische Neokommunisten*
**RDT** *f abbr di* **Repubblica Democratica Tedesca** (HIST) DDR *f;* **l'ex ~** die ehemalige DDR
**re**[1] [re] <-> *m* (*a. fig*) König *m;* **vita da ~** königliches Leben; **~ di quadri** Karokönig *m*
**re**[2] [rɛ] <-> *m* (MUS) d, D *nt*
**rea** *f v.* **reo**
**reader** ['ri:də] <- *o* readers> *m* (INFORM) Datenlesegerät *nt*
**reading** ['ri:diŋ] <- *o* readings> *m* ❶ (LIT) Autorenlesung *f,* Dichterlesung *f* ❷ (LIT: *volume che raccoglie scritti di autori diversi*) Essaysammlung *f*
**reagentario** [readʒɛn'ta:rio] <-i> *m* ❶ (CHEM: *gamma di reagenti*) Reagenzien *ntpl* ❷ (CHEM: *mobile, scaffale per reagenti*) Reagenzienschrank *m*
**reagente** [rea'dʒɛnte] *m* Reagenz *nt*
**reagire** [rea'dʒi:re] <reagisco> *vi* **~** [**a qc**] [auf etw *acc*] reagieren
**reale** [re'a:le] I. *agg* ❶ (*di, da re*) königlich, Königs- *m;* **aquila ~** Königsadler *m* ❷ (*oggetto, fatto*) real, wirklich; (*salario*) Real- ❸ (JUR) Real- ❹ (MAT) reell II. *m* Wirklichkeit *f*
**real-estate man** ['ri:əlis'teit mæn] <- *o* real-estate men> *m* (COM, FIN) Immobilienmakler(in) *m(f),* Realitätenagent(in) *m(f) A*

**reali** *mpl* Königs-, Herrscherpaar *nt*
**realismo** [rea'lizmo] *m* Realismus *m*
**realista** [rea'lista] <-i *m*, -e *f*> I. *mf* ① (*persona concreta*) Realist(in) *m(f)* ② (*nell'arte*) Realist(in) *m(f)* ③ (POL) Royalist(in) *m(f)* II. *agg* ① (*nell'arte*) realistisch ② (POL) royalistisch **realistico**, **-a** [rea'listiko] <-ci, -che> *agg* realistisch
**realizzabile** [realid'dza:bile] *agg* realisierbar **realizzare** [realid'dza:re] I. *vt* ① (*speranza, progetto*) realisieren, verwirklichen ② (COM) realisieren ③ (*fig: comprendere*) begreifen, realisieren *geh* II. *vr* **-rsi** sich verwirklichen, wahr werden **realizzazione** [realiddzat'tsjo:ne] *f* (*di progetto*) Realisierung *f*; (*di sogno*) Verwirklichung *f*
**realizzo** [rea'liddzo] *m* ① (COM) Zwangsverkauf *m* ② (FIN) Liquidation *f*
**realmente** [real'mente] *avv* tatsächlich, wirklich
**realtà** [real'ta] <-> *f* Realität *f*, Wirklichkeit *f*; **in ~** tatsächlich, in Wirklichkeit; **~ virtuale** (TEL, INFORM) virtuelle Realität
**reame** [re'a:me] *m* (*poet*) [Königreich *nt*
**Reatino** <*sing*> *m* Umgebung *f* von Rieti
**reatino**, **-a** [rea'ti:no] I. *m, f* (*abitante*) Einwohner(in) *m(f)* von Rieti II. *agg* aus Rieti
**reato** [re'a:to] *m* Straftat *f*, Delikt *nt*; **corpo del ~** Corpus delicti *nt*, Beweisstück *nt*; **il fatto non costituisce ~** die Tat ist nicht strafbar; **-i contro l'ambiente** Umweltkriminalität *f*
**reattivo** [reat'ti:vo] *m* Reagenz *nt*
**reattivo**, **-a** *agg* ① (*gener*) Reaktions-, reagierend ② (CHEM) Reagenz- ③ (EL) Reaktanz-
**reattore** [reat'to:re] *m* ① (AERO) Düsenflugzeug *nt*; (*motore*) Düsentriebwerk *nt* ② (PHYS) Reaktor *m*; **~ nucleare** Kernreaktor *m*
**reazionario**, **-a** [reattsjo'na:rjo] <-i, -ie> I. *agg* reaktionär II. *m, f* Reaktionär(in) *m(f)* **reazione** [reat'tsjo:ne] *f* Reaktion *f*; **le forze della ~** die reaktionären Kräfte *fpl*; **a ~** (AERO) Düsen-
**reboante** [rebo'ante] *agg* ① (*voce*) dröhnend ② (*fig, pej*) bombastisch, schwülstig
**rebus** ['rɛ:bus] <-> *m* ① (*gioco*) Rebus *m o nt*, Bilderrätsel *nt* ② (*fig: persona, cosa incomprensibile*) Rätsel *nt* **rebussistico**, **-a** [rebus'sistiko] <-ci, -che> *agg* ① (*gener*) Rätsel- ② (*scherz: enigmatico, indecifrabile*) rätselhaft
**recalcitrare** [rekaltʃi'tra:re] *v.* **ricalcitrare**
**recapitare** [rekapi'ta:re] *vt* zustellen, abliefern **recapito** [re'ka:pito] *m* ① (*indirizzo*) Adresse *f* ② (*consegna*) Zustellung *f*

**recare** [re'ka:re] I. *vt* ① (*portare*) bringen ② (*avere su di sé*) tragen ③ (*cagionare*) bewirken, verursachen; **~ disturbo a qu** jdn stören; **~ offesa a qu** jdn beleidigen II. *vr* **-rsi** sich begeben
**recedere** [re'tʃɛ:dere] <recedo, recedetti *o* recedei, receduto> *vi* ① (*tirarsi indietro*) zurückgehen, sich zurückziehen ② (JUR) zurücktreten ③ (MED: *febbre, malattie*) zurückgehen
**recensione** [retʃen'sjo:ne] *f* Rezension *f*, Besprechung *f* **recensore**, **-a** [retʃen-'so:re] *m, f* Rezensent(in) *m(f)*
**recente** [re'tʃɛnte] *agg* neu, jüngste(r, s); **di ~** neulich, kürzlich **recentemente** [retʃente'mente] *avv* kürzlich, neulich **recentissime** [retʃen'tissime] *fpl* neu[e]ste Nachrichten *fpl*, letzte Meldungen *fpl*
**recepire** [retʃe'pi:re] <recepisco> *vt* (*poet*) empfangen, aufnehmen
**reception** [ri'sepʃən] <- *o* receptions> *f* Rezeption *f*, Empfangsbüro *nt* **receptionist** [ri'sepʃənist] <- *o* receptionists> *mf* Rezeptionist(in) *m(f)*
**recessione** [retʃes'sjo:ne] *f* (COM) Rezession *f*, Rückgang *m* **recessività** [retʃessivi'ta] <-> *f* (BIOL) Rezessivität *f* **recessivo**, **-a** [retʃes'si:vo] *agg* ① (BIOL) rezessiv ② (COM) rückläufig
**recesso** [re'tʃɛsso] *m* ① (*rifugio*) Schlupfwinkel *m* ② (*fig*) Abgrund *m*, geheimer Winkel ③ (JUR) Rücktritt *m* ④ (MED) Rückgang *m*
**recettività** [retʃettivi'ta] *f v.* **ricettività**
**recherche** [r(ə)'ʃɛrʃ(ə)] <- *o* recherches> *f* Stöbern *nt* in der Vergangenheit
**recidere** [re'tʃi:dere] <recido, recisi, reciso> I. *vt* [ab]schneiden II. *vr* **-rsi** aufspringen, rissig werden
**recidivante** [retʃidi'vante] *agg* wiederkehrend, rekurrent
**recidivo**, **-a** [retʃi'di:vo] I. *agg* rückfällig, Rückfall- II. *m, f* Rückfällige(r) *f(m)*; (JUR) Rückfall-, Wiederholungstäter(in) *m(f)*; (MED) rückfällige(r) Patient(in) *m(f)*
**recingere** [re'tʃindʒere] <irr> *vt* umschließen, umgeben
**recintare** [retʃin'ta:re] *vt* einfrieden, umzäunen
**recinto**[1] [re'tʃinto] *pp di* **recingere**
**recinto**[2] *m* ① (*spazio circoscritto*) Gebiet *nt*; (*per animali*) Gehege *nt*; (*per bambini*) Laufstall *m* ② (*ciò che recinge*) Zaun *m*, Umzäunung *f* **recinzione** [retʃin'tsjo:ne] *f* Einfriedung *f*, Umzäunung *f*

**recipiente** [retʃi'piɛnte] *m* Behälter *m*, Gefäß *nt*

**reciprocità** [retʃiprotʃi'ta] <-> *f* Gegenseitigkeit *f*

**reciproco** [re'tʃiːproko] <-ci> *m* Kehrwert *m*

**reciproco, -a** <-ci, -che> *agg* gegenseitig; (MAT, LING) reziprok

**recisi** [re'tʃiːzi] *1. pers sing pass rem di* **recidere**

**reciso, -a** [re'tʃiːzo] I. *pp di* **recidere** II. *agg* ❶ (*tagliato*) abgeschnitten ❷ (*fig*) knapp; **fiori -i** Schnittblumen *fpl*

**recita** ['rɛːtʃita] *f* Aufführung *f*

**recital** [retʃi'tal *o* 'rɛːtʃital] <-> *m* Recital *nt*

**recitare** [retʃi'taːre] I. *vt* ❶ (*poesia*) rezitieren, vortragen; (*orazioni*) sprechen; (*lezione*) aufsagen ❷ (*declamare*) deklamieren ❸ (THEAT, FILM) spielen; ~ **la commedia** (*fig*) eine Komödie aufführen II. *vi* ❶ (THEAT, FILM) spielen ❷ (*fig, pej*) deklamieren

**recitativo** [retʃita'tiːvo] *m* Rezitativ *nt*

**recitativo, -a** *agg* rezitativisch, Rezitativ-

**recitazione** [retʃitat'tsioːne] *f* ❶ (*interpretazione*) Rezitation *f*, Vortrag *m* ❷ (*disciplina*) Schauspielkunst *f*; **scuola di** ~ Schauspielschule *f*

**reclamare** [rekla'maːre] I. *vi* ~ **contro** [*o* **per**] **qc** etw reklamieren, sich über etw *acc* beschweren II. *vt* geltend machen, fordern

**réclame** [re'klam] <-> *f* Reklame *f*, Werbung *f*; **fare** ~ **a qc/qu** für etw/jdn Werbung machen; **farsi** ~ für sich werben

**reclamizzare** [reklamid'dzaːre] *vt* werben, Reklame machen für **reclamizzazione** [reklamiddzat'tsioːne] *f* Werben *nt*, Reklamemachen *nt*

**reclamo** [re'klaːmo] *m* Reklamation *f*; (*documento*) Beschwerde *f*

**reclinare** [rekli'naːre] *vt* neigen

**reclusa** *f v.* **recluso**

**reclusione** [reklu'zioːne] *f* Haft *f* **recluso, -a** [re'kluːzo] I. *agg* eingeschlossen; (JUR) inhaftiert II. *m, f* Häftling *m*, Inhaftierte(r) *f(m)*

**recluta** ['rɛːkluta] *f* ❶ (MIL) Rekrut *m* ❷ (*fig*) Neuling *m* **reclutamento** [rekluta'mento] *m* Einberufung *f*; (*a. fig*) Rekrutierung *f* **reclutare** [reklu'taːre] *vt* einberufen; (*a. fig*) rekrutieren

**recondito, -a** [re'kɔndito] *agg* (*poet*) ❶ (*luogo*) abgelegen, entlegen ❷ (*fig*) verborgen, geheim

**record** ['rɛːkord] I. <-> *m* ❶ (SPORT) Rekord *m*; **battere un** ~ einen Rekord brechen ❷ (INFORM) Record *m*, Datensatz *m* II. <*inv*> *agg* Spitzen-, Rekord-; **incasso** ~ Rekordeinnahme *f*

**recriminare** [rekrimi'naːre] *vi* sich beklagen **recriminazione** [rekriminat'tsioːne] *f* Klage *f*

**recrudescenza** [rekrudeʃ'ʃɛntsa] *f* Verschlimmerung *f*

**recto** ['rɛkto] *m* Vorderseite *f*, Rekto *nt*

**recuperante** [rekupe'rante] *mf* Gebrauchtwaffenhändler(in) *m(f)*

**recuperare** [rekupe'raːre] *v.* **ricuperare**

**recusare** [reku'zaːre] *v.* **ricusare**

**redarguire** [redargu'iːre] <redarguisco> *vt* tadeln, rügen

**redarre** [re'darre] <usato solo all'inf> *v.* **redigere**

**redassi** [re'dassi] *1. pers sing pass rem di* **redigere**

**redatto** [re'datto] *pp di* **redigere**

**redattore, -trice** [redat'toːre] *m, f* ❶ (*di giornale, casa editrice*) Redakteur(in) *m(f)* ❷ (*di atti, documenti*) Verfasser(in) *m(f)* **redazionale** [redattsio'naːle] *agg* Redaktions-, redaktionell **redazione** [redat'tsioːne] *f* Redaktion *f*; ~ **di un documento** Abfassung *f* eines Dokuments; ~ **di verbale** Protokollierung *f*

**redditiere, -a** [redditi'ɛːre] *m, f* ❶ (FIN, ADM: *chi gode di un reddito*) Einkommensbezieher(in) *m(f)*, Einkommensempfänger(in) *m(f)* ❷ (*chi vive di rendita*) Rentier *m*, Rentenbezieher(in) *m(f)*

**redditività** [redditivi'ta] <-> *f* Ertrag[s]fähigkeit *f*, Rentabilität *f* **redditizio, -a** [reddi'tittsio] <-i, -ie> *agg* einträglich, rentabel

**reddito** ['rɛddito] *m* Einkommen *nt*; (*utile*) Ertrag *m*, Gewinn *m*; ~ **lordo/netto** Brutto-/Nettoeinkommen *nt*; **imposta sul** ~ Einkommenssteuer *f*

**redditometrico, -a** [reddito'meːtriko] *agg* einkommensbemessend, Einkommens-

**redditometro** [reddi'tɔːmetro] *m* [steuerliche] Schätztabelle *f*

**redensi** [re'dɛnsi] *1. pers sing pass rem di* **redimere**

**redento, -a** [re'dɛnto] I. *pp di* **redimere** II. *m, f* Erlöste(r) *f(m)*, Christ(in) *m(f)* III. *agg* erlöst

**redentore** [reden'toːre] *m* Erlöser *m*, Heiland *m*

**redentore, -trice** *agg* erlösend, befreiend

**redenzione** [reden'tsioːne] *f* Erlösung *f*

**redevance** [rədə'väs] <- *o* redevances> *f* Abgabe *f*, Gebühr *f*

**redibitorio, -a** [redibi'tɔ:rio] <-i, -ie> *agg* (JUR) Wandlungs-

**redigere** [re'di:dʒere] <redigo, redassi, redatto> *vt* ❶ (*compilare, stendere*) verfassen, abfassen ❷ (*curare*) redigieren, bearbeiten

**redimere** [re'di:mere] <redimo, redensi, redento> *vt* (*poet*) erlösen, befreien

**redimibile** [redi'mi:bile] *agg* ❶ (*debito*) kündbar, tilgbar ❷ (*poet*) erlösbar

**redini** ['rɛ:dini] *fpl* Zügel *mpl*

**redivivo, -a** [redi'vi:vo] *agg* auferstanden, wiedererstanden

**reduce** ['rɛ:dutʃe] I. *agg* heimgekehrt; **essere ~ da una malattia** eine Krankheit [gerade] überstanden haben II. *mf* Heimkehrer(in) *m(f)*

**refe** ['re:fe] *m* Zwirn *m*

**referee** [rɛfə'ri:] <-> *m* (SPORT) Referee *m*, Schiedsrichter *m*

**referendarista** [referenda'rista] <-i *m*, -e *f*> *mf* (POL) Befürworter(in) *m(f)* von Volksabstimmungen

**referendum** [refe'rɛndum] <-> *m* ❶ (JUR) Referendum *nt*, Volksentscheid *m* ❷ (*indagine*) Umfrage *f*

**referente** [refe'rɛnte] I. *agg* berichterstattend; **riunione in sede ~** berichterstattende Versammlung II. *mf* (*persona di riferimento*) Ansprechpartner(in) *m(f)*

**referenza** [refe'rɛntsa] *f* Referenz *f*, Empfehlung *f* **referenziato, -a** [referen'tsia:to] *agg* mit Referenzen [ausgestattet]

**refertare** [refɛr'ta:re] *vt* (MED) einen Befund erheben über +*acc*, befunden

**refertazione** [refɛrtat'tsio:ne] *f* (MED) Befundung *f*

**referto** [re'fɛrto] *m* (MED) Befund *m*

**refettorio** [refet'tɔ:rio] <-i> *m* Refektorium *nt*, Speisesaal *m* **refezione** [refet'tsio:ne] *f* Speisung *f*; **~ scolastica** Schulspeisung *f*

**refill** ['ri:fil *o* 'rɛfil] <-> *m* Patrone *f*

**reflation** [ri:fleiʃən] <-> *f* (COM, FIN) Reflation *f*

**reflazione** [reflat'tsio:ne] *f* (FIN, COM) Reflation *f* **reflazionistico, -a** [reflattsio'nistiko] <-ci, -che> *agg* reflationistisch; **fase -a** Reflationsphase *f*

**refluo, -a** ['rɛ:fluo] *agg* zurückfließend; **acque -e** Abwässer *ntpl*

**refolo** ['rɛ:folo] *m* Bö[e] *f*

**refrain** [rə'frɛ̃] <-> *m* Refrain *m*

**refrattarietà** [refrattarie'ta] <-> *f* ❶ (*di materiale*) Hitzebeständigkeit *f*, Feuerfestigkeit *f* ❷ (*fig* MED) Unempfindlichkeit *f*,

Immunität *f* **refrattario, -a** [refrat'ta:rio] <-i, -ie> *agg* ❶ (*materiale*) hitzebeständig, feuerfest ❷ (*fig* MED) **essere ~ [a qc]** [gegen etw] unempfindlich sein

**refrigerante** [refridʒe'rante] I. *agg* kühlend, Kühl- II. *m* ❶ (*apparecchio*) Kühlgerät *nt* ❷ (*sostanza*) Kühlmittel *nt*

**refrigerare** [refridʒe'ra:re] *vt* kühlen **refrigeratore** [refridʒera'to:re] *m* ❶ (*fluido*) Kühlflüssigkeit *f* ❷ (*parte del frigorifero*) Kühlaggregat *nt* **refrigerazione** [refridʒerat'tsio:ne] *f* Kühlung *f*

**refrigerio** [refri'dʒɛ:rio] <-i> *m* ❶ (*sensazione di fresco*) Erfrischung *f* ❷ (*fig: sollievo*) Erleichterung *f*

**refurtiva** [refur'ti:va] *f* Beute *f*, Diebesgut *nt*

**refuso** [re'fu:zo] *m* (TYP) Druckfehler *m*

**regalare** [rega'la:re] *vt* ❶ (*gener*) schenken ❷ (COM) verschenken, verschleudern

**regale** [re'ga:le] *agg* (*a. fig*) königlich, fürstlich

**regalia** [rega'li:a] <-ie> *f* ❶ (*dono in denaro*) Geldgeschenk *nt*; (*mancia*) Trinkgeld *nt* ❷ *pl* (*prestazione in natura*) Tribut *m* in Naturalien ❸ (HIST) Hoheitsrecht *nt*

**regalità** [regali'ta] <-> *f* ❶ (*carattere regale*) Königtum *nt* ❷ (*l'essere splendido*) Noblesse *f*

**regalo** [re'ga:lo] *m* Geschenk *nt*, Gabe *f*; **dare qc a qu in ~** jdm etw schenken; **~ di Natale** Weihnachtsgeschenk *nt*; **fare un ~ a qu** jdm etw schenken

**regata** [re'ga:ta] *f* Regatta *f*

**reggae** ['rɛ(g)ge] <-> *m* (MUS) Reggae *m*

**reggente** [red'dʒɛnte] I. *mf* Regent(in) *m(f)* II. *f* (LING) Hauptsatz *m* III. *agg* ❶ (POL) Regenten-, Regentschafts- ❷ (LING) **proposizione ~** Hauptsatz *m* **reggenza** [red'dʒɛntsa] *f* ❶ (*carica*) Regentschaft *f* ❷ (*governo dei reggenti*) Regierung *f*, Herrschaft *f* ❸ (LING) Rektion *f*

**reggere** ['rɛddʒere] <reggo, ressi, retto> I. *vt* ❶ (*tenere*) halten; (*sostenere*) halten, tragen; (*tenere fermo*) fest halten ❷ (*resistere*) standhalten *dat* ❸ (*dirigere*) leiten, führen; (*governare*) regieren ❹ (LING) regieren, erfordern ❺ (*sopportare*) ertragen; **~ il vino** trinkfest sein II. *vi* ❶ (*resistere*) standhalten ❷ (*durare*) anhalten; (*cibi*) haltbar sein III. *vr* **-rsi** ❶ (*sostenersi*) sich halten; **-rsi a galla** sich an der Oberfläche halten ❷ (*fig: controllarsi*) sich beherrschen ❸ (*governarsi*) sich regieren ❹ (*attaccarsi*) sich fest halten

**reggetta** [red'dʒetta] *f* (TEC) Eisenband *nt*,

Bandstahl *m* **reggettatrice** [reddʒetta'tri:tʃe] *f* (TEC) Bandstahlwickler *m*

**reggia** ['rɛddʒa] <-gge> *f* ❶ (*di re*) Königshof *m*, -palast *m* ❷ (*fig*) Palast *m*

**reggiano, -a** [red'dʒia:no] **I.** *m, f* (*abitante*) Einwohner(in) *m(f)* von der Reggio Emilia **II.** *agg* aus Reggio Emilia

**Reggiano** *m* ❶ Umgebung *f* von der Reggio Emilia ❷ (*formaggio*) Parmesan[käse] *m*

**reggiborsa** [reddʒi'borsa] <-> *mf* (*pej*) Taschenträger(in) *m(f)*

**reggicalze** [reddʒi'kaltse] <-> *m* Strumpfhalter *m*

**reggifreno** [reddʒi'frɛ:no *o* reddʒi'frɛ:no] <-> *m* Zügel *m*

**reggilibro, reggilibri** [reddʒi'li:bro, reddʒi'li:bri] *m* Buchstütze *f*

**reggimentale** [reddʒimen'ta:le] *agg* Regiments- **reggimento** [reddʒi'mento] *m* ❶ (MIL) Regiment *nt* ❷ (*fig*) Heer *nt*

**reggino, -a** [red'dʒi:no] **I.** *m, f* (*abitante*) Einwohner(in) *m(f)* von Reggio Calabria **II.** *agg* aus Reggio [Calabria]

**Reggino** *m* Umgebung *f* Reggio [Calabria]

**Reggio Calabria** *f* Reggio [Calabria] *nt* (*Stadt in Kalabrien*)

**Reggio Emilia** *f* Reggio Emilia *nt* (*Stadt in Emilia-Romagna*)

**reggipetto, reggiseno** [reddʒi'pɛtto, reddʒi'se:no] *m* Büstenhalter *m*; **~ a balconcino** Bügel-BH *m*

**reggistanga** [reddʒi'staŋga] <-> *f* Karrenriemen *m*

**reggitesta** [reddʒi'tɛsta] <-> *m* Nackenstütze *f*, Nackenkissen *nt*

**reggitore, -trice** [reddʒi'to:re] **I.** *agg* (*poet*) leitend **II.** *m, f* (*poet*) Leiter(in) *m(f)*

**regia** [re'dʒi:a] <-gie> *f* (*a. fig*) Regie *f*

**regicida** [redʒi'tʃi:da] <-i *m*, -e *f*> *mf* Königsmörder(in) *m(f)* **regicidio** [redʒi'tʃi:dio] <-i> *m* Königsmord *m*

**regimazione** [redʒimat'tsio:ne] *f* ❶ (TEC) Einfahren *nt* ❷ (*di un corso d'acqua*) Regulierung *f*, Begradigung *f*

**regime** [re'dʒi:me] *m* ❶ (POL) Regime *nt*; (*fascismo*) faschistisches Regime ❷ (*dieta*) Diät *f*; **tenersi a ~** eine Diät machen ❸ (*regola di vita*) Lebensweise *f*, -haltung *f* ❹ (TEC, MOT) Drehzahl *f*; **andare a pieno ~** auf vollen Touren laufen

**regina** [re'dʒi:na] *f* ❶ (*fig* POL, ZOO) Königin *f* ❷ (*negli scacchi, nelle carte*) Dame *f*

**reginetta** [redʒi'netta] *f* Miss *f*, Schönheitskönigin *f*

**regio, -a** ['rɛ:dʒo] <-gi, -gie> *agg* Königs-; (*a. fig*) königlich

**regionale** [redʒo'na:le] *agg* regional **regionalismo** [redʒona'lizmo] *m* Regionalismus *m* **regionalizzare** [redʒonalid'dza:re] *vt* (ADM) regionalisieren **regionalizzazione** [redʒonaliddzat'tsio:ne] *f* (ADM) Regionalisierung *f*

**regione** [re'dʒo:ne] *f* Region *f*

**regista** [re'dʒista] <-i *m*, -e *f*> *mf* Regisseur(in) *m(f)*; **aiuto ~** Regieassistent(in) *m(f)*

**registrare** [redʒis'tra:re] *vt* ❶ (ADM) registrieren, eintragen ❷ (FIN) [ver]buchen ❸ (*prendere nota*) aufzeichnen, eintragen ❹ (*rilevare*) registrieren, verzeichnen ❺ (*sentire*) wahrnehmen ❻ (*con registratori*) aufnehmen, mitschneiden

**registratore** [redʒistra'to:re] *m* ❶ (*apparecchio*) Aufnahmegerät *nt*; (*magnetofono*) Tonbandgerät *nt*; **~ di cassa** Registrierkasse *f* ❷ (*cartella*) Ordner *m*, Registrator *m*

**registratore, -trice I.** *m, f* Registrator(in) *m(f)* **II.** *agg* (*barometro, apparecchio*) Schreib- **registrazione** [redʒistrat'tsio:ne] *f* ❶ (*il registrare*) Registrierung *f*, Eintragung *f* ❷ (FIN) [Ver]buchung *f* ❸ (MUS, RADIO, TV: *operazione*) Aufnahme *f*, Mitschnitt *m*; **tecnica di ~** Aufnahmetechnik *f*; (*locale*) Aufnahmestudio *nt*

**registro** [re'dʒistro] *m* ❶ (*libro*) Register *nt*; **~ di classe** Klassenbuch *nt* ❷ (TEC) Regler *m*

**regnante** [reɲ'ɲante] **I.** *agg* herrschend **II.** *mf* Herrscher(in) *m(f)* **regnare** [reɲ'ɲa:re] *vi* (*a. fig* POL) herrschen

**regno** ['reɲɲo] *m* ❶ (POL: *stato*) [Königlreich *nt*; (*autorità, durata*) Herrschaft *f* ❷ (*fig*) Reich *nt*; (*animale, vegetale*) Welt *f*

**regola** ['rɛ:gola] *f* ❶ (*principio, norma*) Regel *f*; **-e del gioco** Spielregeln *fpl*; **-e commerciali** Geschäftsregeln *pl*; **~ d'oro** Grundregel *f*; **di ~** in der Regel; **a ~ d'arte, con tutte le -e** nach allen Regeln der Kunst; **fare ~** die Regel sein; **per vostra norma e ~** zu eurer Orientierung; **servire di ~** eine Lehre sein ❷ (*ordine*) Vorschrift *f*; **essere in ~** mit den Vorschriften übereinstimmen, in Ordnung sein; **mettere in ~** in Ordnung bringen ❸ (*misura, modo*) Maß *nt* ❹ (REL) Ordensregeln *fpl* ❺ *pl* (*mestruazioni*) [Monats]regel *f* ❻ (*loc*) **servire di ~** eine Lehre sein

**regolabile** [rego'la:bile] *agg* regulierbar, verstellbar

**regolamentare¹** [regolamen'ta:re] *agg* vorschriftsmäßig
**regolamentare²** *vt* reglementieren
**regolamentazione** [regolamentat'tsio:ne] *f* Reglementierung *f* **regolamento** [regola'mento] *m* ❶ (*ordinare*) Ordnung *f*, Reglement *nt*; (*norme*) Vorschriften *fpl*, Bestimmungen *fpl*; ~ **scolastico** Schulordnung *f* ❷ (*sistemazione*) Regulierung *f* ❸ (COM) Abrechnung *f*; (*di debito*) Begleichung *f*
**regolare¹** [rego'la:re] I. *vt* ❶ (*ordinare*) regeln, ordnen ❷ (*sistemare*) regulieren, in Ordnung bringen; (*debito*) begleichen ❸ (TEC) einstellen; (*orologio*) stellen II. *vr* **-rsi** ❶ (*di comportamento*) sich verhalten ❷ (*controllarsi*) sich beherrschen
**regolare²** *agg* ❶ (LING, MAT) regelmäßig ❷ (*in regola*) regulär, vorschriftsmäßig; (*secondo le norme*) geregelt ❸ (*proporzionato*) ebenmäßig; (*costante*) gleichmäßig ❹ (*puntuale*) regelmäßig, pünktlich
**regolarità** [regolari'ta] <-> *f* Regelmäßigkeit *f*
**regolarizzare** [regolarid'dza:re] *vt* gesetzlich regeln **regolarizzazione** [regolariddzat'tsio:ne] *f* gesetzliche Regelung *f*
**regolata** [rego'la:ta] *f* [schnelle] Regelung *f*; **darsi una ~** (*fam*) sich zusammenreißen
**regolatezza** [regola'tettsa] *f* Regelmäßigkeit *f*
**regolato, -a** [rego'la:to] *agg* ❶ (*ordinato da regola*) geregelt ❷ (*moderato*) maßvoll
**regolatore** [regola'to:re] *m* Regulator *m*, Regler *m*; **~ cardiaco** (MED) Herzschrittmacher *m*
**regolatore, -trice** *agg* regelnd, regulierend; **piano ~** Bebauungsplan *m* **regolazione** [regolat'tsio:ne] *f* Regulierung *f*, Regelung *f*
**regolo** ['rɛ:golo] *m* Stab *m*, Latte *f*; (*righello*) Lineal *nt*; **~ calcolatore** Rechenschieber *m*
**regredire** [regre'di:re] <regredisco, regredii, regredito *o* regresso> *vi essere* ❶ (*tornare indietro*) zurückgehen, weichen ❷ (*fig*) zurückgehen, nachlassen **regressione** [regres'sio:ne] *f* Rückgang *m* **regressivo, -a** [regres'si:vo] *agg* rückläufig; (*fig: idee*) rückschrittlich
**regresso¹** [re'grɛsso] *pp* di **regredire**
**regresso²** *m* Rückgang *m*; (*a. fig*) Rückschritt *m*
**regular season** ['regjulə 'si:zon] <- *o* regular seasons> *f* (SPORT) erste Runde

**regulation** ['regju'leiʃən] <-> *f* Betriebsordnung *f*, Geschäftsordnung *f*
**reietto, -a** [re'iɛtto] I. *agg* ausgestoßen, verstoßen II. *m, f* Ausgestoßene(r) *f(m)*
**reificare** [reifi'ka:re] *vt* verdinglichen **reificazione** [reifikat'tsio:ne] *f* Verdinglichung *f*
**reimpaginazione** [reimpadʒinat'tsio:ne] *f* (TYP) Neuformatierung *f*
**reimpiantare** [reimpian'ta:re] *vt* (MED) wieder implantieren
**reimpiegare** [reimpie'ga:re] *vt* wiederverwenden **reimpiego** [reim'piɛ:go] <-ghi> *m* Wiederverwendung *f*
**reincaricare** [reinkari'ka:re] *vt* wiederholt beauftragen
**reincarnare** [reinkar'na:re] *vt* **~ qu** jdm wie aus dem Gesicht geschnitten sein, jds Ebenbild sein **reincarnazione** [reinkarnat'tsio:ne] *f* Wiedergeburt *f*, Reinkarnation *f*
**reingaggio** [rein'gaddʒo] *m* ❶ (SPORT) Wiederverpflichtung *f* ❷ (*somma*) Wiederverpflichtungssumme *f*
**reinscrivere** [rein'skri:vere] <irr> *vt* erneut einschreiben **reinscrizione** [reinskrit'tsio:ne] *f* erneute Einschreibung
**reinserimento** [reinseri'mento] *m* Wiedereinführung *f*, -eingliederung *f* **reinserire** [reinse'ri:re] <reinserisco> I. *vt* wieder einführen, eingliedern II. *vr* **-rsi** sich wieder eingliedern
**reinstallare** [reinstal'la:re] *vt* **~ qu in qc** jdn in etw *acc* wieder einführen **reinstallazione** [reinstallat'tsio:ne] *f* Wiedereingliederung *f*, Wiedereinführung *f*
**reintegrabilità** [reintegrabili'ta] <-> *f* Wiedereingliederungsfähigkeit *f*, Möglichkeit *f* der Wiedereingliederung
**reintegrare** [reinte'gra:re] I. *vt* reintegrieren, wieder integrieren; (*in una carica*) wieder einsetzen II. *vr* **-rsi** sich wieder einfügen, sich reintegrieren **reintegrazione** [reintegrat'tsio:ne] *f* Reintegration *f*, Wiedereingliederung *f*
**reinvestimento** [reinvesti'mento] *m* Neuanlage *f*, Reinvestition *f* **reinvestire** [reinves'ti:re] *vt* neu anlegen, wieder investieren
**reità** [rei'ta] <-> *f* Schuldigkeit *f*
**reiterare** [reite'ra:re] *vt* (*poet*) wiederholen **reiterazione** [reiterat'tsio:ne] *f* Wiederholung *f*
**relais** [re'lɛ] <-> *m* Relais *nt*
**relativa** [rela'ti:va] *f* Relativsatz *m*
**relativamente** [relativa'mente] *avv* relativ, verhältnismäßig; **~ a** hinsichtlich +*gen*, bezüglich +*gen*, in Bezug auf +*acc*

**relativista** [relati'vista] <-i *m*, -e *f*> *mf* Relativist(in) *m(f)* **relativistico, -a** [relati'vistiko] <-ci, -che> *agg* relativistisch

**relatività** [relativi'ta] <-> *f* Relativität *f*

**relativizzare** [relativid'dza:re] *vt* relativieren **relativo, -a** [rela'ti:vo] *agg* ① (*pertinente*) dazugehörend ② (PHILOS) relativ ③ (*limitato*) relativ ④ (LING) **pronome ~** Relativpronomen *nt*

**relatore, -trice** [rela'to:re] I. *agg* berichterstattend II. *m*, *f* ① (*gener*) Referent(in) *m(f)*, Berichterstatter(in) *m(f)* ② (*in ambito universitario*) Betreuer(in) *m(f)*

**relax** [re'laks] <-> *m* Entspannung *f*

**relazione** [relat'tsio:ne] *f* ① (*esposizione*) Bericht *m*, Referat *nt* ② (*rapporto*) Beziehung *f*, Verhältnis *nt;* **pubbliche -i** Öffentlichkeitsarbeit *f*, Public Relations *pl;* **avere una ~ con qu** mit jdm ein Verhältnis haben; **essere in buone -i con qu** zu jdm ein gutes Verhältnis haben, zu jdm einen guten Draht haben; **in ~ a** im Verhältnis zu; **in ~ alla vostra richiesta del ...** (ADM) bezüglich Ihrer Anfrage vom ... ③ (*fig* MAT) Relation *f*

**relè** [re'lɛ] *m v.* **relais**

**release** [ri'li:s] <- *o* releases> *f* (INFORM) Verkaufslizenz *f*

**relegare** [rele'ga:re] *vt* ① (*allontanare*) verbannen ② (*fig: mettere in disparte*) beiseitestellen

**reliability** [rilaiə'biliti] <-> *f* (TEC, INFORM) Zuverlässigkeit *f*

**religione** [reli'dʒo:ne] *f* Religion *f;* **~ di stato** Staatsreligion *f;* **l'ora di ~** Religionsunterricht *m*

**religiosa** *f v.* **religioso**

**religiosità** [relidʒosi'ta] <-> *f* Religiosität *f*, Frömmigkeit *f* **religioso, -a** [reli'dʒo:so] I. *agg* ① (REL) religiös, Religions-; **matrimonio ~** kirchliche Trauung ② (*pio*) fromm, religiös ③ (*fig: devoto*) ehrfürchtig II. *m*, *f* Ordensbruder *m/* -schwester *f*

**reliquia** [re'li:kuia] <-quie> *f* Reliquie *f* **reliquiario** [reli'kuia:rio] <-i> *m* Reliquienschrein *m*, Reliquiar *nt*

**relitto** [re'litto] *m* (*a. fig*) Wrack *nt*

**relocation manager** [ri:lou'keiʃən 'mænidʒə] <- *o* relocation managers> *m* (COM, FIN) Verantwortliche(r) *f(m)* für die Umschichtung von Ressourcen

**rem** [rɛm] <-> *m acro di* **röntgen equivalent man** (TEC) Rem *nt*

**remainder** [ri'meində] <-> *m* ① (*libro*) Buch *nt* zum Ramschpreis, Buch *nt* im modernen Antiquariat ② (*libreria*) modernes Antiquariat

**remake** [ri:'meik] <- *o* -s> *m* (THEAT, FILM, TV) Remake *nt*

**remare** [re'ma:re] *vi* rudern **remata** [re'ma:ta] *f* ① (*il remare*) Rudern *nt* ② (*colpo di remo*) Ruderschlag *m* **rematore, -trice** [rema'to:re] *m*, *f* Ruderer *m/* Ruderin *f*

**remigante** [remi'gante] I. *agg* Schwung- II. *fpl* Schwungfedern *fpl* **remigare** [remi'ga:re] *vi* [mit den Flügeln] schwingen

**reminiscenza** [reminiʃʃɛntsa] *f* Reminiszenz *f geh*

**remissione** [remis'sio:ne] *f* ① (REL: *perdono*) Erlass *m* ② (JUR) Nachlass *m*, Erlass *m;* (*di querela*) Rücknahme *f* ③ (*sottomissione*) Ergebenheit *f*

**remissività** [remissivi'ta] <-> *f* Gefügigkeit *f* **remissivo, -a** [remis'si:vo] *agg* ① (*docile*) gefügig, nachgiebig ② (JUR) Erlass-

**remo** ['rɛ:mo] *m* Ruder *nt*

**remora** ['rɛ:mora] *f (poet*) Einhalt *m*

**remoto, -a** [re'mɔ:to] *agg* ① (*tempo, causa*) [längst] vergangen, weit zurückliegend ② (*paese, località*) abgelegen, weit entfernt ③ (LING) **passato ~** Passato remoto *nt*

**remunerabilità** [remunerabili'ta] <-> *f* Möglichkeit *f* der Zahlung eines Entgeltes, Möglichkeit *f* einer Entlohnung [*o* Vergütung]

**remunerare** [remune'ra:re] *v.* **rimunerare**

**rena** ['re:na] *f* Sand *m*

**renale** [re'na:le] *agg* Nieren-

**Renania** [re'na:nia] *f* Rheinland *nt;* **~ Settentrionale-Vestfalia** Nordrhein-Westfalen *nt;* **~-Palatinato** Rheinland-Pfalz *nt*

**renano, -a** [re'na:no] I. *agg* rheinisch, Rheinländer II. *m*, *f* Rheinländer(in) *m(f)*

**renard** [rə'nar] <-> *m* Fuchspelz *m*

**rendere** ['rɛndere] <rendo, resi, reso> I. *vt* ① (*restituire*) zurückgeben; (FIN) zurückerstatten; **~ giustizia a qu** jdm gerecht werden; **a buon ~** ich werde mich revanchieren ② (*fig*) erweisen; **~ lode a qu** jdn loben; **~ omaggio a qu** jdm huldigen ③ (*fruttare*) einbringen, abwerfen; **~ bene/male** viel/wenig einbringen; **un investimento che rende** eine rentable Investition ④ (*far diventare*) machen; **~ felice/triste qu** jdn glücklich/traurig machen ⑤ (*tradurre*) wiedergeben, übertragen ⑥ (*raf-*

*figurare*) wiedergeben, widerspiegeln II. *vr* **-rsi** sich machen; **-rsi utile/simpatico** sich nützlich/beliebt machen; **-rsi conto di qc** sich *dat* etw bewusst machen

**rendez-vous** [rãde'vu] <-> *m* Rendezvous *nt*

**rendiconto** [rendi'kɔnto] *m* ① (*resoconto*) [Rechenschafts]bericht *m* ② (COM) Rechnungslegung *f*

**rendimento** [rendi'mento] *m* ① (*funzionalità*) Leistung *f*; (*di persona*) Leistungsfähigkeit *f* ② (*reddito*) Ertrag *m*

**rendita** ['rɛndita] *f* Rendite *f*; **vivere di ~** von den Zinsen leben

**rene** ['rɛːne] *m* Niere *f*

**renetta** [re'netta *o* re'nɛtta] *f* Renette *f*

**reni** ['rɛːni] *fpl* Kreuz *nt*; (*di animali*) Lenden *fpl*

**renitente** [reni'tɛnte] *agg* renitent *geh*; **essere ~ alla leva** den Wehrdienst verweigern **renitenza** [reni'tɛntsa] *f* Widersetzung *f*, Renitenz *f geh*; **~ alla leva** Wehrdienstverweigerung *f*

**renna** ['rɛnna] *f* Ren[tier] *nt*

**Reno** ['rɛːno] *m* Rhein *m*; **Basso/Alto ~** Nieder-/Oberrhein *m*

**renting** ['rɛntiŋ] <-> *m* (COM, FIN) Rentenbasis *f*

**rentrée** [rã'tre] <-> *f* Comeback *nt*; **fare la propria ~** ein Comeback feiern

**reo, -a** ['rɛːo] I. *agg* schuldig II. *m, f* Schuldige(r) *f(m)*, Täter(in) *m(f)*

**reografia** [reogra'fiːa] *f* (MED) Rheographie *f* **reogramma** [reo'gramma] <-i> *m* (MED) Rheogramm *nt*

**reostato** [re'ɔstato] *m* Rheostat *m*

**reparto** [re'parto] *m* ① (*in azienda*) Abteilung *f*; **~ vendite** Vertriebsabteilung *f*, Vertrieb *m* ② (MED) Station *f*; **~ psichiatrico** psychiatrische Abteilung

**repatriare** [repa'triaːre] *vi* (*obs*) *v.* **rimpatriare**

**repellente** [repel'lɛnte] *agg* abstoßend

**repentaglio** [repen'taʎʎo] <-gli> *m* Risiko *nt*; **mettere a ~** aufs Spiel setzen, riskieren

**repentino, -a** [repen'tiːno] *agg* plötzlich, augenblicklich

**reperibile** [repe'riːbile] *agg* auffindbar

**reperimento** [reperi'mento] *m* Auffinden *nt* **reperire** [repe'riːre] <reperisco> *vt* auffinden

**repertare** [reper'taːre] *vt* ① (ADM, JUR) ausfindig machen, ermitteln ② (MED) [als Befund] erstellen

**reperto** [re'pɛrto] *m* ① (*archeologico*) Fund *m* ② (*giudiziario*) Beweisstück *nt* ③ (MED) Befund *m*

**repertorio** [reper'tɔːrio] <-i> *m* ① (THEAT, MUS) Repertoire *nt* ② (*fig*) Sammlung *f* ③ (*elenco*) Verzeichnis *nt*

**replay** [riː'plei] <- *o* replays> *m* (TV, SPORT) Wiederholung *f* [in Zeitlupe]

**replica** ['rɛːplika] <-che> *f* ① (*risposta*) Entgegnung *f*, Erwiderung *f*; (*obiezione*) Widerspruch *m* ② (THEAT) Wiederaufführung *f* ③ (TV, RADIO) Wiederholung[ssendung] *f* ④ (*nell'arte*) Nachbildung *f*, Replik *f* ⑤ (*ripetizione*) Wiederholung *f* **replicare** [repli'kaːre] *vt* ① (*ripetere*) wiederholen ② (THEAT) wiederaufführen ③ (*rispondere*) erwidern, entgegnen; **ubbidire senza ~** ohne Widerspruch gehorchen

**report** [ri'pɔːt] <-> *m* (ADM) Protokoll *nt*, Bericht *m*

**reportage** [rəpɔr'taʒ] <-> *m* Reportage *f*

**reporter** [re'pɔrter] <-> *mf* Reporter(in) *m(f)*

**reporting** [ri'pɔːtiŋ] <-> *m* ① (*nel linguaggio giornalistico*) Berichterstattung *f* ② (ADM: *stesura di una relazione*) Protokollierung *f*, Protokollaufnahme *f*

**repressi** [re'prɛssi] *1. pers sing pass rem di* **reprimere**

**repressione** [repres'sioːne] *f* ① (POL) Repression *f* ② (PSIC) Unterdrückung *f* **repressivo, -a** [repres'siːvo] *agg* repressiv **represso, -a** [re'prɛsso] *agg* verhalten

**reprimere** [re'priːmere] <reprimo, repressi, represso> I. *vt* unterdrücken II. *vr* **-rsi** sich beherrschen

**reprint** ['riprint] <-> *m* Neudruck *m*, Reprint *m*

**reprobo, -a** ['rɛːprobo] *agg* schlecht; (*ribelle*) aufsässig; (REL) verdammt

**reprocessing** [riː'prousɛsiŋ] <-> *m* (TEC) Wiederaufarbeitung *f*

**repubblica** [re'pubblika] <-che> *f* Republik *f*; **Repubblica Federale Tedesca** [*o* **di Germania**] Bundesrepublik *f* Deutschland; **Repubblica Ceca** Tschechische Republik

**repubblicano, -a** [repubbli'kaːno] I. *agg* republikanisch II. *m, f* Republikaner(in) *m(f)* **repubblichino, -a** [repubbli'kiːno] I. *agg* (*pej*) der Italienischen Sozialrepublik II. *m, f* (*pej*) Anhänger(in) *m(f)* der Italienischen Sozialrepublik

**repulisti** [repu'listi] *m* **fare ~** (*fam scherz*) reinen Tisch machen

**repulsione** [repul'sio:ne] *f* ① (PHYS) Repulsion *f*, Abstoßung *f* ② (*ripulsione*) Abneigung *f*

**reputare** [repu'ta:re] I. *vt* erachten für II. *vr* **-rsi** sich halten für **reputazione** [reputat'tsio:ne] *f* Ruf *m*

**requête** [rə'kɛt] <-o requêtes> *f* (JUR) Requete-Kommission *f*

**requie** ['rɛːkuie] <*sing*> *f* Ruhe *f*

**requiem** ['rɛːkuiem] <-> *m o f* Requiem *nt*; **messa da ~** Totenmesse *f*, Requiem *nt*

**requisire** [rekui'ziːre] <requisisco> *vt* requirieren, beschlagnahmen

**requisito** [rekui'ziːto] *m* Voraussetzung *f*, Fähigkeit *f*

**requisitoria** [rekuizi'tɔːria] <-ie> *f* (JUR) Plädoyer *nt*, Anklagerede *f*

**requisizione** [rekuizit'tsioːne] *f* Requisition *f*, Beschlagnahmung *f*

**resa** ['reːsa] *f* ① (MIL) Kapitulation *f*, Aufgabe *f* ② (*restituzione*) Abgabe *f*, Rückgabe *f* ③ (*rendimento*) Leistung *f* ④ (*loc*) **~ dei conti** (*a. fig*) Abrechnung *f*

**rescindere** [reʃ'ʃindere] <irr> *vt* aufheben; **~ un contratto** einen Vertrag auflösen

**rescissione** [reʃʃis'sioːne] *f* Aufhebung *f*, Ungültigkeitserklärung *f*

**rescisso** *pp di* **rescindere**

**research man** [ri'səːtʃ mæn] <-o research men> *m* Marktforscher *m*

**resettaggio** [reset'taddʒo] <-ggi> *m* (INFORM) Reset *nt o m*, Neustart *m*

**resettare** [reset'taːre] *vi* (INFORM) Reset vornehmen

**resi** ['reːsi] *1. pers sing pass rem di* **rendere**

**Resia** ['rɛːzia] *f* Reschen *nt*

**residence** ['rɛzidəns] <-> *m* Apartmenthotel *nt*, Wohnanlage *f*

**residente** [resi'dɛnte] I. *agg* wohnhaft, ansässig II. *mf* Ansässige(r) *f(m)*, Anwohner(in) *m(f)*; **solo per -i** nur für Anwohner

**residenza** [resi'dɛntsa] *f* ① (*sede*) Wohnsitz *m*; **luogo di ~** Wohnort *m* ② (*di sovrani*) Residenz *f* ③ (*diplomazia*) Sitz *m*

**residenziale** [residen'tsiaːle] *agg* Wohn-

**residenzialità** [residentsiali'ta] <-> *f* ① (*possibilità di risiedere in una casa*) Bewohnbarkeit *f* ② (*possesso di una residenza*) Wohnhaftigkeit *f*

**residualità** [residuali'ta] <-> *f* Nebensächlichkeit *f*

**residuo** [re'siːduo] *m* ① (COM) Überschuss *m* ② (*rimanenza*, CHEM) Rest *m*

**residuo, -a** *agg* restlich, Rest-

**resilienza** [resi'liɛntsa] *f* (FIS) Widerstandsfähigkeit *f*; (PSIC) Resilienz *f*

**resina** ['rɛːzina] *f* Harz *nt*

**resinista** [resi'nista] <-i *m*, -e *f*> *mf* (TEC) Kunstharzverarbeiter(in) *m(f)*

**resistei** [resis'teːi] *1. pers sing pass rem di* **resistere**

**resistente** [resis'tɛnte] *agg* ~ [a] widerstandsfähig [gegen]; (MED, PHYS) resistent [gegen]; **~ al calore** hitzebeständig; **~ al fuoco** feuerfest; **~ alle intemperie** wetterfest **resistenza** [resis'tɛntsa] *f* ① (*genere*, PHYS, MIL) Widerstand *m*; **~ aerodinamica** Luftwiderstand *m*; **opporre ~** Widerstand leisten *f* ② (*capacità*) Widerstandsfähigkeit *f* ③ (*di materiale*) Haltbarkeit *f*, Resistenz *f*; (*di persona*) Ausdauer *f*

**resistere** [re'sistere] <resisto, resistei *o* resistetti, resistito> *vi* ① (*opporsi*) **~ a qu/qc** gegen jdn/etw Widerstand leisten ② (*sopportare*) **~ a qc** etw ertragen; **resisti!** halte durch! ③ (*fig: trattenersi*) **~ a qu/qc** jdm/etw widerstehen

**resistivo, -a** [resis'tiːvo] *agg* mit Widerstand behaftet, widerstandsfähig

**reso** ['reːso] *m* ① (ZOO: *scimmia*) Rhesusaffe *m* ② (*ciò che è stato restituito*) Rückgabe *f*, Erstattung *f*

**reso, -a** I. *pp di* **rendere** II. *agg* erstattet, zurückgegeben

**resoconto** [reso'konto] *m* (*relazione*) Bericht *m*, Zusammenfassung *f*; (*esposizione*) [Rechenschafts]bericht *m*

**resort** [ri'zɔːt] <-> *m* Touristenort *m*

**respingente** [respin'dʒɛnte] *m* Puffer *m*

**respingere** [res'pindʒere] <irr> *vt* ① (*nemico, aggressore*) zurückdrängen, abwehren ② (*regalo*) zurückweisen, nicht annehmen ③ (*proposta*) ablehnen; (*accusa*) zurückweisen ④ (*bocciare*) durchfallen lassen, nicht versetzen ⑤ (SPORT) abwehren

**respirare** [respi'raːre] I. *vi* ① (BIOL) atmen; **~ con la bocca** durch den Mund atmen; **~ col naso** durch die Nase atmen; **~ a pieni polmoni** tief durchatmen ② (*fig*) aufatmen II. *vt* [ein]atmen **respiratore** [respira'toːre] *m* ① (*per il sub*) Schnorchel *m* ② (MED) Sauerstoff-, Beatmungsgerät *nt* ③ (AERO) Sauerstoffmaske *f* **respiratorio, -a** [respira'tɔːrio] <-i, -ie> *agg* Atem-, Atmungs- **respirazione** [respirat'tsioːne] *f* Atmung *f*; **~ artificiale** künstliche Beatmung

**respiro** [res'piːro] *m* ① (*il respirare*) Atem *m*; **una cosa da togliere il ~** eine atemberaubende Sache ② (*singolo atto*) Atemzug *m* ③ (*sollievo*) Seufzer *m*, Atemzug *m*; **mandare un ~** [di sollievo] [erleichtert] aufatmen, einen Seufzer der Er-

leichterung von sich geben ❹ (*riposo*) Atempause *f*
**responsabile** [respon'sa:bile] **I.** *agg* verantwortlich; **essere ~ di qc** für etw verantwortlich sein **II.** *mf* Verantwortliche(r) *f(m)*
**responsabilità** [responsabili'ta] <-> *f* ❶ (*consapevolezza*) Verantwortung *f* ❷ (JUR) Haftung *f* **responsabilizzare** [responsabilid'dza:re] **I.** *vt* jdn verantwortlich machen **II.** *vr* **-rsi** [die] Verantwortung auf sich nehmen **responsabilizzazione** [responsabiliddzat'tsio:ne] *f* Übertragung *f* von Verantwortung
**responso** [res'pɔnso] *m* ❶ (*di oracolo*) [Orakel]spruch *m* ❷ (*di giuria, commissione*) [Schieds]spruch *m*
**ressa** ['rɛssa] *f* Gedränge *nt*
**ressi** ['rɛssi] *1. pers sing pass rem di* **reggere**
**resta** ['rɛsta] *f* ❶ (ZOO) Gräte *f* ❷ (MIL) Rüsthaken *m*
**restante** [res'tante] **I.** *agg* bleibend, übrig; **posta ~** postlagernd **II.** *m* Rest *m*
**restare** [res'ta:re] *vi essere* ❶ (*rimanere, continuare a stare*) bleiben; **~ in piedi/seduto** stehen/sitzen bleiben; **~ a pranzo** zum Essen bleiben; **~ indietro** (*a. fig*) zurückbleiben ❷ (*diventare*) werden; **~ deluso** enttäuscht werden; **~ orfano/vedovo** Waise/Witwer werden ❸ (*trovarsi*) sein; **~ d'accordo su qc** sich *dat* über etw *acc* einig sein ❹ (*avanzare*) übrig bleiben, verbleiben ❺ (*essere situato*) stehen, liegen
**restaurant** [restɔ'rã] <-> *m* Restaurant *nt*
**restaurare** [restau'ra:re] *vt* ❶ (ARCH) restaurieren ❷ (*fig*) wiederherstellen **restauratore, -trice** [restaura'to:re] *m, f* Restaurator(in) *m(f)* **restaurazione** [restaurat'tsio:ne] *f* Restauration *f* **restauro** [res'ta:uro] *m* Restaurierung *f*
**restio, -a** [res'ti:o] <-ii, -ie> *agg* ❶ (*riluttante*) abgeneigt ❷ (*mulo, cavallo*) störrisch
**restituire** [restitu'i:re] <restituisco> *vt* ❶ (*oggetto*) zurückgeben; (FIN) zurückerstatten ❷ (*reintegrare*) wieder einsetzen ❸ (*contraccambiare*) erwidern **restituzione** [restitut'tsio:ne] *f* Rückgabe *f*, [Rück]erstattung *f*
**resto** ['rɛsto] *m* Rest *m;* **dare il ~ a qu** jdm herausgeben; **del ~** im Übrigen, übrigens
**restringere** [res'trindʒere] <irr> **I.** *vt* ❶ (*abito*) enger machen ❷ (*fig*) einschränken, begrenzen ❸ (*rendere stitico*) [ver]stopfen **II.** *vr* **-rsi** ❶ (*diventar stretto*) eng[er] werden; (*stoffa*) einlaufen ❷ (*persone*) zusammenrücken, sich zusammendrängen **restringimento** [restrindʒi'mento] *m* ❶ (*riduzione*) Schrumpfen *nt* ❷ (MED) Stenose *f*
**restrinsi** *1. pers sing pass rem di* **restringere**
**restrittivo, -a** [restrit'ti:vo] *agg* einschränkend, restriktiv **restrizione** [restrit'tsio:ne] *f* Einschränkung *f*, Restriktion *f*
**restyling** [ri:'stailiŋ] <-> *m* Neugestaltung *f*, neues Design; (AUTO) Modellpflege, f
**resurrezione** [resurret'tsio:ne] *f v.* **risurrezione**
**resuscitare** [resuʃʃi'ta:re] *v.* **risuscitare**
**retaggio** [re'taddʒo] <-ggi> *m* (*poet*) ❶ (*eredità*) Erbschaft *f*, Erbe *nt* ❷ (*fig*) Vermächtnis *nt*
**retard** [ri'ta:d] <inv> *agg* (MED) Retard-, langsam wirkend; **pastiglia ~** Retard-Pille *f*
**retata** [re'ta:ta] *f* ❶ (*fig: di persone*) Razzia *f* ❷ (*di pesci, uccelli*) Fang *m* mit Netzen
**rete** ['re:te] *f* ❶ (*di filo*) Netz *nt;* **~ per i capelli** Haarnetz *nt;* **~ per la spesa** Einkaufsnetz *nt;* **cadere nella ~ di qu** (*a. fig*) jdm ins Netz gehen ❷ **~ del letto** Sprung[feder]rahmen *m* ❸ (*di strada*) Netz *nt;* **~ ferroviaria/stradale** Eisenbahn-/Straßennetz ❹ (TEL) [Telefon]netz *nt;* **chiamare da ~ fissa** vom [*o* aus dem] Festnetz anrufen ❺ (INFORM, INET) Netz *nt*, Netzwerk *nt;* **~ locale** lokales Netzwerk; **essere in Rete** im Netz sein, online sein; **accesso alla ~** Netzzugang *m* ❻ (COM) **~ di distribuzione** Vertriebsnetz *nt;* (*di gas, energia*) Verteilernetz *nt* ❼ (POL) **La Rete** linksgerichtete politische Bewegung in Italien ❽ (TV) Sender *m*, Kanal *m*
**reticella** [reti'tʃɛlla] *f* (*per capelli*) Haarnetz *nt*
**reticente** [reti'tʃɛnte] *agg* verschwiegen **reticenza** [reti'tʃɛntsa] *f* Verschwiegenheit *f*, Zurückhaltung *f*
**retico, -a** ['rɛtiko] <-ci, -che> *agg* rätisch
**reticolato** [retiko'la:to] *m* ❶ (*intreccio*) Geflecht *nt*, Netzwerk *nt* ❷ (MIL) Drahtverhau *m* ❸ (GEOG) Netz *nt*
**reticolo** [re'ti:kolo] *m* Netz *nt*, Gitter *nt*
**retina** ['rɛ:tina] *f* ❶ (ANAT) Netzhaut *f*, Retina *f scient* ❷ (*per capelli*) Haarnetz *nt*
**retinato, -a** [reti'na:to] *agg* (TYP) Raster-; **immagine -a** Rasterbild *nt*
**retino** [re'ti:no] *m* ❶ (*piccola rete*) kleines Netz ❷ (TYP) Raster *m*

**retirement** [ri'taiəmənt] <-> *m* Pensionierung *f*

**retore** ['rɛ:tore] *m* (*poet*) Rhetor *m* **retorica** [re'tɔ:rika] <-che> *f* Rhetorik *f* **retorico, -a** [re'tɔ:riko] <-ci, -che> *agg* (LIT) rhetorisch

**retrattile** [re'trattile] *agg* einziehbar

**retribuire** [retribu'i:re] <retribuisco> *vt* entlohnen **retributivo, -a** [retribu'ti:vo] *agg* Vergütungs-, Entlohnungs- **retribuzione** [retribut'tsio:ne] *f* Lohn *m*, Gehalt *nt*

**retrivo, -a** [re'tri:vo] *agg* rückständig, rückschrittlich

**retro¹** ['rɛ:tro] *avv* hinten; **vedi** ~ bitte wenden

**retro²** *m* Rückseite *f*; **sul** ~ auf der Rückseite

**retro³** [re'tro] <inv> *agg* nostalgisch; (*retrospettivo*) retrospektiv; **rassegna** ~ Retrospektive *f geh*

**retroattività** [retroattivi'ta] *f* Rückwirkung *f* **retroattivo, -a** [retroat'ti:vo] *agg* rückwirkend **retroazione** *f* Rückwirkung *f*

**retrobottega** [retrobot'te:ga] <-> *m* Hinter-, Nebenraum *m* [in einem Laden]

**retrocedere** [retro'tʃɛ:dere] <retrocedo, retrocessi, retrocesso> I. *vi essere* ① (*indietreggiare*) zurückweichen, -gehen ② (*fig*) Abstand nehmen ③ (SPORT) absteigen II. *vt avere* ① (SPORT) zurückstufen, absteigen lassen ② (MIL) degradieren **retrocessione** [retrotʃes'sio:ne] *f* ① (SPORT) Zurückstufung *f* ② (MIL) Degradierung *f* ③ (SPORT) Abstieg

**retrocesso** [retro'tʃɛsso] *pp di* **retrocedere**

**retrocucina** [retroku'tʃi:na] <-> *m o f* Raum *m* [*o* Kammer *f*] hinter der Küche

**retrodatare** [retroda'ta:re] *vt* [zu]rückdatieren **retrodatazione** [retrodatat'tsio:ne] *f* [Zu]rückdatierung *f*

**retrofit** ['retrofit] <-> *m* (MOT) Retrofit-Katalysator *m*

**retrogrado, -a** [re'trɔ:grado] I. *agg* ① (*persone, idee*) rückständig ② (*moto, movimento*) rückläufig II. *m, f* Rückständige(r) *f(m)*

**retroguardia** [retro'guardia] *f* Nachhut *f*

**retroilluminare** [retroillumi'na:re] *vt* von hinten beleuchten

**retroilluminato, -a** [retroillumi'na:to] *agg* von hinten beleuchtet, mit Hintergrundbeleuchtung **retroilluminazione** [retroillumna'tsio:ne] *f* (TEC) Durchlichttechnik *f*, Hintergrundbeleuchtung *f*

**retromarcia** [retro'martʃa] <-ce> *f* Rückwärtsgang *m*; **fare** ~ rückwärtsfahren; (*fig*) einen Rückzieher machen; **mettere la** ~ den Rückwärtsgang einlegen

**retroscena¹** [retroʃ'ʃɛ:na] <-> *m* ① *pl* (*fig*) Hintergründe *mpl* ② (*che avviene dietro la scena*) Vorgänge *mpl* hinter den Kulissen

**retroscena²** *f* Bühnenhintergrund *m*, Kulissen *fpl*

**retrospettiva** [retrospet'ti:va] *f* Retrospektive *f* **retrospettivo, -a** [retrospet'ti:vo] *agg* retrospektiv, zurückschauend; **mostra -a** Retrospektive *f*

**retrospezione** [retrospet'tsio:ne] *f* Rückblick *m*

**retrostante** [retros'tante] *agg* dahinterliegend, Hinter-

**retroterra** [retro'tɛrra] <-> *m* ① (*territorio*) Hinterland *nt* ② (*fig: background*) Hintergrund *m*

**retrotreno** [retro'trɛ:no] *m* Hinterachse *f*

**retrovia** [retro'vi:a] *f* Etappe *f*, Nachschubgebiet *nt*

**retrovisivo, -a** [retrovi'zi:vo] *agg* Rück- **retrovisore** [retrovi'zo:re] *m* Rückspiegel *m*

**retta** ['rɛtta] *f* ① (*di convitto, pensionato*) Pension *f*; ~ **di degenza** Pflegesatz *m* ② (MAT) Gerade *f* ③ (*loc*) **dar** ~ **a qu** auf jdn hören

**rettale** [ret'ta:le] *agg* rektal

**rettangolare** [rettaŋgola'ra:re] *agg* rechteckig; (*triangolo*) rechtwinklig **rettangolo** [ret'taŋgolo] I. *agg* rechteckig; (*triangolo*) rechtwinklig II. *m* ① (MAT) Rechteck *nt* ② (SPORT) Feld *nt*; ~ **di gioco** Spielfeld *nt*

**rettifica** [ret'ti:fika] <-che> *f* ① (*correzione*) Richtigstellung *f*, Berichtigung *f* ② (TEC) Schliff *m*, Schleifen *nt* **rettificare** [rettifi'ka:re] *vt* ① (*fig: correggere*) berichtigen, richtigstellen ② (TEC) schleifen **rettificatura** [rettifika'tu:ra] *f* (TEC) Verbesserung *f* der Oberflächengüte **rettificazione** [rettifikat'tsio:ne] *f* ① (*modificazione*) Begradigung *f* ② (*fig*) Berichtigung *f*, Richtigstellung *f*

**rettile** ['rɛttile] *m* (*a. fig, pej*) Reptil *nt*

**rettilineo** [retti'li:neo] *m* gerade Strecke, Gerade *f*

**rettilineo, -a** *agg* ① (*strada, direzione*) g[e]radlinig ② (*fig*) redlich, g[e]radlinig

**rettitudine** [retti'tu:dine] *f* Redlichkeit *f*, Rechtschaffenheit *f*

**retto, -a** I. *pp di* **reggere** II. *agg* ① (MAT: *linea*) gerade; (*angolo*) recht ② (*diritto*) gerade ③ (*onesto*) redlich, rechtschaffen

**rettorato** [retto'ra:to] *m* Rektorat *nt* **rettore** [ret'to:re] <-trice> I. *m, f* Rektor(in) *m(f)* II. *agg* leitend
**reuma** ['rɛ:uma] <-i> *m* Rheuma *nt* **reumatest** [reuma'tɛst] <-> *m* (MED) Blutuntersuchung *f* zur Diagnose von Gelenkrheumatismus **reumatico, -a** [reu'ma:tiko] <-ci, -che> *agg* rheumatisch **reumatismo** [reuma'tizmo] *m* Rheumatismus *m* **reumatizzarsi** [reumatid'dzarsi] *vr* an Rheumatismus erkranken **reumatologico, -a** [reumato'lɔ:dʒiko] <-ci, -che> *agg* Rheuma-, rheumatologisch; **clinica -a** Rheumaklinik *f*
**revanche** [rəvãʃ] <- *o* revanches> *f* (HIST) Revanchismus *m*
**revanscismo** [revan'ʃizmo] *m* Revanchismus *m*
**reverendo** [reve'rɛndo] *m* Hochwürden *m*
**reverendo, -a** *agg* hochwürdig, ehrwürdig
**reverenziale** [reveren'tsia:le] *agg* ehrfürchtig
**revers** [rə'vɛr] <-> *m* Revers *nt*
**reversibile** [rever'si:bile] *agg* ① (*moto, processo*) reversibel, umkehrbar ② (COM, JUR) reversibel, übertragbar **reversibilità** [reversibili'ta] <-> *f* ① (*gener*) Reversibilität *f*, Umkehrbarkeit *f* ② (COM, JUR) Übertragbarkeit *f*
**revisionare** [revizio'na:re] *vt* einer Revision unterziehen; (TEC) überholen; (*conti*) [über]prüfen, durchsehen **revisione** [revi'zio:ne] *f* Revision *f*, [Über]prüfung *f*; (TEC) Überholung *f* **revisionismo** [revizio'nizmo] *m* Revisionismus *m* **revisore, -a** [revi'zo:re] *m, f* Revisor(in) *m(f)*; (*di bozze*) Korrektor(in) *m(f)*
**revival** [ri'vaivəl] <-> *m* Revival *nt*
**reviviscente** [reviviʃ'ʃɛnte] *agg* (*obs, poet*) wieder auflebend; (*fig*) wieder erwachend **reviviscenza** [reviviʃ'ʃɛntsa] *f* ① (*poet*) Wiederauferstehung *f* ② (*fig*) Wiedererwachen *nt*
**revoca** ['rɛ:voka] <-che> *f* Widerruf *m*
**revocabile** [revo'ka:bile] *agg* widerruflich
**revocare** [revo'ka:re] *vt* widerrufen **revocazione** [revokat'tsio:ne] *f* Widerruf *m*
**revolver** [re'vɔlver] <-> *m* Revolver *m* **revolverata** [revolve'ra:ta] *f* Revolverschuss *m*
**rewriter** [ri:'raita] <- *o* rewriters> *m* (INFORM) Rewriter *m*
**RFT** *f abbr di* **Repubblica Federale Tedesca** BRD *f*
**Rh** *abbr di* **Rhesus** rh, Rh
**rhodesiano, -a** [rode'sia:no] I. *m, f* (*abitante*) Rhodesianer(in) *m(f)* II. *agg* rhodesianisch, aus Rhodesien [heute: Simbabwe]
**rhum** [rum] *m v.* **rum**
**rhythm and blues** ['riðəm ænd 'blu:z] <*sing*> *m* (MUS) Rhythm and Blues *m*
**RI** ① *abbr di* **Repubblica Italiana** italienische Republik ② *abbr di* **Rinnovamento Italiano** eine der christdemokratischen Parteien Italiens
**ri-** [ri] (*in parole composte*) zurück-; (*di nuovo*) wieder[-], von neuem
**riabilitare** [riabili'ta:re] I. *vt* (*fig* MED, JUR) rehabilitieren II. *vr* **-rsi** sich rehabilitieren **riabilitazione** [riabilitat'tsio:ne] *f* (MED) Rehabilitation *f*
**riaccendere** [riat'tʃɛndere] <*irr*> I. *vt* wieder an-, entzünden II. *vr* **-rsi** ① (*tornare ad accendere*) sich wieder entzünden, wieder aufflammen ② (*fig*) wieder aufflammen, wieder aufleben
**riaccomodare** [riakkomo'da:re] I. *vt* wieder ausbessern II. *vr* **-rsi** sich wieder aussöhnen
**riaccompagnare** [riakkompaɲ'ɲa:re] *vt* zurückbegleiten
**riaccorpamento** [riakkorpa'mento] *m* Wiederzusammenkommen *nt,* Wiederzusammenbringen *nt*
**riacquistare** [riakkuis'ta:re] *vt* ① (*bene, gioiello*) zurückkaufen ② (*fig*) wieder erlangen, wieder gewinnen **riacquisto** [riak'kuisto] *m* Wiedererlangung *f*
**riaffacciare** [riaffat'tʃa:re] I. *vt* wieder zeigen II. *vr* **-rsi** ① (*affacciarsi di nuovo*) wieder erscheinen ② (*fig: ripresentarsi*) wieder gegenwärtig sein
**riaffittare** [riaffit'ta:re] *vt* ① (*dare in affitto*) wieder vermieten, wieder verpachten ② (*prendere in affitto*) wieder mieten, wieder pachten
**riaffogliamento** [riaffoʎʎa'mento] *m* (FIN) Dividendenscheinerneuerung *f* **riaffoglio** [riaf'fɔʎʎo] <-gli> *m* (FIN) *v.* **riaffogliamento**
**riaggiustare** [riaddʒus'ta:re] *vt* wieder in Ordnung bringen
**riallaccio** [rial'lattʃo] <-cci> *m* ① (TEL) Neuanschluss *m* ② (*fig: ripristino di un contatto*) Wiederaufnahme *f* einer persönlichen Beziehung
**riallargare** [riallar'ga:re] *v.* **rallargare**
**riallungare** [riallun'ga:re] I. *vt* wieder verlängern II. *vr* **-rsi** wieder länger werden
**rialzamento** [rialtsa'mento] *m* ① (*di terreno*) Erhebung *f* ② (*dei prezzi*) [erneute] Erhöhung *f*
**rialzare** [rial'tsa:re] I. *vt* avere ① (*alzare di*

*nuovo*) wieder aufrichten; (*testa*) wieder erheben ❷ (*alzare di più*) höher machen, erhöhen ❸ (*prezzi*) [wieder] erhöhen II. *vi essere* ❶ (*prezzi*) [wieder] steigen ❷ (*temperatura*) [wieder] ansteigen III. *vr* **-rsi** ❶ (*risollevarsi*) wieder aufstehen ❷ (*fig*) sich wieder erholen ❸ (*termometro*) wieder steigen **rialzato, -a** [rial'tsa:to] *agg* erhöht

**rialzista** [rial'tsista] <-i *m*, -e *f*> *mf* Haussier *m*

**rialzo** [ri'altso] *m* ❶ (*aumento*) Erhöhung *f*, Steigerung *f*; **essere in ~** steigen; (*fig*) [an] Boden gewinnen; **giocare al ~** auf Hausse spekulieren ❷ (*di terreno*) Erhebung *f*

**riammissione** [riammis'sjo:ne] *f* Wiederzulassung *f*

**riandare** [rian'da:re] <rivado, riandai, riandato> I. *vi essere* ❶ (*andare di nuovo*) wieder gehen ❷ (*fig*) zurückkehren II. *vt avere* wieder durchlaufen, sich *dat* wieder vergegenwärtigen

**rianimare** [riani'ma:re] I. *vt* ❶ (*restituire forze*) wieder beleben ❷ (*fig: restituire fiducia*) ermutigen II. *vr* **-rsi** ❶ (*riprendere forza*) wieder aufleben ❷ (*fig: riprendere coraggio*) wieder Mut schöpfen ❸ (*fig: luogo*) sich beleben **rianimatologia** [rianimatolo'dʒi:a] *f* (MED) Reanimationslehre *f*, Intensivmedizin *f* **rianimatore, -trice** [rianima'to:re] *m, f* (MED) Notfallarzt *m*/-ärztin *f* **rianimatorio, -a** [rianima'tɔ:rjo] <-i, -ie> *agg* (MED) Intensiv-, Wiederbelebungs- **rianimazione** [rianimat'tsjo:ne] *f* Wiederbelebung *f*; (MED) Reanimation *f*; **centro di ~** Reanimationszentrum *nt*; **reparto di ~** Intensivstation *f*

**riannessione** [riannes'sjo:ne] *f* Wiederanschluss *m*

**riaperto** *pp di* **riaprire**

**riapertura** [riaper'tu:ra] *f* Wiedereröffnung *f*; (*delle scuole*) Wiederbeginn *m* **riaprire** [ria'pri:re] <irr> I. *vt* wieder öffnen; (*scuole*) wieder beginnen II. *vr* **-rsi** wieder eröffnet werden

**riarmamento** [riarma'mento] *m* ❶ (*di nave, fabbrica*) Ausbesserung *f*, Erneuerung *f* ❷ (MIL) Aufrüstung *f* **riarmare** [riar'ma:re] I. *vt* ❶ (*con armi*) wieder bewaffnen; (MIL) aufrüsten ❷ (*nave, ponte*) ausbessern, erneuern II. *vr* **-rsi** sich wieder bewaffnen; (MIL) aufrüsten

**riarmo** [ri'armo] *m* Aufrüstung *f*; (*modernizzazione*) Nachrüstung *f*; **corsa al ~** Rüstungswettlauf *m*

**riarso, -a** [ri'arso] *agg* ❶ (*terreno*) ausgedorrt ❷ (*gola*) ausgetrocknet
**riassettare** [riasset'ta:re] *v.* **rassettare**
**riassetto** [rias'sɛtto] *m* (*fig*) Neuregelung *f*
**riassorbimento** [riassorbi'mento] *m* ❶ (*nuovo assorbimento*) Wiederaufsaugen *nt* ❷ (*fig*) Wiederaufnehmen *nt* **riassorbire** [riassor'bi:re] I. *vt* ❶ (*assorbire di nuovo*) wieder aufsaugen ❷ (*fig*) wieder aufnehmen II. *vr* **-rsi** wieder aufgesaugt werden
**riassottigliare** [riassotti*ʎ*'ʎa:re] I. *vt* wieder anspitzen, nach oben verjüngen II. *vr* **-rsi** wieder abnehmen, wieder schlank werden
**riassumere** [rias'su:mere] <irr> *vt* ❶ (*operaio*) wieder einstellen ❷ (*carica, funzione*) wieder übernehmen ❸ (*sintetizzare*) nacherzählen, zusammenfassen
**riassuntivo, -a** [riassun'ti:vo] *agg* zusammenfassend
**riassunto** [rias'sunto] *m* Nacherzählung *f*, Zusammenfassung *f*
**riassunto, -a** I. *pp di* **riassumere** II. *agg* wieder eingestellt
**riassunzione** [riassun'tsjo:ne] *f* Wiedereinstellung *f*
**riattamento** [riatta'mento] *m* Wiederherstellung *f*
**riattare** [riat'ta:re] *vt* wieder herstellen
**riattivare** [riatti'va:re] *vt* reaktivieren, wieder beleben **riattivazione** [riattivat'tsjo:ne] *f* Reaktivierung *f*, Wiederbelebung *f*
**riattizzare** [riattit'tsa:re] *v.* **rattizzare**
**riavere** [ria've:re] <irr> I. *vt* ❶ (*libri, soldi*) wieder bekommen ❷ (*vista*) wiedererlangen, zurückerlangen ❸ (*avere un'altra volta*) wieder haben II. *vr* **-rsi** ❶ (*recuperare la salute, fig* FIN) sich [wieder] erholen ❷ (*riprendere i sensi*) wieder zu sich *dat* kommen
**riavvicinamento** [riavvitʃina'mento] *m* ❶ (*il riavvicinare*) Wiederannäherung *f* ❷ (*fig*) Aussöhnung *f* **riavvicinare** [riavvitʃi'na:re] I. *vt* ❶ (*oggetti*) wieder annähern, wieder zusammenrücken ❷ (*fig*) aussöhnen II. *vr* **-rsi** sich wieder annähern
**riavvio** <-ii> *m* (INFORM) Warmstart *m*
**riavvolgere** [riav'vɔldʒere] <irr> *vt* aufwickeln, wickeln **riavvolgimento** [riavvoldʒi'mento] *m* (FILM, MUS) Zurückspulen *nt*, Rücklauf *m*; **~ rapido** Schnellrücklauf
**ribadire** [riba'di:re] <ribadisco> *vt* bekräftigen
**ribaldo** [ri'baldo] *m* Schuft *m*, Halunke *m*

**ribalta** [ri'balta] *f* ❶ (THEAT) Rampe *f* ❷ (*chiusura*) Klappe *f* ❸ (*loc*) **venire** [*o* **salire**] **alla ~** (*fig*) [groß] herauskommen

**ribaltabile** [ribal'ta:bile] I. *agg* Klapp-, klappbar II. *m* ❶ (*parte di autocarro*) kippbare Ladefläche ❷ (*autocarro*) Kipper *m*

**ribaltamento** [ribalta'mento] *m* Umkippen *nt* **ribaltare** [ribal'ta:re] I. *vt* ❶ (*capovolgere*) umkippen ❷ (*fig*) verkehren; (*governo*) stürzen II. *vr* **-rsi** umkippen

**ribaltatore** [ribalta'to:re] *m* ❶ (TEC: *negli autocarri*) Kippschalter *m* ❷ (TEC: *nell'acciaieria, cassone ribaltabile*) Kippkübel *m*

**ribassare** [ribas'sa:re] I. *vt avere* herabsetzen, senken II. *vi essere* sinken, fallen

**ribassista** [ribas'sista] <-i *m*, -e *f*> *mf* Baissier *m* **ribasso** [ri'basso] *m* [Preis]senkung *f*, -rückgang *m*; (*alla borsa*) Baisse *f*; **essere in ~** (*fig*) an Ansehen verlieren; **tendenza al ~** sinkende Tendenz; **giocare** [*o* **speculare**] **al ~** auf Baisse spekulieren; **vendere a ~** zu Schleuderpreisen verkaufen

**ribattere** [ri'battere] *vt* ❶ (*tappeto, materasso*) erneut klopfen ❷ (SPORT) zurückschlagen, wieder schießen ❸ (*fig: respingere*) zurückweisen; (*confutare*) widerlegen; (*replicare*) widersprechen

**ribattezzare** [ribatted'dza:re] *vt* ❶ (REL) wieder taufen ❷ (*fig: dare un nuovo nome*) umtaufen, umbenennen

**ribattino** [ribat'ti:no] *m* Niet *m*, Niete *f*

**ribattuta** [ribat'tu:ta] *f* ❶ (*colpo*) neuer Schlag ❷ (SPORT) Rückschlag *m*, [Aufschlag]return *m*

**ribellarsi** [ribel'larsi] *vr* ❶ (*sollevarsi*) **~ a qu/qc** sich gegen jdn/etw erheben ❷ (*non ubbidire*) sich widersetzen ❸ (*fig*) **~ a qc** sich gegen etw sträuben **ribelle** [ri'bɛlle] I. *agg* ❶ (*insorto*) rebellisch, aufständisch ❷ (*indocile*) widerspenstig, störrisch II. *mf* Rebell(in) *m(f)*, Aufständische(r) *f(m)* **ribellione** [ribel'lio:ne] *f* Rebellion *f*, Aufstand *m*

**ribellismo** [ribel'lizmo] *m* rebellische Haltung **ribellista** [ribel'lista] <-i *m*, -e *f*> *agg* rebellisch

**ribes** ['ri:bes] <-> *m* Johannisbeere *f*, Ribisel *f* A

**ribollimento** [ribolli'mento] *m* (*a. fig*) Kochen *nt*, Aufwallen *nt* **ribollire** [ribol'li:re] I. *vi* ❶ (*bollire nuovamente*) wieder kochen ❷ (*fermentare*) gären ❸ (*fare bolle*) schäumen ❹ (*fig*) kochen, in Wallung geraten II. *vt* erneut [auf]kochen

**ribollita** [ribol'li:ta] *f* toskanisches Eintopfgericht aus Brot, Bohnen und Kohl

**ribonucleico, -a** [ribonu'klɛ:iko] <-ci, -che> *agg* Ribonuklein-; **acido ~** Ribonukleinsäure *f*

**ribrezzo** [ri'breddzo] *m* Ekel *m*, Abscheu *m*; **fare ~** Abscheu erregen

**ributtante** [ribut'tante] *agg* ekelhaft, abstoßend

**ributtare** [ribut'ta:re] I. *vt* ❶ (*buttare di nuovo*) wieder werfen ❷ (*vomitare*) erbrechen II. *vi* ❶ (*ripugnare*) abstoßen ❷ (*pianta*) austreiben, sprießen III. *vr* **-rsi** sich wieder werfen; **-rsi giù** (*fig*) wieder den Mut verlieren

**ricacciare** [rikat'tʃa:re] I. *vt* ❶ (MIL) zurückwerfen, -schlagen ❷ (*mandar via*) verjagen, vertreiben II. *vr* **-rsi** wieder eindringen

**ricadere** [rika'de:re] <irr> *vi essere* ❶ (*cadere di nuovo*) wieder fallen ❷ (*fig*) **~ in qc** wieder in etw *acc* verfallen ❸ (*abiti*) fallen ❹ (*scendere a terra*) zurückfallen ❺ (*riversarsi*) sich ergießen **ricaduta** [rika'du:ta] *f* ❶ (MED) Rückfall *m* ❷ (*il ricadere*) erneutes Fallen

**ricaduto** *pp di* **ricadere**

**ricalcare** [rikal'ka:re] *vt* ❶ (*tracce, cappello*) wieder [ein]drücken; **~ le orme di qu** (*fig*) jds Beispiel folgen ❷ (*disegno*) [durch]pausen ❸ (*fig: seguire un modello*) nachzeichnen, nahahmen

**ricalcitrante** [rikaltʃi'trante] *agg* störrisch, widerspenstig **ricalcitrare** [rikaltʃi'tra:re] *vi* ❶ (ZOO) ausschlagen ❷ (*fig*) sich auflehnen

**ricalcolare** [rikalko'la:re] *vt* (*lunghezza, peso, tragitto*) neu berechnen

**ricamare** [rika'ma:re] *vt* ❶ (*tovaglia, fazzoletto*) sticken ❷ (*fig: curare*) ausfeilen; (*fam: racconto*) ausschmücken **ricamatrice** [rikama'tri:tʃe] *f* Stickerin *f*

**ricambiare** [rikam'bia:re] *vt avere* ❶ (*auguri, cortesia, favore*) erwidern ❷ (*lenzuola*) wechseln; (*letti*) neu beziehen ❸ (*merce*) umtauschen **ricambio** [ri'kambio] <-i> *m* ❶ (*di auguri, favore*) Erwiderung *f* ❷ (*sostituzione*) Auswechs[e]lung *f*, Austausch *m*; (TEC) Ersatz *m*, Ersatzteil *nt*; **ruota di ~** Ersatzrad *nt* ❸ (MED) Stoffwechsel *m*

**ricamo** [ri'ka:mo] *m* ❶ (*lavoro su tessuto*) Stickerei *f* ❷ (*operazione*) Sticken *nt* ❸ (*fig: opera d'arte*) Filigran *nt*; (*aggiunta arbitraria*) Schnörkel *m*, Zierrat *m*

**ricanalizzazione** [rikanaliddzat'tsio:ne] *f* Neubau *m* eines Kanalsystems

**ricandidare** [rikandi'da:re] I. *vt* erneut für ein Amt vorschlagen, erneut als Kandida-

ricandidarsi → ricettivo

ten aufstellen; ~ **qu come ministro** jdn erneut für den Ministerposten vorschlagen II. *vr* **-rsi** kandidieren; **-rsi per le amministrative** für die Kommunalwahlen kandidieren; **-rsi come presidente** für das Präsidentenamt kandidieren

**ricandidarsi** [rikandi'darsi] *vr* wieder kandidieren

**ricapitalizzare** [rikapitalid'dza:re] *vt* (FIN, COM) Kapital zuführen

**ricapitalizzazione** [rikapitaliddzat'tsio:ne] *f* (FIN, COM) Kapitalzuführung *f*

**ricapitolare** [rikapito'la:re] *vt* rekapitulieren, zusammenfassen **ricapitolazione** [rikapitolat'tsio:ne] *f* Rekapitulation *f*, Zusammenfassung *f*

**ricarica** [ri'ka:rika] <-che> *f* Nachfüllen *nt*, Nachladen *nt*

**ricaricabile** [rikari'ka:bile] *agg* (*batteria*) aufladbar; **carta ~** Prepaidkarte *f*; **cellulare con carta ~** Prepaidhandy *nt* **ricaricare** [rikari'ka:re] *vt* (*fucile*) nachladen; (*batteria*) neu aufladen; (*orologio*) aufziehen; (*bombole, accendini*) auffüllen, nachfüllen

**ricattare** [rikat'ta:re] *vt* erpressen **ricattato, -a** [rikat'ta:to] *agg* erpresst; **mi sento ~** ich fühle mich erpresst **ricattatore, -trice** [rikatta'to:re] *m, f* Erpresser(in) *m(f)* **ricattatorio, -a** [rikatta'tɔ:rio] <-i, -ie> *agg* erpresserisch, Erpresser- **ricattatrice** *f v.* **ricattatore**
**ricatto** [ri'katto] *m* Erpressung *f*

**ricavare** [rika'va:re] *vt* ❶ (*estrarre*) gewinnen ❷ (COM) herausholen, gewinnen ❸ (*ottenere*) herausholen, herausbringen ❹ (*fig: dedurre*) ableiten, folgern; (*insegnamento*) ziehen; **non se ne ricava nulla** dabei kommt nichts heraus

**ricavato** [rika'va:to] *m* ❶ (COM) Ertrag *m* ❷ (*fig*) Ergebnis *nt*

**ricavato, -a** *agg* gewonnen, herausgeholt
**ricavo** [ri'ka:vo] *m* Erlös *m*, Gewinn *m*
**ricca** *f v.* **ricco**

**ricchezza** [rik'kettsa] *f* ❶ (*condizione, beni*) Reichtum *m* ❷ (COM, FIN) Vermögen *nt* ❸ (*di luogo*) Schatz *m*, Kapital *nt* ❹ (*abbondanza*) Reichtum *m*, Fülle *f*

**ricciarello** [rittʃa'rɛllo] *m* Mandelgebäck aus Siena

**riccio** ['rittʃo] <-cci> *m* ❶ (ZOO) Igel *m*; **chiudersi come un ~** (*fig*) sich einigeln ❷ (*di castagna*) Kastanienschale *f* ❸ (*di capelli*) Locke *f*

**riccio, -a** <-cci, -cce> *agg* ❶ (*capelli*) kraus, lockig ❷ (*insalata*) kraus, gekräuselt

**ricciolo** [rit'tʃɔ:lo] *m* Locke *f* **ricciuto, -a** [rit'tʃu:to] *agg* gelockt, lockig

**ricco, -a** ['rikko] <-cchi, -cche> I. *agg* ❶ (*paese, persona, rendita*) reich; **~ sfondato** steinreich *fam* ❷ (*abbondante*) reich, üppig; **essere ~ di qc** reich an etw *dat* sein ❸ (*sfarzoso*) prachtvoll, üppig II. *m, f* Reiche(r) *f(m)* **riccone, -a** [rik'ko:ne] *m, f* (*fam*) Krösus *m*

**ricentrare** [ritʃen'tra:re] *vt* erneut treffen; **~ il bersaglio** erneut ins Schwarze treffen

**ricerca** [ri'tʃɛrka] <-che> *f* ❶ (*gener*) Suche *f*, [Nach]forschung *f*; **andare alla ~ di qc/qu** sich auf die Suche nach etw/jdm begeben; **motore di ~** (INFORM: *Internet*) Suchmaschine *f* ❷ (SCIENT) Forschung *f*; **centro di -che** Forschungszentrum *nt*; **dottorato di ~** Promotion *f* ❸ (*indagine*) Untersuchung *f*, Ermittlung *f*; **~ di mercato** Marktanalyse *f*, Marktforschung *f*; **fare delle -che su qc/qu** Untersuchungen über etw/jdn anstellen ❹ (*esercitazione didattica*) Untersuchung *f*, Forschung *f* **ricercare** [ritʃer'ka:re] *vt* ❶ (*sperimentare*) erforschen ❷ (*indagare*) forschen nach ❸ (*fig: parole*) wählen ❹ (*cercare a più riprese*) wieder suchen ❺ (*cercare con cura*) suchen

**ricercata** *f v.* **ricercato**

**ricercatezza** [ritʃerka'tettsa] *f* Gewähltheit *f*, Erlesenheit *f* **ricercato, -a** [ritʃer'ka:to] I. *agg* ❶ (*apprezzato*) gesucht, begehrt ❷ (*affettato*) gekünstelt ❸ (*maniere, modo*) gewählt II. *m, f* Gesuchte(r) *f(m)*

**ricercatore, -trice** [ritʃerka'to:re] *m, f* Forscher(in) *m(f)*

**ricetrasmittente** [ritʃetrazmit'tɛnte] *f* Sende- und Empfangsgerät *nt*

**ricetta** [ri'tʃɛtta] *f* Rezept *nt*

**ricettacolo** [ritʃet'ta:kolo] *m* ❶ (*luogo di raccolta*) Sammelstelle *f* ❷ (*pej: rifugio*) Schlupfwinkel *m*; **~ di delinquenti** Verbrechernest *nt*

**ricettare** [ritʃet'ta:re] *vt* hehlen

**ricettario** [ritʃet'ta:rio] <-i> *m* ❶ (MED) Rezeptblock *m* ❷ (*raccolta di ricette*) Rezeptsammlung *f*

**ricettatore, -trice** [ritʃetta'to:re] *m, f* Hehler(in) *m(f)* **ricettazione** [ritʃettat'tsio:ne] *f* Hehlerei *f*

**ricettività** [ritʃettivi'ta] <-> *f* ❶ (MED) Empfänglichkeit *f* ❷ (*l'essere ricettivo*) Aufnahmefähigkeit *f* ❸ (RADIO, TV) Empfangsmöglichkeit *f* **ricettivo, -a** [ritʃet'ti:vo] *agg* ❶ (*persona, mente*) aufnahmefähig ❷ (MED) empfänglich ❸ (RADIO) Empfangs-

**ricevente** [ritʃeˈvɛnte] I. *agg* Empfangs- II. *mf* Empfänger(in) *m(f)*
**ricevere** [riˈtʃeːvere] I. *vi* (*medico, professore*) Sprechstunde haben II. *vt* ① (*accettare, prendere*) bekommen, erhalten; **~ in dono/prestito qc** etw geschenkt/geliehen bekommen ② (*fig: insulto, condanna*) entgegennehmen; (*sacramento*) empfangen ③ (*accogliere*) empfangen, aufnehmen; (*ammettere alla propria presenza*) empfangen; (*medico, professore*) Sprechstunde haben für ④ (RADIO, TEL) empfangen **ricevimento** [ritʃeviˈmento] *m* Empfang *m*
**ricevitore** [ritʃeviˈtoːre] *m* ① (TEL) Hörer *m* ② (PHYS, EL) Empfänger *m*, Empfangsgerät *nt*
**ricevitore, -trice** *m, f* Empfänger(in) *m(f)*
**ricevitoria** [ritʃevitoˈriːa] <-ie> *f* Annahmestelle *f*
**ricevitrice** *f v.* **ricevitore**
**ricevuta** [ritʃeˈvuːta] *f* Empfangsbestätigung *f*, Quittung *f*; **~ fiscale** Steuerbeleg *m*; **~ di ritorno** Rückschein *m*; **raccomandata con ~ di ritorno** Einschreiben *nt* mit Rückschein
**ricezione** [ritʃetˈtsjoːne] *f* Empfang *m*
**richiamare** [rikjaˈmaːre] I. *vt* ① (*chiamare di nuovo*) wieder rufen; **~ all'ordine** zur Ordnung rufen ② (*chiamare indietro*) zurückrufen ③ (MIL) zurückziehen ④ (*attrarre*) anlocken; **~ l'attenzione di qu su qc** jds Aufmerksamkeit auf etw *acc* lenken ⑤ (*riprendere*) rügen, tadeln ⑥ (*rievocare*) erinnern an +*acc*; **~ alla memoria** ins Gedächtnis zurückrufen ⑦ (INFORM: *programma*) aufrufen; (*dati*) abrufen II. *vr* **-rsi a qc** (*riferirsi*) sich auf etw *acc* berufen **richiamo** [riˈkjaːmo] *m* ① (*invito al ritorno*) Zurückberufung *f* ② (*rimprovero*) Tadel *m* ③ (*forza incoercibile*) Ruf *m* ④ (*allettamento*) Verlockung *f* ⑤ (*segno*) Verweis *m*, Verweisungszeichen *nt* ⑥ (MED: *vaccino*) Auffrischung *f* ⑦ (TEL) Fernabfrage *f* ⑧ (INFORM) Aufruf *m*
**richiedente** [rikjeˈdɛnte] *mf* Antragsteller(in) *m(f)*
**richiedere** [riˈkjɛːdere] <irr> *vt* ① (*chiedere di nuovo*) wieder verlangen ② (ADM) beantragen ③ (*esigere*) erbitten, bitten um; (*parere*) fragen nach ④ (*chiedere in restituzione*) zurückverlangen ⑤ (*necessitare*) erfordern
**richiesta** [riˈkjɛsta] *f* ① (*domanda*) Frage *f*, Anfrage *f* ② (ADM) Antrag *m*, Gesuch *nt* ③ (*esigenza*) Verlangen *nt*, Anspruch *m*; **a ~ [di]** auf Wunsch [von]; **dietro ~** auf Verlangen ④ (INFORM) Anfrage *f* **richiesto, -a** [riˈkjɛsto] I. *pp di* **richiedere** II. *agg* gefragt, begehrt
**riciclabile** [ritʃiˈklaːbile] *agg* recycelbar, wiederverwertbar **riciclabilità** [ritʃiklabiliˈta] <-> *f* (ECOL) Wiederverwertbarkeit *f*
**riciclaggio** [ritʃiˈkladdʒo] <-ggi> *m* Recycling *nt* **riciclare** [ritʃiˈklaːre] *vt* ① (TEC) wiederverwenden, wiederaufbereiten ② (*denaro*) wieder in Umlauf bringen; (*pej*) waschen *sl* **riciclato, -a** [ritʃiˈklaːto] *agg* **carta -a** Umweltschutzpapier *nt*
**ricimatura** [ritʃimaˈtuːra] *f* (AGR) Nachschneiden *nt*
**ricino** [ˈriːtʃino] *m* Rizinus *m*
**ricircolo** [riˈtʃirkolo] *m* Wiederverwendung *f*
**riclassificazione** [riklassifikatˈtsjoːne] *f* Neueinteilung *f*, Neubewertung *f*; **la ~ dei beni** die Neubewertung von Gütern
**ricognitore** [rikoɲɲiˈtoːre] *m* Aufklärer *m*
**ricognizione** [rikoɲɲitˈtsjoːne] *f* Aufklärung *f*, Erkundung *f*
**ricollegare** [rikolleˈgaːre] I. *vt* ① (*collegare di nuovo*) wieder verbinden ② (*fig*) verbinden II. *vr* **-rsi** ① (*riferirsi*) **-rsi a qu/qc** sich auf jdn/etw beziehen ② (*collegarsi di nuovo*) **-rsi con qu/qc** sich wieder mit jdm/etw in Verbindung setzen ③ (*essere connessi*) miteinander verbunden sein
**ricolmare** [rikolˈmaːre] *vt* **~ qu/qc di qc** jdn/etw mit etw überhäufen **ricolmo, -a** [riˈkolmo] *agg* (*a. fig*) voll gefüllt, randvoll; **ho il cuore ~ di gioia** mein Herz strömt über vor Freude
**ricominciare** [rikominˈtʃaːre] I. *vt avere* wieder anfangen II. *vi essere* wieder anfangen; **si ricomincia!** (*fam*) auf ein Neues!
**ricomparsa** [rikomˈparsa] *f* Wiedererscheinen *nt*
**ricompattamento** [rikompattaˈmento] *m* erneute Annäherung
**ricompattare** [rikompatˈtaːre] *vt* (*gruppo*) wieder festigen
**ricompensa** [rikomˈpɛnsa] *f* Lohn *m*, Belohnung *f* **ricompensare** [rikompenˈsaːre] *vt* ① (*premiare*) belohnen ② (*retribuire*) entschädigen
**ricomposizione** [rikompozitˈtsjoːne] *f* Wiederzusammensetzung *f*
**ricomprimere** [rikomˈpriːmere] <ricomprimo, ricompressi, ricompresso> *vt* erneut unterdrücken
**riconcentrare** [rikontʃenˈtraːre] I. *vt* ① (MIL) wieder zusammenziehen ② (*fig*) konzentrieren (*su* auf +*acc*) II. *vr* **-rsi** sich konzentrieren (*su* auf +*acc*)

**riconciliare** [rikontʃi'liaːre] I. vt ❶ (*persone*) wieder aussöhnen ❷ (*riacquistare*) wieder erhalten II. vr -rsi sich wieder aussöhnen **riconciliazione** [rikontʃiliat'tsioːne] f [Wieder]versöhnung f, Aussöhnung f

**ricondizionare** [rikondittsio'naːre] vt wiederholt beeinflussen

**ricondotto** *pp di* **ricondurre**

**riconducibile** [rikondu'tʃiːbile] *agg* ~ **a** zurückführbar auf +*acc*

**ricondurre** [rikon'durre] <irr> vt ~ **qc a qc** etw auf etw *acc* zurückführen; ~ **qu alla ragione** jdn wieder zur Vernunft bringen

**riconferma** [rikon'ferma] f Rückbestätigung f **riconfermare** [rikonfer'maːre] vt [wieder] bestätigen

**ricongiungere** [rikon'dʒundʒere] <irr> I. vt wieder vereinigen II. vr -rsi **a qu** sich mit jdm wieder vereinigen

**ricongratularsi** [rikoŋgratu'larsi] vr erneut gratulieren (*con qu per qc* jdm zu etw)

**riconobbi** *1. pers sing pass rem di* **riconoscere**

**riconoscente** [rikonoʃ'ʃɛnte] *agg* dankbar; **essere** ~ **a qu per qc** jdm für etw dankbar sein **riconoscenza** [rikonoʃ'ʃɛntsa] f Dankbarkeit f

**riconoscere** [riko'noʃʃere] <irr> vt ❶ (*ravvisare*) wieder erkennen; ~ **qu alla** [*o* **dalla**] **voce** jdn an der Stimme erkennen; ~ **qu ad un chilometro di distanza** (*fam*) jdn auf einen Kilometer Entfernung erkennen ❷ (*distinguere*) unterscheiden ❸ (*ammettere*) einsehen, zugeben ❹ (JUR, POL: *considerare legittimo*) anerkennen **riconoscibile** [rikonoʃ'ʃiːbile] *agg* erkennbar **riconoscibilità** [rikonoʃʃibili'ta] <-> f Wiedererkennbarkeit f, Identität f **riconoscimento** [rikonoʃʃi'mento] m ❶ (*constatazione*) [Wieder]erkennen *nt;* **segno di** ~ Erkennungszeichen *nt;* **documento** [*o* **tessera**] **di** ~ Ausweis *m*, Ausweispapier *nt;* ~ **del viso** Gesichtserkennung f ❷ (JUR, POL: *accettazione*) Anerkennung f ❸ (*consenso*) Würdigung f, Anerkennung f ❹ (*compenso*) Lohn *m*, Anerkennung f **riconosciuto** [rikonoʃ'ʃuːto] I. *pp di* **riconoscere** II. *agg* anerkannt; (*feste, titoli*) offiziell

**riconquista** [rikoŋ'kuista] f Wiedereroberung f **riconquistare** [rikoŋkuis'taːre] vt ❶ (*territorio*) wieder erobern ❷ (*fig: fiducia*) wieder erlangen

**riconsacrazione** [rikonsakrat'tsioːne] f Neuweihung f

**riconsegna** [rikon'seɲɲa] f Rückgabe f **riconsegnare** [rikonseɲ'ɲaːre] vt ❶ (*consegnare di nuovo*) wieder übergeben ❷ (*restituire*) zurückgeben

**riconsiderare** [rikonside'raːre] vt nochmals durchdenken **riconsiderazione** [rikonsiderat'tsioːne] f Überdenken *nt*, erneute Betrachtung

**riconsolidare** [rikonsoli'daːre] I. vt wieder herstellen, konsolidieren; ~ **il governo** die Regierung konsolidieren; ~ **la fiducia verso il popolo** das Vertrauen des Volkes wieder herstellen II. vr -rsi **in qc** sich in etw *dat* bestärkt fühlen

**ricontrattare** [rikontrat'taːre] vt neu verhandeln [*o* aushandeln]

**riconversione** [rikonver'sioːne] f Umstellung f; ~ **professionale** berufliche Umschulung

**riconvertire** [rikonver'tiːre] vt ❶ (*persone*) wieder bekehren ❷ (*impianti industriali*) umstellen

**ricopersi** *1. pers sing pass rem di* **ricoprire**

**ricoperto** *pp di* **ricoprire**

**ricopertura** [rikoper'tuːra] f Abdeckung f

**ricopiare** [riko'piaːre] vt ❶ (*copiare di nuovo*) wieder kopieren ❷ (*trascrivere*) abschreiben; ~ **in bella** ins Reine schreiben **ricopiatura** [rikopia'tuːra] f Abschreiben *nt*

**ricoprire** [riko'priːre] <irr> I. vt ❶ (*coprire di nuovo*) wieder zudecken ❷ (*mobili, poltrone*) ab-, bedecken ❸ (*fig: colmare*) ~ **qu/qc di qc** jdn/etw mit etw überhäufen ❹ (ADM: *carica*) bekleiden II. vr -rsi (*coprirsi di nuovo*) sich wieder bedecken

**ricordare** [rikor'daːre] I. vt ❶ (*serbare memoria*) ~ **qu/qc** jds/einer Sache gedenken ❷ (*richiamare alla memoria*) ~ **qu/qc** sich an jdn/etw erinnern ❸ (*far presente*) ~ **qc a qu** jdn an etw *acc* erinnern ❹ (*assomigliare*) ~ **qu** jdm ähneln ❺ (*menzionare*) erwähnen II. vr -rsi **di qu/qc** sich an jdn/etw erinnern; **me ne ricorderò** (*fam: minaccia*) das werd' ich mir merken! **ricordino** [rikor'diːno] *m* (*souvenir*) Andenken *nt*, Mitbringsel *nt* **ricordo** [ri'kɔrdo] *m* ❶ (*di persona, cosa, periodo*) Erinnerung f; **serbare un buon** ~ **di qu/qc** jdn/etw in guter Erinnerung behalten; **per** ~ zur Erinnerung, als Andenken ❷ (*oggetto*) Andenken *nt* ❸ (*traccia*) Überbleibsel *nt*, Andenken *nt*; (*vestigia*) Spur f ❹ (*memoria*) An[ge]denken *nt*

**ricorrente** [rikor'rɛnte] I. *agg* ❶ (*gener*) [regelmäßig] wiederkehrend ❷ (JUR) Berufungs- II. *mf* Berufungskläger(in) *m(f)*

**ricorrenza** [rikor'rɛntsa] *f* ① (*festività*) Gedenktag *m* ② (*ritorno*) Wiederkehr *f*
**ricorrere** [ri'korrere] <irr> I. *vi essere* ① (*tornare indietro*) zurücklaufen ② (*rivolgersi*) **~ a qu** sich an jdn wenden ③ (*servirsi*) **~ a qc** zu etw greifen ④ (*ripetersi*) sich jähren; (*celebrarsi*) sein ⑤ (JUR) Rechtsmittel einlegen; **~ in appello** [*o* **in cassazione**] Berufung einlegen; **~ alle vie legali** den Rechtsweg beschreiten II. *vt avere* wieder laufen
**ricorsività** [rikorsivi'ta] <-> *f* ① (*proprietà di ciò che è ricorsivo*) Rekurrenz *f* ② (LING) Rekursivität *f* ③ (MAT) Rekursion *f*
**ricorso** [ri'korso] *m* ① (JUR) Berufung *f*; **fare ~ contro una sentenza** Berufung gegen ein Urteil einlegen ② (*il ricorrere*) Anwendung *f*, Gebrauch *m*; **fare ~ a qc** von etw Gebrauch machen; (*fig*) an etw *acc* appellieren; **fare ~ a qu** sich an jdn wenden ③ (*reclamo*) Beschwerde *f*
**ricossi** *1. pers sing pass rem di* **ricuocere**
**ricostituente** [rikostitu'ɛnte] I. *agg* kräftigend, stärkend II. *m* Stärkungsmittel *nt*
**ricostituire** [rikostitu'i:re] <ricostituisco> I. *vt* wieder gründen; (*governo*) neu bilden; **famiglia ricostituita** Patchworkfamilie *f* II. *vr* **-rsi** sich wieder bilden, wieder gegründet werden **ricostituzione** [rikostitut'tsjo:ne] *f* Wiederherstellung *f*; (*di partito, organizzazione*) Neugründung *f*; (*di governo*) Neubildung *f*
**ricostruire** [rikostru'i:re] <ricostruisco> *vt* ① (*casa, edificio*) wieder aufbauen ② (*economia, industria*) wieder erstellen ③ (*fig*) wieder aufbauen ④ (*fatti*) rekonstruieren **ricostruttivo, -a** [rikostrut'ti:vo] *agg* aufbauend, Aufbau-; **metodo ~** Aufbaumethode *f* **ricostruzione** [rikostrut'tsjo:ne] *f* ① (*gener*, POL) Wiederaufbau *m* ② (*fig*) Rekonstruktion *f*
**ricotta** [ri'kɔtta] *f* quarkähnlicher Frischkäse
**ricotto** *pp di* **ricuocere**
**ricoverare** [rikove'ra:re] I. *vt* einliefern II. *vr* **-rsi** ins Krankenhaus gehen **ricoverato, -a** [rikove'ra:to] *m, f* (*di ospedale*) Krankenhauspatient(in) *m(f)* **ricovero** [ri'kɔ:vero] *m* ① (*istituto*) Heim *nt*; (*per vecchi*) Altersheim *nt* ② (*in ospedale*) Einlieferung *f*; (*d'urgenza*) Notaufnahme *f* ③ (*rifugio*) Unterschlupf *m*
**ricreare** [rikre'a:re] I. *vt* ① (*ristorare*) erfrischen ② (*divertire*) erfreuen, erheitern ③ (*creare di nuovo*) neu gründen II. *vr* **-rsi** ① (*svagarsi*) sich erholen, ausspannen ② (*divertirsi*) sich vergnügen **ricreativo, -a** [rikrea'ti:vo] *agg* erholsam, entspannend **ricreazione** [rikreat'tsjo:ne] *f* ① (*intervallo*) Pause *f* ② (*ristoro*) Erholung *f* ③ (*distrazione*) Zeitvertreib *m*, Vergnügen *nt*
**ricrebbi** *1. pers sing pass rem di* **ricrescere**
**ricredersi** [ri'kre:dersi] *vr* seine Meinung ändern, etw anderes glauben
**ricrescere** [ri'kreʃʃere] <ricresco, ricrebbi, ricresciuto> *vi essere* ① (*tornare a crescere*) wieder wachsen ② (*dial: aumentare di volume*) aufgehen
**ricromatizzato, -a** [rikromatid'dza:to] *agg* (FILM) original chromatiert
**ricucire** [riku'tʃi:re] *vt* ① (*strappo, buco*) vernähen ② (MED: *ferita*) [ver]nähen **ricucitura** [rikutʃi'tu:ra] *f* Flicknaht *f*
**ricuocere** [ri'kuɔ:tʃere] <ricuocio, ricossi, ricotto> *vt* ① (*cibo*) aufkochen ② (*metallo*) glühen
**ricuperare** [rikupe'ra:re] *vt* ① (*riacquistare*) wiedererlangen, wiedererhalten; (*salute*) zurückgewinnen; (*tempo*) aufholen; (*vista, parola*) wiedererlangen ② (*naufraghi*) bergen ③ (*minorato, ex-carcerato*) wieder eingliedern ④ (SPORT: *partita*) nachholen ⑤ (FIN) eintreiben **ricupero** [ri'ku:pero] *m* ① (*riacquisto*) Wiedererlangung *f*; (*di tempo*) Aufholen *nt* ② (*di nave*) Bergung *f* ③ (*di minorato, ex-carcerato*) Wiedereingliederung *f* ④ (FIN) Eintreiben *nt* ⑤ (*oggetto*) geborgener Gegenstand ⑥ (SPORT) Nachholspiel *nt*
**ricurvo, -a** [ri'kurvo] *agg* gebogen; (*dorso, vecchio*) gebeugt
**ricusare** [riku'za:re] I. *vt* (*poet*) verweigern; (*a persona*) ablehnen; **~ di fare qc** ablehnen, etw zu tun II. *vr* **-rsi** (*poet*) sich weigern; **-rsi di fare qc** sich weigern, etw zu tun
**ridacchiare** [ridak'kja:re] *vi* [hämisch] kichern
**ridanciano, -a** [ridan'tʃa:no] *agg* lustig, vergnügt
**ridare** [ri'da:re] <irr> *vt* ① (*dare di nuovo*) wieder geben; **dagli e ridagli** (*fam*) nach langem Hin und Her ② (*restituire*) zurückgeben, wiedergeben
**ridarella** [rida'rɛlla] *f*, **ridarola** [rida'rɔ:la] *f* (*fam*) Lachkrampf *m*; (*voglia di ridere*) Lachreiz *m*; **avere la ~** einen Lachkrampf bekommen/haben
**ridato** *pp di* **ridare**
**ridda** ['ridda] *f* ① (*fig*) Gewirr *nt*, Durcheinander *nt* ② (*ballo*) Reigen *m*
**ridefinizione** [ridefinit'tsjo:ne] *f* ① (*gener*) Neudefinition *f* ② (FILM: *risoluzione*)

ridente → riedizione

neue [o bessere] Auflösung; **la ~ dell'immagine** die bessere Bildauflösung
**ridente** [ri'dɛnte] *agg* heiter
**rider** ['raidə] <- *o* riders> *m* ❶ (SPORT: *nell'ippica, fantino*) Jockey *m* ❷ (SPORT: *corridore motociclistico*) Motorradrennfahrer(in) *m(f)*
**ridere** ['ri:dere] <rido, risi, riso> I. *vi* lachen; **~ fino alle lacrime** Tränen lachen; **fare per ~** (*fam*) etw zum Spaß tun; **farsi ~ dietro** (*fam*) sich lächerlich machen; **è una cosa da far ~ i polli** (*fam*) da lachen ja die Hühner; **ma non farmi ~!** (*fam*) dass ich nicht lache!; **non c'è nulla da ~** das ist ernst, das ist nicht zum Lachen; **tutti ridono di lui** alle lachen über ihn; **chi ride il venerdì, piange la domenica** (*prov*) den Vogel, der am Morgen pfeift, frisst am Abend die Katze; **ride ben chi ride l'ultimo** (*prov*) wer zuletzt lacht, lacht am besten II. *vr* **-rsi di qc** (*burlarsi*) sich über etw *acc* lustig machen; (*infischiarsene*) auf etw *acc* pfeifen
**rideterminare** [rideterminaːre] *vt* neu bestimmen
**ridetti** *1. pers sing pass rem di* **ridare**
**ridetto** *pp di* **ridire**
**ridico** *1. pers sing pr di* **ridire**
**ridicolaggine** [ridikolad'dʒine] *f* Lächerlichkeit *f*
**ridicolizzare** [ridikolid'dzare] *vt* lächerlich machen
**ridicolo** [ri'di:kolo] *m* Lächerlichkeit *f*, Lächerliche(s) *nt;* **cadere nel ~** sich lächerlich machen; **mettere** [*o* **porre**] **qu/qc in ~** jdn/etw lächerlich machen; **volgere una cosa al ~** etw ins Lächerliche ziehen
**ridicolo, -a** *agg* lächerlich
**ridiedi** *1. pers sing pass rem di* **ridare**
**ridimensionamento** [ridimensiona'mento] *m* ❶ (*di industria, azienda*) Wiederanpassung *f*, Neuanpassung *f* ❷ (*di persona, situazione*) Neubeurteilung *f*
**ridimensionare** [ridimensio'nare] I. *vt* wieder anpassen, neu anpassen II. *vr* **-rsi** sich wieder auf das rechte Maß beschränken
**ridire** [ri'di:re] <irr> *vt* ❶ (*dire di nuovo*) wieder sagen, wiederholen ❷ (*criticare*) einwenden, aussetzen
**ridiscussione** [ridiskus'sio:ne] *f* Neudiskussion *f*, Wiederaufnahme *f*
**ridissi** *1. pers sing pass rem di* **ridire**
**ridissoluzione** [ridissolut'tsio:ne] *f* (CHEM) Wiederauflösen *nt* des Bodensatzes

**ridistanziare** [ridistan'tsia:re] *vt* sich erneut distanzieren (*qu/qc* von jdm/etw)
**ridistribuzione** [ridistribut'tsio:ne] *f* Neuverteilung *f*
**ridiventare** [ridiven'ta:re] *vi essere* wieder werden
**ridomandare** [ridoman'da:re] *vt* ❶ (*nome, le stesse cose*) erneut fragen ❷ (*domandare in restituzione*) zurück-, wiederverlangen
**ridonare** [rido'na:re] *vt* ❶ (*fiducia, libertà*) wiedergeben ❷ (*donare a sua volta*) zurückschenken
**ridondante** [ridon'dante] *agg* redundant
**ridondanza** [ridon'dantsa] *f* Redundanz *f*
**ridosso** [ri'dɔsso] *m* Schutzwall *m;* **a ~ di** (*fig*) unmittelbar hinter +*acc o dat*
**ridotta** [ri'dotta] *f* Schanze *f*, Redoute *f*
**ridotto** [ri'dotto] *m* ❶ (THEAT) Foyer *nt* ❷ (*opera fortificata*) Schanze *f*, Redoute *f*
**ridotto, -a** I. *pp di* **ridurre** II. *agg* verkleinert, vermindert; (*prezzi*) herabgesetzt; **biglietto ~** ermäßigte Karte; **formato ~** Kleinformat *nt;* **essere ~ in pezzi** [*o* **a brandelli**] ganz kaputt sein
**riducente** [ridu'tʃɛnte] I. *agg* reduzierend II. *m* Reduktionsmittel *nt* **riducibile** [ridu'tʃi:bile] *agg* reduzierbar
**ridurre** [ri'durre] <riduco, ridussi, ridotto> I. *vt* ❶ (*diminuire*) verringern; (*prezzi*) herabsetzen, senken; (*tasse*) senken ❷ (MAT) reduzieren; (*frazione*) kürzen ❸ (*nel disegno*) umskalieren ❹ (*costringere*) zwingen; **essere ridotto a fare qc** gezwungen sein, etw zu tun ❺ (*far diventare*) machen zu, werden lassen; **~ in polvere** zu Staub machen; **~ qu alla disperazione/ragione** jdn zur Verzweiflung/zur Vernunft bringen II. *vr* **-rsi** ❶ (*diventare*) werden, sich bringen ❷ (*restringersi*) abnehmen, zusammenschmelzen
**riduttore** [ridut'to:re] *m* (PHYS) **~ di corrente** Transformator *m;* **~ di pressione** Druckminderer *m*
**riduzione** [ridut'tsio:ne] *f* ❶ (*diminuzione*) Senkung *f*, Herabsetzung *f* ❷ (*adattamento*) Bearbeitung *f* ❸ (MAT) Kürzung *f*, Kürzen *nt* ❹ (*di disegno*) Umskalierung *f*
**riecco** [ri'ɛkko] *avv* (*fam*) da ... wieder; **rieccoti qui!** da bist du ja wieder!
**riecheggiare** [rieked'dʒa:re] *vi essere* widerhallen, zurückschallen
**riedito, -a** [ri'ɛ:dito] *agg* wieder aufgelegt, neu aufgelegt
**riedizione** [riedit'tsio:ne] *f* ❶ (LIT) Neuauflage *f* ❷ (THEAT, FILM) Remake *nt*

**rieducare** [rieduˈkaːre] *vt* ① (*persone*) umerziehen, umschulen; (MED) rehabilitieren ② (*braccio, gamba*) wieder trainieren, wieder beweglich machen **rieducazione** [riedukatˈtsjoːne] *f* Umerziehen *nt*, Umschulung *f*; (MED) Rehabilitation *f*; **istituto di ~ minorile** Erziehungsheim *nt*

**rielaborare** [rielaboˈraːre] *vt* wieder ausarbeiten, nachbereiten **rielaborazione** [rielaboratˈtsjoːne] *f* Neubearbeitung *f*

**rieleggere** [rieˈlɛddʒere] <irr> *vt* wiederwählen **rielezione** [rieletˈtsjoːne] *f* Wiederwahl *f*

**riemergere** [rieˈmɛrdʒere] <irr> *vi essere* ① (*tornare alla superficie*) wieder auftauchen ② (*fig*) wieder auftreten

**riempibottiglie** [riempibotˈtiʎʎe] <-> *f* (TEC) Flaschenabfüllmaschine *f*

**riempimento** [riempiˈmento] *m* [Auf]füllen *nt*, Füllung *f*; (*di modulo*) Ausfüllen *nt*

**riempire** [riemˈpiːre] I. *vt* ① (*bicchiere, sacco*) [auf]füllen ② (*modulo*) ausfüllen; (*foglio*) beschreiben ③ (*fig*) erfüllen II. *vr* **-rsi** ① (*fam: mangiare troppo*) sich voll schlagen ② (*diventare pieno*) **-rsi di qc** sich mit etw füllen

**riempitivo** [riempiˈtiːvo] *m* ① (*integrativo*) Füllsel *nt*, Füllmittel *nt*; (*parola*) Füllwort *nt* ② (*fig*) Lückenbüßer *m*

**riempitivo, -a** *agg* füllend, Füll- **riempitrice** [riempiˈtriːtʃe] *f* (TEC) Abfüllmaschine *f*

**rientrante** [rienˈtrante] *agg* zurückspringend, zurücktretend; (*guance*) hohl **rientranza** [rienˈtrantsa] *f* Vertiefung *f*, Einbuchtung *f*

**rientrare** [rienˈtraːre] *vi essere* ① (*entrare di nuovo*) wieder hineingehen, zurückkehren; **~ in sé** (*fig*) wieder zu sich *dat* kommen; **~ in gioco** das Spiel wieder aufnehmen ② (*tornare*) zurückkommen, -kehren; (*a casa*) heimkommen ③ (*restringersi*) einlaufen ④ (*presentare concavità*) zurücktreten, zurückspringen ⑤ (*essere compreso*) hineingehören, dazugehören; **~ nelle spese** auf seine Kosten kommen **rientro** [riˈentro] *m* Rückkehr *f*; (*a casa*) Heimkehr *f*

**riepilogare** [riepiloˈgaːre] *vt* zusammenfassen, rekapitulieren **riepilogo** [rieˈpiːlogo] <-ghi> *m* Zusammenfassung *f*

**riesame** [rieˈzaːme] *m* erneute [Über]prüfung *f*

**riescludere** [riesˈkluːdere] <riescludo, riesclusi, riescluso> *vt* erneut disqualifizieren

**riesco** *1. pers sing pr di* **riuscire**

**riessere** [riˈɛssere] <irr> *vi essere* (*fam*) wieder sein; **dobbiamo ~ a casa prima delle sette** wir müssen vor sieben Uhr wieder zu Hause sein; **ci risiamo!** (*fig fam*) schon wieder!

**riesumare** [riezuˈmaːre] *vt* exhumieren

**Rieti** *f* Rieti *nt* (*Stadt in Latium*)

**Rietino** [rieˈtiːno] *m* Provinz *f* Rieti

**rietino, -a** I. *m, f* (*abitante*) Einwohner(in) *m(f)* von Rieti II. *agg* aus Rieti

**rievocare** [rievoˈkaːre] *vt* wieder wachrufen **rievocativo, -a** [rievokaˈtiːvo] *agg* Gedenk-, Erinnerungs- **rievocazione** [rievokatˈtsjoːne] *f* Wachrufen *nt*

**rifacimento** [rifatʃiˈmento] *m* Neuerstellung *f*; (*opera rifatta*) Neufassung *f* **rifare** [riˈfaːre] <irr> I. *vt* ① (*esame, tentativo, compito*) wiederholen, neu machen ② (*stanza*) in Ordnung bringen, aufräumen; (*letto*) machen ③ (*imitare*) nachmachen, imitieren ④ (*compensare*) entschädigen ⑤ (*compiere un'altra volta*) wiederholen, erneut tun II. *vr* **-rsi** ① (*diventare nuovamente*) wieder werden ② (*ristabilirsi*) sich wieder erholen; (MED) wieder gesund werden; (*tempo*) sich bessern, wieder schön werden ③ **-rsi di qc** (*prendersi la rivincita*) sich für etw entschädigen; (*vendicarsi*) sich für etw rächen ④ (*cominciare*) **-rsi da qc** bei etw beginnen, auf etw zurückgehen; **-rsi da zero** bei null anfangen ⑤ (*loc*) **-rsi gli occhi/la bocca** sich an dem Anblick/Geschmack erfreuen; **rifarsela con qu** (*fam*) sich mit jdm anlegen; **mi sono rifatto** (*fam*) ich habe mich schadlos gehalten

**riferimento** [riferiˈmento] *m* ① (*relazione*) Bezug *m*; **punto di ~** Bezugspunkt *m*; (*fig a*) Anhaltspunkt *m*; **fare ~ a** Bezug nehmen auf +*acc*; **in** [*o* **con**] **~ alla Vostra del ...** (ADM) Bezug nehmend auf Ihr Schreiben vom ... ② (*richiamo*) Verweis *m*, Hinweis *m* **riferire** [rifeˈriːre] <riferisco> I. *vt* ① (*riportare*) berichten, mitteilen ② (*ascrivere*) zuschreiben ③ (*mettere in relazione*) **~ qc a qc** etw auf etw *acc* beziehen II. *vr* **-rsi a qc** (*fare riferimento*) auf etw *acc* Bezug nehmen; (*alludere*) auf etw *acc* anspielen III. *vi* **~ su qc** etw vortragen, über etw *acc* Bericht erstatten

**riffa** [ˈriffa] *f* (*tosc*) Gewalt *f*; **di ~ o di raffa** (*fam*) so oder so, wohl oder übel; (*volere*) um jeden Preis

**rifiatare** [rifjaˈtaːre] *vt* ① (*riprender fiato*) wieder zu Atem kommen ② (*replicare*) erwidern ③ (*fig*) aufatmen

**rificolona** [rifiko'lo:na] *f* Lampion *m*, Laterne *f*
**rifilare** [rifi'la:re] *vt* ① (*fam: affibbiare*) andrehen, verpassen; ~ **un ceffone a qu** (*fam*) jdm eine Ohrfeige verpassen ② (*orlo*) genau abschneiden
**rifinanziare** [rifinan'tsja:re] *vt* refinanzieren
**rifinire** [rifi'ni:re] *vt* ① (*terminare*) wieder beenden, vollenden ② (*perfezionare*) fein bearbeiten, überarbeiten **rifinitezza** [rifini'tettsa] *f* Feinbearbeitung *f* **rifinitura** [rifini'tu:ra] *f* ① (*perfezionamento*) Feinarbeit *f*, Vollendung *f* ② (*decorazione*) Verzierung *f*, Aufputz *m A*
**rifiorimento** [rifiori'mento] *m* Wiederaufblühen *nt*
**rifiorire** [rifio'ri:re] <rifiorisco> *vi essere* ① (*tornare a fiorire*) wieder erblühen ② (*fig*) wieder aufblühen **rifioritura** [rifiori'tu:ra] *f* ① (BOT) [Wieder]erblühen *nt* ② (*ricomparsa*) Wiederauftreten *nt*
**rifischiare** [rifis'kja:re] *vt* ① (*fischiare di nuovo*) wieder pfeifen ② (*fischiare in risposta*) zurückpfeifen ③ (*fam: fare la spia*) verpfeifen
**rifiutare** [rifiu'ta:re] I. *vt* ① (*non accettare*) ablehnen, zurückweisen ② (*negare*) ~ **qc a qu** jdm etw verweigern; ~ **di fare qc** sich weigern, etw zu tun II. *vr* -**rsi di fare qc** sich weigern, etw zu tun **rifiuto** [ri'fiu:to] *m* ① (*negazione del consenso*) Ablehnung *f*, Absage *f*, [Ver]weigerung *f* ② *pl* (*immondizie*) Abfall *m*, Müll *m;* **-i organici** [**compostabili**] Biomüll *m;* **-i nucleari** [*o* **radioattivi**] Atommüll *m*, radioaktiver Abfall; **-i tossici** Giftmüll *m* ③ (*scarto*) Abfall *m*, Ausschuss *m* ④ (*fig*) Abschaum *m*
**riflessante** [rifles'sante] *m* Glanzshampoo *nt*
**riflessi** [ri'flɛssi] *1. pers sing pass rem di* **riflettere**
**riflessione** [rifles'sjo:ne] *f* ① (*considerazione*) Überlegung *f* ② (PHYS) Reflexion *f*
**riflessivo, -a** [rifles'si:vo] *agg* ① (*persona, mente*) nachdenklich; (*ponderato*) besonnen ② (LING) reflexiv, rückbezüglich
**riflesso** [ri'flɛsso] *m* ① (*efficacia*) Reflex *m* ② (*luce*) Widerschein *m;* (*rispecchiamento*) Spiegelung *f* ③ (MED) Reflex *m*
**riflesso, -a** I. *pp di* **riflettere** II. *agg* ① (*raggio, luce, immagine*) reflektiert, widergespiegelt ② (*moto, atto*) Reflex-
**riflessografia** [riflessogra'fi:a] *f* (FOTO, TEC) Reflexkopierverfahren *nt*
**riflessologia** [riflessolo'dʒi:a] *f* Reflexzonenmassage *f*; ~ **plantare** Fußreflexzonenmassage *f*
**riflettere** [ri'flɛttere] <irr> I. *vt* ① (PHYS) reflektieren ② (*rimandare*) zurückwerfen, widerspiegeln ③ (*fig*) spiegeln, widerspiegeln II. *vi* ~ **su qc** über etw *acc* nachdenken III. *vr* -**rsi** ① (*specchiarsi*) sich [wider]spiegeln ② (*fig*) -**rsi su qc** (*ripercuotersi*) sich in etw *dat* widerspiegeln; (*influire*) sich auf etw *acc* auswirken
**riflettore** [riflet'to:re] *m* ① (EL) Scheinwerfer *m* ② (RADIO, OPT) Reflektor *m* **riflettuto** [riflet'tu:to] *pp di* **riflettere**
**rifluire** [riflu'i:re] <rifluisco> *vi essere* ① (*tornare a scorrere*) wieder fließen ② (*fluire indietro*) zurückfließen, -strömen ③ (*fig: tornare indietro*) zurückströmen
**riflusso** [ri'flusso] *m* ① (*flusso di ritorno*) Rückfluss *m* ② (*del mare*) Ebbe *f* ③ (*fig: di persone*) Zurückströmen *nt*
**rifocillare** [rifotʃil'la:re] I. *vt* stärken II. *vr* -**rsi** sich stärken
**rifondatore, -trice** [rifonda'to:re] I. *agg* (POL) neu gründend, wieder erstehen lassend II. *m, f* (POL) Neugründer(in) *m(f)*
**rifondazione** [rifondat'tsjo:ne] *f* Neugründung *f*; **Rifondazione Comunista** (POL) *kommunistische Partei in Italien*
**rifondere** [ri'fondere] <irr> *vt* ① (*statua, metallo*) erneut schmelzen ② (*fig: danni, spese*) ersetzen, vergüten
**riforestazione** [riforestat'tsjo:ne] *f* (ECOL) Wiederaufforstung *f*
**riforma** [ri'forma] *f* ① (*gener*) Umgestaltung *f* ② (POL) Reform *f*; ~ **scolastica** Bildungsreform *f* ③ (REL) Reformation *f* ④ (MIL) Ausmusterung *f* **riformabile** [rifor'ma:bile] *agg* reformierbar **riformabilità** [riformabili'ta] <-> *f* ① (*possibilità di essere riformato*) Reformierbarkeit *f*, Reformfähigkeit *f*, Möglichkeit *f* der Reform ② (MIL: *possibilità di essere esonerato dal servizio militare*) Möglichkeit *f* der Ausmusterung **riformare** [rifor'ma:re] I. *vt* ① (*formare di nuovo*) neu bilden, wieder bilden ② (*sottoporre a riforma*) umgestalten; (POL, REL) reformieren ③ (MIL) ausmustern II. *vr* -**rsi** sich wieder bilden
**riformato** [rifor'ma:to] *m* (MIL) Untaugliche(r) *m*
**riformato, -a** I. *agg* reformiert II. *m, f* (REL) Reformierte(r) *f(m)*
**riformatore, -trice** [riforma'to:re] I. *agg* reformierend, Reformations- II. *m, f* Reformator(in) *m(f)*
**riformatorio** [riforma'tɔ:rio] <-i> *m* Erziehungsheim *nt*

**riformatrice** *f v.* **riformatore**
**riformismo** [rifor'mizmo] *m* Reformismus *m* **riformista** [rifor'mista] <-i *m*, -e *f*> I. *mf* Reformist(in) *m(f)* II. *agg* reformistisch, reformerisch **riformistico, -a** [rifor'mistiko] <-ci, -che> *agg* reformistisch
**riformulare** [riformu'la:re] *vt* (*frase, richiesta*) umformulieren **riformulazione** [riformulat'tsio:ne] *f* Umformulierung *f*
**rifornimento** [riforni'mento] *m* ① (*operazione*) Versorgung *f;* **fare ~ di benzina** tanken ② *pl* (*viveri*) Vorräte *mpl* ③ (MIL) Nachschub *m* **rifornire** [rifor'ni:re] <rifornisco> I. *vt* ~ **qu/qc di qc** jdn/etw mit etw versorgen II. *vr* **-rsi di qc** sich mit etw versorgen
**rifrangenza** [rifran'dʒɛntsa] *f* Brechung *f*
**rifrangere** [ri'frandʒere] <irr> I. *vt* brechen II. *vr* **-rsi** ① (PHYS) sich brechen ② (*infrangersi*) sich brechen; (*rompere*) zerbrechen
**rifrattività** [rifrattivi'ta] <-> *f* (PHYS) Brechungseigenschaften *fpl*
**rifrazione** [rifrat'tsio:ne] *f* Brechung *f,* Refraktion *f*
**rifreddo, -a** [ri'freddo] I. *agg* kalt II. *m* kaltes Gericht *nt*
**rifriggere** [ri'friddʒere] <irr> *vt* ① (GASTR) wieder braten ② (*fig fam*) aufwärmen
**rifuggire** [rifud'dʒi:re] *vi essere* ① (*fuggire di nuovo*) wieder flüchten ② (*evitare*) ~ **da qc** etw meiden
**rifugiarsi** [rifu'dʒarsi] *vr* [sich] flüchten **rifugiato, -a** [rifu'dʒa:to] I. *agg* geflüchtet II. *m, f* Flüchtling *m* **rifugio** [ri'fu:dʒo] <-gi> *m* ① (*riparo*) Zuflucht *f;* (*difesa*) Schutz *m;* ~ **alpino** Schutz-, Berghütte *f* ② (MIL) Bunker *m,* Luftschutzraum *m;* ~ **antiatomico** Atomschutzbunker *m* ③ (*ambiente*) Zufluchtsort *m* ④ (*fig*) Trost *m,* Rettung *f*
**rifui** *1. pers sing pass rem di* **riessere**
**rifulgere** [ri'fuldʒere] <rifulgo, rifulsi, rifulso> *vi* (*poet*) erstrahlen, leuchten; (*fig a*) glänzen
**rifusione** [rifu'zio:ne] *f* ① (*risarcimento*) Entschädigung *f,* Ausgleich *m;* (*di danni*) Ersatz *m* ② (*nuova fusione*) Umschmelzung *f,* Umarbeitung *f*
**riga** ['ri:ga] <-ghe> *f* ① (*linea*) Linie *f,* Strich *m;* (*di tessuto*) Streifen *m;* **carta/quaderno a -ghe** lini[i]ertes Papier/Heft ② (*di scritto*) Zeile *f;* **leggere fra le -ghe** (*fig*) zwischen den Zeilen lesen ③ (*di persone, cose*) Reihe *f;* **mettersi in ~** sich in Reih und Glied aufstellen; **rimettersi in ~**

sich wieder fügen; **rompere le -ghe** (MIL, SPORT) die Reihen auflösen, wegtreten; **mettere in ~** (*fig*) jmd zurechtweisen ④ (*di capelli*) Scheitel *m* ⑤ (*asticella*) Lineal *nt* ⑥ (INFORM) ~ **di comando** Befehlszeile *f;* ~ **di commento** Kommentarzeile *f*
**rigaglie** [ri'gaʎʎe] *fpl* Hühner- [*o* Gänse]klein *nt*
**rigagnolo** [ri'gaɲɲolo] *m* Rinnsal *nt*
**rigare** [ri'ga:re] I. *vt* lini[i]eren II. *vi* **rigar diritto** spuren *fam*
**rigatoni** [riga'to:ni] *mpl* Rigatoni *pl* (*kurze, dicke Röhrennudeln*)
**rigattiere** [rigat'tiɛ:re] *m* Altwarenhändler *m*
**rigatura** [riga'tu:ra] *f* ① (*di foglio, quaderno, pagina*) Lin[i]ierung *f* ② (*di fucile*) Drall *m*
**rigenerare** [ridʒene'ra:re] I. *vt* ① (*far ricrescere*) wieder hervorbringen ② (BIOL) regenerieren ③ (*ricostituire*) wiederherstellen ④ (TEC) wiederaufbereiten II. *vr* **-rsi** ① (BIOL) sich regenerieren ② (*fig*) zu neuem Leben erwachen **rigenerativo, -a** [ridʒenera'ti:vo] *agg* regenerativ, Regenerations- **rigenerato, -a** [ridʒene'ra:to] I. *agg* wiederaufbereitet II. *m* Regenerat *nt* **rigeneratore, -trice** [ridʒenera'to:re] I. *agg* wieder herstellend, erneuernd II. *m, f* Wiederhersteller(in) *m(f),* Erneuerer *m,* Erneuerin *f* **rigenerazione** [ridʒenerat'tsio:ne] *f* ① (BIOL) Regeneration *f* ② (REL) Wiedergeburt *f* ③ (*fig*) Erneuerung *f* ④ (TEC) Wiederaufbereitung *f*
**rigettare** [ridʒet'ta:re] I. *vt* ① (*gettare indietro*) zurückwerfen ② (*respingere*) ablehnen, verwerfen ③ (BOT) sprießen ④ (*fam: vomitare*) brechen ⑤ (*gettare nuovamente*) wieder werfen II. *vr* **-rsi** ① (*gettarsi di nuovo*) sich wieder werfen ② (*fig*) wieder auftauchen **rigetto** [ri'dʒɛtto] *m* ① (MED) Abstoßung *f* ② (*fig*) Ablehnung *f*
**righello** [ri'gɛllo] *m* Lineal *nt* **righettare** [riget'ta:re] *vt* Linien ziehen, linieren **righettato, -a** [riget'ta:to] *agg* liniert, gestreift
**rigidezza** [ridʒi'dettsa] *f* ① (*rigore*) Härte *f;* (*del clima*) Rauheit *f* ② (*severità*) Strenge *f* ③ (PHYS) Starrheit *f,* Festigkeit *f*
**rigidità** [ridʒidi'ta] <-> *f* ① (*del clima*) Rauheit *f* ② (*fig*) Starrheit *f;* (*severità*) Strenge *f,* Härte *f* ③ (MED) Steifheit *f,* Starre *f* **rigido, -a** ['ri:dʒido] *agg* ① (*colletto, cappello, braccio*) steif ② (*clima*) rau; (*inverno*) streng ③ (*fig: severo*) streng, hart
**rigirare** [ridʒi'ra:re] I. *vt* ① (*girare più*

*volte*) wieder wenden, wieder drehen ❷ (*percorrere*) durchstreifen, laufen durch ❸ (*assegno*) wieder indossieren ❹ (*fig*) [anders] handhaben; **~ il discorso/una questione** der Rede/einer Frage eine andere Wendung geben; **saperla ~** (*fam*) es deichseln können; **gira e rigira** (*fam*) wie man es auch dreht und wendet II. *vi* umherlaufen III. *vr* **-rsi** sich [wieder] umdrehen; (*nel letto*) sich wälzen

**rigiro** [ri'dʒi:ro] *m* ❶ (*imbroglio*) Machenschaften *fpl*; (*di parole*) Umschweife *pl* ❷ (*giro ripetuto*) Drehung *f*, Wendung *f*

**rigo** ['ri:go] <-ghi> *m* (*riga*) Linie *f*; (*di scrittura*) Zeile *f*; (MUS) Notenlinie *f*

**rigoglio** [ri'goʎʎo] <-gli> *m* ❶ (BOT) Wuchern *nt* ❷ (*fig*) Blüte *f* **rigoglioso, -a** [rigoʎ'ʎo:so] *agg* ❶ (BOT) wuchernd ❷ (*fig*) blühend, üppig

**rigonfiamento** [rigonfia'mento] *m* ❶ (*parte rigonfia*) Schwellung *f* ❷ (*il gonfiare*) erneutes Anschwellen **rigonfiare** [rigon'fia:re] I. *vt* aufpumpen II. *vi* essere aufgehen III. *vr* **-rsi** wieder anschwellen **rigonfiatura** [rigonfia'tu:ra] *f* ❶ (*rigonfiamento*) Wiederaufblasen *nt*, Wiederaufpumpen *nt* ❷ (*gonfiore*) Schwellung *f*, Blase *f*

**rigonfio** [ri'gonfio] *m* Schwellung *f*

**rigonfio, -a** <-i, -ie> *agg* ❶ (*occhio*) geschwollen; (*ginocchio*) angeschwollen ❷ (*fig*) aufgeblasen

**rigore** [ri'go:re] *m* ❶ (*rigidità*) Strenge *f*, Härte *f*; **a rigor di logica** logischerweise ❷ (*del clima*) Strenge *f*, Rauheit *f* ❸ (SPORT) Elfmeter *m* **rigorismo** [rigo'rizmo] *m* Rigorismus *m* **rigorista** [rigo'rista] <-i *m*, -e *f*> *mf* ❶ (*persona intransigente*) unerbittlicher Mensch, Rigorist(in) *m(f)* ❷ (SPORT) Elfmeterschütze *m*/-schützin *f*

**rigorosità** [rigorosi'ta] <-> *f* Rigorosität *f*, Unerbittlichkeit *f* **rigoroso, -a** [rigo'ro:so] *agg* ❶ (*severo*) streng, hart; (*persona*) unerbittlich; (*norma*) rigoros ❷ (*preciso*) rigoros, genau

**rigovernare** [rigover'na:re] *vt* ❶ (*piatti*) spülen, abwaschen ❷ (*animali*) versorgen **rigovernatura** [rigoverna'tu:ra] *f* ❶ (*azione*) Spülen *nt* ❷ (*acqua sporca*) Spülwasser *nt*

**riguadagnare** [riguadaɲ'ɲare] *vt* ❶ (*ricuperare*) wiedergewinnen; (*tempo*) wieder auf-, einholen ❷ (*somma*) wieder verdienen

**riguardante** [riguar'dante] *agg* (*concernente*) angehend, betreffend **riguardare** [riguar'da:re] I. *vt* ❶ (*rivedere*) durchsehen, überprüfen ❷ (*concernere*) angehen, betreffen ❸ (*considerare*) betrachten ❹ (*guardare di nuovo*) wieder schauen ❺ (*guardare indietro*) zurückschauen II. *vr* **-rsi da qc** sich vor etw *dat* vorsehen **riguardata** [riguar'da:ta] *f* Durchsicht *f*; **dare una ~ a qc** etw kurz durchsehen

**riguardo** [ri'guardo] *m* ❶ (*cura*) Rücksicht *f*, Aufmerksamkeit *f*; **avere ~ per la propria salute** sich schonen; **non avere alcun ~** keinerlei Rücksicht nehmen ❷ (*rispetto*) Achtung *f*; **ospite di ~** Ehrengast *m* ❸ (*relazione*) Bezug *m*, Zusammenhang *m*; **nei -i di, ~ a** in Bezug auf +*acc*, was ... betrifft **riguardoso, -a** [riguar'do:so] *agg* respektvoll, aufmerksam, rücksichtsvoll

**rigurgitare** [rigurdʒi'ta:re] I. *vi* essere o avere ❶ (*liquidi*) überquellen ❷ (*fig: persone*) wimmeln II. *vt* avere speien **rigurgito** [ri'gurdʒito] *m* ❶ (*di fogna, fiume, canale*) Überquellen *nt* ❷ (MED) Ausstoß *m* [aus dem Magen]

**rilanciare** [rilan'tʃa:re] *vt* ❶ (*palla, sasso*) zurückwerfen, wieder werfen ❷ (*fig*) wieder lancieren ❸ (COM: *offerta*) überbieten **rilancio** [ri'lantʃo] <-i> *m* ❶ (*di pallone*) Rückwurf *m* ❷ (*fig*) Lancierung *f* ❸ (COM: *di offerta*) Überbieten *nt*; **~ economico** Wirtschaftsaufschwung *m*

**rilasciamento** [rilaʃʃa'mento] *m* Entspannung *f* **rilasciare** [rilaʃ'ʃa:re] I. *vt* ❶ (ADM) ausstellen ❷ (*muscoli, nervi*) entspannen ❸ (*prigioniero*) freilassen II. *vr* **-rsi** ❶ (*lasciarsi di nuovo*) sich wieder trennen ❷ (*distendersi*) sich entspannen **rilascio** [ri'laʃʃo] <-sci> *m* ❶ (ADM) Ausstellung *f* ❷ (*restituzione di libertà*) Frei-, Entlassung *f*

**rilassamento** [rilassa'mento] *m* ❶ (*di muscoli, nervi*) Entspannung *f* ❷ (*dei costumi*) Lockerung *f* **rilassare** [rilas'sa:re] I. *vt* ❶ (*muscoli, nervi*) entspannen ❷ (*disciplina, sorveglianza*) lockern II. *vr* **-rsi** ❶ (*distendersi*) sich entspannen ❷ (*scadere*) sich lockern **rilassatezza** [rilassa'tettsa] *f* Lockerung *f*

**rilegare** [rile'ga:re] *vt* binden **rilegatore, -trice** [rilega'to:re] *m, f* Buchbinder(in) *m(f)* **rilegatura** [rilega'tu:ra] *f* ❶ (*operazione*) Binden *nt* ❷ (*copertura*) Einband *m*

**rileggere** [ri'ledd͡ʒere] <irr> *vt* wieder lesen; (*rivedere*) durchlesen

**rilento** [ri'lɛnto] *avv* **a ~** langsam

**rilessi** *1. pers sing pass rem di* **rileggere**

**riletta** [rilet'ta] *f* (*fam*) nochmaliges Überfliegen
**riletto** *pp di* **rileggere**
**rilevabile** [rile'va:bile] *agg* feststellbar
**rilevamento** [rileva'mento] *m* ① (*determinazione sistematica*) Erhebung *f* ② (*topografico*) Aufnahme *f* ③ (NAUT) Peilung *f* ④ (*di negozio*) Übernahme *f* ⑤ (*sostituzione*) Ablösung *f* ⑥ (INFORM: *di dati*) Abfrage *f*
**rilevante** [rile'vante] *agg* relevant, bedeutend
**rilevare** [rile'va:re] I. *vt* ① (*mettere in evidenza*) hervorheben ② (*apprendere*) entnehmen ③ (*raccogliere*) erheben, feststellen ④ (*azienda, negozio*) übernehmen ⑤ (*sostituire*) ablösen ⑥ (*andare a prendere*) abholen ⑦ (*compiere rilevamento topografico*) aufnehmen, vermessen II. *vi* vorstehen **rilevato, -a** [rile'va:to] I. *agg* erhaben, vorstehend II. *m* ① (*rilievo del terreno*) Damm *m* ② (*tratto di strada*) [Fahr]damm *m* **rilevazione** [rilevat'tsio:ne] *f* Erhebung *f*
**rilievo** [ri'liɛ:vo] *m* ① (GEOG) Relief *nt*, Erhebung *f* ② (*scultura*) Relief *nt;* **alto/basso ~** Hoch-/Basrelief *nt* ③ (*fig: importanza*) Bedeutung *f*; **mettere in ~ qc** etw hervorheben ④ (*rilevamento*) Erhebung *f;* (*topografico*) Vermessung *f* ⑤ (*osservazione*) Bemerkung *f*, Anmerkung *f*
**riloga** [ri'lɔ:ga] <-ghe> *f* Vorhangschiene *f*
**rilottare** [rilot'ta:re] *vi* erneut kämpfen (*contro qu/qc* gegen jdn/etw)
**rilucente** [rilu'tʃɛnte] *agg* glänzend **rilucere** [ri'lu:tʃere] <riluce, rilusse, *manca il pp*> *vi* glänzen
**riluttante** [rilut'tante] *agg* widerwillig, widerstrebend; **~ a fare qc** etw ungern tun **riluttanza** [rilut'tantsa] *f* Abneigung *f*, Widerwille *m*
**riluttare** [rilut'ta:re] *vi* widerstreben; **~ a far qc** etw ungern tun
**rima** ['ri:ma] *f* Reim *m*; **~ accoppiata** Paarreim *m*; **~ alternata** Kreuzreim *m*; **~ baciata** verschränkter Reim; **rispondere per le -e** (*fig*) eine entsprechende Antwort geben
**rimacina** [ri'ma:tʃina] *f* (TEC) Feinmahlen *nt*
**rimandabile** [riman'da:bile] *agg* aufschiebbar, verschiebbar **rimandare** [riman'da:re] *vt* ① (*mandare indietro*) zurückschicken ② (*mandare di nuovo*) wieder schicken ③ (*restituire*) zurückgeben ④ (SPORT) zurückgeben, -spielen ⑤ (*trasferire*) [ver]schicken ⑥ (*dimettere*) entlassen, wegschicken ⑦ (*differire*) verschieben ⑧ (*alunno*) nicht versetzen; (*candidato*) durchfallen lassen ⑨ (*fare riferimento*) **~ a qc** auf etw *acc* verweisen **rimando** [ri'mando] *m* ① (*riferimento, rinvio*) Verweis *m* ② (SPORT) Rückschuss *m*, Zurückschlagen *nt*
**rimaneggiamento** [rimaneddʒa'mento] *m* Umarbeitung *f*, Umstellung *f*
**rimaneggiare** [rimaned'dʒa:re] *vt* ① (*lista, articolo*) umarbeiten, umstellen ② (*governo*) umbilden
**rimanente** [rima'nɛnte] I. *agg* verbleibend, übrig II. *mf* Verbleibende(r) *f(m);* **i -i** die Übrigen III. *m* Rest *m* **rimanenza** [rima'nɛntsa] *f* Überschuss *m*
**rimanere** [rima'ne:re] <rimango, rimasi, rimasto> *vi essere* ① (*restare, fermarsi, durare*) bleiben; **~ male/confuso** enttäuscht/verwirrt sein; **~ a bocca aperta** mit offenem Mund dastehen; **~ a corto di qc** mit etw knapp sein; **~ al verde** (*fam*) blank sein; **~ indietro** zurückbleiben; **rimanerci** (*fam*) dabei draufgehen ② (*essere situato*) liegen ③ (*avanzare*) übrig bleiben; **non gli rimane altro** [*o* **altro da fare**] **che accettare** es bleibt ihm nichts anderes übrig, als zu akzeptieren ④ (*convenire*) verbleiben
**rimangiare** [riman'dʒa:re] *vt* ① (*mangiare di nuovo*) wieder essen ② (*fig*) zurücknehmen
**rimango** [ri'mango] *1. pers sing pr di* **rimanere**
**rimarcare** [rimar'ka:re] *vt* (ADM) bemerken, vermerken **rimarchevole** [rimar'ke:vole] *agg* bemerkenswert **rimarco** [ri'marko] <-chi> *m* Bemerkung *f*, Vermerk *m*
**rimare** [ri'ma:re] I. *vi* sich reimen II. *vt* dichten
**rimarginabile** [rimardʒi'na:bile] *agg* ① (*di ferita*) heilbar, abheilend ② (*fig*) wieder gutzumachend
**rimarginare** [rimardʒi'na:re] I. *vt* heilen II. *vr* **-rsi** [ver]heilen
**rimaritare** [rimari'ta:re] I. *vt* wieder heiraten II. *vr* **-rsi** wieder heiraten
**rimasi** [ri'ma:si] *1. pers sing pass rem di* **rimanere**
**rimasterizzare** [rimasterid'dza:re] *vt* Masterkopie anfertigen **rimasterizzazione** [rimasteriddzat'tsio:ne] *f* (TEC) Anfertigung *f* von Masterkopien
**rimasticare** [rimasti'ka:re] *vt* ① (*masticare di nuovo*) wieder [durch]kauen ② (*fig: offesa*) zu knabbern haben an + *dat fam*

**rimasticazione** [rimastikat'tsio:ne] *f*
① (ZOO: *ruminazione*) Wiederkäuen *nt*
② (*fig: riproposizione banale di cose risapute*) wiederholtes Durchkauen
**rimasto** [ri'masto] *pp di* **rimanere**
**rimasuglio** [rima'suʎʎo] <-gli> *m* (*pej*) Überbleibsel *nt*
**rimatore, -trice** [rima'to:re] *m, f* Dichter(in) *m(f)*, Poet(in) *m(f)*
**rimbalzare** [rimbal'tsa:re] *vi essere o avere* ① (*palla*) abprallen, zurückprallen ② (*fig: notizia*) sich schnell verbreiten
**rimbalzello** [rimbal'tsɛllo] *m* Steineschleudern über eine Wasserfläche
**rimbalzino** [rimbal'tsi:no] *m* Geschicklichkeitsspiel mit Münzen
**rimbalzo** [rim'baltso] *m* Rückprall *m;* **di ~** indirekt
**rimbambimento** [rimbambi'mento] *m* Verblödung *f*
**rimbambire** [rimbam'bi:re] <rimbambisco> I. *vi essere* verkalken; (*fig*) vertrotteln II. *vt* verblöden III. *vr* **-rsi** verkalken; (*fam*) vertrotteln, verblöden **rimbambito, -a** [rimbam'bi:to] I. *agg* verblödet; (*vecchio*) senil, verkalkt II. *m, f* Kindskopf *m*, Trottel *m*
**rimbeccare** [rimbek'ka:re] I. *vt* erwidern, entgegnen II. *vr* **-rsi** einen Wortwechsel haben, sich Bissigkeiten sagen
**rimbecillire** [rimbetʃil'li:re] <rimbecillisco> I. *vi essere* verblöden II. *vt* avere ① (*rendere imbecille*) blöd machen ② (*istupidire*) verdummen III. *vr* **-rsi** verblöden, verdummen **rimbecillito, -a** [rimbetʃil'li:to] I. *agg* verblödet II. *m, f* Blödian *m*, Dummkopf *m*
**rimbellire** [rimbel'li:re] <rimbellisco, rimbellisci> *fam* I. *vi essere* schöner werden II. *vr* **-rsi** sich verschönern
**rimboccare** [rimbok'ka:re] *vt* umschlagen; **-rsi le maniche** (*a. fig*) die Ärmel hochkrempeln **rimboccatura** [rimbokka'tu:ra] *f* ① (*di lenzuolo*) Umschlag *m* ② (*operazione*) Umschlagen *nt*
**rimbombante** [rimbom'bante] *agg* ① (*voce*) dröhnend ② (*fig*) bombastisch **rimbombare** [rimbom'ba:re] *vi essere o avere* dröhnen **rimbombo** [rim'bombo] *m* Dröhnen *nt*
**rimborsabile** [rimbor'sa:bile] *agg* rückzahlbar **rimborsabilità** [rimborsabili'ta] <-> *f* Rückgaberecht *nt*, Möglichkeit *f* der Rückzahlung **rimborsare** [rimbor'sa:re] *vt* zurückzahlen, [rück]erstatten, refundieren *A* **rimborso** [rim'borso] *m* Rückzahlung *f*, Erstattung *f*

**rimboscamento** [rimboska'mento] *m* Aufforstung *f* **rimboscare** [rimbo'ska:re] *vt* aufforsten
**rimboschimento** [rimboski'mento] *m* Aufforstung *f* **rimboschire** [rimbos'ki:re] <rimboschisco> I. *vt* avere aufforsten II. *vi essere* sich bewalden
**rimbrottare** [rimbrot'ta:re] *vt* vorwerfen **rimbrotto** [rim'brɔtto] *m* Vorwurf *m*
**rimbruttire** [rimbrut'ti:re] <rimbruttisco> I. *vt* hässlich machen II. *vr* **-rsi** hässlich werden
**rimediare** [rime'dia:re] I. *vi* **~ a qc** etw wieder gutmachen II. *vt* ① (*danno, guaio*) beheben, wieder gutmachen ② (*fam: procurare*) [sich etw] besorgen ③ (*fam: aggiustare*) ausbessern **rimedio** [ri'mɛ:dio] <-i> *m* ① (*provvedimento*) Abhilfe *f;* **mettere** [*o* **porre**] **~ a qc** einer Sache *dat* abhelfen ② (MED) [Heil]mittel *nt*
**rimeditare** [rimedi'ta:re] *vt* überdenken
**rimembranza** [rimem'brantsa] *f* (*poet*) Erinnerung *f*, Gedächtnis *nt*
**rimeritare** [rimeri'ta:re] *vt* (*poet*) vergelten
**rimescolamento** [rimeskola'mento] *m* ① (*mescolamento*) Mischen *nt* ② (*fig*) Aufruhr *m* **rimescolare** [rimesko'la:re] I. *vt* ① (*mescolare*) [um]rühren; (*carte*) mischen ② (*mescolare di nuovo*) wieder mischen II. *vr* **-rsi** ① (*sangue*) in Wallung geraten, kochen ② (*mischiarsi*) sich mischen ③ (*agitarsi*) in Aufruhr geraten **rimescolata** [rimesko'la:ta] *f* (*fam*) Durchmischen *nt* **rimescolio** [rimesko'li:o] <-ii> *m* ① (*trambusto*) Aufruhr *m* ② (*fig*) Verwirrung *f*
**rimessa** [ri'messa] *f* ① (*locale*) Schuppen *m*, Remise *f;* (*per veicoli*) Garage *f* ② (THEAT) **~ in scena** Wiederaufführung *f* ③ (SPORT) Einwurf *m* ④ (*immagazzinamento*) Einlagerung *f* ⑤ (COM) Lieferung *f* ⑥ (FIN) Überweisung *f*
**rimesso, -a** [ri'messo] I. *pp di* **rimettere** II. *agg* ① (*ristabilito*) wieder erholt ② (*peccato*) vergeben ③ (*messo di nuovo*) wieder gestellt
**rimestare** [rimes'ta:re] *vt* ① (*salsa, minestra*) [wieder] um-, durchrühren ② (*fig: frugare*) durchwühlen; (*rimettere in discussione*) wieder aufrühren
**rimettere** [ri'mettere] <irr> I. *vt* ① (*mettere di nuovo*) wieder setzen; (*in piedi*) wieder [auf]stellen; (*disteso*) wieder [hin]legen; (*indossare*) wieder anziehen ② (*affidare*) anvertrauen, überlassen ③ (*pena, colpa*) erlassen, vergeben

❹(SPORT) zurückspielen ❺(BOT) treiben ❻(*differire*) verschieben ❼(*merce, lettere*) senden ❽(*assegno*) überweisen ❾(*fam: vomitare*) brechen, auskotzen *vulg* ❿(*loc*) **rimetterci** (*fam*) verlieren; **rimetterci la reputazione** (*fam*) seinen Ruf schädigen; **rimetterci la salute** (*fam*) seine Gesundheit ruinieren; **rimetterci di tasca propria** (*fam*) aus eigener Tasche draufzahlen II. *vr* **-rsi** ❶(*riprendersi*) sich wieder erholen ❷(*tempo*) sich bessern ❸(*ricominciare*) wieder beginnen; **-rsi a studiare/scrivere/leggere** wieder mit dem Lernen/Schreiben/Lesen beginnen

**rimettitore, -trice** [rimetti'to:re] *m, f* ❶(ADM: *chi rimette*) Übermittler(in) *m(f)*, Aussteller(in) *m(f)* ❷(TEC: *nell'industria tessile, addetto al rimettaggio*) Einfädler(in) *m(f)*, Facharbeiter(in) *m(f)* am Einzug

**rimico, -a** ['ri:miko] <-ci, -che> *agg* Vers-; **il sistema ~** das Versmaß

**riminese** [rimi'ne:se] I. *mf* (*abitante*) Einwohner(in) *m(f)* von Rimini II. *agg* aus Rimini; **la gente ~** die Leute aus Rimini

**Riminese** <sing> *m* Umgebung *f* von Rimini

**Rimini** *f* Rimini *nt* (*Stadt in der Emilia Romagna*)

**rimisi** *1. pers sing pass rem di* **rimettere**

**rimmel®** ['rimmel] <-> *m* Wimperntusche *f*

**rimodernamento** [rimoderna'mento] *m* Modernisierung *f* **rimodernare** [rimoder'na:re] *vt* modernisieren **rimodernata** [rimoder'na:ta] *f* (*fam*) neuer Look

**rimodulazione** [rimodulat'tsio:ne] *f* Reorganisation *f*, Umgestaltung *f*

**rimonta** [ri'monta] *f* ❶(*il rimontare*) Wiederbesteigung *f* ❷(SPORT) Aufholen *nt*

**rimontaggio** [rimon'taddʒo] <-ggi> *m* ❶(MOT, TEC) Wiedereinbau *m* ❷(TEC: *in enologia*) Umwälzen *nt* **rimontare** [rimon'ta:re] I. *vt avere* ❶(*montare di nuovo*) wieder montieren, wieder zusammensetzen ❷(*fiume*) [fluss]aufwärts gehen ❸(SPORT) aufholen II. *vi essere* ❶(*montare di nuovo*) wieder aufsteigen; (*in macchina, treno*) wieder einsteigen ❷(*fig: risalire*) **~ a** zurückreichen bis

**rimorchiare** [rimor'kia:re] *vt* ❶(*veicolo, nave*) [ab]schleppen ❷(*fig fam: conquistare qu*) abschleppen

**rimorchiatore** [rimorkia'to:re] *m* ❶(NAUT) Schlepper *m*, Schleppboot *nt* ❷(*vulg*) Aufreißer *m*

**rimorchiatore, -trice** *agg* Abschlepp-

**rimorchio** [ri'mɔrkio] <-chi> *m* ❶(*veicolo*) Anhänger *m* ❷(*trascinamento*) [Ab]schleppen *nt*; **prendere a ~** abschleppen ❸(NAUT) Schleppseil *nt*, -tau *nt*

**rimordere** [ri'mɔrdere] <irr> *vt* ❶(*fig*) plagen, nagen an +*dat* ❷(*mordere di nuovo*) wieder beißen **rimorso** [ri'mɔrso] *m* Reue *f*; (*morso di coscienza*) Gewissensbiss *m*

**rimostranza** [rimos'trantsa] *f* Protest *m*, Beschwerde *f* **rimostrare** [rimos'tra:re] I. *vt* wieder zeigen II. *vi* protestieren

**rimovibile** [rimo'vi:bile] *agg* entfernbar, beweglich

**rimozione** [rimot'tsio:ne] *f* ❶(*asportazione*) Beseitigung *f*; (*da carica, impiego*) Entfernung *f* ❷(PSIC) Verdrängung *f*

**rimpaginazione** [rimpadʒinat'tsio:ne] *f* (TYP) neue Seiteneinteilung

**rimpallo** [rim'pallo] *m* ❶(*nel biliardo*) Zugball *m* ❷(*nel calcio*) Zugprallen *nt*

**rimpastare** [rimpas'ta:re] *vt* ❶(*sfoglia*) wieder kneten ❷(*fig*) umgestalten; (*governo*) umbilden **rimpasto** [rim'pasto] *m* ❶(POL: *del governo*) Umbildung *f*; **~ governativo** Regierungsumbildung *f* ❷(*nuovo impasto*) erneutes Kneten

**rimpatriando, -a** [rimpa'triando] *m, f* (ADM) Abzuschiebende(r) *f(m)*

**rimpatriare** [rimpa'tria:re] I. *vi essere* in die Heimat zurückkehren II. *vt avere* repatriieren, in die Heimat zurückschicken **rimpatriata** [rimpa'tria:ta] *f* (*fam*) Wiedersehen *nt*, Treffen *nt* **rimpatrio** [rim'pa:trio] <-ii> *m* Repatriierung *f*, Zurückschicken *nt* in die Heimat

**rimpetto** [rim'pɛtto] *avv* **di ~ a** gegenüber +*dat*

**rimpiangere** [rim'piandʒere] <irr> *vt* **~ qu/qc** jdm/etw nachtrauern

**rimpianto** [rim'pianto] *m* Bedauern *nt*

**rimpianto, -a** *agg* verstorben

**rimpiattare** [rimpiat'ta:re] I. *vt* verbergen, verstecken II. *vr* **-rsi** sich verbergen, sich verstecken **rimpiattino** [rimpiat'ti:no] *m* Versteckspiel *nt*

**rimpiazzare** [rimpiat'tsa:re] *vt* austauschen, ersetzen; (*fare le veci*) ersetzen **rimpiazzo** [rim'piattso] *m* Austausch *m*, Ersatz *m*

**rimpicciolire** [rimpittʃo'li:re] <rimpicciolisco> *vi essere* kleiner werden **rimpicco-lire** [rimpikko'li:re] <rimpiccolisco> I. *vt avere* verkleinern II. *vi essere* kleiner werden III. *vr* **-rsi** sich verkleinern

**rimpinguamento** [rimpiŋgua'mento] m Mast f

**rimpinguare** [rimpiŋ'guaːre] vt wieder bereichern, wieder anfüllen

**rimpinzare** [rimpin'tsaːre] (fam) I. vt vollstopfen II. vr **-rsi** sich vollstopfen

**rimpolpare** [rimpol'paːre] vt ① (rimettere in carne, salute) wieder Fleisch ansetzen lassen ② (fig) ausschmücken, anreichern

**rimpossessarsi** [rimposses'sarsi] vr ~ **di qc** etw wieder in Besitz nehmen

**rimpoverire** [rimpove'riːre] <rimpoverisco> I. vt avere wieder arm werden lassen II. vr **-rsi** verarmen

**rimprosciuttire** [rimproʃʃut'tiːre] <rimprosciuttisco, rimprosciuttisci> vi (fam) fett werden, Fett ansetzen

**rimproverare** [rimprove'raːre] I. vt tadeln II. vr **-rsi** sich dat Vorwürfe machen; **-rsi [di] qc** sich dat etw vorwerfen **rimprovero** [rim'prɔːvero] m Tadel m, Vorwurf m

**rimpulizzire** [rimpulid'dziːre] I. vt auf Hochglanz bringen, herausputzen II. vr **-rsi** sich herausputzen

**rimugghiamento** [rimuggia'mento] m ① (atto di rimugghiare) Brüllen nt ② (del vento, del mare) Heulen nt, Toben nt

**rimugghiare** [rimug'giaːre] vt ① (di mucca) brüllen ② (detto del vento, del mare) heulen, toben

**rimuginare** [rimudʒi'naːre] vt überlegen, grübeln über +acc

**rimunerare** [rimune'raːre] vt belohnen **rimuneratività** [rimunerativi'ta] <-> f Einträglichkeit f **rimunerativo, -a** [rimunera'tiːvo] agg lohnend **rimunerazione** [rimunerat'tsioːne] f Belohnung f; (paga) Vergütung f, Lohn m

**rimuovere** [ri'mwɔːvere] <irr> vt ① (togliere via) wegräumen, fortschaffen ② (ADM: destituire) ~ **qu da qc** jdn aus etw entfernen ③ (muovere nuovamente) wieder bewegen ④ (PSIC) verdrängen

**rinascere** [ri'naʃʃere] <irr> vi essere ① (nascere di nuovo) wieder geboren werden ② (BOT) wieder sprießen ③ (unghie, capelli) nachwachsen ④ (fig) wieder aufleben

**rinascimentale** [rinaʃʃimen'taːle] agg Renaissance- **rinascimento** [rinaʃʃi'mento] m Renaissance f

**rinascita** [ri'naʃʃita] f ① (BOT) Wiederaufblühen nt ② (fig) Wiederaufleben nt ③ (HIST) Renaissance f

**rinato** pp di **rinascere**

**rincagnato, -a** [rinkaɲ'ɲaːto] agg platt

**rincalzare** [riŋkal'tsaːre] vt abstützen **rincalzo** [riŋ'kaltso] m Stütze f, Abstützung f

**rincarare** [riŋka'raːre] I. vt avere verteuern, teurer machen; ~ **la dose** (fig) etw [noch] schlimmer machen II. vi essere sich verteuern, teurer werden **rincaro** [riŋ'kaːro] m [Ver]teuerung f; ~ **della vita** Anstieg m der Lebenshaltungskosten

**rincartare** [riŋkar'taːre] vt wieder einpacken

**rincasare** [riŋka'saːre] vi essere heimkehren, nach Hause kommen

**rinchiudere** [riŋ'kiuːdere] <irr> I. vt einschließen; (a. fig) [ein]sperren II. vr **-rsi** ① (chiudersi dentro) sich einschließen ② (fig) sich verschließen **rinchiuso, -a** [riŋ'kiuːso] I. agg eingeschlossen, eingesperrt; (aria) abgestanden, verbraucht II. m Umzäunung f

**rincitrullire** [rintʃitrul'liːre] <rincitrullisco> fam I. vt avere dumm machen II. vr **-rsi** verdummen

**rincoglionire** [riŋkoʎʎo'niːre] <rincoglionisco, rincoglionisci> vt (vulg) verblöden **rincoglionirsi** [riŋkoʎʎo'nirsi] <mi rincoglionisco> vr (vulg) verblöden

**rincoglionito, -a** [riŋkoʎʎo'niːto] m, f (fam) Dumpfbacke f

**rincollare** [riŋkol'laːre] vt wieder ankleben **rincominciare** [riŋkomin'tʃaːre] vi essere o avere wieder anfangen

**rincontrare** [riŋkon'traːre] vt ~ **qu** jdm wieder begegnen

**rincorare** [riŋko'raːre] I. vt wieder ermutigen II. vr **-rsi** wieder Mut fassen

**rincorbellire** [riŋkorbel'liːre] <rincorbellisco, rincorbellisci> vi essere (vulg) verblöden

**rincorrere** [riŋ'korrere] <irr> I. vt ~ **qu** jdm nachlaufen II. vr **-rsi** sich dat nachlaufen, sich fangen **rincorsa** [riŋ'korsa] f Anlauf m; **prendere la** ~ Anlauf nehmen

**rincrescere** [riŋ'kreʃʃere] <irr> vi essere (impersonale) leidtun; **mi rincresce che ...** es tut mir leid, dass ... **rincrescimento** [riŋkreʃʃi'mento] m Bedauern nt

**rincrudimento** [riŋkrudi'mento] m Verschärfung f **rincrudire** [riŋkru'diːre] <rincrudisco, rincrudisci> I. vt verschärfen II. vi essere sich verschärfen; (freddo) strenger werden III. vr **-rsi** sich verschärfen

**rinculare** [riŋku'laːre] vi zurückprallen; (indietreggiare) zurückweichen **rinculo** [riŋ'kuːlo] m ① (movimento all'indietro) Zurückweichen nt ② (MIL) Rückstoß m

**rincuorare** [riŋkuo'raːre] *vt* (*poet*) *v.* **rincorare**

**rincupire** [riŋku'piːre] <rincupisco, rincupisci> I. *vt avere* verdüstern II. *vr* **-rsi** sich verdüstern

**rinegoziabile** [rinegot'tsiaːbile] *agg* neu verhandelbar **rinegoziabilità** [rinegotsiabili'ta] <-> *f* Möglichkeit *f* neuer Verhandlungen

**rinegoziare** [rinegot'tsiaːre] *vt* neu aushandeln **rinegoziato, -a** [rinegot'tsiaːto] *agg* neu verhandelt **rinegoziazione** [rinegotsiat'tsioːne] *f* Neuverhandlung *f*

**rinfacciare** [rinfat'tʃaːre] *vt* vorwerfen, vorhalten

**rinfiancare** [rinfiaŋ'kaːre] *vt* ① (ARCH) seitlich abstützen ② (*fig: ipotesi*) untermauern

**rinfocolamento** [rinfokola'mento] *m* Wiederanfachen *nt*

**rinfocolare** [rinfoko'laːre] *vt* ① (*riattizzare*) wieder anfachen ② (*fig: rancore, odio*) wieder aufleben lassen

**rinfoderare** [rinfode'raːre] *vt* ① (*spada*) wieder in die Scheide stecken ② (*artigli*) wieder einziehen ③ (*fig: proposta*) unterlassen, zurückziehen

**rinforzare** [rinfor'tsaːre] I. *vt avere* ① (*edificio*) stützen, abstützen ② (*muscoli*) stärken, kräftigen ③ (*suono*) verstärken ④ (*fig: autorità, potere*) stärken II. *vi essere* sich verstärken III. *vr* **-rsi** kräftiger werden **rinforzo** [rin'fɔrtso] *m* ① (*sostegno, fig* MIL) Verstärkung *f* ② (*appoggio*) Stütze *f*

**rinfrancare** [rinfraŋ'kaːre] I. *vt* [wieder] ermutigen II. *vr* **-rsi** neuen Mut fassen

**rinfrescante** [rinfres'kante] *agg* erfrischend

**rinfrescare** [rinfres'kaːre] I. *vt avere* ① (*rendere fresco*) abkühlen, abkühlen lassen ② (*dipinto, memoria*) auffrischen II. *vi essere* kühler werden, sich abkühlen III. *vr* **-rsi** sich erfrischen **rinfrescata** [rinfres'kaːta] *f* ① (*lavata*) Erfrischung *f*; **darsi una ~** sich frisch machen ② (METEO) Abkühlung *f*

**rinfresco** [rin'fresko] <-schi> *m* ① (*ricevimento*) Empfang *m* ② *pl* (*cibi e bevande*) Erfrischungen *fpl*

**rinfusa** [rin'fuːza] *f* **alla ~** durcheinander

**ring** [riŋ] <-> *m* ① (SPORT) [Box]ring *m* ② (COM) Ring *m*, Kartell *nt*

**ringalluzzire** [riŋgallut'tsiːre] <ringalluzzisco> *fam* I. *vt* aufmuntern, aufbauen II. *vr* **-rsi** Oberwasser bekommen

**ringhiare** [riŋ'giaːre] *vi* knurren

**ringhiera** [riŋ'giɛːra] *f* Geländer *nt*

**ringhio** ['riŋgio] <-ghi> *m* Knurren *nt*

**ringhioso, -a** [riŋ'gioːso] *agg* knurrend

**ringiovanimento** [rindʒovani'mento] *m* Verjüngung *f* **ringiovanire** [rindʒova'niːre] <ringiovanisco> *vi essere* sich verjüngen, jünger werden

**ringoiare** [riŋgo'iaːre] *vt* ① (*ingoiare di nuovo*) wieder schlucken ② (*fig: risposta*) zurücknehmen; (*non dire*) herunterschlucken

**ringrano** [riŋ'graːno] *m* ① (AGR) Getreideanbau in zwei aufeinanderfolgenden Jahren ohne Brachphase ② (TEC) Wiedereingreifen *nt*, Wiederanlaufen *nt*

**ringraziamento** [riŋgrattsia'mento] *m* Dank *m*, Danksagung *f*; **-i** Dank *m*; **lettera** [*o* **biglietto**] **di ~** Dankschreiben *nt* **ringraziare** [riŋgrat'tsiaːre] *vt* **~ qu** jdm danken, sich bei jdm bedanken

**rinite** [ri'niːte] *f* Nasenschleimhautentzündung *f*, Rhinitis *f*

**rinnegamento** [rinnega'mento] *m* Verleugnung *f*, Ablehnung *f* **rinnegare** [rinne'gaːre] *vt* verleugnen; (*ideale*) abweichen von; (*figlio*) verstoßen

**rinnegato, -a** [rinne'gaːto] I. *agg* abtrünnig II. *m, f* Renegat(in) *m(f)*, Abtrünnige(r) *f(m)*

**rinnovamento** [rinnova'mento] *m* Erneuerung *f* **rinnovare** [rinno'vaːre] I. *vt* ① (*rendere nuovo*) erneuern; (*contratto, abbonamento*) verlängern ② (*domanda, petizione*) wiederholen II. *vr* **-rsi** sich wiederholen **rinnovatore, -trice** [rinnova'toːre] I. *agg* erneuernd, Erneuerungs- II. *m, f* Erneuerer *m*/Erneuerin *f* **rinnovazione** [rinnovat'tsioːne] *f* Erneuerung *f*

**rinnovellare** [rinnovel'laːre] *vt* (*poet*) erneuern

**rinnovo** [rin'nɔːvo] *m* Erneuerung *f*; (JUR: *di contratto*) Verlängerung *f*

**rinoceronte** [rinotʃe'ronte] *m* Nashorn *nt*, Rhinozeros *nt*

**rinomanza** [rino'mantsa] *f* (*poet*) Renommee *nt geh*

**rinomato, -a** [rino'maːto] *agg* berühmt, renommiert *geh*

**rinoplastica** [rino'plastika] <-che> *f* (MED) Rhinoplastik *f*, Nasenplastik *f*

**rinorragia** [rinorra'dʒiːa] *f* (MED) Rhinorrhagie *f*, heftiges Nasenbluten **rinorragico, -a** [rinor'raːdʒiko] <-ci, -che> *agg* (MED) rhinorrhagisch, heftig aus der Nase blutend

**rinsaldare** [rinsal'daːre] I. *vt* festigen, konsolidieren II. *vr* **-rsi** sich bestärken, sich konsolidieren

**rinsanguare** [rinsaŋ'guaːre] I. *vt* ❶ (MED) wieder zu Kräften kommen lassen ❷ (*fig*) auffrischen, beleben II. *vr* **-rsi** wieder zu Kräften kommen

**rinsanire** [rinsa'niːre] <rinsanisco> *vi essere* gesunden

**rinsavimento** [rinsavi'mento] *m* (*azione*) Wieder-zur-Vernunft-Kommen *nt;* (*risultato*) Wiedererlangung *f* der Vernunft

**rinsavire** [rinsa'viːre] <rinsavisco> *vi essere* wieder zu Verstand kommen

**rinsecchire** [rinsek'kiːre] <rinsecchisco> *vi essere* ❶ (*diventare magro*) abmagern ❷ (*diventare secco*) vertrocknen

**rinserrare** [rinser'raːre] I. *vt* wieder einsperren II. *vr* **-rsi** sich wieder einschließen

**rintanarsi** [rinta'narsi] *vr* ❶ (*animale*) sich [in einem Bau] verkriechen ❷ (*fig: persona*) sich verkriechen

**rintasamento** [rintasa'mento] *m* erneute Verstopfung

**rintavolare** [rintavo'laːre] *vt* wieder auftischen, wieder zur Sprache bringen

**rinterrare** [rinter'raːre] *vt* (*pianta*) wieder eingraben, wieder einpflanzen

**rintoccare** [rintok'kaːre] *vi essere o avere* (*orologio*) schlagen; (*campana*) läuten

**rintocco** [rin'tɔkko] <-cchi> *m* (*di orologio*) Schlagen *nt,* Schlag *m;* (*di campana*) [Glocken]schlag *m;* **al ~ della mezzanotte** Schlag Mitternacht

**rintontimento** [rintonti'mento] *m* ❶ (*forte stordimento*) Benommenheit *f* ❷ (*che rende tonti*) Benebelung *f*

**rintoppare** [rintop'paːre] *vt* (*fam*) **~ qu** jdm zufällig begegnen

**rintorpidito, -a** [rintorpi'diːto] *agg* stark benebelt, benommen

**rintracciare** [rintrat'tʃaːre] *vt* auffinden, aufspüren

**rintronamento** [rintrona'mento] *m* ❶ (*forte eco*) Dröhnen *nt* ❷ (*stordimento*) Betäubung *f*

**rintronare** [rintro'naːre] I. *vi essere o avere* dröhnen II. *vt avere* betäuben

**rintuzzare** [rintut'tsaːre] *vt* zurückschlagen, -geben

**rinuncia** [ri'nuntʃa] <-ie> *f* ❶ (*il rinunciare*) Verzicht *m* ❷ (JUR) Verzichtserklärung *f* ❸ *pl* (*privazioni*) Entsagungen *fpl*

**rinunciabile** [rinun'tʃaːbile] *agg* verzichtbar, entbehrlich **rinunciare** [rinun'tʃaːre] *vi* **~ a qc** auf etw *acc* verzichten; **~ ad ogni speranza** jede Hoffnung aufgeben; **ci rinuncio volentieri** (*fam iron*) darauf kann ich gern verzichten **rinunciatario, -a** [rinuntʃia'taːrio] <-i, -ie> I. *agg* verzichtend, Verzichts- II. *m, f* Verzichtende(r) *f(m)*

**rinunzia** [ri'nuntsia] <-ie> *f* ❶ (*il rinunziare*) Verzicht *m* (*a* auf +*acc*) ❷ (JUR) Verzichtserklärung *f* ❸ *pl* (*privazioni*) Entsagungen *fpl* **rinunziare** [rinun'tsiaːre] *vi* verzichten (*a* auf +*acc*); **~ ad ogni speranza** jede Hoffnung aufgeben; **~ al mondo** der Welt entsagen, sich abkapseln; **ci rinuncio volentieri** (*fam iron*) darauf kann ich gern verzichten **rinunziatario, -a** [rinuntsia'taːrio] <-i, -ie> I. *agg* verzichtend, Verzichts- II. *m, f* Verzichtende(r) *f(m)*

**rinvasare** [rinva'zaːre] *vt* umtopfen **rinvasatura** [rinvaza'tuːra] *f* Umtopfen *nt*

**rinvenimento** [rinveni'mento] *m* ❶ (*ritrovamento*) Auffinden *nt,* Entdecken *nt* ❷ (*ripresa dei sensi*) Wiederzukommen *nt*

**rinvenire** [rinve'niːre] <irr> I. *vt avere* ❶ (*oggetti*) wieder finden, entdecken ❷ (*cause di un fenomeno*) herausfinden II. *vi essere* (*ricuperare i sensi*) wieder zu sich *dat* kommen

**rinverdire** [rinver'diːre] <rinverdisco> *vt* ❶ (*far tornar verde*) wieder grün machen ❷ (*fig*) wieder beleben

**rinvestire** [rinves'tiːre] *v.* **reinvestire**

**rinviare** [rinvi'aːre] *vt* ❶ (*palla, luce*) zurückwerfen; (*risposta*) zurückschicken ❷ (*rimandare*) **~ a qc** auf etw *acc* verweisen ❸ (*differire*) verschieben; (*seduta*) vertagen

**rinvigorimento** [rinvigori'mento] *m* Erstarkung *f* **rinvigorire** [rinvigo'riːre] <rinvigorisco> I. *vt avere* wieder stark machen; (*a. fig*) kräftigen, stärken II. *vr* **-rsi** wieder erstarken, wieder stark werden

**rinvilire** [rinvi'liːre] <rinvilisco, rinvilisci> I. *vt avere* verbilligen, billiger machen II. *vi essere* billiger werden

**rinvio** [rin'viːo] *m* ❶ (*ritorno*) Rücksendung *f,* Zurücksenden *nt* ❷ (SPORT) Rückschuss *m,* Rückwurf *m* ❸ (*differimento*) Aufschub *m,* Verschiebung *f;* (*di seduta, udienza*) Vertagung *f* ❹ (*rimando*) Verweis *m*

**rinviperire** [rinvipe'riːre] <rinviperisco, rinviperisci> I. *vi* verbittert [*o* aufgebracht] sein (*per qc* über etw *acc*) II. *vr* **-rsi** sich verbittert zeigen (*per qc* über etw *acc*)

**rio** ['riːo] <rii> *m* (*poet*) Bach *m*

**riò** [ri'ɔ] *1. pers sing pr di* **riavere**

**rioccupare** [riokku'paːre] I. *vt* wieder besetzen II. *vr* **-rsi** ① (*trovare un nuovo lavoro*) wieder eine Beschäftigung finden ② (*fig: interessarsi di nuovo*) **-rsi di qu/qc** sich wieder um jdn/etw kümmern **rioccupazione** [riokkupat'tsio:ne] *f* Wiederbesetzung *f*

**rionale** [rio'na:le] *agg* des Stadtviertels, Stadtviertel- **rione** [ri'o:ne] *m* Stadtviertel *nt*

**riordinamento** [riordina'mento] *m* Neuordnung *f* **riordinare** [riordi'na:re] *vt* ① (*oggetti*) wieder ordnen; (*casa, stanza*) aufräumen ② (*dare un nuovo ordinamento*) neu ordnen, neu regeln **riordino** [ri'ordino] *m* (ADM) Neuordnung *f*

**riorganizzare** [riorganid'dza:re] I. *vt* reorganisieren, umgestalten II. *vr* **-rsi** sich neu organisieren **riorganizzazione** [riorganiddzat'tsio:ne] *f* Reorganisation *f*, Umgestaltung *f*

**riottenere** [riotte'ne:re] <irr> *vt* (*vittoria*) wieder [*o* erneut] erringen; (*risultato*) wieder [*o* erneut] erreichen; (*permesso, posto*) wieder [*o* erneut] bekommen; **~ successo** wieder Erfolg haben; **~ sempre la stessa somma** (*addizionando*) immer auf die gleiche Summe kommen, immer das gleiche Ergebnis bekommen

**riottoso, -a** [riot'to:so] *agg* ① (*poet: litigioso*) streitsüchtig ② (*indocile*) unfolgsam, widerspenstig

**ripa** ['ri:pa] *f* (*poet*) ① (*riva*) Ufer *nt* ② (*luogo dirupato*) Abgrund *m*

**ripagare** [ripa'ga:re] *vt* ① (*pagare di nuovo*) wieder [be]zahlen; **~ con la stessa moneta** jdm etw mit gleicher Münze heimzahlen ② **~ qu di qc** (*ricompensare*) jdn für etw belohnen; (*indennizzare*) jdn für etw entschädigen

**riparabile** [ripa'ra:bile] *agg* behebbar, reparabel

**riparametrare** [riparame'tra:re] *vt* neu bemessen **riparametrazione** [riparametrat'tsio:ne] *f* (ADM, *form*) Neubemessung *f* **riparare** [ripa'ra:re] I. *vt* ① (*accomodare*) reparieren ② (*proteggere*) schützen ③ (*torto, ingiustizia*) wiedergutmachen II. *vi* ① (*ovviare*) **~ a qc** einer Sache *dat* abhelfen ② (*fam: provvedere*) **~ a qc** für etw [vor]sorgen ③ (*rifugiarsi*) [sich] flüchten III. *vr* **-rsi da qc** sich vor etw *dat* schützen; **-rsi in un portone** sich in einem Tor unterstellen

**riparato, -a** [ripa'ra:to] *agg* ① (*luogo*) geschützt ② (*tetto, vestito*) repariert, ausgebessert

**riparatore, -trice** [ripara'to:re] I. *agg* wie-

der gutmachend II. *m, f* Reparateur(in) *m(f)* **riparazione** [riparat'tsio:ne] *f* ① (*accomodatura*) Reparatur *f*, Ausbesserung *f* ② (*fig: di torto*) Wiedergutmachung *f*; (*risarcimento*) Entschädigung *f*

**riparlare** [ripar'la:re] I. *vi* wieder sprechen II. *vr* **-rsi** sich wieder vertragen

**riparo** [ri'pa:ro] *m* ① (*protezione*) Schutz *m*, Unterschlupf *m* ② (*rimedio*) Abhilfe *f*; **porre** [*o* **mettere**] **~ a qc** einer Sache *dat* abhelfen; **non c'è ~** (*fam*) da ist nichts zu machen

**ripartire** [ripar'ti:re] <ripartisco> I. *vt* ① (*dividere*) [auf]teilen, einteilen ② (*distribuire*) verteilen; (*compiti, mansioni*) zuteilen II. *vi* essere wieder fortgehen, wieder abfahren; **la macchina non vuol ~** das Auto springt nicht [wieder] an

**ripartitore, -trice** [riparti'to:re] I. *m, f* Briefsortierer(in) *m(f)* II. *m* Verteiler *m*

**ripartizione** [ripartit'tsio:ne] *f* ① (*divisione*) [Auf]teilung *f* ② (*distribuzione*) Verteilung *f*; (*di compiti, mansioni*) Zuteilung *f*

**ripascimento** [ripaʃʃi'mento] *m* (ECOL) Sanierung *f*

**ripassare** [ripas'sa:re] I. *vi* essere wieder vorbeigehen; (*ritornare*) wieder zurückkommen; **ripassi domani** kommen Sie morgen noch einmal vorbei II. *vt* avere ① (*fiume, valico, Alpi*) wieder passieren, wieder überschreiten ② (*contorni di un disegno*) nachziehen, nachzeichnen ③ (*fam: stirare*) auf-, überbügeln ④ (*lezione*) wiederholen **ripassata** [ripas'sa:ta] *f* ① (*ulteriore perfezionamento*) Überarbeitung *f*; **dare una ~ alla camicia** das Hemd aufbügeln ② (*fig: di lezione*) Wiederholung *f* ③ (*fam: sgridata*) Anpfiff *m*

**ripassatura** [ripassa'tu:ra] *f* technische Überholung **ripasso** [ri'passo] *m* Wiederholung *f*

**ripatteggiare** [ripatted'dʒa:re] I. *vi* neu verhandeln II. *vt* neu aushandeln (*qc con qu* etw mit jdm)

**ripensamento** [ripensa'mento] *m* Überdenken *nt*, Überlegen *nt* **ripensare** [ripen'sa:re] *vi* ① (*riflettere*) **~ a qc** etw überdenken ② (*cambiare parere*) es sich anders überlegen, seine Meinung ändern ③ (*riandare con la memoria*) **~ a qu/qc** an jdn/etw zurückdenken

**ripercorrere** [riper'korrere] <irr> *vt* ① (*itinerario, tragitto*) erneut gehen ② (*fig*) wieder durchgehen, überdenken

**ripercuotere** [riper'kuɔ:tere] <irr> I. *vt*

**ripercussione** ① (*percuotere di nuovo*) wieder schlagen ② (*riflettere*) zurückwerfen II. *vr* **-rsi** ① (*provocare urto*) zurückprallen ② (*essere riflesso*) zurückgeworfen werden; (*suono*) widerhallen ③ (*fig*) **-rsi su qc** auf etw *acc* auswirken **ripercussione** [riperkus'sio:ne] *f* ① (*fig*) Auswirkung *f* ② (PHYS) Reflexion *f* ③ (*contraccolpo*) Rückstoß *m*, Rückprall *m*

**riperdonare** [riperdo'na:re] *vt* noch einmal verzeihen (*qc a qu* jdm etw)

**ripescare** [ripes'ka:re] *vt* ① (*ricuperare*) wieder [auf]fischen ② (*fig fam: ritrovare*) ausfindig machen

**ripetente** [ripe'tɛnte] I. *agg* wiederholend II. *mf* Sitzenbleiber(in) *m(f)*

**ripetere** [ri'pɛ:tere] I. *vt* wiederholen II. *vr* **-rsi** sich wiederholen **ripetitivo, -a** [ripeti'ti:vo] *agg* Wiederholungs- **ripetitore** [ripeti'to:re] *m* (RADIO, TV) Verstärker *m*, Relaisstation *f*

**ripetitrice** [ripeti'tri:tʃe] *f* (FOTO) Repetiermaschine *f*

**ripetizione** [ripetit'tsio:ne] *f* ① (*gener*) Wiederholung *f*; **~ |automatica|** (TEL) Wahlwiederholung *f* ② (*lezione privata*) Nachhilfeunterricht *m*, Nachhilfestunde *f*

**ripettinare** [ripetti'na:re] I. *vt* überkämmen, wieder kämmen II. *vr* **-rsi** sich überkämmen, sich wieder kämmen

**ripetuto, -a** [ripe'tu:to] *agg* wiederholt

**ripianamento** [ripiana'mento] *m* (FIN) Ausgleich *m*, Begleichung *f*; **il ~ del deficit** der Ausgleich des Defizits

**ripiano** [ri'pia:no] *m* ① (*palchetto*) [Regal]brett *nt* ② (*zona piana*) Terrasse *f*, Ebene *f*

**ripicca** [ri'pikka] <-cche> *f* Gegenschlag *m*, Vergeltung *f*; **per ~** aus Rache, zum Trotz

**ripicchiare** [ripik'kia:re] *vt* ① (*picchiare di nuovo*) wieder klopfen, wieder schlagen ② (*fig*) nachbohren; **picchia e ripicchia** (*fam*) durch ständige Bemühungen

**ripicco** [ri'pikko] *m v.* **ripicca**

**ripidezza** [ripi'dettsa] *f* Steilheit *f* **ripidità** [ripidi'ta] <-> *f* ① (*ripidezza*) Steilheit *f*, Schroffheit *f* ② (NAUT: *in oceanografia*) Wellenverhältnis *nt* von Höhe zur Länge **ripido, -a** ['ri:pido] *agg* steil

**ripiegamento** [ripiega'mento] *m* Rückzug *m* **ripiegare** [ripie'ga:re] I. *vt* ① (*foglio, tessuto*) zusammenfalten, -legen ② (*ginocchia*) beugen; (*ali*) anlegen ③ (*piegare di nuovo*) wieder biegen II. *vi* ① (*fig: trovare ripiego*) **~ su qc** auf etw *acc* ausweichen ② (MIL) zurückweichen III. *vr* **-rsi** ① (*incurvarsi*) sich biegen, sich krümmen ② (*fig*) sich zurückziehen

**ripiego** [ri'piɛ:go] <-ghi> *m* Ausweg *m*, Notlösung *f*; **soluzione di ~** Verlegenheitslösung *f*

**ripienatrice** [ripiena'tri:tʃe] *f* (MIN, TEC) Füllmaschine *f*

**ripienista** [ripie'nista] <-i *m*, -e *f*> *mf* (MUS) Ripienist(in) *m(f)*

**ripieno** [ri'piɛ:no] *m* ① (GASTR) Farce *f*, Füllung *f* ② (*materiale*) Füllung *f*

**ripieno, -a** *agg* [voll]gefüllt, angefüllt; (GASTR) gefüllt; (*fig*) voll

**ripigliare** [ripiʎ'ʎa:re] (*fam*) I. *vt* wieder nehmen; (*fiato*) wieder holen; (*discorso*) wieder beginnen; (*riaccettare*) wieder [an]nehmen II. *vi* sich erholen III. *vr* **-rsi** wieder zu sich kommen

**ripilare** [ripi'la:re] *vt* mit neuen Batterien versehen, neue Batterien einlegen

**riplasmare** [riplaz'ma:re] *vt* ① (*plasmare di nuovo*) wieder modellieren, wieder formen ② (*fig*) formen, bilden

**ripopolamento** [ripopola'mento] *m* Wiederbevölkerung *f*, Wiederbesiedlung *f*

**ripopolare** [ripopo'la:re] I. *vt* wieder bevölkern, wieder besiedeln; (*di animali*) wieder besetzen II. *vr* **-rsi** sich wieder bevölkern, sich wieder besiedeln **ripopolazione** [ripopolat'tsio:ne] *f* (BIOL) Wiederbevölkerung *f*, Wiederbesiedlung *f*

**riporre** [ri'porre] <irr> *vt* ① (*mettere via*) zurücklegen, wegtun ② (*porre di nuovo*) wieder legen, wieder setzen ③ (*fig*) **~ fiducia/speranza in qu** sein Vertrauen/seine Hoffnung auf jdn setzen

**riportare** [ripor'ta:re] I. *vt* ① (*portare di nuovo*) wieder bringen ② (*portare indietro*) zurückbringen ③ (*riferire*) wiedergeben, hinterbringen ④ (*citare*) zitieren, wiedergeben ⑤ (MAT) übertragen ⑥ (*trasportare*) übertragen ⑦ (*fig: vittoria*) erlangen, davontragen; (*danni*) davontragen, erleiden II. *vr* **-rsi** ① (*tornare indietro*) sich zurückbegeben ② (*richiamarsi*) **-rsi a qc** sich auf etw *acc* beziehen **riporto** [ri'pɔrto] *m* ① (MAT) Übertrag *m* ② (*contabilità*) Übertrag *m*, Vortrag *m* ③ (FIN) Report *m* ④ (*parte di tessuto*) Besatz *m*

**riposante** [ripo'sante] *agg* erholsam, entspannend

**riposare** [ripo'sa:re] I. *vi* ① (*dormire*) ruhen; (*fermarsi*) ausruhen ② (*essere posato*) sich befinden; **~ in pace** in Frieden ruhen II. *vt* ① (*corpo, membra*) ausruhen [lassen]; (*vista*) schonen ❷ (*posare di nuovo*) wieder legen [*o* stellen] [*o* setzen] III. *vr* -**rsi** ❶ (*dormire*) ruhen ❷ (*prendere ristoro*) sich ausruhen **riposato, -a** [ripo'sa:to] *agg* ❶ (*ritemprato*) ausgeruht ❷ (*calmo*) ruhig

**riposi** *1. pers sing pass rem di* **riporre**

**riposino** [ripo'si:no] *m* (*fam*) Nickerchen *nt*

**riposizionare** [ripositsio'na:re] *vt* an seinen Platz rücken, zurechtrücken; (*prodotto*) wieder positionieren

**riposo** [ri'pɔ:so] *m* ❶ (*sospensione dell'attività*) Ruhe *f*, Ruhepause *f*; **casa di ~** Altersheim *nt*; **giornata di ~** Ruhetag *m*; **buon ~!** angenehme Ruhe!; **il paziente ha bisogno di ~ assoluto** der Patient braucht absolute Ruhe ❷ (SPORT, MIL) Ruhestellung *f* ❸ (ADM) Ruhestand *m*; **andare a ~** in den Ruhestand treten ❹ (AGR) Brachliegen *nt*; **stare in ~** brachliegen

**ripostiglio** [ripos'tiʎʎo] <-gli> *m* Abstellraum *m*

**riposto, -a** [ri'posto] I. *pp di* **riporre** II. *agg* ❶ (*luogo*) abgelegen ❷ (*senso, pensiero*) verborgen

**riprecipitare** [ripretʃipi'ta:re] I. *vt* haben erneut fallen lassen II. *vi* essere wieder herbeistürzen III. *vr* -**rsi** überstürzt eilen (*verso qu/qc* zu jdm/etw), zustürzen (*verso qu/qc* auf jdn/etw)

**riprendere** [ri'prɛndere] <irr> I. *vt* ❶ (*prendere di nuovo*) wieder nehmen; (*posto*) wieder einnehmen; **~ quota/velocità** wieder an Höhe/Geschwindigkeit gewinnen; **~ i sensi/le forze** (*fig*) wieder zu Bewusstsein/Kräften kommen ❷ (*prendere indietro*) zurücknehmen ❸ (*ricominciare*) wieder beginnen, wiederaufnehmen ❹ (*rimproverare*) schelten, tadeln ❺ (FILM, FOTO) aufnehmen II. *vi* (*ricominciare*) wieder anfangen; **ha ripreso a fumare** er/sie hat wieder angefangen zu rauchen III. *vr* -**rsi** ❶ (*ricuperare vigore*) sich erholen ❷ (*ravvedersi*) sich bessern **ripresa** [ri'pre:sa] *f* ❶ (*inizio*) Wiederbeginn *m*, Wiederaufnahme *f* ❷ (COM) Wiederaufschwung *m* ❸ (*da malattia*) Erholung *f*, Besserung *f* ❹ (FILM, TV) Aufnahme *f*; **in ~ diretta** (TV) in Direktübertragung, live ❺ (MUS, THEAT, FIN) Reprise *f* ❻ (MOT) Beschleunigung *f* ❼ (SPORT) zweite Halbzeit; (*pugilato*) Runde *f* ❽ (*in sartoria*) Abnäher *m*

**ripresentare** [riprezen'ta:re] I. *vt* wieder vorstellen II. *vr* -**rsi** sich wieder vorstellen

**ripresi** *1. pers sing pass rem di* **riprendere**

**ripreso** *pp di* **riprendere**

**ripristinamento** [ripristina'mento] *m* Wiederherstellung *f*

**ripristinare** [ripristi'na:re] *vt* (*poet*) ❶ (*ordine, consuetudine*) wiederherstellen, erneuern ❷ (*edificio, facciata*) restaurieren, wieder instand setzen ❸ (*traffico*) wieder in Gang bringen **ripristino** [ri'pristino] *m* Wiederherstellung *f*, Instandsetzung *f*

**riprodotto** *pp di* **riprodurre**

**riproducibile** [riprodu'tʃi:bile] *agg* reproduzierbar **riproducibilità** [riprodutʃibili'ta] <-> *f* (TEC) Reproduzierbarkeit *f*

**riprodurre** [ripro'durre] <irr> I. *vt* ❶ (*produrre di nuovo*) reproduzieren ❷ (*documento*) vervielfältigen, kopieren ❸ (*fig*) wiedergeben; (*rappresentare*) darstellen II. *vr* -**rsi** ❶ (BIOL) sich fortpflanzen, sich vermehren ❷ (*ripetersi*) sich wiederholen **riproduttivo, -a** [riprodut'ti:vo] *agg* ❶ (BIOL) Fortpflanzungs-, reproduktiv ❷ (TEC) nachbildend, reproduktiv

**riproduttore** [riprodut'to:re] *m* Tonabnehmer *m*

**riproduttore, -trice** I. *agg* Fortpflanzungs- II. *m, f* Zuchttier *nt*

**riproduttrice** [riprodut'tri:tʃe] *f* (FOTO) Repetierkopiermaschine *f*

**riproduzione** [riprodut'tsio:ne] *f* ❶ (*di disegno, quadro*) Reproduktion *f* ❷ (BIOL) Fortpflanzung *f* ❸ (*registrazione*) Wiedergabe *f*

**riprografia** [riprogra'fi:a] *f* (FOTO, TEC) Reprographie *f* **riprografico, -a** [ripro'gra:fiko] <-ci, -che> *agg* reprographisch; **tecnica -a** Reprotechnik *f*

**ripromettere** [ripro'mettere] <ripromet­to, ripromisi, ripromesso> I. *vt* wieder versprechen II. *vr* -**rsi** ❶ (*sperare*) sich etw versprechen von, sich etw erhoffen von ❷ (*promettere a se stesso*) sich etw vornehmen, sich etw versprechen von

**ripromettersi** [ripro'mettersi] <irr> *vr* sich etw vornehmen, sich etw versprechen von

**riprova** [ri'prɔ:va] *f* ❶ (MAT) Gegenprobe *f* ❷ (*conferma*) Beweis *m*, Bestätigung *f*

**riprovare** [ripro'va:re] I. *vt* ❶ (*vestito, cappello*) wieder [an]probieren ❷ (*fig: sentimento*) wieder fühlen, wieder empfinden II. *vr* -**rsi** wieder wagen III. *vi* wieder versuchen **riprovatorio, -a** [riprova'tɔ:rio] <-i, -ie> *agg* tadelnd; **discorso ~** Tadel *m* **riprovazione** [riprovat'tsio:ne] *f* Missbilligung *f*

**ripubblicabile** [ripubbli'ka:bile] *agg* für

die Wiederveröffentlichung geeignet
**ripubblicare** [ripubbli'kaːre] *vt* wieder veröffentlichen
**ripubblicazione** [ripubblikat'tsjoːne] *f* Wiederveröffentlichung *f*, Neuauflage *f*
**ripudiabilità** [ripudjabili'ta] <-> *f* Möglichkeit *f* der Ablehnung [*o* Zurückweisung]; ~ **di un'opera** Möglichkeit der Ablehnung eines Werkes
**ripudiare** [ripu'djaːre] *vt* **1** (*persone*) verstoßen **2** (*scritto*) verleugnen, zurückweisen **3** (*fede, idee*) verleugnen **ripudio** [ri'puːdjo] <-i> *m* Verstoßen *nt*; (*rifiuto*) Verleugnung *f*
**ripugnante** [ripuɲ'ɲante] *agg* abstoßend, widerwärtig **ripugnanza** [ripuɲ'ɲantsa] *f* Abscheu *m*; (*avversione*) Abneigung *f*, Widerwille *m*; **ho ~ per la violenza** ich verabscheue Gewalt **ripugnare** [ripuɲ'ɲaːre] *vi* ~ **a qu** jdn abstoßen
**ripulire** [ripu'liːre] <ripulisco> *vt* **1** (*pulire di nuovo*) wieder säubern **2** (*fig fam: persone*) [total] ausnehmen; (*appartamento*) [total] leer räumen
**ripulisti** [ripu'listi] *v.* **repulisti**
**ripulita** [ripu'liːta] *f* (*a. fig*) Säuberung *f*; **dare una ~ alle scale** die Treppe rasch sauber machen **ripulitura** [ripuli'tuːra] *f* **1** (*operazione*) Säuberung *f* **2** (*materiale*) Kehricht *m o nt*
**ripulsa** [ri'pulsa] *f* (*poet*) Abweisung *f*
**ripulsione** [ripul'sjoːne] *f* Abneigung *f* **ripulsivo, -a** [ripul'siːvo] *agg* abstoßend
**riquadrare** [rikua'draːre] **I.** *vt* viereckig machen; ~ **la testa** [*o* **il cervello**] **a qu** jdm den Kopf zurechtrücken **II.** *vi essere o avere* **1** (*misurare*) betragen **2** (*fig: soddisfare*) passen
**riquadro** [ri'kuaːdro] *m* **1** (*delimitazione quadrata*) Rechteck *nt* **2** (ARCH) Kassette *f*
**riqualificare** [rikualifi'kaːre] **I.** *vt* wieder qualifizieren **II.** *vr* **-rsi** sich weiterbilden
**riqualificazione** [rikualifikat'tsjoːne] *f* Weiterbildung, Fortbildung *f*
**RIS** *m acro di* **reparto investigazioni scientifiche** Spurensicherung *f*
**risacca** [ri'sakka] <-cche> *f* Brandung *f*
**risaccheggiare** [risakked'dʒaːre] *vt* erneut plündern
**risaia** [ri'saːja] <-aie> *f* Reisfeld *nt*
**risalire** [risa'liːre] <irr> **I.** *vt avere* wieder hinaufgehen; ~ **la corrente** (*fig*) gegen den Strom schwimmen **II.** *vi essere* **1** (*salire di nuovo*) wieder [auf]steigen, wieder hinaufgehen **2** (*rincarare*) steigen **3** (*fig: essere avvenuto*) zurückliegen; ~ **a tre mesi fa** drei Monate zurückliegen **risalita**
[risa'liːta] *f* Wiederaufstieg *m*; **impianti di ~** Seilbahnen und Skilifte
**risaltare** [risal'taːre] *vi essere o avere* **1** (*spiccare*) vorspringen **2** (*fig: eccellere*) auffallen, hervorstechen **3** (*saltare di nuovo*) wieder springen **risalto** [ri'salto] *m* **1** (*sporgenza*) Vorsprung *m* **2** (*evidenza*) Hervorhebung *f*; **mettere** [*o* **porre**] **in ~ qc** etw hervorheben
**risanabile** [risa'naːbile] *agg* **1** (*guaribile*) heilbar **2** (*fig*) sanierfähig **risanabilità** [risanabili'ta] <-> *f* Sanierfähigkeit *f* **risanamento** [risana'mento] *m* **1** (*urbanistico, finanziario*) Sanierung *f* **2** (*fig* MED) Heilung *f* **risanare** [risa'naːre] **I.** *vt avere* **1** (COM, FIN, ARCH) sanieren **2** (*zona paludosa*) meliorieren, trockenlegen **3** (*fig* MED) heilen **II.** *vi essere* wieder genesen **risanatore, -trice** [risana'toːre] **I.** *agg* heilend **II.** *m, f* Heilende(r) *f(m)*
**risanguinare** [risaŋgui'naːre] *vi* wieder bluten; **la ferita risanguina** die Wunde fängt wieder an zu bluten
**risapere** [risa'peːre] <risò, riseppi, risaputo> *vt* erfahren
**risaputo, -a** [risa'puːto] *agg* (*noto*) bekannt
**risarcibilità** [risartʃibili'ta] <-> *f* Wiedergutmachungsmöglichkeit *f*, Ersatzforderung *f* **risarcimento** [risartʃi'mento] *m* **1** (*compensazione*) Entschädigung *f* **2** (*somma*) Entschädigung[ssumme] *f*; **richiesta di ~ danni** Schadensersatzforderung *f* **risarcire** [risar'tʃiːre] <risarcisco> *vt* (*persone*) entschädigen; (*danno*) ersetzen; (*a. fig: offesa*) wiedergutmachen **risarcitorio, -a** [risartʃi'tɔːrjo] <-i, -ie> *agg* (JUR) Wiedergutmachungs-
**risarella** [risa'rɛlla] *f* (*fam*) Lachanfall *m*; **avere la ~** einen Lachkrampf haben **risata** [ri'saːta] *f* Gelächter *nt*, Lachen *nt*
**risbagliare** [rizbaʎ'ʎaːre] **I.** *vt* wieder falsch machen **II.** *vi* denselben Fehler wiederholen **III.** *vr* **-rsi** sich erneut vertun
**riscaldamento** [riskalda'mento] *m* **1** (*atto, modo*) Erwärmung *f*, Heizen *nt*; (*del motore*) Warmlaufen *nt*; ~ **del pianeta** Erderwärmung *f* **2** (*impianto, mezzo*) Heizung *f*; ~ **a gas** Gasheizung *f*; ~ **centrale** Zentralheizung *f* **riscaldare** [riskal'daːre] **I.** *vt* **1** erwärmen; (*minestra, caffè*) aufwärmen; (*stanza, casa*) heizen **2** (*fig*) erhitzen **II.** *vi* **1** (*aumentare di temperatura*) warm werden; (*stufa*) heizen **2** (*fam: minestra*) wärmen **III.** *vr* **-rsi** **1** (*riprendere calore*) sich [auf]wärmen **2** (*diventare caldo*) warm werden, sich er-

wärmen ❸ (*fig: infervorarsi*) sich erhitzen, sich ereifern **riscaldatore** [riskalda'to:re] *m* Heizgerät *nt*
**riscaldo** [ris'kaldo] *m* (*fam*) leichte Entzündung
**riscattare** [riskat'ta:re] I. *vt* ❶ (*persone*) freikaufen; (POL) befreien ❷ (JUR: *rendita, fondo*) einlösen, zurückkaufen ❸ (*fig: redimere*) erlösen, befreien II. *vr* **-rsi** sich befreien, sich lösen **riscatto** [ris'katto] *m* ❶ (*liberazione a pagamento*) Loskaufen *nt*, Freikaufen *nt*; (*prezzo*) Lösegeld *nt* ❷ (JUR) Rückkauf *m* ❸ (POL) Befreiung *f*
**rischiaramento** [riskiara'mento] *m* ❶ (*fig*) Aufhellen *nt* ❷ (METEO) Aufklaren *nt* ❸ (*di liquidi*) Klärung *f*
**rischiarare** [riskia'ra:re] I. *vt avere* ❶ (*rendere chiaro*) beleuchten, aufhellen ❷ (*fig: mente*) schärfen; (*idee*) klären II. *vr* **-rsi** ❶ (METEO) aufklaren, sich aufhellen ❷ (*fig: rasserenarsi*) sich aufhellen; **si rischiarò in volto** seine [*o* ihre] Miene hellte sich auf III. *vi essere* aufklaren
**rischiare** [ris'kia:re] I. *vt* riskieren, aufs Spiel setzen II. *vi* ~ **di fare qc** riskieren, etw zu tun **rischio** ['riskio] <-schi> *m* Risiko *nt*, Wagnis *nt*; (*pericolo*) Gefahr *f*; **correre un** ~ ein Risiko eingehen; **mettere qc a** ~ etw aufs Spiel setzen; **c'è il** ~ **di ...** +*inf* es besteht [die] Gefahr, dass ...; **a proprio** ~ **e pericolo** auf eigene Gefahr **rischiosità** [riskiosi'ta] <-> *f* Gefährlichkeit *f*, Gewagtheit *f* **rischioso, -a** [ris'kio:so] *agg* riskant, gewagt
**risciacquare** [riʃʃak'kua:re] *vt* abspülen, nachspülen; (*bottiglie*) ausspülen; (*bocca*) [aus]spülen **risciacquata** [riʃʃak'kua:ta] *f* ❶ (*risciacquatura veloce*) kurzes Abspülen ❷ (*fig fam: sgridata*) Anpfiff *m* **risciacquatura** [riʃʃakkua'tu:ra] *f* ❶ (*azione*) Spülen *nt* ❷ (*acqua*) Spülwasser *nt*
**risciacquo** [riʃ'ʃakkuo] *m* ❶ (*del bucato*) [Aus]spülen *nt* ❷ (MED: *la bocca*) [Aus]spülen *nt*; (*medicinale*) Mundwasser *nt* ❸ (*lavatrice, lavastoviglie*) Spülgang *m* **risciaquabile** [riʃʃak'kua:bile] *agg* ausspülbar, auswaschbar; **shampoo colorato** ~ ausspülbares Färbeshampoo
**risciò** [riʃ'ʃɔ] <-> *m* Rikscha *f*
**riscontare** [riskon'ta:re] *vt* rediskontieren **risconto** [ris'konto] *m* Rediskontierung *f*, Rückdiskont *m*
**riscontrabile** [riskon'tra:bile] *agg* feststellbar, vergleichbar
**riscontrare** [riskon'tra:re] I. *vt* ❶ (*confrontare*) vergleichen ❷ (*esaminare*) überprüfen ❸ (*rilevare*) herausfinden II. *vi essere* übereinstimmen **riscontro** [ris'kontro] *m* ❶ (*confronto*) Vergleich *m* ❷ (*verifica*) Überprüfung *f* ❸ (ADM: *risposta*) Antwort *f* ❹ (*fig: corrispondenza*) Entsprechung *f* ❺ (*fam: corrente d'aria*) Durchzug *m*
**riscoperta** [risko'pɛrta] *f* Wiederentdeckung *f*
**riscossa** [ris'kɔssa] *f* Rückeroberung *f*
**riscossione** [riskos'sio:ne] *f* Auszahlung *f*
**riscotimento** [riskoti'mento] *m* Wachrütteln *nt*
**riscrivere** [ris'kri:vere] <riscrivo, riscrissi, riscritto> I. *vt* wieder schreiben, erneut schreiben II. *vi* zurückschreiben
**riscrivibile** [riskri'vi:bile] *agg* (INFORM) wiederbeschreibbar
**riscuotere** [ris'kuɔ:tere] <irr> I. *vt* ❶ (*stipendio, paga*) kassieren, einnehmen, einheben A ❷ (*fig*) erzielen; (*ammirazione*) ernten ❸ (*scuotere di nuovo*) wieder rütteln II. *vr* **-rsi** ❶ (*risvegliarsi*) aufgerüttelt werden ❷ (*fig*) sich zusammennehmen ❸ (*per paura, stupore*) zusammenfahren **riscuotibilità** [riskuɔtibili'ta] <-> *f* Eintreibbarkeit *f*, Einziehbarkeit *f*
**risentimento** [risenti'mento] *m* ❶ (*reazione di sdegno*) Ressentiment *nt*, Groll *m* ❷ (MED) Nachwirkung *f*
**risentire** [risen'ti:re] I. *vt* ❶ (*sentire di nuovo*) wieder hören [*o* schmecken] [*o* riechen] [*o* fühlen] ❷ (*ascoltare di nuovo*) wieder anhören ❸ (*provare*) [noch] empfinden, [noch] verspüren II. *vi* ~ **di qc** [noch] an etw *dat* leiden III. *vr* **-rsi** ❶ (*sentirsi di nuovo*) wieder voneinander hören; **a risentirci!** auf Wiederhören! ❷ (*offendersi*) gekränkt sein
**risentito, -a** [risen'ti:to] *agg* gekränkt, beleidigt
**riseppellimento** [riseppelli'mento] *m* erneute Beerdigung
**riserbare** [riser'ba:re] *vt* vorbehalten, bereithalten
**riserbo** [ri'sɛrbo] *m* Zurückhaltung *f*, Reserve *f*
**riserva** [ri'sɛrva] *f* ❶ (*provvista*) Reserve *f*, Vorrat *m*; **fare** ~ **di qc** einen Vorrat von etw anlegen ❷ (COM, MIL) Reserve *f* ❸ (*di vino*) Jahrgang *m* ❹ (SPORT) Reservespieler(in) *m(f)* ❺ (*di caccia, pesca*) Revier *nt* ❻ (*limitazione*) Vorbehalt *m*, Einschränkung *f*; **senza -e** ohne Vorbehalt ❼ (*giudizio negativo*) Zweifel *m*, Vorbehalt *m* ❽ (TEC) Ersatz *m*; (MOT) Reserve *f*; **essere in** ~ (MOT) auf Reserve fahren **riservare** [riser'va:re] I. *vt* ❶ (*tenere in serbo*) auf-

riservatezza → rispettivamente

bewahren, aufsparen ❷(*facoltà, diritto*) vorbehalten ❸(*tavolo, posto*) freihalten II. *vr* **-rsi di fare qc** sich *dat* vorbehalten etw zu tun

**riservatezza** [riserva'tettsa] *f* Zurückhaltung *f* **riservato, -a** [riser'va:to] *agg* ❶(*posto, palco*) reserviert ❷(*notizia, informazione*) vertraulich, geheim ❸(*persona, carattere*) zurückhaltend

**risi** ['ri:si] *1. pers sing pass rem di* **ridere**

**risicare** [rizi'ka:re] *vt* (*fam*) *v.* **rischiare, chi non risica non rosica** (*prov*) wer [nicht] wagt, der [nicht] gewinnt

**risicoltura** [risikol'tu:ra] *f* Reis[an]bau *m*

**risiedere** [ri'siɛ:dere] *vi* ❶(*aver sede*) ansässig sein ❷(*fig: consistere*) ~ **in qc** in etw *dat* bestehen

**risiforme** [risi'forme] *agg* reisförmig

**risma** ['rizma] *f* ❶(*di carta*) Ries *nt* ❷(*fig, pej*) Bande *f*

**riso¹** ['ri:so] *pp di* **ridere**

**riso²** <*pl:* -**a** *f*> *m* (*il ridere*) Lachen *nt*, Gelächter *nt*

**riso³** *m* (BOT) Reis *m;* **-i e bisi** Risi-Bisi *nt* (*Reis mit Erbsen, Butter und Parmesankäse*)

**risolare** [riso'la:re] *vt* neu besohlen **risolatura** [risola'tu:ra] *f* Neubesohlung *f*

**risolsi** [ri'sɔlsi] *1. pers sing pass rem di* **risolvere**

**risolto** [ri'sɔlto] *pp di* **risolvere**

**risolubilità** [risolubili'ta] *f* ❶(*risolvibilità*) Lösbarkeit *f,* Auflösbarkeit *f* ❷(*possibilità di essere sciolto*) Auflösbarkeit *f*

**risolutezza** [risolu'tettsa] *f* Entschlossenheit *f*

**risolutivo, -a** [risolu'ti:vo] *agg* aufhebend, [auf]lösend; (*decisivo*) entscheidend

**risoluto, -a** [riso'lu:to] I. *pp di* **risolvere** II. *agg* resolut, resch *A*

**risoluzione** [risolut'tsio:ne] *f* ❶(*decisione*) Beschluss *m,* Resolution *f* ❷(MAT: *soluzione*) Lösung *f;* (*spiegazione*) Erklärung *f,* [Auf]lösung *f* ❸(JUR: *di contratto*) Auflösung *f*

**risolvere** [ri'sɔlvere] <risolvo, risolsi, risolto *o* risoluto> I. *vt* ❶(*equazione, problema, indovinello*) lösen ❷(*dubbio*) zerstreuen ❸(JUR: *contratto*) auflösen ❹(*fam: riuscire a concludere*) zu Stande bringen ❺(CHEM: *composto*) auflösen, zerlegen II. *vr* **-rsi** ❶(*decidersi*) sich entschließen ❷(*fig: andare a finire*) **-rsi in qc** auf etw *acc* hinauslaufen; **-rsi bene/male** gut/schlecht ausgehen

**risonanza** [riso'nantsa] *f* ❶(*fig: importanza*) Resonanz *f,* Zustimmung *f*

❷(PHYS, MED) Resonanz *f;* **tomografia a ~ magnetica** Kernspintomografie *f* **risonare** [riso'na:re] I. *vi* essere *o* avere ❶(*corpo percosso*) dröhnen, tönen ❷(*luogo chiuso*) hallen ❸(*suono*) wieder ertönen, wieder klingen ❹(*fig*) klingen ❺(PHYS) mitschwingen II. *vt* avere wieder spielen

**risorgere** [ri'sordʒere] <irr> *vi essere* ❶(REL) auferstehen ❷(*sole*) wieder aufgehen ❸(*fig: rinascere*) wieder auftreten, wieder auftauchen

**risorgimento** [risordʒi'mento] *m* Risorgimento *nt*

**risorsa** [ri'sorsa] *f* ❶(*mezzo*) Reserve *f,* Ressource *f;* **-e finanziarie** Geldmittel *ntpl;* **-e naturali** Rohstoffe *mpl;* **-e umane** Personal *nt* ❷(*espediente*) Mittel *nt* ❸(*capacità*) Fähigkeit *f*

**risorsi** *1. pers sing pass rem di* **risorgere**

**risorto** *pp di* **risorgere**

**risotto** [ri'sɔtto] *m* Risotto *m;* **~ ai funghi** Pilzrisotto *m;* **~ alla marinara** Risotto *m* mit Meeresfrüchten

**risparmiare** [rispar'mia:re] I. *vt* ❶(*mettere da parte*) sparen; (*non impiegare*) einsparen ❷(*voce, occhi*) schonen ❸(*fare a meno di*) sich *dat* sparen ❹(*astenersi dall'infliggere*) verschonen II. *vr* **-rsi** sich schonen **risparmiatore, -trice** [risparmia'to:re] *m, f* Sparer(in) *m(f)* **risparmio** [ris'parmjo] <-i> *m* ❶(*denaro*) Ersparnis *f;* **cassa di ~** Sparkasse *f;* **libretto di ~** Sparbuch *nt* ❷(*economia*) Ersparnis *f,* Einsparung *f;* **~ energetico** Energiesparen *nt;* **lampadina a ~ energetico** Energiesparlampe *f*

**risparmioso, -a** [rispar'mio:so] *agg* (*fam*) sparsam, energiesparend

**rispecchiare** [rispek'kia:re] I. *vt* ❶(*riflettere*) widerspiegeln ❷(*specchiare di nuovo*) wieder spiegeln II. *vr* **-rsi** ❶(*rimirarsi*) sich wieder spiegeln ❷(*specchiarsi*) sich widerspiegeln

**rispedire** [rispe'di:re] <rispedisco> *vt* ❶(*spedire di nuovo*) wieder schicken ❷(*spedire indietro*) zurückschicken

**rispettabile** [rispet'ta:bile] *agg* ❶(*persone*) ehrenwert, respektabel; (*dabbene*) ehrbar ❷(*età, naso*) beachtlich; (*patrimonio*) beachtlich, ansehnlich

**rispettare** [rispet'ta:re] *vt* ❶(*persone*) respektieren, achten ❷(*opinioni, diritti*) respektieren, anerkennen ❸(*ordini*) befolgen; (*feste*) beachten; (*parola*) halten ❹(*seguire*) nachvollziehen

**rispettivamente** [rispettiva'mente] *avv*

beziehungsweise **rispettivo, -a** [rispet-'ti:vo] *agg* jeweilig
**rispetto** [ris'pɛtto] *m* ① (*stima, deferenza*) Respekt *m*, Achtung *f*; (*riverenza*) Ehrfurcht *f*; **avere ~ per qu/qc** Respekt vor jdm/etw haben; **con ~ parlando** mit Verlaub; **nel ~ reciproco** in gegenseitigem Respekt ② (*riguardo*) Rücksicht *f*; **~ a qu/qc** im Vergleich zu jdm/etw, in Bezug auf jdn/etw ③ (*di legge, regolamento*) Befolgung *f*, Beachtung *f* **rispettoso, -a** [rispet'to:so] *agg* ① (*persona*) respektvoll, ehrerbietig ② (*saluti*) hochachtungsvoll
**risplendere** [ris'plɛndere] *vi* essere *o* avere strahlen, leuchten
**rispolverare** [rispolve'ra:re] *vt* ① (*spolverare di nuovo*) wieder abstauben ② (*fig*) [wieder] auffrischen
**rispondente** [rispon'dɛnte] *agg* entsprechend
**rispondere** [ris'pondere] <rispondo, risposi, risposto> I. *vi* ① (*gener*) antworten; **~ di sì/no** mit Ja/Nein antworten; **~ ad una domanda/lettera** auf eine Frage/einen Brief antworten, eine Frage/einen Brief beantworten; **~ al saluto di qu** jds Gruß erwidern; **a voce/per [i]scritto** mündlich/schriftlich antworten; **~ al telefono** sich am Telefon melden; **non risponde** (TEL) es meldet sich niemand ② (*replicare*) widersprechen ③ (*delle proprie azioni*) verantwortlich sein [für]; (*delle azioni altrui*) haften [für]; (*in tribunale*) sich verantworten ④ (*essere conforme*) entsprechen II. *vt* antworten, als Antwort geben **risposta** [ris'posta] *f* ① (*gener*) Antwort *f*; **in ~ a** in Beantwortung +*gen*; **la ~ a una domanda** die Antwort auf eine Frage ② (*reazione*) **la ~ a qc** die Reaktion auf etw *acc* ③ (TEC) Ansprechen *nt*, Reagieren *nt* **rispostina** [rispos'ti:na] *f* ① *dim di* **risposta** ② (*risposta pungente*) spitze Antwort
**risposto** [ris'posto] *pp di* **rispondere** **rispostuccia** [rispos'tuttʃa] <-cce> *f* ① *dim di* **risposta** ② (*risposta evasiva*) ausweichende Antwort
**rissa** ['rissa] *f* Rauferei *f*, Schlägerei *f* **rissoso, -a** [ris'so:so] *agg* rauflustig, streitsüchtig
**rist.** *abbr di* **ristampa** Nachdr.
**ristabilimento** [ristabili'mento] *m* ① (*ripristino*) Wiederherstellung *f* ② (*della salute*) Erholung *f* **ristabilire** [ristabi'li:re] <ristabilisco> I. *vt* wieder herstellen II. *vr* **-rsi** sich erholen
**ristagnare** [ristaɲ'ɲa:re] *vi* ① (*liquidi*) sich stauen ② (*fig*) stagnieren **ristagno** [ris'taɲɲo] *m* ① (*di fiume, sangue*) Stauung *f* ② (*fig*) Stagnation *f*, Stagnieren *nt*
**ristampa** [ris'tampa] *f* Nachdruck *m*, Neudruck *m* **ristampare** [ristam'pa:re] *vt* nachdrucken, neu auflegen
**ristato** *pp di* **riessere**
**ristorante**[1] [risto'rante] *m* Restaurant *nt*, [Speise]lokal *nt*
**ristorante**[2] <inv> *agg* **vagone ~** (FERR) Speisewagen *m*
**ristorare** [risto'ra:re] I. *vt* stärken II. *vr* **-rsi** sich stärken **ristoratore, -trice** [ristora'to:re] *agg* labend, erquickend **ristoro** [ris'tɔ:ro] *m* Stärkung *f*, Erfrischung *f*
**ristrettezza** [ristret'tettsa] *f* ① (*di spazio*) Enge *f* ② (*di mezzi*) Einschränkung *f*; (*di tempo*) Knappheit *f* ③ (*fig: di mente*) Beschränktheit *f* **ristretto, -a** [ris'tretto] I. *pp di* **restringere** II. *agg* ① (*limitato*) knapp ② (*caffè*) stark ③ (*fig: meschino*) beschränkt, kleinlich ④ (*limitato*) **~ [a]** beschränkt [auf +*acc*]
**ristrutturabile** [ristruttu'ra:bile] *agg* erneuerbar
**ristrutturante** [ristruttu'rante] I. *agg* (*balsamo*) kräftigend, Aufbau- II. *m* (*cosmetico*) Aufbau-Haarkur *f* **ristrutturare** [ristruttu'ra:re] *vt* umstrukturieren **ristrutturato, -a** [ristruttu'ra:to] *agg* erneuert, modernisiert **ristrutturazione** [ristrutturat'tsio:ne] *f* Umstrukturierung *f*, Renovierung *f*
**risucchiare** [risuk'kia:re] *vt* ① (*trascinare*) aufsaugen ② (*succhiare di nuovo*) wieder saugen **risucchio** [ri'sukkio] <-cchi> *m* Strudel *m*, Wirbel *m*
**risultabile** [risul'ta:bile] *agg* hervorgehend
**risultante** [risul'tante] I. *agg* resultierend, sich ergebend II. *f* ① (PHYS) Resultante *f* ② (*fig: risultato*) Ergebnis *nt*, Resultat *nt*
**risultare** [risul'ta:re] *vi* essere ① (*derivare, essere accertato*) **~ da qc** sich aus etw ergeben, aus etw resultieren; **dal loro disaccordo risultò molta confusione** ihre Meinungsverschiedenheiten führten zu großer Verwirrung ② (*emergere, riuscire*) hervorgehen als, sich erweisen als ③ (*dimostrarsi*) sich herausstellen als, sich erweisen als **risultato** [risul'ta:to] *m* Resultat *nt*, Ergebnis *nt*
**risuolare** [risuo'la:re] *v.* **risolare**
**risuonare** [risuo'na:re] *v.* **risonare**
**risurrezione** [risurret'tsio:ne] *f* ① (REL) Auferstehung *f* ② (*fig*) Wiederaufleben *nt*
**risurriscaldare** [risurriskal'da:re] I. *vt* (*motore*) erneut warm laufen lassen; (*fig:*

*l'atmosfera*) aufheizen II. *vr* **-rsi** sich wieder aufwärmen **risurriscaldatore** [risurriskalda'to:re] *m* Zwischenerhitzer *m*

**risuscitare** [risuʃʃi'ta:re] I. *vt* ① (*morti*) auferwecken ② (*fig*) wieder aufleben lassen II. *vi essere* ① (REL) auferstehen ② (*riprendersi*) wieder aufleben

**risvegliare** [rizveʎ'ʎa:re] I. *vt* ① (*svegliare*) wieder [auf]wecken ② (*fig: memoria, emozioni*) wieder wachrufen; (*popolo, pigri*) aufrütteln; (*appetito, emozioni*) wieder wecken II. *vr* **-rsi** (*a. fig*) wieder erwachen **risveglio** [ris'veʎʎo] <-gli> *m* ① (*dal sonno*) Erwachen *nt*, Aufwachen *nt* ② (*fig*) Wiederaufleben *nt*

**risvolto** [riz'vɔlto] *m* ① (*di vestito*) Aufschlag *m*, Revers *m* ② (*fig: conseguenza*) Kehrseite *f*

**ritagliare** [ritaʎ'ʎa:re] *vt* ausschneiden; (*tagliare di nuovo*) wieder schneiden **ritaglio** [ri'taʎʎo] <-gli> *m* ① (*di giornale*) Ausschnitt *m* ② (*di stoffa*) Schnipsel *m* o *nt* ③ (*fig*) Rest *m*, Abschnitt *m*

**ritardabile** [ritar'da:bile] *agg* verzögerbar, aufschiebbar, Aufschub-; **pagamento ~** Zahlung mit Aufschubmöglichkeit

**ritardare** [ritar'da:re] I. *vi* sich verspäten; (*treno*) Verspätung haben; (*orologio*) nachgehen II. *vt* ① (*far tardare*) verzögern ② (*rallentare*) verlangsamen ③ (*impedire*) aufhalten ④ (*differire*) aufschieben

**ritardata** [ritar'da:ta] *f v.* **ritardato ritardatario, -a** [ritarda'ta:rjo] <-i, -ie> *m, f* Nachzügler(in) *m(f)*, Verspätete(r) *f(m)* **ritardato, -a** [ritar'da:to] I. *agg* ① (*moto, scoppio*) verspätet; **reazione a scoppio ~** (*fig*) Spätzündung *f* ② (*persona*) zurückgeblieben; (*scolaro*) lernbehindert II. *m, f* Zurückgebliebene(r) *f(m)*

**ritardista** [ritar'dista] <-i *m*, -e *f*> *mf* (SPORT) Fallschirmspringer(in) *m(f)*, der [die] die Öffnung des Schirms verzögert

**ritardo** [ri'tardo] *m* ① (*non puntualità*) Verspätung *f*; (*indugio*) Verzögerung *f*; (*rallentamento*) Verlangsamung *f*; **essere in ~** sich verspäten, zu spät kommen; **arrivare** [*o* **giungere**] **in ~** sich verspätet haben, verspätet ankommen ② (MED, PSIC) Zurückbleiben *nt* ③ (*di consegna, pagamento*) Verzug *m*

**ritassare** [ritas'sa:re] *vt* doppelt besteuern, erneut besteuern **ritassazione** [ritassat'tsjo:ne] *f* neues Steuersystem, Steuerreform *f*

**ritegno** [ri'teɲɲo] *m* ① (*riserbo*) Zurückhaltung *f*, Reserve *f*; **senza ~** rücksichtslos ② (*misura*) Einschränkung *f*, Maß *nt*

**ritempestare** [ritempes'ta:re] *vt* erneut löchern (*di* mit)

**ritemprare** [ritem'pra:re] I. *vt* ① (*fig: forze, spirito*) wieder kräftigen ② (*temprare di nuovo*) wieder härten II. *vr* **-rsi** sich wieder kräftigen

**ritenere** [rite'ne:re] <irr> I. *vt* ① (*considerare*) halten für ② (COM, FIN) einbehalten ③ (MED) bei sich *dat* behalten ④ (*lacrime*) zurückhalten ⑤ (*ricordare*) behalten II. *vr* **-rsi** sich halten für

**ritenitura** [riteni'tu:ra] *f* Auspuzten *nt*

**ritensionare** [ritensjo'na:re] *vt* nachspannen

**ritentività** [ritentivi'ta] <-> *f* Erinnerungsvermögen *nt* **ritentivo, -a** *agg* **capacità -a** Erinnerungsvermögen *nt;* **memoria -a** Gedächtnis *nt*

**ritenuta** [rite'nu:ta] *f* ① (*detrazione*) Abzug *m;* **~ d'acconto** Vorsteuer *f* ② (*di flusso*) Zurückhalten *nt* **ritenzione** [riten'tsjo:ne] *f* ① (MED) Verhaltung *f*, Retention *f* ② (JUR) Einbehaltung *f*

**ritingere** [ri'tindʒere] <irr> *vt* ① (*tingere di nuovo*) wieder färben ② (*di un altro colore*) umfärben

**ritirare** [riti'ra:re] I. *vt* ① (*tirare di nuovo*) wieder ziehen ② (*tirare indietro*) zurückziehen ③ (*richiamare*) zurückberufen ④ (*farsi consegnare*) abholen ⑤ (*togliere dalla circolazione*) einziehen ⑥ (*fig: offesa, promessa*) zurücknehmen II. *vr* **-rsi** ① (*tirarsi indietro*) zurückweichen ② (*appartarsi*) sich zurückziehen ③ (*abbandonare*) **-rsi da qc** etw aufgeben ④ (*restringersi*) einlaufen ⑤ (*scorrere via*) abfließen **ritirata** [riti'ra:ta] *f* (MIL) Rückzug *m;* **~ strategica** (*a. fig*) Rückzugsgefecht *nt;* **battere in ~** (*a. fig*) zum Rückzug blasen **ritirato, -a** [riti'ra:to] *agg* zurückgezogen **ritiro** [ri'ti:ro] *m* ① (*richiamo*) Abberufung *f* ② (*di truppe*) Rückzug *m* ③ (FIN: *dalla circolazione*) Einzug *m* ④ (*di pacco*) Abholen *nt* ⑤ (*di patente*) Entzug *m* ⑥ (*rinuncia*) **il ~ da qc** der Rückzug aus etw ⑦ (*in luogo appartato*) Zurückgezogenheit *f;* **~ spirituale** Einkehr *f*

**ritmica** ['ritmika] <-che> *f* Rhythmik *f* **ritmico, -a** ['ritmiko] <-ci, -che> *agg* rhythmisch **ritmo** ['ritmo] *m* Rhythmus *m* **ritmomelodico, -a** [ritmome'lɔ:diko] <-ci, -che> *agg* melodisch-rhythmisch

**rito** ['ri:to] *m* ① (*cerimonia*) Ritus *m*, Ritual *nt* ② (*usanza*) Brauch *m;* **di ~** üblich ③ (JUR) Verfahrensweise *f*

**ritoccare** [ritok'ka:re] *vt* (*gener*) überarbeiten; (*disegno, labbra*) nachziehen; (*trucco*) auffrischen **ritocco** [ri'tɔkko] <-cchi> *m* Korrektur *f,* Verbesserung *f;* (FOTO) Retusche *f*

**ritorcere** [ri'tɔrtʃere] <irr> I. *vt* ❶ (*fig: accusa, insinuazione*) zurückgeben, umkehren ❷ (*torcere in senso opposto*) verdrehen II. *vr* **-rsi** sich verdrehen, sich wenden

**ritorcitoio** [ritortʃi'to:io] <-oi> *m* Zwirnmaschine *f,* Zwirner *m* **ritorcitrice** [ritortʃi'tri:tʃe] *f v.* **ritorcitoio ritorcitura** [ritortʃi'tu:ra] *f* Zwirnung *f*

**ritornare** [ritor'na:re] *vi essere* ❶ (*venire di nuovo*) zurückkehren, zurückkommen; (*a casa*) heimkehren; **~ in sé** wieder zu sich *dat* kommen ❷ (*ricomparire*) wiederkehren ❸ (*ridiventare*) wieder werden

**ritornello** [ritor'nɛllo] *m* ❶ (LIT) Kehrreim *m;* (MUS) Refrain *m* ❷ (*fig*) [alte] Leier *f*

**ritorno** [ri'torno] *m* ❶ (*rientro*) Rück-, Heimkehr *f;* (*periodico*) Wiederkehr *f;* **biglietto di andata e ~** [Hin- und] Rückfahrkarte *f;* **essere di ~** zurück sein ❷ (*rinvio*) Rücksendung *f,* Rückgabe *f;* **vuoti di ~** Leergut *nt;* **avere qc di ~** etw zurückbekommen

**ritorsi** *1. pers sing pass rem di* **ritorcere**

**ritorsione** [ritor'sio:ne] *f* Entgegnung *f,* Retourkutsche *f* **ritorsivo, -a** [ritor'si:vo] *agg* Gegen-, Vergeltungs-

**ritorto, -a** [ri'tɔrto] I. *pp di* **ritorcere** II. *agg* ❶ (*filo*) gezwirnt, gedreht ❷ (*ramo*) gekrümmt, krumm

**ritossire** [ritos'si:re] <ritossisco, ritossisci> *vi* wiederholt [*o* erneut] husten

**ritradurre** [ritra'durre] <ritraduco, ritradussi, ritradotto> *vt* ❶ (*tradurre di nuovo*) wieder übersetzen ❷ (*nella lingua originale*) rückübersetzen

**ritrarre** [ri'trarre] <irr> *vt* ❶ (*trarre indietro*) zurückziehen ❷ (*rappresentare*) wiedergeben; (*nell'arte*) abbilden, darstellen

**ritrattamento** [ritratta'mento] *m* (TEC) Wiederaufbereitung *f*

**ritrattare** [ritrat'ta:re] I. *vt* ❶ (*trattare di nuovo*) wieder darlegen, wieder behandeln ❷ (*disdire*) zurücknehmen, widerrufen II. *vr* **-rsi** alles zurücknehmen **ritrattazione** [ritrattat'tsio:ne] *f* Widerruf *m*

**ritrattista** [ritrat'tista] <-i *m,* -e *f*> *mf* Porträtist(in) *m(f),* Porträtmaler(in) *m(f)*

**ritratto**[1] [ri'tratto] *pp di* **ritrarre**

**ritratto**[2] *m* ❶ (*riproduzione*) Porträt *nt;* **farsi fare il ~** sich porträtieren lassen ❷ (*fig*) Bild *nt,* Abbild *nt*

**ritrosia** [ritro'si:a] <-ie> *f* ❶ (*riluttanza*) Widerspenstigkeit *f* ❷ (*timidezza*) Sprödigkeit *f* **ritroso, -a** [ri'tro:so] *agg* ❶ (*scontroso*) spröd[e], zurückhaltend ❷ (*restio*) widerwillig, widerspenstig

**ritrovamento** [ritrova'mento] *m* ❶ (*risultato*) Wiederfinden *nt* ❷ (*invenzione*) Erfindung *f;* (*scoperta*) Entdeckung *f* **ritrovare** [ritro'va:re] I. *vt* ❶ (*persone, cose smarrite*) wieder finden ❷ (*fig: salute, pace*) wiedererlangen ❸ (*trovare di nuovo*) wieder antreffen II. *vr* **-rsi** ❶ (*incontrarsi di nuovo*) sich wieder treffen ❷ (*trovarsi per caso*) kommen, sich finden ❸ (*raccapezzarsi*) sich zurechtfinden ❹ (*fam: avere*) haben

**ritrovato** [ritro'va:to] *m* ❶ (*invenzione*) Erfindung *f* ❷ (*scoperta*) Entdeckung *f*

**ritrovato, -a** *agg* wieder gefunden

**ritrovo** [ri'trɔ:vo] *m* ❶ (*riunione*) Treffen *nt* ❷ (*luogo*) Treffpunkt *m*

**ritto, -a** ['ritto] *agg* senkrecht, hochkant; (*persone*) aufrecht

**rituale** [ritu'a:le] I. *agg* ❶ (*conforme ai riti*) rituell ❷ (*fig: abituale*) üblich, gewöhnlich II. *m* Ritual *nt* **ritualizzare** [ritualid'dza:re] *vt* ritualisieren **ritualizzazione** [ritualiddzat'tsio:ne] *f* Ritualisierung *f*

**ritufi** [ri'tu:fi] <-> *m* Over *nt*

**riunificazione** [riunifikat'tsio:ne] *f* Wiedervereinigung *f;* **la ~ tedesca** die deutsche Wiedervereinigung

**riunione** [riu'nio:ne] *f* Versammlung *f,* Treffen *nt* **riunire** [riu'ni:re] <riunisco> I. *vt* ❶ (*unire elementi divisi*) wieder vereinen ❷ (*mettere insieme*) versammeln ❸ (*riconciliare*) versöhnen ❹ (*convocare*) einberufen II. *vr* **-rsi** ❶ (*fare una riunione*) sich versammeln ❷ (*tornare insieme*) sich wieder vereinen

**riunitore, -trice** [riuni'to:re] *m, f* ❶ (*chi opera unificazione*) Wiedervereiniger *m,* Triebkraft *f* der Einheit ❷ (*operaio nell'industria tessile*) Wickler *m* **riunitrice** [riuni'tri:tʃe] *f* (TEC) Banddoppler *m,* Bandwickelmaschine *f*

**riurlare** [riur'la:re] *vi* wieder brüllen

**riuscire** [riuʃ'ʃi:re] <irr> *vi essere* ❶ (*essere capace*) etw schaffen; (*raggiungere*) es fertigbringen, es schaffen; **non sono più riuscita ad andare in città** ich habe es nicht mehr geschafft, in die Stadt zu gehen; **sono riuscito a convincerlo** es ist mir gelungen, ihn zu überzeugen, ich konnte ihn überreden ❷ (*avere esito*) gelingen; **l'esperimento non è riuscito** das Experiment ist nicht gelungen ❸ (*risultare*) sich erweisen als ④ *(aver attitudine, fortuna, successo)* erfolgreich sein, Erfolg haben ⑤ *(dimostrarsi)* erscheinen ⑥ *(uscire di nuovo)* wieder hinausgehen ⑦ *(sboccare)* münden **riuscita** [riuʃˈʃiːta] *f (esito)* Ausgang *m;* *(buon esito)* Gelingen *nt; (di persona)* Erfolg *m;* **fare una buona/cattiva ~** Erfolg/ Misserfolg haben

**riutilizzare** [riutilidˈdzaːre] *vt* wiederverwenden

**riva** [ˈriːva] *f* Ufer *nt*

**rivale** [riˈvaːle] I. *agg* rivalisierend II. *mf* Rivale *m*/Rivalin *f*, Konkurrent(in) *m(f); (in amore)* Nebenbuhler(in) *m(f)* **rivaleggiare** [rivaledˈdʒaːre] *vi* rivalisieren

**rivalersi** [rivaˈlersi] <mi rivalgo, mi rivalsi, rivalso> *vr* ① *(prendere una rivincita)* sich Genugtuung verschaffen *(su* bei, *di* per), wegen ② *(usufruire di nuovo)* wieder verwenden **rivalità** [rivaliˈta] <-> *f* Rivalität *f*

**rivalorizzare** [rivaloridˈdzaːre] *vt* aufwerten

**rivalsa** [riˈvalsa] *f* ① *(compensazione)* Genugtuung *f* ② (COM) Revers *m*, Entlastungserklärung *f*

**rivalutare** [rivaluˈtaːre] *vt* ① *(fig* FIN) aufwerten ② *(valutare di nuovo)* wieder schätzen **rivalutazione** [rivalutatˈtsioːne] *f* Aufwertung *f*

**rivangare** [rivaŋˈgaːre] *vt* ① *(fig: passato, storie)* wieder aufrühren ② (AGR) wieder umgraben

**rivangatura** [rivaŋgaˈtuːra] *f* ① *(ulteriore vangatura)* erneutes Umgraben ② *(fig: rievocazione)* Wiederausgraben *nt*

**rivedere** [riveˈdeːre] <irr> I. *vt* ① *(gener)* wieder sehen ② *(esaminare)* durchsehen; *(revisionare)* nachprüfen ③ *(rileggere)* durchlesen II. *vr* **-rsi** sich wieder sehen; **ci rivedremo!** *(fig)* du wirst noch von mir hören!; **a rivederci!** auf Wiedersehen!

**rivedibile** [riveˈdiːbile] *agg* (MIL) zurückgestellt

**rivelabilità** [rivelabiliˈta] <-> *f* Enthüllbarkeit *f;* **~ di un segreto** Enthüllbarkeit eines Geheimnisses **rivelare** [riveˈlaːre] I. *vt* ① *(notizia, nascondiglio)* offenbaren, verraten; *(segreto)* enthüllen ② *(manifestare)* verraten, zeigen II. *vr* **-rsi** sich erweisen als

**rivelatore** [rivelaˈtoːre] *m* ① (TEC, RADIO) Detektor *m* ② (FOTO) Entwickler *m*

**rivelatore, -trice** *agg* enthüllend **rivelazione** [rivelatˈtsioːne] *f* ① *(di notizie, segreti)* Enthüllung *f;* (REL) Offenbarung *f* ② *(ciò che viene rivelato)* Offenbarung *f*, Entdeckung *f*

**rivendibilità** [rivendibiliˈta] <-> *f* Wiederverkäuflichkeit *f*

**rivendica** [riˈvendika] <-che> *f* ① (JUR) Forderung *f*, Einfordern *nt*, Anspruch *m* ② *(vendetta)* Vergeltung *f* **rivendicare** [rivendiˈkaːre] I. *vt* ① (JUR) einklagen, geltend machen ② *(lottare per)* fordern, beanspruchen II. *vr* **-rsi** sich wieder rächen **rivendicazione** [rivendikatˈtsioːne] *f* Forderung *f;* *(di diritto)* Beanspruchung *f* **rivendicazionismo** [rivendikattsioˈnizmo] *m* Tendenz der Gewerkschaften, mit immer neuen Forderungen aufzuwarten

**rivendita** [riˈvendita] *f* ① (COM) Wiederverkauf *m* ② *(negozio)* Laden *m* **rivenditore, -trice** [rivendiˈtoːre] *m, f* ① *(venditore al minuto)* Kleinhändler(in) *m(f)*, Einzelhändler(in) ② *(di seconda mano)* Wiederverkäufer(in) *m(f)*

**riverberare** [riverbeˈraːre] *vt (luce)* widerspiegeln; *(suono)* zurückwerfen **riverbero** [riˈvɛrbero] *m* Widerschein *m*

**riverente** [riveˈrɛnte] *agg* ehrfürchtig **riverenza** [riveˈrɛntsa] *f* ① *(inchino)* Verneigung *f* ② *(rispetto)* Ehrerbietung *f*, Hochachtung *f*

**riverire** [riveˈriːre] <riverisco> *vt* ① *(rispettare)* verehren, achten ② *(salutare)* **~ qu** sich jdm empfehlen; **La riverisco!** ich empfehle mich!

**riverniciatura** [rivernitʃaˈtuːra] *f* neue Lackierung, neuer Lackanstrich

**riversare** [riverˈsaːre] *vt* ① *(versare di nuovo)* wieder [ein-, aus]gießen ② *(fig)* **~ qc su qu** jdn mit etw überschütten

**riverseggiare** [riversedˈdʒaːre] *vi* neue Verse verfassen

**rivestimento** [rivestiˈmento] *m* ① *(operazione)* Verkleiden *nt*, Beziehen *nt* ② *(materiale)* Verkleidung *f*, Bezug *m* **rivestire** [rivesˈtiːre] I. *vt* ① *(ricoprire)* verkleiden, beziehen ② *(indossare)* wieder anziehen ③ *(fig: carica)* bekleiden; *(importanza, grado)* einnehmen ④ *(fornire di abiti nuovi)* einkleiden II. *vr* **-rsi** ① *(vestirsi di nuovo)* sich wieder anziehen ② *(mettersi)* sich wieder bedecken

**rivestitore, -trice** [rivestiˈtoːre] *m, f* Verschaler(in) *m(f)*

**rivetto** [riˈvetto] *m* Niete *f*, Niet *m o nt*

**rividi** *1. pers sing pass rem di* **rivedere**

**riviera** [riˈvjɛːra] *f* Küste *f;* **la Riviera ligure** die ligurische Küste **rivierasco, -a** [rivieˈrasko] <-schi, -sche> *agg* Küsten-

**rivincere** [riˈvintʃere] <rivinco, rivinsi, rivinto> *vt* ① *(vincere di nuovo)* wieder gewinnen ❷ (*vincere quanto perduto*) wiedergewinnen

**rivincita** [ri'vintʃita] *f* Revanche *f*; **prendersi la ~** sich revanchieren

**rivirare** [rivi'ra:re] *vi* (NAUT) erneut [die Segel] wenden

**rivissi** *1. pers sing pass rem di* **rivivere**

**rivissuto** *pp di* **rivivere**

**rivista** [ri'vista] *f* ❶ (*periodico*) Illustrierte *f* ❷ (*spettacolo*) Revue *f* ❸ (MIL) Revue *f*, Truppenschau *f* ❹ (*controllo*) Durchsicht *f*, Überprüfung *f*

**rivisto** *pp di* **rivedere**

**rivitalizzare** [rivitalid'dza:re] *vt* revitalisieren

**rivivere** [ri'vi:vere] <irr> I. *vi essere* ❶ (*tornare a vivere*) wieder lebendig werden ❷ (*fig*) wieder aufleben, zu neuem Leben erwachen II. *vt avere* wieder erleben

**rivivificare** [rivivifi'ka:re] *vt* beleben, in Schwung bringen

**rivo** ['ri:vo] *m* Bach *m*, Fluss *m*

**rivolgere** [ri'voldʒere] <irr> I. *vt* ❶ (*volgere verso una direzione*) wenden ❷ (*volgere ripetutamente*) wieder und wieder wenden ❸ (*volgere di nuovo*) wieder wenden, wieder drehen ❹ (*fig*) **~ l'attenzione a qu/qc** die Aufmerksamkeit auf jdn/etw richten; **~ la parola a qu** das Wort an jdn richten ❺ (*distogliere*) abwenden II. *vr* **-rsi** ❶ (*voltarsi indietro*) sich umdrehen ❷ (*indirizzare il discorso, cercare aiuto*) **-rsi a qu** sich an jdn wenden

**rivolgimento** [rivoldʒi'mento] *m* Umsturz *m*, Umbruch *m* **rivolgitore, -trice** [rivoldʒi'to:re] I. *agg* Umbruch-, revolutionär II. *m*, *f* Revolutionär(in) *m(f)*

**rivolo** ['ri:volo] *m* Bach *m*, Rinnsal *nt*

**rivolsi** [ri'vɔlsi] *1. pers sing pass rem di* **rivolgere**

**rivolta** [ri'vɔlta] *f* Revolte *f*, Aufstand *m*

**rivoltante** [rivol'tante] *agg* abstoßend

**rivoltare** [rivol'ta:re] I. *vt* ❶ (*voltare dalla parte opposta*) umdrehen, wenden ❷ (*voltare ripetutamente*) wieder und wieder drehen ❸ (*provocare disgusto*) abstoßen ❹ (*fig*) umstürzen II. *vr* **-rsi** ❶ (*ribellarsi*) **-rsi a qu/qc** sich gegen jdn/etw auflehnen ❷ (*volgersi indietro*) sich umdrehen

**rivoltella** [rivol'tɛlla] *f* Revolver *m* **rivoltellata** [rivoltel'la:ta] *f* Revolverschuss *m*

**rivolto** *pp di* **rivolgere**

**rivoltolare** [rivolto'la:re] I. *vt* wieder wälzen II. *vr* **-rsi** sich wälzen

**rivoltoso, -a** [rivol'to:so] I. *agg* aufständisch, aufrührerisch II. *m*, *f* Aufständische(r) *f(m)*, Aufrührer(in) *m(f)*

**rivoluzionamento** [rivoluttsiona'mento] *m* Revolutionierung *f*, Umbruch *m* **rivoluzionare** [rivoluttsio'na:re] *vt* ❶ (*fig: vita, mente*) in Aufruhr versetzen, durcheinanderbringen ❷ (*ordine, società*) revolutionieren, umstürzen **rivoluzionario, -a** [rivoluttsio'na:rio] <-i, -ie> I. *agg* revolutionär II. *m*, *f* Revolutionär(in) *m(f)* **rivoluzione** [rivolut'tsio:ne] *f* ❶ (POL) Revolution *f*, Umsturz *m*; **la Rivoluzione Francese** die Französische Revolution ❷ (SOC) Revolution *f*, Umwälzung *f*; **~ culturale** Kulturrevolution *f*; **~ industriale** industrielle Revolution ❸ (*fig fam*) Aufruhr *m*

**rizzare** [rit'tsa:re] I. *vt* ❶ (*tenda*) aufstellen, aufschlagen ❷ (*edificio*) errichten ❸ (*vele, bandiera*) hissen ❹ (*fig*) **~ gli orecchi** die Ohren spitzen; **~ la coda** [*o* **il pelo**] [*o* **la cresta**] hochmütig werden II. *vr* **-rsi** (*alzarsi in piedi*) sich aufrichten, aufstehen

**RNA** *m abbr di* **ribonucleic acid** (*acido ribonucleico*) RNA *f*, RNS *f*

**road manager** ['roud 'mænidʒə] <- *o* road managers> *mf* Konzertmanager(in) *m(f)* **road movie** ['roud 'mu:vi] <- *o* road movies> *m* Roadmovie *nt*

**roaming** ['roumiŋ] *m* (TELEC) Roaming *nt*; **tariffa ~** Roaminggebühr *f*

**roba** ['rɔ:ba] *f* ❶ (*possesso*) Sachen *fpl*, Dinge *ntpl* ❷ (*vestiario*) Sachen *fpl* ❸ (*da vendere*) Ware *f*; **~ usata** Gebrauchtwaren *fpl*; **~ da mangiare** (*fam*) Esswaren *fpl* ❹ (*affare, faccenda*) Sache *f*, Angelegenheit *f*; **bella ~!** schöner Mist! ❺ (*stoffa*) Stoff *m*, Tuch *nt* ❻ (*sl: droga*) Stoff *m sl*

**robiola** [ro'biɔ:la] *f sahniger Frischkäse aus der Lombardei*

**robivecchi** [robi'vɛkki] <-> *mf* Altwarenhändler(in) *m(f)*

**roboante** [robo'ante] *v.* **reboante**

**robot** ['rɔ:bot] <-> *m* Roboter *m*; **~ da cucina** Küchenmaschine *f*; **~ industriale** Industrieroboter *m*

**robotica** [ro'bɔ:tika] <-che> *f* Robotertechnik *f*, Robotik *f* **robotico, -a** [ro'bɔ:tiko] <-ci, -che> *agg* Roboter-; **tecnologia -a** Robotertechnik *f*, Robotik *f* **robotizzare** [robotid'dza:re] *vt* robot[er]isieren, automatisieren **robotizzazione** [robotiddzat'tsio:ne] *f* Robot[er]isierung *f*, Vollautomatisierung *f*

**robustezza** [robus'tettsa] *f* Robustheit *f* **robusto, -a** [ro'busto] *agg* ❶ (*persona,* *costituzione*) robust, kräftig ❷ (*cose*) stabil ❸ (*vino, voce*) kräftig

**rocca** ['rɔkka] <-cche> *f* (*fortezza*) Festung *f* **roccaforte** [rokka'fɔrte] <rocheforti> *f* ❶ (*città fortificata*) Festung *f* ❷ (*fig*) Hochburg *f*

**rocchetto** [rok'ketto] *m* ❶ (*di filo*) Garnspule *f*, Garnrolle *f* ❷ (FOTO, TEC) Spule *f*

**roccia** ['rɔttʃa] <-cce> *f* ❶ (GEOL) Gestein *nt* ❷ (*masso di pietra*) Fels *m*, Felsblock *m* **rocciatore, -trice** [rottʃa'toːre] *m, f* Kletterer *m*/Kletterin *f* **roccioso, -a** [rot'tʃoːso] *agg* felsig

**rock** [rɔk] I.<-> *m* ❶ (*rock and roll*) Rock and Roll *m;* **ballare il ~** Rock 'n Roll tanzen ❷ (*genere musicale*) Rockmusik *f;* **il ~ metropolitano** der Metropolitan-Rock; **~ jazz** Rockjazz *m* II.<inv> *agg* Rock-; **cantante ~** Rocksänger(in) *m(f);* **musica ~** Rockmusik *f* **rockeggiare** [roked'dʒaːre] *vi* rocken **rockettaro, -a** [roket'taːro] *m, f* ❶ (*compositore rock*) Rockmusiker(in) *m(f)* ❷ (*pej: mediocre imitatore rock*) Möchtegern-Rockstar *m* ❸ (*appassionato del rock*) Rockfan *m*

**rock-surf** ['rɔksəːf] *m* (SPORT) Snowboarding *nt*, Snowboarden *nt*

**roco, -a** ['rɔːko] <-chi, -che> *agg* rau, heiser

**rococò** [roko'kɔ] I.<-> *m* Rokoko *nt* II.<inv> *agg* Rokoko-

**rodaggio** [ro'daddʒo] <-ggi> *m* ❶ (TEC) Einlaufen *nt;* (MOT) Einfahren *nt;* (*periodo*) Einlauf-, Einfahrzeit *f;* **essere in ~** eingefahren werden ❷ (*fig*) Eingewöhnung *f;* (*di impiegato*) Einarbeitung *f;* **periodo di ~** Schonfrist *f;* (*di impiegato*) Einarbeitungszeit *f* **rodare** [ro'daːre] *vt* (TEC) einlaufen lassen; (MOT) einfahren

**rodenticida** [rodenti'tʃiːda] <-i> *m* (CHEM) Rattengift *nt*

**rodere** ['rɔːdere] <rodo, rosi, roso> *vt* ❶ (*rosicchiare*) nagen [an +*dat*] ❷ (*corrodere*) zerfressen ❸ (*fig*) fressen [an +*dat*]

**rodesiano, -a** I. *agg* (GEOG) rhodesisch II. *m, f* (GEOG) Rhodesier(in) *m(f)*

**rodigino, -a** [rodi'dʒiːno] I. *agg* aus Rovigo II. *m, f* (*abitante*) Einwohner(in) *m(f)* von Rovigo

**roditore** [rodi'toːre] *m* Nagetier *nt*, Nager *m*

**rododendro** [rodo'dɛndron] *m* Rhododendron *m* o *nt*, Almrausch *m* A

**rogare** [ro'gaːre] *vt* (JUR) aufsetzen

**rogito** ['rɔːdʒito] *m* notarielle Urkunde

**rogna** ['roɲɲa] *f* ❶ (MED) Krätze *f*, Räude *f* ❷ (*fig fam*) Plage *f*

**rognone** [roɲ'ɲoːne] *m* Niere *f*

**rognoso, -a** [roɲ'ɲoːso] *agg* ❶ (MED) krätzig, räudig ❷ (*fig*) lästig

**rogo** ['rɔːgo] *o* 'roːgo] <-ghi> *m* ❶ (*pira*) Scheiterhaufen *m* ❷ (*incendio*) Feuer *nt*, Brand *m*

**role-playing** ['roulplejŋ] <-> *m* Rollenspiel *nt* [zur Verbesserung des Arbeitsklimas]

**rolex**® ['roːleks] <-> *m* Rolex *f*

**roll-bar** ['roul baː] <- *o* rollbars> *m* Überrollbügel *m*

**roller** ['roulə] <- *o* rollers> *m*, **Rollerblade**® <- *o* Rollerblades> *m* Rollerskater *m*, Inlineskater *m*

**roll film** ['roul film] <- *o* roll films> *m* Rollfilm *m*

**roll-on, roll-off** ['roulɔn 'roulɔf] <-> *m* Roll-on-roll-off-Schiff *nt*

**rollout** ['roulaut] <- *o* rollouts> *m* (AERO) Flugzeugtaufe *f*

**ROM** [rɔm] I.<inv> *agg* (INFORM) ROM-; **memoria ~** ROM-Speicher *m* II.<-> *f* (INFORM) ROM-Speicher *m*

**Roma** ['roːma] *f* Rom *nt* (*Hauptstadt Italiens*); **di ~** römisch, Römer; **tutte le strade portano a ~** (*prov*) alle Wege führen nach Rom; **~ non fu fatta in un giorno** (*prov*) Rom wurde nicht an einem Tag erbaut

**Romagna** [ro'maɲɲa] *f* Romagna *f*

**romagnolo** [romaɲ'ɲoːlo] <sing> *m* (*dialetto*) Dialekt *m* der Romagna

**romagnolo, -a** I. *m, f* (*abitante*) Einwohner(in) *m(f)* der Romagna II. *agg* [aus] der Romagna

**romana** *f v.* **romano**

**romancio, -a** [ro'mantʃo] <-ci, -ce> I. *agg* romantsch [*o* rätoromanisch] II. *m* Romantsch(e) *nt*

**Romandia** [roman'diːa] *f* Französische Schweiz **romando, -a** [ro'mando] *agg* **Svizzera -a** Französische Schweiz

**romanesco, -a** [roma'nesko] <-schi, -sche> *agg* römisch

**romani** [ro'maːni] I.<sing> *m* Romani *mpl* II.<inv> *agg* die Romani betreffend; **lingua ~** Romani *nt*

**Romania** [roma'niːa] *f* Rumänien *nt*

**romanico** [ro'maːniko] *m* Romanik *f*

**romanico, -a** <-ci, -che> *agg* romanisch

**romanista** [roma'nista] <-i *m*, -e *f*> *mf* (*studioso*) Romanist(in) *m(f)* **romanistica** [roma'nistika] *f* Romanistik *f*

**romanità** [romani'ta] <-> *f* Römertum *nt*

**romano, -a** [ro'ma:no] I. *agg* römisch; **fare alla -a** getrennte Kasse machen II. *m, f* Römer(in) *m(f)*

**romantica** *f v.* **romantico**

**romanticheggiare** [romantiked'dʒa:re] *vi* ① (*adottare atteggiamenti tipici del Romanticismo*) romantisieren ② (*essere eccessivamente sentimentali*) ein Romantiker sein **romanticheria** [romantike'ri:a] <-ie> *f* (*pej*) Gefühlsduselei *f*

**romanticismo** [romanti'tʃizmo] *m* Romantik *f* **romantico, -a** [ro'mantiko] <-ci, -che> I. *agg* romantisch II. *m, f* Romantiker(in) *m(f)*

**romanza** [ro'mandza] *f* Romanze *f*

**romanzare** [roman'dza:re] *vt* [romanartig] ausschmücken **romanzato, -a** [roman'dza:to] *agg* in Romanform

**romanzesco, -a** [roman'dzesko] <-schi, -sche> *agg* ① (LIT) Roman- ② (*cavalleresco*) Ritter-, Helden- ③ (*fig*) phantastisch, abenteuerlich

**romanziere, -a** [roman'dziɛ:re] *m, f* Romancier *m*, Romanschriftsteller(in) *m(f)*

**romanz(i)ero** [roman'z(i)e:ro] *m* (*antologia*) Romanzensammlung *f*

**romanzo** [ro'mandzo] *m* ① (LIT) Roman *m*; **~ d'appendice** Fortsetzungsroman *m* ② (*fig*) Märchen *nt*; **sembrare** [*o* **parere**] **un ~** kaum zu glauben sein, unglaublich sein

**romanzo, -a** *agg* romanisch

**rombare** [rom'ba:re] *vi* dröhnen, donnern

**rombo** ['rombo] *m* ① (MAT) Rhombus *m*, Raute *f* ② (*rumore*) Dröhnen *nt*, Donnern *nt* ③ (ZOO) Scholle *f*, Plattfisch *m*

**romeno** [ro'mɛ:no] *v.* **rumeno**

**rompere** ['rompere] <rompo, ruppi, rotto> I. *vt* ① (*vetro*) brechen; (*vaso, bastone*) zerbrechen; (*catene, argini*) sprengen; (*timpano*) platzen lassen; **~ la faccia a qu** jdm das Gesicht zerschlagen; **~ le ossa a qu** jdm die Knochen brechen; **~ le scatole a qu** (*fam*) jdm auf den Geist gehen ② (*fig: folla, calca*) durchbrechen; (*silenzio, amicizia, incanto*) brechen; (*dieta*) aufhören mit; (*file, righe*) auflösen II. *vi* ① (*scoppiare*) **~ in pianto** in Tränen ausbrechen ② (*troncare*) **~ con qu** mit jdm brechen, mit jdm Schluss machen ③ (*fiume*) über die Ufer treten ④ (*prov*) **chi rompe paga e i cocci sono suoi** wer etwas kaputtmacht, der muss dafür zahlen, die Scherben gehören dann ihm III. *vr* **-rsi** [zer]brechen, kaputtgehen; **-rsi la testa** (*fig*) sich *dat* den Kopf zerbrechen; **-rsi un braccio/una gamba** sich *dat* einen Arm/ein Bein brechen

**rompi** ['rompi] I.<inv> *agg* (*fam*) nervtötend, auf die Nerven gehend II.<-> *mf* (*fam*) Nervensäge *f*; **essere un gran ~** eine echte Nervensäge sein

**rompiballe** [rompi'balle] I.<-> *mf* (*vulg*) Nervensäge *f* II.<inv> *agg* (*vulg*) nervraubend, nervtötend; **ma che individuo ~! was für eine Nervensäge!**

**rompicapo** [rompi'ka:po] *m* ① (*fastidio*) Kopfzerbrechen *nt* ② (*indovinello*) Denkaufgabe *f*, Rätsel *nt* ③ (*problema difficile*) kniffliges Problem

**rompicazzo** [rompi'kattso] <-> *mf* (*vulg*) *v.* **rompiballe**

**rompicoglioni** [rompikoʎ'ʎo:ni] <-> *mf* (*vulg*) *v.* **rompiballe**

**rompicollo** [rompi'kɔllo] I.<-> *mf* ① (*persona*) Wagehals *m*, verwegener Mensch ② (*percorso*) halsbrecherische Strecke II. *avv* **a ~** Hals über Kopf; **correre a ~** Hals über Kopf wegrennen

**rompifiamma** [rompi'fiamma] <-> *m* Gasaustritt *m*; **fori ~** Gasaustrittslöcher *ntpl*

**rompigetto** [rompi'dʒɛtto] <-> *m* Strahlrohr *nt*

**rompighiaccio** [rompigi'attʃo] I.<-> *m* ① (*nave*) Eisbrecher *m* ② (*arnese*) Eispickel *m* II.<inv> *agg* (*a. fig*) das Eis brechend

**rompimento** [rompi'mento] *m* ① (*fig fam*) Nervensäge *f* ② (*rottura*) Zerbrechen *nt*, Kaputtmachen *nt*

**rompipalle** [rompi'palle] <-> *mf* (*vulg*) *v.* **rompiballe**

**rompiscatole** [rompis'ka:tole] <-> *mf* (*fam*) Nervensäge *f* **rompitasche** [rompi'taske] I.<-> *mf* (*fam*) Nervensäge *f* II.<inv> *agg* (*fam*) nervtötend

**rompitimpani** [rompi'timpani] <inv> *agg* das Trommelfell platzen lassend, unerträglich; **un rumore ~** ein unerträglicher Lärm

**ronda** ['ronda] *f* Streife *f*, Wache *f*; **fare la ~** auf Streife gehen

**rondella** [ron'dɛlla] *f* Unterlegscheibe *f*

**rondine** ['rondine] *f* Schwalbe *f*

**rondò** [ron'dɔ] <-> *m* ① (MUS) Rondo *nt* ② (LIT) Ringelgedicht *nt*, Rondeau *nt*

**rondone** [ron'do:ne] *m* Mauersegler *m*

**ronfare** [ron'fa:re] *vi* ① (*russare*) schnarchen ② (*gatto*) schnurren **ronfata** [ron'fa:ta] *f* tiefer Schlaf

**röntgen** ['rœntgən] I.<inv> *agg* Röntgen- II.<-> *m* Röntgen *nt*

**ronzare** [ron'dza:re] *vi* ❶(*insetti*) summen ❷(*fig: idee, pensieri*) schwirren

**ronzino** [ron'dzi:no] *m* (*pej*) Gaul *m*, Klepper *m*

**ronzio** [ron'dzi:o] <-ii> *m* Summen *nt*

**rosa**¹ ['rɔ:za] *f* (BOT: *pianta*) Rose *f*, Rosenstock *m*; (*fiore*) Rose *f*; **~ dei venti** Windrose *f*; **fresco come una ~** (*fig*) frisch wie der junge Morgen; **all'acqua di -e** (*fig*) oberflächlich; **se son -e, fioriranno** es wird sich schon zeigen, ob es etwas Gutes ist; **non c'è ~ senza spine** (*prov*) keine Rose ohne Dornen

**rosa**² I.<inv> *agg* ❶(*colore*) rosa; **foglio ~** vorläufige Fahrerlaubnis ❷(*fig*) **romanzo ~** Liebesroman *m* II.<-> *m* Rosa *nt*

**rosaio** [ro'za:io] <-ai> *m* Rosenstock *m*, -strauch *m*

**rosario** [ro'za:rio] <-i> *m* ❶(REL) Rosenkranz *m* ❷(*fig*) Kette *f*, Folge *f*

**rosatello** [roza'tɛllo] *m* Rosé[wein] *m*

**rosato** [ro'za:to] *m* Rosé[wein] *m*

**rosato, -a** *agg* ❶(*colorito*) rosa[farben] ❷(*miele*) Rosen- ❸(*vino*) Rosé-

**rosbif** ['rɔsbif] <-> *m* Roastbeef *nt*

**roseo, -a** ['rɔ:zeo] *agg* (*a. fig*) rosig

**rosetta** [ro'zetta] *f* ❶(*diamante*) Rosette *f* ❷(TEC) Unterlegscheibe *f* ❸(*pane*) Rosenbrötchen *m*

**rosi** ['ro:si] *1. pers sing pass rem di* **rodere**

**rosicare** [rosi'ka:re] *vt* (*rodere*) knabbern [an +*dat*], nagen [an +*dat*]

**rosicchiare** [rosik'kia:re] *vt* (*osso, mela*) knabbern [an +*dat*], nagen [an +*dat*]

**rosmarino** [rozma'ri:no] *m* Rosmarin *m*

**roso** ['ro:so] *pp di* **rodere**

**rosolare** [rozo'la:re] *vt* anbraten **rosolata** [rozo'la:ta] *f* Anbraten *nt*; **dare una ~ alla carne** das Fleisch anbraten

**rosolia** [rozo'li:a] <-ie> *f* Röteln *pl*

**rosolio** [ro'zɔ:lio] <-i> *m* Rosolio *m* (*süßer Likör mit geringem Alkoholgehalt*)

**rosone** [ro'zo:ne] *m* ❶(*motivo ornamentale*) Rosette *f* ❷(*vetrata*) Fensterrose *f*, Rosette *f*

**rospo** ['rɔspo] *m* Kröte *f*; **coda di ~** Anglerfisch *m*; **mangiare** [*o* **ingoiare**] **un ~** (*fig*) in den sauren Apfel beißen

**rossa** *f v.* **rosso**

**rossastro, -a** [ros'sastro] *agg* rötlich

**rosseggiare** [rossed'dʒa:re] *vi* rötlich schimmern

**rossetto** [ros'setto] *m* Lippenstift *m*

**rossiccio, -a** [ros'sittʃo] <-cci, -cce> *agg* rötlich

**rosso** ['rosso] *m* Rot *nt*; **~ d'uovo** Eigelb *nt*; **passare col ~** bei Rot über die Ampel gehen; **~ di sera bel tempo si spera** (*prov*) Abendrot, Schönwetterbot'

**rosso, -a** I. *agg* rot; **vino ~** Rotwein *m*; **il Mar Rosso** das Rote Meer II. *m, f* ❶(*persona rossa di capelli*) Rothaarige(r) *f(m)* ❷(*fam* POL) Rote(r) *f(m)* **rossore** [ros'so:re] *m* Röte *f*

**rosso-verde** ['rosso'verde] *agg* (POL) rot[-]grün

**rosticceria** [rostittʃe'ri:a] <-ie> *f* Rotisserie *f*, Bratküche *f* **rosticciere, -a** [rostit'tʃɛ:re] *m, f* Inhaber(in) *m(f)* einer Rotisserie

**rostro** ['rɔstro] *m* ❶(*becco*) Schnabel *m* ❷(NAUT) Rammsporn *m*

**rota** ['rɔ:ta] *f* Rota *f*

**rotaia** [ro'ta:ia] <-aie> *f* Schiene *f*, Gleis *nt*; **uscire dalle -aie** (*a. fig*) entgleisen

**rotare** [ro'ta:re] <ruoto, ruoti> I. *vi* ❶(*girare*) [sich] drehen, rotieren ❷(*volare*) kreisen, Kreise ziehen II. *vt* ❶(*braccio, bastone*) kreisen lassen ❷(AGR: *colture*) wechseln

**rotativa** [rota'ti:va] *f* Rotationsmaschine *f*, -presse *f* **rotativo, -a** [rota'ti:vo] *agg* Rotations-; (AGR) Fruchtwechsel-

**rotatoria** [rota'tɔ:ria] *f* Kreisverkehr *m* **rotatorio, -a** [rota'tɔ:rio] <-i, -ie> *agg* Dreh-; (*circolazione*) Kreis-

**rotazione** [rotat'tsio:ne] *f* ❶(MAT) Rotation *f*; (ASTR) Umdrehung *f* ❷(AGR) **~ delle colture** Fruchtfolge *f*, Rotation *f* ❸(*alternanza*) Wechsel *m*, Rotation *f*

**roteare** [rote'a:re] I. *vt* kreisen lassen; (*occhi*) rollen II. *vi* kreisen, Kreise ziehen

**rotella** [ro'tɛlla] *f* Rolle *f*; (*di orologio*) Rädchen *nt*; **pattini a -e** Rollschuhe *mpl*; **gli manca una** [*o* **qualche**] **~** (*fam*) bei ihm ist eine Schraube locker

**rotismo** [ro'tizmo] *m* Räderwerk *nt*, Getriebe *nt*

**rotocalco** [roto'kalko] *m* Illustrierte *f*

**rotolamento** [rotola'mento] *m* Rollen *nt*

**rotolare** [roto'la:re] I. *vt* rollen II. *vi essere* rollen III. *vr* **-rsi** sich rollen, sich wälzen

**rotolo** ['rɔ:tolo] *m* ❶(*di carta igienica*) Rolle *f*; (*di stoffa*) Ballen *m* ❷(*libro antico*) Schriftrolle *f* ❸(*loc*) **andare a -i** (*fam fig*) den Bach runtergehen

**rotonda** [ro'tonda] *f* ❶(ARCH) Rundbau *m*, Rotunde *f* ❷(*traffico*) Kreisverkehr *m*

**rotondeggiare** [rotonded'dʒa:re] *vi* rund sein

**rotondità** [rotondi'ta] <-> *f* Rundheit *f*; (*di persone, membra*) Rundlichkeit *f*

**rotondo, -a** [ro'tondo] *agg* rund; (*fig a*) abgerundet
**rotoplano** [roto'pla:no] *m* (AERO) Rotorflugzeug *nt*, Drehflügler *m*
**rotore** [ro'to:re] *m* Rotor *m*
**rotoscope** [routo'skoup] <- *o* rotoscopes> *m* (FILM) Rotoskop *nt*
**rotta** ['rotta] *f* ❶ (*fig*) Bruch *m;* **essere in ~ con qu** mit jdm gebrochen haben, mit jdm zerstritten sein ❷ (*sconfitta*) Niederlage *f* ❸ (NAUT, AERO) Kurs *m;* **cambiare ~** (*a. fig*) den Kurs ändern; **fare ~ per** [*o* **verso**] ... Kurs auf ... nehmen
**rottamaggio** [rotta'maddʒo] <-ggi> *m* Verschrottung *f* **rottamaio** [rotta'ma:io] <-ai> *m* (*deposito*) Schrottplatz *m* **rottamare** [rotta'ma:re] *vt* verschrotten **rottamazione** [rottamat'tsio:ne] *f* Verschrottung *f* **rottame** [rot'ta:me] *m* ❶ (*residuo*) Bruchstück *nt;* (*di vetro*) Scherbe *f* ❷ (*ammasso inservibile*) Schrott[haufen] *m* ❸ (*fig fam: persona*) Wrack *nt* **rottamista** [rotta'mista] <-i *m*, -e *f*> *mf v.* **rottamaio**
**rotto** ['rotto] *m* (*fig fam*) **per il ~ della cuffia** um Haaresbreite
**rotto, -a** I. *pp di* **rompere** II. *agg* ❶ (*ridotto in pezzi*) zerbrochen, kaputt ❷ (*scarpe, camicia*) verschlissen, kaputt ❸ (*ossa*) gebrochen ❹ (*fig: voce*) erstickt ❺ (*interrotto*) unterbrochen ❻ (*resistente*) **essere ~ a qc** gegen etw gefeit sein
**rottura** [rot'tu:ra] *f* ❶ (*di tubo, braccio, argine*) Bruch *m* ❷ (*fig: di tregua*) Abbruch *m;* (*di fidanzamento*) [Auf]lösung *f;* (*col passato*) Bruch *m*
**rotula** ['rɔtula] *f* Kniescheibe *f*
**rouge** [ruʒ] *m* ❶ (*alla roulette*) Rouge *nt*, Rot *nt* ❷ (*cosmetico*) Rouge *nt*
**roulotte** [ru'lɔt] <-> *f* Wohnwagen *m*
**round** [raund] <-> *m* (SPORT) Runde *f*
**rousseauiano, -a** [russo'jano] *agg* Rousseau'sche
**routine** [ru'tin] <-> *f* Routine *f*
**rovente** [ro'vɛnte] *agg* glühend; (*a. fig*) heiß
**rover** ['rouvə] <- *o* rovers> *m* ❶ (*giovane caposquadra boy-scout*) Leiter *m* einer Pfadfindergruppe ❷ (*veicolo*) Rover *m* (*Mondfahrzeug an Bord der Apollo 13, 1972*)
**rovere** ['ro:vere] I. *m o f* Stiel-, Sommereiche *f* II. *m* Eichenholz *nt*
**rovesciamento** [roveʃʃa'mento] *m* Umkehrung *f*, Umsturz *m* **rovesciare** [roveʃ'ʃa:re] I. *vt* ❶ (*versare inavvertitamente*) verschütten, vergießen; **~ la colpa su qu** (*fig*) die Schuld auf jdn abwälzen ❷ (*voltare*) wenden ❸ (*far cadere*) umwerfen, -stoßen; (*fig* POL*.: governo*) stürzen ❹ (*capovolgere*) umkehren ❺ (MIL) niederschlagen II. *vr* **-rsi** ❶ (*capovolgersi*) sich umkehren ❷ (*gettarsi*) sich stürzen ❸ (*cadere*) sich fallen lassen ❹ (*riversarsi*) sich ergießen **rovesciata** [roveʃ'ʃa:ta] *f* Rückzieher *m*
**rovescio** [ro'vɛʃʃo] <-sci> *m* ❶ (*lato opposto*) Rückseite *f;* (*di stoffa*) linke Seite; **il ~ della medaglia** (*fig*) die Kehrseite der Medaille ❷ (*maglia*) linke Masche ❸ (SPORT) Rückhand *f*, Rückhandschlag *m* ❹ (*di pioggia, grandine*) Schauer *m* ❺ (*fig*) Rückschlag *m*
**rovescio, -a** <-sci, -sce> *agg* ❶ (*dalla parte opposta*) verkehrt, umgekehrt; **alla ~a** verkehrt, umgekehrt; **conto alla -a** Countdown *m o nt* ❷ (*supino*) rücklings
**Rovigo** *f* Rovigo *nt* (*Stadt in Venetien*)
**rovigotto, -a** [rovi'gɔtto] I. *m, f* (*fam: abitante*) Einwohner(in) *m(f)* von Rovigo II. *agg* (*fam*) aus Rovigo
**rovina** [ro'vi:na] *f* ❶ (*disfacimento*) Einsturz *m* ❷ *pl* (*macerie*) Ruinen *fpl* ❸ (*fig*) Ruin *m*, Verderben *nt* **rovinare** [rovi'na:re] I. *vt* ❶ (*persone*) ruinieren, zugrunde [*o* zu Grunde] richten ❷ (*salute*) ruinieren; (*raccolto*) verderben ❸ (*ponte, edificio*) einreißen II. *vi* ❶ (*cadere giù*) einstürzen ❷ (*precipitare*) herabstürzen III. *vr* **-rsi** sich ruinieren, sich zugrunde [*o* zu Grunde] richten
**rovinografia** [rovinogra'fi:a] <-ie> *f* Katastrophengenre *nt*, Katastrophenthematik *f* in Film und Literatur **rovinografo, -a** [rovi'nɔ:grafo] *m, f* Autor(in) *m(f)* von Katastrophenliteratur, Produzent(in) *m(f)* von Katastrophenfilmen **rovinologia** [rovinolo'dʒi:a] <-ie> *f* Katastrophenforschung *f* **rovinologo, -a** [rovi'nɔ:logo] <-gi, -ghe> *m, f* Katastrophenforscher(in) *m(f)*
**rovinoso, -a** [rovi'no:zo] *agg* heftig; **una caduta -a** ein schwerer Fall
**rovistare** [rovis'ta:re] *vt* durchsuchen, stöbern in *+dat*
**rovo** ['ro:vo] *m* Brombeerstrauch *m*, Brombeere *f*
**rozzezza** [rod'dzettsa] *f* Grobheit *f* **rozzo, -a** ['roddzo] *agg* ❶ (*persone, parole*) grob, ungehobelt ❷ (*lana, tela*) grob, rau
**R.R.** *abbr di* **ricevuta di ritorno** Rückschein *m*

**Rrr** *abbr di* **raccomandata con ricevuta di ritorno** Einschreiben gegen Rückschein
**RSM** *m abbr di* **Repubblica di San Marino** Republik *f* San Marino
**ruba** ['ru:ba] *f* **andare a ~** (*fam*) reißenden Absatz finden, weggehen wie warme Semmeln
**rubacuori** [ruba'kuɔ:ri] I. <inv> *agg* betörend II. <-> *mf* Herzensbrecher(in) *m(f)*
**rubamazzo** [ruba'mattso] *m* ein Kartenspiel
**rubare** [ru'ba:re] *vt* ❶ (*portafogli, gioielli*) rauben, stehlen; **a ~ poco si va in galera, a ~ tanto si fa carriera** (*prov*) die Kleinen hängt man, die Großen lässt man laufen ❷ (*fig: segreto*) entlocken; (*tempo, cuore*) stehlen; (*sonno*) rauben **ruberia** [rube'ri:a] <-ie> *f* Stehlen *nt*
**rubicondo, -a** [rubi'kondo] *agg* hochrot
**rubinetteria** [rubinette'ri:a] <-ie> *f* Armaturen *fpl* **rubinetto** [rubi'netto] *m* Hahn *m*
**rubino**¹ [ru'bi:no] *m* Rubin *m*
**rubino**² <inv> *agg* rubinrot
**rubizzo, -a** [ru'bittso *o* ru'biddzo] *agg* rüstig
**rublo** ['ru:blo] *m* Rubel *m*
**rubrica** [ru'bri:ka] <-che> *f* ❶ (*libretto*) Verzeichnis *nt;* **~ telefonica** Telefonbuch *nt* ❷ (RADIO, TV) Rubrik *f* ❸ (*di giornale*) Spalte *f* ❹ (COM, FIN) Kontenrahmen *m*
**rucola** ['ru:kola] *f* Rauke *f*
**rude** ['ru:de] *agg* rüde, grob
**ruderi** ['ru:deri] *mpl* ❶ (*resti di costruzione*) Ruinen *fpl* ❷ (*fig*) Überreste *mpl*
**rudezza** [ru'dettsa] *f* Rüdheit *f*, Grobheit *f*
**rudimentale** [rudimen'ta:le] *agg* rudimentär **rudimento** [rudi'mento] *m* ❶ *pl* (*principi elementari*) Grundlagen *fpl* ❷ (*abbozzo*) Rudiment *nt*
**ruffiana** *f v.* **ruffiano**
**ruffianata** [ruffia'na:ta] *f* (*fam*) Schweinerei *f*, Schiebung *f*
**ruffianeggiare** [ruffianed'dʒa:re] *vi* kuppeln **ruffianeria** [ruffiane'ri:a] <-ie> *f* Kuppelei *f* **ruffiano, -a** [ruf'fia:no] *m, f* ❶ (*fam: chi cerca di ingraziarsi*) Speichellecker(in) *m(f)* ❷ (*mezzano*) Kuppler(in) *m(f)*
**ruga** ['ru:ga] <-ghe> *f* Falte *f*, Runzel *f*
**rugbista** [rug'bista] <-i *m,* -e *f*> *mf* Rugbyspieler(in) *m(f)* **rugby** ['rugbi] <-> *m* Rugby *nt*
**ruggine**¹ ['ruddʒine] *f* ❶ (*sostanza*) Rost *m;* **fare la ~** rosten ❷ (*fig fam*) Zoff *m sl*, Knies *m dial*

**ruggine**² <inv> *agg* rostbraun, rostfarben
**rugginoso, -a** [ruddʒi'no:so] *agg* rostig
**ruggire** [rud'dʒi:re] <ruggisco> *vi* brüllen; (*mare, tempesta*) heulen **ruggito** [rud'dʒi:to] *m* Brüllen *nt;* (*del mare, vento*) Heulen *nt*
**rugiada** [ru'dʒa:da] *f* Tau *m*
**rugosità** [rugosi'ta] <-> *f* Runz[e]ligkeit *f*
**rugoso, -a** [ru'go:so] *agg* runz[e]lig, faltig
**rullaggio** [rul'laddʒo] <-ggi> *m* **pista di ~** Rollfeld *nt*
**rullare** [rul'la:re] I. *vi* ❶ (*tamburo*) dröhnen ❷ (AERO) rollen II. *vt* walzen **rullata** [rul'la:ta] *f* Abrollen *nt*
**rullatrice** [rulla'tri:tʃe] *f* (TEC) ❶ (*macchina che esegue la curvatura di profilati*) Profilfräser *m* ❷ (*macchina per la filettatura*) Gewindeschälmaschine *m*
**rullino** [rul'li:no] *m* Film *m*, Filmrolle *f*
**rullio** [rul'li:o] <-ii> *m* Dröhnen *nt*
**rullo** ['rullo] *m* ❶ (*di tamburo*) Trommelwirbel *m* ❷ (*arnese cilindrico*) Rolle *f;* (TYP) Walze *f* ❸ *pl* (*sport*) Fahrradergometer *nt*
**rulottista** [rulot'tista] <-i *m,* -e *f*> *mf* Wohnwagen-Camper *m* **rulottopoli** [rulot'tɔpoli] <-> *f* Wohncontainer *mpl*
**rum** [rum] <-> *m* Rum *m*
**rumeno, -a** [ru'mɛ:no] I. *agg* rumänisch II. *m, f* Rumäne *m*/Rumänin *f*
**ruminanti** [rumi'nanti] *mpl* Wiederkäuer *mpl* **ruminare** [rumi'na:re] *vt* ❶ (ZOO) wiederkäuen ❷ (*fig: pensare*) [nach]grübeln über +*acc* ❸ (*masticare a lungo*) lange kauen
**rumine** ['ru:mine] *m* Pansen *m*
**rumore** [ru'mo:re] *m* ❶ (*fenomeno acustico*) Geräusch *nt;* (*strepito*) Lärm *m*, Krach *m;* **colonna dei -i** (FILM) Geräuschkulisse *f;* **difesa dal ~** Lärmbekämpfung *f;* **inquinamento da ~** (*fig*) Lärmbelästigung *f* ❷ (*fig*) Aufsehen *nt;* **fare ~** (*fig*) Aufsehen erregen; **molto ~ per nulla** viel Lärm um nichts **rumoreggiare** [rumored'dʒa:re] *vi* ❶ (*fare rumore*) lärmen; (*tuono*) dröhnen; (*mare*) brausen ❷ (*fig: persone*) murren **rumorista** [rumo'rista] <-i *m,* -e *f*> *mf* Geräuschmacher(in) *m(f)* **rumoroso, -a** [rumo'ro:so] *agg* laut
**runa** ['ru:na] *f* Rune *f*
**runner** ['rʌnnə *o* 'rʌnner] <-> I. *mf* (SPORT) Läufer(in) *m(f)* II. *m* (*copritavolo*) Tischläufer *m*
**ruolizzato, -a** [ruolid'dza:to] *agg* (ADM) verbeamtet **ruolizzazione** [ruoliddzat'tsio:ne] *f* (ADM) Übernahme *f*, Verbeamtung *f*

**ruolo** ['rwɔːlo] *m* ① (*funzione*) Rolle *f*, Funktion *f* ② (THEAT) Rolle *f* ③ (ADM) Stellenplan *m;* **insegnanti di ~** festangestellte Lehrer *mpl;* **essere di ~** beamtet sein; **passare di ~** ins Beamtenverhältnis übernommen werden ④ (COM) Plan *m,* Liste *f*

**ruota** ['rwɔːta] *f* ① (*gener,* TEC, MOT) Rad *nt;* **~ dentata** Zahnrad *nt;* **a ~ libera** (*fig*) im Leerlauf; **essere l'ultima** [*o* **la quinta**] **~ del carro** das fünfte Rad am Wagen sein; **a ~** Rad- ② (NAUT) Steven *m* ③ (*del lotto*) Ziehungsstelle *f* ④ (*oggetto circolare*) Scheibe *f* ⑤ (*di luna park*) Riesenrad *nt*

**ruotare** [rwoˈtaːre] I. *vi* ① (*girare*) [sich] drehen, rotieren ② (*volare*) kreisen, Kreise ziehen II. *vt* ① (*braccio, bastone*) kreisen lassen ② (AGR: *colture*) wechseln

**rupe** ['ruːpe] *f* Fels[en] *m*

**rupestre** [ruˈpɛstre] *agg* felsig

**ruppi** ['ruppi] *1. pers sing pass rem di* **rompere**

**rurale** [ruˈraːle] *agg* ländlich, Land-

**ruscello** [ruʃˈʃɛllo] *m* Bach *m*

**ruspa** ['ruspa] *f* Bagger *m*

**ruspante** [rusˈpante] *agg* scharrend; **pollo ~** Freilandhuhn *nt* **ruspare** [rusˈpaːre] *vi* scharren, kratzen

**ruspatore, -trice** [ruspaˈtoːre] *m, f* Kastaniensammler(in) *m(f)*

**ruspista** [rusˈpista] <-i *m,* -e *f*> *mf* Baggerführer(in) *m(f)*

**russa** *f v.* **russo**

**russare** [rusˈsaːre] *vi* schnarchen

**Russia** ['russia] *f* Russland *nt*

**russificare** [russifiˈkaːre] *vt* russifizieren **russificazione** [russifikatˈtsioːne] *f* Russifizierung *f*

**russista** [rusˈsista] <-i *m,* -e *f*> *mf* Russist(in) *m(f)* **russistica** [rusˈsistika] <-che> *f* Russistik *f*

**russo, -a** ['russo] I. *agg* russisch; **insalata -a** Gemüsesalat mit Mayonnaise und Ei; **montagne -e** Achterbahn *f* II. *m, f* Russe *m/*Russin *f*

**rusticano, -a** [rustiˈkaːno] *agg* ländlich, bäuerlich; **cavalleria -a** Bauernehre *f*

**rusticità** [rustitʃiˈta] <-> *f* Rustikalität *f*

**rustico** ['rustiko] <-ci> *m* ① (*edificio di campagna*) Landhaus *nt* ② (ARCH) Rohbau *m*

**rustico, -a** <-ci, -che> *agg* ① (*campagnolo*) ländlich ② (*mobile*) rustikal ③ (*persona*) bäurisch ④ (*fig, pej*) roh, grob

**ruta** ['ruːta] *f* Raute *f*

**rutinario, -a** [rutiˈnaːrio] <-i, -ie> *agg* Routine-, routinemäßig; **procedimento ~** Routineangelegenheit *f* **rutiniero, -a** [rutiˈnjɛro] I. *agg* Routine-, routinemäßig II. *m, f* Routinier *m*

**ruttare** [rutˈtaːre] *vi* rülpsen, aufstoßen **ruttino** [rutˈtiːno] *m* Bäuerchen *nt* **rutto** ['rutto] *m* Rülpser *m;* **fare un ~** rülpsen

**ruttore** [rutˈtoːre] *m* Schalter *m*

**ruvidezza** [ruviˈdettsa] *f* ① (*di scorza, pietra*) Rauheit *f* ② (*fig*) Rohheit *f,* Grobheit *f*

**ruvido, -a** ['ruːvido] *agg* ① (*mani, corteccia, stoffa*) rau ② (*fig*) roh, grob

**ruzzo** ['ruddzo] *m* (*fam*) Laune *f,* Grille *f*

**ruzzolare** [ruttsoˈlaːre] I. *vi* purzeln, hinunterkugeln II. *vt* rollen **ruzzolata** [ruttsoˈlaːta] *f* Purzelbaum *m* **ruzzolone** [ruttsoˈloːne] *m* Sturz *m,* Fall *m* **ruzzoloni** [ruttsoˈloːni] *avv* purzelnd

# Ss

**S, s** ['ɛsse] <-> f S, s nt; **s come Savona** S wie Siegfried
**S.** ❶ abbr di **sud** S ❷ abbr di **santo** hl., St.
**s** abbr di **secondo** s
**S** abbr di **sud** S
**s.a.** abbr di **senza anno** o.J.
**sabato** ['sa:bato] m Samstag m, Sonnabend m; **~ Santo** Karsamstag m; v. a. **domenica**
**sabba** ['sabba] <-> m Hexensabbat m
**sabbia** ['sabbia] <-ie> f Sand m; **costruire sulla ~** (fig) auf Sand bauen; **|di| color ~** sandfarben **sabbiato, -a** [sab'bia:to] agg (TEC) sandgestrahlt **sabbiatura** [sabbia'tu:ra] f ❶ (MED) Sandbad nt ❷ (TEC) Sandstrahlen nt **sabbioso, -a** [sab'bio:so] agg sandig; (riva) Sand-; **pietra -a** Sandstein m
**sabotaggio** [sabo'taddʒo] <-ggi> m Sabotage f **sabotare** [sabo'ta:re] vt sabotieren **sabotatore, -trice** [sabota'to:re] m, f Saboteur(in) m(f)
**S.acc.** abbr di **Società in accomandita** KG f
**sacca** ['sakka] <-cche> f ❶ (borsa) [große] Tasche f, Reisetasche f ❷ (MED, ANAT) Beutel m, Sack m
**saccaride** [sak'ka:ride] m Kohle[n]hydrat nt
**saccarina** [sakka'ri:na] f Saccharin nt
**saccarosio** [sakka'rɔ:sio] <-i> m Saccharose f
**saccata** [sak'ka:ta] f Sack[voll] m
**saccatura** [sakka'tu:ra] f (METEO) Tiefdruckrinne f
**saccente** [sat'tʃɛnte] I. agg besserwisserisch; (bambino) altklug II. mf Besserwisser(in) m(f) **saccenteria** [sattʃente'ri:a] <-ie> f Besserwisserei f
**saccheggiare** [sakked'dʒa:re] vt (città) plündern; (banca) ausrauben **saccheggiatore, -trice** [sakkeddʒa'to:re] I. agg Raub- II. m, f Räuber(in) m(f), Plünderer m/Plünderin f **saccheggio** [sak'keddʒo] <-ggi> m Plünderung f
**sacchetto** [sak'ketto] m Tüte f, Beutel m, Sackerl nt A
**sacco** ['sakko] <-cchi> m ❶ (recipiente) Sack m; **~ a pelo** Schlafsack m; **~ da montagna** Rucksack m; **colazione al ~** Picknick nt; **corsa nei -cchi** Sackhüpfen nt; **cogliere [o pescare] qu con le mani nel ~** (fig) jdn auf frischer Tat ertappen; **vuotare il ~** (fig) auspacken ❷ (fig fam) Haufen m; **avere un ~ di debiti** einen Haufen Schulden haben ❸ (ANAT, ZOO) Sack m, Beutel m ❹ (tela) Sackleinen nt
**saccoccia** [sak'kɔttʃa] <-cce> f (dial) Tasche f, Beutel m
**saccone** [sak'ko:ne] m Strohsack m
**saccopelista** [sakkope'lista] <-i m, -e f> mf Rucksacktourist(in) m(f)
**S.acc.p.a.** abbr di **Società in accomandita per azioni** KGaA
**sacerdotale** [satʃerdo'ta:le] agg priesterlich, Priester- **sacerdote, -essa** [satʃer'dɔ:te, satʃerdo'tessa] m, f Geistliche(r) f(m) **sacerdozio** [satʃer'dɔttsio] <-i> m ❶ (REL) Priestertum nt, Priesterschaft f ❷ (fig) Mission f
**sacrale** [sa'kra:le] agg ❶ (REL) sakral, heilig ❷ (ANAT) Kreuzbein-
**sacramentale** [sakramen'ta:le] agg sakramental **sacramentare** [sakramen'ta:re] vt (REL) die Sakramente austeilen **sacramento** [sakra'mento] m Sakrament nt; (l'Eucarestia) Abendmahl nt, Eucharistie f
**sacrario** [sa'kra:rio] <-i> m ❶ (di tempio) Heiligtum nt ❷ (edificio) Gedenkstätte f
**sacrato** [sa'kra:to] v. **sagrato**
**sacrestano** [sakres'ta:no] v. **sagrestano**
**sacrestia** [sakres'ti:a] f v. **sagrestia**
**sacrificale** [sakrifi'ka:le] agg Opfer-
**sacrificare** [sakrifi'ka:re] I. vt opfern II. vr -rsi ❶ (offrirsi in sacrificio) sich opfern, sich hingeben ❷ (sopportare privazioni) sich aufopfern **sacrificato, -a** [sakrifi'ka:to] agg ❶ (pieno di rinunce) entbehrungsreich, voller Opfer; **in quella ditta è sacrificato** in dieser Firma kann er sich nicht entfalten ❷ (non valorizzato) **essere ~** nicht zur Geltung kommen ❸ (offerto in sacrificio) geopfert
**sacrificio** [sakri'fi:tʃo] <-ci> m, **sacrifizio** [sakri'fittsio] <-i> m Opfer nt; (privazione) Verzicht m
**sacrilegio** [sakri'lɛ:dʒo] <-gi> m ❶ (profanazione) Frevel m, Gotteslästerung f, Sakrileg nt ❷ (fig) Schande f, Frevel m
**sacrilego, -a** [sa'kri:lego] <-ghi, -ghe> agg gotteslästerlich, frevlerisch
**sacripante** [sakri'pante] m Riesenkerl m, Hüne m; **~!** Teufel auch!
**sacristia** [sakris'ti:a] f v. **sagrestia**
**sacro** ['sa:kro] m Kreuzbein nt

**sacro, -a** *agg* heilig; (*musica, persona*) geistlich; **la -a famiglia** die Heilige Familie; **le -e scritture** die Heilige Schrift

**sacrosanto, -a** [sakro'santo] *agg* ❶ (REL) hochheilig ❷ (*inviolabile*) unverletzlich

**sadico, -a** ['sa:diko] <-ci, -che> I. *agg* sadistisch II. *m, f* (PSIC) Sadist(in) *m(f)*

**sadismo** [sa'dizmo] *m* Sadismus *m*

**saetta** [sa'etta] *f* Blitz *m* **saettare** [saet'ta:re] *vt* ❶ (*sguardi, parole*) schleudern; (*palla*) schießen ❷ (*fulminare*) blitzen

**safari** [sa'fa:ri] <-> *m* Safari *f*

**safe-sex** ['seifseks] <-> *m* Safer Sex *m*

**safety engineer** ['seifti endʒi'niə] <- o safety engineers> *mf* Arbeitsschutzbeauftragte(r) *f(m)*

**saga** ['sa:ga] <-ghe> *f* Sage *f*, Saga *f*

**sagace** [sa'ga:tʃe] *agg* scharfsinnig, klug **sagacia** [sa'ga:tʃa] <-ie> *f*, **sagacità** [sagatʃi'ta] <-> *f* Scharfsinn *m*, Klugheit *f*

**saggezza** [sad'dʒettsa] *f* Weisheit *f*

**saggia** *f v.* **saggio, -a**

**saggiare** [sad'dʒa:re] *vt* prüfen; **~ qu** jdn auf die Probe stellen **saggiatore, -trice** [saddʒa'to:re] *m, f* Prüfer(in) *m(f)*

**saggina** [sad'dʒi:na] *f* Hirse *f*

**saggio** ['saddʒo] <-gi> *m* ❶ (*prova*) Probe *f* ❷ (FIN: *tasso*) Satz *m* ❸ (*scritto*) Essay *m o nt*, Abhandlung *f*

**saggio, -a** <-ggi, -gge> I. *agg* weise, klug II. *m, f* (*persona saggia*) Weise(r) *f(m)*, Gelehrte(r) *f(m)*

**saggista** [sad'dʒista] <-i *m*, -e *f*> *mf* Essayist(in) *m(f)* **saggistica** [sad'dʒistika] <-che> *f* Essayistik *f* **saggistico, -a** [sad'dʒistiko] <-ci, -che> *agg* essayistisch

**sagittario** [sadʒit'ta:rio] *m* ❶ (*arciere*) Bogenschütze *m* ❷ (ASTR) Schütze *m*; **sono Sagittario, sono un** [*o* **del**] **Sagittario** ich bin [ein] Schütze

**sagoma** ['sa:goma] *f* ❶ (*profilo*) Profil *nt*, Silhouette *f* ❷ (*nel tiro a segno*) Zielscheibe *f* ❸ (*modello*) Form *f*, Schablone *f* ❹ (*fig fam*) komischer Kauz **sagomare** [sago'ma:re] *vt* formen, modellieren

**sagomato** *m* Profil *nt*

**sagomato, -a** [sago'ma:to] *agg* geformt **sagomatura** [sagoma'tu:ra] *f* Formgebung *f*

**sagra** ['sa:gra] *f* ❶ (*festa popolare*) [Volks]fest *nt* ❷ (REL) Kirchweih *f*

**sagrato** [sa'gra:to] *m* Kirchplatz *m*

**sagrestano, -a** [sagres'ta:no] *m, f* Küster *m*, Kirchendiener(in) *m(f)* **sagrestia** [sagres'ti:a] <-ie> *f* Sakristei *f*

**saio** ['sa:io] <sai> *m* Kutte *f*

**sala** ['sa:la] *f* Saal *m*; **~ d'aspetto** Warteraum *m*; **~ da ballo** Ballsaal *m*; **~ da pranzo** Speisesaal *m*

**salace** [sa'la:tʃe] *agg* ❶ (*lascivo*) schlüpfrig, lasziv ❷ (*pungente*) bissig, scharf **salacità** [salatʃi'ta] <-> *f* ❶ (*lascivia*) Schlüpfrigkeit *f*, Laszivität *f* ❷ (*aggressività*) Schärfe *f*, Bissigkeit *f*

**salafita** [sala'fi:ta] <-> *m* (REL) Salafist(in) *m(f)*

**salama** [sa'la:ma] *f* Schweinswurst *f*

**salamandra** [sala'mandra] *f* Salamander *m*

**salame** [sa'la:me] *m* ❶ (GASTR) Wurst *f* ❷ (*fig fam*) Trottel *m*

**salamelecco** [salame'lɛkko] <-cchi> *m* Katzbuckel *m*

**salamoia** [sala'mɔ:ia] <-oie> *f* Salzlake *f*

**salare** [sa'la:re] *vt* salzen

**salariale** [sala'ria:le] *agg* Lohn- **salarialista** [salaria'lista] <-i *m*, -e *f*> *mf* Lohnpolitik verfolgende(r) Gewerkschafter(in) *m(f)*

**salariare** [sala'ria:re] *vt* besolden, bezahlen **salariato, -a** [sala'ria:to] *m, f* Lohnempfänger(in) *m(f)* **salario** [sa'la:rio] <-i> *m* Lohn *m*, Vergütung *f*, Salär *nt A*; **~ garantito** Mindestlohn *m*; **~ da fame** Hungerlohn *m*

**salassare** [salas'sa:re] *vt* ❶ (MED) zur Ader lassen ❷ (*fig*) schröpfen **salasso** [sa'lasso] *m* Aderlass *m*

**salatino** [sala'ti:no] *m* Salzstange *f*; (*biscotto*) Salzgebäck *nt*, Bäckerei *f A*

**salato, -a** [sa'la:to] *agg* ❶ (*gener*) salzig; (*acqua*) Salz-; (GASTR) gesalzen; **troppo ~** versalzen ❷ (*fig: prezzo*) gesalzen, gepfeffert **salatura** [sala'tu:ra] *f* Pökeln *nt*, Einsalzen *nt*

**salciccia** [sal'tʃittʃa] *f* (*fam*) *v.* **salsiccia**

**salda** ['salda] *f* Stärke *f*, Appretur *f*

**saldare** [sal'da:re] I. *vt* ❶ (*congiungere*) verbinden, zusammenfügen ❷ (TEC: *metalli*) löten; (*a fiamma*) schweißen ❸ (*conto, debito*) begleichen, bezahlen II. *vr* **-rsi** zuheilen, vernarben

**saldatore** [salda'to:re] *m* (TEC) Lötkolben *m*

**saldatore, -trice** *m, f* (*operaio*) Schweißer(in) *m(f)*

**saldatrice** [salda'tri:tʃe] *f* (EL) Schweißapparat *m* **saldatura** [salda'tu:ra] *f* ❶ (*gener, a. fig*) Verbindung *f*, Vereinigung *f* ❷ (TEC) Schweißen *nt*; **punto di ~** Schweißstelle *f*

**saldezza** [sal'dettsa] *f* Festigkeit *f*

**saldo** ['saldo] *m* ❶ (*svendita*) Restpos-

ten *m,* Restbestand *m;* **-i di fine stagione** Schlussverkauf *m* ❷ (*di conto, fattura*) Bezahlung *f,* Saldo *m;* ~ **attivo** Guthaben *nt;* ~ **passivo** Lastschrift *f*
**saldo, -a** *agg* (*a. fig*) fest, stark
**sale**[1] ['sa:le] *m* ❶ (GASTR, CHEM) Salz *nt;* ~ **comune** [*o* **da cucina**] Kochsalz *nt;* ~ **iodato** Jodsalz *nt;* ~ **marino** Meersalz *nt;* **un pizzico di** ~ eine Prise Salz; **-i da bagno** Badesalz *nt;* **sotto** ~ (GASTR) in Salz eingelegt ❷ (*fig: senno*) Verstand *m,* Geist *m;* **avere poco** ~ **in zucca** (*fam*) wenig Grips im Kopf haben, leichtsinnig sein
**sale**[2] ['seil] <sales> *m* Absatz-, Verkaufs-; ~ **analysis** Absatzanalyse *f;* ~ **budget** Absatzbudget *nt*
**Salernitano** <*sing*> *m* Provinz *f* Salerno
**salernitano, -a** [salerni'ta:no] **I.** *agg* aus Salerno, salernitanisch **II.** *m, f* (*abitante*) Bewohner(in) *m(f)* der Stadt Salerno
**Salerno** [sa'lɛrno] *f* Salerno *nt* (*Stadt in Kampanien*)
**sales engineer** ['seilz endʒi'niə] <- *o* sales engineers> *m* Vertriebagent *m* für Technologiegüter **salesman** ['seilzmæn] <- *o* salesmen> *m* [Handels]vertreter *m*
**sales manager** ['seilz 'mænidʒə] <- *o* sales managers> *mf* Vertriebsleiter(in) *m(f),* Verkaufsleiter(in) *m(f)*
**salgemma** [sal'dʒɛmma] *m* Steinsalz *nt*
**salgo** ['salgo] *1. pers sing pr di* **salire**
**salice** ['sa:litʃe] *m* Weide *f;* ~ **piangente** Trauerweide *f*
**salicilico, -a** [salit'tʃi:liko] <-ci, -che> *agg* Salizyl-; **acido** ~ Salizylsäure *f*
**salico, -a** ['sa:liko] <-ci, -che> *agg* salisch
**saliente** [sa'liɛnte] *agg* ❶ (*che sale*) [auf]steigend ❷ (*fig: notevole*) bedeutend, wichtig
**saliera** [sa'liɛ:ra] *f* Salzstreuer *m*
**salifero, -a** [sa'li:fero] *agg* ❶ (*che contiene sale*) salzhaltig ❷ (*che produce sale*) salzerzeugend
**salificare** [salifi'ka:re] *vt* zu Salz machen
**salii** [sa'li:i] *1. pers sing pass rem di* **salire**
**salina** [sa'li:na] *f* ❶ (*impianto*) Saline *f,* Salzwerk *nt* ❷ (MIN) Salzlager *nt,* -grube *f*
**salinità** [salini'ta] <-> *f* Salzgehalt *m*
**salino, -a** [sa'li:no] *agg* salzhaltig, Salz-
**salire** [sa'li:re] <salgo, salii, salito> **I.** *vi avere* er-, besteigen; (*scale*) [hoch]steigen **II.** *vi essere* ❶ (*andare verso l'alto*) nach oben steigen, hinaufsteigen ❷ (*montare*) [ein]steigen ❸ (*alzarsi*) [auf]steigen ❹ (*strada*) ansteigen

**Salisburgo** [saliz'burgo] *f* Salzburg *nt*
**saliscendi** [saliʃ'ʃendi] <-> *m* ❶ (*chiusura*) Riegel *m* ❷ (*salite e discese*) Auf und Ab *nt*
**salita** [sa'li:ta] *f* Aufstieg *m,* Aufgang *m;* (*strada*) Steigung *f;* **in** ~ bergauf
**salito** [sa'li:to] *pp di* **salire**
**saliva** [sa'li:va] *f* Speichel *m,* Spucke *f*
**salivare**[1] [sali'va:re] *agg* Speichel-
**salivare**[2] *vi* Speichel absondern **salivazione** [salivat'tsio:ne] *f* Speichelfluss *m*
**salma** ['salma] *f* Leiche *f,* Leichnam *m*
**salmastro** [sal'mastro] *m* (*odore*) Salzgeruch *m;* (*sapore*) Salzgeschmack *m*
**salmastro, -a** *agg* salzig, brackig; **acque -e** Brackwasser *nt*
**salmerie** [salme'ri:e] *fpl* Tross *m*
**salmì** [sal'mi] *m* [scharfes] Wildragout *nt;* **lepre in** ~ Hasenpfeffer *m*
**salmista** [sal'mista] <-i *m,* -e *f*> *mf* Psalmist(in) *m(f),* Psalmensänger(in) *m(f)*
**salmistrato, -a** [salmis'tra:to] *agg* gepökelt, Pökel-
**salmo** ['salmo] *m* Psalm *m*
**salmodia** [salmo'di:a] <-ie> *f* Psalmodie *f*
**salmodiare** [salmo'dia:re] *vi* psalmodieren, Psalmen singen
**salmonare** [salmo'na:re] *vt* ~ **una trota** Forellen mit lachsfarbenem Fleisch züchten
**salmonato, -a** [salmo'na:to] *agg* Lachs-; **trota -a** Lachsforelle *f*
**salmone** [sal'mo:ne] *m* Lachs *m,* Salm *m*
**salmonella** [salmo'nɛlla] *f* Salmonelle *f*
**salmonellosi** [salmonel'lɔ:zi] <-> *f* Salmonelleninfektion *f*
**salnitro** [sal'ni:tro] *m* Salpeter *m*
**salone** [sa'lo:ne] *m* ❶ (*gener*) Salon *m* ❷ (*mostra*) Ausstellung *f;* ~ **dell'automobile** Automobilausstellung *f* ❸ (*edificio*) Messe-, Ausstellungshalle *f*
**salonista** [salo'nista] <-i *m,* -e *f*> *mf* Autoverkäufer(in) *m(f)*
**salopette** [salɔ'pɛt] <- *o* salopettes> *f* Latzhose *f;* ~ [**imbottita**] **da sciatore** Skihose *f*
**salottiero, -a** [salot'tiɛ:ro] *agg* salonhaft, Salon-
**salotto** [sa'lɔtto] *m* ❶ (*stanza*) Wohnzimmer *m* ❷ (*mobilio*) Wohnzimmer[einrichtung *f*] *nt* ❸ (*raduno*) Salon *m,* Kreis *m;* **discorsi da** ~ Geplauder *nt*
**salpare** [sal'pa:re] **I.** *vi essere* in See stechen **II.** *vt avere* hieven
**salsa** ['salsa] *f* Soße *f,* Sauce *f;* ~ **di pomodoro** Tomatensauce *f*
**salsedine** [sal'sɛ:dine] *f* ❶ (*del mare*) Sal-

zigkeit *f*, Salzgehalt *m* ❷ (*residuo*) Salzrückstände *mpl*, Salzkruste *f*
**salsiccia** [sal'sittʃa] <-cce> *f* Wurst *f* **salsicciotto** [salsit'tʃɔtto] *m* dicke Wurst
**salsiera** [sal'siɛːra] *f* Sauciere *f*, Soßenschüssel *f*
**salso, -a** ['salso] I. *agg* salzig II. *m* Salzigkeit *f*, Salzgehalt *m*
**salsoiodico, -a** [salso'jɔːdiko] <-ci, -che> *agg* jodsalzhaltig, Jodsalz-
**saltamartino** [saltamar'tiːno] *m* (*fam*) ❶ (ZOO) Grille *f*, Heuschrecke *f* ❷ (*fig: bambino*) Zappelphilipp *m*
**saltare** [sal'taːre] I. *vi* essere *o* avere ❶ (*gener*) springen; ~ **dalla finestra** aus dem Fenster springen; ~ **dal ponte** von der Brücke springen; ~ **al collo di qu** (*per abbracciarlo*) jdm um den Hals fallen; (*aggredire*) jdm an die Gurgel gehen; ~ **fuori** herausspringen; (*esprimere*) herausplatzen; (*ritrovare*) auftauchen; ~ **agli occhi** ins Auge springen; ~ **in testa** einfallen; ~ **di palo in frasca** vom Hundertsten ins Tausendste kommen ❷ (*esplodere*) explodieren; ~ **in aria** (*fig*) in die Luft gehen II. *vt avere* ❶ (*ostacolo*) überspringen; ~ **la corda** Seil springen ❷ (GASTR) sautieren, kurz braten ❸ (*fig*) überspringen, auslassen; ~ **il pasto** eine Mahlzeit ausfallen lassen **saltatore, -trice** [salta'toːre] I. *agg* Spring-, springend II. *m*, *f* Springer(in) *m(f)*
**saltellare** [saltel'laːre] *vi* hüpfen **saltello** [sal'tɛllo] *m* Hüpfer *m* **saltelloni** [saltel'loːni] *avv* [a] ~ hüpfend **salterellare** [salterel'laːre] *v.* **saltellare**
**salterello** [salte'rɛllo] *m* ❶ (*danza*) Saltarello *m* ❷ (MUS) Springer *m* ❸ (*fuoco d'artificio*) Knallfrosch *m*
**salterino, -a** [salte'riːno] *agg* Hüpf-; **bimbo** ~ Kind, das gern [*o* dauernd] hüpft
**salterio** [sal'tɛːrio] <-i> *m* Psalter *m*
**saltimbanco, -a** [saltim'baŋko] <-chi, -che> *m*, *f* ❶ (*acrobata*) Seiltänzer(in) *m(f)* ❷ (*fig, pej*) Schwindler(in) *m(f)*, Scharlatan *m*
**saltimbocca** [saltim'bɔkka] <-> *m* kleines Kalbsschnitzel; ~ **alla romana** Kalbsrouladen mit Schinken und Salbei
**salto** ['salto] *m* ❶ (*fig fam, a* SPORT) Sprung *m*; ~ **in alto** Hochsprung *m*; ~ **in lungo** Weitsprung *m*; ~ **con l'asta** Stabhochsprung *m*; ~ **mortale** Salto *m* mortale, Todessprung *m*; **fare i -i mortali** (*fig*) alles nur Mögliche tun; **fare quattro -i** (*fam*) das Tanzbein schwingen; **faccio un ~ in città/dalla mia amica** (*fam*)

ich gehe kurz in die Stadt/zu meiner Freundin; **in un ~ vado e torno** (*fam*) ich bin sofort wieder zurück ❷ (*omissione*) Überspringung *f*, Auslassung *f* ❸ (MUS) Intervall *nt* ❹ (*dislivello*) Gefälle *nt*
**saltuarietà** [saltuarie'ta] <-> *f* Unregelmäßigkeit *f* **saltuario, -a** [saltu'aːrio] <-i, -ie> *agg* unregelmäßig
**salubre** [sa'luːbre] *agg* gesund **salubrità** [salubri'ta] <-> *f* Gesundheit *f*
**salumaio, -a** [salu'maːio] <-ai, -aie> *m*, *f* (*fam*) Wursthändler(in) *m(f)*
**salume** [sa'luːme] *m* Wurst *f*; **-i** Wurstwaren *fpl* **salumeria** [salume'riːa] <-ie> *f* Wurstwarenhandlung *f* **salumiere, -a** [salu'miɛːre] *m*, *f* Wursthändler(in) *m(f)*
**salumificio** [salumi'fiːtʃo] <-ci> *m* Wurstgeschäft *nt*, Wurstfabrik *f*
**salutare**¹ [salu'taːre] *agg* heilsam
**salutare**² *vt* grüßen; (*accogliere*) begrüßen; **andare a ~ qu** jdn besuchen gehen; **salutami tua moglie** grüß' deine Frau von mir
**salute** [sa'luːte] *f* Gesundheit *f*; **bere alla ~ di qu** auf jds Wohl trinken; **~!** (*nei brindisi*) prost!, zum Wohl!; (*quando si starnutisce*) Gesundheit!; **alla tua/vostra ~!** auf dein/euer Wohl!
**salutismo** [salu'tizmo] *m* [übertriebenes] Gesundheitsbewusstsein *nt* **salutista** [salu'tista] <-i *m*, -e *f*> *mf* ❶ (*chi si cura molto*) Gesundheitsapostel *m fam* ❷ (*appartenente all'esercito della salvezza*) Mitglied *nt* der Heilsarmee, Heilsarmist(in) *m(f)*
**saluto** [sa'luːto] *m* Gruß *m*; **portare a qu i -i di qu** jdm von jdm Grüße ausrichten; **ricevere un ~** gegrüßt werden; **rivolgere un ~ a qu** jdn grüßen; **in segno di ~** zum Gruß; **tanti cari -i** viele liebe Grüße; **affettuosi -i** herzliche Grüße; **cordiali -i** mit freundlichen Grüßen; **vogliate gradire i più distinti -i** mit vorzüglicher Hochachtung
**salva** ['salva] *f* (*a. fig*) Salve *f*; **cartuccia a ~** Platzpatrone *f*; **una ~ di fischi** ein Pfeifkonzert *nt*
**salvabile** [sal'vaːbile] *agg* [noch] zu retten; **salvare il ~** retten, was [noch] zu retten ist
**salvacondotto** [salvakon'dɔtto] *m* Geleit-, Schutzbrief *m*
**salvadanaio** [salvada'naːio] <-ai>, **salvadanaro** [salvada'naːro] *m* Sparbüchse *f*, -dose *f*
**salvagente** [salva'dʒɛnte] I. <inv> *agg* Schwimm-; **giubbotto ~** Schwimmweste *f*

II. <-> *m* ❶ (*per nuotare*) Rettungsring *m* ❷ (*isola pedonale*) Verkehrsinsel *f*

**salvagocce** [salva'gottʃe] <-> *m* Tropfschutz *m*

**salvaguardare** [salvaguar'da:re] I. *vt* [be]schützen; (*interessi*) wahren II. *vr* **-rsi da qc** sich vor etw *dat* hüten **salvaguardia** [salva'guardia] *f* Schutz *m*

**salvaladri** [salva'la:dri] <inv> *agg* zugunsten von Straftätern [Verjährungsfristen verkürzend]

**salvamotore** [salvamo'to:re] <-> *m* (MOT) Motorschaltschutz *m* **salvamuro** [salva'mu:ro] <- *o* -i> *m* Fußleiste *f* **salvapantaloni** [salvapanta'lo:ni] <-> *m* (*battitacco*) Stoßband *nt* **salvapiede** [salva'piɛde] *m* Füßling *m*

**salvapunte** [salva'punte] <-> *m* Bleistiftkappe *f*, Spitzenschoner *m*

**salvare** [sal'va:re] I. *vt* ❶ (*trarre da un pericolo*) retten; **~ la vita a qu** jdm das Leben retten ❷ (*proteggere*) schützen ❸ (INFORM) speichern II. *vr* **-rsi** ❶ (*scampare alla morte*) sich retten ❷ (*trovare scampo*) sich [an einen Ort] retten, Zuflucht finden; **si salvi chi può!** rette sich, wer kann!

**salvaschermo** [salva'skermo] <-> *m* Bildschirmschoner *m*

**salvaslip** [salva'zlip] <-> *m* Slipeinlage *f*

**salvatacco** [salva'takko] *m* Absatzbeschlag *m*

**salvataggio** [salva'taddʒo] <-ggi> *m* ❶ (*gener*) Rettung *f*; **cintura di ~** Rettungsring *m;* **operazioni di ~** Rettungs-, Bergungsarbeiten *fpl* ❷ (INFORM) Datensicherung *f*

**salvatore, -trice** [salva'to:re] I. *m, f* Retter(in) *m(f)*; **il Salvatore** der Heiland II. *agg* rettend **salvazione** [salvat'tsio:ne] *f* Erlösung *f*

**salve** ['salve] I. *f v.* **salva** II. *int* grüß dich/euch!, hallo!, Servus! *A, südd*

**salvezza** [sal'vettsa] *f* Rettung *f*, Heil *nt;* **ancora di ~** (*a. fig*) Rettungsanker *m;* **la ~ eterna** das ewige Heil

**salvia** ['salvia] <-ie> *f* Salbei *m o f*

**salvietta** [sal'vietta] *f* Serviette *f;* **~ rinfrescante** Erfrischungstuch *nt*

**salvo**[1] ['salvo] *msing* **in ~** in Sicherheit

**salvo**[2] I. *prp* außer +*dat*, ausgenommen +*acc*, abgesehen von +*dat* II. *cong* **~ che ...** +*conj* es sei denn [, dass] ..., außer wenn ...

**salvo, -a** *agg* gerettet; **avere -a la vita** mit dem Leben davonkommen

**sambernardo** [samber'nardo] <-i> *m* Bernhardiner *m; v. a.* **San Bernardo**

**sambuca** [sam'bu:ka] <-che> *f* Anislikör

**sambuco** [sam'bu:ko] <-chi> *m* [schwarzer] Holunder *m*

**sampietro** [sam'piɛ:tro] *m* Petersfisch *m*

**san** [san] *v.* **santo** I.

**sana** *f v.* **sano**

**sanabile** [sa'na:bile] *agg* ❶ (MED) heilbar ❷ (FIN) sanierbar

**sanare** [sa'na:re] I. *vt* ❶ (*ferita, ammalato*) heilen ❷ (*bilancio, piaga sociale*) sanieren; **~ un debito** eine Schuld begleichen ❸ (JUR) heilen II. *vr* **-rsi** heilen

**sanatoria** [sana'tɔria] *f* (JUR) Gültigkeitserklärung *f*, nachträgliche Zustimmung; **~ fiscale** Steuerindemnität *f*

**sanatorio** [sana'tɔ:rio] <-i> *m* Sanatorium *nt*

**sanbabilino, -a** [sanbabi'li:no] I. *agg* ❶ (*di Piazza S. Babila a Milano*) den Mailänder Platz San Babila betreffend ❷ (*di giovane milanese neofascista*) junge Mailänder Neofaschisten betreffend II. *m, f* (*neofascista*) Neofaschist(in) *m(f)* der Piazza San Babila

**San Bernardo** <- - *o* - -i> *m* Bernhardiner *m*

**sancire** [san'tʃi:re] <sancisco> *vt* ❶ (*patto, alleanza*) bestätigen, in Kraft setzen ❷ (JUR) sanktionieren

**sandalo** ['sandalo] *m* ❶ (*calzatura*) Sandale *f* ❷ (BOT) Sandelbaum *m*

**San Daniele** [san da'niɛ:le] (GASTR) I. *agg* <inv> San-Daniele-, aus San Daniele II. *m* (*prosciutto*) San-Daniele-Schinken *m*

**sandolino** [sando'li:no] *m* Paddelboot *nt*

**sandwich** ['sændwitʃ] <-> *m* Sandwich *m o nt*

**San Gallo** [saŋ 'gallo] I. *m* (*cantone*) Sankt Gallen *nt* II. *f* (*città*) Sankt Gallen *nt*

**sangiovese** [sandʒo've:se] <-> *m* Sangiovese *m* (*Rotwein aus der Emilia-Romagna*)

**San Gottardo** [san got'tardo] <-> *m* Sankt Gotthard *m*

**sangria** [san'gri:a] <-> *f* Sangria *f*

**sangue**[1] ['sangue] *m* Blut *nt;* **donatore di ~** Blutspender(in) *m(f);* **legami** [*o* **vincoli**] **di ~** Blutsbande *ntpl;* **un** [**cavallo**] **puro ~** ein Vollblut *nt;* **~ freddo** (*fig*) Kaltblütigkeit *f;* **animale a ~ caldo/freddo** Warm-/Kaltblüter *m;* **a ~ caldo** im Affekt; **a ~ freddo** kaltblütig; **bistecca al ~** blutiges Steak; **avere la musica nel ~** Musik im Blut haben; **avere il ~ blu** (*scherz*) blaublütig sein, blaues Blut haben; **mi esce il ~ dal naso** ich habe Nasenbluten; **fra loro non c'è buon ~** sie sind nicht gut aufeinander zu sprechen; **il ~ non è acqua**

(*prov*) Blut ist dicker als Wasser; **buon ~ non mente** (*prov*) der Apfel fällt nicht weit vom Stamm

**sangue**² <inv> *agg* blutrot

**sanguemisto** [saŋgueˈmisto] *m* Mischling *m*

**sanguigna** [sanˈguiɲɲa] *f* Rötel *m;* (*disegno*) Rötelzeichnung *f*

**sanguigno, -a** [sanˈguiɲɲo] *agg* ❶ (MED) blutig, Blut-; (*ricco di sangue*) blutreich; **pressione -a** Blutdruck *m* ❷ (*complessione, costituzione*) sanguinisch

**sanguinaccio** [sanguiˈnattʃo] <-cci> *m* (*insaccato*) Blutwurst *f,* Blunze[n] *f A*

**sanguinare** [sanguiˈnaːre] *vi* bluten **sanguinario, -a** [sanguiˈnaːrio] <-i, -ie> *agg* blutrünstig **sanguinolento, -a** [sanguinoˈlɛnto] *agg* bluttriefend **sanguinoso, -a** [sanguiˈnoːso] *agg* blutig

**sanguisuga** [sanguiˈsuːga] <-ghe> *f* ❶ (ZOO) Blutegel *m* ❷ (*fig, pej*) Blutsauger *m*

**sanificazione** [sanifikatˈtsioːne] *f* Sterilisation *f,* Sterilisierung *f;* **~ di un impianto** Herstellung der Betriebshygiene

**sanità** [saniˈta] <-> *f* ❶ (*gener*) Gesundheit *f* ❷ (ADM) Gesundheitswesen *nt* **sanitario, -a** [saniˈtaːrio] <-i, -ie> *agg* (ADM) gesundheitlich, Gesundheits-; **ufficiale** *m* **sanitarista** [sanitaˈrista] <-i *m,* -e *f*> *mf* Hersteller(in) *m(f)* [*o* Verkäufer(in) *m(f)*] von Sanitätsartikeln

**sanitizzante** [sanitidˈdzante] I. *agg* desinfizierend; **azione ~** Säuberungsaktion *f;* **prodotto ~** Desinfektionsmittel *nt* II. *m* Desinfektionsmittel *nt* **sanitizzare** [sanitidˈdzaːre] *vt* sterilisieren, desinfizieren **sanitizzazione** [sanitiddzatˈtsioːne] *f* Sterilisation *f,* Desinfizierung *f*

**sano, -a** [ˈsaːno] I. *agg* ❶ (MED) gesund; **~ come un pesce** kerngesund ❷ (*intero*) heil, ganz; **di -a pianta** von Grund auf, vollkommen II. *m, f* Gesunde(r) *f(m)*

**sanscrito** [ˈsanskrito] *m* Sanskrit *nt*

**sansevieria** [sanseˈvjɛːria] <-ie> *f* Bogenhanf *m,* Sansevieria *f*

**sant'** [sant] *v.* **santo** I.

**santa** *f v.* **santo**

**santarellina, santerellina** [santarelˈliːna, santerelˈliːna] *f* Scheinheilige *f* **santerello** [santeˈrɛllo] *m* Scheinheilige(r) *m*

**santificare** [santifiˈkaːre] I. *vt* heiligen, ehren; (*dichiarare santo*) heiligsprechen II. *vr* **-rsi** heilig werden **santificazione** [santifikatˈtsioːne] *f* Heiligung *f,* Heiligsprechung *f*

**santino** [sanˈtiːno] *m* Heiligenbild *nt*

**santissimo** [sanˈtissimo] *m* Hostie *f*

**santissimo, -a** *agg* allerheiligste(r, s)

**santità** [santiˈta] <-> *f* Heiligkeit *f*

**santo, -a** [ˈsanto] I. *agg* heilig; (*con nome proprio*) Sankt, der/die heilige; (*pio*) fromm, religiös; **acqua -a** Weihwasser *nt;* **olio ~** Salböl *nt;* (*ultima unzione*) Letzte Ölung; **la settimana -a** die Karwoche; **la terra -a** das Heilige Land; **tutto il ~ giorno** (*fam*) den langen Tag lang; **fammi il ~ piacere …** (*fam*) tu mir den einen Gefallen und …; **Sant'Iddio!** (*fam*) ach du lieber Gott! II. *m, f* ❶ (REL) Heilige(r) *f(m);* [**tutti**] **i Santi** Allerheiligen *nt;* **pazienza di un ~** Engelsgeduld *f;* **non ci sono -i che tengano** es ist unvermeidlich; **scherza coi fanti e lascia stare i -i** (*prov*) mit ernsten Dingen spaßt man nicht ❷ (*immagine*) Heiligenbild *nt* ❸ (*fam: patrono*) Schutzheilige(r) *f(m),* Schutzpatron(in) *m(f);* **deve avere qualche ~ dalla sua** er/sie muss einen [guten] Schutzengel haben

**santolo, -a** [ˈsantolo] *m, f* (*dial*) Pate *m/* Patin *f*

**santone, -a** [sanˈtoːne] *m, f* ❶ (REL) [als heilig geltende] religiöse Persönlichkeit ❷ (*fig*) Guru *m,* Sektenführer(in) *m(f)*

**santuario** [santuˈaːrio] <-i> *m* Heiligtum *nt;* (*di tempio ebraico*) Allerheiligste(s) *nt*

**sanzionare** [santsioˈnaːre] I. *vt* sanktionieren; (*confermare*) bestätigen II. *vi* Sanktionen auferlegen **sanzionatore, -trice** [santsionaˈtoːre] I. *agg* Sanktionen ratifizierend [*o* verhängend] II. *m, f* Verhängung *f* einer Sanktion **sanzione** [sanˈtsioːne] *f* ❶ (*conferma*) Sanktion *f;* (JUR, ADM) Bestätigung *f;* (*a. fig*) Billigung *f* ❷ (*punizione*) Sanktion *f,* Strafmaßnahme *f;* **-i penali** Strafrechtsmaßnahmen *fpl* **sanzionismo** [santsioˈnizmo] *m* Sanktionspolitik *f* **sanzionista** [santsioˈnista] <-i> I. *m* Befürworter(in) *m(f)* von Sanktionen II. *agg* Sanktionen befürwortend **sanzionistico, -a** [santsioˈnistiko] <-ci, -che> *agg* Sanktion-; **provvedimento ~** Sanktion *f,* Strafmaßnahme *f*

**sapere**¹ [saˈpeːre] <so, seppi, saputo> I. *vt* ❶ (*conoscere*) wissen, kennen; (*lingua*) können, beherrschen; (*mestiere*) beherrschen, verstehen; **sa il fatto suo** er kennt sich aus; **saperla lunga** schlau sein; **un certo non so che** ein gewisses Etwas; **lo so** ich weiß; **non saprei** ich wüsste nicht; **non si sa mai** man kann nie wissen; **buono a sapersi** gut zu wissen; **averlo**

**saputo!** hätte ich das gewusst! ② *(potere)* können; **saper fare qc** etw machen können; **so nuotare** ich kann schwimmen ③ *(apprendere)* erfahren; **come hai fatto a saperlo?** wie hast du das herausgefunden? II. *vi* ① *(aver sapore)* ~ **di qc** nach etw schmecken; **non ~ di niente** nach nichts schmecken ② *(avere odore)* ~ **di qc** nach etw riechen ③ *(pensare)* vermuten, ahnen; **mi sa che oggi non viene** ich glaube nicht, dass er/sie heute kommt

**sapere²** *m* Wissen *nt;* **saper vivere** Lebenskunst *f,* Savoir-vivre *nt geh;* **saper fare** Gewandtheit *f,* Savoir-faire *nt geh*

**sapiente** [sa'piɛnte] I. *agg* weise, klug II. *mf* Weise(r) *f(m),* Gelehrte(r) *f(m)* **sapientone, -a** [sapien'to:ne] *(pej)* I. *agg* naseweis, neunmalklug II. *m, f* Besserwisser(in) *m(f)* **sapienza** [sa'piɛntsa] *f* Weisheit *f*

**saponario, -a** [sapo'na:rio] <-i, -ie> *agg* Seifen-

**saponata** [sapo'na:ta] *f (acqua)* Seifenlauge *f;* *(schiuma)* Seifenschaum *m*

**sapone** [sa'po:ne] *m* Seife *f;* ~ **da barba** Rasierseife *f;* ~ **da bucato** Kernseife *f;* **bolla di** ~ *(a. fig)* Seifenblase *f* **saponeria** [sapone'ri:a] <-ie> *f* Seifenfabrik *f,* Seifensiederei *f* **saponetta** [sapo'netta] *f* [feines] Seifenstück *nt* **saponiera** [sapo'niɛ:ra] *f* Seifenschale *f* **saponiere, -a** [sapo'niɛ:re] *m, f* ① *(operaio)* Seifenarbeiter(in) *m(f)* ② *(fabbricante)* Seifenhersteller(in) *m(f),* Seifenfabrikant(in) *m(f)* **saponiero, -a** [sapo'niɛ:ro] *agg* Seifen- **saponificabile** [saponifi'ka:bile] *agg* verseifbar, zum Verseifen geeignet **saponificare** [saponifi'ka:re] *vt* verseifen **saponificazione** [saponifikat'tsio:ne] *f* Verseifung *f,* Seifenherstellung *f* **saponificio** [saponi'fi:tʃo] <-ci> *m* Seifenfabrik *f*

**sapore** [sa'po:re] *m* Geschmack *m;* *(fig a)* Nachgeschmack *m;* **avere ~ di qc** nach etw schmecken; **senza ~** *(a. fig)* fade **saporito, -a** [sapo'ri:to] *agg* ① (GASTR) schmackhaft, ② *(fig: gustoso)* genüsslich, genussvoll ③ *(fig, scherz: conto, prezzo)* gesalzen, gepfeffert **saporoso, -a** [sapo'ro:so] *agg* ① (GASTR) schmackhaft, wohlschmeckend ② *(fig)* pikant; *(stile)* brillant

**saputa** *f v.* **saputo**

**saputello, -a** [sapu'tɛllo] *(pej)* I. *agg* altklug II. *m, f* Besserwisser(in) *m(f)*

**saputo, -a** [sa'pu:to] I. *agg* bekannt II. *m, f* *(pej)* Besserwisser(in) *m(f)*

**sarà** [sa'ra] *3. pers sing futuro di* **essere¹**

**sarabanda** [sara'banda] *f* ① *(fig)* Lärm *m,* Spektakel *nt* ② *(danza)* Sarabande *f*

**saracca** [sa'rakka] <-cche> *f* ① *(sett: aringa)* Räucherhering *m,* Salzhering *m* ② *(sett: fig: botta)* Klaps *m* [auf den Hintern] ③ (SPORT: *brutto tiro)* Fehlschlag *m,* verfehlter Schuss *m;* **le -cche degli annunciatori televisivi** die Fauxpas *mpl* der Fernsehansager

**saraceno, -a** [sara'tʃɛ:no] I. *agg* sarazenisch; **grano ~** Buchweizen *m* II. *m, f* Sarazene *m*/Sarazenin *f*

**saracinesca** [saratʃi'neska] <-sche> *f* Rollladen *m*

**sarago** ['sa:rago] <-ghi> *m* Brasse *f*

**sarcasmo** [sar'kazmo] *m* Sarkasmus *m*

**sarcastico, -a** [sar'kastiko] <-ci, -che> *agg* sarkastisch

**sarchiare** [sar'kia:re] *vt* jäten **sarchiatore, -trice** [sarkia'to:re] *m, f* Jäter(in) *m(f)* **sarchiatura** [sarkia'tu:ra] *f* Jäten *nt*

**sarcofago** [sar'kɔ:fago] <-gi *o* -ghi> *m* Sarkophag *m*

**sarda** ['sarda] *f* Sardine *f,* Sprotte *f*

**Sardegna** [sar'deɲɲa] *f* Sardinien *nt*

**sardella** [sar'dɛlla] *f (fam)* Sardine *f*

**sardina** [sar'di:na] *f* Sardine *f;* **-e sott'olio** Ölsardinen *fpl*

**sardo** ['sardo] <*sing*> *m* Sardische *nt*

**sardo, -a** [sardo] I. *agg* sardisch; **dialetto ~** sardischer Dialekt; **popolazione -a** sardische Bevölkerung II. *m, f* Sarde *m*/Sardin *f*

**sardonico, -a** [sar'dɔ:niko] <-ci, -che> *agg* sardonisch, hämisch

**sareste, saresti** [sa'reste, sa'resti] *2. pers pl, 2. pers sing condizionale di* **essere¹**

**sarmento** [sar'mento] *m* Ranke *f*

**sarta** *f v.* **sarto**

**sartia** ['sartia] <-ie> *f* Want *f*

**sartiame** [sar'tia:me] *m* Tauwerk *nt*

**sarto, -a** ['sarto] *m, f* Schneider(in) *m(f)* **sartoria** [sarto'ri:a] <-ie> *f* Schneiderei *f;* *(tecnica)* Couture *f* **sartorialità** [sartori:ali'ta] <*sing*> *f* Schneiderkunst *f*

**sassaia** [sas'sa:ia] <-aie> *f* ① *(luogo)* Steinfeld *nt* ② *(riparo)* Steindamm *m,* -wall *m* **sassaiola** [sassa'iɔ:la] *f* Steinhagel *m*

**sassarese** [sassa're:se] I. *agg* aus Sassari II. *mf (abitante)* Einwohner(in) *m(f)* von Sassari

**Sassarese** <*sing*> *m* Provinz *f* Sassari

**Sassari** *f* Sassari *nt (Stadt in Sardinien)*

**sassata** [sas'sa:ta] *f* Steinwurf *m*

**sasso** ['sasso] *m* Stein *m;* **restare di ~** zu Stein erstarren; **duro come un ~** steinhart

**sassofonista** [sassofo'nista] <-i *m*, -e *f*> *mf* Saxophonist(in) *m(f)* **sassofono** [sas'sɔ:fono] *m* Saxophon *nt*
**sassone** ['sassone] I. *agg* sächsisch II. *mf* Sachse *m*/Sächsin *f* **Sassonia** [sas'sɔ:nia] *f* Sachsen *nt;* **Bassa ~** Niedersachsen *nt*
**sassoso, -a** [sas'so:so] *agg* steinig
**Satana** ['sa:tana] *m* Satan *m* **satanasso** [sata'nasso] *m (fam)* Satan *m*, Teufel *m*
**satanico, -a** [sa'ta:niko] <-ci, -che> *agg* satanisch; *(fig a)* teuflisch **satanismo** [sata'nizmo] *m* Satanismus *m*
**satellitare** [satelli'ta:re] *agg (di un satellite)* Satelliten-; *(di dispositivo di comunicazione)* Satellitenfunk-; **navigatore ~** Navigationsgerät *nt*, Navi *nt fam* **satellitario, -a** [satelli'ta:rio] <-i, -ie> *agg* Satelliten- **satellite** [sa'tɛllite] I. *m* ① (ASTR) Satellit *m;* **~ meteorologico** Wettersatellit *m;* **~ televisivo** Fernsehsatellit *m;* **~ di comunicazione** Funksatellit *m;* **trasmissione via ~** Satellitenübertragung *f* ② *(fig, pej)* Anhang *m*, Anhängsel *nt* II. *agg* Satelliten-; **città ~** Trabantenstadt *f* **satellizzare** [satellid'dza:re] *vt* in die Abhängigkeit zwingen; **~ uno stato limitrofo** ein Nachbarland zu einem Satellitenstaat machen
**satin** [sa'tɛ̃] <-> *m* Satin *m*
**satinare** [sati'na:re] *vt* satinieren
**satira** ['sa:tira] *f* Satire *f* **satireggiare** [satired'dʒa:re] I. *vt* verspotten II. *vi* Satiren schreiben **satiresco, -a** [sati'resko] <-schi, -sche> *agg* Satyr- **satirico, -a** [sa'ti:riko] <-ci, -che> I. *agg* satirisch II. *m*, *f* Satiriker(in) *m(f)* **satirista** [sati'rista] <-i *m*, -e *f*> *mf (obs)* Satiriker(in) *m(f)*
**satiro** ['sa:tiro] *m* Satyr *m*
**satollare** [satol'la:re] I. *vt* vollstopfen II. *vr* **-rsi di qc** sich mit etw vollstopfen **satollo, -a** [sa'tollo] *agg* satt, gesättigt
**satrapismo** [satra'pizmo] *m* Despotismus *m*
**saturare** [satu'ra:re] I. *vt* saturieren; *(a. fig)* sättigen II. *vr* **-rsi** sich sättigen **saturazione** [saturat'tsio:ne] *f* Saturierung *f;* *(a. fig)* Sättigung *f;* **~ del mercato** Marktsättigung *f* **saturo, -a** ['sa:turo] *agg* gesättigt
**sauce** ['so:s] <- *o* sauces> *f* Soße *f*
**saudita** [sau'di:ta] <-i *m*, -e *f*> *agg* Saudi-, saudisch; **Arabia Saudita** Saudi-Arabien *nt*
**sauna** ['sa:una] *f* Sauna *f;* **fare la ~** in die Sauna gehen
**sauri** ['sa:uri] *mpl* Echsen *fpl;* (HIST) Saurier *mpl*

**sauro** ['sa:uro] *m (cavallo)* Fuchs *m*
**sauro, -a** *agg* gelbbraun
**savana** [sa'va:na] *f* Savanne *f*
**savio** ['sa:vio] *m* ① *(uomo sano di mente)* vernünftiger Mensch ② *(uomo sapiente)* Weise(r) *m*
**savio, -a** <-i, -ie> *agg* weise
**savoiardo** [savo'iardo] *m* (GASTR) Löffelbiskuit *m*
**savoiardo, -a** *m, f (persona)* Savoyer(in) *m(f)*
**Savona** [sa'vɔ:na] *f* Savona *nt (Stadt in Ligurien)*
**savonese** [savo'ne:se] I. *agg* aus Savona II. *mf (abitante)* Einwohner(in) *m(f)* von Savona
**Savonese** <*sing*> *m* Provinz *f* Savona
**saxofonista** [saksofo'nista] *mf v.* **sassofonista saxofono** [sa'ksɔ:fono] *m v.* **sassofono**
**saziare** [sat'tsia:re] I. *vt* ① *(fame)* sättigen ② *(fig)* befriedigen, stillen II. *vr* **-rsi** ① *(riempirsi)* satt werden; **-rsi di qc** sich an etw *dat* sättigen ② *(fig)* genug haben [*o* bekommen]; **-rsi di ... +***inf (fig)* es müde werden zu ... +*inf* **sazietà** [sattsie'ta] <-> *f (a. fig)* Sättigung *f;* **a ~** *(fig)* zur Genüge **sazio, -a** ['sattsio] <-i, -ie> *agg* ① *(di cibo)* satt, gesättigt ② *(fig, pej)* satt, überdrüssig; **non esser mai ~** *(a. fig)* unersättlich sein
**sbaciucchiare** [zbatʃuk'kia:re] I. *vt* abküssen II. *vr* **-rsi** sich abküssen, knutschen *fam*
**sbadata** *f v.* **sbadato**
**sbadataggine** [zbada'taddʒine] *f* Zerstreutheit *f*, Unaufmerksamkeit *f* **sbadato, -a** [zba'da:to] I. *agg* zerstreut, unaufmerksam II. *m, f* zerstreute Person
**sbadigliare** [zbadiʎ'ʎa:re] *vi* gähnen **sbadiglio** [zba'diʎʎo] <-gli> *m* Gähnen *nt*
**sbafare** [zba'fa:re] *vt (fam)* ① *(scroccare)* schnorren ② *(mangiare avidamente)* verdrücken **sbafata** [zba'fa:ta] *f (fam pej)* Schnorrerei *f* **sbafatore, -trice** [zbafa'to:re] *m, f (fam pej)* Schnorrer(in) *m(f)* **sbafo** ['zba:fo] *m (fam pej)* **vivere/mangiare a ~** schnorren
**sbagliare** [zbaʎ'ʎa:re] I. *vt* ① *(colpo, mira)* verfehlen ② *(scambiare)* verwechseln; **~ i calcoli** sich verrechnen; **~ indirizzo** sich in der Adresse irren; **~ strada** sich verfahren; **~ treno** den falschen Zug nehmen II. *vi, vr* **-rsi** sich irren, einen Fehler machen; **~ a leggere/scrivere** falsch lesen/schreiben; **sbagliando s'impara** *(prov)* aus Fehlern wird man klug **sbagliato, -a** [zbaʎ'ʎa:to] *agg* falsch; **giudi-**

**zio** ~ Fehlurteil *nt;* **investimento** ~ Fehlinvestition *f* **sbaglio** ['zbaʎʎo] <-gli> *m* ❶ (*errore*) Fehler *m* ❷ (*equivoco*) Missverständnis *nt*, Irrtum *m;* **per** ~ aus Versehen

**sbalestrare** [zbales'tra:re] *vt* schleudern

**sbalestrato, -a** [zbales'tra:to] *agg* durcheinander, verwirrt

**sballare** [zbal'la:re] I. *vt* ❶ (*merce*) auspacken ❷ (*fam: esagerare*) übertreiben II. *vi* ❶ (*a carte*) [aus dem Kartenspiel] ausscheiden ❷ (*fam*) sich verhauen **sballato, -a** [zbal'la:to] *agg* (*fam*) verrückt, aus der Luft gegriffen **sballo** ['zballo] I. *m* (*sl*) Trip *m;* **che** ~ zum Ausflippen II. *agg* (*sl: fantastico*) **da** ~ echt geil

**sballottamento** [zballotta'mento] *m* Gerüttel *nt*, Geschüttel *nt* **sballottare** [zballot'ta:re] *vt* rütteln, hin und her werfen

**sbalordimento** [zbalordi'mento] *m* Verblüffung *f* **sbalordire** [zbalor'di:re] <sbalordisco> I. *vt* ❶ (*turbare*) verblüffen, aus der Fassung bringen ❷ (*stordire*) betäuben II. *vi* sprachlos sein **sbalorditivo, -a** [zbalordi'ti:vo] *agg* verblüffend

**sbalzare** [zbal'tsa:re] I. *vt avere* schleudern, werfen II. *vi essere* ❶ (*cadere*) stürzen, fallen ❷ (*fare un balzo*) springen **sbalzatore, -trice** [zbaltsa'to:re] *m, f* Treib-, Reliefarbeiter(in) *m(f)* **sbalzo** ['zbaltso] *m* ❶ (*spostamento*) Ruck *m*, Stoß *m* ❷ (*fig: oscillazione*) Schwankung *f* ❸ (*lavorazione*) Treibarbeit *f*

**sbancare** [zbaŋ'ka:re] I. *vt* (*banco*) sprengen; (*fig: persona*) ausnehmen, ruinieren II. *vr* **-rsi** sich ruinieren, sich verausgaben

**sbandamento** [zbanda'mento] *m* ❶ (MOT) Schleudern *nt* ❷ (*fig*) Entgleisung *f;* **avere un momento di** ~ (*fig*) die Orientierung verlieren **sbandare** [zban'da:re] *vi* ❶ (*auto*) schleudern, ins Schleudern geraten ❷ (*fig*) entgleisen, aus den Fugen geraten **sbandato, -a** [zban'da:to] I. *agg* ❶ (*fig: gioventù*) orientierungslos, verloren ❷ (MIL) versprengt II. *m, f* orientierungslose(r) Jugendliche(r) *f(m)*

**sbandellamento** [zbandella'mento] *m* Abknipsen *nt* der Metallbänder

**sbandieramento** [zbandiera'mento] *m* ❶ (*di bandiere*) Fahnenschwenken *nt* ❷ (*fig*) Zurschaustellung *f* **sbandierare** [zbandie'ra:re] *vt* ❶ (*bandiera, insegne*) schwenken ❷ (*fig*) zur Schau stellen; **e non andare a sbandierarlo a tutti!** häng das nicht an die große Glocke! *fam*

**sbando** ['zbando] *m* ❶ (*dispersione*) Auflösung *f*, Orientierungslosigkeit *f;* **allo** ~ orientierungslos ❷ (*crisi*) Krise *f,* Niedergang *m;* **essere allo** ~ vor dem Niedergang stehen

**sbaraccare** [zbarak'ka:re] *vt* (*fam*) ❶ (*togliere di mezzo*) abziehen ❷ (*trasferirsi*) sich verziehen, abziehen

**sbaragliare** [zbaraʎ'ʎa:re] *vt* (MIL) zerschlagen, niederwerfen; (SPORT, POL) niederringen, besiegen **sbaraglio** [zba'raʎʎo] <-gli> *m* **gettarsi** [*o* **buttarsi**] [*o* **andare**] **allo** ~ alles auf eine Karte setzen; **mettere allo** ~ **qu** jdn einer [großen] Gefahr aussetzen

**sbarazzare** [zbarat'tsa:re] I. *vt* befreien II. *vr* **-rsi** sich entledigen, sich befreien (*di* von)

**sbarazzarsi** [zbarat'tsarsi] *vr* ~ **di qu/qc** sich jds/einer Sache entledigen

**sbarazzino, -a** [zbarat'tsi:no] I. *m, f* Schelm(in) *m(f)* II. *agg* schelmisch, spitzbübisch

**sbarbare** [zbar'ba:re] I. *vt* ❶ (*persone*) rasieren ❷ (*cipolle, cavolo*) ausreißen II. *vr* **-rsi** sich rasieren

**sbarbatello** [zbarba'tɛllo] *m* Grünschnabel *m*

**sbarbicare** [zbarbi'ka:re] *vt* ❶ (*pianta*) entwurzeln ❷ (*fig*) ausmerzen

**sbarbino, -a** [zbar'bi:no] *m, f* (*sett*) junger Spund

**sbarcare** [zbar'ka:re] I. *vt avere* ❶ (*passeggeri*) an Land bringen; (*merce*) löschen ❷ (*fam*) absetzen ❸ (*fig*) überstehen; ~ **il lunario** (*fig*) sich recht und schlecht über Wasser halten II. *vi essere* an Land gehen; (AERO) aussteigen **sbarco** ['zbarko] <-chi> *m* ❶ (*atto*) Ausschiffung *f,* Landung *f;* (*di merci*) Ausladen *nt* ❷ (*luogo*) Landeplatz *m*

**sbarra** ['zbarra] *f* ❶ (*della dogana*) Schranke *f* ❷ (SPORT) Reck *m* ❸ (*spranga*) Stange *f;* **essere dietro le -e** (*fig*) hinter Gittern sein ❹ (TYP) Schräg-, Querstrich *m*

**sbarramento** [zbarra'mento] *m* [Ab]sperrung *f* **sbarrare** [zbar'ra:re] *vt* ❶ (*chiudere*) sperren; (*porta*) ab-, versperren; (*assegno*) sperren ❷ (*occhi*) aufreißen, aufsperren **sbarrato, -a** [zbar'ra:to] *agg* ❶ (*bloccato*) gesperrt, versperrt; **assegno** ~ (FIN) Verrechnungsscheck *m* ❷ (*occhi*) aufgerissen

**sbarretta** [zbar'retta] *f* [kleiner] Schrägstrich *m*, Querstrich *m*

**sbassare** [zbas'sa:re] *vt* niedriger machen, absenken

**sbastire** [zbas'ti:re] <sbastisco, sbastisci> *vt* auftrennen

**sbatacchiare** [zbatak'kia:re] *I. vt* wiederholt schlagen *II. vi* immer wieder [zu]schlagen

**sbattere** ['zbattere] *I. vt* ❶ (*panni, tappeti*) ausschlagen, -klopfen ❷ (*ali*) schlagen mit ❸ (*battere forte*) [zu]schlagen; **~ qc sul tavolo** etw auf den Tisch knallen ❹ (*urtare*) stoßen mit; **non sapere dove ~ la testa** (*fig*) keinen Ausweg mehr finden ❺ (GASTR) schlagen *II. vi* (*porta*) schlagen *III. vr* **sbattersene** (*vulg*) auf etw *acc* scheißen

**sbattezzare** [zbatted'dza:re] *I. vt* zum Abschwören bringen *II. vr* **-rsi** ❶ (REL) abschwören ❷ (*scherz*) alles tun, keine Mühe scheuen

**sbattimento** [zbatti'mento] *m* Schlagen *nt*

**sbattitore** [zbatti'to:re] *m* Mixer *m*, Mixstab *m*

**sbattiuova** [zbatti'uɔ:va] <-> *m* Schneebesen *m*

**sbattuta** [zbat'tu:ta] *f* Schlag *m*, Schlagen *nt*, Klopfen *nt*

**sbattuto, -a** [zbat'tu:to] *agg* ❶ (GASTR) geschlagen ❷ (*viso*) abgespannt

**sbavare** [zba'va:re] *vi* ❶ (*dalla bocca*) sabbern *fam* ❷ (*colore*) verwischen **sbavatura** [zbava'tu:ra] *f* ❶ (*di colore*) Verwischen *nt*, Verschmieren *nt* ❷ (*di lumache*) Schleimspur *f* ❸ (*fig*) Abschweifung *f*

**sbeccare** [zbek'ka:re] *vt* abschlagen, abstoßen

**sbeffeggiare** [zbeffed'dʒa:re] *vt* verspotten, verhöhnen

**sbellicarsi** [zbelli'karsi] *vr* **~ dalle risa** sich totlachen *fam*

**sbendare** [zben'da:re] *vt* den Verband abnehmen von

**sberla** ['zbɛrla] *f* (*fam*) Ohrfeige *f*; **prendere a -e qu** jdn ohrfeigen

**sberleffo** [zber'lɛffo] *m* Fratze *f*

**sbertucciare** [zbertut'tʃa:re] *vt* ver-, zerknittern

**sbevazzare** [zbevat'tsa:re] *vi* (*fam*) saufen, sich besaufen

**sbiadire** [zbia'di:re] <sbiadisco> *I. vi* essere verblassen, ausbleichen *II. vr* **-rsi** blass werden **sbiadito, -a** [zbia'di:to] *agg* ❶ (*colore, tessuto*) gebleicht, verblasst ❷ (*fig*) farblos, fad[e]

**sbiancante** [zbiaŋ'kante] *I. agg* bleichend *II. m* Bleichmittel *nt*

**sbiancare** [zbiaŋ'ka:re] *I. vt avere* bleichen *II. vr* **-rsi** ❶ (*diventare bianco*) bleich werden, erbleichen ❷ (*schiarirsi*) heller werden

**sbianchire** [zbiaŋ'ki:re] <sbianchisco, sbianchisci> *I. vt avere* ❶ (*sbiancare*) bleichen ❷ (GASTR) blanchieren *II. vi essere* heller werden

**sbicchierata** [zbikkie'ra:ta] *f* Zechen *nt*

**sbieco** ['zbiɛ:ko] *m* Querband *nt;* **guardare qu di ~** jdn schief anschauen

**sbieco, -a** <-chi, -che> *agg* schräg, schief

**sbiellare** [zbiel'la:re] *vi essere o avere* ❶ (*di automobilista*) mit kaputten Pleuelstangen liegen bleiben ❷ (*di motore a scoppio*) aufgrund von gebrochenen Pleuelstangen nicht funktionieren; **il motore è sbiellato** die Pleuel des Motors sind defekt ❸ (*fig*) ausrasten, spinnen

**sbigottimento** [zbigotti'mento] *m* Bestürzung *f* **sbigottire** [zbigot'ti:re] <sbigottisco> *I. vt avere* bestürzen *II. vr* **-rsi** [er]staunen

**sbilanciamento** [zbilantʃa'mento] *m* Ungleichgewicht *nt* **sbilanciare** [zbilan'tʃa:re] *I. vt* aus dem Gleichgewicht bringen; (*economicamente*) belasten *II. vr* **-rsi** zu weit gehen, sich übernehmen **sbilancio** [zbi'lantʃo] *m* ❶ (*squilibrio*) Ungleichgewicht *nt* ❷ (COM) Defizit *nt*

**sbilenco, -a** [zbi'lɛŋko *o* zbi'leŋko] <-chi, -che> *agg* (*a. fig*) krumm, schief

**sbirciare** [zbir'tʃa:re] *vt* [heimlich] betrachten, mustern **sbirciata** [zbir'tʃa:ta] *f* schneller [verstohlener] Blick

**sbirro** ['zbirro] *m* (*pej*) Polizist *m*, Bulle *m sl*, Häscher *m*

**sbizzarrirsi** [zbiddzar'rirsi] <mi sbizzarrisco> *vr* sich austoben; **~ a fare qc** etw nach Lust und Laune tun

**sbloccamento** [zblokka'mento] *m* Freigabe *f*

**sbloccare** [zblok'ka:re] *vt* ❶ (*meccanismo*) lösen; (*circolazione, affitti*) freigeben ❷ (*fig*) lösen, befreien; (*situazione*) entspannen **sblocco** ['zblɔkko] <-cchi> *m* Freigabe *f*

**sblusare** [zblu'za:re] *vt* taillieren; **~ la camicia** das Kleid in der Taille mit einem Gürtel zusammenhalten

**sbobba** ['zbɔbba] *f* (*fam pej*) Brühe *f*

**sbobinamento** [zbobina'tu:ra] *m v.* **sbobinatura**

**sbobinare** [zbobi'na:re] *vt* (*fam*) abspulen **sbobinatura** [zbobina'tu:ra] *f* Abspulen *nt* eines Tonbandes [zum Zweck des Abschreibens]

**sboccare** [zbok'ka:re] *vi essere* ❶ (*fiume, strada*) münden ❷ (*arrivare*) kommen, gelangen ❸ (*fig*) münden, enden

**sboccataggine** [zbokka'taddʒine] *f* Derbheit *f*, Unanständigkeit *f* **sboccatezza** [sbokkat'tettsa] *f* (*obs*) Derbheit *f*, Unanständigkeit *f* **sboccato, -a** [zbok'ka:to] *agg* unanständig [sprechend]

**sbocciare** [zbot'tʃa:re] *vi essere* (*a. fig*) aufblühen **sboccio** ['zbɔttʃo] *m* Aufblühen *nt*

**sbocco** ['zbokko] <-cchi> *m* ❶ (*di fiume, strada*) Mündung *f*; **strada senza ~** Sackgasse *f* ❷ (*fig*) Ausgang *m*

**sbocconcellare** [zbokkontʃel'la:re] *vt* (*fam*) knabbern

**sbollentare** [zbollen'ta:re] *vt* abbrühen, blanchieren

**sbollire** [zbol'li:re] <sbollisco *o* sbollo> *vi essere o avere* ❶ (GASTR) nicht mehr kochen, zu kochen aufhören ❷ (*fig*) aufhören, nachlassen; (*rabbia*) verrauchen

**sbolognare** [zboloɲ'ɲa:re] *vt* (*fam*) ❶ (*rifilare*) andrehen ❷ (*fig: levarsi di torno*) loswerden

**sboom** [zbum] <-> *m* ❶ (*scherz*) Tendenzwende *f*; **lo ~ delle nascite** der Geburtenrückgang ❷ (COM) Flaute *f*

**sbornia** ['zbɔrnia] <-ie> *f* (*fam*) Rausch *m* **sborniarsi** [zbor'niarsi] *vr* (*fam*) sich betrinken, sich besaufen *fam*

**sborone** [zbo'ro:ne] *m* (*sl*) Poser *m*, Angeber *m;* **fare lo ~** herumposen, angeben

**sborra** ['zborra] *m* (*vulg*) Sperma *nt* **sborrare** [zbor'ra:re] I. *vi* ❶ *avere* (*vulg*) [ab]spritzen ❷ *essere* (*uscire con impeto*) hervorquellen, hervorsprudeln II. *vt avere* von Wollflusen befreien

**sborsare** [zbor'sa:re] *vt* ausgeben, auslegen **sborso** ['zborso] *m* Ausgabe *f*, Auslage *f*

**sboscamento** [zboska'mento] *m* Abholzung *f* **sboscare** [zbos'ka:re] *vt* abholzen

**sbottare** [zbot'ta:re] *vi essere* (*fam*) ausbrechen; **~ a ridere/piangere** (*fam*) in Lachen/Tränen ausbrechen **sbotto** ['zbɔtto] *m* (*fam*) Ausbruch *m;* **~ di risa** Lachanfall *m*

**sbottonare** [zbotto'na:re] I. *vt* aufknöpfen II. *vr* **-rsi con qu** (*fig fam*) sich jdm anvertrauen

**sbozzare** [zbot'tsa:re] *vt* entwerfen; (*marmo*) vorarbeiten **sbozzo** ['zbɔttso] *m* Vorarbeit *f*, Entwurf *m*

**sbracare** [zbra'ka:re] (*fam*) I. *vt* die Hosen ausziehen II. *vr* **-rsi** sich *dat* die Hosen ausziehen; (*slacciarsi*) es sich *dat* bequem machen; **-rsi dal ridere** (*fam*) sich totlachen

**sbracato, -a** [zbra'ka:to] *agg* (*fam*) ❶ (*vestito male*) schlampig ❷ (*riso*) ausgelassen

**sbracciarsi** [zbrat'tʃarsi] *vr* ❶ (*agitare le braccia*) die Arme schwenken ❷ (*portare abiti senza maniche*) ärmellos gehen **sbracciato, -a** [zbrat'tʃa:to] *agg* ❶ (*vestito*) kurzärm[e]lig; (*senza maniche*) ärmellos ❷ (*persona*) mit nackten Armen

**sbrago** ['zbrago] <-ghi> *m* ❶ (*sett: strappo*) Riss *m* [in der Hose] ❷ (*sl: sballo*) Wucht *f;* **un film che è uno ~ !** der Film ist eine Wucht! ❸ (*fig: svogliatezza*) null Bock *m,* tote Hose; **uno ~ totale** absolut tote Hose

**sbraitare** [zbrai'ta:re] *vi* (*fam*) schreien, brüllen

**sbranare** [zbra'na:re] I. *vt* zerfleischen; (*a. fig*) zerreißen II. *vr* **-rsi** sich zerfleischen

**sbreccare** [zbrek'ka:re] *vt* anschlagen

**sbrecciare** [zbret'tʃa:re] *vt* zerbrechen

**sbrendolare** [zbrendo'la:re] *vi* (*tosc*) in Fetzen hängen **sbrendolo** ['zbrɛndolo *o* 'zbrendolo] *m* (*tosc*) Fetzen *m,* Lumpen *m* **sbrendolone, -a** [zbrendo'lo:ne] *m, f* (*tosc*) Schlamper(in) *m(f)*

**sbriciolare** [zbritʃo'la:re] I. *vt* zerkrümeln, zerbröckeln II. *vr* **-rsi** zu Bröseln werden

**sbrigare** [zbri'ga:re] I. *vt* ❶ (*faccende*) erledigen, besorgen ❷ (*clienti*) abfertigen II. *vr* **-rsi** ❶ (*affrettarsi*) sich beeilen ❷ (*liberarsi*) **-rsi di** [*o* **da**] **qu/qc** sich jds/einer Sache entledigen; **sbrigarsela** (*fam*) mit etw fertig werden

**sbrigativo, -a** [zbriga'ti:vo] *agg* ❶ (*persona*) kurz entschlossen ❷ (*modi, sistemi*) zeitsparend ❸ (*pej*) oberflächlich

**sbrigliare** [zbriʎ'ʎa:re] *vt* **~ qc** einer Sache *dat* freien Lauf lassen **sbrigliato, -a** [zbriʎ'ʎa:to] *agg* zügellos, ausschweifend

**sbrinamento** [zbrina'mento] *m* Abtauen *nt*

**sbrinare** [zbri'na:re] *vt* abtauen **sbrinatore** [zbrina'to:re] *m* ❶ (*per frigoriferi*) Abtauautomatik *f* ❷ (MOT) Defroster *m*

**sbrindellare** [zbrindel'la:re] I. *vt* zerfetzen II. *vi* in Fetzen hängen

**sbrindellato, -a** [zbrindel'la:to] *agg* zerfetzt; (*persona*) zerlumpt **sbrindello** [zbrin'dɛllo] *m* (*fam*) Fetzen *m*

**sbrindellone** [zbrindel'lo:ne] (*fam*) *v.* **sbrendolone**

**sbrinz** [zbrints] <-> *m* Brienzer Käse *m*

**sbrodolare** [zbrodo'la:re] I. *vt* besudeln, bekleckern II. *vr* **-rsi** sich besudeln, sich bekleckern **sbrodolone, -a** [zbrodo'lo:ne] *m, f* (*fam*) Schmierfink *m,* Kleckerfritze *m*

**sbrogliare** [zbroʎ'ʎa:re] I. *vt* ❶ (*matassa*) entwirren ❷ (*fig: questione*) lösen II. *vr*

**-rsi** sich aus der Affäre ziehen; **sbrogliarsela** (*fam*) mit etw klarkommen

**sbronza** ['zbrontsa *o* 'zbrondza] *f* (*fam*) Rausch *m* **sbronzarsi** [zbron'tsarsi *o* zbron'dzarsi] *vr* (*fam*) sich betrinken, sich besaufen *sl* **sbronzo, -a** ['zbrontso *o* 'zbrondzo] *agg* (*fam*) betrunken, besoffen *sl*

**sbruffonaggine** [zbruffo'naddʒine] *f v.* **sbruffoneria**

**sbruffone, -a** [zbruf'fo:ne] *m, f* (*fam pej*) Angeber(in) *m/f* **sbruffoneria** [zbruffone'ri:a] <-ie> *f* Aufschneiderei *f*, Angeberei *f*

**sbucare** [zbu'ka:re] *vi essere* herauskommen, hervorkommen; (*apparire*) auftauchen

**sbucciapatate** [zbuttʃapa'ta:te] <-> *m* Kartoffelschäler *m*

**sbucciare** [zbut'tʃa:re] I. *vt* ❶ (*patate, castagne*) schälen ❷ (MED) aufschürfen II. *vr* **-rsi** (*rettili*) sich häuten **sbucciatore** [zbuttʃa'to:re] *m* Schäler *m* **sbucciatura** [zbuttʃa'tu:ra] *f* ❶ (*lo sbucciare*) Schälen *nt* ❷ (*fam*) Kratzer *m*; **farsi una ~** sich aufschürfen

**sbucciatutto** [zbuttʃa'tutto] <-> *m* Schäler *m*

**sbudellare** [zbudel'la:re] I. *vt* ❶ (*pollo*) ausnehmen ❷ (*ferire al ventre*) jdm den Bauch aufschlitzen II. *vr* **-rsi dalle risate** (*fam*) sich *dat* den Bauch halten vor Lachen

**sbuffante** [zbuf'fante] *agg* ❶ (*persona*) schnaufend, schnaubend ❷ (*abito*) bauschig

**sbuffare** [zbuf'fa:re] *vi* (*persona*) schnaufen, schnauben; (*locomotiva*) schnaufen **sbuffata** [zbuf'fa:ta] *f* Schnauben *nt*, Schnaufen *nt* **sbuffo** ['zbuffo] *m* ❶ (*lo sbuffare*) Schnauben *nt* ❷ (*di vento*) Windstoß *m* ❸ (*di fumo, vapore*) Wolke *f* ❹ (*di vestiti*) **maniche a ~** Puffärmel *mpl*

**sbugiardare** [zbudʒar'da:re] *vt* Lügen strafen, einer Lüge überführen

**sbullettare** [zbullet'ta:re] I. *vt* die Nägel entfernen aus II. *vi* [ab]bröckeln

**sbullonamento** [zbullona'mento] *m v.* **sbullonatura** **sbullonare** [zbullo'na:re] *vt* die Bolzen entfernen aus **sbullonatura** [zbullona'tu:ra] *f* Abziehen *nt* von Bolzen

**sburocratizzare** [zburokratid'dza:re] *vt* entbürokratisieren

**sbuzzare** [zbud'dza:re] *vt* ❶ (*pollo*) ausnehmen ❷ (*ferire al ventre*) den Bauch aufschlitzen (*qu* jdm)

**scabbia** ['skabbia] <-ie> *f* Krätze *f*
**scabrezza** [ska'brettsa] *f* Rauheit *f*
**scabro, -a** ['ska:bro] *agg* rau **scabrosità** [skabrosi'ta] <-> *f* ❶ (*di superficie*) Rauheit *f* ❷ (*fig*) Misslichkeit *f* **scabroso, -a** [ska'bro:so] *agg* ❶ (*strada*) uneben ❷ (*fig: delicato*) heikel

**scacchiera** [skak'kiɛ:ra] *f* Schachbrett *nt*
**scacchiere** [skak'kiɛ:re] *m* ❶ (MIL) Kriegsschauplatz *m* ❷ (POL) Schatzamt *nt* ❸ (*loc*) **a ~** schachbrettartig

**scacchista** [skak'kista] <-i *m*, -e *f*> *mf* Schachspieler(in) *m/f* **scacchistico, -a** [skak'kistiko] <-ci, -che> *agg* Schach-

**scacciacani** [skattʃa'ka:ni] I.<-> *m o f* Schreckschusspistole *f* II.<inv> *agg* Schreckschuss-

**scacciacrisi** [skattʃa'kri:zi] <inv> *agg* krisenüberwindend, aus der Krise führend

**scacciaguai** [skattʃa'gua:i] I.<inv> *agg* Unheil abwendend; **talismano ~** Talisman *m* II.<-> *m* Amulett *nt*

**scacciapensieri** [skattʃapen'siɛ:ri] <-> *m* Maultrommel *f*

**scacciare** [skat'tʃa:re] *vt* vertreiben, verjagen

**scaccino** [skat'tʃi:no] *m* Kirchendiener *m*, Küster *m*

**scacco** ['skakko] <-cchi> *m* ❶ *pl* (*gioco*) Schach *nt*; **giocare agli -cchi** Schach spielen ❷ (*singolo pezzo*) Schachfigur *f* ❸ (*mossa*) Schach[zug *m*] *nt* ❹ (*fig*) Niederlage *f*, Schlappe *f* ❺ (*quadratino*) Schachfeld *nt*; **a -cchi** kariert

**scaccomatto, scacco matto** [skakko'matto] *m* Schachmatt *nt*; **dare ~ a qu** (*a. fig*) jdn schachmatt setzen

**scaddi** ['skaddi] *I. pers sing pass rem di* **scadere**

**scadente** [ska'dɛnte] *agg* schlecht; (*merce, prodotto*) minderwertig

**scadenza** [ska'dɛntsa] *f* ❶ (*di abbonamento, trattato*) Verfall *m*, Ablauf *m* ❷ (FIN) Fälligkeit *f* ❸ (*periodo*) Frist *f*; **a breve/lunga ~** kurz-/langfristig ❹ (*per un prodotto*) Verfallsdatum *nt*

**scadenzare** [skaden'tsa:re] *vt* (ADM) eine Frist festsetzen für, terminieren **scadenzario** [skaden'tsa:rio] <-i> *m* Terminkalender *m*

**scadere** [ska'de:re] <scado, scaddi, scaduto> *vi essere* ❶ (COM, ADM) verfallen, ablaufen ❷ (*perdere valore*) sinken **scadimento** [skadi'mento] *m* Verfall *m*, Niedergang *m*

**scafandro** [ska'fandro] *m* Anzug *m;* (*di palombaro*) Taucheranzug *m*

**scaffalare** [skaffa'la:re] *vt* ❶ (*parete*) mit Regalen versehen ❷ (*libri*) in Regale einräumen **scaffalatura** [skaffala'tu:ra] *f* Regalwand *f*

**scaffale** [skaf'fa:le] *m* Regal *nt*

**scafista** [ska'fista] <-i *m*, -e *f*> *mf* Schleuser *m* (*der mit einem Motorboot illegale Einwanderer transportiert*)

**scafo** ['ska:fo] *m* [Schiffs]rumpf *m*

**scagionare** [skadʒo'na:re] I. *vt* rechtfertigen II. *vr* **-rsi** sich rechtfertigen **scagionatore, -trice** [skadʒona'to:re] I. *agg* entlastend II. *m, f* Entlastungszeuge *m*/-zeugin *f*

**scaglia** ['skaʎʎa] <-glie> *f* ❶ (zoo) Schuppe *f* ❷ (*scheggia*) Splitter *m*

**scagliare** [skaʎ'ʎa:re] I. *vt* werfen II. *vr* **-rsi** sich stürzen, sich werfen

**scaglionamento** [skaʎʎona'mento] *m* Staffelung *f* **scaglionare** [skaʎʎo'na:re] *vt* staffeln **scaglione** [skaʎ'ʎo:ne] *m* ❶ (*gruppo*) Staffel *f;* **a -i** gruppenweise ❷ (FIN) Staffelung *f;* ~ **d'imposta** Steuerklasse *f*

**scaglioso, -a** [skaʎ'ʎo:so] *agg* ❶ (*pelle*) schuppig ❷ (*pietra*) schuppenartig, blättrig

**scagnozzo, -a** [skaɲ'ɲɔttso] *m, f* Handlanger *m*

**scala** ['ska:la] *f* ❶ (ARCH) Treppe *f,* Steige *f* A; ~ **a chiocciola** Wendeltreppe *f;* ~ **di servizio** Hintertreppe *f;* ~ **mobile** Rolltreppe *f* ❷ (*dispositivo*) Leiter *f* ❸ (*fig* TEC, PHYS) Skala *f;* ~ **mobile** (*dei salari*) gleitende Lohnskala; ~ **Richter** Richterskala *f* ❹ (*in disegno, cartografia*) Maßstab *m;* **in ~ ridotta** in verkleinertem Maßstab; **su larga ~** (*fig*) in großem Ausmaß, in großem Umfang ❺ (MUS) Tonleiter *f;* ~ **in do maggiore** C-Dur-Tonleiter *f*

**scalandrone** [skalan'dro:ne] *m* Steg *m*

**scalare**[1] [ska'la:re] *agg* ❶ (*disposto a scala*) treppenartig, stufenförmig ❷ (MAT) Skalen-, skalar

**scalare**[2] *vt* ❶ (*montagna*) be-, ersteigen; ~ **un muro** auf eine Mauer klettern [*o* kraxeln A] ❷ (COM) abziehen ❸ (*capelli*) stufig schneiden ❹ (*graduare*) abstufen ❺ (MOT) zurückschalten **scalata** [ska'la:ta] *f* Be-, Ersteigung *f* **scalatore, -trice** [skala'to:re] *m, f* ❶ (*alpinismo*) Bergsteiger(in) *m(f)* ❷ (*ciclismo*) Bergfahrer(in) *m(f)*

**scalcagnato, -a** [skalkaɲ'ɲa:to] *agg* ❶ (*scarpe*) ausgetreten ❷ (*persona*) zerlumpt

**scalciare** [skal'tʃa:re] *vi* austreten, ausschlagen

**scalcinare** [skaltʃi'na:re] *vt* abkratzen **scalcinato, -a** [skaltʃi'na:to] *agg* ❶ (*muro, casa*) abgebröckelt, abgeblättert ❷ (*fig: vestito*) verschlissen; (*persona*) heruntergekommen

**scalda(a)cqua** [skal'dakkua (skalda'akkua)] <->, **scaldabagno** [skalda'baɲɲo] <-i o -> *m* Boiler *m* **scaldabanchi** [skalda'baŋki] <-> *mf* (*pej*) Faulpelz *m* **scaldacuore** [skalda'kuɔ:re] <-, *rar* -i> *m* Wickeljacke *f*

**scaldaletto** [skalda'lɛtto] <-i> *m* Bettwärmer *m* **scaldapiedi** [skalda'piɛ:di] <-> *m* Fußwärmer *m*

**scaldare** [skal'da:re] I. *vt* ❶ (*gener*) erwärmen, warm machen; (*acqua, minestra*) aufwärmen; (*stanza*) heizen; (*motore*) warm laufen lassen ❷ (*fig*) erwärmen II. *vr* **-rsi** ❶ (*diventare caldo*) sich erwärmen, warm werden ❷ (SPORT) sich aufwärmen ❸ (*fig: accalorarsi, irritarsi*) sich erhitzen **scaldata** [skal'da:ta] *f* Erhitzung *f;* **dare una ~ all'arrosto** den Braten aufwärmen

**scaldavivande** [skaldavi'vande] <-> *m* Warmhalteplatte *f*

**scaldino** [skal'di:no] *m* Wärmer *m*

**scaleo** [ska'lɛ:o] *m* Trittleiter *f*

**scaletta** [ska'letta] *f* ❶ (*piccola scala*) kleine Treppe ❷ (*abbozzo*) Entwurf *m,* Exposé *f*

**scalfire** [skal'fi:re] <scalfisco> *vt* ritzen, schrammen **scalfittura** [skalfit'tu:ra] *f* Schramme *f*

**scalinata** [skali'na:ta] *f* Freitreppe *f* **scalino** [ska'li:no] *m* (a. *fig*) Stufe *f;* (*di scala a pioli*) Sprosse *f*

**scalmana** [skal'ma:na] *f* ❶ (MED) Erkältung *f* ❷ (*fig, scherz*) Begeisterung *f;* **prendersi una ~ per qu** (*scherz*) Feuer und Flamme für jdn sein

**scalmanarsi** [skalma'narsi] *vr* ❶ (*affannarsi*) sich erhitzen ❷ (*fig*) sich Mühe geben, sich anstrengen; (*nel parlare*) sich ereifern

**scalmanato, -a** [skalma'na:to] I. *agg* erhitzt II. *m, f* Hitzkopf *m*

**scalmiera** [skal'miɛ:ra] *f,* **scalmo** ['skalmo] *m* Dolle *f*

**scalo** ['ska:lo] *m* ❶ (NAUT) Anlegestelle *f,* -platz *m* ❷ (FERR) Umsteigebahnhof *m;* ~ **merci** Güterbahnhof *m* ❸ (AERO) Zwischenlandeflughafen *m;* **volo senza ~** Nonstopflug *m;* **fare ~** zwischenlanden

**scalogna** [ska'loɲɲa] *f* (*fam*) Pech *nt* **scalognato, -a** [skaloɲ'ɲa:to] (*fam*) I. *agg* vom Pech verfolgt II. *m, f* Pechvogel *m,* Unglücksrabe *m*

**scalogno** [ska'loɲɲo] *m* Schalotte *f*
**scalone** [ska'lo:ne] *m* Prunktreppe *f;* (*esterno*) Freitreppe *f*
**scaloppa, scaloppina** [ska'lɔppa, skalop'pi:na] *f* [in Butter gebratenes] Kalbsschnitzel *nt*
**scalpellare** [skalpel'la:re] *vt* behauen, meißeln
**scalpellino** [skalpel'li:no] *m* Steinmetz *m*
**scalpello** [skal'pɛllo] *m* (*utensile*) Meißel *m;* (*per legno*) Stechbeitel *m;* (MED) Skalpell *nt*
**scalpicciare** [skalpit'tʃa:re] *vi* trampeln
**scalpiccio** [skalpit'tʃi:o] <-ccii> *m* (*strisciando i piedi*) Schlurfen *nt*
**scalpitare** [skalpi'ta:re] *vi* ❶ (ZOO) stampfen, scharren ❷ (*fig, scherz*) ungeduldig sein **scalpitio** [skalpi'ti:o] <-ii> *m* Gestampfe *nt*
**scalpo** ['skalpo] *m* Skalp *m*
**scalpore** [skal'po:re] *m* Aufsehen *nt*, Lärm *m*
**scaltrezza** [skal'trettsa] *f* Schläue *f*, Schlauheit *f* **scaltrire** [skal'tri:re] <scaltrisco> I. *vt* schlau machen II. *vr* **-rsi** schlau werden **scaltro, -a** ['skaltro] *agg* schlau, gewitzt
**scalzacane, scalzacani** [skaltsa'ka:ne, skaltsa'ka:ni] <-> *mf* (*fam*) Stümper(in) *m(f)*
**scalzare** [skal'tsa:re] *vt* ❶ (*dente*) die Wurzel freilegen ❷ (*fig*) verdrängen **scalzo, -a** ['skaltso] *agg* barfuß; (*attributivo*) barfüßig; **a piedi -i** barfuß, mit nackten Füßen
**scambiabilità** [skambiabili'ta] <-> *f* [Aus]tauschbarkeit *f* **scambiare** [skam'bia:re] I. *vt* ❶ (*confondere*) **~ qu per qu** jdn mit jdm verwechseln; **~ qc per qc** etw mit etw vertauschen ❷ (*fare uno scambio*) [aus]tauschen; **~ qc con qc** etw gegen etw tauschen ❸ (*impressioni, opinioni*) austauschen; (*parole*) wechseln II. *vr* **-rsi** [aus]tauschen; (*anelli*) wechseln **scambievole** [skam'bie:vole] *agg* gegen-, wechselseitig **scambio** ['skambio] <-i> *m* ❶ (*di persona*) Verwechslung *f* ❷ (*di doni, cortesie, idee*) Austausch *m;* **~ culturale** Kulturaustausch *m* ❸ (COM) Handel *m;* **-i commerciali** Handelsbeziehungen *fpl;* **libero ~** Freihandel *m* ❹ (FERR) Weiche *f*
**scambista** [skam'bista] <-i *m*, -e *f*> *mf* ❶ (COM, FIN) Händler(in) *m(f)* ❷ (FERR) Weichensteller(in) *m(f)*
**scamiciarsi** [skami'tʃarsi] *vr* sich bis aufs Hemd ausziehen
**scamiciato** [skami'tʃa:to] *m* Kleiderrock *m*
**scamiciato, -a** *agg* in Hemdsärmeln

**scamorza** [ska'mɔrtsa] *f* ❶ (GASTR) fester, hellgelber Frischkäse ❷ (*fig, scherz*) Schwächling *m*
**scamosciare** [skamoʃ'ʃa:re] <**scamoscio**, **scamosci**> *vt* fettgerben
**scamosciato, -a** [skamoʃ'ʃa:to] *agg* Veloursleder- **scamosciatura** [skamoʃʃa'tu:ra] *f* Fettgerbung *f*
**scampagnata** [skampaɲ'ɲa:ta] *f* (*fam*) Ausflug *m*, Landpartie *f*
**scampanare** [skampa'na:re] *vi* ❶ (*campane*) läuten ❷ (*abiti*) glockenförmig fallen **scampanata** [skampa'na:ta] *f* Geläut[e] *nt*, [Glocken]läuten *nt* **scampanato, -a** [skampa'na:to] *agg* glockenförmig
**scampanellare** [skampanel'la:re] *vi* [lang und eindringlich] klingeln **scampanellata** [skampanel'la:ta] *f* [heftiges] Klingeln *nt*
**scampanellio** [skampanel'li:o] <-ii> *m* Klingeln *nt*, Geklingel *nt*
**scampanio** [skampa'ni:o] <-ii> *m* [Glocken]läuten *nt*
**scampare** [skam'pa:re] I. *vi essere* entkommen, entrinnen II. *vt avere* retten; **scamparla** (*fam*) davonkommen
**scampo** ['skampo] *m* ❶ (*salvezza*) Rettung *f;* (*via d'uscita*) Ausweg *m;* **senza ~** auswegslos ❷ (ZOO) Kaisergranat *m;* **-i** Scampi *mpl*
**scampolo** ['skampolo] *m* (*di stoffa*) [Stoff]rest *m*
**scanalare** [skana'la:re] *vt* rillen, auskehlen **scanalata** [skana'la:ta] *f* Zappen *nt*, Zapping *nt* **scanalatura** [skanala'tu:ra] *f* Rille *f;* (*operazione*) Auskehlung *f*
**scandagliare** [skandaʎ'ʎa:re] *vt* ❶ (NAUT) ausloten ❷ (*fig*) ausloten, sondieren **scandaglio** [skan'daʎʎo] <-gli> *m* ❶ (NAUT: *strumento*) Lot *nt;* (*impiego*) [Aus]lotung *f* ❷ (*fig*) Ausloten *nt*, Sondieren *nt*
**scandalismo** [skanda'lizmo] *m* Skandalsucht *f*
**scandalistico, -a** [skanda'listiko] <-ci, -che> *agg* Skandal-
**scandalizzare** [skandalid'dza:re] I. *vt* empören II. *vr* **-rsi di qc** sich über etw *acc* empören
**scandalo** ['skandalo] *m* Skandal *m;* (*turbamento*) Ärgernis *nt;* (*pubblicità*) Aufsehen *nt;* **dare ~** Ärgernis erregen **scandaloso, -a** [skanda'lo:so] *agg* skandalös; **che fortuna -a!** (*scherz*) was für ein unverschämtes Glück!
**Scandinavia** [skandi'na:via] *f* Skandinavien *nt* **scandinavo, -a** [skandi'na:vo]

I. *agg* skandinavisch II. *m, f* Skandinavier(in) *m(f)*

**scandire** [skan'di:re] <scandisco> *vt* ① (MUS: *tempo*) betonen ② (*fig: parole, nome*) deutlich aussprechen ③ (INFORM) scannen, abtasten

**scannare** [skan'na:re] I. *vt* ① (*animale*) abstechen ② (*persona*) ~ **qu** jdm die Kehle durchschneiden ③ (*fig: opprimere*) ausbluten, ruinieren ④ (INFORM) scannen II. *vr* **-rsi** ① (*di persona*) sich überwerfen ② (*fig: darsi da fare*) sich zerreißen **scannatoio** [skanna'to:io] <-oi> *m* ① (*del macello*) Schlachthof *m* ② (*fig, pej*) Lasterhöhle *f*

**scannello** [skan'nɛllo] *m* Kugel *f*, Oberschale *f*

**scanner** ['skanner] <- *o* scanners> *m* Scanner *m;* ~ **a mano** Handscanner *m;* ~ **a rullo** Rollscanner *m;* ~ **piano** Flachbettscanner *m* **scannerizzare** [skannerid'dza:re] *vt* (INFORM) scannen, abtasten **scanning** ['skannin] <-> *m* Scannen *nt;* **fare lo ~ di qc** etw scannen

**scanno** ['skanno] *m* (*geh*) Sitz *m*

**scansafatiche** [skansafa'ti:ke] <-> *mf* (*fam*) Drückeberger(in) *m(f)*

**scansare** [skan'sa:re] I. *vt* ① (*schivare*) ~ **qu/qc** jdm/etw ausweichen ② (*tavolo, mobile*) [weg]rücken ③ (*evitare*) ~ **qu** jdn meiden, jdm aus dem Wege gehen; ~ **qc** etw [ver]meiden II. *vr* **-rsi** [weg]rücken, Platz machen

**scansia** [skan'si:a] <-ie> *f* Regal *nt*

**scansione** [skan'sio:ne] *f* ① (LIT) Skandieren *nt* ② (TV) Abtastung *f*

**scanso** ['skanso] *m* **a ~ di qc** um etw zu vermeiden

**scantinato** [skanti'na:to] *m* Kellergeschoss *nt*

**scantonare** [skanto'na:re] I. *vi* ① (*voltare all'angolo*) um die Ecke biegen ② (*fig*) ausweichen II. *vt* abrunden, abstumpfen

**scanzonato, -a** [skantso'na:to] *agg* unbekümmert, leichtfertig

**scapaccione** [skapat'tʃo:ne] *m* Schlag *m* [auf den Hinterkopf]

**scapato, -a** [ska'pa:to] I. *agg* leichtsinnig, unbedacht II. *m, f* (*fam*) leichtsinniger Mensch *m*

**scapestrato, -a** [skapes'tra:to] I. *agg* zügellos, liederlich II. *m, f* (*fam*) Lotterbube *m*/Lotterliese *f*, Faulenzer(in) *m(f)*

**scapicollarsi** [skapikol'larsi] *vr* (*fam*) sich [fast] überschlagen; (*fig a*) sich *dat* ein Bein ausreißen **scapicollo** [skapi'kɔllo] *m* **a ~** (*dial*) Hals über Kopf

**scapigliare** [skapiʎ'ʎa:re] I. *vt* zerzausen II. *vr* **-rsi** sich die Haare raufen

**scapigliato, -a** [skapiʎ'ʎa:to] *agg* ① (*arruffato*) zerzaust, zerrauft ② (*fig*) unzüchlich, unschicklich **scapigliatura** [skapiʎʎa'tu:ra] *f* ① (*pej*) Lotterleben *nt* ② (LIT) literarische Bewegung im späten 19. Jahrhundert

**scapitare** [skapi'ta:re] *vi* ① (*rimetterci*) zuzahlen, einen Verlust machen ② (*fig*) verlieren

**scapito** ['ska:pito] *m* **a ~ di** zu Lasten [*o* zulasten] von; **vendere a ~** mit Verlust verkaufen

**scapola** ['ska:pola] *f* Schulterblatt *nt* **scapolare** [skapo'la:re] *agg* (ANAT) Schulterblatt-

**scapolo** ['ska:polo] *m* Junggeselle *m*

**scapolo, -a** *agg* ledig, unverheiratet **scapolone** [skapo'lo:ne] *m* (*fam*) Hagestolz *m*

**scappamento** [skappa'mento] *m* (MOT) Auspuff *m*

**scappare** [skap'pa:re] *vi essere* ① (*darsi alla fuga*) weg-, davonlaufen; (*di prigione*) ausbrechen; **di qui non si scappa** hier gibt es kein Entrinnen ② (*fig: sfuggire*) entgehen; **gli è scappato detto** es ist ihm rausgerutscht *fam;* **gli è scappato di mente** es ist ihm entfallen; **mi scappa la pazienza** mir reißt die Geduld ③ (*fam*) dringend [machen] müssen; **mi scappa da ridere** ich muss lachen, ich kann mir das Lachen nicht verkneifen

**scappata** [skap'pa:ta] *f* ① (*breve visita*) Stippvisite *f*, Sprung *m fam* ② (*fig: uscita*) Bemerkung *f* ③ (*fig: errore*) Torheit *f* **scappatella** [skappa'tɛlla] *f* Seitensprung *m* **scappatoia** [skappa'to:ia] <-oie> *f* Ausweg *m*

**scappellare** [skappel'la:re] I. *vt* den Hut abnehmen von II. *vr* **-rsi** den Hut ziehen **scappellata** [skappel'la:ta] *f* Hutabnehmen *nt*, Hutziehen *nt*

**scappellotto** [skappel'lɔtto] *m* Klaps *m*

**scappottare** [skappot'ta:re] *vt* das Verdeck abnehmen von

**scapsulamento** [skapsula'mento] *m* Entfernen *nt* der Kapsel

**scarabattola** [skara'battola] *f* (*fam pej*) Kram *m*

**scarabeo** [skara'bɛ:o] *m* ① (*insetto*) Käfer *m* ② (*gioiello*) Skarabäus *m*, Skarabäengemme *f* ③ (*gioco*) Scrabble *nt*

**scarabocchiare** [skarabok'kia:re] *vt* bekritzeln **scarabocchio** [skara'bɔkkio]

**<-cchi>** *m* ❶ (*parola*) Gekritzel *nt* ❷ (*disegno*) Geschmiere *nt*
**scaracchiare** [skarak'kia:re] *vi* (*vulg*) Rotze husten [*o* spucken] **scaracchio** [ska'rakkio] <-cchi> *m* (*vulg*) Auswurf *m*
**scarafaggio** [skara'faddʒo] <-ggi> *m* [Küchen]schabe *f*
**scaramanzia** [skaraman'tsi:a] <-ie> *f* Beschwörung *f*
**scaramazza** [skara'mattsa] I. *f* unregelmäßige Perle *f* II. *agg* unregelmäßig
**scaramuccia** [skara'muttʃa] <-cce> *f* Geplänkel *nt*, kleine Auseinandersetzung
**scaraventare** [skaraven'ta:re] I. *vt* werfen, schleudern II. *vr* **-rsi** sich werfen, sich stürzen
**scarburato, -a** [skarbu'ra:to] *agg* mit falscher Vergasereinstellung
**scarcassato, -a** [skarkas'sa:to] *agg* (*fam*) kaputt
**scarcerare** [skartʃe'ra:re] *vt* freilassen, aus der Haft entlassen **scarcerazione** [skartʃerat'tsio:ne] *f* Freilassung *f*, Haftentlassung *f*
**scardinare** [skardi'na:re] *vt* (*finestra, porta*) aushängen, aus den Angeln heben
**scarica** ['ska:rika] <-che> *f* ❶ (MIL) Salve *f* ❷ (*di grandine, pugni*) Hagel *m* ❸ (EL) Entladung *f*
**scaricabarili** [skarikaba'ri:li] <-> *m* **fare a ~** (*fig fam*) sich *dat* gegenseitig etw in die Schuhe schieben
**scaricabile** *agg* (INFORM) herunterladbar
**scaricamento** [skarika'mento] *m* ❶ (*di un treno*) Entladen *nt* ❷ (INET) Runterladen *nt*, Download *m*
**scaricare** [skari'ka:re] I. *vt* ❶ (*camion, macchina*) ausladen, entladen ❷ (*merci*) abladen, ausladen ❸ (MIL) entladen; (*sparare*) abfeuern ❹ (*fig*) [ab]laden; **~ la propria collera su qu** seine Wut an jdm auslassen; **~ la colpa addosso a qu** jdm die Schuld zuschieben ❺ (INET) herunterladen, downloaden ❻ (PHYS) entladen II. *vr* **-rsi** ❶ (*di un peso*) sich entlasten ❷ (*di tensione nervosa*) sich entspannen, chillen *fam* ❸ (*batteria, accumulatore*) sich entladen; (*orologio*) ablaufen
**scaricatore** [skarika'to:re] *m* Kipper *m*
**scaricatore, -trice** *m, f* Ab-, Auslader(in) *m(f)*; **~ di porto** Hafenarbeiter(in) *m(f)*
**scarico** ['ska:riko] *m* ❶ (*di merci, materiali*) Ab-, Ausladen *nt*; **divieto di ~** Schuttabladen verboten ❷ (*di nave, vagone*) Ent-, Ausladen *nt* ❸ (*rifiuti*) Müllhalde *f*, -kippe *f*; **-chi industriali** Industrieabwässer *ntpl* ❹ (*di acque, gas*) Abfluss *m*, Auslass *m* ❺ (COM) Ausgang *m* ❻ (TEC) Auslass *m*, Ablass *m*; (MOT) Auspuff *m* ❼ (*fig*) Entlastung *f*
**scarico, -a** <-chi, -che> *agg* ❶ (*carro*) leer, unbeladen ❷ (*batteria*) leer; (*orologio*) abgelaufen ❸ (*fig*) frei, unbelastet
**scarlattina** [skarlat'ti:na] *f* Scharlach *m*
**scarlatto** [skar'latto] *m* Scharlach[rot *nt*] *m*
**scarlatto, -a** *agg* scharlachrot
**scarmigliare** [skarmiʎ'ʎa:re] *vt* zerzausen, zerraufen
**scarnificare** [skarnifi'ka:re] *vt* vom Fleisch lösen
**scarnire** [skar'ni:re] <scarnisco, scarnisci> *vt* vom Fleisch lösen
**scarno, -a** ['skarno] *agg* ❶ (*viso, mani*) abgezehrt, mager ❷ (*fig*) schlicht, schmucklos
**scarola** [ska'rɔ:la] *f* wilder Lattich
**scarpa** ['skarpa] *f* ❶ (*calzatura*) Schuh *m*; **~ da ginnastica** Turnschuh *m*; **~ di cuoio** Lederschuh *m*; **numero di -e** Schuhgröße *f*; **fare le -e a qu** (*fig*) jdm übel mitspielen ❷ (*fig fam: persona incapace*) Stümper(in) *m(f)* **scarpaio, -a** [skar'pa:io] <-ai, -aie> *m, f* Schuhverkäufer(in) *m(f)*, Schuhhändler(in) *m(f)*
**scarpata** [skar'pa:ta] *f* Böschung *f*
**scarpiera** [skar'piɛ:ra] *f* Schuhschrank *m*
**scarpinare** [skarpi'na:re] *vi* (*fam*) [lange] laufen, latschen **scarpinata** [skarpi'na:ta] *f* (*fam*) Fußmarsch *m*
**scarpone** [skar'po:ne] *m* Stiefel *m*; **~ da sci** Skischuh *m*; **~ da montagna** Bergschuh *m*
**scarrozzare** [skarot'tsa:re] *vt, vi* [herum]kutschieren, -fahren **scarrozzata** [skarot'tsa:ta] *f* Spazierfahrt *f*
**scarrucolare** [skarruko'la:re] *vi* abrollen, abschnurren
**scarseggiare** [skarsed'dʒa:re] *vi* knapp sein; **~ di** mangeln an +*dat*
**scarsella** [skar'sɛlla] *f* (*dial*) [Geld]beutel *m*
**scarsezza** [skar'settsa] *f* Mangel *m*, Knappheit *f*; **per ~ di denaro/tempo** aus Geld-/Zeitmangel
**scarsità** [skarsi'ta] <-> *f* Mangel *m*
**scarso, -a** ['skarso] *agg* knapp, spärlich; **pesa due chili -i** er/sie/es wiegt knapp zwei Kilo; **essere ~ in inglese** schwach in Englisch sein
**scartabellare** [skartabel'la:re] *vt* durchblättern; (*vocabolari*) wälzen *fam*
**scartafaccio** [skarta'fattʃo] <-cci> *m* Kladde *f*
**scartamento** [skarta'mento] *m* Spurweite *f*

scartare → scellerato

**scartare** [skar'ta:re] vt ❶ (*pacco*) auspacken ❷ (*fig*) verwerfen ❸ (*nelle carte*) ablegen ❹ (SPORT) ausspielen, umdribbeln
**scartata** [skar'ta:ta] f Seitensprung m
**scartavetratura** [skartavetra'tu:ra] f Schmirgeln nt, Schleifen nt
**scarto** ['skarto] m ❶ (*eliminazione*) Aussonderung f ❷ (*fig*) Ramsch m, Abfall m ❸ (*nelle carte*) Ablegen nt
**scartocciare** [skartot'tʃa:re] vt auspacken
**scartoffia** [skar'tɔffia] <-ie> f (*fam pej*) Wisch m, Schrieb m
**scassaquindici** [skassa'kuinditʃi] <-> m ein Fingerspiel
**scassare** [skas'sa:re] I. vt ❶ (*forzare*) aufbrechen ❷ (*fam: rompere*) kaputtmachen II. vr **-rsi** (*fam*) kaputtgehen
**scassinare** [skassi'na:re] vt aufbrechen
**scassinatore, -trice** [skassina'to:re] m, f Einbrecher(in) m(f)
**scasso** ['skasso] m Einbruch m
**scatafascio** [skata'faʃʃo] m **a ~** (*fam*) drunter und drüber
**scatarrare** [skatar'ra:re] vi Schleim aushusten
**scatenamento** [skatena'mento] m Entfesselung f **scatenante** [skate'nante] agg auslösend, Auslöse- **scatenare** [skate'na:re] I. vt entfesseln II. vr **-rsi** losbrechen; (*tempesta*) aufkommen; (*rumore*) sich erheben, sich austoben
**scatola** ['ska:tola] f Schachtel f, Karton m; (*di carne, piselli*) Büchse f, Dose f; **~ cranica** Schädel m; **~ nera** (AERO) Flugdatenschreiber m; **rompere** [*o* **far girare**] **le -e a qu** (*fam*) jdm auf den Keks gehen; **vendere/comprare qc a ~ chiusa** (*fig*) die Katze im Sack verkaufen/kaufen; **in ~** Dosen-, Büchsen- **scatolame** [skato'la:me] m Schachteln fpl; (GASTR) Konserven fpl **scatolare** [skato'la:re] agg schachtelförmig, Schachtel- **scatolato, -a** [skato'la:to] I. agg konserviert, in Dosen, Dosen-, Konserven- II. m Konserve f **scatoletta** [skato'letta] f [kleine] Dose f **scatolificio** [skatoli'fi:tʃo] <-ci> m Büchsenfabrik f
**scatologia** [skatolo'dʒi:a] <-gie> f schmutzige Ausdrucksweise, Fäkalsprache f
**scattante** [skat'tante] agg schnell, flink
**scattare** [skat'ta:re] I. vi essere *o* avere ❶ (*congegni, molle*) [los]schnellen, losgehen; (*trappola*) zuschnappen ❷ (*persona*) springen, hochschnellen; **~ in piedi** aufspringen; **~ sull'attenti** strammstehen ❸ (MOT) beschleunigen ❹ (*fig: per l'ira*) hochfahren, an die Decke gehen *fam* ❺ (*fig: fare uno scatto*) einen Sprung machen, [stufenweise] steigen ❻ (SPORT) spurten II. vt avere knipsen *fam* **scattista** [skat'tista] <-i m, -e f> mf Sprinter(in) m(f) **scatto** ['skatto] m ❶ (TEC) Schnellen nt, Losgehen nt; (*di trappola*) Zuschnappen nt; **serratura a ~** Schnappschloss nt ❷ (MIL) Abzug m; (FOTO) Auslöser m ❸ (*moto brusco*) Ruck m ❹ (SPORT) Spurt m ❺ (*fig: di ira*) Ausbruch m, Anfall m; **avere uno ~** aus der Haut fahren ❻ (*fig: aumento*) Anstieg m, Erhöhung f; **~ di anzianità** Lohn- bzw. Gehaltserhöhung entsprechend dem Dienstalter ❼ (TEL) [Gebühren]einheit f
**scaturire** [skatu'ri:re] <scaturisco> vi essere ❶ (*liquidi*) heraussprudeln, herauslaufen ❷ (*fig*) herauskommen, hervorkommen
**scavabuche** [skava'bu:ke] <-> m (AGR) Aushebener m, hydraulischer Kraftheber
**scavafossi** [skava'fossi] <-> f (AGR) Aushebemaschine f
**scavalcare** [skaval'ka:re] vt ❶ (*ostacolo*) überklettern ❷ (*fig*) **~ qu** jdn überflügeln
**scavare** [ska'va:re] vt ❶ (*fosso*) graben; (*legno, pietra*) aushöhlen ❷ (*città, tesoro*) ausgraben ❸ (*fig*) nachforschen, -bohren
**scavatore, -trice** [skava'to:re] I. agg Bagger- II. m, f (*operaio*) Ausgräber(in) m(f)
**scavatrice** [skava'tri:tʃe] f (*macchina*) Bagger m **scavatura** [skava'tu:ra] f ❶ (*del collo*) Ausschnitt m ❷ (AGR) Graben m
**scavezzacollo** [skavettsa'kɔllo] <-> mf Draufgänger(in) m(f)
**scavo** ['ska:vo] m ❶ (*lo scavare*) Grabung f ❷ (*luogo*) Grube f; (*nell'archeologia*) Ausgrabung f ❸ (*incavatura*) Ausschnitt m ❹ (MIN) Abbau m
**scazzato, -a** [skat'tsa:to] agg (*vulg*) gefrustet, frustriert
**scazzottare** [skattsot'ta:re] (*fam*) I. vt prügeln II. vr **-rsi** sich prügeln **scazzottata, scazzottatura** [skattsot'ta:ta, skattsotta'tu:ra] f (*fam*) Prügelei f, Schlägerei f
**sceccario** [ʃek'ka:rio] <-i> m Scheckheft nt
**scegliere** ['ʃeʎʎere] <scelgo, scelsi, scelto> vt aussuchen, [aus]wählen; (*preferire*) vorziehen
**sceicco** [ʃe'ikko] <-cchi> m Scheich m
**scekerare** [ʃeke'ra:re] vt mixen
**scelgo** ['ʃelgo] *1. pers sing pr di* **scegliere**
**scellerata** f v. **scellerato**
**scelleratezza** [ʃellera'tettsa] f ❶ (*infamia*) Frevelhaftigkeit f ❷ (*azione*) Frevel m, Freveltat f **scellerato, -a** [ʃelle'ra:to]

I. *agg* frevelhaft, ruchlos II. *m, f* Missetäter(in) *m(f)*, Frevler(in) *m(f)*

**scellino** [ʃelˈliːno] *m* ❶ (*inglese*) Shilling *m* ❷ (*austriaco*) Schilling *m*

**scelsi** [ˈʃelsi] *1. pers sing pass rem di* **scegliere**

**scelta** [ˈʃelta] *f* [Aus]wahl *f*; **fare una buona/cattiva ~** eine gute/schlechte Wahl treffen; **a ~** zur Auswahl; **merce di prima/seconda ~** Ware *f* erster/zweiter Wahl **scelto, -a** [ˈʃelto] I. *pp di* **scegliere** II. *agg* ❶ (*di buona qualità*) ausgewählt, erlesen ❷ (*persona*) ausgezeichnet

**scema** *f v.* **scemo**

**scemare** [ʃeˈmaːre] I. *vi essere* nachlassen, abnehmen II. *vt avere* vermindern, herabsetzen

**scemata** [ʃeˈmaːta] *f* (*fam*) Blödsinn *m*
**scemenza** [ʃeˈmɛntsa] *f* Dummheit *f*
**scemo, -a** [ˈʃeːmo] I. *agg* dumm, blöd[e] II. *m, f* Dummkopf *m*, Esel *m*; **~ del villaggio** Dorftrottel *m*

**scempia** *f v.* **scempio**

**scempiaggine** [ʃemˈpjaddʒine] *f* Dummheit *f*, Torheit *f*

**scempio** [ˈʃempjo] *m* ❶ (*violenza*) Qual *f* ❷ (*massacro*) Gemetzel *nt*

**scempio, -a** <-i, -ie> I. *agg* ❶ (*cosa*) einfach ❷ (*persona*) dumm, blöd[e] II. *m, f* Dummkopf *m*

**scena** [ˈʃɛːna] *f* ❶ (*palcoscenico*) Bühne *f*; **calcare le -e** auf der Bühne stehen; **entrare in ~** auftreten; (*fig*) auftauchen; **essere di ~** auf der Bühne sein; (*fig*) im Rampenlicht stehen; **mettere in ~** aufführen, inszenieren ❷ (*parte dell'atto*) Szene *f*, Auftritt *m*; **colpo di ~** (*a. fig*) Theatercoup *m* ❸ (*scenario*) Bühnenbild *nt*; **cambiamento di ~** (*a. fig*) Szenenwechsel *m* ❹ (*luogo*) Szene *f* ❺ (*della natura*) Anblick *m* ❻ (*fam: scenata*) Szene *f*; **fare -e** Theater machen ❼ (*fig: attività, vita*) Szene *f*, Bühne *f*; **scomparire dalla ~ politica** von der politischen Bühne abtreten ❽ (*loc*) **fare ~ muta** keine Antwort geben **scenario** [ʃeˈnaːrjo] <-i> *m* ❶ (THEAT) Bühnenbild *nt* ❷ (*paesaggio*) Szenerie *f* ❸ (FILM) Drehbuch *nt* **scenarista** [ʃenaˈrista] <-i *m,* -e *f*> *mf* Drehbuchautor(in) *m(f)* **scenata** [ʃeˈnaːta] *f* Szene *f*; **fare una ~ a qu** jdm eine Szene machen

**scendere** [ˈʃendere] <scendo, scesi, sceso> *vi essere* ❶ (*andare giù*) hinuntergehen, hinabsteigen; (*venire giù*) herunterkommen, heruntersteigen; **~ a valle** zu Tal fahren, bergab gehen; **~ a patti con qu** (*fig*) mit jdm verhandeln ❷ (*smontare*)

[ab]steigen, aussteigen; **~ da cavallo** vom Pferd absteigen; **~ dal treno** aus dem Zug steigen ❸ (*essere in pendenza*) abfallen, sich neigen ❹ (*capelli*) fallen ❺ (*calare*) abnehmen; (*temperatura, prezzi*) fallen, sinken; (*notte*) hereinbrechen; (*sole*) untergehen

**scendiletto** [ʃendiˈlɛtto] <-> *m* Bettvorleger *m*

**sceneggiare** [ʃenedˈdʒaːre] *vt* inszenieren
**sceneggiato** [ʃenedˈdʒaːto] *m* Fernsehfassung *f*; (*a puntate*) Fernsehserie *f*
**sceneggiato, -a** *agg* für das Fernsehen bearbeitet, Fernseh- **sceneggiatore, -trice** [ʃeneddʒaˈtoːre] *m, f* Drehbuchautor(in) *m(f)* **sceneggiatura** [ʃeneddʒaˈtuːra] *f* (TV, RADIO, FILM) Drehbuch *nt*; (THEAT) Inszenierung *f*

**scenetta** [ʃeˈnetta] *f* Sketch *m*
**scenico, -a** [ˈʃɛːniko] <-ci, -che> *agg* szenisch; (*di palcoscenico*) Bühnen-; **realizzazione -a** Inszenierung *f*

**scenografa** *f v.* **scenografo**
**scenografia** [ʃenograˈfiːa] *f* Bühnengestaltung *f*, Bühnenbild *nt* **scenografico, -a** [ʃenoˈgraːfiko] <-ci, -che> *agg* ❶ (THEAT) Bühnenbild- ❷ (*fig, pej*) theatralisch **scenografo, -a** [ʃeˈnɔːgrafo] *m, f* Bühnenbildner(in) *m(f)*

**sceriffo** [ʃeˈriffo] *m* Sheriff *m*

**scervellarsi** [stʃervelˈlarsi] *vr* **~ su** [*o* **intorno a**] **qc** sich *dat* über etw *acc* den Kopf zerbrechen **scervellato, -a** [stʃervelˈlaːto] I. *agg* töricht, verrückt II. *m, f* Tor *m/*Törin *f*, Verrückte(r) *f(m)*

**scesa** [ˈʃeːsa] *f* ❶ (*lo scendere*) Abstieg *m* ❷ (*strada*) Abhang *m*, abschüssige Straße *f*, Lehne *f* A

**scesi** [ˈʃeːsi] *1. pers sing pass rem di* **scendere**

**sceso** [ˈʃeːso] *pp di* **scendere**
**scespiriano, -a** [ʃespiˈrjaːno] *agg* Shakespeare betreffend, von Shakespeare

**scettica** *f v.* **scettico**
**scetticismo** [ʃettiˈtʃizmo] *m* Skepsis *f*
**scettico, -a** [ˈʃettiko] <-ci, -che> I. *agg* skeptisch II. *m, f* Skeptiker(in) *m(f)*

**scettro** [ˈʃettro] *m* Zepter *nt*

**scevro, -a** [ˈʃeːvro] *agg* (*poet*) frei (*di* von), bar +*gen*, -frei, -los; **~ di pregiudizi** vorurteilsfrei

**scheda** [ˈskɛːda] *f* Zettel *m*; (ADM) Karteikarte *f*; **~ elettorale** Wahlschein *m*, Stimmzettel *m*; **~ grafica** (INFORM) Grafikkarte *f*; **~ madre** (INFORM) Motherboard *nt*; **~ magnetica** Magnetkarte *f*; **~ perforata** Lochkarte *f*; **~ telefonica** Telefonkarte *f* **schedare** [ske'da:re] *vt* (ADM) [ins Polizeiregister] eintragen, abheften **schedario** [ske'da:rio] <-i> *m* ① (*raccolta*) Kartei *f* ② (*mobile*) Karteischrank *m*; (*piccolo*) Karteikasten *m* **schedarista** [skeda'rista] <-i *m*, -e *f*> *mf* Karteiführer(in) *m(f)* **schedato, -a** [ske'da:to] *m, f* Vorbestrafte(r) *mf* **schedatore, -trice** [skeda'to:re] *m, f* Karteiführer(in) *m(f)* **schedatura** [skeda'tu:ra] *f* Karteiführung *f*, Eintragung *f* in eine Kartei

**schedina** [ske'di:na] *f* Tippzettel *m*, Totoschein *m*

**schedulare** [skedu'la:re] *vt* (INFORM) programmieren **schedulato, -a** [skedu'la:to] *agg* ① (*previsto*) angesetzt, terminiert ② (INFORM) programmiert

**scheggia** ['skeddʒa] <-gge> *f* Splitter *m*; (*di legno*) Holzsplitter *m*, Schiefer *m* A, *südd* **scheggiare** [sked'dʒa:re] I. *vt* absplittern II. *vr* **-rsi** [zer]splittern

**scheitare** [skei'ta:re] *vi* Skateboard fahren; **imparare a ~** Skateboardfahren lernen

**scheletrico, -a** [ske'lɛ:triko] <-ci, -che> *agg* ① (ANAT) Skelett- ② (*fig*) karg, knapp; (*persona, corpo*) hager, dürr

**scheletrire** [skele'tri:re] <scheletrisco, scheletrisci> I. *vt* zum Skelett werden lassen II. *vr* **-rsi** zum Skelett werden **scheletrito, -a** [skele'tri:to] *agg* ① (*persona*) mager, dürr ② (*albero*) verdorrt ③ (*fig*) knapp, karg, dürr

**scheletro** ['skɛ:letro] *m* ① (ANAT) Skelett *nt* ② (*di imbarcazione*) Gerippe *nt*; (*di romanzo*) Gerüst *nt*

**schema** ['skɛ:ma] <-i> *m* ① (*modello*) Schema *nt* ② (JUR) Entwurf *m*; **~ di legge** Gesetz[es]entwurf *m* ③ (LIT) Entwurf *m*, Gerüst *m* ④ (*fig*) Schema *nt*, Muster *nt* **schematicità** [skematitʃi'ta] <-> *f* Schematismus *m* **schematico, -a** [ske'ma:tiko] <-ci, -che> *agg* schematisch **schematismo** [skema'tizmo] *m* Schematismus *m* **schematizzare** [skematid'dza:re] *vt* schematisieren **schematizzazione** [skematiddzat'tsio:ne] *f* Schematisierung *f*

**scherma** ['skerma] *f* Fechten *nt*; **tirare di ~** fechten

**schermaglia** [sker'maʎʎa] <-glie> *f* Wortgefecht *nt*

**schermare** [sker'ma:re] *vt* abschirmen **schermata** [sker'ma:ta] *f* Bildschirm *m* **schermatura** [skerma'tu:ra] *f* Abschirmung *f*

**schermidore, -a** [skermi'do:re] *m, f v.* **schermitore**

**schermire** [sker'mi:re] I. *vt* schützen II. *vi* fechten III. *vr* **-rsi da qc** sich vor etw *dat* schützen; (*fig*) etw abwehren

**schermistico, -a** [sker'mistiko] <-ci, -che> *agg* Fecht- **schermitore, -trice** [skermi'to:re] *m, f* Fechter(in) *m(f)*

**schermo** ['skermo] *m* ① (*riparo*) Schirm *m*, Schild *nt* ② (FILM, FOTO) Leinwand *f*; **diva dello ~** Filmdiva *f*; **grande ~** Kino *nt*; **piccolo ~** Fernseher *m* ③ (TV, INFORM) Bildschirm *m*; **~ a colori** Farbbildschirm; **~ a cristalli liquidi** Flüssigkristallbildschirm; **~ piatto** Flachbildschirm; **~ tattile** Touchscreen *m*, berührungsempfindlicher Bildschirm

**schermografare** [skermogra'fa:re] *vt* durchleuchten **schermografia** [skermogra'fi:a] *f* Durchleuchtung *f*

**schernire** [sker'ni:re] <schernisco> *vt* verhöhnen **schernitore, -trice** [skerni'to:re] *m, f* Spötter(in) *m(f)* **scherno** ['skerno] *m* Spott *m*, Hohn *m*; **farsi ~ di qu/qc** jdn/etw verhöhnen

**scherzare** [sker'tsa:re] *vi* scherzen, spaßen; **~ col fuoco** mit dem Feuer spielen; **c'è poco da ~** da gibt's nichts zu lachen **scherzo** ['skertso] *m* ① (*azione, parola scherzosa*) Scherz *m*, Spaß *m*; **~ da prete** (*fam*) schlechter Scherz; **stare allo ~** Spaß vertragen [können]; **per ~** zum [*o* aus] Spaß; **neppure per ~** auf gar keinen Fall; **senza -i** ohne Scherz, im Ernst; **-i a parte!** Spaß beiseite!; **lo ~ è bello quando dura poco** (*prov*) in der Kürze liegt die Würze ② (*sorpresa sgradevole*) Streich *m*; **fare uno ~ a qu** jdm einen Streich spielen ③ (*fig: impresa facile*) Kinderspiel *nt* ④ (MUS) Scherzo *nt* **scherzoso, -a** [sker'tso:so] *agg* lustig, spaßig

**schettinaggio** [sketti'naddʒo] <-ggi> *m* Rollschuhlaufen *nt*

**schettinare** [sketti'na:re] *vi* Rollschuh laufen **schettino** ['skɛttino] *m* Rollschuh *m*

**schiacciamento** [skiattʃa'mento] *m* [Zer]quetschen *nt*

**schiaccianoci** [skiattʃa'no:tʃi] <-> *m* Nussknacker *m*

**schiacciante** [skiat'tʃante] *agg* [er]drückend

**schiacciapatate** [skiattʃapa'ta:te] <-> *m* Kartoffelpresse *f*

**schiacciare** [skiat'tʃa:re] I. *vt* ① (*patate*) zerdrücken; (*dito*) quetschen; (*noci, man-*

*dorle*) knacken ❷(SPORT) schmettern ❸(TEC) drücken; (*pedale*) treten ❹(*fig: rendere piatto*) plätten, platt machen ❺(*fig: superare*) schlagen ❻(*loc*) ~ **un pisolino** [*o* **sonnellino**] (*fam*) ein Nickerchen machen II. *vr* **-rsi** eine Delle bekommen
**schiacciasassi** [skiattʃa'sassi] <-> *m* Dampfwalze *f*
**schiacciata** [skiat'tʃa:ta] *f* ❶(SPORT) Schmetterball *m* ❷(GASTR) Fladenbrot *nt*
**schiacciato, -a** [skiat'tʃa:to] *agg* ❶(*naso*) platt ❷(SPORT: *tiro*) Schmetter-
**schiacciatura** [skiattʃa'tu:ra] *f* [Zer]quetschen *nt*
**schiaffare** [skiaf'fa:re] *vt* (*fam*) schmeißen, werfen; **l'hanno schiaffato dentro** sie haben ihn eingesperrt
**schiaffeggiare** [skiaffed'dʒa:re] *vt* ohrfeigen **schiaffo** ['skiaffo] *m* Ohrfeige *f*, Watsche *f A;* **prendere qu a -i** jdn ohrfeigen
**schiamazzare** [skiamat'tsa:re] *vi* ❶(ZOO: *galline*) gackern; (*oche*) schnattern ❷(*persone*) kreischen, lärmen **schiamazzo** [skia'mattso] *m* ❶(ZOO: *di galline*) Gegacker *nt;* (*di oche*) Geschnatter *nt* ❷(*di persone*) Gekreische *nt*, Lärm *m*
**schiantare** [skian'ta:re] I. *vt* avere ❶(*rompere*) ab-, zerbrechen; (*piante*) ausreißen ❷(*fig*) zerreißen II. *vi essere* (*fam*) platzen III. *vr* **-rsi** [zer]brechen, zerschellen
**schianto** ['skianto] *m* Krach *m*, Knall *m;* **di ~** schlagartig
**schiappa** ['skiappa] *f* (*fam pej*) Niete *f*
**schiarimento** [skiari'mento] *m* Aufhellung *f;* (*fig a*) Aufklärung *f*
**schiarire** [skia'ri:re] <schiarisco> I. *vt avere* aufhellen, hell[er] machen; **-rsi la voce** sich räuspern II. *vr* **-rsi** ❶(METEO) sich aufhellen ❷(*diventar chiaro*) hell[er] werden **schiarita** [skia'ri:ta] *f* ❶(METEO) Aufheiterung *f* ❷(*fig*) Verbesserung *f*, Lichtblick *m*
**schiattare** [skiat'ta:re] *vi essere* (*fig fam*) platzen
**schiava** *f v.* **schiavo**
**schiavismo** [skia'vizmo] *m* Sklaverei *f*, Sklaventum *nt* **schiavitù** [skiavi'tu] <-> *f* ❶(SOC) Sklaverei *f*, Versklavung *f* ❷(*fig*) Knechtschaft *f;* **ridurre in ~** versklaven **schiavo, -a** ['skia:vo] I. *agg* versklavt; **essere ~ del vizio** dem Laster ergeben sein; **essere ~ della droga** drogenabhängig sein II. *m, f* Sklave *m*/Sklavin *f*
**schidione** [ski'dio:ne] *f* Bratspieß *m*
**schiena** ['skiɛ:na] *f* Rücken *m;* **colpire alla ~ qu** (*a. fig*) jdm in den Rücken fallen; **rompersi la ~** sich *dat* Kreuz brechen; (*fig*) am Stock gehen *fam*
**schienale** [skie'na:le] *m* [Rücken]lehne *f* **schienata** [skie'na:ta] *f* ❶(*colpo*) Rückenstoß *m* ❷(SPORT: *nella lotta*) Schulterniederlage *f;* (*nel pugilato*) K.-o.-Schlag *m*
**schiera** ['skiɛra] *f* ❶(*moltitudine*) Schar *f*, Menge *f;* **a -e** scharenweise ❷(MIL) Truppe *f*, Heer *nt* ❸(*Wend*) **casa a ~** Reihenhaus *nt*
**schieramento** [skiera'mento] *m* ❶(MIL) Aufmarsch *m*, Formation *f* ❷(SPORT) Aufstellung *f* ❸(*fig*) Lager *nt*
**schierare** [skie'ra:re] I. *vt* aufstellen II. *vr* **-rsi** ❶(MIL) sich formieren, aufmarschieren ❷(*fig*) **-rsi dalla parte di/contro qu** für/ gegen jdn Partei nehmen, sich hinter/gegen jdn stellen
**schiettezza** [skiet'tettsa] *f* Offenheit *f*, Ehrlichkeit *f* **schietto, -a** ['skietto *o* 'skietto] *agg* ❶(*puro*) rein, echt ❷(*fig*) ehrlich, aufrichtig
**schifare** [ski'fa:re] I. *vt* [an]ekeln II. *vr* **-rsi di qc** sich vor etw *dat* ekeln **schifezza** [ski'fettsa] *f* Widerlichkeit *f*
**schifiltoso, -a** [skifil'to:so] *agg* zimperlich, heikel *fam*
**schifo** ['ski:fo] *m* Ekel *m;* **i funghi mi fanno ~** ich ekle mich vor Pilzen; **la minestra è uno ~** die Suppe ist ekelhaft; **che ~!** wie ekelhaft!, igitt! **schifoso, -a** [ski'fo:so] *agg* ekelhaft, widerlich; **hai avuto una fortuna -a** (*fam*) du hast unverschämtes Glück gehabt
**schiniere** [ski'niɛ:re] *m* Beinschiene *f*
**schioccare** [skiok'ka:re] *vt* (*frusta*) knallen mit; (*lingua*) schnalzen mit; (*dita*) schnippen mit **schiocco** ['skiɔkko] <-cchi> *m* Knall *m;* **bacio con lo ~** Schmatz[er] *m fam*
**schioppettata** [skioppet'ta:ta] *f* Flinten-, Büchsenschuss *m* **schioppo** ['skiɔppo] *m* Flinte *f*, Büchse *f*
**schiribizzo** [skiri'biddzo] *v.* **sghiribizzo**
**schiudere** ['skiu:dere] <irr> I. *vt* öffnen, aufmachen II. *vr* **-rsi** ❶(*fiori*) sich öffnen, aufgehen ❷(*fig*) sich [er]öffnen, sich auftun
**schiuma** ['skiu:ma] *f* Schaum *m;* **~ da barba** Rasierschaum *m;* **fare molta/ poca ~** stark/wenig schäumen **schiumaiola** [skiuma'iɔ:la] *f* Schaumlöffel *m*, Schaumkelle *f* **schiumare** [skiu'ma:re] I. *vt* abschäumen II. *vi* schäumen
**schiumarola** [skiuma'rɔ:la] *v.* **schiumaiola**

**schiumogeno** [skiu'mɔːdʒeno] *m* Feuerlöscher *m*

**schiumogeno, -a** *agg* Schaum-, schaumerzeugend

**schiumoso, -a** [skiu'moːso] *agg* (*sapone*) schaumig; (*latte*) schäumend

**schiusa** ['skiuːsa] *f* Ausschlüpfen *nt*

**schiusi** ['skiuːsi] *1. pers sing pass rem di* **schiudere**

**schiuso** ['skiuːso] *pp di* **schiudere**

**schivare** [ski'vaːre] *vt* [ver]meiden; ~ **un colpo** einem Schlag ausweichen

**schivo, -a** ['skiːvo] *agg* ① (*geh*) **essere ~ di qc** einer Sache *dat* abgeneigt sein ② (*ritroso*) spröde, widerspenstig

**schizofrenia** [skiddzofre'niːa] <-ie> *f* Schizophrenie *f* **schizofrenico, -a** [skiddzo'frɛːniko] <-ci, -che> I. *agg* schizophren II. *m, f* Schizophrene(r) *f(m)*

**schizoide** [skid'dzɔːide] I. *agg* schizoid II. *mf* Schizoide(r) *f(m)*

**schizzare** [skit'tsaːre] I. *vt avere* ① (*liquidi*) [ver]spritzen ② (*sporcare*) bespritzen, beschmutzen ③ (*disegnare*) skizzieren ④ (*descrivere*) skizzieren, kurz beschreiben ⑤ (*fig*) [aus-, ver]sprühen II. *vi essere* ① (*liquidi*) spritzen ② (*saltar fuori*) schießen; **gli occhi le schizzavano fuori dalle orbite** [*o* **dalla testa**] die Augen traten ihr aus den Höhlen [*o* aus dem Kopf] III. *vr* **-rsi** sich bespritzen

**schizzata** [skit'tsaːta] *f* Spritzer *m* **schizzato, -a** [skit'tsaːto] *agg* ① (*sporcato*) besudelt ② (*delineato*) skizziert ③ (*fig: persona*) überdreht

**schizzinoso, -a** [skittsi'noːso] *agg* zimperlich, heikel

**schizzo** ['skittso] *m* ① (*di fango, inchiostro*) Spritzer *m* ② (*abbozzo*) Skizze *f*

**sci** [ʃi] <-> *m* ① (SPORT: *attrezzo*) Ski *m;* (*attività*) Skifahren *nt* ② (AERO) Ski *m*, Kufe *f*

**scia** ['ʃiːa] <scie> *f* ① (NAUT) Kielwasser *nt* ② (*fig*) Spur *f;* (*di profumo*) Wolke *f;* **mettersi sulla ~ di qu** in jds Fußstapfen treten

**scià** [ʃa] <-> *m* Schah *m*

**sciabola** ['ʃaːbola] *f* Säbel *m* **sciabolata** [ʃabo'laːta] *f* Säbelhieb *m*, Säbelstoß *m*

**sciabordare** [ʃabor'daːre] I. *vi* schwappen II. *vt* (*liquidi nel recipiente*) schwenken; (*agitare*) rühren; (*panni*) ausspülen **sciabordio** [ʃabor'diːo] <-ii> *m* Schwappen *nt*

**sciacallaggio** [ʃakal'laːddʒo] <-ggi> *m* ① (*furto*) Plünderei *f* ② (*fig: azione cinica*) Abstauberei *f*, zynisches Abzocken

**sciacallesco, -a** [ʃakal'lesko] <-schi, -sche> *agg* nach Art eines Aasgeiers

**sciacallo** [ʃa'kallo] *m* Schakal *m;* (*fig*) Aasgeier *m*

**sciacchetrà** [ʃakke'tra] *m* Sciacchetrà *m* (*Weißwein aus Ligurien*)

**sciacquare** [ʃak'kuaːre] *vt* (*piatti, bicchieri*) abspülen; (*panni*) ausspülen; **-rsi la bocca** den Mund ausspülen; **-rsi le mani** die Hände abwaschen

**sciacquata** [ʃak'kuaːta] *f* Spülen *nt;* **dare una ~ alla biancheria** die Wäsche ausspülen **sciacquatura** [ʃakkua'tuːra] *f* ① (*acqua*) Abwaschwasser *nt;* ~ **di piatti** (*fig, pej*) Spülwasser *nt fam* ② (*pulizia*) [Aus]spülen *nt*

**sciacquio** [ʃak'kuiːo] <-ii> *m* Klatschen *nt*, Schwappen *nt*

**sciacquo** ['ʃakkuo] *m* [Mund]spülung *f*

**sciacquone** [ʃak'kuoːne] *m* Wasserspülung *f;* **tirare lo ~** spülen

**Sciaffusa** [ʃaf'fuːza] *f* Schaffhausen *nt*

**sciaguattare** [ʃagguat'taːre] (*tosc*) I. *vt* ausspülen, -waschen II. *vi* schwappen

**sciagura** [ʃa'guːra] *f* Unglück *nt;* ~ **ecologica** Umweltkatastrophe *f*

**sciagurata** *f v.* **sciagurato**

**sciagurataggine** [ʃagura'taddʒine] *f* Schändlichkeit *f*, Gemeinheit *f* **sciagurato, -a** [ʃagu'raːto] I. *agg* ① (*persone*) unglücklich ② (*malvagio*) schändlich; **madre -a** Rabenmutter *f* II. *m, f* ① (*disgraziato*) Unglücksrabe *m* ② (*padre, madre*) Rabenvater *m*/-mutter *f*

**scialacquare** [ʃalak'kuaːre] *vt* verschwenden; (*patrimonio*) verprassen **scialacquatore, -trice** [ʃalakkua'toːre] I. *m, f* Verschwender(in) *m(f)* II. *agg* verschwenderisch **scialacquone, -a** [ʃalak'kuoːne] *m, f* (*fam*) Verschwender(in) *m(f)*

**scialare** [ʃa'laːre] *vi* prassen; **c'è poco da ~** damit kann man keine großen Sprünge machen *fam;* **come intelligenza non ha certo da ~** er/sie ist sicherlich keine Intelligenzbestie *fam*

**scialbo, -a** ['ʃalbo] *agg* (*a. fig*) blass

**sciallato, -a** [ʃal'laːto] *agg* Schal-

**scialle** ['ʃalle] *m* Schultertuch *nt*

**scialo** ['ʃaːlo] *m* Verschwendung *f*, Vergeudung *f;* **a ~** in Hülle und Fülle

**scialuppa** [ʃa'luppa] *f* Beiboot *nt*, Schaluppe *f;* ~ **di salvataggio** Rettungsboot *nt*

**sciamannato, -a** [ʃaman'naːto] *agg* unordentlich, schlampig

**sciamano** [ʃa'maːno] *m* Schamane *m*

**sciamare** [ʃa'maːre] *vi essere o avere* ① (ZOO) [aus]schwärmen ② (*fig*) ausschwärmen

**sciame** ['ʃa:me] *m* ①(ZOO) Schwarm *m* ②(*fig*) Schwarm *m*, Schar *f*
**sciampagna** [ʃam'paɲɲa] <-> *f* (*fam*) Champagner *m* **sciampagnotta** [ʃampaɲ'nɔtta] *f* Champagner-, Sektflasche *f*
**sciampista** [ʃam'pista] <-i *m*, -e *f*> *mf* Haarwäscher(in) *m(f)*
**sciampo** ['ʃampo] *m* (*fam*) Shampoo *nt*
**sciancare** [ʃaŋ'ka:re] I. *vt* [lenden]lahm machen II. *vr* **-rsi** [lenden]lahm werden
**sciancrato, -a** [ʃaŋ'kra:to] *agg* tailliert
**sciangai** [ʃaŋ'ga:i] <-> *m* Mikado[spiel] *nt*
**sciantosa** [ʃan'tɔ:sa] *f* Varieté-, Tingeltangelsängerin *f fam*
**sciantung** ['ʃantuŋ] <-> *m* Schantung-, Rohseide *f*
**sciapo, -a** ['ʃa:po] *agg* fade; (*fig a*) banal
**sciarada** [ʃa'ra:da] *f* Scharade *f*
**sciare** [ʃi'a:re] *vi* Ski laufen [*o* fahren]; (NAUT) Wasserski laufen
**sciarpa** ['ʃarpa] *f* Schal *m*; (*fascia*) Schärpe *f*
**sciata** [ʃi'a:ta] *f* (*fam*) Skilauf *m*, Skifahrt *f*; **fare una** ~ Ski fahren
**sciatica** ['ʃa:tika] <-che> *f* Ischias *m* **sciatico, -a** ['ʃa:tiko] <-ci, -che> *agg* Ischias-
**sciatore, -trice** [ʃia'to:re] *m*, *f* Skiläufer(in) *m(f)*, -fahrer(in) *m(f)*
**sciatteria** [ʃatte'ri:a] <-ie> *f* Schlamperei *f* **sciattezza** [ʃat'tettsa] *f* Schlampigkeit *f*
**sciatto, -a** ['ʃatto] *agg* schlampig **sciattone, -a** [ʃat'to:ne] *m*, *f* (*fam*) Schlamper(in) *m(f)*
**scibile** ['ʃi:bile] *m* Wissen *nt*
**sciccheria** [ʃikke'ri:a] <-ie> *f* (*fam*) Schick *m* **sciccoso, -a** [ʃik'ko:so] *agg* (*fam*) schick
**science fiction** ['saiəns 'fikʃən] <-> *f* Science-Fiction *f*
**scientifica** [ʃen'ti:fika] <-che> *f* Erkennungsmarke *m*
**scientificità** [ʃentifiʃi'ta] <-> *f* Wissenschaftlichkeit *f*
**scientifico** [ʃen'ti:fiko] <-ci> *m* naturwissenschaftliches Gymnasium
**scientifico, -a** <-ci, -che> *agg* wissenschaftlich; (*liceo*) naturwissenschaftlich **scientifismo** [ʃenti'fizmo] *m* Szientifi[zi]smus *m* **scientistico, -a** [ʃen'tistiko] <-ci, -che> *agg* (PHILOS) szientistisch
**scienza** ['ʃɛntsa] *f* Wissenschaft *f*; (*sapere*) Wissen *nt*; ~ **dell'alimentazione** Ernährungswissenschaft *f*; ~ **dell'educazione** Erziehungswissenschaft *f*; **-e amministrative** Verwaltungswissenschaft *f*; **-e economiche** Wirtschaftswissenschaft *f*; **-e naturali** Naturwissenschaft *f* **scienziato, -a** [ʃen'tsia:to] *m*, *f* [Natur]wissenschaftler(in) *m(f)*
**sciistico, -a** [ʃi'istiko] <-ci, -che> *agg* Ski-
**sciita** [ʃi'i:ta] <-i *m*, -e *f*> *mf* Schiit(in) *m(f)*
**scilinguagnolo** [ʃiliŋ'guaɲɲolo] *m* Zungenfertigkeit *f*; **avere lo ~ sciolto** (*fam*) redselig sein
**scimitarra** [ʃimi'tarra] *f* Krummsäbel *m*
**scimmia** ['ʃimmia] <-ie> *f* Affe *m*; **brutto come una ~** potthässlich **scimmiesco, -a** [ʃim'miesko] <-schi, -sche> *agg* Affen-, affenartig **scimmiottamento** [ʃimmiotta'mento] *m* Nachäffen *nt* **scimmiottare** [ʃimmiot'ta:re] *vt* nachäffen **scimmiotto** [ʃim'miɔtto] *m* Äffchen *nt*, kleiner Affe
**scimpanzé** [ʃimpan'tse] <-> *m* Schimpanse *m*
**scimunita** *f v.* **scimunito**
**scimunitaggine** [ʃimuni'taddʒine] *f* Dummheit *f*, Blödheit *f*
**scimunito, -a** [ʃimu'ni:to] I. *agg* dumm, blöd[e] II. *m*, *f* Dummkopf *m*
**scindere** ['ʃindere] <scindo, scissi, scisso> I. *vt* ①(CHEM) spalten ②(*fig*) auf[spalten] II. *vr* **-rsi** sich spalten
**scintilla** [ʃin'tilla] *f* Funke *m*; **fare -e** (*a. fig*) Funken schlagen **scintillare** [ʃintil'la:re] *vi* ①(*fig*) funkeln, leuchten ②(PHYS) Funken sprühen **scintillio** [ʃintil'li:o] <-ii> *m* Funkeln *nt*, Schimmern *nt*
**sciò** [ʃɔ] *int* weg, fort
**sciocca** *f v.* **sciocco**
**scioccante** [ʃok'kante] *agg* schockierend
**scioccare** [ʃok'ka:re] *vt* (*fam*) schockieren, schocken **scioccato, -a** [ʃok'ka:to] *agg* schockiert
**sciocchezza** [ʃok'kettsa] *f* ①(*scemenza*) Dummheit *f* ②(*fig*) Kleinigkeit *f* **sciocco, -a** ['ʃɔkko] <-cchi, -cche> I. *agg* dumm II. *m*, *f* Dummkopf *m*
**sciogliere** ['ʃɔʎʎere] <sciolgo, sciolsi, sciolto> I. *vt* ①(*slegare*) lösen, losmachen; (*nodo*) lösen; (*vele*) setzen ②(*liberare*) befreien; (*cane*) loslassen, auslassen A ③(CHEM) lösen ④(*ghiaccio, nevi*) schmelzen [lassen] ⑤(*fig*) [auf]lösen; (*contratto*) lösen; (*voto*) einlösen, erfüllen; (*seduta, parlamento*) auflösen; (*dubbio*) aufklären; (*problema*) lösen II. *vr* **-rsi** ①(*slegarsi*) sich lösen ②(*fig*) **-rsi da qc** sich einer Sache *gen* entledigen; **-rsi in lacrime** in Tränen aufgelöst sein ③(*neve*) schmelzen
**scioglilingua** [ʃɔʎʎi'liŋgua] <-> *m* Zungenbrecher *m*
**scioglimento** [ʃɔʎʎi'mento] *m* ①(*di nodo*) [Auf]lösen *nt*; (*di vele*) Setzen *nt*

**②** (POL: *del parlamento*) Auflösung *f* **③** (JUR: *di matrimonio*) Annullierung *f*; (*di contratto*) Aufhebung *f* **④** (REL: *di voto*) Einlösung *f* **⑤** (*di nevi, ghiaccio*) Schmelze *f*, Schmelzen *nt* **⑥** (*fig: di problema*) Lösung *f*

**sciolgo** ['ʃɔlgo] *1. pers sing pr di* **sciogliere**

**sciolina** [ʃio'liːna] *f* Skiwachs *nt*

**sciolsi** ['ʃɔlsi] *1. pers sing pass rem di* **sciogliere**

**scioltezza** [ʃol'tettsa] *f* **①** (*di movimenti*) Gewandtheit *f*, Gelenkigkeit *f* **②** (*di modi*) Leichtigkeit *f*, Ungezwungenheit *f* **sciolto, -a** ['ʃɔlto] *I. pp di* **sciogliere** *II. agg* **①** (*slegato*) [auf]gelöst, lose **②** (*fig*) frei, lässig, (*disinvolto*) ungezwungen; **avere la lingua -a** ein flinkes Mundwerk haben

**scioperante** [ʃope'rante] *I. agg* streikend *II. mf* Streikende(r) *f(m)* **scioperare** [ʃope'raːre] *vi* streiken

**scioperata** *f v.* **scioperato**

**scioperataggine** [ʃopera'taddʒine] *f* (*pej*) Faulenzerei *f* **scioperatezza** [ʃopera'tettsa] *f* Faulheit *f*, Faulenzerei *f* **scioperato, -a** [ʃope'raːto] *I. agg* faul, arbeitsscheu *II. m, f* Faulpelz *m*

**scioperistico, -a** [ʃope'ristiko] <-ci, -che> *agg* Streik-; **manifestazione -a** Streikkundgebung *f* **sciopero** ['ʃɔːpero] *m* Streik *m;* **~ bianco** Dienst *m* nach Vorschrift; **~ della fame** Hungerstreik *m;* **~ a sorpresa** [*o* **spontaneo**] wilder Streik; **domani c'è lo ~ degli autobus** morgen streiken die Busfahrer; **fare ~** streiken

**sciorinare** [ʃori'naːre] *vt* (*a. fig*) ausbreiten

**sciovia** [ʃio'viːa] *f* Skilift *m*

**sciovinismo** [ʃovi'nizmo] *m* Chauvinismus *m* **sciovinista** [ʃovi'nista] <-i *m*, -e *f*> *mf* Chauvinist(in) *m(f)* **sciovinistico, -a** [ʃovi'nistiko] <-ci, -che> *agg* chauvinistisch

**scipitezza** [ʃipi'tettsa] *f* Fadheit *f*, Schalheit *f* **scipito, -a** [ʃi'piːto] *agg* **①** (GASTR) fade, schal **②** (*fig*) fade, geistlos

**scippare** [ʃip'paːre] *vt* **~ qu** jdm die Tasche wegreißen **scippatore, -trice** [ʃippa'toːre] *m, f* [Hand]taschenräuber(in) *m(f)* **scippo** ['ʃippo] *m* [Hand]taschenraub *m*

**sciroccato, -a** [ʃirok'kaːto] (*sl*) *I. agg* sonderlich *II. m, f* Sonderling *m*

**scirocco** [ʃi'rɔkko] <-cchi> *m* (METEO) Schirokko *m*

**sciroppare** [ʃirop'paːre] *vt* einmachen, einkochen; **-rsi qc** (*fam*) etw über sich ergehen lassen

**sciroppo** [ʃi'rɔppo] *m* Sirup *m;* (MED) Saft *m;* **~ per la tosse** Hustensaft *m* **sciropposità** [ʃiropposi'ta] <-> *f* **①** (*gusto*) Sirupgeschmack *m* **②** (*fig: leziosità*) Affektiertheit *f*, gekünsteltes Getue **sciropposo, -a** [ʃirop'poːso] *agg* **①** (*vino, liquido*) sirupartig **②** (*fig*) schmalzig

**scisma** ['ʃizma] <-i> *m* **①** (REL) Schisma *nt* **②** (POL, SOC) Spaltung *f* **scismatico, -a** [ʃiz'maːtiko] <-ci, -che> *I. agg* schismatisch *II. m, f* Schismatiker(in) *m(f)*

**scissi** ['ʃissi] *1. pers sing pass rem di* **scindere**

**scissione** [ʃis'sioːne] *f* Spaltung *f;* **~ monetaria** (FIN) Währungsspaltung *f;* **~ nucleare** (PHYS) Kernspaltung *f* **scissionismo** [ʃissio'nizmo] *m* Spaltungsbewegung *f*

**scisso** ['ʃisso] *pp di* **scindere scissura** [ʃis'suːra] *f* **①** (*fig*) Spaltung *f* **②** (*fessura*) Spalt *m*

**scisto** ['ʃisto] *m* Schiefer *m* **scistoso, -a** [ʃis'toːso] *agg* schieferartig, Schiefer-

**sciupare** [ʃu'paːre] *I. vt* **①** (*logorare*) abnutzen; (*abito*) verschleißen **②** (*tempo, fatica*) verschwenden, vergeuden **③** (*appetito, vista, salute*) verderben *II. vr* **-rsi** **①** (*indumenti*) verschleißen, sich abnutzen **②** (*persone*) sich verbrauchen, sich kaputtmachen *fam* **sciupio** [ʃu'piːo] <-ii> *m*, **sciupo** ['ʃuːpo] *m* Verschwendung *f* **sciupone, -a** [ʃu'poːne] *m, f* (*fam*) Verschwender(in) *m(f)*

**sciuscià** [ʃuʃ'ʃa] <-> *m* Schuhputzer *m*

**scivolare** [ʃivo'laːre] *vi* essere **①** (*perdere l'equilibrio*) [aus]rutschen **②** (*scorrere*) gleiten **③** (*sfuggire*) gleiten, rutschen **④** (AERO) abgleiten, abrutschen **scivolata** [ʃivo'laːta] *f* **①** (*scivolone*) [Aus]rutscher *m* **②** (AERO) Abgleiten *nt*, Abrutschen *nt* **scivolo** ['ʃiːvolo] *m* Rutschbahn *f*, Rutsche *f* **scivolone** [ʃivo'loːne] *m* [Aus]rutscher *m* **scivolosità** [ʃivolosi'ta] <-> *f* Glätte *f*, Rutschigkeit *f* **scivoloso, -a** [ʃivo'loːso] *agg* **①** (*terreno*) glatt, rutschig **②** (*fig, pej*) schleimig, aalglatt

**sclerosante** [sklero'sante] *I. agg* festigend, stabilisierend; **iniezione ~** Stabilisierungsspritze *f;* **sostanza ~** Stabilisator *m* *II. m* Stabilisator *m;* **terapia a base di -i** Therapie *f* auf Stabilisatorenbasis

**sclerosi** [skle'rɔːzi] <-> *f* Sklerose *f;* **~ multipla** multiple Sklerose **sclerotico, -a** [skle'rɔːtiko] <-ci, -che> *I. agg* sklerotisch, verkalkt *II. m, f* Sklerotiker *m* **sclerotizzare** [sklerotid'dzaːre] *I. vt* **①** (MED)

Arterienverkalkung hervorrufen ②(*fig*) verhärten; **~ una struttura amministrativa** einen Verwaltungsapparat erstarren lassen II. *vr* **-rsi** ①(MED) an Arterienverkalkung leiden ②(*fig*) erstarren, Flexibilität einbüßen **sclerotizzato, -a** [sklerotid'dza:to] *agg* ①(MED) verhärtet, verkalkt ②(*fig*) erstarrt

**scocca** ['skɔkka] <-cche> *f* Aufbau *m*, Karosserie *f*

**scoccare** [skok'ka:re] I. *vt avere* ①(*freccia*) abschießen ②(*ore*) schlagen ③(*fig: bacio*) zuwerfen II. *vi essere* ①(EL) aufleuchten; (*scintilla*) überspringen ②(*ore*) schlagen

**scocciare** [skot'tʃa:re] (*fam*) I. *vt* nerven II. *vr* **-rsi** die Lust verlieren **scocciatore, -trice** [skottʃa'to:re] *m, f* (*fam*) Störenfried *m*/Nervensäge *f* **scocciatura** [skottʃa'tu:ra] *f* (*fam*) Ärgernis *nt*, Belästigung *f*; **che ~!** wie lästig!

**scodare** [sko'da:re] *vt* den Schwanz stutzen [*o* kupieren]

**scodella** [sko'dɛlla] *f* Schüssel *f* **scodellare** [skodel'la:re] *vt* einfüllen

**scodinzolamento** [skodintsola'mento] *m* ①(*di coda*) Wedeln *nt* [mit dem Schwanz] ②(*di veicolo*) Ausbrechen *nt*

**scodinzolare** [skodintso'la:re] *vi* (ZOO) [mit dem Schwanz] wedeln **scodinzolio** [skodintso'li:o] <-ii> *m* Wedeln *nt* [mit dem Schwanz]

**scodinzolo** [sko'dintsolo] *m* (SPORT) Wedeln *nt*

**scogliera** [skoʎ'ʎɛ:ra] *f* Klippe *f*; **~ corallina** Riff *nt* **scoglio** ['skɔʎʎo] <-gli> *m* ①(GEOG) Klippe *f* ②(*fig*) Klippe *f*, Hürde *f*

**scoglionare** [skoʎʎo'na:re] (*vulg*) I. *vt* ankotzen II. *vr* **-rsi** anöden; **mi sono scoglionato delle tue storie** deine Geschichten öden mich an **scoglionato, -a** [skoʎʎo'na:to] *agg* (*vulg*) sauer *fam* **scoglionatura** [skoʎʎona'tu:ra] *f* (*vulg*) Öde *f*; **che ~!** wie öde!

**scoglioso, -a** [skoʎ'ʎo:so] *agg* klippenreich, Klippen-

**scoiamento** [skoia'mento] *m* Häuten *nt*, Abziehen *nt*

**scoiare** [sko'ia:re] *vt* häuten, abziehen

**scoiattolo** [sko'iattolo] *m* Eichhörnchen *nt*

**scolabottiglie** [skolabot'tiʎʎe] <-> *m* Trockengestell *nt* [für Flaschen]

**scolafiaschi** [skola'fiaski] <-> *mf* Säufer(in) *m(f)*

**scolapasta** [skola'pasta] <-> *m* [Nudel]sieb *nt*, Seiher *m*

**scolapiatti** [skola'piatti] <-> *m* Trockengestell *nt* [für Teller]

**scolaposate** [skolapo'sa:te] <-> *m* Besteckkorb *m*

**scolara** *f v.* **scolaro**

**scolare**[1] [sko'la:re] *agg* Schul-, schulpflichtig

**scolare**[2] I. *vt avere* ①(*bottiglie*) ausgießen, ausschütten; **scolarsi una bottiglia di vino** eine Flasche Wein hinuntergießen ②(GASTR) abgießen, abtropfen lassen II. *vi essere* abfließen, abtropfen

**scolaresca** [skola'reska] <-sche> *f* Schülerschaft *f* **scolaretto, -a** [skola'retto] *m, f* [dummer] Schuljunge *m*, [kleines] Schulmädchen *m* **scolarità** [skolari'ta] <-> *f* Schulbesuch *m* **scolaro, -a** [sko'la:ro] *m, f* Schüler(in) *m(f)*

**scolastica** [sko'lastika] <-che> *f* Scholastik *f*

**scolastico, -a** [sko'lastiko] <-ci, -che> *agg* ①(*anno, tasse, programma*) Schul- ②(*fig, pej*) schulmäßig

**scolatura** [skola'tu:ra] *f* Abtropfen *nt*, Abgießen *nt*

**scoliosi** [sko'liɔ:zi] <-> *f* Skoliose *f*

**scollacciato, -a** [skollat'tʃa:to] *agg* ①(*abito*) ausgeschnitten, dekolletiert ②(*fig, pej*) anstößig

**scollare** [skol'la:re] I. *vt* [ab]lösen II. *vr* **-rsi** (*disgiungersi*) sich [ab]lösen

**scollato, -a** [skol'la:to] *agg* (*abito*) ausgeschnitten; **scarpa -a** Pumps *m* **scollatura** [skolla'tu:ra] *f* ①(*di abito*) Ausschnitt *m* ②(*parte scoperta*) Dekolleté *nt*, Ausschnitt *m* ③(*di parti incollate*) [Ab]lösung *f*

**scollegarsi** [skolle'garsi] *vr* (INFORM) ausloggen

**scollo** ['skɔllo] *m* Ausschnitt *m*

**scolo** ['skɔ:lo] *m* ①(*deflusso*) Ablauf *m*, Abfluss *m* ②(*condotto*) Abfluss *m* ③(*liquido*) Abwasser *nt* ④(MED) Ausfluss *m*; (*vulg*) Tripper *m*

**scolopendra** [skolo'pɛndra] *f* Tausendfüßler *m*

**scolorare** [skolo'ra:re] I. *vt avere* ausbleichen II. *vr* **-rsi** verbleichen **scolorimento** [skolori'mento] *m* Entfärbung *f* **scolorina®** [skolo'ri:na] *f* Tintenfleckentferner *m* **scolorire** [skolo'ri:re] <scolorisco> *vt, vr* **-rsi** *v.* **scolorare**

**scolpare** [skol'pa:re] I. *vt* entschuldigen II. *vr* **-rsi** sich entschuldigen

**scolpire** [skol'pi:re] <scolpisco> *vt* ①(*marmo, statua*) behauen; (*legno*) schnitzen ②(*incidere*) einmeißeln, eingravieren ③(*fig*) einprägen

**scolta** ['skoːlta] *f* Wache *f*, Wachposten *m*

**scombinare** [skombiˈnaːre] *vt* durcheinanderbringen **scombinato, -a** [skombiˈnaːto] I. *agg* durcheinander, verworren II. *m*, *f* (*fam*) Wirrkopf *m*

**scombussolamento** [skombussolaˈmento] *m* Verwirrung *f*; ~ **di stomaco** Magenverstimmung *f*

**scombussolare** [skombussoˈlaːre] *vt* verwirren, durcheinanderbringen **scombussolio** [skombussoˈliːo] <-ii> *m* Durcheinander *nt*, [völlige] Verwirrung *f*

**scommessa** [skomˈmessa] *f* Wette *f*; (*somma impegnata*) Einsatz *m*; **fare una ~** eine Wette abschließen **scommettere** [skomˈmettere] <irr> *vt* ~ **qc** um etw wetten **scommettitore, -trice** [skommettiˈtoːre] *m*, *f* Wetter(in) *m(f)*

**scomodare** [skomoˈdaːre] I. *vt* stören, bemühen II. *vr* **-rsi** sich bemühen

**scomodità** [skomodiˈta] *f* Unbequemlichkeit *f*

**scomodo** [ˈskɔːmodo] *m* Störung *f*, Belästigung *f*

**scomodo, -a** *agg* unbequem

**scompaginare** [skompadʒiˈnaːre] I. *vt* ❶ (TYP) auseinandernehmen ❷ (*fig*) durcheinanderbringen II. *vr* **-rsi** durcheinandergeraten

**scompagnare** [skompaɲˈɲaːre] *vt* trennen, teilen **scompagnato, -a** [skompaɲˈɲaːto] *agg* einzeln

**scomparire** [skompaˈriːre] <irr> *vi essere* ❶ (*sparire*) verschwinden ❷ (*fig*) nicht zur Geltung kommen **scomparsa** [skomˈparsa] *f* ❶ (*sparizione*) Verschwinden *nt* ❷ (MED) Abklingen *nt* ❸ (*morte*) Hinscheiden *nt geh* **scomparso, -a** [skomˈparso] I. *agg* ❶ (*popolo, continente*) untergegangen ❷ (*irreperibile*) vermisst, abgängig *A* II. *m*, *f* Hingeschiedene(r) *f(m) geh*

**scompartimento** [skompartiˈmento] *m* ❶ (FERR) Abteil *nt*; ~ **fumatori/non fumatori** Raucher-/Nichtraucherabteil *nt* ❷ (*di armadio*) Fach *nt* **scomparto** [skomˈparto] *m* Fach *nt*

**scompensare** [skompenˈsaːre] *vt* aus dem Gleichgewicht bringen, stören **scompensato, -a** [skompenˈsaːto] *agg* unausgewogen, unausgeglichen; (MED) kompensationsgestört **scompenso** [skomˈpɛnso] *m* ❶ (MED) Kompensationsstörung *f*, Dekompensation *f* ❷ (*mancanza di equilibrio*) Unausgewogenheit *f*, Unausgeglichenheit *f*

**scompigliare** [skompiʎˈʎaːre] *vt* in Unordnung bringen; (*capelli*) zerzausen, zerraufen **scompiglio** [skomˈpiʎʎo] <-gli> *m* Unordnung *f*

**scompisciarsi** [skompiʃˈʃarsi] *vr* ~ **dalle risate** (*vulg*) sich kaputtlachen *fam*

**scomplessare** [skomplesˈsaːre] *vt* (*obs*) von Komplexen befreien

**scomponibile** [skompoˈniːbile] *agg* zerlegbar

**scomporre** [skomˈporre] <irr> I. *vt* ❶ (*disgregare*) durcheinanderbringen; (*scaffali*) zerlegen ❷ (MAT) zerlegen ❸ (*lineamenti, volto*) entstellen II. *vr* **-rsi** aus der Fassung geraten **scomposizione** [skompozitˈtsioːne] *f* Zerlegung *f*, Auseinandernehmen *nt*

**scompostezza** [skomposˈtettsa] *f* Ungehörigkeit *f* **scomposto, -a** [skomˈposto] I. *pp di* **scomporre** II. *agg* ❶ (*capelli*) zerzaust ❷ (*fig: sguaiato*) ungehörig

**scomunica** [skoˈmuːnika] <-che> *f* Exkommunikation *f*, Kirchenbann *m* **scomunicare** [skomuniˈkaːre] *vt* (REL) exkommunizieren

**sconcatenato, -a** [skoŋkateˈnaːto] *agg* zusammenhang[s]los

**sconcertante** [skontʃerˈtante] *agg* erschütternd **sconcertare** [skontʃerˈtaːre] *vt* ❶ (*creare disordine*) verwirren ❷ (*turbare*) erschüttern **sconcerto** [skonˈtʃɛrto] *m* ❶ (*preplessità*) Verblüffung *f* ❷ (*turbamento*) Erschütterung *f*

**sconcezza** [skonˈtʃettsa] *f* Unanständigkeit *f*, Schweinerei *f fam* **sconcio** [ˈskontʃo] <-ci> *m* Unanständigkeit *f*, Schweinerei *f fam*

**sconcio, -a** <-ci, -ce> *agg* schmutzig, unanständig

**sconclusionato, -a** [skonkluzioˈnaːto] *agg* unzusammenhängend

**sconcordanza** [skoŋkorˈdantsa] *f* Nichtübereinstimmung *f*, Inkongruenz *f geh*

**scondito, -a** [skonˈdiːto] *agg* ungewürzt, fade

**scondizionato, -a** [skondittsioˈnaːto] *agg* [auf dem Postweg] beschädigt; **pacco ~** beschädigtes Paket

**sconfessare** [skonfesˈsaːre] *vt* ❶ (*rinnegare*) verleugnen ❷ (*disapprovare*) missbilligen **sconfessione** [skonfesˈsioːne] *f* Ableugnung *f*; (*disapprovazione*) Missbilligung *f*

**sconficcare** [skonfikˈkaːre] *vt* herausziehen

**sconfiggere** [skonˈfiddʒere] <sconfiggo, sconfissi, sconfitto> *vt* schlagen; (*a. fig*) besiegen

**sconfinare** [skonfiˈnaːre] *vi* ❶ (*oltrepas-*

*sare i confini* eine [*o* die] Grenze überschreiten ❷ (*fig*) abkommen, abweichen, abschweifen **sconfinato, -a** [skonfi'na:to] *agg* ❶ (*territorio*) grenzenlos ❷ (*fig*) unbegrenzt, unbeschränkt; (*a. pej*) schrankenlos, uferlos

**sconfinferare** [skonfinfe'ra:re] *vi* (*sl*) umhauen, vom Hocker reißen

**sconfissi** [skon'fissi] *1. pers sing pass rem di* **sconfiggere**

**sconfitta** [skon'fitta] *f* Niederlage *f*; ~ **elettorale** Wahlniederlage *f*; **infliggere una ~ a qu** jdm eine Niederlage zufügen; **subire una ~** eine Niederlage erleiden

**sconfitto** [skon'fitto] *pp di* **sconfiggere**

**sconfortante** [skonfor'tante] *agg* entmutigend **sconfortare** [skonfor'ta:re] I. *vt* entmutigen II. *vr* **-rsi** verzagen **sconforto** [skon'fɔrto] *m* Verzagtheit *f*, Kummer *m*

**scongelamento** [skondʒela'mento] *m* Auftauen *nt* **scongelare** [skondʒe'la:re] *vt* auftauen **scongelato, -a** [skondʒe'la:to] *agg* ❶ (*alimento*) aufgetaut ❷ (FIN) freigegeben; **credito ~** freigegebener Kredit

**scongiurare** [skondʒu'ra:re] *vt* beschwören; (*pericolo*) abwenden **scongiuro** [skon'dʒu:ro] *m* Beschwörung *f*; (*contro la iettatura*) Exorzismus *m*

**sconnessione** [skonnes'sio:ne] *f* Zusammenhang[s]losigkeit *f* **sconnesso, -a** [skon'nɛsso] *agg* zusammenhang[s]los, konfus **sconnessura** [skonnes'su:ra] *f* ❶ (*qualità*) Losesein *nt* ❷ (*punto*) Fuge *f*, Spalt *m*

**sconnettere** [skon'nɛttere] <irr> *vi* wirr reden, faseln

**sconosciuto, -a** [skonoʃ'ʃu:to] I. *agg* unbekannt II. *m, f* Unbekannte(r) *f(m)*

**sconquassare** [skoŋkuas'sa:re] *vt* zerrütten, zerstören **sconquasso** [skoŋ'kuasso] *m* Zusammenkrachen *nt*

**sconsacrare** [skonsa'kra:re] *vt* entweihen

**sconsideratezza** [skonsidera'tettsa] *f* Unbedachtheit *f*, Gedankenlosigkeit *f* **sconsiderato, -a** [skonside'ra:to] *agg* unbedacht, gedankenlos

**sconsigliabile** [skonsiʎ'ʎa:bile] *agg* nicht ratsam **sconsigliare** [skonsiʎ'ʎa:re] *vt* ~ **qc a qu** jdm von etw abraten; ~ **di ...** +*inf* davon abraten, zu ... +*inf* **sconsigliato, -a** [skonsiʎ'ʎa:to] I. *agg* unbesonnen II. *m, f* Unbesonnene(r) *f(m)*

**sconsolante** [skonso'lante] *agg* betrüblich

**sconsolato, -a** [skonso'la:to] *agg* (*persona*) untröstlich; (*espressione*) trostlos

**scontante** [skon'tante] I. *agg* Diskont- II. *m* Diskonthaus *nt*, -bank *f*

**scontare** [skon'ta:re] *vt* ❶ (COM, FIN) abziehen, abrechnen; (*cambiale*) diskontieren ❷ (JUR) verbüßen ❸ (*fig: pagare*) büßen [für], bezahlen [für] **scontato, -a** [skon'ta:to] *agg* ❶ (*ridotto*) ermäßigt ❷ (JUR) verbüßt ❸ (*previsto*) voraussehbar, selbstverständlich

**scontentare** [skonten'ta:re] *vt* nicht zufrieden stellen, unzufrieden lassen

**scontentezza** [skonten'tettsa] *f* Unzufriedenheit *f*

**scontento** [skon'tɛnto] *m* Unzufriedenheit *f*

**scontento, -a** *agg* unzufrieden

**sconto** ['skonto] *m* ❶ (COM) Nachlass *m*, Rabatt *m* ❷ (FIN, JUR) Diskont *m*

**scontornare** [skontor'na:re] *vt* (FOTO) hervorheben

**scontrare** [skon'tra:re] I. *vt* treffen II. *vr* **-rsi** ❶ (MOT, FERR, AERO) zusammenstoßen ❷ (MIL) aufeinandertreffen ❸ (*fig*) aufeinanderstoßen

**scontrino** [skon'tri:no] *m* Quittung *f*, Beleg *m*; ~ [**di cassa**] Kassenbon *m*; ~ **fiscale** Kassenbon *m*

**scontro** ['skontro] *m* ❶ (MOT, FERR, AERO) Zusammenstoß *m* ❷ (MIL) Zusammenstoß *m*, Gefecht *nt* ❸ (SPORT) Begegnung *f* ❹ (*fig*) Zusammenstoß *m*, Streit *m*

**scontrosa** *f v.* **scontroso**

**scontrosità** [skontrosi'ta] <-> *f* Widerspenstigkeit *f* **scontroso, -a** [skon'tro:so] *agg* widerspenstig, störrisch

**sconveniente** [skonve'niɛnte] *agg* ❶ (*contegno, parole, risposta*) unpassend, ungehörig ❷ (*prezzo*) unangemessen **sconvenienza** [skonve'nientsa] *f* ❶ (*indecenza*) Ungehörigkeit *f* ❷ (COM: *di prezzo*) Unangemessenheit *f*

**sconvolgente** [skonvol'dʒɛnte] *agg* erschütternd

**sconvolgere** [skon'vɔldʒere] <irr> *vt* erschüttern, durcheinanderbringen **sconvolgimento** [skonvoldʒi'mento] *m* Erschütterung *f*, Verwirrung *f*

**sconvolsi** *1. pers sing pass rem di* **sconvolgere**

**sconvolto** *pp di* **sconvolgere** **sconvolto** [skon'volto] *m* (*fam*) Junkie *m*

**scoop** ['sku(:)p] <- *o* **scoops**> *m* Scoop *m*; ~ **pubblicitario** Werbeknüller *m* **scoopista** [sku'pista] <-i *m*, -e *f*> *mf* Sensationsjournalist(in) *m(f)*; ~ **d'assalto** sensationslüsterne(r) Reporter(in) *m(f)*

**scoordinazione** [skoordinat'tsio:ne] *f* Koordinationsmangel *m,* Mangel *m* an Koordination

**scooter** ['sku:tə *o* 'skuter] <-> *m* Motorroller *m* **scooterismo** [skute'rizmo] *m* ❶ (*produzione*) Herstellung *f* von Motorrollern ❷ (*passione*) Beliebtheit *f* der Motorroller, Begeisterung *f* für Motorroller

**scooterista** [skute'rista] <-i *m*, -e *f*> *mf* Fahrer(in) *m(f)* eines Motorrollers

**scopa** [sko:pa] *f* Besen *m* **scopare** [sko'pa:re] *vt* ❶ (*pavimento*) kehren, fegen ❷ (*vulg*) ficken **scopata** [sko'pa:ta] *f* ❶ (*spazzata*) Kehren *nt,* Fegen *nt* ❷ (*colpo di scopa*) Besenschlag *m* ❸ (*vulg*) Fick *m;* **farsi una ~** ficken **scopatina** [skopa'ti:na] *f* (*vulg*) *v.* **sveltina**

**scoperchiare** [skoper'kja:re] *vt* ab-, aufdecken; (*pentola*) den Deckel abnehmen von

**scoperta** [sko'pɛrta] *f* Entdeckung *f*

**scoperto** [sko'pɛrto] *m* ❶ (*luogo aperto*) Freie(s) *nt;* **dormire allo ~** im Freien schlafen ❷ (COM, FIN) Überziehung *f;* **credito allo ~** ungedeckter Kredit

**scoperto, -a** *agg* ❶ (*terrazzo, terreno*) unbedeckt, unbedacht ❷ (*braccia, capo*) unbedeckt, entblößt; **essere troppo ~** zu leicht angezogen sein ❸ (COM, FIN) ungedeckt ❹ (*visibile*) offen ❺ (*fig*) offen, direkt; **a viso ~, a fronte -a** freimütig, unverblümt

**scopiazzare** [skopiat'tsa:re] *vt* schlecht abschreiben, runterschmieren *fam* **scopiazzatura** [skopiattsa'tu:ra] *f* schlechte Abschrift *f*

**scopiera** [sko'piɛ:ra] *f* Besenschrank *m*

**scopino** [sko'pi:no] *m* Toiletten-, Klobürste *f*

**scopo** ['skɔ:po] *m* Zweck *m;* (*fine*) Ziel *nt,* Absicht *f;* **raggiungere uno ~** ein Ziel erreichen; **a che ~?** wozu?

**scopone** [sko'po:ne] *m ein Kartenspiel*

**scoppiare** [skop'pja:re] *vi* essere ❶ (*guerra*) ausbrechen ❷ (*bomba*) hochgehen, explodieren; (*gomma*) platzen ❸ (*epidemia*) ausbrechen ❹ (*fig*) ausbrechen; (*per aver mangiato troppo*) platzen; **~ a piangere/ridere** in Tränen/Gelächter ausbrechen; **~ dal caldo** vor Hitze fast sterben ❺ (SPORT) zusammenbrechen, schlappmachen *fam*

**scoppiettare** [skoppiet'ta:re] *vi* knistern, prasseln **scoppiettio** [skoppiet'ti:o] <-ii> *m* Geknister *nt,* Knacken *nt*

**scoppio** ['skɔppio] <-i> *m* ❶ (*di bomba, mina*) Explosion *f,* Platzen *nt;* **a ~ ritardato** (*fig*) mit verzögerter Wirkung ❷ (*rumore*) Knall *m* ❸ (*fig*) Ausbruch *m* ❹ (MOT) **motore a ~** Verbrennungsmotor *m*

**scoppola** ['skɔppola] *f* (*dial*) Klaps *m,* Kopfnuss *f*

**scoprimento** [skopri'mento] *m* Enthüllung *f*

**scoprire** [sko'pri:re] <scopro, scoprii *o* scopersi, scoperto> I. *vt* ❶ (*togliere il coperchio*) auf-, abdecken ❷ (*arrivare a conoscere*) entdecken; **~ l'America** (*fam*) etwas Altbekanntes neu entdecken ❸ (*fig: esporre*) darbieten; (*palesare*) enthüllen II. *vr* **-rsi** ❶ (*di indumenti*) sich entblößen; (*a letto*) sich aufdecken ❷ (*rivelarsi*) sich verraten **scopritore, -trice** [skopri'to:re] *m, f* Entdecker(in) *m(f)*

**scoraggiamento** [skoraddʒa'mento] *m* Entmutigung *f* **scoraggiante** [skorad'dʒante] *agg* entmutigend **scoraggiare** [skorad'dʒa:re] I. *vt* entmutigen II. *vr* **-rsi** den Mut verlieren **scoraggiato, -a** [skorad'dʒa:to] *agg* entmutigt, mutlos

**scorbutico, -a** [skor'bu:tiko] <-ci, -che> *agg* (*fig*) widerspenstig, störrisch, raß *A*

**scorbuto** [skor'bu:to] *m* Skorbut *m*

**scorciamento** [skortʃa'mento] *m* Ab-, Verkürzung *f* **scorciare** [skor'tʃa:re] I. *vt* ❶ (*vestito*) kürzen ❷ (*nell'arte*) perspektivisch verkürzen II. *vr* **-rsi** kürzer werden **scorciatoia** [skortʃa'to:ia] <-oie> *f* Abkürzung *f*

**scorcio** ['skortʃo] <-ci> *m* ❶ (*nell'arte*) [perspektivische] Verkürzung *f* ❷ (*vista*) Teilansicht *f* ❸ (*di tempo*) Zeitabschnitt *m*

**scordare** [skor'da:re] I. *vt* ❶ (*dimenticare*) vergessen ❷ (MUS) verstimmen II. *vr* **-rsi** ❶ (*dimenticarsi*) vergessen ❷ (MUS) sich verstimmen

**scoreggia** [sko'reddʒa] <-gge> *f* (*vulg*) Furz *m* **scoreggiare** [sko'red'dʒa:re] *vi* (*vulg*) furzen

**scorfano** ['skɔrfano] *m* (ZOO) Drachenkopf *m,* Skorpionsfisch *m*

**scorfano, -a** *m, f* (*fam*) Missgeburt *f*

**scorgere** ['skɔrdʒere] <scorgo, scorsi, scorto> *vt* erblicken; (*accorgersi di qc/qu*) etw/jdn bemerken, entdecken

**scoria** ['skɔ:ria] <-ie> *f* Schlacke *f;* (*fig*) Abfall *m;* **-ie radioattive** Atommüll *m*

**scornare** [skor'nare] *vt* lächerlich machen

**scorno** ['skorno] *m* Schmach *f,* Schande *f*

**scorpacciata** [skorpat'tʃa:ta] *f* (*fam*) Fresserei *f;* **fare una ~ di ciliege** sich *dat* den Bauch mit Kirschen vollschlagen

**scorpione** [skor'pio:ne] *m* ❶ (ZOO) Skorpion *m* ❷ (ASTR) **Scorpione** Skorpion *m;*

sono **Scorpione**, **sono uno** [*o* **dello**] **Scorpione** ich bin [ein] Skorpion
**scorporamento** [skorpora'mento] *m* (*obs*) Abzweigung *f*
**scorrazzare** [skorrat'tsa:re] I. *vi* herumlaufen, -rennen II. *vt* durchstreifen
**scorrere** ['skorrere] <irr> I. *vi* essere ❶ (*fiume*) fließen; (*lacrime*) laufen, rinnen ❷ (*tempo*) vergehen, verrinnen ❸ (*traffico*) fließen ❹ (*periodo, ragionamento, discorso*) laufen II. *vt* avere ❶ (*libro*) überfliegen ❷ (*territorio*) durchstreifen ❸ (INFORM) scrollen
**scorreria** [skorre'ri:a] <-ie> *f* Einfall *m*, Streifzug *m*
**scorrettezza** [skorret'tettsa] *f* ❶ (*errore*) Fehler *m*, Fehlerhaftigkeit *f* ❷ (*maleducazione*) Unkorrektheit *f*, Unschicklichkeit *f*; (*azione*) Fauxpas *m* **scorretto, -a** [skor'rɛtto] *agg* ❶ (*compito, traduzione*) fehlerhaft ❷ (*gesto, contegno*) unkorrekt ❸ (SPORT) unfair, regelwidrig
**scorrevole** [skor're:vole] *agg* gleitend, verschiebbar; (*traffico, discorso*) flüssig; **porta ~** Schiebetür *f*
**scorribanda** [skorri'banda] *f* Streifzug *m*
**scorrimento** [skorri'mento] *m* ❶ (MOT) Verkehrsfluss *m*; **corsia di ~** rechte Fahrspur [auf der Autobahn]; **strada di ~** Schnellstraße *f* ❷ (PHYS) Schlupf *m*
**scorsa** ['skorsa] *f* Durchsicht *f*
**scorsi** ['skɔrsi] *1.pers sing pass rem di* **scorgere, scorrere**
**scorso, -a** ['skorso] I. *pp di* **scorrere** II. *agg* vergangen, vorig; **l'anno ~** letztes Jahr; **ultimo ~** vergangenen Monats/Jahres
**scorsoio, -a** [skor'so:io] <-oi, -oie> *agg* laufend, gleitend; **nodo ~** Schlinge *f*
**scorta** ['skɔrta] *f* ❶ (*accompagnamento*) Begleitung *f*, Geleit *nt* ❷ (MIL) Eskorte *f*, Geleit *nt* ❸ (*provvista*) Vorrat *m*, Reserve *f*; **ruota di ~** Ersatz-, Reserverad *nt*
**scortare** [skor'ta:re] *vt* geleiten, eskortieren
**scortecciare** [skortet'tʃa:re] I. *vt* (*albero*) entrinden, die Rinde entfernen von; (*muro*) abkratzen II. *vr* **-rsi** abbröckeln; (*albero*) die Rinde verlieren
**scortese** [skor'te:ze] *agg* unhöflich **scortesia** [skorte'zi:a] *f* Unhöflichkeit *f*
**scorticare** [skorti'ka:re] *vt* (*pelle*) ab-, aufschürfen; (*animale*) abziehen **scorticatura** [skortika'tu:ra] *f* ❶ (*di animale*) Abziehen *nt* ❷ (MED) Schürfwunde *f*
**scorto** ['skɔrto] *pp di* **scorgere**
**scorza** ['skɔrdza *o* 'skortsa] *f* ❶ (*di albero*) Rinde *f* ❷ (*di frutto*) Schale *f* ❸ (*di serpente, pesce*) Haut *f*; **avere la ~ dura** (*fig*) ein dickes Fell haben
**scorzonera** [skordzo'ne:ra *o* skortso'ne:ra] *f* Schwarzwurzel *f*
**scosceso, -a** [skoʃ'ʃe:so] *agg* steil
**scosciata** [skoʃ'ʃa:ta] *f* Spagat *m o nt*
**scossa** ['skɔssa] *f* ❶ (EL) Schlag *m*; **prendere una ~** einen Schlag bekommen ❷ (*sbalzo*) Ruck *m*, Stoß *m*; **~ di terremoto** Erd[beben]stoß *m* ❸ (*fig*) Schlag *m*, Schock *m*
**scossi** ['skɔssi] *1.pers sing pass rem di* **scuotere, scuocere**
**scosso, -a** ['skɔsso] I. *pp di* **scuotere** II. *agg* erschüttert
**scossone** [skos'so:ne] *m* starker Ruck
**scostante** [skos'tante] *agg* abweisend, verschlossen
**scostare** [skos'ta:re] I. *vt* wegschieben, -rücken; (*tenda*) aufziehen II. *vr* **-rsi** wegrücken, zur Seite rücken
**scostumatezza** [skostuma'tettsa] *f* Unsittlichkeit *f*; (*maleducazione*) Ungezogenheit *f*
**scostumato, -a** [skostu'ma:to] *agg* sittenlos; (*maleducato*) ungezogen
**scotch** [skɔtʃ] <-> *m* (*whisky*) Scotch [Whisky] *m*
**scotch®** <-> *m* (*nastro autoadesivo*) Klebeband *nt*
**scotennamento** [skotenna'mento] *m* ❶ (*di animali*) Abhäuten *nt* ❷ (*in campo etnologico*) Skalpieren *nt*
**scotennare** [skoten'na:re] *vt* ❶ (*lardo*) die Schwarte abschneiden von ❷ (*nemici*) skalpieren
**scotimento** [skoti'mento] *m* Schütteln *nt*, Erschütterung *f*
**scottante** [skot'tante] *agg* ❶ (*che scotta*) brennend ❷ (*fig*) heikel; (*urgente*) drängend, brennend
**scottare** [skot'ta:re] I. *vt* ❶ (*fiamma, sole*) [ver]brennen; (*liquido bollente*) verbrühen ❷ (GASTR) aufkochen; (*arrosto*) anbraten ❸ (*fig*) verletzen, kränken II. *vi* heiß sein, brennen; **merce che scotta** (*fig*) heiße Ware III. *vr* **-rsi** ❶ (MED) sich verbrennen ❷ (*fig*) sich die Finger verbrennen **scottata** [skot'ta:ta] *f* Aufkochen *nt*; (*di arrosto*) Anbraten *nt* **scottatura** [skotta'tu:ra] *f* ❶ (MED) Verbrennung *f*; (*di sole*) Sonnenbrand *m* ❷ (*fig*) Enttäuschung *f*
**scotto** ['skɔtto] *pp di* **scuocere**
**scout** ['skaut] I. <-> *mf* Pfadfinder(in) *m(f)* II. <inv> *agg* Pfadfinder- **scoutismo** [skau'tizmo] *m* Pfadfinderbewegung *f*

**scoutistico, -a** [skau'tistiko] <-ci, -che> *agg* Pfadfinder-

**scovare** [sko'va:re] *vt* ① (*lepre, volpe*) aufspüren ② (*fig*) aufstöbern

**scovolino** [skovo'li:no] *m* (*per pipe*) Pfeifenputzer *m*; (*per bottiglie*) Flaschenbürste *f*

**Scozia** ['skɔttsia] *f* Schottland *nt*

**scozzare** [skot'tsa:re] *vt* mischen **scozzese** [skot'tse:se] I. *agg* schottisch; **gonna ~** Schottenrock *m*, Kilt *m* II. *mf* Schotte *m*/Schottin *f*

**scrambler** ['skræmblə] <- *o* scramblers> *m* Decoder *m* **scramblerista** [skramble'rista] <-i *m*, -e *f*> *mf* (SPORT) Motocrossfahrer(in) *m(f)*

**screanzato, -a** [skrean'tsa:to] *agg* ungezogen

**screditare** [skredi'ta:re] I. *vt* diskreditieren, in Misskredit bringen II. *vr* **-rsi** sich diskreditieren **scredito** ['skre:dito] *m* Misskredit *m*, Verruf *m*

**screening** ['skri:niŋ] <- *o* screenings> *m* Screening *nt*

**screen saver** <-> *m* (INFORM) Bildschirmschoner *m*

**scremare** [skre'ma:re] *vt* entrahmen **scrematura** [skrema'tu:ra] *f* Entrahmung *f*

**screpolare** [skrepo'la:re] I. *vt* rissig machen II. *vr* **-rsi** rissig werden **screpolatura** [skrepola'tu:ra] *f* Riss *m*, Sprung *m*

**screziare** [skret'tsia:re] *vt* sprenkeln

**screzio** ['skrɛttsio] <-i> *m* Meinungsverschiedenheit *f*

**scriba** ['skri:ba] <-i> *m* ① (REL) Schriftgelehrte(r) *m* ② (HIST) Schreiber *m*

**scribacchiare** [skribak'kia:re] *vt* (*pej*) kritzeln, schmieren **scribacchino** [skribak'ki:no] *m* (*pej*) Schreiberling *m*

**scricchiolamento** [skrikkiola'mento] *m* Knirschen *nt*, Knistern *nt*; (*di legno*) Knarren *nt*, Ächzen *nt*

**scricchiolare** [skrikkio'la:re] *vi* knirschen **scricchiolio** [skrikkio'li:o] <-ii> *m* Knirschen *nt*

**scricciolo** ['skrittʃolo] *m* (*fig fam*) Knirps *m*, Zwerg *m*

**scrigno** ['skriɲɲo] *m* Schmuckkasten *m*

**scriminatura** [skrimina'tu:ra] *f* Scheitel *m*

**scriptwriter** ['skriptraitə] <- *o* scriptwriters> *mf* Drehbuchschreiber(in) *m(f)*

**scrissi** ['skrissi] *1. pers sing pass rem di* **scrivere**

**scriteriato, -a** [skrite'ria:to] *agg* unvernünftig

**scritta** ['skritta] *f* Aufschrift *f*

**scritto** ['skritto] *m* ① (*cosa scritta*) Schriftstück *nt*; **per** [*o* **in**] **~** schriftlich ② (*lettera*) Schreiben *nt*

**scritto, -a** I. *pp di* **scrivere** II. *agg* ① (*legge, esame*) schriftlich ② (*fig*) eingetragen, eingeschrieben **scrittografico, -a** [skritto'gra:fiko] <-ci, -che> *agg* (*form*) handschriftlich **scrittoio** [skrit'to:io] <-oi> *m* Schreibtisch *m* **scrittore, -trice** [skrit'to:re] *m*, *f* Schriftsteller(in) *m(f)*

**scrittura** [skrit'tu:ra] *f* ① (*gener*, REL) Schrift *f*; **programma di ~** (INFORM) Textverarbeitungsprogramm *nt* ② (JUR) Schriftstück *nt*, Dokument *nt*; (*contratto*) Vertrag *m* ③ (THEAT, FILM, MUS) Engagement *nt*

**scritturare** [skrittu'ra:re] *vt* verpflichten, engagieren, aufnehmen *A*

**scrivana** *f v.* **scrivano**

**scrivania** [skriva'ni:a] <-ie> *f* ① (*tavolo per scrivere*) Schreibtisch *m* ② (INFORM: *desktop*) Benutzeroberfläche *f* **scrivano, -a** [skri'va:no] *m*, *f* Schreiber(in) *m(f)*

**scrivente** [skri'vɛnte] *mf* (ADM) Unterzeichnete(r) *f(m)*

**scrivere** ['skri:vere] <scrivo, scrissi, scritto> *vt* schreiben; **~ a macchina** mit der Maschine schreiben; **~ a mano** von Hand schreiben; **~ alla lavagna** an die Tafel schreiben; **macchina da ~** Schreibmaschine *f*; **come si scrive?** wie schreibt man das?

**scroccare** [skrok'ka:re] *vt* (*fam*) schnorren **scroccatore, -trice** [skrokka'to:re] *m*, *f* (*fam*) Schnorrer(in) *m(f)* **scrocco** ['skrɔkko] *m* (*fam*) **a ~** umsonst, für lau *dial*; **vivere/mangiare a ~** schnorren **scroccone, -a** [skrok'ko:ne] *m*, *f* (*fam*) Schnorrer(in) *m(f)*

**scrofa** ['skrɔ:fa] *f* Sau *f*

**scrollamento** [skrolla'mento] *m* Schütteln *nt*

**scrollare** [skrol'la:re] I. *vt* schütteln; (*tovaglia*) ausschütteln; **~ le spalle** die [*o* mit den] Schultern zucken II. *vi* (INFORM) scrollen, blättern III. *vr* **-rsi** (*fig*) sich aufraffen **scrollata** [skrol'la:ta] *f* Schütteln *nt*

**scrolling** ['skrouliŋ] <-> *m* (INFORM) Scrollen *nt*

**scrollo** ['skrɔllo] *m* Schütteln *nt*

**scrosciare** [skroʃ'ʃa:re] *vi essere o avere* tosen, brausen; (*pioggia*) prasseln **scroscio** ['skrɔʃʃo] <-sci> *m* Tosen *nt*, Getöse *nt*, Brausen *nt*; (*di pioggia*) Prasseln *nt*; **~ di applausi** Beifallssturm *m*; **~ di risa** tosendes Gelächter

**scrostare** [skros'ta:re] I. *vt* abkratzen; (*ferita*) die Kruste entfernen von II. *vr* **-rsi** abblättern

**scroto** ['skrɔ:to] *m* Hodensack *m*, Skrotum *nt*
**scrupolo** ['skru:polo] *m* Skrupel *m*; **senza -i** skrupellos **scrupolosità** [skrupolosi'ta] <-> *f* Gewissenhaftigkeit *f* **scrupoloso, -a** [skrupo'lo:so] *agg* gewissenhaft
**scrutare** [skru'ta:re] *vt* erforschen, ergründen **scrutatore, -trice** [skruta'to:re] I. *m, f* Stimmen|aus|zähler(in) *m(f)* II. *agg* prüfend, forschend
**scrutinare** [skruti'na:re] *vt* ① (JUR) auszählen ② (*nell'insegnamento*) benoten **scrutinatore, -trice** [skrutina'to:re] *m, f* Stimmen|aus|zähler(in) *m(f)* **scrutinio** [skru'ti:nio] <-i> *m* ① (JUR) Abstimmung *f*, Wahlgang *m* ② (*a scuola*) Notenkonferenz *f*
**scucire** [sku'tʃi:re] I. *vt* ① (*orlo*) auftrennen ② (*fam scherz*) herausrücken II. *vr* **-rsi** aufgehen **scucito, -a** [sku'tʃi:to] *agg* ① (*abito, scarpe*) aufgegangen ② (*fig*) zusammenhang[s]los **scucitura** [skutʃi'tu:ra] *f* aufgetrennte Naht
**scuderia** [skude'ri:a] <-ie> *f* ① (ZOO) Reit-, Pferde-, Rennstall *m* ② (SPORT: *automobilismo*) Rennstall *m*
**scudetto** [sku'detto] *m* Meistertitel *m*; **vincere lo ~** Meister werden
**scudiero** [sku'diɛ:ro] *m* Knappe *m*
**scudo** ['sku:do] *m* ① (MIL) Schild *m*; **lo ~ crociato** der Kreuzschild (*Parteiemblem der ehemaligen christdemokratischen Partei DC*) ② (*fig*) Schutz *m* ③ (ZOO) [Panzer]schuppe *f* ④ (*araldica*) Wappen *m* ⑤ (*moneta*) Scudo *m*; **~ europeo** ECU *m*
**scuffia** ['skuffia] <-ie> *f* ① (*fam*) Verliebtheit *f*, Verknalltsein *nt* ② (NAUT) Kentern *nt*
**scugnizzo** [skuɲ'ɲittso] *m* [neapolitanischer] Gassenjunge *m*
**sculacciare** [skulat'tʃa:re] *vt* versohlen *fam* **sculacciata** [skulat'tʃa:ta] *f* Schläge *mpl* auf den Hintern **sculaccione** [skulat'tʃo:ne] *m* Schlag *m* auf den Hintern
**sculettare** [skulet'ta:re] *vi* mit den Hüften wackeln *fam*
**scultore, -trice** [skul'to:re] *m, f* Bildhauer(in) *m(f)* **scultoreo, -a** [skul'tɔ:reo] *agg* (*arte*) Bildhauer-, plastisch; (*bellezza*) statuarisch, statuengleich **scultorio, -a** [skul'tɔ:rio] <-i, -ie> *agg* ① (*arte, tecnica*) Bildhauer-, plastisch ② (*bellezza, atteggiamento*) statuarisch, statuengleich ③ (*fig*) plastisch, prägnant, bildkräftig **scultrice** *f v.* **scultore scultura** [skul'tu:ra] *f* ① (*arte, tecnica*) Bildhauerei *f* ② (*opera*) Skulptur *f*

**scuocere** ['skuɔ:tʃere] <scuocio, scossi, scotto> I. *vi* verkochen II. *vr* **-rsi** verkochen
**scuoiamento** [skuoia'mento] *v.* **scoiamento**
**scuola** ['skuɔ:la] *f* Schule *f*; **~ elementare** Grundschule *f*; **~ media** ≈ Realschule *f*; **~ superiore** höhere Schule; **~ materna** Kindergarten *m*; **~ guida** Fahrschule *f*; **~ religiosa** Religionsschule *f*; **~ serale** Abendschule *f*; **apertura/chiusura delle -e** Beginn *m*/Ende *nt* des Schuljahres; **fare ~** Schule machen **scuolabus** ['skuɔ:labus *o* skuola'bus] *m* Schulbus *m*
**scuotere** ['skuɔ:tere] <scuoto, scossi, scosso> I. *vt* ① (*agitare*) schütteln; (*spalle*) zucken ② (*fig*) erschüttern, aufrütteln II. *vr* **-rsi** sich aufraffen **scuotimento** [skuoti'mento] *v.* **scotimento**
**scure** ['sku:re] *f* Axt *f*, Beil *nt*
**scuretto** [sku'retto] *m* Fensterladen *m*
**scurire** [sku'ri:re] <scurisco> I. *vt avere* verdunkeln, dunkel machen II. *vr* **-rsi** dunkel werden, sich verdunkeln
**scuro** ['sku:ro] *m* ① (*scuretto*) [Fenster]blende *f*, -laden *m* ② (*oscurità*) Dunkel *nt*, Finsternis *f* ③ (*colore*) Dunkle(s) *nt*
**scuro, -a** *agg* ① (*colore*) dunkel ② (*notte*) dunkel, finster ③ (*fig: fosco*) finster, düster; (*non chiaro*) obskur, dunkel
**scurrile** [sku'ri:le] *agg* skurril; (*salace*) lasziv, schlüpfrig **scurrilità** [skurili'ta] <-> *f* Schlüpfrigkeit *f*
**scusa** ['sku:za] *f* ① (*lo scusarsi*) Entschuldigung *f*; (*perdono*) Verzeihung *f*; **chiedere** [*o* **domandare**] **~** um Entschuldigung bitten ② (*pretesto*) Ausrede *f*; **avere sempre una ~ pronta** nie um eine Ausrede verlegen sein **scusabile** [sku'za:bile] *agg* verzeihlich, entschuldbar **scusante** [sku'zante] *f* Entschuldigung *f*, Rechtfertigung *f*
**scusare** [sku'za:re] I. *vt* entschuldigen; **scusi, che ore sono?** entschuldigen Sie, wie spät ist es?; **mi scusi!** Verzeihung! II. *vr* **-rsi con qu di qc** sich bei jdm für etw entschuldigen
**SCV** *abbr di* **Stato della Città del Vaticano** Vatikanstadt *f*
**s.d.** *abbr di* **senza data** o.D.
**sdebitarsi** [zdebi'tarsi] *vr* (*fig*) **~ con qu di qc** sich bei jdm für etw revanchieren
**sdegnare** [zdeɲ'ɲa:re] I. *vt* ① (*rifiutare*) ablehnen ② (*provocare risentimento*) aufbringen, empören II. *vr* **-rsi** sich empören, sich entrüsten **sdegno** ['zdeɲɲo] *m* Empörung *f* **sdegnosità** [zdeɲɲosi'ta]

<-> *f* Hochmut *m* **sdegnoso, -a** [zdeɲˈɲoːso] *agg* ❶ (*che prova sdegno*) hochmütig ❷ (*che mostra sdegno*) verächtlich

**sdemanializzazione** [sdemanialiddzatˈtsioːne] *f* (ADM) Verstaatlichung *f* öffentlichen Eigentums

**sdentare** [zdenˈtaːre] I. *vt* ~ **una sega/ruota** die Zähne einer Säge/eines Rads abbrechen II. *vr* **-rsi** die Zähne verlieren **sdentati** *mpl* (ZOO) Zahnarme(n) *mpl*, Edentaten *mpl* **sdentato, -a** [zdenˈtaːto] *agg* zahnlos

**SDI** *abbr di* **Socialisti Democratici Italiani** sozialdemokratische Partei Italiens

**sdilinquimento** [zdiliŋkuiˈmento] *m* Schmachten *nt*

**sdilinquirsi** [zdiliŋˈkuirsi] <mi sdilinquisco> *vr* schmachten

**sdoganamento** [zdoganaˈmento] *m* Verzollung *f*, Zollabfertigung *f*

**sdoganare** [zdogaˈnaːre] *vt* verzollen, abfertigen

**sdolcinatezza** [zdoltʃinaˈtettsa] *f* Süßlichkeit *f*

**sdolcinato, -a** [zdoltʃiˈnaːto] *agg* süßlich; **parole -e** Süßholzgeraspel *nt scherz*

**sdolcinatura** [zdoltʃinaˈtuːra] *f* Süßlichkeit *f*

**sdoppiamento** [zdoppiaˈmento] *m* Spaltung *f*, Trennung *f*; (*divisione*) Aufteilung *f*

**sdoppiare** [zdopˈpiaːre] I. *vt* spalten II. *vr* **-rsi** sich spalten

**sdraia** [ˈzdraːia] <-aie> *f* (*fam*) Liegestuhl *m*

**sdraiare** [zdraˈiaːre] I. *vt* [hin]legen; (*buttare a terra*) niederstrecken II. *vr* **-rsi** sich [hin]legen

**sdraio**¹ [ˈzdraːio] <-ai> *m* Liegen *nt,* Ausgestrecktsein *nt;* **sedia a** ~ Liegestuhl *m*

**sdraio**² <-> *f* Liegestuhl *m*

**sdrammatizzare** [zdrammatidˈdzaːre] *vt* entschärfen **sdrammatizzazione** [zdrammatiddzatˈtsioːne] *f* Herunterspielen *nt;* **la ~ di un problema** das Herunterspielen eines Problems

**sdrogarsi** [zdroˈgarsi] *vr* (*sl*) eine Entziehungskur machen, entziehen, clean werden

**sdrucciolare** [zdruttʃoˈlaːre] *vi essere* ausrutschen, ausgleiten **sdrucciolevole** [zdruttʃoˈleːvole] *agg* rutschig, glatt

**sdrucciolo, -a** [ˈzdruttʃolo] I. *agg* ❶ (LING) auf der drittletzten Silbe betont ❷ (LIT: *verso*) proparoxyton, auf ein Proparoxytonon endend II. *m* Steilhang *m,* abschüssiger Weg

**sdrucciolone** [zdruttʃoˈloːne] *m* [Aus]rutscher *m* **sdruccioloni** [zdruttʃoˈloːni] *avv* rutschend **sdruccioloso, -a** [zdruttʃoˈloːso] *agg* rutschig, glatt

**sdrucire** [zdruˈtʃiːre] <sdrucisco *o* sdrucio, sdrucisci> *vt* auftrennen, zerreißen **sdrucitura** [zdrutʃiˈtuːra] *f* ❶ (*strappo*) Riss *m* ❷ (*scucitura*) Auftrennung *f*

**se**¹ [se] I. *cong* ❶ (*condizionale*) wenn, falls; ~ **mai** wenn je; ~ **non** wenn nicht; ~ **non altro** wenigstens, zumindest; ~ **non che** nur dass, aber; ~ **ben ricordo** wenn ich mich recht entsinne; ~ **me l'avesse detto, avrei accettato** wenn er/sie es mir gesagt hätte, hätte ich angenommen ❷ (*dubitativa, interrogativa, indiretta*) ob; **come** ~ als ob; **come** ~ **non lo sapessi!** als ob ich das nicht wüsste! ❸ (*esclamativa, desiderativa*) wenn doch; ~ **solo l'avessi saputo!** wenn ich das doch nur gewusst hätte! II. *m* Wenn *nt*

**se**² *pron pers* (*davanti a lo, la, li, le, ne*) v. **si**¹

**SE** *abbr di* **sudest** SO

**sé** [se] *pron rifl 3. pers* sich; **essere fuori di** ~ außer sich *dat* sein; **uscire di** ~ den Verstand verlieren; **da** ~ allein, von selbst; **fra** ~ bei sich *dat*; **fra** ~ **e** ~ für sich [allein]; **dentro di** ~ in seinem Inneren; ~ **stesso,** ~ **medesimo** sich selbst [*o* selber]; **un caso a** ~ ein Fall für sich; **va da** ~ **che ...** es versteht sich [von selbst], dass ...; **la cosa di per** ~ **ha poca importanza** die Sache an und für sich hat wenig Bedeutung; **è un uomo che si è fatto da** ~ er ist ein Selfmademan; **chi fa** ~ **fa per tre** (*prov*) selbst ist der Mann

**sebaceo, -a** [seˈbaːtʃeo] *agg* Talg-

**sebbene** [sebˈbɛːne] *cong* +*conj* obwohl, wenn auch

**SEBC** *m abbr di* **Sistema europeo delle Banche centrali** ESZB *nt*

**sebo** [ˈsɛːbo] *m* Talg *m*

**seborrea** [seborˈrɛːa] *f* Seborrhö[e] *f*

**sec** *abbr di* **secondo** s, Sek.

**secante** [seˈkante] *f* ❶ (*retta*) Sekante *f* ❷ (*funzione*) Sekans *m*

**secca** [ˈsekka] <-cche> *f* ❶ (NAUT) Untiefe *f* ❷ (*fig*) Klemme *f*

**seccante** [sekˈkante] *agg* lästig, unangenehm

**seccare** [sekˈkaːre] I. *vt avere* ❶ (*aiuole*) trocknen, trockenlegen ❷ (GASTR) trocknen, dörren ❸ (*sorgente*) austrocknen ❹ (*fig fam: infastidire*) auf die Nerven gehen, sekkieren *A* II. *vr* **-rsi** ❶ (*diventare secco*) vertrocknen, verdorren ❷ (*fam:*

*stancarsi*) **-rsi di fare qc** es satthaben, etw zu tun **seccato, -a** [sek'ka:to] *agg* ❶ (*pianta, ramo*) verdorrt, vertrocknet ❷ (*fam*) genervt **seccatore, -trice** [sekka'to:re] *m, f* (*fam*) Störenfried *m* **seccatura** [sekka'tu:ra] *f* (*fam*) Störung *f*, Belästigung *f* **secchezza** [sek'kettsa] *f* ❶ (*di aria, clima*) Trockenheit *f* ❷ (*di persona*) Magerkeit *f* ❸ (*fig*) Schroffheit *f*; (*di stile*) Nüchternheit *f*, Kargheit *f*

**secchia** ['sekkia] <-cchie> *f* Eimer *m*, Kübel *m* **secchiello** [sek'kiɛllo] *m* Eimerchen *nt*, kleiner Eimer **secchio** ['sekkio] <-cchi> *m* Eimer *m*, Kübel *m*

**secchione, -a** [sek'kio:ne] *m, f* (*fam pej*) Streber(in) *m(f)*

**secco** ['sekko] *m* Trockenheit *f*, Trockene(s) *nt*; **lavatura a ~** chemische Reinigung; **murare a ~** trocken mauern; **rimanere a ~** (*fig*) auf dem Trockenen sitzen

**secco, -a** <-cchi, -cche> *agg* ❶ (*terreno, clima*) trocken; (*sorgente*) ausgetrocknet ❷ (*frutta, funghi*) trocken, Trocken-; (*rami*) verdorrt ❸ (*vino*) trocken, herb; (*liquore*) hart ❹ (*persona, gambe*) dürr, mager ❺ (*fig*) trocken, knapp; (*risposta*) schroff ❻ (*loc*) **fare ~ qu** (*fam*) jdn umlegen; **restarci ~** (*fam*) dabei draufgehen

**secentesco, -a** [setʃen'tesko] <-schi, -sche> *agg* das siebzehnte Jahrhundert betreffend **secentista** [setʃen'tista] <-i *m*, -e *f*> *mf* Künstler(in) *m(f)* des Seicento/ des siebzehnten Jahrhunderts

**secernere** [se'tʃɛrnere] <secerno, secernei *o* secernetti, secreto> *vt* absondern, ausscheiden

**secessione** [setʃes'sio:ne] *f* Sezession *f* **secessionismo** [setʃessio'nizmo] *m* Sezessionismus *m* **secessionista** [setʃessio'nista] <-i *m*, -e *f*> *mf* Sezessionist(in) *m(f)* **secessionistico, -a** [setʃessio'nistiko] <-ci, -che> *agg* sezessionistisch; **corrente -a** sezessionistische Strömung

**seco** ['se:ko] *pron* (*poet*) mit sich, bei sich, zu sich

**secolare** [seko'la:re] *agg* ❶ (*che ha uno, più secoli*) jahrhundertealt ❷ (*laico, mondano*) weltlich, säkular

**secolarizzare** [sekolarid'dza:re] I. *vt* säkularisieren II. *vr* **-rsi** in die Weltgeistlichkeit eintreten **secolarizzazione** [sekolariddzat'tsio:ne] *f* Säkularisierung *f*

**secolo** ['sɛ:kolo] *m* ❶ (*periodo*) Jahrhundert *nt*; **il ~ dell'energia nucleare** das Atomzeitalter; **lo scandalo del ~** der Jahrhundertskandal ❷ (*fam*) Ewigkeit *f*; **è un ~ che ti aspetto** ich warte schon eine Ewigkeit auf dich

**seconda** [se'konda] *f* ❶ (*classe*) zweite Klasse, zweites Schuljahr ❷ (MOT) zweiter Gang ❸ (FERR, NAUT, AERO) zweite Klasse; **viaggiare in ~** zweiter Klasse reisen ❹ (MUS) Sekunde *f* ❺ (SPORT) Sekond *f* ❻ (*loc*) **a ~ di** [je] nach +*dat*, gemäß +*dat*; **a ~ dei casi** von Fall zu Fall

**secondamento** [sekonda'mento] *m* Unterstützung *f*

**secondare** [sekon'da:re] *vt* unterstützen **secondariamente** [sekondaria'mente] *avv* zweitens **secondario, -a** [sekon'da:rio] <-i, -ie> *agg* sekundär, Zweit-, Neben-; **proposizione -a** Nebensatz *m*; **scuola -a** Sekundarstufe *f*

**secondino** [sekon'di:no] *m* Gefängniswärter *m*

**secondo**[1] [se'kondo] *prp* gemäß +*dat*, nach +*dat*, je nach +*dat*; **~ l'uso** wie gewöhnlich, dem Brauch gemäß; **~ me/te** meiner/deiner Meinung nach; **~ che ...** +*conj* je nachdem, ob ...; **~ quanto mi hanno detto** soweit sie mir gesagt haben

**secondo**[2] *m* ❶ (GASTR) zweiter Gang, Hauptgang *m* ❷ (*unità di misura del tempo*) Sekunde *f*

**secondo, -a** I. *agg* zweite(r, s); **Giacomo Secondo** Jakob der Zweite; **abiti di -a mano** Kleider aus zweiter Hand; **~ fine** verborgene Absicht; **di ~ piano** (*fig*) zweitrangig II. *m, f* Zweite(r, s) *f(m, nt)*

**secondogenito, -a** [sekondo'dʒɛ:nito] I. *agg* zweitgeboren II. *m, f* Zweitgeborene(r) *f(m)*

**secrétaire** [sakre'tɛr] <-> *m* Sekretär *m*
**secreto**[1] [se'krɛ:to] *m* Sekret *nt*
**secreto**[2] *pp di* **secernere**
**secrezione** [sekret'tsio:ne] *f* Sekretion *f*, Ausscheidung *f*

**securista** [seku'rista] <-i *m*, -e *f*> *mf* Mitglied *nt* der Securidade **securitizzazione** [sekuritiddzat'tsio:ne] *f* (FIN) wertpapiermäßige Unterlegung

**sedano** ['sɛ:dano] *m* Sellerie *m o f*; **~ di monte** Liebstöckel *m*, Maggikraut *nt*

**sedare** [se'da:re] *vt* ❶ (*tumulto*) beruhigen ❷ (*dolore*) stillen, lindern

**sedativo** [seda'ti:vo] *m* Beruhigungsmittel *nt*, Sedativum *nt*

**sedativo, -a** *agg* beruhigend, Beruhigungs-

**sede** ['sɛ:de] *f* ❶ (COM) Sitz *m*, Niederlassung *f* ❷ (ADM) Sitz *m*, Stelle *f*, Ort *m*; **in ~ di** bei +*dat*; **in separata ~** (*a. fig*) beiseite

**sedentarietà** [sedentarie'ta] <-> *f*

① (*vita*) sitzende Lebensweise ② (*di tribù*) Sesshaftigkeit *f* **sedentario, -a** [seden'ta:rio] <-i, -ie> *agg* ① (*lavoro, vita*) sitzend, im Sitzen ② (*tribù*) sesshaft ③ (*persona*) bewegungsfaul

**sedere**¹ [se'de:re] <siedo, sedetti *o* sedei, seduto> I. *vi essere* sitzen; **mettersi a ~** sich hinsetzen; **stare a ~** sitzen; **~ a tavola** am Tisch sitzen II. *vr* **-rsi** sich setzen; **-rsi a tavola** sich zu Tisch setzen

**sedere**² *m* (ANAT) Gesäß *nt*, Hintern *m fam;* **mi stai prendendo per il ~?** (*fam*) willst du mich verarschen? *vulg*

**sedia** ['sɛ:dia] <-ie> *f* Stuhl *m*, Sitz *m*, Sessel *m A;* **~ a sdraio** Liegestuhl *m;* **elettrica** elektrischer Stuhl

**sedicenne** [sedi'tʃɛnne] I. *agg* sechzehnjährig II. *mf* Sechzehnjährige(r) *f/m*)

**sedicente** [sedi'tʃɛnte] *agg* vorgeblich, angeblich

**sedicesimo** [sedi'tʃɛ:zimo] *m* (*frazione*) Sechzehntel *nt*, sechzehnter Teil

**sedicesimo, -a** I. *agg* sechzehnte(r, s) II. *m, f* sechzehnte(r, s) *mf nt; v. a.* **quinto sedici** ['se:ditʃi] I. *num* sechzehn II. <-> *m* (*numero*) Sechzehn *f;* (*nelle date*) Sechzehnte(r) *m* III. *fpl* sechzehn Uhr; *v. a.* **cinque**

**sedile** [se'di:le] *m* Sitz *m;* (*di più posti*) Bank *f*

**sedimentare** [sedimen'ta:re] *vi essere o avere* einen [Boden]satz bilden **sedimentario, -a** [sedimen'ta:rio] <-i, -ie> *agg* sedimentär, Sediment-, Ablagerungs- **sedimentazione** [sedimentat'tsio:ne] *f* ① (*di liquido*) Bodensatzbildung *f*, Ablagerung *f* ② (GEOL) Sedimentation *f* **sedimento** [sedi'mento] *m* ① (*deposito*) Ablagerung *f;* (*di liquidi*) [Boden]satz *m* ② (GEOL) Sediment *nt*, Ablagerung *f*

**sedizione** [sedit'tsio:ne] *f* Aufstand *m*, Erhebung *f* **sedizioso, -a** [sedit'tsio:so] *agg* aufständisch, aufrührerisch

**sedotto** [se'dotto] *pp di* **sedurre**

**seducente** [sedu'tʃɛnte] *agg* verführerisch

**sedurre** [se'durre] <seduco, sedussi, sedotto> *vt* verführen; (*fig*) verlocken

**seduta** [se'du:ta] *f* Sitzung *f;* **~ stante** (*a. fig*) auf der Stelle

**seduttivo, -a** [sedut'ti:vo] *agg* verführerisch, verführend

**seduttore, -trice** [sedut'to:re] I. *agg* verführerisch II. *m, f* Verführer(in) *m(f)*

**seduzione** [sedut'tsio:ne] *f* Verführung; (*fig*) Verlockung *f*, Versuchung *f*

**sega** ['se:ga] <-ghe> *f* ① (*utensile*) Säge *f;* **~ circolare** Kreissäge *f;* **~ da traforo** Laubsäge *f* ② (*vulg*) Wichsen *nt;* **farsi una ~** sich *dat* einen runterholen

**segala, segale** ['se:gala, 'se:gale] *f* Roggen *m*

**segaligno, -a** [sega'liɲɲo] *agg* mager, hager, dürr

**segare** [se'ga:re] *vt* ① (*tronco*) [ab]sägen ② (*vene, gola*) durchschneiden ③ (*stringere*) [ein]schneiden in +*acc* ④ (*sl*) durchrasseln lassen *fam* **segatrice** [sega'tri:tʃe] *f* Maschinensäge *f;* **~ a disco** Kreissäge *f;* **~ a nastro** Bandsäge *f* **segatura** [sega'tu:ra] *f* ① (*azione*) [Ab-, Zer]sägen *nt* ② (*residuo*) Sägemehl *nt*, Sägespäne *mpl*

**seggio** ['sɛddʒo] <-ggi> *m* (PARL) Sitz *m;* **~ elettorale** (*luogo*) Wahllokal *nt*, Wahlsprengel *m A*

**seggiola** ['sɛddʒola] *f* Stuhl *m*

**seggiolino** [seddʒo'li:no] *m* (*per bambini*) Kinder-, Hochstuhl *m;* (*sedia pieghevole*) Klappstuhl *m;* (AERO) Pilotensitz *m* **seggiolone** [seddʒo'lo:ne] *m* Hochstuhl *m*

**seggiovia** [seddʒo'vi:a] *f* Sessellift *m*

**segheria** [sege'ri:a] <-ie> *f* Sägewerk *nt*, Sägerei *f*

**seghettato, -a** [seget'ta:to] *agg* gezahnt, gezackt; **coltello ~** Sägemesser *nt*

**seghetto** [se'getto] *m* kleine Säge

**segmento** [seg'mento] *m* Abschnitt *m*, Segment *nt*

**segnachiavi** [seɲɲa'kia:vi] <-> *m* Schlüsselkennschild *nt*

**segnalamento** [seɲɲala'mento] *m* Signale *ntpl*, Zeichen *ntpl*

**segnalare** [seɲɲa'la:re] I. *vt* anzeigen; (*annunciare*) melden; (*fig*) aufmerksam machen auf +*acc* II. *vr* **-rsi per qc** sich durch etw auszeichnen **segnalatore, -trice** [seɲɲala'to:re] I. *m, f* Melder(in) *m(f)* II. *m* Meldegerät *nt*, Signalgeber *m*

**segnalazione** [seɲɲalat'tsio:ne] *f* ① (OPT, FERR, MOT, AERO) Zeichen *ntpl*, Signalsystem *nt* ② (*trasmissione*) Meldung *f* ③ (*fig*) Hinweis *m*

**segnale** [seɲ'ɲa:le] *m* Signal *nt*, Zeichen *nt;* **~ audio/video** (TV) Ton-/Bildsignal *nt* **segnaletica** [seɲɲa'lɛ:tika] <-che> *f* Zeichen *ntpl*, Signalsystem *nt;* **~ stradale** Verkehrszeichen *ntpl*

**segnalibro** [seɲɲa'li:bro] *m* Lesezeichen *nt*

**segnaposto** [seɲɲa'posto] *m* Tischkarte *f*

**segnaprezzo** [seɲɲa'prɛttso] <- *o* -i> *m* Preisschild *nt*

**segnare** [seɲ'ɲa:re] I. *vt* ① (*notare*) anmerken; (*errori*) anstreichen; (*prendere* *nota*) aufschreiben ❷ (*contrassegnare*) kennzeichnen, bezeichnen ❸ (COM: *prezzo*) auszeichnen ❹ (SPORT: *gol, punto*) erzielen ❺ (*indicare*) anzeigen, zeigen auf +*acc;* (*orologio, termometro*) anzeigen; (*fig*) bedeuten; **~ qu a dito** (*fig*) mit Fingern auf jdn zeigen; **~ il tempo** den Takt schlagen ❻ (*scalfire*) kratzen, zeichnen II. *vr* **-rsi** sich bekreuzigen **segnasub** [seɲɲa'sub] I.<-> *m* Tauchersuchboje *f* II.<inv> *agg* Tauchersuch-; **galleggiante ~** Tauchersuchboje *f*

**segnatempo** [seɲɲa'tɛmpo] <-> *m* Zeitnehmer *m* **segnato, -a** [seɲ'ɲa:to] *agg* ❶ (*volto*) gezeichnet; (*deforme*) entstellt ❷ (*fig*) vorgezeichnet **segnatura** [seɲɲa'tu:ra] *f* ❶ (*il segnare*) Kennzeichnung *f*, Bezeichnung *f* ❷ (*di libro, typ*) Signatur *f* ❸ (SPORT) Punktzahl *f*

**segno** ['seɲɲo] *m* ❶ (*indizio, accenno*) Zeichen *nt;* **-i caratteristici** besondere Kennzeichen; **~ della croce** Kreuzzeichen *nt;* **-i dello zodiaco** Sternzeichen *ntpl;* **essere nato sotto il ~ del cancro** im Zeichen des Krebses geboren sein; **fare ~ di sì/no** eine zustimmende/ablehnende Geste machen; **fare ~ con la mano** ein Handzeichen geben; **fare ~ con la testa** ein Zeichen mit dem Kopf machen; **in ~ di** zum Zeichen gen ❷ (*fig* MED) Symptom *nt* ❸ (*traccia*) Spur *f;* **lasciare il ~** Spuren hinterlassen ❹ (*bersaglio*) Zielscheibe *f*, Ziel *nt;* **tiro a ~** Scheibenschießen *nt;* **andare a ~** (*a. fig*) treffen; **colpire nel ~** (*a. fig*) ins Schwarze treffen ❺ (*di libro*) Lesezeichen *nt*

**sego** ['se:go] <-ghi> *m* Talg *m*

**segregare** [segre'ga:re] I. *vt* absondern II. *vr* **-rsi** sich absondern **segregazione** [segregat'tsjo:ne] *f* Absonderung *f*

**segreta** [se'gre:ta] *f* ❶ (*di armatura*) Kopfschutz *m* [unter dem Helm] ❷ (*cella*) Verlies *nt*

**segretaria** *f v.* **segretario**

**segretariato** [segreta'rja:to] *m* Sekretariat *nt* **segretario, -a** [segre'ta:rjo] <-i, -ie> *m, f* Sekretär(in) *m(f);* **Segretario di Stato** Staatssekretär(in) *m(f)* **segreteria** [segrete'ri:a] <-ie> *f* ❶ Sekretariat *nt*, Kanzlei *f* ❷ (TELEC) **~ telefonica** [automatischer] Anrufbeantworter, AB *m fam;* **lasciare un messaggio sulla ~ telefonica** eine Nachricht auf dem Anrufbeantworter [*o* dem AB] hinterlassen

**segretezza** [segret'tettsa] *f* Heimlichkeit *f*, Vertraulichkeit *f*

**segreto** [se'gre:to] *m* ❶ (*gener*) Geheimnis *nt;* **~ bancario** Bankgeheimnis *nt;* **~ confessionale** Beichtgeheimnis *nt;* **~ di stato** Staatsgeheimnis *nt;* **fare qc in ~** etw heimlich machen; **custodire un ~** ein Geheimnis hüten; **svelare un ~** ein Geheimnis lüften ❷ (TEC) Geheimverschluss *m*

**segreto, -a** *agg* geheim, Geheim-, heimlich

**seguace** [se'gwa:tʃe] *mf* Anhänger(in) *m(f)*

**seguente** [se'gwɛnte] *agg* folgend

**segugio** [se'gu:dʒo] <-gi> *m* Spürhund *m*

**seguire** [se'gwi:re] I. *vt avere* ❶ (*andare dietro*) **~ qu/qc** jdm/etw folgen; (*per trovare*) jdn/etw verfolgen ❷ (*venire dopo*) folgen auf +*acc*, kommen nach ❸ (*fig*) verfolgen; (*prescrizioni, consiglio*) befolgen; **~ la moda** der Mode folgen; **~ il consiglio di qu** jds Rat befolgen ❹ (*corso*) verfolgen, teilnehmen an +*dat;* (*studi*) nachgehen II. *vi essere* ❶ (*venir dopo*) folgen, kommen nach ❷ (*continuare*) folgen, fortgesetzt werden; **segue a pag. 33** Fortsetzung auf S. 33 ❸ (*derivare*) entstehen, folgen

**seguitare** [segui'ta:re] I. *vt avere* fortsetzen, weitermachen [mit] II. *vi essere o avere* fortfahren; **seguita a nevicare** es schneit weiter **seguito** ['se:guito] *m* ❶ (*scorta*) Gefolge *nt* ❷ (*discepoli*) Nachwuchs *m*, Anhängerschaft *f* ❸ (*consenso*) Zustimmung *f*, Erfolg *m* ❹ (*continuazione*) Fortsetzung *f;* **dare ~ a qc** etw fortsetzen ❺ (*fig*) Nachspiel *nt*, Folgen *fpl;* **in ~ a** [*o* **di**] infolge +*gen;* **in ~** in der Folgezeit, demnächst; **di ~** ohne Unterbrechung; **e così di ~** und so weiter

**sei¹** ['sɛ:i] I. *num* sechs II. <-> *m* ❶ (*numero*) Sechs *f* ❷ (*nelle date*) Sechste(r) *m* ❸ (*voto scolastico*) ≈ ausreichend, vier III. *fpl* sechs Uhr; *v. a.* **cinque**

**sei²** 2. *pers sing pr di* **essere¹**

**seicentesco, -a** [seitʃen'tesko] <-schi, -sche> *agg v.* **secentesco seicento** [sei'tʃɛnto] I. *num* sechshundert II. <-> *m* Sechshundert *f;* **il Seicento** das siebzehnte Jahrhundert; (*nell'arte italiana*) das Seicento

**seigiorni** [sei'dʒorni] <-> *f* Sechstagerennen *nt*

**seimila** [sei'mi:la] I. *num* sechstausend II. <-> *m* Sechstausend *f*

**selce** ['seltʃe] *f* Kiesel[stein] *m;* (*per pavimentazione*) Pflasterstein *m* **selciare** [sel'tʃa:re] *vt* pflastern

**selciato** [sel'tʃa:to] *m* Pflaster *nt*, Straßenpflaster *nt*

**selciato, -a** *agg* gepflastert

**selenio** [se'lɛːnio] *m* Selen *nt*
**selenita** [sele'niːta] <-i *m*, -e *f*> *mf* Mondbewohner(in) *m(f)*
**selenite** [sele'niːte] *f* Gipsspat *m*
**selenitico, -a** [sele'niːtiko] <-ci, -che> *agg* Mond-
**selenologia** [selenolo'dʒiːa] <-ie> *f* Selenologie *f* **selenologico, -a** [seleno'lɔːdʒiko] <-ci, -che> *agg* selenologisch **selenologo, -a** [sele'nɔːlogo] <-gi, -ghe> *m, f* Selenologe *m*/Selenologin *f*
**selettività** [selettivi'ta] <-> *f* wählerische Art **selettivo, -a** [selet'tiːvo] *agg* ① (*criteri, metodo*) selektiv, auswählend ② (*persona*) wählerisch, heikel *A*
**selettore** [selet'toːre] *m* (RADIO, TV) [Sender]wähler *m;* (TEL) [Leitungs]wähler *m*
**selezionamento** [selettsiona'mento] *m* Auswahl *f*, Auswahlverfahren *nt* **selezionare** [selettsio'naːre] *vt* auswählen; (*cernire*) sortieren; (*computer*) markieren
**selezionatore, -trice** [selettsiona'toːre] I. *agg* Auswahl-, Selektions- II. *m, f* Auswähler(in) *m(f)*, Sortierer(in) *m(f)*
**selezionatrice** *f* Lochkartensortierer *m*
**selezione** [selet'tsioːne] *f* ① (*scelta*) [Aus]wahl *f* ② (BIOL) Selektion *f*, Auslese *f* ③ (TEL) Wählen *nt* ④ (INFORM) Sortierung *f*
**self-area** [sɛlfɛəriə] <-> *m* Tankstelle *f* mit automatischer Kraftstoffabgabe **self-control** [sɛlfkənˈtroul *o* ˈsɛlfkɔnˈtrɔl] *sing m* Selbstbeherrschung *f* **self-made man** [ˈsɛlfmeidˈmæn] <- *o* self-made men> *m* Selfmademan *m* **self-service** [ˈsɛlfsəːvis] <-> *m* (*ristorante*) Selbstbedienungsrestaurant *nt;* (*negozio*) Selbstbedienungsladen *m*
**sella** [ˈsɛlla] *f* Sattel *m* **sellaio** [selˈlaːio] <-ai> *m* Sattler *m* **sellare** [selˈlaːre] *vt* satteln **sellino** [selˈliːno] *m* Sattel *m;* ~ **posteriore** Rück-, Soziussitz *m*
**seltz** [sɛlts] <-> *m* Selterswasser *nt*
**selva** [ˈsɛlva] *f* ① (BOT) Wald *m;* **la Selva nera** der Schwarzwald ② (*fig*) Menge *f*, Haufen *m;* (*di cose*) Dickicht *nt*
**selvaggia** *f v.* **selvaggio**
**selvaggina** [selvadˈdʒiːna] *f* Wild *nt*, Wildbret *nt*
**selvaggio, -a** [selˈvaddʒo] <-ggi, -gge> I. *agg* wild II. *m, f* Wilde(r) *f(m)*
**selvatichezza** [selvatiˈkettsa] *f* Rohheit *f*
**selvatico** [selˈvaːtiko] *m* ① (*odore*) Wildgeruch *m;* (*sapore*) Wildgeschmack *m* ② (*luogo*) Wildnis *f*
**selvatico, -a** <-ci, -che> *agg* ① (BOT, ZOO) wild ② (*fig, pej*) grob, ungesellig

**selvicoltore** [selvikolˈtoːre] *m* Forstwirt(in) *m(f)* **selvicoltura** [selvikolˈtuːra] *f* Forstwirtschaft *f*, Waldbau *m*
**selz** [sɛlts] *v.* **seltz**
**semaforo** [seˈmaːforo] *m* Ampel *f;* (FERR) Signal *nt;* ~ **marittimo** Signalstation *f;* ~ **verde** (*fig*) grünes Licht
**semantica** [seˈmantika] <-che> *f* Semantik *f* **semantico, -a** [seˈmantiko] <-ci, -che> *agg* semantisch
**sembiante** [semˈbiante] *m* (*obs*) Aussehen *nt;* (*volto*) Antlitz *nt geh*
**sembianza** [semˈbiantsa] *f* ① (*somiglianza*) Ähnlichkeit *f*, Ebenbild *nt* ② *pl* (*lineamenti*) Züge *mpl*
**sembrare** [semˈbraːre] *vi essere* ① (*parere*) scheinen; **sembra che ...** +*conj* es scheint, dass ...; **sembra contento** er scheint zufrieden [zu sein]; **sembra non ricordarsi dell'accaduto** er/sie scheint sich an den Vorfall nicht zu erinnern ② (*ritenere*) erscheinen, glauben; **ti sembra di aver ragione?** glaubst du, dass du recht hast?; **come ti sembra?** was hältst du davon? ③ (*avere l'aspetto*) aussehen, ausschauen *A*
**seme** [ˈseːme] *m* ① (BOT) Same[n] *m*, Keim *m;* (GASTR) Kern *m* ② (*fig*) Same *m*, Saat *f*, Keim *m* ③ (*delle carte*) Farbe *f*
**semente** [seˈmente] *f* Saat *f*, Saatgut *nt*
**semenza** [seˈmɛntsa] *f* ① (BOT) Saat *f*, Saatgut *nt* ② (*fig poet*) Geschlecht *nt* ③ (*chiodo*) Tä[c]ks *m*, Tacks *m A*
**semestrale** [semesˈtraːle] *agg* halbjährlich; (*corso*) Semester- **semestre** [seˈmɛstre] *m* Halbjahr *nt;* (*all'università*) Semester *m*
**semi-** [semi] (*in parole composte*) Halb-, halb-
**semianalfabeta** [semianalfaˈbɛːta] <-i *m*, -e *f*> I. *agg* halb analphabetisch II. *mf* halbe(r) Analphabet(in) *m(f)* **semianalfabetismo** [semianalfabeˈtizmo] *m* weit gehender Analphabetismus
**semiangli(ci)smo** [semiaŋˈglizmo (semiaŋgliˈtʃizmo)] *m* Anglizismus *m* mit italienischem Präfix
**semiaperto, -a** [semiaˈpɛrto] *agg* halb offen
**semiasse** [semiˈasse] *m* ① (MAT) Halbachse *f* ② (MOT) Antriebswelle *f*
**semibarriera** [semibarˈriɛːra] *f* Bahnübergang *m* mit Halbschranke
**semibiscroma** [semibisˈkrɔːma] *f* Vierundsechzigstelnote *f*
**semibreve** [semiˈbrɛːve] *f* ganze Note, Ganztaktnote *f*

**semicerchio** [semi'tʃerkio] *m* Halbkreis *m*; **disporsi a ~** sich im Halbkreis aufstellen
**semichiuso, -a** [semi'kiu:so] *agg* halb geschlossen
**semicircolare** [semitʃirko'la:re] *agg* halb kreisförmig **semicirconferenza** [semitʃirkonfe'rɛntsa] *f* halbe Kreislinie
**semicolto, -a** [semi'kɔlto] I. *agg* halb gebildet II. *m, f* Halbgebildete(r) *f(m)*
**semiconduttore** [semikondu'to:re] *m* (PHYS) Halbleiter *m*
**semicoperto, -a** [semiko'pɛrto] *agg* halb bedeckt
**semicroma** [semi'krɔ:ma] *f* Sechzehntelnote *f*
**semidetenuto, -a** [semidete'nu:to] I. *agg* Freigang im gelockerten Strafvollzug habend II. *m, f* Freigänger(in) *m(f)* **semidetenzione** [semideten'tsio:ne] *f* (JUR) gelockerter Strafvollzug mit Freigang
**semidio, -dea** [semi'di:o *o* semid'di:o] *m, f* Halbgott *m*/-göttin *f*
**semieretto, -a** [semie'rɛtto] *agg* halb aufrecht
**semifinale** [semifi'na:le] *f* Semi-, Halbfinale *nt*
**semifrancese** [semifran'tʃe:se] *agg* aus französischem Wortstamm und italienischem Präfix zusammengesetzt **semifrancesismo** [semifrantʃe'zizmo] *m* französischer Wortstamm mit italienischem Präfix
**semifreddo** [semi'freddo] *m* Halbgefrorene(s) *nt*
**semigrasso, -a** [semi'grasso] *agg* halb fett
**semiinglese** [semiiŋ'gle:se] *agg* aus Anglizismen und italienischen Präfixen zusammengesetzt
**semilibero, -a** [semi'li:bero] *m, f* (JUR) Freigänger(in) *m(f)* **semilibertà** [semiliber'ta] <-> *f* (JUR) offener Strafvollzug
**semiliquido, -a** [semi'li:kuido] *agg* dickflüssig, zähflüssig
**semilunio** [semi'lu:nio] <-i> *m* Halbmond *m*
**semiminima** [semi'mi:nima] *f* Viertelnote *f*
**semimpermeabilità** [semiimpermeabili'ta] <-> *f* Semipermeabilität *f*, Halbdurchlässigkeit *f*
**semina** ['se:mina] *f* (AGR) ❶ (*operazione*) Aussaat *f* ❷ (*periodo*) Saatzeit *f* **seminale** [semi'na:le] *agg* Samen-, Keim- **seminare** [semi'na:re] *vt* ❶ (AGR) |aus|säen ❷ (*fig: odio*) säen ❸ (SPORT) abschütteln, abhängen
**seminario** [semi'na:rio] <-i> *m* Seminar *nt*; (REL) Priesterseminar *nt*

**seminato** [semi'na:to] *m* (AGR) Saatfeld *nt*
**seminato, -a** *agg* (*fig*) **~ di** übersät mit
**seminatore, -trice** [semina'to:re] *m, f* (AGR) Säer(in) *m(f)*, Sämann *m* **seminatrice** [semina'tri:tʃe] *f* Sämaschine *f*
**seminazione** [seminat'tsio:ne] *f* Saat *f*
**seminfermità** [seminfermi'ta] *f* halb kranker Zustand; **~ mentale** verminderte Zurechnungsfähigkeit
**seminterrato** [seminter'ra:to] *m* Kellergeschoss *nt*, Souterrain *nt o m*
**seminterrato, -a** *agg* Keller-, Souterrain-
**seminudo, -a** [semi'nu:do] *agg* halb nackt
**semiologia** [semiolo'dʒi:a] <-gie> *f* Semiologie *f*
**semioscurità** [semioskuri'ta] <-> *f* Halbdunkel *nt* **semioscuro, -a** [semios'ku:ro] *agg* halb dunkel, dämmrig
**semiotica** [se'miɔ:tika] <-che> *f* Semiotik *f*
**semipieno, -a** [semi'piɛ:no] *agg* halb voll
**semipresidenzialismo** [semipresidentsia'lizmo] *m* Präsidenzialismus *m* nach französischem Vorbild
**semiprò** [semi'pro] <-> *mf v.* **semiprofessionista**
**semiprofessionista** [semiprofessio'nista] <-i *m*, -e *f*> I. *mf* (SPORT) Halbprofi *m* II. *agg* (SPORT) Halbprofi-, semiprofessionell; **giocatore ~** Halbprofi *m*
**semiraffinato, -a** [semiraffi'na:to] *agg* halb raffiniert; **zucchero ~** halb raffinierter Zucker
**semirigido** [semiri'dʒido] *m* (*tessuto*) Steifleinen *nt*
**semirigido, -a** *agg* (TEC) halb starr; **lenti a contatto -e** halb weiche Kontaktlinsen *fpl*
**semirimorchio** [semirim'mɔrkio] *m* (TEC) Auflieger *m*
**semisecco, -a** [semi'se:ko] <-cchi, -cche> *agg* (*vino*) halbtrocken
**semisfera** [semis'fɛ:ra] *f* Halbkugel *f*, Hemisphäre *f* **semisferico, -a** [semis'fɛ:riko] <-ci, -che> *agg* halb kugelförmig
**semisolido, -a** [semi'sɔ:lido] *agg* halbfest, gallertartig
**semita** [se'mi:ta] <-i *m*, -e *f*> I. *mf* Semit(in) *m(f)* II. *agg* semitisch
**semitappa** [semi'tappa] *f* halbe Etappe *f*
**semitico, -a** [semi'tiko] <-ci, -che> *agg* semitisch
**semitono** [semi'tɔ:no] *m* Halbton *m*
**semitrasparente** [semitraspa'rɛnte] *agg* durchscheinend, lichtdurchlässig **semitrasparenza** [semitraspa'rɛntsa] *f* Lichtdurchlässigkeit *f*

**semiufficiale** [semiuffi'tʃaːle] *agg* halbamtlich
**semivegetariano, -a** [semivedʒeta'riaːno] *m, f* (*fam*) Flexitarier(in) *m(f)*
**semivuoto, -a** [semi'vuɔːto] *agg* halb voll; **un bicchiere ~** ein halb volles Glas
**semmai** [sem'maːi] *cong* wenn je, falls je
**semola** ['seːmola] *f* ① (*farina*) Grieß *m* ② (*crusca*) Kleie *f* **semolato, -a** [semo'laːto] *agg* fein[gekörnt] **semolino** [semo'liːno] *m* ① (*farina*) Grieß *m*, Grießmehl *nt* ② (*minestra*) Grießsuppe *f*
**semovente** [semo'vɛnte] I. *agg* selbsttätig; **cannone ~** mobile Kanone II. *m* mobile Artillerie
**sempiterno, -a** [sempi'tɛrno] *agg* (*poet*) ewiglich
**semplice** ['semplitʃe] *agg* ① (*gener*) einfach ② (*fig a*) schlicht, simpel; (*pej: ingenuo*) einfältig **semplicemente** [semplitʃe'mente] *avv* ① (*soltanto*) [einfach] nur, bloß ② (*in modo semplice*) einfach, schlicht **semplicione, -a** [sempli'tʃoːne] (*fam*) I. *agg* einfach, anspruchslos II. *m, f* einfacher Mensch **sempliciotto, -a** [sempli'tʃɔtto] (*fam*) I. *agg* einfältig II. *m, f* Einfaltspinsel *m*
**semplicismo** [sempli'tʃizmo] *m* Oberflächlichkeit *f* **semplicistico, -a** [sempli'tʃistiko] <-ci, -che> *agg* oberflächlich
**semplicità** [semplitʃi'ta] <-> *f* ① (*gener*) Einfachheit *f* ② (*fig*) Einfachheit *f*, Schlichtheit *f*, Klarheit *f*; (*pej: ingenuità*) Einfältigkeit *f*
**semplificare** [semplifi'kaːre] I. *vt* ① (*gener*) vereinfachen ② (MAT) kürzen II. *vr* **-rsi** sich vereinfachen **semplificativo, -a** [semplifika'tiːvo] *agg* vereinfachend, simplifizierend **semplificazione** [semplifikat'tsioːne] *f* Vereinfachung *f*
**sempre** ['sɛmpre] *avv* ① (*in ogni tempo*) immer, stets ② (*continuamente*) ständig, die ganze Zeit; **da ~** seit jeher, seit eh und je; **una volta per ~** ein für allemal ③ (*ancora, tuttavia*) immer noch ④ (*con comparativo*) immer ⑤ (*ma*) aber nun, immer [nur]; **~ che** +*conj* falls [nur], wenn [nur]
**sempreverde** [sempre'verde] I. *agg* immergrün II. *m o f* Immergrün *nt*
**sempronio, -a** [sem'prɔːnio] <-i, -ie> *m, f* (*fam*) irgendwer, Herr/Frau Soundso; **Tizio, Caio e Sempronio** Hinz und Kunz *fam*
**senape**[1] ['sɛːnape] *f* Senf *m*
**senape**[2] <inv> *agg* senffarben
**senato** [se'naːto] *m* Senat *m* **senatore, -trice** [sena'toːre] *m, f* Senator(in) *m(f)*
**senatoriale** [senato'riaːle] *agg* Senats-, Senatoren- **senatrice** *f v.* **senatore**
**senescente** [seneʃ'ʃɛnte] *agg* (*geh*) alternd
**senescenza** [seneʃ'ʃɛntsa] *f* (*geh*) Altern *nt*
**senese**[1] <*sing*> *m* (*dialetto*) sienesischer Dialekt
**senese**[2] [se'neːse] I. *agg* sienesisch; **la scuola ~ di pittura** die sienesische Kunstschule II. *mf* (*abitante*) Einwohner(in) *m(f)* von Siena
**Senese** <*sing*> *m* Provinz *f* Siena
**senicoltura** [senikol'tuːra] *f* Altenpflege *f*
**senile** [se'niːle] *agg* Greisen-, Alters- **senilità** [senili'ta] <-> *f* [Greisen]alter *nt*
**senior**[1] ['sɛːnior] <inv> *agg* ① (*più vecchio*) senior; **il signor Giorgi ~** Herr Giorgi senior ② (SPORT) Senioren-
**senior**[2] <*seniores*> *mf* Senior(in) *m(f)*
**Senna** ['sɛnna] *f* Seine *f*
**senno** ['senno] *m* Verstand *m*; **uscire di ~, perdere il ~** den Verstand verlieren
**sennò** [sen'nɔ] *avv* (*fam*) sonst
**sennonché** [sennoŋ'ke] *cong* aber, jedoch
**seno** ['seːno] *m* ① (*petto*) Brust *f*, Busen *m* ② (*ventre*) Leib *m*, Schoß *m* ③ (*fig*) Innere(s) *nt*; (*cuore*) Herz *nt*; (*anima*) Seele *f* ④ (GEOG) Meerbusen *m* ⑤ (MAT) Sinus *m*
**senonché** [senoŋ'ke] *v.* **sennonché**
**sensale** [sen'saːle] *mf* Vermittler(in) *m(f)*
**sensatezza** [sensa'tettsa] *f* Vernunft *f*, Vernünftigkeit *f* **sensato, -a** [sen'saːto] *agg* vernünftig
**sensazionale** [sensattsio'naːle] *agg* sensationell, aufsehenerregend **sensazionalista** [sensattiona'lista] <-i *m*, -e *f*> I. *mf* Sensationshungrige(r) *f(m)*, Sensationslüsterne(r) *f(m)* II. *agg* Sensations-; **comportamento ~** Sensationshascherei *f* **sensazione** [sensat'tsioːne] *f* ① (*tattile, visiva*) Gefühl *nt*, Empfindung *f* ② (*impressione*) Eindruck *m*, Gefühl *nt* ③ (*viva impressione*) Sensation *f*, Aufsehen *nt*; **fare ~** Aufsehen erregen
**sensibile** [sen'siːbile] *agg* ① (*fenomeni*) [sinnlich] wahrnehmbar ② (*persona*) sensibel, feinfühlig ③ (*a uno stimolo*) **essere ~ a qc** gegen etw empfindlich sein; (*fig*) für etw empfänglich sein ④ (*notevole*) spürbar, merklich ⑤ (TEC) empfindlich; (FOTO) [licht]empfindlich **sensibilità** [sensibili'ta] <-> *f* ① (*capacità di percepire*) Empfindungsvermögen *nt*, Gefühl *nt* ② (*emotiva*) Sensibilität *f*, Feingefühl *nt* ③ (TEC, MED) Empfindlichkeit *f*; (FOTO) [Licht]empfindlichkeit *f* **sensibilizzare** [sensibilid'dzaː-

re] *vt* empfindlich machen; (*a. fig*) sensibilisieren

**sensitiva** *f v.* **sensitivo**

**sensitività** [sensitivi'ta] <-> *f* Empfindung *f*, Empfindungsvermögen *nt* **sensitivo, -a** [sensi'tiːvo] **I.** *agg* ① (*facoltà*) sinnlich, Sinnen-; (*organo*) Sinnes- ② (*sensibile, emotivo*) empfindlich, empfindsam **II.** *m, f* Medium *nt*

**senso** ['sɛnso] *m* ① (*facoltà*) Sinn *m* ② *pl* (*coscienza*) Bewusstsein *nt;* (*sensualità*) Sinne *mpl* ③ (*stato, sensazione*) Gefühl *nt;* **buon ~, ~ comune** gesunder Menschenverstand; **~ pratico** Sinn *m* fürs Praktische; **~ della misura** Gefühl *nt* für das rechte Maß; **fare ~** anekeln, ekelhaft sein ④ (*significato*) Sinn *m;* **a ~** sinngemäß ⑤ (*direzione*) Richtung *f;* **~ vietato** verbotene Fahrtrichtung; **~ unico** Einbahnstraße *f;* **in ~ opposto** in Gegenrichtung, in entgegengesetzter Richtung; **in ~ orario/antiorario** im/gegen den Uhrzeigersinn; **nel ~ della lunghezza/larghezza** der Länge/Breite nach

**sensore** [sen'soːre] *m* Sensor *m;* **~ elettronico** elektronischer Sensor; **~ solare** Solarsensor *m;* **~ pioggia** Regensensor *m*

**sensoriale** [senso'riaːle] *agg* Sinnes-, Empfindungs- **sensorio, -a** [sen'sɔːrio] <-i, -ie> *agg* sensorisch, Sinnes-

**sensorizzare** [sensorid'dzaːre] *vt* mit Sensoren versehen

**sensuale** [sensu'aːle] *agg* sinnlich; (*dei sensi*) Sinnes-, Sinnen- **sensualità** [sensuali'ta] <-> *f* Sinnlichkeit *f*

**sentenza** [sen'tɛntsa] *f* ① (JUR) Urteil|sspruch *m*| *nt;* **~ di assoluzione** Freispruch *m;* **~ di condanna** Verurteilung *f* ② (*massima*) [Aus]spruch *m;* **sputar -e** Sprüche klopfen *fam* **sentenziare** [senten'tsiaːre] *vt* ① (JUR) verhängen ② (*fig*) ein Urteil abgeben über *+acc* **sentenzioso, -a** [senten'tsioːso] *agg* ① (*libro, stile*) sentenzenhaft ② (*persona*) schulmeisterlich

**sentiero** [sen'tiɛːro] *m* Pfad *m*, Weg *m;* **~ didattico** Lehrpfad *m*

**sentimentale** [sentimen'taːle] *agg* sentimental **sentimentalismo** [sentimenta'lizmo] *m* (*pej*) Sentimentalität *f*, Gefühlsseligkeit *f* **sentimentalità** [sentimentali'ta] <-> *f* Sentimentalität *f*

**sentimento** [senti'mento] *m* ① (*il sentire*) Gefühl *nt* ② *pl* (*modo di pensare*) Gesinnung *f*

**sentinella** [senti'nɛlla] *f* Wache *f;* **fare la ~** [auf] Wache stehen, Wache schieben *fam*

**sentire** [sen'tiːre] **I.** *vt* ① (*con le orecchie*) hören; (*ascoltare*) sich *dat* anhören; **~ qu** jdm zuhören; **farsi ~** sich *dat* Gehör verschaffen; **stare a ~** zuhören ② (*con il naso*) riechen ③ (*col gusto*) schmecken; (*assaggiare*) probieren, kosten ④ (*col tatto*) spüren, fühlen ⑤ (*provare*) fühlen, empfinden; (*fame, sete*) haben; **sento caldo** mir ist [es] warm; **sento freddo** mir ist [es] kalt, ich friere ⑥ (*venire a sapere*) erfahren, hören ⑦ (*accorgersi*) merken, spüren **II.** *vi* ① **~ di qc** (*avere odore*) nach etw riechen; (*avere sapore*) nach etw schmecken ② (*udire*) hören [können] **III.** *vr* **-rsi** sich fühlen; (*essere disposto*) sich imstande [*o* im Stande] fühlen; **mi sento bene** ich fühle mich wohl; **mi sento male** mir ist schlecht; **-rsi svenire** sich einer Ohnmacht nahe fühlen; **non me la sento** (*fam*) ich habe keine Lust dazu **sentito, -a** [sen'tiːto] *agg* ① (*sincero*) herzlich, aufrichtig ② (*loc*) **per ~ dire** vom Hörensagen **sentore** [sen'toːre] *m* Ahnung *f;* **avere ~ di qc** von etw Wind bekommen *fam*

**senza** ['sɛntsa] **I.** *prp* ohne *+acc*, -los; **~ di me/te/lui** ohne mich/dich/ihn; **~ casa** obdachlos; **~ dubbio** zweifellos; **~ paragone** unvergleichlich, ohnegleichen; **senz'altro** ohne weiteres, auf jeden Fall; **fare ~ qc/qu** ohne etw/jdn auskommen; **rimanere ~ qc** etw nicht mehr haben **II.** *cong* ohne zu *+inf;* **~ dire niente** ohne etw zu sagen; **~ che** *+conj* ohne dass **senzadio** [sentsa'diːo] <-> *mf* Gottlose(r) *f(m)* **senzapatria** [sentsa'paːtria] <-> *mf* Staaten-, Heimatlose(r) *f(m)* **senzatetto** [sentsa'tetto] <-> *mf* Obdachlose(r) *f(m)*, Sandler(in) *m(f)* A

**separare** [sepa'raːre] **I.** *vt* trennen; (*tenere distinto*) unterscheiden **II.** *vr* **-rsi** sich trennen **separatamente** [separata'mente] *avv* getrennt; (*uno alla volta*) einzeln **separatismo** [separa'tizmo] *m* Separatismus *m* **separatista** [separa'tista] <-i *m*, -e *f*> **I.** *mf* Separatist(in) *m(f)* **II.** *agg* separatistisch **separatistico, -a** [separa'tistiko] <-ci, -che> *agg* separatistisch **separato, -a** [sepa'raːto] *agg* getrennt **separatore, -trice** [separa'toːre] *agg* trennend, Trenn- **separatorio, -a** [sepa'rɔːrio] <-i, -ie> *agg* Trenn-; **pannello/muro ~** Trennwand *f* **separazione** [separat'tsioːne] *f* Trennung *f;* (*distacco*) Abschied *m*, Auseinandergehen *nt;* **~ dei beni** Gütertrennung *f*

**séparé** [sepa're] *m* Separee *nt*

**sepolcrale** [sepol'kra:le] *agg* Grab-; *(fig: silenzio, voce)* Grabes- **sepolcro** [se'polkro] *m* Grab *nt*, Grabmal *nt*
**sepolto, -a** [se'polto] *I. pp di* **seppellire** *II. agg* ① *(seppellito)* begraben, beerdigt ② *(fig)* versunken *III. m, f* Begrabene(r) *f(m)* **sepoltura** [sepol'tu:ra] *f* ① *(sepolcro)* Begräbnisstätte *f* ② *(cerimonia)* Begräbnis *nt*, Beerdigung *f*
**seppellimento** [seppelli'mento] *m* Begräbnis *nt*, Beerdigung *f* **seppellire** [seppel'li:re] <seppellisco, seppellii, seppellito *o* sepolto> *I. vt* ① *(morti)* begraben, beerdigen ② *(oggetti)* vergraben ③ *(ricoprire)* verschütten, begraben ④ *(fig)* begraben *II. vr* **-rsi** sich vergraben
**seppi** ['sɛppi] *1. pers sing pass rem di* **sapere**[1]
**seppia**[1] ['seppia] <-ie> *f* Tintenfisch *m*, Sepia *f*
**seppia**[2] <inv> *agg* sepiabraun
**seppure, se pure** [sep'pu:re] *cong* +*conj* auch [*o* selbst] wenn
**sequela** [se'kuɛ:la] *f* Folge *f*, [lange] Reihe *f*
**sequenza** [se'kuɛntsa] *f* ① *(serie)* [Ab-, Reihen]folge *f*, Reihe *f* ② (FILM) Sequenz *f*, Reihe *f* **sequenzialità** [sekuentsiali'ta] <-> *f* Sequenz *f*, Folge *f* **sequenziare** [sekuen'tsia:re] *vt* eine Sequenzanalyse der DNA durchführen bei, die Aminosäuresequenz der DNA bestimmen von
**sequestrare** [sekues'tra:re] *vt* ① (JUR) beschlagnahmen ② *(illegalmente)* entführen **sequestratore, -trice** [sekuestra'to:re] *m, f* Entführer(in) *m(f)*, Geiselnehmer(in) *m(f)* **sequestro** [se'kuɛstro] *m* ① (JUR) Beschlagnahme *f*; **mettere sotto ~** beschlagnahmen, in Beschlag nehmen; **tenere sotto ~** unter [*o* in] Beschlag halten ② *(illegale)* Entführung *f*; **~ di persona** Freiheitsberaubung *f*
**sera** ['se:ra] *f* Abend *m*; **~ della vita** Lebensabend *m*; **buona ~!** guten Abend!; **di ~** abends; **domani/ieri ~** morgen/gestern Abend; **la ~ prima** am Abend vorher; **si fa ~** es wird Abend
**seraficità** [serafitʃi'ta] <-> *f* Engelhaftigkeit *f*, Seraphienhaftigkeit *f*
**serafico, -a** [se'ra:fiko] <-ci, -che> *agg* ① *(fig fam)* seelenruhig, friedvoll ② (REL) seraphisch, engelhaft
**serafino** [sera'fi:no] *m* Seraph[im] *m*
**serale** [se'ra:le] *agg* abendlich, Abend-; **scuola ~** Abendschule *f*; **turno ~** Spätschicht *f* **serata** [se'ra:ta] *f* Abend *m*; *(festa)* Abendveranstaltung *f*

**serbare** [ser'ba:re] *I. vt* ① *(conservare)* [auf]bewahren, [auf]sparen ② *(fig: parola)* halten; *(segreto)* bewahren *II. vr* **-rsi** sich erhalten, bleiben
**serbatoio** [serba'to:io] <-oi> *m* Tank *m*
**Serbia** ['sɛrbia] *f* Serbien *nt*
**serbo** ['sɛrbo] *m* **in ~** in Verwahrung, in Aufbewahrung
**serbo, -a** *I. agg* serbisch *II. m, f (abitante)* Serbe *m*/Serbin *f*
**serbocroato** [serbokro'a:to] *m* Serbokroatisch(e) *nt*
**serbocroato, -a** *agg* serbokroatisch
**serenata** [sere'na:ta] *f* Serenade *f*; *(canto)* Ständchen *nt*
**serendipità** [serendipi'ta] <-> *f* Zufallsentdeckungen *fpl*
**Serenissima** [sere'nissima] *f* **la ~** die Republik Venedig
**serenissimo, -a** [sere'nissimo] *agg (geh, obs)* durchlauchtigste(r, s); **Altezza Serenissima** Durchlaucht *f*
**serenità** [sereni'ta] <-> *f* ① *(di persona)* Heiterkeit *f*, Ruhe *f* ② *(di giudizio)* Unparteilichkeit *f*
**sereno** [se're:no] *m* heiterer Himmel
**sereno, -a** *agg* ① (METEO) heiter, wolkenlos ② *(persona)* heiter, ruhig; *(vita)* unbeschwert
**sergente** [ser'dʒɛnte] *m* Sergeant *m*, Unteroffizier *m*
**serial** ['sɛrial] <-> *m* Fernsehserie *f*
**serializzare** [serialid'dza:re] *vt* als Sammelbestellung aufgeben
**seriamente** [seria'mente] *avv* ernsthaft, ernstlich
**sericoltura** [serikol'tu:ra] *f* Seidenraupenzucht *f*
**serie** ['sɛ:rie] <-> *f* ① *(gener)* Reihe *f*, Serie *f*; **modello di ~** Serienmodell *nt*; **modello fuori ~** Sondermodell *nt*; **produzione in ~** Serienproduktion *f* ② *(raccolta)* Serie *f*, Satz *m* ③ (SPORT) Klasse *f*, Liga *f*; **squadra di ~ A/B** Mannschaft *f* der 1./2. Liga
**serietà** [serie'ta] <-> *f* Ernsthaftigkeit *f*; *(gravità)* Ernst *m*
**serigrafia** [serigra'fi:a] *f* Siebdruck *m*
**serio** ['sɛ:rio] *m* Ernst *m*; **sul ~** im Ernst, ernsthaft; **fare sul ~** *(fam)* keinen Spaß machen, es ernst meinen; **prendere qc/qu sul ~** etw/jdn ernst nehmen
**serio, -a** <-i, -ie> *agg* ernsthaft; *(grave)* ernst
**sermone** [ser'mo:ne] *m* ① (REL) Predigt *f* ② *(fig, pej)* Sermon *m*, langweiliges Geschwätz

**serpaio** [ser'pa:io] <-ai> *m* ① (*luogo*) Schlangengrund *m* ② (*cercatore*) Schlangenfänger *m*
**serpe** ['sɛrpe] *f* Schlange *f*
**serpeggiante** [serped'dʒante] *agg* gewunden **serpeggiare** [serped'dʒa:re] *vi* ① (*strada, fiume*) sich schlängeln, sich winden ② (*fig*) sich einschleichen
**serpente** [ser'pɛnte] *m* ① (*a. fig, pej*) Schlange *f*; ~ **a sonagli** Klapperschlange *f*; ~ **dagli occhiali** Brillenschlange *f* ② (*pelle*) Schlangenleder *nt*
**serpentina** [serpen'ti:na] *f* (*linea*) Schlangenlinie *f*; (*di strada*) Serpentine *f* **serpentino, -a** [serpen'ti:no] I. *agg* Schlangen-, schlangenförmig, schlangenartig; **lingua -a** (*fig*) gespaltene Zunge II. *m* ① (MIN) Serpentin *m* ② (CHEM) [Heiz]schlange *f*
**serra** ['sɛrra] *f* ① (BOT, AGR) Treib-, Gewächshaus *nt*; **effetto** ~ Treibhauseffekt *m* ② (GEOG) Sierra *f*
**serradadi** [serra'da:di] <-> *m* Schraubenschlüssel *m*
**serrafila** [serra'fi:la] I. *mf* Hintermann *m* II. *f* Schlussschiff *nt*
**serrafilo** [serra'fi:lo] *m* [Verbindungs-]klemme *f*
**serraglio** [ser'raʎʎo] <-gli> *m* ① (ZOO) Menagerie *f*, Tierschau *f* ② (*harem*) Serail *m*, Harem *m*
**serramanico** [serra'ma:niko] *m* **coltello a** ~ Klappmesser *nt*
**serrame** [ser'ra:me] *m* Verschluss *m*, Riegel *m*
**serramento** [serra'mento] <-i *m* o -a *f*> *mf* Fenster *ntpl* und Türen *fpl*
**serranda** [ser'randa] *f* Rollladen *m*
**serrare** [ser'ra:re] *vt* ① (*porta, baule*) [ab-, ver]schließen; (*vele*) streichen ② (*occhi*) schließen, zukneifen; (*pugni*) ballen; (*labbra*) zusammenpressen **serra serra** ['sɛrra 'sɛrra] <-> *m* Gedränge *nt*
**serrata** [ser'ra:ta] *f* Aussperrung *f*
**serrate** [ser'ra:te] *m* (SPORT) ~ **finale** Endspurt *m* **serrato, -a** [ser'ra:to] *agg* ① (*maglia*) dicht; (*schiera*) dicht gedrängt ② (*fig*) kurz, knapp
**serratura** [serra'tu:ra] *f* Schloss *nt*; ~ **di sicurezza** Sicherheitsschloss *nt*; ~ **a scatto** Schnappschloss *nt*
**serva** ['sɛrva] *f* ① (*donna di servizio*) Bedienstete *f*, Dienstmädchen *nt* ② (*fig, pej*) Magd *f*, Dienerin *f*; (*fam pej: pettegola*) Waschweib *nt*
**server** ['sə:və *o* 'server] <-*o* servers> *m* (INFORM) Server *m*

**servibile** [ser'vi:bile] *agg* ① (*cibi*) servierbar ② (*utilizzabile*) brauchbar, benutzbar
**service** ['sə:vis] <-*o* services> *m* ① (SPORT: *nel tennis*) Aufschlag *m*; (*nel ping-pong*) Angabe *f* ② (*struttura privata*) Serviceanbieter *m*
**servigio** [ser'vi:dʒo] <-gi> *m* (*geh*) Dienst *m*, Wohltat *f*
**servile** [ser'vi:le] *agg* ① (*condizione, mestiere*) Sklaven-, Knechts- ② (*fig, pej*) knechtisch, unterwürfig, servil **servilismo** [servi'lizmo] *m* Unterwürfigkeit *f* **servilità** [servili'ta] <-> *f* Unterwürfigkeit *f*, Servilität *f*
**servire** [ser'vi:re] I. *vt* *avere* ① (*come domestico*) dienen bei, im Dienst sein bei; ~ **qu** (*re, dio*) jdm dienen; (*clienti*) jdn bedienen ② (MIL) ~ **la patria** dem Vaterland dienen ③ (*cibi*) servieren, auftragen ④ (SPORT) ~ **qu** jdm den Ball zuspielen II. *vi essere o avere* ① (*essere utile*) nützen, dienen; (*aver bisogno*) brauchen; **mi serve una sedia** (*fam*) ich brauche einen Stuhl ② (MIL) dienen ③ (SPORT) angeben; (*tennis*) aufschlagen ④ (*a tavola*) servieren; (COM) bedienen III. *vr* **-rsi** ① (*usare*) **-rsi di qc** etw benutzen, sich einer Sache *gen* bedienen ② (*a tavola*) sich bedienen ③ (*essere cliente*) einkaufen, Kunde sein ④ (*pej*) **-rsi di qu** jdn ausnützen **servito** [ser'vi:to] *m* (*tosc*) Geschirr *nt*, Service *nt* **servitore** [servi'to:re] *m* ① (*domestico*) Diener(in) *m(f)*, Bedienstete(r) *f(m)* ② (*fig*) Diener(in) *m(f)* **servitù** [servi'tu] <-> *f* ① (*schiavitù*) Knechtschaft *f*, Sklaverei *f* ② (*personale di servizio*) [Dienst]personal *nt* ③ (*fig*) Zwang *m*, Druck *m*
**servizievole** [servit'tsie:vole] *agg* dienstbar, diensteifrig
**servizio** [ser'vittsio] <-i> *m* ① (*lavoro*, ADM, MIL) Dienst *m*; **donna di** ~ Hausgestellte *f*, Bedienstete *f*; **porta di** ~ Lieferanteneingang *m*; **stazione di** ~ Tankstelle *f*; ~ **militare** Wehrdienst *m*; ~ **speciale** Sonderberichterstattung *f*; **essere in** ~ im Dienst sein; ~ **pubblico** öffentlicher Dienst; **fuori** ~ (*di oggetti*) außer Betrieb; (*di persone*) außer Dienst ② (*giornalismo*, RADIO, TV) Bericht, Reportage *f*; ~ **televisivo** Fernsehbericht *m* ③ (*da tavola*) Service *nt*, Geschirr *nt* ④ (SPORT) Angabe *f*; (*tennis*) Aufschlag *m* ⑤ (COM) Dienstleistung *f*; (*assistenza clienti*) Service *m*; (*in negozio*) Bedienung *f*; **area di** ~ Raststätte *f* ⑥ *pl* Bad[ezimmer] *nt*
**servo** ['sɛrvo] *m* Knecht *m*, Diener *m*

**servoassistenza** [servoassis'tɛntsa] *f* (MOT) Servounterstützung *f*
**servoassistere** [servoassis'teːre] *vt* mit Servosystemen betätigen **servoassistito, -a** [servoassis'tiːto] *agg* servobetätigt
**servocomando** [servoko'mando] *m* Servosteuerung *f*, Servobedienung *f*
**servocontrollo** [servokon'trɔllo] *m* Servosteuerung *f*, Folgeregelung *f*
**servofreno** [servo'freːno *o* servo'frɛːno] *m* Servobremse *f*
**servoscala** [sɛrvo'skaːla] <-> *m* Treppenlift *m*
**servosistema** [servosis'tɛːma] *m* (TEC) Servosystem *nt*, Folgeregelsystem *nt*
**servosterzo** [servos'tɛrtso] *m* Servolenkung *f*
**sesamo** ['sɛːzamo] *m* Sesam *m*; **apriti ~!** Sesam öffne dich!
**sessagenario, -a** [sessadʒe'naːrio] <-i, -ie> *geh* I. *agg* sechzigjährig II. *m, f* Sechzigjährige(r) *f(m)*
**sessanta** [ses'santa] I. *num* sechzig II. <-> *m* Sechzig *f*; *v. a.* **cinquanta sessantenario** [sessante'naːrio] <-i> *m* sechzigster Jahrestag, Sechzigjahrfeier *f* **sessantenne** [sessan'tɛnne] I. *agg* sechzigjährig II. *mf* Sechzigjährige(r) *f(m)* **sessantennio** [sessan'tɛnnio] <-i> *m* Zeitraum *m* von sechzig Jahren **sessantesimo** [sessan'tɛːzimo] *m* (*frazione*) Sechzigstel *nt* **sessantesimo, -a** I. *agg* sechzigste(r, s) II. *m, f* Sechzigste(r, s) *mf(nt)*; *v. a.* **quinto sessantina** [sessan'tiːna] *f* **una ~ [di ...]** [etwa] sechzig [...]; **essere sulla ~** an [*o* um] die sechzig sein **sessantottesco, -a** [sessantot'tesko] <-schi, -sche> *agg* 68er-; **movimento ~** 68er-Bewegung *f*
**sessantottino, -a** [sessantot'tiːno] I. *m, f* Mitglied *nt* der 68er-Generation II. *agg* an die 68er erinnernd **sessantottismo** [sessantot'tizmo] *m* Zeitgeist *m* der 68er-Jahre **sessantottista** [sessantot'tista] <-i *m*, -e *f*> I. *agg v.* **sessantottesco** II. *mf v.* **sessantottino**
**sessione** [ses'sioːne] *f* Sitzung *f*; (INFORM) Sitzung *f*
**sessismo** [ses'sizmo] *m* Sexismus *m* **sessista** [ses'sista] <-i *m*, -e *f*> I. *agg* sexistisch II. *mf* Sexist(in) *m(f)*
**sesso** ['sɛsso] *m* (BIOL) Geschlecht *nt* (*sessualità*) Sex *m*; **~ sicuro** Safer Sex *m* **sessodipendente** [sessodipen'dɛnte] I. *agg* sexuell hörig II. *mf* sexuell Hörige(r) *f(m)* **sessoturista** [sɛsso-

tu'rista] <-i *m*, -e *f*> *mf* Sextourist(in) *m(f)*
**sessuale** [sessu'aːle] *agg* Geschlechts-, Sexual- **sessualità** [sessuali'ta] <-> *f* Sexualität *f* **sessuato, -a** [sessu'aːto] *agg* mit Geschlechtsorganen versehen
**sessuofobia** [sessuofo'biːa] *f* (PSIC) Geschlechtsangst *f* **sessuofobico, -a** [sessuo'fɔːbiko] <-ci, -che> *agg* (PSIC) sexualfeindlich **sessuofobo, -a** [sessu'ɔːfobo] I. *m, f* an Geschlechtsangst Leidende(r) *f(m)* II. *agg* sexualfeindlich
**sessuologia** [sessuolo'dʒiːa] <-gie> *f* Sexualforschung *f*, Sexualkunde *f* **sessuologo, -a** [sessu'ɔːlogo] <-gi, -ghe> *m, f* Sexologe *m*/Sexologin *f*, Sexualforscher(in) *m(f)* **sessuomane** [sessu'ɔːmane] I. *agg* sexbesessen II. *m, f* Sexbesessene(r) *f(m)* **sessuomania** [sessuoma'niːa] *f* Sexbesessenheit *f*
**sesta**[1] ['sɛsta] *f* ❶ (MUS) Sext[e] *f* ❷ (REL) Sext *f*
**sesta**[2] *f v.* **sesto**
**sestante** [ses'tante] *m* Sextant *m*
**sestetto** [ses'tetto] *m* Sextett *nt*
**sestiere** [ses'tiɛːre] *m* (*a Venezia*) Stadtbezirk *m*, Stadtteil *m*
**sestina** [ses'tiːna] *f* ❶ (*poet*) Sestine *f* ❷ (MUS) Sextole *f*
**sesto** ['sɛsto] *m* ❶ (ARCH) [Bogen]wölbung *f*; **arco a tutto ~** Rundbogen *m*; **arco a ~ acuto** Spitzbogen *m* ❷ (*ordine*) Ordnung *f* ❸ (*frazione*) Sechstel *nt*
**sesto, -a** ['sɛsto] I. *agg* sechste(r, s) II. *m, f* Sechste(r, s) *mf(nt)*; *v. a.* **quinto**
**set** [sɛt] <-> *m* ❶ (SPORT) Satz *m*, Set *nt* ❷ (FILM) Filmbühne *f*, Drehort *m*; **essere sul ~** drehen, bei den Dreharbeiten sein ❸ (*serie*) Set *nt*, Satz *m*
**seta** ['seːta] *f* Seide *f*; **~ cruda/lavata** Roh-/Waschseide *f*; **morbido come la ~** seidenweich
**setacciare** [setat'tʃaːre] *vt* [durch]sieben; (*fig*) [aus]sieben **setaccio** [se'tattʃo] <-cci> *m* Sieb *nt*
**setaceo, -a** [se'taːtʃeo] *agg* seidenartig
**sete** ['seːte] *f* ❶ (*bisogno di bere*) Durst *m*; **avere ~** Durst haben; **mi viene ~** ich bekomme Durst ❷ (*fig*) Durst *m*, Gier *f*; **~ di vendetta** Rachedurst *m*
**seteria** [sete'riːa] <-ie> *f* ❶ (*setificio*) Seidenfabrik *f*; (*negozio*) Seidengeschäft *nt* ❷ *pl* (*tessuti*) Seidenwaren *fpl*
**setificio** [seti'fiːtʃo] <-ci> *m* Seidenfabrik *f*
**setola** ['seːtola] *f* Borste *f* **setoloso, -a** [seto'loːso] *agg* borstig

**set point** ['setpɔint] <- *o* set points> *m* (SPORT) Satzball *m*

**setta** ['sɛtta] *f* Sekte *f*

**settaggio** [set'taddʒo] <-gi> *m* (INFORM) Einstellungen *pl*, Konfiguration *f*

**settanta** [set'tanta] **I.** *num* siebzig **II.** <-> *m* Siebzig *f; v. a.* **cinquanta settantenne** [settan'tɛnne] **I.** *agg* siebzigjährig **II.** *mf* Siebzigjährige(r) *f(m)* **settantennio** [settan'tɛnnio] <-i> *m* Zeitraum *m* von siebzig Jahren

**settantesimo** [settan'tɛːzimo] *m* Siebzigstel *nt*

**settantesimo, -a** **I.** *agg* siebzigste(r, s) **II.** *m, f* Siebzigste(r, s) *mfnt; v. a.* **quinto settantina** [settan'tiːna] *f* **una ~ [di ...]** [etwa] siebzig [...]; **essere sulla ~** an [*o* um] die siebzig sein

**settare** [set'taːre] *vt* (INFORM) setzen

**settario, -a** [set'taːrio] <-i, -ie> **I.** *agg* sektiererisch **II.** *m, f* Sektierer(in) *m(f)*

**sette** ['sɛtte] **I.** *num* sieben **II.** <-> *m* ❶ (*numero*) Sieben *f* ❷ (*nelle date*) Siebte(r) *m* ❸ (*voto scolastico*) ≈ befriedigend, drei ❹ (*fam*) Triangel *m*, Winkelriss *m* **III.** *fpl* sieben Uhr; *v. a.* **cinque**

**settebello** [sette'bɛllo] *m* ❶ (*nel gioco*) Karosieben *f* ❷ (FERR) Expresszug *m* Mailand-Rom

**settecentesco, -a** [settetʃen'tesko] <-schi, -sche> *agg* das achtzehnte Jahrhundert betreffend **settecentista** [settetʃen'tista] <-i *m*, -e *f*> *mf* Künstler(in) *m(f)* des Settecento/des achtzehnten Jahrhunderts **settecento** [sette'tʃɛnto] **I.** *num* siebenhundert **II.** <-> *m* Siebenhundert *f*; **il Settecento** das achtzehnte Jahrhundert; (*nell'arte italiana*) das Settecento

**sette e mezzo** ['sɛtte e 'mɛddzo] <-> *m* (*gioco a carte*) italienisches Kartenspiel

**settembre** [set'tɛmbre] *m* September *m; v. a.* **aprile**

**settemila** [sette'miːla] **I.** *num* siebentausend **II.** <-> *m* Siebentausend *f*

**Settemonti** [sette'monti] *mpl* Siebengebirge *nt*

**settennale** [setten'naːle] *agg* ❶ (*che dura sette anni*) siebenjährig ❷ (*che ricorre ogni sette anni*) siebenjährlich, Siebenjahr[es]- **settenne** [set'tɛnne] **I.** *agg* siebenjährig **II.** *mf* Siebenjährige(r) *f(m)* **settennio** [set'tɛnnio] <-i> *m* Zeitraum *m* von sieben Jahren, sieben Jahre *ntpl*

**settentrionale** [settentrio'naːle] **I.** *agg* nördlich, Nord- **II.** *mf* ❶ (*del Nord*) Nordländer(in) *m(f)* ❷ (*dell'Italia del Nord*) Norditaliener(in) *m(f)* **settentrionalismo** [settentriona'lizmo] *m* norditalienischer Ausdruck **settentrione** [setten'trioːne] *m* Norden *m;* (*dell'Italia a*) Nord-, Oberitalien *nt* **sette ottavi** ['sɛtte ot'taːvi] <-> *m* (*completo femminile*) wadenlanger Mantel

**setticemia** [settitʃe'miːa] <-ie> *f* Blutvergiftung *f*

**settico, -a** ['sɛttiko] <-ci, -che> *agg* septisch

**settima¹** ['sɛttima] *f* Septime *f*

**settima²** *f v.* **settimo**

**settimana** [setti'maːna] *f* Woche *f;* (*salario*) Wochenlohn *m; ~* **corta** Fünftagewoche *f; ~* **santa** Karwoche *f;* **fine ~** Wochenende *nt* **settimanale** [settima'naːle] **I.** *agg* wöchentlich, Wochen- **II.** *m* Wochenzeitung *f,* -blatt *nt*

**settimanalizzazione** [settimanaliddzat'tsioːne] *f* Beigabe von illustrierten Sonderbeilagen in Tageszeitungen

**settimino, -a** [setti'miːno] *m, f* Siebenmonatskind *nt*

**settimo** ['sɛttimo] *m* Siebtel *nt*

**settimo, -a** **I.** *agg* siebte(r, s) **II.** *m, f* Siebte(r, s) *fmnt; v. a.* **quinto**

**setting** ['settiŋ] <-> *m* (*a.* TEAT, FILM, PSIC) Setting *nt*

**setto** ['sɛtto] *m* Scheidewand *f; ~* **nasale** Nasenscheidewand *f*

**settore** [set'toːre] *m* ❶ (MAT) Abschnitt *m*, Sektor *m* ❷ (*zona, a. fig*) Sektor *m*, Bereich *m* ❸ (MED, JUR, SCIENT) Prosektor *m* **settoriale** [setto'riaːle] *agg* ❶ (COM) Bereichs-, Sektoren- ❷ (*fig*) Sonder-, abgesondert **settorialismo** [settoria'lizmo] *m* Partikularismus *m*

**settrice** [set'triːtʃe] *f* Kreisbogen *m*

**settuagenario, -a** [settuadʒe'naːrio] <-i, -ie> **I.** *agg* siebzigjährig **II.** *m, f* Siebzigjährige(r) *f(m)*

**settuplo** ['sɛttuplo] *m* Siebenfache(s) *nt*

**settuplo, -a** *agg* siebenfach

**severità** [severi'ta] <-> *f* Strenge *f;* (*fig: di situazione*) Ernst *m;* (*serietà*) Ernsthaftigkeit *f* **severo, -a** [se'vɛːro] *agg* streng; (*fig*) ernst, ernsthaft

**sevizia** [se'vittsia] <-ie> *f* Folter *f*, Misshandlung *f* **seviziare** [sevit'tsiaːre] *vt* misshandeln; (*violentare*) vergewaltigen **seviziatore, -trice** [sevittsia'toːre] *m, f* Quäler(in) *m(f)*, Peiniger(in) *m(f)*

**sevo** ['seːvo] *m* Talg *m*

**sex shop** [seks 'ʃɔp] <- *o* sex shops> *m* Sexshop *m* **sex symbol** [seks 'simbəl] <- *o* sex symbols> *m* Sexidol *nt* **sexy** ['seksi] <inv> *agg* sexy

**sezionale** [settsio'na:le] *agg* Sektions-, Abteilungs-
**sezionamento** [settsiona'mento] *m* Aufteilung *f*, Zergliederung *f*; (*di cadavere*) Sezierung *f*, Sektion *f* **sezionare** [settsio'na:re] *vt* ❶ (*dividere*) aufteilen, [zer]gliedern ❷ (MED) sezieren **sezionatura** [settsiona'tu:ra] *f* Aufteilung *f* in Sektoren bzw. Bereiche, Segmentierung *f*
**sezione** [set'tsio:ne] *f* ❶ (*parte*) Abteilung *f*, Sektion *f* ❷ (JUR) Kammer *f* ❸ (MAT) Schnitt *m* ❹ (ADM) Bezirk *m* ❺ (MED) Sezierung *f*, Sektion *f* ❻ (*di libro*) Abschnitt *m* ❼ (*nel disegno tecnico*) Querschnitt *m*
**sfaccendare** [sfattʃen'da:re] *vi* (*fam*) schaffen, hantieren
**sfaccendato, -a** [sfattʃen'da:to] (*fam*) I. *agg* müßig, untätig II. *m, f* Faulenzer(in) *m(f)*, Nichtstuer(in) *m(f)*
**sfaccettare** [sfattʃet'ta:re] *vt* facettieren
**sfaccettatura** [sfattʃetta'tu:ra] *f* Facettierung *f*
**sfacchinare** [sfakki'na:re] *vi* sich abmühen, schuften *fam* **sfacchinata** [sfakki'na:ta] *f* Mühsal *f*, Schinderei *f*
**sfacciata** *f v.* **sfacciato**
**sfacciataggine** [sfattʃa'ta:ddʒine] *f* Unverschämtheit *f*, Frechheit *f* **sfacciato, -a** [sfat'tʃa:to] I. *agg* unverschämt, frech; (*colore*) grell, schreiend II. *m, f* unverschämte Person
**sfaccio** ['sfattʃo] *1. pers sing pr di* **sfare**
**sfacelo** [sfa'tʃɛ:lo] *m* Verfall *m*, Zusammenbruch *m*
**sfagiolare** [sfadʒo'la:re] *vi essere* (*fam*) passen
**sfaldare** [sfal'da:re] I. *vt* in Schichten teilen [*o* spalten] II. *vr* **-rsi** ❶ (MIN) sich in Schichten teilen [*o* spalten] ❷ (*fig*) zerfallen, sich spalten
**sfaldarsi** [sfal'darsi] *vr* zerfallen **sfaldatura** [sfalda'tu:ra] *f* Schichtung *f*
**sfalsare** [sfal'sa:re] *vt* verschieben, versetzen **sfalsatura** [sfalsa'tu:ra] *f* (*dei piani*) [Höhen]diskrepanz *f*, Versatz *m*; (*dei tempi*) Abweichung *f*
**sfamare** [sfa'ma:re] I. *vt* ernähren, sättigen II. *vr* **-rsi** seinen Hunger stillen
**sfare** ['sfa:re] <sfaccio *o* sfò, sfeci, sfatto> I. *vt* zerstören, auseinandernehmen II. *vr* **-rsi** zergehen, sich auflösen
**sfarfallamento** [sfarfalla'mento] *m* ❶ (FILM, TV, EL) Flimmern *nt* ❷ (*fig*) Unstetigkeit *f*, Flatterhaftigkeit *f* ❸ (ZOO) Entpuppung *f* ❹ (TEC, MOT) Flattern *nt*
**sfarfallare** [sfarfal'la:re] *vi* ❶ (FILM, TV, EL) flimmern ❷ (*fig*) unstet sein **sfarfallio** [sfarfal'li:o] <-ii> *m* ❶ (FILM, TV, EL) Flimmern *nt* ❷ (*sfarfallare continuo*) Umherflattern *nt* **sfarfallone, -a** [sfarfal'lo:ne] (*fam*) I. *agg* flatterhaft, oberflächlich II. *m, f* flatterhafter Mensch/oberflächliche Person III. *m* (*fam*) Bock *m*, [böser] Schnitzer *m*
**sfarinare** [sfari'na:re] I. *vt* mahlen, zu Mehl machen II. *vr* **-rsi** zu Mehl werden; (*fig*) zu Staub zerfallen
**sfarzo** ['sfartso] *m* Prunk *m*, Pomp *m* **sfarzosità** [sfartsosi'ta] <-> *f* Prunk *m* **sfarzoso, -a** [sfar'tso:so] *agg* prunkvoll, pompös
**sfasamento** [sfaza'mento] *m* ❶ (*fig fam*) Verwirrung *f* ❷ (EL) Phasenverschiebung *f*
**sfasare** [sfa'za:re] *vt* ❶ (*fig fam*) verwirren, durcheinanderbringen ❷ (EL) außer Phase bringen **sfasatura** [sfaza'tu:ra] *f* Phasenverschiebung *f*
**sfasciacarrozze** [sfaʃʃakar'rɔttse] <-> *m* Autoverwerter *m*
**sfasciamento** [sfaʃʃa'mento] *m* Zertrümmerung *f*
**sfasciare** [sfaʃ'ʃa:re] I. *vt* ❶ (*ferita*) den Verband abnehmen von ❷ (*bambino*) aus den Windeln wickeln ❸ (*distruggere*) zertrümmern, zerstören II. *vr* **-rsi** ❶ (*rompersi*) zerbrechen; (*nave*) zerschellen ❷ (*fig fam: persona*) auseinandergehen
**sfasciatura** [sfaʃʃa'tu:ra] *f* Verbandabnahme *f*, -entfernung *f*
**sfascio** ['sfaʃʃo] *m* Zerstörung *f*, Verfall *m*; **essere allo ~** vor dem Zusammenbruch stehen
**sfatare** [sfa'ta:re] *vt* entzaubern, zerstören
**sfaticato, -a** [sfati'ka:to] (*pej*) I. *agg* faul, arbeitsscheu II. *m, f* (*fam*) Faulpelz *m*
**sfatto, -a** ['sfatto] *agg* ❶ (*letto*) ungemacht ❷ (*frutta*) verfault ❸ (*fig*) heruntergekommen; (*corpo*) verwelkt
**sfavillare** [sfavil'la:re] *vi* funkeln, glitzern; (*fig a*) strahlen **sfavillio** [sfavil'li:o] <-ii> *m* Funkeln *nt*, Glitzern *nt*
**sfavore** [sfa'vo:re] *m* **a ~ di** jds zu ungunsten; **a vostro ~** zu euren Ungunsten **sfavorevole** [sfavo're:vole] *agg* ungünstig **sfavorire** [sfavo'ri:re] <sfavorisco> *vt* benachteiligen
**sfebbrare** [sfeb'bra:re] *vi essere* fieberfrei werden
**sfegatarsi** [sfega'tarsi] *vr* (*fam*) sich *dat* ein Bein ausreißen **sfegatato, -a** [sfega'ta:to] I. *agg* fanatisch II. *m, f* (*fam*) Fanatiker(in) *m(f)*
**sfera** ['sfɛ:ra] *f* ❶ (*gener, MAT*) Kugel *f*; **penna a ~** Kugelschreiber *m*; **cuscinetto**

**a -e** Kugellager *nt* ❷ (*fig*) Bereich *m*, Sphäre *f* **sfericità** [sferitʃi'ta] <-> *f* Kugelförmigkeit *f*, Kugelform *f* **sferico, -a** ['sfɛːriko] <-ci, -che> *agg* kugelförmig, Kugel-

**sferragliamento** [sferraʎʎa'mento] *m* Klappern *nt*

**sferragliare** [sferraʎ'ʎaːre] *vi* klappern

**sferrare** [sfer'raːre] *vt* ❶ (*fig: colpo*) versetzen ❷ (ZOO) ~ **un cavallo** einem Pferd die Hufeisen abnehmen

**sferruzzare** [sferrut'tsaːre] *vi* stricken

**sferza** ['sfɛrtsa] *f* ❶ (*frusta*) Peitsche *f*, Gerte *f* ❷ (*fig*) Schlag *m*, Hieb *m* **sferzare** [sfer'tsaːre] *vt* ❶ (*battere*) peitschen, schlagen ❷ (*fig*) geißeln **sferzata** [sfer'tsaːta] *f* ❶ (*colpo*) Peitschenhieb *m* ❷ (*fig*) scharfe Kritik

**sfiammare** [sfiam'maːre] *vt* zum Abklingen bringen

**sfiancare** [sfiaŋ'kaːre] I. *vt* ❶ (*rompere*) seitlich aufreißen ❷ (*fig*) zermürben, aufreiben ❸ (*abito*) taillieren II. *vr* **-rsi** ❶ (*rompersi*) seitlich aufbrechen ❷ (*fig*) sich zermürben, sich aufreiben

**sfiatamento** [sfiata'mento] *m* Ausströmen *nt* **sfiatare** [sfia'taːre] I. *vi* ausströmen II. *vr* **-rsi** ❶ (MUS) den Klang verlieren ❷ (*fam*) außer Atem kommen **sfiatatoio** [sfiata'toːio] <-oi> *m* Entlüftungsventil *nt*, Entlüftung *f* **sfiato** ['sfiaːto] *m* Entlüftungsventil *nt*, Entlüftung *f*

**sfibbiare** [sfib'biaːre] *vt* auf-, losschnallen

**sfibramento** [sfibra'mento] *m* Aufreiben *nt*, Zerrüttung *f* **sfibrare** [sfi'braːre] *vt* aufreiben, zerrütten

**sfida** ['sfiːda] *f* Herausforderung *f*; (*fig*) Provokation *f*; ~ **salvezza** [*o* play off] Relegationsspiel *nt* **sfidante** [sfi'dante] I. *agg* herausfordernd II. *mf* Herausforderer *m*/Herausforderin *f*

**sfidanzarsi** [sfidan'tsarsi] *vr* (*fam*) sich trennen, auseinandergehen **sfidanzato, -a** [sfidan'tsaːto] *agg* getrennt, auseinandergegangen

**sfidare** [sfi'daːre] *vt* (*provocare*) herausfordern; (*fig a*) provozieren; (*pericolo*) heraufbeschwören; **sfido io!** (*fam*) ganz meine Meinung!; **sfido, come no?** (*fam*) das will ich [wohl] meinen!

**sfiducia** [sfi'duːtʃa] *f* Misstrauen *nt;* **voto di** ~ Misstrauensvotum *nt*

**sfiduciare** [sfidu'tʃaːre] <sfiducio, sfiduci> I. *vt* entmutigen II. *vr* **-rsi** den Mut verlieren, verzagen

**sfigato, -a** [sfi'gaːto] (*vulg*) I. *agg* ❶ (*sfortunato*) kein Glück habend ❷ (*squallido*) trostlos II. *m, f* ❶ (*sfortunato*) Unglücksrabe *m* ❷ (*squallido*) Langweiler *m*

**sfigurare** [sfigu'raːre] I. *vt* ❶ (*deturpare*) entstellen, verunstalten ❷ (*fig*) verzerren, entstellen II. *vi* eine schlechte Figur machen, sich blamieren

**sfilacciare** [sfilat'tʃaːre] *vt, vr* **-rsi** ausfransen

**sfilare** [sfi'laːre] I. *vt avere* ❶ (*ago*) ausfädeln; (*anello*) abziehen; (*arrosto*) vom Spieß nehmen ❷ (*tela*) ausfransen ❸ (*indumenti*) abstreifen, ausziehen II. *vi essere o avere* defilieren; (*a. fig*) vorbeiziehen III. *vr* **-rsi** (*calze*) eine Laufmasche bekommen; (*maglia*) laufen; (*collana*) reißen

**sfilata** [sfi'laːta] *f* (*di persone*) Defilee *nt*, Vorbeimarsch *m;* ~ **di moda** Modenschau *f*

**sfilatino** [sfila'tiːno] *m* (*dial*) Stangenbrot *nt*

**sfilato** [sfi'laːto] *m* Lochstickerei *f*

**sfilettare** [sfilet'taːre] *vt* entgräten, filetieren; ~ **gli sgombri** Makrelen entgräten

**sfilza** ['sfiltsa] *f* Reihe *f*

**sfinare** [sfi'naːre] *vt* (*fam*) verjüngen; ~ **i fianchi** an den Hüften abspecken

**sfinge** ['sfindʒe] *f* Sphinx *f*

**sfinimento** [sfini'mento] *m* Erschöpfung *f* **sfinire** [sfi'niːre] <sfinisco> I. *vt* erschöpfen II. *vr* **-rsi** die Kräfte verlieren **sfinitezza** [sfini'tettsa] *f* Erschöpfung *f*

**sfiorare** [sfio'raːre] *vt* ❶ (*toccare*) streifen ❷ (*fig: tema*) streifen; (*successo*) fast erreichen

**sfiorire** [sfio'riːre] <sfiorisco> *vi essere* [ver]welken, verblühen

**sfioro** ['sfioːro] *m* Überlaufen *nt*

**sfitinzia** [sfitin'tsiːa] <-ie> *f* (*sl*) Schnecke *f*, Torte *f*

**sfittare** [sfit'taːre] I. *vt* unvermietet lassen II. *vr* **-rsi** unvermietet sein

**sfittire** [sfit'tiːre] <sfittisco, sfittisci> *vt* lichten **sfitto, -a** ['sfitto] *agg* unvermietet, frei

**sfizio** ['sfittsio] <-i> *m* (*dial*) Lust *f*, Laune *f* **sfizioso, -a** [sfit'tsioːso] *agg* ❶ (*appetitoso*) lecker ❷ (*stravagante*) ausgefallen

**sfò** ['sfɔ] *1. pers sing pr di* **sfare**

**sfocare** [sfo'kaːre] *vt* unscharf aufnehmen **sfocato, -a** [sfo'kaːto] *agg* unscharf

**sfociare** [sfo'tʃaːre] *vi essere* ❶ (*fiume*) ~ **in** münden in +*acc* ❷ (*fig: andare a finire*) ~ **in qc** in etw *acc* münden, mit etw enden **sfocio** ['sfoːtʃo] <-ci> *m* ❶ (*di conduttura*) Mündung *f* ❷ (*fig*) Ausweg *m;* Ausgang *m;* **senza ~** (*fig*) ausweglos

**sfoderabile** [sfodeˈraːbile] *agg* (*di divano, cuscino*) abziehbar **sfoderare** [sfodeˈraːre] *vt* ❶ (*spada*) [heraus]ziehen, aus der Scheide ziehen ❷ (*fig*) hervorholen ❸ (*giacca, poltrona*) das Futter heraustrennen **sfoderato, -a** [sfodeˈraːto] *agg* ungefüttert

**sfogare** [sfoˈgaːre] I. *vt avere* abreagieren, herauslassen II. *vr* **-rsi** sich abreagieren; (*pej*) explodieren; **-rsi con qu** jdm sein Herz ausschütten; **-rsi su** [*o* **contro**] **qu** seine Wut an jdm auslassen

**sfoggiare** [sfodˈdʒaːre] I. *vt* zur Schau stellen, prunken mit; (*pej*) angeben mit II. *vi* Prunk treiben **sfoggio** [ˈsfɔddʒo] <-ggi> *m* Prunk *m,* Aufwand *m;* (*ostentazione*) Zurschaustellung *f*

**sfoglia** [ˈsfɔʎʎa] *f* Blatt *nt,* Folie *f;* **pasta ~** Blätterteig *m* **sfogliare** [sfoʎˈʎaːre] *vt* ❶ (*libro*) durchblättern ❷ (*fiore*) entblättern

**sfogliata** [sfoʎˈʎaːta] *f* ❶ (GASTR) Blätterteiggebäck *nt* ❷ (*lettura sommaria*) Durchblättern *nt;* **dare una ~ a un giornale** die Zeitung durchblättern

**sfogliatella** [sfoʎʎaˈtɛlla] *f süditalienisches Blätterteiggebäck*

**sfogo** [ˈsfoːgo] <-ghi> *m* ❶ (*fuoriuscita*) Auslass *m;* (*di liquidi*) Abfluss *m;* (*di gas*) Abzug *m* ❷ (*apertura*) Ausgang *m,* Öffnung *f* ❸ (*fam* MED) Ausschlag *m* ❹ (*fig*) Ausbruch *m;* **dare ~ ai propri sentimenti** seinen Gefühlen freien Lauf lassen

**sfolgorare** [sfolgoˈraːre] *vi* strahlen, leuchten **sfolgorio** [sfolgoˈriːo] <-ii> *m* Strahlen *nt,* Leuchten *nt*

**sfollagente** [sfollaˈdʒɛnte] <-> *m* Schlagstock *m*

**sfollamento** [sfollaˈmento] *m* ❶ (*di paese, scuola*) Räumung *f;* (*per ragioni di sicurezza*) Evakuierung *f* ❷ (*di personale*) [Personal]abbau *m* **sfollare** [sfolˈlaːre] *vt avere* räumen; (*per ragioni di sicurezza*) evakuieren

**sfoltimento** [sfoltiˈmento] *m* Ausdünnung *f,* Lichten *nt* **sfoltire** [sfolˈtiːre] <sfoltisco> I. *vt* lichten, ausdünnen II. *vr* **-rsi** dünner werden

**sfondamento** [sfondaˈmento] *m* [Durch]bruch *m* **sfondare** [sfonˈdaːre] I. *vt* ❶ (*porta, cassa*) einschlagen, aufbrechen ❷ (MIL) durchbrechen II. *vi* sich durchsetzen III. *vr* **-rsi** verschleißen, kaputtgehen *fam*

**sfondato** [sfonˈdaːto] *m* Hintergrundgemälde *nt*

**sfondato, -a** *agg* kaputt; (*botte*) mit durchbrochenem Boden; (*scarpe*) abgelaufen; **ricco ~** (*fam*) steinreich

**sfondo** [ˈsfondo] *m* Hintergrund *m*

**sfondone** [sfonˈdoːne] *m* grober Fehler *m*

**sforbiciare** [sforbiˈtʃaːre] *vt* zerschnipseln **sforbiciata** [sforbiˈtʃaːta] *f* Scherenschnitt *m*

**sforbiciatura** [sforbitʃaˈtuːra] *f* Scherenschnitt *m*

**sformare** [sforˈmaːre] I. *vt* ❶ (*scarpe*) aus der Form bringen, verformen ❷ (GASTR) aus der Form nehmen II. *vr* **-rsi** die Form verlieren

**sformato** [sforˈmaːto] *m* Auflauf *m*

**sfornare** [sforˈnaːre] *vt* ❶ (GASTR) aus dem Ofen nehmen ❷ (*fig*) herausbringen

**sfornata** [sforˈnaːta] *f* ❶ (GASTR) **una ~ di panini** ein Ofenvoll *m* Brötchen ❷ (*grande quantità*) Ladung *f*

**sfornire** [sforˈniːre] <sfornisco, sfornisci> *vt* wegnehmen (*qu di qc* jdm etw) **sfornito, -a** [sforˈniːto] *agg* ohne, nicht ausgerüstet mit

**sfortuna** [sforˈtuːna] *f* Unglück *nt,* Pech *nt*

**sfortunato, -a** [sfortuˈnaːto] *agg* unglücklich; **essere ~ al gioco** Pech im Spiel haben

**sforzare** [sforˈtsaːre] I. *vt* ❶ (*porta, cassetto, serratura*) [gewaltsam] aufbrechen ❷ (TEC) überbeanspruchen, überstrapazieren ❸ (*cavalli, vista*) überanstrengen ❹ (*persona*) zwingen, nötigen II. *vr* **-rsi** sich anstrengen **sforzato, -a** [sforˈtsaːto] *agg* gezwungen, gekünstelt; (*interpretazione*) an den Haaren herbeigezogen

**sforzo** [ˈsfɔrtso] *m* Anstrengung *f,* Mühe *f;* (TEC) Beanspruchung *f;* **senza ~** ohne Mühe, mühelos; **fare uno ~** sich anstrengen; **non fare -i!** (*fam*) streng' dich nicht an!; **bello ~!** (*iron*) tolle Leistung!

**sfottere** [ˈsfottere] *vt* (*fam*) auf den Arm nehmen, vergackeiern

**sfotticchiare** [sfottikˈkiaːre] *vt* (*fam*) necken

**sfracellare** [sfratʃelˈlaːre] I. *vt* zerschmettern, zertrümmern II. *vr* **-rsi** zerschellen **sfracello** [sfraˈtʃɛllo] *m* (*fam: distruzione*) Zerschellen *nt,* Unglück *nt*

**sfrangiare** [sfranˈdʒaːre] *vt* ausfransen **sfrangiatura** [sfrandʒaˈtuːra] *f* Fransenrand *m,* Fransen *fpl*

**sfratarsi** [sfraˈtarsi] *vr* aus dem Orden austreten

**sfrattare** [sfratˈtaːre] I. *vt* **~ qu** jdm kündigen II. vi aus-, wegziehen **sfratto** ['sfratto] *m* Kündigung *f;* **ordine di ~** Räumungsbefehl *m*

**sfrecciare** [sfret'tʃa:re] *vi essere* schnellen, sausen

**sfregamento** [sfrega'mento] *m* ① (*movimento*) Reiben *nt* ② (MED) Massage *f* **sfregare** [sfre'ga:re] *vt* reiben; (*pavimento*) schrubben; (*muro*) streifen

**sfregiare** [sfre'dʒa:re] *vt* (*dipinto*) mit Schnitten [*o* Kratzern] beschädigen; (*avversario*) im Gesicht verletzen **sfregio** ['sfre:dʒo] <-gi> *m* ① (*di persona*) Schmiss *m*, Narbe *f* ② (*di cosa*) Schramme *f*, Kratzer *m* ③ (*fig*) Schmach *f*, [tiefe] Beleidigung *f*

**sfrenare** [sfre'na:re] I. *vt* freien Lauf lassen II. *vr* **-rsi** sich gehen lassen, sich austoben

**sfrenatezza** [sfrena'tettsa] *f* Hemmungslosigkeit *f*

**sfrenato, -a** [sfre'na:to] *agg* hemmungslos, zügellos; (*corsa*) ungebremst

**sfrigolare** [sfrigo'la:re] *vi* brutzeln

**sfritto, -a** ['sfritto] *agg* schon einmal benutzt, gebraucht

**sfrondare** [sfron'da:re] *vt* ① (*albero*) entlauben, entblättern ② (*fig*) raffen, straffen

**sfrondatura** [sfronda'tu:ra] *f* Entlaubung *f*

**sfrontatezza** [sfronta'tettsa] *f* Unverschämtheit *f* **sfrontato, -a** [sfron'ta:to] *agg* unverschämt, frech

**sfruttamento** [sfrutta'mento] *m* Ausnutzung *f;* (AGR, MIN) Ausbeutung *f* **sfruttare** [sfrut'ta:re] *vt* ① (*fig: utilizzare*) ausnutzen; (*operai*) ausbeuten; (*abusare*) missbrauchen ② (AGR, MIN) ausbeuten; (*spazio*) ausnutzen **sfruttatore, -trice** [sfrutta'to:re] I. *m, f* Ausbeuter(in) *m(f)* II. *agg* ausbeuterisch

**sfudgente** [sfud'dʒɛnte] *agg* fliehend **sfuggevole** [sfud'dʒe:vole] *agg* flüchtig

**sfuggire** [sfud'dʒi:re] *vi essere* ① (*eludere*) entkommen, entwischen; (*alla morte, a un pericolo*) entrinnen ② (*cadere*) fallen ③ (*essere dimenticato*) entfallen ④ (*passare inosservato*) entgehen ⑤ (*essere detto*) herausrutschen *fam*

**sfuggita** [sfud'dʒi:ta] *f* **di ~** flüchtig

**sfumare** [sfu'ma:re] I. *vt avere* abtönen, schattieren; (*capelli*) tönen II. *vi essere* ① (*dissolversi*) verrauchen, sich auflösen ② (*fig*) zunichtewerden, sich in nichts auflösen ③ (*di colore*) sich abtönen

**sfumato** [sfu'ma:to] *m* Schattierung *f*

**sfumato, -a** *agg* schattiert, abgetönt **sfumatura** [sfuma'tu:ra] *f* ① (*gradazione*) Abtönung *f;* (*tonalità*) Nuance *f*, Farbton *m* ② (*nell'arte*) Schattierung *f* ③ (*di capelli*) Tönung *f* ④ (*fig*) Schatten *m*, Hauch *m*

**sfuocare** [sfuo'ka:re] *v.* **sfocare**

**sfuocatura** [sfuoka'tu:ra] *f* Unschärfe *f*

**sfuriata** [sfu'ria:ta] *f* (*fam*) Wutausbruch *m*

**sfusato, -a** [sfu'sa:to] *agg* (*fam*) unter Jetlag leidend

**sfuso, -a** ['sfu:zo] *agg* ① (*burro*) zerlassen, flüssig ② (COM) lose, unverpackt

**sg.** *abbr di* **seguente** f. (*folgend*)

**sgabellarsela** [zgabel'larsela] *vr* (*fam*) sich drücken

**sgabello** [zga'bɛllo] *m* Schemel *m*, Hocker *m*, Stockerl *nt* A

**sgabuzzino** [zgabud'dzi:no] *m* Besenkammer *f*, Abstellraum *m*

**sgambato, -a** [zgam'ba:to] *agg* mit hohem Beinausschnitt

**sgambettare** [zgambet'ta:re] I. *vi* [mit den Beinen] strampeln II. *vt* **~ qu** jdm ein Bein stellen **sgambetto** [zgam'betto] *m* Beinstellen *nt;* **fare lo ~ a qu** (*a. fig*) jdm ein Bein stellen

**sganasciare** [zganaʃ'ʃa:re] I. *vt* die Kinnlade ausrenken (*qu* jdm) II. *vr* **-rsi** sich die Kinnlade ausrenken; **-rsi dalle risate** (*fam*) sich krummlachen, sich kaputtlachen

**sganasciarsi** [zganaʃ'ʃarsi] *vr* **~ dalle risa** (*fam*) sich krummlachen

**sganascione, sganassone** [zganaʃ'ʃo:ne, zgʰanas'so:ne] *m* (*dial: fam*) Ohrfeige *f*

**sganciare** [zgan'tʃa:re] I. *vt* ① (*veicoli*) abhängen, -kuppeln ② (*bombe*) abwerfen; (*siluri*) abfeuern ③ (*fig fam*) herausrücken II. *vr* **-rsi** ① (*staccarsi*) losgehen, sich [vom Haken] lösen ② (MIL) sich zurückziehen, sich absetzen ③ (*fig fam*) sich freimachen, sich absetzen **sgancio** ['zgantʃo] <-i> *m* (*di missile*) Abwurf *m*

**sgangherare** [zgaŋge'ra:re] I. *vt* ① (*porta*) aus den Angeln heben ② (*tavolo, baule*) aus den Fugen brechen II. *vr* **-rsi** (*fam*) kaputtgehen

**sgarbataggine, sgarbatezza** [zgarba'taddʒine, zgarba'tettsa] *f* Unhöflichkeit *f*, Unfreundlichkeit *f*

**sgarbato, -a** [zgar'ba:to] *agg* unhöflich, grob **sgarberia** [zgarbe'ri:a] <-ie> *f* Unhöflichkeit *f* **sgarbo** ['zgarbo] *m* Unhöflichkeit *f*, Grobheit *f*

**sgargiante** [zgar'dʒante] *agg* schreiend

**sgarrare** [zgar'ra:re] *vi* ungenau sein, Feh-

ler machen **sgarro** ['zgarro] *m* Ungenauigkeit *f*, Nachlässigkeit *f*
**sga(s)sare** [zga(s)'saːre] I. *vt* (*togliere gas*) entgasen, Gas entweichen lassen II. *vr* **-rsi** (*fam*) sich verausgaben
**sgassare** [zgas'saːre] *vt v.* **sga(s)sare**
**sgattaiolare** [zgattaio'laːre] *vi essere* davonschleichen
**sgelare** [zdʒe'laːre] I. *vt avere* ① (*scongelare*) auftauen ② (*fig*) auflockern II. *vr* **-rsi** ① (*scongelarsi*) auftauen, tauen ② (*fig*) sich auflockern **sgelo** ['zdʒɛːlo] *m* Auftauen *nt*
**sghembo, -a** ['zgembo] *agg* (*storto*) krumm, schief; (*obliquo*) schräg
**sgherro** ['zgɛrro] *m* ① (*pej*) Scherge *m*, Büttel *m* ② (HIST) Scherge *m*, Häscher *m*
**sghettizzazione** [zgettiddzat'tsioːne] *f* Ausbruch *m* [aus gesellschaftlicher Ausgrenzung]
**sghiacciamento** [zgiattʃa'mento] *m* Enteisung *f*; **sistema di ~** (AERO) Enteiser *m*, Entfroster *m* **sghiacciare** [zgiat'tʃaːre] *v.* **sgelare**
**sghignazzare** [zgiɲɲat'tsaːre] *vi* (*fam*) höhnisch lachen **sghignazzata** [zgiɲɲat'tsaːta] *f* (*fam*) höhnisches Gelächter
**sghimbescio, -a** [zgim'bɛʃʃo] <-sci, -sce> *agg* **a** [*o* **di**] **~** schräg, schief
**sghiribizzo** [zgiri'biddzo] *m* (*fam*) Laune *f*, verrückte Idee
**sgobbare** [zgob'baːre] *vi* (*fam*) schuften; **~ sui libri** büffeln, pauken **sgobbata** [zgob'baːta] *f* (*fam*) Schufterei *f* **sgobbone, -a** [zgob'boːne] *m, f* (*fam*) Büffler(in) *m(f)*
**sgocciolare** [zgottʃo'laːre] I. *vi essere o avere* ① (*liquidi*) tropfen, tröpfeln ② (*recipienti*) [ab]tropfen II. *vt avere* ① (*liquidi*) tropfen lassen ② (*recipienti*) abtropfen lassen; (*vuotare*) bis auf den letzten Tropfen [leeren] **sgocciolatoio** [zgottʃola'toːio] <-oi> *m* ① (*scolapiatti*) Abtropfgestell *nt* ② (*recipiente*) Abtropfschale *f* **sgocciolo** ['zgottʃolo] *m* **essere agli -i** zu Ende gehen
**sgolarsi** [zgo'larsi] *vr* sich heiser schreien
**sgomb(e)rare** [zgom'braːre (zgombe'raːre)] *vt* räumen; (*tavolo*) abräumen; (*paese, città*) evakuieren; (*fig*) befreien
**sgomb(e)ro** ['zgombro ('zgombero)] *m* Räumung *f*; (*trasloco*) Umzug *m*; **mezzo di ~** Räumfahrzeug *nt*; **squadra di ~** Räumkommando *nt*
**sgombraneve** [zgombra'neːve] <-> *m* Schneeräumer *m*, Schneepflug *m* **sgombrare** *v.* **sgomberare**
**sgombro** ['zgombro] *m* (ZOO) Makrele *f*
**sgombro, -a** *agg* frei, leer
**sgomentare** [zgomen'taːre] I. *vt* bestürzen, erschüttern II. *vr* **-rsi di qc** über etw *acc* bestürzt sein
**sgomento** [zgo'mento] *m* Bestürzung *f*, Erschütterung *f*
**sgomento, -a** *agg* bestürzt, erschüttert
**sgominare** [zgomi'naːre] *vt* zersprengen, in die Flucht schlagen
**sgomitolare** [zgomito'laːre] I. *vt* abwickeln II. *vr* **-rsi** sich abwickeln
**sgommare** [zgom'maːre] *vi* mit quietschenden Reifen anfahren **sgommata** [zgom'maːta] *f* Start *m* mit quietschenden Reifen; **fare una ~** mit quietschenden Reifen anfahren **sgommato, -a** [zgom'maːto] *agg* ① (*busta*) ungummiert ② (*automobile*) ohne Reifen, reifenlos
**sgonfiamento** [zgonfia'mento] *m* ① (TEC) [Luft]entleerung *f* ② (MED) Abschwellen *nt*
**sgonfiare** [zgon'fiaːre] I. *vt* ① (*pneumatico, pallone*) die Luft ablassen ② (MED) abschwellen lassen ③ (*fig*) dämpfen II. *vr* **-rsi** ① (*ruota, pallone*) die Luft verlieren ② (MED) abschwellen **sgonfiato, -a** [zgon'fiaːto] *agg* ① (*pallone, ruota*) ohne Luft ② (MED) abgeschwollen **sgonfio, -a** ['zgonfio] <-i, -ie> *agg* ① (*pallone, ruota*) ohne Luft, leer ② (MED) abgeschwollen
**sgorbio** ['zgɔrbio] <-i> *m* ① (*parola*) Gekritzel *nt*; (*disegno*) Geschmiere *nt* ② (*macchia*) [Tinten]klecks *m* ③ (*fig, pej*) Vogelscheuche *f*
**sgorgare** [zgor'gaːre] *vi essere* sprudeln, quellen
**sgozzamento** [zgottsa'mento] *m* Schlachten *nt* **sgozzare** [zgot'tsaːre] *vt* schlachten
**sgradevole** [zgra'deːvole] *agg* unangenehm
**sgradito, -a** [zgra'diːto] *agg* unwillkommen, unerwünscht
**sgraffignare** [zgraffiɲ'ɲaːre] *vt* (*fam*) klauen, zocken
**sgraffio** ['zgraffio] *m* (*fam*) Kratzer *m*
**sgrammaticare** [zgrammati'kaːre] *vi* grammatische Fehler *mpl* machen
**sgrammaticato, -a** [zgrammati'kaːto] *agg* voller grammatischer Fehler **sgrammaticatura** [zgrammatika'tuːra] *f* grammatischer Fehler
**sgranamento** [zgrana'mento] *m* ① (*disinnesto*) Auskuppeln *nt*; **~ della marcia**

Auskuppeln *nt* ❷ (*frantumazione*) Zerfall *m* ❸ (*obs: togliere i semi*) Enthülsen *nt*
**sgranare** [zgra'na:re] *vt* ❶ (*piselli, fave*) enthülsen, aushülsen ❷ (*fig: occhi*) aufreißen; (*rosario*) herunterbeten
**sgranchire** [zgraŋ'ki:re] <sgranchisco> *vt* lockern; **-rsi le gambe** sich *dat* die Beine vertreten
**sgranocchiare** [zgranok'kia:re] *vt* (*fam*) knabbern
**sgrassaggio** [zgras'saddʒo] <-ggi> *m* Entfetten *nt*
**sgrassare** [zgras'sa:re] *vt* (*brodo*) entfetten; (*vestito*) Fettflecken entfernen von [*o* aus] **sgrassatore** [zgrassa'to:re] *m* (*detersivo*) fettlösendes Reinigungsmittel **sgrassatura** [sgrassa'tu:ra] *f* Entfettung *f*, Entfetten *nt*
**sgravare** [zgra'va:re] I. *vt* entlasten II. *vr* **-rsi** sich entlasten III. *vi* (*fam*) ein Kind bekommen **sgravio** ['zgra:vio] <-i> *m* Entlastung *f*, Erleichterung *f*; **~ fiscale** Steuererleichterung *f*
**sgraziato, -a** [zgrat'tsia:to] *agg* ungraziös, ohne Grazie; (*corpo*) plump; (*senza garbo*) unfreundlich
**sgretolamento** [zgretola'mento] *m* Abbröckeln *nt* **sgretolare** [zgreto'la:re] *vt* **-rsi** abbröckeln, zerbröckeln
**sgridare** [zgri'da:re] *vt* ausschimpfen **sgridata** [zgri'da:ta] *f* Schelte *f*
**sgrondare** [zgron'da:re] I. *vt* abtropfen lassen II. *vi* abtropfen
**sgrossare** [zgros'sa:re] I. *vt* ❶ (*marmo*) zuhauen, grob behauen [*o* bearbeiten] ❷ (LIT) entwerfen ❸ (*fig*) anlernen II. *vr* **-rsi** sich verfeinern **sgrossatura** [zgrossa'tu:ra] *f* erste [*o* grobe] Bearbeitung; (LIT) Entwurf *m*
**sguaiata** *f v.* **sguaiato**
**sguaiataggine** [zguaia'taddʒine] *f* Unmanierlichkeit *f*, Ungehörigkeit *f*
**sguaiato, -a** [zguai'a:to] *agg* unmanierlich, ordinär
**sguainare** [zguai'na:re] *vt* ziehen, aus der Scheide ziehen
**sgualcire** [zgual'tʃi:re] <sgualcisco> *vt* zerknautschen
**sgualdrina** [zgual'dri:na] *f* Dirne *f*
**sguardo** ['zguardo] *m* Blick *m;* **alzare/abbassare lo ~** den Blick heben/senken; **dare uno ~ a qc** einen Blick auf [*o* in] etw *acc* werfen, sich *dat* etw anschauen; **non degnare qu/qc di uno ~** jdn/etw keines Blickes würdigen; **fissare lo ~ su qc/qu** seinen Blick auf jdn/etw richten

**sguarnito, -a** [zguar'ni:to] *agg* schmucklos, unverziert
**sguattero, -a** ['zguattero] *m, f* Küchenjunge *m*/-mädchen *nt*
**sguazzare** [zguat'tsa:re] *vi* ❶ (*nell'acqua*) planschen, plätschern ❷ (*fig: nella ricchezza*) schwimmen; (*nel fango*) wühlen ❸ (*fam*) sich wohlfühlen
**sguinzagliare** [zguintsaʎ'ʎa:re] *vt* ❶ (*cani*) von der Leine [los]lassen ❷ (*fig*) hetzen
**sgusciare** [zguʃ'ʃa:re] I. *vt avere* (*uova*) schälen; (*fagioli*) enthülsen II. *vi essere* ❶ (*sfuggire*) entgleiten, entschlüpfen ❷ (*fig*) entwischen, entkommen
**shakeraggio** [ʃeke'raddʒo] <-ggi> *m* ❶ (*shaker*) Shaken *nt* ❷ (*fig*) Mix *m*, Mischung *f* (*di* aus)
**shampoo** [ʃæm'pu: *o* 'ʃampo] <-> *m* Shampoo *nt*, Schampon *nt*
**share** ['ʃɛa] <-> *m* ❶ (TV) Einschaltquote *f* ❷ (FIN) Börsenaktie *f*
**shareware** <-> *m* (INFORM) Shareware *f*
**shirt** [ʃə:t] <- *o* shirts> *f* Hemd *nt*, Shirt *nt*
**shoccare** [ʃok'ka:re] *v.* **sciocare shoccato, -a** [ʃok'ka:to] *agg v.* **scioccato**
**shoccato (shockato), -a** [ʃok'ka:to] *agg v.* **scioccato**
**shock** [ʃɔk] <-> *m* Schock *m* **shockato, -a** *agg v.* **scioccato**
**shopper** ['ʃɔpə] <-> *m* Tragetasche *f*
**shopping** ['ʃɔpiŋ] <-> *m* Shopping *nt*, Einkaufen *nt;* **andare a fare ~** einkaufen gehen **shopping center** ['ʃɔpiŋ 'sɛntə] <-> *m* Shoppingcenter *nt*
**short** [ʃɔ:t] <-> *m* [Werbe]spot *m*
**shorts** [ʃɔ:ts] *mpl* Shorts *pl*
**show** [ʃou] <-> *m* Show *f* **show business** ['ʃou biznis] <-> *m* Showbusiness *nt*
**showgirl** ['ʃougə:l] <- *o* showgirls> *f* Showgirl *nt* **showman** ['ʃoumən] <-> *m* Showmaster *m* **showroom** ['ʃouru:m] <- *o* showrooms> *m* Ausstellung *f;* **~ internazionale** internationale Ausstellung
**shuttle** [ʃʌtl] <- *o* shuttles> *m* Shuttle *m;* **space ~** Spaceshuttle *m*
**si**[1] [si] *pron pers 3. pers m e f sing e pl* ❶ (*riflessivo, complemento oggetto*) sich; **~ veste con eleganza** er/sie kleidet sich elegant ❷ (*riflessivo, complemento di termine*) sich;; **~ lava i capelli** er/sie wäscht sich *dat* die Haare ❸ (*intensivo*) sich;; **guardarsi un film** sich *dat* einen Film ansehen ❹ (*reciproco*) sich [gegenseitig], einander; **~ sono separati** sie haben sich getrennt; **vogliono conoscersi meglio** sie wollen einander besser kennenlernen

**❺** (*impersonale*) man; **cercasi segretaria** Sekretärin gesucht; **~ apre alle ...** um ... wird geöffnet; **non ~ sa mai** man kann nie wissen; **~ sa!** das ist bekannt! **❻** (*passivante*) **non ~ accettano assegni** es werden keine Schecks angenommen
**si²** <-> *m* (MUS) h, H *nt*
**sì** [si] I. *avv* ja; (*davvero*) doch, wohl; (*poet*) so, derart; **rispondere di ~** mit Ja antworten, ja sagen; **credo di ~** ich glaube, ja; **e ~ che** und doch; **un giorno ~ ed uno no** jeden zweiten Tag, alle zwei Tage; **~ e no** ja und nein, mehr oder weniger II. <-> *m* **❶** (*risposta*) Ja *nt* **❷** (*voto*) Jastimme *f*, Ja *nt*
**sia¹** ['si:a] *cong* +*conj* **~ ... o** ob ... oder; **~ ... che** sowohl, als auch; **~ che gli piaccia, ~ che non gli piaccia** ob es ihm gefällt oder nicht
**sia²** *1., 2. e 3. pers sing conj pr di* **essere¹**
**SIAE** *f abbr di* **Società Italiana Autori ed Editori** *Verband italienischer Autoren und Verleger*
**siamese** [sia'me:se] I. *agg* siamesisch; **gatto ~** Siamkatze *f*; **fratelli -i** siamesische Zwillinge *mpl* II. *mf* **❶** (*abitante*) Siamese *m*/Siamesin *f* **❷** (ZOO) Siamkatze *f*
**Siberia** [si'bɛ:ria] *f* Sibirien *nt* **siberiano, -a** [sibe'ria:no] I. *agg* sibirisch II. *m*, *f* Sibirier(in) *m(f)*
**sibilante** [sibi'lante] I. *agg* Zisch- II. *f* Zischlaut *m*, Sibilant *m* **sibilare** [sibi'la:re] *vi* zischen
**sibilla** [si'billa] *f* **❶** (*nella mitologia*) Sibylle *f* **❷** (*fig, scherz*) Wahrsagerin *f* **sibillino, -a** [sibil'li:no] *agg* sibyllinisch; (*fig*) geheimnisvoll
**sibilo** ['si:bilo] *m* Zischen *nt*, Pfeifen *nt*
**sicario, -a** [si'ka:rio] <-i, -ie> *m*, *f* gedungene(r) Mörder(in) *m(f)*
**sicché** [sik'ke] *cong* **❶** (*così che, perciò*) so dass **❷** (*ebbene*) also
**siccità** [sittʃi'ta] <-> *f* Trockenheit *f*, Dürre *f*
**siccome** [sik'ko:me] I. *cong* da, weil II. *avv* (*poet*) wie, so ... wie
**Sicilia** [si'tʃi:lia] *f* Sizilien *nt*
**siciliano** [sitʃi'lia:no] <-*sing*> *m* (*dialetto*) Sizilianisch(e) *nt*, sizilianischer Dialekt
**siciliano, -a** I. *agg* sizilianisch; **scuola -a** (LIT) die Sizilianische Dichterschule; **cassata alla -a** sizilianische Cassata II. *m*, *f* Sizilianer(in) *m(f)*
**sicomoro** [siko'mɔ:ro] *m* Maulbeerfeigenbaum *m*, Sykomore *f*
**sicumera** [siku'mɛ:ra] *f* Dünkel *m*
**sicura** [si'ku:ra] *f* Sicherung *f*; **mettere la ~ a qc** etw sichern; **togliere la ~ a qc** etw entsichern
**sicurezza** [siku'rettsa] *f* Sicherheit *f*; (*certezza*) Gewissheit *f*, Bestimmtheit *f*; **Pubblica Sicurezza** unbewaffnete Sicherheitspolizei; **~ stradale** Verkehrssicherheit *f*; **di ~** Sicherheits-; **cintura di ~** Sicherheitsgurt *m*; **uscita di ~** Notausgang *m*
**sicuro** [si'ku:ro] I. *m* **❶** (*luogo*) Sicherheit *f*; **mettere al ~** in Sicherheit bringen; (*fig*) sicherstellen **❷** (*certo*) Gewissheit *f*, Sicherheit *f*; **andare sul ~** auf Nummer sicher gehen II. *avv* sicher, gewiss; **di ~** sicher, sicherlich, mit Sicherheit
**sicuro, -a** *agg* **❶** (*luogo, posto*) sicher **❷** (*mano, passo*) sicher, fest **❸** (*certo*) sicher, gewiss; **essere ~ di sé** selbstsicher sein **❹** (*persona*) zuverlässig, vertrauenswürdig
**SID** *m abbr di* **Servizio Informazioni Difesa** *v. a.* **SISMI**
**side** ['said] <- *o* sides> *m* Seite *f*; **~ A/B** A-/B-Seite *f*
**siderale** [side'ra:le] *agg,* **sidereo, -a** [si'dɛ:reo] *agg* **❶** (ASTR) Stern[en]- **❷** (*fig*) unermesslich; **freddo ~** Eiseskälte *f*
**siderurgia** [siderur'dʒi:a] <-gie> *f* Stahlindustrie *f*
**siderurgico** [side'rurdʒiko] <-ci> *m* Stahlarbeiter(in) *m(f)*
**siderurgico, -a** <-ci, -che> *agg* Stahl-
**sidro** ['si:dro] *m* Apfelwein *m*
**Siena** *f* Siena *nt* (*Stadt in der Toskana*)
**siepe** ['siɛ:pe] *f* **❶** (BOT) Hecke *f* **❷** (*fig*) Barriere *f*, Wall *m*
**siero** ['siɛ:ro] *m* **❶** (*del latte*) Molke *f* **❷** (MED) Serum *nt*
**sieroconversione** [sierokonver'sio:ne] *f* virale Metamorphose
**sieronegatività** [sieronegativi'ta] <-> *f* (MED: *AIDS*) HIV-negativer Befund **sieronegativo, -a** [sieronega'ti:vo] I. *agg* (MED: *AIDS*) HIV-negativ II. *m*, *f* nicht HIV-infizierte Person
**sieropositività** [sieropositivi'ta] <-> *f* (MED: *AIDS*) HIV-Infektion *f* **sieropositivo, -a** [sieroposi'ti:vo] I. *agg* (MED: *AIDS*) HIV-positiv II. *m*, *f* HIV-Infizierte(r) *f(m)*
**sieroproteina** [sieroprote'i:na] *f* Serumprotein *nt*
**siesta** ['siɛsta] *f* Mittagsruhe *f*, Siesta *f*; (*sonno*) Mittagsschläfchen *nt*
**siete** ['siɛ:te] *2. pers pl pr di* **essere¹**
**SIFAR** *m abbr di* **Servizio Informazioni Forze Armate** (*1949–1966*) *v. a.* **SISMI**

**siffatto, -a** [sifˈfatto] *agg* (*obs*) derartig
**sifilide** [siˈfiːlide] *f* Syphilis *f* **sifilitico, -a** [sifiˈliːtiko] <-ci, -che> I. *agg* syphilitisch II. *m, f* Syphiliskranke(r) *f(m)*
**sifone** [siˈfoːne] *m* Siphon *m*
**Sig.** *abbr di* **signore** Herr
**sigaraio, -a** [sigaˈraːio] <-ai, -aie> *m, f* ① (*operaio*) in der Tabakindustrie Beschäftigte(r) *f(m)* ② (*venditore*) Tabakhändler(in) *m(f)*
**sigaretta** [sigaˈretta] *f* Zigarette *f;* ~ **con filtro** Filterzigarette *f;* ~ **senza filtro** Zigarette *f* ohne Filter; **farsi una** ~ sich *dat* eine Zigarette drehen
**sigaro** [ˈsiːgaro] *m* Zigarre *f*
**Sigg.** *abbr di* **signori** [Damen und] Herren, Herr und Frau
**sigillante** [sidʒilˈlante] *m* Dichtungsmasse *f* **sigillare** [sidʒilˈlaːre] *vt* versiegeln **sigillatura** [sidʒillaˈtuːra] *f* Versiegelung *f;* ~ **delle cavità** Hohlraumversiegelung *f* **sigillo** [siˈdʒillo] *m* Siegel *nt*
**sigla** [ˈsiːgla] *f* Abkürzung *f*, Sigel *nt*, Sigle *f;* (MUS, TV, RADIO) Erkennungszeichen *nt;* ~ **musicale** Erkennungsmelodie *f* **siglare** [siˈglaːre] *vt* unterzeichnen **siglario** [siˈglaːrio] <-i> *m* Abkürzungsverzeichnis *nt* **siglatura** [siglaˈtuːra] *f* Unterzeichnung *f*, Paraphierung *f*
**Sig.na** *abbr di* **signorina** Frl.
**significante** [siɲɲifiˈkante] *agg* bedeutend; (*occhiata*) bedeutungsvoll
**significare** [siɲɲifiˈkaːre] *vt* bedeuten **significativo, -a** [siɲɲifikaˈtiːvo] *agg* bedeutungsvoll, viel sagend **significato** [siɲɲifiˈkaːto] *m* Bedeutung *f*
**signora** [siɲˈɲoːra] *f* ① (*gener*) Frau *f*, Dame *f geh;* (*appellativo*) Frau *f;* **fare la** ~ die große Dame spielen; **gentile** ~ **Ferrucci** sehr geehrte Frau Ferrucci; **signori e -e** meine Damen und Herren; **buongiorno,** ~! guten Tag[, Frau ...]! ② (*moglie*) Frau *f*, Gattin *f geh* ③ (*padrona di casa*) Hausherrin *f*
**signore** [siɲˈɲoːre] *m* ① (*gener*) Herr *m;* **il signor dottore/avvocato** der Herr Doktor/Rechtsanwalt; **il signor Ferrucci** Herr Ferrucci; **i -i Ferrucci** Herr und Frau Ferrucci; **egregio signor Ferrucci** (*nelle lettere*) sehr geehrter Herr Ferrucci; **-i e signore** meine Damen und Herren; **buongiorno, signor Bottin!** guten Tag, Herr Bottin! ② (*padrone di casa*) Hausherr *m*
**signoreggiare** [siɲɲoredˈdʒaːre] I. *vt* (*poet*) beherrschen II. *vi* herrschen (*su* über +*acc*) **signoria** [siɲɲoˈriːa] <-ie> *f* ① (HIST) Signoria *f*, [Stadt]herrschaft *f* ② (*poet*) Durchlaucht *f*, Hochwohlgeboren *mf*
**signorile** [siɲɲoˈriːle] *agg* herrschaftlich, vornehm **signorilità** [siɲɲoriliˈta] <-> *f* Vornehmheit *f*
**signorina** [siɲɲoˈriːna] *f* ① (*donna nubile, appellativo*) Fräulein *nt* ② (*donna giovane*) junge Frau, junges Mädchen; **la ~ Fioretti** Fräulein Fioretti; **buongiorno, ~!** guten Tag[, Fräulein ...]!; ~! Fräulein!
**signorino** [siɲɲoˈriːno] *m* junger Herr
**signornò** [siɲɲorˈnɔ] *avv* nein[, mein Herr]
**signorone, -a** [siɲɲoˈroːne] *m, f* (*fam*) reicher Herr/reiche Dame
**signorotto** [siɲɲoˈrɔtto] *m* Gutsherr *m*
**signorsì** [siɲɲorˈsi] *avv* jawohl[, mein Herr]
**Sig.ra** *abbr di* **signora** Fr.
**silenziare** [silenˈtsiaːre] *vt* [schall]dämpfen
**silenziatore** [silentsiaˈtoːre] *m* Schalldämpfer *m*
**silenzio** [siˈlɛntsio] <-i> *m* ① (*mancanza di suoni*) Ruhe *f*, Stille *f;* (*tacere*) Schweigen *nt;* **fare ~** still sein; **passare qc sotto ~** etw stillschweigend übergehen, etw tot schweigen; **la parola è d'argento, il ~ è d'oro** (*prov*) Reden ist Silber, Schweigen ist Gold ② (*fig*) Ruhe *f* ③ (*mancanza di notizie*) Schweigen *nt;* **~ stampa** Pressesperre *f* **silenzioso, -a** [silenˈtsioːso] *agg* ① (*persona*) still, ruhig ② (*senza rumore*) ruhig, leise ③ (*che non fa rumore*) leise
**silfide** [ˈsilfide] *f* Sylphe *f*, Sylphide *f*
**silfo** [ˈsilfo] *m* Sylph *m*
**silhouette** [siˈlwɛt] <-> *f* Silhouette *f*
**silicato** [siliˈkaːto] *m* ① (MIN) Kieselgestein *nt* ② (CHEM) Silikat *nt* **silice** [ˈsiːlitʃe] *f* Kiesel *m* **silicico, -a** [siˈliːtʃiko] <-ci, -che> *agg* Kiesel-
**silicio** [siˈliːtʃo] *m* Silizium *nt*
**siliconato** [silikoˈnaːto] *agg* Silikon-, mit Silikon behandelt; **seno ~** Silikonbusen *m* **silicone** [siliˈkoːne] *m* Silikon *nt* **siliconico, -a** [siliˈkɔːniko] <-ci, -che> *agg* Silikon-, silikonisch; **gomma -a** Silikon *nt*
**silicosi** [siliˈkɔːzi] <-> *f* Silikose *f*
**sillaba** [ˈsillaba] *f* Silbe *f;* **parola di tre -e** dreisilbiges Wort **sillabare** [sillaˈbaːre] *vt* (*dividere in sillabe*) in Silben teilen; (*fare lo spelling*) buchstabieren **sillabario** [sillaˈbaːrio] <-i> *m* Fibel *f* **sillabico, -a** [silˈlaːbiko] <-ci, -che> *agg* silbisch, Silben-; (MUS) syllabisch; **metodo ~** Ganzheitsmethode *f*
**silo** [ˈsiːlo] <-i *o* silos> *m* Silo *m o nt*
**silo-** [silo] *v.* **xilo-**

**siluramento** [silura'mento] *m* (*a. fig*) Torpedierung *f* **silurante** [silu'rante] I. *agg* Torpedo- II. *f* Torpedoboot *nt* **silurare** [silu'ra:re] *vt* ①(MIL) torpedieren ②(*fig*) ausbooten, absägen *fam* **silurata** [silu'ra:ta] *f* Torpedoangriff *m*, Torpedierung *f*; **fare una ~ a qu** (*fig*) jdn absägen, jdn ausbooten

**siluro** [si'lu:ro] *m* Torpedo *m*

**silver plate** ['silvə pleit] <-> *m* Silberauflage *f*; Versilberung *f*; **servizio/vassoio in ~** versilbertes Service/Tablett

**silvestre** [sil'vɛstre] *agg* Wald-

**silvicolo, -a** [sil'vi:kolo] *agg* Wald-, Forst-

**silvicoltore** [silvikol'to:re] *v.* **selvicoltore**

**simbiosi** [simbi'ɔ:zi] <-> *f* Symbiose *f*

**simbiotico, -a** [simbi'ɔ:tiko] <-ci, -che> *agg* symbiotisch

**simboleggiare** [simboled'dʒa:re] *vt* symbolisieren **simbolica** [sim'bɔ:lika] <-che> *f* Symbolik *f* **simbolicità** [simbolitʃi'ta] <-> *f* Symbolkraft *f*, Symbolwert *m*

**simbolico, -a** [sim'bɔ:liko] <-ci, -che> *agg* symbolisch **simbolismo** [simbo'lizmo] *m* ①(*arte*) Symbolismus *m* ②(*complesso di simboli*) Symbolik *f* **simbolista** [simbo'lista] <-i *m*, -e *f*> I. *mf* Symbolist(in) *m(f)* II. *agg* symbolistisch **simbolizzare** [simbolid'dza:re] *vt* symbolisieren, versinnbildlichen

**simbolo** ['simbolo] *m* ①(*figura*) Symbol *nt*, Sinnbild *nt* ②(SCIENT) Symbol *nt*, Zeichen *nt* **simbologia** [sombolo'dʒi:a] <-ie> *f* Symbolik *f*

**similare** [simi'la:re] *agg* gleichartig, ähnlich **simile** ['si:mile] I. *agg* ①(*analogo*) ähnlich; **essere ~ a qu/qc** jdm/etw ähnlich sein ②(*tale*) solch, so[lch] ein II. *mf* Nächste(r) *f(m)*, Mitmensch *m;* **e -i** und dergleichen

**similitudine** [simili'tu:dine] *f* (*paragone*) Gleichnis *nt*, Vergleich *m*

**similoro** [simi'lɔ:ro] *m* Talmi *nt*, Scheingold *nt*

**similpelle** [simil'pɛlle] *f* Kunstleder *nt*, Skai® *nt*

**simmetria** [simme'tri:a] <-ie> *f* Symmetrie *f* **simmetrico, -a** [sim'mɛtriko] <-ci, -che> *agg* symmetrisch **simmetrizzare** [simmetrid'dza:re] *vt* symmetrisch machen

**simonia** [simo'ni:a] <-ie> *f* Simonie *f*, Ämterkauf *m*

**simpatia** [simpa'ti:a] <-ie> *f* Sympathie *f;* **avere ~ per qu/qc** jdn/etw sympathisch finden; **prendere qu in ~** jdn lieb gewinnen **simpatico, -a** [sim'pa:tiko] <-ci, -che> I. *agg* sympathisch II. *m*, *f* sympathischer Mensch **simpaticone, -a** [simpati'ko:ne] *m*, *f* (*fam*) netter Kerl

**simpatizzante** [simpatid'dzante] I. *agg* sympathisierend II. *mf* Sympathisant(in) *m(f)* **simpatizzare** [sim'dza:re] *vi* ①(*entrare in simpatia*) **~ con qu** sich mit jdm verstehen ②(*di ideologia*) **~ per qc** mit etw sympathisieren

**simplex** ['simpleks] <-> *m* Einzelanschluss *m*

**simposio** [sim'pɔ:zio] <-i> *m* Symposium *nt*

**simulacro** [simu'la:kro] *m* ①(*statua*) Standbild *nt*, Statue *f*, Bildnis *nt* ②(*fig*) Trugbild *nt*, Scheinbild *nt*

**simulare** [simu'la:re] *vt* vortäuschen, vorheucheln; (*malattia,* TEC) simulieren **simulatore** [simula'to:re] *m* (TEC) Simulator *m* **simulazione** [simulat'tsio:ne] *f* Täuschung *f*, Heuchelei *f*

**simultaneità** [simultanei'ta] <-> *f* Gleichzeitigkeit *f* **simultaneo, -a** [simul'ta:neo] *agg* gleichzeitig, simultan; **traduzione -a** Simultanübersetzung *f*

**sinagoga** [sina'gɔ:ga] <-ghe> *f* Synagoge *f*

**sinapsi** [si'napsi] <-> *f* Synapse *f*

**sinceramente** [sintʃera'me:nte] *avv* ehrlich; **~ non so cosa pensare** ehrlich gesagt, ich weiß nicht, was ich davon halten soll

**sincerarsi** [sintʃe'rarsi] *vr* sich vergewissern

**sincerità** [sintʃeri'ta] <-> *f* Aufrichtigkeit *f*, Ehrlichkeit *f;* **con tutta ~** in aller Offenheit **sincero, -a** [sin'tʃɛ:ro] *agg* aufrichtig, ehrlich

**sinché** [siŋ'ke] *cong* [solange] bis

**sincopare** [siŋko'pa:re] *vt* synkopieren

**sincopato, -a** [siŋko'pa:to] *agg* synkopenreich **sincope** ['siŋkope] *f* Synkope *f*

**sincronia** [siŋkro'ni:a] <-ie> *f* Gleichzeitigkeit *f* **sincronicità** [siŋkronitʃi'ta] <-> *f* Synchronizität *f*, Gleichzeitigkeit *f* **sincronico, -a** [siŋ'krɔ:niko] <-ci, -che> *agg* gleichzeitig, synchron **sincronismo** [siŋkro'nizmo] *m* ①(*contemporaneità*) Gleichzeitigkeit *f*, Synchronismus *m* ②(PHYS) Synchronismus *m*, Gleichlauf *m* ③(FILM, TV) Synchronismus *m*

**sincronizzare** [siŋkronid'dza:re] *vt* synchronisieren **sincronizzatore** [siŋkroniddza'to:re] *m* ①(TEC, EL) Synchronisierer *m* ②(MOT) Synchronring *m* **sincronizzazione** [siŋkroniddzat'tsio:ne] *f*

Synchronisierung *f*, Synchronisation *f* **sincrono, -a** ['siŋkrono] *agg* synchron
**sindaca** *f v.* **sindaco**
**sindacabile** [sinda'ka:bile] *agg* überprüfbar, kontrollierbar
**sindacale** [sinda'ka:le] *agg* ① (*del sindacato*) Gewerkschafts-, gewerkschaftlich ② (*del sindaco*) Bürgermeister-
**sindacalismo** [sindaka'lizmo] *m* Gewerkschaftsbewegung *f* **sindacalista** [sindaka'lista] <-i *m*, -e *f*> *mf* Gewerkschafter(in) *m(f)* **sindacalistico, -a** [sindaka'listiko] <-ci, -che> *agg* gewerkschaftlich
**sindacalizzare** [sindakalid'dza:re] *vt* gewerkschaftlich organisieren **sindacalizzazione** [sindakaliddzat'tsio:ne] *f* gewerkschaftliche Organisation
**sindacare** [sinda'ka:re] *vt* ① (ADM) überprüfen, kontrollieren ② (*fig*) bekritteln, bemängeln
**sindacato** [sinda'ka:to] *m* ① (POL) Verband *m*; (*di lavoratori*) Gewerkschaft *f*; **~ dei datori di lavoro** Arbeitgeberverband *m* ② (COM) Kartell *nt*
**sindaco** ['sindako] <-ci> *m* ① (ADM) Bürgermeister(in) *m(f)* ② (COM) Syndikus *m*
**sindone** ['sindone] *f* Leichentuch *nt*
**sindrome** ['sindrome] *f* Syndrom *nt*; **~ da astinenza** Entzugserscheinungen *fpl*; **~ di Down** Downsyndrom *nt*; **~ da immunodeficienza acquisita** Immunschwächekrankheit *f*, AIDS *nt*; **~ da iperattività** Zappelphilippsyndrom *nt*
**sinedrio** [si'nɛ:drio] <-i> *m* ① (HIST: *presso i greci*) Synedrion *nt*; (*presso gli ebrei*) Hoher Rat *m* ② (*fig, scherz*) Versammlung *f*
**sinergia** [siner'dʒ:a] *f* Synergie *f*
**sinfonia** [sinfo'ni:a] <-ie> *f* ① (MUS) Symphonie *f*, Sinfonie *f* ② (*fig, scherz*) Leier *f*, Lied *nt* **sinfonico, -a** [sin'fɔ:niko] <-ci, -che> *agg* symphonisch, sinfonisch
**singhiozzare** [siŋgiot'tsa:re] *vi* ① (*piangere*) schluchzen ② (*avere il singhiozzo*) [den] Schluckauf haben **singhiozzo** [siŋ'giottso] *m* ① (MED) Schluckauf *m* ② (*pianto*) Schluchzer *m*; **a ~** stotternd, ruckweise
**single** [siŋgl] <-> *mf* Single *m*
**singola** *f v.* **singolo**
**singolare** [siŋgo'la:re] I. *agg* (*straordinario*) einzigartig, einmalig; (*insolito*) selten, ungewöhnlich II. *m* ① (LING) Singular *m*, Einzahl *f* ② (SPORT) Einzel *nt* **singolarità** [siŋlari'ta] <-> *f* Einzigartigkeit *f*, Einmaligkeit *f*

**singolo** ['siŋgolo] *m* ① (SPORT: *tennis*) Einzel *nt*; (*canottaggio*) Einer *m* ② (TEL) Einzelanschluss *m*
**singolo, -a** I. *agg* einzeln, Einzel- II. *m*, *f* Einzelne(r) *f(m)*
**singulto** [siŋ'gulto] *v.* **singhiozzo**
**sinistra** [si'nistra] *f* ① (POL) Linke *f*; **partito di ~** Linkspartei *f* ② (*mano*) Linke *f*, linke Hand ③ (*parte*) Linke *f*, linke Seite; **girare** [*o* **voltare**] **a ~** links abbiegen; **tenere la ~** links fahren; **alla mia ~** zu meiner Linken, links von mir
**sinistrare** [sinis'tra:re] *vt* schädigen, treffen, schlagen
**sinistrato, -a** [sinis'tra:to] I. *agg* getroffen, geschädigt; **zona -a** Katastrophengebiet *nt* II. *m*, *f* Geschädigte(r) *f(m)*, Opfer *nt*
**sinistrese** [sinis'tre:se] *m* politischer Jargon der Linken
**sinistro** [si'nistro] *m* ① (*infortunio*) Schaden *m*, Unglück *nt*, Unfall *m*, Havarie *f* A ② (*piede*) linker Fuß; (*mano, pugno*) Linke *f*; **colpire di ~** mit links schlagen; (*col piede*) mit links schießen
**sinistro, -a** *agg* ① (*che è a sinistra*) linke(r, s) ② (*fig*) unheilvoll, düster
**sinistroide** [sinis'trɔ:ide] I. *agg* linksgerichtet II. *mf* Linke(r) *f(m)*
**sinistrorso, -a** [sinis'trɔrso] *agg* ① (*scrittura*) linksläufig ② (PHYS, CHEM) linksdrehend
**sino** ['si:no] *prp* **~ a** bis [zu [*o* nach]]
**sinodico, -a** [si'nɔ:diko] <-ci, -che> *agg* synodisch **sinodo** ['si:nodo] *m* Synode *f*
**sinologa** *f v.* **sinologo**
**sinologia** [sinolo'dʒ:a] <-gie> *f* Sinologie *f* **sinologo, -a** [si'nɔ:logo] <-gi *o* -ghi, -ghe> *m*, *f* Sinologe *m*/Sinologin *f*
**sinonimia** [sinoni'mi:a] <-ie> *f* Synonymie *f* **sinonimo** [si'nɔ:nimo] *m* Synonym *nt*; **dizionario dei -i** Synonymwörterbuch *nt*
**sinora** [si'no:ra] *v.* **finora**
**sinossi** [si'nɔssi] <-> *f* Synopse *f*
**sinottico, -a** [si'nɔttiko] *agg* Übersichts-
**sinovia** [si'nɔ:via] <-ie> *f* Gelenkflüssigkeit *f*
**sintagma** [sin'tagma] <-i> *m* Syntagma *nt*
**sintantoché** [sintanto'ke] *v.* **finché**
**sintassi** [sin'tassi] <-> *f* Syntax *f* **sintattico, -a** [sin'tattiko] <-ci, -che> *agg* syntaktisch
**sintesi** ['sintezi] <-> *f* ① (PHILOS, BIOL, CHEM, MED) Synthese *f* ② (*riassunto*) Zusammenfassung *f*; **in ~** zusammenfassend, kurz
**sinteticamente** [sintetika'mente] *avv*

sinteticità → sistema

① (*in sintesi*) zusammenfassend, kurz ② (CHEM) synthetisch
**sinteticità** [sintetitʃi'ta] <-> f ① (*l'essere sintetico*) Knappheit f, Kürze f ② (*l'essere artificiale*) Künstlichkeit f **sintetico, -a** [sin'tɛ:tiko] <-ci, -che> *agg* ① (*schematico*) knapp, schematisch ② (*artificiale*) synthetisch, künstlich
**sintetizzare** [sintetid'dza:re] *vt* ① (*riassumere*) zusammenfassen ② (CHEM) synthetisieren
**sintetizzatore** [sintetiddza'to:re] *m* (MUS) Synthesizer *m*
**sintetizzazione** [sintetiddzat'tsio:ne] f ① (*riduzione all'essenziale*) Zusammenfassung f ② (MUS) synthetische Klangerzeugung f
**sintoamplificatore** [sintoamplifika'to:re] *m* (MUS) Receiver *m*, Tuner-Amplifier *m*
**sintogramma** [sinto'gramma] <-i> *m* (RADIO) [Szintillations]feldstärkeanzeiger *m*
**sintomaticità** [sintomatitʃi'ta] <-> f Symptomatik f **sintomatico, -a** [sinto'ma:tiko] <-ci, -che> *agg* ① (*fortemente significativo*) symptomatisch ② (MED) **comportamento ~** symptomatisches Verhalten; **terapia -a** symptomatische Therapie **sintomatologia** [sintomatolo'dʒi:a] <-ie> f (MED) Symptomatologie f
**sintomo** ['sintomo] *m* Symptom *nt*, Anzeichen *nt*
**sintonia** [sinto'ni:a] <-ie> f ① (*perfetto accordo*) Syntonie f, Einklang *m*, Harmonie f; **essere in ~ con** in [perfektem] Einklang stehen mit ② (PHYS) Synchronismus *m* **sintonizzare** [sintonid'dza:re] *vt* ① (RADIO) einstellen, abstimmen ② (*fig*) in Einklang bringen **sintonizzatore** [sintoniddza'to:re] *m* Empfangsgerät *nt*, Receiver *m* **sintonizzazione** [sintoniddzat'tsio:ne] f Einstellung f, Abstimmung f
**sinuosità** [sinuosi'ta] <-> f Gewundenheit f **sinuoso, -a** [sinu'o:so] *agg* gewunden
**sinusite** [sinu'zi:te] f Nebenhöhlenentzündung f
**sinusoidale** [sinuzoi'da:le] *agg* sinusförmig **sinusoide** [sinu'zɔ:ide] I. *agg* sinusförmig, Sinus- II. f Sinuskurve f
**sionismo** [sio'nizmo] *m* Zionismus *m* **sionista** [sio'nista] <-i *m*, -e *f*> *mf* Zionist(in) *m(f)* **sionistico, -a** [sio'nistiko] <-ci, -che> *agg* zionistisch
**sior** [sior] *m* (*dial*) Herr *m*
**SIP** [sip] f *acro di* **Società Italiana per l'Esercizio Telefonico** *italienische Telefongesellschaft*
**sipario** [si'pa:rio] <-i> *m* Vorhang *m*
**Siracusa** [sira'ku:za] f Syrakus *nt* (*Stadt in Sizilien*)
**Siracusano** <*sing*> *m* Umgebung f von Syrakus
**siracusano, -a** [siraku'sa:no] I. *agg* aus Syrakus stammend, syrakusisch II. *m*, f (*abitante*) Bewohner(in) *m(f)* von Syrakus, Syrakuser(in) *m(f)*
**sirena** [si'rɛ:na] f Sirene f
**Siria** ['si:ria] f Syrien *nt* **siriano, -a** [si'ria:no] I. *agg* syrisch II. *m*, f Syrer(in) *m(f)*
**siringa** [si'riŋga] <-ghe> f ① (MED) Spritze f; **~ monouso** Einwegspritze f ② (GASTR) Spritztülle f ③ (MUS) Pan- f, Hirtenflöte f
**siringare** [siriŋ'ga:re] *vt* kathetern
**sirte** ['sirte] f Syrte f
**sisal** ['si:zal] <-> f Sisal[hanf] *m*
**sisma** ['sizma] <-i> *m* Erdbeben *nt*
**SISMI** ['sizmi] *m acro di* **Servizio per l'Informazione e la Sicurezza Militare** *militärischer Abschirmdienst Italiens*
**sismicità** [sizmitʃi'ta] <-> f Seismizität f
**sismico, -a** ['sizmiko] <-ci, -che> *agg* seismisch; **zona -a** Erdbebengebiet *nt*
**sismo** ['sizmo] *m* Erdbeben *nt* **sismografia** [sizmogra'fi:a] f Seismographie f
**sismografico, -a** [sizmo'gra:fiko] <-ci, -che> *agg* seismographisch; **registrazione -a** Seismogramm *nt* **sismografo** [siz'mɔ:grafo] *m* Seismograph *m*, Erdbebenmesser *m* **sismogramma** [sizmo'gramma] <-i> *m* Seismogramm *nt*
**sismologa** f *v.* **sismologo**
**sismologia** [sizmolo'dʒi:a] <-gie> f Seismologie f, Erdbebenkunde f **sismologo, -a** [siz'mɔ:logo] <-gi, -ghe> *m*, f Seismologe *m*/Seismologin f
**sissignore** [sissiɲ'ɲo:re] *int* jawohl[, mein Herr]
**sistema** [sis'tɛ:ma] <-i> *m* ① (*insieme di elementi strutturali*) System *nt*; **~ antibloccaggio** (AUTO) Antiblockiersystem *nt*, ABS *nt*; **~ antisbandamento** (AUTO) Elektronisches Stabilitätsprogramm, ESP *nt*; **~ immunitario** Immunsystem *nt*; **~ nervoso** Nervensystem *nt*; **~ solare** Sonnensystem *nt*; **Sistema monetario europeo** Europäisches Währungssystem; **Sistema europeo delle Banche centrali** Europäisches System der Zentralbanken ② (INFORM) System *nt*; **~ operativo** Betriebssystem *nt*; **~ di** [*o* **per**] **l'elaborazione dei dati**

Datenverarbeitungssystem *nt;* ~ **di navigazione satellitare** Satellitennavigationssystem *nt;* ~ **tutor** (*in autostrada*) Abschnittskontrolle *f* ③ (*fig*) Art und Weise *f;* (*modo di comportarsi*) Benehmen *nt,* Verhalten *nt;* ~ **di vita** Lebensweise *f*

**sistemare** [siste'ma:re] I. *vt* ① (*mettere a posto*) ordnen, in Ordnung bringen ② (*faccenda*) erledigen, regeln; (*lite*) beilegen ③ (*procurare un lavoro, alloggio*) unterbringen ④ (*fam*) zurechtweisen II. *vr* **-rsi** ① (*ordinare, mettere in assetto*) in Ordnung kommen ② (*trovare lavoro, alloggio*) unterkommen ③ (*sposarsi*) unter die Haube kommen *fam*

**sistematica** [siste'ma:tika] <-che> *f* Systematik *f*

**sistematicamente** [sistematika'mente] *avv* ① (*secondo un piano organico*) systematisch ② (*regolarmente*) regelmäßig ③ (*assiduamente*) ständig, regelmäßig **sistematicità** [sistematit ʃi'ta] <-> *f* Regelmäßigkeit *f* **sistematico, -a** [siste'ma:tiko] <-ci, -che> I. *agg* ① (*classificazione, ordine*) systematisch ② (*fig: opposizione*) prinzipiell, grundsätzlich II. *m, f* Systematiker(in) *m(f)*

**sistematizzare** [sistematid'dza:re] *vt* systematisch [an]ordnen, systematisieren **sistematizzatore, -trice** [sistematiddza'to:re] *m, f* Systematisierer(in) *m(f)*

**sistemazione** [sistemat'tsio:ne] *f* ① (*di cose*) [An]ordnung *f;* (*posto*) Platz *m* ② (*impiego*) Stelle *f,* Anstellung *f* ③ (*di lite*) Beilegung *f;* (*di faccenda*) Erledigung *f* ④ (COM) [guter] Absatz *m* ⑤ (*alloggio*) Unterbringung *f,* Unterkunft *f*

**sistemica** [sis'tɛ:mika] *f v.* **sistemistica**

**sistemista** [siste'mista] <-i *m,* -e *f*> *mf* ① (*giocatore*) Systemspieler(in) *m(f)* ② (INFORM) Systemanalytiker(in) *m(f)* **sistemistica** [siste'mistika] *f* Systemik *f,* Systemlehre *f*

**sistola** ['sistola] *f* [Spritz]schlauch *m*

**sistole** ['sistole] *f* Systole *f*

**sitcom** ['sitkɔm] <-> *f* (TV) Sitcom *f*

**sitibondo, -a** [siti'bondo] *agg* (*poet*) durstig; ~ **di vendetta** rachedurstig

**sito** ['sito] *m* ① (*poet: luogo*) Stätte *f,* Ort *m* ② (INET) Site *f;* ~ **Internet** [*o* **Web**] Website *f,* Internetadresse *f*

**situare** [situ'a:re] *vt* setzen, stellen **situato, -a** [situ'a:to] *agg* gelegen

**situazione** [situat'tsio:ne] *f* Lage *f,* Situation *f;* ~ **di emergenza** Ausnahmesituation *f*

**size** ['saiz] <-> *f* Größe *f*

**skateboard** ['skeitbɔ:d *o* 'skeitbɔrd] <-> *m* Skateboard *nt,* Rollbrett *nt*

**skater** ['skeitə] <-> *mf* Skater(in) *m(f),* Skateboardfahrer(in) *m(f),* Inlineskater(in) *m(f)* **skating** ['skeitiŋ *o* 'skeitiŋg] <-> *m* ① (SPORT: *su ghiaccio*) Eislaufen *nt;* (*a rotelle*) Rollschuhlaufen *nt* ② (TEC) Skating *nt*

**skibob** ['ski:bɔb] <-> *m* Skibob *m,* Lenkschlitten *m*

**skidoo** ['skidu:] <-> *m* (*moto da neve*) Skidoo *m,* Schneemobil *nt,* Motorschlitten *m*

**skipass** [ski'pas] <-> *m* Skipass *m*

**ski roll** ['ski: roul] <-> *m* Rollski *m,* Asphaltski *m* **ski stopper** ['ski: 'stɔpə] <-> *m* Skibremse *f*

**skunk** [skʌŋk] <-> *m* Skunk *m*

**skybed** ['skaibed] <-> *m* (AERO) Liegesitz *m*

**skysurfing** [skai'səfiŋ] <*sing*> *m* (SPORT) Skysurfing *nt*

**s.l.** *abbr di* **senza luogo** s.l.

**slabbrare** [zlab'bra:re] I. *vt* ausleiern II. *vr* **-rsi** die Form verlieren, ausleiern **slabbratura** [zlabbra'tu:ra] *f* Randbeschädigung *f*

**slacciare** [zlat't ʃa:re] I. *vt* lösen, aufmachen; (*sbottonare*) aufknöpfen II. *vr* **-rsi** sich lösen, aufgehen

**slalom** ['zla:lom] <-> *m* Slalom *m;* ~ **gigante** Riesenslalom *m* **slalomista** [zlalo'mista] <-i *m,* -e *f*> *mf* Slalomläufer(in) *m(f)*

**slanciarsi** [zlan't ʃarsi] *vr* ~ **contro** [*o* **su**] **qu** sich auf jdn werfen

**slanciato, -a** [zlan't ʃa:to] *agg* schlank

**slancio** ['zlant ʃo] <-ci> *m* ① (*balzo*) Schwung *m;* (*rincorsa*) Anlauf *m;* **prendere lo** ~ Anlauf nehmen ② (*fig*) Schwung *m,* Elan *m;* **in uno** ~ **di entusiasmo** in einem Anflug von Begeisterung

**slapstick** ['slæpstik] <-> *m* (THEAT) Slapstick *m*

**slargare** [zlar'ga:re] I. *vt* weiter machen, erweitern II. *vr* **-rsi** weiter werden, sich erweitern

**slargo** ['zlargo] <-ghi> *m* Verbreiterung *f*

**slash** ['zlæʃ] <-> *m* (INFORM) Slash *m*

**slattamento** [zlatta'mento] *m* Abstillen *nt*

**slattare** [zlat'ta:re] *vt* abstillen

**slava** *f v.* **slavo**

**slavato, -a** [zla'va:to] *agg* ausgewaschen, verwaschen

**slavina** [zla'vi:na] *f* Lawine *f*

**slavismo** [zla'vizmo] *m* ① (LING) Slawismus *m* ② (POL) Panslawismus *m* **slavistica** [zla'vistika] <-che> *f* Slawistik *f* **slavo, -a** ['zla:vo] I. *agg* slawisch II. *m, f* Slawe *m/*

Slawin *f* **slavofilia** [zlavofi'li:a] *f* Slawophilie *f* **slavofobia** [zlavofo'bi:a] *f* Slawophobie *f* **slavofono, -a** [zla'vɔ:fono] I. *m, f* slawisch sprechende Person II. *agg* slawisch sprechend
**sleale** [zle'a:le] *agg* unehrlich **slealtà** [zleal'ta] <-> *f* Unlauterkeit *f*, Unehrlichkeit *f*
**sled dog** ['slɛd dɔg] <-> *m* Schlittenhunderennen *nt*
**sleeping car** ['sli:piŋ ka: o 'zlipiŋ 'car] <-> *m* Schlafwagen *m*
**slegare** [zle'ga:re] I. *vt* lösen; (*cane*) losbinden II. *vr* **-rsi** aufgehen, sich lösen **slegato, -a** [zle'ga:to] *agg* ❶ (*pacco*) aufgebunden, lose; (*libro*) ungebunden ❷ (*fig*) zusammenhang[s]los
**Slesia** ['zlɛ:zia] *f* Schlesien *nt*
**Slesvig-Holstein** ['zlɛzvig 'hɔlʃtain] *m* Schleswig-Holstein *nt*
**slineamento** [zlinea'mento] *m* (FERR) Verwerfung *f*
**slip** [zlip] <-> *m* Slip *m*
**slitta** ['zlitta] *f* Schlitten *m*
**slittamento** [zlitta'mento] *m* ❶ (*di ruote*) Rutschen *nt* ❷ (*fig*) Abkommen *nt* ❸ (COM, FIN) Abfallen *nt*, Nachgeben *nt*
**slittare** [zlit'ta:re] *vi essere o avere* ❶ (*ruote*) rutschen, durchdrehen ❷ (*persone, animali*) rutschen, gleiten ❸ (COM, FIN) abfallen, nachgeben ❹ (*fig*) abweichen, abkommen
**slittino** [zlit'ti:no] *m* Rodelschlitten *m*
**s.l.m.** *abbr di* **sul livello del mare** ü.d.M. (*über dem Meeresspiegel*)
**s.l.n.d.** *abbr di* **senza luogo né data** o.O.u.J. (*ohne Ort und Jahr*)
**slogan** ['zlɔ:gan] <-> *m* Slogan *m*
**sloganismo** [zloga'nizmo] *m* Reduzierung *f* auf Schlagwörter, Plakativismus *m* **sloganistica** [zloga'nistika] <-che> *f* Produktion *f* von Slogans
**slogare** [zlo'ga:re] *vt* aus-, verrenken **slogatura** [zloga'tu:ra] *f* Verrenkung *f*
**sloggiare** [zlod'dʒa:re] I. *vt* vertreiben; (*di casa*) ausquartieren, weisen aus II. *vi* ❶ (*abbandonare*) aus-, wegziehen ❷ (*fam*) abhauen
**slot** [slɔt o 'zlɔt] <-> *m* (AERO, INFORM) Slot *m* **slot-machine** ['slɔt mə'ʃi:n o 'zlɔt ma'ʃin] <-> *f* Spielautomat *m*
**Slovacchia** [zlovak'kia] *f* Slowakei *f* **slovacco, -a** [zlo'vakko] <-cchi, -cche> I. *agg* slowakisch II. *m, f* Slowake *m*/Slowakin *f*
**Slovenia** [zlo'vɛ:nia] *f* Slowenien *nt* **sloveno, -a** [zlo'vɛ:no] I. *agg* slowenisch II. *m, f* Slowene *m*/Slowenin *f*

**slow** [slou o zlo] <-> *m* Slowfox *m* **slowfood** ['zloufu:d] *m* Slow Food *nt*
**slugflazione** [zlugflat'tsio:ne] *f* (FIN) Slugflation *f*
**slumare** [zlu'ma:re] *vt* (*sl: osservare*) beobachten
**slumberette** [slʌmbeˈrɛt] <-> *f* (AERO) Liegesitz *m*
**slurp** [zlurp] *int* (*fam: rumore di chi mangia*) schmatz!; (*rumore di chi beve*) gluck!
**slurpata** [zlur'pa:ta] *f* (*fam: assaggio*) Kostprobe *f*, Ablecken *nt*
**smaccato, -a** [zmak'ka:to] *agg* übermäßig, übertrieben; (*dolce*) widerlich süß
**smacchiare** [zmak'kia:re] *vt* die Flecken entfernen aus **smacchiatore, -trice** [zmakkia'to:re] *m, f* Fleckentferner *m*
**smacco** ['zmakko] <-cchi> *m* Schlappe *f fam*, Niederlage *f*
**smack** [zmak] *int* (*fam*) schmatz!
**smagliante** [zmaʎ'ʎante] *agg* glänzend, strahlend
**smagliare** [zmaʎ'ʎa:re] I. *vt* (*calze*) Laufmaschen machen in +*acc*; (*maglia*) aufziehen II. *vr* **-rsi** ❶ (*calze*) Laufmaschen bekommen; (*maglia*) ein Loch bekommen ❷ (*pelle*) Dehnungsstreifen bekommen **smagliatura** [zmaʎʎa'tu:ra] *f* ❶ (*di calze*) Laufmasche *f* ❷ (MED) Dehnungsstreifen *m*; (*di gravidanza*) Schwangerschaftsstreifen *m*
**smagnetizzare** [zmaɲɲetid'dza:re] *vt* entmagnetisieren **smagnetizzazione** [zmaɲɲetiddzat'tsio:ne] *f* Entmagnetisierung *f*
**smagrire** [zma'gri:re] I. *vt* avere mager machen, abmagern lassen II. *vr* **-rsi** abnehmen
**smaliziare** [zmalit'tsia:re] I. *vt* gewitzt[er] machen II. *vr* **-rsi** gewitzt[er] werden **smaliziato, -a** [zmalit'tsia:to] *agg* gerissen, verschlagen
**smalizzire** *v.* **smaliziare**
**smaltare** [zmal'ta:re] *vt* emaillieren; (*ceramica*) glasieren; (*unghie*) lackieren
**smaltimento** [zmalti'mento] *m* Entsorgung *f*, Beseitigung *f* **smaltire** [zmal'ti:re] <smaltisco> *vt* ❶ (*cibo*) verdauen, verwerten ❷ (*indigestione*) überwinden; (*rabbia*) verrauchen lassen; (*sbornia*) ausschlafen ❸ (COM: *merce*) ausverkaufen ❹ (*acque*) ableiten; (*rifiuti*) beseitigen ❺ (*lavoro*) erledigen
**smalto** ['zmalto] *m* ❶ (*per decorare*) Email *nt*; (*per ceramica*) Glasur *f* ❷ (*per unghie*) Nagellack *m* ❸ (*dei denti*) Zahnschmelz *m*

**smammare** [zmam'ma:re] *vi* (*fam*) abhauen

**smanceria** [zmantʃe'ri:a] <-ie> *f* (*pej*) Getue *nt fam*

**smanettare** [zmanet'ta:re] *vi* (MOT, *sl*) voll aufdrehen, Gas geben; **~ al computer** ein Computerfreak sein

**smania** ['zma:nia] *f* ① (*agitazione*) Aufregung *f*, Unruhe *f* ② (*fig*) Sucht *f*, Wahn *m*

**smaniare** [zma'nia:re] *vi* ① (*agitarsi*) sich aufregen, rasen ② (*fig: desiderare fortemente*) **~ di fare qc** darauf brennen, etw zu tun

**smanicato, -a** [zmani'ka:to] *agg* ärmellos

**smanierato, -a** [zmanie'ra:to] *agg* unhöflich, unmanierlich

**smanioso, -a** [zma'nio:so] *agg* ① (*agitato*) außer sich *dat* ② (*desideroso*) **essere ~ di qc** sich nach etw sehnen; **essere ~ di fare qc** darauf brennen, etw zu tun

**smantellamento** [zmantella'mento] *m* (*mura*) Abriss *m*, Abbruch *m*; (*fabbrica*) Abbau *m*; **~ sociale** (*fig*) Abbau der Sozialleistungen

**smantellare** [zmantel'la:re] *vt* ① (*mura*) abreißen; (*fabbrica*) demontieren ② (NAUT) abwracken ③ (*fig*) demolieren

**smargiassa** *f v.* **smargiasso**

**smargiassata** [zmardʒas'sa:ta] *f* Prahlerei *f*

**smargiasso, -a** [zmar'dʒasso] *m, f* Prahler(in) *m(f)*, Angeber(in) *m(f)*

**smarmittato, -a** [zmarmit'ta:to] *agg* (*senza marmitta*) ohne Katalysator

**smarrimento** [zmarri'mento] *m* ① (*di oggetto*) Verlust *m* ② (*fig*) Verwirrung *f*

**smarrire** [zmar'ri:re] <smarrisco> I. *vt* verlegen, verlieren II. *vr* **-rsi** ① (*perdersi*) sich verlaufen ② (*fig*) in Verwirrung geraten; (*d'animo*) verzagen

**smarronare** [zmarro'na:re] *vi* (*fam*) danebenhauen **smarronata** [zmarro'na:ta] *f* (*fam*) Schnitzer *m*

**smartphone** ['sma:tfon] <-> *m* Smartphone *nt* **smart set** ['sma:t set] <-> *m* High Society *f*, elegante Welt

**smascellarsi** [zmaʃʃel'larsi] *vr* **~ dalle risa** (*fam*) sich kaputtlachen

**smascheramento** [zmaskera'mento] *m* Demaskierung *f*, Enthüllung *f* **smascherare** [zmaske'ra:re] I. *vt* ① (*fig*) aufdecken, enthüllen ② (*togliere la maschera*) demaskieren II. *vr* **-rsi** ① (*fig*) die Maske fallen lassen ② (*togliersi la maschera*) die Maske ablegen **smascheratore, -trice** [zmaskera'to:re] I. *agg* entlarvend, enthüllend II. *m, f* (*fig*) Entlarver(in) *m(f)*, Aufdecker(in) *m(f)*

**smash** [smæʃ o zmɛʃ] <-> *m* Schmetterball *m*

**smaterializzare** [zmaterialid'dza:re] I. *vt* entmaterialisieren II. *vr* **-rsi** sich entmaterialisieren

**smazzare** [zmat'tsa:re] *vt* ① (*distribuire le carte da gioco*) geben, austeilen ② (*fig: gestire*) regeln, beherrschen, lenken

**smazzata** [zmat'tsa:ta] *f* Runde *f*

**SME** *m abbr di* **Sistema Monetario Europeo** EWS *nt* (*Europäisches Währungssystem*)

**smembramento** [zmembra'mento] *m* ① (*divisione*) Aufteilung *f*, Zerteilung *f* ② (*fig*) Zerstückelung *f* **smembrare** [zmem'bra:re] *vt* zerstückeln

**smemorata** *f v.* **smemorato**

**smemoratezza** [zmemora'tettsa] *f* Vergesslichkeit *f* **smemorato, -a** [zmemo'ra:to] I. *agg* vergesslich II. *m, f* vergesslicher Mensch

**smentire** [zmen'ti:re] <smentisco> I. *vt* ① (*notizia, fatti*) dementieren ② (JUR) widerrufen ③ (*buon nome, fama*) handeln gegen II. *vr* **-rsi** sich *dat* widersprechen; **non si smentisce mai** er/sie bleibt sich *dat* selbst treu **smentita** [zmen'ti:ta] *f* Gegendarstellung *f*, Dementi *nt*; (JUR) Widerruf *m*

**smeraldino, -a** [zmeral'di:no] *agg* (*poet*) smaragdgrün

**smeraldo**[1] [zme'raldo] *m* Smaragd *m*

**smeraldo**[2] <inv> *agg* smaragdgrün

**smerciare** [zmer'tʃa:re] *vt* verkaufen, absetzen **smercio** ['zmɛrtʃo] <-ci> *m* Verkauf *m*, Absatz *m*

**smerdare** [zmer'da:re] I. *vt* (*vulg*) verscheißen II. *vr* **-rsi** (*vulg*) sich verscheißen

**smerigliare** [zmeriʎ'ʎa:re] *vt* [ab]schmirgeln **smerigliato, -a** [zmeriʎ'ʎa:to] *agg* ① (*carta*) Schmirgel- ② (*vetro*) geschmirgelt **smeriglio** [zme'riʎʎo] <-gli> *m* Schmirgel *m*

**smerlare** [zmer'la:re] *vt* festonieren

**smerlo** ['zmɛrlo] *m* Feston *nt*

**smettere** ['zmettere] <irr> I. *vt* ① (*vestito*) ablegen ② (*lavoro, studi*) aufgeben; (*interrompere*) abbrechen; **smettila!** (*fam*) hör auf damit! II. *vi* aufhören; **~ di fare qc** mit etw aufhören, aufhören etw zu tun

**smezzare** [zmed'dza:re] *vt* ① (*dividere a metà*) halbieren ② (*consumare fino a metà*) halb aufbrauchen

**smidollato, -a** [zmidol'la:to] I. *agg* ① (*osso, canna*) marklos ② (*fig, pej*) schlaff, schlapp II. *m, f* Schlappschwanz *m fam*

**smielato, -a** [zmie'la:to] *agg* leer, entleert, ohne Honig **smielatore** [zmiela'to:re] *m* Honigschleuder *f*

**smilitarizzare** [zmilitarid'dza:re] *vt* entmilitarisieren **smilitarizzazione** [zmilitariddzat'tsio:ne] *f* Entmilitarisierung *f*

**smilzo, -a** ['zmiltso] *agg* ① (*persona*) schmächtig ② (*trama, tema*) mager, dürftig

**sminare** [zmi'na:re] *vt* entminen

**sminuire** [zminu'i:re] <sminuisco> *vt* verringern, mindern; (*persona*) gering schätzen

**sminuzzamento** [zminuttsa'mento] *m* Zerbröckeln *nt* **sminuzzare** [zminut'tsa:re] I. *vt* zerbröckeln; (*a. fig*) zerstückeln II. *vr* **-rsi** zerbröckeln **sminuzzatore** [zminuddza'to:re] *m* Universalmixer *m*

**smiscelamento** [zmiʃʃela'mento] *m* Aufspaltung *f* [in einzelne Komponenten] **smiscelare** [zmiʃʃe'la:re] *vt* [in einzelne Komponenten] aufspalten

**smisi** ['zmizi] *1. pers sing pass rem di* **smettere**

**smistare** [zmis'ta:re] *vt* ① (*corrispondenza, merci*) sortieren ② (MIL) einteilen ③ (FERR) verschieben, rangieren ④ (SPORT) übergeben, abgeben

**smisurato, -a** [zmizu'ra:to] *agg* maßlos, grenzenlos

**smithiano, -a** [zmiti'a:no] *agg* (*di A. Smith*) auf A. Smith zurückgehend

**smitizzare** [zmitid'dza:re] *vt* nüchtern betrachten **smitizzazione** [zmitiddzat'tsio:ne] *f* nüchterne Betrachtung, Entmythisierung *f*

**smobilitare** [zmobili'ta:re] *vt* demobilisieren; (*truppe*) abziehen **smobilitazione** [zmobilitat'tsio:ne] *f* Demobilisierung *f*; (*truppe*) Abzug *m*

**smobilizzare** [zmobilid'dza:re] *vt* (FIN) flüssig machen

**smobilizzo** [zmobi'liddzo] *m* Mobilisierung *f*

**smoccolare** [zmokko'la:re] I. *vi* (*fam*) fluchen II. *vt* den Docht stutzen **smoccolatoio** [zmokkola'to:io] <-oi> *m* Dochtschere *f*

**smodato, -a** [zmo'da:to] *agg* maßlos, unmäßig

**smoderatezza** [zmodera'tettsa] *f* Maßlosigkeit *f*, Unmäßigkeit *f* **smoderato, -a** [zmode'ra:to] *agg* maßlos, unmäßig; *essere ~ nel mangiare/bere* unmäßig essen/trinken

**smog** [zmɔg] <-> *m* Smog *m*; **cappa di ~** Dunstglocke *f*; **allarme ~** Smogalarm *m*

**smoking** ['zmɔ:kiŋg] <-> *m* Smoking *m*

**smonetare** [zmone'ta:re] *vt* (*fin*) aus dem Verkehr ziehen, demonetisieren **smonetizzare** [zmonetid'dza:re] *vt* aus dem Verkehr ziehen, demonetisieren

**smontabile** [zmon'ta:bile] *agg* demontierbar, zerlegbar **smontabilità** [zmontabili'ta] <-> *f* Zerlegbarkeit *f*, Demontierbarkeit *f*

**smontaggio** [zmon'taddʒo] <-ggi> *m* Demontage *f*, Zerlegung *f* **smontare** [zmon'ta:re] I. *vt avere* ① (*scomporre*) zerlegen, auseinandernehmen; (TEC) demontieren ② (*fig*) entmutigen, demoralisieren II. *vi essere o avere* ① (*scendere*) hinabsteigen; (*da treno*) aussteigen; (*da cavallo*) absteigen ② (*di turno, lavoro*) Feierabend machen ③ (GASTR) wieder flüssig werden III. *vr* **-rsi** den Mut verlieren

**smorfia** ['zmɔrfia] <-ie> *f* ① (*contrazione*) Grimasse *f*, Fratze *f*; *fare le* **-ie** Fratzen schneiden ② (*fig*) Naserümpfen *nt*; (*atteggiamento lezioso*) Getue *nt fam*, Theater *nt* **smorfioso, -a** [zmor'fio:so] I. *agg* zimperlich II. *m, f* Zimperliese *f*

**smorto, -a** ['zmɔrto] *agg* blass; (*fig*) farblos

**smorzamento** [zmortsa'mento] *m* Abschwächung *f*, Dämpfung *f* **smorzare** [zmor'tsa:re] *vt* ① (*rumori, colori*) dämpfen ② (*dial: luce*) dämpfen; (*fuoco*) löschen ③ (*fig*) stillen **smorzata** [zmor'tsa:ta] *f* Stoppball *m* **smorzatore** [zmortsa'to:re] *m* Dämpfer *m*

**smossi** *1. pers sing pass rem di* **smuovere**

**smosso** *pp di* **smuovere**

**smottamento** [zmotta'mento] *m* Erdrutsch *m* **smottare** [zmot'ta:re] *vi essere* abrutschen

**SMS** ['ɛsseɛmme'ɛsse] <-> *m abbr di* **Short Message System** (TEL: *sistema per invio di brevi messaggi*) SMS *nt*; (*messaggio*) SMS *f*; *~ con immagini* Bild-SMS *f*

**smunto, -a** ['zmunto] *agg* abgezehrt

**smuovere** ['zmuɔ:vere] <irr> I. *vt* ① (*spostare*) ver-, wegrücken ② (*fig*) abbringen; (*dall'inerzia*) aufrütteln; (*commuovere*) rühren II. *vr* **-rsi** ① (*spostarsi*) sich wegbewegen, sich rühren ② (*fig*) sich rühren, sich in Bewegung setzen

**smussare** [zmus'sa:re] I. *vt* ① (*spigolo, stipite*) abstumpfen, abrunden ② (*fig*) mildern II. *vr* **-rsi** abstumpfen

**snack** [snæk o znɛk] <--> *m* Snack *m*, Zwischenmahlzeit *f*
**snaturare** [znatu'ra:re] *vt* entarten lassen, entstellen **snaturato, -a** [znatu'ra:to] I. *agg* entartet, unmenschlich; (*madre, padre*) Raben- II. *m, f* Unmensch *m*
**snazionalizzare** [znattsjonalid'dza:re] *vt* ① (COM) reprivatisieren ② (POL) entnationalisieren **snazionalizzazione** [znattsjonaliddzad'dsjo:ne] *f* ① (COM) Reprivatisierung *f* ② (POL) Entnationalisierung *f*
**sneaker** ['sni:kə] <--> *f* Basketballschuh *m*
**snebbiamento** [zneb:bia'mento] *m* ① (*diradamento di un banco di nebbia*) Lichten *nt* einer Nebelbank ② (*fig: chiarimento*) Klärung *f*; ~ **della mente** Ernüchterung *f* **snebbiare** [zneb'bja:re] *vt* ① (METEO) vom Nebel befreien ② (*fig*) aufklären, erhellen
**snellezza** [znel'lettsa] *f* ① (*di persona*) Schlankheit *f* ② (*fig*) Eleganz *f* **snellire** [znel'li:re] <snellisco> I. *vt* ① (*rendere snello*) schlank[er] machen ② (*fig*) beschleunigen, vereinfachen II. *vr* **-rsi** schlank[er] werden **snello, -a** ['znɛllo] *agg* ① (*persona, figura*) schlank ② (*fig*) leicht, behände; (*stile*) flüssig
**snervante** [zner'vante] *agg* entnervend **snervare** [zner'va:re] I. *vt* entnerven II. *vr* **-rsi** entnervt sein
**snidare** [zni'da:re] *vt* ① (*lepre, volpe*) aus dem Bau [*o* Nest] treiben, aufstöbern ② (*fig*) ausheben
**sniffare** [znif'fa:re] *vt* (*sl*) sniffen; (*cocaina*) koksen **sniffata** [znif'fa:ta] *f* Sniff *m*; **fare una ~** sniffen
**snob** [znɔb] I. <inv> *agg* versnobt II. <--> *mf* Snob *m* **snobbare** [znob'ba:re] *vt* verachten, herabblicken auf +*acc* **snobismo** [zno'bizmo] *m* Snobismus *m*
**snocciolamento** [znottʃola'mento] *m* Entkernung *f*, Entsteinung *f* **snocciola-olive** [znottʃolao'li:ve] <--> *m* Olivenentkerner *m* **snocciolare** [znottʃo'la:re] *vt* ① (*ciliege, albicocche*) entkernen ② (*fig*) reihenweise von sich geben; (*orazioni*) herunterleiern **snocciolatore** [znottʃola'to:re] *m* Entkerner *m*, Entsteiner *m*
**snodabile** [zno'da:bile] *agg* gelenkig; (TEC) Gelenk- **snodare** [zno'da:re] I. *vt* ① (*fune, corda*) lösen, ent-, aufknoten; (*giunture*) lockern, (*fig: lingua*) lösen ② (*rendere mobile*) gelenkig machen ③ (TEC) mit Gelenken versehen II. *vr* **-rsi** ① (*fiume, strada*) sich schlängeln ② (*articolarsi*) sich krümmen **snodo** ['znɔ:do] *m* (TEC) Gelenk *nt*

**snowboard** ['snou bɔ:d] <--> *m* Snowboard *nt* **snowbo(a)rdista** [snoubor'dista] <-i *m*, -e *f*> *mf* Snowboarder(in) *m(f)*
**snudare** [znu'da:re] *vt* ① (*spada*) [aus der Scheide] ziehen ② (*poet*) entblößen
**so** [sɔ] *1. pers sing pr di* **sapere**[1]
**SO** *abbr di* **sudovest** SW
**soap opera** [soup 'ɔpərə] <--> *f* Soap-Opera *f*, Soap *f*, Seifenoper *f*
**soave**[1] [so'a:ve] *agg* lieblich, süß
**soave**[2] <--> *m* Soave *m* (*trockener Weißwein aus Venetien*) **soavità** [soavi'ta] <--> *f* Lieblichkeit *f*, Süße *f*
**sobbalzare** [sobbal'tsa:re] *vi* ① (*veicoli*) stoßen, rucken ② (*persone*) aufspringen, auffahren **sobbalzo** [sob'baltso] *m* Stoß *m*, Ruck *m*
**sobbarcare** [sobbar'ka:re] I. *vt* belasten (*qu a qc* jdn mit etw), aufbürden (*qu a qc* jdm etw) II. *vr* **-rsi** sich aufbürden (*a qc* etw), sich belasten (*a mit*)
**sobbarcarsi** [sobbar'karsi] *vr* ~ **a qc** sich *dat* etw aufbürden
**sobborgo** [sob'borgo] <-ghi> *m* Vorort *m*, Vorstadt *f*
**sobillare** [sobil'la:re] *vt* aufstacheln, aufhussen *A* **sobillatore, -trice** [sobila'to:re] *m, f* Aufwiegler(in) *m(f)*, Unruhestifter(in) *m(f)*
**sobrietà** [sobrie'ta] <--> *f* Maß *nt*, Mäßigkeit *f*; (*a. fig*) Nüchternheit *f* **sobrio, -a** ['sɔ:brio] <-i, -ie> *agg* ① (*persona*) maßvoll, genügsam ② (*fig*) einfach, schlicht ③ (*lucido*) nüchtern
**soc.** *abbr di* **società** Ges.
**socchiudere** [sok'kju:dere] <irr> *vt* (*porta, finestra*) anlehnen; (*occhi*) blinzeln
**soccombere** [sok'kombere] <soccombo, soccombei o soccombetti, soccombuto> *vi* **essere** unterliegen, erliegen
**soccorrere** [sok'korrere] <irr> *vt* ~ **qu** jdm Hilfe leisten **soccorritore, -trice** [sokkorri'to:re] *m, f* Helfer(in) *m(f)*, Rettungskraft *f*
**soccorso** [sok'korso] *m* Hilfe *f*; **-i** Hilfsmittel *ntpl*; (MIL) Hilfstruppen *fpl*; **il pronto ~** die Erste Hilfe; **~ marittimo** Seenotrettungsdienst *m*; **~ stradale** Pannendienst *m*; **cassetta di pronto ~** Verband[s]kasten *m*; **chiamata di ~** Notruf *m*; **colonnina di ~** [Not]rufsäule *f*; **piano di ~** Rettungsplan *m*; **correre in ~ di qu** jdm zu Hilfe eilen; **omis-**

**sione di ~** (JUR) unterlassene Hilfeleistung
**socia** *f v.* **socio**
**social card** ['souʃəl 'ca:d] <-> *f* ≈ Sozialkarte *f* (*vom Staat an Bedürftige ausgehändigte Kreditkarte*)
**socialdemocratico, -a** [sotʃaldemo'kra:tiko] <-ci, -che> **I.** *agg* sozialdemokratisch **II.** *m, f* Sozialdemokrat(in) *m(f)* **socialdemocrazia** [sotʃaldemokrat'tsi:a] *f* Sozialdemokratie *f*
**sociale** [so'tʃa:le] *agg* ❶ (*di società*) gesellschaftlich, Gesellschafts-; **vita ~** Gesellschaftsleben *nt;* **ragione ~** Firmenname *m* ❷ (*che vive in società*) gesellig
**socialismo** [sotʃa'lizmo] *m* Sozialismus *m*
**socialista** [sotʃa'lista] <-i *m*, -e *f*> **I.** *mf* Sozialist(in) *m(f)* **II.** *agg* sozialistisch
**socialità** [sotʃali'ta] <-> *f* ❶ (*tendenza*) Geselligkeit *f*, Gemeinschaftssinn *m* ❷ (*convivenza*) gesellschaftliches Zusammenleben
**socializzare** [sotʃalid'dza:re] **I.** *vt* (COM) vergesellschaften, sozialisieren **II.** *vi* Kontakte knüpfen; **non riesce a ~ con i colleghi** er schafft es nicht mit seinen Kollegen in Kontakt zu kommen **socializzazione** [sotʃaliddzat'tsio:ne] *f* Sozialisierung *f;* (COM) Vergesellschaftung *f*
**società** [sotʃe'ta] <-> *f* ❶ (SOC, COM) Gesellschaft *f;* **~ affiliata** Tochtergesellschaft *f;* **~ in compartecipazione** Gemeinschaftsunternehmen *nt;* **~ dei consumi** Konsumgesellschaft *f;* **~ industriale** Industriegesellschaft *f;* **alta ~** High Society *f;* **~ per azioni** [*o* **anonima**] Aktiengesellschaft *f;* **~ a responsabilità limitata** Gesellschaft *f* mit beschränkter Haftung; **~ in accomandita semplice** Kommanditgesellschaft *f;* **~ finanziaria** Holding *f;* **~ distributrice di film** Filmverleih *m;* **~** [**di fornitura**] **di lavoro temporaneo** Zeitarbeitfirma *f;* **giochi di ~** Gesellschaftsspiele *ntpl;* **in ~** gemeinsam ❷ (*associazione*) Verein *m;* **~ sportiva** Sportverein *m*
**socievole** [so'tʃe:vole] *agg* gesellig
**socio, -a** ['sɔ:tʃo] <-ci, -cie> *m, f* ❶ (*membro*) Mitglied *nt* ❷ (COM) Gesellschafter(in) *m(f)*, Teilhaber(in) *m(f)*
**socioanalisi** [sotʃoa'na:lizi] <-> *f* Sozialanalyse *f*, Gesellschaftsanalyse *f*
**sociobiologia** [sotʃobiolo'dʒi:a] *f* Soziobiologie *f*
**socioculturale** [sotʃokultu'ra:le] *agg* soziokulturell
**sociodramma** [sotʃo'dramma] *m* Rollenspiel *nt*

**socioeconomico, -a** [sotʃoeko'nɔ:miko] <-ci, -che> *agg* sozioökonomisch
**sociogenesi** [sotʃo'dʒɛ:nezi] *f* Soziogenese *f* **sociogenetico, -a** [sotʃodʒe'nɛ:tiko] *agg* soziogenetisch
**sociogeografia** [sotʃodʒeogra'fi:a] *f* Sozialgeographie *f*
**sociogramma** [sotʃo'gramma] <-i> *m* Soziogramm *nt*
**socioinformatica** [sotʃoinfor'ma:tika] *f* Sozialinformatik *f*
**sociolinguistica** [sotʃoliŋ'guistik] *f* Soziolinguistik *f* **sociolinguistico, -a** [sotʃoliŋ'guistiko] <-ci, -che> *agg* soziolinguistisch
**sociologa** *f v.* **sociologo**
**sociologia** [sotʃolo'dʒi:a] <-gie> *f* Soziologie *f* **sociologico, -a** [sotʃo'lɔ:dʒiko] <-ci, -che> *agg* soziologisch **sociologo, -a** [so'tʃɔ:logo] <-gi, -ghe> *m, f* Soziologe *m*/Soziologin *f*
**sociopatia** [sotʃopa'ti:a] *f* Soziopathie *f*
**sociopolitico, -a** [sotʃopo'li:tiko] <-ci, -che> *agg* sozialpolitisch, gesellschaftspolitisch
**sociosanitario, -a** [sotʃosani'ta:rio] *agg* das Gesundheitswesen betreffend; **struttura -a** Einrichtung *f* des Gesundheitswesens
**soda** ['sɔ:da] *f* ❶ (CHEM) Soda *nt o f;* **bicarbonato di ~** Natron *nt* ❷ (*acqua*) Soda[wasser] *nt*
**sodalizio** [soda'littsio] <-i> *m* (*poet*) Gesellschaft *f*, Vereinigung *f*
**soddisfaccio** [soddis'fattʃo] *1. pers sing pr di* **soddisfare**
**soddisfacente** [soddisfa'tʃɛnte] *agg* befriedigend **soddisfare** [soddis'fa:re] <irr> **I.** *vt* zufrieden stellen; (*bisogni*) befriedigen; (*curiosità*) stillen; (*clienti, pubblico*) zufrieden stellen **II.** *vi* **~ a qc** einer Sache *dat* genügen **soddisfatto, -a** [soddis'fatto] *agg* (*contento*) zufrieden **soddisfazione** [soddisfat'tsio:ne] *f* ❶ (*piacere*) Befriedigung *f;* (*contentezza*) Zufriedenheit *f;* **le piccole -i della vita quotidiana** die kleinen Freuden *fpl* des [täglichen] Lebens; **con mia grande ~** zu meiner großen Freude; **non c'è ~** es macht keinen Spaß ❷ (*compensazione*) Genugtuung *f* ❸ (*riparazione*) Wiedergutmachung *f*

**soddisfeci** *1. pers sing pass rem di* **soddisfare soddisfo** [soddis'fɔ] *1. pers sing pr di* **soddisfare**
**sodio** ['sɔ:dio] *m* Natrium *nt*
**sodo** ['sɔ:do] **I.** *avv* ❶ (*con forza*) hart, fest

❷ (*alacremente*) tüchtig, fest ❸ (*profondamente*) **dormire** ~ tief schlafen II. *m* **venire al** ~ (*fam*) zur Sache kommen
**sodo, -a** *agg* ❶ (*carni*) fest, hart ❷ (*muscoli*) stark, kräftig ❸ (*uova*) hart [gekocht] ❹ (*fig*) fest, solide; (*argomento*) stark; **prenderle -e** (*fam*) feste Prügel bekommen
**sodomia** [sodo'miːa] <-ie> *f* Sodomie *f*
**sofà** [so'fa] <-> *m* Sofa *nt*
**sofferente** [soffe'rɛnte] *agg* leidend; (MED) krank **sofferenza** [soffe'rɛntsa] *f* Leiden *nt*, Qual *f*
**soffermare** [soffer'maːre] I. *vt* anhalten, aufhalten; ~ **lo sguardo su qc** den Blick auf etw *dat* ruhen lassen II. *vr* **-rsi** ❶ (*sostare*) stehen bleiben, sich aufhalten ❷ (*fig*) **-rsi su qc** sich bei [*o* mit] etw aufhalten
**soffersi** [sof'fɛrsi] *1. pers sing pass rem di* **soffrire**
**sofferto, -a** [sof'fɛrto] I. *pp di* **soffrire** II. *agg* empfindungsreich
**soffiare** [sof'fiaːre] I. *vi* ❶ (*aria, fumo*) blasen ❷ (METEO) wehen, blasen ❸ (*sbuffare*) schnaufen, schnauben II. *vt* ❶ (*aria, fumo*) blasen, pusten *fam*; (*vetro*) blasen; **-rsi il naso** sich die Nase schnäuzen ❷ (*fig fam*) wegschnappen; (*pedina*) schlagen ❸ (*fam: segreto*) zuflüstern; (*fare la spia*) singen
**soffiata** [sof'fiaːta] *f* (*fam*) Tipp *m*
**soffice** ['sɔffitʃe] *agg* weich; (*tessuto*) flauschig
**soffietto** [sof'fietto] *m* ❶ (*mantice*) [kleiner] Blasebalg *m* ❷ (TEC) Faltwulst *m*; **porta a** ~ Falttür *f*
**soffio** ['soffio] <-i> *m* ❶ (*il soffiare*) Blasen *nt* ❷ (*d'aria, vento*) Hauch *m*, Zug *m*; **spegnere una candela con un** ~ eine Kerze ausblasen; **in un** ~ im Nu, augenblicklich; **c'è mancato un** ~ (*fig*) es fehlte nicht viel ❸ (*rumore,* MED) Geräusch *nt*
**soffione** [sof'fioːne] *m* ❶ (GEOL) Soffione *f* ❷ (BOT) Pusteblume *f fam*
**soffitta** [sof'fitta] *f* Dachboden *m*, Speicher *m*
**soffitto** [sof'fitto] *m* [Zimmer]decke *f*
**soffocamento** [soffoka'mento] *m* Erstickung *f*, Ersticken *nt* **soffocante** [soffo'kante] *agg* ❶ (*aria*) stickig ❷ (*fig*) bedrückend
**soffocare** [soffo'kaːre] I. *vt* avere ❶ (*a. fig*) ersticken; ~ **qu con un cuscino** jdn mit einem Kissen ersticken ❷ (*fig*) unterdrücken; ~ **la libertà di qu** jds Freiheit unterdrücken; ~ **i propri sentimenti** seine Gefühle unterdrücken II. *vi* essere ersticken; **un caldo che soffoca** eine drückende Hitze; **mi sento** ~ ich habe das Gefühl zu ersticken **soffocazione** [soffokat'tsioːne] *f* ❶ (*a. fig*) Erstickung *f* ❷ (*fig*) Unterdrückung *f*
**soffriggere** [sof'friddʒere] <irr> *vt* anbraten, anrösten
**soffrire** [sof'friːre] <soffro, soffrii *o* soffersi, sofferto> I. *vt* ❶ (*patire*) leiden, erleiden; (MED) leiden an +*dat*; ~ **il caldo/freddo** unter Hitze/Kälte leiden; ~ **la fame** Hunger leiden ❷ (*sopportare*) [er]leiden, ertragen; (*persone*) ausstehen, leiden II. *vi* ❶ (MED) ~ **di** leiden an +*dat*; ~ **di mal di testa** häufig Kopfschmerzen haben ❷ (*patire*) leiden
**soffritto**[1] [sof'fritto] *pp di* **soffriggere**
**soffritto**[2] *m* Gemisch aus Zwiebeln, Kräutern und manchmal auch Speck, gehackt und angebraten
**soffuso, -a** [sof'fuːzo] *agg* (*luce*) gedämpft
**sofistica** *f v.* **sofistico**
**sofisticare** [sofisti'kaːre] I. *vt* [ver]fälschen; (*vino*) verschneiden, panschen II. *vi* nörgeln **sofisticatezza** [sofistikat'tettsa] *f* Pedanterie *f*, Spitzfindigkeit *f*, Affektiertheit *f* **sofisticato, -a** [sofisti'kaːto] *agg* ❶ (*merce*) gefälscht; (*vino*) gepanscht, verschnitten ❷ (*persona*) anspruchsvoll ❸ (*linguaggio*) gekünstelt, hochgestochen ❹ (*impianto*) Hochleistungs-, hochentwickelt **sofisticatore, -trice** [sofistika'toːre] *m, f* Fälscher(in) *m(f)*; (*di vino*) Panscher(in) *m(f)* **sofisticazione** [sofistikat'tsioːne] *f* [Ver]fälschung *f*; (*di vino*) Panschen *nt*, Verschneiden *nt*
**sofistico, -a** [so'fistiko] <-ci, -che> I. *agg* ❶ (*pej*) pedantisch ❷ (PHILOS) sophistisch II. *m, f* (*pej*) Pedant(in) *m(f)*
**soft** [sɔft] <inv> *agg* (*atmosfera*) behaglich; (*luce*) gedämpft; (*musica*) leise **soft-core** ['sɔftkɔː] <inv> *agg* Softcore- **soft drink** ['sɔft drink] <-> *m* Softdrink *m*
**software** ['sɔftwɛa] <-> *m* (INFORM) Software *f*; ~ **[a scopo] didattico** Lernprogramm *nt* **softwarista** [sɔftwe'rista] <-i *m*, -e *f*> *mf* Softwarespezialist(in) *m(f)*
**soggettista** [soddʒet'tista] <-i *m* -e *f*> *mf* Drehbuchautor(in) *m(f)*
**soggettiva** [soddʒet'tiːva] *f* (FILM) Subjektive *f*; **ripresa in** ~ Subjektiveinstellung *f*, Subjektive *f* **soggettività** [soddʒettivi'ta] <-> *f* Subjektivität *f* **soggettivo, -a** [soddʒet'tiːvo] *agg* ❶ (*opinione, impressione*) subjektiv ❷ (LING) Subjekt[s]-
**soggetto** [sod'dʒɛtto] *m* ❶ (*tema*) Thema *nt*, Gegenstand *m*; (MUS) Thema *nt*

**soggetto** ❷ (LING, PHILOS) Subjekt *nt* ❸ (MED) Person *f*, Patient *m* ❹ (DIR) Person *f*; **~ portatore di interesse** (ECON) interessierte Partei *f* ❺ (*fam: persona, tipo*) Typ *m*, Subjekt *nt*

**soggetto, -a** *agg* ❶ (POL) unterworfen ❷ (*esposto*) **essere ~ a qc** einer Sache *dat* ausgesetzt sein; **~ a imposta** steuerpflichtig ❸ (MED) **essere ~ a qc** für etw anfällig sein

**soggezione** [soddʒet'tsio:ne] *f* ❶ (*timidezza*) Scheu *f*, Befangenheit *f* ❷ (*dipendenza*) Abhängigkeit *f*, Unterworfensein *nt*

**sogghignare** [soggiɲ'ɲa:re] *vi* grinsen
**sogghigno** [sog'giɲɲo] *m* Grinsen *nt*
**soggiacere** [soddʒa'tʃe:re] <irr> *vi* **essere** *o* **avere ~ a qc** einer Sache *dat* unterliegen
**soggiogare** [soddʒo'ga:re] *vt* unterjochen, unterwerfen
**soggiornare** [soddʒor'na:re] *vi* sich aufhalten, verweilen **soggiorno** [sod'dʒorno] *m* ❶ (*permanenza*) Aufenthalt *m*; (*luogo*) Aufenthaltsort *m*; **località di ~** Ferienort *m*; **permesso di ~** Aufenthaltserlaubnis *f* ❷ (*stanza*) Wohnzimmer *nt*
**soggiungere** [sod'dʒundʒere] <irr> *vt* hinzufügen
**soglia** ['sɔʎʎa] <-glie> *f* Schwelle *f*
**soglio** *1. pers sing pr di* **solere**
**sogliola** ['sɔʎʎola] *f* Seezunge *f*
**sognante** [soɲ'ɲante] *agg* träumerisch, verträumt **sognare** [soɲ'ɲa:re] **I.** *vt* ❶ (*vedere in sogno*) träumen; **ho sognato il nonno** ich habe von Großvater geträumt ❷ (*fig: desiderare*) träumen von, erträumen **II.** *vr* **-rsi** ❶ (*vedere in sogno*) träumen ❷ (*fig*) träumen, sich *dat* einbilden; **te lo sogni che venga!** (*fam*) davon träumst du nur, dass er/sie kommt!
**sognatore, -trice** [soɲɲa'to:re] *m, f* Träumer(in) *m(f)*
**sogno** ['soɲɲo] *m* (*a. fig*) Traum *m*; **fare un ~** träumen, einen Traum haben; **~ ad occhi aperti** Tagtraum *m*; **nemmeno** [*o* **neppure**] [*o* **neanche**] **per ~** (*fam*) auch nicht [*o* nicht einmal] im Traum
**soia** ['sɔ:ja] <soie> *f* Sojabohne *f*
**soirée** [swa're] <-> *f* Soiree *f*, Galaabend *m*
**sol** [sɔl] <-> *m* (MUS) g, G *nt*
**sola** *f v.* **solo**
**solaio** [so'la:jo] <-ai> *m* Dachboden *m*
**solare** [so'la:re] *agg* ❶ (*gener*) Sonnen-; **crema ~** Sonnencreme *f*; **eclissi ~** Sonnenfinsternis *f*; **filtro ~** Sonnenschutzfilter *m*; **olio ~** Sonnenöl *nt*; **sistema ~** Sonnensystem *nt* ❷ (EL) Sonnen-, Solar-; **orologio ~** Sonnenuhr *f* ❸ (*fig*) strahlend; (*evidente*) sonnenklar
**solario** [so'la:rio] <-i> *m* Solarium *nt*
**solarismo** [sola'rizmo] *m* Bewegung zur Förderung der Sonnenenergie
**solarium** [so'la:rium] <-> *m* Solarium *nt*
**solcare** [sol'ka:re] *vt* ❶ (*fig*) durchpflügen, durchziehen ❷ (AGR) durchpflügen, durchfurchen **solco** ['solko] <-chi> *m* ❶ (AGR) Furche *f* ❷ (*incavatura*) Spur *f*; (*di disco*) Rille *f* ❸ (*grinza*) Runzel *f*, Furche *f*, Falte *f* ❹ (NAUT) Kielwasser *nt*
**soldatessa** [solda'tessa] *f v.* **soldato**
**soldatino** [solda'ti:no] *m* Spielsoldat *m*; **~ di piombo** Zinnsoldat *m*
**soldato, -essa** [sol'da:to] *m, f* Soldat(in) *m(f)*; **andare** [**a fare il**] **~** Soldat werden; **fare il ~** Soldat sein
**soldo** ['sɔldo] *m* ❶ *pl* Geld *nt*; **fare -i a palate** Geld scheffeln ❷ (*fig*) Pfennig *m*, Heller *m*; **non valere un ~** [**bucato**] keinen Pfennig wert sein; **da pochi** [*o* **quattro**] **-i** (*fig fam*) nichts wert; **è roba da pochi -i** das Zeug ist nichts wert ❸ (MIL) Sold *m*
**sole** ['so:le] *m* Sonne *f*; **c'è il ~** die Sonne scheint; **colpo di ~** Sonnenstich *m*; **occhiali da ~** Sonnenbrille *f*; **prendere il ~** sich sonnen; **sdraiarsi al ~** sich in die Sonne legen; **stare al ~** in der Sonne liegen; **in pieno ~** in der prallen Sonne; **chiaro come il ~** sonnenklar; **dove entra il ~ non entra il dottore** (*prov*) die Sonne hält gesund **soleggiare** [soled'dʒa:re] *vt* in die Sonne legen, der Sonne *dat* aussetzen **soleggiato, -a** [soled'dʒa:to] *agg* sonnig, sonnenbeschienen
**solei** [so'le:i] *1. pers sing pass rem di* **solere**
**solenne** [so'lɛnne] *agg* ❶ (*gener*) feierlich, festlich ❷ (*fam: persona*) Erz-; (*schiaffo*) saftig, gehörig **solennità** [solenni'ta] <-> *f* ❶ (*qualità*) Feierlichkeit *f*, Festlichkeit *f* ❷ (*ricorrenza*) Feier-, Festtag *m* **solennizzare** [solennid'dza:re] *vt* feiern, begehen
**solere** [so'le:re] <soglio, solei, solito> *vi* **essere ~ fare qc** pflegen etw zu tun; **suole fare una passeggiata ogni sera** er/sie pflegt jeden Abend einen Spaziergang zu machen
**solerte** [so'lɛrte] *agg* eifrig, fleißig **solerzia** [so'lɛrtsia] <-ie> *f* Eifer *m*, Fleiß *m*
**soletta** [so'letta] *f* Einlegesohle *f*
**Soletta** [so'letta] **I.** *m* (*cantone*) Solothurn *nt* **II.** *f* (*città*) Solothurn *nt*

**solfa** ['sɔlfa] *f* (*fam*) Leier *f*; **è sempre la solita ~!** es ist immer das alte Lied!; **che ~!** wie langweilig!
**solfara** [sol'fa:ra] *f* Schwefelgrube *f*
**solfatara** [solfa'ta:ra] *f* Solfatara *f*
**solfato** [sol'fa:to] *m* Sulfat *nt*
**solfeggio** [sol'feddʒo] <-i> *m* (MUS) Solfeggio *nt*
**solfidrico, -a** [sol'fi:driko] <-ci, -che> *agg* **acido ~** Schwefelwasserstoff *m*
**solfito** [sol'fi:to] *m* Sulfit *nt*
**solforare** [solfo'ra:re] *vt* ① (AGR) schwefeln ② (CHEM) schwefeln, sulfurieren **solforico, -a** [sol'fɔ:riko] <-ci, -che> *agg* Schwefel-, schwefelhaltig, schwefelsauer; **acido ~** Schwefelsäure *f* **solforoso, -a** [solfo'ro:so] *agg* schwef[e]lig, Schwefel-
**solfuro** [sol'fu:ro] *m* Sulfat *nt*
**solidale** [soli'da:le] *agg* solidarisch **solidarietà** [solidarie'ta] <-> *f* Solidarität *f* **solidarizzare** [solidarid'dza:re] *vi* sich solidarisieren
**solidificare** [solidifi'ka:re] I. *vt* fest machen II. *vr* **-rsi** fest werden, erstarren **solidificazione** [solidifikat'tsio:ne] *f* Festwerden *nt*, Erstarren *nt*
**solidità** [solidi'ta] <-> *f* ① (*di costruzione*) Festigkeit *f* ② (FIN) Solidität *f* ③ (*di persona*) Zuverlässigkeit *f*; (*di argomento*) Fundiertheit *f*; (*di ragionamento*) Stichhaltigkeit *f*
**solido** ['sɔ:lido] *m* ① (PHYS) Feststoff *m*, fester Stoff ② (MAT) Festkörper *m*
**solido, -a** *agg* ① (PHYS) fest ② (*costruzione*) solide, stabil ③ (MAT) dreidimensional ④ (*fig*) solide, stark; (*argomento*) handfest; (*persona, ditta*) zuverlässig
**soliloquio** [soli'lɔ:kuio] <-qui> *m* Selbstgespräch *nt*
**solista** [so'lista] <-i *m*, -e *f*> I. *mf* Solist(in) *m(f)* II. *agg* Solo-, Einzel-
**solitario** [soli'ta:rio] <-i> *m* ① (*gioco*) Patience *f*; **fare un ~** eine Patience legen ② (*brillante*) Solitär *m*
**solitario, -a** <-i, -ie> *agg* ① (*luogo, via*) einsam ② (*persona*) einzeln, Einzel- ③ (*animale*) nicht im Rudel lebend; **verme ~** Bandwurm *m*
**solito** ['sɔ:lito] *m* Gewöhnliche(s) *nt*, Übliche(s) *nt*; (*consuetudine*) Gewohnheit *f*; **di ~** gewöhnlich, normalerweise; **come al ~** wie gewohnt, wie immer
**solito, -a** I. *pp di* **solere** II. *agg* gewohnt, üblich; **essere ~ [di] fare qc** gewohnt sein etw zu tun; **siamo alle -e** (*fam*) schon wieder das Gleiche
**solitudine** [soli'tu:dine] *f* Einsamkeit *f*

**sollazzare** [sollat'tsa:re] I. *vt* amüsieren II. *vr* **-rsi** sich amüsieren **sollazzo** [sol'lattso] *m* Amüsement *nt*, Vergnügen *nt*
**sollecitare** [solletʃi'ta:re] *vt* ① (*cose*) drängen auf +*acc*; (*persone*) drängen, urgieren A ② (*promozioni*) ersuchen um, bitten um; (*posto*) sich bewerben um ③ (*stimolare*) anregen; (*fantasia, cavallo*) anspornen ④ (*passo*) beschleunigen ⑤ (TEC) belasten, beanspruchen **sollecitazione** [solletʃitat'tsio:ne] *f* ① (*il sollecitare*) Mahnung *f*, Drängen *nt* ② (*stimolazione*) Anregung *f*, Ansporn *m* ③ (PHYS, TEC) Belastung *f*, Beanspruchung *f*
**sollecito** [sol'le:tʃito] *m* (ADM) Aufforderung *f*, Mahnung *f*
**sollecito, -a** *agg* ① (*risposta*) prompt, schnell ② (*persona*) eifrig, flott *fam* **sollecitudine** [solletʃi'tu:dine] *f* ① (*impegno*) Eifer *m* ② (*rapidità*) Eile *f*, Promptheit *f*
**solleone** [solle'o:ne] *m* ① (*gran caldo*) Sommerhitze *f* ② (*periodo*) Hundstage *mpl*
**solleticare** [solleti'ka:re] *vt* ① (*vellicare*) kitzeln ② (*fig*) kitzeln, reizen; (*appetito*) anregen **solletico** [sol'le:tiko] <-chi> *m* ① (*sensazione*) Kitzeln *nt*, Kitzel *m*; **fare il ~ a qu** jdn kitzeln; **soffrire il ~** kitzlig sein ② (*fig*) Kitzel *m*, Reizung *f*
**sollevamento** [solleva'mento] *m* [An]hebung *f*, [An]heben *nt*; (*da terra*) Aufheben *nt*; **impianto di ~** Hebevorrichtung *f*; **~ pesi** Gewichtheben *nt* **sollevare** [solleva:re] I. *vt* ① (*peso*) [an]heben; (*da terra*) aufheben ② (*testa*) [er]heben; (*occhi*) erheben ③ (*fig*) heben; (*moralmente*) aufrichten ④ (*fig: far insorgere*) aufwiegeln ⑤ (*fig: questione, protesta*) erheben II. *vr* **-rsi** ① (*levarsi*) sich erheben, sich aufrichten ② (*fig: ribellarsi*) sich erheben, sich empören ③ (*fig: riprendersi*) sich erholen **sollevato, -a** [solle'va:to] *agg* (*fig*) erholt, erleichtert **sollevatore, -trice** [solleva'to:re] I. *m*, *f* Heber(in) *m(f)*; **~ di pesi** Gewichtheber(in) *m(f)* II. *agg* Hebe-; **ponte ~** Hebebühne *f* **sollevazione** [sollevat'tsio:ne] *f* Aufstand *m*; (*fig*) Protest *m*
**sollievo** [sol'liɛ:vo] *m* Erleichterung *f*; (*conforto*) Trost *m*
**sollucchero** [sol'lukkero] *m* **andare in ~** sich riesig freuen, vor Wonne vergehen
**solo** ['so:lo] I. *avv* (*solamente*) nur, allein; **non ~ ..., ma anche ...** nicht nur ..., sondern auch ... II. *cong* (*ma*) nur, bloß; **~ che** +*conj* nur dass, wenn nur
**solo, -a** I. *agg* ① (*senza compagnia*) allein;

solstizio → sonata

uno che s'è fatto da ~ ein Selfmademan *m;* **parlare da** ~ mit sich *dat* selbst sprechen; **vivere** [**da**] ~ allein leben, alleinstehend sein; **meglio -i che male accompagnati** (*prov*) besser allein als in schlechter Gesellschaft; **sentirsi -i** sich einsam fühlen ❷ (*unico*) einzig ❸ (*semplice*) bloß, alleinig II. *m, f* Einzige(r) *f(m)*

**solstizio** [sols'tittsjo] <-i> *m* Sonnenwende *f*

**soltanto** [sol'tanto] *avv* (*solo*) nur, bloß; **non** ~ **..., ma ...** nicht nur ..., sondern auch ...

**solubile** [so'lu:bile] *agg* ❶ (*caffè*, CHEM) löslich ❷ (*fig: problema, questione*) lösbar **solubilità** [solubili'ta] <-> *f* ❶ (CHEM) Löslichkeit *f* ❷ (*fig*) Lösbarkeit *f*

**soluzione** [solut'tsjo:ne] *f* ❶ (*di problema, conflitto*, MAT, CHEM) Lösung *f* ❷ (COM) Zahlung *f*

**solvente** [sol'vɛnte] I. *agg* ❶ (CHEM) lösend, Lösungs- ❷ (FIN) zahlungsfähig, solvent II. *m* Lösungsmittel *nt* **solvenza** [sol'vɛntsa] *f* Zahlungsfähigkeit *f*, Solvenz *f*

**solvibile** [sol'vi:bile] *agg* ❶ (*persona*) zahlungsfähig ❷ (*debito*) zahlbar **solvibilità** [solvibili'ta] <-> *f* ❶ (*di persona*) Zahlungsfähigkeit *f*; ❷ (*di debito*) Zahlbarkeit *f*

**soma** ['sɔ:ma] *f* (*carico*) Last *f*; **bestia** [*o* **animale**] **da** ~ Lasttier *nt*

**somaro** [so'ma:ro] *m, f* ❶ (ZOO) Lasttier *nt*, Esel(in) *m(f)* ❷ (*fam pej*) Esel *m*

**somatico, -a** [so'ma:tiko] <-ci, -che> *agg* somatisch, Körper- **somatopsichico, -a** [somato'psi:kiko] <-ci, -che> *agg* psychosomatisch

**somigliante** [somiʎ'ʎante] *agg* ähnlich, ähnelnd **somiglianza** [somiʎ'ʎantsa] *f* Ähnlichkeit *f* **somigliare** [somiʎ'ʎa:re] I. *vi* gleichen, ähneln; ~ **a qu** jdm gleichen II. *vr* **-rsi** sich *dat* ähnlich sehen, sich *dat* gleichen

**somma** ['somma] *f* ❶ (MAT) Summe *f*; **fare la** ~ zusammenzählen; **tirare le -e** (*fig*) das Fazit ziehen, die Bilanz ziehen ❷ (FIN) Summe *f*, Betrag *m* ❸ (*quantità complessiva*) Summe *f*, Gesamtheit *f* ❹ (*fig: conclusione*) Zusammenfassung *f*, Resümee *nt* **sommare** [som'ma:re] *vt* ❶ (MAT) zusammenzählen, addieren ❷ (*aggiungere*) hinzurechnen, -zählen; **tutto sommato** alles in allem

**sommario** [som'ma:rjo] <-i> *m* ❶ (*riassunto*) Zusammenfassung *f*, Inhaltsangabe *f* ❷ (*compendio*) Abriss *m*

**sommario, -a** <-i, -ie> *agg* ❶ (*resoconto, racconto*) summarisch, zusammengefasst ❷ (JUR: *procedimento, processo*) Schnell- ❸ (*superficiale*) oberflächlich

**sommergere** [som'mɛrdʒere] <irr> I. *vt* ❶ (*acque*) überschwemmen, überfluten ❷ (*fig*) überschwemmen, überhäufen ❸ (*far affondare*) versenken II. *vr* **-rsi** untergehen

**sommergibile** [sommer'dʒi:bile] I. *m* Unterseeboot *nt* II. *agg* tauchfähig

**sommersi** [som'mersi] *1. pers sing pass rem di* **sommergere**

**sommerso, -a** [som'mɛrso] I. *pp di* **sommergere** II. *agg* **economia -a** Schattenwirtschaft *f*

**sommesso, -a** [som'messo] *agg* leise, verhalten

**somministrare** [somminis'tra:re] *vt* ❶ (*medicine*) verabreichen ❷ (*sacramenti*) erteilen, spenden ❸ (*aiuti, viveri*) gewähren **somministrazione** [somministrat'tsjo:ne] *f* ❶ (*di medicine*) Verabreichung *f*, ❷ (*di sacramenti*) Erteilung *f*, Spenden *nt* ❸ (*di aiuti, viveri*) Gewährung *f*

**sommità** [sommi'ta] <-> *f* (*a. fig*) Gipfel *m*, Spitze *f*

**sommo** ['sommo] *m* (*poet*) Gipfel *m*, Spitze *f*

**sommo, -a** I. *superlativo di* **alto, -a** II. *superlativo di* **grande** III. *agg* ❶ (*più alto*) höchste(r, s); (*più grande*) größte(r, s) ❷ (*molto alto*) sehr hoch; (*molto grande*) sehr groß ❸ (*fig: massimo*) äußerste(r, s), höchste(r, s)

**sommossa** [som'mɔssa] *f* Aufstand *m*, Aufruhr *m*

**sommozzatore** [sommottsa'to:re] *m* Froschmann *m*

**sonagliera** [sonaʎ'ʎɛ:ra] *f* Schellenhalsband *nt* **sonaglio** [so'naʎʎo] <-gli> *m* Schelle *f*; **serpente a -gli** Klapperschlange *f*

**sonare** [so'na:re] I. *vt avere* ❶ (MUS) spielen ❷ (*orologio, campana*) schlagen; (*campanello*) läuten ❸ (*fam*) verhauen ❹ (*fig fam: imbrogliare*) hereinlegen; ~ **il clacson** hupen; **sonarla a qu** (*fam*) jdm den Marsch blasen; **sembrare tutto sonato** (*fam*) ganz verrückt scheinen; **sono le sette sonate** es ist geschlagene sieben [Uhr]; **ha trent'anni sonati** er/sie hat die dreißig längst überschritten II. *vi essere o avere* ❶ (*campana*) läuten; (*telefono, sveglia*) klingeln; **sta sonando il campanello** es klingelt ❷ (MUS) spielen, musizieren ❸ (*parole, frasi*) klingen ❹ (*orologio*) schlagen, läuten **sonata** [so-

'na:ta] *f* ❶(MUS) Sonate *f* ❷(*fam*) Schwindel *m*, Betrug *m* ❸(*il suonare*) Geklingel *nt*, Geläut[e] *nt*; Spielen *nt* **sonatore, -trice** [sona'to:re] *m, f* Spieler(in) *m(f)*; **e buonanotte -i!** Ende der Vorstellung!

**sonda** ['sonda] *f* Sonde *f*; ~ **spaziale** Raumsonde *f*

**sondaggio** [son'daddʒo] <-ggi> *m* ❶(*indagine*) Umfrage *f*; ~ **d'opinione** Meinungsumfrage *f* ❷(*con sonda*) Sondierung *f* ❸(*esplorazione*) Erforschung *f*, Sondierung *f* **sondare** [son'da:re] *vt* (*a. fig* MED) sondieren

**sondriese** [son'drie:se] I. *agg* aus Sondrio stammend II. *mf* (*abitante*) Bewohner(in) *m(f)* Sondrios

**Sondrio** *f* Sondrio *nt* (*Stadt in der Lombardei*)

**soneria** [sone'ri:a] <-ie> *f* Klingelton *m*

**sonetto** [so'netto] *m* Sonett *nt*

**song** [sɔng] <-> *f* Song *m*, Lied *nt*

**sonnacchioso, -a** [sonnak'kio:so] *agg* (*fam*) schläfrig; (*occhi*) verschlafen

**sonnambula** *f v.* **sonnambulo**

**sonnambulismo** [sonnambu'lizmo] *m* Schlafwandeln *nt* **sonnambulo, -a** [son'nambulo] *m, f* Schlafwandler(in) *m(f)*; **essere** ~ schlafwandeln

**sonnecchiare** [sonnek'kia:re] *vi* (*fam*) schlummern

**sonnellino** [sonnel'li:no] *m* Schläfchen *nt*, Nickerchen *nt fam;* **fare** [*o* **farsi**] **un** ~ ein Schläfchen machen

**sonnifero** [son'ni:fero] *m* Schlafmittel *nt*

**sonno** ['sonno] *m* Schlaf *m*; **mancanza di** ~ Schlafzug *m*; **avere** ~ müde sein; **prendere** ~ einschlafen; **cascare dal** ~ vor Müdigkeit umfallen; **morire di** ~ todmüde sein **sonnolento, -a** [sonno'lɛnto] *agg* verschlafen; (*persona*) schläfrig **sonnolenza** [sonno'lɛntsa] *f* Schläfrigkeit *f*

**sono** ['so:no] *1. pers sing pr di* **essere**¹

**sonografo** [so'nɔ:grafo] *m* Sonograph *m* **sonogramma** [sono'gramma] <-i> *m* Sonogramm *nt*

**sonorità** [sonori'ta] <-> *f* ❶(PHYS) Klangfülle *f* ❷(*fig*) Wohlklang *m* geh ❸(LING) Stimmhaftigkeit *f*

**sonorizzare** [sonorid'dza:re] *vt* (FILM) vertonen **sonorizzazione** [sonoriddzat'tsio:ne] *f* (FILM) Vertonung *f*

**sonoro** [so'no:ro] *m* Tonfilm *m*

**sonoro, -a** *agg* ❶(PHYS) Schall-, schallend; **onde -e** Schallwellen *fpl* ❷(*voce*) klangvoll, wohlklingend ❸(*fig*) schallend, dröhnend ❹(LING) stimmhaft ❺(FILM) Ton-;

**colonna -a** Soundtrack *m;* **cinema** ~ Tonfilm *m*

**sontuosità** [sontuosi'ta] <-> *f* Prunk *m*, Pracht *f* **sontuoso, -a** [sontu'o:so] *agg* prunkvoll, prächtig

**sopire** [so'pi:re] <sopisco> *vt* beruhigen, besänftigen

**sopore** [so'po:re] *m* Schlummer *m*, Halbschlaf *m* **soporifero, -a** [sopo'ri:fero] *agg* einschläfernd

**soppalco** [sop'palko] <-chi> *m* Dachboden *m*

**sopperire** [soppe'ri:re] <sopperisco> *vi* ~ **a qc** etw bewältigen, mit etw zurechtkommen; ~ **alle spese** die Kosten bestreiten

**soppesare** [soppe'sa:re] *vt* ❶(*fig*) abwägen ❷(*oggetto*) wägen, das Gewicht abschätzen

**soppiantare** [soppian'ta:re] *vt* verdrängen

**soppiatto** [sop'piatto] *agg* **di** ~ heimlich, versteckt

**sopportare** [soppor'ta:re] *vt* ❶(*resistere*) aushalten, ertragen ❷(*subire*) auf sich nehmen, erleiden; (*tollerare*) dulden, ertragen ❸(*persona*) leiden [können] ❹(*peso*) tragen, aushalten ❺(*spesa*) tragen **sopportazione** [sopportat'tsio:ne] *f* Duldung *f*, Ertragen *nt;* (*pazienza*) Geduld *f*

**soppressata** [soppres'sa:ta] *f* Schweinskopfsülze *f*

**soppressi** [sop'prɛssi] *1. pers sing pass rem di* **sopprimere**

**soppressione** [soppres'sio:ne] *f* ❶(*abolizione*) Abschaffung *f*, Aufhebung *f* ❷(*uccisione*) Beseitigung *f* **sopprimere** [sop'pri:mere] <irr> *vt* ❶(*legge*) abschaffen, aufheben ❷(*persona*) beseitigen

**sopra** ['so:pra] I. *prp* ❶(*con contatto: stato*) auf +*dat;* (*moto*) auf +*acc* ❷(*senza contatto: stato*) über +*dat;* (*moto*) über +*acc* ❸(*oltre*) über +*dat*, oberhalb +*gen;* ~ **ogni cosa** über alles ❹(*dopo*) über +*dat*, nach +*dat* ❺(*addosso*) auf +*acc* ❻(*intorno a, più di*) über +*acc* II. *avv* oben; (*oltre*) über, darüber; **berci** ~ darauf trinken; **dormirci** ~ darüber schlafen; **passarci** ~ darüber hinwegkommen; **al di** ~ **di** oberhalb von; **vedi** ~ siehe oben; **di cui** ~ (ADM) oben genannt; **come** [**detto**] ~ wie oben [gesagt] III.<inv> *agg* obere(r, s) IV. <-> *m* Oberteil *nt*

**sopra-** [sopra] (*in parole composte*) Über-, über-

**soprabito** [so'pra:bito] *m* Überzieher *m*

**sopraccalza** [soprak'kaltsa] *f* Über-

sopraccarta → soprano

strumpf *m,* Überziehstrumpf *m,* [dicker] Wollstrumpf *m*
**sopraccarta** [soprak'karta] *f* ❶ *(carta che ricopre un'altra)* Deckblatt *nt* ❷ *(indirizzo)* Anschrift *f,* Adresse *f*
**sopraccennato, -a** [soprattʃen'na:to] *agg* oben genannt
**sopracciglio** [soprat'tʃiʎʎo] *<pl:* -glia *f> m* [Augen]braue *f*
**sopraccitato, -a** [soprattʃi'ta:to] *agg* oben genannt
**sopraccoperta**[1] [soprakko'pɛrta] *f* ❶ *(di letto)* Über-, Tagesdecke *f* ❷ *(di libro)* Schutzumschlag *m* ❸ (NAUT) Deck *nt*
**sopraccoperta**[2] *avv* auf [*o* an] Deck
**sopraddetto, -a** [soprad'detto] *agg* oben gesagt, oben genannt
**sopr(a)edificare** [sopr(a)edifi'ka:re] *vt* aufstocken **sopraedificazione** [sopraedifikat'tsio:ne] *f* Aufstockung *f*
**sopraelencato, -a** [sopraelen'ka:to] *agg* oben aufgeführt, oben angeführt
**sopr(a)elevamento** [sopr(a)eleva'mento] *m* Aufstockung *f,* Erhöhung *f,* Überhöhung *f* **sopr(a)elevare** [sopr(a)ele'va:re] *vt (strada)* überhöhen; *(edificio)* aufstocken **sopr(a)elevata** [sopr(a)ele'va:ta] *f (strada)* Hochstraße *f; (ferrovia)* Hochbahn *f* **sopr(a)elevato, -a** [sopr(a)ele'va:to] *agg* aufgestockt, erhöht; **strada -a** Hochstraße *f;* **ferrovia -a** Hochbahn *f* **sopr(a)elevazione** [sopr(a)elevat'tsio:ne] *f* ❶ *(di edificio)* Aufstockung *f* ❷ (FERR) Überhöhung *f* ❸ *(di argini)* Erhöhung *f,* Überhöhung *f*
**sopr(a)esposto, -a** [sopr(a)es'pɔsto] *agg* oben erklärt
**sopraffare** [sopraf'fa:re] *<irr> vt (persone)* überwältigen; *(deboli)* unterdrücken **sopraffattore, -trice** [sopraffat'to:re] I. *m, f* Unterdrücker(in) *m(f),* Überwältiger(in) *m(f)* II. *agg* überwältigend, unterdrückend **sopraffazione** [sopraffat'tsio:ne] *f* Überwältigung *f,* Unterdrückung *f*
**sopraffeci** *1. pers sing pass rem di* **sopraffare**
**sopraffinestra** [sopraffi'nɛstra] *f* Oberlicht *nt,* Kippfenster *nt*
**sopraffino, -a** [sopraf'fi:no] *agg* ❶ (GASTR: *piselli)* extrafein ❷ *(cosa, pranzo)* exzellent, raffiniert ❸ *(fig)* ausgezeichnet, bärig *A* ❹ *(iron: furfante)* raffiniert
**sopraffò** [sopraf'fɔ] *1. pers sing pr di* **sopraffare**
**sopraffondo** [sopraf'fondo] *m* Passepartout *nt*

**sopraggitto** [soprad'dʒitto] *m* Übernaht *f*
**sopraggiungere** [soprad'dʒundʒere] *<irr> vi essere* ❶ *(arrivare)* überraschend auftauchen ❷ *(accadere)* überraschend passieren
**sopraggiunta** [soprad'dʒunta] *f* **per ~** noch dazu, obendrein
**sopraindicato, -a** [sopraindi'ka:to] *agg* oben angeführt
**soprainsieme** [soprain'siɛ:me] *m* (MAT) Grundmenge *f*
**sopra(l)luogo** [sopra(l)'luɔ:go] *<-ghi> m* Lokal-, Ortstermin *m*
**soprammanica** [sopram'ma:nika] *<-che> f* Ärmelschoner *m,* Ärmelschützer *m*
**soprammattone** [sprammat'to:ne] *m* gemauerte Innenwand
**sopram(m)enzionato, -a** [sopram(m)entsio'na:to] *agg* oben erwähnt, oben genannt
**soprammobile** [sopram'mɔ:bile] *m* Nippesfigur *f,* Nippsachen *fpl*
**sopra(m)modo** [sopra(m)'mɔ:do] *avv* überaus, äußerst
**sopra(m)mondo** [sopra(m)'mondo] *m* Jenseits *nt*
**soprana** [so'pra:na] *f* [langes] Überkleid *nt,* Überwurf *m*
**soprannarrato, -a** [soprannar'ra:to] *agg* [weiter] oben erzählt
**soprannaturale** [soprannatu'ra:le] I. *agg* übernatürlich, übersinnlich II. *m* Übernatürliche(s) *nt*
**soprannaturalismo** [soprannatura'lizmo] *m* Supranaturalismus *m,* Supernaturalismus *m,* Lehre *f* vom Übersinnlichen [*o* Überirdischen] **soprannaturalità** [soprannaturali'ta] *f* Übersinnlichkeit *f,* Übernatürlichkeit *f*
**sopra(n)nazionale** [sopra(n)nattsio'na:le] *agg* übernational, überstaatlich **sopran(n)azionalità** [soprannattsionali'ta] *f* Überstaatlichkeit *f,* Supranationalität *f*
**soprannome** [sopran'no:me] *m* Spitz-, Beiname *m* **soprannominare** [soprannomi'na:re] *vt* **~ qu** jdm einen Spitznamen geben **soprannominato, -a** [soprannomi'na:t] *agg* genannt, mit dem Beinamen
**sopra(n)notato, -a** [sopra(n)no'ta:to] *agg* oben genannt, oben erwähnt
**soprannumerario, -a** [soprannume'ra:rio] *agg* überzählig, überschüssig **soprannumero** [sopran'nu:mero] *m* **in ~** überzählig, überschüssig
**soprano**[1] [so'pra:no] *<inv> agg* Sopran-

**soprano²** *m* Sopran *m*, Sopranist(in) *m(f)*; ~ **leggero** Koloratursopran *m*; ~ **drammatico/lirico** dramatischer/lyrischer Sopran; **mezzo** ~ Mezzosopran *m*

**soprapassaggio** [sopraspas'saddʒo] *m* Überführung *f*; ~ **pedonale** Fußgängerüberführung *f*

**soprappensiero**, **sopra pensiero** [soprappen'sjɛːro] *avv* in Gedanken, gedankenverloren

**soprappiù** [soprap'piu] <-> *m* ❶ (*ciò che è in più*) Extra *nt* ❷ (*aggiunta*) Dreingabe *f*, Zugabe *f*; **di** [*o* **per**] ~ obendrein, noch dazu; **in** [*o* **per**] ~ überzählig, überschüssig

**soprapporta** [soprap'porta] *f* Oberlicht *nt*, Soprаporte *f*

**soprapprezzo** [soprap'prɛttso] *m* Aufpreis *m*, Aufschlag *m*

**soprap(p)rofitto** [soprap(p)ro'fitto] *m* (FIN) Gewinnzuschlag *m*, Mehrgewinn *m*

**soprassalto** [sopras'salto] *m* Auffahren *nt*, plötzlicher Satz; **di** ~ plötzlich, mit einem plötzlichen Satz

**soprassata** [sopras'saːta] *v.* **soppressata**

**soprassedere** [soprasse'deːre] <irr> *vi* ~ **a qc** etw aufschieben

**soprassicurazione** [soprassikurat'tsjoːne] *f* Überversicherung *f*

**soprattassa** [soprat'tassa] *f* Steuerzuschlag *m* **soprattassare** [soprattas'saːre] *vt* mit einem Steuerzuschlag belegen

**soprattutto** [soprat'tutto] *avv* vor allem, vor allen Dingen

**sopra(v)valutare** [sopra(v)valu'taːre] *vt* überbewerten **sopra(v)valutazione** [sopra(v)valutat'tsjoːne] *f* Überbewertung *f*

**sopravvenire** [sopravve'niːre] <irr> *vi essere* ❶ (*sopraggiungere*) auftauchen, plötzlich erscheinen ❷ (*accadere*) plötzlich passieren

**sopravvento** [soprav'vɛnto] *m* Übermacht *f*, Übergewicht *nt*; (*fig*) Oberhand *f*

**sopravvissi** *1. pers sing pass rem di* **sopravvivere**

**sopravvissuto, -a** [sopravvis'suːto] I. *pp di* **sopravvivere** II. *agg* überlebend III. *m, f* Überlebende(r) *f(m)* **sopravvivenza** [sopravvi'vɛntsa] *f* Überleben *nt*; **istinto di** ~ Selbsterhaltungstrieb *m*

**sopravvivere** [soprav'viːvere] <irr> *vi essere* ❶ (*a persone, a disgrazia*) ~ **a qu/qc** jdn/etw überleben ❷ (*fig*) ~ **in qc** in etw *dat* weiterleben

**soprintendente** [soprinten'dɛnte] *mf* Oberaufseher(in) *m(f)*; (*statale*) Oberintendant(in) *m(f)*; ~ **alle Belle Arti** Landeskonservator(in) *m(f)* **soprintendenza** [soprinten'dɛntsa] *f* Oberaufsicht *f*; (*statale*) Oberintendantur *f* **soprintendere** [soprin'tɛndere] <irr> *vi* ~ **a qc** bei etw [*o* über etw *acc*] die Oberaufsicht führen

**sopruso** [so'pruːzo] *m* Übergriff *m*, Gewaltakt *m*

**soqquadro** [sok'kuaːdro] *m* **mettere a** ~ durcheinanderbringen

**sor** [sor] *m* (*fam: signor*) Herr *m*

**sora** ['soːra] *f* (*fam: signora*) Frau *f*

**sorbettiera** [sorbet'tjɛːra] *f* Sorbettiere *f* **sorbetto** [sor'betto] *m* Sorbet[t] *m o nt*

**sorbire** [sor'biːre] <sorbisco> *vt* ❶ (*bibita*) schlürfen ❷ (*fig*) aushalten, ertragen

**sorcio** ['sortʃo] <-ci> *m* (*fam*) Maus *f*

**sorda** *f v.* **sordo**

**sordidezza** [sordi'dettsa] *f* (*pej*) ❶ (*sporcizia*) Schmutzigkeit *f*, Schmierigkeit *f* ❷ (*fig: avarizia*) Knauserigkeit *f*, Geiz *m*

**sordido, -a** ['sɔrdido *o* 'sordido] *agg* (*pej*) ❶ (*sporco*) schmutzig, dreckig ❷ (*fig: avaro*) knaus[e]rig, geizig

**sordina** [sor'diːna] *f* Dämpfer *m*; (*strumento*) Sordine *f*; **in** ~ gedämpft, leise; (*fig*) heimlich

**sordità** [sordi'ta] <-> *f* ❶ (MED: *totale*) Taubheit *f*; (*parziale*) Schwerhörigkeit *f* ❷ (*fig*) Taubheit *f*, Desinteresse *nt* **sordo, -a** ['sordo] I. *agg* ❶ (MED: *totalmente*) taub; (*parzialmente*) schwerhörig; **essere** ~ **da un orecchio** auf einem Ohr taub sein; ~ **come una campana** stocktaub ❷ (*fig: privo di interesse*) taub, gleichgültig ❸ (LING) stimmlos II. *m, f* Taube(r) *f(m)*; **fare il** ~ sich taub stellen; **parlare** [*o* **cantare**] **ai** ~ **-i** (*fig*) tauben Ohren predigen; **non c'è peggior** ~ **di chi non vuol sentire** (*prov*) tauben Ohren ist nicht gut predigen **sordocieco, -a** [sordo'tʃɛko] <-chi, -che> I. *agg* taubblind II. *m, f* Taubblinde(r) *f(m)*

**sordomuta** *f v.* **sordomuto**

**sordomutismo** [sordomu'tizmo] *m* Taubstummheit *f* **sordomuto, -a** [sordo'muːto] I. *agg* taubstumm II. *m, f* Taubstumme(r) *f(m)*

**sorella** [so'rɛlla] *f* Schwester *f* **sorellastra** [sorel'lastra] *f* Halb-, Stiefschwester *f*

**sorgente** [sor'dʒɛnte] *f* (*a. fig*) Quelle *f*

**sorgere** ['sɔrdʒere] <sorgo, sorsi, sorto> *vi essere* ❶ (*sole*) aufgehen ❷ (*monte, castello*) sich erheben, emporragen ❸ (*sollevarsi, a. fig*) sich erheben ❹ (*acque*) entspringen ❺ (*fig: manifestarsi*) aufkommen,

sorgivo → sospettoso

auftreten **sorgivo, -a** [sor'dʒi:vo] *agg* Quell[en]-
**soriano** [so'ria:no] *m* Tigerkatze *f*
**soriano, -a** *agg* getigert, Tiger-
**sormontare** [sormon'ta:re] *vt* ❶(*difficoltà*) überwinden ❷(*acqua*) übersteigen
**sornione, -a** [sor'nio:ne] *agg* scheinheilig, gleichgültig
**sorpassare** [sorpas'sa:re] *vt* ❶(MOT) überholen; (*velocità*) überschreiten ❷(*in altezza*) überragen ❸(*fig: oltrepassare*) überschreiten ❹(*fig: sopravanzare*) übertreffen **sorpassato, -a** [sorpas'sa:to] *agg* (a. *fig*) überholt, überkommen **sorpasso** [sor'passo] *m* Überholen *nt*, Überholvorgang *m;* **fare un ~** überholen; **divieto di ~** Überholverbot *nt;* **corsia di ~** Überholspur *f*
**sorprendente** [sorpren'dɛnte] *agg* überraschend **sorprendere** [sor'prɛndere] <irr> I. *vt* ❶(*cogliere*) überraschen, ertappen ❷(*fig*) überraschen, erstaunen II. *vr* -**rsi di qc** sich über etw *acc* wundern; **non mi sorprende più di nulla** mich wundert nichts mehr **sorpresa** [sor'pre:sa] *f* Überraschung *f;* (*meraviglia*) Verwunderung *f;* (*stupore*) Erstaunen *nt;* **di ~** überraschend; **con mia grande ~** zu meinem großen Erstaunen; **fare una ~ a qu** jdn überraschen
**sorreggere** [sor'rɛddʒere] <irr> *vt* ❶(*persona*) stützen ❷(*fig*) aufrecht [er]halten, stützen ❸(*costruzione*) [ab]stützen
**Sorrento** [sor'rɛnto] *f* Sorrent *nt* (*Stadt in Kampanien*)
**sorressi** *1. pers sing pass rem di* **sorreggere**
**sorretto** *pp di* **sorreggere**
**sorridente** [sorri'dɛnte] *agg* lächelnd; **è sempre ~** er/sie ist immer guter Laune **sorridere** [sor'ri:dere] <irr> *vi* ❶(*gener*) lächeln; **~ a qu** jdm zulächeln ❷(*fig*) zulächeln, hold sein **sorriso** [sor'ri:so] *m* Lächeln *nt*
**sorsata** [sor'sa:ta] *f* Schluck *m*
**sorseggiare** [sorsed'dʒa:re] *vt* schlürfen, in kleinen Schlucken trinken
**sorsi** ['sorsi] *1. pers sing pass rem di* **sorgere**
**sorso** ['sorso] *m* Schluck *m*
**sort** [sɔ:t] <-> *m* (INFORM) Sortierprogramm *nt*, Sortierfunktion *f*
**sorta** ['sɔrta] *f* Sorte *f*, Art *f;* **d'ogni ~** aller Art, alle möglichen ...
**sorte** ['sɔrte] *f* Schicksal *nt*, Los *nt;* **tirare/estrarre a ~** losen/ein Los ziehen

**sorteggiare** [sorted'dʒa:re] *vt* auslosen; (*premi*) verlosen **sorteggio** [sor'teddʒo] <-ggi> *m* Auslosung *f;* (*di premi*) Verlosung *f*
**sortilegio** [sorti'lɛ:dʒo] <-gi> *m* Zauber *m*, Zauberei *f*
**sortire** [sor'ti:re] <sortisco> *vt* erzielen, bewirken **sortita** [sor'ti:ta] *f* ❶(MIL) Ausfall *m* ❷(*fig*) Bemerkung *f*, Bonmot *nt*
**sorto** ['sorto] *pp di* **sorgere**
**sorvegliante** [sorveʎ'ʎante] *mf* Aufseher(in) *m(f)*, Wächter(in) *m(f)* **sorveglianza** [sorveʎ'ʎantsa] *f* Aufsicht *f*, Be-, Überwachung *f* **sorvegliare** [sorveʎ'ʎa:re] *vt* be-, überwachen, beaufsichtigen; (*vigilare*) aufpassen auf +*acc*
**sorvolare** [sorvo'la:re] I. *vt* ❶(AERO) überfliegen, hinwegfliegen über +*acc* ❷(*fig*) übergehen II. *vi* **~ su qc** (*fig*) über etw *acc* hinweggehen
**S.O.S.** ['ɛsseo'ɛsse] <-> *m* SOS *nt;* **lanciare un ~** (a. *fig*) einen Hilferuf aussenden
**sosia** ['sɔ:zia] <-> *mf* Doppelgänger(in) *m(f)*
**sospendere** [sos'pɛndere] <irr> *vt* ❶(*appendere*) aufhängen ❷(*fig: cessare*) aufheben, einstellen; (*interrompere*) unterbrechen ❸(*funzionario*) suspendieren; (*alunno*) [von der Schule] verweisen; **~ da una carica** eines Amt[e]s entheben **sospensione** [sospen'sio:ne] *f* ❶(*il sospendere*) Aufhängen *nt* ❷(CHEM) Suspension *f* ❸(MOT) Federung *f*, Radaufhängung *f* ❹(*fig*) Einstellung *f*, Aufhebung *f;* (*interruzione*) Unterbrechung *f* ❺(*da ufficio, dalle lezioni*) Suspendierung *f* ❻(LING) **puntini di ~** Auslassungspunkte *mpl*
**sospesi** [sos'pe:si] *1. pers sing pass rem di* **sospendere**
**sospeso, -a** [sos'pe:so] I. *pp di* **sospendere** II. *agg* ❶(*sollevato*) hängend, schwebend ❷(*interrotto*) unterbrochen, eingestellt; **col fiato ~** mit angehaltenem Atem ❸(*fig: incerto, indeciso*) ungewiss, unbestimmt; **tenere qu in ~** jdn im Ungewissen lassen ❹(*fig: ansioso*) besorgt
**sospetta** *f v.* **sospetto**
**sospettare** [sospet'ta:re] I. *vt* ❶(*ritenere responsabile*) verdächtigen ❷(*immaginare*) vermuten, argwöhnen II. *vi* ❶(*diffidare*) **~ di qu** jdn verdächtigen ❷(*avere sospetti*) annehmen, vermuten
**sospetto** [sos'pɛtto] *m* ❶(*dubbio*) Verdacht *m*, Argwohn *m;* **destare ~** Verdacht erregen; **~ iniziale** Anfangsverdacht *m* ❷(*cosa sospetta*) Verdächtige(s) *nt*
**sospetto, -a** *agg* verdächtig **sospettoso,**

-a [sospet'to:so] *agg* argwöhnisch, misstrauisch
**sospingere** [sos'pindʒere] <irr> *vt* ① (*spingere*) treiben ② (*fig*) [an]treiben
**sospinto, -a** [sos'pinto] *agg* **a ogni piè ~** auf Schritt und Tritt
**sospirare** [sospi'ra:re] I. *vi* seufzen II. *vt* ① (*desiderare*) ersehnen, herbeisehnen ② (*aspettare*) ungeduldig erwarten, herbeisehnen **sospiro** [sos'pi:ro] *m* Seufzer *m;* **fare** [*o* **tirare**] **un ~** seufzen; **Ponte dei Sospiri** Seufzerbrücke *f* (*in Venedig*)
**sosta** ['sɔsta] *f* ① (*fermata*) Halt *m,* Anhalten *nt;* **~ limitata** beschränkte Parkdauer; **divieto di ~** Halten verboten; **parcheggiare in ~ vietata** im Halteverbot parken ② (*riposo*) Pause *f;* **fare una ~ a Perugia** in Perugia Station machen
**sostantivare** [sostanti'va:re] *vt* substantivieren
**sostantivo** [sostan'ti:vo] *m* Substantiv *nt,* Hauptwort *nt*
**sostanza** [sos'tantsa] *f* ① (*materia*) Substanz *f,* Stoff *m;* **~ medicinale** Arznei-, Heilmittel *nt;* **~ nociva** Schadstoff *m* ② *pl* (*patrimonio*) Vermögen *nt,* Besitz *m* ③ (*parte essenziale*) Wesentliche(s) *nt;* **in ~** im Wesentlichen ④ (*di cibo*) Gehalt *m,* Nährwert *m* **sostanziale** [sostan'tsia:le] *agg* wesentlich, substanziell
**sostanziosità** [sostantsiosi'ta] <-> *f* Nährwert *m* **sostanzioso, -a** [sostan'tsio:so] *agg* ① (*cibo*) nahrhaft, gehaltvoll ② (*fig*) gehaltvoll, inhaltsreich
**sostare** [sos'ta:re] *vi* ① (*fermarsi*) halten, anhalten ② (*fare una pausa*) pausieren, eine Pause machen
**sostegno** [sos'teɲɲo] *m* ① (*supporto*) Stütze *f* ② (*fig*) Unterstützung *f;* (*persona*) Stütze *f*
**sostenere** [soste'ne:re] <irr> I. *vt* ① (*reggere*) stützen, halten ② (*sopportare*) ertragen, aushalten ③ (*fig: persona, candidatura, legge*) unterstützen; (*tesi, idea*) vertreten; (*conversazione*) bestreiten; (*esame*) ablegen ④ (*affermare*) behaupten ⑤ (FIN: *spese*) tragen II. *vr* **-rsi** ① (*reggersi*) sich stützen, sich aufstützen; (*tenersi ritto*) sich aufrecht halten ② (*fig*) sich stärken, sich bei Kräften halten **sostenibile** [soste'ni:bile] *agg* ① (*tesi*) vertretbar, haltbar; (*spesa*) vertretbar ② (ECOL) nachhaltig; **energia ~** grüne Energie **sostenibilità** [sosteni:bili'ta] *f* (ECOL) Nachhaltigkeit *f* **sostenitore, -trice** [sosteni'to:re] I. *agg* fördernd II. *m, f* Vertreter(in) *m(f),* Verfechter(in) *m(f)*

**sostentamento** [sostenta'mento] *m* Unterhalt *m* **sostentare** [sosten'ta:re] I. *vt* unterhalten, ernähren II. *vr* **-rsi** sich erhalten
**sostenuta** *f v.* **sostenuto**
**sostenutezza** [sostenu'tettsa] *f* Zurückhaltung *f* **sostenuto, -a** [soste'nu:to] I. *agg* ① (*contegno, atteggiamento*) zurückhaltend, kühl; **fare il ~ con qu** jdm gegenüber abweisend sein ② (COM: *prezzi*) stabil, fest II. *m, f* zurückhaltender Mensch
**sostituire** [sostitu'i:re] <sostituisco> I. *vt* ① (*cambiare*) austauschen, auswechseln ② (*rimpiazzare*) ersetzen ③ (*prendere il posto*) vertreten II. *vr* **-rsi a qu** an jds Stelle treten; **-rsi a qc** etw ersetzen **sostituta** *f v.* **sostituto sostitutivo, -a** [sostitu'ti:vo] *agg* Ersatz-, Ergänzungs- **sostituto, -a** [sosti'tu:to] *m, f* Stellvertreter(in) *m(f);* **~ procuratore** (JUR) Staatsanwalt *m*
**sostituzione** [sostitut'tsio:ne] *f* Auswechs[e]lung *f,* Ersatz *m;* **in ~ di** (*cosa*) zum Ersatz für; (*persona*) an jds Stelle; **~ fiduciaria** (EU) Bargeldumstellung *f*
**sostrato** [sos'tra:to] *m* ① (GEOL, LING) Substrat *nt* ② (*fig*) Nährboden *m*
**sottabito** [sot'ta:bito] *m* Unterkleid *nt*
**sottaceti** [sotta'tʃe:ti] *mpl* Mixed Pickles *pl*
**sottaceto, sott'aceto** [sotta'tʃe:to] <inv> *agg o avv* in Essig; **cetriolini ~** saure Gurken *fpl*
**sottana** [sot'ta:na] *f* ① (*sottogonna*) Unterrock *m;* (*gonna*) Rock *m* ② (REL) Soutane *f* ③ (*fig*) Rockzipfel *m,* Schürze *f;* **stare sempre attaccato alla ~ della mamma** ständig am Rockzipfel der Mutter hängen
**sottecchi** [sot'tekki] *avv* **di ~** verstohlen
**sotterfugio** [sotter'fu:dʒo] <-gi> *m* Ausflucht *f,* Vorwand *m;* **di ~** heimlich
**sotterramento** [sotterra'mento] *m* Vergraben *nt*
**sotterranea** [sotter'ra:nea] *f* Untergrundbahn *f,* U-Bahn *f*
**sotterraneo** [sotter'ra:neo] *m* Keller-, Untergeschoss *nt*
**sotterraneo, -a** *agg* unterirdisch; **ferrovia -a** Untergrundbahn *f*
**sotterrare** [sotter'ra:re] *vt* ① (*tesoro, semente*) vergraben ② (*morto*) begraben, beerdigen
**sottigliezza** [sottiʎ'ʎettsa] *f* ① (*di spessore*) Dünne *f,* Dünnheit *f* ② (*fig*) Feinheit *f,* Subtilität *f;* (*acutezza*) Schärfe *f* ③ *pl* (*pedanteria*) Spitzfindigkeiten *fpl,* Haarspaltereien *fpl* **sottile** [sot'ti:le] I. *agg* ① (*filo, strato, aria*) dünn ② (*figura, gambe*) schlank, dünn ③ (*fig: sofistico*)

subtil; *(fino, leggero)* fein, dünn; *(mente)* feinsinnig; *(mente, vista)* scharf; *(disputa, argomentazione)* spitzfindig **II.** *m* **non andare per il ~** nicht zimperlich sein

**sottiletta** [sotti'letta] *f* Scheiblette® *f*

**sottilizzare** [sottilid'dzaːre] *vi* Haarspalterei betreiben, spitzfindig sein

**sottinsù, sott'in su** [sottin'su] *avv* **di ~** von unten nach oben, von unten herauf

**sottintendere** [sottin'tɛndere] <irr> *vt* ❶ *(capire)* mit darunter verstehen; *(dare per scontato)* stillschweigend annehmen; **è sottinteso** das versteht sich von selbst; **lasciare ~** durchblicken lassen ❷ *(comportare)* mit sich *dat* bringen, gleichzeitig bedeuten

**sottinteso** [sottin'teːso] *m* Hintergedanke *m*

**sottinteso, -a** *agg* ❶ (LING) [unausgedrückt] miteingeschlossen, elliptisch ❷ *(riferimento)* miteinbegriffen; *(fig)* zwischen den Zeilen

**sotto** ['sotto] **I.** *prp* ❶ *(stato)* unter +*dat;* **essere nato ~ il segno del cancro** im [*o* unter dem] Zeichen des Krebses geboren sein; **~ questo aspetto** unter diesem Aspekt; **~ la pioggia** im Regen; **~ il monte** am Fuße des Berges ❷ *(moto)* unter +*acc* ❸ *(dietro: stato)* hinter +*dat;* *(moto)* hinter +*acc* ❹ *(in cambio di)* gegen +*acc,* für +*acc* ❺ *(verso)* gegen +*acc,* um +*acc* ❻ *(condizione)* unter +*dat,* in +*dat;* **caffè ~ vuoto** vakuumverpackter Kaffee; **essere ~ esami** im Examen stehen; **stare ~ a qu** jdm unterstehen; **tenere ~ qu** jdn unterdrücken; **sott'aceto/olio** in Essig/Öl; **~ giuramento** unter Eid ❼ *(più in basso di)* unterhalb +*gen* **II.** *avv* ❶ *(stato)* unten; **le stanze di ~** die unteren Zimmer *ntpl;* **qui c'è ~ qc** *(fig)* da steckt etwas dahinter ❷ *(moto)* nach unten, hinunter; **farsi ~** *(fig)* sich heranmachen, sich anschleichen; **mettere ~** überfahren; **mettersi ~** *(fig fam)* sich daranmachen ❸ *(addosso)* darunter, unterhalb ❹ *(più giù, oltre)* weiter unten; **vedi ~** siehe unten; **~ ~** unterschwellig, insgeheim; *(fig)* eigentlich **III.** <inv> *agg* untere(r, s), weiter unten **IV.** <-> *m* Unterteil *nt*

**sotto-** [sotto] *(in parole composte)* Unter-, unter-

**sottoalimentare** [sottoalimen'taːre] *vt* unzureichend ernähren, unterversorgen **sottoalimentazione** [sottoalimentat'tsioːne] *f* Unterernährung *f*

**sottoassicurazione** [sottoassikurat'tsioːne] *f* Unterversicherung *f*

**sottobanco** [sotto'baŋko] *avv* unter der Hand

**sottobicchiere** [sottobik'kiɛːre] *m* Untersetzer *m*

**sottobosco** [sotto'bɔsko] <-schi> *m* ❶ (BOT) Unterholz *nt* ❷ *(fig)* Unter-, Halbwelt *f*

**sottobottiglia** [sottobot'tiʎʎa] <-glie *o* -> *m* Flaschenuntersetzer *m*

**sottobraccio** [sotto'brattʃo] *avv* Arm in Arm, untergehakt

**sottocchio** [sot'tɔkkio] *avv* im Auge

**sottoccupato, -a** [sottokku'paːto] **I.** *agg* unterbeschäftigt **II.** *m, f* Unterbeschäftigte(r) *f(m)* **sottoccupazione** [sottokkupat'tsioːne] *f* Unterbeschäftigung *f*

**sottochiave** [sotto'kiaːve] *avv* unter Verschluss

**sottocipria** [sotto'tʃiːpria] <-> *m o f* Make-up-Unterlage *f,* Grundierungscreme *f*

**sottocoperta**[1] [sottoko'pɛrta] *f* Unterdeck *nt*

**sottocoperta**[2] *avv* unter Deck

**sottocosto** [sotto'kɔsto] **I.** *avv* unter Preis **II.** <inv> *agg* unter Preis [angeboten]

**sottocultura** [sottokul'tuːra] *f* Subkultur *f*

**sottocutaneo, -a** [sottoku'taːneo] *agg* subkutan **sottocute** [sotto'kuːte] *f* Unterhaut *f,* Subkutis *f*

**sottodimensionato, -a** [sottodimensio'naːto] *agg* unterdimensioniert, zu klein, unterbesetzt; **ufficio ~** unterbesetztes Büro

**sottoelencato, -a** [sottoelen'kaːto] *agg* nachstehend [*o* unten] aufgeführt

**sottoesporre** [sottoes'porre] <irr> *vt* unterbelichten

**sottofinale** [sottofi'naːle] *m* (THEAT) Vorschlussszene *f*

**sottofinestra** [sottofi'nɛstra] <-> *m* Fensternische *f,* Bereich *m* unter dem Fenster

**sottofondo** [sotto'fondo] *m* ❶ (MUS, FILM, TV) Hintergrund *m,* Background *m* ❷ *(strato inferiore)* Untergrund *m*

**sottogamba** [sotto'gamba] *avv* **prendere qc ~** etw auf die leichte Schulter nehmen

**sottogonna** [sotto'gonna] *f* Unterrock *m*

**sottogoverno** [sottogo'vɛrno] *m* Vetternwirtschaft *f*

**sottogruppo** [sotto'gruppo] *m* Untergruppe *f*

**sottolineare** [sottoline'aːre] *vt* unterstreichen; *(fig a)* hervorheben **sottolineatura** [sottolinea'tuːra] *f* Unterstreichung *f*

**sott'olio, sottolio** [sot'tɔːlio] **I.** *avv* in Öl **II.** <inv> *agg* in Öl [eingelegt]

**sottomano** [sotto'ma:no] *avv* ❶ (*a portata di mano*) zur Hand, griffbereit ❷ (*fig*) unter der Hand, heimlich

**sottomarca** [sotto'marka] *f* Billigmarke *f*

**sottomarino** [sottoma'ri:no] *m* Unterseeboot *nt*, U-Boot *nt*

**sottomarino, -a** *agg* unterseeisch, Untersee-

**sottomesso, -a** [sotto'messo] *agg* ❶ (*persona*) unterwürfig, gefügig ❷ (*popolo*) unterworfen, unterjocht **sottomettere** [sotto'mettere] <irr> I. *vt* unterwerfen, unterjochen II. *vr* **-rsi** sich unterwerfen **sottomissione** [sottomis'sio:ne] *f* Unterwerfung *f*

**sottomultiplo** [sotto'multiplo] *m* (MAT) Teiler *m*

**sottomultiplo, -a** *agg* teilbar

**sottopassaggio** [sottopas'saddʒo] <-ggi> *m* Unterführung *f*

**sottopelle** [sotto'pɛlle] I. <inv> *agg* Unterhaut-, subkutan II. *avv* heimlich, innerlich; **emozione ~** tief empfundenes Gefühl

**sottopentola** [sotto'pentola] <-> *m* Topfuntersetzer *m*

**sottopiatto** [sotto'piatto] *m* Platzteller *m*

**sottoporre** [sotto'porre] <irr> I. *vt* ❶ (*presentare*) unterbreiten, vorlegen ❷ (*costringere*) unterziehen, unterwerfen ❸ (MED: *ad un'operazione*) unterziehen II. *vr* **-rsi** sich unterziehen, sich unterwerfen

**sottoposto, -a** [sotto'pɔsto] I. *pp di* **sottoporre** II. *agg* untergeben III. *m, f* Untergebene(r) *f(m)*

**sottopotenziato, -a** [sottopoten'tsia:to] *agg* unterentwickelt

**sottopotere** [sottopo'te:re] *m* Ämterpatronage *f*, Günstlingswirtschaft *f*, Klientelismus *m*

**sottoprodotto** [sottopro'dotto] *m* Nebenprodukt *nt* **sottoprogramma** [sottopro'gramma] *m* (INFORM) Unterprogramm *nt*

**sottoproletariato** [sottoproleta'ria:to] *m* Subproletariat *nt*

**sottordine** [sot'tordine] *m* Unterordnung *f*; **in ~** untergeordnet, abhängig; (*a. fig*) zweitrangig **sottoscala** [sottos'ka:la] <-> *m* [Abstell]raum *m* unter der Treppe

**sottoscritto, -a** [sottos'kritto] I. *agg* unterzeichnet, unterschrieben II. *m, f* (ADM) Unterzeichnete(r) *f(m)* **sottoscrittore, -trice** [sottoskrit'to:re] *m, f* Unterzeichner(in) *m(f)* **sottoscrivere** [sottos'kri:vere] <irr> *vt* unterschreiben, unterzeichnen; (*azioni*) zeichnen **sottoscrizione** [sottoskrit'tsio:ne] *f* ❶ (ADM) Unterzeichnung *f*; (*di azioni*) Zeichnung *f* ❷ (*raccolta di adesioni*) Unterschriftensammlung *f*, -liste *f*

**sottosegretario, -a** [sottosegre'ta:rio] *m, f* Untersekretär(in) *m(f)* **sottosistema** [sottosis'tɛ:ma] *m* (INFORM) Subsystem *nt*

**sottosopra** [sotto'so:pra] *avv* durcheinander, drunter und drüber *fam*

**sottospecie** [sottos'pɛ:tʃe] *f* ❶ (BOT, ZOO) Unterart *f* ❷ (*fig, pej*) Art *f*, Sorte *f*

**sottostare** [sottos'ta:re] <irr> *vi essere* ❶ (*essere dipendente*) unterstehen, unterliegen ❷ (*affrontare*) sich unterziehen

**sottosterzante** [sottoster'tsante] *agg* untersteuernd **sottosterzare** [sottoster'tsa:re] *vi* untersteuern **sottosterzata** [sottoster'tsa:ta] *f* Untersteuern *nt*, Untersteuerung *f*

**sottostetti** *1. pers sing pass rem di* **sottostare**

**sottostima** [sottos'ti:ma] *f* zu niedrige Bewertung **sottostimare** [sottosti'ma:re] *vt* zu niedrig bewerten **sottostimato, -a** [sottosti'ma:to] *agg* unterschätzt

**sottostò** [sottos'tɔ] *1. pers sing pr di* **sottostare**

**sottosuolo** [sotto'suɔ:lo] *m* ❶ (AGR) Untergrund *m*, Unterboden *m* ❷ (ARCH) Unter-, Kellergeschoss *nt*, Souterrain *nt*

**sottosviluppato, -a** [sottozvilup'pa:to] *agg* unterentwickelt; **paese ~** Entwicklungsland *nt* **sottosviluppo** [sottozvi'luppo] *m* Unterentwicklung *f*

**sottotenente** [sottote'nɛnte] *m* Unterleutnant *m*

**sottoterra** [sotto'tɛrra] *avv* (*stato*) unterirdisch, unter der Erde; (*moto*) unter die Erde

**sottotesto** [sotto'tɛsto] *m* Subtext *m*

**sottotetto** [sotto'tetto] *m* Dachboden *m*, Dachgeschoss *nt*

**sottotitolare** [sottotito'la:re] *vt* untertiteln **sottotitolato, -a** [sottotito'la:to] *agg* untertitelt, mit Untertiteln; **film ~ per non udenti** Film *m* mit Untertiteln für Gehörlose **sottotitolazione** [sottotitolat'tsio:ne] *f* Untertitelung *f* **sottotitolo** [sotto'ti:tolo] *m* Untertitel *m*

**sottotono** [sotto'tɔ:no] I. *avv* ❶ (*con tono di voce basso*) leise ❷ (*fig: al di sotto della normale forma*) unterdurchschnittlich ❸ (*fig: in modo dimesso*) bescheiden, schlicht, einfach; **vestirsi ~** sich schlicht kleiden II. *agg* bescheiden, einfach

**sottoutilizzare** [sottoutilid'dza:re] *vt* nicht auslasten, unterfordern

**sottovalutare** [sottovalu'ta:re] *vt* unterbewerten, unterschätzen
**sottovaso** [sotto'va:zo] *m* Übertopf *m*; (*piatto*) Auffangschale *f*
**sottovento** [sotto'vɛnto] *avv* im Wind
**sottoveste** [sotto'vɛste] *f* Unterkleid *nt*, -rock *m*
**sottovoce** [sotto'vo:tʃe] *avv* leise, halb laut
**sottovuoto** [sotto'vuɔ:to] <inv> *agg* Vakuum-, vakuum-; **caffè ~ spinto** vakuumverpackter Kaffee
**sottraendo** [sottra'ɛndo] *m* Subtrahend *m*
**sottrarre** [sot'trarre] <irr> I. *vt* ❶ (MAT) subtrahieren, abziehen ❷ (*denari*) unterschlagen; (*documento*) entziehen ❸ (*allontanare*) entziehen II. *vr* -**rsi a qu/qc** sich jdm/etw entziehen **sottrazione** [sottrat'tsio:ne] *f* ❶ (MAT) Subtraktion *f*, Abziehen *nt* ❷ (*di denari*) Unterschlagung *f*; (*di documento*) Entziehung *f*
**sottufficiale** [sottuffi'tʃa:le] *m* Unteroffizier *m*
**sound** ['saund] <-> *m* Sound *m*, Klang *m*
**soundtrack** ['sauntræk] <-> *f* (FILM) Soundtrack *m*, Tonspur *f*
**souvenir** [suv'ni:r] <-> *m* Souvenir *nt*, Reisemitbringsel *nt*
**sovente** [so'vɛnte] *avv* (*poet*) oftmals
**soverchiare** [sover'kia:re] *vt* (*poet*) überwältigen, unterdrücken **soverchieria** [soverkie'ri:a] <-ie> *f* Übergriff *m*, Gewaltakt *m*
**soviet** [so'viɛt] <-> *m* Sowjet *m* **sovietico, -a** [so'viɛ:tiko] <-ci, -che> I. *agg* sowjetisch, Sowjet-; **l'Unione Sovietica** die Sowjetunion II. *m, f* Sowjetbürger(in) *m(f)*, -russe *m*/-russin *f*
**sovra-** [sovra] v. a. **sopra-**
**sovrabbondante** [sovrabbon'dante] *agg* übermäßig **sovrabbondanza** [sovrabbon'dantsa] *f* Übermaß *nt*, Überfluss *m* **sovrabbondare** [sovrabbon'da:re] *vi* überreichlich vorhanden sein
**sovraccaricare** [sovrakkari'ka:re] *vt* **~ qc [di qc]** etw [mit etw] überladen; **~ qu di qc** (*fig*) jdn mit etw überlasten
**sovraccarico** [sovrak'ka:riko] <-chi> *m* ❶ (*carico eccessivo*) Überlast *f* ❷ (*fig*) Überlastung *f*
**sovraccarico, -a** <-chi, -che> *agg* ❶ (*autobus, treno*) überladen ❷ (*fig*) überlastet
**sovracritico, -a** [sovra'kri:tiko] <-ci, -che> *agg* im kritischen [*o* roten] Bereich
**sovradimensionato, -a** [sovradimensio'na:to] *agg* überdimensioniert; **un ufficio ~** ein überbesetztes Büro

**sovraesporre** [sovraes'porre] <irr> *vt* (FOTO) überbelichten
**sovraffaticarsi** [sovraffati'karsi] *vr* sich überanstrengen, übermüden
**sovraffollato, -a** [sovraffol'la:to] *agg* überfüllt **sovralimentazione** [sovralimentat'tsio:ne] *f* Auflladung *f*
**sovrana** *f v.* **sovrano**
**sovranità** [sovrani'ta] <-> *f* ❶ (JUR) Souveränität *f* ❷ (*fig*) Überlegenheit *f* **sovrano, -a** [so'vra:no] I. *m, f* Souverän(in) *m(f)*, Herrscher(in) *m(f)* II. *agg* ❶ (POL) souverän ❷ (*di sovrano*) Herrscher-, herrschaftlich ❸ (*fig*) größte(r, s), höchste(r, s)
**sovraoccupazione** [sovraokkupat'sione] *f* Überbeschäftigung *f*
**sovrappongo** *1. pers sing pr di* **sovrapporre**
**sovrappopolamento** [sovrappopola'mento] *m* Überbevölkerung *f*, Übervölkerung *f* **sovrappopolare** [sovrappopo'la:re] *vt* überbevölkern **sovrappopolato, -a** [sovrappopo'la:to] *agg* überbevölkert
**sovrapporre** [sovrap'porre] <irr> I. *vt* übereinanderstapeln/übereinanderlegen/übereinandersetzen II. *vr* -**rsi** einander überlagern, übereinanderliegen **sovrapposizione** [sovrappozit'tsio:ne] *f* ❶ (*di due cose*) Übereinanderlagerung *f* ❷ (*fig*) Überordnung *f*
**sovrapprezzo** [sovrap'prɛttso] *m* Aufpreis *m*
**sovrapproduzione** [sovrapprodut'tsio:ne] *f* Überproduktion *f*
**sovrap(p)rofitto** [sovrap(p)ro'fitto] *m* (FIN) Gewinnzuschlag *m*
**sovrastampato, -a** [sovrastam'pa:to] *agg* (*francobolli*) überdruckt, mit Aufdruck
**sovrastare** [sovras'ta:re] *vt avere* ❶ (*dominare*) beherrschen ❷ (*fig*) bedrohen
**sovrasterzante** [sovraster'tsante] *agg* übersteuernd **sovrasterzare** [sovraster'tsa:re] *vt* übersteuern **sovrasterzata** [sovraster'tsa:ta] *f* Übersteuern *nt*, Übersteuerung *f*
**sovrastruttura** [sovrastrut'tu:ra] *f* (ARCH) Überbau *m*, Aufbau *m*
**sovrautilizzare** [sovrautilid'dza:re] *vt* ❶ (*impianto*) überlasten, überbeanspruchen ❷ (*dipendente*) überfordern **sovrautilizzo** [sovrauti'liddzo] *m* ❶ (*di un impianto*) Überlastung *f*, Überbeanspruchung *f* ❷ (*di un dipendente*) Überforderung *f*

**sovresporre** [sovres'porre] *v.* **sovraesporre**

**sovrimposizione** [sovrimposit'tsio:ne] *f* (FIN) Zusatzbesteuerung *f*

**sovrumano, -a** [sovru'ma:no] *agg* übermenschlich

**sovvenzionare** [sovventsio'na:re] *vt* subventionieren **sovvenzione** [sovven'tsio:ne] *f* Subvention *f*

**sovversivo, -a** [sovver'si:vo] I. *agg* subversiv, umstürzlerisch II. *m, f* Subversive(r) *f(m)*, subversives Element **sovvertimento** [sovverti'mento] *m* Umsturz *m* **sovvertire** [sovver'ti:re] *vt* (*ordinamenti, leggi*) umstürzen, zerrütten **sovvertitore, -trice** [sovverti'to:re] *m, f* Umstürzler(in) *m(f)*

**sozzeria** [sottse'ri:a] <-ie> *f* (*dial: fam*) Schweinerei *f*, Sauerei *f*

**sozzo, -a** ['sottso] *agg* (*fam*) dreckig, schmierig **sozzume** [sot'tsu:me] *m* (*fam*) Dreck *m*

**S.p.A.** *abbr di* **Società per Azioni** AG *f*

**spaccalegna** [spakka'leɲɲa] <-> *mf* Holzfäller(in) *m(f)* **spaccapietre** [spakka'pjɛ:tre] <-> *mf* Steinhauer(in) *m(f)*

**spaccare** [spak'ka:re] I. *vt* (*rompere*) spalten, entzweischlagen; (*far saltare*) sprengen; **~ la legna** Holz hacken; **~ la faccia a qu** (*fam*) jdm die Fresse polieren; **un orologio che spacca il minuto** eine Uhr, die auf die Minute genau geht; **~ un capello in quattro** Haarspalterei betreiben; **o la va o la spacca** (*fam*) alles oder nichts II. *vr* **-rsi** zerbrechen **spaccata** [spak'ka:ta] *f* (SPORT) Spagat *nt o m*

**spaccato** [spak'ka:to] *m* [Quer]schnitt *m*, Aufriss *m*

**spaccato, -a** *agg* ❶ (*oggetto*) zerbrochen; (*labbro*) gespalten ❷ (*fig*) genau; (*manifesto*) ausgesprochen, ausgemacht; **è il ritratto ~ di suo nonno** er ist seinem Großvater [wie] aus dem Gesicht geschnitten **spaccatura** [spakka'tu:ra] *f* ❶ (*fenditura*) Riss *m*, Spalt *m*, Sprung *m* ❷ (*fig*) Spaltung *f*

**spacchettare** [spakket'ta:re] *vt* auspacken

**spacciare** [spat'tʃa:re] I. *vt* ❶ (*valuta falsa*) in Umlauf bringen, verbreiten ❷ (COM) vertreiben ❸ (*dare per*) **~ per** ausgeben als ❹ (*fam: dichiarare inguaribile*) abschreiben; **essere spacciato** geliefert sein ❺ (*sl*) dealen II. *vr* **-rsi per qu** sich für jdn ausgeben **spacciatore, -trice** [spattʃa'to:re] *m, f* (*di moneta falsa*) Verbreiter(in) *m(f)*, Vertreiber(in) *m(f)*; (*di droga*) Dealer(in) *m(f) sl*, Händler(in) *m(f)*; **rete di -i** Rauschgiftring *m* **spaccio** ['spattʃo] <-cci> *m* ❶ (COM) Verbreitung *f*, Vertrieb *m*, Verkauf *m* ❷ (*negozio*) Laden *m*, Geschäft *nt*

**spacco** ['spakko] <-cchi> *m* ❶ (*rottura*) Sprung *m*, Riss *m* ❷ (*di indumento*) Schlitz *m*

**spaccona** *f v.* **spaccone** **spacconaggine** [spakkonad'ddʒi:ne] *f* Eitelkeit *f*, Prahlsucht *f*

**spacconata** [spakko'na:ta] *f* (*fam*) Angeberei *f*, Prahlerei *f* **spaccone, -a** [spak'ko:ne] *m, f* (*fam*) Angeber(in) *m(f)*, Prahler(in) *m(f)*

**spada** ['spa:da] *f* ❶ (*gener*) Schwert *nt*; **pesce ~** Schwertfisch *m*; **a ~ tratta** mit gezücktem Schwert ❷ (SPORT) Degen *m* ❸ *pl* (*di carte da gioco*) italienische Spielkartenfarbe **spadaccino** [spadat'tʃi:no] *m* Haudegen *m* **spadino** [spa'di:no] *m* Kurzschwert *nt* **spadista** [spa'dista] <-i *m*, -e *f*> *mf* Degenfechter(in) *m(f)* **spadone** [spa'do:ne] *m* großes Schwert

**spadroneggiare** [spadroned'dʒa:re] *vi* (*pej*) sich als Herr aufspielen

**spaesante** [spae'sante] *agg* (*avvenimento, esperienza*) [sehr] verstörend, sehr verwirrend **spaesato, -a** [spae'za:to] *agg* fremd, unbehaglich

**spaghettata** [spaget'ta:ta] *f* (*fam*) Spag[h]ettiessen *nt* **spaghetteria** [spaget-te'ri:a] *f* Nudelrestaurant *nt*, Spag[h]ettirestaurant *nt* **spaghetti** [spa'getti] *mpl* (GASTR) Spag[h]etti *pl*; **~ aglio e olio** Spag[h]etti *pl* mit Knoblauch und Olivenöl; **~ alla chitarra** Spag[h]etti in eckiger Form **spaghettini** [spaget'ti:ni] *mpl* Spag[h]ettini *pl* (*dünne Spag[h]etti*)

**spaginare** [spadʒi'na:re] *vt* neu umbrechen

**spagliare** [spaʎ'ʎa:re] I. *vt* das Stroh entfernen von [*o* aus] II. *vr* **-rsi** das Stroh verlieren

**Spagna** ['spaɲɲa] *f* Spanien *nt*

**spagnola** [spaɲ'ɲɔ:la] *f* spanische Grippe **spagnolesco, -a** [spaɲɲo'lesko] <-schi, -sche> *agg* ❶ (*di Spagna*) typisch spanisch ❷ (*fig, pej*) theatralisch, pathetisch **spagnoletta** [spaɲɲo'letta] *f* Garnröllchen *nt*

**spagnolismo** [spaɲɲo'lizmo] *m* ❶ (LING) Hispanismus *m* ❷ (*fig*) Prunksucht *f*

**spagnolo, -a** [spaɲ'ɲɔ:lo] I. *agg* spanisch II. *m, f* Spanier(in) *m(f)*

**spago** ['spa:go] <-ghi> *m* ❶ (*per legare*) Schnur *f*, Spagat *m* A ❷ (*fig*) Leine *f*;

**dare ~ a qu** jdm freie Hand lassen ③ (*fam: paura*) Bammel *m*
**spaiare** [spa'ia:re] *vt* trennen, entzweien **spaiato, -a** [spa'ia:to] *agg* getrennt, unpaarig
**spalancare** [spalaŋ'ka:re] I. *vt* ① (*porta, finestra*) aufreißen, aufsperren ② (*fig: occhi, bocca*) aufreißen; (*braccia*) ausbreiten; (*gambe*) spreizen II. *vr* -**rsi** weit aufgehen
**spalare** [spa'la:re] *vt* schippen, schaufeln
**spalla** ['spalla] *f* ① (ANAT) Schulter *f;* **alzare le -e, stringersi nelle -e** (*a. fig*) die Achseln zucken; **avere le -e larghe** breite Schultern haben; (*fig*) einen breiten Buckel haben; **avere la famiglia sulle -e** (*fig*) die Familie am Hals haben *fam;* **avere 80 anni sulle -e** (*fig*) 80 Jahre auf dem Buckel haben *fam;* **volgere le -e a qu** (*a. fig*) jdm den Rücken kehren; **vivere alle -e di qu** auf jds Kosten leben; **ridere alle -e di qu** jdn heimlich auslachen; **con le -e al muro** (*fig*) mit dem Rücken zur Wand ② (ARCH) Widerlager *nt* ③ (TYP) Schulterhöhe *f* ④ (THEAT) Partner(in) *m(f)*, Stichwortgeber(in) *m(f)* **spallata** [spal'la:ta] *f* ① (*urto*) Schulterstoß *m* ② (*alzata di spalle*) Schulter-, Achselzucken *nt*
**spalleggiare** [spalled'dʒa:re] I. *vt* ① (*sostenere*) unterstützen ② (MIL) schultern II. *vr* -**rsi** sich [gegenseitig] [unter]stützen
**spalletta** [spal'letta] *f* ① (*di ponte*) [Brücken]geländer *nt* ② (*di fiume*) Damm *m*
**spalliera** [spal'liɛ:ra] *f* ① (*di sedia, poltrona*) Rückenlehne *f* ② (*di letto*) Kopfteil *nt;* Fußteil *nt*
**spallina** [spal'li:na] *f* ① (*di indumento*) Träger *m;* (*imbottita*) Schulterpolster *nt* ② (MIL) Epaulette *f*
**spallucce** [spal'luttʃe] *fpl* **fare ~** (*fam*) mit den Schultern zucken
**spalmare** [spal'ma:re] *vt* (*burro*) streichen; (*pane*) bestreichen
**spalti** ['spalti] *mpl* (*di stadio*) Ränge *mpl*
**spalto** ['spalto] *m* ① *pl* (*di stadio*) Ränge *mpl* ② (*di castello, fortezza*) Wall *m*, Mauer *f*
**spam** [spam] <-> *m* (INET) Spam *f* o *nt*
**spampanare** [spampa'na:re] I. *vt* entlauben, entblättern II. *vr* -**rsi** die Blätter verlieren
**spanciare** [pan'tʃa:re] I. *vi* (*nel tuffarsi*) einen Bauchklatscher machen *fam* II. *vr* -**rsi dalle risate** (*fam*) sich den Bauch halten vor Lachen **spanciata** [pan'tʃa:ta] *f* ① (*colpo*) Bauchklatscher *m fam*, Bauchschlag *m* ② (*fam*) Fresserei *f;* **farsi una ~** sich *dat* den Bauch vollschlagen
**spandere** ['spandere] <spando, spandei *o* spansi *o* spandetti, spanto> I. *vt* ① (*liquidi*) verschütten; (*fig: lacrime*) vergießen ② (*distendere*) verteilen, ausbreiten ③ (*fig: notizia*) verbreiten ④ (*fam: sperperare*) verprassen, verschwenden; **spendere e ~** das Geld mit vollen Händen ausgeben II. *vr* -**rsi** sich ausbreiten
**spandighiaia** [spandi'gia:ia] *f* Splittstreuer *m*, Kiesstreuer *m*
**spanna** ['spanna] *f* (*fig*) Handbreit *f;* **essere alto una ~** (*scherz*) ein Dreikäsehoch sein
**spansi** ['spansi] *1. pers sing pass rem di* **spandere**
**spanto** ['spanto] *pp di* **spandere**
**spaparacchiarsi** [spaparak'kia:rsi] *vr* (*dial, fam*) sich ausstrecken, sich rekeln **spaparanzato, -a** [spaparan'tsa:to] *agg* (*dial, fam*) ausgestreckt, sich rekelnd
**spappolare** [spappo'la:re] I. *vt* zerquetschen, zu Brei machen II. *vr* -**rsi** zerquetscht werden
**sparafiocchi** [spara'fiɔkki] <inv> *agg* [Kunst]schnee erzeugend; **cannone ~** Schneekanone *f*
**sparagnino, -a** [sparaɲ'ɲi:no] I. *agg* (*fam*) knaus[e]rig II. *m, f* (*fam*) Geizkragen *m*
**sparare** [spa'ra:re] I. *vt* ① (MIL) schießen; (*colpo*) abfeuern, abgeben ② (*fig: fandonie*) auftischen, vom Stapel lassen *fam;* **spararle [grosse]** (*fam*) [faustdicke] Lügen auftischen II. *vi* ① (MIL) schießen, feuern ② (TV) blenden, reflektieren III. *vr* -**rsi** sich erschießen; -**rsi un colpo alla testa** sich *dat* eine Kugel durch den Kopf jagen
**sparato** [spa'ra:to] *m* [gestärkte] Hemdbrust *f*
**sparato, -a** *agg* (*a gran velocità*) blitzschnell, wie geschossen; **partire tutto ~** abzischen *fam* **sparatore, -trice** [spara'to:re] *m, f* Schütze *m/*Schützin *f* **sparatoria** [spara'tɔ:ria] <-ie> *f* Schusswechsel *m* **sparatrice** *f v.* **sparatore**
**sparecchiare** [sparek'kia:re] *vt* (*tavola*) abdecken, abräumen
**spareggio** [spa'reddʒo] <-ggi> *m* (SPORT) Entscheidungsspiel *nt*, -kampf *m*
**spargere** ['spardʒere] <spargo, sparsi, sparso> I. *vt* ① (*semi, fiori*) [aus-, ver]streuen ② (*luce, calore*) ausstrahlen ③ (*liquidi*) verschütten; (*lacrime, sangue*) vergießen ④ (*notizia*) verbreiten II. *vr* -**rsi** ① (*persone, animali*) sich zerstreuen, sich

verstreuen ❷ (*notizie, dicerie*) sich verbreiten

**spargifiamma** [spardʒi'fiamma] <-> *m* (*per fornelli a gas*) Herdgitter *nt*, Flammenverteiler *m*

**spargimento** [spardʒi'mento] *m* ❶ (*di liquidi*) Verschütten *nt*; (*di lacrime, sangue*) Vergießen *nt* ❷ (*di notizia*) Verbreitung *f*

**spargitalco** [spardʒi'talko] <-> *m* Puderstreuer *m*, Talkumstreuer *m*

**sparire** [spa'riːre] <sparisco> *vi essere* verschwinden **sparizione** [sparit'tsioːne] *f* Verschwinden *nt*

**sparlare** [spar'laːre] *vi* ❶ (*pej*) ~ **di qu** von jdm schlecht sprechen ❷ (*farneticare*) dumm daherreden

**sparo** ['spaːro] *m* ❶ (*colpo*) Schuss *m* ❷ (*rumore*) Knall *m*

**sparpagliamento** [sparpaʎʎa'mento] *m* Ver-, Zerstreuung *f* **sparpagliare** [sparpaʎ'ʎaːre] I. *vt* zer-, verstreuen II. *vr* **-rsi** sich zer-, verstreuen

**sparsi** ['sparsi] *1. pers sing pass rem di* **spargere**

**sparso, -a** ['sparso] I. *pp di* **spargere** II. *agg* zerstreut, verstreut; (*sciolto*) lose; (*cosparso*) bestreut, übersät; **in ordine** ~ (MIL) verstreut

**spartano, -a** [spar'taːno] *agg* (*a. fig*) spartanisch

**spartiacque** [sparti'akkue] <-> *m* Wasserscheide *f*

**spartineve** [sparti'neːve] <-> *m* Räumfahrzeug *nt*, Schneepflug *m*

**spartire** [spar'tiːre] <spartisco> *vt* [auf-, ver]teilen; **non avere niente da** ~ **con qu** (*fig*) mit jdm nichts gemein haben

**spartito** [spar'tiːto] *m* Partitur *f*; (*riduzione per piano*) Klavierauszug *m*

**spartitraffico** [sparti'traffiko] I. <-> *m* Leitplanke *f* II. <inv> *agg* **banchina** ~ Verkehrsinsel *f*; **linea** ~ Mittellinie *f*

**spartivalanghe** [spartiva'laŋge] <-> *m* Lawinenverbauung *f*

**spartizione** [spartit'tsioːne] *f* [Auf-, Ver]teilung *f*

**sparuto, -a** [spa'ruːto] *agg* ❶ (*viso, aspetto*) eingefallen, schmächtig ❷ (*fig*) mager, winzig, spärlich

**sparviere, sparviero** [spar'viɛːre, spar'viɛːro] *m* Sperber *m*

**spasimante** [spazi'mante] *mf* (*scherz*) Verehrer(in) *m(f)*

**spasimare** [spazi'maːre] *vi* (*a. fig*) schmachten **spasimo** ['spaːzimo] *m* ❶ (MED) Krampf *m* ❷ (*fig*) Qual *f*

**spasmo** ['spazmo] *m* Krampf *m* **spasmodico, -a** [spaz'mɔːdiko] <-ci, -che> *agg* ❶ (MED) krampfhaft ❷ (*fig*) qualvoll, quälend

**spassarsi** [spas'sarsi] *vr* (*fam*) sich amüsieren, sich vergnügen; **spassarsela con qu** mit jdm flirten

**spassionato, -a** [spassio'naːto] *agg* unvoreingenommen

**spasso** ['spasso] *m* ❶ (*divertimento*) Vergnügen *nt*, Spaß *m* ❷ (*persona*) Spaßvogel *m*, Witzbold *m* ❸ (*passeggiata*) Spaziergang *m*; **andare a** ~ spazieren gehen; **mandare a** ~ (*fig*) auf die Straße setzen

**spassoso, -a** [spas'soːso] *agg* spaßig, lustig, amüsant

**spastico, -a** ['spastiko] <-ci, -che> I. *agg* spastisch II. *m, f* Spastiker(in) *m(f)*, spastisch Gelähmte(r) *f(m)*

**spato** ['spaːto] *m* Spat *m*

**spatola** ['spaːtola] *f* ❶ (*arnese*) Spachtel *m o f*; (MED) Spatel *m o f* ❷ (ZOO) Löffelreiher *m*

**spauracchio** [spau'rakkio] <-cchi> *m* (*a. fig fam*) Vogelscheuche *f*; (*timore*) Schreckbild *nt*

**spaurire** [spau'riːre] <spaurisco> I. *vt* erschrecken, ängstigen II. *vr* **-rsi** [sich] erschrecken, sich ängstigen

**spavalderia** [spavalde'riːa] <-ie> *f* Dreistigkeit *f*, Frechheit *f* **spavaldo, -a** [spa'valdo] *agg* dreist, frech

**spaventapasseri** [spaventa'passeri] <-> *m* (*a. fig fam*) Vogelscheuche *f*

**spaventare** [spaven'taːre] I. *vt* erschrecken II. *vr* **-rsi** [sich] erschrecken **spavento** [spa'vɛnto] *m* ❶ (*paura*) Schrecken *m*, Schreck *m* ❷ (*fig fam*) Scheusal *nt*, Schreckgespenst *nt*; **fare** ~ **a qu** jdn erschrecken **spaventoso, -a** [spaven'toːso] *agg* schrecklich, furchtbar, entsetzlich

**spaziale** [spat'tsiaːle] *agg* ❶ (*dello spazio*) Raum-, räumlich ❷ (*cosmico*) Raum-; **armi** -**i** Weltraumwaffen *fpl*; **navicella** ~ Raumschiff *nt*

**spaziare** [spat'tsiaːre] I. *vi* ❶ (*vista, uccelli*) umherschweifen, -streifen ❷ (*fig*) [umher]schweifen, die Gedanken schweifen lassen II. *vt* (TYP) sperren, gesperrt drucken

**spazientirsi** [spattsien'tirsi] <mi spazientisco> *vr* die Geduld verlieren

**spazio** ['spattsio] <-i> *m* ❶ (*gener* SCIENT, PHILOS, MAT) Raum *m* ❷ (*cosmo*) [Welt]raum *m*, [Welt]all *nt* ❸ (*posto*) Raum *m*, Platz *m*; ~ **pubblicità** Werbefläche *f* ④ (*distanza*) Zwischenraum *m*, Abstand *m* ⑤ (*di tempo*) [Zeit]spanne *f*, Zeitraum *m* **spaziosità** [spattsiosi'ta] <-> *f* Geräumigkeit *f* **spazioso, -a** [spa'tsio:so] *agg* geräumig

**spazzacamino** [spattsaka'mi:no] *m* Schornstein-, Kaminfeger *m*, Rauchfangkehrer *m A*

**spazzaneve** [spattsa'ne:ve] <-> *m* Schneepflug *m*

**spazzare** [spat'tsa:re] *vt* ① (*strada, stanza*) kehren, fegen ② (*fam: pranzo*) verdrücken, verputzen **spazzatrice** [spattsa'tri:tʃe] *f* Kehrmaschine *f* **spazzatura** [spattsa'tu:ra] *f* Müll *m*, Abfall *m*, Kehricht *m o nt* **spazzino** [spat'tsi:no] *m* Straßenkehrer *m*

**spazzola** ['spattsola] *f* ① (*arnese*) Bürste *f*; **avere i capelli a ~** einen Bürstenschnitt haben ② (MOT) Wischerblatt *nt* **spazzolare** [spattso'la:re] *vt* [ab-, aus]bürsten, ausbürsten **spazzolata** [spattso'la:ta] *f* kurzes Bürsten; **darsi una ~ ai capelli** sich schnell die Haare [durch]bürsten **spazzolino** [spattso'li:no] *m* [kleine] Bürste *f*; **~ da denti** [**elettrico**] [elektrische] Zahnbürste; **~ per unghie** Nagelbürste *f* **spazzolone** [spattso'lo:ne] *m* Schrubber *m*

**speaker** ['spi:kə *o* 'spi:ker] <-> *m* (TV, RADIO) Sprecher(in) *m(f)*, Ansager(in) *m(f)*

**specchiarsi** [spek'kiarsi] *vr* ① (*guardarsi allo specchio*) sich im Spiegel betrachten ② (*riflettersi*) sich spiegeln **specchiera** [spek'kiɛ:ra] *f* [großer] Wandspiegel *m*; (*tavolino*) Spiegeltisch *m*, Spiegelkommode *f* **specchietto** [spek'kietto] *m* ① (*piccolo specchio*) kleiner Spiegel, Handspiegel *m* ② (AUTO) **~ retrovisore** Rückspiegel *m* ③ (*prospetto riassuntivo*) Übersicht *f* **specchio** ['spɛkkio] <-cchi> *m* ① (*gener*) Spiegel *m;* **guardarsi allo ~** sich im Spiegel betrachten ② (*fig*) Spiegel *m*, Spiegelbild *nt* ③ (*prospetto*) Übersicht *f*; (SPORT) Tabelle *f*

**special** ['spɛːtʃal] <-> *m* Special *nt*, Sondersendung *f*

**speciale** [spe'tʃa:le] *agg* besondere(r, s), speziell; **treno ~** Sonderzug *m;* **inviato ~** Sonderbeauftragte(r) *m;* **questo formaggio è davvero ~** dieser Käse ist wirklich etwas Besonderes **specialista** [spetʃa'lista] <-i *m*, -e *f*> *mf* ④ (MED) Facharzt *m*/-ärztin *f*, Spezialist(in) *m(f)* ② (*persona specializzata*) Fachmann *m*/-frau *f*, Spezialist(in) *m(f)* **specialistico, -a** [spetʃa'listiko] <-ci, -che> *agg* ① (MED) Facharzt-, fachärztlich ② (*di specialista*) fachmännisch **specialità** [spetʃali'ta] <-> *f* ① (*cibo, prodotto*) Spezialität *f* ② (*settore di competenza*) Spezial-, Fachgebiet *nt*

**specializzando, -a** [spetʃalid'dzando] *m, f* Student, der/Studentin, die sich auf ein Teilgebiet spezialisiert

**specializzare** [spetʃalid'dza:re] I. *vt* spezialisieren II. *vr* **-rsi in qc** sich auf etw *acc* spezialisieren **specializzato, -a** [spetʃalid'dza:to] *agg* spezialisiert, Fach- **specializzazione** [spetʃaliddzat'tsio:ne] *f* Spezialisierung *f*, Fachrichtung *f* **specialmente** [spetʃal'mente] *avv* besonders, speziell

**specie** ['spɛ:tʃe] I. <-> *f* ① (BIOL) Art *f*, Spezies *f* ② (*sorta, tipo*) Art *f*, Sorte *f;* **una ~ di** eine Art [von]; **d'ogni ~** aller Art II. *avv* besonders, insbesondere, speziell

**specifica** [spe'tʃi:fika] <-che> *f* Spezifikation *f*, Aufstellung *f* **specificare** [spetʃifi'ka:re] *vt* spezifizieren, genauer darstellen **specificazione** [spetʃifikat'tsio:ne] *f* Spezifikation *f*, Aufstellung *f*; **complemento di ~** Zugehörigkeitsangabe *f* **specifico, -a** [spe'tʃi:fiko] <-ci, -che> *agg* ① (*particolare*) besondere(r, s), speziell ② (PHYS, MED) spezifisch

**speck** [spɛk] <-> *m* [geräucherter] Schinkenspeck *m*

**speculare**[1] [speku'la:re] *vi* ① (FIN, COM) spekulieren ② (*fig: sfruttare*) **~ su qc** etw ausnutzen

**speculare**[2] *agg* (*di specchio*) Spiegel-
**speculativo, -a** [spekula'ti:vo] *agg* spekulativ **speculatore, -trice** [spekula'to:re] *m, f* Spekulant(in) *m(f)* **speculazione** [spekulat'tsio:ne] *f* Spekulation *f*

**spedalità** [spedali'ta] <-> *f* Krankenhauswesen *nt*

**spedire** [spe'di:re] <spedisco> *vt* schicken, senden

**spedito, -a** [spe'di:to] *agg* schnell, rasch
**speditore, -trice** [spedi'to:re] *m, f* [Ver]sender(in) *m(f)* **spedizione** [spedit'tsio:ne] *f* ① (*di pacco, merce*) [Ver]sendung *f;* **spese di ~** Versandkosten *pl* ② (*operazione*) Versand *m*, [Ver]sendung *f* ③ (SCIENT) Expedition *f* ④ (MIL) Feldzug *m*
**spedizioniere** [spedittsio'niɛ:re] *m* Spediteur *m*

**speedway** ['spi:dwei] <-> *m* Speedway *m*
**spegnere** ['spɛnnere *o* 'speɲɲere] <spengo, spensi, spento> I. *vt* ① (*fuoco*) löschen; (*sigaretta*) ausmachen; (*fiamma*) ausblasen; (*luce*) ausmachen, ausschalten; (*radio, motore, apparecchio*) ab-, ausschalten ② (*fig*) schwächen, dämpfen; (*sete*) lö-

**schen** II. *vr* **-rsi** ① (*fuoco*) verlöschen, ausgehen; (*sigaretta, luce*) ausgehen; (*motore, apparecchio*) ausgehen, stehen bleiben ② (*fig*) erlöschen ③ (*fig: morire*) entschlafen *geh*

**spegnifiamma** [speɲɲi'fiamma] <-> *m* (MIL) Mündungsfeuerdämpfer *m*

**spelacchiare** [spelak'kia:re] I. *vt* [aus]rupfen II. *vr* **-rsi** Haare verlieren, haaren **spelacchiato, -a** [spelak'kia:to] *agg* ① (*pelliccia, animale*) gerupft ② (*persona*) glatzköpfig, kahl

**spelare** [spe'la:re] *vt, vr* **-rsi** *v.* **spelacchiare**

**speleologa** *f v.* **speleologo**

**speleologia** [speleolo'dʒi:a] <-gie> *f* Höhlenforschung *f*, Speläologie *f* **speleologo, -a** [spele'ɔ:logo] <-gi, -ghe> *m, f* Höhlenforscher(in) *m(f)*

**speleozoologia** [speleodzoolo'dʒi:a] <-gie> *f* Speläozoologie *f* **speleozoologico, -a** [speleodzoo'lɔ:dʒiko] <-ci, -che> *agg* speläozoologisch **speleozoologo, -a** [speleodzɔ:'logo] <-gi, -ghe> *m, f* Speläozoologe *m*/-zoologin *f*

**spellare** [spel'la:re] I. *vt* ① ~ **un animale** einem Tier das Fell abziehen ② (*fam*) ~ **qu** jdm das Fell über die Ohren ziehen II. *vr* **-rsi** ① (*di pelle, serpenti*) sich häuten ② (MED) sich aufschürfen; **-rsi le ginocchia** sich *dat* die Knie aufschürfen **spellatura** [spella'tu:ra] *f* ① (*di coniglio*) [Fell]abziehen *nt*; (*di serpenti*) Häutung *f* ② (MED) [Haut]abschürfung *f*, Schürfwunde *f*

**spelonca** [spe'loŋka] <-che> *f* ① (*grotta*) Höhle *f* ② (*fig, pej*) Spelunke *f*, Höhle *f*

**spelta** ['spɛlta] *f* Spelt *m*, Spelz *m*

**spendaccione, -a** [spendat'tʃo:ne] *m, f* (*pej*) Verschwender(in) *m(f)*

**spendere** ['spɛndere] <spendo, spesi, speso> *vt* ① (*soldi*) ausgeben; ~ **molto in vestiti** viel Geld für Kleider ausgeben; ~ **e spandere** (*fam*) das Geld mit vollen Händen ausgeben ② (*fig: impiegare*) aufwenden, einsetzen, verwenden; (*sacrificare*) opfern **spendereccio, -a** [spende'rettʃo] <-cci, -cce> *agg* ① (*persona*) freigebig, großzügig, spendabel ② (*vita*) kostspielig, aufwendig

**spendibilità** [spendibili'ta] *f* Nutzbarkeit *f*

**spengere** ['spɛndʒere] *o* 'spendʒere] *v.* **spegnere**

**spengo** ['spɛŋgo *o* 'speŋgo] *1. pers sing pr di* **spegnere**

**spennacchiare, spennare** [spennak'kia:re, spen'na:re] I. *vt* ① (*animale*) rupfen; ~ **una gallina** einem Huhn die Federn ausrupfen ② (*fig fam*) ausnehmen, abzocken; ~ **qu al gioco** jdm im Spiel ausnehmen II. *vr* **-rsi** Federn verlieren

**spennellare** [spennel'la:re] *vt* bepinseln; (MED) einpinseln **spennellata** [spennel'la:ta] *f* Be-, Einpinseln *nt* **spennellatura** [spennella'tu:ra] *f* Einpinseln *nt*

**spensi** ['spɛnsi *o* 'spensi] *1. pers sing pass rem di* **spegnere**

**spensieratezza** [spensiera'tettsa] *f* Sorglosigkeit *f*, Unbekümmertheit *f* **spensierato, -a** [spensie'ra:to] *agg* unbekümmert, unbesorgt

**spento, -a** ['spɛnto *o* 'spento] I. *pp di* **spegnere** II. *agg* ① (*fuoco*) erloschen, verlöscht; (*sigaretta*) abgebrannt ② (*fig*) matt, gedämpft

**spenzolare** [spendzo'la:re] I. *vt* hängen lassen II. *vr* **-rsi** sich baumeln lassen

**sperabile** [spe'ra:bile] *agg* zu [er]hoffen

**speranza** [spe'rantsa] *f* Hoffnung *f*; **un filo** [*o* **un barlume**] **di** ~ ein Funken *m* Hoffnung, ein Hoffnungsschimmer *m*; **avere riposto tutte le -e in qu** alle seine Hoffnungen auf jdn gesetzt haben; **senza** ~ hoffnungslos **speranzoso, -a** [speran'tso:so] *agg* hoffnungsvoll

**sperare** [spe'ra:re] I. *vt* erhoffen, hoffen auf +*acc*; ~ **di** +*inf*; ~ **in** hoffen auf +*acc*; ~ **che** +*conj* hoffen, dass; **spero di sì/no** ich hoffe ja/nein; **speriamo** [**bene**]! hoffen wir es! II. *vi* ~ **in qu/qc** auf jdn/etw hoffen

**sperdersi** ['spɛrdersi] <mi sperdo, mi spersi, sperso> *vr* sich verirren

**sperduto, -a** [sper'du:to] *agg* abgelegen; (*persona*) verloren, verlassen

**sperequato, -a** [spere'kua:to] *agg* ungleich **sperequazione** [sperekuat'tsio:ne] *f* Ungleichheit *f*

**spergiura** *f v.* **spergiuro**

**spergiurare** [sperdʒu'ra:re] *vi* einen Meineid leisten; **giurare e** ~ (*fam*) hoch und heilig schwören

**spergiuro** [sper'dʒu:ro] *m* Meineid *m*

**spergiuro, -a** I. *agg* meineidig; (*che manca ai giuramenti fatti*) eidbrüchig II. *m, f* Meineidige(r) *f(m)*; (*che manca ai giuramenti fatti*) Eidbrüchige(r) *f(m)*

**spericolato, -a** [speriko'la:to] *agg* leichtsinnig, waghalsig

**sperimentabilità** [sperimentabili'ta] <-> *f* Experimentierbarkeit *f*, Experimentierfähigkeit *f* **sperimentale** [sperimen'ta:le] *agg* experimentell, Experimental-; **centro** ~ Versuchszentrum *nt* **sperimentalista** [sperimenta'lista] <-i *m*,

sperimentalistico → spezzino

-e *f*> **I.** *mf* Vertreter(in) *m(f)* der experimentellen Richtung [in Wissenschaft, Kunst und Literatur] **II.** *agg* experimentell **sperimentalistico**, -**a** [sperimenta'listiko] <-ci, -che> *agg* experimentell
**sperimentare** [sperimen'ta:re] *vt* ❶ (*generel*) versuchen, ausprobieren ❷ (TEC) testen ❸ (*fig*) auf die Probe stellen, testen *fam* **sperimentatore**, -**trice** [sperimenta'to:re] *m*, *f* Experimentator(in) *m(f)*, Experimentierer(in) *m(f)* **sperimentazione** [sperimentat'tsio:ne] *f* Experimentieren *nt*, Erprobung *f*
**sperma** ['sperma] <-i> *m* Sperma *nt* **spermatico**, -**a** [sper'ma:tiko] <-ci, -che> *agg* Sperma- **spermatozoo** [spermatod'dzɔ:o] <-oi> *m* Spermatozoon *nt*
**spermicida**[1] [spermi'tʃi:da] <-i *m*, -e *f*> *agg* spermizid
**spermicida**[2] <-i> *m* Spermizid *nt*
**spernacchiare** [spernak'kia:re] **I.** *vi* herumulken **II.** *vt* verulken, vergackeiern
**speronare** [spero'na:re] *vt* rammen
**speronato**, -**a** [spero'na:to] *agg* ❶ (ZOO) mit Sporen versehen ❷ (ARCH) verstrebt
**sperone** [spe'ro:ne] *m* Sporn *m*
**sperperare** [sperpe'ra:re] *vt* verschwenden **sperpero** ['sperpero] *m* Verschwendung *f*
**spersonalizzare** [spersonalid'dza:re] *vt* ❶ (*appartamento, stanza*) unpersönlich gestalten ❷ (*questione, discussione*) entpersonalisieren
**sperticato**, -**a** [sperti'ka:to] *agg* übertrieben
**spesa** ['spe:sa] *f* ❶ (*somma*) Ausgabe *fpl*, Kosten *pl*; **non badare a -e** keine Kosten scheuen; **imparare qc a proprie -e** (*fig*) etw am eigenen Leib erfahren; **a -e di qu** auf jds Kosten ❷ (*compera*) [Ein]kauf *m*; (*fam: del cibo quotidiano*) Einkäufe *mpl*; **borsa della ~** Einkaufstasche *f*; **fare la ~** einkaufen ❸ *pl* (COM) Kosten *pl*, Spesen *pl*; **-e d'esercizio** [*o* **di gestione**] Betriebskosten *pl*; **meno/più le -e** minus/plus Spesen
**spesare** [spe'sa:re] *vt* ~ **qu** jdm den Unterhalt zahlen **spesato**, -**a** [spe'sa:to] *agg* auf Kosten (*da* von)
**spesi** ['spe:si] *1. pers sing pass rem di* **spendere**
**speso** ['spe:so] *pp di* **spendere**
**spesso** ['spesso] *avv* oft, häufig
**spesso**, -**a** *agg* ❶ (*grosso*) dick ❷ (*fitto*) dicht ❸ (*frequente*) häufig; **-e volte** oft[mals]; **spessore** [spes'so:re] *m* Dicke *f*, Stärke *f*

**Spett.** *abbr di* **spettabile** verehrte(r, s), geschätzte(r, s); **~ Ditta ...** Sehr geehrte Damen und Herren, ...; [**alle**] **~ Ditta ...** An Firma ...
**spettabile** [spet'ta:bile] *agg* (*nelle lettere*) sehr geehrte(r)
**spettacolare** [spettako'la:re] *agg* spektakulär, aufsehenerregend **spettacolarizzare** [spettakolarid'dza:re] *vt* ~ **qc** aus etw ein Medienspektakel machen **spettacolo** [spet'ta:kolo] *m* ❶ (THEAT) Schauspiel *nt*; (*rappresentazione*, FILM) Vorstellung *f* ❷ (*vista*) Anblick *m*, Schauspiel *nt* **spettacoloso**, -**a** [spettako'lo:so] *agg* spektakulär, aufsehenerregend; (*fig*) großartig
**spettanza** [spet'tantsa] *f* ❶ (*competenza*) Kompetenz *f*, Zuständigkeit *f* ❷ (*somma*) Gebühr *f*
**spettare** [spet'ta:re] *vi essere* ❶ (*essere pertinente*) zukommen, zufallen ❷ (*competere di diritto*) zustehen; **non spetta a me giudicare** es steht mir nicht zu, zu urteilen
**spettatore**, -**trice** [spetta'to:re] *m*, *f* ❶ (THEAT, FILM) Zuschauer(in) *m(f)* ❷ (*chi è presente*) Zeuge *m*/Zeugin *f*, Augenzeuge/-zeugin
**spettegolare** [spettego'la:re] *vi* (*pej*) klatschen, tratschen
**spettinare** [spetti'na:re] **I.** *vt* zerzausen **II.** *vr* -**rsi** sich zerzausen
**spettrale** [spet'tra:le] *agg* ❶ (PHYS) Spektral- ❷ (*fig*) gespenstisch **spettro** ['spettro] *m* ❶ (*fantasma*) Gespenst *nt* ❷ (*fig: persona*) [Schreck]gespenst *nt* ❸ (PHYS, ASTR) Spektrum *nt*
**spezie** ['spɛttsie] *fpl* Gewürze *ntpl*
**spezzare** [spet'tsa:re] **I.** *vt* ❶ (*rompere*) brechen, zerbrechen ❷ (*fig*) brechen, [unter]teilen; (*periodo*) [unter]gliedern **II.** *vr* -**rsi** brechen, zerbrechen; **la corda troppo tesa si spezza** (*prov*) man soll den Bogen nicht überspannen
**spezzatino** [spettsa'ti:no] *m* Frikassee *nt*
**spezzato** [spet'tsa:to] *m* Kombination *f*
**spezzato**, -**a** *agg* ❶ (*braccio, gamba*) gebrochen ❷ (*fig*) unterteilt, untergliedert; (*interrotto*) unterbrochen
**spezzettamento** [spettsetta'mento] *m* Zersplitterung *f* **spezzettare** [spettset'ta:re] *vt* in kleine Stücke teilen; (*eredità*) zersplittern; (*pane*) zerbröckeln; **~ il discorso** abgehackt reden
**Spezzino** <*sing*> *m* Provinz *f* La Spezia
**spezzino**, -**a** [spet'tsi:no] **I.** *agg* aus La Spe-

zia stammend II. *m, f* (*abitante*) Bewohner(in) *m(f)* von La Spezia

**spezzone** [spet'tso:ne] *m* ❶ (FILM) [unbelichteter] Filmstreifen *m* ❷ (MIL) kleine zylindrische Bombe

**spia** ['spi:a] <-ie> *f* ❶ (*persona*) Spion(in) *m(f);* (*confidente della polizia*) Spitzel *m;* **fare la ~** spionieren ❷ (TEC) Kontrollleuchte *f,* -lampe *f,* Warnlampe *f* ❸ (*fessura di porta*) [Tür]spion *m,* Guckloch *nt* ❹ (THEAT) Vorhangguckloch *nt*

**spiaccicare** [spiattʃi'ka:re] (*fam*) I. *vt* zerquetschen II. *vr* **-rsi** zerquetscht werden

**spiacente** [spia'tʃɛnte] *agg* betrübt, traurig; **sono ~** es tut mir leid

**spiacere** [spia'tʃe:re] <irr> *vi* essere leidtun; **mi spiace dover rifiutare** es tut mir leid, ablehnen zu müssen **spiacevole** [spia'tʃe:vole] *agg* unerfreulich, unangenehm

**spiaggia** ['spiaddʒa] <-gge> *f* Strand *m;* **andare in ~** zum [*o* an den] Strand gehen

**spianamento** [spiana'mento] *m* [Ein]ebnung *f* **spianare** [spia'na:re] *vt* ❶ (*terreno, strada*) eben machen, [ein]ebnen ❷ (*fucile*) anlegen ❸ (*pasta*) ausrollen ❹ (*abito*) [glatt]bügeln ❺ (*demolire*) abreißen **spianata** [spia'na:ta] *f* Ebene *f*

**spiano** ['spia:no] *m* **a tutto ~** mit voller Kraft

**spiantare** [spian'ta:re] I. *vt* ❶ (*albero, palo*) ausreißen ❷ (*fig*) ruinieren, zugrunde [*o* Grunde] richten II. *vr* **-rsi** sich ruinieren, sich zugrunde [*o* zu Grunde] richten **spiantato, -a** [spian'ta:to] (*pej*) I. *agg* ohne einen Pfennig, nichts besitzend II. *m, f* Habenichts *m*

**spiare** [spi'a:re] *vt* ❶ (MIL) ausspionieren, ausspähen; (*persona*) bespitzeln ❷ (*fatti, segreti*) ausspionieren; (*ascoltare di nascosto*) belauschen **spiata** [spi'a:ta] *f* Anzeige *f*

**spiattellare** [spiattel'la:re] *vt* (*fam*) petzen, ausplaudern

**spiazzo** [spi'attso] *m* offener Platz

**spiccare** [spik'ka:re] I. *vt* ❶ (JUR: *mandato di cattura*) erlassen; (*fattura, assegno*) ausstellen ❷ (*salto, balzo*) machen; **~ un salto** [*o* **balzo**] aufspringen; **~ il volo** auffliegen II. *vi* hervorstechen **spiccato, -a** [spik'ka:to] *agg* deutlich, klar; (*notevole*) ausgeprägt, merklich

**spicchio** ['spikkio] <-cchi> *m* (*di agrumi*) Spalte *f,* Stück *nt;* (*di aglio*) Zehe *f*

**spicci** *mpl* (*fam*) Kleingeld *nt*

**spicciare** [spit'tʃa:re] I. *vt* ❶ (*faccenda*) schnell erledigen ❷ (*cliente, avventore*) abfertigen II. *vr* **-rsi** (*fam*) sich sputen, schnell machen **spicciativo, -a** [spittʃa'ti:vo] *agg* ❶ (*persona*) kurz angebunden ❷ (*metodi*) schnell, rasch; (*lavoro*) rasch erledigt

**spiccicare** [spittʃi'ka:re] I. *vt* ablösen; **non ~ parola** kein Wort hervorbringen, keinen Ton von sich geben II. *vr* **-rsi** (*fam*) sich trennen

**spiccicato, -a** [spittʃi'ka:to] *agg* (*dial: fam*) genau gleich, ganz [und gar]; **è la madre -a** sie ist ganz die Mutter

**spiccio, -a** ['spittʃo] <-cci, -cce> *agg* schnell, rasch; **andare per le -cce** es kurz machen, direkt zur Sache kommen

**spicciolare** [spittʃo'la:re] *vt* [in Kleingeld] wechseln, kleinmachen *fam* **spicciolato, -a** [spittʃo'la:to] *agg* **alla -a** einzeln

**spiccioli** ['spittʃoli] *mpl* Kleingeld *nt*

**spicciolo, -a** ['spittʃolo] *agg* (COM) Klein-, klein; **moneta -a** Kleingeld *nt*

**spicco** ['spikko] <-cchi> *m* **fare ~** auffallen, sich abheben

**spider** ['spaider] <-> *m o f* Kabrio *nt*

**spidocchiare** [spidok'kia:re] I. *vt* [ent]lausen II. *vr* **-rsi** sich [ent]lausen

**spiedino** [spie'di:no] *m* Spießchen *nt* **spiedo** ['spiɛ:do] *m* ❶ (GASTR) Spieß *m;* **arrosto allo ~** Spießbraten *m* ❷ (MIL) Speer *m,* Spieß *m*

**spiegamento** [spiega'mento] *m* Aufmarsch *m,* Aufgebot *nt;* **~ di forze** Truppenaufgebot *nt*

**spiegare** [spie'ga:re] I. *vt* ❶ (*far capire*) erklären, erläutern ❷ (*tovaglia*) ausbreiten; (*carta geografica*) auseinanderfalten; (*vele*) setzen; (*ali*) ausbreiten; **~ il volo** mit ausgebreiteten Flügeln fliegen ❸ (MIL: *truppe*) aufstellen ❹ (*fig: voce*) entfalten II. *vr* **-rsi** ❶ (*chiarirsi*) sich klar ausdrücken; **mi sono spiegato?** habe ich mich klar ausgedrückt? ❷ (*aprirsi*) sich ausbreiten **spiegazione** [spiegat'tsio:ne] *f* Erklärung *f,* Erläuterung *f;* (*giustificazione*) Rechtfertigung *f;* (*chiarimento*) Aufklärung *f;* **avere una ~ con qu** eine Aussprache mit jdm haben

**spiegazzare** [spiegat'tsa:re] *vt* zerknittern, zerknüllen

**spietato, -a** [spie'ta:to] *agg* erbarmungslos

**spietratura** [spietra'tu:ra] *f* (AGR) *die Beseitigung von Feldsteinen durch Ablesen und Aufschichten*

**spifferare** [spiffe'ra:re] *vt* (*fam*) ausplaudern **spiffero** ['spiffero] *m* (*fam*) Zugluft *f,* Zug *m*

**spiga** ['spi:ga] <-ghe> f Ähre f **spigato, -a** [spi'ga:to] agg Fischgrat-, Fischgräten-
**spighetta** [spi'getta] f ① (*nastrino*) Schrägband nt ② (BOT) kleine Ähre f
**spigliatezza** [spiʎʎa'tettsa] f Unbefangenheit f **spigliato, -a** [spiʎ'ʎa:to] agg unbefangen
**spignattare** [spiɲɲa'ta:re] vi (*fam*) am Herd stehen
**spigo** ['spi:go] <-ghi> m Lavendel m
**spigola** ['spi:gola] f Seebarsch m
**spigolare** [spigo'la:re] vt ① (AGR) stoppeln, einsammeln ② (*fig*) sammeln, zusammentragen **spigolatore, -trice** [spigola'to:re] m, f ① (AGR) Ährenleser(in) m/f ② (*fig*) Sammler(in) m/f **spigolatura** [spigola'tu:ra] f ① (AGR) Ährenlese f ② pl (*fig*) Nachlese f, Anekdoten fpl
**spigolo** ['spi:golo] m ① (*angolo*) Kante f ② pl (*fig*) Schroffheit f, Ecken und Kanten fpl **spigoloso, -a** [spigo'lo:so] agg ① (*pieno di spigoli*) kantig, eckig ② (*fig*) schroff, kantig
**spilla** ['spilla] f Brosche f, [Ansteck]nadel f; ~ **di sicurezza** Sicherheitsnadel f; ~ **da cravatta** Krawattennadel f **spillare** [spil'la:re] I. vt avere ① (*botte*) anstecken, anzapfen ② (*fig*) ~ **soldi a qu** jdm Geld abknöpfen ③ (*loc*) ~ **le carte** die Karten langsam aufdecken II. vi essere o avere tropfen, tröpfeln
**spillo** ['spillo] m ① (*gener*) [Steck]nadel f; **a** ~ nadelförmig, Nadel-; **tacchi a** ~ Pfennigabsätze mpl ② (*spilla*) [Ansteck]nadel f ③ (*per botti*) Zapflochbohrer m; (*foro*) Zapfloch nt **spillone** [spil'lo:ne] m Hutnadel f
**spilluzzicare** [spilluttsi'ka:re] vt (*fam*) knabbern
**spilorceria** [spilortʃe'ri:a] <-ie> f Knaus[e]rigkeit f, Geiz m **spilorcio, -a** [spi'lortʃo] <-ci, -ce> I. agg knaus[e]rig, geizig II. m, f Geizkragen m fam, Geizhals m fam
**spilungone, -a** [spiluŋ'go:ne] m, f (*fam*) Bohnenstange f, lange Latte
**spina** ['spi:na] f ① (BOT) Dorn m, Stachel m ② (ZOO) Stachel m; (*di pesce*) Gräte f ③ (ANAT) ~ **dorsale** Rückgrat nt, Wirbelsäule f ④ (EL) Stecker m; ~ **multipla** Mehrfachstecker m ⑤ (TEC: *della botte*) Zapfloch nt; **birra alla** ~ Fassbier nt, Bier nt vom Fass ⑥ (*fig*) **stare** [*o* **essere**] **sulle -e** [wie] auf [glühenden] Kohlen sitzen; **staccare la** ~ abschalten
**spinacio** [spi'na:tʃo] <-ci> m (BOT) Spinat m; **-ci** (GASTR) Spinat m

**spinale** [spi'na:le] agg Rückgrat-, Rücken-
**spinato, -a** [spi'na:to] agg ① (*con spine*) dornig, stach[e]lig, Stachel-; **filo** ~ Stacheldraht m ② (*stoffa*) mit Fischgratmuster, Fischgrat-
**spinellato, -a** [spinel'la:to] (*sl*) I. m, f Haschraucher(in) m/f II. agg bekifft
**spinello** [spi'nɛllo] m (*sl*) Trompete f, Tüte f, Joint m; **fumare -i** kiffen
**spinetta** [spi'netta] f Spinett nt
**spingere** ['spindʒere] <spingo, spinsi, spinto> I. vt ① (*spostare*) schieben; (*con forza*) stoßen ② (*premere*) drücken ③ (*fig: indurre*) ~ **qu a qc** jdn zu etw treiben, (*pej*) jdn zu etw verleiten ④ (*fare ressa*) schubsen, drängeln II. vr **-rsi** ① (*inoltrarsi*) vordringen ② (*fig*) sich vordrängen
**spingistoffa** [spindʒi'stɔffa] <inv> agg Stoffschiebe-; **macchina** ~ Transporteur m
**spino** ['spi:no] m Dornbusch m, Dornenpflanze f; (*prugno selvatico*) Schlehdorn m
**spino, -a** agg ① (BOT) Stachel-, Dorn-; **uva -a** Stachelbeere f ② (ZOO) Stachel-, stach[e]lig; **porco** ~ Stachelschwein nt **spinoso, -a** [spi'no:so] agg ① (BOT) dornig, stach[e]lig ② (*fig*) dornig, dornenreich
**spinotto** [spi'nɔtto] m Bolzen m
**spinsi** ['spinsi] *1. pers sing pass rem di* **spingere**
**spinta** ['spinta] f ① (*urto*) Stoß m ② (*fig*) Anstoß m, Antrieb m; (*appoggio*) Beziehungen fpl, Begünstigung f ③ (PHYS) Schub m, Antrieb m ④ (SPORT) Anschub m
**spintarella** [spinta'rɛlla] f (*fig fam: raccomandazione*) Empfehlung f; **dare una** ~ **a qu** jdn empfehlen
**spinterogeno** [spinte'rɔ:dʒeno] m Zündverteiler m
**spinto, -a** ['spinto] I. *pp di* **spingere** II. agg gewagt, anstößig
**spintonamento** [spintona'mento] m Geschubse nt, Gedränge nt **spintone** [spin'to:ne] m [heftiger] Stoß m; (SPORT) Rempler m
**spintore** [spin'to:re] m (NAUT) Schubschlepper m
**spiona** f v. **spione**
**spionaggio** [spio'naddʒo] <-ggi> m Spionage f; ~ **telefonico** Abhören nt, Lauschangriff m
**spioncino** [spion'tʃi:no] m [Tür]spion m, Guckloch nt
**spione, -a** [spi'o:ne] m, f (*pej*) Schnüffler(in) m/f, Denunziant(in) m/f **spionistico, -a** [spio'nistiko] <-ci, -che> agg Spionage-
**spiovente** [spio'vɛnte] I. agg ① (*rami,*

*chiome*) herabhängend, [her]abfallend ② (SPORT: *tiro*) hoch II. *m* ① (*del tetto*) [schräge] Dachfläche *f* ② (SPORT) hoher Schuss

**spiovere** [spio:vere] <irr> *vi essere o avere* aufhören zu regnen

**spira** ['spi:ra] *f* ① (*di serpente, spirale*) Windung *f* ② (EL) Schleife *f*

**spiraglio** [spi'raʎʎo] <-gli> *m* ① (*di porta, finestra*) Spalt *m*, Ritz *m* ② (*luce*) Lichtstrahl *m* ③ (*fig*) Schimmer *m*, Anzeichen *nt*

**spirale** [spi'ra:le] *f* Spirale *f*

**spirare** [spi'ra:re] I. *vi avere* ① (*vento*) wehen, blasen ② *essere* (*morire*) verscheiden, seinen Geist aufgeben II. *vt avere* ausstrahlen, verbreiten

**spiritato, -a** [spiri'ta:to] I. *agg* aufgeregt, aufgewühlt; (*invasato*) besessen II. *m, f* Besessene(r) *f(m)*

**spiritico, -a** [spi'ri:tiko] <-ci, -che> *agg* spiritistisch **spiritismo** [spiri'tizmo] *m* Spiritismus *m* **spiritista** [spiri'tista] <-i *m*, -e *f*> *mf* Spiritist(in) *m(f)* **spiritistico, -a** [spiri'tistiko] <-ci, -che> *agg* spiritistisch

**spirito** ['spi:rito] *m* ① (REL) lo **Spirito Santo** der Heilige Geist ② (*senso dell'umorismo*) Humor *m*; ~ **di patate** (*fam*) schlechter Witz; **una battuta di** ~ ein Bonmot *nt*; **fare dello** ~ humorvoll sein ③ (*fantasma*) Geist *m*; **nel castello ci sono gli -i** im Schloss spukt es ④ (*qualità*) ~ **di carità/giustizia** Wohltätigkeits-/Gerechtigkeitssinn *m*; ~ **di osservazione** Beobachtungsgabe *f* ⑤ (*sostanza alcolica*) Spiritus *m*; **fornellino a** ~ Spirituskocher *m*; **ciliegie sotto** ~ (*fam*) beschwipste Kirschen *fpl* ⑥ (*anima*) Seele *f*; ~ **affine** Seelenverwandte(r) *f(m)*

**spiritosa** *f v.* **spiritoso**

**spiritosaggine** [spirito'saddʒine] *f* Witzelei *f* **spiritoso, -a** [spiri'to:so] I. *agg* geistreich, witzig II. *m, f* Witzbold *m*

**spirituale** [spiritu'a:le] *agg* ① (*dello spirito*) geistig, Geistes- ② (*persona*) vergeistigt **spiritualità** [spirituali'ta] <-> *f* ① (*sensibilità*) geistige Tiefe ② (REL) Geistlichkeit *f*, Religiosität *f* ③ (*natura spirituale*) Vergeistigung *f*, Innerlichkeit *f* **spiritualizzare** [spiritualid'dza:re] *I. vt* ① (*amore*) vergeistigen ② (*persona*) idealisieren II. *vr* -**rsi** sich vergeistigen **spiritualizzazione** [spiritualiddzat'tsio:ne] *f* Vergeistigung *f*

**spizzico** ['spittsiko] <-chi> *m* **a** ~ [*o* -**chi**] nach und nach, peu à peu

**splatter** ['splætə] <-> *m* (*film*) Splattermovie *nt*, Horrorstreifen *m*

**splendere** ['splɛndere] *vi* ① (*sole*) strahlen; (*stelle*) funkeln ② (*fig*) strahlen, glänzen **splendido, -a** ['splɛndido] I. *agg* ① (*sole*) strahlend, glänzend; (*stelle*) funkelnd ② (*festa*) prächtig, glänzend ③ (*persona*) wunderbar; (*fig*) bewundernswert II. *int* toll, prima, bärig *A*

**splendore** [splen'do:re] *m* ① (*di sole*) Strahlen *nt*, Glanz *m*; (*di stelle*) Funkeln *nt* ② (*di persona*) Glanz *m*, Pracht *f* ③ (*di festa*) Glanz *m*, Pracht *f*, Herrlichkeit *f* ④ (*ricchezza*) Kostbarkeit *f*

**splitting** ['splitiŋ] <-> *m* (FIN) Splitting *nt*

**spocchia** ['spɔkkia] <-cchie> *f* Hochmut *m*, Dünkel *m*

**spodestare** [spodes'ta:re] *vt* entmachten, absetzen; (*re*) entthronen

**spoetizzare** [spoetid'dza:re] *vt* ernüchtern, enttäuschen

**spoglia** ['spɔʎʎa] <-glie> *f* ① (*vestito*) Gewand *nt* ② (ZOO) Balg *m*

**spogliare** [spoʎ'ʎa:re] I. *vt* ① (*svestire*) ausziehen, entkleiden ② (*fig*) berauben, entkleiden ③ (*posta*) sortieren II. *vr* -**rsi** ① (*svestirsi*) sich ausziehen ② (*fig: privarsi*) -**rsi di qc** etw weggeben; -**rsi dei pregiudizi** Vorurteile ablegen **spogliarellista** [spoʎʎarel'lista] <-i *m*, -e *f*> *mf* Stripteasetänzer(in) *m(f)* **spogliarello** [spoʎʎa'rɛllo] *m* Striptease *m*; **fare lo** ~ strippen **spogliatoio** [spoʎʎa'to:io] <-oi> *m* Umkleideraum *m*, Umkleidekabine *f*

**spoglio** ['spɔʎʎo] *m* Auswertung *f*, Sichtung *f*, Durchsicht *f*

**spoglio, -a** <-gli, -glie> *agg* ① (*albero, terreno*) kahl, nackt ② (*fig*) ~ **di** -los, -frei, ohne; ~ **di pregiudizi** vorurteilsfrei, -los

**spoiler** ['spɔilə] <-> *m* Spoiler *m*

**spola** ['spo:la] *f* Spule *f*; **fare la** ~ (*fig*) pendeln, hin- und herlaufen **spoletta** [spo'letta] *f* ① (*rocchetto*) kleine Spule ② (*di bomba*) Zünder *m*

**spolmonarsi** [spolmo'narsi] *vr* sich heiser reden [*o* singen] [*o* schreien]

**spolpare** [spol'pa:re] *vt* ① (*osso*) vom Fleisch lösen ② (*fig*) ausnehmen, aussaugen

**spolverare** [spolve'ra:re] I. *vt* ① (*mobile, vestito*) abstauben ② (GASTR) bestreuen, bestäuben ③ (*fig fam: mangiare tutto*) verputzen, verschlingen II. *vi* Staub wischen, abstauben **spolverata** [spolve'ra:ta] *f* ① (*pulizia sommaria*) Abstauben *nt*, [kurzes] Staubwischen *nt* ② (GASTR) Bestreu-

en *nt*, Bestäuben *nt* **spolveratura** [spolvera'tu:ra] *f* ❶ (*operazione*) Staubwischen *nt* ❷ (*fig*) oberflächliche Kenntnis *f*
**spolverino** [spolve'ri:no] *m* Staubmantel *m*
**spolverizzare** [spolverid'dza:re] *vt* ❶ (GASTR) bestreuen, bestäuben ❷ (*ridurre in polvere*) zerstäuben
**spompare** [spom'pa:re] I. *vt* (*fig fam*) auslaugen II. *vr* -**rsi** sich auslaugen **spompato, -a** [spom'pa:to] *agg* ausgepumpt, ausgepowert
**sponda** ['sponda] *f* ❶ (*di fiume*) Ufer *nt* ❷ (*di letto*) [Bett]kante *f*, Rand *m* ❸ (*di biliardo*) Bande *f*
**sponsali** [spon'sa:li] *mpl* (*poet*) Hochzeit *f*
**sponsor** ['sponsor] <-> *m* Sponsor *m*
**sponsorizzare** [sponsorid'dza:re] *vt* sponsern **sponsorizzazione** [sponsoriddzat'tsio:ne] *f* Sponsoring *nt*
**spontaneità** [spontanei'ta] <-> *f* Spontaneität *f* **spontaneo, -a** [spon'ta:neo] *agg* ❶ (*persona*) spontan; (*stile*) natürlich ❷ (*adesione, offerta*) spontan, freiwillig ❸ (*vegetazione*) wild
**spopolamento** [spopola'mento] *m* Entvölkerung *f*; ~ **delle campagne** Landflucht *f* **spopolare** [spopo'la:re] I. *vt* entvölkern II. *vi* (*fam*) Furore machen III. *vr* -**rsi** sich entvölkern, sich leeren
**spora** ['spo:ra] *f* Spore *f*
**sporadicità** [sporaditʃi'ta] <-> *f* Seltenheit *f* **sporadico, -a** [spo'ra:diko] <-ci, -che> *agg* sporadisch, gelegentlich
**sporcaccione, -a** [sporkat'tʃo:ne] (*pej*) I. *agg* (*fig*) schmierig, dreckig II. *m, f* (*fig*) Schmierfink *m*, Schmutzfink *m*, Schwein *nt*
**sporcare** [spor'ka:re] I. *vt* ❶ (*vestito, tovaglia*) beschmutzen, schmutzig machen ❷ (*fig*) besudeln, beflecken II. *vr* -**rsi** ❶ (*insudiciarsi*) sich beschmutzen ❷ (*fig*) sich *dat* die Hände schmutzig machen
**sporcizia** [spor'tʃittsia] <-ie> *f* ❶ (*mancanza di pulizia*) Schmutzigkeit *f* ❷ (*fig*) Schweinerei *f*
**sporco** ['sporko] *m* Schmutz *m,* Dreck *m*
**sporco, -a** <-chi, -che> *agg* ❶ (*viso, mani*) schmutzig, dreckig; **avere la coscienza -a** ein schlechtes Gewissen haben; **avere la fedina penale -a** vorbestraft sein ❷ (MED: *lingua*) belegt
**sporgenza** [spor'dʒɛntsa] *f* Vorsprung *m*
**sporgere** ['spɔrdʒere] <irr> I. *vt* avere vorstrecken; (*dalla finestra*) hinausstrecken; ~ **querela** Klage erheben II. *vi* essere hinaus-, hervorragen III. *vr* -**rsi** (*in* 

*fuori*) sich hinauslehnen; (*in avanti*) sich vorbeugen; **è pericoloso -rsi dal finestrino!** nicht hinauslehnen!
**sport** [spɔrt] <-> *m* Sport *m*; (*fig a*) Spaß *m*; ~ **a squadre** Mannschaftssport *m*; ~ **di combattimento** Kampfsport *m*; ~ **estremi** Extremsportarten *fpl*; **fare dello** ~ Sport treiben; **per** ~ zum Spaß
**sporta** ['spɔrta] *f* ❶ (*borsa*) [große] Tasche *f*, Tragetasche *f*; ~ **della spesa** Einkaufstasche *f* ❷ (*quantità*) Tasche[voll] *f*
**sportellista** [sportel'lista] <-i *m*, -e *f*> *mf* Schalterbeamte(r) *m*/-beamtin *f*
**sportello** [spor'tɛllo] *m* ❶ (*di treno, macchina, armadio*) Tür *f* ❷ (*di ufficio, banca*) Schalter *m*; ~ **automatico** (FIN) Geldautomat *m*
**sportivo, -a** [spor'ti:vo] I. *agg* ❶ (*spettacolo, campo*) Sport- ❷ (*persona, vestito*) sportlich II. *m, f* Sportler(in) *m(f)*
**sposa** ['spɔ:za] *f* Braut *f*; (*moglie*) junge [Ehe]frau *f*; **promessa** ~ Verlobte *f*; **abito** [*o* **vestito**] **da** ~ Brautkleid *nt*; **dare in** ~ zur Frau geben **sposalizio** [spoza'littsio] <-i> *m* Hochzeit *f* **sposare** [spo'za:re] I. *vt* ❶ (*prendere per moglie o marito*) heiraten ❷ (*unire in matrimonio*) trauen, vermählen ❸ (*dare in moglie o marito*) verheiraten ❹ (*fig*) sich jdm mit Leib und Seele widmen, sich jdm/etw verschreiben II. *vr* -**rsi con qu** jdn heiraten; -**rsi in chiesa/in comune** sich kirchlich/standesamtlich trauen lassen **sposo** ['spɔ:zo] *m* Bräutigam *m*; (*marito*) junger [Ehe]mann *m*; -**i** Brautleute *pl*
**spossante** [spos'sante] *agg* erschöpfend, entkräftend, ermüdend
**spossare** [spos'sa:re] *vt* erschöpfen, entkräften **spossatezza** [spossa'tettsa] *f* Erschöpfung *f*, Entkräftung *f* **spossato, -a** [spos'sa:to] *agg* erschöpft, entkräftet, zerschlagen
**spossessare** [spossessa:re] *vt* berauben
**spostamento** [sposta'mento] *m* Verschiebung *f*; (*d'aria*) Bewegung *f* **spostare** [spos'ta:re] I. *vt* ❶ (*mobile*) verschieben, verrücken ❷ (*data*) verschieben II. *vr* -**rsi** [weg]rücken; (*di città*) wegziehen; (*cosa*) sich [weg]bewegen **spostato, -a** [spos'ta:to] I. *agg* verhaltensgestört II. *m, f* Verhaltensgestörte(r) *f(m)*
**spot** [spɔt] <-> *m* ❶ (TV, RADIO) Spot *m*; ~ **pubblicitario** Werbespot *m* ❷ (*riflettore*) Spot *m*, Spotlight *nt*
**S.P.Q.R.** *abbr di* **Senatus Populusque Romanus** Senat und Volk von Rom (*Ab-*

*kürzung zur Bezeichnung der Stadt Rom bzw. des Römischen Reichs*)

**spranga** ['spraŋga] <-ghe> *f* Stange *f*; (*lucchetto*) Riegel *m* **sprangare** [spraŋ'ga:re] *vt* verriegeln

**spray** ['spra:i] I.<-> *m* Spray *nt o m* II.<inv> *agg* Spray-, Sprüh-; **bombola** ~ Sprühdose *f*; **lacca** ~ Sprühlack *m*

**sprazzo** ['sprattso] *m* ❶ (*spruzzo*) Spritzer *m*; (*di luce, sole*) Strahl *m* ❷ (*fig*) Blitz *m*, Funke *m*

**sprecare** [spre'ka:re] I. *vt* verschwenden, vergeuden II. *vr* **-rsi** ❶ (*dial iron*) sich überanstrengen, sich übernehmen ❷ (*perdersi*) **-rsi in qc** für etw seine Kräfte vergeuden **sprecato** [spre'ka:to] *agg* vergeudet, verschwendet; **fatica -a** (*fig*) verlorene Liebesmüh; **è tempo** ~ das ist die reinste Zeitverschwendung; **essere** ~ **per qc** zu schade für etw sein

**spreco** ['sprɛ:ko] <-chi> *m* Verschwendung *f*, Vergeudung *f*; **a** ~ umsonst **sprecone, -a** [spre'ko:ne] (*fam*) I. *agg* verschwenderisch II. *m, f* Verschwender(in) *m(f)*

**spregevole** [spre'dʒe:vole] *agg* ❶ (*persona, cosa*) verachtenswert ❷ (*gesto*) verächtlich

**spregiativo** [spredʒa'ti:vo] *m* (LING) Pejorativ[um] *nt*, Pejorativform *f*

**spregiativo, -a** *agg* verächtlich, abwertend; (LING) pejorativ **spregio** ['sprɛ:dʒo] <-gi> *m* Verachtung *f*

**spregiudicatezza** [spredʒudika'tettsa] *f* Skrupellosigkeit *f* **spregiudicato, -a** [spredʒudi'ka:to] *agg* skrupellos

**spremere** ['sprɛ:mere] *vt* ❶ (*limone, arancia*) auspressen ❷ (*fig*) ausquetschen *fam*; **-rsi le meningi** sich *dat* den Kopf zerbrechen

**spremiaglio** [spremi'aʎʎo] <-> *m* Knoblauchpresse *f*

**spremiagrumi** [spremia'gru:mi] <-> *m*, **spremilimoni** [spremili'mo:ni] <-> *m* Zitruspresse *f*

**spremitura** [spremi'tu:ra] *f* [Aus]pressen *nt*

**spremuta** [spre'mu:ta] *f* [frisch gepresster] Fruchtsaft *m*

**spretarsi** [spre'tarsi] *vr* aus dem Priesterstand austreten

**sprezzante** [spret'tsante] *agg* verächtlich, geringschätzig; (*atteggiamento*) hochmütig **sprezzo** ['sprɛttso] *m* ❶ (*disprezzo*) Verachtung *f* ❷ (*noncuranza*) Missachtung *f*, Nichtbeachtung *f*

**sprigionare** [spridʒo'na:re] I. *vt* ausströ-

men, hervorbringen II. *vr* **-rsi** ausströmen, hervorkommen

**sprimacciare** [sprimat'tʃa:re] *vt* aufschütteln, glatt schütteln

**sprinkler** ['spriŋklə] <-> *m* (TEC) Sprinkler *m*, Sprinkleranlage *f*

**sprint** [sprint] <-> *m* ❶ (SPORT) Sprint *m*, Spurt *m*; ~ **finale** (*a. fig*) Endspurt *m* ❷ (*fig*) Schwung *m*

**spritz** [sprits] <-> *m Aperitif aus Aperol, Prosecco und Soda*

**sprizzare** [sprit'tsa:re] I. *vt* avere ❶ (*fig*) sprühen, ausstrahlen; ~ **gioia da tutti i pori** außer sich *dat* sein vor Freude; ~ **salute da tutti i pori** vor Gesundheit strotzen; ~ **rabbia da tutti i pori** vor Wut schäumen ❷ (*sangue*) ausspritzen II. *vi essere* ❶ (*liquido*) [aus]spritzen ❷ (*fig: gioia*) sprühen **sprizzo** ['sprittso] *m* Spritzer *m*

**sprofondamento** [sprofonda'mento] *m* ❶ (*di terreno*) Nachgeben *nt*, [Ab]sinken *nt*; (*di casa*) Einsturz *m* ❷ (*l'affondare*) Ver-, Einsinken *nt* **sprofondare** [sprofon'da:re] I. *vi essere* ❶ (*pavimento, terreno*) nachgeben, absinken; (*casa, tetto*) einstürzen ❷ (*affondare*) versinken, einsinken ❸ (*fig*) versinken II. *vr* **-rsi** ❶ (*lasciarsi andare*) sich fallen lassen ❷ (*fig*) sich vertiefen, sich versenken

**sproloquio** [spro'lɔ:kuio] <-qui> *m* Salbaderei *f*

**spronare** [spro'na:re] *vt* ❶ (*cavallo*) die Sporen geben ❷ (*fig*) anspornen **sprone** ['spro:ne] *m* ❶ (ZOO) Sporn *m* ❷ (*fig*) Ansporn *m*

**sproporzionato, -a** [sproportsio'na:to] *agg* ❶ (*braccia, persona*) unproportioniert ❷ (*prezzo, reazione*) unangemessen **sproporzione** [spropor'tsio:ne] *f* Unverhältnismäßigkeit *f*, Unangemessenheit *f*

**spropositato, -a** [spropozi'ta:to] *agg* riesig; (*eccessivo*) übertrieben **sproposito** [spro'pɔ:zito] *m* ❶ (*errore*) grober Fehler ❷ (*sciocchezza*) Dummheit *f*, Fehler *m*

**sprovvedutezza** [sprovvedu'tettsa] *f* Ahnungslosigkeit *f*

**sprovveduto, -a** [sprovve'du:to] *agg* ❶ (*sfornito*) ~ **di** nicht versehen mit, ohne ❷ (*pej*) unbegabt

**sprovvisto, -a** [sprov'visto] *agg* ~ **di** nicht versehen mit, ohne, -los; **alla -a** überraschend, unversehens; **prendere alla -a** überrumpeln, überraschen

**spruzzabiancheria** [spruttsabiaŋke'ri:a] <-> *m* Wäschesprenger *m*

**spruzzare** [sprut'tsa:re] *vt* [be]spritzen,

[be]sprühen **spruzzata** [sprut'tsa:ta] *f* ①(GASTR) Spritzer *m*, Schuss *m* ②(*pioggia leggera*) Sprühregen *m* ③(*lo spruzzare*) Spritzer *m*, Spritzen *nt* **spruzzatore** [spruttsa'to:re] *m* Zerstäuber *m;* (MOT) [Kraftstoff]düse *f*
**spruzzo** ['spruttso] *m* ①(*d'acqua, fango*) Spritzer *m* ②(METEO) Schauer *m* ③(TEC) Spritzen *nt* ④(GASTR) Spritzer *m*, Schuss *m*
**spudoratezza** [spudora'tettsa] *f* Unverschämtheit *f*, Schamlosigkeit *f* **spudorato, -a** [spudo'ra:to] *agg* unverschämt, schamlos
**spugna** ['spuɲɲa] *f* ①(*gener*) Schwamm *m;* **gettare la ~** (*fig* SPORT) das Handtuch werfen; **bere come una ~** saufen wie ein Loch *fam* ②(*tessuto*) Frottee *nt o m* **spugnetta** [spuɲ'ɲetta] *f* Schwämmchen *nt* **spugnoso, -a** [spuɲ'ɲo:so] *agg* schwammartig, porös
**spulciare** [spul'tʃa:re] I. *vt* ①(*cane, gatto*) flöhen, entflohen ②(*fig*) durchforsten II. *vr* -**rsi** sich flöhen
**spuma** ['spu:ma] *f* ①(*schiuma*) Schaum *m* ②(*bibita*) Limonade *f* **spumante** [spu'mante] I. *agg* Schaum- II. *m* Schaumwein *m*, Sekt *m* **spumantizzazione** [spumantiddzat'tsio:ne] *f* Sektgärung *f* **spumare** [spu'ma:re] *vi* schäumen; (*vino*) moussieren **spumeggiante** [spumed'dʒante] *agg* ①(*birra*) schäumend; (*vino*) moussierend ②(*fig*) sprühend, brillant **spumeggiare** [spumed'dʒa:re] *vi* schäumen; (*vino*) moussieren **spumone** [spu'mo:ne] *m* Schaumgefrorene(s) *nt* **spumoso, -a** [spu'mo:so] *agg* ①(*birra*) schäumend; (*vino*) moussierend ②(*fig* GASTR) schaumig, locker
**spuntare** [spun'ta:re] I. *vt avere* ①(*penna, lapis*) die Spitze abbrechen von; (*smussare*) stumpf machen, abstumpfen ②(*capelli, baffi*) stutzen ③(*fig*) meistern, überwinden; **spuntarla** (*fam*) es schaffen, sich durchsetzen ④(*depennare*) abhaken, durchchecken II. *vi essere* ①(*venir fuori*) hervorkommen, zutage [*o* zu Tage] kommen; (*fiori*) sprießen; (*sole*) aufgehen; (*giorno*) anbrechen ②(*apparire*) auftreten, erscheinen; **da dove spunti?** wo kommst du denn her? III. *vr* -**rsi** ①(*penna, lapis*) abbrechen, die Spitze verlieren; (*smussarsi*) stumpf werden ②(*fig: rabbia*) verrauchen
**spuntinare** [spunti'na:re] *vt* (FOTO) [ein Negativ] retuschieren
**spuntino** [spun'ti:no] *m* Imbiss *m*, Jause *f A*

**spunto** ['spunto] *m* ①(*occasione*) Anstoß *m*, Anregung *f* ②(THEAT) Stichwort *nt*
**spuntone** [spun'to:ne] *m* ①(*sporgenza di roccia*) Felsnase *f*, Felsvorsprung *m* ②(*punta*) Spitze *f*
**spunzone** [spun'tso:ne] *m* ①(*colpo col gomito*) Stoß *m* mit dem Ellbogen; (*con la mano*) Faustschlag *m* ②(*grossa spina*) großer Stachel *m*
**spurgare** [spur'ga:re] *vt* ①(*fogna, canale*) reinigen, ausspülen ②(MED) aushusten, auswerfen **spurgo** ['spurgo] <-ghi> *m* ①(*operazione*) Säuberung *f*, Ausspülung *f* ②(*materiale*) Auswurf *m*, Schleim *m*
**spurio, -a** ['spu:rio] <-i, -ie> *agg* ①(*figlio*) unehelich ②(LIT) unecht, nicht authentisch ③(ANAT) falsch
**sputacchiare** [sputak'kia:re] I. *vi* spucken II. *vt* bespucken **sputacchiera** [sputak'kiɛ:ra] *f* Spucknapf *m* **sputacchio** [spu'takkio] <-cchi> *m* Schleim *m*
**sputare** [spu'ta:re] I. *vt* spucken, speien; (*vulcano*) ausstoßen, -werfen; **~ sangue** (*fig*) sich abmühen, sich völlig verausgaben; **~ sentenze** (*fig*) Sprüche klopfen *fam;* **~ veleno** (*fig*) Gift und Galle spucken; **sputa l'osso!** (*fam fig*) rück aus! II. *vi* spucken, speien; **~ su qc** (*fam fig*) auf etw *acc* pfeifen **sputasentenze** [sputasen'tɛntse] <-> *mf* Sprücheklopfer(in) *m(f) fam*, Klugscheißer(in) *m(f) fam* **sputo** ['spu:to] *m* Spucke *f*, Speichel *m;* (*escreto*) Schleim *m*, Auswurf *m*
**sputtanare** [sputta'na:re] (*vulg*) I. *vt* durchhecheln, in die Pfanne hauen *fam* II. *vr* -**rsi** unten durch sein *fam*
**spy thriller** ['spai 'θrilə] <-> *m* Agententhriller *m*, Spionagethriller *m*
**squadra** ['skua:dra] *f* ①(*da disegno*) Winkel *m*, [Winkel]dreieck *nt* ②(*complesso di persone*) Gruppe *f;* (SPORT) Mannschaft *f*, Team *nt;* **essere fuori ~** (*a. fig*) aus dem Lot sein ③(MIL) Trupp *m*, Kommando *nt* ④(ADM) Kommando *nt*, Polizeieinheit *f;* (*turno*) Schicht *f;* **~ mobile** Überfallkommando *nt* ⑤(NAUT, AERO) Geschwader *nt*
**squadrare** [skua'dra:re] *vt* ①(*foglio da disegno*) viereckig zuschneiden ②(*fig*) mustern, beäugen
**squadriglia** [skua'driʎʎa] <-glie> *f* Geschwader *nt*
**squadrone** [skua'dro:ne] *m* Schwadron *f*
**squagliare** [skuaʎ'ʎa:re] I. *vt* schmelzen, auflösen II. *vr* -**rsi** schmelzen; **squagliarsela** (*fig fam*) sich davonmachen
**squalifica** [skua'li:fika] <-che> *f* Disqualifizierung *f* **squalificare** [skualifi'ka:re]

I. vt disqualifizieren II. vr -rsi sich disqualifizieren
**squallido, -a** ['skuallido] agg trist, trostlos; (luogo) öde
**squallore** [skual'lo:re] m Trostlosigkeit f; (di luogo) Öde f; (miseria) Elend nt
**squalo** ['skua:lo] m Hai[fisch] m
**squama** ['skua:ma] f Schuppe f **squamare** [skua'ma:re] I. vt [ab]schuppen II. vr -rsi sich [ab]schuppen **squamoso, -a** [skua'mo:so] agg schuppig
**squarciagola** [skuartʃa'go:la] avv **a ~** aus vollem Halse, aus voller Kehle
**squarciare** [skuar'tʃa:re] I. vt zerreißen, zerfetzen; **il sole squarcia le nuvole** die Sonne durchbricht die Wolken II. vr -**rsi** aufbrechen, aufgehen **squarcio** ['skuartʃo] <-ci> m (lacerazione) Riss m; (ferita) klaffende Wunde
**squartare** [skuar'ta:re] vt zerlegen, zerteilen; (in quarti) vierteilen **squartatore, -trice** [skuarta'to:re] m, f Schlachter(in) m(f)
**squash** [skwɔʃ] <-> m Squash nt
**squassare** [skuas'sa:re] vt rütteln, schütteln
**squattrinato, -a** [skuattri'na:to] (fam) I. agg abgebrannt, pleite II. m, f Habenichts m
**squilibrare** [skuili'bra:re] vt aus dem Gleichgewicht bringen **squilibrato, -a** [skuili'bra:to] I. agg ❶ (alimentazione) unausgewogen ❷ (MED) verstört, geistesgestört II. m, f verstörte Person **squilibrio** [skui'li:brio] <-i> m ❶ (MED) Verwirrung f; ~ **mentale/psichico** geistige/seelische Verwirrung ❷ (COM) Unausgeglichenheit f
**squilla** ['skuilla] f Klingel f, Schelle f; (delle vacche) [Kuh]glocke f
**squillante** [skuil'lante] agg ❶ (voce) schrill ❷ (colore) schreiend, grell
**squillare** [skuil'la:re] vi essere o avere (tromba) schmettern; (telefono, campanello) klingeln
**squillo¹** ['skuillo] m (di tromba) Schmettern nt; (di telefono, campanello) Klingeln nt
**squillo²** <inv> agg **ragazza ~** Callgirl nt
**squinci** ['skuintʃi] avv (fam) affektiert, geziert; **parlare in quinci e ~** geziert sprechen
**squindi** ['skuindi] avv (fam) affektiert, geziert, gestelzt; **senza tanti squinci e ~** ohne Umschweife
**squinternato, -a** [skuinter'na:to] I. agg ❶ (persona) verrückt ❷ (libro) zerfleddert, zerrissen II. m, f Verrückte(r) f(m)

**squisitamente** [skuizita'mente] avv ❶ (prettamente) ausgesprochen, typisch ❷ (prelibatamente) köstlich, vorzüglich ❸ (fig: in modo squisito) wunderbar
**squisitezza** [skuizi'tettsa] f Erlesenheit f; (di cibo) Köstlichkeit f **squisito, -a** [skui'zi:to] agg exquisit, erlesen; (cibo) köstlich
**squittire** [skuit'ti:re] <**squittisco**> vi pfeifen, quieken
**sradicare** [zradi'ka:re] vt ❶ (albero) entwurzeln ❷ (fig: vizio) ausmerzen
**sragionare** [zradʒo'na:re] vi unlogisch denken; (parlando) dummes Zeug reden
**sregolatezza** [zregola'tettsa] f ❶ (di vita, costumi) Regellosigkeit f ❷ (comportamento) Unmäßigkeit f, Ausschweifung f
**sregolato, -a** [zrego'la:to] agg ❶ (senza regola) regellos, ungeregelt ❷ (smodato) maßlos ❸ (dissoluto) ausschweifend, liederlich
**S.r.l.** abbr di **Società a responsabilità limitata** GmbH f
**srotolare** [zroto'la:re] vt ent-, ausrollen
**S.S.** abbr di **Strada Statale** einer Bundesstraße vergleichbare Schnellstraße
**ss.** abbr di **seguenti** ff.
**stabbio** ['stabbio] <-i> m Stall m
**stabile** ['sta:bile] I. agg ❶ (METEO) beständig, gleich bleibend ❷ (THEAT) ständig; (compagnia) fest engagiert ❸ (COM: beni) unbeweglich; (prezzi) stabil ❹ (fig) fest, stabil; (impiego) fest; (resistente) widerstandsfähig II. m ❶ (ARCH) Gebäude nt ❷ (THEAT) ständiges Theater ❸ pl (COM) Immobilien fpl
**stabilimento** [stabili'mento] m ❶ (edificio) Gebäude nt, Bau m; ~ **ospedaliero** Krankenanstalt f ❷ (per industria) Fabrikgebäude nt; (impianto) Anlage f, Werk nt
**stabilire** [stabi'li:re] <**stabilisco**> I. vt ❶ (decretare) festsetzen, festlegen ❷ (decidere) beschließen, entscheiden ❸ (dimora) aufschlagen, nehmen II. vr -**rsi** sich niederlassen
**stabilità** [stabili'ta] <-> f ❶ (di edificio) Festigkeit f; (FIN) Stabilität f ❷ (resistenza) Widerstandsfähigkeit f **stabilito, -a** [stabi'li:to] agg festgesetzt; ~ **dalla legge** gesetzlich vorgeschrieben; **entro il termine** ~ termingerecht **stabilizzare** [stabilid'dza:re] I. vt stabilisieren, festigen II. vr -**rsi** sich stabilisieren, sich festigen; (tempo) beständig werden
**stabilizzatore** [stabiliddza'to:re] m Stabilisator m
**stabilizzatore, -trice** agg stabilisierend,

Stabilisierungs- **stabilizzazione** [stabiliddzat'tsio:ne] *f* Stabilisierung *f;* **la ~ dei cambi** (*Unione monetaria europea*) die Stabilisierung der Wechselkurse

**staccare** [stak'ka:re] I. *vt* ❶ (*francobollo, etichetta*) [ab-, los]lösen ❷ (*tirar giù*) abnehmen, -ziehen ❸ (*cavalli, buoi*) ausspannen ❹ (FERR: *vagone*) abhängen ❺ (*assegno, ricevuta*) ausstellen ❻ (SPORT) abhängen ❼ (*parole, sillabe*) einzeln aussprechen, skandieren II. *vi* ❶ (*risaltare*) **~ su qc** sich von etw abheben ❷ (*fam: cessare il lavoro*) Feierabend machen III. *vr* **-rsi** ❶ (*da muro, parete*) sich trennen, sich lösen ❷ (*bottone*) abspringen, abgehen ❸ (*fig*) sich trennen, sich lösen

**staccato** [stak'ka:to] *m* (MUS) Staccato *nt*

**staccato, -a** *agg* lose, getrennt

**staccionata** [stattʃo'na:ta] *f* Latten-, Bretterzaun *m*

**stacco** ['stakko] <-cchi> *m* ❶ (*intervallo*) Unterbrechung *f*, Zäsur *f* ❷ (SPORT) Sprung *m*, Absprung *m* ❸ (*fig*) Kontrast *m*, Bruch *m*

**stadera** [sta'dɛ:ra] *f* Laufgewichtswaage *f;* **~ a ponte** Brückenwaage *f*

**stadio** ['sta:dio] <-i> *m* ❶ (SPORT) Stadion *nt* ❷ (*fig*) Stadium *nt*, Phase *f* ❸ (TEC, EL) Stufe *f*

**staff** ['staff] <-> *m* Stab *m;* (TV, FILM) [Film]team *nt*

**staffa** ['staffa] *f* ❶ (*di sella*, ANAT) Steigbügel *m;* **perdere le -e** (*fig*) aus der Fassung geraten; **tenere il piede in due -e** (*fig*) zwei Eisen im Feuer haben ❷ (TEC) Spanneisen *nt* ❸ (ARCH) Klammer *f*, Bügel *m*

**staffetta** [staf'fetta] *f* ❶ (SPORT) Staffel *f*, Staffellauf *m* ❷ (*persona*) Kurier *m*, Bote *m*

**stafilococco** [staffilo'kɔkko] <-cchi> *m* Staphylokokkus *m*

**stage** [sta:ʒ] <-> *m* Studien-, Ausbildungsaufenthalt *m*

**stagflazione** [stagflat'tsio:ne] *f* Stagflation *f*

**stagionale** [stadʒo'na:le] I. *agg* jahreszeitlich, saisonal II. *mf* Saisonarbeiter(in) *m(f)*

**stagionalizzato, -a** [stadʒonalid'dza:to] *agg* saisonbedingt, saisonabhängig, saisonal

**stagionare** [stadʒo'na:re] I. *vt* [ab]lagern II. *vr* **-rsi** lagern, reifen **stagionato, -a** [stadʒo'na:to] *agg* ❶ (GASTR) reif, gereift ❷ (*legname*) abgelagert ❸ (*fig, scherz*) reifer, in reiferen Jahren

**stagione** [sta'dʒo:ne] *f* Jahreszeit *f;* (*periodo*) Zeit *f*, Periode *f;* (THEAT) Spielzeit *f;* (*turistica, lirica, concertistica*) Saison *f;* **alta/bassa ~** Hoch-/Vor- [*o* Nach]saison *f;* **mezza ~** Übergangszeit *f;* **le quattro -i** die vier Jahreszeiten *fpl;* **~ degli amori** (ZOO) Brunftzeit *f;* **~ delle piogge** Regenzeit *f;* **saldi di fine ~** Schlussverkauf *m*

**stagliarsi** [staʎ'ʎarsi] *vr* sich abheben, sich abzeichnen

**stagnaio, -a** [staɲ'na:io] <-ai, -aie> *m, f* Zinnhandwerker(in) *m(f)*

**stagnante** [staɲ'nante] *agg* ❶ (*acqua, aria*) stehend ❷ (COM) stagnierend

**stagnare** [staɲ'na:re] *vi* ❶ (*acqua*) stehen ❷ (*sangue*) zum Stillstand kommen ❸ (COM) stagnieren **stagnatura** [staɲɲa'tu:ra] *f* Verzinnung *f*

**stagnazione** [staɲɲat'tsio:ne] *f* Stagnation *f*

**stagnino** [staɲ'ɲi:no] (*dial*) *v.* **stagnaio**

**stagno** ['staɲɲo] *m* ❶ (CHEM) Zinn *nt* ❷ (*d'acqua*) Teich *m*, Weiher *m*

**stagno, -a** *agg* [wasser]dicht; **compartimenti -i** (*a. fig*) abgegrenzte Bereiche *mpl*

**stagnola** [staɲ'ɲɔ:la] *f* Stanniol[papier] *nt*

**staio**[1] ['sta:io] <*pl:* -aia *f*> *m* (*unità di misura*) Scheffel *m*

**staio**[2] <-ai> *m* (*recipiente*) Scheffel *m*

**stalagmite** [stalag'mi:te] *f* Stalagmit *m*

**stalattite** [stalat'ti:te] *f* Stalaktit *m*

**stalinismo** [stali'nizmo] *m* Stalinismus *m*

**stalinista** [stali'nista] <-i *m*, -e *f*> *mf* Stalinist(in) *m(f)*

**stalker** ['stɔlkǝ] <-> *mf* Stalker(in) *m(f)*

**stalking** ['stɔlkiŋ] <*sing*> *m* Stalking *nt*

**stalla** ['stalla] *f* Stall *m;* (*fig*) Schweinestall *m fam* **stalliere** [stal'liɛ:re] *m* Stall-, Pferdeknecht *m*

**stallo** ['stallo] *m* ❶ (*seggio*) Sitz *m*, Stuhl *m* ❷ (*negli scacchi*) Patt *nt*

**stallone** [stal'lo:ne] *m* Zuchthengst *m*

**stamane, stamani** [sta'ma:ne, sta'ma:ni] *avv*, **stamattina** [stamat'ti:na] *avv* heute Morgen

**stambecco** [stam'bekko] <-cchi> *m* Steinbock *m*

**stamberga** [stam'bɛrga] <-ghe> *f* elende Hütte

**stambugio** [stam'bu:dʒo] <-gi> *m* dunkles Loch

**stame** ['sta:me] *m* ❶ (*di lana*) Wollgarn *nt* ❷ (*filo*) Faden *m* ❸ (BOT) Staubblatt *nt*

**stampa**[1] ['stampa] *f* ❶ (TYP) Druck *m;* (*tecnica*) Buchdruck *m;* **errore di ~** Druckfehler *m;* **essere fuori ~** vergriffen sein ❷ (*giornalismo*) Presse *f;* **libertà di ~** Pressefreiheit *f* ❸ (*riproduzione*) Druck *m;* (*incisione*) Stich *m* ❹ (FOTO) Abzug *m*

**stampa²** <inv> *agg* Presse-; **comunicato ~** Presseerklärung *f;* **conferenza ~** Pressekonferenz *f*

**stampaggio** [stam'paddʒo] <-ggi> *m* Pressen *nt,* Stanzen *nt*

**stampante** [stam'pante] *f* (INFORM) Drucker *m;* **~ ad aghi** Nadeldrucker *m;* **~ a getto d'inchiostro** Tintenstrahldrucker *m;* **~ laser** Laserdrucker *m*

**stampare** [stam'paːre] I. *vt* ① (*libro, giornale*) drucken; (*file da computer*) ausdrucken ② (*tessuto*) bedrucken ③ (FOTO) abziehen ④ (*monete*) prägen ⑤ (*fig*) aufdrücken, drücken ⑥ (TEC) pressen, formpressen II. *vr* **-rsi** sich einprägen **stampatello** [stampa'tɛllo] *m* Druckbuchstabe *m;* **scrivere in ~** in Druckschrift schreiben

**stampato** [stam'paːto] *m* ① (*opuscolo*) Broschüre *f,* Heft *nt;* **-i** Briefdrucksache *f* ② (*modulo*) Formular *nt*

**stampato, -a** *agg* ① (*foglio*) gedruckt ② (*tessuto*) bedruckt ③ (*fig*) eingeprägt

**stampatore, -trice** [stampa'toːre] *m, f* Drucker(in) *m(f)*

**stampatrice** [stampa'triːtʃe] *f* (FILM) Filmkopiermaschine *f*

**stampella** [stam'pɛlla] *f* ① (*gruccia*) Krücke *f* ② (*per abiti*) [Kleider]bügel *m*

**stamperia** [stampe'riːa] <-ie> *f* Druckerwerkstatt *f*

**stampiglia** [stam'piʎʎa] <-glie> *f* Stempel *m*

**stampigliare** [stampiʎ'ʎaːre] *vt* [ab]stempeln

**stampigliatura** [stampiʎʎa'tuːra] *f* [Ab]stempeln *nt*

**stampo** ['stampo] *m* ① (GASTR: *per torte, budini*) Form *f* ② (TEC) Gussform *f* ③ (*fig*) Schlag *m,* Art *f*

**stanare** [sta'naːre] *vt* (*a. fig*) aufstöbern

**stanca** ['staŋka] <-che> *f* Hochwasser *nt,* höchster Pegelstand

**stancare** [staŋ'kaːre] I. *vt* ① (*rendere stanco*) ermüden, müde machen ② (MIL, SPORT: *avversario*) schwächen, zermürben ③ (*infastidire*) stören; (*cose, discorso*) ermüden II. *vr* **-rsi** ① (*affaticarsi*) ermüden, müde werden ② (*stufarsi*) **-rsi di qc** etw leid werden, etw satthaben; **-rsi di qu** jdn satthaben **stanchezza** [staŋ'kettsa] *f* Müdigkeit *f* **stanco, -a** ['staŋko] <-chi, -che> *agg* ① (*affaticato*) müde, ermüdet; **~ morto** (*fam*) todmüde, hundemüde ② (*stufo*) **essere ~ di lavorare** das Arbeiten leid sein [*o* satthaben]; **essere ~ di vivere** lebensmüde sein ③ (COM: *mercato*) gesättigt, übersättigt ④ (AGR) erschöpft, ausgelaugt

**stand** [stænd *o* stend] <-> *m* ① (*di fiera*) Stand *m* ② (SPORT) [Zuschauer]tribüne *f* ③ (*per tiro a volo*) Schießstand *m*

**STANDA®** ['standa] *f* italienische Kaufhauskette

**stand-alone** [stændə'loun] <-> *m* (INFORM) Stand-alone-Gerät *nt*

**standard** ['stændəd *o* 'standard] I. <-> *m* Standard *m;* **~ di vita** Lebensstandard *m* II. <inv> *agg* Standard- **standardizzabile** [standardid'dza:bile] *agg* standardisierbar **standardizzare** [standardid'dza:re] *vt* ① (COM) standardisieren ② (*fig*) vereinheitlichen **standardizzazione** [standardiddzat'tsio:ne] *f* Standardisierung *f*

**standby** ['stændbai *o* 'stendbai] <-> *m* ① (AERO, FIN) Stand-by *nt* ② (TEC, INFORM) **modalità ~** Stand-by-Betrieb *m,* Stand-by-Modus *m;* **in ~** im Stand-by-Betrieb [*o* -Modus]

**standing** ['stændiŋ *o* 'stending] *m* (FIN) Bonität *f,* Ruf *m*

**standista** [stan'dista] <-i *m,* -e *f*> *mf* ① (*organizzatore*) Aussteller(in) *m(f)* ② (*impiegato*) Standbetreuer(in) *m(f)*

**stanga** ['staŋga] <-ghe> *f* ① (*legno*) Latte *f* ② (*di stalla*) Trenngitter *nt* ③ (*di carro*) Deichsel *f* ④ (*fig fam: persona alta*) lange Latte

**stangare** [staŋ'gaːre] *vt* ① (*fig fam: alunno*) maßregeln; (*popolazione*) auspressen ② (*colpire*) mit einer Latte schlagen **stangata** [staŋ'gaːta] *f* (*fig*) [schwerer] Schlag *m* **stanghetta** [staŋ'getta] *f* ① (*degli occhiali*) Bügel *m* ② (MUS) Taktstrich *m*

**stanotte** [sta'nɔtte] *avv* heute Nacht

**stante** ['stante] I. *agg* stehend; **a sé ~** selbst[st]ändig, separat; **seduta ~** auf der Stelle, sofort II. *prp* wegen +*dat o gen,* aufgrund [*o* auf Grund] +*gen*

**stantio, -a** [stan'tiːo] <-ii, -ie> *agg* ① (*pane*) alt; (*burro*) ranzig ② (*fig*) überholt

**stantuffo** [stan'tuffo] *m* Kolben *m*

**stanza** ['stantsa] *f* Zimmer *nt,* Raum *m;* **~ da letto** Schlafzimmer *nt;* **~ da pranzo** Esszimmer *nt*

**stanzialità** [stantsiali'ta] <-> *f* Ortstreue *f,* Ortsgebundenheit *f,* Standorttreue *f*

**stanziamento** [stantsia'mento] *m* (*somma*) Summe *f* **stanziare** [stan'tsia:re] I. *vt* bereitstellen II. *vr* **-rsi** sich niederlassen, sich festsetzen

**stanzino** [stan'tsi:no] *m* Kammer *f*, Abstellraum *m*

**stappare** [stap'pa:re] *vt* entkorken

**star** [sta:] <-> *f* Star *m*

**stare** ['sta:re] <sto, stetti, stato> *vi essere* ① (*essere*) sein; (*in un luogo*) sich befinden, sich aufhalten; (*in piedi*) stehen; (*restare*) bleiben; **~ fermo** still stehen; **~ seduto** sitzen; **~ in piedi** stehen; **le cose stanno così** die Dinge stehen so; **sta tranquillo** bleib ruhig; **~ a cuore** am Herzen liegen; **~ a dieta** auf Diät gesetzt sein, Diät halten ② (*abitare*) wohnen; **~ dai genitori** bei den Eltern wohnen ③ (*di salute*) gehen; **come stai?** wie geht es dir?; **sto bene/male/così così** mir geht es gut/schlecht/so lala ④ (*toccare*) **sta a me fare qc** es liegt an mir, etw zu tun; **sta a te decidere** es liegt an dir, zu entscheiden ⑤ (MAT) **~ a** sich verhalten zu ⑥ (*attenersi*) **~ a qc** sich an etw *acc* halten ⑦ (*colore, indumento*) stehen; **questi pantaloni ti stanno bene/male** diese Hose steht dir gut/schlecht ⑧ (*resistere*) es aushalten; **~ allo scherzo** [einen] Spaß verstehen [können]; **non può ~ senza fumare** er/sie kann auf das Rauchen nicht verzichten; **non posso ~ senza di te** ich kann ohne dich nicht leben ⑨ (*entrarci*) hineinpassen, hineingehen; **starci** passen, Platz haben ⑩ (*con gerundio*) **sto leggendo** ich lese gerade; **stavo guardando la TV** ich war dabei, fernzusehen ⑪ (*con infinitivo*) **stiamo a vedere cosa succede** warten wir erst einmal ab was geschieht; **~ a sentire** zuhören; (*obbedire*) gehorchen; **~ per fare qc** im Begriff sein etw zu tun ⑫ (*loc*) **lasciar ~** [sein] lassen; **ti sta bene!** (*fam*) das geschieht dir recht!; **starci** (*fig fam: essere d'accordo*) einverstanden sein, mitmachen

**starlet** ['sta:lit] <-> *f* Starlet *nt*

**starna** ['starna] *f* Rebhuhn *nt*

**starnazzare** [starnat'tsa:re] *vi* ① (ZOO) mit den Flügeln Staub aufwirbeln ② (*fig, scherz*) lärmen, Krach machen

**starnutare, starnutire** [starnu'ta:re, starnu'ti:re] <starnutisco> *vi* niesen **starnuto** [star'nu:to] *m* Niesen *nt*; **fare uno ~** niesen

**starring** ['sta:riŋ] <inv> *agg* **un film ~ Johnny Depp** ein Film mit Johnny Depp in der Hauptrolle

**star system** ['sta:r sistəm] <-> *m* (FILM) Starmacher *mpl*, Starpropagierer *mpl*

**starter** ['starter] <-> *m* ① (MOT) Anlasser *m* ② (SPORT) Starter *m*

**stasamento** [stasa'mento *o* staza'mento] *m* Reinigung *f*, Entleerung *f*, Öffnung *f* **stasare** [sta'sa:re *o* sta'za:re] *vt* reinigen, frei machen **stasatore** [sasa'to:re *o* staza'to:re] *m* Rohrreiniger *m*

**stasatura** [stasa'tu:ra *o* staza'tu:ra] *f* Reinigung *f*, Entleerung *f*, Öffnung *f*

**stasera** [sta'se:ra] *avv* heute Abend

**stasi** ['sta:zi] <-> *f* ① (MED) Stauung *f*, Stase *f* ② (FIN) Stillstand *m*, Stockung *f*

**statale** [sta'ta:le] I. *agg* staatlich, Staats-; **impiegato ~** [Staats]beamte(r) *m* II. *mf* [Staats]beamte(r) *m*/-beamtin *f* III. *f* ① (*strada*) Staatsstraße *f* ② *pl* staatliche Schulen *fpl* **statali** *fpl* staatliche Schulen *fpl* **statalismo** [stata'lizmo] *m* Etatismus *m* **statalista** [stata'lista] <-i *m*, -e *f*> *mf* Etatist(in) *m(f)*, Befürworter(in) *m(f)* des Etatismus

**statalizzare** [statalid'dza:re] *vt* verstaatlichen **statalizzazione** [stataliddzat'tsio:ne] *f* Verstaatlichung *f*

**statica** ['sta:tika] <-che> *f* Statik *f*

**staticità** [statitʃi'ta] <-> *f* ① (ARCH) statischer Charakter ② (*fig*) Unbeweglichkeit *f*, Starrheit *f* **statico, -a** ['sta:tiko] <-ci, -che> *agg* statisch; (*fig a*) unbeweglich, starr

**statino** [sta'ti:no] *m* Schein *m*, Belegschein *m*

**station wagon** ['steiʃn 'wægən *o* 'steʃon 'vɛgon] <-> *f* (MOT) Kombi[wagen] *m*

**statista** [sta'tista] <-i *m*, -e *f*> *mf* Politiker(in) *m(f)*, Staatsmann *m*/-frau *f*

**statistica** [sta'tistika] <-che> *f* Statistik *f*; **-che degli infortuni** Unfallstatistik *f* **statistico, -a** [sta'tistiko] <-ci, -che> I. *agg* statistisch II. *m, f* Statistiker(in) *m(f)*

**stativo** [sta'ti:vo] *m* Stativ *nt*

**stato**[1] ['sta:to] *pp di* **essere**[1], **stare**

**stato**[2] *m* ① (POL) Staat *m*; **affare di ~** (*fig*) Staatsaffäre *f*; **esami di ~** Staatsexamen *nt*; **capo dello ~** Staatschef *m*; **gli Stati Uniti d'America** die Vereinigten Staaten von Amerika; **gli Stati del Benelux** die Beneluxstaaten ② (ADM: *ceto*) Stand *m*; (*fig*) Status *m*, [gesellschaftliche] Stellung *f*; **~ civile** [*o* **di famiglia**] Familien-, Personenstand *m*; **~ coniugale** [*o* **maritale**] Ehestand *m*; **~ giuridico** Rechtsstand *m*; **~ patrimoniale** Vermögensstand *m*; **essere in ~ d'accusa/arresto** (JUR) unter Anklage/Arrest stehen ③ (PHYS, CHEM, MED) Zustand *m* ④ (*condizione, a. fig*) Zustand *m*, Lage *f*; **~ d'animo** Gemütslage *f*; **~ d'assedio** Belagerungszustand *m*; **~ d'emergenza** Ausnahmezustand *m*,

Notstand *m* ⑤ (MIL) **~ maggiore** Stab *m* ⑥ (LING) Zustand *m;* **verbi di ~** Zustandsverben *ntpl;* **complemento di ~ in luogo** Ortsangabe *f*

**statoreattore** [statoreat'to:re] *m* (AERO) Staustrahltriebwerk *nt*

**statua** ['sta:tua] *f* Statue *f,* Standbild *nt;* **immobile come una ~** wie ein Ölgötze *fam* **statuario, -a** [statu'a:rio] <-i, -ie> *agg* statuarisch; (*fig*) erhaben, vollkommen

**statunitense** [statuni'tɛnse] I. *agg* nordamerikanisch II. *mf* Nordamerikaner(in) *m(f),* US-Bürger(in) *m(f)*

**statura** [sta'tu:ra] *f* ① (*altezza*) Größe *f,* Statur *f* ② (*fig*) Format *nt*

**status** ['sta:tus] <-> *m* Status *m* **status symbol** ['steitəs 'simbl *o* 'status 'simbol] <-> *m* Statussymbol *nt*

**statutario, -a** [statu'ta:rio] <-i, -ie> *agg* ① (JUR) satzungsmäßig ② (POL) verfassungsmäßig, statutarisch **statuto** [sta'tu:to] *m* ① (JUR, COM) Statut *nt,* Satzung *f;* **~ societario** Gesellschaftsvertrag *m* ② (POL, HIST) Statut *nt,* Verfassung *f*

**stavolta** [sta'vɔlta] *avv* (*fam*) diesmal, dieses Mal

**stazionamento** [stattsiona'mento] *m* Parken *nt;* **freno di ~** Handbremse *f,* Feststellbremse *f* **stazionare** [stattsio'na:re] *vi* ① (MOT) parken ② (*sostare*) sich aufhalten, stehen bleiben

**stazionario, -a** [stattsio'na:rio] <-i, -ie> *agg* unverändert, gleich bleibend

**stazione** [stat'tsio:ne] *f* ① (FERR) Bahnhof *m* ② (MOT) Tankstelle *f* ③ (RADIO) Station *f* ④ (ADM) Dienststelle *f;* (*di polizia*) Wache *f* ⑤ (MIL) Wache *f* ⑥ (*fermata*) Haltestelle *f,* Station *f*

**stazza** ['stattsa] *f* Tonnage *f* **stazzare** [stat'tsa:re] *vt* ① (*misurare*) vermessen ② (*avere una stazza*) eine Tonnage haben von

**stazzo** ['stattso] *m* (*fam*) Tollpatsch *m*

**st. civ.** *abbr di* **stato civile** Zivilstand, Personenstand

**stearico, -a** [ste'a:riko] <-ci, -che> *agg* Stearin-

**stearina** [stea'ri:na] *f* Stearin *nt*

**stecca** ['stekka] <-cche> *f* ① (*di ombrello, ventaglio*) Stab *m,* Stange *f* ② (MED) Schiene *f* ③ (*di sigarette*) Stange *f* ④ (MUS) falscher Ton

**steccare** [stek'ka:re] I. *vt* ① (MED) schienen ② (GASTR) spicken ③ (*giardino*) ein-, umzäunen II. *vi* ① (MUS) falsch spielen ② (*al biliardo*) schlecht stoßen

**steccato** [stek'ka:to] *m* [Latten]zaun *m*

**stecchetto** [stek'ketto] *m* **a ~** knapp; **tenere qu a ~** jdn kurz halten

**stecchino** [stek'ki:no] *m* Zahnstocher *m*

**stecchire** [stek'ki:re] <stecchisco> *vt* (*sl*) kaltmachen, umlegen **stecchito, -a** [stek'ki:to] *agg* ① (*rami, pianta*) verdörrt ② (*fig*) bass erstaunt, verblüfft; **morto ~** auf der Stelle tot

**stecco** ['stekko] <-cchi> *m* ① (*ramoscello*) dürrer Zweig; **essere [magro come] uno ~** (*fam*) ein Strich in der Landschaft sein ② (*pezzetto di legno*) Stäbchen *nt,* Stöckchen *nt*

**stele** ['stɛ:le] <- *o rar* -i-> *f* Stele *f;* **~ funeraria** Grabstele *f*

**stella** ['stella] *f* ① (*fig* ASTR) Stern *m;* **~ cadente** Sternschnuppe *f;* (*meteora*) Meteor *m;* **~ filante** (*di carta*) Luftschlange *f;* **essere nato sotto una buona/cattiva ~** unter einem guten/schlechten Stern geboren sein; **portare qu alle -e** (*fig*) jdn anhimmeln; **vedere le -e** (*fig*) Sterne sehen; **i prezzi sono saliti alle -e** die Preise sind astronomisch gestiegen; **dalle -e alle stalle** (*fig*) aus der Höhe in die Tiefe, vom Ruhm zum Ruin ② (FILM) Star *m;* **~ del cinema** Filmstar *m* ③ (BOT) **~ alpina** Edelweiß *nt;* **~ di Natale** Weihnachtsstern *m* ④ (ZOO) **~ di mare** Seestern *m* **stellare** [stel'la:re] *agg* Stern[en]-, Stellar- **stellato, -a** [stel'la:to] *agg* (ASTR) Stern[en]-; (*cielo*) sternenbedeckt **stelletta** [stel'letta] *f* ① *pl* (MIL) Sterne *mpl* ② (*asterisco*) Sternchen *nt* **stellina** [stel'li:na] *f* ① (*piccola stella*) Sternchen *nt* ② (GASTR) Sternchen[nudel *f*] *nt*

**stellite** [stel'li:te] *f* (MIN) Stellit *nt*

**stelo** ['stɛ:lo] *m* Stiel *m,* Stängel *m;* **lampada a ~** Stehlampe *f*

**stemma** ['stɛmma] <-i> *m* Wappen *nt,* Wappenbild *nt*

**stemperare** [stempe'ra:re] *vt* verdünnen, in Wasser lösen

**stempiarsi** [stem'pjarsi] *vr* Geheimratsecken bekommen *fam*

**stendardo** [sten'dardo] *m* Standarte *f,* Banner *nt*

**stendere** ['stɛndere] <irr> I. *vt* ① (*braccia, gambe, mano*) ausstrecken ② (*biancheria*) aufhängen ③ (*pasta*) ausrollen ④ (*burro*) [ver]streichen; (*colori*) auftragen ⑤ (*persona*) hinlegen; (*con pugno, pallottola*) niederstrecken ⑥ (ADM) niederschreiben, verfassen; (*verbale*) führen ⑦ (*tappeto, tovaglia*) ausbreiten II. *vr* **-rsi** ① (*allungarsi*) sich [aus]strecken ② (*fig: estendersi*) sich erstrecken

**stendibiancheria** [stendibiaŋke'ri:a] <-> *m* Wäscheständer *m*

**stenditoio** [stendi'to:io] <-oi> *m* ❶ (*locale*) Trockenraum *m* ❷ (*attrezzo*) Wäscheständer *m*

**stenodattilografa** *f v.* **stenodattilografo**

**stenodattilografia** [stenodattilogra'fi:a] *f* Stenotypieren *nt* **stenodattilografico, -a** [stenodattilo'gra:fik] <-ci, -che> *agg* stenotypistisch; **test** ~ Test *m* im Stenotypieren **stenodattilografo, -a** [stenodatti'lɔ:grafo] *m, f* Stenotypist(in) *m(f)*

**stenografa** *f v.* **stenografo**

**stenografare** [stenogra'fa:re] *vt* stenografieren **stenografia** [stenogra'fi:a] *f* Stenografie *f*, Kurzschrift *f* **stenografico, -a** [steno'gra:fiko] <-ci, -che> *agg* stenografisch **stenografo, -a** [ste'nɔ:grafo] *m, f* Stenograf(in) *m(f)* **stenogramma** [steno'gramma] <-i> *m,* **stenoscritto** [stenos'kritto] *m* Stenogramm *nt*

**stentare** [sten'ta:re] I. *vi* ❶ (*faticare*) Mühe haben, sich abmühen; ~ **a leggere/scrivere/parlare** mit Mühe lesen/schreiben/sprechen [können] ❷ (*vivere male*) sich mühsam durchschlagen, entbehrungsreich leben II. *vt* mühsam verdienen **stentato, -a** [sten'ta:to] *agg* ❶ (*lavoro*) mühsam; (*vita*) mühselig ❷ (*discorso, tema*) mühsam, gequält ❸ (*pianta*) kümmerlich **stenterello** [stente'rɛllo] *m* ❶ (*maschera*) Stenterello *m* ❷ (*fig fam*) hagerer [*o* dürrer] Mensch

**stento** ['stɛnto] *m* ❶ (*fatica*) Mühe *f*, Anstrengung *f* ❷ *pl* (*disagio*) Entbehrungen *fpl*, Elend *nt*

**stentoreo, -a** [sten'tɔ:reo] *agg* (*poet*) klangvoll, voll[tönend]

**steppa** ['steppa] *f* ❶ (GEOG) Steppe *f* ❷ (*fig, pej sl*) Unterwelt *f*, Milieu *nt* **stepposo, -a** [step'po:so] *agg* Steppen-

**sterco** ['stɛrko] <-chi> *m* Kot *m*, Mist *m*

**stereo** ['stɛ:reo] I. <-> *m* (*fam*) Stereogerät *m*; (*impianto*) Stereoanlage *f* II. <inv> *agg* Stereo- **stereofonia** [stereofo'ni:a] <-ie> *f* Stereophonie *f* **stereofonico, -a** [stereo'fɔ:niko] <-ci, -che> *agg* Stereo-, stereophon

**stereolitografia** [stereolitogra'fi:a] *f* Stereolithografie *f* **stereolitografo, -a** [stereoli'tɔ:grafo] *m, f* Stereolithograf(in) *m(f)*

**stereotipato, -a** [stereoti'pa:to] *agg* ❶ (*fig*) stereotyp ❷ (TYP) stereotypisch, Stereotyp- **stereotipia** [stereoti'pi:a] *f* (TYP) Stereotypie *f*

**sterile** ['stɛ:rile] *agg* ❶ (*infecondo*) steril; (BOT, AGR) unfruchtbar ❷ (MED) steril **sterilità** [sterili'ta] <-> *f* ❶ (BOT, AGR) Unfruchtbarkeit *f* ❷ (MED) Sterilität *f*

**sterilizzare** [sterilid'dza:re] *vt* sterilisieren **sterilizzazione** [steriliddzat'tsio:ne] *f* Sterilisierung *f*, Sterilisation *f*

**sterlina** [ster'li:na] *f* Pfund *nt* [Sterling]

**sterminare** [stermi'na:re] *vt* vernichten; (*popolazioni*) ausrotten **sterminato, -a** [stermi'na:to] *agg* endlos, unendlich **sterminatore, -trice** [stermina'to:re] I. *agg* vernichtend, Vernichtungs-; **angelo** ~ Würgeengel *m* II. *m, f* Vernichter(in) *m(f)*

**sterminio** [ster'mi:nio] <-i> *m* ❶ (*distruzione*) Vernichtung *f*, Ausrottung *f*; **campi di** ~ Vernichtungslager *ntpl* ❷ (*fig fam*) Unzahl *f*, Unmenge *f*

**sterno** ['stɛrno] *m* Brustbein *nt*

**sternutire** [sternu'ti:re] *v.* **starnutare**

**sterpaglia** [ster'paʎʎa] *f* Gestrüpp *nt*

**sterpo** ['stɛrpo *o* 'sterpo] *m* [ausgedörrter] Dornbusch *m*

**sterrare** [ster'ra:re] *vt* ausheben **sterratore** [sterra'to:re] *m* Erdarbeiter *m*

**sterzare** [ster'tsa:re] *vt* lenken, steuern **sterzata** [ster'tsa:ta] *f* Lenken *nt*, Lenkmanöver *nt* **sterzo** ['stɛrtso] *m* Lenkung *f*

**stesi** *1. pers sing pass rem di* **stendere**

**steso** *pp di* **stendere**

**stessi** ['stessi] *1. e 2. pers sing conj imp di* **stare**

**stesso** ['stesso] I. *avv* **lo** ~ trotzdem, sowieso II. *m* dasselbe; **fa** [*o* **è**] **lo** ~ es ist [ganz] gleich

**stesso, -a** I. *agg* ❶ (*medesimo*) **lo** ~/**la -a** derselbe/dieselbe/dasselbe; (*uguale*) der/die/das Gleiche ❷ (*in persona*) selbst, selber; **lo farò io** ~ ich werde es selber machen ❸ (*proprio*) eben, gerade, genau; **ci vado oggi** ~ ich gehe noch heute hin; **in quel momento** ~ genau in diesem Moment ❹ (*anche*) sogar, selbst II. *pron dim* **lo** ~/**la -a** derselbe/dieselbe/dasselbe; (*uguale*) der/die/das Gleiche

**steste** ['steste] *2. pers pl pass rem di* **stare**

**stesti** ['stesti] *2. pers sing pass rem di* **stare**

**stesura** [ste'su:ra] *f* ❶ (ADM) Niederschrift *f*; (*di contratto*) Aufsetzen *nt* ❷ (LIT) Fassung *f*

**stetoscopio** [stetos'kɔ:pio] <-i> *m* Stethoskop *nt*

**stetti** ['stetti] *1. pers sing pass rem di* **stare**

**steward** ['stjuːəd *o* 'stjuard] <-> *m* Steward *m*

**stia** *1., 2. e 3. pers sing conj pr di* **stare**

**stick** [stick] <-> *m* Stift *m*; **rossetto in** ~ Lippenstift *m*

**sticker** ['stikə] <-> *m* Aufkleber *m*, Pickerl *nt A*
**stigma** ['stigma] <-i> *m* Stigma *nt*
**stigmate** ['stigmate] *fpl* (REL) Wundmale *ntpl* [Christi] **stigmatizzare** [stigmatid'dza:re] *vt* brandmarken
**stilare** [sti'la:re] *vt* aufsetzen, abfassen
**stile** ['sti:le] *m* Stil *m;* **~ libero** Freistil *m;* **~ di vita** Lifestyle *m;* **con ~** stilvoll; **in grande ~** in großem Stil; **avere dello ~** Stil haben; (*avere il senso della moda*) modebewusst sein
**stilè** [sti'lɛ] <inv> *agg* gestylt
**stiletto** [sti'letto] *m* Stilett *nt*
**stilista** [sti'lista] <-i *m*, -e *f*> *mf* (*designer*) Designer(in) *m(f),* Stylist(in) *m(f)*
**stilistica** [sti'listika] <-che> *f* Stilistik *f* **stilistico, -a** [sti'listiko] <-ci, -che> *agg* stilistisch
**stilizzare** [stilid'dza:re] *vt* stilisieren **stilizzazione** [stiliddzat'tsjo:ne] *f* Stilisierung *f*
**stillare** [stil'la:re] I. *vi essere* tropfen, tröpfeln II. *vt avere* absondern, abgeben
**stilliberista** [stillibe'rista] <-i *m*, -e *f*> *mf* Freistilschwimmer(in) *m(f)*
**stillicidio** [stilli'tʃi:djo] <-i> *m* ständige Wiederholung
**stilo** ['sti:lo] *m* ① (*pugnale*) Stilett *nt*, Dolch *m* ② (*della stadera*) [Waage]balken *m* ③ (BOT) Griffel *m* ④ (HIST: *per scrivere, cancellare*) Griffel *m* ⑤ (ZOO) Stachel *m*
**stilografica** [stilo'gra:fika] <-che> *f* Füllfederhalter *m,* Füller *m,* Füllfeder *f A, CH, südd* **stilografico, -a** [stilo'gra:fiko] <-ci, -che> *agg* Füllfeder-, Füller-
**stiloso, -a** [sti'loso, sti'lozo] *agg* (*fam: calze, telefonino*) stylish, stylish
**stima** ['sti:ma] *f* ① (*apprezzamento*) Achtung *f,* Wertschätzung *f;* **avere ~ di qu** vor jdm Achtung haben ② (COM) Schätzung *f,* Abschätzung *f;* **fare la ~ di qc** etw schätzen **stimabile** [sti'ma:bile] *agg* ① (*persona*) achtbar ② (COM) schätzbar, abschätzbar **stimare** [sti'ma:re] *vt* ① (COM) schätzen, abschätzen ② (*persona*) schätzen, achten ③ (*giudicare*) halten für, einschätzen [als] **stimatore, -trice** [stima'to:re] *m, f* Schätzer(in) *m(f)*
**stimmate** ['stimmate] *v.* **stigmate**
**stimolante** [stimo'lante] I. *agg* anregend, stimulierend II. *m* Stimulans *nt* **stimolare** [stimo'la:re] *vt* stimulieren; (*incitare*) anspornen; (*appetito*) anregen **stimolazione** [stimolat'tsjo:ne] *f* Stimulierung *f,* Anregung *f* **stimolo** ['sti:molo] *m* ① (*impulso*) Anreiz *m,* Ansporn *m* ② (*di passioni*) Stachel *m*
**stinco** ['stiŋko] <-chi> *m* Schienbein *nt,* Haxe *f*
**stingere** ['stindʒere] <irr> I. *vt* entfärben II. *vr* **-rsi** verblassen
**stipare** [sti'pa:re] I. *vt* drängen, zusammendrängen II. *vr* **-rsi** sich [zusammen]drängen
**stipendiare** [stipen'dja:re] *vt* **~ qu** jdm ein Gehalt bezahlen **stipendiato, -a** [stipen'dja:to] I. *agg* entlohnt, besoldet II. *m, f* Lohn-, Gehaltsempfänger(in) *m(f)*
**stipendio** [sti'pɛndjo] <-i> *m* Lohn *m,* Gehalt *nt;* **~ netto/lordo** Netto-/Bruttogehalt *nt;* **aumento di ~** Gehaltserhöhung *f*
**stipite** ['sti:pite] *m* [Tür]pfosten *m*
**stipula** ['sti:pula] *f* [Vertrags]abschluss *m*
**stipulare** [stipu'la:re] *vt* vereinbaren; (*contratto*) abschließen **stipulazione** [stipulat'tsjo:ne] *f* Vereinbarung *f;* (*di contratto*) Abschluss *m*
**stiracalzoni** [stirakal'tso:ni] <-> *m* Hosenbügler *m*
**stiracchiare** [stirak'kja:re] (*fam*) I. *vt* ① (*fig*) knausern mit, sparen an +*dat;* **~ la vita** ein kärgliches Leben fristen ② (LIT) verzerren, verdrehen, entstellen II. *vi* feilschen (*su* um), handeln (*su* um)
**stiracchiarsi** [stirak'kjarsi] *vr* (*fam*) sich recken, sich dehnen
**stiraggio** [sti'ra:ddʒo] <-ggi> *m* Ziehen *nt,* Strecken *nt*
**stiramento** [stira'mento] *m* Zerrung *f*
**stirapantaloni** [stirapanta'lo:ni] <-> *m* Hosenpresse *f* **stirare** [sti'ra:re] I. *vt* ① (*distendere*) strecken, dehnen ② (*col ferro caldo*) bügeln II. *vr* **-rsi** (*fam*) sich recken, sich ausstrecken
**stiratore, -trice** [stira'to:re] *m, f* Bügler(in) *m(f)*
**stiratrice** [stira'tri:tʃe] *f* (TEC) Bügelmaschine *f* **stiratura** [stira'tu:ra] *f* Bügeln *nt* **stireria** [stire'ri:a] <-ie> *f* Bügelanstalt *f*
**Stiria** ['sti:rja] *f* Steiermark *f*
**stiro** ['sti:ro] *m* Bügeln *nt;* **asse da ~** Bügelbrett *nt;* **ferro da ~** Bügeleisen *nt;* **tavolo da ~** Bügeltisch *m*
**stirpe** ['stirpe] *f* ① (*complesso d'individui*) Stamm *m* ② (*di famiglia*) Geschlecht *nt,* Haus *nt*
**stitica** *f v.* **stitico**
**stitichezza** [stiti'kettsa] *f* Verstopfung *f,* Darmträgheit *f* **stitico, -a** ['sti:tiko] <-ci, -che> I. *agg* zu Verstopfung neigend II. *m, f* an Verstopfung Leidende(r) *f(m)*
**stiva** ['sti:va] *f* Laderaum *m*

**stivale** [sti'vaːle] *m* Stiefel *m* **stivaletto** [stivaˈletto] *m* Stiefelette *f*, Halbstiefel *m*
**stivalone** [stivaˈloːne] *m* Schaftstiefel *m*
**stivare** [stiˈvaːre] *vt* [ver]stauen
**stizza** ['stittsa] *f* Ärger *m* **stizzire** [stitˈtsiːre] <stizzisco> I. *vt* ärgern II. *vr* -**rsi** sich ärgern **stizzoso, -a** [stitˈtsoːso] *agg* ❶ (*persona*) reizbar ❷ (*cosa*) ärgerlich
**sto** [stɔ] *1. pers sing pr di* **stare**
**stoccafisso** [stokkaˈfisso] *m* Stockfisch *m*
**stoccaggio** [stokˈkaddʒo] <-ggi> *m* Lagerung *f*
**Stoccarda** [stokˈkarda] *f* Stuttgart *nt*
**stoccata** [stokˈkaːta] *f* ❶ (SPORT: *scherma*) Hieb *m*; (*calcio*) Torschuss *m* ❷ (*fig: allusione*) Anspielung *f*, Seitenhieb *m*, Stich *m* ❸ (*fam*) **dare una ~ a qu** jdm Geld abknöpfen
**stocchista** [stokˈkista] <-i *m*, -e *f*> *mf* Verkäufer(in) *m(f)* [*o* Aufkäufer(in) *m(f)*] von Lagerbeständen
**Stoccolma** [stokˈkolma] *f* Stockholm *nt*
**stock** [stɔk] <-> *m* Warenbestand *m*, Lager *nt*
**stockbroker** [stɔkˈbrouka] <-> *mf* (FIN) Stockbroker *m*, Börsenmakler(in) *m(f)*, Wertpapiermakler(in) *m(f)*
**stock-car** ['stɔkkaː] <-> *m* Stockcar *m o nt*
**stockista** *mf v.* **stocchista**
**stoffa** ['stɔffa] *f* ❶ (*tessuto*) Stoff *m*, Gewebe *nt* ❷ (*fig fam*) Zeug *nt*, Talent *nt*; **avere della ~** (*fam*) Talent haben ❸ (*sl*) Stoff *m*
**stoica** *f v.* **stoico**
**stoicismo** [stoiˈtʃizmo] *m* (PHILOS) Stoizismus *m* **stoico, -a** ['stɔːiko] <-ci, -che> *m, f* (PHILOS) Stoiker(in) *m(f)*
**stoino** [stoˈiːno] *m* Fußmatte *f*
**stola** ['stɔːla] *f* Stola *f*
**stolido, -a** ['stɔːlido] I. *agg* dumm, blöd[e] II. *m, f* Dummkopf *m*, Blödian *m*
**stolta** *f v.* **stolto**
**stoltezza** [stolˈtettsa] *f* Dummheit *f*, Blödheit *f* **stolto, -a** ['stolto] I. *agg* dumm, blöd[e] II. *m, f* Dummkopf *m*, Blödian *m*
**stomacare** [stomaˈkaːre] I. *vt* ~ **qu** jdm den Magen umdrehen II. *vr* **-rsi di qc** sich vor etw *dat* ekeln **stomachevole** [stomaˈkeːvole] *agg* ekelhaft, widerlich
**stomaco** ['stɔːmako] <-chi *o* -ci> *m* Magen *m;* **dare di ~** sich übergeben, [sich] erbrechen; **rivoltare lo ~ a qu** jdm den Magen umdrehen; **riempirsi lo ~** (*fam*) sich *dat* den Bauch vollschlagen; **ha qc sullo ~** etw liegt ihm/ihr schwer im Magen
**stonare** [stoˈnaːre] I. *vt* (MUS) falsch spielen [*o* singen] II. *vi* (*fig*) ~ **con qc** zu etw nicht passen; (*colori*) sich mit etw beißen **stonato, -a** [stoˈnaːto] *agg* (MUS: *strumento*) verstimmt; (*persona*) falschspielend [*o* singend] **stonatura** [stonaˈtuːra] *f* (MUS) Falschspiel *nt*, Verspielen *nt;* (*il cantare*) Falschsingen *nt*
**stop** [stɔp] <-> *m* ❶ (*segnaletica*) Stoppschild *nt* ❷ (MOT) Bremslicht *nt* ❸ (TEL) Stopp *nt*
**stoppa** ['stoppa] *f* Werg *nt;* **capelli di ~** strohige Haare *ntpl*
**stoppare** [stopˈpaːre] *vt* ❶ (*arrestare*) anhalten; (SPORT) stoppen ❷ (*otturare*) stopfen, verstopfen
**stoppata** [stopˈpaːta] *f* Stoppen *nt*
**stoppia** ['stoppia] <-ie> *f* Stoppel *f*
**stoppino** [stopˈpiːno] *m* (*di candela*) Docht *m;* (*miccia*) Zündschnur *f*
**stopposo, -a** [stopˈpoːso] *agg* strohig
**storage** ['stɔːridʒ] <-> *m* (INFORM) Speicherung *f*, Speichern *nt*
**storcere** ['stɔrtʃere] <irr> I. *vt* ❶ (*chiave, chiodo*) verbiegen, krümmen ❷ (*bocca*) verziehen; (*naso*) rümpfen; (*piede, gamba, braccio*) verrenken ❸ (*fig: senso, significato*) entstellen II. *vr* -**rsi** sich krümmen
**stordimento** [stordiˈmento] *m* Verwirrung *f* **stordire** [storˈdiːre] <stordisco> I. *vt* betäuben II. *vr* -**rsi** sich ablenken
**stordito, -a** [storˈdiːto] *agg* ❶ (*tramortito*) betäubt, benommen ❷ (*fig*) durcheinander, verwirrt
**store planner** [stɔː 'plænə] <-> *mf* Ladenplaner(in) *m(f)*, Ladenbauer(in) *m(f)*
**storia** ['stɔːria] <-ie> *f* Geschichte *f;* **~ naturale** Naturkunde *f;* **~ antica/medievale/moderna** Alte/Mittlere/Neue Geschichte; **passare alla ~** in die Geschichte eingehen; **è sempre la solita ~** (*fam*) es ist immer dasselbe; **sono tutte -ie!** (*fam*) das sind alles Märchen!; **quante -ie!** (*fam*) so ein Unsinn!, so ein Theater!; **non fare tante -ie!** (*fam*) mach' [dir] doch nicht so viel Umstände!; **non fare -ie!** (*fam*) mach' keine Geschichten!
**storica** *f v.* **storico**
**storicizzare** [storitʃidˈdzaːre] *vt* historisieren **storico, -a** ['stɔːriko] <-ci, -che> I. *agg* ❶ (HIST) historisch, geschichtlich; **centro ~** Altstadt *f* ❷ (*memorabile*) denkwürdig, historisch II. *m, f* Historiker(in) *m(f)*
**storiella** [stoˈriɛlla] *f* (*fam*) kleine Geschichte, Histörchen *nt scherz*
**storiografa** *f v.* **storiografo**
**storiografia** [storiograˈfiːa] *f* Geschichtsschreibung *f* **storiografo, -a**

[sto'rio:grafo] *m, f* Geschichtsschreiber(in) *m(f)*

**storione** [sto'rio:ne] *m* Stör *m*

**stormire** [stor'mi:re] <stormisco> *vi* rascheln, rauschen

**stormo** ['stormo] *m* (ZOO) Schwarm *m,* Schar *f*

**stornare** [stor'na:re] *vt* ❶ (COM) stornieren ❷ (*pericolo*) abwenden, ablenken ❸ (*fig*) ~ **qu da qc** (*distrarre*) jdn von etw ablenken; (*dissuadere*) jdn von etw abbringen

**storno** ['storno] *m* ❶ (ZOO) Star *m* ❷ (COM) Storno *m o nt,* Umbuchung *f*

**storpia** *f v.* **storpio**

**storpiare** [stor'pia:re] I. *vt* verkrüppeln; (*persona*) zum Krüppel machen; ~ **le parole** radebrechen II. *vr* -**rsi** zum Krüppel werden **storpiatura** [storpia'tu:ra] *f* ❶ (*fig*) Radebrechen *nt* ❷ (MED) Verkrüpp[el]ung *f* **storpio, -a** ['stɔrpio] <-i, -ie> I. *agg* verkrüppelt II. *m, f* Krüppel *m*

**storsi** *1. pers sing pass rem di* **storcere**

**storta** ['stɔrta] *f* ❶ (*gener*) Krümmung *f,* Biegung *f* ❷ (*fam: distorsione*) Verstauchung *f*

**storto, -a** ['stɔrto] I. *pp di* **storcere** II. *agg* ❶ (*gambe*) krumm ❷ (*righe*) schief, schräg ❸ (*fig*) verdreht, absurd **stortura** [stor'tu:ra] *f* (*fig*) Krummheit *f,* Schiefheit *f*

**stoviglie** [sto'viʎʎe] *fpl* Geschirr *nt;* **lavare le ~** [das Geschirr] spülen

**strabene** [stra'bɛ:ne] *avv* ausgezeichnet, sehr gut

**strabenedire** [strabene'di:re] <strabenedisco, strabenedissi *o* strabenedii, strabenedetto> *vt* (*fam*) vieltausendmal segnen; **che Dio ti strabenedica!** möge Gott dich vieltausendmal segnen!

**strabere** [stra'be:re] <strabevo, strabevvi, strabevuto> *vi* exzessiv trinken

**strabico, -a** ['stra:biko] <-ci, -che> I. *agg* schielend; **essere ~** schielen II. *m, f* Schielende(r) *f(m)*

**strabiliante** [strabi'liante] *agg* verblüffend, erstaunlich; **una prova ~** eine erstaunliche Leistung **strabiliare** [strabi'lia:re] *vt* verblüffen **strabiliato, -a** [strabi'lia:to] *agg* verblüfft, erstaunt; **rimanere ~** höchst erstaunt sein

**strabismo** [stra'bizmo] *m* Schielen *nt,* Strabismus *m*

**straboccare** [strabok'ka:re] *vi essere o avere* überlaufen, überfließen, überströmen

**straboccevole** [strabokke'vo:le] *agg* riesig, übermäßig

**strabuzzare** [strabud'dza:re] *vt* verdrehen

**stracarico, -a** [stra'ka:riko] <-ci, -che> *agg* (*fam*) überfüllt, überladen

**stracchino** [strak'ki:no] *m* Stracchino *m* (*Weichkäse aus der Lombardei*)

**stracciare** [strat'tʃa:re] I. *vt* ❶ (*lettera, vestito*) zerreißen, zerfetzen ❷ (*fam* SPORT) schlagen II. *vr* -**rsi** [zer]reißen, zerfetzen

**stracciatella** [strattʃa'tɛlla] *f* ❶ (*brodo*) Fleischbrühe mit Eiereinlauf ❷ (*gelato*) Vanilleeis mit Schokoladestückchen

**straccio** ['strattʃo] <-cci> *m* ❶ (*cencio*) Lappen *m,* Lumpen *m;* **~ per i pavimenti** Aufnehmer *m,* Aufwischlappen *m;* **sentirsi uno ~** (*fig*) sich ganz kaputt fühlen ❷ *pl* (*fam pej*) Klamotten *fpl;* **non avere uno ~ di vestito** (*fam*) nichts zum Anziehen haben

**straccio, -a** <-cci, -cce> *agg* Lumpen-, Alt-; **carta -a** Altpapier *nt* **straccione, -a** [strat'tʃo:ne] *m, f* zerlumpter Mensch **straccivendolo, -a** [strattʃi'vendolo] *m, f* Lumpensammler(in) *m(f),* -händler(in) *m(f)*

**stracco, -a** ['strakko] <-cchi, -cche> *agg* (*dial: fam*) kaputt, erledigt

**stracittadino, -a** [stratʃitta'di:no] *agg* hyperurban

**stracollarsi** [strakol'larsi] *vr* sich verstauchen, sich verrenken **stracollatura** [strakolla'tu:ra] *f* Verstauchung *f,* Verrenkung *f*

**stracontento, -a** [strakon'tɛnto] *agg* überaus zufrieden, heilfroh

**stracotto** [stra'kɔtto] *m* Schmorbraten *m*

**stracotto, -a** *agg* [zu] lange gekocht, verkocht **stracuocere** [stra'kuɔ:tʃere] <irr> *vt* [zu] lange kochen, verkochen lassen

**strada** ['stra:da] *f* ❶ Straße *f;* (*cammino*) Weg *m;* **~ ferrata** Schienenweg *m,* Schienenstrecke *f;* **~ traversa** Querstraße *f;* **~ a senso unico** Einbahnstraße *f;* **~ senza uscita** Sackgasse *f;* **codice della ~** Straßenverkehrsordnung *f;* **vittima della ~** Verkehrsopfer *nt;* **donna di ~** (*pej*) Hure *f,* Straßenmädchen *nt;* **~ facendo** unterwegs; **non c'è molta ~** es ist nicht weit; **il paese è a molti chilometri di ~** der Ort liegt viele Kilometer von hier entfernt; **tagliare la ~ a qu** jdm den Weg abschneiden; **mettere** [*o* **buttare**] **qu in mezzo alla** [*o* **sulla**] **~** jdn auf die Straße setzen ❷ (*fig*) Weg *m;* **andare per la propria ~** seine eigenen Wege gehen; **farsi ~** Karriere machen, sich vorwärtskämpfen; **farsi ~ lavorando** sich hocharbeiten; **essere su una cattiva ~** auf eine schlechte Bahn ge-

raten sein; **essere fuori ~** (*fam*) auf dem falschen Dampfer sein; **tutte le -e portano a Roma** (*prov*) alle Wege führen nach Rom
**stradale** [stra'daːle] I. *agg* Straßen-, Verkehrs-; **carta ~** Straßenkarte *f;* **incidente ~** Verkehrsunfall *m;* **lavori -i** Straßenarbeiten *fpl* II. *f* Verkehrspolizei *f* **stradario** [stra'daːrio] <-i> *m* Straßenverzeichnis *nt*
**stradino** [stra'diːno] *m* Straßenarbeiter *m*
**stradivario** [stradi'vaːrio] <-i> *m* Stradivari[geige] *f* **stradone** [stra'doːne] *m* Allee *f*
**strafaccio** [stra'fattʃo] *1. pers sing pr di* **strafare**
**strafalcione** [strafal'tʃoːne] *m* (*errore*) großer Fehler, Schnitzer *m fam*
**strafare** [stra'faːre] <irr> *vt* übertreiben
**strafatto, -a** [stra'fatto] *agg* ❶ (*frutta*) überreif ❷ (*sl: drogato*) high, breit
**strafeci** *1. pers sing pass rem di* **strafare**
**strafò** [stra'fɔ] *1. pers sing pr di* **strafare**
**straforo** [stra'foːro] *m* **di ~** (*di nascosto*) heimlich; (*di sfuggita*) flüchtig
**strafottei** [strafot'teːi] *1. pers sing pass rem di* **strafottere**
**strafottente** [strafot'tɛnte] *agg* unverschämt, unverfroren **strafottenza** [strafot'tɛntsa] *f* Unverschämtheit *f*, Unverfrorenheit *f*
**strafottere** [stra'fottere] <irr> (*vulg*) I. *vt* bescheißen II. *vi* **a ~** haufenweise III. *vr* **strafottersene** sich einen Dreck darum scheren
**strage** ['straːdʒe] *f* ❶ (*uccisione*) Massaker *nt*, Blutbad *nt* ❷ (*fig fam*) Haufen *m*
**stragonfio, -a** [stra'gonfio] <-i, -ie> *agg* aufgebläht
**stragrande** [stra'grande] *agg* (*fam*) riesengroß; **la ~ maggioranza** die überwältigende Mehrheit
**stralciare** [stral'tʃaːre] *vt* (*eliminare*) entfernen; (*passo*) herausnehmen, streichen
**stralcio** ['straltʃo] <-ci> *m* ❶ (*eliminazione*) Entfernung *f*, Streichung *f* ❷ (COM) Liquidation *f* ❸ (*brano scelto*) Auszug *m*, Abschnitt *m*
**stralunare** [stralu'naːre] *vt* verdrehen **stralunato, -a** [stralu'naːto] *agg* ❶ (*occhi*) verdreht ❷ (*persona*) aufgelöst
**stramaledetto, -a** [stramale'dɛtto] *agg* verdammt, verwünscht **stramaledire** [stramale'diːre] <irr> *vt* in Grund und Boden verfluchen
**stramaturo, -a** [strama'tuːro] *agg* überreif, vollreif
**stramazzare** [stramat'tsaːre] *vi essere* hinfallen, hinschlagen **stramazzone** [stramat'tsoːne] *m* schwerer Sturz; **dare uno ~** schwer stürzen
**stramberia** [strambe'riːa] <-ie> *f* Sonderbarkeit *f*, Merkwürdigkeit *f* **strambo, -a** ['strambo] *agg* sonderbar, komisch
**strame** ['straːme] *m* Streu *f*
**strameritare** [strameri'taːre] *vt* sich redlich verdienen; **te lo sei strameritato!** das hast du dir mehr als verdient!
**strampalatezza** [strampalat'tettsa] *f* Sonderbarkeit *f*, Skurrilität *f*, Merkwürdigkeit *f*; **dire delle -e** sonderbares Zeug daherreden
**strampalato, -a** [strampa'laːto] *agg* verrückt **strampaleria** [strampale'riːa] <-ie> *f* Verrücktheit *f*
**stranezza** [stra'nettsa] *f* Seltsamkeit *f*
**strangolamento** [straŋgola'mento] *m* Erdrosseln *nt*, Erwürgen *nt*
**strangolapreti** [straŋgola'prɛti] *mpl* (GASTR) kleine Gnocchi aus Mehl
**strangolare** [straŋgo'laːre] *vt* erdrosseln, erwürgen **strangolatore, -trice** [straŋgola'toːre] *m, f* Würger(in) *m(f)*
**straniamento** [strania'mento] *m* (LING, PSIC) Entfremdung *f*, Verfremdung *f*; **tecnica dello ~** Verfremdungstechnik *f*
**straniare** [stra'niaːre] I. *vt* entfremden II. *vr* **-rsi** sich entfremden, fremd werden (*da qu* jdm)
**straniero, -a** [stra'niɛːro] I. *agg* fremd, ausländisch; **lingua -a** Fremdsprache *f* II. *m, f* Ausländer(in) *m(f)*, Fremde(r) *f(m)*; **università per -i** Ausländeruniversität *f*
**stranito, -a** [stra'niːto] *agg* verworren, durcheinander
**strano, -a** ['straːno] *agg* seltsam, merkwürdig
**straordinario** [straordi'naːrio] <-ri> *m* Überstunden *fpl;* **fare gli -i** Überstunden machen
**straordinario, -a** <-ri, -rie> *agg* außerordentlich, außertourlich A; **treno ~** Sonderzug *m;* **lavoro ~** Überstunden *fpl*
**strapaesano, -a** [strapae'saːno] I. *agg* die Heimatliteratur betreffend II. *m, f* Verfasser(in) *m(f)* von Heimatliteratur
**strapagare** [strapa'gaːre] *vt* über[be]zahlen
**straparlare** [strapar'laːre] *vi* irrereden
**strapazzamento** [strapattsa'mento] *m* Rücksichtslosigkeit *f* **strapazzare** [strapat'tsaːre] I. *vt* ❶ (*persone*) misshandeln ❷ (*cose*) strapazieren II. *vr* **-rsi** sich strapazieren, sich abrackern **strapazzata** [strapat'tsaːta] *f* ❶ (*faticata*) Strapaze *f* ❷ (*sgridata*) [schwerer] Verweis *m*, Anpfiff *m fam*

**strapazzato, -a** [strapat'tsa:to] *agg* **uova -e** Rühreier *ntpl* **strapazzo** [stra-'pattso] *m* Strapaze *f;* **da ~** (*pej: cosa*) minderwertig, Wegwerf-; (*autore*) schlecht, nicht ernst zu nehmen **strapazzone, -a** [strapat'tso:ne ] I. *agg* rücksichtslos II. *m, f* rücksichtslose Person

**strapazzoso, -a** [strapat'tso:so] *agg* strapaziös

**straperdere** [stra'pεrdere] <straperdo, strapersi, straperso> *vi* sehr viel [Geld] verlieren

**strapieno, -a** [stra'piε:no] *agg* (*fam*) überfüllt, rappelvoll

**strapiombante** [strapiom'bante] *agg* [über]hängend **strapiombare** [strapiom-'ba:re] *vi* überhängen, überragen

**strapiombo** [stra'piombo] *m* Überhang *m;* **a ~** überhängend, überragend

**strapotente** [strapo'tεnte] *agg* sehr mächtig, übermächtig **strapotenza** [strapo'tεntsa] *f* [sehr] große Macht; **la ~ americana** die amerikanische Übermacht

**strapotere** [strapo'te:re] *m* zu große Macht, Übermacht *f*

**strappabile** [strap'pa:bile] *agg* zerreißbar

**strappacuore** [strappa'kuɔ:re] <inv> *agg* herzzerreißend

**strappalacrime** [strappa'la:krime] <inv> *agg* rührselig, auf die Tränendrüsen drückend

**strappare** [strap'pa:re] I. *vt* ❶ (*ramo, fiore*) abreißen, ausreißen; (*pagina*) herausreißen; (*carta*) zerreißen ❷ (MED: *dente*) ziehen ❸ (*fig: cuore*) zerreißen; (*promessa*) abringen; (*confessione*) entreißen II. *vr* **-rsi** [zer]reißen, kaputtgehen *fam*

**strappata** [strap'pa:ta] *f* ❶ (*strappo*) Reißen *nt,* Ruck *m* ❷ (*fam: passaggio*) Mitfahrgelegenheit *f;* **dare una ~ a qu** jdn mitnehmen **strappatrice** [strappa'tri:tʃe] *f* (TEC) Reißwolf *m,* Reißmaschine *f* **strappatura** [strappa'tu:ra] *f* (TEC) Reißen *nt,* Riss *m* **strappo** ['strappo] *m* ❶ (MED: *lacerazione*) Riss *m* ❷ (*fig: infrazione*) Verstoß *m;* (*eccezione*) Ausnahme *f;* **fare uno ~ alla regola** eine Ausnahme machen ❸ (*fam: passaggio*) Mitfahrgelegenheit *f;* **dare uno ~ a qu** jdn mitnehmen

**strapuntino** [strapun'ti:no] *m* Klappsitz *m*

**straricco, -a** [stra'rikko] <-cchi, -cche> *agg* (*fam*) steinreich

**straripare** [strari'pa:re] *vi* essere *o* avere über das [*o* die] Ufer treten

**Strasburgo** [straz'burgo] *f* Straßburg *nt*

**strascicare** [straʃʃi'ka:re] I. *vt* ❶ (*gambe, piedi*) nachziehen ❷ (*vestito, coperta*) [nach]schleifen ❸ (*malattia, lavoro*) verschleppen II. *vi* auf dem Boden schleifen III. *vr* **-rsi** sich vorwärtsschleppen, sich hinziehen **strascichio** [straʃʃi'ki:o] <-ii> *m* Schleifen *nt* **strascico** ['straʃʃiko] <-chi> *m* ❶ (*di abito*) Schleppe *f* ❷ (*seguito*) Folge *f,* Nachwirkung *f* **strascicone, -a** [straʃʃi'ko:ne] *m, f* Schleifer(in) *m(f)* **strasciconi** [straʃʃi'ko:ni] *avv* schleppend, schlurfend; **camminare a ~** einen schleppenden Gang haben **strascinamento** [straʃʃina'mento] *m* Schleppen *nt,* Nachziehen *nt*

**strascinare** [straʃʃi'na:re] *vt* [nach]schleppen **strascinio** [straʃʃi'ni:o] <-ii> *m* Schleifen *nt,* Schleppen *nt*

**strass** [stras] <-> *m* Strass *m*

**stratagemma** [strata'dʒεmma] <-i> *m* List *f,* Trick *m*

**strategia** [strate'dʒi:a] <-gie> *f* Strategie *f*

**strategico, -a** [stra'tε:dʒiko] <-ci, -che> *agg* strategisch

**stratificare** [stratifi'ka:re] I. *vt* schichten, in Schichten anordnen; (GEOL) stratifizieren II. *vr* **-rsi** sich schichten **stratificazione** [stratifikat'tsio:ne] *f* Schichtung *f;* (GEOL) Stratifikation *f*

**stratiforme** [strati'forme] *agg* schichtförmig, in Schichten

**strato** ['stra:to] *m* ❶ (*gener fig* GEOL, BIOL) Schicht *f;* **a -i** in Schichten, schichtweise ❷ (METEO) Schichtwolke *f,* Stratuswolke *f,* Stratus *m*

**stratocrazia** [stratokra'tsi:a] *f* Militärherrschaft *f,* Militärdiktatur *f*

**stratofortezza** [stratofor'tettsa] *f* (MIL) Stratosphärenfighter *m*

**stratoliner** [strætə'lainə] <-> *m* (AERO) Stratosphärenjet *m*

**stratosfera** [stratos'fε:ra] *f* Stratosphäre *f*

**stratosferico, -a** [stratos'fε:riko] <-ci, -che> *agg* ❶ (METEO) stratosphärisch, Stratosphären- ❷ (*fig*) astronomisch

**strattonare** [stratto'na:re] *vt* einen Stoß versetzen, (*qu* jdm); (SPORT) fest halten, behindern **strattonata** [stratto'na:ta] *f* Stoß *m;* **dare una ~** einen Stoß versetzen

**strattone** [strat'to:ne] *m* Ruck *m*

**stravaccarsi** [stravak'karsi] *vr* (*fam*) sich hinlümmeln, sich hinfläzen **stravaccato, -a** [stravak'ka:to] *agg* hingelümmelt, hingeflegelt

**stravagante** [strava'gante] I. *agg* extravagant, exzentrisch II. *mf* Exzentriker(in) *m(f)* **stravaganza** [strava'gantsa] *f* Extravaganz *f*

**stravecchio, -a** [stra'vɛkkio] <-cchi, -cchie> *agg* uralt; (GASTR) gut abgelagert; (*vino*) alt

**stravedere** [strave'de:re] <irr> *vi* **~ per qu** jdn blind lieben

**stravincere** [stra'vintʃere] <irr> *vt* restlos besiegen

**stravisto** *pp di* **stravedere**

**straviziare** [stravit'tsia:re] *vt* furchtbar verwöhnen

**stravizio** [stra'vittsio] *m* Laster *nt*, Ausschweifung *f*

**stravolgere** [stra'vɔldʒere] <irr> *vt* ❶ (*fig: persone*) [stark] verwirren, [völlig] durcheinanderbringen; (*fatti*) verdrehen ❷ (*volto*) verzerren, entstellen **stravolgimento** [stravoldʒi'mento] *m* Verdrehung *f*; **uno ~ della situazione** eine Umkehrung der Situation **stravolto, -a** [stra'vɔlto] *agg* verdreht, umgekehrt

**straziante** [strat'tsiante] *agg* entsetzlich, schrecklich; (*grida*) herzzerreißend

**straziare** [strat'tsia:re] *vt* ❶ (*maltrattare*) quälen, misshandeln ❷ (*fig: affliggere*) peinigen, quälen **strazio** ['strattsio] <-i> *m* Qual *f*, Pein *f*; **che ~!** (*fam*) wie nervend!

**streaking** ['stri:kiŋ] <-> *m* Streaking *nt*, Flitzen *nt*

**streaming** [stri:miŋ] <-> *m* (INET) Livestream *m*, Streaming *nt*; **guardare un video in ~** sich *dat* ein Video per Livestream [*o* Streaming] ansehen

**strega** ['stre:ga] <-ghe> *f* Hexe *f*; **caccia alle -ghe** Hexenjagd *f* **stregare** [stre'ga:re] *vt* (*a. fig*) verhexen **stregone** [stre'go:ne] *m* ❶ (*mago*) Magier *m*, Hexenmeister *m* ❷ (*presso i popoli primitivi*) Medizinmann *m* **stregoneria** [stregone'ri:a] <-ie> *f* Hexerei *f*, Magie *f*

**stregua** ['stre:gua] *f* **alla ~ di** gleich wie, nach dem gleichen Maßstab wie

**stremare** [stre'ma:re] *vt* [völlig] erschöpfen **stremo** ['strɛ:mo] *m* Ende *nt*, Äußerste(s) *nt*; **essere allo ~ delle** [**proprie**] **forze** am Rand seiner Kraft sein

**strenna** ['strɛnna] *f* Geschenk *nt*

**strenuo, -a** ['strɛ:nuo] *agg* ❶ (*difesa*) tapfer ❷ (*lavoratore*) unermüdlich, wacker

**strepitare** [strepi'ta:re] *vi* ❶ (*parlare forte*) schreien, brüllen ❷ (*produrre rumori*) Krach machen **strepitio** [strepi'ti:o] <-ii> *m*, **strepito** ['strɛ:pito] *m* Lärm *m*, Krach *m* **strepitoso, -a** [strepi'to:so] *agg* ❶ (*rumoroso*) lärmend, dröhnend; (*applausi*) tosend ❷ (*fig: successo*) glänzend, großartig

**stress** [strɛs] <-> *m* Stress *m*; **essere sotto ~** im Stress sein **stressante** [stres'sante] *agg* stressig **stressare** [stres'sa:re] *vt* stressen **stressato, -a** [stres'sa:to] *agg* gestresst

**stretch** [stretʃ] <inv> *agg* Stretch-; **pantaloni ~** Stretchhosen *fpl*

**stretching** ['stretʃiŋ] <-> *m* (SPORT) Stretching *nt*, Dehnen *nt*

**stretta** ['stretta] *f* ❶ (*pressione*) Druck *m*; **~ di mano** Händedruck *m* ❷ (*fig: turbamento*) Beklemmung *f* ❸ (*situazione difficile*) Klemme *f*; **essere alle -e** in der Klemme sitzen; **mettere qu alle -e** jdn in die Enge treiben

**strettezza** [stret'tettsa] *f* ❶ (*dimensione scarsa*) Enge *f* ❷ *pl* (*povertà*) Armut *f*

**stretto** ['stretto] *m* Meerenge *f*

**stretto, -a** ['stretto] I. *pp di* **stringere** II. *agg* ❶ (*tavolo, strada*) schmal ❷ (*vestito*) eng, knapp ❸ (*serrato*) eng, fest ❹ (*parenti*) nah[e]; (*amico*) eng ❺ (*osservanza, disciplina*) streng, strikt **strettoia** [stret'to:ia] <-oie> *f* ❶ (*di strada*) Engstelle *f* ❷ (*fig*) Klemme *f*

**striare** [stri'a:re] *vt* streifen

**striato, -a** [stri'a:to] *agg* gestreift **striatura** [stria'tu:ra] *f* Streifung *f*

**stricnina** [strik'ni:na] *f* Strychnin *nt*

**stridente** [stri'dɛnte] *agg* beißend, schreiend; (*contrasto*) krass; (*colori*) grell

**stridere** ['stri:dere] <strido, stridei *o* stridetti, *rar* striduto> *vi* ❶ (ZOO) kreischen; (*cicale*) zirpen ❷ (*persona*) kreischen ❸ (*porta, freni*) quietschen; (*fiamma*) knistern; (*oggetto caldo nell'acqua*) zischen; (*vento*) heulen ❹ (*fig: essere in contrasto*) **~ con qc** sich mit etw nicht vertragen; **quei colori stridono fra loro** die Farben beißen sich **stridio** [stri'di:o] <-ii> *m* Kreischen *nt*, Quietschen *nt*

**strido** ['stri:do] <-a *f o* -i *m*> *m* [spitzer] Schrei *m*, Kreischen *nt* **stridore** [stri'do:re] *m* Quietschen *nt*, Kreischen *nt* **stridulo, -a** ['stri:dulo] *agg* schrill, kreischend; (*cicale*) zirpend

**striglia** ['striʎʎa] <-glie> *f* Striegel *m* **strigliare** [striʎ'ʎa:re] *vt* striegeln **strigliata** [striʎ'ʎa:ta] *f* ❶ (*fig*) Schelte *f*, [harte] Kritik *f* ❷ (*passata di striglia*) Striegeln *nt*

**strillare** [stril'la:re] I. *vi* schreien, brüllen II. *vt* ❶ (*parlare forte*) schreien, brüllen ❷ (*fam*) ausschimpfen **strillata** [stril'la:ta] *f* Geschrei *nt* **strillo** ['strillo] *m* Schrei *m* **strillone, -a** [stril'lo:ne] *m*, *f* Zeitungsverkäufer(in) *m(f)*

**striminzito, -a** [strimin'tsi:to] *agg* ❶ (*ve-*

*stito*) knapp [geschnitten] ❷ (*persona*) dürr, mager

**strimpellare** [strimpel'la:re] *vt* (*fam*) klimpern auf +*dat*

**strinata** [stri'na:ta] *f* Absengung *f*, Versengung *f*

**stringa** ['stringa] <-ghe> *f* ❶ (*delle scarpe*) Schnürsenkel *m* ❷ (INFORM) String *m*, Zeichenfolge *f*

**stringare** [striŋ'ga:re] *vt* kurz fassen, knapp halten **stringato, -a** [striŋ'ga:to] *agg* kurz, knapp

**stringere** ['strindʒere] <stringo, strinsi, stretto> I. *vt* ❶ (*serrare*) [zu]drücken, schließen; (*tenere stretto*) fest halten, fest an sich drücken; ~ **la mano a qu** jdm die Hand drücken; ~ **qu fra le braccia** jdn in die Arme schließen ❷ (*tenaglie, due cose*) zusammendrücken; (*vite*) anziehen ❸ (*denti*) zusammenbeißen; (*labbra*) zusammenkneifen, -pressen; (*pugni*) ballen ❹ (*alleanza, amicizia*) schließen ❺ (MOT: *curva*) [an]schneiden ❻ (*vestito*) enger machen ❼ (*fig: riassumere*) straffen, kurz fassen; **stringi stringi** letzten Endes, schließlich II. *vr* -**rsi** ❶ (*avvicinarsi*) sich [zusammen]drängen ❷ (*fig*) sich zusammenziehen; -**rsi nelle spalle** die Schultern zucken

**stripper** ['strippə] <-> *mf* Stripper(in) *m(f)*

**stripping** ['strippiŋ] <-> *m* (FIN) Stripping *nt*

**striptease** [strip'ti:z] <-> *m* Striptease *m* o *nt*

**striscia** ['striʃʃa] <-sce> *f* ❶ (*di stoffa, carta etc*) Streifen *m*; **a -sce** gestreift ❷ *pl* -**sce** [**pedonali**] Zebrastreifen *m*

**strisciante** [striʃ'ʃante] *agg* ❶ (ZOO) kriechend, Kriech- ❷ (*fig, pej*) kriecherisch ❸ (*inflazione*) schleichend

**strisciare** [striʃ'ʃa:re] I. *vi* ❶ (ZOO) kriechen; (*serpente*) sich schlängeln ❷ (*passare rasente*) streifen, schleifen II. *vt* ❶ (*piedi*) schleifen [lassen] ❷ (*sfiorare*) streifen III. *vr* -**rsi** ❶ (*sfregarsi*) -**rsi a** [o **contro**] **qc** sich an etw *dat* reiben ❷ (*fig*) -**rsi a qu** jdn umschmeicheln

**strisciata** [striʃ'ʃa:ta] *f* ❶ (*lo strisciare*) Streifen *nt*, Schleifen *nt*; (ZOO) Kriechen *nt* ❷ (*segno*) Streifen *m*, Schleifspur *f* **striscio** ['striʃʃo] <-sci> *m* ❶ (MED) Abstrich *m* ❷ (*loc*) **colpire di ~** streifen

**striscione** [striʃ'ʃo:ne] *m* Spruchband *nt*, Reklameband *nt*

**stritolamento** [stritola'mento] *m* Zermalmung *f*

**stritolare** [strito'la:re] *vt* ❶ (*sassi*) zermalmen ❷ (*fig*) zunichtemachen

**strizza**[1] ['strittsa] *f* (*fam: paura*) Schiss *m*

**strizza**[2] <-> *m* (*scherz: psicanalista*) Seelenklempner(in) *m(f)*

**strizzacervelli** [strittsatʃer'vɛlli] <-> *mf* (*scherz: psicanalista*) Seelenklempner(in) *m(f)*

**strizzare** [strit'tsa:re] *vt* (*panni*) auswringen; (*limone*) [aus]pressen; ~ **l'occhio a qu** jdm zuzwinkern

**strofa** ['strɔ:fa] <-> *f* Strophe *f*

**strofinaccio** [strofi'nattʃo] <-cci> *m* Wisch-, Putztuch *nt*

**strofinare** [strofi'na:re] I. *vt* (*tavolo, argenteria*) abreiben, polieren; (*pavimento*) scheuern; -**rsi gli occhi**/**le mani** sich *dat* die Augen/Hände reiben II. *vr* -**rsi** [vorbei]streifen, entlangstreichen

**strombazzare** [strombat'tsa:re] I. *vt* ausposaunen, herausschreien II. *vi* [mehrmals] hupen

**stroncare** [stron'ka:re] *vt* ❶ (*ramo*) abreißen, abbrechen ❷ (*fig: interrompere*) unterbinden, unterdrücken ❸ (*fig: criticando*) verreißen **stroncatura** [stroŋka-'tu:ra] *f* Verriss *m*

**stronza** *f v.* **stronzo**

**stronzata** [stron'tsa:ta] *f* (*vulg*) Scheiß *m fig*, Mist *m fig fam*

**stronzio** ['strontsio] *m* Strontium *nt*

**stronzo** ['strontso] *m* (*escremento*) Scheiße *f*

**stronzo, -a** *m, f* (*vulg*) Arschloch *nt*

**stropicciare** [stropit'tʃa:re] *vt* ❶ (*mano, braccio*) reiben ❷ (*vestito*) zerknautschen, zerknittern

**strozzamento** [strottsa'mento] *m* ❶ (MED) Einklemmen *nt* ❷ (*uccisione*) Erwürgen *nt*, Erdrosseln *nt*

**strozzare** [strot'tsa:re] I. *vt* ❶ (*uccidere*) erwürgen, erdrosseln ❷ (*tubo, condotto*) ab-, einklemmen II. *vr* -**rsi** keine Luft mehr bekommen; (*morire*) erwürgt werden

**strozzascotte** [strottsas'kɔtte] <-> *m* (NAUT) Schotklammer *f*

**strozzato, -a** [strot'tsa:to] *agg* ❶ (MED) eingeklemmt ❷ (*grido*) unterdrückt

**strozzatura** [strottsa'tu:ra] *f* ❶ (*di tubo*) Ab-, Einklemmen *nt* ❷ (*di valle*) Verengung *f*, Engpass *m* **strozzina** *f v.* **strozzino strozzinaggio** [strottsi'naddʒo] <-ggi> *m* Wucher *m* **strozzino, -a** [strot'tsi:no] *m, f* Wucherer *m*/Wucherin *f*, Halsabschneider(in) *m(f)*

**struccante** [struk'kante] *m* Abschminkcreme *f*, Abschminklotion *f* **struccare**

strudel → stupire

[struk'ka:re] I. vt abschminken II. vr -rsi sich abschminken

**strudel** ['stru:del] <-> m (GASTR) Strudel m

**struggere** ['struddʒere] <struggo, strussi, strutto> I. vt (fig) verzehren, auszehren II. vr **-rsi di** [o **per**] **qc** (fig) vor etw dat vergehen; **-rsi d'amore per qu** sich in Liebe zu jdm verzehren **struggimento** [struddʒi'mento] m Verzehren nt, Vergehen nt

**strumentale** [strumen'ta:le] agg instrumental, Instrumental-

**strumentalizzare** [strumentalid'dza:re] vt zum Mittel machen

**strumentare** [strumen'ta:re] vt instrumentieren **strumentazione** [strumentat'tsio:ne] f ① (MUS) Instrumentierung f ② (TEC) Instrumentenausrüstung f **strumentista** [strumen'tista] <-i m, -e f> mf Instrumentalist(in) m(f)

**strumento** [stru'mento] m ① (MUS) Instrument nt; **-i a corda** Saiteninstrumente ntpl; **-i a fiato** Blasinstrumente ntpl; **-i a percussione** Schlaginstrumente ntpl ② (TEC) Instrument nt, Gerät nt; (arnese) Werkzeug nt; **-i di precisione** Präzisionsinstrumente ntpl ③ (fig: mezzo) Mittel nt, Werkzeug nt ④ (JUR) Urkunde f

**strusciare** [struʃ'ʃa:re] I. vt reiben II. vr **-rsi** sich reiben

**strussi** ['strussi] 1. pers sing pass rem di **struggere**

**strutto**[1] ['strutto] pp di **struggere**

**strutto**[2] m |Schweine|schmalz m

**struttura** [strut'tu:ra] f ① (gener) Struktur f, Aufbau m ② (ARCH) ~ **portante** Traggerüst nt ③ <gener al pl> Einrichtung f; **-e private** soziale Einrichtungen; **-e pubbliche** öffentliche Einrichtungen **strutturale** [struttu'ra:le] agg strukturell, Struktur- **strutturare** [struttu'ra:re] vt strukturieren

**struzzo** ['struttso] m Strauß m; **fare la politica dello ~** [eine] Vogel-Strauß-Politik betreiben

**stuccare** [stuk'ka:re] vt kitten, spachteln **stucchevole** [stuk'ke:vole] agg ① (cibo) füllend, stopfend ② (fig: nauseante) widerlich; (notoso) langweilig

**stucco** ['stukko] <-cchi> m ① (malta) Kitt m ② (ornamento) Stuck m; **rimanere di ~** (fig) verblüfft dastehen, wie vom Donner gerührt sein

**studente, -essa** [stu'dɛnte, studen'tessa] m, f Lernende(r) f(m); (di scuola) Schüler(in) m(f); (~ universitario) Student(in) m(f) **studentesco, -a** [studen'tesko] <-schi, -sche> agg studentisch, Studenten- **studentessa** f v. **studente**

**studiacchiare** [studiak'kia:re] vt (fam) herumstudieren

**studiare** [stu'dia:re] I. vt ① (per imparare qc) lernen; (all'università) studieren; **~ al liceo/all'università** aufs Gymnasium gehen/[an der Universität] studieren ② (esaminare) studieren; (indagare) untersuchen; (osservare) beobachten ③ (fam) austüfteln ④ (parole, mosse) einstudieren II. vr **-rsi** sich beobachten **studio** ['stu:dio] <-i> m ① (lo studiare) Lernen nt; **borsa di ~** Stipendium nt; **provveditorato agli -i** Schulamt nt; **provveditore agli -i** Schulrat m ② <gener al pl> (all'università) Studium nt ③ (saggio) Studie f ④ (progetto) Plan m, Planung f, Projekt nt ⑤ (stanza) Arbeitszimmer nt; (di professionista) Praxis f, Büro nt; (di artista) Atelier nt; **~ legale** Anwaltspraxis f, -kanzlei f ⑥ (FILM, TV, RADIO) Studio nt **studios** ['stju:dious] mpl (FILM) Studios ntpl, Filmstudios ntpl **studioso, -a** [stu'dio:so] I. agg fleißig II. m, f Wissenschaftler(in) m(f), Forscher(in) m(f)

**stufa** ['stu:fa] f Ofen m

**stufare** [stu'fa:re] I. vt ① (GASTR) schmoren ② (fig fam) langweilen, anöden II. vr **-rsi di qu/qc** (fam) jdn/etw leid werden **stufato** [stu'fa:to] m Schmorbraten m

**stufo, -a** ['stu:fo] agg (fam) **essere ~ di qu/qc** jdn/etw satthaben

**Stuka** ['ʃtu:ka] <-> m (MIL) Stuka m, Sturzkampfflugzeug nt

**stunt car** ['stʌnt ka:] <-> m (FILM) Stuntauto nt **stuntman** ['stʌntmən] <-> m Stuntman m

**stuoia** ['stuɔ:ia] <-oie> f Matte f, Geflecht nt

**stuolo** ['stuɔ:lo] m Schar f, Menge f

**stupefacente** [stupefa'tʃɛnte] I. agg ① (sorprendente) erstaunlich, verblüffend ② (MED) Drogen-, Rausch-; **abuso di sostanze -i** Drogenmissbrauch m II. m Rauschgift nt, Rauschmittel nt

**stupefare** [stupe'fa:re] <irr> vt erstaunen, verblüffen

**stupendo, -a** [stu'pɛndo] agg phantastisch, wunderbar

**stupida** f v. **stupido**

**stupidaggine** [stupi'daddʒine] f Dummheit f **stupidità** [stupidi'ta] <-> f Dummheit f **stupido, -a** ['stu:pido] I. agg dumm, blöd[e] II. m, f Dummkopf m

**stupire** [stu'pi:re] <stupisco> I. vt avere

[ver]wundern, erstaunen II. *vr* **-rsi** sich wundern, staunen **stupore** [stu'po:re] *m* Staunen *nt*

**stupratore** [stupra'to:re] *m* Vergewaltiger *m* **stupro** ['stu:pro] *m* Vergewaltigung *f*

**sturare** [stu'ra:re] I. *vt* ① (*bottiglia*) entkorken ② (*lavandino*) frei machen, die Verstopfung beseitigen in +*dat* II. *vr* **-rsi** frei werden

**stuzzicadenti** [stuttsika'dɛnti] <-> *m* Zahnstocher *m*

**stuzzicare** [stuttsi'ka:re] *vt* ① (*molestare*) reizen, ärgern ② (*stimolare*) reizen; (*appetito*) anregen

**styling** ['stailiŋ] <-> *m* Styling *nt* **stylist** ['stailist] <-> *mf* Stylist(in) *m(f)*

**su** [su] <sul, sullo, sull', sulla, sui, sugli, sulle> I. *prp* ① (*con contatto: stato*) auf +*dat;* (*moto*) auf +*acc;* **sul lago/mare** am See/Meer; **Parigi è sulla Senna** Paris liegt an der Seine ② (*senza contatto: stato*) über +*dat;* (*moto*) über +*acc;* **commettere errori ~ errori** (*fig*) Fehler über Fehler machen; **giurare ~ qc/qu** (*fig*) auf etw/jdn schwören ③ (*di mezzi di trasporto: stato*) in +*dat;* (*moto*) in +*acc* ④ (*contro, verso*) auf +*acc* ⑤ (*complemento d'argomento*) über +*acc* ⑥ (*complemento di modo*) auf +*acc,* nach +*dat;* **~ misura** nach Maß, Maß-; **~ ordinazione** auf Bestellung; **sull'esempio di** nach dem Beispiel von ⑦ (*circa*) um +*acc,* etwa, ungefähr; (*di tempo*) gegen +*acc;* **sul momento ho reagito male** in dem Moment habe ich falsch reagiert; **un uomo sulla sessantina** ein Mann um die sechzig ⑧ (*di, fra*) von +*dat,* unter +*dat;* **sette volte ~ dieci** sieben von zehn Mal II. *avv* (*in alto*) oben; (*verso l'alto*) nach oben, hinauf, aufwärts; **andare ~ e giù** auf und ab gehen; **non andare né ~ né giù** (*a. fig*) schwer im Magen liegen; **~ per giù** mehr oder weniger, ungefähr; **pensarci ~** (*fam*) darüber nachdenken; **metter ~ casa** einen eigenen Hausstand gründen; **dai cento euro in ~** von hundert Euro [an] aufwärts; **~ le mani!** Hände hoch!; **~ con la vita!** Kopf hoch! III. *int* los, auf; **~ ragazzi, muoviamoci!** auf Jungs, lasst uns gehen!; **~ ~** auf, auf!

**suadente** [sua'dɛnte] *agg* verlockend, schmeichelnd

**sub** [sub] <-> *mf* Taucher(in) *m(f);* **fare il ~** tauchen

**sub-** [sub] (*in parole composte*) Sub-, sub- **subacqueo, -a** [sub'akkueo] I. *agg* Unterwasser-, Tauch- II. *m, f* Taucher(in) *m(f)*

**subaereo** [suba'ɛ:reo] *agg* überirdisch

**subaffittare** [subaffit'ta:re] *vt* untervermieten **subaffitto** [subaf'fitto] *m* Untermiete *f* **subaffittuario, -a** [subaffittu'a:rio] <-ri, -rie> *m, f* Untermieter(in) *m(f)* **subagenzia** [subadʒen'tsi:a] *f* ① (COM) Zweigniederlassung *f,* Filiale *f,* Unteragentur *f,* Untervertretung *f* ② (JUR) Untervertretungsvertrag *m,* Geschäftsbesorgungsvertrag *m*

**subalpino, -a** [subal'pi:no] *agg* subalpin **subalterno, -a** [subal'tɛrno] I. *agg* subaltern, untergeordnet II. *m, f* (*dipendente*) Untergeordnete(r) *f(m),* Subalterne(r) *f(m)*

**subappaltante** [subappal'tante] I. *agg* [Aufträge] weitervergebend [*o* weitervermittelnd] II. *mf* [Aufträge] weitervergebende Person [*o* Firma]

**subappaltatore, -trice** [subappalta'to:re] *m, f* Subunternehmer(in) *m(f)* **subappalto** [subap'palto] *m* Unterpacht *f,* Untervergabe *f,* Weitervergabe *f*

**subatlantico, -a** [suba'tlantiko] <-ci, -che> (GEOG) subatlantisch **subatomico, -a** [suba'tɔ:miko] <-ci, -che> *agg* Elementar-

**subbuglio** [sub'buʎʎo] <-gli> *m* Aufruhr *m,* Aufregung *f*

**subconscio** [sub'konʃo] *m* Unterbewusstsein *nt*

**subconscio, -a** <-sci, -sce *o* -scie> *agg* unterbewusst

**subcontraente** [subkontra'ɛnte] (JUR) I. *mf* Nebenvertragsnehmer(in) *m(f),* Nebenvertragsunterzeichner(in) *m(f)* II. *agg* Nebenvertrags-, einen Nebenvertrag betreffend

**subcontratto** [subkon'tratto] *m* Nebenvertrag *m,* Untervertrag *m* **subcosciente** [subkoʃ'ʃɛnte] *m* Unterbewusstsein *nt*

**subdolo, -a** ['subdolo] *agg* heimtückisch, hinterlistig

**subentrare** [suben'tra:re] *vi essere* ① (*succedere*) folgen, nachfolgen ② (*sostituire*) **~ a qu** jdn vertreten

**subire** [su'bi:re] <subisco> *vt* ① (*ingiuria, danni*) erleiden; (*conseguenza*) tragen ② (*sottoporsi a*) **~ un'operazione** sich einer Operation unterziehen

**subissare** [subis'sa:re] *vt* **~ qu di qc** (*fig*) jdn mit etw überhäufen

**subitaneo, -a** [subi'ta:neo] *agg* plötzlich, jäh

**subito** ['su:bito] *avv* ① (*immediatamente*) sofort, unmittelbar ② (*in un attimo*) sofort, gleich

sublimare → sudditanza

**sublimare** [subli'ma:re] I. *vt* sublimieren II. *vi* sublimieren **sublimazione** [sublimat'tsio:ne] *f* Sublimation *f*, Sublimierung *f*

**sublime** [sub'li:me] I. *agg* sublim, erhaben II. *m* Erhabene(s) *nt*, Sublime(s) *nt*

**sublocazione** [sublokat'tsio:ne] *f* Untervermietung *f*, Untermiete *f*

**subnormale** [subnor'ma:le] I. *agg* zurückgeblieben II. *mf* Zurückgebliebene(r) *f(m)* **subnormalità** [subnormali'ta] <-> *f* Unterentwicklung *f*, Zurückgebliebenheit *f*

**subodorare** [subodo'ra:re] *vt* wittern, ahnen

**suborbitale** [suborbi'ta:le] *agg* suborbital

**subordinare** [subordi'na:re] *vt* ~ **qc a qc** etw einer Sache *dat* unterordnen; (*far dipendere da*) etw von etw abhängig machen

**subordinata** [subordi'na:ta] *f* Nebensatz *m*

**subordinato, -a** [subordi'na:to] I. *agg* ❶ (*secondario*) untergeordnet; ~ **a** abhängig von ❷ (LING) **proposizione -a** Nebensatz *m* II. *m*, *f* Abhängige(r) *f(m)*, Untergeordnete(r) *f(m)* **subordinazione** [subordinat'tsio:ne] *f* Abhängigkeit *f*, Unterordnung *f*

**subplot** ['sʌbplɔt] <-> *m* Nebenhandlung *f*

**subroutine** ['sʌbru'tin] <-> *f* (INFORM) Subroutine *f*, Unterprogramm *nt*

**subsistema** [subsis'tɛ:ma] <-i> *m* Subsystem *nt*

**substrato** [sub'stra:to] (*rar*) *v.* **sostrato**

**subtotale** [subto'ta:le] I. *m* (COM) Teilsumme *f*, Zwischensumme *f* II. *agg* (MED) subtotal; **intervento** ~ subtotaler Eingriff

**subtropicale** [subtropi'ka:le] *agg* subtropisch **suburbano, -a** [subur'ba:no] *agg* Vorstadt-, Vorort-

**succedaneo** [suttʃe'da:neo] *m* Ersatz *m*

**succedaneo, -a** *agg* Ersatz-

**succedere** [sut'tʃɛ:dere] <succedo, successi *o* succedetti, successo> I. *vi essere* ❶ (*prendere il posto di*) ~ **a** jdm [nach]folgen, auf jdn folgen ❷ (*venir dopo*) ~ **a qc** auf etw *acc* folgen ❸ (*avvenire*) geschehen, passieren; **cosa ti succede?** was ist mit dir los?; **sono cose che succedono** so etwas passiert [eben] II. *vr* **-rsi** [aufeinander]folgen

**succeditrice** *f v.* **successore**

**successi** [sut'tʃɛssi] *1. pers sing pass rem di* **succedere**

**successione** [suttʃes'sio:ne] *f* ❶ (JUR) [Nach]folge *f*; **diritti di** ~ Nachfolgerechte *ntpl* ❷ (*serie*) Folge *f*, Abfolge *f*;

~ **al trono** Thronfolge *f* **successivo, -a** [suttʃes'si:vo] *agg* [nach]folgend, Folge-

**successo¹** [stu'tʃɛsso] *pp di* **succedere**

**successo²** *m* Erfolg *m*; (*accoglienza favorevole*) Anklang *m*; **un film di** ~ ein erfolgreicher Film

**successore, succeditrice** [suttʃes'so:re, suttʃedi'tri:tʃe] *m*, *f* Nachfolger(in) *m(f)*

**succhiare** [suk'kia:re] *vt* (*latte*) saugen; (*caramella, dito*) lutschen; **-rsi il dito** [am] Daumen lutschen

**succhiello** [suk'kiɛllo] *m* Nagelbohrer *m*

**succhieruola** [sukkieru'ɔ:la] *f* Saugkorb *m*

**succhio** ['sukkio] <-cchi> *m* Lutschen *nt*, Saugen *nt*

**succhiotto** [suk'kiɔtto] *m* ❶ (*per bambini*) Schnuller *m* ❷ (*fam: traccia di bacio*) Knutschfleck *m*

**succinto, -a** [sut'tʃinto] *agg* ❶ (*vestito*) knapp; (*scollato*) weit ausgeschnitten ❷ (*persona*) leicht bekleidet ❸ (*resoconto*) kurz, bündig

**succo** ['sukko] <-cchi> *m* ❶ (*di frutta*) Saft *m* ❷ (ANAT) Saft *m*, Sekret *nt*, Flüssigkeit *f* ❸ (*fig*) Kern *m*, Gehalt *m* **succoso, -a** [suk'ko:so] *agg* ❶ (*frutta*) saftig ❷ (*fig*) gehaltvoll

**succube** ['sukkube] I. *agg* **essere** ~ **di qu** jdm unterworfen sein II. *m*, *f* Hörige(r) *f(m)*

**succulento, -a** [sukku'lɛnto] *agg* köstlich

**succursale** [sukkur'sa:le] *f* Filiale *f*, Zweigstelle *f*

**sud** [sud] <-> *m* Süden *m*; **Mare del Sud** Südsee *f*; **Polo Sud** Südpol *m*; **a** ~ **di** südlich von

**Sudafrica** [su'da:frika] *m* Südafrika *nt*

**sudare** [su'da:re] I. *vi* schwitzen II. *vt* ❶ (*trasudare*) [aus]schwitzen; ~ **sangue** (*fig*) Blut schwitzen ❷ (*fig: pane*) im Schweiße seines Angesichts verdienen

**sudario** [su'da:rio] <-i> *m* ❶ (REL) Schweißtuch *nt* ❷ (HIST: *per morti*) Leichentuch *nt* **sudata** [su'da:ta] *f* ❶ (*il sudare*) Schwitzen *nt* ❷ (*fatica*) Anstrengung *f*, Mühe *f* **sudaticcio, -a** [suda'tittʃo] <-cci, -cce> *agg* schweißnass, verschwitzt **sudato, -a** [su'da:to] *agg* ❶ (*gener*) verschwitzt, nassgeschwitzt; ~ **fradicio** schweißtriefend ❷ (*fig*) im Schweiße seines Angesichts verdient

**suddetto, -a** [sud'detto] *agg* oben erwähnt [*o* genannt], besagt

**suddita** *f v.* **suddito**

**sudditanza** [suddi'tantsa] *f* Untertänig-

**keit** *f,* Abhängigkeit *f* **suddito, -a** ['suddito] *m, f* Untertan(in) *m(f)*
**suddividere** [suddi'vi:dere] <irr> *vt* unterteilen **suddivisione** [suddivi'zio:ne] *f* Unterteilung *f*
**sudest** [su'dɛst] *m* Südosten *m*
**sudiceria** [suditʃe'ri:a] <-ie> *f* Dreckigkeit *f,* Schmutzigkeit *f;* (*fig*) Schweinerei *f*
**sudicio** ['su:ditʃo] *m* Dreck *m*
**sudicio, -a** <-ci, -ce *o* -cie> *agg* ❶ (*mani, vestito, luogo*) schmutzig, dreckig ❷ (*fig, pej*) schmutzig, unanständig **sudicione, -a** [sudi'tʃo:ne] *m, f* Schmutzfink *m,* Dreckspatz *m fam* **sudiciume** [sudi'tʃu:me] *m* (*a. fig*) Schweinerei *f*
**sudista** [su'dista] <-i *m,* -e *f*> *mf* (HIST) Südstaatler(in) *m(f),* Konföderalist(in) *m(f)*
**sudoccidentale** [sudottʃiden'ta:le] *agg* südwestlich, Südwest-; **l'Europa ~** Südwesteuropa *nt*
**sudorazione** [sudorat'tsio:ne] *f* Schwitzen *nt* **sudore** [su'do:re] *m* Schweiß *m;* **essere in un bagno di ~** in Schweiß gebadet sein; **guadagnarsi il pane col ~ della fronte** sich sein Brot im Schweiße seines Angesichts verdienen
**sudorientale** [sudorien'ta:le] *agg* südöstlich, Südost-; **la Germania ~** Südostdeutschland *nt*
**sudovest** [su'dɔ:vest] *m* Südwesten *m*
**suesposto, -a** [sues'posto] *agg* (*form*) oben angeführt, oben dargelegt
**Suevia** [su'ɛ:via] *f* Schwaben *nt*
**sufficiente** [suffi'tʃɛnte] I. *agg* ❶ (*che basta*) genügend, ausreichend ❷ (*fig, pej*) süffisant, überheblich II. *m* Notwendige(s) *nt,* Auskommen *nt* **sufficientemente** [suffitʃente'mente] *avv* genug, genügend **sufficienza** [suffi'tʃɛntsa] *f* ❶ (*l'essere sufficiente*) Hinlänglichkeit *f,* Genüge *f;* **a ~** zur Genüge ❷ (*votazione*) Ausreichend *nt;* **prendere la ~** ein Ausreichend bekommen ❸ (*fig, pej*) Süffisanz *f,* Überheblichkeit *f*
**suffisso** [suf'fisso] *m* Suffix *nt*
**suffragetta** [suffra'dʒetta] *f* (*scherz*) Emanze *f*
**suffragio** [suf'fra:dʒo] <-gi> *m* ❶ (JUR) Wahlrecht *nt,* Stimmrecht *nt* ❷ (REL) Fürbitte *f*
**suffragista** [suffra'dʒista] <-i *m,* -e *f*> *mf* Frauenrechtler(in) *m(f)*
**suffumigio** [suffu'mi:dʒo] <-gi> *m* Inhalation *f*
**suggellare** [suddʒel'la:re] *vt* (*fig*) besiegeln
**suggerimento** [suddʒeri'mento] *m* Rat[schlag] *m,* Empfehlung *f* **suggerire** [suddʒe'ri:re] <suggerisco> *vt* ❶ (*risposta*) einflüstern, suggerieren ❷ (THEAT) soufflieren ❸ (*a scuola*) vorsagen ❹ (*consigliare*) raten, empfehlen **suggeritore, -trice** [suddʒeri'to:re] *m, f* Souffleur *m/* Souffleuse *f*
**suggestionare** [suddʒestio'na:re] I. *vt* beeinflussen II. *vr* **-rsi** sich beeinflussen lassen **suggestione** [suddʒes'tio:ne] *f* ❶ (PSIC) Suggestion *f* ❷ (*fig*) [tiefer] Eindruck *m,* Faszination *f* **suggestivo, -a** [suddʒes'ti:vo] *agg* ❶ (*fig*) beeindruckend, faszinierend ❷ (*domanda*) Suggestiv-
**sughero** ['su:gero] *m* ❶ (BOT) Korkeiche *f* ❷ (*oggetto, materiale*) Kork *m* ❸ (*tappo*) Korken *m*
**sugli** ['suʎʎi] *prp* = **su + gli** *v.* **su**
**sugna** ['suɲɲa] *f* Schweinefett *nt*
**sugo** ['su:go] <-ghi> *m* ❶ (*succo*) Saft *m* ❷ (*salsa*) Sauce *f,* Soße *f;* **~ di pomodoro** Tomatensoße *f* ❸ (*fig*) Gehalt *m,* Substanz *f* **sugosità** [sugosi'ta] <-> *f* Saftigkeit *f* **sugoso, -a** [su'go:so] *agg* saftig
**sui** ['su:i] *prp* = **su + i** *v.* **su**
**suicida** [sui'tʃi:da] <-i *m,* -e *f*> I. *mf* Selbstmörder(in) *m(f)* II. *agg* selbstmörderisch, Selbstmörder- **suicidarsi** [suitʃi'darsi] *vr* Selbstmord begehen, sich *dat* das Leben nehmen **suicidio** [sui'tʃi:dio] <-i> *m* Selbstmord *m*
**suinicoltura** [suinikol'tu:ra] *f* (ZOO) Schweinezucht *f*
**suino** [su'i:no] *m* Schwein *nt*
**suino, -a** *agg* Schweine-; **influenza -a** Schweinegrippe *f*
**suite** [sɥit] <-> *f* Suite *f*
**sul** [sul] *prp* = **su + il** *v.* **su**
**sulfamidico, -a** [sulfa'mi:diko] <-ci, -che> I. *agg* Sulfonamid- II. *m* Sulfonamid *nt*
**sulfureo, -a** [sul'fu:reo] *agg* Schwefel-, schwef[e]lig
**sull', sulla, sulle, sullo** [sul, 'sulla, 'sulle, 'sullo] *prp* = **su + l', la, le, lo** *v.* **su**
**sultana** *f v.* **sultano**
**sultanina** [sulta'ni:na] *f* Sultanine *f*
**sultano, -a** [sul'ta:no] *m, f* Sultan(in) *m(f)*
**sumerologia** [sumerolo'dʒi:a] *f* Sumerologie *f* **sumerologo, -a** [sume'rɔ:logo] <-gi, -ghe> *m, f* Sumerologe *m/*Sumerologin *f*
**SUNIA** [su'ni:a] *m acro di* **Sindacato Unitario Nazionale Inquilini e Assegnatari** *italienischer Mieterbund*

**sunto** ['sunto] *m* Abriss *m*, Zusammenfassung *f*

**suo** ['suːo] <suoi> *m* il ~ das Seine/Ihre; **il Suo** (*forma di cortesia*) das Ihre

**suo, -a** <suoi, sue> I. *agg* ① (*di lui*) sein; (*di lei*) ihr; **la -a voce** seine/ihre Stimme; **~ padre/zio** sein/ihr Vater/Onkel; **un ~ amico** ein Freund von ihm/ihr; **sono parole sue** das sind seine/ihre Worte; **ne ha fatta una delle sue** er/sie hat schon wieder etwas angestellt; **essere dalla -a** auf seiner/ihrer Seite stehen; **dire la -a** seine eigene Meinung sagen; **stare sulle sue** verschlossen sein ② (*forma di cortesia: Suo*) Ihr; **in seguito alla Sua pregiata del ...** in Beantwortung Ihres freundlichen Schreibens vom ... II. *pron poss* **il ~/la -a** (*di lui*) seiner/seine/sein[e]s; (*di lei*) ihrer/ihre/ihr[e]s; (*forma di cortesia: Suo*) Ihre(r, s); **i suoi** seine/ihre Eltern; **i Suoi** (*forma di cortesia*) Ihre Eltern

**suocero, -a** ['suɔːtʃero] *m, f* Schwiegervater *m*/-mutter *f*; **-i** Schwiegereltern *pl*

**suoi** ['suɔːi] *v.* **suo**

**suola** ['suɔːla] *f* Sohle *f*

**suolare** [suo'laːre] *v.* **solare suolificio** [suoli'fiːtʃo] <-ci> *m* Schuhsohlenfabrik *f*

**suolo** ['suɔːlo] *m* Grund *m*, Boden *m*, Erde *f*

**suonare** [suo'naːre] I. *vt avere* ① (MUS) spielen ② (*orologio, campana*) schlagen; (*campanello*) läuten; **~ il clacson** hupen ③ (*fam: picchiare*) verhauen II. *vi essere o avere* ① (*campana*) läuten; (*telefono, sveglia*) klingeln; **sta sonando il campanello** es klingelt ② (MUS) spielen, musizieren ③ (*parole, frasi*) klingen ④ (*orologio*) schlagen, läuten **suonato, -a** *agg* (*fam*) **essere ~** einen Knall haben **suonatore, -trice** [sona'toːre] *m, f* Spieler(in) *m(f)*; **e buonanotte -i!** Ende der Vorstellung!

**suoneria** [sone'riːa] <-ie> *f* Klingelton *m*

**suono** ['suɔːno] *m* ① (*gener*) Ton *m*, Klang *m* ② (PHYS) Schall *m* ③ (LING) Laut *m*

**suora** ['suɔːra] *f* Schwester *f*, Nonne *f*

**super** ['suːper] I. <inv> *agg* toll, ausgezeichnet, bärig *A*; **benzina ~** Superbenzin *nt* II. <-> *mf* (*il/la migliore*) der/die Beste

**superabile** [supe'raːbile] *agg* überwindbar, besiegbar **superabilità** [superabili'ta] <-> *f* Überwindbarkeit *f*, Besiegbarkeit *f*

**superaccessoriato, -a** [superattʃesso'riaːto] *agg* mit allen Extras; **auto -a** Auto *nt* mit allen Extras

**superaffollato, -a** [superaffol'laːto] *agg* überfüllt

**superalcolico** [superal'kɔːliko] <-ci> *m* Spirituose *f*, hochprozentiges Getränk

**superalcolico, -a** <-ci, -che> *agg* hochprozentig; **bevanda -a** hochprozentiges Getränk

**superalimentazione** [superalimentat-'tsioːne] *f* Überernährung *f* **superallenamento** [superallena'mento] *m* Übertraining *nt*, übertriebenes Training

**superamento** [supera'mento] *m* Überwindung *f*, Überwinden *nt*

**superare** [supe'raːre] *vt* ① (*per dimensioni, qualità, quantità*) übertreffen; (*di numero*) übersteigen; **~ qu in qc** jdn an etw *dat* übertreffen ② (MOT: *sorpassare*) überholen ③ (*fig: età, velocità*) überschreiten; (*prova, esame*) bestehen; (*malattia, pericolo*) überstehen; (*difficoltà, ostacolo, crisi*) überwinden **superato, -a** [supe'raːto] *agg* überholt

**superattico** [super'attiko] <-ci> *m* Penthouse *nt*, elegante Dachwohnung

**superattivo, -a** [superat'tiːvo] *agg* sehr aktiv

**superbia** [su'pɛrbia] <-ie> *f* Hochmut *m*, Überheblichkeit *f* **superbo, -a** [su'pɛrbo] *agg* ① (*pej*) hochmütig, überheblich ② (*orgoglioso*) **essere ~ di qu/qc** auf jdn/etw stolz sein ③ (*fig: grandioso*) großartig

**superbollo** [super'bollo] *m* Sondersteuer *f* für Dieselfahrzeuge

**Super Bowl** ['sjuːpə boul] <-> *m* (SPORT) Superbowl *m*

**superburocrate** [superbu'rɔːkrate] *mf* Spitzenbeamte(r) *m*/-beamtin *f*, Spitzenbürokrat(in) *m(f)*

**supercalcolatore** [superkalkola'toːre] *m* (INFORM) Hochleistungsrechner *m*

**supercarburante** [superkarbu'rante] *m* Superbenzin *nt*, Super *nt*

**supercarcere** [super'kartʃere] *m* (*sl*) Hochsicherheitstrakt *m*

**supercemento** [supertʃe'mento] *m* schnellbindender Zement

**supercentrifuga** [supertʃen'triːfuga] *f* Ultrazentrifuge *f*

**superclasse** [super'klasse] *f* (ZOO) übergeordnete Klasse

**superclorazione** [superklorat'tsioːne] *f* Überchlorung *f*, Hochchlorung *f*

**supercolosso** [superko'lɔsso] *m* (FILM) Kolossalfilm *m*

**supercomputer** [superkom'pjuter] *m* Hochleistungsrechner *m*

**superconduttività** [superkonduttivi'ta] *f* Supraleitfähigkeit *f*
**superconduttivo, -a** [superkondut'ti:vo] *agg* supraleitfähig, Supraleiter- **superconduttore** [superkondut'to:re] *m* Supraleiter *m* **superconduzione** [superkondut'tsio:ne] *f* Supraleitung *f*
**superdecorato, -a** [superdeko'ra:to] **I.** *agg* hochdekoriert **II.** *m*, *f* hochdekorierte Person **superdonna** [super'dɔnna] *f* (*iron*) Superfrau *f*
**superdotato, -a** [superdo'ta:to] *agg* reich dotiert
**Superenalotto** [superena'lɔtto] <-> *m* (*concorso a premi*) *besondere Form einer staatlichen Lotterie*
**superfamiglia** [superfa'miʎʎa] *f* (BIOL) Großfamilie *f*
**superficiale** [superfi'tʃa:le] **I.** *agg* oberflächlich; (*strato*) Oberflächen- **II.** *mf* oberflächlicher Mensch **superficialità** [superfitʃali'ta] <-> *f* Oberflächlichkeit *f*
**superficie** [super'fi:tʃe] <-ci> *f* Oberfläche *f*; (MAT) Fläche *f*; (*di acqua*) Spiegel *m*; **alla ~** an der Oberfläche; **in ~** (*fig*) oberflächlich **superficie-aria** [super'fi:tʃe 'a:ria] <inv> *agg* (MIL) Boden-Luft-; **missile ~** Boden-Luft-Rakete *f* **superficie-superficie** [super'fi:tʃe super'fi:tʃe] <inv> *agg* (MIL) Boden-Boden-; **missile ~** Boden-Boden-Rakete *f*
**superfinitura** [superfini'tu:ra] *f* Feinschliff *m*, Feinbearbeitung *f*, Feinschlichten *nt*, Superfinish *nt*
**superfluidità** [superfluidi'ta] <-> *f* Suprafluidität *f*, Superfluidität *f* **superfluido, -a** [super'flu:ido] *agg* suprafluissig, superflüssig
**superfluità** [superflui'ta] <-> *f* Überflüssigkeit *f*, Überflüssiges *nt*; **fare a meno delle ~** ohne Überflüssiges auskommen
**superfluo** [su'pɛrfluo] *m* Überfluss *m*
**superfluo, -a** *agg* überflüssig
**supergalassia** [superga'lassia] *f* (ASTR) Milchstraßensystem *nt*, System *nt* von Galaxien
**super-io** [supe'ri:o] <-> *m* Über-Ich *nt*
**superiora** [supe'rio:ra] *f* Oberin *f*; **madre ~** [Schwester] Oberin *f*
**superiore** [supe'rio:re] **I.** *comparativo di* **alto, -a II.** *agg* ❶ (*di posizione*, ANAT) obere(r, s), Ober- ❷ (*maggiore*) höher, größer; **~ alla media** überdurchschnittlich ❸ (*più alto*, BOT, ZOO) höher; **scuola media ~** höhere Schule ❹ (*migliore*) besser **III.** *m* ❶ (*capo*) Vorgesetzte(r) *m* ❷ (REL) Superior *m* **superiorità** [superiori'ta] <-> *f* Überlegenheit *f*
**superlativo** [superla'ti:vo] *m* (LING) Superlativ *m*
**superlativo, -a** *agg* ❶ (*gener*) höchste(r, s) ❷ (*fig*) großartig ❸ (LING) **grado ~** Superlativ *m*
**superlavoro** [superla'vo:ro] *m* übermäßige Arbeit
**superlega** [super'le:ga] *f* Superlegierung *f*, Höchstleistungslegierung *f*
**superleggero** [superled'dʒɛ:ro] *m* (SPORT) Superleichtgewicht *nt*
**superleggero, -a** *agg* superleicht, Superleichtgewichts-; **categoria -a** Superleichtgewicht *nt*
**supermarket** ['sju:pəma:kit] <-> *m* Supermarkt *m*
**supermassimo** [super'massimo] *m* (SPORT) Superschwergewicht *nt*
**supermassimo, -a** *agg* superschwer, Superschwergewichts-; **pesi -i** Superschwergewicht *nt*
**supermercato** [supermer'ka:to] *m* Supermarkt *m*
**superminimo** [super'minimo] *m* Zuschlag *m* zum Mindestlohn
**supermulta** [super'multa] *f* hohes Bußgeld
**supernazionale** [supernattsio'na:le] *agg* übernational, überstaatlich, supranational; **potere ~** überstaatliche Macht **supernazionalità** [supernattsionali'ta] *f* Überstaatlichkeit *f*, Supranationalität *f*
**supernova** [super'no:va] *f* (ASTR) Supernova *f*
**superordine** [super'ordine] *m* (ZOO) Unterklasse *f*
**superottista** [superot'tista] <-i *m*, -e *f*> *mf* (FILM) Super-8-Filmemacher(in) *m(f)*
**superperito** [superpe'ri:to] *m* Hauptgutachter(in) *m(f)* **superperizia** [superpe'rittsi] *f* Hauptgutachten *nt*
**superpiuma** [super'piu:ma] <inv> *agg* (SPORT) Superfedergewichts-; **pesi ~** Superfedergewicht *nt*
**superplasticità** [superplastitʃi'ta] <-> *f* Superplastizität *f*
**superpotenza** [superpo'tɛntsa] *f* Supermacht *f*
**superpotere** [superpo'te:re] *m* übermenschliche Kraft [*o* Fähigkeit]
**superprefetto** [superpre'fɛtto] *m* Superpräfekt *m*
**superprocura** [superpro'ku:ra] *f nationale Anti-Mafia-Behörde* **superprocuratore**

[superprokura'to:re] *m Leiter der nationalen Anti-Mafia-Behörde*
**superprofitto** [superpro'fitto] *m* Mehrgewinn *m*, Übergewinn *m*
**supersfida** [super'sfi:da] *f* Spitzenduell *nt*
**supersonico, -a** [super'sɔ:niko] <-ci, -che> *agg* Überschall-
**superstar** ['sju:pəsta:] I. <-> *mf* Superstar *m* II. <inv> *agg* Superstar-, Star-
**superstite** [su'pɛrstite] I. *agg* ❶ (*persona*) überlebend ❷ (*cosa*) übrig [geblieben], restlich II. *m, f* Überlebende(r) *f(m)*
**superstizione** [superstit'tsio:ne] *f* Aberglaube *m*
**superstiziosità** [superstittsiosi'ta] <-> *f* Abergläubigkeit *f*, Aberglaube *m* **superstizioso, -a** [superstit'tsio:so] I. *agg* abergläubisch II. *m, f* abergläubischer Mensch
**superstrada** [super'stra:da] *f* Schnellstraße *f*
**supertassa** [super'tassa] *f* Mehrgebühr *f*, Zusatzsteuer *f*
**superteste** [super'tɛste] *mf*, **supertestimone** [supertesti'mo:ne] *mf* Hauptzeuge *m/-*zeugin *f*
**superumano, -a** [superu'ma:no] *agg* übermenschlich
**superuomo** [supe'ruɔ:mo] <-uomini> *m* ❶ (*iron*) Supermann *m* ❷ (PHILOS) Übermensch *m*
**supervalutare** [supervalu'ta:re] *vt* zu hoch schätzen, überschätzen **supervalutazione** [supervalutat'tsio:ne] *f* Überschätzung *f*; ~ **dell'usato** zu hohe Schätzung von Gebrauchtwagen
**supervisionare** [supervisio'na:re] *vt* beaufsichtigen, die Oberaufsicht führen **supervisione** [supervi'zio:ne] *f* Oberaufsicht *f*; (FILM) [künstlerische] Leitung *f* **supervisore, -a** [supervi'zo:re] *m, f* künstlerische(r) Leiter(in) *m(f)*
**supino, -a** [su'pi:no] *agg* auf dem Rücken, rücklings
**suppellettile** [suppel'lɛttile] *f* ❶ (*arredamento*) Einrichtungsgegenstand *m*; **-i di casa** Hausrat *m* ❷ (*in archeologia*) Gegenstand *m*, Gerät *nt*
**suppergiù** [supper'dʒu] *avv* (*fam*) mehr oder weniger, ungefähr
**suppl.** *abbr di* **supplemento** Suppl. (*Ergänzungsband*)
**supplementare** [supplemen'ta:re] *agg* zusätzlich; (*numero, rivista*) Supplement-, Ergänzungs-; (MAT) Supplement-; **tempi -i** (SPORT) Verlängerung *f* **supplemento** [supple'mento] *m* ❶ (*a libro, vocabolario*) Supplement *nt*, Ergänzungs-

band *m*; (*giornale*) Beilage *f* ❷ (FERR) Zuschlag *m*; ~ **rapido** Schnellzugzuschlag *m*
**supplente** [sup'plɛnte] I. *agg* [stell]vertretend II. *mf* [Stell]vertreter(in) *m(f)* **supplenza** [sup'plɛntsa] *f* Vertretung *f*
**suppletivo, -a** [supple'ti:vo] *agg* zusätzlich, ergänzend; (LING) suppletiv
**supplì** [sup'pli] <-> *m* Reiskrokette *f*
**supplica** ['supplika] <-che> *f* ❶ (*invocazione*) Flehen *nt*, Bitten *nt* ❷ (ADM) Bittschrift *f* **supplicante** [suppli'kante] I. *agg* flehend II. *mf* Bittsteller(in) *m(f)* **supplicare** [suppli'ka:re] *vt* anflehen **supplichevole** [suppli'ke:vole] *agg* flehend, flehentlich
**supplire** [sup'pli:re] <supplisco> I. *vt* vertreten II. *vi* ~ [**con qc**] **a qc** etw [mit [*o* durch] etw] ausgleichen
**supplizio** [sup'plittsio] <-i> *m* ❶ (*fig*) Qual *f*, Tortur *f* ❷ (*pena*) Hinrichtung *f*
**supporre** [sup'porre] <irr> *vt* vermuten, annehmen
**supporto** [sup'pɔrto] *m* ❶ (*di strumento, dipinto*) Gestell *nt*, Träger *m*; (*per sostenersi*) Halter *m*; (TEC) Lager *nt* ❷ (*fig*) Stütze *f* ❸ (INFORM) Datenträger *m*
**supposi** *1. pers sing pass rem di* **supporre**
**supposizione** [suppozit'tsio:ne] *f* Annahme *f*, Vermutung *f*
**supposta** [sup'posta] *f* Zäpfchen *nt*, Suppositorium *nt*
**supposto** *pp di* **supporre**
**suppurare** [suppu'ra:re] *vi* eitern
**supremazia** [supremat'tsi:a] <-ie> *f* Ober-, Vorherrschaft *f*
**supremo, -a** [su'prɛ:mo] *agg superlativo di* **alto, -a** oberste(r, s), höchste(r, s); (*fig a*) größte(r, s)
**surfactante, surfattante** [surfat'tante, surfak'tante] (CHEM) I. *agg* oberflächenaktiv, spannungsaktiv II. *m* Tensid *nt*, oberflächenaktive Substanz
**surf boat, surfboat** ['sə:f bout] <-> *m* (NAUT) Brandungsboot *nt* **surfing** ['sə:fiŋ *o* 'sərfiŋ] <-> *m* Surfen *nt*, Surfing *nt*; **tavola da** ~ Surfbrett *nt*; **praticare il** ~ surfen **surfista** [sur'fista] <-i *m*, -e *f*> *mf* Surfer(in) *m(f)*
**surgelamento** [surdʒela'mento] *m* Tiefkühlung *f*, Tiefgefrieren *nt* **surgelare** [surdʒe'la:re] *vt* einfrieren, tiefkühlen
**surgelato** [surdʒe'la:to] *m* Tiefgefrorene(s) *nt*, Tiefkühlkost *f*; **banco dei -i** Tiefkühltheke *f*
**surgelato, -a** *agg* tiefgekühlt, tiefgefroren; **pesce** ~ tiefgefrorener Fisch **surgela-**

**zione** [surdʒelat'tsio:ne] *f* Tiefkühlung *f*, Tiefgefrieren *nt*
**surplus** [syr'ply] <-> *m* Überschuss *m*, Überangebot *nt*
**surreale** [surre'a:le] *agg* surreal **surrealismo** [surrea'lizmo] *m* Surrealismus *m* **surrealista** [surrea'lista] <-i *m*, -e *f*> *mf* Surrealist(in) *m(f)* **surrealistico, -a** [surrea'listiko] <-ci, -che> *agg* surrealistisch
**surrenale** [surre'na:le] *agg* Nebennieren-; **ghiandola** ~ Nebenniere *f*
**surriscaldare** [surriskal'da:re] I. *vt* überhitzen II. *vr* -**rsi** sich überhitzen
**surrogato** [surro'ga:to] *m* Ersatz *m*, Surrogat *nt*
**survival** [sə'vaivəl] <-> *m* Überlebenstraining *nt*, Survivaltraining *nt* **survivalismo** [survai'lizmo] *m* Überlebenstraining *nt* **survivalista** [survai'lista] <-i *m*, -e *f*> *mf* Teilnehmer(in) *m(f)* eines Überlebenstrainings **survivalistico, -a** [survai'listiko] <-ci, -che> *agg* survival-
**suscettibile** [suʃʃet'ti:bile] *agg* ❶ (*capace*) ~ **di** zugänglich für, fähig zu ❷ (*sensibile*) empfindlich, reizbar **suscettibilità** [suʃʃettibili'ta] <-> *f* Reizbarkeit *f*, Empfindlichkeit *f*
**suscitare** [suʃʃi'ta:re] *vt* auslösen, hervorrufen; ~ **la pietà** Mitleid hervorrufen
**sushi** ['su:ʃi] <-> *m* (GASTR) Sushi *nt*
**susina** [su'si:na *o* su'zi:na] *f* Pflaume *f*, Zwetsch[g]e *f* **susino** [su'si:no *o* su'zi:no] *m* Pflaumenbaum *m*
**suspense** [sə'spens] *m o f* Spannung *f*
**susseguire** [susse'gui:re] <irr> I. *vt* ~ **qu/qc** jdm/etw [nach]folgen, auf jdn/etw folgen II. *vr* -**rsi** aufeinanderfolgen
**sussidiario** [sussi'dia:rio] <-i> *m* Lehr- und Arbeitsbuch *nt* [für die Grundschule]
**sussidiario, -a** <-i, -ie> *agg* Hilfs-
**sussidio** [sus'si:dio] <-i> *m* ❶ (*in denaro*) Unterstützung *f*, [Bei]hilfe *f*; ~ **di disoccupazione** Arbeitslosenunterstützung *f*; **ufficio -i disoccupazione** ≈ Jobcenter *nt* ❷ (*aiuto*) Hilfsmittel *nt*
**sussiego** [sus'siɛ:go] <-ghi> *m* Würde *f*, Haltung *f*
**sussistei** [sussis'te:i] *1. pers sing pass rem di* **sussistere**
**sussistenza** [susis'tɛntsa] *f* [Lebens]unterhalt *m*, Auskommen *nt*
**sussistere** [sus'sistere] <sussisto, sussistei *o* sussistetti, sussistito> *vi essere* bestehen, vorliegen
**sussultare** [sussul'ta:re] *vi* ❶ (*persona*) auffahren, zusammenfahren ❷ (*cosa*) vi-

brieren, erbeben **sussulto** [sus'sulto] *m* Auffahren *nt*
**sussurrare** [sussur'ra:re] I. *vt* flüstern, zuflüstern; (*dicerie*) hinter vorgehaltener Hand sagen II. *vi* ~ **contro qu** über jdn munkeln **sussurrato, -a** [sussur'ra:to] *agg* geflüstert, geraunt; **parole -e** geflüsterte Worte *ntpl* **sussurro** [sus'surro] *m* Flüstern *nt*
**sutura** [su'tu:ra] *f* Naht *f*
**suvvia** [suv'vi:a] *int* (*fam*) komm, Kopf hoch
**svagare** [zva'ga:re] I. *vt* ablenken II. *vr* -**rsi** sich ablenken, sich zerstreuen **svago** ['zva:go] *m* Ablenkung *f*, Zerstreuung *f*
**svaligiare** [zvali'dʒa:re] *vt* ausrauben **svaligiatore, -trice** [zvalidʒa'to:re] *m*, *f* Räuber(in) *m(f)*, Dieb(in) *m(f)*
**svalutare** [zvalu'ta:re] I. *vt* abwerten, entwerten II. *vr* -**rsi** an Wert verlieren **svalutazione** [zvalutat'tsio:ne] *f* Ab-, Entwertung *f*
**svampito, -a** [zvam'pi:to] *agg* (*fam: futile*) flatterhaft; (*astratto*) geistesabwesend
**svanire** [zva'ni:re] <svanisco> *vi essere* verschwinden; (*progetto*) sich in Luft auflösen **svanito, -a** [zva'ni:to] *agg* ❶ (*scomparso*) verschwunden ❷ (*aroma, gradazione alcolica*) verflogen ❸ (*fig, pej*) verblödet; (*per vecchiaia*) verkalkt
**svantaggiato, -a** [zvantad'dʒa:to] *agg* benachteiligt; **essere ~ rispetto a qu** jdm gegenüber benachteiligt sein **svantaggio** [zvan'taddʒo] <-ggi> *m* ❶ (*condizione*) Nachteil *m*; **essere in ~ rispetto a qu** jdm gegenüber im Nachteil sein ❷ (SPORT) Rückstand *m* **svantaggioso, -a** [zvantad'dʒo:so] *agg* nachteilig, ungünstig
**svaporare** [zvapo'ra:re] *vi essere* verfliegen
**svariato, -a** [zva'ria:to] *agg* verschieden
**svarione** [zva'rio:ne] *m* (*fam*) [dicker] Fehler *m*, Bock *m*
**svasare** [zva'za:re] *vt* ❶ (BOT) umtopfen ❷ (*gonna*) ausstellen, nach unten weiter machen; **vestito svasato** Hängerkleid *nt*
**svastica** ['zvastika] <-che> *f* Hakenkreuz *nt*
**svecchiamento** [zvekkia'mento] *m* Modernisierung *f* **svecchiare** [zvek'kia:re] *vt* modernisieren; (*guardaroba*) aufpolieren
**svecciatore** [zvettʃa'to:re] *m* (AGR) Sortierzylinder *m*, Zylindertrieur *m*
**svedese** [zve'de:se] I. *agg* schwedisch II. *mf* Schwede *m*/Schwedin *f* III. *m* (*fiammifero*) Streichholz *nt*
**sveglia**¹ ['zveʎʎa] *f* ❶ (*lo svegliare*) We-

cken *nt* ❷ (*segnale*) Weckruf *m*, Wecksignal *nt;* ~ **telefonica** Telefonweckdienst *m* ❸ (*orologio*) Wecker *m*

**sveglia²** *int* (*fam*) aufstehen; ~**, che è tardi!** aufstehen, es ist schon spät!

**svegliare** [zveʎˈʎaːre] I. *vt* ❶ (*dal sonno*) wecken ❷ (*fig: animare*) aufmuntern, aufrütteln; (*suscitare*) [er]wecken, wachrufen II. *vr* -**rsi** ❶ (*dal sonno, a. fig*) aufwachen, wach werden ❷ (*fig: manifestarsi*) -**rsi a qu** in jdm erwachen **sveglio, -a** [ˈzveʎʎo] <-gli, -glie> *agg* ❶ (*non addormentato*) wach ❷ (*fig*) aufgeweckt

**svelare** [zveˈlaːre] *vt* enthüllen, offenlegen; (*segreto*) lüften

**svellere** [ˈzvɛllere] <svello *o* svelgo, svelsi, svelto> *vt* (*poet*) ❶ (*pianta*) ausreißen ❷ (*fig: vizio, ricordo etc*) ausmerzen

**sveltezza** [zvelˈtettsa] *f* ❶ (*rapidità*) Schnelligkeit *f,* Flinkheit *f* ❷ (*fig*) Aufgewecktheit *f* ❸ (*di linee, forma*) Straffheit *f,* Schlankheit *f*

**sveltina** [zvelˈtiːna] *f* (*vulg*) Quickie *m*

**sveltire** [zvelˈtiːre] <sveltisco> I. *vt* beschleunigen II. *vr* -**rsi** flotter werden

**svelto** [ˈzvɛlto] *avv* schnell, rasch

**svelto, -a** *agg* ❶ (*rapido*) schnell, flink ❷ (*fig*) aufgeweckt, rege ❸ (*forma, figura*) schlank, straff

**svenare** [zveˈnaːre] I. *vt* ~ **qu** jdm die Adern aufschneiden II. *vr* -**rsi** sich *dat* die Adern aufschneiden

**svendere** [ˈzvendere] *vt* ausverkaufen **svendita** [ˈzvendita] *f* Ausverkauf *m;* -**e di fine stagione** Schlussverkauf *m*

**svenevole** [zveˈneːvole] *agg* süßlich, affektiert

**svenimento** [zveniˈmento] *m* Ohnmacht *f* **svenire** [zveˈniːre] <irr> *vi essere* in Ohnmacht fallen

**sventagliare** [zventaʎˈʎaːre] I. *vt* wedeln [mit], schwingen II. *vr* -**rsi** sich *dat* [Luft] zufächeln

**sventare** [zvenˈtaːre] *vt* vereiteln

**sventata** *f v.* **sventato**

**sventatezza** [zventaˈtettsa] *f* ❶ (*distrazione*) Kopflosigkeit *f,* Zerstreutheit *f* ❷ (*imprudenza*) Leichtsinn *m* **sventato, -a** [zvenˈtaːto] I. *agg* kopflos, leichtsinnig II. *m, f* (*fam pej*) kopflose Person

**sventola** [ˈzvɛntola] *f* ❶ (*fam: schiaffone*) Ohrfeige *f* ❷ (*loc*) **orecchie a** ~ abstehende Ohren *ntpl*, Segelohren *ntpl scherz*

**sventolare** [zventoˈlaːre] I. *vt* schwingen, schwenken II. *vi* flattern, wehen III. *vr* -**rsi** sich *dat* Luft zufächeln **sventolio** [zventoˈliːo] <-ii> *m* Wehen *nt,* Flattern *nt*

**sventramento** [zventraˈmento] *m* ❶ (*di pollo*) Ausnehmen *nt* ❷ (*fig*) Abriss *m*, Niederreißen *nt* **sventrare** [zvenˈtraːre] *vt* ❶ (*pollo, pesce*) ausnehmen ❷ (*uccidere*) ~ **qu** jdm den Bauch aufschlitzen ❸ (*fig*) niederreißen, abreißen

**sventura** [zvenˈtuːra] *f* Unglück *nt;* **compagno di** ~ Leidensgefährte *m* **sventurato, -a** [zventuˈraːto] I. *agg* unglücklich II. *m, f* Unglückliche(r) *f(m)*

**svenuto** *pp di* **svenire**

**sverginare** [zverdʒiˈnaːre] *vt* entjungfern

**svergognare** [zvergoɲˈɲaːre] *vt* bloßstellen, blamieren **svergognato, -a** [zvergoɲˈɲaːto] I. *agg* schamlos II. *m, f* Schamlose(r) *f(m)*, schamlose Person

**svernare** [zverˈnaːre] *vi* überwintern

**svestire** [zvesˈtiːre] I. *vt* ausziehen II. *vr* -**rsi** sich ausziehen

**svettare** [zvetˈtaːre] *vi* empor-, aufragen

**Svevia** [ˈzvɛːvia] *f* Schwaben *nt* **svevo, -a** [ˈzvɛːvo] I. *agg* ❶ (HIST) [hohen]staufisch ❷ (*della Svevia*) schwäbisch II. *m, f* ❶ (HIST) [Hohen]staufer(in) *m(f)* ❷ (*della Svevia*) Schwabe *m*/Schwäbin *f*

**Svezia** [ˈzvɛttsia] *f* Schweden *nt*

**svezzamento** [zvettsaˈmento] *m* Entwöhnung *f* **svezzare** [zvetˈtsaːre] *vt* entwöhnen; (*bambino*) abstillen; -**rsi qc** sich *dat* etw abgewöhnen

**sviare** [zviˈaːre] I. *vt* ❶ (*fig: traviare*) verführen, ablenken ❷ (*colpo, tiro*) ablenken, ableiten; ~ **il discorso** dem Gespräch eine andere Richtung geben II. *vr* -**rsi** ❶ (*fig*) vom rechten Weg abkommen ❷ (*allontanarsi*) [vom Weg] abkommen

**svicolare** [zvikoˈlaːre] *vi essere o avere* um die Ecke biegen

**svignarsela** [zviɲˈɲarsela] *vi essere* (*fam*) abhauen, sich aus dem Staub machen

**svigorire** [zvigoˈriːre] <svigorisco> I. *vt* entkräften, schwächen II. *vr* -**rsi** die Kräfte verlieren, schwach werden

**svilimento** [zviliˈmento] *m* Erniedrigung *f,* Herabsetzung *f* **svilire** [zviˈliːre] <svilisco> *vt* (*fig*) erniedrigen, herabsetzen

**sviluppare** [zvilupˈpaːre] I. *vt* ❶ (*far crescere*) entwickeln, aufbauen ❷ (PHYS) erzeugen ❸ (FOTO) entwickeln ❹ (MAT) abwickeln ❺ (*fig: concetto*) entwickeln II. *vr* -**rsi** sich entwickeln **sviluppo** [zviˈluppo] *m* Entwicklung *f;* (MAT) Abwicklung *f;* **centro di** ~ Entwicklungszentrum *nt;* **fondi per lo** ~ Fördergelder *pl;* **paese in via di** ~ Entwicklungsland *nt;* ~ **sostenibile** nachhaltige Entwicklung

**svincolare** [zviŋkoˈlaːre] I. *vt* ❶ (*liberare*)

befreien, entfalten; (*programma, piano*) abwickeln; (*lavoro*) verrichten; ~ **un'attività/una professione** einer Tätigkeit/einem Beruf nachgehen II. *vr* **-rsi** ① (*accadere*) sich ereignen, sich zutragen ② (THEAT, LIT) spielen, sich abspielen **svolgimento** [zvoldʒi'mento] *m* ① (*di tema, tesi*) Ausarbeitung *f*, Behandlung *f*, Darstellung *f* ② (*fig*) Abwicklung *f*, Entfaltung *f*, Entwicklung *f*

**svolsi** *1. pers sing pass rem di* **svolgere**

**svolta** ['zvɔlta] *f* ① (*azione*) Abbiegen *nt*; **divieto di ~ a destra/sinistra** Rechts-/Linksabbiegen verboten ② (*curva*) Kurve *f* ③ (*fig*) Wende *f* **svoltare** [zvol'taːre] I. *vi* abbiegen II. *vt* auspacken

**svolto** *pp di* **svolgere**

**svuotamento** [zvuota'mento] *m* Entleerung *f* **svuotare** [zvuo'taːre] *vt* ① (*vuotare*) leeren, ausheben A ② (*fig: privare di*) ~ **qc di senso** [*o* **significato**] etw seines Sinnes entleeren

**swatch®** [swɔtʃ] <-> *m* Swatch® *f*

**switch** [switʃ] *m* (INFORM) Schalter *m*

**switchare** [switˈʃaːre] *vi* (ECON, INFORM) [hin und her] switchen; ~ **tra due fondi/due monitor** zwischen zwei Fonds/zwei Bildschirmen [hin und her] switchen

**synfuel** ['sinfjuəl] <-> *m* synthetischer Treibstoff, Synfuel *nt*

**syngas** ['singæs] <-> *m* Synthesegas *nt*

**synth** ['sinθ] <-> *m* (MUS) Synthi[e] *m*

**system administrator** ['sistim əd'ministreitə] <-> *mf* Systemadministrator(in) *m(f)* **system analyst** ['sistim 'ænilist] <-> *mf* (INFORM) Systemanalytiker(in) *m(f)* **system engineer** ['sistim endʒi'niə] <-> *mf* (INFORM) Systemingenieur(in) *m(f)*

---

befreien ② (COM) auslösen II. *vr* **-rsi** sich befreien, sich [los]lösen **svincolo** ['zviŋkolo] *m* ① (COM) Freigabe *f*, Auslösung *f* ② (MOT: *entrata*) [Autobahn]auffahrt *f*; (*uscita*) [Autobahn]ausfahrt *f*

**sviolinare** [zvioli'naːre] *vt* (*fam*) ~ **qu** jdm schöntun, sich bei jdm einschmeicheln **sviolinata** [zvioli'naːta] *f* (*fam*) Schmeichelei *f*, Lobhudelei *f*

**svisare** [zvi'zaːre] *vt* entstellen

**sviscerare** [zviʃʃe'raːre] I. *vt* eingehend behandeln II. *vr* **-rsi per qu** für jdn schwärmen **sviscerato, -a** [zviʃʃe'raːto] *agg* heftig, leidenschaftlich; (*lodi*) übertrieben

**svista** ['zvista] *f* Versehen *nt*

**svitacoperchi** [zvitako'pɛrki] <-> *m* Deckelöffner *m*

**svitare** [zvi'taːre] *vt* los-, abschrauben; (*vite*) lösen

**svitato, -a** [zvi'taːto] (*fam*) I. *agg* überdreht, verrückt II. *m, f* überdrehte Person *f*

**Svitto** ['zvitto] I. *m* (*cantone*) Schwyz *nt* II. *f* (*città*) Schwyz *nt*

**Svizzera** ['zvittsera] *f* [**la**] ~ die Schweiz **svizzero, -a** ['zvittsero] I. *agg* schweizerisch, Schweizer II. *m, f* Schweizer(in) *m(f)*

**svogliatezza** [zvoʎʎa'tettsa] *f* Lustlosigkeit *f* **svogliato, -a** [zvoʎ'ʎaːto] *agg* lustlos, träge

**svolazzare** [zvolat'tsaːre] *vi* ① (*uccelli*) herumflattern, herumfliegen; (*insetti*) herumschwirren ② (*fig*) umherschweifen ③ (*al vento*) flattern **svolazzo** [zvo'lattso] *m* (*a. fig*) Schnörkel *m*

**svolgere** ['zvɔldʒere] <irr> I. *vt* ① (*gomitolo*) abwickeln; (*pacco, regalo*) auswickeln, auspacken ② (*fig: idea, tema*) aus-

# Tt

**T, t** [ti] <-> *f* T, t *nt;* **ferro a T** T-Eisen *nt;* **t come Torino** T wie Theodor
**t** *abbr di* **tonnellata** t
**tab.** *abbr di* **tabella** Tab.
**tabaccaio, -a** [tabak'ka:io] <-ccai, -ccaie> *m, f* Tabakwarenverkäufer(in) *m(f)*, Trafikant(in) *m(f) A* **tabaccheria** [tabakke'ri:a] <-ie> *f* Tabakladen *m*, Tabaktrafik *f A*, Trafik *f A* **tabacchiera** [tabak'kiɛ:ra] *f* Schnupftabak[s]dose *f*
**tabacco**[1] [ta'bakko] <-cchi> *m* Tabak *m;* ~ **da fiuto** [*o* **da naso**] Schnupftabak *m*
**tabacco**[2] <inv> *agg* tabak[braun], tabakfarben
**tabagismo** [taba'dʒizmo] *m* Nikotinvergiftung *f* **tabagista** [taba'dʒizta] <-i *m*, -e *f*> *mf* an Nikotinvergiftung Erkrankte(r) *f(m)*
**tabe** ['ta:be] *f* Schwindsucht *f;* ~ **dorsale** Rückenmark[s]tuberkulose *f*
**tabella** [ta'bɛlla] *f* ● (*tavoletta*) [Merk]täfelchen *nt* ● (*prospetto*) Tabelle *f*, Aufstellung *f;* (*di fasi lavorative*) Dienstplan *m;* ~ **di marcia** [*o* **oraria**] Zeitplan *m;* ~ **dei prezzi** Preisliste *f*
**tabellone** [tabel'lo:ne] *m* Anschlagtafel *f;* (*prospetto*) Schautafel *f;* (*di orari, punteggi*) Zielbrett *nt*
**tabernacolo** [taber'na:kolo] *m* Tabernakel *nt o m*
**Tablet** ['tæblət] <- *o* -s> *m* (INFORM) Tablet *nt* **tablet PC** ['tæblət 'pitʃi:] <-s> *m* (INFORM) Tablet-Computer *m*
**tabloide** [ta'blɔ:ide] *m* Tablette *f*
**tabù** [ta'bu] I. <inv> *agg* tabu II. <-> *m* Tabu *nt;* **parola** ~ Tabuwort *nt*
**tabulato** [tabu'lato] *m* Ausdruck *m* **tabulatore** [tabula'to:re] *m* Tabulator *m*
**TAC** *f o m acro di* **Tomografia Assiale Computerizzata** CT *f* (*Computertomographie*)
**tacca** ['takka] <-cche> *f* ● (*incisione*) Kerbe *f* ● (*di lama*) Scharte *f* ● (*statura*) Statur *f*, Größe *f* ● (*fig: difetto*) Makel *m*, Fehler *m*
**taccagna** *f v.* **taccagno**
**taccagneria** [takkaɲɲe'ri:a] <-ie> *f* Knauserei *f* **taccagno, -a** [tak'kaɲɲo] I. *agg* geizig, knauserig *fam* II. *m, f* Geizhals *m fam*
**tacchettio** [takket'ti:o] <-ii> *m* (*di tacchi*) Geklapper *nt*

**tacchetto** [tak'ketto] *m* dünner Absatz; (SPORT) Stollen *m*
**tacchina** [tak'ki:na] *f* Truthenne *f*, Pute *f*
**tacchino, -a** [tak'ki:no] *m, f* Truthahn *m/* -henne *f*, Pute(r) *f(m)*, Indian *m A;* **petto di** ~ Putenbrust *f*
**taccia** ['tattʃa] <-cce> *f* ● (*cattiva fama*) schlechter Ruf, Verruf *m* ● (*accusa*) Anklage *f*, Beschuldigung *f*
**tacciare** [tat'tʃa:re] *vt* beschuldigen, bezichtigen; ~ **qu di tradimento** jdn des Verrats beschuldigen
**taccio** ['tattʃo] *1. pers sing pr di* **tacere**
**tacco** ['takko] <-cchi> *m* [Schuh]absatz *m;* ~ **alto/basso** hoher/flacher Absatz; **battere i -cchi** strammstehen
**taccuino** [takku'i:no] *m* (*per appunti*) Notizbuch *nt;* (*per abbozzi*) Skizzenbuch *nt*
**tacere** [ta'tʃe:re] <taccio, tacqui, taciuto> I. *vt* verschweigen, nicht sagen II. *vi* schweigen; ~ **di qc** über etw *acc* schweigen; ~ **su qc** zu etw schweigen; **mettere a** ~ **qc** etw vertuschen; **chi tace acconsente** (*prov*) wer schweigt, stimmt zu
**tachicardia** [takikar'di:a] <-ie> *f* Herzjagen *nt*, Tachykardie *f*
**tachimetro** [ta'ki:metro] *m* Tachometer *m o nt;* ~ **analogico** Analogtachometer *m o nt*
**tacitare** [tatʃi'ta:re] *vt* befriedigen, zufrieden stellen; (FIN) abfinden
**tacito, -a** ['ta:tʃito] *agg* ● (*silenzioso*) leise, still; (*persone*) schweigsam, schweigend ● (*sottinteso*) stillschweigend
**taciturno, -a** [tatʃi'turno] *agg* schweigsam, wortkarg
**taciuto** [ta'tʃu:to] *pp di* **tacere**
**tacqui** ['takkui] *1. pers sing pass rem di* **tacere**
**tafanario** [tafa'na:rio] <-i> *m* (*scherz*) Allerwerteste(r) *m*
**tafano** [ta'fa:no] *m* Bremse *f*
**tafferuglio** [taffe'ruʎʎo] <-gli> *m* Krawall *m*, Tumult *m*
**taffettà** [taffet'ta] <-> *m* Taft *m*
**taglia** ['taʎʎa] <-glie> *f* ● (*corporatura*) Gestalt *f* ● (*di abito*) Größe *f;* ~ **unica** Einheitsgröße *f* ● (*ricompensa*) Kopfgeld *nt;* (*riscatto*) Lösegeld *nt* ● (*tributo esoso*) Schutzgebühr *f*
**tagliabile** [taʎ'ʎa:bile] *agg* ● (*che può essere tagliato*) schneidbar ● (*sottoponi-*

*bile a taglia*) steuerpflichtig, abgabenpflichtig
**tagliabordi** [taʎʎa'bordi] <-> *m* Rasenrandstecher *m*
**tagliaborse** [taʎʎa'borse] <-> *mf* Taschendieb(in) *m(f)*
**tagliaboschi** [taʎʎa'bɔski] <-> *m* Holzfäller *m*, Holzhacker *m* A, *südd* **tagliacalli** [taʎʎa'kalli] <-> *m* Pediküremesser *nt*, Hornhautmesser *nt*
**tagliacarte** [taʎʎa'karte] <-> *m* Brieföffner *m* **tagliacedole** [taʎʎa'tʃɛːdole] <-> *m* Couponabschneider *m* **tagliacque** [taʎ'ʎakkue] <-> *m* Eisbrecher *m*
**tagliacuce** [taʎʎa'kutʃe] <-> *f* Säumer *m*
**tagliaferro** [taʎʎa'fɛrro] <-> *m* Stahlmeißel *m* **tagliafieno** [taʎʎa'fiɛːno] <-> *m* (AGR) Häckselmesser *nt*
**tagliafuoco** [taʎʎa'fuɔːko] I.<inv> *agg* Feuer-, Brand-; **porta** ~ Brandmauer *f* II.<-> *m* Feuerschutz *m*, Feuerschutzschneise *f* **tagliafuori** [taʎʎa'fuɔːri] <-> *m* (SPORT) Schneiden-zum-Korb *nt*
**taglialegna** [taʎʎa'leɲɲa] <-> *m* Holzhacker *m*, Holzfäller *m* **tagliamare** [taʎʎa'maːre] <-> *m* Vordersteven *m*, Bug *m*
**tagliando** [taʎ'ʎando] *m* Abschnitt *m*, Coupon *m*
**tagliapasta** [taʎʎa'pasta] <-> *m* Teigrädchen *nt*
**tagliapatate** [taʎʎapa'taːte] <-> *m* Pommes-frites-Schneider *m* **tagliapietre** [taʎʎa'piɛːtre] <-> *mf* Steinmetz(in) *m(f)* **tagliapoggio** [taʎʎa'pɔddʒo] <-> *m* (AGR) Häufelpflug *m*
**tagliare** [taʎ'ʎaːre] I. *vt* ❶ (*gener*) [ab]schneiden; (*legno*) hacken; (*albero*) fällen, schlägern A; (*stoffa*) zuschneiden, (*erba*) mähen ❷ (MED: *ascesso*) aufschneiden; (*braccio, gamba*) abnehmen, amputieren ❸ (*in parti*) auf-, zer-, durchschneiden; ~ **in due** halbieren; ~ **in quattro** vierteln ❹ (*vino*) verschneiden ❺ (*carte*) abheben ❻ (*film, scena*) kürzen ❼ (*spese*) kürzen ❽ (*strada*) abschneiden ❾ (*computer*) ausschneiden ❿ (*loc*) ~ **la corda** (*fig*) Reißaus nehmen, sich aus dem Staub machen *fam*; ~ **i ponti** (*fig*) alle Brücken [hinter sich *dat*] abbrechen; **la testa al toro** (*fig*) [nach langer Überlegung] einen Entschluss fassen; ~ **il traguardo** (SPORT) durchs Ziel gehen II. *vi* schneiden; **tagliar corto** es kurz machen
**tagliasfoglia** [taʎʎa'sfɔʎʎa] <-> *m* Teigrädchen *nt*

**tagliasigari** [taʎʎa'siːgari] <-> *m* Zigarrenabschneider *m* **tagliastracci** [taʎʎa'strattʃi] <-> *m* Hadernschneid[e]maschine *f* **tagliatartufi** [taʎʎatar'tuːfi] <-> *m* Trüffelhobel *m*
**tagliatelle** [taʎʎa'tɛlle] *fpl* Bandnudeln *fpl*
**tagliato, -a** [taʎ'ʎaːto] *agg* ❶ (*gener*) geschnitten; (*modello*) zugeschnitten ❷ (*fig*) **essere ~ per qc** für etw geeignet sein; **essere ~ per le lingue** sprachlich begabt sein **tagliatore, -trice** [taʎʎa'toːre] *m, f* Zuschneider(in) *m(f)*
**tagliatura** [taʎʎa'tuːra] *f* ❶ (*atto*) [Ab-, Ver-, Zu]schneiden *nt* ❷ (*punto*) Schnittstelle *f*
**tagliaunghie** [taʎʎa'ungie] <-> *m* Nagelknipser *m*
**tagliauova** [taʎʎa'uɔːva] <-> *m* Eierschneider *m* **tagliavento** [taʎʎa'vɛnto] <-> *m* ❶ (NAUT) Besansegel *nt* ❷ (MIL) Kappe *f*
**tagliazolle** [taʎʎa'dzɔlle] *o* taʎʎa'tsɔlle] <-> *m* Schollenbrecher *m*
**taglieggiare** [taʎʎed'dʒaːre] *vt* ~ **qu** jdm Kontributionen auferlegen
**tagliente** [taʎ'ʎɛnte] I. *agg* ❶ (*affilato*) scharf ❷ (*fig: mordace*) bissig, beißend; (*lingua*) spitz; (*critica*) scharf II. *m* Schneide *f*
**tagliere** [taʎ'ʎɛːre] *m* Hackbrett *nt*
**taglierina** [taʎʎe'riːna] *f* Schneidemaschine *f*
**taglierini** [taʎʎe'riːni] *mpl* Suppennudeln *fpl*
**taglio** ['taʎʎo] <-gli> *m* ❶ (*gener*) Schnitt *m*; (*di alberi*) Fällen *nt*; (*di legna*) Hacken *nt*; (*di stoffa*) Zuschnitt *m*; ~ **cesareo** Kaiserschnitt *m*; **arma a doppio ~** (*fig*) zweischneidiges Schwert; **colpire la palla di ~** den Ball [an]schneiden; **diamoci un ~!** (*fig*) lasst uns ein Ende damit machen!, Schluss damit! ❷ (*della lama*) Schneide *f* ❸ (MED) Amputation *f* ❹ (*di vini*) Verschnitt *m* ❺ (*fig: di spese, film, scena*) Kürzung *f* **tagliola** [taʎ'ʎɔːla] *f* Fangeisen *nt* **tagliolini** [taʎʎo'liːni] *mpl* v. **taglierini tagliuzzare** [taʎʎut'tsaːre] *vt* zerschneiden, zerschnippeln *fam*
**tailleur** [ta'jœːr] <-> *m* Kostüm *nt*; ~ **pantalone** Hosenanzug *m*
**take-away** ['teikəwei] <-> *m* ❶ (*negozio*) Take-away *nt* ❷ (*servizio*) **la pizzeria ha il ~** in der Pizzeria gibt es auch Pizzas zum Mitnehmen
**tal** [tal] *v.* **tale**
**talaltro, -a** [ta'laltro] *pron indef* ein anderer/eine andere/ein anderes

**talamo** ['ta:lamo] *m* ❶ (*poet: camera*) Brautgemach *nt geh;* (*letto*) Hochzeitsbett *nt;* **condurre al ~** (*poet*) zum Traualtar führen; **macchiare il ~** (*poet*) Ehebruch begehen ❷ (BOT) Blütenboden *m* ❸ (ANAT) Thalamus *m*

**talare** [ta'la:re] I. *agg* **veste ~** Talar *m* II. *f* Talar *m*

**talari** [ta'la:ri] *mpl* Flügelschuhe *mpl*

**talché** [tal'ke] *cong* (*poet*) so [*o* dermaßen] …, dass

**talco** ['talko] <-chi> *m* Talkum *nt;* **~ borato** Talkumpuder *m*

**tale** ['ta:le] <*davanti a consonante spesso* tal> I. *agg* ❶ (*di questa specie*) solch, ein(e) derartige(r, s) ❷ (*così grande*) so groß ❸ (*questo*) diese(r, s); **la tal persona** diese Person; **a tal punto** an diesem Punkt; **in tal caso** in diesem Fall ❹ (*indefinito*) gewisse(r, s); **un ~ signore** ein gewisser Herr II. *pron dim* ❶ (*persona già menzionata*) derjenige/diejenige/dasjenige; **quel ~** der Betreffende, jener ❷ (*indefinito*) einer/eine, jemand; **un ~ vuol parlarti** jemand möchte dich sprechen ❸ *pl* einige, manche ❹ **~ [e] quale** genauso wie

**talea** [ta'lɛ:a] *f* Steckling *m*

**talento** [ta'lɛnto] *m* Begabung *f*, Talent *nt;* **un giovane di ~** ein begabter Junge; **avere del ~** Talent haben

**talismano** [taliz'ma:no] *m* Talisman *m*

**talkman** ['tɔlkmæn] <-> *mf* (TV, RADIO) Talkmaster *m*, Moderator(in) *m(f)* einer Talkshow

**talk show** ['tɔlk ʃou] <-> *m* (TV) Talkshow *f*

**tallero** ['tallero] *m* Taler *m*

**tallonare** [tallo'na:re] *vt* **~ qu** jdm auf den Fersen sein; **~ il pallone** den Ball mit der Ferse zurückstoßen

**talloncino** [tallon'tʃi:no] *m* Abschnitt *m*, Quittung[sschein *m*] *f*

**tallone** [tal'lo:ne] *m* Ferse *f;* **~ d'Achille** Achillesferse *f*

**talmente** [tal'mente] *avv* so, dermaßen

**talora** [ta'lo:ra] *avv* manchmal, bisweilen

**talpa** ['talpa] *f* ❶ (ZOO) Maulwurf *m* ❷ (*fig*) Schwachkopf *m*

**taluno, -a** [ta'lu:no] <*pl*> I. *agg* einige, manche II. *pron indef* manche(r, s), eine(r, s); **~ …, talaltro …** einer …, ein anderer …

**talvolta** [tal'vɔlta] *avv* manchmal, bisweilen

**tamarindo** [tama'rindo] *m* ❶ (BOT) Tamarinde *f* ❷ (*bibita*) Tamarindengetränk *nt*

**tamburato** [tambu'ra:to] *m* Furnier *nt*

**tamburato, -a** *agg* furniert

**tambureggiamento** [tamburedd͡ʒa'mento] *m* ❶ (MUS, SPORT) Trommeln *nt* ❷ (MIL) Trommelfeuer *nt* **tambureggiare** [tamburedd͡ʒa:re] *vi* ❶ (MUS) trommeln ❷ (MIL: *artiglieria*) [ein] Trommelfeuer veranstalten

**tamburellare** [tamburel'la:re] *vi* das Tamburin schlagen; **~ con le dita** mit den Fingern trommeln **tamburello** [tambu'rɛllo] *m* ❶ (MUS) Tamburin *nt* ❷ (*gioco*) Trommelballspiel *nt* **tamburino** [tambu'ri:no] *m* ❶ (MUS) Trommler *m* ❷ (*sl: sui giornali*) Veranstaltungskalender *m*, Veranstaltungsübersicht *f* **tamburo** [tam'bu:ro] *m* ❶ (*strumento*) Trommel *f* ❷ (*sonatore*) Trommler *m* ❸ (ARCH) Tambour *m* ❹ (AUTO) **~ del freno** Bremstrommel *f*

**Tamigi** [ta'mi:d͡ʒi] *m* Themse *f*

**tamponamento** [tampona'mento] *m* ❶ (*di veicoli*) Auffahrunfall *m;* **~ a catena** Massenkarambolage *f* ❷ (MED: *di ferita*) Tamponade *f* **tamponare** [tampo'na:re] *vt* ❶ (MOT) auffahren auf +*acc* ❷ (MED) tamponieren **tamponatore** [tampona'to:re] *m* Verursacher(in) *m(f)* eines Auffahrunfalls

**tampone** [tam'po:ne] *m* ❶ (*per timbri*) Stempelkissen *nt* ❷ (*di carta assorbente*) Löscher *m*, Löschrolle *f* ❸ (MED) Tampon *m*

**tam-tam**, **tamtam** [tam'tam] <-> *m* Tamtam *nt*

**tana** ['ta:na] *f* ❶ (*di animali*) Höhle *f*, Bau *m* ❷ (*fig: nascondiglio*) Schlupfwinkel *m* ❸ (*fig, pej: stamberga*) Loch *nt*

**tandem** ['tandem] <-> *m* Tandem *nt;* **lavorare in ~** (*fig*) im Gespann zusammenarbeiten

**tanfo** ['tanfo] *m* Modergeruch *m*

**tangente** [tan'd͡ʒɛnte] I. *agg* tangierend; (MAT) tangential, Tangens- II. *f* ❶ (MAT) Tangente *f* ❷ (*quota*) Anteil *m* ❸ (*fig, pej*) Schmiergeld *nt* **tangentocrazia** [tand͡ʒentokra'tsi:a] *f* Schmiergeldrepublik *f* **tangentopoli** [tand͡ʒen'tɔ:poli] <-> *f* Schmiergeldzahlungen *fpl;* **lo scandalo di ~** der Schmiergeldskandal

**tangenza** [tan'd͡ʒɛntsa] *f* ❶ (MAT) Tangentialpunkt *m* ❷ (AERO) Scheitelpunkt *m* **tangenziale** [tand͡ʒen'tsia:le] I. *agg* tangential-, Tangens- II. *f* (*strada*) Umgehungsstraße *f*

**tanghero** ['taŋgero] *m* Tölpel *m*, Rüpel *m*

**tangibile** [tan'd͡ʒi:bile] *agg* fühlbar; (*fig*) greifbar

**tango** ['taŋgo] <-ghi> *m* Tango *m*

**tanica** ['ta:nika] <-che> *f* Kanister *m*

**tannico** ['tanniko] <-ci, -che> *agg* tanninhaltig; **acido ~** Gerbsäure *f*
**tannino** [tan'ni:no] *m* Gerbsäure *f*, Tannin *nt*
**tantino** [tan'ti:no] *avv* **un ~** ein bisschen, etwas
**tanto** ['tanto] *avv* ① (*molto*) sehr; (*con verbo*) viel; **ti ringrazio ~** ich danke dir vielmals ② (*assai*) so [sehr]; **~ e poi ~** sehr viel; **né ~ né quanto** nicht im Geringsten, ganz und gar nicht ③ (*così*) so [viel]; **fu ~ sciocco da crederlo** er war so dumm es zu glauben ④ (*altrettanto*) so viel; **~ ... quanto ...** so viel ... wie ... ⑤ (*temporale*) **da ~** seit langem; **di ~ in ~** von Zeit zu Zeit; **ogni ~** ab und zu; **una volta ~** [für] das eine Mal ⑥ (*loc*) **~ meno** umso weniger; **~ meglio** umso besser; **~ per cambiare** zur Abwechslung; **~ per far qc** nur um etw zu tun; **~ è lo stesso** es kommt auf dasselbe heraus; **~ vale che tu rimanga** es ist besser, wenn du bleibst
**tanto, -a** I. *agg* ① (*così molto*) so viel, so sehr; (*fig*) so groß, so weit; **~ ... che ... +indicativo, ~ ... da ... +inf** [so] viel ..., dass ...; (*in senso astratto*) so [groß] ..., dass ... ② (*in numero così grande*) so viel; **-e volte** so oft ③ (*molto*) viel; **-i saluti** viele Grüße; **-e grazie** vielen Dank ④ (*in funzione correlativa*) [genau]so viel, [genau]so sehr; **~ ... quanto ...** genauso viel ... wie, so ... wie ... ⑤ (*loc*) **con ~ d'occhi** (*fig*) mit [so] großen Augen II. *pron indef* ① (*così molto*) so viel; **quel ~ che basta** so viel, dass es reicht ② (*molto*) viel ③ *pl* (*molte persone*) viele
**tape monitor** ['teip 'mɔnitə] <-> *m* Kontrollaufnahmetaste *f*
**tap-in** ['tæpin] <-> *m* (SPORT) Korbleger *m*
**tapino, -a** [ta'pi:no] I. *agg* elend, armselig II. *m, f* Arme(r) *f(m)*, Elende(r) *f(m)*
**tapiro** [ta'pi:ro] *m* Tapir *m*
**tapis roulant** [ta'pi ru'lã] <-> *m* Laufband *nt*
**tappa** ['tappa] *f* ① (*sosta*) Rast *f*, Station *f* ② (*percorso*) Etappe *f*, Station *f*; (SPORT) Etappe *f*; **a -e** etappenweise; **bruciare le -e** (*fig*) sich gewaltig ins Zeug legen
**tappabuchi** [tappa'bu:ki] <-> *m* Lückenbüßer *m*
**tappare** [tap'pa:re] *vt* zu-, verstopfen; (*bottiglie*) verkorken; (*finestre*) abdichten; **~ la bocca a qu** (*fig*) jdm den Mund stopfen *fam*; **~ un buco** (*fig*) ein Loch stopfen *fam*; **-rsi il naso** sich *dat* die Nase zuhalten; **-rsi le orecchie** (*fig*) die Ohren verschließen

**tapparella** [tappa'rɛlla] *f* Rollladen *m* **tapparellista** [tapparel'lista] <-i *m*, -e *f*> *mf* Rollladenhersteller(in) *m(f)*
**tappetino** [tappe'ti:no] *m* (INFORM) Mousepad *nt*
**tappeto** [tap'pe:to] *m* ① (*per pavimenti*) Teppich *m*; **~ erboso** Rasen[teppich] *m*; **~ persiano** Perser[teppich] *m*; **a ~** (*fig*) flächendeckend ② (*per tavoli*) [Tisch]decke *f*; **~ verde** Spieltisch *m* ③ (SPORT) Matte *f*; (*per pugilato*) Bretter *ntpl*
**tappezzare** [tappet'tsa:re] *vt* ① (*pareti*) tapezieren; (*con tappeti*) verkleiden; (*con legno*) täfeln ② (*mobili*) beziehen **tappezzeria** [tappettse'ri:a] <-ie> *f* ① (*per pareti*) Tapeten *fpl* ② (*in legno*) Täfelung *f* ③ (*di mobili, auto*) Polsterung *f* ④ (*tecnica*) Tapezierkunst *f* **tappezziere, -a** [tappet'tsiɛ:re] *m, f* Polsterer *m*/Polsterin *f*
**tappo** ['tappo] *m* ① (*turacciolo*) Pfropfen *m*, Stöpsel *m*; (*di sughero*) Korken *m*; **~ a corona** Kronkorken *m*; **~ a vite** Schraubverschluss *m* ② (*scherz: persona piccola*) Stöpsel *m* *fam* ③ (*capsula*) **~ dosatore** Dosierkapsel *f*
**TAR** [tar] *m acro di* **Tribunale Amministrativo Regionale** italienisches regionales Verwaltungsgericht; **fare ricorso al ~** das regionale Verwaltungsgericht anrufen
**tara** ['ta:ra] *f* ① (*peso*) Tara *f*, Verpackungsgewicht *nt* ② (*malattia*) Gebrechen *nt* ③ (*difetto*) Fehler *m*; **~ ereditaria** erbliche Belastung
**tarantella** [taran'tɛlla] *f* Tarantella *f*
**Tarantino** <*sing*> *m* Umgebung *f* von Tarent
**tarantino, -a** [taran'ti:no] I. *agg* tarentinisch II. *m, f* (*abitante*) Tarentiner(in) *m(f)*, Tarenter(in) *m(f)*
**Taranto** [ta'ranto] *f* Tarent *nt* (*Stadt in Apulien*)
**tarantola** [ta'rantola] *f* Tarantel *f*
**tarare** [ta'ra:re] *vt* ① (*detrarre la tara*) die Tara abziehen von ② (*strumento*) eichen
**tarato, -a** [ta'ra:to] *agg* ① (*per malattia*) gebrechlich ② (*moralmente*) gebrochen ③ (*strumento*) geeicht
**taratura** [tara'tu:ra] *f* Eichung *f*
**tarchiato, -a** [tar'kia:to] *agg* untersetzt
**tardare** [tar'da:re] I. *vi* ① (*arrivare in ritardo*) sich verspäten ② (*indugiare*) **~ a rispondere** mit der Antwort zögern; **~ a venire** mit Verspätung kommen ③ (*nel pagamento*) säumig sein II. *vt* verzögern
**tardi** ['tardi] *avv* ① (*a ora avanzata*) spät; **più ~** später; **a più ~!** bis später!; **sul ~**

gegen Abend; **ieri sera ho fatto ~** gestern Abend ist es spät geworden ❷(*in ritardo*) verspätet, zu spät; **far ~** sich verspäten; **chi ~ arriva male alloggia** (*prov*) wer nicht kommt zur rechten Zeit, der muss nehmen, was übrig bleibt **tardigrado, -a** [tar'di:grado] I. *agg* träge II. *m, f* Faulpelz *m* **tardivo, -a** [tar'di:vo] *agg* ❶(*pianta*) Spät-, spätreif ❷(*scusa, rimedio*) verspätet, zu spät ❸(*fig: persona*) [geistig] zurückgeblieben **tardo, -a** ['tardo] *agg* ❶(*nel tempo*) spät ❷(*lento*) langsam; (*pej*) träge **tardona** [tar'do:na] *f* (*scherz*) Möchtegern-Teenager *m fam*

**targa** ['targa] <-ghe> *f* Schild *nt*, Plakette *f*; (MOT) Nummernschild *nt* **targare** [tar'ga:re] *vt* mit einem Nummernschild versehen, ein Nummernschild anbringen an +*dat*; **la vettura targata AT 405 FR** das Fahrzeug mit dem Kennzeichen AT 405 FR

**target** ['ta:git *o* 'target] <-> *m* (COM) Zielgruppe *f*

**targhetta** [tar'getta] *f* Typenschild *nt*

**tariffa** [ta'riffa] *f* Tarif *m*; **~ ordinaria** Normalpreis *m*; **~ ridotta** Billigtarif *f*; **~ telefonica** Telefongebühr *f*

**tariffario** [tarif'fa:rio] <-i> *m* Gebührenverzeichnis *nt*, Preisliste *f*

**tariffario, -a** <-i, -ie> *agg* Tarif-, tariflich

**tarlare** [tar'la:re] I. *vt* (*legno*) wurmstichig machen; (*tessuti*) zerfressen II. *vi* -**rsi** (*legno*) wurmstichig werden; (*tessuti*) von Motten zerfressen werden **tarlatura** [tarla'tu:ra] *f* ❶(*del legno*) Wurmfraß *m*; (*dei tessuti*) Mottenfraß *m* ❷(*polvere di legno*) Holz-, Wurmmehl *nt* **tarlo** ['tarlo] *m* ❶(ZOO) Holzwurm *m* ❷(*fig*) Nagen *nt*, Stich *m*

**tarma** ['tarma] *f* Motte *f* **tarmare** [tar'ma:re] I. *vt* zerfressen II. *vr* -**rsi** von Motten zerfressen werden

**taroccare** [tarok'ka:re] *vi* ❶(*fam*) zanken ❷(*sl: falsificare*) fälschen

**tarpare** [tar'pa:re] *vt* ❶(*ali*) stutzen ❷(*fig*) beschneiden

**tarsia** [tar'si:a] <-ie> *f* Intarsien-, Einlegearbeit *f*

**tartagliamento** [tartaʎʎa'mento] *m* Stottern *nt*

**tartagliare** [tartaʎ'ʎa:re] I. *vt* stammeln II. *vi* stottern **tartaglione, -a** [tartaʎ'ʎo:ne] *m, f* Stotterer *m*/Stotterin *f*

**tartara** *f v.* **tartaro**

**tartarico** [tar'ta:riko] <-ci, -che> *agg* Weinstein-; **acido ~** Wein|stein|säure *f*

**tartaro** ['tartaro] *m* Kalkstein *m*; (*delle botti*) Weinstein *m*; (*dei denti*) Zahnstein *m*

**tartaro, -a** I. *agg* tatarisch; **salsa -a** Sauce Tartare *f* II. *m, f* Tatar(in) *m(f)*

**tartaruga** [tarta'ru:ga] <-ghe> *f* ❶(ZOO) Schildkröte *f*; **camminare come una ~** im Schneckentempo gehen ❷(*materiale*) Schildpatt *nt*

**tartassare** [tartas'sa:re] *vt* schikanieren, piesacken *fam*; (*strumento*) malträtieren; (*all'esame*) schikanieren

**tartina** [tar'ti:na] *f* Butterbrot *nt*, belegte Schnitte

**tartufo** [tar'tu:fo] *m* Trüffel *f*

**tasca** ['taska] <-sche> *f* ❶(*nei vestiti*) Tasche *f*; **conoscere qc come le proprie -sche** etw wie seine Westentasche kennen; **fare i conti in ~ a qu** in jds Tasche wirtschaften; **starsene con le mani in ~** (*fig*) die Hände in den Schoß legen; **ne ho piene le -sche** (*fam*) ich habe die Nase voll [davon]; **non me ne viene nulla in ~** für mich fällt davon nichts ab ❷(ANAT) Beutel *m*, Sack *m* **tascabile** [task'ka:bile] I. *agg* Taschen-; **computer ~** Taschencomputer *m* II. *m* Taschenbuch *nt* **tascapane** [taska'pa:ne] <-> *m* Wandertasche *f*; (MIL) Brotbeutel *m* **taschino** [task'ki:no] *m* [Westen]tasche *f*

**tassa** ['tassa] *f* Abgabe *f*; (*tariffa*) Gebühr *f*; (*imposta*) Steuer *f*; **~ di circolazione** Kraftfahrzeugsteuer *f*; **~ sul consumo** Verbrauchssteuer *f*; **~ di soggiorno** Kurtaxe *f*; **-e scolastiche** Schulgeld *nt*; **esente da -e** steuer-, gebührenfrei; **soggetto a -e** steuer-, gebührenpflichtig **tassabile** [tas'sa:bile] *agg* steuerpflichtig, steuerbar

**tassametro** [tas'sa:metro] *m* Taxameter *m o nt*, Fahrpreisanzeiger *m*; **~ di parcheggio** Parkuhr *f*

**tassare** [tas'sa:re] *vt* ❶(*redditi*) besteuern ❷(*lettere*) mit einer Nachgebühr belegen

**tassativo, -a** [tassa'ti:vo] *agg* bindend, endgültig

**tassazione** [tassat'tsio:ne] *f* Besteuerung *f*

**tassellatrice** [tassella'tri:tʃe] *f* Dübelbohrmaschine *f*

**tassello** [tas'sɛllo] *m* ❶(*blocchetto*) Einsatzstück *nt* ❷(*fig*) Mosaikstein *m*

**tassì** [tas'si] <-> *m* Taxi *nt*; **~ aereo** Lufttaxi *nt* **tassista** [tas'sista] <-i *m*, -e *f*> *mf* Taxifahrer(in) *m(f)*

**tasso** ['tasso] *m* ❶(COM, FIN) Satz *m*, Rate *f*; **~ di mortalità/natalità** Sterblichkeits-/Geburtenrate *f*; **~ d'interesse/di sconto**

Zins-/Diskontsatz *m;* ~ **d'inflazione** Inflationsrate *f;* **-i di conversione** Umrechnungskurse *mpl* ❷ (ZOO) Dachs *m* ❸ (BOT) Eibe *f,* Taxus *m*

**tastare** [tas'ta:re] *vt* [ab-, be]tasten, [be]fühlen; ~ **il polso** den Puls fühlen; (*fig*) auf den Zahn fühlen; ~ **il terreno** (*fig*) die Lage peilen

**tastavino** [tasta'vi:no] <-> *m* Probierschale *f* für Wein

**tastiera** [tas'tiɛ:ra] *f* ❶ (TEC, INFORM) Tastatur *f;* **telefono a** ~ Tastentelefon *nt* ❷ (MUS: *di pianoforte*) Tastatur *f;* (*di chitarra*) Griffbrett *nt* **tastierino** *m* ~ **numerico** (*computer*) Ziffernblock *m* **tastierino numerico** *m* (*parte della tastiera di un computer*) Ziffernblock *m*

**tasto** ['tasto] *m* ❶ (*il tastare*) Tasten *nt* ❷ (TEC) Taste *f* ❸ (MUS: *di pianoforte*) Taste *f;* (*di chitarra*) Griffbrett *nt* ❹ (*prelievo*) Probeentnahme *f* **tastoni** [tas'to:ni] *avv* tastend, tappend; **procedere a** ~ (*fig*) im Dunkeln tappen

**tattica** ['tattika] <-che> *f* Taktik *f* **tattico, -a** ['tattiko] <-ci, -che> *agg* taktisch

**tattile** [tat'ti:le] *agg* Tast-; **schermo** ~ Touchscreen *m,* berührungsempfindlicher Bildschirm

**tatto** ['tatto] *m* ❶ (*senso*) Tastsinn *m* ❷ (*fig*) Takt *m,* Fingerspitzengefühl *nt;* **mancanza di** ~ Taktlosigkeit *f*

**tatuaggio** [tatu'addʒo] <-ggi> *m* Tätowierung *f* **tatuare** [tatu'a:re] *vt* tätowieren

**taumaturgo, -a** [tauma'turgo] <-ghi *o* -gi, -ghe> *m, f* Wundertäter(in) *m(f)*

**Tauno** ['ta:uno] *m* Taunus *m*

**Tauri** ['ta:uri] *mpl* Tauern *pl*

**taurino, -a** [tau'ri:no] *agg* Stier-; **forza -a** Bärenkraft *f* **tauromachia** [tauroma'ki:a] <-chie> *f* Stierkampf *m*

**tautologia** [tautolo'dʒi:a] <-gie> *f* Tautologie *f*

**TAV** [tea'vu:] *abbr di* **treno ad alta velocità** Hochgeschwindigkeitszug *m*

**taverna** [ta'vɛrna] *f* Taverne *f,* Schenke *f* **taverniere, -a** [taver'niɛ:re] *m, f* ❶ (*oste*) [Schank]wirt(in) *m(f)* ❷ (*frequentatore*) Zecher(in) *m(f),* Zechbruder *m fam*

**tavola** ['ta:vola] *f* ❶ (*mobile*) Tisch *m;* ~ **allungabile** Ausziehtisch *m;* ~ **calda** Imbissstube *f;* ~ **fredda** kalte Küche; **mettere a** ~ auftischen; **mettere le carte in** ~ (*fig*) die Karten auf den Tisch legen; **portare in** ~ auftragen; **il pranzo è in** ~ das Mittagessen steht auf dem Tisch ❷ (*asse*) Brett *nt;* (*lastra*) Tafel *f;* (*piastra*) Platte *f;* ~ **da surf** [*o* **a vela**] Surfbrett *nt* ❸ (*pittura*) Bild *nt,* Gemälde *nt;* (*illustrazione*) [Bild]tafel *f* ❹ (*tabella*) Tabelle *f,* Übersicht *f;* ~ **numerica** Zahlentabelle *f* **tavolaccio** [tavo'lattʃo] <-cci> *m* Pritsche *f* **tavolata** [tavo'la:ta] *f* Tafelrunde *f,* Tischgesellschaft *f* **tavolato** [tavo'la:to] *m* ❶ (*assito*) Holzboden *m;* (*parete*) Bretterwand *f* ❷ (GEOG) Tafelberg *m,* Hochebene *f* **tavoletta** [tavo'letta] *f* ❶ (*gener*) Täfelchen *nt;* (*assicella*) Brettchen *nt;* **una** ~ **di cioccolata** eine Tafel Schokolade ❷ (*dipinto*) Bildchen *nt* ❸ (*fam*) **andare a** ~ das Gaspedal durchtreten **tavoliere** [tavo'liɛ:re] *m* (*da gioco*) Spieltisch *m;* (*del biliardo*) Billardtisch *m* **tavolino** [tavo'li:no] *m* Tischchen *nt;* **lavoro di** ~ (*fig*) Schreibtischarbeit *f;* **a** ~ (*fig*) am grünen Tisch, vom grünen Tisch aus **tavolo** ['ta:volo] *m* Tisch *m;* ~ **da disegno** Reißbrett *nt;* ~ **da stiro** Bügelbrett *nt;* ~ **delle trattative** Verhandlungstisch *m;* ~ **portacomputer** Computertisch *m*

**tavolozza** [tavo'lɔttsa] *f* Palette *f*

**taxi** ['taksi] <-> *m* Taxi *nt*

**tazza** ['tattsa] *f* Tasse *f,* Schale *f* A, *südd,* Häferl *nt* A *fam;* **una** ~ **da caffè** eine Kaffeetasse; **una ~ di caffè** eine Tasse Kaffee

**tbc, TBC** *m abbr di* **tubercolosi** (MED) Tbc

**TCI** *m abbr di* **Touring Club Italiano** italienischer Touring-Club

**te** [te] *pron pers 2. pers sing* ❶ (*oggetto*) dich; (*con preposizione*) dich/dir/deiner ❷ (*soggetto in forme comparative ed esclamative*) du ❸ (*complemento di termine davanti a lo, la, li, le, ne*) dir; (*complemento oggetto davanti a lo, la, li, le, ne*) dich

**te'** [tɛ] *int* (*dial*) da, nimm

**tè** [tɛ] <-> *m* Tee *m;* **bustina di** ~ Teebeutel *m;* **biscotti da** ~ Teegebäck *nt*

**tea** ['tɛ:a] *agg* **rosa** ~ Teerose *f*

**team** [ti:m] <-> *m* Team *nt* **team leader** [ti:m 'li:də] <-> *mf* Teamchef(in) *m(f)*

**team manager** [ti:m 'mænidʒə] <-> *mf* (SPORT) Mannschaftsführer(in) *m(f)* **team teaching** [ti:m 'ti:tʃɪŋ] <-> *m* Teamteaching *nt*

**teatino, -a** [tea'ti:no] **I.** *agg* ❶ (*di Chieti*) chietisch, chietinisch ❷ (*dell'ordine dei monaci*) Theatiner-; **padre** ~ Theatinermönch *m* **II.** *m, f* (*abitante*) Chietiner(in) *m(f)*

**teatrale** [tea'tra:le] *agg* ❶ (*di, da teatro*) Theater- ❷ (*fig*) theatralisch **teatralità** [teatrali'ta] <-> *f* Theatralik *f* **teatralizzare** [teatralid'dza:re] *vt* theatralisieren

**teatro** [te'a:tro] *m* Theater *nt;* (*fig*) Schauplatz *m;* ~ **all'aperto** Freilufttheater *nt;* ~ **di posa** Filmstudio *nt;* ~ **di prosa** Schauspielhaus *nt;* ~ **lirico** Opernhaus *nt*
**teatro-tenda** [te'a:tro 'tɛnda] *m* Zelttheater *nt*
**teca** ['tɛ:ka] <-che> *f* Reliquiar *nt*
**tecnica** ['tɛknika] <-che> *f* Technik *f;* ~ **delle comunicazioni** Kommunikationstechnik *f* **tecnicistico, -a** [tekni'tʃistiko] <-ci, -che> *agg* technizistisch
**tecnico** ['tɛkniko] <-ci> *m* Techniker(in) *m(f);* ~ **del suono** Tontechniker *m*
**tecnico, -a** <-ci, -che> *agg* technisch; **linguaggio** ~ Fachsprache *f;* **termine** ~ Fachausdruck *m;* [**assistente**] **tecnico sanitario** medizinisch-technischer Assistent
**tecnocrate** [tek'nɔ:krate] *mf* Technokrat(in) *m(f),* Techniker(in) *m(f)* **tecnocratico, -a** [tekno'kra:tiko] <-ci, -che> *agg* technokratisch **tecnocrazia** [teknokra'tsi:a] <-ie> *f* Technokratie *f*
**tecnofibra** [tekno'fi:bra] *f* Synthetikfaser *f*
**tecnohouse** [teknɔ'haus] *f* (MUS) Techno *nt*
**tecnologia** [teknolo'dʒi:a] <-gie> *f* Technologie *f;* **alta** ~ High Tech *nt;* **-gie dolci** sanfte Technologien **tecnologico, -a** [tekno'lɔ:dʒiko] *agg* technologisch **tecnologizzare** [teknolodʒid'dza:re] *vt* technologisieren
**teco** ['te:ko] *pron* (*poet*) mit dir
**tedescheggiare** [tedesked'dʒa:re] *vi* deutschtümeln
**tedeschizzare** [tedeskid'dza:re] *vt* eindeutschen
**tedesco** [te'desko] <*sing*> *m* Deutsch(e) *nt;* **come si dice in ~?** was heißt das auf Deutsch?; **parla ~?** sprechen Sie Deutsch?
**tedesco, -a** <-schi, -sche> **I.** *agg* deutsch; **la Repubblica Federale Tedesca** die Bundesrepublik Deutschland **II.** *m, f* Deutsche(r) *f(m);* **è ~** er ist Deutscher
**tediare** [te'dia:re] *vt* (*annoiare*) langweilen; (*seccare*) belästigen **tedio** ['tɛ:dio] <-i> *m* ① (*noia*) Langeweile *f* ② (*fastidio*) Lästigkeit *f* **tedioso, -a** [te'dio:so] *agg* ① (*noioso*) langweilig ② (*fastidioso*) lästig
**teenager** [ti:n'eidʒə] <-> *mf* Teenager *m*
**tegame** [te'ga:me] *m* [Brat]pfanne *f*
**teglia** ['tɛʎʎa] <-glie> *f* Auflaufform *f*
**tegola** ['tɛ:gola] *f* [Dach]ziegel *m;* ~ **in testa** (*fig*) Schlag *m* ins Gesicht
**tegumento** [tegu'mento] *m* Hülle *f*
**teiera** [te'iɛ:ra] *f* Teekanne *f*
**teina** [te'i:na] *f* Thein *nt*

**teismo** [te'izmo] *m* Theismus *m*
**tela** ['te:la] *f* ① (*tessuto*) Leinwand *f;* ~ **di canapa** Hanfleinen *nt;* ~ **di cotone** Baumwolleinen *nt,* Kattun *m;* ~ **di lino** Leinen *nt;* ~ **di ragno** Spinnengewebe *nt* ② (*dipinto*) [Leinwand]gemälde *nt* ③ (*fig: trama*) Intrige *f;* **ordire una** ~ Ränke schmieden *geh,* Intrigen spinnen
**telaio** [te'la:io] <-ai> *m* ① (*per tessitura*) Webstuhl *m* ② (*fig*) Gerüst *nt,* Gestell *nt;* (*di finestra*) Rahmen *m;* (*di auto*) Fahrgestell *nt*
**telaista** [tela'ista] <-i *m,* -e *f*> *mf* (MOT) Arbeiter(in) *m(f)* bei der Herstellung von Fahrgestellen **telaistico, -a** [tela'istiko] <-ci, -che> *agg* Fahrgestell-
**tele** ['tɛ:le] <-> **I.** *f* (*fam*) Fernsehen *nt* **II.** *m* Tele[objektiv] *nt*
**teleabbonato, -a** [teleabbo'na:to] *m, f* Fernsehteilnehmer(in) *m(f)* **teleallarme** [teleal'larme] *m* Fernalarm *m* **telearma** [tele'arma] *f* Fernlenkwaffe *f*
**teleasta** [tele'asta] *f* (TV) Teleshopping *nt*
**teleaudioconferenza** [teleaudiokonfe'rɛntsa] *f* Audiokonferenz *f,* Videokonferenz *f*
**teleaudiovisivo** [teleaudiovi'zi:vo] *m* Teleaudiovision *f*
**teleaudiovisivo, -a** *agg* teleaudiovisuell
**telebanking** [tele'bɛnking] <-> *m* (TEL) Telebanking *nt*
**teleborsa** [tele'borsa] *f* Telebörse *f*
**telecamera** [tele'ka:mera] *f* Fernsehkamera *f* **telecinecamera** [teletʃine'ka:mera] *f* Telefilmkamera *f*
**Telecom** [telekom] *f* Telekom *f;* ~ **Italia** *italienische Telefongesellschaft*
**telecomandare** [telekoman'da:re] *vt* fernsteuern **telecomando** [teleko'mando] *m* Fernsteuerung *f,* Fernbedienung *f*
**telecomporre** [telekom'porre] <irr> *vt* (TYP) fernsetzen
**telecomunicare** [telekomuni'ka:re] *vt* telekommunizieren
**telecomunicazione** [telekomunikat'tsio:ne] *f* Fernmeldetechnik *f,* Fernmeldewesen *nt*
**teleconferenza** [telekonfe'rɛntsa] *f* Telekonferenz *f*
**telecontrollare** [telekontrol'la:re] *vt* fernsteuern, fernbetätigen **telecontrollo** [telekon'trɔllo] *m* Fernsteuerung *f,* Fernlenkung *f,* Fernbedienung *f*
**telecopia** [tele'kɔ:pia] *f* Telekopie *f,* Fernkopie *f* **telecopiare** [teleko'pia:re] *vt* telekopieren, fernkopieren **telecopiatrice** [telekopia'tri:tʃe] *f* Telefaxgerät *nt,*

Fernkopierer *m* **telecopiatura** [teleko-pia'tu:ra] *f* Telefaxsystem *nt*, Telekopieren *nt*
**telecrazia** [telekra'tsi:a] *f* (TV) Telekratie *f*
**telecronaca** [tele'krɔ:naka] *f* Fernsehreportage *f*, Fernsehbericht *m* **telecronista** [telekro'nista] *mf* Fernsehreporter(in) *m(f)*
**telediffusione** [telediffu'zio:ne] *f* Fernsehübertragung *f*
**teledistribuzione** [teledistribut'tsio:ne] *f* Kabelrundfunk *m*, Kabelfernsehen *nt*
**teleelaborazione** [teleelaborat'tsio:ne] *f* Datenfernübertragung *f*, Datenfernverarbeitung *f*
**telefax** ['te:lefaks] <-> *m* Telefax *nt*
**teleferica** [tele'fɛ:rika] <-che> *f* Schwebebahn *f*
**telefilm** [tele'film] *m* Fernsehfilm *m*
**telefonare** [telefo'na:re] I. *vt* [telefonisch] durchgeben II. *vi* ~ **a qu** mit jdm telefonieren, jdn anrufen **telefonata** [telefo'na:ta] *f* [Telefon]anruf *m*, Telefongespräch *nt*; ~ **interurbana** Ferngespräch *nt*; ~ **urbana** Ortsgespräch *nt*; ~ **in teleselezione** Selbstwählferngespräch *nt*; **fare una ~ a qu** jdn anrufen **telefonia** [telefo'ni:a] *f* Telefonieren *nt*; ~ **fissa** Telefonieren im Festnetz; ~ **via Internet** Telefonieren übers Internet; ~ **mobile** Mobilfunk *m* **telefonico, -a** [tele'fɔ:niko] <-ci, -che> *agg* telefonisch, Telefon-; **scheda -a** Telefonkarte *f*, Chipkarte *f*; **cabina -a** Telefonzelle *f*; **elenco** ~ Telefonbuch *nt* **telefonino** [telefo'ni:no] *m* Handy *nt*, Natel *nt* CH **telefonista** [telefo'nista] <-i *m*, -e *f*> *mf* Telefonist(in) *m(f)*; (*operaio*) Fernmeldetechniker(in) *m(f)* **telefono** [te'lɛ:fono] *m* Telefon *nt*, Fernsprecher *m*; ~ **amico** Telefonseelsorge *f*; ~ **azzurro** Sorgentelefon *nt* [des Kinderschutzbundes]; ~ **cellulare** Mobiltelefon; ~ **senza filo** schnurloses Telefon; ~ **fisso** Festnetztelefon; ~ **a tastiera** Tastentelefon; ~ **a scheda magnetica** Kartentelefon; **bolletta del ~** Telefonrechnung *f*; **dare un colpo di ~ a qu** (*fam*) jdn kurz anrufen; **chiamare dal ~ fisso** vom [o aus dem] Festnetz anrufen
**telefoto** [tele'fɔ:to] *f* ❶ (*sistema*) Bildfunk *m* ❷ (*fotografia*) Funkbild *nt*
**telegenico, -a** [tele'dʒɛ:niko] <-ci, -che> *agg* telegen
**telegiornale** [teledʒor'na:le] *m* Tagesschau *f*, Fernsehnachrichten *fpl*
**telegrafare** [telegra'fa:re] *vt*, *vi* telegrafieren **telegrafia** [telegra'fi:a] *f* Telegrafie *f* **telegrafico, -a** [tele'gra:fiko] <-ci, -che> *agg* telegrafisch; **stile ~** Telegrammstil *m* **telegrafo** [te'lɛ:grafo] *m* ❶ (*apparecchio*) Telegraf *m*; ~ **morse** Morsegerät *nt* ❷ (*ufficio*) Telegrafenamt *nt*
**telegramma** [tele'gramma] <-i> *m* Telegramm *nt*
**teleguida** [tele'gui:da] *f* Fernsteuerung *f*, Fernlenkung *f* **teleguidare** [telegui'da:re] *vt* fernsteuern, fernlenken
**teleinformatica** [teleinfor'ma:tika] *f* Teleinformatik *f*
**telelavorare** [telelavo'ra:re] *vi* (INFORM) Telearbeit ausüben **telelavoratore, -trice** [telelavora'to:re] *m*, *f* (INFORM) Telearbeiter(in) *m(f)* **telelavoro** [telela'vo:ro] *m* (INFORM) Telearbeit *f*, Bildschirmarbeit *f*
**telelibera** [tele'li:bera] *f* privater Fernsehsender
**telematica** [tele'ma:tika] <-che> *f* Telematik *f* **telematico, -a** [tele'ma:tiko] <-ci, -che> *agg* telematisch; **giornale ~** (INFORM) elektronische Zeitung **telematizzazione** [telematiddzat'tsio:ne] *f* Umstellen *nt* auf telematischen Betrieb
**telemedicina** [telemedi'tʃi:na] *f* Telemedizin *f*, Fernmedizin *f*
**telemessaggio** [telemes'saddʒo] <-ggi> *m* Fernsehansprache *f*
**telemetro** [te'lɛ:metro] *m* Entfernungsmesser *m*
**telenews** [tɛli'nju:z] *fpl* Fernsehnachrichten *fpl*
**telenovela** [teleno'vɛla] *f* Seifenoper *f*, Telenovela *f*
**teleobiettivo** [teleobiet'ti:vo] *m* Teleobjektiv *nt*
**teleoperativo, -a** [teleopera'ti:vo] *agg* teleoperativ
**teleordering** [tele'lɔrdering] <-> *m* (INFORM) Online-Handel *m*
**telepass**® [tele'pas] *m* elektronisches Zahlungssystem, bei dem Autobahngebühren direkt vom Konto abgebucht werden
**telepatia** [telepa'ti:a] <-ie> *f* Telepathie *f* **telepatico, -a** [tele'pa:tiko] <-ci, -che> *agg* telepathisch
**telepilotaggio** [telepilo'taddʒo] *m* Flugzeugfernsteuerung *f*
**telepilotare** [telepilo'ta:re] *vt* fernsteuern, fernlenken
**teleprocessing** [tɛli'prousesiŋ] <-> *m* Datenfernverarbeitung *f* **teleprogramma** [telepro'gramma] *m* Fernsehprogramm *nt* **telepromozione** [telepro-

telequiz → tempesta

mot'tsjo:ne] *f* (PUBL) Telefonmarketing *nt*, -werbung *f*
**telequiz** [tele'kuits] *m* Fernsehquiz *nt*
**teleradiotrasmettere** [teleradiotraz'mettere] <irr> *vt* [gleichzeitig] durch Funk und Fernsehen übertragen
**teleregolare** [teleregoʹlaːre] *vt* fernbedienen, fernsteuern
**teleria** [teleʹriːa] <-ie> *f* ❶ (*assortimento*) Weißwaren *fpl*, Leinenwaren *fpl* ❷ *pl* (*negozio*) Weißwarengeschäft *nt*
**teleripetitore** [teleripetiʹtoːre] *m* Fernverstärker *m*
**teleriscaldamento** [teleriskaldaʹmento] *m* Fernheizung *f*
**teleromanzo** [teleroʹmandzo] *m* Romanverfilmung *f* **teleschermo** [telesʹkermo *o* telesʹkɛrmo] *m* Bildschirm *m*
**telescopico, -a** [telesʹkɔːpiko] <-ci, -che> *agg* teleskopisch, Teleskop- **telescopio** [telesʹkɔːpjo] <-i> *m* Fernrohr *nt*, Teleskop *nt*
**telescrivente** [teleskriʹvɛnte] I. *agg* fernschriftlich II. *f* Fernschreiber *m*
**teleselezione** [teleseleʹtsjoːne] *f* Selbstwählferndienst *m*, Durchwählverbindung *f*
**telespettatore, -trice** [telespettaʹtoːre] *m, f* Fernsehzuschauer(in) *m(f)*, Fernsehzuseher(in) *m(f) A*
**teletex** [teleʹtɛks] <-> *m* Fernschreiben *nt*, Telex *nt*
**teletext** [teleʹtɛkst] <-> *m* Videotext *m*, Bildschirmzeitung *f*
**teletrasmettere** [teletrazʹmettere] <irr> *vt* im Fernsehen übertragen **teletrasmissione** [teletrazmisʹsjoːne] *f* Fernsehübertragung *f* **teletrasmittente** [teletrazmitʹtɛnte] *f* Fernsehsender *m*
**teleutente** [teleuʹtɛnte] *mf* Fernsehteilnehmer(in) *m(f)*
**televendita** [teleʹvendita] *f* Fernsehverkauf *m* **televenditore, -trice** [televendiʹtoːre] *m, f* Verkäufer, der/Verkäuferin, die über das Fernsehen verkauft
**televideo** [teleʹviːdeo] <-> *m* Videotext *m*, Bildschirmzeitung *f*
**televisione** [televiʹzjoːne] *f* ❶ (*sistema*) Fernsehen *nt*; ~ **via cavo** Kabelfernsehen; **alla ~** im Fernsehen; **guardare la ~** fernsehen ❷ (*fam: televisore*) Fernsehen *m*, Fernsehen *nt fam*; **~ a colori** Farbfernsehen
**televisivo, -a** [televiʹziːvo] *agg* Fernseh-
**televisore** [televiʹzoːre] *m* Fernsehgerät *nt*, Fernseher *m fam*; **~ al plasma** Plasmafernseher *m*
**telex** [ʹtɛːleks] <-> *m* Telex *nt*, Fernschreiben *nt*

**telferaggio** [telfeʹraddʒo] <-ggi> *m* Seilschwebebahn *f*
**tellurico, -a** [telʹluːriko] <-ci, -che> *agg* tellurisch
**telo** [ʹtɛːlo] *m* [Stoff]bahn *f*; **~ da tenda** Zeltbahn *f*
**telone** [teʹloːne] *m* ❶ (*copertone*) Plane *f*; **~ di salvataggio** Sprungtuch *nt* ❷ (*schermo*) Leinwand *f* ❸ (*sipario*) Vorhang *m*
**tema** [ʹtɛːma] <-i> *m* ❶ (*argomento*) Thema *nt*; **andare fuori ~** das Thema verfehlen ❷ (*componimento scolastico*) Aufsatz *m* ❸ (LING) Stamm *m* **tematica** [teʹmaːtika] <-che> *f* Thematik *f* **tematico, -a** [teʹmaːtiko] <-ci, -che> *agg* ❶ (LING) Stamm- ❷ (MUS) thematisch
**temeraria** *f v.* **temerario**
**temerarietà** [temerarjeʹta] <-> *f* Tollkühnheit *f*, Verwegenheit *f* **temerario, -a** [temeʹrarjo] <-i, -ie> I. *agg* tollkühn II. *m, f* Verwegene(r) *f(m)*
**temere** [teʹmeːre] I. *vt* ❶ (*avere timore*) fürchten, Angst haben vor +*dat*; (*fig a*) befürchten ❷ (*fig: freddo*) scheuen, nicht vertragen können II. *vi* ❶ (*essere preoccupato*) **~ per qu/qc** sich um jdn/etw sorgen; **non ~!** keine Angst! ❷ (*nutrire dubbi*) **~ di qu/qc** an jdm/etw zweifeln
**temerità** [temeriʹta] <-> *f* Tollkühnheit *f*
**temibile** [teʹmiːbile] *agg* zu fürchten
**tempario** [temʹparjo] *m* Arbeitszeitliste *m*
**temperalapis, temperamatite** [temperaʹlaːpis, temperamaʹtiːte] <-> *m* Bleistiftspitzer *m*
**temperamento** [temperaʹmento] *m* (*indole*) Temperament *nt*
**temperante** [tempeʹrante] *agg* mäßig, enthaltsam **temperanza** [tempeʹrantsa] *f* Mäßigkeit *f*, Enthaltsamkeit *f*
**temperare** [tempeʹraːre] *vt* ❶ (*mitigare*) mäßigen, mildern; (*passione*) zügeln ❷ (*metallo*) härten; (*matita*) spitzen **temperato, -a** [tempeʹraːto] *agg* gemäßigt, maßvoll
**temperatura** [temperaʹtuːra] *f* Temperatur *f*; **~ in aumento** steigende Temperatur; **~ in diminuzione** fallende Temperatur; **~ di ebollizione** Siedepunkt *m*; **sbalzo di ~** Temperaturschwankung *f*
**temperie** [temʹpɛːrje] *f* ❶ (METEO) Witterung *f* ❷ (*fig*) Atmosphäre *f*
**temperino** [tempeʹriːno] *m* ❶ (*per matite*) Spitzer *m* ❷ (*coltello*) Taschenmesser *nt*
**tempesta** [temʹpɛsta] *f* Unwetter *nt*, Sturm *m*; **c'è aria di ~** (*fig*) hier ist dicke Luft *fam*

**tempestare** [tempes'ta:re] **I.** *vt* bearbeiten, traktieren **II.** *vi* (*impersonale*) stürmen **tempestato, -a** [tempes'ta:to] *agg* übersät, dicht besetzt

**tempestina** [tempes'ti:na] *f* (GASTR) *kleine Suppennudeln*

**tempestività** [tempestivi'ta] <-> *f* Rechtzeitigkeit *f* **tempestivo, -a** [tempes'ti:vo] *agg* prompt

**tempestoso, -a** [tempes'to:so] *agg* (*a. fig*) stürmisch; (*cielo*) sturmbewegt; (*vita*) bewegt

**tempia** ['tɛmpia] <-ie> *f* Schläfe *f*

**tempio** ['tɛmpio] <-i *o* templi> *m* Tempel *m*

**tempismo** [tem'pizmo] *m* Timing *nt*

**templi** ['tɛmpli] *pl di* **tempio**

**tempo** ['tɛmpo] *m* ❶ (*gener*) Zeit *f*; ~ **legale** Sommerzeit *f*; ~ **libero** Freizeit *f*; ~ **reale** Echtzeit *f*; **ammazzare il** ~ die Zeit totschlagen; **dar** ~ **al** ~ sich *dat* Zeit lassen; **fare il buono e il cattivo** ~ (*fig*) den Ton angeben; **ai miei -i** zu meiner Zeit; **a** ~ **pieno** Vollzeit-; **in** ~ rechtzeitig; **in un primo** ~ anfangs; **per** ~ zeitig, früh; **un** ~ früher, einst; ~ **fa** vor einiger Zeit; **con i -i che corrono** heutzutage; **quanto** ~? wie lange?; **il** ~ **è denaro** [*o* **moneta**] (*prov*) Zeit ist Geld; **chi ha** ~ **non aspetti** ~ (*prov*) was du heute kannst besorgen, das verschiebe nicht auf morgen ❷ (METEO) Wetter *nt*; **previsioni del** ~ Wettervorhersage *f*; ~ **da cani** [*o* **da lupi**] Hundewetter *nt fam* ❸ (*epoca*) Zeit *f*; **al** ~ [*o* **ai -i**] **di Carlo Magno** zur Zeit Karls des Großen ❹ (LING) Tempus *nt*, Zeit[form] *f* ❺ (MUS) Tempo *nt*; **andare a** ~ im Takt bleiben; **andare fuori** ~ aus dem Takt kommen; **a** ~ **di valzer** im Walzertakt ❻ (*di motore*) Takt *m* ❼ (SPORT) Halbzeit *f*, Spielhälfte *f*; **-i supplementari** (SPORT) Spielverlängerung *f* ❽ (*di spettacolo*) Teil *m*

**temporale** [tempo'ra:le] **I.** *agg* ❶ (*gener*) zeitlich; (REL, POL) weltlich; **il potere** ~ der Kirchenstaat ❷ (LING) Temporal- ❸ (ANAT) Schläfen- **II.** *m* (METEO) Gewitter *nt* **temporalesco, -a** [tempora'lesko] <-schi, -sche> *agg* Gewitter-, gewittrig

**temporalistico, -a** [tempora'listiko] <-ci, -che> *agg* das weltliche Machtbestreben der katholischen Kirche betreffend

**temporaneo, -a** [tempo'ra:neo] *agg* vorübergehend, zeitweilig

**temporeggiare** [tempored'dʒa:re] *vi* zögern, abwarten **temporizzatore** [temporiddza'to:re] *m* Zeitgeber *m*

**tempra** ['tɛmpra] *f* ❶ (*gener*, TEC) Härten *nt*, Härtung *f*; (*durezza*) Härte *f*; (*di lama*) Schärfe *f* ❷ (*fig*) Schlag *m*, Art *f*

**temprare** [tem'pra:re] *vt* ❶ (TEC) härten; **acciaio temprato** Edelstahl *m* ❷ (*fig*) abhärten, stählen *geh*

**tenace** [te'na:tʃe] *agg* ❶ (*sodo*) zäh; (*duro*) fest ❷ (*fig*) hartnäckig, zäh **tenacia** [te'na:tʃa] <-cie> *f* Zähigkeit *f* **tenacità** [tenatʃi'ta] <-> *f* ❶ (*solidità*) Festigkeit *f*; (*di lana*) Reißfestigkeit *f* ❷ (*fig*) Zähigkeit *f*

**tenaglia** [te'naʎʎa] *f* ❶ (TEC) Zange *f*; **un paio di -e** eine Zange ❷ (*fam* ZOO) Scheren *fpl*

**tenda** ['tɛnda] *f* ❶ (*telo*) Vorhang *m*; (*di negozio*) Markise *f* ❷ (*da campeggio*) Zelt *nt* ❸ ~ **a ossigeno** Sauerstoffzelt *nt*

**tendenza** [ten'dɛntsa] *f* Neigung *f*, Tendenz *f* **tendenziale** [tenden'tsia:le] *agg* tendenziell **tendenziosità** [tendentsiosi'ta] <-> *f* Parteilichkeit *f* **tendenzioso, -a** [tenden'tsio:so] *agg* tendenziös

**tendere** ['tɛndere] <tendo, tesi, teso> **I.** *vt* ❶ (*tirare*) spannen; (*distendere*) aufspannen; (*muscoli*) anspannen; (*reti*) auslegen; ~ **un tranello** (*fig*) eine Falle stellen ❷ (*mano*) reichen, hinstrecken; (*braccio*) [aus]strecken; ~ **l'orecchio** die Ohren spitzen **II.** *vi* ❶ (*aspirare*) ~ **a qc** nach etw streben ❷ (*fig*) ~ **a qc** zu etw neigen; (*colori*) in etw *acc* übergehen, in Richtung ... gehen

**tendina** [ten'di:na] *f* (*per finestre*) Gardine *f*, Vorhang *m*

**tendine** ['tɛndine] *m* Sehne *f* **tendinite** [tendi'ni:te] *f* Sehnenentzündung *f*

**tendiscarpe** [tendis'karpe] <-> *m* Schuhspanner *m*

**tenditore** [tendi'to:re] *m* Spannvorrichtung *f*

**tendone** [ten'do:ne] *m* Plane *f*; (*di circo*) Zirkuszelt *nt*

**tendopoli** [ten'dɔ:poli] <-> *f* Zeltstadt *f*

**tenebre** ['tɛ:nebre] *fpl* Finsternis *f*; (*fig a*) Nacht *f*, Dunkel *nt*; **vivere nelle** ~ **del Medioevo** (*fig*) im tiefsten Mittelalter leben **tenebroso, -a** [tene'bro:so] *agg* finster, dunkel

**tenente** [te'nɛnte] *m* Oberleutnant *m*

**tenere** [te'ne:re] <tengo, tenni, tenuto> **I.** *vt* ❶ (*avere in mano*) halten; (*non lasciar fuggire*) behalten ❷ (*mantenere*) einhalten; ~ **la finestra aperta** das Fenster offen lassen; ~ **il posto per qu** für jdn den Platz freihalten; ~ **la lingua a freno** die Zunge im Zaume halten;

~ **al fresco** (*cibi*) kühl aufbewahren; (*fig fam: in galera*) hinter schwedischen Gardinen halten; **-rsi amico qu** jds Freundschaft bewahren; ~ **qc da conto etw** aufbewahren ❸(*contenere*) enthalten, ❹(*discorso*) halten; (*conferenza*) [ab]halten ❺(*fig: contegno*) haben, an sich *dat* haben ❻(*fig: occupare*) einnehmen; (*dominare*) beherrschen ❼(*loc*) ~ **conto di qc** etw berücksichtigen; ~ **compagnia** Gesellschaft leisten; ~ **duro** (*fam*) hart bleiben; ~ **d'occhio qu** jdn im Auge behalten; ~ **la destra/sinistra** sich rechts/links halten; **l'auto tiene bene la strada** das Auto hat eine gute Straßenlage II. *vi* halten; ~ **a qc** auf etw *acc* Wert legen; ~ **per un partito** zu einer Partei halten; **tengo a ... +***inf* es liegt mir daran zu ... +*inf* III. *vr* **-rsi** ❶(*reggersi, considerarsi*) sich halten; **-rsi in piedi** sich auf den Beinen halten ❷(*trattenersi*) sich enthalten; **-rsi dal ridere** sich *dat* das Lachen verbeißen

**tenerezza** [tene'rettsa] *f* ❶(*l'essere tenero*) Zartheit *f*, Weichheit *f* ❷(*fig*) Zärtlichkeit *f*

**tenero** ['tɛːnero] *m* ❶(*parte tenera*) Zarte(s) *nt*, Weiche(s) *nt* ❷(*fig*) zärtliches Gefühl, Zuneigung *f*

**tenero, -a** *agg* zart, weich; (*fig*) zärtlich; (*età*) zart

**tengo** ['tɛŋgo] *1. pers sing pr di* **tenere**

**tenia** ['tɛːnia] <-ie> *f* Bandwurm *m*

**tenni** ['tɛnni] *1. pers sing pass rem di* **tenere**

**tennis** ['tɛnnis] <-> *m* Tennis *nt*; ~ **da tavolo** Tischtennis *nt* **tennista** [ten'nista] <-i *m*, -e *f*> *mf* Tennisspieler(in) *m(f)*

**tennistico, -a** [ten'nistiko] <-ci, -che> *agg* Tennis-

**tenor** ['tɛnor] <-> *m* (MUS) Tenor *m*

**tenore** [te'noːre] I. *agg* Tenor-; **sax** ~ Tenorsaxophon *nt* II. *m* ❶(MUS) Tenor *m* ❷(*quantità*) Gehalt *m* ❸(*modo*) Haltung *f*; (*espressione*) Ausdrucksweise *f*; (*tono*) Tenor *m*; (*contenuto*) Wortlaut *m*; ~ **di vita** Lebensstandard *m*

**tenoron** ['tɛːnoron] <-> *m* (MUS) Tenorfagott *m*

**tensione** [ten'sioːne] *f* ❶(EL) Spannung *f*; **alta/bassa** ~ Hoch-/Niederspannung *f* ❷(*fig*) Erregung *f*, [An]spannung *f*

**tentabile** [ten'taːbile] *agg* zu versuchen; (*fig*) den Versuch wert; **tentare il** ~ nichts unversucht lassen

**tentacolo** [ten'taːkolo] *m* ❶(ZOO) Fühler *m*; (*di polipo*) Fangarm *m* ❷ *pl* (*fig*) Fänge *mpl*

**tentare** [ten'taːre] *vt* ❶(*provare*) versuchen; (*sperimentare*) [aus]probieren ❷(*fig: indurre*) in Versuchung führen; (*mettere alla prova*) auf die Probe stellen

**tentativo** [tenta'tiːvo] *m* Versuch *m* **tentatore, -trice** [tenta'toːre] I. *agg* verführerisch II. *m, f* Verführer(in) *m(f)* **tentazione** [tentat'tsioːne] *f* Versuchung *f*; **indurre in** ~ in Versuchung führen

**tentenna** [ten'tenna] <-> *mf* (*scherz*) Zauderer *m*/Zauderin *f*

**tentennamento** [tentenna'mento] *m* (*a. fig*) Schwanken *nt* **tentennare** [tenten'naːre] I. *vt* (*capo*) schütteln II. *vi* ❶(*vacillare*) wackeln, schwanken ❷(*fig*) schwanken, zögern **tentennio** [tenten'niːo] <-ii> *m* Wackeln *nt*; (*fig*) Schwanken *nt*

**tentone, tentoni** [ten'toːne, ten'toːni] *avv* tastend[erweise]; (*fig a*) blindlings; **camminare [a]** ~ sich vorwärtstasten

**tenue** [ˈtɛːnue] *agg* ❶(*sottile*) dünn, fein ❷(*fig: speranza*) schwach; (*voce*) dünn; (*colore*) zart, matt; (*luce*) schwach, matt **tenuità** [tenui'ta] <-> *f* Feinheit *f*, Zartheit *f*

**tenuta** [te'nuːta] *f* ❶(*il tenere*) Halten *nt*; (TEC) Führung *f*; ~ **di strada** (MOT) Straßenlage *f* ❷(*di recipiente*) Undurchlässigkeit *f*; **a** ~ **d'acqua** wasserdicht; **a** ~ **stagna** vollkommen undurchlässig, dicht ❸(*capacità*) Fassungsvermögen *nt* ❹(*possedimento agricolo*) Landgut *nt* ❺(*abito*) [Dienst]anzug *m*; (*uniforme*) Uniform *f*; (SPORT) Trikot *nt*, Dress *m*; ~ **di fatica** Schutzanzug *m* ❻(SPORT: *resistenza*) Ausdauer *f*; (*nel pugilato*) Klammern *nt*

**tenutario, -a** [tenu'taːrio] <-i, -ie> *m, f* ❶(*di casino*) Bordellbesitzer(in) *m(f)* ❷(*di bisca*) Spielhöllenbesitzer(in) *m(f)*

**tenuto, -a** [te'nuːto] I. *pp di* **tenere** II. *agg* **essere** ~ **a fare qc** verpflichtet sein, etw zu tun

**teocrazia** [teokrat'tsiːa] <-ie> *f* Theokratie *f*

**teodolite** [teodo'liːte] *m* Theodolit *m*

**teologa** *f v.* **teologo**

**teologale** [teolo'gaːle] *agg* Theologie-, theologisch

**teologia** [teolo'dʒiːa] <-gie> *f* Theologie *f*

**teologico, -a** [teo'lɔdʒiko] <-ci, -che> *agg* theologisch **teologo, -a** [te'ɔlogo] <-ghi, -ghe> *m, f* Theologe *m*/Theologin *f*

**teorema** [teoˈrɛːma] <-i> *m* Lehrsatz *m*, Theorem *nt*

**teoretico, -a** [teoˈrɛtiko] <-ci, -che> *agg* theoretisch **teoria** [teoˈriːa] <-ie> *f* (*ipotesi*) Theorie *f*; (*dottrina*) Lehre *f*; **in ~** theoretisch **teorico, -a** [teˈɔːriko] <-ci, -che> I. *agg* theoretisch II. *m, f* Theoretiker(in) *m(f)* **teorizzare** [teoridˈdzaːre] *vt* theoretisieren

**teosofia** [teozoˈfiːa] <-ie> *f* Theosophie *f*

**tepore** [teˈpoːre] *m* milde Wärme, Lauheit *f*

**teppa** [ˈteppa] *f* Unterwelt *f* **teppaglia** [tepˈpaʎʎa] <-glie> *f* (*pej*) Verbrecherpack *nt* **teppismo** [tepˈpizmo] *m* Verbrechertum *nt* **teppista** [tepˈpista] <-i *m*, -e *f*> *mf* Gangster *m*

**Teramano** <*sing*> *m* Umgebung *f* von Teramo

**teramano, -a** [teraˈmaːno] I. *agg* teramanisch II. *m, f* (*abitante*) Teramaner(in) *m(f)*

**Teramo** *f* Teramo *nt* (*Stadt in den Abruzzen*)

**terapeuta** [teraˈpɛuta] <-i *m*, -e *f*> *mf* Therapeut(in) *m(f)* **terapeutica** [teraˈpɛutika] <-che> *f* Therapeutik *f* **terapeutico, -a** [teraˈpɛutiko] <-ci, -che> *agg* therapeutisch **terapia** [teraˈpiːa] <-ie> *f* Therapie *f*; **~ del dolore** Schmerztherapie *f*; **~ d'urto** Stoßtherapie *f* **terapista** [teraˈpista] <-i *m*, -e *f*> *mf* Heilkundige(r) *f(m)*

**tergere** [ˈtɛrdʒere] <tergo, tersi, terso> *vt* (*poet*) [ab]trocknen, -wischen

**tergicristallo** [terdʒikrisˈtallo] *m* (MOT) Scheibenwischer *m*

**tergilavalunotto** [terdʒilavaluˈnɔtto] *m* (MOT) Heckscheibenwischanlage *f*

**tergilunotto** [terdʒiluˈnɔtto] *m* (MOT) Heckscheibenwischer *m*

**tergiversare** [terdʒiverˈsaːre] *vi* Ausflüchte machen

**tergo** [ˈtɛrgo] <-ghi> *m* (*di foglio, moneta*) Rückseite *f*; **a ~** hinten; (*nei rinvii*) auf der Rückseite; **vedi a ~** siehe Rückseite

**termale** [terˈmaːle] *agg* Thermal-; **stazione ~** Kurort *m* **termalista** [termaˈlista] <-i *m*, -e *f*> *agg* Thermal- **terme** [ˈtɛrme] *fpl* Thermalbad *nt*; (HIST) Thermen *fpl*

**termico, -a** [ˈtɛrmiko] <-ci, -che> *agg* thermisch, Wärme-; **energia -a** Wärme[energie] *f*; **variazioni -che** Temperaturschwankungen *fpl*

**terminal** [ˈtaːminal *o* ˈtɛrminal] <-> *m* [Air]terminal *m o nt*

**terminale** [termiˈnaːle] I. *agg* End-, Grenz-; **pietra ~** Grenzstein *m*; **stazione ~** Endstation *f* II. *m* ① (*estremità*) Ende *nt*; (TEC) Anschlussstück *nt*, Anschluss *m* ② (INFORM) Terminal *nt* ③ (AERO) Terminal *m o nt*

**terminare** [termiˈnaːre] I. *vt avere* beenden, abschließen; (*lavoro*) fertigstellen II. *vi essere* zu Ende gehen, aufhören **terminazione** [terminatˈtsioːne] *f* ① (*conclusione*) Abschluss *m* ② (*punto terminale*) Endpunkt *m* ③ (LING) Endung *f*

**termine** [ˈtɛrmine] *m* ① (*limite*) Grenze *f* ② (*confine*) Grenzlinie *f*, Grenzstein *m* ③ (*di tempo*) Termin *m*, Frist *f*; **a breve ~** kurzfristig ④ (*fine*) Ende *nt*, Schluss *m*; **aver ~** enden; **condurre a ~** zu Ende führen; **volgere al ~** dem Ende zugehen ⑤ (*vocabolo*) Terminus *m*, [Fach]ausdruck *m*, Begriff *m*; **~ tecnico** Fachausdruck *m* ⑥ (MAT) Glied *nt*, Term *m*; **ridurre ai minimi -i** auf ein Minimum reduzieren

**terminologia** [terminoloˈdʒiːa] <-gie> *f* Terminologie *f*

**termitaio** [termiˈtaːio] <-ai> *m* Termitenhügel *m*

**termite** [ˈtɛrmite] *f* Termite *f*

**termoaderente** [termoadeˈrɛnte] *agg* heißhaftfähig

**termoadesivo, -a** [termoadeˈziːvo] *agg* heißklebfähig

**termoconvertitore** [termokonvertiˈtoːre] *m* Wärmekonverter *m*

**termodistruttore** [termodistrutˈtoːre] *m* Müllverbrennungsanlage *f*

**termoelastico, -a** [termoeˈlastiko] <-ci, -che> *agg* wärmeelastisch

**termoelettrico, -a** [termoeˈlɛttriko] *agg* thermoelektrisch; **centrale -a** Wärmekraftwerk *nt*

**termoelettronico, -a** [termoelɛtˈtrɔːniko] *agg* thermoelektronisch; **tubo ~** Elektronenröhre *f*

**termofisica** [termoˈfiːzika] *f* (PHYS) Thermophysik *f*

**termoforo** [terˈmɔːforo] *m* Heizkissen *nt*

**termoisolante** [termoizoˈlante] I. *agg* wärmeisolierend II. *m* Wärmeisolator *m*

**termometro** [terˈmɔːmetro] *m* Thermometer *nt*

**termonucleare** [termonukleˈaːre] *agg* thermonuklear

**termoreattore** [termoreatˈtoːre] *m* Wärmereaktor *m*

**termoresistente** [termoreziˈstɛnte] *agg* hitzebeständig

**termos** ['tɛrmos] <-> m Thermosflasche® f
**termosaldatura** [termosalda'tuːra] f Warmschweißung f
**termosifone** [termosi'foːne] m ① (*radiatore*) Heizkörper m, Radiator m ② (*impianto*) Zentralheizung f
**termostabile** [termo'staːbile] *agg* thermostabil, wärmebeständig **termostabilizzare** [termostabilid'dzaːre] vt (CHEM, TEC) thermostabilisieren, wärmestabilisieren **termostabilizzato, -a** [termostabilid'dzaːto] *agg* wärmestabil **termostabilizzazione** [termostabiliddzat'sjoːne] f (CHEM, TEC) Wärmestabilisierung f **termostatico, -a** [termos'taːtiko] <-ci, -che> *agg* thermostatisch
**termostato** [ter'mɔːstato] m Thermostat m
**termotecnico, -a** [termo'tɛkniko] <-ci, -che> *agg* wärmetechnisch
**termovalorizzatore** [termovaloriddzat'toːre] f Müllverbrennungsanlage f (*mit Energiegewinnung*)
**termovalorizzazione** [termovaloriddzat'tsjoːne] f thermische Abfallbehandlung
**termoventilazione** [termoventilat'tsjoːne] f Warmluftheizung f
**terms of trade** ['təːms ɔf 'treid] *mpl* Terms *pl* of Trade, Austauschverhältnis *nt* im Außenhandel
**terna** ['tɛrna] f Dreierreihe f, Dreieranzahl f
**Ternano** <*sing*> m Umgebung f von Terni
**ternano, -a** [ter'nano] I. *agg* ternanisch II. m, f (*abitante*) Ternaner(in) m(f)
**ternario, -a** [ter'naːrjo] <-i, -ie> *agg* ① (*di tre elementi*) dreifach, Drei[er]- ② (*verso*) dreisilbig ③ (CHEM) ternär
**Terni** ['tɛrni] f Terni *nt* (*Stadt in Umbrien*)
**terno** ['tɛrno] m Terne f; **fare ~** eine Dreierkombination haben; **~ al lotto** Hauptgewinn m im Lotto; (*fig*) Glückstreffer m
**terotecnologia** [teroteknolo'dʒiːa] f Terotechnologie f **terotecnologico, -a** [terotekno'lɔːdʒiko] <-ci, -che> *agg* terotechnologisch **terotecnologo, -a** [terotek'nɔːlogo] <-gi, -ghe> m, f Terotechnologe m/-technologin f
**terra** ['tɛrra] f ① (*pianeta*) Erde f; **gli abitanti della ~** die Erdenbürger *mpl* ② (*suolo*) Erde f, [Erd]boden m; **-e emerse** Land *nt* der Kontinente und der Inseln; **andare per ~** zu Boden gehen, fallen; **avere una gomma a ~** einen Platten haben *fam*; **essere a ~** (*fig*) am Boden zerstört sein; **mettere qu a ~** (*fig*) jdn zugrunde [*o* zu Grunde] richten; **sentirsi**

**mancare la ~ sotto i piedi** den Boden unter den Füßen verlieren; **raso ~** haarscharf über dem Boden ③ (*campagna*) Land *nt*; (*tenuta*) Ländereien *fpl*, Landbesitz m; **~ di nessuno** Niemandsland *nt* ④ (EL) Erde f, Erdung f; **mettere a ~** erden
**terra-aria** ['tɛrra 'aːrja] <inv> *agg* Luft-Boden-
**terracotta** [terra'kɔtta] <terrecotte> f ① (*materiale*) Tonerde f, Ton m ② (*manufatto*) Terrakotta f
**terracqueo** [ter'rakkueo] *v.* **terraqueo**
**terraferma** [terra'fɛrma] <-> f Festland *nt*
**terraglia** [ter'raʎʎa] <-glie> f Steingut *nt*
**terrapieno** [terra'pjɛːno] m Erdwall m, -damm m
**terraqueo, -a** [ter'raːkueo] *agg* **globo ~** Erdkugel f
**terrazza** [ter'rattsa] f Terrasse f **terrazzino** [terrat'tsiːno] m Balkon m **terrazzo** [ter'rattso] m ① (*terrazza*) Terrasse f ② (*balcone*) Balkon m
**terrecotte** *pl di* **terracotta**
**terremotato, -a** [terremo'taːto] I. *agg* erdbebengeschädigt II. m, f Erdbebenopfer *nt*
**terremoto** [terre'mɔːto] m ① (*vibrazione della terra*) Erdbeben *nt* ② (*fig*) Umsturz m ③ (*fig, scherz: persona*) Quecksilber *nt*, Wildfang m
**terreno** [ter'reːno] m ① (*gener*) Land *nt*, Gelände *nt* ② (AGR) Boden m, Land *nt* ③ (*fondo*) Grundstück *nt*; **~ fabbricabile** Bauland *nt*, Baugrundstück *nt* ④ (*suolo*) Boden m, Erde f; **guadagnare/perdere ~** (*fig*) [an] Boden gewinnen/verlieren; **sentirsi mancare il ~ sotto i piedi** den Boden unter den Füßen verlieren ⑤ (SPORT) [Spiel]feld *nt* ⑥ (MIL) Gelände *nt* ⑦ (*piano*) Erdgeschoss *nt* ⑧ (*fig*) Gebiet *nt*, Terrain *nt*
**terreno, -a** *agg* irdisch, weltlich; **pian ~** Erdgeschoss *nt*
**terreo, -a** ['tɛrreo] *agg* erdfarben
**terrestre** [ter'rɛstre] I. *agg* ① (*relativo alla terra*) Erd-; (*guerra, animale*) Land- ② (*fig REL*) irdisch, weltlich II. *mf* Erd[en]bewohner(in) m(f)
**terribile** [ter'riːbile] *agg* schrecklich, entsetzlich
**terriccio** [ter'rittʃo] <-cci> m Gartenerde f
**terriero, -a** [ter'rjɛːro] *agg* Land-, Grund-
**terrificante** [terrifi'kante] *agg* schreckenerregend
**terrificare** [terrifi'kaːre] vt erschrecken
**terrina** [ter'riːna] f Schüssel f, Terrine f
**territoriale** [territo'rjaːle] *agg* territorial,

Gebiets-; **acque -i** Hoheitsgewässer *ntpl;* **confini -i** Landesgrenzen *fpl* **territorio** [terri'tɔ:rio] <-i> *m* Gebiet *nt,* Territorium *nt;* ~ **nazionale** [*o* **dello Stato**] Hoheitsgebiet *nt*

**terrò** [ter'rɔ] *1. pers sing futuro di* **tenere**

**terrone, -a** [ter'ro:ne] *m, f* (*pej*) Schimpfwort der Norditaliener für die Süditaliener

**terrore** [ter'ro:re] *m* Angst *f,* Schrecken *m;* **incutere** ~ **a qu** jdm [einen] Schrecken einjagen

**terrorismo** [terro'rizmo] *m* Terrorismus *m;* **mondo del** ~ Terrorszene *f;* **protezione contro il** ~ Terrorschutz *m;* ~ **di destra** [*o* **nero**] Rechtsterrorismus *m;* ~ **di sinistra** [*o* **rosso**] Linksterrorismus *m* **terrorista** [terro'rista] <-i *m,* -e *f>* mf Terrorist(in) *m(f)* **terroristico, -a** [terro'ristiko] <-ci, -che> *agg* (*persone, attentati*) terroristisch; (*regime*) Terror-

**terrorizzare** [terrorid'dza:re] *vt* terrorisieren; (*spaventare*) in Schrecken versetzen, einschüchtern

**terroso, -a** [ter'ro:so] *agg* erdig, Erd-

**tersi** ['tɛrsi] *1. pers sing pass rem di* **tergere**

**terso, -a** [tɛrso] I. *pp di* **tergere** II. *agg* rein, klar

**terza** ['tɛrtsa] *f* ❶ (*classe*) dritte Klasse ❷ (MOT) dritter Gang ❸ (MUS) Terz *f* ❹ (MAT) dritte Potenz

**terzetto** [ter'tsetto] *m* ❶ (MUS) Terzett *nt* ❷ (*di persone*) Trio *nt*

**terziario** [ter'tsia:rio] *m* ❶ (GEOL) Tertiär *nt* ❷ (COM) Dienstleistungsbereich *m*

**terziario, -a** <-i, -ie> I. *agg* tertiär II. *m, f* Terziar(in) *m(f)*

**terziarizzazione** [tertsiariddzat'tsio:ne] *f* Tertiarisierung *f,* Ausweitung *f* des Dienstleistungssektors

**terzina** [ter'tsi:na] *f* ❶ (LIT) Terzine *f* ❷ (MUS) Triole *f*

**terzino** [ter'tsi:no] *m* Verteidiger *m*

**terzo** ['tɛrtso] *m* ❶ (*frazione*) Drittel *nt* ❷ *pl* (*fig: altri*) Dritte *pl;* **per conto -i** auf fremde Rechnung

**terzo, -a** I. *agg* dritte(r, s); **il** ~ **mondo** die Dritte Welt; **il** ~ **sesso** das dritte Geschlecht; **-a età** drittes Lebensalter, letzter Lebensabschnitt; **-a pagina** (*di giornale*) Feuilletonseite *f;* **di terz'ordine** drittklassig II. *m, f* (*terza persona*) Dritte(r, s) *mf(nt); v. a.* **quinto**

**terzogenito, -a** [tertso'dʒɛ:nito] I. *agg* drittgeboren II. *m, f* Drittgeborene(r) *f(m)*

**terzomondismo** [tertsomon'dizmo] *m* ❶ (*complesso dei problemi del terzo mondo*) Dritte-Welt-Problematik *f* ❷ (*linea politica favorevole allo sviluppo dei paesi del terzo mondo*) eine die Dritte-Welt-Länder unterstützende Politik

**terzultimo, -a** [ter'tsultimo] I. *agg* drittletzte(r, s) II. *m, f* Drittletzte(r) *f(m)*

**tesa** ['te:sa] *f* Krempe *f*

**teschio** ['tɛskio] <-schi> *m* Schädel *m;* (*dei cadaveri*) Totenkopf *m*

**tesi**[1] ['tɛ:zi] <-> *f* ❶ (*proposizione*) These *f,* Lehrsatz *m;* **sostenere/confutare una** ~ eine These verfechten/widerlegen ❷ (*di laurea*) Magisterarbeit *f,* Diplomarbeit *f;* (*di dottorato*) Doktorarbeit *f*

**tesi**[2] ['te:si] *1. pers sing pass rem di* **tendere**

**tesina** [te'zi:na] *f* Seminararbeit *f,* Referat *nt*

**teso, -a** [te:so] I. *pp di* **tendere** II. *agg* ❶ (*corda, muscoli*) gespannt ❷ (*fig*) [an]gespannt

**tesoriere, -a** [tezo'riɛ:re] *m, f* ❶ (*custode*) Schatzmeister(in) *m(f)* ❷ (*di un ente*) Kassenverwalter(in) *m(f),* Kassierer(in) *m(f)*

**tesoro** [te'zɔ:ro] *m* ❶ (*a. fig*) Schatz *m;* **fare** ~ **di qc** (*fig*) *sich dat* etw zunutze [*o* zu Nutze] machen ❷ (*di una banca*) Tresor *m*

**tessera** ['tɛssera] *f* ❶ (*documento*) Ausweis *m,* Mitgliedskarte *f;* (*d'identità*) [Personal]ausweis *m;* (*di partito*) Parteibuch *nt;* ~ **d'abbonamento** Dauerkarte *f;* ~ **magnetica** Magnetkarte *f* ❷ (*del mosaico*) Mosaikstein *m;* (*del domino*) Dominostein *m* **tesserare** [tesse'ra:re] *vt* ~ **qu** jdm Mitgliedskarten ausstellen; (*per razionamento*) jdm Bezugsscheine ausstellen **tesserato, -a** [tesse'ra:to] *m, f* eingetragenes Mitglied

**tessere** ['tɛssere] *vt* ❶ (*nel telaio*) weben; (*stuoia*) knüpfen, flechten ❷ (*fig: inganni*) spinnen

**tesserino** [tesse'ri:no] *m* Ausweis *m,* [Mitglieds]karte *f;* ~ **magnetico** Magnetkarte *f;* ~ **sanitario** Versichertenkarte *f,* Versicherungskarte *f;* ~ **universitario** Studentenausweis *m*

**tessile** ['tɛssile] I. *agg* Textil-, textil II. *mf* Textilarbeiter(in) *m(f)* III. *mpl* Textilien *pl* **tessitore, -trice** [tessi'to:re] *m, f* Weber(in) *m(f)* **tessitura** [tessi'tu:ra] *f* ❶ (*di stoffa*) Weben *nt;* (*di stuoia*) Knüpfen *nt,* Flechten *nt* **tessuto** [tes'su:to] *m* ❶ (*stoffa*) Gewebe *nt,* Stoff *m* ❷ (*fig*) Netz *nt* ❸ (BIOL, ANAT) Gewebe *nt* ❹ *pl* Textilien *pl*

**test** [tɛst] <-> *m* Test *m;* ~ **dell' Aids** Aids-

test *m;* **~ di gravidanza** Schwangerschaftstest *m*
**testa** ['tɛsta] *f* ① (*a. fig* ANAT) Kopf *m;* **~ calda** Hitzkopf *m;* **~ dura** Dickkopf *m;* **~ di cavolo** [*o* **di rapa**] (*fam*) Schafskopf *m;* **colpo di ~** Kurzschlusshandlung *f;* **mal di ~** Kopfschmerzen *mpl;* **andar fuori di ~** (*fam*) durchdrehen; **fuori di ~** (*fam*) abgedreht; **avere la ~ tra le nuvole** in den Wolken schweben; **dare alla ~** zu Kopf steigen; **fare a ~ e croce** Kopf oder Zahl entscheiden lassen; **fare di ~ propria** seinen Kopf durchsetzen; **mettersi in ~ qc** sich *dat* etw in den Kopf setzen; **perdere la ~ per qu/qc** wegen jdm/etw den Kopf verlieren; **scommettere la ~** um seinen Kopf wetten; **a ~** pro Kopf; **non sapere dove battere la ~** weder aus noch ein wissen ② (BOT: *di piante*) Zwiebel *f;* (*di fungo*) Kopf *m;* (*d'aglio*) Knolle *f* ③ (*fig: ingegno*) Kopf *m,* Geist *m*

**testabile** [tes'ta:bile] *agg* worüber testamentarisch verfügt werden kann; **quota ~** Anteil *m* Im Testament, über den frei verfügt werden kann

**testacoda** [testa'kɔ:da] <-> *m* Drehung *f* um die eigene Achse; **fare un ~** sich um die eigene Achse drehen

**testamentario, -a** [testamen'ta:rio] <-i, -ie> *agg* Testaments-, testamentarisch **testamento** [testa'mento] *m* Testament *nt;* (*fig: spirituale*) Vermächtnis *nt*

**testarda** *f v.* **testardo**

**testardaggine** [testar'daddʒine] *f* Dickköpfigkeit *f* **testardo, -a** [tes'tardo] I. *agg* dickköpfig II. *m, f* Dickkopf *m*

**testare** [tes'ta:re] *vi* testen; (JUR) testieren **testata** [tes'ta:ta] *f* ① (*colpo*) Kopfstoß *m* ② (*di letto*) Kopfteil *m,* Kopfende *nt* ③ (*di motore*) [Zylinder]kopf *m* ④ (*di giornale*) [Zeitungs]kopf *m*

**testatore, -trice** [testa'to:re] *m, f* Erblasser(in) *m(f)*

**teste** ['tɛste] *mf* Zeuge *m*/Zeugin *f*
**testé** [tes'te] *avv* (*poet*) soeben
**testicolare** [testiko'la:re] *agg* Hoden- **testicolo** [tes'ti:kolo] *m* Hoden *m*
**testiera** [tes'tiɛ:ra] *f* ① (*di cavallo*) Zaumzeug *nt* ② (*di letto*) Kopfende *nt;* (*di poltrona*) Kopflehne *f*
**testimone** [testi'mɔ:ne] *mf* ① (*persona*) Zeuge *m*/Zeugin *f;* **~ di nozze** Trauzeuge/-zeugin; **~ oculare** Augenzeuge/-zeugin; **Testimone di Geova** (REL) Zeuge *m* Jehovas ② (*fig: prova*) Beweis *m,* Zeugnis *nt* ③ (SPORT) Staffelstab *m* **testimoniale** [testimo'nia:le] I. *agg* Zeugen- II. *m* Zeugen *mpl* **testimonianza** [testimoni'antsa] *f* ① (JUR) Zeugenaussage *f* ② (*prova*) Beweis *m,* Zeugnis *nt;* **rendere ~ di qc** Zeugnis von etw ablegen

**testimoniare** [testimo'nia:re] I. *vt* bezeugen; **~ il falso** falsch aussagen II. *vi* **~ di qc** von etw zeugen **testimonio** [testi'mɔ:nio] <-i> *m v.* **testimone**

**testina** [tes'ti:na] *f* Köpfchen *nt;* (TEC, GASTR) Kopf *m;* **~ di registrazione** Tonkopf *m*

**testista** [tes'tista] <-i *m,* -e *f*> *mf* Tester(in) *m(f)*

**testo** ['tɛsto] *m* ① (*scritto*) Text *m;* **comprensione del ~** Textverständnis *nt* ② (*libro*) Werk *nt,* Buch *nt;* **libri di ~** Lehrbücher *ntpl*

**testolina** [testo'li:na] *f* Luftikus *m*
**testone** [tes'to:ne] *m* ① (ANAT) großer Kopf *m* ② (*fig fam: persona testarda*) Dickkopf *m;* (*persona stupida*) Schafskopf *m* ③ (*sl: un milione di lire*) 500 Euro

**testuale** [testu'a:le] *agg* ① (*del testo*) Text-; **tipologia ~** Lehre *f* von den Textsorten ② (*fig*) wörtlich; **disse queste -i parole** er sagte wortwörtlich Folgendes **testuggine** [tes'tuddʒine] *f* Schildkröte *f* **tetano** ['tɛ:tano] *m* Wundstarrkrampf *m,* Tetanus *m*

**tetraedro** [tetra'ɛ:dro] *m* Tetraeder *nt*
**tetraggine** [te'traddʒine] *f* ① Düsternis *f,* Düsterkeit *f* ② (*fig*) Trübsinnigkeit *f*
**tetragono, -a** [te'tra:gono] *agg* ① (MAT) viereckig ② (*fig*) standhaft, fest, unbeugsam

**tetrapak®** [tetra'pak] <-> *m* Tetra Pak® *nt*
**tetro, -a** ['tɛ:tro] *agg* düster, finster
**tetta** ['tetta] *f* (*fam*) Busen *m*
**tettarella** [tetta'rɛlla] *f* Sauger *m;* (*per calmare*) Schnuller *m*

**tetto** ['tetto] *m* ① (ARCH) Dach *nt* ② (*di vettura*) Verdeck *nt,* Dach *nt;* **~ scorrevole** Schiebedach *nt* ③ (GEOL) Felsvorsprung *m* ④ (*fig: casa*) Haus *nt,* Heim *nt;* **~ domestico** häuslicher Herd; **senza ~** obdachlos **tettoia** [tet'tɔ:ia] <-oie> *f* Überdachung *f;* (*pensilina*) Schutzdach *nt;* (*su porte*) Vordach *nt*

**tettonica** [tet'tɔ:nika] <-che> *f* Tektonik *f*
**tettonico, -a** [tet'tɔ:niko] <-ci, -che> *agg* tektonisch
**teutonico, -a** [teu'tɔ:niko] <-ci, -che> *agg* teutonisch
**Tevere** ['te:vere] *m* Tiber *m*
**TG** <-> *m abbr di* **Telegiornale** Fernsehnachrichten *fpl;* **il ~ della sera** die Abendnachrichten

**the** [tɛ] *m* Tee *m*
**thermos** ['tɛrmɔs] <-> *m* Thermosflasche® *f*
**thrilling** ['θriliŋ] *o* 'trillin(g)] I. <inv> *agg* nervenkitzelnd II. <-> *m* Thriller *m*
**ti** [ti] I. *pron pers 2. pers sing* ❶ (*complemento di termine*) dir ❷ (*complemento oggetto*) dich II. *pron rifl 2. pers sing* dich
**tiara** ['tia:ra] *f* Tiara *f*
**tibia** ['ti:bia] <-ie> *f* Schienbein *nt*
**tic** [tik] <-> *m* Tick *m*
**ticchettare** [tikket'ta:re] *vi* ticken; (*macchina da scrivere*) klappern **ticchettio** [tikket'ti:o] <-ii> *m* Ticken *nt;* (*della macchina da scrivere*) Klappern *nt*
**ticchio** ['tikkio] <-cchi> *m* ❶ (*capriccio*) Anwandlung *f,* Laune *f* ❷ (*macchiolina*) Fleck *m*
**Ticino** [ti'tʃi:no] *m* (*cantone*) Tessin *nt;* (*fiume*) Tessin *m*
**ticket** ['tikit *o* 'tiket] <-> *m* ❶ (*scontrino di abbonamento*) Bon *m,* Gutschein *m;* (SPORT) Wettschein *m* ❷ (MED) Selbstbeteiligung *f* [an den Krankheitskosten]
**tiene, tieni** ['tiɛ:ne, 'tiɛ:ni] *3. e 2. pers sing pr di* **tenere**
**tiepido, -a** ['tiɛ:pido] *agg* ❶ (*poco caldo*) lau[warm], mild ❷ (*fig*) kühl
**tifare** [ti'fa:re] *vi* (*fam*) **~ per qu** für jdn schwärmen, von jdm Fan sein
**tifo** ['ti:fo] *m* ❶ (MED) Typhus *m* ❷ (*fig*) Sportbegeisterung *f;* **fare il ~ per qu** begeisterter Anhänger von jdm sein
**tifoide** [ti'fɔ:ide] *agg* typhusartig, Typhus-
**tifone** [ti'fo:ne] *m* Taifun *m*
**tifoso, -a** [ti'fo:so] I. *agg* ❶ (MED) typhusartig, Typhus- ❷ (*fig*) sportbegeistert; (*pej*) fanatisch II. *m, f* ❶ (MED) Typhuskranke(r) *f(m)* ❷ (*fig*) Sportbegeisterte(r) *f(m),* Fan *m;* **~ di calcio** Fußballfan *m,* -anhänger *m*
**ti(g)gì** [ti(d)'dʒi] <-> *m* (*telegiornale*) Fernsehnachrichten *fpl,* Tagesschau *f;* **il ~ delle otto** die Acht-Uhr-Nachrichten *fpl;* **~ regionale** regionale Fernsehnachrichten *fpl*
**tight** ['tait] <-> *m* Cut[away] *m*
**tiglio** ['tiʎʎo] <-gli> *m* Linde *f*
**tiglioso** [tiʎ'ʎo:so] *agg* fas[e]rig, zäh
**tigna** ['tiɲɲa] *f* ❶ (MED) Grind *m* ❷ (*fig*) Ärgernis *nt*
**tignola** [tiɲ'ɲɔ:la] *f* Motte *f*
**tignosa** [tiɲ'ɲo:sa] *f* Knollenblätterpilz *m*
**tignoso, -a** [tiɲ'ɲo:so] *agg* ❶ (MED) grindig ❷ (*fig fam*) knaus[e]rig, knickerig

**tigrato, -a** [ti'gra:to] *agg* getigert **tigratura** [tigra'tu:ra] *f* Tigermuster *nt*
**tigre** ['ti:gre] *f* Tiger *m* **tigrotto** [ti'grɔtto] *m* Tigerjunge(s) *nt*
**tilde** ['tilde] <-> *m o f* Tilde *f*
**tilt** [tilt] <-> *m* **andare in ~** (*macchina, orologio*) kaputt gehen, nicht mehr funktionieren; (*telefono*) außer Betrieb sein; (*traffico*) zusammenbrechen; (*persona*) ausrasten; (*per stanchezza*) schlappmachen; **essere in ~** einen Blackout haben
**TIM** *f abbr di* **Telecom Italia Mobile** *für den Mobilfunk zuständige Sektion der Telecom Italia*
**timballo** [tim'ballo] *m* Pastete *f,* Auflauf *m;* **~ di riso** Reistimbale *f*
**timbrare** [tim'bra:re] *vt* [ab]stempeln; **~ il cartellino** stechen **timbratura** [timbra'tu:ra] *f* [Ab]stempeln *nt*
**timbrico, -a** ['timbriko] <-ci, -che> *agg* Klang-, klanglich
**timbrificio** [timbri'fi:tʃo] <-ci> *m* Stempelfabrik *f* **timbro** ['timbro] *m* ❶ (*marchio*) Stempel *m* ❷ (*di suono*) Klangfarbe *f,* Timbre *nt*
**time lock** ['taim lɔk] <-> *m* Zeitschloss *nt*
**time out** ['taim aut] <-> *m* (SPORT) Auszeit *f,* Spielunterbrechung *f*
**timer** ['taimə *o* 'taimer] <-> *m* Schaltuhr *f*
**time-sharing** ['taim 'ʃɛəriŋ] <-> *m* Time-sharing *nt*
**timidezza** [timi'dettsa] *f* Schüchternheit *f*
**timido, -a** ['ti:mido] *agg* schüchtern
**timing** ['taimiŋ] <-> *m* Timing *nt*
**timo** ['ti:mo] *m* Thymian *m*
**timone** [ti'mo:ne] *m* ❶ (NAUT, AERO) Ruder *nt,* Steuer *nt* ❷ (*di carro*) Deichsel *f*
**timoniere, -a** [timo'niɛ:re] *m, f* Steuermann *m,* Rudergänger(in) *m(f)*
**timorato, -a** [timo'ra:to] *agg* gewissenhaft; **~ di Dio** gottesfürchtig
**timore** [ti'mo:re] *m* ❶ (*paura*) Furcht *f,* Angst *f* ❷ (*preoccupazione*) Befürchtung *f* ❸ (*soggezione*) Ehrfurcht *f,* Respekt *m;* **~ di Dio** Gottesfurcht *f* **timoroso, -a** [timo'ro:so] *agg* furchtsam, ängstlich
**timpanista** [timpa'nista] <-i *m,* -e *f*> *mf* Paukenschläger(in) *m(f)* **timpano** ['timpano] *m* ❶ (MUS) Pauke *f* ❷ (ANAT) Paukenhöhle *f,* Tympanum *nt;* **esser duro di -i** (*fam*) schwerhörig sein; **rompere i -i a qu** (*fam*) jdm das Trommelfell platzen lassen ❸ (ARCH) Tympanon *nt*
**tinca** ['tinka] <-che> *f* Schleie *f*
**tinello** [ti'nɛllo] *m* Essraum *m*
**tingere** ['tindʒere] <tingo, tinsi, tinto>

**I.** *vt* färben **II.** *vr* **-rsi** ① (*colorarsi*) sich färben ② (*con cosmetici*) sich schminken ③ (*fig: sentimenti*) **-rsi di qc** sich mit etw mischen

**tinnire** [tin'ni:re] <tinnisco, tinnisci> *vi* (*poet*) klingen

**tino** ['ti:no] *m* Bottich *m* **tinozza** [ti'nɔttsa] *f* Kübel *m;* (*per il bucato*) Zuber *m;* (*da bagno*) Wanne *f*

**tinsi** ['tinsi] *1. pers sing pass rem di* **tingere**

**tinta** ['tinta] *f* Farbe *f;* **in ~ unita** einfarbig; **dare una mano di ~ a qc** etw überstreichen; **vedere tutto a -e fosche** (*fig*) alles in den schwärzesten Farben sehen **tintarella** [tinta'rɛlla] *f* Sonnenbräune *f;* **prendere la ~** sich sonnen

**tinteggiare** [tinted'dʒa:re] *vt* anstreichen **tinteggiatura** [tinteddʒa'tu:ra] *f* Anstrich *m*

**tintinnare** [tintin'na:re] *vi* klingeln **tintinnio** [tintin'ni:o] <-ii> *m* Geklingel *nt*

**tinto** ['tinto] *pp di* **tingere**

**tintore, -a** [tin'to:re] *m, f* Färber(in) *m(f)* **tintoria** [tinto'ri:a] <-ie> *f* Färberei *f;* (*per pulitura abiti*) Reinigung *f* **tintura** [tin'tu:ra] *f* ① (*azione*) Färben *nt* ② (*risultato*) Färbung *f* ③ (*prodotto*) Färbemittel *nt;* (CHEM) Tinktur *f*

**tipicità** [tipitʃi'ta] <-> *f* Eigentümlichkeit *f*

**tipico, -a** ['ti:piko] <-ci, -che> *agg* typisch, charakteristisch

**tipizzare** [tipid'dza:re] *vt* typisieren

**tipo** ['ti:po] *m* ① (*carattere*) Typ *m*, Typus *m;* (*qualità*) Art *f*, Sorte *f;* **sul tipo di** ähnlich +*dat;* **merce di tutti i -i** Waren *fpl* aller Art *f;* (*persona*) Typ *m fam,* Type *f fam;* **un ~ ti vuole parlare** da ist ein Typ, der dich sprechen möchte *fam*

**tipocomposizione** [tipokompozit'tsio:ne] *f* (TYP) Schriftsatz *m*, Satz *m*

**tipografa** *f v.* **tipografo**

**tipografia** [tipogra'fi:a] *f* ① (*arte*) Buchdruck *m*, Typographie *f* ② (*procedimento*) Buchdruck *m* ③ (*laboratorio*) [Buch]druckerei *f* **tipografico, -a** [tipo'gra:fiko] <-ci, -che> *agg* Druck-, typographisch **tipografo, -a** [ti'pɔ:grafo] *m, f* Buchdrucker(in) *m(f)*

**tipologia** [tipolo'dʒi:a] <-gie> *f* Typologie *f*

**TIR** [tir] <-> *m* LKW *m*, Brummi *m fam*

**tiraggio** [ti'raddʒo] <-ggi> *m* Luftzufuhr *f*

**tiralinee** [tira'li:nee] <-> *m* Reißfeder *f*

**tiramisù** [tirami'su] <-> *m* Tiramisu *nt* (*aus Mascarpone und in Kaffee getränkten Löffelbiskuits hergestellte Süßspeise*)

**tiranna** *f v.* **tiranno**

**tiranneggiare** [tiranned'dʒa:re] **I.** *vt* tyrannisieren **II.** *vi* Gewaltherrschaft ausüben **tirannia** [tiran'ni:a] <-ie> *f* ① (POL) Tyrannei *f*, Gewaltherrschaft *f* ② (*fig*) Druck *m*, Zwang *m* **tirannicida** [tiranni'tʃi:da] <-i *m*, -e *f*> *mf* Tyrannenmörder(in) *m(f)* **tirannicidio** [tiranni'tʃi:dio] <-i> *m* Tyrannenmord *m* **tirannico, -a** [ti'ranniko] <-ci, -che> *agg* tyrannisch, Tyrannen- **tirannide** [ti'rannide] *f* Tyrannei *f* **tiranno, -a** [ti'ranno] *m, f* Tyrann(in) *m(f)*

**tirante** [ti'rante] *m* (NAUT) Läufer *m;* **~ d'acqua** Tiefgang *m*

**tiranteria** [tirante'ri:a] <-ie> *f* (MOT) Gestänge *nt*

**tirapiedi** [tira'pjɛ:di] <-> *m* ① (HIST) Henkersknecht *m* ② (*fig fam*) Handlanger *m*, Helfershelfer *m*

**tirapugni** [tira'puɲɲi] <-> *m* Schlagring *m*

**tirare** [ti'ra:re] **I.** *vt* ① (*carro*) ziehen; (*cassetto*) herausziehen, aufziehen; (*tenda*) zuziehen; **~ qu per i capelli** jdn an den Haaren ziehen; **~ su** hochziehen; **~ su le maniche** die Ärmel hochkrempeln; **~ su i figli** (*fam*) die Kinder aufziehen; **-rsi su** (*fig*) sich aufrichten; **-rsi indietro** (*fig*) sich zurückziehen; **una parola tira l'altra** ein Wort gibt das andere ② (*fune*) spannen; **~ qc per le lunghe** etw in die Länge ziehen ③ (*dente, linea*) ziehen ④ (*lanciare*) werfen ⑤ (*sparare*) schießen; (*colpo*) abfeuern ⑥ (SPORT: *ciclismo*) schleppen ⑦ (*calci*) versetzen ⑧ (TYP) drucken; (*bozze*) abziehen ⑨ (*loc*) **~ il fiato** atmen, aufatmen; **~ a lucido** auf Glanz bringen; **~ le somme** summieren; (*fig*) das Fazit ziehen **II.** *vi* ① (*gener*) ziehen; **~ a sorte** auslosen ② (*vento*) wehen, blasen ③ (*abito*) spannen, eng sitzen ④ (*camino*) ziehen ⑤ (*sparare*) schießen ⑥ (*loc*) **~ sul prezzo** [um den Preis] handeln, feilschen; **~ avanti** (*fam*) sich durchschlagen; **~ dritto** [seinen Weg] weitergehen **tirata** [ti'ra:ta] *f* ① (*il tirare*) Ziehen *nt;* (*a. fig*) Zug *m;* **dare una ~ d'orecchi a qu** jdm die Ohren lang ziehen ② (*di pipa*) Zug *m* ③ (*fig: discorso*) Tirade *f*

**tiratardi** [tira'tardi] <-> *mf* (*fam*) Faulenzer(in) *m(f)*, Faulpelz *m;* **sei un ~!** (*fam*) du Faulpelz!

**tirato, -a** [ti'ra:to] *agg* ① (*corda, filo*) gespannt ② (*fig: avaro*) geizig ③ (*fig: sorriso*) gezwungen; (*volto*) abgespannt **tiratore, -trice** [tira'to:re] *m, f* ① (*lanciatore*) Werfer(in) *m(f)* ② (*con armi da fuoco*) Schütze

*m*/Schützin *f;* **~ scelto** Scharfschütze *m* ⑦ (SPORT) Torschütze *m*/-schützin *f* **tiratura** [tira'tu:ra] *f* ① (TYP) Abzug *m* ② (*numero di copie*) Auflage *f*
**tirchia** *f v.* **tirchio**
**tirchieria** [tirkie'ri:a] <-ie> *f* (*fam*) Knauserei *f* **tirchio, -a** ['tirkio] <-chi, -chie> *fam* I. *agg* knaus[e]rig II. *m, f* Geizhals *m,* Pfennigfuchser *m*
**tiremmolla** [tirem'mɔlla] *m* Hin und Her *nt;* **fare a ~** schwanken, sich nicht entscheiden können
**tiretto** [ti'retto] *m* Schubfach *nt*
**tiritera** [tiri'tɛ:ra] *f* (*fam*) ① (*filastrocca*) Litanei *f* ② (*discorso*) Geschwätz *nt*
**tiro** ['ti:ro] *m* ① (*il tirare*) Ziehen *nt;* (*lo sparare*) Schießen *nt;* (*il lanciare*) Werfen *nt;* **~ alla fune** Tauziehen *nt;* **~ con l'arco** Bogenschießen *nt;* **~ al piattello** Tontaubenschießen *nt* ② (*sparo*) Schuss *m;* (*lancio*) Wurf *m;* **essere a un ~ di schioppo** (*fig*) einen Steinwurf entfernt sein ③ (*fig*) Versuch *m* ④ (*attacco di cavalli*) Gespann *nt* ⑤ (*azione cattiva*) Streich *m;* **fare** **~** **a qu giocare**| **un brutto ~ a qu** jdm einen bösen Streich spielen
**tirocinante** [tirotʃi'nante] I. *agg* Lehrlings-; (*del tirocinio*) Lehr- II. *mf* Lehrling *m*
**tirocinio** [tiro'tʃi:nio] <-i> *m* (*formazione professionale*) Lehre *f,* Lehrzeit *f;* (*stage*) Praktikum *nt*
**tiroide** [ti'rɔ:ide] *f* Schilddrüse *f*
**tirolese** [tiro'le:se] I. *agg* tirolisch, Tiroler-; **canto alla ~** Jodeln *nt* II. *mf* Tiroler(in) *m(f)* **Tirolo** [ti'rɔ:lo] *m* Tirol *nt*
**tisana** [ti'za:na] *f* Aufguss *m,* Tee *m*
**tisi** ['ti:zi] <-> *f* Tuberkulose *f* **tisico, -a** ['ti:ziko] <-ci, -che> I. *agg* schwindsüchtig II. *m, f* Schwindsüchtige(r) *f(m)*
**titanico, -a** [ti'ta:niko] <-ci, -che> *agg* gigantisch
**titanio** [ti'ta:nio] *m* (CHEM) Titan *nt*
**titano** [ti'ta:no] *m* Titan *m*
**titillamento** [titilla'mento] *m* Kitzeln *nt*
**titillare** [titil'la:re] *vt* kitzeln
**titolare** [tito'la:re] *agg* ① (*gener*) berechtigt ② (REL) Titular-
**titolarità** [titolari'ta] <-> *f* Inhaberschaft *f*
**titolato, -a** [tito'la:to] I. *agg* ① (*nobile*) ad[e]lig ② (CHEM) titriert II. *m, f* Ad[e]lige(r) *f(m)* **titolazione** [titolat'tsio:ne] *f* ① (*di lega, fibra tessile*) Titration *f* ② (*di opere, articoli*) Betitelung *f*
**titolo** ['ti:tolo] *m* ① (*nome*) Titel *m;* (*intestazione*) Überschrift *f;* **~i di prima pagina** Schlagzeilen *fpl* ② (JUR: *nei testi*) Absatz *m* ③ (COM, FIN) Wertpapier *nt;* **~ azionario**

Aktie *f;* **a ~ di prestito** leihweise; **a ~ gratuito** kostenlos; **portafoglio -i** Wertpapierbestand *m* ④ (*appellativo*) Name *m,* Bezeichnung *f,* Titel *m;* (*epiteto offensivo*) Schimpfwort *nt;* **a ~ personale** im eigenen Namen ⑤ (*grado*) Grad *m,* Titel *m* ⑥ (*merito*) Verdienst *nt*
**titubante** [titu'bante] *agg* unschlüssig, unentschlossen **titubanza** [titu'bantsa] *f* Unschlüssigkeit *f* **titubare** [titu'ba:re] *vi* zögern
**tizia** *f v.* **tizio**
**tiziano** [tit'tsia:no] *agg* <inv> tizianrot
**tizio, -a** ['tittsio] <-zi, -zie> *m, f* [irgend]jemand, irgendwer; **un ~** qualunque irgendjemand; **Tizio, Caio e Sempronio** Hinz und Kunz *fam*
**tizzone** [tit'tso:ne] *m* brennendes Holzstück
**to'** [tɔ] *int* (*meraviglia*) nanu, sieh [einer] an; **~! Eccoti i soldi!** (*fam*) da! Hier hast du das Geld!
**toast** ['toust *o* 'tɔst] <-> *m* Toast *m*
**toboga** [to'bɔ:ga] <-> *m* ① (*slitta*) Toboggan *m* ② (*scivolo*) Rutschbahn *f*
**toccabile** [tok'ka:bile] *agg* berührbar; (*fig*) greifbar
**toccante** [tok'kante] *agg* rührend, ergreifend
**toccare** [tok'ka:re] I. *vt avere* ① (*sentire con la mano*) berühren, anfassen; **~ con mano** (*fig*) mit Händen greifen ② (*fig*) berühren; (*cibo*) anrühren ③ (*tasto*) drücken ④ (*giungere*) erreichen; **~ terra** landen; **~ la sessantina** an die sechzig sein ⑤ (*argomento*) streifen ⑥ (NAUT: *porto*) anlaufen ⑦ (*commuovere*) rühren, ergreifen ⑧ (*riguardare*) betreffen, angehen; **la cosa mi tocca da vicino** das geht mich direkt an II. *vi essere* ① (*accadere*) zustoßen, widerfahren ② (*essere obbligato*) obliegen *geh;* **mi tocca ...** +*inf* ich muss ... +*inf* ③ (*spettare*) zustehen; **tocca a me/te** ich bin/du bist an der Reihe; **a chi tocca tocca** wer dran ist, ist dran
**toccasana** [tokka'sa:na] <-> *m* (*a. fig*) Allheilmittel *nt*
**toccata** [tok'ka:ta] *f* ① (*il toccare*) Berührung *f* ② (MUS) Toccata *f* **toccatina** [tokka'ti:na] *f* leise Berührung
**toccato, -a** [tok'ka:to] *agg* ① (SPORT) getroffen ② (*fig: andato a segno*) getroffen ③ (*fam*) **è un po'~** er tickt nicht ganz richtig
**tocco** ['tokko] <-cchi> *m* ① (*pressione*) Berührung *f,* leichter Druck ② (*fig: di*

*artista*) [Künstler]hand *f*; (*di pittore*) Pinselführung *f*; (MUS) Anschlag *m* ❸ (*di campane*) Läuten *nt*, Glockenschlag *m*; (*di orologi*) Schlagen *nt*, Schlag *m*

**tocco, -a** ['tɔkko] <-cchi, -cche> *agg* (*fam*) plemplem; **è ~ nel cervello** er hat einen Dachschaden

**toeletta** [toe'lɛtta] *f* (*operazione*) Toilette *f*

**toga** ['tɔːga] <-ghe> *f* ❶ (HIST) Toga *f* ❷ (JUR) Talar *m*, Robe *f* **togato, -a** [toˈgaːto] *agg* ❶ (HIST) mit der Toga bekleidet; (JUR) mit dem Talar bekleidet ❷ (*fig*) feierlich

**togliere** ['tɔʎʎere] <tolgo, tolsi, tolto> I. *vt* ❶ (*rimuovere*) abnehmen, wegnehmen; (*dente*) ziehen; (*vestito*) ausziehen; (*cappello*) abnehmen; **~ di mezzo qu** jdn aus dem Weg schaffen; **-rsi la vita** sich das Leben nehmen; **ciò non toglie che ... +***conj* das schließt nicht aus, dass ... ❷ (*fig: non concedere più*) [weg]nehmen; (*parola*) entziehen ❸ (*fig: divieto, seduta*) aufheben ❹ (*fig: liberare*) befreien II. *vr* **-rsi** weggehen, sich entfernen

**toiletries** ['tɔilitriz] *fpl* Toilettenartikel *mpl*; **linea di ~** Kosmetiklinie *f*

**toilette** [twaˈlɛt] <-> *f v.* **toletta**

**tolda** ['tɔlda] *f* Deck *nt*

**toletta** [toˈletta] *f* ❶ (*abito, acconciatura, stanza, operazione*) Toilette *f* ❷ (*mobile*) Toilettentisch *m*, Frisierkommode *f*

**tolgo** ['tɔlgo] *1. pers sing pr di* **togliere**

**tollerabile** [tolleˈraːbile] *agg* erträglich **tollerabilità** [tollerabiliˈta] <-> *f* Erträglichkeit *f*; (MED) Verträglichkeit *f*

**tollerante** [tolleˈrante] *agg* tolerant **tolleranza** [tolleˈrantsa] *f* ❶ (*indulgenza*) Toleranz *f*; (*comprensione*) Nachsicht *f*, Verständnis *nt* ❷ (*sopportazione*) Aushalten *nt*, Verträglichkeit *f*; **casa di ~** Bordell *nt* ❸ (*dilazione*) zulässige Verzögerung; (*scarto*) Toleranz *f*, zulässige Abweichung **tollerare** [tolleˈraːre] *vt* ❶ (*poter subire*) vertragen ❷ (*sopportare*) ertragen, dulden ❸ (*ammettere*) tolerieren, dulden

**tolsi** ['tɔlsi] *1. pers sing pass rem di* **togliere**

**tolto**[1] ['tɔlto] *pp di* **togliere**

**tolto**[2] *avv* abgesehen von +*dat*, ausgenommen +*acc*

**tomaia** [toˈmaːia] <-aie> *f* Oberleder *nt*

**tomba** ['tomba] *f* Grab *nt*; **silenzio di ~** Grabesstille *f*; **essere una ~** (*fig*) schweigen wie ein Grab; **essere con un piede nella ~** (*fig*) mit einem Fuß im Grabe stehen **tombale** [tomˈbaːle] *agg* Grab[es]-

**tombarolo** [tombaˈrɔːlo] *m* (*sl*) Grabräuber *m*

**tombino** [tomˈbiːno] *m* Kanalschacht *m*

**tombola** ['tombola] *f* Zahlenlotto *nt*

**tombolare** [tomboˈlaːre] *vi essere* (*fam*) purzeln

**tombolo** ['tombolo] *m* ❶ (*lavorazione*) Klöppelkissen *nt* ❷ (*fam: persona grassoccia*) Tonne *f*

**tomo** ['tɔːmo] *m* ❶ (*volume*) Band *m* ❷ (*fig fam: persona bizzarra*) Nummer *f*, Marke *f*

**tomografia** [tomograˈfiːa] *f* Tomografie *f*, Tomographie *f*; **~ assiale computerizzata** Computertomografie; **~ a risonanza magnetica** Kernspintomografie **tomografo** [toˈmɔgrafo] *m* Tomograf *m*, Tomograph

**TomTom®** ['tɔmtɔm] <-> *m* (*sistema*) Navigationssystem *nt*; (*apparecchio*) Navigationsgerät *nt*, Navi *nt fam*

**tonaca** ['tɔːnaka] <-che> *f* (*di frati*) Kutte *f*; (*di preti*) Talar *m*; (*di monache*) Ordenskleid *nt*, Schwesterntracht *f*

**tonale** [toˈnaːle] *agg* ❶ (MUS) tonal ❷ (*in pittura*) Ton- **tonalità** [tonaliˈta] <-> *f* ❶ (MUS) Tonalität *f* ❷ (*di colore*) [Farb]ton *m*

**tonare** [toˈnaːre] I. *vi avere* ❶ (METEO) donnern ❷ (*fig*) wettern II. *vi essere o avere* (*impersonale*) donnern

**tondeggiante** [tondedˈdʒante] *agg* rundlich

**tondino** [tonˈdiːno] *m* runder Gegenstand; (*di ferro*) Rundeisen *nt*; (*negli ippodromi*) Führring *m*

**tondo** ['tondo] *m* Scheibe *f*, Kreis *m*; **girare in ~** [sich] im Kreise drehen

**tondo, -a** *agg* rund, Rund-; **dire chiaro e ~** rundheraus sagen

**toner** [tɔːner] <-> *m* Toner *m*

**tonfete** ['tonfete] *int* plumps

**tonfo** ['tonfo] *m* dumpfer Schlag, Plumps *m fam;* **fare un ~** plumpsen *fam*

**tonica** ['tɔːnika] <-che> *f* Grundton *m*, Tonika *f*

**tonico** ['tɔːniko] <-ci> *m* Stärkungsmittel *nt*; (*per la pelle*) Gesichtswasser *nt*

**tonico, -a** <-ci, -che> *agg* kräftigend, anregend; (LING) betont; **acqua -a** Tonic[wasser] *nt* **tonificare** [tonifiˈkaːre] *vt* ❶ (*irrobustire*) kräftigen, stärken ❷ (*rinvigorire*) beleben, anregen

**tonnato, -a** [tonˈnaːto] *agg* **vitello ~** Kalbfleisch in T[h]unfischsoße; **salsa -a** T[h]unfischsoße *f*

**tonnellaggio** [tonnel'laddʒo] <-ggi> *m* Tonnage *f*
**tonnellata** [tonnel'la:ta] *f* Tonne *f*; **~ di stazza lorda** Bruttoregistertonne *f*
**tonno** ['tonno] *m* T[h]unfisch *m*
**tono** ['tɔ:no] *m* ❶ (*gener, MUS, PHYS*) Ton *m* ❷ (*modo*) Art *f*, Weise *f*; **darsi un ~** (*fig*) Haltung annehmen ❸ (MED) Tonus *m* ❹ (*di colore*) [Farb]ton *m* ❺ (*fig: modello*) Vorbild *nt* ❻ (*loc*) **rispondere a ~** die passende Antwort geben
**tonsilla** [ton'silla] *f* (ANAT) Mandel *f* **tonsillectomia** [tonsillekto'mi:a] <-ie> *f* Mandeloperation *f* **tonsillite** [tonsil'li:te] *f* Mandelentzündung *f*
**tonsura** [ton'su:ra] *f* Tonsur *f*
**tonto, -a** ['tonto] *agg* einfältig, blöde
**top** [tɔp] <-> *m* ❶ (*indumento*) Top *nt* ❷ (*vertice*) Spitze *f*
**topaia** [to'pa:ia] <-aie> *f* Mäusenest *nt*
**topazio** [to'pattsio] <-i> *m* Topas *m*
**topic** ['tɔpik] <-> *m* (LING: *tema*) Topik *nt*
**topica** ['tɔ:pika] <-che> *f* ❶ (*fam: gaffe*) Fauxpas *m*, Schnitzer *m*; **fare una ~** ins Fettnäpfchen treten ❷ (*in retorica*) Topik *f*
**topicida** [topi'tʃi:da] <-i> *m* Mäusegift *nt*
**topicida** <-i *m*, -e *f*> *agg* mäusevernichtend
**topless** ['tɔplis] <-> *m* Oben-ohne-Badeanzug *m*
**top model** [tɔp 'mɔdl] <-> *f* Topmodel *nt*
**topo** ['tɔ:po] *m* Maus *f*; **~ di biblioteca** (*fig*) Bücherwurm *m*; **fare la fine del ~** (*fig*) in die Falle gehen
**topografia** [topogra'fi:a] *f* Topographie *f*
**topografico, -a** [topo'gra:fiko] <-ci, -che> *agg* topographisch
**topolino** [topo'li:no] *m* Mäuschen *nt*; **Topolino** Mickymaus *f*
**toponimo** [to'pɔ:nimo] *m* Ortsname *m*
**toporagno** [topo'raɲɲo] *m* Spitzmaus *f*
**toppa** ['tɔppa] *f* ❶ (*serratura*) Schloss *nt* ❷ (*rappezzo*) Flicken *m*, Aufnäher *m*
**torace** [to'ra:tʃe] *m* Brustkorb *m* **toracico, -a** [to'ra:tʃiko] <-ci, -che> *agg* Brust-
**torba** ['torba] *f* Torf *m*
**torbidezza** [torbi'dettsa] *f* Trübung *f* **torbidi** *mpl* Unruhen *fpl*, Wirren *pl* **torbido, -a** ['torbido] *agg* trübe; (*fig*) finster, dunkel
**torbiera** [tor'biɛ:ra] *f* Torfmoor *nt*
**torcere** ['tɔrtʃere] <torco, torsi, torto> I. *vt* ❶ (*avvolgere*) [ver]drehen; (*piegare*) [um]drehen, krümmen; (*ferro*) biegen ❷ (*biancheria*) auswringen ❸ (*bocca*) verziehen; (*collo*) umdrehen II. *vr* **-rsi** sich winden, sich krümmen

**torchiare** [tor'kia:re] *vt* ❶ (*spremere*) pressen ❷ (*fig*) auspressen **torchio** ['tɔrkio] <-chi> *m* Presse *f*; **tenere qu sotto il ~** (*fig*) jdn durch die Mangel drehen *fam*
**torcia** ['tɔrtʃa] <-ce> *f* Fackel *f*, Taschenlampe *f*
**torcicollo** [tortʃi'kɔllo] *m* steifer Hals; **avere il ~** einen steifen Hals haben
**tordo** ['tordo] *m* Drossel *f*
**torello** [to'rɛllo] *m* Jungstier *m*
**torero** [to'rɛ:ro] *m* Stierkämpfer *m*, Torero *m*
**torinese¹** [tori'ne:se] I. *agg* turiner, turinisch II. *mf* (*abitante*) Turiner(in) *m(f)*
**torinese²** <*sing*> *m* (*dialetto*) Turiner Dialekt *m*
**Torinese** <*sing*> *m* Umgebung *f* von Turin
**torinista** [tori'nista] <-i *m*, -e *f*> I. *mf* Fan *m* von Juventus Turin II. *agg* (SPORT) von Juventus Turin begeistert
**Torino** [to'ri:no] *f* Turin *nt* (*Hauptstadt Piemonts*)
**torlo** ['torlo] *v.* **tuorlo**
**torma** ['torma] *f* Schar *f*
**tormalina** [torma'li:na] *f* Turmalin *m*
**tormenta** [tor'menta] *f* Schneesturm *m*
**tormentare** [tormen'ta:re] I. *vt* (*dolore, rimorso*) quälen; (*fastidio*) plagen, belästigen II. *vr* **-rsi** sich quälen, sich plagen
**tormento** [tor'mento] *m* Qual *f*, Schmerz *m*; (*fig*) Plage *f*, Belästigung *f*
**tormentone** [tormen'to:ne] <-i> *m* ❶ (*canzone*) Ohrwurm *m* ❷ (*ciò que è molesto*) Quälerei *f* ❸ (*pubblicità*) Werbeslogan *m* **tormentoso, -a** [tormen'to:so] *agg* quälend
**tornaconto** [torna'konto] *m* (*vantaggio*) Vorteil *m*; (*utile*) Gewinn *m*
**tornado** [tor'na:do] <-> *m* Wirbelsturm *m*, Tornado *m*
**tornante** [tor'nante] *m* Kehre *f*, Haarnadelkurve *f*
**tornare** [tor'na:re] I. *vi* essere ❶ (*ritornare*) zurückkommen, -kehren; **~ sull'argomento** auf das Argument zurückkommen ❷ (*venire di nuovo*) noch einmal kommen, wiederkommen; (*andare di nuovo*) noch einmal gehen, wieder gehen; **~ alla mente** wieder in den Sinn kommen; **~ di moda** wieder in Mode kommen; **~ a fare qc** etw noch einmal tun; **~ in sé** wieder zu sich kommen ❸ (*ridiventare*) wieder werden ❹ (*essere esatto, giusto*) stimmen, richtig sein; **il conto torna** die Rechnung geht auf ❺ (*essere*) sein; **torna utile** das ist ganz nützlich II. *vt avere* zurückgeben, zurückbringen

**tornasole** [torna'so:le] <-> *m* Lackmus *nt* *o m*
**tornata** [tor'na:ta] *f* Sitzung *f*, Tagung *f*
**torneare** [torne'a:re] *vi* an einem Turnier teilnehmen
**tornella** [tor'nɛlla] *f*, **tornello** [tor'nɛllo] *m* Drehkreuz *nt*
**torneo** [tor'nɛ:o] *m* Turnier *nt*
**tornio** ['tornio] <-i> *m* Drehbank *f*
**tornire** [tor'ni:re] <tornisco> *vt* ❶ (TEC) drechseln, drehen ❷ (*fig*) [aus]feilen **tornitore, -trice** [torni'to:re] *m, f* Drechsler(in) *m(f)*, Dreher(in) *m(f)*
**torno** ['torno] *m* **levarsi di ~** von hier verschwinden
**toro** ['tɔ:ro] *m* ❶ (ZOO) Stier *m;* **prendere il ~ per le corna** (*fig*) den Stier bei den Hörnern packen ❷ (ASTR) **Toro** Stier *m;* **sono Toro, sono un** [*o* **del**] **Toro** ich bin [ein] Stier
**torpedine** [tor'pɛ:dine] *f* ❶ (ZOO) Zitterrochen *m* ❷ (MIL) Seemine *f*
**torpediniera** [torpedi'niɛ:ra] *f* Torpedoboot *nt*
**torpedone** [torpe'do:ne] *m* Reiseomnibus *m*
**torpidezza** [torpi'dettsa] *f* Unlust *f*
**torpido, -a** ['tɔrpido] *agg* schlaff, benommen; (*pigro*) träge
**torpore** [tor'po:re] *m* Schlaffheit *f*, Benommenheit *f*; (*fig*) Trägheit *f*
**torrazzo** [tor'rattso] *m* [großer] Glockenturm *m*
**torre** ['tɔrre] *f* Turm *m;* **~ di controllo** Kontrollturm *m;* **~ di lancio** Startrampe *f*
**torrefare** [torre'fa:re] <irr> *vt* rösten, brennen **torrefazione** [torrefat'tsio:ne] *f* ❶ (*azione*) Rösten *nt*, Brennen *nt* ❷ (*locale*) Rösterei *f*
**torreggiare** [torred'dʒa:re] *vi* emporragen
**torrente** [tor'rɛnte] *m* Wildbach *m;* (*a. fig*) Sturzbach *m;* **a -i** in Strömen; **letto del ~** Bachbett *nt* **torrenziale** [torren'tsia:le] *agg* strömend; **pioggia ~** Wolkenbruch *m*
**torrido, -a** ['tɔrrido] *agg* glühend; (*clima*) heiß
**torrione** [tor'rio:ne] *m* Wachtturm *m*
**torrone** [tor'ro:ne] *m* türkischer Honig mit Mandeln und kandierten Früchten
**torsi** ['tɔrsi] *1. pers sing pass rem di* **torcere**
**torsione** [tor'sio:ne] *f* Verdrehung *f*, Torsion *f*; (*in ginnastica*) Drehung *f*; (*di filati*) Zwirnen *nt*
**torso** ['torso] *m* ❶ (*nell'arte*) Torso *m* ❷ (ANAT) Rumpf *m* ❸ (BOT: *di cavolo*)

Strunk *m;* (*di frutti*) Kerngehäuse *nt;* (*di granoturco*) [Mais]kolben *m*
**torsolo** ['torsolo] *m* (*di mela*) Kerngehäuse *nt;* (*di cavolo*) Strunk *m*
**torta** ['tɔrta] *f* Torte *f*, Kuchen *m*
**tortelli** [tor'telli] *mpl* **~ cremaschi** mit Kürbis, Amaretti und Parmesan gefüllte Nudeln **tortellinatrice** [tortellina'tri:tʃe] *f* Maschine zur Herstellung von Tortellini
**tortellini** [tortel'li:ni] *mpl* Tortellini *pl* (*ringförmige, mit Fleisch gefüllte Nudeln*)
**tortelloni** [tortel'lo:ni] *mpl* Tortelloni *pl* (*größere, mit Ricotta und Gemüse gefüllte Nudeln*)
**tortiera** [tor'tiɛ:ra] *f* Torten-, Kuchenform *f*
**tortiglione** [tortiʎ'ʎo:ne] *m* ❶ (*forma*) Spiralform *f* ❷ *pl* kurze spiralförmige Suppennudeln; **baffi a ~** gezwirbelter Schnurrbart
**torto**[1] ['tɔrto] *pp di* **torcere**
**torto**[2] *m* Unrecht *nt;* **avere ~** Unrecht haben; **non avere tutti i -i** nicht ganz Unrecht haben; **dar ~ a qu** jdm Unrecht geben; **far ~ a qu** jdm ein Unrecht antun; (*fig*) jds nicht würdig sein; **a ~** zu Unrecht
**tortora** ['tortora] *f* Turteltaube *f*; **grigio ~** taubengrau *nt*
**tortuosità** [tortuosi'ta] <-> *f* Gewundenheit *f*, Krümmung *f*; (*fig*) krummer Weg *fam* **tortuoso, -a** [tortu'o:so] *agg* gewunden; (*fig*) verschlungen
**tortura** [tor'tu:ra] *f* (*a. fig*) Folter *f*; (*molestia*) Plage *f*; (*fig*) Qual *f*, Tortur *f* **torturare** [tortu'ra:re] I. *vt* foltern; (*fig*) quälen, martern; **-rsi il cervello** sich *dat* das Gehirn zermartern II. *vr* **-rsi** sich quälen
**torvo, -a** ['torvo] *agg* finster, scheel
**tosacani** [toza'ka:ni] <-> *mf* Hundescherer *m;* (*scherz: barbiere non bravo*) Bartscherer *m*
**tosaerba** [toza'ɛrba] <-> *m o f* Rasenmäher *m*, Rasenmähmaschine *f*
**tosamento** [toza'mento] *m* Scheren *nt*, Schneiden *nt* **tosare** [to'za:re] *vt* ❶ (*pecore*) scheren ❷ (*scherz: capelli*) scheren ❸ (*siepi*) stutzen, schneiden **tosasiepi** [toza'siɛ:pi] <-> *m* Heckenschere *f* **tosatore, -trice** [toza'to:re] *m, f* Scherer(in) *m(f)* **tosatura** [tosa'tu:ra] *f* ❶ (*operazione*) Scheren *nt* ❷ (*lana*) Schur-, Scherwolle *f*
**Toscana** [tos'ka:na] *f* Toskana *f* **toscano, -a** [tos'ka:no] I. *agg* toskanisch II. *m, f* (*abitante*) Toskaner(in) *m(f)*
**tosone** [to'zo:ne] *m* Vlies *nt*
**tosse** ['tosse] *f* Husten *m;* **~ canina** [*o* **asi-**

**nina**] Keuchhusten *m* **tossicchiare** [tossik'kia:re] *vi* hüsteln
**tossicità** [tossitʃi'ta] <-> *f* Giftigkeit *f*
**tossico** ['tɔssiko] <-ci> *m* Gift *nt*
**tossico, -a** <-ci, -che> I. *agg* giftig, toxisch II. *m, f (sl)* Junkie *m*
**tossicodipendente** [tossikodipen'dɛnte] *mf* Drogenabhängige(r) *f(m)* **tossicodipendenza** [tossikodipen'dɛntsa] *f* Drogenabhängigkeit *f*
**tossicologa** *f v.* **tossicologo**
**tossicologia** [tossikolo'dʒi:a] <-gie> *f* Toxikologie *f* **tossicologo, -a** [tossi'kɔ:logo] <-gi, -ghe> *m, f* Toxikologe *m*/Toxikologin *f*
**tossicomane** [tossi'kɔ:mane] I. *agg* drogen-, rauschgiftsüchtig II. *mf* Drogen-, Rauschgiftsüchtige(r) *f(m)* **tossicomania** [tossikoma'ni:a] *f* Drogen-, Rauschgiftsucht *f*
**tossina** [tos'si:na] *f* Giftstoff *m*, Toxin *nt*
**tossire** [tos'si:re] <tossisco> *vi* husten
**tostacaffè** [tostakaf'fɛ] <-> *m* Kaffeeröstmaschine *f* **tostapane** [tosta'pa:ne] <-> *m* Toaster *m*
**tostare** [tos'ta:re] *vt* rösten; (*pane a*) toasten **tostatura** [tosta'tu:ra] *f* Rösten *nt;* (*del pane a*) Toasten *nt*
**tosto, -a** ['tɔsto] *agg* hart; **faccia -a** Frechheit *f*, Unverschämtheit *f*
**tot** [tɔt] (*fam*) I.<inv> *agg* soundso viel II. <-> *m* [bestimmte] [An]zahl *f;* (*somma*) [bestimmte] Summe *f*
**totale** [to'ta:le] I. *agg* Gesamt-, total II. *m* Gesamtsumme *f*, -betrag *m* **totalità** [totali'ta] <-> *f* Gesamtheit *f*, Vollständigkeit *f*
**totalitario, -a** [totali'ta:rio] <-i, -ie> *agg* ❶ (*della totalità*) allgemein, ganzheitlich ❷ (POL) totalitär **totalitarismo** [totalita'rizmo] *m* Totalitarismus *m* **totalitarista** [totalita'rista] <-i *m*, -e *f*> I. *mf* Anhänger(in) *m(f)* des Totalitarismus II. *agg* totalitaristisch, totalitär
**totalizzare** [totalid'dza:re] *vt* insgesamt erzielen **totalizzatore** [totaliddza'to:re] *m* Totalisator *m*
**totano** ['tɔ:tano] *m* Tintenfisch *m*
**totem** ['tɔ:tɛm] *m* Totem *nt*
**totip** [to'tip] *m acro di* **totalizzatore ippico** *italienisches Pferdelotto*
**totocalcio** [toto'kaltʃo] *m acro di* **totalizzatore calcistico** *italienisches Fußballtoto*
**touch screen** <-> *m* (INFORM) Touch Screen *m*
**toupet** [tu'pɛ] <-> *m* Toupet *nt*
**tour de force** ['tur də 'fɔrs] <-> *m* Gewaltaktion *f*, Tour de force *f*

**tour leader** [tuə 'li:də] <-> *mf* Reisebegleiter(in) *m(f)*
**tournée** [tur'ne] <-> *f* Tournee *f*
**tour operator** ['tuə ɔpe'reitə] <-> *mf* Reiseveranstalter(in) *m(f)*
**tovaglia** [to'vaʎʎa] <-glie> *f* Tischtuch *nt*, Tischdecke *f* **tovagliato** [tovaʎ'ʎa:to] *m* Tischwäsche *f* **tovagliolo** [tovaʎ'ʎɔ:lo] *m* Serviette *f;* ~ **di carta** Papierserviette *f*
**tozzo** ['tɔttso] *m* (*di pane*) Stück *nt* [trockenes] Brot; **dar via qc per un ~ di pane** (*fam*) etw für ein Butterbrot verkaufen
**tozzo, -a** *agg* untersetzt, stämmig; (*cosa*) plump; (*edificio*) kompakt
**tr.** *abbr di* **tratta** Tratte *f*, gezogener Wechsel
**tra** [tra] *prp* ❶ (*fra*) zwischen +*dat;* (*in mezzo a due persone o cose, stato*) zwischen +*dat;* (*moto*) zwischen +*acc;* (*in mezzo a più persone o cose, a. fig*) unter +*dat;* (*moto*) unter +*acc;* ~ **di noi** unter uns; ~ **sé e sé** in seinem Inneren ❷ (*attraverso luogo*) nach +*dat* ❸ (*partitivo*) von +*dat*, unter +*dat;* ~ **l'altro** unter anderem ❹ (*approssimativo*) alles in allem; ~ **vitto e alloggio ho speso quasi tutto** für Kost und Wohnung habe ich fast alles ausgegeben ❺ (*di tempo*) in +*dat*, innerhalb +*gen;* ~ **breve** in Kürze
**traballamento** [traballa'mento] *m* Schwanken *nt* **traballare** [trabal'la:re] *vi* schwanken, taumeln; (*a. fig*) wackeln
**trabeazione** [trabeat'tsio:ne] *f* Gebälk *nt*
**trabiccolo** [tra'bikkolo] *m* (*scherz: auto scassata*) Rostlaube *f fam*
**traboccare** [trabok'ka:re] *vi* ❶ *essere* (*liquido*) überlaufen, überfließen ❷ *avere* (*recipiente*) überlaufen
**trabocchetto** [trabok'ketto] *m* ❶ (*congegno*) Falltür *f* ❷ (*fig*) Falle *f;* **domanda ~** Fangfrage *f;* **tendere un ~ a qu** jdm eine Falle stellen
**trabocco** [tra'bokko] <-cchi> *m* Überlaufen *nt*, Überfließen *nt;* ~ **di sangue** Blutsturz *m*
**tracagnotto, -a** [trakaɲ'ɲɔtto] *agg* untersetzt
**tracannare** [trakan'na:re] *vt* hinunterstürzen, -gießen
**traccia** ['trattʃa] <-cce> *f* ❶ (*impronta*) Spur *f;* (*segno*) Zeichen *nt;* (*di selvaggina*) Fährte *f;* **essere sulle -cce di qu** jdm auf der Spur sein; **non lasciar ~ di sé** spurlos verschwinden; **far perdere le proprie -cce** seine Spuren verwischen ❷ (*fig: ricordo*) Spur *f* ❸ (*scia*) Kielwasser *nt* ❹ (*abbozzo*) Entwurf *m*, Skizze *f* **traccia-**

**mento** [trattʃa'mento] *m* Abstecken *nt;* (*di strade, ferrovie*) Trassieren *nt;* (*in meccanica*) Anreißen *nt;* (*di pista per sci*) Spuren *nt*
**tracciante** [trat'tʃante] *agg* **proiettile ~** Leuchtspurgeschoss *nt*
**tracciare** [trat'tʃa:re] *vt* ①(*disegnare*) zeichnen, entwerfen ②(*strade, ferrovie*) trassieren ③(*fig: descrivere*) umreißen
**tracciato** [trat'tʃa:to] *m* ①(*disegno*) Grafik *f* ②(*di strada*) Trasse *f* ③(INFORM) **~ dell'archivio** Verzeichnisstruktur *f*
**tracciatore** [trattʃa'to:re] *m* (INFORM: *di grafici*) Plotter *m*
**trachea** [tra'kɛ:a] <-chee> *f* Luftröhre *f*
**tracheotomia** [trakeoto'mi:a] <-ie> *f* Luftröhrenschnitt *m*
**trackball** ['trækbɔl] <-> *f* (INFORM) Trackball *m* **trackpad** ['trakpɛd] <-> *m* (INFORM) Trackpad *nt*
**tracolla** [tra'kɔlla] *f* Schultergurt *m,* -riemen *m;* **a ~** umgehängt
**tracollare** [trakol'la:re] *vi essere* [um]kippen; (*bilancia*) sinken
**tracollo** [tra'kɔllo] *m* ①(*fig*) Zusammenbruch *m* ②(*di ditta*) Pleite *f*
**tracotante** [trako'tante] *agg* anmaßend, überheblich **tracotanza** [trako'tantsa] *f* Anmaßung *f,* Überheblichkeit *f*
**trad.** *abbr di* **traduzione** Übers.
**trader** ['treidə] *m* (FIN: *operatore finanziario*) Händler *m*
**tradimento** [tradi'mento] *m* Verrat *m;* (*di un coniuge*) Untreue *f;* **alto ~** Hochverrat *m;* **a ~** hinterrücks
**trading** ['treidiŋ] <-> *m* (FIN) Trading *nt*
**tradire** [tra'di:re] <tradisco> I. *vt* ①(*venir meno alla fede*) verraten ②(*coniuge*) betrügen ③(*fig: mancare, ingannare*) **se la memoria non mi tradisce** wenn mich mein Gedächtnis nicht täuscht ④(*speranze*) enttäuschen II. *vr* **-rsi** sich verraten
**traditore, -trice** [tradi'to:re] I. *m, f* Verräter(in) *m(f)* II. *agg* verräterisch
**tradizionale** [tradittsio'na:le] *agg* traditionell, herkömmlich; (*costumi*) überliefert
**tradizionalismo** [tradittsiona'lizmo] *m* Traditionalismus *m* **tradizionalista** [tradittsiona'lista] <-i *m,* -e *f*> *mf* Traditionalist(in) *m(f)*
**tradizione** [tradit'tsio:ne] *f* ①(*gener*) Überlieferung *f,* Tradition *f* ②(*consuetudine*) Brauch *m*
**tradotta** [tra'dɔtta] *f* Militärzug *m*
**tradotto** [tra'dɔtto] *pp di* **tradurre**
**traducibile** [tradu'tʃi:bile] *agg* übersetzbar; (*fig: azione*) umsetzbar; (*sentimento*) ausdrückbar; **essere difficilmente ~ in parole** schwer in Worte zu fassen sein **tradurre** [tra'durre] <traduco, tradussi, tradotto> *vt* ①(*testi*) übersetzen, übertragen; **~ dall'italiano in tedesco** aus dem Italienischen ins Deutsche übersetzen ②(*detenuti*) überführen ③(*fig: azioni*) umsetzen; (*sentimenti*) ausdrücken; **~ in parole povere** in einfache Worte kleiden
**traduttivo, -a** [tradut'ti:vo] *agg* übersetzerisch; **metodo ~** übersetzerische Methode **traduttologia** [traduttolo'dʒi:a] *f* Übersetzungswissenschaft *f* **traduttore, -trice** [tradut'to:re] *m, f* Übersetzer(in) *m(f),* Dolmetscher(in) *m(f);* **~ elettronico** Sprachcomputer *m* **traduzione** [tradut'tsio:ne] *f* ①(*di scritto, discorso*) Übersetzung *f;* **~ simultanea** Simultanübersetzung *f* ②(*di detenuti*) Überführung *f*
**traente** [tra'ɛnte] *m* Aussteller *m,* Trassant *m*
**trafelato, -a** [trafe'la:to] *agg* atemlos, außer Atem
**trafficante** [traffi'kante] *mf* ①(COM) Händler(in) *m(f)* ②(*pej*) Schieber(in) *m(f)*
**trafficare** [traffi'ka:re] I. *vi* ①(COM) **~ in qc** mit etw handeln ②(*pej*) schieben II. *vt* (*pej*) verschachern, schieben mit **traffichino, -a** [traffi'ki:no] *m, f* (*fam*) Geschäftemacher(in) *m(f)* **traffico** ['traffiko] <-ci> *m* ①(COM) Handel *m;* **~ di stupefacenti** Drogenhandel *m* ②(*delle strade*) Verkehr *m;* **~ aereo** Luftverkehr *m;* **~ stradale** Straßenverkehr *m;* **~ di transito** Transitverkehr *m* **trafficone, -a** [traffi'ko:ne] *m, f* Geschäftemacher(in) *m(f)*
**trafiggere** [tra'fiddʒere] <trafiggo, trafissi, trafitto> *vt* durchbohren
**trafila** [tra'fi:la] *f* Reihe *f* von Hürden
**trafilare** [trafi'la:re] *vt* ziehen
**trafiletto** [trafi'letto] *m* Kurzartikel *m*
**trafissi** [tra'fissi] *1. pers sing pass rem di* **trafiggere**
**trafitta** [tra'fitta] *f* Stichwunde *f*
**trafitto** [tra'fitto] *pp di* **trafiggere**
**traforare** [trafo'ra:re] *vt* ein Loch machen in +*acc,* durchbohren, durchstechen; (*terreno*) aufgraben; (*con intaglio*) einschneiden **traforo** [tra'fo:ro] *m* ①(*atto, effetto*) [Durch]bohrung *f;* (*intaglio*) Einschnitt *m,* Durchstich *m;* **seghetta** [*o* **sega**] **da ~** Laubsäge *f* ②(*galleria*) Tunnel *m*
**trafugamento** [trafuga'mento] *m* Entwendung *f* **trafugare** [trafu'ga:re] *vt* entwenden
**tragedia** [tra'dʒɛ:dia] <-ie> *f* ①(THEAT)

Tragödie *f,* Trauerspiel *nt* ❷ *(fig: scenata)* Theater *nt fam*

**traggo** ['traggo] *1. pers sing pr di* **trarre**

**traghettare** [traget'ta:re] *vt* ❶ *(cose, persone)* übersetzen ❷ *(fiume)* überqueren

**traghettatore** [tragetta'to:re] *m* Fährmann *m* **traghetto** [tra'getto] *m (imbarcazione)* Fähre *f,* Fährschiff *nt;* ~ **spaziale** Raumfähre *f*

**tragica** *f v.* **tragico**

**tragicità** [tradʒitʃi'ta] <-> *f* Tragik *f*

**tragico** ['tra:dʒiko] *m* Tragik *f,* Tragische(s) *nt*

**tragico, -a** <-ci, -che> *agg* tragisch; (THEAT) Tragödien-

**tragicomico, -a** [tradʒi'kɔ:miko] <-ci, -che> *agg* tragikomisch **tragicommedia** [tradʒikom'mɛ:dia] *f* Tragikomödie *f*

**tragitto** [tra'dʒitto] *m* [Weg]strecke *f,* Fahrt *f*

**traguardare** [traguar'da:re] *vt* anvisieren; *(di sottecchi)* verstohlen anschauen

**traguardo** [tra'guardo] *m* ❶ *(a. fig)* Ziel *nt;* **tagliare il ~** durchs Ziel gehen ❷ *(di arma)* Visier *nt*

**traiettoria** [traiet'tɔ:ria] <-ie> *f* Flugbahn *f*

**trailer** ['treilə] <-> *m* (FILM) Trailer *m,* Vorschau *f*

**trainare** [trai'na:re] *vt* schleppen, ziehen

**training** ['treiniŋ] <-> *m (allenamento)* Training *nt;* ~ **autogeno** autogenes Training; ~ **on the job** Einarbeitung *f*

**traino** ['tra:ino] *m* ❶ *(il trainare)* Schleppen *nt,* Ziehen *nt* ❷ *(carico)* Ladung *f,* Fuhre *f* ❸ *(carro)* Schlitten *m,* Fuhre *f*

**trait d'union** ['trɛ dy'njɔ̃] <-> *m* (TYP) Bindestrich *m*

**tralasciabile** [tralaʃ'ʃa:bile] *agg* auslassbar; **particolare** ~ unbedeutendes Detail, nicht erwähnenswerte Einzelheit **tralasciare** [tralaʃ'ʃa:re] *vt* versäumen, unterlassen

**tralcio** ['traltʃo] <-ci> *m* Trieb *m,* Schössling *m*

**tralicciatura** [tralittʃa'tu:ra] *f* Gitterwerk *nt*

**traliccio** [tra'littʃo] <-cci> *m (struttura)* Gerüst *nt,* Gitter *nt*

**tralice** [tra'li:tʃe] *avv* **in** [*o* **di**] ~ schräg, schief

**tralignamento** [traliɲɲa'mento] *m* Entartung *f* **tralignare** [traliɲ'ɲa:re] *vi* entarten, degenerieren

**tralucere** [tra'lu:tʃere] <traluco *mancano i tempi composti*> *vi* [hin]durchscheinen

**tram** [tram] <-> *m* Straßenbahn *f,* Tram *f*

**trama** ['tra:ma] *f* ❶ *(di tessuto)* Schussfaden *m* ❷ *(di un'opera)* Handlung *f* ❸ *(pej: macchinazione)* Intrige *f*

**tramandare** [traman'da:re] *vt* überliefern

**tramare** [tra'ma:re] *vt* anzetteln, im Schilde führen

**trambusto** [tram'busto] *m* Getümmel *nt,* Durcheinander *nt*

**tramestare** [trames'ta:re] *vi* das Unterste zuoberst kehren

**tramestio** [trames'ti:o] <-ii> *m* Durcheinander *nt*

**tramezzabile** [tramed'dza:bile] *agg* durch eine Zwischenwand teilbar **tramezzare** [tramed'dza:re] *vt* ❶ *(interporre)* dazwischenlegen, einschieben; *(fig a)* einlegen ❷ *(con tramezzo)* durch eine Zwischenwand trennen **tramezzatura** [trameddza'tu:ra] *f* Teilung *f* durch eine oder mehrere Zwischenwände

**tramezzino** [tramed'dzi:no] *m* Sandwich *m o nt*

**tramezzo** [tra'mɛddzo] *m* Zwischenwand *f*

**tramite**[1] ['tra:mite] *m* Vermittler(in) *m(f);* *(via)* Verbindung *f*

**tramite**[2] *prp* durch +*acc,* mittels +*gen*

**tramoggia** [tra'mɔddʒa] <-gge> *f* Trichter *m*

**tramontana** [tramon'ta:na] *f* Nordwind *m;* **a** ~ nach Norden; **perdere la** ~ *(fig, scherz)* den Kopf verlieren

**tramontare** [tramon'ta:re] *vi essere* ❶ (ASTR) untergehen ❷ *(fig)* schwinden, vergehen **tramonto** [tra'monto] *m* ❶ (ASTR) [Sonnen]untergang *m* ❷ *(fig)* Abend *m geh*

**tramortimento** [tramorti'mento] *m* Besinnungslosigkeit *f*

**tramortire** [tramor'ti:re] <tramortisco> I. *vi essere* die Besinnung verlieren, ohnmächtig werden II. *vt avere* betäuben, bewusstlos machen

**trampolino** [trampo'li:no] *m (per tuffi)* Sprungbrett *nt;* *(per sci)* Sprungschanze *f*

**trampolo** ['trampolo] *m* Stelze *f*

**tramutare** [tramu'ta:re] I. *vt* verwandeln, verändern II. *vr* -**rsi** sich verwandeln

**tramvai** [tram'va:i] <-> *m v.* **tram**

**trancia** ['trantʃa] <-ce> *f* ❶ *(tranciatrice)* Schneidemaschine *f* ❷ *(fetta)* Scheibe *f,* Schnitte *f* **tranciare** [tran'tʃa:re] *vt* (GASTR) tranchieren; (TEC) schneiden **tranciatrice** [trantʃa'tri:tʃe] *f* Schneidemaschine *f*

**tranello** [tra'nɛllo] *m* Falle *f;* **domanda a** ~ Fangfrage *f*

**trangugiare** [traŋgu'dʒa:re] *vt* verschlingen, verschlucken

**tranne** ['tranne] *prp* außer +*dat*, abgesehen von +*dat*

**tranquillante** [traŋkuil'lante] *m* Beruhigungsmittel *nt* **tranquillare** [traŋkuil'laːre] *vt* (*poet*) besänftigen **tranquillità** [traŋkuilli'ta] <-> *f* Ruhe *f*, Stille *f* **tranquillizzare** [traŋkuillid'dzaːre] *vt* beruhigen

**tranquillo, -a** [traŋ'kuillo] *agg* ① (*calmo*) ruhig, still ② (*sicuro*) ruhig, unbesorgt; **stia ~!** seien Sie unbesorgt!

**trans-** [trans] *v. a.* **tras-**

**transalpino, -a** [transal'piːno] *agg* transalpin[isch], jenseits der Alpen (*von Rom aus gesehen*)

**transamazzonico, -a** [transamad'dzɔːniko] *agg* transamazonisch

**transare** [tran'saːre] *vt* (JUR) [durch Vergleich] beilegen; **~ una lite** einen Streit beilegen

**transatlantico** [transat'lantiko] <-ci> *m* Überseedampfer *m*

**transatlantico, -a** <-ci, -che> *agg* transatlantisch, Übersee-

**transatto** [tran'satto] *pp di* **transigere**

**transazione** [transat'tsioːne] *f* ① (JUR) Vergleich *m* ② (COM) Transaktion *f*

**transbrasiliano, -a** [transbrazi'liaːno] *agg* transbrasilianisch

**transcodifica** [transko'diːfika] <-che> *f* (INFORM) Kodeumsetzung *f*, Umkodierung *f* **transcodificare** [transkodifi'kaːre] *vt* (INFORM) transkodieren, umkodieren **transcodificatore** [transkodifika'toːre] *m* Kodeumsetzer *m*, Kodekonvertierer *m* **transcodificazione** [transkodifikat'tsioːne] *f* Kodeumsetzung *f*, Umkodierung *f*

**transcontainer** ['trænzkən'teinə] <-> *m* Transcontainer *m*, Großcontainer *m*

**transcontinentale** [transkontinen'taːle] *agg* transkontinental

**transculturazione** [transkulturat'tsioːne] *f* Übergangsprozess von einer Kultur zu einer anderen

**transdermico, -a** [trans'dɛrmiko] <-ci, -che> *agg* transdermal; **terapia -a** transdermale Therapie

**transelevatore** [transeleva'toːre] *m* Transelevator *m*

**transenna** [tran'sɛnna] *f* Sperre *f*, Schranke *f* **transennare** [tranzen'naːre] *vt* absperren

**transessuale** [transessu'aːle] I. *agg* transsexuell II. *mf* Transsexuelle(r) *f(m)* **transessualismo** [transsessua'lizmo] *m* Transsexualismus *m* **transessualità** [transsessuali'ta] *f* Transsexualität *f*

**transetto** [tran'sɛtto] *m* Querschiff *nt*

**transeunte** [transe'unte] *agg* (*poet*) vergänglich

**transgenetico** [transdʒe'nɛtiko] <-ci, -che> *agg* genetisch verändert

**transgenico** [trans'dʒɛniko] <-ci, -che> *agg* genetisch verändert; **cibo ~** Genfood *nt*

**transiberiano, -a** [transibe'riaːno] *agg* transsibirisch

**transigere** [tran'siːdʒere] <transigo, transigei *o* transigetti, transatto> I. *vt* [durch Vergleich] beilegen II. *vi* nachgeben; (JUR) sich vergleichen

**transistor(e)** [tran'sistor, (transis'toːre)] <-> *m* Transistor *m*

**transitabile** [transi'taːbile] *agg* (*a piedi*) begehbar; (*passo*) passierbar; (*strada*) befahrbar

**transitare** [transi'taːre] *vt* essere (*con veicolo*) befahren; (*a piedi*) begehen; (*passo*) passieren; (*attraversare*) durchqueren **transitario** [transi'taːrio] <-i> *m* Transithändler *m*

**transitivo, -a** [transi'tiːvo] *agg* transitiv

**transito** ['transito] *m* Durchfahrt *f*, Durchgang *m*, Passage *f*; **divieto di ~** Durchfahrt[s]verbot *nt*; **stazione di ~** Durchgangsbahnhof *m*; **in ~** auf der Durchfahrt

**transitorio, -a** [transi'tɔːrio] <-i, -ie> *agg* vorübergehend, Übergangs- **transizione** [transit'tsioːne] *f* Übergang *m*; **la fase di ~ dalla Lira all'Euro** die Übergangsphase von der Lira zum Euro

**translunare** [translu'naːre] *agg* translunar, translunarisch

**transnazionalismo** [transnattsiona'lizmo] *m* Transnationalismus *m*

**transoceanico, -a** [transotʃe'aːniko] <-ci, -che> *agg* transozeanisch, Übersee-

**transpadano, -a** [transpa'daːno] *agg* jenseits des Po liegend (*von Rom aus gesehen*)

**transporter** [træns'pɔːtə] <-> *m* Transporter *m*

**transrazziale** [transrat'tsiaːle] *agg* rassenübergreifend

**tran tran, trantran** [tran 'tran] <-> *m* Trott *m*; **il solito ~ quotidiano** der übliche Alltagstrott

**tranvai** [tran'vaːi] <-> *m v.* **tram**

**tranvia** [tran'viːa] *f* Straßenbahn *f* **tranviario, -a** [tran'viaːrio] *agg* Straßenbahn-

**tranviere, -a** [tran'vjɛːre] *m, f* Straßenbahner(in) *m(f)*
**trapanare** [trapa'naːre] *vt* [durch]bohren
**trapanazione** [trapanat'tsjoːne] *f* Aufbohrung *f*, Trepanation *f*
**trapanese** [trapa'neːse] **I.** *agg* trapanesisch **II.** *mf* (*abitante*) Trapaneser(in) *m(f)*
**Trapanese** <*sing*> *m* Umgebung *f* von Trapani
**Trapani** *f* Trapani *nt* (*Stadt in Sizilien*)
**trapano** ['traːpano] *m* ❶ (TEC) Bohrer *m* ❷ (MED) Trepan *m*
**trapassare** [trapas'saːre] **I.** *vt* durchdringen, durchbohren; (*a. fig*) überschreiten **II.** *vi essere* (*attraversare*) [hin]durchgehen; (*fig*) durchdringen **trapassato** [trapas'saːto] *m* (LING) **~ prossimo** Vorvergangenheit *f*; **~ remoto** Plusquamperfekt *nt*
**trapasso** [tra'passo] *m* Übertragung *f*, Übergang *m*
**trapelare** [trape'laːre] *vi essere* durchsickern
**trapelo** [tra'peːlo] *m* Vorspannpferd *nt*, Zugtier *nt*
**trapezio** [tra'pɛttsjo] <-i> *m* Trapez *nt*
**trapezista** [trapet'tsista] <-i *m*, -e *f*> *mf* Trapezkünstler(in) *m(f)* **trapezoidale** [trapettsoi'daːle] *agg* trapezförmig, Trapez-; **cinghia ~** Keilriemen *m*
**trapiantare** [trapian'taːre] **I.** *vt* ❶ (AGR, BOT) um-, verpflanzen ❷ (MED) transplantieren **II.** *vr* **-rsi** übersiedeln **trapianto** [tra'pjanto] *m* ❶ (AGR, BOT) Um-, Verpflanzung *f* ❷ (MED) Transplantation *f*; **~ renale/cardiaco** Nieren-/Herztransplantation *f* **trapiantologico, -a** [trapjanto'lɔdʒiko] *agg* transplantationsmedizinisch
**trappa** ['trappa] *f* Trappistenkloster *nt*
**trappista** [trap'pista] <-i> *m* Trappist *m*
**trappola** ['trappola] *f* ❶ (*a. fig*) Falle *f*; **~ per topi** Mausefalle *f*; **cadere nella ~** (*fig*) in die Falle gehen; **tendere una ~ a qu** (*fig*) jdm eine Falle stellen ❷ (*fam: arnese mal funzionante*) Klapperkiste *f*
**trappolone, -a** [trappo'loːne] *m, f* Schwindler(in) *m(f)*
**trapunta** [tra'punta] *f* Steppdecke *f* **trapuntare** [trapun'taːre] *vt* ❶ (*impuntire*) steppen ❷ (*ricamare*) sticken **trapunto, -a** [tra'punto] **I.** *agg* ❶ (*ricamato*) bestickt; (*impuntito*) gesteppt ❷ (*fig*) übersät (*di* mit) **II.** *m* Stick-, Steppnaht *f*
**trarre** ['trarre] <traggo, trassi, tratto> **I.** *vt* ❶ (*ricavare*) [heraus]ziehen; (*cambiale*) ziehen, ausstellen ❷ (*portare*) bringen; (*condurre*) führen; (*sospiro*) ausstoßen; **~ in inganno** täuschen; **~ in salvo** in Sicherheit bringen, retten ❸ (*derivare*) entnehmen; **~ origine da** ausgehen von **II.** *vr* **-rsi** sich befreien
**tras-** [tras] *v. a.* **trans-**
**trasalimento** [trasali'mento] *m* Zusammenfahren *nt*, Erschrecken *nt* **trasalire** [trasa'liːre] <trasalisco> *vi essere o avere* zusammenfahren
**trasandato, -a** [trazan'daːto] *agg* ungepflegt, nachlässig
**trasbordare** [trazbor'daːre] **I.** *vt* ❶ (*merci*) umladen ❷ (*persone*) umsteigen lassen; (NAUT) auf ein anderes Schiff bringen **II.** *vi* umsteigen; (NAUT) das Schiff wechseln **trasbordo** [traz'bɔrdo] *m* ❶ (*di merci*) Umladung *f* ❷ (*di persone*) Umsteigen *nt*; (NAUT) Schiffswechsel *m*
**trascendentale** [traʃʃeden'taːle] *agg* transzendental; (*fig*) außergewöhnlich **trascendente** [traʃʃen'dɛnte] *agg* transzendent **trascendenza** [traʃʃen'dɛntsa] *f* Transzendenz *f*
**trascendere** [traʃ'ʃendere] <irr> **I.** *vt* übersteigen **II.** *vi* über das normale Maß hinausgehen
**trascinare** [traʃʃi'naːre] **I.** *vt* [mit]schleifen, [mit]schleppen; (*fig*) mitreißen **II.** *vr* **-rsi** ❶ (*persone*) sich schleppen ❷ (*faccende*) sich hinziehen
**trascorrere** [tras'korrere] <irr> **I.** *vt avere* verbringen **II.** *vi essere* vergehen
**trascorso** [tras'korso] *m* Fehler *m*
**trascrivere** [tras'kriːvere] <irr> *vt* umschreiben; (*copiare*) abschreiben; (*su registro*) eintragen; (LING, MUS) transkribieren
**trascrizione** [traskrit'tsjoːne] *f* Umschreibung *f*; (*copiatura*) Abschrift *f*; (*su registro*) Eintragung *f*; (LING, MUS) Transkription *f*; **~ fonetica** phonetische Umschrift
**trascurabile** [trasku'raːbile] *agg* unbedeutend, unerheblich
**trascurare** [trasku'raːre] **I.** *vt* ❶ (*non curare*) vernachlässigen ❷ (*tralasciare*) versäumen, unterlassen ❸ (*omettere*) übersehen, vergessen **II.** *vr* **-rsi** sich vernachlässigen **trascuratezza** [traskura'tettsa] *f* Nachlässigkeit *f*
**trasduttore** [trazdut'toːre] *m* (TEC) [Mess]wandler *m*, Übertrager *m*; **~ acustico** Schallwandler *m*
**trasecolare** [traseko'laːre] *vi essere o avere* verblüfft sein
**trasferibile** [trasfe'riːbile] *agg* übertragbar
**trasferimento** [trasferi'mento] *m* ❶ (*di persone*) Versetzung *f*, Versetzen *nt*; (*di*

*cose*) Verlegen *nt* ②(*trasloco*) Verlegung *f*; Umzug *m*; (*trasporto*) Überführung *f* ③(FIN) Transfer *m* ④(JUR: *di diritto*) Übertragung *f* **trasferire** [trasfeˈriːre] <trasferisco> I. *vt* ①(*persone*) versetzen; (*cose*) verlegen ②(JUR: *diritto*) übertragen ③(*valuta*) transferieren ④(INFORM) übertragen II. *vr* -**rsi** umziehen, übersiedeln

**trasferta** [trasˈfɛrta] *f* ①(ADM) Dienstreise *f* ②(SPORT) Auswärtsspiel *nt;* **giocare in ~** auswärts spielen

**trasfigurare** [trasfiguˈraːre] *vt* ①(*cambiare*) verändern, verwandeln ②(*fig*) verdrehen **trasfigurazione** [trasfigurat'tsioːne] *f* Veränderung *f*

**trasfondere** [trasˈfondere] <trasfondo, trasfusi, trasfuso> *vt* ①(*sangue*) übertragen ②(*fig: paura*) einflößen

**trasformabile** [trasforˈmaːbile] *agg* verwandelbar; **autovettura ~** Kabriolett *nt*

**trasformare** [trasforˈmaːre] I. *vt* verwandeln, verändern; (*prodotto*) [weiter]verarbeiten; (EL) umspannen II. *vr* -**rsi** sich verwandeln **trasformatore** [trasformaˈtoːre] *m* Transformator *m* **trasformazione** [trasformatˈtsioːne] *f* Verwandlung *f*, Umwandlung *f*; (EL) Umspannung *f*; (PHYS, SCIENT) Transformation *f* **trasformista** [trasforˈmista] <-i *m*, -e *f*> *mf* ①(*attore*) Verwandlungskünstler(in) *m(f)* ②(POL) Transformist(in) *m(f)*

**trasfusione** [trasfuˈzioːne] *f* Blutübertragung *f*, Transfusion *f*

**trasgredire** [trazgreˈdiːre] <trasgredisco> I. *vt* übertreten II. *vi* zuwiderhandeln **trasgreditrice** *f v.* **trasgressore** **trasgressione** [trazgresˈsioːne] *f* Übertretung *f*, Zuwiderhandlung *f* **trasgressore, -greditrice** [trazgresˈsoːre, trazgrediˈtriːtʃe] *m, f* Rechtsbrecher(in) *m(f)*

**traslato** [trazˈlaːto] *m* bildlicher Ausdruck **traslato, -a** *agg* bildlich, übertragen **traslazione** [trazlatˈtsioːne] *f* ①(JUR) Übertragung *f* ②(PHYS, GEOL) Translation *f*

**traslocare** [trazloˈkaːre] I. *vt* versetzen; (*sede*) verlegen; (*mobilia*) befördern II. *vi* umziehen **trasloco** [trazˈlɔːko] <-chi> *m* Umzug *m*, Übersiedlung *f*

**traslucido, -a** [trazˈluːtʃido] *agg* durchscheinend, durchsichtig

**trasmesso** *pp di* **trasmettere**

**trasmettere** [trazˈmettere] <irr> I. *vt* ①(*diritto, malattia*) übertragen; (*di eredità*) vererben ②(*notizia*) übermitteln; (*ordine*) weitergeben; (*lettera*) senden, schicken ③(RADIO, TV) senden, übertragen ④(INFORM) übertragen II. *vr* -**rsi** ①(*di eredità*) sich vererben ②(MED) sich übertragen **trasmettitore** [trazmettiˈtoːre] *m* Sender *m*, Sendestation *f*

**trasmigrare** [trazmiˈgraːre] *vi* essere *o* avere auswandern **trasmigrazione** [trazmigratˈtsioːne] *f* Auswanderung *f*

**trasmisi** *1. pers sing pass rem di* **trasmettere**

**trasmissibile** [trazmisˈsiːbile] *agg* übertragbar; (*di eredità*) vererblich **trasmissione** [trazmisˈsioːne] *f* ①(*gener*) Übertragung *f*; **~ in diretta** (TV, RADIO) Livesendung *f* ②(TEC) Kraftübertragung *f*, Übersetzung *f* ③(INFORM) **~ dati** Datenübertragung *f*

**trasmittente** [trazmitˈtɛnte] *f* ①(*stazione*) Sendestation *f*, Sender *m* ②(*apparecchio*) Sendegerät *nt*

**trasmodare** [trazmoˈdaːre] *vi* übertreiben

**trasognare** [trasoɲˈɲaːre] *vi* mit offenen Augen träumen **trasognatezza** [trasoɲɲaˈtettsa] *f* Verträumtheit *f*; **essere in uno stato di ~** traumverloren sein

**trasognato, -a** [trasoɲˈɲaːto] *agg* verträumt, traumverloren

**traspaio** [trasˈpaːio] *1. pers sing pr di* **trasparire**

**trasparente** [traspaˈrɛnte] *agg* ①durchsichtig, transparent ②(*fig*) leicht zu durchschauen; **un'allusione ~** eine leicht zu durchschauende Anspielung **trasparenza** [traspaˈrɛntsa] *f* Durchsichtigkeit *f*, Transparenz *f*

**trasparire** [traspaˈriːre] <traspaio *o* trasparisco, trasparii *o* trasparsi, trasparso *o* trasparito> *vi* essere durchscheinen; (*fig*) ersichtlich werden; **lasciar ~** durchblicken lassen

**traspirare** [traspiˈraːre] *vi* essere schwitzen, transpirieren; (*fig*) durchsickern **traspirazione** [traspiratˈtsioːne] *f* Schwitzen *nt*, Transpiration *f*

**trasporre** [trasˈporre] <irr> *vt* umstellen, umsetzen; (MUS) transponieren

**trasportabile** [trasporˈtaːbile] *agg* transportabel; (*persone*) transportfähig

**trasportare** [trasporˈtaːre] *vt* ①(*portare da un luogo a un altro*) [fort]tragen, fortschaffen; (*feriti, malati*) wegbringen; (*morti*) überführen; (*viaggiatori*) befördern; (*merci*) transportieren; (*per nave*) verschiffen ②(COM) übertragen ③(MUS) transponieren ④(*fig: emozione*) versetzen; **lasciarsi ~** (*fig*) sich mitreißen lassen; (*pej*) sich überwältigen lassen **trasportatore** [trasportaˈtoːre] *m* ①(*azienda*)

**Transportunternehmen** *nt;* (*operaio*) **Transportunternehmer(in)** *m(f)* ❷ (TEC) Förderwerk *nt;* ~ **a nastro** Förderband *nt*
**trasporto** [tras'pɔrto] *m* ❶ (*con veicolo*) Beförderung *f,* Transport *m;* **mezzi di** ~ Transportmittel *ntpl;* **rete di** ~ Transportnetz *nt;* ~ **passeggeri** Personenbeförderung *f;* **-i pubblici** öffentliches Verkehrswesen ❷ (*fig: impeto*) Inbrunst *f*
**trasposi** *1. pers sing pass rem di* **trasporre**
**trasposizione** [traspozit'tsio:ne] *f* Umstellung *f,* Umsetzung *f*
**trasposto** *pp di* **trasporre**
**trassato, -a** [tras'sa:to] I. *agg* trassiert II. *m* Trassat *m*
**trassi** ['trassi] *1. pers sing pass rem di* **trarre**
**trastullare** [trastul'la:re] I. *vt* unterhalten II. *vr* **-rsi** ❶ (*divertirsi*) sich *dat* die Zeit vertreiben, sich unterhalten ❷ (*perdere tempo*) [herum]trödeln **trastullo** [tras'tullo] *m* Zeitvertreib *m;* (*fig: della sorte*) Spielball *m*
**trasudare** [trasu'da:re] I. *vi essere* schwitzen II. *vt avere* ausschwitzen; (MED) absondern
**trasversale** [trazver'sa:le] I. *agg* quer, Quer-; (*in geometria*) transversal; **via** ~ Querstraße *f* II. *f* Transversale *f*
**trasversalismo** [trazversa'lizmo] *m* (POL) Neigung zur Bildung parteiübergreifender Gruppierungen
**trasvolare** [trazvo'la:re] I. *vt avere* überfliegen II. *vi essere o avere* ~ **su** hinweggehen über +*acc;* ~ **da un argomento all'altro** von einem Argument zum anderen springen **trasvolata** [trazvo'la:ta] *f* Überflug *m,* Überfliegen *nt*
**tratta** ['tratta] *f* ❶ (COM: *cambiale*) Tratte *f,* [gezogener] Wechsel ❷ (*di persone*) [Menschen]handel *m*
**trattabile** [trat'ta:bile] *agg* (*malattia*) behandelbar; (*retribuzione*) verhandelbar; (*fig: persona*) umgänglich; **due mila euro -i** Verhandlungsbasis zweitausend Euro
**trattamento** [tratta'mento] *m* ❶ (*gener,* MED) Behandlung *f* ❷ (*retribuzione*) Vergütung *f,* Salär *nt* A; ~ **di fine rapporto** (JUR) Abfindung *f* ❸ (*servizio*) Bedienung *f,* Bewirtung *f* ❹ (INFORM) Verarbeitung *f,* Bearbeitung *f;* ~ **automatico delle informazioni** automatische Informationsverarbeitung **trattare** [trat'ta:re] I. *vt* ❶ (*gener,* MED) behandeln ❷ (*affari, accordi*) verhandeln über +*acc* ❸ (*materiali*) bearbeiten ❹ (*clientela*) bedienen, bewirten ❺ (COM: *articoli*) führen II. *vi* ❶ (*avere per argomento*) ~ **di qc** von etw handeln ❷ (*avere a che fare*) ~ **con qu** mit jdm zu tun haben III. *vr* **-rsi di qc** sich um etw handeln, um etw gehen; **di che cosa si tratta?** worum handelt es sich?
**trattario** [trat'ta:rio] <-i> *m* Bezogene(r) *m,* Trassat *m*
**trattativa** [tratta'ti:va] *f* Verhandlung *f;* **essere in -e** in Verhandlung[en] stehen; **-e per la pace/sul disarmo** Friedens-/Abrüstungsverhandlungen *fpl;* **avviare/rompere le -e** die Verhandlungen aufnehmen/abbrechen
**trattato** [trat'ta:to] *m* ❶ (*opera*) Abhandlung *f,* Traktat *m o nt* ❷ (POL: *accordo*) Abkommen *nt,* [Staats]vertrag *m;* ~ **comunitario** EU-Vertrag *m;* **Trattato di Maastricht** Vertrag von Maastricht
**trattato, -a** [trat'ta:to] *agg* [künstlich] behandelt; **frutta non -a** unbehandeltes Obst
**trattazione** [trattat'tsio:ne] *f* ❶ (*di un argomento*) Behandlung *f* ❷ (*scritto*) Abhandlung *f*
**tratteggiare** [tratted'dʒa:re] *vt* stricheln, schraffieren; (*a. fig*) skizzieren **tratteggio** [trat'teddʒo] <-ggi> *m* Schraffierung *f*
**trattenere** [tratte'ne:re] <irr> I. *vt* ❶ (*persone*) zurückhalten, aufhalten; **non ti voglio** ~ ich will dich nicht aufhalten ❷ (*cose*) zurückbehalten; (*un importo*) einbehalten, abziehen ❸ (*riso, pianto*) unterdrücken; (*fiato*) anhalten II. *vr* **-rsi** ❶ (*astenersi*) sich zurückhalten, sich beherrschen ❷ (*soffermarsi*) sich aufhalten, bleiben
**trattenimento** [tratteni'mento] *m* Gesellschaftsabend *m,* unterhaltende Veranstaltung
**trattenuta** [tratte'nu:ta] *f* Einbehalt *m,* Abzug *m*
**trattino** [trat'ti:no] *m* kleiner Strich; (*nel disegno*) Schraffierstrich *m;* (TYP) Gedankenstrich *m*
**tratto** ['tratto] I. *pp di* **trarre** II. *m* ❶ (*linea*) Strich *m* ❷ (*parte*) Stück *m,* Teil *m o nt* ❸ (*di tempo*) Spanne *f;* **rimase un** ~ **a pensare** er/sie dachte einen Moment nach; **a -i** von Zeit zu Zeit; **tutto ad un** ~ auf einmal ❹ (*distanza*) Strecke *f* ❺ *pl* (*lineamenti*) [Gesichts]züge *mpl;* (*caratteristiche*) Merkmale *ntpl,* Wesenszüge *mpl*
**trattore** [trat'to:re] *m* Traktor *m*
**trattoria** [tratto'ri:a] <-ie> *f* Gastwirtschaft *f*
**trattorista** [tratto'rista] <-i *m,* -e *f*> *mf* Traktorfahrer(in) *m(f)* **trattoristico, -a**

[tratto'ristiko] <-ci, -che> *agg* traktoristisch, Traktoristen-
**trattrice** *f v.* **trattore**
**tratturo** [trat'tu:ro] *m* Trift *f*
**trauma** ['tra:uma] <-i> *m* Trauma *nt* **traumatico, -a** [trau'ma:tiko] <-ci, -che> *agg* traumatisch **traumatizzare** [traumatid'dza:re] *vt* ein Trauma verursachen bei, traumatisieren; (*fig*) erschüttern
**travagliare** [travaʎ'ʎa:re] *vt* quälen, plagen **travaglio** [tra'vaʎʎo] <-gli> *m* (*angoscia*) Sorge *f;* (*dolore*) Qual *f;* (MED) Beschwerden *fpl,* Schmerzen *mpl;* ~ [**di parto**] [Geburts]wehen *fpl*
**travasare** [trava'za:re] *vt* umfüllen, umtopfen **travaso** [tra'va:zo] *m* Umfüllen *nt;* (MED) Erguss *m*
**travatura** [trava'tu:ra] *f* Gebälk *nt* **trave** ['tra:ve] *f* Balken *m;* (*struttura portante*) Träger *m*
**travedere** [trave'de:re] <travedo, travidi, travisto *o* traveduto> *vi* sich irren; **~ per l'odio** blind sein vor Hass
**traveggole** [tra'veggole] *fpl* **avere le ~** (*fam*) sich täuschen, sich vertun
**traversa** [tra'vɛrsa] *f* (TEC, ARCH) Querträger *m,* Traverse *f;* (*di binari*) Schwelle *f;* (*via*) Querstraße *f*
**traversare** [traver'sa:re] *vt* (*strada*) überqueren; (*fiume, paese*) durchqueren **traversata** [traver'sa:ta] *f* Überquerung *f;* (*di fiume, paese*) Durchquerung *f;* (NAUT) Überfahrt *f;* (AERO) Überflug *m,* Überfliegen *nt;* (*a nuoto*) Durchschwimmen *nt*
**traversia** [traver'si:a] <-ie> *f* (*vento*) [Seiten]wind *m*
**traversie** [traver'si:e] *f pl* (*fig*) Widrigkeiten *fpl*
**traversina** [traver'si:na] *f* [Eisenbahn]schwelle *f*
**traverso** [tra'vɛrso] *m* Querseite *f;* **di ~** quer; (*obliquamente*) schief; **la bevanda gli è andata di** [*o* **a**] [*o* **per**] **~** er hat sich an dem Getränk verschluckt; **guardare di ~ qu** jdn schief ansehen; **mettersi di ~** sich querstellen
**traverso, -a** *agg* quer, Quer-; **vie -e** (*fig*) Schleichwege *mpl*
**traversone** [traver'so:ne] *m* ● (*trave*) [großer] Querträger *m* ● (SPORT: *nella scherma*) Seitenhieb *m;* (*nel calcio*) Flanke *f*
**travertino** [traver'ti:no] *m* Travertin *m*
**travestimento** [travesti'mento] *m* Verkleidung *f;* (*fig*) Verwandlung *f* **travestire** [traves'ti:re] I. *vt* **~ da** verkleiden als; (*fig*) verwandeln in +*acc* II. *vr* **-rsi da** sich verkleiden als; (*fig*) sich verwandeln in +*acc*
**travestito** [traves'ti:to] *m* Transvestit *m*
**travet** [tra'vɛt] <-> *m* (*dial*) kleiner Angestellte(r) *m*
**traviamento** [travia'mento] *m* Irreleitung *f* **traviare** [travi'a:re] I. *vt* vom rechten Weg abbringen, verführen II. *vr* **-rsi** auf Abwege geraten
**travisamento** [traviza'mento] *m* Verdrehung *f,* Entstellung *f* **travisare** [travi'za:re] *vt* verdrehen, entstellen
**travolgente** [travol'dʒɛnte] *agg* unwiderstehlich, mitreißend
**travolgere** [tra'vɔldʒere] <irr> *vt* ● (*trascinare via*) fortreißen; (*con veicolo*) überfahren ● (*fig*) mitreißen, hinreißen
**trazione** [trat'tsio:ne] *f* ● (*gener*) Zug *m,* Ziehen *nt* ● (TEC) Antrieb *m;* **~ anteriore** Vorderradantrieb *m;* **~ posteriore** Hinterradantrieb *m;* **~ integrale** Allradantrieb *m* ● (MED) Traktion *f*
**tre** [tre] I. *num* drei; **chi fa da sé, fa per ~** (*prov*) selbst ist der Mann II. <-> *m* ● (*numero*) Drei *f* ● (*nelle date*) Dritte(r) *m* ● (*voto scolastico*) ≈ mangelhaft, ungenügend III. *fpl* drei Uhr; *v. a.* **cinque**
**trealberi** [tre'alberi] <-> *m* Dreimaster *m*
**treatment** ['tri:tmənt] <-> *m* (FILM) Treatment *nt*
**trebbia** ['trebbia] <-ie> *f* ● (*trebbiatrice*) Dreschmaschine *f* ● (*trebbiatura*) Dreschen *nt* **trebbiare** [treb'bia:re] *vt* dreschen **trebbiatore, -trice** [trebbia'to:re] *m, f* Drescher(in) *m(f)* **trebbiatrice** [trebbia'tritʃe] *f* Dreschmaschine *f* **trebbiatura** [trebbia'tu:ra] *f* ● (*operazione*) Dreschen *nt* ● (*periodo*) Dreschzeit *f*
**trebisonda** [trebi'zonda] *f* **perdere la ~** den Kopf verlieren
**treccia** ['trettʃa] <-cce> *f* Zopf *m*
**trecentesco, -a** [tretʃen'tesko] <-schi, -sche> *agg* das vierzehnte Jahrhundert betreffend **trecentista** [tretʃen'tista] <-i *m,* -e *f*> *mf* Künstler(in) *m(f)* des Trecento/des vierzehnten Jahrhunderts **trecento** [tre'tʃɛnto] I. *num* dreihundert II. *m* Dreihundert *f;* **il Trecento** das vierzehnte Jahrhundert; (*nell'arte italiana*) das Trecento
**3 D** [tre 'di:] *agg abbr di* **a tre dimensioni** 3-D-; **film ~** 3-D-Film *m,* Film in 3-D; **stampante ~** 3-D-Drucker *m*
**tredicenne** [tredi'tʃɛnne] I. *agg* dreizehnjährig II. *mf* Dreizehnjährige(r) *f(m)*
**tredicesima** [tredi'tʃɛ:zima] *f* (*retribuzione*) dreizehntes Monatsgehalt

**tredicesimo** [tredi'tʃɛːzimo] *m* (*frazione*) Dreizehntel *nt*

**tredicesimo, -a** I. *agg* dreizehnte(r, s) II. *m, f* Dreizehnte(r, s) *mfnt; v. a.* **quinto tredici** ['treːditʃi] I. *num* dreizehn II. <-> *m* ❶ (*numero*) Dreizehn *f;* **fare un ~ al totocalcio** einen Hauptgewinn im Fußballtoto erzielen ❷ (*nelle date*) Dreizehnte(r) *m* III. *fpl* dreizehn Uhr; *v. a.* **cinque**

**trefolo** ['treːfolo] *m* Litze *f*

**tregenda** [tre'dʒɛnda] *f* Hexensabbat *m;* **una notte da ~** (*fig*) eine Nacht, in der die Hölle los ist

**tregua** ['treːgua] *f* ❶ (MIL) Waffenstillstand *m* ❷ (*fig*) [Atem]pause *f*

**trekker** ['trɛkə] <-> *mf* (*escursionista*) Teilnehmer(in) *m(f)* an einem Trekking

**trekking** ['trɛkiŋ] <-> *m* Trekking *nt;* **fare ~** trekken

**tremare** [tre'maːre] *vi* beben; (*fiamma*) flackern; (*persona, voce*) zittern; **~ di freddo/per la rabbia** vor Kälte/Wut zittern; **~ per qu** (*fig*) um jdn bangen **tremarella** [trema'rɛlla] *f* (*fam*) Tatterich *m;* (*paura*) Bammel *m;* **avere la ~** zittern **tremebondo, -a** [treme'bondo] *agg* (*poet*) bebend

**tremendo, -a** [tre'mɛndo] *agg* furchtbar, entsetzlich

**trementina** [tremen'tiːna] *f* Terpentin *nt*

**tremila** [tre'miːla] I. *num* dreitausend II. <-> *m* Dreitausend *f*

**tremito** ['trɛːmito] *m* Zittern *nt;* **~ di febbre** Fieberkrampf *m*

**tremolare** [tremo'laːre] *vi* zittern, beben; (*luce, aria*) flimmern; (*fiamma*) flackern

**tremolio** [tremo'liːo] <-ii> *m* Zittern *nt*

**tremolo** ['trɛːmolo] *m* Tremolo *nt*

**tremore** [tre'moːre] *m* ❶ (MED) Muskelzittern *m,* Tremor *m* ❷ (*fig*) Erregung *f;* (*paura*) Angst *f*

**tremulo, -a** ['trɛːmulo] *agg* zitternd, bebend

**trend** [trend] I. <-> *m* Trend *m* II. <inv> *agg* Trend-; **parola ~** Modewort *nt* **trendsetter** [trɛnd'sɛttɛr] <-> *mf* Trendsetter *m*

**trenette** [tre'nette] *fpl* dünne, flache Nudelsorte

**treno** ['trɛːno] *m* Zug *m;* **~ ad alta velocità** Hochgeschwindigkeitszug *m;* **~ diretto** Eilzug *m;* **~ espresso** Express *m;* **~ interregionale** Interregio *m;* **~ locale** Nahverkehrszug *m;* **~ rapido** Schnellzug *m;* **~ regionale** Regionalzug *m;* **~ merci** Güterzug *m;* **~ viaggiatori** Personenzug *m;* **prendere il ~** den Zug nehmen; **perdere il ~** den Zug verpassen; **il ~ per Venezia** der Zug nach Venedig

**trenta** ['trenta] I. *num* dreißig II. <-> *m* ❶ (*numero*) Dreißig *f* ❷ (*nelle date*) Dreißigste(r) *m; v. a.* **cinquanta trentennale** [trenten'naːle] I. *agg* ❶ (*che dura 30 anni*) dreißig Jahre dauernd ❷ (*che ricorre ogni 30 anni*) alle dreißig Jahre II. *m* dreißigster Jahrestag **trentenne** [tren'tɛnne] I. *agg* dreißigjährig II. *mf* Dreißigjährige(r) *f(m)* **trentennio** [tren'tɛnnio] <-i> *m* Zeitraum *m* von dreißig Jahren

**trentesimo** [tren'tɛːzimo] *m* Dreißigstel *nt*

**trentesimo, -a** I. *agg* dreißigste(r, s) II. *m, f* Dreißigste(r, s) *mfnt; v. a.* **quinto trentina** [tren'tiːna] *f* **una ~** [**di ...**] [etwa] dreißig […]; **essere sulla ~** an [*o* um] die dreißig sein

**trentino** [tren'tiːno] <*sing*> *m* Tridentinisch(e) *nt*

**Trentino** <*sing*> *m* ❶ (*territorio intorno a Trento*) Umgebung *f* von Trient ❷ (*regione*) Trentino *nt,* Südtirol *nt;* **~-Alto Adige** Trentino-Südtirol *nt*

**trentino, -a** I. *agg* ❶ (*di Trento*) tridentinisch ❷ (*della regione*) zur Region Trentino-Südtirol gehörend II. *m, f* ❶ (*di Trento*) Tridentiner(in) *m(f)* ❷ (*della regione*) Bewohner(in) *m(f)* der Region Trentino-Südtirol

**Trento** ['trɛnto] *f* Trient *nt* (*Hauptstadt von Trentino-Südtirol*)

**trepidante** [trepi'dante] *agg* sorgenvoll

**trepidare** [trepi'daːre] *vi* **~ per qu** sich um jdn sorgen **trepidazione** [trepidat'tsioːne] *f* Sorge *f* **trepido, -a** ['trɛːpido] *agg* (*poet*) bebend, angstvoll

**treppiede, treppiedi** [trep'piɛːde, trep'piɛːdi] <-> *m* Dreifuß *m;* (FOTO) Stativ *nt*

**trequarti** [tre'kuarti] <-> *m* (*abito*) dreiviertellanger Mantel; (*giacca*) dreiviertellange Jacke

**tresca** ['treska] <-sche> *f* Verhältnis *nt,* Techtelmechtel *nt* **trescare** [tres'kaːre] *vi* ❶ (*in amore*) ein Techtelmechtel haben ❷ (*in intrighi*) Ränke schmieden

**trescone** [tres'koːne] *m* alter Bauerntanz

**trespolo** [tres'polo] *m* ❶ (*gener*) Gestell *nt* ❷ (*fig, scherz*) Klapperkasten *m*

**tressette** [tres'sɛtte] <-> *m* italienisches Kartenspiel

**Trevigiano** <*sing*> *m* Umgebung *f* von Treviso

**trevigiano, -a** [trevi'dʒaːno] I. *agg* trevisa-

nisch; **radicchio** ~ Trevisaner Radicchio II. *m, f* (*abitante*) Trevisaner(in) *m(f)*
**Treviri** ['trɛːviri] *f* Trier *nt*
**trevisana** [treviˈsaːna] *f* Trevisaner Radicchio
**Treviso** *f* Treviso *nt* (*Stadt in Venetien*)
**triade** ['triːade] *f* Dreiheit *f*, Triade *f*; (MUS) Dreiklang *m*
**trial** ['traiəl] <-> *m* (SPORT) Trial *nt* **trialista** [triaˈlista] <-i *m*, -e *f*> *mf* (SPORT) Teilnehmer(in) *m(f)* an einem Trial
**triangolare** [triaŋgoˈlaːre] *agg* dreieckig, Dreieck- **triangolazione** [triaŋgolatˈtsioːne] *f* ① (TEC, FIN) Triangulation *f* ② (SPORT) Passspiel *nt* zwischen drei Spielern
**triangolo** [triˈaŋgolo] *m* ① (*gener, MAT*) Dreieck *nt;* ~ **d'emergenza** Warndreieck *nt;* ~ **industriale** Industrie-Dreieck *nt* (*zwischen Mailand, Turin und Genua*) ② (*fig*) Dreiecksverhältnis *nt*
**triatleta** [triaˈtlɛːta] <-i *m*, -e *f*> *mf* Triathlet(in) *m(f)*, Dreikämpfer(in) *m(f)*
**tribale** [triˈbaːle] *agg* Stammes-, Stamm-
**tribolare** [triboˈlaːre] I. *vt* quälen II. *vi* leiden **tribolato, -a** [triboˈlaːto] *agg* leidvoll, gequält **tribolazione** [tribolatˈtsioːne] *f* Leid *nt*, Qual *f*
**tribordo** [triˈbordo] *m* Steuerbord *nt*
**tribù** [triˈbu] <-> *f* [Volks]stamm *m;* (*scherz: famiglia numerosa*) Sippe *f*
**tribuna** [triˈbuːna] *f* [Redner]tribüne *f;* (*negli stadi*) [Zuschauer]tribüne *f*
**tribunale** [tribuˈnaːle] *m* Gericht *nt;* ~ **arbitrale** Schiedsgericht *nt;* ~ **internazionale/supremo** internationaler/oberster Gerichtshof; **presentarsi in** ~ vor Gericht erscheinen
**tribuno** [triˈbuːno] *m* Tribun *m*
**tributare** [tribuˈtaːre] *vt* zollen **tributaria** [tribuˈtaːria] <-ie> *f* Steuerfahndung *f* **tributario, -a** [tribuˈtaːrio] <-i, -ie> *agg* ① (*di tributo*) Steuer-, steuerlich; **riforma -a** Steuerreform *f* ② (*fiume*) zufließend, Neben- **tributaristico, -a** [tributaˈristiko] <-ci, -che> *agg* steuerrechtlich **tributo** [triˈbuːto] *m* ① (FIN) Steuer *f*, Abgabe *f* ② (*fig*) Tribut *m*
**tricheco** [triˈkɛːko] <-chi> *m* Walross *nt*
**trichina** [triˈkiːna] *f* Trichine *f*
**triciclo** [triˈtʃiːklo] *m* Dreirad *nt*
**tricipite** [triˈtʃiːpite] *agg* dreiköpfig
**tricologia** [trikoloˈdʒiːa] <-ie> *f* (MED) Lehre *f* vom Haar, Trichologie *f* **tricologico, -a** [trikoˈlɔːdʒiko] <-ci, -che> *agg* Haar- **tricologo, -a** [triˈkɔːlogo] <-gi, -ghe> *m, f* Haarspezialist(in) *m(f)*, Trichologe *m*/Trichologin *f*
**tricolore** [trikoˈloːre] I. *agg* dreifarbig II. *m* Trikolore *f*
**tricorno** [triˈkorno] *m* Dreispitz *m*
**tricromia** [trikroˈmiːa] <-ie> *f* Dreifarbendruck *m*
**tric trac** [trik ˈtrak] <-> *m* Tricktrack *nt*, Backgammon *nt*
**tridente** [triˈdɛnte] *m* Dreizack *m*
**tridimensionale** [tridimensioˈnaːle] *agg* dreidimensional
**trielina** [trieˈliːna] *f* Trichloräthylen *nt*
**triennale** [trienˈnaːle] I. *agg* ① (*che dura tre anni*) dreijährig ② (*che ricorre ogni tre anni*) dreijährlich, Dreijahr[es]- II. *f* Triennale *f* **triennio** [triˈɛnnio] <-i> *m* Zeitraum *m* von drei Jahren
**Trieste** [triˈɛste] *f* Triest *nt* (*Hauptstadt Friauls*)
**Triestino** <*sing*> *m* Umgebung *f* von Triest
**triestino** [triesˈtiːno] <*sing*> *m* (*dialetto*) Triester Dialekt *m*
**triestino, -a** I. *agg* Triester II. *m, f* (*abitante*) Triester(in) *m(f)*
**trifase** [triˈfaːze] *agg* dreiphasig
**trifoglio** [triˈfɔʎʎo] *m* Klee *m*
**trifolato, -a** [trifoˈlaːto] *agg in feine Scheiben geschnitten, mit Öl, Knoblauch und Petersilie*
**trifora** ['triːfora] *f* dreibogiges Fenster
**trigemino** [triˈdʒɛːmino] *m* (ANAT) Drillingsnerv *m*, Trigeminus *m*
**trigemino, -a** *agg* Drillings-
**triglia** ['triʎʎa] <-glie> *f* Meerbarbe *f*
**trigonometria** [trigonomeˈtriːa] <-ie> *f* Trigonometrie *f*
**trilaterale** [trilateˈraːle] *agg* dreiseitig
**trilingue** [triˈliŋgue] <-> *agg* dreisprachig
**trilione** [triˈlioːne] *m* (*mille miliardi*) Billion *f*
**trillare** [trilˈlaːre] *vi* trillern **trillo** ['trillo] *m* Triller *m;* (*del campanello*) Klingeln *nt*
**trilobato, -a** [triloˈbaːto] *agg* ① (*foglia*) dreilappig ② (*arco*) Dreipass-
**trilocale** [triloˈkaːle] I. *m* Dreizimmerwohnung *f;* **affittasi** ~ Dreizimmerwohnung zu vermieten II. *agg* Dreizimmer-
**trilogia** [triloˈdʒiːa] <-gie> *f* Trilogie *f*
**trim.** *abbr di* **trimestre, trimestrale** Trimester[-]
**trimestrale** [trimesˈtraːle] *agg* ① (*che dura tre mesi*) vierteljährig ② (*ogni tre mesi*) vierteljährlich, Vierteljahr[es]- **trimestralista** [trimestraˈlista] <-i *m*, -e *f*> *mf* Teilnehmer(in) *m(f)* an einem Trimester **tri-**

**mestre** [tri'mɛstre] *m* Vierteljahr *nt*, Trimester *nt*
**trimotore** [trimo'to:re] **I.** *agg* dreimotorig **II.** *m* dreimotoriges Flugzeug
**trina** ['tri:na] *f* Spitze *f*
**trincare** [triŋ'ka:re] *vt* (*fam*) bechern
**trincea** [trin'tʃɛ:a] <-cee> *f* ❶ (MIL) Schützengraben *m* ❷ (*per strade*) Einschnitt *m*
**trincerare** [trintʃe'ra:re] **I.** *vt* verschanzen **II.** *vr* **-rsi** sich verschanzen; **-rsi nel silenzio** (*fig*) sich in Schweigen hüllen
**trincetto** [trin'tʃetto] *m* Schustermesser *nt*
**trinchetto** [triŋ'ketto] *m* Fockmast *m*
**trinciaforaggi** [trintʃafo'raddʒi] <-> *m* (AGR) Feldhäcksler *m*
**trinciante** [trin'tʃante] *m* Tranchiermesser *nt* **trinciapaglia** [trintʃa'paʎʎa] <-> *m* (AGR) Strohhäcksler *m*
**trinciapolli** [trintʃa'polli] <-> *m*, **trinciapollo** [trintʃa'pollo] *m* Geflügelschere *f*
**trinciare** [trin'tʃa:re] *vt* zerkleinern, zerlegen; (GASTR) tranchieren
**trinciato** [trin'tʃa:to] *m* Schnitttabak *m*
**trinciato, -a** *agg* zerkleinert, zerlegt **trinciatoio** [trintʃa'to:io] <-oi> *m* (AGR) Häckselmaschine *f*
**trinciatore** [trintʃa'to:re] *m* ❶ (*addetto alla trinciatura del tabacco*) Arbeiter(in) *m(f)* bei der Herstellung von Schnitttabak ❷ (*poet: scalco*) Truchsess *m* **trinciatrice** [trintʃa'tri:tʃe] *f* Schneidemaschine *f*
**trinciatuberi** [trintʃa'tu:beri] <-> *m* (AGR) Knollenschneidemaschine *f*
**trinciatura** [trintʃa'tu:ra] *f* ❶ (*operazione*) Zerkleinerung *f*, Zerlegung *f* ❷ (*frammenti*) Schnittgut *nt*
**trinità** [trini'ta] <-> *f* ❶ (*gener*) Dreiheit *f* ❷ (REL) Dreieinigkeit *f*
**trino** ['tri:no] *agg* dreifaltig; **Dio uno e ~** dreieiniger Gott
**trio** ['tri:o] <-ii> *m* Trio *nt*
**trionfale** [trion'fa:le] *agg* triumphal, Triumph- **trionfante** [trion'fante] *agg* triumphierend **trionfare** [trion'fa:re] *vi* triumphieren; (*fig a*) siegen **trionfatore** [trionfa'to:re] *m* Triumphator *m* **trionfo** [tri'onfo] *m* Triumph *m*
**trip** [trip] <-> *m* [Rauschgift]trip *m*
**tripartire** [tripar'ti:re] <tripartisco> *vt* dreiteilen
**tripartitico, -a** [tripar'ti:tiko] <-ci, -che> *agg* Dreiparteien-
**tripartito** [tripar'ti:to] *m* Dreiparteienregierung *f*
**tripartito, -a** *agg* dreiteilig, Dreier-; **governo ~** Dreiparteienregierung *f*

**tripartizione** [tripartit'tsio:ne] *f* Dreiteilung *f*
**tripletta** [tri'pletta] *f* ❶ (*fucile*) Drilling *m* ❷ (*in gioco, gara*) Dreierserie *f*
**triplicare** [tripli'ka:re] *vt* verdreifachen **triplice** ['tri:plitʃe] *agg* dreifach
**triplo** ['tri:plo] *m* Dreifache(s) *nt*
**triplo, -a** *agg* dreimal so viel, dreifach
**tripode** ['tri:pode] *m* Dreifuß *m*
**trippa** ['trippa] *f* ❶ (GASTR) Kutteln *fpl*, Kuttel *f* A, *südd* ❷ (*fam scherz: pancia*) Ranzen *m*
**tripudiare** [tripu'dia:re] *vi* jubeln
**tripudio** [tri'pu:dio] <-i> *m* Jubel *m*
**triregno** [tri'reɲɲo] *m* Tiara *f*
**trisavolo, -a** [tri'za:volo] *m, f* Urururgroßvater *m*/Urururgroßmutter *f*
**trisillabo, -a** [tri'sillabo] **I.** *agg* dreisilbig **II.** *m* dreisilbiges Wort; (LIT: *verso*) dreisilbiger Vers
**triste** ['triste] *agg* traurig; (*fatto*) betrüblich
**tristezza** [tris'tettsa] *f* Traurigkeit *f*
**tristo, -a** ['tristo] *agg* ❶ (*cattivo*) böse, schlecht ❷ (*misero*) dürftig, kläglich, kümmerlich
**tritabile** [tri'ta:bile] *agg* zerkleinerbar, zerstoßbar
**tritacarne** [trita'karne] <-> *m* Fleischwolf *m* **tritadocumenti** [tritadoku'menti] <-> *m* Aktenvernichter *m*, Reißwolf *m* **tritaimballaggi** [tritaimbal'laddʒi] <-> *m* Verpackungszerkleinerer *m*
**tritaossa** [trita'ɔssa] <-> *m* Knochensäge *f* **tritapanelli** [tritapa'nɛlli] <-> *m* (AGR) Ölkuchenpresse *f*
**tritaprezzemolo** [tritapret'tse:molo] <-> *m* Petersilienhacker *m*
**tritare** [tri'ta:re] *vt* zerkleinern; (*pestare*) zerstoßen; (*carne*) hacken
**tritarifiuti** [tritari'fiu:ti] <-> *m* Müllzerkleinerer *m*
**tritato** [tri'ta:to] *m* Hackfleisch *nt*, Gehackte(s) *nt*, Hack *nt*, Faschierte(s) *nt* A
**tritatura** [trita'tu:ra] *f* Zerkleinerung *f*
**tritatutto** [trita'tutto] <-> *m* Universalmixer *m* **trito, -a** ['tri:to] *agg* (*tritato*) zerkleinert; (*pestato*) zerstoßen; (*carne*) gehackt, Hack-; **~ e ritrito** (*fig*) abgedroschen
**tritolo** [tri'tɔ:lo] *m* (CHEM) Trinitrotoluol *nt*, Trotyl *nt*
**tritone** [tri'to:ne] *m* Schwanzlurch *m*
**trittico** ['trittiko] <-ci> *m* ❶ (ARCH) Triptychon *nt* ❷ (LIT) Trilogie *f*
**trittongo** [trit'tɔŋgo] <-ghi> *m* Dreilaut *m*, Triphthong *m*

**tritume** [tri'tu:me] *m* Krümel *mpl,* Gebrösel *nt*
**triturare** [tritu'ra:re] *vt* zerkleinern, zermahlen
**triumvirato, triunvirato** [triunvi'ra:to] *m* Triumvirat *nt* **triumviro, triunviro** [tri'unviro] *m* Triumvir *m*
**trivalente** [triva'lɛnte] *agg* dreiwertig, trivalent
**trivella** [tri'vɛlla] *f* [großer] Bohrer *m* **trivellare** [trivel'la:re] *vt* [auf]bohren **trivellazione** [trivellat'tsio:ne] *f* Bohrung *f;* **torre di ~** Bohrturm *m*
**triviale** [tri'via:le] *agg* vulgär, unflätig **trivialità** [triviali'ta] <-> *f* Vulgarität *f*
**trivio** [tri:vio] <-i> *m* ❶ Kreuzung *f* dreier Straßen ❷ (HIST) Trivium *nt;* **da ~** (*fig*) ordinär; (*gesti*) zweideutig
**trofeo** [tro'fɛ:o] *m* Trophäe *f;* (*monumento*) Siegessäule *f;* (SPORT) Siegespreis *m*
**troglodita** [troglo'di:ta] <-i *m,* -e *f*> *mf* Höhlenmensch *m*
**trogolo** ['trɔ:golo] *m* Trog *m*
**troia** ['trɔ:ia] <-ie> *f* ❶ (ZOO) Sau *f* ❷ (*vulg fig: puttana*) Hure *f,* Nutte *f*
**tromba** ['tromba] *f* ❶ (MUS) Trompete *f;* **a ~** trompeten-, trichterförmig ❷ (*in acustica*) [Schall]trichter *m* ❸ (*di auto*) Hupe *f* ❹ (METEO) **~ marina/d'aria** Wasser-/Windhose *f* ❺ (*passaggio*) **~ delle scale** Treppenhaus *nt,* Stiegenhaus *nt* A, südd
**trombare** [trom'ba:re] *vt* ❶ (*bocciare*) durchfallen lassen ❷ (*vulg*) ficken **trombettiere** [trombet'tiɛ:re] *m* (MIL) Trompeter *m* **trombettista** [trombet'tista] <-i *m,* -e *f*> *mf* Trompeter(in) *m(f)*
**trombone** [trom'bo:ne] *m* ❶ (MUS) Posaune *f* ❷ (*fig, pej*) Angeber(in) *m(f),* Aufschneider(in) *m(f)* **trombonista** [trombo'nista] <-i *m,* -e *f*> *mf* Posaunist(in) *m(f)*
**trombosi** [trom'bo:zi] <-> *f* Thrombose *f*
**troncamento** [troŋka'mento] *m* Abschneiden *nt,* Abschlagen *nt;* (*di discorso*) Abbrechen *nt* **troncare** [tron'ka:re] *vt* ❶ (*tagliare*) abschneiden, abschlagen ❷ (*fig: interrompere*) abbrechen
**tronchesina** [troŋke'zi:na] *f* Nagelknipser *m*
**tronco** ['troŋko] <-chi> *m* ❶ (BOT) Stamm *m* ❷ (ARCH) Schaft *m* ❸ (ANAT) Rumpf *m* ❹ (*tratta*) Abschnitt *m,* Strecke *f* ❺ (MAT) Stumpf *m*
**tronco, -a** <-chi, -che> *agg* ❶ (*tagliato*) abgeschnitten; (*albero*) auf einen Stumpf verkürzt; **sentirsi le gambe -che** (*fig*) sich [wie] zerschlagen fühlen ❷ (*fig*) abge-
brochen; **licenziamento in ~** fristlose Entlassung; **in ~** abgebrochen ❸ (LING) endbetont
**troncone** [tron'ko:ne] *m* Stumpf *m*
**troneggiare** [troned'dʒa:re] *vi* thronen
**tronfio, -a** ['tronfio] <-i, -ie> *agg* aufgeblasen, überheblich; (*parole*) geschwollen
**trono** ['trɔ:no] *m* Thron *m;* **successione al ~** Thronfolge *f*
**tropical** ['trɔpikəl] <-> *m* (*bevanda ai frutti tropicali*) Saft *m* aus tropischen Früchten
**tropicale** [tropi'ka:le] *agg* tropisch, Tropen-
**tropico** ['trɔ:piko] <-ci> *m* ❶ (ASTR) Wendekreis *m* ❷ *pl* (GEOG) Tropen *pl*
**troppo** ['trɔppo] I. *m* Zuviel *nt,* Überflüssige(s) *nt;* **il ~ stroppia** (*prov*) allzu viel ist ungesund II. *avv* zu viel, zu sehr; **ho mangiato ~** ich habe zu viel gegessen; **non ~** nicht sehr, nicht besonders; **di ~** zu viel; (*pej*) überflüssig
**troppo, -a** I. *agg* zu viel; **fa ~ freddo** es ist zu kalt II. *pron indef* zu viel/zu viele *pl;* **siete -i** ihr seid zu viele; **questo è ~** (*fig*) das geht zu weit **troppopieno** [troppo'piɛ:no] <-> *m* ❶ (*di serbatoi, vasche*) Überlauf *m* ❷ (FIN) Überfülle *f*
**trota** ['trɔ:ta] *f* Forelle *f*
**trottare** [trot'ta:re] *vi* traben; **far ~ qu** jdn auf Trab bringen **trottatore** [trotta'to:re] *m* Traber *m* **trotterellare** [trotterel'la:re] *vi* (*cavalli*) im leichten Trab laufen; (*persone*) trippeln **trotto** ['trɔtto] *m* Trab *m;* **far andare di ~ qu** (*fig*) jdn auf Trab bringen
**trottola** ['trɔttola] *f* Kreisel *m*
**trottolino, -a** [trotto'li:no] *m, f* (*scherz*) Wirbelwind *m*
**troupe** [trup] <-> *f* (*di artisti*) Schauspielertruppe *f;* **~ televisiva** Fernsehteam *nt*
**trovadore** [trova'do:re] *v.* **trovatore**
**trovadorico, -a** [trova'dɔ:riko] <-ci, -che> *agg* Troubadour[en]-
**trovare** [tro'va:re] I. *vt* finden, wiederfinden; (*vedere, riconoscere*) vorfinden; (*sorprendere*) erwischen, ertappen; **~ qu simpatico** jdn sympathisch finden; **~ qc da ridire** etw auszusetzen haben; **andare a ~ qu** jdn besuchen II. *vr* **-rsi** ❶ (*essere*) sich befinden ❷ (*sentirsi*) sich fühlen; **-rsi bene con qu** mit jdm gut auskommen; **-rsi d'accordo** einig sein ❸ (*presentarsi*) sich einfinden ❹ (*incontrarsi*) sich treffen
**trovarobe** [trova'rɔ:be] <-> *mf* Requisiteur(in) *m(f)*
**trovata** [tro'va:ta] *f* Geistesblitz *m,* Einfall *m;* **~ pubblicitaria** Werbegag *m*

**trovatello, -a** [trova'tɛllo] *m, f* Findelkind *nt*
**trovatore** [trova'to:re] *m* Troubadour *m*
**truccare** [truk'ka:re] I. *vt* ① (*travestire*) verkleiden ② (*con cosmetici*) schminken ③ (*fig*) [ver]fälschen; (*carte*) zinken; (*partita*) manipulieren; (*motore*) frisieren II. *vr* **-rsi** ① (*travestirsi*) sich verkleiden, sich maskieren ② (*con cosmetici*) sich schminken **truccatore, -trice** [trukka'to:re] *m, f* Maskenbildner(in) *m(f)* **truccatura** [trukka'tu:ra] *f* Maskierung *f*; (*con cosmetici*) Schminken *nt*; (*di attore*) Maske *f* **trucco** ['trukko] <-cchi> *m* ① (*maquillage*) Make-up *nt*, Schminke *f* ② (*fig*) Schwindel *m*; (*artificio*) Trick *m* ③ (FILM) Trickaufnahme *f*
**truce** ['tru:tʃe] *agg* finster, drohend
**trucidare** [trutʃi'da:re] *vt* abschlachten
**truciolo** ['tru:tʃolo] *m* Span *m*
**truculento, -a** [truku'lɛnto] *agg* blutrünstig
**truffa** ['truffa] *f* Betrug *m* **truffaldino, -a** [truffal'di:no] I. *agg* betrügerisch II. *m, f* Schwindler(in) *m(f)*, Betrüger(in) *m(f)*
**truffare** [truf'fa:re] *vt* betrügen, prellen
**truffatore, -trice** [truffa'to:re] *m, f* Betrüger(in) *m(f)*
**truppa** ['truppa] *f* Truppe *f*; **-e d'occupazione** Besatzungstruppen *fpl*
**trust** [trʌst] <-> *m* Trust *m*; **~ dei cervelli** Brain-Trust *m*
**T-shirt, tee-shirt** ['ti:ʃə:t] <-> *f* T-Shirt *nt*
**tu** [tu] *pron pers 2. pers sing* du; **dare del ~ a qu** jdn duzen, jdn mit Du anreden; **parlare a ~ per ~** ganz im Vertrauen sprechen; **trovarsi a ~ per ~** sich *dat* plötzlich Auge in Auge gegenüberstehen
**tuba** ['tu:ba] *f* ① (MUS) Tuba *f* ② (*cappello*) Zylinder *m* ③ (ANAT) Tube *f*; **~ uditiva** Gehörgang *m*; **~ uterina** Eileiter *m*
**tubare** [tu'ba:re] *vi* gurren; (*fig*) turteln
**tubatura** [tuba'tu:ra] *f*, **tubazione** [tubat'tsio:ne] *f* [Rohr]leitungen *fpl*, Leitungsnetz *nt*
**tubercolare** [tuberko'la:re] *agg* tuberkular, Tuberkel- **tubercolo** [tu'bɛrkolo] *m* Tuberkel *m* **tubercolosa** *f v.* **tubercoloso tubercolosario** [tuberkolo'sa:rio] <-i> *m* Lungensanatorium *nt* **tubercolosi** [tuberko'lo:zi] <-> *f* Tuberkulose *f*, **tubercoloso, -a** [tuberko'lo:so] I. *agg* tuberkulös II. *m, f* Tuberkulosekranke(r) *f(m)*
**tubero** ['tu:bero] *m* Knolle *f*
**tubetto** [tu'betto] *m* ① (*del dentifricio*) Tube *f* ② (*di aspirina*) Röhrchen *nt*

**Tubinga** [tu'biŋga] *f* Tübingen *nt*
**tubista** [tu'bista] <-i *m*, -e *f*> *mf* Rohrleger(in) *m(f)*, Installateur(in) *m(f)*
**tubo** ['tu:bo] *m* Rohr *nt*, Röhre *f*; (EL, ANAT) Röhre *f*; (TEC) Rohr *nt*; (~ *flessibile*) Schlauch *m*; ~ **dell'olio** Ölleitung *f*; ~ **di scappamento** Auspuffrohr *nt*; ~ **digerente** Verdauungstrakt *m* **tubolare** [tubo'la:re] I. *agg* röhrenförmig, Röhren- II. *m* Schlauchreifen *m*
**tuffare** [tuf'fa:re] I. *vt* eintauchen, tauchen II. *vr* **-rsi** ① (*immergersi*) [unter]tauchen ② (*fig: lanciarsi*) sich stürzen; (*dedicarsi*) sich vertiefen, sich versenken **tuffista** [tuf'fista] <-i *m*, -e *f*> *mf* Kunstspringer(in) *m(f)* **tuffo** ['tuffo] *m* ① (*il tuffare*) [Ein]tauchen *nt* ② (*salto*) Kopfsprung *m*, Sprung *m* [ins Wasser]; (*nel calcio*) Hechtsprung *m* ③ (*fig: emozione*) Herzklopfen *nt*
**tufo** ['tu:fo] *m* Tuff[stein] *m*
**tugurio** [tu'gu:rio] <-i> *m* [elende] Hütte *f*
**tulipano** [tuli'pa:no] *m* Tulpe *f*
**tulle** ['tulle] *m* Tüll *m*
**tumefare** [tume'fa:re] <tumefaccio, tumefeci, tumefatto> I. *vt* anschwellen lassen II. *vr* **-rsi** [an]schwellen
**tumefazione** [tumefat'tsio:ne] *f* Schwellung *f*
**tumido, -a** ['tu:mido] *agg* geschwollen; (*labbra*) fleischig
**tumorale** [tumo'ra:le] *agg* Tumor- **tumore** [tu'mo:re] *m* Geschwulst *f*, Tumor *m*
**tumulare** [tumu'la:re] *vt* beisetzen **tumulazione** [tumulat'tsio:ne] *f* Beisetzung *f*
**tumulo** ['tu:mulo] *m* ① (GEOG) Erdhügel *m* ② (*in archeologia*) Tumulus *m*, Hügelgrab *nt*
**tumulto** [tu'multo] *m* Tumult *m*, Unruhe *f*; (*fig a*) Aufruhr *m* **tumultuare** [tumultu'a:re] *vi* lärmen, einen Aufruhr erregen **tumultuoso, -a** [tumultu'o:so] *agg* stürmisch, ungestüm; (*folla*) erregt
**tunica** ['tu:nika] <-che> *f* Tunika *f*
**tunnel** ['tunnel] <-> *m* Tunnel *m*
**tuo** ['tu:o] <tuoi> *m* il ~ das Deine
**tuo, -a** <tuoi, tue> I. *agg* dein; **la -a voce/anima** deine Stimme/Seele; ~ **padre/zio** dein Vater/Onkel; **un ~ amico** ein Freund von dir II. *pron poss* **il ~/la -a** deiner/deine/dein[e]s; **i tuoi** deine Eltern; **ti tieni sempre sulle -e** du bleibst auch immer bei deiner Haltung
**tuonare** [tuo'na:re] I. *vi avere* ① (METEO) donnern ② (*fig*) wettern II. *vi essere o avere* (*impersonale*) donnern
**tuono** ['tuɔ:no] *m* (*a. fig*) Donner *m*

**tuorlo** ['tuɔrlo] *m* [Ei]dotter *m o nt*, Eigelb *nt*
**tu(p)pè** [tu'pɛ (tup'pɛ)] <-> *m v.* **toupet**
**tuppertù, tu per tu** [tuper'tu] *avv* von Angesicht zu Angesicht; **essere a ~ con qu** mit jdm auf Du und Du stehen
**turabottiglie** [turabot'tiʎʎe] <-> *m* Verkorkmaschine *f*
**turacciolo** [tu'rattʃolo] *m* Pfropfen *m*; (*di sughero*) Korken *m*
**turapori** [tura'pɔ:ri] <-> *m* Porenfüller *m*
**turare** [tu'ra:re] *vt* ver-, zustopfen; (*bottiglia*) zustöpseln; (*con sughero*) zu-, verkorken; (*falla*) abdichten; (*naso, orecchi*) zuhalten
**turba** ['turba] *f* ❶ (*di persone*) Menge *f*; (*pej a*) Meute *f fam* ❷ (MED) Störung *f* **turbamento** [turba'mento] *m* ❶ (*rivolgimento*) Störung *f* ❷ (*ansia*) Unruhe *f*, Verwirrung *f*
**turbante** [tur'bante] *m* Turban *m*
**turbare** [tur'ba:re] I. *vt* ❶ (*disturbare*) stören ❷ (*l'acqua*) trüben; (*piani*) durchkreuzen ❸ (*fig: sconvolgere*) bewegen, beunruhigen II. *vr* **-rsi** sich beunruhigen, in Erregung geraten **turbativa** [turba'ti:va] *f* (JUR) Störung *f* **turbatore, -trice** [turba'to:re] *m, f* Störenfried *m*, Störer(in) *m(f)*
**turbina** [tur'bi:na] *f* Turbine *f*
**turbinare** [turbi'na:re] *vi* (*a. fig*) wirbeln
**turbine** ['turbine] *m* Wirbelwind *m*; (*a. fig*) Wirbel *m* **turbinoso, -a** [turbi'no:so] *agg* ❶ (*vorticoso*) Wirbel-, wirb[e]lig ❷ (*fig*) aufwühlend
**turbo** ['turbo] I. <-> *m* Turbo *m*, Turbomotor *m* II. <inv> *agg* Turbo-; **motore ~** Turbomotor *m*, turbinengetriebener Motor
**turbocisterna** [turbotʃis'tɛrna] *f* Turbinentanker *m*, Turbinentankschiff *nt*
**turbocompresso, -a** [turbokom'prɛsso] *agg* Turbo-; **motore ~** Turbomotor *m*, turbinengetriebener Motor **turbocompressore** [turbokompres'so:re] *m* Turbokompressor *m*, Turbolader *m*
**turbodiesel** [turbo'di:zəl] I. <-> *m* Turbodiesel *m* II. <inv> *agg* Turbodiesel-; **una macchina ~** ein Auto mit Turbodieselmotor
**turboelica** [turbo'ɛ:lika] I. <-che> *f* Turbo-Prop-Triebwerk *nt* II. <-> *m* Turbo-Prop-Flugzeug *nt*
**turbogas** [turbo'gas] <-> *m* Turbogas *nt*
**turbogetto** [turbo'dʒetto] *m* ❶ (*motore*) Strahltriebwerk *nt* ❷ (*aereo*) Düsenflugzeug *nt*, Jet *m fam*

**turboirroratrice** [turboirrora'tri:tʃe] *f* (AGR) Turbospritzgerät *nt*
**turbolento, -a** [turbo'lɛnto] *agg* turbulent; (*a. fig*) stürmisch **turbolenza** [turbo'lɛntsa] *f* ❶ (METEO, CHEM) Turbulenz *f* ❷ (*fig*) Unruhe *f*, Aufruhr *m*
**turbomotore** [turbomo'to:re] *m* Turbomotor *m*, Turbinenmotor *m*
**turbonave** [turbo'na:ve] *f* Turbinenschiff *nt*
**turboperforatrice** [turboperfora'tri:tʃe] *f* Turbobohrmaschine *f*
**turbopompa** [turbo'pompa] *f* Turbinenpumpe *f*, Kreiselpumpe *f*
**turborazzo** [turbo'raddzo] *m* Turbinenrakete *f*
**turboreattore** [turboreat'to:re] *m v.* **turbogetto**
**turbosonda** [turbo'sonda] *f* Turbinensonde *f*
**turbotrapano** [turbo'tra:pano] *m* Turbobohrmaschine *f*
**turbotreno** [turbo'trɛ:no] *m* Turbozug *m*
**turca** *f v.* **turco**
**turchese** [tur'ke:se] I. *f* (MIN) Türkis *m* II. *m* (*colore*) Türkis *nt*
**Turchia** [tur'ki:a] *f* [la] ~ die Türkei
**turchinetto** [turki'netto] *m* Waschblau *nt*
**turchino, -a** [tur'ki:no] *agg* tiefblau
**turco** ['turko] <*sing*> *m* Türkisch(e) *nt*; **parlare ~** (*fig*) Chinesisch reden
**turco, -a** <-chi, -che> I. *agg* türkisch, Türken-; **sedere alla -a** im Schneidersitz sitzen II. *m, f* Türke *m*/Türkin *f*; **bestemmiare come un ~** wie ein Landsknecht fluchen; **fumare come un ~** rauchen wie ein Schlot
**turgido, -a** ['turdʒido] *agg* prall; (*seno*) drall; (MED) [an]geschwollen
**Turgovia** [tur'gɔ:via] *f* Thurgau *m*
**Turingia** [tu'rindʒa] *f* Thüringen *nt*
**turismatica** [turiz'ma:tika] <-che> *f* Tourismusinformationstechnologie *f* **turismatico, -a** [turiz'ma:tiko] <-ci, -che> *agg* tourismus-informationstechnologisch
**turismo** [tu'rizmo] *m* Tourismus *m*, Fremdenverkehr *m*; ~ **di massa** Massentourismus *m* **turista** [tu'rista] <-i *m*, -e *f*> *mf* Tourist(in) *m(f)* **turisticizzare** [turistitʃid'dza:re] *vt* touristisch erschließen **turisticizzazione** [turistitʃiddzat'tsio:ne] *f* touristische Erschließung **turistico, -a** [tu'ristiko] <-ci, -che> *agg* touristisch, Touristen-; (*assegno, ufficio, agenzia, movimento*) Reise-
**turlupinare** [turlupi'na:re] *vt* hintergehen **turlupinatore, -trice** [turlupi-

na'to:re] *m, f* Schwindler(in) *m(f)* **turlupinatura** [turlupina'tu:ra] *f* Schwindel *m*
**turnare** [tur'na:re] *vi* in Schichten arbeiten
**turnazione** [turnat'tsio:ne] *f* Schichtwechsel *m* **turnista** [tur'nista] <-i *m*, -e *f*> *mf* Schichtarbeiter(in) *m(f)* **turno** ['turno] *m* Reihenfolge *f*, Turnus *m*; (*di lavoro*) Schicht *f*; ~ **di notte** Nachtschicht *f*; **medico di** ~ Bereitschaftsarzt *m*, diensthabender Arzt; **aspettare il proprio** ~ warten, bis man an der Reihe ist; **essere di** ~ Dienst haben; **fare a** ~ sich abwechseln; **a** ~ abwechselnd; (*lavorare*) schichtweise
**turnover** ['tə:nouvə] <-> *m* ❶ (*di personale*) Personalwechsel *m* ❷ (COM) Umsatz *m*
**turpe** ['turpe] *agg* unanständig, schamlos
**turpiloquio** [turpi'lɔkuio] <-qui> *m* obszöne Ausdrucksweise
**turpitudine** [turpi'tu:dine] *f* Unanständigkeit *f*, Schamlosigkeit *f*
**turrito, -a** [tur'ri:to] *agg* mit Türmen versehen, turmreich
**TUT** *m abbr di* **Tariffa Urbana a Tempo** Zeiteinheit *für* Ortsgespräche
**tuta** ['tu:ta] *f* Arbeitsanzug *m*, Overall *m*; ~ **mimetica** Tarnanzug *m*; ~ **spaziale** Raumanzug *m*; **-e bianche** (*fig*) Globalisierungsgegner *mpl*
**tutela** [tu'tɛ:la] *f* ❶ (*difesa*) Schutz *m*; (*a. fig*) Wahrung *f*; ~ **del consumatore** Verbraucherschutz *m*; ~ **dell'ambiente** Umweltschutz *m* ❷ (JUR) Vormundschaft *f*
**tutelare**[1] [tute'la:re] *agg* ❶ (*che protegge, difende*) schützend, Schutz- ❷ (JUR) vormundschaftlich, Vormundschafts-
**tutelare**[2] I. *vt* schützen; (*a. fig*) wahren; ~ **i propri interessi** seine Interessen vertreten II. *vr* **-rsi** sich schützen
**tutor** ['tju:tə] <-> *m* Tutor *m* **tutore, -trice** [tu'to:re] *m, f* ❶ (*protettore, difensore*) Schützer(in) *m(f)* ❷ (JUR) Vormund *m* **tutorio, -a** [tu'tɔ:rio] <-i,

-ie> *agg* Vormundschafts-, Aufsichts-**tutrice** *f v.* **tutore**
**tuttavia** [tutta'vi:a] *cong* dennoch, jedoch
**tutto** ['tutto] *m* Ganze(s) *nt*; **rischiare** [*o* **tentare**] **[il]** ~ **per [il]** ~ alles aufs Spiel setzen
**tutto, -a** I. *agg* ganz, all; ~ **il denaro** das ganze Geld, all das Geld; **-e le donne** alle Frauen; **-a la mia famiglia** meine ganze Familie; **-a la notte** die ganze Nacht; **-e le sere** jeden Abend; **-i e due** [alle] beide; **a -a velocità** mit voller Geschwindigkeit; **tutt'altro** ganz im Gegenteil, überhaupt nicht II. *pron indef* alle/alle; **-i risero** alle lachten, alles lachte III. *avv* ganz, ganz und gar; **era -a nuda** sie war ganz nackt; **del** ~ völlig, gänzlich; **in** ~ insgesamt, in allem; **tutt'al più** höchstens; (*nel peggiore dei casi*) schlimmstenfalls
**tuttofare** [tutto'fa:re] I. <inv> *agg* Allround-, für alles; **donna** ~ Haushaltshilfe *f*; **una segretaria** ~ ein Mädchen *nt* für alles *fam* II. <-> *mf* (*domestica*) Haushaltshilfe *f*, Mädchen *nt* für alles *fam*
**tuttologia** [tuttolo'dʒi:a] <-ie> *f* (*scherz: onniscienza*) Allwissenheit *f* **tuttologo, -a** [tut'tɔ:logo] <-gi, -ghe> *m, f* (*scherz: chi crede di saper tutto*) Alleswisser *m*
**tuttoponte** [tutto'ponte] <inv> *agg* (NAUT) **nave** ~ Flugzeugträger *m*
**tuttora** [tut'to:ra] *avv* noch [immer]
**tuttotondo, tutto tondo** [tutto'tondo] <-> *m* Vollplastik *f*
**tutù** [tu'tu] <-> *m* Ballettröckchen *nt*
**TV** [tiv'vu] <-> *f abbr di* **televisione** TV *nt*; ~ **spazzatura** TV-Schrott *m*
**tweed** [twi:d] <-> *m* Tweed *m*; **giacca in** ~ Tweedjackett *nt*
**twin-set** ['twin'sɛt] <-> *m* Twinset *nt*
**twittare** [twit'ta:re] *vi, vt* (INET) twittern
**tycoon** [tai'ku:n] <-> *m* Magnat *m*; **un** ~ **del petrolio** ein Ölmagnat
**tzigano** [tsi'ga:no] *pej v.* **zigano**

# U u

**U, u** [u] <-> *f* U, u *nt;* **u come Udine** U wie Ulrich; **ferro a U** U-Eisen *nt;* **inversione a U** 180-Grad-Wende *f*

**ubbia** [ub'bi:a] <-ie> *f* ❶ (*poet: preconcetto*) Vorurteil *nt* ❷ (*fisima*) Spleen *m*, fixe Idee *f* ❸ (*sospetto infondato*) unbegründeter Verdacht *m*

**ubbidiente** [ubbi'diɛnte] *agg* ❶ (*chi ubbidisce*) gehorsam, folgsam ❷ (*docile*) gefügig **ubbidienza** [ubbi'diɛntsa] *f* ❶ (*l'essere ubbidiente*) Gehorsam *m;* (*di bambini, animali*) Folgsamkeit *f* ❷ (*sottomissione*) Ergebenheit *f*, Untertänigkeit *f*

**ubbidire** [ubbi'di:re] <ubbidisco> *vi* ❶ (*ai genitori, al padrone*) folgsam sein, gehorsam sein; ~ **a qu** jdm gehorchen ❷ (*a un ordine*) ~ **a qc** etw befolgen

**ubertoso, -a** [uber'to:so] *agg* (*poet*) fruchtbar, ertragreich

**ubicato, -a** [ubi'ka:to] *agg* gelegen **ubicatore, -trice** [ubika'to:re] *m*, *f* Standortprojektant(in) *m(f)*

**ubicazione** [ubikat'tsio:ne] *f* ❶ (*posizione topografica*) Lage *f* ❷ (*luogo*) Standort *m*

**ubiquità** [ubikui'ta] <-> *f* Allgegenwart *f*

**ubriaca** *f v.* **ubriaco**

**ubriacare** [ubria'ka:re] I. *vt* ❶ (*inebriare*) betrunken machen ❷ (*fig: stordire*) betäuben, benommen machen II. *vr* **-rsi** sich betrinken **ubriacatura** [ubriaka'tu:ra] *f* (*sbornia, a. fig*) Rausch *m* **ubriachezza** [ubria'kettsa] *f* ❶ (*stato di alterazione*) [Be]trunkenheit *f* ❷ (*vizio*) Trunksucht *f*

**ubriaco, -a** [ubri'a:ko] <-chi, -che> I. *agg* ❶ (*ebbro*) betrunken; ~ **fradicio** (*fam*) stockbetrunken, sternhagelvoll ❷ (*fig: esaltato*) trunken, berauscht ❸ (*fig: stordito*) betäubt, benommen; ~ **di stanchezza** zum Umfallen müde II. *m*, *f* Betrunkene(r) *f(m)* **ubriacone, -a** [ubria'ko:ne] *m*, *f* Säufer(in) *m(f)*, Trunkenbold *m*

**uccellagione** [uttʃella'dʒo:ne] *f* ❶ (*caccia*) Vogelfang *m* ❷ (*uccellame*) [beim Vogelfang gemachte] Beute *f* **uccellame** [uttʃel'la:me] *m* erbeutete Vögel *mpl*

**uccellare** [uttʃel'la:re] *vi* auf Vogelfang gehen

**uccellatore, -trice** [uttʃella'to:re] *m*, *f* Vogelfänger(in) *m(f)*, -steller(in) *m(f)* **uccelliera** [uttʃel'liɛ:ra] *f* Vogelhaus *nt*, Voliere *f*

**uccello** [ut'tʃɛllo] *m* ❶ (zoo) Vogel *m;* **essere uccel di bosco** (*fig*) vogelfrei sein; **fare l'~ del malaugurio** (*fig*) den Teufel an die Wand malen ❷ (*vulg: pene*) Schwanz *m*

**uccidere** [ut'tʃi:dere] <uccido, uccisi, ucciso> I. *vt* ❶ (*ammazzare*) töten, umbringen; (*affrettare la morte*) ins Grab bringen; (*debilitare*) [fast] umbringen *fam* ❷ (*fig: eliminare*) ausrotten, vernichten II. *vr* **-rsi** ❶ (*suicidarsi*) sich umbringen, Selbstmord begehen ❷ (*vicendevolmente*) sich umbringen ❸ (*perdere la vita*) ums Leben kommen, umkommen

**ucciditrice** [uttʃidi'tri:tʃe] *f* Mörderin *f*, Totschlägerin *f*

**uccisi** [ut'tʃi:zi] *1. pers sing pass rem di* **uccidere**

**uccisione** [uttʃi'zio:ne] *f* Tötung *f*

**ucciso** [ut'tʃi:zo] *pp di* **uccidere**

**uccisore** [uttʃi'zo:re] *m* Mörder *m*, Totschläger *m*

**UDI** ['u:di] *m acro di* **Unione Donne Italiane** italienische Frauenbewegung

**udibile** [u'di:bile] *agg* hörbar, vernehmbar **udibilità** [udibili'ta] <-> *f* Hörbarkeit *f*, Vernehmbarkeit *f;* **distanza di** ~ Hörweite *f;* **soglia di** ~ Hörschwelle *f*

**udienza** [u'diɛntsa] *f* ❶ (*ascolto*) Gehör *nt;* **dare** ~ Gehör schenken ❷ (*colloquio*) Audienz *f*, Empfang *m;* **chiedere un'**~ um eine Audienz bitten; **concedere un'**~ eine Audienz gewähren ❸ (JUR) [Gerichts]verhandlung *f*

**Udine** *f* Udine *nt* (*Stadt in Friaul*)

**udinese** [udi'ne:se] I. *agg* Udineser II. *mf* (*abitante*) Udineser(in) *m(f)*

**Udinese** <*sing*> *m* Umgebung *f* von Udine

**udire** [u'di:re] <odo, udii, udito> *vt* ❶ (*sentire, comprendere*) hören, vernehmen ❷ (*esaudire*) erhören **udito** [u'di:to] *m* Gehör *nt*, Gehörsinn *m* **uditofono** [udi'tɔ:fono] *m* Hörgerät *nt*, Hörapparat *m* **uditore, -trice** [udi'to:re] *m*, *f* Zuhörer(in) *m(f)*, Hörer(in) *m(f);* (*all'università*) [Gast]hörer(in) *m(f);* (JUR) Referendar(in) *m(f);* ~ **giudiziario** Gerichtsreferendar *m;* ~ **di Rota** Richter *m* an der Rota, Auditor *m* **uditorio** [udi'tɔ:rio] <-i> *m* [Zu]hörerschaft *f* **uditrice** *f v.* **uditore**

**UDR** *m abbr di* **Unione Democratica per la Repubblica** demokratische Partei Italiens

**UE** *f abbr di* **Unione Europea** EU *f*

**UEM** *f abbr di* **Unione economica e monetaria europea** EWWU *f* (*Europäische Wirtschafts- und Währungsunion*)

**ufficiale** [uffi'tʃa:le] **I.** *agg* offiziell; (ADM) amtlich **II.** *m* ❶ (ADM) Beamte(r) *m*/Beamtin *f*, Amtsperson *f*; ~ **di stato civile** Standesbeamte(r)/-beamtin; ~ **giudiziario** Gerichtsbeamte(r)/-beamtin; **pubblico** ~ Amtsperson *f* ❷ (MIL) Offizier *m*

**ufficialità** [uffitʃali'ta] <-> *f* ❶ (ADM) Amtlichkeit *f*, offizieller Charakter ❷ (MIL) Offizierskorps *nt*

**ufficializzare** [uffitʃaliʤ'dza:re] *vt* öffentlich machen, offiziell bekannt geben

**ufficio** [uf'fi:tʃo] <-ci> *m* ❶ (*posto di lavoro*) Büro *nt*; (*settore*) Abteilung *f*; ~ **contabilità** Buchführung[sstelle] *f*; ~ **informazioni** Informationsbüro *nt*; ~ **personale** Personalabteilung *f*; ~ **vendite** Verkaufsabteilung *f*; ~ **viaggi** Reisebüro *nt* ❷ (ADM: *organo*) Amt *nt*; ~ **postale** Postamt *nt*; ~ **di collocamento** Arbeitsamt *nt*; **provvedimento d'**~ amtliche Maßnahme ❸ (JUR: *funzioni, doveri*) [Amts]pflicht *f*

**ufficioso, -a** [uffi'tʃo:so] *agg* halbamtlich, inoffiziell

**U.F.O.** ['u:fo] <-> *m* Ufo *nt*, UFO *nt*

**ufo** ['u:fo] *avv* **a** ~ umsonst; (*pej*) auf Kosten anderer; **vivere a** ~ zu Lasten [*o* zulasten] anderer leben

**ufologia** [ufolo'dʒi:a] <-ie> *f* Ufologie *f*

**ufologico, -a** [ufo'lɔ:dʒiko] <-ci, -che> *agg* ufologisch **ufologo, -a** [u'fɔ:logo] <-gi, -ghe> *m, f* Ufologe *m*/Ufologin *f*

**ugello** [u'dʒɛllo] *m* Düse *f*

**uggia** ['udd͡ʒa] <ugge> *f* (*noia*) Langeweile *f*; (*molestia*) Lästigkeit *f*

**uggiolare** [udd͡ʒo'la:re] *vi* winseln, jaulen

**uggioso, -a** [ud'd͡ʒo:so] *agg* langweilig

**ugola** ['u:gola] *f* ❶ (ANAT) [Gaumen]zäpfchen *nt* ❷ (*fig*) Kehle *f*; **avere un'**~ **d'oro** Gold in der Kehle haben

**uguaglianza** [ugua'ʎʎantsa] *f* ❶ (*identità, l'essere uguale*) Gleichheit *f*; (*di diritti*) Gleichstellung *f*; (MAT) Äquivalenz *f* ❷ (*uniformità*) Gleichförmigkeit *f*, Gleichmäßigkeit *f* **uguagliare** [ugua'ʎʎa:re] **I.** *vt* ❶ (*rendere uguale*) gleichmachen, angleichen; (*fig*) gleichstellen ❷ (*rendere uniforme, regolare*) gleichförmig machen; (*siepe*) in gleicher Höhe abschneiden ❸ (*fig: essere pari*) ~ **qu in qc** jdm an etw *dat* gleichkommen ❹ (SPORT) erreichen, erzielen **II.** *vr* **-rsi** sich *dat* gleich sein

**uguale¹** [u'gua:le] **I.** *agg* ❶ (*identico*) gleich; **di** ~ **colore** gleichfarbig ❷ (*che rimane uguale*) gleich bleibend, gleichmäßig; **essere sempre** ~ **a se stesso** sich *dat* selbst treu bleiben ❸ (MAT) gleich[wertig], äquivalent ❹ (*uniforme*) gleichförmig **II.** *mf* Gleichgestellte(r) *f(m)*, Ebenbürtige(r) *f(m)*

**uguale²** *avv* (*fam*) gleich; (*indifferente*) gleich, egal; **che tu vada o rimanga per me è** ~ es ist mir egal, ob du gehst oder bleibst

**ugualizzante** [ugualiʤ'dzante] *m* Unifärbemittel *nt* **ugualizzare** [ugualiʤ'dzare] *vt* gleichmäßig einfärben

**ugualmente** [ugual'mente] *avv* ❶ (*parimenti*) gleich, gleichermaßen ❷ (*tuttavia*) dennoch

**uh** [u] *int* ❶ (*dolore*) au ❷ (*fastidio*) uff ❸ (*meraviglia*) uh, oh

**uhi** ['u:i] *int* ❶ (*dolore*) au[a] ❷ (*rammarico*) oh

**uhm** [m] *int* hm

**UIL** [uil] *f acro di* **Unione Italiana del Lavoro** italienischer Gewerkschaftsbund

**ulcera** ['ultʃera] *f* Geschwür *nt fam*, Magengeschwür *nt* **ulcerare** [ultʃe'ra:re] **I.** *vt* ein Geschwür erzeugen in +*dat* **II.** *vr* **-rsi** geschwürig werden, ulzerieren **ulcerativo, -a** [ultʃera'ti:vo] *agg* geschwürbildend, Geschwür- **ulcerazione** [ultʃerat'tsio:ne] *f* Geschwürbildung *f* **ulceroso, -a** [ultʃe'ro:so] **I.** *agg* geschwürig, ulzerös **II.** *m, f* an einem Geschwür Erkrankte(r) *f(m)*

**uliva** [u'li:va] *f v.* **oliva¹**

**ulivista** [uli'vista] <-i *m*, -e *f*> *mf* (POL) Anhänger(in) *m(f)* des Parteienbündnisses Ulivo

**ulivo** [u'li:vo] *m v.* **olivo**

**Ulivo** [u'li:vo] *m* (POL) *Mitte-links-Parteienbündnis*

**ullalà** [ulla'la:], **ullallà** [ullal'la:] *int* wow, ui[ui]

**Ulma** ['ulma] *f* Ulm *nt*

**ulna** ['ulna] *f* Elle *f*

**ulteriore** [ulte'rio:re] *agg* weitere(r, s), zusätzlich

**ultima** ['ultima] *f* (*fam: novità*) Neueste *nt*; **vuoi sapere l'**~**?** weißt du schon das Neueste?; **ti racconto l'**~ ich erzähle dir das Neueste **ultimabile** [ulti'ma:bile] *agg* beendbar **ultimare** [ulti'ma:re] *vt* beenden, abschließen

**ultimativo, -a** [ultima'ti:vo] *agg* ultimativ **ultimatum** [ulti'ma:tum] <-> *m* Ultimatum *nt*

**ultimazione** [ultimat'tsio:ne] *f* Beendigung *f*, Abschluss *m*

**ultimissima** [ulti'missima] *f* ① (*giornale*) neueste Ausgabe ② *pl* (*notizie*) letzte Nachrichten *fpl*

**ultimo, -a** ['ultimo] **I.** *agg* ① (*finale*) letzte(r, s); (*recente*) neueste(r, s); (*molto lontano*) fernste(r, s); (*origini*) erste(r, s); **l'~ grido della moda** der letzte [Mode]schrei; **all'~ momento** im letzten Moment ② (*fig: di minima importanza*) geringste(r, s), letzte(r, s); **lo studio è la sua -a preoccupazione** das Studium ist seine geringste Sorge ③ (*decisivo*) letzte(r, s), entscheidend; **dire l'-a parola** das letzte Wort haben ④ (*massimo*) höchste(r, s) **II.** *m, f* ① (*della serie*) Letzte(r, s) *mf nt;* **l'~ del mese** der Letzte des Monats; **all'~** zuletzt, am Ende; **da ~** als letztes, zu guter Letzt; **fino all'~** bis zuletzt; **in ~** am Ende, zu guter Letzt; **rimanere in ~** (*fam*) hinten sein, Letzte(r, s) sein; **per ~** zuletzt, als Letzte(r, s); **gli -i saranno i primi** die Letzten werden die Ersten sein ② (*il peggiore*) Schlechteste(r, s) *mf nt*

**ultimogenito, -a** [ultimo'dʒɛːnito] **I.** *agg* letztgeboren, jüngste(r, s) **II.** *m, f* Letztgeborene(r) *f(m),* Jüngste(r) *f(m)*

**ultra¹** ['ultra] <- *o* -s> *mf* ① (POL) Ultra *mf* ② (SPORT) Ultrafan *m*

**ultra²** <inv> *agg* ultra-, Ultra-

**ultrabook** ['ultra'buk] <-> *m* (INFORM) Ultrabook *nt*

**ultracentenario, -a** [ultratʃente'naːrio] *agg* mehr als hundertjährig

**ultracentrifuga** [ultratʃen'triːfuga] *f* Ultrazentrifuge *f* **ultracentrifugare** [ultratʃentrifu'gaːre] *vt* ultrazentrifugieren **ultracentrifugazione** [ultratʃentrifugat'tsioːne] *f* Ultrazentrifugierung *f*

**ultracompatto, -a** [ultrakom'patto] *agg* ultradicht

**ultracorto, -a** [ultra'korto] *agg* (RADIO, PHYS) Ultrakurz-; **onde -e** Ultrakurzwelle *f*

**ultradestra** [ultra'dɛstra] *f* (POL) außerparlamentarische Rechte

**ultrafiltrante** [ultrafil'trante] *agg* (CHEM) ultrafiltrierend

**ultraleggero** [ultraled'dʒɛːro] *m* (*deltaplano a motore*) Flugdrachen *m* mit Motorantrieb

**ultraleggero, -a** *agg* (*estremamente leggero*) ultraleicht

**ultramicrofotografia** [ultramikrofotogra'fiːa] *f* Ultramikrofotografie *f*

**ultramicroscopia** [ultramikrosko'piːa] *f* (PHYS) Ultramikroskopie *f* **ultramicroscopico, -a** [ultramikros'kɔːpiko] <-ci, -che> *agg* ultramikroskopisch **ultramicroscopio** [ultramikros'kɔːpio] *m* Ultramikroskop *nt*

**ultramoderno, -a** [ultramo'dɛrno] *agg* hypermodern, supermodern

**ultramondano, -a** [ultramon'daːno] *agg* jenseitig, ultramundan

**ultramontano, -a** [ultramon'taːno] **I.** *agg* (*oltremontano*) jenseits der Berge **II.** *m, f* (*seguace dell'ultramontanismo*) Ultramontane(r) *f(m)*

**ultraortodosso, -a** [ultraorto'dɔsso] **I.** *agg* ultra-orthodox **II.** *m, f* Ultraorthodoxe(r) *f(m)*

**ultrapastorizzazione** [ultrapastoriddzat'tsioːne] *f* Ultrapasteurisierung *f*

**ultrapiatto, -a** [ultra'piatto] *agg* ultraflach; **schermo ~** ultraflacher Bildschirm

**ultrapotente** [ultrapo'tɛnte] *agg* (TEC) leistungsstark

**ultrarapido, -a** [ultra'raːpido] *agg* sehr schnell; (FILM, FOTO) hochempfindlich

**ultraridotto, -a** [ultrari'dotto] *agg* stark verkleinert; **formato ~** stark verkleinertes Format

**ultrasensibile** [ultrasen'siːbile] *agg* hochempfindlich; **termometro ~** hochempfindliches Thermometer

**ultrasinistra** [ultrasi'nistra] *f* (POL) außerparlamentarische Linke

**ultrasonico, -a** [ultra'sɔːniko] <-ci, -che> *agg* ① (PHYS) Ultraschall- ② (*supersonico*) Überschall-

**ultrasonografia** [ultrasonogra'fiːa] <-ie> *f* (MED) Ultraschalldiagnostik *f* **ultrasonoro, -a** [ultraso'nɔːro] *agg* Ultraschall-; **onde -e** Ultraschallwellen *fpl*

**ultrasottile** [ultrasot'tiːle] *agg* ultradünn; **assorbente ~** ultradünne Monatsbinde

**ultrastrutturale** [ultrastruttu'raːle] *agg* die ultramikroskopischen Strukturen betreffend **ultrastrutturistica** [ultrastruttu'ristika] <-che> *f* Lehre *f* von den ultramikroskopischen Strukturen

**ultrasuono** [ultra'suɔːno] *m* Ultraschall *m*

**ultraterreno, -a** [ultrater'reːno] *agg* überirdisch

**ultrattività** [ultratti'vita] <-> *f* Nachwirkung *f* [eines alten Gesetzes]

**ultravioletto, -a** [ultravio'letto] *agg* ultraviolett

**ululare** [ulu'laːre] *vi* heulen **ululato, ululo** [ulu'laːto, 'uːlulo] *m* Geheul *nt;* (*a. fig*) Heulen *nt*

**umanamente** [umana'mente] *avv* ① (*dell'uomo*) menschlich; **è ~ impossibile** das ist menschenunmöglich ② (*fig: con umanità*) menschenwürdig, human

**umanesimo** [uma'ne:zimo] *m* Humanismus *m* **umanista** [uma'nista] <-i *m*, -e *f*> *mf* Humanist(in) *m(f)* **umanistico, -a** [uma'nistiko] <-ci, -che> *agg* ❶ (HIST) humanistisch ❷ (SCIENT) geisteswissenschaftlich

**umanità** [umani'ta] <-> *f* ❶ (*natura umana*) menschliche Natur, Menschsein *nt* ❷ (*sentimento*) Menschlichkeit *f*, Humanität *f* ❸ (*genere umano*) Menschheit *f*, Menschengeschlecht *nt poet* **umanitario, -a** [umani'ta:rio] <-i, -ie> *agg* menschenfreundlich, humanitär; **aiuti -i** Hilfsgüter *ntpl*

**umanizzare** [umanid'dza:re] *vt* ❶ (*rendere più umano*) humanisieren, menschlicher machen ❷ (*rendere più civile*) zivilisieren **umanizzazione** [umaniddzat'tsio:ne] *f* Vermenschlichung *f*, Humanisierung *f*

**umano** [u'ma:no] *m* Menschliche(s) *nt*, Humane(s) *nt*

**umano, -a** *agg* ❶ (*dell'uomo*) menschlich, Menschen- ❷ (*fig*) human, menschlich

**umanoide** [uma'noide] *agg* humanoid

**umazione** [umat'tsio:ne] *f* (*poet*) Bestattung *f*, Beisetzung *f*

**Umbria** ['umbria] *f* Umbrien *nt*

**umbro** ['umbro] <*sing*> *m* (*dialetto*) Umbrisch(e) *nt*

**umbro, -a** I. *agg* umbrisch; **scuola -a** umbrische Malerschule II. *m*, *f* Umbrer(in) *m(f)*; **gli Umbri** alte Bevölkerung Mittelitaliens

**UME** *f abbr di* **Unione Monetaria Europea** EWU *f* (*Europäische Währungsunion*)

**umettare** [umet'ta:re] *vt* befeuchten

**umidiccio, -a** [umi'dittʃo] <-cci, -cce> *agg* [ein wenig] feucht, eher feucht als trocken

**umidificare** [umidifi'ka:re] *vt* feucht machen; (*aria*) befeuchten, mit Feuchtigkeit anreichern **umidificatore** [umidifika'to:re] *m* [Luft]befeuchter *m* **umidità** [umidi'ta] <-> *f* Feuchtigkeit *f*; (*bagnato*) Nässe *f*

**umido** ['u:mido] *m* ❶ (*umidità*) Feuchtigkeit *f* ❷ (GASTR) Geschmorte(s) *nt;* **cuocere in ~** schmoren; **coniglio in ~** geschmortes Kaninchen

**umido, -a** *agg* feucht; (*bagnato*) nass

**umificazione** [umifikat'tsio:ne] *f* Humusbildung *f*

**umile** ['u:mile] *agg* ❶ (*mite*) sanftmütig; (*modesto*) bescheiden ❷ (*sottomesso*) ehrerbietig, demütig ❸ (*di modesto grado sociale*) niedrig, ärmlich ❹ (*dimesso*) bescheiden, einfach

**umiliare** [umi'lia:re] I. *vt* ❶ (*avvilire*) demütigen, erniedrigen ❷ (*reprimere*) dämpfen, unterdrücken II. *vr* **-rsi** ❶ (*avvilirsi*) sich demütigen, sich erniedrigen ❷ (*fare atto di sottomissione*) sich auf die Knie werfen; (*fig*) sich beugen **umiliatore, -trice** [umilia'to:re] I. *agg* demütigend, erniedrigend II. *m*, *f* Demütiger(in) *m(f)* **umiliazione** [umiliat'tsio:ne] *f* Demütigung *f*, Erniedrigung *f*

**umiltà** [umil'ta] <-> *f* ❶ (*modestia*) Demut *f*, Bescheidenheit *f* ❷ (*deferenza*) Ergebenheit *f* ❸ (*modesta condizione sociale*) Ärmlichkeit *f*

**umore** [u'mo:re] *m* ❶ (BIOL) Körperflüssigkeit *f*; (BOT) [Pflanzen]saft *m* ❷ (*indole*) Charakter *m*, Art *f* ❸ (*disposizione d'animo*) Laune *f*, Gemütslage *f*, Stimmung *f*; **essere di buon ~** guter Laune sein; **essere di ~ nero** schlechter Laune sein

**umoresca** [umo'reska] <-sche> *f* Humoreske *f*

**umorismo** [umo'rizmo] *m* Humor *m;* **non avere il senso dell'~** keinen [Sinn für] Humor haben **umorista** [umo'rista] <-i *m*, -e *f*> I. *agg* humoristisch II. *mf* Humorist(in) *m(f)* **umoristico, -a** [umo'ristiko] <-ci, -che> *agg* spaßig, humoristisch

**umorosità** [umorosi'ta] <-> *f* Feuchte *f*

**un'** [un] *art indet f davanti a vocale* ein/eine/ein; *v.* **un, una**

**un, una** [un, 'u:na] *art indet m*, *f* ein/eine/ein

**una**[1] ['u:na] *art indet v.* **un, uno**

**una**[2] *f* ❶ (*di tempo*) eins, ein Uhr; **è l'~** es ist eins ❷ (*in frasi enclitiche*) etwas; **ve ne racconto ~** ich kann euch was erzählen; **non me ne va bene ~** mir gelingt auch gar nichts

**unanime** [u'na:nime] *agg* einstimmig, einhellig **unanimismo** [unani'mizmo] *m* (LIT) Unanimismus *m* **unanimistico, -a** [unani'mistiko] <-ci, -che> *agg* einstimmig, einhellig, einmütig **unanimità** [unanimi'ta] <-> *f* Einmütigkeit *f*, Einstimmigkeit *f*; **all'~** einstimmig

**una tantum** ['u:na 'tantum] I. <inv> *agg* einmalig II. <-> *f* einmalige Sonderzahlung; (*imposta*) einmalige Sondersteuer

**uncinare** [untʃi'na:re] *vt* mit einem Haken fassen **uncinato, -a** [untʃi'na:to] *agg* hakenförmig; (*con uncini*) mit Haken versehen; **croce -a** Hakenkreuz *nt*

**uncinetto** [untʃi'netto] *m* Häkelnadel *f*

**uncino** [un'tʃi:no] *m* Haken *m*

**undecimo, -a** [un'dɛːtʃimo] *agg* (*poet*) elfte(r, s)

**underground** ['ʌndə'graund] *o* ander'graund] **I.**<inv> *agg* Underground- **II.**<-> *m* Underground *m*

**understatement** ['ʌndə'steitmənt *o* ander'steitment] <-> *m* [bewusste] Untertreibung *f*, Understatement *nt*

**underwear** ['ʌndə'wɛa] <-> *m* Unterwäsche *f*

**undicenne** [undi'tʃɛnne] **I.** *agg* elfjährig **II.** *mf* Elfjährige(r) *f(m)*

**undicesimo** [undi'tʃɛːzimo] *m* (*frazione*) Elftel *nt* **undicesimo, -a I.** *agg* elfte(r, s) **II.** *m, f* Elfte(r, s) *mf nt*; *v. a.* **quinto undici** ['unditʃi] **I.** *num* elf **II.**<-> *m* ❶ (*numero*) Elf *f* ❷ (*nelle date*) Elfte(r) *m* ❸ (SPORT) Elf *f*, [Fußball]mannschaft *f* **III.** *fpl* elf Uhr; *v. a.* **cinque**

**UNESCO** [u'nɛsko] *m* UNESCO *f*

**ungere** ['undʒere] <ungo, unsi, unto> **I.** *vt* ❶ (*con grasso*) einfetten; (TEC) schmieren, ölen; (*con creme*) eincremen, einreiben; (*con pomate*) einsalben ❷ (*sporcare*) fettig machen ❸ (REL) salben ❹ (*fig fam*) ~ **qu** (*corrompere*) jdn schmieren; (*adulare*) jdm schmeicheln **II.** *vr* **-rsi** ❶ (*mettersi dell'unto*) sich einfetten, sich einölen ❷ (*sporcarsi d'unto*) sich fettig machen, sich mit Fett beschmieren

**ungherese** [uŋɡe're:se] **I.** *agg* ungarisch **II.** *mf* Ungar(in) *m(f)* **Ungheria** [uŋɡe'riːa] *f* Ungarn *nt*

**unghia** ['uŋɡia] <-ghie> *f* ❶ (ANAT) Nagel *m* ❷ (ZOO: *di uccello, gatto*) Kralle *f*, Klaue *f*; (*di cavallo*) Huf *m*; **metter** [*o* **tirar**] **fuori le -ghie** (*fig*) die Krallen zeigen ❸ (*di attrezzi*) abgeschrägte Spitze, Kerbe *f* ❹ (*fig: minima grandezza, distanza*) Fingerbreit *m* **unghiata** [uŋ'ɡiaːta] *f* Kratzer *m*, Kratzwunde *f* **unghiolo** [uŋ'ɡiɔːlo] *m* Kralle *f*

**ungueale** [uŋɡue'aːle] *agg* Nagel-

**unguento** [uŋ'ɡuɛnto] *m* Creme *f*; (MED) Salbe *f*

**unica** ['uːnika] *f* **l'unica** die einzige Lösung **unicamerale** [unikame'raːle] *agg* Einkammer- **unicameralismo** [unikamera'lizmo] *m* (POL) Einkammersystem *nt*

**UNICEF** ['uːnitʃef] *m* UNICEF *f*

**unicellulare** [unitʃellu'laːre] **I.** *agg* einzellig **II.** *m* Einzeller *m*

**unicità** [unitʃi'ta] <-> *f* Einmaligkeit *f*

**unico, -a** ['uːniko] <-ci, -che> **I.** *agg* ❶ (*il solo esistente*) einzig; (*che avviene una volta sola*) einmalig; **figlio** ~ Einzelkind *nt*; **numero** ~ (*di giornale, rivista*) Sondernummer *f* ❷ (*ineguagliabile*) einzigartig, einmalig; ~ **nel suo genere** einzigartig **II.** *m, f* Einzige(r, s) *mfnt* **unicum** ['uːnikum] <unica> *m* Unikat *nt*, Unikum *nt*

**unidimensionale** [unidimensio'naːle] *agg* eindimensional

**unidirezionale** [unidirettsio'naːle] *agg* (EL, TEL) [nur] in einer Richtung verlaufend; **corrente [elettrica]** ~ Gleichstrom *m* **unidirezionalità** [unidirettsionali'ta] <-> *f* einseitige Gerichtetheit

**unidose** [uni'dɔːze] <inv> *agg* Ein-Dosis-; **confezione** ~ Ein-Dosis-Verpackung *f*

**unifamiliare** [unifami'liaːre] *agg* Einfamilien-

**unificare** [unifi'kaːre] *vt* ❶ (*ridurre a unità*) [ver]einigen ❷ (*ridurre a tipo unico*) vereinheitlichen; (*standardizzare*) normieren, normen **unificatore, -trice** [unifika'toːre] **I.** *agg* [ver]einigend **II.** *m, f* Einiger(in) *m(f)*

**unificazione** [unifikat'tsioːne] *f* ❶ (*atto dell'unificare*) [Ver]einigung *f* ❷ (*standardizzazione*) Vereinheitlichung *f*, Normierung *f*

**uniformare** [unifor'maːre] **I.** *vt* ❶ (*unificare*) gleichmachen, gleichförmig gestalten ❷ (*adeguare*) ~ **qc a qc** etw an etw *acc* anpassen **II.** *vr* **-rsi a qc** sich an etw *acc* anpassen, sich nach etw richten

**uniforme** [uni'forme] **I.** *agg* ❶ (*uguale*) gleichförmig, gleichmäßig; (*piano*) eben ❷ (*fig: monotono*) gleichförmig, eintönig **II.** *f* Uniform *f*

**uniformità** [uniformi'ta] <-> *f* ❶ (*l'essere uniforme*) Gleichförmigkeit *f*, Gleichmäßigkeit *f* ❷ (*accordo*) Einstimmigkeit *f*, Übereinstimmung *f*

**unigenito** [uni'dʒɛːnito] <inv> *agg* (*Cristo*) eingeboren

**unigenitoriale** [unidʒenitori'aːle] *agg* ❶ (*di un solo genitore*) **affidamento** ~ alleiniges Sorgerecht ❷ (*con un solo genitore*) **famiglia** ~ Einelternfamilie *f*

**unilaterale** [unilate'raːle] *agg* ❶ (JUR, POL) einseitig, unilateral ❷ (*fig, pej*) einseitig, parteiisch

**unimandatario, -a** [unimanda'taːrio] <-i, -ie> **I.** *m, f* Alleinvertreter(in) *m(f)* **II.** *agg* Alleinvertreter-

**uninominale** [uninomi'naːle] *agg* Einmann-; **votazioni con sistema** ~ Wahlen *fpl* nach dem Mehrheitswahlsystem

**unione** [u'nioːne] *f* ❶ (*connessione*) Verbindung *f*, Vereinigung *f* ❷ (*fig: concordia*) Eintracht *f*, Einigkeit *f*; **l'** ~ **fa la forza** (*prov*) Einigkeit macht stark ❸ (POL) Bund *m*, Vereinigung *f*; **Unione delle**

**Repubbliche Socialiste Sovietiche** (HIST) Union *f* der Sozialistischen Sowjetrepubliken; **Unione europea** Europäische Union; **Unione monetaria** Währungsunion *f*; **Unione economica e monetaria europea** Europäische Wirtschafts- und Währungsunion

**unipolare** [unipo'la:re] *agg* einpolig

**unire** [u'ni:re] <unisco> I. *vt* ① (*congiungere, collegare*) verbinden, zusammenfügen ② (*accostare*) zusammenstellen, -legen ③ (*allegare*) beilegen, beifügen ④ (*persone*) verein[ig]en, verbinden II. *vr* **-rsi** ① (*legarsi*) sich verbinden; **-rsi in matrimonio** eine Ehe eingehen ② (*associarsi*) sich zusammenschließen, sich verbünden ③ (*accompagnarsi*) **-rsi a qu** sich jdm anschließen

**unisessualità** [unisessuali'ta] <-> *f* (BIOL) Eingeschlechtlichkeit *f*

**unisex** ['u:niseks *o* uni'sɛks] <inv> *agg* Unisex-, nicht geschlechtsspezifisch

**unisono** [u'ni:sono] *agg* ① (MUS) unison[o] ② (*fig*) übereinstimmend ③ (*loc*) **all'~** (MUS) unisono, im Einklang; (*fig*) übereinstimmend, im Einklang

**unità** [uni'ta] <-> *f* ① (*gener*) Einheit *f*; **~ monetaria** Währungseinheit *f*; **grande ~** (MIL) Truppenverband *m* ② (*di misura*) Maßeinheit *f*, Maß *nt*; **~ di misura di peso/tempo** Gewichts-/Zeiteinheit *f* ③ (INFORM) Laufwerk *nt*; **~ centrale** Zentraleinheit *f* ④ (*concordia*) Übereinstimmung *f*

**unitaria** *f v.* **unitario**

**unitarietà** [unitarie'ta] <-> *f* Einheitlichkeit *f*

**unitario, -a** [uni'ta:rio] <-i, -ie> I. *agg* einheitlich, Einheits-; **prezzo ~** Einheitspreis *m*; (*per singolo pezzo*) Stückpreis *m* II. *m, f* ① (POL) Unionist(in) *m(f)* ② (REL) Unitarier(in) *m(f)* **unitarismo** [unita'rizmo] *m* Unitarismus *m*

**unitizzazione** [unitiddzat'tsio:ne] *f* Vereinheitlichung *f*

**unito, -a** [u'ni:to] *agg* ① (*congiunto, collegato*) zusammengefügt, verbunden; **una famiglia molto -a** eine Familie mit großem Zusammenhalt ② (*a. fig*) verein[ig]t; (*allegato*) beigefügt, beigelegt; (POL) geeint, vereint *fig*; **Stati Uniti d'America** Vereinigte Staaten *mpl* von Amerika ③ (*concorde*) einig, einträchtig ④ (*uniforme*) einheitlich, gleichförmig; **in tinta -a** einfarbig

**universale** [univer'sa:le] I. *agg* ① (*dell'universo*) Welt-; **diluvio ~** Sintflut *f*; **storia ~** Weltgeschichte *f* ② (*totale*) Universal-, gesamte(r, s); **erede ~** Universalerbe *m* ③ (*generale*) allgemein; **concetto ~** allgemeingültiger Begriff; **suffragio ~** allgemeines Wahlrecht ④ (TEC) Universal-, universell II. *m* ① (*generale*) Allgemeine(s) *nt* ② *pl* Allgemeinbegriffe *mpl* **universalismo** [universa'lizmo] *m* Universalismus *m*

**universalità** [universali'ta] <-> *f* Gesamtheit *f*, Allgemeinheit *f*

**università** [universi'ta] <-> *f* Universität *f*, Hochschule *f*; **~ popolare** Volkshochschule *f* **universitario, -a** [universi'ta:rio] <-i, -ie> *agg* Universitäts-, -ie>

**universo** [uni'vɛrso] *m* ① (ASTR) Universum *nt*, Weltall *nt* ② (*fig*) Welt *f*

**univocità** [univotʃi'ta] <-> *f* Eindeutigkeit *f* **univoco, -a** [u'ni:voko] <-ci, -che> *agg* eindeutig

**uno** ['u:no] I. *num* eins II. <-> *m* ① (*numero*) Eins *f* ② (*voto scolastico*) ≈ mangelhaft, ungenügend; *v. a.* **cinque**

**uno, una** I. *art indet m davanti a s impura, gn, pn, ps, x, z; f davanti a consonante* ein/eine/ein II. *pron indef* einer/eine/ein[e]s; (*persona*) jemand; (*impersonale*) einer, man; (*con negazione*) keiner/keine/kein[e]s; **a ~ a ~** einzeln; **~ e mezzo** eineinhalb, anderthalb; **non ~** keiner; **~ solo** einer allein, ein Einziger; **~ per volta** jeweils einer, einer nach dem anderen; **si aiutano l'un l'altro** sie helfen einander

**unsi** ['unsi] *1. pers sing pass rem di* **ungere**

**unticcio, -a** [un'tittʃo] <-cci, -cce> I. *agg* ein wenig fettig, schmierig II. *m* fettige [*o* schmierige] Substanz *f*

**unto** ['unto] *m* Fett *nt*

**unto, -a** I. *pp di* **ungere** II. *agg* fettig, schmierig **untume** [un'tu:me] *m* Fett *nt*, fettiger Schmutz *m* **untuosità** [untuosi'ta] <-> *f* ① (*qualità*) Fettigkeit *f*; (*materia*) Fett *nt* ② (*fig, pej*) Schmierigkeit *f*, Schleimigkeit *f* **untuoso, -a** [untu'o:so] *agg* ① (*unto*) fettig, schmierig ② (*fig, pej*) schmierig, schleimig

**unzione** [un'tsio:ne] *f* ① (*con unguenti, pomate*) Einreiben *nt*, Eincremen *nt* ② (REL) Salbung *f*, Ölung *f* ③ (*fig, pej*) Scheinheiligkeit *f*

**unzippare** [ʌndzip'pa:re] *vt* (INFORM) entzippen

**uomo** ['uɔ:mo] <uomini> *m* ① (*essere umano*) Mensch *m* ② (*di sesso maschile*) Mann *m*; **~ d'affari** Geschäftsmann *m*; **~ di mondo** Weltmann *m*; **~ d'onore** Ehrenmann *m*; **l'~ della strada** der Mann

auf [*o* von] der Straße; **abito da ~** Herrenanzug *m;* **per soli uomini** nur für Herren
**uopo** ['uɔ:po] *m* (*poet*) Bedarf *m,* Notwendigkeit *f;* **essere d'~** zweckdienlich sein; (*necessario*) notwendig sein; **all'~** bei Bedarf, wenn nötig
**uosa** ['uɔ:za] *f* Gamasche *f*
**uovo** ['uɔ:vo] <*pl*: **-a** *f*> *m* Ei *nt;* **bianco d'~** Eiweiß *nt;* **rosso d'~** Eigelb *nt;* **pasta all'~** Eiernudeln *fpl;* **~ à la coque** weich gekochtes Ei; **~ all'occhio di bue** Spiegelei *nt;* **~ al tegame** Setzei *nt;* **~ sodo** hart gekochtes Ei; **-a affogate** verlorene Eier *ntpl;* **-a strapazzate** Rühreri *nt;* **~ da tè** Teeei *nt;* **testa d'~** (*fig: intellettuale*) Eierkopf *m;* **essere pieno come un ~** voll bis zum Rand sein; **è meglio l'~ oggi che la gallina domani** (*prov*) besser ein Spatz in der Hand als eine Taube auf dem Dach
**update** ['ʌpdeit] <-> *m* (INFORM: *versione aggiornata*) Update *nt;* **fare un ~** ein Update machen, updaten
**uperizzare** [uperid'dza:re] *vt* uperisieren
**uperizzatore** [uperiddza'to:re] *agg* Uperisations- **uperizzazione** [uperiddzat'tsio:ne] *f* Uperisation *f,* Ultrapasteurisation *f*
**upgradabile** [upgra'da:bile] *agg* (INFORM) ausbaufähig, erweiterbar **upgradare** [upgra'da:re] *vt* (INFORM) ausbauen, erweitern **upgrade** ['ʌpgreid] *m* (INFORM) Programmerweiterung *f*
**UPIM®** ['upim] <-> *f acro di* **Unico Prezzo Italiano di Milano** *italienische Kaufhauskette*
**upload** ['ʌploud] <-> *m* (INET) Upload *m* **uploadare** [ʌplou'da:re] *vt* (INET) hochladen, uploaden
**uppercut** ['ʌpəkʌt] <-> *m* Aufwärtshaken *m,* Uppercut *m*
**up-to-date** ['ʌp tə 'deit] <inv> *agg* up to date
**upupa** ['u:pupa] *f* Wiedehopf *m*
**upwelling** ['ʌpweliŋ] <-> *m* Hervorquellen *nt*
**uragano** [ura'ga:no] *m* ❶ (*ciclone*) Hurrikan *m;* (*tempesta*) [Wirbel]sturm *m* ❷ (*fig*) Sturm *m*
**Urali** [u'ra:li] *mpl* Ural *m*
**urango** [u'raŋgo] <-ghi> *m* Orang-Utan *m*
**uranifero, -a** [ura'ni:fero] *agg* uranhaltig
**uraninite** [urani'ni:te] *f* Uranpecherz *nt,* Pechblende *f*
**uranio** [u'ra:nio] *m* Uran *nt*
**urbanesimo** [urba'ne:zimo] *m* Verstädterung *f* **urbanista** [urba'nista] <-i *m*, -e *f*> *mf* Städteplaner(in) *m(f),* Städtebauer(in)
*m(f)* **urbanistica** [urba'nistika] <-che> *f* Städtebau *m,* Städteplanung *f* **urbanistico, -a** [urba'nistiko] <-ci, -che> *agg* städtebaulich, Städtebau-
**urbanità** [urbani'ta] <-> *f* Kultiviertheit *f;* (*cortesia*) Höflichkeit *f*
**urbanizzare** [urbanid'dza:re] *vt* städtebaulich erschließen, urbanisieren **urbanizzazione** [urbaniddzat'tsio:ne] *f* Verstädterung *f,* Urbanisierung *f*
**urbano, -a** [urba:no] *agg* ❶ (*della città*) städtisch, Stadt-; **nettezza -a** [städtische] Müllabfuhr und Straßenreinigung; **rete -a** städtisches Telefonnetz; **vigile ~** [Stadt]polizist *m* ❷ (*fig*) kultiviert, gebildet; (*cortese*) höflich
**urbe** ['urbe] *f* (*poet*) Stadt *f;* **l'Urbe** die Ewige Stadt
**urea** [u'rɛ:a *o* 'u:rea] *f* Harnstoff *m* **uremia** [ure'mi:a] <-ie> *f* Harnvergiftung *f,* Urämie *f* **uretere** [ure'tɛ:re] *m* Harnleiter *m*
**uretra** [u'rɛ:tra] *f* Harnröhre *f*
**urgente** [ur'dʒɛnte] *agg* dringend, dringlich; (*lettera, pacco*) Eil- **urgenza** [ur'dʒɛntsa] *f* Dringlichkeit *f,* dringende Notwendigkeit *f;* (*rapidità*) Eile *f;* **ricoverare qu d'~** jdn als Notfall einliefern; **in caso d'~** im Notfall; **non c'è ~** es ist nicht dringend, es hat keine Eile
**urgere** ['urdʒere] <*urgo mancano il pass rem, il pp ed i tempi composti*> I. *vt* drängen, bedrängen II. *vi* dringend [nötig] sein, drängen; **urgono riforme** Reformen sind dringend nötig
**Uri** ['u:ri] *m* Uri *nt*
**urico, -a** ['u:riko] <-ci, -che> *agg* Harn-; **acido ~** Harnsäure *f*
**urina** [u'ri:na] *f v.* **orina**
**urinare** [uri'na:re] *v.* **orinare**
**urlare** [ur'la:re] I. *vi* ❶ (*lupi*) heulen; (*cani*) jaulen; (*leoni*) brüllen ❷ (*sirena, vento*) heulen ❸ (*uomo*) schreien, brüllen; (*di dolore*) aufschreien II. *vt* ❶ (*dire a voce alta*) [heraus]schreien, brüllen ❷ (*cantare a voce alta*) lauthals singen **urlato, -a** *agg* schreiend, heulend, brüllend; **giornalismo ~** Sensationsjournalismus *m* **urlatore, -trice** [urla'to:re] I. *agg* Brüll- II. *m, f* Schreier(in) *m(f),* Schreihals *m* **urlio** [ur'li:o] <-ii> *m* Geschrei *nt,* Gebrüll *nt*
**urlo**[1] ['urlo] <*pl*: **-a** *f*> *m* ❶ (*grido umano*) Schrei *m,* Geschrei *m* ❷ (*fig: di vento, sirene*) Heulen *nt;* (*fragore*) Toben *nt,* Getöse *nt*
**urlo**[2] *m* (*di animale*) Schrei *m;* (*di lupi*)

Heulen *nt;* (*di cani*) Jaulen *nt;* (*di leone*) Brüllen *nt*

**urna** ['urna] *f* Urne *f;* ~ **cineraria** [Aschen]urne *f;* ~ **elettorale** Wahlurne *f;* **responso delle -e** Wahlergebnis *nt;* **andare alle -e** wählen [gehen]

**uro** ['u:ro] *m* Ur *m,* Auerochse *m*

**urogallo** [uro'gallo] *m* Auerhahn *m*

**urogenitale** [urodʒeni'ta:le] *agg* urogenital

**urologa** *f v.* **urologo**

**urologia** [urolo'dʒi:a] <-gie> *f* Urologie *f*

**urologo, -a** [u'rɔ:logo] <-gi, -ghe> *m, f* Urologe *m*/Urologin *f*

**uropigio** [uro'pi:dʒo] <-gi> *m* Fettdrüse *f*

**urrà** [ur'ra] I. *int* hurra; **hip hip hip ~!** hipp, hipp, hurra! II. *m* Hurra *nt,* Hurraruf *m*

**URSS** [urs] *f abbr di* **Unione delle Repubbliche Socialiste Sovietiche** (HIST) UdSSR *f*

**urtante** [ur'tante] *agg* anstößig

**urtare** [ur'ta:re] I. *vt* ① (*investire*) [an]stoßen; (*veicoli*) anfahren, streifen ② (*fig*) ärgern, reizen; **il chiasso mi urta i nervi** der Lärm geht mir auf die Nerven II. *vi* ① (*sbattere contro*) ~ **contro qc** gegen etw prallen; ~ **in qc** auf etw *acc* stoßen ② (*fig: incappare*) ~ **contro** [*o* **in**] **qc** auf etw *acc* stoßen III. *vr* **-rsi** ① (*scontrarsi*) aufeinanderstoßen; (*veicoli*) zusammenstoßen ② (*fig: irritarsi*) sich ärgern, sich aufregen

**urtica** [ur'ti:ka] *v.* **ortica**

**urto** ['urto] *m* ① (*colpo, spinta*) Stoß *m,* Schlag *m;* **resistente agli -i** stoßfest ② (*scontro, collisione*) Zusammenstoß *m,* Aufprall *m* ③ (MIL: *scontro, cozzo*) Zusammenstoß *m,* Gefecht *nt* ④ (*fig*) Gegensatz *m,* Widerspruch *m,* Aufeinanderprallen *nt*

**u.s.** *abbr di* **ultimo scorso** vergangenen Monats

**U.S.A.** ['u:za] *mpl* USA *mpl*

**usabile** [u'za:bile] *agg* benutzbar, verwendbar

**usa e getta** ['uza e 'dʒetta] <inv> *agg* Einweg-, Einmal-; **lenti a contatto ~** Wegwerflinsen *fpl;* **siringhe ~** Einwegspritzen *fpl*

**usanza** [u'zantsa] *f* ① (*consuetudine*) Brauch *m,* Sitte *f* ② (*maniera, costume*) Brauch *m,* Art *f;* (*abitudine*) Gewohnheit *f;* (*moda*) Mode *f*

**usare** [u'za:re] I. *vt avere* ① (*adoperare*) verwenden, gebrauchen; (*vestiti*) tragen; ~ **un diritto** von einem Recht Gebrauch machen ② (*agire con*) üben, walten lassen; ~ **attenzione** achtgeben, Acht geben; ~ **l'inganno** listig handeln ③ (*esercitare*) ausüben, anwenden II. *vi* ① *avere* (*usufruire*) ~ **di qc** von etw Gebrauch machen ② *avere* (*avere l'abitudine*) ~ **fare qc** etw zu tun pflegen *geh* ③ *avere* (*essere di moda*) in Mode sein, modern sein ④ *essere* (*impersonale*) Brauch sein, üblich sein; **in questo paese usa così** in diesem Land ist das so Brauch

**usato** [u'za:to] *m* ① (*modo solito, consueto*) Gewohnte(s) *nt* ② (*non più nuovo*) Gebrauchte(s) *nt;* **mercato dell'~** Gebrauchtwarenmarkt *m;* **negozio dell'~** Secondhandladen *m* **usato, -a** *agg* ① (*non nuovo*) gebraucht, benutzt; (COM) aus zweiter Hand; (*vestiti*) getragen; **automobili -e** Gebrauchtwagen *mpl* ② (*solito*) gewohnt

**uscente** [uʃ'ʃɛnte] *agg* auslaufend, zu Ende gehend; (ADM: *persona*) aus dem Amt scheidend

**usciere, -a** [uʃ'ʃɛ:re] *m, f* Amtsdiener(in) *m(f),* Amtsgehilfe *m,* -gehilfin *f*

**uscii** [uʃ'ʃi:i] *1. pers sing pass rem di* **uscire**

**uscio** ['uʃʃo] <usci> *m* Tür *f,* Tor *nt*

**uscire** [uʃ'ʃi:re] <esco, uscii, uscito> *vi* essere ① (*andare fuori*) hinausgehen; (*venire fuori*) herauskommen; (*con veicolo*) hinausfahren, herausfahren; (*dal letto*) aufstehen; (*dal veicolo*) aussteigen; ~ **per la** [*o* **dalla**] **porta centrale** durch den Haupteingang hinausgehen ② (*lasciare un luogo*) ausgehen; (*con veicolo*) ausfahren; (NAUT) auslaufen ③ (*oggetti, sostanze*) heraustreten, herauskommen; (*liquidi*) auslaufen; (*gas*) ausströmen ④ (*essere pubblicato*) erscheinen, herauskommen ⑤ (*fig: esclamare, sbottare*) ~ **a dire qc** mit etw herausplatzen; **uscirsene con una simpatica battuta** eine nette, witzige Bemerkung machen ⑥ (*essere sorteggiato*) gezogen werden, drankommen *fam* ⑦ (*fig: cessare di essere in una condizione, situazione*) herauskommen, entkommen; (*dal carcere, dall'ospedale*) entlassen werden; (*da un partito*) austreten; ~ **indenne dall'incidente** bei einem Unfall heil davonkommen ⑧ (LING) ~ **in** enden auf +*dat,* auslauten in +*acc* ⑨ (*fig: avere origine*) [ab]stammen ⑩ (INFORM) beenden; [**comando**] **esci** (*computer*) Beenden *nt* ⑪ (*loc*) ~ **di mano** entgleiten; ~ **di mente** entfallen; ~ **di strada** vom Wege abkommen; ~ **dagli occhi** (*fig*) zu den Ohren herauskommen; ~ **dai gangheri** (*fig*) die Fassung verlieren; ~ **di bocca** entschlüpfen

**uscita** [uʃʃiːta] f ❶ (*movimento*) Hinausgehen nt; (*avvicinamento*) Herauskommen nt; (*di veicoli*) Heraus-, Hinausfahren nt; (*da veicolo*) Aussteigen nt; (NAUT) Auslaufen nt; (THEAT) Abgang m ❷ (*di liquidi*) Auslaufen nt; (*di gas*) Ausströmen nt ❸ (*apertura*) Ausgang m; (*fig: via di scampo*) Ausweg m; **strada senza ~** Sackgasse f; **~ di sicurezza** Notausgang m; **senza via d'~** (*fig*) aussichtslos ❹ (*di pubblicazioni*) Erscheinen nt ❺ (LING: *terminazione*) Endung f, Auslaut m ❻ (*battuta, sbotto*) witzige Bemerkung ❼ (FIN: *spesa, passivo*) Ausgabe f ❽ (COM: *esportazione*) Ausfuhr f ❾ (*periodo di libertà*) Ausgang m ❿ (INFORM) Ausgabe f

**uscito** [uʃʃiːto] *pp di* **uscire**

**usignolo** [uziɲˈnɔːlo] m Nachtigall f

**usitato, -a** [uziˈtaːto] agg (*poet*) üblich, gebräuchlich

**uso** [ˈuːzo] m ❶ (*l'adoperare*) Gebrauch m, Benutzung f; (*della lingua*) Gebrauch m; **lingua d'~** Alltagssprache f; **istruzioni per l'~** Gebrauchsanweisung f; **fuori ~** außer Gebrauch ❷ (*destinazione*) Gebrauch m, Verwendung[szweck m] f; **ad ~ di qu** zu jds Gebrauch ❸ (*impiego*) Anwendung f, Benutzung f; (*fig*) Nutzung f; **foto ~ tessera** Foto nt im Passformat; **per ~ esterno** (MED) zur äußeren Anwendung; **per più -i** Mehrzweck-; **con ~ di cucina** mit Küchenbenutzung ❹ (JUR) Nießbrauch m, Nutznießung f ❺ (*esercizio*) [ständiger] Gebrauch, Praxis f, Übung f ❻ (*consuetudine, usanza*) Gepflogenheit f, Sitte f, Brauch m; **-i e costumi** Sitten fpl und Gebräuche mpl ❼ (*moda*) Mode f

**ussaro, ussero** [ˈussaro, ˈussero] m Husar m

**USSL** f abbr di **Unità Socio-Sanitaria Locale** örtliches Gesundheitsamt

**usta** [ˈusta] f Witterung f, Spur f

**ustionare** [ustioˈnaːre] I. vt verbrennen II. vr **-rsi** sich verbrennen **ustione** [usˈtioːne] f Verbrennung f **ustorio, -a** [usˈtɔːrio] <-i, -ie> agg Brenn-

**usuale** [uzuˈaːle] agg ❶ (*consueto*) üblich, gebräuchlich ❷ (*ordinario, scadente*) gewöhnlich, alltäglich

**usufruire** [uzufruˈiːre] <usufruisco> vi ❶ (JUR) nutznießen, nießnutzen ❷ (*giovarsi di*) **~ di qc** sich dat etw zunutze [o zu Nutze] machen **usufrutto** [uzuˈfrutto] m Nutznießung f, Nießbrauch m **usufruttuario, -a** [uzufruttuaˈriːo] <-i, -ie> I. agg nutznießend II. m, f Nutznießer(in) m/f, Nießbraucher(in) m/f

**usura** [uˈzuːra] f ❶ (*strozzinaggio*) Wucher m; **a ~** zu Wucherzinsen ❷ (TEC) Abnutzung f, Verschleiß m

**usurabilità** [uzurabiliˈta] <-> f Abnutzungsgrad m, Verschleißgrad m **usuraio, -a** [uzuˈraːio] <-ai, -aie> m, f ❶ (*strozzino*) Wucherer m/Wucherin f ❷ (*avido e avaro*) Geizhals m

**usurare** [uzuˈraːre] I. vt abnutzen, verschleißen II. vi abgenutzt werden

**usurario, -a** [uzuˈraːrio] <-i, -ie> agg Wucher-

**usurpare** [uzurˈpaːre] vt (*prendere*) an sich reißen; (*titolo*) sich dat unrechtmäßig zulegen **usurpatore, -trice** [uzurpaˈtoːre] I. agg usurpatorisch II. m, f Usurpator(in) m/f **usurpazione** [uzurpatˈsioːne] f widerrechtliche Aneignung, Usurpation f

**utensile** [utenˈsiːle] I. agg Werkzeug- II. m Werkzeug nt; **-i da cucina** Küchengeräte ntpl **utensileria** [utensileˈriːa] <-ie> f ❶ (*complesso di utensili*) Geräte ntpl, Werkzeug nt ❷ (*reparto di officina*) Werkzeugschlosserei f

**utente** [uˈtɛnte] mf Benutzer(in) m/f, Verbraucher(in) m/f; (*di vocabolario*) Benutzer(in) m/f; **~ del telefono/della TV/della strada** Fernsprech-/Fernseh-/Verkehrsteilnehmer(in) m/f; **~ finale** Endverbraucher m **utenza** [uˈtɛntsa] f ❶ (*fruizione*) Benutzung f; (*del gas*) Abnahme f; (RADIO, TV, TEL) Teilnahme f ❷ (*utenti*) Benutzerkreis m, Verbraucher mpl; (RADIO, TV, TEL) Teilnehmer mpl; (INFORM) Anwender mpl

**uterino, -a** [uteˈriːno] agg Gebärmutter-, Uterus-; **fratelli -i** [Halb]geschwister pl mütterlicherseits **utero** [ˈuːtero] m Gebärmutter f, Uterus m

**utile** [ˈuːtile] I. agg ❶ (*che serve al bisogno*) nützlich; **rendersi ~** sich nützlich machen ❷ (*utilizzabile*) [be-]nutzbar, brauchbar; (*stanza*) bewohnbar ❸ (TEC) Nutz- ❹ (*vantaggioso*) nützlich, vorteilhaft ❺ (*in formule di cortesia*) behilflich; **se posso essere ~ in qc ...** wenn ich irgendwie behilflich sein kann ... II. m ❶ (*ciò che serve*) Nützliche(s) nt; **unire l'~ al dilettevole** das Angenehme mit dem Nützlichen verbinden ❷ (*vantaggio*) Vorteil m ❸ (FIN) Profit m, Ertrag m; **~ lordo/netto** Brutto-/Nettogewinn m; **partecipazione agli -i dell'azienda** betriebliche Gewinnbeteiligung **utilità** [utiliˈta] <-> f

❶ *(funzionalità)* Nützlichkeit *f,* Brauchbarkeit *f* ❷ *(vantaggio)* Vorteil *m,* Nutzen *m*
**utilitaria** [utili'ta:ria] *f* Kleinwagen *m*
**utilitario, -a** [utili'ta:rio] <-i, -ie> I. *agg* Nützlichkeits-, Gebrauchs- II. *m, f* Utilitarist(in) *m(f)*
**utilitarismo** [utilita'rizmo] *m* Utilitarismus *m* **utilitarista** [utilita'rista] <-i *m,* -e *f>* *mf* eigennütziger Mensch **utilitaristico, -a** [utilita'ristiko] <-ci, -che> *agg* *(pej)* eigennützig
**utilizzabile** [utilid'dza:bile] *agg* benutzbar, brauchbar **utilizzare** [utilid'dza:re] *vt* verwenden, benutzen; *(sfruttare)* verwerten, nutzen **utilizzazione** [utiliddzat-'tsio:ne] *f* Verwendung *f,* Gebrauch *m;* *(sfruttamento)* Verwertung *f,* Nutzung *f*
**utilizzo** [uti'liddzo] *m* Inanspruchnahme *f,* Nutzung *f*
**utopia** [uto'pi:a] <-ie> *f* Utopie *f* **utopico, -a** [u'tɔ:piko] <-ci, -che> *agg* utopisch
**utopista** [uto'pista] <-i *m,* -e *f>* *mf* Utopist(in) *m(f)* **utopisticamente** [utopisti-ka'mente] *avv* utopistisch
**uva** ['u:va] *f* [Wein]trauben *fpl;* ~ **bianca/ nera** weiße/blaue Trauben *fpl;* ~ **passa** Rosinen *fpl;* ~ **spina** Stachelbeere *f;* ~ **da tavola** Tafeltrauben *fpl;* **festa dell'**~ Winzerfest *nt* **uvaceo, -a** [u'va:tʃeo] *agg* traubenartig, traubenförmig, Trauben-
**uvaggio** [u'vaddʒo] <-ggi> *m* Verschnitt *m* verschiedener Rebsorten **uvetta** [u'vetta] *f* Rosine *f*
**uvina** [u'vi:na] *f* ❶ *dim di* **uva** kleine Trauben *fpl,* Träubchen *fpl* ❷ (BOT: *fitolacca*) Kermesbeere *f,* Scharlachbeere *f*
**uvulare** [uvu'la:re] *agg* ❶ (MED) [Gaumen]zäpfchen- ❷ (LING) uvular
**uxoricida** [uksori'tʃi:da] <-i *m,* -e *f>* I. *agg* gattenmörderisch II. *mf* Gattenmörder(in) *m(f)* **uxoricidio** [uksori'tʃi:dio] <-i> *m* Gattenmord *m*
**uzzolo** ['uddzolo] *m (tosc)* Lust *f*

# V v

**V, v** [vu] <-> *f* V, v *nt;* **v come Venezia** V wie Viktor; **v doppia** W, w *nt;* **scollo a V** V-Ausschnitt *m;* **fatto a V** v-förmig
**V.** ❶ *abbr di* **verso** Vers ❷ *abbr di* **Via** Str. ❸ *abbr di* **vedi** s.
**V** *abbr di* **volt** V
**va** [va] *3. pers sing pr di* **andare**¹
**vacante** [va'kante] *agg* frei
**vacanza** [va'kantsa] *f* ❶ *(ferie)* Ferien *pl,* Urlaub *m;* **-e estive** Sommerferien *pl;* **-e natalizie** Weihnachtsferien *pl;* **-e pasquali** Osterferien *pl;* **un mese di** ~ ein Monat Urlaub; **andare in** ~ in Urlaub fahren; **essere in** ~ Urlaub haben; **far** ~ Urlaub machen; **prendersi una** ~ Urlaub nehmen; **domani è** ~ morgen ist [schul]frei ❷ *(di sede, carica)* Vakanz *f*
**vacanziere, -a** [vakan'tsiɛ:re] *m, f* Urlauber(in) *m(f);* **la folla dei -i** die Menge von Urlaubern **vacanziero, -a** [vakan'tsie:ro] *agg* Urlaubs-
**vacca** ['vakka] <-cche> *f* ❶ (ZOO) Kuh *f* ❷ *(pej vulg)* Nutte *f,* Hure *f* **vaccaio** [vak'ka:io] <-ccai>, **vaccaro** [vak'ka:ro] *m* Kuhhirt[e] *m* **vacchetta** [vak'ketta] *f* Rindsleder *nt* **vaccina** [vat'tʃi:na] *f* ❶ (ZOO) Kuh *f* ❷ *(carne)* Rindfleisch *nt* ❸ *(sterco)* Kuhmist *m*
**vaccinare** [vattʃi'na:re] *vt* impfen; **essere vaccinato contro qc** *(fig)* gegen etw geimpft sein **vaccinazione** [vattʃinat'tsio:ne] *f* Impfung *f;* ~ **obbligatoria/preventiva** Pflicht-/Schutzimpfung *f;* ~ **antitetanica** Tetanusschutzimpfung *f;* ~ **di richiamo** Wiederholungsimpfung *f;* **farsi la** ~ sich impfen lassen **vaccinico, -a** [vat'tʃi:niko] <-ci, -che> *agg* Impf- **vaccino** [vat'tʃi:no] *m* Impfstoff *m* **vaccinoprofilassi** [vattʃinoprofi'lassi] *f* Schutzimpfung *f*
**vacillamento** [vatʃilla'mento] *m* Schwanken *nt*
**vacillare** [vatʃil'la:re] *vi (persona)* schwanken; *(fiamma)* flackern
**vacuità** [vakui'ta] <-> *f* Leere *f* **vacuo, -a** ['va:kuo] *agg (fig)* leer; *(persona)* hohl
**vacuometro** [vaku'ɔ:metro] *m* Vakuummeter *nt*
**vada** ['va:da] *v.* **andare**
**vademecum** [vade'mɛ:kum] <-> *m* Leitfaden *m*
**vado** ['va:do] *1. pers sing pr di* **andare**¹

**va e vieni** ['va e v'viɛːni] <-> *m* Kommen *nt* und Gehen
**vaffa** ['vaffa] *int*, **vaffanculo** [vaffan'kuːlo] *int* (*vulg*) leck mich am Arsch
**vagabonda** *f v.* **vagabondo**
**vagabondaggine** [vagabon'daddʒine] *f* Vagabundenleben *nt*
**vagabondaggio** [vagabon'daddʒo] <-ggi> *m* ❶ (*di vagabondo*) Landstreicherei *f* ❷ (*il girovagare*) Herumziehen *nt*
**vagabondare** [vagabon'daːre] *vi* ❶ (*fare il vagabondo*) vagabundieren ❷ (*girovagare*) umherziehen, streifen ❸ (*fig*) umherschweifen **vagabondo, -a** [vaga-'bondo] I. *agg* umherziehend, Vagabunden-; (*nuvola*) ziehend II. *m, f* ❶ (*persona senza fissa dimora*) Vagabund(in) *m(f)* ❷ (*pej*) Landstreicher(in) *m(f)*, Herumtreiber(in) *m(f)*
**vagare** [va'gaːre] *vi* umherziehen, streifen; (*senza meta*) umherirren; **andar vagando per il mondo** in der Welt herumziehen; ~ **con la mente/fantasia** den Gedanken/der Fantasie freien Lauf lassen
**vagheggiare** [vaged'dʒaːre] *vt* herbeisehnen, herbeiwünschen; ~ **la gloria** sich *dat* Ruhm erträumen
**vaghezza** [va'gettsa] *f* Ungenauigkeit *f*, Verschwommenheit *f*; **accennare qc con** ~ etw vage andeuten
**vagina** [va'dʒiːna] *f* Scheide *f*, Vagina *f*
**vaginale** [vadʒi'naːle] *agg* Scheiden-, Vaginal-
**vagire** [va'dʒiːre] <vagisco> *vi* wimmern
**vagito** [va'dʒiːto] *m* ❶ (*lamento*) Wimmern *nt* ❷ *pl* (*fig*) Anfang *m*
**vaglia** ['vaʎʎa] <-> *m* Anweisung *f*; ~ **bancario/postale** Bank-/Postanweisung *f*
**vagliare** [vaʎ'ʎaːre] *vt* ❶ (*proposta*) abwägen, prüfen ❷ (*grano, sabbia, ghiaia*) sieben **vagliatura** [vaʎʎa'tuːra] *f* ❶ (*operazione*) Sichten *nt*, Prüfen *nt* ❷ (*materiale residuo*) Abfall *m*; (*di grano*) Spreu *f*
**vaglio** ['vaʎʎo] <-gli> *m* ❶ (*fig*) Abwägung *f*, Prüfung *f* ❷ (TEC) Sieb *nt*
**vago, -a** <-ghi, -ghe> *agg* vag[e], schwach, dunkel; **nervo** ~ Vagus *m*
**vagolare** [vago'laːre] *vi* streifen (*per* durch), umherziehen
**vagoncino** [vagon'tʃiːno] *m* ❶ (*carrello*) kleiner Wagen, Lore *f* ❷ (*di teleferica*) Kippkasten *m*
**vagone** [va'goːne] *m* Wagen *m*, Waggon *m*; ~ **letto** Schlafwagen *m*; ~ **ristorante** Speisewagen *m*
**vai** ['vaːi] *2. pers sing pr di* **andare**[1]
**vainiglia** [vai'niʎʎa] *v.* **vaniglia**

**vaiolo** [va'jɔːlo] *m* Pocken *pl* **vaioloso, -a** [vaio'loːso] I. *agg* Pocken- II. *m, f* Pockenkranke(r) *f(m)*
**val.** *abbr di* **valuta** Währung
**valanga** [va'laŋga] <-ghe> *f* ❶ (*di neve*) Lawine *f* ❷ (*fig*) Berg *m*, Haufen *m fam*; **a** ~ wuchtig, massig
**valangata** [valaŋ'gaːta] *f* (*fam*) Riesenmenge *f fam*, Unmenge *f*; ~ **di turisti** Riesenmenge von Touristen; ~ **di lettere** Unmenge von Briefen; ~ **di parole** Wortschwall *m*
**valchiria** [val'kiːria] <-ie> *f* Walküre *f*
**Val d'Aosta** [valda'ɔsta] *f* Aostatal *nt*
**valdese** [val'deːse] I. *mf* Waldenser(in) *m(f)* II. *agg* waldensisch
**valdostano, -a** [valdos'taːno] I. *agg* Aostatal-, aus dem Aostatal; **fonduta alla -a** Käsefondue nach Art des Aostatals II. *m, f* (*abitante*) Bewohner(in) *m(f)* des Aostatals
**valente** [va'lɛnte] *agg* tüchtig, patent
**valentinite** [valenti'niːte] *f* (MIN) Valentinit *m*
**valentuomo** [valen'tuɔːmo] *m* tüchtiger Mann *m*
**valenza** [va'lɛntsa] *f* Valenz *f*
**valere** [va'leːre] <valgo, valsi, valso> I. *vi, vt essere o avere* ❶ (*avere autorità*) gelten; **farsi** ~ sich Geltung verschaffen ❷ (*essere capace*) können, fähig sein; **come pianista vale poco** als Pianist taugt er/als Pianistin taugt sie nicht viel; **gli farò vedere io quello che valgo!** ich werde ihm [schon] zeigen, was ich kann! ❸ (*avere efficacia*) nützen; **le mie preghiere non sono valse** [**a niente**] meine Bitten haben nichts genützt ❹ (*essere valido*) gültig sein, gelten; **per quanto vale il biglietto?** wie lange gilt die Karte? ❺ (*avere valore*) wert sein; ~ **la pena** sich lohnen; **non** ~ **un fico** [**secco**] [*o* **un accidente**] [*o* **una cicca**] (*fam*) keinen Pfifferling wert sein ❻ (*essere uguale*) gleich sein; **vale a dire** das heißt, beziehungsweise; **tanto vale che non ...** +*conj*, **tanto vale non ...** +*inf* dann braucht man nur erst [zu] ... +*inf*; **uno vale l'altro** es ist eins wie das andere, das bleibt sich gleich ❼ (COM) kosten; (FIN) wert sein, stehen auf +*dat*; **quanto vale questa collana?** wie viel ist diese Halskette wert? II. *vt avere* (*procurare*) einbringen, eintragen III. *vr* **-rsi di qc** sich *dat* etw zunutze [*o* zu Nutze] machen; **-rsi di qu** sich jds bedienen
**valeriana** [vale'riaːna] *f* Baldrian *m*
**valevole** [va'leːvole] *agg* gültig
**valgo** ['valgo] *1. pers sing pr di* **valere**

**valicabile** [vali'ka:bile] *agg* passierbar **valicare** [vali'ka:re] *vt* übersteigen, passieren **valico** ['va:liko] <-chi> *m* [Berg]pass *m;* ~ **di frontiera** Grenzübergang *m*

**validare** [vali'da:re] *vt* ~ **qc** die Wirksamkeit einer Sache *gen* nachweisen **validatrice** [valida'tri:tʃe] *f* Gültigkeitserklärung *f*

**validità** [validi'ta] <-> *f* ❶ (ADM) Gültigkeit *f;* (*efficacia*) Wirksamkeit *f;* (JUR) Rechtskraft *f* ❷ (*di argomento*) Stichhaltigkeit *f;* (*di ragione*) Triftigkeit *f* **valido, -a** ['va:lido] *agg* ❶ (*uomo*) tüchtig; (*forte*) kräftig ❷ (*efficace*) wirksam; (*ragione*) triftig; (JUR) rechtskräftig ❸ (*opera, scrittore*) groß, bedeutend

**valigeria** [validʒe'ri:a] <-ie> *f* ❶ (*assortimento*) Lederwaren *fpl* ❷ (*negozio*) Lederwarengeschäft *nt* ❸ (*fabbrica*) Lederwarenfabrik *f*

**valigia** [va'li:dʒa] <-gie *o* -ge> *f* Koffer *m;* **fare/disfare le -gie** [die Koffer] packen/auspacken; **fare le -gie** (*fig*) sich davonmachen

**vallata** [val'la:ta] *f* Tal *nt,* Talebene *f*

**valle** ['valle] *f* Tal *nt;* **a** ~ flussabwärts, stromabwärts; (*in basso, giù*) [weiter] abwärts; **scendere a** ~ ins Tal hinabsteigen

**Valle d'Aosta** [valeda'ɔsta] *f v.* **Val d'Aosta**

**Vallese** [val'le:se] *m* Wallis *nt*

**valletta** [val'letta] *f* Assistentin *f* (*bei Fernsehsendungen*) **valletto** [val'letto] *m* ❶ (HIST) Page *m,* Knappe *m* ❷ (TV) Assistent *m*

**valligiano, -a** [valli'dʒa:no] *m, f* Talbewohner(in) *m(f)*

**vallivo, -a** [val'li:vo] *agg* Flusstal-; (*fauna, pesca*) Brackwasser-

**vallo** ['vallo] *m* Wall *m*

**vallone** [val'lo:ne] I. *m* (*valle*) Schlucht *f* II. *mf* (GEOG) Wallone *m*/Wallonin *f* III. *agg* (GEOG) wallonisch

**valore** [va'lo:re] *m* ❶ (*fig* COM, FIN, MAT, PHYS, MUS) Wert *m;* ~ **nominale** Nominalwert, Nennwert; ~ **di scambio** Tauschwert; (*di denaro*) Kurswert; ~ **d'acquisto** Kaufwert ❷ (*validità*) Gültigkeit *f* ❸ *pl* (*oggetti preziosi*) Wertsachen *fpl,* Wertgegenstände *mpl;* (FIN) Wertpapiere *ntpl;* **-i bollati** Wertmarken *fpl;* **Borsa -i** Wertpapierbörse *f;* **carte -i** Wertpapiere *ntpl* ❹ (*capacità*) Fähigkeit *f,* Tüchtigkeit *f;* (*persona*) Kapazität *f;* **un uomo/medico di** ~ ein tüchtiger Mann/Arzt ❺ (*coraggio*) Mut *m,* Tapferkeit *f* ❻ (*fig*) Wert *m,* Bedeutung *f* **valorizzare** [valorid'dza:re] *vt* ❶ (*stanza*) verschönern ❷ (*persona*) aufwerten ❸ (*immobile*) im Wert steigern; (*zona*) erschließen **valorizzazione** [valoriddzat'tsio:ne] *f* ❶ (*di stanza*) Verschönerung *f* ❷ (*di persona*) Aufwertung *f* ❸ (*di immobile*) Wertsteigerung *f;* (*di zona*) Erschließung *f* **valoroso, -a** [valo'ro:so] *agg* ❶ (*coraggioso*) tapfer, mutig ❷ (*abile*) tüchtig, fähig

**valpolicella** [valpoli'tʃɛlla] <-> *m* Valpolicella *m* (*trockener Rotwein aus Venetien*)

**valsi** ['valsi] *1. pers sing pass rem di* **valere**

**valso** ['valso] *pp di* **valere**

**valuta** [va'lu:ta] *f* Währung *f;* ~ **estera** ausländische Währung; ~ **nazionale** Landeswährung *f;* ~ **in contanti** Bargeld *nt*

**valutare** [valu'ta:re] *vt* ❶ (COM) schätzen ❷ (*fig*) abwägen; (JUR) würdigen; ~ **troppo/poco qu** jdn zu hoch/zu gering schätzen

**valutario, -a** [valu'ta:rio] <-i, -ie> *agg* Währungs-

**valutativo, -a** [valuta'ti:vo] *agg* Schätz-

**valutazione** [valutat'tsio:ne] *f* ❶ (COM) Schätzung *f* ❷ (*fig*) Bewertung *f* ❸ (FIN) Rating *nt;* **agenzia di** ~ Ratingagentur *f*

**valva** ['valva] *f* ❶ (ZOO) Muschelschale *f* ❷ (BOT) Klappe *f,* Schließhäutchen *nt*

**valvola** ['valvola] *f* ❶ (TEC) Ventil *nt;* ~ **di sicurezza** Sicherheitsventil *nt;* ~ **a farfalla** Drosselklappe *f* ❷ (EL) Sicherung *f;* (*di televisione*) Röhre *f* ❸ (ANAT) Klappe *f*

**valzer** ['valtser] <-> *m* Walzer *m*

**vamp** [vamp] <-> *f* Vamp *m*

**vampa** ['vampa] *f* (*del sole*) Glut *f;* (*del fuoco*) Flamme *f* **vampata** [vam'pa:ta] *f* ❶ (*di calore*) Hitze[welle] *f* ❷ (*fiamma*) Stichflamme *f* ❸ (*fig*) Glut *f*

**vampireggiare** [vampired'dʒa:re] *vi* (*scherz*) den Vamp spielen

**vampiro** [vam'pi:ro] *m* ❶ (ZOO: *spettro*) Vampir *m* ❷ (*fig, pej*) Blutsauger *m*

**van** [væn *o* van] <-> *m* Lieferwagen *m*

**vanadio** [va'na:dio] *m* Vanadium *nt,* Vanadin *nt*

**vanagloria** [vana'glɔ:ria] *f* Geltungssucht *f* **vanagloriarsi** [vanaglo'riarsi] *vr* sich rühmen, prahlen **vanaglorioso, -a** [vanaglo'rio:so] *agg* geltungssüchtig

**vandalico, -a** [van'da:liko] <-ci, -che> *agg* ❶ (HIST) vandalisch ❷ (*fig*) zerstörungswütig **vandalismo** [vanda'lizmo] *m* Zerstörungswut *f,* Vandalismus *m* **vandalo** ['vandalo] *m* Vandale *m*

**vaneggiamento** [vaneddʒa'mento] *m* Fantasieren *nt* **vaneggiare** [vaned'dʒa:re] *vi* fantasieren

**vanesio, -a** [va'nɛːzio] <-i, -ie> *agg* aufgeblasen, eitel
**vanga** ['vaŋga] <-ghe> *f* Spaten *m* **vangare** [vaŋ'gaːre] *vt* umgraben, umstechen
**vangata** [vaŋ'gaːta] *f* ❶ (*operazione*) Umgraben *nt*, Umstechen *nt* ❷ (*colpo*) Spatenstich *m* **vangatore, -trice** [vaŋga'toːre] *m, f* Feldarbeiter(in) *m(f)* **vangatrice** [vaŋga'triːtʃe] *f* Umstechmaschine *f* **vangatura** [vaŋga'tuːra] *f* Umstechen *nt*, Umgraben *nt*
**Vangelo** [van'dʒɛːlo] *m* (*a. fig: vangelo*) Evangelium *nt*
**vanificare** [vanifi'kaːre] *vt* vereiteln
**vaniglia** [va'niʎʎa] <-glie> *f* Vanille *f*
**vanigliato, -a** [vaniʎ'ʎaːto] *agg* Vanille-
**vaniglino** [vaniʎ'ʎiːno] *agg* Vanillin-
**vanillina** [vanil'liːna] *f* Vanillin *nt*
**vaniloquio** [vani'lɔkuio] <-qui> *m* (*pej*) Blabla *nt fam*, leeres Gerede
**vanità** [vani'ta] <-> *f* ❶ (*di persona*) Eitelkeit *f*, Selbstgefälligkeit *f* ❷ (*di sforzo, fatica*) Erfolglosigkeit *f* ❸ (*di cosa*) Vergänglichkeit *f*; **avere la ~ di ... +*inf*** die Stirn haben zu ... +*inf* **vanitoso, -a** [vani'toːso] *agg* eitel, selbstgefällig
**vanno** ['vanno] *3. pers pl pr di* **andare¹**
**vano** ['vaːno] *m* ❶ (*stanza*) Raum *m*, Zimmer *nt* ❷ (*di porta, finestra*) Öffnung *f* ❸ (*scomparto*) Fach *nt*; **~ portaoggetti** Ablagefach *nt*; **~ isotermico** Isolierfach *nt*
**vano, -a** *agg* ❶ (*privo di contenuti*) leer; (*persona*) hohl; (*speranza*) eitel *geh*, trügerisch ❷ (*tentativo*) erfolglos, ergebnislos; (*inutile*) unnütz
**vantaggio** [van'taddʒo] <-ggi> *m* ❶ (*utilità, privilegio*) Vorteil *m*; **a mio/tuo/suo ~** zu meinem/deinem/seinem [*o* ihrem] Vorteil ❷ (SPORT) Vorsprung *m*; (*nel tennis*) Vorteil *m*; **avere un notevole ~ su qu** jdm gegenüber einen beachtlichen Vorteil haben ❸ (*profitto*) Nutzen *m*, Gewinn *m* **vantaggioso, -a** [vantad'dʒoːso] *agg* (*condizione, offerta*) vorteilhaft, günstig; (*posizione*) stark
**vantare** [van'taːre] I. *vt* ❶ (*persona, meriti*) loben, rühmen ❷ (*diritto*) beanspruchen II. *vr* **-rsi di qc** sich einer Sache *gen* rühmen **vanteria** [vante'riːa] <-ie> *f* Angeberei *f*, Prahlerei *f* **vanto** ['vanto] *m* ❶ (*il vantare*) Prahlen *nt*, Angeben *nt* ❷ (*motivo d'orgoglio*) Vorzug *m*
**vanvera** ['vanvera] *avv* **a ~** aufs Geratewohl; (*pej*) unüberlegt
**vapore** [va'poːre] *m* ❶ (*gener* CHEM, PHYS) Dampf *m*; **~ acqueo** Wasserdampf *m*; **cuocere al ~** dünsten; **macchina per la pulizia a ~** Dampfreiniger *m*, Dampfsauger *m* ❷ (NAUT) Dampfer *m* **vaporetto** [vapo'retto] *m* kleines Motorschiff **vaporiera** [vapo'riɛːra] *f* Dampflokomotive *f*
**vaporizzare** [vaporid'dzaːre] I. *vt* ❶ (*liquido*) verdampfen; (*acqua*) verdunsten; (*nebulizzare*) zerstäuben ❷ (*stoffa*) eindampfen; (*nella cosmesi*) vaporisieren II. *vi essere* verdampfen **vaporizzatore** [vaporiddzato'reːre] *m* Verdampfer *m*; (*umidificatore*) Verdunster *m*; (*nebulizzatore*) Zerstäuber *m* **vaporizzazione** [vaporiddzat'tsioːne] *f* Verdampfung *f*, Verdunstung *f* **vaporosità** [vaporosi'ta] <-> *f* Luftigkeit *f*, Duftigkeit *f* **vaporoso, -a** [vapo'roːso] *agg* ❶ (*velo, abito, capelli*) luftig, duftig; (*tinta*) duftig ❷ (*fig*) verschwommen, unklar
**varare** [va'raːre] *vt* ❶ (JUR: *legge*) verabschieden ❷ (NAUT) vom Stapel lassen
**varcare** [var'kaːre] *vt* überschreiten **varco** ['varko] <-chi> *m* Durchgang *m*, Weg *m*; **aspettare qu al ~** jdm auflauern
**varec(c)hina** [vare'kiːna (varek'kiːna)] *f* Bleichmittel *nt*
**Varese** *f* Varese *nt* (*Stadt in der Lombardei*)
**varesino, -a** [vare'siːno] I. *agg* varesisch II. *m, f* (*abitante*) Vareser(in) *m(f)*
**variabile** [va'riaːbile] I. *agg* ❶ (*tempo*) veränderlich, unbeständig ❷ (*prezzi*) schwankend ❸ (*umore*) wechselnd, wechselhaft II. *f* (MAT) Variable *f* **variabilità** [variabili'ta] <-> *f* ❶ (*di tempo*) Veränderlichkeit *f*, Unbeständigkeit *f* ❷ (COM) Schwankung *f* ❸ (*di umore*) Wechselhaftigkeit *f*
**variante** [va'riante] I. *f* Variante *f* II. *agg* abweichend
**variare** [va'riaːre] I. *vt avere* [ab-, ver]ändern; (*cambiare*) wechseln, variieren II. *vi essere* sich [ver]ändern; (*tempo*) wechseln, variieren; (COM) schwanken
**variato, -a** [va'riaːto] *agg* abwechslungsreich **variatore** [varia'toːre] *m* Regler *m*; **~ di velocità** stufenloses Getriebe **variazione** [variat'tsioːne] *f* ❶ (*modificazione*) [Ver-, Ab]änderung *f*; (*di colori, toni*) Wechsel *m*; (*di temperatura*, COM) Schwankung *f*; **~ d'itinerario** Kursänderung *f* ❷ (MUS) Variation *f*
**varice** [va'riːtʃe] *f* Krampfader *f*
**varicella** [vari'tʃɛlla] *f* Wind-, Wasserpocken *pl*
**varicoso, -a** [vari'koːso] *agg* krampfad[e]rig, Krampfader-; **vena -a** Krampfader *f*
**variegato, -a** [varie'gaːto] *agg* gefleckt,

marmoriert; (*foglie, fiori*) geflammt, panaschiert **variegatura** [varieɡaˈtuːra] *f* Gefleckheit *f*, Marmorierung *f*
**varietà** [varjeˈta] <-> I. *f* ① (*diversità, pluralità*) Vielfalt *f* ② (*differenza*) Verschiedenartigkeit *f* ③ (*tipo*) Sorte *f*, Art *f*; **tutte le ~ di ...** alle Arten von ... ④ (ZOO, BOT) Art *f*, Varietät *f* II. *m* (THEAT) Varietee *nt*
**variété** [varjeˈte] <-> *m* Varietee *nt*
**varifocale** [varifoˈkaːle] *agg* (OPT) mit regelbarer Fokaldistanz; **obiettivo ~** (*zoom*) Zoomobjektiv *nt*
**vario, -a** [ˈvaːrio] <-i, -ie> I. *agg* ① (*non uniforme*) verschieden, unterschiedlich; (*non monotono*) abwechslungsreich; (*molteplice*) verschiedenartig; **-ie ed eventuali** (ADM) Verschiedene(s) *nt*, Sonstige(s) *nt* ② (METEO) unbeständig, wechselhaft ③ *pl* (*parecchi*) einige, mehrere; **negozio di generi -i** Gemischtwarenhandlung *f* ④ (*umore*) wechselhaft II. *pron indef pl* (*molti*) einige
**variometro** [vaˈrjɔːmetro] *m* Variometer *nt*
**variopinto, -a** [varjoˈpinto] *agg* bunt
**varo** [ˈvaːro] *m* ① (NAUT) Stapellauf *m* ② (JUR: *di legge*) Verabschiedung *f*
**varrò** [varˈrɔ] *I. pers sing futuro di* **valere**
**Varsavia** [varˈsaːvia] *f* Warschau *nt*
**vasaio, -a** [vaˈzaːio] <-ai, -aie> *m, f* Töpfer(in) *m(f)*
**vasale** [vaˈzaːle] *agg* Gefäß-
**vasca** [ˈvaska] <-sche> *f* ① (*gener*) Wanne *f*, Becken *nt*; **~ da bagno** Badewanne *f*; **~ per i pesci** Fischbecken *nt* ② (SPORT) Bahn *f*
**vascello** [vaʃˈʃɛllo] *m* [Linien]schiff *nt*
**vascolare** [vaskoˈlaːre] *agg* (BIOL, ANAT) Gefäß-
**vascolarizzato, -a** [vaskolaridˈdzaːto] *agg* mit Blutgefäßen versehen; **tessuto ~** Gefäßgewebe *nt*
**vasectomia** [vazektoˈmiːa] <-ie> *f* (MED) Vasektomie *f*, Vasorektion *f* **vasectomizzare** [vazektomidˈdzaːre] *vt* (MED) einer Vasektomie unterziehen **vasectomizzato** [vazektomidˈdzaːto] (MED) I. *m* Patient *m*, der sich einer Vasektomie unterzogen hat II. *agg* Vasektomie-
**vaselina** [vazeˈliːna] *f* Vaseline *f*, Vaselin *nt*
**vasellame** [vazelˈlaːme] *m* Geschirr *nt*
**vasellina** [vazelˈliːna] *f v.* **vaselina**
**vasistas** [vasisˈtaːs] <-> *m* Klappfenster *nt*, Oberlicht *nt*
**vaso** [ˈvaːzo] *m* ① (*gener*) Gefäß *nt*, Topf *m*; (*di marmellata*) Glas *nt*; (*decorativo*) Vase *f*; **~ da fiori** Blumentopf *m*; **~ da notte** Nachttopf *m* ② (PHYS, TEC) Röh-

re *f* ③ (*fam: del gabinetto*) Klobecken *nt*, -schüssel *f* ④ (ANAT) Gefäß *nt*
**vasocostrittore, -trice** [vazokostritˈtoːre] *agg* (MED) gefäßverengend
**vasodilatatore, -trice** [vazodilataˈtoːre] *agg* (MED) gefäßerweiternd
**vassallaggio** [vassalˈladdʒo] <-ggi> *m* ① (HIST) Vasallentum *nt* ② (*fig*) Abhängigkeit *f*, Hörigkeit *f* **vassallo, -a** [vasˈsallo] I. *agg* vasallisch, Vasallen- II. *m* ① (HIST) Vasall *m*, Lehnsmann *m* ② (*fig, pej*) Handlanger *m*
**vassoio** [vasˈsoːio] <-oi> *m* Tablett *nt*
**vastità** [vastiˈta] <-> *f* ① (*ampiezza*) Weite *f* ② (*fig*) Weitläufigkeit *f*, Breite *f* **vasto, -a** [ˈvasto] *agg* ① (*ampio*) weit; **di -e proporzioni** umfangreich, von großem Ausmaß ② (*fig*) umfassend, umfangreich; (*pubblico*) breit; (*orizzonte*) weit; **un uomo di -a cultura** ein Mensch mit umfassender Bildung; **di -a portata** weitreichend, von großer Tragweite; **su -a scala** in großem Rahmen
**vate** [ˈvaːte] *m* (*poet*) Dichter *m*
**vaticano, -a** [vatiˈkaːno] I. *agg* vatikanisch, Vatikan- II. *m* **Vaticano** Vatikan *m;* **la Città del Vaticano** die Vatikanstadt
**vaticinare** [vatitʃiˈnaːre] *vt* (*poet*) wahrsagen, weissagen **vaticinio** [vatiˈtʃiːnio] <-i> *m* (*poet*) Wahrsagung *f*
**vattelapesca** [vattelaˈpeska] *int* (*fam*) weiß der Kuckuck
**Vaud** [vo] *m* Waadt *nt*
**V.(d.)F.** *abbr di* **Vigili del Fuoco** Feuerwehr
**ve** [ve] *pron pers* (*davanti a lo, la, li, le, ne*) *v.* **vi**
**V.E.** *abbr di* **Vostra Eccellenza** Eure Exzellenz
**ve'** [ve] *int* ① (*bada*) ja ② (*per rafforzare*) gelt *dial*, nicht [wahr] ③ (*vedi*) ei, schau; **~, che bello!** ei, wie schön!
**VE** *abbr di* **Vostra Eccellenza** Eure Exzellenz
**vecchia** *f v.* **vecchio**
**vecchiaia** [vekˈkiaːia] <-aie> *f* ① (*periodo*) Alter *nt* ② (*persone anziane*) Alter *nt*, Alte(n) *pl* **vecchiardo, -a** [vekˈkiardo] *m, f* (*pej*) Alte(r) *f(m)* **vecchietto, -a** [vekˈkietto] *m, f* Alterchen *nt*/altes Mütterchen *nt* **vecchiezza** [vekˈkiettsa] *f* Alter *nt*
**vecchio** [ˈvɛkkio] *m* Alte(s) *nt*
**vecchio, -a** <-cchi, -cchie> I. *agg* ① (*gener*) alt; **la città -a** die Altstadt; **una -a abitudine/storia** eine alte Gewohnheit/Geschichte; **è più -a di lui di tre anni** sie ist drei Jahre älter als er ② (*usato*)

alt, gebraucht; **commercio di libri -cchi** [Bücher]antiquariat *nt;* **commercio di ferri -cchi** Alteisenhandel *m* ❸ *(fig)* alt; *(esperto)* erfahren; *(di vecchia data)* langjährig; **essere -cchi amici** alte Freunde sein; **essere ~ del mestiere** berufserfahren sein II. *m, f* Alte(r) *f(m)*, alter Mann, alte Frau; **ricovero per -cchi** Altenheim *nt;* **~ mio!** *(scherz)* mein Alter! **vecchiume** [vek'kiu:me] *m (pej)* altes Zeug, alter Kram

**veccia** ['vettʃa] <-cce> *f* Futterwicke *f*

**vece** [ve:tʃe] *f* (ADM, *poet*) Stelle *f,* Statt *f;* **fare le -i di qu** jdn vertreten; **in ~ mia/ tua, in mia/tua ~** an meiner/deiner Stelle; **in ~ sua, in sua ~** an seiner/ihrer Stelle; **il padre o chi ne fa le -i** (ADM) der Erziehungsberechtigte

**vedente** [ve'dɛnte] *mf* Sehende(r) *f(m)*

**vedere¹** [ve'de:re] <vedo, vidi, visto *o* veduto> I. *vt* ❶ *(gener)* sehen, schauen *A, südd;* (*guardare*) ansehen, anschauen *A, CH, südd;* (*museo*) besichtigen; **~ qc coi propri occhi** etw mit eigenen Augen sehen; **~ nero** *(fig)* schwarzsehen; **far ~** sehen lassen, zeigen; **farsi ~** sich sehen lassen; **voglio vederci chiaro in questa faccenda** ich will in dieser Sache klarsehen; **non vedo come sia possibile** ich weiß nicht, wie das möglich sein soll; **vedi sopra/sotto** siehe oben/unten; **vedi retro** bitte wenden; **questo è ancora da ~** *(fam)* das wird sich noch zeigen, das muss sich erst rausstellen; **perché, vedi, io le voglio bene** *(fam)* ich hab' sie gern, verstehst du?; **a mio modo di ~** meines Erachtens, [so] wie ich das sehe; **vuoi ~ che se ne è andato** *(fam)* er wird wohl schon gegangen sein; **vieni a ~!** sieh mal, guck mal!; **vediamo un po'** *(fam)* mal sehen; **vedi tu** *(fam)* mach du mal; **vedremo!** *(fam)* wir werden [ja] sehen!; **te la** [*o* **lo**] **faccio ~ io** *(fam)* ich werd's dir zeigen!, du kannst was erleben!; **cose mai viste** Unglaubliches ❷ *(fig)* aushalten können; **stare a ~** abwarten; **non vederci più dalla fame/dalla sete** es vor Hunger/ Durst nicht mehr aushalten können; **non poter ~ qu** jdn nicht leiden können; **non vedo l'ora** [*o* **il momento**] **di ... +***inf* ich kann es nicht erwarten zu ... +*inf* ❸ *(esaminare)* durchsehen, prüfen; **farsi ~ dal medico** sich vom Arzt untersuchen lassen ❹ *(tentare)* versuchen II. *vr* **-rsi** ❶ *(vedere se stessi, trovarsi)* sich sehen; **-rsi perduto** keinen Ausweg [mehr] sehen ❷ *(incontrarsi)* sich sehen, sich treffen; **chi s'è visto, s'è visto** *(fam)* und damit Schluss

**vedere²** *m* Sehen *nt,* Betrachtung *f*

**vedetta** [ve'detta] *f* ❶ (MIL: *luogo*) Wachtturm *m,* Ausguck *m;* (*sentinella*) Posten *m,* Wache *f;* **essere/stare di ~** Wache/Ausschau halten ❷ (NAUT) kleines Kriegsschiff

**vedette** [və'dɛt] <-> *f* Star *m*

**vedova** ['ve:dova] I. *f* Witwe *f* II. *agg* verwitwet

**vedovanza** [vedo'vantsa] *f* Witwenschaft *f*

**vedovile** [vedo'vi:le] *agg* Witwen-

**vedovo, -a** ['ve:dovo] I. *m, f* Witwer *m/* Witwe *f* II. *agg* verwitwet; **Angelina Sacchi -a Bencini** Angelina Sacchi, verwitwete Bencini

**veduta** [ve'du:ta] *f* ❶ (*panorama*) Aussicht *f,* Ansicht *f;* **~ aerea** Luftansicht *f* ❷ *(fig)* Sicht *f,* Ansicht *f* ❸ (ARCH) Ansicht *f,* Darstellung *f*

**veduto** [ve'du:to] *pp di* **vedere**

**veemente** [vee'mɛnte] *agg* ungestüm

**veemenza** [vee'mɛntsa] *f* Heftigkeit *f,* Wucht *f;* **con ~** ungestüm, heftig

**vegan** ['vɛgan] <-> *mf* (*vegetariano*) Veganer(in) *m(f)*

**vegetale** [vedʒe'ta:le] I. *agg* ❶ (BOT) pflanzlich, Pflanzen- ❷ (GASTR) vegetarisch, Pflanzen-; **alimentazione ~** vegetarische Ernährung; **olio ~** Pflanzenöl *nt* II. *m* Pflanze *f,* Gewächs *nt*

**vegetaliano, -a** [vedʒeta'lia:no] I. *m, f* Veganer(in) *m(f)* II. *agg* vegan; **cucina -a** vegane Küche **vegetalismo** [vedʒeta'lizmo] *m* Veganismus *m*

**vegetare** [vedʒe'ta:re] *vi* ❶ (BOT) wachsen ❷ *(fig)* [dahin]vegetieren

**vegetarianismo** [vedʒetaria'nizmo] *m* Vegetarismus *m*

**vegetariano, -a** [vedʒeta'ria:no] I. *agg* vegetarisch II. *m, f* Vegetarier(in) *m(f)*

**vegetarismo** *m v.* **vegetarianismo**

**vegetativo, -a** [vedʒeta'ti:vo] *agg* vegetativ; **sistema nervoso ~** vegetatives Nervensystem

**vegetazione** [vedʒetat'tsio:ne] *f* Vegetation *f*

**vegeto, -a** ['vɛ:dʒeto] *agg* ❶ (*persona*) kräftig, rüstig ❷ (BOT) üppig

**veggente** [ved'dʒɛnte] *mf* [Hell]seher(in) *m(f),* Wahrsager(in) *m(f)*

**veggie burger** ['vedʒi'bəːgə] <-> *m* Gemüseburger *m*

**veglia** ['veʎʎa] <-glie> *f* (*stato di chi è desto*) Wachen *nt;* (*sorveglianza*) Wache *f*

**vegliardo, -a** [veʎˈʎardo] *m, f* in Ehren ergrauter Mensch *geh*
**vegliare** [veʎˈʎaːre] **I.** *vt* (*malato, morto*) wachen bei **II.** *vi* wach sein; (*stare vigile*) wachen
**veglione** [veʎˈʎoːne] *m* großer [Masken]ball *m*; **~ di fine d'anno** Silvesterball *m*; **~ di carnevale** großer Faschingsball
**veicolare** [veikoˈlaːre] *agg* (MOT) Fahrzeug-
**veicolo** [veˈiːkolo] *m* ① (TEC) Fahrzeug *nt*; **~ elettrico** Elektrofahrzeug *nt*; **~ ferroviario/stradale** Schienen-/Straßenfahrzeug *nt* ② (MED) Überträger *m* ③ (*fig: mezzo*) Vehikel *nt*, Mittel *nt*
**vela** [ˈveːla] *f* (NAUT) Segel *nt*; **~ maestra** Großsegel *nt*, Breitfock *f*; **barca a ~** Segelboot *nt*; **andare a ~** segeln; **andare a gonfie -e** mit vollen Segeln fahren; (*fig*) sehr gut vorankommen; **spiegare le -e** in See stechen; (*fig*) die Zelte abbrechen; **ammainare le -e** die Segel streichen; (*fig*) es gut sein lassen ② (SPORT) Segeln *nt*, Segelsport *m* **velaccino** [velatˈtʃiːno] *m* Vorbramsegel *nt* **velaccio** [veˈlattʃo] <-cci> *m* Großbramsegel *nt* **velame** [veˈlaːme] *m* Segelwerk *nt*
**velare** [veˈlaːre] **I.** *vt* ① (*capo, viso*) verhüllen, verdecken; (*luce*) dämpfen, abdecken ② (*lacrime*) trüben ③ (*colore, suono*) dämpfen ④ (*fig: offuscare*) trüben; (*nascondere*) verbergen, verschleiern **II.** *vr* **-rsi** ① (*con velo*) sich verschleiern ② (*offuscarsi*) sich trüben **velario** [veˈlaːrio] <-i> *m* Vorhang *m* **velato, -a** [veˈlaːto] *agg* ① (*donna*) verschleiert ② (*luce, suono*) gedämpft; (*sguardo*) verschleiert ③ (*molto trasparente*) hauchdünn ④ (*fig: nascosto*) indirekt, versteckt
**velatura** [velaˈtuːra] *f* (NAUT) Segelwerk *nt*
**veleggiare** [veledˈdʒaːre] *vi* ① (NAUT) segeln ② (AERO) segelfliegen **veleggiatore** [veleddʒaˈtoːre] *m* ① (NAUT) Segelschiff *nt* ② (AERO) Segelflugzeug *nt*
**velenifero, -a** [veleˈniːfero] *agg* Gift-
**veleno** [veˈleːno] *m* Gift *nt*; **amaro come il ~** gallenbitter; **avere il ~ in corpo** von Hass erfüllt sein; **sputar ~** Gift und Galle spucken **velenosità** [velenosiˈta] <-> *f* Giftigkeit *f* **velenoso, -a** [veleˈnoːso] *agg* (*a. fig*) giftig; **avere una lingua -a** eine spitze Zunge haben
**veletta** [veˈletta] *f* Hutschleier *m*
**velico, -a** [ˈvɛːliko] <-ci, -che> *agg* Segel-; **sport ~** Segelsport *m*
**veliero** [veˈljɛːro] *m* Segler *m*, Segelschiff *nt*
**velina** [veˈliːna] **I.** *f* ① (*foglio*) Durchschlagpapier *nt* ② (*copia*) Durchschlag *m* ③ (TV) junge Assistentin (*bei Fernsehsendungen*) **II.** *agg* Durchschlag- **velinare** [veliˈnaːre] *vt* ① (*diffondere una notizia*) bekannt geben ② (TYP) mit Seidenpapier beziehen **velinatore** [velinaˈtoːre] *m* Verteiler *m*; (TYP) Durchschlagprobe *f* **velinista** *m v.* **velinatore**
**velismo** [veˈlizmo] *m* Segeln *nt*, Segelsport *m* **velista** [veˈlista] <-i *m*, -e *f*> *mf* Segler(in) *m(f)*, Segelsportler(in) *m(f)*
**velivolo** [veˈliːvolo] *m* Flugzeug *nt*
**velleità** [velleiˈta] <-> *f* Bestrebung *f*, Wunschvorstellung *f* **velleitario, -a** [velleiˈtaːrio] <-i, -ie> *agg* unrealistisch, hochfliegend **velleitarismo** [velleitaˈrizmo] *m* Anmaßung *f*, Selbstüberschätzung *f*
**vello** [ˈvɛllo] *m* Pelz *m*
**vellutare** [velluˈtaːre] *vt* samtig machen **vellutato, -a** [velluˈtaːto] *agg* ① (*petalo, pesca*) samtig, samten; **avere la pelle -a** eine Haut wie Samt haben ② (*fig: colore, voce*) samtig, weich **vellutino** [velluˈtiːno] *m* ① (*stoffa*) leichter Samt ② (*nastrino*) Samtband *nt* **velluto** [velˈluːto] *m* Samt *m*; **~ a coste** Kordsamt *m*
**velo** [ˈveːlo] *m* ① (*gener*) Schleier *m*; **~ da sposa** [*o* **nuziale**] Brautschleier *m* ② (*fig*) Schleier *m*; (*strato*) Schicht *f*, Überzug *m*; **zucchero a ~** Puderzucker *m*, Staubzucker *m* A ③ (*fig: apparenza*) Deckmantel *m*, Schleier *m*; **nei suoi occhi c'era un ~ di tristezza** in seinen/ihren Augen war ein Hauch von Traurigkeit ④ (BOT) Häutchen *nt*, Haut *f* ⑤ (ANAT) Häutchen *nt* ⑥ (SPORT) Täuschungsmanöver *nt*, Täuschung *f*
**veloce** [veˈloːtʃe] *agg* schnell
**velocimetria** [velotʃimeˈtriːa] <-ie> *f* Velozimetrie *f*, Geschwindigkeitsmessung *f*
**velocipede** [veloˈtʃiːpede] *m* ① (SPORT) Hochrad *nt* ② (*scherz: bicicletta*) Drahtesel *m fam* **velocipedistico, -a** [velotʃipeˈdistiko] <-ci, -che> *agg* Radsport-
**velocista** [veloˈtʃista] <-i *m*, -e *f*> *mf* Sprinter(in) *m(f)* **velocità** [velotʃiˈta] <-> *f* Geschwindigkeit *f*, Schnelligkeit *f*; **~ massima** Höchstgeschwindigkeit *f*; **~ ridotta** verringerte Geschwindigkeit; **~ della luce** Lichtgeschwindigkeit *f*; **~ del suono** Schallgeschwindigkeit *f*; **cambio di ~** Gangschaltung *f*; **eccesso di ~** Geschwindigkeitsüberschreitung *f*; **aumentare/diminuire la ~** die Geschwindigkeit erhöhen/drosseln; **a tutta ~** mit voller Geschwindigkeit; **treno ad alta ~** Hochgeschwindigkeitszug *m*

**velodromo** [ve'lɔ:dromo] *m* Radrennbahn *f*, Radrennhalle *f*
**velours** [va'lur] <-> *m* Velours *m*
**vena** ['ve:na] *f* ❶ (ANAT) Vene *f*, Ader *f*; ~ **cava** Hohlvene *f*; ~ **porta** Pfortader *f*; **tagliarsi le -e** sich *dat* die Pulsadern aufschneiden ❷ (GEOG, MIN) Ader *f* ❸ (*di legno, marmo*) Maserung *f*, Ader *f* ❹ (*fig*) Stimmung *f*, Laune *f*; (*poetica, musicale*) Ader *f*; **la sua ~ poetica** seine dichterische Ader; **essere in ~ di fare qc** zu etw aufgelegt sein, in der Stimmung sein, etw zu tun; **oggi sono in ~** heute bin ich in Stimmung
**venale** [ve'na:le] *agg* ❶ (COM: *merce*) verkäuflich; (*prezzo, valore*) Verkaufs- ❷ (*fig, pej*) käuflich; (*persona*) bestechlich **venalità** [venali'ta] <-> *f* Bestechlichkeit *f*
**venare** [ve'na:re] *vt* masern, ädern
**venato, -a** [ve'na:to] *agg* ❶ (*legno*) gemasert; (*marmo*) geädert ❷ (*fig*) ~ **di** durchzogen von
**venatorio, -a** [vena'tɔ:rio] <-i, -ie> *agg* Jagd-; **stagione -a** Jagdzeit *f*
**venatura** [vena'tu:ra] *f* ❶ (*di marmo, foglio*) Äderung *f*; (*di legno*) Maserung *f* ❷ (*fig*) Anklang *m*, Hauch *m*
**vendemmia** [ven'demmia] <-ie> *f* Weinlese *f*, -ernte *f*; **fare la ~** Weinlese halten, Wein ernten **vendemmiabile** [vendem'mia:bile] *agg* erntereif **vendemmiare** [vendem'mia:re] I. *vi* Weinlese halten, Wein ernten II. *vt* lesen, ernten **vendemmiatore, -trice** [vendemmia-'to:re] *m, f* Winzer(in) *m(f)*, Weinhauer(in) *m(f)* A**vendemmiatrice** [vendemmia'tri:tʃe] *f* (AGR) Weinlesemaschine *f*
**vendere** ['vendere] I. *vt* (*a. fig*) verkaufen; ~ **all'asta** versteigern; ~ **cara la propria pelle** [*o* **vita**] (*fig*) seine Haut teuer verkaufen; **saper ~ la propria merce** (*fig*) sich gut verkaufen können; **averne da ~** davon in Hülle und Fülle haben; **articoli che si vendono bene** gutgehende Artikel *mpl*; **te la vendo come l'ho comprata** ich habe es auch nur [als Gerücht] gehört; ~ **sottobanco** schwarz verkaufen; ~ **a prezzo di costo** zum Selbstkostenpreis verkaufen II. *vr* **-rsi** (*pej*) sich verkaufen; (*donna*) sich prostituieren
**vendetta** [ven'detta] *f* Rache *f*; **fare ~ di ...** Rache üben für ...; **gridare ~** zum Himmel schreien
**vendeuse** [vã'dø:z] <-> *f* Verkäuferin *f*
**vendibile** [ven'di:bile] *agg* verkäuflich, absetzbar
**vendicare** [vendi'ka:re] I. *vt* rächen II. *vr* **-rsi di qc** sich für etw rächen; **-rsi su qu** sich an jdm rächen **vendicativo, -a** [vendika'ti:vo] *agg* rachsüchtig **vendicatore, -trice** [vendika'to:re] *m, f* Rächer(in) *m(f)*
**vendifumo** [vendi'fu:mo] <-> *mf* (*fam pej*) Hochstapler(in) *m(f)*
**vendita** ['vendita] *f* ❶ (COM) Verkauf *m*; (*smercio*) Absatz *m*; ~ **di fine stagione** Schlussverkauf *m*; ~ **fallimentare** Liquidationsverkauf *m*; **punto di ~** Verkaufsstelle *f*; **reparto -e** Verkaufsabteilung *f*; **addetto alle -e** Sachbearbeiter *m* im Verkauf; **essere in ~** im Handel sein, erhältlich sein; ~ **all'ingrosso/al minuto** Groß-/Einzelhandel *m* ❷ (*bottega*) Geschäft *nt*, Laden *m* **venditore, -trice** [vendi'to:re] *m, f* Verkäufer(in) *m(f)*; ~ **ambulante** Straßenverkäufer *m*
**venduto, -a** [ven'du:to] *agg* ❶ (COM) verkauft ❷ (*fig, pej: persona*) bestochen, gekauft
**veneficio** [vene'fi:tʃo] <-ci> *m* Giftmord *m*
**venefico, -a** [ve'nɛ:fiko] <-ci, -che> *agg* ❶ (*sostanza, aria*) giftig ❷ (*fig*) böswillig
**venerabile** [vene'ra:bile] *agg* ehrwürdig, verehrungswürdig **venerabilità** [venerabili'ta] <-> *f* Ehrwürdigkeit *f*, Verehrungswürdigkeit *f* **venerando, -a** [vene'rando] *agg* ehrwürdig; **arrivare alla -a età di 90 anni** das ehrwürdige Alter von 90 Jahren erreichen
**venerare** [vene'ra:re] *vt* verehren **venerazione** [venerat'tsio:ne] *f* Verehrung *f*; **degno di ~** verehrungswürdig
**venerdì** [vener'di] <-> *m* Freitag *m*; **Venerdì Santo** Karfreitag *m*; **gli manca qualche ~** (*scherz*) bei ihm ist eine Schraube locker *fam*; *v. a.* **domenica**
**venere** ['vɛ:nere] *f* (*dea*, ASTR) Venus *f*; **piaceri di ~** Liebesfreuden *fpl*; **pare una ~** sie ist schön wie die Venus
**venereo, -a** [ve'nɛ:reo] *agg* geschlechtlich, venerisch; **malattie -e** Geschlechtskrankheiten *fpl*
**veneto** ['vɛ:neto] <*sing*> *m* (*dialetto*) Venetisch(e) *nt*
**Veneto** *m* Venetien *nt*
**veneto, -a** I. *agg* ❶ (*relativo alla regione Veneto*) venetisch; **dialetto ~** venetischer Dialekt ❷ (*relativo a Venezia*) venezianisch; **la Repubblica -a** die Venetianische Republik II. *m, f* Veneter(in) *m(f)*
**Venezia** [ve'nɛttsia] *f* ❶ (*città*) Venedig *nt* (*Hauptstadt Venetiens*) ❷ (*regione*) Venetien *nt* **Venezia Giulia** [ve'nɛttsia 'dʒu:lia] *f* Julisch Venetien *nt*

**veneziana** [venet'tsia:na] *f* (*tenda*) Jalousie *f*

**veneziano** [venet'tsia:no] <*sing*> *m* (*dialetto*) Venezianisch(e) *nt* **veneziano, -a** I. *agg* venezianisch; **fegato alla -a** Leber *f* auf venezianische Art II. *m, f* (*abitante*) Venezianer(in) *m(f)*

**vengo** ['vɛŋgo] *1. pers sing pr di* **venire**

**venia** ['vɛ:nia] <-ie> *f* (*poet*) Vergebung *f;* **chiedere ~** (*scherz*) kniefällig um Gnade bitten

**veniale** [ve'nia:le] *agg* verzeihlich; **peccato ~** lässliche Sünde

**venire** [ve'ni:re] <vengo, venni, venuto> I. *vi essere* ① (*gener*) kommen; **andare e ~** kommen und gehen; **~ a trovare qu** jdn besuchen [kommen]; **~ incontro a qu** jdm entgegenkommen; **~ avanti** vortreten, näher treten; (*entrare*) eintreten; **~ dentro** hereinkommen; **~ dietro** hinterherkommen; **~ dopo** nachkommen; **~ fuori** (*sbucare*) herauskommen, hervorkommen; **~ giù** herunterkommen; **~ su** (*montare*) heraufkommen; (*fam: crescere*) wachsen, gedeihen; **~ via** (*fam: staccarsi*) abgehen; (*scomparire*) wegkommen, verschwinden; **far ~** (*mandare a chiamare*) kommen lassen, holen; (*causare*) verursachen ② (*giungere*) [an]kommen; **~ a costare** kommen auf +*acc*, kosten; **~ a sapere** erfahren; **~ a conoscenza di qc** von etw Kenntnis bekommen; **~ alla luce** [*o* **al mondo**] (*bambino*) auf die Welt kommen; (*fig*) ans [Tages]licht kommen; **~ al sodo** [*o* **dunque**] zur Sache kommen; **~ a noia** langweilig werden; **~ in possesso di qc** in den Besitz einer Sache *gen* kommen ③ (*sopraggiungere, manifestarsi*) **viene fuori con certe idee!** der/die hat vielleicht Einfälle!; **non mi viene** (*fam*) mir fällt's nicht ein, ich komme nicht drauf; **mi è venuta un'idea** mir ist eine Idee gekommen; **mi viene da vomitare** ich muss mich übergeben; **mi viene in mente qc** mir fällt etw ein; **mi sta venendo il raffreddore** ich bekomme einen Schnupfen; **a ~** künftig, kommende(r, s), nächste(r, s); **ora viene il bello** nun [*o* jetzt] kommt das Schönste ④ (MAT) herauskommen ⑤ (*numeri estratti*) kommen, fallen ⑥ (*provenire*) **~ da** kommen aus; **viene da Firenze** (*è di Firenze*) er/sie ist aus Florenz; (*arriva da Firenze*) er/sie kommt aus Florenz [an] ⑦ (*riuscire*) [heraus]kommen, ausfallen; **viene bene in fotografia** er/sie ist fotogen; **com'è venuto il lavoro?** wie ist die Arbeit geworden?; **come viene, viene** wie's kommt, so kommt's ⑧ (*costare*) **quanto viene?** was macht das?; **viene 50 euro** es kostet 50 Euro II. *vr* **venirsene** (*camminare*) daherkommen, herankommen; (*fam*) herauskommen

**venoso, -a** [ve'no:so] *agg* venös, Venen-; **pressione -a** Blutdruck *m*

**ventaglio** [ven'taʎʎo] <-gli> *m* Fächer *m;* **a ~** fächerartig

**ventata** [ven'ta:ta] *f* ① (METEO) Windstoß *m* ② (*fig*) Welle *f*

**ventennale** [venten'na:le] I. *agg* ① (*che dura 20 anni*) zwanzigjährig ② (*che ricorre ogni 20 anni*) Zwanzigjahr- II. *m* zwanzigster Jahrestag **ventenne** [ven'tɛnne] I. *agg* zwanzigjährig II. *mf* Zwanzigjährige(r) *f(m)* **ventennio** [ven'tɛnnio] <-i> *m* Zeitraum *m* von zwanzig Jahren

**ventesimo** [ven'tɛ:zimo] *m* Zwanzigstel *nt* **ventesimo, -a** *agg* zwanzigste(r, s); *v. a.* **quinto**

**venti** ['venti] I. *num* zwanzig II. <-> *m* ① (*numero*) Zwanzig *f* ② (*nelle date*) Zwanzigste(r) *m* III. *fpl* zwanzig Uhr; *v. a.* **cinquanta**

**ventilare** [venti'la:re] *vt* ① (*stanza, casa*) lüften ② (AGR) worfeln ③ (*fig: idea, progetto*) vorschlagen, zur Diskussion stellen

**ventilato, -a** [venti'la:to] *agg* luftig **ventilatore** [ventila'to:re] *m* Ventilator *m*

**ventilazione** [ventilat'tsio:ne] *f* ① (*il ventilare*) Ventilation *f*, Lüftung *f* ② (*movimento dell'aria*) Ventilation *f*, Luftbewegung *f*

**ventilconvettore** [ventilkonvet'to:re] *m* Ventilkonvektor *m*

**ventina** [ven'ti:na] *f* **una ~** [**di ...**] [etwa] zwanzig [...]; **essere sulla ~** an [*o* um] die zwanzig sein **ventino** [ven'ti:no] *m* alte Münze im Wert von zwanzig *Centesimi*

**ventiquattr'ore, ventiquattrore** [ventikuat'tro:re] *f* ① (*valigia*) kleiner Reisekoffer ② (SPORT) Vierundzwanzigstundenrennen *nt* ③ *pl* (*periodo*) vierundzwanzig Stunden *fpl;* **~ su ventiquattro** rund um die Uhr

**ventitré** [venti'tre] I. *num* dreiundzwanzig II. <-> *m* ① (*numero*) Dreiundzwanzig *f* ② (*nelle date*) Dreiundzwanzigste(r) *m* III. *fpl* dreiundzwanzig Uhr; *v. a.* **cinque**

**vento** ['vɛnto] *m* Wind *m;* **giacca a ~** Windjacke *f*, Anorak *m;* **mulino a ~** Windmühle *f;* **parlare al ~** (*fig*) in den Wind reden; **spargere qc ai quattro -i** (*fig*) etw in alle Winde verstreuen; **tira ~** es zieht

**ventola** ['vɛntola] *f* ① (*per il fuoco*) [Feu-

er|wedel *m* ❷ (*del ventilatore*) Flügelrad *nt*
**ventosa** [ven'to:sa] *f* ❶ (MED) Schröpfkopf *m* ❷ (ZOO) Saugnapf *m*
**ventosità** [ventosi'ta] <-> *f* ❶ (*di luogo*) Windigkeit *f* ❷ (*flatulenza*) Blähung *f*
**ventoso, -a** [ven'to:so] *agg* windig
**ventotto** [ven'tɔtto] **I.** *num* achtundzwanzig **II.** <-> *m* ❶ (*numero*) Achtundzwanzig *f* ❷ (*nelle date*) Achtundzwanzigste(r) *m*; *v. a.* **cinque**
**ventrale** [ven'tra:le] *agg* Bauch- **ventre** ['vɛntre] *m* ❶ (ANAT) Bauch *m*, Unterleib *m* ❷ (*fig*) Leib *m*, Innere(s) *nt* **ventresca** [ven'treska] <-sche> *f* (*di tonno*) Bauchfleisch *nt* vom Thunfisch; (*tosc*) durchwachsener Schweinebauch *m*
**ventricolare** [ventiko'la:re] *agg* Herzkammer-, ventrikulär **ventricolo** [ven'tri:kolo] *m* Kammer *f*, Ventrikel *m*; ~ **cardiaco** Herzkammer *f*
**ventriera** [ven'trie:ra] *f* Bauchbinde *f*
**ventriglio** [ven'triʎʎo] <-gli> *m* Muskelmagen *m*
**ventriloqua** *f v.* **ventriloquo**
**ventriloquio** [ventri'lɔ:kuio] <-qui> *m* Bauchreden *nt* **ventriloquo, -a** [ven'tri:lokuo] *m, f* Bauchredner(in) *m(f)*
**ventunenne** [ventu'nɛnne] **I.** *agg* einundzwanzigjährig **II.** *mf* Einundzwanzigjährige(r) *f(m)* **ventunesimo, -a** [ventu'nɛ:zimo] **I.** *agg* einundzwanzigste(r, s) **II.** *m, f* Einundzwanzigste(r, s) *m/nt; v. a.* **quinto ventuno** [ven'tu:no] **I.** *num* einundzwanzig **II.** <-> *m* ❶ (*numero*) Einundzwanzig *f* ❷ (*nelle date*) Einundzwanzigste(r) *m* **III.** *fpl* einundzwanzig Uhr; *v. a.* **cinque**
**ventura** [ven'tu:ra] *f* (*sorte*) Schicksal *nt*, Los *nt*; (*buona fortuna*) Glück *nt*; **alla ~** aufs Geratewohl, auf gut Glück; **compagnie di ~** Landsknechtscharen *fpl*
**venture capital** ['vɛntʃə 'kæpitəl] <-> *m* (FIN) Risikokapital *nt*, Spekulationskapital *nt*, Venture-Capital *nt*
**venturo, -a** [ven'tu:ro] *agg* nächste(r, s), kommende(r, s); **ci vediamo la settimana -a** wir sehen uns nächste Woche
**venusiano, -a** [venu'zia:no] **I.** *agg* Venus- **II.** *m, f* Venusbewohner(in) *m(f)*
**venustà** [venus'ta] <-> *f* (*poet*) Liebreiz *m*, Anmut *f* **venusto, -a** [ve'nusto] *agg* (*poet*) ❶ (*donna*) liebreizend, anmutig ❷ (*stile*) erhaben
**venuta** [ve'nu:ta] *f* (*arrivo*) Kommen *nt*, Ankunft *f*
**venuto, -a** [ve'nu:to] **I.** *pp di* **venire II.** *agg* [an]gekommen **III.** *m, f* Angekommene(r) *f(m)*, Ankömmling *m;* **nuovo ~** Neuankömmling *m;* **il primo ~** der Erste, der Erstbeste; **non essere il primo ~** (*fig*) nicht irgendwer sein
**vera** ['ve:ra] *f* (*fede*) Ehe-, Trauring *m*
**verace** [ve'ra:tʃe] *agg* (*poet*) wahrhaftig; (*persona*) wahrhaft
**veramente** [vera'mente] *avv* wirklich, tatsächlich; **io, ~, non ci andrei** ich würde allerdings nicht hingehen
**veranda** [ve'randa] *f* Veranda *f*
**verandato, -a** [veran'da:to] *agg* (*balcone*) verglast, geschlossen
**verbale** [ver'ba:le] **I.** *agg* ❶ (*orale*) mündlich, verbal; (*esame*) mündlich ❷ (LING) verbal, Verbal- **II.** *m* (ADM) Protokoll *nt*, Niederschrift *f;* **mettere qc a ~** etw protokollieren **verbalismo** [verba'lizmo] *m* leere Worte *ntpl*, Schwafelei *f*
**verbalizzare** [verbalid'dza:re] *vt* (ADM) protokollieren, niederschreiben **verbalizzazione** [verbaliddzat'tsio:ne] *f* (ADM) Protokollierung *f*, Niederschrift *f*
**verbena** [ver'bɛ:na] *f* Eisenkraut *nt*, Verbene *f*
**verbo** ['vɛrbo] *m* Verb *nt*, Zeitwort *nt;* **il ~ divino** das Wort Gottes
**verbosità** [verbosi'ta] <-> *f* Redseligkeit *f;* (*di oratore, discorso*) Weitschweifigkeit *f*, Langatmigkeit *f* **verboso, -a** [ver'bo:so] *agg* redselig; (*oratore, discorso*) weitschweifig, langatmig
**vercellese** [vertʃel'le:se] **I.** *agg* aus Vercelli **II.** *mf* (*abitante*) Einwohner(in) *m(f)* aus Vercelli
**Vercellese** <-*sing*> *m* Umgebung *f* von Vercelli
**Vercelli** *f* Vercelli *nt* (*Stadt in Piemont*)
**verdastro, -a** [ver'dastro] *agg* (*pej*) schmutzig grün, grünlich **verdazzurro, -a** [verdad'dzurro] *agg* blaugrün
**verde** ['verde] **I.** *agg* grün; (*fig a*) jung, unreif; **~ chiaro** hellgrün; **~ scuro** dunkelgrün; **~ oliva** olivgrün; **~ pisello** erbsengrün; **numero ~** 0130-Nummer *f;* **zona ~** Grünanlage *f;* **l'età ~**, **gli anni -i** die jungen Jahre *ntpl* **II.** *m* ❶ (*colore*) Grün *nt;* **essere** [*o* **ridursi**] **al ~** (*fam fig*) blank sein; **passare col ~** bei Grün über die Ampel gehen ❷ (*zona, parte verde*) Grün *nt*, Grüne(s) *nt;* **una zona ricca di ~** eine Gegend mit viel Grün; **non c'è un filo di ~** es gibt kein bisschen Natur **III.** *mf* (POL) Grüne(r) *f(m);* **il partito dei -i** die grüne Partei **verdeggiante** [verded'dʒante] *agg*

grün[end] **verdeggiare** [verded'dʒaːre] *vi* grünen

**verdemare** [verde'maːre] <inv> *agg* meergrün

**verderame** [verde'raːme] <-> *m* Grünspan *m*

**verdetto** [ver'detto] *m* ❶ (JUR) Urteilsspruch *m*; ~ **di assoluzione** Freispruch *m*; ~ **di condanna** Verurteilung *f* ❷ (*di gara, concorso*) Entscheidung *f* ❸ (*fig*) Urteil *nt*

**verdicchio** [ver'dikkio] <-cchi> *m* Verdicchio *m* (*trockener Weißwein aus den Marken*)

**verdiccio, -a** [ver'dittʃo] <-cci, -cce> *agg* grünlich, grüngelb

**verdognolo, -a** [ver'doɲɲolo] *agg* grünlich **verdolino, -a** [verdo'liːno] *agg* zartgrün **verdone** [ver'doːne] I. *agg* knallgrün, giftgrün II. *m* ❶ (*colore*) Knallgrün *nt*, Giftgrün *nt* ❷ (ZOO) Blauhai *m*

**verdura** [ver'duːra] *f* Gemüse *nt*

**verecondia** [vere'kondia] <-ie> *f* (*poet*) Schamhaftigkeit *f* **verecondo, -a** [vere'kondo] *agg* (*poet*) schamhaft

**verga** ['verga] <-ghe> *f* ❶ (*d'oro*) Barren *m* ❷ (*bacchetta*) Gerte *f*, Rute *f*; (*del rabdomante*) Wünschelrute *f* ❸ (*rotaia*) Schiene *f*, Gleis *nt* ❹ (*fam: pene*) Pimmel *m*, Schwanz *m vulg*

**vergare** [ver'gaːre] *vt* ❶ (*tessuto*) rippen; (*carta*) lin[i]ieren ❷ (*lettera*) [mit der Hand] schreiben **vergatina** [verga'tiːna] *f* feines Durchschlagpapier *nt* **vergatino** [verga'tiːno] *m* feingerippter Stoff *m* **vergato, -a** [ver'gaːto] *agg* gerippt; (*carta*) lin[i]iert **vergatura** [verga'tuːra] *f* Rippung *f*; (*di carta*) Lin[i]ierung *f*

**verginale** [verdʒi'naːle] *agg* (*a. fig*) jungfräulich **vergine** ['verdʒine] I. *f* ❶ (*donna, fanciulla*) Jungfrau *f* ❷ (REL) **Vergine** Jungfrau *f* [Maria] ❸ (ASTR) **Vergine** Jungfrau *f*; **sono della** [*o* **una**] **Vergine** ich bin Jungfrau II. *agg* unberührt, jungfräulich; (*fig a*) rein, pur; **foresta ~** Urwald *m*; **pura lana ~** reine Schurwolle; **olio ~ d'oliva** natives [*o* kalt gepresstes] Olivenöl **vergineo** [ver'dʒiːneo] *agg v*. **virgineo verginità** [verdʒini'ta] <-> *f* ❶ (*di ragazza*) Jungfräulichkeit *f* ❷ (*fig*) Unberührtheit *f*, Keuschheit *f*

**vergogna** [ver'goɲɲa] *f* ❶ (*pudore*) Scham *f*; **avere ~ di qu/qc** sich vor jdm/ etw schämen; **senza ~** schamlos ❷ (*disonore*) Schande *f*; **essere la ~ della famiglia** der Schandfleck der Familie sein; **che ~!** welche Schande!, so eine Schande! ❸ (*timidezza*) Hemmungen *fpl* ❹ *pl* (*fam*) Schamteile *ntpl* **vergognarsi** [vergoɲ'ɲarsi] *vr* sich schämen, sich genieren; **~ come un ladro** sich in Grund und Boden schämen; **vergognati!** (*fam*) schäm dich! **vergognoso, -a** [vergoɲ'ɲoːso] *agg* ❶ (*persona*) schamhaft, verschämt; (*timido*) schüchtern ❷ (*pej: azione*) schändlich

**veridicità** [veriditʃi'ta] <-> *f* Wahrheitstreue *f*, Wahrheitsliebe *f* **veridico, -a** [ve'riːdiko] <-ci, -che> *agg* wahrheitsgetreu, glaubwürdig

**verifica** [ve'riːfika] <-che> *f* Nachprüfung *f*, Überprüfung *f*, Kontrolle *f*; ~ **contabile** Rechnungsprüfung; ~ **dei passaporti** Passkontrolle **verificabile** [verifi'kaːbile] *agg* nachprüfbar, überprüfbar, feststellbar **verificabilità** [verifikabili'ta] <-> *f* Nachprüfbarkeit *f*, Überprüfbarkeit *f*, Feststellbarkeit *f*

**verificare** [verifi'kaːre] I. *vt* nachprüfen, überprüfen, kontrollieren II. *vr* **-rsi** ❶ (*accadere*) sich ereignen, vorfallen ❷ (*avverarsi*) eintreten **verificatore, -trice** [verifika'toːre] *m, f* Prüfer(in) *m(f)*, Kontrolleur(in) *m(f)* **verificatrice** [verifika'triːtʃe] *f* Lochkartenprüfer *m*, Lochkartenleser *m* **verificazione** [verifikat'tsioːne] *f* Überprüfung *f*

**verismo** [ve'rizmo] *m* ❶ (LIT) Verismus *m* ❷ (*fig: realismo*) Realismus *m* **verista** [ve'rista] <-i *m*, -e *f*> I. *mf* Verist(in) *m(f)* II. *agg* veristisch **veristico, -a** [ve'ristiko] <-ci, -che> *agg* ❶ (LIT) veristisch ❷ (*scena, atteggiamento*) wahrheitsgetreu

**verità** [veri'ta] <-> *f* ❶ (*gener*) Wahrheit *f*; **la pura e semplice ~** die reine Wahrheit; **giuro di dire la ~, tutta la ~, nient'altro che la ~** (JUR) ich schwöre, die Wahrheit zu sagen, nichts hinzuzufügen und nichts zu verschweigen; **in ~** in Wahrheit ❷ (REL) Offenbarung *f* **veritiero, -a** [veri'tiɛːro] *agg* ❶ (*persona*) aufrichtig ❷ (*notizia*) wahrheitsgetreu, richtig

**verme** [ˈvɛrme] *m* ❶ (ZOO, MED) Wurm *m*; ~ **solitario** Bandwurm *m*; **essere nudo come un ~** splitternackt sein ❷ (*fig*) Würmchen *nt*, Wurm *m*

**vermicelli** [vermi'tʃɛlli] *mpl* Vermicelli *pl* (*etwas dünnere Spaghetti*)

**vermicolare** [vermiko'laːre] *agg* ❶ (*forma*) wurmförmig, -artig ❷ (ANAT) Wurm-; **appendice ~** Wurmfortsatz *m* **vermiforme** [vermi'forme] *agg* wurmförmig, -artig

**vermifugo** [ver'miːfugo] <-ghi> *m* Wurmmittel *nt*

**vermifugo**, **-a** <-ghi, -ghe> *agg* wurmtötend

**vermiglio** [ver'miʎʎo] <-gli> *m* leuchtendes Rot

**vermiglio**, **-a** <-gli, -glie> *agg* leuchtendrot

**verminoso**, **-a** [vermi'no:so] *agg* voller Würmer, wurmstichig

**vermouth**, **vermut** ['vɛrmut] <-> *m* Wermut *m*

**vernaccia** [ver'nattʃa] <-cce> *f* Vernaccia *m* (*bernsteinfarbener Wein aus verschiedenen Regionen Italiens*)

**vernacolo**, **-a** [ver'na:kolo] I. *agg* mundartlich II. *m* Mundart *f;* **parlare in ~** Mundart sprechen

**vernice** [ver'ni:tʃe] *f* ❶ (*smalto, tinta*) Lack *m;* **dare una mano di ~ a qc** etw lackieren; **~ fresca!** frisch gestrichen! ❷ (*pelle*) Lackleder *nt;* **scarpe di ~ marrone** braune Lackschuhe *mpl* **verniciare** [verni'tʃa:re] *vt* lackieren, streichen; **~ a smalto** emaillieren; **~ a spruzzo** |lack|spritzen

**verniciatore** [vernitʃa'to:re] *m* (TEC) Spritzpistole *f*

**verniciatore**, **-trice** *m*, *f* Lackierer(in) *m(f)*

**verniciatura** [vernitʃa'tu:ra] *f* ❶ (*operazione*) Lackieren *nt,* |An|streichen *nt* ❷ (*strato*) Lackierung *f,* Lack *m*

**vernissage** [vɛrni'sa:ʒ] <-> *m* Vernissage *f*

**vero** ['ve:ro] *m* ❶ (*verità*) Wahrheit *f,* Wahre(s) *nt;* **a dire il ~** um die Wahrheit zu sagen, offen gestanden ❷ (*in arte*) Natur *f;* **disegnare/dipingere dal ~** nach der Natur zeichnen/malen

**vero**, **-a** *agg* ❶ (*gener*) wahr; (*giusto, esatto*) richtig; **tant'è ~ che ...** so |sehr|, dass ...; **niente di più ~!** das kann man wohl sagen!, ganz richtig!; **se è ~?** ob das stimmt?; **non è ~?** ist es nicht so?, stimmt's nicht?; **fosse ~!** wenn's nur wahr wäre!, schön wär's!; **tu non c'eri, ~?** du warst nicht da, richtig?; **lo sai, non è ~?** du weißt es, nicht wahr? ❷ (*genuino*) echt ❸ (*persona*) aufrichtig; (*affetto*) tief; **lo ama di ~ amore** sie liebt ihn wirklich ❹ (*effettivo, reale*) wirklich, eigentlich; **è incredibile, ma ~** es ist nicht zu glauben, aber wahr; **com'è ~ |che c'è| Dio** so wahr mir Gott helfe; **~ e proprio** regelrecht, ausgesprochen

**Verona** *f* Verona *nt* (*Stadt in Venetien*); **l'arena di ~** die Arena von Verona

**veronese** [vero'ne:se] I. *agg* veronesisch II. *mf* (*abitante*) Veroneser(in) *m(f);* **il Veronese** (*pittore del '500*) der Veronese

**Veronese** <*sing*> *m* Umgebung *f* von Verona

**veronica** [ve'rɔ:nika] <-che> *f* ❶ (REL) Schweißtuch *nt* der Veronika ❷ (*nelle corride*) Veronica *f*

**verosimiglianza** [verosimiʎ'ʎantsa] *f* Wahrscheinlichkeit *f* **verosimile** [vero'si:mile] *agg* wahrscheinlich

**verricello** [veri'tʃɛllo] *m* Winde *f*

**verro** ['vɛrro] *m* Eber *m*

**verrò** [ver'rɔ] *1. pers sing futuro di* **venire**

**verruca** [ver'ru:ka] <-che> *f* Warze *f* **verrucoso**, **-a** [verru'ko:so] *agg* warzig

**vers.** *abbr di* **versamento** Einz.

**versaccio** [ver'sattʃo] <-cci> *m* (*pej*) Fratze *f;* **fare i -cci** Fratzen schneiden

**versamento** [versa'mento] *m* ❶ (COM) Einzahlung *f* ❷ (FIN) Einlage *f* ❸ (MED) Erguss *m*

**versante** [ver'sante] *m* Hang *m*

**versare** [ver'sa:re] I. *vt* ❶ (*liquido*) |ein|gießen; **~ da bere** einschenken ❷ (*rovesciare*) verschütten, vergießen ❸ (*sangue, lacrime*) vergießen ❹ (*somma*) einzahlen, erlegen *A;* (COM: *caparra*) erbringen; (*anticipo*) leisten II. *vi* ❶ (*perdere*) lecken, leck sein ❷ (*trovarsi*) sich befinden, sein III. *vr* **-rsi** ❶ (*spargersi*) sich zerstreuen ❷ (*fiume*) fließen, münden

**versatile** [ver'sa:tile] *agg* vielseitig, flexibel

**versatilità** [versatili'ta] <-> *f* Vielseitigkeit *f,* Flexibilität *f*

**versato**, **-a** [ver'sa:to] *agg* versiert, begabt

**verseggiare** [versed'dʒa:re] *vt, vi* dichten **verseggiatore**, **-trice** [verseddʒa'to:re] *m,* *f* (*pej*) mittelmäßige(r) Dichter(in) *m(f),* Gelegenheitsdichter(in) *m(f)*

**versetto** [ver'setto] *m* (REL) Vers *m*

**versificare** [versifi'ka:re] *vt, vi* dichten **versificatore**, **-trice** [versifika'to:re] *m,* *f* Dichter(in) *m(f)* **versificazione** [versifikat'tsio:ne] *f* Verskunst *f*

**versione** [ver'sio:ne] *f* ❶ (*traduzione*) Übersetzung *f* ❷ (*narrazione*) Darstellung *f,* Version *f* ❸ (FILM, LIT) Version *f,* Fassung *f;* (TEC) Ausführung *f*

**verso**¹ ['vɛrso] *prp* ❶ (*direzione*) in Richtung *gen,* in Richtung auf +*acc,* nach +*dat;* **andavo ~ la stazione** ich ging in Richtung Bahnhof; **veniva ~ di noi** er/sie kam auf uns zu ❷ (*tempo*) gegen+*acc;* **~ sera** gegen Abend ❸ (*dalle parti di*) an +*dat,* bei +*dat;* **abita ~ la periferia** er/sie wohnt am Stadtrand ❹ (*di età*) auf +*acc* [... zu]; **si avvia ~ la settantina** er/sie geht auf die siebzig zu ❺ (*nei confronti di*) zu +*dat*, auf +*acc*, gegen +*acc*, mit +*dat*; **si sente attratto ~ di lei** er fühlt sich zu ihr hingezogen; **il suo comportamento ~ di me** sein *o ihr* Verhalten mir gegenüber ⓺ (COM) gegen +*acc*

**verso**[2] *m* ⓵ (LIT) Vers *m*; **comporre -i** [Verse] dichten ⓶ (ZOO) Schrei *m*, Ruf *m* ⓷ (*di persona*) Ruf *m* ⓸ (*di pelo, stoffa*) Strich *m*, Richtung *f* ⓹ (*movenza caratteristica*) Eigenart *f* ⓺ (*metodo*) Möglichkeit *f*, Weg *m* ⓻ (*parte, direzione*) Richtung *f*; **prendere qu per il suo ~** jdn zu nehmen wissen; **prendere qu per il ~ sbagliato** jdn nicht zu nehmen wissen; **bisogna prendere le cose per il loro ~** man muss die Dinge nehmen, wie sie sind; **per un ~ o per un altro** irgendwie, auf die eine oder die andere Art ⓼ (*di foglio, medaglia, moneta*) Rückseite *f*

**vertebra** ['vɛrtebra] *f* Wirbel *m* **vertebrale** [verte'braːle] *agg* Wirbel-; **colonna ~** Wirbelsäule *f* **vertebrati** [verte'braːti] *mpl* Wirbeltiere *ntpl*

**vertebrato** [verte'braːto] *m* Wirbeltier *nt*
**vertebrato, -a** *agg* Wirbel-
**vertenza** [ver'tɛntsa] *f* Streit *m*, Streitfall *m*; **~ sindacale** Tarifkonflikt *m*
**vertenziale** [verten'tsjaːle] *agg* einen Rechtsstreit betreffend **vertenzialità** [vertentsjali'ta] <-> *f* Rechtsstreitigkeiten *fpl*
**vertere** ['vɛrtere] <mancano il pp e le forme composte> *vi* laufen, im Gange sein; **~ su** betreffen; **~ intorno a** sich handeln um
**verticale** [verti'kaːle] I. *agg* senkrecht, Vertikal-; **trust/cartello ~** Vertikalkonzern *m*/-kartell *nt*; **pianoforte ~** Giraffenklavier *nt* II. *f* ⓵ (MAT) Vertikale *f*, Senkrechte *f* ⓶ (SPORT) Handstand *m*; (*con la testa poggiata al suolo*) Kopfstand *m* **verticalità** [vertikali'ta] <-> *f* senkrechte Stellung [*o* Lage] *f*
**vertice** ['vɛrtitʃe] *m* (*gener, fig*) Spitze *f*, Höhepunkt *m*; (*di montagna*) Spitze *f*; (POL) Gipfel *m*; (MAT) Scheitel[punkt] *m*; (*di piramide*) Spitze *f*; **~ aziendale** Topmanagement *nt*; **conferenza/incontro al ~** Gipfelkonferenz *f*/-treffen *nt*
**verticismo** [verti'tʃizmo] *m* Machtkonzentration *f* an der Spitze **verticista** [verti'tʃista] <-i *m*, -e *f*> I. *mf* Anhänger(in) *m(f)* eines machtkonzentrierten Führungsstils II. *agg* führungsbetont **verticistico, -a** [verti'tʃistiko] <-ci, -che> *agg* Führungs-, Spitzen-
**vertigine** [ver'tiːdʒine] *f* Schwindel[gefühl *nt*] *m*; **ho le -i** mir ist schwindlig **vertiginoso, -a** [vertidʒi'noːso] *agg* ⓵ (*che causa vertigine, fig*) Schwindel erregend, schwindelnd ⓶ (MED) Schwindel-
**verve** [vɛrv] <-> *f* Schwung *m*, Elan *m*
**verza** ['vɛrdza] *f* Wirsing *m* **verzotto** [ver'dzɔtto] I. *agg* Wirsing-; **cavolo ~** Wirsing[kohl] *m* II. *m* Wirsing[kohl] *m*
**verzura** [ver'dzuːra] *f* (*poet*) Grün *nt*, Natur *f*
**vescica** [veʃ'ʃiːka] <-che> *f* (ANAT) Blase *f*
**vescicante, vescicatorio** [veʃʃi'kante, veʃʃika'tɔːrio] <-i, -ie> I. *agg* blasenziehend II. *m* blasenziehendes Mittel *nt*, Vesikans *nt*
**vescovado** [vesko'vaːdo] *m* ⓵ (*ufficio*) Bischofswürde *f*, Episkopat *nt* ⓶ (*edificio*) Bischofssitz *m*, bischöfliche Residenz **vescovile** [vesko'viːle] *agg* bischöflich, Bischofs- **vescovo** ['veskovo] *m* Bischof *m*
**vespa** ['vɛspa] *f* (ZOO) Wespe *f*; **vitino di ~** (*fig*) Wespentaille *f*
**Vespa®** ['vɛspa] *f* Vespa® *f*, Motorroller *m*
**vespaio** [ves'paːio] <-ai> *m* (*fig* ZOO) Wespennest *nt*; **suscitare un ~** (*fig*) in ein Wespennest stechen
**vespasiano** [vespa'ziaːno] *m* öffentliche Bedürfnisanstalt *f*, Pissoir *nt*
**vespertino, -a** [vesper'tiːno] *agg* (*poet*) abendlich, Abend-; **stella -a** Abendstern *m*
**vespro** ['vɛspro] *m* ⓵ (REL) Abendandacht *f*, Vesper *f* ⓶ (*poet*) Abend[stunde *f*] *m*
**vessare** [ves'saːre] *vt* schinden, schikanieren **vessatore, -trice** [vessa'toːre] *m, f* Unterdrücker(in) *m(f)*, Schinder(in) *m(f)*
**vessatorio, -a** [vessa'tɔːrio] <-i, -ie> *agg* Unterdrückungs- **vessatrice** *f v.* **vessatore** **vessazione** [vessat'tsioːne] *f* Unterdrückung *f*; (*atto*) Schikane *f*; **-i burocratiche** Behördenschikane *f*
**vessel** ['vɛsəl] <-> *m* Gefäß *nt*, Behälter *m*; (NAUT) Wasserflugzeug *nt*, Luftschiff *nt*; (REL) biblisches Gefäß
**vessillifero, -a** [vessil'liːfero] *m, f* ⓵ (*fig*) Träger(in) *m(f)* ⓶ (HIST) Fahnenträger *m*
**vessillo** [ves'sillo] *m* (*a. fig*) Fahne *f*, Banner *m*
**vestaglia** [ves'taʎʎa] <-glie> *f* Hausrock *m* **vestaglietta** [vestaʎ'ʎetta] *f* Sommerkleid *nt*, leichtes Hauskleid
**vestale** [ves'taːle] *f* Vestalin *f*
**veste** ['vɛste] *f* ⓵ (*gener*) Kleidung *f*; (*da donna*) Kleid *nt*; (*abito solenne, ampio*) Gewand *nt*; **~ da camera** (*da donna*) Morgenrock *m*; (*da uomo*) Hausrock *m*; **in ~ di** als, in der Eigenschaft von ⓶ (TYP) Aufmachung *f* eines Buches

**Vestfalia** [vest'fa:lia] *f* Westfalen *nt*
**vestiario** [ves'tia:rio] <-i> *m* ① (*gener*) Kleidung *f*, Garderobe *f*; **un capo di ~** Kleidungsstück *nt* ② (THEAT) Kostüm *nt*
**vestiarista** [vestia'rista] <-i *m*, -e *f*> *mf* Kostümbildner(in) *m(f)*
**vestibolo** [ves'ti:bolo] *m* Vorhalle *f*, Vestibül *nt*
**vestigio** [ves'ti:dʒo] <*pl*: -gi *m*, -gia *f*> *m* ① (*fig*) Überrest *m* ② (*traccia*) [Fuß]spur *f*, -abdruck *m*
**vestire**[1] [ves'ti:re] I. *vt* ① (*persone*) anziehen ② (*abito: portare indosso*) anhaben, tragen; (*mettersi indosso*) anziehen; (*livrea, saio*) anlegen ③ (*ricoprire*) **~ qc di qc** etw mit etw überziehen II. *vi* sich kleiden; **~ di nero** sich in Schwarz kleiden; **~ a lutto** Trauer[kleidung] tragen; **~ alla moda** sich modisch kleiden III. *vr* **-rsi** ① (*mettersi le vesti*) sich anziehen ② (*indossare*) sich kleiden; **come ti vesti oggi?** was ziehst du heute an?; **-rsi di bianco/seta** Weiß/Seide tragen
**vestire**[2] *m* Kleidung *f*
**vestito** [ves'ti:to] *m* Kleidung *f*, Bekleidung *f*; **~ da donna** Damenkleid *nt*; **~ da uomo** Herrenanzug *m*; **cambiare ~** sich umziehen **vestizione** [vestit'tsio:ne] *f* ① (REL) Einkleidung *f* ② (HIST) Bekleidung *f*
**Vesuvio** [ve'zu:vio] *m* Vesuv *m*
**veterano** [vete'ra:no] *m* (MIL) Veteran *m*
**veterano, -a** I. *agg* [alt]bewährt II. *m*, *f* ① (*fig*) [Alt]meister(in) *m(f)* ② (SPORT) Veteran(in) *m(f)*
**veterinaria** [veteri'na:ria] <-ie> *f* Tier-, Veterinärmedizin *f* **veterinario, -a** [veteri'na:rio] <-i, -ie> I. *agg* tierärztlich; **clinica -a** Tierklinik *f*; **medico ~** Tierarzt *m*/-ärztin *f* II. *m*, *f* Tierarzt *m*/-ärztin *f*, Veterinär(in) *m(f)*
**veterocattolicesimo** [veterokattoli'tʃe:zimo] *m* starres Festhalten an den Dogmen des Katholizismus **veterocomunismo** [veterokomu'nizmo] *m* starres Festhalten an den Dogmen des Kommunismus **veterocomunista** [veterokomu'nista] *mf* dogmatische(r) Vertreter(in) *m(f)* des Kommunismus **veteroleninismo** [veteroleni'nizmo] *m* starres Festhalten an den Dogmen des Leninismus
**veto** ['vɛ:to] <-> *m* Veto *nt*, Einspruch *m*; **porre** [*o* **opporre**] **il ~** Widerspruch einlegen
**vetraio, -a** [ve'tra:io] <-ai, -aie> *m*, *f* Glasarbeiter(in) *m(f)*; (*per finestre*) Glaser(in) *m(f)*; (*artigiano*) Glasbläser *m* **vetrario, -a** [ve'tra:rio] <-i, -ie> *agg* Glas- **vetrata** [ve'tra:ta] *f* ① (*ampia finestra*) Glasfenster *nt*; (*porta*) Glastür *f* ② (*di chiesa*) Kirchenfenster *nt* **vetrato, -a** [ve'tra:to] *agg* Glas-, gläsern; **carta -a** Glaspapier *nt*
**vetreria** [vetre'ri:a] <-ie> *f* ① (*fabbrica*) Glasfabrik *f*, -hütte *f* ② (*oggetti*) Glas[waren *fpl* ] *nt* **vetrificare** [vetrifi'ka:re] I. *vt avere* verglasen II. *vr* **-rsi** zu Glas werden **vetrificazione** [vetrifikat'tsio:ne] *f* Verglasung *f*
**vetrina** [ve'tri:na] *f* ① (*di negozio*) Schaufenster *nt*, Auslage *f A, südd*; **mettersi in ~** (*fig*) sich zur Schau stellen ② (*mobile*) Vitrine *f*, Glasschrank *m*
**vetrinare** [vetri'na:re] *vt* glasieren **vetrinatura** [vetrina'tu:ra] *f* Glasieren *nt*, Glasur *f* **vetrinista** [vetri'nista] <-i *m*, -e *f*> *mf* Schaufensterdekorateur(in) *m(f)* **vetrinistica** [vetri'nistika] <-che> *f* Schaufensterdekoration *f*
**vetrino** [ve'tri:no] *m* Objektträger *m*, -glas *nt*
**vetriolo** [vetri'ɔ:lo] *m* Sulfat *nt*, Vitriol *nt*
**vetro** ['ve:tro] *m* Glas *nt*; (*di finestra*) [Fenster]scheibe *f*; **~ infrangibile** bruchfestes Glas; **essere di ~** (*fig*) empfindlich sein; **fibra di ~** Glasfaser *f*; **lastra di ~** Glasscheibe *f*, -platte *f*
**vetrocamera** [vetro'ka:mera] *f* Doppelverglasung *f* **vetroceramica** [vetrotʃe'ra:mika] <-che> *f* Glaskeramik *f*
**vetroresina** [vetro'rɛ:zina] *f* Fiberglas *nt*
**vetroso, -a** [ve'tro:so] *agg* glasartig, Glas-
**vetta** ['vetta] *f* (*a. fig*) Gipfel *m*; **in ~** auf dem Gipfel
**vettore** [vet'to:re] *m* ① (*razzo ~*) Trägerrakete *f* ② (PHYS, MAT) Vektor *m* ③ (JUR) Frachtführer *m*
**vettore, -trice** *agg* ① (PHYS, MAT) Vektor- ② (*razzo*) Träger- **vettoriale** [vetto'ria:le] *agg* Vektor[en]-, vektoriell
**vettovagliamento** [vettovaʎʎa'mento] *m* Lebensmittelversorgung *f*, Verpflegung *f* **vettovagliare** [vettovaʎ'ʎa:re] *vt* verpflegen **vettovaglie** [vetto'vaʎʎe] *fpl* Proviant *m*
**vettura** [vet'tu:ra] *f* ① (MOT) Wagen *m*, Fahrzeug *nt*; **~ compatta** Kompaktwagen *m* ② (FERR) [Eisenbahn]wagen *m*, Waggon *m*; **~ ristorante** Speisewagen *m*; **~ tranviaria** Straßenbahnwagen *m* **vetturale** [vettu'ra:le] *mf* Kutscher(in) *m(f)*, Fuhrmann *m*
**vetturino** [vettu'ri:no] *m* Kutscher *m*
**vetustà** [vetus'ta] <-> *f* (*poet*) hohes Alter,

Greisenalter *nt* **vetusto, -a** [ve'tusto] *agg* (*poet*) [sehr] alt

**vezzeggiamento** [vettseddʒa'mento] *m* Verhätschelung *f* **vezzeggiare** [vettsed'dʒa:re] *vt* verhätscheln

**vezzeggiativo** [vettseddʒa'ti:vo] *m* Kosewort *nt*, Kosename *m*; (LING) Koseform *f*

**vezzeggiativo, -a** *agg* zärtlich; (*parola*) Kose-

**vezzo** ['vettso] *m* ❶ (*modo abituale*) Angewohnheit *f* ❷ *pl* (*leggiadria*) Reize *mpl* ❸ *pl* (*smancerie*) Getue *nt fam* **vezzosità** [vettsosi'ta] <-> *f* Liebreiz *m*, Anmut *f* **vezzoso, -a** [vet'tso:so] *agg* ❶ (*grazioso*) reizend, anmutig ❷ (*lezioso*) geziert, affektiert

**VF** *abbr di* **Vigili del Fuoco** Feuerwehr *f*

**vi** [vi] I. *pron pers* ❶ 2. *pers pl* euch ❷ (*complemento di termine, forma di cortesia: Vi*) Ihnen; (*complemento oggetto*) Sie II. *pron rifl* ❶ 2. *pers pl* euch ❷ (*forma di cortesia: Vi*) sich III. *pron dim* daran IV. *avv* ❶ (*qui*) hier; (*moto*) her ❷ (*lì*) dort; (*moto*) hin ❸ (*per questo luogo*) hier vorbei

**via**¹ ['vi:a] <vie> *f* ❶ (*gener*) Weg *m*; (*strada*) Straße *f*, Gasse *f A*; ~ **comunale/ provinciale/nazionale** Gemeinde-/Provinz-/Nationalstraße *f*; ~ **lattea** (ASTR) Milchstraße *f*; **dare ~ libera a qu** jdm den Weg freimachen; (*fig*) jdm freie Hand lassen; ~ **in salita** Aufstieg *m*; **sulla ~ di casa** auf dem Nachhauseweg; **abitare in ~ Trento** in der Via Trento wohnen ❷ (ANAT) Weg *m*; **-e urinarie/respiratorie** Harn-/Atemwege *mpl*; **per ~ orale/rettale** oral/rektal ❸ (JUR) Weg *m*; **adire le -e legali** den Rechtsweg beschreiten ❹ (*fig: maniera*) Weg *m*, Möglichkeit *f*; (*mezzo*) Mittel *nt*; (*procedimento*) Vorgehen *nt*; ~ **d'uscita** Ausweg *m*; **-e di comunicazione** Kommunikationsmittel *ntpl*; **-e di trasporto** Transportmittel *ntpl*; **in ~ eccezionale** ausnahmsweise; **in ~ confidenziale** vertraulich; **in ~ privata** privat; **per ~ aerea** auf dem Luftweg; (*lettere*) per Luftpost; **per ~ diplomatica** auf diplomatischem Weg[e]; **per vie traverse** auf Umwegen; **per ~ di** wegen, durch; **essere in ~ di guarigione** auf dem Wege der Besserung sein; **non vedo altra ~** ich sehe keine andere Möglichkeit

**via**² I. *avv* weg, weg-; **andare ~** weggehen; **buttare ~** wegwerfen; **correre ~** weglaufen; **mandare ~** wegschicken; **venir ~** (*macchia*) weggehen, herausgehen; (*bottone*) abgehen; **essere ~** (*fam*) weg sein; **e così ~**, **e ~ dicendo** und so weiter; **~ ~ che ...** [wie so] nach und nach ...; **va'~!** (*fam*) geh weg!, hau ab! II. *int* ❶ (SPORT) los; **pronti? Attenti, ~!** auf die Plätze, fertig, los! ❷ (*incoraggiamento*) komm, los; **~, facciamolo!** auf [geht's], packen wir's an! ❸ (*per cacciare*) weg; **~ di lì!** weg da! III. *prp* über +*acc*, via +*acc*, per +*acc* IV. *m* Startzeichen *nt*

**viabile** [vi'a:bile] *agg* befahrbar **viabilista** [viabi'lista] <-i, -e> *agg* Straßen-, Verkehrs- **viabilistico, -a** [viabi'listiko] <-ci, -che> *agg* Straßen-, Verkehrs- **viabilità** [viabili'ta] <-> *f* ❶ (*transito*) Befahrbarkeit *f* ❷ (*rete stradale*) Straßennetz *nt*

**Viacard**® [via'kard] <-> *f Magnetkarte zum Bezahlen der Autobahngebühren*

**Via Crucis** ['vi:a 'kru:tʃis] <Vie Crucis> *f* ❶ (REL) Kreuzweg *m* ❷ (*fig*) Leidensweg *m*

**viadotto** [via'dotto] *m* Viadukt *m*, Überführung *f*

**viaggiare** [viad'dʒa:re] I. *vi* reisen; (*mezzo, linea*) fahren; ~ **in automobile/aeroplano/treno** mit dem Auto/Flugzeug/Zug reisen; **uno che ha viaggiato molto** ein weit gereister Mann; **viaggia per conto della ditta ...** er/sie reist für die Firma ...; **il treno viaggia con tre ore di ritardo** der Zug hat drei Stunden Verspätung II. *vt* bereisen; **ho viaggiato mezzo mondo** ich habe die halbe Welt bereist **viaggiatore, -trice** [viaddʒa'to:re] I. *agg* Reise-; **commesso ~** Reisender *m*; **piccione ~** Brieftaube *f* II. *m, f* Fahrgast *m*, Reisende(r) *f(m)* **viaggio** [vi'addʒo] <-ggi> *m* ❶ (*gener*) Reise *f*, Fahrt *f*; ~ **aereo** Flugreise *f*; ~ **all-inclusive** All-inclusive-Urlaub *m*; ~ **di nozze** Hochzeitsreise *f*; ~ **di piacere** Vergnügungsreise *f*; ~ **interplanetario** [o **spaziale**] Raumfahrt *f*; ~ **tutto incluso** All-inclusive-Reise *f*; **essere in ~** auf Reisen sein, unterwegs sein; **mettersi in ~** sich auf den Weg machen; **buon ~!** gute Reise! ❷ (*fam*) Gang *m*; (*con veicolo*) Fahrt *f*; ~ **di andata e ritorno** Hin- und Rückfahrt *f* ❸ (*sl: dei drogati*) Trip *m*

**viagra**® ['viagra] <-> *m* (MED) Viagra®

**viale** [vi'a:le] *m* Allee *f*, Parkweg *m*

**viandante** [vian'dante] *mf* (*poet*) Wanderer *m*/Wanderin *f*

**viario, -a** [vi'a:rio] <-i, -ie> *agg* Straßen-; **rete -a** Straßennetz *nt*

**viatico** [vi'a:tiko] <-ci> *m* Sterbesakramente *ntpl*

**viavai** [via'va:i] <-> *m* Kommen und Gehen *nt*, Hin und Her *nt*

**vibrafono** [vi'bra:fono] *m* Vibrafon *nt*
**vibrante** [vi'bra:nte] *agg* kräftig
**vibrare** [vi'bra:re] **I.** *vt* ❶ (*colpo, coltellata*) versetzen ❷ (*poet: freccia*) abschießen **II.** *vi* ❶ (PHYS) schwingen, vibrieren ❷ (*fig*) zittern, [er]beben **vibratile** [vi'bra:tile] *agg* flimmernd, Flimmer-; **ciglia -i** Flimmerhaare *ntpl* **vibrato** [vi'bra:to] *m* (MUS) Vibrato *nt*
**vibratore** [vibra'to:re] *m* Vibrator *m*
**vibratore, -trice** *agg* Schwing-; **cuscinetto** ~ Massagekissen *nt* **vibratorio, -a** [vibra'tɔ:rio] <-i, -ie> *agg* Schwing-, Vibrations- **vibratura** [vibra'tu:ra] *f* Rütteln *nt*, Einrüttlung *f* **vibrazionale** [vibrattsio'na:le] *agg* (PHYS) Schwingungs- **vibrazione** [vibrat'tsio:ne] *f* (PHYS) Vibration *f*, Schwingung *f*
**vibrocoltivatore** [vibrokoltiva'to:re] *m* (AGR) Egge *f* mit vibrierenden Tellern **vibrocostipatore** [vibrokostipa'to:re] *m* Rüttelverdichter *m*, Rüttelstampfer *m*, Vibrationsstampfer *m* **vibrofinitrice** [vibrofini'tri:tʃe] *f* Rüttel[bohlen]fertiger *m*, Vibrationsfertiger *m* **vibroformatrice** [vibroforma'tri:tʃe] *f* Rüttelformmaschine *f*
**vibromassaggiatore** [vibromassaddʒa'to:re] *m* Vibrationsgerät *nt*, Massagestab *m* **vibromassaggio** [vibromas'saddʒo] *m* Vibrationsmassage *f*, Vibromassage *f* **vibrometria** [vibrome'tri:a] <-ie> *f* (PHYS) Schwingungsmessung *m* **vibrometro** [vibro'mɛ:tro] *m* (PHYS) Schwingungsmessgerät *nt* **vibroscopia** [vibrosko'pi:a] <-ie> *f* (PHYS) Vibrografie *f* **vibroscopio** [vibro'skɔ:pi] <-i> *m* (PHYS) Erschütterungsschreiber *m*, Vibrograf *m* **vibroterapia** [vibrotera'pi:a] *f* Vibrationsmassagetherapie *f*
**vicariato** [vika'ria:to] *m* Vikariat *nt* **vicario** [vi'ka:rio] <-i> *m* Vikar *m*
**vice** ['vi:tʃe] <-> *mf* Stellvertreter(in) *m(f)*, Vize *m fam*
**vice-** [vitʃe] (*in parole composte*) Vize-, stellvertretend
**vicenda** [vi'tʃɛnda] *f* ❶ (*caso*) Ereignis *nt*, [Wechsel]fall *m*; **a** ~ abwechselnd, gegenseitig ❷ (*successione*) Folge *f* **vicendevole** [vitʃen'de:vole] *agg* gegenseitig
**Vicentino** <*sing*> *m* Umgebung *f* von Vicenza
**vicentino, -a** [vitʃen'ti:no] **I.** *agg* aus Vicenza; **villa -a** (KUNST) vizentinische Villa **II.** *m, f* (*abitante*) Einwohner(in) *m(f)* von Vicenza

**Vicenza** [vi'tʃɛntsa] *f* Vicenza *f* (*Stadt in Venetien*)
**vicesegreteria** [vitʃesegrete'ri:a] *f* Amt *nt* des Staatssekretärs, Amtsperiode *f* des Staatssekretärs
**viceversa** [vitʃe'vɛrsa] **I.** *avv* umgekehrt **II.** *cong* (*fam: e invece*) aber [dann]
**vichinga** [vi'kinga] *f* (*scherz*) Walküre *f*
**vichingo, -a** [vi'kingo] <-ghi, -ghe> **I.** *agg* wikingisch, Wikinger- **II.** *m, f* (HIST) Wikinger(in) *m(f)*
**vicina** *f v.* **vicino**
**vicinanza** [vitʃi'nantsa] *f* ❶ (*gener, fig*) Nähe *f* ❷ *pl* (*dintorni*) Nähe *f*, Umgebung *f*
**vicinato** [vitʃi'na:to] *m* ❶ (*persone*) Nachbarschaft *f* ❷ (*rapporti*) nachbarschaftliche Beziehungen *fpl*
**vicino** [vi'tʃi:no] *avv* ❶ (*a poca distanza*) nah[e], in der Nähe; ~ **a** neben +*dat*, bei +*dat*, an +*dat*, in der Nähe von +*dat*; **stare** ~ ~ ganz nah[e] sein; **essere** ~ **alla morte** dem Tod nahe sein; **vieni più** ~ komm näher; **ci sei andato** ~ (*fig*) du warst nah[e] daran ❷ (*da poca distanza*) aus der Nähe; (*fig*) näher, genauer; **conoscere qu da** ~ jdn näher kennen; **esaminare qc da** ~ etw näher prüfen; **guardare qc da** ~ etw aus der Nähe betrachten
**vicino, -a I.** *agg* ❶ (*gener*) nahe [liegend], nächste(r, s); (*popolo, persone*) benachbart, Nachbar-; **un parente** ~ ein naher Verwandter; **la stazione di rifornimento più -a** die nächste Tankstelle ❷ (*di tempo*) nah[e], bevorstehend; **gli esami sono -i** die Prüfungen stehen bevor; **la fine è ormai -a** das Ende ist abzusehen; **è** ~ **ai sessant'anni** er geht auf die sechzig zu; **essere** ~ **a fare qc** nah[e] daran sein, etw zu tun ❸ (*fig*) nahe, nahestehend; (*somigliante*) ähnlich; **un colore più** ~ **al rosso che al giallo** eine Farbe, die eher rot als gelb ist; **sentirsi** ~ **a qu** (*fig*) sich jdm nahe fühlen **II.** *m, f* Nachbar(in) *m(f)*; ~ **di tavola** Tischnachbar *m*
**vicissitudini** [vitʃissi'tu:dini] *fpl* Wechselfälle *mpl*
**vico** ['vi:ko] <-chi> *m* (*dial: vicolo*) Gasse *f*
**vicolo** ['vi:kolo] *m* (*strada*) Gasse *f*; ~ **cieco** (*a. fig*) Sackgasse *f*
**videata** [vide'a:ta] *f* Bildschirmansicht *f*, Bildschirminhalt *m*; ~ **di dettaglio** Detailbild *nt*
**video** ['vi:deo] **I.** <-> *m* Video *nt* **II.** <*inv*> *agg* Video-, video-; **segnale** ~ Video-Signal *nt*
**video-** [video] (*in parole composte*) Video-
**videoamatore, -trice** [videoama'to:-

re] *m, f* Amateurfilmer(in) *m(f),* Hobbyfilmer(in) *m(f)* **videoamatoriale** [videoamato'ria:le] *agg* (FILM) Amateur-; **ripresa ~** Amateurfilm *m*

**videobar** [video'ba:r] *m öffentliches Lokal mit Videovorführung*

**videoblog** [video'blɔg] <-> *m* (INET) Videoblog *m o ntt*

**videocamera** [video'ka:mera] *f* Videokamera *f*

**videocassetta** [videokas'setta] *f* Videokassette *f*

**videocitofono** [videotʃi'tɔ:fono] *m* Videosprechanlage *f*

**videoclip** [video'klip] <-> *m* Videoclip *m*

**videocomunicato** [videokomuni'ka:to] *m* (INET, TV) Videobotschaft *f*

**videoconferenza** [videokonfe'rɛntsa] *f* Videokonferenz *f*

**videocontrollo** [videokon'trɔllo] *m* Fernsehüberwachung *f*

**videodipendente** [videodipen'dɛnte] I. *agg* fernsehabhängig, fernsehsüchtig II. *mf* Fernsehabhängige(r) *f(m)* **videodipendenza** [videodipen'dɛntsa] *f* Fernsehabhängigkeit *f*

**videodisco** [video'disko] *m* Bildplatte *f*

**videofonino** [videofo'ni:no] *m* Videohandy *nt*

**videofono** [video'fɔ:no] *m* Bildtelefon *nt*

**videogame** ['video 'geim] <- *o* videogames> *m* Videospiel *nt*

**videogioco** [video'dʒɔ:ko] *m* Videospiel *nt,* Telespiel *nt*

**videogiornale** [videodʒor'na:le] <-> *m* (INET) Videonews *pl*

**videografia** [videogra'fi:a] *f* Videographie *f;* ~ **cinematografica** Videographie *f* des Kinos **videografico, -a** [video'gra:fiko] <-ci, -che> *agg* videographisch **videoimpaginatore** [videoimpadʒina'to:re] *m* Videoterminal *nt* für Seitenadressierung **videoimpaginazione** [videoimpadʒinat'tsio:ne] *f* Bildschirmseitenwechsel *m*

**videoinformazione** [videoinformat'tsio:ne] *f* Bildschirmtextsystem *nt*

**videolento** [video'lɛnto] *m* Zeitlupe *f*

**videoleso, -a** [video'le:zo] (MED) I. *agg* sehgeschädigt II. *m, f* Sehgeschädigte(r) *f(m)*

**videolettore** [videolet'to:re] *m* Videokassettenrekorder *m,* Videoplattengerät *nt*

**videolibro** [video'li:bro] *m* Textaufzeichnung *f* auf Videoplatte

**videomagnetico, -a** [videomaɲ'ɲɛ:tiko] <-ci, -che> *agg* Magnetbandaufzeichnungs-, Video- **videomaker** ['video-'meikə] <- *o* -s> *mf* Produzent(in) *m(f)* von Videoclips und Werbespots

**videomessaggio** [videomes'saddʒo] *m* Videobotschaft *f*

**videomusica** [video'mu:zika] *f* Videomusik *f*

**videonastro** [video'nastro] *m* Videokassette *f,* Videotape *nt*

**videopirateria** [videopirate'ri:a] *f* Video-Piraterie *f*

**videopolitica** [videopo'li:tika] *f* (TV) fernsehunterstützte Politik

**videoproiettore** [videoproiet'to:re] *m* Fernsehprojektor *m;* (INFORM) Beamer *m*

**videoproiezione** [videoproiet'tsio:ne] *f* Abspielen *nt* von Videokassetten

**videoregistrare** [videoredʒis'tra:re] *vt* auf Video aufnehmen **videoregistratore** [videoredʒistra'to:re] *m* Videorekorder *m* **videoregistrazione** [videoredʒistrat'tsio:ne] *f* Videoaufzeichnung *f,* Bildaufzeichnung *f*

**videoriparatore, -trice** [videoripara'to:re] *m, f* Fernsehtechniker(in) *m(f)*

**videoripresa** [videori'pre:sa] *f* Videofilm *m,* Video *nt*

**videoriproduttore, -trice** [videoriprodut'to:re] *m, f* Bildplattenspieler *m*

**videoriproduzione** [videoriprodut'tsio:ne] *f* Videoaufzeichnung *f* **videorock** ['vidiou'rɔk] <*sing*> *m* auf Großleinwand übertragenes Rockkonzert

**videoscrittura** [videoskrit'tu:ra] *f* (INFORM) Textverarbeitung *f;* **sistema di ~** Textverarbeitungssystem *nt*

**videosegnale** [videoseɲ'ɲa:le] *m* Videosignal[gemisch] *nt*

**videosistema** [videosis'tɛ:ma] *m* ❶ *(registrazione)* Videosystem *nt* ❷ (INFORM) Bildschirmsystem *nt;* ~ **di scrittura** Bildschirmtextsystem *nt*

**videotabellone** [videotabel'lo:ne] *m* [elektronische] Anzeigetafel *f;* ~ **pubblicitario** elektronische Reklametafel

**videotape** ['vidiouteip *o* 'videoteip] <- *o* videotapes> *m* ❶ *(nastro magnetico)* Videotape *nt* ❷ *(videoregistrazione)* Videoaufzeichnung *f*

**videoteca** [video'tɛ:ka] <-che> *f* Videothek *f*

**Videotel®** [video'tɛl] <-> *m* Bildschirmtext *m*

**videotelefonia** [videotelefo'ni:a] *f* Bildfernsprechen *nt,* Videotelephonie *f* **videotelefonico, -a** [videotele'fɔ:niko] *agg* Bildtelefon-, Bildfernsprech-; **sistema ~**

Bildfernsprechsystem *nt* **videotelefono** [videote'lɛ:fono] *m* (TEL) Bildtelefon *nt*
**videoterminale** [videotermi'na:le] *m* [Daten]sichtgerät *nt*
**Videotex®** [video'tɛks] <-> *m* Bildschirmtext *m;* Videotext *m* **videotext** [video'tekst] <-> *m* Videotext *m*
**videotrasmettere** [videotraz'mettere] <irr> *vt* [in Bildern] übertragen **videotrasmissione** [videotrazmis'sio:ne] *f* (TV) Bildübertragung *f*
**vidi** ['vi:di] *1. pers sing pass rem di* **vedere**¹
**vidimare** [vidi'ma:re] *vt* (ADM) mit einem Sichtvermerk versehen **vidimazione** [vidimat'tsio:ne] *f* (ADM) Sichtvermerk *m*
**viene, vieni** ['viɛ:ne, 'viɛ:ni] *3. e 2. pers sing pr di* **venire**
**Vienna** ['viɛnna] *f* Wien *nt*
**viepiù** [vie'piu] *avv* (*poet: sempre più*) immer [*o* noch] mehr, mehr und mehr
**vietare** [vie'ta:re] *vt* verbieten; **~ a qu di fare qc** jdm verbieten etw zu tun; **nulla vieta che io parta** meiner Abreise steht nichts im Wege; [**è**] **vietato fumare** Rauchen verboten; [**è**] **vietato sporgersi dai finestrini** Hinauslehnen verboten; **vietato l'ingresso** Eintritt verboten; **sosta vietata** Parken verboten
**Vietnam** [viet'nam] *m* **il ~ Vietnam** *nt* **vietnamita** [vietna'mi:ta] <-i *m*, -e *f*> **I.** *agg* vietnamesisch **II.** *mf* Vietnamese *m*/Vietnamesin *f*
**vieto, -a** ['viɛ:to] *agg* (*pej*) abgedroschen; **-i luoghi comuni** abgedroschene Redensarten
*vig. abbr di* **vigente** glt. (*geltend*)
**vigente** [vi'dʒɛnte] *agg* (JUR) geltend; **in base alle -i leggi** nach den geltenden Gesetzen **vigenza** [vi'dʒɛntsa] *f* Gültigkeit *f*
**vigere** ['vi:dʒere] <*usato solo nelle terze persone sing e pl*> *vi* gelten, in Kraft sein
**vigilante** [vidʒi'lante] *agg* wachsam **vigilantes** [vidʒi'lantes] *mpl* (ADM) Privatbewacher *mpl* **vigilanza** [vidʒi'lantsa] *f* Überwachung *f;* **~ speciale** Sonderüberwachung *f*
**vigilare** [vidʒi'la:re] **I.** *vt* überwachen **II.** *vi* wachen; **~ sull'ordine pubblico** über die öffentliche Ordnung wachen **vigilato, -a** [vidʒi'la:to] **I.** *agg* (JUR) beaufsichtigt; **libertà -a** Polizeiaufsicht *f* **II.** *m, f* (JUR) unter Polizeiaufsicht Stehende(r) *f(m)* **vigilatore, -trice** [vidʒila'to:re] *m, f* Aufseher(in) *m(f);* **-trice scolastica** Schulaufseherin *f* **vigile** ['vi:dʒile] **I.** *agg* wachsam, wachend **II.** *mf* Verkehrspolizist *m*, Schutzmann *m*, Wachmann *m A;* **~ urbano** [Stadt]polizist *m;* **-i del fuoco** Feuerwehr *f* **vigilessa** [vidʒi'lessa] *f* Politesse *f*
**vigilia** [vi'dʒi:lia] <-ie> *f* ❶ (*giorno prima*) Vortag *m*, Vorabend *m;* **~ di Natale** Heiligabend *m* ❷ (*digiuno*) **giorno di ~** Fastentag *m;* **fare ~** fasten
**vigliacca** *f v.* **vigliacco**
**vigliaccata** [viʎʎak'ka:ta] *f* (*fam pej*) Gemeinheit *f*
**vigliaccheria** [viʎʎakke'ri:a] <-ie> *f* (*pej*) Feigheit *f;* (*cattiveria*) Gemeinheit *f* **vigliacco, -a** [viʎ'ʎakko] <-cchi, -cche> **I.** *agg* (*pej*) feige; (*cattivo*) gemein, niederträchtig **II.** *m, f* (*pej*) Feigling *m;* (*cattivo*) Schuft *m*
**vigna** ['viɲɲa] *f* Weinberg *m*, Weingarten *m* **vignaiolo, -a** [viɲɲa'iɔ:lo] *m, f* Weinbauer *m*, Winzer(in) *m(f)* **vigneto** [viɲ'ɲe:to] *m* Weinberg *m*
**vignetta** [viɲ'ɲetta] *f* Karikatur *f*, Witzzeichnung *f* **vignettista** [viɲɲet'tista] <-i *m*, -e *f*> *mf* Karikaturist(in) *m(f)*, Witzzeichner(in) *m(f)* **vignettistica** [viɲɲet'tistika] <-che> *f* Karikaturensammlung *f*
**vigogna** [vi'goɲɲa] *f* Vigogne *f*
**vigore** [vi'go:re] *m* Kraft *f;* **riprendere ~** wieder zu Kräften kommen; **essere nel pieno ~ delle proprie forze** im Vollbesitz seiner Kräfte sein; **entrare/essere in ~** in Kraft treten/sein **vigoria** [vigo'ri:a] <-ie> *f* (*obs*) Kraft *f* **vigorosità** [vigorosi'ta] <-> *f* Kraft *f*, Stärke *f* **vigoroso, -a** [vigo'ro:so] *agg* kräftig, kraftvoll
**vile** ['vi:le] **I.** *agg* ❶ (*persona, azione*) gemein, niederträchtig; (*codardo*) feige ❷ (*fig*) niedrig, nieder **II.** *mf* gemeiner Mensch; (*codardo*) Feigling *m*
**vilipendere** <vilipendo, vilipesi, vilipeso> *vt* verhöhnen, beschimpfen **vilipendio** [vili'pɛndio] <-i> *m* (JUR) Verunglimpfung *f*
**vilipesi** [vili'pe:si] *1. pers sing pass rem di* **vilipendere**
**vilipeso** [vili'pe:so] *pp di* **vilipendere**
**villa** ['villa] *f* Landhaus *nt*
**Villaco** [vil'la:ko] *f* Villach *nt*
**villaggio** [vil'laddʒo] <-ggi> *m* Dorf *nt;* **~ residenziale** Wohnsiedlung *f;* **~ turistico** Feriendorf *nt*
**villana** *f v.* **villano**
**villanata** [villa'na:ta] *f* (*fam*) Flegelei *f* **villania** [villa'ni:a] <-ie> *f* Flegelei *f*, Frechheit *f* **villano, -a** [vil'la:no] (*pej*) **I.** *agg* ungehobelt, rüpelhaft **II.** *m, f* Rüpel *m*, Grobi-

an *m* **villanzone, -a** [villan'tso:ne] *m, f* (*pej*) Flegel *m*

**villeggiante** [villed'dʒante] *mf* Feriengast *m*, Urlauber(in) *m(f)* **villeggiare** [villed'dʒa:re] *vi* Urlaub machen **villeggiatura** [villeddʒa'tu:ra] *f* [Sommer]urlaub *m*, -ferien *pl*; (*luogo*) Sommerfrische *f*

**villetta** [vil'letta] *f* ❶ (*diminutivo di villa*) kleine Villa ❷ (*casa*) Haus *nt* mit Garten; ~ **unifamiliare/bifamiliare** Ein-/Zweifamilienhaus *nt*; ~ **a schiera** Reihenhaus *nt*

**villino** [vil'li:no] *m* kleine Villa

**villo** ['villo] *m* (ANAT) Zotte *f* **villosità** [villosi'ta] <-> *f* Behaartheit *f*

**villoso, -a** [vil'lo:so] *agg* ❶ (*peloso*) behaart, haarig ❷ (ANAT, BOT) zottig

**viltà** [vil'ta] <-> *f* Gemeinheit *f*; (*codardia*) Feigheit *f*

**viluppo** [vi'luppo] *m* ❶ (*di capelli, cavi*) Wirrwarr *m* ❷ (*fig*) Wust *m*

**vimine** ['vi:mine] *m* Weidengerte *f*; **cesto di -i** Weidenkorb *m*; **mobili di -i** Korbmöbel *ntpl*

**vinaccia** [vi'nattʃa] <-cce> *f* Trester *m*

**vinaio, -a** [vi'na:io] <-ai, -aie> *m, f* Weinhändler(in) *m(f)*

**vinario, -a** [vi'na:rio] <-i, -ie> *agg* Wein-

**vincere** ['vintʃere] <vinco, vinsi, vinto> I. *vt* ❶ (*guerra, gara, elezioni*) gewinnen; (*nemico*) besiegen ❷ (*fig: difficoltà, ostacolo*) überwinden, meistern; (*passione*) bezwingen; ~ **qu in bellezza** jdn an Schönheit übertreffen; **vincerla** (*fam*) es schaffen, sich durchsetzen II. *vi* siegen, gewinnen; (SPORT) gewinnen; ~ **per tre a uno** drei zu eins gewinnen; **sicuro di** ~ siegessicher III. *vr* **-rsi** sich überwinden

**vincibile** [vin'tʃi:bile] *agg* besiegbar

**vincita** ['vintʃita] *f* ❶ (*vittoria*) Sieg *m* ❷ (COM) Gewinn *m*; (*al lotto*) Treffer *m*

**vincitore, -trice** [vintʃi'to:re] I. *agg* siegreich, Sieger- II. *m, f* Gewinner(in) *m(f)*; (MIL, SPORT) Sieger(in) *m(f)*

**vincolante** [viŋko'lante] *agg* bindend, verbindlich

**vincolare** [viŋko'la:re] *vt* ❶ (*fig*) binden ❷ (COM, FIN: *somma*) fest anlegen, festlegen ❸ (*essere d'impaccio*) einengen **vincolativo, -a** [viŋkola'ti:vo] *agg* bindend

**vincolato, -a** [viŋko'la:to] *agg* (COM, FIN) fest angelegt, Fest-; **deposito** ~ Festgeld *nt*; **conto** ~ Sperrkonto *nt* **vincolistico, -a** [viŋko'listiko] <-ci, -che> *agg* (JUR, COM) zwangsmäßig, Zwangs-

**vincolo** ['viŋkolo] *m* ❶ (*fig*) Band *nt*; ~ **d'amore/di sangue** Liebes-/Blutsbande *ntpl* ❷ (JUR, TEC) Bindung *f*

**vinello** [vi'nɛllo] *m* leichter Wein

**vinicolo, -a** [vi'ni:kolo] *agg* weinbaulich, Wein-

**vinificare** [vinifi'ka:re] *vt* zu Wein machen

**vinificazione** [vinifikat'tsio:ne] *f* Weinherstellung *f*

**vinilpelle**® [vinil'pɛlle] *f* Kunstlederart

**vino** ['vi:no] *m* Wein *m*; ~ **bianco** Weißwein *m*; ~ **brûlé** Glühwein *m*; ~ **rosato** Rosé[wein] *m*; ~ **rosso** [*o* **nero**] Rotwein *m*; ~ **secco** trockener Wein; ~ **da pesce/arrosto** Wein *m* zum Fisch/zum Braten **vinoso, -a** [vi'no:so] *agg* weinartig, Wein-

**vinsanto, vin santo** [vin'santo] *m* Vinsanto *m* (*weißer Süßwein*)

**vinsi** ['vinsi] *1. pers sing pass rem di* **vincere**

**vinto, -a** ['vinto] I. *pp di* **vincere** II. *agg* (*battaglia*) gewonnen; (*nemico*) besiegt; **darsi per** ~ (*a. fig*) sich geschlagen geben; **averla -a** (*fam*) leichtes Spiel haben; **darla -a a qu** (*fam*) jdm nachgeben

**viola**¹ [vi'ɔ:la] *f* ❶ (BOT) Veilchen *nt*; ~ **del pensiero** Stiefmütterchen *nt* ❷ (MUS) Bratsche *f*, Viola *f*; ~ **da gamba** Gambe *f*, Viola *f* da gamba

**viola**² I. <inv> *agg* violett, veilchenblau II. <-> *m* Violett *nt*, Veilchenblau *nt*

**violacciocca** [violat'tʃɔkka] <-cche> *f* Levkoje *f*

**violaceo, -a** [vio'la:tʃeo] *agg* violett, veilchenblau

**violare** [vio'la:re] *vt* ❶ (*legge*) verletzen, verstoßen gegen; (*promessa, fedeltà*) brechen ❷ (*territorio*) verletzen; (*chiesa*) entweihen; (*tomba*) schänden ❸ (*donna*) vergewaltigen **violazione** [violat'tsio:ne] *f* ❶ (*di legge*) Verletzung *f*, Übertretung *f*; (*di promessa*) Bruch *m*, Nichteinhaltung *f*; (*di fedeltà*) Bruch *m* ❷ (*di chiesa*) Entweihung *f*; (*di tomba*) Schändung *f*

**violentare** [violen'ta:re] *vt* (*a. fig*) vergewaltigen

**violento, -a** [vio'lɛnto] I. *agg* ❶ (*persona*) gewalttätig ❷ (*fig: tempesta, sommossa*) heftig, schwer; (*passione*) ungestüm ❸ (*pej: rapina, morte*) gewaltsam II. *m, f* gewalttätiger Mensch **violenza** [vio'lɛntsa] *f* ❶ (*brutalità*) Gewalt *f*; (*azione*) Gewalttätigkeit *f*; ~ **carnale** Notzucht *f*; **far** ~ **ad una donna** einer Frau Gewalt antun; **ricorrere alla** ~ Gewalt anwenden ❷ (*fig: di tempesta*) Gewalt *f*, Heftigkeit *f*; (*di passione*) Ungestüm *nt*, Heftigkeit *f*

**violetto** [vio'letto] *m* Violett *nt*
**violetto, -a** *agg* violett
**violinista** [violi'nista] <-i *m*, -e *f*> *mf* Geiger(in) *m(f)*, Violinist(in) *m(f)* **violinistico, -a** [violi'nistiko] <-ci, -che> *agg* Geigen-, Violin- **violino** [vio'li:no] *m* Geige *f*, Violine *f*
**violista** [vio'lista] <-i *m*, -e *f*> *mf* Bratschen-, Violaspieler(in) *m(f)*
**violoncellista** [violontʃel'lista] <-i *m*, -e *f*> *mf* Cellist(in) *m(f)* **violoncello** [violon'tʃɛllo] *m* Cello *nt*, Violoncello *nt*
**viottola** [vi'ɔttola] *f*, **viottolo** [vi'ɔttolo] *m* Pfad *m*, Weg *m*
**vip** [vip] I. <-> *mf* VIP *m*, Prominente(r) *f(m)*; **un ~ della moda** ein Prominenter aus der Welt der Mode II. <inv> *agg* VIP-
**V.I.P.** [vip] <-> *mf* VIP *f o m*, V.I.P. *f o m*
**vipera** ['vi:pera] *f* ① (ZOO) Viper *f*, Otter *f* ② (*fig, pej: persona*) [Gift]schlange *f*
**viraggio** [vi'raddʒo] <-ggi> *m* Abdrehen *nt*
**virago** [vi'ra:go] <viragini> *f* Mannweib *nt*
**virale** [vi'ra:le] *agg* Virus-, viral
**virare** [vi'ra:re] I. *vt* wenden II. *vi* abdrehen
**virata** [vi'ra:ta] *f* Abdrehen *nt*
**virgineo, -a** [vir'dʒi:neo] *agg* (*poet*) jungfräulich
**virginia** [vir'dʒi:nia] I. <-> *m* ① (*tabacco*) Virginiatabak *m* ② (*sigaro*) Virginia *f* II. <-> *f* (*sigaretta*) Virginia[zigarette] *f* III. <inv> *agg* (*tabacco*) Virginia-
**virgola** ['virgola] *f* Komma *nt*, Beistrich *m A*; **punto e ~** Strichpunkt *m* **virgolette** [virgo'lette] *fpl* Anführungszeichen *ntpl*, Gänsefüßchen *ntpl fam;* **aprire/chiudere le ~** Anführungszeichen unten/oben
**virgulto** [vir'gulto] *m* ① (BOT) Schössling *m* ② (*fig poet*) Spross *m*, Sprössling *m*
**virile** [vi'ri:le] *agg* ① (*maschile*) männlich, viril ② (*fig: forte, animoso*) mannhaft; (*saggezza, età, forza*) männlich, Mannes- **virilismo** [viri'lizmo] *m* Virilismus *m* **virilità** [virili'ta] <-> *f* ① (BIOL) Virilität *f* ② (*fig*) Männlichkeit *f*; (*coraggio*) Mannhaftigkeit *f* **virilizzare** [virilid'dza:re] *vt* **-rsi** vermännlichen
**virologa** *f v.* **virologo**
**virologia** [virolo'dʒi:a] <-gie> *f* Virologie *f*
**virologo, -a** [vi'rɔ:logo] <-gi, -ghe> *m, f* Virologe *m*/Virologin *f*
**virtù** [vir'tu] <-> *f* ① (*disposizione morale*) Tugend *f* ② (*fig*) Tapferkeit *f*, Mut *m*; (*potere, qualità*) Kraft *f*, Wirkung *f*; **in ~ di** kraft +*gen*
**virtuale** [virtu'a:le] *agg* ① (*ipotetico*) potentiell, möglich ② (INFORM) virtuell; **negozio ~** Onlineshop *m*; **spazio ~** virtueller Raum
**virtuosa** *f v.* **virtuoso**
**virtuosismo** [virtuo'sizmo] *m* ① (*di artista*) Virtuosität *f*, Können *nt* ② (*pej*) Beifallheischerei *f* **virtuoso, -a** [virtu'o:so] I. *agg* tugendhaft II. *m, f* ① (*artista*) Meister(in) *m(f);* (MUS) Virtuose *m*/Virtuosin *f* ② (*chi ha virtù*) tugendhafter Mensch
**virulento, -a** [viru'lɛnto] *agg* (MED) virulent, ansteckend; (*velenoso*) giftig **virulenza** [viru'lɛntsa] *f* (MED) Ansteckungsfähigkeit *f*, Virulenz *f*; (*di veleno*) Giftigkeit *f*
**virus** ['vi:rus] <-> *m* Virus *m o nt*
**visagismo** [viza'dʒizmo] *m* (*obs*) Gesichtskosmetik *f*
**visagista** [viza'dʒista] <-i *m*, -e *f*> *mf* Visagist(in) *m(f)*
**vis à vis** [viza'vi] *avv* gegenüber, vis-à-vis
**viscerale** [viʃʃe'ra:le] *agg* ① (ANAT) Eingeweide- ② (*fig*) innig, hingebungsvoll; **odio ~** abgrundtiefer Hass **visceralità** [viʃʃerali'ta] <-> *f* ① (*delle viscere*) Charakteristik *f* der Eingeweide ② (*fig*) Innigkeit *f*, Leidenschaftlichkeit *f*; **la ~ di un'antipatia** (*fig*) leidenschaftliche Abneigung
**viscere**[1] ['viʃʃere] *m* (ANAT) inneres Organ
**viscere**[2] *fpl* ① (ZOO) Eingeweide *ntpl* ② (*fig*) Innere(s) *nt*
**vischio** ['viskio] <-schi> *m* Mistel *f*
**vischioso, -a** [vis'kio:so] *agg* (*colloso*) klebrig; (*liquido*) zähflüssig, viskos
**viscidità** [viʃʃidi'ta] <-> *f* ① (*scivolosità*) Glitschigkeit *f*, Schlüpfrigkeit *f* ② (*fig, pej: di persona*) schleimige Art **viscido, -a** ['viʃʃido] *agg* ① (*lumaca*) glitschig; (*anguilla*) glatt ② (*fondo stradale*) glatt, rutschig ③ (*sostanza*) klebrig ④ (*fig, pej: persona*) schleimig, schmierig
**visconte, -essa** [vis'konte, viskon'tessa] *m, f* Vicomte *m*/Vicomtesse *f*
**viscosa** [vis'ko:sa] *f* Viskose *f*
**viscosità** [viskosi'ta] <-> *f* Zähflüssigkeit *f*, Viskosität *f* **viscoso, -a** [vis'ko:so] *agg* zähflüssig, viskos
**visibile** [vi'zi:bile] *agg* (*oggetto*) sichtbar; (*spettacolo, mostra*) anschaubar
**visibilio** [vizi'bi:lio] <-i> *m* (*fam*) Unmenge *f*, Masse *f*; **andare in ~** (*fig*) ganz begeistert sein, in Entzücken geraten
**visibilità** [vizibili'ta] <-> *f* Sicht *f*
**visiera** [vi'ziɛ:ra] *f* ① (*dell'elmo*) Visier *nt* ② (*di berretto*) Schirm *m*
**visionare** [vizio'na:re] *vt* (*film*) vorführen
**visionario, -a** [vizio'na:rio] <-i, -ie> I. *agg* ① (PSIC) Trugbild-, halluzinatorisch ② (REL)

Erscheinungs-, visionär ③ *(fig)* traumtänzerisch II. *m, f* ① (PSIC) Halluzinant(in) *m(f)* ② (REL) Seher(in) *m(f)* ③ *(fig)* Traumtänzer(in) *m(f)*, Phantast *m*

**visione** [vi'zjo:ne] *f* ① *(atto, capacità del vedere)* Sehen *nt* ② *(apparizione)* Vision *f*, Erscheinung *f* ③ (FILM) Vorführung *f*; **prima ~** (FILM) Ur-, Erstaufführung *f* ④ (PSIC) Trugbild *nt*, Halluzination *f* ⑤ *(percezione)* Anschauung *f*, Auffassung *f* ⑥ *(esame)* Einsicht *f*; **prendere ~ di qc** in etw *acc* Einsicht nehmen ⑦ *(scena)* Anblick *m*

**visir** [vi'zir] <-> *m* Wesir *m*

**visita** ['vi:zita] *f* ① *(gener)* Besuch *m*; **andare in ~ da qu** bei jdm einen Besuch machen; **fare una ~ a qu** jdn besuchen, jdm einen Besuch abstatten; **biglietto da ~** Visitenkarte *f* ② *(di città, museo)* Besichtigung *f* ③ (MED) Untersuchung *f* ④ (MIL, sl) Musterung *f* ⑤ (COM) Prüfung *f*, Revision *f*; **~ doganale** zollamtliche Prüfung *f*; **~ fiscale** Steuerprüfung *f* **visitare** [vizi'ta:re] *vt* ① *(gener)* besuchen ② *(città, museo)* besichtigen ③ (MED) untersuchen **visitatore, -trice** [vizita'to:re] *m, f* Besucher(in) *m(f)* **visitazione** [vizitat'tsjo:ne] *f* Mariä Heimsuchung *f*

**visiting professor** ['vizitiŋ prə'fesə] <- *o* visiting professors> *m* Gastdozent(in) *m(f)*

**visivo, -a** [vi'zi:vo] *agg* visuell, Blick-; **campo ~** Blickfeld *nt;* **memoria -a** visuelles Erinnerungsvermögen

**viso** [vi'zo] *m* Gesicht *nt;* **far buon ~ a cattiva sorte** [*o* **cattivo gioco**] gute Miene zum bösen Spiel machen

**visone** [vi'zo:ne] *m* Nerz *m*

**visore** [vi'zo:re] *m* Diabetrachter *m*

**vispo, -a** ['vispo] *agg* aufgeweckt, lebhaft

**vissi** ['vissi] *1. pers sing pass rem di* **vivere**[1]

**vissuto, -a** [vis'su:to] I. *pp di* **vivere**[1] II. *agg* erfahren, reif

**vista** ['vista] *f* ① *(facoltà)* Sicht *f*, Augenlicht *nt;* **a ~ d'occhio** soweit das Auge reicht; **a prima ~** auf den ersten Blick; **avere una ~ buona/debole** gute/schlechte Augen haben; **ha la ~ corta** er/sie ist kurzsichtig; **perdere la ~** blind werden, erblinden *geh;* **conoscere qu di ~** jdn vom Sehen kennen; **impedire la ~** die Sicht versperren; **perdere di ~** aus den Augen verlieren; **in ~ di** in Hinblick auf *+acc;* **dal mio punto di ~** *(fig)* aus meiner Sicht; **fin dove si spinge** [*o* **arriva**] **la ~** so weit das Auge reicht; **un personaggio molto in ~** *(fig)* eine Persönlichkeit im Blickfeld der Öffentlichkeit ② *(spettacolo)* [Aus]sicht *f*, [Aus]blick *m;* **una camera con ~ sul mare** ein Zimmer mit Blick aufs Meer ③ (COM) Sicht *f;* **a ~** bei Sicht; **tratta a ~** Sichtwechsel *m*

**vistare** [vis'ta:re] *vt* mit einem Sichtvermerk versehen

**visto** ['visto] *m* (ADM) Sichtvermerk *m;* *(permesso)* Visum *nt*

**visto, -a** I. *pp di* **vedere**[1] II. *agg* gesehen; **essere ben/mal ~** gern/ungern gesehen sein; **mai ~** einmalig, unglaublich; **-i i risultati** auf Grund [*o* aufgrund] der Ergebnisse; **~ che ...** da ..., auf Grund [*o* aufgrund] dessen, dass ...

**Vistola** ['vistola] *f* Weichsel *f*

**vistoso, -a** [vis'to:so] *agg* ① *(sgargiante)* auffällig ② *(fig: ingente)* ansehnlich, beachtlich

**visual** ['vizjuəl] <- *o* visuals> *m* ① *(messaggio visivo di una pubblicità)* visuelle Werbebotschaft ② *(inserto illustrato)* Bildbeilage *f*

**visuale** [vizu'a:le] I. *agg* Sicht-, visuell; *(angolo)* Gesichts-, Blick- II. *f* *(veduta)* [Aus]sicht *f*, [Aus]blick *m* **visualità** [vizuali'ta] <-> *f* Visualität *f*, Ansicht *f*

**visualizer** [viʒwa'laizə] <- *o* visualizers> *mf* Visualizer *m*

**visualizzabile** [vizualid'dza:bile] *agg* darstellbar **visualizzare** [vizualid'dza:re] *vt* sichtbar machen, visuell darstellen; [**comando**] **visualizza** *(computer)* Ansicht *f* **visualizzatore** [vizualiddza'to:re] *m* (INFORM) Datensichtgerät *nt;* **~ alfanumerico/grafico** Datensichtgerät *nt* mit alphanumerischer/grafischer Anzeige **visualizzazione** [vizualiddzat'tsjo:ne] *f* ① *(operazione di rendere visibile qc)* Visualisierung *f* ② *(computer)* Ansicht *f*, Vorschau *f*

**Visurgi** [vi'zurdʒi] *m* Weser *f*

**vita** ['vi:ta] *f* ① (BIOL) Leben *nt;* **~ animale** Tierwelt *f;* **~ sensitiva** Sinneswelt *f;* **~ vegetale** Pflanzenwelt *f;* **l'altra ~** das Jenseits; **la ~ di campagna/città** das Land-/Stadtleben; **il costo della ~** die Lebenshaltungskosten; **ragazza** [*o* **donna**] **di ~** Strichmädchen *nt fam;* **ragazzi di ~** Jugendliche *pl* auf der schiefen Bahn; **una questione di ~ o di morte** eine Frage von Leben oder Tod; **avere una doppia ~** ein Doppelleben führen; **essere in ~** am Leben sein; **essere in fin di ~** im Sterben liegen; **fare la bella ~** sich ein schönes Leben machen; **non dare segno di ~** kein Lebenszeichen [mehr] von sich *dat* geben;

**guadagnarsi la ~** sich *dat* seinen Lebensunterhalt verdienen; **rendere la ~ difficile a qu** jdm das Leben schwer machen; **togliersi la ~** sich *dat* das Leben nehmen; **a ~** auf Lebenszeit; (JUR) lebenslänglich; **~ natural durante** zeitlebens; **fra la ~ e la morte** zwischen Leben und Tod; **finché c'è ~, c'è speranza** (*prov*) solange es Leben gibt, gibt es Hoffnung ❷ (LIT) Biografie *f*, Lebensgeschichte *f* ❸ (ANAT) Taille *f*; **un vestito stretto in ~** ein engtailliertes Kleid

**vitale** [vi'ta:le] *agg* lebenswichtig, Lebens-; **linfa ~** (*fig*) Lebenselixier *nt*, Energiequelle *f*; **spazio ~** Lebensraum *m* **vitalità** [vitali'ta] <-> *f* ❶ (*di persona*) Lebenskraft *f*, Vitalität *f* ❷ (*fig* MED) Lebensfähigkeit *f*

**vitalizio** [vita'littsio] <-i> *m* Rente *f* auf Lebenszeit

**vitalizio, -a** <-i, -ie> *agg* lebenslänglich, auf Lebenszeit

**vitamina** [vita'mi:na] *f* Vitamin *nt* **vitaminico, -a** [vita'mi:niko] <-ci, -che> *agg* Vitamin-; **carenza -a** Vitaminmangel *m* **vitaminizzare** [vitaminid'dza:re] *vt* mit Vitaminen anreichern, vitaminisieren **vitaminizzato, -a** [vitaminid'dza:to] *agg* ❶ (*alimento*) vitaminisiert, vitaminiert ❷ (*fig*) kräftig, gut genährt; **un ragazzone ~** ein kräftiger Bursche **vitaminizzazione** [vitaminiddzat'tsio:ne] *f* Vitaminierung *f*, Vitaminisierung *f*

**vite** ['vi:te] *f* ❶ (BOT) Weinstock *m*, Weinrebe *f* ❷ (TEC, AERO, SPORT) Schraube *f*; **a ~** schraubenförmig; **dare un giro di ~** (*fig*) die Schraube fester anziehen

**vitello** [vi'tɛllo] *m* ❶ (ZOO) Kalb *nt* ❷ (GASTR) Kalbfleisch *nt* ❸ (*pelle*) Kalbsleder *nt* ❹ (BIOL) Deutoplasma *nt* **vitellone** [vitel'lo:ne] *m* ❶ (ZOO) Jungochse *m* ❷ (*fig, pej*) Nichtsnutz *m*, Müßiggänger *m*

**viterbese** I. *agg* aus Viterbo II. *mf* (*abitante*) Einwohner(in) *m(f)* von Viterbo

**Viterbese** <*sing*> *m* Umgebung *f* von Viterbo

**Viterbo** *f* Viterbo *nt* (*Stadt in Latium*)

**viticcio** [vi'tittʃo] <-cci> *m* ❶ (BOT) Ranke[npflanze] *f* ❷ (*motivo ornamentale*) Rankenornament *nt*, -werk *nt*

**viticolo, -a** [vi'ti:kolo] *agg* Weinbau- **viticoltore, viticultore, -trice** [vitikol'to:re, vitikul'to:re] *m, f* Weinbauer *m*, Winzer(in) *m(f)* **viticoltura, viticultura** [vitikol'tu:ra, vitikul'tu:ra] *f* Weinbau *m*

**vitigno** [vi'tiɲɲo] *m* Weinstock *m*, Weinrebe *f*

**vitivinicolo, -a** [vitivi'ni:kolo] *agg* den Weinbau und die Weinerzeugung betreffend

**vitreo** ['vi:treo] *m* Glaskörper *m*

**vitreo, -a** *agg* ❶ (*di vetro*) gläsern, Glas-; (*trasparente*) durchsichtig ❷ (*simile al vetro*) glasartig, glasig; (*fig: occhi, sguardo*) starr, glasig

**vittima** ['vittima] *f* Opfer *nt*; **le -e del terremoto/dell'incidente** die Erdbeben-/Unfallopfer *ntpl*; **restare ~ di un incidente** einem Unfall zum Opfer fallen; **povera ~!** (*scherz*) ach, du Arme(r)! **vittimismo** [vitti'mizmo] *m* Neigung *f* zum Selbstmitleid **vittimistico, -a** [vitti'mistiko] <-ci, -che> *agg* sich selbst bemitleidend, zum Selbstmitleid neigend **vittimizzare** [vittimid'dza:re] *vt* ❶ (*umiliare*) erniedrigen, zu Opfern machen ❷ (*reprimere*) unterdrücken **vittimizzazione** [vittimiddzat'tsio:ne] *f* Erniedrigung *f*, Unterdrückung *f*

**vitto** ['vitto] *m* Kost *f*, Verpflegung *f*; **~ e alloggio** Kost und Logis

**vittoria** [vit'tɔ:ria] <-ie> *f* Sieg *m*; **riportare la ~ sul nemico** den Sieg über den Feind davontragen

**vittorioso, -a** [vitto'rio:so] *agg* siegreich, Sieger-

**vituperabile** [vitupe'ra:bile] *agg* tadelnswert

**vituperare** [vitupe'ra:re] *vt* beschimpfen, verunglimpfen **vituperio** [vitu'pɛ:rio] <-i> *m* ❶ (*ingiuria*) Beschimpfung *f*, schwere Beleidigung ❷ (*disonore*) Schande *f*, Schandfleck *m*

**viuzza** [vi'uttsa] *f* Gasse *f*, Gässchen *nt*

**viva** ['vi:va] *int* es lebe, hoch lebe; **~ gli sposi!** hoch lebe das Brautpaar!; **~ il re!** es lebe der König!

**vivacchiare** [vivak'kia:re] *vi* (*fam*) recht und schlecht leben; **si vivacchia** man lebt, man schlägt sich durch

**vivace** [vi'va:tʃe] *agg* (*persona, colore, conversazione*) lebhaft, resch A, südd; (MUS) vivace, lebhaft **vivacità** [vivatʃi'ta] <-> *f* Lebhaftigkeit *f*, Lebendigkeit *f*; **con ~** lebhaft **vivacizzare** [vivatʃid'dza:re] *vt* beleben

**vivaio** [vi'va:io] <-ai> *m* ❶ (AGR) Baumschule *f*, Gärtnerei *f* ❷ (*di pesci*) Fischteich *m* ❸ (*fig*) Pflegestätte *f* **vivaismo** [viva'izmo] *m* ❶ (*allevamento di piante*) industrieller Gartenbau ❷ (*allevamento di pesci*) Fischzucht *f*

**vivanda** [vi'vanda] *f* Speise *f*

**viva voce** ['vi:va 'vo:tʃe] <-> *m* Freisprech-

anlage *f*; **parlare/essere in ~** über eine Freisprechanlage sprechen
**vivente** [vi'vɛnte] **I.** *agg* lebend, Lebe-; **gli esseri -i** die Lebewesen *ntpl* **II.** *m* Lebende(r) *f(m)*
**vivere**[1] ['vi:vere] <vivo, vissi, vissuto> **I.** *vi essere* ❶ (*gener*) leben; **~ all'estero** im Ausland leben; **~ in campagna/città** auf dem Land/in der Stadt leben; **~ del proprio lavoro** von seiner Arbeit leben; **~ fino a tarda età** ein hohes Alter erreichen; **vivi e lascia ~!** leben und leben lassen; **chi vivrà, vedrà** (*prov*) abwarten und Tee trinken *fam* ❷ (*fig*) [weiter]leben **II.** *vt avere* leben, verleben; (*passare*) erleben; (*sentire*) fühlen
**vivere**[2] *m* Leben *nt*
**viveri** ['vi:veri] *mpl* Lebensmittel *ntpl*
**viveur** [vi'vœ:r] <-> *m* Lebemann *m*
**vivezza** [vi'vettsa] *f* Lebendigkeit *f*, Lebhaftigkeit *f*
**vivibile** [vi'vi:bile] *agg* menschenwürdig, menschengerecht; **un ambiente ~** eine menschenwürdige Umgebung; **una città ~** eine Stadt, die hohe Lebensqualität bietet
**vivibilità** [vivibili'ta] <-> *f* Lebensqualität *f*
**vivido, -a** ['vi:vido] *agg* (*a. fig*) lebhaft; (*colore a.*) leuchtend; (*luce*) hell
**vivificare** [vivifi'ka:re] *vt* ❶ (*rendere vivo*) beleben ❷ (*fig*) erfrischen, beleben **vivificazione** [vivifikat'tsio:ne] *f* Belebung *f*
**viviparo, -a** [vi'vi:paro] *agg* lebendgebärend
**vivisezione** [viviset'tsio:ne] *f* (ZOO) Vivisektion *f*
**vivo** ['vi:vo] *m* ❶ *pl* (*persone*) Lebende[n], Lebendige[n] *pl* ❷ (*carne viva, a. fig*) rohes Fleisch; **colpire** [*o* **toccare**] **nel ~** an der empfindlichen Stelle treffen; **entrare nel ~ della questione** zum [eigentlichen] Kern der Frage kommen ❸ (RADIO, TV) **trasmissione dal ~** Live-Übertragung *f*, Live-Sendung *f*; **dal ~** live
**vivo, -a** *agg* ❶ (*vivente*) lebend, lebendig; (*lingua*) lebend; **o ~ o morto** tot oder lebendig; **più morto che ~** mehr tot als lebendig; **farsi ~** sich melden, ein Lebenszeichen geben; **a -a voce** mündlich ❷ (*fig: vivace*) lebendig, lebhaft; (*sentimenti*) stark, lebhaft; (*compassione*) tief; (*interesse, desiderio*) lebhaft; **cuocere a fuoco ~** auf großer Flamme kochen ❸ (*luce*) grell; (*carne*) roh; (*acqua*) fließend; (*calce*) ungelöscht ❹ (*nelle lettere*) **porgiamo i più -i ringraziamenti** wir verbleiben mit dem herzlichsten Dank; **vivis-**simi auguri [aller]herzlichste Glückwünsche
**viziare** [vit'tsia:re] *vt* ❶ (*persone*) verwöhnen, verziehen ❷ (JUR) ungültig machen
**viziato, -a** [vit'tsia:to] *agg* ❶ (*persona*) verwöhnt, verzogen ❷ (JUR) fehlerhaft, ungültig
**vizio** ['vittsio] <-i> *m* ❶ (*pej*) Laster *nt*, schlechte Angewohnheit; **il lupo perde il pelo, ma non il ~** (*prov*) die Katze lässt das Mausen nicht; **l'ozio è il padre dei -zi** (*prov*) Müßiggang ist aller Laster Anfang ❷ (ANAT) Fehler *m*; (JUR) Fehler *m*; (TEC) Mangel *m*; **~ cardiaco** Herzklappenfehler *m* **viziosa** *f v.* **vizioso viziosità** [vittsiosi'ta] <-> *f* Fehlerhaftigkeit *f*, Unzulänglichkeit *f* **vizioso, -a** [vit'tsio:so] **I.** *agg* ❶ (*persone, atti*) lasterhaft ❷ (*errato*) fehlerhaft, Fehl-; **circolo ~** Teufelskreis *m* **II.** *m, f* lasterhafter Mensch
**vizzo, -a** ['vittso] *agg* welk
**V.le** *abbr di* **Viale** Allee *f*
**vocabolario** [vokabo'la:rio] <-i> *m* ❶ (*dizionario*) Wörterbuch *nt* ❷ (*lessico*) Wortschatz *m*, Sprache *f*; **~ essenziale** Grundwortschatz *m* **vocabolo** [vo'ka:bolo] *m* Wort *nt*, Vokabel *f*
**vocale** [vo'ka:le] **I.** *agg* ❶ (ANAT) Stimm-, Sprach-; **corde -i** Stimmbänder *ntpl* ❷ (MUS) vokal, Vokal- **II.** *f* (LING) Vokal *m*, Selbstlaut *m* **vocalico, -a** [vo'ka:liko] <-ci, -che> *agg* vokalisch **vocalist** ['voukalist *o* 'vɔkalist] <- *o* vocalists> *mf* Sänger(in) *m(f)*, Vokalist *m*; **la ~ di un gruppo rock** die Sängerin einer Rockband **vocalizzare** [vokalid'dza:re] *vt, vi* vokalisieren **vocalizzazione** [vokaliddzat'tsio:ne] *f* Vokalisation *f*
**vocativo** [voka'ti:vo] *m* Vokativ *m*
**vocativo, -a** *agg* Vokativ-, Anrede-
**vocazionale** [vokattsio'na:le] *agg* aus Berufung **vocazione** [vokat'tsio:ne] *f* ❶ (REL) Berufung *f* ❷ (*fig*) Veranlagung *f*, Begabung *f*; **avere una ~ per qc** für etw eine Begabung haben
**voce** ['vo:tʃe] *f* ❶ (*gener*, MUS) Stimme *f*; (*fig*) Klang *m*; **~ di petto/testa** Brust-/Kopfstimme *f*; **ad alta ~** laut; **a bassa ~** leise; **a gran ~** mit lauter Stimme; **a [viva] ~** mündlich; **a quattro -i** vierstimmig; **parlare sotto ~** flüstern, leise sprechen; **avere ~ in capitolo** mitzureden haben; **dare ~ ai propri sentimenti** seinen Gefühlen Ausdruck verleihen; **essere giù di ~** (*fam*) nicht [gut] bei Stimme sein; **fare la ~ grossa** ein Machtwort sprechen ❷ (*forma grammaticale*) Form *f* ❸ (LING:

*lemma*) Stichwort *nt*; (*parola*) Wort *nt*, Ausdruck *m* ❸ (*su lista, bilancio*) Position *f*, Posten *m* ❺ (*fig*) Gerücht *nt*, Gerede *nt*; **corre ~ che ...** es geht das Gerücht, dass ...; **-i di corridoio** Hörensagen *nt*

**vociare**[1] [voˈtʃaːre] *vi* (*fam*) krakeelen, herumschreien

**vociare**[2] <-> *m* Geschrei *nt*

**vociferare** [votʃifeˈraːre] *vt* munkeln

**vocio** [voˈtʃio] <-cii> *m* Geschwätz *nt*

**vodka** [ˈvɔdka] <-> *f* Wodka *m*

**voga** [ˈvoːga] <-ghe> *f* ❶ (*moda, usanza*) Mode *f*; **essere in ~** in Mode sein; (*persona*) beliebt sein ❷ (*NAUT*) Rudern *nt*

**vogare** [voˈgaːre] *vi* rudern **vogata** [voˈgaːta] *f* Ruderschlag *m*, Rudern *nt*

**vogatore** [vogaˈtoːre] *m* Ruderkasten *m*

**vogatore, -trice** *m, f* Ruderer *m*/Ruderin *f*

**voglia** [ˈvɔʎʎa] <-glie> *f* ❶ (*desiderio*) Lust *f*; (*desiderio sessuale*) Begierde *f*, Lust *f*; (*durante la gravidanza*) Heißhunger *m*; **~ di vivere** Lebensfreude *f*; **avere [una gran] ~ di fare qc** [große] Lust haben, etw zu tun; **avere una ~ matta di ...** (*fam*) verrückt sein nach ...; **fare qc contro ~** etw [nur] widerwillig tun ❷ (*fam: macchia della pelle*) Muttermal *nt*

**voglio** [ˈvɔʎʎo] *1. pers sing pr di* **volere**[1]

**voglioso, -a** [voʎˈʎoːso] *agg* gierig, lüstern; **è sempre ~ di tutto** er will immer alles haben

**voi** [ˈvoːi] *pron pers* ❶ *2. pers pl* (*soggetto*) ihr; (*oggetto*) euch; (*con preposizione*) euch, eurer ❷ (*forma di cortesia: Voi*) Sie; (*oggetto*) Ihnen; (*con preposizione*) Sie/Ihnen/Ihrer

**voialtri** [voˈialtri] *pron pers* ihr, ihr euererseits

**volacchiare** [volakˈkjaːre] *vi* ❶ (*svolazzare*) flattern ❷ (*volare a stento*) flattern, kaum fliegen können

**volano** [voˈlaːno] *m* ❶ (*SPORT*) Federball *m* ❷ (*TEC*) Schwungrad *nt*

**volant** [vɔˈlã] *m* Rüsche *f*, Volant *m*

**volante** [voˈlante] I. *agg* (*che vola*) fliegend, Flug-; **un foglio ~** ein loses Blatt II. *f* (*polizia*) Überfallkommando *nt*, mobiles Einsatzkommando III. *m* (*MOT*) Steuer[rad] *nt*, Lenkrad *nt*; **un asso del ~** ein Meisterfahrer *m*; **sport del ~** Autorennsport *m*

**volantinaggio** [volantiˈnaddʒo] <-ggi> *m* Flugblattverteilen *nt* **volantinare** [volantiˈnaːre] I. *vi* eine Flugblattaktion durchführen II. *vt* [mit Flugblättern] propagieren **volantino** [volanˈtiːno] *m* ❶ (*manifestino*) Flugblatt *nt*, Flugzettel *m* A ❷ (*TEC*) Handrad *nt*

**volare** [voˈlaːre] *vi essere o avere* ❶ (*nell'aria*) fliegen; **il vento gli fece ~ via il cappello** der Wind wehte ihm den Hut davon ❷ (*fig: veicolo*) sausen, flitzen; (*persona*) eilen, rasen; (*tempo*) verfliegen, im Nu vergehen; **volano pugni** es fliegen die Fäuste; **volano schiaffi** es hagelt Ohrfeigen **volata** [voˈlaːta] *f* ❶ (*volo*) Flug *m* ❷ (*fam: corsa veloce*) schnelle Fahrt ❸ (*SPORT*) [End]spurt *m*

**volatile** [voˈlaːtile] I. *agg* ❶ (*CHEM*) flüchtig ❷ (*ZOO*) fliegend, Flug- II. *m* Vogel *m* **volatilità** [volatiliˈta] <-> *f* Flüchtigkeit *f* **volatilizzare** [volatilidˈdzaːre] I. *vt avere* verflüchtigen II. *vi essere* sich verflüchtigen III. *vr* **-rsi** ❶ (*CHEM*) sich verflüchtigen ❷ (*fam*) sich in Luft auflösen **volatilizzazione** [volatiliddzatˈtsjoːne] *f* Verflüchtigung *f*

**vol-au-vent** [vɔloˈvã] <-> *m* ≈ [Königin]pastete *f*

**volente** [voˈlɛnte] *agg* **~ o nolente** wohl oder übel, nolens volens *geh*

**volenteroso, -a** [volenteˈroːso] *agg* [bereit]willig **volentieri** [volenˈtjɛːri] *avv* gern[e]

**volere**[1] [voˈleːre] <voglio, volli, voluto> I. *vt* ❶ (*gener*) wollen; **la lavatrice non vuol funzionare** (*fam*) die Waschmaschine streikt ❷ (*desiderare*) wünschen; (*gradire*) mögen; **come/quando vuoi** wie/wann du willst; **vorrei tre metri di stoffa blu** ich möchte drei Meter blauen Stoff; **vorrebbe che tu venissi** er/sie möchte, dass du kommst ❸ (*pretendere*) wollen, verlangen; **ma che vuoi da me?** was willst du denn von mir?; **c'è un signore che ti vuole** da ist ein Herr für dich; da ist ein Herr, der dich sprechen will; **questo verbo vuole il congiuntivo** dieses Verb verlangt den Konjunktiv; **ti vogliono al telefono** du wirst am Telefon verlangt; **chi troppo vuole nulla stringe** (*prov*) allzu viel ist ungesund ❹ (*chiedere un prezzo*) haben wollen, verlangen; **quanto vuole per [o di] ...?** wie viel verlangen Sie für ...? ❺ (*richiedere*) brauchen, fordern; (*avere bisogno*) brauchen; **ci vuole/ci vogliono ...** es ist/es sind ... nötig, man braucht ...; **qui ci vorrebbe un elettricista** hier wäre ein Elektriker nötig; **ci vuole un bel coraggio** (*fam*) es gehört ganz schön Mut dazu; **non ci vuol niente** (*fig*) das ist doch keine Kunst; **ci vuol altro!** dazu bedarf es mehr!; **quanto ci**

vuole per andare a Monaco? wie lange braucht man bis [o nach] München? ❻(*loc*) ~ dire bedeuten; ~ bene a qu jdn gernhaben; ~ male a qu jdn nicht mögen; ti voglio bene ich hab dich gern, ich mag dich; farsi ~ bene sich lieb Kind machen; non volermene! (*fam*) sei mir [deshalb] nicht böse II. *vr* -rsi bene sich gernhaben, sich lieben

volere² *m* ❶(*volontà*) Wille *m*, Wollen *nt* ❷ *pl* Wünsche *mpl*, Vorstellungen *fpl*

Volga ['vɔlga] *m o f* Wolga *f*

volgare [vol'gaːre] I. *agg* ❶(LING) vulgär, Volks-; latino ~ Vulgärlatein *nt* ❷(*pej*) vulgär, ordinär; (*triviale*) gewöhnlich II. *mf* vulgärer Mensch; non fare il ~! sei nicht so vulgär! III. *m* Vulgärsprache *f* volgarità [volgari'ta] <-> *f* Vulgarität *f* volgarizzare [volgarid'dzaːre] *vt* ❶(*rendere accessibile*) popularisieren, allgemeinverständlich darstellen ❷(LIT) in die Vulgärsprache übertragen volgarmente [volgar'mente] *avv* ❶(*pej*) vulgär, gewöhnlich ❷(*comunemente*) gewöhnlich

volgata [vol'gaːta] *f v.* vulgata

volgere¹ ['vɔldʒere] <volgo, volsi, volto> I. *vt* ❶(*dirigere*) wenden, richten; ~ gli occhi al cielo den Blick zum Himmel richten ❷(*voltare*) ab-, zukehren; ~ le spalle a qu jdm den Rücken [zu]kehren; ~ il viso verso qu jdm das Gesicht zuwenden ❸(*fig: mutare*) ~ qc in qc etw in etw *acc* verwandeln; ~ le cose in burla die Dinge ins Lächerliche ziehen II. *vi* ❶(*strada*) ~ a destra/sinistra nach rechts/links abbiegen ❷(*persone*) sich abwenden, sich abkehren ❸(*avvicinarsi*) sich nähern; ~ al termine sich dem Ende zuneigen ❹(*evolversi*) il tempo volge al brutto das Wetter wird schlecht; ~ al peggio/meglio sich zum Schlechteren/Besseren wenden ❺(*colore*) ~ al giallo/verde ins Gelbliche/Grünliche spielen ❻(*mirare*) abzielen; ~ a qc auf etw abzielen III. *vr* -rsi sich wenden, sich drehen; -rsi verso qu sich jdm zuwenden; -rsi a destra/sinistra sich nach rechts/links drehen; il tempo si volge al brutto das Wetter wird schlecht

volgere² *m* Verlauf *m*, Lauf *m*; con il ~ degli anni im Laufe der Jahre

volgo ['volgo] <-ghi> *m* ❶(*popolo*) Volk *nt*, Volksmassen *fpl* ❷(*pej*) Pöbel *m*, Masse *f*

voliera [vo'ljɛːra] *f* Vogelhaus *nt*, Voliere *f*

volli ['vɔlli] *1. pers sing pass rem di* volere¹

volo ['voːlo] *m* Flug *m*; (*atto*) Fliegen *nt*; (*caduta*) Fall *m*; ~ spaziale Raumflug *m*; ~ senza scalo Direkt-, Nonstopflug *m*; assistente di ~ Kopilot, Steward *m*; palla a ~ Volleyball *nt*; colpire la palla al ~ den Ball aus der Luft nehmen; al ~ im Nu, sofort, auf die Schnelle; alzarsi in ~ hochfliegen, auffliegen; (AERO) abheben; prendere il ~ wegfliegen; (*fig*) die Flucht ergreifen; spiccare il ~ (*uccelli*) auffliegen, hochfliegen; fare un ~ (*fig fam*) hinunterfallen, hinunterfliegen

volontà [volon'ta] <-> *f* Wille *m*; forza di ~ Willenskraft *f*; le ultime ~ der Letzte Wille; scrivere le ultime ~ das Testament aufsetzen; avere una ~ di ferro einen eisernen Willen haben; essere di buona ~ guten Willens sein; a ~ nach Belieben, nach Wunsch; contro la propria ~ wider Willen; privo di ~ willenlos

volontaria *f v.* volontario

volontariamente [volontaria'mente] *avv* freiwillig, aus freien Stücken

volontariato [volonta'rjaːto] *m* ❶(*prestazione di lavoro*) Volontariat *nt* ❷(MIL) freiwilliger Wehrdienst volontario, -a [volon'taːrjo] <-i, -ie> I. *agg* freiwillig; (ANAT) willkürlich II. *m, f* Volontär(in) *m(f)*; (MIL) Freiwillige(r) *f(m)* volontarismo [volonta'rizmo] *m* Voluntarismus *m*

volpacchiotto [volpak'kjɔtto] *m* (*fig*) schlauer Fuchs volpe ['volpe] *f* ❶(ZOO) Fuchs *m*; ~ rossa/argentata Rot-/Silberfuchs ❷(*pelliccia*) Fuchs[pelz] *m* ❸(*fig*) Fuchs *m*

volpesco, -a [vol'pesko] <-schi, -sche> *agg* ❶(*di volpe*) Fuchs- ❷(*astuto*) gewieft, ausgefuchst

volpino [vol'piːno] *m* Spitz *m*

volpino, -a *agg* Fuchs-; cane ~ Spitz *m* volpone [vol'poːne] *m* (*fig*) Fuchs *m*, Schlitzohr *nt*

volsi ['vɔlsi] *1. pers sing pass rem di* volgere¹

volt [vɔlt] <-> *m* Volt *nt*

volta ['vɔlta] *f* ❶(*momento, circostanza*) Mal *nt*; (*turno*) Reihe *f*, Mal *nt*; una ~ einmal; (*in un tempo passato*) einmal, einst; una ~ sola einmal, ein einziges Mal; una [buona] ~ (*fam*) endlich [ein]mal; una ~ tanto ab und zu, gelegentlich; una ~ per tutte ein für allemal; una ~ o l'altra irgendwann, früher oder später; un'altra ~ ein andermal; ancora una ~ noch einmal; molte -e recht oft, öfter; poche -e selten; certe -e, delle -e manchmal; (*spesso*) oft; tutte le -e che ... jedes Mal wenn ..., sooft ...; tutto

**in una ~** alles auf einmal, alles zusammen; **ogni cosa a sua ~** alles zu seiner Zeit, eines nach dem anderen; **un po' alla ~** nach und nach; **uno per ~** jeweils einer; **a -e** manchmal, ab und zu; **a mia ~** meinerseits, was mich angeht; **c'era una ~** es war einmal; **che sia la prima e l'ultima ~** [ich hoffe] das ist das erste und das letzte Mal; **tre -e tre fa nove** drei mal drei ist neun; **una ~ per uno non fa male a nessuno** (*prov*) jeder soll einmal an die Reihe kommen ❷ (*giro*) Drehung *f*; (*svolta*) Biegung *f*; **dar di ~ il cervello** (*fam*) durchdrehen, überschnappen ❸ (ARCH) Gewölbe *nt*; **~ a crociera** Kreuzgewölbe *nt*; **a ~** gewölbt ❹ (ASTR) Gewölbe *nt*, Firmament *nt* ❺ (ANAT) Wölbung *f*

**voltafaccia** [volta'fattʃa] <-> *m* (*a. fig*) Kehrtwendung *f*

**voltagabbana** [voltagab'ba:na] <-> *mf* **è un/una ~** er hängt sein Mäntelchen/sie hängt ihr Mäntelchen nach dem Wind

**voltaggio** [vol'taddʒo] <-ggi> *m* Spannung *f*

**voltaico, -a** [vol'ta:iko] <-ci, -che> *agg* voltaisch; **arco ~** Lichtbogen *m*; **elemento ~** Voltaelement *nt*; **pila -a** voltaische Säule **voltametro** [vol'ta:metro] *m* Voltameter *nt*

**voltare** [vol'ta:re] I. *vt* ❶ (*occhi, viso*) wenden, drehen; (*pagina, foglio*) umblättern, wenden; (*frittata*) wenden; **~ pagina** umblättern; (*fig*) ein neues Kapitel anfangen; **~ le spalle a qu** jdm den Rücken [zu]kehren ❷ (*angolo*) biegen um II. *vi* abbiegen III. *vr* **-rsi** sich [um]drehen, sich wenden; **-rsi e rivoltarsi nel letto** sich im Bett hin- und herwälzen; **non sapere da quale parte -rsi** (*fig*) nicht mehr ein noch aus wissen

**voltastomaco** [voltas'tɔ:mako] <-chi> *m* Übelkeit *f*; **ho il ~** mir ist übel; **mi dà il ~** (*fig*) das dreht mir den Magen um

**voltavite** [volta'vi:te] <- *o* -i> *m* (*obs*) Schraubendreher *m*

**volteggiare** [volted'dʒa:re] *vi* ❶ (*volare*) kreisen ❷ (SPORT) voltigieren

**volterrianesimo** [volterria'ne:zimo] *m* Philosophie *f* Voltaires

**voltiano, -a** [vol'tia:no] *agg* voltaisch, Volta-; **le scoperte ~ e** die Entdeckungen *fpl* Voltas; **museo ~** Voltamuseum *nt*

**voltmetrico, -a** [volt'mɛ:triko] <-ci, -che> *agg* (PHYS) mit dem Voltmeter, Spannungs-; **misurazione -a** Spannungsmessung *f*

**volto** ['volto] *m* ❶ (*poet*) Antlitz *nt* ❷ (*fig*) Gesicht *nt*, Anblick *m*; **ha rivelato il suo vero ~** er hat sein/sie hat ihr wahres Gesicht gezeigt

**volto, -a** ['vɔlto] I. *pp di* **volgere**[1] II. *agg* gewendet, [um]gedreht

**voltolare** [volto'la:re] I. *vt* rollen, wälzen II. *vr* **-rsi** sich wälzen

**voltura** [vol'tu:ra] *f* Ummeldung *f*

**volubile** [vo'lu:bile] *agg* unbeständig, flatterhaft **volubilità** [volubili'ta] <-> *f* Unbeständigkeit *f*, Flatterhaftigkeit *f*

**volume** [vo'lu:me] *m* ❶ (MAT) Rauminhalt *m*, Volumen *nt* ❷ (*fig* COM) Umfang *m* ❸ (*libro*) Band *m*, Buch *nt* ❹ (RADIO, TV) Lautstärke *f*; **abbassare/alzare il ~ di qc** etw leiser/lauter stellen; **a tutto ~** in voller Lautstärke ❺ (*mole*) Ausmaß *nt*, Umfang *m* ❻ (INFORM) Speichereinheit *f* **volumetrico, -a** [volu'mɛ:triko] <-ci, -che> *agg* ❶ (MAT) Rauminhalts-, volumetrisch ❷ (CHEM) Maß-

**voluminosità** [voluminosi'ta] <-> *f* [beachtlicher] Umfang, Größe *f* **voluminoso, -a** [volumi'no:so] *agg* (*oggetto*) umfangreich, voluminös; (*persone*) groß und dick, voluminös

**voluta** [vo'lu:ta] *f* ❶ (ARCH) Volute *f* ❷ (*spira*) Windung *f*

**voluto, -a** [vo'lu:to] I. *pp di* **volere**[1] II. *agg* ❶ (*desiderato*) gewollt, beabsichtigt ❷ (*fig*) gekünstelt, gewollt

**voluttà** [volut'ta] <-> *f* ❶ (*sessuale*) Sinnlichkeit *f*, Wollust *f* ❷ (*godimento*) Genuss *m* **voluttuario, -a** [voluttu'a:rio] <-i, -ie> *agg* Luxus-, Genuss- **voluttuosità** [voluttuosi'ta] <-> *f* Sinnlichkeit *f* **voluttuoso, -a** [voluttu'o:so] *agg* sinnlich

**vomere** ['vɔ:mere] *m* (AGR) Pflugschar *f*

**vomitare** [vomi'ta:re] I. *vt* [er]brechen, [aus]brechen; **~ ingiurie/bestemmie** Beschimpfungen/Flüche ausstoßen II. *vi* [sich] erbrechen, sich übergeben; **mi viene da ~** ich muss brechen, mir wird übel; **da far ~** zum Kotzen *vulg* **vomito** ['vɔ:mito] *m* [Er]brechen *nt*; **far venire il ~ a qu** (*a. fig*) jdm die Galle hochkommen lassen; **mi viene il ~** ich muss brechen, mir wird übel

**vongola** ['voŋgola] *f* Venusmuschel *f*

**vorace** [vo'ra:tʃe] *agg* gefräßig **voracità** [voratʃi'ta] <-> *f* Gefräßigkeit *f*

**voragine** [vo'ra:dʒine] *f* Erdloch *nt*, Schlund *m*

**Vorarlberg** ['fo:r'arlbɛrk] *m* Vorarlberg *nt*

**vorrò** [vor'rɔ] *1. pers sing futuro di* **volere**[1]

**vortice** ['vɔrtitʃe] *m* Wirbel *m*, Strudel *m*

**vorticoso, -a** [vorti'ko:so] *agg* (*fiume, acque*) voller [Wasser]strudel

**vostro** ['vɔstro] *m* il ~ das Eure; il Vostro (*forma di cortesia*) das Ihre

**vostro, -a** I. *agg* euer; (*forma di cortesia: Vostro*) Ihr; **la -a speranza** eure Hoffnung; **~ padre/zio** euer Vater/Onkel; **un ~ amico** ein Freund von euch; **ho ricevuto la Vostra del 21 c.m.** ich habe Ihr Schreiben vom 21. d. M. erhalten; **Vostra Eccellenza/Santità** Eure Exzellenz/Heiligkeit II. *pron poss* il ~/la -a eure(r, s); (*forma di cortesia: Vostro*) Ihre(r, s)

**votante** [vo'tante] *mf* Wahlberechtigte(r) *f(m)*, Wähler(in) *m(f)*

**votare** [vo'ta:re] I. *vt* ① (JUR) beschließen, abstimmen über +*acc* ② (REL) weihen II. *vi* stimmen, wählen; (*mettere ai voti*) abstimmen; **~ per/contro qc/qu** für/gegen etw/jdn stimmen III. *vr* **-rsi** (REL) sich weihen, sich hingeben **votazione** [votat'tsio:ne] *f* ① (JUR) Abstimmung *f*; (*dare il voto*) Stimmabgabe *f*; (*elezione*) Wahl *f*; **~ per alzata di mano** Abstimmung *f* durch Handaufheben; **~ a scrutinio segreto** geheime Abstimmung; **passare alle -i** zur Abstimmung schreiten ② (*nell'insegnamento*) Benotung *f*, Zensuren *fpl*; (*voto*) Note *f*

**votivo, -a** [vo'ti:vo] *agg* Votiv-, Weih-; **iscrizione -a** Votivtafel *f*

**voto** ['vo:to] *m* ① (REL) Gelübde *nt*, Gelöbnis *nt*; (*oggetto*) Weihgabe *f*; **fare un ~** ein Gelübde ablegen; **pronunciare i -i** das Ordensgelübde ablegen ② (JUR) Votum *nt*, Stimme *f*; **diritto di ~** Wahlrecht *nt*; **~ di fiducia** Vertrauensvotum *nt*; **~ di sfiducia** Misstrauensvotum *nt*; **a unanimità di ~** einstimmig; **mettere ai -i** zur Abstimmung bringen ③ (*nell'insegnamento*) Note *f*, Zensur *f*; **media** [**dei**] **-i** Notendurchschnitt *m*; **essere promosso a pieni -i** die höchste Punktzahl erreichen, die beste Note bekommen ④ *pl* Wille *m*, Wunsch *m*

**voxel** ['vɔksəl] <- *o* voxels> *m* (INFORM) Voxel *nt*

**voyeur** [vwa'jœːr] <-> *m* Voyeur *m* **voyeurismo** [vwaje'rizmo] *m* Voyeurismus *m*

**v.r.** *abbr di* **vedi retro** b.w. (*bitte wenden*)

**v.s.** ① *abbr di* **vedi sopra** s.o. (*siehe oben*) ② *abbr di* **vedi sotto** s.u. (*siehe unten*)

**V.S.** *abbr di* **Vostra Santità** Eure Heiligkeit

**vs., Vs.** *abbr di* **vostro** ihr(e), Ihr(e)

**VT** *abbr di* **Vecchio Testamento** A.T.

**VU** *abbr di* **Vigile Urbano** (*Verkehrs*)polizist

**vu cumprà** [vukum'pra] <-> *mf* (*pej*) fliegende(r) Händler(in) *m(f)*

**vulcaniano, -a** [vulka'nia:no] *agg* Eruptions-; **fase -a** (GEOL) Eruption[sphase] *f* **vulcanico, -a** [vul'ka:niko] <-ci, -che> *agg* ① (GEOL) vulkanisch, Vulkan-; **eruzione -a** Vulkanausbruch *m* ② (*fig: cervello, persona*) sprühend **vulcanismo** [vulka'nizmo] *m* Vulkanismus *m*

**vulcanite** [vulka'ni:te] *f* Vulkanit *m*

**vulcanizzare** [vulkanid'dza:re] *vt* vulkanisieren **vulcanizzazione** [vulkaniddzat'tsio:ne] *f* Vulkanisierung *f*, Vulkanisation *f*

**vulcano** [vul'ka:no] *m* ① (GEOL) Vulkan *m*; **essere seduto su un ~** (*fig*) wie auf einem Pulverfass sitzen ② (*fig: persona*) Vulkan *m*, Naturereignis *nt* **vulcanologia** [vulkanolo'dʒi:a] <-gie> *f* Vulkanologie *f*

**vulgata** [vul'ga:ta] *f* Vulgata *f*

**vulnerabile** [vulne'ra:bile] *agg* verwundbar, verletzbar; **lato ~** empfindliche Stelle, wunder Punkt **vulnerabilità** [vulnerabili'ta] <-> *f* Verletzbarkeit *f*, Verwundbarkeit *f*

**vulnus** ['vulnus] <vulnera> *m* (JUR) Rechtsbruch *m*

**vulva** ['vulva] *f* Schamlippen *fpl*, Vulva *f*

**vuoi, vuole** ['vuɔːi, 'vuɔːle] 2. *e* 3. *pers sing pr di* **volere**¹

**vuotare** [vuo'ta:re] I. *vt* [ent-, aus-]leeren, leer machen II. *vr* **-rsi** sich leeren

**vuoto** ['vuɔ:to] *m* ① (PHYS) Vakuum *nt*; **sotto ~ spinto** vakuumverpackt ② (*spazio*) Leere *f*, Hohlraum *m*; **~ d'aria** Luftloch *nt*; **cadere nel ~** ins Leere fallen ③ (*recipiente*) Leergut *nt*, Pfandflasche *f*; **~ a perdere** Wegwerf-, Einwegflasche *f*; **restituzione dei -i** Leergutrückgabe *f* ④ (*fig*) Loch *nt*, Leere *f*; **colmare un ~** ein Loch füllen; **parlare a ~** ins Leere hineinreden ⑤ **a ~** (FIN) ungedeckt; (TEC, MOT) im Leerlauf

**vuoto, -a** *agg* leer; **a stomaco ~** mit leerem Magen, auf leeren Magen; **arrivare a mani -e** mit leeren Händen [an]kommen; **avere il cervello ~** ein Hohlkopf sein *fam*

**Vurtemberga** [vurtem'bɛrga] *f* Württemberg *nt*

**vv** *abbr di* **versi** Verse

# Ww

**W, w** [vu d'doppia] <-> *f* W, w *nt;* **w come Washington** W wie Wilhelm

**W** *abbr di* **watt** W

**wafer** ['va:fer] <-> *m* Waffel *f*

**waffle** ['waf(ə)l] <-> *m* Waffel *f*

**wage ceiling** [weidʒ 'si:liŋ] <- *o* -s-> *m* tarifliche Obergrenze **wage floor** ['weidʒ flɔ:] <- *o* -s-> *m* tarifliche Untergrenze **wage freeze** ['weidʒ fri:z] <- *o* wage freezes> *m* Nullrunde *f*

**wagon-lit** [vagɔ̃'li] <-> *m* Schlafwagen *m*

**wagon-restaurant** [vagɔ̃rɛstɔ'rɑ̃] <-> *m* Speisewagen *m*

**walkie-cup** ['wɔ:kikʌp] <- *o* walkie-cups> *f* Einwegbecher *m* mit Deckel

**walkie-talkie** ['wɔ:ki'tɔ:ki] <-> *m* Walkie-Talkie *nt*

**walking** ['wɔlkiŋ] <-> *m* (SPORT) Gehen *nt*

**walkman** ['wɔ:kmən] <- *o* walkmen> *m* Walkman *m*

**war game** ['wɔ: geim] <- *o* war games> *m* ❶ (MIL) Kriegsspiel *nt*, Planspiel *nt* ❷ (*gioco, videogioco*) Kriegsvideospiel *nt*

**wash-and-wear** ['wɔʃən(d)'wɛə] <inv> *agg* pflegeleicht

**water-closet** ['wɔ:tə'klɔzit] <-> *m* Wasserklosett *nt*

**waterproof** ['wɔ:təpru:f] <inv> *agg* wasserdicht

**watt** [vat] <-> *m* Watt *nt* **wattora** [vat'to:ra] <-> *f* Wattstunde *f*

**way of life** ['wei ov 'laif] <- *o* ways of life> *f* Way of Life *m*

**wc** [vut'tʃi *o* vit'tʃi] <-> *m v.* **water closet** WC *nt*

**webcast** ['webkast] <*sing*> *m* (INET) Webcasting *nt*, Webcast-Technologie *f* **webcasting** ['webkastiŋ] <-> *m* (INET: *trasmissione*) Webcast *m* **web community** [web kom'ju:niti] <*sing*> *f* (INET) Webcommunity *f*, Netzgemeinschaft *f* **webmail** ['web meil] <-> *f* (INET) Webmail *f o nt* **website** ['websait] <-> *m* (INFORM) Website *f*

**weekend** ['wi:kɛnd *o* wi:'kɛnd] <-> *m* Wochenende *nt;* **~ di benessere** Wellnesswochenende, Wohlfühlwochenende

**weekendista** [wıkεn'dista] <-i *m*, -e *f*> *mf* Wochenendurlauber(in) *m(f)*

**welcome** ['wεlkəm] *int* Willkommen!

**welfare state** ['wɛlfεə 'steit] <*sing*> *m* Wohlfahrtsstaat *m*

**western** ['wεstən *o* 'wεstern] **I.** <inv> *agg* Western- **II.** <-> *m* Western *m;* **~ all'italiana** Italo-Western *m*

**whisky** ['wiski] <-> *m* Whisky *m*

**whisky-à-gogo** ['wiski a go'go] <-> *m* Diskothek *f*, Tanzkeller *m*

**window dressing** ['windou 'dresiŋ] <-> *m* Schaufensterdekoration *f*

**windsurf** ['windsə:f] <-> *m* Windsurfen *nt,* -surfing *nt;* (*tavola*) Surfbrett *nt* **windsurfer** ['windsə:fə] <- *o* windsurfers> *mf* (SPORT) Windsurfer(in) *m(f)* **windsurfing** ['windsə:fiŋ] <-> *m* (SPORT) Windsurfen *nt* **windsurfista** [windser'fista] <-i *m*, -e *f*> *mf* (SPORT) Windsurfer(in) *m(f)*

**woofer** ['wu:fə] *m* (*altoparlante per i toni bassi*) Bassbox *f*

**word processing** [wə:d 'prousesiŋ] <-> *m* (INFORM) Textverarbeitung *f* **word processor** [wə:d 'prousesə] <-> *m* (INFORM) Textverarbeitungsprogramm *nt*

**work song** ['wə:k sɔŋ] <work songs> *m* (MUS) Worksong *m*

**workstation** ['wə:k'steiʃən] <- *o* workstations> *f* (INFORM) Workstation *f*

**World Wide Web** <-> *m* (INFORM) World Wide Web *nt*

**wrestling** ['rεsliŋ] <*sing*> *m* (SPORT) Wrestling *nt*

**würstel** ['vyrstəl] <-> *m* Würstchen *nt*, Würstel *nt dial*

**WWF** [vu'vuεffe] *m abbr di* **Worldwide Fund for Nature** (*Fondo Mondiale per la Natura*) WWF *m*

**WWW** [vu:vu'vu] *m abbr di* **World Wide Web** WWW *nt*

# X x

**X, x** [iks] I. <-> *f* X, x *nt;* **x come xilofono** X wie Xanthippe; **gambe a X** X-Beine *ntpl* II. *agg* **il signor x** der Herr X; **l'ora/il giorno x** die Stunde/der Tag X; **raggi x** Röntgenstrahlen *mpl*, X-Strahlen *mpl*

**xeno** ['kseːno] *m* Xenon *nt*

**xenobiotico, -a** [ksenoˈbiotiko] <-ci, -che> *agg* (MED) xenobiotisch; **sostanza -a** Xenobiotikum *nt*

**xenodollaro** [ksenoˈdɔllaro] *m* (FIN) Dollar *m* als Fremdwährung

**xenoecologia** [ksenoekoloˈdʒiːa] *f* ökologische Raumforschung **xenoecologo, -a** [ksenoeˈkɔːlogo] <-gi, -ghe> *m, f* Weltraumökologe *m*/-ökologin *f*

**xenofilia** [ksenofiˈliːa] <-ie> *f* ❶ (*esterofilia*) Xenophilie *f* ❷ (ZOO) Xenophilie *f* **xenofilo, -a** [kseˈnɔːfilo] I. *agg* ❶ (*esterofilo*) xenophil ❷ (ZOO) xenophil II. *m, f* Xenophile(r) *f(m)*

**xenofoba** *f v.* **xenofobo**

**xenofobia** [ksenofoˈbiːa] *f* Fremdenhass *m*, Ausländerfeindlichkeit *f* **xenofobico, -a** [ksenoˈfɔːbiko] <-ci, -che> *agg* ausländerfeindlich, xenophob **xenofobo, -a** [kseˈnɔːfobo] I. *agg* fremden-, ausländerfeindlich II. *m, f* Fremdenhasser(in) *m(f)*, Ausländerfeind(in) *m(f)*

**xenotrapianto** [ksenotraˈpianto] *m* (MED) Xenotransplantation *f*, Heterotransplantation *f*

**xenovaluta** [ksenovaˈluːta] *f* (FIN) Fremdwährung *f*

**xerocopia** [kseroˈkɔːpia] *f* Xerokopie *f* **xerocopiare** [kserokoˈpiaːre] *vt* xerokopieren **xerocopiatrice** [kserokopiaˈtriːtʃe] *f* Xerokopierer *m*

**xerofito, -a** [kseˈrɔːfito] I. *agg* an trockene Standorte angepasst II. *m, f* Xerophyt *m*

**xerografia** [kserograˈfiːa] *f* Xerographie *f* **xerografico, -a** [kseroˈgraːfiko] <-ci, -che> *agg* xerographisch

**xilofago, -a** [ksiˈlɔːfago] <-ci, -ghe> I. *agg* holzfressend II. *m* Holzfresser *m*

**xilofonista** [ksilofoˈnista] <-i *m*, -e *f*> *mf* Xylophonspieler(in) *m(f)* **xilofono** [ksiˈlɔːfono] *m* Xylophon *nt*

**xilografia** [ksilograˈfiːa] *f* ❶ (*arte*) Holzschneidekunst *f*, Xylographie *f* ❷ (*copia*) Holzschnitt *m*

**xografia** [ksograˈfiːa] <-ie> *f* (FOTO) Xographie *f* **xografico, -a** [ksoˈgraːfiko] <-ci, -che> *agg* (FOTO) xographisch

**x-rated** [eksˈreitid] <inv> *agg* indiziert, auf dem Index stehend; **film ~** indizierter Film

**X-ray** [ˈɛksrei] <- *o* X-rays> *m* ❶ (MED) Röntgenuntersuchung *f* ❷ (*raggi X*) Röntgenstrahlen *mpl*, X-Strahlen *mpl*

# Y y

**Y, y** ['ipsilon] <-> *f* Y, y *nt;* **y come yacht** Y wie Ypsilon
**yacht** [jɔt] <-> *m* Jacht *f,* Yacht *f*
**yachting** ['jɔtiŋ] <-> *m* Jachtsport *m;* (*a vela*) Segelsport *m* **yachtsman** ['jɔtsmən] <-> *m* Jachtfahrer *m,* Jachtbesitzer *m*
**yak** [jæk *o* jak] <-> *m* Jak *m,* Yak *m*
**yes-man** ['jɛsmən] <- *o* yes-men> *m* Jasager(in) *m(f),* Person, die zu allem Ja und Amen sagt
**yeti** ['iɛti] *m* Yeti *m*
**yoga** ['jo:ga] I. <-> *m* Yoga *m o nt* II. <inv> *agg* Yoga-
**yogurt** ['iɔ:gurt] <-> *m v.* **iogurt**
**yogurtiera** [iogur'tie:ra] *f* Jog[h]urtbereiter *m*
**yo-yo** ['joujou] <-> *m* Jo-Jo *nt*
**ypsilon** ['ipsilon] <-> *f o m v.* **ipsilon**
**yucca** ['iukka] <-cche> *f* Yucca *f,* Palmlilie *f*
**yuppie** ['jʌpi] I. <- *o* yuppies> *mf* Yuppie *m* II. <inv> *agg* Yuppie-; **look** ~ Yuppie-Look *m* **yuppismo** [iu'pizmo] *m* Karrierebewusstsein *nt,* Streben *nt* nach sozialem Aufstieg **yuppista** [iu'pista] *agg* Yuppie-, yuppiehaft

# Z z

**Z, z** ['dzɛ:ta] <-> *f* Z, z *nt;* **z come Zara** Z wie Zacharias; **dall'a alla z** von A bis Z
**zabaione** [dzaba'io:ne] *m* Zabaione *f* (*Schaumcreme aus Ei, Zucker und Marsala*)
**zacchera** ['tsakkera] *f* Schmutzspritzer *m*
**zaffata** [tsaf'fa:ta] *f* übelriechende Dunstwolke
**zafferano** [dzaffe'ra:no] *m* ① (BOT) Safran *m* ② (*colore*) Safran[gelb] *nt*
**zaffiro** [dzaf'fi:ro] *m* ① (MIN) Saphir *m* ② (*colore*) Saphirblau *nt*
**Zagabria** [dza'ga:bria] *f* Zagreb *nt*
**zagara** ['dza:gara] *f* Blüte *f* der Zitrusgewächse
**zaino** ['dza:ino] *m* Rucksack *m;* (MIL) Tornister *m*
**zampa** ['tsampa] *f* ① (ZOO: *gamba*) Bein *nt,* Lauf *m;* (*piede*) Fuß *m;* (*di cani, gatti*) Pfote *f;* (*di fiere*) Pranke *f,* Tatze *f;* **-e di gallina** (*fig: intorno agli occhi*) Krähenfüße *mpl fam;* (*scrittura illeggibile*) Gekrakel *nt,* Gekritzel *nt* ② (*fig pej: gamba dell'uomo*) Hachse *f fam;* (*mano*) Pfote *f fam;* **a quattro -e** auf allen vieren; **giù le -e!** Pfoten weg! ③ (GASTR) Hachse *f,* Haxe *f südd* ④ (*di mobili*) Fuß *m;* (*di tavolino, sedia*) Bein *nt*
**zampata** [tsam'pa:ta] *f* Pfoten-, Prankenhieb *m*
**zampettare** [tsampet'ta:re] *vi* (*fam*) [herum]trippeln
**zampetto** [tsam'petto] *m* (GASTR) Hachse *f,* Haxe *f südd*
**zampillare** [tsampil'la:re] *vi* essere *o* avere herausspritzen, herausschießen **zampillio** [tsampil'li:o] <-ii> *m* [andauerndes] Herausspritzen *nt* **zampillo** [tsam'pillo] *m* Strahl *m*
**zampino** [tsam'pi:no] *m* kleine Pfote, Pfötchen *nt;* **mettere** [*o* **ficcare** *fam*] **lo ~ in qc** seine Hand bei etw im Spiel haben
**zampirone** [dzampi'ro:ne] *m* Räucher-, Insektenvertilgungsspirale *f*
**zampogna** [tsam'poɲɲa] *f* Sackpfeife *f*
**zampone** [tsam'po:ne] *m* Pranke *f;* **~ di Modena** *gefüllter Schweinsfuß*
**zana** ['tsa:na *o* 'dza:na] *f* ① (*cesta*) Spankorb *m* ② (*culla*) [korbförmige] Wiege *f*
**zangola** ['tsaŋgola *o* 'dzaŋgola] *f* (*per fare il burro*) Butterfass *nt;* (*per baccalà, ceci*) Holzgefäß *nt,* Holzfass *nt*
**zanna** ['tsanna] *f* ① (ZOO) Stoßzahn *m,* Hauer *m* ② *pl* (*pej, scherz*) Hauer *mpl*
**zanzara** [dzan'dza:ra] *f* (ZOO) [Stech]mücke *f,* Gelse *f A* **zanzaricida** [dzandzari'tʃi:da] <-i *m,* -e *f*> *m* Mittel *nt* gegen Mücken, Insektenspray *nt* **zanzariera** [dzandza'riɛ:ra] *f* Mücken-, Moskitonetz *nt*
**zanzarifugo** [dazndza'ri:fugo] <-ghi> *m* Mückenabwehrmittel *nt*
**zappa** ['tsappa] *f* Hacke *f;* **darsi la ~ sui piedi** (*fig*) sich *dat* ins eigene Fleisch

schneiden, sich *dat* [selbst] ins Knie schießen *fam* **zappare** [tsap'pa:re] I. *vt* (AGR) hacken II. *vi* (*fare zapping*) zappen **zappata** [tsap'pa:ta] *f* Hieb *m* mit der Hacke **zappaterra** [tsappa'tɛrra] <-> *mf* ❶ (*contadino*) Feldarbeiter(in) *m(f)* ❷ (*fig, pej*) Bauer *m*, Tölpel *m*
**zappatore** [tsappa'to:re] *m* (MIL: *Pionier*) Sappeur *m*
**zappatore, -trice** *m, f* (AGR) Feldarbeiter(in) *m(f)*
**zappatrice** [tsappa'tri:tʃe] *f* (AGR) Hackmaschine *f*
**zappatura** [tsappa'tu:ra] *f* [Um]hacken *nt*
**zappetta** [tsap'petta] *f* ❶ (AGR) kleine Hacke, Kombihacke *f* ❷ (TEC: *chiodo*) Zwecke *f*
**zapping** ['zæpiŋ] <-> *m* Zappen *nt;* **fare lo ~** zappen
**zar** [tsar] <-> *m*, **zarina** [tsa'ri:na] *f* Zar(in) *m(f)* **zarista** [tsa'rista] <-i *m*, -e *f*> I. *mf* Zarist(in) *m(f)*, Anhänger(in) *m(f)* des Zaren II. *agg* zaristisch
**zattera** ['tsattera *o* 'dzattera] *f* Floß *nt*
**zatterone** [dzatte'ro:ne *o* tsatte'ro:ne] *m* ❶ (*grossa zattera*) Schnake *f* ❷ (*edilizia*) Schwellrost *m* ❸ (*calzatura estiva*) Schuh *m* mit Keilabsatz
**zavorra** [dza'vɔrra] *f* ❶ (NAUT, AERO) Ballast *m* ❷ (*fig, pej: cosa*) unnützes Zeug, Ballast *m;* (*persona*) Nichtsnutz *m* **zavorrare** [dzavor'ra:re] *vt* mit Ballast versehen
**zazzera** ['tsattsera] *f* ❶ (*pej, scherz*) [Löwen]mähne *f* ❷ (*capigliatura*) Langhaarschnitt *m*, schulterlanges Haar **zazzeruto, -a** [tsattse'ru:to] *agg* (*pej, scherz*) langhaarig
**zebra** ['dzɛ:bra] *f* ❶ (ZOO) Zebra *nt* ❷ *pl* (*fam*) Zebrastreifen *m* **zebrato, -a** [dze'bra:to] *agg* [schwarz und weiß] gestreift **zebratura** [dzebra'tu:ra] *f* Zebramuster *nt*
**zebù** [dze'bu] <-> *m* Zebu *m o nt*
**zecca** ['tsekka] <-cche> *f* ❶ (*officina di conio*) Münzstätte *f*, Münze *f;* **nuovo di ~** (*fig*) nagelneu ❷ (ZOO) Zecke *f*, Zeck *m* A, südd
**zecchino** [tsek'ki:no] *m* Zechine *f;* **oro ~** reinstes Gold, Dukatengold *nt*
**zefiro** ['dzɛ:firo] *m* (*poet*) Zephir *m*
**zelante** [dze'lante] *agg* eifrig, dienstflissen **zelo** ['dzɛ:lo] *m* Eifer *m*
**zen** [dzɛn] I.<-> *m* Zen *nt* II.<inv> *agg* Zen-
**zenit** ['dzɛ:nit] <-> *m* Zenit *m*
**zenzero** ['dzendzero] *m* Ingwer *m*
**zeppa** ['tseppa] *f* Keil *m*

**zeppelin** ['tsɛpəli:n] <-> *m* Zeppelin *m*
**zeppo, -a** ['tseppo] *agg* (*fam*) **~ di** vollgestopft mit; (*fig*) voll von, voller; **essere pieno ~** (*fam*) proppenvoll sein
**zerbino** [dzer'bi:no] *m* Fußabtreter *m*, Fußmatte *f*
**zerbinotto** [dzerbi'nɔtto] *m* Geck *m*
**zero** ['dzɛ:ro] I.<-> *m* ❶ (*gener, MAT*) Null *f;* (*fig* PHYS) Nullpunkt *m;* **essere uno ~** (*fig*) eine Null sein *fam;* **essere ridotto a ~** (*fam*) völlig abgebrannt sein; **sparare a ~** das Magazin leer schießen; (*fig*) blind in die Menge schießen; **sparare a ~ contro** [*o* a] **qu** (*fig*) jdn hart angreifen; **~ virgola otto** null Komma acht; **3 gradi sotto ~** 3 Grad unter null ❷ (*voto scolastico*) ≈ ungenügend, sechs ❸ (*di capelli*) Kahlschnitt *m;* **rapare a ~** kahl scheren II. *num* null; **l'ora ~** null Uhr, Mitternacht *f;* (*fig*) die Stunde null
**zeta** ['dzɛ:ta] <-> *f v.* **Z, z**
**zeugma** ['dzɛ:ugma] <-i> *m* Zeugma *nt*
**zia** ['tsi:a] <zie> *f* Tante *f*
**zibaldone** [dzibal'do:ne] *m* ❶ (LIT) Notizen-, Aphorismensammlung *f* ❷ (*pej*) Sammelsurium *nt*, Mischmasch *m*
**zibellino** [dzibel'li:no] *m* Zobel *m*
**zibetto** [dzi'betto] *m* ❶ (ZOO) Zibetkatze *f* ❷ (*sostanza*) Zibet *m*
**zibibbo** [dzi'bibbo] *m* muskatellerartige Weintraubensorte
**zigano, -a** [tsi'ga:no] *pej* I. *m, f* Zigeuner(in) *m(f) pej* II. *agg* Zigeuner- *pej*
**zigomo** ['dzi:goma] *m* Jochbogen *m*, Wangenbein *nt*
**zigrinare** [dzigri'na:re] *vt* ❶ (*pelle*) chagrinieren, narben ❷ (*moneta*) rändeln **zigrinato, -a** [dzigri'na:to] *agg* ❶ (*ruvido*) aufgeraut, gekörnt ❷ (*tratteggiato*) gerändelt
**zigrinatura** [dzigrina'tu:ra] *f* ❶ (*di cuoio*) Narbung *f* ❷ (*nella coniatura, nella meccanica*) Rändelung *f*
**zigzag, zig-zag** [dzig'dzag] <-> *m* Zickzack *m*, Zickzacklinie *f* **zigzagante** [dzigdza'gante] *agg* im Zickzack [verlaufend]; (*fig*) komplex, schwankend; **analisi ~** komplex verlaufende Analyse **zigzagare** [dzigdza'ga:re] *vi* im Zickzack gehen
**zimbello** [tsim'bɛllo *o* dzim'bɛllo] *m* ❶ (*fig*) Zielscheibe *f* des Spottes ❷ (ZOO: *uccello*) Lockvogel *m*
**zincare** [tsiŋ'ka:re *o* dziŋ'ka:re] *vt* verzinken **zincatura** [tsiŋka'tu:ra *o* dziŋka'tu:ra] *f* ❶ (*operazione*) Verzinken *nt* ❷ (*rivestimento*) Verzinkung *f*, Zinkschicht *f*

**zinco** ['tsiŋko *o* 'dziŋko] *m* Zink *nt*
**zingara** *f v.* **zingaro**
**zingaresco, -a** [tsinga'resko *o* dziŋga-'resko] <-schi, -sche> *agg pej* Zigeuner- *pej* **zingaro, -a** ['tsiŋgaro *o* 'dziŋgaro] *m, f pej* Zigeuner(in) *m(f) pej*
**zinzino** [tsin'tsi:no *o* dzin'dzi:no] *m* Bisschen *nt;* (GASTR) Prise *f*
**zio** ['tsi:o] <zii> *m* ❶ (*uomo*) Onkel *m* ❷ *pl* (*zio e zia*) Onkel und Tante
**zip** [dzip] <-> *m* Reißverschluss *m,* Zippverschluss *m* A
**zippare** [dzip'pa:re] *vt* (INFORM) zippen **zippato, -a** [dzip'pa:to] *agg* gezippt; **file** ~ Zip-Datei *f*
**zircone** [dzir'ko:ne] *m* Zirkon *m*
**zirlare** [dzir'la:re *o* tsir'la:re] *vi* singen, pfeifen **zirlo** ['dzirlo *o* 'tsirlo] *m* Singen *nt,* Pfeifen *nt*
**zite** ['tsi:te] *fpl* dicke Makkaronisorte
**zitellaggio** [tsitel'laddʒo *o* dzitel'laddʒo] <-ggi> *m* Altjungfernstand *m obs* **zitellesco, -a** [tsitel'lesko *o* dzitel'lesko] <-schi, -sche> *agg* (*scherz o pej*) altjüngferlich; **modo** ~ altjüngferliche Art
**zit(t)ella** [tsi'tɛlla *o* dzi'tɛlla (dzit'tɛlla)] *f* ❶ (*donna nubile*) ledige Frau ❷ (*pej*) alte Jungfer **zit(t)ellone** [tsi(t)tel'lo:ne *o* dzi(t)tel'lo:ne] *m* (*scherz*) [eingefleischter] Junggeselle *m*
**zittire** [tsit'ti:re] <zittisco> I. *vi* zischen II. *vt* auspfeifen, auszischen
**zitto, -a** ['tsitto] I. *agg* still, ruhig; **sta'** ~ ! (*fam*) sei still!; ~ ~ (*fam*) mucksmäuschenstill II. *int* ruhig, Ruhe
**zizzania** [dzid'dza:nia] <-ie> *f* ❶ (*fig*) Zwietracht *f,* Unfrieden *m* ❷ (BOT) Taumellolch *m*
**zoccolare** [tsokko'la:re] *vi* (*fam*) [mit Holzpantinen] klappern
**zoccolo** ['tsɔkkolo] *m* ❶ (*calzatura*) [Holz]pantine *f,* Holzschuh *m* ❷ (ZOO) Huf *m* ❸ (ARCH) [Wand]sockel *m* ❹ (*di colonna, monumento*) Fuß *m* ❺ (GEOG) [Kontinental]sockel *m*
**zodiacale** [dzodia'ka:le] *agg* Tierkreis- **zodiaco** [dzo'di:ako] <-ci> *m* Tierkreis *m;* **i segni dello** ~ die Tierkreiszeichen *ntpl*
**zolfanello** [tsolfa'nɛllo] *m* Zünd-, Streichholz *nt*
**zolfatara** [tsolfa'ta:ra] *f v.* **solfatara**
**zolfo** ['tsolfo] *m* Schwefel *m*
**zolla** ['dzɔlla *o* 'tsɔlla] *f* [Erd]scholle *f* **zolletta** [dzol'letta *o* tsol'letta] *f* Würfelchen *nt,* Stückchen *nt;* **zucchero in -e** Würfelzucker *m*

**zombie** ['zɔmbi] <-> *m* Zombi *m;* **credere negli** ~ an Zombies glauben; **sembrare uno** ~ (*fig*) ein Zombi sein
**zompare** [tsom'pa:re] *vi essere* (*dial: saltare*) hüpfen, springen
**zona** ['dzɔ:na] *f* ❶ (*striscia*) Streifen *m,* Gürtel *m* ❷ (*regione*) Gebiet *nt,* Zone *f;* (GEOG) Region *f,* Gegend *f;* (*climatica*) Zone *f;* ~ **collinare** Hügelland *nt;* ~ **desertica** Wüstengegend *f;* ~ **di montagna** Bergregion *f;* ~ **di libero scambio** Freihandelszone *f;* ~ **sismica** Erdbebengebiet *nt* ❸ (ADM: *rione*) Stadtbezirk *m,* Stadtviertel *nt;* ~ **blu** [*o* **disco**] blaue Zone; ~ **industriale** Industriegebiet *nt;* ~ **pedonale** Fußgängerzone *f;* ~ **residenziale** Wohngebiet *nt,* Wohnbezirk *m;* ~ **verde** Grünanlagen *fpl;* ~ **vietata** Sperrgebiet *nt* ❹ (SPORT) [Spiel]bereich *m* ❺ (TEL: *nastro ricevente*) Papierstreifen *m* ❻ (RADIO) Bereich *m;* ~ **d'ascolto** Hörbereich *m*
**zonista** [dzo'nista] <-i *m,* -e *f*> I. *agg* (SPORT) raumdeckend; **tattica** ~ Raumdeckung *f* II. *mf* (SPORT) Raumdecker(in) *m(f)*
**zonizzare** [dzonid'dza:re] *vt* in Zonen aufteilen **zonizzazione** [dzoniddzat'tsio:ne] *f* Aufteilung *f* in Zonen
**zonzo** ['dzondzo] (*fam*) **andare a** ~ bummeln gehen
**zoo** ['dzɔ:o] <-> *m* Zoo *m* **zoocida** [dzoo'tʃi:da] <-i *m,* -e *f*> I. *agg* Parasiten-, parasitentötend; **prodotto** ~ Mittel *nt* gegen Parasiten II. *m* Mittel *nt* gegen Parasiten
**zoofilo, -a** [dzoˈɔ:filo] I. *agg* tierliebend; **società -a** Tierschutzverein *m* II. *m, f* Tierliebhaber(in) *m(f),* Tierfreund(in) *m(f)*
**zoologa** *f v.* **zoologo**
**zoologia** [dzoolo'dʒi:a] <-gie> *f* Zoologie *f,* Tierkunde *f* **zoologico, -a** [dzoo'lɔ:dʒiko] <-ci, -che> *agg* zoologisch **zoologo, -a** [dzo'ɔ:logo] <-gi, -ghe> *m, f* Zoologe *m* / Zoologin *f*
**zoom** [zu:m] <-> *m* Zoom[objektiv] *nt*
**zooparassita** [dzooparas'si:ta] *m* Parasit *m*
**zootecnia** [dzootek'ni:a] <-ie> *f* Vieh-, Tierzucht *f* **zootecnico, -a** [dzoo'tɛkniko] <-ci, -che> I. *agg* Vieh-, Viehzucht- II. *m, f* Viehzüchter(in) *m(f)*
**zoppa** *f v.* **zoppo**
**zoppicante** [tsoppi'kante] *agg* hinkend, lahmend; (*verso, periodo*) holperig
**zoppicare** [tsoppi'ka:re] *vi* ❶ (*persona*) hinken, humpeln; (*animale*) lahmen, hinken ❷ (*mobile, tavolino*) wackeln ❸ (*fig fam: persona*) schwach sein; (*periodo,*

*verso*) holperig sein, hinken; (*ragionamento*) hinken, nicht stimmen **zoppo, -a** ['tsɔppo] **I.** *m, f* Hinkende(r) *f(m)*, Lahme(r) *f(m)* **II.** *agg* ❶ (*persona, piede*) hinkend, lahm; **è ~ dalla gamba destra** er hinkt auf [*o* mit] dem rechten Bein ❷ (*fig*) nicht stimmig, hinkend

**zotica** *f v.* **zotico**

**zoticaggine** [dzoti'kaddʒine] *f,* **zotichezza** [dzoti'kettsa] *f* Grobheit *f,* Plumpheit *f*

**zotico, -a** ['dzɔ:tiko] <-ci, -che> **I.** *agg* grob, plump **II.** *m, f* Grobian *m,* Flegel *m*

**zuavo, -a** [dzu'a:vo] **I.** *agg* Zuaven-; **pantaloni alla -a** [Knie]bundhosen *fpl,* Knickerbocker *pl* **II.** *m, f* Zuave *m*

**zucca** ['tsukka] <-cche> *f* ❶ (BOT) Kürbis *m;* **~ hokkaido** Hokkaido *m* ❷ (*fam scherz*) Rübe *f,* Birne *f;* **~ pelata** (*fam*) Glatzkopf *m* **zuccata** [tsuk'ka:ta] *f* (*fam*) Stoß *m* mit dem Kopf

**zuccherare** [tsukke'ra:re] *vt* zuckern, süßen **zuccherato, -a** [tsukke'ra:to] *agg* ❶ (*caffè, tè*) gezuckert, gesüßt ❷ (*fig*) süßlich, zuckersüß **zuccheriera** [tsukke'riɛ:ra] *f* Zuckerdose *f* **zuccheriero, -a** [tsukke'riɛ:ro] *agg* Zucker- **zuccherificio** [tsukkeri'fi:tʃo] <-ci> *m* Zuckerfabrik *f*

**zuccherino** [tsukke'ri:no] *m* ❶ (*pezzetto di zucchero*) Zuckerstück *nt,* Zuckerl *nt A, südd;* (*dolcino*) Bonbon *m o nt* ❷ (*fig*) Trostpflaster *nt*

**zuccherino, -a** *agg* zuckerhaltig, Zucker-; (*dolce*) [zucker]süß

**zucchero** ['tsukkero] *m* Zucker *m;* **~ filato** Zuckerwatte *f;* **~ vanigliato** Vanillezucker *m;* **~ di barbabietola** Rübenzucker *m;* **~ di canna** Rohrzucker *m;* **~ in polvere** Puderzucker *m;* **~ in zollette** Würfelzucker *m;* **dolce come lo ~** (*a. fig*) zuckersüß **zuccheroso, -a** [tsukke'ro:so] *agg* ❶ (*frutta*) zuckersüß ❷ (*fig: parole*) süßlich, [honig]süß

**zucchina** [tsuk'ki:na] *f,* **zucchino** [tsuk'ki:no] *m* Zucchino *m;* **-e** (GASTR) Zucchini *mpl*

**zuccona** *f v.* **zuccone**

**zucconaggine** [tsukko'naddʒine] *f* Begriffsstutzigkeit *f*

**zuccone** [tsuk'ko:ne] *m* (*testa grossa*) dicker Kopf

**zuccone, -a** *m, f* (*fam fig*) Hohlkopf *m;* (*testardo*) Dickkopf *m*

**zuccotto** [tsuk'kɔtto] *m Halbkugel aus Halbgefrorenem, gefüllt mit Sahne, kandierten Früchten und Schokoladenstückchen*

**zuffa** ['tsuffa] *f* Rauferei *f*

**zufolare** [tsufo'la:re] **I.** *vi* auf der Hirtenflöte blasen **II.** *vt* pfeifen

**zufolo** ['tsu:folo] *m* Hirtenflöte *f*

**zumare** [dzu'ma:re] **I.** *vi* (FILM, TV) zoomen; **~ su un particolare** ein Detail zoomen **II.** *vt* (FILM, TV, FOTO) heranzoomen **zumata** [dzu'ma:ta] *f* (FILM, TV) Zoomen *nt*

**Zumba**® ['dzumba] *f* Zumba® *nt*

**zuppa** ['tsuppa] *f* ❶ (GASTR) Suppe *f;* **~ di pesce** Fischsuppe *f;* **~ di verdura** Gemüsesuppe *f;* **~ inglese** *Süßspeise aus verschiedenen Cremeschichten und mit Likör getränkten Biskuitböden;* **se non è ~ è pan bagnato** (*prov*) es ist gehupft wie gesprungen ❷ (*fig*) Mischmasch *m fam*

**zuppetta** [tsup'peta] *f* Süppchen *nt;* **fare [la] ~ nel caffè** Kekse in Kaffee eintunken

**zuppiera** [tsup'piɛ:ra] *f* Suppenschüssel *f*

**zuppo, -a** ['tsuppo] *agg* (*fam*) klatschnass

**Zurigo** [dzu'ri:go] *m* (*cantone*) Zürich *nt;* (*città*) Zürich *nt*

**zuzzerellone, -a** [dzuddzerel'lo:ne] *m, f,* **zuzzurullone, -a** [dzuddzurul'lo:ne] *m, f* (*fam*) Kindskopf *m*

# Aa

**A, a** [aː] <-, -(s)> *nt* ❶ (*Buchstabe*) A, a *f*; **A wie Anton** A come Ancona; **das A und O einer Sache** il nocciolo [*o* succo] di una cosa; **von A bis Z** dall'a alla zeta; **von A bis Z erfunden** inventato di sana pianta; **wer A sagt, muss auch B sagen** (*prov*) quando si è in ballo, bisogna ballare ❷ (MUS) la *m*

**a** *abk v* **Ar** a

**à** [aː] *prp* +*acc* da, per; **zehn Stück à zwei Euro** dieci pezzi da [*o* per] due euro

**A** ❶ *abk v* **Ampere** A ❷ *abk v* **Autobahn** A ❸ *abk v* **Austria** A

**AA** ❶ *abk v* **Auswärtiges Amt** *Aff. Est.* ❷ *abk v* **Anonyme Alkoholiker** alcolisti *mpl* anonimi

**Aa** [aˈʔa] <-> *kein Pl. nt* (*Kindersprache*) cacca *f*; **~ machen** fare la cacca

**Aachen** [ˈaːxən] *nt* Aquisgrana *f*

**Aal** [aːl] <-(e)s, -e> *m* anguilla *f*

**aalglatt** *adj* (*fig pej*) viscido, infido

**a.a.O** *abk v* **am angegebenen Ort** loc. cit.

**Aargau** [ˈaːɐ̯gaʊ] *m* Argovia *f*

**Aas** [aːs] <-es, -e> *nt* ❶ (*Tierleiche*) carogna *f* ❷ (*fam pej*) carogna *f*; **es war kein ~ da!** (*fam*) non c'era anima viva!

**Aasgeier** *m* ❶ (ZOO) avvoltoio *m* ❷ (*fam pej*) avvoltoio *m*

**ab** [ap] I. *prp* +*dat* ❶ (*räumlich*) da; (COM) franco; **~ Lager** magazzino franco ❷ (*zeitlich*) [a partire] da, da ... in poi; **~ [dem] ersten April** dal primo aprile; **Jugendliche ~ 16 [Jahren]** ragazzi dai 16 anni in poi; **von jetzt ~** d'ora in poi II. *adv* ❶ (*weg*) **~ ins Bett!** avanti, a letto!; **gleich hinter der Kreuzung links ~** gira a sinistra subito dopo l'incrocio; **Köln ~ 7.15** partenza da Colonia alle 7.15 ❷ (*fam: abgetrennt*) staccato ❸ (*herunter, hinunter*) giù, abbasso; **Hut ~!** (*fig*) tanto di cappello! ❹ (*Wend*) **~ und zu** [*o* **an**] ogni tanto, di quando in quando

**ab|ändern** *vt* modificare, cambiare

**Abänderung** <-, -en> *f* modifica *f*, cambiamento *m*; (*Umarbeitung*) rimaneggiamento *m*; (*von Gesetz*) emendamento *m*

**ab|arbeiten** I. *vt* (*Schuld*) estinguere, ammortizzare lavorando II. *vr* **sich ~** ammazzarsi di lavoro

**Abart** <-, -en> *f* (*a.* BIOL) varietà *f*, sottospecie *f*

**abartig** *adj* anormale

**Abb.** *abk v* **Abbildung** ill.

**Abbau** <-(e)s> *kein Pl. m* ❶ (MIN) estrazione *f* ❷ (*Auseinandernehmen*) smontaggio *m* ❸ (*von Preisen, Gehältern, Personal*) riduzione *f*, diminuzione *f* ❹ (*von Maßnahme, Einrichtung*) soppressione *f* ❺ (CHEM) decomposizione *f*, degradazione *f*

**abbaubar** *adj* degradabile; **biologisch ~** biodegradabile

**ab|bauen** I. *vt* ❶ (*Maschine, Zelt, Gerüst, Stand*) smontare ❷ (MIN) estrarre, sfruttare ❸ (*Bestände, Lohn*) ridurre, diminuire ❹ (*Personal*) licenziare ❺ (*Maßnahme*) sopprimere, abolire ❻ (*Vorurteile*) eliminare ❼ (BIOL, CHEM) decomporre, degradare; **biologisch ~** biodegradare II. *vi* venir meno ai propri compiti

**Abbauprodukt** *nt* (CHEM) prodotto *m* di decomposizione

**ab|beißen** <irr> *vt* staccare con un morso; **sich** *dat* **lieber die Zunge ~ als ...** +*inf* (*fam*) tagliarsi la lingua piuttosto che ... +*inf*

**ab|beizen** *vt* togliere con solventi

**ab|bekommen** <irr> *vt* ❶ (*erhalten*) ricevere; (*Schlag*) prendere; **etw ~** subire un danno ❷ (*losbekommen*) riuscire a togliere

**ab|berufen** <irr> *vt* jdn [**von etw**] **~** richiamare qu [da qc]

**ab|bestellen** <ohne ge-> *vt* (*Zimmer*) disdire; (*Zeitung*) annullare l'abbonamento a; (COM) annullare l'ordinazione di; **jdn ~** dire a qu di non venire

**ab|bezahlen** <ohne ge-> *vt* ❶ (*ganz*) finire di pagare, estinguere ❷ (*in Raten*) pagare a rate

**ab|biegen** <irr> I. *vi sein* svoltare, deviare; (*Straße*) diramarsi; **nach rechts/links ~** svoltare a destra/sinistra II. *vt haben* (*biegen*) piegare

**Abbiegespur** *f* corsia *f* di canalizzazione del traffico (*prima di un incrocio*) **Abbiegung** <-, -en> *f* ❶ (*das Abbiegen*) deviazione *f* ❷ (*einer Straße*) diramazione *f*, bivio *m*

**Abbild** <-(e)s, -er> *nt* ❶ (*Nachbildung*) copia *f* ❷ (*Ebenbild*) immagine *f*

**ab|bilden** *vt* (*Personen*) ritrarre; (*Dinge*) rappresentare

**Abbildung** <-, -en> *f* illustrazione *f*, rappresentazione *f*; **mit ~en** illustrato

**ab|binden** <irr> I. *vt* ❶ (*losbinden*) slegare ❷ (MED: *Arm*) legare; (*Arterie*) comprimere ❸ (GASTR) legare II. *vi* (*Beton*) far presa

**Abbitte** f scusa f; (öffentlliche) pubblica ammenda f; ~ **leisten** [o **tun**] porgere le proprie scuse

**ab|blasen** <irr> vt ❶ (Staub) soffiar via ❷ (Jagd) suonare la fine di ❸ (fig fam: absagen) sospendere, annullare, revocare

**ab|blättern** vi sein sfaldarsi

**ab|blenden** I. vt (FOTO) diaframmare II. vi ❶ (AUTO) abbassare i fari abbaglianti ❷ (FILM) chiudere in dissolvenza

**Abblendlicht** <-(e)s> kein Pl. nt (AUTO) [fari mpl] anabbaglianti mpl

**ab|blitzen** vi sein jdn ~ **lassen** (fam) far scappare qu

**ab|blocken** vt bloccare, parare, fermare; (Angriff) respingere; (Vorhaben) bloccare

**ab|brechen** <irr> I. vt haben ❶ (Zweig, Stiel) rompere, spezzare ❷ (Gebäude) demolire; (Zelt) smontare; **das Lager/die Zelte** ~ (a. fig MIL) levare le tende ❸ (fig: Verhandlungen, Beziehungen) rompere; (Tätigkeit) interrompere; (Streik) sospendere; **die Beziehungen zu jdm** ~ troncare i rapporti con qu ❹ (INFORM) annullare II. vi ❶ sein (Ast, Messer, Spitze) rompersi ❷ haben (fig: aufhören) interrompersi

**ab|bremsen** vi, vt frenare

**ab|brennen** <irr> I. vt haben incendiare, bruciare; (Haus) dar fuoco a; (absengen) abbruciacchiare; (Feuerwerk) accendere II. vi sein bruciare; (Haus) essere ridotto in cenere; (Kerze) consumarsi

**ab|bringen** <irr> vt jdn [von etw] ~ distogliere qu [da qc]; **jdn von seiner Meinung** ~ far cambiare idea a qu; **jdn vom rechten Weg** ~ sviare qu dalla retta via

**ab|bröckeln** vi sein scrostarsi

**Abbruch** <-(e)s, -brüche> m ❶ Sing. (von Lager, Zelt) smontaggio m; (von Gebäude) demolizione f ❷ (fig: von Beziehungen, Verhandlungen) rottura f; (von Wettkampf) sospensione f; **einer Sache** dat ~ **tun** recar danno a qc, nuocere a qc

**abbruchreif** adj da demolire, da abbattere

**ab|buchen** vt (FIN) defalcare, detrarre; **einen Betrag vom Konto** ~ addebitare un importo sul conto

**Abbuchung** <-, -en> f (FIN) detrazione f, defalco m **Abbuchungsauftrag** m (FIN) delega f di pagamento, ordine m di storno

**ab|bürsten** vt ❶ (Mantel) spazzolare; **den Staub** ~ togliere la polvere ❷ (fig fam) rimproverare

**ab|büßen** vt ❶ (Strafe) scontare ❷ (REL) espiare

**Abc** [a(:)be(:)'tse:] <-, -> nt alfabeto m, abbiccì m; **nach dem** ~ **ordnen** mettere in ordine alfabetico

**ab|checken** vt verificare, controllare

**Abc-Schütze** <-n, -n> m, **-Schützin** f scolaro m/scolara f principiante

**ABC-Waffen** fPl. armi fpl atomiche, biologiche e chimiche

**ab|danken** vi (König) abdicare; (Minister) dimettersi

**Abdankung** <-, -en> f ❶ (von König) abdicazione f; (von Minister) dimissioni fpl ❷ (CH: Trauerfeier) funerale m, esequie fpl

**ab|decken** vt ❶ (freilegen) levare la coperta da, scoprire; (Tisch) sparecchiare; (Haus) scoperchiare ❷ (ab-, ver-, zudecken) coprire ❸ (FIN) estinguere

**Abdeckstift** <-es, -e> m (MODE) correttore m

**Abdeckung** <-, -en> f copertura f

**ab|dichten** vt turare; (mit Dichtung) applicare una guarnizione a; (Tür, Fenster) turare gli spifferi di; (wasserdicht machen) rendere stagno

**Abdichtung** <-, -en> f ❶ (Vorgang) render m stagno ❷ (~sstelle) guarnizione f

**ab|drehen** I. vt haben ❶ (Wasser, Gas) chiudere; (Licht, Radio) spegnere ❷ (entfernen) staccare ❸ (Film) finire di girare II. vi haben o sein (NAUT, AERO) cambiare rotta, virare

**ab|driften** vi sein deviare; (NAUT) andare alla deriva; (abtreiben) dirottare; **nach rechts** ~ deviare a destra; **in den Suff** ~ (fam) darsi all'alcol

**Abdruck**[1] <-(e)s, -drücke> m (Finger-~) impronta f digitale; (Gips-~, Wachs-~) copia f, calco m

**Abdruck**[2] <-(e)s, -drucke> m (das Abdrucken) stampa f, pubblicazione f; (Gedrucktes) copia f

**ab|drucken** vt pubblicare, stampare

**ab|drücken** I. vi (schießen) sparare II. vt ❶ (Gewehr) scaricare ❷ (nachbilden) fare un calco di ❸ (Ader) comprimere III. vr sich [in etw dat] ~ (sich abzeichnen) imprimersi [in qc]; **die Spur hatte sich im Erdboden abgedrückt** l'orma si era impressa nel terreno

**ab|dunkeln** vt oscurare

**ab|ebben** vi sein ❶ (Flut) decrescere ❷ (fig) diminuire, placarsi

**Abend** ['a:bənt] <-s, -e> m sera f; (a. Veranstaltung) serata f; **eines ~s** una sera; **am ~, des ~s** di [o la] sera; **jeden ~** ogni sera; **am ~ vorher** la sera prima; **am folgenden ~** la sera dopo; **gestern/mor-**

gen ~ ieri/domani sera; **bis heute ~!** a questa sera!, a stasera!; **zu ~ essen** cenare; **es wird ~** si fa sera; **gegen ~** verso sera, all'imbrunire; **guten ~!** buona sera!; **der Heilige ~** la vigilia di Natale; **ein literarischer/musikalischer ~** una serata letteraria/musicale **Abendanzug** *m* abito *m* da sera **Abendblatt** *nt* giornale *m* della sera **Abendbrot** *nt* cena *f* **Abenddämmerung** *f* crepuscolo *m* **Abendessen** *nt* cena *f* **abendfüllend** *adj* che occupa l'intera serata **Abendgesellschaft** *f* serata *f*; (*mit Tanz*) serata *f* danzante **Abendgottesdienst** *m* funzione *f* serale **Abendgymnasium** *nt* liceo *m* serale **Abendkasse** *f* (THEAT) cassa *f*, botteghino *m* **Abendkleid** *nt* abito *m* da sera **Abendkurs** *m* corso *m* serale **Abendland** *nt* **das ~** l'Occidente *m* **abendländisch** ['a:bəntlɛndɪʃ] *adj* occidentale **abendlich** *adj* vespertino; **zu ~er Stunde** nelle ore vespertine **Abendmahl** <-(e)s> *kein Pl. nt* (REL) Eucaristia *f*, comunione *f* **Abendrot** *nt* crepuscolo *m*
**abends** ['a:bənts] *adv* di [*o* la] sera
**Abendschule** *f* scuola *f* serale **Abendsonne** *f* sole *m* al tramonto **Abendstern** *m* (ASTR) Venere *f* **Abendstunden** *fPl.* ore *fpl* serali **Abendverkauf** *m* (CH) orario *m* prolungato dei negozi [una sera alla settimana] **Abendvorstellung** *f* (THEAT) rappresentazione *f* serale; (FILM) spettacolo *m* serale
**Abenteuer** ['a:bəntɔɪɐ] <-s, -> *nt* avventura *f* **Abenteuerferien** *Pl.* vacanze *fpl* avventurose
**Abenteuergeist** *m* spirito *m* d'avventura **abenteuerlich** *adj* ① (*gefährlich*) avventuroso ② (*seltsam, bizarr*) strano, bizzarro **Abenteuerlust** *f* gusto *m* dell'avventura **abenteuerlustig** *adj* avventuroso **Abenteuerroman** *m* romanzo *m* d'avventure **Abenteuerspielplatz** *m* parco *m* giochi **Abenteurer(in)** ['a:bəntɔɪrɐ] <-s, -; -, -nen> *m(f)* avventuriero, -a *m, f*
**aber** ['a:bɐ] I. *konj* ① (*Gegensatz*) ma, invece ② (*Einschränkung*) però, tuttavia ③ (*Verstärkung*) ma; **~ nein/sicher!** ma no/certo!; **nun ist ~ Schluss!** adesso [proprio] basta! II. *adv* **~ und ~mals** ripetutamente; **tausend und ~ tausend, Tausende und ~ Tausende** migliaia e migliaia
**Aber** <-s, - *o fam* -s> *nt* ma *m*; **nach vielen Wenn und ~** dopo molti se e ma; **da gibt's kein ~!** non c'è ma che tenga!

**Aberglaube** <-ns> *kein Pl. m* superstizione *f*
**abergläubisch** ['a:bɐglɔɪbɪʃ] *adj* superstizioso
**ab|erkennen** <irr> *vt* **[jdm] etw ~** non riconoscere qc [a qu]; (JUR) privare [qu] di qc **Aberkennung** <-, -en> *f* disconoscimento *m*; (JUR) privazione *f*
**abermals** ['a:bɐma:ls] *adv* di nuovo, un'altra volta
**ab|ernten** *vt* mietere, raccogliere
**abertausend** <inv> *adj* (*geh*) migliaia di **Abertausende** *Pl.* (*geh*) migliaia *fpl* (*von* di), una moltitudine (*von* di)
**aberwitzig** *adj* folle, pazzo
**Abessinien** [abɛˈsiːniən] *nt* Abissinia *f*, Etiopia *f*
**Abessinier(in)** <-s, -; -, -nen> *m(f)* abissino, -a *m, f*, etiope *mf*
**abessinisch** *adj* abissino
**ab|fahren** <irr> I. *vi sein* ① (*wegfahren*) partire; (*Schiff*) salpare ② (*Skiläufer*) scendere II. *vt haben* ① (*Last*) portare via ② (*abtrennen*) troncare ③ (*Strecke*) percorrere ④ (*Reifen*) consumare
**Abfahrt** <-, -en> *f* ① (*Abreise*) partenza *f* ② (*Ski~*) discesa *f*; (*Piste*) pista *f* di discesa ③ (*Autobahn~*) uscita *f* **Abfahrtslauf** *m* (SPORT) discesa *f*
**Abfahrtsstrecke** *f* (SPORT) pista *f* di discesa
**Abfahrt[s]zeit** *f* [orario *m* di] partenza *f*
**Abfall** <-(e)s, -fälle> *m* ① (*Reste*) residuo *m*; (*Küchen~*) immondizia *f*; **radioaktive Abfälle** scorie *fpl* radioattive ② *Sing.* (*Glaubens~*) apostasia *f*, rinnegamento *m*; (*Partei~*) defezione *f*, abbandono *m* ③ *Sing.* (*Abnahme*) calo *m*, diminuzione *f* ④ *Sing.* (*Neigung*) pendenza *f*, pendio *m*
**Abfallaufbereitung** *f* trattamento *m* dei rifiuti **Abfallbehälter** <-s, -> *m* pattumiera *f* **Abfallbeseitigung** *f* eliminazione *f* dei rifiuti **Abfalleimer** *m* secchio *m* della spazzatura, pattumiera *f*
**ab|fallen** <irr> *vi sein* ① (*herunterfallen*) cadere; **von etw ~** staccarsi da qc ② (*abnehmen*) calare, diminuire; (SPORT) crollare ③ (*Gelände*) digradare; (*Straße*) scendere ④ (*von Partei*) abbandonare; (*von Glauben*) rinnegare ⑤ (*übrig bleiben*) avanzare ⑥ (*schlechter sein*) **gegen jdn/etw ~** essere inferiore a qu/qc ⑦ (AERO) perdere quota **abfallend** *adj* in declivio, in pendenza
**Abfallhaufen** *m* mucchio *m* di rifiuti
**abfällig** *adj* (*Urteil, Kritik*) sfavorevole; (*Bemerkung*) sprezzante
**Abfallprodukt** *nt* prodotto *m* di scarto,

sottoprodotto *m* **Abfallsortierung** <-, -en> *f* smistamento *m* dei rifiuti **Abfallstoffe** *mPl.* rifiuti *mpl,* residui *mpl* **Abfalltrennung** *f* raccolta *f* differenziata **Abfallvermeidung** <-, -en> *f* l'evitare *m* di produrre rifiuti **Abfallverwertung** *f* riciclaggio *m* dei rifiuti **Abfallwirtschaft** *kein Pl. f* rimozione *f* dei rifiuti, riciclaggio *m*

**ab|fangen** <irr> *vt* ❶(*Brief, Agenten*) intercettare; (*Funkspruch*) captare ❷(*Stoß*) attutire; (*Schlag*) parare ❸(*unter Kontrolle bringen*) riprendere sotto controllo ❹(SPORT: *Ball*) intercettare

**Abfangjäger** *m* (MIL) caccia *m* intercettatore

**ab|färben** *vi* stingere; **auf etw** *acc* ~ lasciare il colore su qc; **auf jdn** ~ (*fig*) influenzare qu

**ab|fassen** *vt* redigere, stendere

**ab|fertigen** *vt* ❶(*Briefe, Pakete*) spedire ❷(*zollamtlich*) ispezionare ❸(*Kunden*) servire ❹(*fam: unfreundlich behandeln*) scaricare

**Abfertigung** <-, -en> *f* ❶(*Versand*) spedizione *f* ❷(*zollamtlich*) visita *f* ❸(*A: Abfindung*) indennizzo *m,* liquidazione *f* **Abfertigungshalle** *f* (AERO) aerostazione *f,* terminale *m* passeggeri **Abfertigungsschalter** *m* (AERO) accettazione *f*

**ab|feuern** *vt* (*Waffe*) scaricare; (*Schuss*) sparare

**ab|finden** <irr> I. *vt* compensare, indennizzare II. *vr* **sich mit jdm/etw** ~ rassegnarsi a qu/qc

**Abfindung** <-, -en> *f* indennizzo *m,* liquidazione *f* **Abfindungssumme** *f* somma *f* pagata a titolo di tacitazione

**ab|flachen** I. *vi sein* ❶(*flacher werden*) digradare dolcemente ❷(*Unterhaltung*) appiattirsi II. *vt haben* spianare, appianare III. *vr* **sich** ~ digradare [dolcemente]

**ab|flauen** ['apflauən] *vi sein* ❶(*Wind*) calmarsi ❷(*fig: Interesse, Begeisterung*) diminuire; (FIN: *Geschäfte*) ristagnare

**ab|fließen** <irr> *vi sein* scorrere fuori; (*a. Geld*) defluire

**Abflug** <-(e)s, -flüge> *m* (AERO) decollo *m* **abflugbereit** *adj* (AERO) pronto per il decollo **Abflughalle** *f* (AERO) sala *f* d'imbarco **Abflugzeit** *f* (AERO) orario *m* di decollo [*o* della partenza]

**Abfluss** <-es, -flüsse> *m* ❶(*Vorgang*) deflusso *m;* (*Öffnung*) scarico *m,* scolo *m* ❷(*fig: von Kapital*) fuga *f* **Abflussrinne** *f* canale *m* di scarico **Abflussrohr** *nt* tubo *m* di scarico

**Abfolge** <-, -n> *f* serie *f;* (*Takt*) ritmo *m*

**Abfrage** <-, -n> *f* (INFORM: *von Daten*) rilevamento *m* [dati]

**ab|fragen** *vt* **jdn etw** ~ interrogare qu su qc

**Abfuhr** <-, -en> *f* ❶(*Abtransport*) sgombero *m,* rimozione *f* ❷(*fig*) repulsione *f;* **jdm eine** ~ **erteilen** opporre un rifiuto a qu

**ab|führen** I. *vt* ❶(*Gefangene*) condurre via ❷(*Gelder, Steuern*) pagare; **etw** [**an jdn**] ~ versare qc [a qu] ❸(*fig*) sviare; **vom Thema** ~ deviare dall'argomento II. *vi* (MED) purgare

**Abführmittel** *nt* purgante *m,* lassativo *m*

**ab|füllen** *vt* travasare; (*in Flaschen*) imbottigliare

**Abfüllung** <-, -en> *f* (*von Flüssigkeit*) travaso *m;* (*in Flaschen*) imbottigliamento *m*

**Abgabe** <-, -n> *f* ❶(*Ablieferung*) consegna *f* ❷(*Verkauf*) vendita *f* ❸ *meist Pl* (*Steuern*) tasse *fpl,* imposte *fpl* ❹(SPORT) passaggio *m* ❺(*Ausströmen, Ausstrahlen*) emissione *f,* emanazione *f* **abgabenfrei** *adj* esente da tasse [*o* imposte] **abgabenpflichtig** *adj* tassabile, imponibile **Abgabetermin** *m* termine *m* di consegna, scadenza *f*

**Abgang** <-(e)s, -gänge> *m* ❶(*Abfahrt*) partenza *f* ❷(*Absendung*) invio *m* ❸(*fig: von Stellung, Arbeit*) ritiro *m,* abbandono *m* ❹(THEAT) uscita *f* ❺(MED) espulsione *f;* (*Fehlgeburt*) aborto *m* ❻(*Absatz*) smercio *m* ❼(COM: *Verlust*) calo *m*

**Abgänger(in)** <-s, -; -, -nen> *m(f)* (*form*) chi lascia la scuola

**abgängig** *adj* (A: *vermisst, verschollen*) scomparso, disperso

**Abgangszeugnis** *nt* certificato *m* finale

**Abgas** <-es, -e> *nt* gas *m* di scarico **abgasarm** *adj* (AUTO) limitatamente inquinante, a scarico ridotto di gas inquinanti **Abgasgrenzwert** *m* limite *m* di tolleranza dei gas di scarico **Abgaskatalysator** *m* marmitta *f* catalitica, catalizzatore *m* **Abgassonderuntersuchung** *f* analisi *f* dei gas di scarico

**abgearbeitet** *adj* spossato, esaurito

**ab|geben** <irr> I. *vt* ❶(*Brief, Schriftstück*) consegnare ❷(*Erklärung*) rilasciare; (*Urteil*) esprimere; (*Stimme*) dare ❸(*Amt*) dimettersi da ❹(*Gepäck*) depositare ❺(*darstellen*) rappresentare ❻(SPORT) passare ❼(*Schuss*) sparare ❽(PHYS: *Wärme*) emanare; (*Strahlungsenergie*) dare II. *vr* **sich mit jdm/etw** ~ occuparsi di qu/qc; **mit diesen Leuten geben wir uns nicht**

**ab** non vogliamo avere a che fare con questa gente

**abgebrannt** *adj* (*fig fam*) al verde

**abgebrüht** *adj* (*fig fam*) smaliziato

**abgedroschen** *adj* (*fam*) vuoto, banale; **~e Redensart** luogo comune

**abgefahren** *adj* (*sl: cool, schräg*) pazzesco, bestiale

**abgefedert** *adj* (AUTO: *stoßgedämpft*) ammortizzato

**abgefeimt** ['apgəfaɪmt] *adj* furbo, matricolato

**abgefuckt** ['apgəfakt] *adj* (*vulg*) sudicio, sozzo, lercio, squallido

**abgefüllt** *adj* (*fig fam: betrunken, besoffen*) ubriaco

**abgegriffen** *adj* logoro; (*fig*) trito e ritrito

**abgehackt** *adj* (*Sprechweise*) stentato

**abgehangen** *PP von* **abhängen**

**abgehärmt** ['apgəhɛrmt] *adj* macilento, emaciato

**abgehärtet** *adj* resistente; **gegen Kälte ~** resistente al freddo

**ab|gehen** <irr> *vi sein* ❶ (*abfahren, a Post*) partire; (*Schiff*) salpare; **nach Neapel ~** partire [*o* salpare] per Napoli ❷ (*aus Amt, Schule*) ritirarsi; (*abbrechen*) abbandonare; **von der Schule ~** ritirarsi dalla scuola ❸ (*Knopf*) staccarsi ❹ (*Schauspieler*) uscire [di scena] ❺ (*Ware*) vendersi, smerciarsi; **reißend ~** (COM) andar a ruba ❻ (*abzweigen*) diramarsi ❼ (*Wend*) **er geht mir sehr ab** mi manca molto

**abgehoben** *PP von* **abheben**

**abgekämpft** *adj* esausto, spossato, esaurito

**abgekartet** ['apgəkartət] *adj* **ein ~es Spiel** una cosa concertata; **eine ~e Sache** una cosa combinata

**abgeklärt** ['apgəkleːɐt] *adj* posato; (*weise*) saggio

**abgelagert** *adj* (*Wein*) invecchiato; (*Holz, Käse*) stagionato

**abgelaufen** *adj* scaduto

**abgelegen** *adj* isolato, fuori mano

**abgemacht** *adj* concordato, convenuto; **~!** d'accordo!, intesi!

**abgeneigt** *adj* sfavorevole, contrario; **einer Sache** *dat* **~ sein** essere contrario a qc; **jdm ~ sein** avere in antipatia qu

**abgenutzt** *adj* logoro, consumato

**Abgeordnete** ['apgəʔɔrdnətə] <ein -r, -n, -n> *mf* delegato, -a *m, f*; (POL) deputato, -a *m, f* **Abgeordnetenhaus** *nt* (PARL) camera *f* dei deputati **Abgeordnetensitz** *m* seggio *m* al parlamento

**abgerissen** *adj* ❶ (*Kleidung*) stracciato ❷ (*fig: zusammenhanglos*) sconnesso

**abgerundet** *adj* ❶ (*rund gemacht*) arrotondato ❷ (*fig: Werk*) compiuto; (*Stil*) armonioso

**Abgesandte** <ein -r, -n, -n> *mf* inviato, -a *m, f*

**abgeschieden** ['apgəʃiːdən] *adj* (*geh: entlegen*) fuori mano, isolato; (*einsam*) solitario **Abgeschiedenheit** <-> *kein Pl. f* isolamento *m*, solitudine *f*

**abgeschlafft** ['apgəʃlaft] *adj* (*fam*) spompato

**abgeschlagen** *adj* ❶ (SPORT) battuto ❷ (*Firma, Partei*) sconfitto, vinto ❸ (*dial: erschöpft*) sfinito, spossato ❹ (*Geschirr*) crepato, incrinato

**abgeschlossen** *adj* ❶ (*zugeschlossen*) chiuso a chiave ❷ (*getrennt*) separato, indipendente ❸ (*fig: vollendet*) terminato, concluso, compiuto

**abgeschmackt** ['apgəʃmakt] *adj* (*fade*) insipido; (*geistlos*) insulso; (*albern*) sciocco

**abgesehen** *adv* **~ von** a prescindere da, eccetto; **davon ~** a parte questo; **von einigen Ausnahmen ~** tranne qualche eccezione; **es auf jdn/etw ~ haben** prendere di mira qu/qc

**abgespannt** *adj* spossato, esaurito **Abgespanntheit** <-> *kein Pl. f* spossatezza *f*

**abgestanden** ['apgəʃtandən] *adj* guasto; (*Luft*) viziato; (*Bier*) svanito

**abgestorben** ['apgəʃtɔrbən] *adj* ❶ (*Glieder*) intorpidito ❷ (*Pflanze*) inaridito

**abgestumpft** *adj* ottuso; **gegen etw ~ sein** essere insensibile a qc

**abgetakelt** ['apgətaːkəlt] *adj* (*pej fam*) sciupato, consunto, logoro, sfiorito; (*Kleider*) sciupato, logoro; (*Frau*) sfiorita, sciupata

**abgetragen** *adj* logoro, consunto

**ab|gewinnen** <irr> *vt* ❶ (*Geld*) vincere; **jdm etw ~** vincere qc a qu ❷ (*abringen*) strappare; **jdm ein Lächeln ~** strappare un sorriso a qu ❸ (*Achtung, Vertrauen*) guadagnarsi; **einer Sache** *dat* **Geschmack ~** provar gusto in qc

**ab|gewöhnen** <ohne ge-> *vt* **jdm etw ~** disabituare qu a qc, far perdere a qu l'abitudine [*o* il vizio] di qc; **sich** *dat* **das Rauchen ~** levarsi il vizio di fumare

**abgezehrt** *adj* (*Gesicht*) emaciato; (*Körper*) macilento, scarno

**Abglanz** <-es> *kein Pl. m* riflesso *m*; (*a. fig*) ombra *f*

**Abgott** <-(e)s, -götter> *m* idolo *m*

**abgöttisch** ['apgœtɪʃ] *adv* **jdn ~ lieben** venerare qu, idolatrare qu

**ab|grasen** *vt* ❶ (*abweiden*) brucare l'erba di, pascolare ❷ (*fig*) sfruttare
**ab|grenzen** *vt* ❶ (*begrenzen*) delimitare ❷ (*fig*) determinare, definire
**Abgrenzung** <-, -en> *f* ❶ (*Begrenzung*) delimitazione *f* ❷ (*fig*) determinazione *f*, definizione *f*
**Abgrund** <-(e)s, -gründe> *m* abisso *m*, precipizio *m*
**abgrundhässlich** *adj* (*fam*) brutto come la fame
**abgründig** *adj* (*geh*) ❶ (*rätselhaft*) misterioso, enigmatico, inspiegabile ❷ (*unermesslich*) smisurato, profondo
**abgrundtief** *adj* profondo, smisurato
**ab|gucken** *vt* ❶ (*Trick*) [**jdm**] **etw** ~ apprendere qc [da qu] ❷ (*Schüler: abschreiben*) [**von jdm**] **etw** ~ copiare qc [da qu]
**Abguss** <-es, -güsse> *m* ❶ (*Gießvorgang, -resultat*) getto *m* ❷ (*Kunst*) calco *m*
**ab|hacken** *vt* troncare, tagliare
**ab|haken** *vt* ❶ (*loshaken*) sganciare ❷ (*markieren*) segnare, marcare; (*in einer Liste*) spuntare; (*fig: als erledigt ansehen*) considerare una faccenda sbrigata
**ab|halten** <irr> *vt* ❶ (*fernhalten*) **jdn** [**von etw**] ~ tenere lontano qu [da qc] ❷ (*hindern*) impedire; **jdn von der Arbeit** ~ distogliere qu dal lavoro; **jdn davon** ~, **etw zu tun** impedire a qu di fare qc; **lassen Sie sich nicht** ~! non si lasci distrarre! ❸ (*Versammlung*) tenere; (*Unterricht*) fare; (*Gottesdienst*) celebrare ❹ (*Kind*) far fare i bisogni a
**ab|handeln** *vt* ❶ (*abkaufen*) [**jdm**] **etw** ~ ottenere qc [da qu] trattando [sul prezzo] ❷ (*vom Preis*) **jdm zehn Euro** ~ ottenere una riduzione di dieci euro ❸ (*fig: schriftlich*) trattare
**abhanden** [apˈhandən] *adv* ~ **kommen** andare smarrito [*o* perduto]
**Abhandlung** <-, -en> *f* trattato *m*, dissertazione *f*; **eine** ~ **über etw** *acc* **schreiben** scrivere una dissertazione su qc
**Abhang** <-(e)s, -hänge> *m* pendio *m*
**ab|hängen**[1] <irr> *vi* (*durch jdn, etw bestimmt sein*) [**von jdm/etw**] ~ dipendere [da qu/qc]; **es hängt davon ab, ob das Wetter schön ist** dipende se il tempo è bello o meno
**ab|hängen**[2] <irr> *vi* (*sl: herumhängen*) passare il tempo
**ab|hängen**[3] *vt* ❶ (*herunternehmen*) staccare ❷ (FERR, MOT) sganciare ❸ (*fig SPORT*) distaccare
**abhängig** *adj* dipendente; **etw** ~ **machen von** subordinare qc a; **von jdm/etw** ~ **sein** dipendere da qu/qc **Abhängigkeit** <-> *kein Pl. f* dipendenza *f*; **gegenseitige** ~ interdipendenza *f* **Abhängigkeitsverhältnis** *nt* rapporto *m* di dipendenza
**ab|härten** *vt* **jdn** [**gegen etw**] ~ rendere resistente qu [a qc]
**Abhärtung** <-> *kein Pl. f* irrobustimento *m*
**ab|hauen** <irr> *vi sein* (*fam: verschwinden*) andarsene, tagliare la corda
**ab|heben** <irr> **I.** *vt* ❶ (*herunternehmen*) togliere, levare; (*Hörer*) staccare; (*Spielkarten*) alzare; (*Maschen*) diminuire ❷ (FIN: *Geld*) prelevare **II.** *vi* (AERO) decollare **III.** *vr* **sich** [**von jdm/etw**] ~ distinguersi [da qu/qc]
**ab|heften** *vt* mettere in un classificatore
**ab|heilen** *vi* guarire, rimarginare; (*Wunde*) cicatrizzare
**ab|helfen** <irr> *vi* rimediare; **einem Missstand** ~ rimediare a un inconveniente; **dem kann abgeholfen werden** per questo c'è rimedio
**ab|hetzen** **I.** *vt* stancare, affaticare **II.** *vr* **sich** ~ affannarsi, affaticarsi
**Abhilfe** <-> *kein Pl. f* rimedio *m*, riparo *m*; ~ **in etw** *dat* **schaffen** trovar rimedio a qc
**ab|hobeln** *vt* ❶ (*glätten*) piallare ❷ (*weghobeln*) asportare piallando
**ab|holen** *vt* (*Person*) andare a prendere; (*Gegenstand*) ritirare
**Abholmarkt** *m* [magazzino *m*] cash and carry *m*
**Abholung** <-, -en> *f* (COM) ritiro *m*; **zahlbar bei** ~ pagabile al ritiro
**ab|holzen** *vt* disboscare
**Abholzung** <-, -en> *f* ❶ (*Bäume*) taglio *m* di un bosco ❷ (*Waldgebiet*) disboscamento *m*
**Abhöraffäre** *f* scandalo *m* di spionaggio telefonico
**Abhöranlage** *f* dispositivo *m* di intercettazione telefonica
**ab|horchen** *vt* ❶ (MED) auscultare ❷ (TEL, RADIO) intercettare
**ab|hören** *vt* ❶ (*aufsagen lassen*) far dire ❷ (TEL, RADIO) intercettare ❸ (*CD, Aufnahme*) ascoltare ❹ (MED) auscultare
**abhörsicher** *adj* non intercettabile
**Abi** [ˈabi] <-s, -s> *nt* (*fam*) *abk v* **Abitur**
**Abitur** [abiˈtuːɐ] <-s, -e> *nt* maturità *f*; (*Prüfung*) esame *m* di maturità
**Abiturient(in)** [abituriˈɛnt] <-en, -en; -, -nen> *m(f)* ❶ (*vor, im Abitur*) maturando, -a *m, f* ❷ (*nach Abitur*) maturato, -a *m, f*
**Abiturzeugnis** *nt* diploma *m* di maturità
**Abk.** *abk v* **Abkürzung** abbr.

ab|kanzeln *vt* (*fam*) rimproverare, dare una lavata di capo a

ab|kapseln I. *vt* incapsulare II. *vr* sich [von jdm/etw] ~ isolarsi [da qu/qc]

ab|kaufen *vt* ① (*von jdm kaufen*) [jdm] etw ~ acquistare qc [da qu] ② (*fam: glauben*) diese Geschichte kaufe ich dir nicht ab! questa storia non me la dai a bere!

ab|kehren I. *vt* (*abwenden*) volgere altrove II. *vr* sich von etw ~ scostarsi da qc

ab|kippen *vt* ① (*fallen lassen*) rovesciare ② (*abladen*) scaricare; (*Müll*) scaricare

ab|klappern *vt* (*fam*) percorrere; alle Läden [nach jdm/etw] ~ fare tutti i negozi [in cerca di qu/qc]; die Gegend [nach jdm/etw] ~ perlustrare la zona [alla ricerca di qu/qc]

ab|klären *vt* chiarire

Abklärung *f* chiarimento *m*

Abklatsch <-(e)s, -e> *m* (*pej*) imitazione *f*

ab|klemmen *vt* ① (TEC) stringere, staccare ② (MED: *Ader*) suturare

ab|klingen <*irr*> *vi sein* ① (*Lärm*) smorzarsi ② (*fig: Erregung*) diminuire; (*Fieber*) calare; (*Schmerz*) calmarsi

ab|klopfen *vt* ① (*durch Klopfen entfernen*) battere [per togliere qc] ② (MED) percuotere

ab|knallen *vt* (*fam pej*) far fuori

ab|knicken I. *vt haben* spezzare II. *vi sein* curvare

ab|knöpfen *vt* ① (*Kleidung*) sbottonare ② (*fig fam: Geld*) [jdm] etw ~ spillare qc [a qu]

ab|knutschen *vt* (*fam*) sbaciucchiare

ab|kochen *vt* (*Wasser*) far bollire; (*Fleisch, Kartoffeln*) lessare

ab|kommandieren <*ohne ge-*> *vt* distaccare

ab|kommen <*irr*> *vi sein* ① (*abweichen*) deviare; vom Weg ~ allontanarsi dalla strada; vom Thema ~ deviare dall'argomento ② (*loskommen*) von etw ~ liberarsi da qc

Abkommen <-s, -> *nt* accordo *m*; (POL) convenzione *f*, patto *m*; ein ~ über etw *acc* treffen stipulare un patto [*o* una convenzione] su qc

abkömmlich ['apkœmlɪç] *adj* disponibile, libero

Abkömmling ['apkœmlɪŋ] <-s, -e> *m* discendente *mf*

ab|koppeln *vt* staccare, sganciare; (*Hunde*) sguinzagliare

ab|kratzen I. *vt haben* (*entfernen*) togliere grattando II. *vi sein* (*vulg*) tirare le cuoia

ab|kriegen *vt* (*fam*) *s.* abbekommen

ab|kühlen I. *vt* far raffreddare II. *vr* sich ~ raffreddarsi; (*Wetter*) rinfrescare; (*Mensch: sich erfrischen*) rinfrescarsi

Abkühlung <-, -en> *f* raffreddamento *m*; (METEO) abbassamento *m* della temperatura

ab|kupfern *vt* (*fam: abschreiben*) copiare di nascosto; (*nachahmen*) imitare, contraffare

ab|kürzen *vt* ① (*kürzer machen*) accorciare ② (*Weg*) accorciare ③ (*Wort*) abbreviare

Abkürzung <-, -en> *f* ① (*Verkürzung*) accorciamento *m* ② (*Weg*) scorciatoia *f* ③ (*Wort*) abbreviazione *f* Abkürzungsverzeichnis *nt* elenco *m* delle abbreviazioni

ab|laden <*irr*> *vt* scaricare

Ablage <-, -n> *f* ① (*von Akten*) archiviazione *f* ② (*Ort*) deposito *m*, magazzino *m*; (*Akten-*) archivio *m* ③ (CH: *Zweigstelle*) filiale *f*

ab|lagern I. *vi sein* (*Holz, Käse, Tabak*) stagionare; (*Wein*) invecchiare II. *vt haben* depositare III. *vr* sich ~ depositarsi

Ablagerung <-, -en> *f* ① (GEOL) sedimentazione *f* ② (*Abgelagertes*) deposito *m* ③ (*Deponieren*) scarico *m* ④ (*Lagerung*) stagionatura *f*, invecchiamento *m*

Ablass <-es, Ablässe> *m* (REL) indulgenza *f*

ab|lassen <*irr*> I. *vt* ① (*Flüssigkeit*) far defluire; (*Gas*) scaricare ② (*Fass, Teich*) [s]vuotare ③ (*abgeben*) cedere; (*verkaufen*) vendere ④ (COM) scontare II. *vi* von etw ~ desistere da qc; von jdm ~ lasciare in pace qu

Ablassventil *nt* (TEC) valvola *f* di scarico

Ablauf <-(e)s, -läufe> *m* ① *Sing.* (*das Ablaufen*) deflusso *m* ② (*Ausguss*) scarico *m* ③ (*von Vorgang*) [de]corso *m* ④ *Sing.* (*von Frist, Vertrag*) scadenza *f*, termine *m*; nach ~ der Frist alla scadenza ⑤ *Sing.* (SPORT) partenza *f*

ab|laufen <*irr*> I. *vi sein* ① (*abfließen*) defluire, scorrere ② (*sich entleeren*) svuotarsi ③ (*Vorgang, a Tonband*) svolgersi; (*Film*) venir proiettato ④ (*Frist, Vertrag, Visum*) scadere ⑤ (SPORT) partire II. *vt haben* ① (*Schuhe, Sohlen*) consumare ② (*Strecke*) percorrere

Ablaut <-(e)s, -e> *m* (GRAM) apofonia *f*, alternanza *f* vocalica

Ableben <-s> *kein Pl. nt* (*geh*) morte *f*, trapasso *m*

ab|lecken *vt* leccare [via]

ab|legen I. *vt* ① (*Gegenstand*) deporre; (*ausziehen: Kleider*) levarsi, togliersi;

Ableger → Abnahme

(*nicht mehr tragen: Kleidung*) smettere ❷ (*Gewohnheit*) togliersi; (*Fehler*) correggere ❸ (*Brief, Akten*) classificare ❹ (*Karten im Spiel*) scartare ❺ (*Probe, Prüfung*) sostenere, fare; (*Geständnis*) fare ❻ (*Zeugnis, Eid*) prestare; **Rechenschaft über etw** *acc* ~ rendere conto di qc **II.** *vi* levarsi, togliersi

**Ableger** <-s, -> *m* (BOT) propaggine *f*

**ab|lehnen** *vt* rifiutare; (*Einladung, Wahl*) declinare; (*Antrag*) respingere; **jdn** ~ respingere qu **ablehnend** *adj* contrario, sfavorevole; (*Antwort*) negativo; **sich jdm/etw gegenüber ~ verhalten** mostrarsi sfavorevole a qu/qc

**Ablehnung** <-, -en> *f* rifiuto *m;* (*von Antrag*) rigetto *m*

**ab|leisten** *vt* (*Wehrdienst*) prestare, compiere

**ab|leiten** *vt* ❶ (*Wasserlauf, Blitz*) deviare ❷ (LING, MAT) derivare ❸ (*folgern*) dedurre, trarre

**Ableitung** <-, -en> *f* ❶ (*Vorgang*) deviazione *f* ❷ (*Folgerung*) deduzione *f* ❸ (LING, TEC) derivazione *f;* (MAT) derivata *f*

**ab|lenken** *vt* ❶ (*zerstreuen*) **jdn [von etw]** ~ distrarre qu [da qc] ❷ (*Gedanken, Aufmerksamkeit*) distogliere; (*Verdacht*) allontanare ❸ (*Wasser, Ball*) deviare

**Ablenkung** <-, -en> *f* ❶ (*Lenkung in andere Richtung*) deviazione *f* ❷ (*Zerstreuung*) distrazione *f,* svago *m* **Ablenkungsmanöver** *nt* manovra *f* diversiva

**ab|lesen** <irr> *vt* ❶ (*Rede*) **etw [vom Blatt]** ~ leggere qc [dal foglio] ❷ (*Zähler*) leggere, rilevare ❸ (*erschließen*) dedurre; **jdm etw von den Augen ~** leggere qc negli occhi di qu

**ab|leugnen** *vt* ❶ (*Schuld*) negare ❷ (*Glauben*) rinnegare

**ab|lichten** *vt* ❶ (*fotokopieren*) fotocopiare ❷ (*fotografieren*) fotografare

**ab|liefern** *vt* consegnare

**Ablieferung** *f* consegna *f*

**ablösbar** *adj* ❶ (*abtrennbar*) staccabile, separabile ❷ (FIN) ammortizzabile; (*Rente, Versicherung*) riscattabile; (*Anleihe*) rimborsabile

**Ablöse** <-, -en> *f* ❶ (*A, CH: SPORT*) riscatto *m* ❷ (*A: Miete*) cauzione *f*

**ab|lösen I.** *vt* ❶ (*entfernen*) **etw [von etw]** ~ staccare qc [da qc] ❷ (*bei Arbeit*) dare il cambio a; (*im Amt*) sostituire ❸ (FIN) ammortizzare; (*Rente, Versicherung*) riscattare **II.** *vr* **sich ~** (*Farbe*) staccarsi; (*Haut*) squamarsi

**Ablösesumme** *f* (SPORT) riscatto *m*

**Ablösung** <-, -en> *f* ❶ (*das Loslösen*) stacco *m* ❷ (*bei Tätigkeit*) cambio *m;* (MIL) rilevamento *m;* (*im Amt*) sostituzione *f* ❸ (FIN) riscatto *m*

**ab|luchsen** ['apluksən] *vt* (*fam: Geld*) estorcere; (*Geheimnis*) carpire

**Ablution** <-, -en> *f* (REL, GEOL) abluzione *f*

**ABM** [a:be:ʔɛm] <-, -s> *f abk v* **Arbeitsbeschaffungsmaßnahme** *piano per l'occupazione*

**ab|machen** *vt* ❶ (*wegmachen*) togliere, staccare ❷ (*vereinbaren*) concordare; (JUR) stipulare; **abgemacht!** d'accordo!; **das musst du mit dir selbst ~!** ti devi arrangiare da solo!; **das war nicht abgemacht** questo non è stato convenuto; **das sollen sie unter sich ~!** la devono risolvere tra di loro!

**Abmachung** <-, -en> *f* accordo *m;* (JUR) stipulazione *f*

**ab|magern** *vi sein* dimagrire

**Abmagerungskur** *f* cura *f* dimagrante

**ab|malen** *vt* dipingere da un modello, riprodurre

**Abmarsch** <-(e)s, -märsche> *m* (MIL) marcia *f,* partenza *f;* ~! In marcia!

**ab|melden I.** *vt* ❶ (*von der Schule*) ritirare ❷ (*Zeitung, Telefon*) disdire **II.** *vr* **sich ~** ❶ (*allg, MIL*) congedarsi ❷ (*polizeilich*) notificare il cambiamento di residenza

**Abmeldung** <-, -en> *f* disdetta *f;* (*einer Zeitung*) disdetta *f* di abbonamento ad un giornale; (*von der Schule*) ritiro *m* dalla scuola; (*beim Einwohnermeldeamt*) cambiamento *m* di residenza

**ab|messen** <irr> *vt* misurare

**Abmessung** <-, -en> *f* misura *f,* dimensione *f*

**ab|mildern** *vt* mitigare, attenuare, raddolcire

**ab|montieren** <ohne ge-> *vt* smontare

**ABM-Stelle** *f* (ADM) *impiego ottenuto grazie al piano per l'occupazione*

**ab|mühen** *vr* **sich [mit jdm/etw] ~** darsi pena [con qu/qc]

**abmurksen** *vt* (*fam*) **jdn ~** far fuori qu, uccidere

**ab|nabeln I.** *vt* tagliare il cordone ombelicale a **II.** *vr* **sich ~** (*fig*) staccarsi

**ab|nagen** *vt* rosicchiare

**Abnäher** <-s, -> *m* pince *f*

**Abnahme** ['apna:mə] <-, -n> *f* ❶ (*Wegnahme*) asportazione *f,* rimozione *f;* (MED) amputazione *f* ❷ (*Verringerung*) diminuzione *f,* calo *m* ❸ (COM) acquisto *m;* ~ **finden** trovare smercio ❹ (*Prüfung*) collaudo *m*

**ab|nehmen** <irr> I. vi ❶ (*kleiner werden*) diminuire; (*kürzer werden, a Tage*) accorciarsi; (*schwächer werden*) indebolirsi; (*Mond*) decrescere; **bei ~dem Mond** in fase di luna calante ❷ (*an Gewicht*) dimagrire II. vt ❶ (*Bild, Hörer*) staccare; (*Wäsche*) levare; (*Hut, Brille, Verband*) togliere ❷ (MED) amputare, asportare ❸ (*rauben*) rubare; (*durch List*) sottrarre ❹ (*prüfen*) controllare; (*Neubau, Maschine*) collaudare ❺ (*abkaufen*) acquistare ❻ (*Gewicht*) dimagrire ❼ (MIL) **die Parade ~** passare in rivista le truppe ❽ (*Wend*) **jdm ein Versprechen ~** far promettere qc a qu; **jdm eine Besorgung ~** sbrigare una commissione per qu; **jdm eine Sorge ~** togliere una preoccupazione a qu

**Abnehmer** <-s, -> m acquirente mf, compratore, -trice m, f

**Abneigung** <-, -en> f avversione f, antipatia f; **eine ~ gegen jdn/etw haben** avere un'avversione per qu/qc

**abnorm** [ap'nɔrm] adj (*geh*) anormale, abnorme **abnormal** ['apnɔrmal] adj (*bes. A, CH*) anormale

**Abnormität** [apnɔrmi'tɛːt] <-, rar -en> f anormalità f; (*a.* MED) anomalia f

**ab|nutzen, abnützen** I. vt consumare, logorare; **abgenutzt** (*Kleidung*) sciupato II. vr **sich ~** consumarsi, logorarsi

**Abnutzung** <-, -en> f, **Abnützung** <-, -en> f (*bes. südd, A*) logorio m, usura f

**Abo** ['abo] <-s, -s> nt (*fam*), **Abonnement** [abɔnə'mãː o CH abɔnə'mɛnt] <-s, -s o CH -e> nt abbonamento m; **ein ~ auf etw** acc **haben** essere abbonato a qc; **das ~ erneuern** riabbonarsi; **das ~ auf etw** acc **kündigen** disdire l'abbonamento a qc

**Abonnent(in)** [abɔ'nɛnt] <-en, -en; -, -nen> m(f) abbonato, -a m, f

**abonnieren** [abɔ'niːrən] <ohne ge-> I. vt abbonarsi a, fare un abbonamento a II. vi **auf etw** acc **abonniert sein** essere abbonato a qc

**ab|ordnen** vt delegare; (PARL) deputare

**Abordnung** <-, -en> f delegazione f, deputazione f

**Abort** [a'bɔrt] <-s, -e> m ❶ (MED) aborto m ❷ (*WC*) gabinetto m, ritirata f

**abortieren** vi (MED) abortire, avere un aborto

**ab|packen** vt impacchettare; (*in Behälter*) confezionare

**ab|perlen** vi sein imperlarsi

**ab|pfeifen** <irr> vt (SPORT) **das Spiel ~** fischiare la fine del gioco

**Abpfiff** <-(e)s, -e> m (SPORT) fischio m finale

**ab|plagen** vr **sich ~** affaticarsi

**Abprall** <-(e)s, -e> m rimbalzo m **ab|prallen** vi sein ❶ (*Ball*) [**von etw** [o **an etw** dat]] **~** rimbalzare [contro qc] ❷ (*fig: Vorwürfe*) rimanere senza effetto

**ab|putzen** vt pulire

**ab|quälen** vr **sich ~** affaticarsi; (*fig*) tormentarsi

**ab|rackern** vr **sich ~** (*fam*) sfacchinare

**ab|rahmen** vt scremare

**ab|raten** <irr> vi **jdm von etw ~** sconsigliare qc a qu, dissuadere qu da qc

**Abraum** <-(e)s> kein Pl. m ❶ (MIN) strato m di copertura ❷ (*Schutt*) detriti mpl

**ab|räumen** vt ❶ (*Sachen*) sgombrare ❷ (*Tisch*) sparecchiare

**Abräumer** ['aprɔɪmɐ] <-s, -> m (*fam: großer Erfolg*) successone m; **der Film war ein echter ~ auf der Berlinale** il film ha fatto man bassa di premi alla Berlinale

**ab|reagieren** <ohne ge-> I. vt sfogare; **seine Wut an jdm ~** scaricare la propria rabbia su qu II. vr **sich [an jdm/etw] ~** scaricarsi [su qu/qc]

**ab|rechnen** I. vi chiudere il conto; **mit jdm ~** fare i conti con qu; **darf ich ~?** posso fare il conto? II. vt (*abziehen*) detrarre, dedurre

**Abrechnung** <-, -en> f ❶ (*Rechnungsabschluss*) liquidazione f ❷ (*Bilanz*) conto m; **etw in ~ stellen** mettere in conto qc ❸ (*fig: Vergeltung*) resa f dei conti ❹ (*Abzug*) deduzione f, detrazione f, defalco m; **nach ~ von ...** dedotto ..., defalcato ...

**Abrede** <-> kein Pl. f contestazione f; **etw in ~ stellen** contestare qc

**ab|regen** vr **sich ~** (*fam*) calmarsi, quietarsi

**ab|reiben** <irr> vt ❶ (*beseitigen*) sfregare ❷ (*säubern*) pulire strofinando ❸ (*trocknen*) frizionare

**Abreibung** <-, -en> f ❶ (MED) frizione f ❷ (*fam: Prügel*) bastonate fpl

**Abreise** <-, -n> f partenza f; **bei meiner ~ nach ...** alla mia partenza per ...

**ab|reisen** vi sein partire [in viaggio]

**ab|reißen** <irr> I. vi sein ❶ (*Knopf, Faden*) staccarsi, strapparsi ❷ (*Verbindung, Kontakt*) interrompersi II. vt haben ❶ (*Plakat, Blatt*) staccare, strappare ❷ (*Gebäude*) abbattere

**Abreißkalender** *m* calendario *m* a fogli staccabili
**ab|richten** *vt* addestrare
**ab|riegeln** *vt* (*Tür*) chiudere con chiavistello; (*Straße, Viertel*) sbarrare
**ab|ringen** <irr> *vt* **sich** *dat* **ein Lächeln ~** sforzarsi di sorridere
**Abriss** <-es, -e> *m* ① (*Abbruch*) demolizione *f* ② (*Skizze*) schizzo *m*, abbozzo *m* ③ (*kurze Darstellung*) compendio *m*
**ab|rücken** I. *vi sein* ① (*wegrücken*) [**von jdm/etw**] **~** scostarsi [da qu/qc]; (*a. fig*) allontanarsi [da qu/qc]; **von einer Meinung ~** cambiare opinione ② (MIL) ritirarsi II. *vt haben* scostare
**Abruf** <-(e)s, -e> *m* ① (*Abberufung*) richiamo *m* ② (COM) ordine *m* di consegna; **auf ~ bereit sein** essere a disposizione per consegna dilazionata [su richiesta]; **etw auf ~ kaufen** acquistare qc a consegna dilazionata **abrufbar** *adj* (INFORM) disponibile in registro, registrato **abrufbereit** *adj* a disposizione
**ab|rufen** <irr> *vt* ① (INFORM) richiamare ② (*von Konto*) prelevare ③ (COM: *Ware*) chiedere la consegna di
**ab|runden** *vt* ① (*Ecke*) smussare ② (*Summe*) arrotondare ③ (*vervollkommnen*) completare; (*Stil*) perfezionare
**abrupt** [ap'rupt] *adj* improvviso, repentino
**ab|rüsten** *vi* disarmare
**Abrüstung** <-> *kein Pl. f* disarmo *m*
**Abrüstungsgespräche** *ntPl.* trattative *fpl* per il disarmo
**Abrüstungskonferenz** *f* conferenza *f* per il [*o* sul] disarmo **Abrüstungsverhandlungen** *fPl.* negoziati *mpl* per il disarmo
**ab|rutschen** *vi sein* scivolare giù [*o* via]
**Abruzzen** [a'brʊtsən] *Pl.* Abruzzo *msing*, Abruzzi *mpl*
**Abs.** *abk v* **Absender** mitt.
**ABS** [aːbeːˈɛs] <-> *nt* (AUTO) *abk v* **Antiblockiersystem** ABS *m*
**ab|sacken** *vi sein* (*Boden, Fundament*) abbassarsi; (*Schiff*) affondare; (*Flugzeug*) perdere quota; (*Blutdruck, Schüler*) calare
**Absage** ['apzaːɡə] <-, -n> *f* ① (*Antwort*) risposta *f* negativa ② (*Ablehnung*) rifiuto *m*; **jdm eine ~ erteilen** opporre un rifiuto a qu
**ab|sagen** I. *vi* **jdm ~** scusarsi di non poter venire presso qu II. *vt* disdire
**ab|sägen** *vt* ① (*Baum, Ast*) segare ② (*fig fam: Beamten, Trainer*) liquidare, silurare
**ab|sahnen** I. *vt* ① (*Milch*) scremare ② (*fam: Geld*) far man bassa di II. *vi* (*fam*) far man bassa

**Absatz** <-es, -sätze> *m* ① (TYP) paragrafo *m;* (JUR) capoverso *m;* **neuer ~** (*beim Diktat*) a capo ② (*Treppen~*) pianerottolo *m* ③ (*Schuh~*) tacco *m* ④ (COM: *Verkauf*) smercio *m*, vendita *f;* **~ finden** trovare collocamento, vendersi; **reißenden ~ finden** andare a ruba **Absatzflaute** *f* (COM) ristagno *m* nelle vendite **Absatzgebiet** *nt* (COM) zona *f* di smercio, mercato *m* **Absatzmarkt** *m* (COM) mercato *m*, sbocco *m* **Absatzschwierigkeiten** *fPl.* difficoltà *fpl* di smercio **Absatzsteigerung** *f* incremento *m* delle vendite
**ab|saugen** *vt* ① (*Flüssigkeit, Gas*) aspirare ② (*Teppich*) pulire con l'aspirapolvere, passare l'aspirapolvere su
**ab|schaffen** *vt* (*aufheben*) abolire, sopprimere; (*Gesetz*) abrogare, annullare; (*Dinge*) rinunciare a, eliminare
**Abschaffung** <-, -en> *f* abolizione *f*, soppressione *f;* (JUR) abrogazione *f;* (*von Dingen*) eliminazione *f*
**ab|schälen** I. *vt* (*Apfel*) sbucciare; (*Rinde*) scortecciare II. *vr* **sich ~** (*Haut*) squamarsi
**ab|schalten** I. *vt* ① (EL) disinserire ② (*Radio, Motor*) spegnere II. *vi* (*fam*) distrarsi
**ab|schätzen** *vt* stimare; (*berechnend*) valutare
**abschätzig** *adv* **von jdm ~ sprechen** parlare con disprezzo di qu
**ab|schauen** (*fam*) I. *vi* [**bei jdm**] **~** copiare [da qu] II. *vt* **etw** [**von jdm**] **~** copiare qc [da qu]
**Abschaum** <-(e)s> *kein Pl. m* (*pej*) feccia *f*
**ab|scheiden** <irr> *vt* eliminare, espellere; (MED) secernere
**Abscheu** <-(e)s, -> *m* ribrezzo *m;* (*Abneigung*) ripugnanza *f*, ripulsione *f;* **~ erregen** fare ribrezzo, destare orrore; **~ vor etw** *dat* **haben** detestare [*o* aborrire] qc
**ab|scheuern** I. *vt* ① (*Schmutz*) togliere sfregando ② (*Fußboden, Tisch*) pulire strofinando ③ (*Kleidung*) consumare, logorare II. *vr* **sich ~** consumarsi, logorarsi
**abscheulich** [apˈʃɔɪlɪç] *adj* orribile, ripugnante; (*Verbrechen*) atroce; (*Mensch*) detestabile
**ab|schicken** *vt* spedire, inviare
**Abschiebehaft** <-> *kein Pl. f s.* **Abschiebungshaft**
**ab|schieben** <irr> *vt* ① (*wegschieben*) **etw** [**von etw**] **~** scostare qc [da qc] ② (*fig*) allontanare; **die Schuld auf jdn ~** far ricadere la colpa su qu ③ (*Flüchtlinge, Ausländer*) espellere
**Abschiebung** <-, -en> *f* espulsione *f*
**Abschiebungshaft** *f* pena *f* detentiva

espulsoria (*che ha lo scopo di allontanare il detenuto dal paese*) **Abschiebungsverfahren** *nt* procedura *f* di espulsione
**Abschied** ['apʃiːt] <-(e)s, -e> *m* ① (*Abreise*) partenza *f* ② (*Trennung*) addio *m*, separazione *f*; **von jdm ~ nehmen** congedarsi da qu ③ (MIL) congedo *m* ④ (*Ausscheiden aus dem Amt*) licenziamento *m*; (*freiwillig*) dimissioni *fpl* **Abschiedsbrief** *m* (*fam*) lettera *f* d'addio **Abschiedsfeier** *f* festa *f* d'addio **Abschiedskuss** *m* bacio *m* d'addio
**Abschiedsszene** *f* scena *f* d'addio
**ab|schießen** <irr> *vt* ① (*Schuss*) sparare ② (*Pfeil*) scoccare; (*Geschoss*) tirare; (*Gewehr*) scaricare ③ (*Rakete*) lanciare; ④ (*Flugzeug, Vogel*) abbattere ⑤ (*fig fam*) silurare
**ab|schinden** <irr> *vr* **sich ~** (*fam: schwer arbeiten*) sfacchinare
**Abschirmdienst** <-(e)s, -e> *m* servizio *m* di controspionaggio; **Militärischer ~** controspionaggio militare
**ab|schirmen** *vt* **jdn [von jdm/etw] ~** schermare qu [da qu/qc]
**Abschirmung** <-, -en> *f* ① (*einer Gefahr*) protezione *f* ② (*des Lichtes*) schermatura *f*
**ab|schlachten** *vt* (*Tiere*) macellare; (*fig*) massacrare
**Abschlag** <-(e)s, -schläge> *m* ① (*Anzahlung*) acconto *m* ② (*Preisrückgang*) ribasso *m*; (*Preisnachlass*) sconto *m* ③ (*Rate*) rata *f*; **auf ~ zahlen** pagare a rate
**ab|schlagen** <irr> *vt* ① (*abhauen*) staccare ② (*fig*) **jdm etw ~** rifiutare qc a qu
**abschlägig** ['apʃlɛːɡɪç] *adj* (*form*) negativo
**Abschlagzahlung** *f* ① (*Ratenzahlung*) pagamento *m* rateale ② (*Vorauszahlung*) acconto *m*
**ab|schleifen** <irr> *vt* ① (*entfernen*) togliere molando ② (*glätten*) molare, levigare
**Abschleppdienst** *m* (MOT) autosoccorso *m*
**ab|schleppen** *vt* ① (MOT, NAUT) rimorchiare ② (*scherz sl: Menschen*) rimorchiare, trascinare
**Abschleppseil** *nt* (MOT) cavo *m* da rimorchio **Abschleppwagen** *m* (MOT) carro *m* attrezzi
**ab|schließen** <irr> I. *vt* ① (*zuschließen*) chiudere a chiave; **luftdicht ~** chiudere ermeticamente ② (*fig: beenden*) terminare, finire; (*erledigen*) regolare ③ (*Geschäft, Vertrag, Rede, Brief, Studium*) concludere; (*Versicherung*) stipulare; (*Wette*) fare II. *vi* ① (*enden*) chiudere, finire ② (*beenden*) **mit jdm/etw ~** farla finita con qu/qc **abschließend** I. *adj* conclusivo II. *adv* per concludere, in conclusione
**Abschluss** <-es, -schlüsse> *m* ① (*Ende*) fine *f*, termine *m*, conclusione *f*; **zum ~ a** conclusione; **zum ~ bringen** portare a termine ② (*Geschäfts-, Vertrags-*) conclusione *f* ③ (COM: *Bilanz*) chiusura *f*
**Abschlussarbeit** *f* (*in Schule*) tesina *f*
**Abschlusserklärung** *f* (POL) dichiarazione *f* finale **Abschlussprüfung** *f* ① (*in Schule*) esame *m* finale [*o* di licenza] ② (COM) revisione *f* del bilancio di chiusura
**Abschlusszeugnis** *nt* diploma *m* [di licenza]
**ab|schmecken** *vt* ① (*probieren*) assaggiare ② (GASTR: *würzen*) **etw [mit etw] ~** condire qc [con qc]
**ab|schmettern** *vt* (*fam*) rifiutare, respingere
**ab|schminken** I. *vt* togliere il trucco II. *vr* **sich ~** togliersi il trucco; **sich** *dat* **etw ~** (*sl*) togliersi qc di testa
**ab|schmirgeln** *vt* (*Fußboden*) smerigliare
**ab|schnallen** I. *vt* (*Schlittschuhe*) slacciare; (*Ski*) togliere II. *vi* (*fam*) restar di stucco
**ab|schneiden** <irr> I. *vt* ① (*schneiden*) tagliare ② (*fig: Wort*) troncare; **jdm den Weg ~** sbarrare la strada a qu II. *vi* **gut/ schlecht ~** avere un buon/cattivo risultato
**Abschnitt** <-(e)s, -e> *m* ① (*Teilstück*) [ri]taglio *m* ② (TYP) passaggio *m*, capitolo *m* ③ (*Kontroll-*) tagliando *m* di controllo; (FIN) cedola *f* ④ (*Zeit-*) epoca *f*; (*Lebens-*) periodo *m* ⑤ (MAT) segmento *m* ⑥ (*Bau-*) tronco *m*
**ab|schöpfen** *vt* togliere, levare; **das Fett [von der Soße] ~** sgrassare la salsa; **den Rahm [von der Milch] ~** scremare il latte
**ab|schotten** ['apʃɔtən] *vr* **sich [von jdm/ etw] ~** isolarsi [da qu/qc]
**ab|schrauben** *vt* svitare
**ab|schrecken** *vt* ① (*zurückschrecken lassen*) intimorire, intimidire; (*abbringen*) distogliere; (*entmutigen*) scoraggiare; **jdn von etw ~** distogliere qu da qc; **sich durch nichts ~ lassen** non lasciarsi scoraggiare da nulla ② (GASTR) raffreddare in acqua **abschreckend** *adj* scoraggiante; (*abschuerregend*) repellente; **ein ~es Beispiel** un esempio intimidatorio
**Abschreckung** <-, -en> *f* intimidazione *f*; **nukleare/atomare ~** strategia *f* d'intimidazione nucleare/atomica **Abschreckungsmittel** <-s, -> *nt* mezzo *m* intimidatorio
**ab|schreiben** <irr> *vt* ① (*Text, a vom Mit-*

Abschreibung → absichtlich

*schüler*) **etw [von jdm]** ~ copiare qc [da qu] ❷ (*neu schreiben*) ricopiare ❸ (COM: *streichen*) dedurre, defalcare, detrarre; (*den Wert herabsetzen von*) deprezzare, ammortare ❹ (*fig: nicht mehr rechnen mit*) considerare perduto

**Abschreibung** <-, -en> *f* (COM) deduzione *f*; (*Wertminderung*) deprezzamento *m*, ammortamento *m* **abschreibungsfähig** *adj* (COM) ammortizzabile, estinguibile

**Abschrift** <-, -en> *f* copia *f*

**ab|schuften** *vr* **sich** ~ (*fam*) sfacchinare; **sich für jdn** ~ sacrificarsi/lavorare duramente per qu

**Abschürfung** <-, -en> *f* escoriazione *f*

**Abschuss** <-es, -schüsse> *m* ❶ (*Abfeuern*) sparo *m* ❷ (*von Rakete, Torpedo*) lancio *m* ❸ (MIL: *von Flugzeug*) abbattimento *m*

**Abschussbasis** *f* (MIL) base *f* di lancio

**abschüssig** ['apʃʏsɪç] *adj* erto, ripido

**Abschussrampe** *f* rampa *f* di lancio

**ab|schütteln** *vt* ❶ (*Obst*) far cadere scuotendo ❷ (*fig*) **jdn** ~ (*lästige Person*) sbarazzarsi di qu; **etw** ~ (*Sorgen, Ärger*) liberarsi da qc; **die Müdigkeit** ~ scuotersi di dosso la stanchezza; **die Gedanken** ~ scacciare i pensieri

**ab|schwächen** I. *vt* attenuare, mitigare; (*Stoß, Geräusch, Farbe*) smorzare II. *vr* **sich** ~ attenuarsi, diminuire

**ab|schwatzen** *vt* (*fam*) ottenere con le chiacchiere, imbrogliare, abbindolare; (*Geld, Geheimnis*) carpire, estorcere

**ab|schweifen** *vi sein* divagare; **von einem Thema** ~ divagare da un tema

**ab|schwellen** <*irr*> *vi sein* ❶ (*Geschwulst*) decongestionarsi, sgonfiarsi ❷ (*Lärm*) calare, diminuire

**ab|schwören** <*irr*> *vi* rinnegare; **dem Glauben** ~ rinnegare [*o* abiurare] il credo; **dem Alkohol** ~ rinunciare all'alcol

**Abschwung** <-(e)s, -schwünge> *m* ❶ (SPORT) salto *m* ❷ (WIRTSCH) recessione *f*

**ab|segnen** *vt* (*fam*) benedire, approvare

**absehbar** *adj* prevedibile; **in ~er Zeit** in un prossimo futuro

**ab|sehen** <*irr*> I. *vi* (*verzichten*) rinunciare a; (*nicht berücksichtigen*) non tenere conto di; **von etw** ~ prescindere da qc; **abgesehen von ...** salvo ..., a prescindere da ... II. *vt* ❶ (*lernen*) imparare osservando ❷ (*voraussehen*) prevedere; **es ist noch kein Ende abzusehen** non si vede ancora la fine ❸ (*anmerken*) leggere, intuire; **jdm etw an den Augen** ~ leggere qc negli occhi di qu ❹ (*Wend*) **es auf jdn/etw abgesehen haben** prendere di mira qu/qc

**ab|seilen** *vr* **sich** ~ ❶ (SPORT) calarsi con la corda ❷ (*fam: verschwinden*) tagliare la corda, sparire

**abseits** ['apzaɪts] I. *prp +gen* lontano da II. *adv* ❶ in disparte; (*entfernt*) lontano; ~ **von etw** lontano da qc ❷ (SPORT) ~ **sein** essere in fuorigioco

**Abseits** <-> *kein Pl. nt* (SPORT) fuorigioco *m*

**abseits|stehen** <*irr*> *itr V* ❶ (*sich fernhalten*) starsene in disparte ❷ (SPORT) trovarsi in fuorigioco

**ab|senden** <*irr*> *vt* inviare, spedire, mandare

**Absender** <-s, -> *m* (*Brief*) mittente *m*; (COM) speditore *m*

**ab|senken** I. *vt* ❶ (*Grundwasser*) abbassare, declinare ❷ (*Weinstock*) propagginare, margottare II. *vr* **sich** ~ essere in declivio, digradare, declinare

**Absenz** [ap'zɛnts] <-, -en> *f* mancanza *f*, assenza *f*; **bei** ~ in mancanza di

**ab|servieren** *vt* ❶ (*Geschirr, Tisch*) sparecchiare ❷ (*fam: entlassen*) dare il benservito a; (*umbringen*) far fuori

**absetzbar** *adj* ❶ (FIN) deducibile ❷ (COM) facilmente piazzabile [*o* smerciabile]

**ab|setzen** I. *vt* ❶ (*Hut, Brille*) metter giù ❷ (*Koffer*) appoggiare per terra ❸ (*Beamte*) dimettere; (*Minister, Monarchen*) deporre ❹ (*Therapie, Medikamente*) interrompere ❺ (*von Tagesordnung, Haushaltsplan*) eliminare; (*von Spielplan*) togliere dal programma; **etw von etw** ~ togliere qc da qc ❻ (*aussteigen lassen*) far scendere ❼ (COM: *verkaufen*) vendere, smerciare ❽ (FIN) detrarre, defalcare; **die Kosten von der Steuer** ~ detrarre i costi dalle tasse II. *vr* **sich** ~ ❶ (*Staub*) depositarsi ❷ (MIL: *Truppen*) ritirarsi ❸ (*fam: sich davonmachen*) svignarsela

**Absetzung** <-, -en> *f* destituzione *f*, interruzione *f*

**ab|sichern** I. *vt* **etw [gegen etw]** ~ rendere sicuro qc [contro qc] II. *vr* **sich [gegen etw]** ~ assicurarsi [da qc]; (*vertraglich*) cautelarsi [contro qc]

**Absicht** <-, -en> *f* intenzione *f*; (*Ziel*) scopo *m*, fine *m*; **in der** ~ **zu** +*inf* con l'intenzione di +*inf*, a fine di +*inf*; **mit** ~ intenzionalmente, di proposito; **das war nicht meine** ~ non l'ho fatto apposta; **in böser** ~ malintenzionatamente **absichtlich** *adj* intenzionale; (*vorsätzlich*) premeditato; **das hast du ~ getan** l'hai fatto apposta

**Absichtserklärung** <-, -en> *f* (JUR) dichiarazione *f* di intenti

**ab|sinken** <irr> *vi sein* ❶ (*Schiff*) affondare; (*Wasserspiegel*) abbassarsi ❷ (*schwächer werden*) diminuire; (*Temperatur*) abbassarsi, scendere

**ab|sitzen** <irr> I. *vt haben* (*fam: Strafe*) scontare; (*Stunden*) trascorrere II. *vi sein* ❶ (*vom Pferd*) scendere [*o* smontare] da cavallo ❷ (*CH: sich setzen*) sedersi

**absolut** [apzo'lu:t] I. *adj* assoluto II. *adv* assolutamente

**Absolution** [apzolu'tsjo:n] <-, -en> *f* (REL) assoluzione *f*; **jdm die ~ erteilen** assolvere qu

**Absolutismus** [apzolu'tɪsmʊs] <-> *kein Pl. m* assolutismo *m*

**absolutistisch** *adj* assolutista

**Absolvent(in)** [apzɔl'vɛnt] <-en, -en; -, -nen> *m(f)* (*vor dem Examen*) esaminando, -a *m, f*; (*nach dem Examen*) diplomato, -a *m, f*

**absolvieren** [apzɔl'vi:rən] <ohne ge-> *vt* (*Schule*) finire; (*Studien*) compiere; (*Pensum*) sbrigare; (*Examen*) superare

**Absolvierung** <-> *kein Pl. f* ❶ (*Schule, Studium*) conclusione *f*; (*Prüfung*) superamento *m*; (*Ableisten*) compimento *m* ❷ (REL) assoluzione *f*

**absonderlich** [ap'zɔndɐlɪç] *adj* strano

**ab|sondern** I. *vt* ❶ (*isolieren*) **etw [von etw]** ~ isolare qc [da qc], separare qc [da qc] ❷ (BIOL, MED) secernere II. *vr* **sich [von jdm]** ~ segregarsi [da qu]

**Absonderung** ['apzɔndərʊŋ] <-, -en> *f* ❶ (*von Menschen*) isolamento *m*, segregazione *f* ❷ (BIOL, MED) secrezione *f*

**absorbieren** [apzɔr'bi:rən] <ohne ge-> *vt* assorbire

**Absorption** [apzɔrp'tsjo:n] <-> *kein Pl. f* assorbimento *m*

**ab|spalten** I. *vt* ❶ (*trennen*) **etw [von etw]** ~ staccare qc [da qc] ❷ (*fig*) separare ❸ (CHEM) dissociare II. *vr* **sich [von etw]** ~ [di]staccarsi [da qc]

**Abspann** <-[e]s, -e> *m* (FILM, TV) titoli *mpl* di coda

**ab|specken** ['apʃpɛkən] *vi* (*fam*) dimagrire, calare

**ab|speichern** *vt* (INFORM) salvare, memorizzare; **auf etw** *dat* ~ salvare su qc

**ab|speisen** *vt* saziare; **jdn mit leeren Versprechungen ~** (*fam*) liquidare qu con promesse vane; **sich mit etw ~ lassen** accontentarsi di qc

**abspenstig** ['apʃpɛnstɪç] *adj* **~ machen** estraniare, alienare, allontanare

**ab|sperren** *vt* ❶ (*A, südd: Tür, Zimmer*) chiudere a chiave ❷ (*Straße*) sbarrare; (*Verkehr*) bloccare

**Absperrhahn** *m* (TEC) rubinetto *m* di chiusura

**Absperrung** <-, -en> *f* ❶ (*das Absperren*) bloccaggio *m*, chiusura *f*; (*von Straßen*) blocco *m* ❷ (*Gitter*) barriera *f*, ostacolo *m*; (*Sperre*) sbarramento *m*

**ab|spielen** I. *vt* ❶ (*CD, Schallplatte, Band*) [far] ascoltare, mettere [su] *fam* ❷ (*vom Blatt*) suonare a vista ❸ (SPORT) passare II. *vr* **sich ~** svolgersi

**Absprache** <-, -n> *f* accordo *m*, intesa *f*

**ab|sprechen** <irr> I. *vt* ❶ (*verabreden*) **etw [mit jdm] ~** accordarsi [con qu] su qc, concordare qc [con qu] ❷ (*aberkennen*) **[jdm] etw ~** disconoscere [*o* contestare] qc [a qu] II. *vr* **sich [mit jdm] ~** accordarsi [con qu]

**ab|springen** <irr> *vi sein* ❶ (SPORT) saltare ❷ (*mit Fallschirm*) lanciarsi con il paracadute ❸ (*Lack, Knopf*) staccarsi ❹ (*abprallen*) rimbalzare

**Absprung** <-(e)s, -sprünge> *m* salto *m*, slancio *m*; (*mit Fallschirm*) lancio *m* con il paracadute

**ab|spülen** *vt* sciacquare; (*Geschirr*) rigovernare, lavare

**ab|spulen** *vt* ❶ (*abwickeln*) svolgere; (*Knäuel*) dipanare ❷ (*fam: vorspielen*) recitare; **das Programm ~** recitare come da copione ❸ (*fam: dahersagen*) parlare a vanvera

**ab|stammen** *vi sein* **[von jdm] ~** discendere [da qu]

**Abstammung** <-> *kein Pl. f* discendenza *f*, origine *f* **Abstammungslehre** *f* teoria *f* sull'origine della specie

**Abstand** <-(e)s, -stände> *m* ❶ (*räumlich, fig*) distanza *f*; **~ halten** mantenere la distanza; **mit ~** di gran lunga ❷ (*zeitlich*) intervallo *m*; **in regelmäßigen Abständen** a intervalli regolari ❸ (*fig: Unterschied*) differenza *f* ❹ (*fig: innerer ~*) distacco *m*; **von etw ~ nehmen** (*fig*) desistere da qc

**ab|statten** ['apʃtatən] *vt* (*geh*) **jdm einen Besuch ~** fare visita a qu

**ab|stauben** *vt* ❶ (*Möbel*) spolverare ❷ (*fig fam: sich aneignen*) grattare

**Abstauber** ['apʃtaʊbɐ] <-s, -> *m* (*fig fam*) scroccone *m*

**ab|stechen** <irr> I. *vt* ❶ (*Rasen*) tagliare [via]; (*Torf*) scavare ❷ (*Schlachttier*) scannare II. *vi* (*sich abheben*) [**von jdm**] ~ contrastare [con qu]

**Abstecher** <-s, -> *m* scappata *f*

**ab|stecken** *vt* ① (*abgrenzen*) delimitare; (*mit Pfählen, Pflöcken*) segnare [con pali, pioli] ② (*Kleid*) appuntare

**ab|stehen** <irr> *vi* sporgere, essere sporgente; ~ **de Ohren** orecchie a sventola

**Absteige** <-, -n> *f* ① (*fam: Stundenhotel*) albergo *m* a ore ② (*pej: schlechtes Hotel*) stamberga *f*

**ab|steigen** <irr> *vi sein* ① (*heruntersteigen*) scendere; **vom Fahrrad/Pferd ~** scendere dalla bicicletta/da cavallo ② (*übernachten*) **in einer Pension ~** pernottare in una pensione ③ (SPORT) retrocedere

**Absteiger** <-s, -> *m* (SPORT) squadra *f* retrocessa

**ab|stellen** *vt* ① (*hinstellen*) deporre, posare; (*Fahrzeug*) parcheggiare ② (*abschalten*) fermare, arrestare; (*Wasser, Gas*) chiudere; (*Radio, Motor*) spegnere ③ (*fig: unterbinden*) eliminare, sopprimere

**Abstellfläche** *f* ripiano *m*

**Abstellgleis** *nt* binario *m* morto **Abstellraum** *m* ripostiglio *m*

**ab|stempeln** *vt* ① (*mit Stempel versehen*) timbrare ② (*fig: bezeichnen*) bollare

**ab|sterben** <irr> *vi sein* ① (*Pflanzen*) morire, deperire ② (MED: *Glieder*) intorpidirsi

**Abstieg** ['apʃtiːk] <-(e)s, -e> *m* ① (*Abwärtssteigen*) discesa *f* ② (*fig: Niedergang*) decadenza *f*, declino *m* ③ (SPORT) retrocessione *f*

**ab|stillen** *vt* svezzare

**ab|stimmen** I. *vi* **über etw** *acc* **~** votare qc; **über etw** *acc* **~ lassen** mettere qc ai voti II. *vt* ① (MUS) accordare ② (RADIO) sintonizzare ③ (*aufeinander ~*) armonizzare; (*anpassen*) adattare; **etw auf jdn** [*o* **jdn auf etw** *acc*] **~** armonizzare qc con qu [*o* qu con qc]; **etw mit jdm ~** concordare qc con qu; **den Teppich auf die Vorhänge ~** intonare il tappeto alle tende

**Abstimmung** <-, -en> *f* ① (*bei Wahl*) votazione *f*; (*geheime ~*) scrutinio *m*; **in öffentlicher/geheimer ~** a scrutinio pubblico/segreto ② (*fig*) adattamento *m*, armonizzazione *f*; (MUS) accordatura *f*; (*von Farben*) intonazione *f* **Abstimmungsergebnis** *nt* risultato *m* della votazione

**abstinent** [apstiˈnɛnt] *adj* astinente

**Abstinenz** [apstiˈnɛnts] <-> *kein Pl. f* astinenza *f*

**Abstinenzler(in)** <-s, -; -, -nen> *m(f)* (*pej*) astemio, -a *m, f*

**ab|stoppen** *vi, vt* (SPORT) cronometrare

**Abstoß** <-es, -stöße> *m* ① (SPORT) calcio *m* di rinvio ② (*Stoß*) pedata *f*

**ab|stoßen** <irr> I. *vt* ① (*wegstoßen*) scostare ② (*beschädigen*) rompere, danneggiare ③ (*Fußball*) rinviare ④ (COM) smerciare ⑤ (*fig: anwidern*) ripugnare, disgustare II. *vi* (NAUT) salpare, allontanarsi dalla riva III. *vr* **sich ~** respingersi **abstoßend** *adj* repellente, ripugnante

**abstrahieren** [apstraˈhiːrən] <ohne ge-> *vi, vt* (*geh*) [**aus etw**] **~** astrarre [da qc]

**ab|strahlen** *vt* ① (*ausstrahlen*) irradiare, irraggiare; (*übertragen*) trasmettere ② (*mit Sand*) sabbiare, granare

**abstrakt** [apˈstrakt] *adj* astratto

**Abstraktion** <-, -en> *f* astrazione *f* **Abstraktionsvermögen** <-s> *kein Pl. nt* capacità *f* di astrazione

**ab|streifen** *vt* ① (*Kleidung*) togliere, sfilare ② (*Gelände*) perlustrare ③ (*fig: Vorurteile*) abbandonare

**ab|streiten** <irr> *vt* negare

**Abstrich** <-(e)s, -e> *m* ① (*Abzug*) riduzione *f*, taglio *m*; **erhebliche ~e an etw** *dat* **machen** fare notevoli tagli a qc; **man muss im Leben oft ~e machen** (*fig*) nella vita si devono spesso fare delle rinunce ② (MED) striscio *m*

**abstrus** [apˈstruːs] *adj* astruso, oscuro

**ab|stufen** *vt* ① (*Gelände*) terrazzare ② (*Farben*) sfumare ③ (*fig: Gehälter*) classificare

**Abstufung** <-, -en> *f* ① (*Hang*) terrazzamento *m* ② (*von Farben*) sfumatura *f* ③ (*fig: von Gehältern*) classificazione *f*

**ab|stumpfen** I. *vi sein* (*fig*) diventare insensibile II. *vt haben* ① (*Schneide*) smussare ② (*fig: gefühllos machen*) rendere insensibile

**Absturz** <-es, -stürze> *m* ① (*Sturz*) caduta *f* ② (INFORM) crash *m*

**ab|stürzen** *vi sein* ① (*stürzen*) precipitare, cadere ② (INFORM) avere un crash

**Absturzursache** *f* causa *f* del crollo

**ab|stützen** *vt* puntellare

**ab|suchen** *vt* (*Menschen, Tier*) esaminare; (*Gelände*) perlustrare; **ich habe das ganze Haus nach der Brille abgesucht** ho cercato gli occhiali in tutta la casa

**absurd** [apˈzʊrt] *adj* assurdo

**Absurdität** [apzʊrdiˈtɛːt] <-, -en> *f* assurdità *f*

**Abszess** [apsˈtsɛs] <-es, -e> *m* (MED) ascesso *m*

**Abszisse** [aps'tsɪsə] <-, -n> f (MAT) ascissa f

**Abt** [apt, Pl: ɛptə] <-(e)s, Äbte> m abate m

**Abt.** abk v **Abteilung** sez.

**ab|tanzen** vi (sl: ausgiebig tanzen) ballare alla grande

**ab|tasten** vt frugare; (MED) palpare

**Abtauautomatik** f no frost m

**ab|tauen** I. vt haben ① (Kühlschrank) sbrinare ② (Eis) far sciogliere II. vi sein ① (Kühlschrank) sbrinarsi; (See) disgelare, disgelarsi ② (Eis) sciogliersi

**Äbte** Pl. von **Abt**

**Abtei** [ap'taɪ] <-, -en> f abbazia f

**Abteil** [ap'taɪl o 'aptaɪl] <-(e)s, -e> nt scompartimento m

**ab|teilen** vt ① (aufteilen) [sud]dividere ② (durch Zwischenwände) separare

**Abteilung** [ap'taɪlʊŋ] <-, -en> f reparto m; (ADM) dipartimento m, divisione f **Abteilungsleiter(in)** m(f) (COM) caporeparto mf; (ADM) caposezione mf, capodivisione mf

**ab|tippen** vt (fam) battere a macchina

**Äbtissin** [ɛp'tɪsɪn] <-, -nen> f badessa f

**ab|törnen** vi (sl) far passare la voglia a qc fam

**ab|töten** vt (Bakterien) uccidere, annientare; (Nerv) devitalizzare; (Gefühl) reprimere, soffocare

**ab|tragen** <irr> vt ① (Schutt) spalare; (Gelände) spianare ② (Bauwerk) demolire ③ (geh: Speisen) levare ④ (geh: Schuld) estinguere ⑤ (Kleidung) logorare

**abträglich** ['aptrɛːklɪç] adj (geh: nachteilig) svantaggioso; (schädlich) nocivo; **etw ist jdm/etw ~** qc è svantaggioso [o nocivo] per qu/qc

**Abtransport** <-(e)s, -e> m ① (von Material) sgombero m, rimozione f ② (von Gefangenen, Truppen) trasporto m

**ab|transportieren** <ohne ge-> vt ① (Material) sgomberare, rimuovere ② (Gefangene, Truppen) trasportare

**ab|treiben** <irr> I. vt haben ① (NAUT, AERO) far deviare ② (MED) abortire II. vi sein ① (NAUT, AERO) andare alla deriva ② (MED) abortire

**Abtreibung** <-, -en> f aborto m [procurato] **Abtreibungsbefürworter(in)** m(f) abortista mf **Abtreibungsgegner(in)** m(f) antiabortista mf

**Abtreibungsparagraph** m articolo m di legge sull'aborto **Abtreibungspille** f pillola f abortiva

**ab|trennen** vt ① (loslösen) staccare ② (trennen) separare ③ (Angenähtes) scucire

**ab|treten** <irr> I. vt haben ① (überlassen) [jdm] etw ~ cedere qc [a qu] ② (abnutzen) consumare ③ (Schuhe) pulire II. vi sein ① (von Amt) dimettersi ② (THEAT) uscire di scena

**Abtreter** <-s, -> m zerbino m, puliscipiedi m

**Abtretung** <-, -en> f cessione f

**ab|trocknen** vt asciugare

**ab|tropfen** vi sein sgocciolare

**ab|trotzen** vt (Recht, Erlaubnis) ottenere con la tenacia, estorcere

**abtrünnig** ['aptrʏnɪç] adj infedele, ribelle; (REL, POL) rinnegato

**ab|tun** <irr> vt ① (fam: ablegen) togliersi, levarsi ② (beiseiteschieben) sbarazzarsi di, liquidare; **etw mit einer Handbewegung ~** non interessarsi di qc; **damit ist es nicht abgetan** non è detta l'ultima parola

**ab|tupfen** vt detergere

**ab|turnen** ['aptɐ:nən] vt **jdn ~** (sl) disgustare qu

**ab|urteilen** vt (JUR) processare, giudicare

**ab|verlangen** vt **jdm etw ~** chiedere qc a qu, esigere qc da qu

**ab|wägen** ['apvɛːgən] <irr> vt ponderare, soppesare; **zwei Dinge gegeneinander ~** confrontare due cose fra loro

**ab|wählen** vt ① (Politiker) destituire, non rieleggere ② (Schule: Fach) scartare, sostituire

**ab|wälzen** vt scaricare, addossare; **die Arbeit auf jdn ~** scaricare il lavoro a qu; **die Schuld auf jdn ~** addossare la colpa a qu

**ab|wandeln** vt variare

**ab|wandern** vi sein emigrare

**Abwandlung** <-, -en> f variazione f, mutamento m

**Abwärme** <-> kein Pl. f (TEC) calore m perduto

**Abwart** ['apvart] <-(e)s, -e> m (CH: Hausmeister) portiere m

**ab|warten** vt, vi attendere, aspettare; **das bleibt noch abzuwarten** questo resta ancora da vedere

**Abwärtin** ['apvɛrtɪn] <-, -nen> f (CH: Hausmeisterin) portiera f

**abwärts** ['apvɛrts] adv (nach unten) [in] giù, verso il basso **abwärts|fahren** <irr> intr. V. scendere **abwärts|gehen** <irr> vi ① (nach unten gehen) scendere ② (schlechten Verlauf nehmen) **mit ihm geht's abwärts** va di male in peggio

**Abwärtstrend** m trend m negativo

**Abwasch**[1] ['apvaʃ] <-(e)s> *kein Pl.* m (*Geschirr*) stoviglie *fpl* sporche; (*Handlung*) rigovernatura *f*

**Abwasch**[2] <-, -en> *f* (*A: Spülbecken*) acquaio *m*

**abwaschbar** *adj* lavabile

**ab|waschen** <irr> I. *vt* ① (*mit Wasser reinigen*) lavare; (*Geschirr*) rigovernare, lavare ② (*Schmutz*) lavare via II. *vi* (*Geschirr ~*) lavare i piatti

**Abwaschschüssel** *f* bacinella *f* per lavare le stoviglie **Abwaschwasser** *nt* [acqua *f* di] rigovernatura *f*

**Abwasser** <-s, -wässer> *nt* acqua *f* di scarico [*o* di scolo] **Abwasseraufbereitung** *f* trattamento *m* delle acque di scarico **Abwasserentsorgung** *f* scarico *m* delle acque residue **Abwasserkanal** *m* canale *m* di scarico, fognatura *f* **Abwasserreinigung** *f* depurazione *f* delle acque di scarico

**ab|wechseln** I. *vi* alternare, variare II. *vr* **sich ~** alternarsi; **sich bei etw ~** (*sich ablösen*) darsi il cambio in qc **abwechselnd** I. *adj* alternativo II. *adv* alternativamente, a turno; **~ reden** alternarsi nel discorso

**Abwechslung** <-, -en> *f* ① (*Wechsel*) cambiamento *m;* **zur ~** per cambiare un po' ② (*Mannigfaltigkeit*) varietà *f;* **~ in etw** *acc* **bringen** variare qc, rendere più variato qc; **in diesem Dorf gibt es wenig ~** in questo paese la vita è monotona **abwechslungsreich** *adj* [s]variato, vario

**Abwege** ['apve:gə] *mPl.* **auf ~ geraten** mettersi sulla cattiva strada, sviarsi

**abwegig** ['apve:gɪç] *adj* errato

**Abwehr** ['apve:ɐ̯] <-> *kein Pl. f* ① (*allg,* MIL, SPORT) difesa *f* ② (*Widerstand*) resistenza *f* ③ (*Ablehnung*) rifiuto *m* ④ (*Spionage~*) controspionaggio *m*

**ab|wehren** *vt* ① (*Schlag, Stoß*) parare; (*Angriff*) respingere ② (*Gefahr*) stornare ③ (*Besucher*) allontanare; (*Fliegen*) scacciare

**Abwehrkräfte** <-> *fPl.* (MED) sistema *m* immunitario **Abwehrmechanismus** *m* meccanismo *m* di difesa **Abwehrspieler(in)** *m(f)* (SPORT) difensore *m* **Abwehrstoff** *m* (MED) anticorpo *m*

**ab|weichen** <irr> *vi sein* ① (*a. fig* NAUT, AERO) deviare; **vom Kurs ~** deviare dalla rotta; **vom Thema ~** (*fig*) allontanarsi dall'argomento ② **voneinander ~** essere differente l'uno dall'altro **abweichend** *adj* divergente, differente, anomalo, irregolare; **~e Meinungen** opinioni divergenti

**Abweichung** <-, -en> *f* ① (*a. fig* NAUT, AERO) deviazione *f;* (*vom Thema*) allontanamento *m* ② (*Unregelmäßigkeit*) irregolarità *f*

**ab|weisen** <irr> *vt* ① (*zurückweisen*) rifiutare; (JUR) respingere ② (*Gesuch, Forderungen*) rigettare ③ (*Bewerber*) non ammettere; (*Besucher*) non ricevere **abweisend** *adj* brusco, poco affabile

**abwendbar** *adj* evitabile

**ab|wenden** <irr> I. *vt* ① (*Gesicht*) volgere altrove ② (*Blick, Gedanken*) **etw [von etw] ~** distogliere qc [da qc] ③ (*Unheil*) evitare, impedire II. *vr* **sich [von etw] ~** allontanarsi [da qc]

**ab|werben** <irr> *vt* sottrarre (*specialmente lavoratori a ditte*) con proposte allettanti

**ab|werfen** <irr> *vt* ① (*Reiter*) disarcionare ② (*Bomben, Flugblätter*) lanciare, gettare; **mit dem Fallschirm ~** paracadutare ③ (*Spielkarten*) scartare ④ (*Blätter, Nadeln*) perdere ⑤ (COM) fruttare, rendere

**ab|werten** *vt* ① (FIN) svalutare ② (*fig*) deprezzare **abwertend** *adj* disprezzabile, spregevole

**Abwertung** <-, -en> *f* ① (FIN) svalutazione *f* ② (*fig*) deprezzamento *m*

**abwesend** ['apve:zənt] *adj* ① (*nicht anwesend*) assente ② (*fig: geistes~*) distratto, assorto nei pensieri **Abwesende** <ein -r, -n, -n> *mf* assente *mf*

**Abwesenheit** <-, *rar* -en> *f* ① (*körperlich*) assenza *f* ② (*fig: geistig*) distrazione *f*

**ab|wickeln** *vt* ① (*Wolle, Garn*) dipanare; (*Verband*) sfasciare ② (*fig: durchführen*) effettuare; (*Prozess*) condurre; (*Geschäft*) sbrigare

**Abwicklung** <-, -en> *f* esecuzione *f,* disbrigo *m*

**ab|wiegen** <irr> *vt* pesare

**ab|wimmeln** *vt* (*fam*) **jdn ~** tenere alla larga qu, levarsi dai piedi qu; **etw ~** liberarsi di qc, sbarazzarsi di qc; **sich ~ lassen** non insistere

**ab|winken** *vi* fare cenno di no

**ab|wirtschaften** I. *vi* andare in rovina, fare bancarotta, fallire; **die Firma hat längst abgewirtschaftet** l'azienda è da tempo fallita; **die Partei hat bei den Wählern abgewirtschaftet** il partito ha perso consensi tra gli elettori II. *vt* mandare [*o* lasciar andare] in rovina

**ab|wischen** *vt* ① (*reinigen*) pulire; **den Staub von etw ~** spolverare qc ② (*entfernen*) togliere; **etw [von etw] ~** togliere qc

[da qc]; **sich** *dat* **die Stirn/die Tränen ~** asciugarsi la fronte/le lacrime
**Abwrackprämie** *f* (*Bonus, Maßnahme*) incentivi *mpl* alla rottamazione
**Abwurf** <-(e)s, -würfe> *m* ❶ (AERO) lancio *m* ❷ (SPORT) rinvio *m,* rimando *m*
**ab|würgen** *vt* **den Motor ~** bloccare il motore; **ein Gespräch ~** stroncare una conversazione
**ab|zahlen** *vt* pagare a rate
**ab|zählen** *vt* contare; **an den Fingern ~** contare sulle dita; **das kannst du dir doch an fünf Fingern ~** (*fam*) ci potresti arrivare anche da solo
**Abzahlung** <-, -en> *f* ❶ (*Tilgung*) saldo *m* ❷ (*Ratenzahlung*) pagamento *m* rateale; **etw auf ~ kaufen** comprare qc a rate
**Abzählvers** *m* conta *f*
**Abzeichen** <-s, -> *nt* distintivo *m,* insegna *f*
**ab|zeichnen** I. *vt* ❶ (*abmalen*) ritrarre, disegnare; (*kopieren*) copiare; **etw [von jdm/etw] ~** copiare qc [da qu/qc] ❷ (*signieren*) firmare II. *vr* **sich ~** ❶ (*sich abheben*) spiccare ❷ (*erkennbar werden*) delinearsi
**Abziehbild** *nt* decalcomania *f*
**ab|ziehen** <irr> I. *vt haben* ❶ (*wegziehen*) togliere, levare; **das Bett ~** cambiare la biancheria del letto ❷ (*ziehend entfernen*) tirare fuori; **den Schlüssel ~** togliere la chiave dalla serratura; **einen Ring vom Finger ~** sfilare un anello dal dito ❸ (*von der Schale befreien*) sbucciare ❹ (*abrechnen*) detrarre; **20 von 100 ~** sottrarre 20 da 100 ❺ (MIL) **die Truppen von einem Ort ~** ritirare le truppe da un luogo ❻ (FOTO, TYP) tirare, stampare ❼ (*Tier*) scuoiare ❽ (*Messer*) affilare II. *vi sein* ❶ (*Rauch*) uscire, fuoriuscire; (*Gewitter*) allontanarsi ❷ (*Truppen*) ripiegare ❸ (*fam: weggehen*) andarsene
**ab|zielen** *vi* **auf etw** *acc* **~** mirare a qc
**ab|zocken** *vt* (*sl: im Spiel*) imbrogliare, truffare
**Abzug** <-(e)s, -züge> *m* ❶ *Sing.* (MIL) ritiro *m* ❷ *Sing.* (*von Rauch, Gas*) uscita *f* ❸ (COM) deduzione *f,* detrazione *f;* **nach ~ der Kosten** detratte le spese ❹ *pl* (*Abgaben*) trattenute *fpl;* **die Abzüge vom Lohn** le trattenute sullo stipendio ❺ (FOTO) copia *f;* (TYP) bozza *f* ❻ (*~svorrichtung*) sfiato *m,* sfiatatoio *m* ❼ (*Gewehr~*) grilletto *m*
**abzüglich** ['aptsy:klɪç] *prp* +*gen* detratto; **~ der Kosten** detratte le spese
**abzugsfähig** *adj* deducibile, detraibile

**Abzugsfähigkeit** *f* (*steuerliche ~*) deducibilità *f* fiscale
**Abzugshaube** *f* cappa *f*
**ab|zweigen** I. *vi sein* diramarsi, biforcarsi II. *vt haben* (*fig fam*) mettere da parte [*o* via]
**Abzweigung** <-, -en> *f* diramazione *f*
**Accessoires** [aksɛsoˈaːɐ] *ntPl.* accessori *mpl*
**Account** [əˈkaʊnt] <-s, -s> *m o nt* (INFORM) account *m;* **sich** *dat* **ein** [*o* **einen**] **~ einrichten** creare un account
**Acetat** [atseˈtaːt] <-s, -e> *nt* (CHEM) acetato *m*
**Aceton** [atseˈtoːn] <-s> *kein Pl. nt* (CHEM) acetone *m*
**Acetylen** [atsetyˈleːn] <-s> *kein Pl. nt* (CHEM) acetilene *m*
**ach** [ax] *int* ❶ (*Klage*) ahimè ❷ (*Erstaunen, Bedauern*) oh, ah; **~, Sie sind das!** ah, è Lei!; **~ nein!** (*Ablehnung*) ah no!; (*Erstaunen*) ma no!, veramente!; **~ so!** ah ecco, [ora] capisco!; **~ was!, ~ wo!** ma no!, macché
**Achat** [aˈxaːt] <-(e)s, -e> *m* (MIN) agata *f*
**Achillesferse** [aˈxɪlɛsfɛrzə] <-, -n> *f* tallone *m* d'Achille
**Achsbruch** *s.* **Achsenbruch**
**Achse** [ˈaksə] <-, -n> *f* asse *m;* **sich um die eigene ~ drehen** fare un giro completo; **auf ~ sein** (*fam*) essere in giro
**Achsel** [ˈaksəl] <-, -n> *f* ❶ (*Schulter*) spalla *f;* **die** [*o* **mit den**] **~n zucken** alzare le spalle ❷ (*~höhle*) ascella *f* **Achselhöhle** *f* (ANAT) ascella *f* **Achselzucken** <-s> *kein Pl. nt* alzata *f* di spalle
**Achs|en|bruch** *m* rottura *f* dell'asse
**Achsenmächte** [ˈaksənmɛçtə] *fPl.* (HIST) potenze *fpl* dell'Asse
**Achslager** *nt* (TEC) cuscinetto *m* portante
**Achslast** <-, -en> *f* (TEC) carico *m* assiale
**acht**[1] [axt] *num* ❶ otto; **eine Wohnung mit ~ Zimmern** [*o* **Räumen**] un appartamento di otto vani, stanze; **die ersten/letzten ~** i primi/gli ultimi otto; **die nächsten ~** i prossimi otto; **es steht ~ zu fünf** la partita [*o* il gioco] sta otto a cinque ❷ (*Angabe der Uhrzeit*) **es ist ~ [Uhr]** sono le otto; **fünf [Minuten] vor ~** le otto meno cinque, cinque [minuti] alle otto; **zehn [Minuten] nach ~** le otto e dieci, dieci [minuti] dopo le otto; **halb ~** le sette e mezzo; **um/gegen ~** alle/verso le otto ❸ (*Angabe des Alters*) **sie ist ~ [Jahre alt]** ha otto anni; **mit ~ [Jahren]** a otto anni ❹ (*Angabe eines Zeitraums*) **vor ~ Tagen** otto giorni fa, una settimana fa; **nach ~**

**Tagen** dopo otto giorni, dopo una settimana; **in ~ Tagen** fra otto giorni, fra una settimana; **heute in ~ Tagen** oggi a otto; **Montag in ~ Tagen** lunedì a otto; **alle ~ Tage** ogni settimana

**acht²** [axt] **zu ~ in** otto

**Acht¹** [axt] <-, -en> f (*Zahl*) otto m

**Acht²** <-> kein Pl. f ① (*Aufmerksamkeit*) attenzione f, cura f; **auf jdn/etw ~ geben** badare a qu/qc; **gib ~, dass du nicht fällst!** fa attenzione a non cadere!; **außer ~ lassen** non prendere in considerazione; **sich vor jdm/etw in ~ nehmen** stare in guardia da qu/qc ② (HIST: *Bann*) bando m

**achtbändig** adj di [o a] otto volumi

**achtbar** adj rispettabile, degno di rispetto

**Achtbarkeit** <-> kein Pl. f rispettabilità f

**achte(r, s)** adj ① (*Reihenfolge*) ottavo; **im ~n Stock** all'ottavo piano; **jeder ~** ogni ottavo; **jeden ~ Tag** ogni otto giorni, ogni settimana ② (*Datumsangabe*) otto; **am ~n Januar** l'otto gennaio

**Achte** <ein -r, -n, -n> mf ottavo, -a m, f; **~r/~** werden classificarsi ottavo, -a; **am ~n [des Monats]** l'otto del mese; **heute ist der ~** oggi è l'otto; **Heinrich der ~** Enrico ottavo

**Achteck** nt ottagono m **achteckig** adj ottagonale

**achteinhalb** num otto e mezzo

**achtel** ['axtəl] <inv> adj ottavo m di; **drei ~ Liter** tre ottavi di litro

**Achtel** ['axtəl] <-s, -> nt ottavo m, ottava parte f **Achtelfinale** nt ottavo m di finale **Achtelliter** m ottavo m di litro

**achteln** vt ① (*in acht Teile teilen*) dividere in otto ② (*durch Acht teilen*) dividere per otto

**Achtelnote** f (MUS) croma f

**achten** ['axtən] I. vi **auf jdn/etw ~** badare a qu/qc; **darauf ~, dass ...** badare che +*conj* II. vt ① (*schätzen*) stimare ② (*respektieren*) rispettare ③ (*be~*) tener conto di

**ächten** ['ɛçtən] vt ① (HIST) bandire, proscrivere ② (*fig: ausstoßen*) esiliare, mettere al bando

**achtens** ['axtəns] adv [in] ottavo [luogo]

**achter** s. **achte(r, s)**

**Achter** <-s, -> m (SPORT) imbarcazione f da otto rematori **Achterbahn** f montagne fpl russe, otto m volante **Achterdeck** <-(e)s, -s> nt (NAUT) cassero m, ponte m di poppa

**achterlei** ['axtɐ'laɪ] <inv> adj (*attributiv*) di otto specie [o tipi]

**Achterlei** f otto cose fpl

**achtfach** I. adj ottuplo, ottuplice; **in ~er Ausfertigung** in ottuplice copia II. adv otto volte tanto **Achtfache** <ein -s, -n> kein Pl. nt ottuplo m; **das ~** otto volte tanto; **um das ~ steigern** ottuplicare

**Achtfüß|l|er** m ottopode m

**acht|geben** <irr> vi fare attenzione; **gib acht, dass du nicht fällst!** fa attenzione a non cadere!

**achtgeschossig** adj di [o a] otto piani

**achthundert** ['axt'hundɐt] num ottocento

**achthundertste(r, s)** adj ottocentesimo, -a

**achtjährig** ['axtjɛːrɪç] adj ① (*acht Jahre alt*) di otto anni ② (*acht Jahre dauernd*) durevole otto anni **Achtjährige** <ein -r, -n, -n> mf bambino, -a m, f di otto anni

**achtjährlich** adv ogni otto anni

**Achtkampf** m gara f a otto

**achtkantig** adj ottagonale; **jdn ~ hinauswerfen** [*o* **rausschmeißen**] (*fam*) buttar fuori qu senza tanti complimenti

**achtlos** I. adj (*unaufmerksam*) sbadato; (*gleichgültig*) indifferente II. adv senza fare attenzione **Achtlosigkeit** <-> kein Pl. f (*Unaufmerksamkeit*) sbadataggine f; (*Gleichgültigkeit*) indifferenza f

**achtmal** adv otto volte; **~ so viel[e]** otto volte tanto; **~ täglich** otto volte al giorno; **ich war schon ~ in Madrid** sono già stato otto volte a Madrid **achtmalig** adj di otto volte, ripetuto [*o* che avviene] otto volte; **nach ~er Wiederholung konnte er öffnen** all'ottava volta poté aprire **achtmonatig** adj di otto mesi

**Achtpfünder** m *tutto ciò che pesa quattro chili;* (*Neugeborenes*) neonato m di quattro chili

**achtsam** adj (*geh*) ① (*aufmerksam*) attento ② (*sorgfältig*) accurato, preciso **Achtsamkeit** <-> kein Pl. f attenzione f, accuratezza f

**achtsilbig** adj di otto sillabe

**achtspännig** adj a otto cavalli

**achtstellig** adj di otto cifre **achtstöckig** adj di [o a] otto piani **Achtstundentag** [axt'ʃtʊndəntaːk] m giornata f [lavorativa] di otto ore **achtstündig** adj di otto ore **achttägig** ['axttɛːgɪç] adj di otto giorni

**achttausend** ['axt'tauzənt] num ottomila **Achttausender** <-s, -> m ottomila m

**achtteilig** adj (*Ausgabe, Serie, Sendung*) in otto parti; (*Service*) di otto pezzi

**Achtuhrzug** m treno m delle otto

**Achtundsechziger(in)** <-s, -; -, -nen> m(f) sessantottino m (*appartenente al movimento di contestazione giovanile del 1968*)

**Achtung** ['axtʊŋ] <-> *kein Pl. f* ❶ (*Hochschätzung*) stima *f*; (*Respekt*) rispetto *m*; **vor jdm/etw ~ haben** avere rispetto di qu/qc; **sich** *dat* **~ verschaffen** farsi rispettare; **jdm seine ~ entgegenbringen** dimostrare la propria stima a qu; **alle ~!** bravo!, congratulazioni! ❷ (*Aufmerksamkeit*) **~!** attenzione!; (MIL) attenti!; **~, fertig, los!** pronti? Attenti, via!; **~ Stufe!** attenzione al gradino!

**Ächtung** ['ɛçtʊŋ] <-, -en> *f* bando *m*, proscrizione *f*

**achtzehn** *num* diciotto; **~ Uhr** le diciotto *fpl* **achtzehnte(r, s)** *adj* diciottesimo, -a; (*bei Datumsangaben*) diciotto; *s. a.* **achte(r, s)**

**achtzig** ['axtsɪç] *num* ottanta; **mit ~ [km/h] fahren** andare a ottanta all'ora; **mit ~ [Jahren]** a ottant'anni; **er ist über ~** ha più di ottant'anni; **im Jahre ~ [vor/nach Christi Geburt]** nell'ottanta [prima/dopo Cristo]; **in den ~er Jahren** negli anni ottanta; **etwa ~** una ottantina [di]; **etwa ~ sein** essere sugli ottanta; **auf ~ sein/kommen** (*fam*) essere imbufalito [o fuori dai gangheri]/imbufalirsi, andar fuori dai gangheri **Achtziger(in)** <-s, -; -, -nen> *m(f)* ottantenne *mf*, ottuagenario, -a *m*, *f* **achtzigjährig** *adj* ottantenne, ottuagenario **Achtzigjährige** *mf* **achtzigste(r, s)** *adj* ottantesimo, -a; *s. a.* **achte(r, s)** **Achtzigstel** <-s, -> *nt* ottantesimo *m*

**ächzen** ['ɛçtsən] *vi* ❶ (*Mensch*) gemere; **vor Schmerzen** *dat* **~** gemere dal dolore ❷ (*fig*) scricchiolare

**Acker** ['akɐ, *Pl:* 'ɛkɐ] <-s, Äcker> *m* campo *m* [coltivato] **Ackerbau** *m* agricoltura *f*; **~ treiben** coltivare la terra **Ackerland** *nt* terreno *m* arabile

**ackern** *vi* (*fam*) sgobbare

**Acryl** [a'kry:l] <-s> *kein Pl. nt* (CHEM) acrile *m*

**Action** ['ækʃən] <-> *kein Pl. f* azione *f* **Actionfilm** *m* film *m* d'azione

**a. D.** [a:'de:] *abk v* **außer Dienst** fuori servizio

**A. D.** *abk v* **Anno Domini** AD

**ad absurdum** [at ap'zʊrdʊm] *adv* **etw ~ führen** dimostrare l'assurdità di qc

**ADAC** [a:de:ʔa:'tse:] <-(s)> *kein Pl. m abk v* **Allgemeiner Deutscher Automobil-Club** ACI

**Adam** ['a:dam] *m* (*männlicher Vorname*) Adamo; **der alte ~** la debolezza umana; **seit ~s Zeiten** dall'eternità; **bei ~ und Eva anfangen** cominciare dagli inizi

**Adamsapfel** *m* pomo *m* d'Adamo **Adamskostüm** *nt* (*fam scherz*) costume *m* adamitico

**Adaptation** [adapta'tsjo:n] <-, -en> *f* (*a.* FILM, LIT) adattamento *m*

**Adapter** [a'daptɐ] <-s, -> *m* (INFORM) adattatore *m*

**adaptieren** *vt* ❶ (*anpassen*) adattare, adeguare ❷ (*A: herrichten*) sistemare

**Adaption** <-, -en> *f s.* **Adaptation**

**adäquat** [adɛ'kva:t] *adj* adeguato

**addieren** [a'di:rən] <ohne ge-> *vt* addizionare, sommare

**Addition** [adi'tsjo:n] <-, -en> *f* addizione *f*, somma *f*

**ade** [a'de:] *int* addio

**Adel** ['a:dəl] <-s> *kein Pl. m* nobiltà *f*; (*Familie*) famiglia *f* nobile; (*Titel*) titolo *m* nobiliare; **von ~ sein** essere di famiglia nobile; **~ verpflichtet** noblesse oblige

**ad(e)lig** *adj* nobile **Ad(e)lige** <ein -r, -n, -n> *mf* nobile *mf*

**adeln** *vt* nobilitare

**Adelstitel** <-s, -> *m* titolo *m* nobiliare

**Ader** ['a:dɐ] <-, -n> *f* ❶ (*Blutgefäß*) vena *f* ❷ (*Veranlagung*) vena *f*; **eine poetische ~ haben** avere una vena poetica ❸ (*in Holz, Gestein*) venatura *f*; (BOT) nervatura *f*

**Aderlass** ['a:dɐlas] <-es, Aderlässe> *m* (MED) salasso *m*

**ADFC** <-> *m abk v* **Allgemeiner Deutscher Fahrrad-Club** associazione generale tedesca dei ciclisti

**Adhäsionsverschluss** [athɛ'zjo:nsfɛɐʃlʊs] *m* chiusura *f* con sistema adesivo

**ad hoc** [at hɔk] ad hoc, appositamente

**adieu** [a'djø:] *int* addio; **jdm ~ sagen** dire addio a qu

**Adjektiv** ['atjɛkti:f] <-s, -e> *nt* aggettivo *m*

**adjektivisch** [atjɛk'ti:vɪʃ] *adj* aggettivale

**Adjutant** [atju'tant] <-en, -en> *m* (MIL) aiutante *m*

**Adler** ['a:dlɐ] <-s, -> *m* aquila *f* **Adlerauge** *nt* (*fig*) sguardo *m* acuto, occhio *m* di lince **Adlerhorst** *m* nido *m* d'aquila **Adlernase** *f* naso *m* aquilino

**adlig** *adj s.* **ad(e)lig**

**Administration** [atminɪstra'tsjo:n] <-, -en> *f* ❶ (*Verwaltung*) amministrazione *f*; **die Reagan-~** il governo Reagan ❷ (*CH: einer Firma*) gestione *f* **administrativ** [atminɪstra'ti:f] *adj* amministrativo, gestionale **Administrator(in)** [atminɪs'tra:to:ɐ, *Pl:* atminɪs'tra:torən] <-s, -en; -, -nen> *m(f)* (INFORM) amministratore *m*

**Admiral** [atmi'ra:l] <-s, -e *o* -räle> *m* ammiraglio *m*

**Admiralität** [atmirali'tɛːt] <-, -en> f ammiragliato m

**ADN** [aːdeː'ʔɛn] abk v **Allgemeiner Deutscher Nachrichtendienst** agenzia di stampa della ex RDT

**adoptieren** [adɔp'tiːrən] <ohne ge-> vt adottare

**Adoption** [adɔp'tsi̯oːn] <-, -en> f adozione f

**Adoptiv-** [adɔp'tiːf] (in Zusammensetzungen) adottivo

**Adoptiveltern** Pl. genitori mpl adottivi

**Adoptivkind** nt figlio, -a m, f adottivo, -a, bambino, -a m, f adottato, -a

**Adr.** abk v **Adresse** ind.

**Adrenalin** [adrena'liːn] <-s> kein Pl. nt (MED) adrenalina f **Adrenalinspiegel** m (MED) contenuto m di adrenalina **Adrenalinstoß** m (MED) scarica f di adrenalina

**Adressat(in)** [adrɛ'saːt] <-en, -en; -, -nen> m(f) destinatario, -a m, f

**Adressbuch** nt (privat) agenda f degli indirizzi; (Verzeichnis) guida f generale della città

**Adresse** [a'drɛsə] <-, -n> f ① (Anschrift) indirizzo m; **an die falsche ~ geraten** (fam) rivolgersi alla persona sbagliata ② (INFORM: Nummer einer Speicherzelle) indirizzo m

**adressieren** [adrɛ'siːrən] <ohne ge-> vt indirizzare

**Adressiermaschine** f macchina f stampaindirizzi

**adrett** [a'drɛt] adj ordinato, carino

**Adria** ['aːdria] f [mare m] Adriatico m

**adriatisch** [adri'aːtɪʃ] adj adriatico; **Adriatisches Meer** [mare m] Adriatico m

**ADS** [aːdeː'ɛs] nt s. **Aufmerksamkeitsdefizitsyndrom** ADS m

**ADSL** [aːdeːɛs'ɛl] abk v **Asymmetric Digital Subscriber Line** ADSL

**Adsorption** <-, -en> f (CHEM, PHYS) adsorbimento m

**A-Dur** <-> kein Pl. nt (MUS) la m maggiore

**Advent** [at'vɛnt] <-(e)s, -e> m Avvento m **Adventskalender** m calendario m dell'Avvento **Adventskranz** m corona f dell'Avvento **Adventszeit** f tempo m d'Avvento

**Adverb** [at'vɛrp] <-s, Adverbien> nt avverbio m

**adverbial** [atvɛr'bi̯aːl] adj avverbiale

**Advokat** [atvo'kaːt] <-en, -en> m (bes. CH) avvocato m

**Advokaturbureau** <-s, -s> nt (CH) studio m legale

**Aerobic** [ɛə'rɔbɪk] <-> kein Pl. nt aerobica f

**Aerodynamik** [aerody'naːmɪk] f (PHYS) aerodinamica f

**Aerosol** [aero'sɔl] <-s, -e> nt (MED) aerosol m

**Affäre** [a'fɛːrə] <-, -n> f ① (Angelegenheit) faccenda f; **sich aus der ~ ziehen** tirarsi d'impiccio ② (Liebschaft) relazione f amorosa

**Affe** ['afə] <-n, -n> m ① (ZOO) scimmia f ② (fam pej) damerino m; **du alter ~!** (fam pej) vecchia bertuccia!; **du eingebildeter ~!** (fam pej) pallone gonfiato!; **einen ~n [sitzen] haben** (fig sl) essere sbronzo fam

**Affekt** [a'fɛkt] <-(e)s, -e> m eccitazione f; **im ~ handeln** (JUR) compiere un delitto passionale **Affekthandlung** <-, -en> f (JUR, PSYCH) azione f commessa in stato di eccitazione

**affektiert** [afɛk'tiːɛt] adj affettato

**Affenbrotbaum** m (BOT) baobab m

**affengeil** adj (fam) figo, da sballo, galattico **Affenliebe** f amore m esagerato **Affenschande** f **das ist eine ~!** (fam) è una vergogna! **Affentempo** nt (fam) **in [o mit] einem ~** a tutta birra **Affenzahn** m (sl) s. **Affentempo**

**affig** adj (fam: eitel) vanitoso; (affektiert) affettato

**Äffin** ['ɛfɪn] <-, -nen> f (ZOO) scimmia f; s. a. **Affe**

**Affinität** [afini'tɛːt] <-, -en> f ① (Neigung) affinità f, attrazione f ② (CHEM: von Atomen) affinità f

**Affrikata** <-, -ten> f (LING) affricata f

**Affront** [a'frõː] <-s, -s> m (geh) affronto m, offesa f (gegen nei confronti di/verso)

**Afghane** [af'gaːnə] <-n, -n> m, **Afghanin** [af'gaːnɪn] <-, -nen> f ① (Mensch) afgano, -a m, f ② (ZOO: Hund) levriero m afgano

**afghanisch** adj afgano

**Afghanistan** [af'gaːnɪstaːn] nt Afganistan m; **in ~** nell'Afganistan

**Afrika** ['aːfrika] nt Africa f

**Afrikaans** [afri'kaːns] <-> kein Pl. nt (Sprache) afrikaans m

**Afrikaner(in)** [afri'kaːnɐ] <-s, -; -, -nen> m(f) africano, -a m, f

**afrikanisch** adj africano

**Afroamerikaner(in)** ['aːfroʔameri'kaːnɐ] <-s, -; -, -nen> m(f) afroamericano, -a m, f

**afroamerikanisch** adj afroamericano

**Afrolook** ['a(ː)frolʊk] m acconciatura f afro

**After** ['aftɐ] <-s, -> *m* (ANAT) ano *m*
**Afterhour** ['a:ftɐaʊɐ] <-, -s> *f* (*Party nach dem Ende einer Party*) afterhour *m*
**Aftershave** [a:ftɐ'ʃɛɪf] <-(s), -s> *nt*, **Aftershave-Lotion** <-, -s> *f*, **Aftershavelotion** <-, -s> *f* after shave *m*, lozione *f* dopobarba
**After-Show-Party** [a:ftɐ'ʃɔʊpa:ɐ̯ti] *f* (*Party nach dem Ende einer Show*) aftershow party *m* **After-Work-Party** [a:ftɐ'wə:kpa:ɐ̯ti] <-, -s> *f* serata *f* after work, after work party *m*
**AG** [a:'ge:] <-, -s> *f* ① *abk v* **Aktiengesellschaft** S.p.A. ② *abk v* **Arbeitsgemeinschaft, Arbeitsgruppe** gruppo *m* di lavoro, team *m*
**Ägäis** [ɛ'gɛːɪs] *f* Egeo *m*
**Agave** [a'ga:və] <-, -n> *f* agave *f*
**Agenda** [a'gɛnda] <-, -den> *f* ① (*Terminkalender, Taschenkalender*) agenda *f* ② (POL: *Tagesordnung*) ordine *m* del giorno; **die ~ 2010** (*Programm der deutschen Bundesregierung*) l'Agenda 2010 *f*
**Agent(in)** [a'gɛnt] <-en, -en; -, -nen> *m(f)* ① (POL) agente *mf* segreto, -a ② (COM) agente *mf*, rappresentante *mf*
**Agentur** [agɛn'tuːɐ̯] <-, -en> *f* agenzia *f*
**Agenturbericht** *m* notizia *f* d'agenzia
**AGG** [a:ge:'ge:] <-> *kein Pl. nt abk v* **Allgemeines Gleichbehandlungsgesetz** (JUR) legge *f* antidiscriminazione
**Agglomerat** [aglome'ra:t] <-(e)s, -e> *nt* (GEOL) agglomerato *m*
**Agglomeration** [aglomera'tsi̯oːn] <-, -en> *f* ① (*geh: Anhäufung*) accumulo *m* ② (*CH: Ballungsraum*) agglomerato *m*
**Aggregat** [agre'ga:t] <-(e)s, -e> *nt* aggregato *m*
**Aggression** [agrɛ'si̯oːn] <-, -en> *f* aggressione *f*
**aggressiv** [agrɛ'si:f] *adj* aggressivo
**Aggressivität** [agrɛsivi'tɛːt] <-, -en> *f* aggressività *f*
**Aggressor** [a'grɛsoːɐ̯] <-s, -en> *m* (JUR, POL) aggressore *m*, assalitore *m*
**agieren** [a'gi:rən] <ohne ge-> *vi* ① (*handeln*) agire ② (THEAT) sostenere la parte di
**agil** [a'gi:l] *adj* agile, svelto; (*geschickt*) abile, capace
**Agitation** [agita'tsi̯oːn] <-, -en> *f* (POL) agitazione *f*
**Agitator(in)** [agi'ta:toːɐ̯] <-s, -en; -, -nen> *m(f)* (POL) agitatore, -trice *m, f*
**agitatorisch** [agita'to:rɪʃ] *adj* sovversivo, sedizioso
**Agnostiker(in)** <-s, -; -, -nen> *m(f)* agnostico, -a *m, f*
**Agnostizismus** <-> *kein Pl. m* (PHILOS) agnosticismo *m*
**Agonie** [ago'niː] <-, -n> *f* agonia *f*
**Agrarfonds** [a'gra:ʀɛfõː] *m* fondo *m* agricolo **Agrarmarkt** *m* mercato *m* agricolo **Agrarminister(in)** *m(f)* ministro *m* dell'agricoltura **Agrarpolitik** *f* politica *f* agraria **Agrarreform** *f* riforma *f* agraria **Agrarstaat** *m* paese *m* agricolo **Agrarwirtschaft** <-> *kein Pl. f* economia *f* agraria [*o* rurale]
**Ägypten** [ɛ'gʏptən] *nt* Egitto *m*; **in ~** in Egitto
**Ägypter(in)** <-s, -; -, -nen> *m(f)* egiziano, -a *m, f*
**ägyptisch** *adj* egiziano
**Ägyptologie** <-> *kein Pl. f* egittologia *f*
**ah** [a:] *int* ah
**Ah** *abk v* **Amperestunde** Ah
**äh** [ɛː] *int* ① (*Ausruf des Ekels*) puà, puh ② (*bei Sprechpausen*) ehm
**aha** [a'ha(ː)] *int* ah, ecco!
**Aha-Erlebnis** *nt* (PSYCH) illuminazione *f*
**ahd.** *abk v* **althochdeutsch** antico alto-tedesco
**Ahle** ['a:lə] <-, -n> *f* (TEC) lesina *f*
**Ahn** [a:n] <-s *o* -en, -en> *m* antenato, -a *m, f*, avo, -a *m, f*
**ahnden** ['a:ndən] *vt* ① (*bestrafen*) punire ② (*rächen*) vendicare
**Ahne** ['a:nə] <-, -n> *f* antenato, -a *m, f*, avo, -a *m, f*
**ähneln** ['ɛːnəln] *vi* jdm **~** assomigliare a qu
**ahnen** ['a:nən] *vt* ① (*Vorgefühl haben*) presentire; **etw ~** avere il presentimento di qc; **das konnte ich nicht ~** non potevo prevederlo ② (*vermuten*) immaginare, sospettare; **der Himbeergeschmack war nur zu ~** il sapore di lampone bisognava immaginarselo; **nichts ahnend** non sospettando [di] niente
**Ahnen** *mPl.* antenati *mpl*, avi *mpl* **Ahnenforschung** <-> *kein Pl. f* genealogia *f*
**Ahnentafel** *f* tavola *f* genealogica
**ähnlich** ['ɛːnlɪç] *adj* ① (*teilweise übereinstimmend*) simile, analogo; **~ wie ...** simile a ... ② (*gleichartig*) similare, affine ③ (*ähnelnd*) somigliante; **jdm ~ sehen** assomigliare a qu **Ähnlichkeit** <-, -en> *f* [ras]somiglianza *f*; **mit jdm ~ haben** somigliare a qu **ähnlich|sehen** <irr> *vi* (*fam: bezeichnend sein*) **das sieht dir/ihm [mal wieder] ähnlich!** questa è una delle tue/delle sue!
**Ahnung** <-, -en> *f* ① (*Vorgefühl*) presentimento *m* ② (*Vorstellung*) idea *f*; [**ich habe**] **keine ~!** non ne ho idea!; **keine**

[blasse] [o nicht die geringste] ~ haben (fam) non avere la minima [o più pallida] idea; **hast du** [aber] **eine ~!** (fam iron) se sapessi! **ahnungslos I.** adj ignaro **II.** adv senza rendersene conto **Ahnungslosigkeit** <-> kein Pl. f essere m ignaro, inconsapevolezza f

**ahoi** [a'hɔɪ] int (NAUT) olà

**Ahorn** ['aːhɔrn] <-s, -e> m (BOT) acero m

**Ähre** ['ɛːrə] <-, -n> f spiga f

**Aids** [ɛɪdz] <-> kein Pl. nt (MED) abk v **Acquired Immune Deficiency Syndrome** AIDS f o m **Aidshilfe** f ① (MED) aiuto m alla lotta contro l'AIDS ② (Organisation) assistenza f ai malati di AIDS **aidsinfiziert** adj (MED) affetto da AIDS **Aidstest** m test m dell'AIDS **Aidsübertragung** f trasmissione f dell'AIDS **Aidsvirus** nt virus m dell'AIDS

**Airbag** ['ɛːɐbɛk] <-s, -s> m (MOT) airbag m

**Airbrush** ['ɛːɐbraʃ] <-s> kein Pl. nt aerografo m

**Airbus** ['ɛːɐbʊs] m airbus m, aerobus m

**Airconditioner** ['ɛːɐkɔndiʃənɐ] m climatizzatore m

**Akademie** [akade'miː] <-, -n> f accademia f

**Akademiker(in)** [aka'deːmikɐ] <-s, -; -, -nen> m(f) laureato, -a m, f

**akademisch** adj accademico

**Akazie** [a'kaːtsi̯ə] <-, -n> f (BOT) acacia f

**akklimatisieren** [aklimati'ziːrən] <ohne ge-> vr **sich ~** acclimatarsi

**Akklimatisierung** <-> kein Pl. f acclimatazione f

**Akkord** [a'kɔrt] <-(e)s, -e> m ① (MUS) accordo m ② (~arbeit) cottimo m; **im ~ arbeiten** lavorare a cottimo **Akkordarbeit** f lavoro m a cottimo **Akkordarbeiter(in)** m(f) cottimista mf

**Akkordeon** [a'kɔrdeɔn] <-s, -s> nt fisarmonica f

**akkreditieren** [akredi'tiːrən] <ohne ge-> vt accreditare

**Akkreditiv** <-s, -e> nt (WIRTSCH) lettera f di credito

**Akku** ['aku] <-s, -s> m, **Akkumulator** [akumu'laːtoːɐ̯] <-s, -en> m ① (TEC: Stromspeicher) accumulatore m ② (INFORM: Speicherzelle) accumulatore m

**akkurat** [aku'raːt] adj accurato, preciso

**Akkusativ** ['akuzatiːf] <-s, -e> m (LING) accusativo m **Akkusativobjekt** nt (LING) complemento m oggetto

**Akne** ['aːknə] <-, -n> f (MED) acne f

**Akribie** [akri'biː] <-> kein Pl. f acribia f; **etw mit ~ tun** fare qc con diligente precisione

**akribisch** [a'kriːbɪʃ] adj (geh) minuzioso

**Akrobat(in)** [akro'baːt] <-en, -en; -, -nen> m(f) acrobata mf

**Akrobatik** [akro'baːtɪk] <-> kein Pl. f acrobatica f

**Akrobatin** f s. **Akrobat**

**akrobatisch** adj acrobatico

**Akronym** [akro'nyːm] <-s, -e> nt (LING) acronimo m, sigla f

**Akt** [akt] <-(e)s, -e> m ① (Handlung) atto m, azione f; (Zeremonie) cerimonia f ② (THEAT) atto m; (im Zirkus) numero m ③ (JUR) atto m ④ (Geschlechts~) coito m ⑤ (KUNST) nudo m

**Akte** ['aktə] <-, -n> f atto m, documento m; **zu den ~n legen** mettere agli atti; (a. fig) archiviare; **Einheitliche Europäische ~** (EU) Atto europeo unitario **Akteneinsicht** <-, -en> f (JUR) ispezione f dei documenti, visione f degli atti **Aktenkoffer** m ① (Tasche) borsa f portadocumenti ② (INFORM) cartella f sincronia file **aktenkundig** adj (Person) conosciuto dalla polizia; (Fall) registrato dalla polizia **Aktennotiz** f promemoria m **Aktenordner** m classificatore m **Aktenschrank** m armadio m per le pratiche, archivio m **Aktentasche** f cartella f **Aktenvermerk** m annotazione f **Aktenvernichter** <-s, -> m distruggi-documenti m **Aktenzeichen** nt numero m di protocollo

**Aktfoto** nt fotografia f di un nudo

**Aktie** ['aktsi̯ə] <-, -n> f azione f

**Aktienbanken** fPl. banche fpl per azioni **Aktienfonds** m capitale m [o fondo m] azionario **Aktiengesellschaft** f società f per azioni [o anonima] **Aktienindex** m indice m di Borsa [o azionario] **Aktienkapital** nt capitale m azionario **Aktienkurs** m quotazione f azionaria **Aktienmarkt** m mercato m azionario **Aktienmehrheit** <-, -en> f maggioranza f azionaria

**Aktienoption** f (FIN) stock option f **Aktienpaket** <-(e)s, -e> nt pacchetto m azionario **Aktienumtausch** m cambio m di azioni

**Aktion** [ak'tsi̯oːn] <-, -en> f ① (Handlung, MIL) azione f; **in ~ treten** entrare in azione ② (Werbe~) campagna f ③ (bes. CH: Sonderangebot) offerta f speciale

**Aktionär(in)** [aktsi̯o'nɛːɐ̯] <-s, -e; -, -nen> m(f) azionista mf

**Aktionismus** <-> kein Pl. m attivismo m

**Aktionspreis** *m* prezzo *m* promozionale
**Aktionsradius** *m* raggio *m* d'azione
**aktiv** [ak'ti:f *o* 'akti:f] *adj* ❶ (*tätig*) attivo ❷ (*wirksam*) efficace
**Aktiv** ['akti:f] <-s> *kein Pl. nt* (LING) attivo *m*
**Aktiva** [ak'ti:va] *Pl.* (FIN) attivo *m*
**aktivieren** [akti'vi:rən] <ohne ge-> *vt* ❶ (*allg*, CHEM) attivare ❷ (POL) mobilitare ❸ (COM) portare in attivo
**Aktivierung** <-, -en> *f* attivazione *f*
**Aktivismus** <-> *m* attivismo *m*
**Aktivist(in)** <-en, -en; -, -nen> *m(f)* militante *mf*
**Aktivität** [aktvi'tɛ:t] <-, -en> *f* attività *f*
**Aktmalerei** *f* (KUNST) pittura *f* di nudi
**aktualisieren** <ohne ge-> *vt* (*allg*, INFORM) aggiornare
**Aktualisierung** <-, -en> *f* aggiornamento *m*
**Aktualität** [aktyali'tɛ:t] <-> *kein Pl. f* attualità *f*
**Aktuar** [aktu̯'a:ɐ̯] <-s, -e> *m* (*CH: Schriftführer eines Vereins*) segretario *m* di una società
**aktuell** [ak'tu̯ɛl] *adj* attuale; (*Buch*) d'attualità
**Akupressur** [akuprɛ'su:ɐ̯] <-, -en> *f* (MED) agopressione *f*
**Akupunktur** [akupuŋk'tu:ɐ̯] <-, -en> *f* (MED) agopuntura *f*
**Akustik** [a'kʊstɪk] <-> *kein Pl. f* acustica *f*
**akustisch** *adj* acustico
**akut** [a'ku:t] *adj* ❶ (MED) acuto ❷ (*fig: Problem, Frage*) scottante
**AKW** [a:ka:'ve:] <-(s), -s> *nt abk v* **Atomkraftwerk** centrale *f* atomica
**Akzent** [ak'tsɛnt] <-(e)s, -e> *m* accento *m;* **den ~ auf etw** *acc* **legen** mettere l'accento su qc **akzentfrei** *adj* senza accento
**akzeptabel** [aktsɛp'ta:bəl] *adj* accettabile
**Akzeptanz** [aktsɛp'tants] <-> *kein Pl. f* disponibilità *f*
**akzeptieren** [aktsɛp'ti:rən] <ohne ge-> *vt* accettare
**Al** (CHEM) *abk v* **Aluminium** Al
**Alabaster** [ala'bastɐ] <-s, -> *m* alabastro *m*
**Alarm** [a'larm] <-(e)s, -e> *m* allarme *m;* **blinder** [*o* **falscher**] **~** falso allarme; **~ schlagen** dare l'allarme **Alarmanlage** *f* impianto *m* d'allarme **Alarmbereitschaft** *f* **in ~ sein** essere in stato d'allarme
**alarmieren** [alar'mi:rən] <ohne ge-> *vt* (*a. fig*) allarmare, dare l'allarme a **alarmierend** *adj* allarmante

**Alarmsignal** *nt* segnale *m* d'allarme
**Alarmzustand** *m* stato *m* d'allarme
**Alaska** [a'laska] *nt* Alaska *f*
**Alaun** [a'laʊn] <-(e)s, -e> *m* (CHEM) allume *m*
**Albaner(in)** [al'ba:nɐ] <-s, -; -, -nen> *m(f)* albanese *mf*
**Albanien** [al'ba:niən] *nt* Albania *f*
**albanisch** *adj* albanese
**Albatros** ['albatrɔs] <-, -se> *m* albatro *m*
**Albdruck** ['albdrʊk, *Pl:* 'albdrʏkə] <-(e)s, Albdrücke> *m* incubo *m*
**Alben** *Pl. von* **Album**
**albern** ['albɐn] I. *adj* sciocco; **~es Zeug** sciocchezze *fpl;* **sich ~ benehmen** fare lo sciocco II. *vi* fare sciocchezze **Albernheit** <-, -en> *f* sciocchezza *f*
**Albino** [al'bi:no] <-s, -s> *m* albino *m*
**Albtraum** ['albtraʊm] *m* incubo *m*
**Album** ['albʊm, *Pl:* 'albən] <-s, Alben> *nt* album *m*
**Alchemie** [alçe'mi:] <-> *kein Pl. f,* **Alchimie** [alçi'mi:] <-> *kein Pl. f* alchimia *f*
**Alchimist(in)** [alçi'mɪst] <-en, -en; -, -nen> *m(f)* alchimista *mf*
**Alcomat®** ['alkomat] *m* alcoltest *m*
**Alcopops** ['alkopɔps] *mPl.* (*alkoholhaltige Limonadenmischgetränke*) alcopop *m*
**Alemanne** [alə'manə] <-n, -n> *m,* **Alemannin** [alə'manɪn] <-, -nen> *f* alemanno, -a *m, f*
**alemannisch** *adj* alemannico
**Alge** ['algə] <-, -n> *f* (BOT) alga *f*
**Algebra** ['algebra] <-> *kein Pl. f* (MAT) algebra *f*
**algebraisch** [alge'bra:ɪʃ] *adj* algebrico
**Algenpest** <-> *kein Pl. f* invasione *f* d'alghe
**Algerien** [al'ge:riən] *nt* Algeria *f*
**Algerier(in)** <-s, -; -, -nen> *m(f)* algerino, -a *m, f*
**algerisch** *adj* algerino
**Algier** ['alʒi:ɐ] *nt* Algeri *f*
**ALGOL** <-(s)> *kein Pl. nt* (INFORM, MAT) *akr v* **algorithmic language** linguaggio algoritmico
**algorithmisch** *adj* (MAT) algoritmico
**Algorithmus** [algo'rɪtmʊs] <-, Algorithmen> *m* (MAT, INFORM) algoritmo *m*
**alias** ['a:lias] *adv* alias
**Alibi** ['a:libi] <-s, -s> *nt* alibi *m*
**Alimente** [ali'mɛntə] *Pl.* alimenti *mpl*
**alkalisch** [al'ka:lɪʃ] *adj* (CHEM) alcalino
**Alkohol** ['alkohɔl *o* alko'ho:l] <-s, -e> *m* alcol *m* **alkoholarm** *adj* poco alcolico
**Alkoholeinfluss** *m* **unter ~** sotto l'effetto dell'alcol **alkoholfrei** *adj* analcolico

**Alkoholgehalt** *m* gradazione *f* alcolica, alcolicità *f*
**Alkoholgenuss** <-es> *kein Pl. m* consumo *m* di bevande alcoliche [*o* di alcol]; **übermäßiger ~ schadet der Gesundheit** il consumo eccessivo di alcol danneggia la salute **alkoholhaltig** *adj* alcolico
**Alkoholika** [alko'ho:lika] *Pl.* alcolici *mpl*
**Alkoholiker(in)** [alko'ho:likɐ] <-s, -; -, -nen> *m(f)* alcolizzato, -a *m, f*
**alkoholisch** *adj* alcolico; **~e Getränke** bevande *fpl* alcoliche, alcolici *mpl*
**alkoholisiert** *adj* alcolizzato; **in ~em Zustand** sotto effetto dell'alcol
**Alkoholismus** <-> *kein Pl. m* alcolismo *m*
**Alkoholmissbrauch** <-(e)s> *kein Pl. m* abuso *m* di bevande alcoliche **Alkoholspiegel** *m* tasso *m* alcolico [nel sangue] **Alkoholsünder(in)** <-s, -; -, -nen> *m(f)* (*fam*) chi beve eccessivamente prima di mettersi al volante **Alkoholtest** *m* alcoltest *m* **Alkoholverbot** *nt* proibizionismo *m* **Alkoholvergiftung** *f* (*akute*) intossicazione *f* da alcol; (*chronische*) etilismo *m* **Alkopops** ['alkopɔps] *Pl. s.* **Alcopops**

**all** [al] *pron indef* tutto; **~ die Mühe** con tutta questa fatica; **nach ~ dem Geschehenen** dopo tutto quello che è successo; *s. a.* **alle(r, s)**
**All** [al] <-s> *kein Pl. nt* universo *m*, cosmo *m*
**Allah** ['ala] <-s> *kein Pl. m* (REL) Allah *m*
**alle** ['alə] I. *adv* (*fam*) finito II. *pron indef s.* **alle(r, s)**
**alle(r, s)** ['alə, -lə, -ləs] *pron indef pl* tutti, -e *m, f*, entrambi, -e *m, f*; **~ zwei Wochen** ogni quindici giorni; **~ beide** entrambi; **~ fünf/zehn** tutti e cinque/dieci; **das ~s** tutto questo; **~s in Allem** tutto sommato; **in ~r Ruhe** con comodo; **mit ~r Deutlichkeit** con tutta chiarezza; **nicht um ~s in der Welt** per nulla al mondo; **vor ~m** soprattutto; **er ist mein Ein und Alles** è tutto per me; **wer war ~s da?** chi c'era?; **~s Gute!** buona fortuna!; **da hört doch ~s auf!** questo è troppo!, è il colmo!
**Allee** [a'le:] <-, -n> *f* viale *m* [alberato]
**Allegorie** [alego'ri:, *Pl:* alego'ri:ən] <-, -n> *f* (LIT) allegoria *f*
**allegorisch** *adj* (LIT) allegorico
**allein** [a'laɪn] I. <inv> *adj* solo; (*ohne Hilfe, selbst*) da solo; (*einsam*) solitario; **~ erziehend** solo, single; **~ stehend** (*Haus*) isolato; **ganz ~** solo soletto *fam*; **von ~** da solo; **etw ~ tun** fare qc da solo; **jdn allein ~** lasciare solo qu II. *adv* (*nur*) solo,

solamente, unicamente; **~ der Gedanke** il solo pensiero; **nicht ~ …, sondern auch …** non solo …, ma anche … III. *konj* (*geh: jedoch*) però, ma
**alleine** [a'laɪnə] *adj* (*fam*) *s.* **allein**
**Alleinerbe** *m*, **Alleinerbin** *f* erede *mf* universale **alleinerziehend** *adj* (*padre, madre*) solo, single; **er ist ~** è un padre single **Alleinerziehende** <ein -r, -n, -n> *mf* padre *m* solo/madre *f* sola, padre/madre single **Alleingang** *m* (SPORT) prestazione *f* individuale; **im ~** da solo, senza aiuto **Alleinherrschaft** *f* potere *m* assoluto, assolutismo *m* **Alleinherrscher(in)** <-s, -; -, -nen> *m(f)* sovrano *m* assoluto
**alleinig** *adj* solo, unico
**allein|lassen** <irr> *vt* (*im Stich lassen*) piantare in asso, lasciare
**Alleinsein** *nt* solitudine *f*
**allein|stehen** <irr> *vi* (*ohne Ehefrau sein*) essere celibe; (*ohne Ehemann sein*) essere nubile; (*ohne Angehörige sein*) essere solo
**alleinstehend** *adj* (*ohne Ehefrau*) celibe; (*ohne Ehemann*) nubile; (*ohne Angehörige*) solo **Alleinstehende** <ein -r, -n, -n> *mf* single *mf*, persona *f* che vive da sola **Alleinunterhalter(in)** *m(f)* showman *m*/showgirl *f*; (*fig*) istrione, -a *m, f* **Alleinvertretung** *f* [rappresentanza *f*] esclusiva *f*
**allemal** ['aləma:l] *adv* ❶ (*jedesmal*) tutte le volte; **ein für ~** una volta per tutte ❷ (*fam: gewiss*) senz'altro, certo
**allenfalls** *adv* ❶ (*höchstens*) tutt'al più ❷ (*gegebenenfalls*) semmai, eventualmente
**aller** *s.* **alle(r, s)**
**aller-** (*in Zusammensetzungen mit Superlativ zur Verstärkung*) [il, la] più … **allerbeste(r, s)** ['alɐ'bɛstə, -tə, -təs] *adj* **der/die ~ …** il migliore … di tutti/la migliore … di tutte
**allerdings** ['alɐ'dɪŋs] *adv* ❶ (*einschränkend*) ma, però, tuttavia ❷ (*bekräftigend*) ma certo, certamente
**allererste(r, s)** ['alɐ'ʔɛrstə, -tə, -təs] I. *adj* [il] primo di tutti/[la] prima di tutte, [il] primissimo/[la] primissima II. *adv* **zu allererst** per primo
**Allergie** [alɛr'gi:] <-, -n> *f* (MED) allergia *f*; **eine ~ gegen etw haben** avere un'allergia a qc **Allergietest** *m* esame *m* allergologico
**Allergiker(in)** [a'lɛrgikɐ] <-s, -; -, -nen> *m(f)* allergico, -a *m, f*
**allergisch** *adj* **~ [gegen etw] sein** essere allergico [a qc]

**Allergologe** [alɛrgoˈloːgə] <-n, -n> *m*, **Allergologin** [alɛrgoˈloːgin] <-, -nen> *f* allergologo, -a *m, f*

**allerhand** [ˈaleˈhant] <inv> *adj* (*fam*) ❶ (*viel*) molto, tanto; **das ist ja ~**! questo è un po' troppo! ❷ (*allerlei*) di tutti i tipi

**Allerheiligen** [ˈaleˈhaɪlɪgən] <-> *kein Pl. nt* (REL) Ognissanti *m*

**allerlei** [ˈaleˈlaɪ] <inv> *adj* di ogni genere [*o* specie], diverso; **ich habe ~ gesehen** ho visto molte cose **Allerlei** <-s, -s> *nt* miscuglio *m*; **Leipziger ~** (GASTR) verdura *f* mista

**allerletzte(r, s)** [ˈaleˈlɛtstə, -tə, -təs] *adj* ultimo, -a di tutti, ultimissimo, -a

**allerliebst** [ˈaleˈliːpst] *adj* ❶ (*liebst*) [il/la] più caro, -a, carissimo, -a ❷ (*reizend*) graziosissimo, -a; **am ~en** più di ogni altra cosa **allerliebste(r, s)** [ˈaleˈliːpstə, -tə, -təs] *adj* [il/la] più caro, -a, carissimo, -a; **am ~en** più di ogni altra cosa **allermeiste(r, s)** [ˈaleˈmaɪstə, -tə, -təs] *adj* [la] maggior parte di **allerneueste(r, s)** [ˈaleˈnɔɪəstə, -tə, -təs] *adj* ultimo, -a, [il/la] più recente; **die ~ Mode** l'ultima moda; **wissen Sie schon das Allerneueste?** la sa l'ultima?

**Allerseelen** [ˈaleˈzeːlən] <-> *kein Pl. nt* (REL) giorno *m* dei morti

**allerseits** [ˈaleˈzaɪts] *adv* ❶ (*an alle*) a tutti [quanti] ❷ (*von allen*) da ogni parte **allerwenigste(r, s)** [ˈaleˈveːnɪçstə, -tə, -təs *o* ˈaleˈveːnɪkstə, -tə, -təs] *adj* minimo, -a, [il] meno di tutto; **das wissen die ~n** lo sanno i meno **Allerwerteste** [ˈaleˈveːrtəstə] <ein -r, -n, -n> *m* (*fam scherz*) didietro *m*

**alles** *s.* **alle(r, s)**

**allesamt** [ˈaləˈzamt] *pron indef* tutti quanti

**Allesfresser** [ˈalləsfrɛsə] <-s, -> *m* (ZOO) onnivoro *m* **Alleskleber** <-s, -> *m* attaccatutto *m*

**allfällig** (*CH*) I. *adj* eventuale II. *adv* eventualmente **Allfälliges** (*CH, A: letzter Punkt der Tagesordnung, Verschiedenes*) varie ed eventuali

**allg.** *abk v* **allgemein** generale, generalmente

**Allgäu** [ˈalgɔɪ] *nt* (GEOG) Algovia *f*

**allgegenwärtig** [ˈalgeːgənvɛrtɪç] *adj* onnipresente, ubiquo

**allgemein** [ˈalgəˈmaɪn] I. *adj* (*alle betreffend*) generale, universale; (*gemeinsam*) comune; (*nicht speziell*) generale; **im Allgemeinen** generalmente, in generale II. *adv* generalmente, comunemente; (*überall*) dappertutto; **~ üblich/zugänglich/verbreitet** generalmente in uso/accessibile a tutti/comunemente diffuso; **~ verständlich** comprensibile a tutti; [**ganz**] **~ gesprochen** generalmente parlando **allgemeinbildend** *adj* (*Schule, Unterricht*) che dà una formazione generale **Allgemeinbildung** *f* cultura *f* generale **Allgemeinheit** <-> *kein Pl. f* comunità *f*; **im Interesse der ~** nell'interesse della comunità; **der ~ zugänglich** accessibile al pubblico

**Allgemeininteresse** *nt* interesse *m* generale **Allgemeinmedizin** <-> *kein Pl. f* medicina *f* generale

**Allgemeinplatz** *m* luogo *m* comune **allgemeinverständlich** *s.* **allgemein** II. **Allgemeinwissen** <-s> *kein Pl. nt* cultura *f* generale **Allgemeinwohl** <-(e)s> *kein Pl. nt* bene *m* comune **Allgemeinzustand** *m* stato *m* generale

**Allheilmittel** [alˈhaɪlmɪtəl] *nt* toccasana *m*

**Allianz** [aˈljants] <-, -en> *f* alleanza *f*

**Alligator** [aliˈgaːtoːɐ] <-s, -en> *m* alligatore *m*

**Alliierte** [aliˈiːetə] <ein -r, -n, -n> *mf* alleato, -a *m, f*; **die ~n** le forze alleate

**All-inclusive-Reise** [ɔːlɪnˈkluːsɪvraɪzə] *f* (*Reise, bei der alle Kosten im Pauschalpreis schon enthalten sind*) viaggio *m* tutto incluso **All-inclusive-Urlaub** [ɔːlɪnˈkluːsɪf-] *m* vacanza *f* all-inclusive

**Alliteration** [aliteraˈtsjoːn] <-, -en> *f* (LIT) allitterazione *f*

**alljährlich** [alˈjɛːɐlɪç] I. *adj* annuale II. *adv* tutti gli anni

**Allmacht** <-> *kein Pl. f* onnipotenza *f*

**allmächtig** [alˈmɛçtɪç] *adj* onnipotente

**allmählich** [alˈmɛːlɪç] I. *adj* graduale II. *adv* a poco a poco

**Allradantrieb** [ˈalraːtʔantriːp] *m* (AUTO) trazione *f* integrale

**Allroundkünstler(in)** [ɔːlˈraʊndkʏnstlɐ] *m(f)* artista *mf* polivalente **Allroundtalent** *nt* talento *m* versatile

**allseitig** [ˈalzaɪtɪç] *adj* (*allgemein*) generale, universale; (*von allen Seiten*) sotto tutti gli aspetti

**allseits** *adv* da tutti, universalmente; **er ist ~ beliebt** è amato da tutti

**Alltag** [ˈaltaːk] <-(e)s> *kein Pl. m* vita *f* di tutti i giorni, vita *f* quotidiana; **der graue ~** il tran tran della vita quotidiana

**alltäglich** [alˈtɛːklɪç] *adj* ❶ (*gewöhnlich*) comune, ordinario; **nicht ~** fuori dal comune ❷ (*jeden Tag*) di ogni giorno, quotidiano

**alltags** ['alta:ks] *adv* nei giorni di lavoro [*o* feriali]
**Alltags-** (*in Zusammensetzungen*) d'ogni giorno
**Alltagskultur** *f* cultura *f* del quotidiano
**Alltagsnormalität** *f* normalità *f* quotidiana
**Alltagsstress** *f* stress *m* quotidiano
**Allüren** [a'ly:rən] *Pl.* modo *m* di comportarsi, portamento *m;* ~ **haben** avere allure, distinguersi
**allwissend** ['al'vɪsənt] *adj* onnisciente
**allzu** ['altsu:] *adv* troppo, eccessivamente; ~ **sehr** troppo, eccessivamente; ~ **viel** troppo; ~ **viel ist ungesund** (*prov*) il troppo stroppia
**Allzweck-** (*in Zusammensetzungen*) multiuso, pluriuso
**Alm** [alm] <-, -en> *f* pascolo *m* montano
**Almanach** ['almanax] <-s, -e> *m* almanacco *m*
**Alm|en|rausch** <-(e)s> *kein Pl. m* (*A:* BOT: *Alpenrose*) rododendro *m*, rosa *f* alpina
**Almosen** ['almo:zən] <-s, -> *nt* elemosina *f*
**Alpaka** [al'paka] <-s, -s> *nt* alpaca *m*
**Alpdruck** ['alpdrʊk, *Pl:* 'alpdrʏkə] <-(e)s, Alpdrücke> *m* incubo *m*
**Alpen** ['alpən] *Pl.* Alpi *fpl* **Alpenglühen** <-s, -> *nt* rosseggiare *m* delle vette alpine **alpenländisch** *adj* alpino **Alpenpass** *m* passo *m* alpino **Alpenrose** *f* (BOT) rododendro *m* **Alpenstraße** *f* strada *f* alpina **Alpentransitverkehr** <-s, -e> *m* (AUTO) traffico *m* di transito alpino **Alpenveilchen** *nt* (BOT) ciclamino *m* **Alpenvorland** <-(e)s> *kein Pl. nt* altopiano *m* ai piedi del versante settentrionale delle Alpi
**Alphabet** [alfa'be:t] <-(e)s, -e> *nt* alfabeto *m*
**alphabetisch** I. *adj* alfabetico II. *adv* ~ **geordnet** in ordine alfabetico
**alphanumerisch** [alfanu'me:rɪʃ] *adj* (INFORM) alfanumerico
**Alphorn** ['alphɔrn] *nt* corno *m* alpino
**alpin** [al'pi:n] *adj* alpino
**Alpinismus** [alpi'nɪsmʊs] <-> *kein Pl. m* (SPORT) alpinismo *m*
**Alpinist(in)** [alpi'nɪst] <-en, -en; -, -nen> *m(f)* (SPORT) alpinista *mf*
**Alptraum** ['alptraʊm] *m* incubo *m*
**al-Qaida** [al'kaɪda] <-> *kein Pl. f* **die** ~ al-Qaeda *f*, Al Qaeda *f*
**Alraune** [al'raʊnə] <-, -n> *f* mandragola *f*
**als** [als] *konj* ❶ (*Eigenschaft*) come, da; ~ **Kind** da bambino; ~ **Geschenk** in regalo; **50 Euro** ~ **Belohnung erhalten** ricevere 50 euro quale compenso ❷ (*Vergleich*) di, che; **mein Bruder ist größer** ~ **ich** mio fratello è più alto di me; **mehr breit** ~ **lang** più largo che lungo; **ich mag Kirschen lieber** ~ **Äpfel** preferisco le ciliegie alle mele ❸ (*gleichzeitig*) quando; (*vorzeitig*) dopo che, dopo +*inf;* **erst** ~ ... non prima di +*inf*, non prima che +*conj;* **eines Tages,** ~ ... un giorno che ... ❹ (*modal*) ~ **ob** come se +*conj;* **so tun,** ~ **ob man** ... fingere di ... +*inf*, far finta di +*inf;* **zu stolz,** ~ **dass** ... troppo orgoglioso per +*inf;* **umso mehr,** ~ ... tanto più che ...; **du hast nichts** ~ **Dummheiten im Kopf** in testa non hai che sciocchezze; **alles andere** ~ **hübsch** tutt'altro che carino
**alsdann** [als'dan] *adv* poi
**also** ['alzo] *konj* ❶ (*folglich*) quindi, dunque, perciò ❷ (*als Füllwort*) allora, dunque; ~ **gut** va bene; ~**, so was!** questa poi!; **na** ~**!** vedi!
**Alsterwasser** ['alstevasɐ] <-s, -> *nt* (GASTR) alsterwasser *f* (*bevanda a base di birra e limonata*)
**alt** [alt] <älter, älteste> *adj* ❶ (*nicht jung*) vecchio; (*bejahrt*) anziano; **wie** ~ **sind Sie?** quanti anni ha?; **20 Jahre** ~ **werden/sein** compiere/avere vent'anni; **er ist so** ~ **wie ich** ha la mia età; **mein älterer Bruder** il mio fratello maggiore; **zwei Jahre älter sein als** ... avere due anni più di ...; **für wie** ~ **halten Sie mich?** quanti anni mi dà?; **gleich** ~ **sein** essere coetaneo; **zu** ~ **sein, um zu** +*inf* non avere più l'età per ...; **ein älterer Herr** un signore anziano; ~ **werden** invecchiare, diventare vecchio; ~ **machen** invecchiare ❷ (*schon lange bestehend*) di lunga data ❸ (*nicht modern*) antico; **die** ~**en Römer** gli antichi romani ❹ (*vorherig*) di prima, precedente, ex ❺ (*ehemalig*) di una volta; **er ist immer noch der Alte** non è cambiato, è sempre il solito; **alles beim Alten lassen** lasciare tutto immutato, non cambiare nulla; ~ **aussehen** (*fam*) fare la figura dello stupido
**Alt** [alt] <-s, -e> *m* (MUS) contralto *m*
**Altar** [al'ta:ɐ] <-(e)s, Altäre> *m* altare *m*
**Altauto** *nt* auto *f* usata
**altbacken** ['altbakən] *adj* raffermo
**Altbau** <-(e)s, -ten> *m* vecchia costruzione *f* **Altbausanierung** *f* restauro *m* delle vecchie costruzioni **Altbauwohnung** *f* appartamento *m* sito in un edificio vecchio
**altbekannt** ['altbə'kant] *adj* risaputo; **das ist doch** ~**!** ma è arcinoto! **altbewährt**

['altbə'vɛːet] *adj* provato [*o* sperimentato] da tempo

**Altbier** *nt* birra *f* scura **Altbundeskanzler(in)** *m(f)* (POL) ex cancelliere *m* federale

**Alte** <ein -r, -n, -n> *mf* vecchio, -a *m, f*

**alteingesessen** ['alt'ʔaɪngəzɛsən] *adj* residente da molto tempo

**Alteisen** *nt* ferri *mpl* vecchi, rottami *mpl* di ferro

**Altenpflege** <-> *kein Pl. f* assistenza *f* agli anziani **Alten|pflege|heim** *nt* casa *f* per anziani, ospizio *m* per vecchi, ricovero *m* **Altentagesstätte** <-, -n> *f* ospizio *m* diurno per anziani, ricovero *m*

**Alter** ['altɐ] <-s, -> *nt* età *f;* (*hohes ~*) vecchiaia *f;* **im ~ von ...** all'età di ...; **im besten ~** nel fiore degli anni; **er ist in meinem ~** è della mia età, ha la mia età; **man sieht ihm sein ~ nicht an** porta bene i suoi anni *fam*

**altern** *vi sein* invecchiare

**alternativ** [altɐrna'tiːf] *adj* alternativo

**Alternativ-** (*in Zusammensetzungen*) alternativo

**Alternative**[1] [altɐrna'tiːvə] <-, -n> *f* alternativa *f*

**Alternative**[2] <ein -r, -n, -n> *mf* (*sl*) praticante *mf* di modelli di vita alternativi

**Altersarmut** *f* povertà *f* degli anziani **Altersasyl** *nt* (*CH*) *s.* **Altersheim altersbedingt** *adj* determinato [*o* condizionato] dall'età

**Altersbeschränkung** *f* limite *m* di età **Alterserscheinung** *f* manifestazione *f* di vecchiaia **Altersgenosse** *m,* **Altersgenossin** *f* coetaneo, -a *m, f,* **Altersgrenze** *f* limite *m* d'età; **flexible ~** età *f* di pensionamento flessibile **Altersheim** <-(e)s, -e> *nt* ospizio *m* **Alterskurzsichtigkeit** <-, -en> *f* (MED) miopia *f* da vecchiaia **Altersrente** *f* pensione *f* [di] vecchiaia **altersschwach** *adj* ① (*Person*) debole, fragile ② (*Gegenstand*) decrepito, logoro **Altersschwäche** *f* decrepitezza *f;* **an ~ sterben** morire di vecchiaia **Altersteilzeit** *f* riduzione del numero di ore di lavoro (*e relativa riduzione del salario*) in vista del prepensionamento a partire dal 55° anno di età **Altersunterschied** *m* differenza *f* d'età [*o* di anni] **Altersversicherung** *f* assicurazione *f* [per la] vecchiaia **Altersversorgung** *f* assistenza *f* agli anziani, pensione *f* di vecchiaia **Altersvorsorge** *f* previdenza *f* per la vecchiaia; **private ~** previdenza privata per la vecchiaia

**Altertum** ['altɐtuːm] <-s> *kein Pl. nt* antichità *f,* mondo *m* antico

**Altertümer** ['altɐtyːmɐ] *ntPl.* antichità *fpl*

**altertümlich** ['altɐtyːmlɪç] *adj* ① (*antik*) antico, vecchio ② (*veraltet*) antiquato

**Alterung** <-> *kein Pl. f* invecchiamento *m*

**Altflöte** <-, -n> *f* (MUS) flauto *m* [dolce] contralto

**Altglas** <-(e)s> *kein Pl. nt* vetro *m* usato **Altglascontainer** *m* contenitore *m* per [la] raccolta del vetro

**altgriechisch** *adj* greco antico, ellenico

**Altgriechisch** *nt* (LING) greco *m* antico

**althergebracht** *adj* tradizionale

**Althochdeutsch** *nt* (LING) antico alto tedesco *m; s. a.* **Deutsch**

**althochdeutsch** ['althoːxdɔɪtʃ] *adj* antico alto tedesco

**Altkleidersammlung** *f* raccolta *f* di abiti usati

**altklug** *adj* saputello

**Altlasten** *fPl.* [deposizione *f* di] rifiuti *mpl* inquinanti

**ältlich** ['ɛltlɪç] *adj* vecchiotto *fam*

**Altmetall** *nt* metallo *m* vecchio

**altmodisch** *adj* fuori moda

**Altöl** <-(e)s, -e> *nt* oli *mpl* usati [*o* combusti]

**Altpapier** *nt* carta *f* vecchia [*o* riciclabile] **Altpapiersammlung** <-, -en> *f* raccolta *f* della carta straccia

**Altphilologe** *m,* **Altphilologin** *f* filologo, -a *m, f* di lingue classiche

**Altrocker** *m* vecchia rockstar *f*

**Altruist(in)** <-en, -en> *m(f)* altruista *mf*

**altruistisch** [altru'ɪstɪʃ] *adj* (*geh*) altruistico

**altsprachlich** *adj* di [*o* delle] lingue classiche

**Altstadt** *f* città *f* vecchia, centro *m* storico **Altstadtsanierung** *f* risanamento *m* della città vecchia

**Altstimme** <-, -n> *f* [voce *f* di] contralto *m*

**Altstoff** <-(e)s, -e> *m* materiale *m* vecchio [*o* usato]

**Altwarenhändler(in)** *m(f)* rigattiere, -a *m, f*

**Altweiberfastnacht** *f* giovedì grasso **Altweibersommer** [alt'vaɪbɐzɔmɐ] *m* estate *f* di San Martino

**Alu** ['aːlu] <-(s)> *kein Pl. nt* (CHEM, TEC) *abk v* **Aluminium** alluminio *m* **Alufolie** <-, -n> *f* foglio *m* d'alluminio

**Aluminium** [alu'miːnjʊm] <-s> *kein Pl. nt* (CHEM) alluminio *m* **Aluminiumfolie** <-, -n> *f* foglio *m* d'alluminio

**Alzheimer** ['altshaɪmɐ] <-> *kein Pl. m*

(*fam*) morbo *m* di Alzheimer **Alzheimerkrankheit** <-> *kein Pl. f* morbo *m* di Alzheimer
**a. M.** *abk v* **am Main** sul Meno
**am** [am] = **an dem**, ~ **Abend** di sera; ~ **Himmel** in cielo; ~ **Lager** in magazzino; ~ **Leben** in vita; ~ **1. Januar** il primo gennaio; ~ **11. Mai 2015** l'undici maggio 2015; **das ist ~ besten** è la cosa migliore; *s.* **an**
**Amalgam** [amal'ga:m] <-s, -e> *nt* (CHEM) amalgama *f*
**Amateur(in)** [ama'tø:ɐ] <-s, -e; -, -nen> *m(f)* dilettante *mf*; (*Liebhaber*) amatore, -trice *m, f* **amateurhaft** *adj* amatoriale, dilettantesco; **das ist ~ gemacht!** (*fam*) è un pasticcio/fatto con i piedi! **Amateursport** *m* sport *m* amatoriale
**Amateurverein** *m* club *m* amatoriale
**Amateurvideo** *nt* video *m* amatoriale
**Amazonas** [ama'tso:nas] *m* rio *m* delle Amazzoni
**Amazone** [ama'tso:nə] <-, -n> *f* amazzone *f*
**Ambition** [ambi'tsi̯o:n] <-, -en> *f* ambizione *f*
**ambitioniert** *adj* (*ehrgeizig*) ambizioso
**ambivalent** [ambiva'lɛnt] *adj* ambivalente
**Ambivalenz** [ambiva'lɛnts] <-, -en> *f* (PSYCH) schizofrenia *f*
**Amboss** ['ambɔs] <-es, -e> *m* incudine *f*
**ambulant** [ambu'lant] *adj* ambulante; (MED) ambulatoriale; **jdn ~ behandeln** curare qu in ambulatorio
**Ambulanz** [ambu'lants] <-, -en> *f* ❶(*Station*) ambulatorio *m* ❷(*Krankenwagen*) [auto]ambulanza *f*
**Ameise** ['a:maɪzə] <-, -n> *f* (ZOO) formica *f*
**Ameisenbär** *m* (ZOO) formichiere *m*
**Ameisenhaufen** *m* formicaio *m* **Ameisensäure** <-> *kein Pl. f* (CHEM) acido *m* formico
**Ameisenstaat** *m* società *f* delle formiche
**amen** ['a:mɛn] *int* amen, così sia; **zu allem ja und ~ sagen** (*fam*) acconsentire a tutto
**Amen** <-s, -> *nt* amen *m*; **das ist so sicher wie das ~ in der Kirche** è sicuro come due più due fa quattro
**Amerika** [a'me:rika] <-s> *kein Pl. nt* America *f*; **die Vereinigten Staaten von ~** gli Stati Uniti d'America
**Amerikaner(in)** [ameri'ka:nɐ] <-s, -; -, -nen> *m(f)* americano, -a *m, f*
**amerikanisch** *adj* americano; (*in Bezug auf USA*) statunitense
**amerikanisieren** *vt* americanizzare
**Amerikanismus** [amerika'nɪsmʊs, *Pl:* amerika'nɪsmən] <-, **Amerikanismen**> *m* americanismo *m*
**Amethyst** [ame'tyst] <-(e)s, -e> *m* ametista *f*
**Ami** ['ami] <-s, -s> *m* (*fam*) americano *m*
**Aminosäure** [a'mi:nozɔɪrə] <-, -n> *f* (CHEM) amminoacido *m*
**Ammann** <-s, **Ammänner**> *m* (*CH*) ❶(*Vorsitzender einer Verwaltungsbehörde*) presidente *m* di un'autorità amministrativa ❷(*Bürgermeister*) sindaco *m*
**Amme** ['amə] <-, -n> *f* balia *f* **Ammenmärchen** *nt* fandonia *f*
**Ammoniak** [amo'ni̯ak *o* 'amoni̯ak *o* A a'mo:ni̯ak] <-s> *kein Pl. nt* (CHEM) ammoniaca *f*
**Amnesie** [amne'zi:, *Pl:* amne'zi:ən] <-, -n> *f* (MED) amnesia *f*
**Amnestie** [amnɛs'ti:] <-, -n> *f* amnistia *f*
**amnestieren** [amnɛs'ti:rən] <ohne ge-> *vt* amnistiare
**Amöbe** [a'mø:bə] <-, -n> *f* (ZOO) ameba *f*
**Amok** ['a:mɔk *o* a'mɔk] <-s> *kein Pl. m*, **Amoklaufen** <-s> *kein Pl. nt* furia *f* [*o* ossessione *f*] omicida **Amokläufer(in)** *m(f)* folle *mf* omicida **Amokschütze** <-n, -n> *m*, **Amokschützin** <-, -nen> *f* persona *f* armata in preda a furore omicida
**a-Moll** <-> *kein Pl. nt* (MUS) la *m* minore
**amoralisch** ['amora:lɪʃ] *adj* amorale
**Amortisation** [amɔrtiza'tsi̯o:n] <-, -en> *f* (FIN, JUR) ammortamento *m*, ammortizzamento *m*
**amortisieren** [amɔrti'zi:rən] <ohne ge-> I. *vt* ammortare, ammortizzare II. *vr* **sich ~** ammortizzarsi
**Ampel** ['ampəl] <-, -n> *f* ❶(*Verkehrs~*) semaforo *m* ❷(*Hängelampe*) lampada *f* sospesa ❸(*Blumen~*) vaso *m* da fiori sospeso **Ampelkoalition** *f* (POL) *coalizione-tricolore tra socialdemocratici, liberali e i Verdi i cui simboli ripropongono i colori del semaforo*
**Ampere** [am'pe:ɐ] <-(s), -> *nt* (TEC) ampère *m* **Amperemeter** [ampe:rə'me:tɐ] <-s, -> *nt* (TEC) amperometro *m*
**Amperestunde** <-, -n> *f* amperora *m*
**Amphetamin** [amfeta'mi:n] <-s, -e> *nt* anfetamina *f*
**Amphibie** [am'fi:biə] <-, -n> *f* (ZOO) anfibio *m* **Amphibienfahrzeug** *nt* [veicolo *m*] anfibio *m* **amphibisch** *adj* anfibio
**Amphitheater** <-s, -> *nt* anfiteatro *m*
**Amplitude** [ampli'tu:də] <-, -n> *f* (MAT, PHYS) ampiezza *f*

**Ampulle** [am'pʊlə] <-, -n> f ❶ (MED) fiala f ❷ (KUNST) ampolla f
**Amputation** [amputa'tsi̯oːn] <-, -en> f (MED) amputazione f
**amputieren** [ampu'tiːrən] <ohne ge-> vt (MED) amputare
**Amsel** ['amzəl] <-, -n> f merlo m
**Amsterdam** [amstɛ'dam] nt Amsterdam f
**Amt** [amt, Pl: 'ɛmtə] <-(e)s, Ämter> nt ❶ (Stellung) carica f; (a. ~spflicht) ufficio m; **im ~** in carica; **sein ~ niederlegen** dare le dimissioni ❷ (Aufgabe) funzione f, mansione f, compito m ❸ (Behörde) ufficio m, ente m; **das Auswärtige ~** il ministero degli [affari] esteri; **von ~s wegen** d'ufficio ❹ (TEL) centralino m
**Ämterhäufung** <-, -en> f (ADM) cumulo m di funzioni [o cariche]
**amtieren** [am'tiːrən] <ohne ge-> vi essere in carica; **als Bürgermeister ~** adempiere la funzione di sindaco; (vorübergehend) fungere da sindaco **amtierend** adj in carica
**amtlich** adj ufficiale; **das Fahrzeug mit dem ~en Kennzeichen ES-HM 3676** la vettura con la targa ES-HM 3676
**Amtsantritt** m entrata f in carica **Amtsarzt** m, **Amtsärztin** f ufficiale m sanitario **Amtsdeutsch** <-(s)> kein Pl. nt (pej) burocratese m tedesco **Amtsenthebung** f destituzione f; (vorläufig) sospensione f **Amtsentsetzung** <-, -en> f (CH) s. **Amtsenthebung Amtsführung** f amministrazione f, gestione f **Amtsgeheimnis** nt segreto m d'ufficio, vincolo m professionale **Amtsgericht** nt tribunale m di prima istanza; (a. Gebäude) pretura f **Amtsgeschäfte** ntPl. funzioni fpl, mansioni fpl **Amtshandlung** f atto m ufficiale **Amtsmissbrauch** <-(e)s> kein Pl. m (JUR) abuso m d'ufficio **amtsmüde** adj (pej) non disposto a proseguire il proprio incarico **Amtsniederlegung** f dimissioni fpl **Amtsrichter(in)** m(f) giudice mf di prima istanza, [donna f] pretore m **Amtsschimmel** m (scherz) pignoleria f burocratica **Amtssprache** f lingua f ufficiale [o burocratica] **Amtsweg** m **den ~ einhalten** seguire l'iter burocratico; **auf dem ~** per via burocratica **Amtszeit** f periodo m di carica
**Amulett** [amu'lɛt] <-(e)s, -e> nt amuleto m, talismano m
**amüsant** [amy'zant] adj divertente; (Gesellschafter, Abend) piacevole
**amüsieren** [amy'ziːrən] <ohne ge-> I. vt divertire II. vr **sich ~** ❶ (sich vergnügen) divertirsi; **sich köstlich ~** divertirsi un mondo fam ❷ (sich lustig machen) **sich [über jdn/etw] ~** farsi beffe [o burlarsi] [di qu/qc]

**an** [an] I. prp + acc o dat ❶ (räumlich) a, in, per, su; **am Feuer** vicino al fuoco; **am Tisch sitzen** sedere a tavola; **~ einer Stelle** in un punto; **~ der Straße** sul bordo della strada; **~ die See fahren** andare al mare; **etw ~ die Wand stellen/werfen** mettere/gettare qc contro la parete; **Frankfurt liegt am Main** Francoforte si trova sul Meno ❷ (zeitlich) a, di, in; **am 1. Oktober** il primo ottobre; **am Samstag** sabato; **~ Ostern** a Pasqua; **ein Brief ~ jdn** una lettera per [o indirizzata a] qu; **der Gedanke ~ die Kinder** il pensiero dei bambini; **~ Krücken gehen** camminare con le grucce; **~s Telefon gehen** rispondere al telefono; **~ etw dat leiden/sterben** soffrire/morire di qc; **jdn ~ die Hand nehmen** prendere qu per [la] mano; **sich ~ jdn wenden** rivolgersi a qu; **das Schönste ~ der Sache ist ...** il più bello [della cosa] è ...; **viele Grüße ~ deine Frau** tanti saluti a tua moglie; **~ [und für] sich** in fondo II. adv ❶ (ungefähr) **~ die 100** circa cento ❷ (beginnend) **von jetzt ~** d'ora in poi; **von morgen ~** a partire da domani; **von Anfang ~** fin dall'inizio ❸ (Fahrplan) **~ Stuttgart** arrivo a Stoccarda ❹ **~ sein** (fam: Licht, Heizung) essere acceso; (Motor, Gerät) essere acceso [o in funzione]
**Anabolikum** <-s, Anabolika> nt (MED, CHEM) anabolizzante m
**Anachronismus** [anakro'nɪsmʊs, Pl: anakro'nɪsmən] <-, Anachronismen> m (geh) anacronismo m
**anachronistisch** adj (geh) anacronistico
**anaerob** [anʔae'roːp] adj (BIOL) anaerobico
**anal** [a'naːl] adj (MED, PSYCH) anale
**analog** [ana'loːk] adj [zu etw] **~ sein** essere analogo [a qc]
**Analogie** [analo'giː] <-, -n> f analogia f; **in ~ zu** in analogia con **Analogkäse** m (euph) formaggio m di imitazione, formaggio analogo [o analogico] **Analoguhr** f orologio m analogico **Analogrechner** m (INFORM) calcolatore m analogico **Analogtachometer** m (MOT) tachimetro m analogico
**Analphabet(in)** [anʔalfa'beːt o 'anʔalfabeːt] <-en, -en; -, -nen> m(f) analfabeta mf
**Analphabetentum** <-s> kein Pl. nt analfabetismo m

**Analphabetin** f s. **Analphabet**
**Analphabetismus** <-> kein Pl. m analfabetismo m
**Analyse** [ana'ly:zə] <-, -n> f analisi f
**analysieren** [analy'zi:rən] <ohne ge-> vt analizzare
**analytisch** [ana'ly:tɪʃ] adj analitico
**Ananas** ['ananas] <-, - o -se> f ananas m
**Anarchie** [anar'çi:] <-, -n> f anarchia f
**Anarchist(in)** [anar'çɪst] <-en, -en; -, -nen> m(f) anarchico, -a m, f
**anarchistisch** adj anarchico
**Anästhesie** [anɛste'zi:] <-, -n> f (MED) anestesia f
**Anästhesist(in)** [anɛste'zɪst] <-en, -en; -, -nen> m(f) (MED) anestesista mf
**Anatolien** [ana'to:liən] <-s> nt Anatolia f
**Anatom(in)** <-en, -en> m(f) (MED) anatomista mf
**Anatomie** [anato'mi:] <-, -n> f anatomia f
**anatomisch** [ana'to:mɪʃ] adj anatomico
**an|baggern** ['anbagɐn] vt (sl) jdn ~ rimorchiare qu, abbordare qu
**an|bahnen** I. vt avviare II. vr sich ~ profilarsi
**an|bändeln** ['anbɛndəln] vi (fam) [mit jdm] ~ (kokettieren) tentare degli approcci [con qu]; (Streit suchen) attaccar briga [con qu]
**Anbau¹** <-(e)s, -ten> m (Gebäude) fabbricato m aggiunto; (Flügel) ala f aggiunta di un edificio
**Anbau²** <-(e)s> kein Pl. m (AGR) coltivazione f, coltura f
**an|bauen** vt ❶ (ARCH: hinzubauen) aggiungere; **einen Seitenflügel an das Hauptgebäude ~** aggiungere un'ala laterale all'edificio principale ❷ (AGR: Getreide) coltivare; (Pflanzen) piantare
**anbaufähig** adj adatto alla coltivazione
**Anbaufläche** f terreno m coltivabile
**Anbaugebiet** nt area f [o regione f] coltivabile **Anbaumöbel** ntPl. mobili mpl componibili
**anbei** [an'baɪ] adv (ADM: im Brief) qui accluso, in allegato
**an|beißen** <irr> I. vi ❶ (Fisch) abboccare ❷ (fam: Person) accettare II. vt dare un morso a; **zum Anbeißen sein** [o **aussehen**] essere un bel bocconcino
**an|belangen** ['anbəlaŋən] <ohne ge-> vt concernere; **was mich anbelangt** per quanto mi concerne, quanto a me
**an|bellen** vt jdn/etw ~ abbaiare a qu/qc
**an|beraumen** ['anbəraʊmən] <ohne ge-> vt (form) fissare, stabilire; (Sitzung) convocare

**an|beten** vt adorare
**Anbeter(in)** <-s, -; -, -nen> m(f) ❶ (REL) adoratore, -trice m, f ❷ (Liebhaber) ammiratore, -trice m, f, corteggiatore, -trice m, f
**Anbetracht** ['anbətraxt] m **in ~ gen** in considerazione di, tenuto conto di; **in ~ dessen, dass ...** visto che ...
**Anbetung** <-> kein Pl. f (REL) adorazione f
**an|biedern** ['anbi:dɐn] vr **sich bei jdm ~** (pej) fare il ruffiano con qu
**an|bieten** <irr> I. vt ❶ offrire ❷ (vorschlagen) proporre; **Waren zum Kauf ~** mettere merci in vendita II. vr **sich ~** offrirsi
**Anbieter** <-s, -> m (COM) offerente mf; (Ausschreibung) banditore m, promotore m
**an|binden** <irr> vt legare, attaccare; (Boot) ormeggiare; **etw an etw** acc **~** legare qc a qc; **kurz angebunden sein** (fig) essere brusco e laconico
**Anblick** <-(e)s, -e> m ❶ Sing. (Anblicken) vista f; **beim ersten ~** a prima vista ❷ (Bild) spettacolo m
**an|blicken** vt guardare
**an|braten** <irr> vt (GASTR) rosolare
**an|brechen** <irr> I. vi sein (beginnen) cominciare; (Tag) spuntare; (a. Nacht) farsi II. vt haben (Packung) cominciare [ad usare]; (Vorräte) intaccare
**an|brennen** <irr> I. vi sein (Speisen) attaccarsi; **angebrannt riechen/schmecken** sapere di bruciaticcio II. vt haben (anzünden) accendere
**an|bringen** <irr> vt ❶ (befestigen) fissare, attaccare; (TEC) montare, installare ❷ (Verbesserung) apportare; (Beschwerde) presentare; (Kenntnisse) dare prova di ❸ (fam: herbeibringen) portare
**Anbruch** <-(e)s, -brüche> m inizio m, principio m; **bei ~ der Dunkelheit** verso sera, all'imbrunire; **bei ~ der Nacht** sul fare della notte; **bei ~ des Tages** allo spuntar del giorno
**an|brüllen** vt aggredire verbalmente, vociare contro
**ANC** <-> m abk v **Afrikanischer Nationalkongress** ANC m
**Anchovis** [an'ʃo:vɪs] <-, -> f acciuga f
**Andacht** ['andaxt] <-, -en> f ❶ (innere Haltung) raccoglimento m, devozione f ❷ (Gottesdienst) funzione f
**andächtig** ['andɛçtɪç] adj ❶ (REL) devoto, pio ❷ (fig: ergriffen) raccolto; (feierlich) solenne
**Andalusien** [anda'lu:ziən] nt Andalusia f
**Andalusier(in)** <-s, -; -, -nen> m(f) andaluso, -a m, f

**andalusisch** *adj* andaluso
**an|dauern** *vi* continuare, perdurare; (*Wetter*) mantenersi; (*hartnäckig*) persistere
**andauernd** I. *adj* continuo, persistente II. *adv* di continuo
**Anden** ['andən] *Pl.* Ande *fpl*
**Andenken** <-s, -> *nt* ❶ *Sing.* (*Erinnerung*) ricordo *m*, memoria *f*; **zum ~ an** +*acc* in memoria di ❷ (*Souvenir*) ricordino *m*, souvenir *m*
**an|denken** <irr> *vt* introdurre, avviare [una discussione]
**andere** s. **andere(r, s)**
**andere(r, s)** ['andərə, -rɐ, -rəs] I. *adj* ❶ (*verschieden*) diverso, -a, altro, -a; **~r Meinung sein** essere di un altro parere; **mit ~n Worten** con altre parole; **von ~r Seite** da altri; **ein ums ~ Mal** una volta su due ❷ (*folgend, nachgestellt*) seguente, dopo; **am ~n Tag** il giorno dopo II. *pron indef* altro; **alles Andere** tutto il resto; **alles ~ als ...** tutt'altro che ...; **der eine ..., der ~e ...** l'uno ..., l'altro ...; **einer nach dem ~n** uno dopo l'altro; (*abwechselnd*) a vicenda; **unter ~m** tra l'altro; **zum ~n** d'altra parte; **und vieles ~ mehr** e molte altre cose; **das ist etw ganz ~s** è tutta un'altra cosa; **es verging ein Monat nach dem ~n** passarono mesi e mesi
**anderenfalls** *adv* in caso contrario, altrimenti
**and|e|rerseits** ['and(ə)reˈzaɪts] *adv* d'altra parte, d'altronde; **einerseits ..., ~ ...** da una parte ..., dall'altra ...
**anderes** s. **andere(r, s)**
**ändern** ['ɛndɐn] I. *vt* cambiare; (*wechseln*) mutare; (*ver~*) alterare; (*ab~*) modificare; (*Kleidung*) apportare modifiche a; **seine Meinung ~** cambiare idea [*o* opinione]; **daran ist nichts zu ~** quel che è fatto è fatto, non c'è più nulla da fare; **den Kurs ~** (NAUT, AERO) cambiare rotta II. *vr* **sich ~** cambiare, mutare
**andernfalls** *adv* s. **anderenfalls**
**anders** ['andɛs] *adv* ❶ (*auf andere Weise*) in altro modo, altrimenti; (*unterschiedlich*) diversamente; **~ ausgedrückt** in altre parole; **~ denkend** che la pensa in modo diverso; **es sich** *dat* **~ überlegen** cambiare idea, ricredersi; **ich kann nicht ~, ich muss lachen** non posso fare a meno di ridere ❷ (*sonst*) altro; **irgendwo/nirgendwo ~** in qualche altro/in nessun altro posto; **jemand ~** qualcun altro; **wer ~ [als er]?** chi altro [se non lui]? **andersartig** *adj* diverso, differente **Andersdenkende** <ein -r, -n, -n> *mf* (REL, POL) dissidente *mf*

**andersgläubig** *adj* di altra confessione
**andersherum** *adv* dall'altra parte
**anderslautend** s. **anders 1.**
**anderswie** ['andɛsˈviː] *adv* in qualche altro modo **anderswo** ['andɛsˈvoː] *adv* in altro luogo, altrove
**anderthalb** ['andɛtˈhalp] *num* uno e mezzo; **~ Jahre** un anno e mezzo
**Änderung** <-, -en> *f* cambiamento *m*, mutamento *m*; (*Ab~*) modifica *f*; (PARL) emendamento *m*
**anderweitig** ['andɐvaɪtɪç] I. *adj* altro, ulteriore II. *adv* in altro modo, altrimenti; (*anderswo*) altrove
**an|deuten** *vt* ❶ (*zu verstehen geben*) lasciare intendere, far capire ❷ (*Plan, Idee*) accennare
**Andeutung** <-, -en> *f* ❶ (*Hinweis*) [ac]cenno *m*; (*Anspielung*) allusione *f*; **eine ~ über etw** *acc* un accenno [*o* un'allusione] a qc ❷ (*Anzeichen*) accenno *m*
**andeutungsweise** *adv* per accenni, per allusioni; (*indirekt*) indirettamente
**an|diskutieren** *vt* intavolare [una discussione], iniziare [a discutere]
**an|docken** *vi* agganciare
**Andorra** [anˈdɔra] *nt* Andorra *f*
**Andorraner(in)** <-s, -; -, -nen> *m(f)* andorrano, -a *m, f*
**andorranisch** *adj* andorrano
**Andrang** <-(e)s> *kein Pl. m* ❶ (*Gedränge*) ressa *f* ❷ (*Zustrom*) affluenza *f*
**an|drehen** *vt* ❶ (*Licht, Radio*) accendere; (*Gas*) aprire ❷ (*Schraube*) stringere ❸ (*Wend*) **jdm etw ~** (*fam*) rifilare qc a qu
**andrerseits** ['andrɐˈzaɪts] *s.* **and|e|rerseits**
**androgyn** [androˈgyːn] *adj* (BIOL) androgino, ermafrodito
**an|drohen** *vt* **jdm etw ~** minacciare qu di qc
**an|eignen** *vr* **sich** *dat* **etw ~** appropriarsi di qc, impossessarsi di qc; (*widerrechtlich*) usurpare qc; **sich** *dat* **Kenntnisse ~** acquisire cognizioni; **sich** *dat* **eine Sprache ~** impadronirsi di una lingua
**aneinander** [anʔaɪˈnandɐ] *adv* ❶ (*denken, sich gewöhnen*) l'uno all'altro; **~ vorbeireden** parlare di cose diverse ❷ (*räumlich*) l'uno accanto all'altro **aneinander|grenzen** *vi* confinare **aneinander|reihen** I. *vt* mettere in fila, allineare II. *vr* **sich ~** allinearsi **aneinander|stoßen** <irr> *vi* (*zusammenstoßen*) scontrarsi; (*aneinandergrenzen*) confinare
**Anekdote** [anɛkˈdoːtə] <-, -n> *f* aneddoto *m*

anekeln → anfühlen

**an|ekeln** vt disgustare, nauseare
**Anemone** [ane'mo:nə] <-, -n> f (BOT) anemone m
**anerkannt** ['an?ɛɐkant] adj apprezzato, riconosciuto
**an|erkennen** <irr> vt ① (allg, JUR, POL) riconoscere; (JUR) legittimare; (FIN) accettare ② (würdigen) apprezzare **anerkennend** adj di lode, di approvazione **anerkennenswert** adj lodevole, apprezzabile
**Anerkennung** <-, -en> f ① (allg, JUR, POL) riconoscimento m; (JUR) legittimazione f; (FIN) accettazione f ② (Billigung, Zustimmung) approvazione f; ~ **finden** essere apprezzato
**an|fachen** ['anfaxən] vt (a. fig) attizzare
**an|fahren** <irr> I. vt haben ① (her~) trasportare ② (anstoßen, Fahrzeug) urtare contro; (Fußgänger) investire ③ (ansteuern) viaggiare verso ④ (fig: zurechtweisen) sgridare II. vi sein (losfahren) partire; (Fahrzeug) mettersi in moto
**Anfahrt** <-, -en> f (~szeit, ~sstrecke) tragitto m
**Anfall** <-(e)s, -fälle> m (MED) attacco m; (fig) accesso m; (epileptischer ~) crisi f epilettica
**an|fallen** <irr> I. vt haben aggredire, attentare a II. vi sein derivare, risultare
**anfällig** ['anfɛlɪç] adj **für Erkältungen ~ sein** prendersi facilmente un raffreddore
**Anfälligkeit** <-> kein Pl. f (MED) predisposizione f, inclinazione f
**Anfang** ['anfaŋ, Pl: 'anfɛŋə] <-(e)s, Anfänge> m principio m, inizio m; **am** [o **im**] [o **zu**] ~ all'inizio, al principio; ~ **Mai** ai primi di maggio; **von ~ an** fin dal principio; **von ~ bis Ende** dal principio alla fine; **mit etw den ~ machen** [in]cominciare con qc; **aller ~ ist schwer** (prov) tutto sta nel cominciare
**an|fangen** <irr> I. vi [in]cominciare; **das fängt ja gut an!** cominciamo bene!; **fang nicht wieder davon an!** (fam) cambia disco! II. vt ① (beginnen) [in]cominciare, iniziare; **Streit mit jdm ~** attaccare briga con qu; **mit nichts angefangen haben** aver cominciato dal nulla ② (fam: tun) fare; **mit etw nichts anzufangen wissen** non saper che fare di qc
**Anfänger(in)** ['anfɛŋɐ] <-s, -; -, -nen> m(f) principiante mf **Anfängerkurs** <-es, -e> m corso m per principianti
**anfänglich** ['anfɛŋlɪç] I. adj iniziale II. adv dapprima, da principio
**anfangs** ['anfaŋs] adv all'inizio, al principio
**Anfangsbuchstabe** m [lettera f] iniziale f; **großer/kleiner ~** maiuscola f/minuscola f
**Anfangsgeschwindigkeit** f velocità f iniziale **Anfangsschwierigkeit** <-, -en> f difficoltà f iniziale **Anfangsstadium** nt fase f iniziale, primo stadio m
**Anfangsverdacht** m sospetto m iniziale
**an|fassen** I. vt ① (berühren) toccare ② (in Angriff nehmen) affrontare; **etw falsch ~** fare qc alla rovescia ③ (behandeln) trattare II. vi (mithelfen) dare una mano
**an|fauchen** vt ① (Katze) soffiare contro ② (zurechtweisen) rimproverare; **jdn ~** sgridare/dare una lavata di capo a qu
**anfechtbar** ['anfɛçtba:ɐ] adj contestabile, impugnabile
**an|fechten** <irr> vt (Richtigkeit) contestare; (Meinung) confutare; (JUR) impugnare
**Anfechtung** <-, -en> f ① (JUR) contestazione f, impugnazione f ② (poet) tentazione f
**an|fertigen** vt fare; (Waren) fabbricare; (Anzug) confezionare; (Schriftstück) stendere
**Anfertigung** <-, -en> f esecuzione f; (von Waren) fabbricazione f; (von Kleidung) confezione f; (von Schriftstück) stesura f
**an|feuchten** vt inumidire, umettare
**an|feuern** vt ① (anzünden) accendere ② (fig: antreiben) incitare
**an|flehen** vt implorare, supplicare
**an|fliegen** <irr> I. vi sein avvicinarsi [volando] II. vt haben ① (Ort) volare verso, puntare su ② (landen auf, in) atterrare su; **Rom wird von der Lufthansa angeflogen** Roma è servita dalla Lufthansa
**Anflug** <-(e)s, -flüge> m ① (AERO) avvicinamento m, arrivo m ② (fig: Hauch) ombra f, traccia f; **ein ~ von etw** una traccia di qc **Anflugschneise** f (AERO) corridoio m di volo
**an|fordern** vt richiedere, esigere
**Anforderung** <-, -en> f ① (Bestellung) richiesta f, ordinazione f ② (Anspruch) esigenza f; **hohe ~en an jdn stellen** pretendere molto da qu
**Anfrage** <-, -n> f domanda f, richiesta f; (PARL) interpellanza f
**an|fragen** vi **bei jdm nach etw ~** informarsi presso qu di qc
**an|freunden** vr sich ~ ① (Freundschaft schließen) **sich mit jdm ~** diventare amico di qu ② (fig: sich gewöhnen) **sich mit etw ~** abituarsi a qc
**an|fühlen** vr sich hart/weich ~ essere duro/morbido al tatto

**Anfuhr** ['anfuːɐ, *Pl:* 'anfuːrən] <-, -en> *f* trasporto *m* di grandi quantità

**an|führen** *vt* ① (*führen*) guidare, condurre; (MIL) comandare ② (*fig: zitieren*) citare ③ (*Grund*) addurre; (*Beispiel*) dare ④ (*fam: täuschen*) burlare, beffare

**Anführer(in)** <-s, -; -, -nen> *m(f)* capo *m*, guida *f*; (*pej*) caporione, -a *m, f*

**Anführungsstriche** *mPl.* virgolette *fpl*

**Anführungszeichen** *ntPl.* virgolette *fpl*; **~ oben/unten** aperte/chiuse le virgolette

**an|füllen** *vt* etw [mit etw] ~ riempire qc [di qc]

**Angabe** <-, -n> *f* ① (*Hinweis*) indicazione *f*; (*Auskunft*) informazione *f*; (*Behauptung*) affermazione *f*; **nähere ~n zu ...** dettagli particolari su ...; **nach seinen ~n** a detta di lui ② (SPORT) battuta *f* ③ (*A: Anzahlung*) acconto *m* ④ *Sing.* (*fam: Prahlerei*) vanteria *f*

**an|geben** <irr> I. *vt* ① (*Preis*) indicare; (*Namen*) dare; (*Wert, Einkommen*) dichiarare; (*Gründe*) addurre; (*bestimmen: Tempo, Kurs*) fissare, stabilire ② (*anzeigen*) denunciare ③ (SPORT: *Ball*) battere II. *vi* (*fam: prahlen*) vantarsi, darsi delle arie

**Angeber(in)** <-s, -; -, -nen> *m(f)* (*fam*) spaccone, -a *m, f*, millantatore, -trice *m, f*

**Angeberei** [angeˑbəˈraɪ] <-, -en> *f* (*fam*) ① (*Worte*) vanteria *f*, millanteria *f* ② (*Taten*) spacconata *f*

**Angeberin** *f s.* **Angeber**

**angeberisch** *adj* (*fam*) millantatore, fanfarone, smargiasso; (*aufschneiderisch*) da spaccone

**angeblich** ['angeːplɪç] I. *adj* ① (*vorgeblich*) preteso ② (*vermeintlich*) presunto II. *adv* secondo quel che si dice

**angeboren** *adj* innato; (*Fehler, Krankheit*) congenito

**Angebot** <-(e)s, -e> *nt* offerta *f*; **~ und Nachfrage** (WIRTSCH) la domanda e l'offerta

**angebracht** ['angəbraxt] *adj* opportuno, conveniente

**angedacht** *adj* ipotizzato

**angegossen** ['angəgɔsən] *adj* **wie ~ sitzen** [*o* **passen**] (*fam*) stare a pennello

**angeheitert** ['angəhaɪtet] *adj* brillo, alticcio

**an|gehen** <irr> I. *vt haben* ① (*betreffen*) riguardare, concernere; **was mich angeht** quanto a me; **das geht mich nichts an** non è affar mio ② (*anpacken: Problem*) affrontare ③ (*angreifen*) assalire, attaccare II. *vi sein* ① (*fam: beginnen*) [in]cominciare ② (*fam: Feuer, Licht*) accendersi ③ (*bekämpfen*) **gegen etw ~** lottare contro qc ④ (*erträglich sein*) essere sopportabile; (*leidlich sein*) essere passabile **angehend** *adj* principiante, esordiente

**an|gehören** <ohne ge-> *vi* **einer Sache** *dat* **~** appartenere a qc, far parte di qc

**Angehörige** <ein -r, -n, -n> *mf* ① (*Verwandte*) parente *mf*, congiunto, -a *m, f* ② (*Mitglied*) appartenente *mf*, membro *m*

**Angeklagte** <ein -r, -n, -n> *mf* accusato, -a *m, f*, imputato, -a *m, f*

**Angel** ['aŋəl] <-, -n> *f* ① (*~rute*) canna *f* da pesca; (*Haken*) amo *m* ② (*Tür~, Fenster~*) cardine *m*; (*fig*) **etw aus den ~n heben wollen** (*fig*) voler scardinare qc, voler cambiare radicalmente qc

**angelegen** *adj* **sich** *dat* **etw ~ sein lassen** prendersi a cuore qc

**Angelegenheit** <-, -en> *f* affare *m*, faccenda *f*; **das ist meine ~** questo è affare mio

**angelernt** *adj* **~er Arbeiter** operaio qualificato

**Angelhaken** *m* amo *m*

**angeln** ['aŋəln] *vi, vt* pescare con l'amo; **~ gehen** andare a pesca; **sich** *dat* **einen Mann ~** (*fam*) accalappiare un marito

**Angeln** <-> *kein Pl. nt* pesca *f* con l'amo

**Angelobung** <-, -en> *f* (*A: Vereidigung*) giuramento *m*; (*auf ein Amt*) promessa *f* solenne

**Angelrute** *f* canna *f* da pesca

**Angelsachse** ['aŋəlzaksə] <-n, -n> *m*, **Angelsächsin** <-, -nen> *f* anglosassone *mf*

**angelsächsisch** *adj* anglosassone

**Angelschein** *m* licenza *f* di pesca **Angelschnur** *f* lenza *f*

**angemessen** *adj* adeguato, conveniente

**angenehm** ['angəneːm] *adj* gradito, piacevole; (*Mensch*) simpatico; **~e Reise!** buon viaggio!; **sehr ~!** molto lieto!

**angenommen** ['angənɔmən] I. *adj* ① (*hypothetisch*) supposto, ipotetico ② (*Name*) falso; (*Kind*) adottato II. *konj* **~, dass ...** supposto che +*conj*

**angepasst** ['angəpast] *adj* (*Person*) conformistico

**angeregt** ['angəreːkt] *adj* animato, vivace; **sich ~ unterhalten** conversare animatamente

**angesehen** *adj* stimato, rispettabile

**Angesicht** <-es, -er *o A* -e> *nt* (*geh*) volto *m*; **von ~ zu ~** faccia a faccia

**angesichts** *prp* +*gen* considerato, in considerazione di

**angespannt** ['angəʃpant] *adj* ① (*Lage*)

critico, preoccupante ② (*Muskeln*) teso, tirato ③ (*intensiv*) intenso, assiduo
**angestammt** ['angəʃtamt] *adj* ereditario, ricevuto in eredità
**Angestellte** ['angəʃtɛltə] <ein -r, -n, -n> *mf* impiegato, -a *m, f;* **die ~n** il personale; **leitender ~r** dirigente *m*
**angestrengt** ['angəʃtrɛŋt] *adv* intensamente, assiduamente
**angetan** *adj* **von jdm/etw ~ sein** essere infatuato di qu/qc
**angetrunken** *adj* brillo, alticcio
**angewandt** ['angəvant] *adj* applicato; **~e Psychologie** psicologia applicata
**angewiesen** ['angəviːzən] *adj* **auf jdn/etw ~ sein** dipendere da qu/qc
**an|gewöhnen** <ohne ge-> *vr* **sich** *dat* **~ zu** +*inf* abituarsi a +*inf,* prendere l'abitudine di +*inf*
**Angewohnheit** <-, -en> *f* abitudine *f*
**angewurzelt** *adj* **wie ~ stehen bleiben** stare inchiodato, restare di stucco
**an|giften** *vt* (*fam*) rivolgere parole velenose a
**Angina** [aŋˈgiːna] <-, Anginen> *f* (MED) angina *f*
**Angioplastik** [aŋgɪoˈplastɪk] *f* (MED) angioplastica *f*
**an|gleichen** <*irr*> I. *vt* (*anpassen*) **etw** [**an etw** *acc*] **~** adattare qc [a qc] II. *vr* **sich ~** adattarsi
**Angler(in)** ['aŋlɐ] <-s, -; -, -nen> *m(f)* pescatore, -trice *m, f* [con la lenza]
**an|gliedern** *vt* annettere, aggregare
**anglikanisch** [aŋgliˈkaːnɪʃ] *adj* anglicano
**Anglist(in)** [aŋˈglɪst] <-en, -en; -, -nen> *m(f)* (LING) anglista *mf*
**Anglistik** [aŋˈglɪstɪk] <-> *kein Pl. f* (LING) anglistica *f*
**Anglistin** *f s.* **Anglist**
**Anglizismus** [aŋgliˈtsɪsmʊs, *Pl:* aŋgliˈtsɪsmən] <-, Anglizismen> *m* (LING) anglicismo *m*
**Angorawolle** [aŋˈgoːravɔlə] <-, -n> *f* lana *f* d'angora
**an|grabschen** *vt* (*pej fam*) **jdn/etw ~** dare una toccatina a qc/qu
**angreifbar** *adj* attaccabile, criticabile; **seine Thesen sind alle leicht ~** le sue affermazioni si possono sempre attaccare facilmente
**an|greifen** <*irr*> *vt* ① (*allg, fig* SPORT) attaccare, assalire ② (*schwächen*) indebolire; (*ermüden*) affaticare ③ (*Reserven, Vorrat*) intaccare ④ (*Problem*) affrontare ⑤ (CHEM) corrodere
**Angreifer(in)** <-s, -; -, -nen> *m(f)* assali-

tore, -trice *m, f,* aggressore *m,* aggreditrice *f;* (SPORT) attaccante *mf*
**an|grenzen** *vi* confinare; (*Zimmer*) essere attiguo; **an etw** *acc* **~** confinare con qc
**angrenzend** *adj* (*bes. Grundstück*) contiguo; (*Gebiet*) limitrofo; **an etw** *acc* **~ sein** essere adiacente a qc
**Angriff** <-(e)s, -e> *m* (*allg, fig* SPORT) attacco *m;* (POL) aggressione *f;* (MIL) assalto *m,* carica *f;* **etw in ~ nehmen** (*fig*) porre mano a qc **Angriffskrieg** *m* (MIL) guerra *f* offensiva **angriffslustig** *adj* aggressivo
**Angriffsspieler** *m* (SPORT) attaccante *mf;* (*Volleyball*) schiacciatore, -trice *m, f*
**Angriffsziel** *nt* obiettivo *m* dell'attacco
**Angst** [aŋst, *Pl:* ˈɛŋstə] <-, Ängste> *f* paura *f,* timore *m;* (*Sorge*) ansia *f;* **vor jdm/etw ~ haben** avere paura di qu/qc; **um jdn/etw ~ haben** essere in ansia per qu/qc; **jdm ~ machen** fare [*o* mettere] paura a qu; **keine ~!** non aver paura!
**Angsthase** *m* (*fam scherz*) fifone, -a *m, f*
**ängstigen** [ˈɛŋstɪgən] I. *vt* spaventare II. *vr* **sich ~** ① (*Angst haben*) **sich vor jdm/etw ~** aver paura di qu/qc ② (*sich sorgen*) **sich um jdn/etw ~** stare in pensiero per qu/qc
**ängstlich** [ˈɛŋstlɪç] *adj* ① (*furchtsam*) timoroso, pauroso ② (*besorgt*) ansioso ③ (*schüchtern*) timido **Ängstlichkeit** <-> *kein Pl. f* paura *f,* timore *m*
**Angstmacherei** [-maxəˈraɪ] <-> *kein Pl. f* (*pej*) allarmismo *f* **Angstschweiß** *m* sudore *m* freddo **angstvoll** *adj* angoscioso, pauroso
**an|gucken** *vt* (*fam*) guardare, osservare
**an|gurten** *vr* **sich ~** mettersi [*o* allacciarsi] la cintura di sicurezza
**an|haben** <*irr*> *vt* ① (*Kleidungsstück*) portare addosso, indossare ② (*Schaden zufügen*) **jdm etw/nichts ~ können** poter/non poter danneggiare qu/qc
**an|haften** *vi* ① (*kleben*) aderire (*an* +*dat* a), essere attaccato (*an* +*dat* a) ② (*fig: eigen sein*) essere inerente (*jdm/etw* a qu/qc)
**an|halten** <*irr*> I. *vi* ① (*stehen bleiben*) fermarsi, arrestarsi ② (*andauern*) continuare, [per]durare II. *vt* ① (*stoppen*) fermare, arrestare; (*Atem*) trattenere; **halt die Luft an!** (*fam*) stai zitto! ② (*ermahnen*) **jdn zu etw ~** esortare qu a [fare] qc **anhaltend** *adj* continuo, incessante, durevole
**Anhalter(in)** <-s, -; -, -nen> *m(f)* autostoppista *mf;* **per ~ fahren** fare l'autostop

**Anhaltspunkt** *m* punto *m* di riferimento, indicazione *f*
**anhand** [an'hant] *prp* +*gen* in base a
**Anhang** <-(e)s, -hänge> *m* ❶ (*zu Buch*) appendice *f*; (*zu Vertrag*) allegato *m* ❷ (*Familie*) famiglia *f*, parentado *m;* **ohne ~** senza congiunti
**an|hängen** *vt* ❶ (*an etw hängen*) **etw [an etw** *acc*] ~ appendere qc [a qc] ❷ (AUTO, FERR) agganciare; **einen Wagen [an den Zug]** ~ agganciare un vagone [al treno] ❸ (*hinzufügen*) aggiungere; **an die Tagung fünf Tage Urlaub ~** far seguire al convegno cinque giorni di vacanza ❹ (*fam*) **jdm etw ~** (*Schuld*) addossare qc a qu; (*Diebstahl, Betrug*) incolpare qu di qc
**Anhänger** <-s, -> *m* ❶ (*Schmuck*) pendente *m*, ciondolo *m* ❷ (MOT) rimorchio *m*
**Anhänger(in)** <-s, -; -, -nen> *m(f)* aderente *mf*, sostenitore, -trice *m, f;* (*von Lehre*) discepolo, -a *m, f*
**Anhängerkupplung** *f* (MOT) gancio *m* di traino
**Anhängerschaft** <-, -en> *f* aderenti *mpl*, seguaci *mpl*, sostenitori *mpl*
**anhängig** *adj* (JUR) pendente, in sospeso
**anhänglich** ['anhɛŋlɪç] *adj* attaccato, affezionato **Anhänglichkeit** <-> *kein Pl. f* attaccamento *m*, affetto *m*, fedeltà *f*
**an|häufen** I. *vt* ammucchiare, accumulare II. *vr* **sich ~** accumularsi
**Anhäufung** <-, -en> *f* accumulo *m*, ammassamento *m*
**an|heben** <irr> *vt* ❶ (*hochheben*) sollevare ❷ (*erhöhen*) rialzare
**Anhebung** <-, -en> *f* (*Gehalt, Preis*) aumento *m*, incremento *m;* (*Mindestalter*) innalzamento *m*
**an|heften** *vt* ❶ (*befestigen*) attaccare (*an* +*acc o dat* a), fissare (*an* +*acc o dat* a) ❷ (*beim Nähen*) appuntare (*an* +*acc o dat* a)
**anheim|fallen** [an'haɪm-] <irr> *vi* (*geh*) **einem Verbrechen ~** esser vittima di un delitto **anheim|stellen** *vi* (*geh*) **jdm etw ~** rimettere qc a qu; **das stelle ich Ihnen anheim** mi rimetto al Suo giudizio
**an|heizen** *vt* **die Stimmung ~** (*fig fam*) riscaldare l'atmosfera
**an|heuern** *vt* (NAUT) ingaggiare
**Anhieb** ['anhi:p] *kein Pl. m* **auf ~** di primo acchito, subito
**an|himmeln** ['anhɪməln] *vt* (*fam*) **jdn ~** ammirare perdutamente qu, pendere dalle labbra di qu
**anhin** *adv* (CH) prossimo; **am 1. Oktober ~** il prossimo 1. ottobre; **bis ~** finora

**Anhöhe** <-, -n> *f* altura *f*, collina *f*
**an|hören** I. *vt* ❶ (*zuhören*) ascoltare ❷ (*anmerken*) sentire [dalla voce] II. *vr* **sich gut/schlecht ~** suonare bene/male; **das hört sich [so] an, als ob sie gestritten hätten** si direbbe che abbiano litigato
**Anhörung** <-, -en> *f* (PARL) hearing *m*
**Anilin** [ani'li:n] <-s> *kein Pl. nt* (CHEM) anilina *f*
**animalisch** [ani'ma:lɪʃ] *adj* animalesco, istintivo
**Animateur(in)** [anima'tø:ɐ] <-s, -e; -, -nen> *m(f)* animatore, -trice *m, f*
**Animation** [anima'tsjo:n] <-, -en> *f* ❶ (*Tourismus*) animazione *f* ❷ (FILM) cartone *m* animato
**Animierdame** *f* entraineuse *f*
**animieren** [ani'mi:rən] <ohne ge-> *vt* **jdn [zu etw]** ~ incitare qu [a qc]
**Anis** [a'ni:s *o A* 'a:nɪs] <-es, -e> *m* anice *m*
**Anislikör** *m* liquore *m* all'anice, anisetta *f*
**Ankauf** <-(e)s, -käufe> *m* acquisto *m*
**an|kaufen** *vt* acquistare, comperare
**ankehrig** ['ankeːrɪç] *adj* (CH) abile
**Anker** ['aŋkɐ] <-s, -> *m* (NAUT) ancora *f;* **den ~ auswerfen/lichten** gettare/levare l'ancora
**ankern** *vi* ❶ (*vor Anker gehen*) ancorarsi ❷ (*vor Anker liegen*) essere ancorato
**an|ketten** *vt* incatenare
**Anklage** <-, -n> *f* accusa *f;* **~ gegen jdn erheben** muovere un'accusa contro qu
**Anklagebank** <-, -bänke> *f* banco *m* degli accusati
**an|klagen** *vt* **jdn [wegen etw]** ~ accusare qu [di qc]
**Ankläger(in)** <-s, -; -, -nen> *m(f)* accusatore, -trice *m, f;* **öffentlicher ~** Pubblico Ministero *m*
**Anklageschrift** *f* atto *m* d'accusa **Anklagevertreter(in)** *m(f)* rappresentante *mf* dell'accusa
**Anklang** <-(e)s, -klänge> *m* ❶ (*Ähnlichkeit*) reminiscenza *f;* **der ~ an etw** *acc* la reminiscenza di qc ❷ (*Zustimmung, Beifall*) approvazione *f*, consenso *m;* **bei jdm ~ finden** incontrare il favore di qu
**an|kleben** *vt* **etw [an etw** *acc o dat*] ~ attaccare qc [su qc]; **Ankleben verboten!** vietata l'affissione!
**Ankleidekabine** *f* spogliatoio *m*
**an|kleiden** (*geh*) I. *vt* vestire II. *vr* **sich ~** vestirsi
**an|klicken** *vt* cliccare
**an|klopfen** *vi* bussare
**an|knabbern** *vt* rosicchiare
**an|knüpfen** I. *vt* (*fig*) **Beziehungen zu**

jdm ~ stringere rapporti con qu II. *vi* **an etw** *acc* ~ (*fig*) riallacciarsi a qc

**an|kommen** <irr> *vi sein* ① (*eintreffen*) giungere, arrivare ② (*fig: Anklang finden*) incontrare favore; (*Erfolg haben*) avere successo ③ (*fig: sich durchsetzen*) **gegen jdn/etw** ~ tener testa a qu/qc ④ (*abhängen*) **auf etw** *acc* ~ dipendere da qc; **es kommt darauf an** dipende; **es darauf ~ lassen** affidarsi al caso ⑤ (*wichtig sein*) **darauf ~, dass ...** essere importante che ... +*conj*; **worauf es ankommt, ist, dass ...** quello che importa è che ... +*conj*

**Ankömmling** ['ankœmlɪŋ] <-s, -e> *m* nuovo, -a arrivato, -a *m, f*

**an|kreiden** *vt* **jdm etw** ~ addebitare qc a qu

**an|kreuzen** *vt* segnare con una crocetta

**an|kündigen** I. *vt* annunciare, render noto II. *vr* **sich** ~ annunciarsi, manifestarsi

**Ankündigung** <-, -en> *f* annuncio *m*, avviso *m*

**Ankunft** ['ankʊnft] <-> *kein Pl. f* arrivo *m*; **bei der** ~ all'arrivo **Ankunftshalle** *f* sala *f* di arrivo

**an|kurbeln** *vt* ① (MOT) avviare, mettere in moto ② (*fig: Produktion*) incrementare

**Ankurbelung** <-, -en> *f* (*fig*) rilancio *m*

**Anl.** *abk v* **Anlage(n)** all.

**an|lächeln** *vt* **jdm** ~ sorridere a qu

**an|lachen** *vt* guardare ridendo; **sich** *dat* **jdn** ~ (*fam*) abbordare qu

**Anlage** <-, -n> *f* ① (*Bau*) costruzione *f*; (*Park*) parco *m*, giardini *mpl* ② (*Einrichtung*) impianto *m*, installazione *f* ③ (*Veranlagung*) disposizione *f*; (*Begabung*) attitudine *f*, talento *m*; (MED) predisposizione *f*; **eine ~ zu etw** un'attitudine a [*o* un talento per] qc ④ (FIN) investimento *m* ⑤ (*in Schreiben*) allegato *m*; **als ~** qui [*o* in] accluso, in allegato

**Anlageberater(in)** *m(f)* consulente *mf* per gli investimenti, esperto *m* finanziario **Anlagekapital** *nt* capitale *m* d'investimento **Anlagevermögen** *nt* (FIN) capitale *m* d'investimento

**Anlass** ['anlas, *Pl:* 'anlɛsə] <-es, Anlässe> *m* ① (*Ursache*) causa *f*; (*Grund*) ragione *f*; (*Beweggrund*) motivo *m*; ~ **geben zu** dar luogo [*o* origine] a ② (*Gelegenheit*) occasione *f*; **aus ~** +*gen* in occasione di ③ (*CH*) manifestazione *f*

**an|lassen** <irr> *vt* ① (TEC, MOT) mettere in moto, avviare ② (*Licht, Radio*) lasciare acceso ③ (*fam: Kleidung*) tener addosso

**Anlasser** <-s, -> *m* (MOT) starter *m*

**anlässlich** ['anlɛslɪç] *prp* +*gen* in occasione di

**Anlauf** <-(e)s, -läufe> *m* ① (SPORT) rincorsa *f*, slancio *m*; ~ **nehmen** prendere la rincorsa ② (*fig: Versuch*) tentativo *m*; (*Ansatz*) inizio *m*

**an|laufen** <irr> I. *vi sein* ① (*herbeilaufen*) accorrere ② (SPORT) prendere la rincorsa ③ (*fig: beginnen*) incominciare, iniziare ④ (MOT) mettersi in moto ⑤ (*beschlagen*) appannarsi; **blau/rot** ~ diventare livido/rosso II. *vt haben* (NAUT) fare scalo a, toccare

**Anlaufphase** <-, -n> *f* (TEC) fase *f* di avviamento, riscaldamento *m* **Anlaufschwierigkeiten** *Pl.* difficoltà *pl* iniziali **Anlaufstelle** *f* (ADM) ente *m* di assistenza e beneficenza

**Anlaut** <-(e)s, -e> *m* (LING) [suono *m*] iniziale *f*

**an|läuten** *vi* (*CH*) **jdm** ~ telefonare a qu

**an|legen** I. *vt* ① (*Lineal, Maßstab*) mettere, applicare; (*Leiter*) appoggiare; (*Spielkarte*) mettere in tavola, aggiungere ② (*geh: anziehen: Schmuck*) mettere; (*Kleidung*) indossare ③ (*Garten, Fabrik*) impiantare; (*Leitung*) installare; (*Weg*) tracciare; (*Kanal*) scavare; (*Sammlung, Kartei*) costituire; (*Akte*) aprire ④ (*investieren*) investire; (*ausgeben*) spendere ⑤ (*Gewehr*) puntare ⑥ (*absehen*) **es darauf ~, zu** +*inf* aver di mira ... II. *vi* (NAUT) [**an etw** *dat*] ~ approdare [a qc] III. *vr* **sich mit jdm** ~ attaccare briga con qu

**Anlegeplatz** *m* (NAUT) approdo *m*

**Anleger(in)** <-s, -; -, -nen> *m(f)* (FIN) investitore, -trice *m, f* **Anlegerschutz** *m* tutela *f* degli investitori

**Anlegestelle** *f* approdo *m*

**an|lehnen** I. *vt* ① (*Gegenstand*) **etw** [**an etw** *acc*] ~ appoggiare qc [a qc] ② (*Tür, Fenster*) accostare, socchiudere II. *vr* **sich** [**an etw** *acc*] ~ appoggiarsi [a qc]; **sich an jdn** ~ (*fig*) prendere a modello qu

**Anlehnung** <-> *kein Pl. f* appoggiarsi *m*; **in** ~ **an etw** *acc*/**jdn** in base a qc/qu, in riferimento a qc/qu

**anleiern** *vt* (*fam*) iniziare, avviare

**Anleihe** <-, -n> *f* ① (FIN) prestito *m*; (*gewährte*) credito *m* ② (*fig*) plagio *m*

**an|leiten** *vt* ① (*unterweisen*) istruire ② (*anhalten*) **jdn** [**zu etw**] ~ educare qu [a qc]

**Anleitung** <-, -en> *f* ① (*Leitung*) guida *f*; **unter ~ von** sotto la guida di ② (*Unterweisung*) istruzione *f*

**an|lernen** *vt* istruire, addestrare

an|liegen <irr> vi ① (fam: anstehen) essere in programma ② (Kleidungsstück) aderire; **an etw** dat ~ aderire a qc; **eng** ~ essere attillato
Anliegen <-s, -> nt (Wunsch) desiderio m; (Bitte) preghiera f, richiesta f
anliegend adj ① (angrenzend) confinante, attiguo ② (Kleidungsstück) aderente ③ (beigefügt) accluso, allegato
Anlieger <-s, -> m vicino, -a m, f, confinante mf
an|locken vt attirare
an|lügen <irr> vt jdn ~ mentire a qu
Anm. abk v Anmerkung nota f
Anmache <-> kein Pl. f (sl: Flirt) abbordo m, avvicinamento m [per abbordare]
an|machen vt ① (fam: einschalten) accendere ② (Salat) condire; (Mörtel, Gips) impastare ③ (fam: ansprechen) abbordare; **mach mich nicht an!** lasciami in pace! ④ (fam: erregen) scaldare, invogliare
an|malen vt dipingere
an|maßen ['anmaːsən] vr sich dat etw ~ arrogarsi qc, permettersi qc **anmaßend** adj presuntuoso; (unverschämt) arrogante
Anmaßung <-, -en> f ① (widerrechtliche) usurpazione f ② (Hochmut) presunzione f; (Unverschämtheit) arroganza f, insolenza f
Anmeldeformular nt modulo m di notifica [o di iscrizione] **Anmeldegebühr** f tassa f di registrazione [o di iscrizione]
an|melden I. vt ① (ankündigen) annunciare; **Konkurs** ~ dichiarare fallimento ② (Radio, Auto, Patent) far registrare ③ (bei Schule, Kurs) iscrivere ④ (geltend machen) far valere II. vr sich ~ ① (sich ankündigen) annunciarsi ② (bei Schule, Kurs) iscriversi ③ (ADM) notificare; **sich polizeilich** ~ notificare la propria residenza
anmeldepflichtig adj soggetto a denuncia, da notificare
Anmeldung <-, -en> f ① (Ankündigung) annuncio m ② (an der Schule, Uni) iscrizione f ③ (ADM) notifica f ④ (fam: ~ szimmer) ufficio m di ricezione
an|merken vt ① (schriftlich) annotare ② (mündlich) osservare ③ (spüren) jdm etw ~ leggere qc in faccia a qu; **sich dat nichts ~ lassen** non far vedere [o capire] nulla
Anmerkung <-, -en> f ① (schriftlich) annotazione f, nota f ② (mündlich) osservazione f
Anmoderation f introduzione f

Anmut ['anmuːt] <-> kein Pl. f (geh) grazia f
an|muten vi, vt (geh) fare impressione (a), parere (a); **das mutet mich wie im Märchen an** mi sembra una favola
anmutig adj grazioso
an|nähen vt etw [an etw acc o dat] ~ attaccare [cucendo] qc a qc
an|nähern I. vt avvicinare II. vr sich ~ avvicinarsi **annähernd** I. adj approssimativo II. adv approssimativamente, press'a poco
Annäherung <-, -en> f avvicinamento m; ~ **an etw** acc avvicinamento a qc **Annäherungsversuch** m tentativo m di avvicinamento, approccio m
Annahme ['annaːmə] <-, -n> f ① (das Annehmen) accettazione f; (Gesetzes~) approvazione f; (von Kind, Namen, Lehre) adozione f ② (Vermutung) supposizione f, ipotesi f; **in der ~, dass ...** supponendo che +conj **Annahmeschluss** m chiusura f delle accettazioni; (Wettbewerb) termine m di iscrizione
Annalen [a'naːlən] Pl. annali mpl; **in die ~ eingehen** entrare negli annali, passare alla storia
annehmbar adj ① (akzeptabel) accettabile; (Preis, Bedingung) conveniente; (Erklärung) plausibile ② (leidlich) passabile
an|nehmen <irr> I. vt ① (Angebot, Einladung, Entschuldigung, Geschenk, Auftrag) accettare; (Gesetzentwurf) approvare; (Kind, Namen, Lehre) adottare; (Antrag) accogliere; (Rat) seguire; (Religion) abbracciare; (Farbe, Haltung) prendere; (Gewohnheit) contrarre ② (vermuten) supporre, presumere II. vr **sich jds** ~ prendersi cura di qu; **sich einer Sache** ~ interessarsi di qc
Annehmlichkeit <-, -en> f agio m, comodità f
annektieren [anɛk'tiːrən] <ohne ge-> vt annettere
Annektierung <-, -en> f annessione f
Annexion [anɛ'ksjoːn] <-, -en> f annessione f
anno adv, Anno adv nell'anno, anno; **es war Winter, ~ 1941, als ...** era d'inverno, nel 1941, quando ...; ~ **dazumal** una volta
Annonce [a'nõːsə] <-, -n> f annuncio m, inserzione f
annoncieren [anõ'siːrən] <ohne ge-> I. vi mettere un annuncio [sul giornale] II. vt (ankündigen: Veröffentlichung, Heirat) annunciare, pubblicare

**annullieren** [anʊˈliːrən] <ohne ge-> vt annullare

**Annullierung** <-, -en> f annullamento m

**Anode** [aˈnoːdə] <-, -n> f (PHYS) anodo m

**an|öden** [ˈanʔøːdən] vt (fam) annoiare

**anomal** [ˈanomaːl o anoˈmaːl] adj anomalo

**Anomalie** [anomaˈliː] <-, -n> f anomalia f

**anonym** [anoˈnyːm] adj anonimo

**Anonymität** [anonymiˈtɛːt] <-> kein Pl. f anonimato m

**Anorak** [ˈanorak] <-s, -s> m giacca f a vento

**an|ordnen** vt ① (ordnen) ordinare, disporre ② (befehlen) ordinare, disporre

**Anordnung** <-, -en> f ① (Ordnung) ordine m, disposizione f ② (Befehl) ordine m, disposizione f; **auf ~ von ...** per ordine di ...

**anorganisch** [ˈanɔrgaːnɪʃ] adj inorganico

**anormal** [ˈanɔrmaːl] adj anormale, anomalo

**an|packen** vt ① (anfassen) afferrare; **kannst du mal mit ~?** (fam) puoi dare una mano? ② (Arbeit, Problem) affrontare

**an|passen** I. vt etw [einer Sache dat] ~ adattare qc [a qc] II. vr sich [an jdn/etw] ~ adattarsi [o conformarsi] [a qu/qc]

**Anpassung** <-, -en> f adattamento m; (a. fig) adeguamento m **anpassungsfähig** adj adattabile **Anpassungsvermögen** nt adattabilità f

**an|peilen** vt ① (RADIO) reperire, rilevare ② (NAUT) puntare verso

**an|pfeifen** <irr> I. vt ① (SPORT) fischiare l'inizio di ② (fam: zurechtweisen) sgridare II. vi (SPORT) fischiare l'inizio

**Anpfiff** <-(e)s, -e> m ① (SPORT) fischio m d'inizio ② (fam: Rüge) rabbuffo m, sgridata f

**an|pflanzen** vt piantare

**an|pöbeln** vt (fam) apostrofare volgarmente

**an|prangern** [ˈanpraŋən] vt condannare apertamente

**an|preisen** <irr> vt **jdm etw ~** lodare qu per qc, decantare qc a qu

**Anprobe** <-, -n> f prova f

**an|probieren** <ohne ge-> vt provare

**an|pumpen** vt (fig fam) **jdn um 50 Euro ~** farsi prestare 50 euro da qu

**an|quatschen** vt (fam) avvicinarsi ed attaccare discorso a

**Anrainer** <-s, -> m ① (Grundnachbar) proprietario m di un terreno confinante ② (A: Anlieger) residente mf [in zona], vicino, -a m, f **Anrainerstaat** <-(e)s, -en> m nazione f confinante; (vom Fluss getrennt) stato m limitrofo

**an|rechnen** vt ① (berechnen) mettere in conto, conteggiare ② (gutschreiben) accreditare ③ (abziehen) detrarre ④ (fig: werten) ascrivere; **jdm etw hoch ~** stimare molto qu per qc

**Anrecht** <-(e)s, -e> nt diritto m; **ein ~ auf etw** acc **haben** avere diritto su qc

**Anrede** <-, -n> f titolo m; „**Signora" ist die italienische ~ für eine Frau** "Signora" è l'appellativo italiano per una donna

**an|reden** vt rivolgere la parola a, rivolgersi a; **jdn mit „du"/„Sie" ~** dare del "tu"/ "Lei" a qu

**an|regen** vt ① (BIOL) stimolare; (Fantasie) eccitare ② (veranlassen) indurre; **jdn zu etw ~** indurre qu a [fare] qc ③ (vorschlagen) proporre; s. a. **angeregt anregend** adj (fig MED, BIOL) stimolante; (Buch) interessante

**Anregung** <-, -en> f ① Sing. (BIOL) stimolazione f ② (Anstoß) impulso m, stimolo m; (Vorschlag) proposta f; **auf ~ von** su iniziativa di

**an|reichern** [ˈanraɪçərn] vt etw [mit etw] ~ arricchire qc [di qc]

**Anreicherung** <-, -en> f (a. CHEM) arricchimento m

**Anreise** <-, -n> f ① (Hinfahrt, Fahrt) viaggio m di andata ② (Ankunft) arrivo m

**an|reisen** vi sein arrivare, giungere; **aus Berlin ~** arrivare da Berlino; **mit dem Zug ~** arrivare con il treno

**an|reißen** <riss an, angerissen> vt ① (Stoff, Papier) strappare ② (fam: zu verbrauchen beginnen) iniziare a consumare ③ (Problem) impostare ④ (MOT) accendere, mettere in moto

**Anreiz** <-es, -e> m impulso m, stimolo m

**an|rempeln** [ˈanrɛmpəln] vt (fam) urtare

**Anrichte** [ˈanrɪçtə] <-, -n> f credenza f

**an|richten** vt ① (Speise) preparare; (Platte) guarnire; (Salat) condire ② (auftragen) servire ③ (fig: verursachen) causare; **da hast du aber etwas Schönes angerichtet!** l'hai combinata bella! fam

**anrüchig** [ˈanrʏçɪç] adj equivoco

**Anruf** <-(e)s, -e> m chiamata f; (TEL) telefonata f **Anrufbeantworter** <-s, -> m segreteria f telefonica

**an|rufen** <irr> vt ① (laut anreden) chiamare ② (TEL) **jdn ~** telefonare a qu ③ (Gott) invocare; (um Gnade, Hilfe) implorare ④ (Gericht) appellarsi a

**Anrufer(in)** <-s, -; -, -nen> m(f) chi telefona

**an|rühren** vt ❶ (berühren, a. fig) toccare ❷ (Farbe) mescolare; (Mörtel, Beton) impastare; (GASTR) rimestare

**ans** [ans] = **an das** s. **an**

**Ansage** ['anzaːgə] <-, -n> f annuncio m

**an|sagen** vt annunciare; **seinen Besuch** [o **sich**] ~ annunciare la propria visita; **jdm den Kampf** ~ dichiarare guerra a qu

**Ansager(in)** <-s, -; -, -nen> m(f) (RADIO, TV) annunciatore, -trice m, f

**an|sammeln** I. vt accumulare, ammassare II. vr **sich** ~ ❶ (sich anhäufen) accumularsi ❷ (sich versammeln) adunarsi, raccogliersi, assembrarsi

**Ansammlung** <-, -en> f accumulo m, ammasso m; (von Menschen) assembramento m, folla f

**ansässig** ['anzɛsɪç] adj domiciliato, residente

**Ansatz** <-(e)s, -sätze> m ❶ (TEC: Verlängerungsstück) prolunga f, aggiunta f ❷ (GEOL: Schicht) deposito m ❸ (Anzeichen) inizio m, accenno m **Ansatzpunkt** m punto m di partenza

**an|schaffen** I. vt ❶ (kaufen) acquistare ❷ (südd, A: befehlen) ordinare II. vi (fam: Prostituierte) ~ [**gehen**] battere [il marciapiede]

**Anschaffung** <-, -en> f acquisto m **Anschaffungskosten** Pl. costi mpl d'acquisto

**an|schalten** vt accendere

**an|schauen** vt (bes. südd, A, CH) guardare

**anschaulich** adj chiaro, evidente; (lebendig) vivo **Anschaulichkeit** <-> kein Pl. f chiarezza f, evidenza f

**Anschauung** <-, -en> f (Überzeugung) idea f; (Meinung) opinione f; (Auffassung) concezione f; **aus eigener** ~ per propria esperienza **Anschauungsmaterial** nt materiale m illustrativo

**Anschein** <-(e)s> kein Pl. m apparenza f; **dem** ~ **nach** a quanto pare; **es hat den** ~, **als ob ...** sembra che +conj

**anscheinend** adv evidentemente, a quanto pare

**an|schicken** vr **sich** ~ (geh) accingersi; **sich** ~ **etw zu tun** accingersi a fare qc

**an|schieben** <irr> vt spingere

**an|schießen** <irr> vt ferire d'arma da fuoco

**Anschiss** <-es, -e> m (fam) rimprovero m, lavata f di capo; **einen** ~ **bekommen** ricevere una lavata di capo, essere rimproverato

**Anschlag** <-(e)s, -schläge> m ❶ (Plakat) manifesto m, affisso m ❷ (Attentat) attentato m ❸ (bei Schreibmaschine) battuta f; (bei Klavier) tocco m ❹ (COM) preventivo m

**an|schlagen** <irr> I. vt ❶ (Bekanntmachung) affiggere ❷ (Klavier, Saite) toccare; (fig: Ton) assumere ❸ (Fass) spillare ❹ (beschädigen) rompere II. vi ❶ (Hund) abbaiare ❷ (MED: wirken) [**bei jdm**] ~ fare effetto [su qu]

**anschleichen** <irr> vr **sich** [**an jdn/etw**] ~ avvicinarsi di soppiatto [a qu/qc]

**an|schließen** <irr> I. vt ❶ (TEC) allacciare, collegare ❷ (anketten) incatenare II. vr **sich** ~ associarsi; **sich einer Partei** ~ aderire ad un partito III. vi **an etw** acc ~ far seguito a qc **anschließend** adj successivo; (räumlich) adiacente

**Anschluss** <-es, -schlüsse> m ❶ (Wasser, Gas, Telefon) allacciamento m; (TEC) collegamento m ❷ (TEL: Verbindung) collegamento m ❸ (FERR) coincidenza f ❹ (fig POL) annessione f; ~ **suchen** cercare di far conoscenza; **im** ~ **an** +acc in seguito a **Anschlussflug** m [volo m di] coincidenza f **Anschlusszug** m [treno m di] coincidenza f

**an|schmiegen** ['anʃmiːɡən] vr **sich** [**an jdn/etw**] ~ stringersi [a qu/qc]; (Kleid) aderire [a qu/qc] **anschmiegsam** adj affettuoso

**an|schnallen** I. vt allacciare, affibbiare II. vr **sich** ~ (MOT, AERO) allacciarsi la cintura [di sicurezza]

**Anschnallpflicht** <-> kein Pl. f obbligo m di allacciarsi le cinture di sicurezza

**an|schnauzen** vt (fam) fare un rimbrotto a, rimbrottare

**an|schneiden** <irr> vt ❶ (Brot, Braten) incominciare a tagliare ❷ (Frage) intavolare; (Thema) toccare ❸ (Kurve) tagliare

**Anschnitt** <-(e)s, -e> m prima fetta f [di carne o di pane]

**Anschovis** [anˈʃoːvɪs] <-, -> f acciuga f

**an|schrauben** vt avvitare

**an|schreiben** <irr> vt ❶ (schreiben) scrivere; **an die Tafel** ~ scrivere alla lavagna ❷ (auf Kredit) mettere in conto ❸ (ADM: Brief) **jdn** ~ scrivere a qu

**an|schreien** <irr> vt apostrofare, rimproverare gridando

**Anschrift** <-, -en> f indirizzo m

**an|schuldigen** ['anʃʊldɪɡən] vt accusare (wegen di), incolpare (wegen di), imputare (wegen di); **jdn des Diebstahls** [o **wegen eines Diebstahls**] ~ accusare qu di furto

**Anschuldigung** <-, -en> f accusa f, imputazione f

**anschwärzen** vt (fam pej) calunniare; **jdn**

anschweigen → anspucken

[bei jdm] ~ screditare qu [presso qu], diffamare qu [agli occhi di qu]

an|schweigen <schweigt an, schwieg an, angeschwiegen> vt non rivolgersi la parola, non parlarsi; **sie schweigen sich schon seit 2 Wochen an** non si rivolgono la parola già da due settimane

an|schwellen <irr> vi sein ① (MED) gonfiarsi ② (Lärm) crescere ③ (Fluss) ingrossare

an|schwemmen vt (Holz) fluitare; (Erdboden) depositare

anschwindeln vt (fam) abbindolare, ingannare; **jdn ~** imbrogliare qu

an|sehen <irr> vt ① (anblicken) guardare; (lange) contemplare; (besichtigen) visitare; **etw nicht mehr mit ~ können** non poter più tollerare qc; **sieh mal [einer] an!** (fam) ma guarda un po'!  ② (halten für) considerare; (beurteilen) giudicare ③ (anmerken) **man sieht es ihm an, dass ...** gli si legge in faccia che ...

Ansehen <-s> kein Pl. nt ① (Achtung) considerazione f, stima f; (Ruf) reputazione f, credito m ② (Anschein) apparenza f

ansehnlich adj ① (gut aussehend) di bell'aspetto; (stattlich) prestante ② (bedeutend) considerevole

an|sein s. an II.4.

an|setzen I. vt ① (an Mund) accostare [alle labbra]; (Flöte) imboccare ② (anfügen) **etw [an etw** acc o dat**] ~** aggiungere qc [a qc] ③ (veranschlagen) preventivare; (vorausberechnen) calcolare; (festsetzen) fissare, stabilire ④ (vorbereiten: Bowle) preparare ⑤ (bilden) **Fett ~** ingrassare; **Rost ~** arrugginire; **Schimmel ~** ammuffire ⑥ (einsetzen) **jdn auf etw** acc **~** far intervenire qu per qc II. vi ① (beginnen) apprestarsi, accingersi; **zur Landung ~** apprestarsi all'atterraggio ② (anbrennen) attaccarsi

Ansicht <-, -en> f ① (Meinung) opinione f, parere m; **meiner ~ nach** a mio avviso, secondo me; **der ~ sein, dass ...** essere dell'avviso che +conj ② (Blick, Anblick) veduta f ③ (Betrachtung, Prüfung) esame m; **zur ~** (COM) in visione ④ (Computer) [comando m] visualizza, visualizzazione f **Ansichtskarte** f cartolina f **Ansichtssache** f **das ist ~** qui siamo nel campo dell'opinabile **Ansichtssendung** f invio m per visione

an|siedeln ['anziːdəln] vr **sich ~** insediarsi; (sich niederlassen) stabilirsi, domiciliarsi

Ansied|e|lung <-, -en> f insediamento m; (Stelle) colonia f

ansonst, ansonsten [anˈzɔnst(ən)] I. adv (fam) ① (im Übrigen, sonst) per il [o quanto al] resto ② (im anderen Falle) altrimenti II. konj (A, CH: andernfalls) altrimenti, in caso contrario; **ich habe ~ nichts zu tun** altrimenti non ho niente da fare; **sei endlich still, ~ hole ich deine Mutter** stai zitto una buona volta, altrimenti chiamo tua madre

an|spannen vt ① (Zugtier) attaccare ② (straffer spannen) tendere ③ (Muskeln) tendere

Anspannung <-, -en> f (Einsatz) impiego m; (Anstrengung) sforzo m

Anspiel <-(e)s, -e> nt (SPORT) inizio m del gioco

an|spielen I. vi (hinweisen) **auf etw** acc **~** alludere a qc II. vt (SPORT) **jdn ~** passare la palla a qu

Anspielung <-, -en> f allusione f; **eine ~ auf etw** acc **machen** fare un'allusione a qc

an|spitzen vt (Bleistift) fare la punta a

Ansporn ['anʃpɔrn] <-(e)s> kein Pl. m stimolo m, incitamento m

an|spornen vt stimolare, incitare

Ansprache <-, -n> f discorso m, allocuzione f

ansprechbar adj abbordabile

an|sprechen <irr> I. vt ① (reden mit) **jdn ~** rivolgere la parola a qu; **jdn auf etw** acc **~** interrogare qu su qc ② (erwähnen) trattare, affrontare ③ (gefallen) piacere; **das spricht mich überhaupt nicht an** a me non piace proprio II. vi (reagieren) **auf etw** acc **~** reagire [o rispondere] a qc

ansprechend adj piacevole, gradevole; (Äußeres) attraente

Ansprechpartner(in) <-s, -; -, -nen> m(f) interlocutore, -trice m, f competente

an|springen <irr> I. vi sein ① (her~) arrivare saltando ② (MOT) mettersi in moto II. vt haben saltare addosso a

Anspruch <-(e)s, -sprüche> m ① (Anrecht) diritto m; **~ auf etw** acc **erheben** rivendicare un diritto su qc ② (Forderung) pretesa f, esigenza f; (JUR) rivendicazione f; **jdn in ~ nehmen** ricorrere a qu; **etw in ~ nehmen** servirsi di qc; **sehr in ~ genommen sein** essere molto occupato; **hohe Ansprüche stellen** avere grandi pretese **anspruchslos** adj senza pretese, modesto **Anspruchslosigkeit** <-> kein Pl. f modestia f, semplicità f **anspruchsvoll** adj esigente, pretenzioso

an|spucken vt sputare addosso a

an|spülen vt (an den Strand spülen) sciabordare; (an das Ufer spülen) portare a riva
an|stacheln ['anʃtaxəln] vt spronare, stimolare
Anstalt ['anʃtalt] <-, -en> f istituto m; (Internat) internato m; (Heil~) sanatorio m; (Irren~) manicomio m
Anstalten fpl. (Vorbereitungen) preparativi mpl, disposizioni fpl; ~ **machen** [o **treffen**] **zu** +inf accingersi a +inf, prepararsi a +inf
Anstand ['anʃtant] <-(e)s> kein Pl. m (gutes Benehmen) educazione f, creanza f; (Schicklichkeit) decenza f, decoro m
anständig ['anʃtɛndɪç] I. adj ① (schicklich) decente ② (ehrbar) onesto ③ (fam: zufriedenstellend) sufficiente, discreto; (beträchtlich) considerevole; **sie wird ~ bezahlt** la pagano bene; **eine ~e Tracht Prügel** (fam) un bel fracco di legnate II. adv decentemente, come conviene
Anständigkeit <-> kein Pl. m f ① (Schicklichkeit) decenza f, decoro m ② (Ehrlichkeit) onestà f, correttezza f
Anstandsbesuch m visita f di cortesia
anstandshalber adv per la forma, per il decoro **anstandslos** adv senza esitazione, senza far storie fam
an|starren vt guardare fisso, fissare
anstatt [an'ʃtat] I. prp +gen invece di, al posto di II. konj ~ **zu** +inf, ~ **dass** ... invece di +inf
an|stechen <irr> vt pungere; (Fass) spillare
an|stecken I. vt ① (feststecken) fermare [con spilli]; (Brosche, Abzeichen) appuntare; (Ring) infilare ② (anzünden) accendere; (in Brand stecken) appiccare il fuoco a ③ (a. fig MED) contagiare II. vr **sich** [**bei jdm**] ~ contagiarsi [da qu] III. vi (a. fig) essere contagioso **ansteckend** adj contagioso
Ansteckadel f spillo m
Ansteckung <-, -en> f contagio m, infezione f **Ansteckungsgefahr** f pericolo m di contagio
an|stehen <irr> vi ① (Schlange stehen) fare la coda ② (JUR: festgesetzt sein) essere stabilito
an|steigen <irr> vi sein ① (Straße, Wasser, Temperatur) salire ② (fig: zunehmen) aumentare, crescere
anstelle [an'ʃtɛlə] prp +gen in luogo di, in vece di
an|stellen I. vt ① (einschalten: Maschine) avviare, mettere in moto; (Radio) accendere ② (beschäftigen) impiegare ③ (anlehnen) mettere; **etw an etw** acc ~ appoggiare qc a qc ④ (fam: zustande bringen) fare; **wie hast du das angestellt?** come hai fatto? ⑤ (fam: Unsinn) combinare; **was hast du da wieder angestellt?** che hai combinato di nuovo? II. vr **sich** ~ ① (Schlange stehen) fare la coda ② (fam: sich verhalten) comportarsi; **sich geschickt/ungeschickt** ~ mostrarsi abile/inetto; **stell dich doch nicht so an!** (fam) non fare tante storie!
Anstellung <-, -en> f impiego m, posto m
an|steuern vt **etw** ~ (NAUT) fare rotta [o dirigersi] verso qc; (Ziel) puntare verso qc
Anstich <-(e)s, -e> m ① (von Fass) spillatura f ② (Bier) birra f fresca
Anstieg ['anʃtiːk] <-(e)s, -e> m ① (Aufstieg, Steigung) salita f, ascesa f ② (fig: Erhöhung, Zunahme) aumento m
an|stiften vt ① (anzetteln) ordire, tramare ② (verleiten) spingere; **jdn zu etw** ~ istigare qu a [fare] qc
Anstifter(in) <-s, -; -, -nen> m(f) istigatore, -trice m, f, sobillatore, -trice m, f
Anstiftung <-, -en> f istigazione f, sobillazione f
an|stimmen vt (Lied) intonare
Anstoß <-es, -stöße> m ① (SPORT) calcio m d'inizio ② (fig: Antrieb) impulso m, spinta f ③ (Ärgernis) scandalo m; **erregen** dare scandalo; **an etw** dat ~ **nehmen** scandalizzarsi di qc
an|stoßen <irr> I. vi ① sein (prallen) **mit etw an etw** acc ~ urtare con qc contro qc ② haben (SPORT) dare il calcio d'inizio ③ (mit Gläsern) **[auf jdn/etw]** ~ brindare [a qu/qc] II. vt urtare; (in Bewegung setzen) mettere in movimento
Anstößer ['anʃtøːsɐ] <-s, -> m (CH) s. **Anrainer, Anlieger**
anstößig ['anʃtøːsɪç] adj indecente, scandaloso
Anstößigkeit <-, -en> f indecenza f
an|strahlen vt ① (beleuchten) illuminare ② (strahlend anblicken) guardare con occhi raggianti
anstreben vt perseguire, aspirare a
an|streichen <irr> vt ① (mit Farbe) pitturare, verniciare ② (kennzeichnen) segnare
Anstreicher(in) <-s, -; -, -nen> m(f) imbianchino, -a m, f
an|strengen ['anʃtrɛŋən] I. vt ① (ermüden) affaticare; (Augen) stancare ② (Geist, Verstand) sforzare ③ (JUR: Verfahren) intentare II. vr **sich** ~ sforzarsi, applicarsi
anstrengend adj faticoso

**Anstrengung** <-, -en> f ❶ (*Bemühung*) sforzo m, fatica f ❷ (*Strapaze*) strapazzo m

**Anstrich** <-(e)s, -e> m ❶ (*Farbschicht*) tinta f; (*Überzug*) mano f ❷ (*Anschein*) apparenza f, aria f

**Ansturm** <-(e)s, -stürme> m ressa f; (*von Kunden*) affluenza f

**an|stürmen** vi sein assalire; **gegen etw ~** scagliarsi contro qc

**Ansuchen** <-s, -> nt richiesta f

**Antagonist(in)** [antago'nɪst] <-en, -en; -, -nen> m(f) antagonista mf

**Antarktis** [ant?arktɪs] f Antartide f

**antarktisch** adj antartico

**an|tasten** vt ❶ (*Vorräte, Geld*) intaccare ❷ (*Ehre, Würde*) ferire; (*Rechte*) ledere, violare

**Anteil** <-(e)s, -e> m ❶ (*Teil*) parte f, quota f ❷ (COM) partecipazione f ❸ (*Interesse*) interesse m; **an etw** dat **~ nehmen** prender parte a qc; (*Mitgefühl haben*) partecipare a qc

**anteilig** adj proporzionale **anteilmäßig** adv proporzionalmente

**Anteilnahme** ['antaɪlnaːmə] <-> *kein Pl.* f partecipazione f; **seine ~ an etw** dat **aussprechen** esprimere la propria partecipazione a qc

**Anteilschein** <-(e)s, -e> m (COM) titolo m di partecipazione, effetto m di partecipazione

**Antenne** [an'tɛnə] <-, -n> f antenna f

**Anthologie** [antolo'giː, Pl: antolo'giːən] <-, -n> f antologia f

**Anthrazit** [antra'tsiːt] <-s, -e> m antracite f

**Anthropologe** [antropo'loːgə] <-n, -n> m antropologo m **Anthropologie** [antropolo'giː] <-> *kein Pl.* f antropologia f **Anthropologin** [antropo'loːgɪn] <-, -nen> f antropologa f

**anthropologisch** [antropo'loːgɪʃ] adj antropologico

**Anthroposophie** [antropozo'fiː] <-> *kein Pl.* f antroposofia f

**Antiagingcreme** [anti'eɪdʒɪŋ-] f (*Hautcreme gegen die Folgen des Alterns*) crema f antietà

**Antialkoholiker(in)** [anti?alko'hoːlikɐ] m(f) antialcolista mf **antialkoholisch** adj antialcolico

**antiautoritär** ['anti?aʊtoritɛːɐ̯] adj antiautoritario

**Antibabypille** [anti'beːbipɪlə] f pillola f anticoncezionale

**antibakteriell** adj igienizzante

**Antibiotikum** [antibi̯'oːtikʊm] <-s, Antibiotika> nt antibiotico m

**Antiblockiersystem** <-s, -e> nt (AUTO) sistema m [frenante] antibloccaggio

**Antidepressivum** [antidepʀɛ'siːvʊm] <-s, Antidepressiva> nt (MED) antidepressivo m

**Antifaltencreme** f crema f antirughe

**Antifaschismus** [antifa'ʃɪsmʊs o 'antifaʃɪsmʊs] <-> *kein Pl.* m antifascismo m **Antifaschist(in)** <-en, -en; -, -nen> m(f) antifascista mf **antifaschistisch** adj antifascista

**Antihistaminikum** <-s, -histaminika> nt (MED) antistaminico m

**antik** [an'tiːk] adj antico

**Antike** <-, -n> f antichità f

**antiklerikal** [antikleri'kaːl o 'antiklerikaːl] adj anticlericale

**Antiklopfmittel** [anti'klɔpfmɪtəl] <-s, -> nt (TEC) antidetonante m

**Antikörper** ['antikœrpɐ] <-s, -> m (MED) anticorpo m

**Antikriegskundgebung** f manifestazione f contro la guerra

**Antillen** [an'tɪlən] Pl. Antille fpl

**Antilope** [anti'loːpə] <-, -n> f antilope f

**antimilitaristisch** adj antimilitaristico

**Antimon** [anti'moːn] <-s> *kein Pl.* nt (CHEM) antimonio m

**Antioxidans** [anti'?ɔksidans, Pl: anti?ɔksi'dantsi̯ən] <-, **Antioxidanzien** o **Antioxidantien**> nt (CHEM) antiossidante m

**Antipathie** [antipa'tiː, Pl: antipa'tiːən] <-, -n> f antipatia f (*gegen jdn/etw* per qu/qc)

**Antipode** [anti'poːdə] <-n, -n> m (a. GEOG) antipode m

**antipodisch** adj antipodico

**Antiqua** [an'tiːkva] <-> *kein Pl.* f caratteri mpl romani

**Antiquar(in)** [anti'kvaːɐ̯, Pl: anti'kvaːrə] <-s, -e; -, -nen> m(f) antiquario, -a m, f

**Antiquariat** [antikvari̯'aːt] <-(e)s, -e> nt ❶ (*Handel*) antiquariato m ❷ (*Buchladen*) libreria f d'antiquariato

**Antiquarin** f s. **Antiquar**

**antiquarisch** [anti'kvaːrɪʃ] adj d'occasione, di seconda mano

**antiquiert** adj (pej) antiquato

**Antiquität** [antikvi'tɛːt] <-, -en> f antichità f, oggetto m antico **Antiquitätenhändler(in)** m(f) antiquario, -a m, f

**Antiraucherkampagne** f campagna f antifumo

**Antisemit(in)** <-en, -en; -, -nen> m(f) antisemita mf **antisemitisch** adj antisemitico, antisemita **Antisemitismus** [antizemi'tɪsmʊs] <-> *kein Pl. m* antisemitismo *m*

**antiseptisch** [anti'zɛptɪʃ] *adj* antisettico

**antistatisch** [anti'ʃta:tɪʃ] *adj* antistatico

**Anti-Terror-Kampf** <-es, -Kämpfe> *m* lotta *f* al terrorismo

**Antitranspirant** [antitranspi'rant] <-s, -e *o* -s> *nt* antitraspirante *m*

**Antivirenprogramm** *nt* (INFORM) programma *m* antivirus

**antizyklisch** [anti'tsy:klɪʃ] *adj* aciclico, anticiclico

**Antlitz** ['antlɪts] <-es, -e> *nt* (*poet*) volto *m*

**Antrag** ['antra:k, *Pl:* 'antrɛ:gə] <-(e)s, Anträge> *m* ① (*Gesuch*) domanda *f*, istanza *f* ② (*~sformular*) modulo *m* [di domanda] ③ (PARL: *Entwurf*) mozione *f* ④ (*Gesetzes~*) proposta *f* di legge ⑤ (*Heirats~*) proposta *f* [di matrimonio] **Antragsformular** *nt* modulo *m* di domanda **Antragsteller(in)** ['antra:kʃtɛlɐ] <-s, -; -, -nen> *m(f)* richiedente *mf*

**antrainiert** *adj* ① (*Muskeln, Fitness*) sviluppato ② (*Verhalten*) acquisito

**an|treffen** <irr> *vt* trovare

**an|treiben** <irr> I. *vt haben* ① (*vorwärtstreiben*) incitare ② (*fig: veranlassen*) indurre; **jdn zu etw ~** indurre qu a [fare] qc; **jdn zur Eile ~** far fretta a qu ③ (*in Bewegung setzen*) mettere in moto, azionare ④ (*anschwemmen*) portare a riva II. *vi sein* arrivare galleggiando

**an|treten** <irr> I. *vt haben* (*Amt*) assumere; (*Strafe*) cominciare a scontare; (*Erbschaft*) adire; **eine Reise ~** mettersi in viaggio II. *vi sein* ① (MIL) mettersi in fila ② (*erscheinen*) presentarsi

**Antrieb** [an'tri:p] <-(e)s, -e> *m* ① (TEC) forza *f* motrice; (MOT, NAUT, AERO) propulsione *f* ② (*fig*) impulso *m;* (*Beweggrund*) movente *m;* **aus eigenem ~** di propria iniziativa [*o* volontà] **Antriebskraft** *f* (TEC) forza *f* motrice; (*fig*) forza *f* di volontà **Antriebswelle** *f* (MOT) albero *m* di trasmissione

**Antritt** <-(e)s> *kein Pl. m* ① (*Beginn: Reise~*) inizio *m* ② (*Amts~, Regierungs~*) assunzione *f* **Antrittsbesuch** *m* visita *f* di presentazione **Antrittsrede** *f* discorso *m* inaugurale

**an|tun** <irr> I. *vt* (*zufügen*) **jdm etw ~** fare qc a qu; **sich** *dat* **etw ~** suicidarsi, uccidersi II. *vi* (*bezaubern*) incantare; **es jdm ~** affascinare qu

**an|turnen** ['antɐnən] *vt* (*fam*) mandare in estasi, mandare su di giri; **diese Musik turnt mich an** questa musica mi manda su di giri [in estasi]

**Antwerpen** [ant'vɛrpən] *nt* Anversa *f*

**Antwort** ['antvɔrt] <-, -en> *f* risposta *f;* **als ~ auf etw** *acc* in risposta a qc; **um ~ wird gebeten** si prega di rispondere

**antworten** *vi* **auf etw** *acc* **~** rispondere [*o* dare una risposta] a qc **Antwortkarte** *f* cartolina *f* [postale] con risposta prepagata **Antwortschein** *m* **internationaler ~** ricevuta *f* di ritorno internazionale **Antwortschreiben** *nt* lettera *f* di risposta [*o* di riscontro]

**an|vertrauen** <ohne ge-> I. *vt* ① (*übergeben*) **jdm etw ~** affidare qc a qu ② (*im Vertrauen mitteilen*) confidare; **jdm ein Geheimnis ~** confidare un segreto a qu II. *vr* **sich jdm ~** confidarsi con qu

**an|wachsen** <irr> *vi sein* ① (*Pflanze*) mettere radici, attecchire ② (*festwachsen*) attaccarsi ③ (*fig: zunehmen*) aumentare, crescere

**Anwalt** ['anvalt, *Pl:* 'anvɛltə] <-(e)s, Anwälte> *m*, **Anwältin** ['anvɛltɪn] <-, -nen> *f* ① (*Rechts~*) avvocato, -essa *m, f;* (*Staats~*) procuratore, -trice *m, f* ② (*fig: Fürsprecher*) difensore, difenditrice *m, f* **Anwaltsbüro** *nt* studio *m* legale **Anwaltschaft** <-, -en> *f* (JUR) ① (*Vertretung eines Klienten*) difesa *f* ② (*Gesamtheit der Anwälte*) avvocatura *f* **Anwaltskosten** *Pl.* spese *fpl* legali **Anwaltspraxis** <-, -praxen> *f* (JUR) studio *m* legale

**Anwandlung** <-, -en> *f* accesso *m;* (*Laune*) capriccio *m*

**an|wärmen** *vt* intiepidire

**Anwärter(in)** <-s, -; -, -nen> *m(f)* candidato, -a *m, f*, aspirante *mf;* **~ auf etw** *acc* **sein** essere candidato a qc

**Anwartschaft** <-, -en> *f* candidatura *f;* **die ~ auf etw** *acc* **erwerben** avanzare la candidatura a qc

**an|weisen** <irr> *vt* ① (*zuweisen*) assegnare ② (*anleiten*) avviare, dirigere; (*belehren*) istruire ③ (*befehlen*) ordinare, comandare ④ (FIN) [**jdm**] **etw ~** dare ordine di pagare qc [a qu]

**Anweisung** <-, -en> *f* ① (*Anordnung*) disposizione *f;* **auf ~ von** su ordine di; **auf ärztliche ~** su [*o* dietro] prescrizione medica ② (*Bank~*) ordine *m* di pagamento, assegno *m* bancario; (*Post~*) vaglia *m* ③ (*Anleitung*) istruzione *f*, guida *f* ④ (*Zuweisung*) assegnazione *f*

**anwendbar** *adj* applicabile; **auf etw** *acc* **~**

**sein** essere applicabile a qc **Anwendbarkeit** <-, -en> f applicabilità f
**an|wenden** <irr> vt ❶ (*verwenden*) utilizzare, adoperare, usare; (*a. Gewalt*) impiegare ❷ (*Gesetz, Prinzip*) applicare; **ein Gesetz auf etw** acc ~ applicare una legge a qc
**Anwender(in)** <-s, -; -, -nen> m(f) applicatore, -trice m, f **Anwenderprogramm** nt (INFORM) applicazione f
**Anwendung** <-, -en> f ❶ (*Verwendung*) utilizzazione f, uso m, impiego m ❷ (*von Bestimmung, Gesetz, Grundsätzen*) applicazione f; **zur ~ bei** [o **in**] **etw** dat **kommen** trovare applicazione in qc ❸ (INFORM) applicazione f **Anwendungsbereich** m campo m di applicazione
**an|werben** <irr> vt (*Arbeitskräfte*) ingaggiare, reclutare; (*Mitglieder, Soldaten*) reclutare
**Anwerbung** <-, -en> f (*von Arbeitskräften*) assunzione f, ingaggio m; (*von Mitgliedern*) reclutamento m; (*von Soldaten*) arruolamento m, reclutamento m
**Anwesen** ['anveːzən] <-s, -> nt podere m, tenuta f
**anwesend** ['anveːzənt] adj presente **Anwesende** Pl. presenti mpl; [**sehr**] **verehrte ~!** signore e signori!
**Anwesenheit** <-> kein Pl. f presenza f; **in ~ von** alla presenza di **Anwesenheitsliste** f elenco m dei presenti
**an|widern** ['anviːdɐn] vt disgustare, ripugnare
**Anwohner(in)** <-s, -; -, -nen> m(f) residente mf
**Anzahl** <-> kein Pl. f numero m, quantità f
**an|zahlen** vt (*Betrag*) dare un acconto per **Anzahlung** <-, -en> f acconto m
**an|zapfen** vt ❶ (*Fass*) spillare ❷ (TEL) inserirsi abusivamente su
**Anzeichen** <-s, -> nt segno m, indizio m
**Anzeige** <-, -n> f ❶ (JUR) denuncia f; **~ gegen jdn erstatten** denunciare qu ❷ (*Zeitungs~*) inserzione f, annuncio m; (*Familien~*) partecipazione f ❸ (TEC) indicazione f; (*Instrument*) indicatore m ❹ (INFORM) visualizzazione f
**an|zeigen** vt ❶ (JUR) denunciare ❷ (*ankündigen, a in Zeitung*) annunciare; (*Familienereignis*) partecipare ❸ (*Temperatur, Verbrauch, Geschwindigkeit*) indicare ❹ (INFORM) visualizzare
**Anzeigenannahme** f ufficio m annunci pubblicitari **Anzeigenblatt** nt giornale m [degli] annunci **Anzeigenkampagne** <-, -n> f (PUBL, WIRTSCH) campagna f pubblicitaria [per mezzo di annunci] **Anzeigenteil** m parte f pubblicitaria
**an|zetteln** vt ordire
**an|ziehen** <irr> I. vt ❶ (*Kleidung*) mettere; (*bekleiden*) vestire ❷ (*spannen*) tirare; (*Seile*) tendere; (*Schraube, Bremse*) serrare ❸ (*fig* PHYS) attirare II. vr **sich ~** vestirsi III. vi (COM, FIN) salire **anziehend** adj attraente, seducente, avvincente
**Anziehung** <-, -en> f attrazione f **Anziehungskraft** f ❶ (PHYS) forza f d'attrazione ❷ (*fig*) attrazione f, attrattiva f
**Anzug** <-(e)s, -züge> m ❶ (*Kleidung*) vestito m, abito m, completo m ❷ Sing. **im ~ sein** essere in procinto di; **ein Gewitter ist im ~** si sta avvicinando un temporale
**anzüglich** ['antsyːklɪç] adj equivoco, indecente; (*Bemerkung*) allusivo **Anzüglichkeit** <-, -en> f allusione f equivoca [o pungente], insinuazione f
**an|zünden** vt accendere; (*in Brand stecken*) dar fuoco a, incendiare
**an|zweifeln** vt mettere in dubbio, dubitare di
**AOK** [aːʔoːˈkaː] <-, -s> f abk v **Allgemeine Ortskrankenkasse** ASL
**Aostatal** [aˈɔstataːl] nt Val f d'Aosta
**apart** [aˈpart] adj attraente
**Apartheid** [aˈpaːɐ̯thaɪt] <-> kein Pl. f apartheid f
**Apathie** [apaˈtiː] <-, -n> f apatia f
**apathisch** [aˈpaːtɪʃ] adj apatico
**Apennin** [apɛˈniːn] m Appennino m; **die ~en** gli Appennini
**aper** ['aːpɐ] adj (*südd, CH, A: schneefrei*) senza neve, libero dalla neve
**Aperitif** [aperiˈtiːf] <-s, -s o -e> m aperitivo m
**Apfel** ['apfəl, Pl: 'ɛpfəl] <-s, Äpfel> m mela f; **in den sauren ~ beißen** dover inghiottire una pillola amara; **der ~ fällt nicht weit vom Stamm** (*prov*) quale il padre, tale il figlio **Apfelbaum** m melo m **Apfelkuchen** m torta f di mele **Apfelmus** nt mousse m di mele **Apfelsaft** m succo m di mele
**Apfelsine** [apfəlˈziːnə] <-, -n> f arancia f
**Apfelstrudel** m strudel m di mele **Apfeltasche** <-, -n> f saccottino m alle mele **Apfelwein** m sidro m
**Aphorismus** [afoˈrɪsmʊs, Pl: afoˈrɪsmən] <-, Aphorismen> m aforisma m
**aphrodisierend** adj afrodisiaco
**Apnoe-Tauchen** nt (SPORT: *Tauchen ohne Atemgerät*) apnea f subacquea
**APO, Apo** ['aːpo] f akr v **außerparlamen-**

**tarische Opposition** opposizione *f* extraparlamentare
**apodiktisch** (*geh*) I. *adj* apodittico II. *adv* apoditticamente
**Apokalypse** [apoka'lʏpsə] <-> *kein Pl. f* apocalisse *f*
**Apostel** [a'pɔstəl] <-s, -> *m* apostolo *m*
**Apostelgeschichte** *f* (REL) Atti *m pl* degli apostoli
**Apostroph** [apo'stro:f] <-s, -e> *m* (LING) apostrofo *m*
**apostrophieren** [apostro'fi:rən] <ohne ge-> *vt* ❶ (GRAM) apostrofare ❷ (*bezeichnen*) qualificare (*als* come)
**Apotheke** [apo'te:kə] <-, -n> *f* farmacia *f*
**apothekenpflichtig** *adj* in vendita solo in farmacia
**Apotheker(in)** <-s, -; -, -nen> *m(f)* farmacista *mf*
**App.** *abk v* **Appartement** appart.
**Apparat** [apa'ra:t] <-(e)s, -e> *m* ❶ (*allg*, TEL, FOTO) apparecchio *m*, macchina *f*; **am ~!** (TEL) sono io!; **bleiben Sie am ~!** rimanga in linea! ❷ (*Ausrüstung*, LING, ANAT) apparato *m*
**Apparatur** [apara'tu:ɐ̯] <-, -en> *f* apparecchiatura *f*
**Appartement** [apartə'mãː] <-s, -s> *nt* appartamento *m*, alloggio *m*
**Appell** [a'pɛl] <-s, -e> *m* appello *m*; **einen ~ an jdn/etw richten** fare appello a qu/qc
**Appellation** [apɛla'tsjoːn] <-, -en> *f* (*CH*: JUR: *Berufung*) appello *m*, ricorso *m*; **~ einlegen** presentare ricorso; **in die ~ gehen** andare in appello
**Appellationsgericht** [apɛla'tsjoːnsɡərɪçt] <-(e)s, -e> *nt* (JUR) corte *f* d'appello
**appellieren** [apɛ'liːrən] <ohne ge-> *vi* (*geh*) **an jdn/etw** ~ appellarsi a qu/qc
**Appenzell** [apən'tsɛl *o* 'apəntsɛl] *nt* (*Stadt*) Appenzell *f*; (*Kanton*) Appenzello *m*
**Appetit** [ape'tiːt] <-(e)s> *kein Pl. m* appetito *m*; **auf etw** *acc* **~ haben** avere appetito di qc; **guten ~!** buon appetito!; **jdm den ~ verderben** far perdere l'appetito a qu **appetitanregend** *adj* che stuzzica l'appetito **appetithemmend** *adj* (MED) anoressante **appetitlich** *adj* appetitoso **appetitlos** *adj* senza appetito **Appetitlosigkeit** <-> *kein Pl. f* inappetenza *f*
**Appetitzügler** <-s, -> *m* anoressizzante *m*
**applaudieren** [aplau'diːrən] <ohne ge-> *vi* [**jdm**] ~ applaudire [qu]
**Applaus** [a'plaus] <-es> *kein Pl. m* applauso *m*
**Après-Ski** [aprɛ'ʃiː] <-> *kein Pl. nt* doposcì *m*
**Aprikose** [apri'koːzə] <-, -n> *f* albicocca *f*
**April** [a'prɪl] <-(s), -e> *m* aprile *m*; **im** [**Monat**] ~ in [*o* nel mese di] aprile; **heute ist der erste ~** oggi è il primo aprile; **am dritten ~** il tre aprile; **Anfang/Mitte/Ende ~** ai primi di/a metà/alla fine di aprile; **Stuttgart, den 10. ~ 2015** Stoccarda, il 10 aprile 2015; **der ~ hat 30 Tage** aprile ha trenta giorni; **jdn in den ~ schicken** fare un pesce d'aprile a qu
**Aprilscherz** *m* pesce *m* d'aprile **Aprilwetter** *nt* tempo *m* instabile
**a priori** [a: pri'o:ri] *adv* (*geh*) a priori
**apropos** [apro'po:] *adv* a proposito di ...
**Apsis** ['apsɪs] <-, Apsiden> *f* (ARCH) abside *f*
**Apulien** [a'puːljən] *nt* Puglia *f*
**Aquädukt** [akvɛ'dʊkt] <-(e)s, -e> *m o nt* acquedotto *m*
**Aquamarin** [akvama'ri:n] <-s, -e> *m* acquamarina *f*
**Aquaplaning** [akva'pla:nɪŋ] <-s> *kein Pl. nt* acquaplaning *m*
**Aquarell** [akva'rɛl] <-s, -e> *nt* acquerello *m*
**Aquarium** [a'kva:rjʊm] <-s, Aquarien> *nt* acquario *m*
**Äquator** [ɛ'kva:to:ɐ̯] <-s> *kein Pl. m* equatore *m* **äquatorial** [ɛkvatori'a:l] *adj* equatoriale **Äquatortaufe** *f* battesimo *m* dell'equatore
**Aquavit** [akva'vi:t] <-s, -e> *m* acquavite *f*
**äquivalent** [ɛkviva'lɛnt] *adj* equivalente
**Äquivalenz** <-, -en> *f* equivalenza *f*
**Ar** [a:ɐ̯] <-s, -e *o bei Maßangaben*: -> *nt o m* ara *f*
**Ära** ['ɛːra] <-, *rar* Ären> *f* era *f*
**Araber(in)** ['arabɐ] <-s, -; -, -nen> *m(f)* arabo, -a *m, f*
**Arabien** [a'ra:bjən] *nt* Arabia *f*
**arabisch** *adj* arabo
**Ärar** <-s, -e> *m* (*A*: *Staatseigentum*) bene *m* dello Stato [*o* demaniale]
**Arbeit** ['arbaɪt] <-, -en> *f* ❶ (*a.* ~**sstelle** *u* ~**serzeugnis**) lavoro *m*; **an die ~ gehen** mettersi al lavoro; **bei der ~ sein** star lavorando; **etw in ~ geben** dare qc in lavorazione ❷ (*Beschäftigung*) impiego *m* ❸ (*Mühe*) fatica *f*; (*Anstrengung*) sforzo *m*; **keine ~ scheuen** non risparmiar fatica ❹ (*Werk*) opera *f* ❺ (*Klassen-~*) tema *m*, compito *m*; (*Prüfungs-~*) prova *f* d'esame

**arbeiten** I. *vi* ① (*tätig sein*) lavorare; **die ~de Bevölkerung** la popolazione attiva ② (*beschäftigt sein*) essere occupato; **bei jdm ~** essere impiegato presso qu ③ (*Maschine*) essere in moto, funzionare; (*Organ*) funzionare ④ (*Holz*) incurvarsi, imbarcarsi; (*Kapital*) fruttare II. *vt* (*herstellen*) fare

**Arbeiter(in)** <-s, -; -, -nen> *m(f)* ① (*allg*) lavoratore, -trice *m, f* ② (*Fabrik~, Standesangehöriger*) operaio, -a *m, f;* **gelernter/ungelernter ~** operaio qualificato/non qualificato **Arbeiterbewegung** *f* movimento *m* operaio

**Arbeiterbezirk** *m* quartiere *m* operaio **Arbeitergewerkschaft** *f* sindacato *m* operaio **Arbeiterin** *f s.* **Arbeiter Arbeiterpartei** *f* partito *m* operaio **Arbeiterschaft** <-, -en> *f* lavoratori *mpl;* (*Belegschaft*) personale *m* dipendente; (*Arbeiterstand*) classe *f* operaia **Arbeiterviertel** *nt* quartiere *m* operaio

**Arbeitgeber(in)** *m(f)* datore, -trice *m, f* di lavoro **Arbeitgeberanteil** *m* contributo *m* del datore di lavoro **Arbeitgeberverband** *m* sindacato *m* padronale

**Arbeitnehmer(in)** <-s, -; -, -nen> *m(f)* lavoratore, -trice *m, f* **Arbeitnehmeranteil** *m* contributo *m* dei lavoratori

**Arbeitnehmerrecht** *nt* (POL) diritto *m* dei lavoratori

**arbeitsam** *adj* laborioso, operoso

**Arbeitsamt** *nt* ufficio *m* del lavoro [*o* di collocamento] **Arbeitsaufwand** *m* quantità *f* di lavoro; **das erfordert einen hohen ~** richiede molto lavoro **Arbeitsausfall** <-(e)s, -fälle> *m* sospensione *f* [temporanea] del lavoro **Arbeitsbedingungen** *fPl.* condizioni *fpl* di lavoro **Arbeitsbeschaffungsmaßnahme** <-, -n> *f* piano *m* per l'occupazione **Arbeitsbiene** *f* ape *f* operaia **Arbeitseifer** *m* laboriosità *f* **Arbeitseinteilung** *f* ripartizione *f* del lavoro **Arbeitserlaubnis** *f* permesso *m* di lavoro **Arbeitserleichterung** <-, -en> *f* agevolazione *f* di lavoro **Arbeitsessen** <-s, -> *nt* (*nachmittags*) colazione *f* di lavoro, pranzo *m* di lavoro; (*abends*) cena *f* di lavoro **arbeitsfähig** *adj* atto [o abile] al lavoro **Arbeitsfähigkeit** *f* idoneità *f* [*o* abilità *f*] al lavoro **Arbeitsfriede[n]** *m* pace *f* sociale **Arbeitsgang** *m* fase *f* di lavoro **Arbeitsgemeinschaft** *f* gruppo *m* di lavoro, team *m;* (*an Schule, Uni*) gruppo *m* di studio **Arbeitsgericht** *nt* tribunale *m* del lavoro **Arbeitsgesetzgebung** <-> *kein Pl. f* diritto *m* del lavoro **arbeitsintensiv** *adj* impegnativo, laborioso **Arbeitskleidung** *f* vestito *m* [*o* tuta *f*] da lavoro **Arbeitsklima** *nt* ambiente *m* di lavoro **Arbeitskollege** *m,* **Arbeitskollegin** *f* collega *mf* [di lavoro] **Arbeitskraft** *f* ① (*von Mensch*) capacità *f* lavorativa; (*von Maschine*) potenza *f* ② (*Arbeiter*) lavoratore, -trice *m, f,* manodopera *f* **Arbeitskreis** *m s.* **Arbeitsgemeinschaft Arbeitslager** *nt* campo *m* di lavoro **Arbeitsleistung** *f* capacità *f* di lavoro; (*a. geleistete Arbeit*) rendimento *m* **arbeitslos** *adj* senza lavoro, disoccupato **Arbeitslose** <ein -r, -n, -n> *mf* disoccupato, -a *m, f* **Arbeitslosengeld** *nt* indennità *f* [*o* sussidio *m*] di disoccupazione **Arbeitslosenhilfe** *f* assistenza *f* [economica] ai disoccupati **Arbeitslosenquote** *f* tasso *m* di disoccupazione **Arbeitslosenunterstützung** *f* indennità *f* [*o* sussidio *m*] di disoccupazione **Arbeitslosenversicherung** *f* assicurazione *f* contro la disoccupazione **Arbeitslosenziffer** *f* numero *m* di disoccupati **Arbeitslosigkeit** <-> *kein Pl. f* disoccupazione *f* **Arbeitsmarkt** *m* mercato *m* del lavoro **Arbeitsminister(in)** *m(f)* ministro *m* del lavoro **Arbeitsniederlegung** *f* sospensione *f* del lavoro **Arbeitsoberfläche** *f* (INFORM) desktop *m* **Arbeitsordnung** *f* regolamento *m* del lavoro **Arbeitspapier** <-s, -e> *nt* ① (*Thesenpapier*) appunti *mpl* di lavoro ② (*Diskussionsgrundlage*) testo *m* base di discussione ③ *Pl:* (*von Arbeitnehmern*) libretto *m* di lavoro **Arbeitsplatz** *m* ① (*räumlich*) posto *m* di lavoro ② (*Stelle*) posto *m,* impiego *m* **Arbeitsrecht** *nt* diritto *m* del lavoro **arbeitsscheu** *adj* restio a lavorare **Arbeitsschutz** <-es> *kein Pl. m* tutela *f* del lavoro **Arbeitsspeicher** *m* (INFORM) RAM *f,* memoria *f* ad accesso casuale **Arbeitssprache** <-, -n> *f* lingua *f* di lavoro; **in dieser Konferenz ist die ~ Französisch** in questa conferenza si parla francese **Arbeitssuche** <-> *kein Pl. f* ricerca *f* di lavoro **Arbeitstag** *m* giornata *f* lavorativa **Arbeitsteilung** *f* divisione *f* del lavoro **Arbeitsuche** *f s.* **Arbeitssuche Arbeitsuchende** <ein -r, -n, -n> *mf* persona *f* in cerca di lavoro **arbeitsunfähig** *adj* inabile al lavoro **Arbeitsunfähigkeit** *f* inabilità *f* al lavoro **Arbeitsunfall** *m* infortunio *m* sul lavoro **Arbeitsverhältnis** *nt* (JUR) rapporto *m* di lavoro; **in einem festen ~ stehen** avere un impiego fisso **Arbeitsvertrag** *m* contratto *m* di lavoro **Arbeitsweise** *f* ① (*von Person*) modo *m* di lavorare ② (TEC) funzionamento *m* **Arbeitszeit** *f* ① orario *m* di lavoro ② (*Arbeitsstunden*) ore *fpl* lavorative **Arbeitszeitverkürzung** *f* riduzione *f* dell'orario lavorativo [*o* dell'orario di lavoro] **Arbeitszeugnis** *nt* attestato *m* di lavoro, certificato *m* di lavoro **Arbeitszimmer** *nt* studio *m*

**archaisch** [ar'ça:ɪʃ] *adj* arcaico

**Archaismus** [arça'ɪsmʊs, *Pl:* arça'ɪsmən] <-, Archaismen> *m* arcaismo *m*

**Archäologe** [arçeo'lo:gə] <-n, -n> *m* archeologo *m*

**Archäologie** [arçeolo'gi:] <-> *kein Pl. f* archeologia *f* **Archäologin** [arçeo'lo:gɪn] <-, -nen> *f* archeologa *f*

**archäologisch** [arçeo'lo:gɪʃ] *adj* archeologico

**Arche** ['arçə] <-, -n> *f* ~ [**Noah**] arca *f* [di Noè]

**Archetyp** [arçə'ty:p] <-s, -en> *m* archetipo *m* **archetypisch** *adj* archetipico

**Archipel** [arçi'pe:l] <-s, -e> *m* (GEOG) arcipelago *m*

**Architekt(in)** [arçi'tɛkt] <-en, -en; -, -nen> *m(f)* architetto *m*

**architektonisch** [arçitɛkto'nɪʃ] *adj* architettonico

**Architektur** [arçitɛk'tu:ɐ] <-, -en> *f* architettura *f*

**Archiv** [ar'çi:f] <-s, -e> *nt* archivio *m*

**Archivar(in)** [arçi'vaːɐ] <-s, -e; -, -nen> *m(f)* archivista *m*

**ARD** [a:ʔɛr'de:] <-> *kein Pl. f abk v* **Arbeitsgemeinschaft der öffentlich-rechtlichen Rundfunkanstalten der Bundesrepublik Deutschland** *radiotelevisione pubblica tedesca*

**Areal** [are'a:l] <-s, -e> *nt* area *f*

**Ären** *Pl. von* **Ära**

**Arena** [a're:na, *Pl:* a're:nən] <-, Arenen> *f* arena *f*

**arg** [ark] I.<ärger, ärgste> *adj* ① (*schlimm*) grave; (*böse*) cattivo; **mein ärgster Feind** il mio peggior nemico; **im Argen liegen** trovarsi in cattive condizioni ② (*stark*) grande II.<ärger, am ärgsten> *adv* molto, gravemente; **es zu ~ treiben** esagerare

**Argentinien** [argɛn'ti:niən] *nt* Argentina *f*

**Argentinier(in)** <-s, -; -, -nen> *m(f)* argentino, -a *m, f*

**argentinisch** *adj* argentino

**Ärger** ['ɛrgɐ] <-s> *kein Pl. m* ① (*Verdruss*) dispiacere *m*; (*Unwillen*) irritazione *f*; (*Zorn*) rabbia *f* ② (*Unannehmlichkeiten*) noie *fpl*, contrarietà *fpl*

**ärgerlich** *adj* ① (*Mensch*) irritato; **auf** [*o* **über**] **jdn/etw ~ sein** essere arrabbiato con qu/per qc ② (*Sache*) spiacevole, increscioso; **wie ~!** che seccatura!

**ärgern** ['ɛrgən] I. *vt* irritare, far arrabbiare II. *vr* **sich ~** irritarsi; **sich über jdn/etw ~** arrabbiarsi con qu/per qc

**Ärgernis** <-ses, -se> *nt* ① (*Ärger*) dispiacere *m*, contrarietà *f* ② *Sing.* (*Anstoß*) scandalo *m*; **Erregung öffentlichen ~ses** oltraggio al pudore

**Arglist** ['arklɪst] <-> *kein Pl. f* (*geh*) malignità *f*, perfidia *f* **arglistig** *adj* maligno, perfido **arglos** *adj* ① (*harmlos*) privo di malizia ② (*vertrauensselig*) ingenuo

**Argument** [argu'mɛnt] <-(e)s, -e> *nt* argomento *m*

**Argumentation** [argumɛntaˈtsi̯oːn] <-, -en> *f* argomentazione *f*

**argumentativ** *adj* argomentativo

**argumentieren** [argumɛn'ti:rən] <ohne ge-> *vi* argomentare, ragionare

**Argwohn** ['arkvo:n] <-(e)s> *kein Pl. m* (*geh*) sospetto *m*; (*Misstrauen*) diffidenza *f* **argwöhnen** ['arkvø:nən] *vt* sospettare **argwöhnisch** *adj* sospettoso, diffidente

**a. Rh.** *abk v* **am Rhein** sul Reno

**Arie** ['a:ri̯ə] <-, -n> *f* (MUS) aria *f*

**Arier(in)** ['a:ri̯ɐ] <-s, -; -, -nen> *m(f)* ariano, -a *m, f*

**arisch** ['a:rɪʃ] *adj* ariano

**Aristokrat(in)** [aristo'kra:t] <-en, -en; -, -nen> *m(f)* aristocratico, -a *m, f*

**Aristokratie** [aristokra'ti:] <-, -n> *f* aristocrazia *f*

**Aristokratin** *f s.* **Aristokrat**

**aristokratisch** *adj* aristocratico

**Arithmetik** [arɪt'me:tɪk] <-> *kein Pl. f* aritmetica *f*

**arithmetisch** *adj* aritmetico

**Arkade** [ar'ka:də] <-, -n> *f* ① (ARCH) arcata *f* ② *pl* (*Bogengang*) portico *m*

**Arktis** ['arktɪs] <-> *kein Pl. f* (GEOG) Artide *f*

**arktisch** *adj* artico

**arm** [arm] <ärmer, ärmste> *adj* ① (*bedürftig*) povero ② (*Boden, Sprache*) ~ [**an etw** *dat*] **sein** essere povero [di qc] ③ (*fig: bedauernswert*) misero, povero; **ich Ärmster!** povero me!; **~er Teufel!** (*fam*) povero diavolo!, poveraccio!

**Arm** [arm] <-(e)s, -e> *m* ① (*Körperteil*) braccio *m*; **~ in ~** a braccetto; **jdn in die ~e nehmen** abbracciare qu; **jdn auf den ~ nehmen** prendere in braccio qu;

(*fig*) prendere in giro qu; **jdn mit offenen ~en aufnehmen** accogliere qu a braccia aperte; **jdm unter die ~e greifen** (*fig*) aiutare qu; **die Beine unter die ~e nehmen** (*fig fam*) darsela a gambe ❷ (*eines Flusses*) ramo *m* ❸ (TEC) braccio *m*

**Armatur** [armaˈtuːɐ, *Pl:* armaˈtuːrən] <-, -en> *f* ❶ (TEC: *Ausrüstung*) armatura *f* ❷ *meist pl* (*sanitär*) rubinetteria *f* ❸ *pl* (*Schaltinstrument*) indicatore *m*

**Armaturen** [armaˈtuːrən] *fPl.* ❶ (*sanitär*) rubinetteria *f* ❷ (*Schaltinstrumente*) indicatori *mpl* **Armaturenbrett** *nt* (MOT) cruscotto *m*

**Armband** <-(e)s, -bänder> *nt* braccialetto *m* **Armbanduhr** *f* orologio *m* da polso **Armbinde** *f* ❶ (*Abzeichen*) bracciale *m* ❷ (MED) benda *f* [*o* fascia *f*] al braccio **Armbrust** <-, -e *o* -brüste> *f* balestra *f*

**Armee** [arˈmeː] <-, -n> *f* esercito *m*, armata *f*

**Ärmel** [ˈɛrməl] <-s, -> *m* manica *f;* **etw aus dem ~ schütteln** (*fig fam*) fare qc con la più grande facilità **Ärmelaufschlag** *m* risvolto *m* della manica

**Ärmelkanal** *m* [canale *m* della] Manica *f*

**Armenien** [arˈmeːniən] *nt* Armenia *f*

**Armenier(in)** <-s, -; -, -nen> *m(f)* armeno, -a *m, f*

**armenisch** *adj* armeno

**Armenviertel** *nt* quartiere *m* dei poveri

**Armlehne** *f* bracciuolo *m* **Armleuchter** *m* ❶ (*Kerzenleuchter*) candelabro *m* ❷ (*sl pej: Dummkopf*) cretino, -a *m, f fam*

**ärmlich** [ˈɛrmlɪç] *adj* povero, (*schäbig*) misero; (*dürftig*) scadente

**Ärmlichkeit** <-> *kein Pl. f* povertà *f*, miseria *f*

**Armreif** *m* braccialetto *m*

**armselig** [ˈarmzeːlɪç] *adj* ❶ *s.* **ärmlich** ❷ (*unbedeutend*) insignificante

**Armut** [ˈarmuːt] <-> *kein Pl. f* povertà *f*, miseria *f* **Armutsgrenze** *f* livello *m* di sussistenza **Armutszeugnis** *nt* **sich** *dat* **ein ~ ausstellen** (*fig*) dimostrare la propria incapacità

**Aroma** [aˈroːma] <-s, Aromen *o* Aromas> *nt* aroma *m* **Aromastoff** *m* sostanza *f* aromatica **Aromatherapie** *f* aromaterapia *f*

**aromatisch** [aroˈmaːtɪʃ] *adj* aromatico

**Arrak** [ˈarak] <-s, -e *o* -s> *m* (GASTR) arak *m*

**arrangieren** I. *vt* (*Fest, Treffen*) organizzare II. *vr* **sich ~** accordarsi

**Arrest** [aˈrɛst] <-(e)s, -e> *m* ❶ (JUR) sequestro *m* ❷ (MIL) arresti *mpl*

**Arrivierte(r)** <-n, -n> *f(m)* (*beruflich erfolgreiche Person*) arrivato

**arrogant** [aroˈgant] *adj* arrogante

**Arroganz** <-> *kein Pl. f* arroganza *f*

**Arsch** [arʃ, *Pl:* ˈɛrʃə] <-(e)s, Ärsche> *m* (*vulg*) culo *m;* **das geht mir am ~ vorbei** me ne sbatto; **leck' mich am ~!** vaffanculo **Arschkriecher(in)** *m(f)* (*vulg*) leccaculo *mf* **Arschloch** *nt* (*vulg*) buco *m* del culo; **du ~!** (*vulg*) faccia da culo!

**Arsen** [arˈzeːn] <-s> *kein Pl. nt* arsenico *m*

**Arsenal** [arzeˈnaːl] <-s, -e> *nt* arsenale *m*

**Arsenik** [arˈzeːnɪk] <-s> *kein Pl. nt* [triossido *m* di] arsenico *m*

**Art** [aːɐt] <-, -en> *f* ❶ (*Methode*) modo *m*, maniera *f;* **auf diese ~** in questa maniera, così; **Steak nach ~ des Hauses** bistecca -- specialità della casa ❷ *Sing.* (*Wesen*) natura *f*, carattere *m; das ist sonst nicht ihre ~* non è nel suo carattere ❸ (*Sorte*) sorta *f;* (ZOO, BOT) specie *f*

**Art.** *abk v* **Artikel** art.

**Artdirector(in)** [ˈaːɐtdɪrɛktɐ, *Pl:* aːɐtdɪrɛkˈtoːrən] <-s, -en; -, -nen>, **Art-Direktor(in)** *m(f)* art director *mf*

**Artenreichtum** <-s> *kein Pl. m* ricchezza *f* di specie **Artenschutz** *m* protezione *f* della specie **Artenvielfalt** *f* varietà *f* della specie

**Arterie** [arˈteːriə] <-, -n> *f* arteria *f* **Arterienverkalkung** *f* (MED) arteriosclerosi *f*

**Arteriosklerose** <-, -n> *f* (MED) arteriosclerosi *f*

**artfremd** *adj* estraneo alla specie

**Artgenosse** <-n, -n> *m*, **Artgenossin** <-, -nen> *f* individuo *m* congenere

**artgerecht** *adj* consono [*o* adeguato] alla specie

**Arthritis** [arˈtriːtɪs] <-, Arthritiden> *f* (MED) artrite *f*

**Arthrose** [arˈtroːzə] <-, -n> *f* (MED) artrosi *f*

**artig** [ˈartɪç] *adj* ubbidiente, buono; **sei schön ~!** fa il bravo!

**Artikel** [arˈtiːkəl *o* arˈtɪkəl] <-s, -> *m* articolo *m*

**Artikulation** [artikulaˈtsjoːn] <-, -en> *f* articolazione *f* **artikulieren** [artikuˈliːrən] <ohne ge-> *vt* articolare

**Artillerie** [artɪləˈriː] <-, -n> *f* artiglieria *f* **Artillerist** [artɪləˈrɪst] <-en, -en> *m* artigliere *m*

**Artischocke** [artiˈʃɔkə] <-, -n> *f* carciofo *m* **Artischockenböden** *mPl.* fondi *mpl* di carciofi

**Artist(in)** [ar'tɪst] <-en, -en; -, -nen> *m(f)* artista *mf* [di circo o di varietà]
**artistisch** *adj* artistico
**Arznei** [a:ɐ̯ts'naɪ o arts'naɪ] <-, -en> *f* farmaco *m*, medicina *f*, medicamento *m* **Arzneimittel** *nt s.* **Arznei Arzneimittelabhängigkeit** *f* farmacodipendenza *f* **Arzneimittelforschung** <-> *kein Pl. f* ricerca *f* farmaceutica **Arzneimittelgesetz** <-es, -e> *nt* (JUR) norma *f* sul servizio farmaceutico **Arzneimittelmissbrauch** *m* abuso *m* di medicinali **Arzneimittelvergiftung** *f* intossicazione *f* da medicinali
**Arzt** [artst, *Pl:* 'ɛ:ɐ̯tstə] <-es, Ärzte> *m* medico *m*, dottore *m*; **praktischer ~** medico generico
**Ärztegebühren** *fPl.* onorario *m* del medico
**Ärztekammer** *f* Ordine *m* dei medici **Ärztemuster** *nt* campione *m* medico **Ärzteschaft** <-> *kein Pl. f* corpo *m* dei medici
**Arzthelfer(in)** <-s, -; -, -nen> *m(f)* assistente *mf* medico, -a
**Ärztin** ['ɛ:ɐ̯tstɪn *o* 'ɛrtstɪn] <-, -nen> *f* dottoressa *f*; *s. a.* **Arzt**
**Arztkosten** *Pl.* spese *fpl* mediche
**ärztlich** ['ɛ:ɐ̯tstlɪç *o* 'ɛrtstlɪç] *adj* medico; **in ~ er Behandlung sein** essere in cura da un medico
**Arztpraxis** *f* studio *m* medico
**As, as** [as] <-, -> *nt* (MUS) la *m* bemolle
**A-Saft** *m* (*fam: Apfelsaft*) succo *m* di mela
**Asbest** [as'bɛst] <-(e)s, -e> *m* (MIN) amianto *m*, asbesto *m*
**asbesthaltig** *adj* contenente amianto
**Asche** ['aʃə] <-, *rar* -n> *f* cenere *f* **Aschenbahn** *f* (SPORT) pista *f* di carbonella **Aschenbecher** *m* portacenere *m*
**Aschenbrödel** ['aʃənbrø:dəl] <-s, -> *nt*, **Aschenputtel** ['aʃənpʊtəl] <-s, -> *nt* Cenerentola *f*
**Aschermittwoch** [aʃɐ'mɪtvɔx] *m* (REL) [mercoledì *m* delle] Ceneri *fpl*
**Aschewolke** *f* nube *f* di cenere
**aschfahl, aschgrau** ['aʃfa:l, 'aʃgraʊ] *adj* grigio cenere
**ASCII-Code** ['askiːoːt] <-s, -s> *m* (INFORM) codice *m* ASCII
**äsen** ['ɛ:zən] *vi* mangiare
**Aserbaidschan** [azɐbaɪ'dʒa:n] <-s> *nt* Azerbaigian *m*
**asexuell** ['asɛksuɛl] *adj* asessuato
**Asi** *m* (*sl: Asozialer*) asociale *mf*
**Asiat(in)** [a'zia:t] <-en, -en; -, -nen> *m(f)* asiatico, -a *m, f*
**asiatisch** *adj* asiatico
**Asien** ['a:ziən] *nt* Asia *f*

**Askese** [as'ke:zə] <-> *kein Pl. f* ascesi *f*
**Asket(in)** [as'ke:t] <-en, -en; -, -nen> *m(f)* asceta *mf*
**asketisch** *adj* ascetico
**Askorbinsäure** [askɔr'bi:nzɔʏrə] <-> *kein Pl. f* (CHEM) acido *m* ascorbico
**asozial** ['azotsia:l *o* azo'tsia:l] *adj* asociale
**Aspekt** [as'pɛkt] <-(e)s, -e> *m* aspetto *m*; **unter diesem ~** sotto questo aspetto
**Asphalt** [as'falt] <-(e)s, -e> *m* asfalto *m*, bitume *m* **Asphaltdecke** *f* manto *m* di asfalto
**asphaltieren** [asfal'ti:rən] <ohne ge-> *vt* asfaltare
**Aspik** [as'pi:k *o* 'aspɪk] <-s, -e> *m* (GASTR) aspic *m*
**Aspirin®** [aspi'ri:n] <-s> *kein Pl. nt* aspirina® *f*
**Ass** [as] <-es, -e> *nt* asso *m*
**aß** [a:s] *1. u. 3. Pers. Sing. Imp. von* **essen**
**Assel** ['asəl] <-, -n> *f* (ZOO) asello *m*
**Assessment Center** *nt* assessment center *m*
**Assessor(in)** [a'sɛso:ɐ, *Pl:* asɛ'so:rən] <-s, -en; -, -nen> *m(f)* (JUR) funzionario *m* di stato
**Assimilation** [asimila'tsjo:n] <-, -en> *f* assimilazione *f*
**assimilieren** [asimi'li:rən] <ohne ge-> I. *vt* (BIOL) assimilare II. *vr* **sich ~** assimilarsi (*an* +*acc* a)
**Assistent(in)** [asɪs'tɛnt] <-en, -en; -, -nen> *m(f)* assistente *mf*
**Assistenzarzt** *m*, **Assistenzärztin** *f* assistente *mf* medico, -a
**Assistenzäztin** *f* assistente *mf* medico, -a
**assistieren** [asɪs'ti:rən] <ohne ge-> *vi* **jdm [bei etw] ~** assistere qu [in qc]
**Assoziation** [asotsia'tsjo:n] <-, -en> *f* associazione *f*
**Ast** [ast, *Pl:* 'ɛstə] <-(e)s, Äste> *m* ❶ (*eines Baumes, a. fig: einer Arterie, eines Nervs*) ramo *m* ❷ (*im Holz*) nodo *m*
**AStA** ['asta, *Pl:* 'astən] <-(s), Asten> *abk v* **Allgemeiner Studentenausschuss** comitato generale studentesco
**Aster** ['astɐ] <-, -n> *f* astro *m*
**Astgabel** <-, -n> *f* forcella *f*
**Ästhet(in)** [ɛs'te:t] <-en, -en; -, -nen> *m(f)* esteta *mf*
**Ästhetik** [ɛs'te:tɪk] <-, -en> *f* estetica *f*
**Ästhetin** *f s.* **Ästhet**
**ästhetisch** *adj* estetico
**Asthma** ['astma] <-s> *kein Pl. nt* (MED) asma *f*
**Asthmatiker(in)** [ast'ma:tikɐ] <-s, -; -, -nen> *m(f)* asmatico, -a *m, f*

**asthmatisch** *adj* asmatico
**Astloch** *nt* buco *m* di un nocchio [*o* nodo]
**astrein** *adj* (*fig fam: prima*) perfetto
**Astrologe** [astroˈloːgə] <-n, -n> *m* astrologo *m*
**Astrologie** [astroloˈgiː] <-> *kein Pl. f* astrologia *f* **Astrologin** [astroˈloːgɪn] <-, -nen> *f* astrologa *f* **astrologisch** [astroˈloːgɪʃ] *adj* astrologico
**Astronaut(in)** [astroˈnaʊt] <-en, -en; -, -nen> *m(f)* astronauta *mf*
**Astronom(in)** [astroˈnoːm] <-en, -en; -, -nen> *m(f)* astronomo, -a *m, f*
**Astronomie** [astronoˈmiː] <-> *kein Pl. f* astronomia *f*
**Astronomin** *f s.* **Astronom**
**astronomisch** *adj* astronomico
**Astrophysik** [astrofyˈziːk] <-> *kein Pl. f* astrofisica *f*
**Astrophysiker(in)** [astroˈfyːzikɐ] <-s, -; -, -nen> *m(f)* (PHYS) astrofisico, -a *m, f*
**ASU** *f abk v* **Abgassonderuntersuchung** controllo *m* dei gas di scarico
**Asyl** [aˈzyːl] <-s, -e> *nt* asilo *m*
**Asylant(in)** <-en, -en; -, -nen> *m(f)* persona *f* che chiede asilo [politico]
**Asylantrag** *m* richiesta *f* di asilo politico
**Asylbewerber(in)** *m(f)* persona *f* che chiede asilo [politico] **Asylbewerberwohnheim** *nt* residenza *f* per rifugiati politici
**Asylrecht** *nt* diritto *m* d'asilo
**Asymmetrie** [azymeˈtriː] *f* asimmetria *f*
**asymmetrisch** [ˈazymetrɪʃ] *adj* asimmetrico
**asynchron** [ˈazʏnkroːn] *adj* asincrono
**Aszendent** [astsɛnˈdɛnt] <-en, -en> *m* (ASTR) ascendente *m*
**A. T.** *abk v* **Altes Testament** AT
**Atelier** [ateˈlje: *o* ateˈljeː] <-s, -s> *nt* studio *m*, atelier *m*
**Atem** [ˈaːtəm] <-s> *kein Pl. m* fiato *m*; (*Atmung*) respirazione *f*; (*Atemzug*) respiro *m*; **außer ~** senza fiato; **den ~ anhalten** trattenere il respiro; **jdn in ~ halten** tenere [in] sospeso qu; [**tief**] **~ holen** prendere fiato; **nach ~ ringen** ansimare **atemberaubend** *adj* che mozza il fiato **Atembeschwerden** *fPl.* difficoltà *fpl* di respiro **Atemgeräusch** *nt* (MED) mormorio *m* vescicolare **atemlos** *adj* ❶ (*keuchend*) ansante, trafelato ❷ (*schnell*) vertiginoso; **~e Stille** silenzio di morte **Atemnot** *f* difficoltà *f* di respiro, affanno *m* **Atempause** *f* pausa *f* **Atemschutzgerät** <-(e)s, -e> *nt* maschera *f* antismog [*o* antipolvere] **Atemstillstand** *kein Pl. m* arresto *m* respiratorio **Atemwege** *mPl.* vie *fpl* respiratorie **Atemzug** *m* respiro *m*; **in einem ~** (*fig*) nello stesso momento
**Atheismus** [ateˈɪsmʊs] <-> *kein Pl. m* ateismo *m*
**Atheist(in)** [ateˈɪst] <-en, -en; -, -nen> *m(f)* ateo, -a *m, f*
**atheistisch** *adj* ateo
**Athen** [aˈteːn] *nt* Atene *f*
**Äther** [ˈɛːtɐ] <-s, -> *m* etere *m*
**ätherisch** [ɛˈteːrɪʃ] *adj* etereo; **~e Öle** oli essenziali
**Äthiopien** [ɛtiˈoːpiən] *nt* Etiopia *f*
**Äthiopier(in)** [ɛtiˈoːpiɐ] <-s, -; -, -nen> *m(f)* etiope *mf*
**äthiopisch** *adj* etiopico
**Athlet(in)** [atˈleːt] <-en, -en; -, -nen> *m(f)* atleta *mf*
**athletisch** *adj* atletico
**Atlanten** *Pl. von* **Atlas**
**Atlantik** [atˈlantɪk] *m* [oceano *m*] Atlantico *m*
**atlantisch** *adj* atlantico; **der Atlantische Ozean** l'oceano Atlantico
**Atlas** [ˈatlas, *Pl:* atˈlantən] <-(ses), Atlanten> *m* atlante *m*
**atmen** [ˈaːtmən] *vi* respirare
**Atmosphäre** [atmoˈsfɛːrə] <-, -n> *f* ❶ (*fig* ASTR, PHYS) atmosfera *f* ❷ (*fig: Umwelt*) ambiente *m*
**atmosphärisch** *adj* atmosferico
**Atmung** <-> *kein Pl. f* respirazione *f*
**atmungsaktiv** *adj* traspirabile
**Ätna** [ˈɛːtna] *m* Etna *m*
**Atoll** [aˈtɔl] <-s, -e> *nt* atollo *m*
**Atom** [aˈtoːm] <-s, -e> *nt* atomo *m*
**Atom-** (*in Zusammensetzungen*) atomico, nucleare
**Atomangriff** *m* attacco *m* nucleare
**atomar** [atoˈmaːɐ] *adj* atomico, nucleare; **~es Wettrüsten** corsa agli armamenti nucleari
**Atomausstieg** <-s> *kein Pl. m* abbandono *m* dell'energia atomica **Atombombe** *f* bomba *f* atomica **Atombunker** *m* rifugio *m* antiatomico **Atomenergie** *f* energia *f* atomica [*o* nucleare] **Atomexplosion** *f* esplosione *f* atomica **Atomforschung** *f* ricerca *f* nucleare **Atomforschungszentrum** *nt* centro *m* [di] studi nucleari **Atomgegner(in)** *m(f)* antinucleare *mf* **Atomgewicht** *nt* peso *m* atomico **Atomindustrie** *f* (WIRTSCH) industria *f* nucleare [*o* atomica]
**atomisieren** [atomiˈziːrən] <ohne ge-> *vt* atomizzare
**Atomkern** *m* nucleo *m* atomico

**Atomkraft** <-> *kein Pl. f* energia *f* nucleare [*o* atomica] **Atomkraftbefürworter(in)** *m(f)* filonucleare *mf* **Atomkraftwerk** *nt* centrale *f* atomica [*o* nucleare]
**Atomkrieg** *m* guerra *f* atomica
**Atommacht** *f* potenza *f* atomica
**Atommeiler** *m* pila *f* atomica
**Atommüll** *m* scorie *fpl* radioattive, rifiuti *mpl* nucleari **Atommüllendlager** *nt* deposito *m* di scorie radioattive **Atommülllagerung** *f* stoccaggio *m* di rifiuti radioattivi
**Atomphysik** <-> *kein Pl. f* fisica *f* nucleare **Atompilz** *m* fungo *m* atomico **Atomreaktor** *m* reattore *m* nucleare **Atomschmuggel** <-s> *kein Pl. m* contrabbando *m* di materiali radioattivi **Atomsperrvertrag** <-(e)s> *kein Pl. m* (POL) trattato *m* di non proliferazione nucleare **Atomsprengkopf** *m* testata *f* nucleare **Atomtest** *m* test *m* nucleare **Atomteststopp** *m* (POL) blocco *m* dei test nucleari **Atomversuch** <-(e)s, -e> *m s.* **Atomtest**
**Atomwaffe** *f* arma *f* nucleare **atomwaffenfrei** *adj* denuclearizzato **Atomwaffensperrvertrag** *kein Pl. m* (POL) trattato *m* di non proliferazione nucleare
**Atomzahl** *f* numero *m* atomico **Atomzeitalter** *nt* era *f* atomica
**ätsch** [ɛːtʃ] *int* (*fam*) ben ti sta
**Attacke** [a'takə] <-, -n> *f* ❶ (*Angriff*) attacco *m*, aggressione *f* ❷ (MED) attacco *m*, accesso *m*
**Attentat** ['atənta:t] <-(e)s, -e> *nt* attentato *m*; **ein ~ auf jdn begehen** fare un attentato contro qu
**Attentäter(in)** [atɛntɛːtɐ] <-s, -; -, -nen> *m(f)* attentatore, -trice *m, f*
**Attest** [a'tɛst] <-(e)s, -e> *nt* certificato *m*, attestato *m*
**Attraktion** [atrak'tsi̯oːn] <-, -en> *f* attrazione *f*
**attraktiv** [atrak'tiːf] *adj* attraente, seducente
**Attraktivität** [atraktivi'tɛːt] <-> *kein Pl. f* attrattiva *f*
**Attrappe** [a'trapə] <-, -n> *f* imitazione *f*
**Attribut** [atri'buːt] <-(e)s, -e> *nt* attributo *m*
**attributiv** [atribu'tiːf *o* 'atributiːf] *adj* attributivo
**atü** [a'tyː] *abk v* **Atmosphärenüberdruck** superpressione *f* atmosferica
**atypisch** ['aːtypɪʃ *o* a'tyːpɪʃ] *adj* atipico
**ätzen** ['ɛtsən] *vt* ❶ (CHEM) corrodere ❷ (MED) cauterizzare **ätzend** *adj* ❶ (CHEM) corrosivo ❷ (*fig sl: abscheulich*) orrendo; **der Typ ist ~!** quel tipo è una lagna!; **echt ~!** che seccatura!
**au** [au] *int* ahi
**Au|e** ['au(ə)] <-, -en> *f* (*poet*) prato *m* lungo un fiume
**Au** <-, -en> *f* (*südd, A:* Aue) prato *m*
**aua** ['aua] *int* ai, aia
**Aubergine** [obɛr'ʒiːnə] <-, -n> *f* melanzana *f*
**auch** [aux] I. *konj* (*unbetont*) anche, pure; **ohne ~ nur zu fragen** senza neppur domandare; **wie dem ~ sei** comunque sia; **wo er ~ sein mag** dovunque sia; **wenn er ~ reich ist** sebbene sia ricco; **so reich du ~ sein magst** per quanto tu sia ricco; **stimmt das ~ wirklich?** è proprio vero?; **und wenn ~!** che importa! II. *adv* (*betont*) persino; **ich ~** anch'io; **ich ~ nicht** neanch'io; **ich kenne ihn ~ nicht** non lo conosco nemmeno io; **nicht nur ..., sondern ~ ...** non solo ..., ma anche ...; **~ das noch!** ci mancava anche questa!; **~ gut!** e va bene!
**Audienz** [au'di̯ɛnts] <-, -en> *f* udienza *f*
**Audioguide** ['audi̯ogaɪd] <-s, -s> *m* audioguida *f* **Audiokassette** *f* audiocassetta *f* **audiovisuell** [audi̯ovi'zy̆ɛl] *adj* audiovisivo **Auditorium** [audi'toːri̯um, *Pl:* audi'toːri̯ən] <-s, Auditorien> *nt* ❶ (*Hörsaal*) auditorio *m* ❷ (*Zubehörschaft*) uditorio *m*
**Aue** ['auə] <-, -en> *f* (*poet*) prato *m* lungo un fiume
**Auerhahn** *m* (ZOO) gallo *m* cedrone **Auerochse** *m* (ZOO) uro *m*
**auf** [auf] I. *prp +acc o dat* ❶ (*örtlich*) a, in, per, sopra, su; **~ dem Boden** per terra; **~ den Boden fallen** cadere a [*o* per] terra; **~ dem Bahnhof/der Post** alla stazione/posta; **~ dem Land** in campagna; **~ der Straße/dem Zimmer** in strada/in camera; **~ der ganzen Welt** in tutto il mondo ❷ (*zeitlich*) a, di, per; **~ einmal** d'un tratto, improvvisamente; **~ die Minute [genau]** puntuale al minuto; **es geht ~ vier Uhr [zu]** sono quasi le quattro; **~ einen Sonntag fallen** cadere di domenica ❸ (*Art und Weise*) in, di, per; **~ diese Weise** in questo modo; **~ Deutsch/Italienisch** in tedesco/italiano ❹ (*sonstiges*) a, di, in, su; **bis ~ ihn** tranne lui; **~ Wiedersehen!** arrivederci!; **~ eine Tasse Kaffee hereinkommen** venire a prendere una tazza di caffè; **~ Anfrage/Befehl** su domanda/per ordine; **~ Besuch/der Flucht/der Reise** in visita/fuga/viaggio; **~ jeden Fall** in ogni caso; **etw ~ dem Kla-**

**vier spielen** suonare qc al pianoforte; **~ sechs Jungen kommt ein Mädchen** c'è una ragazza ogni sei ragazzi II. *adv* ❶ (*hinauf*) su; **~ und ab** su e giù; **sich ~ und davon machen** (*fam*) tagliare la corda ❷ (*fam: offen*) aperto ❸ (*fam: wach, auf den Beinen*) **~ sein** essere alzato ❹ (*vorwärts*) **~!** avanti!, in viaggio! ❺ (*fam: auf den Kopf*) **Helm ~!** mettetevi l'elmo! III. *konj* **~ dass** ... affinché +*conj*, perché +*conj*

**auf|arbeiten** *vt* ❶ (*erledigen*) sbrigare ❷ (*erneuern*) rinnovare

**auf|atmen** *vi* mandare un sospiro di sollievo

**auf|bahren** *vt* comporre nella bara

**Aufbau** <-(e)s, -ten> *m* ❶ *Sing.* (*Tätigkeit*) costruzione *f*; (TEC) montaggio *m* ❷ *Sing.* (*fig: Schaffung*) organizzazione *f* ❸ *Sing.* (*Gefüge, Struktur*) struttura *f*; (CHEM, BIOL) composizione *f* ❹ (*aufgebautes Teil*) sovrastruttura *f*

**auf|bauen** I. *vt* ❶ (*bauen*) costruire; (*errichten*) erigere; (TEC) montare; (*aufstellen*) disporre ❷ (*fig: schaffen*) creare, organizzare ❸ (*strukturieren, gliedern*) strutturare ❹ (*fig*) fondare; **eine Theorie auf etw** *dat* **~** fondare [*o* basare] una teoria su qc II. *vi* **auf etw** *dat* **~** fondarsi [*o* basarsi] su qc III. *vr* **sich ~** ❶ (CHEM) comporsi ❷ (*fam: sich aufstellen*) **sich vor jdm/etw ~** piantarsi davanti a qu/qc

**auf|bäumen** *vr* **sich ~** ❶ (*Pferd*) impennarsi ❷ (*fig*) **sich** [**gegen jdn/etw**] **~** ribellarsi [a qu/qc]

**auf|bauschen** *vt* (*a. fig*) gonfiare

**Aufbaustudium** <-s> *kein Pl. nt* (UNIV: *auf vorangegangenes Studium*) corso *m* postuniversitario; (*auf eine Ausbildung*) corso *m* di perfezionamento [*o* di formazione professionale]

**auf|begehren** <ohne ge-> *vi* [**gegen jdn/etw**] **~** insorgere [contro qu/qc]

**auf|behalten** <irr> *vt* (*fam*) **den Hut ~** tenere il cappello in testa

**auf|bereiten** <ohne ge-> *vt* ❶ (*Erze, Kohle*) preparare, trattare; (*a. Trinkwasser*) depurare ❷ (*Statistiken*) elaborare

**Aufbereitung** <-, -en> *f* ❶ (*von Erzen, Kohle*) preparazione *f*, trattamento *m*; (*a. von Trinkwasser*) depurazione *f* ❷ (*von Statistiken*) elaborazione *f* **Aufbereitungsanlage** <-, -n> *f* (TEC) impianto *m* di trattamento

**auf|bessern** *vt* (*Gehalt, Rente*) aumentare

**auf|bewahren** <ohne ge-> *vt* conservare, custodire; (*lagern*) immagazzinare

**Aufbewahrung** <-> *kein Pl. f* ❶ (*das Aufbewahren*) conservazione *f*; (*Verwahrung*) custodia *f* ❷ (*~sort*) deposito *m*

**auf|bieten** <irr> *vt* (*einsetzen*) mobilitare; (*Kraft, Eifer, Einfluss*) impiegare

**auf|binden** <irr> *vt* ❶ (*losmachen*) slegare; (*Schleife*) sciogliere ❷ (*hochbinden*) annodare; **jdm etw** [*o* **einen Bären**] **~** (*fam*) dare ad intendere a qu lucciole per lanterne

**auf|blähen** *vt* gonfiare

**aufblasbar** *adj* gonfiabile

**auf|blasen** <irr> I. *vt* gonfiare II. *vr* **sich ~** (*fig fam: sich wichtigtun*) gonfiarsi, pavoneggiarsi

**auf|bleiben** <irr> *vi sein* (*fam*) ❶ (*nicht zu Bett gehen*) rimanere alzato ❷ (*offen bleiben*) rimanere aperto

**auf|blenden** *vi* ❶ (MOT) accendere gli abbaglianti ❷ (FILM) aprire in dissolvenza

**auf|blicken** *vi* ❶ (*hochschauen*) levare gli occhi, sollevare lo sguardo ❷ (*fig*) **zu jdm ~** ammirare qu

**auf|blitzen** *vi* ❶ *haben* (*Licht*) balenare ❷ *sein* (*fig: Gedanke, Erinnerung*) balenare

**auf|blühen** *vi sein* ❶ (*Blume*) sbocciare ❷ (*fig: Handel*) fiorire; (*Mensch*) diventar bello

**auf|bocken** *vt* (TEC) sollevare con il cric

**auf|brauchen** *vt* consumare, esaurire

**auf|brausen** *vi sein* (*wütend werden*) andare in bestia [*o* in collera]

**auf|brechen** <irr> I. *vi sein* ❶ (*aufreißen*) screpolarsi; (*Wunde*) aprirsi; (*Knospe*) sbocciare ❷ (*weggehen*) mettersi in cammino; **zu einer Reise ~** mettersi in viaggio; **nach Prag ~** partire per Praga II. *vt haben* forzare, scassinare

**auf|brezeln** *vr* **sich ~** (*sl*) mettersi in tiro

**auf|bringen** <irr> *vt* ❶ (*Geld*) procurare; (*Mut*) trovare; (*Verständnis*) mostrare ❷ (*Gerüchte*) mettere in giro, diffondere; (*Mode*) introdurre, lanciare ❸ (*in Wut bringen*) irritare ❹ (*fam: mit Mühe öffnen*) riuscire ad aprire

**Aufbruch** <-(e)s> *kein Pl. m* (*Abreise*) partenza *f* **Aufbruchsstimmung** <-> *kein Pl. f* (*vor dem Aufbrechen*) stato d'animo prima della partenza, nervosismo *m*; (*vor einer Erneuerung*) agitazione *f*, eccitazione *f*

**auf|brühen** *vt* (*Tee, Kaffee*) fare

**auf|brummen** *vt* **jdm etw ~** (*fam*) appioppare qc a qu

**auf|bürden** *vt* **jdm etw ~** (*geh*) caricare [*o* addossare] qc a qu

**auf|decken** I. vt ① (*Bett*) disfare ② (*Tischtuch*) stendere ③ (*Karten*) scoprire ④ (*enthüllen*) rivelare, svelare II. vi (*Tisch decken*) apparecchiare

**auf|donnern** vr sich ~ (*fam*) mettersi in ghingheri

**auf|drängen** I. vt jdm etw ~ imporre qc a qu II. vr sich [jdm] ~ essere invadente [con qu]; (*a. fig: Gedanke, Erinnerung*) imporsi [a qu]

**auf|drehen** I. vt ① (*Wasserhahn, Verschluss*) aprire; (*Schraube*) allentare ② (*Haar*) mettere in piega ③ (*Uhr: aufziehen*) caricare ④ (*A: einschalten*) accendere II. vi ① (*fam: Gas geben*) accelerare, aumentare la velocità ② (*fam: in Stimmung kommen*) andare su di giri

**aufdringlich** adj importuno, invadente

**Aufdringlichkeit** <-, -en> f invadenza f

**Aufdruck** <-(e)s, -e> m dicitura f; (*Firmen~*) intestazione f

**auf|drücken** vt ① (*Stempel, Siegel*) etw [auf etw acc] ~ imprimere qc [su qc] ② (*öffnen*) aprire premendo

**aufeinander** [aʊfʔaɪˈnandɐ] adv ① (*räumlich*) l'uno sopra l'altro ② (*zeitlich*) l'uno dopo l'altro **aufeinander|folgen** vi succedersi, susseguirsi **aufeinanderfolgend** adj (*Ereignisse*) successivo, susseguente; (*Tage, Wochen*) consecutivo **aufeinander|legen** vt sovrapporre **aufeinander|prallen** vi scontrarsi **aufeinander|pressen** vt (*Lippen*) stringere **aufeinander|stapeln** vt (*Teller, Bücher, Kisten*) impilare **aufeinander|stellen** I. vt mettere l'uno sopra l'altro; **die Kisten ~** mettere le casse l'una sopra l'altra II. vr sich ~ (*Akrobaten*) mettersi l'uno sopra l'altro **aufeinander|stoßen** <irr> vi ① (*sich zufällig begegnen*) imbattersi l'uno nell'altro ② (*Truppen, Meinungen, Gegensätze*) scontrarsi **aufeinander|türmen** vt (*Bücher, Kisten, Waren*) accatastare

**Aufenthalt** [ˈaʊfʔɛnthalt] <-(e)s, -e> m ① (*Zeit*) soggiorno m, permanenza f ② (*bei Flug, Zugfahrt*) fermata f; **wir haben 5 Minuten ~** ci fermiamo 5 minuti ③ (*Wohnort*) residenza f **Aufenthalter** <-s, -> m (*CH*) ① (*Schweizer, der nur vorübergehend in einer Gemeinde seinen Wohnsitz hat*) cittadino svizzero che risiede per lungo tempo in un comune diverso da quello in cui ha la residenza ② (*Ausländer mit befristeter Aufenthaltsbewilligung*) cittadino straniero in possesso di un permesso di soggiorno limitato **Aufenthaltserlaubnis** f, **Aufenthaltsgenehmigung** f permesso m di soggiorno **Aufenthaltsort** m luogo m di soggiorno **Aufenthaltsraum** m soggiorno m

**auf|erlegen** <ohne ge-> vt jdm etw ~ (*Verpflichtung*) imporre qc a qu; (*Strafe*) infliggere qc a qu

**auf|erstehen** <irr> vi sein (REL) risorgere, resuscitare

**Auferstehung** <-, -en> f (REL) resurrezione f

**auf|essen** <irr> vt **alles ~** mangiare tutto; **die Suppe ~** mangiare tutta la minestra

**auf|fahren** <irr> I. vi sein ① (*kollidieren*) urtare; **auf etw** acc **~** urtare contro qc; **auf ein Auto ~** tamponare una macchina ② (*dicht ~*) tallonare ③ (*hochschrecken*) sobbalzare; (*aus Schlaf*) svegliarsi di soprassalto II. vt haben ① (MIL: *Geschütze*) mettere in postazione ② (*fam: Getränke, Speisen*) portare in tavola

**Auffahrt** <-, -en> f ① (*Aufstieg*) ascesa f, salita f ② (*~sstraße*) rampa f d'accesso; (*Autobahn~*) raccordo m [autostradale] ③ (CH: *Himmelfahrt*) Ascensione f

**Auffahrunfall** m tamponamento m

**auf|fallen** <irr> vi sein ① (*ins Auge fallen*) dare nell'occhio ② (*hervorstechen*) farsi notare, essere vistoso; **das ist mir noch nicht aufgefallen** non me ne sono ancora accorto **auffallend** adj (*auffällig*) vistoso, appariscente; (*beeindruckend*) impressionante; (*sonderbar*) bizzarro

**auffällig** adj ① (*Farbe, Kleidung*) vistoso ② (*Benehmen*) sorprendente; (*sozial ~*) con problemi comportamentali

**auf|fangen** <irr> vt ① (*Ball*) prendere al volo, afferrare ② (*Flüssigkeit*) raccogliere ③ (*Schlag*) parare; (*Erschütterung*) smorzare, attutire ④ (*aufschnappen, hören*) percepire **Auffanggesellschaft** f (ÖKON) new company f, newco f

**auf|fassen** vt ① (*deuten*) interpretare ② (*begreifen*) comprendere, afferrare

**Auffassung** <-, -en> f opinione f, parere m **Auffassungsgabe** f [facoltà f di] comprensione f, intelligenza f

**auf|finden** <irr> vt [riuscire a] trovare

**aufflackern** vi sein ① (*Feuer*) avvampare ② (*Unruhen*) divampare

**auf|fliegen** <irr> vi sein ① (*Vogel*) levarsi in volo ② (*Tür*) spalancarsi all'improvviso ③ (*fig fam: scheitern*) sciogliersi, fallire; (*entdeckt werden*) essere scoperto

**auf|fordern** vt ① (*bitten*) pregare; **jdn zum Bleiben/Gehen ~** pregare qu di restare/andare ② (*ermahnen*) esortare; **jdn ~ etw**

Aufforderung → aufhaben

**zu tun** esortare qu a fare qc ❸ (*zum Tanz bitten*) **jdn ~** invitare a ballare qu

**Aufforderung** <-, -en> *f* ❶ (*Bitte*) preghiera *f*, invito *m*; (*Ermahnung*) esortazione *f* ❷ (*Befehl*) intimazione *f*, ingiunzione *f*

**auf|forsten** ['aʊfˌfɔrstən] *vt* rimboscare

**Aufforstung** <-, -en> *f* rimboschimento *m*

**auf|fressen** <irr> *vt* **alles ~** mangiare [*o* divorare] tutto

**auf|frischen** I. *vt haben* ❶ (*erneuern*) rinnovare ❷ (*Farben, Erinnerungen*) ravvivare ❸ (*Kenntnisse*) rinfrescare; (*Vorräte*) completare II. *vi sein o haben* (*Wind*) rinfrescare

**Auffrischungsimpfung** *f* (MED) richiamo *m*

**auf|führen** I. *vt* ❶ (THEAT) rappresentare, mettere in scena; (MUS) eseguire ❷ (*anführen*) citare, addurre; (*Beispiel*) portare; (*nennen*) produrre; (*aufzählen*) enumerare II. *vr* **sich ~** comportarsi

**Aufführung** <-, -en> *f* (THEAT) rappresentazione *f*; (MUS) esecuzione *f*

**auf|füllen** *vt* ❶ (*Gefäß*) **etw [mit etw] ~** riempire qc [di qc] ❷ (*Flüssigkeit*) rabboccare

**Aufgabe** <-, -n> *f* ❶ (*Pflicht*) dovere *m*; (*Auftrag*) incarico *m*, incombenza *f*; (*Tätigkeit*) funzione *f* ❷ (*Schul-~, schriftlich*) compito *m*; (*mündlich*) lezione *f*; (MAT) problema *m* ❸ (*Verzicht, Beendigung*, SPORT) abbandono *m*; (*Amts-~, Besitz-~*) rinuncia *f*; (*Geschäfts-~*) cessazione *f*, liquidazione *f* ❹ (*Gepäck-~, Post-~*) consegna *f*

**auf|gabeln** *vt* (*fam*) scovare, pescare

**Aufgabenbereich** *m* sfera *f* di competenza

**Aufgabenverteilung** <-, -en> *f* divisione *f* dei compiti

**Aufgang** <-(e)s, -gänge> *m* ❶ (ASTR) sorgere *m*, levata *f* ❷ (*Treppen-~*) scala *f* ❸ (*Aufstieg*) salita *f*

**auf|geben** <irr> I. *vt* ❶ (*Postsendung, Telegramm*) spedire; (*Brief*) impostare; (*Inserat*) pubblicare; (*a. Bestellung*) fare; (*Gepäck*) consegnare ❷ (*Schulaufgabe*) assegnare; (*Rätsel*) proporre ❸ (*verzichten auf*) rinunciare a; (*a. Hoffnung*) abbandonare; (*Amt, Stelle*) dimettersi da; (*Geschäft*) chiudere II. *vi* rinunciare; (SPORT) darsi per vinto

**Aufgebot** <-(e)s, -e> *nt* ❶ (*Polizei-~*) spiegamento *m;* **ein gewaltiges ~ an etw** *dat* un grande spiegamento di qc ❷ (*zur Eheschließung*) pubblicazioni *fpl* di matrimonio

**aufgebracht** *adj* adirato; **über etw** *acc* **~ sein** essere adirato per qc

**aufgedonnert** *adj* (*pej*) agghindato, acconciato vistosamente

**aufgedreht** *adj* (*fam*) **~ sein** essere su di giri

**aufgedunsen** *adj* gonfio, congestionato

**auf|gehen** <irr> *vi sein* ❶ (ASTR) sorgere, levarsi ❷ (*Tür, Fenster*) aprirsi ❸ (*Vorhang*) alzarsi ❹ (*Teig*) lievitare ❺ (BOT: *Samen*) germinare; (*Knospe*) germogliare; (*Blume*) sbocciare ❻ (MED: *Geschwür*) aprirsi ❼ (*Haar, Knoten*) sciogliersi ❽ (*Naht*) sdrucirsi, scucirsi ❾ (MAT) essere divisibile ❿ (*Knopf*) sbottonarsi ⓫ (*Wend*) **in der Arbeit ~** essere tutto dedito al lavoro; **in Flammen ~** andare in fiamme

**aufgeklärt** *adj* ❶ (HIST, PHILOS) illuminato ❷ (*sexualkundlich*) che ha avuto un'educazione sessuale

**aufgekratzt** *adj* (*fam*) euforico

**Aufgeld** <-(e)s, -er> *nt* supplemento *m*, sovrapprezzo *m*

**aufgelegt** *adj* **gut/schlecht ~ sein** essere di buon/cattivo umore

**aufgeregt** *adj* eccitato, agitato

**Aufgeregtheit** <-> *kein Pl. f* eccitazione *f*, agitazione *f*

**aufgeschlossen** *adj* (*empfänglich*) ricettivo; (*zugänglich*) accessibile, aperto; **~ für etw sein** essere sensibile a qc

**aufgeschmissen** *adj* (*fam*) spacciato

**aufgesprungen** *adj* (*Hände, Lippen*) screpolato

**aufgeweckt** *adj* sveglio

**auf|gießen** <irr> *vt* **Kaffee/Tee ~** fare un caffè/tè

**auf|gliedern** *vt* [sud]dividere (*in* +*acc* in); (*in Klassen*) classificare

**Aufgliederung** <-, -en> *f* [sud]divisione *f*; (*Klassifizierung*) classificazione *f*

**auf|greifen** <irr> *vt* ❶ (*festnehmen*) acciuffare, catturare ❷ (*Thema, Gedanken*) raccogliere; (*wieder aufnehmen*) riprendere

**aufgrund** [aʊfˈɡrʊnt] *prp* +*gen* in base a, a causa di

**Aufguss** <-es, -güsse> *m* infusione *f*, infuso *m*

**auf|haben** <irr> (*fam*) I. *vt* ❶ (*geöffnet haben: Fenster, Schirm, Hemd*) avere aperto ❷ (*aufgesetzt haben: Hut, Mütze*) avere in testa ❸ (*aufgetragen bekommen haben*) dover fare, avere da fare; **etw ~** dover fare qc; **über die Ferien haben die Kinder nichts auf** per le vacanze i bambini non hanno compiti per casa II. *vi* (*geöffnet sein: Geschäft*) essere aperto

**auf|halsen** ['aʊfhalzən] *vt* (*fam*) **jdm etw ~** accollare qc a qu; **sich** *dat* **etw ~** accollarsi qc

**auf|halten** <irr> I. *vt* ❶ (*anhalten*) fermare, arrestare; (*fig: Entwicklung*) frenare; (*Katastrophe*) impedire ❷ (*stören*) disturbare ❸ (*offen halten*) tenere aperto II. *vr* **sich ~** ❶ (*sich befinden*) trovarsi, soggiornare ❷ (*fig: verweilen*) **sich bei etw ~** soffermarsi su qc

**auf|hängen** *vt* ❶ (*hängen*) appendere; **das Bild an einem Nagel ~** appendere il quadro a un chiodo; **etw an der Decke ~** sospendere qc al soffitto; **die Wäsche ~** stendere la biancheria ❷ (*fam: erhängen*) impiccare

**Aufhänger** <-s, -> *m* ❶ (*an Kleidung*) laccetto *m* ❷ (*fig*) appiglio *m*

**auf|heben** <irr> *vt* ❶ (*vom Boden*) raccogliere, raccattare; (*hochheben*) alzare ❷ (*aufbewahren*) conservare, serbare; **bei jdm gut aufgehoben sein** essere in buone mani presso qu ❸ (*abbrechen, beenden*) porre fine a; (*Sitzung*) levare, togliere ❹ (*abschaffen*) abolire, sopprimere; (*ungültig machen*) revocare; (*Urteil*) annullare; (*Gesetz*) abrogare

**Aufheben** <-s> *kein Pl. nt* (*geh*) **viel ~[s] um** [*o* **von**] **etw machen** dare grande importanza a qc

**Aufhebung** <-, -en> *f* ❶ (*Beendigung*) porre *m* termine ❷ (*Abschaffung*) abolizione *f*, soppressione *f* ❸ (*Außerkraftsetzen*) revoca *f*; (*von Urteil*) annullamento *m*; (*von Gesetz*) abrogazione *f*

**auf|heitern** I. *vt* allietare, rasserenare II. *vr* **sich ~** rasserenarsi

**Aufheiterung** <-, -en> *f* rasserenamento *m*

**auf|hellen** I. *vt* ❶ (*heller machen*) schiarire ❷ (*klären*) chiarire II. *vr* **sich ~** ❶ (METEO: *Himmel*) schiarirsi ❷ (*Gesicht*) illuminarsi

**auf|hetzen** *vt* **jdn [gegen jdn/etw] ~** istigare qu [contro qu/qc]

**auf|heulen** *vi* (*Sirene*) fischiare; (*Motor*) rombare; **vor Wut/Schmerz ~** urlare dalla rabbia/dal dolore

**auf|holen** I. *vt* recuperare II. *vi* (SPORT) riguadagnare terreno

**auf|horchen** *vi* **jdn ~ lassen** attirare l'attenzione di qu

**auf|hören** *vi* smettere, finire; **~ etw zu tun** finire di fare qc; **mit etw ~** finire qc; **es hat aufgehört zu regnen** ha smesso di piovere; **da hört doch alles auf!** (*fam*)

questo è troppo!; **hör auf damit!** smettila!; **hör auf zu weinen!** smettila di piangere!

**auf|hussen** *vt* (A: *aufwiegeln*) sobillare

**auf|kaufen** *vt* incettare, accaparrare

**auf|keimen** *vi sein* (*fig*) nascere, sorgere

**aufklappbar** *adj* apribile; (*nach oben*) alzabile; (*Verdeck*) decappottabile

**auf|klappen** *vt* (*Messer, Buch*) aprire; (*Verdeck*) decappottare

**auf|klären** I. *vt* ❶ (*Missverständnis*) chiarire; (*Geheimnis, Verbrechen*) fare luce su ❷ (*erklären*) **jdn [über etw** *acc*] **~** informare qu [su qc]; **jdn ~** (*sexuell*) dare un'educazione sessuale a qu; **bist du schon aufgeklärt?** ti ha detto niente la mamma? *scherz* ❸ (MIL) esplorare; (MIL, AERO) passare in ricognizione II. *vr* **sich ~** ❶ (*Irrtum, Geheimnis*) chiarirsi; (*fig: Gesicht*) schiarirsi ❷ (METEO) rasserenarsi

**auf|klaren** ['aʊfklaːrən] *vi* (METEO) schiarirsi, rasserenarsi

**Aufklärer** <-s, -> *m* (MIL) ricognitore *m*

**Aufklärung** <-, -en> *f* ❶ (*Klärung*) schiarimento *m*, spiegazione *f* ❷ (*Unterrichtung*) informazione *f* ❸ *Sing.* (*sexuelle ~*) educazione *f* sessuale ❹ *Sing.* (HIST) illuminismo *m* ❺ (MIL) esplorazione *f*, ricognizione *f*

**aufklärungsbedürftig** *adj* (*Fall, Sachverhalt*) che necessita spiegazioni

**Aufklärungsdrang** *m* bisogno *m* di chiarire **Aufklärungsflugzeug** *nt* (MIL) aereo *m* da ricognizione, ricognitore *m* **Aufklärungskampagne** *f* campagna *f* informativa

**auf|klauben** *vt* (A: *aufsammeln*) raccogliere

**auf|kleben** *vt* **etw [auf etw** *acc*] **~** incollare qc [su qc]

**Aufkleber** <-s, -> *m* [auto]adesivo *m*

**auf|knöpfen** *vt* sbottonare

**auf|kochen** I. *vi sein* cominciare a bollire II. *vt haben* ❶ (*kurz kochen lassen*) far bollire, portare all'ebollizione ❷ (*nochmals kochen*) ricuocere

**auf|kommen** <irr> *vi sein* ❶ (*Gewitter, Wind*) levarsi ❷ (*Zweifel*) sorgere; **keinen Zweifel ~ lassen** dileguare ogni dubbio ❸ (*Mode werden*) diventar di moda ❹ (*haften*) **für etw ~** rispondere di qc ❺ (*zahlen*) pagare; **für jdn ~ müssen** avere qu a carico

**Aufkommen** <-s, -> *nt* ❶ (METEO) formazione *f*, costituzione *f* ❷ (*von Schadstoffen*) propagazione *f*; (*von Verkehr*) formazione *f*

**auf|kreischen** *vi* lanciare un urlo; (*fig:*

*Bremse, Maschine*) stridere [improvvisamente]
auf|krempeln *vt* rimboccare
auf|kreuzen *vi sein* (*fam*) comparire [all'improvviso], spuntare
auf|künden ['aʊfkʏndən] *vt* (*geh: Vertrag*) sciogliere, rescindere; (*Freundschaft*) rompere; (*Gehorsam*) rifiutare ubbidienza, disubbidire
auf|kündigen *vt* (*Vertrag*) sciogliere, rescindere; (*Freundschaft*) rompere; (*Gehorsam*) rifiutare ubbidienza, disubbidire
**Aufl.** *abk v* **Auflage** tiratura *f*
auf|lachen *vi* **laut ~** scoppiare in una risata
auf|laden <*irr*> *vt* ❶ (*Last*) caricare ❷ (*fig: aufbürden*) addossare, accollare ❸ (*Batterie*) caricare
**Auflage** <-, -en> *f* ❶ (*Buch~*) edizione *f*; (*~nhöhe*) tiratura *f* ❷ (*Bedingung*) condizione *f* ❸ (*amtlich*) ordine *m*, incarico *m*
**Auflagenhöhe** *f* tiratura *f*
auf|lassen <*irr*> *vt* ❶ (*fam: offen lassen*) lasciar aperto ❷ (*fam: nicht abnehmen*) tenere in testa ❸ (*südd, A: schließen, stilllegen*) chiudere, mettere a riposo
auf|lauern *vi* jdm ~ fare la posta a qu
**Auflauf** <-(e)s, -läufe> *m* ❶ (*Menschen~*) affollamento *m* ❷ (GASTR) sformato *m*
auf|laufen <*irr*> *vi sein* (NAUT) **auf etw** *acc o dat~* incagliarsi su qc
**Auflaufform** *f* (GASTR) stampo *m* [*o* pirofila *f*] per sformati
auf|leben *vi sein* rivivere; **wieder ~** (*fig*) rinascere; (*Gespräch*) rianimarsi; **Erinnerungen wieder ~ lassen** far rivivere i ricordi; **in letzter Zeit ist er richtig aufgelebt** negli ultimi tempi si è proprio ripreso
auf|lecken *vt* leccare
auf|legen *vt* ❶ (*Tischdecke, Gedeck, Platte*) mettere; (*Telefonhörer*) riattaccare; (*Pflaster*) applicare ❷ (*Buch*) stampare ❸ (FIN: *Wertpapiere*) emettere
auf|lehnen *vr* **sich** [**gegen jdn/etw**] ~ ribellarsi [contro qu/a qc]
auf|lesen <*irr*> *vt* raccogliere
auf|leuchten *vi haben o sein* accendersi; (*a. fig*) brillare
auf|listen ['aʊflɪstən] *vt* listare
auf|listen ['aʊflɪstən] *vt* listare
**Auflistung** <-, -en> *f* elenco *m;* (*Liste*) lista *f*
auf|lockern *vt* ❶ (*Boden*) smuovere ❷ (*Muskeln*) sciogliere ❸ (*fig: Unterricht, Vortrag*) alleggerire ❹ (*fig: entspannen*) rilassare
auf|lösen I. *vt* ❶ (*a. in Flüssigkeit*) sciogliere ❷ (*Versammlung, Ehe, Parlament, Rätsel*) sciogliere; (*Beziehungen*) troncare; (*Geschäft*) liquidare; (*Vertrag*) rescindere; (*Konto*) chiudere; **sich in Wohlgefallen ~** svanire, andare in fumo ❸ (*zerlegen*) scomporre; (PHYS) disintegrare ❹ (*Wend*) **in Tränen aufgelöst sein** sciogliersi in lacrime II. *vr* **sich ~** sciogliersi; (*a. Nebel*, CHEM) dissolversi
**Auflösung** <-, -en> *f* ❶ (*von Ehe, Parlament, Versammlung*) scioglimento *m;* (*von Beziehungen*) rottura *f;* (*von Geschäft*) liquidazione *f;* (*von Vertrag*) rescissione *f;* (*von Konto*) chiusura *f* ❷ (MAT, CHEM) soluzione *f;* (MUS) risoluzione *f;* (TV: *Bild~*) definizione *f* ❸ (*von Rätsel*) soluzione *f* ❹ (*Computer*) risoluzione *f* **Auflösungszeichen** *nt* (MUS) bequadro *m*
auf|machen I. *vt* (*fam*) ❶ (*öffnen, eröffnen*) aprire ❷ (*Knoten, Haar*) sciogliere; (*Flasche*) stappare; (*Verschnürtes*) slacciare II. *vr* **sich ~** (*aufbrechen*) avviarsi, mettersi in cammino
**Aufmacher** <-s, -> *m* (PUBL) testata *f*, notizia *f* di prima pagina; (*Thema*) tema *m* principale
**Aufmachung** <-, -en> *f* ❶ (*von Person*) acconciamento *m* ❷ (*Gestaltung*) presentazione *f*
**Aufmarsch** <-(e)s, -märsche> *m* (MIL) schieramento *m;* (*Parade*) sfilata *f*, parata *f*
auf|marschieren <ohne ge-> *vi sein* (MIL) schierarsi; (*zum Gefecht*) spiegarsi; (*bei Parade*) sfilare; **~ lassen** far comparire
auf|merken *vi* prestare attenzione; (*aufhorchen*) tendere l'orecchio
**aufmerksam** *adj* ❶ (*konzentriert*) attento; **jdn auf etw** *acc* **~ machen** richiamare l'attenzione di qu su qc, far notare qc a qu ❷ (*zuvorkommend*) premuroso, gentile
**Aufmerksamkeit** <-, -en> *f* ❶ *Sing.* (*Aufmerksamsein*) attenzione *f* ❷ *Sing.* (*Höflichkeit*) cortesia *f*, premura *f* ❸ (*kleines Geschenk*) regalino *m*, pensierino *m*
aufmotzen *vt* (*fam*) agghindare, infiocchettare
auf|muntern *vt* ❶ (*aufheitern*) rallegrare, sollevare ❷ (*ermutigen*) incoraggiare, esortare
**Aufmunterung** <-, -en> *f* incoraggiamento *m*, esortazione *f*
aufmüpfig *adj* (*fam*) disubbidiente, indocile
**Aufnäher** <-s, -> *m* toppa *f*
**Aufnahme** <-, -n> *f* ❶ (*Empfang*) accoglienza *f;* (*in Krankenhaus*) ricovero *m* ❷ (*Zulassung*) ammissione *f;* (*Eingliede-*

*rung*) integrazione *f;* (*in Liste, Programm*) inserimento *m;* (*Einbeziehung*) inclusione *f* ③ (*Beginn*) inizio *m;* (*von Verhandlungen*) apertura *f;* (*von Beziehungen*) allacciamento *m* ④ (*~zimmer*) sala *f* d'accettazione ⑤ (*von Protokoll*) stesura *f,* redazione *f* ⑥ (FILM) ripresa *f;* (FOTO) fotografia *f;* **Achtung, ~!** ciac, si gira! ⑦ (RADIO) incisione *f* **aufnahmefähig** *adj* ricettivo
**Aufnahmegebühr** *f* tassa *f* d'iscrizione
**Aufnahmelager** *nt* centro *m* di accoglienza **Aufnahmeprüfung** *f* esame *m* d'ammissione **Aufnahmestudio** *nt* studio *m* di registrazione
**Aufnahmetechnik** *f* tecnica *f* di registrazione
**Aufnahmsprüfung** *f* (*A*) *s.* **Aufnahmeprüfung**
**auf|nehmen** <irr> *vt* ① (*hochnehmen*) alzare, sollevare ② (*empfangen*) accogliere; (*unterbringen*) ospitare; (*einreihen*) includere; (*in Schule, Verein*) ammettere; (*Klausel*) inserire; (*A: Hilfskraft*) assumere; **jdn wieder ~** riammettere qu ③ (*aufsaugen*) assorbire; (*Eindrücke*) ricevere ④ (*beginnen*) iniziare; **wieder ~** (*Arbeit, Gespräch, Thema, Idee*) riprendere; (*Verhandlungen*) avviare; (*Beziehungen*) stabilire, allacciare, riprendere; (JUR: *Prozess*) riaprire ⑥ (FIN: *Darlehen*) contrarre; (*Hypothek, Schulden*) accendere ⑥ (*Protokoll*) stendere, redigere ⑦ (FILM) riprendere, girare; (FOTO) fotografare ⑧ (RADIO) incidere ⑨ (*Wend*) **es mit jdm ~ können** poter competere con qu
**auf|opfern** *vr* **sich [für jdn/etw] ~** sacrificarsi [per qu/qc]
**auf|päppeln** ['aʊfpɛpəln] *vt* (*fam*) rinforzare, ricostituire
**auf|passen** *vi* ① (*aufmerksam sein*) stare attento; (*Acht geben*) far attenzione; **auf etw** *acc* **~** fare attenzione a qc; **aufgepasst!** attenzione! ② (*beaufsichtigen*) **auf jdn ~** badare a qu
**Aufpasser(in)** <-s, -; -, -nen> *m(f)* sorvegliante *mf*
**auf|peitschen** *vt* ① (*Meer*) sollevare, agitare ② (*erregen*) eccitare; (*Kaffee*) stimolare
**auf|peppen** ['aʊfpɛpən] *vt* (*fam*) ravvivare
**auf|peppen** ['aʊfpɛpən] *vt* (*fam*) animare; **eine Fete ~** animare una festa
**auf|pflanzen** *vt* ① (*Fahne*) piantare ② (*Gewehr*) inastare; **sich vor jdm ~** (*fam*) piantarsi davanti a qu
**auf|platzen** *vi sein* (*Naht*) scucirsi; (*Wunde*) aprirsi

**auf|plustern** ['aʊfpluːstɛn] I. *vt* (*Gefieder*) rizzare [le penne] II. *vr* **sich ~** (*Vogel*) gonfiarsi; (*pej: Mensch*) gonfiarsi, pavoneggiarsi
**auf|prägen** *vt* imprimere, stampare
**Aufprall** <-(e)s, -e> *m* ① (*von Ball*) rimbalzo *m* ② (*Stoß*) urto *m*
**auf|prallen** *vi sein* ① (*Ball*) rimbalzare ② (*dagegenprallen*) [**auf etw** *acc*] **~** urtare [contro qc]
**Aufpreis** <-es, -e> *m* sovrapprezzo *m;* **gegen ~ von** con un supplemento di
**auf|pumpen** *vt* gonfiare
**auf|putschen** *vt* eccitare, aizzare
**Aufputschmittel** *nt* eccitante *m,* stimolante *m*
**Aufputz** <-es, -e> *m* (*A: Verzierung*) decorazione *f,* ornamento *m*
**auf|raffen** *vr* **sich [zu etw] ~** farsi coraggio [per qc]
**auf|räumen** I. *vi* fare ordine; **mit etw ~** far piazza pulita di qc, farla finita con qc II. *vt* [ri]mettere in ordine; (*Zimmer a.*) fare, rassettare; (*wegräumen*) mettere via
**Aufräumungsarbeiten** *fPl.* lavori *mpl* di sgombero
**aufrecht** ['aʊfrɛçt] *adj* ① (*gerade aufgerichtet*) d[i]ritto, eretto ② (*fig: rechtschaffen*) retto, probo
**aufrecht|erhalten** <irr> *vt* (*Kontakt*) mantenere; (*Behauptung*) sostenere **Aufrechterhaltung** <-> *kein Pl. f* mantenimento *m,* sostenimento *m*
**auf|regen** I. *vt* eccitare, agitare; (*beunruhigen*) turbare, allarmare; (*ärgern*) irritare II. *vr* **sich ~** agitarsi; **sich über etw** *acc* **~** agitarsi per qc; (*sich empören*) indignarsi per qc; **sich über jdn ~** arrabbiarsi con qu; **ich habe mich über ihn aufgeregt** mi ha fatto venire i nervi **aufregend** *adj* eccitante, emozionante
**Aufregung** <-, -en> *f* ① (*Erregung*) eccitazione *f* ② (*Verwirrung*) confusione *f*
**aufreibend** *adj* snervante, estenuante
**auf|reihen** I. *vt* (*Dinge*) mettere in fila II. *vr* **sich ~** (*Personen*) mettersi in fila
**auf|reißen** <irr> I. *vt haben* ① (*zerreißen*) lacerare, strappare ② (*Fenster, Türen, Augen*) spalancare ③ (*Straßenpflaster*) disfare ④ (*sl: anmachen*) **jdn ~** rimorchiare qu II. *vi sein* (*Naht*) scucirsi; (*Wunde*) aprirsi
**aufreizend** *adj* eccitante, provocante
**auf|richten** I. *vt* ① (*in die Höhe richten*) sollevare, [ri]alzare ② (*moralisch*) confortare, rinfrancare II. *vr* **sich ~** alzarsi

**aufrichtig** *adj* sincero **Aufrichtigkeit** <-> *kein Pl. f* sincerità *f*
**Aufriss** <-es, -e> *m* (TEC, ARCH) prospetto *m*
**auf|rollen** *vt* ❶ (*zusammenrollen*) arrotolare ❷ (*auseinanderrollen*) spiegare, srotolare ❸ (*fig: Frage, Problem*) sollevare; (*Prozess*) rifare
**auf|rücken** *vi sein* ❶ (*Platz machen*) serrare le file ❷ (*befördert werden*) essere promosso
**Aufruf** <-(e)s, -e> *m* ❶ (*das Aufrufen*) chiamata *f* ❷ (*Appell*) appello *m,* invito *m;* **einen ~ an die Bevölkerung erlassen** fare appello alla popolazione ❸ (INFORM) apertura *f,* richiamo *m*
**auf|rufen** <irr> *vt* ❶ (*durch Namensrufung*) chiamare ❷ (*öffentlich auffordern*) **jdn ~ etw zu tun** invitare [*o* esortare] qu a fare qc ❸ (JUR: *Zeugen*) citare a deporre ❹ (INFORM: *Programm*) aprire, richiamare
**Aufruhr** ['aʊfruːɐ] <-(e)s> *kein Pl. m* ❶ (*Auflehnung*) rivolta *f* ❷ (*Erregung*) tumulto *m,* agitazione *f*
**auf|rühren** *vt* ❶ (*durch Rühren nach oben bringen*) rimestare, rimescolare ❷ (*Gefühle, Leidenschaften*) risvegliare; (*alte Geschichten*) rivangare, rimestare ❸ (*aufwühlen, aufwiegeln*) sollevare
**Aufrührer(in)** ['aʊfryːrɐ] <-s, -; -, -nen> *m(f)* rivoltoso, -a *m, f,* ribelle *mf*
**aufrührerisch** *adj* ❶ (*Ideen*) sovversivo ❷ (*Volksmenge*) ribelle
**auf|runden** *vt* arrotondare; **eine Summe auf hundert ~** arrotondare una somma a cento
**auf|rüsten** *vi, vt* riarmare
**Aufrüstung** <-, -en> *f* riarmo *m*
**auf|rütteln** *vt* **jdn** [**aus etw**] **~** scuotere qu [da qc]
**aufs** [aʊfs] (*fam*) = **auf das** *s.* **auf**
**auf|sagen** *vt* recitare
**auf|sammeln** *vt* raccogliere
**aufsässig** ['aʊfzɛsɪç] *adj* rivoltoso, sedizioso; (*bes. Kind*) ostinato, caparbio
**Aufsatz** <-es, -sätze> *m* ❶ (*Schul~*) componimento *m,* tema *m;* (*Abhandlung*) saggio *m;* **einen ~ über etw** *acc* **schreiben** scrivere un tema [*o* saggio] su qc ❷ (*an Möbeln*) alzata *f*
**auf|saugen** *vt* assorbire
**auf|schauen** *vi* (*bes. südd, A, CH*) *s.* **aufblicken**
**auf|schaukeln** *vr* (*fam*) **sich ~** acuirsi
**auf|scheuchen** *vt* spaventare
**auf|scheuern** *vt* **sich** *dat* **die Haut ~** pelarsi; **sich** *dat* **das Knie ~** sbucciarsi il ginocchio

**auf|schieben** <irr> *vt* (*verschieben*) rimandare, aggiornare
**Aufschlag** <-(e)s, -schläge> *m* ❶ (*Aufprall*) urto *m,* colpo *m* ❷ (SPORT) battuta *f,* servizio *m* ❸ (*Preis~*) aumento *m* ❹ (*an Kleidung*) risvolto *m*
**auf|schlagen** <irr> I. *vi* ❶ *sein* (*beim Fall*) battere [cadendo]; **auf etw** *acc o dat* **~** urtare contro qc ❷ *haben* (*Preise*) aumentare ❸ *haben* (SPORT) battere, servire II. *vt haben* ❶ (*Nuss, Ei*) spaccare; (*a. Eis*) rompere ❷ (*Buch, Augen*) aprire ❸ (*Zelt*) montare; (*Lager*) impiantare ❹ (*Ärmel*) rimboccare; (*Kragen*) alzare ❺ (*verletzen*) ferirsi [sbattendo contro qc]; **sich** *dat* **das Knie ~** scorticarsi il ginocchio
**auf|schließen** <irr> *vt* (*öffnen*) aprire [con la chiave]
**auf|schlitzen** *vt* tagliare, squarciare; **jdm den Bauch ~** sbudellare qu
**Aufschluss** <-es, -schlüsse> *m* chiarimento *m;* **jdm über etw** *acc* **~ geben** spiegare qc a qu
**auf|schlüsseln** *vt* suddividere; (*Kosten*) spartire
**aufschlussreich** *adj* istruttivo, informativo
**auf|schnappen** *vt* (*fig fam*) cogliere
**auf|schneiden** <irr> I. *vt* ❶ (*öffnen*) tagliare; (MED) incidere ❷ (*in Scheiben*) affettare II. *vi* (*fam pej: prahlen*) fare lo spaccone
**Aufschneider(in)** <-s, -; -, -nen> *m(f)* (*fam pej*) spaccone, -a *m, f*
**Aufschneiderei** <-, -en> *f* vanteria *f,* bluff *m,* millanteria *f*
**Aufschnitt** <-(e)s> *kein Pl. m* affettato *m*
**auf|schnüren** *vt* (*Schuhe, Korsett*) slacciare; (*Paket*) slegare
**auf|schrauben** *vt* ❶ (*öffnen*) aprire svitando ❷ (*befestigen*) avvitare
**auf|schrecken**[1] <irr> *vi sein* sobbalzare; **aus dem Schlaf ~** svegliarsi di soprassalto
**auf|schrecken**[2] *vt* far sobbalzare
**Aufschrei** <-(e)s, -e> *m* grido *m* [improvviso]
**auf|schreiben** <irr> *vt* scrivere, mettere per iscritto; (*notieren*) prendere nota di; **jdn ~** (MOT) prendere le generalità di qu
**auf|schreien** <irr> *vi* gridare, lanciare un urlo
**Aufschrift** <-, -en> *f* scritta *f,* iscrizione *f*
**Aufschub** <-(e)s, -schübe> *m* ❶ (*Verschieben*) rinvio *m;* (*Fristverlängerung*) proroga *f,* dilazione *f* ❷ (*Verzögerung*) ritardo *m,* indugio *m*
**auf|schütten** *vt* ❶ (*schütten*) **etw** [**auf etw** *acc*] **~** gettare qc [su qc]; (*Flüssigkeit*)

versare qc [su qc] ❷ (*anhäufen*) ammassare; (*Damm*) alzare

**auf|schwatzen** *vt* jdm etw ~ indurre qu ad accettare qc; (*verkaufen*) indurre qu a comprare qc

**auf|schwingen** <irr> *vr* sich ~ ❶ (*Vogel*) alzarsi [*o* levarsi] in volo ❷ (SPORT) slanciarsi in alto ❸ (*fig: Fantasie*) prendere il volo; **sich zu etw ~** (*fig*) decidersi a fare qc

**Aufschwung** <-(e)s, -schwünge> *m* ❶ (*fig*) miglioramento *m*; (*Fortschritt*) progresso *m*; (COM) ripresa *f*, boom *m;* **das gibt mir wieder neuen ~** ciò mi dà nuovo vigore ❷ (SPORT) volata *f*

**auf|sehen** <irr> *s.* **aufblicken**

**Aufsehen** <-s> *kein Pl. nt* sensazione *f*; (*bes. Lärm, Entrüstung*) scalpore *m*; **~ erregend** sensazionale **aufsehenerregend** *adj* sensazionale

**Aufseher(in)** <-s, -; -, -nen> *m(f)* sorvegliante *mf*; (*Gefängnis~*) guardiano, -a *m, f*; (*Museums~*) custode *mf*

**auf|setzen** I. *vt* ❶ (*Brille, Hut*) mettere ❷ (*auf den Herd stellen*) mettere su ❸ (*Miene*) assumere ❹ (*abfassen*) scrivere; (JUR) redigere, stendere II. *vi* (AERO) atterrare

**Aufsicht** <-> *kein Pl. f* controllo *m*, sorveglianza *f*; (*polizeiliche ~*) vigilanza *f;* **über etw** *acc* **~ führen** soprintendere a qc, avere la sorveglianza su qc; **unter ~** sotto controllo **Aufsichtsbehörde** <-, -n> *f* ispettorato *m* **Aufsichtsrat** *m* consiglio *m* d'amministrazione **Aufsichtsratsvorsitzende** *mf* presidente *mf* del consiglio d'amministrazione

**auf|sitzen** <irr> *vi sein* ❶ (*auf Pferd*) montare a cavallo; (*auf Fahrzeug*) montare ❷ (*fig fam: hereinfallen*) **jdm ~** lasciarsi abbindolare da qu

**auf|spalten** I. *vt* dividere (*in* +*acc* in), scindere (*in* +*acc* in) II. *vr* sich ~ dividersi (*in* +*acc* in), scindersi (*in* +*acc* in)

**Aufspaltung** <-, -en> *f* spaccatura *f*; (*Partei, Verein*) scioglimento *m*, scissione *f*; (*Atom, Zelle*) fissione *f*; (CHEM) scissione *f*

**auf|spannen** *vt* ❶ (*spannen*) **etw |auf etw** *acc*| **~** tendere qc [su qc] ❷ (*Schirm*) aprire

**auf|sparen** *vt* serbare, riservare

**auf|sperren** *vt* ❶ (*fam: aufreißen*) spalancare; **Mund und Nase ~** rimanere a bocca aperta ❷ (*A, südd: aufschließen*) aprire [con la chiave]

**auf|spielen** *vr* sich ~ (*fam*) darsi delle arie; **sich als Held ~** atteggiarsi a eroe

**auf|spießen** *vt* infilzare; (*durchbohren*) trafiggere; (*mit der Gabel*) inforcare; (*auf Hörner*) incornare

**auf|springen** <irr> *vi sein* ❶ (*hochspringen*) balzare in piedi, alzarsi di scatto; (*Ball*) rimbalzare ❷ (*springen*) **auf etw** *acc* **~** saltare su qc ❸ (*sich öffnen: Tür*) aprirsi di scatto; (*Knospen*) sbocciare; (*Haut*) screpolarsi

**auf|spritzen** *vt* **sich die Lippen ~ lassen** rifarsi le labbra

**auf|spüren** *vt* rintracciare; (*Wild*) braccare

**auf|stacheln** *vt* ❶ (*aufwiegeln*) aizzare ❷ (*anspornen*) **jdn [zum Widerstand] ~** incitare qu [alla resistenza]

**Aufstand** <-(e)s, -stände> *m* sommossa *f*, insurrezione *f*

**aufständisch** ['aʊfʃtɛndɪʃ] *adj* ribelle, sovversivo **Aufständische** ['aʊfʃtɛndɪʃə] <ein -r, -n, -n> *mf* ribelle *mf*, insorto, -a *m, f*

**auf|stapeln** *vt* accatastare, ammucchiare

**auf|stauen** I. *vt* (*Wasser*) accumulare II. *vr* **sich ~** ammassarsi; (*Blut*) ristagnare; (*fig: Wut*) accumularsi

**auf|stechen** <irr> *vt* ❶ (*durch Einstich öffnen*) aprire pungendo; (MED) incidere ❷ (*fig: Fehler*) notare

**auf|stecken** *vt* ❶ (*mit Stecknadeln befestigen*) appuntare; (*Gardinen*) mettere; (*Haar*) raccogliere ❷ (*fig fam: aufgeben*) rinunciare a ❸ (*fig: Miene*) assumere

**auf|stehen** <irr> *vi* ❶ *sein* (*sich erheben, das Bett verlassen*) alzarsi ❷ *haben* (*offen sein*) essere aperto

**auf|steigen** <irr> *vi sein* ❶ (*auf Pferd*) montare in sella; (*auf Fahrzeug*) salire ❷ (*Ballon*) alzarsi; (*Flugzeug*) alzarsi in volo, prendere quota; (*Nebel, Rauch*) levarsi, alzarsi ❸ (*Gefühl*) nascere; (*Erinnerungen*) affiorare; **in mir stieg der Verdacht auf, dass ...** mi venne il sospetto che +*conj* ❹ (*beruflich*) far carriera, avanzare; (SPORT) passare di categoria; **zum Abteilungsleiter ~** diventare caporeparto ❺ (*A: Schule: versetzt werden*) essere promosso

**Aufsteiger** <-s, -> *m* ❶ (*fam: sozialer ~*) arrampicatore, -trice *m, f* sociale ❷ (SPORT) squadra *f* promossa

**auf|stellen** I. *vt* ❶ (*anordnen, zusammenstellen*) disporre, collocare, mettere; (*Posten*) appostare ❷ (*Mannschaft*) formare; (*Liste, Rechnung*) compilare; (*Programm*) formulare ❸ (*Kandidat*) presentare; **sich als Kandidat ~ lassen** porre la propria candidatura ❹ (*aufbauen, errichten*) erigere, costruire; (*Bett*) montare; (*Maschine*)

Aufstellung → auftun

installare; (*Leiter*) alzare; (*Falle*) tendere ❸ (*Rekord*) stabilire ❻ (*wieder ~*) rialzare ❼ (*Partei, Firma, Land*) mobilitare II. *vr* **sich ~** mettersi; (MIL) schierarsi; **sich im Halbkreis ~** disporsi a mezzo cerchio

**Aufstellung** <-, -en> *f* ❶ (*Errichtung*) erezione *f*, innalzamento *m* ❷ (*Anordnung*) disposizione *f*, collocazione *f*; (*in Reihen*) schieramento *m*; (SPORT) formazione *f* ❸ (*von Kandidaten*) presentazione *f* ❹ (*von Liste, Rechnung*) compilazione *f*; (*von Programm*) formulazione *f* ❺ (*Liste*) lista *f*

**Aufstieg** ['aʊfʃtiːk] <-(e)s, -e> *m* ❶ (*Weg*) salita *f*; (*auf Berg*) ascensione *f* ❷ (*fig: Fortschritt*) ascesa *f*; (*beruflich, SPORT*) promozione *f*; **der ~ in die Bundesliga** la promozione in serie A **Aufstiegsmöglichkeit** *f* possibilità *f* di avanzamento [*o* di far carriera] **Aufstiegsspiel** *nt* (SPORT) incontro *m* per la promozione

**auf|stöbern** *vt* scovare

**auf|stocken** ['aʊfʃtɔkən] *vt* ❶ (ARCH) rialzare (*um* di) ❷ (FIN) aumentare

**auf|stöhnen** *vi* gemere, emettere un gemito

**auf|stoßen** <irr> I. *vt haben* ❶ (*öffnen*) aprire con una spinta ❷ (*verletzen*) escoriare II. *vi* ❶ *sein* (*auftreffen*) **auf etw** *acc* **~** battere contro qc ❷ *haben* (*rülpsen*) ruttare

**Aufstrich** <-(e)s, -e> *m* quello che si spalma sul pane; **was möchtest du als ~?** che cosa vuoi sul pane?

**auf|stützen** I. *vt* **etw** [**auf etw** *acc o dat*] **~** appoggiare qc [su qc] II. *vr* **sich** [**auf etw** *acc o dat*] **~** appoggiarsi [su qc], mobilitare

**auf|stylen** *vt* (*fam*) **etw/jdn ~** (*modisch aufpeppen*) mettere in tiro

**auf|suchen** *vt* andare a trovare; (*Arzt*) consultare

**Auftakt** <-(e)s, -e> *m* ❶ (*fig: Beginn*) inizio *m*, preludio *m*; **der ~ zu etw** l'inizio di qc ❷ (MUS) anacrusi *f*

**auf|tanken** (MOT, AERO) I. *vi* fare il pieno II. *vt* rifornire di carburante

**auf|tauchen** *vi sein* ❶ (*emportauchen*) emergere, venir a galla; (*U-Boot*) riemergere ❷ (*sichtbar werden*) apparire; (*unerwartet*) saltare fuori; **wieder ~** ricomparire ❸ (*fig: Erinnerungen, Probleme*) affiorare

**auf|tauen** I. *vt haben* disgelare; (*Tiefkühlkost*) scongelare II. *vi sein* sciogliersi; (*fig*) aprirsi

**auf|teilen** *vt* ❶ (*einteilen*) [sud]dividere, spartire ❷ (*verteilen*) distribuire

**Aufteilung** <-, -en> *f* ❶ (*Verteilung*) divisione *f* ❷ (*Einteilung*) ripartizione *f*, suddivisione *f*

**auf|tischen** *vt* ❶ (*Speisen, Getränke*) mettere in tavola ❷ (*fig fam: Lügen*) scodellare

**Auftrag** ['aʊftraːk, *Pl:* 'aʊftrɛːgə] <-(e)s, Aufträge> *m* ❶ (*Anweisung*) ordine *m*; (*Aufgabe*) incarico *m*; (*a. Verpflichtung*) compito *m*; **im ~ von ...** per incarico di ..., incaricato da ... ❷ (COM: *Bestellung*) ordinazione *f*, commissione *f*; **bei jdm etw in ~ geben** ordinare [*o* commissionare] qc presso qu

**auf|tragen** <irr> *vt* ❶ (*geh: Speisen*) portare in tavola, servire ❷ (*Farbe, Salbe, Schminke*) applicare; **dick ~** (*fam*) caricare le tinte ❸ (*beauftragen*) **jdm etw ~** incaricare qu di qc

**Auftraggeber(in)** <-s, -; -, -nen> *m(f)* (COM) committente *mf*; (JUR) mandante *mf*

**Auftragnehmer(in)** <-s, -; -, -nen> *m(f)* (JUR) mandatario, -a *m, f*

**Auftragsbestätigung** *f* (COM) conferma *f* d'ordine **Auftragseingang** <-(e)s, -gänge> *m* (WIRTSCH) entrata *f* dell'ordine **Auftragslage** *f* (COM) volume *m* degli ordini

**Auftragsmord** *m* omicidio *m* su commissione

**auf|treiben** <irr> *vt* (*fam: finden*) pescare; (*beschaffen*) procacciarsi; (*Geld*) procurarsi

**auf|trennen** *vt* disfare, scucire

**auf|treten** <irr> I. *vi sein* ❶ (*erscheinen*) presentarsi; **als Zeuge ~** comparire come testimone ❷ (THEAT: *Bühne betreten*) entrare in scena; **als Hamlet ~** recitare nella parte di Amleto ❸ (*sich benehmen*) comportarsi; **sicher ~** avere un atteggiamento sicuro ❹ (*fig: Krankheit*) comparire; (*Schwierigkeit, Zweifel*) sorgere ❺ (*mit Fuß*) poggiare [il piede] a terra, camminare II. *vt haben* (*Tür*) aprire con una pedata

**Auftreten** <-s> *kein Pl.* *nt* ❶ (*Benehmen*) condotta *f*, contegno *m* ❷ (*Vorkommen*) presenza *f*; (*von Krankheit*) manifestarsi *m*

**Auftrieb** <-(e)s, -e> *m* ❶ (PHYS) spinta *f* aereostatica; (AERO) forza *f* ascensionale, portanza *f* ❷ (*fig: Schwung*) impulso *m*, slancio *m*

**Auftritt** <-(e)s, -e> *m* (THEAT: *Erscheinen*) entrata *f* in scena; (*Szene*) scena *f*

**auf|trumpfen** *vi* imporsi

**auf|tun** <irr> I. *vt* (*fam: entdecken*) trovare, pescare II. *vr* **sich ~** (*geh: sich öffnen*) aprirsi

**auf|türmen** I. *vt* accatastare II. *vr* **sich ~** accumularsi, accavallarsi

**auf|wachen** *vi sein* svegliarsi; **aus einem Traum ~** svegliarsi da un sogno

**auf|wachsen** <irr> *vi sein* crescere

**auf|wallen** ['aʊfvalən] *vi sein* ribollire

**Aufwand** ['aʊfvant] <-(e)s> *kein Pl. m* ① (*Kosten*) spesa *f* ② (*Einsatz*) dispendio *m*; **ein großer ~ an Energie** un grande dispendio di energia ③ (*Luxus, Pomp*) lusso *m*, pompa *f*

**aufwändig** *adj* (*kostspielig*) dispendioso; (*üppig*) rigoglioso

**Aufwandsentschädigung** *f* indennità *f* [per spese]

**auf|wärmen** I. *vt* ① (*warm machen*) riscaldare ② (*fam pej: alte Geschichten*) rivangare II. *vr* **sich ~** riscaldarsi; (SPORT) riscaldare i muscoli

**aufwärts** ['aʊfvɛrts] *adv* ① (*nach oben*) verso l'alto, in alto ② (*fig*) in su; **von fünf Personen [an] ~** dalle cinque persone in su **Aufwärtsentwicklung** *f* sviluppo *m* positivo **aufwärts|gehen** <irr> *vi* ① (*nach oben führen: Straße*) essere in salita ② (*guten Verlauf nehmen*) **mit ihm geht's aufwärts** si sta riprendendo **Aufwärtstrend** *m* trend *m* positivo

**Aufwasch** ['aʊfvaʃ] <-(e)s> *kein Pl. m* stoviglie *fpl* [*o* piatti *mpl*] da lavare; **in einem ~** (*fig*) in una volta

**auf|wecken** *vt* svegliare

**auf|weichen** ['aʊfvaɪçən] *vt* ammollare

**auf|weisen** <irr> *vt* presentare

**auf|wenden** <irr> *vt* impiegare; (*Geld*) spendere; (*Sorgfalt*) usare

**aufwendig** *adj s.* **aufwändig**

**Aufwendung** <-, -en> *f* ① (*Aufbietung*) impiego *m* ② *pl* (*Ausgaben*) spese *fpl*

**auf|werfen** <irr> *vt* ① (*Damm*) rialzare, costruire ② (*Tür, Fenster*) spalancare ③ (*fig: Frage*) sollevare, avanzare

**auf|werten** *vt* (FIN) rivalutare

**Aufwertung** <-, -en> *f* rivalutazione *f*

**auf|wickeln** *vt* ① (*zusammenrollen*) avvolgere, arrotolare ② (*auf Wickler aufdrehen*) **jdm die Haare ~** mettere i bigodini a qu

**auf|wiegeln** ['aʊfviːɡəln] *vt* sobillare; **jdn zu etw ~** istigare qu a [fare] qc

**auf|wiegen** <irr> *vt* compensare, controbilanciare

**Aufwiegler(in)** <-s, -; -, -nen> *m(f)* (*pej*) sobillatore, -trice *m, f*, provocatore, -trice *m, f*

**Aufwind** <-(e)s, -e> *m* corrente *f* ascensionale

**auf|wirbeln** *vt haben* sollevare in vortice; **[viel] Staub ~** (*fig*) suscitare scalpore

**auf|wischen** *vt* pulire [con lo strofinaccio]

**auf|wühlen** *vt* ① (*Erde*) scavare; (*See*) agitare ② (*fig*) scuotere

**auf|zählen** *vt* enumerare

**Aufzahlung** <-, -en> *f* (*A, südd: Mehrpreis*) sovrapprezzo *m*

**Aufzählung** <-, -en> *f* enumerazione *f*

**auf|zäumen** ['aʊftsɔɪmən] *vt* mettere la briglia a

**auf|zehren** *vt* consumare, esaurire

**auf|zeichnen** *vt* ① (*aufschreiben*) annotare, segnare; (*Plan, Weg*) disegnare ② (RADIO, TV) registrare

**Aufzeichnung** <-, -en> *f* ① (*Notiz*) annotazione *f* ② (RADIO, TV) registrazione *f*; (*keine Live-Sendung*) trasmissione *f* differita

**aufzeigen** *vt* (*geh: darlegen*) mostrare; (*klarmachen*) dimostrare

**auf|ziehen** <irr> I. *vt haben* ① (*nach oben ziehen*) tirare su, alzare, sollevare ② (*öffnen*) aprire [tirando] ③ (*großziehen*) allevare ④ (*Uhr*) caricare; (*Perlen*) infilare; (*Foto*) montare ⑤ (*fam: veranstalten*) organizzare, allestire ⑥ (*fam: hänseln*) prendere in giro II. *vi sein* ① (*Wolken*) alzarsi; (*Gewitter*) avvicinarsi ② (MIL) montare

**Aufzucht** <-> *kein Pl. f* ① (*von Tieren*) allevamento *m* ② (*von Pflanzen*) coltura *f*

**Aufzug** <-(e)s, -züge> *m* ① (*Fahrstuhl*) ascensore *m* ② (*Aufmarsch*) corteo *m* ③ (THEAT) atto *m* ④ (*pej: Kleidung*) modo *m* di vestire

**auf|zwingen** <irr> *vt* **jdm etw ~** imporre qc a qu

**Augapfel** <-s, -äpfel> *m* (ANAT) bulbo *m* oculare; **etw wie seinen ~ hüten** custodire qc come la pupilla dei propri occhi

**Auge** ['aʊɡə] <-s, -n> *nt* ① (ANAT) occhio *m*; **blaue/graue ~n haben** avere gli occhi azzurri/grigi; **gute/schlechte ~n haben** avere occhi buoni/deboli; **mit bloßem ~** a occhio nudo; **unter vier ~n** a quattr'occhi; **so weit das ~ reicht** a perdita d'occhio; **ins ~ gehen** (*fam*) andare a finir male; **mit einem blauen ~ davonkommen** (*fam*) cavarsela a buon mercato; **große ~n machen** (*fam*) fare tanto d'occhi, sgranare gli occhi; **jdm schöne ~n machen** (*fam*) fare l'occhio languido a qu; **jdm die ~n öffnen** aprire gli occhi a qu; **ein ~ zudrücken** chiudere un occhio; **jdm etw vor ~n führen** far vedere qc a qu, dimostrare qc a qu; **etw**

**Augenarzt → ausbauen** 946

**im ~ haben** (*fig*) mirare a qc; **jdn nicht aus den ~n lassen** non perdere qu di vista; **einer Gefahr ins ~ sehen** affrontare un pericolo; **etw mit anderen ~n sehen** vedere qc con tutt'altri occhi; **in die ~n springen** (*fig*) dare nell'occhio, saltare all'occhio; **jdn aus den ~n verlieren** perdere di vista qu ❷ (*Punkt bei Spielen*) punto *m* ❸ (BOT) gemma *f*
**Augenarzt** *m*, **Augenärztin** *f* oculista *mf*
**Augenaufschlag** *m* battito *m* di ciglia
**Augenbank** <-, -en> *f* banca *f* degli occhi
**Augenblick** <-es, -e> *m* momento *m*, istante *m*, attimo *m*; **er müsste jeden ~ kommen** dovrebbe arrivare da un momento all'altro **augenblicklich** I. *adj* ❶ (*derzeitig*) attuale ❷ (*sofortig*) istantaneo, immediato ❸ (*plötzlich*) improvviso ❹ (*vorübergehend*) momentaneo II. *adv* ❶ (*gegenwärtig*) al [*o* per il] momento ❷ (*sofort*) subito
**Augenbraue** *f* sopracciglio *m* **Augenbrauenstift** *m* matita *f* per sopracciglia
**Augenentzündung** <-, -en> *f* infiammazione *f* degli occhi; (MED) oftalmia *f*
**augenfällig** ['aʊɡənfɛlɪç] *adj* evidente, palese; (*auffällig*) vistoso
**Augenfarbe** *f* colore *m* degli occhi **Augenflimmern** <-s> *kein Pl. nt* (MED) fibrillazione *f* oculare **Augengläser** *ntPl.* (*A: Brille*) occhiali *mpl* **Augenheilkunde** ['aʊɡənhaɪlkʊndə] <-> *kein Pl. f* (MED) oftalmologia *f* **Augenhöhe** *f* **in ~** all'altezza degli occhi **Augenhöhle** *f* cavità *f* oculare, orbita *f* **Augenklappe** *f* benda *f* per gli occhi **Augenklinik** *f* clinica *f* oftalmica **Augenlicht** *nt* (*geh*) vista *f* **Augenlid** *nt* palpebra *f* **Augenmaß** *nt* misura *f* ad occhio; (*fig*) senso *m* delle proporzioni; **ein gutes ~ haben** avere un buon occhio; **nach ~** ad occhio **Augenmerk** <-(e)s> *kein Pl. nt* **sein ~ auf etw** *acc* **richten** rivolgere l'attenzione a [*o* su] qc **Augenschein** <-(e)s> *kein Pl. m* **in ~ apparenza** *f*; **etw in ~ nehmen** esaminare qc attentamente; (JUR) fare il sopralluogo **augenscheinlich** I. *adj* manifesto, ovvio, evidente II. *adv* ovviamente **Augentropfen** *mPl.* collirio *m*, gocce *fpl* per gli occhi **Augenweide** <-> *kein Pl. f* delizia *f* degli occhi **Augenwinkel** *m* coda *f* dell'occhio; **jdn aus den ~n betrachten** guardare qu con la coda dell'occhio **Augenwischerei** [-vɪʃə'raɪ] <-, -en> *f* (*fam*) bidonata *f*
**Augenzeuge** *m* testimone *m* oculare
**Augenzeugenbericht** *m* testimonianza *f* oculare **Augenzeugin** *f* testimone *f* oculare
**Augenzwinkern** <-s> *kein Pl. nt* occhiolino *m*
**Augsburg** ['aʊksbʊrk] *nt* Augusta *f*
**August** [aʊ'ɡʊst] <-(e)s *o* -, -e> *m* agosto *m*; *s. a.* **April Augustfeier** *f* (*CH*) *festa nazionale svizzera*
**Auktion** [aʊk'tsi̯oːn] <-, -en> *f* asta *f* pubblica, incanto *m*
**Auktionator** [aʊktsi̯o'naːtoːɐ̯] <-s, -en> *m* banditore *m* dell' asta
**Auktionshaus** *nt* centro *m* aste
**Aula** ['aʊla, *Pl.:* 'aʊlən] <-, **Aulen**> *f* aula *f* magna
**Au-pair-Mädchen** *nt*, **Aupairmädchen** [oˈpɛːɛmɛːtçən] *nt* ragazza *f* alla pari
**Aura** ['aʊra] <-> *kein Pl. f* (*geh*) aura *f*
**aus** [aʊs] I. *prp* +*dat* ❶ (*räumlich*) da; **~ einer Tasse trinken** bere da una tazza; **vom Fenster ~** dalla finestra ❷ (*zeitlich*) di; **~ dem 18. Jahrhundert** del settecento ❸ (*Beschaffenheit*) di; **~ Eisen/Holz** di ferro/legno ❹ (*Abstammung*) da, di; **ich bin ~ Venedig** sono di Venezia; **ich komme ~ Deutschland/Italien** vengo dalla Germania/dall'Italia ❺ (*Ursache*) per; **~ Angst vor** +*dat* per paura di; **~ Erfahrung/Überzeugung/Versehen** per esperienza/convinzione/sbaglio; **~ diesem Grunde** per questo motivo ❻ (*Wend*) **~ dem Gebrauch** fuori uso; **~ der Mode** fuori moda; **was ist ~ ihm geworden?** che ne è stato di lui? II. *adv* ❶ (*fam: zu Ende*) **~ sein** essere finito; **zwischen uns ist es ~** fra noi è finita ❷ (*gelöscht: Feuer, Licht*) **~ sein** essere spento ❸ (*fam: ~ gegangen*) **~ sein** essere uscito ❹ (SPORT) **~ sein** essere fuori [campo] ❺ (*Wend*) **auf etw** *acc* **~ sein** mirare a qc; **von Haus ~** originalmente; **von hier ~** da qui; **von mir ~** per conto mio, per me
**Aus** <-> *kein Pl. nt* (SPORT) fuori campo *m*
**aus|arbeiten** *vt* elaborare; (*Vertrag*) redigere
**Ausarbeitung** <-, -en> *f* elaborazione *f*; (*von Vertrag*) redazione *f*
**aus|arten** *vi sein* [**in etw** *acc*] **~** degenerare [in qc]
**aus|atmen** I. *vt* espirare II. *vi* spirare
**Ausbau** <-(e)s> *kein Pl. m* ❶ (ARCH: *Erweiterung*) ampliamento *m*; (*Umbau*) trasformazione *f* ❷ (TEC) smontaggio *m* ❸ (*fig: Erweiterung*) potenziamento *m*; (*Entwicklung*) sviluppo *m*
**aus|bauen** *vt* ❶ (ARCH: *erweitern*) ampliare; (*umbauen*) trasformare; **das Dachge-**

**schoss zu einer Wohnung ~** trasformare la mansarda in un appartamento ❷ (TEC) smontare ❸ (*fig: erweitern*) potenziare, estendere; (*entwickeln*) sviluppare
**ausbaufähig** *adj* ampliabile
**aus|bedingen** <bedingt aus, bedang aus, ausbedungen> *vt* **sich** *dat* **etw ~** porre qc come condizione; **sich** *dat* **das Recht ~ zu** +*inf* riservarsi il diritto di +*inf*
**aus|beißen** <beißt aus, biss aus, ausgebissen> *vt* **sich** *dat* **einen Zahn ~** rompersi un dente mordendo; **daran kannst du dir die Zähne ~** (*fig fam*) è un vero rompicapo
**aus|bessern** *vt* riparare, accomodare; (*flicken*) rattoppare; (*stopfen*) rammendare
**aus|beulen** *vt* ❶ (*Kleidungstücke*) sformare ❷ (TEC) spianare
**Ausbeute** <-, *rar* -en> *f* rendimento *m;* **die ~ an Kohle** il rendimento in carbone
**aus|beuten** *vt* sfruttare
**Ausbeuter(in)** <-s, -; -, -nen> *m(f)* sfruttatore, -trice *m, f*
**Ausbeutung** <-> *kein Pl. f* sfruttamento *m*
**aus|bezahlen** <ohne ge-> *vt* ❶ (*Geld*) pagare ❷ (*Menschen*) tacitare
**aus|bilden** **I.** *vt* (*Lehrling,* MIL) addestrare; (*beruflich*) formare, istruire; **jdn in einem Fach ~** istruire qu in una materia **II.** *vr* **sich ~** formarsi; (*sich entwickeln*) svilupparsi
**Ausbilder(in)** <-s, -; -, -nen> *m(f),* **Ausbildner(in)** <-s, -; -, -nen> *m(f)* (CH, A: MIL) istruttore, -trice *m, f*
**Ausbildung** <-, -en> *f* ❶ (*von Lehrling,* MIL) addestramento *m;* (*beruflich*) formazione *f* professionale; (*Schul~*) istruzione *f* ❷ (*Lehrzeit*) tirocinio *m* **Ausbildungsbeihilfe** *f* sussidio *m* per la formazione professionale **Ausbildungsplatz** *m* posto *m* di apprendistato **Ausbildungsplatzabgabe** *f* tassa prevista in Germania per le aziende che non assumono un determinato numero di giovani a scopo di formazione
**aus|bitten** <bittet aus, bat aus, ausgebeten> *vt* **sich** *dat* **etw ~** esigere qc; **das bitte ich mir aus** questo lo esigo
**aus|blasen** <irr> *vt* spegnere [soffiando]; (*Ei*) vuotare [soffiando]
**aus|bleiben** <irr> *vi sein* ❶ (*nicht eintreten*) non verificarsi, mancare ❷ (*fernbleiben*) non venire; **lange ~** rimanere fuori a lungo; (*überfällig sein*) ritardare
**aus|blenden** **I.** *vt* (*Musik*) abbassare; (*Ton*) togliere [lentamente il volume]; (FILM: *Szene*) chiudere in dissolvenza; **es wird ausgeblendet** la luce si spegne lentamente **II.** *vr* **sich ~** (TV, RADIO) sospendere le trasmissioni, cedere la linea; **der Bayrische Rundfunk blendete sich aus der Sendung aus** la Bayrische Rundfunk sospese le trasmissioni
**Ausblick** <-(e)s, -e> *m* ❶ (*Aussicht*) panorama *m;* **der ~ auf etw** *acc* la vista su qc ❷ (*fig: Vorausschau*) previsione *f*
**aus|bohren** *vt* trivellare, trapanare; (*herausbohren*) levare con la trivella [*o* il trapano]
**aus|bomben** *vt* bombardare
**aus|booten** ['aʊsboːtən] *vt* (*fam: aus einer Stellung*) silurare; (*aus einer Position*) soppiantare; **einen Arbeitskollegen ~** soppiantare un collega
**aus|borgen** *vt s.* **borgen**
**aus|brechen** <irr> **I.** *vi sein* ❶ (*fliehen*) aus dem Gefängnis ~ evadere di [*o* dalla] prigione; **aus dem Käfig ~** scappare dalla gabbia ❷ (*Feuer, Krieg, Krankheit*) scoppiare; (*Vulkan*) erompere; **in Gelächter/Tränen ~** scoppiare a ridere/in lacrime **II.** *vt haben* ❶ (*Steine*) cavare ❷ (*Nahrung*) vomitare
**Ausbrecher(in)** <-s, -; -, -nen> *m(f)* (*fam*) evaso, -a *m, f*
**aus|breiten** **I.** *vt* (*Decke*) stendere; (*Flügel, Waren*) spiegare; (*Arme*) allargare **II.** *vr* **sich ~** ❶ (*Geruch, Rauch*) espandersi; (*Feuer*) propagarsi; (*Krankheit, Unsitte, Nachricht*) diffondersi; (*sich erstrecken*) estendersi ❷ (*über Thema*) **sich über etw** *acc* **~** dilungarsi su qc
**Ausbreitung** <-> *kein Pl. f* propagazione *f*
**aus|brennen** <brennt aus, brannte aus, ausgebrannt> **I.** *vi sein* ❶ (*zu Ende brennen*) finire di bruciare; (*a. Vulkan*) spegnersi ❷ (*ganz verbrennen*) bruciare completamente, essere distrutto dal fuoco; **das Feuer ~ lassen** lasciare che il fuoco si spenga da sé **II.** *vt haben* ❶ (MED) cauterizzare ❷ (*Sonne*) bruciare
**Ausbruch** <-es, -brüche> *m* ❶ (*Flucht*) evasione *f* ❷ (*fig: Krankheits~*) insorgenza *f,* comparsa *f;* (*Kriegs~*) scoppio *m;* (*Gefühls~*) sfogo *m,* impeto *m;* (*Fieber~, Zornes~*) accesso *m;* (*Freuden~*) trasporto *m;* (*Vulkan~*) eruzione *f*
**aus|brüten** *vt* ❶ (*Eier*) covare ❷ (*fig fam*) macchinare, tramare
**aus|büchsen** *vi* (*hum fam*) filarsela
**aus|bügeln** *vt* (*fam*) stirare [togliendo le pieghe]
**aus|bügeln** *vt* (*fam*) stirare [togliendo le pieghe]

**Ausbund** <-es> *kein Pl. m* **ein ~ an** [*o* **von**] **Bosheit** un abisso di malvagità; **ein ~ an** [*o* **von**] **Tugend** un modello di virtù

**aus|bürgern** ['aʊsbʏrgən] *vt* privare della cittadinanza; (*ausweisen*) espellere

**Ausbürgerung** <-, -en> *f* privazione *f* della cittadinanza; (*Ausweisung*) espulsione *f*

**aus|bürsten** *vt* ① (*Anzug, Kleid*) spazzolare ② (*Staub*) togliere con la spazzola

**aus|chillen** ['aʊstʃɪlən] *vi* (*sl: sich ausruhen*) riposarsi

**Auschwitzlüge** ['aʊʃvɪtsly:gə] <-> *kein Pl. f* diniego del genocidio nazista

**Ausdauer** <-> *kein Pl. f* costanza *f*, tenacia *f* **ausdauernd** *adj* perseverante, costante; (*zäh*) tenace

**aus|dehnen** I.*vt* ① (*vergrößern*) estendere; (PHYS) dilatare; (*verlängern*) allungare; (*zeitlich*) prolungare ② (*fig: einbeziehen*) **etw [auf etw** *acc*] **~** estendere qc [su qc] II.*vr* **sich ~** (*sich vergrößern*) estendersi; (PHYS) dilatarsi; (*sich verlängern*) allungarsi; (*zeitlich*) prolungarsi

**Ausdehnung** <-, -en> *f* ① (*Vorgang*) distensione *f*; (*Vergrößerung*) ampliamento *m*, espansione *f*; (PHYS) dilatazione *f*; (*zeitlich*) prolungamento *m* ② (*räumliche Erstreckung*) estensione *f*

**aus|denken** <irr> *vt* **sich** *dat* **etw ~** (*sich vorstellen*) immaginarsi qc; (*erfinden*) escogitare qc, inventare qc

**aus|drehen** *vt* (*Licht*) spegnere; (*Gas*) chiudere

**Ausdruck**[1] <-(e)s, -drücke> *m* ① (*Wort*) parola *f*, termine *m*, voce *f*; **das ist gar kein ~!** (*fam*) non ci sono parole per esprimere questo! ② (*Gesichts~*) espressione *f* ③ *Sing.* (*Zeichen, Bekundung*) espressione *f*; **zum ~ bringen** esprimere, manifestare

**Ausdruck**[2] <-(e)s, -e> *m* (INFORM: *Computer~*) tabulato *m*, elaborato *m*

**aus|drucken** *vt* (TYP, INFORM) stampare

**aus|drücken** I.*vt* ① (*Zitrone, Schwamm, Saft*) spremere ② (*Zigarette*) spegnere [premendo] ③ (*zum Ausdruck bringen*) esprimere, manifestare; **anders ausgedrückt** in altre parole II.*vr* **sich ~** (*sich äußern*) esprimersi **ausdrücklich** ['aʊsdrʏklɪç *o* aʊsˈdrʏklɪç] *adj* espresso, esplicito

**Ausdruckskraft** *f* espressività *f*

**ausdruckslos** I.*adj* inespressivo II.*adv* senza espressione

**Ausdrucksvermögen** <-s> *kein Pl. nt* capacità *f* espressiva, espressività *f*

**ausdrucksvoll** I. *adj* espressivo II. *adv* con espressione

**Ausdrucksweise** *f* modo *m* di esprimersi [*o* di parlare]; (*Stil*) stile *m*, linguaggio *m*

**auseinander** [aʊsʔarˈnandə] I. *adj* ① (*räumlich entfernt*) lontani [*o* discosti] l'uno dall'altro ② (*zeitlich entfernt*) **wir sind zehn Jahre ~** tra di noi c'è una differenza d'età di dieci anni ③ (*getrennt*) **die beiden sind schon lange ~** i due si sono lasciati da tempo II. *adv* ① (*räumlich entfernt*) **sie wohnen weit ~** abitano distanti l'uno dall'altro ② (*eins aus dem anderen*) **sich ~ ergeben** risultare l'uno dall'altro/ l'una dall'altra **auseinander|brechen** <irr> I. *vi* (*kaputtgehen*) rompersi, spezzarsi, disfarsi II.*vt* (*kaputtmachen*) rompere, spezzare **auseinander|bringen** <irr> *vt* ① (*voneinander lösen*) riuscire a separare [*o* staccare] l'uno dall'altro ② (*entzweien*) separare **auseinander|fallen** <irr> *vi* disfarsi, cadere in pezzi **auseinander|gehen** <irr> *vi* ① (*sich trennen*) separarsi, lasciarsi ② (*sich verzweigen*) dividersi, biforcarsi ③ (*Meinungen*) divergere, differire ④ (*aus den Fugen gehen*) rompersi ⑤ (*fam: dick werden*) ingrassare **auseinander|halten** <irr> *vt* distinguere **auseinander|nehmen** <irr> *vt* ① disfare, scomporre ② (TEC) smontare **auseinander|schreiben** <irr> *vt* scrivere staccato **auseinander|setzen** I.*vt* **jdm etw ~** spiegare qc a qu II.*vr* **sich mit etw ~** occuparsi di qc; **sich mit jdm ~** (*in kontroversem Gespräch*) avere una discussione con qu **Auseinandersetzung** <-, -en> *f* ① (*Streitgespräch*) discussione *f* ② (*Streit*) contrasto *m*, diverbio *m* ③ (*Kampfhandlung*) conflitto *m*

**auserkoren** ['aʊsɛekoːrən] *adj* (*geh*) eletto, prescelto

**auserlesen** *adj* (*geh*) scelto, eletto; (*Speise*) prelibato

**auserwählt** *adj* (*geh*) [pre]scelto; (REL) eletto

**ausfahrbar** ['aʊsfaːɛbaːɐ] *adj* (TEC) estraibile

**aus|fahren** <irr> I. *vi sein* (*spazieren fahren*) uscire a passeggio II. *vt haben* ① (*spazieren fahren*) condurre [*o* portare] a passeggio, portare fuori ② (*Waren*) distribuire ③ (AERO: *Fahrgestell*) far uscire

**Ausfahrt** <-, -en> *f* uscita *f*; **~ freihalten!** lasciare libera l'uscita!

**Ausfall** <-es, -fälle> *m* ① (*Verlust*) perdita *f*; (*Einbuße*) mancanza *f*; (*Haar~*) caduta *f*; (TEC, MOT) guasto *m*, avaria *f*

❷ (*Nichtstattfinden*) sospensione *f* ❸ (MIL) sortita *f*
aus|fallen <irr> *vi sein* ❶ (*Haare, Zähne*) cadere ❷ (TEC, MOT) arrestarsi, fermarsi ❸ (*Veranstaltung*) non aver luogo, cadere; (*a. Zug*) essere soppresso; **heute fällt die Schule aus** oggi non c'è scuola ❹ (*fehlen*) mancare, essere assente ❺ (*ein Ergebnis zeigen*) andare, riuscire; **wie ist die Prüfung ausgefallen?** com'è andato l'esame?
ausfallend, ausfällig *adj* offensivo, ingiurioso
Ausfallstraße *f* strada *f* d'uscita
aus|feilen *vt* (*fig*) perfezionare
aus|fertigen *vt* (ADM: *Pass, Quittung*) rilasciare; (*Vertrag*) redigere, stendere
Ausfertigung <-, -en> *f* ❶ (*von Vertrag*) redazione *f*, stesura *f*; (*von Pass*) rilascio *m* ❷ (*Exemplar*) esemplare *m*; (*Abschrift*) copia *f*; **in doppelter ~** in due copie, in duplice copia
ausfindig *adj* ~ **machen** trovare, scoprire
aus|flippen ['aʊsflɪpən] *vi sein* (*sl*) ❶ (*durch Drogen*) essere fuori, sballarsi ❷ (*durchdrehen*) perdere i nervi; (*vor Freude*) toccare il cielo con un dito
Ausflucht ['aʊsflʊxt, *Pl:* 'aʊsflʏçtə] <-, -flüchte> *f* scusa *f*, pretesto *m*
Ausflug <-(e)s, -flüge> *m* gita *f*, escursione *f*
Ausflügler(in) ['aʊsflyːklɐ] <-s, -; -, -nen> *m(f)* escursionista *mf*, gitante *mf*
Ausfluss <-es, -flüsse> *m* ❶ (*das Ausfließen*) efflusso *m*, scolo *m* ❷ (*~stelle, Abfluss*) scarico *m* ❸ (MED) secrezione *f*
aus|forschen *vt* (A: *form:* ausfindig machen) trovare, identificare
aus|forschen *vt* ❶ (*erforschen*) indagare ❷ (*ausfragen*) interrogare
aus|fragen *vt* **jdn über etw** *acc* ~ cercare di sapere qc da qu
aus|fransen *vi sein* sfilacciare, sfilacciarsi
aus|fressen <irr> *vt* (*fam: anstellen*) combinare
Ausfuhr <-, -en> *f* esportazione *f* Ausfuhrartikel *m* articolo *m* di esportazione
ausführbar *adj* ❶ (*durchführbar*) fattibile, attuabile, realizzabile ❷ (COM) esportabile
Ausfuhrbeschränkung *f* limitazione *f* [*o* restrizione *f*] all'esportazione Ausfuhrbestimmungen *fPl.* disposizioni *fpl* per l'esportazione
aus|führen *vt* ❶ (*spazieren führen*) portare fuori; (*Hund*) portare a passeggio ❷ (COM) **etw nach Italien** ~ esportare qc in Italia ❸ (*durchführen*) effettuare, attuare; (*Auftrag, Bestellung*) eseguire; (*Plan*) realizzare ❹ (*darlegen*) esporre, svolgere; (*erläutern*) spiegare
Ausführen <-s, -> *nt* (*Computer*) [comando *m*] esegui
Ausfuhrerklärung *f* dichiarazione *f* doganale per l'esportazione Ausfuhrgenehmigung *f* permesso *m* [*o* licenza *f*] di esportazione Ausfuhrhafen *m* porto *m* d'esportazione Ausfuhrhandel *m* commercio *m* d'esportazione Ausfuhrland *nt* paese *m* esportatore
ausführlich ['aʊsfyːɐ̯lɪç *o* aʊsˈfyːɐ̯lɪç] I. *adj* dettagliato II. *adv* dettagliatamente Ausführlichkeit <-> *kein Pl.* *f* **in aller ~** molto dettagliatamente
Ausführung <-, -en> *f* ❶ (*Durchführung*) effettuazione *f*; (*von Auftrag*) esecuzione *f*; (*von Plänen*) realizzazione *f* ❷ (*Fertigstellung*) compimento *m* ❸ (*Anfertigung*) confezione *f* ❹ (*Typ*) modello *m*, tipo *m* ❺ (*Darlegung*) esposizione *fpl*, argomentazioni *fpl*
Ausführungsbestimmungen *fPl.* norme *f pl* [*o* disposizioni *fpl*] esecutive
Ausfuhrverbot *nt* divieto *m* d'esportazione Ausfuhrzoll *m* dazio *m* d'esportazione
aus|füllen *vt* ❶ (*Loch, Graben, a. fig*) riempire, colmare; **etw mit etw** ~ riempire qc di qc; **eine Lücke** ~ colmare una lacuna ❷ (*Posten, Stellung*) occupare, ricoprire ❸ (*Formular*) compilare, riempire ❹ (*befriedigen*) soddisfare
Ausgabe <-, -n> *f* ❶ *Sing.* (*Verteilung*) distribuzione *f*; (*Aushändigung*) consegna *f*; (*von Banknoten, Briefmarken*) emissione *f*; (*Fahrkarten~*) vendita *f* ❷ *pl* (*Geld~*) spese *fpl* ❸ (*von Zeitschrift, Buch, Fernsehsendung*) edizione *f* ❹ (INFORM) uscita *f*, output *m* Ausgabegerät <-s,(-e)s, -e> *nt* (INFORM) unità *f* d'uscita
Ausgang <-(e)s, -gänge> *m* ❶ (*Weg nach draußen*) uscita *f* ❷ (*Ende*) fine *f*, termine *m* ❸ (*Ergebnis*) esito *m*, risultato *m* ❹ (*freier Tag*) giorno *m* libero; ~ **haben** avere libera uscita Ausgangsbasis *f* base *f* di partenza Ausgangspunkt *m* punto *m* di partenza Ausgangssperre *f* coprifuoco *m* Ausgangssprache *f* lingua *f* di partenza [*o* da cui si traduce] Ausgangsstellung *f* posizione *f* iniziale
aus|geben <irr> I. *vt* ❶ (*verteilen*) distribuire; (*aushändigen*) consegnare; **einen** ~ (*fam*) pagare da bere, offrire un bicchiere ❷ (INFORM: *ausdrucken*) stampare ❸ (*Geld*) spendere II. *vr* **sich für** [*o* **als**] **jdn/etw** ~ farsi passare per qu/qc

**ausgebucht** *adj* completo
**ausgebufft** *adj* (*fam*) scaltro
**Ausgeburt** <-, -en> *f* (*geh pej*) aborto *m*, obbrobrio *m*
**ausgedehnt** *adj* esteso, vasto, ampio; (*zeitlich*) lungo
**ausgedient** *adj* (*Gegenstand*) fuori uso; (*Kleidungsstück*) smesso
**ausgefallen** *adj* stravagante, strano
**ausgefranst** *adj* sfilacciato
**ausgeglichen** *adj* ① (*seelisch*) equilibrato ② (*Bilanz*) pareggiato **Ausgeglichenheit** <-> *kein Pl. f* equilibrio *m*; (*seelisch*) posatezza *f*
**aus|gehen** <irr> *vi sein* ① (*weggehen*) uscire; (*spazieren gehen*) andare a passeggio ② (*Haare*) cadere ③ (*Feuer*) spegnersi ④ (*Vorrat*) esaurirsi; (*Geld*) venire a mancare; (*Kräfte*) venir meno; **mir geht die Geduld aus** perdo la pazienza ⑤ (*enden*) finire, concludersi; **leer ~** rimanere a mani vuote [*o* a bocca asciutta] ⑥ (*seinen Ursprung nehmen*) partire, basarsi; **von etw ~** partire da qc; (*herrühren*) prendere le mosse da qc; **von falschen Voraussetzungen ~** partire da presupposti sbagliati
**ausgehungert** *adj* affamato
**ausgeklügelt** *adj* ingegnoso, ben congegnato
**ausgekocht** *adj* (*fam pej*) scaltro, furbo
**ausgelassen** *adj* allegro; (*wild*) scatenato **Ausgelassenheit** <-> *kein Pl. f* allegria *f*, sfrenatezza *f*
**ausgemacht** *adj* ① (*abgemacht*) convenuto, pattuito ② (*fam: vollkommen*) perfetto
**ausgemergelt** ['aʊsgəmɛrgəlt] *adj* indebolito; (*Boden*) impoverito
**ausgenommen** I. *prp* +*acc* eccetto, tranne; **Anwesende ~** esclusi i presenti II. *konj* **~, dass ...** a meno che +*conj*
**ausgepowert** [aʊsgə'paʊɐt] *adj* (*fam*) sfinito, esaurito, spossato
**ausgeprägt** *adj* spiccato, marcato
**ausgerechnet** ['aʊsgə(')rɛçnət] *adv* (*fam*) proprio
**ausgeruht** *adj* [ben] riposato
**ausgerüstet** *adj* attrezzato (*mit* con), equipaggiato (*mit* con)
**ausgeschlossen** *adj* escluso
**ausgeschnitten** *adj* (*Kleid*) scollato
**ausgesprochen** I. *adj* spiccato, particolare II. *adv* particolarmente
**ausgestorben** *adj* ① (*Tierart*) estinto ② (*fig: menschenleer*) deserto
**ausgesucht** ['aʊsgəzuːxt] *adj* (*Ware, Gesellschaft*) scelto; (*Worte*) ricercato

**ausgetreten** *adj* (*Weg*) battuto; (*Stufe*) consumato; (*Schuhe*) scalcagnato, sformato
**ausgewachsen** *adj* adulto, sviluppato; **ein ~er Blödsinn** (*fam*) una stupidaggine bell'e buona
**ausgewogen** *adj* equilibrato, armonioso **Ausgewogenheit** <-> *kein Pl. f* equilibrio *m*, armonia *f*
**ausgezeichnet** ['aʊsgə(')tsaɪçnət] *adj* eccellente, ottimo; (*köstlich*) squisito
**ausgiebig** ['aʊsgiːbɪç] *adj* abbondante, copioso; (*ausgedehnt*) lungo
**aus|gießen** <irr> *vt* ① (*Flüssigkeit*) versare ② (*Gefäß*) vuotare
**Ausgleich** <-(e)s, *rar* -e> *m* ① (*von Gegensätzlichkeiten*) appianamento *m*, accomodamento *m*; **zum ~ für** in compenso di ② (JUR) aggiustamento *m* ③ (*Steuer~, Lohn~*) conguaglio *m* ④ (*Entschädigung*) risarcimento *m*, indennizzo *m* ⑤ *Sing.* (SPORT) pareggio *m*
**aus|gleichen** <irr> I. *vt* ① (*Unterschiede*) livellare, appianare; (*Konto*) pareggiare ② (*im Gleichgewicht halten*) equilibrare, bilanciare ③ (*wettmachen*) compensare ④ (COM) saldare II. *vi* ① (SPORT) pareggiare ② (*vermitteln*) accomodare, comporre III. *vr* **sich ~** equilibrarsi, bilanciarsi **ausgleichend** *adj* accomodante
**Ausgleichskasse** <-, -n> *f* (*CH:* ADM) cassa *f* mutua **Ausgleichssport** *m* sport *m* per tenersi in esercizio **Ausgleichstor** *nt*, **Ausgleichstreffer** *m* rete *f* del pareggio
**aus|graben** <irr> *vt* dissotterrare; (*a. archäologisch*) disseppellire; (*Loch*) scavare; (*fig*) esumare
**Ausgrabung** <-, -en> *f* ① (*das Ausgraben*) scavo *m* ② (*Fundstätte, Fund*) reperto *m*, resto *m*
**ausgrenzen** *vt* escludere
**Ausguck** ['aʊsgʊk] <-(e)s, -e> *m* ① (*Stelle*) posto *m* di osservazione ② (NAUT) coffa *f*
**Ausguss** <-es, -e> *m* ① (*Becken*) acquaio *m* ② (*Abfluss*) scarico *m*
**aus|haben** <irr> (*fam*) I. *vt* ① (*Kleidung, Schuhe*) essersi tolto [*o* levato] ② (*Buch*) aver finito II. *vi* (*bes. Schule, Unterricht*) aver finito; **wann habt ihr heute aus?** a che ora uscite?
**aus|halten** <irr> I. *vt* ① (*ertragen*) sopportare; **ich halte es nicht mehr aus** non ne posso più ② (*standhalten*) reggere ③ (*unterhalten*) mantenere II. *vi* resistere
**aus|handeln** *vt* negoziare

**aus|händigen** ['aʊshɛndɪgən] vt jdm etw ~ consegnare qc a qu
**Aushändigung** <-> kein Pl. f consegna f a mano
**Aushang** <-(e)s, -hänge> m avviso m, comunicato m
**aus|hängen** I. vt ① (*Bekanntmachung*) esporre ② (*Tür, Fenster*) scardinare II. <irr> vi essere affisso
**Aushängeschild** nt insegna f; **als ~ dienen** (*fig*) servire da richiamo
**aus|harren** ['aʊsharən] vi perseverare (*in* +dat in); (*an einem Ort*) resistere
**aus|heben** <irr> vt ① (*Graben*) scavare ② (*Tür*) scardinare ③ (*Vögel aus Nest, Verbrecher*) snidare ④ (*Truppen*) arruolare, reclutare ⑤ (*A: Briefkasten*) svuotare
**Aushebung** <-, -en> f ① (*Baugrube, Graben*) fossa f ② (*CH*: MIL: *Musterung, Einberufung zum Militär*) chiamata f alle armi; **zur ~ antreten** presentarsi alla chiamata alle armi
**aus|heilen** vi sein guarire [completamente]
**aus|helfen** <irr> vi ① (*helfen*) jdm ~ aiutare qu; **er hat mir mit zehn Euro ausgeholfen** mi ha prestato dieci euro ② (*einspringen*) supplire; **einem Kollegen ~** sostituire un collega
**Aushilfe** <-, -en> f aiuto m
**Aushilfskellner** m aiuto cameriere m
**Aushilfskraft** f supplente mf **aushilfsweise** adv per supplire
**aus|höhlen** vt ① (*hohl machen*) scavare, incavare ② (*fig*) minare
**aus|holen** vi (*mit dem Arm*) sollevare [o alzare] il braccio [per colpire]; **weit ~** (*fig*) cominciare da lontano, pigliarla larga
**aus|horchen** vt jdn [über etw *acc*] ~ cercare di sapere [qc] da qu
**aushungern** vt affamare, far patire la fame
**aus|kennen** <irr> vr sich ~ (*an einem Ort*) conoscere bene un posto, essere pratico di un luogo; (*fig: auf einem Gebiet*) intendersi; **sich mit etw** [o **in etw** *dat*] [**gut**] ~ essere esperto di qc
**aus|klammern** vt escludere, non prendere in considerazione
**Ausklang** <-(e)s, -klänge> m (*geh: Ende*) fine f, conclusione f
**ausklappbar** *adj* pieghevole, ribaltabile
**aus|kleiden** vt (*Fläche, Raum*) ricoprire; **etw mit etw ~** ricoprire [o rivestire] qc di qc
**aus|klingen** <irr> vi sein ① (*Ton*) smorzarsi, spegnersi ② (*fig: Fest, Tag*) concludersi, finire

**aus|klopfen** vt ① (*Kleider, Teppiche*) battere, spolverare ② (*Pfeife*) pulire, svuotare
**aus|kneifen** <irr> vi sein (*fam*) tagliare la corda, svignarsela
**ausknöpfbar** *adj* staccabile
**aus|kochen** vt ① (GASTR) far bollire ② (*steril machen*) sterilizzare
**aus|kommen** <irr> vi sein **mit jdm ~** andare d'accordo con qu; **mit seinem Geld ~** avere abbastanza soldi; **ohne etw nicht ~ können** non potere fare a meno di qc; **wir kommen mit den Vorräten nicht aus** le provviste non ci bastano **Auskommen** <-s> kein Pl. nt **sein ~ haben** aver quanto basta per vivere; **sein gutes ~ haben** essere in condizioni agiate
**aus|kosten** vt (*geh*) godere, assaporare
**aus|kratzen** vt grattare via; (MED) raschiare; **jdm die Augen ~** (*fam*) cavare gli occhi a qu
**aus|kühlen** I. vi sein (*abkühlen*) gelare; (*Unterkühlung erleiden*) assiderare II. vt raffreddare, gelare
**aus|kundschaften** vt (*Gebiet*, MIL.) esplorare; (*Geheimnis*) indagare su
**Auskunft** ['aʊskʊnft, Pl: 'aʊskʏnftə] <-, Auskünfte> f ① (*Information*) informazione f; **~ über etw** *acc* **erteilen** dare informazioni su qc; **nähere ~ erteilt/erteilen ...** per maggiori informazioni rivolgersi a ... ② (*~sstelle*) ufficio m informazioni; (TEL) servizio m informazioni
**Auskunftspflicht** f obbligo m d'informazione **Auskunftsschalter** <-s, -> m sportello m informazioni
**aus|lachen** vt deridere
**aus|laden** <irr> vt ① (*Fracht, Fahrzeug*) scaricare; (*Passagiere*) sbarcare ② (*Gast*) ritirare [o disdire] l'invito a
**ausladend** *adj* ① (ARCH) aggettante; (*a. Kinn*) sporgente ② (*Handbewegung*) ampio
**Auslage** <-, -n> f ① (*Waren*) merce f esposta ② (*Schaufenster*) vetrina f ③ pl (*Unkosten*) spese fpl
**auslagern** vt mettere in salvo, porre al sicuro
**Ausland** <-(e)s> kein Pl. nt estero m; **ins/im ~** all'estero
**Ausländer(in)** ['aʊslɛndɐ] <-s, -; -, -nen> m(f) straniero, -a m, f
**Ausländeramt** nt Ufficio m Immigrati
**ausländerfeindlich** *adj* xenofobo **Ausländerfeindlichkeit** <-> kein Pl. f xenofobia f
**Ausländerin** f s. **Ausländer**

Ausländerwahlrecht → ausmachen

**Ausländerwahlrecht** *nt* (POL) diritto *m* di voto agli stranieri
**ausländisch** *adj* straniero; (*bes. Waren, Zeitungen*) estero, proveniente dall'estero
**Auslandsaufenthalt** *m* soggiorno *m* all'estero **Auslandsbeziehungen** *fPl.* relazioni *fpl* [*o* rapporti *mpl*] con l'estero **Auslandserzeugnis** *nt* prodotto *m* estero **Auslandsgespräch** *nt* (TEL) telefonata *f* internazionale **Auslandskorrespondent(in)** *m(f)* corrispondente *mf* dall'estero **Auslandskrankenschein** *m* modulo *m* di cassa malattia per l'estero **Auslandsverschuldung** <-, -en> *f* debito *m* estero; **eine hohe/niedrige ~** un debito estero alto/basso **Auslandsvertretung** *f* rappresentanza *f* all'estero
**aus|lassen** <irr> I. *vt* ❶ (*südd, A: freilassen*) liberare ❷ (*südd, A: in Ruhe lassen*) lasciare in pace ❸ (*weglassen*) omettere, tralasciare ❹ (*Butter, Fett*) sciogliere, struggere ❺ (*Kleidung*) allargare, allungare ❻ (*abreagieren*) **etw an jdm ~** sfogare qc su qu ❼ (*fam: nicht einschalten*) lasciare spento II. *vr* **sich über etw** *acc* **~** (*fam*) pronunciarsi su qc, esprimersi su qc
**Auslassung** <-, -en> *f* ❶ (*Weggelassenes*) omissione *f*, eliminazione *f* ❷ *pl* (*pej: Äußerungen*) osservazioni *fpl* **Auslassungspunkte** *mPl.* (LING) puntini *mpl* di sospensione **Auslassungszeichen** *nt* (LING) apostrofo *m*
**auslasten** *vt* ❶ (*Maschine*) sfruttare [a pieno] ❷ (*Person*) caricare
**Auslauf** <-es, -läufe> *m* ❶ (*Ausfließen*) efflusso *m* ❷ (*Bewegungsfreiheit*) spazio *m* per muoversi
**aus|laufen** <irr> *vi sein* ❶ (*Flüssigkeit*) scolare, fuoriuscire; (*Farben*) spargersi, dilatarsi ❷ (*Behälter*) svuotarsi ❸ (NAUT) uscire dal porto ❹ (*enden*) terminare, finire; (*Vertrag*) scadere; (*Produktion*) esaurirsi
**Ausläufer** <-s> *kein Pl. m* ❶ (*von Gebirge*) contrafforte *m* ❷ (METEO) diramazione *f*
**Auslaut** <-(e)s, -e> *m* (LING) finale *f*
**aus|leben** *vr* **sich ~** sfogarsi
**aus|leeren** *vt* (*Flüssigkeit*) versare; (*Behälter*) vuotare
**aus|legen** *vt* ❶ (*Waren*) esporre; (*Köder*) collocare ❷ (*auskleiden*) **etw [mit etw] ~** rivestire qc [di qc]; **den Fußboden mit Fliesen ~** piastrellare il pavimento ❸ (*Geld*) sborsare, anticipare ❹ (*deuten*) interpretare; (*erklären*) spiegare
**Ausleger** <-s> *kein Pl. m* ❶ (TEC: *von Kran*) braccio *m* ❷ (NAUT: *von Boot*) fuoriscalmo *m*
**Auslegung** <-, -en> *f* interpretazione *f*
**Ausleihe** <-, -n> *f* ❶ (*Tätigkeit*) prestito *m* ❷ (*Raum*) servizio *m* prestito
**aus|leihen** <irr> *vt* ❶ (*verleihen*) **[jdm] etw ~** [im]prestare [*o* dare in prestito] qc [a qu] ❷ (*entleihen*) **etw [bei/von jdm] ~** prendere in prestito qc [da qu]
**aus|lernen** *vi* (*Lehrling*) finire il tirocinio; **man lernt nie aus** (*prov*) non si finisce mai di imparare
**Auslese** <-, -n> *f* ❶ (*Auswahl*) scelta *f*; (BIOL) selezione *f* ❷ (*Wein*) vino *m* scelto
**aus|lesen** <irr> *vt* ❶ (*aussondern*) selezionare, assortire; (*auswählen*) scegliere ❷ (*zu Ende lesen*) finire [di leggere]
**aus|leuchten** *vt* illuminare
**aus|liefern** *vt* ❶ (*Ware*) consegnare ❷ (*Verbrecher*) consegnare nelle mani della giustizia; (*Asylanten*) estradare; **jdm/etw ausgeliefert sein** essere in balia di qu/qc
**Auslieferung** <-, -en> *f* ❶ (*von Waren*) consegna *f*, distribuzione *f* ❷ (JUR) estradizione *f* **Auslieferungsantrag** <-(e)s, -träge> *m* (POL, JUR) domanda *f* di estradizione
**Auslieferungsverfahren** *nt* (POL, JUR) procedura *f* di estradizione
**aus|liegen** <irr> *vi* ❶ (*Waren*) essere esposto ❷ (*zur Einsichtnahme*) essere a disposizione [da consultare]
**aus|loggen** ['aʊslɔgən] *vi* (INFORM) scollegarsi
**aus|löschen** *vt* ❶ (*Feuer, Licht*) spegnere; (*Leben, Schulden*) estinguere ❷ (*Schrift*) cancellare
**aus|losen** *vt* estrarre [*o* tirare] a sorte, sorteggiare
**aus|lösen** *vt* ❶ (*hervorrufen*) suscitare, destare ❷ (*verursachen*) causare, provocare ❸ (*Knochen*) togliere
**Auslöser** <-s> *kein Pl. m* ❶ (FOTO) [dispositivo *m* di] scatto *m* ❷ (*fig*) causa *f*
**Auslosung** <-, -en> *f* sorteggio *m*, estrazione *f*
**aus|loten** ['aʊsloːtən] *vt* ❶ (NAUT: *Fahrwasser*) scandagliare ❷ (TEC: *die Senkrechte bestimmen*) piombinare ❸ (*fig*) **die Situation ~** scandagliare la situazione
**aus|machen** *vt* ❶ (*fam: Feuer, Licht, Radio*) spegnere ❷ (*verabreden*) convenire, pattuire; (*vereinbaren*) stabilire, fissare ❸ (*sichten*) avvistare, scorgere ❹ (*betragen*) ammontare a; (*einen Teil bilden*) formare, costituire; (*a. zum Inhalt haben*) rappresentare ❺ (*stören*) spiacere; **würde**

**es Ihnen etwas ~, wenn …?** Le spiacerebbe, se …? +*conj;* **es macht [gar] nichts aus, wenn …** non fa niente se … ❸ (*CH: wahrnehmen*) riconoscere
**aus|malen** I. *vt* (*mit Farbe*) colorare II. *vr* **sich** *dat* **etw ~** immaginarsi qc, raffigurarsi qc
**Ausmaß** <-es, -e> *nt* ❶ (*von Gegenstand*) misura *f*, dimensione *f*; (*von Fläche*) area *f*, estensione *f* ❷ (*fig*) dimensione *f*, proporzione *f*; **in großem ~** in grande misura [*o* stile]
**aus|merzen** *vt* ❶ (*Unkraut*) estirpare, sradicare; (*Ungeziefer*) sterminare ❷ (*Fehler*) eliminare, estirpare
**aus|messen** <irr> *vt* misurare, prendere le misure di
**aus|misten** *vt* ❶ (*Stall*) rimuovere il letame da ❷ (*fam: Schrank, Zimmer*) mettere ordine in
**aus|mustern** *vt* ❶ (*aussortieren*) scartare ❷ (MIL) riformare
**Ausnahme** ['aʊsnaːmə] <-, -n> *f* eccezione *f*; **eine ~ machen** fare un'eccezione; **mit ~ von** ad eccezione di, eccetto; **ohne ~** senza eccezione **Ausnahmefall** *m* caso *m* eccezionale **Ausnahmeregelung** <-, -en> *f* provvedimento *m* eccezionale
**Ausnahmesituation** *f* situazione *f* di emergenza **Ausnahmezustand** *m* stato *m* d'emergenza **ausnahmslos** *adj o adv* senza eccezione **ausnahmsweise** *adv* in via eccezionale, eccezionalmente
**aus|nehmen** <irr> I. *vt* ❶ (*Eier, junge Vögel*) snidare ❷ (*Wild, Fisch*) sventrare; (*Geflügel*) svuotare ❸ (*fam: schröpfen*) pelare ❹ (*ausschließen*) escludere II. *vr* **sich ~ wie** sembrare; **sich gut/schlecht ~** presentarsi bene/sfigurare
**ausnüchtern** *vi* smaltire una sbornia *fam*
**aus|nutzen** *vt*, **aus|nützen** *vt* (*südd, A, CH*) ❶ (*Gelegenheit, Situation*) approfittare di ❷ (*Stellung, Notlage*) trarre vantaggio da
**aus|packen** I. *vt* (*Eingepacktes*) aprire; (*Koffer*) disfare II. *vi* (*fig fam: alles sagen*) spifferare tutto, spiattellare tutto; (*seine Meinung sagen*) vuotare il sacco
**auspeitschen** *vt* frustare, flagellare
**aus|pfeifen** <irr> *vt* fischiare
**aus|plaudern** *vt* spifferare
**aus|plündern** *vt* (*Person*) depredare, derubare; (*Land, Häuser*) saccheggiare; (*Bank, Geschäft*) svaligiare
**aus|posaunen** <ohne ge-> *vt* (*fig fam*) strombazzare, gridare ai quattro venti

**aus|pressen** *vt* (*Früchte, Saft*) spremere
**aus|probieren** <ohne ge-> *vt* (*versuchen*) provare, tentare; (*erproben*) sperimentare
**Auspuff** <-(e)s, -e> *m* (TEC, MOT) scappamento *m* **Auspuffgase** *ntPl.* (MOT) gas *m* di scappamento **Auspuffrohr** *nt* (MOT) tubo *m* di scappamento
**aus|pumpen** *vt* (*Wasser*) pompare; (*entleeren*) vuotare con la pompa; **jdm den Magen ~** (MED) fare la lavanda gastrica a qu
**aus|quartieren** <ohne ge-> *vt* sloggiare
**aus|quetschen** *vt* ❶ (*Frucht*) spremere ❷ (*fig fam: ausfragen*) torchiare
**aus|radieren** <ohne ge-> *vt* ❶ (*Geschriebenes, a. fig*) cancellare ❷ (*fig: völlig zerstören*) radere al suolo
**aus|rangieren** <ohne ge-> *vt* (*fam*) eliminare, scartare
**aus|rasten** *vi sein* (*fam*) perdere le staffe
**aus|rauben** *s.* **aus|plündern**
**aus|räuchern** *vt* ❶ (*Raum*) disinfestare col fumo ❷ (*Menschen, Tiere*) cacciare col fumo
**aus|raufen** *vt* **sich** *dat* **die Haare ~** strapparsi i capelli
**aus|räumen** *vt* ❶ (*Dinge*) rimuovere; **etw aus einem Schrank ~** togliere qc dall'armadio ❷ (*Schrank, Zimmer*) vuotare ❸ (*fig: Bedenken, Verdacht*) eliminare
**aus|rechnen** *vt* calcolare; **das kannst du dir leicht ~** (*fig*) te lo puoi ben immaginare
**Ausrede** <-, -n> *f* ❶ (*Entschuldigung*) scusa *f*; **faule ~** (*fam*) misera scusa ❷ (*Vorwand*) pretesto *m*
**aus|reden** I. *vt* **jdm etw ~** sconsigliare qc a qu, dissuadere qu dal fare qc II. *vi* finire di parlare; **lass mich ~!** non interrompermi!
**aus|reichen** *vi* bastare, essere sufficiente
**ausreichend** *adj* ❶ (*genug*) sufficiente ❷ (*Schulnote*) sei
**aus|reifen** *vi sein* (*Früchte, Wein*) maturare [completamente]
**Ausreise** <-, -n> *f* ❶ (*Grenzübertritt*) passaggio *m* di confine ❷ (*Verlassen des Landes*) espatrio *m* **Ausreiseerlaubnis** *f*, **Ausreisegenehmigung** *f* permesso *m* d'espatrio
**aus|reisen** *vi sein* espatriare, andare all'estero
**Ausreisevisum** *nt* visto *m* d'uscita
**aus|reißen** <irr> I. *vt haben* (*Haare, Unkraut*) strappare; (*mit Wurzeln*) sradicare; (*Zähne*) cavare, estrarre II. *vi sein* ❶ (*sich abtrennen*) staccarsi; (*einreißen*) strapparsi ❷ (*fam: weglaufen*) scappare

**Ausreißer(in)** <-s, -; -, -nen> *m(f)* scappato, -a *m, f* di casa
**aus|reiten** <irr> *vi sein* uscire a cavallo
**aus|renken** *vt* slogare, lussare; **sich** *dat* **den Arm ~** slogarsi il braccio
**aus|richten** I. *vt* ① (*in eine Reihe stellen*) allineare ② (*übermitteln*) portare; **kann ich etw ~?** posso riferire qc?; **richten Sie ihm einen Gruß von mir aus** lo saluti da parte mia ③ (*veranstalten*) allestire ④ (*erreichen*) raggiungere; (*zuwege bringen*) concludere, riuscire a fare; [**bei jdm**] **etw ~** ottenere qc [da qu] II. *vr* **sich ~** (*fig* MIL) allinearsi, schierarsi
**Ausrichtung** <-, -en> *f* ① (*Orientierung*) orientamento *m* ② (INFORM) allineamento *m*
**Ausritt** <-(e)s, -e> *m* passeggiata *f* a cavallo
**aus|rollen** *vt* srotolare; (*Teig*) spianare
**aus|rotten** *vt* ① (*Pflanze*) estirpare, sradicare; (*Ungeziefer*) sterminare ② (*fig: vernichten*) sterminare, distruggere
**Ausrottung** <-> *kein Pl. f* ① (*von Pflanze*) estirpazione *f* ② (*fig: Vernichtung*) sterminio *m*, eliminazione *f*
**aus|rücken** I. *vt haben* (TEC) disinserire, disinnestare II. *vi sein* ① (MIL) mettersi in marcia, partire ② (*Feuerwehr, Polizei*) entrare in azione ③ (*fam: weglaufen*) scappare
**Ausruf** <-(e)s, -e> *m* grido *m*, esclamazione *f*
**aus|rufen** <irr> *vt* ① (*bekannt geben*) annunciare ② (*Waren, Zeitungen*) offrire ad alta voce ③ (*proklamieren*) proclamare
**Ausrufer** <-s> *kein Pl. m* (*amtlich*) banditore *m*; (*Verkäufer*) strillone *m*
**Ausruf|e|zeichen** <-s, -> *nt* (*A, CH*) punto *m* esclamativo
**Ausrufungszeichen** *s.* **Ausrufezeichen**
**Ausrufzeichen** *nt* (*A, CH*) punto *m* esclamativo
**aus|ruhen** I. *vt* riposare II. *vr* **sich** [**von etw**] **~** riposarsi [da qc]; (*ausspannen*) rilassarsi [da qc]
**aus|rüsten** *vt* **jdn** [**mit etw**] **~** equipaggiare qu [con qc]; (*fig*) munire qu [di qc]
**Ausrüstung** <-, -en> *f* ① (*Vorgang*) equipaggiamento *m* ② (NAUT, MIL) armamento *m*
**aus|rutschen** *vi sein* sdrucciolare, scivolare
**Ausrutscher** <-s, -> *m* (*fam: Fauxpas*) gaffe *f*
**Aussaat** <-, -en> *f* ① (*Aussäen*) semina *f* ② (*Saatgut*) semente *f*
**aus|säen** *vt* seminare
**Aussage** <-, -n> *f* ① (*Behauptung*) dichiarazione *f*, affermazione *f*; **nach jds ~** a detta di qu ② (JUR) deposizione *f*; **eine falsche ~ machen** deporre il falso; **die ~ verweigern** rifiutare la deposizione; **~ gegen ~** la parola di uno contro quella di un altro ③ (*fig: von Kunstwerk*) messaggio *m* **Aussagekraft** *f* forza *f* espressiva **aussagekräftig** *adj* rivelatore, espressivo
**aus|sagen** I. *vt* ① (*ausdrücken*) dire; (*Meinung*) dichiarare, affermare; **etw über jdn/etw ~** affermare qc su qu/qc ② (*Kunstwerk*) dire II. *vi* (JUR) deporre, testimoniare; **für/gegen jdn ~** deporre per/contro qu
**Aussagesatz** *m* (GRAM) proposizione *f* enunciativa
**Aussatz** <-es> *kein Pl. m* (MED) lebbra *f*
**aussätzig** ['aʊszɛtsɪç] *adj* lebbroso **Aussätzige** <ein -r, -n, -n> *mf* lebbroso, -a *m, f*
**aus|saugen** *vt* ① (*Saft, Wunde*) succhiare ② (*fig: ausbeuten*) dissanguare
**aus|schaffen** *vt* (*CH: form: des Landes verweisen*) bandire
**aus|schalten** *vt* ① (*Licht, Radio*) spegnere; (*Strom*) interrompere; (MOT) disinserire ② (*fig: ausschließen*) escludere; (*Gegner, Fehlerquelle*) eliminare
**Ausschank** ['aʊsʃaŋk, *Pl:* 'aʊsʃɛŋkə] <-(e)s, Ausschänke> *m* ① (*Ausschenken*) mescita *f* ② (*Schanktisch*) banco *m* di mescita
**Ausschau** <-, -en> *f* **nach jdm/etw ~ halten** cercare qu/qc con gli occhi
**aus|schauen** *vi* ① (*Ausschau halten*) **nach jdm/etw ~** cercare qu/qc con gli occhi ② (*südd, A*) *s.* **aussehen**
**aus|scheiden** <irr> I. *vi sein* ① (*aus Verein, Amt*) ritirarsi; (*aus Firma*) lasciare; **aus einer Partei ~** ritirarsi da un partito ② (SPORT) essere eliminato ③ (*nicht in Betracht kommen*) essere fuori discussione; (*Bewerber*) non essere preso in considerazione II. *vt haben* ① (BIOL: *Körper*) espellere; (*Drüsen*) secernere ② (*aussondern*) eliminare
**Ausscheidung** <-, -en> *f* ① *Sing.* (*Aussondern*) eliminazione *f*; (BIOL) escrezione *f* ② (SPORT: *das Ausscheiden*) eliminazione *f*; (*~skampf*) gara *f* eliminatoria ③ *pl* (BIOL) escrementi *mpl* **Ausscheidungskampf** *m* gara *f* eliminatoria **Ausscheidungsspiel** *nt* partita *f* eliminatoria
**aus|schenken** *vt* ① (*im Lokal*) vendere ② (*ausgießen*) versare
**aus|scheren** *vi sein* uscire dalla colonna
**ausschildern** *vt* munire di segnali [stradali]
**aus|schimpfen** *vt* sgridare

**aus|schlachten** vt ❶ (*Tier*) sventrare ❷ (*Auto, Maschine*) rottamare ❸ (*fig fam: ausnutzen*) sfruttare

**aus|schlafen** <irr> I. vi, vr **sich ~** dormire abbastanza, fare una bella dormita II. vt **seinen Rausch ~** smaltire la sbornia

**Ausschlag** <-(e)s, -schläge> m ❶ (MED: *Haut~*) eruzione f [cutanea] ❷ (*von Waage*) tracollo m; (*von Pendel*) oscillazione f; (*von Kompass*) deviazione f; **einer Sache** dat **den ~ geben** essere decisivo per qc

**aus|schlagen** <irr> I. vi ❶ haben (*Pferd*) tirare calci ❷ haben o sein (*Waage*) tracollare; (*Zeiger*) deviare; (*Pendel*) oscillare ❸ haben o sein (BOT) germogliare, spuntare II. vt haben ❶ (*Zahn, Auge*) cavare ❷ (*auskleiden*) **etw mit Stoff ~** rivestire qc di stoffa, foderare qc ❸ (*fig: ablehnen*) respingere, rifiutare

**ausschlaggebend** adj decisivo, determinante

**aus|schließen** <irr> vt ❶ (*aussperren*) chiudere [o lasciar] fuori ❷ (*nicht teilhaben lassen*) **jdn/etw** [**aus etw**] **~** escludere qu/qc [da qc]; (*ausstoßen*) scacciare qu/qc [da qc] ❸ (*ausnehmen*) escludere; (*Irrtum, Missverständnis*) evitare

**ausschließlich** I. adj esclusivo II. adv (*nur*) esclusivamente, soltanto, solamente III. prp +gen escluso

**aus|schlüpfen** vi sein (*aus Ei*) sgusciare, uscire dall'uovo

**Ausschluss** <-es, -schlüsse> m esclusione f; (*Partei~*) espulsione f; **unter ~ der Öffentlichkeit** a porte chiuse

**Ausschlusskriterium** f criterio m di esclusione

**Ausschlussprinzip** nt principio m di esclusione

**aus|schmücken** vt ❶ (*dekorieren*) ornare ❷ (*fig: Erzählung*) infiorare, abbellire

**Ausschmückung** <-, -en> f ❶ (*das Ausschmücken, Dekoration*) decorazione f, addobbo m, ornamento m ❷ (*fig: von Erzählung*) abbellimento m

**aus|schneiden** <irr> vt ❶ (*her~*) tagliare fuori; (*durch Her~ herstellen*) ritagliare ❷ (BOT: *Bäume*) potare, sfoltire ❸ (*Computer*) tagliare

**Ausschnitt** <-(e)s, -e> m ❶ (*Teil*) frammento m, squarcio m; (*Film~*) sequenza f; (*Gemälde~*) dettaglio m; (*Zeitungs~*) ritaglio m ❷ (*Kleider~*) scollatura f

**aus|schöpfen** vt ❶ (*Wasser*) cavar fuori, attingere ❷ (*Gefäß*) vuotare ❸ (*fig: Thema*) esaurire; (*Möglichkeiten*) sfruttare

**aus|schreiben** <irr> vt ❶ (*Wort, Zahl*) scrivere in [tutte] lettere; (*Namen*) scrivere per intero ❷ (*Rechnung, Wechsel*) emettere ❸ (*Stelle, Amt*) mettere a concorso; (*Wahlen*) indire; (*Wettbewerb*) bandire

**Ausschreibung** <-, -en> f (*von Wettbewerb*) bando m; (*von Stelle*) concorso m; (*von Bauvorhaben*) appalto m

**Ausschreitung** ['aʊʃraɪtʊŋ] <-, -en> f atto m di violenza; **es kam zu ~en** si giunse a eccessi di violenza

**Ausschuss** <-es, -schüsse> m ❶ (*Kommission*) commissione f; (*Komitee*) comitato m ❷ (*Europäische Union*) **~ der Regionen** Comitato delle regioni ❸ Sing. (*minderwertige Ware*) merce f di scarto

**Ausschussmitglied** nt membro m di una commissione **Ausschussware** f merce f di scarto

**aus|schütteln** vt scuotere, sbattere

**aus|schütten** vt ❶ (*Flüssigkeit*) versare; (*verschütten*) rovesciare; **jdm sein Herz ~** (*fig*) aprire il cuore a qu, sfogarsi con qu ❷ (*Gefäß*) vuotare ❸ (*Dividende*) distribuire, pagare

**Ausschüttung** <-, -en> f (FIN) distribuzione f

**ausschweifend** adj ❶ (*Fantasie*) sfrenato ❷ (*sittenlos*) licenzioso, dissoluto

**Ausschweifung** <-, -en> f ❶ (*Maßlosigkeit*) sregolatezza f ❷ (*Sittenlosigkeit*) dissolutezza f

**ausschwenkbar** adj girevole

**aus|sehen** <irr> vi apparire; (*scheinen*) sembrare; **wie jd/etw ~** avere l'aspetto di [o sembrare] qu/qc; **so ~, als ob ...** avere l'aria di ... +inf; **wie jd ~** (*ähnlich sein*) [ras]somigliare a qu; **gesund ~** aver l'aspetto sano; **sie sieht gut aus** è una bella donna; **vergnügt ~** aver l'aria allegra; **er sieht jünger aus, als er ist** pare più giovane di quello che è; **es sieht ganz danach aus, als ob ...** pare proprio che +conj; **es sieht nach Regen aus** pare che voglia piovere; **es sieht nicht gut für ihn aus** le cose non gli vanno bene; **so siehst du aus!** (*fam iron*) ti piacerebbe!; **wie siehst du denn aus?** (*fam*) come ti sei conciato?

**Aussehen** <-s> kein Pl. nt ❶ (*äußere Erscheinung*) aspetto m ❷ (*Anschein*) apparenza f

**außen** ['aʊsən] adv [di] fuori, all'esterno; **nach ~** [**hin**] all'infuori, verso l'esterno; **von ~** dal di fuori, dall'esterno

**Außenaufnahme** <-, -n> f (FILM, FOTO) esterni mpl; **~n machen** girare gli esterni

**Außenbezirk** *m* quartiere *m* di periferia, sobborgo *m* **Außenbordmotor** *m* fuoribordo *m*
**Außendarstellung** *f* immagine *f* esteriore
**aus|senden** <irr> *vt* ❶ (*Boten, Kundschafter*) inviare ❷ (RADIO) trasmettere
**Außendienst** *m* servizio *m* esterno
**Außendienstmitarbeiter(in)** *m(f)* collaboratore, -trice *m, f* esterno
**Aussendung** <-, -en> *f* ❶ (*das Aussenden*) invio *m* ❷ (*A: form: Rundschreiben*) circolare *f*
**Außenhafen** *m* avamporto *m*
**Außenhandel** *m* commercio *m* estero
**Außenhandelsbilanz** *f* (FIN, WIRTSCH) bilancia *f* commerciale
**Außenlift** *m* ascensore *m* esterno
**Außenminister(in)** *m(f)* ministro *m* degli esteri; (*der USA*) segretario *m* di stato; (*von Großbritannien*) segretario *m* degli esteri inglese **Außenministerium** *nt* ministero *m* degli esteri **Außenpolitik** *f* politica *f* estera **außenpolitisch** *adj* di politica estera; **~e Lage** situazione internazionale **Außenquartier** *nt* (*CH: Außenbezirk*) quartiere *m* periferico **Außenseite** *f* lato *m* esterno; (*von Haus, a. fig*) facciata *f* **Außenseiter(in)** <-s, -; -, -nen> *m(f)* outsider *m* **Außenspiegel** *m* (MOT) specchietto *m* [*o* retrovisore *m*] esterno **Außenstände** *Pl.* crediti *mpl* **Außenstehende** <ein -r, -n, -n> *mf* estraneo, -a *m, f* **Außenstelle** *f* succursale *f*, filiale *f* **Außenstürmer(in)** *m(f)* (SPORT: *Fußball*) ala *f* **Außentemperatur** *f* temperatura *f* esterna **Außenwelt** *f* mondo *m* esterno
**Außenwinkel** *m* (MAT) angolo *m* esterno
**Außenwirtschaft** <-> *kein Pl. f* commercio *m* estero
**außer** ['aʊsɐ] I. *prp* +*dat o rar gen* ❶ (*ausgenommen*) all'infuori di, eccetto, tranne ❷ (*neben*) oltre; (*zusätzlich zu*) in aggiunta a ❸ (*örtlich*) fuori; **~ Haus** fuori casa; **~ Landes** all'estero ❹ (*Wend*) **~ sich** *dat* **vor Freude sein** essere fuori di sé dalla gioia; **~ sich** *dat* **vor Zorn sein** essere fuori dai gangheri; **~ Betrieb**, **~ Dienst** fuori servizio II. *konj* **~ wenn ...** a meno che [non] +*conj*; **~ dass ...** salvo [*o* tranne] che +*conj*
**außerberuflich** *adj* al di fuori della professione
**außerdem** ['aʊsɐdeːm *o* aʊsɐ'deːm] *adv* oltre a ciò, inoltre, in più **außerdienstlich** *adj o adv* fuori servizio
**äußere** *s.* **äußere(r, s)**

**Äußere** ['ɔɪsərə] <ein -s, -n> *kein Pl. nt* aspetto *m* esteriore, apparenza *f*
**äußere(r, s)** *adj* ❶ (*von, nach draußen*) esteriore ❷ (*außen befindlich, von außen kommend*) esterno ❸ (*auswärtig*) estero
**außerehelich** *adj* (*Geschlechtsverkehr*) extraconiugale; (*Kind*) illegittimo, naturale
**außereuropäisch** *adj* extraeuropeo
**außergerichtlich** *adj* (JUR) extragiudiziale
**außergewöhnlich** ['aʊsɐɡəˈvøːnlɪç] *adj* insolito, eccezionale, straordinario
**außerhalb** ['aʊsɐhalp] I. *adv* (*draußen*) fuori; **~ wohnen** abitare fuori città II. *prp* +*gen* [al di] fuori di
**außerirdisch** *adj* extraterrestre
**äußerlich** ['ɔɪsɐlɪç] *adj* ❶ (*außen*) esteriore; **nur ~ anwenden** (*Aufschrift auf Medikamenten*) per uso esterno; **rein ~ betrachtet** considerato solo esteriormente ❷ (*scheinbar*) apparente ❸ (*oberflächlich*) superficiale **Äußerlichkeit** <-, -en> *f* esteriorità *f*
**äußern** ['ɔɪsɐn] I. *vt* (*aussprechen*) esprimere, esternare II. *vr* **sich ~** ❶ (*sich zeigen*) manifestarsi ❷ (*seine Meinung sagen*) **sich [über jdn/etw] ~** esprimersi [*o* pronunciarsi] [su qu/qc]
**außerordentlich** ['aʊsɐˈʔɔrdəntlɪç] I. *adj* straordinario; (*herausragend*) eccezionale II. *adv* (*sehr*) molto, oltremodo
**außerorts** *adv* (*A, CH*) fuori
**außerparlamentarisch** *adj* extraparlamentare **außerplanmäßig** *adj* fuori programma; (*Professor*) fuori organico
**äußerst** ['ɔɪsɐst] *adv* estremamente, molto
**außerstande** [aʊsɐˈʃtandə *o* 'aʊsɐʃtandə] *adv* **~ sein etw zu tun** non essere in grado di fare qc
**äußerste** *s.* **äußerste(r, s)**
**Äußerste** <ein -s, -n> *kein Pl. nt* estremo *m*; **aufs ~ gefasst sein** aspettarsi il peggio; **bis zum ~n gehen** andare fino all'estremo
**äußerste(r, s)** *adj Superlativ von* **äußere** ❶ (*weit entfernt*) estremo; **am ~n Ende** all'estremità ❷ (*größtmöglich*) massimo
**außertariflich** *adj* **~ bezahlt werden** essere pagato non conformemente alle tariffe
**außertourlich** ['aʊsɐtuːɐlɪç] *adj* (*A, südd: zusätzlich*) straordinario, supplementare
**Äußerung** <-, -en> *f* ❶ (*Ausspruch*) dichiarazione *f*, asserzione *f*; (*Bemerkung*) osservazione *f*, commento *m* ❷ (*Zeichen*) espressione *f*, manifestazione *f*
**außeruniversitär** *adj* (*Forschung, Weiterbildung*) extrauniversitario

aus|setzen I. vi ❶ (*stocken*) arrestarsi, fermarsi; (MOT) perdere colpi ❷ (*unterbrechen*) **mit etw ~** cessare [*o* smettere] qc; (*zeitweise*) sospendere qc II. vt ❶ (*Kind*) esporre, abbandonare; (*Boot*) calare ❷ (*preisgeben*) esporre, abbandonare ❸ (*Belohnung*) istituire; (*Erbe*) destinare; **auf seinen Kopf sind 5.000 Euro ausgesetzt** sulla sua testa pende una taglia di 5.000 euro ❹ (JUR: *Strafe*) sospendere; **eine Strafe zur Bewährung ~** sospendere condizionalmente la pena ❺ (*bemängeln*) **etw an jdm ~** criticare qu per qc **Aussetzen** <-s> *kein Pl. nt* interruzione *f*, cessazione *f*; (*a.* JUR) sospensione *f*

**Aussetzer** <-s, -> *m* (TECH, *fam*) guasto

**Aussetzung** <-, -en> *f* ❶ (*von Kind*) esposizione *f*, abbandono *m*; (*von Boot*) calare *m* in mare ❷ (*von Preis*) istituzione *f*; (*von Summe, Erbe*) assegnazione *f* ❸ (JUR: *von Urteil*) differimento *m*

**Aussicht** <-, -en> *f* ❶ (*Blick*) vista *f*, veduta *f*; **die ~ auf etw** *acc* **haben** avere la vista su qc ❷ (*Fernsicht*) panorama *m* ❸ (*fig: Zukunftsmöglichkeit*) prospettiva *f*; (*Chance*) probabilità *f*; (*Hoffnung*) speranza *f*; **etw in ~ haben** avere in vista qc, aspettarsi qc; **gute ~en haben** avere buone probabilità; **~ auf Erfolg haben** avere probabilità di successo; **jdm etw in ~ stellen** fare sperare qc a qu

**aussichtslos** *adj* (*hoffnungslos*) senza speranza; (*Lage*) disperato; (*ohne Zukunftsmöglichkeit*) senza prospettive **Aussichtslosigkeit** <-> *kein Pl. f* (*von Lage*) condizione *f* disperata; (*ohne Möglichkeiten*) mancanza *f* di prospettive; (*Vergeblichkeit*) inutilità *f*

**Aussichtspunkt** *m* belvedere *m* **aussichtsreich** *adj* promettente, che promette bene **Aussichtsturm** *m* torre *f* panoramica, belvedere *m*

**aussiedeln** *vt* evacuare

**Aussiedler(in)** <-s, -; -, -nen> *m(f)* evacuato, -a *m, f*

**Aussiedlung** <-, -en> *f* evacuazione *f*

**aus|söhnen** ['aʊszøːnən] I. *vr* **sich mit jdm ~** riconciliarsi con qu II. *vt* **jdn mit jdm ~** conciliare [*o* pacificare] qu con qu

**Aussöhnung** <-, -en> *f* riconciliazione *f*

**aussondern** *vt* scartare, selezionare

**aussorgen** *vi* **damit habe ich ausgesorgt** così facendo mi sono tutelato

**aus|sortieren** <ohne ge-> *vt* ❶ (*ausscheiden*) scartare ❷ (*auswählen*) selezionare, scegliere

**aus|spannen** I. *vt* ❶ (*Netz*) [di]stendere ❷ (*Pferd*) staccare ❸ (*fig fam: wegnehmen*) **jdm die Freundin ~** soffiare la ragazza a qu II. *vi* (*ausruhen*) concedersi un po' di riposo; (*sich entspannen*) rilassarsi

**aus|sperren** I. *vt* ❶ (*ausschließen*) chiudere fuori ❷ (*Arbeiter*) effettuare la serrata di II. *vr* **sich ~** (*aus der Wohnung*) chiudersi fuori

**Aussperrung** <-, -en> *f* serrata *f*

**aus|spielen** I. *vt* ❶ (*Karte*) giocare ❷ (*Pokal*) mettere in palio ❸ (SPORT: *besiegen*) superare ❹ (*Erfahrung, Wissen*) far valere ❺ (*aufwiegeln*) **jdn gegen jdn ~** servirsi di qu contro qu II. *vi* (*im Kartenspiel*) avere la mano; **wer spielt aus?** a chi tocca?

**aus|spionieren** <ohne ge-> *vt* ❶ (*Pläne, Versteck*) venir a sapere [spiando] ❷ (*Person*) spiare

**Aussprache** <-, -n> *f* ❶ (LING) pronuncia *f*; (*Tonfall*) accento *m* ❷ (*klärendes Gespräch*) spiegazione *f*, discussione *f*

**aus|sprechen** <irr> I. *vt* ❶ (*zum Ausdruck bringen*) esprimere; (*äußern*) manifestare ❷ (*lautlich wiedergeben, a Urteil*) pronunciare; (*artikulieren*) articolare II. *vi* (*zu Ende sprechen*) finire di parlare III. *vr* **sich ~** ❶ (*seine Meinung sagen*) esprimersi; **sich über etw** *acc* **~** esprimere un giudizio su qc; **sich für/gegen jdn/etw ~** dichiararsi a favore di/contro qu/qc ❷ (*sein Herz ausschütten*) aprire il cuore, sfogarsi; **sich mit jdm ~** chiarire una divergenza [d'opinioni] con qu, spiegarsi

**Ausspruch** <-(e)s, -sprüche> *m* ❶ (*Sinnspruch*) detto *m*, massima *f* ❷ (*Bemerkung*) osservazione *f*

**aus|spucken** *vt* ❶ (*spuckend von sich geben*) sputare ❷ (*fig fam: Produkte, Geld*) sfornare, buttare fuori

**aus|spülen** *vt* sciacquare, risciacquare

**aus|staffieren** <ohne ge-> *vt* ❶ (*ausstatten*) fornire; **jdn mit etw ~** munire qu di qc ❷ (*herausputzen*) azzimare

**Ausstand** <-(e)s, *rar* -stände> *m* ❶ (*Streik*) sciopero *m*; **in den ~ treten** scendere in sciopero ❷ (*südd, A: Ausscheiden*) ritiro *m*; **seinen ~ geben** festeggiare il congedo dal posto di lavoro

**ausständig** *adj* (*südd, A: ausstehend*) mancante, arretrato; **der ~e Betrag muss innerhalb einer Woche bezahlt werden** la somma dovuta deve essere pagata entro una settimana

**aus|stanzen** *vt* (TEC) punzonare

**aus|statten** ['aʊsʃtatən] *vt* ❶ **jdn/etw [mit etw] ~** (*versehen*) fornire qu/qc [di qc]; (*ausrüsten*) attrezzare qu/qc [con qc] ❷ (*einrichten*) arredare

**Ausstattung** <-, -en> *f* ❶ (*Ausrüstung*) equipaggiamento *m*; (*mit Geräten, Werkzeugen*) dotazione *f* ❷ (*Einrichtung*) arredamento *m* ❸ (*von Buch*) veste *f* tipografica

**aus|stechen** <irr> *vt* ❶ (*Graben*) scavare; (*Rasen, Torf, Teig*) tagliare ❷ (*fig: übertreffen*) superare; (*verdrängen*) soppiantare

**Ausstechform** *f* (GASTR) forma *f* per tagliare la pasta

**aus|stehen** <irr> I. *vt* (*ertragen*) sopportare, soffrire; **jdn nicht ~ können** non poter sopportare [*o* soffrire] qu II. *vi* (*fehlen*) mancare; **diese Rechnung steht noch aus** questa fattura non è ancora pagata

**aus|steigen** <irr> *vi sein* ❶ (*aus Fahrzeug*) [**aus dem Bus/Zug**] **~** scendere [dall'autobus/dal treno] ❷ (*fam*) [**aus etw**] **~** uscire [da qc]

**Aussteiger(in)** <-s, -; -, -nen> *m(f)* drop-out *mf*

**aus|stellen** *vt* ❶ (*Waren, Kunstwerke*) esporre ❷ (*ausschalten*) disinnestare, fermare ❸ (*Pass, Zeugnis, Quittung*) rilasciare; (*Rechnung, Scheck*) emettere; (*Rezept*) fare; (*Urkunde*) stendere, redigere

**Aussteller(in)** <-s, -; -, -nen> *m(f)* ❶ (*auf Messe, Ausstellung*) espositore, -trice *m, f* ❷ (*von Scheck, Wechsel*) emittente *mf*, traente *mf*; (*von Urkunde*) estensore *m*

**Ausstellerzahl** *f* numero *m* degli espositori

**Ausstellung** <-, -en> *f* ❶ (*von Waren, Kunstwerken*) esposizione *f*, mostra *f* ❷ (*von Schriftstück*) stesura *f*; (*von Pass*) rilascio *m*; (*von Scheck, Wechsel*) emissione *f* **Ausstellungsdatum** <-s, -daten> *nt* ❶ (*einer Veranstaltung*) data *f* [d'inizio] dell'esposizione ❷ (*von Schriftstücken*) data *f* di rilascio ❸ (*von Schecks*) data *f* di emissione **Ausstellungshalle** *f* sala *f* d'esposizione **Ausstellungsstand** *m* stand *m* **Ausstellungsstück** *nt* oggetto *m* di esposizione

**aus|sterben** <irr> *vi sein* (*Art, Familie*) estinguersi; (*Beruf*) scomparire

**Aussteuer** <-, -n> *f* corredo *m*, dote *f*

**Ausstieg** <-(e)s, -e> *m* ❶ (*das Heraussteigen*) uscita *f* ❷ (*Ausgang*) uscita *f* ❸ [*fam: aus Kernenergie*] ritiro *m*; (*aus Gesellschaft, Geschäft*) uscita *f*

**aus|stopfen** *vt* (*Tiere*) impagliare, imbalsamare; (*Kissen*) imbottire, riempire

**Ausstoß** <-es, -stöße> *m* ❶ (*in der Wirtschaft*) produzione *f* (*an* +*dat* di) ❷ (TEC) getto *m*

**aus|stoßen** <irr> *vt* ❶ (*Rauch, Gas*) emettere; (*Vulkan*) eruttare ❷ (*Seufzer*) cacciare; (*Fluch*) prorompere; (*Drohung*) proferire; (*Schrei*) emettere ❸ (*herstellen*) produrre, mandar fuori ❹ (*ausschließen*) espellere

**aus|strahlen** *vt* ❶ (*Wärme, Licht*) irradiare ❷ (RADIO, TV) trasmettere, mettere in onda ❸ (*fig*) emanare, irradiare, diffondere

**Ausstrahlung** <-, -en> *f* ❶ (RADIO, TV) trasmissione *f*, messa *f* in onda, diffusione *f* ❷ (*fig: eines Menschen*) carisma *m*

**aus|strecken** I. *vt* (*Arm, Bein*) [di]stendere, allungare; (*Hand*) stendere; (*Fühler*) tendere, allungare; **etw [nach etw] ~** stendere qc [verso qc] II. *vr* **sich ~** sdraiarsi, [di]stendersi

**aus|streichen** <irr> *vt* (*Geschriebenes*) cancellare

**aus|streuen** *vt* spargere; (*Gerüchte*) diffondere

**aus|strömen** I. *vi sein* ❶ (*Wasser*) sgorgare; (*Gas*) fuoriuscire; (*Duft, Dampf*) esalare ❷ (*fig*) emanare II. *vt haben* ❶ (*Wärme*) emettere, emanare; (*Licht*) diffondere ❷ (*fig*) emanare

**aus|suchen** *vt* scegliere

**Austausch** <-(e)s> *kein Pl. m* scambio *m*; (TEC) sostituzione *f* **austauschbar** *adj* intercambiabile

**aus|tauschen** *vt* ❶ (*ersetzen*) **etw [durch etw] ~** sostituire qc [con qc] ❷ (*tauschen*) **etw [gegen etw] ~** scambiare qc [per qc]

**Austauschmotor** *m* (MOT) motore *m* di ricambio

**Austauschschüler(in)** *m(f)* allievo, -a *m, f* di uno scambio

**aus|teilen** *vt* distribuire

**Auster** ['auste] <-, -n> *f* ostrica *f* **Austernbank** *f* banco *m* d'ostriche **Austernpilz** <-es, -e> *m* gelone *m* **Austernzucht** *f* ostricoltura *f*

**aus|toben** *vr* **sich ~** sfogarsi

**aus|tragen** <irr> *vt* ❶ (*Brot, Milch*) portare nelle case; (*Briefe*) recapitare; (*Zeitungen*) distribuire ❷ (SPORT) disputare; (*Streit*) decidere ❸ (*Wend*) **ein Kind ~** portare a compimento una gravidanza

**Austragung** <-, -en> *f* ❶ (*Verteilung*) distribuzione *f*, recapito *m* ❷ (SPORT) realizzazione *f* **Austragungsort** *m* luogo *m* di disputa

**Australien** [aus'tra:liən] *nt* Australia *f*

**Australier(in)** [aus'tra:liɐ] <-s, -; -, -nen> *m(f)* australiano, -a *m, f*

**australisch** [aʊsˈtraːlɪʃ] *adj* australiano
**aus|treiben** <irr> I. *vt* ① (*Kühe*) condurre al pascolo ② (*exorzieren*) esorcizzare, scacciare ③ (*fig: abgewöhnen*) togliere il vizio di; **ich werde dir deine Frechheit schon ~!** ti farò passare la tua insolenza! II. *vi* (*Pflanzen*) germogliare
**aus|treten** <irr> I. *vi sein* ① (*aus Gemeinschaft*) **aus etw ~** uscire [*o* ritirarsi] da qc, lasciare qc; **aus der Kirche ~** staccarsi dalla chiesa ② (*fam: zur Toilette gehen*) andare in bagno [*o* al gabinetto] ③ (*Blut*) sgorgare; (*Gas*) fuoriuscire II. *vt haben* ① (*Feuer, Zigarette*) spegnere con i piedi ② (*Schuhe*) allargare [camminandoj; (*Treppe*) consumare [a furia di camminarvi sopra]; (*Pfad*) battere
**aus|tricksen** [ˈaʊstrɪksən] *vt* (*fam*) fregare
**aus|trinken** <irr> *vi, vt* [finire di] bere
**Austritt** <-(e)s, -e> *m* ① (*das Ausscheiden*) ritiro *m*; **der ~ aus etw** il ritiro da qc ② (*von Gas*) fuoriuscita *f*, fuga *f*; (*von Blut*) travaso *m*
**Austrittserklärung** *f* dimissioni *fpl*
**aus|trocknen** I. *vt haben* [dis]seccare, asciugare II. *vi sein* asciugarsi, [dis]seccarsi
**aus|tüfteln** *vt* (*fam*) escogitare
**aus|üben** *vt* ① (*Beruf, Kunst, Handwerk*) esercitare ② (*Macht, Einfluss*) esercitare; (*Wirkung*) avere
**Ausübung** <-> *kein Pl. f* esercizio *m*, pratica *f*; **in ~ seines Dienstes** nell'adempimento del proprio ufficio
**aus|ufern** *vi sein* (*Gewässer*) straripare; (*Diskussion*) sviare [il discorso]
**ausufern** *vi sein* (*Gewässer*) straripare; (*Diskussion*) sviare [il discorso]
**Ausverkauf** <-(e)s, -verkäufe> *m* (COM) liquidazione *f*, svendita *f*
**aus|verkaufen** <ohne ge-> *vt* liquidare
**ausverkauft** *adj* esaurito; **vor ~em Hause spielen** (THEAT) fare il pienone
**Auswahl** <-, -en> *f* ① *Sing.* (*Wahl*) scelta *f*; (SPORT) selezione *f*; **zur ~ stehen** essere a scelta ② (*Warenangebot*) assortimento *m*; **eine große ~ an etw** *dat* **anbieten** offrire un grande assortimento di qc
**aus|wählen** *vt* scegliere; **etw unter mehreren Sachen** *dat* **~** scegliere qc fra diverse cose
**Auswahlmenü** *nt* (INFORM) menu *m* **Auswahlverfahren** *nt* processo *m* di selezione
**aus|walzen** *vt* ① (*walzen*) laminare ② (*fig: weitschweifig erörtern*) diffondersi troppo su, dilungarsi su
**Auswanderer(in)** <-s, -; -, -nen> *m(f)* emigrante *mf* **aus|wandern** *vi sein* [**nach Frankreich**] **~** emigrare [in Francia] **Auswanderung** <-, -en> *f* emigrazione *f*
**auswärtig** [ˈaʊsvɛrtɪç] *adj* ① (*nicht am, vom Ort*) esterno ② (*an, vom Ausland*) estero ③ (*von auswärts*) da fuori; **das Auswärtige Amt** il ministero degli [affari] esteri
**auswärts** [ˈaʊsvɛrts] *adv* ① (*nicht zu Hause*) fuori [casa] ② (*nicht am Ort*) in [un] altro luogo; **von ~** da fuori ③ (*nach außen*) in fuori, verso l'esterno **Auswärtsspiel** *nt* (SPORT) partita *f* [*o* incontro *m*] in trasferta
**aus|waschen** <irr> *vt* ① (*Kleidung, Wunde*) lavare; (*ausspülen*) sciacquare ② (GEOL) dilavare; (*Gestein*) erodere ③ (*Farben*) schiarire
**auswechselbar** *adj* intercambiabile
**aus|wechseln** *vt* **etw [gegen etw] ~** cambiare qc [con qc]; (*a. ersetzen*) sostituire qc [con qc]
**Auswechselspieler(in)** *m(f)* riserva *f*
**Auswechse|e|lung** <-, -en> *f* [ri]cambio *m*; (*Ersatz*) sostituzione *f*
**Ausweg** <-(e)s, -e> *m* via *f* d'uscita [*o* di scampo], espediente *m*
**ausweglos** *adj* senza via d'uscita; (*Lage*) disperato **Ausweglosigkeit** <-> *kein Pl. f* mancanza *f* di via d'uscita; **die ~, in der ich mich befinde** il vicolo cieco in cui mi trovo
**aus|weichen** <irr> *vi sein* **jdm/etw ~** schivare [*o* evitare] qu/qc; (*einem Hindernis ~*) evitare un ostacolo; **einer Frage ~** eludere una domanda; **nach rechts ~** piegare a destra; **eine ~de Antwort** una risposta evasiva; **auf etw anderes ~** ripiegare su un'altra cosa
**Ausweichmanöver** *nt* ① (MOT) manovra *f* di scansamento ② (*fig*) manovra *f* diversiva **Ausweichmöglichkeit** *f* ① (MOT) possibilità *f* di scansamento ② (*Alternative*) alternativa *f*
**aus|weinen** *vr* **sich ~** sfogarsi piangendo; **sich** *dat* **die Augen ~** piangere a calde lacrime; **sich bei jdm ~** sfogarsi piangendo con qu
**Ausweis** [ˈaʊsvaɪs] <-es, -e> *m* documento *m*; (*Personal~*) carta *f* d'identità
**aus|weisen** <irr> I. *vt* ① (*hin~*) cacciare; **jdn aus einem Land ~** espellere [*o* esiliare] qu da un paese ② (*identifizieren*) identificare II. *vr* **sich ~** legittimarsi
**Ausweiskontrolle** *f* controllo *m* passaporti [*o* documenti] **Ausweispapiere** *ntPl.* documenti *mpl* di legittimazione

**Ausweisung** <-, -en> f espulsione f
**aus|weiten** I. vt ❶ (*ausdehnen*) allargare ❷ (*fig: erweitern*) estendere; (*Produktion*) aumentare II. vr **sich ~** ❶ (*weiter werden*) allargarsi ❷ (*fig*) svilupparsi; **sich zu etw ~** trasformarsi in qc
**Ausweitung** <-, -en> f espansione f (*auf* +*acc* su), dilatazione f
**auswendig** adj **~ können/lernen** sapere/imparare a memoria
**aus|werfen** <irr> vt ❶ (*Angel, Netz*) gettare; (*Anker*) calare ❷ (*Schleim*) espettorare, sputare; (*Lava*) eruttare ❸ (*Prämien*) assegnare ❹ (*produzieren*) sfornare, buttare fuori
**aus|werten** vt ❶ (*Angaben*) analizzare, interpretare ❷ (*verwerten*) utilizzare; (COM) sfruttare
**Auswertung** <-, -en> f ❶ (*Bewertung*) analisi f, interpretazione f ❷ (*Verwertung*) utilizzazione f; (COM) sfruttamento m
**aus|wickeln** vt svolgere
**aus|wirken** vr **sich [auf etw** acc] **~** ripercuotersi [su qc]
**Auswirkung** <-, -en> f conseguenza f, effetto m, ripercussione f
**aus|wischen** vt ❶ (*säubern*) pulire ❷ (*Schrift, Zeichnung*) cancellare; **jdm eins ~** (*fam*) giocare un brutto tiro a qu
**aus|wringen** <irr> vt strizzare, torcere
**Auswuchs** <-es, Auswüchse> m ❶ (*Wucherung*) escrescenza f ❷ pl (*fig*) aberrazioni mpl, eccessi mpl
**auswuchten** vt (TEC) equilibrare
**Auswurf** <-(e)s, -würfe> m ❶ Sing. (*von Lava*) eruzione f ❷ (MED) sputo m
**aus|zahlen** I. vt ❶ (*Geld*) pagare ❷ (*Arbeiter*) liquidare II. vr **sich ~** valere la pena
**aus|zählen** vt ❶ (*Stimmen*) fare lo spoglio di ❷ (SPORT: *Boxer*) dichiarare fuori combattimento
**Auszahlung** <-, -en> f pagamento m
**Auszählung** <-, -en> f conteggio m, computo m
**aus|zeichnen** I. vt ❶ (*Waren*) contrassegnare, marcare ❷ (*ehren*) onorare; **jdn mit einem Preis ~** conferire un premio a qu ❸ (TYP) porre in evidenza II. vr **sich [durch etw] ~** eccellere [in qc], distinguersi [per qc]
**Auszeichnung** <-, -en> f ❶ (*von Waren*) contrassegno m ❷ (*Ehrung*) distinzione f, onorificenza f; (MIL) decorazione f; **die Prüfung mit ~ bestehen** passare gli esami con lode
**Auszeit** <-, -en> f (SPORT) sospensione f, time out m
**ausziehbar** adj allungabile

**aus|ziehen** <irr> I. vt haben ❶ (CHEM, MED) estrarre; (*Haare*) strappare ❷ (*Tisch*) allungare ❸ (*Kleider*) togliersi, levarsi II. vi sein partire; **aus einer Wohnung ~** lasciare un appartamento III. vr **sich ~** spogliarsi, svestirsi
**Ausziehtisch** m tavola f allungabile
**Auszubildende** <ein -r, -n, -n> mf tirocinante mf, apprendista mf
**Auszug** <-(e)s, -züge> m ❶ (CHEM, BOT) estratto m ❷ (*Konto~*) estratto m ❸ (*Buch~*) passo m; (MUS) brano m ❹ (*Abriss*) sommario m; (*Zusammenfassung*) riassunto m ❺ (*aus Wohnung*) trasloco m, sgombero m ❻ (*Ausmarsch*) partenza f; (REL) esodo m ❼ (*CH: Altenteil*) pensione f, vitalizio m **auszugsweise** adv in forma riassuntiva
**aus|zupfen** vt strappare
**autark** [aʊˈtark] adj autarchico
**Autarkie** [aʊtarˈkiː] <-, -n> f autarchia f
**authentisch** [aʊˈtɛntɪʃ] adj autentico
**Authentizität** [aʊtɛntitsiˈtɛːt] <-> *kein Pl.* f autenticità f
**Autismus** [aʊˈtɪsmʊs] <-> *kein Pl.* m (MED) autismo m
**autistisch** adj autistico
**Auto** [ˈaʊto] <-s, -s> nt auto f, macchina f; **ein ~ fahren** guidare una macchina; **mit dem ~ fahren** andare in macchina
**Autoantenne** f antenna f per auto
**Autoatlas** m atlante m stradale [per automobilisti]
**Autobahn** f autostrada f
**Autobahnanschluss** m raccordo m autostradale **Autobahnauffahrt** f raccordo m di entrata [autostradale] **Autobahnausfahrt** f uscita f autostradale **Autobahnbrücke** f ponte m sull'autostrada **Autobahndreieck** nt svincolo m autostradale **Autobahngebühr** f pedaggio m [autostradale] **Autobahnkreuz** nt crocevia m autostradale **Autobahnraststätte** f autogrill® m, area f di servizio **Autobahnzubringer** m raccordo m autostradale
**Autobatterie** <-, -n> f batteria f di avviamento
**Autobiografie** [aʊtobiograˈfiː] f autobiografia f
**autobiografisch** adj autobiografico
**Autobiographie** f s. **Autobiografie**
**autobiographisch** adj s. **autobiografisch**
**Autobombe** f (sl) autobomba f
**Autobus** [ˈaʊtobʊs] m (*in der Stadt*) autobus m; (*zwischen Städten*) corriera f, pullman m **Autobusbahnhof** m terminal m per autobus, capolinea m degli autobus

**Autodidakt(in)** [aʊtodi'dakt] <-en, -en; -, -nen> *m(f)* autodidatta *mf*
**autodidaktisch** *adj* autodidattico
**Autofähre** *f* ferry-boat *m*, nave *f* traghetto
**Autofahrer(in)** *m(f)* automobilista *mf*, autista *mf* **Autofahrt** *f* viaggio *m* in automobile
**Autofokus** [aʊto'fo:kʊs] <-, -se> *m* (FOTO) autofocus *m*
**autofrei** *adj* (*Innenstadt*) chiuso al traffico; (*Tag*) giornata *di* divieto *di* circolazione per autoveicoli
**Autofriedhof** *m* cimitero *m* delle automobili
**autogen** [aʊto'ge:n] *adj* ❶ (TEC) autogeno ❷ (MED) ~**es Training** training autogeno
**Autogramm** [aʊto'gram] <-s, -e> *nt* autografo *m* **Autogrammjäger(in)** *m(f)* (*fam*) cacciatore, -trice *m*, *f* d'autografi
**Autohändler(in)** *m(f)* concessionario *m* di automobili
**Autoimmunreaktion** *f* reazione *f* autoimmune
**Autokarte** *f* carta *f* automobilistica
**Autokino** *nt* drive-in *m*, cineparco *m*
**Autokratie** [aʊtokra'ti:] <-, -n> *f* autocrazia *f*
**autokratisch** *adj* autocratico
**Autolenker(in)** <-s, -; -, -nen> *m(f)* (*CH*) *s.* **Autofahrer**
**Automarder** *m* (*sl*) ladro *m* d'automobili
**Automat** [aʊto'ma:t] <-en, -en> *m* apparecchio *m* automatico; (*Waren~*) distributore *m* automatico; (*Spiel~*) slotmachine *f*; (*Musik~*) juke-box *m*
**Automatik** [aʊto'ma:tɪk] <-, -en> *f* automatismo *m*; (MOT) cambio *m* automatico
**Automatikgetriebe** <-s, -> *nt* (AUTO) cambio *m* automatico **Automatikgurt** *m* (MOT) cintura *f* di sicurezza automatica
**Automation** [aʊtoma'tsjo:n] <-> *kein Pl. f* automazione *f*
**automatisch** [aʊto'ma:tɪʃ] *adj* automatico
**automatisieren** [aʊtomati'zi:rən] <ohne ge-> *vt* automatizzare
**Automatisierung** <-, -en> *f* automatizzazione *f*
**Automechaniker(in)** *m(f) s.* **Autoschlosser**
**Automobil** [aʊtomo'bi:l] <-s, -e> *nt* automobile *f* **Automobilausstellung** *f* salone *m* dell'automobile **Automobilbau** *m* costruzione *f* di automobili
**Automobilhersteller** *m* casa *f* automobilistica **Automobilindustrie** *f* industria *f* automobilistica

**Automobilist(in)** <-s, -en; -, -nen> *m(f)* (*CH*) *s.* **Autofahrer**
**autonom** [aʊto'no:m] *adj* autonomo
**Autonome** <ein -r, -n, -n> *mf* autonomo, -a *m*, *f*
**Autonomie** [aʊtono'mi:] <-> *kein Pl. f* autonomia *f*
**Autonummer** *f* numero *m* di targa
**Autopilot** <-en, -en> *m* (TEC) pilota *m* automatico, autopilota *m*
**Autopsie** <-, -n> *f* (MED) autopsia *f*
**Autor(in)** ['aʊto:ɐ] <-s, -en; -, -nen> *m(f)* autore, -trice *m*, *f*
**Autoradio** *nt* autoradio *f* **Autoreifen** *m* pneumatico *m* **Autoreisezug** *m* treno *m* "auto al seguito" **Autorennen** *nt* corsa *f* [*o* gara *f*] automobilistica **Autoreparaturwerkstatt** *f* autofficina *f*
**Autorin** *f s.* **Autor**
**autorisieren** [aʊtori'zi:rən] <ohne ge-> *vt* **jdn zu etw ~** autorizzare qu a [fare] qc
**autoritär** [aʊtori'tɛ:ɐ] *adj* autoritario
**Autoritarismus** <-> *m* (POL) autoritarismo
**Autorität** [aʊtori'tɛ:t] <-, -en> *f* autorità *f*
**Autoschalter** *m* sportello *m* (*di una banca*) *a cui il cliente accede in automobile* **Autoschlange** *f* coda *f* di automobili **Autoschlosser(in)** *m(f)* meccanico *m* d'automobili **Autoschlüssel** *m* chiave *f* della macchina **Autoskooter** <-s, -> *m* (*auf Jahrmärkten*) autoscontro *m* **Autostop[p]** *m* autostop *m* **Autostrich** *m* (*sl*) viale *m* delle puttane **Autostunde** <-, -n> *f* ora *f* di macchina; **die Stadt liegt eine ~ von hier entfernt** la città è a un'ora di macchina da qui
**Autosuggestion** [aʊtozʊgɛs'tjo:n] *f* autosuggestione *f*
**autosuggestiv** *adj* (*Methode*, *Techniken*) autosuggestivo
**Autotelefon** *nt* autotelefono *m* **Autounfall** *m* incidente *m* automobilistico **Autoverleih** *m* noleggio *m* di autovetture **Autovermietung** *f* autonoleggio *m* **Autozubehör** *nt* accessorio *m* [per automobili]
**autsch** [aʊtʃ] *int* ai
**avancieren** [avã'si:rən] <ohne ge-> *vi sein* [**zu etw**] ~ avanzare [a qc]
**Avantgarde** [avã'gardə] <-, -n> *f* avanguardia *f*
**Avantgardist(in)** [avãgar'dɪst] <-en, -en; -, -nen> *m(f)* (KUNST, LIT) avanguardista *mf*
**avantgardistisch** [avãgar'dɪstɪʃ] *adj* avanguardista, d'avanguardia
**Aversion** [avɛr'zjo:n] <-, -en> *f* avver-

sione *f;* **eine ~ gegen jdn/etw haben** avere un'avversione per qu/qc
**Avocado** [avo'ka:do] <-, -s> *f* avocado *m*
**Axiom** [aksi'o:m] <-s, -e> *nt* assioma *m*
**Axt** [akst, *Pl:* 'ɛkstə] <-, Äxte> *f* ascia *f,* scure *f*
**AZ, Az.** *abk v* **Aktenzeichen** sigla, numero di protocollo
**Azalee** [atsa'le:ə] <-, -n> *f,* **Azalie** [a'tsa:ljə] <-, -n> *nt* azalea *f*

**Azeton** [atse'to:n] <--> *kein Pl. nt* (CHEM) acetone *m*
**Azoren** [a'tso:rən] *Pl.* Azzorre *fpl*
**Azteke** [ats'te:kə] <-n, -n> *m,* **Aztekin** [ats'te:kɪn] <-, -nen> *f* azteco, -a *m, f*
**Azubi** [a'tsu:bi *o* 'a(:)tsubi] <-s, -s> *m* (*fam*) *akr v* **Auszubildende(r)** apprendista *mf,* tirocinante *mf*
**azurblau** [a'tsu:ɐblaʊ] *adj* azzurro, celeste

# Bb

**B, b** [be:] <-, -(s)> *nt* ❶ (*Buchstabe*) B, b *f;* **B wie Berta** B come Bologna ❷ (MUS) si *m* bemolle
**B** *abk v* **Bundesstraße** S.S., strada statale
**Babel** ['ba:bəl] <-s, -> *nt* Babele *f*
**Baby** ['be:bi] <-s, -s> *nt* bebè *m,* neonato, -a *m, f* **Babyausstattung** *f* corredino *m,* biancheria *f* per neonato **Babyboom** <-s, -s> *m* boom *m* delle nascite **Babyfon** [be:bi'fo:n] <-s, -e> *nt* baby care *m,* dispositivo per il monitoraggio del sonno del bambino
**Babylon** ['ba:bylɔn] *nt* Babilonia *f*
**babylonisch** [baby'lo:nɪʃ] *adj* babilonese
**Babynahrung** *f* alimenti *mpl* per lattanti
**Babyphon** [be:bi'fo:n] <-s, -e> *nt* baby care *m, dispositivo per il monitoraggio del sonno del bambino* **babysitten** ['be:bi-zɪtən] *vi* curare i bambini; **bei jdm ~** fare da baby-sitter a qu **Babysitter(in)** <-s, -; -, -nen> *m(f)* baby-sitter *mf* **Babyspeck** *m* (*fam*) ciccia *f* **Babystrich** *m* (*fam*) prostituzione *f* minorile **Babywäsche** *f* corredino *m,* biancheria *f* per neonato
**Babyzelle** *f* mezza torcia *f*
**Bach** [bax, *Pl:* 'bɛçə] <-(e)s, Bäche> *m* ruscello *m,* torrente *m*
**Bachelor** ['bɛtʃəlɐ] <-[s], -s> *m* bachelor *m,* laurea *f* triennale **Bachelorstudiengang** *m* corso *m* di bachelor [*o* corso di laurea triennale]
**Bachforelle** *f* trota *f* di torrente
**Bächlein** ['bɛçlaɪn] <-s, -> *nt* ruscelletto *m;* **ein ~ machen** (*Kindersprache*) far la pipì
**Bachstelze** *f* (ZOO) cutrettola *f*
**Backblech** *nt* teglia *f* da forno
**Backbord** *nt* (NAUT, AERO) babordo *m*

**Backe** ['bakə] <-, -n> *f* (*Wange*) guancia *f;* (*Gesäß~*) natica *f*
**backen** ['bakən] <bäckt *o* backt, backte *o obs* buk, gebacken> *vt* (*im Ofen*) cuocere [in forno]; (*in der Pfanne*) friggere
**Backenbart** *m* favoriti *mpl,* fedine *fpl* **Backenhörnchen** *nt* (ZOO) tamia *m* striato **Backenknochen** *m* zigomo *m* **Backentasche** *f* (ANAT) borsa *f* mascellare **Backenzahn** *m* molare *m*
**Bäcker(in)** ['bɛkɐ] <-s, -; -, -nen> *m(f)* fornaio, -a *m, f,* panettiere, -a *m, f*
**Bäckerei** [bɛkə'raɪ] <-, -en> *f* ❶ (*Bäckerladen*) panetteria *f,* panificio *m* ❷ *meist Pl* (*A: Gebäck*) dolci *mpl,* paste *fpl*
**Bäckermeister(in)** *m(f)* maestro fornaio *m,* fornaia capo *f*
**Bäckers|frau** *f* moglie *f* del fornaio [*o* del panettiere]
**Backfisch** *m* (GASTR) pesce *m* fritto **Backform** *f* stampo *m* per dolci
**Background** ['bɛkgraʊnt] <-s, -s> *nt* background *m*
**Backobst** *nt* frutta *f* secca **Backofen** *m* forno *m* **Backpfeife** *f* (*dial*) schiaffo *m,* ceffone *m* **Backpflaume** *f* prugna *f* secca **Backpulver** *nt* lievito *m* **Backrohr** *nt* (*A: Backofen*) forno *m* **Backröhre** *f* forno *m* **Backstein** *m* mattone *m,* laterizio *m* **Backstube** *f* forno *m*
**backt, bäckt** [bakt, bɛkt] *3. Pers. Sing. Präs. von* **backen**
**backte** ['baktə] *1. u. 3. Pers. Sing. Imp. von* **backen**
**Backup** [bɛk'?ap] <-s, -s> *nt* (INFORM) backup *m*
**Backwaren** *fPl.* pane *m* e pasticceria *f;* (*süße ~*) dolci *mpl* **Backwerk** *nt* pasticceria *f*

**Bad** [baːt, *Pl:* 'bɛːdə] <-(e)s, Bäder> *nt* ① (*das Baden*) bagno *m;* **ein ~ nehmen** fare il bagno ② (*~ewanne*) bagno *m* ③ (*Schwimm~*) piscina *f* ④ (*~eort*) stazione *f* termale; (*See~*) stazione *f* balneare ⑤ (CHEM) bagno *m*
**Badeanstalt** *f* stabilimento *m* balneare, piscina *f* **Badeanzug** *m* costume *m* da bagno **Badegast** *m* ① (*im Kurort*) ospite *mf* di una stazione termale ② (*im Schwimmbad*) bagnante *mf* **Badehose** *f* calzoncini *mpl* da bagno **Badekappe** *f* cuffia *f* da bagno
**Badelatschen** *m* (*fam*) ciabatte [da mare] *pl fam* **Bademantel** *m* accappatoio *m* **Bademeister(in)** *m(f)* bagnino, -a *m, f* **Bademütze** *s.* **Badekappe**
**baden** ['baːdən] **I.** *vt* fare il bagno a **II.** *vi* farsi il bagno; (*im Freien*) bagnarsi, fare il bagno; **~ gehen** (*fig fam*) andare a monte, naufragare **Baden** ['baːdən] <-s> *kein Pl. nt* bagnarsi *m,* bagno *m*
**Baden-Württemberg** *nt* Baden-Württemberg *m*
**Badeofen** *m* scaldabagno *m*
**Badeort** *m* località *f* balneare **Badeschuhe** *mPl.* scarpe *fpl* da bagno **Badestrand** *m* spiaggia *f* **Badetuch** *nt* asciugamano *m* da bagno **Badewanne** *f* vasca *f* da bagno **Badewasser** *nt* acqua *f* del bagno **Badezeug** *nt* equipaggiamento *m* da bagno **Badezimmer** *nt* bagno *m,* stanza *f* da bagno **Badezusatz** *m* bagnoschiuma *m*
**Badminton** ['bɛtmɪntən] <-> *kein Pl. nt* (SPORT) badminton *m*
**baff** [baf] *adj* (*fam*) **~ sein** rimanere di stucco
**Bafög** ['baːføːk] <-(s)>, **BAFöG** *nt akr v* **Bundesausbildungsförderungsgesetz** *legge federale per il sostegno dell'istruzione scolastica ed universitaria;* **~ bekommen** (*fam*) *ricevere il presalario*
**Bagatelle** [baɡaˈtɛlə] <-, -n> *f* bagatella *f,* inezia *f*
**bagatellisieren** [baɡatɛliˈziːrən] <ohne ge-> *vt* minimizzare
**Bagatellschaden** *m* danno *m* lieve
**Bagatellunfall** *m* incidente di piccola entità
**Bagger** ['baɡɐ] <-s, -> *m* escavatore *m,* escavatrice *f;* (*Schwimm~*) draga *f*
**baggern** *vi* scavare; (*mit Schwimmbagger*) dragare
**Baggersee** *m* laghetto *m* di cava
**Baguette** [baˈɡɛt] <-s, -s> *nt* baguette *f*
**Bahamas** [baˈhaːmas] *Pl.* **die ~** le Bahamas
**Bahn** [baːn] <-, -en> *f* ① (*Weg, a. fig*) via *f,* strada *f;* (*Fahr~*) carreggiata *f;* (SPORT) pista *f;* (*eines einzelnen Wettkämpfers*) corsia *f;* **freie ~ haben** avere via libera ② (*Eisen~*) treno *m,* ferrovia *f;* (*Verkehrsnetz, Strecke*) linea *f;* **mit der ~ fahren** viaggiare in treno ③ (ASTR) orbita *f;* (PHYS) percorso *m;* (*Elektronen~*) orbita *f;* (*Flug~*) traiettoria *f* ④ (*Stoff~*) telo *m;* (*Tapeten~*) lista *f* **Bahnanlagen** *fPl.* impianti *mpl* ferroviari **Bahnarbeiter(in)** *m(f)* operaio, -a *m, f* delle ferrovie **Bahnbeamte** <ein -r, -n, -n> *m,* **Bahnbeamtin** *f* impiegato, -a *m, f* delle ferrovie, ferroviere, -a *m, f*
**bahnbrechend** *adj* rivoluzionario **Bahnbrecher(in)** <-s, -; -, -nen> *m(f)* pioniere, -a *m, f,* precursore, -corritrice *m, f,* iniziatore, -trice *m, f* **Bahnbus** *m* autobus *m* della ferrovia **Bahndamm** *m* argine *m* della ferrovia
**bahnen** ['baːnən] *vt* (*Weg, a. fig*) aprire, spianare; **sich** *dat* **einen Weg durch etw ~** aprirsi un varco attraverso qc
**Bahnfahrt** *f* viaggio *m* in treno **Bahngleis** *nt* binario *m*
**Bahnhof** *m* stazione *f* **Bahnhofsbuchhandlung** *f* libreria *f* della stazione **Bahnhofshalle** *f* hall *f* della stazione **Bahnhofsmission** *f* organizzazione *f* assistenziale operante nelle stazioni **Bahnhofsvorstand** *m* (CH, A: *Bahnhofsvorsteher*) capostazione *mf* **Bahnhofsvorsteher(in)** *m(f)* capostazione *mf* **Bahnhofswirtschaft** *f* ristorante *m* della stazione; (*einfache*) buvette *f*
**bahnlagernd** *adv* fermo [*o* giacente] in stazione
**Bahnlinie** *f* linea *f* ferroviaria **Bahnpolizei** *f* polizia *f* ferroviaria **Bahnschranke** *f* barriera *f* [di passaggio a livello] **Bahnsteig** ['baːnʃtaɪk] <-(e)s, -e> *m* marciapiede *m* **Bahnsteigkarte** *f* biglietto *m* di ingresso ai binari **Bahnstrecke** *f* percorso *m* ferroviario **Bahntransport** *m* trasporto *m* per ferrovia **Bahnübergang** *m* passaggio *m* a livello **Bahnunterführung** *f* sottopassaggio *m* **Bahnverbindung** *f* collegamento ferroviario **Bahnwärter(in)** *m(f)* cantoniere, -a *m, f,* casellante *mf*
**Bahre** ['baːrə] <-, -n> *f* barella *f,* lettiga *f;* (*Toten~*) bara *f*
**Bai** [baɪ] <-, -en> *f* (*Bucht*) baia *f,* golfo *m;* (*kleine*) insenatura *f*
**Baiser** [bɛˈzeː] <-s, -s> *nt* meringa *f*
**Baisse** ['bɛːsə] <-, -n> *f* (FIN) ribasso *m*
**Baissespekulant(in)** *m(f)* ribassista *mf*
**Bajonett** [bajoˈnɛt] <-(e)s, -e> *nt* baionetta *f*

**Bake** ['baːkə] <-, -n> f (NAUT) meda f, biffa f; (AERO) aerofaro m; (Verkehrsbake) pannello m distanziometrico

**Bakelit®** [bakə'liːt o bakə'lɪt] <-s> kein Pl. nt bachelite f

**Bakkarat** ['bakara(t) o baka'ra] <-s> kein Pl. nt (Kartenspiel) baccarà m

**Bakterie** [bak'teːrjə] <-, -n> f batterio m, microbo m

**bakteriell** [bakte'rjɛl] adj batterico

**Bakterienkultur** f coltura f batterica

**Bakteriologe** [bakterjo'loːgə] <-n, -n> m batteriologo m **Bakteriologie** <-> kein Pl. f batteriologia f **Bakteriologin** [bakterjo'loːgɪn] <-, -nen> f batteriologa f **bakteriologisch** [bakterjo'loːgɪʃ] adj batteriologico

**Balalaika** [bala'laɪka, Pl: bala'laɪkas o bala'laɪkən] <-, -s o Balalaiken> f (MUS) balalaica f

**Balance** [ba'lãːsə] <-, -n> f equilibrio m **Balanceakt** m (a. fig) gioco m di equilibrio

**balancieren** [balã'siːrən] <ohne ge-> I. vi sein stare in equilibrio II. vt haben bilanciare, equilibrare; (Ball) far stare in equilibrio

**bald** [balt] adv ① (in Kürze) presto; **so ~ wie möglich** il più presto possibile; **~ darauf** poco dopo ② (fam: beinahe) quasi; **ich wäre ~ hingefallen** ci è mancato poco che cadessi ③ (einmal) ~ ..., ~ ... ora ..., ora ...; **~ da, ~ dort** talvolta qui, talvolta là, un po' dovunque

**Baldachin** ['baldaxiːn o balda'xiːn] <-s, -e> m baldacchino m

**Bälde** ['bɛldə] f **in ~** fra poco

**baldig** ['baldɪç] adj prossimo

**baldigst, baldmöglichst** ['baldɪkst, 'balt'møːklɪçst] adv il più presto possibile

**Baldrian** ['baldriaːn] <-s, -e> m valeriana f

**Baldriantropfen** mPl. gocce fpl di valeriana

**Balearen** [bale'aːrən] Pl. Baleari fpl

**Balg**[1] [balk, Pl: 'bɛlgə] <-(e)s, Bälge> m ① (Tierhaut) pelle f ② (Blase~, Orgel~) mantice m

**Balg**[2] [balk, Pl: 'bɛlgə] <-(e)s, Bälger> m o nt (pej fam: Kind) marmocchio m, monello m

**balgen** ['balgən] vr **sich ~** accapigliarsi, azzuffarsi

**Balgerei** [balgə'raɪ] <-, -en> f zuffa f

**Balkan** ['balkaːn] m **der ~** i Balcani mpl; **auf dem ~** nei Balcani **Balkanhalbinsel** f penisola f balcanica **Balkanländer** ntPl. stati mpl balcanici

**Balkanstaaten** mPl. stati mpl balcanici

**Balken** ['balkən] <-s, -> m trave f, traversa f; (von Waage) giogo m [della bilancia]; (SPORT) ostacolo m **Balkendecke** f soffitto m a travi **Balkendiagramm** nt (INFORM) istogramma m

**Balkon** [bal'kɔŋ] <-s, -s o -e> m ① (ARCH) balcone m, terrazzo m ② (THEAT, FILM) balconata f, galleria f **Balkontür** f porta f finestra

**Ball** [bal, Pl: 'bɛlə] <-(e)s, Bälle> m ① (zum Spielen) palla f; (großer, Fuß~) pallone m; **~ spielen** giocare a palla; **am ~ bleiben** (fig fam) perseverare, non mollare ② (Tanz) ballo m

**Ballade** [ba'laːdə] <-, -n> f ballata f

**Ballast** [ba'last o 'balast] <-(e)s, rar -e> m zavorra f; **~ abwerfen** (a. fig) gettare la zavorra **Ballaststoffe** mPl. (MED) sostanze fpl non assimilabili

**ballen** ['balən] I. vt (Faust) serrare II. vr **sich ~** ammassarsi, accumularsi; (Wolken) addensarsi

**Ballen** ['balən] <-s, -> m ① (COM) balla f; **in ~ [ver]packen** imballare ② (ANAT: Hand~, Fuß~) eminenza f

**Ballerina** [balə'riːna] <-, Ballerinen> f ballerina f, danzatrice f

**ballern** ['balən] vi (fam: schießen) sparare, tirare

**Ballett** [ba'lɛt] <-(e)s, -e> nt balletto m **Ballettkorps** nt corpo m di ballo

**Ballettmeister(in)** m(f) direttore, -trice m, f del corpo di ballo

**Ballettmusik** f musica f da balletto **Balletttröckchen** ['ba'lɛtrœkçən] <-s, -> nt tutù m **Ballettschuhe** mPl. scarpette fpl da ballo **Balletttänzer(in)** m(f) ballerino, -a m, f **Balletttruppe** f s. **Ballettkorps**

**Ballistik** [ba'lɪstɪk] <-> kein Pl. f balistica f **ballistisch** [ba'lɪstɪʃ] adj balistico

**Balljunge** m raccattapalle m

**Ballkleid** nt abito m da ballo

**Ballon** [ba'lɔŋ] <-s, -s o -e> m ① (Luftfahrzeug) pallone m aerostatico, aerostato m ② (Luft~) pallone m ③ (~flasche) damigiana f

**Ballsaal** m sala f da ballo

**Ballspiel** nt gioco m a palla

**Ballung** ['balʊŋ] <-, -en> f agglomerato m **Ballungsgebiet** nt agglomerato m urbano **Ballungszentrum** nt città f ad alta concentrazione urbana ed industriale

**Ballwechsel** m (bes. Tennis) cambio m delle palle

**Balsaholz** nt (BOT) balsa f

**Balsam** ['balza:m] <-s, -e> *m* (*a. fig*) balsamo *m*
**Balte** ['baltə] <-n, -n> *m* abitante *m* dei paesi baltici **Baltikum** ['baltikʊm] <-s> *nt* paesi *mpl* baltici **Baltin** ['baltɪn] <-, -nen> *f* abitante *f* dei paesi baltici **baltisch** *adj* baltico
**Balustrade** [balʊs'tra:də] <-, -n> *f* balaustra *f*
**Balz** [balts] <-, -en> *f* (ZOO) stagione *f* degli accoppiamenti
**balzen** ['baltsən] *vi* essere in amore
**Balzzeit** *f* (ZOO) stagione *f* degli accoppiamenti
**Bambus** ['bambʊs] <- *o* -ses, -se> *m* bambù *m* **Bambusrohr** *nt* canna *f* di bambù **Bambussprossen** *fPl.* germogli *mpl* di bambù
**Bammel** ['baməl] <-s> *kein Pl. m* (*fam*) fifa *f*, strizza *f*
**bamstig** *adj* ① (*A: holzig*) legnoso ② (*A: aufgedunsen*) gonfio
**banal** [ba'na:l] *adj* banale
**banalisieren** [banali'si:rən] *vt* (*geh*) banalizzare
**Banalität** [banali'tɛ:t] <-, -en> *f* banalità *f*
**Banane** [ba'na:nə] <-, -n> *f* banana *f*
**Bananenpflanzung** *f* piantagione *f* di banane **Bananenrepublik** *f* (*pej*) repubblica *f* delle banane **Bananenschale** *f* buccia *f* di banana **Bananenstaude** *f* banano *m* **Bananenstecker** *m* (TEC) spina *f* a banana
**Banause** [ba'naʊzə] <-n, -n> *m* persona *f* gretta e limitata, borghesuccio, -a *m, f*
**band** [bant] *1. u. 3. Pers. Sing. Imp. von* **binden**
**Band**[1] [bant, *Pl.:* 'bɛndɐ] <-(e)s, Bänder> *nt* ① (*aus Stoff*) nastro *m;* (*Eisen~*) cerchio *m* ② (*Fließ~*) catena *f* di montaggio; **am laufenden ~** a catena; (*fig fam*) ininterrottamente ③ (*Ton~*) nastro *m* [magnetico]; **auf ~ aufnehmen** incidere su nastro [magnetico] ④ (RADIO: *Bereich*) banda *f* ⑤ (ANAT: *Gelenk~*) legamento *m* articolare, tendine *m*
**Band**[2] [bant, *Pl.:* 'bandə] <-(e)s, -e> *m* (*fig: innere Bindung*) legame *m*, vincolo *m*
**Band**[3] [bant, *Pl.:* 'bɛndə] <-(e)s, Bände> *m* (*Buch~*) volume *m*, tomo *m;* **das spricht Bände** (*fig*) questo dice tutto
**Band**[4] [bɛnt] <-, -s> *f* (*Musikgruppe*) band *f*
**Bandage** [ban'da:ʒə] <-, -n> *f* bendaggio *m*, fasciatura *f*
**bandagieren** [banda'ʒi:rən] <ohne ge-> *vt* bendare, fasciare

**Bandaufnahme** *f* registrazione *f* su nastro
**Bandbreite** *f* ① (RADIO) larghezza *f* di banda ② (*fig: von Meinungen*) gamma *f* ③ (FIN) margine *m* di fluttuazione
**Bande** ['bandə] <-, -n> *f* ① (*fam: Gruppe, Schar*) banda *f;* (*Verbrecher~*) banda *f*, masnada *f fam* ② (SPORT: *von Stadion*) margine *m;* (*von Eisbahn*) barriera *f;* (*beim Billard*) sponda *f*, mattonella *f*
**Bandenführer(in)** *m(f)* capobanda *mf*
**Banderole** [bandə'ro:lə] <-, -n> *f* banderuola *f;* (*Zigarren~*) fascetta *f* fiscale
**Bänderriss** *m* (MED) strappo *m* ai legamenti
**Bänderzerrung** *f* (MED) distorsione *f* ai legamenti
**bändigen** ['bɛndɪɡən] *vt* (*zähmen*) domare, addomesticare; (*fig: Menschen*) frenare; (*Leidenschaft*) contenere, dominare
**Bandit** [ban'di:t] <-en, -en> *m* bandito *m*, brigante *m;* (*Räuber*) rapinatore *m;* **einarmiger ~** (*Spielautomat*) one-armed bandit *m* [flipper]
**Bandmaß** *nt* metro *m* a nastro
**Bandnudel** *f* tagliatella *f*, fettuccina *f*
**Bandsäge** *f* sega *f* a nastro
**Bandscheibe** *f* (ANAT) disco *m* intervertebrale **Bandscheibenschaden** *m* (MED) danno *m* al disco intervertebrale **Bandscheibenvorfall** *m* (MED) ernia *f* del disco [intervertebrale]
**Bandwurm** *m* verme *m* solitario, tenia *f*
**bang|e|** ['baŋ(ə)] <banger *o* bänger, bangste *o* bängste> *adj* timoroso; (*besorgt*) ansioso; **in ~er Erwartung** in ansiosa attesa; **davor ist mir nicht ~e** di ciò non ho paura; **mir ist [angst und] ~[e] vor jdm/etw** ho una gran paura di qu/qc
**Bange** ['baŋə] <-> *kein Pl. f* (*Angst*) paura *f;* **jdm ~ machen** far paura a qu; **keine ~!** niente paura!
**bangen** ['baŋən] *vi* (*geh*) ① (*Angst haben*) **vor jdm/etw ~** aver paura di qu/qc, temere qu/qc; **mir bangt davor** tremo al solo pensiero ② (*sich sorgen*) **um jdn/etw ~** trepidare per qu/qc
**Bangigkeit** <-> *kein Pl. f* angoscia *f*, paura *f;* (*Sorge*) apprensione *f*
**Banjo** ['banjo *o* 'bɛndʒo] <-s, -s> *nt* (MUS) banjo *m*
**Bank**[1] [baŋk, *Pl.:* 'bɛŋkə] <-, Bänke> *f* ① (*Sitz~*) panchina *f;* (*Schul~, Kirchen~, im Parlament, Anklage~*) banco *m;* **durch die ~** tutti, nessuno eccettuato; **etw auf die lange ~ schieben** rimandare qc alle calende greche ② (*Werk~*) banco *m* di

lavoro; (*Dreh~*) tornio *m* ❸ (*Nebel~, Wolken~, Sand~, Austern~*) banco *m*

**Bank²** [baŋk] <-, -en> *f* (*Geldinstitut*) banca *f*; (*Spiel~*) casinò *m*, casa *f* da gioco; **eine sichere ~ sein** (*Person, Projekt*) essere una garanzia

**-bank** *f* (*in Zusammensetzungen,* MED) banca *f*

**Bankangestellte** <ein -r, -n, -n> *mf* impiegato, -a *m, f* di banca **Bankanweisung** *f* assegno *m* bancario **Bankauszug** *m* estratto *m* bancario **Bankautomat** *m* bancomat *m* **Bankbeamte** *m*, **Bankbeamtin** *f* impiegato, -a *m, f* di banca **Bankdirektor(in)** *m(f)* direttore, -trice *m, f* di banca **Bankeinlage** *f* deposito *m* in banca

**Banker** ['bɛŋkɐ] <-s, -> *m* (FIN) banchiere *m*

**Bankett** [baŋ'kɛt] <-(e)s, -e> *nt* banchetto *m*

**Bankette** [baŋ'kɛtə] <-, -n> *f* (*an der Autobahn*) banchina *f*

**Bankfach** *nt* ❶ (*Beruf*) ramo *m* bancario ❷ (*Schließfach*) cassetta *f* di sicurezza

**Bankgeheimnis** *nt* segreto *m* bancario **Bankgeschäft** *nt* ❶ (*Bankwesen*) sistema *m* bancario ❷ (*Vorgang*) operazione *f* bancaria **Bankguthaben** *nt* credito *m* bancario

**Bankhalter(in)** *m(f)* (*Spiel~*) banchiere, -a *m, f*, chi tiene il banco

**Bankier** [baŋ'kjeː] <-s, -s> *m* banchiere *m*, finanziere *m*

**Bankkauffrau** *f*, **Bankkaufmann** *m* impiegato, -a *m, f* di banca, bancario, -a *m, f* **Bankkonto** *nt* conto *m* bancario **Bankleitzahl** *f* coordinate *fpl* bancarie **Banknote** *f* banconota *f*

**Bankomat** [baŋkoˈmaːt] <-s, -en> *m* bancomat *m*, sportello *m* automatico

**Bankraub** *m* rapina *f* a una banca **Bankräuber(in)** *m(f)* rapinatore, -trice *m, f* di [una] banca

**bankrott** [baŋˈkrɔt] *adj* fallito **Bankrott** [baŋkˈrɔt] <-(e)s, -e> *m* bancarotta *f*, fallimento *m*; **~ machen** (*a. fig*) fare fallimento [*o* bancarotta] **Bankrotterklärung** *f* ❶ (COM) dichiarazione *f* di fallimento ❷ (*fig*) fallimento *m* **bankrottigehen** <irr> *vi* (*fam*) fare fallimento [*o* bancarotta]

**Bankrotteur(in)** [baŋkrɔˈtøːɐ, *Pl:* baŋkrɔˈtøːrə] <-s, -e; -, -nen> *m(f)* bancarottiere, -a *m, f*

**Bankschalter** *m* sportello *m* di banca **Bankschließfach** *nt* cassetta *f* di sicu-

rezza **Banküberfall** *m* rapina *f* a una banca **Banküberweisung** *f* bonifico *m* bancario **Bankverbindung** *f* coordinate *fpl* bancarie **Bankverkehr** *m* operazioni *fpl* bancarie **Bankwesen** <-s> *kein Pl. nt* (FIN) settore *m* bancario

**Bann** [ban] <-(e)s, -e> *m* ❶ (HIST) bando *m*, esilio *m*; (REL) scomunica *f* ❷ (*fig geh: Zauber*) incantesimo *m*, fascino *m*; **den ~ brechen** (*fig*) rompere l'incantesimo; **jdn in seinen ~ ziehen** (*fig*) attrarre qu a sé

**bannen** ['banən] *vt* ❶ (*Geister, Teufel*) scacciare, esorcizzare; (*fig: Gefahr*) allontanare ❷ (*geh: fesseln*) immobilizzare, inchiodare; **[wie] gebannt auf etw** *acc* **starren** guardare fisso qc

**Banner** ['banɐ] <-s, -> *nt* ❶ (*Fahne*) stendardo *m*, vessillo *m*; (*a. fig*) bandiera *f* ❷ (INFORM) banner *m*

**Bannkreis** *m* sfera *f* di influenza

**Bantamgewicht** *nt* (SPORT) peso *m* gallo

**Baptist(in)** [bapˈtɪst] <-en, -en; -, -nen> *m(f)* (REL) battista *m/f*

**bar** [baːɐ] *adj* ❶ (FIN) contante, in contanti; **etw [in] ~ bezahlen** pagare qc in contanti; **etw für ~e Münze nehmen** prendere qc per oro colato ❷ (*geh: rein*) puro; **~er Unsinn** pure sciocchezze

**Bar** [baːɐ] <-, -s> *f* (*Theke*) bar *m*, banco *m*; (*Nachtlokal*) night[-club] *m*

**Bär(in)** [bɛːɐ] <-en, -en; -, -nen> *m(f)* orso, -a *m, f*; **der Große/Kleine ~** (ASTR) l'Orsa maggiore/minore; **jdm einen ~en aufbinden** (*fig fam*) darla ad intendere a qu

**Barabfindung** *f* indennità *f* in contanti

**Baracke** [baˈrakə] <-, -n> *f* baracca *f*

**Barbar(in)** [barˈbaːɐ] <-en, -en; -, -nen> *m(f)* barbaro, -a *m, f*

**Barbarei** [barbaˈraɪ] <-, -en> *f* barbarie *f*

**Barbarin** *f s.* **Barbar**

**barbarisch** *adj* barbaro

**bärbeißig** ['bɛːɐbaɪsɪç] *adj* burbero, scontroso, brontolone; **~er Mensch** orso *m*

**Barbestand** *m* fondo *m* cassa

**Barbiturat** [barbituˈraːt] <-s, -e> *nt* barbiturico *m*

**Bardame** *f* barmaid *f*

**Bärendienst** **jdm/etw** *dat* **einen ~ erweisen** rendere un cattivo servizio a qu

**Bärenhaut** *f* **auf der ~ liegen** (*fam*) fare una vita da poltrone

**Bärenhunger** *m* (*fam*) fame *f* da lupo

**Bärenkräfte** *fPl.* forza *f* da leone

**Bärennatur** *f* **eine ~ haben** avere un fisico di ferro

**Barett** [baˈrɛt] <-(e)s, -e o rar -s> nt (*Richter, Professor*) berretta f, tocco m
**barfuß** [ˈbaːɐ̯fuːs] adj a piedi nudi
**barg** [bark] 1. u. 3. Pers. Sing. Imp. von **bergen**
**Bargeld** nt denaro m contante **bargeldlos** adj con assegno; **~er Zahlungsverkehr** pagamenti mpl a mezzo assegno **Bargeldumstellung** f (EU) sostituzione f fiduciaria **Bargeschäft** nt operazione f in contanti
**Barhocker** m sgabello m di bar
**bärig** [ˈbɛːrɪç] adj (*A, bes. Tirol: fam: toll*) fantastico, fenomenale
**Bärin** f s. **Bär**
**Barista** [baˈrɪsta] <-[s], -s> m barista che si occupa esclusivamente della preparazione di bevande a base di caffè
**Bariton** [ˈbaːritɔn] <-s, -e> m baritono m
**Barium** [ˈbaːriʊm] <-s> kein Pl. nt (CHEM) bario m
**Barkasse** [barˈkasə] <-, -n> f barcaccia f
**Barkauf** m acquisto m in contanti
**Barke** [ˈbarkə] <-, -n> f barca f
**Barkeeper** [ˈbaːɐ̯kiːpɐ] <-s, -> m, **Barmann** m barman m, barista m
**barmherzig** [barmˈhɛrtsɪç] adj misericordioso, caritatevole; **~er Gott!** misericordia!, santo Iddio! **Barmherzigkeit** <-> kein Pl. f misericordia f
**barock** [baˈrɔk] adj barocco **Barock** <-s> kein Pl. nt o m barocco m **Barockmusik** <-> kein Pl. f musica f barocca
**Barometer** [baroˈmeːtɐ] <-s, -> nt barometro m
**Barometerstand** m livello m [o stato m] barometrico
**Baron(in)** [baˈroːn] <-s, -e; -, -nen> m(f) barone, -essa m, f
**Baronesse** [baroˈnɛsə] <-, -n> f, **Baronin** f s. **Baron**
**Barren** [ˈbarən] <-s, -> m ❶ (*Metall~*) lingotto m, barra f ❷ (SPORT) parallele fpl
**Barrengold** nt oro m in lingotti
**Barriere** [baˈri̯eːrə] <-, -n> f barriera f
**Barrikade** [bariˈkaːdə] <-, -n> f barricata f; **auf die ~n gehen** (*fig*) insorgere, protestare
**barsch** [barʃ] adj (*Mensch, Antwort, Umgangston*) sgarbato; (*Ablehnung, Befehl*) brusco
**Barsch** [barʃ] <-(e)s, -e> m (ZOO) pesce m persico
**Barschaft** <-, -en> f denaro m contante [o in contanti] [o liquido]
**Barscheck** m assegno m ordinario
**barst** [barst] 1. u. 3. Pers. Sing. Imp. von **bersten**

**Bart** [baːɐ̯t, Pl: ˈbɛːɐ̯tə] <-(e)s, Bärte> m ❶ (*von Mensch, Tier*) barba f; **sich** dat **einen ~ wachsen lassen** farsi crescere la barba; **in den ~ brummen** (*fam*) borbottare fra i denti; **jdm um den ~ gehen** adulare qu, lusingare qu ❷ (*Schlüssel~*) ingegno m **Bartflechte** f ❶ (BOT) barba f di bosco ❷ (MED) erpete m tonsurante **Barthaar** nt pelo m della barba
**bärtig** [ˈbɛːɐ̯tɪç] adj barbuto
**Bartwisch** <-s, -e> m (*A: Handbesen*) scopetta f
**Bartwuchs** m crescita f della barba
**Barzahlung** f pagamento m in contanti
**Basalt** [baˈzalt] <-(e)s, -e> m basalto m
**Basar** [baˈzaːɐ̯] <-s, -e> m bazar m
**Base** [ˈbaːzə] <-, -n> f ❶ (*südd: Cousine*) cugina f; (*CH: Tante*) zia f ❷ (CHEM, MAT) base f
**Baseball** [ˈbeɪsbɔːl] <-s> kein Pl. m baseball m
**Basel** [ˈbaːzəl] nt Basilea f
**Basen** Pl. von **Base, Basis**
**basieren** [baˈziːrən] <ohne ge-> vi **auf etw** dat **~** basarsi su qc
**Basilika** [baˈziːlika, Pl: baˈziːlikən] <-, Basiliken> f basilica f
**Basilikum** [baˈziːlikʊm] <-s> kein Pl. nt basilico m
**Basis** [ˈbaːzɪs, Pl: ˈbaːzən] <-, Basen> f ❶ (ARCH, TEC) base f, zoccolo m ❷ (*a. fig* MAT) base f ❸ (POL, MIL) base f
**basisch** [ˈbaːzɪʃ] adj (CHEM) basico
**Basisdemokratie** <-, -n> f (POL) democrazia f diretta **Basisgruppe** f (POL) gruppo m di base
**Basiswissen** nt cognizioni fpl di base
**Baske** [ˈbaskə] <-n, -n> m basco m **Baskenland** nt paesi mpl baschi **Baskenmütze** f basco m
**Basketball** m basket m, pallacanestro f
**Baskin** [ˈbaskɪn] <-, -nen> f basca f **baskisch** [ˈbaskɪʃ] adj basco
**Basrelief** [ˈbarɛljɛf] <-s, -s> nt (KUNST) bassorilievo m
**Bass** [bas] <Basses, Bässe> m (MUS) ❶ (*Stimme, Sänger*) basso m ❷ (*Instrument*) contrabbasso m
**bass** [bas] adv (*obs scherz*) **~ erstaunt sein** essere sbalordito
**Bassin** [baˈsɛ̃ː] <-s, -s> nt ❶ (GEOL, GEOG) bacino m ❷ (*Schwimmbecken*) piscina f
**Bassist(in)** [baˈsɪst] <-en, -en; -, -nen> m(f) (MUS) ❶ (*Spieler*) contrabbassista mf ❷ (*Sänger*) basso m
**Bassschlüssel** m (MUS) chiave f di basso
**Bast** [bast] <-(e)s, -e> m rafia f

**basta** ['basta] *int* basta; **und damit ~!** e non una parola di più!

**Bastard** ['bastart] <-(e)s, -e> *m* bastardo, -a *m, f;* (BIOL) ibrido *m*

**Bastei** [bas'taɪ] <-, -en> *f* bastione *m*

**Bastelei** [bastə'laɪ] <-, -en> *f,* **Basteln** <-s> *kein Pl. nt* lavoretti *mpl* manuali fatti per passatempo

**basteln** ['bastəln] **I.** *vi* fare lavori manuali per passatempo **II.** *vt* fare

**Bastion** [bas'tio̞:n] <-, -en> *f* (MIL) bastione *m*

**Bastler(in)** ['bastlɐ] <-s, -; -, -nen> *m(f)* chi fa lavoretti manuali per passatempo

**bat** [ba:t] *1. u. 3. Pers. Sing. Imp. von* **bitten**

**BAT** [be:ʔa:'te:] *abk v* **Bundesangestelltentarif** *tariffe fisse del pubblico impiego*

**Bataillon** [batal'jo̞:n] <-s, -e> *nt* (MIL) battaglione *m*

**Batik** ['ba:tɪk] <-, -en> *f* batik *m*

**batiken** *vt* fare batik, tingere con la tecnica batik

**Batist** [ba'tɪst] <-(e)s, -e> *m* batista *f*

**Batterie** [batə'ri:] <-, -n> *f* (TEC) batteria *f,* pila *f;* (MOT) batteria *f* [per accensione] **batteriebetrieben** *adj* alimentato a batteria

**Batterieempfänger** *m,* **Batteriegerät** *nt* ricevitore *m* a pila [*o* batteria] **Batterieladegerät** <-(e)s, -e> *nt* alimentatore *m* [per batterie], caricabatteria *m*

**Bau**[1] [bau] <-(e)s> *kein Pl. m* ① (*Tätigkeit*) costruzione *f,* edificazione *f;* **im ~** [**befindlich**] in corso di costruzione ② (*Gefüge, Gliederung*) architettura *f,* struttura *f* ③ (*Körper~*) corporatura *f* ④ (*fam: Baustelle*) cantiere *m;* **auf dem ~ arbeiten** lavorare in cantiere

**Bau**[2] <-(e)s, -ten> *m* (*Gebäude*) edificio *m,* costruzione *f*

**Bau**[3] <-(e)s, -e> *m* (ZOO) tana *f*

**Bauabschnitt** *m* lotto *m* dei lavori **Bauamt** *nt* genio *m* civile **Bauarbeiten** *fPl.* lavori *mpl* edili; [**Achtung**] **~!** attenzione, lavori in corso! **Bauarbeiter(in)** *m(f)* lavoratore, -trice *m, f* edile, muratore, -trice *m, f* **Bauart** *f* ① sistema *m* [*o* tipo *m*] di costruzione ② (TEC) costruzione *f*

**Baubaracke** *f* baracca *f* di cantiere **Bauboom** *m* (WIRTSCH) boom *m* edilizio

**Bauch** [baux, *Pl:* 'bɔɪçə] <-(e)s, Bäuche> *m* ① (ANAT) ventre *m,* pancia *f;* **einen ~ haben** avere la pancia; **einen ~ bekommen** metter su pancia; **sich** *dat* **den ~ vollschlagen** (*fam*) mangiare a quattro palmenti ② (*von Gefäß, Instrument*) pancia *f* ③ (*Schiffs~*) scafo *m*

**Bauchbinde** *f* ① (*Leibbinde*) panciera *f,* fascia *f* elastica ② (*für Frack*) fascia *f* di seta ③ (*fam: von Zigarre*) fascetta *f* **Bauchentscheidung** *f* decisione *f* d'istinto **Bauchfell** *nt* (ANAT) peritoneo *m* **Bauchfellentzündung** *f* (MED) peritonite *f* **bauchfrei** *adj inv* (*~es Top*) top scoperto sulla pancia **Bauchhöhle** *f* (MED) cavità *f* addominale **bauchig** ['bauxɪç] *adj* panciuto, convesso **Bauchladen** *m* (*fam*) cassetta *f* da venditore ambulante **Bauchlandung** *f* (AERO) atterraggio *m* senza carrello; (*im Schwimmbad*) panciata *f fam* **Bauchmuskeln** *mPl.* (ANAT) muscoli *mpl* addominali **Bauchnabel** *m* (ANAT) ombelico *m* **Bauchredner(in)** *m(f)* ventriloquo, -a *m, f* **Bauchschmerzen** *mPl.* dolori *mpl* di stomaco **Bauchspeck** *m* (GASTR) pancetta *f* magra **Bauchspeicheldrüse** *f* (ANAT) pancreas *m* **Bauchtanz** *m* danza *f* del ventre **Bauchtänzerin** *f* danzatrice *f* del ventre **Bauchweh** *nt* mal *m* di pancia

**Baud** [baut *o* bo:t] <-(s), -> *nt* (INFORM) baud *m*

**Baudenkmal** *nt* **geschütztes ~** monumento *m* protetto

**bauen** ['bauən] **I.** *vt* ① (*er~*) costruire; (*errichten*) erigere; (*Nest*) fare ② (*fam: Unfall*) avere **II.** *vi* **auf jdn ~** (*fig: vertrauen*) contare su qu, fare affidamento su qu

**Bauer**[1] ['bauɐ] <-n *o rar* -s, -n> *m* ① (*Landmann*) contadino *m;* (*Landwirt*) agricoltore *m,* coltivatore *m* diretto ② (*fig pej*) villano *m* ③ (*Schach*) pedone *m* ④ (*Spielkarte*) fante *m*

**Bauer**[2] <-s, -> *nt o m* (*Käfig*) gabbia *f* [per uccelli]

**Bäuerin** ['bɔɪərɪn] <-, -nen> *f* contadina *f*

**bäuerisch** *adj s.* **bäuerlich**

**bäuerlich** ['bɔɪɐlɪç] *adj* contadinesco, campagnolo; (*ländlich*) rurale

**Bauernbrot** *nt* pane *m* casareccio **Bauernfängerei** [bauɐfɛŋə'raɪ] <-> *kein Pl. f* (*fam*) gabbamento *m* **Bauernfrühstück** *nt colazione a base di patate arrostite, uova strapazzate e pancetta* **Bauernhaus** *nt,* **Bauernhof** *m* podere *m,* fattoria *f*

**Bauernkriege** *mPl.* (HIST) guerre *fpl* dei contadini **Bauernmöbel** *ntPl.* mobili *mpl* rustici **Bauernregel** *f* almanacco *m* campestre **Bauernschaft** <-, *rar* -en> *f* popolazione *f* rurale **bauernschlau** *adj* scaltro, malizioso **Bauernschläue** <-> *kein Pl. f* furbizia *f,* scaltrezza *f* **Bauernverband** *m* associazione *f* degli agricoltori

**Bauersfrau** f contadina f **Bauersleute** Pl. contadini mpl
**baufällig** adj cadente, pericolante **Baufälligkeit** f essere m pericolante **Baufirma** f ditta f appaltatrice **Bauführer(in)** m(f) assistente mf edile, capocantiere m **Baugelände** nt terreno m fabbricabile **Baugenehmigung** f licenza f edilizia **Baugerüst** nt impalcatura f, armatura f **Baugesellschaft** f società f immobiliare **Baugewerbe** nt edilizia f **Baugrube** f scavo m [di fondazione] **Baugrundstück** nt terreno m fabbricabile **Bauhandwerker(in)** m(f) operaio, -a m, f edile **Bauherr(in)** m(f) committente mf della costruzione, appaltatore m **Bauholz** nt legname m da costruzione **Bauindustrie** <-> kein Pl. f settore m edile, industria f edile **Bauingenieur(in)** m(f) ingegnere m, f civile **Baujahr** nt anno m di costruzione; (von Auto) anno m di fabbricazione **Baukasten** m scatola f delle costruzioni **Baukastensystem** nt sistema m modulare; **nach dem ~** secondo il sistema modulare **Bauklotz** m cubetto m del gioco delle costruzioni; **Bauklötze staunen** (fam) rimanere di stucco **Baukonzern** m gruppo m edile **Baukosten** Pl. spese fpl di [o costo m della] costruzione
**Baukostenzuschuss** m sussidio m di costruzione, contributo m per le spese di costruzione
**Baukunst** f architettura f **Bauland** nt terreno m fabbricabile **Baulärm** kein Pl. m rumore m di un cantiere **Bauleiter(in)** m(f) direttore, -trice m, f dei lavori [di costruzione] **Bauleitung** f direzione f dei lavori **baulich** adj architettonico, costruttivo **Baulöwe** m (fam) speculatore m edilizio **Baulücke** f area f di ricostruzione
**Baum** [baʊm, Pl: 'bɔɪmə] <-(e)s, Bäume> m albero m; **ich könnte Bäume ausreißen** mi sento un leone
**Baumarkt** m negozio m per il fai da te
**Baumaterial** nt materiale m da costruzione
**Baumbestand** m patrimonio m forestale **baumbestanden** adj alberato
**Baumeister(in)** m(f) architetto m, costruttore, -trice m, f edile
**baumeln** ['baʊməln] vi penzolare, ciondolare
**bäumen** ['bɔɪmən] vr **sich ~** inalberarsi, impennarsi
**Baumgrenze** f limite m della vegetazione arborea **Baumgruppe** f boschetto m **Baumkrone** f chioma f dell'albero **baumlang** adj **ein ~er Kerl** (fam) un tipo molto alto, un giovanotto lungo come una pertica
**baumlos** adj senza alberi **Baumnuss** f (CH: BOT: Walnuss) noce f **Baumrinde** f corteccia f d'albero **Baumschule** f vivaio m di piante arboree **Baumstamm** m tronco m [d'albero], fusto m **Baumsterben** <-s> kein Pl. nt moria f [di piante] **Baumstumpf** m ceppo m
**Baumwolle** f cotone m **baumwollen** adj di cotone
**Baumwollernte** f raccolta f del cotone **Baumwollpflanzung** f piantagione f di cotone
**Baumwollspinnerei** f ① (Vorgang) filatura f del cotone ② (Fabrik) cotonificio m **Baumwollstaude** f pianta f del cotone **Baumwollstoff** m tessuto m di cotone
**Bauordnung** <-, -en> f (ADM) regolamento m edilizio **Bauplan** m progetto m di costruzione **Bauplatz** m terreno m fabbricabile; (nach Beginn der Arbeiten) cantiere m edile **Baupolizei** f genio m civile **Baureihe** <-, -n> f gamma f
**bäurisch** ['bɔɪrɪʃ] adj (pej) rozzo, zotico, villano
**Bauruine** f (fam) costruzione f abbandonata
**Bausch** [baʊʃ] <-(e)s, -e o Bäusche> m (Watte~) batuffolo m; **in ~ und Bogen** in blocco
**Bauschäden** mPl. difetti mpl [o vizi mpl] di costruzione
**bauschen** ['baʊʃən] I. vt gonfiare II. vr **sich ~** gonfiarsi
**bauschig** adj gonfio, a sbuffo
**Bauschutt** m calcinacci mpl
**Bauspardarlehen** ['baʊʃpaːɐ̯daːɐ̯leːən] <-s, -> nt (FIN) mutuo m fondiario
**bausparen** vi risparmiare sulla base di un contratto immobiliare
**Bausparer(in)** m(f) chi ha stipulato un contratto di risparmio immobiliare
**Bausparkasse** f cassa f di risparmio per la costruzione edilizia **Bausparvertrag** m contratto m di risparmio immobiliare
**Baustein** m ① (ARCH) pietra f da costruzione ② (fig) elemento m costitutivo ③ (INFORM) **elektronischer ~** componente elettronico, chip m **Baustelle** f cantiere m; **~! lavori in corso!**; **Betreten der ~ verboten!** vietato l'ingresso ai non addetti ai lavori **Baustil** m stile m architettonico **Baustoff** m materiale m da costruzione **Baustopp** m blocco m dell'edilizia

**Bausubstanz** *f* struttura *f* muraria **Bauteil** <-s, -e> *nt* (*Teil zum Bauen*) pezzo *m* prefabbricato; (*Teil einer Maschine*) componente *m* per macchine
**Bauten** *Pl. von* **Bau²**
**Bautrupp** *m* squadra *f* di operai edili
**Bauunternehmer(in)** *m(f)* imprenditore, -trice *m, f* edile **Bauverbot** *nt* divieto *m* di costruzione **Bauvorhaben** *nt* progetto *m* di costruzione **Bauweise** *f* sistema *m* costruttivo **Bauwerk** *nt* edificio *m,* costruzione *f* **Bauwirtschaft** <-> *kein Pl. f* edilizia *f;* **die Krise der ~** la crisi dell'edilizia
**Bauxit** [bau'ksi:t] <-s, -e> *m* bauxite *f*
**Bauzaun** *m* palizzata *f* di un cantiere edile
**Bayer(in)** ['baɪɐ] <-n, -n; -, -nen> *m(f)* bavarese *mf*
**bay|e|risch** ['baɪ(ə)rɪʃ] *adj* bavarese; **der Bay|e|rische Wald** la Selva Bavarese
**Bayern** ['baɪɐn] *nt* Baviera *f*
**Bayreuth** [baɪ'rɔɪt] *nt* Bayreuth *f*
**bayrisch** *s.* **bay|e|risch**
**Bazillus** [ba'tsɪlʊs] <-, Bazillen> *m* bacillo *m*
**Bd.** *abk v* **Band** vol.
**BDA** [be:de:'ʔa:] *abk v* **Bund Deutscher Architekten** associazione degli architetti tedeschi
**Bde.** *abk v* **Bände** voll.
**BDI** [be:de:'ʔi:] *m abk v* **Bundesverband der Deutschen Industrie** confederazione dell'industria tedesca
**BDÜ** [be:de'ʔy:] *m abk v* **Bundesverband der Dolmetscher und Übersetzer** associazione degli interpreti e traduttori tedeschi
**BE** *abk v* **Broteinheit** unità di misura idrati di carbonio (*nelle diete*)
**beabsichtigen** [bə'ʔapzɪçtɪgən] <ohne ge-> *vt* avere [l']intenzione; **ich beabsichtige zu verreisen** ho intenzione di partire; **das hatte ich nicht beabsichtigt** non l'ho fatto apposta **beabsichtigt** *adj* intenzionale; **die ~e Wirkung** l'effetto voluto
**beachten** <ohne ge-> *vt* ❶ (*bemerken*) fare attenzione a, considerare ❷ (*berücksichtigen*) tener conto di, considerare ❸ (*einen Rat befolgen*) seguire, ascoltare; (*Regel, Vorschrift*) osservare, rispettare; **etw nicht ~** ignorare qc, non osservare qc **beachtenswert** *adj* notevole, degno di nota
**beachtlich** *adj* apprezzabile, considerevole
**Beachtung** <-> *kein Pl. f* ❶ (*Aufmerksamkeit*) attenzione *f;* **jdm/etw ~ schenken** prestare attenzione a qu/qc ❷ (*Berücksichtigung*) considerazione *f* ❸ (*von Regel, Vorschrift*) osservanza *f*
**Beamte** [bə'ʔamtə] <ein -r, -n, -n> *m* funzionario *m,* impiegato *m* statale **Beamtenapparat** *m* apparato *m* amministrativo **Beamtenbeleidigung** <-, -en> *f* oltraggio *m* a pubblico ufficiale, vilipendio *m* **Beamtenbestechung** *f* corruzione *f* di pubblico ufficiale **Beamtenlaufbahn** *f* carriera *f* del pubblico impiego **Beamtentum** <-s> *kein Pl. nt* ❶ (*Vertreter, Stand*) funzionari *mpl* ❷ (*Eigenschaft*) mentalità *f* dei funzionari; (*Beamtetsein*) carica *f* di funzionario **Beamtenverhältnis** *nt* **im ~ sein** essere di ruolo; **ins ~ übernommen werden** diventare di ruolo
**beamtet** *adj* impiegato
**Beamtin** [bə'ʔamtɪn] <-, -nen> *f* funzionaria *f,* impiegata *m* statale
**beängstigen** [bə'ʔɛŋstɪgən] <ohne ge-> *vt* (*geh*) impaurire, mettere paura a **beängstigend** *adj* inquietante, allarmante
**beanspruchen** [bə'ʔanʃprʊxən] <ohne ge-> *vt* ❶ (*fordern: Recht*) rivendicare, reclamare; (*Unterstützung*) pretendere; (*Gebiet*) rivendicare ❷ (*erfordern: Zeit, Geld*) richiedere; (*Platz*) occupare; (*Kraft, Aufmerksamkeit*) esigere ❸ (*ausnutzen: Einrichtungen*) sfruttare; (*Gastfreundschaft, Geduld, Hilfe*) approfittare di ❹ (*strapazieren: Material, Stoff, Maschine*) usare; (*Menschen*) strapazzare; (*Nerven*) logorare; **sein Beruf beansprucht ihn ganz** la sua professione lo assorbe completamente
**Beanspruchung** <-, *rar* -en> *f* ❶ (*Forderung*) rivendicazione *f* ❷ (*Ausnutzung*) sfruttamento *m* ❸ (*Belastung, Abnutzung*) uso *m;* (*von Menschen*) sfruttamento *m;* (*beruflich*) strapazzo *m;* (*nervlich*) logoramento *m*
**beanstanden** <ohne ge-> *vt* criticare, biasimare
**Beanstandung** <-, -en> *f* reclamo *m,* critica *f;* **ohne ~** senza obiezioni
**beantragen** <ohne ge-> *vt* chiedere; (JUR) proporre
**beantworten** [bə'ʔantvɔrtən] <ohne ge-> *vt* rispondere a
**Beantwortung** <-, -en> *f* risposta *f;* **in ~ Ihres Schreibens vom ...** in risposta alla Sua [lettera] del ...
**bearbeiten** <ohne ge-> *vt* ❶ (*arbeiten an*) lavorare a, trattare; (*ausarbeiten*) elaborare; (*gestalten*) formare; (*redigieren*) redigere; (*überarbeiten*) rielaborare, rimaneg-

giare, rifare; (THEAT, FILM, RADIO, TV) adattare; **eine Komposition für Orchester ~** adattare una composizione per orchestra ❷ (TEC) lavorare, foggiare ❸ (AGR) coltivare ❹ (*sich befassen mit*) occuparsi di; (*Fall*) trattare; (*Akte, Antrag*) evadere, [di]sbrigare; (*Bestellung*) sbrigare ❺ (*fig fam: zu überreden suchen*) cercare di convincere, lavorarsi

**Bearbeiten** <-s, -> *nt* (*Computer*) [comando *m*] modifica

**Bearbeiter(in)** <-s, -; -, -nen> *m(f)* rielaboratore, -trice *m, f*

**Bearbeitung** <-, -en> *f* ❶ (*Arbeit an*) lavorazione *f*; (*Redigieren*) redazione *f*; (*Überarbeiten*) revisione *f*; (THEAT, FILM, RADIO, TV: *Vorgang*) adattamento *m*; (*bearbeitete Fassung*) nuova versione *f* ❷ (TEC) lavorazione *f* ❸ (AGR) coltivazione *f* ❹ (*von Fall, Akte, Antrag, Bestellung*) disbrigo *m*, evasione *f*; **in ~** in preparazione **Bearbeitungsgebühr** *f* tassa *f* di cancelleria

**Beat** [bi:t] <-(s)> *kein Pl. m* musica *f* beat

**Beatband** *f* complesso *m* beat

**beatmen** <ohne ge-> *vt* (*künstlich*) praticare la respirazione artificiale a

**Beatmung** <-, -en> *f* künstliche ~ respirazione *f* artificiale

**beaufsichtigen** [bəˈʔaʊfzɪçtɪɡən] <ohne ge-> *vt* sorvegliare, controllare, ispezionare

**Beaufsichtigung** <-, -en> *f* sorveglianza *f*, ispezione *f*, controllo *m*

**beauftragen** <ohne ge-> *vt* **jdn [mit etw]** ~ (*Auftrag erteilen*) incaricare qu [di qc]; (*anweisen*) delegare [qc] a qu

**Beauftragte** <ein -r, -n, -n> *mf* incaricato, -a *m, f* [d'affari], mandatario, -a *m, f*, delegato, -a *m, f*

**Beautysalon** [ˈbjuːtiː-] *m* salone *m* di bellezza, centro *m* estetico

**bebauen** <ohne ge-> *vt* ❶ (ARCH) costruire su ❷ (*Acker*) coltivare **bebaut** *adj* edificato

**Bebauung** <-, -en> *f* urbanizzazione *f* **Bebauungsplan** *m* piano *m* regolatore

**beben** [ˈbeːbən] *vi* tremare, fremere **Beben** [ˈbeːbən] <-s, -> *nt* terremoto *m* **bebend** [ˈbeːbənt] *adj* tremante, fremente

**bebildern** <ohne ge-> *vt* illustrare

**Bechamelsauce** *f* besciamella *f*

**Becher** [ˈbɛçɐ] <-s, -> *m* tazza *f*; (*Glas~, Plastik~*) bicchiere *m*; (*Joghurt~*) vasetto *m*

**bechern** [ˈbɛçɐn] *vi* (*scherz fam*) trincare

**becircen** [bəˈtsɪrtsən] <ohne ge-> *vt* (*fam*) ammaliare; (*umgarnen*) irretire

**Becken** [ˈbɛkən] <-s, -> *nt* ❶ (*flaches Gefäß*) catino *m* ❷ (*Bassin, a Hafen~*, GEOG) bacino *m* ❸ (*Schwimm~*) piscina *f* ❹ (*Wasch~*) lavandino *m* ❺ (*Brunnen~*) vasca *f* ❻ (ANAT) bacino *m* ❼ (MUS) piatti *mpl* **Beckenknochen** *m* (ANAT) osso *m* pelvico

**Becquerel** [bɛkəˈrɛl] <-s> *kein Pl. nt* (PHYS) becquerel *m*

**bedacht** [bəˈdaxt] *adj* **auf etw** *acc* ~ **sein** mirare a qc

**Bedacht** <-(e)s> *kein Pl. m* (*geh*) **mit ~** con circospezione, a ragion veduta; (*mit Absicht*) deliberatamente, di proposito

**bedächtig** [bəˈdɛçtɪç] I. *adj* (*besonnen*) riflessivo; (*gesetzt*) posato; (*vorsichtig*) prudente II. *adv* con cautela **Bedächtigkeit** <-> *kein Pl. f* avvedutezza *f*, circospezione *f*, prudenza *f*

**bedanken** <ohne ge-> *vr* **sich bei jdm für etw** ~ ringraziare qu di [*o* per] qc

**bedarf** [bəˈdarf] *1. u. 3. Pers. Sing. Präs. von* **bedürfen**

**Bedarf** [bəˈdarf] <-(e)s> *kein Pl. m* (*Bedürfnis*) fabbisogno *m*; **bei ~** in caso di bisogno, se occorre; **nach ~** a seconda del fabbisogno; **~ haben an** +*dat* avere bisogno di; **den ~ decken** coprire il fabbisogno; **Gegenstände des täglichen/gehobenen ~s** articoli d'uso corrente/di lusso **Bedarfsartikel** *m* articolo *m* di prima necessità **Bedarfsfall** *m* **im ~** in caso di bisogno **Bedarfsgüter** *ntPl*. beni *mpl* di consumo **Bedarfshaltestelle** *f* fermata *f* facoltativa

**bedauerlich** [bəˈdaʊɐlɪç] *adj* spiacevole, deplorevole **bedauerlicherweise** [bəˈdaʊɐlɪçɐˈvaɪzə] *adv* purtroppo

**bedauern** [bəˈdaʊɐn] <ohne ge-> *vt* ❶ (*Sache*) dispiacersi per; (*beklagen*) deplorare; **[ich] bedauere** spiacente!; **ich bedaure [es], dass sie nicht gekommen ist** mi rincresce che non sia venuta ❷ (*Menschen*) compiangere, compatire **Bedauern** <-s> *kein Pl. nt* dispiacere *m*; **zu meinem [großen] ~** con mio [grande] dispiacere **bedauernswert** *adj* (*Mensch*) che desta compassione; (*Lage*) spiacevole, pietoso; (*Zustand*) deplorevole, pietoso

**bedecken** <ohne ge-> *vt* **etw [mit etw]** ~ coprire qc [di qc]

**bedeckt** *adj* (*Himmel*) coperto

**Bedeckung** <-, -en> *f* (A: *form: finanzielle Deckung*) copertura *f* finanziaria

**bedenken** <irr, ohne ge-> *vt* ❶ (*erwägen*) pensare a, riflettere su ❷ (*beachten*) tener conto di; **zu ~ geben** far considerare;

wenn man bedenkt, dass ... e dire che ...

**Bedenken** <-s, -> nt ❶ Sing. (Erwägung) riflessione f, considerazione f ❷ meist Pl (Zweifel) dubbi mpl, scrupoli mpl; **ohne ~** senza esitazione; **gegen etw ~ äußern** avanzare delle riserve su qc **bedenkenlos** adv (ohne weiteres) senza esitazione; (skrupellos) senza scrupoli **bedenkenswert** adj da riconsiderare

**bedenklich** adj (besorgniserregend) inquietante; (ernst) serio, grave

**Bedenkzeit** f tempo m per riflettere; **jdm drei Tage ~ geben** dare a qu tre giorni per riflettere

**bedeuten** <ohne ge-> vt ❶ (besagen) significare, voler dire; **das hat nichts zu ~** questo non significa niente; **jdm etwas ~** (wert sein) significare qc per qu ❷ (wichtig sein) **etw ~ sein** essere importante **bedeutend** I. adj ❶ (wichtig) importante; (hervorragend) eminente, illustre ❷ (beachtlich, beträchtlich) notevole, ragguardevole II. adv considerevolmente, sensibilmente

**bedeutsam** adj significativo, rivelatore

**Bedeutung** <-, -en> f ❶ (Sinn) significato m, senso m; (von Wort) accezione f ❷ Sing. (Wichtigkeit) importanza f; (Tragweite) portata f; **~ für etw haben** importare per qc; **von ~ sein** avere importanza; **einer Sache** dat **~ beimessen** attribuire importanza a qc **bedeutungslos** adj insignificante **Bedeutungslosigkeit** <-> kein Pl. f irrilevanza f

**Bedeutungsumfang** m (LING) estensione f del significato, area f semantica **bedeutungsvoll** adj significativo

**Bedeutungswandel** m (LING) mutamento m semantico

**bedienen** <ohne ge-> I. vt ❶ (Menschen, a bei Tisch) servire; (TEC: Apparat, Maschine) manovrare; **ich bin bedient!** (iron) sono servito! ❷ (beim Kartenspiel) rispondere a II. vr **sich** [einer Sache gen] **~** (geh) servirsi [di qc]; **~ Sie sich!** prenda pure!

**bedienerfreundlich** adj facile da usare

**Bedienstete** [bəˈdiːnstətə] <ein -r, -n, -n> mf impiegato, -a m, f

**Bedienung** <-, -en> f ❶ Sing. (Tätigkeit) servizio m; (TEC) manovra f, maneggio m ❷ (Personal) servitù f, personale m di servizio; (Kellnerin) cameriera f; (A: Putzfrau) donna f delle pulizie **Bedienungsanleitung** f istruzioni fpl per l'uso **Bedienungsfehler** m uso m scorretto, manovra f errata **Bedienungshebel** m

(TEC) leva f di comando **Bedienungshinweise** mPl. istruzioni mpl per l'uso **Bedienungsvorschrift** f istruzioni fpl per l'uso

**bedingen** [bəˈdɪŋən] <ohne ge-> vt ❶ (voraussetzen) presupporre ❷ (verursachen) causare, determinare; **bedingt durch** dovuto a **bedingt** I. adj ❶ condizionato; (beschränkt) limitato ❷ (A: JUR: mit Bewährung) condizionale II. adv con riserva; (zum Teil) in parte; **~ gültig** valido [solo] in parte

**Bedingung** <-, -en> f ❶ (Voraussetzung) condizione f; **etw zur ~ machen** porre qc come condizione; **unter der ~, dass ...** a condizione di +inf, a condizione che +conj ❷ (Erfordernis) esigenza f ❸ pl (Verhältnisse) condizioni fpl, circostanze fpl; **unter diesen ~en** a queste condizioni **bedingungslos** adj incondizionato; (Gehorsam) assoluto

**bedrängen** <ohne ge-> vt ❶ (Gegner) incalzare ❷ (belästigen) assillare

**Bedrängnis** <-, -se> f (geh) situazione f penosa; (Notlage) difficoltà fpl; **in äußerster ~ sein** non avere via di scampo; **in ~ geraten** trovarsi in difficoltà

**bedrohen** <ohne ge-> vt minacciare

**bedrohlich** adj minaccioso

**Bedrohung** <-, -en> f minaccia f

**bedrucken** <ohne ge-> vt stampare

**bedrücken** <ohne ge-> vt opprimere

**bedrückend** adj opprimente, soffocante

**bedrückt** adj oppresso, abbattuto

**Bedrücktheit** <-> kein Pl. f oppressione f, abbattimento m

**Beduine** [beduˈiːnə] <-n, -n> m, **Beduinin** [beduˈiːnɪn] <-, -nen> f beduino, -a m, f

**bedürfen** <irr, ohne ge-> vi **einer Sache** gen **~** aver bisogno di qc; (erfordern) richiedere qc; **das bedarf einer Erklärung** questo esige una spiegazione

**Bedürfnis** <-ses, -se> nt bisogno m **Bedürfnisanstalt** f **öffentliche ~** gabinetto m pubblico **bedürfnislos** adj senza particolari bisogni; (bescheiden) modesto **Bedürfnislosigkeit** <-> kein Pl. f sobrietà f

**bedürftig** adj (Mensch) indigente, bisognoso **Bedürftigkeit** <-> kein Pl. f indigenza f

**Beefsteak** nt bistecca f

**beehren** <ohne ge-> I. vt (geh) onorare II. vr **sich ~** [etw zu tun] avere l'onore [di fare qc]

**beeidigen** [bəˈʔaɪdɪgən] <ohne ge-> vt

(*form*) far giurare; **gerichtlich beeidigt** giurato
**beeilen** <ohne ge-> *vr* **sich ~ [etw zu tun]** affrettarsi [a fare qc]
**Beeilung** <-> *kein Pl. f* (*fam*) **los, ~!** su, dai, in fretta!
**beeindrucken** <ohne ge-> *vt* impressionare **beeindruckend** *adj* impressionante
**beeinflussbar** *adj* influenzabile
**beeinflussen** [bəˈʔaɪnflʊsən] <ohne ge-> *vt* influenzare, influire su
**Beeinflussung** <-, -en> *f* influenza *f*
**beeinträchtigen** [bəˈʔaɪntrɛçtɪgən] <ohne ge-> *vt* pregiudicare, nuocere a
**Beeinträchtigung** <-, -en> *f* pregiudizio *m*, danno *m*
**beenden** <ohne ge-> *vt* ❶ (*zu Ende bringen*) terminare, finire ❷ (*vollenden*) compiere, completare, ultimare
**Beenden** <-s, -> *nt* (*Computer*) [comando *m*] esci
**Beendigung** <-> *kein Pl. f* (*das Beenden*) finire *m;* (*Fertigstellung*) ultimazione *f,* completamento *m;* (*Ende*) fine *f*
**beengen** [bəˈʔɛŋən] <ohne ge-> *vt* (*Kleidung*) stringere; (*Raum*) limitare; (*fig: Menschen*) opprimere; **~ de Kleidung** vestiti *mpl* stretti; **beengt leben** vivere in uno spazio ristretto
**Beengtheit** <-> *kein Pl. f* (*räumlich*) ristrettezza *f;* (*fig*) oppressione *f*
**beerben** <ohne ge-> *vt* **jdn ~** ereditare da qu, essere l'erede di qu
**beerdigen** [bəˈʔeːɐ̯dɪgən] <ohne ge-> *vt* seppellire
**Beerdigung** <-, -en> *f* seppellimento *m,* sepoltura *f;* (*feierliche Handlung*) funerali *mpl* **Beerdigungsinstitut** *nt* [impresa *f* di] pompe *fpl* funebri
**Beere** [ˈbeːrə] <-, -n> *f* bacca *f;* (*Wein~*) acino *m* [dell'uva] **Beerenauslese** *f* (*Wein*) vino *m* pregiato **Beerenfrucht** <-, -früchte> *f* bacca *f*
**Beet** [beːt] <-(e)s, -e> *nt* aiuola *f;* (*Rabatte*) bordura *f* [di aiuola]
**Beete** <-, -n> *f* **Rote ~** barbabietola *f* rossa
**befähigen** [bəˈfɛːɪgən] <ohne ge-> *vt* **jdn [zu etw] ~** abilitare qu [a qc] **befähigt** *adj* **~ [zu etw] sein** essere capace di [fare qc], essere qualificato [per qc]
**Befähigung** <-, -en> *f* (*Eignung, Begabung*) attitudine *f,* capacità *f;* (*Qualifikation*) qualifica *f,* idoneità *f*
**befahl** [bəˈfaːl] *1. u. 3. Pers. Sing. Imp.* von **befehlen**
**befahrbar** *adj* (*Straße*) praticabile, carrozzabile

**befahren**¹ <irr, ohne ge-> *vt* percorrere; (NAUT) navigare in
**befahren**² *adj* (*Straße*) battuto, percorso
**Befall** <-(e)s> *kein Pl. m* (*durch Parasiten*) infestazione *f*
**befallen** <irr, ohne ge-> *vt* ❶ (*Ungeziefer*) infestare ❷ (*Krankheit*) colpire ❸ (*Furcht*) cogliere
**befand** [bəˈfant] *1. u. 3. Pers. Sing. Imp.* von **befinden**
**befangen** *adj* ❶ (*schüchtern*) imbarazzato, intimidito ❷ (*voreingenommen*) prevenuto **Befangenheit** <-> *kein Pl. f* ❶ (*Verlegenheit*) imbarazzo *m,* timidezza *f* ❷ (*Voreingenommenheit*) prevenzione *f*
**befassen** <ohne ge-> *vr* **sich ~** ❶ (*sich beschäftigen*) **sich mit jdm/etw ~** occuparsi di qu/qc ❷ (*handeln von*) **sich mit etw ~** trattare di qc
**befehden** <ohne ge-> *vr* **sich** [*o* **einander**] **~** combattersi
**Befehl** [bəˈfeːl] <-(e)s, -e> *m* ordine *m;* (*a. Computer*) comando *m;* **auf ~** per ordine; **einen ~ ausführen** eseguire un ordine; **ausdrücklicher** [*o* **strikter**] **~** ordine formale, ingiunzione *f;* **einen ~ erteilen** impartire un ordine
**befehlen** <befiehlt, befahl, befohlen> I. *vt* ordinare; **jdm etw ~** ordinare qc a qu; **jdm ~ etw zu tun** dare [l']ordine a qu di fare qc II. *vi* [**über jdn/etw**] **~** avere il comando [di qu/qc]; **wie Sie ~!** come vuole! **befehlerisch** *adj* imperioso
**befehligen** <ohne ge-> *vt* comandare
**Befehlsform** *f* imperativo *m* **befehlsgemäß** *adv* conforme agli ordini **Befehlsgewalt** *f* comando *m* **Befehlshaber** [bəˈfeːlsha:bɐ] <-s, -> *m* comandante *m* **Befehlston** *m* tono *m* di comando **Befehlsverweigerung** *f* rifiuto *m* di obbedienza **Befehlszeile** *f* (INFORM) riga *f* di comando
**befestigen** [bəˈfɛstɪgən] <ohne ge-> *vt* ❶ (*festmachen*) **etw [an etw** *dat*] **~** fissare qc [a qc] ❷ (MIL) fortificare
**Befestigung** <-, -en> *f* ❶ (*Festmachen*) fissaggio *m;* (TEC) serraggio *m* ❷ (MIL) fortificazione *f* **Befestigungsanlage** *f* fortificazione *f*
**befeuchten** <ohne ge-> *vt* inumidire, umettare
**befeuern** <ohne ge-> *vt* ❶ (AERO, NAUT) munire di segnali luminosi ❷ (*fig: anspornen*) stimolare, incitare
**Befeuerung** <-, -en> *f* (*Flugplatz~*) luci *fpl* di pista

**befiehlt** [bəˈfiːlt] *3. Pers. Sing. Präs. von* **befehlen**

**befiel** [bəˈfiːl] *1. u. 3. Pers. Sing. Imp. von* **befallen**

**befinden** <irr, ohne ge-> I. *vr* sich ~ trovarsi, essere II. *vi* (*entscheiden*) giudicare; **über jdn/etw** ~ giudicare qu/qc; **über etw** *acc* ~ decidere qc III. *vt* (*geh: erachten*) giudicare

**Befinden** <-s> *kein Pl. nt* ❶ (*Gesundheitszustand*) [stato *m* di] salute *f* ❷ (*geh: Meinung*) parere *m*

**befindlich** [bəˈfɪntlɪç] *adj* **im Bau** ~ in costruzione

**beflaggen** <ohne ge-> *vt* pavesare

**Beflaggung** <-, -en> *f* imbandieramento *m*

**beflecken** <ohne ge-> *vt* ❶ (*beschmutzen*) **etw** [**mit etw**] ~ macchiare qc [di qc] ❷ (*fig geh: Ruf, Ehre*) contaminare, insudiciare

**befleißigen** [bəˈflaɪsɪɡən] <ohne ge-> *vr* sich ~ applicarsi (*gen* a), prendersi l'impegno (*gen* di)

**befliegen** <befliegt, beflog, beflogen> *vt* **eine Flugstrecke** ~ servire una linea aerea

**beflissen** [bəˈflɪsən] *adj* zelante, diligente

**Beflissenheit** <-> *kein Pl. f* zelo *m*, solerzia *f*, assiduità *f*

**beflügeln** <ohne ge-> *vt* (*fig geh*) mettere le ali a; (*Schritte*) accelerare

**befohlen** [bəˈfoːlən] *PP von* **befehlen**

**befolgen** <ohne ge-> *vt* (*Rat*) seguire; (*Anweisung*) osservare, eseguire

**Befolgung** <-> *kein Pl. f* osservanza *f*; **die ~ des Gesetzes** l'osservanza della legge

**befördern** <ohne ge-> *vt* ❶ (*transportieren*) trasportare; (*Post, Waren, Gepäck*) spedire ❷ (*im Rang, beruflich*) promuovere; **zum Direktor befördert werden** essere promosso direttore

**Beförderung** <-, -en> *f* ❶ (*Transport*) trasporto *m*; (*von Post, Waren, Gepäck*) spedizione *f* ❷ (*in Rang, beruflich*) promozione *f*, avanzamento *m*; **die ~ zum Direktor** la promozione a direttore

**Beförderungsart** *f* modo *m* di trasporto, tipo *m* di spedizione **Beförderungsbedingungen** *fPl.* condizioni *fpl* di trasporto **Beförderungsmittel** *nt* mezzo *m* di trasporto

**befrachten** <ohne ge-> *vt* (*Wagen*) caricare; (NAUT, AERO) noleggiare

**befragen** <ohne ge-> *vt* ❶ (*Menschen*) interrogare; (*Zeugen a*) sentire; (*Wörterbuch*) consultare ❷ (*um Rat fragen*) consultare

**Befrager(in)** <-s, -; -, -nen> *m(f)* ❶ (*Erhebung*) intervistatore, -trice *m, f*; ❷ (JUR) inquisitore, -trice *m, f*; (*Verhörender*) interrogante *mf*

**Befragung** <-, -en> *f* ❶ (*von Menschen*) interrogazione *f*; (*von Zeugen a*) interrogatorio *m* ❷ (*Umfrage*) sondaggio *m*, inchiesta *f*

**befreien** <ohne ge-> I. *vt* ❶ (*frei machen*) liberare; (*Sklaven*) affrancare; (*Gefangene*) scarcerare, rilasciare; (*aus Abhängigkeit*) emancipare; (*aus Gefahr, Zwangslage*) salvare; **jdn aus etw** ~ salvare qu da qc ❷ (*erlassen*) dispensare; **jdn von etw** ~ dispensare qu da qc; (*freistellen*) esentare qu da qc ❸ (*von Schmerzen, Sorgen*) liberare, sollevare; (*von Last*) liberare, sgravare; **ein ~des Lachen** una risata liberatoria II. *vr* sich [von jdm/etw] ~ liberarsi [di qu/qc]

**Befreier(in)** <-s, -; -, -nen> *m(f)* liberatore, -trice *m, f*

**Befreiung** <-, -en> *f* ❶ (*von Menschen, a. fig*) liberazione *f*; (*von Gefangenen*) scarcerazione *f*, rilascio *m*; (*aus der Abhängigkeit*) emancipazione *f* ❷ **die ~ von etw** (*Erlassen*) la dispensa da qc; (*Freistellung*) l'esenzione da qc; (MIL) l'esonero da qc ❸ (*von Schmerzen, Sorgen*) sollievo *m*; (*von einer Last*) sgravio *m*; (*Erleichterung*) sollievo *m* **Befreiungskampf** *m* lotta *f* di liberazione **Befreiungstheologie** <-, -n> *f* teologia *f* della liberazione

**befremden** [bəˈfrɛmdən] <ohne ge-> *vt* stupire, sconcertare **Befremden** <-s> *kein Pl. nt* stupore *m* **befremdend, befremdlich** *adj* sorprendente, strano **Befremdung** <-> *kein Pl. f* stupore *m*, sorpresa *f*

**befreunden** [bəˈfrɔʏndən] <ohne ge-> *vr* sich [mit jdm] ~ fare amicizia [con qu] **befreundet** *adj* (*Familien, Länder*) amico; **ein ~es Land** un paese amico; **ich bin mit ihm** ~ sono suo amico

**befriedigen** [bəˈfriːdɪɡən] <ohne ge-> I. *vt* soddisfare II. *vr* sich [selbst] ~ masturbarsi **befriedigend** *adj* ❶ (*zufriedenstellend*) soddisfacente ❷ (*Schulnote*) sette **befriedigt** *adj* soddisfatto; **~ lächeln** sorridere soddisfatto

**Befriedigung** <-> *kein Pl. f* soddisfazione *f*

**befristen** <ohne ge-> *vt* fissare un termine per **befristet** *adj* a scadenza fissa, a termine; **kurz ~** a breve termine

**Befristung** <-, -en> *f* limitazione *f*

**befruchten** <ohne ge-> *vt* fecondare
**Befruchtung** <-, -en> *f* fecondazione *f*; **künstliche ~** fecondazione *f* artificiale
**Befugnis** [bəˈfuːknɪs] <-, -se> *f* (*Recht*) diritto *m*, facoltà *f*; (*Zuständigkeit*) competenza *f*; **seine ~ se überschreiten** abusare dei propri poteri
**befugt** [bəˈfuːkt] *adj* [**zu etw**] **~ sein** essere autorizzato [a fare qc]
**befühlen** <ohne ge-> *vt* palpare, tastare
**befuhr** *1. u. 3. Pers. Sing. Imp. von* **befahren**
**befummeln** <ohne ge-> *vt* (*fam*) toccare [con le mani]
**Befund** <-(e)s, -e> *m* (MED) diagnosi *f*, referto *m*; **ohne ~** risultato negativo
**befunden** [bəˈfʊndən] *PP von* **befinden**
**befürchten** <ohne ge-> *vt* temere; **es ist** [*o* **steht**] **zu ~, dass ...** c'è da temere che +*conj*
**Befürchtung** <-, -en> *f* timore *m*, paura *f*; **die ~ haben, dass ...** temere che +*conj*
**befürworten** [bəˈfyːɐvɔrtən] <ohne ge-> *vt* (*empfehlen*) consigliare, raccomandare; (*gut finden*) approvare, essere favorevole a
**Befürworter(in)** <-s, -; -, -nen> *m(f)* sostenitore, -trice *m, f*, fautore, -trice *m, f*
**Befürwortung** <-, -en> *f* appoggio *m*; (*Empfehlung*) raccomandazione *f*
**begab** *1. u. 3. Pers. Sing. Imp. von* **begeben**
**begabt** [bəˈgaːpt] *adj* dotato; **für etw ~ sein** essere dotato per qc
**Begabtenförderung** *f* sostegno *m* degli allievi dotati
**Begabung** [bəˈgaːbʊŋ] <-, -en> *f* talento *m*
**begaffen** <ohne ge-> *vt* (*pej fam*) fissare insistentemente
**begangen** [bəˈgaŋən] *PP von* **begehen**
**begann** [bəˈgan] *1. u. 3. Pers. Sing. Imp. von* **beginnen**
**begatten** <ohne ge-> *vr* **sich ~** (ZOO) accoppiarsi
**Begattung** <-, -en> *f* accoppiamento *m*
**begeben** <irr, ohne ge-> *vr* **sich ~** (*geh*) ① (*gehen, fahren*) recarsi, andare; **sich nach Sizilien/Palermo ~** recarsi in Sicilia/a Palermo; **sich in Gefahr ~** incorrere in un pericolo; **sich zur Ruhe ~** andare a letto; **sich in ärztliche Behandlung ~** mettersi in trattamento medico ② (*sich ereignen*) accadere
**Begebenheit** <-, -en> *f* avvenimento *m*, evento *m*
**begegnen** [bəˈgeːgnən] <ohne ge-> I. *vi sein* ① (*treffen*) **jdm/etw ~** incontrare qu/qc ② (*fig: entgegentreten*) prevenire; **einer Sache** *dat* **~** prevenire qc; **einer Gefahr ~** affrontare un pericolo ③ (*widerfahren*) capitare; **so etw ist mir noch nicht begegnet** una cosa così non mi è mai capitata II. *vr sein* **sich** [*o* **einander**] **~** incontrarsi
**Begegnung** <-, -en> *f* incontro *m*
**begehbar** *adj* (*Weg*) percorribile [a piedi]
**begehen** <irr, ohne ge-> *vt* ① (*Weg*) percorrere ② (*Fehler, Verbrechen*) commettere; **Selbstmord ~** suicidarsi ③ (*geh: feiern*) celebrare; **feierlich ~** (*Tag*) commemorare
**begehren** [bəˈgeːrən] <ohne ge-> *vt* (*geh*) desiderare, bramare **Begehren** <-s, *rar* -> *nt* (*geh*) desiderio *m* **begehrenswert** *adj* desiderabile **begehrlich** *adj* (*geh: heftig wünschend*) bramoso, avido
**begehrt** *adj* richiesto
**begeistern** [bəˈgaɪstɐn] <ohne ge-> I. *vt* **jdn** [**für etw**] **~** entusiasmare qu [per qc] II. *vr* **sich** [**für etw**] **~** entusiasmarsi [per qc] **begeisternd** *adj* entusiasmante **begeistert** *adj* (*Mensch*) entusiasta, appassionato; (*Brief, Bericht*) entusiasta
**Begeisterung** <-> *kein Pl. f* entusiasmo *m*; **~ für** [*o* **über**] **etw** *acc* **haben** avere entusiasmo per qc; **etw mit ~ tun** fare qc con entusiasmo; **ein Sturm der ~** un entusiasmo frenetico **begeisterungsfähig** *adj* capace di entusiasmarsi
**begibt** *3. Pers. Sing. Präs. von* **begeben**
**Begierde** [bəˈgiːɐdə] <-, -n> *f* (*Wunsch, sexuell*) desiderio *m*, voglia *f*; (*Verlangen*) brama *f*, sete *f*; **~ nach Macht** sete di potere
**begierig** *adj* (*Blicke, Mensch*) voglioso, desideroso; (*lüstern*) concupiscente; (*Leser, Zuhörer*) avido, zelante; (*gespannt*) curioso
**begießen** <irr, ohne ge-> *vt* ① (*mit Flüssigkeit*) annaffiare; (*Braten*) pillottare ② (*fam: feiern*) festeggiare con una bevuta
**beging** *1. u. 3. Pers. Sing. Imp. von* **begehen**
**Beginn** [bəˈgɪn] <-(e)s> *kein Pl. m* inizio *m*, principio *m*; **zu ~** all'inizio
**beginnen** <beginnt, begann, begonnen> I. *vi* cominciare [a], iniziare [a]; **es beginnt zu regnen** comincia a piovere II. *vt* cominciare, iniziare
**beglaubigen** [bəˈglaʊbɪgən] <ohne ge-> *vt* ① (*Dokument*) autenticare; (*Unterschrift*) vidimare ② (*Diplomaten*) **einen Botschafter bei einem benachbarten**

Beglaubigung → Begrünung

**Land ~** accreditare un ambasciatore in un paese vicino

**Beglaubigung** <-, -en> f ① (*eines Dokuments*) autenticazione f; (*einer Unterschrift*) vidimazione f ② (*von Diplomaten*) accreditamento m **Beglaubigungsschreiben** nt (*von Diplomaten*) credenziali fpl

**begleichen** <irr, ohne ge-> vt (*geh*) regolare, saldare

**Begleichung** <-, -en> f pagamento m, saldo m

**Begleitbrief** m lettera f d'accompagnamento

**begleiten** <ohne ge-> vt (*allg,* MUS) accompagnare

**Begleiter(in)** <-s, -; -, -nen> m(f) (*allg,* MUS) accompagnatore, -trice m, f; **ständiger ~** (*Freund*) accompagnatore fisso

**Begleiterscheinung** f fenomeno m concomitante **Begleitflugzeug** nt velivolo m di scorta **Begleitmusik** f musica f d'accompagnamento **Begleitperson** f accompagnatore, -trice m, f **Begleitschein** m bolletta f di accompagnamento [o cauzione f doganale] **Begleitschreiben** nt s. **Begleitbrief Begleitumstände** mPl. (JUR) circostanze fpl concomitanti

**Begleitung** <-, -en> f ① (*allg,* MUS) accompagnamento m; **in ~** gen in compagnia di, accompagnato da ② (*Gefolge*) compagnia f, scorta f, seguito m

**beglücken** <ohne ge-> vt (*geh*) rendere felice **beglückend** adj che rende felice **beglückt** adj felice

**beglückwünschen** <ohne ge-> vt jdn [zu etw] ~ felicitarsi con qu [per qc]

**begnadet** [bəˈgnaːdət] adj dotato

**begnadigen** [bəˈgnaːdɪgən] <ohne ge-> vt graziare, amnistiare

**Begnadigung** <-, -en> f grazia f; (*Straferlass*) condono m **Begnadigungsgesuch** nt domanda f di grazia

**begnügen** [bəˈgnyːgən] <ohne ge-> vr sich [mit etw] ~ [ac]contentarsi [di qc]

**Begonie** [beˈgoːni̯ə] <-, -n> f (BOT) begonia f

**begonnen** [bəˈgɔnən] PP von **beginnen**

**begoss** 1. u. 3. Pers. Sing. Imp. von **begießen**

**begossen** [bəˈgɔsən] PP von **begießen**

**begraben** <irr, ohne ge-> vt ① (*beerdigen*) seppellire, sotterrare; **dort möchte ich nicht ~ sein** non ci starei neanche da morto fam ② (*fig: Hoffnung*) abbandonare, perdere; (*Streit*) dimenticare ③ (*verschütten*) seppellire

**Begräbnis** [bəˈɡrɛːpnɪs] <-ses, -se> nt sepoltura f; (*~feier*) funerale m

**begradigen** [bəˈgraːdɪgən] <ohne ge-> vt (*Fluss, Straße*) rettificare

**begreifen** <irr, ohne ge-> vt, vi comprendere, afferrare; **~, dass ...** (*einsehen*) realizzare che ...; **schwer ~** essere duro di comprendonio; **das ist nicht/kaum zu ~** non è/è appena comprensibile **begreiflich** adj comprensibile, intelligibile; **jdm etw ~ machen** far capire qc a qu; **das ist ~** questo si capisce **begreiflicherweise** [bəˈgraɪflɪçɐˈvaɪzə] adv naturalmente, ovviamente

**begrenzen** <ohne ge-> vt ① (*Gebiet*) limitare, tracciare i confini di ② (*einschränken*) limitare **begrenzt** adj limitato

**Begrenzung** <-, -en> f ① (*Grenzziehung*) demarcazione f ② (*Einschränkung*) limitazione f; (*Geschwindigkeits~*) limite m ③ (*Grenze*) confine m, delimitazione f

**Begriff** <-(e)s, -e> m ① (*Ausdruck*) concetto m ② (*Vorstellung*) idea f, immagine f; **sich** dat **einen [falschen] ~ von etw machen** farsi un'idea [sbagliata] di qc; **sich** dat **keinen ~ von etw machen** non avere la minima idea di qc; **schwer von ~ sein** (*fam*) essere duro di comprendonio; **ist dir das ein ~?** questo ti dice niente? ③ (*Wend*) **im ~ zu** +inf in procinto di +inf, sul punto di +inf

**begriff** 1. u. 3. Pers. Sing. Imp. von **begreifen**

**begriffen** I. PP von **begreifen** II. adj **im Entstehen ~** in fase di sviluppo; **mitten in den Vorbereitungen ~** nel bel mezzo dei preparativi; **in einem Irrtum ~ sein** stare per sbagliare

**begriffsstutzig** adj duro di comprendonio

**begrub** 1. u. 3. Pers. Sing. Imp. von **begraben**

**begründen** <ohne ge-> vt ① (*gründen*) fondare, creare; **wohl begründet** (*geh*) ben fondato ② (*den Grund angeben für*) motivare; **damit ~, dass ...** (*bes. Anspruch*) giustificare dicendo che ...

**Begründer(in)** <-s, -; -, -nen> m(f) fondatore, -trice m, f, promotore, -trice m, f

**begründet** adj motivato; (*bewiesen*) fondato; (*berechtigt*) giustificato

**Begründung** <-, -en> f ① (*Gründung*) fondazione f ② (*Erklärung*) spiegazione f, giustificazione f; **mit der ~, dass ...** adducendo come motivo che ...

**begrünen** <ohne ge-> vt creare spazi verdi in

**Begrünung** <-, -en> f rinverdimento m

**begrüßen** <ohne ge-> vt ❶ (*Gast*) salutare ❷ (*gutheißen*) approvare, accogliere con [molto] favore **begrüßenswert** adj auspicato

**Begrüßung** <-, -en> f saluto m

**begünstigen** [bəˈgʏnstɪgən] <ohne ge-> vt ❶ (*gut sein für*) favorire, privilegiare ❷ (*fördern*) promuovere; (*unterstützen*) appoggiare ❸ (JUR: *Verbrechen*) favoreggiare

**Begünstigung** <-, -en> f ❶ (*Bevorteilung*) favorire m, privilegiare m ❷ (JUR) favoreggiamento m

**begutachten** <ohne ge-> vt fare una perizia di

**Begutachtung** <-, -en> f perizia f

**begütert** [bəˈgyːtət] adj benestante, abbiente

**behaart** [bəˈhaːɐ̯t] adj peloso; **dicht** [o **stark**] ~ villoso

**Behaarung** <-, -en> f peluria f; (*Tiere*) pelo m

**behäbig** [bəˈhɛːbɪç] adj ❶ (*beleibt*) corpulento; (*schwerfällig*) flemmatico ❷ (CH: *wohlhabend*) benestante ❸ (CH: *stattlich*) considerevole, notevole

**behaftet** [bəˈhaftət] adj [**mit etw**] ~ **sein** essere affetto [da qc]

**behagen** [bəˈhaːgən] <ohne ge-> vi garbare **Behagen** <-s> kein Pl. nt gusto m, piacere m

**behaglich** [bəˈhaːklɪç] adj (*Zuhause*) confortevole, accogliente; (*Wärme*) piacevole, gradito; (*Leben, Möbel*) comodo; **sich ~ fühlen** sentirsi a proprio agio **Behaglichkeit** <-> kein Pl. f comodità f; (*Gemütlichkeit*) atmosfera f accogliente, ambiente m confortevole

**behalf** *1. u. 3. Pers. Sing. Imp. von* **behelfen**

**behalten** <irr, ohne ge-> vt ❶ (*nicht weggeben*) tenere; (*nicht wegwerfen*) conservare; (*Stellung, Namen, Nationalität*) mantenere; **etw für sich ~** (*nicht weitersagen*) tenere qc per sé ❷ (*Wert, Farbe*) conservare; (*Ruhe*) mantenere; **die Nerven ~** tenere a freno i nervi ❸ (*im Gedächtnis*) tenere a mente

**Behälter** [bəˈhɛltɐ] <-s, -> m contenitore m; (*für Flüssigkeiten*) recipiente m; (*Container*) container m

**behämmert** [bəˈhɛmɐt] adj (*fam*) idiota, scemo

**behandeln** <ohne ge-> vt ❶ (*Menschen, Thema, Material*) trattare; **jdn schlecht ~** maltrattare qu; **jdn von oben herab ~** trattare qu dall'alto in basso ❷ (*Kranken, Wunde*) curare ❸ (*handhaben*) maneggiare

**Behandlung** <-, -en> f ❶ (*von Mensch, Thema, Material*) trattamento m ❷ (MED) cura f medica, terapia f ❸ (*Handhabung*) maneggio m, uso m **Behandlungsfehler** m cura f errata **Behandlungsmethode** f (MED) metodo m terapeutico

**behängen** <ohne ge-> vt (*Wand*) tappezzare; (*drapieren*) drappeggiare

**beharren** [bəˈharən] <ohne ge-> vi **auf** [o **in**] **etw** dat ~ persistere in qc; **auf** [o **bei**] **einer Meinung ~** insistere in un'opinione; **er beharrt darauf, dass ...** si ostina a +inf

**beharrlich** adj (*Mensch*) perseverante, costante; (*Fragen, Arbeiten*) insistente, tenace; (*Liebe, Glauben*) tenace, ostinato **Beharrlichkeit** <-> kein Pl. f perseveranza f, costanza f

**behauen** <behaut, behaute, behauen> vt (*Steine*) sgrossare; (*Holz a*) digrossare

**behaupten** [bəˈhauptən] <ohne ge-> I. vt ❶ (*die Behauptung aufstellen*) affermare; **etw steif und fest ~** affermare ostinatamente qc ❷ (*erfolgreich verteidigen*) mantenere, conservare; (*Markt*) sostenere; (*Recht*) difendere II. vr **sich ~** affermarsi; (*Preis, Kurs*) rimanere stabile

**Behauptung** <-, -en> f affermazione f, asserzione f; **die ~ aufstellen, dass ...** affermare che +conj

**Behausung** [bəˈhauzʊŋ] <-, -en> f abitazione f, dimora f; **ärmliche ~** tugurio m

**beheben** <irr, ohne ge-> vt ❶ (*beseitigen*) eliminare; (*Missstand a*) togliere; (*Schaden*) riparare ❷ (A: *vom Konto*) prelevare

**beheimatet** [bəˈhaɪmaːtət] adj originario; **in einem Ort ~ sein** essere originario di un luogo

**beheizbar** adj **das Wohnzimmer ist nicht ~** in salotto non c'è il riscaldamento

**beheizen** <ohne ge-> vt riscaldare

**Behelf** [bəˈhɛlf] <-(e)s, -e> m espediente m, ripiego m

**behelfen** <irr, ohne ge-> vr **sich ~** arrangiarsi; **sich mit einer Decke ~** arrangiarsi con una coperta; **sich ohne etw ~** fare a meno di qc

**Behelfs-** (*in Zusammensetzungen*) provvisorio, di fortuna **behelfsmäßig** adj provvisorio, improvvisato

**behelligen** [bəˈhɛlɪgən] <ohne ge-> vt molestare

**beherbergen** [bəˈhɛrbɛrgən] <ohne ge-> vt alloggiare

**beherrschen** <ohne ge-> I. vt ❶ (POL) dominare, regnare su ❷ (*fig: großen Ein-*

*fluss haben*) esercitare un forte ascendente su ● (*in der Gewalt haben*) dominare, controllare ● (*Kunst, Sprache*) padroneggiare, possedere II. *vr* **sich** ~ dominarsi, controllarsi **beherrschend** *adj* dominante **beherrscht** *adj* controllato **Beherrschtheit** <-> *kein Pl. f* dominio *m* di sé stesso, autocontrollo *m*

**Beherrschung** <-> *kein Pl. f* ● (*Selbst~*) autocontrollo *m;* **die ~ verlieren** perdere il controllo di sé stesso ● (*Können, Wissen*) padronanza *f;* **die ~ des Triebes** la padronanza dell'istinto

**beherzigen** [bəˈhɛrtsɪgən] <ohne ge-> *vt* prendere a cuore; (*Rat*) seguire

**beherzt** [bəˈhɛrtst] *adj* coraggioso, ardito **Beherztheit** <-> *kein Pl. f* coraggio *m*, audacia *f*

**behielt** *1. u. 3. Pers. Sing. Imp. von* **behalten**

**behilflich** [bəˈhɪlflɪç] *adj* **jdm** [**bei etw**] ~ **sein** aiutare qu [in qc]

**behilft** *3. Pers. Sing. Präs. von* **behelfen**

**behindern** <ohne ge-> *vt* ostacolare; (*Sportler*) trattenere; (*Verkehr*) intralciare, bloccare; (*Sicht*) impedire, ostacolare

**behindert** *adj* **geistig/körperlich ~** minorato mentalmente/fisicamente

**Behinderte** <ein -r, -n, -n> *mf* handicappato, -a *m, f,* minorato, -a *m, f,* invalido, -a *m, f* **Behindertenausweis** *m* tessera *f* di invalidità **behindertengerecht** *adj* (*Bauweise*) a misura di disabile; (*Verkehrsmittel*) accessibile agli handiccapati **Behindertenwerkstatt** <-, -stätten> *f* officina *f* di lavoro per handiccapati

**Behinderung** <-, -en> *f* ● (*Erschwerung*) impedimento *m;* (*von Sportler*) trattenimento *m;* (*von Verkehr*) intralcio *m,* congestionamento *m* ● (*körperliche ~, geistige ~*) handicap *m*

**behob** *1. u. 3. Pers. Sing. Imp. von* **beheben**

**behoben** [bəˈhoːbən] *PP von* **beheben**

**beholfen** [bəˈɔlfən] *PP von* **behelfen**

**Behörde** [bəˈhøːrdə] <-, -n> *f* autorità *f,* amministrazione *f;* **die ~n** le forze *fpl* pubbliche

**Behördenangabe** *f meist pl* indicazione *f* delle autorità **Behördenschikane** *f* vessazioni *pl* burocratiche

**Behördensprecher(in)** *m(f)* portavoce *m* dell'autorità

**behördlich** [bəˈhøːrtlɪç] *adj* ufficiale, amministrativo; **mit ~er Genehmigung, ~ genehmigt** con il consenso ufficiale

**behüten** <ohne ge-> *vt* ● (*bewachen*) custodire, sorvegliare ● (*beschützen*) **jdn** [**vor etw** *dat*] **~** proteggere qu [da qc]; **Gott behüte!** Dio ci scampi **behütet** *adj* ~ **aufwachsen** crescere nella bambagia

**behutsam** [bəˈhuːtzaːm] I. *adj* cauto, circospetto II. *adv* con cautela **Behutsamkeit** <-> *kein Pl. f* precauzione *f,* prudenza *f*

**bei** [baɪ] *prp +dat* ● (*räumlich*) presso, vicino a; ~ **Paris** nei pressi di Parigi; **die Schlacht ~ Marathon** la battaglia di Maratona; **~ m Ofen** vicino alla stufa; **~ m Bäcker** dal panettiere; **~ Dante** in Dante; **~ jdm** [**in der Wohnung**] presso qu; **etw ~ sich** *dat* **haben** avere qc con sé; **ich dachte ~ mir** pensavo fra me e me ● (*zeitlich*) a, durante; **er ist ~ einem Unfall ums Leben gekommen** è morto in un incidente; ~ **meiner Ankunft** al mio arrivo; ~ **meinem Besuch** durante la mia visita; **~ m Lesen** leggendo; **~ m Mittagessen** a pranzo; ~ **Tag/Nacht** di giorno/notte ● (*in Hinblick auf*) in considerazione di, tenendo conto di ● (*trotz*) malgrado, nonostante, a dispetto di; **~ aller Vorsicht** malgrado tutte le precauzioni; **~ m besten Willen** con tutta la buona volontà ● (*mit*) **~ gutem/schlechtem Wetter** col bel/brutto tempo ● (*kausal*) **~ deiner Erkältung** raffreddato come sei

**bei|behalten** <irr, ohne ge-> *vt* mantenere, conservare

**bei|bringen** <irr> *vt* ● (*Unterlagen*) fornire, presentare; (*Zeugen*) produrre ● (*zufügen*) [**jdm**] **etw ~** infliggere qc [a qu] ● (*lehren*) insegnare; **einem Freund etw ~** insegnare qc ad un amico; **sich selber etw ~** imparare qc da solo

**Beichte** [ˈbaɪçtə] <-, -n> *f* confessione *f*

**beichten** I. *vt* confessare II. *vi* confessarsi **Beichtgeheimnis** *nt* segreto *m* confessionale **Beichtstuhl** *m* confessionale *m* **Beichtvater** *m* confessore *m*

**beide** [ˈbaɪdə] *adj o pron indef* tutti e due, entrambi; **die ~ n** i due; **alle ~** tutt'e due; **wir ~** noi due; **meine ~ n Brüder** i miei due fratelli; **einer/eins von ~ n** o l'uno o l'altro, uno dei due; **keiner von ~ n** nessuno dei due, né l'uno né l'altro **beidemal** *adv* tutt'e due le volte **beiderlei** [ˈbaɪdəˈlaɪ] <inv> *adj* di entrambe le specie; ~ **Geschlechts** di ambo i sessi, dell'uno e dell'altro sesso **beiderseitig** [ˈbaɪdəzaɪtɪç] *adj* (*von beiden Seiten*) entrambe le parti; (*bes. Vertrag*) bilaterale; (*gegenseitig*) reciproco, vicendevole **beiderseits**

['baɪdɹeːaɪts] *adv* da ambedue le parti; (*gegenseitig*) reciprocamente
**bei|drehen** *vi* (NAUT) virare
**beidseitig** ['baɪtzaɪtɪç] *adj* entrambi i lati; (MED) bilaterale; **zur ~en Zufriedenheit** per la felicità di entrambe le parti
**beidseits** *adv* (*CH*) *s.* **beiderseits**
**beieinander** [baɪʔaɪ'nandə] *adv* ❶ (*zusammen*) insieme ❷ (*nebeneinander*) l'uno vicino all'altro ❸ **gut ~ sein** (*süddt: körperlich fit sein*) star bene, essere in forma; (*geistig fit sein*) essere arzillo; (*beleibt sein*) essere grassottello **beieinander|bleiben** <irr> *itr V* rimanere insieme **beieinander|haben** <irr> *tr V* (*Unterlagen, Informationen*) avere ricolto; (*Geld, Betrag*) avere da parte **beieinander|sitzen** <irr> *itr V* stare insieme, passare del tempo insieme
**Beifahrer(in)** <-s, -; -, -nen> *m(f)* (*in Auto*) passeggero, -a *m, f* [accanto al conducente]; (*in LKW, bei Autorennen, Rallye*) secondo, -a autista *m, f*; (*auf Motorrad*) compagno, -a *m, f* **Beifahrerairbag** *m* (AUTO) airbag *m* passeggero **Beifahrersitz** *m* (*in Auto*) sedile *m* del passeggero anteriore; (*auf Motorrad*) motocarrozzetta *f*, side-car *m*
**Beifall** <-(e)s> *kein Pl. m* ❶ (*durch Klatschen*) applauso *m*, applausi *mpl*; (*durch Zurufe*) acclamazione *f*; **~ klatschen** [*o* **spenden**] applaudire ❷ (*Zustimmung*) approvazione *f*, consenso *m*; **jds ~ finden** avere il consenso di qu **beifallheischend** *adj* (*Blick, Verhalten*) che implora plauso [*o* approvazione]
**beifällig** ['baɪfɛlɪç] *adj* favorevole, di approvazione; **~ nicken** fare un cenno d'approvazione col capo
**bei|fügen** *vt* aggiungere; (*Unterlagen*) allegare
**Beigabe** <-, -n> *f* ❶ (*zum Hauptgericht*) contorno *m* ❷ (COM) premio *m*
**beige** [beːʃ *o* 'beːʒə *o* 'beːʒə] <inv> *adj* beige
**bei|geben** <irr> I. *vi* **klein ~** cedere, darsi per vinto II. *vt* aggiungere, allegare
**Beigeschmack** <-(e)s> *kein Pl. m* retrogusto *m*
**Beiheft** <-(e)s, -e> *nt* supplemento *m*
**Beihilfe** <-, -n> *f* ❶ (*finanzielle Unterstützung*) sussidio *m* ❷ *Sing.* (JUR) concorso *m*, complicità *f*; **~ zum Mord** concorso in omicidio
**bei|kommen** <irr> *vi sein* **einer Sache** *dat* **~** vincere qc; **den Schwierigkeiten ~** vincere le difficoltà

**Beil** [baɪl] <-(e)s, -e> *nt* scure *f*
**Beilage** <-, -n> *f* ❶ (*zur Zeitung, Zeitschrift*) supplemento *m* ❷ (GASTR) contorno *m* ❸ (*A: Anlage*) allegato *m*
**beiläufig** ['baɪlɔyfɪç] I. *adj* (*Bemerkung*) detto per inciso, casuale II. *adv* incidentalmente, per inciso
**bei|legen** *vt* ❶ (*beifügen*) accludere, allegare ❷ (*zuschreiben, beimessen*) attribuire ❸ (*Streit*) comporre; **gütlich** [*o* **friedlich**] **~** risolvere amichevolmente
**beileibe** [baɪ'laɪbə] *adv* **~ nicht!** niente affatto!
**Beileid** <-(e)s> *kein Pl. nt* condoglianze *fpl*; **jdm sein ~ aussprechen** fare le proprie condoglianze a qu; **mein herzliches ~!** (*a iron*) [le mie più sincere] condoglianze!
**Beileidsbesuch** *m* visita *f* di condoglianze; **von ~en bitten wir abzusehen** si prega di astenersi dalle visite di condoglianze **Beileidsbrief** *m*, **Beileidsschreiben** *nt* lettera *f* di condoglianze
**bei|liegen** <irr> *vi* **einer Sache** *dat* **~** essere accluso a qc **beiliegend** *adj* allegato
**beim** [baɪm] = **bei dem** *s.* **bei**
**bei|mengen** *s.* **beimischen**
**bei|messen** <irr> *vt* attribuire, ascrivere
**bei|mischen** *vt* **etw** (**einer Sache** *dat*) **~** mescolare qc [a qc] **Beimischung** <-, -en> *f* aggiunta *f*, mescolanza *f*
**Bein** [baɪn] <-(e)s, -e> *nt* ❶ (*von Mensch, Tisch, Stuhl*) gamba *f*; (*von Tier*) zampa *f*; **jdm wieder auf die ~e helfen** aiutare qu ad alzarsi; **jdm ein ~ stellen** (*a. fig*) fare lo sgambetto a qu; **sich** *dat* **die ~e vertreten** sgranchirsi le gambe; **sich** *dat* **die ~e in den Leib stehen** aspettare a lungo in piedi; **die ~e in die Hand nehmen** (*fam*) darsela a gambe; **wieder auf den ~en sein** (*fig*) essersi ristabilito; **etw auf die ~e stellen** (*fig*) mettere in piedi qc; **jdm ~e machen** (*fam*) far filare qu; **mit einem ~ im Grabe stehen** (*fig*) avere [*o* stare con] un piede nella fossa; **auf eigenen ~en stehen** (*fig*) essere indipendente; **mit beiden ~en auf der Erde stehen** (*fig*) stare coi piedi per terra ❷ (*Knochensubstanz*) osso *m*
**beinahe** ['baɪnaːə *o* baɪ'naːə] *adv* quasi; **ich wäre ~ gefallen** è mancato poco che cadessi
**Beiname** *m* soprannome *m*
**Beinbruch** *m* frattura *f* della gamba; **das ist doch kein ~!** (*fig fam*) non è poi la fine del

mondo!; **Hals- und ~!** (*fam*) in bocca al lupo!
**beinern** ['baɪnɐn] *adj* osseo
**beinhalten** [bə'ʔɪnhaltən] <ohne ge-> *vt* contenere, comprendere
**beinhart** *adj* (*A, südd*) ① (*sehr hart*) durissimo ② (*hart, unnachgiebig*) duro, difficile ③ (*Mensch*) insensibile
**Beinhaus** *nt* ossario *m*
**Beinprothese** *f* protesi *f* della gamba
**Beipackzettel** *m* foglio *m* delle istruzioni
**bei|pflichten** *vi* **jdm ~** essere d'accordo con qu; **einem Vorschlag ~** acconsentire a una proposta
**Beirat** ['baɪraːt] <-(e)s, Beiräte> *m* comitato *m* consultivo
**Beiried** <-(e)s, -e> *nt* (*A:* GASTR) lombata *f* di manzo
**beirren** [bə'ʔɪrən] <ohne ge-> *vt* mettere in imbarazzo, confondere
**beisammen** [baɪ'zamən] *adv* ① (*zusammen*) insieme ② **gut ~ sein** (*südd: körperlich fit sein*) star bene, essere arzillo; (*geistig fit sein*) essere arzillo, (*beleibt sein*) essere grassottello **beisammen|bleiben** <irr> *itr V* rimanere insieme **beisammen|haben** <irr> *tr V* (*Unterlagen, Informationen*) aver raccolto; (*Geld, Betrag*) avere da parte; **seinen Verstand** [*o* **seine Sinne**] **~** essere perfettamente in sé; **seine Gedanken nicht ~** essere distratto; [**sie**] **nicht alle ~** (*fam: verrückt sein*) non avere tutte le rotelle a posto [*o* tutti i venerdì] **Beisammensein** *nt* riunione *f* **beisammen|sitzen** <irr> *itr V* stare insieme, passare del tempo insieme
**Beischlaf** <-(e)s> *kein Pl. m* (*geh*) coito *m*
**Beisein** *nt* **im ~ von** in presenza di
**beiseite** [baɪ'zaɪtə] *adv* da parte, in disparte **beiseite|lassen** <irr> *vt* (*nicht berücksichtigen*) trascurare, tralasciare, ignorare **beiseite|legen** *vt* mettere da parte **beiseite|räumen** *vt* mettere da parte **beiseite|schaffen** *vt* ① mettere in disparte, far sparire ② (*ermorden*) sopprimere **beiseite|treten** <irr> *vi* mettersi in disparte
**Beisel** <-s, -n> *nt* (*A, südd: Kneipe*) locale *m*
**bei|setzen** *vt* (*geh*) seppellire
**Beisetzung** <-, -en> *f* (*geh*) sepoltura *f*
**Beisitzer(in)** <-s, -; -, -nen> *m(f)* ① (JUR) assessore *m* ② (*in Ausschuss*) membro *m* di una commissione; (*bei Prüfung*) assistente *mf*
**Beispiel** <-s, -e> *nt* esempio *m;* **zum ~** per esempio; **mit gutem ~ vorangehen** dare il buon esempio; **sich** *dat* **an jdm ein ~ nehmen** prendere esempio da qu **beispielhaft** *adj* esemplare **beispiellos** *adj* senza pari, senza precedenti; (*unvergleichlich*) incomparabile, inaudito **beispielsweise** *adv* per esempio
**beißen** ['baɪsən] <beißt, biss, gebissen> I. *vi* ① (*mit Zähnen*) mordere; **in etw** *acc* **~** dare un morso a qc; **sich** *dat* **auf die Zunge ~** mordersi la lingua ② (*brennen*) bruciare; **der Rauch beißt in den Augen** il fumo brucia gli occhi II. *vt* morsicare; (*kauen*) masticare; **nichts zu ~ haben** (*fig fam*) non avere niente da mettere sotto i denti III. *vr* **sich ~** (*fam: Farben*) stonare, stridere **beißend** *adj* ① (*Geruch*) mordente, pungente ② (*fig: Hohn, Spott*) mordace, pungente
**Beißzange** *f* tenaglie *fpl*
**Beistand** <-(e)s, -stände> *m* ① *Sing.* (*geh: Hilfe*) aiuto *m,* assistenza *f;* **jdm ~ leisten** soccorrere qu ② (JUR) patrocinatore, -trice *m, f;* (*Rechts~*) consulente *mf* legale
**Beistandspakt** *m* patto *m* di mutua assistenza
**bei|stehen** <irr> *vi* **jdm ~** assistere qu
**bei|steuern** *vt* **etw [zu etw] ~** contribuire [a qc] con qc
**bei|stimmen** *vi* **jdm ~** acconsentire a qu
**Beistrich** <-(e)s, -e> *m* (*A: Komma*) virgola *f*
**Beitrag** ['baɪtraːk] <-(e)s, Beiträge> *m* ① (*Anteil*) contributo *m; **einen ~ zu etw leisten** contribuire a qc ② (*Mitglieds~*) quota *f,* contributo *m* ③ (*Aufsatz, Artikel*) articolo *m*
**bei|tragen** <irr> *vi, vt* **etw [zu etw] ~** contribuire [a qc] con qc
**beitragsfrei** *adj* esente [da imposte] **beitragspflichtig** *adj* contribuente **Beitragssatz** *m* (FIN) aliquota *f* contributiva
**bei|treten** <irr> *vi sein* **einer Sache** *dat* **~** aderire a qc
**Beitritt** <-(e)s, -e> *m* adesione *f,* entrata *f;* **seinen ~ zu etw erklären** comunicare la propria adesione a qc **Beitrittserklärung** *f* dichiarazione *f* di adesione **Beitrittsgesuch** *nt* domanda *f* di adesione **Beitrittskandidat** *m* (POL) paese candidato all'adesione, Stato *m*
**Beiwagen** <-s, -> *m* side-car *m*
**bei|wohnen** *vi* (*geh*) **einer Sache** *dat* **~** assistere a qc
**Beiz** [baɪts] <-, -en> *f* (*A, CH, südd*) osteria *f*
**Beize** ['baɪtsə] <-, -n> *f* ① (CHEM) mordente *m;* (TEC) *für Metall*) decapaggio *m;*

(*Holz~*) verniciatura *f*; (*zum Gerben*) concia *f* ❷ (GASTR) salsa *f* marinata

**beizeiten** [baɪˈtsaɪtən] *adv* ❶ (*früh*) presto, di buon'ora ❷ (*rechtzeitig*) a tempo [debito], tempestivamente

**beizen** [ˈbaɪtsən] *vt* ❶ (CHEM) corrodere; (TEC: *Metall*) decapare; (*Gerberei*) conciare; (*Holz*) verniciare ❷ (GASTR) marinare

**beilziehen** <irr> *vt* (*südd, A, CH: hinzuziehen*) convocare

**bejahen** [bəˈjaːən] <ohne ge-> *vt* rispondere affermativamente a **bejahend** *adj* affermativo

**bejahrt** [bəˈjaːɐ̯t] *adj* (*geh*) avanzato negli anni, attempato

**Bejahung** <-, -en> *f* affermazione *f*; (*Antwort*) risposta *f* affermativa

**bejammern** <ohne ge-> *vt* compiangere

**bejubeln** <ohne ge-> *vt* accogliere con giubilo

**bekam** *1. u. 3. Pers. Sing. Imp. von* **bekommen**

**bekämpfen** <ohne ge-> *vt* combattere, lottare contro

**Bekämpfung** <-> *kein Pl. f* lotta *f*; **die ~ gegen etw** la lotta contro qc

**bekannt** [bəˈkant] *adj* ❶ (*Person*) noto, conosciuto; (*Sache*) notorio, pubblicamente noto; **wohl ~** (*geh*) ben noto; (*vertraut*) familiare; **~ geben** comunicare, annunciare; **~ machen** pubblicare, rendere noto; **jdn mit jdm ~ machen** presentare qu a qu; **mit jdm ~ sein/werden** conoscere qu/fare la conoscenza di qu; **~ werden** (*Person*) farsi un nome; (*Neuigkeit*) essere reso noto; (*Geheimnis*) trapelare; **etw als ~ voraussetzen** dare qc per scontato; **das ist mir nicht ~** non lo so, non mi risulta; **allgemein ~ sein** (*Sache*) essere risaputo ❷ (*berühmt*) famoso

**Bekannte** <ein -r, -n, -n> *mf* conoscente *mf*

**bekannte** *1. u. 3. Pers. Sing. Imp. von* **bekennen** **Bekanntenkreis** *m* cerchia *f* di conoscenze, conoscenti *mpl*

**bekanntermaßen** *adv* notoriamente

**Bekanntgabe** *f* comunicazione *f*, notificazione *f*

**Bekanntheit** <-> *kein Pl. f* conoscenza *f*; (*Berühmtheit*) notorietà *f*, fama *f* **Bekanntheitsgrad** <-(e)s, -e> *m* grado *m* di fama [*o* notorietà]; **einen hohen/niedrigen ~ haben** avere un alto/basso grado di fama/notorietà

**bekanntlich** *adv* com'è noto **Bekanntmachung** <-, -en> *f* comunicato *m*, avviso *m*, pubblicazione *f*

**Bekanntschaft** <-, -en> *f* ❶ (*Kennen*) conoscenza *f*; **jds ~ machen** fare la conoscenza di qu; **mit etw ~ machen** (*a. iron*) venire a conoscenza di qc di spiacevole ❷ (*Personenkreis*) conoscenti *mpl*

**bekehren** <ohne ge-> *vt* **jdn [zu etw] ~** (REL) convertire qu [a qc]; (*fig*) convincere qu [a fare qc]

**Bekehrung** <-, -en> *f* (*a. fig*) conversione *f*; **die ~ zu einer Religion** la conversione a una religione

**bekennen** <irr, ohne ge-> I. *vt* (*gestehen*) confessare; (*zugeben*) ammettere II. *vr* **sich zu etw ~** professare qc; **sich schuldig ~** riconoscersi colpevole

**Bekennerbrief** *m* lettera *f* di rivendicazione

**Bekenntnis** [bəˈkɛntnɪs] <-ses, -se> *nt* ❶ confessione *f* ❷ (*Schuld~*) ammissione *f* [di una colpa]

**beklagen** <ohne ge-> I. *vt* rammaricarsi di, deplorare II. *vr* **sich bei jdm über etw** *acc* **~** lamentarsi con qu di qc

**beklagenswert** *adj* (*Mensch*) commiserevole; (*Los, Zustand*) deplorevole

**Beklagte** [bəˈklaːktə] <ein -r, -n, -n> *mf* (JUR) imputato, -a *m, f*

**beklauen** <ohne ge-> *vt* (*fam*) **jdn ~** derubare qu

**bekleben** <ohne ge-> *vt* **etw mit Papier ~** incollare della carta su qc

**bekleckern** <ohne ge-> *vt* (*fam*) macchiare, sporcare

**bekleiden** <ohne ge-> *vt* ❶ (*mit Kleidung*) vestire ❷ (*geh: ein Amt*) ricoprire, occupare

**Bekleidung** <-, -en> *f* abbigliamento *m* **Bekleidungsindustrie** *f* industria *f* dell'abbigliamento **Bekleidungsstück** *nt* capo *m* di vestiario, indumento *m*

**beklemmen** <ohne ge-> *vt* opprimere, angosciare

**beklemmend** *adj* opprimente, angosciante

**Beklemmung** <-, -en> *f* oppressione *f*, angoscia *f*

**beklommen** [bəˈklɔmən] *adj* oppresso, angosciato **Beklommenheit** <-> *kein Pl. s.* **Beklemmung**

**bekloppt** [bəˈklɔpt] *adj* (*sl*) picchiato, toccato

**beknackt** *adj* (*fam*) scemo, idiota

**beknien** <ohne ge-> *vt* (*fam*) supplicare

**bekochen** <ohne ge-> *vt* (*fam*) far da mangiare a

**bekommen** <irr> I. *vt* haben ❶ (*erhalten*) ricevere; (*durch Bemühung*) ottenere; **was ~ Sie?** che cosa desidera?; **was ~ Sie**

[dafür]? quanto Le devo?; **etw zu essen ~** ricevere qc da mangiare; **ich habe es geschenkt ~** l'ho avuto in regalo; **Schläge ~** essere picchiato ❷ *(finden: Mann, Stellung)* trovare ❸ *(erreichen: Zug, Bus)* riuscire a prendere ❹ *(Krankheit)* contrarre; **einen Schnupfen ~** prender[si] un raffreddore; **er bekommt Fieber** gli viene la febbre ❺ *(Wend)* **Zähne ~** mettere i denti; **graue Haare ~** diventar grigio di capelli; **ein Kind ~** essere incinta; **wir werden Regen ~** verrà la pioggia II. *vi* ❶ *sein* **jdm ~** far bene a qu; **das bekommt mir gut** questo mi fa bene; **das bekommt mir nicht** questo non mi giova ❷ *haben* **~ Sie schon?** è già servito?; **wohl bekomm's!** salute!, buon pro'!

**bekömmlich** [bəˈkœmlɪç] *adj (Speise)* sano, digeribile; *(Klima)* sano **Bekömmlichkeit** <-> *kein Pl. f* digeribilità *f*

**beköstigen** [bəˈkœstɪgən] <ohne ge-> *vt* dare il vitto a

**Beköstigung** <-> *kein Pl. f* vitto *m*, mantenimento *m*

**bekräftigen** <ohne ge-> *vt* confermare

**Bekräftigung** <-> *kein Pl. f* conferma *f*, convalida *f*

**bekreuzigen** <ohne ge-> *vr* **sich ~** farsi il segno della croce

**bekriegen** <ohne ge-> *vt* fare la guerra a

**bekritteln** [bəˈkrɪtəln] <ohne ge-> *vt (pej)* criticare, trovare da ridire su

**bekritzeln** <ohne ge-> *vt* scarabocchiare

**bekümmern** <ohne ge-> *vt (besorgt machen)* preoccupare, inquietare; *(traurig machen)* rattristare **bekümmert** *adj (besorgt)* preoccupato; *(traurig)* triste, afflitto

**bekunden** [bəˈkʊndən] <ohne ge-> *vt* ❶ *(geh: zeigen)* manifestare, dimostrare ❷ *(bezeugen)* dichiarare, deporre

**belächeln** <ohne ge-> *vt* deridere, ridere di

**beladen** <irr> *vt* **etw [mit etw] ~** caricare qc [di qc]; **schwer ~ sein** essere sovraccaricato

**Belag** [bəˈlaːk, *Pl:* bəˈlɛːgə] <-(e)s, Beläge> *m* ❶ *(Schicht)* strato *m;* *(Straßen~)* rivestimento *m;* *(Zahn~, Zungen~)* patina *f* ❷ *(GASTR: auf Brot)* companatico *m;* *(auf Torte)* farcitura *f*, guarnizione *f* ❸ *(MOT: Brems~)* guarnizione *f*

**Belagerer** [bəˈlaːgərə] <-s, -> *m* assediante *m*

**belagern** [bəˈlaːgɐn] <ohne ge-> *vt* (MIL) assediare

**Belagerung** <-, -en> *f* (MIL) assedio *m*

**Belagerungszustand** *m* (MIL) stato *m* d'assedio

**belämmert** [bəˈlɛmɐt] *adj (fam)* ❶ *(verlegen)* impacciato; *(eingeschüchtert)* intimidito ❷ *(scheußlich)* orribile; *(abstoßend)* ripugnante

**Belang** [bəˈlaŋ] <-(e)s, -e> *m* ❶ *Sing. (Bedeutung)* importanza *f;* **von ~** importante; **ohne ~** senza importanza ❷ *pl (Angelegenheiten)* interessi *mpl*

**belangen** <ohne ge-> *vt* **gerichtlich ~** (JUR) citare in giudizio

**belanglos** *adj* senza importanza, irrilevante **Belanglosigkeit** <-, -en> *f* banalità *f;* *(belanglose Sache)* cosa *f* di poca importanza

**belassen** <irr> *vt* lasciare; **es dabei ~** lasciar perdere

**belastbar** *adj* ❶ *(Brücke, Fahrzeug)* che ha una portata di; **eine bis zu zehn Tonnen ~e Brücke** un ponte con una portata massima di dieci tonnellate ❷ *(Mensch)* resistente; **die Umwelt ist nicht weiter ~** non si possono più aggravare le condizioni dell'ambiente **Belastbarkeit** <-> *kein Pl. f* ❶ *(von Brücke, Fahrzeug)* portata *f* ❷ *(von Mensch)* capacità *f* lavorativa; *(nervlich)* resistenza *f* nervosa; *(körperlich)* resistenza *f* fisica ❸ *(von Umwelt)* limite *m* d'inquinamento

**belasten** <ohne ge-> I. *vt* ❶ *(mit Gewicht)* **etw [mit etw] ~** caricare qc [di qc] ❷ *(bedrücken)* opprimere; *(nervlich)* logorare ❸ *(Umwelt)* inquinare ❹ *(JUR: Angeklagten)* accusare, incriminare; **~ des Material** prove *fpl* a carico ❺ *(FIN: Konto)* gravare, addebitare; *(mit Hypothek)* ipotecare II. *vr* **sich ~** ❶ *(Mensch)* caricarsi; *(nervlich)* logorarsi; **damit will ich mich nicht ~** *(nichts zu tun haben)* non voglio averci a che fare; *(nichts wissen)* non ne voglio sapere ❷ (JUR) accusarsi, incriminarsi

**belastend** *adj* **~es Material** (JUR) prove *fpl* a carico

**belastet** *adj* **er ist erblich ~** ha una tara ereditaria; **mit einer Hypothek ~** gravato di un'ipoteca, ipotecato

**belästigen** [bəˈlɛstɪgən] <ohne ge-> *vt* ❶ *(bedrängen)* importunare, molestare ❷ *(stören)* disturbare **Belästigung** <-, -en> *f* molestia *f*, disturbo *m;* **sexuelle ~** molestie sessuali

**Belastung** [bəˈlastʊŋ] <-, -en> *f* ❶ *(von Menschen)* carico *m;* *(nervlich, körperlich)* logorio *m;* *(durch Verantwortung)* peso *m* ❷ *(von Kreislauf, Organ)* carico *m* ❸ *(von Umwelt)* inquinamento *m* ❹ (JUR)

incriminazione *f* ⑤ (FIN: *von Konto*) addebito *m*; (*mit Hypothek*) onere *m* **Belastungs-EKG** <-s, -s> *nt* (MED) ECG *m* sotto sforzo **Belastungsgrenze** *f* limite *m* di carico **Belastungsmaterial** *nt* (JUR) prove *fpl* a carico **Belastungsprobe** *f* prova *f* di carico **Belastungszeuge** *m*, **Belastungszeugin** *f* (JUR) testimone *mf* a carico

**belaubt** [bəˈlaʊpt] *adj* frondoso; **dicht ~** folto

**belauern** <ohne ge-> *vt* spiare

**belaufen** <irr> *vr* **sich ~ auf** +*acc* ammontare a

**belauschen** <ohne ge-> *vt* origliare, ascoltare di nascosto

**beleben** <ohne ge-> I. *vt* animare, stimolare; (*fig*) ravvivare; **wieder ~** (*Person*) rianimare; (*Kunst*) far rinascere II. *vr* **sich ~** (*a. fig*) [ri]animarsi **belebend** *adj* vivificante, stimolante

**belebt** *adj* animato, movimentato

**Belebtheit** <-> *kein Pl. f* (*von Straße, Platz*) animazione *f*, movimento *m*

**Belebung** <-> *kein Pl. f* animazione *f*; (COM) ripresa *f*

**Beleg** [bəˈleːk] <-(e)s, -e> *m* ① (*Quittung*) ricevuta *f*, quietanza *f* ② (*Beweis*) prova *f* **belegbar** *adj* documentabile

**belegen** <ohne ge-> *vt* ① (*verkleiden, überziehen*) rivestire; **etw mit etw ~** rivestire qc di qc; **ein Brötchen mit Schinken ~** imbottire un panino di prosciutto ② (*Platz*) riservare, occupare; **einen Kurs ~** iscriversi a un corso ③ (*beweisen*) dimostrare, documentare (SPORT) **den zweiten Platz ~** piazzarsi secondo

**Belegexemplar** *nt* [copia *f*] originale *m*

**Belegschaft** <-, -en> *f* personale *m* [dipendente], maestranze *fpl*

**belegt** *adj* ① (*Platz*) riservato, occupato; (*Hotel*) [al] completo; (TEL) occupato ② (*Stimme*) velato; (*Zunge*) patinoso ③ (*Brot*) imbottito

**belehren** <ohne ge-> *vt* ① (*unterweisen*) istruire ② (*aufklären*) **jdn über etw** *acc* **~** informare qu di qc

**Belehrung** <-, -en> *f* ① (*Instruktion*) istruzione *f* ② (JUR) ammonimento *m* ③ (*pej: Zurechtweisung*) rimprovero *m*

**beleibt** [bəˈlaɪpt] *adj* (*geh*) corpulento

**Beleibtheit** <-> *kein Pl. f* (*geh*) corpulenza *f*, pinguedine *f*

**beleidigen** [bəˈlaɪdɪɡən] <ohne ge-> *vt* offendere, insultare **beleidigend** *adj* offensivo **beleidigt** *adj* offeso; **gleich** [*o* leicht] **~ sein** offendersi per niente

**Beleidigung** <-, -en> *f* offesa *f*, insulto *m*

**beleihen** <irr> *vt* (*Geldgeber*) prestare su; (*Geldnehmer*) fare un prestito su, dare in pegno

**belesen** *adj* erudito, colto

**Belesenheit** <-> *kein Pl. f* erudizione *f*, cultura *f*

**beleuchten** <ohne ge-> *vt* ① (*mit Licht*) illuminare ② (*fig: Thema, Problem*) illustrare

**Beleuchter(in)** <-s, -; -, -nen> *m(f)* (FILM, THEAT) tecnico , -a *m*, *f* delle luci, illuminotecnico, -a *m*, *f*

**Beleuchtung** <-, -en> *f* illuminazione *f* **Beleuchtungskörper** *m* lampada *f* **Beleuchtungstechnik** <-, -en> *f* tecnica *f* di illuminazione, illuminotecnica *f*

**Belgien** [ˈbɛlɡjən] *nt* Belgio *m*; **in ~** nel Belgio

**Belgier(in)** [ˈbɛlɡiɐ] <-s, -; -, -nen> *m(f)* belga *mf*

**belgisch** *adj* belga

**Belgrad** [ˈbɛlɡraːt] *nt* Belgrado *f*

**belichten** <ohne ge-> *vt* (FOTO) esporre [alla luce]

**Belichtung** <-, -en> *f* (FOTO) esposizione *f* **Belichtungsmesser** *m* (FOTO) esposimetro *m* **Belichtungszeit** *f* (FOTO) tempo *m* di posa

**belieben** <ohne ge-> *vi* (*geh*) degnarsi; **~ etw zu tun** accondiscendere a fare qc; **wie es Ihnen beliebt** come Lei vuole, con Suo comodo **Belieben** <-s> *kein Pl. nt* piacimento *m*, gradimento *m*; **nach ~** a piacere, a volontà

**beliebig** I. *adj* qualsiasi; (*wahlfrei*) facoltativo; **jeder ~e** chiunque sia; **zu jeder ~en Zeit** a qualsiasi ora II. *adv* a piacere, a volontà; **~ oft** quante volte si vuole

**beliebt** *adj* (*Person*) benvoluto, amato; (*Sache*) richiesto, preferito; **sich bei jdm ~ machen** farsi benvolere da qu **Beliebtheit** <-> *kein Pl. f* popolarità *f*; **sich großer ~ erfreuen** godere di una grande popolarità

**belief** *1. u. 3. Pers. Sing. Imp. von* **belaufen**

**beliefern** <ohne ge-> *vt* **jdn [mit etw] ~** fornire [qc] a qu

**belieh** *1. u. 3. Pers. Sing. Imp. von* **beleihen**

**beliehen** *PP von* **beleihen**

**beließ** *1. u. 3. Pers. Sing. Imp. von* **belassen**

**bellen** [ˈbɛlən] *vi* abbaiare

**Belletristik** [bɛleˈtrɪstɪk] <-> *kein Pl. f* (LIT) bellettristica *f*

**belletristisch** *adj* (LIT) di genere narrativo
**belohnen** <ohne ge-> *vt* **jdn [für etw] ~** ricompensare qu [per qc]
**Belohnung** <-, -en> *f* ricompensa *f;* **eine ~ aussetzen** offrire una ricompensa; **zur ~ für** in ricompensa per
**Belüftung** <-, -en> *f* aerazione *f,* ventilazione *f* **Belüftungsanlage** *f* impianto *m* di aerazione [*o* ventilazione]
**belügen** <irr> *vt* mentire a
**belustigen** [bə'lʊstɪgən] <ohne ge-> I. *vt* divertire II. *vr* **sich [über jdn/etw] ~** (*geh*) beffarsi [di qu/qc]
**belustigt** *adj* divertito (*über* + *acc* di)
**Belustigung** <-, -en> *f* divertimento *m*
**bemächtigen** [bə'mɛçtɪgən] <ohne ge-> *vr* (*geh*) **sich einer Sache** *gen* **~** impossessarsi di qc; **sich jds ~** (*fangen*) catturare qu; (*fig: Schlaf, Gedanke*) impadronirsi di qu
**bemalen** <ohne ge-> *vt* dipingere **Bemalung** <-, -en> *f* pittura *f,* dipinto *m;* (*Graffiti*) pittura *f;* (*Kriegs~*) pittura *f* del corpo [in occasione di guerra]
**bemängeln** [bə'mɛŋəln] <ohne ge-> *vt* **etw [an** [*o* **bei] jdm] ~** criticare qc [in qu]
**bemannt** [bə'mant] *adj* (*Raumschiff*) dotato di equipaggio
**bemänteln** [bə'mɛntəln] <ohne ge-> *vt* ammantare, mascherare, nascondere
**bemerkbar** *adj* percettibile; **sich ~ machen** farsi notare
**bemerken** <ohne ge-> *vt* ❶ (*wahrnehmen*) notare, accorgersi di ❷ (*äußern*) dire; (*erwähnen*) menzionare, segnalare **bemerkenswert** *adj* notevole, degno di nota
**Bemerkung** <-, -en> *f* osservazione *f*
**bemessen** <irr> *vt* misurare, calcolare; **meine Zeit ist knapp ~** ho i minuti contati **Bemessungsgrundlage** *f* (COM) base *f* imponibile
**bemitleiden** [bə'mɪtlaɪdən] <ohne ge-> *vt* compatire, compiangere **bemitleidenswert** *adj* compassionevole
**bemoost** [bə'mo:st] *adj* coperto di muschio
**bemühen** [bə'my:ən] <ohne ge-> I. *vr* **sich [um etw] ~** impegnarsi [per qc]; **sich ~ etw zu tun** sforzarsi di fare qc; **~ Sie sich nicht!** non s'incomodi! II. *vt* (*geh*) incomodare, disturbare **bemüht** *adj* **[darum] ~ sein etw zu tun** cercare di fare qc, adoperarsi per qc
**Bemühung** <-, -en> *f* sforzo *m,* premura *f;* **ärztliche ~en** assistenza *f* medica
**bemüßigt** [bə'my:sɪçt] *adj* **sich ~ fühlen**

**etw zu tun** (*geh*) sentirsi costretto [*o* obbligato] a fare qc
**bemuttern** [bə'mʊtɐn] <ohne ge-> *vt* coccolare *fam*
**benachbart** [bə'naxba:ɐt] *adj* vicino [di casa]; (*Land*) confinante; (*Gebiet*) limitrofo
**benachrichtigen** [bə'na:xrɪçtɪgən] <ohne ge-> *vt* **jdn [von etw] ~** informare qu [di qc]
**Benachrichtigung** <-, -en> *f* informazione *f,* avviso *m;* **ohne vorherige ~** senza preavviso
**benachteiligen** [bə'na:xtaɪlɪgən] <ohne ge-> *vt* svantaggiare, danneggiare **benachteiligt** *adj* svantaggiato, danneggiato **Benachteiligung** <-, -en> *f* svantaggio *m,* pregiudizio *m*
**benebeln** <ohne ge-> *vt* (*Menschen, Sinne*) annebbiare
**benebelt** *adj* (*fam*) brillo
**Benediktiner(in)** [benedɪk'ti:nɐ] <-s, -; -, -nen> *m(f)* benedettino, -a *m, f*
**Benefizkonzert** [bene'fi:tskɔn'tsɛrt] *nt* concerto *m* di beneficenza **Benefizspiel** *nt* (SPORT) partita *f* amichevole di beneficenza **Benefizvorstellung** *f* spettacolo *m* di beneficenza
**benehmen** <irr> *vr* **sich ~** comportarsi; **sich wie ein Idiot ~** comportarsi come un idiota; **sich höflich gegen jdn/jdm gegenüber ~** essere gentile con qu; **sich ~ können** sapersi comportare, conoscere le buone maniere **Benehmen** <-s> *kein Pl. nt* comportamento *m,* condotta *f;* (*Manieren*) buone maniere *fpl;* **er hat kein ~** è maleducato
**beneiden** [bə'naɪdən] <ohne ge-> *vt* invidiare; **jdn um etw ~** invidiare qu per qc; **er beneidet dich um dein Glück** ti invidia la tua felicità **beneidenswert** *adj* invidiabile
**Benelux** [bene'lʊks *o* 'be:nelʊks] *f akr v* **Beneluxstaaten** paesi *mpl* del Benelux, [stati *mpl*] Benelux *m*
**Beneluxstaaten** *mPl.* paesi *mpl* del Benelux
**benennen** <irr> *vt* ❶ (*Menschen, Dinge*) denominare, dare un nome a; (*Straße, Platz*) intitolare ❷ (*vorschlagen*) proporre; **jdn als Zeuge ~** proporre qu come testimone
**Benennung** <-, -en> *f* denominazione *f*
**benetzen** <ohne ge-> *vt* (*geh*) umettare
**Bengel** ['bɛŋəl] <-s, - *o* -s> *m* (*fam*) monello *m,* birba *f*
**benommen** [bə'nɔmən] *adj* stordito, inton-

tito **Benommenheit** <-> *kein Pl. f* stordimento *m*, intontimento *m*
**benoten** <ohne ge-> *vt* dare un voto a
**benötigen** [bəˈnøːtɪɡən] <ohne ge-> *vt* aver bisogno di, necessitare di **benötigt** *adj* necessario, occorrente
**Benotung** <-, -en> *f* (*Benoten*) valutazione *f*; (*Noten*) voto *m*
**benutzen, benützen** <ohne ge-> *vt* ① (*verwenden*) utilizzare, usare; (*Gebrauch machen von*) servirsi di; (*Weg, Fahrzeug*) prendere ② (*ausnutzen*) approfittare di; **die Gelegenheit** ~ approfittare dell'occasione
**Benutzer(in)** <-s, -; -, -nen> *m(f)* utente *mf* **benutzerfreundlich** *adj* facile da usare **Benutzerfreundlichkeit** <-> *kein Pl. f* facilità *f* d'uso **Benutzerhandbuch** *nt* manuale *m* per l'utente
**Benutzerkonto** *nt* (INFORM) account *m*
**Benutzername** *m* (INFORM) nome *m* utente **Benutzeroberfläche** *f* (INFORM) scrivania *f*, desktop *m* **Benutzerprofil** <-s, -e> *nt* (INFORM: *benutzerspezifische Betriebssystemeinstellung*) profilo *m* di utente, user profile *m*
**Benutzung** <-, -en> *f* utilizzazione *f*, uso *m* **Benutzungsgebühr** *f* tassa *f* per l'uso; (*Straßen~*) pedaggio *m*
**Benzin** [bɛnˈtsiːn] <-s, -e> *nt* benzina *f*; **bleifreies** ~ benzina *f* verde
**Benzindirekteinspritzung** *f* (MOT) iniezione *f* diretta della benzina **Benzinfeuerzeug** *nt* accendino *m* a benzina **Benzingutschein** *m* buono *m* per la benzina **Benzinkanister** *m* tanica *f* di riserva **Benzinmotor** *m* motore *m* a benzina **Benzinpumpe** *f* pompa *f* della benzina
**Benzinstand** *m* livello *m* della benzina **Benzintank** *m* serbatoio *m* della benzina **Benzinuhr** *f* indicatore *m* di livello [del carburante] **Benzinverbrauch** *m* consumo *m* di benzina
**Benzol** [bɛnˈtsoːl] <-s, -e> *nt* benzolo *m*
**beobachten** [bəˈʔoːbaxtən] <ohne ge-> *vt* ① (*betrachten*) osservare; (*genau*) scrutare ② (*überwachen*) sorvegliare ③ (*bemerken*) notare
**Beobachter(in)** <-s, -; -, -nen> *m(f)* osservatore, -trice *m*, *f*
**Beobachtung** <-, -en> *f* osservazione *f*; (*polizeilich*) sorveglianza *f*; (*Feststellung*) constatazione *f*; **unter** ~ (MED) sotto osservazione; **unter** ~ **stehen** essere sorvegliato
**Beobachtungsgabe** *f* spirito *m* d'osservazione **Beobachtungsstation** *f* ① (ME-

TEO) osservatorio *m* meteorologico ② (MED) reparto *m* d'osservazione
**beordern** <ohne ge-> *vt* jdn [zu jdm/einem Ort] ~ comandare a qu di recarsi [da qu/in un luogo]; **jdn nach Rom** ~ comandare qu a Roma; **jdn zu sich** *dat* ~ mandare a chiamare qu
**bepacken** <ohne ge-> *vt* jdn/etw [mit etw] ~ caricare qu/qc [di qc]
**bepflanzen** <ohne ge-> *vt* piantare; **ein Beet mit etw** ~ piantare un'aiuola a qc
**Bepflanzung** <-, -en> *f* piantagione *f*
**bepinseln** <ohne ge-> *vt* (*a.* GASTR, MED) spennellare; (*fam: vollschreiben*) imbrattare
**bequem** [bəˈkveːm] *adj* ① (*Möbel*) comodo; **machen Sie es sich** ~! si accomodi! ② (*pej: Person*) pigro
**bequemen** <ohne ge-> *vr* sich ~ [etw zu tun] degnarsi [di fare qc]
**Bequemlichkeit** <-, -en> *f* ① (*Komfort*) comodità *f*, comfort *m* ② *Sing.* (*Trägheit*) pigrizia *f*, indolenza *f*
**beraten** <irr, ohne ge-> I. *vt* ① (*Rat geben*) consigliare; **jdn gut/schlecht** ~ dare buoni/cattivi consigli a qu ② (*besprechen*) discutere, consigliarsi su II. *vi*, *vr* sich [**über etw** *acc*] ~ discutere [su qc] **beratend** *adj* consultivo; (*Arzt*) consulente
**Berater(in)** <-s, -; -, -nen> *m(f)* consigliere, -a *m*, *f*
**beratschlagen** [bəˈraːtʃlaːɡən] <ohne ge-> *s.* **beraten**
**Beratung** <-, -en> *f* discussione *f*, deliberazione *f*; (JUR, MED) consultazione *f*; **ärztliche** ~ consulto *m* medico
**beratungsresistent** *adj* insensibile ai consigli **Beratungsstelle** *f* ufficio *m* di consulenza; (MED) consultorio *m*
**berauben** <ohne ge-> *vt* derubare; **jdn eines Rechtes** ~ (*fig*) privare qu di un diritto
**berauschen** <ohne ge-> (*geh*) I. *vt* ubriacare, inebriare; (*fig*) esaltare, appassionare II. *vr* sich ~ (*a. fig*) ubriacarsi, inebriarsi; **sich am Wein** ~ ubriacarsi di vino
**berauschend** *adj* (*a. fig*) inebriante; **nicht [gerade]** ~ (*fam iron*) non proprio sconvolgente **berauscht** *adj* ubriaco, ebbro
**Berber** [ˈbɛrbɐ] <-s, -> *m* (*Teppich*) tappeto *m* berbero
**Berber(in)** <-s, -; -, -nen> *m(f)* ① (*Volk*) berbero, -a *m*, *f* ② (*fam: Nichtsesshafte*) vagabondo, -a *m*, *f*
**berechenbar** [bəˈrɛçənbaːɐ̯] *adj* (*Kosten*) calcolabile; (*Verhalten*) prevedibile

**berechnen** <ohne ge-> vt ①(*Wert, Kosten, Größe, Umfang*) calcolare ②(*anrechnen*) **jdm etw ~** mettere in conto qc a qu ③(*vorsehen, kalkulieren*) calcolare
**berechnend** *adj* (*pej*) calcolatore
**Berechnung** <-, -en> *f* ①(*von Wert, Kosten, Umfang*) calcolo *m* ②(*pej: Eigeninteresse*) calcolo *m*; **aus ~ handeln** agire per calcolo **Berechnungsgrundlage** *f* (WIRTSCH) base *f* di calcolo
**berechtigen** [bəˈrɛçtɪgən] <ohne ge-> vt autorizzare, dare il diritto a **berechtigt** *adj* legittimo, giustificato; **~ sein zu** essere autorizzato a **berechtigterweise** [bəˈrɛçtɪçtəˈvaɪzə] *adv* legittimamente
**Berechtigung** <-, -en> *f* ①(*Befugnis*) autorizzazione *f*; (*Recht*) diritto *m*; **die ~ zu etw erwerben** ottenere l'autorizzazione a qc ②(*Rechtmäßigkeit*) fondatezza *f*
**bereden** <ohne ge-> I. *vt* ①(*besprechen*) parlare di ②(*überreden*) persuadere II. *vr* **sich [mit jdm über etw** *acc*] **~** conferire [con qu su qc]
**beredsam** [bəˈreːtsaːm] *adj* (*geh: redegewandt*) eloquente; **du bist ja heute sehr ~** (*fam iron*) oggi sei proprio un gran parlatore **Beredsamkeit** <-> *kein Pl. f* eloquenza *f*
**beredt** [bəˈreːt] *adj* (*Person*) eloquente
**Bereich** [bəˈraɪç] <-(e)s, -e> *m o rar nt* ①(*Gebiet*) regione *f*, zona *f*; **im ~ des Möglichen liegen** rientrare nell'ambito delle possibilità ②(*Sachgebiet*) campo *m*, ramo *m* ③(*Aufgaben-*) ambito *m*, sfera *f*
**bereichern** [bəˈraɪçɐn] <ohne ge-> I. *vt* (*vergrößern*) aumentare, accrescere II. *vr* **sich ~** arricchirsi; **sich um etw ~** arricchirsi di qc; **sich an jdm ~** arricchirsi a spese di qu
**Bereicherung** <-, -en> *f* (*a. fig*) arricchimento *m*
**bereifen** <ohne ge-> vt (MOT) munire di pneumatici
**Bereifung** <-, -en> *f* (MOT) pneumatici *mpl*
**bereinigen** <ohne ge-> vt (*Angelegenheit*) sistemare; (*Missverständnis*) chiarire
**Bereinigung** <-, -en> *f* ①(WIRTSCH) pulizia *f*, sistemazione *f* ②(ADM: *Steuer*) pareggiamento *m*
**bereisen** <ohne ge-> vt **ein Land ~** viaggiare in un paese
**bereit** [bəˈraɪt] *adj* ①(*fertig*) **zu etw ~ sein** essere pronto a qc ②(*gewillt*) disposto; **sich ~ erklären etw zu tun** dichiararsi disposto a fare qc
**bereiten** <ohne ge-> vt ①(*vor-, zubereiten*) preparare ②(*verursachen*) causare, procurare; **jdm Kummer ~** affliggere qu; **einer Sache** *dat* **ein Ende ~** porre fine a qc
**bereit|halten** <irr> vt tener pronto
**bereit|legen** vt preparare **bereit|liegen** <irr> *vi* essere a disposizione **bereit|machen** *vt* preparare
**bereits** [bəˈraɪts] *adv* già
**Bereitschaft** <-> *kein Pl. f* disposizione *f*, disponibilità *f*; **~ haben** (MIL) essere di picchetto; **in ~ sein** in allarme **Bereitschaftsarzt** *m* medico *m* di turno
**Bereitschaftsbemühung** *f* sforzo *m* di cooperazione **Bereitschaftsdienst** *m* (MIL) servizio *m* di picchetto; **ärztlicher ~** turno *m* medico **Bereitschaftspolizei** *f* polizia *f* di pronto intervento
**bereit|stehen** <irr> *vi* [**zu etw**] **~** essere pronto [a qc]; **für jdn ~** (*verfügbar sein*) essere disponibile per qu **bereit|stellen** *vt* [**jdm**] **etw ~** mettere qc a disposizione [di qu] **bereitwillig** I. *adj* pronto, premuroso II. *adv* premurosamente **Bereitwilligkeit** <-> *kein Pl. f* premura *f*, prontezza *f*
**bereuen** [bəˈrɔɪən] <ohne ge-> vt pentirsi di
**Berg** [bɛrk] <-(e)s, -e> *m* ①(*Erhebung*) monte *m*; **in die ~e fahren** andare in montagna; **~e versetzen** [s]muovere le montagne; **goldene ~e versprechen** promettere mari e monti; **mit etw nicht hinter dem ~e halten** non far mistero di qc; **über dem ~ sein** (*fig*) aver superato il peggio, essere a cavallo; **er ist über alle ~e** (*fam*) è già lontano un miglio ②(*Menge*) montagna *f*, massa *f*
**bergab** [bɛrkˈʔap] *adv* in discesa; **~ gehen** (*Geschäft*) essere [*o* andare] alla deriva; **es geht mit ihm ~** (*geschäftlich*) i suoi affari vanno male; (*gesundheitlich*) la sua salute peggiora
**Bergamt** *nt* ufficio *m* minerario, amministrazione *f* delle miniere **Bergarbeiter** *m* minatore *m*
**bergauf** [bɛrkˈʔaʊf] *adv* in salita; **es geht mit ihm ~** (*geschäftlich*) i suoi affari vanno bene; (*gesundheitlich*) è in via di guarigione
**Bergbahn** *f* funicolare *f* **Bergbau** *m* industria *f* mineraria **Bergbesteigung** *f* ascensione *f* **Bergbewohner(in)** *m(f)* montanaro, -a *m, f* **Bergdorf** *nt* villaggio *m* di montagna
**bergen** [ˈbɛrgən] <birgt, barg, geborgen> vt ①(*retten*) recuperare, salvare ②(*fig: enthalten*) contenere, racchiudere

**Bergfried** [bɛrkfriːt, *Pl:* bɛrkfriːdə] <-(e)s, -e> *m* (ARCH, HIST) battifredo *m*, torre *f* [della rocca], torrione *m* **Bergführer(in)** *m(f)* guida *f* alpina **Berggeist** *m* spirito *m* [o genio *m*] della montagna **Berggipfel** *m* cima *f* **Berghütte** *f* rifugio *m*
**bergig** *adj* montagnoso, montuoso
**Bergkamm** *m* cresta *f* di una montagna **Bergkette** *f* catena *f* di montagne **Bergkristall** *m* cristallo *m* di rocca **Bergkuppe** *f* cima *f* arrotondata **Bergland** *nt* paese *m* montagnoso **Bergmann** <-(e)s, -leute *o rar* -männer> *s.* **Bergarbeiter** **Bergmassiv** <-s, -e> *nt* massiccio *m* montuoso **Bergpredigt** <-> *kein Pl. f* sermone *m* della montagna **Bergrecht** *nt* codice *m* minerario **Bergrücken** *m* dorso *m* [di montagna] **Bergrutsch** *m* frana *f* **Bergschuh** *m* scarpone *m* da montagna **Bergstation** *f* stazione *f* a monte **Bergsteigen** <-s> *kein Pl. nt* alpinismo *m* **Bergsteiger(in)** *m(f)* alpinista *mf* **Bergsturz** <-es, -stürze *o* -e> *m* (GEOL) frana *f*, smottamento *m* **Bergtour** *f* escursione *f* in montagna **Berg-und-Tal-Bahn** [bɛrkʊntˈtaːlbaːn] *f* montagne *fpl* russe, ottovolante *m*
**Bergung** [ˈbɛrgʊŋ] <-, -en> *f* salvataggio *m*, recupero *m* **Bergungsarbeiten** *fPl.* opera *f* di recupero, operazioni *fpl* di salvataggio **Bergungsmannschaft** *f* squadra *f* di soccorso
**Bergwacht** [ˈbɛrkvaxt] <-, -en> *f* servizio *m* di soccorso alpino **Bergwand** *f* parete *f* [di montagna] **Bergwanderung** *f* escursione *f* in montagna **Bergwerk** *nt* miniera *f*
**Bericht** [bəˈrɪçt] <-(e)s, -e> *m* rapporto *m*; (*längerer*) relazione *f*; (TV, RADIO) cronaca *f*; ~ **über etw** *acc* **erstatten** stendere un rapporto su qc
**berichten** <ohne ge-> I. *vt* riferire; (*erzählen*) raccontare; **jdm** [**über etw** *acc*] ~ informare qu [su qc] II. *vi* **von etw** [*o* **über etw** *acc*] ~ raccontare [*o* riferire] qc
**Berichterstatter(in)** [bəˈrɪçtʔɛɐ̯ʃtatɐ] <-s, -; -, -nen> *m(f)* corrispondente *mf*; (*von Zeitung*) inviato, -a *m, f*, reporter *m*, cronista *mf* **Berichterstattung** *f* rapporto *m*, relazione *f*; (*in Zeitung*) corrispondenza *f*; (RADIO) radiocronaca *f*
**berichtigen** [bəˈrɪçtɪɡən] <ohne ge-> *vt* correggere, rettificare
**Berichtigung** <-, -en> *f* correzione *f*, rettifica *f*
**beriechen** <beriecht, beroch, berochen> *vt* annusare

**berief** *1. u. 3. Pers. Sing. Imp. von* **berufen**
**berieseln** <ohne ge-> *vt* irrigare; **jdn mit Werbung** (*fig*) inondare qu di pubblicità **Berieselung** <-> *kein Pl. f* irrigazione *f* **Berieselungsanlage** *f* impianto *m* d'irrigazione
**beringen** <ohne ge-> *vt* marcare con un anellino
**beritten** [bəˈrɪtən] *adj* a cavallo
**Berlin** [bɛrˈliːn] *nt* Berlino *f*
**Berliner(in)** *m(f)* berlinese *mf*
**berlinerisch** *adj* berlinese
**berlinern** <ohne ge-> *vi* (*fam*) parlare in dialetto berlinese
**Bermudadreieck** <-(e)s> *nt* triangolo *m* delle Bermuda
**Bermudainseln**, **Bermudas** [bɛrˈmuːdaɪnzəl, bɛrˈmuːdas] *Pl.* Bermuda *fpl*; **auf den** ~ alle Bermuda
**Bermudas** [bɛrˈmuːdas] *Pl.* ① (*Inselgruppe*) Bermuda *fpl*; **auf den** ~ alle Bermuda ② (*Kleidung*) bermuda *mpl*
**Bermudas**, **Bermudashorts** [bɛrˈmuːdas, bɛrˈmuːdaʃɔːts *o* bɛrˈmuːdaʃɔrts] *Pl.* (*Kleidung*) bermuda *mpl*
**Bern** [bɛrn] *nt* (*Stadt*) Berna *f*; (*Kanton*) Berna *m*
**Bernhardiner** [bɛrnharˈdiːnɐ] <-s, -> *m* [cane *m* di] San Bernardo, sanbernardo *m*
**Bernstein** *m* ambra *f* [gialla]
**beroch** *1. u. 3. Pers. Sing. Imp. von* **beriechen**
**berochen** [bəˈrɔxən] *PP von* **beriechen**
**Berserker** [bɛrˈzɛrkɐ *o* ˈbɛrzɛrkɐ] <-s, -> *m* **wie ein** ~ **arbeiten/zuschlagen/toben** lavorare/picchiare/sfuriare come un ossesso
**bersten** [ˈbɛrstən] <birst, barst, geborsten> *vi sein* spaccarsi; (*zerplatzen*) scoppiare; **zum Bersten voll** strapieno, pieno come un uovo; **vor Zorn** ~ scoppiare dalla rabbia
**berüchtigt** [bəˈrʏçtɪçt] *adj* famigerato
**berückend** *adj* affascinante; **nicht gerade** ~ non proprio entusiasmante
**berücksichtigen** [bəˈrʏkzɪçtɪɡən] <ohne ge-> *vt* considerare, prendere in considerazione; **wenn man berücksichtigt, dass …** se si tiene presente che …
**Berücksichtigung** <-> *kein Pl. f* considerazione *f*; **unter** ~ **von** in considerazione di, tenendo conto di; **ohne** ~ **von** senza riguardo per
**Beruf** [bəˈruːf] <-(e)s, -e> *m* professione *f*, mestiere *m*; **von** ~ di professione
**berufen**[1] <irr, ohne ge-> I. *vt* (*ernennen*)

**jdn zu etw ~** nominare qu qc **II.** *vr* **sich ~ auf** +*acc* richiamarsi a, appellarsi a

**berufen²** *adj* competente; **aus ~em Munde** da fonte autorevole; **sich zu etw ~ fühlen** sentire la vocazione per qc

**beruflich** *adj* professionale; **er ist ~ viel unterwegs** è molto in giro per lavoro

**Berufsarmee** <-, -n> *f* (MIL) esercito *m* professionale **Berufsausbildung** *f* formazione *f* professionale **Berufsaussichten** *fPl.* prospettive *fpl* professionali **berufsbedingt** *adj* condizionato dal lavoro, professionale **Berufsberater(in)** *m(f)* orientatore, -trice *m, f* professionale **Berufsberatung** *f* orientamento *m* professionale **Berufsbezeichnung** *f* denominazione *f* della professione **Berufsbild** *nt* profilo *m* professionale

**Berufsboxer** *m* pugile *m* professionista **Berufserfahrung** *f* esperienza *f* professionale **Berufsfeuerwehr** *f* vigili *mpl* del fuoco [professionisti] **Berufsgeheimnis** *nt* segreto *m* professionale **Berufsgruppe** *f* categoria *f* professionale **Berufsheer** *nt* esercito *m* professionale **Berufskleidung** *f* tenuta *f* da lavoro **Berufskrankheit** *f* malattia *f* professionale **Berufsleben** *nt* vita *f* professionale; **im ~ stehen** esercitare una professione **Berufsoffizier** *m* ufficiale *m* di carriera **Berufsrisiko** *nt* rischio *m* professionale **Berufsschule** *f* scuola *f* d'avviamento professionale **Berufsschüler(in)** <-s, -; -, -nen> *m(f)* studente, -essa *m, f* della scuola professionale **Berufsschullehrer(in)** <-s, -; -, -nen> *m(f)* professore, -essa *m, f* della scuola professionale **Berufssoldat** *m* soldato *m* di carriera **Berufssportler(in)** *m(f)* (SPORT) professionista *mf* **berufstätig** *adj* che esercita una professione; **~e Bevölkerung** popolazione attiva; **~ sein** esercitare una professione **Berufstätige** <ein -r, -n, -n> *mf* lavoratore, -trice *m, f* **berufsunfähig** *adj* inabile al lavoro **Berufsunfähigkeit** *f* inabilità *f* al lavoro **Berufsverbot** *nt* divieto *m* di esercitare una professione **Berufsverkehr** *m* traffico *m* [delle ore] di punta **Berufswahl** *f* scelta *f* della professione **Berufswechsel** *m* cambio *m* di lavoro **Berufszweig** *m* ramo *m* professionale

**Berufung** [bəˈruːfʊŋ] <-, -en> *f* ① (*innere*) vocazione *f* ② (*Ernennung*) nomina *f*, designazione *f* ③ (JUR) appello *m*, ricorso *m*; **~ einlegen, in die ~ gehen** (JUR) interporre ricorso, ricorrere in appello ④ (*das Sichberufen*) unter **~ auf** +*acc* in riferimento a **Berufungsfrist** <-, -en> *f* (JUR) termine *m* d'appello **Berufungsgericht** *nt* (JUR) corte *f* d'appello **Berufungsrichter(in)** <-s, -; -, -nen> *m(f)* (JUR) giudice *m* a latere **Berufungsweg** *m* **auf dem ~** (JUR) in appello

**beruhen** <ohne ge-> *vi* **~ auf** +*dat* fondarsi su, basarsi su; **auf einem Irrtum ~** nascere da un errore; **die Sache auf sich ~ lassen** lasciare la cosa com'è; **das beruht auf Gegenseitigkeit** è reciproco

**beruhigen** [bəˈruːɪɡən] <ohne ge-> **I.** *vt* calmare; (*Gemüter, Zorn, Naturgewalten*) placare; (*weinendes Kind, besorgten Menschen*) tranquillizzare, rassicurare **II.** *vr* **sich ~** calmarsi, tranquillizzarsi; (*Sturm*) placarsi; (*Lage*) normalizzarsi; **nun beruhige dich doch!** calmati una buona volta!

**beruhigend** *adj* (*Wissen*) rassicurante; (*Mittel, Wirkung*) calmante, sedativo; (*Worte*) rassicurante

**Beruhigung** <-> *kein Pl. f* (*von Gemütern, Zorn, Sturm*) placamento *m*; (*von besorgtem Menschen*) conforto *m*; (*von Nerven*) rilassamento *m*; (*von Lärm, Verkehr*) acquietamento *m*; **zu Ihrer ~ kann ich Ihnen sagen ...** per tranquillizzarLa posso dirLe ... **Beruhigungsmittel** *nt* tranquillante *m*, sedativo *m* **Beruhigungsspritze** <-, -n> *f* (MED) iniezione *f* sedativa

**berühmt** [bəˈryːmt] *adj* celebre, famoso; **das ist nicht gerade ~** (*iron*) non è un gran che **berühmt-berüchtigt** [bəˈryːmtbəˈrʏçtɪçt] *adj* malfamato **Berühmtheit** <-, -en> *f* celebrità *f*; **~ erlangen** diventar celebre

**berühren** <ohne ge-> *vt* ① (*anfassen*) toccare; (*streifen*) sfiorare ② (*kurz erwähnen*) accennare a, menzionare ③ (*bewegen*) commuovere

**Berührung** <-, -en> *f* toccare *m*, contatto *m*; **mit etw in ~ kommen** entrare in relazione con qc **Berührungsangst** *f* (PSYCH) pselafobia *f* **Berührungspunkt** *m* punto *m* di contatto

**bes.** *abk v* **besonders** spec.

**besagen** <ohne ge-> *vt* (*bedeuten*) voler dire, significare; **das hat nichts zu ~** non vuol dire nulla **besagt** *adj* sopramenzionato, suddetto

**besammeln** <ohne ge-> (*CH*) **I.** *vt* (*versammeln*) raggruppare, radunare **II.** *vr* **sich ~** raggrupparsi, radunarsi

**Besammlung** <-, -en> *f* (*CH: Versammlung, Treffen, Zusammenkommen*) raggruppamento *m*, raduno *m*; **~ der Teil-**

**nehmer am Start** il raduno dei partecipanti alla partenza
**besänftigen** [bəˈzɛnftɪɡən] <ohne ge-> vt calmare, placare
**Besänftigung** <-> kein Pl. f calmare m
**Besatz** <-es, -sätze> m (Kleidung) guarnizione f
**Besatzer(in)** <-s, -; -, -nen> m(f) (pej) occupante m,f, invasore m
**Besatzung** <-, -en> f ①(MIL: Garnison) guarnigione f; (Truppen) truppe fpl d'occupazione ②(NAUT, AERO) equipaggio m **Besatzungsarmee** f, **Besatzungsheer** nt esercito m d'occupazione **Besatzungsmacht** f (MIL) potenza f occupante **Besatzungszone** f (MIL) zona f d'occupazione
**besaufen** <irr, ohne ge-> vr sich ~ (fam) ubriacarsi
**Besäufnis** [bəˈzɔɪfnɪs] <-ses, -se> nt (fam) gozzoviglia f
**beschädigen** <ohne ge-> vt danneggiare, deteriorare
**Beschädigung** <-, -en> f ①(Vorgang) danneggiamento m ②(Stelle) danno m
**beschaffen** I.<ohne ge-> vt procurare II. adj **gut/schlecht ~** in buone/cattive condizioni; **so ~, dass ...** tale da +inf, tale che +conj **Beschaffenheit** <-> kein Pl. f (Zustand) stato m, qualità f; (Art) natura f, carattere m; (Zusammensetzung) composizione f
**Beschaffung** <-> kein Pl. f acquisto m **Beschaffungskriminalität** <-> kein Pl. f (JUR) criminalità f nel traffico di stupefacenti
**beschäftigen** [bəˈʃɛftɪɡən] <ohne ge-> I. vt ①(einstellen) impiegare ②(mit Aufgabe) **jdn [mit etw] ~** occupare qu [con qc]; (fig: geistig) impegnare qu [con qc] II. vr sich **[mit jdm/etw] ~** occuparsi [di qu/qc] **beschäftigt** adj ①(befasst) occupato; **mit etw ~ sein** essere impegnato in qc; **viel ~** molto occupato ②(angestellt) impiegato
**Beschäftigung** <-, -en> f ①(Tätigkeit) occupazione f, attività f ②(Arbeit) lavoro m; (Anstellung) impiego m **Beschäftigungspolitik** <-> kein Pl. f politica f occupazionale **Beschäftigungsprogramm** nt programma m occupazionale **Beschäftigungstherapie** f (MED) ergoterapia f; (fig) terapia f occupazionale
**beschämen** <ohne ge-> vt svergognare, umiliare **beschämend** adj umiliante **beschämt** adj vergognoso, umiliato
**beschatten** <ohne ge-> vt pedinare

**Beschattung** <-, -en> f (ADM, MIL) sorveglianza f, pedinamento m
**beschauen** <ohne ge-> vt ①(ansehen) guardare, contemplare ②(prüfen) ispezionare, esaminare, controllare
**Beschauer(in)** <-s, -; -, -nen> m(f) ①(Betrachter) spettatore, -trice m, f ②(Prüfer) ispettore, -trice m, f
**beschaulich** adj contemplativo; (ruhig) pacifico **Beschaulichkeit** <-> kein Pl. f tranquillità f
**Bescheid** [bəˈʃaɪt] <-(e)s, -e> m (Auskunft) informazione f; (Mitteilung) avviso m; (Antwort) risposta f; **jdm ~ geben** avvisare qu, informare qu; **jdm gehörig [o tüchtig] ~ sagen** (fam) dire il fatto suo a qu, dirne quattro a qu; **über etw** acc **~ wissen** essere informato di qc; **nun wissen Sie ~!** ora lo sa!; **abschlägiger ~** risposta negativa
**bescheiden**[1] [bəˈʃaɪdən] adj modesto; (anspruchslos) semplice; (gering) piccolo; (mäßig) moderato
**bescheiden**[2] <irr, ohne ge-> I. vt (form: benachrichtigen) informare; **abschlägig beschieden werden** ricevere un rifiuto II. vr sich **[mit etw] ~** (geh) accontentarsi [di qc]
**Bescheidenheit** <-> kein Pl. f modestia f, umiltà f
**bescheinen** <irr> vt illuminare; **von der Sonne beschienen** soleggiato
**bescheinigen** [bəˈʃaɪnɪɡən] <ohne ge-> vt attestare, certificare; **den Empfang eines Briefes ~** accusare ricevuta di una lettera
**Bescheinigung** <-, -en> f ①(Vorgang) attestazione f ②(Schriftstück) attestato m, certificato m
**bescheißen** <irr, ohne ge-> vt (vulg) fregare, fottere
**beschenken** <ohne ge-> vt fare un regalo a
**bescheren** [bəˈʃeːrən] <ohne ge-> vt **jdn ~** fare il regalo di Natale a qu; **jdm eine Überraschung ~** fare una [bella] sorpresa a qu
**Bescherung** <-, -en> f distribuzione f dei regali di Natale; **das ist ja eine schöne ~!** (iron fam) che bel regalo!
**bescheuert** [bəˈʃɔɪɐt] adj (sl) tonto fam, sciocco fam
**beschichten** <ohne ge-> vt etw **[mit etw] ~** rivestire qc [di qc]
**Beschichtung** <-, -en> f (TEC) rivestimento m
**beschießen** <irr, ohne ge-> vt far fuoco

contro, tirare su; (*mit MG*) mitragliare; (*mit schweren Waffen*) cannoneggiare; (PHYS: *mit Neutronen*) bombardare

**beschildern** <ohne ge-> *vt* dotare di segnaletica

**Beschilderung** <-, -en> *f* (AUTO) segnaletica *f* [stradale]

**beschimpfen** <ohne ge-> *vt* insultare

**Beschimpfung** <-, -en> *f* insulto *m*

**Beschiss** [bəˈʃɪs] <-es> *kein Pl. m* (*vulg*) **das ist alles ~** (*Betrug*) questa è una fottitura

**beschissen** [bəˈʃɪsən] *adj* (*vulg*) che fa schifo, di merda

**Beschlag** <-(e)s, -schläge> *m* ① (*Metallstück*) borchia *f*, guarnizione *f* ② (*Hufeisen*) ferratura *f* ③ (*Feuchtigkeit*) appannamento *m* ④ (*Wend*) **etw mit ~ belegen** prendere in possesso qc; **jdn in ~ nehmen** requisire qu

**beschlagen**¹ <irr, ohne ge-> I. *vt haben* ① (*Möbel, Tür*) guarnire ② (*Pferd*) ferrare II. *vi sein* (*Glas*) appannarsi

**beschlagen**² *adj* (*fam*) versato, ferrato; **in seinem Fach sehr ~ sein** essere esperto in materia; **auf seinem Gebiet ~ sein** essere molto preparato nel proprio campo

**Beschlagenheit** <-> *kein Pl. f* essere *m* versato [*o* esperto] in qc

**Beschlagnahme** [bəˈʃlaːknaːmə] <-, -n> *f* (JUR) confisca *f*, sequestro *m*

**beschlagnahmen** <ohne ge-> *vt* ① (JUR) confiscare, sequestrare ② (*fig fam*) tenere occupato

**Beschlagnahmung** <-, -en> *f* (JUR, ADM) confisca *f*, sequestro *m*

**beschleunigen** [bəˈʃlɔɪnɪɡən] <ohne ge-> *vt*, *vi* accelerare; **seine Schritte ~** accelerare il passo **beschleunigt** *adj* accelerato; (*Puls*) rapido

**Beschleunigung** <-, -en> *f* accelerazione *f*

**beschließen** <irr, ohne ge-> *vt* ① (*beenden*) terminare, concludere; (*Reihe*) chiudere ② (*entscheiden*) decidere, deliberare; (*übereinstimmen*) convenire; (JUR) decretare

**Beschluss** <-es, -schlüsse> *m* (*Entscheid*) decisione *f*, conclusione *f*; (JUR) decisione *f*, decreto *m*; **einen ~ fassen** prendere una decisione **beschlussfähig** *adj* atto a deliberare, in numero legale **beschlussunfähig** *adj* non atto a deliberare

**beschmieren** <ohne ge-> *vt* imbrattare

**beschmutzen** <ohne ge-> *vt* insudiciare, sporcare

**beschneiden** <irr, ohne ge-> *vt* ① (*zurechtschneiden*) tagliare; (*Baum*) potare, diramare ② (REL) circoncidere ③ (*fig: schmälern*) restringere, ridurre

**Beschneidung** <-, -en> *f* ① (REL) circoncisione *f* ② (*fig: Einschränkung*) restrizione *f*, riduzione *f*

**Beschneiungsanlage** *f* cannone *m* sparaneve

**beschnüffeln** <ohne ge-> *vt* annusare, fiutare; (*fig fam: kennen lernen*) imparare a conoscere

**beschnuppern** <ohne ge-> *s.* **beschnüffeln**

**beschönigen** [bəˈʃøːnɪɡən] <ohne ge-> *vt* mascherare, far apparire migliore

**Beschönigung** <-, -en> *f* mascheramento *m*, scusa *f*

**beschossen** [bəˈʃɔsən] *PP von* **beschießen**

**beschränken** [bəˈʃrɛŋkən] <ohne ge-> I. *vt* **etw [auf etw** *acc*] **~** limitare qc [a qc] II. *vr* **sich ~** limitarsi; **sich auf das Notwendigste ~** limitarsi allo stretto necessario

**beschrankt** [bəˈʃraŋkt] *adj* con sbarre

**beschränkt** *adj* ① (*eingeschränkt*) limitato, ristretto; **~e Haftung** responsabilità limitata; **in ~en Verhältnissen leben** vivere in ristrettezze ② (*Geist*) ottuso

**Beschränktheit** <-> *kein Pl. f* (*geringer Umfang*) [ri]strettezza *f*, limitatezza *f*; (*Knappheit*) scarsità *f*, insufficienza *f*; (*geistig*) ristrettezza *f* di vedute, mediocrità *f* di spirito

**Beschränkung** <-, -en> *f* limitazione *f*, restrizione *f*

**beschreiben** <irr, ohne ge-> *vt* ① (*Papier*) scrivere su ② (*schildern*) descrivere, dipingere

**Beschreibung** <-, -en> *f* descrizione *f*, illustrazione *f*

**beschreiten** <irr, ohne ge-> *vt* (*geh*) **den Rechtsweg ~** adire le vie legali; **neue Wege ~** battere nuove strade

**Beschrieb** [bəˈʃriːp] <-s, -e> *m* (CH) descrizione *f*

**beschriften** [bəˈʃrɪftən] <ohne ge-> *vt* mettere una scritta [*o* iscrizione] su; (*etikettieren*) etichettare

**Beschriftung** <-, -en> *f* scritta *f*, iscrizione *f*, etichetta *f*

**beschuldigen** [bəˈʃʊldɪɡən] <ohne ge-> *vt* incolpare, accusare; **jdn einer Sache** *gen* **~** incolpare qu di qc, accusare qu di qc

**Beschuldigung** <-, -en> *f* imputazione *f*,

accusa *f*; **eine ~ gegen jdn erheben** muovere un'imputazione contro qu

**beschummeln** <ohne ge-> (*fam*) **I.** *vt* infinocchiare **II.** *vi* barare

**Beschuss** <-es, -schüsse> *m* ❶ (MIL) fuoco *m*, tiro *m*; **jdn unter ~ nehmen** (*fig*) prendere di mira qu; **unter ~ geraten** (*fig*) capitare sotto tiro ❷ (PHYS) bombardamento *m*

**beschützen** <ohne ge-> *vt* **jdn/etw [vor jdm/etw] ~** proteggere qu/qc [da qu/qc]

**Beschützer(in)** <-s, -; -, -nen> *m(f)* protettore, -trice *m, f*

**beschwatzen** <ohne ge-> *vt* ❶ (*einreden auf*) cercare di convincere; (*überreden*) indurre (*zu* a) ❷ (*bereden*) chiacchierare, fare pettegolezzi su

**Beschwerde** [bə'ʃveːɐdə] <-, -n> *f* ❶ (*Klage*) lamentela *f*, reclamo *m*; (JUR) ricorso *m*; **~ einlegen** inoltrare reclamo ❷ *pl* (*körperliche*) disturbi *mpl*, malanni *mpl*

**beschweren** [bə'ʃveːrən] <ohne ge-> **I.** *vt* mettere un peso su **II.** *vr* **sich [bei jdm über etw** *acc*] **~** lamentarsi [di qc con qu], reclamare [qc presso qu]

**beschwerlich** *adj* (*lästig*) penoso; (*ermüdend*) faticoso, gravoso

**beschwichtigen** [bə'ʃvɪçtɪɡən] <ohne ge-> *vt* calmare, placare

**beschwindeln** <ohne ge-> *vt* (*fam: belügen*) dire bugie a; (*betrügen*) truffare

**beschwingt** [bə'ʃvɪŋt] *adj* allegro, gaio; (*Gang*) leggero

**beschwipst** [bə'ʃvɪpst] *adj* (*fam*) brillo, alticcio

**beschwören** <irr, ohne ge-> *vt* ❶ (JUR) giurare ❷ (*Geister*) esorcizzare; (*Schlangen*) incantare ❸ (*anflehen*) supplicare, implorare

**besehen** <irr, ohne ge-> *vt* guardare, esaminare

**beseitigen** [bə'zaɪtɪɡən] <ohne ge-> *vt* ❶ (*wegschaffen*) rimuovere; (*entfernen*) allontanare; (*Flecken*) togliere; (*Fehler*) eliminare; (*Streitigkeiten*) comporre, risolvere; (*Zweifel*) dissipare; (*Schwierigkeiten*) appianare ❷ (*fam: töten*) liquidare, far fuori

**Beseitigung** <-> *kein Pl. f* ❶ (*das Entfernen*) rimozione *f*; (*Behebung*) eliminazione *f*; (*von Schwierigkeiten*) appianamento *m* ❷ (*Tötung*) uccisione *f*

**Besen** ['beːzən] <-s, -> *m* scopa *f*; **ich fresse einen ~, wenn ...** (*fam*) che mi venga un accidente se ... **Besenschrank** *m* portascope *m* **Besenstiel** *m* manico *m* di scopa

**besessen** [bə'zɛsən] *adj* [**von etw**] **~ sein** essere ossessionato [da qc]; **wie ~** come indemoniato, come un forsennato **Besessene** <ein -r, -n, -n> *mf* ossesso, -a *m, f*; **wie ein ~r arbeiten** lavorare come un dannato **Besessenheit** <-> *kein Pl. f* ossessione *f*

**besetzen** <ohne ge-> *vt* ❶ (*mit Besatz*) **etw [mit etw] ~** guarnire qc [di qc] ❷ (*Platz*, MIL) occupare ❸ (*Stelle, Amt, Posten*) affidare; (*Rolle*) assegnare; **die Stelle mit einem Spezialisten ~** assegnare il posto a uno specialista **besetzt** *adj* occupato; (*Fahrzeug*) completo **Besetztzeichen** *nt* (TEL) segnale *m* di occupato

**Besetzung** <-, -en> *f* ❶ *Sing.* (*von Stelle*) affidare *m*; (*von Rolle*) assegnazione *f* ❷ (THEAT: *Schauspieler*) interpreti *mpl*; (SPORT: *Mannschaft*) formazione *f* ❸ (MIL) occupazione *f*

**besichtigen** [bə'zɪçtɪɡən] <ohne ge-> *vt* visitare

**Besichtigung** <-, -en> *f* ❶ (*von Sehenswürdigkeit*) visita *f* ❷ (*Prüfung*) esame *m*, controllo *m* **Besichtigungszeiten** *fPl.* orario *m* di visita

**besiedeln** [bə'ziːdəln] <ohne ge-> *vt* colonizzare; (*bevölkern*) popolare **besiedelt** *adj* **dicht/dünn ~ sein** essere densamente/scarsamente popolato

**Besied[e]lung** <-, -en> *f* colonizzazione *f*, popolamento *m*

**besiegeln** <ohne ge-> *vt* suggellare; **sein Schicksal ist besiegelt** il suo destino è segnato

**besiegen** <ohne ge-> *vt* vincere, sconfiggere; (*fig*) superare, dominare

**besingen** <besingt, besang, besungen> *vt* ❶ (*fig: rühmen*) [de]cantare, celebrare ❷ (*Schallplatte, CD*) incidere una canzone su; (*Band*) registrare una canzone su

**besinnen** <irr, ohne ge-> *vr* **sich ~** ❶ (*überlegen*) riflettere; **ohne sich [lange] zu ~** senza pensarci tanto, senza esitare; **sich anders ~** cambiare idea, ricredersi ❷ (*sich erinnern*) **sich [auf etw** *acc*] **~** ricordarsi [di qc]

**besinnlich** *adj* (*Mensch*) pensoso, meditativo; (*Abend*) intimo, raccolto

**Besinnung** <-> *kein Pl. f* ❶ (*Bewusstsein*) conoscenza *f*, sensi *mpl*; **die ~ verlieren** perdere i sensi; (*fig*) perdere la testa ❷ (*das Sichbesinnen*) riflettere *m*; **die ~ auf alte**

**Werte** il riflettere su vecchi valori; **jdn zur ~ bringen** ricondurre qu alla ragione
**besinnungslos** *adj* privo di sensi, svenuto
**Besinnungslosigkeit** <-> *kein Pl. f* (MED) deliquio *m*, svenimento *m*
**Besitz** <-es> *kein Pl. m* possesso *m;* (*Eigentum*) proprietà *f;* (*Vermögen*) patrimonio *m;* (*Güter*) beni *mpl;* (*Waffen~*) detenzione *f;* **von etw ~ ergreifen** prendere possesso di qc **Besitzanspruch** *m* (JUR) diritto *m* sulla proprietà
**besitzanzeigend** *adj* **~es Fürwort** pronome possessivo
**besitzen** <irr, ohne ge-> *vt* possedere, essere in possesso di; (*innehaben, haben*) avere
**Besitzer(in)** <-s, -; -, -nen> *m(f)* possessore, -ditrice *m, f;* (*Eigentümer*) proprietario, -a *m, f;* (JUR) detentore, -trice *m, f;* (*Inhaber*) portatore, -trice *m, f*
**besitzergreifend** *adv* possessivo
**Besitzergreifung** *f* presa *f* di possesso
**Besitzerin** *f s.* **Besitzer**
**besitzlos** *adj* nullatenente
**Besitztum** <-s, -tümer> *nt* (*Grundbesitz*) proprietà *f* terriera, fondo *m;* (*Eigentum*) proprietà *f*
**Besitzung** <-, -en> *f* (*Landgut*) proprietà *f* terriera, fondo *m;* (*Kolonie*) colonia *f,* possedimenti *mpl* coloniali; **überseeische ~en** territori *mpl* d'oltremare
**besoffen** [bə'zɔfən] *adj* (*fam*) sbronzo; **total ~** ubriaco fradicio
**besohlen** [bə'zo:lən] <ohne ge-> *vt* ris[u]olare
**besolden** [bə'zɔldən] <ohne ge-> *vt* stipendiare, retribuire; (MIL) pagare il soldo a
**Besoldung** <-, -en> *f* retribuzione *f;* (MIL) soldo *m*
**besondere(r, s)** [bə'zɔndərə, -re, -rəs] *adj* ① (*speziell*) speciale, particolare; **im Besonderen** in particolare; **nichts Besonderes** niente di speciale ② (*gesondert*) separato, -a ③ (*eigentümlich*) singolare ④ (*ungewöhnlich*) eccezionale, straordinario
**Besonderheit** <-, -en> *f* specialità *f,* particolarità *f;* (*einzelne*) caratteristica *f,* singolarità *f;* (*Ungewöhnlichkeit*) eccezionalità *f*
**besonders** [bə'zɔndɐs] *adv* ① (*insbesondere*) specialmente, particolarmente; (*hauptsächlich*) soprattutto ② (*außerordentlich*) eccezionalmente, straordinariamente; **nicht ~ [gut]** non tanto bene
**besonnen** [bə'zɔnən] *adj* riflessivo; (*vernünftig*) ragionevole; (*vorsichtig*) prudente; (*umsichtig*) avveduto, accorto

**Besonnenheit** <-> *kein Pl. f* avvedutezza *f,* accortezza *f*
**besorgen** <ohne ge-> *vt* ① (*beschaffen*) procurare, procacciare; (*einkaufen*) comprare ② (*erledigen*) sbrigare, eseguire, fare; **den Haushalt ~** occuparsi della casa
**Besorgnis** [bə'zɔrknɪs] <-, -se> *f* inquietudine *f,* preoccupazione *f;* **~ erregend** inquietante, preoccupante **besorgniserregend** *adj* inquietante, preoccupante
**besorgt** [bə'zɔrkt] *adj* [**um jdn/etw**] **~ sein** essere preoccupato [per qu/qc]
**Besorgtheit** <-> *kein Pl. f* inquietudine *f,* apprensione *f,* preoccupazione *f*
**Besorgung** <-, -en> *f* ① *Sing.* (*Erledigung*) disbrigo *m* ② (*Einkauf*) acquisto *m;* **~en machen** fare la spesa
**bespannen** <ohne ge-> *vt* rivestire; (*Tennisschläger, Geige*) incordare; **etw mit Stoff ~** intelare qc
**Bespannung** <-, -en> *f* ① *Sing.* (*mit Stoff*) rivestire *m;* (*mit Saiten*) incordatura *f;* (*mit Pferden*) attaccare *m* [i cavalli] ② (*Material*) rivestimento *m,* copertura *f;* (*Saiten*) corde *fpl;* (*Fäden*) fili *mpl*
**bespielen** <ohne ge-> *vt* ① (*aufnehmen*) **ein Tonband mit etw ~** registrare qc su un nastro ② (SPORT: *Platz*) giocare in
**bespitzeln** <ohne ge-> *vt* spiare
**besprechen** <irr, ohne ge-> I. *vt* ① (*sprechen über*) parlare di; **wie besprochen** come d'accordo ② (*rezensieren*) recensire ③ (*Tonband*) incidere II. *vr* **sich [mit jdm] ~** consultarsi [con qu]
**Besprechung** <-, -en> *f* ① (*Unterredung*) colloquio *m;* (*Konferenz*) conferenza *f* ② (*Rezension*) critica *f,* recensione *f*
**Besprechungsexemplar** *nt* copia *f* per recensione **Besprechungszimmer** *nt* sala *f* conferenze, sala *f* di riunione
**bespritzen** <ohne ge-> *vt* (*nass machen*) bagnare; **jdn mit etw ~** bagnare qu con qc; (*schmutzig machen*) imbrattare qu di qc; **jdn mit Farbe/Blut ~** macchiare qu di colore/sangue
**besprühen** <ohne ge-> *vt* (*mit Wasser, Farbe*) spruzzare; (*mit Insektenschutzmittel*) irrorare
**besser** ['bɛsɐ] *Komparativ von* **gut** I. *adj* migliore; **~ werden** migliorare, migliorarsi; **dieses Restaurant ist ~ als das andere** questo ristorante è meglio [o migliore] di quell'altro; **es ist ~, du kommst sofort** è meglio che tu venga subito II. *adv* meglio; **etw ~ können** saper fare meglio qc; **immer ~** sempre meglio, di bene in meglio; **umso ~** tanto

meglio; **~ gesagt** per meglio dire; **alles ~ wissen** sapere sempre tutto, saperla lunga; **es geht ihm/ihr ~** sta meglio; **tu das ~ nicht!** è meglio che tu non lo faccia!
**Bessere(s)** ['bɛsərəs] *nt* **~s zu tun haben** aver qc di meglio da fare; **jdn eines ~n belehren** [far] aprire gli occhi a qu; **etwas ~ suchen** cercare qc di meglio; **es gibt nichts ~** non c'è di meglio **besser|gehen** <irr> *vi s.* **besser II. bessergestellt** *adj* agiato, benestante **Bessergestellte(r)** <ein -r, -n, -n> *mf* agiato, -a *m, f*, benestante *m*
**bessern I.** *vt* (*sittlich*) emendare **II.** *vr* **sich ~** migliorarsi; (*bes. sittlich*) emendarsi, correggersi; (*Gesundheit*) ristabilirsi; (*Wetter*) migliorare
**besser|stellen I.** *vt* (*Mitarbeiter*) aumentare il salario di; (*Familien*) migliorare la situazione economica di **II.** *vr* **sich ~** migliorarsi [nel lavoro]
**Besserung** <-, -en> *f* miglioramento *m*; (*gesundheitlich*) guarigione *f*, ristabilimento *m*; **auf dem Wege der ~ sein** essere in via di guarigione, stare meglio; **gute ~!** pronta guarigione!
**Besserverdienende** <ein -r, -n, -n> *mf* percettore *mf* di reddito elevato **Besserwisser(in)** <-s, -> *m(f)* saccente *mf*
**bestach** *1. u. 3. Pers. Sing. Imp. von* **bestechen**
**bestahl** *1. u. 3. Pers. Sing. Imp. von* **bestehlen**
**Bestand** [bə'ʃtant] <-(e)s, Bestände> *m* ① *Sing.* (*Bestehen*) esistenza *f*; (*Fortdauer*) continuità *f*, durata *f*; **~ haben** aver durata ② (*Vorrat*) giacenza *f*, riserva *f*; (*Kassen~*) fondo *m* cassa; (*Tier~, Forst~*) patrimonio *m*
**bestand** *1. u. 3. Pers. Sing. Imp. von* **bestehen**
**bestanden** [bə'ʃtandən] *adj* (*Prüfung*) superato
**beständig** *adj* ① (*dauerhaft*) durevole; (TEC) resistente; (*Farbe*) indelebile ② (*andauernd*) continuo, persistente ③ (*Wetter*) stabile **Beständigkeit** <-> *kein Pl. f* ① (*Dauerhaftigkeit*) durevolezza *f*; (TEC) resistenza *f* ② (*Dauer*) continuità *f*, persistenza *f* ③ (*von Wetter*) stabilità *f*
**Bestandsaufnahme** *f* inventario *m*
**Bestandteil** *m* (*Element*) elemento *m*; (*Bauteil, Einzelteil*) parte *f*; (CHEM) componente *m*; **sich in seine ~e auflösen** cadere in pezzi; **etw in seine ~e zerlegen** smontare qc, scomporre qc

**bestärken** <ohne ge-> *vt* **jdn in etw dat ~** rafforzare qu in qc
**bestätigen** [bə'ʃtɛːtɪgən] <ohne ge-> **I.** *vt* ① (*Worte, Verdacht, Urteil*) confermare ② (*bescheinigen*) attestare, certificare ③ (*anerkennen*) riconoscere ④ (COM: *Brief*) accusare ricevuta di; (*Auftrag*) confermare **II.** *vr* **sich ~** risultare vero
**Bestätigung** <-, -en> *f* ① (*von Verdacht, Urteil*) conferma *f* ② (*Bescheinigung*) attestazione *f*; (*Dokument*) certificato *m* ③ (*Anerkennung*) riconoscimento *m* ④ (COM) accusare *m* ricevuta; (*von Auftrag*) conferma *f*
**bestatten** [bə'ʃtatən] <ohne ge-> *vt* (*geh*) inumare, seppellire
**Bestattung** <-, -en> *f* (*geh*) inumazione *f*, sepoltura *f*; (*Feier*) funerale *m*, esequie *fpl*
**bestäuben** [bə'ʃtɔɪbən] <ohne ge-> *vt* ① (BOT) impollinare ② (*bestreuen*) **etw [mit etw] ~** cospargere qc [di qc]
**Bestäubung** <-, *rar* -en> *f* (BOT) impollinazione *f*
**bestaunen** <ohne ge-> *vt* guardare con stupore
**beste(r, s)** ['bɛstə, -tɐ, -təs] *adj Superlativ von* **gut I.** *adj* migliore, ottimo, -a; **der/die Beste** il/la migliore; **das Beste** il meglio; **der/die/das erste Beste** il/la primo/-a che capita; **meine ~ Freundin** la mia miglior amica; **etw zum Besten geben** raccontare qc; **sein Bestes tun** [*o* **geben**] fare del proprio meglio; **es wäre das Beste, jetzt zu gehen** la cosa migliore sarebbe andarsene adesso; **ich will nur dein Bestes** voglio solo il tuo bene; **wollen wir das Beste hoffen!** speriamo bene!; **~n Dank!** (*a. iron*) tante grazie! **II.** *adv* **am ~n** meglio; **es ist am ~n, wenn ich gehe, am ~n gehe ich** è meglio che me ne vada; **so ist es am ~n** è la cosa migliore
**bestechen** <irr, ohne ge-> *vt* ① (*mit Geld*) corrompere; (*Zeugen*) comprare ② (*fig: beeindrucken*) sedurre, affascinare
**bestechend** *adj* (*fig*) seducente, affascinante
**bestechlich** *adj* corruttibile, venale **Bestechlichkeit** <-> *kein Pl. f* corruttibilità *f*, venalità *f*
**Bestechung** <-, -en> *f* corruzione *f*; (JUR: *von Zeugen*) subornazione *f* **Bestechungsgeld** <-(e)s, -er> *nt* tangente *f*, bustarella *f*
**Besteck** [bə'ʃtɛk] <-(e)s, -e *o fam* -s> *nt* ① (*Ess~*) posate *fpl* ② (MED) ferri *mpl* chi-

rurgici ❸ (NAUT) posizione *f* **Besteckkasten** *m* portaposate *m*
**bestehen** <irr, ohne ge-> I. *vi* ❶ (*existieren*) esistere, essere, esserci; ~ **bleiben** continuare a esistere, perdurare ❷ (*sich zusammensetzen*) **aus etw** ~ essere costituito da qc; **der Unterschied besteht darin, dass** ... la differenza consiste nel fatto che ... ❸ (*beharren*) **auf etw** *dat* ~ insistere su qc, ostinarsi in qc II. *vt* (*Prüfung*) passare, superare; (*Kampf, Probe*) sostenere **Bestehen** <-s> *kein Pl. nt* ❶ (*Fort~*) esistenza *f*; **seit ~ der Welt** dalla creazione del mondo ❷ (*Beharren*) insistenza *f*; **das ~ auf etw** *dat* l'insistenza su qc
**bestehend** *adj* esistente; (*gegenwärtig*) attuale; (*Gesetz*) vigente, in vigore
**bestehlen** <irr, ohne ge-> *vt* **jdn** [**um etw**] ~ derubare qu [di qc]
**besteigen** <irr, ohne ge-> *vt* salire su; (*Berg*) scalare; **ein Pferd** ~ montare a cavallo
**Besteigung** <-, -en> *f* (*Berg~*) ascensione *f*
**bestellen** <ohne ge-> *vt* ❶ (*Essen, Waren*) ordinare; (*reservieren lassen*) prenotare; (*kommen lassen*) far venire; **ich stand da wie bestellt und nicht abgeholt** (*fam*) me ne stavo là imbambolato ❷ (*Grüße*) trasmettere; **ich soll Ihnen ~, dass** ... mi hanno pregato di dirLe che ...; **bestell ihm [von mir], dass** ... riferiscigli che ... ❸ (*ernennen*) nominare ❹ (AGR: *Land*) coltivare, lavorare ❺ (*Wend*) **es ist schlecht um sie bestellt** le cose vanno male per lei
**Besteller(in)** <-s, -; -, -nen> *m(f)* committente *mf*
**Bestellkarte** *f* modulo *m* di ordinazione
**Bestellnummer** *f* numero *m* di ordinazione **Bestellschein** *m* bolletta *f* d'ordinazione
**Bestellung** <-, -en> *f* ❶ (*Auftrag*) ordinazione *f*, ordine *m*; (*Sendung*) consegna *f*; **eine ~ aufgeben** fare un'ordinazione ❷ (*Ernennung*) nomina *f*
**bestenfalls** *adv* nel migliore dei casi; (*höchstens*) tutt'al più, al massimo
**bestens** ['bɛstəns] *adv* ottimamente
**besteuern** <ohne ge-> *vt* (WIRTSCH) tassare
**Besteuerung** <-, -en> *f* (WIRTSCH) tassazione *f*
**Bestform** <-> *kein Pl. f* ottima forma *f*
**bestialisch** [bɛsˈtiaːlɪʃ] *adj* bestiale
**besticht** 3. *Pers. Sing. Präs.* von **bestechen**

**besticken** <ohne ge-> *vt* guarnire di ricami
**Bestie** ['bɛstjə] <-, -n> *f* bestia *f* feroce; (*fig: Mensch*) bruto *m*
**bestieg** 1. *u.* 3. *Pers. Sing. Imp.* von **besteigen**
**bestiehlt** 3. *Pers. Sing. Präs.* von **bestehlen**
**bestimmen** <ohne ge-> I. *vt* ❶ (*festsetzen*) decidere, fissare; (*Preis, Zahl*) determinare, stabilire ❷ (*genau festlegen*) precisare; (*Begriff*) definire; (*Pflanze*) classificare ❸ (*Landschaft*) caratterizzare; (*Entwicklung, Stil*) influenzare, caratterizzare ❹ (*ernennen*) nominare, designare ❺ (*zudenken*) destinare; (*zuweisen*) assegnare; **das Geld für jdn ~** destinare il denaro a qu II. *vi* ❶ (*verfügen*) **über jdn/etw** ~ disporre di qu/qc ❷ (*entscheiden*) **über etw** *acc* ~ decidere di qc **bestimmend** *adj* determinante, decisivo
**bestimmt** I. *adj* ❶ (*festgelegt*) stabilito; (*a. Zeitpunkt, Preis*) fissato ❷ (LING: *Artikel*) determinativo ❸ (*entschieden*) deciso, risoluto; (*a. Ton*) categorico II. *adv* (*sicherlich*) certamente, di certo, senz'altro; **ich werde es ganz ~ tun** lo farò di sicuro
**Bestimmtheit** <-> *kein Pl. f* ❶ (*Sicherheit*) certezza *f* ❷ (*Entschiedenheit*) fermezza *f*
**Bestimmung** <-, -en> *f* ❶ (*Vorschrift*) disposizione *f*, norma *f* ❷ (*Verwendungszweck*) scopo *m*, fine *m* ❸ (*Schicksal*) destino *m*, sorte *f* ❹ (LING) complemento *m* ❺ *Sing*. (*Bestimmen*) stabilire *m*; (*Festlegen*) fissare *m*; (*Begriffs~*) definizione *f*; (*von Pflanzen*) classificazione *f*
**Bestimmungsbahnhof** *m* stazione *f* di destinazione
**Bestimmungsland** <-(e)s, -länder> *nt* (*form*) paese *m* di destinazione **Bestimmungsort** *m* [luogo *m* di] destinazione *f*
**Bestleistung** *f* (SPORT) prestazione *f* migliore, primato *m* **bestmöglich** ['bɛstˈmøːklɪç] I. *adj* il [la] miglior possibile II. *adv* nel migliore dei modi
**Best.-Nr.** *abk v* **Bestellnummer** numero *m* di ordinazione
**bestochen** [bəˈʃtɔxən] *PP von* **bestechen**
**bestohlen** [bəˈʃtoːlən] *PP von* **bestehlen**
**bestrafen** <ohne ge-> *vt* punire
**Bestrafung** <-, -en> *f* punizione *f*
**bestrahlen** <ohne ge-> *vt* illuminare; (MED) curare con i raggi
**Bestrahlung** <-, -en> *f* illuminazione *f*; (MED) radioterapia *f*

**Bestreben** <-s> *kein Pl. nt* sforzo *m*, aspirazione *f*

**bestrebt** *adj* ~ **sein etw zu tun** cercare [*o* sforzarsi] di fare qc

**Bestrebung** <-, -en> *f meist pl* tentativo *m*, sforzo *m*

**bestreichen** <irr, ohne ge-> *vt* spalmare; **mit Butter** ~ spalmare di burro, imburrare

**bestreiken** <ohne ge-> *vt* scioperare

**bestreiten** <irr, ohne ge-> *vt* ① (*abstreiten*) negare, smentire ② (*finanzieren*) sostenere, provvedere a

**bestreuen** <ohne ge-> *vt* **etw [mit etw]** ~ cospargere qc [di qc]

**Bestseller** ['bɛstzɛlɐ] <-s, -> *m* bestseller *m* **Bestsellerautor** *m* bestsellerista *mf*

**bestürmen** <ohne ge-> *vt* ① (*angreifen*) assalire ② (*bedrängen*) assediare, tempestare; **jdn mit Fragen** ~ tempestare qu di domande

**bestürzen** [bəˈʃtʏrtsən] <ohne ge-> *vt* costernare, sbigottire **bestürzend** *adj* sconcertante, stupefacente **bestürzt** [bəˈʃtʏrtst] *adj* costernato, sgomento

**Bestürzung** <-> *kein Pl. f* costernazione *f*, sgomento *m*

**Bestzeit** *f* (SPORT) tempo *m* migliore

**Besuch** [bəˈzuːx] <-(e)s, -e> *m* ① (*das Besuchen*) visita *f*; (*regelmäßiger*) frequenza *f*; **jdm einen ~ abstatten** fare una visita a qu; **auf** [*o* **zu**] ~ in visita ② *Sing.* (*Gast*) ospite *mf*

**besuchen** <ohne ge-> *vt* fare visita a, andare a trovare; (MED) visitare; (*Schule*) frequentare; (*Veranstaltung*) assistere a; **gut besucht** molto frequentato

**Besucher(in)** <-s, -; -, -nen> *m(f)* visitatore, -trice *m, f*; (*Gast*) ospite *mf*; (THEAT, FILM) spettatore, -trice *m, f* **Besucherzahl** <-, -en> *f* numero *m* di visitatori

**Besuchserlaubnis** <-, -se> *f* permesso *m* di visita; **eine ~ bekommen** ottenere un permesso di visita

**Besuchszeit** *f* orario *m* delle visite

**besucht** *adj* **gut ~ sein** essere molto frequentato

**besudeln** [bəˈzuːdəln] <ohne ge-> *vt* imbrattare, insudiciare

**besungen** *PP von* **besingen**

**Betablocker** ['beːtablɔkɐ] <-s, -> *m* (MED) betabloccante *m*

**betagt** [bəˈtaːkt] *adj* (*geh*) attempato, anziano

**betasten** <ohne ge-> *vt* tastare; (MED) palpare

**betätigen** [bəˈtɛːtɪgən] <ohne ge-> I. *vt* azionare II. *vr* **sich** ~ (*tätig sein*) svolgere un'attività; **sich politisch** ~ essere attivo in politica

**Betätigung** <-, -en> *f* ① *Sing.* (TEC) comando *m*, azionamento *m* ② (*Beschäftigung*) attività *f*, occupazione *f* **Betätigungsfeld** *nt* campo *m* d'attività

**betäuben** [bəˈtɔɪbən] <ohne ge-> *vt* ① (*Schmerz, Gefühl*) attenuare, attutire; (MED) anestetizzare, narcotizzare; (*Gewissen*) far tacere ② (*durch Lärm*) assordare, stordire **betäubend** *adj* (*Lärm*) assordante; (*fig: Duft*) inebriante

**Betäubung** <-, -en> *f* ① (MED) anestesia *f*, narcosi *f*; **örtliche** ~ anestesia locale ② (*Benommenheit*) stordimento *m* **Betäubungsmittel** *nt* narcotico *m*, anestetico *m*

**Bete** ['beːtə] <-, -n> *f* **rote** ~ *s.* **Beete**

**beteiligen** [bəˈtaɪlɪgən] <ohne ge-> I. *vt* **jdn an etw** *dat* ~ far partecipare qu a qc; **jdn am Gewinn** ~ far compartecipare qu agli utili II. *vr* **sich [an etw** *acc*] ~ partecipare [a qc]; (*mitarbeiten*) collaborare [a qc] **beteiligt** *adj* (COM) interessato; **an einem Unfall ~ sein** essere implicato in un incidente **Beteiligte** <ein -r, -n, -n> *mf* partecipante *mf*; (*Teilhaber*) interessato, -a *m, f*; (*Vertragspartei*) parte *f* contraente; (*an Verbrechen*) complice *mf*

**Beteiligung** <-, -en> *f* ① (*das Teilnehmen*) partecipazione *f*; (*Mitwirkung*) collaborazione *f*, cooperazione *f*; (*an Verbrechen*) complicità *f*; **die ~ an etw** *dat* la partecipazione a qc ② (COM) interessenza *f*; **die ~ am Gewinn** l'interessenza agli utili

**beten** ['beːtən] I. *vi* pregare II. *vt* dire, recitare

**beteuern** [bəˈtɔɪɐn] <ohne ge-> *vt* (*Unschuld*) affermare; (*Liebe*) dichiarare

**Beteuerung** <-, -en> *f* (*von Unschuld*) affermazione *f*; (*von Liebe*) dichiarazione *f*; (*von Aussage*) conferma *f*

**Bethlehem** ['beːtlehɛm] *nt* Betlemme *f*

**betiteln** <ohne ge-> *vt* (*Werk*) intitolare, dare un titolo a; (*Person*) chiamare, dare del … a

**Beton** [beˈtɔŋ *o* bəˈtõː: *o A nur* beˈtoːn] <-s, Sorten: -s *o* -e> *m* calcestruzzo *m*

**betonen** [bəˈtoːnən] <ohne ge-> *vt* ① (*Akzent setzen*) accentare, porre l'accento su ② (*hervorheben*) accentuare, mettere in rilievo; (*sagen*) insistere su

**betonieren** [betoˈniːrən] <ohne ge-> *vt* betonare

**Betonieren** <-s> *kein Pl. nt* betonaggio *m*

**Betonklotz** *m* (*pej*) ecomostro *m* **Betonmischer** <-s, -> *m* betoniera *f*

**Betonmischmaschine** f betoniera f, impastatrice f per calcestruzzo
**betont** [bə'to:nt] adj marcato, accentuato
**Betonung** <-, -en> f ❶ (von Wort) accentazione f; (Akzent) accento m ❷ (Hervorhebung, Gewicht) rilievo m, risalto m; (Beteuerung) enfasi f
**betören** [bə'tø:rən] <ohne ge-> vt (geh: bezaubern) incantare, affascinare; (verführen) sedurre **betörend** adj incantevole, seducente
**betr.**, **Betr.** abk v **betreffend, Betreff** ogg.
**Betracht** [bə'traxt] <-(e)s> kein Pl. m **etw in ~ ziehen** prendere in considerazione qc, tener conto di qc; **etw außer ~ lassen** non tener conto di qc; **in ~ kommen** essere in questione
**betrachten** <ohne ge-> vt ❶ (ansehen) osservare, contemplare; (genau) studiare; (prüfen) esaminare; **genau betrachtet** guardando bene, considerando i particolari ❷ (halten für) ritenere, considerare; **jdn als einen Freund ~** considerare qu (come) un amico
**Betrachter(in)** <-s, -; -, -nen> m(f) osservatore, -trice m, f, spettatore, -trice m, f
**beträchtlich** [bə'trɛçtlıç] adj considerevole, notevole
**Betrachtung** <-, -en> f ❶ Sing. (Ansehen) contemplazione f, osservazione f; (Prüfen) esame m; **bei näherer ~** a un esame più attento ❷ (Überlegung) considerazione f, riflessione f; **~en anstellen** riflettere **Betrachtungsweise** f ottica f, prospettiva f
**Betrag** [bə'tra:k, Pl: bə'trɛ:gə] <-(e)s, Beträge> m importo m, somma f; **~ erhalten** per quietanza
**betragen** <irr, ohne ge-> **I.** vi (sich belaufen auf) essere di, ammontare a **II.** vr **sich ~** (sich benehmen) comportarsi **Betragen** <-s> kein Pl. nt comportamento m; (Schule) condotta f
**betrauen** <ohne ge-> vt jdn [mit etw] ~ affidare [qc] a qu, incaricare qu [di qc]
**betrauern** <ohne ge-> vt piangere
**Betreff** [bə'trɛf] <-(e)s, -e> m oggetto m
**betreffen** <irr, ohne ge-> vt concernere, riguardare; **was das betrifft** in quanto a ciò; **was mich betrifft** per quanto mi concerne; **das betrifft mich nicht** ciò non mi riguarda **betreffend** adj in questione; **~ Ihren Brief vom ...** in riferimento alla Sua [lettera] del ... **betreffs** prp +gen riguardo a
**betreiben** <irr, ohne ge-> vt (Beruf, Gewerbe, Handwerk) esercitare; (Geschäft) condurre; (Politik) fare; (Studien) proseguire **Betreiben** nt **auf jds ~** per iniziativa di qu
**Betreiber(in)** <-s, -; -, -nen> m(f) esercente mf; (Firma, Träger) gestore m
**Betreibung** <-, -en> f CH: JUR: (Eintreibung, Zwangsvollstreckung) riscossione f, esazione f
**betreten I.** <irr, ohne ge-> vt (Haus, Raum) entrare [o mettere piede] in; (Rasen) calpestare; **Betreten verboten!** vietata l'entrata! **II.** adj (verlegen) imbarazzato, confuso
**betreuen** [bə'trɔıən] <ohne ge-> vt curare, aver cura di; (beaufsichtigen) sorvegliare, controllare; (leiten) occuparsi di
**Betreuer(in)** <-s, -; -, -nen> m(f) (von Kindern, Gruppen) accompagnatore, -trice m, f; (von Alten, Kranken) assistente mf; (von Sportlern) allenatore, -trice m, f
**Betreuung** <-> kein Pl. f assistenza f
**Betrieb** [bə'tri:p] <-(e)s, -e> m ❶ (Firma) azienda f, impresa f; (Fabrik) fabbrica f; (Handwerks~) impresa f; **landwirtschaftlicher ~** azienda agricola ❷ Sing. (Tätigkeit) attività f; (von Maschine) funzionamento m, esercizio m; **den ~ einstellen** sospendere l'attività; **etw in ~ nehmen** assumere l'esercizio di qc; **in ~ sein** essere in funzione; **außer ~ setzen** mettere fuori esercizio ❸ Sing. (fam: Treiben) movimento m; (Verkehr) traffico m
**betrieblich** adj aziendale
**betriebsam** adj attivo **Betriebsamkeit** <-> kein Pl. f attività f, operosità f
**Betriebsangehörige** mf dipendente mf d'azienda
**Betriebsanleitung** f istruzioni fpl per l'uso
**Betriebsarzt** m, **Betriebsärztin** f medico m aziendale
**Betriebsausflug** m gita f aziendale
**betriebsbereit** adj pronto ad entrare in funzione
**betriebsblind** adj (pej) che non vede i difetti nel proprio ambito professionale
**betriebseigen** adj [di proprietà] dell'azienda
**Betriebsferien** Pl. ferie fpl annuali, chiusura f annuale
**Betriebsführung** f gestione f aziendale
**Betriebsgeheimnis** nt segreto m aziendale
**betriebsintern** adj o adv all'interno dell'azienda
**Betriebskapital** nt capitale m d'esercizio, patrimonio m dell'azienda

**Betriebsklima** *nt* ambiente *m* di lavoro
**Betriebskosten** *Pl.* spese *fpl* d'esercizio
**Betriebsleiter(in)** *m(f)* direttore, -trice *m, f* dell'azienda **Betriebsleitung** *f* gestione *f* aziendale
**Betriebsnudel** *f* (*scherz fam*) anima *f* della compagnia
**Betriebsprüfung** *f* (WIRTSCH) revisione *f* della contabilità aziendale
**Betriebsrat** *m* (*Organ*) consiglio *m* di fabbrica **Betriebsrat** *m,* **Betriebsrätin** *f* (*Mitglied*) consigliere, -a *m, f* di fabbrica **Betriebsratsmitglied** *nt* consigliere, -a *m, f* di fabbrica, membro *m* della commissione interna **Betriebsratsvorsitzende** *mf* presidente *mf* del consiglio di fabbrica
**Betriebsschließung** *f* (WIRTSCH) chiusura *f* dell'azienda
**Betriebssicherheit** <-> *kein Pl. f* (TEC) sicurezza *f* [di funzionamento]
**Betriebssystem** *nt* (INFORM) sistema *m* operativo
**Betriebsunfall** *m* infortunio *m* sul lavoro
**Betriebsverfassungsgesetz** *nt* legge *f* sull'ordinamento aziendale
**Betriebsversammlung** *f* riunione *f* aziendale
**Betriebswirt(in)** *m(f)* diplomato, -a *m, f* in economia aziendale **Betriebswirtschaft** *f* economia *f* aziendale **betriebswirtschaftlich** *adj* di economia aziendale **Betriebswirtschaftslehre** *f* economia *f* aziendale
**betrinken** <irr, ohne ge-> *vr* **sich** ~ ubriacarsi
**betritt** *3. Pers. Sing. Präs. von* **betreten**
**betroffen** [bəˈtrɔfən] *adj* (*Schweigen*) confuso, sbigottito; (*Blick*) turbato; **von etw ~ sein** essere colpito da qc
**Betroffene** <ein -r, -n, -n> *mf* vittima *f*
**Betroffenheit** <-> *kein Pl. f* sbigottimento *m,* turbamento *m*
**betrüben** <ohne ge-> *vt* rattristare, affliggere **betrüblich** [bəˈtryːplɪç] *adj* triste **betrübt** *adj* triste, afflitto; **tief ~** affranto
**Betrug** [bəˈtruːk, *Pl*: bəˈtryːgə] <-(e)s, *CH* Betrüge> *m* inganno *m,* imbroglio *m;* (*Täuschung*) frode *f;* (*im Spiel*) barare *m;* (JUR) dolo *m*
**betrügen** [bəˈtryːgən] <irr, ohne ge-> *vt* ingannare; (*Ehepartner*) tradire; (*geschäftlich*) truffare; (*im Spiel*) barare; **jdn um etw ~** frodare qc a qu; **sich selbst ~** ingannare sé stesso
**Betrüger(in)** <-s, -; -, -nen> *m(f)* (*geschäftlich*) imbroglione, -a *m, f,* impostore, -a *m, f;* (*im Spiel*) baro, -a *m, f;* (*Hochstapler*) truffatore, -trice *m, f*
**Betrügerei** <-, -en> *f* imbroglio *m,* inganno *m*
**betrügerisch** *adj* fraudolento
**betrunken** [bəˈtrʊŋkən] *adj* ubriaco; **völlig ~** ubriaco fradicio *fam;* **in ~em Zustand** in stato di ebbrezza **Betrunkene** <ein -r, -n, -n> *mf* ubriaco, -a *m, f*
**Bett** [bɛt] <-(e)s, -en> *nt* ❶ (*Möbelstück*) letto *m; das ~* **machen** fare il letto; **im ~ liegen** essere a letto; **zu** [*o* **ins**] **~ gehen** andare a letto, coricarsi; **zu ~ bringen** mettere a letto; **das ~ hüten, ans ~ gefesselt sein** stare a letto [per malattia], essere costretto a letto; **mit jdm ins ~ gehen** (*fig*) andare a letto con qu ❷ (*Feder~*) piumino *m* ❸ (*Fluss~*) letto *m,* alveo *m* **Bettbank** <-, -bänke> *f* (A) s. **Bettcouch**
**Bettbezug** *m* biancheria *f* da letto, lenzuola *fpl* **Bettcouch** *f* divano-letto *m*
**Bettdecke** *f* coperta *f* da letto
**Bettel** [ˈbɛtəl] <-s> *kein Pl. m* (*fam: Plunder*) cianfrusaglie *fpl,* ciarpame *m,* robaccia *f;* **den ganzen ~ hinwerfen** (*fam*) piantare baracca e burattini, mandare tutto a quel paese
**bettelarm** [ˈbɛtəlˈʔarm] *adj* povero in canna
**Bettelei** [bɛtəˈlaɪ] <-, *rar* -en> *f* accattonaggio *m*
**Bettelmönch** *m* frate *m* mendicante
**betteln** *vi* chiedere l'elemosina; **um etw ~** mendicare qc
**Bettelorden** *m* ordine *m* dei frati questuanti
**Bettelstab** *m* **jdn an den ~ bringen** gettare [*o* ridurre] qu sul lastrico
**betten** *vt* (*geh*) mettere [a letto]; (*Verletzten*) adagiare; (*Kopf*) appoggiare
**Bettfedern** *fPl.* piume *fpl* da piumino/cuscino **Bettflasche** *f* borsa *f* dell'acqua calda **Bettgestell** *nt* lettiera *f*
**Betthimmel** *m* baldacchino *m* **Betthupferl** [ˈbɛthʊpfɐl] <-s, -> *nt* (*dial*) dolcetto *m* della buona notte **bettlägerig** [ˈbɛtlɛːgərɪç] *adj* allettato, degente
**Bettlägerigkeit** <-> *kein Pl. f* stare *m* a letto per malattia **Bettlaken** *nt* lenzuolo *m* **Bettlektüre** *f* lettura *f* leggera, *prima di addormentarsi*
**Bettler(in)** [ˈbɛtlɐ] <-s, -; -, -nen> *m(f)* mendicante *mf*
**Bettnässen** <-s> *kein Pl. nt* (MED) enuresi *f* notturna **Bettnässer(in)** <-s, -; -, -nen> *m(f)* affetto, -a *m, f* da enuresi
**Bettpfanne** *f* padella *f* per malati

**bettreif** *adj* (*fam*) stanco morto **Bettruhe** *f* riposo *m* a letto **Bettschwere** <-> *kein Pl. f* (*fam*) **die nötige ~ haben/bekommen** essersi conciliato/conciliarsi lo stato di sonnolenza **Bettuch** *nt* lenzuolo *m*

**Bettuch** *s.* **Bettlaken**

**Bettvorlage** *f*, **Bettvorleger** <-s, -> *m* scendiletto *m*

**Bettwanze** *f* cimice *f* dei letti **Bettwäsche** *f* biancheria *f* da letto, lenzuola *fpl* **Bettzeug** *nt* lenzuola *fpl* e coperte *fpl*

**betucht** [bə'tu:xt] *adj* (*fam*) agiato, abbiente

**betulich** [bə'tu:lɪç] *adj* (*umständlich*) premuroso

**betupfen** <ohne ge-> *vt* tamponare leggermente

**beugen** ['bɔɪgən] **I.** *vt* ❶ (*Arm*) piegare, flettere; (*krümmen*) curvare; **von Kummer gebeugt** piegato dal dolore ❷ (*Stolz, Recht*) piegare ❸ (LING: *Hauptwort*) declinare; (*Zeitwort*) coniugare **II.** *vr* **sich ~** ❶ (*nach vorne, nach unten*) piegarsi, curvarsi; **sich vor jdm/etw ~** chinarsi davanti a qu/qc; **sich aus dem Fenster ~** sporgersi dalla finestra ❷ (*sich unterwerfen*) **sich jdm/etw ~** sottomettersi a qu/qc

**Beugung** <-, -en> *f* ❶ (*von Arm*) piegamento *m*, flessione *f*; (*Krümmung*) incurvamento *m* ❷ (LING) flessione *f*

**Beule** ['bɔɪlə] <-, -n> *f* ❶ (*Schwellung*) gonfiore *m*, rigonfiamento *m* ❷ (*Delle*) ammaccatura *f*

**beunruhigen** [bə'ʔʊnru:ɪgən] <ohne ge-> **I.** *vt* inquietare **II.** *vr* **sich** [**über** [*o* **wegen**] **etw** *acc*] **~** inquietarsi per qc **beunruhigend** *adj* inquietante

**Beunruhigung** <-, -en> *f* inquietudine *f*

**beurkunden** <ohne ge-> *vt* registrare

**beurlauben** <ohne ge-> *vt* ❶ (*Urlaub geben*) mandare in congedo ❷ (*Beamten*) sospendere [temporaneamente]

**beurteilen** <ohne ge-> *vt* giudicare; (*abschätzen*) stimare, valutare

**Beurteilung** <-, -en> *f* giudizio *m*, valutazione *f*

**Beuschel** <-s, -n> *nt* (*A: Lungenhaschee*) macinato *m* di lombo

**Beute** ['bɔɪtə] <-> *kein Pl. f* ❶ (*Fang*) cattura *f*, preda *f*; (*von Raubtieren*) preda *f*; (*Kriegs~, Diebes~*) bottino *m*; **reiche ~** ricca preda; **~ machen** far bottino ❷ (*geh: Opfer*) vittima *f*

**beutegierig** *adj* avido di preda

**Beutel** ['bɔɪtəl] <-s, -> *m* ❶ (*Tasche*) borsa *f*, sacchetto *m*; (*Geld~*) borsellino *m*; (*Tee~*) bustina del tè *f* ❷ (ZOO) marsupio *m*

**Beutelratte** *f* (ZOO) opossum *m* virginiano **Beuteltier** <-(e)s, -e> *nt* (ZOO) marsupiale *m*

**bevölkern** [bə'fœlkən] <ohne ge-> *vt* popolare; **dicht/dünn bevölkert sein** essere densamente/scarsamente popolato **bevölkert** *adj* popolato; **dicht** [*o* **stark**] **~ sein** essere densamente popolato; **dünn** [*o* **schwach**] **~ sein** essere scarsamente popolato

**Bevölkerung** <-, *rar* -en> *f* popolazione *f*; **eingesessene ~** indigeni *mpl* **Bevölkerungsdichte** *f* densità *f* di popolazione **Bevölkerungsentwicklung** *f* sviluppo *m* demografico **Bevölkerungsexplosion** *f* esplosione *f* demografica **Bevölkerungszahl** *f* numero *m* degli abitanti **Bevölkerungszunahme** *f* incremento *m* demografico

**bevollmächtigen** [bə'fɔlmɛçtɪgən] <ohne ge-> *vt* autorizzare; **jdn** [**zu etw**] **~** delegare [qc] a qu **bevollmächtigt** *adj* autorizzato (*zu* a) **Bevollmächtigte** <ein -r, -n, -n> *mf* mandatario, -a *m, f*; (COM) procuratore, -trice *m, f*

**Bevollmächtigung** <-, -en> *f* autorizzazione *f*

**bevor** [bə'fo:ɐ̯] *konj* prima che +*conj*, prima di +*inf*; **~ ich nicht weiß, warum ...** finché non so perché ...

**bevormunden** [bə'fo:ɐ̯mʊndən] <ohne ge-> *vt* mettere sotto tutela **Bevormundung** <-, -en> *f* tutela *f*

**bevorrechtigt** [bə'fo:ɐɛçtɪçt] *adj* privilegiato

**bevor**l**stehen** <irr> *vi* essere imminente; **ihm steht eine Überraschung bevor** lo attende una sorpresa **bevorstehend** *adj* imminente, prossimo

**bevorzugen** [bə'fo:ɐ̯tsu:gən] <ohne ge-> *vt* preferire, prediligere; (*begünstigen*) favorire **Bevorzugung** <-, -en> *f* preferenza *f*; (*Begünstigung*) favoritismo *m*

**bewachen** <ohne ge-> *vt* sorvegliare, custodire

**bewachsen** [bə'vaksən] *adj* [**mit etw**] **~ sein** essere ricoperto [di qc]

**Bewachung** <-, -en> *f* custodia *f*, sorveglianza *f*; **unter ~** guardato a vista

**bewaffnen** [bə'vafnən] <ohne ge-> *vt* **jdn** [**mit etw**] **~** armare qu [di qc] **bewaffnet** *adj* armato; (*Überfall*) a mano armata **Bewaffnung** <-, -en> *f* ❶ *Sing.* (*Vorgang*) armamento *m* ❷ (*Waffen*) armi *fpl*

**bewahren** [bə'va:rən] <ohne ge-> *vt* ❶ (*schützen*) **jdn** [**vor jdm/etw**] **~** proteggere qu [da qu/qc]; [**Gott**] **bewahre!** Dio ce ne guardi!, Dio ci scampi e liberi! ❷ (*erhalten*) conservare, mantenere; **etw in guter Erinnerung ~** avere un buon ricordo di qc

**bewähren** [bəˈvɛːrən] <ohne ge-> *vr* **sich ~** dare buona prova [*o* buoni risultati]; **sich nicht ~** non resistere alla prova

**bewahrheiten** [bəˈvaːɐ̯haɪtən] <ohne ge-> *vr* **sich ~** risultare vero, avverarsi

**bewährt** [bəˈvɛːɐ̯t] *adj* ❶ (*Mittel, Methode*) sperimentato, provato ❷ (*Mitarbeiter*) esperto

**Bewährung** <-, -en> *f* prova *f*; (JUR) [sospensione *f*] condizionale *f* **Bewährungsfrist** *f* (JUR) periodo *m* di prova condizionale della pena **Bewährungshelfer(in)** *m(f)* persona *f* che assume la tutela di un condannato durante la sospensione della pena **Bewährungsprobe** <-, -n> *f* prova *f*; **jdn auf ~ stellen** mettere qu alla prova

**bewaldet** [bəˈvaldət] *adj* boscoso, coperto di boschi

**Bewaldung** <-, -en> *f* rimboschimento *m*

**bewältigen** [bəˈvɛltɪgən] <ohne ge-> *vt* (*Arbeit*) venire a capo di, portare a compimento; (*Schwierigkeit*) superare

**bewandert** [bəˈvandɐt] *adj* **in etw** *dat* **~ sein** essere esperto di qc

**Bewandtnis** [bəˈvantnɪs] <-, -se> *f* **damit hat es folgende ~** la cosa sta così

**bewarb** *1.u. 3.Pers. Sing. Imp. von* **bewerben**

**bewarf** *1.u. 3.Pers. Sing. Imp. von* **bewerfen**

**bewässern** [bəˈvɛsɐn] <ohne ge-> *vt* irrigare

**Bewässerung** <-, -en> *f* (AGR) irrigazione *f* **Bewässerungsanlage** *f* (AGR) impianto *m* d'irrigazione

**bewegen¹** [bəˈveːɡən] <ohne ge-> I. *vt* ❶ (*regen, fort~*) muovere, smuovere ❷ (*in Gang bringen*) azionare, mettere in moto ❸ (*fig: rühren*) commuovere, toccare II. *vr* **sich ~** muoversi; (*sich fort~*) far moto, camminare, spostarsi; (*Preise*) aggirarsi; **sich frei ~ können** avere libertà di movimento; **sich nicht von der Stelle ~** non muoversi, restare sul posto; **in den Verhandlungen bewegt sich nichts** le trattative stagnano

**bewegen²** <bewegt, bewog, bewogen> *vt* (*veranlassen*) indurre; **jdn zu etw ~** spingere qu a [fare] qc

**Beweggrund** *m* motivo *m*, movente *m*

**beweglich** [bəˈveːklɪç] *adj* ❶ (*Sache*) mobile, movibile; **~e Habe** (JUR) beni *mpl* mobili ❷ (*Mensch: gelenkig, flexibel*) flessibile, agile; (*geistig*) vivo, vivace **Beweglichkeit** <-> *kein Pl. f* ❶ (*von Gegenstand*) mobilità *f* ❷ (*Gelenkigkeit*) agilità *f*, flessibilità *f*; (*geistig*) vivacità *f*

**bewegt** [bəˈveːkt] *adj* ❶ (*Wasser, See*) mosso, agitato; (*Zeit, Vergangenheit, Leben*) movimentato, agitato ❷ (*gerührt*) commosso

**Bewegung** <-, -en> *f* ❶ (*Regung, Fort~, POL*) movimento *m;* **in ~** in movimento; **etw in ~ setzen** mettere in moto qc; **bei der geringsten ~** al minimo gesto; **keine ~!** fermo! nessun movimento! ❷ (*Ergriffenheit*) emozione *f*, commozione *f* **Bewegungsfreiheit** *f* libertà *f* di movimento; (*fig*) libertà *f* di azione **bewegungslos** *adj* immobile, immoto **Bewegungsmelder** <-s, -> *m* indicatore *m* di movimento **bewegungsunfähig** *adj* non deambulante

**beweihräuchern** [bəˈvaɪrɔɪçɐn] <ohne ge-> *vt* (*a. fig*) incensare; **sich selbst ~** autoincensarsi

**beweinen** <ohne ge-> *vt* piangere, lamentare

**Beweis** [bəˈvaɪs] <-es, -e> *m* prova *f;* (MAT, PHILOS) dimostrazione *f* **den ~ erbringen** [*o* **liefern**] addurre [*o* fornire] la prova; **etw unter ~ stellen** dare prova di qc; **als** [*o* **zum**] **~ für** a prova di **Beweisaufnahme** *f* (JUR) assunzione *f* delle prove **beweisbar** *adj* provabile, dimostrabile

**beweisen** <irr, ohne ge-> *vt* provare; (*zeigen*) mostrare, manifestare

**Beweisführung** *f* (JUR) argomentazione *f* **Beweiskraft** <-> *kein Pl. f* (JUR) forza *f* probante **beweiskräftig** *adj* probativo **Beweislast** <-> *kein Pl. f* (JUR) onere *m* della prova **Beweismaterial** *nt* materiale *m* probante

**bewenden** <ohne ge-> *vt* **es bei etw ~ lassen** [ac]contentarsi di qc

**bewerben** <irr, ohne ge-> *vr* **sich ~** far domanda, concorrere; **sich um eine Stelle bewerben** far domanda per un posto di lavoro

**Bewerber(in)** <-s, -; -, -nen> *m(f)* aspirante, (*um eine Stelle*) concorrente *mf* **Bewerbertraining** *nt* corso *m* su come candidarsi per un lavoro

**Bewerbung** <-, -en> *f* aspirazione *f;* (*um Stelle*) concorso *m;* (*~sschreiben*) domanda *f* d'impiego **Bewerbungsbogen** <-s, -bögen> *m* modulo *m* per domanda di lavoro

**Bewerbungsunterlagen** *fPl.* documenti *mpl* allegati alla domanda di concorso
**bewerfen** <irr, ohne ge-> *vt* coprire; **jdn mit Steinen ~** gettare sassi contro qu
**bewerkstelligen** [bəˈvɛrkʃtɛlɪɡən] <ohne ge-> *vt* effettuare, realizzare
**bewerten** <ohne ge-> *vt* valutare, stimare; (*Schule*) dare un voto a; (SPORT) classificare; **zu hoch/niedrig ~** sopravvalutare/sottovalutare
**Bewertung** <-, -en> *f* valutazione *f*; (*Schule*) voto *m;* (SPORT) graduatoria *f*
**Bewertungskriterien** *ntPl.* (WIRTSCH) criterio *m* [*o* parametro *m*] di valutazione
**Bewertungsmaßstab** *m* criterio *m* di valutazione
**bewies** *1. u. 3. Pers. Sing. Imp. von* **beweisen**
**bewiesen** *PP von* **beweisen**
**bewilligen** [bəˈvɪlɪɡən] <ohne ge-> *vt* (*a. Kredit*) accordare, concedere; (*Antrag*) accogliere, accettare; (ADM, PARL) approvare
**Bewilligung** <-, -en> *f* concessione *f;* (*von Antrag*) accettazione *f;* (ADM, PARL) approvazione *f*
**bewirken** <ohne ge-> *vt* ❶ (*verursachen*) causare, provocare ❷ (*erreichen*) raggiungere, ottenere
**bewirten** [bəˈvɪrtən] <ohne ge-> *vt* **jdn** [**mit etw**] **~** offrire [qc] a qu; **jdn fürstlich ~** trattare qu come un principe
**bewirtschaften** <ohne ge-> *vt* ❶ (AGR) coltivare ❷ (*Betrieb*) amministrare; (*Gaststätte*) gestire ❸ (*kontrollieren*) regolamentare; (*rationieren*) contingentare, razionare
**Bewirtschaftung** <-, -en> *f* (AGR: *Anbau*) coltivazione *f*
**Bewirtung** <-> *kein Pl. f* (*das Bewirten*) servizio *m*, servire *m;* (*in Hotel, Gaststätte*) consumazione *f*; (*Essen und Getränke*) mangiare *m* e bere *m*
**bewog** [bəˈvoːk] *1. u. 3. Pers. Sing. Imp. von* **bewegen**²
**bewogen** [bəˈvoːɡən] *PP von* **bewegen**²
**bewohnbar** *adj* abitabile
**bewohnen** <ohne ge-> *vt* abitare in
**Bewohner(in)** <-s, -; -, -nen> *m(f)* abitante *mf;* (*von Haus*) inquilino, -a *m, f*
**bewölken** [bəˈvœlkən] <ohne ge-> *vr* **sich ~** (*a. fig*) [r]annuvolarsi **bewölkt** *adj* nuvoloso, rannuvolato
**Bewölkung** <-> *kein Pl. f* nuvolosità *f*
**beworben** *PP von* **bewerben**
**beworfen** *PP von* **bewerfen**
**Bewunderer(in)** <-s, -; -, -nen> *m(f)* ammiratore, -trice *m, f*

**bewundern** <ohne ge-> *vt* ammirare
**bewundernswert** *adj* ammirevole
**Bewunderung** <-> *kein Pl. f* ammirazione *f*
**bewusst** [bəˈvʊst] I. *adj* ❶ (*wissend*) cosciente, consapevole; **jdm etw ~ machen** rendere cosciente qu di qc; **sich** *dat* **etw ~ machen** rendersi consapevole di qc; **sich** *dat* **einer Sache** *gen* **~ sein** aver coscienza di qc; **sich** *dat* **keiner Schuld ~ sein** non sentirsi colpevole; **es wurde mir plötzlich ~, dass ...** improvvisamente mi resi conto che ... ❷ (*besagt*) in questione; **am ~en Tag** quel certo giorno ❸ (*absichtlich*) intenzionale, voluto II. *adv* ❶ (*überlegt*) consapevolmente, coscientemente ❷ (*absichtlich*) di proposito, apposta
**bewusstlos** *adj* privo di sensi, svenuto; **~ werden** perdere i sensi, svenire
**Bewusstlose** <ein -r, -n, -n> *mf* persona *f* svenuta [*o* che ha perso i sensi]
**Bewusstlosigkeit** <-> *kein Pl. f* svenimento *m*, perdita *f* dei sensi **Bewusstsein** <-s, -e> *nt* ❶ (*Wissen*) consapevolezza *f*, coscienza *f*; **es kam mir zu**[**m**] **~** me ne resi conto ❷ (PSYCH, MED) coscienza *f*; **bei vollem ~** in piena coscienza; **das ~ verlieren** perdere la conoscenza, svenire; **wieder zu ~ kommen** riprendere i sensi, tornare in sé
**bewusstseinserweiternd** *adj* che estende [*o* amplia] i confini della coscienza **Bewusstseinsspaltung** *f* sdoppiamento *m* della personalità; (MED) schizofrenia *f*
**Bez.** ❶ *abk v* **Bezirk** distretto *m* ❷ *abk v* **Bezeichnung** denominazione *f*
**bezahlbar** *adj* pagabile
**bezahlen** <ohne ge-> *vt* pagare; (*Rechnung, Schuld*) regolare, saldare; (*entlohnen*) rimunerare, retribuire; **bar ~** pagare in contanti; **gut bezahlt** ben pagato; **teuer ~** (*a. fig*) pagare caro; **sich bezahlt machen** valere la pena, convenire; **bitte ~!** il conto, per favore!
**Bezahlung** <-, *rar* -en> *f* ❶ (*Bezahlen*) pagamento *m;* (*von Rechnung*) saldo *m,* liquidazione *f;* **gegen ~** dietro pagamento ❷ (*Lohn*) rimunerazione *f,* retribuzione *f*
**bezaubern** <ohne ge-> *vt* incantare, affascinare **bezaubernd** *adj* affascinante, incantevole
**bezeichnen** <ohne ge-> *vt* ❶ (*kennzeichnen*) [contras]segnare; (*mit Zeichen a*) marcare ❷ (*benennen*) denominare, designare ❸ (*nennen*) definire ❹ (*angeben*) indicare, descrivere **bezeichnend** *adj*

caratteristico, tipico **bezeichnender-weise** *adv* significativamente

**Bezeichnung** <-, -en> *f* (*Ausdruck*) denominazione *f*, nome *m*

**bezeugen** [bəˈtsɔɪɡən] <ohne ge-> *vt* testimoniare

**bezichtigen** [bəˈtsɪçtɪɡən] <ohne ge-> *vt* **jdn einer Sache** *gen* ~ accusare qu di qc, incriminare qu per qc

**beziehbar** *adj* (*Wohnung*) abitabile

**beziehen** <irr, ohne ge-> **I.** *vt* ❶ (*überziehen*) ricoprire; **etw [mit etw]** ~ ricoprire qc [di qc]; **das Bett frisch** ~ cambiare la biancheria del letto ❷ (*Wohnung, Haus*) andare ad abitare in ❸ (*bekommen*) percepire, riscuotere; (*Ware*) acquistare; (*Zeitung*) essere abbonato a ❹ (*in Beziehung setzen*) **etw auf jdn/etw** ~ riferire qc a qu/qc **II.** *vr* **sich** ~ ❶ (*Himmel*) coprirsi, rannuvolarsi ❷ (*sich berufen*) **sich auf etw** *acc* ~ riferirsi a qc; (*betreffen*) concernere qc

**Bezieher(in)** <-s, -; -, -nen> *m(f)* (*von Ware*) acquirente *mf*; (*von Zeitung*) abbonato, -a *m, f*

**Beziehung** <-, -en> *f* ❶ *meist pl* (*Verbindungen*) relazioni *fpl*; **mit jdm [diplomatische]** ~**en unterhalten** intrattenere relazioni [diplomatiche] con qu; **freundschaftliche/geschäftliche** ~**en** rapporti di amicizia/d'affari; **[gute]** ~**en haben** avere appoggi influenti; **seine** ~**en spielen lassen** servirsi delle proprie conoscenze ❷ (*Zusammenhang*) rapporto *m*, relazione *f*; (*Verhältnis*) relazione *f*; (*Liebes*~) relazione *f* [amorosa]; **eine** ~ **zwischen ... und ...** una relazione tra ... e ...; **in** ~ **setzen zu** mettere in relazione con; **ich habe keine** ~ **zur modernen Kunst** l'arte moderna non mi dice niente ❸ (*Hinsicht*) riguardo *m*, aspetto *m*; **in dieser** ~ a questo proposito; **in gewisser/jeder** ~ sotto un certo/ogni aspetto

**Beziehungskiste** <-, -n> *f* (*fam*) relazione *f*, l'insieme degli aspetti di un rapporto a due **beziehungslos** *adj* incoerente, senza connessione

**Beziehungsproblem** *nt meist pl* problemi *pl* di coppia **beziehungsweise** *konj* ❶ (*im anderen Fall*) rispettivamente ❷ (*besser gesagt*) o meglio

**beziffern** [bəˈtsɪfən] <ohne ge-> **I.** *vt* (*schätzen*) valutare, stimare **II.** *vr* **sich [auf etw** *acc*] ~ ammontare [a qc]

**Bezirk** [bəˈtsɪrk] <-(e)s, -e> *m* ❶ (*Gebiet*) zona *f*, regione *f* ❷ (*Verwaltungs-*~) distretto *m*, circoscrizione *f*; (*Stadt-*~) quartiere *m*, rione *m* **Bezirksgericht** *nt* (*A, CH: Amtsgericht*) tribunale *m* distrettuale

**Bezirksschule** *f* (*CH*) scuola *f* media inferiore (*nei cantoni Aargau e Solothurn*)

**Bezirksspital** *nt* (*CH*) ospedale *m* distrettuale

**bezog** *1. u. 3. Pers. Sing. Imp. von* **beziehen**

**bezogen** *PP von* **beziehen**

**Bezug** [bəˈtsuːk] <-(e)s, Bezüge> *m* ❶ (*Überzug*) rivestimento *m*; (*Hülle*) fodera *f*; (*Kissen-*~) federa *f*; (*Bett-*~) coperta *f* ❷ *Sing.* (*Kauf*) acquisto *m*; (*von Zeitung*) abbonamento *m* ❸ *pl* (*Einkommen*) entrate *fpl*; (*Gehalt*) stipendio *m*; (*Lohn*) salario *m* ❹ (*Zusammenhang*) rapporto *m*; **auf etw** *acc* ~ **nehmen** riferirsi a qc; **in** ~ **auf** +*acc* riguardo a, in riferimento a, quanto a

**Bezüger** [bəˈtsyːɡə] <-s, -> *m* (*CH*) ❶ (*Bezieher*) beneficiario *m* ❷ (*Abonnent*) abbonato *m*

**bezüglich** [bəˈtsyːklɪç] **I.** *adj* ~ **auf etw** *acc* concernente qc **II.** *prp* +*gen* per quanto riguarda, in quanto a

**Bezugnahme** [bəˈtsuːknaːmə] <-, -n> *f* **unter** ~ **auf** +*acc* in riferimento a, in relazione a

**Bezugsbedingungen** *fPl.* (*von Zeitung*) condizioni *fpl* di abbonamento; (*von Waren*) condizioni *fpl* d'acquisto **Bezugsperson** *f* persona *f* di riferimento **Bezugspreis** *m* prezzo *m* d'acquisto **Bezugspunkt** <-(e)s, -e> *m* punto *m* di riferimento **Bezugsschein** <-(e)s, -e> *m* buono *m* d'acquisto, tessera *f* annonaria

**bezuschussen** *vt* sovvenzionare

**bezwecken** [bəˈtsvɛkən] <ohne ge-> *vt* mirare a, tendere a

**bezweifeln** <ohne ge-> *vt* dubitare di, mettere in dubbio

**bezwingen** <irr, ohne ge-> *vt* (*besiegen*) vincere; (*unterwerfen*) sottomettere; (*Gefühl, Leidenschaft*) dominare, domare

**Bezwinger(in)** *m(f)* vincitore, -trice *m, f*

**BfA** [beːʔɛfˈʔaː] *f* (ADM) *abk v* **Bundesversicherungsanstalt für Angestellte** istituto assicurativo federale per impiegati

**BGB** [beːɡeːˈbeː] <-(s)> *kein Pl. nt abk v* **Bürgerliches Gesetzbuch** *C.C.*

**BGH** [beːɡeːˈhaː] <-(s)> *kein Pl. m abk v* **Bundesgerichtshof** *C.C.*

**BGS** [beːɡeːˈʔɛs] <-> *kein Pl. m abk v* **Bundesgrenzschutz** polizia *f* federale di frontiera

**BH** [beˈhaː] <-(s), -(s)> *m abk v* **Büstenhalter** (*fam*) reggiseno *m*
**Bhf.** *abk v* **Bahnhof** stazione
**bi** [biː] *adj* (*fam*) bisex
**Biathlon** [ˈbiːatlɔn] <-s, -s> *nt* (SPORT) biat[h]lon *m*
**bibbern** [ˈbɪbɐn] *vi* (*fam*) tremare
**Bibel** [ˈbiːbəl] <-, -n> *f* **die ~** la Bibbia
**bibelfest** *adj* ferrato in materia di Bibbia
**Bibelspruch** *m* detto *m* biblico
**Biber** [ˈbiːbɐ] <-s, -> *m* (ZOO) castoro *m*; (*Pelz*) pelliccia *f* di castoro
**Bibliografie** [bibliograˈfiː] <-, -n> *f* bibliografia *f*
**bibliografisch** [biblioˈɡraːfɪʃ] *adj* bibliografico
**Bibliographie** <-, -n> *f s.* **Bibliografie**
**bibliographisch** *adj s.* **bibliografisch**
**bibliophil** [biblioˈfiːl] *adj* bibliofilo, -a *m, f*
**Bibliothek** [biblioˈteːk] <-, -en> *f* biblioteca *f*
**Bibliothekar(in)** [biblioteˈkaːɐ̯] <-s, -e; -, -nen> *m(f)* bibliotecario, -a *m, f*
**biblisch** [ˈbiːblɪʃ] *adj* biblico; **die Biblische Geschichte** la storia sacra
**Bidet** [biˈdeː] <-s, -s> *nt* bidè *m*
**bieder** [ˈbiːdɐ] *adj* (*pej*) conservativo
**Biederkeit** <-> *kein Pl. f* ❶ (*Rechtschaffenheit*) onestà *f*, probità *f*, bravura *f* ❷ (*pej*) convenzionalità *f*, conservatorismo *m*
**Biedermann** *m* (*pej*) borghesuccio *m*
**Biedermeier** [ˈbiːdɐmaɪɐ] <-s> *kein Pl. nt* (*Stil*) biedermeier *m*
**biegen** [ˈbiːɡən] <biegt, bog, gebogen> I. *vt haben* piegare; (*krümmen*) [in]curvare; (TEC) centinare II. *vi sein* [s]voltare, girare; **um die Ecke ~** girare l'angolo; **auf Biegen oder Brechen** (*fam*) ad ogni costo III. *vr* **sich ~** piegarsi, curvarsi; **sich ~ vor Lachen** (*fam*) sbellicarsi dalle risate
**biegsam** *adj* flessibile, pieghevole
**Biegung** <-, -en> *f* (*Krümmung*) piegamento *m;* (*Kurve*) curva *f*
**Biel** [biːl] *nt* (GEOG) Bienne *f*
**Biene** [ˈbiːnə] <-, -n> *f* ape *f*
**Bienenhaus** *nt* alveare *m* **Bienenhonig** *m* miele *m* d'api **Bienenkönigin** *f* ape *f* regina **Bienenkorb** *m* arnia *f;* **hier geht es zu wie in einem ~** qui è come essere in un vespaio **Bienenschwarm** *m* sciame *m* d'api **Bienenstich** *m* ❶ (*von Biene*) puntura *f* d'ape ❷ (GASTR: *Gebäck*) pasta lievitata con ripieno di crema e ricoperta da uno strato di mandorle finemente tritate **Bienenstock** *m* alveare *m* **Bienenvolk** *nt* sciame *m* d'api **Bienenwabe** *f* favo *m* d'api **Bienenwachs** *nt* cera *f* d'api **Bienenzucht** *f* apicoltura *f* **Bienenzüchter(in)** *m(f)* apicoltore, -trice *m, f*
**Bier** [biːɐ̯] <-(e)s, -e *o bei Mengenangabe:* -> *nt* birra *f;* **helles/dunkles ~** birra chiara/scura; **das ist nicht mein ~!** (*fam*) non è affar mio! **Bierbauch** *m* (*fam*) pancione *m* **Bierbrauer(in)** *m(f)* birraio, -a *m, f* **Bierbrauerei** *f* birrificio *m*, fabbrica *f* di birra **Bierdeckel** *m* sottobicchiere *m* **Bierdose** *f* lattina *f* di birra **bierernst** *adj* (*fam*) troppo serio **Bierfass** *nt* botte *f* di birra **Bierfilz** *m* sottobicchiere *m* **Bierflasche** *f* bottiglia *f* di birra **Biergarten** *m* birreria *f* all'aperto **Bierglas** *nt* bicchiere *m* da birra **Bierhefe** *f* lievito *m* di birra **Bierkasten** *m* cassa *f* di birra **Bierkeller** *m* (*Lager*) cantina *f* per la birra; (*Lokal*) birreria *f* **Bierkrug** *m* boccale *m* da birra **Bierwurst** *f* (GASTR) salsiccia affumicata **Bierzelt** *nt* tendone dove si vende e si beve birra
**Biest** [biːst] <-(e)s, -er> *nt* ❶ (*Tier*) bestia[ccia *f*] ❷ (*Mensch, pej*) carogna *f*
**biestig** *adj* bestiale
**bieten** [ˈbiːtən] <bietet, bot, geboten> I. *vt* ❶ (*an~*) **[jdm] etw ~** offrire qc [a qu]; (*Gelegenheit*) presentare qc [a qu], offrire qc [a qu]; **diese Stelle hat nichts zu ~** questo posto non ha niente da offrire ❷ (*geben*) **[jdm] etw ~** dare qc [a qu] ❸ (*zeigen: Anblick*) presentare, offrire; (*darbieten*) presentare, dare II. *vi* (*bei Versteigerung*) fare un'offerta; **2.000 Euro auf das Bild ~** fare un'offerta di 2.000 euro per il quadro; **wer bietet mehr?** chi offre di più? III. *vr* **sich ~** (*bes. Gelegenheit*) offrirsi, presentarsi; **sich** *dat* **etw ~ lassen** tollerare qc, sopportare qc; **sich** *dat* **alles ~ lassen** incassare tutto; **das lasse ich mir nicht ~** questo non lo accetto
**Bigamie** [biɡaˈmiː] <-, -n> *f* bigamia *f*
**Bigamist(in)** [biɡaˈmɪst] <-en, -en; -, -nen> *m(f)* bigamo, -a *m, f*
**bigamistisch** *adj* bigamo
**bigott** [biˈɡɔt] *adj* bigotto
**Bigotterie** [biɡɔtəˈriː, *Pl:* biɡɔtəˈriːən] <-, -n> *f* bigottismo *m*
**Bikini** [biˈkiːni] <-s, -s> *m* bikini *m*, due pezzi *m*
**Bilanz** [biˈlants] <-, -en> *f* (*a. fig*) bilancio *m;* **die ~ aufstellen** fare il bilancio; **die ~ ziehen** (*a. fig*) fare il bilancio
**Bilanzkosmetik** <-, -en> *f* (WIRTSCH) aggiustamento *m* del bilancio **Bilanzprüfer(in)** <-s, -; -, -nen> *m(f)* (WIRTSCH) revisore *m* dei conti

**bilateral** [bi(:)latera:l] *adj* bilaterale
**Bild** [bɪlt] <-(e)s, -er> *nt* ① (*Gemälde*) quadro *m*, dipinto *m*; (*Abbildung*) illustrazione *f*; (*auf Spielkarten*) figura *f*; (*Spiegel~*) immagine *f*; **ein ~ des Jammers bieten** offrire una scena desolante ② (TV) immagine *f*; (FOTO) fotografia *f* ③ (THEAT) quadro *m* ④ (*Sinn~*) simbolo *m*; (*Redefigur*) metafora *f* ⑤ (*Vorstellung*) idea *f*; **sich** *dat* **ein ~ von etw machen** farsi un'idea di qc; **du machst dir kein ~ davon** non puoi immaginartelo; **über etw** *acc* **im ~e sein** essere informato su [*o* di] qc **Bildband** <-(e)s, -bände> *m* volume *m* illustrato **Bildbearbeitung** <-, -en> *f* (INFORM) elaborazione *f* immagini **Bildbeilage** *f* supplemento *m* illustrato **Bildbericht** *m* servizio *m* fotografico, fotocronaca *f* **Bilddatei** *f* (INFORM) file *m* immagine

**bilden** ['bɪldən] **I.** *vt* ① (*formen*) formare; (*modellieren*) modellare ② (*schaffen*) creare; (*zusammenstellen*) comporre; **eine Regierung ~** costituire [*o* formare] un governo ③ (*Menschen*) educare, istruire; (*Geist, Verstand*) formare ④ (*darstellen, sein*) costituire, essere **II.** *vr* **sich ~** ① (*entstehen*) formarsi, svilupparsi ② (*Mensch*) farsi una cultura; (*lernen*) istruirsi **bildend** *adj* ① (*gestaltend*) formativo; **die ~en Künste** le arti figurative ② (*belehrend, erzieherisch*) istruttivo, educativo

**Bilderausstellung** *f* mostra *f* fotografica **Bilderbogen** *m* foglio *m* illustrato **Bilderbuch** *nt* libro *m* illustrato **Bilderbuchkarriere** *f* carriera *f* esemplare **Bildergalerie** *f* pinacoteca *f* **Bilderrahmen** *f* cornice *f* **Bilderrätsel** *nt* rebus *m* **Bilderschrift** *f* scrittura *f* pittografica, pittografia *f* **Bildersturm** *m* (HIST) iconoclastia *f*

**Bildfläche** *f* piano *m* [dell'immagine]; (FILM) schermo *m*; **auf der ~ erscheinen** (*fig fam*) apparire in scena; **von der ~ verschwinden** (*fig fam*) scomparire dalla scena **Bildfolge** *f* (TV) sequenza *f* di immagini **bildhaft** *adj* metaforico **Bildhauer(in)** <-s, -; -, -nen> *m(f)* scultore, -trice *m*, *f* **Bildhauerei** ['bɪlthauərai] <-> *kein Pl. f* scultura *f*

**Bildhauerin** *f s.* **Bildhauer** **bildhübsch** ['bɪlt'hypʃ] *adj* bellissimo

**Bildlaufleiste** <-, -n> *f* (INFORM) barra *f* di scorrimento

**bildlich** **I.** *adj* figurato, metaforico; **~er Ausdruck** metafora *f*; **~e Darstellung** figurazione *f* **II.** *adv* in senso figurato
**Bildmischer(in)** <-s, -; -, -nen> *m(f)* tecnico, -a *m*, *f* del messaggio
**Bildnis** ['bɪltnɪs] <-ses, -se> *nt* (*geh*) ritratto *m*
**Bildplatte** *f* (TEC, TV) videodisco *m*
**Bildplattenspieler** *m* (TEC, TV) riproduttore *m* di videodischi **Bildpunkt** <-(e)s, -e> *m* (*Optik*) pixel *m* **Bildqualität** *f* (TV) qualità *f* dell'immagine **Bildreportage** *f* servizio *m* fotografico, fotocronaca *f* **Bildröhre** *f* (TV) tubo *m* catodico **Bildschärfe** *f* (TV, OPT) nitidezza *f* dell'immagine

**Bildschirm** *m* (TV, INFORM) schermo *m* **Bildschirmarbeit** *f* lavoro *m* al terminale **Bildschirmarbeitsplatz** <-es, -plätze> *m* posto *m* di lavoro al terminale **Bildschirmgerät** *nt* (INFORM) visualizzatore *m* **Bildschirmschoner** <-s, -> *m* (INFORM) screen saver *m*, salvaschermo *m* **Bildschirmtext** *m* Videotel® *m*, Videotex® *m*

**bildschön** ['bɪlt'ʃøːn] *adj* bellissimo
**Bild-SMS** *f* SMS *m* con immagini
**Bildstock** *m* (A, *südd*) nicchia *f* all'aperto
**Bildstörung** *f* (TV) interferenza *f* **Bildtelefon** *nt* (TEL) videotelefono *m*

**Bildung** ['bɪldʊŋ] <-, -en> *f* ① (*Schaffung*) creazione *f*; (*Gründung*) fondazione *f*; (*Gestaltung*) formazione *f* ② (*Erziehung*) educazione *f*; (*Allgemeinwissen*) cultura *f* generale; (*Wissen*) istruzione *f*, conoscenze *fpl*; **ohne ~** incolto
**Bildungsabschluss** *m* titolo *m* d'istruzione **Bildungsangebot** <-(e)s; -e> *nt* offerta *f* di corsi [di cultura e formazione] **Bildungsbürger(in)** <-s, -; -, -nen> *m(f)* persona *f* istruita **Bildungsgut** *nt* bagaglio *m* culturale **Bildungshunger** *m* sete *f* di cultura **Bildungslücke** *f* lacuna *f* culturale **Bildungsniveau** <-s, -s> *nt* grado *m* [*o* livello *m*] di istruzione **Bildungspolitik** <-> *kein Pl. f* politica *f* scolastica **Bildungsreform** *f* (POL) riforma *f* scolastica

**Bildungsroman** *m* (LIT) romanzo *m* di formazione **bildungssprachlich** *adj* linguistico-formativo **Bildungsurlaub** *m* vacanze *fpl* culturali **Bildungsweg** *m* corso *m* di studi; **der zweite ~** la via di formazione per adulti, le scuole superiori serali **Bildungswesen** *nt* istruzione *f*

**Bildunterschrift** *f* didascalia *f* **Bildverarbeitung** *f* (INFORM) eidomatica *f*
**Bildwiederholfrequenz** <-, -en> *f* (IN-

FORM) frequenza *f* di refresh **Bildwörterbuch** *nt* dizionario *m* illustrato **Bildzuschrift** *f* lettera *f* con foto

**bilingual** ['biːlɪŋɡu̯aːl *o* bilɪnˈɡu̯aːl] *adj* bilingue

**Billard** ['bɪljart] <-s, -e *o* A -s> *nt* biliardo *m*; ~ **spielen** giocare a biliardo **Billardkugel** *f* biglia *f* **Billardtisch** *m* [tavolo *m* da] biliardo *m*

**Billeteur** [bɪljɛˈtøːɐ *o* A bijɛˈtøːɐ] <-s, -e> *m* ❶ (*CH: Schaffner*) controllore *m* ❷ (*A: Platzanweiser*) maschera *f*

**Billett** [bɪlˈjɛt] <-(e)s, -s> *nt* ❶ (*A: Glückwunschkarte*) bigliettino *m* d'auguri ❷ (*CH: Fahr-, Eintrittskarte*) biglietto *m*

**Billiarde** [bɪˈljardə] <-, -n> *f* quadrilione *m*

**billig** ['bɪlɪç] *adj* ❶ (*preiswert*) conveniente, a buon mercato; ~ **er werden** diminuire di prezzo ❷ (*pej: minderwertig*) scadente; (*Ausrede, Trost*) magro ❸ (*gerecht*) giusto

**Billiganbieter** *m* discount *m*

**billigen** ['bɪlɪɡən] *vt* approvare

**Billigflug** *m* volo *m* economico **Billigflieger** *m* (*fam*), **Billigfluglinie** *f* compagnia *f* low-cost, compagnia aerea a basso costo **Billigjob** *m* lavoro che non supera una retribuzione mensile di 400 euro **Billiglohnland** <-(e)s, -länder> *nt* paese *m* a basso costo di lavoro [*o* a bassa retribuzione lavorativa] **Billigtarif** *m* tariffa *f* ridotta

**Billigung** <-> *kein Pl.* *f* approvazione *f*, accettazione *f*

**Billigwaren** *fPl.* prodotti *mpl* dozzinali

**Billion** [bɪˈljoːn] <-, -en> *f* trillione *m*

**Bimetall** ['biːmetal] *nt* bimetallo *m*

**bimmeln** *vi* (*fam*) suonare, squillare

**Bimsstein** ['bɪmsʃtaɪn] *m* pietra *f* pomice

**bin** [bɪn] *1. Pers. Sing. Präs. von* **sein**[1]

**binär** [biˈnɛːɐ̯] *adj* binario

**Binde** ['bɪndə] <-, -n> *f* ❶ (MED) benda *f* ❷ (*Monats~*) assorbente *m* [igienico] ❸ (*Arm~*) fascia *f*, bracciale *m*; (*Augen~*) benda *f* ❹ (*Wend*) **sich** *dat* **einen hinter die ~ gießen** (*fam*) bere un bicchierino

**Bindegewebe** *nt* (MED) tessuto *m* connettivo **Bindegewebsmassage** *f* massaggio *m* del tessuto connettivo

**Bindeglied** *nt* (*fig*) anello *m* di collegamento

**Bindehaut** *f* (MED) congiuntiva *f* **Bindehautentzündung** *f* (MED) congiuntivite *f*

**Bindemittel** *nt* agglutinante *m*

**binden** <bindet, band, gebunden> I. *vt* ❶ (*zusammen~*) legare; (*Blumen*) fare un mazzo di; (*Buch*) rilegare ❷ (*befestigen*) **etw** [**an etw** *acc*] ~ attaccare qc [a qc]; **die Krawatte** ~ fare il nodo alla cravatta ❸ (*fesseln*) legare, incatenare; **mir sind die Hände gebunden** (*fig*) ho le mani legate ❹ (GASTR) far legare ❺ (CHEM) legare ❻ (*verpflichten*) **jdn an jdn/etw** ~ vincolare qu a qu/qc; **eine ~de Zusage** una promessa vincolante II. *vr* **sich an jdn** ~ legarsi a qu

**bindend** *adj* (*fig*) impegnativo, vincolante; ~ **sein** far legge [*o* testo]

**Bindestrich** *m* (LING) lineetta *f* **Bindewort** <-(e)s, -wörter> *nt* (LING) congiunzione *f*

**Bindfaden** *m* spago *m*; **es regnet Bindfäden** (*fam*) piove a catinelle

**Bindung** <-, -en> *f* ❶ (*Beziehung*) legame *m*; **die ~ an die Heimat** il legame con la patria ❷ (*Verpflichtung*) impegno *m*; **die ~ an etw** +*acc* l'impegno di qc ❸ (*Ski~*) attacchi *mpl* ❹ (CHEM) legame *m*

**binnen** ['bɪnən] *prp* +*dat o geh gen* entro, fra, nello spazio di; ~ **kurzem** fra poco; ~ **48 Stunden** entro 48 ore

**Binnenfischerei** *f* pesca *f* d'acqua dolce **Binnengewässer** *nt* acque *fpl* continentali **Binnenhafen** *m* porto *m* interno **Binnenhandel** *m* commercio *m* interno **Binnenland** <-(e)s, -länder> *nt* interno *m* [di un paese] **Binnenmarkt** *m* mercato *m* interno; **der Europäische** ~ il mercato interno europeo **Binnenmeer** *nt* mare *m* interno **Binnenschifffahrt** *f* navigazione *f* interna **Binnensee** *m* lago *m* interno

**binokular** [binokuˈlaːɐ̯] *adj* binoculare

**Binse** ['bɪnzə] <-, -n> *f* giunco *m*; **in die ~n gehen** (*fig fam*) andare a monte [*o* rotoli]

**Binsenwahrheit** *f* verità *f* ovvia [*o* evidente [*o* lapalissiana]] **Binsenweisheit** <-, -en> *f* ovvietà *f*, verità *f* lapalissiana

**Bio-** [biːo] (*in Zusammensetzungen*) bio-; (*biologisch gedüngt*) biologico

**Biochemie** [bioçeˈmiː] *f* biochimica *f* **Biochemiker(in)** <-s, -; -, -nen> *m(f)* (CHEM) biochimico, -a *m, f* **biochemisch** *adj* (CHEM) biochimico

**biodynamisch** [biodyˈnaːmɪʃ] *adj* biodinamico

**Bioethik** *f* bioetica *f*

**Biogas** ['bioɡaːs] <-es, -e> *nt* biogas *m*

**biogenetisch** [bioɡeˈneːtɪʃ] *adj* biogenetico

**Biograf(in)** [bioˈɡraːf] <-en, -en; -, -nen> *m(f)* biografo, -a *m, f* **Biografie** [bioɡrafiː] <-, -n> *f* biografia *f*

**Biografin** <-, -nen> *f s.* **Biograf biografisch** [bio'gra:fɪʃ] *adj* biografico
**Biograph(in)** <-en, -en; -, -nen> *m(f) s.* **Biograf Biographie** <-, -n> *f s.* **Biografie**
**Biographin** <-, -nen> *f s.* **Biograf biographisch** [bio'gra:fɪʃ] *adj s.* **biografisch**
**Biokost** ['bi:okɔst] <-> *kein Pl. f* alimentazione *f* a base di prodotti biologici
**Bioladen** *m* (*sl*) negozio *m* di prodotti naturali
**Biolandwirtschaft** *f* bioagricoltura *f*
**Biologe** [bio'lo:gə] <-n, -n> *m* biologo *m*
**Biologie** [biolo'gi:] <-> *kein Pl. f* biologia *f* **Biologin** <-, -nen> *f* biologa *f* **biologisch** [bio'lo:gɪʃ] *adj* biologico
**Biomasse** ['bi:omasə] *f* (BIOL) biomassa *f*
**Biomechanik** [biome'ça:nɪk] *kein Pl. f* biomeccanica *f*
**Biometrie** [biome'tri:] <-> *kein Pl.. f* biometria *f* **biometrisch** [bio'me:trɪʃ] *adj* biometrico; **~e Daten** dati biometrici
**Biomüll** ['bi:omʏl] <-s> *kein Pl. m* rifiuti *mpl* organici
**Bionik** [bi'o:nik] <-> *kein Pl. f* bionica *f*
**Biophysik** [biofy'zi:k] *f* biofisica *f*
**Biopic** ['baɪɔpɪk] <-[s], -s> *nt* (TV, CINE) biopic *m*
**Biopsie** [biɔ'psi:, *Pl:* biɔ'psi:ən] <-, -n> *f* (MED) biopsia *f*
**Biorhythmus** ['bi:orʏtmʊs] *m* bioritmo *m* **Biosiegel** *nt* sigillo *m* biologico **Biosphäre** [bio'sfɛ:rə] *f* biosfera *f* **Biosupermarkt** *m* supermercato *m* bio [*o* del biologico] **Biotechnik** [bio'tɛçnɪk] *f* biotecnica *f* **Biotonne** ['biotɔnə] [*Eigenname*] *f* bidone *m* per rifiuti organici **Biotop** [bio'to:p] <-s, -e> *nt* (BIOL) biotopo *m* **Biowaffen** *fpl* (MIL) armi biologiche *fpl*
**BIP** [be:ʔi:'pe:] <-> *nt* (WIRTSCH) *abk v* **Bruttoinlandsprodukt** PIL *m*
**birgt** [bɪrkt] *3. Pers. Sing. Präs. von* **bergen**
**Birke** ['bɪrkə] <-, -n> *f* betulla *f*
**Birkenwald** *m* bosco *m* di betulle
**Birkhahn** *m* fagiano *m* di montagna **Birkhuhn** *nt* fagiano *m* di monte
**Birnbaum** *m* pero *m*
**Birne** ['bɪrnə] <-, -n> *f* ❶ (*Frucht*) pera *f* ❷ (*Glüh~*) lampadina *f* ❸ (*fam: Kopf*) zucca *f* **birnenförmig** ['bɪrnənfœrmɪç] *adj* a forma di pera
**birst** [bɪrst] *2. u 3. Pers. Sing. Präs. von* **bersten**
**bis** [bɪs] I. *prp o adv* ❶ (*zeitlich, räumlich*) fino a, sino a; **von 5 ~ 6** dalle 5 alle 6; **von früh ~ spät** dalla mattina alla sera; **~ bald!/gleich!** a presto!/dopo!; **~ heute** fino a oggi; **~ [spät] in die Nacht [hinein]** fino a notte inoltrata; **von Anfang ~ Ende** dal principio alla fine; **~ jetzt** finora; **~ jetzt noch nicht** non ancora; **~ dahin** [*o* **dorthin**] fin qui, fin là; **~ ins Kleinste** fin nei minimi particolari; **~ zu** fino a ❷ (*außer*) **~ auf** tranne, eccetto, salvo ❸ (*Zahlenangabe*) da ... a ..., ... o ...; **es waren zwanzig ~ dreißig Personen anwesend** erano presenti dalle venti alle trenta persone II. *konj* finché, fino al momento in cui, fino a che
**Bisam** ['bi:zam] <-s, -e *o* -s> *m* ❶ (*Riechstoff*) muschio *m* ❷ (*Fell*) pelliccia *f* di topo muschiato **Bisamratte** *f* topo *m* muschiato
**Bischof** ['bɪʃɔf, *Pl:* 'bɪʃø:fə] <-s, Bischöfe> *m* vescovo *m* **bischöflich** ['bɪʃœflɪç] *adj* vescovile **Bischofsamt** *nt* episcopato *m*, vescovado *m*
**Bischofskonferenz** *f* Conferenza *f* Episcopale **Bischofsmütze** *f* (REL) mitra *f* **Bischofssitz** *m* sede *f* vescovile, vescovado *m* **Bischofsstab** *m* pastorale *m*
**bisexuell** [bizɛ'ksyɛl *o* 'bi:zɛksyɛl] *adj* bisessuale
**bisher** [bɪs'he:ɐ̯] *adv* finora; **~ noch nicht** non ancora **bisherig** *adj* finora; **der ~e Minister** il ministro in carica finora
**Biskaya** [bɪs'ka:ja] *f* **die ~** la Biscaglia; **der Golf von ~** il golfo di Biscaglia
**Biskuit** [bɪs'kvi:t] <-(e)s, -s *o* -e> *nt o m* biscotto *m*
**bislang** [bɪs'laŋ] *s.* **bisher**
**Bismarckhering** ['bɪsmarkhe:rɪŋ] *m* (GASTR) aringa *f* alla Bismarck
**Bison** ['bi:zɔn] <-s, -s> *m* bisonte *m*
**biss** [bɪs] *1. u. 3. Pers. Sing. Imp. von* **beißen**
**Biss** [bɪs] <-es, -e> *m* ❶ (*das Zubeißen*) morso *m* ❷ (*Bisswunde*) morsicatura *f,* morso *m*
**bisschen** ['bɪsçən] I. <inv> *adj* **ein ~ ...** un poco [*o* po'] di ...; **das ~ ...** quel po' di ...; **ein klein|es| ~ ...** un pochettino di ... *fam;* **ein ganz kleines ~ ...** un pochino di ...; **kein ~ ...** nemmeno un po' di ... II. *adv* **ein ~** un po'; **kein ~** nemmeno un po'
**Bissen** ['bɪsən] <-s, -> *m* boccone *m*
**bissig** *adj* ❶ (*Hund*) che morde ❷ (*Bemerkung*) mordace, pungente **Bissigkeit** <-, -en> *f* (*fig: Bemerkung*) causticità *f,* mordacità *f*
**Bisswunde** *f* morsicatura *f,* morso *m*
**bist** [bɪst] *2. Pers. Sing. Präs. von* **sein**[1]
**Bistum** ['bɪstu:m, *Pl:* 'bɪsty:mɐ] <-s, Bis-

**bisweilen** [bɪsˈvaɪlən] *adv* talvolta, a volte
**Bit** [bɪt] <-(s), -(s)> *nt* (INFORM) bit *m*
**bitte** [ˈbɪtə] *int* per favore, per piacere; (*als Antwort auf danke*) prego; **~ nehmen Sie Platz** prego, si accomodi; **~** [**, bedienen Sie sich**]**!** prego [, si serva]!; [**wie**] **~?** come [ha detto]?; **~** [**, Sie wünschen**]**?** prego [, desidera]?; **~ schön!** prego!; **zahlen ~!** il conto, per favore!; **ja ~!** si, prego!; (*auf Frage, Verlangen*) dica, prego; **na ~!** ecco!
**Bitte** <-, -n> *f* (*Wunsch*) preghiera *f*; (*Aufforderung, Anliegen*) domanda *f*, richiesta *f*; **dringende** [*o* **flehentliche**] **~** supplica *f*; **jdm eine ~ abschlagen** respingere una domanda a qu; **auf jds ~** [**hin**] su richiesta di qu; **ich habe eine ~ an Sie** vorrei chiederLe un favore
**bitten** <bittet, bat, gebeten> *vi, vt* ① (*Wunsch äußern*) **jdn ~, etw zu tun** pregare qu di fare qc ② (*fragen*) **jdn um etw ~** chiedere qc a qu; **jdn dringend** [*o* **inständig**] **um etw ~** implorare qu per avere qc; **jdn um einen Gefallen ~** chiedere un favore a qu; **sich lange ~ lassen** farsi pregare a lungo; **ich lasse ~** fate passare; **ich bitte** [**Sie**] **darum** La prego; **ich bitte um Verzeihung** La prego di scusarmi, scusi; **darf ich ~?** (*zum Tanz*) posso invitarLa a questo ballo?; **darf ich** [**Sie**] **um das Salz ~?** per favore, mi passa il sale?; **wenn ich ~ darf** per favore
**bitter** *adj* ① (*Geschmack*) amaro; **~ schmecken** avere un sapore amaro ② (*schmerzlich*) amaro ③ (*Hohn, Spott*) crudele ④ (*verbittert*) amaro, amareggiato ⑤ (*Kälte, Frost*) pungente; (*Not*) duro; (*Leid, Unrecht*) amaro; **es ist ~ kalt** fa un freddo terribile; **etw ~ nötig haben** avere assolutamente bisogno di qc; **bis zum ~en Ende** fino alla fine **bitterböse** [ˈbɪtəˈbøːzə] *adj* molto adirato
**Bittere** <-en -r, -n, -n> *m* (*Likör*) amaro *m*
**bitterernst** [ˈbɪtəˈʔɛrnst] *adj* molto serio
**Bitterkeit** <-> *kein Pl. f* ① (*Geschmack*) sapore *m* amaro ② (*von Mensch, Worten*) amarezza *f* **bitterlich** *adv* amaramente; **~ weinen** piangere amaramente; **bittersüß** *adj* dolceamaro
**Bittschrift** *f* petizione *f*
**Bittsteller(in)** <-s, -; -, -nen> *m(f)* postulante *mf*, richiedente *mf*
**Bitumen** [biˈtuːmən, *Pl:* biˈtuːmina] <-s, - *o* Bitumina> *nt* bitume *m*
**Biwak** [ˈbiːvak] <-s, -s *o* -e> *nt* bivacco *m*
**biwakieren** [bivaˈkiːrən] <ohne ge-> *vi* bivaccare
**bizarr** [biˈtsar] *adj* bizzarro, stravagante
**Bizeps** [ˈbiːtsɛps] <-es, -e> *m* bicipite *m*
**BKA** [beːkaːˈʔaː] <-> *kein Pl. nt abk v* **Bundeskriminalamt** *polizia criminale* (*federale*)
**Blabla** [blaˈblaː] <-s> *kein Pl. nt* (*fam*) blablà *m*
**Blackout** [blɛkˈʔaʊt *o* ˈblɛkʔaʊt] <-(s), -s> *nt o m,* **Black-out** <-(s), -s> *nt o m* ① (MED: *Gedächtnislücke*) blackout *m,* vuoto *m* di memoria; **ein ~ haben** avere un blackout ② (*Stromausfall*) blackout *m*
**blähen** [ˈblɛːən] **I.** *vi* (MED) provocare flatulenza **II.** *vt* gonfiare **III.** *vr* **sich ~** (*a. fig*) gonfiarsi
**Blähung** <-, -en> *f* (MED) flatulenza *f*
**blamabel** [blaˈmaːbəl] *adj* umiliante, vergognoso
**Blamage** [blaˈmaːʒə] <-, -n> *f* mortificazione *f,* vergogna *f*
**blamieren** [blaˈmiːrən] <ohne ge-> **I.** *vt* far fare una brutta figura a, rendere ridicolo **II.** *vr* **sich ~** fare una figuraccia
**blanchieren** [blɑ̃ˈʃiːrən] <ohne ge-> *vt* (GASTR) sbollentare
**blank** [blaŋk] *adj* ① (*glänzend*) lucido; (*glatt*) liscio ② (*bloß, nackt*) nudo; **~ sein** (*fig fam*) essere al verde ③ (*rein: Hohn, Neid*) puro; **~er Unsinn** una scemenza bell'e buona
**blanko** [ˈblaŋko] <inv> *adj* in bianco, allo scoperto **Blankoscheck** *m* assegno *m* in bianco **Blankovollmacht** *f* procura *f* in bianco
**Blase** [ˈblaːzə] <-, -n> *f* ① (*Luft~*) bolla *f* ② (MED: *Haut~*) vescica *f* ③ (ANAT: *Harn~*) vescica *f*
**Blasebalg** <-(e)s, -bälge> *m* soffietto *m,* mantice *m*
**blasen** [ˈblaːzən] <bläst, blies, geblasen> **I.** *vt* ① (*a. Glas*) soffiare ② (MUS: *Blasinstrument*) suonare **II.** *vi* (*Mensch*) **auf** [*o* **in**] **etw** *acc* **~** soffiare su [*o* in] qc; **in etw** *acc* **~** (*Musiker*) suonare qc; **zum Rückzug ~** suonare la ritirata; **es bläst** (*windet*) tira vento
**Blasenentzündung** *f* (MED) cistite *f* **Blasenschwäche** *f* (MED) incontinenza *f* **Blasenstein** *m* (MED) calcolo *m* alla vescica
**Blasentee** *m* (MED) tisana *f* [per disturbi alla vescica]
**Bläser(in)** [ˈblɛːzɐ] <-s, -; -, -nen> *m(f)* (MUS) suonatore, -trice *m, f* [di strumento a fiato]
**blasiert** [blaˈziːɐ̯t] *adj* altezzoso, borioso

**Blasinstrument** *nt* strumento *m* a fiato **Blaskapelle** *f* orchestra *f* di strumenti a fiato **Blasmusik** <-> *kein Pl. f* musica *f* per strumenti a fiato **Blasorchester** *nt* orchestra *f* di strumenti a fiato
**Blasphemie** [blasfe'mi:] <-, -n> *f* bestemmia *f*
**blasphemisch** [blas'fe:mɪʃ] *adj* blasfemo
**Blasrohr** *nt* cerbottana *f*
**blass** [blas] <blasser *o rar* blässer, blasseste *o rar* blässeste> *adj* pallido; **~ werden** impallidire; **vor Neid ~ werden** essere verde d'invidia; **keine blasse Ahnung** [*o* **keinen blassen Schimmer**] **von etw haben** (*fam*) non avere la più pallida idea di qc
**Blässe** ['blɛsə] <-> *kein Pl. f* pallore *m*
**Blässhuhn** ['blɛshu:n] *nt* (ZOO) fòlaga *f*
**bläst** [blɛ:st] *2. u 3. Pers. Sing. Präs. von* **blasen**
**Blatt** [blat, *Pl:* 'blɛtɛ] <-(e)s, Blätter> *nt*
① (BOT) foglia *f*; **kein ~ vor den Mund nehmen** (*fig*) non avere peli sulla lingua
② (*Papier*) foglio *m*; (*Seite*) pagina *f*; **ein unbeschriebenes ~ sein** (*fig*) essere un'incognita; **das steht auf einem anderen ~** è un'altra faccenda, è un altro paio di maniche; **vom ~ singen/spielen** cantare/sonare a prima vista ③ (*Zeitung*) giornale *m* ④ (TEC: *Säge~*) lama *f* ⑤ (*Ruder~, Propeller~*) pala *f* ⑥ (*Kartenspiel*) carta *f*; **ein gutes ~ haben** avere una buona combinazione di carte; **das ~ hat sich gewendet** (*fig fam*) la situazione è cambiata
**blättern** ['blɛtɛn] *vi* sfogliare; **in einem Buch ~** sfogliare un libro
**Blätterteig** *m* pasta *f* sfoglia
**Blattgold** *nt* oro *m* in foglie **Blattgrün** *nt* (BOT) clorofilla *f* **Blattlaus** *f* (ZOO) pidocchio *m* delle piante **Blattpflanze** *f* (BOT) pianta *f* da fogliame **Blattsalat** *m* (GASTR) lattuga *f* **Blattspinat** <-(e)s> *kein Pl. m* (GASTR) spinaci *mpl* [in foglie] **Blattwerk** *nt* (BOT) fogliame *m*
**blau** [blaʊ] *adj* ① (*Farbe*) blu, azzurro; (*himmelblau*) celeste; **~es Auge** occhio livido; **~er Fleck** livido *m*; **sein ~es Wunder erleben** (*fam*) avere una brutta sorpresa; **~er Brief** (*fam*) lettera *f* di licenziamento; **Forelle ~** (GASTR) trota lessa ② (*fam: betrunken*) sbronzo
**Blau** <-(s), - *o fam* -s> *nt* blu *m*; **die Farbe ~** il colore blu [*o* azzurro]; **in ~ gekleidet** vestito di blu [*o* di azzurro]; *s. a.* **Blaue**
**blauäugig** ['blaʊʔɔɪɡɪç] *adj* dagli occhi azzurri [*o* blu]; (*fig: naiv*) ingenuo, credulone
**Blaubeere** *f* mirtillo *m*
**blaublütig** ['blaʊbly:tɪç] *adj* (*adlig*) di sangue blu
**Blaue** <-n> *kein Pl. nt* blu *m*, azzurro *m;* **das ~ vom Himmel versprechen** (*fam*) promettere mari e monti; **ins ~ hinein reden** (*fam*) parlare a vanvera; **eine Fahrt ins ~** (*fam*) una gita senza meta
**Bläue** ['blɔɪə] <-> *kein Pl. f* (*geh*) azzurro *m*, [colore *m*] blu *m*
**Blaufelchen** ['blaʊfɛlçən] <-s, -> *m* (ZOO) coregone *m*
**Blaufuchs** *m* (ZOO) volpe *f* azzurra
**blaugrau** *adj* grigio-azzurro **blaugrün** *adj* verd[e]azzurro
**Blauhelm** *m* (*UNO-Soldat*) casco *m* blu
**blaukariert** *adj* a quadretti blu [*o* azzurri]
**Blaukraut** <-(e)s> *kein Pl. nt* (A, *südd: Rotkohl*) cavolo *m* rosso
**bläulich** ['blɔɪlɪç] *adj* bluastro, azzurrognolo
**Blaulicht** *nt* luce *f* lampeggiante
**blau|machen** *vi* (*fam: Schule*) marinare la scuola; (*Arbeit*) non andare a lavorare
**Blaumann** *m* (*fam: Arbeitsanzug*) tuta *f* blu
**Blaumeise** *f* (ZOO) cinciallegra *f*
**Blaupause** <-, -n> *f* cianotipo *m*, copia *f* cianografica
**Blausäure** *f* (CHEM) acido *m* cianidrico
**Blaustift** *m* matita *f* blu [*o* copiativa]
**Blaustrumpf** *m* (*fig pej*) bas-bleu *f*
**Blauwal** *m* (ZOO) balena *f* azzurra
**Blazer** ['ble:zɐ] <-s, -> *m* blazer *m*
**Blech** [blɛç] <-(e)s, -e> *nt* ① (*Material*) latta *f*; (*Weiß~*) lamiera *f* stagnata, latta *f* bianca; (*von Auto*) lamiera *f* ② (*Kuchen~*) piastra *f* ③ *Sing.* (*fig fam: Quatsch*) sciocchezze *fpl*, stupidaggini *fpl* **Blechblasinstrument** *nt* ottoni *mpl* **Blechbüchse** *f*, **Blechdose** *f* barattolo *m* di latta
**blechen** *vt*, *vi* (*fam*) sborsare
**blechern** *adj* ① (*aus Blech*) di latta, di lamiera ② (*Klang, Stimme*) stridulo; (*hohl*) opaco
**Blechinstrument** *nt s.* **Blechblasinstrument**
**Blechkanister** *m* bidone *m*, tanica *f*
**Blechlawine** *f* (*scherz fam*) fila *f* interminabile [di automezzi] **Blechmusik** *f* musica *f* per ottoni; (*pej*) musica *f* stonata
**Blechnapf** *m* gamella *f* **Blechschaden** *m* danni *mpl* alla carrozzeria **Blechschere** *f*

cesoia f per lamiera, forbici fpl da lattoniere **Blechtrommel** f tamburo m di latta
**blecken** ['blɛkən] vt **die Zähne ~** digrignare i denti
**Blei** [blaɪ] <-(e)s, -e> nt (CHEM) piombo m; **das liegt wie ~ im Magen** è un mattone sullo stomaco
**Bleibe** ['blaɪbə] <-, -n> f alloggio m, dimora f
**bleiben** ['blaɪbən] <bleibt, blieb, geblieben> vi sein ① (nicht weggehen) restare, rimanere; **~ Sie am Apparat!** resti in linea!; **hängen ~** (fam: anhaften) rimanere attaccato; (sich einprägen) rimanere impresso; (nicht auszuräumen sein) gravare; (verharren, nicht weiterkommen) fermarsi, arenarsi; (nicht versetzt werden) essere bocciato; [an etw dat] **hängen ~** (sich verhaken) impigliarsi [in qc]; **wo bleibt mein Kaffee?** e il mio caffè?; **wo ist mein Hut geblieben?** dov'è andato a finire il mio cappello?; **das bleibt unter uns!** rimane tra di noi! ② (sich nicht ändern) restare, rimanere; **gleich ~** rimanere inalterato; **sich** dat **gleich ~** rimanere tale e quale; **das bleibt sich gleich** è lo stesso, è uguale; **er bleibt bei seiner Meinung** persiste nella sua opinione; **es bleibt dabei!** siamo intesi!; **es bleibt alles beim Alten** tutto resta come prima; **wenn das Wetter so bleibt** se il tempo si mantiene così; **liegen ~** (nicht aufstehen) rimanere disteso; (im Bett) restare a letto; (nicht erledigt werden) rimanere incompiuto; (nicht verkauft werden) rimanere invenduto; (eine Panne haben) rimanere per strada, bloccarsi; **offen ~** (Tür, Fenster) rimanere aperto; **sitzen ~** rimanere seduto; **stehen ~** (anhalten) fermarsi, arrestarsi; **wo sind wir stehen geblieben?** dove siamo rimasti?; **stecken ~** (nicht weitergehen) rimanere bloccato; (nicht herauskommen: Kugel, Messer) rimaner conficcato; (eine Panne haben) rimanere in panna; (Verhandlungen) arenarsi, incagliarsi; **im Schlamm stecken ~** impantanarsi nel fango; **im Hals stecken ~** rimanere in gola ③ **etw ~ lassen** (fam: unterlassen, nicht tun) lasciare stare qc; **lass das ~!** smettila!; **das bleibt abzuwarten** stiamo a vedere, avanzare; **es bleibt mir nichts weiter zu tun, als ...** non resta altro da fare che ...
**bleibend** adj durevole, duraturo, permanente; **ein ~er Wert** un valore durevole
**bleiben**||**lassen** <irr, ohne ge-> vt (fam) s. **bleiben 3**.

**bleich** [blaɪç] adj pallido; **~ werden** impallidire
**bleichen** vt imbiancare; (Haare) ossigenare
**Bleichgesicht** nt (scherz) viso m pallido
**Bleichmittel** nt candeggiante m **Bleichsucht** f clorosi f, anemia f
**bleiern** adj (a. fig) di piombo
**bleifrei** adj (Benzin) senza piombo **Bleigießen** <-s> kein Pl. nt tradizione di Capodanno di fondere il piombo per indovinare il futuro **bleihaltig** ['blaɪhaltɪç] adj piombifero **Bleikristall** nt cristallo m al piombo **Bleimantel** m (TEC) involucro m di piombo **bleischwer** ['blaɪˈʃveːɐ] adj pesante come il piombo **Bleistift** m matita f, lapis m **Bleistiftspitzer** m temperamatite m, temperalapis m **Bleivergiftung** f (MED) saturnismo m **Bleiweiß** nt (CHEM) biacca f [di piombo]
**Blende** ['blɛndə] <-, -n> f ① (Lichtschirm) schermo m, paralume m ② (FOTO) diaframma m
**blenden** ['blɛndən] vt ① (blind machen) accecare; (vorübergehend durch Licht) abbagliare ② (fig: betören) affascinare; (täuschen) abbagliare **blendend** adj ① (strahlend) abbagliante ② (ausgezeichnet) formidabile, eccezionale; **du siehst ~ aus** stai magnificamente bene
**blendfrei** adj (TEC) anabbagliante
**Blendung** <-, -en> f abbagliamento m, abbaglio m
**Blendwerk** nt apparenza f vana, illusione f, miraggio m
**Blesse** ['blɛsə] <-, -n> f (Tiere) macchia f bianca
**Blick** [blɪk] <-(e)s, -e> m ① (Blicken, Ausdruck) sguardo m; (kurzer, rascher) colpo m d'occhio; (verstohlener, liebevoller) occhiata f; **auf den ersten ~** a prima vista, alla prima occhiata; **einen ~ werfen auf** +acc dare un'occhiata a; **jdn keines ~es würdigen** non degnare qu nemmeno di uno sguardo; **seine ~e schweifen lassen** lasciare scorrere l'occhio; **jdm einen vernichtenden ~ zuwerfen** fulminare qu con lo sguardo; **böser ~** malocchio m ② Sing. (Aus~) vista f, veduta f; **mit ~ auf** +acc con vista su
**blicken** vi **auf jdn** [o **nach jdm**] **~** guardare qu; **sich ~ lassen** farsi vedere; **tief ~ lassen** far capire tante cose
**Blickfang** m attrazione f, richiamo m **Blickfeld** nt campo m visivo **Blickkontakt** m contatto m visivo **Blickpunkt** m (Gesichtspunkt) punto m di vista; **im ~**

stehen (*fig*) essere al centro dell'attenzione **Blickwinkel** *m* (*fig*) angolatura *f*
**blieb** [bliːp] *1. u. 3. Pers. Sing. Imp. von* **bleiben**
**blies** [bliːs] *1. u. 3. Pers. Sing. Imp. von* **blasen**
**blind** [blɪnt] *adj* ❶ (*nicht sehend*) cieco; **für etw ~ sein** (*fig*) non voler vedere qc; **~er Gehorsam** ubbidienza cieca; **~ werden** perdere la vista; **nicht ~ sein** (*fig*) non essere cieco ❷ (*glanzlos*) appannato ❸ (*Alarm*) falso ❹ (*Passagier*) clandestino
**Blinddarm** *m* (ANAT) intestino *m* cieco; (*fam: Wurmfortsatz*) appendice *f* **Blinddarmentzündung** *f* (MED) appendicite *f* **Blinddarmoperation** <-, -en> *f* (MED) appendicectomia *f*
**Blinddate** ['blaɪnt 'deːt] <-, -s> *nt* appuntamento *m* al buio
**Blind Date** [blaɪnt dɛɪt] <-s, -s> *nt* blind date *m*; **ein ~ haben** avere un'appuntamento con una persona sconosciuta
**Blinde** <ein -r, -n, -n> *mf* cieco, -a *m, f*
**Blindekuh** *f* **~ spielen** giocare a mosca-cieca
**Blindenhund** *m* cane *m* [guida] per ciechi
**Blindenschrift** *f* scrittura *f* Braille
**Blindflug** *m* (AERO) volo *m* cieco **Blindgänger** <-s, -> *m* (MIL) proiettile *m* inesploso **blindgeboren** *adj attr.* cieco dalla nascita, nato cieco **Blindheit** <-> *kein Pl. f* (*a. fig*) cecità; **mit ~ geschlagen** (*fig*) accecato **blindlings** ['blɪntlɪŋs] *adv* alla cieca, ciecamente, a occhi chiusi; (*aufs Geratewohl*) a caso **Blindschleiche** ['blɪntʃlaɪçə] <-, -n> *f* (ZOO) orbettino *m*
**blinken** ['blɪŋkən] *vi* ❶ (*funkeln*) luccicare, scintillare ❷ (*Blinkzeichen geben*) fare segnali ottici; (*Auto*) mettere la freccia, lampeggiare
**Blinker** <-s, -> *m* (*Gerät*) segnalatore *m* luminoso; (MOT) lampeggiatore *m*
**Blinklicht** *nt* luce *f* intermittente **Blinkzeichen** *nt* segnale *m* ottico ad intermittenza
**blinzeln** ['blɪntsəln] *vi* socchiudere gli occhi; (*schelmisch, verliebt*) ammiccare
**Blitz** [blɪts] <-es, -e> *m* ❶ (*Blitzen*) lampeggiare *m*; (*~strahl*) lampo *m*; **ein ~ aus heiterem Himmel** un fulmine a ciel sereno; **wie der ~** (*fam*) come un fulmine; **wie vom ~ getroffen** folgorato, fulminato ❷ (FOTO) flash *m* **Blitzableiter** *m* (*a. fig*) parafulmine *m* **Blitzaktion** *f* azione *f* lampo **blitzartig** *adj* fulmineo **blitzblank** ['blɪts'blaŋk] *adj* pulito, lustro [come uno specchio] **Blitzeis** <-es> *kein Pl. nt* vetrone *m*, gelicidio *m*, ghiaccio *m* lampo
**blitzen** *vi* (*funkeln*) luccicare; (*Augen*) brillare; **es blitzt** lampeggia
**Blitzgerät** *nt* (FOTO) flash *m* **Blitzkrieg** *m* guerra *f* lampo **Blitzlicht** *nt* flash *m* **Blitzlichtgerät** *nt* [lampada *f* al] flash *m* **blitzsauber** ['blɪts'zaʊbɐ] *adj* (*fam*) pulitissimo **Blitzschlag** *m* colpo *m* di fulmine **blitzschnell** ['blɪts'ʃnɛl] *adj* fulmineo **Blitzwürfel** *m* (FOTO) cuboflash *m*
**Block**[1] [blɔk, *Pl:* 'blœkə] <-(e)s, Blöcke> *m* (*Stein~*) blocco *m*
**Block**[2] <-(e)s, -s *o* Blöcke> *m* ❶ (*Notiz-, Brief-, Zeichen~*) blocco *m* ❷ (*Häuser~*) isolato *m* ❸ (POL) blocco *m*
**Blockade** [blɔ'kaːdə] <-, -n> *f* blocco *m*
**Blockbildung** *f* (POL) formazione *f* di blocchi
**Blockbuchstabe** <-n, -n> *m* lettera *f* in stampatello
**blocken** *vi, vt* bloccare; (SPORT) respingere
**Blockflöte** *f* (MUS) flauto *m* dolce
**blockfrei** *adj* (POL) non allineato; **die Blockfreien** i non allineati **Blockfreiheit** *f* (POL) non allineamento *m*
**Blockhaus** *nt* casa *f* in legno
**blockieren** [blɔ'kiːrən] <ohne ge-> I. *vt* bloccare; (*sperren*, FIN) sbarrare II. *vi* (*Bremsen, Rad*) bloccare
**Blockschrift** *f* [scrittura *f* in] stampatello *m*
**blöd|e** ['bløːt ('bløːdə)] *adj* ❶ (*dumm*) imbecille, scemo; (*albern*) sciocco ❷ (*schwachsinnig*) deficiente ❸ (CH: *schüchtern*) timido ❹ (*fam: dumm, ärgerlich*) spiacevole, fastidioso
**blödeln** *vi* dire sciocchezze
**blöderweise** ['bløːdə'vaɪzə] *adv* stupidamente
**Blödheit** <-, -en> *f* sciocchezza *f* **Blödmann** *m* sciocco, -a *m, f*; (*Schimpfwort*) scemo, -a *m, f* **Blödsinn** *m* (*fam: Unsinn*) sciocchezza *f*, idiozia *f*; **so ein ~!** che idiozia! **blödsinnig** *adj* ❶ (*schwachsinnig*) imbecille, idiota ❷ (*dumm*) stupido, sciocco
**blöken** ['bløːkən] *vi* (*Schaf*) belare; (*Rind*) muggire
**blond** [blɔnt] *adj* biondo
**blondieren** [blɔn'diːrən] <ohne ge-> *vt* ossigenare
**Blondine** [blɔn'diːnə] <-, -n> *f* bionda *f*, biondina *f*
**bloß** [bloːs] I. *adj* ❶ (*nackt, unbedeckt*) nudo; **mit ~en Füßen** a piedi nudi, scalzo ❷ (*rein, nichts als*) puro, solo; **mit ~em Auge** ad occhio nudo; **der ~e Anblick** la

semplice vista; **der ~e Gedanke** già solo il pensiero **II.** *adv* (*fam*) ① (*nur*) solamente, semplicemente; **wo bleibst du ~?** ma dove sei?; **wie machst du das ~?** ma come riesci a fare ciò? ② (*als Verstärkung*) proprio, mai; **~ jetzt nicht!** proprio adesso no!

**Blöße** ['blø:sə] <-, -n> *f* ① (*geh: Nacktheit*) nudità ② (*fig: Schwäche, Fehler*) punto *m* debole; **sich** *dat* **eine ~ geben** mostrare il proprio lato debole

**bloß|legen** *vt* mettere a nudo, scoprire; (*fig*) rendere palese, rivelare **bloß|stellen** *vt* far fare una brutta figura a, compromettere

**blubbern** ['blʊbən] *vi* (*fam*) farfugliare

**Bluejeans** ['blu:dʒi:ns] *Pl.* blue-jeans *mpl*

**Blues** [blu:s] <-, -> *m* (MUS) blues *m*

**Bluff** [blʊf *o* blaf *o* blœf] <-s, -s> *m* bluff *m*

**bluffen** ['blʊfən *o* 'blafən *o* 'blœfən] *vi* bluffare

**blühen** ['bly:ən] *vi* ① (*Pflanzen*) fiorire ② (*Geschäft*) prosperare ③ (*fam: widerfahren*) succedere; **wer weiß, was uns noch blüht!** chissà che cosa ci aspetta! **blühend** *adj* ① (*Pflanze*) fiorito, in fiore ② (*fig: florierend*) florido, prosperoso; (*Schönheit*) splendente; (*Fantasie*) fervido; **wie das ~e Leben aussehen** avere un aspetto florido; **im ~en Alter** nel fiore degli anni

**Blühet** ['bly:ət] <-, -> *m* (*CH*) fioritura *f*

**Blume** ['blu:mə] <-, -n> *f* ① (BOT) fiore *m*; **durch die ~** indirettamente, con allusioni; **danke für die ~n!** (*fig iron*) grazie [per la critica]! ② (*Bierschaum*) schiuma *f* ③ (*des Weines*) bouquet *m* **Blumenbeet** *nt* aiuola *f* di fiori **Blumengeschäft** *nt* negozio *m* di fiori, fioraio *m* **Blumenkasten** *m* fioriera *f* **Blumenkohl** *m* cavolfiore *m*

**Blumenkorso** ['blu:mənkɔrzo] <-s, -s> *m* sfilata *f* di carri fioriti, festa *f* dei fiori **Blumenladen** *m s.* **Blumengeschäft**

**Blumenmädchen** *nt* fioraia *f* **Blumensprache** *f* linguaggio *m* dei fiori **Blumenständer** *m* portafiori *m*, giardiniera *f* **Blumenstock** *m* pianta *f* in vaso **Blumenstrauß** *m* mazzo *m* di fiori; (*großer*) fascio *m* di fiori **Blumentopf** *m* vaso *m* da fiori **Blumenvase** *f* vaso *m* da fiori; (*kleine*) portafiori *m* **Blumenzwiebel** *f* bulbo *m*

**blumig** ['blu:mɪç] *adj* ① (*Wein*) profumato ② (*Parfüm*) di fiori ③ (*Stil, Sprache*) fiorito, ornato

**Blunze[n]** <-, -n> *f* (*A: Blutwurst*) sanguinaccio *m*; **das ist mir Blunzen** (*fam: das ist mir egal*) non m'importa

**Bluse** ['blu:zə] <-, -n> *f* camicetta *f*, blusa *f*

**Blut** [blu:t] <-(e)s> *kein Pl. nt* sangue *m*; **blaues ~ haben** avere il sangue blu, essere di sangue blu; **~ spenden** donare il sangue; **~ vergießen** spargere sangue; **ruhig ~ bewahren** conservare la calma; **bis aufs ~** a sangue, a morte; **jdn bis aufs ~ aussaugen** spogliare qu d'ogni avere; **das liegt mir im ~** ce l'ho nel sangue; **~ geleckt haben** (*fig fam*) provarci gusto; **böses ~ machen** suscitare malcontento; **~ und Wasser schwitzen** (*fig*) sudare sangue, avere una paura matta **Blutalkohol** *m* tasso *m* alcolico **Blutandrang** *m* congestione *f* **blutarm** *adj* (MED) anemico **Blutarmut** *f* (MED) anemia *f* **Blutbad** *nt* bagno *m* di sangue, massacro *m* **Blutbahn** *f* (ANAT) sistema *m* circolatorio, circolo *m* sanguigno **Blutbank** <-, -en> *f* (MED) banca *f* del sangue **Blutbild** *nt* (MED) quadro *m* ematologico; **rotes/weißes ~** globuli *mpl* rossi/bianchi **blutbildend** *adj* (MED) emopoietico **Blutbuche** *f* faggio *m* rosso [*o* sanguigno] **Blutdiamant** *m meist Pl* diamante *m* di sangue [*o* di conflitto], diamante insanguinato **Blutdruck** <-(e)s> *kein Pl. m* pressione *f* sanguigna, tensione *f* arteriosa; **hoher ~** ipertensione *f*; **niedriger ~** ipotensione *f* **Blutdruckanstieg** *m* aumento *m* della pressione sanguigna **Blutdruckmesser** <-s, -> *m* (MED) sfigmomanometro *m*

**Blüte** ['bly:tə] <-, -n> *f* ① (BOT) fiore *m* ② *Sing.* (*das Blühen*) fioritura *f*; **in [voller] ~** in fiore, in piena fioritura ③ *Sing.* (*fig: Höhepunkt*) periodo *m* aureo ④ (*fam: falscher Geldschein*) banconota *f* falsa

**Blutegel** ['blu:t?e:gəl] <-s, -> *m* sanguisuga *f*

**bluten** *vi* sanguinare; **aus etw ~** perdere sangue da qc; **meine Nase blutet** mi esce sangue dal naso; **mir blutet das Herz** mi sanguina il cuore

**Blütenblatt** *nt* (BOT) petalo *m* **Blütenpflanze** *f* (BOT) pianta *f* a fiore **Blütenstaub** *m* (BOT) polline *m*

**Blutentnahme** *f* (MED) prelievo *m* di sangue

**blütenweiß** *adj* bianchissimo

**Bluter** <-s, -> *m* (MED) emofiliaco, -a *m, f*

**Blutguss** ['blu:t?ɛɐgʊs] *m* (MED) travaso *m* di sangue, ematoma *m*

**Bluterkrankheit** *f* (MED) emofilia *f*

**Blütezeit** *f* [periodo *m* di] fioritura *f*; (*fig*) periodo *m* aureo, apogeo *m*
**Blutfleck** *m* macchia *f* di sangue **Blutgefäß** *nt* (ANAT) vaso *m* sanguigno **Blutgerinnsel** *nt* (MED) coagulo *m*, trombo *m*
**Blutgerinnung** <-> *kein Pl.* *f* (MED) coagulazione *f* del sangue **Blutgruppe** *f* (MED) gruppo *m* sanguigno **Bluthochdruck** <-(e)s> *kein Pl.* *m* (MED) ipertensione *f* **Bluthund** *m* (ZOO) bracco *m*
**blutig** *adj* ① (*blutbefleckt*) insanguinato, macchiato di sangue ② (*Kampf*) sanguinoso ③ (*verstärkend*) ~**er Anfänger** (*fam*) semplice principiante
**blutjung** ['bluːtjʊŋ] *adj* giovanissimo
**Blutkonserve** *f* (MED) ① (*Blut*) sangue *m* conservato [per trasfusioni] ② (*~nflasche*) flacone *m* della banca del sangue **Blutkörperchen** ['bluːtkœrpeçən] <-s, -> *nt* (MED) globulo *m* [del sangue] **Blutkrebs** *m* (MED) leucemia *f* **Blutkreislauf** *m* (MED) circolo *m* sanguigno **Blutlache** *f* pozza *f* di sangue **blutleer** *adj* esangue, dissanguato **Blutniederdruck** <-(e)s> *kein Pl.* *m* (MED) ipotensione *f* **Blutorange** *f* arancia *f* sanguigna **Blutplasma** *nt* (MED) plasma *m* [sanguigno] **Blutplättchen** ['bluːtplɛtçən] <-s, -> *ntPl.* (MED) piastrine *fpl* **Blutprobe** *f* (MED) prelievo *m* del sangue **Blutrache** *f* vendetta *f* di sangue **blutreinigend** *adj* depurativo del sangue **blutrot** ['bluːtroːt] *adj* rosso sanguigno **blutrünstig** ['bluːtrʏnstɪç] *adj* sanguinario **Blutsauger** <-s, -> *m* (*fig*) sfruttatore *m*, sanguisuga *f* **Blutsbruder** *m* amico *m* per la pelle, *persona legata da patto di sangue* **Blutschande** *f* incesto *m* **Blutsenkung** *f* (MED) sedimentazione *f* sanguigna **Blutserum** *nt* siero *m* sanguigno **Blutspende** *f* (MED) donazione *f* di sangue **Blutspender(in)** *m(f)* donatore, -trice *m, f* di sangue **Blutspur** *f* traccia *f* di sangue **blutstillend** *adj* emostatico
**Blutstropfen** *m* (MED) goccia *f* di sangue **blutsverwandt** *adj* consanguineo **Blutsverwandte** *mf* consanguineo, -a *m, f* **Blutsverwandtschaft** *f* consanguineità *f*
**Bluttat** *f* (*geh: Mord*) assassinio *m*, omicidio *m* **Bluttransfusion** *f* (MED) trasfusione *f* [di sangue] **blutüberströmt** ['bluːtʔyːbɐ(ˈ)ʃtrøːmt] *adj* intriso di sangue **Blutübertragung** *f* (MED) trasfusione *f* di sangue
**Blutung** <-, -en> *f* emorragia *f*; (*Monats~*) mestruazione *f*
**blutunterlaufen** *adj* ecchimotico **Blutuntersuchung** *f* (MED) analisi *f* del sangue

**Blutvergießen** <-s> *kein Pl.* *nt* (*geh*) spargimento *m* di sangue **Blutvergiftung** *f* (MED) avvelenamento *m* del sangue, setticemia *f* **Blutverlust** <-(e)s> *kein Pl.* *m* (MED) perdita *f* di sangue **Blutwurst** *f* (GASTR) sanguinaccio *m* **Blutzucker** <-s> *kein Pl.* *m* (MED) glicemia *f* **Blutzuckerspiegel** *m* (MED) glicemia *f*
**BLZ** *abk v* **Bankleitzahl** CAB *m*
**BMI** [beːʔɛmˈʔiː] <-> *kein Pl.* *m abk v* **Body-Mass-Index** (MED) BMI *m*, IMC *m*
**BMX-Rad** [beːʔɛmˈʔɪksraːt] *nt* [bicicletta *f*] BMX *f*
**BND** [beːʔɛnˈdeː] <-(s)> *kein Pl.* *m abk v* **Bundesnachrichtendienst** *organo federale competente per i servizi segreti*
**Bö** [bøː] <-, -en> *f* raffica *f* di vento, folata *f*
**Boa** ['boːa] <-, -s> *f* boa *m*
**Bob** [bɔp] <-s, -s> *m* (SPORT) bob *m*
**Boccia** <-> *nt o f* [gioco *m* delle] bocce *fpl*; ~ **spielen** giocare a bocce
**Bock** [bɔk, *Pl:* ˈbœkə] <-(e)s, Böcke> *m* ① (*Ziegen~*) caprone *m*; (*Schafs~*) montone *m*; (*Reh~*) capriolo *m* [maschio]; **einen ~ schießen** (*fig fam*) pigliare un granchio, prendere una cantonata ② (*fam: Mensch*) tipo *m*; **er ist ein sturer ~** è testardo come un mulo ③ (*fam: Lust*) voglia *f*; **keinen ~ haben etw zu tun** (*fam*) non aver [nessuna] voglia di fare qc ④ (TEC: *Gestell*) cavalletto *m*; (*a. Säge~*) supporto *m* ⑤ (SPORT: *Turngerät*) cavallina *f* ⑥ (*Kutsch~*) cassetta *f* **Bockbier** *nt* birra forte bavarese
**bocken** *vi* ① (*Esel*) piantarsi; (*Pferd*) impennarsi ② (*fig fam: bockig sein*) fare il mulo
**bockig** *adj* testardo, cocciuto
**Bockleiter** *f* scala *f* doppia [*o* a libro]
**Bockshorn** *nt* (*fam*) **jdn ins ~ jagen** intimidire qu
**Bockspringen** <-s> *kein Pl.* *nt* (SPORT) salto *m* della cavallina **Bocksprung** *m* (SPORT) salto *m* della cavallina, capriola *f*; **Bocksprünge vollführen** fare capriole
**Bockwurst** *f* (GASTR) salsiccia *f* di carne (*riscaldata in acqua bollente*)
**Boden** ['boːdən, *Pl:* ˈbøːdən] <-s, Böden> *m* ① (*Erd~*) suolo *m*; (*a. Fläche*) terreno *m*; **auf französischem ~** sul territorio francese; **zu ~ fallen** cadere a terra; [**an**] **~ gewinnen/verlieren** guadagnare/perdere terreno; **festen ~ unter den Füßen haben** (*fig*) avere una posizione solida; **den ~ unter den Füßen verlieren** sentirsi mancare il terreno sotto i piedi ② (*Acker~*) terreno *m* coltivabile

❸ (*Grund und* ~) possesso *m* terriero, terreni *mpl* ❹ (*Meeres-, von Gefäß*) fondo *m;* **mit doppeltem ~ a doppio fondo** ❺ (*Fuß-*) pavimento *m* ❻ (*Dach-*) soffitta *f;* granaio *m;* (*Heu-*) fienile *m* ❼ (*fig: Grundlage*) base *f;* **sich auf den ~ der Tatsachen stellen** attenersi ai fatti
**Bodenbelag** *m* pavimento *m* **Bodenbelastung** *f* sfruttamento *m* del suolo **Bodenerhebung** *f* elevazione *f* del terreno **Bodenerosion** *f* (ECO) erosione *f* del suolo **Bodenertrag** *m* reddito *m* fondiario **Bodenfeuchtigkeit** *f* umidità *f* del terreno **Bodenfrost** *m* <-(e)s -> *kein Pl. m* gelo *m* **Bodenhaftung** *f* (AUTO) aderenza *f* al terreno **Bodenkammer** *f* mansarda *f* **bodenlos** *adj* (*fig fam: unerhört*) inaudito; **~e Frechheit** grande insolenza **Bodennebel** *m* nebbia *f* bassa **Bodenpersonal** *nt* (AERO) personale *m* a terra **Bodenreform** *f* riforma *f* agraria **Bodensatz** *m* ❶ (CHEM) residuo *m*, sedimento *m* ❷ (*in Fass*) fondiglio *m;* (*von Wein, Bier*) deposito *m*, feccia *f* **Bodenschätze** *mPl.* ricchezze *fpl* del sottosuolo, risorse *fpl* minerarie
**Bodensee** *m* lago *m* di Costanza
**bodenständig** *adj* autoctono
**Bodenstation** *f* (*Radio, Raumfahrt*) stazione *f* di terra **Bodenstreitkräfte** *fPl.* forze armate *fpl* di terra **Bodenturnen** *nt* (SPORT) ginnastica *f* a terra
**Body** ['bɔdi] <-s, -s> *m* (*Kleidungsstück*) body *m* **Bodybuilding** ['bɔdɪbɪldɪŋ] <-s> *kein Pl. nt* culturismo *m*, body building *m* **Bodyguard** ['bɔdigaːd] <-s, -s> *m* guardia *f* del corpo **Body-Mass-Index** ['bɔdimɛsˀɪndɛks] <-[es]> *kein Pl. m* (MED) Body Mass Index *m*, indice *m* di massa corporea
**bog** [boːk] *1. u. 3. Pers. Sing. Imp. von* **biegen**
**Bogen** ['boːgən, *Pl:* 'bøːgən] <-s, - *o südd, A* Bögen> *m* ❶ (*Kurve*) curva *f;* (*Biegung*) curvatura *f;* **einen [großen] ~ um jdn machen** girare al largo da qu, evitare qu; **den ~ raushaben/rauskriegen** (*fam*) saperci fare; **jdn in hohem ~ hinauswerfen** (*fam*) buttar fuori qu ❷ (SPORT) arco *m;* **den ~ überspannen** (*fig*) tirare troppo la corda, esagerare ❸ (ARCH, MAT) arco *m* ❹ (MUS) archetto *m* ❺ (*Blatt Papier*) foglio *m* **bogenförmig** ['boːgənfœrmɪç] *adj* ad arco, a volta **Bogengang** *m* (ARCH) arcata *f*, portico *m* **Bogenlampe** *f* lampada *f* ad arco **Bogenschießen** <-s> *kein Pl. nt* (SPORT) tiro *m* con l'arco **Bogenschütze** *m*, **Bogenschützin** *f* arciere, -a *m, f;* (SPORT) tiratore, -trice *m, f* d'arco

**Bohle** ['boːlə] <-, -n> *f* pancone *m*, tavolone *m*
**Böhmen** ['bøːmən] *nt* Boemia *f*
**böhmisch** *adj* boemo; **das sind ~e Dörfer für mich** (*fam*) questo per me è turco
**Bohne** ['boːnə] <-, -n> *f* ❶ (BOT) fagiolo *m;* **grüne ~n** fagiolini *mpl;* **nicht die ~!** (*fig fam*) niente affatto! ❷ (*Kaffee-*) chicco *m* **Bohnenkaffee** *m* caffè *m* in chicchi **Bohnenkraut** *nt* (BOT) santoreggia *f*
**Bohnensalat** *m* insalata *f* di fagiolini **Bohnenstange** *f* bastoncino *m* di sostegno per piante di fagioli; (*fig fam*) spilungone, -a *m, f* **Bohnenstroh** *nt* **dumm wie ~** (*fam*) senza sale in zucca **Bohnensuppe** *f* minestra *f* di fagioli
**Bohnerbesen** *m* spazzolone *m* per lucidare i pavimenti
**Bohnermaschine** *f* lucidatrice *f* **bohnern** *vt* lustrare con la cera **Bohnerwachs** *nt* cera *f* per pavimenti
**bohren** ['boːrən] I. *vi* ❶ (*a. beim Zahnarzt*) **an** [*o* **in**] **etw** *dat* **~** trapanare qc; (*nach Erdöl*) trivellare qc; **mit dem Finger in der Nase ~** mettersi le dita nel naso ❷ (*fam fig: drängen*) insistere ❸ (*quälen*) **in jdm ~** tormentare qu II. *vt* ❶ (*Material*) perforare, trapanare ❷ (*Brunnen, Tunnel*) scavare; **ein Loch in die Wand ~** fare un foro nella parete, forare la parete ❸ (*hinein-*) far penetrare **bohrend** *adj* (*Schmerz*) acuto, pungente; (*Fragen*) indagatore; (*Blick*) penetrante; (*Reue, Zweifel*) tormentoso, che rode; **~en Hunger haben** avere i morsi della fame
**Bohrer** <-s, -> *m* (*Gerät*) trapano *m;* (*für Ölbohrung*) trivella *f*
**Bohrinsel** *f* piattaforma *f* per trivellazioni **Bohrloch** *nt* foro *m* [di trivellazione] **Bohrmaschine** *f* trapano *m* meccanico, perforatrice *f* **Bohrprobe** *f* (TEC) carota *f*, carotaggio *m* **Bohrturm** *m* torre *f* di trivellazione
**Bohrung** <-, -en> *f* ❶ (*das Bohren*) trapanazione *f*, perforazione *f;* (*Erdöl-*) trivellazione *f* ❷ (*Bohrloch*) foro *m* [di trivellazione]
**böig** ['bøːɪç] *adj* a raffiche
**Boiler** ['bɔɪlɐ] <-s, -> *m* scaldaacqua *m*, bollitore *m*, boiler *m*
**Boje** ['boːjə] <-, -n> *f* (NAUT) boa *f*, gavitello *m*
**Bolero** <-s, -s> *m* ❶ (*Tanz*) bolero *m* ❷ (*Jäckchen*) bolero *m*

**Bolivianer(in)** [boli'vi̯aːnɐ] <-s, -; -, -nen> *m(f)* boliviano, -a *m, f*
**bolivianisch** [boli'vi̯aːnɪʃ] *adj* boliviano
**Bolivien** [bo'liːvi̯ən] *nt* Bolivia *f*
**Böller** ['bœlɐ] <-s, -> *m (fam)* fuoco d'artificio
**Bollwerk** ['bɔlvɛrk] *nt* ① (NAUT) molo *m* ② (*fig: Festung*) baluardo *m*
**Bologna-Reform** [bo'lɔnja-] <-> *kein Pl. f* **die ~** la riforma di Bologna
**Bolschewismus** [bɔlʃe'vɪsmʊs] <-> *kein Pl. m* bolscevismo *m*
**Bolschewist(in)** [bɔlʃe'vɪst] <-en, -en; -, -nen> *m(f)* bolscevico, -a *m, f*
**bolschewistisch** *adj* bolscevico
**Bolzen** ['bɔltsən] <-s, -> *m* (TEC) bullone *m;* (*mit Gewinde*) vite *f*
**Bombardement** [bɔmbardə'mãː] <-s, -s> *nt* bombardamento *m*
**bombardieren** [bɔmbar'diːrən] <ohne ge-> *vt* ① (MIL) bombardare ② (*fam: überhäufen*) **jdn/etw** [**mit etw**] **~** bombardare qu/qc [di qu/qc]
**Bombardierung** <-, -en> *f* bombardamento *m*
**bombastisch** [bɔm'bastɪʃ] *adj* (*pej: Stil*) ampolloso; (*überladen*) sovraccarico
**Bombe** ['bɔmbə] <-, -n> *f* bomba *f;* **~ n über etw** *dat* **abwerfen** sganciare bombe su qc; **die ~ zum Platzen bringen** (*fig*) dar fuoco alle polveri; **die ~ ist geplatzt** (*fig*) è scoppiata la bomba **Bombenangriff** *m* (MIL) bombardamento *m*, incursione *f* aerea **Bombenanschlag** *m* (MIL) attentato *m* dinamitardo **Bombenattentat** *nt* attentato *m* dinamitardo **Bombenerfolg** *m (fam)* successone *m*, successo *m* clamoroso **Bombengeschäft** *nt (fam)* **- e machen** fare affari d'oro
**Bombenmaterial** *nt* materiale *m* dinamitardo **bombensicher** ['bɔmbənˌzɪçɐ] *adj* ① (TEC) a prova di bomba ② (*fig fam*) certissimo **Bombenstimmung** ['bɔmbənˌʃtɪmʊŋ] <-> *kein Pl. f (fam)* stupenda atmosfera *f*, atmosfera *f* da sballo **Bombenteppich** *m* (MIL) bombardamento *m* a tappeto **Bombenterror** *m* attentati *pl* dinamitardi terroristici **Bombentrichter** *m* cratere *m* scavato da una bomba
**Bomber** <-s, -> *m* (MIL) aereo *m* da bombardamento, bombardiere *m*
**bombig** *adj (fam)* fantastico
**Bon** [bɔŋ *o* bõː] <-s, -s> *m* ① (*Gutschein*) buono *m* ② (*Kassenzettel*) scontrino *m*
**Bonbon** [bɔŋ'bɔŋ *o* bõ'bõː] <-s, -s> *m o nt* caramella *f*

**Bonboniere** <-, -n> *f*, **Bonbonniere** [bɔŋbɔ'nieːrə *o* bõbõ'nieːre] <-, -n> *f* bomboniera *f*
**Boni** *Pl. von* **Bonus**
**Bonität** [boni'tɛːt] <-, -en> *f* (FIN) solidità *f* finanziaria, solvibilità *f*
**Bonmot** [bõ'moː] <-s, -s> *nt (geh)* bon mot *m*, battuta *f* spiritosa, arguzia *f*
**Bonn** [bɔn] *nt* Bonn *f*
**Bonner** <inv> *adj* (*attr*) di Bonn
**Bonner(in)** <-s, -; -, -nen> *m(f)* abitante *mf* di Bonn
**Bonsai** ['bɔnzaɪ] <-, -s> *m* bonsai *m*
**Bonus** ['boːnʊs] <- *o* -ses, - *o* -se *o* Boni> *m* ① (COM) premio *m* ② (*Versicherungs~*) bonus *m* assicurativo ③ (*für Studienplatz*) condizioni *fpl* preferenziali di accesso al posto di studio
**Bonze** ['bɔntsə] <-n, -n> *m (pej)* bonzo *m*, alto papavero *m*
**Booklet** ['buklet] <-s, -s> *nt* opuscolo *m*
**Boom** [buːm] <-s, -s> *m* boom *m*
**boomen** ['buːmən] *vi (fam: Geschäft)* essere in rapida crescita, prosperare; (*Literatur, Mode*) avere grande successo
**Boot** [boːt] <-(e)s, -e> *nt* barca *f*, imbarcazione *f;* **~ fahren** andare in barca; **wir sitzen alle im gleichen ~** (*fig*) siamo tutti nella stessa barca **Bootsfahrt** *f* gita *f* in barca **Bootsmann** <-(e)s, -leute> *m* battelliere *m;* (*Deckoffizier*) ufficiale *m* di coperta
**Bor** [boːɐ̯] <-s> *kein Pl. nt* (CHEM) boro *m*
**Bord**[1] [bɔrt] <-(e)s, -e> *nt* ① (*Bücherbrett*) mensola *f* ② (CH: *Rand, Böschung*) scarpata *f*
**Bord**[2] <-(e)s, *rar* -e> *m* (NAUT: *Schiffsrand*) bordo *m;* **an ~** a bordo; **an ~ gehen** salire a bordo; **über ~ gehen** cadere in mare; **von ~ gehen** sbarcare, scendere a terra; **etw über ~ werfen** gettare in mare qc; (*fig*) rinunciare a qc
**Bordcomputer** <-s, -> *m* computer *m* di bordo
**Bordell** [bɔr'dɛl] <-s, -e> *nt* bordello *m*, casa *f* chiusa
**Bordfunker(in)** *m(f)* radiotelegrafista *mf* di bordo
**Bordinstrumente** *ntPl.* strumenti *mpl* di bordo **Bordkarte** *f* (AERO) carta *f* d'imbarco **Bordmechaniker(in)** *m(f)* motorista *mf* di bordo **Bordpersonal** *nt* (NAUT, AERO) equipaggio *m* **Bordstein** *m* [pietra *f* del] cordone *m*
**Bordwaffen** *fPl.* armi *fpl* di bordo
**Borg** [bɔrk] <-(e)s> *kein Pl. m* **auf ~** a credito

**borgen** ['bɔrgən] *vt* ❶ (*verleihen*) **jdm etw ~** prestare qc a qu ❷ (*entleihen*) **etw von jdm ~** farsi prestare qc da qu

**Borke** ['bɔrkə] <-, -n> *f* (*nordd*) ❶ (*Baum*) corteccia *f* ❷ (*Wunde*) crosta *f* **Borkenkäfer** *m* (ZOO) bostrico *m*

**borniert** [bɔr'niːɐ̯t] *adj* (*pej*) limitato, ottuso

**borromäisch** [bɔro'mɛɪʃ] *adj* **die ~en Inseln** le isole borromee

**Borsalbe** *f* unguento *m* all'acido borico

**Börse** ['bœrzə] <-, -n> *f* ❶ (FIN) borsa *f* ❷ (*Geldbeutel*) borsellino *m*, portamonete *m* **Börsenbericht** *m* (FIN) bollettino *m* di borsa **Börsengang** *m* (FIN: *eines Unternehmens*) ingresso *m* in borsa **Börsenkrach** *m* (FIN) crollo *m* di borsa **Börsenkurs** *m* (FIN) corso *m* di borsa **Börsenmakler(in)** *m(f)* (FIN) agente *mf* di borsa **Börsenspekulant(in)** *m(f)* (FIN) borsista *mf* **Börsenzulassung** <-, -en> *f* ammissione *f* alla quotazione di borsa

**Börsianer(in)** [bœr'zi̯aːnɐ] <-s, -; -, -nen> *m(f)* (*fam*) speculatore, -trice *m, f* di borsa

**Borste** ['bɔrstə] <-, -n> *f* setola *f* **Borstentier** *nt* maiale *m*

**borstig** *adj* ❶ (*Tier, Haut*) setoloso, irsuto ❷ (*fig: Person*) ispido, scontroso

**Borte** ['bɔrtə] <-, -n> *f* passamano *m*, gallone *m*

**Borwasser** *nt* acqua *f* borica

**bösartig** ['bøːsʔaːɐ̯tɪç] *adj* ❶ (*Mensch, Bemerkung*) cattivo, maligno ❷ (MED) maligno **Bösartigkeit** <-, -en> *f* ❶ (*von Mensch, Bemerkung*) cattiveria *f*, malvagità *f* ❷ (MED) carattere *m* maligno

**Böschung** ['bœʃʊŋ] <-, -en> *f* (*Straßen~*) scarpata *f*; (*Fluss~*) argine *m*

**böse** ['bøːzə] *adj* ❶ (*Mensch, Bemerkung, Tat*) cattivo, maligno, malvagio; (*unartig*) maleducato; **jdn ~ ansehen** guardare qu di traverso; **es war nicht ~ gemeint** non avevo alcuna cattiva intenzione ❷ (*ärgerlich*) arrabbiato, irritato; **auf jdn** [*o* **mit jdm**] **~ sein** essere arrabbiato con qu, avercela con qu *fam*; **~ werden** arrabbiarsi, montare in collera ❸ (*schlimm*) grave, serio, brutto; (*Krankheit*) pericoloso; **~ Angelegenheit** brutta faccenda; **~ Folgen** conseguenze spiacevoli; **es sieht ~ aus** (*fig*) va male

**Böse**[1] <ein -r, -n, -n> *mf* cattivo, -a *m, f*, malvagio, -a *m, f*

**Böse**[2] <ein -s, -n> *kein Pl. nt* male *m*; **jdm etw ~s antun** far del male a qu; **sich** *dat* **bei etw nichts ~s denken** non pensar male di qc; **~s ahnen** avere brutti presentimenti; **~s im Schilde führen** tramare del male

**Bösewicht** <-(e)s, -er *o* -e> *m* ❶ (*Schuft*) malvagio *m* ❷ (*fam scherz: Schlingel*) briccone *m*

**boshaft** ['boːshaft] *adj* cattivo, maligno

**Bosheit** ['boːshaɪt] <-, -en> *f* malignità *f*; (*a. Handlung*) malvagità *f*, cattiveria *f*

**Bosniake(in)** [bɔs'niaːkə] <-s, -; -, -nen> *m(f)* bosniaco, -a *m, f*

**Bosnien Herzegowina** ['bɔsni̯ən hɛrtse'goːvina] *nt* Bosnia Erzegovina *f*

**Bosnier(in)** ['bɔsni̯ɐ] <-s, -; -, -nen> *m(f)* bosniaco, -a *m, f*

**bosnisch** ['bɔsnɪʃ] *adj* bosniaco

**Bosporus** ['bɔspɔrʊs] *m* Bosforo *m*

**Boss** [bɔs] <-es, -e> *m* (*fam*) capo *m*

**böswillig I.** *adj* malevolo, malintenzionato; (JUR) intenzionale; **in ~er Absicht** (JUR) con intenzioni delittuose **II.** *adv* con malevolenza, in malafede; (JUR) intenzionalmente

**Böswilligkeit** <-, -en> *f* malevolenza *f*, malizia *f*

**bot** [boːt] *1. u. 3. Pers. Sing. Imp. von* **bieten**

**Botanik** [bo'taːnɪk] <-> *kein Pl. f* botanica *f*

**Botaniker(in)** <-s, -; -, -nen> *m(f)* botanico, -a *m, f*

**botanisch** *adj* botanico

**botanisieren** [botani'ziːrən] <ohne ge-> *vi* erborizzare

**Bote** [ˈboːtə] <-n, -n> *m* messaggero *m*; (*~njunge*) fattorino *m*; (*Dienstmann*) facchino *m*; **durch ~n** per corriere **Botengang** *m* commissione *f* **Botin** ['boːtɪn] <-, -nen> *f* messaggera *f*

**Botox** ['boːtɔks] <-> *nt* botulino *m* **Botoxbehandlung** *f* (*Behandlung mit Botox-Spritzen gegen Falten*) trattamento *m* botulinico

**Botschaft** ['boːtʃaft] <-, -en> *f* ❶ (*Nachricht*) messaggio *m* ❷ (POL) ambasciata *f*

**Botschafter(in)** <-s, -; -, -nen> *m(f)* ambasciatore, -trice *m, f*

**Böttcher** ['bœtçɐ] <-s, -> *m* bottaio *m*

**Bottich** ['bɔtɪç] <-(e)s, -e> *m* tino *m*, tinozza *f*, mastello *m*

**Bouillon** [bʊl'jɔŋ *o* bʊl'jöː] <-, -s> *f* brodo *m*, consommé *m*

**Bouillonwürfel** *m* dado *m* [di estratto] di carne

**Boulevard** [bulə'vaːɐ̯] <-(s), -s> *m* viale *m* **Boulevard-Magazin** *nt* (TV) rotocalco *m* scandalistico **Boulevardpresse** *f*

stampa *f* scandalistica **Boulevardzeitung** *f* giornale *m* scandalistico
**Bourgeoisie** [burʒoa'ziː] <-, -n> *f* (*geh*) borghesia *f*
**Boutique** [buˈtiːk] <-, -n> *f* boutique *f*
**Bovist** [ˈboːvɪst *o* boˈvɪst] <-s, -e> *m* (BOT) vescia *f*
**Bowle** [ˈboːlə] <-, -n> *f* punce *m*, punch *m*
**Bowling** [ˈboːlɪŋ *o* ˈboʊlɪŋ] <-s> *kein Pl. nt* bowling *m*
**Box** [bɔks] <-, -en> *f* ❶ (*Pferde~, Wagen~*) box *m* ❷ (MUS: *Lautsprecher~*) cassa *f* [acustica]
**boxen** [ˈbɔksən] I. *vi* boxare, fare del pugilato II. *vt* dare dei pugni a III. *vr* **sich ~** fare a pugni **Boxen** <-s> *kein Pl. nt* (SPORT) pugilato *m*, boxe *f*
**Boxenstopp** *m* (*Formel 1*) sosta *f* ai box
**Boxer** <-s, -> *m* ❶ (*Faustschlag*) pugno *m* ❷ (*Hund*) boxer *m*
**Boxer(in)** <-s, -; -, -nen> *m(f)* (*Sportler*) boxeur *m*, pugile *mf* **Boxershorts** *Pl.*, **Boxer-Shorts** *Pl.* boxer *mpl*
**Boxhandschuh** *m* guanto *m* da pugilato, guantone *m* **Boxkampf** *m* incontro *m* di pugilato **Boxsport** *m* pugilato *m*, boxe *f*
**Boygroup** [ˈbɔɪɡruːp] <-, -s> *f* boygroup *m*
**Boykott** [bɔɪˈkɔt] <-(e)s, -s *o* -e> *m* boicottaggio *m*
**boykottieren** [bɔɪkɔˈtiːrən] <ohne ge-> *vt* boicottare
**Bozen** [ˈboːtsən] *nt* Bolzano *f*
**Bq** *abk v* **Becquerel** (PHYS) bq
**BR** [beːˈʔɛr] <-(s)> *kein Pl. m abk v* **Bayerischer Rundfunk** *rete radiotelevisiva regionale tedesca con sede a Monaco*
**brabbeln** [ˈbrabəln] *vt* (*fam*) borbottare
**brach** [braːx] *1. u. 3. Pers. Sing. Imp. von* **brechen**
**Brachialgewalt** [braˈxi̯aːlɡəvalt] *f* forza *f* bruta
**Brachland** <-(e)s> *kein Pl. nt* maggese *m* **brach|legen** *vt* (*Feld, Acker*) tenere a maggese **brach|liegen** <irr> *vi* ❶ (*Feld, Acker*) stare a maggese ❷ (*fig: Talent*) rimanere improduttivo
**brachte** [ˈbraxtə] *1. u. 3. Pers. Sing. Imp. von* **bringen**
**brackig** [ˈbrakɪç] *adj* salmastro
**Brackwasser** [ˈbrakvasə] *nt* acqua *f* salmastra
**Brainstorming** [ˈbreɪnstɔːmɪŋ] <-s> *kein Pl. nt* brain storming *m*
**Branche** [ˈbrãːʃə] <-, -n> *f* ❶ (COM) ramo *m*, branca *f* ❷ (*Fach*) campo *m* **Branchenkenntnis** *f* cognizioni *fpl* del ramo **Branchenverzeichnis** *nt* elenco *m* [telefonico] per categorie
**Brand** [brant, *Pl:* ˈbrɛndə] <-(e)s, Brände> *m* ❶ (*Feuer*) fuoco *m*; (*Feuersbrunst*) incendio *m*; **in ~ geraten** prendere fuoco, infiammarsi; **etw in ~ setzen** [*o* **stecken**] incendiare qc ❷ *Sing.* (MED) cancrena *f* ❸ *Sing.* (*fam*) gran sete *f*, arsura *f* **brandaktuell** *adj* attualissimo, di scottante attualità **Brandanschlag** *m* attentato *m* incendiario **Brandblase** *f* (MED) vescica *f* ustoria **Brandbombe** *f* bomba *f* incendiaria **brandeilig** [ˈbrantˈʔaɪlɪç] *adj* (*fam*) bruciante; **es ~ haben** avere una gran fretta
**branden** [ˈbrandən] *vi* (*geh: Wellen*) infrangersi; (*tosen*) scrosciare; **gegen etw ~** infrangersi contro qc
**Brandenburg** [ˈbrandənburk] <-s> *nt* Brandeburgo *f* **Brandenburger** *adj* [del] Brandeburgo; **das ~ Tor** la Porta di Brandeburgo
**Brandherd** *m* focolaio *m* [d'incendio]
**brandig** *adj* ❶ (AGR, BOT: *Getreide, Bäume*) ingolpato ❷ (MED) cancrenoso
**Brandlegung** <-, -en> *f* (*A: Brandstiftung*) incendio *m* colposo [*o* doloso]
**Brandmal** <-(e)s, -e *o rar* -mäler> *nt* (*geh*) segno *m* di bruciatura; (*bei Tier*) marchio *m* a fuoco; (*fig*) marchio *m* d'infamia **brandmarken** *vt* bollare **Brandmauer** *f* ❶ (*zwischen zwei Häusern*) muro *m* spartifuoco ❷ (*Rückwand eines Kamins*) frontone *m* **brandneu** [ˈbrantˈnɔɪ] *adj* (*fam*) nuovo di zecca **Brandsalbe** *f* pomata *f* per le scottature **Brandsatz** *m* bomba *f* incendiaria **Brandschaden** *m* danno *m* provocato da incendio **brandschatzen** *vt* (HIST: *plündern*) mettere a ferro e fuoco, saccheggiare **Brandsohle** *f* (TEC: *von Schuh*) tramezza *f* **Brandstelle** *f* luogo *m* dell'incendio **Brandstifter(in)** *m(f)* incendiario, -a *m, f* **Brandstiftung** *f* incendio *m* colposo [*o* doloso]
**Brandung** <-, -en> *f* frangente *m*, risacca *f*
**Brandwache** *f* ❶ (*Überwachung der Brandstelle nach den Löscharbeiten*) controllo *m* della zona incendiata ❷ (*CH: Berufsfeuerwehr*) corpo *m* dei vigili del fuoco
**Brandwunde** *f* piaga *f* da scottatura
**Brandy** [ˈbrɛndi] <-s, -s> *m* brandy *m*
**Brandzeichen** *nt* marchio *m* a fuoco
**brannte** [ˈbrantə] *1. u. 3. Pers. Sing. Imp. von* **brennen**
**Branntwein** [ˈbrantvaɪn] *m* acquavite *f*

**Brasilianer(in)** [brazi'lia:nɐ] <-s, -; -, -nen> *m(f)* brasiliano, -a *m, f*
**brasilianisch** [brazi'lia:nɪʃ] *adj* brasiliano
**Brasilien** [bra'zi:liən] *nt* Brasile *m;* **in ~** nel Brasile
**Brasse** ['brasə] <-, -n> *f* (ZOO) scardola *f*
**brät** [brɛ:t] *3. Pers. Sing. Präs. von* **braten**
**Bratapfel** *m* (GASTR) mela *f* al forno
**braten** ['bra:tən] <brät, briet, gebraten> *vt* (*Fleisch*) arrostire; (*in der Pfanne*) friggere; (*im Ofen*) far cuocere; (*auf dem Rost*) fare ai ferri
**Braten** <-s, -> *m* (*Fleisch*) arrosto *m* **Bratensaft** *m* sugo *m* dell'arrosto **Bratensoße** *f* salsa *f* per arrosti **Bratenwender** <-s, -> *m* girarrosto *m*
**Brathähnchen** *nt* pollo *m* arrosto **Brathendl** *nt* (*A, südd:* Brathähnchen) pollo *m* arrosto **Brathering** *m* aringa *f* fritta **Brathuhn** *nt* pollo *m* arrosto **Bratkartoffeln** *fPl.* patate *fpl* arrosto [*o* al forno] **Bratpfanne** *f* padella *f* **Bratrost** *m* griglia *f,* gratella *f*
**Bratsche** ['bra:tʃə] <-, -n> *f* (MUS) viola *f*
**Bratspieß** *m* spiedo *m*
**Bratwurst** *f* salsiccia *f* arrostita; (*roh*) salsiccia *f* da arrostire
**Brauch** [braʊx, *Pl:* 'brɔɪçə] <-(e)s, Bräuche> *m* uso *m,* usanza *f*
**brauchbar** *adj* ❶ (*benutzbar: Gerät, Material*) utilizzabile, usabile; (*Plan*) utilizzabile; (*nützlich: Material, Gegenstand*) utile ❷ (*tauglich: Schüler, Mitarbeiter*) bravo, abile; (*Idee*) ragionevole
**brauchen** ['braʊxən] *vt* ❶ (*nötig haben*) aver bisogno di, occorrere; (*benötigen: Zeit, Platz*) aver bisogno di; **ich brauche Geld** mi occorrono soldi; **lange ~, um zu** +*inf* metterci molto per +*inf;* **zwei Stunden ~, um zu** +*inf* impiegare due ore per +*inf* ❷ (*gebrauchen*) impiegare, usare, adoperare; **kannst du die Sachen ~?** ti possono servire queste cose? ❸ (*müssen*) dovere; **Sie ~ es nur zu sagen** deve solo dirlo; **man braucht nur [zu] läuten** basta suonare
**Brauchtum** <-s, *rar* -tümer> *nt* usanze *fpl,* usi *mpl* e costumi *mpl*
**Braue** ['braʊə] <-, -n> *f* sopracciglio *m*
**brauen** ['braʊən] *vt* (*Bier*) fabbricare; (*fam: Getränk*) preparare
**Brauer(in)** <-s, -; -, -nen> *m(f)* birraio, -a *m, f*
**Brauerei** [braʊə'raɪ] <-, -en> *f,* **Brauerin** *f s.* **Brauer** **Brauhaus** *nt* fabbrica *f* di birra, birrificio *m*
**braun** [braʊn] *adj* bruno, marrone, (*Haar*) scuro; (*Augen*) marrone, scuro; (*kastanien~*) castano; (*Pferd*) baio; (*~gebrannt*) abbronzato; **~ werden** abbronzare, abbronzarsi; *s. a.* **blau**
**Braunbär** *m* orso *m* bruno
**Bräune** ['brɔɪnə] <-> *kein Pl. f* abbronzatura *f*
**bräunen** ['brɔɪnən] **I.** *vt* ❶ (*Haut*) abbronzare ❷ (GASTR) rosolare **II.** *vr* **sich ~** (*sich sonnen*) abbronzarsi
**braungebrannt** *adj* abbronzato
**Braunkohle** <-> *kein Pl. f* lignite *f*
**bräunlich** *adj* brunastro
**Brause** ['braʊzə] <-, -n> *f* ❶ (*Dusche*) doccia *f* ❷ (*Getränk*) gassosa *f* **Brausekopf** *m* (*fig obs: Hitzkopf*) testa *f* calda
**brausen** ['braʊzən] **I.** *vi* ❶ *haben* (*Wasser, Beifall*) scrosciare; (*Wind*) muggire; (*Meer*) mugghiare ❷ *sein* (*Fahrzeug*) sfrecciare, correre **II.** *vr* **sich ~** fare la doccia **brausend** *adj* fragoroso, scrosciante
**Brausepulver** *nt* polverina *f* effervescente
**Braut** [braʊt, *Pl:* 'brɔɪtə] <-, Bräute> *f* fidanzata *f;* (*am Hochzeitstag*) sposa *f*
**Bräutigam** ['brɔɪtɪgam] <-s, -e> *m* fidanzato *m;* (*am Hochzeitstag*) sposo *m*
**Brautjungfer** *f* damigella *f* d'onore della sposa **Brautkleid** *nt* abito *m* da sposa [*o* nuziale] **Brautpaar** *nt* [coppia *f* di] sposi *mpl* **Brautschleier** *m* velo *m* da sposa [*o* nuziale]
**brav** [bra:f] *adj* ❶ (*artig*) bravo, buono ❷ (*Kleidung*) sobrio, modesto
**bravo** ['bra:vo] *int* bravo
**Bravoruf** *m* bravo *m*
**Bravour** [bra'vu:ɐ] <-> *kein Pl. f* ❶ (*Tapferkeit*) valore *m* ❷ (*Brillanz*) bravura *f,* brillantezza *f;* **etw mit ~ bestehen** sostenere qc brillantemente
**bravourös** [bravu'rø:s] *adj* coraggioso, valoroso
**bravorös** *adj s.* **bravourös**
**BRD** [be:?ɛr'de:] <-> *kein Pl. f abk v* **Bundesrepublik Deutschland** RFT *f*
**Breakdance** <-(s)> *kein Pl. m* break dance *f*
**Brechbohnen** *fPl.* fagiolini *mpl* **Brechdurchfall** *m* (MED) colerina *f* **Brecheisen** *nt* piede *m* di porco
**brechen** ['brɛçən] <bricht, brach, gebrochen> **I.** *vt* ❶ (*entzwei~*) spezzare, rompere; (*in Stücke ~*) frantumare; **jdm das Herz ~** spezzare il cuore a qu ❷ (*Steine*) cavare ❸ (*Blumen, Obst*) cogliere ❹ (MED: *Knochen*) fratturare; **sich** *dat* **den Arm/das Bein ~** rompersi il braccio/la gamba ❺ (*von sich geben*)

vomitare ❻ (OPT) rifrangere ❼ (fig: Frieden, Eid, Gesetz) violare; (Vertrag) rompere; (Gelübde) infrangere; (Versprechen, sein Wort) non mantenere; (Widerstand) vincere; (Rekord) battere; **den Streik ~** fare il crumiro **II.** vi ❶ sein (zer~) rompersi, spezzarsi; **mir bricht das Herz** mi si spezza il cuore; **zum Brechen** [o ~d] **voll sein** essere pieno come un uovo ❷ haben (sich erbrechen) vomitare, rigettare ❸ haben (fig) **mit jdm ~** rompere con qu **III.** vr **sich an etw** dat **~** (Wellen) infrangersi contro qc; (Licht) rifrangersi contro qc

**Brecher** <-s, -> m frangente m, ondata f
**Brechmittel** nt (MED) emetico m **Brechreiz** m conato m di vomito, nausea f
**Brechstange** f piede m di porco
**Brechung** <-, -en> f ❶ (MED) frattura f ❷ (PHYS) rifrazione f
**Bredouille** [breˈduljə] <-> kein Pl. f impiccio m, pasticcio m; **in die ~ kommen** finire in un pasticcio; **in der ~ sein** essere in un impiccio
**Bregenz** [ˈbreːɡɛnts] nt Bregenz f
**Brei** [braɪ] <-(e)s, -e> m (für Kinder) pappa f; (Kartoffel~) purè m, purea f; (bes. von Obst) passato m; **um den [heißen] ~ herumreden** (fam) non venire al dunque; **jdn zu ~ schlagen** (fig fam) fare polpette di qu, ridurre qu in poltiglia **breiig** adj denso, pastoso
**Breisgau** [ˈbraɪsɡaʊ] m Brisgovia f
**breit** [braɪt] adj largo; (weit, ausgedehnt) ampio, vasto; (Publikum) vasto, grande; (Angebot, Interessen) grande; (Lachen) sguaiato; **die ~e Masse** la gran[de] massa; **einen ~en Rücken haben** (fig) sopportare parecchio; **~er machen** allargare; **~er werden** allargarsi
**Breitbandverbindung** f (COMP) connessione f a banda larga **breitbeinig** adv a gambe large
**Breite** <-, -n> f ❶ (bei Maßangaben) larghezza f; (Weite, Ausdehnung) ampiezza f, vastezza f; (Breitseite) fianco m; (Stoff~) altezza f; **etw in aller ~ erklären** spiegare qc dettagliatamente; **in die ~ gehen** ingrassare ❷ (GEOG, ASTR) latitudine f; **nördliche ~** latitudine nord
**breiten** vt (aus~) [di]stendere (über +acc su)
**Breitengrad** m (GEOG) grado m di latitudine **Breitensport** <-(e)s> kein Pl. m (SPORT) sport m diffuso
**breit|machen** vr **sich ~** (fam) ❶ (viel Platz beanspruchen) occupare molto posto ❷ (sich häuslich niederlassen) installarsi ❸ (sich ausbreiten) propagarsi
**breitrandig** adj con orlo largo
**breit|schlagen** <irr> vt (fam) **sich ~ lassen** lasciarsi convincere
**breitschult[e]rig** adj dalle spalle larghe
**Breitseite** f ❶ (NAUT) fianco m di nave; (Schuss) bordata f ❷ (von Tisch, Haus) fianco m
**breit|treten** <irr> vt (fig) **etw ~** diffondersi su qc
**Breitwand** f (FILM) schermo m panoramico [o gigante] **Breitwandfilm** m film m in cinemascope
**Bremen** [ˈbreːmən] nt Brema f
**Bremsbelag** m (MOT) pastiglie fpl dei freni
**Bremse** [ˈbrɛmzə] <-, -n> f ❶ (TEC, MOT) freno m; **auf die ~ treten** premere il freno ❷ (ZOO: Insekt) tafano m
**bremsen** [ˈbrɛmzən] vi, vt (a. fig) frenare; **er ist nicht zu ~** (fam) non si riesce a fermarlo
**Bremsflüssigkeit** f (AUTO) liquido m per freni **Bremshebel** m (MOT) leva f del freno **Bremsklotz** m ceppo m del freno **Bremslicht** nt luce f di arresto, stop m **Bremspedal** nt pedale m del freno **Bremsspur** f traccia f della frenata **Bremsung** <-, -en> f frenata f **Bremsvorrichtung** f dispositivo m di frenaggio **Bremsweg** m spazio m di frenata
**brennbar** adj combustibile; (entzündlich) infiammabile
**Brennelement** nt elemento m combustibile
**brennen** [ˈbrɛnən] <brennt, brannte, gebrannt> **I.** vi ❶ (Feuer, Material, Haus) bruciare, ardere; (Licht, Ofen) essere acceso; **es brennt!** al fuoco!; **wo brennt's?** (fig fam) cos'è successo?; **das Streichholz brennt nicht** [o will nicht ~] il fiammifero non si accende; **darauf ~ etw zu tun** ardere dal desiderio di fare qc ❷ (Haut, Wunde, Augen, Kehle, Füße) bruciare ❸ (heiß sein) scottare **II.** vt bruciare; (Porzellan, Kalk, Ziegel, Ton) cuocere; (Kaffee) torrefare, tostare; (Branntwein) distillare; (INFORM) masterizzare
**brennend** adj ❶ (Haus) in fiamme; (Feuer, Holz) ardente, che brucia; (Zigarette, Licht) acceso ❷ (Wunde, Auge, Fuß, Kehle) che brucia; (Schmerz) cocente ❸ (fig: Durst) terribile; (Hass) che consuma; (Interesse) vivo; **jdn ~ interessieren** interessare qu terribilmente
**Brenner**[1] [ˈbrɛnɐ] <-s> kein Pl. m (GEOG) Brennero m

**Brenner**[2] <-s, -> *m* (*Gerät*) bruciatore *m;* (*Gas~*) becco *m* a gas
**Brennerei** [brɛnəˈraɪ] <-, -en> *f* (*Schnaps~*) distilleria *f*
**Brennglas** *nt* (OPT) lente *f* convergente
**Brennholz** *nt* legna *f* da ardere **Brennmaterial** *nt* combustibile *m*
**Brennnessel** *f* ortica *f*
**Brennpunkt** *m* ❶ (OPT, MAT) fuoco *m* ❷ (*fig: Mittelpunkt*) centro *m;* **im ~ des Interesses stehen** stare al centro dell'interesse **Brennspiritus** *m* spirito *m* per combustione **Brennstab** *m* (PHYS) barra *f* combustibile **Brennstoff** *m* combustibile *m;* (MOT, AERO) carburante *m* **Brennstoffzelle** *f* cella *f* [*o* pila *f*] a combustibile **Brennweite** *f* (PHYS, FOTO) distanza *f* focale
**brenzlig** [ˈbrɛntslɪç] *adj* (*fam: bedenklich*) sospetto, preoccupante
**Bresche** [ˈbrɛʃə] <-, -n> *f* breccia *f;* **eine ~ schlagen** aprire una breccia; **in die ~ springen** (*fig*) intervenire
**Breslau** [ˈbrɛslaʊ] *nt* Breslavia *f*
**Bretagne** [breˈtanjə *o* brəˈtanjə] *f* Bretagna *f*
**Bretone** [breˈtoːnə] <-n, -n> *m,* **Bretonin** [breˈtoːnɪn] <-, -nen> *f* bretone *mf*
**bretonisch** [breˈtoːnɪʃ] *adj* bretone
**Brett** [brɛt] <-(e)s, -er> *nt* ❶ (*Holz~*) asse *m,* tavola *f;* (*Regal~*) mensola *f;* (*Bücher~*) [ri]piano *m;* **schwarzes ~** bacheca *f;* **ein ~ vor dem Kopf haben** non veder più in là del proprio naso ❷ *pl* (SPORT: *Ski*) sci *mpl;* (*Boxring*) ring *m* ❸ *pl* (THEAT: *Bühne*) palcoscenico *m,* scena *f* ❹ (*Schach~*) scacchiera *f;* (*Dame~*) damiera *f* **Bretterzaun** *m* steccato *m,* staccionata *f* **Brettspiel** *nt* gioco *m* da tavola
**Brevier** [breˈviːɐ̯] <-s, -e> *nt* breviario *m*
**Brezel** [ˈbreːtsəl] <-, -n> *f* (GASTR) brezel *m*
**bricht** [brɪçt] *3. Pers. Sing. Präs. von* **brechen**
**Bridge** [brɪtʃ] <-> *kein Pl. nt* bridge *m*
**Brief** [briːf] <-(e)s, -e> *m* lettera *f;* (REL) epistola *f;* **blauer ~** lettera di licenziamento; **offener ~** lettera aperta; **jdm ~ und Siegel auf etw** *acc* **geben** dare tutte le assicurazioni a qu su qc
**Briefablage** <-, -n> *f* raccoglitore *m* per lettere
**Briefbeschwerer** <-s, -> *m* fermacarte *m*
**Briefblock** <-(e)s, -s> *m* blocco *m* di carta da lettere **Briefbogen** *m* foglio *m* di carta da lettere **Briefbombe** *f* lettera *f* esplosiva, bomba *f* carta **Briefdrucksache** *f* lettera *f* inviata come stampe **Brieffreund**(**in**) *m(f)* amico, -a *m, f* di penna **Brieffreundschaft** *f* amicizia *f* epistolare **Briefgeheimnis** <-ses> *kein Pl. nt* segreto *m* epistolare
**Briefing** [ˈbriːfɪŋ] <-s, -s> *nt* ❶ (MIL) briefing *m* ❷ (*Informationsgespräch*) briefing *m*
**Briefkarte** *f* cartoncino *m* [con busta]
**Briefkasten** *m* (*der Post*) cassetta *f* postale, buca *f* delle lettere *fam;* (*Haus~*) cassetta *f* della posta; **in den ~ stecken** [*o* **werfen**] imbucare; **elektronischer ~** mail box *m* **Briefkastenfirma** *f* società *f* di comodo
**Briefkopf** *m* intestazione *f* della lettera
**brieflich** *adj* per lettera
**Briefmarke** *f* francobollo *m* **Briefmarkenalbum** *nt* album *m* filatelico **Briefmarkenautomat** *m* distributore *m* automatico di francobolli **Briefmarkensammler**(**in**) *m(f)* filatelista *mf* **Briefmarkensammlung** *f* collezione *f* di francobolli
**Brieföffner** *m* tagliacarte *m* **Briefpapier** *nt* carta *f* da lettere **Briefporto** *nt* affrancatura *f* **Briefschreiber**(**in**) *m(f)* persona *f* che scrive lettere; **ein eifriger ~** un fervido corrispondente **Brieftasche** *f* portafoglio *m* **Brieftaube** *f* piccione *m* viaggiatore **Briefträger**(**in**) *m(f)* postino, -a *m, f,* portalettere *mf* **Briefumschlag** *m* busta *f* [da lettera] **Briefwaage** *f* bilancia *f* per corrispondenza **Briefwahl** *f* votazione *f* per corrispondenza **Briefwechsel** *m* corrispondenza *f* epistolare, carteggio *m;* **mit jdm in ~ stehen** essere in corrispondenza con qu

**briet** [briːt] *1. u. 3. Pers. Sing. Imp. von* **braten**
**Brigade** [briˈgaːdə] <-, -n> *f* (MIL) brigata *f*
**Brigadegeneral** *m* generale *m* di brigata
**Brikett** [briˈkɛt] <-s, -s *o rar* -e> *nt* bricchetta *f,* mattonella *f* di carbone
**brillant** [brɪlˈjant] *adj* brillante, splendido
**Brillant** <-en, -en> *m* brillante *m* **Brillantring** *m* anello *m* con brillante
**Brille** [ˈbrɪlə] <-, -n> *f* ❶ (OPT) [paio *m* di] occhiali *mpl;* **alles durch eine rosa/schwarze ~ sehen** vedere tutto rosa, essere ottimista/pessimista ❷ (*Klosett~*) sedile *m* **Brillenetui** *nt* astuccio *m* per occhiali **Brillengestell** *nt* montatura *f* degli occhiali **Brillenglas** *nt* lente *f* [da occhiali] **Brillenschlange** *f* ❶ (ZOO) serpente *m* dagli occhiali, naia *f* ❷ (*fig fam: Brillenträgerin*) donna *f* occhialuta

**Brillenträger(in)** *m(f)* persona *f* con gli occhiali; **~ sein** portare gli occhiali
**bringen** ['brɪŋən] <bringt, brachte, gebracht> *vt* ① (*transportieren, befördern*) [tras]portare; (*herbei~, mit~*) portare; (*holen*) andare a prendere; (*begleiten*) accompagnare; (*im Auto fahren*) portare; **jdm Blumen ~** portare i fiori a qu; **Glück ~** portare fortuna; **wir ~ Nachrichten** abbiamo notizie; **etw zum Stehen ~** fermare qc; **jdn auf eine Idee ~** far venire un'idea a qu; **in Gang ~** mettere in moto, avviare; **in Sicherheit ~** mettere al sicuro; **etw an sich ~** impadronirsi di qc; **etw hinter sich ~** portare a termine qc; **mit sich** *dat* **~** (*zur Folge haben*) avere come conseguenza, comportare ② (*ein~: Geld, Gewinn*) rendere, fruttare; (*Ärger, Sorgen, Freude, Vorteile*) causare, portare; **das bringt nichts** (*fam*) non serve a niente ③ (*Opfer*) portare, fare ④ (*fam: veröffentlichen*) pubblicare; (*senden*) trasmettere; **was ~ die Zeitungen darüber?** cosa ne dicono i giornali? ⑤ (*wegnehmen*) **jdn um etw ~** far perdere qc a qu; (*berauben*) derubare qu di qc; **jdn um den Verstand ~** far perdere il senno a qu ⑥ (*erreichen*) **es dahin** [*o* **so weit**] **~, dass ...** arrivare a ..., far si che ...; **es weit ~, es** [**noch**] **zu etwas ~** far molta strada ⑦ (*bekommen*) indurre; **jdn zum Lachen/Weinen ~** far ridere/piangere qu; **jdn dazu ~ etw zu tun** indurre qu a fare qc
**Bringschuld** *f* (FIN) debito pagabile al domicilio del creditore
**brisant** [bri'zant] *adj* di scottante attualità, esplosivo
**Brisanz** [bri'zants] <-> *kein Pl. f* (*a. fig*) esplosività *f*, forza *f* esplosiva
**Brise** ['bri:zə] <-, -n> *f* brezza *f*
**Britannien** [bri'tani̯ən] *nt* (HIST) Britannia *f*
**Brite** ['bri:tə *o* 'bri:tə] <-n, -n> *m*, **Britin** ['brɪtɪn] <-, -nen> *f* britanno, -a *m*, *f*
**britisch** *adj* britannico; **die Britischen Inseln** le isole Britanniche
**Brixen** ['brɪksən] *nt* Bressanone *f*
**bröckelig** *adj* friabile
**bröckeln** ['brœkəln] *vi sein* sbriciolarsi, sgretolarsi
**Brocken** ['brɔkən] <-s, -> *m* (*a. fig*) briciolo *m*; (*Stückchen*) pezzo *m*, frammento *m*; **harter ~** (*fig fam*) osso *m* duro; **ein paar ~ Latein** qualche parola di latino
**brockenweise** *adv* a pezzettini, a bocconi; (*fig*) in maniera frammentaria
**brodeln** ['bro:dəln] *vi* ① (*Wasser, a. fig*) ribollire ② (*A: fam: trödeln*) baloccarsi

**Brokat** [bro'ka:t] <-(e)s, -e> *m* broccato *m*
**Broker(in)** ['bro:kɐ] <-s, -; -, -nen> *m(f)* (FIN) broker *m*, mediatore, -trice *m*, *f*
**Brokkoli** ['brɔkoli] *Pl.* broccolo *m*
**Brom** [bro:m] <-s> *kein Pl. nt* (CHEM) bromo *m*
**Brombeere** ['brɔmbe:rə] *f* mora *f* **Brombeerstrauch** *m* rovo *m*
**bronchial** [brɔnçi̯'a:l] *adj* bronchiale
**Bronchialkatarrh** [brɔnçi̯'a:lkatar] *m* bronchite *f*
**Bronchie** ['brɔnçi̯ə] <-, -n> *f* (ANAT) bronco *m*
**Bronchitis** [brɔn'çi:tɪs] <-, Bronchitiden> *f* (MED) bronchite *f*
**Bronchoskopie** [brɔnçosko'pi:, *Pl:* brɔnçosko'pi:ən] <-, -n> *f* (MED) broncoscopia *f*
**Bronze** ['brö:sə] <-, -n> *f* bronzo *m* **Bronzemedaille** *f* medaglia *f* di bronzo **bronzen** *adj* di bronzo, bronzeo **Bronzezeit** *f* età *f* del bronzo
**Brosche** ['brɔʃə] <-, -n> *f* fermaglio *m*, spilla *f*
**broschiert** [brɔ'ʃi:ɐt] *adj* in brossura
**Broschüre** [brɔ'ʃy:rə] <-, -n> *f* opuscolo *m*, depliant *m*
**Brösel** ['brø:zəl] <-s, -> *m* briciola *f*
**Brot** [bro:t] <-(e)s, -e> *nt* pane *m*; **ein Laib ~** un pane, una pagnotta; **eine Scheibe ~** una fetta di pane; **sein ~ verdienen** guadagnarsi il pane
**Brotbeutel** *m* tascapane *m*
**Brötchen** ['brø:tçən] <-s, -> *nt* panino *m*; **belegtes ~** panino *m* imbottito, sandwich *m* **Brötchengeber(in)** <-s, -; -, -nen> *m(f)* (*fam*) padrone, -a *m*, *f*
**Broteinheit** *f* unità *f* di misura dei carboidrati (*nelle diete*) **Brotkorb** *m* cestino *m* del pane **Brotkrume** *f*, **Brotkrümel** *m* mollica *f* **Brotkruste** *f* crosta *f* del pane
**brotlos** *adj* **~e Kunst** arte che non dà da vivere; **jdn ~ machen** gettare qu sul lastrico **Brotmaschine** *f* affettatrice *f* per pane **Brotmesser** *nt* coltello *m* per il pane **Brotrinde** *s.* **Brotkruste Brotröster** <-s, -> *m* (*Gerät*) tostapane *m* **Brotschneidemaschine** *f* affettatrice *f* per pane **Brotsuppe** *f* (GASTR) pancotto *m*
**Brownie** ['braʊni] <-s, -s> *m* brownie *m*
**Browser** ['braʊzɐ] <-s, -> *m* (INFORM) browser *m*
**BRT** *abk v* **Bruttoregistertonne** TSL
**Bruch** [brʊx, *Pl:* 'brʏçə] <-(e)s, Brüche> *m* ① (*Brechen, a. fig*) rottura *f*; **zu ~ gehen** rompersi, andare in pezzi; **in die Brüche gehen** (*fig*) fallire, andare in fumo ② (*Zerbrochenes*) frantumi *mpl* ③ (*Bruchstelle*)

frattura *f* ❹ (*Falte*) piega *f* ❺ (MED: *Knochen~*) frattura *f*; (*Eingeweide~*) ernia *f*; **sich dat einen ~ heben** farsi venire un'ernia alzando un peso ❻ (MAT) frazione *f* ❼ (*Spaltung, Zerwürfnis*) scissione *f* **Bruchbude** *f* (*fam*) catapecchia *f* **bruchfest** *adj* infrangibile
**brüchig** ['brʏçɪç] *adj* ❶ (*zerbrechlich*) fragile; (*bröckelig*) friabile, sfaldabile ❷ (*Stimme*) stridulo ❸ (*fig*) fatiscente
**Bruchlandung** *f* atterraggio *m* di fortuna **Bruchrechnen** *nt* (MAT) calcolo *m* con numeri frazionari **Bruchstrich** *m* (MAT) segno *m* di frazione **Bruchstück** *nt* frammento *m* **bruchstückhaft** *adv* a frammenti, frammentariamente **Bruchteil** *m* frazione *f* **Bruchzahl** *f* (MAT) frazione *f*
**Brücke** ['brʏkə] <-, -n> *f* ❶ (ARCH, SPORT, TEC, MED) ponte *m*; (NAUT) passerella *f*; **eine ~ schlagen** (*a. fig*) gettare un ponte; **alle ~n hinter sich** *dat* **abbrechen** tagliare tutti i ponti col mondo ❷ (*Teppich*) passatoia *f* **Brückenbau** <-(e)s, -ten> *m* costruzione *f* di ponti **Brückengeländer** *nt* parapetto *m* del ponte **Brückenkopf** *m* (MIL) testa *f* di ponte **Brückenpfeiler** *m* pilastro *m* di un ponte
**Bruder** ['bruːdɐ, *Pl:* 'bryːdɐ] <-s, Brüder> *m* ❶ (*allg, Mitmensch, Freund*) fratello *m*; (REL: *Ordensbruder*) frate[llo] *m*; **unter Brüdern** tra amici ❷ (*fam pej*) soggetto *m*, tipo *m*
**Brüderchen** ['bryːdəçən] <-s, -> *nt*, **Brüderlein** ['bryːdəlaɪn] <-s, -> *nt* fratellino *m*
**brüderlich** *adj* fraterno **Brüderlichkeit** <-> *kein Pl.* *f* fraternità *f*, fratellanza *f*
**Brudermord** *m* fratricidio *m* **Brudermörder(in)** *m(f)* fratricida *mf*
**Bruderschaft** <-, -en> *f* confraternita *f*, congregazione *f*
**Brüderschaft** <-> *kein Pl.* *f* fraternità *f*, fratellanza *f*; **mit jdm ~ trinken** proporre il "tu" a qu [bevendo un bicchierino]
**Brühe** ['bryːə] <-, -n> *f* ❶ (*Fleisch~*) brodo *m* [ristretto di carne], consommé *m* ❷ (*pej: Schmutzwasser*) acque *fpl* luride; (*Getränk*) brodaglia *f*
**brühen** *vt* (GASTR) sbollentare, immergere nell'acqua bollente
**brühwarm** ['bryːˈvarm] *adj* (*fam*) **etw ~ erzählen** scodellare una notizia calda calda
**Brühwürfel** *m* dado *m* per [*o* da] brodo
**brüllen** ['brʏlən] *vi* (*Rind*) muggire; (*Löwe*) ruggire; (*Mensch*) urlare; (*weinen*) piangere forte

**Brummbär** *m* (*fam*) brontolone *m*, orso *m*
**brummeln** *vi* mormorare, borbottare
**brummen** ['brʊmən] I. *vi* ❶ (*Bär, Mensch*) brontolare; (*Insekt, Flugzeug*) ronzare; (MOT) rombare; **mir brummt der Schädel** la testa mi ronza ❷ (*fam: in Gefängnis*) stare al fresco II. *vt* borbottare, mormorare
**Brummer** <-s, -> *m* (*fam*) ❶ (*Fliege*) moscone *m* ❷ (*LKW*) Tir *m*
**brummig** *adj* brontolone, che borbotta
**Brummschädel** *m* (*fam*) **einen ~ haben** avere la testa stordita
**Brunch** ['brantʃ] <-(e)s, -(e)s *o* -(e)> *m* brunch *m*, colazione *f* della tarda mattinata
**brunchen** *vi* fare colazione nella tarda mattinata
**Bruneck** [bruˈnɛk] *nt* Brunico *f*
**brünett** [brʏˈnɛt] *adj* bruno, moro
**Brunft** [brʊnft, *Pl:* 'brʏnftə] <-, Brünfte> *f* s. **Brunst**
**Brunnen** ['brʊnən] <-s, -> *m* (*Spring~*) fontana *f*; (*Zieh~*) pozzo *m*; (*Heilquelle*) [sorgente *f* di] acque *fpl* minerali
**Brunst** [brʊnst, *Pl:* 'brʏnstə] <-, Brünste> *f* calore *m*, fregola *f* **brünstig** ['brʏnstɪç] *adj* (ZOO) in calore, in fregola
**Bruschetta** [brʊsˈkɛta] <-, -s *o* Bruschette> *f* bruschetta *f*, crostone *m*
**brüsk** [brʏsk] *adj* brusco, sgarbato
**brüskieren** [brʏsˈkiːrən] <ohne ge-> *vt* trattare male, bistrattare
**Brüssel** ['brʏsəl] *nt* Bruxelles *f*
**Brüsse|e|ler** ['brʏs(ə)lɐ] <inv> *adj attr* di Bruxelles; **~ Spitzen** pizzi di Bruxelles
**Brust** [brʊst, *Pl:* 'brʏstə] <-, Brüste> *f* ❶ *Sing.* (*Körperteil*) petto *m*; (*~korb, ~kasten*) torace *m*; (*fig: Herz, Seele*) cuore *m*, petto *m*; **jdn an die ~ drücken** stringere qu al petto; **aus voller ~** a squarciagola; **sich in die ~ werfen** (*fig*) andare pettoruto, darsi delle arie ❷ (*Busen*) seno *m*; **einem Kind die ~ geben** dare il seno a un bambino ❸ *Sing.* (GASTR) petto *m*
**Brustbein** *nt* (ANAT) sterno *m* **Brustbeutel** *m* borsellino *m* appeso al collo
**brüsten** ['brʏstən] *vr* **sich ~** darsi delle arie; **sich mit etw ~** vantarsi di qc
**Brustfell** *nt* (ANAT) pleura *f* **Brustfellentzündung** *f* (MED) pleurite *f* **Brustkasten** *m* (ANAT, *fam*) gabbia *f* toracica, torace *m* **Brustkorb** *m* (ANAT) gabbia *f* toracica, torace *m* **Brustkrebs** *m* (MED) carcinoma *m* mammario, cancro *m* al seno *fam* **Brustmuskel** *m* (ANAT) muscolo *m* pettorale **Brust-OP** ['brʊstʔoːˈpeː] <-, -s> *f* operazione *f* al seno
**Brustoperation** <-, -en> *f* (MED) ma-

stectomia *f* **Brustschwimmen** *nt* (SPORT) [nuoto *m* a] rana *f* **Brusttasche** *f* (*äußere*) taschino *m* [sul petto]; (*innere*) taschino *m* interno **Brustton** *m* (MUS) nota *f* di petto; **im ~ der Überzeugung** con la massima convinzione **Brusttoupet** *nt* (*Haarteil für Männerbrust*) toupet da mettere sul petto **Brustumfang** *m* [circonferenza *f* di] petto *m*
**Brüstung** ['brʏstʊŋ] <-, -en> *f* parapetto *m*, balaustra *f*
**Brustvergrößerung** *f* aumento *m* del seno **Brustwarze** *f* (ANAT) capezzolo *m* **Brustweite** *f* [circonferenza *f* di] petto *m*
**Brut** [bru:t] <-, -en> *f* ❶ (*das Brüten*) cova[tura] *f*, incubazione *f* ❷ (*Eier, Vogeljunge*) covata *f*, nidiata *f*; (*Fisch~*) avannotti *mpl* ❸ *Sing.* (*fig pej: Gesindel*) gentaglia *f*
**brutal** [bru'ta:l] *adj* brutale
**Brutalität** [brutali'tɛ:t] <-, -en> *f* brutalità *f*
**Brutapparat** *m* incubatrice *f*
**brüten** ['bry:tən] **I.** *vi* ❶ (*Vögel*) covare ❷ (*Sonne*) bruciare ❸ (*nachgrübeln*) **über etw** *dat* **~** meditare su qc **II.** *vt* (*Rache, Verrat*) covare, meditare
**Brüter** <-s, -> *m* (PHYS) **schneller ~** reattore *m* autofertilizzante
**Bruthitze** *f* (*fam*) calore *m* soffocante **Brutkasten** *m* incubatrice *f* **Brutstätte** *f* luogo *m* di cova; (*fig*) covo *m*, nido *m*
**brutto** ['brʊto] *adv* lordo **Bruttoeinkommen** *nt* reddito *m* lordo **Bruttogehalt** <-(e)s, -hälter> *nt* stipendio *m* lordo **Bruttogewicht** *nt* peso *m* lordo **Bruttoinlandsprodukt** *nt* (WIRTSCH) prodotto *m* interno lordo **Bruttopreis** *m* prezzo *m* lordo **Bruttoregistertonne** *f* tonnellata *f* di stazza lorda **Bruttosozialprodukt** *nt* (WIRTSCH) Prodotto *m* Nazionale Lordo
**Brutzeit** *f* [periodo *m* di] incubazione *f*
**brutzeln** ['brʊtsəln] *vi*, *vt* (GASTR) friggere, soffriggere
**BSE** [be:?ɛs'?e:] *abk v* **Bovine Spongiforme Encephalopathie** (**Rinderwahnsinn**) BSE *f* (*sindrome della mucca pazza*)
**BSP** [be:?ɛs'pe:] <-> *nt* (WIRTSCH) *abk v* **Bruttosozialprodukt** PNL *m*
**Btx** [be:te:?ɪks] *abk v* **Bildschirmtext** Videotel® *m*
**Bub** [bu:p] <-en, -en> *m* (*südd, A, CH*) ragazzo *m*, ragazzetto *m*
**Bubbletea** ['bʌblti] <-s, -s> *m* bubble tea *m*
**Bubikopf** ['bu:bikɔpf] *m* (*Frisur*) caschetto *m*

**Buch** [bu:x, *Pl:* 'by:çɐ] <-(e)s, Bücher> *nt* ❶ (*Druckwerk*) libro *m*; **das ~ der Bücher** la Bibbia, la Sacra scrittura; **reden wie ein ~** (*fam*) parlare come un libro stampato; **das ist mir ein ~ mit sieben Siegeln** questo per me è arabo; **wie es im ~ steht** come si deve ❷ *meist pl* (COM) registro *m*, libro *m* contabile; **die Bücher führen** tenere la contabilità; **über etw** *acc* **führen** registrare qc; **zu ~e schlagen** avere il proprio peso ❸ (*Dreh~*) copione *m*
**Buchbesprechung** *f* recensione *f* [di un libro] **Buchbinder(in)** <-s, -; -, -nen> *m(f)* [ri]legatore, -trice *m*, *f* di libri **Buchbinderei** [bu:xbɪndə'raɪ] <-, -en> *f* ❶ (*Werkstatt*) legatoria *f* ❷ (*Gewerbe*) rilegatura *f*
**Buchbinderin** *f s.* **Buchbinder Buchclub** *m* club *m* del libro **Buchdruck** <-(e)s> *kein Pl. m* stampa *f* di libri **Buchdrucker(in)** *m(f)* stampatore, -trice *m*, *f*, tipografo, -a *m*, *f* **Buchdruckerei** ['bu:xdrʊkə'raɪ] *f* tipografia *f*, stamperia *f*
**Buchdruckerin** *f s.* **Buchdrucker**
**Buche** ['bu:xə] <-, -n> *f* faggio *m*
**Buchecker** ['bu:x?ɛkɐ] <-, -n> *f* faggiola *f*
**buchen** ['bu:xən] *vt* ❶ (COM: *Betrag auf Konto*) registrare, contabilizzare; **einen Erfolg für sich ~ [können]** (*fig*) registrare un successo personale ❷ (*Platz, Zimmer, Flug*) prenotare, riservare
**Buchenholz** *nt* [legno *m* di] faggio *m*
**Bücherbrett** *nt* mensola *f* per libri **Bücherbus** *m* bibliobus *m*
**Bücherei** [by:çə'raɪ] <-, -en> *f* biblioteca *f*
**Bücherfreund** *m* bibliofilo *m* **Büchernarr** *m* (*fam*) topo *m* di biblioteca **Bücherregal** *nt* scaffale *m* **Bücherschrank** *m* libreria *f* **Bücherstütze** *f* reggilibri *m* **Bücherwand** *f* biblioteca *f* a muro **Bücherweisheit** *f* cultura *f* libresca **Bücherwurm** *m* (*scherz*) topo *m* di biblioteca
**Buchfink** *m* fringuello *m*
**Buchführung** *f* (COM) contabilità *f*; **einfache/doppelte ~** contabilità a partita semplice/doppia **Buchhalter(in)** *m(f)* (COM) contabile *mf*, ragioniere, -a *m*, *f* **buchhalterisch** *adj* (COM) contabile **Buchhaltung** *s.* **Buchführung Buchhandel** *m* commercio *m* librario **Buchhändler(in)** *m(f)* libraio, -a *m*, *f* **Buchhandlung** *f* libreria *f* **Buchhülle** *f* copertina *f* per libri **Buchmacher** *m* (*bei Pferderennen*) allibratore *m* **Buchmalerei** *f* miniatura *f* [di codici] **Buchmesse** *f* fiera *f* del libro **Buchprüfer(in)** *m(f)* (COM) revisore *m*

contabile **Buchprüfung** *f* (COM) revisione *f* contabile, verifica *f* dei libri contabili **Buchrücken** *m* costola *f*
**Buchsbaum** ['bʊksbaʊm] *m* (BOT) bosso *m*
**Buchse** ['bʊksə] <-, -n> *f* (TEC) manicotto *m*
**Büchse** ['bʏksə] <-, -n> *f* ❶ (*Behälter*) barattolo *m*, vaso *m*; (*Dose*) lattina *f*; (*Sammel~*) bossolo *m* ❷ (*Jagdgewehr*) fucile *m*, schioppo *m* **Büchsenfleisch** *nt* carne *f* in scatola **Büchsenmilch** *f* latte *m* condensato **Büchsenöffner** *m* apriscatole *m*
**Buchstabe** ['buːʃtaːbə] <-ns *o rar* -n, -n> *m* lettera *f*, carattere *m;* **großer/kleiner ~** lettera maiuscola/minuscola; **nach dem ~n des Gesetzes** secondo la lettera della legge **buchstabengetreu** *adj* letterale
**buchstabieren** [buːʃtaˈbiːrən] <ohne ge-> *vt* compitare, sillabare
**buchstäblich** ['buːʃtɛːplɪç] I. *adj* letterale II. *adv* (*fig: geradezu*) letteralmente, alla lettera
**Buchstütze** *f* reggilibri *m*
**Bucht** [bʊxt] <-, -en> *f* baia *f;* (*kleine*) insenatura *f*
**Buchtel** ['bʊxtəl] <-, -n> *f meist Pl* (A) *dolce di pasta lievitata farcito di marmellata o altro*
**Buchung** <-, -en> *f* ❶ (COM: *Eintrag*) registrazione *f* ❷ (*Reservierung*) prenotazione *f*
**Buchweizen** *m* grano *m* saraceno
**Buckel** ['bʊkəl] <-s, -> *m* ❶ (*fam: Rücken*) groppa *f;* **rutsch mir den ~ runter!** (*fam*) non mi rompere le scatole!; **seine siebzig Jahre auf dem ~ haben** (*fam*) avere settant'anni sulla groppa ❷ (MED: *Höcker*) gobba *f*, gibbosità *f;* **einen ~ haben** essere gobbo **buck|e|lig** *adj* (*Fläche*) gibboso; (*Mensch*) gobbo **Buck|e|lige** <ein -r, -n, -n> *mf* gobbo, -a *m, f*
**buckeln** *vi* (*fam*) ❶ (*Katze*) inarcare il dorso ❷ (*pej*) **vor jdm ~** leccare i piedi a qu
**bücken** ['bʏkən] *vr* **sich [nach etw] ~** chinarsi [per raccogliere qc]
**bucklig** *s.* **buck|e|lig**
**Bückling** *f* ['bʏklɪŋ] <-s, -e> *m* ❶ (GASTR) aringa *f* affumicata ❷ (*scherz: Verbeugung*) inchino *m*
**buddeln** ['bʊdəln] *vi* (*fam: wühlen*) scavare, frugare
**Buddha** ['bʊda] <-s, -s> *m* Budda *m*
**Buddhismus** [bʊˈdɪsmʊs] <-> *kein Pl. m* buddismo *m*

**Buddhist(in)** [bʊˈdɪst] <-en, -en; -, -nen> *m(f)* buddista *mf*
**buddhistisch** *adj* buddista
**Bude** ['buːdə] <-, -n> *f* ❶ (*Verkaufs-, Markt~*) bancarella *f*; (*Zeitungs~*) chiosco *m* ❷ (*fam: Zimmer*) stanza *f*, camera *f*; **jdm auf die ~ rücken** (*fam*) piombare in casa di qu
**Budget** [byˈdʒeː *o* byˈdʒɛː] <-s, -s> *nt* (POL, COM) bilancio *m*, budget *m*
**Büfett** [byˈfeː] <-(e)s, -s *o* -e> *nt* ❶ (*Anrichte*) credenza *f*, buffet *m*; **kaltes ~** buffet freddo ❷ (*Schanktisch*) banco *m* ❸ (CH: *Bahnhofsrestaurant*) ristorante *m* della stazione
**Büffel** ['bʏfəl] <-s, -> *m* bufalo *m*
**büffeln** (*fam*) I. *vi* sgobbare II. *vt* sgobbare su, studiare
**Buffet** [byˈfeː] <-s, -s> *nt s.* **Büfett**
**Bug**[1] [buːk] <-(e)s, Büge> *m* (*Schulterteil*) spalla *f*
**Bug**[2] <-(e)s, -e> *m* (NAUT) prua *f*
**Bug**[3] [bak] <-s, -s> *m* (INFORM) bug *m*, baco *m*
**Bügel** ['byːgəl] <-s, -> *m* ❶ (*Kleider~*) appendino *m* ❷ (*von Handtasche*) manico *m* ❸ (*Brillen~*) stanghetta *f* ❹ (*von Gewehr*) ponticello *m* ❺ (*am Skilift*) staffa *f* ❻ (*Steig~*) staffa *f* ❼ (*Stromabnehmer*) presa *f* ad archetto
**Bügel-BH** *m* reggiseno *m* a balconcino
**Bügelbild** *nt* immagine *f* da stampare su una maglietta **Bügelbrett** *nt* asse *m* da stiro **Bügeleisen** *nt* ferro *m* da stiro **Bügelfalte** *f* piega *f* dei calzoni **bügelfrei** *adj* che non si stira **Bügelmaschine** *f* stiratrice *f*
**bügeln** ['byːgəln] *vi, vt* stirare; **etw glatt ~** stirare qc [accuratamente]
**Buggy** ['bagi] <-s, -s> *m* passeggino *m* trekking
**bugsieren** [bʊˈksiːrən] <ohne ge-> *vt* (*fam: umständlich befördern*) **jdn aus dem Zimmer ~** congedare qu; **jdn in einen Posten ~** sistemare qu in un posto
**buh** [buː] *int* bu
**buhen** ['buːən] *vi* (*fam*) rumoreggiare in segno di disapprovazione
**buhlen** ['buːlən] *vi* (*geh pej*) **um etw ~** cercare di ottenere qc
**Buhmann** *m* (*fam*) babau *m*
**Bühne** ['byːnə] <-, -n> *f* ❶ (THEAT) scena *f*; **auf die ~ bringen** portare in scena; **über die ~ gehen** (*fam*) svolgersi, aver luogo ❷ (*Theater*) teatro *m* ❸ (*Gerüst*) palco *m*, tribuna *f* ❹ (*Hebe~*) ponte *m* sollevatore
**Bühnenbearbeitung** *f* adattamento *m*

teatrale, riduzione *f* scenica **Bühnenbild** *nt* scenografia *f*, scenario *m* **Bühnenbildner(in)** ['byːnənbɪltnɐ] <-s, -; -, -nen> *m(f)* scenografo, -a *m, f* **bühnenreif** *adj* pronto per la scena; **dein Auftritt war wirklich ~** (*iron*) la tua comparsa è stata plateale

**Buhruf** *m* borbottio *m* [*o* rumorio *m*] di disapprovazione

**buk** [buːk] (*obs*) *1. u. 3. Pers. Sing. Imp. von* **backen**

**Bukarest** ['buːkarɛst] *nt* Bucarest *f*

**Bukett** [buˈkɛt] <-(e)s, -e *o* -s> *nt* ❶ (*geh: Blumenstrauß*) bouquet *m* ❷ (*von Wein*) bouquet *m*

**Bulette** [buˈlɛtə] <-, -n> *f* (*ostd*) polpetta *f* di carne; **ran an die ~n!** (*fig fam*) forza!

**Bulgare** [bʊlˈgaːrə] <-n, -n> *m* bulgaro *m*

**Bulgarien** [bʊlˈgaːri̯ən] *nt* Bulgaria *f*

**Bulgarin** [bʊlˈgaːrɪn] <-, -nen> *f* bulgara *f* **bulgarisch** [bʊlˈgaːrɪʃ] *adj* bulgaro

**Bulimie** [buliˈmiː] <-> *kein Pl. f* (MED) bulimia *f*

**Bullauge** ['bʊlʔaʊɡə] *nt* (NAUT, AERO) oblò *m*

**Bulldogge** ['bʊldɔɡə] *f* bulldog *m*

**Bulldozer** ['buldoːzɐ] <-s, -> *m* (TEC) bulldozer *m*

**Bulle** ['bʊlə] <-n, -n> *m* ❶ (*Stier*) toro *m*; (*männliches Tier*) maschio *m* ❷ (*fig fam: starker Mann*) toro *m*, omaccione *m* ❸ (*fam pej: Polizist*) poliziotto *m*, piedipiatti *m sl* **Bullenhitze** ['bʊlənˈhɪtsə] *f* (*fam*) caldo *m* infernale

**Bulletin** [bylˈtɛ̃ː] <-s, -s> *nt* bollettino *m* **bullig** *adj* (*fam*) ❶ (*gedrungen*) massiccio ❷ (*Hitze*) soffocante

**Bumerang** ['buːməraŋ *o* 'bʊməraŋ] <-s, -e *o* -s> *m* (*a. fig*) bumerang *m* **Bumerangeffekt** <-(e)s, -e> *m* effetto *m* boomerang

**Bummel** ['bʊməl] <-s, -> *m* (*fam*) passeggiata *f*, giro *m*; **einen ~ machen** fare un giro per i negozi

**Bummelant(in)** [bʊməˈlant] <-en, -en; -, -nen> *m(f)* (*Trödler*) gingillone, -a *m, f*; (*Faulenzer*) fannullone, -a *m, f*, scioperato, -a *m, f*

**Bummelei** [bʊməˈlaɪ] <-> *kein Pl. f* (*Getrödel*) gingillarsi *m*; (*Langsamkeit*) lentezza *f*, flemma *f*; (*Nachlässigkeit*) trascuratezza *f*

**bummelig** *adj* (*langsam*) lento; (*nachlässig*) trascurato

**bummeln** *vi* (*fam*) ❶ *sein* (*umherschlendern*) bighellonare, gironzolare ❷ *haben* (*trödeln*) gingillarsi; (*faulenzen*) oziare

**Bummelstreik** *m* sciopero *m* a singhiozzo **Bummelzug** *m* (*fam*) treno *m* locale

**bums** [bʊms] *int* patatrac

**bumsen** ['bʊmzən] I. *vi* ❶ *sein* (*fam: prallen*) **gegen etw ~** cozzare contro qc ❷ *haben* (*fam*) **als er fiel, bumste es fürchterlich** quando cadde si udì un tonfo terribile; **es hat gebumst** (*Autounfall*) c'è stato un tamponamento ❸ *haben* (*sl: Geschlechtsverkehr haben*) chiavare *vulg* II. *vt* (*sl*) **jdn ~** chiavare qu *vulg*

**Bund¹** [bʊnt, *Pl:* ˈbʏndə] <-(e)s, Bünde> *m* ❶ (*Freundschafts-*) legame *m*, vincolo *m*; (*Vereinigung, Bündnis*) unione *f*, alleanza *f*; (*Schutzbündnis*) lega *f*; (*Staaten-*) confederazione *f*; (*zu einem bestimmten Zweck*) coalizione *f*; **einen ~ mit jdm schließen** stringere un'alleanza con qu; **mit jdm im ~ sein** essere alleato con qu ❷ (POL: *Bundesstaat*) governo *m* federale ❸ (*fam: ~ eswehr*) esercito *m* ❹ (*an Kleid, Hose*) cintura *f*

**Bund²** [bʊnt] <-(e)s, -e> *nt* ❶ (*Stroh-, Heu-, Gemüse-*) fascio *m* ❷ (*Garn-*) matassa *f* ❸ (*Holz-*) fastello *m*

**Bündchen** ['bʏntçən] <-s, -> *nt* (*Arm-*) polsino *m*; (*Hals-*) collo *m*; (*unterer Pulloverrand*) bordo *m*

**Bündel** ['bʏndəl] <-s, -> *nt* ❶ (*Heu-, Stroh-*) fardello *m*; (*Reisig-*) fascina *f* ❷ (*Packen*) fagotto *m*; (*von Banknoten*) rotolo *m*; (*Akten-*) incartamento *m*, dossier *m*; **sein ~ schnüren** (*fam*) far fagotto, andarsene

**bündeln** *vt* ❶ (*Zeitungen*) legare; (*Garben, Stroh*) affastellare; (*Karotten, Radieschen*) fare mazzetti di ❷ (*Strahlen*) proiettare

**Bundes-** ['bʊndəs] (*in Zusammensetzungen*) federale

**Bundesagentur** *f* agenzia *f* federale

**Bundesamt** *nt* (ADM) ufficio *m* federale

**Bundesangestelltentarif** *m* retribuzione *f* federale nel pubblico impiego

**Bundesanleihe** *f* prestito *m* federale obbligazionario

**Bundesausbildungsförderungsgesetz** *nt* legge federale per il sostegno dell'istruzione scolastica ed universitaria

**Bundesbahn** *f* ferrovie *fpl* dello Stato

**Bundesbank** <-> *kein Pl. f* banca *f* federale

**Bundesbehörde** *f* (ADM) autorità *f* federale **Bundesbürger(in)** *m(f)* cittadino, -a *m, f* federale

**bundesdeutsch** *adj* tedesco federale, della Repubblica Federale Tedesca

**Bundesebene** *f* **auf ~** a livello nazionale

**Bundesforschungsinstitut** *nt* istituto *m* di ricerca federale

**Bundesgebiet** <-(e)s> *kein Pl. nt* territorio *m* federale

**Bundesgericht** *nt* (*CH:* JUR: *oberster Gerichtshof der Schweiz*) Corte *f* di Cassazione **Bundesgerichtshof** *m* corte *m* di cassazione federale

**Bundesgesetzblatt** *nt* (ADM, JUR) gazzetta *f* ufficiale [federale]

**Bundesgrenzschutz** *m* guardia *f* statale di confine

**Bundeshaus** <-es> *kein Pl. nt* (PARL) ① (*BRD: Gebäude des Deutschen Bundestags*) palazzo *m* federale, sede *f* del governo centrale ② (*CH: Parlaments- und zentrales Verwaltungsgebäude der Schweiz, Sitz des Bundesrates*) palazzo *m* del governo federale svizzero

**Bundesheer** *nt* (*A*) forze *fpl* armate

**Bundesinnenminister(in)** [bʊndəs'ɪnənmɪnɪstɐ] *m(f)* (ADM) ministro *m* degli interni

**Bundeskanzler(in)** *m(f)* ① (*BRD, A*) cancelliere *m*/cancelliera *f* federale ② (*CH*) cancelliere *m*/cancelliera *f* della Confederazione elvetica **Bundeskanzleramt** *nt* cancelleria *f* federale

**Bundeskartellamt** *nt* ufficio *m* federale dei cartelli

**Bundeskriminalamt** <-(e)s> *kein Pl. nt* (ADM) polizia *f* criminale federale

**Bundesland** *nt* (*BRD*) Land *m;* (*A*) provincia *f*

**Bundesliga** *f* (*BRD:* SPORT) serie A

**Bundesminister(in)** *m(f)* (*BRD, A*) ministro *m* **Bundesministerium** *nt* (ADM) ministero *m* federale

**Bundesnachrichtendienst** *m* organo federale addetto ai servizi segreti

**Bundespost** *f* **die** [**Deutsche**] ~ le poste federali

**Bundespräsident(in)** *m(f)* (*BRD, A*) presidente *m* della Repubblica federale; (*CH*) presidente *m* della Confederazione

**Bundesrat** <-es> *kein Pl. m* (POL) ① (*BRD, A: Verfassungsorgan bestehend aus Vertretern der Bundesländer*) Consiglio *m* federale (*formato dai rappresentanti regionali*) ② (*CH: zentrale Regierung der Schweiz*) Consiglio *m* federale, Sette *mpl* ③ (*CH, A: Mitglied des Bundesrates*) ministro *m* del Consiglio federale, consigliere *m* federale

**Bundesregierung** *f* governo *m* federale

**Bundesrepublik** *f* repubblica *f* federale; **die ~ Deutschland** la Repubblica Federale Tedesca

**Bundesschatzbrief** *m* buono *m* del tesoro

**Bundesstaat** *m* (*Gesamtheit*) confederazione *f* [di stati]; (*einzelner*) Stato *m* federale

**Bundesstraße** *f* strada *f* federale

**Bundestag** *m* (*BRD*) camera *f* bassa [*o* dei deputati], Bundestag *m,* parlamento *m* **Bundestagsfraktion** <-, -en> *f* (ADM, POL) gruppo *m* parlamentare della camera dei deputati [*o* del Bundestag] **Bundestagsmitglied** <-(e)s, -er> *nt* (ADM) membro *m* della camera dei deputati [*o* del Bundestag] **Bundestagspräsident(in)** <-en, -en; -, -nen> *m(f)* presidente *m* della camera dei deputati [*o* del Bundestag] **Bundestagswahl** *f* elezioni *fpl* per la camera dei deputati [*o* per il Bundestag]

**Bundestrainer** *m* (*BRD:* SPORT) commissario *m* della nazionale di calcio tedesca

**Bundesverfassungsgericht** *nt* (*BRD*) corte *f* costituzionale federale

**Bundeswahlgesetz** *nt* legge *f* elettorale federale

**Bundeswehr** ['bʊndəsveːɐ] <-> *kein Pl. f* (*BRD*) forze *fpl* armate federali

**bundesweit** *adj* a livello nazionale, su tutto il territorio federale

**Bundfaltenhose** *f* pantaloni *mpl* con le pinces **Bundhose** *f* pantaloni *mpl* alla zuava

**bündig** ['bʏndɪç] I. *adj* ① (*kurz*) conciso, stringato ② (*überzeugend*) convincente, concludente II. *adv* concisamente, in poche parole

**Bündnis** ['bʏntnɪs] <-ses, -se> *nt* alleanza *f*

**Bündnispartner** *m* (POL) alleato *m*

**Bundweite** *f* (*von Hose*) vita *f*

**Bungalow** ['bʊŋgalo] <-s, -s> *m* bungalow *m*

**Bungee-Springen** ['bandʒiʃprɪŋən] <-s> *kein Pl. nt* bungee-jumping *m*

**Bunker** ['bʊnkɐ] <-s, -> *m* (MIL) bunker *m*, casamatta *f*; (*Luftschutz~*) rifugio *m*

**Bunsenbrenner** ['bʊnzənbrɛnɐ] <-s, -> *m* (TEC) becco *m* Bunsen

**bunt** [bʊnt] I. *adj* ① (*mehrfarbig*) variopinto, multicolore; (*farbig*) colorato, a colori ② (*fig: verschiedenartig, gemischt*) [s]variato, mischiato; **~er Abend** serata di varietà; **~es Programm** programma vario ③ (*verworren*) confuso; **in ~er Reihenfolge** in successione disordinata, in disordine; **das wird mir zu ~!** questo è troppo! II. *adv* (*~ durcheinander*) alla rinfusa; **es zu ~ treiben** eccedere la misura, trascendere **Buntheit** <-> *kein Pl. f* varietà *f* di

colori, policromia *f*; (*Buntscheckigkeit*) screziatura *f*, pezzatura *f* **Buntmetall** *nt* metallo *m* non ferroso **Buntsandstein** *m* (GEOL) arenaria *f* variegata **Buntspecht** *m* picchio *m* rosso **Buntstift** *m* matita *f* colorata **Buntwäsche** *f* biancheria *f* colorata
**Bürde** ['bʏrdə] <-, -n> *f* (*geh*) carico *m*; (*a. fig*) peso *m*
**Bure** ['buːrə] <-n, -n> *m* boero *m*; *s. a.* **Burin**
**Bureau** [byˈroː] <-s, -s> *nt* (*CH*) studio *m*
**Burenwurst** <-, -e> *f* (*A: Bockwurst*) salsiccia di carne magra riscaldata in acqua bollente
**Burg** [bʊrk] <-, -en> *f* rocca|forte| *f*, castello *m*
**Bürge** ['bʏrgə] <-n, -n> *m* garante *m*, mallevadore *m*; (FIN) fideiussore *m*
**bürgen** *vi* **für jdn/etw** ~ garantire per [*o* farsi garante di] qu/qc; **für einen Wechsel** ~ avallare una cambiale
**Burgenland** ['bʊrgənlant] *nt* Burgenland *m*
**Bürger(in)** ['bʏrgɐ] <-s, -; -, -nen> *m(f)* (*Staats~, Städter*) cittadino, -a *m, f*; (HIST, POL: *einer Stadt*) borghese *mf* **Bürgerinitiative** *f* (POL) iniziativa *f* popolare **Bürgerkrieg** *m* guerra *f* civile **bürgerlich** *adj* (JUR) civile; (HIST, SOC) borghese; (*pej*) da piccolo borghese; **Bürgerliches Gesetzbuch** codice civile; **Aberkennung** [*o* **Verlust**] **der ~en Rechte** privazione dei diritti civili **Bürgermeister(in)** *m(f)* sindaco *m*; (*BRD*) borgomastro *m*; **Regierender ~** (*von Berlin*) borgomastro in carica **bürgernah** *adj* vicino alle richieste dei cittadini **Bürgernähe** <-> *kein Pl. f* disponibilità *f* verso le esigenze dei cittadini **Bürgerrecht** *nt* diritto *m* di cittadinanza **Bürgerrechtler(in)** ['bʏrgərɛçtlɐ] <-s, -; -, -nen> *m(f)* militante *mf* nel movimento dei diritti dell'uomo **Bürgerrechtsbewegung** *f* movimento *m* per la difesa dei diritti civili **Bürgerrechtsgesuch** *nt* (*CH:* JUR: *Einbürgerungsgesuch*) domanda *f* di cittadinanza, naturalizzazione *f*
**Bürgerrechtsgruppe** *f* gruppo *m* per i diritti civili **Bürgerschaft** <-, *rar* -en> *f* cittadinanza *f*, cittadini *mpl* **Bürgersteig** ['bʏrgɐʃtaɪk] <-(e)s, -e> *m* marciapiede *m* **Bürgertum** <-s> *kein Pl. nt* borghesia *f*
**Burggraben** *m* (*Schloss*) fossato *m*; (*Festung*) fossato *m*
**Bürgin** ['bʏrgɪn] <-, -nen> *f* garante *f*, mallevadrice *f*
**Bürgschaft** ['bʏrkʃaft] <-, -en> *f* garanzia *f*; (FIN) fideiussione *f*; ~ **leisten für** prestare garanzia per; **gegen ~** dietro cauzione
**Burgund** [bʊrˈgʊnt] <-s> *nt* Borgogna *f* **burgundisch** [bʊrˈgʊndɪʃ] *adj* borgognone; (HIST) burgundo
**Burin** ['buːrɪn] <-, -nen> *f* boera *f*; *s. a.* **Bure**
**Burka** ['bʊrka] <-, -s> *f* burqa *m*, burka *m*
**burlesk** [bʊrˈlɛsk] *adj* burlesco
**Büro** [byˈroː] <-s, -s> *nt* ufficio *m*; (*Geschäftsstelle*) agenzia *f* **Büroangestellte** *mf* impiegato, -a *m, f* d'ufficio **Büroarbeit** *f* lavoro *m* d'ufficio **Büroautomation** <-> *kein Pl.* (INFORM) automatizzazione *f* del lavoro d'ufficio **Bürobedarf** *m* materiale *m* per ufficio **Bürohaus** *nt* palazzo *m* per uffici **Büroklammer** *f* graffetta *f*
**Bürokrat(in)** [byroˈkraːt] <-en, -en; -, -nen> *m(f)* (*pej*) burocrate *m*
**Bürokratenmoloch** *m* (*pej*) macchina *f* burocratica
**Bürokratie** [byrokraˈtiː] <-> *kein Pl. f* burocrazia *f*
**Bürokratin** <-, -nen> *f s.* **Bürokrat**
**bürokratisch** [byroˈkraːtɪʃ] *adj* burocratico
**Büromaschine** *f* macchina *f* per ufficio
**Bürostunden** *fPl.* orario *m* d'ufficio
**Bürschchen** ['bʏrʃçən] <-s, -> *nt* ragazzino *m*; (*kleiner Schelm*) monello *m*; **freches ~** bricconcello *m* impertinente
**Bursche** ['bʊrʃə] <-n, -n> *m* ❶ (*Knabe, Junge*) ragazzo *m*; (*junger Mann*) giovane *m* ❷ (*Lauf~*) fattorino *m*, galoppino *m* ❸ (*fam pej: Kerl*) tipo *m*
**Burschenschaft** <-, -en> *f* (*Studentenverbindung*) corporazione *f* studentesca, associazione *f* goliardica
**burschikos** [bʊrʃiˈkoːs] *adj* ❶ (*jungenhaft: Benehmen*) da maschiaccio ❷ (*unbekümmert, lässig*) trascurato, noncurante
**Bürste** ['bʏrstə] <-, -n> *f* spazzola *f*
**bürsten** *vt* spazzolare
**Bürzel** ['bʏrtsəl] <-s, -> *m* (ZOO) codrione *m*; (*a.* GASTR) bocconcino *m* prelibato
**Bus** [bʊs] <-ses, -se> *m* |auto|bus *m* **Busbahnhof** *m* stazione *f* autolinee
**Busch** [bʊʃ, *Pl:* 'bʏʃə] <-es, Büsche> *m* ❶ (*Strauch*) arbusto *m*; (*Gebüsch*) cespuglio *m*; **mit etw hinter dem ~ halten** (*fam*) tenere nascosto qc; **sich in die Büsche schlagen** (*fam*) sparire dalla circolazione; **auf den ~ klopfen** (*fig fam*) tastare [*o* sondare] il terreno ❷ (*in den Tropen*) savana *f* ❸ (*Feder~*) ciuffo *m*;

(*Haar~*) ciocca *f* **Buschbohne** *f* fagiolo *m* nano

**Büschel** ['byʃəl] <-s, -> *nt* (*Gras~*) ciuffo *m;* (*Haar~*) ciuffo *m*, ciocca *f;* (*Heu~*) fascio *m* **büschelweise** *adv* a ciuffi, in fascio

**Buschenschänke** <-, -n> *f* (*A*) taverna riconoscibile grazie a una frasca fuori esposta

buschig *adj* (*Gegend, Augenbrauen*) cespuglioso; (*dicht gewachsen: Haare, Schwanz*) folto

**Buschmann** <-(e)s, -männer *o* -leute> *m* boscimano *m* **Buschmesser** *nt* coltello *m* da boscaglia, machete *m* **Buschwindröschen** ['buʃvɪntrø:sçən] <-s, -> *nt* anemone *m*

**Busen** ['bu:zən] <-s, -> *m* seno *m*, petto *m* **Busenfreund(in)** *m(f)* amico, -a *m, f* del cuore **Busenwunder** *nt* maxi tettona *f*

**Bushaltestelle** *f* fermata *f* d'autobus

**Business Class** ['bɪznɪs kla:s] <-> *kein Pl. f* (AERO) business class *f*

**Buslinie** *f* linea *f* d'autobus

**Bussard** ['busart] <-s, -e> *m* (ZOO) poiana *f*

**Buße** ['bu:sə] <-, -n> *f* ❶ *Sing.* (REL) penitenza *f;* ~ **tun** far penitenza ❷ (JUR: *Geld~*) ammenda *f*, multa *f*

**büßen** ['by:sən] *vt* ❶ (REL: *von einer Schuld frei werden*) espiare ❷ (*bezahlen*) pagare; **das sollst du mir ~!** me la pagherai! ❸ (*CH:* JUR: *mit einer Geldstrafe belegen*) multare

**Büßer(in)** <-s, -; -, -nen> *m(f)* (REL) penitente *mf*

**Busserl** <-s, -(n)> *nt* (*südd, A: fam*) bacio *m*

**Bußgeld** *nt* multa *f,* contravvenzione *f* **Bußgeldbescheid** *m* notifica *f* di contravvenzione

**Bussi** ['busi] <-, -> *nt* (*A: fam: Küsschen*) bacetto *m*

**Buß- und Bettag** *m* giorno *m* di penitenza e di preghiera

**Büste** ['bystə] <-, -n> *f* ❶ (*Brust*) petto *m*, seno *m* ❷ (*Kunst*) busto *m* **Büstenhalter** *m* reggiseno *m*, reggipetto *m*

**Bustier** <-s, -s> *nt* bustino *m*

**Butangas** [bu'ta:nga:s] <-es> *kein Pl. nt* butano *m*

**Butt** [but] <-(e)s, -e> *m* (ZOO) rombo *m*

**Bütte** ['bytə] <-, -n> *f* mastello *m*, tinozza *f* **Büttenpapier** *nt* carta *f* a mano

**Butter** ['butə] <-> *kein Pl. f* burro *m;* **mit ~ bestreichen** imburrare; **es ist alles in ~** (*fig fam*) tutto è a posto **Butterberg** *m* (*fam*) montagna *f* di burro **Butterblume** *f* ranuncolo *m* **Butterbrot** *nt* pane *m* imburrato; **für ein ~** (*fig fam*) per un tozzo di pane **Butterbrotpapier** *nt* carta *f* oleata **Butterdose** *f* burriera *f* **Butterfass** *nt* zangola *f* **Butterkeks** *m* biscotto *m* al burro **Butterkrem** ['butəkre:m] <-, -s> *f* crema *f* al burro **Buttermilch** *f* latte *m* fermentato

**buttern I.** *vt* (*Brot, Gericht*) imburrare; **Geld in etw** *acc* **~** (*fam*) investire soldi in qc **II.** *vi* fare il burro

**Butterschmalz** *nt* burro *m* fuso [e raffreddato] **butterweich** ['butə'vaɪç] *adj* molle come il burro

**Button** [bʌtn] <-s, -s> *m* distintivo *m*

**Butzenscheibe** ['butsənʃaɪbə] *f* vetro *m* a tondi

**b. w.** *abk v* **bitte wenden** v. r.

**BWL** [be:ve:'ʔɛl] *abk v* **Betriebswirtschaftslehre** economia *f* aziendale

**Bypass-Operation** *f* (MED) intervento *m* di bypass

**Byte** [baɪt] <-s, -s> *nt* (INFORM) byte *m*

**byzantinisch** [bytsan'ti:nɪʃ] *adj* bizantino

**Byzanz** [by'tsants] *nt* Bisanzio *f*

**bzgl.** *abk v* **bezüglich** per quanto riguarda, in quanto a

**bzw.** *abk v* **beziehungsweise** risp.

# Cc

**C, c** [tseː] <-, -(s)> *nt* ① (*Buchstabe*) C, c *f;* **C wie Cäsar** C come Como ② (MUS) do *m*
**C** *abk v* **Celsius** C
**ca.** *abk v* **circa** c
**Ca** (CHEM) *abk v* **Kalzium** Ca
**Cabaret** [kabaˈreː] <-s, -s> *nt s.* **Kabarett**
**Cabrio** [ˈkaːbrio] <-s, -s> *nt* cabriolet *f*
**Cabriolet** [kabrioˈleː] <-s, -s> *nt* cabriolet *f*
**Cache|speicher|** <-s, -> *m* (INFORM) [memoria *f*] cache *f*
**CAD** [kat] <-s> *nt abk v* **Computer Aided Design** CAD *f*
**Cadmium** [ˈkatmiʊm] <-s> *kein Pl. nt* (CHEM) cadmio *m*
**Café** [kaˈfeː] <-s, -s> *nt* caffè *m,* bar *m*
**Café complet** [kafekɔ̃ˈplɛ] <-s, -s> *nt* (*CH*) *caffè con latte, panini, burro e marmellata*
**Cafeteria** [kafetaˈriːa] <-, -s> *f* self-service *m,* tavola *f* calda
**cal** *abk v* **Kalorie** cal
**Calcium** [ˈkaltsiʊm] <-s> *kein Pl. nt* (CHEM) *s.* **Kalzium**
**Callanetics** *Pl.* circuit training *m*
**Callboy** [ˈkɔːlbɔɪ] <-s, -s> *m* ragazzo *m* squillo
**Callcenter** [ˈkoːlsɛntɐ] <-s, -> *nt* call center *m*
**Callgirl** [ˈkɔːlgøːl] <-s, -s> *nt* ragazza *f* squillo, callgirl *f*
**Callgirlring** *m* giro *m* di ragazze squillo
**Camcorder** [ˈkɛmkɔrdɐ] <-s, -> *m* camcorder *m*
**Camembert** [ˈkaməmbeːɐ] <-s, -s> *m* camembert *m*
**Camion** [ˈkamjɔ̃ː] <-s, -s> *m* (*CH*) camion *m*
**Camionneur** [ˈkamjɔnøːɐ] <-s, -e> *m* (*CH*) spedizioniere *m*
**Camp** [kɛmp] <-s, -s> *nt* campo *m,* accampamento *m*
**campen** [ˈkɛmpən] *vi* campeggiare
**Camper(in)** <-s, -; -, -nen> *m(f)* campeggiatore, -trice *m, f*
**Camping** [ˈkɛmpɪŋ] <-s> *kein Pl. nt* camping *m,* campeggio *m* **Campingausrüstung** *f* equipaggiamento *m* da camping **Campingbus** *m* camper *m* **Campingplatz** *m* campeggio *m,* camping *m*
**Campus** [ˈkampʊs] <-, -> *m* (UNIV) campus *m*
**canceln** [ˈkɛnsəln] *vt* annullare

**cand.** *abk v* **candidatus** laureando; **~ med./phil.** laureando in medicina/filosofia
**Cannabis** [ˈkanabɪs] <-> *kein Pl. m* (BOT) canapa *f* indiana; (*sl: Haschisch*) hashish *m*
**Cape** [keːp] <-s, -s> *nt* mantella *f*
**Caprihose** [ˈkaːpriːhoːzə] *f* pantaloni *mpl* alla pescatora
**Captcha** [ˈkɛptʃa] <-s, -s> *m o nt* (INFORM) captcha *m*
**Caquelon** <-s, -s> *nt* (*CH: feuerfeste Pfanne aus Ton*) padella di terracotta resistente al fuoco
**Car** [kaːɐ̯] <-s, -s> *m* (*CH: Reisebus*) corriera *f,* pullmann *m*
**Caravan** [ˈkaravan] <-s, -s> *m* roulotte *f*
**Cargo-Hose** [ˈkargo ˈhoːzə] *f* pantaloni *mpl* con tasconi laterali
**Carsharing** <-s> *kein Pl. nt* progetto che prevede l'uso di un autoveicolo da parte di più persone
**Cartoon** [kaɐ̯ˈtuːn] <-s, -s> *m* ① (*Karikatur*) vignetta *f* umoristica ② (*Bildgeschichte*) fumetto *m* **Cartoonist(in)** <-en, -en; -, -nen> *m(f)* caricaturista *mf,* vignettista *mf* **Cashflow** [ˈkɛʃfloʊ] <-s> *kein Pl. m* (WIRTSCH) flusso *m* di cassa, cash flow *m*
**Casino** [kaˈziːno] <-s, -s> *nt* casinò *m*
**Cäsium** [ˈtsɛːziʊm] <-s> *kein Pl. nt* (CHEM) cesio *m*
**casten** [ˈkaːstən] *vt* prendere in un cast
**Casting** [ˈkaːstɪŋ] *nt* casting *m* **Castingshow** [ˈkaːstɪŋʃoː] *f* casting show *m*
**Catering** [ˈkeɪtərɪŋ] <-(s)> *kein Pl. nt* catering *m*
**Cayennepfeffer** [kaˈjɛnˌpfɛfɐ] *m* pepe *m* di Caienna
**CB-Funker(in)** [tseːˈbeːfʊŋkɐ] *m(f)* radioamatore, -trice *m, f*
**cbm** *abk v* **Kubikmeter** mc
**ccm** *abk v* **Kubikzentimeter** cc
**CD**$^1$ [tseːˈdeː] <-, -s> *f abk v* **Compact Disk** CD *m*
**CD**$^2$ [tseːˈdeː] <-s, -s> *nt abk v* **Corporate Design** corporate design *m* **CD-Brenner** *m* masterizzatore *m* **CD-I** <-, -s> *f* (INFORM: *interaktive CD*) CD *m* interattivo **CD-Player** [tseːˈdeːpleːɐ] <-s, -> *m* lettore *m* CD **CD-ROM** [tseːˈdeːrɔm] <-, -s> *f* (INFORM) CD-ROM *m* **CD-ROM-Brenner** <-s, -> *m* (INFORM) masterizza-

tore *m* CD-ROM **CD-ROM-Laufwerk** *nt* (INFORM) lettore *m* CD-ROM
**CDU** [tse:de:'?u:] <-> *kein Pl. f abk v* **Christlich-Demokratische Union** *partito democristiano tedesco*
**C-Dur** <-> *kein Pl. nt* (MUS) do *m* maggiore
**Celli** *Pl. von* **Cello**
**Cellist(in)** [tʃɛ'lɪst] <-en, -en; -, -nen> *m(f)* violoncellista *mf*
**Cello** ['tʃɛlo, *Pl:* 'tʃɛli] <-s, -s *o* Celli> *nt* violoncello *m*
**Cellophan®** [tsɛlo'faːn] <-s> *kein Pl. nt* cellofan *m*
**Celsius** ['tsɛlzjʊs] *nt* Celsius *m*, grado *m* centigrado; **die Temperatur beträgt 20 Grad ~** la temperatura è di 20 gradi Celsius
**Cembalo** ['tʃɛmbalo, *Pl:* 'tʃɛmbali] <-s, -s *o* Cembali> *nt* [clavi]cembalo *m*
**Cent** [sɛnt] <-(s), -(s)> *m* (*Währungseinheit*) centesimo *m;* **50 ~** 50 centesimi
**Ces, ces** [tsɛs] <-, -> *nt* (MUS) do *m* bemolle
**Ceylon** ['tsaɪlɔn] *nt* Ceylon *f*
**cf.** *abk v* **confer** cfr.
**CH** *abk v* **Confoederatio Helvetica** CH
**Chalet** [ʃa'leː *o* ʃa'lɛ] <-s, -s> *nt* (*CH*) ❶ (*Almhütte*) baita *f* ❷ (*Landhaus*) chalet *m*
**Chamäleon** [ka'mɛːleɔn] <-s, -s> *nt* camaleonte *m*
**Champagner** [ʃam'panjɐ] <-s, -> *m* champagne *m*
**Champignon** ['ʃampɪnjɔn] <-s, -s> *m* champignon *m;* (*Wiesen~*) fungo *m* prataiolo
**Champion** ['tʃɛmpjən *o* ʃãpjõː] <-s, -s> *m* (SPORT) campione, -essa *m, f*
**Chance** ['ʃãːs(ə)] <-, -n> *f* ❶ (*Gelegenheit*) occasione *f* [favorevole], chance *f;* **jdm eine ~ geben** dare una possibilità a qu ❷ (*Aussicht*) prospettiva *f*, possibilità *f;* **gute ~n haben** avere buone probabilità [di riuscita], avere delle chance **Chancengleichheit** *f* uguaglianza *f* di prospettive, parità *f* di condizioni **chancenlos** *adj* (*ohne Aussichten*) senza prospettive; (*ohne Möglichkeiten*) senza possibilità
**Chanson** [ʃã'sõː] <-s, -s> *nt* canzone *f*
**Chaos** ['kaːɔs] <-> *kein Pl. nt* caos *m*
**Chaot(in)** [ka'oːt] <-en, -en; -, -nen> *m(f)* ❶ (*fam: Wirrkopf*) confusionario, -a *m, f,* persona *m* caotica ❷ (POL) anarchico, -a *m, f*, radicale *mf*
**chaotisch** [ka'oːtɪʃ] *adj* caotico
**Charakter** [ka'raktɐ, *Pl:* ka'rak'teːrə] <-s, -e> *m* carattere *m;* (*Wesen*) natura *f;* **er ist ein Mann von ~** è un uomo di carattere; **keinen ~ haben** non avere carat-

tere; **die Unterredung hatte vertraulichen ~** fu un colloquio a carattere riservato **Charaktereigenschaft** *f* qualità *f* morale **charakterfest** *adj* di carattere fermo
**charakterisieren** [karakteri'ziːrən] <ohne ge-> *vt* caratterizzare
**Charakterisierung** <-, -en> *f* caratterizzazione *f*
**Charakteristik** [karakte'rɪstɪk] <-, -en> *f* descrizione *f* [degli aspetti caratteristici]; (*von Person*) profilo *m*, ritratto *m*
**Charakteristikum** [karakte'rɪstɪkʊm] <-s, Charakteristika> *nt* (*geh*) caratteristica *f,* tratto *m* caratteristico
**charakteristisch** [karakte'rɪstɪʃ] *adj* **für jdn/etw ~ sein** essere caratteristico di qu/qc
**charakterlich** *adj* caratteriale; **er hat einige ~e Schwächen** ha alcune debolezze caratteriali
**charakterlos** *adj* senza carattere **Charakterlosigkeit** <-, -en> *f* mancanza *f* di carattere
**Charakterschauspieler(in)** *m(f)* caratterista *mf* **Charakterschwäche** <-, -n> *f* debolezza *f* di carattere **Charakterstärke** <-, -n> *f* forza *f* di carattere **Charakterstudie** *f* studio *m* del carattere **Charakterzug** *m* tratto *m* del carattere
**Chargébrief** ['ʃarʒəbriːf] *m* (*CH*) lettera *f* raccomandata
**Charisma** ['çaːrɪsma] <-s, -ta *o* Charismen> *nt* carisma *m*
**charismatisch** *adj* carismatico
**charmant** [ʃar'mant] *adj* affascinante
**Charme** [ʃarm] <-s> *kein Pl. m* fascino *m*, charme *m;* **seinen ganzen ~ spielen lassen** adoperare tutto il proprio fascino
**Charmeur** [ʃar'møːɐ, *Pl:* ʃar'møːrə] <-s, -e> *m* seduttore *m*, uomo *m* affascinante
**Charta** ['karta] <-, -s> *f* carta *f* costituzionale; **die ~ der Vereinten Nationen** la Carta delle Nazioni Unite
**Charterflug** ['tʃartɐfluːk] *m* volo *m* charter **Charterfluggesellschaft** <-, -en> *f* società *f* di voli charter **Charterflugzeug** *nt,* **Chartermaschine** *f* charter *m*
**chartern** ['tʃartɐn] *vt* noleggiare, prendere a noleggio
**Charts** *m o ntPl.* (*Hitliste*) hit-parade *f*
**Chassis** [ʃa'siː] <-, -> *nt* telaio *m*, chassis *m*
**Chat** <-s> *kein Pl. m* chat *m* **Chatlag** ['tʃætlæg] <-s, -s> *m* (INFORM) chatlag *m* **Chatroom** ['tʃætruːm] <-s, -s> *m* (INFORM) chat *f*
**chatten** *vi* (*fam*) **mit jdm ~** chattare con qc

**Chauffeur** [ʃɔˈføːɐ̯] <-s, -e> *m* autista *m* [personale]

**Chauvi** [ˈʃoːvi] <-s, -s> *m* (*fam*) maschilista *m*

**Chauvinismus** [ʃoviˈnɪsmʊs] <-> *kein Pl. m* (*pej*) ❶ (*Nationalismus*) sciovinismo *m* ❷ (*männlicher ~*) fallocrazia *f*

**Chauvinist(in)** [ʃoviˈnɪst] <-en, -en; -, -nen> *m(f)* (*pej*) ❶ (*Nationalist*) sciovinista *mf* ❷ (*männlicher ~*) fallocrate *m*

**chauvinistisch** *adj* (*pej*) ❶ (*nationalistisch*) sciovinistico ❷ (*frauenfeindlich*) fallocratico

**checken** [ˈtʃɛkən] *vt* ❶ (*überprüfen*) controllare ❷ (*sl: verstehen*) capire

**Checkliste** *f* (AERO) lista *f* di controllo

**Chef(in)** [ˈʃɛf] <-s, -s; -, -nen> *m(f)* padrone, -a *m, f*, principale *mf*; (*Vorgesetzte*) capo *m* **Chefarzt** *m*, **Chefärztin** *f* primario *m* **Chefetage** *f* piano *m* della direzione, piano *m* nobile **Chefin** *f* ❶ *s.* **Chef** ❷ (*fam: Frau des Chefs*) moglie *f* del principale **Chefingenieur(in)** <-s, -e; -, -nen> *m(f)* (TEC) ingegnere *m* capo **Chefkoch** *m*, **Chefköchin** *f* capocuoco, -a *m, f*, chef *m* **Chefredakteur(in)** *m(f)* caporedattore, -trice *m, f* **Chefsache** <-, -n> *f* (*fam*) **diese Angelegenheit ist ~** è affare del capo **Chefsekretär(in)** *m(f)* segretario, -a *m, f* del principale, primo, -a capo segretario, -a *m, f* **Chefunterhändler(in)** <-s, -; -, -nen> *m(f)* agente *mf* [*o* mediatore, -trice *m, f*] capo

**Chemie** [çeˈmiː] <-> *kein Pl. f* chimica *f* **Chemiefaser** *f* fibra *f* sintetica **Chemiekonzern** *m* gruppo *m* chimico **Chemiewaffe** <-, -n> *f* arma *f* chimica

**Chemikalie** [çemiˈkaːli̯ə] <-, -n> *f* prodotto *m* chimico

**Chemiker(in)** [ˈçeːmikɐ] <-s, -; -, -nen> *m(f)* chimico, -a *m, f*

**Cheminée** [ˈʃmɪne] <-s, -s> *nt* (*CH*) camino *m*

**chemisch** [ˈçeːmɪʃ] *adj* chimico; **~e Reinigung** pulitura *f* [*o* lavaggio *m*] a secco

**chemotherapeutisch** [çemoteraˈpɔytɪʃ] *adj* chemioterapico

**Chemotherapie** *f* (MED) chemioterapia *f*

**chic** [ʃɪk] *s.* **schick**

**Chicorée** [ʃikoˈreː *o* ˈʃɪkoreː] <-s> *m o f* cicoria *f*

**Chiffon** [ˈʃɪfõ] <-s, -s *o A* -e> *m* chiffon *m*

**Chiffre** [ˈʃɪfrə] <-, -n> *f* cifra *f*; (*Anzeige~*) numero *m*

**chiffrieren** [ʃɪˈfriːrən] <ohne ge-> *vt* cifrare, tradurre in cifra

**Chiffriermaschine** *f* crittografo *m* **Chiffrierschlüssel** *m* cifrario *m*, chiave *f* **Chiffrierverfahren** *nt* metodo *m* di cifratura

**Chile** [ˈtʃiːle *o* ˈçiːle] *nt* Cile *m;* **in ~** nel Cile

**Chilene** [tʃiˈleːnə *o* çiˈleːnə] <-n, -n> *m*, **Chilenin** [tʃiˈleːnɪn *o* çiˈleːnɪn] <-, -nen> *f* cileno, -a *m, f*

**chilenisch** [tʃiˈleːnɪʃ *o* çiˈleːnɪʃ] *adj* cileno

**Chili** [ˈtʃiːli] <-s> *kein Pl. m* (GASTR: *Pfefferschote*) chili *m*, peperoncino *m*

**Chimäre** <-, -n> *f* (*a.* BIOL) chimera *f*

**China** [ˈçiːna] *nt* Cina *f*

**Chinakohl** <-(e)s> *kein Pl. m* cavolo *m* verza

**Chinese** [çiˈneːzə] <-n, -n> *m*, **Chinesin** [çiˈneːzɪn] <-, -nen> *f* cinese *mf*

**chinesisch** [çiˈneːzɪʃ] *adj* cinese

**Chinesisch** *nt* cinese *m;* **das ist für mich ~!** questo per me è arabo; *s. a.* **Deutsch**

**Chinin** [çiˈniːn] <-s> *kein Pl. nt* chinino *m*

**Chip** [tʃɪp] <-s, -s> *m* ❶ (*Spielmarke*) gettone *m* ❷ *meist Pl* (*Kartoffel~ s*) patatine *fPl* [fritte] ❸ (TEC, INFORM) chip *m* **Chipkarte** <-, -n> *f* (INFORM) piastrina *f* chip

**Chiropraktiker(in)** [çiroˈpraktikɐ] <-s, -; -, -nen> *m(f)* chiropratico, -a *m, f*, chiroterapeuta *mf*

**Chirurg(in)** [çiˈrʊrk] <-en, -en; -, -nen> *m(f)* chirurgo, -a *m, f*

**Chirurgie** [çirʊrˈgiː] <-, -n> *f* chirurgia *f*

**Chirurgin** *f s.* **Chirurg**

**chirurgisch** *adj* chirurgico

**Chlor** [kloːɐ̯] <-s> *kein Pl. nt* (CHEM) cloro *m*

**chloren** [ˈkloːrən] *vt* clorare

**Chlorgas** <-es> *kein Pl. nt* (CHEM) gas *m* cloridrico

**chlorhaltig** [ˈkloːɐ̯haltɪç] *adj* contenente cloro

**Chlorid** [kloˈriːt, *Pl:* kloˈriːdə] <-(e)s, -e> *nt* cloruro *m*

**Chloroform** [kloroˈfɔrm] <-s> *kein Pl. nt* (CHEM) cloroformio *m*

**chloroformieren** [klorofɔrˈmiːrən] <ohne ge-> *vt* cloroformizzare

**Chlorophyll** [kloroˈfʏl] <-s> *kein Pl. nt* (BOT) clorofilla *f*

**Chlorwasserstoff** *m* (CHEM) acido *m* cloridrico

**Choke** [tʃoːk] <-s, -s> *m* (MOT) valvola *f* dell'aria, starter *m*

**Cholera** [ˈkoːlera] <-> *kein Pl. f* (MED) colera *m*

**Choleraepidemie** *f* epidemia *f* di colera

**Choleriker(in)** [koˈleːrikɐ] <-s, -; -, -nen> *m(f)* collerico, -a *m, f*

**cholerisch** [koˈleːrɪʃ] *adj* (MED) collerico; (*fig*) irascibile
**Cholesterin** [çolɛsteˈriːn] <-s> *kein Pl. nt* (MED) colesterina *f,* colesterolo *m* **Cholesterinspiegel** <-s, -> *m* (MED) tasso *m* di colesterolo
**Chor** [koːɐ̯, *Pl:* ˈkøːrə] <-(e)s, Chöre> *m* coro *m;* **im ~** in coro; **im ~ sprechen** far coro
**Choral** [koˈraːl, *Pl:* koˈrɛːlə] <-s, Chorä­le> *m* corale *m*
**Choreograf(in)** [koreoˈgraːf] <-en, -en; -, -nen> *m(f)* coreografo, -a *m, f*
**Choreografie** [koreograˈfiː] <-, -n> *f* coreografia *f*
**Choreografin** *f s.* **Choreograf**
**choreografisch** *adj* coreografico
**Choreograph(in)** <-en, -en; -, -nen> *m(f) s.* **Choreograf**
**Choreographie** <-, -n> *f s.* **Choreografie**
**Choreographin** *f s.* **Choreograf**
**choreographisch** *adj s.* **choreografisch**
**Chorleiter(in)** *m(f)* direttore, -trice *m, f* di coro **Chorsänger(in)** *m(f)* corista *mf*
**Chr.** *abk v* **Christus** C
**Christ(in)** [ˈkrɪst] <-en, -en; -, -nen> *m(f)* cristiano, -a *m, f*
**Christbaum** *m* albero *m* di Natale
**Christdemokrat(in)** *m(f)* democristiano, -a *m, f* **christdemokratisch** *adj* democristiano
**Christenheit** <--> *kein Pl. f* cristianità *f,* cristiani *mPl* **Christentum** <-s> *kein Pl. nt* cristianesimo *m*
**Christi** *gen von* **Christus**, **vor ~ Geburt** avanti Cristo
**Christianisierung** [krɪstjaniˈziːrʊŋ] <-, -en> *f* cristianizzazione *f*
**Christin** *f s.* **Christ**
**Christkind** *nt* Gesù Bambino *m* **Christkindlmarkt** *m* (*A, südd: Weihnachtsmarkt*) mercatino *m* di Natale **christlich** *adj* cristiano, religioso **Christmesse** *f,* **Christmette** *f* messa *f* di mezzanotte **Christnacht** *f* notte *f* santa [*o* di Natale] **Christrose** *f* rosa *f* di Natale **Christstollen** *m* dolce *m* di Natale
**Christus** [ˈkrɪstʊs, ˈkrɪsti, ˈkrɪsto, ˈkrɪstʊm] <*gen* Christi, *dat* - *o geh* Christo, *acc* - *o geh* Christum> *kein Pl. m* Cristo *m;* **vor/nach Christi Geburt** avanti/dopo Cristo
**Chrom** [kroːm] <-s> *kein Pl. nt* (CHEM) cromo *m*
**Chromosom** [kromoˈzoːm] <-s, -en> *nt* (BIOL) cromosoma *m* **Chromosomensatz** <-es, -sätze> *m* (BIOL) corredo *m* cromosomico

**Chromstahl** *m* acciaio *m* cromato
**Chronik** [ˈkroːnɪk] <-, -en> *f* cronaca *f*
**chronisch** *adj* cronico
**Chronist(in)** [kroˈnɪst] <-en, -en; -, -nen> *m(f)* cronista *mf*
**Chronologie** [kronoloˈgiː] <-, -n> *f* cronologia *f*
**chronologisch** [kronoˈloːgɪʃ] *adj* cronologico
**Chrysantheme** [kryzanˈteːmə] <-, -n> *f* crisantemo *m*
**Chur** [kuːɐ̯] *nt* (GEOG) Coira *f*
**CI** [tseˈʔiː] <-, -s> *f s.* **Corporate Identity** corporate identity *f*
**circa** [ˈtsɪrka] *adv* circa, press'a poco
**Cis, cis** [tsɪs] <-, -> *nt* (MUS) do *m* diesis
**Citro** <-s, -s> *nt* (*CH: Zitronenlimonade*) limonata *f* [gassata]
**City** [ˈsɪti] <-, -s *o* Cities> *f* city *f* **Citytarif** *m* (TEL) tariffa *f* urbana
**cl** *abk v* **Zentiliter** cl
**Cl** (CHEM) *abk v* **Chlor** Cl
**Clan** <-s, -s> *m* clan *m*
**clean** [kliːn] *adj* (*sl: nicht mehr drogenabhängig*) disintossicato, ex tossico; **~ werden** disintossicarsi
**Clearing** <-s, -s> *nt* (WIRTSCH) clearing *m*
**clever** [ˈklɛvɐ] *adj* (*fam*) furbo
**Clinch** [klɪntʃ] <-(e)s> *kein Pl. m* (*fam*) **mit jdm im ~ liegen** essere ai ferri corti con qu
**Clip** [klɪp] <-s, -s> *m* ❶ (*Schmuck*) clip *f* ❷ (*Video~*) videoclip *m*
**CLIP-Funktion** [ˈklɪpfʊŋktsi̯oːn] *f* (TEL) CLIP *m*
**Clique** [ˈklɪkə] <-, -n> *f* cricca *f,* combriccola *f*
**CLIR-Funktion** [ˈklɪrfʊŋktsi̯oːn] *f* (TEL) CLIR *m*
**Clou** [kluː] <-s, -s> *m* (*fam*) punto *m* culminante, clou *m*
**Cloud** [klaʊd] <-, -s> *f* (INET) cloud *m*
**Clown** [klaʊn] <-s, -s> *m* clown *m,* pagliaccio *m*
**Club** [klʊp] <-s, -s> *m* club *m,* circolo *m*
**Clutch** [klʌtʃ] <-, -[e]s> *f,* **Clutchbag** [ˈklʌtʃbɛk] <-, -s> *f* pochette *f*
**cm** *abk v* **Zentimeter** cm
**c-Moll** <--> *kein Pl. nt* (MUS) do *m* minore
**Co** *abk v* **Kompanie** C.ia
**Coach** [koʊtʃ] <-(s), -s> *m* allenatore, -trice *m, f*
**Cockerspaniel** [ˈkɔkəʃpaːni̯əl] <-s, -s> *m* cocker *m*
**Cockpit** [ˈkɔkpɪt] <-s, -s> *nt* (AERO) cabina *f* di pilotaggio; (MOT) abitacolo *m;* (NAUT) pozzetto *m* di comando
**Cocktail** [ˈkɔkteɪl] <-s, -s> *m* cocktail *m*

**Cocktailkleid** nt abito m da cocktail
**Cocktailparty** f cocktail[-party] m
**Cocooning** [kəˈkuːnɪŋ] <-s> kein Pl. nt cocooning m
**Code** [ˈkoːt] <-s, -s> m codice m
**Codex** [ˈkoːdɛks] <-es, -e> m ❶ (JUR) codice m ❷ (alte Handschriften) codice m
**codieren** [koˈdiːrən] vt cifrare
**Coffeeshop, Coffee-Shop** [ˈkɔfiʃɔp] <-s, -s> m coffee shop m
**Cognac®** [ˈkɔnjak] <-s, -s> m cognac m
**Coiffeur** [ko̯aˈføːɐ̯] <-s, -e> m, **Coiffeuse** [ko̯aˈføːzə] <-, -en> f (CH) parrucchiere, -a m, f
**Collage** [kɔˈlaːʒə] <-, -n> f collage m
**Collagen** [kolaˈgeːn] <-s, -e> nt collagene m
**College** <-(s), -s> nt (Schule, UNIV) college m
**Colorfilm** [ˈkoːloːɐ̯fɪlm] s. **Farbfilm**
**Colt®** [kɔlt] <-s, -s> m revolver m
**Comeback** <-(s), -s> nt, **Come-back** [kamˈbɛk] <-(s), -s> nt rentrée f; **ein ~ erleben** ritornare alla ribalta
**COMECON, Comecon** [ˈkɔmekɔn] <-> kein Pl. mnt COMECON m
**Comic** [ˈkɔmɪk] <-s, -s> m fumetto m, comic m
**Comicfigur** f figura f dei fumetti **Comicheft** nt giornaletto m a fumetti, fumetto m
**Coming-out** [kamɪŋˈaʊt] <-(s), -s> nt coming out m
**Compact Disc** <-, -s> f, **Compactdisc** [kɔmˈpaktdɪsk] <-, -s> f compact disc m
**Compiler** [kɔmˈpaɪlɐ] <-s, -> m (INFORM) compilatore m
**Computer** [kɔmˈpjuːtɐ] <-s, -> m computer m
**Computeranalyse** f analisi f di computer **Computeranimation** f computer animation f **computeranimiert** adj **~er Film** film realizzato mediante computer animation **Computerbranche** f campo m informatico
**Computerfreak** <-s, -s> m (fam) mostro m [o cervellone m] del computer **computergesteuert** adj computerizzato **computergestützt** adj basato su computer **Computerhersteller** m produttore m di computer
**computerisieren** vt computerizzare **Computerisierung** [kɔmpjuːteˈiːˈzɪːrung] <-, -en> f informatizzazione f
**Computerkriminalität** <-> kein Pl. f criminalità f informatica **computerlesbar** adj leggibile elettronicamente **Computerlinguistik** <-> kein Pl. f linguistica f computazionale **Computermesse** f fiera f del computer **Computerschädling** m virus m **Computersimulation** f simulazione f al computer **Computerspezialist(in)** m(f) informatico m **Computerspiel** nt videogioco m, gioco m elettronico **Computertisch** m mobile m portacomputer **Computertomographie** f tomografia f assiale computerizzata **computerunterstützt** adj assistito dal computer **Computervirus** m virus m [informatico]
**Conférencier** [köferãˈsjeː] <-s, -s> m presentatore m, annunciatore m
**Confiserie** <-, -n> f (CH) ❶ (Geschäft) pasticceria f ❷ (Konfekt) dolci mpl
**Connections** <nur pl> f relazioni fpl; **er hat aber gute ~** ha buoni rapporti/ conosce persone influenti; **sie hat durch ~ das Examen bestanden** ha passato l'esame perché aveva raccomandazioni
**Consulting** [kɔnˈsaltɪŋ] <-s> kein Pl. nt (WIRTSCH) consulting m
**Container** [kɔnˈteːnɐ] <-s, -> m container m, contenitore m **Containerbahnhof** m stazione f smistamento container **Containerschiff** nt nave f porta-container **Containerterminal** <-s, -s> mnt scalo m container, terminal m dei container **Containerverkehr** <-s> kein Pl. m traffico m [o trasporto m] di container
**Content** [ˈkɔntənt] <-s, -s> m (INFORM) content m
**Contergan®** [kɔntɛrˈgaːn] <-s> kein Pl. nt Contergan® m **Contergankind** nt (fam) bambino m focomelico
**Controller(in)** [kɔnˈtroːlɐ] <-s, -> m(f) (ÖKON, WIRTSCH) controller mf, responsabile mf del controllo di gestione
**Cookie** [ˈkʊki] <-s, -s> nt (INFORM) cookie m
**cool** [kuːl] adj (fam) ❶ (nicht nervös) tranquillo, calmo ❷ (toll) figo
**Copilot(in)** [ˈkoːpiloːt] <-en, -en; -, -nen> m(f) copilota mf
**Coprozessor** m (INFORM) coprocessore m
**Copyright** [ˈkɔpiraɪt] <-s, -s> nt copyright m
**Cord** [kɔrt] <-(e)s, -e o -s> m cord m
**Cordon bleu** [kɔrdõˈbløː] <-, Cordons bleus> nt (GASTR) cordon bleu m
**Corner** [ˈkɔːnɐ] <-s, -> m (A: Eckball) calcio m d'angolo
**Cornflakes** [ˈkɔːnfleɪks] Pl. fiocchi mpl di granturco
**Cornichon** [kɔrniˈʃõː] <-s, -s> nt cetriolino m
**Corpus delicti** [ˈkɔrpʊs deˈlɪkti, Pl: ˈkɔr-

pora de'lıkti] <-, Corpora delicti> *nt* corpo *m* del delitto

**Cortison** [kɔrti'zoːn] <-s> *kein Pl. nt* (MED) cortisone *m*

**Couch** [kaʊtʃ] <-, -s *o* -en> *f* divano *m*

**Countdown** <-(s), -s> *m o nt,* **Count-down** ['kaʊntdaʊn] <-(s), -s> *m o nt* conto *m* alla rovescia, count down *m*

**Coup** [kuː] <-s, -s> *m* colpo *m;* **einen ~ landen** fare un colpo

**Coupé** [ku'peː] <-s, -s> *nt* ❶ (AUTO) coupé *f* ❷ (*A: Zugabteil*) scompartimento *m* [di treno]

**Coupon** [ku'põː] <-s, -s> *m* ❶ (*Zettel*) tagliando *m,* buono *m* ❷ (FIN) cedola *f* ❸ (*Stoffabschnitt*) campione *m*

**couragiert** [kura'ʒiːɐt] *adj* coraggioso

**Cousin** [ku'zɛ̃ː] <-s, -s> *m* cugino *m*

**Cousine** [ku'ziːnə] <-, -n> *f* cugina *f*

**Cover** ['kavɐ] *nt* copertina *f* **Covergirl** ['kavɐgəːl] <-s, -s> *nt* ragazza-copertina *f*

**Cowboy** ['kaʊbɔɪ] <-s, -s> *m* cowboy *m*

**CPU** *f abk v* **Central Processing Unit** CPU *f* (*unità centrale di elaborazione*)

**Crack** [krɛk] <-s, -s> *m* ❶ (*Sportler*) crack *m,* fuori classe *m* ❷ (*Rauschgift*) crack *m*

**Cracker** ['krɛkɐ] <-s, -(s)> *m meist pl* cracker *m*

**Crashkurs** ['krɛʃkʊrs] *m* corso *m* superintensivo **Crashtest** ['krɛʃtɛst] *m* (AUTO) crash test *m*

**Crema** ['kreːma] <-> *kein pl f* crema *f* [del caffè]

**Creme** [kreːm] <-, -s *o* CH, A -n> *f* crema *f;* **die ~** (*fig: das Beste*) il fior fiore

**Crème** [krɛːm] <-, -s> *f* crema *f;* **~ fraîche** panna da cucina; **die ~ de la ~** (*geh*) la crème, l'élite **Cremedusche** *f* docciacrema *m* **cremefarben** *adj* color crema **Cremetorte** *f* torta *f* alla crema

**cremig** ['kreːmɪç] *adj* cremoso

**Crêpe**[1] <-, -s> *f s.* **Krepp**[1]

**Crêpe**[2] <-s, -> *m* (*Stoff*) crêpe *m;* **~ de Chine** crêpe de Chine

**Crew** [kruː] <-, -s> *f* (NAUT, AERO) equipaggio *m*

**Croissant** [kroa'sãː] <-s, -s> *nt* croissant *m,* cornetto *m*

**Cromargan®** [kromar'gaːn] <-s> *kein Pl. nt* acciaio *m* inossidabile

**Crosstrainer** ['krɔstreːnɐ] <-s, -> *m* ellittica *f,* crosstrainer *m*

**Croupier** [kru'pjeː] <-s, -s> *m* croupier *m*

**Crux** [krʊks] <-> *kein Pl. f* **das ist die ~ an der Sache** questo è il punto dolente; **es ist eine ~ mit ihm** è una vera croce

**C-Schlüssel** <-s, -> *m* (MUS) chiave *f* di do

**CSU** [tseːʔɛsˈʔuː] <-> *kein Pl. f abk v* **Christlich-Soziale Union** *partito Cristiano-Sociale tedesco*

**c. t.** [tseːˈteː] *abk v* **cum tempore** quarto d'ora accademico

**CTG** *abk v* **Computertomographie** TAC *f*

**Cunnilingus** [kʊniˈlɪŋgʊs, *Pl:* kʊniˈlɪŋgi] <-, Cunnilingi> *m* cunnilinctus *m*

**Cup** [kap] <-s, -s> *m* (SPORT: *Pokal*) coppa *f*

**Curry** ['kœri] <-s, -s> *m o nt* curry *m* **Currywurst** *f* salsiccia *f* con salsa al curry

**Cursor** ['kœːzɐ] <-s, -s> *m* (INFORM) cursore *m*

**Cut|away** ['kœt(ə)ve] *o* 'kat(ə)ve] <-s, -s> *m* tight *m*

**cutten** ['katən] *vt* (FILM, RADIO, TV) tagliare

**Cutter(in)** ['katɐ] <-s, -; -, -nen> *m(f)* (FILM, RADIO, TV) montatore, -trice *m, f*

**CVJM** [tseːfaʊjɔtˈʔɛm] <-(s)> *kein Pl. abk v* **Christlicher Verein Junger Männer** *Associazione cristiana dei giovani*

**Cyber-** (*in Zusammensetzungen*) cyber- **Cybercafé** <-s, -> *f* cybercafé *m* **Cyberkriminelle** <ein -r, -n, -n> *mf* pirata *m* web **Cybersex** *m* cybersesso *m* **Cyberspace** ['saɪbɐspeɪs] <-> *kein Pl. m* cyberspazio *m* **Cyberzeitalter** *nt* era *f* del cyber

# Dd

**D, d** [de:] <-, -(s)> *nt* ❶ (*Buchstabe*) D, d *f;* **D wie Dora** D come Domodossola ❷ (MUS) re *m*

**D** *abk v* **Deutschland** D

**da** [da:] I. *adv* ❶ (*räumlich, dort*) lì, là; (*hier*) qui, qua; ~ **draußen** là fuori; ~ **drüben** di là, da quella parte; ~ **hinaus** fuori di lì; ~ **oben** lassù; ~ **unten** laggiù; **das Buch** ~ quel libro lì [*o* là]; ~, **wo** laddove; ~ **bin ich!** eccomi qua!; ~ **ist er** eccolo; ~ **ist/sind ...** c'è/ci sono ...; ~ [hast du] ... qua [prendi] ...; **wer ist** ~? chi c'è? ❷ (*zeitlich, damals*) allora, a quel tempo; (*dann*) allora; **von** ~ **an** fin da allora, da allora in poi; ~ **sagte er plötzlich, dass ...** allora improvvisamente disse che ...; ~ **fing sie doch tatsächlich an zu weinen!** in quel momento cominciò davvero a piangere! ❸ (*fam: in diesem Fall, dieser Lage*) allora, in quel [questo] caso; **was gibt's denn** ~ **zu lachen?** cosa c'è da ridere in questo caso?; ~ **kann man nichts machen** in questo caso non c'è niente da fare; ~ **fragst du noch?** e domandi ancora? ❹ (*also*) allora, dunque ❺ (*vorhanden*) presente; ~ **sein** (*anwesend sein*) essere presente, esserci; (*vorhanden sein*) essere disponibile, esserci; **es ist niemand** ~ non c'è nessuno; **ich bin gleich wieder** ~ torno subito; **ist jemand** ~ **gewesen?** è venuto qualcuno?; **ist noch Kaffee** ~? c'è ancora caffè?; **das ist noch nicht** ~ **gewesen!** non si è mai vista una cosa simile! ❻ (*zur Verfügung*) **für jdn** ~ **sein** essere a disposizione di qu; **er ist immer für mich** ~ [quando ho bisogno] lui c'è sempre II. *konj* ❶ (*weil*) poiché, perché, giacché, siccome ❷ (*geh: als*) allorché; ~ **dem so ist ...** stando così le cose ...

**d. Ä.** *abk v* **der Ältere** il vecchio

**DAAD** [de:ʔa:ʔa:ˈde:] <-(s)> *kein Pl. m abk v* **Deutscher Akademischer Austauschdienst** *organismo delle università tedesche per lo scambio internazionale di ricercatori e studenti*

**da**|**behalten** <irr, ohne ge-> *tr V* ❶ (*Tier, Gegenstand*) tenere ❷ (*festsetzen, nicht mehr fortlassen*) arrestare, imprigionare

**dabei** [daˈbaɪ, *hinweisend:* ˈdaːbaɪ] *adv* ❶ (*räumlich*) accanto, vicino, appresso; **ist die Gebrauchsanweisung** ~? ci sono anche le istruzioni per l'uso? ❷ (*gleichzeitig*) nello stesso tempo; **er aß und arbeitete** ~ mangiava e lavorava contemporaneamente ❸ (*bei dieser Sache*) con [*o* in] questo, ci, vi; **was hast du dir** ~ **gedacht?** ma cosa ti è venuto in mente? [*o* saltato in testa?]; **es** ~ **bewenden lassen** lasciare stare così; **es bleibt** ~, **dass ...** resta inteso [*o* stabilito] che ...; **ich bleibe** ~, **dass ...** insisto nel dire che ...; **das Schöne** ~ **ist, dass ...** il bello è che ...; **mir ist nicht wohl** ~ non mi sento a mio agio [in questa situazione] ❹ (*obwohl*) malgrado; **ich bin zu spät gekommen,** ~ **habe ich mich so beeilt!** sono arrivato troppo tardi malgrado mi fossi affrettato! ❺ (*Wend*) ~ **sein** esserci, essere presente; **bei etw** ~ **sein** partecipare a qc; **ich bin** ~! ci sto!; ~ **sein, etw zu tun** stare per fare qc; **ist die Gebrauchsanweisung** ~? ci sono anche le istruzioni per l'uso? **dabei**|**bleiben** <irr> *vi* (*eine Sache fortsetzen*) rimanere; **ich bleibe bis zum Ende dabei** rimango [*o* non mollo] fino alla fine **dabei**|**haben** <irr> *vt* (*Geld, Ausweis*) avere dietro; **jdn** ~ essere con qu

**da**|**bleiben** <irr> *vi sein* rimanere qui/qua, rimanervi, restarvi

**Dach** [dax, *Pl:* ˈdɛçə] <-(e)s, Dächer> *nt* tetto *m;* **mit jdm unter einem** ~ **wohnen** (*fam*) vivere sotto lo stesso tetto con qu; **kein** ~ **über dem Kopf haben** (*fam*) essere senza tetto; **etw unter** ~ **und Fach bringen** mandare in porto qc; **eins aufs** ~ **kriegen** (*fig fam*) prendersi una lavata di capo; **jdm aufs** ~ **steigen** (*fam*) fare una lavata di capo a qu **Dachbalken** *m* trave *f* maestra **Dachboden** *m* soffitta *f* **Dachdecker(in)** <-s, -; -, -nen> *m(f)* copritetto *mf* **Dachfenster** *nt* abbaino *m*, lucernario *m* **Dachfirst** *m* comignolo *m* **Dachgarten** *m* giardino *m* pensile **Dachgepäckträger** *m* (AUTO) portabagagli *m* **Dachgeschoss** *nt* soffitta *f* **Dachkammer** *f* soffitta *f*, mansarda *f* **Dachkännel** [ˈdaxkɛnəl] <-s, -> *m* (CH) *s.* **Dachrinne** **Dachluke** *f* abbaino *m* **Dachorganisation** *f* organizzazione *f* suprema **Dachpappe** *f* cartone *m* catramato [per tetti] **Dachrinne** *f* grondaia *f*

**Dachs** [daks] <-es, -e> *m* (ZOO) tasso *m* **Dachschaden** *m* (*fam*) **du hast wohl einen** ~! ma sei matto! **Dachstuhl** *m* cavalletto *m* del tetto

dachte → Daktylo

**dachte** ['daxtə] *1. u. 3. Pers. Sing. Imp. von* **denken**
**Dachverband** *m* organizzazione *f* dirigente [*o* suprema] **Dachwohnung** *f* mansarda *f*
**Dachziegel** *m* tegola *f*
**Dackel** <-s, -> *m* bassotto *m*
**Dadaismus** [dada'ɪsmʊs] <-> *kein Pl. m* (KUNST) dadaismo *m*
**dadurch** [da'dʊrç, *hinweisend:* 'da:dʊrç] *adv* ❶ (*räumlich*) per di là, per [*o* attraverso] quel luogo ❷ (*aus diesem Grund*) per questa ragione, per questo; **~, dass ...** per il fatto che ... ❸ (*auf diese Weise*) in tal modo, così; **er rettete sich ~, dass er aus dem Fenster sprang** si salvò saltando dalla finestra
**dafür** [da'fy:ɐ̯, *hinweisend:* 'da:fy:ɐ̯] *adv* ❶ (*für das*) per questo; **er kann nichts ~** non è colpa sua; **alles spricht ~, dass ...** tutto sembra indicare che ...; **~ sein** essere favorevole [a qc]; (*bei Abstimmungen*) votare in favore [di qc]; **ich bin ~, dass ...** credo [*o* sono dell'avviso] che +*conj* ❷ (*zum Ersatz*) in cambio; (*als Gegenleistung*) in compenso ❸ (*statt dessen*) ma, invece ❹ **~, dass ...** (*wenn man bedenkt, dass ...*) se si tien conto che ...
**Dafürhalten** <-s> *kein Pl. nt* **nach meinem ~** secondo il mio parere
**dafür|können** <irr> *vt* averne colpa; **er kann nichts dafür** non è colpa sua; **was kann ich dafür?** che colpa ne ho io?
**DAG** [de:ʔa:'ge:] <-> *kein Pl. f abk v* **Deutsche Angestellten-Gewerkschaft** sindacato tedesco degli impiegati
**dagegen** [da'ge:gən, *hinweisend:* 'da:-ge:gən] *adv* ❶ (*räumlich*) contro ❷ (*als Ablehnung*) [in] contrario; **~ sein** essere contrario; **etw/nichts ~ haben** avere qc/nulla in contrario; **wenn Sie nichts ~ haben** se non Le dispiace, se permette; **~ stimmen** votare contro ❸ (*als Gegenmaßnahme*) contro; **nichts ~ tun können** non poter farci niente ❹ (*verglichen damit*) in confronto; (*im Gegensatz dazu*) al contrario, invece ❺ (*als Gegenwert*) in cambio, in compenso
**dagegen|halten** <irr> *vt* ❶ (*vergleichen*) contrapporre a ... ❷ (*einwenden*) replicare **dagegen|setzen** *vt* opporre, contrapporre; **da lässt sich nichts ~** non vi si può opporre nulla
**da|haben** <irr> *vt* (*fam*) ❶ (*vorrätig haben*) **etw ~** avere qc, disporre di qc ❷ (*zu Besuch haben*) **jdn ~** avere qu in visita
**daheim** [da'haɪm] *adv* (*A, CH, südd: zu Hause*) a casa **Daheim** <-s> *kein Pl. nt* casa *f*, focolare *m* domestico
**daheim|bleiben** <irr> *vi sein* (*A, CH, südd: zu Hause bleiben*) rimanere in [*o* a] casa
**daher** [da'he:ɐ̯, *hinweisend:* 'da:he:ɐ̯] *adv* ❶ (*von dorther*) di lì, da quella parte ❷ (*Ursache*) da ciò; **~ kommt es, dass ...** è questo il motivo per cui ... ❸ (*deshalb*) perciò
**daher|reden** *vt, vi* parlare a vanvera; **dumm ~** dire una sciocchezza dopo l'altra
**dahin** [da'hɪn, *hinweisend:* 'da:hɪn] *adv* ❶ (*räumlich*) lì, là; **gehst du auch ~?** ci vai anche tu? ❷ (*zeitlich: bis ~, Vergangenheit*) fino a quel tempo; (*a. Futur*) fino allora ❸ (*so weit*) a tal punto; **es ~ bringen, dass ...** arrivare al punto che ...; **jdn ~ bringen, dass ...** indurre qu a +*inf*; **~ ist es [also schon] gekommen** si è dunque giunti a questo punto ❹ (*vorbei*) passato, finito; (*fam: kaputt*) rotto; (*fam: verdorben*) guasto, rovinato
**dahingehend** ['da:hɪnɡeːənt] *adv* **sich ~ äußern, dass ...** esprimersi in tal senso che ...
**dahin|raffen** *vt* (*geh*) annientare **dahin|schleppen** [da'hɪnʃlɛpən] *vr* **sich ~** (*Mensch*) trascinarsi; (*Zeit, Arbeit, Verhandlungen*) trascinarsi **dahin|siechen** *vi sein* (*geh*) spegnersi lentamente **dahin|stellen** *vt* **etw dahingestellt sein lassen** lasciare in sospeso qc; **das mag dahingestellt bleiben** questo è ancora da vedere
**dahinten** [da'hɪntən, *hinweisend:* 'da:hɪntən] *adv* là dietro
**dahinter** [da'hɪntɐ, *hinweisend:* 'da:hɪntɐ] *adv* ❶ [lì] dietro, [là] dietro ❷ (*fig*) sotto **dahinter|klemmen** *vr*, **dahinter|knien** *vr* **sich ~** (*fam*) darsi da fare *fam*, starsi dietro *fam* **dahinter|kommen** <irr> *vi* (*fam: aufdecken, enthüllen*) scoprire [qc] **dahinter|stecken** *vi* (*fam*) **da** [*o* **es**] **steckt etwas dahinter** qui gatta ci cova, qui c'è sotto qualcosa; **es steckt nichts dahinter** non c'è sotto nulla, la cosa è chiara **dahinter|stehen** <irr> *vi* (*fam: Unterstützer sein*) sostenere l'affare/il progetto/..., appoggiare la cosa/il progetto/...; **wir stehen alle voll dahinter** (*hinter dem Projekt*) lo sosteniamo tutti pienamente
**Dahlie** ['da:liə] <-, -n> *f* dalia *f*
**Daily Soap** <-, -s> *f* (TV) soap *f* quotidiana
**Daktylo** ['daktylo] <-s, -s> *f* (*CH*) dattilografa *f*

**dalassen** <irr> vt (fam: hierlassen) lasciare qui
**Dalmatien** [dal'ma:tsi̯ən] nt Dalmazia f
**Dalmatiner** [dalma'ti:nɐ] <-s, -> m dalmata mf; (Hund) dalmata m
**damalig** ['da:ma:lɪç] adj di allora, di quel tempo
**damals** ['da:ma:ls] adv allora
**Damast** [da'mast] <-(e)s, -e> m damasco m
**Dame** ['da:mə] <-, -n> f ① (Frau) signora f; **meine ~n und Herren!** signore e signori!; **die ~ des Hauses** la padrona di casa ② (beim Sport) donna f ③ (Spielkarte, Schachspiel) regina f ④ (im ~spiel) dama f **Damebrett** nt damiere m, damiera f
**Damenbegleitung** f **in ~** in compagnia di una signora
**Damenbesuch** m visita f femminile
**Damenbinde** f assorbente m igienico
**Damendoppel** nt (SPORT) doppio m femminile **Dameneinzel** nt (SPORT) singolo m femminile **Damen|fahr|rad** nt bicicletta f da donna **Damenfriseur** m parrucchiere m per signora **Damenmannschaft** f squadra f femminile **Damenmode** f moda f femminile **Damenoberbekleidung** f abbigliamento m per signora **Damenrad** s. **Damen|fahr|rad Damensitz** m **im ~ reiten** cavalcare all'amazzone **Damentoilette** f toilette f per signora **Damenwahl** f **~!** ora scelgono le dame!
**Damespiel** nt [gioco m della] dama f **Damestein** m pedina f [del gioco della dama]
**Damhirsch** ['damhɪrʃ] m (ZOO) daino m
**damit** [da'mɪt, hinweisend: 'da:mɪt]
I. adv con ciò, con questo; **ich bin ~ einverstanden** sono d'accordo con questo; **ich bin ~ zufrieden** ne sono contento; **das hat nichts ~ zu tun** questo non c'entra; **was soll ich ~?** che cosa ne faccio?; **was wollen Sie ~ sagen?** come sarebbe a dire?, cosa intende?; **hör auf ~!** piantala!, finiscila!
II. konj affinché +conj, perché +conj, per +inf
**dämlich** ['dɛ:mlɪç] adj (fam) sciocco, imbecille
**Damm** [dam, Pl: 'dɛmə] <-(e)s, Dämme> m ① (Deich) argine m, diga f ② (Bahn~, Straßen~) terrapieno m; **nicht auf dem ~ sein** (fig fam) non essere in buona salute ③ (ANAT) perineo m **Dammbruch** m rottura f dell'argine

**dämmen** vt ① (geh: aufstauen) arginare ② (TEC: Schall) isolare
**dämmerig** ['dɛmərɪç] adj crepuscolare; (halbdunkel) semibuio, in penombra
**Dämmerlicht** nt luce f crepuscolare
**dämmern** ['dɛmɐn] vi ① (abends) imbrunire; (morgens) albeggiare ② (fam: bewusst werden) **jetzt dämmert es [bei] mir** ora incomincio a capire [o a ricordarmi]
**Dämmerung** ['dɛmərʊŋ] <-, -en> f (Abend~) crepuscolo m, imbrunire m; (Morgen~) crepuscolo m, alba f; **in der ~** (abends) sull'imbrunire; (morgens) all'alba
**Damoklesschwert** ['da:mɔklɛs|ve:ɐt] <-(e)s, -er> nt spada f di Damocle; **etw schwebt wie ein ~ über jdm** [o **über jds Haupt**] qc pende come una spada di Damocle su qu [o sul capo di qu]
**Dämon** ['dɛ:mɔn] <-s, -en> m demone m
**dämonisch** [dɛ'mo:nɪʃ] adj demoniaco
**Dampf** [dampf, Pl: 'dɛmpfə] <-(e)s, Dämpfe> m vapore m; **unter ~** (TEC) sotto pressione; **~ ablassen** (fam) sfogarsi; **~ hinter etw dat machen** (fig fam) sollecitare qc **Dampfbad** nt bagno m a vapore **Dampfbügeleisen** nt ferro m da stiro a vapore **Dampfdruck** <-(e)s, -drücke> m pressione f del vapore
**dampfen** vi esalare vapori, fumare
**dämpfen** ['dɛmpfən] vt ① (GASTR) cuocere a vapore ② (bügeln) stirare con panno umido ③ (fig: Ton, Licht) smorzare, mitigare; (Stimme) abbassare; (Stoß) attutire; **mit gedämpfter Stimme** sottovoce
**Dampfer** ['dampfɐ] <-s, -> m piroscafo m, vapore m; **auf dem falschen ~ sein** (fam) essere fuori strada
**Dämpfer** ['dɛmpfɐ] <-s, -> m (MUS) sordina f; **sein Optimismus bekam einen ~** il suo ottimismo fu smorzato
**Dampferlinie** f linea f di navigazione a vapore
**dampfig** adj vaporoso
**Dampfkessel** m caldaia f a vapore **Dampfkochtopf** m pentola f a pressione **Dampflokomotive** f locomotiva f a vapore **Dampfmaschine** f macchina f a vapore **Dampfreiniger** <-s, -> m, **Dampfsauger** <-s, -> m pulitore m a vapore **Dampfschiff** nt s. **Dampfer Dampfschifffahrt** f navigazione f a vapore **Dampfturbine** f turbina f a vapore
**Dämpfung** <-, -en> f smorzamento m; (a. fig) attenuazione f

**Dampfventil** *nt* valvola *f* a vapore **Dampfwalze** *f* rullo *m* a vapore **Dampfwolke** *f* nuvola *f* di vapore [*o* di fumo]

**danach** [da'na:x, *hinweisend:* 'da:na:x] *adv* ❶ (*zeitlich: dann*) poi, quindi; (*später*) dopo ❷ (*dementsprechend*) in conformità a ciò, in modo corrispondente a ciò; ~ **aussehen** averne l'aria [*o* l'aspetto]; **sich ~ richten** prenderlo per norma ❸ (*Reihenfolge*) dopo

**Däne** ['dɛ:nə] <-n, -n> *m* danese *m*

**daneben** [da'ne:bən, *hinweisend:* 'da:ne:bən] *adv* ❶ (*räumlich*) accanto, lì vicino; **dicht ~** (*fam*) accanto ❷ (*zusätzlich*) inoltre, oltre a ciò ❸ (*gleichzeitig*) allo stesso tempo ❹ (*fam: total falsch*) **das ist ja voll ~** è completamente sballato **daneben|benehmen** <irr, ohne ge-> *vr* **sich ~** (*fam*) comportarsi male **daneben|gehen** <irr> *vi sein* ❶ (*Schuss*) non cogliere il bersaglio ❷ (*fig fam: fehlschlagen*) fallire, andare a vuoto **daneben|liegen** <irr> *vi* (*fam: sich irren*) sbagliarsi

**Dänemark** ['dɛ:nəmark] *nt* Danimarca *f*

**Dänin** ['dɛ:nɪn] <-, -nen> *f* danese *f*

**dänisch** *adj* danese

**dank** [daŋk] *prp +gen o dat* grazie a

**Dank** <-(e)s> *kein Pl. m* ringraziamento *m*; (*~barkeit*) gratitudine *f*; (*Erkenntlichkeit*) riconoscenza *f*; **besten** [*o* **vielen**] [*o* **herzlichen**] ~! mille grazie, grazie infinite!; **zum ~ für** come ricompensa per; **Gott sei ~!** grazie a Dio!; **jdm zu ~ verpflichtet sein** dovere gratitudine a qu

**dankbar** I. *adj* ❶ (*dankerfüllt*) grato; **jdm für etw ~ sein** essere grato [*o* riconoscente] a qu per qc ❷ (*lohnend*) gratificante, che dà soddisfazione; (*Publikum*) eccellente; (*Rolle*) di grande effetto ❸ (*fam: strapazierfähig*) resistente II. *adv* con gratitudine, con riconoscenza **Dankbarkeit** <-> *kein Pl. f* gratitudine *f*, riconoscenza *f*

**danke** *int* grazie; ~ **schön** [*o* **sehr**] [*o* **vielmals!**] grazie!, grazie tanto!; **nein, ~!** no, grazie!

**danken** I. *vi* (*sich bedanken*) **jdm** [**für etw**] ~ ringraziare qu [di [*o* per] qc]; **nichts zu ~!** non c'è di che!; **~d ablehnen** rifiutare ringraziando; **Betrag ~d erhalten** (COM) somma ricevuta per quietanza II. *vt* **jdm etw ~** essere riconoscente a qu per qc

**dankenswert** *adj* degno di riconoscenza

**Dankeschön** <-s> *kein Pl. nt* grazie *m*

**Danksagung** <-, -en> *f* biglietto *m* di ringraziamento

**dann** [dan] *adv* ❶ (*später, danach*) dopo, poi, quindi; ~ **und wann** di quando in quando; **also, ~ bis gleich!** a presto, dunque!; **und** [*o* **was**] ~? e poi? ❷ (*außerdem*) poi, inoltre ❸ (*in diesem Fall*) allora, in questo [*o* quel] caso; **selbst ~** [**nicht**], **wenn ...** [ne]anche nel caso in cui; ~ [**eben**] **nicht!** allora no!; **wenn nicht er, wer ~?** se non lui, chi allora?

**Danzig** ['dantsɪç] *nt* Danzica *f*

**daran** [da'ran, *hinweisend:* 'da:ran] *adv* ❶ (*räumlich*) ci, vi, ne; **wenn du ~ vorbeikommst, ...** se ci passi, ... ❷ (*zeitlich*) **im Anschluss ~** in seguito a ciò; **nahe ~ sein, zu** +*inf* essere sul punto di +*inf*, stare per +*inf*; **ich war nahe ~, zu fallen** ci mancava poco che cadessi ❸ (*an dieses, an diesem*) ci, ne; ~ **denken/glauben** pensarci/crederci; ~ **erkenne ich ihn** lo riconosco da ciò; **ich bin nicht ~ schuld** non ne ho colpa; **es ist etw Wahres ~** c'è qc di vero in questo; **das Beste ~ ist, dass ...** la cosa migliore di ciò è che ... **daran|gehen** <irr> *vi sein* mettersi, cominciare; ~ **etw zu tun** mettersi a fare qc **daran|machen** *vr* **sich ~** (*fam*) *s.* **darangehen daran|setzen** I. *vt* (*einsetzen*) metterci, mettere in gioco; **alles ~ zu** +*inf* fare ogni sforzo possibile per +*inf* II. *vr* **sich ~** *s.* **darangehen**

**darauf** [da'raʊf, *hinweisend:* 'da:raʊf] *adv* ❶ (*räumlich*) su questo, sopra questo, [qua] sopra ❷ (*zeitlich*) dopo, poi, quindi; **gleich ~** subito dopo; **am ~ folgenden Tag** il giorno dopo [*o* seguente] ❸ (*infolgedessen*) perciò, quindi, così ❹ (*auf dieses*) ci, ne; **stolz ~ sein** esserne fiero; ~ **achten** badarci, starci attento; **sich ~ verlassen** contarci; **es kommt ~ an** dipende; ~ **kommt es nicht an** questo non importa; **ich freue mich schon ~!** non vedo l'ora!; **wie kommst du ~?** come mai ti viene quest'idea?

**d|a|rauf** [da'raʊf *o* 'draʊf, *hinweisend:* 'd(a:)raʊf] *adv* (*fam*) ❶ (*örtlich*) su questo, sopra questo, [qua] sopra ❷ (*zeitlich*) dopo, poi, quindi ❸ (*infolgedessen*) perciò, quindi, così ❹ (*als Reaktion auf*) come reazione a; **gleich ~** subito dopo; **kurz ~** poco [tempo] dopo; **am Tag ~** il giorno dopo [*o* seguente]; **zwei Jahre ~** due anni dopo; ~ **achten** badarci; **es ~ ankommen lassen** rimettersi alla fortuna; **nur ~ aus sein zu** +*inf* (*fam*) mirare solo a ...; **stolz ~ sein** esserne fiero; **sich ~ verlassen** contarci; **es kommt ~ an** dipende; ~ **kommt es nicht an** questo non importa; ~ **gebe ich nichts** non ci faccio caso; ~ **steht die Todesstrafe** è soggetto a pena di morte; **ich freue mich schon ~!** me ne rallegro già!; **wie kommst du ~?** come mai ti viene quest'idea? **darauffolgend** *adj* **am ~en Tag** il giorno dopo [*o* seguente] **daraufhin** [daˈraʊfhɪn, *hinweisend:* ˈdaːraʊfhɪn] *adv* ❶ (*infolgedessen*) in conseguenza di ciò, in seguito a ciò ❷ (*danach*) dopo, poi, quindi ❸ (*unter diesem Gesichtspunkt*) sotto questo aspetto

**daraus** [daˈraʊs, *hinweisend:* ˈdaːraʊs] *adv* ❶ (*räumlich*) da ciò, di qui; **kann man ~ trinken?** si può bere da qui? ❷ (*aus Material*) da questo ❸ (*fig*) ne; **~ folgt, dass ...** ne [con]segue che ...; **~ wird nichts** non se ne farà nulla; **ich mache mir nichts ~** non me ne importa nulla

**darben** [ˈdarbən] *vi* (*poet*) penare; (*hungern*) stentare

**dar|bieten** [ˈdaːɐ̯biːtən] <irr> I. *vt* (*geh* THEAT) [rap]presentare; (*Musikstücke*) eseguire; (*Gedichte, Lieder*) recitare II. *vr* **sich ~** (*geh: sichtbar werden*) presentarsi; (*sich anbieten*) offrirsi

**Darbietung** <-, -en> *f* (*geh: Veranstaltung*) spettacolo *m*; (THEAT) rappresentazione *f,* recita *f;* (*von Musikstücken*) esecuzione *f*

**d|a|rein** [daˈraɪn *o* draɪn, *hinweisend:* ˈd(aː)raɪn] *adv* (*fam*) là [*o* qua] dentro, dentro, ci, vi

**darf** [darf] *1. u. 3. Pers. Sing. Präs. von* **dürfen**[1,2]

**darin** [daˈrɪn, *hinweisend:* ˈdaːrɪn] *adv* ❶ (*räumlich*) qua [*o* là] dentro, dentro, vi, ci ❷ (*fig*) in questo, in ciò; (*in dieser Hinsicht*) in questo senso; **~ haben Sie Recht/irren Sie sich** in quanto a ciò ha ragione/si sbaglia; **ich stimme mit Ihnen ~ überein, dass ...** sono d'accordo con Lei che ...

**dar|legen** [ˈdaːɐ̯leːgən] *vt* esporre; (*erklären*) spiegare

**Darlehen** [ˈdaːɐ̯leːən] <-s, -> *nt* prestito *m,* mutuo *m;* **ein ~ aufnehmen** contrarre un prestito [*o* mutuo] **Darlehensgeber** *m* mutuante *m* **Darlehensnehmer** <-s, -> *m* mutuatario *m* **Darlehensvertrag** *m* contratto *m* di prestito

**Darm** [darm, *Pl:* ˈdɛrmə] <-(e)s, Därme> *m* ❶ (ANAT) intestino *m* ❷ (*Wursthaut*) budello *m* **Darmflora** *f* flora *f* intestinale **Darmgrippe** *f* influenza *f* intestinale **Darminfektion** *f* infezione *f* intestinale **Darmkrebs** *m* cancro *m* intestinale **Darmverschluss** *m* (MED) ileo *m*

**dar|reichen** [ˈdaːɐ̯raɪçən] *vt* (*geh*) offrire, presentare

**dar|stellen** [ˈdaːɐ̯ʃtɛlən] *vt* ❶ (*abbilden*) rappresentare; **dieses Bild stellt ihn als König dar** questo quadro lo ritrae nelle vesti di re ❷ (*wiedergeben*) raffigurare, rappresentare; (THEAT) interpretare [la parte di] ❸ (*beschreiben*) descrivere; (*veranschaulichen*) illustrare, dimostrare ❹ (*bedeuten*) rappresentare, costituire, essere

**Darsteller(in)** <-s, -; -, -nen> *m(f)* interprete *mf,* attore, -trice *m, f* **darstellerisch** *adj* scenico; **eine glänzende ~e Leistung** una splendida interpretazione

**Darstellung** <-, -en> *f* ❶ (*Schilderung*) descrizione *f;* (*von Sachverhalt*) esposizione *f* ❷ (*Wiedergabe*) raffigurazione *f;* (THEAT) rappresentazione *f* **Darstellungsweise** *f* modo *m* di rappresentare

**darüber** [daˈryːbɐ, *hinweisend:* ˈdaːryːbɐ] *adv* ❶ (*räumlich*) [al] di sopra, qua [*o* là] sopra; **~ hinaus** (*außerdem*) oltre a ciò, inoltre, in più ❷ (*in dieser Hinsicht, über diese Angelegenheit*) in quanto a ciò, su ciò, ne; **sich ~ freuen** rallegrarsene; **ich bin ~ hinweg** non ci penso più, acqua passata ❸ (*bei Zahlen, Beträgen*) [di] più, oltre **darüber|fahren** <irr> *vi* (*darüberstreichen*) passarci sopra **darüber|liegen** <irr> *vi* (*höher sein, teurer sein*) tenersi più alto, essere superiore **darüber|stehen** <irr> *vi* (*darüber erhaben sein*) essere superiore; **da stehe ich doch darüber!** sono superiore a queste cose!

**darum** [daˈrʊm, *hinweisend:* ˈdaːrʊm] *adv* ❶ (*räumlich*) intorno [a ciò], attorno [a ciò] ❷ (*deshalb*) perciò, per questo; **warum hast du das getan? — Darum!** (*fam*) perché hai fatto questo? — Perché sì! ❸ (*um diese Angelegenheit*) di questo, ne; **ich bitte dich ~** te ne prego; **es geht ~, dass ...** si tratta di +*inf,* il problema è che ...; **es handelt sich nicht ~** non si tratta di questo

**darunter** [daˈrʊntɐ, *hinweisend:* ˈdaːrʊntɐ] *adv* ❶ (*räumlich*) [di] sotto, qua [*o* là] sotto, sotto questo ❷ (*weniger*) meno ❸ (*unter einer Anzahl*) fra cui ❹ (*unter dieser Angelegenheit*) **~ leiden** soffrirne; **was verstehen Sie ~?** cosa intende con ciò? **darunter|fallen** <irr> *vi sein o haben* (*zu dieser Kategorie gehören*) stare [*o* essere] sotto **darunter|liegen** <irr> *vi sein o haben* (*geringer ausfallen*) stare [*o* essere] sotto **darunter|setzen** *vt* (*Unterschrift*) mettere

**das** [das] I. *art def nom u acc n s.* **der, die,**

**das** II. *pron rel s.* **welche(r, s)** III. *pron dem* ciò, questo, quello; **~ bin ich** questo sono io; **~ ist mein Haus** ecco la mia casa; **~ war eine Freude!** che gioia!; **auch ~ noch!** ci mancava solo questo! **Dasein** <-s> *kein Pl. nt* ❶ (*Anwesenheit*) presenza *f* ❷ (*Leben*) vita *f*, esistenza *f* **Daseinsberechtigung** *f* (*von Dingen*) ragione *f* d'essere; (*von Personen*) diritto *m* alla vita **Daseinskampf** *m* lotta *f* per l'esistenza

**da|sitzen** <*irr*> *vi* star[sene] lì seduto

**dasjenige** *pron dem s.* **derjenige**

**dass** [das] *konj* che; (*bei Subjektgleichheit*) di + *inf*; **als ~** perché + *conj*, per + *inf*; **bis ~** finché + *conj*; **so ~** cosicché, in modo che, in modo da + *inf*; **es sei denn, ~** a meno che + *conj*; **er glaubt, ~ er dumm ist** crede di essere stupido; **nicht ~ ich wüsste!** non che io sappia!; **~ du mir ja nicht drangehst!** guai [a te] se lo tocchi!

**dasselbe** *pron dem s.* **derselbe**

**da|stehen** <*irr*> *vi haben o sein* starsene lì; **wie angewachsen** [*o* **angewurzelt**] **~** restare di sasso

**DAT** [dat] <-s, -s> *nt abk v* **Digital Audio Tape** DAT *m*

**Date** [deɪt] <-s, -s> *nt* (*Verabredung*) appuntamento *m;* **mit jdm ein ~ haben** avere un appuntamento con qu

**Datei** [da'taɪ] <-, -en> *f* (INFORM) file *m*, archivio *m* **Dateimanager** *m* (INFORM) file manager *m* **Dateiname** *m* (INFORM) nome *m* del file

**Daten** I. *Pl. von* **Datum** II. *Pl.* (*Angaben*) dati *mpl*

**Datenautobahn** *f* (INFORM, TEL) autostrada *f* informatica [*o* telematica] **Datenbank** *f* (INFORM) banca-dati *f* **Datenerfassung** *f* (INFORM) raccolta *f* dei dati **Datenfernübertragung** *f* (INFORM, TEL) trasmissione *f* dati a distanza **Datenhandschuh** *m* (INFORM) data glove *m* **Datenklau** <-s> *kein Pl. m* (JUR, INFORM, *fam*) furto *m* di dati **Datenkomprimierung** *f* (INFORM) compressione *f* dati **Datenmissbrauch** *m* abuso *m* dati **Datennetz** *nt* (INFORM) rete *f* di dati **Datenschutz** *m* privacy *f* **Datenschutzbeauftragte** *mf* responsabile *mf* della protezione dati **Datenschutzgesetz** *nt* legge *f* sulla privacy **Datenträger** <-s, -> *m* (INFORM) memoria *f* di massa, supporto *m* **Datentransfer** *m* (INFORM) interscambio *m* di dati **Datentypist(in)** ['da:təntypɪst] <-en, -en; -, -nen> *m(f)* (INFORM) persona *f* addetta all'emissione dei dati **Datenübertragung** *f* (INFORM) trasmissione *f* [di] dati **Datenverarbeitung** *f* (INFORM) elaborazione *f* [dei] dati; **elektronische ~** elaborazione elettronica [dei] dati

**datieren** [da'ti:rən] <*ohne ge*-> I. *vt* datare, mettere [*o* apporre] la data su II. *vi* ❶ (*Datum tragen*) **vom 30. April ~** portare la data del 30 aprile ❷ (*bestehen*) **unsere Freundschaft datiert seit letztem Sommer** la nostra amicizia data dall'estate scorsa

**Dativ** ['da:ti:f] <-s, -e> *m* (LING) [caso *m*] dativo *m* **Dativobjekt** *nt* (LING) complemento *m* di termine

**dato** ['da:to] *adv* **bis ~** fino a oggi

**Dattel** ['datəl] <-, -n> *f* dattero *m* **Dattelpalme** *f* palma *f* da datteri

**Datum** ['da:tum, *Pl:* 'da:tən] <-s, Daten> *nt data f;* **~ des Poststempels** data del timbro postale; **jüngeren** [*o* **neueren**] **~ s** di data recente; **unter dem heutigen ~** in data odierna; **welches ~ haben wir heute?** quanti ne abbiamo oggi?

**Datumsgrenze** <-, -n> *f* linea *f* cambiamento data **Datum|s|stempel** *m* datario *m*

**Daube** ['daubə] <-, -n> *f* doga *f*

**Dauer** ['daʊɐ] <-> *kein Pl. f* durata *f;* (*Zeitspanne*) periodo *m*, tempo *m;* **für die ~ von** della [*o* per la] durata di; **von ~ sein** essere duraturo; **auf die ~** a lungo andare **Dauerauftrag** *m* (FIN) ordine *m* [*o* incarico *m*] permanente **Dauerbrenner** *m* ❶ (*Ofen*) stufa *f* a fuoco continuo ❷ (*fig fam: Hit, Erfolg*) successo *m* [duraturo] **dauerhaft** *adj* duraturo, durevole; (*beständig*) costante, stabile

**Dauerhaftigkeit** <-> *kein Pl. f* ❶ durevolezza *f*, durata *f* ❷ (*Beständigkeit*) stabilità *f* **Dauerkarte** *f* abbonamento *m* **Dauerlauf** *m* (SPORT) corsa *f* di resistenza [*o* di fondo] **Dauerlutscher** *m* caramella *f* da succhiare

**dauern** ['daʊən] *vi* durare; **das wird nicht lange ~** non ci vorrà molto; **es dauerte lange, bis er kam** ci volle molto prima che arrivasse; **es dauert mir zu lange** l'attesa per me è troppo lunga; **wie lange dauert es noch?** quanto ci vuole ancora?

**dauernd** I. *adj* ❶ (*andauernd*) permanente ❷ (*ständig*) continuo, costante II. *adv* in continuazione

**Dauerobst** *nt* frutta *f* invernale [*o* che si conserva] **Dauerstellung** *f* posto *m* a tempo indeterminato **Dauerwelle** *f* permanente *f* **Dauerwirkung** *f* effetto *m*

duraturo **Dauerzustand** *m* stato *m* [*o* condizione *f*] permanente

**Daumen** ['daʊmən] <-s, -> *m* pollice *m;* **am ~ lutschen** succhiarsi il pollice; **ich drücke dir die ~!** (*fam*) in bocca al lupo!

**Daumenregister** *nt* (TYP) indice *m* a rubrica

**Daune** ['daʊnə] <-, -n> *f* piuma *f* **Daunendecke** *f* piumino *m*, piumone *m* **Daunenjacke** *f* [giacca *f* di] piumino *m*

**davon** [da'fɔn, *hinweisend:* 'da:fɔn] *adv* ① (*Thema, Teil bezeichnend*) di questo, di ciò, ne; **~ wissen** saperne ② (*räumlich*) di là, di lì ③ (*dadurch*) da questo, da ciò, ne; **was habe ich ~?** che vantaggio ne ho io?; **~ ist er wach geworden** questo l'ha svegliato; **das kommt ~, wenn ...** ecco quel che succede, se ...

**davon|fliegen** <irr> *vi sein* volare via **davon|gehen** <irr> *vi sein* andarsene, andare via **davon|jagen** I. *vi sein* (*sich entfernen*) allontanarsi rapidamente II. *vt* (*vertreiben*) scacciare **davon|kommen** <irr> *vi sein* scamparla, cavarsela; (*sich retten*) salvarsi; **mit heiler Haut/dem Leben ~** salvarsi la pelle/la vita; **noch einmal ~** cavarsela ancora **davon|laufen** <irr> *vi sein* scappare, fuggire; **es ist zum Davonlaufen!** (*fam*) è una disperazione!, è insopportabile! **davon|machen** *vr* **sich ~** (*fam*) svignarsela, scappare **davon|stehlen** <irr> *vr* **sich ~** (*geh*) allontanarsi furtivamente **davon|tragen** <irr> *vt* ① (*wegtragen*) portare via ② (*Verletzungen*) riportare ③ (*geh: Sieg*) riportare

**davor** [da'fo:ɐ̯, *hinweisend:* 'da:fo:ɐ̯] *adv* ① (*räumlich*) davanti [a questo], dinanzi [a ciò] ② (*zeitlich*) prima [di ciò]; **das Jahr ~** l'anno precedente ③ (*vor dieser Sache*) di ciò, ne; **ich habe Angst ~** ne ho paura **davor|legen** *vt* **etw ~** mettere qc lì davanti **davor|liegen** <irr> *vi* (*Person*) essere disteso lì davanti **davor|stehen** <irr> *vi* (*Person*) stare lì davanti **davor|stellen** *vt* **etw ~** mettere qc lì davanti

**DAX** *m* (FIN) *akr v* **Deutscher Aktienindex** *indice azionario tedesco*

**dazu** [da'tsu:, *hinweisend:* 'da:tsu:] *adv* ① (*zu diesem Zweck*) per questo, a questo scopo; (*dafür*) per questo ② (*darüber, zu diesem Thema*) su ciò, su questo; **sich ~ äußern** esprimersi al riguardo; **was sagen Sie ~?** cosa ne dice? ③ (*außerdem*) oltre a ciò; **klug und schön ~** non solo intelligente, ma anche bello ④ (*zu dieser Sache*) ci, ne; **~ gehört ...** ci vuole ..., è necessario *+inf;* **ich habe keine Lust/Zeit ~** non ne ho voglia/il tempo; **~ kommt, dass ...** a ciò si aggiunge che ...; **im Gegensatz ~** invece, al contrario; **endlich komme ich ~ zu** *+inf* finalmente riesco a *+inf;* **wie kommen Sie ~?** (*wieso haben Sie das?*) come l'ha avuto?; (*was erlauben Sie sich?*) come si permette?

**dazugehörig** *adj* rispettivo, relativo

**dazu|lernen** *vt* imparare [ulteriormente/in più]; **man kann immer etw ~** si impara sempre qc di nuovo

**dazumal** ['da:tsuma:l] *adv* **anno ~** (*scherz*) a quei tempi

**dazu|tun** <irr> *vt* aggiungere **Dazutun** *nt* **ohne mein ~** senza il mio intervento

**dazwischen** [da'tsvɪʃən, *hinweisend:* 'da:tsvɪʃən] *adv* ① (*räumlich*) in mezzo; (*a. darunter*) tra questi ② (*zeitlich*) nel frattempo ③ (*Beziehung*) fra loro

**dazwischen|fahren** <irr> *vi sein* ① (*eingreifen*) intervenire ② (*unterbrechen*) interrompere **dazwischen|funken** [da'tsvɪʃən'fʊŋkən] *vi* (*fam*) immischiarsi, intromettersi

**dazwischen|kommen** <irr> *vi sein* sopraggiungere, accadere, capitare; **wenn nichts dazwischenkommt** se tutto va bene, salvo imprevisti; **mir ist etw dazwischengekommen** c'è stato un imprevisto **dazwischen|treten** <irr> *vi sein* (*eingreifen*) intervenire

**DB** [de:'be:] <-> *kein Pl. f abk v* **Deutsche Bahn** *ferrovie dello stato tedesco*

**DBB** [de:be:'be:] <-(s)> *kein Pl. m abk v* **Deutscher Beamtenbund** *unione dei funzionari* (*statali*) *tedeschi*

**DBP** ① *abk v* **Deutsches Bundespatent** *brevetto della RFT* ② *abk v* **Deutsche Bundespost** *PT*

**DDR** [de:de:'ʔɛr] *f* (HIST) *abk v* **Deutsche Demokratische Republik** RDT *f*

**D-Dur** <-> *kein Pl. nt* (MUS) re *m* maggiore

**Deal** ['di:l] <-s, -s> *m* (*sl*) affare *m*

**dealen** ['di:lən] *vi* (*sl*) spacciare droga

**Dealer(in)** <-s, -; -, -nen> *m(f)* spacciatore, -trice *m, f*

**Debakel** [de'ba:kəl] <-s, -> *nt* (*geh*) débâcle *f*, sfacelo *m*

**Debatte** [de'batə] <-, -n> *f* discussione *f;* (POL) dibattito *m;* **etw zur ~ stellen** mettere qc in discussione; **etw steht zur ~** qc è in discussione; **das steht überhaupt nicht zur ~** è ovvio, non se ne discute proprio

**debattieren** [deba'ti:rən] <ohne ge->

*vi, vt* discutere, dibattere; **über etw** *acc* ~ discutere su qc

**Debet** ['de:bɛt] <-s, -s> *nt* (FIN) dare *m*, debito *m*

**debil** [de'bi:l] *adj* debole, fragile, debole di mente

**Debugger** [di'bʌgɐ] <-s, -> *m* (INFORM) debugger *m*

**Debüt** [de'by:] <-s, -s> *nt* (THEAT) debutto *m*; (*a. fig*) esordio *m*; **sein ~ geben als ...** debuttare come ...

**debütieren** [deby'ti:rən] <ohne ge-> *vi* (THEAT) debuttare; (*a. fig*) esordire

**dechiffrieren** [deʃɪ'fri:rən] <ohne ge-> *vt* decifrare

**Deck** [dɛk] <-(e)s, -s> *nt* (NAUT) ponte *m*, coperta *f*; **alle Mann an ~!** tutti in coperta!

**Deckblatt** *nt* ❶ (BOT) brattea *f* ❷ (*von Büchern*) foglio *m* di rettifica

**Decke** ['dɛkə] <-, -n> *f* ❶ (*Bett~*) coperta *f*; (*Tisch~*) tovaglia *f*; **mit jdm unter einer ~ stecken** (*fig fam*) essere in combutta con qu ❷ (*Zimmer~*) soffitto *m*; **an die ~ gehen** (*fig fam*) andare [*o* montare] su tutte le furie; **mir fällt die ~ auf den Kopf** (*fig fam*) mi sento in gabbia ❸ (*Straßen~*) pavimentazione *f* stradale ❹ (*Reifen~*) copertone *m*

**Deckel** ['dɛkəl] <-s, -> *m* ❶ (*von Gefäßen*) coperchio *m*; (*zum Aufschrauben*) coperchio *m* a vite ❷ (*Buch~*) copertina *f* ❸ (*fam: Hut*) cappello *m*; **eins auf den ~ kriegen** (*fig fam*) ricevere una lavata di capo, prendersi un cicchetto **Deckelöffner** *m* svitacoperchi *m*

**decken I.** *vt* ❶ (*zudecken*) coprire; (*überziehen*) ricoprire; **etw mit etw ~** rivestire qc di qc; **ein Tuch über etw** *acc* **~** coprire qc con un panno; **den Tisch ~** apparecchiare la tavola ❷ (*Bedarf, Kosten*) coprire ❸ (MIL, SPORT) coprire, marcare **II.** *vr* **sich ~** (*übereinstimmen*) coincidere

**Deckenbeleuchtung** *f* illuminazione *f* dal soffitto **Deckengemälde** *nt* pittura *f* sul soffitto

**Deckmantel** *m* (*fig*) **unter dem ~ von** sotto il manto di **Deckname** *m* pseudonimo *m*

**Deckoffizier** *m* ufficiale *m* di coperta

**Deckung** ['dɛkʊŋ] <-, -en> *f* ❶ (*Schutz*, MIL) riparo *m*, protezione *f*; (SPORT: *von Spieler*) difesa *f*; (*von Raum*) marcatura *f*; (*Boxen, Fechten*) guardia *f*; **jdm ~ geben** coprire qu; **in ~ gehen** (MIL) mettersi al coperto [*o* al riparo]; (SPORT) mettersi in guardia ❷ (*von Scheck, Nachfrage*) copertura *f*; **zur ~ der Kosten** a copertura delle spese ❸ (*Übereinstimmung*) accordo *m*; **etw zur ~ bringen** far concordare [*o* coincidere] qc **deckungsgleich** *adj* congruente

**Decoder** [di'kɔʊdɐ] <-s, -> *m* (INFORM, TV) decoder *m*, decodificatore *m*

**deduktiv** [deduk'ti:f] *adj* deduttivo

**de facto** [de: 'fakto] *adv* de facto, di fatto

**Defätist(in)** [defɛ'tɪst] <-en, -en; -, -nen> *m(f)* (*geh pej*) disfattista *mf*

**defekt** [de'fɛkt] *adj* difettoso, guasto **Defekt** <-(e)s, -e> *m* ❶ (*Schaden*) danno *m*; (MOT) guasto *m* ❷ (*Mangel*) difetto *m*

**defensiv** [defɛn'zi:f] *adj* difensivo **Defensive** [defɛn'zi:və] <-, -n> *f* difensiva *f*; **in der ~** sulla difensiva

**definieren** [defi'ni:rən] <ohne ge-> *vt* definire

**Definition** [defini'tsi̯o:n] <-, -en> *f* definizione *f*

**definitiv** [defini'ti:f] *adj* definitivo

**Defizit** ['de:fitsɪt] <-s, -e> *nt* ❶ (WIRTSCH) deficit *m*, disavanzo *m* ❷ (*Mangel*) carenza *f*; **~ an etw** *dat* carenza di qc

**Deflation** [defla'tsi̯o:n] <-, -en> *f* (WIRTSCH) deflazione *f*

**Defloration** [deflora'tsi̯o:n] <-, -en> *f* deflorazione *f*

**deflorieren** [deflo'ri:rən] <ohne ge-> *vt* deflorare

**Deformation** <-, -en> *f* deformazione *f*, deformità *f*

**deformieren** [defɔr'mi:rən] <ohne ge-> *vt* deformare

**deftig** ['dɛftɪç] *adj* ❶ (*Essen*) sostanzioso, pesante ❷ (*Spaß*) pesante; (*anzüglich*) spinto

**Degen** ['de:gən] <-s, -> *m* spada *f*

**Degeneration** <-, -en> *f* (*a.* BIOL, MED) degenerazione *f*

**degenerieren** [degene'ri:rən] <ohne ge-> *vi sein* degenerare

**degradieren** [degra'di:rən] <ohne ge-> *vt* degradare

**Degradierung** <-, -en> *f* degradazione *f*

**degressiv** [degrɛ'si:f] *adj* (FIN: *Abschreibung*) regressivo

**dehnbar** ['de:nba:ɐ̯] *adj* ❶ (*Material*) estendibile, estensibile; (*elastisch*) elastico; (PHYS) dilatabile ❷ (*Begriff*) elastico **Dehnbarkeit** <-> *kein Pl. f* estensibilità *f*; (PHYS) dilatabilità *f*; (*von Metall*) duttilità *f*; (*fig*) elasticità *f*

**dehnen I.** *vt* ❶ (*Material*) tendere; (*Glieder*) stirare ❷ (LING: *Laut*) allungare **II.** *vr*

**sich ~** ❶ (*Material*) dilatarsi ❷ (*Mensch*) distendersi ❸ (*Strecke, Zeit*) prolungarsi
**Deich** [daɪç] <-(e)s, -e> *m* diga *f*, argine *m*
**Deichsel** ['daɪksəl] <-, -n> *f* timone *m*
**deichseln** *vt* (*fam*) venire a capo di
**dein** [daɪn] *pron poss Sing, Nom. m u. nt von* **du** tuo, -a *m, f,* tuoi *mpl,* tue *fpl;* **~ Haus** la tua casa; **~ e Eltern** i tuoi genitori; **herzliche Grüße, dein Giorgio** cari saluti dal tuo Giorgio
**deine(r, s)** *pron poss von* **du** il tuo, la tua, i tuoi *pl,* le tue *pl*
**deiner** *pron poss gen von* **du** di te; *s. a.* **deine(r, s)**
**deinerseits** ['daɪnɐ'zaɪts] *adv* da parte tua
**deines** *s.* **deine(r, s)**
**deinesgleichen** ['daɪnəs'glaɪçən] <inv> *pron* tuo pari, uno [*o* gente *f*] come te
**deinetwegen** ['daɪnət'veːgən] *adv* per causa tua, per te; (*negativ*) per colpa tua
**deinetwillen** ['daɪnət'vɪlən] *adv* **um ~** per te, per amor tuo
**deinige(r, s)** (*obs, geh*) *s.* **deine(r, s)**
**deins** *s.* **deine(r, s)**
**deinstallieren** ['deːɪnstalliːrən] *vt* (INFORM) disinstallare
**Déjà-vu-Erlebnis** [deʒavyːˈɛɐˈleːbnɪs] <-ses, -se> *nt* (PSYCH) [immagine *f*] déjà vu *m*
**Deka** [deka] <-s, -> *nt* (*A: fam: 10 Gramm*) decagrammo *m;* **geben Sie mir bitte 10 ~ Salami** mi dia un etto di salame
**Dekade** [deˈkaːdə] <-, -n> *f* decade *f*
**dekadent** [dekaˈdɛnt] *adj* decadente
**Dekadenz** [dekaˈdɛnts] <-> *kein Pl. f* decadenza *f*
**Dekagramm** [dekaˈgram] <-s, -> *nt* (*A: 10 Gramm*) decagrammo *m*
**Dekan** [deˈkaːn] <-s, -e> *m* ❶ (REL) decano *m* ❷ (UNIV) preside *m* di facoltà
**Dekanat** [dekaˈnaːt] <-(e)s, -e> *nt* decanato *m*
**Deklamation** [deklamaˈtsjoːn] <-, -en> *f* declamazione *f*
**deklamieren** [deklaˈmiːrən] <ohne ge-> *vt* declamare
**Deklaration** [deklaraˈtsjoːn] <-, -en> *f* dichiarazione *f*
**deklarieren** [deklaˈriːrən] <ohne ge-> *vt* dichiarare
**Deklination** [deklinaˈtsjoːn] <-, -en> *f* declinazione *f*
**deklinieren** [dekliˈniːrən] <ohne ge-> *vt* (LING) declinare
**Dekolleté** [dekɔlˈteː] <-s, -s> *nt,* **Dekolletee** <-s, -s> *nt* scollatura *f,* décolleté *m*
**Dekorateur(in)** [dekoraˈtøːɐ̯] <-s, -e; -, -nen> *m(f)* decoratore, -trice *m, f;* (*Schaufenster~*) vetrinista *mf;* (THEAT) scenografo, -a *m, f*
**Dekoration** [dekoraˈtsjoːn] <-, -en> *f* decorazione *f;* (*Schaufenster~*) decorazione *f* di vetrina; (THEAT) scenario *m*
**dekorativ** [dekoraˈtiːf] *adj* decorativo, esornativo
**dekorieren** [dekoˈriːrən] <ohne ge-> *vt* decorare
**Dekret** [deˈkreːt] <-(e)s, -e> *nt* decreto *m*
**dekretieren** [dekreˈtiːrən] <ohne ge-> *vt* decretare
**Delegation** [delegaˈtsjoːn] <-, -en> *f* delegazione *f*
**delegieren** [deleˈgiːrən] <ohne ge-> *vt* delegare **Delegierte** <ein -r, -n, -n> *mf* delegato, -a *m, f*
**Delfin** [dɛlˈfiːn] <-s, -e> *m* delfino *m*
**Delfinschwimmen** <-s> *kein Pl. nt* (SPORT) [stile di nuoto] delfino *m*
**delikat** [deliˈkaːt] *adj* ❶ (*lecker*) delizioso; (*auserlesen, fein*) squisito, prelibato ❷ (*heikel*) delicato, scabroso
**Delikatesse** [delikaˈtɛsə] <-, -n> *f* ❶ (*Leckerbissen*) leccornia *f* ❷ (*geh: Zartgefühl*) delicatezza *f,* tatto *m* **Delikatessengeschäft** *nt* negozio *m* di specialità gastronomiche
**Delikt** [deˈlɪkt] <-(e)s, -e> *nt* (JUR) delitto *m;* (*Straftat*) reato *m*
**Delinquent(in)** [delɪŋˈkvɛnt] <-en, -en; -, -nen> *m(f)* (*geh*) delinquente *mf*
**Delirium** [deˈliːriʊm] <-s, Delirien> *nt* delirio *m*
**Delle** ['dɛlə] <-, -n> *f* (*dial*) ammaccatura *f,* schiacciamento *m*
**delogieren** <ohne ge-> *vt* (*A: zum Ausziehen aus der Wohnung zwingen*) sfrattare
**Delors-Bericht** <-(e)s> *kein Pl. m* (*Europäische Währungsunion*) Rapporto *m* Delors
**Delphin** <-s, -e> *m* delfino *m*
**Delphinschwimmen** <-s> *kein Pl. nt* (SPORT) [stile di nuoto] delfino *m*
**Delta**[1] ['dɛlta] <-(s), -s> *nt* (*griechischer Buchstabe*) delta *f*
**Delta**[2] ['dɛlta, *Pl:* 'dɛltən] <-s, -s *o* Delten> *nt* (GEOG) delta *m*
**dem** [deːm] I. *art def Sing, dat von* **der, das, wenn ~ so ist** se è così; **wie ~ auch sei** comunque sia II. *pron dem Sing, dat von* **der, das** III. *pron rel Sing, dat von* **der, das**
**Demagoge** [demaˈgoːgə] <-n, -n> *m* demagogo *m* **Demagogie** [demagoˈgiː] <-, -n> *f* demagogia *f* **Demagogin**

[dema'go:gɪn] <-, -nen> *f* demagoga *f*
**demagogisch** [dema'go:gɪʃ] *adj* demagogico
**Demarkationslinie** [demarka'tsjo:nsli:niə] <-, -n> *f* (POL, MIL) linea *f* di demarcazione
**demaskieren** [demas'ki:rən] <ohne ge-> *vt* smascherare
**Dementi** [de'mɛnti] <-s, -s> *nt* smentita *f*
**dementieren** [demɛn'ti:rən] <ohne ge-> *vt* smentire
**dementsprechend** ['de:m?ɛnt'ʃprɛçənt] I. *adj* corrispondente, conforme II. *adv* in corrispondenza, come tale
**demgegenüber** ['de:mge:gən'?y:bɐ] *adv* ❶ (*im Vergleich dazu*) di fronte a questo, rispetto a ciò ❷ (*andererseits*) d'altra parte
**Demission** [demɪ'sjo:n] <-, -en> *f* (POL: *Rücktritt*) dimissioni *fpl*
**demnach** ['de(:)mna:x] *adv* dunque, quindi, per cui; **es ist ~ unmöglich, dass ...** è perciò impossibile che ...
**demnächst** ['de:m'nɛ:çst] *adv* prossimamente, fra poco
**Demo** ['de:mo] <-, -s> *f* ❶ (*fam: Demonstration*) manifestazione *f* ❷ (INFORM: *Vorführung*) dimostrazione *f*
**Demografie** <-, -n> *f s.* **Demographie**
**demografisch** *adj s.* **demographisch**
**Demographie** [demogra'fi:, *Pl:* demogra'fi:ən] <-, -n> *f* demografia *f*
**demographisch** *adj* demografico
**Demokrat(in)** [demo'kra:t] <-en, -en; -, -nen> *m(f)* democratico, -a *m, f*
**Demokratie** [demokra'ti:] <-, -n> *f* democrazia *f*
**Demokratin** *f s.* **Demokrat**
**demokratisch** *adj* democratico
**demokratisieren** [demokrati'zi:rən] <ohne ge-> *vt* democratizzare
**Demokratisierung** [demokrati'zi:rʊŋ] <-, -en> *f* democratizzazione *f*
**demolieren** [demo'li:rən] <ohne ge-> *vt* demolire; (*zerstören*) distruggere
**Demonstrant(in)** [demɔn'strant] <-en, -en; -, -nen> *m(f)* dimostrante *mf,* manifestante *mf*
**Demonstration** [demɔnstra'tsjo:n] <-, -en> *f* ❶ (*Kundgebung*) dimostrazione *f,* manifestazione *f* ❷ (*geh: Bekundung*) prova *f;* (*Darstellung*) dimostrazione *f*
**Demonstrationsmaterial** *nt* materiale *m* illustrativo **Demonstrationsrecht** <-(e)s> *kein Pl. nt* diritto *m* di manifestazione **Demonstrationszug** *m* corteo *m* di manifestanti [*o* dimostranti]
**demonstrativ** [demɔnstra'ti:f] *adj* ❶ (*anschaulich*) dimostrativo ❷ (*auffallend*) ostentato **Demonstrativpronomen** *nt* pronome *m* dimostrativo
**demonstrieren** [demɔn'stri:rən] <ohne ge-> I. *vi* dimostrare, manifestare II. *vt* ❶ (*vorführen*) dimostrare ❷ (*bekunden*) dare prova di, dimostrare
**Demontage** [demɔn'ta:ʒə] *f* smontaggio *m;* (*von Industrieanlagen*) smantellamento *m*
**demontieren** [demɔn'ti:rən] <ohne ge-> *vt* smontare; (*Industrieanlagen*) smantellare
**Demoralisation** [demoraliza'tsjo:n] <-> *kein Pl. f* corruzione *f,* decadenza *f* morale
**demoralisieren** [demorali'zi:rən] <ohne ge-> *vt* demoralizzare, scoraggiare
**Demoskopie** [demosko'pi:] <-, -n> *f* demoscopia *f*
**demoskopisch** [demo'sko:pɪʃ] *adj* demoscopico
**demotivieren** *vt* (*geh*) demotivare
**demselben** *pron dem Sing, dat von* **derselbe, dasselbe**
**Demut** ['de:mu:t] <-> *kein Pl. f* umiltà *f*
**demütig** ['de:my:tiç] *adj* umile
**demütigen** I. *vt* umiliare, mortificare II. *vr* **sich ~** umiliarsi, abbassarsi **demütigend** *adj* umiliante
**Demütigung** <-, -en> *f* umiliazione *f,* mortificazione *f*
**demzufolge** ['de(:)mtsu'fɔlgə] *adv* (*folglich*) perciò
**den** [de:n] I. *art def* ❶ *Sing, acc von* **der** ❷ *Pl, dat von* **der, die, das** II. *pron dem Sing, acc von* **der** III. *pron rel Sing, acc von* **der**
**denen** [de:nən] I. *pron dem Pl, dat von* **die** II. *pron rel Pl, dat von* **die**
**Denglisch** ['dɛŋlɪʃ] *nt misto scherzoso di inglese e tedesco*
**Den Haag** [de:n 'ha:k] *nt* L'Aia *f*
**Denkanstoß** <-es, -stöße> *m* spunto *m* [di riflessione], ispirazione *f*
**denkbar** I. *adj* (*möglich*) possibile; (*vorstellbar*) pensabile, immaginabile II. *adv* (*sehr*) oltremodo; **auf die ~ einfachste Art** nel modo più semplice possibile
**denken** ['dɛŋkən] <denkt, dachte, gedacht> I. *vi* ❶ (*überlegen*) pensare; (*logisch ~*) ragionare; **bei sich** *dat* **~** pensare fra sé e sé; **jdm zu ~ geben** dare da [*o a*] pensare a qu; **wo ~ Sie hin!** ma no!, ma che dice! ❷ (*im Sinn haben*) pensare; **an jdn/etw ~** pensare a qu/qc; **nur an sich ~** badare solo a sé stesso; **gar nicht daran ~ zu** +*inf* non pensare minima-

mente di +*inf;* **ich darf gar nicht daran ~!** è meglio che non ci pensi!; ❸ (*meinen*) pensare; (*vermuten*) supporre, presumere; **ich denke schon** penso di sì; **wie denkst du darüber?** cosa ne pensi?; **gut/schlecht von jdm ~** pensare bene/male di qu; **denkste!** (*fam*) stai fresco!; ❹ (*sich erinnern*) pensare; (*nicht vergessen*) ricordare; **mit Freude an etw** *acc* **~** ripensare a [*o* ricordare] qc con gioia; **denke daran!** pensaci! II. *vt* (*sich vorstellen*) pensare; **wer hätte das gedacht?** chi l'avrebbe immaginato [*o* mai pensato]?; **das hast du dir so gedacht!** (*fam*) ti sarebbe piaciuto!; **das kann ich mir ~** me lo immagino; **das kann ich mir nicht ~** mi sembra impossibile; **ich habe mir nichts Böses dabei gedacht** l'ho fatto in buona fede; **das habe ich mir gedacht!** me l'aspettavo! c'era da immaginarselo!

**Denken** <-s> *kein Pl. nt* pensiero *m;* (*Nach~*) riflessione *f;* (*logisches ~*) ragionamento *m;* (*Denkart*) modo *m* di pensare, mentalità *f* **Denkende** <ein -r, -n, -n> *mf* (REL, POL) **anders ~** dissidente *mf*

**Denker(in)** <-s, -; -, -nen> *m(f)* pensatore, -trice *m, f*

**Denkfehler** *m* errore *m* di ragionamento

**Denkmal** <-s, -mäler *o rar* -e> *nt* monumento *m;* **jdm ein ~ setzen** innalzare un monumento a qu **Denkmal|s|schutz** *m* tutela *f* dei monumenti; **unter ~ stehen** essere monumento nazionale

**Denkschrift** *f* memoriale *m*

**Denksport** *m* rompicapo *m* **Denksportaufgabe** *f* rompicapo *m*

**Denkweise** *f* modo *m* di pensare, mentalità *f*

denkwürdig *adj* memorabile

**Denkzettel** *m* lezione *f;* **jdm einen ~ geben** [*o* **verpassen**] dare una bella lezione a qu

**denn** [dɛn] I. *konj* (*kausal*) perché, poiché; **es sei ~, dass ...** tranne che +*conj*, a meno che +*conj;* **mehr ~ je** più che mai II. *adv* (*in Fragesätzen verstärkend*) mai, poi, ma, allora, *manchmal unübersetzt;* **warum ~ nicht?** e perché no?; **was soll ~ das?** che significa?, che vuol dire?; **wieso ~?** e come mai?; **wo bist du ~?** ma dove sei?

**dennoch** ['dɛnɔx] *adv* tuttavia, ciò nondimeno, però; (*am Satzende*) lo stesso

**Denominierung** <-, -en> *f* (FIN) denominazione *f*

**denselben** *pron dem* ❶ *Sing, acc von* **derselbe** ❷ *Pl, dat von* **dieselben**

**dental** [dɛn'taːl] *adj* (MED, LING) dentale

**Denunziant(in)** [denʊn'tsi̯ant] <-en, -en; -, -nen> *m(f)* (*pej*) delatore, -trice *m, f*

**Denunziation** [denʊntsi̯a'tsi̯oːn] <-, -en> *f* delazione *f*

**denunzieren** [denʊn'tsiːrən] <ohne ge-> *vt* (*pej*) denunciare

**Deo** ['deːo] <-s, -s> *nt,* **Deodorant** [deodo'rant] <-s, -e *o* -s> *nt* deodorante *m* **Deoroller** *m* deodorante *m* a sfera **Deospray** *nt* deodorante *m* spray **Deostift** *m* stick *m* deodorante

**Departement** [departə'mãː] <-s, -s> *nt* (CH) dipartimento *m*

**deplatziert** [depla'tsiːɛt] *adj* fuori luogo, sconveniente

**Deponie** [depo'niː] <-, -n> *f* discarica *f*

**deponieren** [depo'niːrən] <ohne ge-> *vt* depositare

**Deportation** [depɔrta'tsi̯oːn] <-, -en> *f* deportazione *f*

**Depositen** [depo'ziːtən] *Pl.* (FIN) depositi *mpl*

**Depot** [de'poː] <-s, -s> *nt* deposito *m*

**Depp** [dɛp] <-en *o* -s, -en> *m* (*pej*) stupido, -a *m, f,* cretino, -a *m, f*

**Depression** [deprɛ'si̯oːn] <-, -en> *f* depressione *f*

**depressiv** *adj* ❶ (*Stimmung*) deprimente ❷ (WIRTSCH) depressivo

**deprimieren** [depri'miːrən] <ohne ge-> *vt* deprimere, abbattere

**Deputation** [deputa'tsi̯oːn] <-, -en> *f* deputazione *f,* delegazione *f*

**deputieren** [depu'tiːrən] <ohne ge-> *vt* deputare, delegare

**Deputierte** <ein -r, -n, -n> *mf* deputato, -a *m, f,* delegato, -a *m, f*

**der** [deːɐ̯] *art def* ❶ *Sing, gen u dat von* **die** ❷ *Pl, gen von* **die**

**der, die, das** [deːɐ̯, diː, das] <*Pl:* **die**> I. *art def* il *m,* lo *m,* la *f,* l' *mf;* (*pl*) i *mpl,* gli *mpl,* le *fpl* II. *pron dem s.* **diese(r, s); jene(r, s); derjenige** III. *pron rel s.* **welche(r, s)**

**derart** ['deːɐ̯ʔaːɐ̯t] *adv* tanto, così, talmente; **~, dass ...** di modo che ...

**derartig** *adj* siffatto, tale, simile, del genere

**derb** [dɛrp] *adj* ❶ (*fest*) solido, sodo; (*hart*) duro, resistente; (*kräftig*) robusto, vigoroso ❷ (*fig: grob*) rozzo, grossolano; (*unfreundlich*) crudo, aspro

**Derbheit** <-, -en> *f* ❶ (*Grobheit*) grossolanità *f,* rozzezza *f* ❷ (*fig: Rücksichtslosigkeit*) asprezza *f,* rudezza *f,* crudezza *f* ❸ *Pl:* (*grobe Äußerungen*) parole *fpl* aspre, modi *mpl* rozzi

**deren** ['deːrən] I. *pron dem* ❶ *Sing, gen*

*von* **die** ❷ *Pl, gen von* **der, die, das** II. *pron rel* ❶ *Sing, gen von* **die** ❷ *Pl, gen von* **der, die, das**

**derentwegen** ['deːrənt'veːgən] *adv* per cui, a causa di cui

**derentwillen** ['deːrənt'vɪlən] *adv* **um ~** (*sing*) per cui [*o* il/la quale]; (*pl*) per i [*o* le] quali

**derer** ['deːrɐ] *pron dem Pl, gen von* **die**

**dergestalt** ['deːɐ̯gəˈʃtalt] *adv* **~, dass** in tal modo che

**dergleichen** ['deːɐ̯ˈglaɪçən] <inv> I. *adj* tale, simile, siffatto, del genere II. *pron dem* (*Derartiges*) qualcosa di simile [*o* del genere]; **nichts ~** nulla di tutto questo; **und ~ [mehr]** e simili

**derjenige, diejenige, dasjenige** ['deːɐ̯jeːnɪgə, 'diːjeːnɪgə, 'dasjeːnɪgə] <Pl: diejenigen> *pron dem* colui, colei, quello, quella; (*pl*) coloro, quelli, quelle; **~, welcher ...** quello [*o* colui] che ...

**derjenigen** *pron dem* ❶ *Sing, dat u. gen von* **diejenige** ❷ *Pl, gen von* **diejenigen**

**dermaßen** ['deːɐ̯ˈmaːsən] *adv* tanto; **~, dass** talmente che

**Dermatologe** <-n, -n> *m* (MED) dermatologo *m* **Dermatologie** [dɛrmatoloˈgiː] <-> *kein Pl. f* (MED) dermatologia *f* **Dermatologin** <-, -nen> *f* (MED) dermatologa *f*

**derselbe, dieselbe, dasselbe** [deːɐ̯ˈzɛlbə, diːˈzɛlbə, dasˈzɛlbə] <Pl: dieselben> *pron dem* il medesimo, la medesima, lo stesso, la stessa; (*pl*) i medesimi, le medesime, gli stessi, le stesse; **noch einmal dasselbe, bitte!** un'altra volta la stessa cosa, per favore!; **das ist ein und dasselbe** è lo stesso

**derweil|en** ['deːɐ̯vaɪl(ən)] *adv* frattanto

**Derwisch** ['dɛrvɪʃ] <-(e)s, -e> *m* derviscio *m*

**derzeit** ['deːɐ̯ˈtsaɪt] *adv* al [*o* in questo] momento, attualmente, [per] ora **derzeitig** *adj* attuale, del momento

**des** [dɛs] I. *art def Sing, gen von* **der, das** II. *pron dem Sing, gen von* **der, das**

**Des, des** [dɛs] <-, -> *nt* (MUS) re *m* bemolle

**Desaster** [deˈzastɐ] <-s, -> *nt* disastro *m*

**Deserteur(in)** [dezɛrˈtøːɐ̯] <-s, -e; -, -nen> *m(f)* disertore, -trice *m, f*

**desertieren** [dezɛrˈtiːrən] <ohne ge-> *vi haben o sein* disertare

**desgleichen** ['dɛsˈglaɪçən] *adv* parimenti, ugualmente

**deshalb** ['dɛsˈhalp] *adv* perciò, per questo; **eben ~** proprio per questo; **ich habe das ~ getan, weil ...** l'ho fatto perché ...

**Design** [diˈzaɪn] <-s, -s> *nt* design *m*

**Designer(in)** <-s, -; -, -nen> *m(f)* designer *mf* **Designerdroge** *f* (*synthetische Droge*) droga *f* sintetica **Designeretikett** *nt* griffe *f* **Designermode** *f* moda *f* del design

**designiert** [deziˈgniːɐ̯t] *adj* designato

**Designmuseum** *nt* museo *m* del design

**Designvariante** *f* variante *f* di design

**Desinfektion** [dezɪnfɛkˈtsjoːn] <-, -en> *f* disinfezione *f* **Desinfektionsmittel** *nt* disinfettante *m*

**desinfizieren** [dezɪnfiˈtsiːrən] <ohne ge-> *vt* disinfettare

**Desinformation** ['dɛsʔɪnfɔrmatsjoːn] <-, -en> *f* disinformazione *f*

**Desinteresse** ['dɛsʔɪntərɛsə] *nt* disinteresse *m;* **~ an etw** *dat* **zeigen** mostrare disinteresse per qc

**desinteressiert** ['dɛsʔɪntərɛsiːɐ̯t] *adj* disinteressato, indifferente

**Desktop** ['dɛsktɔp] <-s, -s> *m* (INFORM: *Mikrocomputer, Bildschirmdarstellung*) desktop *m* **Desktop-Publishing, Desktoppublishing** ['dɛsktɔp ˈpablɪʃɪŋ] <-> *kein Pl. nt* (INFORM, TYP) desktop publishing *m*

**desodorieren** [dezodoˈriːrən] <ohne ge-> *vt* deodorare

**desolat** [dezoˈlaːt] *adj* desolato

**desorientiert** ['dɛsʔoriɛntiːɐ̯t] *adj* disorientato

**Desorientierung** ['dɛsʔoriɛntiːruŋ] <-, -en> *f* disorientamento *m*

**Desoxyribonukleinsäure** [dɛsʔɔksyriboˈnukleʔiːnzɔɪrə] *f* (CHEM) acido *m* deossiribonucleico

**Despot(in)** [dɛsˈpoːt] <-en, -en; -, -nen> *m(f)* despota *mf*, tiranno, -a *m, f*

**despotisch** *adj* dispotico, tirannico

**desselben** *pron dem Sing, gen von* **derselbe, dasselbe**

**dessen** ['dɛsən] I. *pron dem Sing, gen von* **der, das** II. *pron rel Sing, gen von* **der, das, ich bin mir ~ bewusst** ne sono consapevole, me ne rendo conto

**Dessert** [dɛˈsɛːɐ̯ *o* dɛˈseːɐ̯ *o* dɛˈsɛrt] <-s, -s> *nt* dolce *m*, dessert *m* **Dessertteller** *m* piatto *m* da dolce [*o* da dessert]

**Dessin** [dɛˈsɛ̃ː] <-s, -s> *nt* motivo *m*

**Dessous** [dɛˈsuːs] *ntPl.* dessous *mpl*

**Destillat** [dɛstɪˈlaːt] <-(e)s, -e> *nt* (CHEM) distillato *m*

**Destillation** [dɛstɪlaˈtsjoːn] <-, -en> *f* distillazione *f*

**destillieren** [dɛstɪˈliːrən] <ohne ge-> *vt* (CHEM) distillare

**Destillierkolben** *m* alambicco *m*, storta *f*
**desto** ['dɛsto] *konj* tanto; **~ mehr** tanto più; **je ..., ~** [quanto] più ..., [tanto] più; **je schneller, ~ besser** quanto più veloce, tanto meglio
**destruktiv** [dɛstrʊk'tiːf] *adj* distruttivo
**deswegen** ['dɛsˈveːɡən] *s.* **deshalb**
**Detail** [deˈtaɪ *o* deˈtaːj] <-s, -s> *nt* dettaglio *m*, particolare *m*; **ins ~ gehen** entrare nei dettagli
**detailliert** [detaˈjiːɐ̯t] **I.** *adj* dettagliato **II.** *adv* dettagliatamente
**Detaillist** <-s, -en> *m* (*CH:* COM: *Einzelhändler*) commerciante *mf* al dettaglio [*o* al minuto]
**Detektiv(in)** [detɛkˈtiːf] <-s, -e; -, -nen> *m(f)* detective *m*, investigatore, -trice *m*, *f* [privato, -a]
**Detektivfilm** *m* [film *m*] giallo *m*
**Detektivin** [detɛkˈtiːvɪn] *f s.* **Detektiv**
**detektivisch** [detɛkˈtiːvɪʃ] *adj* investigativo
**Detektivroman** *m* [romanzo *m*] giallo *m*
**Detektor** [deˈtɛktoːɐ̯, *Pl:* detɛkˈtoːrən] <-s, -en> *m* detector *m*, rivelatore *m*
**Detonation** [detonaˈtsi̯oːn] <-, -en> *f* detonazione *f*
**detonieren** [detoˈniːrən] <ohne ge-> *vi sein* detonare
**deuteln** ['dɔʏtəln] *vi* sottilizzare (*an* + *dat* su), cavillare (*an* + *dat* su)
**deuten** ['dɔʏtən] **I.** *vi* ➊ (*mit Finger, Hand*) **auf etw** *acc* **~** indicare qc ➋ (*fig: hinweisen*) far presagire; **alles deutet darauf [hin], dass ...** tutto fa supporre che ... **II.** *vt* (*auslegen*) interpretare; (*erklären*) spiegare
**deutlich** ['dɔʏtlɪç] *adj* ➊ (*klar*) chiaro; **sich ~ ausdrücken** parlare chiaramente; **jdm etw ~ machen** far capire qc a qu ➋ (*gut unterscheidbar*) distinto ➌ (*verständlich*) intelligibile ➍ (*spürbar*) sensibile ➎ (*ausgeprägt*) marcato **Deutlichkeit** <-, -en> *f* ➊ (*Klarheit*) chiarezza *f* ➋ (*Verständlichkeit*) intelligibilità *f* ➌ (*Offenheit*) franchezza *f*
**deutsch** [dɔʏtʃ] *adj* tedesco; **~ sprechen** parlare tedesco; **Deutsche Mark** marco tedesco; **~-italienisch** tedesco-italiano; (*in Bezug auf Tirol*) italo-tedesco
**Deutsch** <-s> *kein Pl. nt* tedesco *m*; **~ lernen** imparare il tedesco; **sprechen Sie ~?** parla tedesco?; **wie heißt das auf ~?** come si dice in tedesco?; **aus dem ~en übersetzt** tradotto dal tedesco
**Deutsche** <ein -r, -n, -n> *mf* tedesco, -a *m*, *f*
**Deutsche Demokratische Republik** ['dɔʏtʃə demoˈkraːtɪʃə repuˈbliːk] <-> *kein Pl. f* (POL, HIST) Repubblica *f* Democratica Tedesca
**Deutscher Aktien-Index** ['dɔʏtʃɐ 'aktsi̯ən 'ɪndɛks] <-> *kein Pl. m* (FIN) indice *m* azionario tedesco
**Deutschland** *nt* Germania *f* **Deutschlandlied** ['dɔʏtʃlantliːt] <-(e)s> *kein Pl. nt* inno *m* nazionale tedesco
**deutschsprachig** ['dɔʏtʃʃpraːxɪç] *adj* (*Mensch, Land*) di lingua tedesca; (*Literatur*) in lingua tedesca
**deutschstämmig** ['dɔʏtʃʃtɛmɪç] *adj* di origine tedesca
**Deutung** <-, -en> *f* interpretazione *f*
**Devise** [deˈviːzə] <-, -n> *f* massima *f*, motto *m*
**Devisen** [deˈviːzən] *Pl.* valuta *f* estera **Devisenbestimmungen** *fPl.* disposizioni *fpl* valutarie **Devisenhandel** *m* (FIN) cambio *m* valuta **Devisenmarkt** *m* (FIN) mercato *m* delle divise **Devisenschmuggel** *m* contrabbando *m* di valuta
**devot** [deˈvoːt] *adj* (*pej: unterwürfig*) sommesso, devoto
**Dextrose** [dɛksˈtroːzə] <-> *kein Pl. f* (BIOL, CHEM) destrosio *m*
**Dezember** [deˈtsɛmbɐ] <-(s), -> *m* dicembre *m*; *s. a.* **April**
**dezent** [deˈtsɛnt] **I.** *adj* (*zurückhaltend*) discreto; (*Farbe, Parfüm*) delicato, gentile; (*Musik, Beleuchtung*) smorzato **II.** *adv* (*leicht*) leggermente, appena
**dezentral** [detsɛnˈtraːl] *adj* decentralizzato
**dezentralisieren** [detsɛntraliˈziːrən] <ohne ge-> *vt* decentralizzare
**Dezernat** [detsɛrˈnaːt] <-(e)s, -e> *nt* settore *m* [di competenza]
**Dezernent(in)** [detsɛrˈnɛnt] <-en, -en; -, -nen> *m(f)* caposervizio *mf*
**Dezibel** ['deːtsibɛl *o* detsiˈbɛl] <-s, -> *nt* (PHYS) decibel *m*
**dezidiert** [detsiˈdiːɐ̯t] *adj* (*A, CH: bestimmt, entschieden*) deciso, chiaro, determinato; **eine ~e Meinung** una idea chiara; **~e Forderungen** richieste precise; **du musst mir nur ~ sagen, was du willst** mi devi solo dire chiaramente cosa vuoi
**Deziliter** [detsiˈliːtɐ *o* ˈdeːtsiliːtɐ] <-s, -> *m o nt* decilitro *m*
**dezimal** [detsiˈmaːl] *adj* decimale **Dezimalbruch** *m* frazione *f* decimale **Dezimalstelle** *f* (MAT) [posto *m*] decimale *m* **Dezimalsystem** *nt* (MAT) sistema *m* decimale **Dezimalzahl** [detsiˈmaːltsaːl] <-, -en> *f* (MAT) numero *m* decimale

**Dezimeter** [detsi'me:tɐ o 'de:tsime:tɐ] <-s, -> m o nt decimetro m
**dezimieren** [detsi'mi:rən] <ohne ge-> vt decimare
**DFB** [de:?ɛf'be:] <-(s)> kein Pl. m abk v **Deutscher Fußball-Bund** federazione tedesca del calcio
**DFÜ** [de:?ɛf'?y:] f (INFORM, TEL) abk v **Datenfernübertragung** trasmissione f dati a distanza
**DGB** [de:ge:'be:] <-(s)> kein Pl. m abk v **Deutscher Gewerkschaftsbund** federazione dei sindacati tedeschi
**dgl.** abk v **der-, desgleichen** e sim.
**d. Gr.** abk v **der Große** il Grande
**d. h.** abk v **das heißt** cioè
**d. i.** abk v **das ist** cioè
**Dia** ['di:a] <-s, -s> nt diapo[sitiva] f
**Diabetes** [dia'be:tɛs] <-> kein Pl. m diabete m
**Diabetiker(in)** [dia'be:tikɐ] <-s, -; -, -nen> m(f) diabetico, -a m, f
**diabolisch** [dia'bo:lɪʃ] adj diabolico
**Diadem** [dia'de:m] <-s, -e> nt diadema m
**Diagnose** [dia'gno:zə] <-, -n> f diagnosi f
**Diagnostik** [dia'gnɔstɪk] <-> kein Pl. f diagnostica f
**diagnostizieren** [diagnɔsti'tsi:rən] <ohne ge-> vt diagnosticare
**diagonal** [diago'na:l] adj diagonale; **ein Buch ~ lesen** (fam) dare una scorsa ad un libro **Diagonale** <-, -n> f diagonale f
**Diagramm** [dia'gram] <-s, -e> nt diagramma m
**Diakon** [dia'ko:n] <-s o -en, -e(n)> m diacono m
**Diakonisse** [diako'nɪsə] <-, -n> f diaconessa f
**Dialekt** [dia'lɛkt] <-(e)s, -e> m dialetto m
**dialektal** [dialɛk'ta:l] adj (LING) dialettale
**Dialektik** [dia'lɛktɪk] <-> kein Pl. f (PHILOS) dialettica f
**Dialog** [dia'lo:k] <-(e)s, -e> m dialogo m
**Dialogfeld** <-(e)s, -er> nt (INFORM) casella f di dialogo **Dialogrechner** m (INFORM) calcolatore m conversazionale
**Dialyse** [dia'ly:zə] <-, -n> f (MED) dialisi f
**Diamant** [dia'mant] <-en, -en> m diamante m **diamanten** adj ① (aus Diamanten) di diamante ② (wie Diamant) adamantino; **~e Hochzeit** nozze fpl di diamante **Diamantring** m anello m di diamanti **Diamantschliff** m (TEC) molatura f del diamante
**diametral** [diame'tra:l] adj diametrale; **~ entgegengesetzt** diametralmente opposto

**Diaphragma** [dia'fragma, Pl: dia'fragmas o dia'fragmən] <-s, -s o Diaphragmen> nt (MED: Verhütungsmittel) diaframma m
**Diapositiv** [diapozi'ti:f o 'diapoziti:f, Pl: diapozi'ti:və o 'diapoziti:və] <-s, -e> nt (FOTO) diapositiva f
**Diaprojektor** ['diapro'jɛkto:ɐ] m (FOTO) proiettore m [per diapositive]
**Diaspora** [di'aspora] <-> kein Pl. f diaspora f; **in der ~ leben** vivere sparpagliati
**Diät** [di'ɛ:t] <-, -en> f dieta f, regime m alimentare; **nach [einer] ~ leben** stare a dieta; **strenge ~ halten** stare a stretto regime; **jdn auf ~ setzen** mettere a dieta qu
**Diätassistent(in)** m(f) dietista mf
**Diäten** Pl. (PARL) indennità f parlamentare giornaliera
**Diätetik** [diɛ'te:tɪk] <-, -en> f (MED) dietetica f
**diätetisch** [diɛ'te:tɪʃ] adj dietetico
**Diätkost** f alimentazione f dietetica **Diätkur** f cura f dietetica **Diätmargarine** f margarina f dietetica
**Diavortrag** m conferenza f con diapositive
**dich** [dɪç] I. pron pers acc von **du** (betont) te; (unbetont) ti II. pron refl acc von **sich** ti
**dicht** [dɪçt] I. adj ① (gedrängt) fitto, folto, serrato ② (Nebel, Wald, Stoff) fitto; (Haar, Laub) folto; (Bevölkerung, Verkehr) denso ③ (undurchlässig) ermetico, a tenuta stagna; (wasser~) impermeabile; (luft~) a tenuta d'aria; **du bist wohl nicht ganz ~!** (fam) non hai tutti i venerdì!, non hai tutte le rotelle a posto! II. adv ① (nahe) vicinissimo; **~ an** [o **bei**] vicinissimo a; **~ hinter** proprio dietro; **~ auffahren** avvicinarsi troppo alla macchina che precede; **~ gefolgt von** seguito a ruota da ② (stark) molto; **~ besiedelte Region** regione densamente popolata; **~ gedrängt** accalcato
**dichtbesiedelt** adj **~e Region** regione densamente popolata
**Dichte** <-, rar -n> f densità f
**dichten** ['dɪçtən] I. vi comporre [o scrivere] versi II. vt ① (Gedichte) comporre, scrivere ② (ab~) stagnare, chiudere [a tenuta]
**Dichter(in)** <-s, -; -, -nen> m(f) poeta, -essa m, f
**dichterisch** adj poetico
**Dichterlesung** f lettura f poetica
**dichtgedrängt** adj accalcato
**dicht|halten** <irr> vi (fam) tenere il becco chiuso
**Dichtkunst** f poesia f

**dicht|machen** *vi, vt* ① (*fam: schließen*) chiudere ② (SPORT, *sl*) serrare
**Dichtung** <-, -en> *f* ① *kein Pl.* (*Dichtkunst*) poesia *f* ② (*Kunstwerk*) poema *m* ③ (TEC) guarnizione *f*
**dick** [dɪk] *adj* ① (*Mensch, Körperteil*) grasso; (*Buch, Schnur, Baumstamm*) grosso; (*Wand, Brett*) spesso; ~ **werden** ingrassare; **eine ~e Brieftasche haben** (*fam*) avere il portafoglio gonfio; **~e Tränen vergießen** piangere a grossi lacrimoni; **er fährt einen ~en BMW** (*fam*) guida una grossa BMW; **mit jdm durch ~ und dünn gehen** dividere con qu gioie e dolori; **ach, du ~es Ei!** (*fam*) accidenti! ② (*geschwollen*) gonfio ③ (*~flüssig*) denso ④ (*dicht: Nebel, Qualm*) fitto, denso ⑤ (*fam: eng*) **~e Freunde** amici per la pelle **dickbauchig** (*Flasche*) bombato, panciuto **dickbäuchig** ['dɪkbɔɪçɪç] *adj* (*Kind*) panciuto **Dickdarm** *m* (ANAT) intestino *m* crasso
**Dicke** <-, -n> *f* ① (*von Mensch, Körperteil*) grassezza *f* ② (*Stärke, Durchmesser*) spessore *m* ③ (*Geschwollenheit*) gonfiore *m*
**Dickerchen** ['dɪkəçən] <-s, -> *nt* (*fam: kleiner dicker Mensch, Kind*) cicciottino *m*
**dickflüssig** *adj* denso, viscoso
**Dickhäuter** ['dɪkhɔɪtɐ] <-s, -> *m* (*a. fig* ZOO) pachiderma *m*
**Dickicht** ['dɪkɪçt] <-s, -e> *nt* bosco *m* fitto, boscaglia *f*
**Dickkopf** *m* (*fam: Mensch*) testone *m*, testardo *m;* **einen ~ haben** avere la testa dura **dickköpfig** ['dɪkkœpfɪç] *adj* (*fam*) testardo, cocciuto
**dicklich** ['dɪklɪç] *adj* grassottello
**Dickschädel** (*fam*) *s.* **Dickkopf**
**Dickwanst** *m* (*sl pej*) ciccione, -a *m, f*
**Didaktik** [di'daktɪk] <--> *kein Pl. f* didattica *f*
**didaktisch** *adj* didattico; (*belehrend, bes. Theater*) didascalico
**die** [diː] I. *art def* ① *Sing., nom u acc f s.* **der, die, das** ② *Pl, nom u. acc von* **der, die, das** II. *pron rel* ① *Sing., nom u acc f s.* **der, die, das** ② *Pl, nom u. acc von* **der, die, das** III. *pron dem* ① *Sing., nom u acc f s.* **der, die, das** ② *Pl, nom u. acc von* **der, die, das** *s. a.* **diese(r, s), jene(r, s)**
**Dieb(in)** [diːp] <-(e)s, -e; -, -nen> *m(f)* ladro, -a *m, f;* **haltet den ~!** al ladro!
**Diebesgut** ['diːbəsɡuːt] <-(e)s> *kein Pl. nt* bottino *m*, refurtiva *f*
**diebisch** I. *adj* (*verschmitzt*) malizioso II. *adv* **sich ~ freuen** rallegrarsi sommamente
**Diebstahl** <-(e)s, -stähle> *m* furto *m*
**Diebstahlversicherung** *f* assicurazione *f* contro il furto
**diejenige** *pron dem Sing, nom u. acc f von* **derjenige**
**diejenigen** *pron dem Pl, nom u. acc von* **derjenige, diejenige, dasjenige**
**Diele** ['diːlə] <-, -n> *f* ① (*Brett*) asse *f* ② (*Hausflur*) ingresso *m*
**dienen** ['diːnən] *vi* ① (*benutzt werden*) servire; **als Vorwand ~** servire da pretesto; **als Beispiel ~** servire di esempio ② (*nützlich sein*) **jdm ~** servire a qu; **damit ist mir nicht gedient** ciò non mi giova a nulla; **womit kann ich [Ihnen] ~?** in che cosa posso servirLa? ③ (MIL) fare il servizio militare
**Diener** <-s, -> *m* (*fam: Verbeugung*) inchino *m*, reverenza *f*
**Diener(in)** <-s, -; -, -nen> *m(f)* domestico, -a *m, f;* (*fig*) servo, -a *m, f*
**Dienerschaft** <-, -en> *f* servitù *f*
**dienlich** *adj* **einer Sache ~ sein** essere utile a qc
**Dienst** [diːnst] <-(e)s, -e> *m* ① *Sing.* (*Tätigkeit*) servizio *m;* **öffentlicher ~** servizio pubblico; **den ~ antreten** entrare in servizio; **~ haben** essere di servizio; (*Apotheke, Arzt*) essere di servizio [*o* di turno]; **außer ~** fuori servizio; (*im Ruhestand*) a riposo, in pensione ② (*Amt*) ufficio *m*, carica *f;* (*Stelle*) posto *m*, impiego *m* ③ (MIL) servizio *m* [militare]; **Offizier vom ~** ufficiale di servizio [*o* di picchetto] ④ (*Hilfeleistung*) servizio *m*, aiuto *m;* **jdm einen ~ erweisen** rendere un servizio a qu; **seine Beine versagten ihm den ~** non gli ressero le gambe
**Dienstag** ['diːnstaːk] <-s, -e> *m* martedì *m;* **am ~** martedì; **eines ~s** un martedì; **heute ist ~, der 11. November** oggi è martedì 11 novembre; **den ganzen ~ [über]** durante tutto il martedì; **jeden ~** ogni martedì; **~ in acht Tagen** martedì fra otto giorni; **~ vor 14 Tagen** due settimane fa, martedì; **letzten ~** martedì scorso; **die Nacht von ~ auf Mittwoch** la notte dal martedì al mercoledì
**Dienstagabend** *m* martedì *m* sera; **am ~** martedì sera
**dienstagabends** *adv* il martedì sera
**Dienstagmittag** *m* martedì a mezzogiorno; *s. a.* **Dienstagabend**
**dienstagmittags** *adv* il martedì a mezzogiorno

**Dienstagmorgen** *m* martedì mattina; *s. a.* **Dienstagabend**

**dienstagmorgens** *adv* il martedì mattina

**Dienstagnachmittag** *m* martedì pomeriggio; *s. a.* **Dienstagabend**

**dienstagnachmittags** *adv* il martedì pomeriggio

**dienstags** *adv* di [o il] martedì; ~ **abends/mittags/morgens** di [o il] martedì sera/a mezzogiorno/mattina; ~ **nachmittags/vormittags** di [o il] martedì pomeriggio/mattina

**Dienstagvormittag** *m* martedì mattina; *s. a.* **Dienstagabend**

**dienstagvormittags** *adv* il martedì mattina

**Dienstälteste** ['di:nst?ɛltəstə] <ein -r, -n, -n> *mf* anziano, -a *m, f* di servizio **Dienstanweisung** *f* istruzione *f* di servizio **Dienstausweis** *m* pass *m* [di lavoro] **Dienstbote** *m*, **Dienstbotin** *f* domestico, -a *m, f* **Diensteifer** *m* zelo *m*, premura *f* **diensteifrig** *adj* zelante, premuroso **dienstfrei** *adj* libero [o esente] dal servizio; ~ **haben** non essere in servizio **Dienstgeber** <-s, -> *m* (*A:* Arbeitgeber) datore *m* di lavoro **Dienstgeheimnis** *nt* segreto *m* d'ufficio **Dienstgrad** *m* grado *m* [di servizio] **diensthabend** *adj* ❶ (*Arzt*) di turno ❷ (MIL) di picchetto **Dienstjahre** *ntPl.* anni *mpl* di servizio **Dienstleistung** *f* ❶ (*Tätigkeit*) [prestazione *f* di] servizio *m* ❷ (~*sgewerbe*) servizi *mpl* **Dienstleistungsbetrieb** *m* azienda *f* di servizi **Dienstleistungsgewerbe** *nt* industria *f* dei servizi, attività *fpl* terziarie

**dienstlich** I. *adj* di servizio, di ufficio, ufficiale II. *adv* per ragioni di servizio [o di ufficio]

**Dienstmädchen** *nt* [collaboratrice *f*] domestica *f* **Dienstnehmer** <-s, -> *m* (*A:* Arbeitnehmer) lavoratore *m* **Dienstreise** *f* viaggio *m* [per ragioni] di servizio **Dienststelle** *f* ufficio *m;* **die zuständige** ~ l'ufficio addetto **Dienststunden** *fPl.* ore *fpl* d'ufficio **diensttuend** *adj* di servizio, di turno **Dienstvorschrift** *f* regolamento *m* [o ordine *m*] di servizio **Dienstwagen** *m* vettura *f* di servizio **Dienstweg** *m* via *f* gerarchica **Dienstwohnung** *f* abitazione *f* di servizio **Dienstzeit** *f* ❶ (*Amtsdauer*) durata *f* di servizio ❷ (*Arbeitszeit*) orario *m* di servizio

**dies** [di:s] <inv> *pron dem* questo; ~ **ist/sind ...** ecco ...

**diesbezüglich** I. *adj* relativo [a ciò] II. *adv* al riguardo

**diese(r, s)** ['di:zə, -zɛ, -zəs] *pron dem* questo, -a; **dieses Jahr/diesen Monat/diese Woche** quest'anno/questo mese/questa settimana; **am 21. dieses Monats** il 21 del corrente mese; **von diesem und jenem sprechen** parlare del più e del meno

**Diesel** ['di:zəl] <-s, -> *m* (*fam*) ❶ (~*motor*) [motore *m*] diesel *m* ❷ (*Fahrzeug*) diesel *m* ❸ *Sing.* (~*kraftstoff*) diesel *m*

**dieselbe** *pron dem Sing, nom u. acc f von* **derselbe**

**dieselben** *pron dem Pl, nom u. acc von* **derselbe, dieselbe, dasselbe**

**Dieselkraftstoff** <-> *kein Pl. m* carburante *m* per [motore] diesel **Diesellok|omotive** *f* locomotiva *f* [a trazione] diesel **Dieselmotor** *m* motore *m* diesel **Dieselöl** *nt* gasolio *m*

**diesig** ['di:zɪç] *adj* nebbioso, fosco, caliginoso

**diesjährig** *adj* di quest'anno **diesmal** *adv* questa volta **diesseitig** *adj* di [o da] questa parte, di qua **diesseits** ['di:szaɪts] I. *adv* da questa parte II. *prp* +*gen* al di qua di

**Dietrich** ['di:trɪç] <-s, -e> *m* (*Nachschlüssel*) grimaldello *m*

**diffamieren** [dɪfa'mi:rən] <ohne ge-> *vt* calunniare

**Differential** [dɪfərɛn'tsi̯aːl] <-s, -e> *nt s.* **Differenzial Differentialrechnung** *f s.* **Differenzialrechnung**

**Differenz** [dɪfə'rɛnts] <-, -en> *f* ❶ (*Unterschied*) differenza *f* ❷ (COM) ammanco *m* ❸ *meist pl* (*Meinungsverschiedenheit*) contrasto *m*, divergenza *f*

**Differenzial** [dɪfərɛn'tsi̯aːl] <-s, -e> *nt* (MAT, MOT) differenziale *m* **Differenzialrechnung** *f* (MAT) calcolo *m* differenziale **differenzieren** [dɪfərɛn'tsiːrən] <ohne ge-> *vt* ❶ (MAT) differenziare ❷ (*unterscheiden*) distinguere

**differenziert** [dɪfərɛn'tsiːɐt] *adj* (*geh: fein unterscheidend*) differenziato

**Differenzierung** <-, -en> *f* (*a.* MAT, BIOL) differenziazione *f*

**differieren** [dɪfə'riːrən] <ohne ge-> *vi* differire (*von* da), divergere (*von* da)

**diffizil** [dɪfi'tsiːl] *adj* (*geh*) difficile, complesso

**diffus** [dɪ'fuːs] *adj* ❶ (PHYS, CHEM) diffuso; ~**es Licht** luce diffusa ❷ (*unklar*) confuso

**digital** [digi'taːl] *adj* digitale **Digitalfernsehen** *nt* televisione *f* digitale **Digitalfotografie** *f* fotografia *f* digitale

**digitalisieren** vt (INFORM) digitalizzare
**Digitalkamera** f (FOTO) macchina f [fotografica] digitale **Digital Native** ['dɪdʒɪtəl 'neɪtɪv] <-s, -s> m meist Pl (INFORM) nativo m/nativa f digitale **Digitalrechner** [digi'taːlrɛçnɐ] m calcolatore m digitale
**Digitaluhr** f orologio m digitale
**Diktat** [dɪk'taːt] <-(e)s, -e> nt ❶ (Nachschrift) dettato m; (Diktieren) dettatura f; **ein ~ schreiben** fare un dettato ❷ (Befehl) imposizione f; (POL) diktat m
**Diktator(in)** [dɪk'taːtoːɐ] <-s, -en; -, -nen> m(f) dittatore, -trice m, f
**diktatorisch** [dɪkta'toːrɪʃ] adj dittatoriale
**Diktatur** [dɪkta'tuːɐ] <-, -en> f dittatura f
**diktieren** [dɪk'tiːrən] <ohne ge-> vt dettare
**Diktiergerät** nt dittafono m
**Dilemma** [di'lɛma] <-s, -s o -ta> nt dilemma m
**Dilettant(in)** [dilɛ'tant] <-en, -en; -, -nen> m(f) dilettante mf
**dilettantisch** [dilɛ'tantɪʃ] adj ❶ (laienhaft) dilettantesco ❷ (pej: stümperhaft) abborracciato
**Dill** [dɪl] <-s, -e> m (BOT) aneto m
**Dimension** [dimɛn'zjoːn] <-, -en> f dimensione f
**DIN®** [diːn] abk v **Deutsche Industrie-Norm(en)** norma industriale tedesca; **ein ~-A4-Blatt** un foglio protocollo
**Ding¹** [dɪŋ] <-(e)s, -e> nt ❶ (Sache) cosa f; (Gegenstand) oggetto m ❷ (Angelegenheit) faccenda f; **vor allen ~en** innanzitutto; **guter ~e sein** (geh) essere di buon umore; **das geht nicht mit rechten ~en zu** qui c'è sotto qualcosa fam; **das ist ein ~ der Unmöglichkeit** è una cosa impossibile; **wie die ~e nun einmal liegen**, ... stando così le cose ...
**Ding²** [dɪŋ] <-s, -er> nt (fam) ❶ (unbestimmtes Etwas) coso m; **ein ~ drehen** (sl) fare un bel colpo fam ❷ (Mädchen) ragazza f; **junges ~** ragazzetta f
**Dingens** ['dɪŋəns] <-> kein Pl. mfnt (fam, dial) s. **Dings**
**dingfest** adj **jdn ~ machen** arrestare qu
**Dings** [dɪŋs] <-> kein Pl. nt, **Dingsbums** [dɪŋsbʊms] <-> kein Pl. nt, **Dingsda** <-> kein Pl. nt (fam: Sache) coso m; (Person, a der/die ~) s. **Dings**
**dinieren** [di'niːrən] <ohne ge-> vi (geh) desinare
**Dinkel** ['dɪŋkəl] <-s, -> m (BOT) farro m, spelta f
**Dinosaurier** [dino'zaʊriɐ] <-s, -> m dinosauro m

**Diode** [di'oːdə] <-, -n> f (EL) diodo m
**Dioptrie** [dɪɔp'triː] <-, -n> f (OPT) diottria f
**Dioxin** [diɔ'ksiːn] <-s> kein Pl. nt (CHEM) diossina f
**Dioxyd** [diɔ'ksiːt, Pl: diɔ'ksiːdə] <-s, -e> nt (CHEM) diossido m
**Diözese** [diø'tseːzə] <-, -n> f (REL, ADM) diocesi f
**Diphtherie** [dɪfte'riː] <-, -n> f (MED) difterite f
**Diphthong** [dɪf'tɔŋ] <-s, -e> m dittongo m
**Dipl.** abk v **Diplom** diploma m di laurea
**Dipl.-Bibl.** abk v **Diplombibliothekar(in)** bibliotecario, -a m, f [diplomato, -a]
**Dipl.-Ing.** abk v **Diplomingenieur(in)** ingegnere mf [laureato, -a]
**Dipl.-Kff.** abk v **Diplomkauffrau** laureata f in economia e commercio
**Dipl.-Kfm.** abk v **Diplomkaufmann** laureato m in economia e commercio
**Diplom** [di'ploːm] <-(e)s, -e> nt diploma m; (von Hochschule) laurea f
**Diplom-** (in Zusammensetzungen) diplomato
**Diplomarbeit** f tesi f di laurea
**Diplomat(in)** [diplo'maːt] <-en, -en; -, -nen> m(f) diplomatico, -a m, f; **Diplomatenkoffer** m valigetta f diplomatica [o executive] **Diplomatenlaufbahn** f carriera f diplomatica
**Diplomatie** [diploma'tiː] <-> kein Pl. f diplomazia f
**Diplomatin** f s. **Diplomat**
**diplomatisch** adj diplomatico
**Diplombibliothekar(in)** m(f) bibliotecario, -a m, f [diplomato, -a]
**Diplomingenieur(in)** m(f) ingegnere mf [diplomato, -a]
**Diplomkauffrau** f laureata f in economia e commercio
**Diplomkaufmann** [di'ploːmkaʊfman, Pl: di'ploːmkaʊflɔɪtə] <-(e)s, Diplomkaufleute> m laureato m in economia e commercio
**dir** [diːɐ] I. pron pers dat von **du** (betont) [a] te; (unbetont) ti II. pron refl dat von **sich** ti
**direkt** [di'rɛkt] I. adj ❶ (ohne Umweg) diretto ❷ (unmittelbar) immediato; **~ gegenüber** proprio di fronte, proprio dirimpetto ❸ (unverblümt) nudo e crudo, vero e proprio ❹ (LING) **~e Rede** discorso diretto II. adv ❶ (sofort) immediatamente ❷ (unmittelbar) direttamente ❸ (geradezu) veramente, proprio
**Direktbank** f direct banking m **Direktbanking** [di'rɛktbɛŋkɪŋ] <-s> nt (über PC

*oder Telefon abgewickelte Bankgeschäfte*) direct banking *m* **Direktflug** *m* volo *m* diretto

**Direktion** [dirɛkˈtsi̯oːn] <-, -en> *f* ❶ (*Leitung*) direzione *f* ❷ (*leitende Personen*) direttore *m* ❸ (*CH*: POL, ADM: *kantonales Ministerium*) ministero *m* cantonale

**Direktive** [dirɛkˈtiːvə] <-, -n> *f* (*Weisung*) direttiva *f*

**Direktmarketing** *nt* (WIRTSCH) direct marketing *m*

**Direktor(in)** [diˈrɛktoːɐ̯] <-s, -en; -, -nen> *m(f)* ❶ (*allg*, ADM, COM) direttore, -trice *m*, *f* ❷ (*Geschäftsführer*) gerente *mf* ❸ (*von staatlicher höherer Schule*) preside *mf*

**Direktorat** [dirɛktoˈraːt] <-(e)s, -e> *nt* (ADM) ❶ (*Amt*) direzione *f*, presidenza *f* ❷ (*Büro*) direzione *f*, presidenza *f*

**Direktorium** [dirɛkˈtoːri̯ʊm] <-s, Direktorien> *nt* comitato *m* direttivo

**Direktübertragung** *f* (RADIO) trasmissione *f* diretta; (TV) ripresa *f* diretta **Direktverbindung** [diˈrɛktfɛɐ̯bɪndʊŋ] <-, -en> *f* (FERR, AERO) collegamento *m* diretto

**Direktzugriff** *m* (INFORM) accesso *m* diretto

**Dirigent(in)** [diriˈgɛnt] <-en, -en; -, -nen> *m(f)* direttore, -trice *m*, *f* d'orchestra

**dirigieren** [diriˈgiːrən] <ohne ge-> *vt* dirigere [l'orchestra]

**Dirndl|kleid|** [ˈdɪrndəl(klaɪt)] <-s, -> *nt* costume *m* [*o* vestito *m*] tirolese

**Dirne** [ˈdɪrnə] <-, -n> *f* prostituta *f*

**Dis, dis** [dɪs] <-, -> *nt* (MUS) re *m* diesis

**Disagio** [dɪsˈʔaːdʒo, *Pl*: dɪsˈʔaːdʒos *o* dɪsˈʔaːdʒən] <-s, -s *o* Disagien> *nt* (FIN: *Kreditabschlag*) disaggio *m*

**Disclaimer** [dɪsˈklɛɪmɐ] <-s, -> *m* (INET) disclaimer *m*

**Discman** [ˈdɪskmɛn] <-s, -s> *m* lettore *m* portatile per CD

**Disco** [ˈdɪsko] <-, -s> *f s.* **Disko**

**Discountmarkt** [dɪsˈkaʊnt-] *m* discount *m*

**disharmonisch** [dɪshaɐ̯ˈmoːnɪʃ] *adj* (MUS) disarmonico, dissonante; (*Farben*) discordante

**Disken** *Pl. von* **Diskus**

**Diskette** [dɪsˈkɛtə] <-, -n> *f* (INFORM) dischetto *m*, floppy disk *m* **Disketten|laufwerk** *nt* (INFORM) disk drive *m*, drive *m* per dischetti

**Diskjockey** [ˈdɪskdʒɔki] *m* disc-jockey *mf*

**Disko** [ˈdɪsko] <-, -s> *f* disco *f*

**Diskont** [dɪsˈkɔnt] <-s, -e> *m* (FIN) sconto *m* **Diskontsatz** *m* (FIN) tasso *m* di sconto

**Diskothek** [dɪskoˈteːk] <-, -en> *f* discoteca *f*

**diskreditieren** [dɪskrediˈtiːrən] <ohne ge-> *vt* screditare

**Diskrepanz** [dɪskreˈpants] <-, -en> *f* discrepanza *f*

**diskret** [dɪsˈkreːt] *adj* discreto

**Diskretion** [dɪskreˈtsi̯oːn] <-, -en> *f* discrezione *f*

**diskriminieren** [dɪskrimiˈniːrən] <ohne ge-> *vt* discriminare **diskriminierend** *adj* discriminante, discriminatorio **Diskriminierung** <-, -en> *f* discriminazione *f* **Diskriminierungsverbot** *nt* (JUR) principio *m* di non-discriminazione, divieto *m* di discriminazione

**Diskurs** [dɪsˈkʊrs] <-es, -e> *m* (*geh*) ❶ (*Erörterung*) dibattito *m*, discussione *f* ❷ (*Vortrag*) discorso *m*, relazione *f* ❸ (LING: *sprachliche Äußerung*) discorso *m*

**Diskus** [ˈdɪskʊs, *Pl*: ˈdɪskən] <- *o* -ses, -se *o* Disken> *m* (SPORT) disco *m*

**Diskussion** [dɪskʊˈsi̯oːn] <-, -en> *f* discussione *f*, dibattito *m*; **etw zur ~ stellen** mettere qc in discussione

**Diskuswerfen** <-s> *kein Pl. nt* (SPORT) [lancio *m* del] disco *m*

**diskutieren** [dɪskuˈtiːrən] <ohne ge-> *vi, vt* [**mit jdm**] **über etw** *acc* **~** discutere [con qu] su [*o* di] qc

**Dispens** [dɪsˈpɛns] <-es, -e> *m* dispensa *f*

**Display** [dɪsˈpleɪ] <-s, -s> *nt* (INFORM) display *m*

**disponieren** [dɪspoˈniːrən] <ohne ge-> *vi* (*geh*) **über etw** *acc* **~** disporre di qc

**Disposition** [dɪspoziˈtsi̯oːn] <-, -en> *f* (*geh*) ❶ (*Verfügung, Maßnahme*) disposizione *f* ❷ (*Gliederung, Plan*) suddivisione *f* ❸ (MED: *Anlage*) predisposizione *f*

**Disput** [dɪsˈpuːt] <-(e)s, -e> *m* (*geh*) disputa *f*

**Disqualifikation** [dɪskvalifikaˈtsi̯oːn] <-, -en> *f* squalifica *f*

**disqualifizieren** [dɪskvalifiˈtsiːrən] <ohne ge-> *vt* squalificare

**Disse** [ˈdɪsə] <-, -s> *f* (*sl*: *Diskothek*) discoteca *f*

**Dissertation** [dɪsɛrtaˈtsi̯oːn] <-, -en> *f* dottorato *m* di ricerca

**Dissident(in)** [dɪsiˈdɛnt] <-en, -en; -, -nen> *m(f)* dissidente *mf*

**dissonant** [dɪsoˈnant] *adj* (MUS) dissonante; **~ e Akkorde** accordi dissonanti

**Dissonanz** [dɪsoˈnants] <-, -en> *f* dissonanza *f*

**Distanz** [dɪsˈtants] <-, -en> f distanza f; ~ **wahren** mantenere le distanze

**distanzieren** [dɪstanˈtsiːrən] <ohne ge-> vr **sich [von jdm/etw] ~** (fig) prendere le distanze [da qu/qc]

**Distel** [ˈdɪstəl] <-, -n> f (BOT) cardo m **Distelfink** m (ZOO) cardellino m

**Distrikt** [dɪsˈtrɪkt] <-(e)s, -e> m distretto m

**Disziplin** [dɪstsiˈpliːn] <-, -en> f ① Sing. (*Ordnung*) disciplina f ② (*Fachrichtung, Sportart*) disciplina f

**disziplinär** <keine Steigerung> adj (A) ① (*die Dienstordnung betreffend*) regolamentare ② (*die Disziplin betreffend*) disciplinare

**disziplinarisch** [dɪstsipliˈnaːrɪʃ] adj disciplinare

**Disziplinarstrafe** [dɪstsipliˈnaːɐ̯ʃtraːfə] f sanzione f [o pena f] disciplinare

**Disziplinarverfahren** nt (JUR) procedimento m disciplinare

**diszipliniert** [dɪstsipliˈniːɐ̯t] adj disciplinato

**Diszipliniertheit** <-> kein Pl. f disciplinatezza f

**disziplinlos** adj indisciplinato **Disziplinlosigkeit** <-, -en> f indisciplinatezza f

**dito** [ˈdiːto] adv (COM) come [o vedi] sopra, idem; (*scherz*) anche; **im Sommer fahre ich am liebsten ans Meer! — Dito!** d'estate vado di preferenza al mare! — Anch'io!

**Diva** [ˈdiːva, Pl: ˈdiːvən] <-, -s o Diven> f diva f

**Divergenz** [dɪvɛrˈgɛns] <-, -en> f divergenza f

**divers** [ˈdiːvɛrs] adj diverso, differente; **es gibt noch Diverses zu erledigen** ci sono ancora diverse cose da sbrigare

**Dividend** [diviˈdɛnt, Pl: diviˈdɛndən] <-en, -en> m (MAT) dividendo m

**Dividende** [diviˈdɛndə] <-, -n> f (FIN) dividendo m

**dividieren** [diviˈdiːrən] <ohne ge-> vt (MAT) dividere; **eine Zahl durch zwei ~** dividere un numero per due

**Division** [diviˈzi̯oːn] <-, -en> f (MAT, MIL) divisione f

**Diwan** [ˈdiːvaːn] <-s, -e> m divano m

**d. J.** ① abk v **dieses Jahres** c.a. ② abk v **der Jüngere** il giovane

**DJH** [deːjɔtˈhaː] <-(s)> kein Pl. f abk v **Deutsches Jugendherbergswerk** AIG

**Dkfm.** (A) abk v **Diplomkaufmann** laureato m in economia e commercio

**DKP** [deːkaːˈpeː] <-> kein Pl. f abk v **Deutsche Kommunistische Partei** partito comunista tedesco

**dl** abk v **Deziliter** dl

**DLRG** [deːʔɛlʔɛrˈgeː] <-> kein Pl. f abk v **Deutsche Lebens-Rettungs-Gesellschaft** società tedesca per il salvataggio a nuoto

**dm** abk v **Dezimeter** dm

**d. M.** abk v **dieses Monats** c.m.

**DM** abk v **Deutsche Mark** DM

**D-Mark** [ˈdeːmark] <-> kein Pl. f marco m tedesco

**DNA** [deːʔɛnˈʔaː] <-> kein Pl. f abk v **deoxyribonucleic acid** (BIOCHEM) DNA m **DNA-Analyse** [deːʔɛnˈʔaː-] f (BIOCHEM) analisi f del DNA **DNA-Spur** [deːʔɛnˈʔaː-] f traccia f del DNA **DNA-Test** [deːʔɛnˈʔaː-] m (JUR) test m del DNA

**D-Netz** [ˈdeːnɛts] <-es, -e> nt (TEL: *europaweites Mobilfunknetz*) rete f cellulare tedesca (*che gestisce i collegamenti europei*)

**DNS** [deːʔɛnˈʔɛs] <-> kein Pl. f abk v **Desoxyribonukleinsäure** D.N.A. m

**do** abk v **dito** c.s.

**doch** [dɔx] I. adv ① (*dennoch*) però, ciò nonostante, tuttavia ② (*aber*) ma, pure, eppure; **du weißt ~, dass ...** ma tu lo sai che ... ③ (*verstärkend*) sì, certo; **das ist ~ die Höhe!** (*fam*) questo sì che è il colmo!; **kommen Sie ~ herein!** entri pure!; **also ~!** è così allora!; **ja ~!** ma sì!; **nicht ~!** ma no!; **tu's ~!** fallo dunque!; **komm ~ bitte!** su, vieni, per favore!; **wenn er ~ käme!** almeno venisse! ④ (*als Antwort*) [ma] certo; **hast du das nicht gewusst? — Doch!** non lo sapevi — Certo! II. konj (*aber*) ma

**Docht** [dɔxt] <-(e)s, -e> m stoppino m, lucignolo m

**Dock** [dɔk] <-s, -s o rar -e> nt dock m, cantiere m navale; (*Trocken~*) bacino m di carenaggio **Dockarbeiter** m operaio m di un cantiere navale

**Dogge** [ˈdɔgə] <-, -n> f (ZOO) dogo m; (*deutsche*) alano m tedesco

**Dogma** [ˈdɔgma, Pl: ˈdɔgmən] <-s, Dogmen> nt dogma m

**dogmatisch** [dɔgˈmaːtɪʃ] adj dogmatico

**Dogmatismus** [dɔgmaˈtɪsmʊs] <-s> kein Pl. m dogmatismo m

**Dohle** [ˈdoːlə] <-, -n> f (ZOO) taccola f

**Doktor(in)** [ˈdɔktoːɐ̯] <-s, -en; -, -nen> m(f) dottore, -essa m, f; **Frau ~!** dottoressa!; **Herr ~!** dottore!; **~ der Philosophie** dottore m in filosofia; **den [o seinen] ~ machen** fare il dottorato di ricerca

**Doktorand(in)** [dɔkto'rant] <-en, -en; -, -nen> *m(f)* dottorando, -a *m, f*
**Doktorarbeit** *f* dottorato *f* di ricerca **Doktorgrad** *m* titolo *m* di dottore
**Doktorin** *f s.* **Doktor Doktortitel** *m* titolo *m* di dottore **Doktorvater** *m* relatore *m* del dottorato
**Doktrin** [dɔk'tri:n] <-, -en> *f* dottrina *f*, teoria *f*
**Dokument** [doku'mɛnt] <-(e)s, -e> *nt* documento *m*
**Dokumentarfilm** [dokumɛn'taːɐ̯fɪlm] *m* documentario *m* [cinematografico]
**dokumentarisch** [dokumɛn'taːrɪʃ] *adj* documentario
**Dokumentation** [dokumɛnta'tsi̯oːn] <-, -en> *f* documentazione *f*
**dokumentenecht** *adj* (*Papier*) uso protocollo; (*Tinte*) indelebile
**dokumentieren** [dokumɛn'tiːrən] <ohne ge-> *vt* documentare, dimostrare
**Dolch** [dɔlç] <-(e)s, -e> *m* pugnale *m*
**Dolde** ['dɔldə] <-, -n> *f* (BOT) ombrella *f*
**Dollar** ['dɔlar] <-(s), -s> *m* dollaro *m* **Dollarzeichen** ['dɔlaːɐ̯tsaɪçən] <-s, -> *nt* simbolo *m* del dollaro
**dolmetschen** ['dɔlmɛtʃən] I. *vi* haben fare da interprete II. *vt* interpretare, tradurre [a voce]
**Dolmetscher(in)** <-s, -; -, -nen> *m(f)* interprete *mf*
**Dolomiten** [dolo'miːtən] *Pl.* **die** ~ le Dolomiti *fpl*
**Dom** [doːm] <-(e)s, -e> *m* duomo *m*
**Domain** [do'meɪn] <-, -s> *f* (INET) dominio *m*
**Domäne** [do'mɛːnə] <-, -n> *f* ❶ (*Staatsgut*) demanio *m* pubblico, beni *mpl* demaniali ❷ (*Spezialgebiet*) dominio *m*, campo *m* [*o* sfera *f*] di competenza
**Domherr** *m* canonico *m*
**Domina** ['doːmina, *Pl:* 'doːmɪnɛ] <-, Dominä> *f* ❶ (REL) [madre] superiora *f*, badessa *f* ❷ (*Prostituierte*) prostituta che appaga il masochismo dei clienti
**dominant** [domi'nant] *adj* [pre]dominante
**Dominante** <-, -n> *f* (MUS) nota *f* dominante
**Dominanz** [domi'nants] <-, -en> *f* (*allg,* BIOL) dominanza *f*
**dominieren** <ohne ge-> I. *vi* (*vorherrschen*) predominare II. *vt* (*beherrschen*) dominare
**Dominikanische Republik** *f* Repubblica *f* Dominicana
**Domino** ['doːmino] <-s, -s> *nt* domino *m* **Dominostein** *m* tessera *f* del domino

**Domizil** [domi'tsiːl] <-s, -e> *nt* (*geh*) domicilio *m*
**Domkapitel** ['doːmkapɪtəl] <-s, -> *nt* (REL) capitolo *m* del duomo
**Dompfaff** ['doːmpfaf] <-en *o* -s, -en> *m* (ZOO) ciuffolotto *m,* monachino *m*
**Dompteur** [dɔmp'tøːɐ̯] <-s, -e> *m,* **Dompteuse** [dɔmp'tøːzə] <-, -n> *f* domatore, -trice *m, f*
**Donau** ['doːnaʊ] *f* Danubio *m*
**Donner** ['dɔnɐ] <-s, -> *m* tuono *m*; **wie vom ~ gerührt** come fulminato
**donnern** *vi* (METEO) tuonare; **es donnert** tuona
**Donnerschlag** *m* [colpo *m* di] tuono *m,* fulmine *m*
**Donnerstag** <-s, -e> *m* giovedì *m*; *s. a.* **Dienstag**
**Donnerstagabend** *m* giovedì *m* sera
**donnerstagabends** *adv* il giovedì sera
**Donnerstagmittag** *m* giovedì a mezzogiorno; *s. a.* **Donnerstagabend**
**donnerstagmittags** *adv* il giovedì a mezzogiorno
**Donnerstagmorgen** *m* giovedì mattina; *s. a.* **Donnerstagabend**
**donnerstagmorgens** *adv* il giovedì mattina
**Donnerstagnachmittag** *m* giovedì pomeriggio; *s. a.* **Donnerstagabend**
**donnerstagnachmittags** *adv* il giovedì pomeriggio
**donnerstags** *adv* di [*o* il] giovedì
**Donnerstagvormittag** *m* giovedì mattina; *s. a.* **Donnerstagabend**
**donnerstagvormittags** *adv* il giovedì mattina
**Donnerwetter** *nt* [**zum**] **~!** (*fam*) accipicchia!, corpo di Bacco!
**doof** [doːf] *adj* (*fam*) stupido, scemo, ottuso
**dopen** ['dɔpən *o* 'doːpən] (SPORT) I. *vt* drogare, dopare II. *vr* **sich ~** doparsi
**Doping** ['dɔpɪŋ *o* 'doːpɪŋ] <-s, -s> *nt* (SPORT) doping *m,* drogaggio *m* **Dopingfall** *m* caso *m* di doping **Dopingkontrolle** *f* (SPORT) controllo *m* antidoping **Dopingmittel** *nt* dopante *m*
**Doppel** ['dɔpəl] <-s, -> *nt* ❶ (*Duplikat*) duplicato *m,* copia *f,* doppio *m* ❷ (SPORT: *Tennis*) doppio *m*; **gemischtes ~** doppio misto
**Doppeladler** *m* aquila *f* a due teste **Doppelagent(in)** *m(f)* doppiogiochista *mf,* spia *f* **Doppelbelastung** *f* doppio peso *m*
**Doppelbeschluss** *m* doppia risoluzione *f* **Doppelbett** *nt* [letto *m*] matrimoniale *m*

**Doppelbier** *nt* birra *f* forte **Doppeldecker** *m* ❶(AERO) biplano *m* ❷(*fam: Bus*) autobus *m* a due piani
**Doppeldeckerbus** *m* autobus *m* a due piani **doppeldeutig** *adj* a doppio senso, ambiguo **Doppelfehler** *m* (SPORT) doppio fallo *m* **Doppelfenster** *nt* doppia finestra *f*, controfinestra *f* **Doppelgänger(in)** ['dɔpəlgɛŋɐ] <-s, -; -, -nen> *m(f)* sosia *mf* **Doppelglasfenster** *nt* finestra *f* a vetri doppi **Doppelhaus** *nt* [casa *f*] bifamiliare *f* **Doppelkinn** *nt* doppio mento *m*, pappagorgia *f fam* **Doppelleben** *nt* doppia vita *f*; **ein ~ führen** condurre una doppia vita *f*; **Doppelmoral** <-, *rar* -en> *f* doppia morale *f* **Doppelmord** *m* duplice omicidio *m*
**doppeln** *vt* (*A: besohlen*) risuolare
**Doppelname** *m* binomio *m* **Doppelpunkt** *m* (LING) due punti *mpl* **Doppelrolle** *f* doppione *m*, doppia parte *f* **Doppelsinn** *m* doppio senso *m* [*o* significato *m*]; (*Zweideutigkeit*) ambiguità *f* **Doppelstecker** *m* spina *f* doppia
**doppelt** I. *adj* doppio, duplice; **in ~er Ausführung** in duplice copia; **~e Moral** doppia morale *f*; **ein ~es Spiel treiben** fare il doppio gioco II. *adv* il doppio, doppiamente; **~ so viel** due volte tanto; **~ so viel bezahlen** pagare il doppio; **~ so einfach** molto di più; **sie ist ~ so groß wie ihr Bruder** è due volte suo fratello [in altezza]; **der Betrag ist ~ so groß, wie wir ihn erwartet hatten** l'importo è doppio rispetto a quello che ci aspettavamo; **~ sehen** vederci doppio; **~ genäht hält besser** (*prov*) la prudenza non è mai troppa
**Doppeltür** *f* controporta *f* **Doppelverdiener** *mPl.* (*Ehepaar*) coppia *f* con doppio reddito **Doppelwährungsphase** *f* (*Europäische Währungsunion*) periodo *m* della doppia circolazione **Doppelzentner** *m* quintale *m* **Doppelzimmer** *nt* (*Zweibettzimmer*) camera *f* doppia [*o* a due letti]; (*mit Doppelbett*) [camera *f*] matrimoniale *f*
**Dorf** [dɔrf, *Pl*: ˈdœrfə] <-(e)s, Dörfer> *nt* paese *m*, villaggio *m* **Dorfbewohner(in)** *m(f)* paesano, -a *m*, *f* **Dorfschaft** <-, -en> *f* (*CH: Dorf als Ganzes, Einheit*) paese *m*, villaggio *m* **Dorfschule** *f* scuola *f* di paese **Dorftrottel** *m* (*fam*) scemo *m* del villaggio [*o* del paese]
**dorisch** [ˈdoːrɪʃ] *adj* (ARCH, MUS) dorico; **~e Säulen** colonne doriche
**Dorn**[1] [dɔrn] <-(e)s, -en *o fam* Dörner> *m* (BOT) spina *f*; **jdm ein ~ im Auge sein** (*fig*) essere una spina nell'occhio per qu
**Dorn**[2] [dɔrn] <-(e)s, -e> *m* (TEC) spina *f*; (*an Schnalle*) puntale *m*
**Dornenkrone** *f* corona *f* di spine
**dornig** *adj* spinoso
**Dornröschen** [dɔrnˈrøːsçən] <-s> *kein Pl. nt* (LIT) bella *f* addormentata nel bosco, Rosaspina *f*
**dörren** [ˈdœrən] I. *vt haben* [dis]seccare II. *vi sein* [dis]seccarsi
**dorren** [ˈdɔrən] *vi* (*geh*) seccarsi
**Dörrobst** *nt* frutta *f* secca [*o* essiccata]
**Dorsch** [dɔrʃ] <-(e)s, -e> *m* (ZOO) merluzzo *m*
**dort** [dɔrt] *adv* là, lì; **da und ~** qua e là; **von ~** di là, di lì; **~ drüben/hinten** là dietro/là in fondo **dortbleiben** <*irr*> *vi sein* rimanere qui/qua, rimanervi, restarvi **dorther** [ˈdɔrtheːɐ̯, *hinweisend*: ˈdɔrtheːɐ̯] *adv* di là, di lì; **von ~** da quella parte **dorthin** [ˈdɔrthɪn, *hinweisend*: ˈdɔrthɪn] *adv* lì, là **dorthinaus** [dɔrthɪˈnaʊs, *hinweisend*: ˈdɔrthɪnaʊs] *adv* là fuori; **er ist unverschämt bis ~** è smisuratamente sfacciato **dorthinein** [ˈdɔrthɪˈnaɪn, *hinweisend*: ˈdɔrthɪnaɪn] *adv* là dentro
**dortig** *adj* di là, del luogo
**dortlassen** <*irr*> *vt* (*fam: zurücklassen*) lasciare là; (*vergessen*) dimenticare
**Dose** [ˈdoːzə] <-, -n> *f* ❶(*Büchse*) scatola *f*, barattolo *m*; (*Blech~*) latta *f* ❷(TEC: *Steck~*) presa *f* [di corrente]
**Dosen** *Pl. von* **Dose, Dosis**
**dösen** [ˈdøːzən] *vi* (*fam*) sonnecchiare
**Dosenmilch** *f* latte *m* condensato in scatola **Dosenöffner** *m* apriscatole *m* **Dosenpfand** *nt kein Pl.* vuoto *m* a rendere per le lattine **Dosensuppe** *f* minestra *f* in scatola
**dosieren** [doˈziːrən] <*ohne ge-*> *vt* dosare
**Dosierkapsel** *f* tappo *m* dosatore
**Dosierung** <-, -en> *f* dosaggio *m*
**Dosis** [ˈdoːzɪs, *Pl*: ˈdoːzən] <-, Dosen> *f* dose *f*
**Dossier** [dɔˈsjeː] <-s, -s> *nt* dossier *m*, incartamento *m*
**Dotcom** <-, -s> *f* (*sl*) dotcom *f*
**Dotcom-Unternehmen** *nt* (*sl*) società *f* dotcom
**dotieren** [doˈtiːrən] <*ohne ge-*> *vt* **etw mit ... Euro ~** ricompensare con una somma di ... euro; **hoch dotiert** rimunerato lautamente; **eine gut dotierte Stellung** un lavoro rimunerativo
**Dotter** [ˈdɔtɐ] <-s, -> *m o nt* rosso *m*

dell'uovo, tuorlo m **Dotterblume** f (BOT) calta f palustre

**doubeln** ['duːbəln] I. vi (FILM) sostituire [l'attore protagonista] con una controfigura II. vt (FILM) fare la controfigura

**Double** ['duːb(ə)l] <-s, -s> nt (FILM) controfigura f, doppio m

**down** [daʊn] adj (sl) giù, abbattuto

**Download** ['daʊnləʊd] <-s, -s> m (INFORM) download m

**downloaden** ['daʊnləʊdən] vt (INFORM: herunterladen) download, scaricare

**Dozent(in)** [doˈtsɛnt] <-en, -en; -, -nen> m(f) docente mf

**dozieren** [doˈtsiːrən] <ohne ge-> vi insegnare

**dpa** [deːpeːˈʔaː] abk v **Deutsche Presse-Agentur** agenzia di stampa tedesca

**Dr.** abk v **Doktor** Dott.; ~ jur./med./phil. dott. in giurisprudenza/medicina/filosofia

**Drache** ['draxə] <-n, -n> m (Fabeltier) drago m

**Drachen** ['draxən] <-s, -> m ① (Papier~) aquilone m, cervo m volante; **den ~ steigen lassen** far volare l'aquilone ② (fam pej: zänkische Frau) megera f

**Drachenfliegen** <-s> kein Pl. nt volo m a delta

**Dragee** [draˈʒeː] <-s, -s> nt, **Dragée** <-s, -s> nt confetto m

**Draht** [draːt, Pl: ˈdrɛːtə] <-(e)s, Drähte> m filo m metallico; **auf ~ sein** (fam) stare all'erta **Drahtbürste** f spazzola f metallica

**Drahtesel** m (fam scherz) bici f **Drahtgitter** nt graticola f

**drahtig** ['draːtɪç] adj (Figur) in forma

**drahtlos** I. adj radiotelegrafico, radiotelefonico, senza fili II. adv via [o per] radio; **~ telefonieren** telefonare con il portatile

**Drahtseil** nt fune f metallica; **Nerven wie ~e haben** avere i nervi d'acciaio **Drahtseilakt** m ① (im Zirkus) esercizio m acrobatico ② (fig) impresa f azzardata **Drahtseilbahn** f funivia f

**Drahtzaun** m rete f metallica [o di recinzione]

**Drahtzieher(in)** <-s, -; -, -nen> m(f) (Hintermann) mandante mf; **der ~ sein** tirare i fili

**drakonisch** [draˈkoːnɪʃ] adj draconiano; **~e Gesetze** leggi draconiane; **~e Maßnahmen** provvedimenti draconiani

**drall** [dral] adj (Mädchen) robusto, rotondetto; (Busen, Hinterteil) sodo

**Drall** <-(e)s, -e> m ① (PHYS) movimento m cinetico ② (von Feuerwaffen) rigatura f ③ (fig: Hang) inclinazione f (zu per)

**Drama** ['draːma, Pl: 'draːmən] <-s, Dramen> nt dramma m

**Dramatiker(in)** [draˈmaːtɪkɐ] <-s, -; -, -nen> m(f) scrittore, -trice m, f drammatico, -a, drammaturgo, -a m, f

**dramatisch** adj drammatico

**dramatisieren** [dramatiˈziːrən] <ohne ge-> vt drammatizzare

**Dramaturg(in)** [dramaˈtʊrk] <-en, -en; -, -nen> m(f) (THEAT, TV) direttore m artistico

**Dramaturgie** [dramatʊrˈgiː] <-, -n> f drammaturgia f

**Dramaturgin** [dramatʊrˈgɪn] <-, -nen> f s. **Dramaturg**

**dran** [dran] adv (fam) **gut ~ sein** essere in buone condizioni; **schlecht ~ sein** essere a mal partito; **man weiß nicht, wie man mit ihm ~ ist** non si sa cosa attendersi da lui; **wer ist ~?** a chi tocca?; **jetzt bist du [aber] ~!** (sl) adesso tocca a te [morire]!, è la tua ora!; **da ist was [Wahres] ~!** c'è qualcosa di vero!; s. a. **daran dran|bleiben** ['dranblaɪbən] <irr> vi sein (fam) ① (verfolgen) **an jdm/etw ~** non lasciarsi sfuggire qu/qc; **ich bleibe an ihm dran** non lo lascio scappare ② (Telefon) rimanere in linea

**drang** [draŋ] 1. u. 3. Pers. Sing. Imp. von **dringen**

**Drang** [draŋ] <-(e)s> kein Pl. m ① (innerer Antrieb) impulso m; **der ~ nach etw** la brama di qc ② (Druck, Bedrängnis) pressione f, spinta f

**Drängelei** [drɛŋəˈlaɪ] <-, -en> f (fam) ① (Schubsen) pigia pigia m ② (Bettelei) insistenze fpl

**drängeln** ['drɛŋəln] vi, vt (fam) ① (vor~) spingere; **nun drängle doch nicht so!** non spingere così! ② (betteln) insistere [con]; **er hat so lange gedrängelt, bis ich nachgegeben habe** ha insistito tanto che [alla fine] ha ceduto

**drängen** ['drɛŋən] I. vi ① (schieben, drücken) spingere ② (mit Nachdruck fordern) **auf etw** acc **~** insistere su qc ③ (eilig sein) urgere; **die Sache drängt** la cosa urge; **die Zeit drängt** il tempo stringe II. vt ① (schieben, drücken) spingere ② (antreiben) **jdn ~ etw zu tun** incitare qu a fare qc III. vr **sich ~** spingersi; **sich um jdn/etw ~** far ressa attorno a qu/qc; **sich an etw** dat **~** far ressa su qc

**Drängen** <-s> kein Pl. nt (Bitten) insistenza f, sollecitazione f, pressione f; **auf jds ~ [hin]** su sollecitazione di qu

**drängend** ['drɛŋənt] adj ① (Fragen, Pro-

*bleme*) impellente ❷ (*Tonfall, Stimme*) insistente

**Drangsal** ['draŋzaːl] <-, -e> *f* (*geh*) tormento *m*, tribolazione *f*

**drangsalieren** [draŋzaˈliːrən] <ohne ge-> *vt* (*pej*) tormentare, vessare

**dränieren** [drɛˈniːrən] <ohne ge-> *vt* drenare

**dran|kommen** <irr> *vi sein* (*fam*) ❶ (*an die Reihe kommen*) toccare; **ich komme dran** tocca a me ❷ (*Schule: aufgerufen werden*) venir interrogato ❸ (*abgefragt werden*) toccare, venir trattato; **welches Thema kommt denn dran?** che tema viene trattato? ❹ (*erreichen*) raggiungere, riuscire a prendere; **ich komme nicht dran** non ci arrivo **dran|nehmen** <irr> *vt* (*fam: Schüler*) interrogare; (*Patienten*) prendere **dran|setzen** ['dranzɛtsən] *vt* impiegare, mettere; **ich werde alles ~, um ...** ce la metterò tutta per ...

**drastisch** ['drastɪʃ] *adj* ❶ (*wirksam*) drastico ❷ (*derb anschaulich*) crudo

**drauf** [draʊf] *adv* (*fam*) **~ und dran sein zu** +*inf* essere sul punto di +*inf*; *s. a.* **darauf**

**Draufgabe** ['draʊfgaːbə] <-, -n> *f* (*A*) aggiunta *f*; **etw als ~ wollen** volere qc in aggiunta

**Draufgänger** ['draʊfgɛŋɐ] <-s, -> *m* uomo *m* spavaldo [*o* impetuoso] **Draufgängerin** ['draʊfgɛŋərɪn] *f* donna *f* impetuosa [*o* irruente]

**drauf|gehen** <irr> *vi sein* ❶ (*fam: Sache*) esaurirsi, consumarsi; (*Geld*) spendersi; **mein ganzes Geld ist draufgegangen** ci ho speso tutti i miei soldi ❷ (*sl: sterben*) crepare **drauf|kommen** ['draʊfkɔmən] <irr> *vt sein* (*sich einfallen lassen*) farsi venire in mente, farsi venire un'idea; **ich komme nicht drauf!** non ci arrivo!, non lo capisco!; **wie bist du draufgekommen, dass das die Lösung ist?** come sei arrivato alla soluzione giusta? **drauf|legen** ['draʊfleːgən] *vt* (*fam*) ❶ (*Betrag*) aggiungere, mettere; **leg noch 50 Euro drauf** mettici ancora 50 euro ❷ (*hinlegen*) mettere; **etw auf etw** *acc* **~** appoggiare qc su qc; **leg den Brief hier drauf** metti [*o* appoggia] la lettera qui sopra

**drauflos** [draʊfˈloːs] *adv* impulsivamente **drauflos|reden** *vi* (*fam*) parlare a vanvera **drauflos|schlagen** <irr> *vi* (*fam*) **blind ~** picchiare alla cieca

**drauf|machen** *vt* **einen ~** (*fam*) fare baldoria **drauf|zahlen** *vi* (*fam*) pagare in più

**draus** [draʊs] (*fam*) *s.* **daraus**

**draus|bringen** ['draʊsbrɪŋən] <irr> *vt* (*A, CH, südd: fam: aus dem Konzept bringen*) distrarre, confondere **draus|kommen** ['draʊskɔmən] <irr> *vi sein* (*A, CH, südd: fam: aus dem Konzept kommen*) perdere il filo

**draußen** ['draʊsən] *adv* fuori; **da ~** là [*o* lì] fuori; **von ~** da fuori; **weit ~** molto fuori

**drechseln** ['drɛksəln] *vt* tornire

**Drechsler(in)** ['drɛkslɐ] <-s, -; -, -nen> *m(f)* tornitore, -trice *m, f*

**Drechslerei** [drɛksləˈraɪ] <-, -en> *f* (*Werkstatt*) officina *f* del tornitore

**Dreck** [drɛk] <-(e)s> *kein Pl. m* ❶ (*fam: Schmutz*) sudiciume *m*, sporcizia *f*; (*Straßenschmutz*) fango *m*, melma *f*; **jdn wie den letzten ~ behandeln** (*fam*) trattare qu come una pezza da piedi; **~ am Stecken haben** (*fig fam*) averne fatte di cotte e di crude; **jdn durch den ~ ziehen** (*fig*) trascinare qu nel fango ❷ (*sl pej: Schund*) cianfrusaglie *fpl*, ciarpame *m* ❸ (*sl pej*) **das geht dich einen ~ an!** che te ne frega!; **mach doch deinen ~ allein!** sbrigatela da solo!, arrangiati! *fam*

**dreckig** *adj* (*fam*) ❶ (*schmutzig*) sporco, sudicio; (*Straße*) melmoso, fangoso; **sich ~ machen** sporcarsi ❷ (*unanständig*) volgare, triviale; (*gemein*) perfido, maligno ❸ (*schlecht*) **es geht mir ~** sto male

**Dreck|s|kerl** *m* (*sl pej*) porco *m*

**Dreckspatz** *m* (*fam*) sudicione, -a *m, f*

**d. Red.** *abk v* **die Redaktion** N.d.R.

**Dreh** [dreː] <-(e)s, -s *o* -e> *m* (*fam: Trick*) trucco *m*; **den [richtigen] ~ heraushaben** aver trovato il verso giusto

**Dreharbeiten** *fPl.* (FILM) riprese *fpl* **Drehbank** <-, -bänke> *f* tornio *m* **drehbar** *adj* girevole **Drehbleistift** *m* matita *f* automatica **Drehbuch** *nt* sceneggiatura *f* **Drehbuchautor(in)** *m(f)* sceneggiatore, -trice *m, f*

**drehen** ['dreːən] I. *vt* ❶ (*um die Achse*) [far] girare; (*Kopf*) volgere; **jdm den Rücken ~** voltare le spalle a qu ❷ (*Zigarette*) farsi ❸ (*Film*) girare II. *vi* girare, girarsi; (*Schiff*) virare di bordo III. *vr* **sich ~** ❶ (*rotieren*) girare, girarsi; **sich um etw ~** girare attorno a qc; **sich auf den Bauch ~** girarsi sulla pancia; **mir dreht sich alles [im Kopf]** mi gira la testa, ho il capogiro ❷ (*Gespräch*) trattarsi; **alles drehte sich [nur] um sie** era il perno di tutto, tutto ruotava intorno a lei

**Dreher(in)** <-s, -; -, -nen> *m(f)* (TEC) tornitore, -trice *m, f*

**Drehkreuz** *nt* (*Wegsperre*) cancello *m* girevole, tornella *f* **Drehmoment** ['dre:mɔmɛnt] <-(e)s, -e> *nt* (PHYS, MOT) momento *m* torcente **Drehorgel** *f* (MUS) organino *m* **Drehscheibe** ❶ (FERR) piattaforma *f* girante ❷ *s.* **Töpferscheibe Drehstrom** *m* (TEC) corrente *f* trifase **Drehstuhl** *m* sedia *f* girevole **Drehtür** *f* porta *f* girevole

**Drehung** <-, -en> *f* (*im Kreis*) movimento *m* rotatorio; (*um Achse*) giro *m*, rotazione *f*; (*um anderen Körper*) rivoluzione *f*; **eine halbe ~ rechts** un mezzo giro a destra

**Drehwurm** *m* (*fam*) **einen** [*o* **den**] **~ haben** avere le vertigini **Drehzahl** ['dre:tsa:l] <-, -en> *f* numero *m* di giri **Drehzahlmesser** <-s, -> *m* (TEC) contagiri *m*

**drei** [draɪ] *num* tre; **für ~ essen** mangiare per tre; **nicht bis ~ zählen können** (*fig*) non saper contare fino a dieci [*o* sulle dita della mano]; *s. a.* **acht**

**Drei** <-, -en> *f* tre *m*; (*Schulnote: befriedigend*) sette; (*Buslinie, etc*) tre *m*

**Drei-, drei-** *s. a.* **Acht-, acht-**

**Dreiakter** <-s, -> *m* spettacolo *m* in tre atti **Dreibettzimmer** *nt* camera *f* a tre letti **3-D-Drucker, 3D-Drucker** [draɪˈdeː-] <-s, -> *m* (INFORM) stampante *f* 3D **dreidimensional** ['draɪdɪmɛnzjonaːl] *adj* a tre dimensioni; **~er Film** film tridimensionale **Dreieck** *nt* triangolo *m* **dreieckig** *adj* triangolare **Dreiecksbeziehung** *f* relazione *f* a tre, triangolo *m* sl **Dreiecksverhältnis nt ein ~** il classico triangolo **Dreieinigkeit** [draɪˈʔaɪnɪçkaɪt] *f* Trinità *f* **Dreier** ['draɪɐ] <-s, -> *m* (*Einheit aus drei Dingen*) terno *m*; **einen flotten ~ machen** (*fam*) avere un rapporto sessuale a tre

**dreifach** *adj* triplo; *s. a.* **achtfach Dreifachstecker** *m* spina *f* tripolare **Dreifaltigkeit** [draɪˈfaltɪçkaɪt] *s.* **Dreieinigkeit Dreiganggetriebe** *nt* (MOT) cambio *m* a tre marce **dreihundert** ['draɪˈhʊndɐt] *num* trecento **dreijährig** ['draɪjɛːrɪç] *adj* ❶ (*drei Jahre alt*) di anni ❷ (*drei Jahre dauernd*) triennale; *s. a.* **achtjährig Dreikampf** *m* (SPORT) triatlon *m* **Dreikäsehoch** [draɪˈkɛːzəhoːx] <-s, -(s)> *m* (*fam scherz*) omino *m*, ragazzino *m* **Dreikönige** [draɪˈkøːnɪɡə] *Pl.* **nach ~** dopo l'epifania **Dreikönigsfest** [draɪˈkøːnɪçsfɛst] *nt* epifania *f* **Dreiländereck** [draɪˈlɛndɐʔɛk] <-(e)s> *kein Pl. nt* punto *m* d'incontro delle frontiere di tre paesi **Dreiliterauto, 3-Liter-Auto** *nt* auto *f* da tre litri

**dreimal** ['draɪmaːl] *adv* tre volte; **~ darfst du raten** (*fam*) hai tre possibilità [per indovinare]; *s. a.* **achtmal**

**Dreimaster** ['draɪmastɐ] <-s, -> *m* (NAUT) trealberi *m* **Dreimeilenzone** [draɪˈmaɪləntsoːnə] *f* zona *f* di limite territoriale delle acque

**drein** [draɪn] (*fam*) *s.* **darein**

**drein|reden** *vi* (*fam*) metter bocca; **jdm ~** metter bocca nelle faccende di qu

**Dreirad** *nt* ❶ (*Kinderfahrrad*) triciclo *m* ❷ (*Lieferwagen*) furgoncino *m* **Dreisatz** *m* (MAT) regola *f* del tre semplice **Dreispitz** <-es, -e> *m* tricorno *m* **Dreisprung** *m* (SPORT) salto *m* triplo

**dreißig** ['draɪsɪç] *num* trenta; *s. a.* **achtzig dreißigjährig** ['draɪsɪçjɛːrɪç] *adj* ❶ (*dreißig Jahre alt*) di trent'anni, trentenne ❷ (*dreißig Jahre lang*) trentennale; **der Dreißigjährige Krieg** la guerra dei trent'anni **Dreißigjährige** <ein -r, -n, -n> *mf* uomo *m* [donna *f*] sulla trentina, trentenne *mf*

**dreißigste(r, s)** *adj* trentesimo, -a; (*bei Datumsangaben*) trenta; *s. a.* **achte(r, s) Dreißigstel** <-s, -> *nt* trentesimo *m*

**dreist** [draɪst] *adj* ❶ (*kühn*) ardito, audace ❷ (*frech*) sfacciato, impertinente, impudente

**dreistellig** *adj* di tre cifre

**Dreistigkeit** <-, -en> *f* ❶ (*Kühnheit*) arditezza *f*, audacia *f* ❷ (*Frechheit*) sfacciataggine *f*, sfrontatezza *f*, impudenza *f*

**dreistöckig** ['draɪʃtœkɪç] *adj* a [*o* di] tre piani

**Dreitagebart** *m* barbetta *f* [di tre giorni] **dreitägig** ['draɪtɛːɡɪç] *adj* di tre giorni **dreitausend** ['draɪˈtaʊzənt] *num* tremila **Dreitausender** ['draɪˈtaʊzəndɐ] <-s, -> *m* (*Gipfel*) [cima *f* di] 3000 metri *mpl* **dreiteilig** *adj* (*Kleid, Set*) in tre pezzi; (*Roman*) in tre parti

**dreiviertellang** ['draɪˈfɪrtəllaŋ] *adj* (*Kleidungsstück*) a tre quarti **Dreiviertelstunde** ['draɪvɪrtəlˈʃtʊndə] *f* tre quarti *mpl* d'ora; **in einer ~** fra tre quarti d'ora **Dreivierteltakt** *m* misura *f* di tre quarti

**Dreizack** [ˈdraɪtsak] <-(e)s, -e> *m* tridente *m*

**dreizehn** *num* tredici; **jetzt schlägt's aber ~!** (*fam*) questo è il colmo! **dreizehnte(r, s)** *adj* tredicesimo, -a; (*bei Datumsangaben*) tredici; *s. a.* **achte(r, s) Dreizehntel** *nt* tredicesimo *m*

**Dreizimmerwohnung** [draɪˈtsɪmɐvoːnʊŋ] *f* appartamento *m* di tre camere

**Dresche** ['drɛʃə] <-> *kein Pl. f* (*fam*) botte *fpl*

**dreschen** ['drɛʃən] <drischt, drosch, gedroschen> *vt* ① (AGR) trebbiare ② (*fam: prügeln*) bastonare, menare

**Drescher** <-s, -> *m* trebbiatore *m*

**Dreschflegel** *m* (AGR) cor[r]eggiato *m*

**Dreschmaschine** *f* trebbiatrice *f*

**Dresden** ['dre:sdən] *nt* Dresda *f*

**Dress** [drɛs] <-es, -e> *m, A:* (SPORT) tenuta *f* sportiva

**dressieren** [drɛ'si:rən] <ohne ge-> *vt* ammaestrare, addestrare; (*Pferde*) scozzonare

**Dressman** ['drɛsmən] <-s, Dressmen> *m* indossatore *m*

**Dressur** [drɛ'su:ɐ] <-, -en> *f* dressaggio *m*, ammaestramento *m*, addestramento *m*

**dribbeln** ['drɪbəln] *vi* (SPORT) dribblare

**Drift** [drɪft] <-, -en> *f* ① (NAUT) corrente *f* di deriva ② (*Treiben*) deriva *f*

**Drill** [drɪl] <-(e)s> *kein Pl. m* addestramento *m* **Drillbohrer** *m* trapano *m* a spirale

**drillen** *vt* ① (*fig* MIL) addestrare ② (TEC: *bohren*) trapanare

**Drillich** ['drɪlɪç] <-s, -e> *m* traliccio *m*, fustagno *m*

**Drilling** ['drɪlɪŋ] <-s, -e> *m* (*Kind*) trigemino *m*; **~e** gemelli trigemini

**drin** [drɪn] *adv* (*fam*) dentro; **in der Flasche ist noch was ~** c'è ancora qualcosa nella bottiglia; **bis jetzt ist noch alles ~** (*fam*) finora tutto è ancora possibile; **das ist nicht ~** (*fam*) non è possibile; *s. a.* **darin, drinnen**

**dringen** ['drɪŋən] <dringt, drang, gedrungen> *vi* ① *sein* **in etw** *acc* **~** penetrare in qc; **durch etw ~** penetrare qc, passare attraverso qc; **an die Öffentlichkeit ~** diventare di pubblico dominio; **in jdn ~** (*fig*) far pressione su qu, sollecitare qu ② *haben* (*verlangen*) **auf etw** *acc* **~** insistere su qc [*o* per avere qc]; **darauf ~, dass ...** insistere affinché *+conj*

**dringend** *adj* urgente, stringente, impellente; (*Bitte*) pressante; **in ~en Fällen** in casi d'urgenza; **es** [*o* **die Sache**] **ist [sehr] ~** la cosa urge

**dringlich** *adj* urgente **Dringlichkeit** <-, -en> *f* urgenza *f*

**Drink** [drɪnk] <-s, -s> *m* drink *m*

**drinnen** ['drɪnən] *adv* dentro; **~ und draußen** dentro e fuori; **ich gehe nach ~** vado dentro

**drin|stecken** ['drɪnʃtɛkən] *vi* (*fam*) ① (*beschäftigt sein*) **in etw** *dat* **~** essere [in  mezzo] a qc ② (*investiert sein*) essere investito; **in diesem Haus steckt mein ganzes Erspartes drin** in questa casa sono investiti tutti i miei risparmi ③ (*verwickelt sein*) **in etw** *dat* **mit ~** essere coinvolto in qc

**drischt** [drɪʃt] *3. Pers. Sing. Präs. von* **dreschen**

**dritt** [drɪt] *adv* **zu ~** in tre

**dritte(r, s)** *adj* terzo, -a; (*bei Datumsangaben*) tre; **aus ~r Hand** da terzi; *s. a.* **achte(r, s)**

**Dritte** <ein -r, -n, -n> *mf* terzo, -a *m, f*; **der lachende ~** il terzo che gode; **der ~ im Bunde sein** essere il terzo; **in Gegenwart ~r** in presenza di terzi; **wenn zwei sich streiten, freut sich der ~** (*prov*) fra due litiganti il terzo gode; *s. a.* **Achte**

**drittel** ['drɪtəl] <inv> *adj* terzo; *s. a.* **achtel**

**Drittel** <-s, -> *nt* terzo *m*

**dritteln** ['drɪtəln] *vt* dividere in terzi [*o* in tre parti]

**drittens** ['drɪtəns] *adv* [in] terzo [luogo]

**Dritte-Welt-Laden** ['drɪtə'vɛltla:dən] *m* negozio *m* di articoli del terzo mondo **Dritte-Welt-Land** ['drɪtə'vɛltlant] *nt* paese *m* del terzo mondo

**drittklassig** ['drɪtklasɪç] *adj* (*pej*) di terz'ordine

**Drittländer** ['drɪtlɛndɐ] *ntPl.*, **Drittstaaten** *mPl.* (EU) paese *m* terzo

**DRK** [de:ʔɛr'ka:] <-(s)> *kein Pl. nt abk v* **Deutsches Rotes Kreuz** CRI

**droben** ['dro:bən] *adv* (*geh südd, A*) lassù, in alto

**Droge** ['dro:gə] <-, -n> *f* droga *f*

**drogenabhängig** *adj* tossicodipendente **Drogenabhängige** <ein -r, -n, -n> *mf* tossicodipendente *mf* **Drogenabhängigkeit** *f* tossicodipendenza *f*, tossicomania *f* **Drogenberatungsstelle** <-, -n> *f* consultorio *m* per il recupero dei tossicodipendenti **Drogenhandel** *m* traffico *m* della droga **Drogenkonsum** *m* consumo *m* di droghe [*o* stupefacenti] **Drogenmissbrauch** *m* abuso *m* di droga

**Drogenopfer** *nt* vittima *f* della droga **Drogensucht** ['dro:gənzʊxt] <-> *kein Pl. f* tossicodipendenza *f*, tossicomania *f* **drogensüchtig** ['dro:gənzʏçtɪç] *adj* tossicodipendente **Drogenszene** *f* mondo *m* della droga

**Drogerie** [drogə'ri:] <-, -n> *f* drogheria *f*

**Drogist(in)** [dro'gɪst] <-en, -en; -, -nen> *m(f)* droghiere, -a *m, f*

**Drohbrief** *m* lettera *f* minatoria

**drohen** ['dro:ən] *vi* ① (*einschüchtern*)

**jdm ~ minacciare** qu ❷ (*bevorstehen*) minacciare; **ihm droht Gefängnis** lo minaccia la prigione ❸ (*zu befürchten sein*) **einzustürzen ~** minacciare di crollare **drohend** *adj* minaccioso; **~e Gefahr** pericolo incombente

**Drohne** ['droːnə] <-, -n> *f* (ZOO) fuco *m*

**dröhnen** ['drøːnən] *vi* rimbombare; (*a. fig*) rintronare; **mir dröhnt der Kopf** mi rintrona la testa

**Drohung** ['droːʊŋ] <-, -en> *f* minaccia *f*

**drollig** ['drɔlɪç] *adj* buffo

**Dromedar** ['droːmedaːɐ̯ *o* droməˈdaːɐ̯] <-s, -e> *nt* (ZOO) dromedario *m*

**Drop-down-Menü** [drɔpˈdaʊn-] <-s, -s> *nt* (INFORM) menù *m* a discesa [*o* a tendina], menù a cascata

**Drops** [drɔps] <-, -> *m o nt* caramella *f* alla frutta

**drosch** [drɔʃ] *1. u. 3. Pers. Sing. Imp. von* **dreschen**

**Droschke** ['drɔʃkə] <-, -n> *f* vettura *f* di piazza

**Drossel** ['drɔsəl] <-, -n> *f* (ZOO) tordo *m*

**drosseln** ['drɔsəln] *vt* (*Tempo*) diminuire; (*Einfuhr*) limitare

**Drosselung** <-, -en> *f* ❶ (TEC) strozzamento *m* ❷ (*fig*) diminuzione *f*, riduzione *f*

**Drosselventil** *nt* ❶ (TEC) valvola *f* di strozzamento ❷ (MOT) valvola *f* a farfalla

**drüben** ['dryːbən] *adv* (*auf der anderen Seite*) dall'altra parte, [al] di là; **hier/da ~** di qua, da questa parte/di là, da quella parte

**drüber** ['dryːbɐ] (*fam*) *s.* **darüber**

**Druck**[1] [drʊk, *Pl:* 'drʏkə] <-(e)s, Drücke> *m* ❶ (PHYS) pressione *f*; **durch einen** ❷ **~ auf den Knopf** premendo il bottone ❷ *Sing.* (*fig: Zwang*) pressione *f*; **jdn unter ~ setzen** mettere qu sotto pressione; **ich bin unheimlich in ~** (*fam*) sono molto sotto pressione

**Druck**[2] [drʊk] <-(e)s, -e> *m* ❶ (TYP) impressione *f*; (*Vorgang*) stampa *f*; **etw in ~ geben** dare qc alle stampe ❷ (*Auflage*) edizione *f* ❸ (*Kunst~*) stampa *f*

**Druckausgleich** *m* (TEC) compensazione *f* della pressione

**Druckbogen** *m* foglio *m* di stampa

**Druckbuchstabe** *m* carattere *m* tipografico

**Drückeberger** ['drʏkəbɛrɡɐ] <-s, -> *m* (*fam pej*) scansafatiche *m*, vigliacco *m*; (MIL) imboscato *m*

**druckempfindlich** ['drʊkɛmpfɪntlɪç] *adj* sensibile alla pressione

**drucken** ['drʊkən] *vt* (TYP) stampare, riprodurre; **neu ~** ristampare; **~ lassen** dare alle stampe; **klein gedruckt** a caratteri piccoli

**drücken** ['drʏkən] I. *vt* ❶ (*pressen*) premere; (*zusammen~*) spremere; **jdm die Hand ~** stringere la mano a qu ❷ (*fam: umarmen*) stringere, abbracciare ❸ (*Kleidung, Schuh*) stringere ❹ (*fig: Preise*) ribassare; (*Rekord*) abbassare II. *vi* ❶ (*lasten*) pesare; **auf jdn/etw ~** pesare su qu/qc; **aufs Gemüt ~** rendere malinconico, intristire ❷ (*Kleidung, Schuh*) stringere ❸ (*pressen*) **auf etw** *acc* **~** premere su qc; **auf einen Knopf ~** schiacciare un bottone III. *vr* **sich ~** (*fam*) svignarsela, squagliarsela; **sich vor etw** *dat* **~** scansare qc, sottrarsi a qc

**drückend** *adj* opprimente; (*Hitze*) soffocante

**Drucker** <-s, -> *m* (INFORM) stampante *f*

**Drucker(in)** <-s, -; -, -nen> *m(f)* stampatore, -trice *m*, *f*, tipografo, -a *m*, *f*

**Drücker** <-s, -> *m* (*Türklinke*) maniglia *f*, saliscendi *m*; **am ~ sitzen** (*fig fam*) stare nella stanza dei bottoni; **auf den letzten ~** (*fig fam*) all'ultimo momento

**Druckerei** [drʊkəˈraɪ] <-, -en> *f* stamperia *f*, tipografia *f*

**Druckerin** *f s.* **Drucker**

**Druckerlaubnis** *f* imprimatur *m*

**Druckerschnittstelle** *f* (INFORM) interfaccia *f* stampante

**Druckerschwärze** *f* inchiostro *m* da stampa

**Druckfehler** *m* errore *m* di stampa

**druckfertig** *adj* pronto per la stampa

**druckfrisch** ['drʊkfrɪʃ] *adj* (TYP) fresco di stampa

**Druckkabine** *f* (AERO) cabina *f* pressurizzata

**Druckknopf** *m* ❶ (*an Kleidung*) [bottone *m*] automatico *m* ❷ (TEC) pulsante *m*

**Drucklegung** <-, -en> *f* (TYP) messa *f* in macchina

**Druckluft** *f* aria *f* compressa **Druckluftbohrer** *m* perforatrice *f* pneumatica

**Druckmaschine** *f* macchina *f* tipografica [*o* da stampa]

**Druckmesser** <-s, -> *m* misuratore *m* di pressione, manometro *m*

**Druckmittel** *nt* mezzo *m* di pressione [*o* coercitivo]

**Druckpumpe** *f* pompa *f* premente [*o* a pressione]

**Druckregler** *m* regolatore *m* di pressione

**druckreif** *s.* **druckfertig**

**Drucksache** *f* stampa *f*; „~" "stampe"

**Druckschrift** f ❶ (TYP: *Schriftart*) carattere m tipografico [o di stampa]; **in ~** in stampatello ❷ (*gedrucktes Werk*) stampato m

**drucksen** ['drʊksən] vi (*fam*) tentennare

**Drucksorte** f (*A: Formular, Formblatt*) modulo m

**Druckverband** ['drʊkfɛɐbant, *Pl:* 'drʊkfɛɐbɛndə] <-(e)s, Druckverbände> m (MED) laccio m emostatico, fasciatura f emostatica

**Druckwelle** f (PHYS) onda f impulsiva; (*bei einer Explosion*) onda f esplosiva

**drum** [drʊm] adv (*fam*) **mit allem Drum und Dran** con tutti gli annessi e connessi; **sei's ~!** e sia!; *s. a.* **darum**

**drunten** ['drʊntən] adv (*südd, A*) laggiù

**drunter** ['drʊntɐ] adv (*fam*) **es geht alles ~ und drüber** tutto va a catafascio; *s. a.* **darunter**

**Drüse** ['dry:zə] <-, -n> f ghiandola f

**Dschungel** ['dʒʊŋəl] <-s, -> m giungla f

**Dschunke** ['dʒʊŋkə] <-, -n> f giunca f

**DSG** [de:?ɛs'ge:] <-> *kein Pl.* f *abk v* **Deutsche Schlafwagen- und Speisewagen-Gesellschaft** compagnia tedesca dei vagoni letto e ristorante

**DSL** [de:?ɛs'?ɛl] <-> nt *kein Pl. abk v* **Digital Subscriber Line** (INFORM) DSL f

**dt.** *abk v* **deutsch** tedesco

**dto** *abk v* **dito** c.s.

**DTP** [de:te:'pe:] <-> nt (INFORM) *s.* **Desktop Publishing** desktop-publishing m

**Dtzd.** *abk v* **Dutzend** dozz.

**du** [du:] pron *pers* tu; **wenn ich ~ wäre, ...** se fossi in te, ...; **jdn mit ~ anreden** dare del tu a qu; **mit jdm per ~ sein** darsi del tu; **~, ich muss dich was fragen** senti, devo chiederti qc; **~ Ärmste/Ekel!** o che poveretta/essere odioso!

**d. U.** *abk v* **der Unterzeichnete** il sottoscritto

**dual** [du'a:l] adj duale, binario; **das Duale System** (*Rücknahme von Verpackungen*) sistema di raccolta differenziata

**Dualsystem** [du'a:lzyste:m] nt (MAT) sistema m di numerazione binaria

**Dübel** ['dy:bəl] <-s, -> m tassello m

**dubios** [du'bjo:s] adj dubbio, sospetto; **~e Gestalt** persona sospetta

**Dublette** [du'blɛtə] <-, -n> f doppione m

**Dublin** ['dablɪn] nt Dublino f

**ducken** ['dʊkən] I. vr **sich ~** (*fig*) piegarsi; (*niederkauern*) rannicchiarsi II. vt (*pej: demütigen*) umiliare

**Duckmäuser** ['dʊkmɔɪzɐ] <-s, -> m (*fam: Feigling*) vigliacco, -a m, f

**Dudelsack** ['du:dəlzak] m cornamusa f, zampogna f

**Duell** [du'ɛl] <-s, -e> nt duello m

**duellieren** [duɛ'li:rən] <ohne ge-> vr **sich ~** battersi a duello

**Duett** [du'ɛt] <-(e)s, -e> nt (MUS) duetto m

**Duft** [dʊft, *Pl:* 'dʏftə] <-(e)s, Düfte> m profumo m, fragranza f

**dufte** ['dʊftə] adj (*nordd: fam*) grandioso, eccezionale

**duften** vi ❶ (*Duft verbreiten*) odorare ❷ (*riechen*) **nach etw ~** avere un profumo di qc **duftend** adj profumato, odoroso, aromatico

**duftig** adj leggero, vaporoso; **ein ~es Sommerkleid** un vestito estivo arioso

**Duftöl** nt (*Öl für Duftlampen*) olio m essenziale

**Dukaten** [du'ka:tən] <-s, -> m (HIST) ducato m

**dulden** ['dʊldən] vt ❶ (*zulassen*) ammettere, tollerare; **keinen Aufschub ~** non ammettere nessun rinvio ❷ (*geh: ertragen*) sopportare

**duldsam** ['dʊltza:m] adj paziente; (*nachsichtig*) indulgente; (*tolerant*) tollerante

**Duldsamkeit** <-> *kein Pl.* f pazienza f; (*Nachsicht*) indulgenza f, tolleranza f

**dumm** [dʊm] <dümmer, dümmste> adj ❶ (*Mensch*) stupido; (*unwissend*) ignorante; (*einfältig*) semplice, sciocco; (*albern*) sciocco; **~es Zeug reden** dire sciocchezze; **ein ~es Gesicht machen** (*fam*) fare una faccia da stupido; **der Dumme sein** essere lo stupido di turno; **jdn für ~ verkaufen** (*fam*) prendere [*o* far passare] qu per sciocco; **das wird mir zu ~!** ne ho abbastanza! ❷ (*unangenehm*) spiacevole, seccante; **eine ~e Geschichte** una brutta faccenda; **das ist [aber] ~!** peccato!

**dummerweise** ['dʊmɐvaɪzə] adv sfortunatamente

**Dummheit** <-, -en> f ❶ *Sing.* (*Mangel an Intelligenz*) stupidità f, ignoranza f ❷ (*Handlung*) stupidaggine f, sciocchezza f **Dummkopf** m (*pej*) stupido, -a m, f, sciocco, -a m, f

**Dummy** ['dami] <-s, -s> m manichino m

**dumpf** [dʊmpf] adj ❶ (*Ton*) cupo, sordo ❷ (*Geruch*) ammuffito ❸ (*Ahnung*) vago ❹ (*stumpfsinnig*) ottuso, apatico **Dumpfbacke** f (*fam*) rincoglionito, -a m, f

**Dumpfheit** <-> *kein Pl.* f ❶ (*von Schall*) cupezza f; (*von Geruch*) tanfo m ❷ (*fig: von Mensch*) ottusità f, apatia f, torpore m

**Dumping** ['dampɪŋ] <-s> *kein Pl. nt* (COM) dumping *m*

**Düne** ['dy:nə] <-, -n> *f* duna *f*

**Dung** [dʊŋ] <-(e)s> *kein Pl. m* letame *m*, concime *m* [animale]

**Düngemittel** *nt s.* **Dünger**

**düngen** ['dʏŋən] I. *vt* concimare II. *vi* (*als Dünger wirken*) dare concime

**Dünger** <-s, -> *m* concime *m*

**dunkel** ['dʊŋkəl] *adj* ❶ (*finster*) buio, oscuro; (*Nacht*) fonda; (*fig: düster*) nero; **es wird ~** si fa buio; **bei etw im Dunkeln tappen** (*fig*) essere all'oscuro di qc ❷ (*Farbe, Haare, Bier*) scuro ❸ (*Vokal*) sorda ❹ (*fig: unbestimmt*) vago, indistinto; (*unklar*) oscuro; **sich ~ erinnern** ricordarsi vagamente; **jdn im Dunkeln lassen** lasciare qu all'oscuro ❺ (*pej: verdächtig*) losco

**dunkel-** (*in Zusammensetzungen*) scuro; **dunkelblau/-grün/-rot** blu/verde/rosso scuro

**Dunkel** <-s> *kein Pl. nt* oscurità *f*; (*a. fig*) tenebre *fpl*

**Dünkel** ['dʏŋkəl] <-s> *kein Pl. m* presunzione *f*, boria *f*

**dunkelblau** *adj* blu scuro **dunkelblond** *adj* castano **dunkelgrün** *adj* verde scuro **dunkelhaarig** ['dʊŋkəlha:rɪç] *adj* bruno **dunkelhäutig** ['dʊŋkəlhɔɪtɪç] *adj* moro, di carnagione scura **Dunkelheit** <-, -en> *f* oscurità *f*, buio *m* **Dunkelkammer** *f* (FOTO) camera *f* oscura **Dunkelmann** *m* (*fig pej*) uomo *m* subdolo

**dunkeln** *vi* **es dunkelt** (*poet*) si fa buio [*o* notte] **Dunkelrestaurant** *nt* ristorante *m* al buio **dunkelrot** *adj* rosso scuro **Dunkelziffer** *f* dati *mpl* non rilevati dalle statistiche

**dünken** ['dʏŋkən] *vi, vt* **mich** [*o* **mir**] **dünkt** (*obs, poet*) mi sembra, mi pare

**dünn** [dʏn] *adj* ❶ (*Haar*) sottile, fine; (*Stoff, Luft*) leggero ❷ (*schlank*) snello; (*mager*) magro, scarno; **~ werden** dimagrire ❸ (*fein*) fino; (*schwach, brüchig*) tenue; (*spärlich*) rado; **~ besiedelt** [*o* **bevölkert**] scarsamente [*o* poco] popolato ❹ (*Getränk*) lungo

**dünnbesiedelt** *adj* scarsamente [*o* poco] popolato

**dünnbevölkert** *adj* scarsamente [*o* poco] popolato

**Dünndarm** *m* (ANAT) intestino *m* tenue

**dünnflüssig** *adj* fluido

**dünn|machen** *vr* **sich ~** (*fig fam*) svignarsela, sgattaiolare

**Dunst** [dʊnst, *Pl:* 'dʏnstə] <-(e)s, Dünste> *m* ❶ *Sing.* (*Nebel*) foschia *f*, nebbia *f* ❷ (*Dampf*) vapore *m* ❸ (*Rauch*) fumo *m* ❹ (*Ausdünstung*) esalazione *f* **Dunstabzugshaube** *f* cappa *f* di estrazione

**dünsten** ['dʏnstən] *vt* (GASTR) cuocere al vapore

**Dunstglocke** *f* cappa *f* di smog

**dunstig** ['dʊnstɪç] *adj* (*neblig*) nebbioso, caliginoso; (*verräuchert*) fumoso, pieno di fumo

**Dunstkreis** ['dʊnstkraɪs] <-es, -e> *m* (*geh: jds Umgebung*) sfera *f* [di influenza], ambiente *m*

**Duo** ['du:o] <-s, -s> *nt* (MUS) duetto *m*

**Duplikat** [dupli'ka:t] <-(e)s, -e> *nt* duplicato *m*

**Dur** [du:ɐ] <-> *kein Pl. nt* (MUS) modo *m* maggiore

**durch** [dʊrç] I. *prp* +*acc* ❶ (*räumlich*) attraverso, per; **~ den Fluss schwimmen** attraversare il fiume a nuoto; **~ die Nase sprechen** parlare col naso ❷ (*zeitlich*) durante ❸ (*vermittels*) per mezzo di; (*dank*) grazie a; **~ Zufall** per caso ❹ (*infolge*) in seguito a ❺ (MAT) diviso per; **16 [geteilt] ~ 4** 16 diviso [per] 4 II. *adv* **~ und ~** da parte a parte, completamente; **mit etw ~ sein** aver finito qc; **~ sein** (*Hose*) essere logorato; (*Fleisch*) essere cotto; **es ist zwei Uhr ~** (*fam*) sono già le due passate; **Sie dürfen hier nicht ~** non può passare per di qua

**durch|arbeiten** I. *vt* ❶ (*Buch*) studiare a fondo ❷ (*ausarbeiten*) elaborare II. *vi* (*ohne Unterbrechung*) lavorare senza interruzione; **die [ganze] Nacht ~** lavorare tutta la notte III. *vr* **sich [durch etw] ~** farsi strada [tra qc]

**durch|atmen** *vi* respirare profondamente

**durchaus** ['dʊrç'ʔaʊs] *adv* ❶ (*vollständig*) del tutto; **ich bin ~ Ihrer Meinung** sono perfettamente d'accordo con Lei; **~ nicht** non ... affatto, per niente ❷ (*unbedingt*) assolutamente

**durch|beißen** ['dʊrçbaɪsən] <irr> I. *vt* (*zerbeißen*) spezzare con i denti, mordere II. *vr* **sich ~** (*fam: Widerstände überwinden*) resistere (*durch* a), farcela (*durch*)

**durch|blättern** ['dʊrçblɛtən] *vt*, **durchblättern** [dʊrç'blɛtən] <ohne ge-> *vt* sfogliare, scorrere [leggendo]

**Durchblick** *m* (*fam: Überblick*) visione *f*; **keinen/den ~ haben** (*fam*) non capirci niente/capirci molto

**durch|blicken** *vi* ❶ (*durchsehen*) guardare attraverso ❷ (*fam: verstehen*) capire;

**etw ~ lassen** lasciare intendere qc, far capire qc
**durchbluten** [dʊrçˈbluːtən] <ohne ge-> vt irrorare
**Durchblutung** [dʊrçˈbluːtʊŋ] f irrorazione f sanguigna **Durchblutungsstörung** f disfunzione f vascolare, disemia f
**durch|bohren**[1] [ˈdʊrçboːrən] I. vt forare da parte a parte, perforare II. vr **sich ~** penetrare forando
**durchbohren**[2] [dʊrçˈboːrən] <ohne ge-> vt (*durchdringen*) trafiggere; (*Kugel*) traforare **durchbohrend** adj (*Blick*) penetrante
**durch|boxen** vr **sich ~** (*fam*) farsi avanti a pugni e spintoni
**durch|braten** <irr> vt (GASTR) arrostire [o cuocere] bene; **durchgebraten** ben cotto; **nicht durchgebraten** al sangue
**durch|brechen**[1] [ˈdʊrçbrɛçən] <irr> I. vt haben (*zerbrechen*) rompere [in due parti], spezzare in due II. vi sein ① (*entzweibrechen*) rompersi, spezzarsi ② (*Sonne, Zahn, Keim*) spuntare, apparire ③ (*fig*) svelarsi, mostrarsi
**durchbrechen**[2] [dʊrçˈbrɛçən] <irr, ohne ge-> vt ① (*durchstoßen*) forzare, sfondare ② (*Wand*) aprire un passaggio in ③ (*fig: Prinzip, Konvention*) trasgredire, violare
**durch|brennen** <irr> vi sein ① (*Sicherung, Glühbirne*) fulminarsi ② (*fam: ausreißen*) scappare
**durch|bringen** <irr> vt ① (*durchsetzen*) far passare ② (*Kranke*) salvare ③ (*ernähren*) sostentare, mantenere ④ (*Geld*) sperperare, scialacquare
**durchbrochen** [dʊrçˈbrɔxən] adj traforato, a giorno
**Durchbruch** m ① (*eines Zahns*) spuntare m ② (MIL) sfondamento m ③ (*fig: Erfolg*) successo m; **zum ~ kommen** farsi strada, affermarsi ④ (*Öffnung*) apertura f, breccia f
**durch|checken** [ˈdʊrçtʃɛkən] vt ① (AERO: bis zum Zielort abfertigen) spedire il bagaglio appresso ② (*fam: Patient*) fare un check-up; (*Liste*) controllare
**durch|denken** [ˈdʊrçdɛŋkən] <irr> vt, **durchdenken** [dʊrçˈdɛŋkən] <irr, ohne ge-> vt ponderare bene, approfondire; **wohl durchdacht** ben meditato
**durch|drängen** vr **sich ~** farsi largo [o strada]; **sich durch die Menge ~** farsi largo tra la folla
**durch|drehen** I. vi ① (*fam: kopflos werden*) impazzire ② (*Räder*) slittare II. vt (*Fleisch*) tritare

**durch|dringen**[1] [ˈdʊrçdrɪŋən] <irr> vi sein ① (*durch etw dringen*) penetrare, spingersi ② (*fig: Gerücht*) trapelare
**durchdringen**[2] [dʊrçˈdrɪŋən] <irr, ohne ge-> vt ① (*überwinden*) penetrare, trapassare ② (*ganz eindringen in*) infiltrasi in, impregnare; **von etw durchdrungen sein** (*fig*) essere pervaso da qc
**durchdringend** [dʊrçˈdrɪŋənt] adj (*Kälte, Geruch*) penetrante; (*Schrei*) acuto, penetrante
**Durchdringung** [dʊrçˈdrɪŋʊŋ] <-, -en> f compenetrazione f
**durch|drücken** vt ① (*durchpressen*) far passare spremendo ② (*strecken*) **die Knie ~** stendere le gambe ③ (*fig fam: durchsetzen*) far accettare; (*Plan*) far valere; (*Willen*) imporre
**durcheinander** [dʊrçʔaɪ̯ˈnandɐ] adv ① (*ungeordnet*) sottosopra, disordinato ② (*fam: verwirrt*) confuso
**Durcheinander** <-s> kein Pl. nt ① (*Unordnung*) disordine m ② (*Verwirrung*) confusione f **durcheinander|bringen** <irr> vt ① (*in Unordnung bringen*) mettere in disordine, scompigliare ② (*verwechseln*) confondere **durcheinander|reden** vi **alle reden durcheinander** tutti/tutte parlano insieme **durcheinander|werfen** <irr> vt ① (*umherwerfen*) mettere sottosopra, buttare all'aria ② (*verwechseln*) confondere
**durch|fahren**[1] [ˈdʊrçfaːrən] <irr> vi sein ① (*hin~*) passare attraverso; **bei Rot ~** passare col rosso ② (*nicht anhalten*) passare senza fermarsi; (*nicht umsteigen*) passare senza scendere ③ (*ohne Unterbrechung fahren*) viaggiare senza interruzione
**durchfahren**[2] [dʊrçˈfaːrən] <irr, ohne ge-> vt ① (*fahrend durchqueren*) attraversare ② (*fig: Schreck*) assalire, cogliere; (*Gedanke*) passare per la mente
**Durchfahrt** f ① (*das Durchfahren*) transito m; **~ verboten!** transito vietato! ② (*Durchreise*) passaggio m; **auf der ~ sein** essere di passaggio ③ (*Torweg*) portone m
**Durchfall** m (MED) diarrea f
**durch|fallen** <irr> vi sein ① (*hin~*) cadere ② (*fam: versagen*) non avere successo; (*bei Prüfung*) essere bocciato; (*bei Wahlen*) essere sconfitto; (THEAT) fare fiasco
**durch|feiern** [ˈdʊrçfaɪ̯ɐn] vi (*fam: ohne Pause feiern*) festeggiare [senza interruzione]; **wir haben die ganze Nacht durchgefeiert** abbiamo festeggiato tutta la notte

**durch|finden** <irr> *vi, vr* **sich ~** orientarsi, raccapezzarsi

**durch|fließen¹** ['dʊrçfliːsən] <irr> *vi sein* scorrere; **durch die Röhren ~** scorrere nei tubi

**durchfließen²** [dʊrç'fliːsən] <irr, ohne ge-> *vt* ❶ *(Fluss)* attraversare scorrendo ❷ (PHYS) percorrere

**durchforschen** [dʊrç'fɔrʃən] <ohne ge-> *vt* (*untersuchen*) studiare, esaminare; (*Land*) esplorare

**durch|fragen** *vr* **sich ~** trovare la strada chiedendo

**Durchfuhr** ['dʊrçfuːɐ, *Pl:* 'dʊrçfuːrən] <-, -en> *f* (*Transit*) transito *m*

**durchführbar** *adj* eseguibile, attuabile, realizzabile

**durch|führen** I. *vt* ❶ *(durchleiten)* guidare, condurre ❷ *(ausführen)* eseguire, effettuare ❸ *(verwirklichen)* realizzare; *(veranstalten)* organizzare ❹ *(vollenden)* compiere, portare a termine II. *vi (Straße)* **durch etw ~** passare attraverso qc

**Durchführung** <-, -en> *f* ❶ (MUS) esecuzione *f* ❷ *(Verwirklichung)* attuazione *f,* realizzazione *f* ❸ *(Vollendung)* compimento *m*

**durch|füttern** ['dʊrçfʏtɐn] *vt (fam)* mantenere

**Durchgang** <-(e)s, -gänge> *m* ❶ *(Passage)* passaggio *m;* **~ verboten!, kein ~!** passaggio proibito! ❷ *(bei Produktion, Versuch)* prova *f;* (*bei Wahl*) tornata *f;* (SPORT) eliminatoria *f*

**durchgängig** *adj* generale, corrente; *(konstant)* senza eccezioni

**Durchgangslager** *nt* campo *m* di transito
**Durchgangsstraße** *f* strada *f* di transito
**Durchgangsverkehr** *m* [traffico *m* di] transito *m*

**durch|geben** <irr> *vt (Meldung, Telegramm)* trasmettere

**durch|gehen** <irr> I. *vi sein* ❶ *(durch etw gehen)* passare; **durch etw ~** passare per qc; **der Schrank geht nicht durch die Tür [durch]** l'armadio non passa dalla porta ❷ (FERR, AERO) **bis Rom ~** andare fino a Roma [senza sosta] ❸ *(Pferd)* sfuggir di mano; *(fam: weglaufen)* scappare; **sein Temperament ging mit ihm durch** *(fig)* perse il controllo, non riuscì a dominarsi ❹ *(Antrag)* essere approvato; **jdm etw ~ lassen** lasciar passare qc a qu II. *vt haben o sein (Buch)* percorrere; *(prüfend ~)* esaminare, controllare **durchgehend** *adj (Zug)* diretto; *(Öffnungszeiten)* continuato; **~ geöffnet** ad orario continuato

**durch|greifen** <irr> *vi* intervenire [energicamente] **durchgreifend** *adj* energico, drastico, radicale

**durch|halten** <irr> I. *vi* tener duro, resistere II. *vt* resistere a

**Durchhalteparole** ['dʊrçhaltəparoːlə] <-, -n> *f* ❶ *(pej)* intimazione *f* a tener duro ❷ (MIL) comando *m* a resistere

**Durchhaltevermögen** ['dʊrçhaltəfɛrmøː-gən] <-s> *kein Pl. nt* resistenza *f*

**Durchhaltewillen** *m* resistenza *f*

**durchhauen** [dʊrç'haʊən] <irr> *fam vt* spaccare, tagliare [in due]

**durch|kämmen¹** ['dʊrçkɛmən] *vt (Haar)* pettinare bene

**durchkämmen²** [dʊrç'kɛmən] <ohne ge-> *vt (Gelände)* rastrellare

**durch|knallen** *vi (sl: durchdrehen)* andar fuori di testa

**durch|kommen** <irr> *vi sein* ❶ *(durch etw gelangen)* [riuscire a] passare; *(Zahn, Sonne)* spuntare ❷ *(hin~)* passare attraverso ❸ *(erfolgreich sein)* spuntarla ❹ *(genesen)* scamparla ❺ *(bei Prüfung)* essere promosso; (*a. Gesetzentwurf*) passare

**durch|kreuzen¹** ['dʊrçkrɔʏtsən] *vt (durchstreichen)* cancellare con una croce

**durchkreuzen²** [dʊrç'krɔʏtsən] <ohne ge-> *vt (Pläne)* intralciare, contrastare

**durch|lassen** <irr> *vt* ❶ *(hin~)* lasciar passare; *(a. bei Prüfung)* far passare ❷ *(fig fam: nicht rügen)* lasciar correre

**durchlässig** ['dʊrçlɛsɪç] *adj* ❶ *(wasser~)* che lascia passare l'acqua; *(Gefäß)* non stagno ❷ *(licht~)* trasparente, diafano

**Durchlaucht** ['dʊrçlaʊxt *o* dʊrç'laʊxt] <-, -en> *f* Altezza *f;* **Euer ~** Vostra/Sua Altezza

**durch|laufen¹** ['dʊrçlaʊfən] <irr> I. *vi sein* ❶ *(hin~)* passare correndo; **durch etw ~** passare per qc ❷ *(Flüssigkeit)* passare, colare II. *vt haben (Schuhe)* consumare [a furia di camminare]

**durchlaufen²** [dʊrç'laʊfən] <irr, ohne ge-> *vt* ❶ *(Strecke)* [per]correre; *(Gebiet)* attraversare ❷ *(fig: Schauder)* pervadere, assalire ❸ *(fig: absolvieren)* compiere

**Durchlauferhitzer** <-s, -> *m* scaldaacqua *m* istantaneo

**durchleben** <ohne ge-> *vt* vivere, passare
**durch|lesen** <irr> *vt* leggere

**durchleuchten** [dʊrç'lɔʏçtən] <ohne ge-> *vt* ❶ (MED) fare una radiografia a ❷ *(fig: analysieren)* esaminare ❸ *(geh: mit Licht erfüllen)* illuminare

**Durchleuchtung** [dʊrç'lɔʏçtʊŋ] <-, -en> *f*

❶ (MED) radioscopia f, radiografia f ❷ (fig) esame m

**durchlöchern** [dʊrç'lœçɐn] <ohne ge-> vt [per]forare, sforacchiare; (mit Kugeln) crivellare

**durch|machen** I. vt (fam) ❶ (durchlaufen) fare, compiere ❷ (erdulden) soffrire, patire; **viel ~** passarne tante II. vi (fam) ❶ (durcharbeiten) lavorare ininterrottamente ❷ (durchfeiern) festeggiare tutta la notte

**Durchmarsch** <-(e)s, -märsche> m (MIL) marcia f

**durch|marschieren** <ohne ge-> vi sein passare

**Durchmesser** <-s, -> m (MAT) diametro m

**durch|mogeln** ['dʊrçmo:gəln] vr **sich ~** (fam pej) cavarsela [imbrogliando], destreggiarsi

**durchnässt** [dʊrç'nɛst] adj bagnato fradicio

**durch|nehmen** <irr> vt (im Unterricht) trattare

**durch|nummerieren** <ohne ge-> vt numerare

**durch|pausen** vt ricalcare

**durch|probieren** <ohne ge-> vt tentare uno per uno; (Speisen) assaggiare uno per uno

**durchqueren** [dʊrç'kve:rən] <ohne ge-> vt attraversare

**durch|rasseln** ['dʊrçrasəln] vi sein (fam: bei einer Prüfung) essere bocciato [o stangato]

**durch|rechnen** vt calcolare [da cima in fondo]

**Durchreise** <-, -n> f passaggio m; **auf der ~ sein** essere di passaggio

**durch|reisen**[1] ['dʊrçraɪzən] vi sein passare, essere di passaggio

**durchreisen**[2] [dʊrç'raɪzən] <ohne ge-> vt percorrere, attraversare

**Durchreisende** mf passeggero, -a m, f in transito

**Durchreisevisum** ['dʊrçraɪzəvi:zʊm, Pl: 'dʊrçraɪzəvi:za o 'dʊrçraɪzəvi:zən] <-s, Durchreisevisa o Durchreisevisen> nt visto m di transito

**durch|reißen** <irr> I. vi sein spezzarsi II. vt haben strappare, stracciare

**durch|ringen** <irr> vr **sich ~** giungere con fatica; **sich zu einem Entschluss ~** arrivare con sforzo a una decisione

**durch|rosten** vi sein arrugginirsi completamente, corrodere

**durch|rühren** vt rimestare

**durchs** [dʊrçs] = **durch das**

**Durchsage** ['dʊrçza:gə] <-, -n> f comunicato m

**durch|sagen** vt (RADIO) trasmettere, comunicare

**durch|sägen** vt segare in due

**durchschauen** [dʊrç'ʃaʊən] <ohne ge-> vt (Absichten, Motive) capire; (Personen) capire [o indovinare] le intenzioni di

**durch|scheinen**[1] ['dʊrçʃaɪnən] <irr> vi trasparire

**durchscheinen**[2] [dʊrç'ʃaɪnən] <irr> vt (Sonne) illuminare

**durchscheinend** adj ❶ (lichtdurchlässig) traslucido ❷ (transparent) trasparente ❸ (fig) diafano

**durch|scheuern** vt (Kleider) logorare

**durch|schimmern** ['dʊrçʃɪmɐn] vi ❶ (Sonne) filtrare (durchtra), tralucere ❷ (Schrift) trasparire ❸ (Zufriedenheit, Misstrauen) trasparire, trapelare

**durch|schlafen** <irr> vi dormire senza interruzione

**Durchschlag** ['dʊrçʃla:k] <-(e)s, Durchschläge> m ❶ (Kopie) copia f ❷ (Sieb) setaccio m

**durch|schlagen**[1] ['dʊrçʃla:gən] <irr> I. vi sein passare; **durch etw ~** sfondare qc, penetrare in qc II. vt haben spaccare in due III. vr **sich ~** ❶ (ein Ziel erreichen) aprirsi un varco ❷ (sich durchbringen) tirar avanti fam, cavarsela fam

**durchschlagen**[2] [dʊrç'ʃla:gən] <irr, ohne ge-> vt (Geschoss) perforare, sfondare

**durchschlagend** adj ❶ (wirksam) efficace ❷ (entscheidend) decisivo, determinante ❸ (überzeugend) convincente

**Durchschlagpapier** nt cartacarbone f, carta f calcante [o da ricalco]

**Durchschlagskraft** f ❶ (von Geschoss) forza f di penetrazione ❷ (Wirksamkeit) efficacia f

**durch|schleusen** vt ❶ (Schiff) guidare attraverso la chiusa ❷ (fig) far passare

**durch|schlüpfen** vi sein ❶ (sich schlüpfend hindurchbewegen) sgattaiolare ❷ (fig: entkommen) sfuggire a

**durch|schmuggeln** vt far passare di contrabbando

**durch|schneiden**[1] ['dʊrçʃnaɪdən] <irr> vt tagliare [in due]

**durchschneiden**[2] [dʊrç'ʃnaɪdən] <irr, ohne ge-> vt ❶ (durchtrennen) tagliare ❷ (geh: Meer) solcare

**Durchschnitt** ['dʊrçʃnɪt] <-(e)s, -e> m media f; **im ~** in media; **über/unter dem ~** sopra/sotto la media

**durchschnittlich** ['dʊrçʃnɪtlɪç] I. *adj* ① (*dem Durchschnitt entsprechend*) medio ② (*gewöhnlich*) ordinario ③ (*mittelmäßig*) mediocre II. *adv* in media **Durchschnittsalter** *nt* età *f* media **Durchschnittseinkommen** *nt* reddito *m* medio **Durchschnittsgeschwindigkeit** *f* velocità *f* media **Durchschnittstemperatur** *f* temperatura *f* media **Durchschnittswert** *m* valore *m* medio

**Durchschrift** <-, -en> *f* copia *f* [carbone]

**Durchschuss** <-es, -schüsse> *m* ① (*von Waffe*) colpo *m* perforante ② (TYP: *Zeilenabstand*) interlinea *f*

**durchschwimmen** [dʊrç'ʃvɪmən] <irr, ohne ge-> *vt* attraversare a nuoto

**durch|schwitzen** *vt* bagnare di sudore

**durch|sehen** <irr> I. *vi* (*durch etw sehen*) guardare attraverso II. *vt* ① (*flüchtig ~*) scorrere, dare un'occhiata a ② (*prüfen*) verificare, controllare

**durch|setzen**[1] ['dʊrçzɛtsən] I. *vt* (*Willen*) imporre; (*Gesetz*) far approvare [*o* passare]; **es ~, dass ...** ottenere che +*conj* II. *vr* **sich ~** ① (*Mensch*) imporsi, affermarsi ② (*fig*) farsi strada

**durchsetzen**[2] [dʊrç'zɛtsən] <ohne ge-> *vt* **etw [mit etw] ~** mescolare qc [con qc]

**Durchsetzungsvermögen** <-s> *kein Pl. nt* capacità *f* di imporsi, autorevolezza *f*

**Durchsicht** <-> *kein Pl. f* revisione *f*; (*Prüfung*) esame *m*, verifica *f*; **zur ~** in esame

**durchsichtig** *adj* ① (*transparent*) trasparente; (*Flüssigkeit*) limpido ② (*fig: klar*) chiaro; (*offensichtlich*) evidente, manifesto

**Durchsichtigkeit** <-> *kein Pl. f* ① (*Transparenz*) trasparenza *f*; (*von Flüssigkeit*) limpidezza *f* ② (*fig: Klarheit*) chiarezza *f*; (*Offensichtlichkeit*) evidenza *f*

**durch|sickern** *vi sein* ① (*Flüssigkeit*) filtrare, stillare, trasudare ② (*fig: Nachricht, Geheimnis*) trapelare

**durch|sprechen** <irr> *vt* (*Plan, Problem*) discutere, trattare

**durch|starten** ['dʊrçʃtartən] *vi sein* ① (*Flugzeug*) riprendere quota [a causa di un atterraggio impossibile] ② (*Auto*) dare brevi accelerate [a causa del motore freddo], accelerare [poco prima di fermarsi]

**durch|stehen** <irr> *vt* sopportare, superare

**durch|stellen** ['dʊrçʃtɛlən] *vi*, *vt* (*verbinden*) collegare, passare; **einen Moment noch, ich stelle Sie durch** un attimo, Glielo/Gliela passo

**durch|stöbern** [dʊrç'ʃtø:bən] <ohne ge-> *vt*, **durch|stöbern** ['dʊrçʃtø:bən] *vt* (*fam*) rovistare, frugare [dappertutto]

**Durchstoß** <-es, -stöße> *m* (MIL) avanzata *f*

**durch|stoßen**[1] ['dʊrçʃto:sən] <irr> I. *vi sein* (*zu einem Ziel gelangen*) penetrare, avanzare II. *vt haben* **etw [durch etw] ~** far passare con forza qc [attraverso qc]

**durchstoßen**[2] [dʊrç'ʃto:sən] <irr, ohne ge-> *vt* sfondare, rompere

**durch|streichen** <irr> *vt* ① (*Geschriebenes*) cancellare ② (*durch Sieb*) passare

**durchstreifen** [dʊrç'ʃtraɪfən] <ohne ge-> *vt* percorrere

**durch|stylen** ['dʊrçstaɪlən] *vt* (*sl: Wohnung*) arredare [secondo uno stile]; (*Kleidung*) stilizzare

**durchsuchen**[1] [dʊrç'zu:xən] <ohne ge-> *vt* frugare; (*bes. amtlich*) perquisire; **nach etw ~** perquisire in cerca di qc; (MIL) perlustrare qc

**durchsuchen**[2] [dʊrç'zu:xən] <ohne ge-> *vt* frugare; (*bes amtlich*) perquisire (*nach* in cerca di); (MIL) perlustrare

**Durchsuchung** [dʊrç'zu:xʊŋ] <-, -en> *f* perquisizione *f* **Durchsuchungsbefehl** *m* (JUR) mandato *m* [*o* ordine *m*] di perquisizione

**durchtrainiert** ['dʊrçtrɛniːɐ̯t] *adj* allenato

**durch|treten** <irr> I. *vt haben* (*Pedal*) schiacciare II. *vi sein* (*durchdringen*) fuoriuscire

**durchtrieben** [dʊrç'tri:bən] *adj* scaltro, astuto

**Durchtriebenheit** <-> *kein Pl. f* scaltrezza *f*, astuzia *f*

**durchwachen** [dʊrç'vaxən] <ohne ge-> *vt* vegliare; **durchwachte Nacht** notte bianca; **die Nacht ~** passare la notte vegliando

**durchwachsen** [dʊrç'vaksən] *adj* ① (*Fleisch*) **~er Speck** pancetta con strati di carne magra ② (*fam scherz: mittelmäßig*) così così

**Durchwahl** ['dʊrçva:l] <-> *kein Pl. f* ① (*Möglichkeit*) selezione *f* diretta ② (*fam: ~ nummer*) numero *m* diretto

**durchwaten** [dʊrç'va:tən] <ohne ge-> *vt* guadare

**durchweg** ['dʊrçvɛk *o* dʊrç'vɛk] *adv* (A: *fam: gänzlich*) del tutto, completamente; (*ausnahmslos*) senza eccezione

**durchwühlen** [dʊrç'vy:lən] <ohne ge-> *vt*, **durch|wühlen** ['dʊrçvy:lən] *vt* frugare, rovistare

**durch|wurschteln** ['dʊrçvʊrʃtəln] *vr*, **durch|wursteln** *vr* **sich ~** (*fam*) cavar-

sela; **sich irgendwie ~** cavarsela in qualche modo [*o* alla meglio]
**durch|wursteln** *vr* **sich ~** (*fam*) cavarsela; **sich irgendwie ~** cavarsela in qualche modo [*o* alla meglio]
**durch|zählen** *vt* contare [pezzo per pezzo]
**durchzechen** [dʊrçˈtsɛçən] <ohne ge-> *vt* passare gozzovigliando
**durch|ziehen**[1] [ˈdʊrçtsiːən] <irr> I. *vt* **haben** ① (*durch etw ziehen*) infilare, [far] passare ② (*fam: beenden, erledigen*) terminare, fare II. *vi sein* passare
**durchziehen**[2] [dʊrçˈtsiːən] <irr, ohne ge-> *vt* (*Land*) percorrere; (*linienförmig*) solcare
**Durchzug** <-(e)s, -züge> *m* ① (*das Durchqueren*) passaggio *m*; (*von Vögeln*) migrazione *f* ② *Sing.* (*Zugluft*) corrente *f* d'aria
**dürfen**[1] [ˈdʏrfən] <darf, durfte, dürfen> *Modalverb* potere; (*in verneinten Sätzen*) dovere; (*Erlaubnis haben*) essere permesso; (*berechtigt sein*) essere autorizzato; **darf ich?** posso?, permette?; **darf ich fragen, …?** posso domandare …?; **was darf es sein?** [cosa] desidera?; **wenn ich bitten darf** per favore; **das hättest du nicht tun ~!** non avresti dovuto farlo!; **das darf doch [wohl] nicht wahr sein!** non è possibile!; **darüber darf man sich nicht wundern** non c'è da meravigliarsi; **das dürfte stimmen** dovrebbe essere giusto
**dürfen**[2] <darf, durfte, gedurft> *vi* potere, avere il permesso; **ich habe nicht gedurft** non mi hanno dato il permesso
**dürftig** [ˈdʏrftɪç] *adj* ① (*armselig*) misero, povero ② (*ungenügend*) scarso, insufficiente
**dürr** [dʏr] *adj* ① (*vertrocknet*) secco ② (*pej: mager*) magro, scarno ③ (*fig: unergiebig*) improduttivo
**Dürre** [ˈdʏrə] <-, -n> *f* (*Trockenheit*) secchezza *f*; (*Periode*) siccità *f*
**Durst** [dʊrst] <-(e)s> *kein Pl. m* sete *f*; **~ [nach etw] haben** avere sete [di qc]; **seinen ~ löschen** [*o* **stillen**] togliere [*o* spegnere] la sete; **einen über den ~ trinken** (*fam*) alzare un po' il gomito
**dursten** (*geh*) I. *vi* avere [*o* soffrire la] sete; **~ müssen** dover patire la sete II. *vt s.* **dürsten**
**dürsten** [ˈdʏrstən] *vi*, *vt* (*a. fig*) avere sete (*nach* di); **nach Rache ~** (*fig*) avere sete di vendetta
**durstig** *adj* assetato; **~ machen** metter sete a; **~ sein** aver sete
**durstlöschend** *adj*, **durststillend** *adj* dissetante **Durststrecke** *f* (*fig*) tempi *mpl* di magra
**Dusche** [ˈdʊʃə *o* ˈduːʃə] <-, -n> *f* doccia *f*; **eine ~ nehmen** fare [*o* farsi] una doccia; **kalte ~** (*fig*) doccia fredda
**duschen** I. *vi*, *vr* **sich ~** fare [*o* farsi] la doccia II. *vt* fare la doccia a
**Duschgel** *nt* docciaschiuma *m* **Duschhaube** *f* cuffia *f* [per fare la doccia]
**Duschkabine** *f* cabina *f* della doccia
**Düse** [ˈdyːzə] <-, -n> *f* ① (*von Rohrleitung*) ugello *m* ② (MOT) iniettore *m* ③ (*Zerstäubungs~*) spruzzatore *m*
**Dusel** [ˈduːzəl] <-s> *kein Pl. m* (*fam: Glück*) fortuna *f*
**düsen** [ˈdyːzən] *vi sein* (*fam*) precipitarsi, andare di tutta fretta
**Düsenantrieb** *m* (AERO) propulsione *f* a reazione; **mit ~** a reazione **Düsenflugzeug** *nt* aereo *m* a reazione **Düsenjäger** *m* (MIL) caccia *m* a reazione
**Düsseldorf** [ˈdʏsəldɔrf] *nt* Düsseldorf *f*
**duss|e|lig** [ˈdʊs(ə)lɪç] *adj* (*fam*) ① (*einfältig*) rimbambito, ingenuo ② (*dumm*) stupido, scemo ③ (*dial: benommen*) stordito
**düster** [ˈdyːstɐ] *adj* ① (*dunkel*) [o]scuro; (*Farben, fig*) cupo ② (*fig*) fosco; (*a. schwermütig*) tetro
**Duty-free-Shop** [ˈdjuːtiˈfriːʃɔp] <-(s), -s> *m* duty-free shop *m* **Dutyfreeshop** <-(s), -s> *m* duty-free shop *m*
**Dutzend** [ˈdʊtsənt] <-s, -e> *nt* dozzina *f*; **~ e** (*viele*) molti; **halbes ~** mezza dozzina; **zu ~ en** a dozzine
**dutzendfach** [ˈdʊtsəntfax] I. *adj* molteplice II. *adv* dozzine di volte **dutzendmal** *adv* (*fam: sehr oft*) cento volte **dutzendweise** *adv* a dozzine
**duzen** [ˈduːtsən] I. *vt* dare del tu a II. *vr* **sich ~** darsi del tu
**DV** [deːˈfaʊ] <-> *kein Pl. f* (INFORM) *abk v* **Datenverarbeitung** ED
**DVD** [deːfaʊˈdeː] *f abk v* **Digital Versatile Disc** DVD *m* **DVD-Brenner** *m* masterizzatore *m* di DVD **DVD-Laufwerk** *nt* (INFORM) lettore *m* DVD **DVD-Player** [deːfaʊˈdeːpleɪɐ] <-s, -> *m* lettore *m* DVD
**Dynamik** [dyˈnaːmɪk] <-> *kein Pl. f* dinamica *f*
**dynamisch** *adj* dinamico
**Dynamit** [dynaˈmiːt *o* dynaˈmɪt] <-s> *kein Pl. nt* dinamite *f*
**Dynamo** [dyˈnaːmo *o* ˈdyːnamo] <-s, -s> *m* dinamo *m*
**Dynastie** [dynasˈtiː] <-, -n> *f* dinastia *f*
**dz** *abk v* **Doppelzentner** q
**D-Zug** [ˈdeːtsuːk] *m* [treno *m*] espresso *m*

# Ee

**E, e** [e:] <-, -(s)> *nt* ① (*Buchstabe*) E, e *f;* **E wie Emil** E come Empoli ② (MUS) mi *m*
**E** ① *abk v* **Eilzug** *D, Dir.* ② *abk v* **Europastraße** E
**Eau de Cologne** <-, Eaux de Cologne> *nt* acqua *f* di Colonia
**Ebbe** ['ɛbə] <-, -n> *f* bassa marea *f;* **es ist ~** c'è bassa marea
**ebd.** *abk v* **ebenda** ib., ibid.
**eben** ['e:bən] I. *adj* ① (*flach*) piano ② (*glatt*) liscio; **zu ~er Erde** a pianterreno II. *adv* ① (*zeitlich: so~*) appena, proprio ora; **ich wollte ~ sagen ...** stavo per dire ... ② (*genau*) proprio ③ (*gerade noch*) appunto, proprio, infatti; **ich konnte den Bus ~ noch erreichen** presi l'autobus proprio per un pelo *fam* ④ (*nun einmal, einfach*) proprio; [na] **~!** appunto!; **ich will ~ nicht** non voglio proprio; **sie ist nicht ~ schüchtern** non è proprio timida ⑤ (*kurz*) un momento; **komm mal ~** vieni qua un momento
**Ebenbild** *nt* immagine *f,* ritratto *m;* **er ist das ~ seines Vaters** è il ritratto di suo padre, è tutto suo padre
**ebenbürtig** ['e:bənbyrtɪç] *adj* eguale, pari; **sie ist ihm an Ausdauer ~** in quanto a tenacia sono uguali
**ebenda** ['e:bən'da:, *hinweisend:* e:bən-'da:] *adv* ibidem
**Ebene** ['e:bənə] <-, n> *f* ① (*flaches Land*) pianura *f* ② (*fig: Niveau*) livello *m;* **auf gleicher ~ mit** allo stesso livello di ③ (MAT) piano *m*
**ebenerdig** *adj* ① (*im Erdgeschoss*) a pianterreno ② (*in Höhe des Erdbodens*) a livello del suolo
**ebenfalls** *adv* ① (*gleichfalls*) altrettanto ② (*auch*) anche; (*bei Verneinungen*) neanche, nemmeno
**Ebenholz** *nt* [legno *m* di] ebano *m*
**Ebenmaß** *nt* giuste proporzioni *fpl*
**ebenmäßig** *adj* proporzionato
**ebenso** ['e:bənzo:] *adv* allo stesso modo, ugualmente; **~ gut wie** altrettanto bene come; **~ gut könnte man sagen, dass** tanto varrebbe dire che; **~ lange wie** altrettanto a lungo come; **~ oft wie** così spesso come; **~ sehr/viel wie** altrettanto che; **~ wenig wie** tanto poco quanto; **~ wie** così come; **~ ... wie ...** tanto ... quanto ...
**Eber** ['e:bɐ] <-s, -> *m* cinghiale *m*
**Eberesche** *f* (BOT) sorbo *m*
**E-Bike** ['i:baɪk] <-s, -s> *nt abk v* **electric bike** bicicletta *f* elettrica
**ebnen** ['e:bnən] *vt* appianare, livellare; **jdm den Weg ~** (*fig*) spianare la strada a qu
**E-Book** ['i:bʊk] <-s, -s> *nt abk v* **electronic book** (INFORM) e-book *m* **E-Book-Reader** ['i:bʊkri:dɐ] <-s, -> *m* (INFORM) e-book reader *m*
**EC** [e:'tse:] <-(s), -s> *m* ① (FERR) *abk v* **Eurocity** EC *m* ② (FIN) *abk v* **electronic cash** *pagamenti affettuati tramite carta bancomat*
**Echo** ['ɛço] <-s, -s> *nt* eco *f o m;* **ein lebhaftes ~ finden bei** trovare grande eco presso
**Echse** ['ɛksə] <-, -n> *f* (ZOO) sauro *m*
**echt** [ɛçt] I. *adj* ① (*nicht nachgemacht*) vero, autentico; (*unverfälscht*) genuino; (*Haar*) naturale, vero; (*Schmuck*) vero; (*Urkunde*) autentico; (*Farbe*) indelebile ② (*fig: Freund, Schmerz, Gefühle*) sincero, schietto ③ (*typisch*) tipico, vero, autentico; **er ist ein ~er Schwabe** è un vero svevo II. *adv* (*fam*) veramente, realmente; [meinst du das] **~?** lo dici sul serio?, lo credi proprio?
**Echtheit** <-> *kein Pl. f* ① (*Unverfälschtheit*) genuinità *f;* (*von Urkunde*) autenticità *f;* (*von Farbe*) resistenza *f* ② (*fig: von Freundschaft, Gefühlen*) sincerità *f,* schiettezza *f*
**Echtzeit** *f* (INFORM) tempo *m* reale
**Eck** [ɛk] <-(e)s, -e *o südd, A* -en> *nt* ① (*südd, A: Ecke*) angolo *m;* **über ~** in senso diagonale ② (SPORT: *des Tores*) angolo *m*
**EC-Karte** [e'tse:kartə] *f* (FIN) carta *f* bancomat
**Eckball** *m* (SPORT) calcio *m* d'angolo, corner *m*
**Ecke** <-, -n> *f* ① (*allg, ARCH*) angolo *m;* (*Straßen~*) cantonata *f;* **gleich um die ~** proprio qui all'angolo; **Bismarckstraße ~ Kaiserstraße** angolo Bismarckstraße — Kaiserstraße; **an allen ~n und Enden** dappertutto, ovunque; **jdn um die ~ bringen** (*fig fam*) far fuori qu ② (*Spitze*) spigolo *m* ③ (*Käse~, Kuchen~*) pezzo *m* ④ (SPORT: *Fußball*) calcio *m* d'angolo, corner *m*
**eckig** *adj* ① (*nicht rund*) angolare; (*bes.*

*Körper*) angoloso; **~e Klammern** (TYP) parentesi quadra ❷ (*fig: Bewegung*) goffo
**Ecklohn** *m* paga *f* oraria sindacale
**Eckstein** *m* ❶ (ARCH) pietra *f* angolare ❷ (*Kartenfarbe*) quadri *mpl* **Eckzahn** *m* [dente *m*] canino *m* **Eckzins** *m* (FIN) tasso *m* ufficiale [minimo]
**ECOFIN-Rat** <-(e)s> *kein Pl. m* (EU) Consiglio *m* dei Ministri dell'Economia e della Finanza
**E-Commerce** ['ikɔmə:s] <-> *kein Pl. nt* (COM) e-commerce *m*
**Economyklasse** [ɪ'kɔnəmɪklasə] *f* (AERO) classe *f* turistica
**Ecstasy** ['ɛkstəsi] <-s> *kein Pl. nt* (*Droge*) ecstasy *f*
**Ecu** [e'ky:] <-(s), -(s)> *m*, **ECU** <-(s), -(s)> *m* (FIN: *Europäische Währungseinheit*) *akr v* **European Currency Unit** ECU *m*
**ed.** *abk v* **edidit** Ed.
**Ed.** *abk v* **Edition** ed.
**edel** ['e:dəl] *adj* ❶ (*vornehm, adlig*) nobile; (*reinrassig: Pferd*) purosangue ❷ (*hochwertig*) pregiato ❸ (*geh: Gesinnung, Mensch, Tat*) nobile, magnanimo, generoso **Edelgas** *nt* gas *m* nobile **Edelkastanie** *f* castagno *m* **Edelmann** <-es, -leute> *m* nobile *m*, gentiluomo *m* **Edelmetall** *nt* metallo *m* prezioso **Edelmut** *m* (*geh*) generosità *f*, nobiltà *f* [d'animo] **edelmütig** ['e:dəlmy:tɪç] *adj* generoso, nobile **Edelpilzkäse** ['e:dəlpɪltskɛ:zə] <-s, -> *m* formaggio *m* verde, gorgonzola *m* **Edelstahl** *m* acciaio *m* temperato **Edelstein** *m* pietra *f* preziosa; (*geschliffener ~*) gemma *f* **Edeltanne** *f* abete *m* bianco **Edelweiß** <-(es), -(e)> *nt* stella *f* alpina
**Edikt** [e'dɪkt] <-(e)s, -e> *nt* (HIST) editto *m*
**editieren** [edi'ti:rən] *vt* (INFORM) editare
**Edition** [edi'tsi̯o:n] <-, -en> *f* edizione *f*
**Editor** ['e:dito:g] <-s, -en> *m* (INFORM) editor *m*
**Editor(in)** <-s, -en; -, -nen> *m(f)* (TYP) editore, -trice *m, f*
**E-Dur** <-> *kein Pl. nt* (MUS) mi *m* maggiore
**Edutainment** <-s> *kein Pl. nt* (INFORM) edutainment *m*, attività *f* educazionale e d'intrattenimento
**EDV** [e:de:'faʊ] <-> *kein Pl. f abk v* **Elektronische Datenverarbeitung** EDP
**EDV-Anlage** *f* impianto *m* elettronico per l'elaborazione dei dati *m* **EDV-Branche** *f* (INFORM) settore *m* dell'informatica **EDV-System** *nt* (INFORM) sistema *m* informatico

**EEG**[1] [e:ʔe:'ge:] <-s, -s> *nt* (MED) *abk v* **Elektroenzephalogramm** EEG *m*
**EEG**[2] [e:ʔe:'ge:] <-s, -s> *nt kein Pl. abk v* **Erneuerbare-Energien-Gesetz** *legge tedesca sulle energie rinnovabili*
**Efeu** ['e:fɔɪ] <-s> *kein Pl. m* edera *f*
**Effeff** [ɛf'ʔɛf] <-> *kein Pl. nt* (*fam*) **etw aus dem ~ beherrschen** [*o* **können**] conoscere qc a menadito
**Effekt** [ɛ'fɛkt] <-(e)s, -e> *m* effetto *m*
**Effekten** *Pl.* (FIN) titoli *mpl* **Effektenbörse** *f* (FIN) mercato *m* [*o* borsa *f*] dei titoli
**Effekthascherei** [ɛfɛkthaʃə'raɪ] <-, -en> *f* (*pej*) pura ricerca *f* dell'effetto
**effektiv** [ɛfɛk'ti:f] I. *adj* ❶ (*wirksam*) efficace ❷ (*wirklich, tatsächlich*) effettivo, reale II. *adv* veramente **Effektivität** [ɛfɛktivi'tɛ:t] <-> *kein Pl. f* effettività *f*
**effektvoll** [ɛ'fɛktfɔl] *adj* che fa effetto
**effizient** [ɛfi'tsi̯ɛnt] *adj* (*geh*) efficiente, efficace **Effizienz** [ɛfi'tsi̯ɛnts] <-, -en> *f* efficienza *f*, efficacia *f*; **~ einer Behandlung** efficacia di una cura; **~ einer Behörde** efficienza di un ente pubblico
**EFTA** *f akr v* **European Free Trade Association** (**Europäische Freihandelsassoziation**) EFTA *f*
**EG** [e:'ge:] <-> *kein Pl. f abk v* **Europäische Gemeinschaft** CE *f*
**egal** [e'ga:l] *adj* ❶ (*gleichartig*) uguale, identico ❷ (*fam: gleichgültig*) non importante, lo stesso; **das ist ~** è lo stesso; **das ist mir ganz ~** non me ne importa nulla
**Egge** ['ɛga] <-, -n> *f* (AGR) erpice *m*
**eggen** *vt* (AGR) erpicare
**EGKS** <-> *kein Pl. f abk v* **Europäische Gemeinschaft für Kohle und Stahl** (HIST) CECA *f*
**Ego** ['e:go] <-s, -s> *nt* (PSYCH) ego *m*
**Egoismus** [ego'ɪsmʊs] <-> *kein Pl. m* egoismo *m* **Egoist(in)** [ego'ɪst] <-en, -en; -, -nen> *m(f)* egoista *mf* **egoistisch** *adj* egoistico, egoista **egomanisch** [ego'ma:nɪʃ] *adj* (*übertrieben selbstbezogen*) egomaniaco
**Egotrip** ['e:gotrɪp] <-s, -s> *m* (*fam*) egocentrismo *m*, eccessiva considerazione *f* per se stessi; **auf dem ~ sein** avere una fase di egocentrismo
**Egozentriker(in)** [ego'tsɛntrɪkɐ] <-s, -; -, -nen> *m(f)* egocentrico, -a *m, f*
**egozentrisch** [ego'tsɛntrɪʃ] *adj* egocentrico
**eh** [e:] I. *konj s.* **ehe** II. *adv* ❶ (*schon immer*) **seit ~ und je** da sempre ❷ (*A, südd: fam: sowieso*) comunque, in ogni

caso III. *int* (*fam*) ❶ (*staunend*) eh ❷ (*als Anruf*) ehi

**ehe** ['eːə] *konj* prima che +*conj*, prima di +*inf*; **~ ich es vergesse ...** prima che dimentichi ...

**Ehe** ['eːə] <-, -n> *f* matrimonio *m*; **ein Kind aus erster/zweiter ~** un figlio di primo/secondo letto; **wilde ~** concubinato *m*; **eine ~ eingehen** [*o* **schließen**] **mit jdm** contrarre matrimonio con qu; **die ~ brechen** commettere adulterio **eheähnlich** *adj* **~e Gemeinschaft** convivenza *f* **Eheberater(in)** *m(f)* consulente *mf* matrimoniale **Eheberatung** *f* ❶ (*das Beraten*) consulenza *f* [pre]matrimoniale ❷ (*~sstelle*) consultorio *m* matrimoniale **Ehebett** *nt* letto *m* matrimoniale **Ehebrecher(in)** *m(f)* adultero, -a *m, f,* **Ehebruch** *m* adulterio *m;* **~ begehen** commettere adulterio **Ehefrau** *f* moglie *f* **Ehegatte** *m,* **Ehegattin** *f* (*geh*) consorte *mf* **Ehekrise** *f* crisi *f* matrimoniale **Eheleben** *nt* vita *f* coniugale **Eheleute** *Pl.* coniugi *mpl* **ehelich** *adj* ❶ (*die Ehe betreffend*) coniugale; (JUR: *in Bezug auf den Ehemann*) maritale ❷ (*Kind*) legittimo **ehelos** *adj* (*Mann*) celibe; (*Frau*) nubile **Ehelosigkeit** <-> *kein Pl. f* (*von Mann, a.* REL) celibato *m;* (*von Frau*) stato *m* di nubile

**ehemalig** *adj* ex, di una volta; **mein Ehemaliger** (*scherz*) il mio ex

**ehemals** ['eːəmaːls] *adv* una volta, in passato

**Ehemann** *m* marito *m* **Ehepaar** *nt* [coppia *f* di] coniugi *mpl* **Ehepartner** *m* consorte *mf,* sposo, -a *m, f*

**eher** ['eːɐ] *adv* ❶ (*früher*) prima, più presto; **je ..., desto besser** quanto prima, tanto meglio; **nicht ~ als** [*o* **bis**] non prima che +*conj* ❷ (*lieber*) meglio, piuttosto; **ich würde ~ sterben als ...** preferirei morire piuttosto che ... ❸ (*leichter*) più [facilmente] ❹ (*vielmehr*) piuttosto

**Ehering** *m* fede *f* nuziale

**ehern** ['eːɐn] *adj* (*obs*) ferreo **Ehescheidung** *f* divorzio *m* **Eheschließung** *f* (*geh*) [celebrazione *f* del] matrimonio *m*

**ehest** ['eːəst] *adv* (*A: so bald wie möglich*) il più presto possibile

**ehestens** ['eːəstəns] *adv* (*frühestens*) al più presto

**Eheverkünd|ig|ung** <-, -en> *f* (*CH: Aufgebot*) pubblicazioni *fpl* di matrimonio **Ehevermittlung** *f* mediazione *f* di matrimoni **Ehevermittlungsinstitut** *nt* agenzia *f* matrimoniale

**Ehrabschneider(in)** *m(f)* (*obs*) diffamatore, -trice *m, f,* denigratore, -trice *m, f*

**ehrbar** ['eːɐbaːɐ] *adj* ❶ (*Mensch*) onorato, rispettato; (*ehrenwert*) rispettabile ❷ (*Benehmen*) onesto, dignitoso

**Ehre** ['eːrə] <-, -n> *f* onore *m;* (*Ruhm*) onori *mpl;* **sich** *dat* **die ~ geben** avere l'onore, pregiarsi; **jdn in ~n halten** tenere qu in grande considerazione; **auf ~ und Gewissen** sull'onore ed in piena coscienza; **jdm zu ~n** in onore di qu; **zu ~n von ...** in onore di ...; **seine Meinung in allen ~n, aber ...** sarà come dice lui, ma ...; **es ist mir eine ~** è un onore per me; **was verschafft mir die ~?** a che debbo l'onore?; **mit wem habe ich die ~?** con chi ho l'onore di parlare?

**ehren** *vt* ❶ (*ver~*) onorare, rendere onore a; **sehr geehrter Herr Schmidt** (*Briefanrede*) egregio signor Schmidt; **sehr geehrte Frau/geehrtes Fräulein Müller** (*Briefanrede*) gentile signora/signorina Müller; **sich geehrt fühlen** sentirsi onorato ❷ (*achten*) rispettare

**Ehrenamt** *nt* carica *f* onorifica **ehrenamtlich** I. *adj* onorario II. *adv* a titolo onorario **Ehrenbürger(in)** *m(f)* cittadino, -a *m, f* onorario, -a **Ehrendoktor** *m* dottore *m* honoris causa **Ehrengast** *m* ospite *mf* d'onore **ehrenhaft** I. *adj* onesto II. *adv* con onore **ehrenhalber** *adv* honoris causa **Ehrenmal** <-(e)s, -mäler *o* -e> *nt* monumento *m* **Ehrenmann** *m* uomo *m* d'onore, galantuomo *m* **Ehrenmitglied** *nt* socio *m* [*o* membro *m*] onorario **Ehrenplatz** *m* posto *m* d'onore **Ehrenrechte** *ntPl.* **die bürgerlichen ~** i diritti civili **Ehrenrettung** *f* riabilitazione *f* **Ehrenrunde** *f* giro *m* d'onore **Ehrensache** *f* questione *f* d'onore; **~!** (*fam*) parola d'onore! **Ehrentag** *m* ❶ (*Gedenktag*) giornata *f* commemorativa ❷ (*besonderer Tag*) gran giorno *m* **Ehrenurkunde** *f* attestato *m* di benemerenza **ehrenvoll** *adj* onorato, onorevole **ehrenwert** *adj* onorato, rispettabile **Ehrenwort** <-(e)s, -e> *nt* parola *f* [d'onore]; **~!** (*fam*) parola [d'onore]!

**ehrerbietig** ['eːɐʔɛɐbiːtɪç] *adj* (*geh*) rispettoso **Ehrerbietung** <-, -en> *f* (*geh*) rispetto *m*

**Ehrfurcht** *f* profondo rispetto *m;* **vor jdm/etw ~ haben** rispettare qu/qc, avere rispetto per qu/qc; **aus ~ vor jdm** per rispetto verso qu **ehrfürchtig** ['eːɐfʏrçtɪç] *adj,* **ehrfurchtsvoll** ['eːɐfʊrçtfɔl] *adj* rispettoso, riverente

**Ehrgefühl** <-(e)s> *kein Pl. nt* [senso *m* dell'] onore *m;* (*Stolz*) amor *m* proprio
**Ehrgeiz** *m* ambizione *f* **ehrgeizig** *adj* ambizioso
**ehrlich** I. *adj* onesto; (*rechtschaffen*) retto, probo; (*aufrichtig*) sincero; ~ **währt am längsten** (*prov*) l'onestà è la miglior moneta II. *adv* onestamente, francamente, sinceramente; **es ~ meinen** essere in buona fede; ~ **gesagt** [*o* **gestanden**] per essere sincero, a dire il vero; **das ist ~ wahr** (*fam*) è proprio vero **Ehrlichkeit** <-> *kein Pl. f* onestà *f;* (*Aufrichtigkeit*) sincerità *f*
**ehrlos** *adj* disonesto **Ehrlosigkeit** <-> *kein Pl. f* disonestà *f*
**Ehrung** ['e:rʊŋ] <-, -en> *f* onore *m*, omaggio *m*
**Ehrwürden Euer ~!** reverendo! **ehrwürdig** *adj* ① (*Ehrfurcht gebietend*) venerabile, rispettabile; (*Alter*) venerando ② (*Geistlicher*) reverendo
**Ei** [aɪ] <-(e)s, -er> *nt* ① (*Vogel~, Hühner~*) uovo *m;* **weiches ~** (GASTR) uovo *m* à la coque; **hartes ~** (GASTR) uovo *m* sodo; **wie aus dem ~ gepellt sein** (*fam*) essere tutto agghindato, parere un figurino; **jdn wie ein rohes ~ behandeln** trattare qu coi guanti; **sich gleichen wie ein ~ dem anderen** assomigliarsi come due gocce d'acqua ② (BIOL) ovulo *m* ③ *pl* (*sl: Hoden*) palle *fpl*
**Eibe** ['aɪbə] <-, -n> *f* tasso *m*
**Eichamt** *nt* ufficio *m* di [verifica di] pesi e misure
**Eiche** ['aɪçə] <-, -n> *f* quercia *f*
**Eichel** ['aɪçəl] <-, -n> *f* ① (BOT) ghianda *f* ② (ANAT) glande *m*
**Eichelhäher** *m* ghiandaia *f*
**eichen** ['aɪçən] *vt* (*Messgeräte*) tarare; (*Röhren*) calibrare; (*Gefäße*) stazzare
**Eichhörnchen** *nt* (ZOO) scoiattolo *m*
**Eid** [aɪt] <-(e)s, -e> *m* giuramento *m;* **an ~es statt** (JUR) in vece [*o* in luogo] del giuramento; **einen ~ ablegen** prestare giuramento; **etw unter ~ aussagen** dichiarare qc sotto giuramento **eidbrüchig** *adj* spergiuro; ~ **werden** diventare spergiuro
**Eidechse** ['aɪdɛksə] *f* (ZOO) lucertola *f*
**Eidesformel** *f* formula *f* del giuramento
**Eidesleistung** *f* prestazione *f* di giuramento
**eidesstattlich** *adj* (JUR) ~**e Erklärung** dichiarazione sostitutiva del giuramento
**Eidgenosse** ['aɪtɡənɔsə] <-n, -n> *m* confederato *m;* (*Schweizer Bürger*) elvetico *m*
**Eidgenossenschaft** *f* **Schweizerische ~ Confederazione** *f* elvetica **Eidgenossin** ['aɪtɡənɔsɪn] <-, -nen> *f* confederata *f;* (*Schweizer Bürgerin*) elvetica *f* **eidgenössisch** ['aɪtɡənœsɪʃ] *adj* ① (*schweizerisch*) elvetico, svizzero ② (*im Gegensatz zu kantonal*) confederale
**eidlich** I. *adj* giurato, detto sotto giuramento II. *adv* sotto giuramento
**Eidotter** ['aɪdɔtɐ] <-s, -> *nt o m* tuorlo *m* d'uovo
**Eierbecher** *m* portauovo *m* **Eierbrikett** *nt* mattonella *f* di carbone ovale **Eierkocher** *m* cuociuova *m* **Eierkohle** *f* carbone *m* a forma ovale **Eierkopf** *m* (*fam*) ① (*Intellektueller*) testa *f* d'uovo ② (*eiförmiger Kopf*) pera *f* **Eierkuchen** *m* (GASTR) frittella *f* **Eierlikör** *m* liquore *m* all'uovo, vov *m* **Eierlöffel** *m* cucchiaino *m* per uova
**eiern** *vi* (*fam*) ① **haben** (*Rad, Schallplatte*) girare oscillando ② **sein** (*wackelnd gehen*) barcollare
**Eierschale** *f* guscio *m* d'uovo
**Eierschwamm** *m*, **Eierschwammerl** *nt* (A: *fam: Pfifferling*) finferlo *m*, gallinaccio *m*, galletto *m*
**Eierspeis|e|** <-, -(e)n> *f* (A: *Rührei*) uova *fpl* strapazzate
**Eierspeise** *f* (A: *Rührei*) uova *fpl* strapazzate
**Eierstock** *m* (ANAT) ovaia *f*
**Eierteigwaren** ['aɪɐtaɪkvaːrən] *fPl.* (GASTR) pasta *f* all'uovo
**Eieruhr** *f* contaminuti *m* per le uova
**Eifel** ['aɪfəl] *f* (GEOG) Eifel *f*
**Eifer** ['aɪfɐ] <-s> *kein Pl. m* zelo *m;* (*Inbrunst*) fervore *m;* (*Begeisterung*) entusiasmo *m;* **mit großem ~ bei der Sache sein** fare qc con grande entusiasmo; **im ~ des Gefechts** nel calore della mischia
**Eiferer** <-s, -> *m* fanatico *m*
**eifern** ['aɪfɐn] *vi* ① (*geh: streben*) ambire; **nach etw ~** ambire [a] qc ② (*schmähen*) accanirsi; **gegen jdn/etw ~** accanirsi contro qu/qc
**Eifersucht** *f* gelosia *f* **eifersüchtig** *adj* geloso; **auf jdn ~ sein** essere geloso di qu; **jdn ~ machen** far ingelosire qu
**Eifersuchtsdrama** *nt* dramma *m* di gelosia
**Eifersuchtsszene** *f* scenata *f* di gelosia
**Eiffelturm** ['aɪfəltʊrm] <-(e)s> *m* torre *f* Eiffel
**eiförmig** ['aɪfœrmɪç] *adj* ovale, ovoidale
**eifrig** ['aɪfrɪç] I. *adj* zelante, diligente; (*inbrünstig*) fervido; (*leidenschaftlich*) appassionato; (*unermüdlich*) assiduo, instancabile II. *adv* con zelo

**Eigelb** <-s, -e> *nt* tuorlo *m* [*o* rosso *m*] d'uovo

**eigen** ['aɪɡən] *adj* ❶ (*zu jdm/etw gehörig*) proprio; **etw mit ~en Augen sehen** vedere qc con i propri occhi; **etw sein Eigen nennen** (*geh*) possedere qc; **in ~er Sache** in causa propria ❷ (*gesondert*) a parte, separato; (*selbstständig*) indipendente; **Wohnung mit ~em Eingang** appartamento con entrata separata ❸ (*typisch*) proprio, particolare; **mit der ihr ~en Disziplin ...** con la sua tipica disciplina ... ❹ (*~artig*) singolare, strano

**Eigenart** *f* ❶ (*Besonderheit*) particolarità *f*, peculiarità *f* ❷ (*Sonderbarkeit*) stranezza *f*

**eigenartig** *adj* (*sonderbar*) strano, singolare **Eigenbedarf** *m* fabbisogno *m* **Eigenbrötler(in)** ['aɪɡənbrøːtlɐ] <-s, -; -, -nen> *m(f)* (*pej*) misantropo, -a *m, f*, persona *f* asociale **Eigendynamik** ['aɪɡəndyːnaːmɪk] <-> *kein Pl. f* dinamica *f* propria **Eigenfinanzierung** *f* autofinanziamento *m* **Eigengewicht** *nt* ❶ (*eigenes Gewicht*) peso *m* proprio ❷ (COM: *Nettogewicht*) peso *m* netto; (*Leergewicht*) peso *m* a vuoto ❸ (*von Wagen*) tara *f* **eigenhändig** ['aɪɡənhɛndɪç] *adj o adv* di proprio pugno, di propria mano; (*Schriftstück*) autografo; (*Testament*) olografo **Eigenheim** *nt* casa *f* di proprietà **Eigenheimzulage** *f sussidio pubblico per la prima casa* **Eigeninitiative** *f* iniziativa *f* propria; **aus ~** di propria iniziativa **Eigenkapital** *nt* capitale *m* proprio **Eigenliebe** *f* amor *m* proprio **eigenmächtig** I. *adj* arbitrario II. *adv* di propria iniziativa, arbitrariamente **Eigenname** *m* nome *m* proprio **Eigennutz** ['aɪɡənnʊts] <-es> *kein Pl. m* interesse *m* [personale], egoismo *m* **eigennützig** ['aɪɡənnʏtsɪç] I. *adj* interessato, egoistico II. *adv* per interesse, egoisticamente

**Eigenproduktion** *f* produzione *f* propria **Eigenregie** *f* **etw in ~ machen** fare qc in autonomia

**eigens** *adv* appositamente, espressamente **Eigenschaft** <-, -en> *f* qualità *f*; (*Merkmal*) caratteristica *f*; **in seiner ~ als** in qualità di **Eigenschaftswort** <-(e)s, -wörter> *nt* aggettivo *m*

**Eigensinn** *m* caparbietà *f*, ostinazione *f*, testardaggine *f* **eigensinnig** *adj* ostinato, testardo

**eigenständig** ['aɪɡənʃtɛndɪç] *adj* autonomo

**eigentlich** ['aɪɡəntlɪç] I. *adj* ❶ (*wirklich, wahr*) vero, reale, proprio ❷ (*ursprünglich*) originale II. *adv* (*in Wirklichkeit*) in realtà; (*tatsächlich*) effettivamente; (*im Grunde genommen*) in fondo; **~ wollte ich schon früher kommen, aber ...** veramente volevo venire già prima, ma ...; **was willst du ~?** insomma, cosa vuoi?

**Eigentor** *nt* (SPORT) autorete *f*, autogol *m* **Eigentum** <-s> *kein Pl. nt* proprietà *f*; **geistiges ~** proprietà intellettuale **Eigentümer(in)** ['aɪɡəntyːmɐ] <-s, -; -, -nen> *m(f)* proprietario, -a *m, f*

**eigentümlich** ['aɪɡəntyːmlɪç] *adj* ❶ (*seltsam*) strano ❷ (*geh: typisch*) **jdm/etw ~ sein** essere caratteristico di qu/qc **Eigentümlichkeit** <-, -en> *f* ❶ (*Charakterzug*) particolarità *f*, caratteristica *f* ❷ (*Merkwürdigkeit*) stranezza *f*

**Eigentumswohnung** *f* appartamento *m* di proprietà in un condominio

**Eigenverantwortung** *f* autoresponsabilità *f*

**eigenwillig** *adj* ❶ (*eigensinnig*) ostinato, caparbio ❷ (*unkonventionell*) eccentrico

**eignen** ['aɪɡnən] *vr* **sich für etw** [*o* **zu etw**] **~** essere adatto a qc; **sie eignet sich nicht für den Posten** non è la persona adatta a quel posto; **sich nicht als Lehrer ~** non essere idoneo all'insegnamento **Eignung** <-, -en> *f* idoneità *f*; (*beruflich*) qualifica *f* **Eignungsprüfung** *f*, **Eignungstest** *m* esame *m* di idoneità

**Eiklar** ['aɪklaːɐ] <-s, -> *nt* (A: *Eiweiß*) albume *m*; (*fam*) bianco *m* dell'uovo

**Eilbote** *m* fattorino *m* degli espressi; **per ~n!** per espresso! **Eilbrief** *m* [lettera *f*] espresso *m*

**Eile** ['aɪlə] <-> *kein Pl. f* (*Hast*) fretta *f*; (*Dringlichkeit*) urgenza *f*; **~ haben** (*Personen*) avere fretta; (*Sachen*) essere urgente; **nur keine ~!** calma!, non c'è fretta!

**Eileiter** *m* (ANAT) ovidotto *m*, tuba *f* ovarica **Eileiterschwangerschaft** ['aɪlaɪtɐʃvaŋɐʃaft] <-, -en> *f* (MED) gravidanza *f* tubarica

**eilen** ['aɪlən] *vi* ❶ *sein* (*Mensch*) andare in fretta, andare di corsa; **jdm zu Hilfe ~** accorrere in aiuto di qu ❷ *haben* (*dringlich sein*) premere, essere urgente; **damit eilt es nicht** non c'è fretta [per questo]; **eilt!** (*auf Postsendungen*) urgente

**Eilgut** *nt* merce *f* a grande velocità **eilig** *adj* ❶ (*schnell*) frettoloso, affrettato; **es ~ haben** avere fretta ❷ (*dringend*) urgente

**Eilmarsch** *m* marcia *f* forzata; **im ~** a velocità sostenuta

**Eilsendung** *f* spedizione *f* per espresso **Eilzug** *m* treno *m* diretto

**Eimer** ['aɪmɐ] <-s, -> *m* secchio *m*; **im ~ sein** (*fig fam*) andare a monte

**ein** [aɪn] *adv* ① (*auf Geräten*) ~/**aus** acceso/spento ② (*hin~*, *etc*) avanti; **bei jdm ~ und aus gehen** essere di casa da qu; **nicht mehr ~ noch aus wissen** non sapere che fare

**Ein-, ein-** (*in Zusammensetzungen*) *s. a.* **Acht-, acht-**

**ein, eine, ein** [aɪn, 'aɪnə, aɪn] I. *num* uno, -a *m, f*; **es ist ~ Uhr** è l'una; **~en Kaffee, bitte!** un caffè, per favore!; **~ und derselbe/dieselbe/dasselbe** lo stesso/la stessa/lo stesso, la stessa cosa; **~ für allemal** una volta per sempre; **jds Ein und Alles sein** essere tutto per qu; **in ~em fort** continuamente II. *pron indef* **~er/eine/eines** uno/una; **der ~e oder andere ...** l'uno o l'altro ...; **was für ~ ~e/~[e]s?** (*fam*) quale?; **du bist [mir] ~er!** (*fam iron*) sei un bel tipo!; **jdm ~e kleben** (*fam*) mollare una sberla a qu; **darauf soll ~er kommen!** (*fam*) ci si deve proprio arrivare!; **sieh mal ~er an!** (*fam*) guarda qua!; **~s sag' ich dir!** (*fam*) ti dico una cosa! III. *art indef* un[o] *m*, una *f*, un' *f*; **~es Tages** un giorno; **das ist [vielleicht] ~ Wetter!** che tempaccio! *fam*

**Einakter** <-s, -> *m* atto *m* unico

**einander** [aɪ'nandɐ] *pron* l'un l'altro, reciprocamente; **~ helfen** aiutarsi a vicenda; **zwei ~ widersprechende Tatsachen** due realtà contrastanti

**ein|arbeiten** <irr> I. *vt* ① (*Lehrling, Neuling*) iniziare, introdurre; **jdn in etw** *acc* **~** iniziare qu in qc ② (*einfügen*) **etw in etw** *acc* **~** inserire qc in qc II. *vr* **sich in etw** *acc* **~** far pratica in qc

**Einarbeitung** *f* (*am Arbeitsplatz*) training *m* on the job **Einarbeitungszeit** *f* periodo *m* di rodaggio

**einarmig** *adj* ① (*Turnübungen*) a un [solo] braccio ② (*Mensch*) monco di un braccio

**ein|äschern** ['aɪnʔɛʃɐn] *vt* (*Leichnam*) cremare

**Einäscherung** <-, -en> *f* ① (*Niederbrennen*) incenerimento *m* ② (*Bestattung*) cremazione *f*

**ein|atmen** I. *vi* inspirare II. *vt* respirare, inspirare

**einäugig** ['aɪnʔɔɪgɪç] *adj* monocolo, con un occhio solo

**Einbahnstraße** *f* strada *f* a senso unico

**ein|balsamieren** ['aɪnbalzami:rən] <ohne ge-> *vt* imbalsamare

**Einband** <-(e)s, -bände> *m* (*Buch~*) copertina *f*

**einbändig** ['aɪnbɛndɪç] *adj* in un solo volume

**Einbau** <-(e)s> *kein Pl. m* ① (*Montage*) montaggio *m*; (*Installation*) installazione *f* ② (*Einfügung*) inserimento *m*

**ein|bauen** *vt* ① (*hin~*) installare, incorporare; (*montieren*) montare ② (*einfügen*) inserire; **ein Zitat in den Text ~** inserire una citazione nel testo

**Einbauküche** *f* cucina *f* componibile

**Einbaum** <-(e)s, -bäume> *m* piroga *f*

**Einbaumöbel** *ntPl.* mobilia *f* a muro **Einbaumotor** *m* motore *m* incorporato **Einbauschrank** *m* armadio *m* a muro

**ein|behalten** <irr, ohne ge-> *vt* trattenere

**ein|berufen** <irr, ohne ge-> *vt* ① (*Versammlung*) convocare ② (MIL) chiamare alle armi

**Einberufung** <-, -en> *f* ① (*von Versammlung*) convocazione *f* ② (MIL) chiamata *f* alle armi

**ein|betonieren** <ohne ge-> *vt* incassare

**ein|betten** *vt* ① (*in Kissen*) adagiare [su cuscini] ② (TEC) collocare

**Einbettzimmer** *nt* camera *f* ad un letto, singola *f*

**ein|biegen** <irr> *vi sein* **in eine Seitenstraße ~** voltare in una strada laterale; **rechts ~** girare a destra

**ein|bilden** *vr* ① (*sich vorstellen*) **sich** *dat* **etw ~** immaginarsi qc; **ein eingebildeter Kranker** un malato immaginario; **was bildest du dir eigentlich ein?** (*fam*) ma cosa credi? ② (*stolz sein*) **sich** *dat* **etwas auf etw** *acc* **~** darsi delle arie per qc

**Einbildung** <-, -en> *f* ① (*Trugbild*) illusione *f* ② *Sing.* (*Vorstellung*) immaginazione *f*; (*falsche Vorstellung*) idea *f*, fissazione *f* ③ *Sing.* (*Überheblichkeit*) presunzione *f* **Einbildungskraft** <-> *kein Pl. f* forza *f* dell'immaginazione, fantasia *f*

**ein|binden** ['aɪnbɪndən] <irr> *vt* ① (*Buch*) rilegare; **ein Buch in Leder ~** rilegare un libro in pelle ② (*einbeziehen*) collegare (*in* +*acc* con), inserire (*in* +*acc* in)

**ein|bläuen** ['aɪnblɔɪən] *vt* inculcare

**ein|blenden** *vt* (FILM, RADIO, TV) intercalare

**Einblick** <-(e)s, -e> *m* ① (*prüfendes Einsehen*) visione *f*; **~ in etw** *acc* **gewähren** dare visione di qc ② (*Eindruck*) idea *f*; **einen ~ in etw** *acc* **gewinnen** farsi un'idea di qc

**ein|brechen** <irr> *vi* ① *sein* (*einstürzen*) crollare; (*durchbrechen*) sprofondare; **er ist auf dem Eis eingebrochen** è sprofondato nel ghiaccio ② *haben o sein* (*Einbruch verüben*) fare un furto, rubare; **bei**

**uns ist eingebrochen worden** sono entrati i ladri in casa nostra ❸ *sein* (*einfallen*) irrompere, far irruzione ❹ *sein* (*beginnen*) calare
**Einbrecher(in)** <-s, -; -, -nen> *m(f)* scassinatore, -trice *m, f*
**Einbrenn** <-, -en> *f* (A, *südd: Mehlschwitze*) soffritto *m* di farina
**ein|brennen** <brennt ein, brannte ein, eingebrannt> I. *vt* (*Zeichen*) imprimere [a fuoco] II. *vr* **sich ~** imprimersi
**ein|bringen** <irr> *vt* ❶ (*Ernte*) mettere al riparo ❷ (*Gewinn*) fruttare, rendere ❸ (PARL: *Antrag*) presentare; (*Gesetzentwurf*) presentare
**ein|brocken** *vr* **sich** *dat* **eine schöne Suppe ~** (*fam*) mettersi in un bell'impiccio
**Einbruch** <-(e)s, -brüche> *m* ❶ (*in Haus*) scasso *m* ❷ (*Einsturz*) crollo *m* ❸ (*fig: von Nacht*) calare *m;* **bei ~ der Dunkelheit** al calar della notte **Einbruch|s|diebstahl** *m* (JUR) furto *m* con scasso
**ein|bürgern** I. *vt* naturalizzare II. *vr* **sich ~** ❶ (*Person*) naturalizzarsi ❷ (*fig*) divenire corrente
**Einbuße** <-, -n> *f* perdita *f;* **~n an etw** *dat* **erleiden** subire una perdita di qc
**ein|büßen** *vi, vt* perdere, rimetterci
**ein|checken** ['aɪntʃɛkən] I. *vi* (AERO: *Passagiere*) imbarcare II. *vt* (AERO: *Gepäck*) consegnare
**ein|cremen** *vt* spalmare la crema su; **sich** *dat* **die Hände ~** spalmarsi le mani di crema
**ein|dämmen** ['aɪndɛmən] *vt* arginare
**ein|decken** I. *vt* (*fam: überhäufen*) caricare; **mit Arbeit eingedeckt sein** essere oberato di lavoro II. *vr* **sich [mit etw] ~** rifornirsi [di qc], approvvigionarsi [di qc]
**Eindecker** <-s, -> *m* ❶ (AERO) monoplano *m* ❷ (NAUT) nave *f* a un solo ponte
**eindeutig** ['aɪndɔɪtɪç] *adj* ❶ (*klar*) chiaro; (*offensichtlich*) evidente ❷ (*nicht mehrdeutig*) univoco **Eindeutigkeit** <-> *kein Pl. f* chiarezza *f;* (*Offensichtlichkeit*) evidenza *f*
**ein|deutschen** ['aɪndɔɪtʃən] *vt* germanizzare
**ein|dicken** *vt* ❶ (GASTR) ispessire ❷ (CHEM) concentrare, condensare
**eindimensional** *adj* unidimensionale
**ein|dringen** <irr> *vi sein* **in etw** *acc* **~** penetrare in qc, entrare in qc; (MIL) invadere qc; **auf jdn ~** (*fig*) premere su qu
**eindringlich** *adj* insistente; (*überzeugend*) convincente
**Eindringling** <-s, -e> *m* intruso, -a *m, f*

**Eindruck** <-(e)s, -drücke> *m* impressione *f;* **ich habe den ~, dass ...** ho l'impressione che *+conj;* **einen guten ~ auf jdn machen** fare una buona impressione su qu
**ein|drücken** *vt* ❶ (*einbeulen*) ammaccare; (*durchbrechen*) sfondare ❷ (*Fußspuren*) imprimere; **eine Spur in den Boden ~** imprimere un'orma nella terra
**eindrücklich** *adj* (CH), **eindrucksvoll** *adj* impressionante, imponente; (*überzeugend*) convincente
**eine** *s.* **ein**
**ein|ebnen** *vt* spianare; (*a. fig*) livellare
**eineiig** ['aɪn?aɪɪç] *adj* uniovulare; **~e Zwillinge** gemelli monocoriali
**eineinhalb** *num* uno e mezzo; **~ Stunden** un'ora e mezza
**Einelternfamilie** *f* famiglia *f* monogenitoriale
**einen** ['aɪnən] I. *vt* (*geh*) unire, conciliare II. *vr* **sich ~** (*geh*) unirsi, conciliarsi
**ein|engen** *vt* ❶ (*Kleidungsstück*) stringere ❷ (*fig: begrenzen*) limitare
**einer** *s.* **ein**
**Einer** <-s, -> *m* ❶ (MAT) unità *f* ❷ (SPORT) singolo *m;* (*Boot*) monoposto *m*
**einerlei** ['aɪnɐ'laɪ] <inv> *adj* ❶ (*gleichgültig*) indifferente, uguale; **das ist mir ~** per me fa lo stesso ❷ (*dasselbe*) lo stesso, la stessa cosa **Einerlei** <-s> *kein Pl. nt* monotonia *f,* uniformità *f*
**einerseits** ['aɪnɐ'zaɪts] *adv* da un lato, da una parte
**Ein-Euro-Job, 1-Euro-Job, Eineurojob** [aɪn'?ɔɪrodʒɔp] <-s, -s> *m* (*pej*) opportunità *di lavoro per i disoccupati a lungo termine con compenso simbolico di circa un euro l'ora*
**einfach** ['aɪnfax] I. *adj* ❶ (*nicht doppelt*) semplice; **~e Fahrkarte** biglietto di sola andata ❷ (*leicht*) facile ❸ (*schlicht*) modesto, semplice II. *adv* semplicemente; **das ist ~ toll!** (*fam*) è davvero magnifico!; **das darf doch ~ nicht wahr sein!** (*fam*) non può essere vero! **Einfachheit** <-> *kein Pl. f* semplicità *f,* facilità *f;* **der ~ halber** per semplificare
**ein|fädeln** ['aɪnfɛːdəln] I. *vt* ❶ (*Nadel, Faden*) infilare ❷ (*fig fam*) avviare II. *vr* **sich ~** (MOT) infilarsi
**ein|fahren** <irr> I. *vt haben* ❶ (*Ernte*) mettere al coperto ❷ (AERO: *Fahrgestell*) retrarre ❸ (MOT) rodare II. *vi sein* ❶ (MIN) scendere [nel pozzo] ❷ (FERR) entrare [in stazione]
**Einfahrt** <-, -en> *f* ❶ *Sing.* (*Vorgang: von*

*Auto*) ingresso *m;* (*von Zug*) entrata *f,* arrivo *m* ❷ (*Tor*) ingresso *m;* (*Torweg*) portone *m;* ~ **freihalten!** passo carraibile!, lasciar libero il passo! ❸ (*Autobahn~*) entrata *f*

**Einfall** <-(e)s, -fälle> *m* ❶ (*Idee*) idea *f;* **er kommt auf den ~ etw zu tun** gli viene l'idea di fare qc ❷ (*von Licht*) incidenza *f* ❸ (MIL) invasione *f;* **der ~ der Hunnen in Europa** l'invasione degli Unni in Europa

**ein|fallen** <irr> *vi sein* ❶ (*in den Sinn kommen*) venire in mente; **was fällt dir [überhaupt] ein?** cosa ti salta in mente?; **sich** *dat* **etw ~ lassen** farsi venire una buona idea; **sein Name fällt mir nicht mehr ein** non mi ricordo più il suo nome ❷ (*einstürzen*) crollare, rovinare ❸ (*Licht*) cadere ❹ (MIL) invadere; **in ein Land ~** invadere un paese ❺ (*Wangen, Augen*) infossarsi ❻ (*mitsingen*) attaccare

**einfallslos** ['aɪnfalsloːs] *adj* privo di idee; (*langweilig*) noioso, poco originale **Einfallslosigkeit** <-> *kein Pl. f* povertà *f* di idee

**einfallsreich** ['aɪnfalsraɪç] *adj* originale, ingegnoso

**Einfallswinkel** *m* (OPT) angolo *m* d'incidenza

**Einfalt** ['aɪnfalt] <-> *kein Pl. f* ❶ (*Naivität*) ingenuità *f* ❷ (*Dummheit*) dabbenaggine *f*

**einfältig** ['aɪnfɛltɪç] *adj* ❶ (*naiv*) ingenuo ❷ (*dumm*) sempliciotto

**Einfaltspinsel** *m* (*pej*) semplicione, -a *m, f,* babbeo, -a *m, f*

**Einfamilienhaus** *nt* casetta *f* unifamiliare

**ein|fangen** <fängt ein, fing ein, eingefangen> *vt* ❶ (*fangen*) catturare, prendere ❷ (*fig: festhalten*) fissare

**ein|färben** ['aɪnfɛrbən] *vt* tingere

**einfarbig** *adj* in tinta unita, monocolore

**ein|fassen** *vt* (*umgeben*) circondare, cingere; (*Naht, Knopfloch*) bordare, orlare; (*Schmuck*) incastonare; **den Garten mit einer Hecke ~** cingere il giardino con una siepe

**Einfassung** <-, -en> *f* ❶ (*Zaun, Hecke*) recinto *m* ❷ (*Saum*) bordo *m*, orlo *m*, guarnizione *f* ❸ (*von Edelstein*) montatura *f*

**ein|fetten** *vt* ungere; (TEC) lubrificare

**ein|finden** <irr> *vr* **sich ~** presentarsi

**ein|flößen** ['aɪnfløːsən] *vt* ❶ (*Flüssigkeit*) somministrare a gocce ❷ (*fig: Angst*) incutere; (*Vertrauen*) ispirare; (*Bewunderung*) suscitare

**Einflugschneise** *f* (AERO) corridoio *m* aereo

**Einfluss** <-es, -flüsse> *m* influsso *m*, influenza *f;* (*Wirkung*) azione *f,* effetto *m; auf* **jdn ~ ausüben** [*o* **haben**] esercitare un influsso su qu; **unter dem ~ von jdm stehen** subire l'influsso di qu **Einflussbereich** *m* zona *f* [*o* sfera *f*] d'influenza **Einflussnahme** ['aɪnflʊsnaːmə] <-, -n> *f* influenza *f* (*auf +acc* su); **die ~ des Wetters auf die Stimmung** l'influenza del tempo sull'umore **einflussreich** *adj* influente, potente

**ein|fordern** ['aɪnfɔrdən] *vt* (*geh: Gutachten*) richiedere; (*Gelder*) esigere

**einförmig** ['aɪnfœrmɪç] *adj* uniforme; (*fig*) monotono **Einförmigkeit** <-> *kein Pl. f* uniformità *f;* (*fig*) monotonia *f*

**ein|frieden** ['aɪnfriːdən] *vt* (*geh*) [re]cintare

**ein|frieren** <irr> I. *vi sein* gelare II. *vt haben* (*Lebensmittel*) congelare; (*Löhne*) bloccare

**Einfügemarke** *f* (INFORM) punto *m* di inserimento

**ein|fügen** I. *vt* **etw [in etw** *acc*] **~** inserire qc [in qc]; (*zusätzlich*) aggiungere qc [a qc] II. *vr* **sich ~** (*sich einordnen*) inserirsi; **er kann sich nur schwer in die neue Umgebung ~** ha difficoltà a inserirsi nel nuovo ambiente

**ein|fühlen** *vr* **sich in jdn ~** mettersi nei panni di qu, mettersi al posto di qu; **sich in etw** *acc* **~** immedesimarsi in qc

**einfühlsam** ['aɪnfyːlzaːm] *adj* (*Mensch*) comprensivo; (*Worte*) umano

**Einfühlungsvermögen** *nt* capacità *f* di immedesimazione; (*Verständnis*) comprensione *f*

**Einfuhr** ['aɪnfuːɐ] <-, -en> *f* importazione *f* **Einfuhrbestimmungen** *fPl.* norme *fpl* per l'importazione

**ein|führen** *vt* ❶ (COM) importare ❷ (*vorstellen: Menschen*) presentare; (*Waren*) lanciare; **jdn bei jdm ~** presentare qu a qu; **jdn in die Gesellschaft ~** introdurre qu in società ❸ (*anleiten*) avviare, iniziare; **jdn in ein Amt ~** insediare qu ❹ (*hineinstecken*) introdurre, infilare; **etw in etw** *acc* **~** introdurre qc in qc

**Einfuhrgenehmigung** *f* licenza *f* [*o* permesso *m*] d'importazione **Einfuhrsperre** *f* blocco *m* [*o* sospensione *f*] delle importazioni

**Einführung** <-, -en> *f* ❶ (*Einleitung*) introduzione *f,* presentazione *f* ❷ (*Anleitung*) avviamento *m* ❸ (*Amts~*) insediamento *m* ❹ (*Vorstellung*) introduzione *f,* presentazione *f* ❺ (*Hineinstecken*) introduzione *f* **Einführungspreis** *m* prezzo *m* di lancio

**Einfuhrverbot** [ˈaɪnfuːɐ̯fɛɐ̯boːt] <-(e)s, -e> nt (ADM, JUR) embargo m, blocco m delle importazioni

**Einfuhrzoll** m dazio m d'importazione

**ein|füllen** vt versare; **etw in Flaschen/Fässer ~** imbottigliare/imbarilare qc

**Eingabe** <-, -n> f ❶ (Antrag) petizione f, domanda f ❷ (INFORM: Daten~) entrata f, immissione f; (durch Tasten) digitazione f **Eingabeaufforderung** f (INFORM) prompt m dei comandi **Eingabetaste** f (INFORM) tasto m invio

**Eingang** <-(e)s, -gänge> m ❶ (von Gebäude, Raum) ingresso m, entrata f ❷ Sing. (Eintreffen von Waren, Post, Geld) arrivo m, ricevimento m

**eingangs** [ˈaɪŋaŋs] I. prp +gen all'inizio di II. adv all'inizio, inizialmente

**Eingangsbestätigung** f conferma f di ricevuta

**ein|geben** <irr> vt ❶ (Arznei) somministrare ❷ (INFORM: Daten) immettere, introdurre ❸ (geh: Gedanken) ispirare, suggerire, dettare

**eingebildet** adj ❶ (unwirklich) immaginario, irreale ❷ (hochmütig) presuntuoso; (eitel) vanitoso

**eingeboren** adj indigeno, originario **Eingeborene** <ein -r, -n, -n> mf indigeno, -a m, f

**Eingebung** <-, -en> f (geh) ispirazione f, suggerimento m

**eingefallen** adj (Augen) infossato; (Gesicht) smunto

**eingefleischt** [ˈaɪŋɡəflaɪʃt] adj per la pelle; **~ er Junggeselle** scapolo impenitente

**ein|gehen** <irr> I. vi sein ❶ (Post) arrivare, giungere ❷ (Kleidung) restringersi, ritirarsi ❸ (sterben) morire; **an etw** dat **~** morire di qc ❹ (behandeln) **auf [die] Einzelheiten ~** entrare nei particolari; **mit keinem Wort auf etw** acc **~** non accennare minimamente qc, non parlare affatto di qc ❺ (sich widmen, einfühlen) **auf jdn ~** dare ascolto a qu; **auf jds Bitten ~** ascoltare le preghiere di qu ❻ (zustimmen) **auf etw** acc **~** accettare qc ❼ (geh: aufgenommen werden) **in die Geschichte ~** entrare nella storia ❽ (fam: verstehen) **es will mir einfach nicht ~ , dass ...** non mi vuole entrare in testa che ... II. vt sein concludere; (Verpflichtung) contrarre; (Wette) fare; (Risiko) correre; (Ehe) contrarre

**eingehend** adj (gründlich) approfondito, minuzioso; (sorgfältig) accurato, attento

**Eingemachte** [ˈaɪŋəmaxtə] <ein -s, -n> kein Pl. nt conserva f; (Obst) conserva f di frutta; (in Essig) sottaceti mpl

**Eingemeindung** <-, -en> f incorporazione f in un comune

**eingenommen** adj **für/gegen etw ~ sein** essere favorevole a qc/essere prevenuto contro qc; **von sich** dat **~ sein** essere presuntuoso

**eingerostet** adj arrugginito

**eingeschnappt** adj **immer gleich ~ sein** (fam) prendersela per un nonnulla

**eingeschneit** adj sepolto [o bloccato] dalla neve

**eingeschränkt** [ˈaɪŋɡəʃrɛŋkt] adj limitato, ristretto; **~ leben** vivere in ristrettezze

**eingeschrieben** adj ❶ (Brief) raccomandato ❷ (Mitglied) iscritto

**eingesessen** adj (einheimisch) nostrano, del luogo

**eingespielt** [ˈaɪŋɡəʃpiːlt] adj **aufeinander ~ sein** essere affiatati

**eingestandenermaßen** [ˈaɪŋɡəʃtandənəˈmaːsən] adv per propria ammissione

**Eingeständnis** <-ses, -se> nt ammissione f, confessione f

**ein|gestehen** <irr> vt ammettere, confessare, riconoscere

**eingetragen** adj (Mitglied) iscritto; (Verein) registrato

**Eingeweide** [ˈaɪŋɡəvaɪdə] ntPl. viscere fpl

**eingeweiht** adj iniziato (in +acc in), addentro (in +acc a)

**Eingeweihte** <ein -r, -n, -n> mf iniziato, -a m, f

**ein|gewöhnen** <ohne ge-> vr **sich ~** abituarsi (in +dat a), assuefarsi (in +dat a)

**eingleisig** [ˈaɪŋɡlaɪzɪç] adj ad un binario

**ein|gliedern** I. vt jdn/etw in etw acc **~** includere qu/qc in qc; (einordnen) inserire qu/qc in qc II. vr **sich in etw** acc **~** inserirsi in qc, inquadrarsi in qc

**Eingliederung** [ˈaɪŋliːdərʊŋ] <-, -en> f ❶ (Sozialisierung) integrazione f, inserimento m (in +acc in) ❷ (ADM: Behörden, besetzte Gebiete) incorporazione f (in +acc in), integrazione f (in +acc in); **die ~ eines Landes in ein anderes** l'integrazione di un paese in un altro

**ein|graben** <irr> I. vt (vergraben) sotterrare II. vr **sich ~** ❶ (sich vergraben) interrarsi, nascondersi sotto terra ❷ (fig) incidersi, scolpirsi

**ein|gravieren** <ohne ge-> vt **etw in etw** acc **~** incidere qc su [o in] qc

**ein|greifen** <irr> vi ❶ (einschreiten) inter-

venire; **in etw** *acc* ~ intervenire in qc ❷ (TEC) ingranare, innestarsi
**Eingreiftruppe** *f* truppa *f* d'assalto
**ein|grenzen** ['aɪŋgrɛntsən] *vt* (*Problem, Thema*) delimitare, circoscrivere
**Eingriff** <-(e)s, -e> *m* ❶ (MED) intervento *m* ❷ (*fig: Einmischung*) intromissione *f*
**ein|gruppieren** <ohne ge-> *vt* classificare
**Eingruppierung** <-, -en> *f* classificazione *f*
**ein|haken** I. *vt* agganciare II. *vi* (*fam: in Gespräch*) intervenire III. *vr* **sich bei jdm** ~ prendere a braccetto qu
**Einhalt** *m* **jdm/etw** ~ **gebieten** (*geh*) porre un freno a qu/qc
**ein|halten** <irr> I. *vt* (*Versprechen*) mantenere; (*Bedingung, Vertrag*) adempi[e]re; (*Frist*) osservare; (*Datum*) rispettare II. *vi* (*geh: innehalten*) interrompere; (*aufhören*) fermarsi; **mit etw** ~ cessare di fare qc
**Einhaltung** <-> *kein Pl. f* ❶ mantenimento *m* ❷ (*von Frist*) osservanza *f* ❸ (*von Bedingung, Vertrag*) adempimento *m*
**ein|hämmern** *vt* (*fig*) **jdm etw** ~ ficcare qc in testa a qu
**ein|handeln** *vr* **sich** *dat* **etw** ~ (*fig fam*) fare un bell'acquisto
**einhändig** ['aɪnhɛndɪç] *adj* con una mano
**ein|hängen** I. *vt* (*Hörer*) appendere; (*Tür*) incardinare II. *vi* (*Hörer*) riattaccare III. *vr* **sich bei jdm** ~ prendere a braccetto qu
**ein|heben** <irr> *vt* (*südd, A: kassieren*) incassare, riscuotere
**einheimisch** ['aɪnhaɪmɪʃ] *adj* indigeno, nativo; (*von hier*) nostrano **Einheimische** <ein -r, -n, -n> *mf* nativo, -a *m, f*
**ein|heimsen** ['aɪnhaɪmzən] *vt* (*fam*) raccogliere, mietere
**ein|heiraten** *vi* **in eine Firma** ~ divenire col matrimonio proprietario di un'azienda
**Einheit** <-, -en> *f* unità *f*; (*Gesamtheit*) totalità *f*
**einheitlich** *adj* ❶ (*eine Einheit bildend*) unito, unitario ❷ (*unterschiedslos*) uniforme ❸ (*genormt*) unificato
**Einheitliche Europäische Akte** <-> *kein Pl. f* (*Europäische Union*) Atto *m* europeo unitario
**Einheitlichkeit** <-> *kein Pl. f* ❶ (*das Einheitlichsein*) unità *f*, unitarietà *f* ❷ (*Uniformität*) uniformità *f* ❸ (*das Genormtsein*) unificazione *f*
**Einheits-** (*in Zusammensetzungen*) unitario, unico; (*a.* POL) unificato, standardizzato
**Einheitspreis** *m* prezzo *m* unico **Einheitsschule** *f* scuola *f* unica **Einheitswährung** *f* (FIN, POL) moneta *f* unica
**ein|heizen** *vi* accendere la stufa, riscaldare la/una camera; **jdm** [**tüchtig**] ~ (*fig fam*) svegliare qu
**einhellig** ['aɪnhɛlɪç] I. *adj* unanime, concorde II. *adv* all'unanimità, di comune accordo
**ein|holen** *vt* ❶ (*erreichen*) raggiungere; (*aufholen*) ricuperare; **die verlorene Zeit** ~ riguadagnare il tempo perduto ❷ (*Fahne, Segel*) ammainare; (*Netze*) tirare ❸ (*Auskünfte*) raccogliere; **ärztlichen Rat** ~ consultare un medico ❹ (*fam: einkaufen*) comprare
**Einhorn** <-(e)s, -hörner> *nt* liocorno *m*
**ein|hüllen** *vt* avvolgere
**einhundert** ['aɪn'hʊndət] *num* cento
**einig** *adj* ❶ (*einer Meinung*) unanime; **sich** *dat* **über etw** *acc* ~ **sein** essere d'accordo su [*o* in] qc; **sich** *dat* **über etw** *acc* ~ **werden** accordarsi su qc ❷ (*geeint*) unito
**einige(r, s)** ['aɪnɪgə, -gɐ, -gəs] *pron indef* ❶ *Sing.* (*etwas*) qualche *inv sing* ⃝ ~ **s** qualcosa; (*ziemlich viel*) un bel po'; **das wird** ~ **s kosten** costerà parecchio ❷ *pl* qualche *inv sing*, alcuni, -e *m, fpl*; (*mehrere*) parecchi, -ie *m, fpl*; **vor** ~ **n Tagen** alcuni giorni fa; **er hat** ~ **hundert Bücher** ha centinaia di libri
**ein|igeln** ['aɪn?iːgəln] *vr* **sich** ~ ❶ (*Igel*) appallottolarsi ❷ (*Mensch*) ritirarsi, chiudersi a riccio ❸ (*Truppen*) fortificarsi; **sich ins Haus** ~ chiudersi in casa
**einigen** I. *vt* (*einig machen*) unificare; (*versöhnen*) conciliare II. *vr* **sich** ~ accordarsi; **sich über etw** *acc* ~ accordarsi su qc
**einigermaßen** *adv* ❶ (*ungefähr*) in certo qualmodo, circa; **wie geht es dir?** — **So** ~ **!** come stai? — Si tira avanti! ❷ (*fam: ziemlich*) abbastanza, piuttosto
**Einigkeit** <-> *kein Pl. f* unità *f*; (*Übereinstimmung*) concordia *f*
**Einigung** <-, -en> *f* ❶ (*Übereinstimmung*) accordo *m*; (*Versöhnung*) conciliazione *f*; **zu einer** ~ **kommen** giungere ad un accordo ❷ (*Vereinigung*) unificazione *f*
**einigungsbedingt** ['aɪnɪgʊŋsbədɪŋt] *adj* (COM, POL) in seguito all' [*o* a causa dell'] unificazione; ~ **ist die Arbeitslosenzahl gestiegen** in seguito all'unificazione è aumentata la disoccupazione
**Einigungsvertrag** <-(e)s> *kein Pl. m* (POL) trattato *m* di unificazione
**ein|impfen** *vt* (*fam*) **jdm etw** ~ inculcare qc a qu

**ein|jagen** *vt* jdm einen Schrecken ~ incutere timore a qu

**einjährig** ['aɪnjɛːrɪç] *adj* ❶ (*ein Jahr alt*) di un anno ❷ (*ein Jahr dauernd*) annuale, annuo

**ein|kalkulieren** <ohne ge-> *vt* mettere in conto; (*a. fig*) tener conto di

**ein|kassieren** <ohne ge-> *vt* ❶ (*Geld*) incassare, riscuotere ❷ (*fam: wegnehmen*) rubare

**Einkauf** <-(e)s, -käufe> *m* ❶ (*Einkaufen*) compera *f*, acquisto *m*; **Einkäufe machen** fare la spesa ❷ (*Gekauftes*) acquisto *m* ❸ *Sing*. (COM: ~*sabteilung*) reparto *m* acquisti

**ein|kaufen** I. *vi* fare la spesa; ~ **gehen** andare a far la spesa II. *vt* comprare, acquistare III. *vr* **sich in eine Firma ~** diventare socio di una ditta

**Einkäufer(in)** <-s, -; -, -nen> *m(f)* agente *mf* compratore, -trice

**Einkaufsbummel** *m* **einen ~ machen** fare un giro per i negozi **Einkaufspassage** *f* galleria *f* commerciale **Einkaufspreis** *m* prezzo *m* di costo

**Einkaufstüte** *f* sacchetto *m* della spesa **Einkaufswagen** *m* carrello *m* da supermercato **Einkaufszentrum** *nt* centro *m* commerciale **Einkaufszettel** ['aɪnkaʊfstsɛtəl] <-s, -> *m* lista *f* della spesa

**Einkehr** ['aɪnkeːɐ̯] <-> *kein Pl. f* ❶ (*in Gasthaus*) sosta *f* ❷ (*fig geh: innere Sammlung*) raccoglimento *m*; (*Selbstbesinnung*) riflessione *f*; ~ **halten** raccogliersi in sé stesso

**ein|kehren** *vi sein* ❶ (*in Gasthaus*) fermarsi per consumare qc ❷ (*geh: Ruhe, Frieden*) venire

**ein|kellern** *vt* mettere in cantina

**ein|klagen** ['aɪnklaːgən] *vt* (JUR) rivendicare

**ein|klammern** *vt* mettere fra parentesi

**Einklang** <-(e)s, *rar* -klänge> *m* (*geh*) armonia *f*, accordo *m*; **sich in ~ befinden, in ~ stehen mit** essere in armonia con

**ein|kleben** *vt* incollare

**ein|kleiden** *vt* vestire; **sich neu ~** rivestirsi

**ein|klemmen** *vt* incastrare, rinserrare

**ein|kochen** I. *vt haben* (*einmachen*) mettere in conserva II. *vi sein* (*Soße*) ispessirsi cuocendo

**Einkommen** <-s, -> *nt* reddito *m*, entrata *f* **Einkommensgruppe** *f* categoria *f* di reddito **einkommensschwach** *adj* (WIRTSCH) di basso reddito **einkommensstark** *adj* (WIRTSCH) di alto reddito **Einkommen|s|steuer** *f* imposta *f* sul reddito **Einkommenssteuererklärung** *f* dichiarazione *f* dei redditi **Einkommensstopp** *m* (*das Einfrieren der Löhne*) blocco *m* dei salari **einkommensteuerpflichtig** ['aɪnkɔmənstɔɪɐpflɪçtɪç] *adj* imponibile, passivo dell'imposta; **~e Zinsen** interessi imponibili; **~e Person** contribuente, soggetto passivo dell'imposta

**ein|kreisen** *vt* accerchiare

**Einkünfte** ['aɪnkʏnftə] *Pl.* entrate *fpl*, redditi *mpl*

**ein|laden** <irr> *vt* ❶ (*Gäste*) invitare; **jdn zu einem Fest ~** invitare qu a una festa; **sich selbst ~** autoinvitarsi ❷ (*Ladung*) caricare; **etw in etw** *acc* **~** caricare qc su qc

**einladend** *adj* invitante; (*verführerisch*) seducente

**Einladung** <-, -en> *f* invito *m*; **eine ~ zu einer Feier** un invito a una cerimonia

**Einlage** <-, -n> *f* ❶ (*im Schuh*) plantare *m* ❷ (*Zahn~*) otturazione *f* provvisoria ❸ (*Slip~*) proteggi *m* mutandina ❹ (*in der Zeitung*) supplemento *m* ❺ (THEAT) intermezzo *m* ❻ (FIN: *Spar~*) deposito *m*; (*Kapital~*) quota *f* di investimento

**ein|lagern** *vt* immagazzinare, mettere in deposito

**ein|langen** ['aɪnlaŋən] *vi sein* (*A: eintreffen*) arrivare; **er ist gestern in Wien eingelangt** è arrivato ieri a Vienna

**Einlass** ['aɪnlas] <-es, -lässe> *m* (*Zutritt*) accesso *m*

**ein|lassen** <irr> I. *vt* ❶ (*her~*) lasciar entrare, ammettere; (*Wasser*) far scorrere; **sich** *dat* **ein Bad ~** prepararsi un bagno ❷ (*einfügen*) incastrare, inserire II. *vr* **sich ~** ❶ (*pej: verkehren*) **sich mit jdm ~** entrare in relazione con qu ❷ (*eingehen auf*) **sich auf etw** *acc* **~** aderire a qc, assentire a qc; **ich lasse mich auf keine Diskussion mehr ein!** di discussioni non voglio saperne più [niente]!; **sich mit jdm in ein Gespräch ~** impegolarsi in una discussione con qu

**Einlauf** <-(e)s, -läufe> *m* ❶ (MED) clistere *m* ❷ (SPORT) arrivo *m*

**ein|laufen** <irr> I. *vi sein* ❶ (*Zug*) essere in arrivo; (NAUT) entrare in porto; (SPORT) entrare in campo ❷ (*Wasser*) scorrere ❸ (*Stoff*) restringersi II. *vt haben* (*Schuhe*) abituarsi a portare III. *vr* **sich ~** (SPORT) scaldarsi correndo

**ein|läuten** ['aɪnlɔɪtən] *vt* annunciare [a suon di campana], dare il via; **den Wahlkampf ~** aprire la campagna elettorale ein|leben *vr* sich ~ in +*dat* ambientarsi in, abituarsi a

ein|legen *vt* ❶ (*hin~*) mettere; (*Film*) introdurre; **den Rückwärtsgang ~** (MOT) inserire la retromarcia ❷ (*Obst*) mettere in conserva; (*Gurken*) mettere sotto aceto; (*Heringe*) marinare ❸ (*Berufung*) presentare, interporre; (*Pause*) fare; **ein gutes Wort für jdn ~** dire una buona parola in favore di qu ❹ (KUNST: *intarsieren*) intarsiare ❺ (*Haare*) mettere in piega ❻ (FIN: *Geld*) depositare

Einlegesohle *f* soletta *f*

ein|leiten *vt* ❶ (*einführen*) introdurre ❷ (*Verhandlungen, Untersuchung*) avviare; (*Verfahren*) intentare; (MED: *Geburt*) iniziare ❸ (*beginnen*) cominciare, iniziare

einleitend I. *adj* introduttivo, preliminare II. *adv* ~ **möchte ich sagen ...** per cominciare vorrei dire ...

Einleitung <-, -en> *f* ❶ (*einleitender Teil*) introduzione *f*; (*von Buch*) prefazione *f* ❷ (*von Verfahren*) istruzione *f*; (*von Verhandlungen*) avvio *m*

ein|lenken *vi* (*nachgeben*) cedere, far marcia indietro

ein|lesen ['aɪnleːzən] <*irr*> I. *vt* (INFORM) leggere II. *vr* sich ~ (*in ein Thema*) leggere [a fondo] (*in* +*acc*), familiarizzarsi (*in* +*acc* con); **sich in die russische Literatur ~** familiarizzarsi con la letteratura russa

ein|leuchten *vi* essere chiaro; **das will mir nicht ~** non riesco a capacitarmene; **das leuchtet mir ein** mi convince einleuchtend *adj* evidente, plausibile

ein|liefern *vt* consegnare; (*ins Krankenhaus*) ricoverare; (*ins Gefängnis*) tradurre

Einlieferung <-, -en> *f* consegna *f*; (*ins Krankenhaus*) ricovero *m*; (*ins Gefängnis*) traduzione *f*

ein|loggen ['aɪnlɔgən] *vr* **sich in etw** *acc* ~ (INFORM) entrare in qc, accedere a qc

ein|lösen *vt* ❶ (*Scheck*) riscuotere; (*Wechsel*) onorare, pagare; (*Pfand*) riscattare, disimpegnare ❷ (*geh: Versprechen*) mantenere

Einlösung <-, -en> *f* ❶ (*von Banknote*) rimborso *m*; (*von Scheck, Wechsel, Zinsschein*) incasso *m*; (*Rückkauf*) riscatto *m* ❷ (*von Versprechen*) adempimento *m*

ein|machen *vt* mettere in conserva; (*in Essig*) mettere sotto aceto Einmachglas *nt* vaso *m* per conserve

einmal *adv* ❶ (*ein Mal*) una volta; **noch ~** ancora una volta; **~ drei ist drei** tre per uno fa tre; **auf ~** improvvisamente; **~ ist keinmal** (*prov*) una volta non fa usanza ❷ (*früher*) un tempo; **es war ~ ...** c'era una volta ... ❸ (*irgendwann*) un giorno ❹ (*verstärkend*) **nicht ~** nemmeno; **das ist nun ~ so** non ci si può fare nulla

Einmaleins ['aɪnmaːl'?aɪns] <-> *kein Pl. nt* tavola *f* pitagorica

einmalig *adj* ❶ (*nur einmal vorkommend*) unico; (*nur einmal nötig*) solo ❷ (*einzigartig*) unico, eccezionale Einmaligkeit <-> *kein Pl. f* unicità *f*, eccezionalità *f*

Einmalspritze *f* siringa *f* usa e getta

Einmannbetrieb *m* azienda *f* individuale

Einmarsch <-(e)s, -märsche> *m* (SPORT, MIL) entrata *f*

ein|marschieren <ohne ge-> *vi sein* entrare [marciando]; **in ein Land ~** invadere un paese

ein|mischen *vr* **sich ~** immischiarsi; **sich in etw** *acc* ~ immischiarsi in qc

Einmischung <-, -en> *f* intromissione *f*

einmotorig ['aɪnmotoːrɪç] *adj* (AERO) monomotore

ein|motten *vt* (*Kleider*) mettere sotto naftalina [*o* canfora]; (*fig fam*) mettere in soffitta

ein|mummen ['aɪnmʊmən] I. *vt* (*fam*) infagottare II. *vr* sich ~ (*fam*) infagottarsi

ein|münden *vi sein* sboccare

Einmündung ['aɪnmʏndʊŋ] <-, -en> *f* sbocco *m*

einmütig ['aɪnmyːtɪç] I. *adj* unanime, comune II. *adv* all'unanimità, di comune accordo Einmütigkeit <-> *kein Pl. f* ❶ (*Einstimmigkeit*) unanimità *f* ❷ (*Eintracht*) concordia *f*, armonia *f*

Einnahme ['aɪnnaːmə] <-, -n> *f* ❶ *meist pl* (COM, FIN) entrata *f*, incasso *m* ❷ *Sing.* (MED) ingestione *f* ❸ *Sing.* (MIL: *von Stadt*) conquista *f*, presa *f* Einnahmequelle *f* fonte *f* di guadagno

ein|nehmen <*irr*> *vt* ❶ (*Mahlzeit, Tablette*) ingerire ❷ (*Geld*) incassare; (*Steuern*) riscuotere ❸ (*Raum, Platz*) occupare ❹ (*Stellung*) occupare; (*Haltung*) assumere; **jds Stelle ~** rimpiazzare qu ❺ (*Wend*) **jdn für sich ~** accattivarsi le simpatie di qu, conquistare qu; **von sich** *dat* **eingenommen sein** (*pej*) essere presuntuoso

einnehmend *adj* (*Wesen*) piacevole; (*Äußeres*) attraente

ein|nicken *vi sein* (*fam*) appisolarsi

ein|nisten *vr* **sich ~** annidarsi

Einöde <-, -en> *f* luogo *m* deserto

ein|ölen *vt* oliare, ungere; (TEC) lubrificare

ein|ordnen I. *vt* ordinare, classificare II. *vr* **sich ~** ❶ (*sich anpassen*) inserirsi, integrarsi; **sich in eine Gemeinschaft ~** integrarsi in una comunità ❷(AUTO) mettersi in corsia; **sich rechts/links ~** mettersi nella corsia di destra/di sinistra

**ein|packen I.** *vt* ❶(*Koffer*) mettere; (*in Papier*) impacchettare; (*zum Versand*) imballare; **die Kleider [in den Koffer] ~** mettere i vestiti [nella valigia] ❷(*fam: in warme Kleidung*) avvolgere; **jdn warm ~** (*fam*) coprire ben bene qu **II.** *vi* (*fig fam*) far fagotto; **sie kennt sich in der Stadt so gut aus, da können wir alle ~** è talmente pratica della città, che noi possiamo andare a nasconderci

**ein|parken** ['aɪnparkən] *vi, vt* parcheggiare

**Einparkhilfe** *f* sensore *m* di parcheggio

**ein|passen** *vt* **etw in etw** *acc* **~** incastrare qc in qc, adattare qc a qc

**ein|pendeln** ['aɪnpɛndəln] *vr* **sich ~** stabilizzarsi

**ein|pennen** ['aɪnpɛnən] *vi sein* (*fam*) addormentarsi

**Einpersonenhaushalt** *m* ménage *m* di una persona sola

**ein|pferchen** *vt* (*Vieh*) stabbiare

**ein|pflanzen** ['aɪnpflantsən] *vt* ❶(*Pflanze*) piantare ❷(MED) trapiantare

**Einphasenstrom** [aɪn'faːzənʃtroːm] *m* (PHYS) corrente *f* monofase

**einphasig** ['aɪnfaːzɪç] *adj* (PHYS) monofase

**ein|planen** ['aɪnplaːnən] *vt* mettere in programma, prevedere; **das war nicht eingeplant** questo non era previsto

**ein|prägen I.** *vt* (*ins Bewusstsein*) inculcare **II.** *vr* **sich ~** imprimersi; **sich** *dat* **etw ~** imprimersi qc nella mente

**einprägsam** *adj* facilmente ricordabile, impressionante

**ein|quartieren** <ohne ge-> **I.** *vt* sistemare; (MIL) acquartierare; **jdn bei jdm ~** sistemare qu presso qu **II.** *vr* **sich bei jdm ~** prendere alloggio presso qu

**ein|rahmen** *vt* incorniciare

**ein|rasten** *vi sein* (TEC) ingranarsi

**ein|räumen** *vt* ❶(*Bücher, Wäsche*) mettere a posto; (*Schrank*) mettere in ordine; (*Wohnung*) arredare; **die Bücher in ein Regal ~** disporre i libri in uno scaffale ❷(*Recht, Kredit*) concedere; (*Frist*) accordare ❸(*geh: zugeben*) ammettere

**ein|rechnen** *vt* includere; **nicht eingerechnet ...** non compreso ...

**ein|reden I.** *vt* **jdm etw ~** far credere qc a qu; **sich** *dat* **~, dass ...** mettersi in testa che ...; **das redest du dir nur ein!** questo te lo sei messo in testa tu! **II.** *vi* **auf jdn ~** parlare ininterrottamente a qu

**ein|reiben** <irr> *vt* sfregare; (MED) frizionare

**Einreibung** <-, -en> *f* sfregamento *m*; (MED) frizione *f*

**ein|reichen** *vt* presentare

**ein|reihen I.** *vt* ❶(*in eine Reihe stellen*) inserire, mettere in fila ❷(*zuordnen*) **jdn unter die Dichter ~** annoverare qu fra i poeti **II.** *vr* **sich ~** disporsi in fila

**einreihig** ['aɪnraɪɪç] *adj* monopetto; **ein ~es geknöpftes Jackett** giacca monopetto

**Einreise** <-, -n> *f* entrata *f* **Einreisebestimmungen** ['aɪnraɪzəbəʃtɪmʊŋən] *fPl.* provvedimenti *mpl* [*o* disposizioni *fpl*] di entrata **Einreiseerlaubnis** *f*, **Einreisegenehmigung** *f* permesso *m* d'entrata

**ein|reisen** *vi sein* **in die Schweiz/nach Frankreich ~** entrare in Svizzera/in Francia

**Einreiseverbot** *nt* divieto *m* d'ingresso

**Einreisevisum** *nt* visto *m* d'entrata

**ein|reißen** <irr> **I.** *vi sein* ❶(*Stoff, Papier*) strapparsi; (*Fingernagel*) rompersi ❷(*fig fam: Unsitte*) propagarsi, diffondersi; **das wollen wir gar nicht erst ~ lassen** non vogliamo che diventi un'abitudine **II.** *vt haben* ❶(*Häuser*) demolire ❷(*Papier*) strappare

**ein|renken** ['aɪnrɛŋkən] *vt* ❶(MED) rimettere a posto ❷(*fig fam*) accomodare, aggiustare

**ein|rennen** <irr> *vt* sbattere; (*Hindernisse*) sfondare; **jdm das Haus ~** (*fam*) assediare qu [con troppe visite]; **ich habe mir den Kopf an der Tür eingerannt** (*fam*) ho battuto la testa contro la porta

**ein|richten I.** *vt* ❶(*Wohnung*) arredare; (*Geschäft*) mettere su; (*Werkstatt*) impiantare ❷(*gründen*) fondare, istituire; (*Konto*) aprire ❸(TEC: *justieren*) aggiustare; (*einstellen, vorbereiten*) preparare, allestire ❹(*bearbeiten,* MUS) arrangiare, ridurre; (THEAT) adattare ❺(MED) ridurre ❻(*fig: arrangieren*) fare in modo che +*conj*, fare in modo di +*inf* **II.** *vr* **sich ~** ❶(*sich möblieren*) arredare la casa; **sie ist sehr modern eingerichtet** ha arredato la casa con mobili moderni ❷(*sich vorbereiten*) **sich auf etw** *acc* **~** prepararsi a qc

**Einrichtung** <-, -en> *f* ❶(*Wohnungs~*) arredamento *m* ❷*Sing.* (*das Einrichten*) allestimento *m* ❸(*Anlage*) impianto *m* ❹(*Institution*) istituzione *f*, istituto *m* ❺*Sing.* (*Gründung*) istituzione *f*, fondazione *f*; (*von Konto*) apertura *f*

**ein|ritzen** vt scalfire (*in* +*acc* su); (*einschneiden*) incidere (*in* +*acc* su)
**ein|rollen** I. vt haben arrotolare, avvolgere; (*Haar*) avvolgere con [*o* mettersi i *fam*] bigodini II. vr **sich ~** arrotolarsi
**ein|rosten** vi sein arrugginire; (*a. fig*) arrugginirsi
**ein|rücken** I. vi sein (MIL) ① (*einmarschieren*) entrare, far ingresso; **in eine Stadt ~** entrare in una città ② (*eingezogen werden*) essere chiamato alle armi II. vt haben ① (*Anzeige*) mettere, inserire ② (*Zeile*) arretrare, far rientrare
**eins** [aɪns] I. *num* uno; **um ~** (*Uhrzeit*) all'una; *s. a.* **ein, acht** II. <inv> *adj* ① (*ein- und dasselbe*) **die beiden Begriffe sind ~** i due concetti sono identici ② (*fam: gleichgültig*) **es ist mir alles ~** non me ne importa niente
**Eins** <-, -en> *f* [numero *m*] uno *m;* (*Schulnote: sehr gut*) nove; (*Buslinie, etc*) uno *m*
**ein|sacken** I. vt haben ① (*in Säcke füllen*) insaccare ② (*fam: an sich bringen*) intascare II. vi sein (*einsinken*) sprofondare
**einsam** ['aɪnza:m] *adj* ① (*Mensch*) solo; (*verlassen*) abbandonato ② (*abgelegen*) isolato; (*menschenleer*) deserto; **~e Spitze!** (*fam*) che cima! **Einsamkeit** <-> *kein Pl. f* solitudine *f*
**ein|sammeln** vt raccogliere
**Einsatz** <-es, -sätze> *m* ① (*eingesetztes Teil*) aggiunta *f,* inserto *m* ② (*Spiel~*) puntata *f,* posta *f* ③ *Sing.* (*Verwendung*) impiego *m;* **zum ~ bringen** istituire; **unter ~ des [eigenen] Lebens** a rischio della vita ④ *Sing.* (*Engagement*) impegno *m* ⑤ (MIL) azione *f,* operazione *f;* (AERO) missione *f;* **im ~ sein** essere in azione ⑥ (MUS) attacco *m*
**einsatzbereit** *adj* pronto; (*verfügbar*) disponibile; (MIL) pronto [al combattimento]
**Einsatzbereitschaft** *f* prontezza *f* all'azione; (MIL) approntamento *m*
**Einsatzkommando** ['aɪntsatskɔmando] <-s, -s> *nt* **mobiles ~** la [squadra] mobile
**Einsatzwagen** ['aɪntsatsva:gən] <-s, -> *m* (*der Polizei*) vettura *f* [supplementare] di pronto intervento
**ein|saugen** <irr> vt ① (*saugend einziehen*) succhiare ② (*einatmen*) aspirare, inspirare
**ein|scannen** ['aɪnskɛnən] vt (INFORM) scannare, riprendere con lo scanner
**ein|schalten** I. vt ① (*Licht, Radio*) accendere; (*Motor*) avviare; (*Maschine*) innestare ② (*Pause*) inserire ③ (*hinzuziehen*) far intervenire II. vr **sich ~** (*eingreifen*) intervenire; **sich in etw** *acc* **~** intervenire in qc
**Einschaltquote** *f* (RADIO, TV) indice *m* di ascolto
**Einschaltung** <-, -en> *f* ① (*Einschub*) inserimento *m* ② (*von Licht, Radio, TV*) accensione *f;* (*von Motor*) avviamento *m;* (*von Strom*) inserzione *f;* (*von Maschine*) innesto *m* ③ (*fig: Hinzuziehung*) interessamento *m*
**ein|schärfen** vt inculcare
**ein|schätzen** vt stimare; (*bewerten*) valutare
**Einschätzung** ['aɪnʃɛtsʊŋ] <-, -en> *f* ① (*Meinung*) opinione *f,* parere *m* ② (*Bewertung*) valutazione *f;* **nach meiner ~** secondo me, secondo le mie valutazioni
**ein|schenken** vt (*Wein*) versare; (*Kaffee*) servire; **die Gläser/Tassen ~** riempire i bicchieri/le tazze
**ein|schicken** vt inviare, spedire; **etw an ein [*o* einem] Institut ~** inviare qc ad un istituto
**ein|schieben** <irr> vt ① (*hin~*) mettere dentro; **etw in etw** *acc* **~** infilare qc in qc, introdurre qc in qc ② (*einfügen*) **eine Pause ~** fare una pausa; **etw in etw** *acc* **~** inserire qc in qc, intercalare qc a qc
**ein|schiffen** I. vt imbarcare II. vr **sich ~** imbarcarsi; **sich in Genua nach Amerika ~** imbarcarsi a Genova per l'America
**Einschiffung** <-, -en> *f* imbarco *m*
**einschl.** *abk v* **einschließlich** compreso, incluso
**ein|schlafen** <irr> vi sein ① (*Person, Gliedmaßen*) addormentarsi ② (*allmählich aufhören*) raffreddarsi, spegnersi; (*nachlassen*) scemare, diminuire
**ein|schläfern** ['aɪnʃlɛ:fərn] vt ① (*zum Schlafen bringen, a. fig*) [far] addormentare ② (MED) anestetizzare, narcotizzare ③ (*Tiere*) uccidere [con un'iniezione mortale] **einschläfernd** *adj* ① (*a. fig*) che fa venir sonno, soporifero ② (MED) narcotico
**Einschlag** <-(e)s, -schläge> *m* ① (*von Blitz*) caduta *f;* (*von Geschoss*) impatto *m,* scoppio *m* ② (*Anteil, Zusatz*) impronta *f,* vena *f;* (LING) inflessione *f*
**ein|schlagen** <irr> I. vi ① (*Blitz, Geschoss*) **[in etw** *acc*] **~** colpire [qc] ② (*schlagen*) **auf jdn ~** bastonare qu ③ (*fig: Erfolg haben*) avere successo; **die Nachricht schlug wie eine Bombe ein** la notizia arrivò come un fulmine a ciel sereno II. vt ① (*Nagel, Pfahl*) piantare; **etw in etw** *acc* **~** [con]ficcare qc in qc, piantare qc in qc

② (*Tür*) sfondare; (*Scheibe*) frantumare; (*Zähne, Schädel*) rompere ③ (*Stoff*) ripiegare ④ (*einwickeln*) avvolgere; (*Ware*) imballare; **etw in etw** *acc* ~ avvolgere qc in qc ⑤ (*fig: Weg, Richtung*) prendere, imboccare; (*Laufbahn*) intraprendere

**einschlägig** ['aɪnʃlɛgɪç] *adj* relativo, sull'argomento; (*Geschäft*) del ramo

**ein|schleichen** <irr> *vr* **sich ~** ① (*heimlich eindringen*) **sich [in ein Haus]** ~ introdursi [in una casa] ② (*fig*) insinuarsi; (*Fehler*) sfuggire

**ein|schleimen** *vr* (*pej fam*) **sich [bei jdm]** ~ accattivarsi le simpatie di qu

**ein|schleppen** *vt* (*a. Krankheiten*) importare

**ein|schließen** <irr> *vt* ① (*einsperren*) rinchiudere [a chiave]; **sich in sein** [*o* **seinem**] **Zimmer ~** rinchiudersi a chiave nella propria stanza ② (*umgeben*) circondare; (*umzäunen*) recingere ③ (*fig: enthalten*) includere, comprendere

**einschließlich** I. *adv* compreso; **bis Sonntag ~** fino a domenica compresa II. *prp* +*gen* compreso; **~ Mehrwertsteuer** I.V.A. compresa

**ein|schmeicheln** *vr* **sich bei jdm ~** accattivarsi le simpatie di qu **einschmeichelnd** *adj* insinuante; (*angenehm*) carezzevole

**ein|schmelzen** ['aɪnʃmɛltsən] <schmilzt ein, schmolz ein, eingeschmolzen> *vt* (*Metall*) fondere

**ein|schmieren** (*fam*) I. *vt* ungere; **etw mit Fett ~** ungere qc di grasso II. *vr* **sich** [**mit Creme**] **~** spalmarsi [la crema]

**ein|schnappen** *vi sein* ① (TEC) scattare, chiudersi a scatto ② (*fig fam: beleidigt sein*) offendersi

**ein|schneiden** <irr> I. *vt* **etw in etw** *acc*~ incidere qc su qc, intagliare qc in qc II. *vi* [**in etw** *acc*] ~ entrare [*o* penetrare] [in qc] **einschneidend** *adj* incisivo, decisivo; (*Maßnahme*) radicale, energico

**Einschnitt** <-(e)s, -e> *m* ① (*Schnitt*) taglio *m*, intaglio *m* ② (MED) incisione *f* ③ (*fig: Wendepunkt*) svolta *f*

**ein|schnüren** *vt* ① (*zusammenbinden*) allacciare ② (*einengen*) stringere

**ein|schränken** ['aɪnʃrɛŋkən] I. *vt* limitare, ridurre; **~d muss ich allerdings sagen ...** restrittivamente devo comunque dire ... II. *vr* **sich ~** limitarsi

**Einschränkung** <-, -en> *f* ① (*Beschränkung*) limitazione *f*, riduzione *f* ② (*Vorbehalt*) riserva *f*; **mit/ohne ~** con/senza riserve

**Einschreib|e|brief** *m* [lettera *f*] raccomandata *f*; **als ~** per raccomandata

**ein|schreiben** <irr> I. *vt* ① (*hin~*) scrivere; **etw in etw ~** *acc* scrivere qc in qc ② (*in Liste*) iscrivere; **jdn in etw** *acc* ~ iscrivere qu in qc II. *vr* **sich ~** iscriversi; **sich an der Universität ~** iscriversi all'università

**Einschreiben** <-s, -> *nt* raccomandata *f*

**Einschreibung** <-, -en> *f* iscrizione *f*

**ein|schreiten** <irr> *vi sein* intervenire

**ein|schüchtern** *vt* intimidire

**Einschüchterung** <-, -en> *f* intimidazione *f* **Einschüchterungsversuch** *m* tentativo *m* di intimidazione

**ein|schulen** *vt* mandare a scuola; **eingeschult werden** venir ammaestrato

**Einschulung** <-, -en> *f* assegnazione *f* a una scuola

**Einschuss** <-es, -schüsse> *m* (*~stelle*) foro *m* d'entrata; (*~wunde*) ferita *f* d'arma da fuoco

**einschweißen** *vt* (*in Folie*) incellofanare

**ein|sehen** <irr> *vt* ① (*hin~*) guardar dentro, dare un'occhiata a; (*Akten*) prendere visione di ② (*fig: begreifen*) comprendere, capire; (*Fehler*) riconoscere **Einsehen** <-s> *kein Pl. nt* **ein ~ haben mit** avere comprensione per

**ein|seifen** *vt* ① (*mit Seife einreiben*) insaponare ② (*fig fam*) abbindolare

**einseitig** *adj* ① (*allg*, JUR, MED) unilaterale ② (*beschränkt*) unilaterale; (*parteiisch*) parziale **Einseitigkeit** <-> *kein Pl. f* unilateralità *f*, parzialità *f*

**ein|senden** <irr> *vt* inviare, spedire **Einsender** <-s, -> *m* mittente *m* **Einsendeschluss** *m* termine *m* ultimo di consegna

**Einser** ['aɪnzɐ] <-s, -> *m* (SCHULE, *fam*) ottimo *m*; **er hat lauter ~** ha ottimi voti

**ein|setzen** I. *vt* ① (*hin~*) mettere dentro; (*Pflanze*) piantare; (*Flicken, Zahn*) applicare; (*Fensterscheibe*) montare ② (*Person in Amt*) insediare; (*Erben*) istituire; **wieder ~** reintegrare ③ (*verwenden*) impiegare; (*Pfand*) impegnare II. *vi* (*beginnen*) iniziare, cominciare; (MUS) attaccare; **der Regen hat wieder eingesetzt** ha ricominciato a piovere III. *vr* **sich für jdn/ etw ~** adoperarsi per qu/qc

**Einsetzung** <-, -en> *f* ① (*das Einfügen*) inserimento *m*; (*von Flicken, Zahn*) applicazione *f*; (*von Fensterscheibe*) montaggio *m* ② (*in Amt*) insediamento *m*; (*von Erben*) istituzione *f* ③ (*Verwendung*) impiego *m*, uso *m*

**Einsicht** <-, -en> *f* ① *Sing.* (*Sicht*) vista *f* ② *Sing.* (*~nahme*) visione *f*, esame *m*;

**jdm ~ in etw** *acc* **gewähren** permettere a qu di prendere visione di qc ❸ (*Verständnis*) comprensione *f*, discernimento *m*; (*Vernunft*) giudizio *m* ❹ (*Erkenntnis*) convinzione *f*; **zu der ~ kommen, dass ...** convincersi del fatto che ... **einsichtig** *adj* ❶ (*vernünftig*) ragionevole; (*verständnisvoll*) comprensivo ❷ (*verständlich*) ragionevole, comprensibile **Einsichtnahme** ['aɪnzɪçtnaːmə] <-, -n> *f* (*form*) *s.* **Einsicht 2.**

**ein|sickern** *vi sein* infiltrarsi (*in +acc* in)

**Einsiedler(in)** <-s, -; -, -nen> *m(f)* eremita *mf*

**einsilbig** ['aɪnzɪlbɪç] *adj* ❶ (LING) monosillabico, monosillabo ❷ (*fig: wortkarg*) di poche parole

**ein|sinken** <irr> *vi sein* sprofondare; **im Schlamm/Schnee ~** sprofondare nel fango/nella neve

**einspaltig** ['aɪnʃpaltɪç] I. *adj* (TYP) a una colonna; **ein ~er Artikel** un articolo a una colonna II. *adv* (TYP) a una colonna

**ein|spannen** *vt* ❶ (*in Rahmen*) tendere; (*in Schreibmaschine*) inserire ❷ (*Pferd*) attaccare ❸ (*fig fam: Menschen*) mettere sotto; **jdn für etw ~** incaricare qu di collaborare a qc

**ein|sparen** *vt* risparmiare; (*Arbeitsplätze*) abolire

**Einsparung** <-, -en> *f* economia *f* (*bei* in), risparmio *m* (*bei* in)

**ein|speisen** *vt* ❶ (TEC) alimentare ❷ (INFORM) immagazzinare

**ein|sperren** *vt* ❶ (*einschließen*) **jdn in die** [*o* **der**] **Wohnung ~** [rin]chiudere in casa qu ❷ (*fam: ins Gefängnis*) mettere dentro

**ein|spielen** I. *vt* ❶ (FILM, THEAT: *Geld einbringen*) rendere ❷ (*Instrument*) provare, accordare ❸ (INFORM) **Daten [in etw** *acc*] **~** caricare dati [in qc] II. *vr* **sich ~** ❶ (SPORT: *sich warm spielen*) allenarsi ❷ (MUS, THEAT) esercitarsi, provare ❸ (*sich aufeinander einstellen*) affiatarsi; **gut aufeinander eingespielt sein** essere molto affiatati ❹ (*zur Gewohnheit werden*) stabilirsi; **der normale Tagesablauf wird sich bald wieder ~** si ristabilirà presto il normale ritmo giornaliero

**Einsprache** <-, -n> *f* (*CH*) *s.* **Einspruch**

**einsprachig** ['aɪnʃpraːxɪç] *adj* (*Wörterbuch*) monolingue

**ein|springen** <irr> *vi sein* **für jdn ~** sostituire qu

**Einspritzdruck** *m* (MOT) pressione *f* di iniezione

**Einspritzmotor** *m* (MOT) motore *m* a iniezione

**Einspritzzeitpunkt** *m* (MOT) momento *t* dell'iniezione

**Einspruch** <-(e)s, -sprüche> *m* ❶ (*Einwand, Widerspruch*) obiezione *f*, opposizione *f* ❷ (JUR) ricorso *m*, reclamo *m*; [**ich erhebe**] **~!** protesto!; **~ abgelehnt!/ [dem ~ wird] stattgegeben!** obiezione respinta!/obiezione accolta! ❸ (PARL) veto *m*

**einspurig** ['aɪnʃpuːrɪç] *adj* a una corsia

**einst** [aɪnst] *adv* ❶ (*früher*) in passato, una volta ❷ (*geh: später einmal*) un giorno, in avvenire

**ein|stampfen** *vt* (*Bücher*) macerare

**Einstand** <-(e)s, -stände> *m* ❶ (*bes. südd, A: Feier zum Arbeitsbeginn*) festeggiamento *m* per l'entrata in servizio; **seinen ~ geben** festeggiare l'entrata in servizio ❷ *Sing.* (SPORT: *Tennis*) [punteggio *m*] pari *m*, parità *f*

**ein|stecken** *vt* ❶ (*hin~*) **etw [in etw** *acc*] **~** mettere qc dentro [a qc], introdurre qc [in qc]; **den Stecker in die Steckdose ~** inserire la spina nella presa ❷ (*in Tasche*) intascare ❸ (*fam: Brief*) imbucare, impostare ❹ (*fig fam: hinnehmen müssen*) subire; (*Schläge*) incassare; (*Beleidigung, Kritik*) mandar giù, sopportare

**ein|stehen** <irr> *vi sein o haben* ❶ (*geradestehen*) **für etw ~** rispondere di qc ❷ (*sich verbürgen*) **für jdn/etw ~** garantire per qc/qu

**ein|steigen** <irr> *vi sein* ❶ (*in Fahrzeug*) salire; **in den Zug/die Straßenbahn ~** salire sul treno/in tram ❷ (*fam: sich beteiligen*) **in ein Projekt ~** partecipare a un progetto ❸ (*anfangen*) **in die Politik ~** entrare in politica

**einstellbar** *adj* regolabile, registrabile

**ein|stellen** I. *vt* ❶ (*hin~*) **etw [in etw** *acc*] **~** mettere qc dentro [a qc] ❷ (*regulieren*) sintonizzare, mettere a punto; (RADIO, TV) regolare; (*Zündung*) mettere in fase; (FOTO) mettere a fuoco; (*Fernglas*) puntare ❸ (*Arbeiter*) assumere; (*Angestellte*) impiegare ❹ (*beenden*) terminare; (JUR: *Verfahren*) archiviare; **das Feuer ~** cessare il fuoco ❺ (SPORT: *Rekord*) battere II. *vr* **sich ~** ❶ (*kommen*) comparire, presentarsi; (*Schmerz*) farsi sentire ❷ (*sich vorbereiten auf*) **sich auf etw** *acc* **~** prepararsi a qc ❸ (*sich richten nach*) **sich auf jdn ~** adattarsi a qu

**einstellig** *adj* di una [sola] cifra

**Einstellung** <-, -en> *f* ❶ (TEC) regolazione *f* ❷ (*Anstellung*) impiego *m*, assunzione *f* ❸ (*Beendigung*) cessazione *f*; (*von Zahlung, Verfahren*) sospensione *f*; (*von Feuer*) cessazione *f* ❹ (*Haltung, Ansicht*) atteggiamento *m*; **jds ~ zu etw** l'atteggiamento di qu verso qc **Einstellungsgespräch** ['aɪnʃtɛlʊŋsɡəʃprɛːç] <-(e)s, -e> *nt* colloquio *m* per l'assunzione

**Einstieg** ['aɪnʃtiːk] <-(e)s, -e> *m* ❶ (*das Einsteigen*) entrata *f* ❷ (*~sstelle*) accesso *m* ❸ (*fig: geistiger Zugang*) **der ~ in etw** *acc* l'approccio con qc

**Einstiegsdroge** *f* prima droga *f*

**ein|stieg|en** *vi* **in ein Lied ~** intonare una canzone II. *vt* (*Instrument*) accordare

**einstimmig** *adj* ❶ (MUS) per una sola voce, monodico ❷ (*ohne Gegenstimme*) all'unisono; (*einmütig*) concorde, unanime; **der Beschluss wurde ~ angenommen** la decisione fu approvata all'unanimità **Einstimmigkeit** <-> *kein Pl. f* unanimità *f*

**einstöckig** ['aɪnʃtœkɪç] *adj* di [*o* a] un [solo] piano

**Einstrahlung** <-, -en> *f* (METEO: *Sonnen~*) irradiazione *f*

**ein|streichen** <streicht ein, strich ein, eingestrichen> *vt* ❶ (*bestreichen*) spalmare (*mit* di); (*mit Öl*) ungere; (*mit Farbe*) verniciare ❷ (*fam: Geld*) intascare

**ein|streuen** *vt* ❶ (*bestreuen*) **etw mit etw ~** cospargere qc di qc ❷ (*Bemerkungen, Zitate*) **etw in etw** *acc* **~** inserire qc in qc

**ein|strömen** *vi sein* affluire; (*eindringen*) penetrare

**ein|studieren** <ohne ge-> *vt* (THEAT) provare, far le prove

**ein|stufen** *vt* ❶ (*einordnen, a. fig*) classificare ❷ (*bewerten*) valutare

**Einstufung** <-, -en> *f* ❶ (*Einordnung*) classificazione *f* ❷ (*Bewertung*) valutazione *f*; **die ~ in eine neue Gehaltsklasse vornehmen** effettuare il passaggio in [*o* ad] una nuova categoria retributiva

**einstündig** ['aɪnʃtʏndɪç] *adj* di [*o* della durata di] un'ora

**ein|stürmen** *vi sein* ❶ (*feindlich, a. fig*) assalire (*auf jdn* qu) ❷ (*bestürmen*) assediare (*mit etw auf jdn* qu con qc), tempestare (*mit etw auf jdn* qu di qc); **mit Fragen auf jdn ~** bombardare [*o* tempestare] qu di domande

**Einsturz** <-es, -stürze> *m* crollo *m*

**ein|stürzen** *vi sein* crollare; **auf jdn ~** (*fig: Ereignisse*) abbattersi su qu

**Einsturzgefahr** *f* pericolo *m* di crollo; **~!** attenzione, edificio pericolante!

**einstweilen** ['aɪnst'vaɪlən] *adv* ❶ (*vorläufig*) per ora, per il momento ❷ (*unterdessen*) intanto

**einstweilig** ['aɪnst'vaɪlɪç] *adj* ❶ (*vorläufig*) temporaneo ❷ (*provisorisch*) provvisorio

**eintägig** ['aɪntɛːɡɪç] *adj* di un giorno, di una giornata

**Eintagsfliege** *f* ❶ (ZOO) mosca *f* effimera ❷ (*fig*) cosa *f* effimera

**ein|tauchen** I. *vt haben* (*eintunken*) intingere; (*völlig*) immergere; **einen Keks in den Tee ~** intingere un biscotto nel tè II. *vi sein* immergersi

**ein|tauschen** *vt* **etw [gegen etw] ~** cambiare qc [con qc]

**eintausend** ['aɪn'tauzənt] *num* mille

**ein|teilen** *vt* ❶ (*unterteilen*) [sud]dividere; (*in Klassen*) classificare ❷ (*haushalten mit*) disporre ❸ (*für bestimmte Aufgabe*) assegnare

**einteilig** ['aɪntaɪlɪç] *adj* intero

**Einteilung** <-, -en> *f* ❶ (*Unterteilung*) [sud]divisione *f*; (*in Klassen*) classificazione *f* ❷ (*Organisation*) uso *m* parsimonioso, economia *f*; (*Zeit~*) orario *m* ❸ (*Zuweisung*) assegnazione *f*

**eintönig** ['aɪntøːnɪç] *adj* monotono **Eintönigkeit** <-> *kein Pl. f* monotonia *f*

**Eintopf** *m* (GASTR) minestrone *m*

**Eintracht** ['aɪntraxt] <-> *kein Pl. f* (*Harmonie*) armonia *f*, accordo *m*

**einträchtig** ['aɪntrɛçtɪç] I. *adj* concorde, in armonia II. *adv* in concordia, in buon'armonia

**Eintrag** ['aɪntraːk, *Pl:* 'aɪntrɛːɡə] <-(e)s, Einträge> *m* ❶ (*in Liste*) registrazione *f*, iscrizione *f*; (*in Wörterbuch*) entrata *f* ❷ (ADM: *Vermerk, Notiz*) nota *f*

**ein|tragen** <irr> I. *vt* ❶ (*einschreiben*) registrare, iscrivere; **jdn in eine Liste ~** iscrivere qu in una lista ❷ (*einbringen*) rendere, portare; (*Gewinn*) fruttare, rendere II. *vr* **sich [in etw** *acc*] **~** iscriversi [in qc]

**einträglich** ['aɪntrɛːklɪç] *adj* fruttuoso, redditizio

**Eintragung** <-, -en> *f s.* **Eintrag**

**ein|treffen** <irr> *vi sein* ❶ (*ankommen*) arrivare ❷ (*geschehen: Prophezeiung*) avverarsi; (*Katastrophe*) accadere

**ein|treiben** <irr> *vt* ❶ (*Geld*) riscuotere ❷ (*Vieh*) ricondurre alla stalla ❸ (*Pfahl*) piantare

**ein|treten** <irr> I. *vi sein* ❶ (*hineingehen*) entrare; **in ein Zimmer ~** entrare in una stanza; **treten Sie [bitte] ein!** si accomodi, prego! ❷ (*beitreten*) **in eine Partei ~** aderire a un partito ❸ (*geschehen*) verificarsi; (*einsetzen, beginnen*) iniziare, cominciare ❹ (*CH: näher eingehen*) **auf etw** *acc* ~ affrontare qc ❺ (*sich einsetzen*) **für jdn/etw** ~ prendere le parti di qu/sostenere qc **II.** *vt haben* (*zertrümmern*) sfondare [con un calcio]

**ein|trichtern** *vt* (*fam*) **jdm etw** ~ inculcare qc a qu

**Eintritt** <-(e)s, -e> *m* ❶ (*das Eintreten*) entrata *f*; (*in Partei a*) ingresso *m* ❷ (*Beginn*) inizio *m* ❸ (*~sgeld*) ingresso *m*; ~ **frei** ingresso libero **Eintrittsbedingung** *f* (*Europäische Währungsunion*) condizione *f* di entrata **Eintrittsgeld** ['aɪntrɪtsgɛlt, *Pl*: 'aɪntrɪtsgɛldə] <-(e)s, -er> *nt* ingresso *m* **Eintrittskarte** *f* biglietto *m* d'ingresso

**ein|trocknen** *vi sein* asciugarsi, prosciugarsi

**ein|trudeln** ['aɪntruːdəln] *vi sein* (*fam*) arrivare, comparire

**ein|tunken** *vt* inzuppare; **etw in etw** *acc* ~ inzuppare [*o* intingere] qc in qc

**ein|üben** *vt* studiare; (THEAT) provare

**ein|verleiben** ['aɪnfɛɐlaɪbən] <ohne ge-> *vt* **sich** *dat* **etw** ~ (*scherz*) mangiarsi qc; (*fig*) imparare qc

**Einvernahme** <-, -n> *f* (*A, CH: Vernehmung vor Gericht*) interrogatorio *m*

**Einvernehmen** <-s> *kein Pl. nt* concordia *f*, armonia *f*; **im** ~ **mit** d'accordo con; **in gutem** ~ in buoni rapporti; **in beiderseitigem** ~ di comune accordo

**einverstanden** *adj* **mit jdm/etw** ~ **sein** essere d'accordo con qu/su qc; ~**!** d'accordo!, intesi!

**Einverständnis** <-sses, -sse> *nt* ❶ (*Billigung*) approvazione *f*, assenso *m* ❷ (*Übereinstimmung*) consenso *m*, accordo *m*

**Einwand** ['aɪnvant, *Pl*: 'aɪnvɛndə] <-(e)s, Einwände> *m* obiezione *f*; **einen** ~ **erheben** sollevare un'obiezione

**Einwanderer** *m*, **Einwanderin** *f* immigrante *mf*; (*Eingewanderter*) immigrato, -a *m, f*

**ein|wandern** *vi sein* immigrare

**Einwanderung** ['aɪnvandərʊŋ] <-, -en> *f* immigrazione *f*; **kontrollierte** ~ immigrazione qualificata **Einwanderungspolitik** <-> *kein Pl. f* politica *f* sull'immigrazione

**einwandfrei** *adj* ❶ (*Ware*) senza difetti; (*Benehmen*) irreprensibile, impeccabile ❷ (*eindeutig*) lampante, chiaro

**einwärts** ['aɪnvɛrts] *adv* in dentro

**ein|wechseln** ['aɪnvɛksəln] *vt* cambiare (*gegen* in)

**Einwegflasche** *f* vuoto *m* a perdere **Einwegrasierer** *m* rasoio *m* usa e getta

**ein|weichen** *vt* mettere a bagno; (*Wäsche*) mettere a mollo; (*Brot*) inzuppare

**ein|weihen** *vt* ❶ (*eröffnen*) inaugurare ❷ (*vertraut machen*) **jdn in etw** *acc* ~ iniziare qu a qc; (*in Geheimnis*) mettere a parte qu di qc

**Einweihung** <-, -en> *f* ❶ (*Eröffnung*) inaugurazione *f* ❷ (*in Geheimnis*) iniziazione *f*

**ein|weisen** *vt* ❶ (*in Krankenhaus*) ricoverare; (*in Anstalt*) internare ❷ (*in Amt*) insediare ❸ (*in Tätigkeit*) addestrare, avviare ❹ (*in Parklücke*) dirigere [nella manovra]

**Einweisung** <-, -en> *f* ❶ (*in Krankenhaus*) ricovero *m*; (*in Anstalt*) internamento *m* ❷ (*in Amt*) insediamento *m* ❸ (*in Tätigkeit*) addestramento *m*

**ein|wenden** <*irr*> *vt* obiettare; **dagegen ist nichts einzuwenden** non c'è nulla da ridire

**Einwendung** <-, -en> *f* obiezione *f*; (JUR) eccezione *f*

**ein|werfen** <*irr*> **I.** *vt* ❶ (*Brief*) imbucare ❷ (*Fenster*) frantumare ❸ (*fig: eine Zwischenbemerkung machen*) osservare **II.** *vi* (*sport*) rimettere in gioco la palla

**ein|wickeln** *vt* ❶ (*einpacken*) incartare; **ein Kind in eine Decke** ~ avvolgere un bambino in una coperta ❷ (*fig fam: betrügen*) abbindolare

**ein|willigen** *vi* **in etw** *acc* ~ [ac]consentire a qc, accettare qc

**Einwilligung** <-, -en> *f* consenso *m*, approvazione *f*

**ein|wirken** *vi* ❶ (*eine Wirkung ausüben*) **auf etw** *acc* ~ agire su qc ❷ (*beeinflussen*) **auf jdn/etw** ~ influire su qu/qc, influenzare qu/qc

**Einwirkung** <-, -en> *f* **die** ~ **auf ...** +*acc* l'azione su ..., l'effetto su ...

**Einwohner(in)** <-s, -; -, -nen> *m(f)* abitante *mf* **Einwohnermeldeamt** *nt* [ufficio *m*] anagrafe *f* **Einwohnerschaft** <-> *kein Pl. f* cittadinanza *f*, popolazione *f* **Einwohnerzahl** ['aɪnvoːnɐtsaːl] <-, -en> *f* numero *m* di abitanti

**Einwurf** <-(e)s, -würfe> *m* ❶ (*Münz~*) fessura *f* ❷ (*das Einwerfen*) impostazione *f* ❸ (*fig: Bemerkung*) osservazione *f* ❹ (SPORT: *Ball~*) rimessa *f* in gioco

**Einzahl** <-, *rar* -en> *f* (LING) singolare *m*

**ein|zahlen** *vt* pagare, versare

**Einzahlung** ['aɪntsaːlʊŋ] <-, -en> *f* pagamento *m*, versamento *m*

**Einzahlungsbeleg** *m* ricevuta *f* di versamento **Einzahlungsformular** *nt* modulo *m* di versamento **Einzahlungsschein** *m* (FIN) ❶ (*Einzahlungsbeleg*) ricevuta *f* di versamento ❷ (*CH: Zahlkarte, Erlagschein*) modulo *m* di versamento

**ein|zäunen** ['aɪntsɔɪnən] *vt* recintare

**Einzel** ['aɪntsəl] <-s, -> *nt* (SPORT) singolare *m,* singolo *m* **Einzelbett** *nt* letto *m* singolo **Einzelfall** *m* caso *m* singolo **Einzelgänger(in)** ['aɪntsəlgɛŋe] <-s, -; -, -nen> *m(f)* solitario, -a *m, f,* outsider *m* **Einzelhaft** *f* cella *f* d'isolamento **Einzelhandel** *m* commercio *m* al minuto **Einzelhändler(in)** *m(f)* venditore *m* [*o* commerciante *mf*] al minuto **Einzelheit** <-, -en> *f* particolare *m,* dettaglio *m;* **in allen ~en** in tutti i particolari **Einzelkind** *nt* figlio, -a *m, f* unico, -a

**Einzeller** ['aɪntsɛlɐ] <-s, -> *m* (BIOL) organismo *m* unicellulare

**einzellig** *adj* (BIOL) unicellulare, monocellulare

**einzeln** I. *adj* ❶ (*alleinig*) solo, unico; **ein ~er Strumpf** una calza sola ❷ (*allein [stehend]*) singolo ❸ (*speziell*) particolare ❹ (*separat*) separato ❺ *pl* (*einige, wenige*) alcuni, singoli, -e II. *adv* singolarmente, ad uno ad uno; (*getrennt*) separatamente; **im Einzelnen** in particolare; **bitte ~ eintreten** per favore, entrare uno alla [*o* per] volta

**Einzelne(r)** <ein -r, -n, -n> *mf* **der ~** l'individuo; **jeder ~** ognuno, ciascuno

**Einzelperson** *f* individuo *m,* singolo *m* **Einzelstück** *nt* pezzo *m* unico **Einzelteil** *nt* pezzo *m* staccato **Einzelzimmer** *nt* camera *f* singola

**einziehbar** *adj* ❶ (*Fahrgestell*) retrattabile ❷ (*Geld*) riscuotibile

**ein|ziehen** <irr> I. *vt* haben ❶ (*Fahne, Segel*) ammainare; (*Kopf, Bauch, Antenne, Fahrgestell*) far rientrare; (*Krallen*) ritirare ❷ (*Gelder*) riscuotere, incassare ❸ (*beschlagnahmen*) confiscare, sequestrare ❹ (MIL: *Rekruten*) arruolare ❺ (*einsaugen*) aspirare ❻ (*Erkundigungen*) raccogliere ❼ (*Zwischenwand*) inserire II. *vi* sein ❶ (*Einzug halten*) entrare ❷ (*in Wohnung, Haus*) andare ad abitare ❸ (*Creme*) essere assorbito

**Einziehung** <-, -en> *f* ❶ (MIL) coscrizione *f,* richiamo *m* alle armi ❷ (*von Außenständen*) riscossione *f,* ricupero *m;* (*von Steuern*) esazione *f* ❸ (*Beschlagnahmung*) confisca *f,* sequestro *m*

**einzig** I. *adj* unico, solo; (*~artig*) eccezionale; **das ~e** l'unica cosa; **es war eine ~e Katastrophe** (*fam*) è stata una vera e propria catastrofe II. *adv* **~ und allein** unicamente; **das ~ Wahre** (*fam*) la sola cosa vera

**einzigartig** *adj* unico [nel suo genere], straordinario **Einzigartigkeit** ['aɪntsɪçartɪçkaɪt] <-> *kein Pl. f* unicità *f*

**Einzug** <-(e)s, -züge> *m* ingresso *m* **Einzugsbereich** ['aɪntsuːksbəraɪç] <-(e)s, -e> *m* zona *f* d'influenza

**ein|zwängen** ['aɪntsvɛŋən] *vt* far entrare con forza

**Eis** [aɪs] <-es> *kein Pl. nt* ❶ (*gefrorenes Wasser*) ghiaccio *m;* **etw auf ~ legen** (*fig*) accantonare qc; **das ~ brechen** (*fig*) rompere il ghiaccio ❷ (*Speise~*) gelato *m;* **~ am Stiel** gelato da passeggio **Eisbahn** *f* pista *f* di pattinaggio **Eisbär** *m* orso *m* bianco **Eisbecher** *m* coppa *f* di gelato **Eisbein** *nt* (GASTR) zampetto *m* di porco lesso **Eisberg** *m* iceberg *m* **Eisbeutel** *m* borsa *f* del ghiaccio **Eisblumen** *fPl.* stelle *fpl* di ghiaccio [sui vetri delle finestre] **Eisbombe** *f* (GASTR) bomba *f* di gelato **Eisbrecher** *m* [nave *f*] rompighiaccio *m* **Eiscreme** *f* gelato *m* [alla crema] **Eisdiele** *f* gelateria *f*

**Eisen** ['aɪzən] <-s, -> *nt* ferro *m;* **ein heißes ~ anfassen** (*fig*) toccare una questione scottante; **zwei ~ im Feuer haben** (*fig fam*) mettere molta carne al fuoco; **zum alten ~ gehören** (*fig fam*) essere un rottame; **man muss das ~ schmieden, solange es heiß ist** (*prov*) bisogna battere il ferro finché è caldo

**Eisenbahn** <-, -en> *f* ferrovia *f;* (*Zug*) treno *m*

**Eisenbahnbrücke** *f* ponte *m* ferroviario **Eisenbahndirektion** *f* direzione *f* delle ferrovie **Eisenbahner** <-s, -> *m* ferroviere *m* **Eisenbahnergewerkschaft** *f* sindacato *m* dei ferrovieri **Eisenbahnfähre** *f* [nave *f*] [*o* traghetto *m*] ferroviario **Eisenbahngesellschaft** *f* compagnia *f* ferroviaria **Eisenbahnknotenpunkt** *m* nodo *m* ferroviario **Eisenbahnnetz** *nt* rete *f* ferroviaria **Eisenbahntunnel** *m* galleria *f* ferroviaria **Eisenbahnüberführung** *f* sovrapassaggio *m* [*o* viadotto *m*] ferroviario **Eisenbahnunglück** *nt* sciagura *f* ferroviaria **Eisenbahnunterführung** *f* sottopassaggio *m* ferroviario **Eisenbahnwagen** *m* carrozza *f* ferroviaria

**Eisenbeschlag** *m* rivestimento *m* di ferro **Eisendraht** *m* filo *m* di ferro **Eisenerz** *nt* minerale *m* di ferro **Eisengitter** *nt* infer-

riata *f* **eisenhaltig** *adj* ferruginoso **Eisenhüttenwerk** *nt* ferriera *f*, stabilimento *m* siderurgico **Eisenmangel** *m* carenza *f* di ferro **Eisenoxyd** *nt* ossido *m* ferrico **Eisenstadt** ['aɪzənʃtat] *nt* (GEOG) Eisenstadt *f* **Eisenstange** *f* barra *f* di ferro **Eisenwaren** *fPl.* ferramenta *f* **Eisenwarenhändler** *m* negoziante *m* di ferramenta **Eisenwarenhandlung** *f* negozio *m* di ferramenta
**eisern** *adj* ① (*aus Eisen*) di ferro ② (*fig: Wille, Gesundheit*) ferreo, di ferro; ~**e Disziplin** disciplina ferrea; ~**e Ration** (MIL) razione di riserva; **Eiserner Vorhang** (POL) cortina di ferro; ~ **bleiben** essere inflessibile
**Eisfach** *nt* freezer *m* **eisfrei** *adj* libero dal ghiaccio
**Eisgang** *m* ghiacci *mpl* alla deriva **eisgekühlt** *adj* ghiacciato **eisglatt** *adj* scivoloso **Eisheiligen** ['aɪshaɪlɪɡən] *mPl.* **die [drei]** ~ *designazione popolare per indicare tre giorni in maggio (11.-13. al nord, 12.-15. al sud della Germania) con pericolo di un brusco abbassamento della temperatura* **Eishockey** *nt* hockey *m* sul ghiaccio
**eisig** ['aɪzɪç] *adj* gelido
**Eiskaffee** *m* caffè freddo con gelato alla vaniglia e panna montata **eiskalt** *adj* gelido, freddissimo **Eiskasten** *m* (*südd, A: Kühlschrank*) frigorifero *m* **Eiskristall** ['aɪskrɪstal] <-s, -e> *nt* cristallo *m* di ghiaccio **Eiskübel** *m* secchiello *m* del ghiaccio **Eiskunstlauf** *m* (SPORT) pattinaggio *m* artistico
**eis|laufen** <irr> *vi sein* pattinare su ghiaccio **Eislaufen** ['aɪslaʊfən] <-s> *kein Pl. nt* pattinaggio *m* su ghiaccio **Eisläufer(in)** *m(f)* pattinatore, -trice *m, f* su ghiaccio **Eismeer** *nt* mare *m* di ghiaccio **Eispickel** *m* piccozza *f* alpina
**Eisprung** *m* (BIOL) ovulazione *f*
**Eissalon** *m* (*A: Eisdiele*) gelateria *f* **Eisschnelllauf** *m* (SPORT) pattinaggio *m* di velocità **Eisscholle** *f* lastrone *m* di ghiaccio **Eisschrank** *m* frigorifero *m* **Eisstadion** *nt* stadio *m* del ghiaccio **Eisverkäufer(in)** *m(f)* gelataio, -a *m, f* **Eisvogel** *m* (ZOO) martin *m* pescatore **Eiswaffel** *f* wafer *m* [*o* biscotto *m*] da gelato **Eiswürfel** *m* cubetto *m* di ghiaccio **Eiszapfen** *m* ghiacciolo *m* **Eiszeit** *f* epoca *f* glaciale
**eitel** ['aɪtəl] *adj* vanitoso **Eitelkeit** <-, rar -en> *f* vanità *f*
**Eiter** ['aɪtɐ] <-s> *kein Pl. m* pus *m* **eit|e|rig** *adj* purulento **eitern** *vi* suppurare

**Eiweiß** <-es, -e> *nt* ① (*vom Hühnerei*) bianco *m* dell'uovo, albume *m* ② (CHEM) albumina *f* ③ (BIOL) proteina *f* **eiweißarm** *adj* povero di albumine **eiweißhaltig** *adj* albuminoso **eiweißreich** ['aɪvaɪsraɪç] *adj* proteico, albuminoso
**Eizelle** *f* ovulo *m*
**Ejakulation** [ejakula'tsi̯oːn] <-, -en> *f* (BIOL, MED) eiaculazione *f*
**ejakulieren** [ejaku'liːrən] <ohne ge-> *vi* eiaculare
**EKD** [eːkaː'deː] <-> *kein Pl. f abk v* **Evangelische Kirche in Deutschland** *chiesa protestante in Germania*
**Ekel**[1] ['eːkəl] <-s> *kein Pl. m* nausea *f*; (*Widerwille*) schifo *m*, ripugnanza *f*; **vor etw** *dat* ~ **empfinden** provare disgusto per qc; ~ **erregen** nauseare; ~ **erregend** schifoso, nauseante
**Ekel**[2] <-s, -> *nt* (*fam pej*) persona *f* schifosa; **du** ~! che essere odioso!
**ekelerregend** *adj* schifoso, nauseante
**ekelhaft** *adj*, **ek|e|lig** *adj* schifoso, nauseante **ekeln** I. *vi, vt* **es ekelt mich davor** mi fa schifo II. *vr* **ich ekle mich vor Spinnen** i ragni mi fanno schifo
**EKG, Ekg** [eːkaːˈɡeː] <-(s), -s> *nt abk v* **Elektrokardiogramm** ECG
**Eklat** [eˈklaː] <-s, -s> *m* scandalo *m*; **es kam zum** ~ **als ...** lo scandalo scoppiò quando ...
**eklatant** [ekla'tant] *adj* eclatante
**Ekstase** [ɛk'staːzə] <-, -n> *f* estasi *f*
**ekstatisch** [ɛk'staːtɪʃ] *adj* estatico
**Ekzem** [ɛk'tseːm] <-s, -e> *nt* (MED) eczema *m*
**Elan** [eˈlaːn] <-s> *kein Pl. m* slancio *m*
**elastisch** [eˈlastɪʃ] *adj* elastico
**Elastizität** [elastitsi'tɛːt] <-> *kein Pl. f* elasticità *f*
**Elba** ['ɛlba] *nt* Elba *f*, l'Isola *f* d'Elba
**Elbe** ['ɛlbə] *f* Elba *f*
**Elch** [ɛlç] <-(e)s, -e> *m* alce *m*
**Eldorado** [ɛldo'raːdo] <-s, -s> *nt* (*fig*) eldorado *m*
**E-Learning** ['iːləːnɪŋ] <-s> *kein pl nt s.* **electronic learning** e-learning *m*
**Elefant** [ele'fant] <-en, -en> *m* elefante *m*
**elegant** [ele'ɡant] *adj* elegante
**Eleganz** [ele'ɡants] <-> *kein Pl. f* eleganza *f*
**elektrifizieren** [elɛktrifi'tsiːrən] <ohne ge-> *vt* elettrificare
**Elektrifizierung** <-> *kein Pl. f* elettrificazione *f*
**Elektrik** [e'lɛktrɪk] <-, -en> *f* impianto *m* elettrico

Elektriker(in) [e'lɛktrikɐ] <-s, -; -, -nen> m(f) elettricista m, elettrotecnico m
elektrisch [e'lɛktrɪʃ] adj elettrico
elektrisieren [elɛktri'siːrən] <ohne ge-> vt elettrizzare
Elektrizität [elɛktritsi'tɛːt] <-> kein Pl. f elettricità f **Elektrizitätsgesellschaft** f società f elettrica **Elektrizitätswerk** nt centrale f elettrica
**Elektroauto** nt veicolo m elettrico **Elektrochemie** [elɛktroçe'miː] f elettrochimica f
**Elektrode** [elɛk'troːdə] <-, -n> f elettrodo m
**Elektrofahrrad** nt bicicletta f elettrica **Elektrogerät** nt apparecchio m elettrico; (Haushaltsgerät) elettrodomestico m **Elektrogeschäft** nt negozio m di elettrodomestici **Elektrogroßhandel** m commercio m all'ingrosso di elettrodomestici **Elektroherd** m cucina f elettrica **Elektroindustrie** f industria f elettrica **Elektroingenieur(in)** m(f) ingegnere m elettrotecnico **Elektroinstallateur** m elettricista m **Elektrokardiogramm** [elɛktrokardio'gram] nt (MED) elettrocardiogramma m **Elektrolyse** [elɛktro'lyːzə] <-, -n> f (PHYS, CHEM) elettrolisi f **Elektrolyt** [elɛktro'lyːt] <-s, -e> m meist Pl. (CHEM, MED) elettrolita m, elettrolito m **Elektromagnet** [elɛktroma'gneːt] m elettromagnete m **elektromagnetisch** adj elettromagnetico **Elektrometer** [elɛktro'meːtɐ] <-s, -> nt elettrometro m **Elektromotor** m motore m elettrico, elettromotore m
**Elektron** ['eːlɛktrɔn o elɛk'troːn] <-s, -en> nt elettrone m
**Elektronen-** (in Zusammensetzungen) elettronico
**Elektronenblitz** m lampo m elettronico, flash m **Elektronenmikroskop** nt microscopio m elettronico **Elektronenrechner** m calcolatore m elettronico **Elektronenröhre** f tubo m elettronico
**Elektronik** [elɛk'troːnɪk] <-> kein Pl. f elettronica f **elektronisch** adj elettronico
**Elektrorasierer** <-s, -> m rasoio m elettrico **Elektroschock** m elettroshock m, elettrochoc m **Elektrosmog** <-s> kein Pl. m (ECO) elettrosmog m **Elektrotechnik** f elettrotecnica f **Elektrotechniker(in)** m(f) elettrotecnico m **elektrotechnisch** [e'lɛktrotɛçnɪʃ] adj (TEC) elettrotecnico **Elektrotherapie** f (MED) elettroterapia f
**Element** [ele'mɛnt] <-(e)s, -e> nt elemento m

elementar [elemɛn'taːɐ̯] adj elementare; (grundlegend) fondamentale
elend ['eːlɛnt] adj ① (armselig) misero, povero ② (kümmerlich) miserabile ③ (fam: kränklich) malaticcio ④ (pej: gemein) infame; **du ~er Betrüger!** (fam) misero imbroglione! **Elend** <-(e)s> kein Pl. nt miseria f; **wie das leibhaftige ~ aussehen** (fam) sembrare la morte in vacanza; **wie ein Häufchen ~** (fam) come uno straccio **Elendsviertel** nt quartiere m povero
elf [ɛlf] num undici; s. a. **acht**
**Elf** [ɛlf] <-, -en> Ⅰ. num (Zahl) undici m Ⅱ. f (Buslinie, etc) undici m; (SPORT) undici m, squadra f di calcio
**Elf-, elf-** s. a. **Acht-, acht-**
**Elfe** ['ɛlfə] <-, -n> f (LIT) silfide f
**Elfenbein** ['ɛlfənbaɪn] nt avorio m **elfenbeinfarben** adj color avorio **Elfenbeinküste** f Costa f d'Avorio
elfmal ['ɛlfmaːl] adv undici volte; s. **achtmal**
**Elfmeter** [ɛlf'meːtɐ] <-s, -> m (SPORT) calcio m di rigore **Elfmeterschießen** <-> kein Pl. nt (SPORT) calci mpl di rigore
elfte(r, s) adj undicesimo, -a; (bei Datumsangaben) undici; s. a. **achte(r, s)**
**Elfte** <ein -r, -n, -n> mf undicesimo, -a m, f; s. a. **Achte**
**Elftel** <-s, -> nt undicesimo m
elftel ['ɛlftəl] <inv> adj undicesimo; s. **achtel**
**elftens** adv [in] undicesimo [luogo]
eliminieren [elimi'niːrən] <ohne ge-> vt eliminare
elitär [eli'tɛːɐ̯] adj elitario
**Elite** [e'liːtə] <-, -n> f élite f, fior fiore m **Eliteuniversität** f università f d'élite
**Elixier** [eli'ksiːɐ̯] <-s, -e> nt elisir m
**El Kaida** [ɛl'kaɪda] <-> kein Pl. f al-Qaeda m, Al Qaeda m
**Ellbogen** s. **Ell|en|bogen**
**Elle** ['ɛlə] <-, -n> f ① (ANAT) ulna f ② (Maß) cubito m
**Ell|en|bogen** <-s, -> m gomito m **Ell|en|bogenfreiheit** f (fig) libertà f di movimento
ellenlang adj (fam) lunghissimo
**Ellipse** [ɛ'lɪpsə] <-, -n> f ① (MAT) ellisse f ② (LING) ellissi f
elliptisch [ɛ'lɪptɪʃ] adj (MAT, LING) ellittico
eloquent [elo'kvɛnt] adj eloquente
**Elsass** ['ɛlzas] nt Alsazia f
**Elsässer(in)** ['ɛlzɛsɐ] <-s, -; -, -nen> m(f) alsaziano, -a m, f
elsässisch ['ɛlzɛsɪʃ] adj alsaziano

**Elsass-Lothringen** ['ɛlzas 'lo:trɪŋən] <-s> nt Alsazia-Lorena f

**Elster** ['ɛlstɐ] <-, -n> f gazza f

**elterlich** ['ɛltɐlɪç] adj ① (von den Eltern kommend) dei genitori, parentale ② (den Eltern gehörend) paterno

**Eltern** ['ɛltɐn] Pl. genitori mpl **Elternabend** m (Schule) riunione f dei genitori **Elternhaus** nt ① (Vaterhaus) casa f paterna ② (fig) famiglia f **Elternliebe** f amore m dei genitori **elternlos** adj orfano [di padre e di madre] **Elternsprechtag** m (Schule) giorno m per il colloquio con i genitori **Elternteil** ['ɛltɐntaɪl] <-(e)s, -e> nt genitore m

**Email** [e'maɪ o e'ma:j] <-s, -s> nt smalto m

**E-Mail** ['i:meɪl] <-, -s> f (INFORM) E-mail f; **eine ~ senden/bekommen** spedire/ricevere una E-mail **E-Mail-Adresse** f indirizzo m E-mail

**Emaille** [e'maljə o e'maɪ o e'ma:j] <-, -n> f s. **Email**

**emaillieren** [ema'ji:rən o emal'ji:rən] <ohne ge-> vt smaltare

**Emanze** [e'mantsə] <-, -n> f (fam pej) femminista f, suffragetta f scherz

**Emanzipation** [emantsipa'tsi̯o:n] <-, -en> f emancipazione f **Emanzipationsbewegung** f movimento m d'emancipazione

**emanzipatorisch** [emantsipa'to:rɪʃ] adj emancipatore

**emanzipieren** [emantsi'pi:rən] <ohne ge-> I. vt emancipare II. vr sich ~ emanciparsi **emanzipiert** adj emancipato

**Embargo** [ɛm'bargo] <-s, -s> nt embargo m

**Embolie** [ɛmbo'li:] <-, -n> f (MED) embolia f

**Embryo** ['ɛmbryo] <-s, -s o Embryonen> m, A: nt (MED, BIOL) embrione m

**embryonal** [ɛmbryo'na:l] adj (MED, BIOL) embrionale

**Emigrant(in)** [emi'grant] <-en, -en; -, -nen> m(f) ① (Auswanderer) emigrante mf ② (POL) emigrato, -a m, f

**Emigration** [emigra'tsi̯o:n] <-, -en> f emigrazione f

**emigrieren** [emi'gri:rən] <ohne ge-> vi sein emigrare

**Eminenz** [emi'nɛnts] <-, -en> f (REL) eminenza f; **Seine/Eure ~** Sua/Vostra eminenza; **graue ~** eminenza grigia

**Emir** [e'mi:ɐ, Pl: e'mi:rə] <-s, -e> m emiro m

**Emirat** [emi'ra:t] <-(e)s, -e> nt emirato m; **Vereinigte Arabische ~e** Emirati arabi uniti

**Emission** [emɪ'si̯o:n] <-, -en> f ① (PHYS, FIN) emissione f ② (CH: Rundfunksendung) trasmissione f **Emissionshandel** m (POL) commercio m delle emissioni

**emittieren** [emɪ'ti:rən] <ohne ge-> vt (PHYS, FIN) emettere

**Emmentaler** ['ɛmənta:lɐ] <-s, -> m (GASTR) emmental m

**Emoticon** [e'mo:tikɔn] <-s, -s> nt (INFORM) faccina f

**Emotion** [emo'tsi̯o:n] <-, -en> f emozione f

**emotional** [emotsi̯o'na:l] adj, **emotionell** [emotsi̯o'nɛl] adj emozionale, emotivo

**empfahl** [ɛm'pfa:l] 1. u. 3. Pers. Sing. Imp. von **empfehlen**

**empfand** [ɛm'pfant] 1. u. 3. Pers. Sing. Imp. von **empfinden**

**Empfang** [ɛm'pfaŋ, Pl: ɛm'pfɛŋə] <-(e)s, Empfänge> m ① (TEC, RADIO, TV) ricezione f ② (Erhalten) ricevimento m; **etw in ~ nehmen** prendere in consegna qc, ricevere qc; **den ~ einer Sache** gen **bestätigen** accusare ricevuta di qc ③ (Aufnahme) accoglienza f ④ (Feier) ricevimento m ⑤ (im Hotel) reception f

**empfangen** <empfängt, empfing, empfangen> vt ① (Waren, RADIO, TV) ricevere ② (Person) accogliere

**Empfänger** [ɛm'pfɛŋɐ] <-s, -> m (RADIO: Gerät) apparecchio m ricevente, ricevitore m

**Empfänger(in)** <-s, -; -, -nen> m(f) (von Postsendung) destinatario, -a m, f; (von Ware) consegnatario, -a m, f; (von Summe) ricevitore, -trice m, f; (von Spende) beneficiario, -a m, f; **unbekannt** (auf Briefen) sconosciuto all'indirizzo; **~ verzogen** destinatario trasferito

**empfänglich** [ɛm'pfɛŋlɪç] adj **für etw ~ sein** essere sensibile a qc

**Empfängnis** [ɛm'pfɛŋnɪs] <-, -se> f concepimento m, concezione f **empfängnisverhütend** adj **~es Mittel** anticoncezionale m **Empfängnisverhütung** f prevenzione f del concepimento **Empfängnisverhütungsmittel** [ɛm'pfɛŋnɪsfɛɐhy:tʊŋsmɪtəl] <-s, -> nt anticoncezionale m

**Empfangsbescheinigung** f, **Empfangsbestätigung** f (COM) ricevuta f, quietanza f **Empfangschef(in)** m(f) direttore, -trice m, f, maître, -tresse m, f **Empfangsstation** f (RADIO) stazione f ricevente **Empfangszimmer** nt salotto m da ricevimento

**empfängt** [ɛmˈpfɛŋt] *3. Pers. Sing. Präs. von* **empfangen**

**empfehlen** [ɛmˈpfeːlən] <empfiehlt, empfahl, empfohlen> I. *vt* (*raten*) raccomandare, consigliare II. *vr* **sich ~** ❶ (*geh: sich verabschieden*) prendere congedo, accomiatarsi ❷ (*ratsam sein*) **es empfiehlt sich zu** +*inf* conviene +*inf* **empfehlenswert** *adj* raccomandabile, consigliabile

**Empfehlung** <-, -en> *f* ❶ (*Rat*) consiglio *m* ❷ (*Fürsprache*) raccomandazione *f;* (*Referenz*) referenze *fpl;* **auf ~ von** dietro raccomandazione di ❸ (*geh: Gruß*) ossequi *mpl*, saluti *mpl;* **mit den besten ~en** con i migliori saluti **Empfehlungsschreiben** *nt* lettera *f* di raccomandazione

**empfiehlt** [ɛmˈpfiːlt] *3. Pers. Sing. Präs. von* **empfehlen**

**empfinden** [ɛmˈpfɪndən] <empfindet, empfand, empfunden> *vt* sentire, provare

**empfindlich** *adj* ❶ (*Person,* FOTO, TEC) sensibile; **gegen etw ~ sein** essere sensibile a qc ❷ (*zart*) delicato ❸ (*leicht verletzbar*) suscettibile; (*übelnehmend*) permaloso; (*reizbar*) irritabile; **jdn an seiner ~sten Stelle treffen** pungere qu sul vivo ❹ (*spürbar, schmerzlich*) pungente, doloroso **Empfindlichkeit** <-> *kein Pl. f* ❶ (*Feinfühligkeit,* MED, TEC, FOTO) sensibilità *f* ❷ (*Reizbarkeit*) suscettibilità *f,* irritabilità *f*

**empfindsam** *adj* sensibile, delicato d'animo; (*gefühlvoll*) emotivo, sentimentale **Empfindsamkeit** <-> *kein Pl. f* sensibilità *f,* emotività *f,* sentimentalità *f*

**Empfindung** <-, -en> *f* ❶ (*Wahrnehmung*) sensazione *f* ❷ (*Gefühl*) sentimento *m*

**empfing** [ɛmˈpfɪŋ] *1. u. 3. Pers. Sing. Imp. von* **empfangen**

**empfohlen** [ɛmˈpfoːlən] *PP von* **empfehlen**

**empfunden** [ɛmˈpfʊndən] *PP von* **empfinden**

**empirisch** [ɛmˈpiːrɪʃ] *adj* (*geh*) empirico

**empor** [ɛmˈpoːɐ̯] *adv* (*geh*) verso l'alto, all'insù

**empor|arbeiten** *vr* **sich ~** (*fig*) farsi una posizione, far carriera

**Empore** [ɛmˈpoːrə] <-, -n> *f* (*in Kirche*) cantoria *f,* matroneo *m;* (*in Theater*) galleria *f*

**empören** [ɛmˈpøːrən] <ohne ge-> I. *vt* indignare II. *vr* **sich ~** ❶ (*sich entrüsten*) **sich über jdn/etw ~** sdegnarsi con qu/indignarsi per qc ❷ (*sich auflehnen*) **sich gegen etw ~** ribellarsi a qc, rivoltarsi contro qc **empörend** *adj* scandaloso

**Emporkömmling** [ɛmˈpoːɐ̯kœmlɪŋ] <-s, -e> *m* arrivista *mf,* parvenu *m*

**empor|ragen** [ɛmˈpoːɐ̯raːɡən] *vi* (*geh*) innalzarsi, elevarsi **empor|schwingen** <irr> *vr* **sich ~** lanciarsi in alto; **sich zu etw ~** (*fig*) raggiungere qc **empor|steigen** <irr> I. *vi sein* (*Rauch*) salire; (*Zweifel*) sorgere II. *vt* (*Stufen*) salire

**empört** [ɛmˈpøːɐ̯t] *adj* **über etw ~ sein** essere indignato per qc

**Empörung** <-, -en> *f* indignazione *f;* **seine ~ über ... +***acc* la sua indignazione per ...

**emsig** [ˈɛmzɪç] *adj* ❶ (*fleißig*) diligente, laborioso ❷ (*unermüdlich*) assiduo **Emsigkeit** <-> *kein Pl. f* ❶ (*Fleiß*) diligenza *f* ❷ (*Unermüdlichkeit*) assiduità *f*

**Emu** [ˈeːmu] <-s, -s> *m* (ZOO) emù *m*

**Emulgator** [emʊlˈɡaːtoːɐ̯, *Pl*: emʊlɡaˈtoːrən] <-s, -en> *m* emulgante *m*

**emulgieren** [emʊlˈɡiːrən] *vt* emulsionare **Emulsion** [emʊlˈzjoːn] <-, -en> *f* ❶ (CHEM) emulsione *f* ❷ (FOTO) emulsione *f* sensibile

**en bloc** [ãˈblɔk] *adv* in blocco

**End-** [ˈɛnt] (*in Zusammensetzungen*) terminale, finale, definitivo **Endausscheidung** *f* finalissima *f* **Endbahnhof** *m* stazione *f* terminale, capolinea *m*

**Ende** [ˈɛndə] <-s, -n> *nt* ❶ (*zeitlich*) fine *f;* **am ~** alla fine; (*schließlich*) in fin dei conti; **~ Mai** alla fine di maggio; **er ist ~ dreißig** è alla fine dei trenta; **zu ~ gehen** stare per finire; **zu ~ sein** essere finito, finire; **letzten ~s** alla fin fine; **ein gutes/böses ~ nehmen** finir bene/male; **einer Sache** *dat* **ein ~ bereiten** [*o* **machen**] porre fine a qc; **am ~ [seiner Kräfte] sein** essere sfinito; **bis zum bitteren ~** fino alla fine; **das dicke ~ kommt noch** (*fam*) il peggio deve ancora venire; **das will kein ~ nehmen** non finisce più; **sie kann [wieder einmal] kein ~ finden** non la smette più; **~ gut, alles gut** (*prov*) tutto è bene quel che finisce bene; **... ohne ~** (*fam*) ... da non credere; **etw ist langweilig ohne ~** (*fam*) qc è noioso da non credere ❷ (*Endpunkt*) estremità *f;* **am anderen ~ der Stadt** all'altro capo della città; **am äußersten ~** all'estremo; **am ~ der Welt** (*fam*) in capo al mondo ❸ (*Abschluss*) termine *m;* **etw zu ~ bringen** portare qc a termine ❹ (*Ausgang*) esito *m*

**Endeffekt** *m* **im ~** alla fin fine

**enden** *vi* finire; (*ausgehen*) terminare;

(*Frist*) scadere; **nicht ~ wollender Beifall** un applauso a non finire; **das wird böse ~!** andrà a finire male
**Endergebnis** *nt* risultato *m* finale
**Endgeschwindigkeit** *f* velocità *f* finale
**endgültig** *adj* definitivo **Endhaltestelle** *f* capolinea *m,* stazione *f* terminale
**Endivie** [ɛn'di:viə] <-, -n> *f* indivia *f*
**Endkampf** *m* (SPORT) finale *f*
**Endlager** ['ɛndla:gɐ] *nt* deposito *m*
**endlagern** ['ɛndla:gɐn] *vt* depositare [definitivamente]
**endlich** I. *adj* finito II. *adv* in fine, alla fine; **na, ~!** (*fam*) finalmente!
**endlos** *adj* ① (*räumlich*) infinito ② (*zeitlich*) interminabile; **das dauert ja ~ lange** non finisce più **Endlosigkeit** <-, -en> *f* (*räumlich*) immensità *f*; (*zeitlich*) infinità *f*
**Endlospapier** <-s> *kein Pl. nt* (INFORM) modulo *m* continuo
**endogen** [ɛndo'ge:n] *adj* endogeno
**Endoskop** [ɛndo'sko:p] <-s, -e> *nt* (MED) endoscopio *m*
**Endoskopie** [ɛndosko'pi:, *Pl:* ɛndosko'pi:ən] <-, -n> *f* (MED) endoscopia *f*
**Endphase** *f* fase *f* finale **Endprodukt** *nt* prodotto *m* finito **Endpunkt** *m* punto *m* estremo [*o* d'arrivo] **Endrunde** *f* (SPORT) girone *m* finale, ultima ripresa *f* **Endspiel** *nt* (SPORT) finale *f* **Endspurt** *m* (SPORT) sprint *m* finale; (*Radsport*) volata *f* **Endstadium** *nt* fase *f* finale **Endstation** *f* stazione *f* terminale, capolinea *m* **Endsumme** *f* totale *m*
**Endung** <-, -en> *f* (LING) desinenza *f*
**Endverbraucher** *m* consumatore, -trice *m, f* [finale] **Endzeitstimmung** ['ɛndtsaɪtʃtɪmʊŋ] <-, -en> *f* inclinazione *f* apocalittica **Endziel** *nt* meta *f* finale
**Energie** [enɛr'gi:] <-, -n> *f* ① (*a.* PHYS) energia *f*; **grüne ~** energia verde [*o* sostenibile] ② (*Tatkraft*) vigore *m,* forza *f* **Energieausweis** *m* certificato *m* energetico degli edifici, attestato *m* di prestazione energetica **Energiebedarf** *m* fabbisogno *m* energetico **energiebewusst** *adj* (ECO) **sich ~ verhalten** fare uso cosciente di energia **energieeffizient** *adj* energeticamente efficiente **Energieerzeugung** *f* produzione *f* energetica **Energiehaushalt** [enɛr'gi:haʊshalt] <-(e)s, -e> *m* equilibrio *m* energetico **Energiepass** *m s.* **Energieausweis Energiequelle** *f* fonte *f* energetica **Energiesparen** <-s> *kein Pl. nt* risparmio *m* energetico **energiesparend** *adj* che risparmia energia **Energiesparlampe** *f* lampadina *f* a basso con-

sumo **Energieträger** *m* fonte *f* energetica, vettore *m* energetico **Energieumwandlung** *f* trasformazione *f* energetica **Energieverbrauch** *m* consumo *m* energetico **Energieverschwendung** *f* spreco *m* di energie **Energieversorgung** *f* distribuzione *f* energetica, rifornimento *m* energetico **Energiewende** *f* svolta *f* energetica **Energiewirtschaft** <-> *kein Pl. f* settore *m* energetico **Energiezufuhr** *f* immissione *f* di energia
**energisch** [e'nɛrgɪʃ] *adj* energico; (*entschlossen*) fermo, risoluto
**eng** [ɛŋ] *adj* ① (*räumlich*) stretto ② (*Kleidung*) stretto; **~ anliegend** attillato, aderente ③ (*eingeschränkt*) limitato, ristretto; **im ~eren Sinne** in senso ristretto; **in die ~ere Wahl kommen** entrare in ballottaggio ④ (*Beziehungen*) intimo, stretto; **im ~sten Familienkreis** nell'intimità della famiglia ⑤ (*Wend*) **das darf man nicht so ~ sehen** (*fam*) non si devono prendere le cose troppo alla lettera
**Engadin** ['ɛŋgadi:n] *nt* (GEOG) Engadina *f*
**Engagement** [ãgaʒə'mã:] <-s, -s> *nt* ① *Sing.* (*Einsatz, Bindung*) impegno *m* ② (THEAT: *Anstellung*) scrittura *f,* ingaggio *m*
**engagieren** [ãga'ʒi:rən] <ohne ge-> I. *vt* (THEAT) scritturare, ingaggiare; (*anstellen*) assumere II. *vr* **sich ~** (*sich einsetzen*) impegnarsi, adoperarsi **engagiert** *adj* impegnato
**enganliegend** *adj* attillato, aderente
**Enge** ['ɛŋə] <-, -n> *f* ① (*räumlich*) strettezza *f* ② (*verengte Stelle*) strettoia *f*; (*Meeres~*) stretto *m*; **jdn in die ~ treiben** (*fig*) mettere qu alle strette ③ (*fig: Beschränktheit*) limitatezza *f,* ristrettezza *f*
**Engel** ['ɛŋəl] <-s, -> *m* angelo *m* **Engelsburg** ['ɛŋəl] *f* Castel *m* Sant'Angelo **Engelsgeduld** *f* pazienza *f* di un santo
**Engerling** ['ɛŋɐlɪŋ] <-s, -e> *m* larva *f* di maggiolino
**engherzig** *adj* gretto, meschino
**Engherzigkeit** <-, -en> *f* grettezza *f,* meschinità *f*; (*Geiz*) avarizia *f*
**England** ['ɛŋlant] *nt* Inghilterra *f*
**Engländer** <-s, -> *m* ① (TEC) chiave *f* inglese ② (*A:* GASTR) dolce con nocciole e mandorle
**Engländer(in)** ['ɛŋlɛndɐ] <-s, -; -, -nen> *m(f)* inglese *mf*
**englisch** ['ɛŋlɪʃ] I. *adj* inglese II. *adv* ① inglese, all'inglese ② (GASTR) al sangue III. (*in Zusammensetzungen*) anglo-
**englischsprechend** *adj* anglofono

**engmaschig** *adj* fitto, a maglie fitte
**Engpass** *m* ❶ (GEOG) passo *m* stretto; (*verengte Stelle*) strettoia *f* ❷ (*fig*) difficoltà *f*, impasse *f*
**en gros** [ã'gro] *adv* (COM) all'ingrosso
**engstirnig** *adj* (*pej: einseitig*) di vedute limitate; (*kleinlich*) gretto, meschino **Engstirnigkeit** <-> *kein Pl. f* ❶ (*Einseitigkeit*) limitatezza *f* di vedute ❷ (*Kleinlichkeit*) meschinità *f*
**Enjambement** [ãʒãbə'mã:] <-s, -s> *nt* (GRAM) enjambement *m*
**Enkel(in)** ['ɛŋkəl] <-s, -; -, -nen> *m(f)* nipote *mf* [di nonno, -a] **Enkelkind** *nt* nipote *mf* [di nonno, -a]
**Enklave** [ɛn'kla:və] <-, -n> *f* enclave *f*
**enorm** [e'nɔrm] *adj* enorme
**Ensemble** [ã'sã:bəl] <-s, -s> *nt* ❶ (THEAT) ensemble *m*, complesso *m* ❷ (*Kleidung*) completo *m*
**entarten** [ɛnt'ʔartən] <ohne ge-> *vi sein* degenerare **entartet** *adj* degenerato, depravato **Entartung** <-, -en> *f* degenerazione *f*, depravazione *f*
**entbehren** [ɛnt'be:rən] <ohne ge-> I. *vt* ❶ (*geh: vermissen*) sentire la mancanza di ❷ (*verzichten*) fare a meno di, rinunciare a II. *vi* (*geh*) **einer Sache** *gen* ~ essere privo di, mancare di
**entbehrlich** [ɛnt'be:ɐlɪç] *adj* superfluo, non necessario
**Entbehrung** <-, -en> *f* ❶ (*Verzicht*) privazione *f* ❷ (*Not*) bisogno *m*
**entbinden** <irr, ohne ge-> *vt* ❶ (*von Pflicht, Versprechen*) **jdn von etw ~** liberare qu da qc, sciogliere qu da qc ❷ (MED) far partorire
**Entbindung** <-, -en> *f* (MED) parto *m* **Entbindungsklinik** *f* clinica *f* ostetrica **Entbindungsstation** *f* [reparto *m*] maternità *f*
**entblößen** [ɛnt'blø:sən] <ohne ge-> *vt* scoprire, mettere a nudo **entblößt** *adj* ❶ (*nackt*) nudo, scoperto ❷ (*fig*) privo, spogliato
**entbrennen** <irr, ohne ge-> *vi sein* (*fig geh*) accendersi
**entdecken** <ohne ge-> *vt* scoprire; **wieder ~** riscoprire
**Entdecker(in)** <-s, -; -, -nen> *m(f)* scopritore, -trice *m, f*
**Entdeckung** <-, -en> *f* scoperta *f* **Entdeckungsreise** *f* viaggio *m* di esplorazione
**Ente** ['ɛntə] <-, -n> *f* ❶ (ZOO) anatra *f* ❷ (*fig: Zeitungs~*) canard *m*, frottola *f* ❸ (*fig fam: Citroën 2 CV*) due cavalli *f*

**entehren** [ɛnt'ʔe:rən] <ohne ge-> *vt* disonorare; (*entwürdigen*) degradare
**Entehrung** <-, -en> *f* disonore *m*, diffamazione *f*
**enteignen** [ɛnt'ʔaɪgnən] <ohne ge-> *vt* espropriare
**Enteignung** <-, -en> *f* espropriazione *f*, esproprio *m*
**enteilen** <ohne ge-> *vi sein* (*obs*) [s]fuggire
**enteisen** [ɛnt'ʔaɪzən] <ohne ge-> *vt* disgelare; (*Kühlschrank*) sbrinare; (*Straße*) sgomberare dal ghiaccio
**Entenbraten** *m* (GASTR) anatra *f* arrosto
**Entenei** *nt* uovo *m* d'anatra
**enterben** <ohne ge-> *vt* diseredare
**Enterich** ['ɛntərɪç] <-s, -e> *m* maschio *m* dell'anatra
**entern** ['ɛntɐn] I. *vt haben* arrembare II. *vi sein* arrampicarsi [all'arrembaggio]
**Entertainer(in)** ['ɛntətɐ:nɐ o 'ɛntəteɪnɐ] <-s, -; -, -nen> *m(f)* entertainer *mf*, animatore, -trice *m, f*
**Enter-Taste** ['ɛntətastə] *f* (INFORM) tasto *m* invio
**entfachen** [ɛnt'faxən] <ohne ge-> *vt* (*geh*) accendere, attizzare
**entfahren** <irr, ohne ge-> *vi sein* sfuggire
**entfallen** <irr, ohne ge-> *vi sein* ❶ (*geh: entgleiten*) sfuggire di mano ❷ (*vergessen*) uscire di mente; **mir ist sein Name ~** mi è sfuggito il suo nome ❸ (*Anteil*) **auf jdn/etw ~** spettare a qc/qu ❹ (*wegfallen*) venir meno, venire a mancare
**entfalten** <ohne ge-> I. *vt* ❶ (*auseinanderfalten*) [di]spiegare ❷ (*fig: Gedanken*) svolgere, spiegare II. *vr* **sich ~** ❶ (*Blume*) schiudersi, sbocciare ❷ (*fig*) svilupparsi
**Entfaltung** <-> *kein Pl. f* (*von Talenten*) fioritura *f*; (*von Mensch, Schönheit*) sviluppo *m*; **zur ~ kommen** svilupparsi
**entfärben** <ohne ge-> I. *vt* decolorare, scolorire II. *vr* **sich ~** scolorirsi
**entfernen** [ɛnt'fɛrnən] <ohne ge-> I. *vt* (*wegnehmen, -tun*) togliere; (*wegräumen*) rimuovere; (*Personen*) allontanare; (MED) asportare; (*Mandeln*) togliere II. *vr* **sich ~** ❶ (*räumlich*) allontanarsi; (*weggehen*) andarsene, partire ❷ (*fig: abweichen*) [di]scostarsi **entfernt** *adj* ❶ (*fern*) lontano, distante; (*abgelegen*) appartato, discosto; **ich denke nicht im Entferntesten daran!** non ci penso neanche lontanamente! ❷ (*weitläufig*) lontano; **~e Verwandte** parenti lontani ❸ (*Ähnlichkeit*) vago

**Entfernung** <-, -en> f ❶ (*Abstand*) distanza f; **auf eine ~ von** a una distanza di; **aus der ~** da lontano ❷ (*das Entfernen*) allontanamento m; (*das Beseitigen*) eliminazione f; (*aus Amt*) licenziamento m

**Entfernungsmesser** <-s, -> m telemetro m

**entfesseln** <ohne ge-> vt scatenare, suscitare

**entfiel** *1. u. 3. Pers. Sing. Imp. von* **entfallen**

**entflammbar** [ɛntˈflambaːɐ] adj infiammabile

**entflammen** <ohne ge-> (*geh*) I. vt haben (*fig*) infiammare, accendere; (*begeistern*) entusiasmare II. vi sein (*fig*) accendersi; (*Streit*) scoppiare

**entflechten** <irr, ohne ge-> vt ❶ (COM) decentrare ❷ (*entwirren*) districare, disfare

**entfliegen** <irr, ohne ge-> vi sein volar via, involarsi; „**Wellensittich entflogen**" "pappagallino volato via"

**entfliehen** <irr, ohne ge-> vi sein [s]fuggire

**entfremden** <ohne ge-> I. vt **jdn jdm/ etw ~** estraniare qu da qu/qc II. vr **sich jdm/etw ~** estraniarsi da qu/qc

**Entfremdung** <-> *kein Pl.* f straniamento m, alienazione f

**entfuhr** *1. u. 3. Pers. Sing. Imp. von* **entfahren**

**entführen** <ohne ge-> vt rapire, sequestrare

**Entführer(in)** <-s, -; -, -nen> m(f) rapitore, -trice m, f

**Entführung** <-, -en> f rapimento m

**entgangen** *PP von* **entgehen**

**entgegen** [ɛntˈgeːgən] I. adv ❶ (*in Richtung*) incontro, verso; **er ging ihr ~** le andò incontro ❷ (*zuwider*) contrario a II. prp +dat (*im Gegensatz zu*) contrariamente a, in opposizione a

**entgegen|bringen** <irr> vt (*Interesse*) [di]mostrare; **jdm Vertrauen ~** nutrire fiducia in qu

**entgegen|fiebern** vi **einer Sache** dat **~** aspettare con ansia qualcosa; **sie fiebert seiner Ankunft entgegen** non vede l'ora che arrivi

**entgegen|gehen** <irr> vi sein (*a. fig*) **jdm ~** andare incontro a qu; **seinem Ende ~** avvicinarsi alla fine

**entgegengesetzt** adj contrario, opposto; **~er Meinung sein** essere di parere contrario; **in ~er Richtung** in direzione opposta

**entgegen|halten** <irr> vt ❶ (*entgegenstrecken*) [s]tendere; **jdm die Hand ~** tendere la mano a qu ❷ (*einwenden*) obiettare

**entgegen|kommen** <irr> vi sein ❶ (*sich nähern*) venire incontro ❷ (*Zugeständnisse machen*) venire incontro ❸ (*entsprechen*) convenire; **das kommt mir sehr entgegen** ciò mi conviene **Entgegenkommen** <-s> *kein Pl.* nt compiacenza f, accondiscendenza f, cortesia f **entgegenkommend** adj cortese, amabile

**entgegen|nehmen** <irr> vt ricevere, accettare

**entgegen|sehen** <irr> vi **einer Sache** dat **~** attendere qualcosa

**entgegen|setzen** vt **jdm/etw etw ~** opporre qc a qu/qc

**entgegen|stehen** <irr> vi **dem steht nichts entgegen** non c'è nulla in contrario

**entgegen|treten** <irr> vi sein farsi incontro, opporsi

**entgegen|wirken** vi **einer Sache** dat **~** contrastare qualcosa

**entgegnen** [ɛntˈgeːgnən] <ohne ge-> vt rispondere, replicare **Entgegnung** <-, -en> f risposta f, replica f

**entgehen** <irr, ohne ge-> vi sein ❶ (*verschont bleiben*) **einer Gefahr/der Strafe ~** dat sfuggire a un pericolo/alla punizione ❷ (*nicht bemerkt werden*) **jdm ~** sfuggire a qu ❸ (*versäumen*) **sich** dat **etw ~/nicht ~ lassen** lasciarsi/non lasciarsi sfuggire qc

**entgeistert** [ɛntˈgaɪstɐt] adj allibito, sbigottito

**Entgelt** [ɛntˈgɛlt] <-(e)s, -e> nt ❶ (*Lohn*) paga f; (*Entlohnung*) retribuzione f; **gegen ein [geringes] ~ von** dietro un [modico] compenso di ❷ (*Entschädigung*) indennità f, indennizzo m ❸ (*Gebühr*) contributo m

**entgleisen** [ɛntˈglaɪzən] <ohne ge-> vi sein ❶ (FERR) deragliare ❷ (*fig: in Gesellschaft*) sviarsi, traviarsi; (*taktlos benehmen*) comportarsi male **Entgleisung** <-, -en> f ❶ (FERR) deragliamento m ❷ (*fig*) sbandamento m, traviamento m, passo m falso

**entgleiten** <irr, ohne ge-> vi sein (*geh*) ❶ (*aus der Hand fallen*) sfuggire [di mano]; **der Teller ist ihm** [*o* **seinen Händen**] **entglitten** gli è sfuggito il piatto di mano ❷ (*fig: sich entziehen*) **jdm/etw ~** sottrarsi a qu/qc

**entgräten** [ɛntˈgrɛːtən] <ohne ge-> vt spinare, togliere le spine a

**enthaaren** [ɛnt'haːrən] <ohne ge-> vt depilare
**Enthaarungsmittel** nt depilatorio m
**enthalten** <irr, ohne ge-> I. vt contenere II. vr **sich ~** astenersi; **sich der Stimme ~** astenersi dal voto; **sich des Lachens nicht ~ können** non potersi trattenere dal ridere
**enthaltsam** [ɛnt'haltzaːm] adj morigerato, astinente; (*im Essen*) sobrio; (*im Alkoholgenuss*) astemio; (*sexuell*) continente
**Enthaltsamkeit** <-> kein Pl. f morigeratezza f, astinenza f; (*im Essen*) sobrietà f; (*im Alkoholgenuss*) essere m astemio; (*sexuell*) continenza f
**Enthaltung** [ɛnt'haltʊŋ] <-, -en> f astensione f
**enthärten** <ohne ge-> vt addolcire
**enthaupten** [ɛnt'hauptən] <ohne ge-> vt decapitare **Enthauptung** <-, -en> f decapitazione f
**entheben** <irr, ohne ge-> vt (*geh*) **jdn seines Amtes ~** destituire qu dalla sua carica; **jdn einer Verpflichtung ~** esentare qu da un obbligo
**enthemmen** <ohne ge-> vt disinibire **enthemmend** adj disinibitorio **enthemmt** adj disinibito
**enthüllen** <ohne ge-> vt ❶ (*Denkmal*) scoprire ❷ (*geh: Geheimnis*) svelare, rivelare
**Enthüllung** <-, -en> f ❶ (*von Denkmal*) scoprimento m, inaugurazione f ❷ (*von Geheimnis*) rivelazione f **Enthüllungsjournalismus** <-> kein Pl. m giornalismo m d'assalto
**Enthusiasmus** [ɛntuziˈasmʊs] <-> kein Pl. m entusiasmo m
**enthusiastisch** [ɛntuziˈastɪʃ] adj entusiasta
**entjungfern** <ohne ge-> vt deflorare, sverginare
**Entjungferung** <-, -en> f deflorazione f
**entkalken** <ohne ge-> vt decalcificare
**entkernen** <ohne ge-> vt togliere i semi a
**Entkerner** <-s, -> m snocciolatore m
**entkleiden** <ohne ge-> (*geh*) I. vt ❶ (*ausziehen*) spogliare, svestire ❷ (*fig: entheben*) destituire II. vr **sich ~** spogliarsi, svestirsi
**entkoffeiniert** [ɛntkɔfeiˈniːɐ̯t] adj decaffeinato
**entkommen** <irr, ohne ge-> vi sein [s]fuggire, scappare; **mit knapper Not ~** scamparla bella
**entkorken** <ohne ge-> vt stappare, sturare
**entkräften** [ɛnt'krɛftən] <ohne ge-> vt ❶ (*schwächen*) indebolire, estenuare ❷ (*fig: Argument*) confutare; (JUR) infirmare
**Entkräftung** <-, -en> f ❶ (*das Schwächen*) indebolimento m, spossamento m, estenuazione f ❷ (*fig*) confutazione f; (JUR) invalidamento m
**entladen** <irr, ohne ge-> I. vt scaricare; (NAUT) sbarcare II. vr **sich ~** scaricarsi; (*Zorn*) esplodere **Entladung** <-, -en> f scarica f
**entlang** [ɛnt'laŋ] adv o prp (*nachgestellt acc, rar dat; vorgestellt dat, rar gen*) lungo; **am Meer ~** lungo il mare; **hier ~** per di qua
**entlang|fahren** <irr> vi sein **an etw** dat **~** percorrere qc, costeggiare qc
**entlang|gehen** <irr> vi sein **an etw** dat **~** percorrere qc, costeggiare qc
**entlarven** [ɛnt'larfən] <ohne ge-> vt smascherare
**entlassen** <irr, ohne ge-> vt ❶ (*kündigen*) licenziare; **jdn fristlos ~** licenziare qu in tronco ❷ (*aus Krankenhaus*) dimettere; (*aus Gefängnis*) rilasciare, liberare; (*aus Armee*) congedare; (*aus Schule*) licenziare
**Entlassung** <-, -en> f ❶ (*aus Arbeitsverhältnis*) licenziamento m ❷ (*aus Gefängnis*) rilascio m, scarcerazione f **Entlassungsgesuch** nt dimissioni fpl **Entlassungszeugnis** nt licenza f
**entlasten** <ohne ge-> vt ❶ (*von Last befreien*) alleviare, alleggerire ❷ (*fig* TEC, ARCH) scaricare ❸ (*Straße vom Verkehr*) decongestionare, alleggerire ❹ (*Angeklagte*) deporre a discarico di
**Entlastung** <-, -en> f ❶ (JUR) discarico m, discolpa f ❷ (*von Verkehr*) decongestionamento m **Entlastungszeuge** m, **Entlastungszeugin** f testimone mf a discarico
**entlaufen** <irr, ohne ge-> vi sein fuggire; „**Katze ~**" "è stato smarrito un gatto"
**entlausen** <ohne ge-> vt disinfestare, spidocchiare *fam*
**entledigen** [ɛnt'leːdɪgən] <ohne ge-> vr (*geh*) **sich einer Aufgabe ~** assolvere un compito; **sich seiner Kleider ~** togliere i vestiti
**entleeren** <ohne ge-> vt [s]vuotare
**entlegen** [ɛnt'leːgən] adj distante, fuori mano, isolato
**entlehnen** <ohne ge-> vt (*A: entleihen*) prendere in prestito
**entleihen** <irr, ohne ge-> vt **etw von jdm ~** prendere a prestito qc da qu, farsi prestare qc da qu
**Entleihung** <-, -en> f prestito m

**entließ** *1. u. 3. Pers. Sing. Imp. von* **entlassen**

**entlocken** <ohne ge-> *vt* **jdm etw ~** strappare qc a qu

**entlohnen** <ohne ge-> *vt,* **entlöhnen** <ohne ge-> *vt* (*CH*) pagare, rimunerare

**Entlohnung** <-, -en> *f,* **Entlöhnung** <-, -en> *f* (*CH*) pagamento *m,* rimunerazione *f*

**entlud** *1. u. 3. Pers. Sing. Imp. von* **entladen**

**entlüften** <ohne ge-> *vt* ❶ (*Raum*) aerare, arieggiare ❷ (PHYS, CHEM) disaerare; **die Bremsen ~** spurgare l'aria dai freni **Entlüftung** <-, -en> *f* ❶ (*das Entlüften*) aerazione *f,* ventilazione *f* ❷ (PHYS, CHEM) disaerazione *f*

**entmachten** [ɛnt'maxtən] <ohne ge-> *vt* esautorare **Entmachtung** [ɛnt'maxtʊŋ] <-, -en> *f* esautorazione *f*

**entmannen** <ohne ge-> *vt* evirare, castrare

**entmilitarisieren** [ɛntmilitari'ziːrən] <ohne ge-> *vt* smilitarizzare

**entmündigen** [ɛnt'mʏndɪɡən] <ohne ge-> *vt* interdire

**Entmündigung** <-, -en> *f* interdizione *f,* messa *f* sotto tutela

**entmutigen** [ɛnt'muːtɪɡən] <ohne ge-> *vt* scoraggiare, demoralizzare

**Entmutigung** <-, -en> *f* scoraggiamento *m,* abbattimento *m,* demoralizzazione *f*

**Entnahme** [ɛnt'naːmə] <-, -n> *f* prelevamento *m;* (*a. Blut~*) prelievo *m*

**entnehmen** <irr, ohne ge-> *vt* ❶ (*herausnehmen*) **einer Sache** *dat* **etw ~** prendere qc da qc; **jdm eine Blutprobe ~** prelevare a qu una fialetta di sangue ❷ (*folgern*) **einer Sache** *dat* **etw ~** dedurre qc da qc; **ich entnehme deinen Worten, dass ...** da quanto mi dici deduco che ...

**entpuppen** [ɛnt'pʊpən] <ohne ge-> *vr* **er/sie/es entpuppte sich als ...** si rivelò un/una ...

**entrahmen** <ohne ge-> *vt* (GASTR) scremare

**entrahmt** [ɛnt'raːmt] *adj* scremato

**enträtseln** <ohne ge-> *vt* (*Rätsel*) risolvere, spiegare; (*Schrift*) decifrare

**entrechten** [ɛnt'rɛçtən] <ohne ge-> *vt* privare dei diritti

**entreißen** <irr, ohne ge-> *vt* ❶ (*aus den Händen reißen*) **jdm etw ~** strappare qc di mano a qu ❷ (*geh: retten*) **jdn dem Tod ~** strappare qu alla morte

**entrichten** <ohne ge-> *vt* pagare, versare

**entrinnen** <irr, ohne ge-> *vi sein* (*geh*) **einer Sache** *dat* **~** sfuggire a qc

**entrollen** <ohne ge-> *vt* svolgere; (*a. fig*) spiegare

**entrosten** <ohne ge-> *vt* togliere la ruggine a

**entrückt** [ɛnt'rʏkt] *adj* (*Mensch*) assorto; (*Blick*) assente

**entrümpeln** [ɛnt'rʏmpəln] <ohne ge-> *vt* sgomberare [dal ciarpame]

**entrüsten** [ɛnt'rʏstən] <ohne ge-> I. *vt* indignare II. *vr* **sich über jdn/etw ~** sdegnarsi con qu/indignarsi per qc **entrüstet** *adj* indignato, sdegnato

**Entrüstung** <-, -en> *f* indignazione *f,* sdegno *m*

**Entsafter** [ɛnt'zaftɐ] <-s, -> *m* centrifuga *f*

**entsagen** <ohne ge-> *vi* (*geh: verzichten*) **einer Sache** *dat* **~** rinunciare a qc

**entsann** *1. u. 3. Pers. Sing. Imp. von* **entsinnen**

**entschädigen** <ohne ge-> *vt* **jdn für etw ~** risarcire qu di qc; (*gesetzlich*) indennizzare qu di qc

**Entschädigung** <-, -en> *f* (*Vorgang*) risarcimento *m,* indennizzo *m;* (*Schadenersatz*) [risarcimento *m*] danni *mpl;* (*Summe*) indennità *f;* **als ~ für** a titolo d'indennizzo per

**Entschädigungsforderung** *f* richiesta *f* di indennizzo

**entschärfen** <ohne ge-> *vt* ❶ (*Mine, Bombe*) disinnescare ❷ (*fig*) appianare

**Entscheid** [ɛnt'ʃaɪt] <-(e)s, -e> *m* decisione *f*

**entscheiden** <irr, ohne ge-> I. *vt* decidere; (JUR) giudicare; **es ist noch nichts entschieden** non c'è ancora nulla di definitivo II. *vi* **über etw** *acc* **~** decidere di qc, deliberare qc III. *vr* **sich ~** decidersi, risolversi **entscheidend** *adj* decisivo, determinante; **der ~e Augenblick** il momento cruciale; **das Entscheidende dabei ist ...** l'essenziale è che ...

**Entscheidung** <-, -en> *f* decisione *f;* (*Entschluss*) deliberazione *f,* risoluzione *f;* (JUR) **der Geschworenen**) verdetto *m;* (*des Gerichts*) sentenza *f;* **eine ~ treffen** prendere una decisione **entscheidungsfreudig** *adj* facile alle decisioni **Entscheidungsprozess** [ɛnt'ʃaɪdʊŋsprɔtsɛs] <-es, -e> *m* processo *m* decisionale

**Entscheidungsspiel** *nt* (SPORT) partita *f* decisiva, bella *f*

**entschieden** [ɛnt'ʃiːdən] *adj* ❶ (*Sache*) deciso ❷ (*Person: energisch*) energico, fermo; (*entschlossen*) risoluto, determinato ③(*Ton*) perentorio ④(*eindeutig*) netto, evidente; **das geht ~ zu weit** le cose stanno andando decisamente troppo in là **Entschiedenheit** <-> *kein Pl. f* fermezza *f*

**entschlacken** <ohne ge-> *vt* (MED) purgare

**entschlafen** <entschläft, entschlief, entschlafen> *vi sein* (*geh: sterben*) spirare

**entschließen** <irr, ohne ge-> *vr* **sich ~** decidersi; **sich ~ etw zu tun** decidersi a fare qc; **sich anders ~** cambiare idea

**Entschließung** <-, -en> *f* decisione *f*

**entschlossen** [ɛntˈʃlɔsən] *adj* fermo, energico; **kurz ~** senza esitare; **zu allem ~ sein** essere pronto a tutto **Entschlossenheit** <-> *kein Pl. f* risolutezza *f*; (*Festigkeit*) fermezza *f*

**entschlüpfen** <ohne ge-> *vi sein* ①(*entkommen*) sgattaiolare ②(*fig: Bemerkung*) sfuggire

**Entschluss** <-es, -schlüsse> *m* decisione *f*, risoluzione *f*; **einen ~ fassen** prendere una decisione

**entschlüsseln** <ohne ge-> *vt* decifrare

**Entschlüsselung** <-, -en> *f* decifrazione *f*, decifrazione *f*; (INFORM) decodificazione *f*

**Entschlusskraft** [ɛntˈʃlʊskraft] <-> *kein Pl. f* determinazione *f*, risolutezza *f*

**entschuldbar** *adj* scusabile, perdonabile

**entschuldigen** [ɛntˈʃʊldɪɡən] <ohne ge-> I. *vt* ①(*verzeihen*) scusare, perdonare; **bitte ~ Sie die Störung, aber ...** scusi il disturbo, ma ... ②(*rechtfertigen*) giustificare; **sein Verhalten ist durch nichts zu ~** il suo comportamento non è affatto giustificabile II. *vi* scusare; **~ Sie** [**bitte**]! [mi] scusi! III. *vr* **sich ~** scusarsi; **sich bei jdm wegen etw ~** scusarsi con qu di qc

**Entschuldigung** <-, -en> *f* ①(*Verzeihung*) scusa *f*, perdono *m;* **jdm um ~ bitten** chiedere scusa a qu; **ich bitte vielmals um ~** scusi tanto ②(*Rechtfertigung*) giustificazione *f*; (*Vorwand*) pretesto *m;* **als ~ für** a giustificazione di; **zu seiner ~ kann man sagen ...** a suo discarico si può dire ... ③(*~sschreiben*) lettera *f* di scuse

**entschwinden** <irr, ohne ge-> *vi sein* (*geh*) ①(*verschwinden*) scomparire, dileguarsi ②(*fig: vergehen*) sfuggire

**entseelt** [ɛntˈzeːlt] *adj* (*poet*) esanime

**entsenden** <irr, ohne ge-> *vt* (*geh*) inviare; (*Vertreter*) delegare

**entsetzen** <ohne ge-> I. *vt* (*erschrecken*) far spaventare; (*schockieren*) indignare II. *vr* **sich ~** inorridire, spaventarsi

**Entsetzen** <-s> *kein Pl. nt* spavento *m,* orrore *m;* **zu meinem größten ~ ...** con mio grande spavento ...

**entsetzlich** I. *adj* ①(*schrecklich*) spaventoso, orribile ②(*fam: unangenehm stark*) terribile II. *adv* (*fam: sehr*) terribilmente

**entsetzt** [ɛntˈzɛtst] *adj* indignato, sconvolto (*über +acc* a riguardo di); **ich bin ~!** sono indignato!

**entsichern** <ohne ge-> *vt* (*Schusswaffe*) togliere la sicura a; (*Bombe*) disinnescare

**entsinnen** <irr, ohne ge-> *vr* **sich ~** ricordarsi; **wenn ich mich recht entsinne** se ben mi ricordo

**entsorgen** <ohne ge-> *vt* (*Müll*) eliminare; (*Fabrik*) smaltire i rifiuti di

**Entsorgung** <-> *kein Pl. f* eliminazione *f*, smaltimento *m*

**entspannen** <ohne ge-> I. *vt* ①(*Lage*) distendere, appianare ②(*Körper, Muskeln*) rilasciare II. *vr* **sich ~** ①(*Mensch*) rilassarsi; (*sich ausruhen*) riposarsi ②(*Lage*) distendersi ③(*Muskeln*) rilassarsi **entspannt** *adj* ①allentato; (*a.* POL) disteso ②(MED) rilassato

**Entspannung** <-, -en> *f* ①(*von Mensch*) riposo *m,* relax *m* ②(POL) distensione *f*

**Entspannungspolitik** *f* politica *f* di distensione

**entspinnen** <entspinnt, entspann, entsponnen> *vr* **sich ~** (*beginnen*) svilupparsi; (*bes. Freundschaft*) nascere

**entsprechen** <irr, ohne ge-> *vi* ①(*übereinstimmen*) **einer Sache** *dat* **~** corrispondere a qc; **das entspricht nicht den Tatsachen** non corrisponde ai fatti ②(*erfüllen*) **einem Antrag ~** [ac]condiscendere a una richiesta; **einem Wunsch ~** esaudire un desiderio; **den Anforderungen ~** rispondere alle esigenze **entsprechend** I. *adj* (*übereinstimmend*) corrispondente; (*angemessen*) adeguato, adatto, conforme; (*gleichwertig*) equivalente II. *adv* conformemente, adeguatamente III. *prp* +*dat* (*in Übereinstimmung mit*) conformemente a; (*in Bezug auf*) in relazione a

**Entsprechung** <-, -en> *f* (*Übereinstimmung*) corrispondenza *f*; (*Analogie*) analogia *f*; (*Äquivalent*) equivalente *m*

**entspringen** <irr, ohne ge-> *vi sein* ①(*Fluss*) **aus/in** +*dat* nascere da/in ②(*fig: herrühren*) **einer Sache** *dat* **~** provenire da qc

**entstehen** <irr, ohne ge-> *vi sein* ①(*allg*) [**aus etw**] **~** nascere [*o* aver origine] [da qc] ②(*sich bilden*) formarsi; **im Entstehen begriffen** in via di formazione ③(*sich* *ergeben*) **aus etw** ~ risultare da qc, derivare da qc ④ (*verursacht werden: Feuer*) [**durch etw**] ~ svilupparsi [per qc]; (*Schaden, Krieg*) essere causato [da qc]; (*Kosten*) risultare [da qc]

**Entstehung** <-, -en> *f* ① (*das Entstehen*) nascita *f*, inizio *m* ② (*Ursprung*) origine *f* ③ (*Bildung*) formazione *f*

**entsteigen** <irr, ohne ge-> *vi sein* (*geh*) **einem Wagen** ~ scendere da un'automobile

**entsteinen** <ohne ge-> *vt* togliere il nocciolo a, snocciolare

**entstellen** <ohne ge-> *vt* ① (*verunstalten*) sfigurare, deformare ② (*fig: Tatsachen*) alterare (*Sinn*) travisare **entstellend** *adj* deturpante

**Entstellung** <-, -en> *f* ① (*von Menschen*) deformazione *f*, deturpazione *f* ② (*fig: von Sachverhalten*) travisamento *m*, alterazione *f*

**entstören** <ohne ge-> *vt* (MOT, TEC) schermare; **das Radio** ~ eliminare radiodisturbi; **das Telefon/die Leitung** ~ sopprimere l'eco

**Entstörung** <-, -en> *f* (RADIO) eliminazione *f* di radiodisturbi; (TEL) soppressione *f* d'eco; (MOT, TEC) schermatura *f*; (MOT) schermaggio *m*

**entströmen** <ohne ge-> *vi sein* (*geh*) **einer Sache** *dat* ~ (*Flüssigkeit*) sgorgare da qc; (*Gas*) fuoriuscire da qc

**enttäuschen** <ohne ge-> *vt* deludere; (*desillusionieren*) disilludere

**enttäuscht** [ɛntˈtɔɪʃt] *adj* deluso

**Enttäuschung** <-, -en> *f* delusione *f*; (*Desillusion*) disillusione *f*; **jdm eine** ~ **bereiten** deludere qu

**entthronen** <ohne ge-> *vt* (*geh*) detronizzare

**entwaffnen** [ɛntˈvafnən] <ohne ge-> *vt* (*a. fig*) disarmare; **ein ~des Lächeln** un sorriso disarmante

**entwaffnend** [ɛntˈvafnənt] *adj* (*fig*) accattivante, ammaliatore; **~er Blick** sguardo ammaliatore; **ein ~es Lächeln** un sorriso disarmante

**Entwaffnung** <-> *kein Pl. f* disarmo *m*

**entwarnen** <ohne ge-> *vi* dare il segnale di cessato allarme

**Entwarnung** <-, -en> *f* segnale *m* di cessato allarme

**entwässern** [ɛntˈvɛsən] <ohne ge-> *vt* ① (*Boden, Sumpf*) prosciugare, bonificare; (MED) drenare ② (CHEM) disidratare

**Entwässerung** <-, -en> *f* ① (*von Boden, Sumpf*) prosciugamento *m*, bonifica *f*; (MED) drenaggio *m* ② (CHEM) disidratazione *f*

**entweder** [ˈɛntveːdɐ *o* ɛntˈveːdɐ] *konj* ~ ... **oder** ... o ... o ...; ~ **oder!** (*fam*) o l'uno o l'altro!

**entweichen** <irr, ohne ge-> *vi sein* ① (*ausströmen*) [**einer Sache** *dat*] ~ fuoriuscire [da qc] ② (*fliehen*) [**aus etw**] ~ sfuggire [da qc], scappare [da qc]

**entweihen** <ohne ge-> *vt* profanare

**Entweihung** <-, -en> *f* profanazione *f*

**entwenden** <ohne ge-> *vt* (*geh*) sottrarre; (*stehlen*) rubare

**entwerfen** <irr, ohne ge-> *vt* ① (*gedanklich*) ideare, concepire, progettare ② (*schriftlich: Vertrag*) abbozzare ③ (*zeichnerisch*) schizzare

**entwerten** <ohne ge-> *vt* ① (*ungültig machen*) annullare ② (*im Wert mindern*) svalorizzare, deprezzare; (FIN) svalutare

**Entwerter** <-s, -> *m* obliteratrice *f*

**Entwertung** <-, -en> *f* ① (*von Fahrschein*) annullamento *m* ② (*fig*) svalorizzazione *f*; (FIN) svalutazione *f*

**entwickeln** <ohne ge-> **I.** *vt* ① (*allg*, FOTO, MAT, CHEM) sviluppare ② (*erfinden, erarbeiten*) realizzare; (*Plan*) concepire, elaborare ③ (*fig: Fantasie, Energie*) mostrare **II.** *vr* **sich** ~ svilupparsi; (BIOL) evolversi; **sich aus etw** ~ svilupparsi da qc; **sich zu etw** ~ diventare qc

**Entwickler** <-s, -> *m* (FOTO) rivelatore *m*, sviluppatore *m*

**Entwicklung** <-, -en> *f* ① (*allg*, FOTO, MAT, CHEM) sviluppo *m*; **noch in der** ~ in via di sviluppo ② (*Verwirklichung*) realizzazione *f* ③ (*von Plan, Projekt*) concezione *f*, elaborazione *f* ④ (BIOL) evoluzione *f*

**Entwicklungsabteilung** *f* reparto *m* di sviluppo **entwicklungsfähig** *adj* sviluppabile **Entwicklungsgeschichte** *f* [onto]genesi *f* **Entwicklungshelfer(in)** *m(f)* cooperatore, -trice *m, f* |o tecnico, -a *m*| per i paesi in via di sviluppo **Entwicklungshilfe** *f* aiuto *m* ai paesi in via di sviluppo **Entwicklungsland** *nt* paese *m* in via di sviluppo **Entwicklungsstadium** *nt* stadio *m* di sviluppo **Entwicklungsstufe** *f* stadio *m* di sviluppo

**Entwicklungszentrum** *nt* (ING) centro *m* di sviluppo

**entwirren** [ɛntˈvɪrən] <ohne ge-> *vt* (*geh a. fig*) districare

**entwischen** [ɛntˈvɪʃən] <ohne ge-> *vi sein* (*fam*) scappare, sfuggire; **aus dem Gefängnis** ~ scappare di prigione; **jdm** ~ sfuggire a qu

**entwöhnen** [ɛnt'vøːnən] <ohne ge-> vt ① (geh: abbringen) **jdn einer Sache** dat ~ disabituare qu a qc ② (Säugling) svezzare, slattare

**entwürdigend** [ɛnt'vʏrdɪgənt] adj degradante, umiliante

**Entwurf** <-(e)s, -würfe> m ① (Konzept) minuta f; (Projekt) progetto m ② (Zeichnung) disegno m; (Skizze) schizzo m

**entwurzeln** <ohne ge-> vt sradicare, estirpare

**entzerren** <ohne ge-> vt ① (FOTO) raddrizzare le linee convergenti di, restituire ② (RADIO, TEL) correggere la distorsione di ③ (fig: Verkehr) regolare; (Bild, Vorstellung) correggere, rettificare

**entziehen** <irr, ohne ge-> I. vt ① (wegnehmen) sottrarre, togliere; (Führerschein) ritirare; (Freundschaft, Hilfe) rifiutare, negare ② (CHEM) estrarre II. vr **sich einer Sache** dat ~ (geh) sottrarsi a qc, schivare qc; **das entzieht sich meiner Kenntnis** ciò sfugge alla mia conoscenza

**Entziehung** <-, -en> f ① (das Entziehen) sottrazione f; (bes. von Alkohol) divieto m di bere alcolici; (von Medikamenten, Rauschgift) disassuefazione f ② (Wegnahme) privazione f; (bes. von Führerschein) ritiro m ③ s. **Entziehungskur**

**Entziehungskur** f cura f di disassuefazione

**entziffern** [ɛnt'tsɪfɐn] <ohne ge-> vt decifrare; **nicht zu** ~ indecifrabile

**entzippen** [ɛnt'tsɪpən] <ohne ge-> vt (INFORM) unzippare

**entzücken** [ɛnt'tsʏkən] <ohne ge-> vt incantare; (begeistern) entusiasmare; **entzückt sein über** [o **von**] **etw** essere rapito da qc **Entzücken** [ɛn'tsʏkən] <-s> kein Pl. nt rapimento m, estasi f; **jdn in** [helles] ~ **versetzen** mandare qu in visibilio fam

**entzückend** adj incantevole, delizioso

**Entzug** <-(e)s> kein Pl. m ① (Führerschein~) ritiro m [della patente] ② (Alkohol~) divieto m; (Medikamenten~, Rauschgift~) disassuefazione f **Entzugserscheinung** f sintomo m di disassuefazione

**entzündbar** [ɛnt'tsʏndbaːɐ̯] adj infiammabile, infiammatorio

**entzünden** <ohne ge-> I. vt (geh: Zigarette, Feuer, Streichholz) accendere, dar fuoco a; (fig: Leidenschaft) accendere II. vr **sich** ~ ① (Feuer fangen) incendiarsi, prender fuoco; (fig) accendersi ② (MED: Hals, Wunde) infiammarsi **entzündet** adj infiammato

**entzündlich** adj ① (a. fig) infiammabile ② (MED) infiammatorio

**Entzündung** <-, -en> f (MED) infiammazione f **entzündungshemmend** [ɛnt'tsʏndʊŋshɛmənt] adj (MED) antinfiammatorio, antiflogistico; ~ **wirken** calmare il processo infiammatorio

**entzwei** [ɛnt'tsvaɪ] adv ① (in Stücke) a [o in] pezzi ② (zerbrochen) rotto ③ (zerrissen) strappato, lacerato **entzweibrechen** <irr> I. vt haben spezzare, rompere II. vi sein spezzarsi, rompersi **entzweien** <ohne ge-> I. vt separare, dividere II. vr **sich** ~ separarsi, dividersi; (sich zerstreiten) guastarsi **entzweigehen** <irr> vi sein andare in pezzi, rompersi

**Enzian** ['ɛntsiaːn] <-s, -e> m ① (BOT) genziana f ② (Branntwein) acquavite f di genziana

**Enzyklopädie** [ɛntsyklopɛ'diː] <-, -n> f enciclopedia f

**enzyklopädisch** [ɛntsyklo'pɛːdɪʃ] adj enciclopedico

**Enzym** [ɛn'tsyːm] <-(e)s, -e> nt enzima m **Epen** Pl. von **Epos**

**Epidemie** [epide'miː] <-, -n> f epidemia f

**epidemisch** [epi'deːmɪʃ] adj epidemico

**Epik** ['eːpɪk] <-> kein Pl. f (LIT) prosa f, epica f

**Epilepsie** [epilɛ'psiː] <-, -n> f epilessia f

**Epileptiker(in)** [epi'lɛptikɐ] <-s, -; -, -nen> m(f) epilettico, -a m, f

**epileptisch** adj epilettico

**Epilog** [epi'loːk] <-s, -e> m epilogo m

**episch** ['eːpɪʃ] adj epico

**Episode** [epi'zoːdə] <-, -n> f episodio m

**Epizentrum** [epi'tsɛntrʊm] nt (GEOL) epicentro m

**Epoche** [e'pɔxə] <-, -n> f epoca f **epochemachend** adj che fa epoca, d'importanza storica

**Epos** ['eːpɔs, Pl: 'eːpən] <-, **Epen**> nt (LIT) poema m epico

**Equalizer** <-s, -> m (TEC) equalizzatore m

**er** [eːɐ̯] pron pers (3. pers sing) ① (in Bezug auf Menschen, unbetont) meist nicht übersetzt, egli; (betont) lui; **da ist** ~ eccolo; ~ **ist es** è lui ② (in Bezug auf Dinge, unbetont) meist nicht übersetzt, esso; (betont) lui

**erachten** [ɛɐ̯'ʔaxtən] <ohne ge-> vt (geh) ~ **für/als** ritenere; **etw für gut** ~ giudicare conveniente qc **Erachten** <-s> kein Pl. nt **meines** ~ **s** a mio avviso

**erarbeiten** <ohne ge-> vt **sich** dat **etw** ~ fare proprio qc col proprio lavoro

**Erbanlage** ['ɛrpʔanla:gə] *f* (BIOL) carattere *m* ereditario

**erbarmen** [ɛɐ'barmən] <ohne ge-> *vr* **sich jds ~** avere pietà di qu **Erbarmen** <-s> *kein Pl. nt* pietà *f*, compassione *f*; **mit jdm ~ haben** aver pietà di qu; **zum ~ da far pietà erbarmenswert** *adj* miserevole, compassionevole, pietoso

**erbärmlich** [ɛɐ'bɛrmlɪç] I. *adj* ① (*erbarmenswert*) miserevole, misero; (*Zustand*) pietoso ② (*pej: schlecht*) scarso, cattivo, pessimo ③ (*pej: gemein*) meschino II. *adv* (*fam: sehr*) terribilmente **Erbärmlichkeit** <-> *kein Pl. f* ① stato *m* pietoso [o miserando] ② (*Ärmlichkeit*) miseria *f* ③ (*Gemeinheit*) meschinità *f*, bassezza *f*, viltà *f*

**erbarmungslos** *adj* spietato, crudele

**erbauen** <ohne ge-> I. *vt* ① (*errichten*) costruire, edificare ② (*geh: erfreuen*) allietare; **von etw nicht/wenig erbaut sein** non essere/essere poco entusiasta di qc II. *vr* **sich ~** (*geh: sich erfreuen*) rallegrarsi

**Erbauer** <-s, -> *m* costruttore *m*

**erbaulich** *adj* edificante

**Erbauung** <-, -en> *f* (*fig*) edificazione *f*

**Erbe**[1] ['ɛrbə] <-s> *kein Pl. nt* eredità *f*; **ein ~ antreten** adire un'eredità

**Erbe**[2] <-n, -n> *m* erede *m*; **jdn als ~n einsetzen** nominare qu proprio erede; *s. a.* **Erbin**

**erbeben** [ɛɐ'be:bən] <ohne ge-> *vi sein* tremare; (*fig*) fremere

**erben** ['ɛrbən] *vi, vt* ereditare

**erbetteln** <ohne ge-> *vt* ottenere [o ricevere] mendicando, accattare

**erbeuten** [ɛɐ'bɔytən] <ohne ge-> *vt* far bottino di, predare

**Erbfaktor** *m* (BIOL) fattore *m* ereditario

**Erbfehler** *m* (BIOL) tara *f* ereditaria

**Erbfeind(in)** ['ɛrpfaɪnt, *Pl*: 'ɛrpfaɪndə] <-(e)s, -e; -, -nen> *m(f)* ① (*Volk*) nemico *m* secolare ② (*Gegner*) nemico *m* giurato **Erbfolge** *f* [ordine *m* di] successione *f* **Erbgut** *nt* (BIOL) patrimonio *m* ereditario

**erbieten** <irr, ohne ge-> *vr* **sich ~ etw zu tun** (*geh*) offrirsi di fare qc

**Erbin** ['ɛrbɪn] <-, -nen> *f* erede *f*; *s. a.* **Erbe**

**erbitten** <irr, ohne ge-> *vt* **etw von jdm ~** chiedere qc a qu

**erbittert** *adj* esasperato; (*Kampf*) accanito

**Erbitterung** <-> *kein Pl. f* esasperazione *f*

**Erbkrankheit** *f* (MED) malattia *f* ereditaria

**erblassen** [ɛɐ'blasən] <ohne ge-> *vi sein* impallidire; **vor Schreck ~** impallidire per lo spavento

**Erblasser(in)** ['ɛrplasɐ] <-s, -; -, -nen> *m(f)* (JUR) testatore, -trice *m, f*

**erblich** ['ɛrplɪç] *adj* ereditario, genetico; (BIOL) trasmissibile; **~ belastet** affetto da una tara ereditaria

**erblicken** <ohne ge-> *vt* (*geh*) scorgere, vedere; (*entdecken*) scoprire

**erblinden** <ohne ge-> *vi sein* diventare cieco, perdere la vista

**Erblindung** <-, -en> *f* perdita *f* della vista; (*Blindheit*) cecità *f*

**erblühen** <ohne ge-> *vi sein* fiorire, schiudersi; (*a. fig*) sbocciare

**Erbmasse** ['ɛrpmasə] *f* ① (JUR) asse *m* ereditario ② (BIOL) genotipo *m*

**erbost** [ɛɐ'bo:st] *adj* (*geh*) adirato; **über jdn/etw ~ sein** essere adirato con qu/per qc

**erbrechen** <irr, ohne ge-> I. *vt* ① (*geh: Tür*) forzare; (*Schloss*) scassinare ② (*Mageninhalt*) vomitare II. *vi* vomitare; **bis zum Erbrechen** (*fam*) fino alla nausea

**Erbrecht** <-s, -e> *nt* (JUR) diritto *m* di successione

**erbringen** [ɛɐ'brɪŋən] <irr, ohne ge-> *vt* **für etw den Beweis ~** fornire la prova per [o di] qc

**Erbschaft** <-, -en> *f* eredità *f*, successione *f*; **eine ~ machen** avere un'eredità

**Erbschaft|s|steuer** *f* (FIN, JUR) imposta *f* di successione **Erbschleicher(in)** <-s, -; -, -nen> *m(f)* (*pej*) [pro]cacciatore, -trice *m, f* di eredità **Erbschleicherei** [ɛrpʃlaɪçə'raɪ] <-, -en> *f* caccia *f* alle eredità

**Erbschleicherin** *f s.* **Erbschleicher**

**Erbse** ['ɛrpsə] <-, -n> *f* (BOT) pisello *m*

**Erbsensuppe** *f* (GASTR) minestra *f* [o zuppa *f*] di piselli

**Erbsenzähler(in)** *m(f)* (*pej sl*) pedante *mf*

**Erbstück** <-s, -e> *nt* oggetto *m* ereditato

**Erbsünde** *f* (REL) peccato *m* originale **Erbteil** *nm* ① (JUR) parte *f* d'eredità ② (*fig*) eredità *f*

**Erdachse** ['e:ɐgtʔaksə] <-> *kein Pl. f* (GEOG) asse *m* della terra

**Erdanziehung** *f* (PHYS) gravitazione *f* terrestre

**Erdapfel** *m* (*A: Kartoffel*) patata *f*

**Erdarbeiten** *fPl.* lavori *mpl* di scavo [o di sterro]

**Erdatmosphäre** *f* (GEOG, PHYS) atmosfera *f* terrestre

**erdauern** <ohne ge-> *vt* (*CH*) esaminare a fondo

**Erdbahn** <-, -en> *f* (ASTR) orbita *f* terrestre

**Erdball** *m* globo *m* terrestre

**Erdbeben** *nt* (GEOG) terremoto *m* **Erdbebengebiet** *nt* zona *f* sismica **erdbebensicher** *adj* antisismico
**Erdbeere** *f* (BOT) fragola *f*
**Erdbeschleunigung** *f* (PHYS, ASTR) accelerazione *f* terrestre
**Erdboden** *m* suolo *m,* terra *f;* **dem ~ gleichmachen** radere al suolo; **wie vom ~ verschluckt** come inghiottito dalla terra
**Erde** ['eːɐ̯də] <-, *rar* -n> *f* ❶ (*Welt*) terra *f,* mondo *m* ❷ (*Erdboden*) terra *f,* suolo *m;* **auf die ~ fallen** cadere per [*o* a] terra; **unter der ~** sottoterra; **jdn unter die ~ bringen** (*fam*) sotterrare qu ❸ (TEC) presa *f* di terra
**erden** *vt* (TEC) collegare a terra
**Erdenbürger** <-s, -> *m* abitante *mf* della terra, mortale *mf poet*
**erdenken** <*irr,* ohne ge-> *vt* immaginare, escogitare
**erdenklich** *adj* immaginabile; **alles ~ Gute** tutto il bene possibile; **alles Erdenkliche tun** fare tutto il possibile
**Erderwärmung** *f* riscaldamento *m* del pianeta
**erdfarben** ['eːɐ̯tfarbən] *adj* color terra, terroso
**Erdgas** *nt* (CHEM) gas *m* naturale
**Erdgeschoss** *nt* pianterreno *m*
**Erdhalbkugel** *f* (GEOG) emisfero *m* terrestre
**erdichten** <ohne ge-> *vt* (*geh*) inventare
**erdig** ['eːɐ̯dɪç] *adj* terroso
**Erdinnere** <-n> *kein Pl. nt* (PHYS, GEOG) interno *m* della terra **Erdkarte** *f* (GEOG) carta *f* [geografica] della terra, planisfero *m* terrestre **Erdkugel** *f* (GEOG) sfera *f* [*o* globo *m*] terrestre **Erdkunde** *f* (GEOG) geografia *f* **Erdmagnetismus** *m* (PHYS) magnetismo *m* terrestre **Erdmittelpunkt** *m* (GEOG) centro *m* della terra
**Erdnuss** *f* arachide *f,* nocciolina *f* americana **Erdnussbutter** *f* (GASTR) burro *m* di arachidi
**Erdoberfläche** <-> *kein Pl. f* (GEOG) superficie *f* terrestre
**Erdöl** <-s> *kein Pl. nt* petrolio *m* [greggio], nafta *f*
**Erdölembargo** *nt* embargo *m* sul petrolio **Erdölindustrie** *f* industria *f* petrolifera **Erdölraffinerie** *f* raffineria *f* di petrolio **Erdölvorkommen** *nt* giacimento *m* petrolifero
**Erdreich** <-s> *kein Pl. nt* terra *f,* terreno *m*
**erdreisten** [ɛɐ̯'draɪstən] <ohne ge-> *vr* **sich ~ etw zu tun** (*geh*) avere l'ardire di fare qc

**Erdrinde** <-, -n> *f* (GEOG) crosta *f* terrestre, litosfera *f*
**erdrosseln** <ohne ge-> *vt* strangolare, strozzare
**erdrücken** <ohne ge-> *vt* schiacciare; **~ de Beweise** prove schiaccianti
**Erdrutsch** ['eːɐ̯truʧ] *m* frana *f,* smottamento *m* **erdrutschartig** *adj* ❶ (*wie ein Erdrutsch*) come una frana ❷ (*Sieg*) schiacciante; (*Verlust*) immenso **Erdrutschsieg** *m* (POL) vittoria *f* indiscussa
**Erdscholle** *f* zolla *f* [di terra]
**Erdstoß** *m* scossa *f* tellurica
**Erdteil** *m* continente *m*
**erdulden** <ohne ge-> *vt* subire, patire; (*aushalten*) sopportare
**Erdumdrehung** *f* rotazione *f* della terra **Erdumkreisung** *f* volo *m* orbitale **Erdumlaufbahn** *f* orbita *f* terrestre **Erdumseg[e]lung** *f* circumnavigazione *f* della terra
**Erdung** ['eːɐ̯dʊŋ] <-, -en> *f* (TEC) presa *f* di terra
**Erdwärme** ['eːɐ̯tvɛrmə] <-> *kein Pl. f* geotermia *f,* energia *f* geotermica
**E-Reader** ['iːriːdɐ] <-s, -> *m* (INFORM) e-book reader *m*
**ereifern** [ɛɐ̯'ʔaɪfɐn] <ohne ge-> *vr* **sich ~** infervorarsi, accalorarsi
**ereignen** [ɛɐ̯'ʔaɪɡnən] <ohne ge-> *vr* **sich ~** avvenire, accadere
**Ereignis** <-ses, -se> *nt* avvenimento *m,* evento *m;* **ein freudiges ~** un lieto evento **ereignislos** [ɛɐ̯'ʔaɪɡnɪsloːs] *adj* senza avvenimenti; **ein ~er Tag** una giornata monotona **ereignisreich** *adj* ricco di avvenimenti; (*bewegt*) movimentato
**Erektion** [erɛk'tsi̯oːn] <-, -en> *f* erezione *f*
**Eremit** [ere'miːt] <-en, -en> *m* (REL) eremita *m*
**erfahren** <*irr,* ohne ge-> I. *vt* ❶ (*hören*) venire a sapere, apprendere; **von einer Sache** *dat* **~** apprendere qc, [venire a] sapere di qc ❷ (*geh: erleben*) provare, fare l'esperienza di; (*erleiden*) subire, patire II. *adj* (*bewandert*) esperto, versato; (*geübt*) pratico
**Erfahrung** <-, -en> *f* esperienza *f;* (*praktische ~*) pratica *f;* **~ haben** essere pratico; **etw in ~ bringen** venire a sapere qc; **aus [eigener] ~** per esperienza [personale]
**Erfahrungsaustausch** [ɛɐ̯'faːrʊŋsaʊstaʊʃ] <-(e)s> *kein Pl. m* scambio *m* di esperienze **erfahrungsgemäß** *adv* per esperienza
**erfassen** <ohne ge-> *vt* ❶ (*mit Händen*) prendere, afferrare; (*mitreißen*) travolgere;

**von einem Lastwagen erfasst werden** essere investito da un camion ❷ *(Angst)* cogliere, prendere ❸ *(verstehen)* capire, comprendere ❹ *(registrieren)* registrare, rilevare ❺ [INFORM] rilevare ❻ *(berücksichtigen)* considerare; *(einbeziehen)* includere, comprendere

**Erfassung** <-> *kein Pl. f* registrazione *f; (a. Daten~)* rilevamento *m*

**erfinden** <irr, ohne ge-> *vt* inventare; **frei erfunden** inventato di sana pianta

**Erfinder(in)** <-s, -> *m(f)* inventore, -trice *m, f*

**erfinderisch** *adj* inventivo; *(findig)* ingegnoso

**Erfindung** <-, -en> *f* invenzione *f;* **eine ~ machen** inventare qc **Erfindungsgabe** *f* inventiva *f*

**Erfolg** [ɛɐˈfɔlk] <-(e)s, -e> *m* successo *m; (Ergebnis)* esito *m; (Folge, Wirkung)* conseguenza *f,* effetto *m;* **ein voller ~** un successo pieno; **von ~ gekrönt sein** essere coronato dal successo; **mit dem ~, dass ...** con il risultato che ...; **sie hat ~ bei Männern** ha successo con gli uomini; **viel ~!** buona fortuna!

**erfolgen** <ohne ge-> *vi sein (geschehen)* avvenire, succedere; *(stattfinden)* aver luogo; *(Zahlung)* essere effettuato, effettuarsi

**erfolglos I.** *adj* infruttuoso; *(nutzlos)* inutile **II.** *adv* senza successo **Erfolglosigkeit** <-> *kein Pl. f* insuccesso *m,* inutilità *f*

**erfolgreich I.** *adj (Mensch)* di successo; *(Versuch)* fortunato; *(Unternehmen)* coronato di successo **II.** *adv*

**Erfolgsaussichten** *fPl.* possibilità *fpl* di successo **Erfolgsautor(in)** *m(f)* autore, -trice *m, f* di successo **Erfolgsdenken** *nt* logica *f* [*o* pensiero *m*] vincente **Erfolgserlebnis** *nt* esperienza *f* gratificante **Erfolgskontrolle** *f* verifica *f* **Erfolgsmeldung** *f* annuncio *m* di un successo **Erfolgsrezept** *nt* ricetta *f* per avere successo

**erfolgversprechend** *adj* promettente, che promette bene

**erforderlich** [ɛɐˈfɔrdəlɪç] *adj* occorrente, necessario; **soweit ~** in caso di bisogno, se necessario

**erfordern** <ohne ge-> *vt* esigere, richiedere

**Erfordernis** <-ses, -se> *nt* esigenza *f,* necessità *f; (Voraussetzung)* requisito *m*

**erforschen** <ohne ge-> *vt* ricercare, studiare; *(Land)* esplorare; *(Meinung, Geheimnis)* sondare

**Erforschung** <-, -en> *f* indagine *f,* ricerca *f; (von Land)* esplorazione *f; (von Meinung)* sondaggio *m*

**erfragen** <ohne ge-> *vt* informarsi di [*o* su]; **zu ~ bei** per informazioni rivolgersi a

**erfreuen** <ohne ge-> **I.** *vt* rallegrare, far piacere a; **ich bin darüber sehr erfreut** me ne rallegro molto; **sehr erfreut!** piacere! **II.** *vr* ❶ *(sich freuen)* **sich an etw** *dat* **~** rallegrarsi di qc ❷ *(geh: genießen)* **sich guter Gesundheit ~** godere di buona salute

**erfreulich** *adj* lieto; *(angenehm)* gradito, piacevole; **es ist ~ zu** +*inf* fa piacere +*inf*

**erfreulicherweise** *adv* fortunatamente

**erfrieren** <irr, ohne ge-> *vi sein* ❶ *(Mensch, Tier)* morire assiderato ❷ *(Körperteil)* congelarsi ❸ *(Pflanze)* gelare

**Erfrierung** [ɛɐˈfriːrʊŋ] <-, -en> *f* congelamento *m,* assideramento *m*

**erfrischen** <ohne ge-> **I.** *vt* rinfrescare; *(beleben)* ristorare, ricreare **II.** *vr* **sich ~** rinfrescarsi; *(sich erholen)* ristorarsi **erfrischend** *adj* rinfrescante; *(fig)* vivificante

**Erfrischung** <-, -en> *f* ❶ *(das Erfrischen)* rinfrescata *f* ❷ *(Speise, Getränk)* rinfresco *m* **Erfrischungsgetränk** *nt* bibita *f* **Erfrischungsraum** *m* buvette *f,* bar *m*

**erfüllen** <ohne ge-> **I.** *vt* ❶ *(aus-, anfüllen)* riempire, colmare; **die Blumen ~ das Zimmer mit Duft** i fiori riempiono di profumo la stanza ❷ *(Pflicht, Aufgabe)* adempiere; *(Versprechen)* mantenere; *(Wunsch, Bitte)* esaudire; *(Zweck)* raggiungere; *(Bedingung, Voraussetzung)* soddisfare **II.** *vr* **sich ~** *(Wunsch, Hoffnung)* adempiersi, avverarsi

**Erfüllung** <-, -en> *f (von Aufgabe, Pflicht)* adempimento *m; (von Wunsch, Hoffnung)* appagamento *m,* realizzazione *f; (von Versprechen)* mantenimento *m;* **in ~ gehen** avverarsi, realizzarsi

**ergänzen** [ɛɐˈgɛntsən] <ohne ge-> **I.** *vt* completare, integrare **II.** *vr* **sich** [*o* **einander**] **~** completarsi

**Ergänzung** <-, -en> *f* ❶ *(Vervollständigung)* completamento *m* ❷ [LING] complemento *m* ❸ *(Buch)* supplemento *m*

**Ergänzungs-** *(in Zusammensetzungen)* complementare, supplementare, integrativo, aggiuntivo

**Ergänzungsstudie** *f* studio *m* integrativo

**ergattern** [ɛɐˈgatɐn] <ohne ge-> *vt (fam)* pescare

**ergeben**¹ <irr, ohne ge-> I. *vt* produrre, generare; (*einbringen*) rendere, fruttare; (MAT) dare come risultato; **die Umfrage hat ~, dass ...** il sondaggio ha rivelato che ... II. *vr* **sich ~** ① (MIL: *kapitulieren*) arrendersi; (*a. fig*) capitolare; **sich in etw** *acc* **~** rassegnarsi a qc ② (*hingeben*) **sich einer Sache** *dat* **~** abbandonarsi a qc, cedere a qc ③ (*folgen*) **sich aus etw ~** risultare da qc, derivare da qc; **daraus ergibt sich, dass ...** ne [con]segue che ...

**ergeben**² *adj* (*demütig*) devoto; (*unterwürfig*) sottomesso, umile; **jdm treu ~ sein** essere fedelmente devoto a qu *poet*

**Ergebenheit** <-> *kein Pl. f* ① (*Hingabe*) devozione *f*, attaccamento *m* ② (*Gefasstheit*) rassegnazione *f*

**Ergebnis** [ɛɐ'ge:pnɪs] <-ses, -se> *nt* risultato *m*; (*Ausgang*) esito *m*; (*Folge*) conseguenza *f*; **zu keinem ~ führen** non portare ad alcun risultato **ergebnislos** *adj* senza risultato, infruttuoso **ergebnisorientiert** *adj* finalizzato al risultato

**ergehen** <irr, ohne ge-> I. *vi sein* ① (*geh: geschickt werden*) essere inviato; (*erlassen werden*) essere diramato; (*bekanntgegeben werden*) essere pubblicato ② (*widerfahren*) passarsela *fam*; **etw über sich ~ lassen** sopportare qc [pazientemente]; **mir ist es genauso ergangen** mi è successa la stessa cosa; **wie ist es dir ergangen?** come ti è andata? *fam* II. *vr* **sich in etw** *dat* **~** diffondersi in qc, abbandonarsi a qc

**ergiebig** [ɛɐ'gi:bɪç] *adj* fertile, produttivo; (*ertragreich*) abbondante, copioso; (*Thema*) vasto; (*einträglich*) redditizio; (*bes. Geschäft*) lucroso

**ergießen** <irr, ohne ge-> *vr* **sich über jdn ~** (*a. fig*) [ri]versarsi su qu; **der Fluss ergießt sich ins Meer** il fiume sfocia nel mare

**erglühen** <ohne ge-> *vi sein* (*geh fig*) ardere (*vor* di), accendersi (*vor* di), infiammarsi (*vor* di); **vor Zorn ~** accendersi d'ira

**Ergonomie** [ɛrɡonoˈmi:] <-> *kein Pl. f* ergonomia *f*

**ergonomisch** [ɛrɡoˈno:mɪʃ] *adj* ergonomico

**ergrauen** [ɛɐˈɡrauən] <ohne ge-> *vi sein* incanutire

**ergreifen** <irr, ohne ge-> *vt* ① (*fassen*) afferrare; (*fig: Wort, Initiative, Maßnahme, Flucht*) prendere; **die Gelegenheit ~** cogliere l'occasione ② (*festnehmen*) arrestare, catturare ③ (*fig: rühren*) toccare, commuovere; (*erschüttern*) scuotere **ergreifend** *adj* commovente, toccante

**Ergreifung** <-, *rar* -en> *f* (*Festnahme*) cattura *f*

**ergriffen** [ɛɐˈɡrɪfən] *adj* (*gerührt*) commosso; (*erschüttert*) sconvolto **Ergriffenheit** <-> *kein Pl. f* commozione *f*, emozione *f*

**ergründen** <ohne ge-> *vt* sondare, cercare di penetrare

**Erguss** [ɛɐˈɡʊs, *Pl:* ɛɐˈɡʏsə] <-es, Ergüsse> *m* ① (MED) versamento *m*; (*Blut-*) travaso *m* ② (*Samen-*) eiaculazione *f* ③ (*fig pej: Gefühls-*) effusione *f*, sfogo *m*; (*Wortschwall*) flusso *m*, fiume *m*

**erhaben** [ɛɐˈhaːbən] *adj* ① (*erhöht*) rialzato, saliente ② (*feierlich*) sublime ③ (*überlegen*) superiore; **über jeden Verdacht ~ sein** essere al di sopra di ogni sospetto **Erhabenheit** <-> *kein Pl. f* ① (*Überlegenheit*) superiorità *f* ② (*Feierlichkeit*) sublimità *f*

**erhalten** <irr, ohne ge-> *vt* ① (*bekommen*) ricevere; (*durch Bemühungen*) ottenere; (*Tadel, Strafe*) ricevere; (*Eindruck*) avere ② (*bewahren*) conservare; (*aufrechterhalten*) mantenere; **gut/schlecht ~ sein** essere in buono/cattivo stato [di conservazione]

**erhältlich** [ɛɐˈhɛltlɪç] *adj* in vendita

**Erhaltung** <-> *kein Pl. f* ① (*Bewahrung*) conservazione *f* ② (*Versorgung*) mantenimento *m*

**erhängen** <ohne ge-> I. *vt* impiccare II. *vr* **sich ~** impiccarsi

**erhärten** <ohne ge-> I. *vt* ① (*Material*) indurire, solidificare ② (*fig: Verdacht*) convalidare, rafforzare II. *vr* **sich ~** ① (*hart werden*) indurirsi ② (*fig*) convalidare, rafforzare

**erheben** <irr, ohne ge-> I. *vt* ① (*Augen, Arm, Glas*) alzare, levare; **die Stimme ~** alzare la voce ② (FIN: *Gebühr, Steuern*) riscuotere; (*Betrag*) esigere ③ (*südd, A: behördlich feststellen*) stimare ④ (*Anspruch, Klage*) sporgere II. *vr* **sich ~** ① (*aufstehen*) alzarsi; (*a. emporragen*) levarsi ② (*geh: aufkommen*) nascere, sorgere; (*Wind*) alzarsi ③ (*sich empören*) insorgere, sollevarsi **erhebend** *adj* edificante

**erheblich** [ɛɐˈheːplɪç] *adj* rilevante, considerevole; (*bedeutend*) importante

**Erhebung** <-, -en> *f* ① (*Boden-*) elevazione *f* ② (*Umfrage*) rilevamento *m*, indagine *f* ③ (FIN: *von Abgaben*) riscossione *f* ④ (*Aufstand*) insurrezione *f*, sommossa *f*

**erheitern** [ɛɐˈhaɪtɐn] <ohne ge-> I. *vt* rallegrare, rasserenare II. *vr* **sich ~** (*geh*) rasserenarsi **erheiternd** *adj* divertente

**erhellen** <ohne ge-> I. *vt* ❶ (*durch Licht*) illuminare ❷ (*fig: erläutern*) chiarire II. *vr* **sich ~** ❶ (*Himmel*) rischiararsi ❷ (*Gesicht*) illuminarsi

**erhitzen** [ɛɐˈhɪtsən] <ohne ge-> I. *vt* ❶ (*Speisen*) riscaldare ❷ (*fig: erregen*) eccitare; **diese Frage erhitzt die Gemüter** questo problema dà luogo a discussioni eccitate II. *vr* **sich ~** ❶ (*heiß werden*) riscaldarsi ❷ (*fig: sich erregen*) eccitarsi

**erhoffen** <ohne ge-> *vt* sperare in, aspettarsi

**erhöhen** [ɛɐˈhøːən] <ohne ge-> I. *vt* ❶ (*höher machen*) [ri]alzare ❷ (*steigern, vermehren*) aumentare; **der Preis ist um/auf einen Euro erhöht worden** il prezzo è salito di/a un euro ❸ (MUS) aumentare II. *vr* **sich ~** aumentare, salire

**erhöht** [ɛɐˈhøːt] *adj* (*Wert, Blutdruck*) aumentato

**Erhöhung** <-, -en> *f* ❶ (*das Höherlegen*) elevazione *f*; (ARCH) rialzamento *m* ❷ (*Vermehrung*) rialzo *m*, aumento *m* **Erhöhungszeichen** *nt* (MUS) diesis *m*

**erholen** <ohne ge-> *vr* **sich ~** ❶ (*überwinden*) **sich von etw ~** (*von Krankheit*) ristabilirsi da qc, rimettersi da qc; (*von Schreck, Überraschung*) riaversi da qc ❷ (*sich ausruhen*) riposarsi; (*sich entspannen*) distendersi, rilassarsi ❸ (*fig: Preise, Markt*) riprendersi; (*Kurse*) recuperare, migliorare; (*Börse*) essere in ripresa

**erholsam** [ɛɐˈhoːlzaːm] *adj* riposante

**Erholung** <-> *kein Pl.* *f* ❶ (*von Krankheit*) ristabilimento *m* ❷ (*Ruhe*) riposo *m*

**Erholungsaufenthalt** *m* soggiorno *m* di riposo **erholungsbedürftig** *adj* bisognoso di riposo **Erholungsgebiet** *nt* luogo *m* di villeggiatura **Erholungsheim** *nt* casa *f* di riposo **Erholungsurlaub** [ɛɐˈhoːlʊŋsʔuːɐlaʊp, *Pl:* ɛɐˈhoːlʊŋsʔuːɐlaʊbə] <-(e)s, -e> *m* vacanza *f* rilassante [o di riposo] **Erholungswert** <-(e)s> *kein Pl.* *m* (ECO) effetto *m* rilassante

**erhören** <ohne ge-> *vt* (*geh*) esaudire

**erigiert** [eriˈɡiːɐt] *adj* eretto

**erinnern** [ɛɐˈʔɪnɐn] <ohne ge-> I. *vt* ricordare; **jdn daran ~ etw zu tun** ricordare a qu di fare qc; **jdn an ein Versprechen ~** ricordare a qu [di] una promessa II. *vr* **sich an etw** *acc* **~** ricordarsi [di] qc; **sich nur noch dunkel ~** ricordarsi solo vagamente; **wenn ich mich recht erinnere, heißt er Frank** se ricordo bene, si chiama Franco III. *vi* **an etw** *acc* **~** ricordare qc

**Erinnerung** <-, -en> *f* ❶ (*Gedächtnis*) memoria *f*; **etw in guter/schlechter ~ haben** avere un buon/brutto ricordo di qc ❷ (*Zurückdenken*) ricordo *m*; **die ~ an jdn/etw** il ricordo di qu/qc ❸ (*Andenken*) ricordo *m*; **zur ~ an** +*acc* in memoria di *poet*

**Erinnerungskultur** *f* cultura *f* del ricordo

**erkälten** [ɛɐˈkɛltən] <ohne ge-> *vr* **sich ~** raffreddarsi, prendere un raffreddore

**erkalten** <ohne ge-> *vi sein* raffreddarsi; **ihre Gefühle für ihn sind erkaltet** i suoi sentimenti per lui si sono raffreddati

**erkältet** [ɛɐˈkɛltət] *adj* raffreddato

**Erkältung** <-, -en> *f* raffreddore *m*; **eine ~ bekommen** raffreddarsi

**erkämpfen** <ohne ge-> *vt* ottenere combattendo; (*a. fig*) conquistare; (*Sieg*) riportare

**erkennbar** *adj* riconoscibile; (*wahrnehmbar*) percettibile; (*mit bloßem Auge*) discernibile, distinguibile; **ohne ~en Grund** senza ragione apparente

**erkennen** <irr, ohne ge-> I. *vt* ❶ (*wahrnehmen*) distinguere ❷ (*identifizieren*) riconoscere; **jdn/etw an etw** *dat* **~** riconoscere qu/qc da qc; **sich zu ~ geben** farsi [ri]conoscere; **nicht wieder zu ~ sein** essere irriconoscibile ❸ (*erfassen*) comprendere; **jdm zu ~ geben, dass ...** fare capire a qu che ... ❹ (*einsehen*) riconoscere II. *vi* **~ auf** +*acc* (JUR) emettere la sentenza di

**erkenntlich** [ɛɐˈkɛntlɪç] *adj* **sich ~ zeigen** mostrarsi riconoscente

**Erkenntnis** <-, -se> *f* ❶ (*Erkennen*) conoscenza *f* ❷ (*Einsicht*) riconoscimento *m* ❸ (*Kenntnis*) cognizione *f*, nozione *f*

**Erkennungsdienst** *m* [polizia *f*] scientifica *f* **erkennungsdienstlich** *adj* **~e Erfassung** sistema di riconoscimento **Erkennungsmarke** *f* (MIL) distintivo *m*, contrassegno *m*, marchio *m* di riconoscimento **Erkennungszeichen** *nt* [contras]segno *m* di riconoscimento

**Erker** [ˈɛrkɐ] <-s, -> *m* (ARCH) balconcino *m*

**erklärbar** [ɛɐˈklɛːɐ̯baːɐ̯] *adj* spiegabile

**erklären** <ohne ge-> I. *vt* ❶ (*erläutern*) spiegare; (*deuten*) interpretare ❷ (*begründen*) provare, motivare ❸ (*aussagen*) dichiarare; (*verkünden a*) proclamare; **jdm den Krieg ~** dichiarare guerra a qu; **etw für ungültig ~** dichiarare nullo qc, annullare qc II. *vr* **sich ~** ❶ (*begründen*) spie-

erklärlich → erleiden

garsi (*sich aussprechen*) dichiararsi; **sich für/gegen etw ~** pronunciarsi a favore di/contro qc; **sich bereit ~ zu ...** dichiararsi pronto a ...
**erklärlich** *adj* (*erklärbar*) spiegabile (*verständlich*) comprensibile **erklärt** *adj* dichiarato, esplicito
**Erklärung** <-, -en> *f* (*das Erklären*) spiegazione *f* (*Erläuterung*) commento *m*, illustrazione *f* (*Bekanntgabe*) dichiarazione *f*; (*Verkündung a*) proclamazione *f*; **eine ~ abgeben** fare una dichiarazione
**erklimmen** [ɛɛˈklɪmən] <erklimmt, erklomm, erklommen> *vt* (*geh*) scalare, risalire
**erklingen** <irr, ohne ge-> *vi sein* [ri]sonare
**erklomm** [ɛɛˈklɔm] *1. u. 3. Pers. Sing. Imp. von* **erklimmen**
**erklommen** [ɛɛˈklɔmən] *PP von* **erklimmen**
**erkranken** <ohne ge-> *vi sein* ammalarsi; **an etw** *dat* **~** ammalarsi di qc
**Erkrankung** <-, -en> *f* malattia *f*
**erkunden** [ɛɛˈkʊndən] <ohne ge-> *vt* (*Gelände*) esplorare; (*Lage*) sondare
**erkundigen** [ɛɛˈkʊndɪgən] <ohne ge-> *vr* **sich ~** informarsi; **sich nach jdm/etw ~** informarsi su [*o* di] qu/qc
**Erkundigung** <-, -en> *f* informazione *f* (*über* +*acc* su, sul conto di); **~en einziehen** prendere [*o* assumere] informazioni
**Erkundung** <-, -en> *f* esplorazione *f*
**Erlagschein** [ɛɛˈlaːkʃaɪn] <-(e)s, -e> *m* (*A: Zahlkarte*) modulo *m* di versamento
**erlahmen** <ohne ge-> *vi sein* (*Körper*) stancarsi (*fig: Eifer, Interesse*) venir meno, cessare, raffreddarsi
**erlangen** [ɛɛˈlaŋən] <ohne ge-> *vt* (*erreichen*) raggiungere; (*durch Bemühungen*) ottenere; (*Ruhm, Bedeutung*) acquisire
**Erlass** [ɛɛˈlas] <-es, -e> *m* (*Verfügung*) emanazione *f*; (POL) decreto *m*, ordinanza *f* (*Straf-, Schulden~*) condono *m*, remissione *f*
**erlassen** <irr, ohne ge-> *vt* (*verordnen*) emanare (*befreien von*) **jdm etw ~** (*Gebühren, Steuer, Zoll*) esonerare qu da qc; (*Strafe, Schuld*) condonare qc a qu, rimettere qc a qu
**erlauben** [ɛɛˈlaʊbən] <ohne ge-> I. *vt* permettere; **~ Sie [bitte]!** scusi!; **~ Sie, dass ich rauche/mich vorstelle?** posso fumare/presentarmi?, permette che fumi/mi presenti? II. *vr* **sich** *dat* **~ etw zu tun** permettersi di fare

qc; **was erlaubst du dir [eigentlich]?** come ti permetti?
**Erlaubnis** <-, *rar* -se> *f* permesso *m;* [jdn] **um ~ bitten etw zu tun** chiedere il permesso [a qu] di fare qc
**erläutern** [ɛɛˈlɔɪtɐn] <ohne ge-> *vt* spiegare; (*Text*) interpretare, commentare
**Erläuterung** <-, -en> *f* spiegazione *f;* (*Kommentar*) commento *m*, interpretazione *f*
**Erle** [ˈɛɐlə] <-, -n> *f* (BOT) ontano *m*
**erleben** <ohne ge-> *vt* (*durchmachen*) vivere, vedere, sentire; (*erfahren*) fare l'esperienza di, provare; **der kann was ~!** (*fam*) se la vedrà brutta! (*kennen lernen, dabei sein*) vedere, conoscere; **so [zärtlich] habe ich dich noch nie erlebt** così [tenero] non sei mai stato; **er hat schon viel erlebt** ne ha già viste di tutti i colori *fam;* **hat man so was schon erlebt?** (*fam*) si è mai vista una cosa simile? (*noch lebend erreichen*) vivere fino a; **das möchte ich noch ~** non voglio morire senza averlo visto
**Erlebnis** <-ses, -se> *nt* evento *m;* (*Erfahrung*) esperienza *f;* (*aufregendes ~*) avventura *f* **Erlebnisbad** *nt* acquapark *m* **Erlebnispark** *m* parco *m* dei divertimenti **Erlebnistourismus** *m* turismo *m* d'avventura
**erledigen** [ɛɛˈleːdɪgən] <ohne ge-> I. *vt* (*Arbeit*) compiere, sbrigare; (*Auftrag*) eseguire; (*Angelegenheit*) regolare, risolvere; **ich muss noch etwas in der Stadt ~** devo ancora sbrigare qualcosa in centro (*fam: ermüden*) sfinire, spossare; **ich bin vollkommen erledigt** sono completamente distrutto (*sl: ruinieren*) rovinare (*sl: umbringen*) togliere di mezzo II. *vr* **sich** [**von selbst**] **~** risolversi [da solo]
**erledigt** [ɛɛˈleːdɪçt] *adj* (*fam*) sfinito; **ich bin völlig ~** sono completamente sfinito [*o* distrutto]
**Erledigung** <-, -en> *f* *Sing.* (*Durchführung*) compimento *m*, esecuzione *f* (*Besorgung*) disbrigo *m*
**erlegen** [ɛɛˈleːgən] <ohne ge-> *vt* (*geh: Wild*) abbattere (*bes. A: Geldbetrag*) pagare
**erleichtern** [ɛɛˈlaɪçtɐn] <ohne ge-> *vt* facilitare, agevolare; (*Gewissen*) sgravare; **jdn um etw ~** (*fam scherz*) alleggerire qu di qc; **erleichtert sein** essere sollevato
**Erleichterung** <-, -en> *f* (*das Erleichtern*) facilitazione *f*, agevolazione *f* (*Gefühl der ~*) sollievo *m*
**erleiden** <irr, ohne ge-> *vt* (*Schmer-*

*zen*) patire, sopportare ❷ (*fig: Niederlage, Verlust*) subire
**erlernen** <ohne ge-> *vt* (*Sprache, Handwerk*) imparare, apprendere
**erlesen** *adj* (*Wein, Geschmack*) squisito
**erleuchten** <ohne ge-> *vt* (*a. fig*) illuminare
**Erleuchtung** <-, -en> *f* (*a. fig*) illuminazione *f*; **eine plötzliche ~ haben** avere un lampo di genio *fam*
**erliegen** <irr, ohne ge-> *vi sein* (*einem Irrtum ~*) cadere in errore; **einer Versuchung ~** cedere alla tentazione, cadere in tentazione; **er ist seinen Verletzungen erlegen** è morto per le ferite riportate
**erlischt** [ɛɐˈlɪʃt] *3. Pers. Sing. Präs. von* **erlöschen**
**Erlös** [ɛɐˈløːs] <-es, -e> *m* ricavato *m*
**erlöschen** <erlischt, erlosch, erloschen> *vi sein* ❶ (*Feuer, Gefühle*) spegnersi ❷ (*Mandat, Visum, Pass*) scadere
**erlösen** <ohne ge-> *vt* **jdn [aus** [*o* **von] etw] ~** liberare qu [da qc]; (REL) redimere qu [da qc]
**Erlöser** [ɛɐˈløːzɐ] <-s, -> *m* ❶ (*Retter*) salvatore, -trice *m, f* ❷ (REL) Redentore *m*, Salvatore *m*
**Erlösung** <-, -en> *f* (*Befreiung*) liberazione *f*; (REL) redenzione *f*
**ermächtigen** [ɛɐˈmɛçtɪɡən] <ohne ge-> *vt* **jdn zu etw ~** autorizzare qu a fare qc; (JUR) delegare qc a qu
**Ermächtigung** <-, -en> *f* autorizzazione *f*; (JUR) delega *f*
**ermahnen** <ohne ge-> *vt* ❶ (*anhalten*) esortare, incitare; **jdn zu etw ~** esortare qu a [fare] qc ❷ (*zurechtweisen*) ammonire
**Ermahnung** <-, -en> *f* ❶ (*Aufforderung*) esortazione *f* ❷ (*Zurechtweisung, Rüge*) ammonimento *m*
**Ermangelung** *f* **in ~** (*geh*) in mancanza (*gen* di)
**ermäßigen** [ɛɐˈmɛːsɪɡən] <ohne ge-> *vt* ribassare, diminuire, ridurre
**Ermäßigung** <-, -en> *f* diminuzione *f*, riduzione *f*; (*Preisnachlass*) sconto *m*
**ermatten** [ɛɐˈmatən] <ohne ge-> (*geh*) I. *vt haben* stancare, affaticare; (*erschöpfen*) spossare II. *vi sein* stancarsi, affaticarsi
**ermattet** [ɛɐˈmatət] *adj* affaticato, spossato
**ermessen** <irr, ohne ge-> *vt* (*abschätzen*) misurare, valutare; (*erfassen*) comprendere **Ermessen** <-s> *kein Pl. nt* **nach jds ~** a giudizio di qu; **nach meinem ~** secondo me **Ermessensfrage** *f* questione *f* giudicabile a discrezione
**ermitteln** [ɛɐˈmɪtəln] <ohne ge-> I. *vt* ❶ (*erforschen*) ricercare, indagare ❷ (*herausfinden*) rintracciare, scoprire ❸ (*feststellen*) determinare, rilevare II. *vi* (JUR) **gegen jdn ~** indagare su qu
**Ermittlung** <-, -en> *f* ❶ (*Nachforschung*) ricerca *f*, indagine *f* ❷ (*polizeiliche ~*) rilevamento *m*
**Ermittlungsdienst** *m* servizio *m* investigativo **Ermittlungsverfahren** *nt* (JUR) istruttoria *f*
**ermöglichen** [ɛɐˈmøːklɪçən] <ohne ge-> *vt* rendere possibile; **jdm ~ etw zu tun** permettere a qu di fare qc
**ermorden** <ohne ge-> *vt* assassinare, uccidere
**Ermordung** <-, -en> *f* assassinio *m*
**ermüden** [ɛɐˈmyːdən] <ohne ge-> I. *vt* stancare, affaticare II. *vi sein* stancarsi, affaticarsi **ermüdend** *adj* faticoso; (*a. fig*) stancante
**Ermüdung** <-, *rar* -en> *f* stanchezza *f*; (*Erschöpfung*) affaticamento *m* **Ermüdungserscheinung** *f* sintomo *m* di stanchezza
**ermuntern** [ɛɐˈmʊntɐn] <ohne ge-> *vt* ❶ (*aufmuntern*) rallegrare ❷ (*auffordern*) **jdn zu etw ~** esortare qu a qc; (*ermutigen*) incoraggiare qu a qc
**ermutigen** [ɛɐˈmuːtɪɡən] <ohne ge-> *vt* incoraggiare; **jdn zu etw ~** incoraggiare qu a qc
**Ermutigung** <-, -en> *f* incoraggiamento *m*; **das dient zur ~** questo serve da incoraggiamento
**ernähren** <ohne ge-> I. *vt* ❶ (*mit Nahrung*) alimentare ❷ (*Familie*) mantenere, sostentare II. *vr* **sich ~** nutrirsi; **sich von etw ~** nutrirsi di qc
**Ernährer(in)** <-s, -; -, -nen> *m(f)* sostegno *m* [della famiglia]
**Ernährung** <-> *kein Pl. f* ❶ (*Nahrung*) alimentazione *f*; **falsche ~** malnutrizione *f* ❷ (*Versorgung*) mantenimento *m*, sostentamento *m* **Ernährungswissenschaft** *f* scienza *f* dell'alimentazione **Ernährungswissenschaftler(in)** *m(f)* alimentarista *mf*
**ernennen** <irr, ohne ge-> *vt* nominare; (*bes. Beamte*) designare
**Ernennung** <-, -en> *f* nomina *f*; (*bes. von Beamten*) designazione *f*
**erneuerbar** [ɛɐˈnɔɪɐbaːɐ̯] *adj* rinnovabile; **~e Energiequellen** fonti di energia rinnovabili **Erneuerbare-Energien-Gesetz** *nt* legge tedesca sulle energie rinnovabili
**erneuern** [ɛɐˈnɔɪɐn] <ohne ge-> *vt*

## Erneuerung → erregt

❶ (*Vertrag*) rinnovare ❷ (*auswechseln*) cambiare, sostituire ❸ (*wiederherstellen*) riparare, riaggiustare; (*Farbe*) rinfrescare

**Erneuerung** <-, -en> *f* rinnovo *m*, rinnovamento *m*

**erneut** [ɛɐ̯'nɔɪt] I. *adj* rinnovato, nuovo; (*wiederholt*) ripetuto II. *adv* di nuovo

**erniedrigen** [ɛɐ̯'niːdrɪɡən] <ohne ge-> I. *vt* ❶ (*demütigen*) umiliare ❷ (*Preise*) abbassare ❸ (MUS) abbassare II. *vr* **sich ~** umiliarsi, abbassarsi

**Erniedrigung** <-, -en> *f* umiliazione *f*, avvilimento *m* **Erniedrigungszeichen** *nt* (MUS) bemolle *m*

**ernst** [ɛrnst] *adj* ❶ (*Mensch*) serio; (*Absicht*) fermo; **es ~ meinen** fare sul serio; **jdn/etw ~ nehmen** prendere qu/qc sul serio ❷ (*Lage, Krankheit*) grave; **es ist nichts Ernstes** non è niente di grave

**Ernst** [ɛrnst] <-es> *kein Pl. m* ❶ (*Ernsthaftigkeit*) serietà *f*; **allen ~es** in tutta serietà; **im ~** sul serio; **das ist mein voller ~** (*fam*) dico proprio sul serio, non scherzo affatto ❷ (*Wichtigkeit*) gravità *f*

**Ernstfall** *m* caso *m* di emergenza

**ernsthaft** *adj* ❶ (*Miene, Angebot*) serio ❷ (*Verletzung*) grave **Ernsthaftigkeit** <-> *kein Pl. f* serietà *f*

**ernstlich** *adv* seriamente, sul serio; **~ böse werden** arrabbiarsi sul serio; **~ krank sein** essere gravemente ammalato

**Ernte** ['ɛrntə] <-, -n> *f* ❶ (*das Ernten*) raccolta *f* ❷ (*~ertrag*) raccolto *m*; (*Getreide~*) mietitura *f*, messe *f*; (*Wein~*) vendemmia *f* **Erntedankfest** *nt* festa *f* di ringraziamento per il raccolto

**Erntedanktag** *m* festa *f* di ringraziamento per il raccolto

**ernten** ['ɛrntən] I. *vt* (*a. fig*) raccogliere; (*Getreide*) mietere II. *vi* fare la raccolta

**Ernteschaden** <-s, -schäden> *m* danno *m* al raccolto

**ernüchtern** [ɛɐ̯'nʏçtɐn] <ohne ge-> *vt* ❶ (*Betrunkene*) far passare la sbornia a ❷ (*fig*) disincantare, disilludere

**Ernüchterung** <-, -en> *f* (*fig*) disincantamento *m*, disinganno *m*

**Eroberer(in)** [ɛɐ̯'ʔoːbərə] <-s, -; -, -nen> *m(f)* conquistatore, -trice *m, f*

**erobern** [ɛɐ̯'ʔoːbɐn] <ohne ge-> *vt* (*a. fig*) conquistare

**Eroberung** <-, -en> *f* conquista *f*

**eröffnen** <ohne ge-> *vt* ❶ (*Konto, Geschäft*) aprire; (*feierlich*) inaugurare ❷ (*mitteilen*) **jdm etw ~** rivelare qc a qu

**Eröffnung** <-, -en> *f* ❶ (*Öffnung*) apertura *f*, inizio *m*; (*feierliche ~*) inaugurazione *f* ❷ (*Mitteilung*) comunicazione *f*, rivelazione *f*

**erogen** [ero'geːn] *adj* erogeno

**erörtern** [ɛɐ̯'ʔœrtɐn] <ohne ge-> *vt* discutere, dibattere

**Erörterung** <-, -en> *f* discussione *f*, dibattito *m*

**Eros-Center** ['eːrɔssɛntɐ] <-s, -> *nt* (*Bordell*) centro *m* dell'Eros

**Erosion** [ero'zjoːn] <-, -en> *f* erosione *f*

**Erotik** [e'roːtɪk] <-> *kein Pl. f* erotismo *m*

**erotisch** *adj* erotico

**Erpel** ['ɛrpəl] <-s, -> *m* (ZOO: *Enterich*) maschio *m* dell'anatra

**erpicht** [ɛɐ̯'pɪçt] *adj* **auf etw** *acc* **~ sein** essere avido di qc

**erpressbar** *adj* ricattabile

**erpressen** <ohne ge-> *vt* ❶ (*Person*) ricattare ❷ (*Geld*) **etw von jdm ~** estorcere qc a qu; **ein Geständnis von jdm ~** strappare una confessione a qu

**Erpresser(in)** <-s, -; -, -nen> *m(f)* ricattatore, -trice *m, f*

**erpresserisch** *adj* ricattatore, ricattatorio

**Erpressung** <-, -en> *f* ❶ (*von Personen*) ricatto *m* ❷ (*von Sachen*) estorsione *f*, concussione *f*

**erproben** <ohne ge-> *vt* provare; (TEC) collaudare; **seine Kräfte ~** mettere alla prova le proprie forze

**erprobt** [ɛɐ̯'proːbt] *adj* provato; **das Gerät ist noch nicht ~** l'apparecchio non è ancora stato collaudato; **er ist in solchen Dingen ~** in queste cose ha esperienza

**Erprobung** <-, -en> *f* prova *f*; (TEC) collaudo *m*

**erquicken** [ɛɐ̯'kvɪkən] <ohne ge-> *vt* (*geh: erfrischen*) ristorare

**erquickend** *adj* (*geh*) ristoratore

**erraten** [ɛɐ̯'raːtən] <*irr*, ohne ge-> *vt* indovinare

**errechnen** <ohne ge-> *vt* calcolare

**erregbar** [ɛɐ̯'reːkbaːɐ̯] *adj* eccitabile, irritabile **Erregbarkeit** <-> *kein Pl. f* eccitabilità *f*, irritabilità *f*

**erregen** [ɛɐ̯'reːɡən] <ohne ge-> I. *vt* ❶ (*emotional, sexuell*) eccitare ❷ (*hervorrufen*) suscitare, provocare; (*Begierde, Neid*) destare; **Aufsehen ~** far scalpore; **Mitleid ~** fare compassione II. *vr* **sich über etw** *acc* **~** eccitarsi per qc, irritarsi per qc

**Erreger** <-s, -> *m* (MED) agente *m* patogeno

**erregt** *adj* eccitato, agitato, irritato; (*sexuell*) eccitato, stimolato; (*Diskussion*) vivace, infocato

**Erregung** <-, -en> *f* eccitazione *f*, agitazione *f*

**erreichbar** *adj* raggiungibile; (*zugänglich*) accessibile; (*Mensch*) reperibile; **telefonisch ~** raggiungibile per telefono

**erreichen** <ohne ge-> *vt* ❶ (*Person*) raggiungere ❷ (*Zug*) riuscire a prendere; (*Ort, Alter*) arrivare a; (*Ziel*) conseguire, raggiungere ❸ (*durchsetzen*) ottenere; **du wirst bei ihr nichts ~** non otterrai niente da lei

**erretten** <ohne ge-> *vt* (*geh*) salvare, trarre in salvo

**errichten** <ohne ge-> *vt* ❶ (*Gebäude*) costruire, edificare; (*Denkmal*) erigere ❷ (*fig: gründen*) fondare

**Errichtung** <-, -en> *f* ❶ (*von Gebäude*) costruzione *f*, edificazione *f*; (*von Denkmal*) erezione *f* ❷ (*fig: Gründung*) fondazione *f*

**erringen** <irr, ohne ge-> *vt* conseguire; (*Sieg*) riportare

**erröten** [ɛɐ̯'røːtən] <ohne ge-> *vi sein* arrossire; **vor Scham ~** arrossire per la [*o* di] vergogna

**Errungenschaft** [ɛɐ̯'rʊŋənʃaft] <-, -en> *f* conquista *f*

**Ersatz** [ɛɐ̯'zats] <-es> *kein Pl. m* ❶ (*Auswechslung*) sostituzione *f*; **als** [*o* **zum**] **~ für** in sostituzione di ❷ (*Erstattung*) restituzione *f*; (*Schaden~*) risarcimento *m*, indennizzo *m* **Ersatzbefriedigung** [ɛɐ̯'zatsbəfriːdɪɡʊŋ] <-, -en> *f* (PSYCH) compensazione *f* **Ersatzdienst** *m* servizio *m* civile **Ersatzkasse** *f* cassa *f* malattia ausiliaria **Ersatzmann** *m* sostituto *m*, supplente *m*; (SPORT) riserva *m* **Ersatzreifen** *m* pneumatico *m* di scorta **Ersatzteil** <-(e)s, -e> *nt* [pezzo *m* di] ricambio *m* **Ersatzteillager** *nt* magazzino *m* ricambi **ersatzweise** *adv* **~ für** in cambio di

**ersaufen** <irr, ohne ge-> *vi sein* (*sl: ertrinken*) annegare

**ersäufen** [ɛɐ̯'zɔyfən] <ohne ge-> *vt* (*ertränken*) annegare; **einen Misserfolg im Alkohol ~** affogare un insuccesso nell'alcool

**erschaffen** <irr, ohne ge-> *vt* (*geh*) creare

**Erschaffung** <-> *kein Pl. f* (*geh*) creazione *f*

**erschallen** <erschallt, erschallte *o* erscholl, erschallt *o* erschollen> *vi sein* (*geh: laut ertönen*) risonare

**erschau|d|ern** <ohne ge-> *vi sein* (*geh*) rabbrividire; **vor Entsetzen ~** rabbrividire di orrore

**erscheinen** <irr, ohne ge-> *vi sein* ❶ (*sichtbar werden*) apparire ❷ (*sich einfinden*) comparire ❸ (*Buch*) essere pubblicato, uscire ❹ (*sich darstellen, scheinen*) sembrare; **es erscheint mir merkwürdig, dass ...** mi sembra strano che ...

**Erscheinen** <-s> *kein Pl. nt* ❶ (*das Sichtbarwerden*) apparizione *f* ❷ (*vor Gericht*) comparizione *f*; (*von Gästen*) presenza *f* ❸ (*von Buch*) pubblicazione *f*, uscita *f*

**Erscheinung** <-, -en> *f* ❶ (*Geist*) apparizione *f*; (*Vision*) visione *f* ❷ (*Tatsache*) fenomeno *m*; **in ~ treten** presentarsi, manifestarsi ❸ (*Gestalt*) personalità *f*; **äußere ~** aspetto *m* esteriore **Erscheinungsjahr** *nt* anno *m* di pubblicazione **Erscheinungsort** [ɛɐ̯'ʃaɪnʊŋsˌɔrt] <-(e)s, -e> *m* luogo *m* di pubblicazione

**erschießen** <irr, ohne ge-> *vt* uccidere [con un colpo di arma da fuoco]; (*hinrichten*) fucilare

**Erschießung** <-, -en> *f* fucilazione *f*; **standrechtliche ~** (MIL) esecuzione militare

**erschlaffen** [ɛɐ̯'ʃlafən] <ohne ge-> *vi sein* divenire floscio, afflosciarsi

**Erschlaffung** <-> *kein Pl. f* ❶ (*Schlaffwerden*) afflosciamento *m* ❷ (*Lockerwerden*) rilassamento *m* ❸ (*fig*) diminuzione *f*, indebolimento *m*

**erschlagen** I.<irr, ohne ge-> *vt* ammazzare, abbattere; **vom Blitz ~ werden** essere colpito dal fulmine II. *adj* (*fam*) ❶ (*erschöpft*) sfinito ❷ (*fassungslos*) sconcertato

**erschleichen** <irr, ohne ge-> *vt* (*pej*) ottenere con l'inganno; (*Erbschaft*) carpire

**erschließen** <irr, ohne ge-> *vt* ❶ (*Markt*) aprire; (*Land*) esplorare; (*Reisegebiet*) rendere accessibile; (*Baugelände*) sfruttare; (*Einnahmequelle*) scoprire ❷ (*folgern*) dedurre

**Erschließung** <-, -en> *f* (*von Märkten*) apertura *f*; (*von Land*) esplorazione *f*; (*von Baugelände*) sfruttamento *m*

**erscholl, erschollen** [ɛɐ̯'ʃɔl, ɛɐ̯'ʃɔlən] *imp, PP von* **erschallen**

**erschöpfen** <ohne ge-> I. *vt* ❶ (*aufbrauchen*) esaurire ❷ (*ermüden*) spossare, esaurire ❸ (*Thema*) esaurire II. *vr* **sich ~** ❶ (*nachlassen*) diminuire ❷ (*beschränkt sein*) **sich in etw** *dat* **~** limitarsi a qc **erschöpfend** *adj* esauriente, completo; **etw ~ behandeln** trattare qc a fondo **erschöpft** *adj* ❶ (*Mensch*) esausto ❷ (*fig: Geduld*) finito; (*Kräfte, Mittel*) esaurito

**Erschöpfung** <-, *rar* -en> *f* esaurimento *m*, spossatezza *f*

**erschrecken**¹ <ohne ge-> *vt* spaventare, impaurire
**erschrecken**² <erschrickt, erschrak, erschrocken> *vi sein* spaventarsi; **über etw** *acc* ~ spaventarsi per [*o* di] qc; **vor jdm** ~ spaventarsi alla vista di qu
**erschrecken**³ <erschreckt *o* erschrickt, erschreckte *o* erschrak, erschreckt *o* erschrocken> *vr* **sich über etw** *acc* ~ (*fam*) spaventarsi per [*o* di] qc
**erschreckend** *adj* spaventoso, spaventevole
**erschrickt** [ɛɐˈʃrɪkt] *3. Pers. Sing. Präs. von* **erschrecken**², ³
**erschrickt, erschrocken** [ɛɐˈʃrɪkt, ɛɐʃrɔ-kən] *pr, PP von* **erschrecken**²
**erschrocken** [ɛɐʃrɔkən] *PP von* **erschrecken**², ³
**erschüttern** [ɛɐˈʃʏtɐn] <ohne ge-> *vt* ❶ (*erzittern lassen*) scuotere, far tremare ❷ (*fig: ergreifen*) sconvolgere, scuotere; **ich bin erschüttert** sono sgomento
**erschütternd** *adj* sconvolgente
**erschüttert** [ɛɐˈʃʏtɐt] *adj* commosso
**Erschütterung** <-, -en> *f* ❶ (*Beben*) scossa *f*; (PHYS) vibrazione *f* ❷ (*fig: Ergriffenheit*) choc *m*, sconvolgimento *m*
**erschweren** [ɛɐˈʃveːrən] <ohne ge-> *vt* aggravare, rendere più difficile; ~ **de Umstände** (JUR) circostanze aggravanti
**erschwinglich** [ɛɐˈʃvɪŋlɪç] *adj* accessibile
**ersehen** <irr, ohne ge-> *vt* **etw aus etw** ~ desumere qc da qc
**ersehnen** <ohne ge-> *vt* (*geh*) desiderare ardentemente, attendere con ansia
**ersetzen** <ohne ge-> *vt* ❶ (*auswechseln*) sostituire, cambiare ❷ (*als Ersatz dienen*) sostituire ❸ (*erstatten: Geld*) rimborsare; (*Verlust, Schaden*) risarcire, riparare; **jdm etw** ~ risarcire qu [di] qc
**ersichtlich** [ɛɐˈzɪçtlɪç] *adj* chiaro, evidente; **aus dem Brief ist** ~, **dass** ... dalla lettera risulta che ...
**ersinnen** <irr, ohne ge-> *vt* (*geh: Plan*) ideare; (*Ausrede*) inventare
**erspähen** <ohne ge-> *vt* (*geh*) spiare, scorgere
**ersparen** <ohne ge-> *vt* ❶ (*Geld*) risparmiare ❷ (*fig: Arbeit, Mühe*) [far] risparmiare; **mir bleibt auch nichts erspart!** (*fam*) non mi si risparmia niente!
**Ersparnis** <-, -se> *f* risparmio *m*, economia *f*
**ersprießlich** [ɛɐˈʃpriːslɪç] *adj* (*geh, obs*) utile, profittevole
**erst** [eːɐst] *adv* ❶ (*zuerst*) prima; (*als Erstes*) in primo luogo ❷ (*anfangs*) all'inizio ❸ (*nicht früher, nicht mehr als*) non prima di, solo, appena, soltanto; **eben** [*o* **gerade**] ~ appena, or ora, proprio in questo momento; ~ **gestern** non più tardi di ieri; ~ **als** ... non prima che ..., solo quando ...; ~ **wenn** ... solo se ...; **es ist** ~ **2 Uhr** sono appena le due; **ich kann** ~ **morgen kommen** posso venire solo domani, non posso venire prima di domani ❹ (*verstärkend*) **das fange ich gar nicht** ~ **an** (*fam*) non lo comincio nemmeno; **wenn ich** ~ **mal weg bin** quando sarò partito; **jetzt** ~ **recht!** ora più che mai

**erstarren** <ohne ge-> *vi sein* ❶ (*vor Kälte*) intirizzire ❷ (*Flüssiges, Weiches*) solidificarsi, rapprendersi ❸ (*vor Schreck*) irrigidirsi, agghiacciare; (*Blut*) gelare; **die Angst ließ ihm das Blut in den Adern** ~ la paura gli agghiacciò il sangue
**Erstarrung** <-> *kein Pl. f* ❶ (*das Erstarren*) irrigidimento *m*; (*vor Kälte*) intirizzimento *m* ❷ (*fig: Reglosigkeit*) torpore *m*
**erstatten** [ɛɐˈʃtatən] <ohne ge-> *vt* ❶ (*Kosten*) rimborsare ❷ (*form*) **Anzeige** ~ fare una denuncia; **Bericht** ~ **über** +*acc* fare rapporto su
**Erstattung** <-, -en> *f* (*von Unkosten*) rimborso *m*, risarcimento *m*
**Erstaufführung** *f* prima *f* **Erst-August-Feier, Erstaugustfeier** *f* (*CH*) *s.* **Augustfeier**
**erstaunen** <ohne ge-> **I.** *vt haben* stupire, meravigliare **II.** *vi sein* **über etw** *acc* ~ stupirsi di qc **Erstaunen** <-s> *kein Pl. nt* stupore *m*, meraviglia *f*; **zu meinem größten** ~ con mia somma sorpresa **erstaunlich** *adj* ❶ (*staunenswert*) sorprendente ❷ (*bewunderungswürdig*) stupendo
**Erstausgabe** *f* (*von Buch*) prima edizione *f*
**Erstbeste(r, s)** [ˈeːɐstˈbɛstə, -tɐ, -təs] *adj s.* **erste(r, s)**
**erste(r, s)** [ˈeːɐstə, -tɐ, -təs] *adj* primo, -a; ~ **Hilfe** pronto soccorso; **der** ~ **Beste** [*o* **der Erstbeste**] il primo venuto; **das Erste, was** ... la prima cosa che ...; **als Erstes** per prima cosa, in primo luogo; **fürs Erste** per ora; *s. a.* **achte(r, s)**
**Erste** <ein -r, -n, -n> *mf* primo, -a *m, f*; *s. a.* **Achte**
**erstechen** <irr, ohne ge-> *vt* trafiggere, pugnalare
**erstehen** <irr, ohne ge-> *vt haben* comperare, acquistare
**ersteigen** <irr, ohne ge-> *vt* scalare
**ersteigern** <ohne ge-> *vt* acquistare all'asta

**Ersteigung** <-, *rar* -en> *f* scalata *f*, ascensione *f*
**erstellen** <ohne ge-> *vt* ❶ (*anfertigen*) fare, eseguire; (*Gutachten*) compilare ❷ (*bauen*) costruire
**erstens** ['eːɐ̯stəns] *adv* per prima cosa, anzitutto
**erstgeboren** ['eːɐ̯stɡəboːrən] *adj* primogenito
**ersticken** [ɛɐ̯'ʃtɪkən] <ohne ge-> I. *vt haben* (*a. fig*) soffocare, asfissiare II. *vi sein* asfissiare; **an etw** *dat* ~ (*a. fig*) soffocare per qc; **in der Arbeit** ~ (*fig*) essere sommerso di lavoro **Ersticken** <-s> *kein Pl. nt* soffocamento *m*, asfissia *f*
**Erstickung** <-> *kein Pl. f* soffocamento *m*, asfissia *f*
**erstklassig** ['eːɐ̯stklasɪç] *adj* di prima classe
**Erstkommunikant(in)** ['eːɐ̯stkɔmunikant] <-en, -en; -, -nen> *m(f)* (REL) individuo che riceve la Prima Comunione
**Erstkommunion** <-, -en> *f* (REL) Prima Comunione *f*
**erstmalig** I. *adj* che ha luogo la prima volta II. *adv* per la prima volta **erstmals** *adv* per la prima volta
**erstrangig** ['eːɐ̯straŋɪç] *adj* di primo grado; (FIN) al primo posto
**erstreben** <ohne ge-> *vt* (*geh*) aspirare a, ambire a **erstrebenswert** *adj* desiderabile, auspicabile
**erstrecken** <ohne ge-> *vr* **sich** ~ **bis** [*o* **bis an** +*acc*] estendersi fino a; **sich** ~ **über** +*acc* estendersi su [un arco di]; **sich auf etw** *acc* ~ (*fig*) riguardare qc, concernere qc
**Erstschlag** *m* (MIL) primo attacco *m* [atomico]
**erstürmen** <ohne ge-> *vt* prendere d'assalto, espugnare
**Erstzulassung** *f* (MOT) immatricolazione *f*
**ersuchen** <ohne ge-> *vt* **jdn um etw** ~ chiedere qc a qu; **jdn** ~ **etw zu tun** (*bitten*) chiedere a qu di fare qc; (*auffordern*) invitare qu a fare qc **Ersuchen** <-s> *kein Pl. nt* domanda *f*, richiesta *f*
**ertappen** <ohne ge-> *vt* sorprendere, cogliere; **jdn auf frischer Tat** ~ cogliere qu in flagrante; **jdn dabei** ~, **wie** ... sorprendere qu mentre ...
**erteilen** <ohne ge-> *vt* (*Auskunft, Wort*) dare; (*Befehl, Unterricht*) impartire; (*Erlaubnis*) dare, concedere
**ertönen** [ɛɐ̯'tøːnən] <ohne ge-> *vi sein* risonare
**Ertrag** [ɛɐ̯'traːk, *Pl:* ɛɐ̯'trɛːɡə] <-(e)s, Erträge> *m* ❶ (AGR) raccolto *m* ❷ (*Gewinn*) guadagno *m*, utile *m*
**ertragen** <irr, ohne ge-> *vt* sopportare; **nicht zu** ~ insopportabile, intollerabile
**ertragfähig** *adj* produttivo **Ertragfähigkeit** *f* produttività *f*
**erträglich** [ɛɐ̯'trɛːklɪç] *adj* sopportabile
**ertragreich** *adj* produttivo, fruttifero
**Ertragssteuer** [ɛɐ̯'traːkstɔɪ̯ɐ] <-, -n> *f* (FIN) imposta *f* sul reddito
**ertränken** <ohne ge-> I. *vt* annegare; (*a. fig*) affogare II. *vr* **sich** ~ annegarsi
**ertrinken** <irr, ohne ge-> *vi sein* annegare, affogare **Ertrinken** <-s> *kein Pl. nt* annegamento *m*
**ertüchtigen** [ɛɐ̯'tʏçtɪɡən] <ohne ge-> I. *vt* irrobustire, invigorire; (SPORT) allenare II. *vr* **sich** ~ irrobustirsi; (SPORT: *trainieren*) allenarsi
**Ertüchtigung** <-, -en> *f* ❶ (*Kräftigung*) irrobustimento *m*, invigorimento *m* ❷ (*a.* SPORT) allenamento *m*
**erübrigen** [ɛɐ̯'ʔyːbrɪɡən] <ohne ge-> I. *vt* (*Geld*) risparmiare, economizzare; (*Zeit*) tenere libero II. *vr* **sich** ~ essere superfluo; **es erübrigt sich, näher darauf einzugehen** è superfluo entrare in particolari
**eruieren** [eru'iːrən] <ohne ge-> *vt* ❶ (*etw herausfinden, feststellen*) ricercare, stabilire ❷ (*A: jdn ausfindig machen*) rintracciare
**Eruption** [erup'tsi̯oːn] <-, -en> *f* eruzione *f*
**erwachen** <ohne ge-> *vi sein* (*geh*) **aus etw** ~ svegliarsi da qc **Erwachen** <-> *kein Pl. nt* (*a. fig*) risveglio *m*; **beim** ~ al risveglio; **das war ein böses** ~ la storia finì male
**erwachsen** <irr, ohne ge-> I. *vi sein* (*hervorgehen*) **aus etw** ~ derivare da qc, risultare da qc II. *adj* cresciuto, adulto
**Erwachsene** <ein -r, -n, -n> *mf* adulto, -a *m, f* **Erwachsenenbildung** *f* formazione *f* per adulti
**erwägen** [ɛɐ̯'vɛːɡən] <erwägt, erwog, erwogen> *vt* (*überlegen*) ponderare; (*bedenken*) considerare; (*prüfen*) esaminare
**Erwägung** <-, -en> *f* riflessione *f*, considerazione *f*; **etw in** ~ **ziehen** prendere in considerazione qc
**erwähnen** [ɛɐ̯'vɛːnən] <ohne ge-> *vt* menzionare; **oben erwähnt** summenzionato, soprammenzionato
**Erwähnung** [ɛɐ̯'vɛːnʊŋ] <-, -en> *f* menzione *f*
**erwärmen** <ohne ge-> I. *vt* riscaldare II. *vr* **sich** ~ ❶ (*warm werden*) riscaldarsi

**Erwärmung → Erz-**

❷ (*sich begeistern*) sich für etw ~ entusiasmarsi per qc; **sich für jdn ~** interessarsi per qu, trovare simpatico qu

**Erwärmung** <-, -en> *f* riscaldamento *m;* **die globale ~** il riscaldamento globale

**erwarten** <ohne ge-> *vt* ❶ (*warten auf*) aspettare, attendere; **ich kann es kaum ~** +*inf* non vedo l'ora di +*inf* ❷ (*rechnen mit*) contare su; **das war zu ~** c'era da aspettarselo; **wider Erwarten** contro ogni aspettativa; **es ist zu ~, dass ...** è probabile che ... ❸ (*erhoffen*) **sich** *dat* **viel/wenig von jdm/etw ~** aspettarsi molto/poco da qu/qc

**Erwartung** <-, -en> *f* ❶ *Sing.* (*das Warten*) attesa *f* ❷ (*Hoffnung*) speranza *f,* aspettativa *f;* **die ~en enttäuschen** deludere le speranze **Erwartungshaltung** *f* aspettative *fpl* **Erwartungshorizont** *m* aspettative *fpl* **erwartungsvoll** *adj* che ha molte aspettative, desideroso

**erwecken** <ohne ge-> *vt* ❶ (*geh: aufwecken*) svegliare ❷ (*fig: erregen*) destare, suscitare; (*Vertrauen*) ispirare; (*Mitleid*) fare; **den Eindruck ~, dass ...** dare l'impressione che +*conj*

**erwehren** <ohne ge-> *vr* ❶ difendersi (*gen* da); **sich der Angreifer ~ müssen** dover difendersi dagli assalitori ❷ (*fig*) trattenere (*gen* qc); **sich der Tränen nicht ~ können** non poter trattenere le lacrime; **sich des Eindrucks nicht ~ können, dass ...** non riuscire a cancellare l'impressione che +*conj*

**erweichen** [ɛɐ̯'vaɪçən] <ohne ge-> *vt* (*fig*) intenerire, commuovere; **sich nicht ~ lassen** non lasciarsi intenerire, rimanere duro

**erweisen** [ɛɐ̯'vaɪzən] <irr, ohne ge-> I. *vt* ❶ (*beweisen*) dimostrare, provare ❷ (*zuteilwerden lassen: Dankbarkeit*) mostrare, manifestare; (*Dienst, Ehre*) rendere; (*Gefallen*) fare II. *vr* **sich ~** (*sich zeigen*) mostrarsi; (*sich herausstellen*) risultare; **es hat sich erwiesen, dass ...** è risultato che ...; **die Nachricht hat sich als falsch erwiesen** la notizia è risultata falsa

**erweiterbar** [ɛɐ̯'vaɪtebaːɐ̯] *adj* (INFORM) espandibile

**erweitern** [ɛɐ̯'vaɪtɐn] <ohne ge-> I. *vt* ❶ (*vergrößern*) allargare, slargare, ampliare ❷ (*fig: ausdehnen*) estendere, ampliare; (*vermehren*) aumentare, accrescere; (*Kenntnisse*) allargare; (*Geschäft*) ingrandire; (*Sammlung*) arricchire II. *vr* **sich ~** allargarsi; (*fig*) estendersi, ampliarsi, ingrandirsi

**Erweiterter Rat** <-es> *kein Pl. m* (*Europäische Union*) Consiglio *m* ampliato

**Erweiterung** <-, -en> *f* allargamento *m,* ampliamento *m;* **die ~ der Europäischen Union** l'ampliamento dell'Unione europea

**Erwerb** [ɛɐ̯'vɛrp] <-(e)s, -e> *m* ❶ (*Kauf*) acquisto *m* ❷ (*Verdienst*) guadagno *m,* profitto *m* ❸ (*Beruf*) lavoro *m,* mestiere *m*

**erwerben** <irr, ohne ge-> *vt* ❶ (*kaufen*) acquistare ❷ (*Recht, Kenntnisse*) acquisire ❸ (*verdienen*) guadagnare

**Erwerbsbevölkerung** [ɛɐ̯'vɛrpsbəfœlkərʊŋ] <-> *kein Pl. f* (POL, COM) popolazione *f* attiva

**erwerbsfähig** [ɛɐ̯'vɛrpsfɛːɪç] *adj* abile [al lavoro] **erwerbslos** *adj* disoccupato

**erwerbstätig** *adj* che esercita una professione; **~e Bevölkerung** popolazione attiva **Erwerbstätigkeit** [ɛɐ̯'vɛrpstɛːtɪçkaɪt] <-, -en> *f* occupazione *f,* attività *f* retribuita

**erwerbsunfähig** *adj* inabile al lavoro

**Erwerbszweig** *m* ramo *m* professionale

**Erwerbung** <-, -en> *f* ❶ (*das Erwerben*) acquisizione *f* ❷ (*Kauf*) acquisto *m*

**erwidern** [ɛɐ̯'viːdɐn] <ohne ge-> I. *vt* ❶ (*antworten*) rispondere, replicare; [etw auf etw *acc*] ~ rispondere [qc a qc] ❷ (*Besuch*) ricambiare; (*Liebe*) corrispondere a; (*Beleidigung*) ritorcere II. *vi* (*antworten*) replicare

**Erwiderung** <-, -en> *f* ❶ (*Antwort*) risposta *f* ❷ (*fig*) ricambio *m;* (*a. von Gruß, Besuch*) restituzione *f*

**erwiesenermaßen** [ɛɐ̯'viːzəne'maːsən] *adv* come [è stato] dimostrato

**erwirken** <ohne ge-> *vt* ottenere

**erwischen** <ohne ge-> *vt* (*fam*) ❶ (*fassen, ergreifen*) acciuffare ❷ (*ertappen*) sorprendere; **jdn beim Stehlen ~** sorprendere qu a rubare ❸ (*gerade noch erreichen*) [riuscire a] prendere ❹ (*in Mitleidenschaft ziehen*) **ihn hat's erwischt** (*er ist verliebt*) s'è preso una cotta; (*er ist krank*) se l'è presa; (*er ist gestorben*) c'è rimasto

**erwog** [ɛɐ̯'voːk] *3. Pers. Sing. Imp. von* **erwägen**

**erwogen** [ɛɐ̯'voːgən] *PP von* **erwägen**

**erwünscht** [ɛɐ̯'vʏnʃt] *adj* desiderato, auspicato

**erwürgen** [ɛɐ̯'vʏrgən] <ohne ge-> *vt* strozzare, strangolare

**Erz** [eːɐ̯ts *o* ɛrts] <-es, -e> *nt* minerale *m* metallico

**Erz-** ['ɛrts] (*in Zusammensetzungen,* REL, HIST) arci-

**Erzader** ['ɛɛts?aːdɐ] *f* (MIN) filone *m* metallifero

**erzählen** <ohne ge-> *vt* raccontare, narrare; **erzähl mir nichts** [*o* **keine Märchen**]**!** (*fam*) non raccontarmi frottole!, ma a chi vuoi darla a bere?; **dem werd' ich was ~!** (*fam*) gliela farò vedere!, sta fresco!, mi sentirà!

**erzählend** *adj* narrativo; (*Dichtung*) epico

**Erzähler(in)** <-s, -; -, -nen> *m(f)* narratore, -trice *m, f*

**Erzählung** <-, -en> *f* ❶ (*das Erzählen*) narrazione *f*, racconto *m* ❷ (*Geschichte*) racconto *m*

**Erzbischof** ['ɛrtsbɪʃɔf] *m* (REL) arcivescovo *m*

**erzbischöflich** *adj* (REL) arcivescovile **Erzbistum** *nt* (REL) arcivescovado *m*

**Erzengel** *m* (REL) arcangelo *m*

**erzeugen** <ohne ge-> *vt* ❶ (*produzieren*) produrre; (*A: Kleider, Schuhe*) fabbricare ❷ (*fig: hervorrufen*) creare, far nascere; (*verursachen*) causare ❸ (PHYS, CHEM) sviluppare

**Erzeuger** <-s, -> *m* ❶ (BIOL) procreatore *m*, genitore *m* ❷ (AGR, COM) produttore *m*; (*A*) fabbricante *m*

**Erzeugnis** <-ses, -se> *nt* prodotto *m*

**Erzeugung** <-, -en> *f* produzione *f*, fabbricazione *f*

**Erzfeind(in)** ['ɛrtsfaɪnt] *m(f)* nemico, -a *m, f* giurato, -a

**Erzgebirge** ['eːɐ̯tsɡəbɪrɡə *o* 'ɛrtsɡəbɪrɡə] <-s> *nt* monti *mpl* metalliferi

**Erzherzog(in)** *m(f)* arciduca, -duchessa *m, f*

**erziehbar** *adj* **schwer ~** difficile da educare

**erziehen** <irr, ohne ge-> *vt* allevare; (*a. geistig*) educare; **gut/schlecht erzogen** educato bene/male

**Erzieher(in)** <-s, -; -, -nen> *m(f)* educatore, -trice *m, f*; (*Lehrer*) maestro, -a *m, f*; (*Hauslehrer*) precettore, -trice *m, f*, istitutore, -trice *m, f* **erzieherisch** *adj* educativo, pedagogico

**Erziehung** <-> *kein Pl*. *f* educazione *f*; **eine gute ~ genossen haben** aver ricevuto una buona educazione **erziehungsberechtigt** *adj* che ha diritto di potestà; **die Eltern sind für die minderjährigen Kinder ~** i genitori esercitano la potestà sui figli minorenni **Erziehungsberechtigte** <ein -r, -n, -n> *mf* (ADM) genitore *m* **Erziehungsgeld** *nt* assegno *m* di maternità **Erziehungsheim** *nt* istituto *m* di rieducazione minorile **Erziehungsmethode** *f* metodo *m* educativo **Erziehungsurlaub** *m* congedo *m* parentale **Erziehungswesen** *nt* istruzione *f* pubblica **Erziehungswissenschaft** *f* pedagogia *f* **Erziehungswissenschaftler(in)** *m(f)* pedagogista *mf*

**erzielen** <ohne ge-> *vt* raggiungere, ottenere; (*Gewinn*) realizzare; (*Erfolg*) ottenere; (SPORT: *Tor*) segnare, fare

**erzkonservativ** ['ɛrtskɔnzɛrvaˈtiːf] *adj* arciconservatore

**erzürnen** [ɛɐ̯'tsʏrnən] <ohne ge-> **I.** *vt* fare andare in collera, [far] adirare, mandare in bestia *fam* **II.** *vr* **sich über jdn/etw ~** adirarsi con qu/per qc, andare in collera con qu/per qc

**erzwingen** <irr, ohne ge-> *vt* ottenere con la forza; **etw von jdm ~** estorcere qc a qu

**es** [ɛs] *pron pers* ❶ (*nom 3. pers sing, in Bezug auf Menschen, unbetont, meist nicht übersetzt*) egli *m*, ella *f*; (*betont*) lui *m*, lei *f*; (*in Bezug auf Dinge, unbetont, meist nicht übersetzt*) esso, -a *m, f*; (*betont*) lui *m*, lei *f* ❷ *acc von* **es** (*unbetont*) lo *m*, la *f*, l' *m, f*; (*betont*) lui *m*, lei *f* ❸ (*in unpersönlichen Ausdrücken*) **~ gibt ...** (*sing*) c'è ...; (*pl*) ci sono ...; **~ klopft** bussano; **~ regnet** piove; **~ darf gelacht werden** si può ridere; **~ gefällt mir** mi piace; **~ ist zwei Uhr** sono le due; **ich bereue ~** me ne pento; **ich bin ~ gewöhnt** ci sono abituato; **~ freut mich, dass ...** mi fa piacere che +*conj*; **~ ist nicht wahr, dass ...** non è vero che ...; **du sagst ~!** (*fam*) lo dici tu!; **wer ist da? — Ich bin ~!** chi è? — Sono io!

**Es, es** [ɛs] <-, -> *nt* (MUS) mi *m* bemolle

**Esche** ['ɛʃə] <-, -n> *f* (BOT) frassino *m*; (*Holz*) legno *m* di frassino

**Esel(in)** ['eːzəl] <-s, -; -, -nen> *m(f)* ❶ (ZOO) asino, -a *m, f* ❷ (*fam: Dummkopf*) **ich ~!** asino che non son altro!; [**du/Sie**] **~!** (*fam pej*) pezzo d'asino! **Eselsbrücke** *f* (*fam*) regola *f* di mnemotica **geh** (*riferimento che serve a ricordarsi più facilmente una cosa o un termine*) **Eselsohr** *nt* (*fam: im Buch*) orecchia *f*

**Eskalation** [ɛskalaˈtsi̯oːn] <-, -en> *f* escalation *f*

**eskalieren** [ɛskaˈliːrən] <ohne ge-> *vi sein o haben* **zu etw ~** sfociare in qc

**Eskimo** ['ɛskimo] <-s, -s> *m* eschimese *m*

**Eskorte** [ɛsˈkɔrtə] <-, -n> *f* (*Schutzwache*) scorta *f*

**eskortieren** [ɛskɔrˈtiːrən] <ohne ge-> *vt* scortare

**Esoterik** [ezo'te:rɪk] <-> *kein Pl. f* esoterismo *m*
**esoterisch** [ezo'te:rɪʃ] *adj* esoterico
**ESP** [e:?ɛs'pe:] *nt abk v* **Elektronisches Stabilitätsprogramm** (AUTO) sistema *m* ESP, sistema *m* antislittamento
**Espe** ['ɛspə] <-, -n> *f* (BOT) [pioppo *m*] tremulo *m* **Espenlaub** *nt* **zittern wie** ~ (*fam*) tremare come una foglia
**Esperanto** [ɛspe'ranto] <-s> *kein Pl. nt* esperanto *m*
**Espresso** [ɛs'prɛso] <-(s), -> *m* (*Kaffee*) espresso *m*, caffè *m* **Espressomaschine** *f* (*kannenförmig*) macchinetta *f* per espresso; (*kastenförmiges Profigerät*) macchina *f* del caffè
**Essay** ['ɛse *o* ɛ'seɪ] <-s, -s> *m o nt* (LIT, SCIENT) saggio *m*
**essbar** ['ɛsba:ɐ̯] *adj* mangiabile; (*genießbar, bes. Pilz*) mangereccio, commestibile
**Esse** ['ɛsə] <-, -n> *f* (*bes. ostd: Schornstein*) ciminiera *f*
**essen** ['ɛsən] <isst, aß, gegessen> *vi, vt* mangiare; ~ **gehen** andare a mangiare [fuori]; **zu Abend/Mittag** ~ cenare/pranzare; **in diesem Restaurant kann man sehr gut** ~ in questo ristorante si mangia benissimo; **was gibt es heute zu ~ ?** cosa c'è oggi da mangiare?
**Essen** <-s, -> *nt* ❶ (*Einnahme der Mahlzeit*) mangiare *m;* **beim** ~ mangiando ❷ (*Nahrung*) cibo *m* ❸ (*Mahlzeit*) pasto *m;* **vor/nach dem** ~ prima/dopo i pasti ❹ (*Gericht*) piatto *m*
**Essens|marke** *f* buono *m* pranzo **Essenszeit** *f* ora *f* di mangiare
**essentiell** *adj s.* **essenziell**
**Essenz** [ɛ'sɛnts] <-, -en> *f* essenza *f*
**essenziell** [ɛsɛn'tsi̯ɛl] *adj* essenziale
**Esser(in)** <-s, -; -, -nen> *m(f)* mangiatore, -trice *m, f;* **ein starker** ~ **sein** essere una buona forchetta
**Essgeschirr** *nt* servizio *m* da tavola; (MIL) gavetta *f*
**Essgewohnheiten** *fPl.* abitudini *fpl* alimentari
**Essig** ['ɛsɪç] <-s, -e> *m* aceto *m* **Essiggurke** *f* cetriolino *m* sott'aceto **Essigsäure** *f* (CHEM) acido *m* acetico
**Esskastanie** *f* (GASTR, BOT) castagna *f*, marrone *m* **Esskultur** *f* gastronomia *f*, arte *f* della buona cucina **Esslöffel** *m* cucchiaio *m* da tavola; **ein** ~ **[voll]** ... una cucchiaiata di ... **Essstörung** *f* ['ɛsʃtø:rʊŋ] <-, -en> *f* (MED) disoressia *f* **Esssucht** <-> *kein Pl. f* (MED) bulimia *f* **Esstisch** *f* tavola *f*, tavolo *m* da pranzo **Esswaren** *fPl.*

commestibili *mpl*, derrate *fpl* [alimentari]
**Esszimmer** *nt* sala *f* da pranzo
**Establishment** [ɪs'tɛblɪʃmənt] <-s, -s> *nt* establishment *m*
**Este** ['e:stə] <-n, -n> *m* estone *m*
**Ester** ['ɛstɐ] <-s, -> *m* (CHEM) estere *m*
**Estin** ['e:stɪn] <-, -nen> *f* estone *f*
**Estland** ['e:stlant] *nt* Estonia *f*
**Estragon** ['ɛstragɔn] <-s> *kein Pl. m* (BOT) dragoncello *m*, estragone *m*
**ESZB** <-> *kein Pl. nt* (EU) *abk v* **Europäisches System der Zentralbanken** SEBC *m*
**etablieren** [eta'bli:rən] <ohne ge-> I. *vt* stabilire II. *vr* **sich** ~ stabilirsi **etabliert** *adj* solido, stabile; (*gesellschaftlich*) arrivato
**Etage** [e'ta:ʒə] <-, -n> *f* piano *m* **Etagenbett** *nt* letto *m* a castello **Etagenheizung** *f* riscaldamento *m* autonomo [per un piano] **Etagenwohnung** *f* appartamento *m*
**et al.** *abk v* **et alii** ed altri
**Etappe** [e'tapə] <-, -n> *f* ❶ (*Teilstrecke*) tappa *f* ❷ (MIL: *rückwärtiges Gebiet*) retrovie *fpl*
**Etat** [e'ta:] <-s, -s> *m* bilancio *m*, budget *m*
**etc** *abk v* **et cetera** etc, ecc.
**etepetete** [e:təpe'te:tə] <inv> *adj* (*fam*) lezioso, affettato
**Eternit**® [etɐr'ni:t *o* etɐr'nɪt] <-s> *kein Pl. nm* eternit® *m*
**Ethik** ['e:tɪk] <-, *rar* -en> *f* etica *f*, morale *f*
**ethisch** *adj* etico, morale
**ethnisch** ['ɛtnɪʃ] *adj* etnico; ~ **e Säuberung** pulizia etnica
**Ethnografie** [ɛtnogra'fi:, *Pl:* ɛtnogra'fi:ən] <-, -n> *f* etnografia *f*
**Ethnographie** <-, -n> *f* etnografia *f*
**Ethnologe** [ɛtno'lo:gə] <-n, -n> *m* etnologo *m* **Ethnologie** [ɛtnolo'gi:] <-, -n> *f* etnologia *f* **Ethnologin** [ɛtno'lo:gɪn] <-, -nen> *f* etnologa *f*
**Ethos** ['e:tɔs] <-> *kein Pl. nt* etica *f*; **berufliches** ~ etica professionale
**Etikett** [eti'kɛt] <-(e)s, -e(n) *o* -s> *nt* (*Schildchen*) etichetta *f*, cartellino *m*; (COM) marchio *m*
**Etikette** [eti'kɛtə] <-, -n> *f* etichetta *f*
**etikettieren** [etikɛ'ti:rən] <ohne ge-> *vt* (*a. fig*) etichettare
**etliche(r, s)** ['ɛtlɪçə, -çe, -çəs] *pron indef* (*sing*) parecchio, -a; (*pl*) alcuni, -e, parecchi, -ie
**Etsch** [ɛtʃ] *f* (GEOG: *Fluss*) Adige *m*
**Etui** [ɛt'vi: *o* ety'i:] <-s, -s> *nt* astuccio *m*

**etwa** ['ɛtva] *adv* ① (*ungefähr*) circa, all'incirca; ~ **hundert** un centinaio; **vor ~ einer Stunde** un'ora fa circa ② (*zum Beispiel*) per esempio, diciamo ③ (*vielleicht*) forse; (*womöglich*) per caso; **ist das ~ nicht wahr?** non è forse vero? ④ (*ja nicht*) [**denken Sie**] **nicht ~, dass ...** non stia a credere che +*conj*

**etwaig** ['ɛtva(ː)ɪç] *adj* eventuale

**etwas** ['ɛtvas] I. *pron indef* ① (*substantivisch*) qualcosa; **~ Schönes** qualcosa di bello; **so ~** una cosa del genere; **das gewisse Etwas** quel certo non so che; **ohne ~ zu sagen** senza dir niente; **das ist ~ anderes** è un'altra cosa; **sie haben ~ miteinander** (*fam*) c'è qualcosa fra loro ② (*adjektivisch*) un po' di; **ich hätte gern noch ~ Brot** gradirei ancora un po' di pane II. *adv* alquanto, un po'

**Etymologie** [etymoloˈgiː] <-, -n> *f* etimologia *f*

**etymologisch** [etymoˈloːgɪʃ] *adj* etimologico

**EU** [eːˈʔuː] <-> *kein Pl. f abk v* **Europäische Union** UE *f* **EU-Asylpolitik** *f* politica *f* dell'asilo dell'UE **EU-Außengrenze** *f* confine *m* esterno dell'UE **EU-Außenminister** *m* Ministro *m* degli Esteri dell'UE **EU-Außenministerkonferenz** *f* Conferenza *f* dei Ministri degli Esteri dell'UE **EU-Beitritt** <-(e)s> *kein Pl. m* accesso *m* nell'Unione europea **EU-Bürger(in)** *m(f)* cittadino *m* europeo, eurocittadino *m*

**euch** [ɔɪç] I. *pron pers* ① (*2. pers pl*) *acc von* **ihr** (*betont*) voi; (*unbetont*) vi ② (*2. pers pl*) *dat von* **ihr** (*betont*) a voi; (*unbetont*) vi II. *pron refl* vi; **freut ihr ~?** siete contenti?

**euer** ['ɔɪɐ] I. *pron poss* (*adjektivisch*) *2. Pers. Pl. von* **ihr** vostro *m*, vostra *f*, vostri *mpl*, vostre *fpl* II. *pron pers* (*2. pers pl*) *gen von* **ihr** di voi

**eu(e)re(r, s)** ['ɔɪ(ə)rə, -re, -rəs] *pron poss* (*substantivisch*) *2. Pers. Pl. von* **ihr** il vostro *m*, la vostra *f*, i vostri *mpl*, le vostre *fpl*

**Eugenik** [ɔɪˈgeːnɪk] <-> *kein Pl. f* (MED) eugenetica *f*, eugenica *f*

**EU-Gipfel** *m* vertice *m* europeo **EU-Institution** <-, -en> *f* istituzione *f* comunitaria

**Eukalyptus** [ɔɪkaˈlʏptʊs] <-, Eukalypten> *m* (BOT) eucalipto *m*

**EU-Kommissar(in)** *m(f)* eurocommissario *m* **EU-Kommission** <-> *kein Pl. f* eurocommissione *f*

**Eule** ['ɔɪlə] <-, -n> *f* (ZOO) civetta *f*, gufo *m*

**Eulenspiegel** *m* (*fig*) burlone *m* **Eulenspiegelei** [ɔɪlənʃpiːgəˈlaɪ] <-, -en> *f* tiro *m* burlone, beffa *f*

**EU-Ministerrat** <-(e)s> *kein Pl. m* consiglio *m* [europeo] dei ministri **EU-Mitgliedsland** *nt* [Stato] membro *m* dell'Unione europea **EU-Mitgliedsstaat** <-(e)s, -en> *m* Stato *m* membro dell'UE **EU-Norm** *f* norma *f* comunitaria

**Eunuch** [ɔɪˈnuːx] <-en, -en> *m* eunuco *m*

**EU-Organ** *nt* organo *m* comunitario **EU-Osterweiterung** *f* ampliamento *m* dell'unione europea verso i paesi dell'Est

**Euphemismus** [ɔɪfeˈmɪsmʊs, *Pl:* ɔɪfeˈmɪsmən] <-, Euphemismen> *m* eufemismo *m*

**euphemistisch** [ɔɪfeˈmɪstɪʃ] *adj* eufemistico

**Euphorie** [ɔɪfoˈriː] <-, -n> *f* euforia *f*

**euphorisch** [ɔɪˈfoːrɪʃ] *adj* euforico

**Euratom** [ɔɪraˈtoːm] *abk v* **Europäische Gemeinschaft für Atomenergie** EURATOM

**eure(r, s)** ['ɔɪrə, -re, -rəs] *pron poss s.* **eu(e)re(r, s)**

**eurerseits** ['ɔɪreˈzaɪts] *adv* da parte vostra

**eures** *pron poss s.* **eu(e)re(r, s)**

**euresgleichen** ['ɔɪrəsˈglaɪçən] <*inv*> *pron* vostro pari

**euretwegen** ['ɔɪrətˈveːgən] *adv* per causa vostra, per voi; (*negativ*) per colpa vostra

**euretwillen** ['ɔɪrətˈvɪlən] *adv* **um ~** per voi, per amor vostro

**Euribor-Kontrakte** *Pl.* (FIN, EU) contratti *mpl* indicizzati in EURIBOR

**eurige(r, s)** ['ɔɪrɪgə, -ge, -gəs] *pron poss* (*obs, geh*) *s.* **eu(e)re(r, s)**

**Euro** ['ɔɪro] <-, -> *m* euro *m;* **die Einführung des ~** l'introduzione *f* dell'euro **Eurobeauftragte** <-n, -> *mf* (*Europäische Währungsunion*) incaricato *m* degli affari concernenti l'Euro **Eurobond** ['ɔɪrobɔnt] <-s, -s> *m* (FIN) eurobond *m* **Eurocent** <-s, -s> *nt* (*Währungseinheit*) centesimo *m* **Eurocheque** <-s, -s> *m* eurochèque *m* **Eurocity** <-, -s *o* -cities> *m* (FERR) eurocity *m* **Eurokrise** *f* crisi *f* dell'euro **Euroland** *nt* paese *m* dell'euro, Euroland *m*

**Europa** [ɔɪˈroːpa] *nt* (GEOG) Europa *f* **Europacup** [ɔɪˈroːpakap] <-s, -s> *m* (SPORT) coppa *f* Europa

**Europäer(in)** [ɔɪroˈpɛːɐ] <-s, -; -, -nen> *m(f)* europeo, -a *m, f*

**europäisch** *adj* europeo; **die ~e Geschichte** la storia europea; **die Europäische Union** l'Unione europea

europäisieren → Exemplar

**europäisieren** [ɔɪropɛi'ziːrən] <ohne ge-> vt europeizzare
**Europameister(in)** m(f) (SPORT) campione, -essa m, f d'Europa **Europameisterschaft** f (SPORT) campionati mpl europei
**Europaparlament** <-(e)s> kein Pl. nt (EU) parlamento m europeo **Europapokal** m (SPORT) coppa f europea; **~ der Pokalsieger** coppa dei campioni **Europapolitik** f europolitica f **Europarat** m (POL) Consiglio m europeo **Europastadt** f eurocittà f **Europasteuer** f eurotassa f **Europastraße** f itinerario m europeo **Europawahlen** fPl. elezioni fpl europee
**Europol** ['ɔɪropoːl] <-, -en> f (POL) Europol f
**Euroraum** m kein Pl. **der ~** l'eurozona f, la zona euro **Eurorettungsschirm** m (POL, FIN) pacchetto m salva-euro **Euroscheck** m s. **Eurocheque Euroscheckkarte** <-, -n> f carta f bancomat eurochèque **Euroskeptiker(in)** m(f) (POL) euro-scettico, -a m, f **euroskeptisch** adj euroscettico **Eurovision** [ɔɪrovi'zjoːn] f (TV) eurovisione f **Eurowährungsgebiet** <-(e)s, -e> nt zona f euro **Eurozone** <-> kein Pl. f zona f euro
**Euter** ['ɔɪtɐ] <-s, -> nt mammella f
**Euthanasie** [ɔɪtana'ziː] <-> kein Pl. f eutanasia f
**EU-Verfassung** f Costituzione f dell'UE
**EU-Verordnung** f direttiva f comunitaria
**EU-Vertrag** m trattato m comunitario
**e. V.** [eː'faʊ] abk v **eingetragener Verein** associazione registrata
**evakuieren** [evaku'iːrən] <ohne ge-> vt ❶ (Gebiet) evacuare ❷ (Menschen) sfollare
**Evakuierung** <-, -en> f ❶ (von Gebiet) evacuazione f ❷ (von Menschen) sfollamento m
**evangelisch** [evaŋ'ɡeːlɪʃ] adj (REL) ❶ (das Evangelium betreffend) evangelico ❷ (protestantisch) protestante
**Evangelist** [evaŋɡe'lɪst] <-en, -en> m (REL) evangelista m
**Evangelium** [evaŋ'ɡeːliʊm] <-s, Evangelien> nt (REL) Vangelo m
**Event** [i'vɛnt] <-s, -s> m o nt (fam) evento m
**Eventualität** [evɛntuali'tɛːt] <-, -en> f eventualità f
**eventuell** [evɛn'tuɛl] adj eventuale
**evident** [evi'dɛnt] adj ❶ (geh: einleuchtend, offenkundig) evidente; **es ist ~, dass er lügt** è evidente che mente ❷ (A: form) **~ halten** (registrieren, auf dem Lau-

fenden halten) aggiornare; **wir halten Ihre Bewerbung ~** teniamo in considerazione la sua richiesta di lavoro
**Evolution** [evolu'tsjoːn] <-, -en> f evoluzione f
**evtl.** abk v **eventuell** eventualmente
**E-Werk** ['eːvɛrk] <-s, -e> nt abk v **Elektrizitätswerk** centrale f elettrica
**EWG** [eːveː'ɡeː] f abk v **Europäische Wirtschaftsgemeinschaft** (HIST) CEE f
**EWI** <-> kein Pl. nt abk v **Europäisches Währungsinstitut** IME m
**ewig** ['eːvɪç] adj ❶ (unendlich) eterno; **auf ~** in eterno, per sempre ❷ (fam: dauernd) continuo, incessante; **das dauert ja ~!** (fam) dura un'eternità!
**Ewigkeit** <-, rar -en> f eternità f; **in |alle| ~** in eterno; **das dauert ja eine ~!** (fam) dura un'eternità!
**EWS** [eːveː'ʔɛs] <-> kein Pl. nt (EU) abk v **Europäisches Währungssystem** SME m
**EWU** [eːveː'ʔuː] kein Pl. f (EU) abk v **Europäische Währungsunion** UEM f
**EWWU** <-> kein Pl. f abk v **Europäische Wirtschafts- und Währungsunion** UEME f **EWWU-Teilnehmerland** nt Stato m partecipante all'UEME
**Ex** [ɛks] <-, -; -> mf (fam) ex mf
**exakt** [ɛ'ksakt] adj esatto, preciso
**Exaktheit** <-> kein Pl. f esattezza f, precisione f
**Examen** [ɛ'ksaːmən, Pl: ɛ'ksaːmina] <-s, - o rar Examina> nt esame m; |ein| **~ machen** fare un esame; **durchs ~ fallen** essere bocciato all'esame **Examensangst** f paura f degli esami **Examenskandidat(in)** m(f) esaminando, -a m, f
**examinieren** [ɛksami'niːrən] <ohne ge-> vt esaminare
**exekutieren** [ɛkseku'tiːrən] <ohne ge-> vt ❶ (hinrichten) giustiziare ❷ (A: form: pfänden) pignorare
**Exekution** [ɛkseku'tsjoːn] <-, -en> f ❶ (Hinrichtung) esecuzione f ❷ (A: form: Pfändung) pignoramento m **Exekutionskommando** nt plotone m d'esecuzione
**Exekutive** [ɛkseku'tiːvə] <-, -n> f (POL: vollziehende Gewalt im Staat) potere m esecutivo ❷ (A: Polizei und Gendarmerie) forze fpl dell'ordine pubblico
**Exempel** [ɛ'ksɛmpəl] <-s, -> nt (geh) esempio m; **die Probe aufs ~ machen** fare una prova a campione; **ein ~ statuieren** stabilire un esempio
**Exemplar** [ɛksɛm'plaːɐ] <-s, -e> nt esemplare m; (Buch) copia f

**exemplarisch** [ɛksɛm'plaːrɪʃ] (geh) **I.** adj esemplare **II.** adv in modo esemplare
**exerzieren** [ɛksɛr'tsiːrən] <ohne ge-> vi (MIL) esercitarsi, fare le esercitazioni
**Exerzierplatz** m (MIL) piazza f d'armi
**Exhibitionismus** [ɛkshibitsi̯o'nɪsmʊs] <-> kein Pl. m esibizionismo m
**Exhibitionist(in)** [ɛkshibitsi̯o'nɪst] <-en, -en; -, -nen> m(f) esibizionista mf
**exhumieren** [ɛkshuˈmiːrən] <ohne ge-> vt riesumare
**Exil** [ɛˈksiːl] <-s, -e> nt (POL) esilio m; **ins ~ gehen** andare in esilio
**existent** [ɛksɪsˈtɛnt] adj esistente
**Existentialismus** [ɛksɪstɛntsi̯aˈlɪsmʊs] <-> kein Pl. m s. **Existenzialismus**
**existentiell** [ɛksɪstɛnˈtsi̯ɛl] adj s. **existenziell**
**Existenz** [ɛksɪsˈtɛnts] <-, -en> f ❶ Sing. (Dasein, Leben) esistenza f ❷ (Lebensunterhalt) sostentamento m; **sich** dat **eine ~ aufbauen** costruirsi un'esistenza ❸ (pej: Mensch) figura f; **eine verkrachte ~** un fallito **Existenzangst** f angoscia f esistenziale **Existenzberechtigung** f ragione f d'essere, diritto m all'esistenza **Existenzgründer(in)** m(f) fondatore , -trice d'impresa m **Existenzgrundlage** f base f di sostentamento **Existenzgründungsseminar** nt corso m per fondatori d'impresa
**Existenzialismus** [ɛksɪstɛntsi̯aˈlɪsmʊs] <-> kein Pl. m (PHILOS) esistenzialismo m
**existenziell** [ɛksɪstɛnˈtsi̯ɛl] adj esistenziale
**Existenzminimum** nt minimo m per vivere
**existieren** [ɛksɪsˈtiːrən] <ohne ge-> vi esistere, esserci
**exklusiv** [ɛkskluˈziːf] adj esclusivo
**exklusive** [ɛkskluˈziːvə] **I.** prp +gen escluso attributiv; **~ Porto** escluse le spese postali **II.** adv esclusivamente
**exkommunizieren** [ɛkskɔmuniˈtsiːrən] <ohne ge-> vt (REL) scomunicare
**Exkremente** [ɛkskreˈmɛntə] ntPl. (geh) escrementi mpl
**Exkurs** [ɛksˈkʊrs] <-es, -e> m excursus m
**Exlibris** [ɛksˈliːbriːs] <-, -> nt (TYP) ex libris m
**Exmatrikulation** [ɛksmatrikulaˈtsi̯oːn] <-, -en> f cancellazione f dal registro dell'università
**exmatrikulieren** [ɛksmatrikuˈliːrən] <ohne ge-> **I.** vt cancellare dal registro [universitario] **II.** vr **sich ~** cancellarsi dal registro [universitario]
**exogen** [ɛksoˈgeːn] adj esogeno
**Exot(in)** [ɛˈksoːt] <-en, -en; -, -nen> m(f) ❶ (Tier) animale m esotico; (Pflanze) pianta f esotica; (Mensch) straniero m, persona f dall'aspetto esotico ❷ (fam: kauziger Typ) tipo m stravagante
**exotisch** [ɛˈksoːtɪʃ] adj esotico
**Expander** [ɛksˈpandɐ] <-s, -> m estensore m [a molla]
**Expansion** [ɛkspanˈzi̯oːn] <-, -en> f espansione f **Expansionspolitik** <-> kein Pl. f (POL) politica f espansionistica
**Expedit** <-(e)s, -e> nt (A: Versandabteilung einer Firma) reparto m spedizioni
**Expedition** [ɛkspediˈtsi̯oːn] <-, -en> f spedizione f
**Experiment** [ɛkspɛriˈmɛnt] <-(e)s, -e> nt (SCIENT) esperimento m, esperienza f
**experimentell** [ɛkspɛrimɛnˈtɛl] adj sperimentale
**experimentieren** [ɛkspɛrimɛnˈtiːrən] <ohne ge-> vi **mit** [o **an**] **etw** dat **~** sperimentare qc/su qc
**Experte** [ɛksˈpɛrtə] <-n, -n> m, **Expertin** [ɛksˈpɛrtɪn] <-, -nen> f esperto, -a m, f, perito m
**Expertise** [ɛkspɛrˈtiːzə] <-, -n> f (COM, JUR, POL) perizia f
**explizit** [ɛkspliˈtsiːt] adj esplicito
**explodieren** [ɛksploˈdiːrən] <ohne ge-> vi sein esplodere; (a. fig) scoppiare
**Explosion** [ɛksploˈzi̯oːn] <-, -en> f esplosione f; (a. fig) scoppio m **Explosionsgefahr** f pericolo m d'esplosione
**Explosionsserie** f serie f di esplosioni
**explosiv** [ɛksploˈziːf] adj esplosivo
**Exponat** [ɛkspoˈnaːt] <-(e)s, -e> nt (KUNST) pezzo m d'esposizione
**Exponent** [ɛkspoˈnɛnt] <-en, -en> m (MAT) esponente m
**exponieren** [ɛkspoˈniːrən] <ohne ge-> **I.** vt esporre **II.** vr **sich ~** esporsi
**Export** [ɛksˈpɔrt] <-(e)s, -e> m (COM) esportazione f **Exportartikel** m articolo m d'esportazione
**Exporteur** [ɛkspɔrˈtøːɐ̯] <-s, -e> m (COM) esportatore m
**Exportfirma** f (COM) ditta f esportatrice **Exporthandel** m commercio m con l'estero
**exportieren** [ɛkspɔrˈtiːrən] <ohne ge-> vt (COM) esportare
**Exportkaufmann** <-(e)s, -leute> m esportatore m, addetto m alle esportazioni [o al commercio estero]
**Exportschlager** m principale prodotto m d'esportazione
**Exportüberschuss** m (COM) eccedenza f d'esportazione

**Express** [ɛks'prɛs] <-es, -züge> m (Zug) rapido m; **per ~** (Post) per espresso
**Expressionismus** [ɛksprɛsjo'nɪsmʊs] <-> kein Pl. m (KUNST, LIT, MUS) espressionismo m
**expressionistisch** adj (KUNST, LIT, MUS) espressionista
**expressiv** [ɛksprɛ'siːf] adj espressivo
**exquisit** [ɛkskvi'ziːt] adj squisito, eccellente
**Extension** f (INFORM) estensione f
**extensiv** [ɛkstɛn'ziːf] adj esteso, vasto, allargato; **eine ~e Auslegung des Gesetzes** un'interpretazione allargata della legge
**extern** [ɛks'tɛrn] adj esterno
**extra** ['ɛkstra] <inv> I. adj (fam: gesondert, separat) separato, a parte II. adv ① (eigens) proprio; **das hast du ~ gemacht** (fam) questo l'hai fatto apposta ② (gesondert) speciale, extra ③ (zusätzlich) in più, in aggiunta
**Extra** <-s, -s> nt extra m, optional m; **alle ~s inklusive** compresi tutti gli extra
**Extraausstattung** f optional mpl **Extrablatt** nt (Zeitung) edizione f straordinaria
**Extrafahrt** f (CH: Sonderfahrt) corsa f straordinaria **extrafein** adj sopraffino
**Extrakt** [ɛks'trakt] <-(e)s, -e> m o nt estratto m
**extravagant** [ɛkstrava'gant o 'ɛkstravagant] adj stravagante **Extravaganz** [ɛkstrava'gants o 'ɛkstravagants] <-, -en> f stravaganza f
**extravertiert** [ɛkstravɛr'tiːɐ̯t] adj estroverso
**Extrawurst** f (fam) **jdm eine ~ braten** fare un trattamento speciale a qu; **sie will immer eine ~ [gebraten haben]** vuole sempre un trattamento speciale
**Extrazug** m (CH: FERR: Sonderzug) treno m speciale
**extrem** [ɛks'treːm] adj estremo; (radikal) radicale **Extrem** <-s, -e> nt estremo m; **von einem ~ ins andere fallen** passare da un estremo all'altro
**Extremismus** [ɛkstre'mɪsmʊs] <-, Extremismen> m (POL) estremismo m
**Extremist(in)** [ɛkstre'mɪst] <-en, -en; -, -nen> m(f) estremista mf
**extremistisch** adj estremista, estremistico
**Extremitäten** [ɛkstremi'tɛːtən] fPl. estremità fpl
**Extremsport** <-(e)s, -sportarten> m, **Extremsportart** f sport m estremo **Extremsportler(in)** m(f) sportivo , -a estremo m
**extrovertiert** [ɛkstrover'tiːɐ̯t] adj s. **extravertiert**
**exzellent** [ɛkstsɛ'lɛnt] adj eccellente
**Exzellenz** [ɛkstse'lɛnts] <-, -en> f eccellenza f
**exzentrisch** [ɛks'tsɛntrɪʃ] adj eccentrico
**Exzess** [ɛks'tsɛs] <-es, -e> m eccesso m; **etw bis zum ~ treiben** spingere qc all'eccesso
**exzessiv** [ɛkstse'siːf] adj eccessivo
**Eyeliner** ['aɪlaɪnɐ] <-s, -> m eye-liner m
**EZB** <-> kein Pl. f abk v **Europäische Zentralbank** BCE f
**E-Zug** ['eːtsuːk] m (FERR) abk v **Eilzug** dir m

# Ff

**F, f** [ɛf] <-, -(s)> nt ❶ (*Buchstabe*) F, f *f;* **F wie Friedrich** F come Firenze ❷ (MUS) fa *m;* **F-Dur** fa maggiore; **f-Moll** fa minore

**f.** *abk v* **folgende Seite** seg.

**F** *abk v* **Fahrenheit** F

**Fa.** *abk v* **Firma** ditta

**Fabel** ['faːbəl] <-, -n> *f* favola *f* **fabelhaft** *adj* fantastico, incredibile; (*wunderbar*) magnifico, formidabile

**fabeln** I. *vi* raccontare frottole II. *vt* (*Unsinn*) fantasticare

**Fabeltier** *nt* animale *m* favoloso **Fabelwesen** *nt* animale *m* favoloso; (*Ungeheuer*) mostro *m* immaginario

**Fabrik** [faˈbriːk] <-, -en> *f* ❶ fabbrica *f* ❷ (*~gebäude*) stabilimento *m;* **ab ~** (COM) franco stabilimento

**Fabrikant(in)** [fabriˈkant] *m(f)* fabbricante *mf*

**Fabrikarbeiter(in)** *m(f)* operaio, -a *m, f* di fabbrica

**Fabrikat** [fabriˈkaːt] <-(e)s, -e> *nt* prodotto *m,* manufatto *m*

**Fabrikation** [fabrikaˈtsi̯oːn] <-, -en> *f* fabbricazione *f,* manifattura *f* **Fabrikationsfehler** *m* difetto *m* di fabbricazione

**Fabrikbesitzer(in)** *m(f)* proprietario, -a *m, f* di una fabbrica, industriale *mf*

**Fabrikgelände** *nt* zona *f* [*o* area *f*] di un'industria

**fabrikneu** *adj* nuovo di fabbrica

**fabrizieren** [fabriˈtsiːrən] <ohne ge-> *vt* (*a. fam*) fabbricare

**Facelifting** ['feːisliftɪŋ] <-s, -s> *nt* lifting *m* facciale

**Facette** [faˈsɛtə] <-, -n> *f* faccetta *f*

**Fach** [fax] <-(e)s, **Fächer**> *nt* ❶ (*in Tasche*) [s]compartimento *m,* scomparto *m;* (*in Büchergestell*) scaffale *m,* ripiano *m;* (*Schub~*) cassetto *m;* (*Post~*) casella *f* ❷ (*Berufszweig*) mestiere *m;* (*Zweig*) ramo *m;* (*Gebiet*) campo *m,* settore *m;* (*Unterrichts~*) materia *f;* **vom ~ sein** essere del mestiere **Facharbeiter(in)** *m(f)* operaio, -a *m, f* specializzato, -a; (*~schaft*) mano *f* d'opera specializzata **Facharzt** *m,* **Fachärztin** *f* (MED) medico *m* specialista, specialista *mf* **Fachausdruck** *m* termine *m* tecnico **Fachbuch** *nt* trattato *m* [*o* testo *m*] tecnico, libro *m* specializzato

**fächeln** ['fɛçəln] *vt* sventolare (*mit etw* qc)

**Fächer** ['fɛçɐ] <-s, -> *m* ventaglio *m*

**Fachfrau** *f* specialista *f,* esperta *f* **Fachgebiet** *nt* campo *m,* ramo *m,* settore *m;* (*Wissens-, Sachgebiet*) materia *f* **Fachgeschäft** *nt* negozio *m* specializzato **Fachhandel** <-s> *kein Pl. m* negozio *m* specializzato, rivendita *f* specializzata **Fachhändler(in)** <-s, -; -, -nen> *m(f)* rivenditore *m* specializzato **Fachhochschule** *f* istituto *m* parauniversitario [di qualificazione professionale] **Fachidiot(in)** <-en, -en; -, -nen> *m(f)* (*pej*) *persona considerata limitata di mente perché chiusa nella propria materia;* **er ist ein ~!** è completamente chiuso nella sua materia e non vede altro! **Fachkenntnisse** *fPl.* cognizioni *fpl* tecniche **Fachkraft** *f* specialista *mf* **fachkundig** *adj* esperto, competente **Fachleute** *Pl. von* **Fachmann fachlich** *adj* professionale, tecnico; **die ~en Voraussetzungen erfüllen** essere qualificato **Fachliteratur** *f* letteratura *f* specializzata

**Fachmann** <-(e)s, -leute> *m* esperto *m,* specialista *m* **fachmännisch** ['faxmɛnɪʃ] *adj* specialistico; (*fachgerecht*) a regola d'arte

**Fachoberschule** *f* istituto *m* tecnico superiore

**Fachpolitiker(in)** *m(f)* (POL) tecnico *m* **Fachpresse** *f* stampa *f* specialistica **Fachrichtung** *f* ramo *m,* specializzazione *f* [accademica]; **die ~ Physik an der Universität Köln** il corso di laurea in fisica all'università di Colonia **Fachschaft** <-, -en> *f* ❶ (*Berufsgruppe*) categoria *f* professionale ❷ (*an Universitäten*) studenti *mpl* d'una disciplina **Fachschule** *f* istituto *m* tecnico [*o* professionale] **fachsimpeln** ['faxzɪmpəln] *vi* (*fam*) parlare di questioni tecniche [*o* professionali] **Fachsprache** *f* (LING) linguaggio *m* tecnico, gergo *m pej* **fachübergreifend** *adj* interdisciplinare **Fachwerk** *nt* traliccio *m* **Fachwerkhaus** *nt* casa *f* con intelaiatura a traliccio **Fachwissen** <-s> *kein Pl. nt s.* **Fachkenntnisse**

**Fachwort** <-(e)s, -wörter> *nt* termine *m* tecnico

**Fachzeitschrift** *f* rivista *f* specializzata, periodico *m* specializzato

**Fackel** ['fakəl] <-, -n> *f* (*a. fig*) fiaccola *f,* torcia *f*

**fackeln** *vi* (*fam*) **nicht lange ~** non perdere

tempo, non aver scrupoli; **los, nicht lange gefackelt!** forza!, coraggio!
**Fackelzug** *m* fiaccolata *f*
**Fadheit** <-> *kein Pl. f* ❶ (*von Essen*) insipidezza *f*, ❷ (*Geistlosigkeit*) insulsaggine *f*, ❸ (*Langweiligkeit*) noiosità *f*
**fadisieren** *vr* **sich** [**zu Tode**] ~ (*A: fam: sich langweilen*) annoiarsi [a morte]
**Fagott** [fa'gɔt] <-(e)s, -e> *nt* (MUS) fagotto *m*
**fähig** ['fɛːɪç] *adj* (*imstande, tauglich*) capace, bravo; (*befähigt*) qualificato; **zu etw ~ sein** essere capace di [fare] qc; **er ist zu allem ~!** è capace di tutto! **Fähigkeit** <-, -en> *f* ❶ (*das Imstandesein*) capacità *f*, abilità *f* ❷ (*Begabung*) dote *f*, talento *m;* (*geistig*) facoltà *f;* (*körperlich*) forza *f*, capacità *f*
**fahl** [faːl] *adj* (*fast farblos*) sbiadito, smorto; (*Licht*) fioco; (*bleich*) pallido
**fahnden** ['faːndən] *vi* **nach jdm ~** ricercare qu
**Fahndung** <-, -en> *f* indagini *fpl;* **die ~ nach einem Täter** le indagini sul colpevole
**Fahne** ['faːnə] <-, -n> *f* ❶ (*Flagge*) bandiera *f* ❷ (*TYP*) bozza *f* [in colonna] ❸ (*Alkohol~*) **eine ~ haben** (*fam*) puzzare di alcool **Fahnenabzug** *m* (TYP) bozza *f* [in colonna] **Fahneneid** *m* (MIL) giuramento *m* di fedeltà [alla bandiera] **Fahnenflucht** *f* (MIL) diserzione *f* **fahnenflüchtig** *adj* disertore **Fahnenstange** *f* asta *f* della bandiera **Fahnenträger** *m* portabandiera *m*
**Fähnrich** ['fɛːnrɪç] <-s, -e> *m* ❶ (HIST) alfiere *m* ❷ (MIL: *Offiziersanwärter*) allievo *m* ufficiale
**Fahrausweis** *m* ❶ (*Fahrkarte*) biglietto *m* ❷ (*CH: Führerschein*) patente *f* [di guida]
**Fahrbahn** *f* carreggiata *f;* **von der ~ abkommen** andare fuori strada
**fahrbar** *adj* (TEC) praticabile, carrozzabile, carreggiabile, navigabile; **ein ~er Untersatz** (*fam*) una macchina
**Fahrdamm** *m* (*dial*) *s*. **Fahrbahn**
**Fahrdienstleiter** *m* (FERR) capostazione *m*
**Fähre** ['fɛːrə] <-, -n> *f* traghetto *m*
**fahren** ['faːrən] <fährt, fuhr, gefahren> I. *vi sein* ❶ (*sich fortbewegen*) andare; **rechts ~** tenere la destra; **erster/zweiter Klasse ~** viaggiare in prima/seconda classe; **über Mailand ~** passare per Milano; **durch eine Stadt ~** attraversare una città; **mit dem Auto/der Bahn/dem Schiff ~** andare in macchina/in treno/in nave; **was ist bloß in dich gefahren?** (*fig*) ma che ti piglia? *fam* ❷ (*ab~*) partire ❸ (*reisen*) viaggiare ❹ (*berühren*) **sich** *dat* **mit der Hand über die Stirn ~** passarsi la mano sulla fronte ❺ (*durchzucken*) **der Schreck fuhr ihm in die Glieder** fu paralizzato dallo spavento II. *vt* ❶ **haben** (*lenken*) guidare ❷ **haben** (*befördern*) trasportare; **jdn nach Hause ~** portare qu a casa [in macchina] ❸ **haben** *o* **sein** (*zurücklegen*) percorrere ❹ (SPORT) **Ski ~** sciare; **ein Rennen ~** partecipare a una gara [di automobili]
**Fahrenheit** ['faːrənhaɪt] Fahrenheit **Fahrenheitskala** *f* scala *f* Fahrenheit
**Fahrer(in)** ['faːre] *m(f)* ❶ (*als Beruf*) autista *mf* ❷ (*Auto~*) conducente *mf,* automobilista *mf;* (*Motorrad~*) motociclista *mf;* (*Rad~*) ciclista *mf* **Fahrerflucht** *f* fuga *f* del conducente [dopo l'incidente]; **~ begehen** fuggire dopo aver causato un incidente
**Fahrerin** *f s*. **Fahrer Fahrersitz** *m* posto *m* del guidatore
**Fahrgast** *m* passeggero *m* **Fahrgeld** *nt* prezzo *m* del biglietto **Fahrgelegenheit** *f* possibilità *f* [*o* mezzo *m*] di trasporto **Fahrgeschwindigkeit** *f* velocità *f* [di marcia] **Fahrgestell** *nt* ❶ (MOT) telaio *m* ❷ (AERO) carrello *m*
**fahrig** ['faːrɪç] *adj* ❶ (*unruhig*) inquieto, agitato ❷ (*zerstreut*) distratto
**Fahrkarte** *f* biglietto *m* **Fahrkartenautomat** *m* distributore *m* automatico di biglietti **Fahrkartenschalter** *m* biglietteria *f*
**fahrlässig** ['faːɐ̯lɛsɪç] *adj* trascurato, negligente; **~e Körperverletzung** lesione colposa; **~e Tötung** omicidio colposo **Fahrlässigkeit** <-, -en> *f* ❶ negligenza *f*, trascuratezza *f* ❷ (JUR) colpa *f*
**Fahrlehrer(in)** *m(f)* istruttore, -trice *m*, *f* di guida **Fahrleistung** *f* (MOT) prestazione *f* di marcia
**Fährmann** ['fɛːɐ̯man] *m* barcaiolo *m,* battelliere *m*
**Fahrplan** *m* orario *m* **fahrplanmäßig** *adj* in orario, puntuale
**Fahrpraxis** <-> *kein Pl. f* pratica *f* di guida
**Fahrpreis** *m* prezzo *m* del biglietto **Fahrpreisermäßigung** *f* riduzione *f* sul prezzo del biglietto
**Fahrprüfung** *f* esame *m* di guida
**Fahrrad** *nt* bicicletta *f,* bici *f fam;* **~ fahren** andare in bicicletta **Fahrradfahrer(in)** *m(f)* ciclista *mf* **Fahrradkurier** <-s, -e> *m* corriere *m* in bicicletta **Fahrradständer** *m* posteggio *m* per biciclette

**Fahrradweg** *m* pista *f* ciclabile; (*in der Stadt*) corsia *f* ciclabile
**Fahrrichtung** *f* direzione *f* di marcia
**Fahrrinne** *f* (NAUT) canale *m* navigabile
**Fahrschein** *m s.* **Fahrkarte**
**Fährschiff** *nt* (NAUT) [nave *f*] traghetto *m*
**Fahrschule** *f* autoscuola *f,* scuolaguida *f*
**Fahrschüler(in)** *m(f)* allievo, -a *m, f,* di una scuolaguida **Fahrspur** *f* corsia *f* **Fahrstreifen** *m* (*A: Fahrspur*) corsia *f*
**Fahrstuhl** *m* ascensore *m*
**Fahrstuhlführer(in)** *m(f)* ascensorista *mf,* lift *m*
**Fahrt** [faːɐ̯t] <-, -en> *f* ❶ (*Strecke*) corsa *f,* tragitto *m;* (*Ausflug*) gita *f,* escursione *f;* (*Reise*) viaggio *m;* **auf der ~** in viaggio; **die ~ nach Venedig** il viaggio per Venezia; **~ ins Grüne** gita in campagna; **gute ~!** buon viaggio! ❷ (*Geschwindigkeit*) velocità *f;* **in voller ~** a tutta velocità; **in ~** (*fam: in guter Stimmung*) in vena; (*in Wut*) in collera
**fährt** [fɛːɐ̯t] *3. Pers. Sing. Präs. von* **fahren**
**Fährte** ['fɛːɐ̯tə] <-, -n> *f* traccia *f,* pista *f;* **jdn auf die richtige/falsche ~ bringen** mettere qu sulla pista giusta/sbagliata
**Fahrtenbuch** *nt* (*für Kraftfahrer*) libretto *m* di controllo **Fahrtenmesser** *nt* coltello *m* da esploratore
**Fahrtrichtung** *f* direzione *f* di marcia
**Fahrtrichtungsanzeiger** *m* indicatore *m* di direzione
**fahrtüchtig** *adj* ❶ (*Person*) idoneo alla guida di autoveicoli ❷ (*Fahrzeug*) idoneo alla circolazione
**Fahrverbot** *nt* sospensione *f* della patente
**Fahrwasser** *nt* ❶ (NAUT) canale *m* ❷ (*fig*) terreno *m,* direzione *f,* campo *m;* **in jds ~ schwimmen** [*o* **segeln**] (*fam*) essere in balia di qu; **in seinem ~ sein** (*fam*) giocare in casa
**Fahrzeit** *f* durata *f* del viaggio
**Fahrzeug** <-(e)s, -e> *nt* (MOT) veicolo *m,* vettura *f* **Fahrzeugbrief** *m* libretto *m* di circolazione **Fahrzeughalter(in)** <-s, -; -, -nen> *m(f)* proprietario, -a *m, f* di veicolo **Fahrzeuglenker(in)** *m(f)* (*CH*) *s.* **Fahrer** **Fahrzeugnummer** *f* numero *m* di immatricolazione **Fahrzeugpapiere** *ntPl.* documenti *mpl* di circolazione
**fair** [fɛːɐ̯] *adj* onesto; (SPORT) leale
**Fairness** ['fɛːɐ̯nɛs] <-> *kein Pl. f* correttezza *f,* fair play *m*
**Fäkalien** [fɛˈkaːliən] *fPl.* (*form*) feci *fpl,* sostanze *fpl* fecali
**Faksimile** [fakˈziːmile] <-s, -s> *nt* facsimile *m*

**Fakten** ['faktən] *Pl. von* **Faktum**
**faktisch** ['faktɪʃ] *adj* effettivo, reale
**Faktor** ['faktoːɐ̯] <-s, -en> *m* fattore *m*
**Faktum** ['faktʊm, *Pl:* 'faktən] <-s, Fakten> *nt* fatto *m*
**Fakultät** [fakʊlˈtɛːt] <-, -en> *f* facoltà *f*
**fakultativ** [fakʊltaˈtiːf] *adj* facoltativo
**Falke** ['falkə] <-n, -n> *m* falco *m*
**Fall** [fal] <-(e)s, Fälle> *m* ❶ (*das Fallen,* PHYS, MIL, FIN) caduta *f,* discesa *f;* (*fig*) decadenza *f;* **jdn zu ~ bringen** far cadere qu ❷ (*Umstand,* MED, JUR, LING) caso *m;* (*Angelegenheit*) faccenda *f;* **auf alle Fälle, auf jeden ~** in ogni caso, in tutti i casi; (*unbedingt*) assolutamente; **auf keinen ~** in nessun caso; **für alle Fälle** per ogni eventualità; **für den ~, dass ...** nel caso che [*o* in cui] +*conj;* **gesetzt den ~, dass ...** poniamo il caso che +*conj;* **in diesem ~** in questo caso; **von ~ zu ~** caso per caso
**Fallbeil** *nt* (HIST) ghigliottina *f*
**Falle** ['falə] <-, -n> *f* trappola *f;* (*a. fig*) trabocchetto *m;* **jdm eine ~ stellen** tendere una trappola a qu; **jdm in die ~ gehen** cadere nella trappola tesa da qu
**fallen** ['falən] <fällt, fiel, gefallen> *vi sein* ❶ (*stürzen, Blick, Niederschlag*) cadere; **~ lassen** (*verlassen*) lasciare, abbandonare; (*Sache, Wort*) lasciar cadere; **er ließ kein Wort darüber ~** non aprì bocca; **über etw** *acc* **~** cadere su qc, inciampare in qc; **zu Boden ~** cadere a terra; **in Ohnmacht ~** svenire; **jdm ins Wort ~** interrompere qu; **jdm in den Rücken ~** voltare le spalle a qu; **jdm um den Hals ~** gettarsi al collo di qu; **sie ist nicht auf den Kopf gefallen** (*fam*) non è caduta dalle nuvole; **sie ist nicht auf den Mund gefallen** (*fam*) ha sempre la risposta pronta ❷ (*sinken*) diminuire ❸ (*Licht*) **in etw** *acc* **~** penetrare in qc ❹ (*betroffen werden*) **unter Gesetz** *acc* **~** essere contemplato dalla legge; **unter Begriff ~** rientrare nel concetto; **ins Gewicht ~** avere peso, essere importante ❺ (*Entscheidung*) essere preso ❻ (*sich ereignen*) **auf einen Sonntag ~** (*Datum*) cadere di domenica; **es fielen zwei Tore** furono segnati due gol; (*Schuss*) partire ❼ (MIL: *sterben*) morire in guerra
**Fallen** <-s> *kein Pl. nt* ❶ caduta *f* ❷ (*Abnahme*) diminuzione *f;* (FIN) ribasso *m*
**fällen** ['fɛlən] *vt* ❶ (*Baum*) abbattere ❷ (*Urteil*) pronunciare
**Fallensteller** <-s, -> *m* chi tende trappole
**Fallgeschwindigkeit** *f* (PHYS) velocità *f* di

caduta **Fallgesetz** *nt* (PHYS) legge *f* sulla caduta libera **Fallgrube** *f* trappola *f*
**fällig** ['fɛlɪç] *adj* ❶ (FIN) che scade, scaduto; (*zahlbar*) pagabile; (*Schuld*) esigibile; ~ **werden** scadere ❷ (*erforderlich*) necessario; **das war schon lange ~!** (*fam*) era necessario da tempo! **Fälligkeit** <-> *kein Pl. f* (FIN) scadenza *f;* (*von Zinsen*) maturazione *f*
**Fallobst** *nt* frutti *mpl* cascaticci
**falls** [fals] *konj* se, nel caso che [*o* in cui] +*conj*, qualora +*conj*
**Fallschirm** *m* paracadute *m;* **etw mit dem ~ abwerfen** lanciare qc col paracadute
**Fallschirmabsprung** *m* lancio *m* col paracadute **Fallschirmjäger** *m* (MIL) paracadutista *m* **Fallschirmspringen** <-s> *kein Pl. nt* paracadutismo *m* **Fallschirmspringer**(**in**) *m(f)* paracadutista *mf*
**Fallstrick** *m* insidia *f*, trappola *f*
**Fallstudie** *f* studio *m* di un caso
**fällt** [fɛlt] *3. Pers. Sing. Präs. von* **fallen**
**Fällung** <-, -en> *f* ❶ (*das Fällen*) abbattimento *m* ❷ (JUR: *von Urteil*) emissione *f* ❸ (CHEM) precipitazione *f*
**fallweise** *adv* (*bes. A*) caso per caso, occasionalmente
**falsch** [falʃ] *adj* ❶ (*nicht stimmend*) falso; ~ **spielen** (MUS) stonare; **jdn ~ anfassen** (*fig*) prendere qu per il verso sbagliato *fam;* **an den Falschen geraten** rivolgersi alla persona sbagliata; **meine Uhr geht ~** il mio orologio non va bene ❷ (*verkehrt*) sbagliato; (*irrtümlich*) erroneo; (*unkorrekt*) scorretto; ~ **schreiben** sbagliare a scrivere; **etw ~ anfangen** cominciare male qc; **etw ~ machen** sbagliare qc; **etw ~ aussprechen/verstehen** pronunciare/capire male qc ❸ (*unecht: Haare, Bart*) posticcio; (*Zähne*) finto; (*künstlich*) artificiale; (*gefälscht*) falsificato, contraffatto; (*Würfel, Karten*) truccato; (*gezinkt*) segnato ❹ (*unaufrichtig*) bugiardo, insincero; (*doppelzüngig*) doppio, ambiguo; (*heuchlerisch*) ipocrita; (*hinterhältig*) subdolo; (*heimtückisch*) perfido
**fälschen** ['fɛlʃən] *vt* falsificare, contraffare
**Fälscher**(**in**) *m(f)* falsario, -a *m, f*, falsificatore, -trice *m, f*
**Falschgeld** *nt* moneta *f* falsa
**Falschheit** <-> *kein Pl. f* (*Unaufrichtigkeit*) falsità *f*; (*Heuchelei*) ipocrisia *f*; (*Hinterhältigkeit*) perfidia *f*
**fälschlich** ['fɛlʃlɪç] *adj* falso, erroneo
**Falschmeldung** <-, -en> *f* notizia *f* falsa, bufala *f sl* **Falschmünzer**(**in**) ['falʃ-

myntsə] <-s, -; -, -nen> *m(f)* falsificatore, -trice *m, f* di monete **Falschparker** ['falʃparkɐ] <-s, -> *m* persona *f* che parcheggia in sosta vietata **Falschspieler**(**in**) *m(f)* baro, -a *m, f*
**Fälschung** ['fɛlʃʊŋ] <-, -en> *f* ❶ (*Tätigkeit*) falsificazione *f*, contraffazione *f* ❷ (*Ergebnis*) falso *m*
**Faltblatt** *nt* dépliant *m*
**Faltboot** *nt* canotto *m* sgonfiabile
**Falte** ['faltə] <-, -n> *f* ❶ piega *f;* **in ~n legen** pieghettare ❷ (*Haut~*) ruga *f;* **die Stirn in ~ legen** corrugare la fronte
**falten** ['faltən] *vt* [ri]piegare; **die Hände ~** congiungere le mani
**faltenlos** *adj* ❶ senza pieghe ❷ (*Gesicht*) senza rughe **faltenreich** *adj s.* **faltig**
**Faltenrock** *m* gonna *f* a pieghe
**Faltenwurf** *m* drappeggio *m*
**Falter** ['faltɐ] <-s, -> *m* farfalla *f*
**faltig** *adj* ❶ (*Stoff*) a pieghe ❷ (*Gesicht*) rugoso
**Faltprospekt** *m* dépliant *m*
**Falz** [falts] <-es, -e> *m* ❶ (*Nut*) scanalatura *f* ❷ (*Gleitrille*) guida *f* di scorrimento ❸ (TEC) graffatura *f* ❹ (*Buchbinderei*) piega *f*
**falzen** ['faltsən] *vt* ❶ (*nuten*) scanalare ❷ (TEC) aggraffare ❸ (*Papier*) piegare
**familiär** [famɪ'ljɛːɐ] *adj* familiare
**Familie** [fa'miːljə] <-, -n> *f* famiglia *f;* (*Verwandtschaft, bes. scherz*) parentado *m fam;* **zur ~ gehören** far parte della famiglia, essere di casa *fam;* **das liegt in der ~** è di famiglia **Familienanschluss** *m* **mit ~** possibilità di convivere con la famiglia **Familienanzeige** *f* annuncio *m* [di nascita/matrimonio/morte] **Familienehre** *f* orgoglio *m* familiare **Familienfeier** *f* festa *f* in [*o* di] famiglia **Familienkreis** *m* **im ~** in seno alla famiglia; **im engsten ~** nell'intimità **Familienleben** *nt* vita *f* di famiglia
**Familienmensch** *m* persona *f* attaccata alla famiglia **Familienmitglied** *nt* membro *m* della famiglia **Familienname** *m* cognome *m* **Familienoberhaupt** *nt* capofamiglia *mf* **Familienplanung** <-> *kein Pl. f* pianificazione *f* familiare **Familienstand** *m* stato *m* civile **Familientragödie** *f* tragedia *f* familiare **Familienvater** *m* padre *m* di famiglia **Familienzusammenführung** <-, -en> *f* ricongiungimento *m* dei familiari
**famos** [fa'moːs] *adj* (*fam*) formidabile; (*geh iron*) famigerato

**Fan** [fɛ(:)n] <-s, -s> *m* fan *mf*, tifoso, -a *m, f*
**Fanatiker(in)** [fa'na:tɪkɐ] <-s, -; -, -nen> *m(f)* fanatico, -a *m, f*
**fanatisch** [fa'na:tɪʃ] *adj* fanatico
**Fanatismus** [fana'tɪsmʊs] <-> *kein Pl. m* fanatismo *m*
**Fanclub** <-s, -s> *m* fan-club *m*
**fand** [fant] *1. u. 3. Pers. Sing. Imp. von* **finden**
**Fanfare** [fan'fa:rə] <-, -n> *f* (MUS) fanfara *f*
**Fang** [faŋ] <-(e)s, Fänge> *m* ❶ (*Tätigkeit*) cattura *f*, presa *f*; (SPORT) presa *f* ❷ (*Beute*) preda *f*; (*beim Fischen*) pesca *f*; **einen guten ~ machen** (*fig*) fare un buon acquisto
**Fangarm** *m* (ZOO) tentacolo *m*
**fangen** [faŋən] <fängt, fing, gefangen> I. *vt* ❶ prendere, pigliare ❷ (*festnehmen*) catturare, acchiappare II. *vr* **sich ~** (*das Gleichgewicht wieder finden*) riprendere l'equilibrio; (*seelisch*) riprendersi, riaversi
**Fangfrage** *f* domanda *f* tranello
**Fangleine** *f* (NAUT) corda *f* di sicurezza, gomena *f*, cavo *m* d'ormeggio
**Fangschaltung** *f* (TEL) dispositivo *m* di intercettazione
**fängt** [fɛŋt] *3. Pers. Sing. Präs. von* **fangen**
**Fanklub** <-s, -s> *m s.* **Fanclub Fanpost** *f* lettere *fpl* dei fan
**Fantasie** [fanta'zi:] <-, -n> *f* ❶ fantasia *f*, immaginazione *f*; **seine ~ spielen lassen** dare libero sfogo alla sua immaginazione ❷ (MUS) fantasia *f* **Fantasiegebilde** *nt* fantasticheria *f*, chimera *f* **fantasielos** *adj* senza fantasia, pedestre **Fantasielosigkeit** <-> *kein Pl. f* mancanza *f* di fantasia
**fantasieren** <ohne ge-> *vi* fantasticare; (*faseln*) parlare a vanvera; (MED) delirare; **von etw ~** fantasticare su qc **fantasievoll** I. *adj* pieno di immaginazione, ricco di fantasia II. *adv* in modo colorito
**Fantast(in)** [fan'tast] <-en, -en; -, -nen> *m(f)* (*pej*) fantasticone, -a *m, f*, sognatore, -trice *m, f* **Fantasterei** [fantastə'raɪ] <-, -en> *f* (*pej*) fantasticheria *f*
**Fantastin** *f s.* **Fantast fantastisch** *adj* ❶ (*unwirklich*) fantastico, irreale; (*unglaublich*) favoloso ❷ (*fam: großartig*) fantastico, grandioso
**Farbaufnahme** *f* fotografia *f* a colori **Farbband** <-(e)s, -bänder> *nt* nastro *m* **Farbbild** *nt* immagine *f* a colori **Farbbildschirm** *m* (INFORM, TV) schermo *m* a colori
**Farbdisplay** *nt* display *m* a colori **Farbdruck** *m s.* **Farb|en|druck**
**Farbe** ['farbə] <-, -n> *f* ❶ colore *m*; (*Gesichts~*) colorito *m* ❷ (*Färbemittel*) tinta *f* ❸ (*Mal~, Anstreich~*) pittura *f*, vernice *f* ❹ (*Farbstoff*) colorante *m* ❺ (TYP) inchiostro *m* ❻ (*Spielkarten~*) seme *m*; **~ bekennen** (*fam*) mettere le carte in tavola
**farbecht** *adj* indelebile **Farbechtheit** *f* indelebilità *f*, solidità *f* del colore
**färben** ['fɛrbən] I. *vt* tingere II. *vi* (*ab~*) stingere, colorare III. *vr* **sich ~** tingersi, colorarsi; **sich rot ~** tingersi di rosso; **sich gelb ~** ingiallire
**farbenblind** *adj* daltonico **Farbenblindheit** *f* (MED) daltonismo *m* **Farb|en|druck** <-(e)s, -e> *m* (TYP) stampa *f* a colori **farbenfreudig** *adj* dai colori vivaci **farbenfroh** *adj* dai colori vivaci **Farb|en|kasten** *m* scatola *f* dei colori **Farbenpracht** *f* sfarzo *m* di colori **farbenprächtig** *adj* dai colori vistosi
**Färber(in)** ['fɛrbɐ] <-s, -; -, -nen> *m(f)* tintore, -a *m, f*
**Färberei** [fɛrbə'raɪ] <-, -en> *f* tintoria *f*
**Färberin** *f s.* **Färber**
**Farbfernsehen** *nt* televisione *f* a colori **Farbfernseher** *m* (*fam*), **Farbfernsehgerät** *nt* televisore *m* a colori **Farbfilm** *m* ❶ pellicola *f* a colori ❷ (FILM) film *m* a colori **Farbfoto** *nt* foto *f* a colori **Farbfotografie** *f* fotografia *f* a colori
**farbig** *adj* ❶ (*bunt*) colorato ❷ (*Hautfarbe*) di colore ❸ (*fig: anschaulich*) colorito
**färbig** *adj* (A) *s.* **farbig 1.**
**Farbige** <ein -r, -n, -n> *mf* uomo *m* [*o* donna *f*] di colore
**Farbkasten** *m s.* **Farbenkasten**
**Farbkissen** *nt* (TYP) tampone *m*
**Farbkopierer** *m* fotocopiatrice *f* a colori
**farblich** I. *adj* cromatico II. *adv* coloristicamente, cromaticamente, nei colori; **Rock und Bluse waren ~ nicht aufeinander abgestimmt** i colori della gonna e della camicetta non erano abbinati
**farblos** *adj* incolore
**Farbstift** *m* matita *f* colorata, pastello *m* **Farbstoff** *m* [sostanza *f*] colorante *m* **Farbtintenstrahldrucker** *m* stampante *f* a getto [d'inchiostro] a colori **Farbton** *m* tonalità *f* cromatica, tinta *f*
**Färbung** ['fɛrbʊŋ] <-, -en> *f* ❶ colorazione *f* ❷ (*Tönung*) tonalità *f*
**Farce** [fars, *Pl:* farsən] <-, -n> *f* ❶ (THEAT) farsa *f*; **eine ~ als Theaterstück** una farsa come opera teatrale ❷ (GASTR) ripieno *m*, farcia *f*
**Farm** [farm] <-, -en> *f* (AGR) fattoria *f*

**Farmer** <-s, -> *m* (AGR) proprietario *m* di fattoria, fattore *m*

**Farn** [farn] <-s, -e> *m* felce *f*

**Färse** ['fɛrzə] <-, -n> *f* (ZOO) giovenca *f*

**Fasan** [fa'za:n] <-(e)s, -e(n)> *m* fagiano *m*

**Fasanerie** [fazanə'ri:, *Pl:* fazanə'ri:ən] <-, -n> *f* fagianaia *f*

**faschieren** [fa'ʃi:rən] <ohne ge-> *vt* (A) tritare; **faschierte Laibchen** (*Frikadellen*) polpette

**Faschierte** <-n> *kein Pl. nt* (A) ① (GASTR: *Hackfleisch*) carne *f* tritata; (*fam*) macinato *m;* **gemischtes ~s** misto di carne macinata ② (GASTR: *Frikadelle*) polpetta *f*

**Fasching** ['faʃɪŋ] <-s, -e *o* -s> *m* carnevale *m* **Faschingsdienstag** *m* martedì *m* grasso

**Faschismus** [fa'ʃɪsmʊs] <-> *kein Pl. m* fascismo *m*

**Faschist(in)** <-en, -en; -, -nen> *m(f)* fascista *mf*

**faschistisch** *adj* fascista

**Faselei** [fa:zə'laɪ] <-, -en> *f* (*fam pej*) vaniloquio *m*

**faseln** ['fa:zəln] (*fam*) I. *vi* (*pej*) vaneggiare, sragionare II. *vt* (*pej*) fantasticare

**Faser** ['fa:zɐ] <-, -n> *f* fibra *f*

**fas|e|rig** *adj* fibroso, filamentoso

**fasern** *vi* sfilacciarsi

**Fass** [fas] <-es, Fässer> *nt* (*großes*) botte *f;* (*kleines*) barile *m;* (*aus Stahlblech*) fusto *m;* (*Butter~*) zangola *f;* **Bier vom ~** birra alla spina; **Wein vom ~** vino sfuso; **ein ~ ohne Boden** (*fig*) una botte senza fondo; **das schlägt dem ~ den Boden aus!** (*fam*) questo è il colmo!

**Fassade** [fa'sa:də] <-, -n> *f* (ARCH: *a. fig pej*) facciata *f*

**fassbar** *adj* comprensibile

**Fassbier** <-(e)s, -e> *nt* birra *f* alla spina

**fassen** ['fasən] I. *vt* ① (*ergreifen*) afferrare, prendere ② (*festnehmen*) arrestare ③ (*aufnehmen*) contenere ④ (*ein~*) incastonare; (*einrahmen*) incorniciare ⑤ (*verstehen*) capire, comprendere; **ich kann es nicht ~** non riesco a capacitarmene; **das ist nicht zu ~!** è incredibile! II. *vr* **sich ~** (*sich beruhigen*) calmarsi; (*sich beherrschen*) dominarsi, autocontrollarsi

**Fässer** *Pl. von* **Fass**

**fasslich** *adj* comprensibile, intelligibile

**Fassung** ['fasʊŋ] <-, -en> *f* ① (*Ein~*) montatura *f;* (*von Edelsteinen*) incastonatura *f* ② (*Bearbeitung*) stesura *f;* (*Übersetzung,* FILM) versione *f;* **in dieser ~** in questa versione ③ (*Ruhe*) calma *f,* controllo *m;* **die ~ bewahren** conservare la padronanza di sé; **die ~ verlieren** perdere la pazienza; **jdn aus der ~ bringen** far perdere la calma a qu

**Fassungskraft** *f* capacità *f* di comprendere, intelligenza *f*

**fassungslos** *adj* sconcertato, esterrefatto

**Fassungslosigkeit** <-> *kein Pl. f* sconcerto *m,* smarrimento *m,* sbalordimento *m*

**Fassungsvermögen** *nt* volume *m,* capacità *f*

**fast** [fast] *adv* quasi, pressoché; **ich wäre ~ gefallen** a momenti cadevo *fam*

**fasten** ['fastən] *vi* digiunare **Fastenkur** *f* cura *f* del digiuno **Fastenzeit** *f* periodo *m* di quaresima; (*im Christentum*) quaresima *f*

**Fastfood** *nt,* **Fast Food** [fa:st fu:t] <-, -(s)> *nt* fast food *m,* pasto *m* rapido

**Fastnacht** <-> *kein Pl. f* (*Fasching*) carnevale *m* **Fastnachtsdienstag** *m* (*Dienstag vor Aschermittwoch*) martedì *m* grasso

**Faszination** [fastsina'tsjo:n] <-, -en> *f* fascino *m*

**faszinieren** [fastsi'ni:rən] <ohne ge-> *vt* affascinare **faszinierend** *adj* affascinante

**fatal** [fa'ta:l] *adj* fatale

**Fatalismus** [fata'lɪsmʊs] <-> *kein Pl. m* fatalismo *m*

**fatalistisch** *adj* fatalistico

**Fatum** <-s, Fata> *nt* fato *m*

**Fatzke** ['fatskə] <-n *o* -s, -n *o* -s> *m* (*fam pej*) bellimbusto *m,* vanitoso *m*

**fauchen** ['fauxən] *vi* (*Katze, Wind*) soffiare; (*fig fam*) sbuffare

**faul** [faʊl] *adj* ① (*träge*) pigro, poltrone; **auf der ~en Haut liegen** (*fam*) poltrire nell'ozio ② (*verdorben*) guasto, marcio ③ (*fig fam: verdächtig*) sospetto, dubbioso; (*fragwürdig*) dubbio, incerto; **eine ~e Ausrede** (*fam*) una magra scusa; **an der Sache ist was ~** (*fig fam*) c'è qc di sospetto nella faccenda

**Fäule** ['fɔɪlə] <-> *kein Pl. f* putredine *f,* marciume *m*

**faulen** ['faʊlən] *vi* sein *o* haben (*Obst, Holz, Laub*) marcire, imputridire

**faulenzen** ['faʊlɛntsən] *vi* poltrire *fam,* oziare

**Faulenzer(in)** <-s, -; -, -nen> *m(f)* poltrone, -a *m, f fam,* fannullone, -a *m, f fam*

**Faulenzerei** [faʊlɛntsə'raɪ] <-, -en> *f* poltroneria *f*

**Faulheit** <-> *kein Pl. f* pigrizia *f,* poltroneria *f fam*

**faulig** *adj* putrido, marcio

**Fäulnis** ['fɔɪlnɪs] <-> *kein Pl. f* putrefazione *f,* marciume *m*

**Faulpelz** *m* (*fam*) *s*. **Faulenzer Faulschlamm** <-(e)s, -schlämme> *m* sapropelite *f*, sapropel *m* **Faultier** *nt* ① (ZOO) bradipo *m* ② (*fig fam*) *s*. **Faulenzer**
**Fauna** ['faʊna] *f* fauna *f*
**Faust** [faʊst] <-, Fäuste> *f* pugno *m*; **auf eigene ~** di propria iniziativa; **das passt wie die ~ aufs Auge** (*fam*) è come un pugno in un occhio
**Fäustchen** ['fɔɪstçən] <-s, -> *nt* **sich** *dat* **ins ~ lachen** (*fam*) ridersela sotto i baffi
**faustdick** ['faʊstˌdɪk] *adj* **es ~ hinter den Ohren haben** (*fam*) essere un furbo matricolato **Fausthandschuh** *m* [guanto *m* a] manopola *f* **Faustpfand** *nt* pegno *m* mobile **Faustrecht** <-(e)s> *kein Pl*. *nt* diritto *m* del più forte **Faustregel** *f* regola *f* generale **Faustschlag** *m* pugno *m*
**Fauteuil** <-s, -s> *m* (A: *Polstersessel mit Armlehnen*) poltrona *f*
**Fauxpas** [fo'pa] <-, -> *m* gaffe *f*, topica *f*; **einen ~ begehen** fare una gaffe
**Favorit(in)** [favo'riːt] <-en, -en; -, -nen> *m(f)* favorito, -a *m, f*
**Fax** ['faks] <-, -(e)> *nt* (TEL) fax *m*, telefax *m*; **per ~** per/via fax
**faxen** *vi, vt* mandare per fax, faxare
**Faxgerät** *nt* fax *m* **Faxmodem** *nt* (TEL) modem-fax *m*
**Fazit** ['faːtsɪt] <-s, -e *o* -s> *nt* ① (*Ergebnis*) risultato *m* [finale] ② (*Schlussfolgerung*) conclusione *f*; **aus etw das ~ ziehen** tirare le somme di qc
**FCKW** [ɛftseːkaːˈveː] <-s> *nt abk v* **Fluorchlorkohlenwasserstoff** CFC *m* **FCKW-frei** *adj* privo di CFC
**FDGB** [ɛfdegeːˈbeː] <-(s)> *kein Pl*. *m abk v* **Freier Deutscher Gewerkschaftsbund** associazione *f* dei sindacati tedeschi
**FDJ** [ɛfdeːˈjɔt] <-> *kein Pl*. *f abk v* **Freie Deutsche Jugend** associazione della gioventù tedesca
**FDP, F.D.P.** [ɛfdeːˈpeː] <-> *kein Pl*. *f abk v* **Freie Demokratische Partei** partito liberal-democratico tedesco
**Feber** ['feːbɐ] <-s, -> *m* (A) febbraio *m*; *s. a*. **April**
**Februar** ['feːbruaːɐ] <-(s), -e> *m* febbraio *m*; *s. a*. **April**
**fechten** ['fɛçtən] <ficht, focht, gefochten> *vi* tirare di scherma
**Fechten** <-s> *kein Pl*. *nt s*. **Fechtsport**
**Fechter(in)** <-s, -; -, -nen> *m(f)* schermitore, -trice *m, f*
**Fechtlehrer(in)** *m(f)* insegnante *mf* di scherma

**Fechtmeister(in)** *m(f)* maestro, -a *m, f* di scherma
**Fechtsaal** *m* sala *f* di scherma
**Fechtsport** *m* scherma *f*
**Feder** ['feːdɐ] <-, -n> *f* ① penna *f* ② (ZOO: *Vogel~*) penna *f*; (*Flaum~*) piuma *f*; **sich mit fremden ~n schmücken** farsi bello con le penne del pavone ③ (TEC) molla *f*
**Federball** *m* (SPORT) ① (*Ball*) volano *m* ② (*Spiel*) [gioco *m* del] volano *m* **Federbett** *nt* piumino *m* **Federboa** *f* boa *f* di piume di struzzo **Federbusch** *m* ① (*Helm*) pennacchio *m* ② (*Gefieder*) ciuffetto *m* **Federfuchser** ['feːdɐfʊksɐ] <-s, -> *m* (*fam*) ① (*pej: Pedant*) imbrattacarte *m*, pennaiolo *m* ② (*pej: schlechter Schriftsteller*) scribaccino *m* **federführend** *adj* responsabile, competente; **~ in etw** *dat* **sein** essere responsabile per qc
**Federgewicht** *nt* (SPORT) peso *m* piuma
**Federhalter** *m* portapenne *m* **Federkernmatratze** *f* materasso *m* a molle
**federleicht** ['feːdɐ'laɪçt] *adj* leggero come una piuma **Federlesen** *nt* **mit etw nicht viel ~[s] machen** non fare tante storie con qc
**federn I.** *vi* ① (TEC) essere molleggiato, molleggiare ② (SPORT) molleggiarsi, flettersi **II.** *vt* (TEC) molleggiare **federnd** *adj* elastico; (*a. fig*) molleggiante
**Federung** <-, -en> *f* ① (*Elastizität*) elasticità *f* ② (*Gefedertsein*) molleggio *m*; (AUTO) sospensione *f* [elastica], sospensioni *fpl*
**Federvieh** *nt* (*fam*) pennuti *mpl*
**Federzeichnung** *f* disegno *m* a penna
**Fee** [feː] <-, -n> *f* fata *f*, fatina *f*
**Feedback** ['fiːtˈbɛk] <-s, -s> *nt*, **Feed-back** <-s, -s> *nt* ① (TV, RADIO) feedback *m*, retroazione *f* ② (*in der Kybernetik*) feed-back *m*
**Feeling** ['fiːlɪŋ] <-s> *kein Pl*. *nt* feeling *m* (*für*) per
**Fegefeuer** ['feːgəfɔɪɐ] *nt* purgatorio *m*
**fegen** ['feːgən] **I.** *vt haben* spazzare, scopare **II.** *vi* ① *haben* passare la scopa, scopare ② *sein* (*fam: rasen*) sfrecciare
**Fehde** ['feːdə] <-, -n> *f* faida *f*
**fehl** [feːl] *adv* **~ am Platz sein** essere fuori luogo
**Fehlanzeige** *f* rapporto *m* negativo **Fehlbesetzung** <-, -en> *f* (FILM, THEAT) assegnazione *f* infelice [*o* sbagliata] di un ruolo
**Fehlbetrag** *m* (COM) deficit *m*, disavanzo *m* **Fehldiagnose** *f* (MED) diagnosi *f* errata **Fehleinschätzung** *f* valutazione *f* errata

**fehlen** ['fe:lən] *vi* ① (*mangeln*) mancare; **es an nichts ~ lassen** non far mancare nulla; **es hätte nicht viel gefehlt und er hätte verloren** poco ci mancava [*o* mancò] che perdesse; **du fehlst mir sehr** mi manchi molto; **das hat gerade noch gefehlt!** (*fam iron*) ci voleva solo questo!, non ci mancava che questa! ② (*abwesend sein*) essere assente, mancare ③ (*gesundheitlich*) succedere; **mir fehlt nichts** sto bene; **was fehlt dir?** che cosa c'è che non va? ④ (*geh*) **weit gefehlt!** sbagliato in pieno!

**Fehler** ['fe:lɐ] <-s, -> *m* ① (*Irrtum*) errore *m*, sbaglio *m*; (*grober ~*) strafalcione *m*; **einen ~ machen** fare un errore; **durch ~ wird man klug** (*prov*) sbagliando s'impara ② (*Mangel, Defekt*) difetto *m*; (*menschliche Schwäche*) vizio *m* ③ (*Schuld*) colpa *f*

**Fehleranzeige** <-, -n> *f* (INFORM) *s*. **Fehlermeldung fehlerfrei** *adj* ① (*ohne Fehler*) corretto, senza errori ② (*einwandfrei*) perfetto, senza difetti **fehlerhaft** *adj* ① (*mangelhaft*) difettoso, imperfetto ② (*unrichtig*) scorretto, sbagliato **fehlerlos** *adj s*. **fehlerfrei Fehlermeldung** *f* (INFORM) segnalazione *f* di errore, comunicazione *f* di un errore **Fehlerquelle** *f* fonte *f* di errori

**Fehlfarbe** *f* (*beim Kartenspiel*) scarto *m*
**Fehlgeburt** *f* aborto *m*
**fehl|gehen** <irr> *vi sein* (*sich irren*) sbagliarsi, andare errato
**Fehlgriff** *m* mossa *f* sbagliata, sbaglio *m* **Fehlinformation** *f* informazione *f* errata **Fehlinvestition** *f* (WIRTSCH) investimento *m* sbagliato **Fehlkalkulation** *f* calcolo *m* sbagliato **Fehlkonstruktion** *f* costruzione *f* sbagliata **Fehlplanung** <-, -en> *f* pianificazione *f* erronea **Fehlschlag** *m* ① (*Misserfolg*) insuccesso *m*, fiasco *m fam* ② (SPORT: *beim Ballspiel*) colpo *m* mancato, tiro *m* a vuoto
**fehl|schlagen** <irr> *vi sein* (*misslingen*) fallire, non riuscire **Fehlschluss** *m* conclusione *f* sbagliata [*o* errata]
**Fehlstart** *m* ① (SPORT) falsa partenza *f* ② (AERO, TEC) mancato avviamento *m* **Fehltritt** *m* passo *m* falso **Fehlurteil** *nt* giudizio *m* sbagliato **Fehlzündung** *f* (MOT, TEC) accensione *f* difettosa

**Feier** ['faɪɐ] <-, -n> *f* ① (*Festlichkeit*) festa *f*; **zur ~ des Tages** per celebrare il giorno ② (*feierliche Handlung*) festeggiamento *m*, cerimonia *f*, celebrazione *f*
**Feierabend** *m* ① (*abendliche Freizeit*) riposo *m* serale ② (*Arbeitsschluss*) fine *f* della giornata di lavoro; **~ machen** cessare di lavorare; **am ~** dopo il lavoro; **jetzt ist aber ~!** (*fam*) adesso basta!
**Feierlaune** *f* voglia *f* di far festa
**feierlich** *adj* ① (*festlich*) festivo ② (*würdevoll*) solenne ③ (*förmlich*) ufficiale, formale **Feierlichkeit** <-, -en> *f* ① (*Eigenschaft*) solennità *f*; (*Würde, Ernst*) gravità *f* ② (*Handlung*) celebrazione *f*, cerimonia *f* ③ *Pl*: festività *fpl*
**feiern** ['faɪɐn] I. *vt* ① (*Fest*) festeggiare; (*festlich begehen*) celebrare ② (*ehren*) festeggiare, acclamare II. *vi* far festa
**Feiertag** *m* ① [giorno *m* di] festa *f*; (*freier Tag*) vacanza *f* ② (REL) festa *f* religiosa ③ (POL) festa *f* nazionale ④ (*Festtag*) giorno *m* festivo; **gesetzlicher ~** festa ufficiale

**feig**|**e**| [faɪk ('faɪgə)] *adj* vigliacco; (*hinterhältig*) vile; (*gemein*) infame
**Feige** ['faɪgə] <-, -n> *f* fico *m* **Feigenbaum** *m* fico *m* **Feigenblatt** *nt* foglia *f* di fico
**Feigheit** ['faɪkhaɪt] <-> *kein Pl*. *f* vigliaccheria *f*, codardia *f*; (*Hinterhältigkeit*) viltà *f*
**Feigling** ['faɪklɪŋ] <-s, -e> *m* vigliacco, -a *m, f*, vile *mf*
**Feile** ['faɪlə] <-, -n> *f* lima *f*; (*fig*) rifinitura *f*
**feilen** ['faɪlən] *vt* limare; (*fig*) rifinire; **an etw** *dat* **~** rifinire qc
**feilschen** ['faɪlʃən] *vi* **um etw ~** mercanteggiare su qc
**Feilspäne** *mPl*. trucioli *mpl* [*o* polvere *f*] [di limatura]
**Feilstaub** *m* trucioli *mpl* [*o* polvere *f*] [di limatura]
**fein** [faɪn] *adj* ① (*dünn, zart*) sottile; (*von zartem Aussehen*) fine, grazioso, aggraziato; (*einfühlsam, ~sinnig*) sensibile ② (*nicht grob*) fino, raffinato ③ (*Sinn: scharf*) acuto, fine ④ (*Instrument: genau*) preciso, esatto ⑤ (*sorgfältig*) esatto, accurato ⑥ (*exquisit*) squisito, ottimo; (*erlesen*) scelto, pregiato ⑦ (*vornehm*) distinto; (*gewandt*) fine, elegante ⑧ (*anständig*) garbato ⑨ (*fam: erfreulich, lobenswert*) splendido, grandioso ⑩ (*Wend*) **ein ~er Kerl** (*fam*) un tipo garbato; **~**|**he**|**raussein** (*fam*) essersela cavata bene, averla passata liscia; **sich ~ machen** farsi bello
**Feinbäckerei** <-, -en> *f* pasticceria *f*
**Feind**(**in**) [faɪnt] <-(e)s, -e; -, -nen> *m(f)* nemico, -a *m, f*; (*Gegner*) avversario, -a *m, f*, **Feindbild** *nt* immagine *f* [*o* concetto *m*] di nemico

**feindlich** *adj* (*allg*, MIL) nemico; (*gegnerisch*) contrario; (*feindselig*) ostile
**Feindschaft** <-, -en> *f* inimicizia *f*, ostilità *f*
**feindselig** *adj* nemico, ostile **Feindseligkeit** <-, -en> *f* ostilità *f*
**Feineinstellung** *f* regolazione *f* precisa; (RADIO) sintonia *f* fine
**feinfühlig** ['faɪnfyːlɪç] *adj* sensibile
**Feingefühl** *nt* delicatezza *f* d'animo, sensibilità *f*; (*Takt*) tatto *m*
**Feingehalt** *m* (MIN: *Edelmetalle*) titolo *m*
**Feingold** *nt* oro *m* fino [*o* puro]
**Feinheit** <-, -en> *f* ❶ (*Zartheit*) finezza *f*; (*Feinfühligkeit* a) delicatezza *f* ❷ (*Scharfsinnigkeit*) acutezza *f*; (*Spitzfindigkeit*) sottigliezza *f* ❸ (*Genauigkeit*) esattezza *f*, precisione *f* ❹ (*Vornehmheit*) distinzione *f* ❺ (*Anständigkeit*) garbatezza *f*
**feinkörnig** *adj* sabbioso, granuloso
**Feinkost** <-> *kein Pl.* *f* (GASTR) specialità *fpl* gastronomiche **Feinkostgeschäft** *nt* negozio *m* di specialità gastronomiche
**feinmaschig** *adj* a maglia fina [*o* stretta]
**Feinmechanik** *f* meccanica *f* di precisione **Feinschmecker(in)** <-s, -; -, -nen> *m(f)* (GASTR) buongustaio, -a *m, f*
**Feinwäsche** <-> *kein Pl.* *f* biancheria *f* fine, bucato *m* delicato **Feinwaschmittel** *nt* detersivo *m* per tessuti delicati
**feist** [faɪst] *adj* (*pej*) grasso
**feixen** ['faɪksən] *vi* (*fam*) ghignare
**Feld** [fɛlt] <-(e)s, -er> *nt* ❶ (*Acker*) campo *m*; (*weites, unbebautes Land* a) campagna *f*; **auf freiem ~** in aperta campagna ❷ (*auf Spielbrett*) quadratino *m*, casella *f* ❸ (*Fach*) campo *m*, settore *m*; **das ist ein weites ~** questo è un campo vasto ❹ (LING, INFORM, PHYS) campo *m* ❺ (MIL) fronte *m*; **das ~ behaupten** (MIL) essere padrone del campo; **das ~ räumen** cedere il campo ❻ (*Computer*) casella *f* ❼ (ANAT) regione *f* **Feldarbeit** *f* lavoro *m* agricolo **Feldbett** *nt* (MIL) branda *f* **Feldflasche** *f* borraccia *f*
**Feldforschung** *f* ricerca *f* sul campo [*o* luogo]
**Feldgeistliche** *m* (MIL) cappellano *m* militare
**Feldherr** *m* (MIL) generale *m* **Feldküche** *f* (MIL) cucina *f* da campo **Feldlager** *nt* (MIL) accampamento *m* militare **Feldlazarett** *nt* (MIL) ospedale *m* da campo **Feldmarschall** *m* (MIL) [feld]maresciallo *m*
**Feldmaus** *f* (ZOO) topo *m* campagnolo [*o* comune] **Feldmesser** <-s, -> *m* (*obs*: *Vermessungsingenieur*) agrimensore *m*

**Feldpost** *f* (MIL) posta *f* militare **Feldsalat** *m* lattuga *f*, dolcetta *f* **Feldspat** *m* (MIN) feldspato *m* **Feldstecher** <-s, -> *m* (OPT) binocolo *m*, cannocchiale *m* **Feldwebel** <-s, -> *m* (MIL) maresciallo *m* **Feldweg** *m* viottolo *m* di campagna **Feldzug** *m* (MIL) campagna *f* militare
**Felge** ['fɛlɡə] <-, -n> *f* (MOT: *Reifen*) cerchione *m*
**Fell** [fɛl] <-(e)s, -e> *nt* (a. ~*besatz*) pelo *m*; (a. *Pelz*) pelliccia *f*; (*von Pferd*) mantello *m*; **ein dickes ~ haben** (*fig fam*) avere la pellaccia dura; **jdm das ~ über die Ohren ziehen** (*fam*) imbrogliare qu
**Fellatio** [fɛˈlaːtsjo] <-> *kein Pl.* *f* fellazione *f*
**Fels** [fɛls] <-en, -en> *m*, **Felsen** <-s, -> *m* roccia *f*; (*Felswand*) rupe *f*; (*Felsgestein*) masso *m* **felsenfest** *adj* (*fig*) irrevocabile; **~ an etw *dat* glauben** credere fermamente in qc **Fels[en]wand** *f* parete *f* rocciosa **Felsgestein** *nt* roccia *f* **felsig** *adj* roccioso **Felsmassiv** <-s, -e> *nt* massiccio *m* roccioso **Felsspalte** *f* crepaccio *m* **Felswand** *f* s. **Fels[en]wand**
**feminin** [femiˈniːn] *adj* femminile
**Femininum** [femiˈniːnʊm *o* ˈfeːmininum, *Pl*: femiˈniːna *o* ˈfeːminina] <-s, Feminina> *nt* (GRAM) [genere *m*] femminile *m*
**Feminismus** [femiˈnɪsmʊs] <-> *kein Pl.* *m* femminismo *m*
**Feminist(in)** [femiˈnɪst] <-en, -en; -, -nen> *m(f)* femminista *mf*
**feministisch** *adj* femminista
**Fenchel** ['fɛnçəl] <-s> *kein Pl.* *m* finocchio *m*
**Fenster** ['fɛnstɐ] <-s, -> *nt* ❶ (a. *Computer*) finestra *f*; **zum ~ hinausschauen** guardare dalla finestra; **aus dem ~ werfen** (a. *fig*) gettare dalla finestra; **weg vom ~ sein** (*fig*) essere lontano dalla ribalta ❷ (*Eisenbahn~, Auto~*) finestrino *m* **Fensterbank** <-, -bänke> *f* davanzale *m* **Fensterbriefumschlag** *m* busta *f* con finestra **Fensterflügel** *m* battente *m* della finestra **Fensterglas** *nt* vetro *m* per finestra **Fensterkitt** *m* mastice *m* da vetraio **Fensterkurbel** *f* (MOT) alzacristallo *m* **Fensterladen** *m* imposta *f*, persiana *f* **Fensterleder** *nt* pelle *f* di daino [per vetri]
**fensterln** ['fɛnstɐln] *vi* (*südd, A*) andare di notte alla finestra di una ragazza
**Fensternische** *f* vano *m* della finestra **Fensterplatz** *m* posto *m* al finestrino **Fensterputzer(in)** <-s, -; -, -nen> *m(f)* pulitore, -trice *m, f* di vetri

**Fensterrahmen** *m* telaio *m* della finestra **Fensterscheibe** *f* vetro *m* della finestra
**Ferialarbeit** *f* (A) lavoro *m* estivo
**Ferien** ['fe:riən] *Pl.* vacanze *fpl;* (JUR) ferie *fpl;* (MIL) congedo *m;* **in die ~ fahren** andare in ferie **Feriendorf** *nt* villaggio *m* turistico **Ferienhaus** *nt* casa *f* di vacanze **Ferienheim** *nt* casa *f* per le vacanze; (*Kinder~*) colonia *f* **Ferienkurs** *m* corso *m* estivo **Ferienlager** *nt* campo *m* estivo **Ferienort** *m* località *f* di villeggiatura **Ferienreise** <-, -n> *f* viaggio *m* di vacanza **Ferienwohnung** *f* casa *f* di villeggiatura **Ferienzeit** *f* periodo *m* di vacanza, vacanze *fpl*
**Ferkel** ['fɛrkəl] <-s, -> *nt* ① (ZOO) porcellino *m*, maialetto *m* ② (*fig fam*) sudicione *m,* porcellone *m*
**Ferment** [fɛr'mɛnt] <-(e)s, -e> *nt* (BIOL) fermento *m*
**fern** [fɛrn] I. *adj* ① (*räumlich*) lontano; **der Ferne Osten** l'Estremo Oriente ② (*zeitlich: weit zurückliegend*) remoto; (*in weiter Zukunft liegend*) in un tempo futuro; **in nicht zu ~er Zeit** fra non molto II. *adv* lontano, alla lontana; **~ von ...** lontano da ...; **von ~ betrachtet** visto da lontano
**Fernamt** *nt* (TEL) ufficio *m* telefonico interurbano **Fernbedienung** *f* telecomando *m* **Fernbeziehung** *f* relazione *f* |o rapporto *m*| a distanza **fern|bleiben** <irr> *vi sein* essere assente; **der Arbeit** *dat* **~** essere assente dal lavoro; **dem Unterricht ~** non andare a scuola **Fernblick** *m* vista *f*
**Ferne** <-, -n> *f* lontananza *f;* **aus der ~** da lontano; **in der ~** (*räumlich*) in lontananza
**Fernempfang** *m* telericezione *f*
**ferner** I. *adj* più lontano, più distante II. *adv* (*außerdem*) inoltre, in più; *s.* **fern**
**Fernfahrer(in)** *m(f)* camionista *mf*
**Fernfahrt** *f* viaggio *m* a grande distanza; (SPORT) gara *f* su grande distanza **Fernflug** *m* volo *m* a grande distanza **Ferngas** *nt* gas *m* di città **ferngelenkt** *adj* teleguidato, telecomandato **Ferngespräch** *nt* comunicazione *f* interurbana **ferngesteuert** *adj* teleguidato, telecomandato **Fernglas** *nt* (OPT) binocolo *m*, cannocchiale *m*
**fern|halten** <irr> *vr* **sich von jdm ~** schivare qu; **sich von etw ~** tenersi lontano da qc
**Fernheizung** *f* (TEC) riscaldamento *m* centrale a distanza
**Fernkopie** *f* (TEL) telecopia *f* **Fernkurs|us|** *m* corso *m* per corrispondenza

**Fernlaster** *m* (*fam*) autotreno *m* **Fernlastwagen** *m* autotreno *m*
**Fernlastzug** *m* autotreno *m* **Fernleihe** <-, -n> *f* prestito *m* interbibliotecario **Fernleitung** *f* linea *f* interurbana **Fernleitungsnetz** *nt* rete *f* telefonica interurbana **fern|lenken** *vt* telecomandare **Fernlenkung** *f* teleguida *f,* telecomando *m* **Fernlicht** <-(e)s> *kein Pl. nt* (AUTO) |faro *m*| abbagliante *m* **fern|liegen** <irr> *vi* **dieser Gedanke liegt mir fern** lungi da me un simile pensiero
**Fernmeldeamt** *nt* ufficio *m* telecomunicazioni
**Fernmeldegeheimnis** <-ses, -se> *nt* (JUR) segreto *m* postale **Fernmeldetechnik** *f* (TEL) tecnica *f* delle telecomunicazioni **Fernmeldeturm** *m* torre *f* radioemittente **Fernmeldewesen** *nt* (TEL) telecomunicazioni *fpl*
**fernmündlich** *adj* telefonico, per telefono
**Fernost** ['fɛrn'ʔɔst] *m* (GEOG) **aus/in/nach ~** dall'/in/in Estremo Oriente **fernöstlich** *adj* dell'Estremo Oriente
**Fernrohr** *nt* ① (OPT: *Fernglas*) cannocchiale *m* ② (ASTR: *Teleskop*) telescopio *m*
**Fernruf** *m* ① (TEL: *Anruf*) chiamata *f* interurbana ② (*form: ~nummer*) numero *m* telefonico
**Fernschnellzug** *m* (FERR) |treno *m*| rapido *m*
**Fernschreiben** *nt* (TEL) telex *m* **Fernschreiber** *m* (*Apparat*) telescrivente *f*
**Fernschreibnetz** *nt* rete *f* telex **fernschriftlich** *adj* (TEL) trasmesso per telefax
**Fernsehansager(in)** *m(f)* annunciatore, -trice *m, f* della televisione
**Fernsehansprache** *f* annuncio *m* televisivo **Fernsehanstalt** *f* ente *m* televisivo **Fernsehantenne** *f* antenna *f* televisiva **Fernsehapparat** *m* televisore *m* **Fernsehaufnahme** *f* ripresa *f* televisiva **Fernsehbericht** *m* servizio *m* televisivo **Fernsehdiskussion** *f* dibattito *m* televisivo **Fernsehduell** *nt* duello *m* televisivo
**fern|sehen** <irr> *vi* guardare la televisione **Fernsehen** <-s> *kein Pl. nt* televisione *f;* **im ~** alla televisione; **im ~ übertragen** teletrasmettere, trasmettere per televisione **Fernseher**[1] *m* (*Gerät*) televisore *m* **Fernseher(in)**[2] *m(f)* telespettatore, -trice *m, f*
**Fernsehfilm** *m* telefilm *m* **Fernsehgebühr** *f* canone *m* televisivo **Fernsehgerät** *nt s.* **Fernsehapparat**
**Fernsehinterview** *nt* intervista *f* televisiva **Fernsehkamera** *f* telecamera *f*

**Fernsehkoch** *m*, **-köchin** *f* cuoco, -a televisivo *m* **Fernsehmacher(in)** *m(f)* produttore *m* televisivo **Fernsehnachrichten** *fPl.* telegiornale *m* **Fernsehnetz** *nt* rete *f* televisiva **Fernsehpremiere** *f* prima *f* TV **Fernsehprogramm** *nt* programma *m* televisivo **Fernsehsatellit** <-en, -en> *m* satellite *m* televisivo **Fernsehsender** *m* stazione *f* televisiva, teletrasmittente *f* **Fernsehsendung** *f* trasmissione *f* televisiva **Fernsehserie** *f* serial *m* **Fernsehspiel** *nt* dramma *m* televisivo **Fernsehstudio** *nt* studi *mpl* della televisione **Fernsehtechnik** *f* tecnica *f* televisiva **Fernsehtechniker(in)** *m(f)* tecnico, -a *m*, *f* della televisione **Fernsehteilnehmer(in)** *m(f)* abbonato, -a *m*, *f* alla televisione **Fernsehturm** *m* torre *f* della televisione **Fernsehübertragung** *f* trasmissione *f* televisiva **Fernsehzuschauer(in)** *m(f)* telespettatore, -trice *m*, *f*
**Fernsicht** *f* vista *f*; (*klare Sicht*) visibilità *f*
**Fernsprech-** telefonico
**Fernsprechamt** *nt* centralino *m* [telefonico] **Fernsprechanlage** *f* impianto *m* telefonico **Fernsprechapparat** *m* telefono *m*, apparecchio *m* telefonico **Fernsprechauskunft** *f* informazioni *fpl* telefoniche **Fernsprecher** *m* telefono *m*, apparecchio *m* telefonico **Fernsprechgebühr** *f* tariffa *f* telefonica **Fernsprechgeheimnis** *nt* segreto *m* telefonico **Fernsprechnetz** *nt* rete *f* telefonica
**Fernsprechteilnehmer(in)** *m(f)* abbonato, -a *m*, *f* al telefono **Fernsprechverkehr** *m* servizio *m* telefonico **Fernsprechvermittlung** *f* centralino *m* [telefonico] **Fernsprechzelle** *f* cabina *f* telefonica
**Fernsprechzentrale** *f* centrale *f* telefonica
**fern|stehen** <irr> *vi* jdm/einer Sache ~ essere estraneo a qu/qc **fern|steuern** *vt* telecomandare, comandare a distanza **Fernsteuerung** *f* telecomando *m*, comando *m* a distanza **Fernstudium** *nt* corsi *mpl* [universitari] per corrispondenza **Fernuniversität** *f* università *f* per corrispondenza, corsi *mpl* aperti
**Fernverkehr** *m* trasporti *mpl* interurbani, traffico *m* interurbano **Fernverkehrsstraße** *f* strada *f* di grande comunicazione **Fernwärme** *f* riscaldamento *m* a distanza **Fernweh** *nt* nostalgia *f* **Fernwirkung** *f* effetto *m* a distanza
**Ferse** ['fɛrzə] <-, -n> *f* (ANAT) calcagno *m*; (*Strumpf~, Schuh~*) tallone *m*; **jdm [dicht] auf den ~n sein** stare alle calcagna di qu, tallonare qu **Fersenbein** *nt* calcagno *m*, tallone *m* **Fersengeld** *nt* ~ **geben** (*fam*) darsela a gambe

**fertig** ['fɛrtɪç] *adj* ❶ (*beendet*) finito, terminato; (*vollendet*) compiuto; **halb ~** quasi finito; **~ machen** terminare, completare; **mit etw ~ sein** aver finito qc; **mit etw ~ werden** (*beenden*) finire qc; (*fig: darüber hinwegkommen*) superare qc; **mit jdm ~ werden** tenere testa a qu *fam;* **ohne jdn/etw ~ werden** fare a meno di qu/qc; **ich bin gleich ~** finisco subito; **sieh zu, wie du damit ~ wirst** arrangiati *fam;* **damit wären wir ~** ecco fatto *fam;* **du bleibst zu Hause und ~!** (*fam*) resti a casa e basta!; **mit dir bin ich endgültig ~!** (*fam*) con te ho chiuso per sempre!, di te non ne voglio più sapere! ❷ (*bereit*) pronto; **~ zum Aufbruch** pronto per la partenza; **~ machen** preparare; (*zurechtmachen*) confezionare, approntare; **bist du ~?** sei pronto? ❸ (*fam: erledigt*) finito, rovinato ❹ (*fam: erschöpft*) sfinito, esausto
**Fertigbau** <-s, -ten> *m* prefabbricato *m*
**Fertigbauweise** *f* costruzione *f* ad elementi prefabbricati
**fertig|bringen** <irr> *vt* ❶ (*zum Abschluss bringen*) finire ❷ (*zuwege bringen, über sich bringen*) **sie bringt es doch glatt ~ und ...** (*fam*) ci riesce facilmente e ...
**fertigen** ['fɛrtɪɡən] *vt* fabbricare, produrre
**Fertigfabrikat** *nt* prodotto *m* finito
**Fertiggericht** *nt* precotto *m* **Fertighaus** *nt* casa *f* prefabbricata
**Fertigkeit** <-, -en> *f* ❶ (*Geschicklichkeit*) abilità *f*; (*Gewandtheit*) facilità *f*, destrezza *f* ❷ (*Kenntnis*) conoscenza *f*
**fertig|machen** *vt* (*fam*) ❶ (*erschöpfen*) sfinire, esaurire ❷ (*zurechtweisen*) sgridare, riprendere ❸ (*ruinieren*) rovinare ❹ (*umbringen*) uccidere, far fuori *fam;* **dieser Lärm macht mich ~** questo rumore mi uccide
**Fertignahrung** *f* precotto *m* **Fertigprodukt** *nt* prodotto *m* finito
**fertig|stellen** *vt* (*zum Abschluss bringen*) ultimare, finire
**Fertigstellung** *f* ultimazione *f*, completamento *m*
**Fertigteil** *nt* elemento *m* prefabbricato
**Fertigung** <-, -en> *f* produzione *f*, fabbricazione *f*; (*von Kleidern*) confezione *f*
**Fertigungskosten** *Pl.* costi *mpl* di produzione
**Fes, fes** [fɛs] <-, -> *nt* (MUS) fa *m* bemolle
**fesch** [fɛʃ] *adj* (A: *fam: schick*) elegante; (*hübsch*) bello; (*flott*) in gamba *fam*

**Feschak** <-s, -s> m ❶ (A: gutaussehender, sehr männlicher Mann) bellimbusto m, damerino m ❷ (A: Stimmungskanone) animatore m; **der ~ der Clique sein** essere l'animatore della compagnia

**Fessel** ['fɛsəl] <-, -n> f ❶ ANAT caviglia f; (von Tieren) pastoia f ❷ (Kette) catena f ❸ pl (Handschellen) manette fpl ❹ (fig: Bindung) vincolo m; (Einschränkung) obblighi mpl; (Hemmung) pastoie fpl; **jdm ~n anlegen, jdn in ~n legen** incatenare qu, mettere qu in catene **Fesselballon** m pallone m frenato

**fesseln** ['fɛsəln] vt ❶ mettere in catene, incatenare; (binden) legare; (mit Handschellen) ammanettare; (festhalten) inchiodare; **jdn an Händen und Füßen ~** legare mani e piedi a qu; **durch die Krankheit war er ans Bett gefesselt** la malattia lo costrinse a letto ❷ (fig: faszinieren) avvincere **fesselnd** adj ❶ (spannend) avvincente ❷ (faszinierend) affascinante

**fest** [fɛst] adj ❶ (nicht flüssig) solido; (dick) compatto ❷ (nicht weich) forte; (hart) duro, sodo; (schwer zerreißbar) robusto; **~ schlafen** dormire profondamente; **die Tür ~ schließen** chiudere bene la porta ❸ (nicht lose) compatto, fitto; (schwer lösbar) forte; (stramm) sodo ❹ (ständig, dauerhaft) fisso; (Gewohnheiten) inveterato, radicato; **~er Freund, ~e Freundin** (fam) ragazzo, -a fisso, -a; **~ angestellt** con impiego fisso ❺ (fig: energisch) energico; (unerschütterlich, bestimmt) fermo; **etw ~ versprechen** promettere fermamente qc; **~ davon überzeugt sein, dass ...** avere la ferma convinzione che +conj; **sich** dat **~ vornehmen etw zu tun** avere il fermo proposito di fare qc

**Fest** [fɛst] <-(e)s, -e> nt ❶ (Feier) festa f ❷ (Feiertag) **frohes ~!** buone feste! **Festakt** m cerimonia f

**festangestellt** adj con impiego fisso; **sie ist jetzt ~** ora ha un impiego fisso

**fest|beißen** <irr> vr **sich [an jdm/etw] ~** aggrapparsi con i denti [a qc]; (fig) non riuscire a liberarsi [di qu/qc]

**fest|binden** vt legare saldamente

**Festessen** nt banchetto m, pranzo m di gala

**fest|fahren** <irr> vr **sich ~** (mit Wagen) restare bloccato; NAUT arenarsi, incagliarsi

**Festgeld** <-(e)s, -er> nt FIN deposito m bancario vincolato

**festgesetzt** adj **zur ~en Zeit** all'ora fissata

**festgewurzelt** adj [profondamente] radicato

**fest|halten** <irr> I. vt ❶ (nicht loslassen) tener fermo, reggere ❷ (zurückhalten) trattenere ❸ (fig) fissare, fermare II. vi **an jdm/etw ~** attenersi a qu/qc III. vr **sich ~** tenersi, reggersi

**festigen** ['fɛstɪɡən] I. vt ❶ consolidare; (stärken) rafforzare, fortificare ❷ (bekräftigen) convalidare II. vr **sich ~** consolidarsi, rafforzarsi

**Festiger** <-s, -> m fissatore m

**Festigkeit** <-> kein Pl. f ❶ solidità f, saldezza f ❷ FIN stabilità f ❸ (Widerstandsfähigkeit) resistenza f ❹ (fig: Standfestigkeit) costanza f, fermezza f; (Entschlossenheit) risolutezza f

**Festigung** <-, -en> f consolidamento m; (fig) rafforzamento m; FIN stabilizzazione f

**Festival** ['fɛstival] <-s, -s> nt CH: m festival m

**fest|klammern** I. vt fissare con le mollette II. vr **sich [an jdm/etw] ~** aggrapparsi [a qu/qc]

**fest|kleben** I. vt incollare; **etw an etw** dat **~** incollare qc a qc II. vi sein (Vorgang) **an etw** dat **~** essere incollato a qc

**Festkörper** <-s, -> m PHYS [corpo] solido m

**Festland** nt ❶ (nicht Meer) terraferma f ❷ (Kontinent) continente m

**fest|legen** I. vt ❶ (festsetzen) fissare, stabilire ❷ (bestimmen) stabilire, definire ❸ FIN vincolare, immobilizzare II. vr **sich [auf etw** acc**] ~** vincolarsi [a qc]

**Festlegung** <-, -en> f determinazione f; (Bestimmung) definizione f; FIN immobilizzazione f, investimento m vincolato

**festlich** ['fɛstlɪç] I. adj festivo; (feierlich) solenne; (glanzvoll) grandioso, splendido II. adv **etw ~ begehen** festeggiare qc; **etw ~ schmücken** ornare qc a festa **Festlichkeit** <-, -en> f ❶ (Stimmung) festosità f, solennità f ❷ (Fest) festa f; (Feier) festosità f

**fest|liegen** <irr> vi ❶ (festgesetzt sein) essere stabilito; (Termin) essere fissato ❷ FIN: Kapital) essere immobilizzato ❸ NAUT) essere arenato

**fest|machen** vt ❶ (befestigen) fermare, fissare; (binden) legare; NAUT) attraccare ❷ (vereinbaren) combinare, fissare

**Festmahl** nt s. **Festessen**

**Festmeter** <-s, -> m nt metro m cubo

**fest|nageln** vt fissare con chiodi; (a. fig)

inchiodare; **jdn auf etw** *acc* ~ inchiodare qu a qc

**Festnahme** ['fɛstnaːmə] <-, -n> *f* arresto *m*, cattura *f*

**fest|nehmen** <irr> *vt* (*verhaften*) prendere, arrestare; (*gefangen nehmen*) catturare

**Festnetz** *nt* (TEL) telefonia *f* fissa

**Festplatte** *f* (INFORM) disco *m* rigido

**Festplatz** <-(e)s, -plätze> *m* piazza *f* della festa

**Festrede** *f* discorso *m* ufficiale **Festredner(in)** *m(f)* oratore, -trice *m*, *f* ufficiale

**fest|schnallen** I. *vt* allacciare, affibbiare II. *vr* **sich** ~ allacciarsi

**fest|schrauben** *vt* avvitare

**fest|setzen** I. *vt* ❶ (*gefangen nehmen*) arrestare, imprigionare ❷ (*festlegen*) fissare; **den Preis auf 500 Euro** ~ fissare il prezzo a 500 euro ❸ (*schätzen*) valutare II. *vr* **sich** ~ ❶ (*Staub*) infiltrarsi ❷ (*fig: Gedanke*) radicarsi, fissarsi

**fest|sitzen** <irr> *vi* ❶ (*haften*) essere fisso ❷ (*nicht mehr weiterkommen*) essere bloccato; (NAUT) essere incagliato

**Festspiele** *ntPl.* rappresentazione *f*, festival *m* **Festspielhaus** *nt* (THEAT) teatro *m*

**fest|stecken** I. *vt* infilare saldamente; (*befestigen*) fermare, fissare II. *vi sein* essere incastrato

**fest|stehen** <irr> *vi* ❶ (*fig: bestimmt, festgelegt sein*) essere fissato ❷ (*unumstößlich sein*) essere certo; **es steht fest, dass ...** è certo che ...

**feststellbar** *adj* ❶ (TEC) fissabile ❷ (*fig: erkennbar*) accertabile

**fest|stellen** *vt* ❶ (TEC) bloccare, arrestare ❷ (*fig: konstatieren*) constatare, rendersi conto di; (*beobachten*) osservare; (*ermitteln*) accertare, verificare

**Feststellung** *f* (*Ermittlung*) accertamento *m;* (COM, JUR) verifica *f;* (*Konstatierung*) constatazione *f;* (*Beobachtung*) osservazione *f;* (*Aussage*) dichiarazione *f*

**Festtag** *m* giorno *m* festivo; (REL) festa *f*

**festtags** *adv* nei giorni festivi

**Festung** ['fɛstʊŋ] <-, -en> *f* fortezza *f*, forte *m*

**festverzinslich** *adj* (FIN) a tasso fisso

**Festzug** *m* corteo *m*

**Fete** ['feːta] <-, -n> *f* (*fam*) festa *f*

**Feten** ['feːtən *o* 'fɛːtən] *Pl. von* **Fetus, Fötus**

**Fetisch** ['feːtɪʃ] <-(e)s, -e> *m* feticcio *m*

**Fetischismus** [fetɪ'ʃɪsmʊs] <-> *kein Pl. m* feticismo *m*

**Fetischist(in)** <-en, -en; -, -nen> *m(f)* feticista *mf*

**fett** [fɛt] *adj* ❶ grasso; ~ **kochen** cucinare con molti grassi; ~ **werden** diventare grasso ❷ (*Boden*) fertile ❸ (*fig: üppig*) ricco, abbondante ❹ (*gewinnbringend*) redditizio ❺ (TYP) [in] nero, grassetto; ~ **gedruckt** [stampato] in grassetto

**Fett** <-(e)s, -e> *nt* grasso *m;* (CHEM) lipide *m;* ~ **ansetzen** ingrassare; **sein** ~ [**ab**]**bekommen** (*fam*) ricevere una punizione meritata **Fettabsaugen** <-s> *kein Pl. nt* liposuzione *f* **fettarm** *adj* magro; ~**e Milch** latte scremato **Fettauge** *nt* (GASTR) occhio *m* [di grasso]

**fetten** I. *vt* ingrassare; (*ein*~) ungere, lubrificare II. *vi* ❶ (*Fett absondern*) secernere grasso ❷ (*Fett annehmen*) ungere, macchiare di grasso

**Fettfleck** *m* macchia *f* di grasso

**fettgedruckt** *adj* [stampato] in grassetto

**Fettgehalt** *m* contenuto *m* di grassi

**fetthaltig** *adj* grasso; (*Gewebe*) adiposo

**fettig** *adj* grasso; (*schmierig*) unto, untuoso

**fettleibig** *adj* grasso, pingue; (MED) obeso

**Fettleibigkeit** <-> *kein Pl. f* pinguedine *f;* (MED) obesità *f*

**fettlöslich** *adj* liposolubile

**Fettnäpfchen** ['fɛtnɛpfçən] <-s, -> *nt* **bei jdm ins** ~ **treten** (*fig fam*) fare una gaffe con qu **Fettpolster** *nt* pannicolo *m* adiposo, cuscinetto *m* di grasso **Fettsäure** *f* (CHEM) acido *m* grasso **Fettschicht** *f* strato *m* di grasso **Fettsucht** *f* (MED) obesità *f*

**Fetus** ['feːtʊs, *Pl:* 'feːtuːsa *o* 'feːtən] <- *o* ses, -se *o* Feten> *m* (MED) feto *m*

**fetzen** ['fɛtsən] I. *vi* (*fam*) ❶ (*abreißen*) strappare, stracciare ❷ (*Musik*) coinvolgere, prendere II. *vr* **sich** ~ (*fam: sich streiten*) rimbeccarsi, bisticciare

**Fetzen** ['fɛtsən] <-s, -> *m* ❶ (*abgerissenes Stück*) pezzetto *m* ❷ (*zerschlissener Stoff*) straccio *m* ❸ (*zusammenhangloses Stück*) frammento *m*

**fetzig** *adj* (*fam: Musik*) coinvolgente, che prende

**feucht** [fɔyçt] *adj* umido; (*angefeuchtet*) inumidito

**Feuchtbiotop** *nt* (ECO) biotopo *m* umido

**Feuchtgebiet** <-(e)s, -e> *nt* zona *f* umida

**Feuchtigkeit** <-> *kein Pl. f* umidità *f*

**Feuchtigkeitscreme** *f* crema *f* idratante

**feuchtwarm** ['fɔyçtvarm] *adj* caldo umido

**feudal** [fɔy'daːl] *adj* ❶ feudale ❷ (*aristokratisch*) aristocratico, nobile ❸ (*fig fam: prächtig*) magnifico, splendido

**Feudalismus** [fɔɪdaˈlɪsmʊs] <-> *kein Pl.* *m* feudalesimo *m*

**Feuer** [ˈfɔɪɐ] <-s, -> *nt* fuoco *m*; ~ **fangen** prendere fuoco; (*fig: sich begeistern*) infiammarsi, entusiasmarsi; **das ~ anzünden** accendere il fuoco; **~ speiend** (*Drache, Vulkan*) che sputa fuoco; **das ~ eröffnen/einstellen** (MIL) aprire/cessare il fuoco; **jdm ~ geben** dare da accendere a qu; **für jdn durchs ~ gehen** gettarsi nel fuoco per qu; **mit dem ~ spielen** scherzare col fuoco; **~ und Flamme für etw sein** essere entusiasta per qc

**Feueralarm** *m* allarme *m* [in caso] di incendio **Feueranzünder** *m* accendifuoco *m*, accendino *m* **Feuerbefehl** *m* (MIL) ordine *m* di aprire il fuoco **feuerbeständig** *adj* resistente al fuoco; (SCIENT) refrattario **Feuerbestattung** *f* cremazione *f* **Feuereifer** *m* zelo *m*, fervore *m* **Feuereinstellung** *f* (MIL) cessate *m* il fuoco **feuerfest** *adj s.* **feuerbeständig**
**Feuergefahr** *f s.* **Feuersgefahr feuergefährlich** *adj* infiammabile **Feuergefecht** *nt* (MIL) combattimento *m* a fuoco **Feuerhaken** *m* attizzatoio *m* **Feuerland** [ˈfɔɪɐlant] *nt* (GEOG) Terra *f* del Fuoco **Feuerländer(in)** [ˈfɔɪɐlɛndɐ] <-s, -; -, -nen> *m(f)* fuegino, -a *m, f* **Feuerleiter** *f* scala *f* antincendio [*o* di sicurezza] **Feuerlöscher** <-s, -> *m* estintore *m* **Feuermelder** <-s, -> *m* segnalatore *m* d'incendio

**feuern** I. *vi* ① (*heizen*) **mit Holz ~** accendere il fuoco [per riscaldarsi] con la legna ② (MIL) [**auf jdn/etw**] **~** sparare [su qu/qc] II. *vt* ① (*Ofen*) accendere; (*Zimmer*) riscaldare ② (*fam: entlassen*) buttare fuori, mandar via ③ (*Wend*) **du kriegst gleich eine gefeuert!** (*fam*) ti arriva subito una sberla!

**Feuerpause** *f* (MIL) interruzione *f* del fuoco **Feuerprobe** *f* prova *f* del fuoco, prova *f* cruciale **feuerrot** [ˈfɔɪɐˈroːt] *adj* ① (*Farbbezeichnung*) rosso fuoco ② (*errötet*) rosso come il fuoco **Feuersbrunst** *f* (*geh*) incendio *m* **Feuerschlucker(in)** *m(f)* mangiafuoco *mf* **Feuer[s]gefahr** *f* pericolo *m* d'incendio **feuersicher** *adj* a prova di fuoco **feuerspeiend** *adj* (*Drache, Vulkan*) che sputa fuoco **Feuerspritze** *f* pompa *f* antincendio **Feuerstein** *m* ① (*Zündstein*) pietra *f* focaia ② (GEOL) selce *f* **Feuertreppe** *f* scala *f* di emergenza

**Feuerung** <-, -en> *f* ① (*das Heizen*) il riscaldare *m* ② (*Brennmaterial*) combustibile *m* ③ (*Anlage*) impianto *m* di combustione

**Feuerversicherung** *f* assicurazione *f* contro gli incendi
**Feuerwache** *f* stazione *f* dei pompieri
**Feuerwehr** [ˈfɔɪɐveːɐ̯] <-, -en> *f* corpo *m* dei vigili del fuoco, pompieri *mpl* **Feuerwehrauto** *nt* macchina *f* dei pompieri, autopompa *f* **Feuerwehrleiter** *f* scala *f* volante [*o* dei pompieri] **Feuerwehrmann** <-(e)s, -männer *o* -leute> *m* pompiere *m*, vigile *m* del fuoco **Feuerwehrschlauch** *m* manichetta *f* antincendio
**Feuerwerk** *nt* fuochi *mpl* d'artificio **Feuerwerker(in)** <-s, -; -, -nen> *m(f)* pirotecnico, -a *m, f* **Feuerwerkskörper** *m* razzo *m* pirotecnico
**Feuerzangenbowle** *f* (GASTR) vin *m* brulé
**Feuerzeug** <-(e)s, -e> *nt* accendino *m*
**Feuilleton** [fœjəˈtõː] <-s, -s> *nt* ① (*Zeitungsteil*) terza pagina *f* ② (*Zeitungsartikel, TV*) feuilleton *m*
**Feuilletonist(in)** [fœjətoˈnɪst] <-en, -en; -, -nen> *m(f)* redattore, -trice *m, f* della terza pagina
**feurig** [ˈfɔɪrɪç] *adj* ① (*brennend*) infuocato, di fuoco ② (*fig: temperamentvoll*) focoso; (*inbrünstig*) ardente; (*leidenschaftlich*) appassionato
**Fez** [feːts] <-es> *kein Pl. m* (*fam*) sciocchezze *fpl*
**ff.** *abk v* **folgende** [**Seiten**] segg.
**FH** [ɛfˈhaː] *f abk v* **Fachhochschule** istituto *m* parauniversitario
**Fiaker** [ˈfjakɐ] <-s, -> *m* ① (*Droschke*) fiacre *m* ② (*Kutscher*) fiaccheraio *m tosc*
**Fiasko** [ˈfj̩asko] <-s, -s> *nt* fiasco *m*, insuccesso *m*; **ein ~ erleben** fare fiasco
**Fibel** [ˈfiːbəl] <-, -n> *f* (*Lesebuch*) abbiccì *m*; (*Lehrbuch*) manuale *m*
**Fiber** [ˈfiːbɐ] <-, -n> *f* (MED, BIOL) fibra *f*
**Fiche** [fiːʃ] <-, -n> *f* ① (*Spielmarke, Jeton*) fiche *f*, gettone *m* da gioco ② (*CH: Akte*) atti *mpl*, dossier *m*
**ficht** [fɪçt] *3. Pers. Sing. Präs. von* **fechten**
**Fichte** [ˈfɪçtə] <-, -n> *f* abete *m* rosso
**ficken** [ˈfɪkən] *vt, vi* (*vulg*) ① (*koitieren*) scopare ② (*als Schimpfwort oder Fluch*) fottere
**fidel** [fiˈdeːl] *adj* (*fam*) allegro
**Fidschiinseln** [ˈfɪtʃiˀɪnzəln] *fPl.* isole *fpl* Fiji [*o* Figi]
**Fieber** [ˈfiːbɐ] <-s, *rar* -> *nt* febbre *f*; [**39 Grad**] **~ haben** avere la febbre [a 39] **Fieberanfall** *m* attacco *m* di febbre **Fieberblasen** *fPl.* bolle *fpl* di febbre
**Fieberfantasie** <-, -n> *f* delirio *m*

**fieberfrei** *adj* senza febbre, sfebbrato **fieberhaft** *adj* febbrile **fieb|e|rig** *adj* febbrile; (*fiebernd*) febbricitante **Fieberkurve** *f* diagramma *m* della febbre

**fiebern** *vi* ❶ avere la febbre ❷ (*fig*) **nach etw** ~ bramare qc

**Fieberthermometer** *nt* termometro *m*

**fiebrig** *adj s.* **fieb|e|rig**

**Fiedel** ['fi:dəl] <-, -n> *f* (*obs pej, scherz*) violino *m*

**fiedeln** *vi* (*obs pej, scherz*) grattare [il violino] *fam*

**fiel** [fi:l] *1. u. 3. Pers. Sing. Imp. von* **fallen**

**fies** [fi:s] *adj* (*fam*) ❶ (*abstoßend*) schifoso ❷ (*charakterlich*) pessimo, orrendo; (*lästig*) fastidioso, odioso; **so ein ~er Charakter!** che pessimo carattere!

**Fifa, FIFA** *f akr v* **Fédération Internationale de Football Association** FIFA *f*

**fifty-fifty** ['fɪfti'fɪfti] *adv* (*fam*) fifty-fifty, a metà; **~ machen** fare fifty-fifty

**fighten** ['faɪtən] *vi* (SPORT) battersi, lottare

**Figur** [fi'gu:ɐ̯] <-, -en> *f* figura *f*; (*in Film, Buch*) personaggio *m*; **eine gute ~ haben** avere un bel fisico; **keine/eine gute ~ machen** fare [una] brutta/bella figura

**figürlich** [fi'gy:ɐ̯lɪç] *adj* ❶ (*Figur*) figurativo ❷ (*übertragen*) figurato

**Fiktion** [fɪk'tsjo:n] <-, -en> *f* finzione *f*, fiction *f*

**fiktiv** [fɪk'ti:f] *adj* fittivo

**Filet** [fi'le:] <-s, -s> *nt* filetto *m* **Filetbraten** *m* (GASTR) filetto *m* arrosto **Filetsteak** *nt* bistecca *f* di filetto

**Filiale** [fi'lǐa:lə] <-, -n> *f* filiale *f*, succursale *f* **Filialleiter(in)** *m(f)* gerente *mf* di una succursale

**Film** [fɪlm] <-(e)s, -e> *m* ❶ rullino *m* fotografico, pellicola *f* ❷ film *m*, pellicola *f* cinematografica; (*~wesen*) cinematografia *f*, cinema *m*; **sie ist beim ~** è nel cinema; **einen ~ drehen/vorführen** girare/proiettare un film; **in einen ~ gehen** andare a vedere un film ❸ (*dünne Schicht*) pellicola *f*, strato *m* sottile **Filmarchiv** *nt* cineteca *f* **Filmatelier** *nt* studio *m* cinematografico **Filmaufnahme** *f* ripresa *f* cinematografica

**Filmemacher(in)** *m(f)* cineasta *mf*

**filmen** ['fɪlmən] *vt, vi* filmare, girare un film

**Filmfestspiele** *ntPl.* festival *m* cinematografico **Filmindustrie** *f* industria *f* cinematografica

**filmisch** *adj* cinematografico, filmico

**Filmkamera** *f* cinepresa *f*, macchina *f* da presa **Filmkunst** *f* arte *f* cinematografica **Filmmusik** *f* colonna *f* sonora [di un film] **Filmproduzent(in)** *m(f)* produttore, -trice *m, f* cinematografico, -a **Filmprojektor** *m* proiettore *m* cinematografico **Filmregisseur(in)** *m(f)* regista *mf* cinematografico, -a **Filmreportage** *f* cinereportage *m* **Filmschauspieler(in)** *m(f)* attore, -trice *m, f* cinematografico, -a **Filmstar** *m* divo, -a *m, f* del cinema **Filmverleih** *m* casa *f* di distribuzione cinematografica **Filmvorführung** *f* proiezione *f* cinematografica **Filmvorschau** *f* provino *m*

**Filmzensur** *f* censura *f* cinematografica

**Filter** ['fɪltɐ] <-s, -> *m o nt* filtro *m* **Filtereinsatz** *m* cartuccia *f* del filtro **Filterkaffee** <-s> *kein Pl. m* caffè *m* preparato con il filtro

**filterlos** *adj* senza filtro **Filtermundstück** *nt* bocchino *m* con filtro

**filtern** *vt* filtrare, passare al filtro

**Filterpapier** <-s> *kein Pl. nt* carta *f* da filtro **Filtertüte** *f* filtro *m* di carta **Filterzigarette** *f* sigaretta *f* con filtro

**Filtrat** [fɪl'tra:t] <-(e)s, -e> *nt* (TEC) filtrato *m*

**Filtration** [fɪltra'tsjo:n] <-, -en> *f* (TEC) filtraggio *m*, filtrazione *f*

**Filz** [fɪlts] <-es, -e> *m* feltro *m*

**filzen** ['fɪltsən] **I.** *vi* (*Wolle*) infeltrirsi **II.** *vt* (*fam: durchsuchen*) frugare, perquisire

**filzig** *adj* ❶ (*wie Filz*) infeltrito ❷ (*fam pej: geizig*) spilorcio, taccagno

**Filzlaus** *f* piattola *f* **Filzpantoffeln** *mPl.* pantofole *fpl* di feltro **Filzschreiber** *m,* **Filzstift** *m* pennarello *m*

**Fimmel** ['fɪməl] <-s, -> *m* (*fam pej*) fissazione *f*, pallino *m*; **einen ~ für etw haben** avere il pallino per qc

**Finale** [fi'na:lə] <-s, -o -s> *nt* finale *m*

**Finalist(in)** [fina'lɪst] <-en, -en; -, -nen> *m(f)* (SPORT) finalista *mf*

**Finanz** [fi'nants] <-, -en> *f* finanza *f* **Finanzamt** *nt* ufficio *m* tasse [o finanziario] **Finanzausgleich** <-(e)s, -e> *m* perequazione *f* finanziaria **Finanzbeamte** *m,* **Finanzbeamtin** *f* impiegato, -a *m, f* di finanza

**Finanzen** [fi'nantsən] *Pl.* finanze *fpl,* possibilità *fpl* economiche

**Finanzexperte** <-n, -n> *m,* **Finanzexpertin** <-, -nen> *f* esperto, -a *m, f* in [*o* di] finanza

**Finanzhoheit** <-> *kein Pl. f* (JUR) sovranità *f* fiscale

**finanziell** [finan'tsǐɛl] *adj* finanziario

**finanzierbar** *adj* dotato di copertura finanziaria

**finanzieren** [finan'tsi:rən] <ohne ge-> *vt* finanziare
**Finanzierung** <-, -en> *f* finanziamento *m*
**finanzkräftig** *adj* finanziariamente solido
**Finanzlage** *f* situazione *f* finanziaria
**Finanzmarkt** *m* mercato *m* finanziario
**Finanzminister(in)** *m(f)* ministro *m* delle finanze **Finanzministerium** *nt* ministero *m* delle finanze **Finanzplanung** *f* piano *f* finanziario **Finanzpolitik** *f* politica *f* finanziaria **finanzschwach** *adj* finanziariamente debole **Finanzspritze** *f* appoggio *m* finanziario **Finanzverwaltung** *f* amministrazione *f* delle finanze **Finanzwirtschaft** *f* economia *f* finanziaria
**Findelkind** ['fɪndəlkɪnt] *nt* trovatello, -a *m, f*
**finden** ['fɪndən] <findet, fand, gefunden>
I. *vt* trovare; **nicht zu ~ sein** essere irreperibile; **das finde ich nicht nett von dir** non lo trovo gentile da parte tua II. *vr* **sich ~** ❶ (*zum Vorschein kommen*) ritrovarsi; **es fand sich niemand, der ...** non si trovò nessuno che +*conj* ❷ (*in Ordnung kommen*) rientrare nell'ordine; **das wird sich schon ~** la cosa si accomoderà; **es fand sich, dass ...** risultò che ...
**Finder(in)** <-s, -; -, -nen> *m(f)* ritrovatore, -trice *m, f* **Finderlohn** *m* ricompensa *f*
**findig** *adj* ingegnoso; (*gewitzt*) furbo **Findigkeit** <-> *kein Pl. f* ingegnosità *f*; (*Gewitztheit*) furberia *f*
**Findling** ['fɪntlɪŋ] <-s, -e> *m* (*Findelkind*) trovatello *m*
**fing** [fɪŋ] *1. u. 3. Pers. Sing. Imp. von* **fangen**
**Finger** ['fɪŋɐ] <-s, -> *m* dito *m;* **kleiner ~** [dito *m*] mignolo *m;* **die ~ von etw/jdm lassen** (*fam*) lasciare stare qc/qu, non toccare qc/qu; **keinen ~ krumm machen** non muovere un dito *fam;* **sich** *dat* **die ~ verbrennen** scottarsi le dita; (*fig*) rimaner scottato da qc; **sich** *dat* **die ~ nach etw lecken** (*fam*) morire dalla voglia di avere qc; **sich** *dat* [**mit etw**] **nicht die ~ schmutzig machen** (*fam*) non immischiarsi in qc; **sich** *dat* **etw aus den ~n saugen** (*fam*) inventare qc di sana pianta; **jdm auf die ~ klopfen** redarguire qu; **jdm auf die ~ sehen** tener d'occhio qu; **etw an den ~n abzählen** contare qc sulle dita; **etw mit spitzen ~n anfassen** prendere qc con la punta delle dita; **mit dem ~ auf jdn zeigen** (*fig*) additare qu; **den kann man um den ~ wickeln** (*fig fam*) può far di lui quello che si vuole; **wenn ich den noch mal in die ~ kriege!** (*fam*) se mi capita a tiro un'altra volta!; **~ weg!** (*fam*) via le mani! **Fingerabdruck** *m* impronta *f* digitale **Fingerbreit** <-, -> *m* **keinen ~ nachgeben** non mollare di un millimetro **fingerdick** *adj* grosso [quanto] un dito **Fingerfarbe** *f* colori *mpl* a dita **fingerfertig** *adj* dalle dita agili [*o* svelte] **Fingerfertigkeit** *f* agilità *f* delle dita, destrezza *f* di mano **Fingerhut** *m* ❶ (*zum Nähen*) ditale *m* ❷ (BOT) digitale *f* **Fingerkuppe** *f* punta *f* del dito
**fingern** *vi* **an etw** *dat* **~** gingillarsi con qc *fam* **Fingernagel** *m* unghia *f* **Fingerspitze** *f* punta *f* del dito **Fingerspitzengefühl** *nt* sensibilità *f* raffinata, tatto *m*
**Fingerzeig** ['fɪŋɐtsaɪk, *Pl:* 'fɪŋɐtsaɪgə] <-(e)s, -e> *m* cenno *m;* (*Hinweis*) indicazione *f*
**fingieren** [fɪŋ'gi:rən] <ohne ge-> *vt* fingere, simulare
**Fink** [fɪŋk] <-en, -en> *m* fringuello *m*
**Finne** ['fɪnə] <-n, -n> *m*, **Finnin** ['fɪnɪn] <-, -nen> *f* finlandese *mf*
**finnisch** *adj* finlandese
**Finnland** ['fɪnlant] *nt* Finlandia *f*
**finster** ['fɪnstɐ] *adj* ❶ (*dunkel*) buio, oscuro; **~e Nacht** notte fonda; **im Finstern tappen** (*fig*) brancolare nel buio *fam* ❷ (*fig: zwielichtig*) ambiguo ❸ (*fig: mürrisch*) burbero, scontroso ❹ (*fig: unheimlich*) sinistro, losco **Finsternis** <-, -se> *f* oscurità *f;* (*a. fig*) tenebre *fpl*
**Finte** ['fɪntə] <-, -n> *f* ❶ (*Vorwand*) pretesto *m;* (*Täuschung*) finzione *f* ❷ (SPORT) finta *f*
**Firlefanz** ['fɪrləfants] <-es> *kein Pl. m* (*fam: Krempel*) fanfaluche *fpl*, sciocchezze *fpl;* (*Tand, Flitter*) fronzoli *mpl*
**Firma** ['fɪrma] <-, Firmen> *f* (COM) ❶ (*Betrieb*) ditta *f*, azienda *f* ❷ (*Name*) ragione *f* sociale
**Firmament** [fɪrma'mɛnt] <-(e)s, -e> *nt* (*poet*) firmamento *m*
**firmen** ['fɪrmən] *vt* cresimare
**Firmen** *Pl. von* **Firma**
**firmeneigen** *adj* appartenente all'impresa **Firmengründung** *f* costituzione *f* di una ditta **Firmeninhaber(in)** *m(f)* impresario *m* **Firmenleitung** *f* dirigenza *f* **Firmenstempel** *m* timbro *m* della ditta **Firmenzusammenschluss** *m* (WIRTSCH) fusione *f* di ditte
**Firmling** ['fɪrmlɪŋ] <-s, -e> *m* cresimando, -a *m, f*
**Firmung** ['fɪrmʊŋ] <-, -en> *f* cresima *f*
**Firn** [fɪrn] <-(e)s, -e> *m* (*Schnee*) firn *m*

**Firnis** ['fɪrnɪs] <-ses, -se> *m* vernice *f*
**firnissen** *vt* verniciare
**First** [fɪrst] <-es, -e> *m* colmo *m*, sommità *f* del tetto
**Fis, fis** [fɪs] <-, -> *nt* (MUS) fa *m* diesis
**Fisch** [fɪʃ] <-(e)s, -e> *m* pesce *m;* **weder ~ noch Fleisch** né carne né pesce; **munter wie ein ~ im Wasser sein** essere contento come una Pasqua *fam;* **stumm wie ein ~** muto come un pesce *fam;* **kleine ~ e** (*fam*) sciocchezze; **~ e** (ASTR) Pesci *mpl;* **er/sie ist [ein] ~** (ASTR) è dei Pesci **Fischbein** *nt* osso *m* di balena **Fischbesteck** *nt* posate *fpl* da pesce
**fischen** *vi, vt* pescare; **im Trüben ~** pescare nel torbido
**Fischer(in)** <-s, -; -, -nen> *m(f)* pescatore, -trice *m, f* **Fischerboot** *nt* barca *f* da pesca **Fischerdorf** *nt* villaggio *m* di pescatori
**Fischerei** [fɪʃəˈraɪ] <-> *kein Pl. f* pesca *f*
**Fischerin** *f s.* **Fischer**
**Fischfang** <-s> *kein Pl. m* pesca *f* **Fischfilet** *nt* (GASTR) filetto *m* di pesce **Fischgeschäft** *nt* (COM) pescheria *f* **Fischgräte** *f* lisca *f* **Fischhändler(in)** *m(f)* pescivendolo, -a *m, f* **Fischkonserve** *f* pesce *m* in scatola **Fischlaich** *m* uova *fpl* di pesce **Fischmehl** *nt* farina *f* di pesce **Fischnetz** *nt* rete *f* da pesca **Fischotter** *m* (ZOO) lontra *f* **fischreich** *adj* pescoso **Fischstäbchen** <-s, -> *nt* (GASTR) bastoncini *mpl* di pesce **Fischsterben** <-s> *kein Pl. nt* moria *f* di pesci **Fischsuppe** *f* (GASTR) zuppa *f* di pesce **Fischteich** *m* vivaio *m* di pesci **Fischvergiftung** *f* avvelenamento *m* da pesce **Fischzucht** *f* pescicoltura *f*
**fiskalisch** [fɪsˈkaːlɪʃ] *adj* fiscale
**Fiskalpakt** [fɪsˈkaːl-] *m* (POL, FIN) patto *m* di bilancio, fiscal compact *m*
**Fiskus** ['fɪskʊs] <-, *rar* Fisken *o* -se> *m* fisco *m*
**Fisole** [fiˈzoːlə] <-, -n> *meist Pl f* (A: grüne *Bohne*) fagiolino *m*
**Fistel** ['fɪstəl] <-, -n> *f* fistola *f* **Fistelstimme** *f* (MUS) [voce *f* di] falsetto *m*
**fit** [fɪt] *adj* in forma
**Fitness** ['fɪtnɛs] <-> *kein Pl. f* fitness *f,* salute *f* fisica **Fitnesscenter** <-s, -> *nt* palestra *f,* centro *m* fitness **Fitnessgerät** *nt* attrezzo *m* per il benessere fisico
**fix** [fɪks] *adj* ❶ (*fest*) fisso ❷ (*fam: schnell*) svelto, veloce; (*geschickt*) abile; **~ und fertig** (*fam*) bell'e pronto; (*erschöpft*) sfinito, spossato; **~!** (*fam*) presto!
**Fixa** *Pl. von* **Fixum**

**fixen** ['fɪksən] *vi* (*sl*) bucarsi, drogarsi
**Fixer(in)** <-s, -; -, -nen> *m(f)* (*sl*) bucato, -a *m, f,* drogato, -a *m, f*
**Fixierbad** <-(e)s, -bäder> *nt* (FOTO) bagno *m* fissatore [*o* di fissaggio]
**fixieren** [fɪˈksiːrən] <ohne ge-> *vt* (CH: *a. befestigen*) fissare
**Fixierung** <-, -en> *f* ❶ fissazione *f* ❷ (FOTO) fissaggio *m*
**Fixigkeit** <-> *kein Pl. f* (*fam*) sveltezza *f*
**Fixkosten** *Pl.* costi *mpl* fissi, spese *fpl* fisse
**Fixum** ['fɪksʊm] <-s, Fixa> *nt* [stipendio *m*] fisso *m*
**Fjord** [fjɔrt] <-(e)s, -e> *m* fiordo *m*
**FKK** [ɛfkaːˈkaː] <-s> *kein Pl. nt abk v* **Freikörperkultur** nudismo *m;* **~-Anhänger[in]** nudista *mf* **FKK-Strand** <-(e)s, -strände> *m* spiaggia *f* per nudisti
**flach** [flax] *adj* ❶ (*eben*) piano; (*a. platt*) piatto; **mit der ~en Hand** con la mano aperta; **~ auf dem/den Boden** [a] bocconi ❷ (*nicht tief*) basso ❸ (*fig: oberflächlich*) superficiale; (*nichts sagend*) scialbo **Flachbettscanner** *m* (INFORM) scanner *m* piano
**Flachbildfernseher** *m* televisore *m* a schermo piatto **Flachbildschirm** *m* schermo *m* piatto **Flachdach** *nt* tetto *m* piano **Flachdruck** <-(e)s, -e> *m* (TYP) stampa *f* planografica
**Fläche** ['flɛçə] <-, -n> *f* superficie *f;* (*Ebene*) pianura *f* **Flächenausdehnung** *f* estensione *f* in superficie **flächendeckend** *adj* su tutto il territorio, su tutta la superficie
**flächengleich** *adj* (MAT) equivalente **Flächeninhalt** *m* (MAT) area *f,* superficie *f* **Flächenmaß** *nt* (MAT) misura *f* di superficie
**flach|fallen** <irr> *vi sein* (*fam: nicht stattfinden*) saltare; **der Ausflug ist flachgefallen** la gita è saltata
**Flachhang** *m* pendio *m* dolce
**Flachküste** *f* costa *f* piana **Flachland** *nt* pianura *f*
**flach|legen** **I.** *vt* (*fam: hinstrecken*) buttare a terra **II.** *vr* **sich ~** (*fam*) distendersi **Flachmann** *m* (*fam*) mignonnette *f*
**Flachs** [flaks] <-es> *kein Pl. m* lino *m* **flachsblond** *adj* biondo stoppa
**flachsig** *adj* (A: *sehnig*) tiglioso
**flackern** ['flakɐn] *vi* (*Flamme*) guizzare; (*Licht*) vacillare, tremolare; (*Augen*) lampeggiare
**Fladen** ['flaːdən] <-s, -> *m* ❶ (GASTR) focaccia *f* ❷ (*Kuh~*) sterco *m* di vacca **Fladenbrot** *nt* pane *m* turco

**Flagge** ['flagə] <-, -n> f bandiera f; **die ~ hissen/einholen** issare/ammainare la bandiera
**flaggen** vi mettere le bandiere
**Flaggensignal** <-s, -e> nt segnalazione f con le bandierine
**Flaggschiff** <-s, -e> nt (NAUT) nave f ammiraglia
**flagranti** [fla'granti] adv **in ~** in flagrante
**Flair** [flɛːɐ̯] <-s> kein Pl. nt o m (von Menschen) fascino m, attrazione f; (von Sachen) fascino m, atmosfera f
**Flak** [flak] <-, -(s)> f (MIL) ❶ (Waffe) cannone m antiaereo ❷ (Einheit) artiglieria f contraerea
**Flakon** [fla'kõː] <-s, -s> nt o m flacone m, boccetta f
**flambieren** [flam'biːrən] <ohne ge-> vt flambare
**Flame** ['flaːmə] <-n, -n> m, **Flämin** ['flɛːmɪn] <-, -nen> f fiammingo, -a m, f
**Flamingo** [fla'mɪŋgo] <-s, -s> m (ZOO) fiammingo m, fenicottero m
**flämisch** ['flɛːmɪʃ] adj fiammingo
**Flamme** ['flamə] <-, -n> f fiamma f; **in ~n aufgehen** incendiarsi, andare in fiamme
**flammend** adj (brennend) ardente; (~rot) fiammante; (fig: Rede) infiammato
**Flammenschutz** m parafiamma m **Flammenwerfer** <-s, -> m lanciafiamme m
**Flammkuchen** m specie di pizza farcita con panna, cipolle, speck e prezzemolo
**Flandern** ['flandɐn] nt (GEOG) Fiandra f, Fiandre fpl
**Flanell** [fla'nɛl] <-s, -e> m flanella f
**Flanke** ['flaŋkə] <-, -n> f ❶ (ANAT) fianco m ❷ (SPORT: Turnen) volteggio m di fianco; (Fußball) ala f
**flankieren** [flaŋ'kiːrən] <ohne ge-> vt fiancheggiare, stare di fianco a
**Flansch** [flanʃ] <-(e)s, -e> m (TEC) flangia f
**Flasche** ['flaʃə] <-, -n> f ❶ (Gefäß) bottiglia f; **eine ~ Mineralwasser** una bottiglia di acqua minerale; **zur ~ greifen** darsi al bere; **in ~n** imbottigliato ❷ (Saug~) biberon m; **einem Kind die ~ geben** dare il biberon a un bambino ❸ (fam pej) schiappa f **Flaschenbier** nt birra f in bottiglia **Flaschengestell** nt portabottiglie m **Flaschenhals** m collo m della bottiglia **Flaschenkürbis** m zucca f da vino **Flaschenöffner** m apribottiglie m **Flaschenpfand** nt cauzione f per il vuoto **Flaschenpost** f messaggio m in bottiglia **Flaschenzug** m (TEC) paranco m
**Flaschner** ['flaʃnɐ] <-s, -> m (südd, CH) s. **Klempner**

**Flatrate** ['flɛtreɪt] <-, -s> f flat-rate f, flat [rate] f, connessione f flat
**flatterhaft** adj volubile **Flatterhaftigkeit** <-> kein Pl. f volubilità f
**flattern** ['flatɐn] vi ❶ sein (Tier) svolazzare ❷ haben (Fahne) sventolare ❸ haben (Herz) palpitare; (Augenlider) tremolare; (Hände) tremare
**flau** [flaʊ] adj ❶ (weich) fiacco, molle ❷ (schwach) debole, leggero; **mir ist ~** mi sento male ❸ (Stimmung) languido ❹ (FIN) stagnante, calmo
**Flauheit** <-> kein Pl. f ❶ (Kraftlosigkeit) debolezza f, fiacchezza f; (a. fig) languore m ❷ (FIN) calma f
**Flaum** [flaʊm] <-(e)s> kein Pl. m ❶ (~federn) piume fpl ❷ (~haare) peluria f
**Flaumfeder** f piuma f [minuta] **flaumig** adj ❶ (aus/mit Flaum) coperto di lanugine ❷ (flaumweich) morbido come una piuma, piumoso
**Flausch** [flaʊʃ] <-(e)s, -e> m (weicher Wollstoff) ratina f **flauschig** adj morbido, soffice
**Flausen** ['flaʊzən] fPl. (fam) fandonie fpl, frottole fpl; (Unsinn) idee fpl bizzarre
**Flaute** ['flaʊtə] <-, -n> f ❶ (NAUT) bonaccia f, calma f ❷ (FIN) ristagno m
**Flechte** ['flɛçtə] <-, -n> f ❶ (BOT) lichene m ❷ (MED) erpete m, psoriasi f
**flechten** ['flɛçtən] <flicht, flocht, geflochten> vt ❶ (Zopf) intrecciare ❷ (Flechtwerk) intessere; (Stuhl) impagliare
**Flechtwerk** <-s, -e> nt intreccio m, lavoro m in vimini
**Fleck** [flɛk] <-(e)s, -e o -en> m ❶ (Stück) pezza f, toppa f ❷ (Schmutz~, Farb~) macchia f, chiazza f; **blauer ~** livido m; **einen ~ entfernen** togliere una macchia ❸ (Ort) punto m, luogo m; **nicht vom ~ kommen** non muoversi di un pollice fam; **das Herz auf dem rechten ~ haben** essere una persona di cuore, aver buon cuore
**Flecken** ['flɛkən] <-s, -> m ❶ (Ortschaft) borgo m ❷ (Schmutz-, Farb~) macchia f **fleckenlos** adj senza macchie **Fleckenwasser** nt smacchiatore m
**Fleckfieber** nt (MED) febbre f petecchiale
**fleckig** ['flɛkɪç] adj picchiettato; (schmutzig) macchiato
**Flecktyphus** m (MED) febbre f petecchiale
**Fledermaus** ['fleːdɐmaʊs] f (ZOO) pipistrello m
**Fleece** kein Pl. nt pile m
**Flegel** ['fleːgəl] <-s, -> m (pej) villano m, tanghero m

**Flegelei** ['fle:gə'laɪ] <-, -en> *f* villania *f*, sgarbo *m*
**flegelhaft** *adj* zotico, villano
**Flegeljahre** *ntPl.* età *f* ingrata
**flehen** ['fle:ən] *vi* [**zu jdm**] **um etw** ~ supplicare qu [per qc] **Flehen** <-s> *kein Pl. nt* preghiera *f*, supplica *f* **flehentlich** *adv* fervidamente, supplichevolmente
**Fleisch** [flaɪʃ] <-(e)s> *kein Pl. nt* carne *f*; (*Frucht~*) polpa *f*; ~ **fressend** (*Tiere, Pflanze*) carnivoro, **sich ins eigene** ~ **schneiden** (*fig*) darsi la zappa sui piedi *fam*
**Fleischbeschau** *f* ispezione *f* delle carni **Fleischbrühe** *f* (GASTR) brodo *m* di carne
**Fleischer(in)** <-s, -; -, -nen> *m(f)* (*Schlachter*) macellaio, -a *m, f*; (*Metzger*) salumiere, -a *m, f*
**Fleischerei** [flaɪʃə'raɪ] <-, -en> *f* macelleria *f*, salumeria *f*
**Fleischerin** *f s.* Fleischer
**Fleischextrakt** <-s, -e> *m* estratto *m* di carne **fleischfarben** *adj* color carne, incarnato **fleischfressend** *adj* (*Tiere, Pflanze*) carnivoro **Fleischhauer(in)** <-s, -; -, -nen> *m(f)* (*A*) macellaio, -a *m, f* **fleischig** *adj* carnoso; (BOT) polposo **Fleischkäse** *m* prodotto a base di carne macinata, spezie, rigatina, uova e farina **Fleischklößchen** <-s, -> *nt* (GASTR) polpetta *f* [di carne] **fleischlich** *adj* (*obs*) ① (*aus Fleisch*) di carne ② (*körperlich, sinnlich*) carnale **fleischlos** *adj* ① (*mager*) scarno, magro ② (*Kost*) senza carne; (REL) di magro; (*vegetarisch*) vegetariano **Fleischtomate** <-, -n> *f* (GASTR) pomodoro *m* da insalata **Fleischvergiftung** *f* intossicazione *f* da carne **Fleischvogel** *m* (CH: GASTR) involtino *m* di carne **Fleischwaren** *fPl.* carne *f*, carni *fpl* **Fleischwolf** *m* (TEC) tritacarne *m* **Fleischwunde** *f* ferita *f* profonda **Fleischwurst** *f* (GASTR) salsiccia *f*
**Fleiß** [flaɪs] <-es> *kein Pl. m* diligenza *f*; (*Eifer*) zelo *m*; **ohne** ~ **kein Preis** (*prov*) chi non semina non raccoglie, chi non risica non rosica **fleißig** *adj* diligente; (*eifrig*) assiduo, zelante
**flennen** ['flɛnən] *vi* (*fam*) piagnucolare
**fletschen** ['flɛtʃən] *vt* (*Hund, Löwe*) **die Zähne** ~ digrignare i denti
**Fleurop®** ['flɔɪrɔp *o* 'fløːrɔp] <-> *kein Pl. nt* euroflora® *f*; **jdm Blumen durch** ~ **schicken** spedire a qu fiori con l'Euroflora
**flexibel** [flɛ'ksiːbəl] *adj* flessibile
**Flexibilisierung** *f* flessibilizzazione *f*

**Flexibilität** [flɛksibili'tɛːt] <-> *kein Pl. f* flessibilità *f*
**Flexion** [flɛ'ksjoːn] <-, -en> *f* (GRAM, MED) flessione *f*
**flicht** [flɪçt] *3. Pers. Sing. Präs. von* **flechten**
**Flickarbeit** <-, -en> *f* ① (*Vorgang*) rappezzamento *m* ② (*Ergebnis*) rappezzatura *f* ③ (*fig: Stümperei*) abborracciatura *f*
**flicken** ['flɪkən] *vt* ① (*ausbessern*) raccomodare; (*Schuhe, Kleider*) rattoppare; (*stopfen*) rammendare ② (*fig*) abborracciare
**Flicken** <-s, -> *m* toppa *f*, pezza *f*, rappezzo *m*
**Flickwort** <-(e)s, -wörter> *nt s.* **Füllwort**
**Flickzeug** <-(e)s> *kein Pl. nt* materiale *m* per riparazioni
**Flieder** ['fliːdɐ] <-s, -> *m* (BOT) lillà *m* **fliederfarben** *adj* lillà
**Fliege** ['fliːgə] <-, -n> *f* ① (ZOO) mosca *f*; **zwei** ~**n mit einer Klappe schlagen** (*fam*) prendere due piccioni con una fava; **keiner** ~ **etw zuleide tun** [**können**] non far male a una mosca ② (*Krawatte*) farfallino *m*
**fliegen** ['fliːgən] <fliegt, flog, geflogen> I. *vi sein* ① volare ② (*mit Flugzeug*) andare in aereo ③ (*geworfen werden*) essere scagliato; **in die Luft** ~ (*explodieren*) saltare in aria, esplodere ④ (*sich eilen*) gettarsi, correre ⑤ (*fam: hinausgeworfen werden*) venire licenziato ⑥ (*fam: fallen*) cadere; **auf jdn/etw** ~ (*fam*) essere attratto da qu/qc II. *vt haben* pilotare, guidare; (*Person*) trasportare in aereo **fliegend** *adj* ① volante ② (*lose*) sciolto
**Fliegenfänger** <-s, -> *m* acchiappamosche *m* **Fliegengewicht** *nt* (SPORT) peso *m* mosca **Fliegengitter** *nt* retina *f* metallica contro le mosche **Fliegenklatsche** <-, -n> *f* acchiappamosche *m* **Fliegenpatsche** <-, -n> *f* acchiappamosche *m* **Fliegenpilz** *m* (BOT) ovolo *m* malefico, ovolaccio *m*
**Flieger(in)** <-s, -; -, -nen> *m(f)* pilota *mf*, aviatore, -trice *m, f*; (MIL) aviere *m* **Fliegeralarm** *m* allarme *m* aereo **Fliegerangriff** *m* (MIL) attacco *m* aereo **Fliegerhorst** *m* campo *m* d'aviazione
**Fliegerin** *f s.* **Flieger**
**fliehen** ['fliːən] <flieht, floh, geflohen> *vi sein* fuggire; **vor jdm/etw** ~ fuggire di fronte a qu/qc; **von etw** ~ scappare da qc; **aus dem Gefängnis** ~ evadere dalla prigione **fliehend** *adj* (*Stirn*) sfuggente

**Fliehkraft** <-> *kein Pl. f* (PHYS) forza *f* centrifuga

**Fliese** ['fliːzə] <-, -n> *f* piastrella *f,* mattonella *f* **Fliesenleger(in)** <-s, -; -, -nen> *m(f)* piastrellista *mf*

**Fließband** <-(e)s, -bänder> *nt* catena *f* di montaggio **Fließbandarbeit** *f* lavoro *m* alla catena di montaggio **Fließbandfertigung** *f* lavorazione *f* a catena

**fließen** ['fliːsən] <fließt, floss, geflossen> *vi sein* |s|correre; (*münden*) sboccare; **durch Florenz ~** attraversare Firenze; **in die Donau ~** sboccare nel Danubio; **der Schweiß floss mir von der Stirn** il sudore mi grondava dalla fronte **fließend** *adj* corrente; (*Wasser*) corrente; (*Grenze*) fluttuante; (*Stil, Ton*) fluido; **Zimmer mit ~em Wasser** camera con acqua corrente; **~ Italienisch sprechen** parlare italiano correntemente

**Fließpapier** *nt* carta *f* assorbente

**flimmern** ['flɪmɐn] *vi* ❶ (*Licht, Luft*) tremolare ❷ (FILM, TV) sfarfallare

**flink** [flɪŋk] *adj* ❶ (*schnell*) svelto, lesto ❷ (*geschickt*) abile, agile ❸ (*munter, lebhaft*) sveglio, vispo

**Flinserl** <-s, -n> *nt* (*A: Flitter, Ohrgehänge*) lustrino *m*

**Flinte** ['flɪntə] <-, -n> *f* fucile *m,* schioppo *m fam;* **die ~ ins Korn werfen** (*fam*) tirarsi indietro

**Flipchart** <-s, -s> *mnt,* **Flip-Chart** ['flɪptʃaet] <-s, -s> *mnt* flipchart *mf*

**Flipper** ['flɪpɐ] *vi* (*Spiel*) flipper *m*

**flippern** ['flɪpɐn] *vi* giocare a flipper

**flippig** ['flɪpɪç] *adj* (*fam*) stravagante, bizzarro

**Flirt** [flœrt] <-(e)s, -s> *m* flirt *m*

**flirten** [flœrtən] *vi* flirtare

**Flirtforum** *nt* (INFORM) chat *m* per flirtare

**Flittchen** ['flɪtçən] <-s, -> *nt* (*fam pej*) puttanella *f*

**Flitter** ['flɪtɐ] <-s, -> *m* ❶ (*Pailletten*) lustrino *m* ❷ (*pej: Tand*) orpello *m*

**Flittergold** *nt* orpello *m* **Flitterwochen** *fPl.* luna *f* di miele

**flitzen** ['flɪtsən] *vi sein* (*fam*) sfrecciare

**flocht** [flɔxt] *1. u. 3. Pers. Sing. Imp. von* **flechten**

**Flocke** ['flɔkə] <-, -n> *f* fiocco *m* **flockig** *adj* fioccoso, a fiocchi

**flog** [floːk] *1. u. 3. Pers. Sing. Imp. von* **fliegen**

**floh** [floː] *1. u. 3. Pers. Sing. Imp. von* **fliehen**

**Floh** [floː] <-(e)s, Flöhe> *m* pulce *f;* **jdm einen ~ ins Ohr setzen** (*fam*) mettere una pulce nell'orecchio a qu *fam* **Flohmarkt** *m* mercato *m* delle pulci **Flohzirkus** *m* circo *m* delle pulci

**Flop** [flɔp] <-s, -s> *m* fiasco *m,* flop *m*

**Flor**[1] [floːɐ, *Pl.:*'floːrə] <-s, -e> *m* (*Blumen~*) fioritura *f;* (*Blumen*) fiori *mpl*

**Flor**[2] [floːɐ, *Pl:* 'floːrə *o* 'flœrə] <-s, -e *o rar* Flöre> *m* ❶ (*Stoff*) crespo *m,* velo *m* ❷ (*Trauer~*) velo *m* [da lutto]

**Flora** ['floːra] <-, Floren> *f* flora *f*

**Florentiner** [florɛn'tiːnɐ] <-s, -> *m* ❶ (*Hut*) cappello *m* di paglia di Firenze ❷ (GASTR) biscotto *m* alla fiorentina

**Florenz** [flo'rɛnts] *nt* (GEOG) Firenze *f*

**Florett** [flo'rɛt] <-(e)s, -e> *nt* (SPORT) fioretto *m* **Florettfechten** *nt* [scherma *f* col] fioretto *m*

**florieren** [flo'riːrən] <ohne ge-> *vi* fiorire, prosperare

**Florist(in)** [flo'rɪst] <-en, -en; -, -nen> *m(f)* fioraio, -a *m, f,* floricoltore, -trice *m, f,* fiorista *mf*

**Floskel** ['flɔskəl] <-, -n> *f* frase *f* retorica

**floss** [flɔs] *1. u. 3. Pers. Sing. Imp. von* **fließen**

**Floß** [floːs] <-es, Flöße> *nt* zattera *f*

**Flosse** ['flɔsə] <-, -n> *f* ❶ (ZOO, SPORT) pinna *f* ❷ (AERO) [piano *m*] stabilizzatore *m* ❸ (*sl: Hand*) zampa *f* ❹ *pl* (*sl: Füße*) piedi *mpl*

**flößen** ['fløːsən] *I. vt* fare fluitare *II. vi* navigare su zattere

**Flößer(in)** <-s, -; -, -nen> *m(f)* zatteriere, -a *m, f*

**Flöte** ['fløːtə] <-, -n> *f* flauto *m*

**flöten** *vi* ❶ (MUS) suonare il flauto ❷ (*verloren gehen*) **~ gehen** (*fam*) andare a farsi friggere

**Flötenbläser(in)** *m(f)* (MUS) flautista *mf* **Flötenspieler(in)** *m(f) s.* **Flötenbläser**

**Flötenton** *m* **jdm die Flötentöne beibringen** (*fam*) fare una paternale a qu, insegnare a qu la buona creanza

**Flötist(in)** [fløˈtɪst] <-en, -en; -, -nen> *m(f) s.* **Flötenbläser**

**flott** [flɔt] *adj* ❶ (*schnell*) svelto; **mach mal ein bisschen ~** (*fam*) sbrigati!, spicciati! ❷ (*schick*) chic, carino ❸ (*lebenslustig*) gaio, spensierato ❹ (NAUT) galleggiante

**Flotte** ['flɔtə] <-, -n> *f* (NAUT) flotta *f* **Flottenstützpunkt** *m* base *f* navale

**flott|machen** *vt* (*Schiff*) disincagliare; (*Auto*) rimettere a posto

**Flöz** [fløːts] <-es, -e> *nt* (MIN) strato *m,* filone *m* orizzontale

**Fluch** [fluːx] <-(e)s, Flüche> *m* ❶ (*Ver-*

*wünschung, Unheil*) maledizione *f* ❷ (*Schimpfwort*) bestemmia *f*
**fluchen** ['fluːxən] *vi* **auf** [*o* **über**] **jdn/etw ~** bestemmiare [*o* imprecare] contro qu/qc
**Flucht** [flʊxt] <-, -en> *f* ❶ (*Fliehen*) fuga *f;* (*Ausbrechen*) evasione *f;* **~ aus dem Gefängnis** evasione dalla prigione; **die ~ ergreifen** prendere la fuga; **auf der ~ sein** essere in fuga; **jdn in die ~ schlagen** mettere qu in fuga ❷ (ARCH: *Häuser~*) serie *f*, fila *f;* (*Zimmer~*) fuga *f* **fluchtartig** *adv* precipitosamente, in fretta e furia *fam*
**flüchten** ['flʏçtən] **I.** *vi sein* **vor jdm/etw ~** fuggire davanti a qu/qc **II.** *vr* **sich ~** (*Schutz suchen*) rifugiarsi, trovare scampo
**Fluchthelfer(in)** *m(f)* complice *mf* dell'evasione **Fluchthilfe** *f* complicità *f* nell'evasione
**flüchtig** ['flʏçtɪç] *adj* ❶ (*fliehend*) fuggente, fuggitivo ❷ (*schnell vergehend*) fugace, fuggevole ❸ (*oberflächlich*) superficiale; (*Eindruck*) vago; (*nachlässig*) impreciso; **etw ~ lesen** scorrere qc; **ich kenne sie nur ~** la conosco solo superficialmente ❹ (CHEM) volatile **Flüchtigkeit** <-> *kein Pl. f* ❶ (*Schnelligkeit*) velocità *f* ❷ (*Vergänglichkeit*) fugacità *f* ❸ (*Oberflächlichkeit*) superficialità *f* ❹ (*Ungenauigkeit*) imprecisione *f* ❺ (CHEM) volatilità *f* **Flüchtigkeitsfehler** *m* disattenzione *f*, svista *f*
**Flüchtling** ['flʏçtlɪŋ] <-s, -e> *m* profugo, -a *m, f*, rifugiato, -a *m, f*, fuoriuscito, -a *m, f* **Flüchtlingslager** *nt* campo *m* [di] profughi
**Flüchtlingsschiff** *nt* nave *f* di profughi
**Flüchtlingsstrom** *m* ondata *f* di profughi
**Fluchtversuch** *m* tentativo *m* di fuga
**Fluchtweg** *m* via *f* di scampo
**Flug** [fluːk] <-(e)s, Flüge> *m* volo *m;* **die Zeit verging [wie] im ~[e]** il tempo volò via **Flugabwehr** *f* (MIL, AERO) [difesa *f*] contraerea *f* **Flugangst** *f* paura *f* di volare **Flugbahn** *f* (AERO) traiettoria *f* di volo, (MIL, ASTR) traiettoria *f* **Flugbegleiter(in)** *m(f)* assistente *mf* di volo **Flugblatt** *nt* volantino *m* **Flugboot** *nt* idrovolante *m* a scafo **Flugdatenschreiber** *m* (AERO) *s.* **Flugschreiber Flugdauer** *f* durata *f* del volo
**Flügel** ['flyːɡəl] <-s, -> *m* ❶ ala *f;* **jdm die ~ stutzen** (*fig*) tarpare le ali a qu; **die ~ hängen lassen** (*fam*) perdersi d'animo; **mit den ~n schlagen** battere le ali ❷ (*Windmühlen~*) pala *f;* (*Tür-, Fenster~*) battente *m;* (*Altar~*) sportello *m* [di trittico] ❸ (ANAT: *Lungen~*) lobo *m* polmonare; (*Nasen~*) aletta *f* nasale ❹ (MUS) pianoforte *m* a coda **Flügelmutter** *f* (TEC) dado *m* ad alette [*o* a farfalla] **Flügelschlag** *m* colpo *m* d'ala, batter *m* d'ali **Flügelschraube** *f* (TEC) vite *f* ad alette **Flügeltür** *f* porta *f* a battenti
**Fluggast** *m* passeggero *m* [d'aereo]
**flügge** ['flʏɡə] *adj* atto a volare; **~ werden** (*fig*) diventare indipendente
**Fluggesellschaft** *f* compagnia *f* aerea
**Flughafen** *m* aeroporto *m*, scalo *m* aereo **Flughöhe** *f* quota *f*, altezza *f* di volo **Flughörnchen** *nt* (ZOO) petauro *m* **Flugkapitän** *m* capitano *m* pilota **Flugkörper** *m* velivolo *m* **Fluglehrer(in)** *m(f)* pilota *mf* istruttore, -trice, istruttore, -trice *m, f* di volo **Flugleitung** *f* controllo *m* di volo **Fluglinie** *f* linea *f* aerea, aerolinea *f* **Fluglotse** *m* controllore *m* di volo **Flugnetz** *nt* rete *f* d'aviazione **Flugobjekt** *nt* **unbekanntes ~** ufo *m* **Flugpersonal** *nt* personale *m* di bordo **Flugplan** *m* orario *m* aereo **Flugplatz** *m* ❶ (*Flugfeld*) campo *m* d'aviazione, aerodromo *m* ❷ (*Flughafen*) aeroporto *m* **Flugreise** *f* viaggio *m* [in] aereo, volo *m* **Flugroute** *f* rotta *f* aerea
**flugs** [flʊks] *adv* (*obs*) di volata
**Flugsand** <-s> *kein Pl. m* sabbia *f* trasportata dal vento **Flugschein** *m* ❶ (*von Pilot*) brevetto *m* di pilota ❷ (*von Passagier*) biglietto *m* aereo **Flugschneise** *f* corridoio *m* aereo **Flugschreiber** <-s, -> *m* registratore *m* dei dati di volo, scatola *f* nera
**Flugschrift** *f* opuscolo *m*, pamphlet *m* **Flugschule** *f* scuola *f* di volo **Flugsicherheit** *f* sicurezza *f* di volo **Flugsicherung** *f* controllo *m* del traffico aereo **Flugsimulator** *m* simulatore *m* di volo **Flugstrecke** *f* tratto *m* di volo **flugtauglich** *adj* idoneo a pilotare un aereo **Flugtechnik** *f* tecnica *f* di volo **Flugticket** *nt* biglietto *m* aereo **Flugverbindung** *f* collegamento *m* aereo **Flugverbot** *nt* divieto *m* di circolazione aerea **Flugverbotszone** *f* zona *f* di divieto di circolazione aerea **Flugverkehr** *m* traffico *m* aereo **Flugwaffe** *f* (*CH:* MIL*: Luftwaffe*) aeronautica *f* militare **Flugwesen** *nt* aviazione *f*, aeronautica *f* **Flugzeit** *f* durata *f* del volo **Flugzettel** *m* (*A: Flugblatt*) volantino *m*
**Flugzeug** ['fluːktsɔɪk] <-(e)s, -e> *nt* aereo *m*, aeroplano *m;* **ein ~ steuern** pilotare un aereo; **mit dem ~ fliegen** andare [*o* viaggiare] in aereo **Flugzeugabsturz** *m*

caduta *f* di un aereo **Flugzeugbau** *m* costruzioni *fpl* aeronautiche **Flugzeugbesatzung** *f* equipaggio *m* dell'aereo **Flugzeugentführer(in**) *m(f)* dirottatore, -trice *m*, *f* [di un aereo], pirata *mf* dell'aria **Flugzeugentführung** *f* dirottamento *m* [di un aereo]
**Flugzeugfabrik** *f* fabbrica *f* d'aeroplani
**Flugzeugführer(in**) *m(f)* pilota *mf,* aviatore, -trice *m, f* **Flugzeughalle** *f* aviomessa *f,* hangar *m* **Flugzeugindustrie** *f* industria *f* aeronautica **Flugzeugkonstrukteur(in**) *m(f)* costruttore, -trice *m, f* di aeroplani
**Flugzeugladung** *f* carico *m* dell'aereo **Flugzeugmechaniker(in**) *m(f)* meccanico , -a *m, f* di aeroplani **Flugzeugmodell** *nt* modello *m* d'aereo, aereomodello *m* **Flugzeugträger** *m* portaerei *f* **Flugzeugtyp** *m* tipo *m* d'aereo **Flugzeugunglück** *nt* sciagura *f* aerea
**Fluktuation** [fluktua'tsjo:n] <-, -en> *f* fluttuazione *f*
**fluktuieren** [fluktu'i:rən] <ohne ge-> *vi* (*schwanken*) oscillare; (*Zahl, Preise*) fluttuare
**Fluktuieren** <-s> *kein Pl. nt* fluttuazione *f*
**Flunder** ['flundɐ] <-, -n> *f* (ZOO) passera *f* di mare, platessa *f;* **platt sein wie eine ~** (*fig*) restare di stucco
**Flunkerei** [fluŋkə'raɪ] <-, -en> *f* (*fam*) frottola *f*
**flunkern** ['fluŋkɐn] *vi* (*fam*) raccontar frottole
**Fluor** ['flu:oɐ] <-s> *kein Pl. nt* (CHEM) fluoro *m*
**Fluorchlorkohlenwasserstoff** <-(e)s, -e> *m* (CHEM) clorofluorocarburo *m*
**Fluoreszenz** [fluorɛs'tsɛnts] <-> *kein Pl. f* fluorescenza *f*
**fluoreszieren** [fluorɛs'tsi:rən] <ohne ge-> *vi* essere fluorescente **fluoreszierend** *adj* fluorescente
**Flur** [flu:ɐ] <-(e)s, -e> *m* (*Haus~*) ingresso *m;* (*Korridor*) corridoio *m;* (*Treppen~*) pianerottolo *m*
**Flurbereinigung** <-, -en> *f* ricomposizione *f* fondiaria **Flurschaden** *m* danno *m* alle colture
**Fluss** [flus] <-es, Flüsse> *m* ① (*Gewässer*) fiume *m* ② (*Fließen*) scorrere *m;* **wieder in ~ bringen** attivare, mettere in movimento; **in ~ kommen** mettersi in moto, ricominciare; **im ~ sein** essere in movimento ③ (*fig* MED, PHYS) flusso *m* **flussabwärts** *adv* a valle **Flussarm** *m* braccio *m* [o ramo *m*] del fiume **flussaufwärts** *adv* a

monte **Flussbegradigung** <-, -en> *f* rettificazione *f* di un fiume **Flussbett** *nt* letto *m* del fiume **Flussdiagramm** *nt* (INFORM) diagramma *m* di flusso **Flussfisch** *m* pesce *m* di fiume
**flüssig** ['flʏsɪç] *adj* ① (*geschmolzen, bes. Metall*) fuso; **~ machen** liquefare; (*verfügbar machen*) rendere disponibile, mobilitare ② (*Stil*) fluido ③ (*von Geld*) liquido; **ich bin im Moment nicht ~** al momento non ho soldi
**Flüssigkeit** <-, -en> *f* ① (*Stoff*) liquido *m* ② (*Zustand*) fluidità *f* **Flüssigkristallbildschirm** *m* (INFORM) schermo *m* a cristalli liquidi **Flüssigseife** *f* sapone *m* liquido **Flüssigwaschmittel** <-s, -> *nt* detersivo *m* liquido
**Flusskrebs** *m* gambero *m* di fiume **Flusslauf** *m* corso *m* del fiume **Flussmündung** *f* foce *f,* sbocco *m,* sfocio *m,* bocca *f* [di un fiume] **Flusspferd** *nt* ippopotamo *m* **Flussregulierung** *f* regolazione *f* dei fiumi **Flussschifffahrt** *f* navigazione *f* fluviale **Flussspat** *m* (MIN) fluorite *f,* spato *m* di fluoro **Flussufer** *nt* riva *f* del fiume
**flüstern** ['flʏstɐn] *vi, vt* bisbigliare, sussurrare; **das kann ich dir ~!** (*fam*) puoi fidarti!; **dem werd' ich was ~!** (*sl*) gliene dirò quattro! *fam* **Flüsterpropaganda** *f* propaganda *f* in sordina
**Flut** [flu:t] <-, -en> *f* ① (*Gezeitenstand*) alta marea *f,* marea *f* montante ② *pl* (*Wassermassen*) acque *fpl,* flutti *mpl* ③ (*fig: Menge*) torrente *m;* (*Blumen*) marea *f;* (*von Tränen*) torrente *m,* diluvio *m;* (*von Leuten*) fiumana *f;* **eine ~ von Briefen** una valanga di lettere
**fluten** I. *vi sein* (*geh*) scorrere (*in +acc* in); (*a. fig*) inondare (*in etw acc* qc) II. *vt haben* (NAUT) inondare
**Flutlicht** *nt* luce *f* a largo fascio luminoso **Flutopfer** *nt* vittima *f* dell'inondazione **Flutschutz** *m* protezione *f* contro le inondazioni **Flutschutzsystem** *nt* sistema *m* di protezione contro le inondazioni **Flutwelle** *f* onda *f* di alta marea
**Flyer** <-s, -> *m* volantino *m*
**fm** *abk v* **Festmeter** mc
**focht** [fɔxt] *1. u. 3. Pers. Sing. Imp. von* **fechten**
**Fock** [fɔk] <-, -en> *f,* **Focksegel** <-s, -> *nt* (NAUT) fiocco *m*
**Föderalismus** [fødera'lɪsmʊs] <-> *kein Pl. m* (POL) federalismo *m*
**föderalistisch** *adj* federalistico, federativo

**Föderation** [fødera'tsi̯oːn] <-, -en> *f* (POL) federazione *f*
**Föderationsrat** *m* consiglio *m* federativo
**föderativ** [fødera'tiːf] *adj* (ADM) federativo
**Fohlen** ['foːlən] <-s, -> *nt* (ZOO) puledro, -a *m, f;* (*Stuten~ a*) cavallina *f*
**fohlen** ['foːlən] *vi* (ZOO: *Tier*) figliare
**Föhn** [føːn] <-(e)s, -e> *m* ❶ (METEO) föhn *m* ❷ asciugacapelli *m*, fon *m*
**föhnen** ['føːnən] *vt* ❶ (*trocknen*) asciugare con il fon ❷ (*frisieren*) mettere in piega [con il fon]
**Föhre** ['føːrə] <-, -n> *f* (BOT) pino *m* silvestre
**Fokus** ['foːkʊs] <-, -se> *m* ❶ (*Brennpunkt*) fuoco *m* ❷ (*Krankheitsherd*) focolaio *m*, focus *m*
**Folge** ['fɔlgə] <-, -n> *f* ❶ (*Ergebnis*) conseguenza *f*, risultato *m;* (*Wirkung*) effetto *m;* **etw zur ~ haben** avere come conseguenza qc ❷ (*Reihen~, Ab~*) successione *f*, serie *f;* **in der ~** in seguito, successivamente ❸ (TV, RADIO: *von Sendung*) puntata *f;* (*von Zeitschrift*) numero *m* **Folgeerscheinung** *f* effetto *m*, conseguenza *f*
**folgen** ['fɔlgən] *vi* ❶ *sein* (*a. fig: geistig*) seguire; **jdm/etw ~** seguire qu/qc; **auf etw** *acc* **~** venire dopo qc; **jdm auf Schritt und Tritt ~** seguire qu passo passo *fam;* **wie folgt** come segue; **Fortsetzung folgt** continua ❷ *haben* (*gehorchen*) ubbidire ❸ *haben* (*resultieren*) risultare; **aus etw ~** risultare da qc; **daraus folgt, dass ...** ne segue che ... **folgend** *adj* seguente, successivo; **im Folgenden** in seguito
**folgendermaßen** *adv*, **folgenderweise** *adv* nel modo seguente **Folgendes** *adj* quanto segue, le cose seguenti; **er schreibt ~** ecco ciò che scrive
**folgenlos** *adj* senza conseguenze **folgenschwer** *adj* grave, gravido di conseguenze
**folgerichtig** *adj* conseguente, logico
**Folgerichtigkeit** *f* conseguenza *f*, logicità *f*
**folgern** ['fɔlgərn] *vt* **etw [aus etw] ~** dedurre [*o* concludere] qc da qc
**Folgerung** <-, -en> *f* conclusione *f;* **eine ~ aus etw ableiten** dedurre una conclusione da qc
**Folgezeit** *f* **in der ~** successivamente, in seguito
**folglich** ['fɔlklɪç] *adv* per conseguenza, perciò; (*also*) quindi
**folgsam** ['fɔlkzaːm] *adj* ubbidiente, docile
**Folgsamkeit** <-> *kein Pl. f* ubbidienza *f*, docilità *f*
**Foliant** [fo'li̯ant] <-en, -en> *m* [volume *m*] in-folio *m*

**Folie** ['foːli̯ə] <-, -n> *f* [s]foglio *m*, lamina *f*
**Folio** ['foːlio, *Pl:* 'foːlios *o* 'foːli̯ən] <-s, -s *o* Folien> *nt* (TYP) foglio *m*
**Folklore** [fɔlk'loːrə] <-> *kein Pl. f* folclore *m*
**folkloristisch** *adj* folcloristico
**Folter** ['fɔltɐ] <-, -n> *f* ❶ (*~bank*) cavalletto *m* di tortura ❷ (*Folterung*) tortura *f;* (*fig*) supplizio *m*, tormento *m;* **jdn auf die ~ spannen** far stare qu sulle spine *fam*
**Folterkammer** *f* camera *f* di tortura
**foltern** *vt* torturare
**Folteropfer** <-s, -> *nt* vittima *f* di torture; (REL) martire *m*
**Folterung** <-, -en> *f* tortura *f*
**Fon** [foːn] <-s, -s *o bei Maßangaben:* -> *nt s.* **Phon**
**Fond** [fõː] <-s, -s> *m* ❶ (GASTR) fondo *m* di cottura ❷ (*Hintergrund*) sfondo *m* ❸ (AUTO, *geh*) sedile *m* posteriore; **im ~ sitzen** sedere sul sedile posteriore
**Fonds** [fõː(s)] <-, -> *m* (FIN) fondo *m*, capitale *m* **Fondsmanager(in)** *m(f)* (FIN) manager *mf* dei fondi d'investimento
**Fondue** [fõ'dyː] <-s, -s> *nt*, <-, -s> *f* (GASTR) fonduta *f*
**Fonologie** <-> *kein Pl. f s.* **Phonologie**
**Fonotypist(in)** <-en, -en; -, -nen> *m(f) s.* **Phonotypist**
**Fonotypistin** *f s.* **Phonotypistin**
**Fontäne** [fɔn'tɛːnə] <-, -n> *f* fontana *f* zampillante
**foppen** ['fɔpən] *vt* schernire, prendersi gioco di
**Fora** *Pl. von* **Forum**
**forcieren** [fɔr'siːrən] <ohne ge-> *vt* forzare
**Förderband** <-(e)s, -bänder> *nt* nastro *m* trasportatore
**Förderer** <-s, -> *m*, **Fördergelder** *Pl.* (ADM) fondi *pl* per lo sviluppo **Förderin** <-, -nen> *f* promotore, -trice *m, f*, fautore, -trice *m, f*
**Förderkorb** <-s, -körbe> *m* (MIN) gabbia *f* d'estrazione
**Förderkurs** *m* corso *m* di perfezionamento
**Förderleistung** *f* (MIN) produzione *f* di una miniera
**förderlich** *adj* propizio, favorevole; (*nützlich*) utile
**fordern** ['fɔrdərn] *vt* ❶ (*verlangen*) [ri]chiedere, domandare; (*Anspruch erheben auf*) rivendicare; **viele Opfer ~** costare molte vittime ❷ (*er~*) esigere ❸ (SPORT) invitare, sfidare
**fördern** ['fœrdərn] *vt* ❶ (*unterstützen*) promuovere, incrementare ❷ (MIN) estrarre

**fordernd** *adj* (*Haltung, Beruf*) stimolante
**Förderschacht** *m* (MIN) pozzo *m* d'estrazione **Förderturm** *m* torre *f* d'estrazione
**Forderung** <-, -en> *f* ❶ (*Verlangen*) domanda *f*, richiesta *f*; (*Anspruch*) pretesa *f*; **eine ~ nach etw** una richiesta di qc; **eine ~ an jdn stellen** fare una richiesta a qu; **eine ~ erheben** far valere una pretesa; **eine ~ erfüllen** soddisfare una domanda ❷ (COM) credito *m*
**Förderung** <-, -en> *f* ❶ (*Voranbringen*) promozione *f*, incremento *m*; (*Unterstützung*) sostegno *m*, incoraggiamento *m* ❷ (MIN) estrazione *f*
**Förderwagen** *m* (MIN) carrello *m* da miniera
**Forelle** [fo'rɛlə] <-, -n> *f* trota *f*
**Foren** *Pl. von* **Forum**
**Form** [fɔrm] <-, -en> *f* ❶ forma *f*; **die ~ en verletzen** offendere la buona forma; **die ~ wahren** salvare le apparenze; **einer Sache** *dat* **~ geben** dare forma a qc; |**feste**| **~|en|** annehmen prender corpo; **gefährliche ~en annehmen** prendere una piega pericolosa; **in ~** in forma; **in ~ von ...** in [*o* sotto] forma di ...; **in aller ~** con tutte le regole ❷ (TEC) modello *m*, stampo *m*
**formal** [fɔr'maːl] *adj* formale
**Formaldehyd** ['fɔrmʔaldehyːt] <-s, -e> *nt* (CHEM) formaldeide *f*, aldeide *f* formica
**Formalität** [fɔrmaliˈtɛːt] <-, -en> *f* formalità *f*
**Format** [fɔr'maːt] <-(e)s, -e> *nt* ❶ (*Bild~, Buch~, a inform*) formato *m* ❷ (TYP) sesto *m* ❸ (*fig*) statura *f*, levatura *f*; **ein Mann von ~** un uomo di gran levatura
**formatieren** *vt* (INFORM) formattare
**formatiert** *adj* (INFORM) formattato
**Formatierung** <-, -en> *f* (INFORM) formattazione *f*
**Formation** [fɔrma'tsi̯oːn] <-, -en> *f* formazione *f*
**formbar** *adj* plasmabile **Formbarkeit** <-> *kein Pl. f* plasmabilità *f* **formbeständig** *adj* indeformabile **Formblatt** *nt* (ADM) modulo *m*
**Formel** ['fɔrməl] <-, -n> *f* formula *f*; **etw auf eine ~ bringen** riassumere qc [in una formula] **formelhaft** *adj* stereotipato
**formell** [fɔr'mɛl] *adj* (*Sache*) formale; (*Person*) formalista
**formen** ['fɔrmən] *vt* formare, modellare
**Formenlehre** *f* ❶ (LING) morfologia *f* ❷ (MUS) composizione *f* **formenreich** *adj* ricco di forme, multiforme

**Former(in)** <-s, -; -, -nen> *m(f)* formatore, -trice *m, f*, modellatore, -trice *m, f*
**Formfehler** *m* errore *m* di forma; (JUR) vizio *m* di forma
**formieren** [fɔr'miːrən] <ohne ge-> *vt* formare; (MIL) schierare
**Formierung** <-, -en> *f* formazione *f*
**förmlich** ['fœrmlɪç] **I.** *adj* ❶ (*in den gehörigen Formen*) formale, fatto con tutte le regole ❷ (*steif*) formalistico ❸ (*feierlich*) solenne ❹ (*regelrecht*) vero e proprio **II.** *adv* (*fast*) addirittura, letteralmente
**Förmlichkeit** <-, -en> *f* formalità *f*; **ohne ~en** senza cerimonie
**formlos** *adj* ❶ (*unförmig*) informe ❷ (*zwanglos*) non formale, senza cerimonie **Formsache** *f* questione *f* di forma, formalità *f* **formschön** *adj* di bella forma
**Formtief** *nt* (SPORT) cattiva *f* forma
**Formular** [fɔrmuˈlaːɐ̯] <-s, -e> *nt* (ADM) modulo *m*, formulario *m*
**formulieren** [fɔrmuˈliːrən] <ohne ge-> *vt* formulare; (*ausdrücken*) esprimere
**Formulierung** <-, -en> *f* formulazione *f*
**Formung** <-, -en> *f* ❶ (*das Formen*) formare *m*, formatura *f* ❷ (*Form*) forma *f*
**formvollendet** *adj* di forma perfetta
**forsch** [fɔrʃ] *adj* (*mutig*) audace; (*resolut*) risoluto; (*energisch*) energico
**forschen** ['fɔrʃən] *vi* ricercare; **nach etw ~** indagare [*o* fare indagini su] qc
**Forscher(in)** <-s, -; -, -nen> *m(f)* ricercatore, -trice *m, f*, investigatore, -trice *m, f*; (*Gelehrter*) studioso, -a *m, f*, scienziato, -a *m, f*
**Forschung** <-, -en> *f* indagine *f*, ricerca *f*
**Forschungsabteilung** <-, -en> *f* reparto *m* ricerche
**Forschungsanstalt** *f* istituto *m* di ricerca
**Forschungsauftrag** *m* incarico *m* di ricerca **Forschungsbericht** *m* relazione *f* di ricerca **Forschungsgebiet** *nt* campo *m* della ricerca **Forschungsgelder** *Pl.* fondi *pl* per la ricerca **Forschungsgemeinschaft** *f* gruppo *m* di ricerca
**Forschungsobjekt** *nt* oggetto *m* di ricerca
**Forschungsreise** *f* viaggio *m* di esplorazione **Forschungssatellit** *m* satellite *m* scientifico
**Forschungssemester** *nt* semestre *m* di ricerca **Forschungsstation** *f* stazione *f* di ricerche **Forschungszentrum** *nt* centro *m* [di] ricerche
**Forst** [fɔrst] <-(e)s, -e(n)> *m* foresta *f*
**Forstamt** *nt* ufficio *m* forestale **Forstarbeiter(in)** <-s, -; -, -nen> *m(f)* operatore *m* forestale **Forstaufseher(in)** *m(f)*

ispettore, -trice *m, f* forestale **Forstbeamte** *m*, **Forstbeamtin** *f* guardia *f* forestale

**Förster(in)** ['fœrstɐ] <-s, -; -, -nen> *m(f)* guardaboschi *mf*

**Forstfrevel** *m* reato *m* forestale **Forsthaus** *nt* casa *f* del guardaboschi **Forstwirt(in)** *m(f)* selvicoltore, -trice *m, f* **Forstwirtschaft** *f* selvicoltura *f*

**fort** [fɔrt] *adv* ① (*weg*) via; (*verschwunden*) perduto; **~ [mit dir]!** vattene! ② (*weiter*) **in einem ~** ininterrottamente; **und so ~** e così via

**Fort** [foːɐ] <-s, -s> *nt* (MIL) forte *m*

**Fortbestand** ['fɔrtbəʃtant] *m* continuità *f*, continuazione *f*

**fort|bestehen** <irr> *vi* continuare ad esistere

**fort|bewegen** <ohne ge-> I. *vt* rimuovere, spostare II. *vr* **sich ~** muoversi, avanzare

**Fortbewegung** <-> *kein Pl. f* avanzamento *m* **Fortbewegungsmittel** *nt* mezzo *m* di locomozione

**fort|bilden** I. *vt* perfezionare II. *vr* **sich ~** perfezionarsi

**Fortbildung** <-> *kein Pl. f* aggiornamento *m*, perfezionamento *m* **Fortbildungskurs** *m* corso *m* di perfezionamento **Fortbildungsseminar** *nt* seminario *m* di aggiornamento

**fort|bringen** <irr> *vt* ① (*wegbringen*) portar via ② (*bewegen*) rimuovere, allontanare

**Fortdauer** <-> *kein Pl. f* continuità *f*, durata *f*

**fort|dauern** *vi* continuare, durare

**fort|entwickeln** <ohne ge-> I. *vt* (*weiterentwickeln*) sviluppare II. *vr* **sich ~** svilupparsi (*zu etw* in qc), diventare (*zu etw* qc)

**Fortentwicklung** *f* (*Weiterentwicklung*) sviluppo *m*, evoluzione *f*

**fort|fahren** <irr> I. *vi* ① *sein* (*wegfahren*) partire ② *haben o sein* (*weitermachen*) **mit etw ~** continuare [*o* proseguire] qc; **~ etw zu tun** continuare a fare qc; **in seiner Rede ~** continuare il discorso II. *vt haben* portar via

**Fortfall** <-s> *kein Pl. m* ① (*Wegfall*) cessazione *f* ② (*Abschaffung, form*) eliminazione *f*

**fort|fallen** <irr> *vi sein* ① (*wegfallen*) cadere, cessare ② (*abgeschafft werden, form*) essere soppresso

**fort|fliegen** <irr> *vi sein* volare via

**fort|führen** I. *vt* ① (*fortsetzen*) continuare, proseguire ② (*wegführen*) condurre via II. *vi* continuare

**Fortführung** <-, -en> *f* continuazione *f*

**Fortgang** <-s> *kein Pl. m* ① (*Weggang*) partenza *f* ② (*fig: Verlauf*) sviluppo *m*

**fort|gehen** <irr> *vi sein* ① (*weggehen*) andarsene ② (*andauern*) durare, continuare

**fortgeschritten** ['fɔrtɡəʃrɪtən] *adj* (*fig*) progredito, avanzato; **Kurs für Fortgeschrittene** corso superiore; **zu ~er Stunde** tardi, a tarda ora

**fortgesetzt** ['fɔrtɡəzɛtst] *adj* continuo, continuato

**fort|jagen** I. *vt haben* cacciare via; **jdn aus** [*o* **von**] **etw ~** cacciare via qu da qc II. *vi sein* correr via

**fort|kommen** <irr> *vi sein* ① (*wegkommen*) andar via; (*weggebracht werden*) essere portato via; **machen Sie, dass Sie ~!** se ne vada! ② (*vorwärtskommen*) avanzare; (*fig: weiterkommen*) progredire, far carriera ③ (*abhandenkommen*) andare smarrito **Fortkommen** *nt* ① (*Weiterkommen*) avanzamento *m*; (*fig: Laufbahn*) carriera *f* ② (*Lebensunterhalt*) sostentamento *m*

**fort|lassen** <irr> *vt* ① (*weggehen lassen*) lasciare andare [via] ② (*auslassen*) tralasciare, omettere

**fort|laufen** <irr> *vi sein* ① (*weglaufen*) correr via; (*entlaufen*) scappare ② (*sich fortsetzen*) susseguirsi, succedersi **fortlaufend** *adj* continuo

**fort|leben** *vi* (*weiterleben*) sopravvivere

**fort|pflanzen** *vr* **sich ~** ① (BIOL) riprodursi ② (*fig* PHYS) propagarsi

**Fortpflanzung** *f* (BIOL) riproduzione *f* **fortpflanzungsfähig** *adj* riproduttivo

**Fortpflanzungsfähigkeit** *f* capacità *f* riproduttiva **Fortpflanzungsorgan** <-(e)s, -e> *nt* organo *m* di riproduzione [*o* riproduttivo]

**fort|schaffen** *vt* portare via, evacuare

**fort|scheren** ['fɔrtʃeːrən] *vr* **sich ~** (*fam*) sparire, filare via; **scher dich fort!** sparisci!, fila via!

**fort|schicken** *vt* (*wegschicken*) mandare via

**fort|schreiben** <irr> *vt* (*fortlaufend ergänzen*) attualizzare; (*weiterführen*) continuare; (COM) rettificare il valore, rivalutare

**fort|schreiten** <irr> *vi sein* avanzare, progredire **fortschreitend** *adj* progressivo

**Fortschritt** <-s, -e> *m* progresso *m*, sviluppo *m*; **~e machen** fare progressi, progredire

**fortschrittlich** *adj* (*Mensch*) progressista;

(*Sache*) progressivo **Fortschrittlichkeit** <-> *kein Pl. f* progressismo *m*
**Fortschrittsglaube** <-ns> *kein Pl. m* fede *f* nel progresso
**fort|setzen** *vt* continuare, proseguire
**Fortsetzung** <-, -en> *f* ❶ (*Vorgang*) continuazione *f* ❷ (*Ergebnis*) puntata *f*, seguito *m*; **in ~en** a puntate; **~ folgt** continua **Fortsetzungsroman** *m* romanzo *m* a puntate
**fortwährend** I. *adj* continuo, ininterrotto II. *adv* continuamente
**fort|werfen** <irr> *vt* buttare via
**fort|ziehen** <irr> I. *vi sein* (*umziehen*) cambiare casa, traslocare, andare via, andarsene II. *vt* (*wegzerren*) tirare via
**Forum** ['fo:rʊm] <-s, Foren *o* Fora> *nt* foro *m*
**forwarden** ['fo:rvɔgdən] *vt* (INFORM) forwardare
**fossil** [fɔ'si:l] *adj* fossile **Fossil** [fɔ'si:l] <-s, -ien> *nt* (GEOL) fossile *m*
**Föten** *Pl. von* **Fötus**
**Foto**[1] ['fo:to] <-s, -s> *nt s.* **Fotografie** foto *f*
**Foto**[2] <-s, -s> *m s.* **Fotoapparat** macchina *f* fotografica
**Fotoalbum** *nt* album *m* di fotografie
**Fotoamateur(in)** *m(f)* fotoamatore, -trice *m, f* **Fotoapparat** *m* macchina *f* fotografica **Fotoatelier** *nt* studio *m* fotografico **Foto-CD** *f* fotografia *f* digitale
**fotogen** [foto'ge:n] *adj* fotogenico
**Fotograf(in)** [foto'gra:f] <-en, -en; -, -nen> *m(f)* fotografo, -a *m, f* **Fotografie** [fotogra'fi:] <-, -n> *f* fotografia *f* **fotografieren** [fotogra'fi:rən] <ohne ge-> *vi, vt* fotografare **Fotografin** *f s.* **Fotograf fotografisch** *adj* fotografico
**Fotohandy** *nt* cellulare *m* [*o* telefonino *m*] con fotocamera [integrata] **Fotojournalist(in)** *m(f)* fotoreporter *m* **Fotokopie** [fotoko'pi:] *f* fotocopia *f* **fotokopieren** [fotoko'pi:rən] <ohne ge-> *vt* fare una fotocopia di, fotocopiare **Fotokopierer** *m* fotocopiatrice *f* **Fotolabor** *nt* laboratorio *m* fotografico **Fotomodell** *nt* fotomodella *f* **Fotomontage** *f* fotomontaggio *m* **Fotoroman** *m* fotoromanzo *m* **Fotosynthese** [fotozyn'te:zə] *f* fotosintesi *f* **Fotozelle** ['fo:totsɛlə] *f* cellula *f* fotoelettrica
**Fötus** ['fø:tʊs] <- *o* -ses, -se *o* Föten> *m* (MED) feto *m*
**Foul** [faʊl] <-s, -s> *nt* (SPORT) fallo *m*, irregolarità *f*
**foulen** ['faʊlən] *vi* commettere un fallo

**Foyer** [fɔa'je:] <-s, -s> *nt* foyer *m*, ridotto *m*
**FPÖ** <-> *f* (A: POL) *abk v* **Freiheitliche Partei Österreichs** partito liberale austriaco (*di destra*)
**Fr.** *abk v* **Frau** Sig.ra
**Fracht** [fraxt] <-, -en> *f* ❶ (COM: *Ladung*) carico *m*, merce *f* ❷ (~*gebühr*) porto *m*; (NAUT) nolo *m* **Frachtbrief** *m* (COM) lettera *f* di carico; (NAUT) polizza *f* di carico
**Frachter** <-s, -> *m* (NAUT) nave *f* da carico
**Frächter(in)** <-s, -> *m(f)* (A: *Spediteur*) spedizioniere *m*
**Frachtflugzeug** *nt* aereo *m* da trasporto
**frachtfrei** *adj* (COM) franco di porto
**Frachtgut** *nt* (COM) merce *f*; (FERR) merce *f* a piccola velocità **Frachtkahn** *m* chiatta *f* da carico **Frachtkosten** *Pl.* spese *fpl* di trasporto **Frachtraum** *m* volume *m* utile per il carico **Frachtschiff** *nt s.* **Frachter Frachtstück** *nt* collo *m* **Frachtverkehr** *m* movimento *m* di merci
**Frack** [frak] <-(e)s, Fräcke> *m* frac *m*
**Fracking** ['frɛkɪŋ] <-s> *kein Pl. nt* (GEOL) fracking *m*, fratturazione *f* idraulica
**Frage** ['fra:gə] <-, -n> *f* domanda *f*; (*Problem, Angelegenheit*) problema *m*, questione *f*; **eine ~ stellen** porre una domanda; **eine ~ beantworten** rispondere a una domanda; **die ~ bejahen/verneinen** rispondere affermativamente/negativamente alla domanda; **jdn mit ~en bestürmen** tempestare qu di domande; **in ~ kommen** essere preso in considerazione; **etw in ~ stellen** mettere qc in dubbio; **ohne ~** senza dubbio, certamente; **das ist die ~** questa è la questione; **das kommt [überhaupt] nicht in ~!** non se ne parla nemmeno *fam*, nemmeno per sogno *fam* [*o* idea *fam*]; **das steht außer ~** su questo non c'è dubbio, è fuori discussione; **es ist nur eine ~ der Zeit, ob ...** è solo [una] questione di tempo se ... **Fragebogen** *m* questionario *m*
**Fragebogenaktion** *f* inchiesta *f* con questionari
**fragen** ['fra:gən] I. *vi, vt* ❶ (*Fragen stellen*) **jdn** [**nach etw**] **~** domandare [*o* chiedere] [qc] a qu; **jdn nach dem Weg ~** domandare la strada a qu; **darf ich Sie etw ~?** posso farLe una domanda?; **da fragst du mich zu viel!** (*fam*) mi chiedi troppo!; **da fragst du noch?** e domandi ancora? ❷ (*be~*) interrogare II. *vr* **sich ~** domandarsi, chiedersi; **da fragt man sich doch wirklich, ob/wie/woher/wo ...** ci si domanda [*o* chiede] veramente se/come/

da dove/dove ...; **es fragt sich, ob ...** si tratta di vedere se ...

**Fragepronomen** <-s, - o -pronomina> *nt* pronome *m* interrogativo

**Fragerei** [fra:gəˈraɪ] <-, -en> *f* (*pej*) mania *f* di far domande, domande *fpl* continue

**Fragesatz** *m* [proposizione *f*] interrogativa *f*

**Fragesteller(in)** <-s, -; -, -nen> *m(f)* interrogatore, -trice *m*, *f*, interrogante *mf*, intervistatore, -trice *m*, *f* **Fragestellung** *f* ❶ (*Formulierung*) formulazione *f* della domanda ❷ (*Frage*) problematica *f* **Fragezeichen** *nt* punto *m* interrogativo

**fragil** [fraˈgiːl] *adj* (*geh*) fragile, delicato

**fraglich** [ˈfraːklɪç] *adj* ❶ (*in Frage kommend*) in questione ❷ (*ungewiss*) dubbio, incerto; (*zweifelhaft*) discutibile, problematico

**fraglos** *adv* indubbiamente, senza dubbi

**Fragment** [fraˈgmɛnt] <-(e)s, -e> *nt* frammento *m*

**fragmentarisch** [fragmɛnˈtaːrɪʃ] *adj* frammentario

**fragwürdig** *adj* dubbio, problematico

**Fraktion** [frakˈtsjoːn] <-, -en> *f* (POL) frazione *f*, gruppo *m* parlamentare **Fraktionsführer(in)** *m(f)* capo *m* di un gruppo parlamentare

**Fraktionskollege** *m*, **-kollegin** *f* compagno *m* di un gruppo parlamentare **Fraktionsvorsitzende** <ein -r, -n, -n> *mf* presidente, -essa *m*, *f* di un gruppo parlamentare **Fraktionszwang** <-(e)s> *kein Pl. m* obbligo *di* voto in concordanza con il proprio gruppo parlamentare; **unter ~ abstimmen** votare vincolati al proprio gruppo parlamentare

**Fraktur**[1] [frakˈtuːɐ, *Pl:* frakˈtuːrən] <-, -en> *f* (MED) frattura *f*

**Fraktur**[2] <-> *kein Pl. f* (TYP) caratteri *mpl* gotici; **mit jdm ~ reden** parlare chiaro con/a qu

**Frame** <-s, -s> *m* (INFORM) frame *m*

**Franchising** [ˈfrɛntʃaɪzɪŋ] <-s> *kein Pl. nt* (COM) franchising *m*

**frank** [fraŋk] *adv* **~ und frei** chiaro e tondo *fam*, francamente

**Franke** [ˈfraŋkə] <-n, -n> *m* francone *m*; (HIST) franco *m*

**Franken**[1] *nt* Franconia *f*

**Franken**[2] <-s, -> *m* (*schweizerische Währungseinheit*) franco *m* svizzero

**Frankfurt** [ˈfraŋkfʊrt] *nt* Francoforte *f*; **~ am Main** Francoforte sul Meno; **~ an der Oder** Francoforte sull'Oder

**frankieren** [fraŋˈkiːrən] <ohne ge-> *vt* affrancare

**Frankierung** <-> *kein Pl. f* [af]francatura *f*

**Fränkin** [ˈfrɛŋkɪn] <-, -nen> *f* francone *f*; (HIST) franca *f*

**fränkisch** *adj* della Franconia; (HIST) franco

**franko** [ˈfraŋko] *adv* (COM) franco [di porto]

**frankofon** [fraŋkoˈfoːn] *adj s.* **frankophon**

**frankokanadisch** [ˈfraŋkokanadɪʃ] *adj* francocanadese

**frankophil** [fraŋkoˈfiːl] *adj* francofilo

**frankophon** [fraŋkoˈfoːn] *adj* francofono

**Frankreich** [ˈfraŋkraɪç] *nt* Francia *f*

**Franse** [ˈfranzə] <-, -n> *f* frangia *f* **Fransenpony** *m* frangetta *f* sfilata **Fransenschnitt** *m* taglio *m* sfilato **fransig** *adj* ❶ (*mit Fransen*) frangiato ❷ (*ausgefranst*) sfilacciato

**Franzose** [franˈtsoːzə] <-n, -n> *m*, **Französin** [franˈtsøːzɪn] <-, -nen> *f* francese *mf*

**französisch** [franˈtsøːzɪʃ] *adj* francese

**französischsprechend** *adj* francofono

**fräsen** [ˈfrɛːzən] *vt* (TEC: *Holz, Metall*) fresare **Fräsmaschine** *f* (TEC) fresatrice *f*

**fraß** [fraːs] *1. u. 3. Pers. Sing. Imp. von* **fressen**

**Fraß** [fraːs] <-es, -e> *m* (*fam pej: schlechtes Essen*) roba *f* cattiva, porcheria *f*

**Fratze** [ˈfratsə] <-, -n> *f* ❶ (*hässliches Gesicht*) grinta *f* ❷ (*Grimasse*) smorfia *f*; **~n schneiden** fare smorfie ❸ (*fam pej*) volto *m*

**frau** [fraʊ] *pron indef* si; **~ weiß ja, wie das läuft** le donne sì che sanno come funzionano queste cose; **da braucht ~ nichts mehr dazu zu sagen** [come donna] non occorre più dire niente a proposito

**Frau** [fraʊ] <-, -en> *f* ❶ donna *f* ❷ (*Ehe~*) moglie *f*; **meine/Ihre ~** mia/Sua moglie; **jdn zur ~ nehmen** prendere qu in moglie ❸ (*Anrede*) signora *f*; **~ X** signora X; **gnädige ~** (*bes. A*) gentile signora

**Frauchen** [ˈfraʊçən] <-s, -> *nt* (*fam*) moglie *f*; (*von Hund*) padrona *f*

**Frauenarzt** *m*, **Frauenärztin** *f* ginecologo, -a *m*, *f* **Frauenbewegung** *f* movimento *m* di liberazione della donna **frauenfeindlich** *adj* misogino **Frauenfrage** *f* questione *f* femminile **Frauenhaus** *nt* casa *f* per le donne maltrattate **Frauenheld** *m* dongiovanni *m* **Frauenklinik** *f* clinica *f* ginecologica **Frauenquote** *f* quota *f* riservata alle donne **Frauenrechtler(in)** <-s, -; -, -nen> *m(f)* femminista *mf* **Frauentaxi** *nt* taxi *m* per donne **Frauenwahlrecht** *nt* diritto *m* di voto della

donna **Frauenzeitschrift** *f* rivista *f* femminile **Frauenzimmer** *nt* ① (*meist pej*) donnetta *f* ② (*fam*) donna *f*
**Fräulein** ['frɔɪlaɪn] <-s, -s> *nt* signorina *f*; ~ **X** la signorina X; (*Anrede*) signorina X; ~, **bitte zahlen!** (*Restaurant*) signorina, il conto per favore!
**fraulich** *adj* femminile, da donna
**frdl.** *abk v* **freundlich** gent.
**Freak** [fri:k] <-s, -s> *m* (*fam*) freak *m*
**frech** [frɛç] *adj* impertinente, sfacciato **Frechdachs** *m* (*fam*) sfacciato *m*, facciatosta *f* **Frechheit** <-, -en> *f* sfacciataggine *f*, insolenza *f*; **die ~ besitzen zu** +*inf* avere la sfacciataggine di +*inf*; **so eine ~!** che sfacciataggine!
**Freeware** <-, -> *f* (INFORM) freeware *m*
**Fregatte** [fre'gatə] <-, -n> *f* (NAUT, MIL) fregata *f*
**Fregattenkapitän** *m* (NAUT, MIL) capitano *m* di fregata
**frei** [fraɪ] *adj* ① libero; (*in Freiheit*) in libertà; (*unabhängig*) indipendente; (*Gebiet*) inoccupato; **~ von etw sein** essere libero da qc; **~ Marktwirtschaft** libera economia di mercato; **~er Mitarbeiter** libero collaboratore; **~er Tag** giornata libera; **ein ~es Leben führen** fare [*o* condurre] una vita indipendente; [**die**] **~e Wahl haben** avere libera scelta; **jdm ~e Hand lassen** lasciare mano libera a qu, dare carta bianca a qu ② (*befreit*) esente, privo; **~ von Sorgen sein** essere privo di preoccupazioni; **sich von etw ~ machen** liberarsi da qc; **jdn auf ~en Fuß setzen** mettere qu in libertà ③ (*offen, unbedeckt*) aperto; **~ lassen** (*nicht beschreiben*) lasciare in bianco; **~ stehen** (*Fußball*) essere smarcato; **auf ~er Strecke** in aperta campagna; **unter ~em Himmel** all'aperto ④ (*verfügbar*) disponibile; (*Arbeitsplatz*) vacante; **haben Sie noch ein Zimmer ~?** ha ancora una camera libera?; **Verzeihung, ist der Stuhl noch ~?** mi scusi, è ancora libera questa sedia? ⑤ (*kostenlos*) gratuito; **wir liefern ~ Haus** consegniamo franco domicilio ⑥ (*Ansichten, Kunst*) liberale; (*Benehmen*) disinvolto; **sie hat sehr ~e Ansichten** ha idee molto libere ⑦ (~ *mütig, offen*) franco, aperto; **ich bin so ~!** mi prendo la libertà! ⑧ (PHYS, CHEM) slegato, libero; **~ werden** (*Energie*) liberarsi
**Freibad** *nt* piscina *f* scoperta
**Freiberufler(in)** <-s, -; -, -nen> *m(f)* libero professionista *m* **freiberuflich** *adj o*

*adv* ~ **tätig sein** esercitare una libera professione, fare il libero professionista
**Freibetrag** *m* reddito *m* non imponibile
**Freibier** *nt* birra *f* gratis **freibleibend** I. *adj* (COM) non impegnativo; **ein ~es Angebot** un'offerta non impegnativa II. *adv* senza impegno **Freibrief** *m* (*fig*) **kein ~ für etw sein** non essere una buona ragione per fare qc; **jdm einen ~ für etw geben/ausstellen** dare carta bianca a qu per qc
**Freiburg** ['fraɪbʊrk] *nt* Friburgo *f*
**Freidenker(in)** <-s, -; -, -nen> *m(f)* libero pensatore *m*/libera pensatrice *f*
**Freie** <ein -s, -n> *kein Pl. nt* (*Natur*) aperto *m*; **im ~en** all'aperto; **im ~n schlafen** dormire all'addiaccio
**Freier** ['fraɪɐ] <-s, -> *m* (*sl: von Prostituierter*) cliente *m*
**Freiexemplar** *nt* copia *f* gratuita **Freifahrt** *f* viaggio *m* gratuito
**frei|geben** <irr> I. *vt* ① (*Gefangene*) [ri]mettere in libertà, rilasciare; (*fig: Ehepartner*) lasciare libero, sciogliere da un legame ② (*Eigentum*) liberare, sbloccare ③ (*Film*) lasciar passare, approvare ④ (SPORT: *Fußball*) far proseguire ⑤ (*Straße*) **für den Verkehr freigeben** aprire al traffico II. *vi* **jdm freigeben** lasciare libero qu
**freigebig** *adj* liberale, generoso; **sehr ~** munifico **Freigebigkeit** <-, -en> *f* liberalità *f*, generosità *f*; **große ~** munificenza *f*
**Freigeist** *m* libero pensatore *m*
**Freigelassene** <ein -r, -n, -n> *mf* (HIST) liberto, -a *m, f* **Freigepäck** *nt* (*bei Flugreise*) bagaglio *m* in franchigia **Freigrenze** *f* (FIN) limite *m* imponibile
**frei|haben** <irr> *vi* (*fam*) esser libero, non lavorare
**Freihafen** *m* porto *m* franco
**frei|halten** <irr> I. *vt* ① (*Einfahrt*) lasciare libero; (*Stuhl, Platz*) tenere libero, riservare ② (*jds Zeche bezahlen*) pagare per II. *vr* **sich** [**von etw**] ~ (*Verpflichtung*) tenersi libero [da qc]; (*Vorurteil*) essere libero [da qc]
**Freihandel** <-s> *kein Pl. m* (WIRTSCH) libero scambio *m* **Freihandelszone** *f* (WIRTSCH) zona *f* di libero scambio
**freihändig** ['fraɪhɛndɪç] *adj* senza mani, a mano libera
**Freiheit** ['fraɪhaɪt] <-, -en> *f* libertà *f*; **jdm die ~ schenken** concedere la libertà a qu; **jdm volle ~ lassen** lasciare a qu completa libertà; **jdn in ~ setzen** mettere qu in libertà; **sich** *dat*

die **~ nehmen etw zu tun** prendersi la libertà di fare qc; **~, Gleichheit, Brüderlichkeit** libertà, uguaglianza, fratellanza
**freiheitlich** *adj* liberale
**Freiheitsberaubung** <-, -en> *f* (JUR) privazione *f* della libertà personale **Freiheitsdrang** *m* desiderio *m* ardente di libertà **Freiheitskampf** *m* lotta *f* d'indipendenza **Freiheitskrieg** *m* (HIST) guerra *f* d'indipendenza **Freiheitsstatue** <-> *kein Pl. f* **die [amerikanische] ~** la statua della libertà [americana] **Freiheitsstrafe** *f* (JUR) pena *f* detentiva
**Freikarte** *f* biglietto *m* gratuito
**frei|kaufen** *vt* riscattare
**Freikörperkultur** *f* nudismo *m* **Freilandgemüse** *nt* (ECO, AGR) verdura *f* coltivata naturalmente
**frei|lassen** <irr> *vt* **jdn [aus etw] ~** [ri]mettere in libertà [*o* rilasciare] qu [da qc] **Freilassung** <-, -en> *f* liberazione *f*, rilascio *m*
**Freilauf** *m* (TEC, MOT) ruota *f* libera
**frei|legen** *vt* mettere allo scoperto; (*bei Ausgrabungen*) esumare
**Freileitung** *f* (*Strom*) linea *f* aerea
**freilich** ['fraɪlɪç] *adv* ① (*allerdings*) a dire il vero, è vero che; (*einschränkend*) però ② (*bes. südd: selbstverständlich*) certo, naturalmente
**Freilichtbühne** *f,* **Freilichttheater** *nt* teatro *m* all'aperto
**Freilos** *nt* biglietto *m* di lotteria gratuito
**frei|machen** I. *vt* ① (*frankieren*) affrancare ② (*fam: nicht arbeiten*) prendere vacanze; **ich habe eine Woche freigemacht** (*fam*) ho preso una settimana di vacanze II. *vi* (*fam*) fare vacanza III. *vr* **sich ~** (*freie Zeit finden*) rendersi libero; (*ausziehen*) svestirsi, spogliarsi
**Freimaurer** *m* [fram]massone *m*
**Freimaurerei** [fraɪmaʊrəˈraɪ] *f* massoneria *f* **freimaurerisch** *adj* massonico
**Freimut** *m* franchezza *f,* schiettezza *f* **freimütig** ['fraɪmy:tɪç] *adj* franco, aperto **Freimütigkeit** <-, -en> *f* franchezza *f,* schiettezza *f*
**frei|nehmen** <irr> *vt* [**sich** *dat*] [**einen Tag**] **~** prendersi [un giorno] libero
**Freiraum** <-(e)s> *kein Pl. m* (PSYCH) spazio *m* [libero], libertà *f* d'azione
**freischaffend** *adj* libero, che crea liberamente
**Freischärler(in)** ['fraɪʃɛːɐlɐ] <-s, -; -, -nen> *m(f)* (HIST, POL) franco tiratore *m*/franca tiratrice *f*

**frei|setzen** *vt* (*Energie*) liberare **Freisetzung** <-, -en> *f* liberazione *f*
**Freisprechanlage** *f* viva voce *m*
**frei|sprechen** *vt* (JUR) **jdn [von etw] ~** assolvere qu [da qc], dichiarare qu non colpevole [di qc]
**Freispruch** *m* assoluzione *f;* **auf ~ erkennen/plädieren** (JUR) assolvere/patrocinare l'assoluzione
**Freistaat** *m* (*obs*) repubblica *f;* **~ Bayern** repubblica di Baviera
**frei|stehen** *vi* (*leerstehen*) essere vuoto; **es steht Ihnen frei zu** +*inf* [Lei] è libero di +*inf*
**frei|stellen** *vt* ① (*überlassen*) **jdm etw ~** rimettere qc a qu; **jdm ~ etw zu tun** lasciare a qu la scelta di fare qc ② (*befreien*) **jdn [von etw] ~** esonerare qu [da qc]
**Freistoß** *m* (SPORT: *Fußball*) [calcio *m* di] punizione *f*
**Freitag** ['fraɪtaːk] <-s, -e> *m* venerdì *m; s. a.* **Dienstag**
**Freitagabend** *m* venerdì sera; **am ~** venerdì sera; **an diesem ~** questo venerdì sera; **jeden ~** ogni venerdì sera
**freitagabends** *adv* il venerdì sera
**Freitagmittag** *m* venerdì a mezzogiorno; *s. a.* **Freitagabend**
**freitagmittags** *adv* il venerdì a mezzogiorno
**Freitagmorgen** *m* venerdì mattina; *s. a.* **Freitagabend**
**freitagmorgens** *adv* il venerdì mattina
**Freitagnachmittag** *m* venerdì pomeriggio; *s. a.* **Freitagabend**
**freitagnachmittags** *adv* il venerdì pomeriggio
**freitags** *adv* di [*o* il] venerdì
**Freitagvormittag** *m* venerdì mattina; *s. a.* **Freitagabend**
**freitagvormittags** *adv* il venerdì mattina
**Freitod** *m* suicidio *m* **Freitreppe** *f* (ARCH) scalinata *f* **Freiübung** *f* (SPORT) esercizio *m* a corpo libero **Freiumschlag** *m* busta *f* affrancata **Freiwild** *nt* **~ [für jdn] sein** (*fig*) essere una preda facile [per qu]
**freiwillig** *adj* volontario, spontaneo; (*Veranstaltung*) facoltativo **Freiwillige** <ein -r, -n, -n> *mf* volontario, -a *m, f* **Freiwilligkeit** *f* libera volontà *f*
**Freizeichen** *nt* (TEL) segnale *m* di libero
**Freizeit** <-> *kein Pl. f* tempo *m* libero, ore *fpl* libere **Freizeitbekleidung** *f s.* **Freizeitkleidung** **Freizeitgesellschaft** <-> *kein Pl. f* (SOC) società *f* del tempo libero **Freizeitgestaltung** *f* impiego *m* del tempo libero **Freizeitindustrie** *f* indu-

stria *f* per il tempo libero **Freizeitkleidung** *f* abbigliamento *m* sportivo [o per il tempo libero] **Freizeitlook** *m* look *m* sportivo [o per il tempo libero] **Freizeitpark** *m* parco *m* divertimenti

**freizügig** ['fraɪtsyːgɪç] *adj* ❶ (*großzügig*) elastico, generoso ❷ (*moralisch*) non rigido, libero **Freizügigkeit** <-, -en> *f* ❶ (*Großzügigkeit*) larghezza *f*, generosità *f*, liberalità *f* ❷ (*moralisch*) larghezza *f* ❸ (FIN) libera circolazione *f*

**fremd** [frɛmt] *adj* ❶ (*ausländisch*) straniero; **ein ~es Land** un paese straniero ❷ (*~artig*) strano, singolare ❸ (*unbekannt*) estraneo, sconosciuto; **sich ~ fühlen** sentirsi estraneo; **sich** *dat* **~ werden** diventare estranei [l'uno all'altro] ❹ (*anderen gehörend*) altrui, d'altri; **~es Eigentum** proprietà di terzi [o altrui] **fremdartig** *adj* (*ungewöhnlich*) strano; (*fremd*) estraneo **Fremdartigkeit** *f* stranezza *f*, estraneità *f*

**Fremde**[1] ['frɛmdə] <-> *kein Pl. f* (*nicht Heimat*) estero *m*

**Fremde**[2] <ein -r, -n, -n> *mf* straniero, -a *m, f*

**fremdenfeindlich** *adj* xenofobo **Fremdenfeindlichkeit** <-> *kein Pl. f* xenofobia *f* **Fremdenführer(in)** <-s, -; -, -nen> *m(f)* guida *f* turistica, cicerone *m* **Fremdenhass** <-es, -> *m* xenofobia *f* **Fremdenlegion** *f* (MIL) legione *f* straniera **Fremdenverkehr** *m* turismo *m* **Fremdenverkehrsverein** *m* ente *m* pro loco **Fremdenverkehrszentrum** *nt* centro *m* turistico **Fremdenzimmer** *nt* camera *f* per gli ospiti, camera *f* da affittare

**fremd|gehen** *vi sein* (*fam*) fare una scappatella, tradire il coniuge

**Fremdkapital** <-s> *kein Pl. nt* (FIN) capitale *m* in prestito [o di terzi] **Fremdkörper** *m* (MED, BIOL) corpo *m* estraneo **fremdländisch** *adj* straniero, forestiero **Fremdling** ['frɛmtlɪŋ] <-s, -e> *m* straniero, -a *m, f*, forestiero, -a *m, f*

**Fremdsprache** *f* lingua *f* straniera **Fremdsprachenkorrespondent(in)** *m(f)* corrispondente *mf* in lingue straniere **fremdsprachig** *adj* di lingua straniera; (*Literatur*) in lingua straniera **fremdsprachlich** *adj* di lingua straniera

**Fremdwährung** *f* (FIN) valuta *f* estera **Fremdwort** <-(e)s, -wörter> *nt* parola *f* straniera

**Frequenz** [fre'kvɛnts] <-, -en> *f* frequenza *f*

**Fresko** ['frɛsko] <-s, Fresken> *nt* (KUNST) affresco *m* **Freskomalerei** *f* (KUNST) affresco *m*

**Fressalien** [frɛ'saːliən] *Pl.* (*fam scherz*) viveri *mpl*, cibarie *fpl*

**Fressattacke** *f* (*fam*) attacco *m* di fame

**Fresse** ['frɛsə] <-, -n> *f* (*vulg, fam: Mund, Gesicht*) bocca *f*, muso *m sl;* **eine große ~ haben** darsi delle arie *fam;* **jdm die ~ polieren** rompere il muso a qu *sl;* **halt die ~!** chiudi il becco! *fam*

**fressen** ['frɛsən] <frisst, fraß, gefressen> *vi, vt* ❶ (*Tier, a. vulg: Menschen*) mangiare; **jdn zum Fressen gernhaben** (*fam*) essere innamorato pazzo di qu; **an jdm einen Narren gefressen haben** (*fam*) aver preso una cotta per qu; **er frisst wie ein Scheunendrescher** (*fam pej*) mangia a quattro palmenti, mangia come un bue ❷ (*fig: Neid, Rost*) corrodere; **Löcher in etw** *acc* **~** fare buchi in qc **Fressen** <-s> *kein Pl. nt* pasto *m*, cibo *m;* **das war ein gefundenes ~ für mich** (*fig*) è stata per me una vera manna

**Fressnapf** *m* scodella *f* **Fresssucht** <-> *kein Pl. f* bulimia *f*

**Frettchen** ['frɛtçən] <-s, -> *nt* (ZOO) furetto *m*

**Freude** ['frɔɪdə] <-, -n> *f* gioia *f*; (*Vergnügen*) piacere *m;* (*Fröhlichkeit*) letizia *f*; **die ~ über das Geschenk** la gioia per il regalo; **die kleinen ~n des Alltags** le piccole gioie della vita quotidiana; **~ an etw** *dat* **haben** trovar diletto in qc; **jdm ~ machen** far piacere a qu; **jdm die ~ verderben** rovinare il piacere a qu; **mit ~n** con piacere; **außer sich** *dat* **vor ~** fuori di sé dalla gioia

**Freudenhaus** *nt* bordello *m*, casa *f* chiusa **Freudenmädchen** *nt* (*geh*) prostituta *f*, ragazza *f* di vita **Freudenschrei** *m* grido *m* di gioia **Freudentränen** *fPl.* lacrime *fpl* di gioia

**freudestrahlend** *adj* raggiante di gioia

**freudig** ['frɔɪdɪç] *adj* ❶ (*froh*) gioioso; (*fröhlich*) allegro ❷ (*beglückend*) lieto; **ein ~es Ereignis** un lieto evento; **eine ~e Nachricht/Überraschung** una bella notizia/sorpresa

**freudlos** ['frɔɪtloːs] *adj* infelice, triste, grigio

**Freudlosigkeit** <-> *kein Pl. f* tristezza *f*, infelicità *f*

**freuen** ['frɔɪən] I. *vr* **sich ~** essere contento, rallegrarsi; **sich auf etw** *acc* **~** gioire di qc (*che sta per succedere o che succederà*); **sich über etw** *acc* **~** essere contento di qc (*che è successo*); **ich freue**

mich auf dich sono contento [o non vedo l'ora] di rivederti; **sich seines Lebens ~** godersi la vita; **er freut sich wie ein Kind** gioisce come un bambino; **ich freue mich für dich, dass ...** sono contento per te che +*conj;* **da hast du dich zu früh gefreut!** ti sei rallegrato troppo presto! II. *vt* **das freut mich** questo mi fa piacere; **es freut mich zu hören, dass ...** mi fa piacere sentire che ...; **es hat mich gefreut, Sie kennen zu lernen** è stato un piacere conoscerLa

**Freund(in)** [frɔɪnt] <-(e)s, -e; -, -nen> *m(f)* ❶ (*Kamerad*) amico, -a *m, f;* **ein guter ~ von mir** un mio buon amico; **~ e gewinnen** trovare amici; **unter ~en** fra amici; **dicke ~e sein** essere amici molto stretti ❷ (*Anhänger*) amante *mf;* **kein ~ von etw sein** non amare qc ❸ (*fester ~*) ragazzo, -a *m, f*

**Freundeskreis** ['frɔɪndəskraɪs] *m* giro *m* di amici, cerchia *f* di amici; **wir feiern nur im engsten ~** festeggiamo solo con gli amici più stretti; **einen großen ~ haben** avere una grossa cerchia di amici

**freundlich** ['frɔɪntlɪç] *adj* ❶ (*liebenswürdig, nett*) gentile, cortese; (*herzlich*) cordiale; **mit ~en Grüßen** (*Briefschluss*) cordiali saluti; **das ist sehr ~ von Ihnen** è molto gentile da parte Sua; **seien Sie so ~ und** +*inf* abbia la cortesia di +*inf* ❷ (*Wohnung*) accogliente ❸ (*Gegend*) ridente ❹ (*Wetter*) sereno ❺ (COM: *Tendenz*) al rialzo **freundlicherweise** *adv* gentilmente, cortesemente **Freundlichkeit** <-, -en> *f* ❶ (*Verhalten*) cortesia *f*, gentilezza *f* ❷ (*Handlung*) favore *m*, piacere *m*

**Freundschaft** <-, -en> *f* amicizia *f;* **mit jdm ~ schließen** stringere amicizia con qu **freundschaftlich** *adj* amichevole, da amico; **~ e Beziehungen, ~ es Verhältnis** rapporti d'amicizia; **jdm ~ gesinnt sein** essere ben disposto verso qu

**Freundschaftsspiel** *nt* (SPORT) partita *f* amichevole **Freundschaftsvertrag** *m* (POL) patto *m* d'amicizia

**Frevel** ['fre:fəl] <-s, -> *m* (*geh*) misfatto *m* (*gegen* contro); (REL) sacrilegio *m* (*gegen* contro), empietà *f* (*gegen* contro); (*Verbrechen*) delitto *m* (*an* +*dat* contro) **frevelhaft** *adj* (*geh*) sacrilego, empio

**freveln** *vi* (*geh*) violare (*gegen etw* qc); (REL) commettere un sacrilegio (*an* contro)

**Frevler(in)** ['fre:flɐ] <-s, -; -, -nen> *m(f)* (*geh*) malfattore, -trice *m, f;* (REL) sacrilego, -a *m, f*, empio, -a *m, f*

**Friaul** [fri'aʊl] *nt* (GEOG) Friuli *m*

**Friede** ['fri:də] <-ns, -n> *m* (*geh, obs*) pace *f;* **~ sei mit euch!** (REL) la pace sia con voi **Frieden** <-s, -> *m* pace *f;* **~ schließen** concludere [*o* fare] la pace; **~ stiften zwischen ...** mettere pace tra ...; **in ~ leben** vivere in pace; **um des lieben ~s willen** (*fam*) per amor di pace; **lass mich in ~!** (*fam*) lasciami in pace!; **ruhe in ~** (REL) riposa in pace **Friedensbewegung** *f* movimento *m* pacifista **Friedensbruch** *m* violazione *f* della pace **Friedensforschung** *f* ricerca *f* per la pace **Friedensinitiative** <-, -n> *f* ❶ (*Handlung*) iniziativa *f* per la pace ❷ (*Friedensbewegung*) movimento *m* per la pace **Friedenskonferenz** *f* conferenza *f* per la pace **Friedensnobelpreis** *m* premio *m* Nobel per la pace **Friedenspfeife** *f* calumet *m* della pace **Friedensrichter(in)** *m(f)* (JUR) ❶ giudice *m* conciliatore, -trice ❷ (*CH: Laienrichter*) giudice *m* di pace **Friedensschluss** *m* conclusione *f* di un trattato di pace **Friedensstifter(in)** *m(f)* pacificatore, -trice *m, f*, **Friedensverhandlung** *f* trattativa *f* di pace **Friedensvertrag** *m* (POL) trattato *m* di pace **Friedenszeit** *f* **in ~en** in tempi di pace

**friedfertig** ['fri:tfɛrtɪç] *adj* pacifico, tranquillo **Friedfertigkeit** <-> *kein Pl. f* natura *f* pacifica, pacificità *f*

**Friedhof** ['fri:tho:f] <-s, Friedhöfe> *m* cimitero *m*, camposanto *m*

**friedlich** *adj* ❶ (*friedfertig*) pacifico ❷ (*ruhig*) calmo, tranquillo; **~ e Beilegung des Streits** composizione amichevole della lite **friedliebend** ['fri:tli:bənt] *adj* pacifico, amante della pace

**frieren** ['fri:rən] <friert, fror, gefroren> *vi* ❶ *sein* (*ge~*) gelarsi, congelarsi; **es friert** gela ❷ *haben* (*Mensch, Tier*) gelare, aver freddo; **ich friere/mich friert/es friert mich** ho freddo, sono gelato

**Fries** [fri:s] <-es, -e> *m* ❶ (ARCH) fregio *m* ❷ (*Gewebe*) rascia *f*

**Friese** ['fri:zə] <-n, -n> *m*, **Friesin** ['fri:zɪn] <-, -nen> *f* frisone *mf*

**friesisch** *adj* frisone

**Friesland** ['fri:slant] *nt* (GEOG) Frisia *f*

**frigid|e** [fri'gi:t (fri'gi:də)] *adj* frigido

**Frikadelle** [frika'dɛlə] <-, -n> *f* (GASTR) polpetta *f*, hamburger *m*

**Frikassee** [frika'se:] <-s, -s> *nt* (GASTR) fricassea *f*

**frisch** [frɪʃ] *adj* ❶ (*Nahrungsmittel, Wind*) fresco; **~ e Luft** aria fresca; **~ gebacken** (*Brot*) appena sfornato ❷ (*munter*) vivace, vispo ❸ (*fam: unverbraucht, neu*) nuovo;

~ gewagt ist halb gewonnen (*prov*) chi ben comincia è a metà dell'opera ❷ (*sauber*) pulito; ~e **Wäsche anziehen** indossare biancheria pulita; **das Bett ~ beziehen** cambiare le lenzuola
**Frische** ['frɪʃə] <-> *kein Pl. f* ❶ (*a. Kühle*) freschezza *f* ❷ (*Munterkeit*) vivacità *f*, vigore *m*
**Frischfleisch** <-s> *kein Pl. nt* carne *f* fresca **frischgebacken** *adj* (*scherz: Ehemann, Ehepaar*) novello; (*Ärztin, Anwalt*) novellino **Frischgemüse** *nt* verdura *f* fresca [*o* senza conservanti] **Frischhaltefolie** *f* cellofan *m* **Frischkäse** *m* formaggio *m* fresco
**Frischling** ['frɪʃlɪŋ] <-s, -e> *m* (ZOO) cinghialetto *m*
**Frischluftfanatiker**(**in**) *m(f)* fanatico, -a degli sport all'aria aperta *m*
**Frischmilch** <-> *kein Pl. f* latte *m* fresco
**Frischzelle** <-, -n> *f* (MED) cellula *f* fresca, cellula *f* di recente prelievo **Frischzellenkur** *f* cura *f* con cellule fresche
**Friseur** [fri'zøːɐ̯] <-s, -e> *m*, **Friseurin** [fri'zøːrɪn] <-, -nen> *f* (*bes. A*), **Friseuse** [fri'zøːzə] <-, -n> *f* (*für Frauen*) parrucchiere, -a *m, f;* (*für Männer*) barbiere *m*
**frisieren** [fri'ziːrən] <ohne ge-> *vt* ❶ (*kämmen*) pettinare, acconciare ❷ (*fam: Auto, Bilanzen*) truccare
**Frisiermantel** <-s, -mäntel> *m* mantellina *f* da toilette **Frisiersalon** *m* salone *m* da parrucchiere
**frisiert** *adj* (*Zahlen*) manipolato
**frisst** *2. u. 3. Pers. Sing. Präs. von* **fressen**
**Frist** [frɪst] <-, -en> *f* ❶ termine *m*, scadenza *f;* **eine ~ einhalten** osservare un termine; **nach Ablauf der ~** dopo la scadenza ❷ (*Zeitraum*) tempo *m* determinato; **einen Monat ~ haben** avere un mese di tempo; **innerhalb kürzester ~** al più presto ❸ (COM, FIN: *Aufschub*) proroga *f,* dilazione *f;* (JUR) rinvio *m*
**fristen** ['frɪstən] *vt* **ein trauriges Dasein ~** vivacchiare *fam*
**Fristenregelung** *f* (JUR) termine *m* legale per l'interruzione della gravidanza
**fristgerecht** *adj* entro il termine prescritto
**fristlos** *adj o adv* senza [pre]avviso; **~ entlassen** licenziare senza preavviso
**Frisur** [fri'zuːɐ̯] <-, -en> *f* pettinatura *f,* acconciatura *f*
**Fritteuse** [fri'tøːzə] <-, -n> *f* friggitrice *f*
**frittieren** *vt* friggere
**frivol** [fri'voːl] *adj* ❶ (*leichtfertig*) frivolo ❷ (*schlüpfrig*) indecente, sconveniente
**Frl.** *abk v* **Fräulein** Sig.na

**froh** [froː] *adj* ❶ (*heiter*) allegro; (*erfreut*) contento, felice; **ich bin ~** [**darüber**], **dass ...** sono contento che *+conj;* **~e Ostern/Weihnachten!** buona Pasqua!/ buon Natale! ❷ (*erfreulich*) piacevole; **seines Lebens nicht mehr ~ werden** non avere più voglia di vivere
**fröhlich** ['frøːlɪç] *adj* allegro, lieto **Fröhlichkeit** <-> *kein Pl. f* allegria *f,* allegrezza *f*
**frohlocken** [froː'lɔkən] <ohne ge-> *vi* (*geh*) gioire, esultare
**Frohsinn** <-s> *kein Pl. m* gaiezza *f*
**fromm** [frɔm] <-er *o* frömmer, -ste *o* frömmste> *adj* ❶ (REL) pio, devoto ❷ (*fig: gehorsam*) docile, mansueto
**Frömmelei** [frœməˈlaɪ] <-, -en> *f* (*pej*) bigotteria *f* **frömmeln** ['frœməln] *vi* (*pej*) affettare devozione, fare il bigotto
**Frömmigkeit** ['frœmɪçkaɪt] <-> *kein Pl. f* devozione *f,* religiosità *f*
**Frömmler**(**in**) ['frœmlɐ] <-s, -; -, -nen> *m(f)* (*pej*) bigotto, -a *m, f*
**Fronarbeit** *f* ❶ (HIST: *Fron*) corvé ❷ (*CH: freiwillige, unbezahlte Arbeit*) volontariato *m*
**frönen** ['frøːnən] *vi* **einer Sache** *dat* **~** essere schiavo di qc
**Fronleichnam** [froːnˈlaɪçnaːm] *m* (REL) Corpus Domini *m*
**Front** [frɔnt] <-, -en> *f* ❶ (ARCH) facciata *f* ❷ (MIL, POL, METEO) fronte *m;* **in ~ liegen** (SPORT) essere in testa ❸ *pl* (*Haltung*) posizione *f;* **die ~en wechseln** (*a. fig*) fare un voltafaccia; **klare ~en schaffen** mettere in chiaro le cose
**frontal** [frɔnˈtaːl] *adj* frontale **Frontalzusammenstoß** *m* (MOT) scontro *m* frontale
**Frontantrieb** *m* (MOT) trazione *f* anteriore
**fror** [froːɐ̯] *1. u. 3. Pers. Sing. Imp. von* **frieren**
**Frosch** [frɔʃ] <-(e)s, Frösche> *m* (ZOO) rana *f* **Froschlaich** *m* uova *fpl* di rana **Froschmann** *m* uomo *m* rana, sommozzatore *m* **Froschperspektive** *f* prospettiva *f* dal basso in alto **Froschschenkel** *m* (GASTR) coscia *f* di rana
**Frost** [frɔst] <-(e)s, Fröste> *m* gelo *m;* (MED: *Schüttel~*) brividi *mpl;* **eisiger ~** gelo intenso, gran freddo **Frostbeule** *f* gelone *m*
**frösteln** ['frœstəln] *vi* aver freddo; **mich fröstelt** rabbrividisco dal freddo, ho [i] brividi di freddo
**frostempfindlich** *adj* sensibile al gelo **frostfrei** *adj* senza gelo **frostig** *adj* glaciale, freddo **Frostschaden** *m* danno *m*

causato dal gelo **Frostschutzmittel** nt antigelo m

**Frottee** [frɔˈteː] <-(s), -s> nt o m spugna f

**Frottenhandtuch** <-(e)s, -tücher> nt (fam) s. **Frottier|hand|tuch**

**frottieren** [frɔˈtiːrən] <ohne ge-> vt sfregare, frizionare

**Frottier|hand|tuch** <-(e)s, -tücher> nt asciugamano m di spugna

**frotzeln** [ˈfrɔtsəln] vi (fam) [**über jdn/ etw**] ~ stuzzicare [qu/per qc], sfottere [qu/per qc]

**Frucht** [frʊxt] <-, Früchte> f (a. fig) frutto m; **Früchte tragen** (a. fig) fruttare

**fruchtbar** adj fertile, fecondo **Fruchtbarkeit** <-> kein Pl. f fertilità f, fecondità f

**Fruchtblase** f (ANAT) sacco m delle acque [o amniotico]

**fruchten** [ˈfrʊxtən] vi fruttare, giovare; **nichts** ~ non servire a nulla

**Fruchtfleisch** nt polpa f del frutto

**fruchtig** adj aromatico, che sa di frutta fresca

**fruchtlos** adj infruttuoso, inutile

**Fruchtlosigkeit** <-> kein Pl. f inefficacia f

**Fruchtpresse** f spremifrutta m

**Fruchtsaft** m succo m di frutta

**Fruchtwasser** <-s> kein Pl. nt (MED) liquido m amniotico **Fruchtwasseruntersuchung** f amniocentesi f

**Fruchtwechsel** m (AGR) avvicendamento m [o rotazione f] delle colture

**früh** [fryː] I. adj ❶ (nicht spät) presto, primo; **~e Kindheit** prima infanzia; **am ~en Morgen** di prima mattina, al mattino presto ❷ (vorzeitig) precoce, prematuro ❸ (Gemüse, Obst) primaticcio; (Kartoffeln) novello II. adv presto, di buon'ora; **gestern/morgen** ~ ieri/domani mattina; **heute** ~ stamattina; **von** ~ **bis spät** dalla mattina alla sera; **zu** ~ troppo presto, in anticipo

**Früh** <-> kein Pl. f **in der** ~ (A, CH, südd: am Morgen) di/la mattina presto

**Frühaufsteher(in)** <-s, -; -, -nen> m(f) persona f mattiniera; [**ein**] ~ **sein** essere mattiniero **Frühbucherrabatt** m sconto m prenotazione anticipata

**Frühe** [ˈfryːə] <-> kein Pl. f **in der** ~ il mattino, di mattina; **in aller** ~ di buon mattino, all'alba

**früher** [ˈfryːɐ] Komparativ von **früh** I. adj ❶ (eher) prima; **in ~en Zeiten** in tempi passati ❷ (ehemalig) ex, di prima; **der ~e Besitzer des Schlosses** l'ex proprietario del castello II. adv ❶ (eher) prima; ~ **kann ich heute nicht kommen** oggi non posso venir prima; ~ **oder später** prima o poi ❷ (damals) prima, una volta, un tempo; **es ist alles noch genau wie** ~ è rimasto tutto esattamente come prima; ~ **habe ich jeden Tag Tennis gespielt** una volta giocavo a tennis tutti i giorni

**Früherkennung** <-, -en> f (MED) riconoscimento m precoce

**früheste(r, s)** adj Superlativ von **früh** primo, -a

**frühestens** [ˈfryːəstəns] adv al più presto

**Frühgeburt** f (MED) ❶ (Vorgang) parto m prematuro ❷ (Kind) [neonato m] prematuro m

**Frühgemüse** nt (AGR) primizie fpl

**Frühgeschichte** <-> kein Pl. f ❶ (HIST) protostoria f, secondo periodo della preistoria comprendente l'età del bronzo e quella del ferro ❷ (einer Bewegung) inizi mpl

**Frühjahr** nt primavera f **Frühjahrsmüdigkeit** f stanchezza f primaverile

**Frühkartoffel** f (AGR) patata f novella

**Frühling** [ˈfryːlɪŋ] <-s, -e> m primavera f **Frühlingsanfang** m inizio m della primavera **Frühlingsrolle** f (GASTR) involtino m primavera **Frühlingssuppe** f (GASTR) minestra f di verdura

**frühmorgens** [fryːˈmɔrgəns] adv di buon mattino, di buon'ora

**Frühobst** nt (AGR) frutta f primaticcia

**Frühpensionierung** f prepensionamento m

**frühreif** adj primaticcio; (a. fig) precoce

**Frührentner(in)** m(f) prepensionato, -a m, f

**Frühschicht** f ❶ (Arbeit) primo turno m ❷ (Mannschaft) squadra f del primo turno

**Frühschoppen** m bicchierino bevuto la mattina in compagnia

**Frühsport** m ginnastica f mattutina

**Frühstart** m (SPORT) falsa partenza f

**Frühstück** <-s, -e> nt colazione f **frühstücken** vi far colazione **Frühstücksbuffet** nt buffé m [o buffet m] di colazione **Frühstücksfernsehen** <-s> kein Pl. nt programma m televisivo del mattino

**Frühwerk** <-(e)s, -e> nt opera f giovanile

**frühzeitig** I. adj ❶ (rechtzeitig) tempestivo ❷ (vorzeitig) primaticcio II. adv ❶ (rechtzeitig) per tempo, presto ❷ (vorzeitig) precocemente, prematuramente

**Frust** [frʊst] <-(e)s> kein Pl. m (fam) frustrazione f

**Frustration** <-, -en> f frustrazione f

**frustrieren** [frʊsˈtriːrən] <ohne ge-> vt (fam) frustrare

**frustrierend** adj frustrante

**frz.** *abk v* **französisch** francese
**F-Schlüssel** ['ɛfʃlʏsəl] <-s, -> *m* (MUS) chiave *f* di fa
**FTP-Protokoll** <-s, -e> *nt* (INFORM: *Standardprotokoll zur Übertragung von Dateien*) protocollo *m* del ftp
**Fuchs** [fʊks] <-es, Füchse> *m* (ZOO) ❶ (*Tier, Pelz*) volpe *f;* **alter ~** (*fig*) volpone *m fam;* **wo sich ~ und Hase gute Nacht sagen** (*scherz*) in capo al mondo ❷ (*Pferd*) sauro *m* **Fuchsbau** <-(e)s, -e> *m* tana *f* della volpe
**fuchsen** ['fʊksən] *vt* (*fam*) ❶ (*großen Ärger bereiten*) far arrabbiare, irritare, indispettire; **die Sache hat mich sehr gefuchst** la cosa mi ha molto irritato ❷ (*A: nicht gelingen*) non riuscire, creare problemi; **es fuchst mich heute wieder** (*es will mir nichts gelingen*) oggi non mi riesce nulla
**Füchsin** ['fʏksɪn] <-, -nen> *f* (ZOO: *Tier, Pelz*) volpe *f* femmina; *s. a.* **Fuchs**
**Fuchsjagd** *f* caccia *f* alla volpe **Fuchspelz** *m* pelliccia *f* di volpe **fuchsrot** *adj* rossigno, rossiccio **Fuchsschwanz** *m* ❶ (BOT, ZOO) coda *f* di volpe ❷ (TEC: *Säge*) saracco *m* **fuchsteufelswild** ['fʊksˈtɔɪfəlsˌvɪlt] *adj* (*fam*) furioso, furibondo
**Fuchtel** ['fʊxtəl] <-, -n> *f* **unter jds ~ stehen** (*fam*) stare sotto la dura disciplina di qu
**fuchteln** *vi* (*fam*) **mit den Armen ~** agitare le braccia, gesticolare
**Fug** [fuːk] *m* **mit ~ und Recht** a buon diritto
**Fuge** ['fuːɡə] <-, -n> *f* ❶ (TEC, ARCH, LING) commettitura *f;* **aus den ~n gehen** sconnettersi, scompaginarsi ❷ (MUS) fuga *f*
**fügen** ['fyːɡən] *I. vt* (*anbringen*) aggiungere, disporre; (TEC: *verbinden*) commettere, congiungere *II. vr* **sich ~** ❶ (*sich ein~*) **sich in etw** *acc* **~** adattarsi a qc; **es fügte sich, dass …** (*geh*) successe che … ❷ (*sich unterordnen*) sottomettersi
**fügsam** *adj* docile
**Fügsamkeit** <-> *kein Pl. f* docilità *f,* arrendevolezza *f*
**Fügung** <-, -en> *f* (*des Schicksals*) disposizione *f,* volere *m*
**fühlbar** *adj* sensibile
**fühlen** ['fyːlən] *I. vt* ❶ (*tasten*) palpare, tastare ❷ (*empfinden*) sentire, provare *II. vr* **sich ~** sentirsi; **sich für etw verantwortlich ~** sentirsi responsabile di qc; **sich nicht wohl ~** non sentirsi bene; **wie fühlst du dich?** come stai?, come ti senti?

**Fühler** <-s, -> *m* antenna *f;* **die ~ ausstrecken** (*fig fam*) tastare il terreno
**Fühlung** <-, -en> *f* contatto *m;* **mit jdm in ~ bleiben** restare in contatto con qu
**fuhr** [fuːɐ̯] *1. u. 3. Pers. Sing. Imp. von* **fahren**
**Fuhre** ['fuːrə] <-, -n> *f* ❶ (*Ladung*) carrata *f,* carico *m* ❷ (*Fahrt*) trasporto *m*
**führen** ['fyːrən] *I. vt* ❶ (*geleiten*) guidare, portare; **was führt Sie zu mir?** in che cosa posso esserLe utile?; **etw zu Ende ~** terminare qc ❷ (*leiten*) condurre; (*Betrieb, Geschäft*) dirigere; (MIL) comandare; **den Haushalt ~** attendere al governo della casa ❸ (*form: Auto*) guidare; (*Flugzeug*) pilotare; (*Kran*) manovrare ❹ (*transportieren*) avere con sé; (*Fluss: Geröll, Eis*) trascinare ❺ (COM: *Artikel*) avere, tenere ❻ (*als Titel haben*) (*Name*) avere il titolo di; **den Doktortitel ~** avere il titolo di dottore ❼ (*Gespräch*) sostenere; **einen Prozess ~** fare un processo; **Verhandlungen ~** negoziare *II. vi* ❶ (SPORT: *an erster Stelle stehen*) essere in testa, condurre; **unsere Mannschaft führt mit drei Toren** la nostra squadra conduce con tre go[a]l ❷ (*verlaufen, hin~*) portare; **das führt zu nichts** questo non porta a nessun risultato; **das führt zu weit** questo porta troppo lontano; **wohin soll das [noch] ~?** dove si va a finire? **führend** *adj* ❶ (*Persönlichkeit*) di primo piano, eminente ❷ (*Geschäft*) [il] più rinomato; (*Hotel*) [il] migliore
**Führer(in)** ['fyːrɐ] <-s, -; -, -nen> *m(f)* ❶ (*guida*) *f;* (POL) capo *m;* (MIL) conduttore *m,* capitano *m;* (*Geschäfts~*) direttore, -trice *m, f;* **der ~** (HIST) il Führer ❷ (*form: von Auto*) autista *mf;* (*von öffentlichen Verkehrsmitteln*) conducente *mf;* (*von Lokomotive*) macchinista *m;* (*von Flugzeug, Schiff*) pilota *mf* ❸ (*Reise~, Fremden~, a Buch*) guida *f*
**Führerausweis** *m* (*CH*) *s.* **Führerschein**
**Führerflucht** *f* (*CH*) *s.* **Fahrerflucht**
**Führerhaus** *nt* (MOT, TEC) cabina *f* di guida
**Führerin** *f s.* **Führer**
**führerlos** *adj* ❶ (*Fahrzeug*) senza conducente ❷ (*Volk*) senza guida
**Führerschein** *m* patente *f* [di guida]; **seinen ~ machen** prendere la patente **Führerscheinentzug** *m* (JUR) ritiro *m* della patente
**Führerstand** *m* cabina *f* del macchinista
**Fuhrmann** <-(e)s, -leute *o rar* -männer> *m* carrettiere *m*
**Fuhrpark** *m* parco *m* rotabile
**Führung** ['fyːrʊŋ] <-, -en> *f* ❶ (*das Füh-*

*ren*) tenuta *f*; (*Handhaben*) maneggio *m*, uso *m* ❷ (*Leitung,* POL) guida *f*, direzione *f*; (POL) leadership *f*; (*Verwaltung*) amministrazione *f*; **die ~ übernehmen** assumere la direzione; (SPORT) passare in testa ❸ (*Besichtigung*) visita *f* guidata ❹ (*von Fahrzeugen*) guida *f* ❺ (*Benehmen*) condotta *f*, comportamento *m*; **wegen guter ~ vorzeitig entlassen werden** beneficiare di una remissione della pena per buona condotta **Führungselite** *f* (POL) classe *f* dirigente **Führungskraft** *f* dirigente *mf*, quadri *mpl*
**führungslos** *adj* senza guida **Führungsschiene** *f* (TEC) rotaia *f* di guida **Führungsspitze** *f* ❶ (*Unternehmen*) vertice *m* direttivo, direzione *f* ❷ (*Partei*) vertice *m*, segretario *m* [di partito] **Führungsstab** *m* ❶ (MIL) stato *m* maggiore ❷ (COM) [consiglio *m*] direttivo *m* **Führungswechsel** <-s, -> *m* [ri]cambio *m* del vertice **Führungszeugnis** *nt* certificato *m* di buona condotta
**Fuhrunternehmen** *nt* (COM) impresa *f* di trasporti **Fuhrunternehmer(in)** *m(f)* titolare *mf* d'impresa di trasporti
**Fülle** ['fʏlə] <-, -n> *f* ❶ (*Menge*) quantità *f*; (*Überfluss*) abbondanza *f*, profusione *f*; **eine ~ von Eindrücken** un mucchio di impressioni ❷ (*Körper*) corpulenza *f*
**füllen** ['fʏlən] *vt* ❶ (*Gefäß*) riempire; **in einen Sack ~** insaccare ❷ (*Flüssigkeit*) versare; **den Wein in Flaschen ~** imbottigliare il vino ❸ (GASTR) farcire ❹ (*Zahn*) otturare, piombare
**Füller** ['fʏlɐ] <-s, -> *m* [penna *f*] stilografica *f*
**Füllfeder** *f* (*A, CH, südd:* **Füllfederhalter**) penna *f* stilografica **Füllfederhalter** <-s, -> *m* penna *f* stilografica
**Füllhorn** <-s, -hörner> *nt* corno *m* dell'abbondanza, cornucopia *f*
**füllig** *adj* pienotto, grassoccio
**Füllmaterial** *nt* materiale *m* di riempimento
**Füllsel** ['fʏlzəl] <-s, -> *nt* ❶ riempitivo *m* ❷ (GASTR) ripieno *m*
**Füllung** <-, -en> *f* ❶ (*das Füllen*) riempimento *m*, riempitura *f*; (*mit Luft, Gas*) gonfiatura *f* ❷ (*Füllmaterial*) riempitivo *m*; (GASTR) ripieno *m*; (*von Zahn*) otturazione *f*, [im]piombatura *f* ❸ (ARCH) controsoffitto *m*; (*Tür~*) pannello *m*
**Füllwort** <-(e)s, -wörter> *nt* (GRAM, LIT) particella *f* espletiva, riempitivo *m*; (*in Gedichten*) zeppa *f*
**fulminant** [fʊlmi'nant] *adj* strepitoso, grandioso, fulminante; **ein ~er Erfolg** un successo strepitoso; **eine ~e Persönlichkeit** una personalità grandiosa
**fummeln** ['fʊməln] *vi* (*fam*) lavoricchiare, abborracciare
**Fund** [fʊnt] <-(e)s, -e> *m* ❶ (*Finden*) ritrovamento *m*; (*archäologischer ~*) scoperta *f* ❷ (*~stück*) oggetto *m* ritrovato; (*archäologischer ~*) reperto *m*
**Fundament** [fʊnda'mɛnt] <-(e)s, -e> *nt* ❶ (ARCH) fondamenta *fpl* ❷ (*fig*) base *f*, fondamento *m*; **das ~ zu etw legen** (*a. fig*) gettare le basi di qc
**fundamental** [fʊndamɛn'taːl] *adj* fondamentale
**Fundamentalismus** [fʊndamɛnta'lɪsmʊs] <-s> *kein Pl. m* fondamentalismo *m*
**Fundamentalist(in)** <-en, -en; -, -nen> *m(f)* fondamentalista *mf*
**fundamentalistisch** *adj* fondamentalista
**Fundamt** *nt* (*A*) *s.* **Fundbüro Fundbüro** *nt* ufficio *m* [degli] oggetti smarriti
**Fundgrube** *f* miniera *f*, fonte *f* inesauribile
**fundieren** [fʊn'diːrən] <ohne ge-> *vt* consolidare, fondare
**fündig** ['fʏndɪç] *adj* ricco, produttivo; **~ werden** (MIN) scoprire un giacimento; (*fig*) trovare qc
**Fundort** *m* luogo *m* del ritrovamento
**Fundsache** *f* oggetto *m* ritrovato
**Fundus** ['fʊndʊs] <-, -> *m* ❶ (*Bestand*) fondo *m* ❷ (THEAT) materiale *m* scenico
**fünf** [fʏnf] *num* cinque; **~[e] gerade sein lassen** (*fam*) non guardar troppo per il sottile; **nicht bis ~ zählen können** non saper contare fino a cinque; *s. a.* **acht**
**Fünf-, fünf-** *s. a.* **Acht-, acht-**
**Fünf** <-, -en> *f* cinque *m*; (*Schulnote: ungenügend*) cinque; *s. a.* **Acht**[1] **Fünfeck** *nt* pentagono *m* **fünfeckig** *adj* pentagonale
**Fünfer** ['fʏnfɐ] <-s, -> *m* (*fam*) moneta *f* da cinque
**fünffach** *adj* quintuplo; *s. a.* **achtfach**
**fünfhundert** *num* cinquecento; *s. a.* **achthundert**
**Fünfjahresplan** [fʏnf'jaːrəsplaːn, *Pl:* fʏnf-'jaːrəsplɛːnə] <-(e)s, Fünfjahrespläne> *m* piano *m* quinquennale
**fünfjährig** *adj* (*fünf Jahre alt*) di cinque anni; (*fünf Jahre dauernd*) quinquennale; *s. a.* **achtjährig**
**Fünfkampf** *m* (SPORT) pentathlon *m*
**Fünfling** ['fʏnflɪŋ] <-s, -e> *m* figlio, -a *m, f* da parto di cinque gemelli; **~e** cinque gemelli

**fünfmal** *adv* cinque volte; *s. a.* **achtmal**
**Fünfmarkstück** [fʏnfˈmarkʃtʏk] <-s, -e> *nt* moneta *f* da cinque marchi
**Fünfprozenthürde** *f* (POL) sbarramento *m* del cinque per cento
**Fünftagewoche** *f* settimana *f* di cinque giorni lavorativi, settimana *f* corta
**fünftausend** *num* cinquemila; *s. a.* **achttausend**
**Fünfte** <ein -r, -n, -n> *mf* quinto, -a *m, f*; *s. a.* **Achte**
**fünfte(r, s)** *adj* quinto, -a; (*bei Datumsangaben*) cinque; **das ~ Rad am Wagen sein** essere l'ultima [*o* la quinta] ruota del carro *fam*; *s. a.* **achte(r, s)**
**Fünftel** <-s, -> *nt* quinto *m*; *s. a.* **Achtel**
**fünftel** *adj inv* quinto; *s. a.* **achtel**
**fünftens** [ˈfʏnftəns] *adv* [in] quinto [luogo]; *s. a.* **achtens**
**Fünftürer** *m* (MOT) cinque porte *f*
**Fünfunddreißigstundenwoche** *f* trentacinque ore *fpl* settimanali, settimana *f* lavorativa di trentacinque ore
**fünfzehn** *num* quindici
**fünfzehnte(r, s)** *adj* quindicesimo, -a; (*bei Datumsangaben*) quindici; *s. a.* **achte(r, s)**
**Fünfzehntel** <-s, -> *nt* quindicesimo *m*
**fünfzig** [ˈfʏnftsɪç] *num* cinquanta; *s. a.* **achtzig**
**Fünfziger(in)** [ˈfʏnftsɪgɐ] <-s, -; -, -nen> *m(f)* cinquantenne *mf*
**fünfzigjährig** *adj* (*fünfzig Jahre alt*) di cinquanta anni; (*fünfzig Jahre dauernd*) cinquantenale, cinquantenario; *s. a.* **achtzigjährig**
**Fünfzigmarkschein** [ˈfʏnftsɪçˈmarkʃaɪn] <-s, -e> *m* biglietto *m* da cinquanta marchi
**fünfzigste(r, s)** *adj* cinquantesimo, -a; *s. a.* **achte(r, s)**
**fungieren** [fʊŋˈgiːrən] <ohne ge-> *vi* **als etw ~** fare le funzioni di qc
**Funk** [fʊŋk] <-s> *kein Pl. m* radio *f*
**Funkamateur(in)** *m(f)* radioamatore, -trice *m, f*, **Funkausstellung** *f* esposizione *f* di radiotecnica
**Funke** [ˈfʊŋkə] <-ns, -n> *m* scintilla *f*; **~n sprühen** fare scintille; **keinen ~n Verstand haben** non avere un barlume d'ingegno
**funkeln** [ˈfʊŋkəln] *vi* luccicare, brillare
**funkelnagelneu** *adj* (*fam*) nuovo di zecca
**funken** [ˈfʊŋkən] *vi, vt* radiotrasmettere, trasmettere per radio; **na, hat es endlich bei dir gefunkt?** (*fam*) hai capito finalmente?; **zwischen den beiden hat es gefunkt** (*fam*) fra i due è scoppiata la scintilla
**Funken** <-s, -> *m s.* **Funke**
**Funker(in)** <-s, -; -, -nen> *m(f)* radiotelegrafista *mf*
**Funkgerät** *nt* (*Sendegerät*) apparecchio *m* radiotrasmittente; (*Empfangsgerät*) apparecchio *m* radioricevente
**funkgesteuert** *adj* radiocomandato **Funkhaus** *nt* stazione *f* radio; (*Gebäude*) studi *mpl* radio
**Funkkolleg** *nt* corso *m* radiofonico **Funknetz** *nt* rete *f* radio **Funksignal** *nt* segnale *m* radio **Funksprechgerät** *nt* apparecchio *m* radiotrasmittente **Funkspruch** *m* radiomessaggio *m* **Funkstation** *f* stazione *f* radio, emittente *f* **Funkstille** *f* silenzio *m* radio, interruzione *f* delle trasmissioni radio; **zwischen den beiden herrscht ~** (*fig*) fra di loro non si scambia più una singola parola **Funkstreife** *f* pattuglia *f* radioequipaggiata
**Funkstreifenwagen** *m* auto *f* della polizia radiocomandata **Funktaxi** *nt* radiotassì *m* **Funktechnik** *f* radiotecnica *f* **Funktelefon** *nt* radiotelefono *m*, telefono *m* portatile
**Funktion** [fʊŋkˈtsi̯oːn] <-, -en> *f* funzione *f*; **in ~ treten** entrare in funzione; **etw außer ~ setzen** mettere fuori uso qc
**funktional** [fʊŋktsi̯oˈnaːl] *adj* funzionale
**Funktionär(in)** [fʊŋtsi̯oˈnɛːɐ] <-s, -e; -, -nen> *m(f)* funzionario, -a *m, f*
**funktionell** *adj* funzionale
**funktionieren** [fʊŋtsi̯oˈniːrən] <ohne ge-> *vi* funzionare; **gut ~** (TEC) essere a punto
**funktionsfähig** *adj* efficiente; **~ halten** mantenere in efficienza
**Funktionstaste** *f* (INFORM) tasto *m* funzione **Funktionsweise** *f* modalità *f* di funzionamento
**Funkturm** <-(e)s, -türme> *m* torre *f* della radio **Funkverbindung** *f* collegamento *m* radio; **in ~ stehen** essere in contatto radio **Funkverkehr** *m* radiocomunicazioni *fpl* **Funkwagen** *m* autoradio *f*, radiomobile *f*
**für** [fyːɐ] *prp +acc* ❶ (*zugunsten von*) per, a favore di; **~ jdn bezahlen** pagare al posto di qu; **~ jdn eintreten** prendere le parti di qu, prendere partito per qu; **sich ~ jdn/etw einsetzen** impegnarsi per qu/qc; **~ mich genügt es** per me basta ❷ (*in Bezug auf*) per, quanto a; **an und ~ sich** di per sé ❸ (*im Verhältnis zu*) per; **er ist zu groß ~ sein Alter** è troppo alto per la sua età; **~ einen Ausländer spricht er gut**

Deutsch per essere straniero parla bene tedesco ④ (*gegen, bes. von Medikamenten*) per, contro ⑤ (*anstelle von*) al posto di, invece di; ~ **jdn einspringen** supplire qu; **ich habe ihm ein Buch** ~ **das Bild gegeben** gli ho dato un libro in cambio del quadro ⑥ (*als*) per; **ich ~ meine Person ...** quanto a me ... ⑦ (*Aufeinanderfolge*) **Schritt ~ Schritt** passo dopo passo; **Tag ~ Tag** giorno per giorno ⑧ (*mit Fragepronomen*) **was ~ ...?** che/quale ...?; **was ~ ein Glück!** che fortuna! **Für** *nt* **das ~ und Wider** il pro e il contro

**Furche** ['fʊrçə] <-, -n> *f* ① (*Acker~*) solco *m*; (*Wagenspur a*) scanalatura *f* ② (*Gesichts~*) ruga *f*

**furchen** *vt* ① (*Boden, Wasser*) solcare ② (*Stirn*) corrugare

**Furcht** [fʊrçt] <-> *kein Pl. f* (*Angst*) paura *f*; (*Ängstlichkeit*) timore *m*; (*Befürchtung*) apprensione *f*, ansia *f*; **jdm ~ einflößen** far paura a qu, incutere timore a qu; **~ erregend** spaventoso, terrificante; **aus ~ vor** +*dat* per paura di

**furchtbar** *adj* ① (*schrecklich*) terribile, spaventoso ② (*fam: sehr*) enorme, tremendo; **das ist ~ einfach** (*fam*) è la cosa più semplice del mondo; **das ist ~ nett von Ihnen** (*fam*) è veramente molto gentile da parte Sua

**fürchten** ['fʏrçtən] I. *vt* temere, aver paura di II. *vi* (*sich Sorgen machen*) **um jdn/etw ~** essere in apprensione per qu/qc; **um jds Leben ~** temere per la vita di qu III. *vr* **sich** [vor jdm/etw] ~ aver paura [di qu/qc]

**fürchterlich** ['fʏrçtɐlɪç] *adj s.* **furchtbar**

**furchterregend** *adj* spaventoso, terrificante

**furchtlos** *adj* impavido, intrepido **Furchtlosigkeit** <-> *kein Pl. f* coraggio *m*, assenza *f* di paura **furchtsam** *adj* pauroso, timoroso

**Furchtsamkeit** <-> *kein Pl. f* timidezza *f* **füreinander** [fy:ɐ̯ʔaɪ̯'nandɐ] *adv* l'uno per l'altro

**Furie** ['fu:rɪə] <-, -n> *f* furia *f*

**Furnier** [fʊr'ni:ɐ̯] <-s, -e> *nt* (TEC) [foglio *m* per] impiallacciature *f*

**furnieren** [fʊr'ni:rən] <ohne ge-> *vt* (TEC) impiallacciare

**Furore** [fu'ro:rə] <-> *kein Pl. f* **~ machen** far furore *fam*

**Fürsorge** ['fy:ɐ̯zɔrgə] <-> *kein Pl. f* ① (*Betreuung*) cure *fpl*, sollecitudine *f* ② (*Sozialhilfe*) assistenza *f*; (*Sozialamt*) previdenza *f* sociale, ufficio *m* di assistenza sociale; **von der ~ leben** vivere della previdenza sociale **Fürsorgeamt** *nt* (*CH: Sozialamt*) ufficio *m* d'assistenza sociale

**fürsorglich** *adj* premuroso

**Fürsprache** <-, -n> *f* intercessione *f*; **~ für jdn bei jdm einlegen** intercedere per qu presso qu **Fürsprech** <-s, -e> *m* (*CH*) avvocato *m* **Fürsprecher(in)** *m(f)* ① (*jd der jds Interessen vertritt*) intercessore, -ceditrice *m, f* ② (*CH: Rechtsanwalt*) avvocato, -essa *m, f*

**Fürst(in)** ['fʏrst] <-en, -en; -, -nen> *m(f)* principe, -essa *m, f*

**Fürstenhaus** *nt* famiglia *f* [*o* dinastia *f*] principesca **Fürstentum** <-s, Fürstentümer> *nt* principato *m*

**Fürstin** *f s.* **Fürst fürstlich** I. *adj* principesco II. *adv* da principe

**Furt** [fʊrt] <-, -en> *f* guado *m*

**Furunkel** [fu'rʊŋkəl] <-s, -> *m o nt* (MED) foruncolo *m*

**Fürwort** <-(e)s, -wörter> *nt* (LING) pronome *m*

**Furz** [fʊrts] <-es, Fürze> *m* (*vulg*) peto *m*, scor[r]eggia *f*

**furzen** *vi* (*vulg*) fare un peto *vulg*, scor[r]eggiare *vulg*

**Fusel** ['fu:zəl] <-s, -> *m* (*fam*) ① acquavite *f* di qualità scadente ② (*A*) vino *m* di qualità scadente

**Fusion** <-, -en> *f* fusione *f* **fusionieren** [fuzjo'ni:rən] <ohne ge-> I. *vt* fondere II. *vi* fondere **Fusionsreaktor** *m* (PHYS) reattore *m* [nucleare] a fusione

**Fuß** [fu:s] <-es, Füße> *m* piede *m*; (*Tiere*) zampa *f*; **zu ~ gehen** andare a piedi; **gut/schlecht zu ~ sein** essere un buon/cattivo camminatore; **bei ~!** al passo!; **am ~e des Berges** ai piedi della montagna; [festen] **~ fassen** prender piede; **kalte Füße bekommen** (*fig fam*) tirarsi indietro [da un'impresa]; **sich** *dat* **die Füße vertreten** sgranchirsi le gambe *fam;* **auf dem ~e folgen** stare alla calcagna; **auf großem ~[e] leben** fare una vita da gran signore; **auf eigenen Füßen stehen** essere indipendente; **jdn auf freien ~ setzen** mettere qu in libertà; **mit jdm auf gutem ~ stehen** essere in buoni rapporti con qu; **jdn/etw mit Füßen treten** (*fig*) trattare male qu/qc; **alle Männer lagen ihr zu Füßen** aveva tutti gli uomini ai suoi piedi; **du bist wohl heute mit dem linken ~ zuerst aufgestanden?** (*fam*) oggi ti sei alzato col piede sbagliato!

**Fußabdruck** <-(e)s, -drücke> *m* orma *f*,

impronta *f* del piede **Fußangel** *f* tagliola *f* **Fußbad** *nt* pediluvio *m*, bagno *m* ai piedi **Fußball** *m* (SPORT) ❶ (*Spiel*) [gioco *m* del] calcio *m* ❷ (*Ball*) pallone *m* **Fußballer(in)** <-s, -; -, -nen> *m(f)* (*fam*) calciatore, -trice *m*, *f* **Fußballfan** *m* tifoso *m* di calcio **Fußballmannschaft** *f* squadra *f* di calcio **Fußballplatz** *m* campo *m* di calcio **Fußballspiel** *nt* partita *f* di calcio **Fußballspieler(in)** *m(f)* calciatore, -trice *m*, *f* **Fußballstadion** *nt* stadio *m* **Fußballverein** *m* (SPORT) società *f* calcistica **Fußballweltmeisterschaft** *f* campionato *m* mondiale di calcio

**Fußbank** <-, -bänke> *f* poggiapiedi *m*

**Fußboden** *m* pavimento *m* **Fußbodenbelag** *m* rivestimento *m* del pavimento **Fußbodenheizung** *f* riscaldamento *m* a terra

**Fußbreit** <-, -> *m* larghezza *f* di un passo; **keinen ~ weichen** non cedere di un passo

**Fußbremse** *f* (AUTO) freno *m* a pedale

**Fussel** ['fʊsəl] <-, -n *f o* -s, -(n) *m*> *f o m* (*fam*) filuzzo *m*, peluzzo *m* **fusselig** *adj* sfilacciato; **sich** *dat* **den Mund ~ reden** (*fam*) sprecare il fiato

**fusseln** *vi* sfilacciarsi, fare fili, fare lanugine

**fußen** ['fuːsən] *vi* **auf etw** *acc* **~** basarsi su qc

**Fußende** <-s, -n> *nt* (*von Bett*) piedi *mpl* del letto

**Fußgänger(in)** ['fuːsgɛŋɐ] <-s, -; -, -nen> *m(f)* pedone, -a *m*, *f* **Fußgängerbrücke** *f* ponte *m* pedonale **Fußgängerstreifen** *m* (*CH*) strisce *fpl* pedonali **Fußgängerübergang** *m* strisce *fpl* pedonali **Fußgängerüberweg** <-(e)s, -e> *m* strisce *fpl* pedonali **Fußgängerzone** *f* zona *f* pedonale

**Fußgelenk** *nt* articolazione *f* del piede **Fußkettchen** *nt* cavigliera *f* **Fußmatte** *f* stoino *m*, zerbino *m* **Fußnote** *f* nota *f* in calce **Fußpflege** *f* pedicure *m* **Fußpfleger(in)** *m(f)* pedicurista *mf* **Fußpilz** *kein Pl. m* (MED) micosi *f* del piede **Fußreflexzonenmassage** *f* riflessologia *f* plantare **Fußschaltung** *f* (MOT) comando *m* del cambio a pedale **Fußsohle** *f* pianta *f* del piede **Fußspitze** *f* punta *f* del piede **Fußspur** *f* orma *f* [del piede] **Fußtapfen** ['fuːstapfən] <-s, -> *m* orma *f* del piede; **in jds ~ akk treten** (*fig*) seguire le orme di qu **Fußtritt** *m* calcio *m*, pedata *f*; (*fig*) schiaffo *m* morale **Fußvolk** <-(e)s> *kein Pl. nt* ❶ (MIL) fanteria *f*, infanteria *f* ❷ (*pej: breite Masse*) massa *f*, marmaglia *f* **Fußweg** *m* ❶ (*Weg*) strada *f* pedonale ❷ (*Entfernung*) cammino *m*; **bis zu uns sind es nur 5 Minuten ~** fino a casa nostra sono solo 5 minuti a piedi

**futsch** [fʊtʃ] *adj* (*fam*) perduto, sparito

**Futter**[1] ['fʊtɐ] <-s> *kein Pl. nt* (*Fressen*) foraggio *m*, pastura *f*; (*für kleinere Haustiere*) becchime *m*, mangime *m*

**Futter**[2] <-s, -> *nt* (*von Kleidungsstücken*) fodera *f*; (TEC) rivestimento *m*

**Futteral** <-s, -e> *nt* astuccio *m*; (*Brillen~*) custodia *f*

**futtern** ['fʊtɐn] *vi* (*fam*) rimpinzarsi

**füttern** ['fʏtɐn] *vt* ❶ (*Säugling, Kranke*) imboccare ❷ (*Tier*) dare da mangiare a ❸ (INFORM: *Daten*) immettere ❹ (*Kleidungsstück*) foderare

**Futternapf** *m* scodella *f* **Futterneid** *m* ❶ (*Tiere*) invidia *f* del cibo altrui ❷ (*fam*) gelosia *f*, invidia *f* **Futterpflanze** *f* pianta *f* foraggiera

**Fütterung** ['fʏtərʊŋ] <-, -en> *f* dare *m* da mangiare

**Futterzusatz** *m* (AGR) additivo *m*

**Futur** [fu'tuːɐ] <-s, -e> *nt* (LING) futuro *m*

**Futurismus** [futu'rɪsmʊs] <-> *kein Pl. m* (LIT, KUNST) futurismo *m*

**futuristisch** *adj* futurista

# Gg

**G, g** [ge:] <-, -(s)> *nt* ① (*Buchstabe*) G, g *f;* **G wie Gustav** G come Genova ② (MUS) sol *m;* **G-Dur** sol maggiore; **g-Moll** sol minore

**g** *abk v* **Gramm** g

**G7-Gipfeltreffen** [ge:'zi:bən-] *nt* vertice *m* G7

**G8-Staaten** [ge:'axt-] *Pl.* stati *pl* del G8

**gab** [ga:p] *1. u. 3. Pers. Sing. Imp. von* **geben**

**Gabe** ['ga:bə] <-, -n> *f* ① (*Geschenk*) dono *m;* (*Opfer~*) offerta *f;* (*milde ~*) carità *f,* piccola offerta *f* ② (*Talent*) dote *f,* dono *m*

**Gabel** ['ga:bəl] <-, -n> *f* ① (*Ess~*) forchetta *f* ② (TEC: *von Telefon, Ast~, Rad~*) forcella *f* ③ (AGR: *Heu~, Mist~*) forcone *m* ④ (*Straßen~*) biforcazione *f*

**Gabelfrühstück** *nt* (GASTR, *obs*) tarda colazione

**gabeln** ['ga:bəln] *vr* **sich ~** biforcarsi

**Gabelstapler** *m* (TEC) [carrello *m*] elevatore *m* a forca

**Gabelung** <-, -en> *f* biforcazione *f,* ramificazione *f*

**gackern** ['gakɛn] *vi* ① (*Henne*) schiamazzare ② (*fam fig: schwatzen*) chiacchierare, cicalare

**gaffen** ['gafən] *vi* (*pej*) guardare a bocca aperta

**Gaffer(in)** <-s, -; -, -nen> *m(f)* (*pej*) curioso, -a *m, f*

**Gag** [gɛk] <-s, -s> *m* gag *m*

**Gage** ['ga:ʒə] <-, -n> *f* (FILM, THEAT) cachet *m,* compenso *m*

**gähnen** ['gɛ:nən] *vi* sbadigliare

**Gala** ['ga(:)la] <-> *kein Pl. f* **in ~** in gran gala, in ghingheri *fam*

**galaktisch** [ga'laktɪʃ] *adj* galattico

**galant** [ga'lant] *adj* galante, cavalleresco

**Galavorstellung** <-, -en> *f* serata *f* di gala

**Galaxie** [gala'ksi:] <-, -n> *f* galassia *f*

**Galeere** [ga'le:rə] <-, -n> *f* galera *f*

**Galeerensklave** *m* galeotto *m*

**Galerie** [galə'ri:] <-, -n> *f* ① (ARCH, KUNST, THEAT) galleria *f* ② (*bes. A, CH: Tunnel*) galleria *f,* tunnel *m*

**Galerist(in)** [galə'rɪst] <-en, -en; -, -nen> *m(f)* gallerista *mf*

**Galgen** ['galgən] <-s, -> *m* ① (*zur Hinrichtung*) patibolo *m* ② (*für Mikrofon*) giraffa *f* **Galgenfrist** *f* ultima dilazione *f,*
breve periodo *m* di respiro **Galgenhumor** *m* umorismo *m* nero

**Galionsfigur** [ga'li̯o:nsfigu:ɐ] *f* (NAUT) polena *f*

**Gallapfel** *m* (BOT) galla *f*

**Galle** ['galə] <-, -n> *f* ① (*Organ*) cistifellea *f;* (*Flüssigkeit*) bile *f,* fiele *m* ② (*fig: Bosheit*) rabbia *f,* collera *f* **gallenbitter** ['galən'bɪtɐ] *adj* amaro come il fiele **Gallenblase** *f* cistifellea *f* **Gallenkolik** *f* colica *f* biliare **Gallenleiden** *nt* (MED) affezione *f* biliare **Gallenstein** *m* calcolo *m* biliare

**Gallert** ['galɛt *o* ga'lɛrt] <-(e)s, -e> *nt* gelatina *f,* glutine *m* **gallertartig** *adj* gelatinoso **Gallerte** <-, -n> *f* gelatina *f,* glutine *m*

**Galopp** [ga'lɔp] <-s, -s *o* -e> *m* galoppo *m;* **im ~** al galoppo

**galoppieren** [galɔ'pi:rən] <ohne ge-> *vi sein* galoppare, andare al galoppo

**galt** [galt] *1. u. 3. Pers. Sing. Imp. von* **gelten**

**Galvanisation** [galvaniza'tsi̯o:n] <-> *kein Pl. f* galvanizzazione *f*

**galvanisch** [gal'va:nɪʃ] *adj* galvanico

**galvanisieren** [galvani'zi:rən] <ohne ge-> *vt* galvanizzare

**Gamasche** [ga'maʃə] <-, -n> *f* ghetta *f;* (*hohe*) gambale *m*

**Gameboy®** ['gɛimbɔi] <-(s), -s> *m* gameboy® *m,* giochetto *m* elettronico

**Game-Show** *f* (TV) quiz *m* televisivo; **eine ~ leiten** condurre un quiz televisivo

**Gamma** ['gama] <-(s), -s> *nt* gamma *mf*

**Gammastrahlen** *mPl.* (PHYS, MED) raggi *mpl* gamma **Gammastrahlung** *kein Pl. f* (PHYS) emissione *f* [di] raggi gamma

**gammelig** ['gam(e)lɪç] *adj* (*fam: Esswaren*) avariato; (*Äußeres*) trasandato

**gammeln** ['gaməln] *vi* ① (*Esswaren*) marcire ② (*fam pej*) fare il capellone

**Gammler(in)** <-s, -; -, -nen> *m(f)* (*fam pej*) capellone, -a *m, f*

**Gämsbock** <-s, -böcke> *m* camoscio *m*

**Gämse** ['gɛmzə] <-, -n> *f* (ZOO) camozza *f*

**gang** [gaŋ] *adj* **~ und gäbe** corrente, in uso

**Gang** [gaŋ] <-(e)s, Gänge> *m* ① (*~art*) andatura *f,* modo *m* di camminare ② (*Besorgung*) commissione *f* ③ (*fig: Verlauf*) moto *m,* corso *m;* (*von Geschäften*) andamento *m;* **seinen ~ gehen** seguire il pro-

prio corso; **in ~ bringen** avviare, mettere in moto; **in vollem ~[e]** in pieno corso ④ (MOT) marcia *f;* (TEC: *von Maschine*) funzionamento *m;* **in den ersten/zweiten ~ schalten** (MOT) innestare la prima/seconda ⑤ (*Flur*) corridoio *m;* (*offener Durch~*) passaggio *m;* (*zwischen Sitzreihen*) corsia *f;* (*in Kirche*) navata *f* ⑥ (BOT, ANAT) canale *m,* condotto *m* ⑦ (MIN) vena *f,* filone *m* ⑧ (SPORT) ripresa *f;* (*Fechten*) assalto *m* ⑨ (GASTR) piatto *m,* portata *f*
**Gangart** *f* passo *m,* andatura *f* **gangbar** *adj* praticabile, adottabile
**gängeln** ['gɛŋəln] *vt* (*fam pej*) tenere al guinzaglio
**gängig** ['gɛŋɪç] *adj* ① (*gebräuchlich*) in uso, comune ② (*Ware*) richiesto
**Gangschaltung** *f* (MOT) cambio *m* di marcia
**Gangster** ['gɛŋstɐ] <-s, -> *m* gangster *m,* malvivente *m*
**Gangway** ['gæŋweɪ] <-, -s> *f* (AERO, NAUT) passerella *f*
**Ganove** [ga'noːvə] <-n, -n> *m* (*fam*) malfattore *m,* furfante *m*
**Gans** [gans] <-, **Gänse**> *f* oca *f;* **dumme ~!** (*Schimpfwort*) imbecille, ebete
**Gänseblümchen** ['gɛnzəblyːmçən] <-s, -> *nt* (*fam*) margheritina *f,* pratolina *f*
**Gänsefüßchen** *ntPl.* (*fam*) virgolette *fpl*
**Gänsehaut** *f* pelle *f* d'oca
**Gänseklein** <-s> *kein Pl. nt* (GASTR) rigaglie *fpl* d'oca **Gänseleberpastete** *f* (GASTR) pasticcio *m* di fegato d'oca **Gänsemarsch** *m* **im ~ gehen** camminare in fila indiana
**Gänserich** ['gɛnzərɪç] <-s, -e> *m* maschio *m* dell'oca
**Gänseschmalz** *nt* grasso *m* d'oca
**ganz** [gants] I. *adj* ① (*gesamt*) tutto, intero; (*vollständig*) completo; **die ~e Belegschaft** tutti i dipendenti; **mein ~es Geld** tutti i miei soldi; **ein ~er Kuchen** un dolce intero; **eine ~e Menge** un bel po' *fam;* **die ~e Zeit** (*andauernd*) continuamente; **im Ganzen genommen** tutto sommato, in fondo ② (*fam: unbeschädigt*) intero, intatto; **etw wieder ~ machen** (*fam*) aggiustare qc, mettere qc a posto II. *adv* ① (*völlig*) completamente, del tutto; **~ allein** tutto solo, solo soletto *fam;* **~ gewiss** certamente, sicuramente; **~ und gar** del tutto, assolutamente; **~ und gar nicht** per niente, nient'affatto; **ich bin ~ Ihrer Meinung** la penso esattamente come Lei; **~ genau!** esattamente!; **~ richtig!** esatto!, giusto! ② (*vollständig*) completamente, del tutto; **~ vorn/hinten** molto avanti/indietro; **nicht ~** non completamente, non del tutto; **~ wie Sie meinen** come crede ③ (*ziemlich*) abbastanza; **das Wetter war ~ schön** il tempo era abbastanza bello ④ (*sehr*) molto; **~ wenig** pochissimo; **~ viel** moltissimo
**Ganze** <ein -s, -n> *kein Pl. nt* intero *m,* tutto *m;* **nichts ~s und nichts Halbes** né carne né pesce; **aufs ~ gehen** (*fam*) tentare il tutto per tutto; **es geht ums ~** è in gioco tutto; **das ~ ist sehr unerfreulich** il tutto è proprio poco piacevole
**Gänze** ['gɛntsə] <-> *kein Pl. f* **zur ~** completamente, del tutto
**Ganzheit** <-, -en> *f* (*Einheit*) tutto *m,* totalità *f;* (*Vollständigkeit*) completezza *f,* interezza *f* **ganzheitlich** *adj* complessivo
**ganzjährig** *adv* tutto l'anno
**gänzlich** ['gɛntslɪç] *adv* completamente, del tutto
**ganzseitig** *adj* a tutta pagina
**ganztägig** ['gantstɛːgɪç] *adj o adv* full time
**Ganztagsschule** *f* scuola *f* a tempo pieno
**gar** [gaːɐ̯] I. *adj* ① (*Speise*) cotto, pronto ② (*südd, A: fam: Geld*) esaurito, finito II. *adv* (*so~*) addirittura, persino; (*vor Negationen*) non ... affatto; (*etwa*) magari, forse; (*nicht etwa: vor Negationen*) mica; **~ keiner** nessuno; **~ kein** non ... affatto; **~ nicht** per niente, nient'affatto; [**rein**] **~ nichts** proprio nulla, niente di niente *fam*
**Garage** [ga'raːʒə] <-, -n> *f* [auto]rimessa *f,* garage *m*
**Garant** [ga'rant] <-en, -en> *m* garante *mf*
**Garantie** [garan'tiː] <-, -n> *f* garanzia *f;* **die ~ für etw übernehmen** assumersi la garanzia per qc
**garantieren** [garan'tiːrən] <ohne ge-> *vi, vt* garantire
**Garantieschein** *m* certificato *m* di garanzia
**Garaus** ['gaːɐ̯ʔaʊs] *m* **jdm den ~ machen** (*scherz*) far fuori qu
**Garbe** ['garbə] <-, -n> *f* ① (BOT: *Getreide~*) covone *m* ② (TEC: *Geschoss~*) raffica *f*
**Garçonnière** [garsɔ'niɛːrə] <-, -n> *f* (*A: Einzimmerwohnung*) monolocale *m*
**Gardasee** [gar'daːzeː] *m* lago *m* di Garda
**Garde** ['gardə] <-, -n> *f* guardia *f*
**Garderobe** [gardə'roːbə] <-, -n> *f* guardaroba *f* **Garderobenfrau** *f* guardarobiera *f* **Garderobenmarke** *f* marchetta *f* guardaroba **Garderobenständer** *m* attaccapanni *m*

**Gardine** [gar'diːnə] <-, -n> *f* tenda *f*; cortina *f*; **hinter schwedischen ~n sitzen** (*fam scherz*) stare al fresco **Gardinenpredigt** *f* (*fam*) ramanzina *f* **Gardinenstange** *f* asta *f* delle tende

**Gardist** [gar'dɪst] <-en, -en> *m* (MIL) soldato *m* della guardia

**garen** ['gaːrən] *vt* (GASTR) finire di cuocere a fuoco lento

**gären** ['gɛːrən] <gärt, gärte *o* gor, gegärt *o* gegoren> *vi* haben *o* sein fermentare, essere in fermentazione

**Garn** [garn] <-(e)s, -e> *nt* filato *m*, filo *m*

**Garnele** [gar'neːlə] <-, -n> *f* gamberetto *m*

**garnieren** [gar'niːrən] <ohne ge-> *vt* **etw [mit etw] ~** guarnire qc [con qc]

**Garnison** [garni'zoːn] <-, -en> *f* (MIL: *Standort*) guarnigione *f*; (*Besatzung*) presidio *m*

**Garnitur** [garni'tuːɐ] <-, -en> *f* (*zusammengehörige Teile*) insieme *m*, completo *m*; (*von Bettwäsche*) parure *f*; (*von Knöpfen*) serie *f*; **die erste ~** (*fig*) la prima scelta

**Garnknäuel** <-s, -> *m o nt* gomitolo *m* di filo

**Garnrolle** *f* rocchetto *m* di filato

**garstig** ['garstɪç] *adj* ❶ (*hässlich*) brutto; (*abstoßend*) schifoso ❷ (*böse*) cattivo

**Garten** ['gartən] <-s, Gärten> *m* giardino *m*; (*Nutz~*) orto *m*; (*Obst~*) frutteto *m*; **zoologischer ~** giardino zoologico, zoo; **botanischer ~** orto botanico **Gartenarbeit** *f* lavoro *m* di giardinaggio **Gartenbau** *m* giardinaggio *m*; (*von Nutzgärten*) orticoltura *f* **Gartenfest** *nt* festa *f* in giardino, garden-party *f* **Gartengerät** *nt* attrezzo *m* da giardino **Gartenhaus** *nt* padiglione *m* nel giardino **Gartenlaube** *f* pergola *f*, pergolato *m*; (*Haus*) capanno *m*

**Gartenmesser** *nt* roncola *f* **Gartenmöbel** *ntPl.* mobili *mpl* da giardino **Gartenschau** *f* rassegna *f* di giardinaggio **Gartenschere** *f* cesoie *fpl* per potare, forbici *fpl* da giardiniere **Gartenschlauch** *m* sistola *f* [per innaffiare] **Gartensitzplatz** *m* (*CH: Terrasse*) terrazza *f* sul giardino **Gartenzaun** *m* recinto *m* del giardino **Gartenzwerg** *m* nanetto *m* [per ornamento di giardini]

**Gärtner(in)** ['gɛrtnɐ] <-s, -; -, -nen> *m(f)* giardiniere, -a *m, f*

**Gärtnerei** [gɛrtnə'raɪ] <-, -en> *f* ❶ (*Unternehmen*) azienda *f* di floricoltura ❷ (*Gartenbau*) giardinaggio *m*

**Gärtnerin** *f s.* **Gärtner**

**Gärung** ['gɛːrʊŋ] <-, -en> *f* fermentazione *f*

**Garzeit** *f* tempo *m* di cottura

**Gas** [gaːs] <-es, -e> *nt* gas *m*; **~ geben** (MOT) accelerare; **~ wegnehmen** (MOT) decelerare **Gasanzünder** *m* accendigas *m*

**Gasbeleuchtung** *f* illuminazione *f* a gas **Gasbrenner** *m* becco *m* a gas **Gasfeuerzeug** *nt* accendino *m* a gas **Gasflasche** *f* bombola *f* del gas **gasförmig** *adj* gassoso **Gashahn** *m* rubinetto *m* del gas

**Gashebel** *m* pedale *m* [*o* leva *f*] del gas, chiavetta *f* **Gasheizung** *f* riscaldamento *m* a gas **Gasherd** *m* fornello *m* a gas **Gaskammer** *f* camera *f* a gas **Gaskocher** *m* fornello *m* a gas **Gaslampe** *f* lampada *f* a gas **Gasleitung** *f* conduttura *f* del gas

**Gaslieferung** *f* distribuzione *f* di gas **Gasmann** *m* letturista *m* [del gas] **Gasmaske** *f* maschera *f* antigas **Gasofen** *m* stufa *f* a gas

**Gasometer** [gazo'meːtɐ] *m* gasometro *m*

**Gaspedal** *nt* (MOT) pedale *m* dell'acceleratore **Gaspistole** *f* pistola *f* a gas **Gasrohr** *nt* tubo *m* del gas

**Gasse** ['gasə] <-, -n> *f* viuzza *f*, vicolo *m*; **etw über die ~ verkaufen** (A) vendere qc al di portar via

**Gast** [gast] <-es, Gäste> *m* ospite *mf*, invitato, -a *m, f*; (*Tisch~*) convitato, -a *m, f*; (*Fremder*) forestiero, -a *m, f*; (*Besucher*) frequentatore, -trice *m, f*; (*in Gaststätte, Hotel*) cliente *mf*; (*in Pension*) pensionante *mf*; **jdn zu ~ bitten** invitare qu; **bei jdm zu ~ sein, jds ~ sein** essere ospite di qu

**Gastarbeiter(in)** *m(f)* lavoratore, -trice *m, f* straniero, -a

**Gästebett** *nt* letto *m* degli ospiti **Gästebuch** *nt* libro *m* degli ospiti **Gästezimmer** *nt* camera *f* degli ospiti

**gastfreundlich** *adj* ospitale

**Gastfreundschaft** *f* ospitalità *f* **Gastgeber(in)** *m(f)* ospite *mf*, ospitante *mf* **Gasthaus** *nt*, **Gasthof** *m* locanda *f*, albergo *m* **Gasthörer(in)** *m(f)* uditore, -trice *m, f*

**gastieren** [gas'tiːrən] <ohne ge-> *vi* fare una rappresentazione in una città forestiera; **ein Zirkus gastiert in der Stadt** la città ospita un circo (per un certo numero di rappresentazioni)

**Gastland** *nt* paese *m* ospitante

**gastlich** *adj* ospitale

**Gastprofessor(in)** *m(f)* professore, -essa *m, f* ospite

**Gastritis** [gasˈtriːtɪs] <-, Gastritiden> f (MED) gastrite f
**Gastronomie** [gastronoˈmiː] <-> kein Pl. f gastronomia f
**gastronomisch** adj gastronomico
**Gastspiel** nt (THEAT) rappresentazione f [di una compagnia ospite]; (SPORT) partita f in trasferta
**Gaststätte** f ristorante m, trattoria f **Gaststube** f sala f [da pranzo] **Gastwirt(in)** m(f) oste m/f; (Schankwirt) albergatore, -trice m, f; (Speisewirt) gestore, -trice m, f di una trattoria **Gastwirtschaft** f s. **Gaststätte**
**Gasuhr** f contatore m del gas **Gasvergiftung** f avvelenamento m da gas **Gasversorgung** kein Pl. f erogazione f del gas **Gaswerk** nt officina f del gas
**Gatsch** <-es, -> m (A: Schlamm) fango m, melma f
**GATT** [gat] <-> nt (POL, WIRTSCH) abk v **General Agreement on Tariffs and Trade (Allgemeines Zoll- und Handelsabkommen)** GATT m
**Gatte** [ˈgatə] <-n, -n> m (geh, form) coniuge m
**Gatter** [ˈgatɐ] <-s, -> nt recinto m, steccato m
**Gattin** [ˈgatɪn] <-, -nen> f (geh, form) coniuge f
**Gattung** [ˈgatʊŋ] <-, -en> f genere m; (BIOL) specie f
**GAU** [gau] <-s> kein Pl. m abk v **größter anzunehmender Unfall** supposta massima gravità di incidente
**Gaudi** [ˈgaʊdi] <-> kein Pl. f (fam) spasso m, divertimento m
**Gaul** [gaʊl] <-(e)s, Gäule> m (pej) ronzino m
**Gaumen** [ˈgaʊmən] <-s, -> m (ANAT) palato m
**Gauner(in)** [ˈgaʊnɐ] <-s, -; -, -nen> m(f) ① (Betrüger) imbroglione, -a m, f, truffatore, -trice m, f ② (fam: durchtriebener Mensch) furfante m/f
**Gaunerei** [gaʊnəˈraɪ] <-, -en> f imbroglio m
**Gaunerin** f s. **Gauner**
**Gazastreifen** [ˈgaːzaʃtraɪfən] <-s> m striscia f di Gaza
**Gaze** [ˈgaːzə] <-, -n> f garza f
**Gazelle** [gaˈtsɛla] <-, -n> f gazzella f
**GB** abk v **Gigabyte** GB
**geb.** abk v **geboren** n.
**Gebäck** [gəˈbɛk] <-(e)s, -e> nt biscotti mpl, paste fpl, dolci mpl
**gebacken** [gəˈbakən] PP von **backen**

**Gebälk** [gəˈbɛlk] <-(e)s, rar -e> nt impalcatura f; (ARCH) travatura f
**geballt** [gəˈbalt] adj (Faust) serrato, chiuso; (fig: Energie, Ladung) concentrato
**gebannt** [gəˈbant] adj incantato
**gebar** [gəˈbaːɐ̯] 1. u. 3. Pers. Sing. Imp. von **gebären**
**Gebärde** [gəˈbɛːɐ̯də] <-, -n> f gesto m
**gebärden** <ohne ge-> vr **sich** ~ atteggiarsi
**Gebärdensprache** f linguaggio m gestuale
**gebären** [gəˈbɛːrən] <gebärt o gebiert, gebar, geboren> vt partorire; **geboren werden** nascere, essere nato
**Gebärmutter** f (ANAT) utero m
**Gebärmutterkrebs** <-es, -e> m (MED) cancro m all'utero, tumore m uterino
**gebauchpinselt** [gəˈbaʊxpɪnzəlt] adj (scherz) **sich ~ fühlen** (geschmeichelt) sentirsi lusingato
**Gebäude** [gəˈbɔɪdə] <-s, -> nt ① (Bau) edificio m, fabbricato m ② (fig: Aufbau) sistema m **Gebäudekomplex** m caseggiato m
**gebaut** adj **gut ~** (Mensch) ben fatto
**Gebeine** [gəˈbaɪnə] ntPl. (geh) ossa fpl; (eines Toten) resti mpl
**Gebell** [gəˈbɛl] <-(e)s> kein Pl. nt abbaio m
**geben** [ˈgeːbən] <gibt, gab, gegeben> I. vt ① dare; (reichen) porgere; **jdm etw ~** dare qc a qu; (schenken) regalare qc a qu; **jdm jdn ~** (beim Telefonieren) passare qu a qu; **viel/nicht viel auf etw** acc ~ tenere molto/non molto a qc; **etw von sich** dat ~ (Laut) proferire; (Meinung) esprimere; (Lebenszeichen) dare; **zu denken ~** dare da pensare; **zu verstehen ~** far capire; **ich gäbe viel darum zu** +inf darei molto per …; ~ **Sie mir bitte ein Pfund Äpfel** mi dia mezzo chilo di mele, per favore; ~ **Sie mir bitte Frau Schwarz** mi passi la signora Schwarz, per favore ② (gewähren) dare; (Rabatt) fare ③ (ergeben) dare come risultato, produrre ④ (veranstalten) dare; (TV) dare, trasmettere ⑤ (unterrichten) insegnare; (Unterricht) dare ⑥ (unpersönlich) **es gibt jemanden, der …** c'è qualcuno che …; **es wird Regen ~** pioverà; **es wird Ärger ~** ci saranno noie; **was gibt's [Neues]?** che c'è [di nuovo]?; **was gibt's im Kino?** che cosa danno al cinema?; **das gibt's [doch] nicht** non è possibile; **gleich gibt's was!** (fam) presto ci saranno guai
II. vi (Karten ~) distribuire, dare; (SPORT: Aufschlag haben) servire, battere; **wer gibt?** chi distribuisce? III. vr **sich ~** ① (nachlassen: Kälte, Eifer, Wut) dimi-

nuire; (*Schmerzen*) calmarsi, placarsi; (*aufhören: Probleme*) smettere; **das wird sich schon ~** la cosa si risolverà ② (*sich benehmen*); **sich gelassen/heiter ~** mostrarsi tranquillo/sereno; **sich geschlagen ~** darsi per vinto; **sich zu erkennen ~** farsi riconoscere

**Geber(in)** <-s, -; -, -nen> *m(f)* donatore, -trice *m, f;* (*bes. in Zusammensetzungen*) datore, -trice *m, f*

**Geberkonferenz** *f* conferenza *f* dei paesi contribuenti **Geberland** *nt* paese *m* contribuente **Geberlaune** *f* **in ~ sein** essere in vena di dare

**Gebet** [gə'be:t] <-(e)s, -e> *nt* (REL) preghiera *f* **Gebetbuch** *nt* libro *m* delle preghiere

**gebeten** [gə'be:tən] *PP von* **bitten**

**gebiert** [gə'bi:ɐt] *3. Pers. Sing. Präs. von* **gebären**

**Gebiet** [gə'bi:t] <-(e)s, -e> *nt* ① (*Region*) regione *f,* zona *f;* (ADM, POL) territorio *m* ② (*fig: Fach~*) campo *m,* materia *f;* (*Bereich*) sfera *f;* **auf dem ~ der Technik** in campo tecnico

**gebieten** [gə'bi:tən] <gebietet, gebot, geboten> *vt* (*geh: verlangen*) richiedere

**Gebieter(in)** <-s, -; -, -nen> *m(f)* dominatore, -trice *m, f;* (HIST: *Regent*) sovrano, -a *m, f,* signore, -a *m, f*

**gebieterisch** *adj* (*geh*) imperioso

**Gebietsanspruch** *m* rivendicazione *f* territoriale **Gebietskrankenkasse** *f* (*A*) Azienda *f* Sanitaria Locale

**Gebilde** [gə'bɪldə] <-s, -> *nt* (*Gegenstand*) cosa *f,* oggetto *m;* (*Form*) forma *f;* (*Schöpfung*) creazione *f;* (*Konstruktion*) costruzione *f;* (*Einrichtung*) arredamento *m;* (*der Fantasie*) frutto *m*

**gebildet** *adj* colto, istruito

**Gebinde** [gə'bɪndə] <-s, -> *nt* (*Blumen~*) mazzo *m;* (*Kranz*) ghirlanda *f*

**Gebirge** [gə'bɪrgə] <-s, -> *nt* montagna *f;* **im/ins ~** in montagna

**gebirgig** *adj* montuoso

**Gebirgsjäger** *m* (MIL) alpino *m,* cacciatore *m* delle Alpi **Gebirgsmassiv** *nt* massiccio *m* **Gebirgszug** *m* catena *f* di monti

**Gebiss** [gə'bɪs] <-es, -e> *nt* (*natürliches*) dentatura *f,* denti *mpl;* (*künstliches*) dentiera *f;* (*am Pferdezaum*) morso *m*

**gebissen** [gə'bɪsən] *PP von* **beißen**

**Gebläse** [gə'blɛ:zə] <-s, -> *nt* (MOT) ventilatore *m*

**geblasen** [gə'bla:zən] *PP von* **blasen**

**geblieben** [gə'bli:bən] *PP von* **bleiben**

**geblümt** [gə'bly:mt] *adj* a fiori, fiorito

**Geblüt** [gə'bly:t] <-(e)s> *kein Pl. nt* (*geh*) indole *f*

**gebogen** [gə'bo:gən] I. *PP von* **biegen** II. *adj* piegato, curvo

**geboren** [gə'bo:rən] I. *PP von* **gebären** II. *adj* nato; **~er Deutscher** tedesco di nascita; **Frau X, ~e Y** la signora X, nata Y; **zu etw ~ sein** essere nato per qc; **sie ist die ~e Lehrerin** è nata per fare l'insegnante; **wann/wo sind Sie ~?** quando/dov'è nato?

**geborgen** [gə'bɔrgən] I. *PP von* **bergen** II. *adj* al sicuro; **~ vor jdm/etw sein** essere al sicuro da qu/qc; **sich [bei jdm] ~ fühlen** sentirsi sicuro [da qu] **Geborgenheit** <-> *kein Pl. f* sicurezza *f,* intimità *f*

**geborsten** [gə'bɔrstən] *PP von* **bersten**

**Gebot** [gə'bo:t] <-(e)s, -e> *nt* ① (*Befehl*) comando *m,* ordine *m* ② (REL) comandamento *m;* (*gesetzlich*) precetto *m;* **die Zehn ~e** (REL) i dieci comandamenti ③ (*bei Auktion*) offerta *f*

**geboten** [gə'bo:tən] I. *PP von* **bieten, gebieten** II. *adj* (*dringend*) urgente; (*angezeigt*) indicato

**Gebr.** *abk v* **Gebrüder** F.lli

**gebracht** [gə'braxt] *PP von* **bringen**

**gebrannt** [gə'brant] I. *PP von* **brennen** II. *adj* **~e Mandeln** mandorle tostate; **ein ~es Kind scheut das Feuer** (*prov*) can scottato all'acqua calda ha paura della fredda

**gebraten** [gə'bra:tən] *PP von* **braten**

**Gebrauch** [gə'braux] *m* ① *Sing.* (*Anwendung*) uso *m,* impiego *m;* **außer ~** fuori uso; **in ~** in uso; **vor ~ schütteln** agitare prima dell'uso; **von etw ~ machen** usare qc ② (*Brauch*) usanza *f,* costume *m;* **Sitten und Gebräuche** usi e costumi

**gebrauchen** <ohne ge-> *vt* utilizzare, usare; **noch gut zu ~ sein** essere ancora utilizzabile; **zu nichts zu ~ sein** non essere buono a nulla; **nicht mehr zu ~ sein** inservibile; **das könnte ich gut ~** mi farebbe comodo *fam*

**gebräuchlich** [gə'brɔɪçlɪç] *adj* (*üblich*) usato, in uso; (*Ausdruck*) corrente; (*gewöhnlich*) comune, usuale; **~ sein** essere in uso; **nicht mehr ~** fuori uso

**Gebrauchsanweisung** *f* istruzione *f* per l'uso **Gebrauchsartikel** *m* articolo *m* di prima necessità **gebrauchsfertig** *adj* pronto per l'uso **Gebrauchsgegenstand** *m* oggetto *m* d'uso comune

**gebraucht** [gə'brauxt] *adj* usato; (*Kleider*) smesso; **etw ~ kaufen** comprare qc di

seconda mano **Gebrauchtwagen** *m* automobile *f* usata
**Gebrechen** [gə'brɛçən] <-s, -> *nt* malanno *m*, infermità *f*
**gebrechlich** *adj* (*schwächlich*) malaticcio, debole; (*altersschwach*) decrepito
**Gebrechlichkeit** <-> *kein Pl. f* debolezza *f*, infermità *f*; (*Altersschwäche*) decrepitezza *f*
**gebrochen** [gə'brɔxən] I. *PP von* **brechen** II. *adj* ❶ (*Mensch*) affranto, abbattuto; (*Stimme*) rotto, spezzato ❷ (*fehlerhaft*) stentato; ~ **Deutsch sprechen** parlare tedesco stentatamente ❸ (*Farbe*) spento
**Gebrüder** [gə'bry:dɐ] *Pl.* fratelli *mpl*
**Gebrüll** [gə'brʏl] <-(e)s> *kein Pl. nt* (*Rind*) muggito *m*; (*von Menschen*) grida *fpl*, urli *mpl*; (*von wildem Tier*) ruggito *m*
**Gebühr** [gə'by:ɐ] <-, -en> *f meist pl* (*Abgabe*) tassa *f*; (*Telefon~*) tariffa *f*; (*Fernseh~, Rundfunk~*) canone *m*; (*Straßenbenutzungs~*) pedaggio *m*; (*Beitrag*) contributo *m*, quota *f*; (*Vermittlungs~*) provvigione *f*; (*Honorar*) onorario *m*, competenze *fpl*; ~ **bezahlt Empfänger** tassa a carico del destinatario
**gebühren** [gə'by:rən] <ohne ge-> *vi* (*geh*) **jdm** ~ spettare a qu, essere dovuto a qu
**gebührend** *adj* ❶ (*verdient*) dovuto, meritato ❷ (*gehörig*) conveniente
**Gebühreneinheit** *f* (TEL) scatto *m*
**Gebührenerhöhung** *f* aumento *m* delle tasse [*o* delle imposte]
**Gebührenerlass** *m* esenzione *f* dalle tasse, franchigia *f* **gebührenfrei** *adj* esente da tasse; (*Postsendung*) franco di porto
**Gebührenordnung** *f* tariffario *m*
**gebührenpflichtig** *adj* soggetto a tassa, tassabile; (*Straße*) a pagamento **Gebührenzähler** *m* contatore *m* telefonico, contascatti *m*
**gebunden** [gə'bʊndən] I. *PP von* **binden** II. *adj* ❶ (*verpflichtet*) vincolato; **an jdn/etw ~ sein** essere vincolato a qu/qc; **zeitlich/vertraglich ~ sein** essere vincolato dal tempo/da un contratto ❷ (COM: *Kapital*) vincolato; (*Preise*) controllato ❸ (*Buch*) rilegato; (*Töne*) legato
**Geburt** [gə'bu:ɐt] <-, -en> *f* ❶ (*das Geboren werden*) nascita *f*; **von ~ an** dalla nascita ❷ (*Entbindung*) parto *m*; **das war eine schwere ~** (*a. fig*) è stato un parto difficile ❸ (*Abstammung, Ursprung*) origine *f*; **Deutscher von ~** tedesco di nascita
**Geburtenknick** *m* crollo *m* delle nascite
**Geburtenkontrolle** *f* controllo *m* delle nascite **Geburtenrate** *f* tasso *m* di natalità
**Geburtenregelung** *f* controllo *m* delle nascite **Geburtenrückgang** *m* diminuzione *f* delle nascite **geburtenschwach** *adj* con basso tasso di natalità **geburtenstark** *adj* con alto tasso di natalità **Geburtenüberschuss** *m* eccedenza *f* delle nascite sui decessi **Geburtenziffer** *f* natalità *f* **Geburtenzuwachs** *m* aumento *m* delle nascite
**gebürtig** [gə'bʏrtɪç] *adj* ~**er Römer** romano di nascita; **aus Rom ~** nativo di Roma, nato a Roma
**Geburtsanzeige** *f* (*Karte*) partecipazione *f*; (*in Zeitung*) annuncio *m* di nascita
**Geburtsdatum** *nt* data *f* di nascita
**Geburtsfehler** *m* difetto *m* congenito
**Geburtshaus** *nt* casa *f* natale **Geburtshelfer(in)** *m(f)* ostetrico, -a *m, f*
**Geburtshilfe** *f* ostetricia *f* **Geburtsjahr** *nt* anno *m* di nascita **Geburtsort** *m* luogo *m* di nascita
**Geburtstag** *m* ❶ (*Tag der Geburt*) data *f* di nascita ❷ (*Fest*) compleanno *m*; **jdm zum ~ gratulieren** fare a qu gli auguri per il compleanno; **herzlichen Glückwunsch zum ~!** tanti auguri di buon compleanno!
**Geburtstagsgeschenk** *nt* regalo *m* di compleanno **Geburtstagskarte** *f* biglietto *m* d'auguri per il compleanno **Geburtstagskind** *nt* festeggiato, -a *m, f* (*persona che compie gli anni*)
**Geburtsurkunde** *f* atto *m* di nascita
**Gebüsch** [gə'bʏʃ] <-(e)s, -e> *nt* cespuglio *m*
**Geck** [gɛk] <-en, -en> *m* (*pej*) bellimbusto *m*, gagà *m fam*
**gedacht** I. *PP von* **denken** II. *adj* immaginario, fittizio
**Gedächtnis** [gə'dɛçtnɪs] <-ses, -se> *nt* ❶ (*Erinnerungsvermögen*) memoria *f*; **ein schlechtes ~ haben** avere una cattiva memoria; **sich** *dat* **etw ins ~ zurückrufen** richiamarsi qc alla memoria; **aus dem ~** a memoria ❷ (*Andenken*) ricordo *m*; **zum ~ an jdn/etw** in ricordo di qu/qc **Gedächtnislücke** *f* amnesia *f*
**Gedächtnisschwund** *m* amnesia *f* totale
**Gedächtnisstütze** *f* promemoria *m*
**Gedächtnisverlust** *m* perdita *f* della memoria
**gedämpft** *adj* ❶ (GASTR) stufato ❷ (*Licht, Stimme*) smorzato
**Gedanke** [gə'daŋkə] <-ns, -n> *m* ❶ (*Überlegung*) pensiero *m*; (*Absicht*) intenzione *f*; **der bloße ~, schon der ~** solo a pensarci; **sich** *dat* **über jdn/**

etw ~n machen preoccuparsi per qu/qc; jdn auf andere ~n bringen distrarre qu; auf den ~n kommen zu +*inf* avere l'idea di +*inf*; jdn auf den ~n bringen, dass ... indurre qu a pensare che ..., fare pensare a qu che ... ❷ (*Einfall, Vorstellung*) idea *f* ❸ (*Begriff*) concetto *m* **Gedankenaustausch** *m* scambio *m* di idee **Gedankenblitz** *m* lampo *m* di genio **Gedankengang** *m* ragionamento *m* **Gedankengut** *nt* pensiero *m* **gedankenlos** *adj* (*zerstreut*) distratto; (*unüberlegt*) sconsiderato; (*mechanisch*) meccanico **Gedankenlosigkeit** <-, -en> *f* spensieratezza *f*, distrazione *f*, sbadataggine *f*; **aus ~** per distrazione **Gedankenstrich** *m* (LING) trattino *m* **Gedankenübertragung** *f* telepatia *f* **gedankenverloren** *adj* assente, immerso nei propri pensieri **gedankenvoll** *adj* pensieroso, assorto in pensieri **Gedankenwelt** *f* pensiero *m*, mondo *m* spirituale
gedanklich *adj* mentale, intellettuale
**Gedärm** [gəˈdɛrm] <-(e)s, -e> *nt* intestino *m*, visceri *mpl*
**Gedeck** [gəˈdɛk] <-(e)s, -e> *nt* coperto *m*
**Gedeih** [gəˈdaɪ] *m* **auf ~ und Verderb** nella buona e nella cattiva sorte
**gedeihen** [gəˈdaɪən] <gedeiht, gedieh, gediehen> *vi sein* crescere [bene], prosperare; (*sich gut entwickeln*) prosperare; (*Pflanze*) attecchire; (*gut vorangehen*) progredire, andare avanti bene **Gedeihen** <-s> *kein Pl. nt* (*von Firma, Wirtschaft*) prosperare *m*; (*von Pflanze, Kind*) crescita *f*; (*von Plänen*) progredire *m*; (*Gelingen*) riuscita *f*
**gedenken** <gedenkt, gedachte, gedacht> *vi* ❶ (*feiern*) jds ~ commemorare qu ❷ (*beabsichtigen*) **etw zu tun ~** avere l'intenzione di fare qc
**Gedenken** <-s> *kein Pl. nt* memoria *f*; **zum ~ an jdn** in memoria di qu
**Gedenkfeier** *f* commemorazione *f* **Gedenkminute** *f* minuto *m* di silenzio **Gedenkstätte** *f* monumento *m* commemorativo **Gedenktafel** *f* lastra *f* commemorativa
**Gedicht** [gəˈdɪçt] <-(e)s, -e> *nt* poesia *f* **Gedichtsammlung** *f* raccolta *f* di poesie **gediegen** [gəˈdiːgən] *adj* ❶ (*rein: Metall*) puro ❷ (*zuverlässig*) saldo, fermo ❸ (*qualitativ gut*) di buona qualità; (*sorgfältig*) accurato; (*solid*) solido
**gedieh** [gəˈdiː] *1. u. 3. Pers. Sing. Imp. von* **gedeihen**
**gediehen** [gəˈdiːən] *PP von* **gedeihen**

**Gedränge** [gəˈdrɛŋə] <-s, -> *nt* (*Menschenmenge*) ressa *f fam*, folla *f*; (*Drängelei*) pigia pigia *m fam*; **ins ~ kommen** (*fig*) essere messo alle strette
**gedrängt** [gəˈdrɛŋt] *adj* ❶ (*beengt*) serrato, fitto; **~ voll von etw** pieno zeppo di qc *fam* ❷ (*knapp: Stil, Übersicht*) conciso, succinto
**gedroschen** [gəˈdrɔʃən] *PP von* **dreschen**
**gedrückt** [gəˈdrʏkt] *adj* (*Mensch*) depresso, abbattuto **Gedrücktheit** <-> *kein Pl. f* avvilimento *m*
**gedrungen** [gəˈdrʊŋən] I. *PP von* **dringen** II. *adj* tarchiato **Gedrungenheit** <-> *kein Pl. f* corporatura *f* tarchiata
**Geduld** [gəˈdʊlt] <-> *kein Pl. f* pazienza *f*; (*Nachsicht*) indulgenza *f*; (*Ausdauer*) perseveranza *f*; **~ haben** (*warten*) pazientare; **mit jdm ~ haben** aver pazienza con qu
**gedulden** <ohne ge-> *vr* **sich ~** pazientare, aver pazienza
**geduldig** *adj* paziente; (*nachsichtig*) indulgente; **mit jdm ~ sein** essere paziente con qu
**Geduldsfaden** *m* **mir reißt der ~** (*fam*) mi scappa la pazienza **Geduldsprobe** *f* **jdn auf eine [harte] ~ stellen** mettere a [dura] prova la pazienza di qu **Geduldsspiel** *nt* gioco *m* di pazienza
**gedurft** [gəˈdʊrft] *PP von* **dürfen**²
**geehrt** [gəˈʔeːɐ̯t] *adj* stimato, onorato; (*geachtet*) riverito; **sehr ~er Herr M.** egregio signor M.; **sehr ~e Damen und Herren** gentili signori e signore
**geeignet** [gəˈʔaɪɡnət] *adj* ❶ (*Mensch*) adatto; **für eine Arbeit ~ sein** essere idoneo ad un lavoro; **er ist zum Lehrer nicht ~** non è adatto a fare l'insegnante ❷ (*zweckmäßig*) opportuno, appropriato
**Gefahr** [gəˈfaːɐ̯] <-, -en> *f* pericolo *m*, rischio *m*; (*Bedrohung*) minaccia *f*; **es besteht keine ~ für jdn** non c'è pericolo per nessuno; **~ laufen zu ...** correre il rischio di ... +*inf*; **in ~ bringen** mettere a repentaglio; **auf die ~ hin** a rischio di; **auf die ~ hin, dass ...** a costo di +*inf*; **auf eigene ~** a proprio rischio e pericolo; **außer ~** fuori pericolo; **bei ~** in caso di pericolo
**gefährden** [gəˈfɛːɐ̯dən] <ohne ge-> *vt* mettere in pericolo; (*Ruf, Stellung*) compromettere; (*aufs Spiel setzen*) mettere a repentaglio **gefährdet** *adj* in pericolo, minacciato
**Gefährdung** <-, -en> *f* pericolo *m*
**gefahren** [gəˈfaːrən] *PP von* **fahren**
**Gefahrengebiet** *nt* zona *f* di pericolo

**Gefahrenherd** *m* focolaio *m* di pericoli
**Gefahrenquelle** *f* fonte *f* di pericoli
**Gefahrenzulage** *f* indennità *f* rischi
**gefährlich** [gəˈfɛːɐ̯lɪç] *adj* pericoloso; (*riskant*) rischioso; (*gewagt*) azzardato; (*ernst*) serio, grave **Gefährlichkeit** <-> *kein Pl. f* pericolosità *f*, rischio *m*; (*von Krankheit*) gravità *f*
**gefahrlos** *adj* senza pericolo, senza rischio; (*sicher*) sicuro; (*harmlos*) innocuo
**Gefährt** [gəˈfɛːɐ̯t] <-(e)s, -e> *nt* veicolo *m*
**Gefährte** [gəˈfɛːɐ̯tə] <-n, -n> *m*, **Gefährtin** <-, -nen> *f* (*geh*) compagno, -a *m, f*
**gefahrvoll** *adj* rischioso
**Gefälle** [gəˈfɛlə] <-s, -> *nt* (*Neigung*) pendenza *f*; (*von Straße*) discesa *f*; (PHYS) gradiente *m*; (*Höhenunterschied*) dislivello *m*; (*Unterschied*) differenza *f*
**gefallen**[1] [gəˈfalən] <gefällt, gefiel, gefallen> *vi* **jdm** [**gut**] ~ piacere a qu; **sich** *dat* ~ **in** compiacersi di; **sich** *dat* **alles** ~ **lassen** sopportare ogni cosa; **das gefällt mir** [**gut**] mi piace; **das gefällt mir gar nicht** non mi piace affatto; (*passt mir nicht*) la cosa non mi va; (*ist verdächtig*) la faccenda puzza *fam*
**gefallen**[2] I. *PP von* **fallen** II. *adj* (*Soldat, Engel*) caduto; (*Mädchen*) caduto, traviato
**Gefallen**[1] <-s, -> *m* (*Freundschaftsdienst*) piacere *m*, favore *m*; **jdm einen ~ tun** fare un piacere a qu
**Gefallen**[2] <-s> *kein Pl. nt* (*Freude*) piacere *m*, diletto *m*; **an etw** *dat* ~ **finden** trovar piacere in qc
**Gefallene** <ein -r, -n, -n> *m* caduto *m*
**gefällig** [gəˈfɛlɪç] *adj* ① (*angenehm*) piacevole, gradevole; (*einnehmend*) attraente ② (*hilfsbereit*) cortese, gentile; (*zuvorkommend*) premuroso
**Gefälligkeit** <-, -en> *f* ① (*Freundschaftsdienst*) piacere *m*, favore *m*; **jdm eine ~ erweisen** fare un piacere a qu; **jdm um eine ~ bitten** chiedere un piacere a qu ② *Sing.* (*Hilfsbereitschaft*) cortesia *f*; **aus ~** per far piacere
**gefälligst** *adv* (*fam iron*) per piacere, gentilmente
**gefangen** [gəˈfaŋən] I. *PP von* **fangen** II. *adj* preso; (*Tiere*) catturato; (*inhaftiert*) imprigionato, detenuto; (*fig*) abbindolato; ~ **halten** tenere prigioniero; (*fig: Aufmerksamkeit in Anspruch nehmen*) avvincere; ~ **nehmen** prendere; (MIL) catturare; (*verhaften*) arrestare; (*fig: fesseln*) avvincere
**Gefangene** <ein -r, -n, -n> *mf* prigioniero, -a *m, f*; (*Inhaftierter*) detenuto, -a *m, f* **Gefangenenaustausch** *m* scambio *m* di prigionieri **Gefangenenlager** *nt* campo *m* di prigionieri
**Gefangenentransport** *m* trasporto *m* di prigionieri **Gefangennahme** <-, -n> *f* cattura *f*
**Gefangenschaft** <-, *rar* -en> *f* prigionia *f*; (*Haft*) detenzione *f*; (*von Tieren*) cattività *f*; **aus der ~ entlassen** rilasciare dalla prigionia; **in ~ geraten** cadere prigioniero
**Gefängnis** [gəˈfɛŋnɪs] <-ses, -se> *nt* (*Ort*) prigione *f*; (*a. Strafe*) carcere *m*; **ins ~ kommen** finire in prigione; **im ~ sein** essere in prigione; **jdn zu einem Jahr ~ verurteilen** condannare qu a un anno di reclusione
**Gefängnishof** *m* cortile *m* [della prigione] **Gefängnisstrafe** *f* pena *f* detentiva; **jdn zu einer ~ von zwei Jahren verurteilen** condannare qu a due anni di reclusione **Gefängniswärter**(**in**) *m(f)* agente *mf* di custodia **Gefängniszelle** *f* cella *f*
**Gefasel** [gəˈfaːzəl] <-s> *kein Pl. nt* (*pej*) discorsi *mpl* insulsi
**Gefäß** [gəˈfɛːs] <-es, -e> *nt* ① (*Behälter*) recipiente *m*, vaso *m* ② (ANAT) vaso *m* ③ (BOT) canale *m*
**gefasst** [gəˈfast] *adj* (*ruhig*) calmo, tranquillo; **auf alles ~ sein** essere rassegnato al peggio; **sich auf etw** *acc* ~ **machen** aspettarsi qc **Gefasstheit** <-> *kein Pl. f* impassibilità *f*
**Gefecht** [gəˈfɛçt] <-(e)s, -e> *nt* (*Kampf*) combattimento *m*; (*Zusammenstoß*) scontro *m*; **jdn außer ~ setzen** (*a. fig*) mettere qu fuori combattimento
**Gefechtskopf** *m* (*Rakete*) testata *f* esplosiva
**gefeit** [gəˈfaɪt] *adj* **gegen etw ~ sein** essere immune da qc
**Gefieder** [gəˈfiːdɐ] <-s, -> *nt* piumaggio *m*, penne *fpl* **gefiedert** *adj* pennuto, piumato
**gefinkelt** [gəˈfɪŋkəlt] *adj* (*A: durchtrieben*) dritto, furbo
**Geflecht** [gəˈflɛçt] <-(e)s, -e> *nt* (*a. fig*) intreccio *m*; (*aus Zweigen*) graticcio *m*
**gefleckt** [gəˈflɛkt] *adj* macchiato; (*bes. Tiere*) pezzato
**geflissentlich** [gəˈflɪsəntlɪç] *adv* intenzionalmente
**geflochten** [gəˈflɔxtən] *PP von* **flechten**
**geflogen** [gəˈfloːgən] *PP von* **fliegen**
**geflohen** [gəˈfloːən] *PP von* **fliehen**
**geflossen** [gəˈflɔsən] *PP von* **fließen**
**Geflügel** [gəˈflyːgəl] <-s> *kein Pl. nt* pollame *m* **Geflügelschere** *f* trinciapollo *m*
**geflügelt** *adj* alato; **~e Worte** parole alate

**Geflügelzucht** *f* pollicoltura *f*
**Geflüster** [gəˈflʏstɐ] <-s> *kein Pl. nt* bisbiglio *m*, mormorio *m*
**gefochten** [gəˈfɔxtən] *PP von* **fechten**
**Gefolge** [gəˈfɔlgə] <-s, *rar* -> *nt* seguito *m*
**Gefolgschaft** <-, -en> *f* seguito *m*; (*Anhänger*) seguaci *mpl*; (*Schüler, Jünger*) discepoli *mpl*
**Gefrage** <-s> *kein Pl. nt* (*pej*) continue domande *fpl*, interrogatorio *m*
**gefragt** [gəˈfraːkt] *adj* (*begehrt*) richiesto
**gefräßig** [gəˈfrɛːsɪç] *adj* ingordo, vorace **Gefräßigkeit** <-> *kein Pl. f* ingordigia *f*, voracità *f*
**Gefreite** [gəˈfraɪtə] <ein -r, -n, -n> *m* (MIL) appuntato *m*
**gefressen** [gəˈfrɛsən] *PP von* **fressen**
**Gefrieranlage** <-, -n> *f* impianto *m* di congelamento
**gefrieren** [gəˈfriːrən] <gefriert, gefror, gefroren> *vi sein* [con]gelare, ghiacciare
**Gefrierfach** *nt* freezer *m*, congelatore *m*
**Gefrierfleisch** *nt* carne *f* congelata **gefriergetrocknet** *adj* liofilizzato **Gefrierpunkt** *m* punto *m* di congelamento; **auf dem ~** al punto di congelamento **Gefrierschrank** *m*, **Gefriertruhe** *f* congelatore *m*
**gefroren** [gəˈfroːrən] I. *PP von* **frieren** II. *adj* [con]gelato; **hart ~** ghiacciato
**Gefüge** [gəˈfyːgə] <-s, -> *nt* struttura *f*; (*fig*) compagine *f*
**gefügig** *adj* docile, accomodante; **jdn ~ machen** rendere docile qu **Gefügigkeit** <-> *kein Pl. f* (*Willfährigkeit*) duttilità *f*; (*Gehorsam*) ubbidienza *f*
**Gefühl** [gəˈfyːl] <-(e)s, -e> *nt* ❶ (*körperlich*) sensazione *f* ❷ (*seelisch*) sentimento *m*, emozione *f*; **seine ~e beherrschen** dominare i propri sentimenti; **jds ~e erwidern** ricambiare i sentimenti di qu; **das ist das höchste der ~e** (*fam*) è il massimo [che si possa raggiungere] ❸ (*Ahnung*) sensazione *f*; **etw im ~ haben** avere il presentimento di qc, sentire qc; **ich habe das ~, dass er uns nicht mag** ho l'impressione che non gli piacciamo ❹ (*Gespür*) senso *m*; (*Takt*) tatto *m*; **das ~ für warm und kalt** il senso del caldo e del freddo **gefühllos** *adj* ❶ (*Gliedmaßen*) intorpidito, insensibile ❷ (*hartherzig*) insensibile, senza cuore; (*grausam*) crudele **Gefühllosigkeit** <-, -en> *f* ❶ (*von Gliedmaßen*) insensibilità *f* ❷ (*Hartherzigkeit*) insensibilità *f*, durezza *f* di cuore; (*Grausamkeit*) crudeltà *f*
**gefühlsarm** *adj* povero di sentimenti **Gefühlsausbruch** *m* sfogo *m* di sentimenti **gefühlsbetont** *adj* (*Mensch*) sentimentale; (*Rede*) carico di emozioni **Gefühlsduselei** [gəfyːlsduːzəˈlaɪ] <-, -en> *f* (*fam pej*) sentimentalismo *m* **gefühlskalt** *adj* insensibile; (*frigide*) freddo **Gefühlskälte** <-> *kein Pl. f* insensibilità *f*; (*Frigidität*) freddezza *f* **Gefühlsleben** *nt* vita *f* sentimentale **gefühlsmäßig** I. *adj* (*Reaktion*) emotivo II. *adv* sul piano dei sentimenti; **etw rein ~ erfassen** cogliere qc intuitivamente **Gefühlsmensch** *m* persona *f* che si lascia guidare dai sentimenti **Gefühlssache** *f* questione *f* di sensibilità [*o* di intuito]
**gefühlvoll** I. *adj* pieno di sentimenti; (*empfindsam*) sensibile; (*zärtlich*) affettuoso II. *adv* con sentimento
**gefüllt** *adj* ❶ (*voll*) pieno, riempito ❷ (*Blume*) doppio ❸ (GASTR) farcito, ripieno
**gefunden** [gəˈfʊndən] *PP von* **finden**
**gefüttert** *adj* (*Kleidungsstück*) **mit etw ~** foderato di qc
**gegangen** [gəˈgaŋən] *PP von* **gehen**
**gegeben** [gəˈgeːbən] I. *PP von* **geben** II. *adj* (*bestimmt*) determinato; **unter ~en Umständen** in determinate circostanze; **zu ~er Zeit** a tempo debito **gegebenenfalls** *adv* eventualmente, in caso **Gegebenheit** <-, -en> *f* circostanza *f*, caratteristiche *fpl*
**gegen** [ˈgeːgən] *prp +acc* ❶ (*feindlich, entgegen*) contro; (*im Gegensatz zu*) contrariamente a; **~ etw sein** essere contrario a [*o* contro] qc; **ich habe etwas ~ ihn** ho qualcosa contro di lui; **ich habe nichts ~ ihn** non ho niente contro di lui ❷ (*im Austausch*) dietro, contro; (*als Entgelt für*) per, in cambio di; **~ Quittung** dietro ricevuta ❸ (*auf etw/jdn zu*) verso, in direzione di qc/qu ❹ (*zeitlich*) verso; **~ 4 Uhr** verso le 4 ❺ (*etwa*) all'incirca, circa ❻ (*im Vergleich zu*) in confronto a ❼ (*~ eine Krankheit*) per, contro; **das ist [gut] ~ Kopfweh** questo fa bene per il mal di testa
**Gegenangriff** *m* (MIL) contrattacco *m*
**Gegenanzeige** *f* (MED) controindicazione *f*
**Gegenargument** *nt* obiezione *f*, contro *m*
**Gegenbesuch** <-s, -e> *m* [**bei**] **jdm einen ~ machen** contraccambiare una visita a qu
**Gegenbeweis** *m* controprova *f*; **den ~ liefern** provare il contrario
**Gegend** [ˈgeːgənt] <-, -en> *f* ❶ (*Landschaft*) paesaggio *m* ❷ (*Gebiet*) regione *f*, contrada *f*, paese *m*; (*Körper~*) regione *f* ❸ (*Wohn~*) quartiere *m* ❹ (*nähere Umge-*

*bung*) vicinanze *fpl*, paraggi *mpl*; **in der ~ sein** essere nei paraggi
**Gegendarstellung** *f* smentita *f*; (*gegensätzlicher Sachverhalt*) tesi *f* contraria
**Gegendienst** <-(e)s, -e> *m* **jdm einen ~ erweisen** contraccambiare qc a qu
**Gegendruck** <-(e)s> *kein Pl. m* (TEC) reazione *f*; (*fig*) resistenza *f*
**gegeneinander** [ge:gənʔaɪ'nandə] *adv* ❶ (*feindlich*) l'uno contro l'altro, l'un l'altro ❷ (*zueinander*) l'uno verso l'altro, l'un l'altro ❸ (*im Austausch*) l'uno per l'altro
**gegeneinander|halten** <irr> *vt* paragonare, confrontare **gegeneinander|prallen** *vi* (*Menschen, Autos*) scontrarsi **gegeneinander|stoßen** <irr> *vi* (*zusammenprallen: Menschen, Autos*) scontrarsi
**Gegenfahrbahn** *f* corsia *f* contromano
**Gegenfrage** *f* controdomanda *f*
**Gegengewicht** *nt* contrappeso *m*; **das ~ zu etw sein** fare da contrappeso a qc
**Gegengift** *nt* antidoto *m*, contravveleno *m*
**Gegenkandidat(in)** *m(f)* candidato, -a *m*, *f* avversario, -a
**gegenläufig** *adj* (*Entwicklung*) in controtendenza; (TEC) in contromarcia
**Gegenleistung** *f* contropartita *f*; contraccambio *m*; **als ~ für** in compenso di
**Gegenlicht** *nt* (*bes.* FOTO) controluce *f* **Gegenlichtaufnahme** *f* (FOTO) fotografia *f* in controluce
**Gegenliebe** *kein Pl. f* amore *m* ricambiato; (*Anklang*) simpatia *f*; **er fand keine ~** il suo amore non venne ricambiato
**Gegenmaßnahme** *f* contromisura *f*; (*vorbeugend*) misura *f* preventiva; (*Vergeltung*) rappresaglia *f*
**Gegenmehr** <-s> *kein Pl. nt* (CH: POL: *Gegenstimmen*) voto *m* contrario
**Gegenmittel** *nt* (MED) rimedio *m*; (*fig*) antidoto *m*
**Gegenoffensive** *f* (*a. fig*) controffensiva *f*
**Gegenpartei** *f* (POL) partito *m* avversario; (JUR) controparte *f*; (SPORT) squadra *f* avversaria, avversari *mpl*
**Gegenprobe** *f* (*a.* MAT) controprova *f*
**Gegenrede** *f* ❶ (*Einwand*) obiezione *f* ❷ (*geh: Antwort*) replica *f*, risposta *f*
**Gegenreformation** *f* (HIST) controriforma *f*
**Gegenrichtung** *f* direzione *f* opposta
**Gegensatz** *m* (*Unterschied*) contrasto *m*; (*Widerspruch*) contraddizione *f*; **im ~ zu etw stehen** contrastare qc; **im ~ zu** in contrasto con, a differenza di **gegensätzlich** ['ge:gənzɛtslɪç] *adj* (*entgegengesetzt*) contrario, opposto; (*widersprüchlich*) contraddittorio, contrastante **Gegensätzlichkeit** <-> *kein Pl. f* contrasto *m*, opposizione *f*
**Gegenschlag** *m* contrattacco *m*
**Gegenseite** *f* ❶ (*räumlich*) parte *f* opposta, lato *m* opposto ❷ (POL) opposizione *f* ❸ (JUR) controparte *f*
**gegenseitig** ['ge:gənzaɪtɪç] *adj* reciproco, mutuo; **sich ~ helfen** aiutarsi a vicenda; **in ~em Einvernehmen** di comune accordo **Gegenseitigkeit** <-> *kein Pl. f* reciprocità *f*; **auf ~ beruhen** essere reciproco
**Gegenspieler(in)** *m(f)* (SPORT) avversario, -a *m*, *f*; (*fig*) antagonista *mf*
**Gegensprechanlage** *f* citofono *m*
**Gegenstand** *m* ❶ (*Ding*) oggetto *m*, cosa *f* ❷ (*fig: Grund*) oggetto *m* ❸ (*Thema*) soggetto *m*, materia *f*
**gegenständlich** ['ge:gənʃtɛntlɪç] *adj* concreto
**gegenstandslos** *adj* ❶ (*ungültig*) nullo; (*unbegründet*) infondato ❷ (KUNST) astratto
**Gegenstimme** *f* voto *m* contrario
**Gegenströmung** *f* controcorrente *f*
**Gegenstück** *nt* ❶ (*Pendant*) pendant *m*, oggetto *m* di riscontro ❷ (*Gegensatz*) opposto *m*; **das ~ zu etw** l'opposto di qc
**Gegenteil** *nt* contrario *m*, opposto *m*; **das ~ von etw** il contrario di qc; **im ~** al contrario, anzi **gegenteilig** *adj* contrario, opposto
**gegenüber** [ge:gən'ʔy:bɐ] I. *adv* ~ [von jdm/etw] di fronte [a qu/qc]; **das Haus ~** la casa di fronte II. *prp + dat* ❶ (*örtlich*) di fronte a, dirimpetto a ❷ (*im Vergleich mit*) in confronto a, paragonato a ❸ (*in Bezug auf*) nei confronti di, relativamente a; (*angesichts*) in vista di; **mir ~** (*im Umgang mit mir*) con me, nei miei confronti **Gegenüber** <-s, -> *nt* (*Mensch*) persona *f* di fronte
**gegenüberliegend** *adj* di fronte, di faccia
**gegenüber|stehen** <irr> *vr* **sich ~** star di fronte; **jdm feindlich/freundlich ~** essere ostile a/ben disposto verso qu
**gegenüber|stellen** *vt* ❶ (*räumlich*) **etw einer Sache** *dat* **~** mettere qc di fronte a qc ❷ (JUR) confrontare, mettere a confronto; **jdn einem Zeugen ~** confrontare qu con un testimone ❸ (*vergleichen*) confrontare; **einer Sache** *dat* **etw ~** confrontare qc con qc **Gegenüberstellung** *f* confronto *m*
**gegenüber|treten** <irr> *vi sein* **jdm ~** comparire a qu; **einer Sache** *dat* **~** affrontare qc

**Gegenverkehr** <-s> *kein Pl. m* traffico *m* in senso opposto

**Gegenwart** ['ge:gənvart] <-> *kein Pl. f* ❶ (*Anwesenheit*) presenza *f*; **in ~ von** in presenza di; **in meiner ~** in mia presenza ❷ (*jetzige Zeit*) presente *m* ❸ (LING) presente *m*

**gegenwärtig** ['ge:gənvɛrtɪç] I. *adj* ❶ (*anwesend*) presente ❷ (*jetzig*) presente, attuale ❸ (*aus dieser Zeit*) contemporaneo ❹ (*vorherrschend*) prevalente ❺ (*heutig*) odierno II. *adv* ❶ (*momentan*) al momento, attualmente ❷ (*heutzutage*) oggigiorno; **etw ~ haben** (*sich erinnern*) aver presente qc

**Gegenwert** *m* controvalore *m*

**Gegenwind** *m* vento *m* contrario

**gegen|zeichnen** *vt* controfirmare

**Gegenzug** *m* ❶ (*im Spiel*) contromossa *f*; (*fig*) contromanovra *f* ❷ (FERR) treno *m* che si incrocia

**gegessen** *PP von* **essen**

**geglichen** *PP von* **gleichen**

**geglitten** *PP von* **gleiten**

**geglommen** *PP von* **glimmen**

**Gegner(in)** ['ge:gnɐ] <-s, -> *m(f)* avversario, -a *m, f*, antagonista *mf*; (*Feind*) nemico, -a *m, f*; (SPORT) avversario, -a *m, f*; (*von Meinung*) oppositore, -trice *m, f*; (*Rivale*) rivale *mf*, antagonista *mf* **gegnerisch** *adj* avversario; (*feindlich*) ostile, nemico **Gegnerschaft** <-, -en> *f* opposizione *f*, antagonismo *m*; (*Feindseligkeit*) ostilità *f*, avversione *f*

**gegolten** *PP von* **gelten**

**gegoren** *PP von* **gären**

**gegossen** *PP von* **gießen**

**gegr.** *abk v* **gegründet** fondato

**gegraben** [gə'gra:bən] *PP von* **graben**

**gegriffen** [gə'grɪfən] *PP von* **greifen**

**Gehabe** [gə'ha:bə] <-s> *kein Pl. nt* (*pej*) smancerie *fpl*

**Gehackte** [gə'haktə] <ein -s, -n> *kein Pl. nt* carne *f* tritata

**Gehalt**¹ [gə'halt] <-(e)s, -e> *m* ❶ (*Anteil*) contenuto *m*; (*Alkohol~*) percentuale *f*; **der ~ an etw** il contenuto di qc ❷ (*geistig*) contenuto *m*; (*innerer Wert*) valore *m* intrinseco

**Gehalt**² [gə'halt] <-(e)s, Gehälter> *nt* stipendio *m*

**gehalten** [gə'haltən] *PP von* **halten**

**gehaltlos** *adj* (*Nahrung*) senza valore nutritivo; (*fig: inhaltslos*) senza contenuto, vuoto; (*oberflächlich*) superficiale

**Gehaltsabrechnung** *f* busta *f* paga **Gehaltsanspruch** *m* diritto *m* allo stipendio **Gehaltsempfänger(in)** *m(f)* stipendiato, -a *m, f* **Gehaltserhöhung** *f* aumento *m* dello stipendio **Gehaltskonto** *nt* conto *m* corrente dove viene accreditato lo stipendio **Gehaltsmodell** *nt* modello *m* salariale **Gehaltsstufe** *f* categoria *f* di stipendio **Gehaltsverhandlungen** *fPl.* trattative *fpl* salariali **Gehaltszulage** *f* supplemento *m* di stipendio

**gehaltvoll** *adj* (*Nahrung*) nutritivo, sostanzioso; (*fig*) di valore

**gehangen** [gə'haŋən] *PP von* **hängen**²

**geharnischt** [gə'harnɪʃt] *adj* pepato

**gehässig** [gə'hɛsɪç] *adj* maligno, pieno di odio **Gehässigkeit** <-, -en> *f* malignità *f*

**gehauen** *PP von* **hauen**

**gehäuft** I. *adj* (*Löffel*) colmo II. *adv* **~ auftreten** succedere frequentemente

**Gehäuse** [gə'hɔɪzə] <-s, -> *nt* ❶ (TEC: *Umhüllung*) involucro *m*; (*Uhr~*) cassa *f*; (*von technischen Geräten*) scatola *f*, involucro *m*; (*von Motor*) basamento *m*; (*von Radio*) alloggiamento *m*; (*von Kamera*) custodia *f* ❷ (ZOO: *von Weichtier*) guscio *m* ❸ (BOT: *Kern~*) torsolo *m*

**gehbehindert** ['ge:bəhɪndɐt] *adj* invalido, incapace di camminare

**Gehege** [gə'he:gə] <-s, -> *nt* ❶ (*Jagdrevier*) riserva *f* di caccia; **jdm ins ~ kommen** (*fig*) intralciare i piani di qu ❷ (*Tier~, Wild~*) recinto *m*

**geheim** [gə'haɪm] *adj* segreto; **etw vor jdm ~ halten** tenere segreto qc a qu; (*verheimlichen*) celare qc a qu; **im Geheimen** in segreto; **streng ~!** segreto!; (*auf Dokumenten*) riservato **Geheimagent(in)** *m(f)* agente *mf* segreto, -a **Geheimcode** *m* codice *m* segreto **Geheimdienst** *m* servizio *m* segreto

**Geheimdienstbericht** *m* rapporto *m* del servizio segreto

**Geheimdienstdokument** *nt* documento *m* del servizio segreto **Geheimfach** *nt* cassetto *m* segreto

**Geheimgefängnis** *nt* prigione *f* segreta **Geheimhaltung** *f* segretezza *f*, occultamento *m*

**Geheimnis** [gə'haɪmnɪs] <-ses, -se> *nt* segreto *m*; (*nicht Erforschbares*) mistero *m*, arcano *m*; **ein offenes ~** un segreto di Pulcinella; **aus etw ein/kein ~ machen** fare/non fare mistero di qc

**Geheimniskrämer** [gə'haɪmnɪskrɛːmɐ] <-s, -> *m* persona *f* misteriosa; (*wer sich mit Geheimnissen wichtigtut*) persona *f* piena di segreti **Geheimniskrämerei**

[gəˈhaɪmnɪskrɛːməraɪ] <-, -en> f comportamento m misterioso
**geheimnisvoll** *adj* misterioso; ~ **tun** fare il misterioso
**Geheimnummer** *f* (TEL) numero *m* telefonico segreto; (*Konto, Bankomat*) codice *m* segreto
**Geheimorganisation** *f* organizzazione *f* segreta
**Geheimpolizei** *f* polizia *f* segreta
**Geheimratsecken** *fPl.* (*fam*) stempiature *fpl*
**Geheimtipp** *m* consiglio *m* da esperto
**Geheimwaffe** *f* arma *f* segreta
**Geheimzahl** *f* codice *m* segreto
**Geheiß** [gəˈhaɪs] <-es> *kein Pl. nt* **auf jds ~** (*geh*) per ordine di qu
**gehemmt** *adj* (*Mensch, Benehmen*) inibito
**gehen** ['ge:ən] <geht, ging, gegangen> *sein* I. *vi* ❶ andare; (*zu Fuß*) camminare, andare a piedi; (*spazieren ~*) andare a passeggio; **in ein Zimmer ~** entrare in una stanza; **zu jdm ~** (*besuchen*) andare da qu, fare una visita a qu; **essen ~** andare a mangiare [fuori]; **auf Reisen ~** andare in viaggio; **auf die andere Seite ~** passare dall'altra parte; **bei jdm aus und ein ~** frequentare qu; **auf die 50 ~** andare per i 50; **in sich ~** (*sein Gewissen prüfen*) fare l'esame di coscienza; **mit jdm ~** (*begleiten*) accompagnare qu; (*mit einem Mädchen*) andare con qu, frequentare qu; **endlich geht er an die Arbeit** finalmente si mette al lavoro; **wie geht es Ihnen?** come sta?; **es geht mir gut/schlecht** sto bene/male; **es geht** non c'è male, va così così; **es geht** (*a. gesundheitlich*) va bene; (*ich brauche keine Hilfe*) ce la faccio da solo; **es geht mir auch so** succede anche a me; **wenn es nach mir ginge** se dipendesse da me; **das geht zu weit** quest'è troppo; **es geht nichts über ...** non c'è di meglio che ... ❷ (*weg~*) andar via, andarsene; (*Zug, Schiff: abfahren*) partire; **es geht jetzt** ne ne vado; **geh doch** [*o* **schon**]! va pure!; **ach, geh** [**doch**]! ma va là! ❸ (*funktionieren*) funzionare; (*Uhr*) andare; **eine richtig gehende Uhr** un orologio esatto; **wenn das** [**mal**] **gut geht** se funzionerà, speriamo che vada bene ❹ (*Ware*) vendersi; (*Geschäft*) andare bene; **gut ~** (*sich gut verkaufen*) vendersi bene, trovare smercio; **gut ~d** (*Geschäft, Firma*) ben avviato; **wie ~ die Geschäfte?** come vanno gli affari? ❺ (*Teig*) crescere, alzarsi; **~ lassen** far lievitare ❻ (*Tür: bewegt werden*) muoversi ❼ (*reichen*) arrivare; **~ bis ...** arrivare fino a ...; **so weit ~, etw zu tun** arrivare al punto di fare qc ❽ (*hinein~, passen*) entrare ❾ (*andauern*) durare ❿ (*möglich sein*) essere possibile; **es geht nicht anders** non si può fare diversamente; **wenn es** [**gar**] **nicht anders geht** se proprio è indispensabile, se proprio non se ne può fare a meno; **das geht nicht** non si può fare così; **so geht es nicht** così non va; **so gut es geht** il meglio possibile; **geht es so/morgen?** va bene così/domani? ⓫ (*betreffen*) **worum geht's?** di che cosa si tratta?; **es geht um** (*es handelt sich darum*) si tratta di; (*steht auf dem Spiel*) è in gioco; **es geht um Leben und Tod** è questione di vita o di morte; **darum geht es** [**hier**] **nicht** non si tratta di questo ⓬ (*urteilen*) giudicare; **nach etw ~** giudicare per [*o* in base a]; **nach dem, was er sagt, kann man nicht ~** non ci si può regolare in base a quello che dice ⓭ (*Wend*) **~ lassen** (*in Ruhe lassen*) lasciare in pace; **sich ~ lassen** (*im Benehmen*) perdere il controllo di sé stesso; (*in der Kleidung*) lasciarsi andare, essere trasandato II. *vt* (*Strecke*) percorrere
**gehen**|**lassen** I. *vt s.* **gehen** I.5., 13. II. *vr* **sich ~** *s.* **gehen** I.13.
**Geher**(**in**) ['ge:ɐ] <-s, -; -, -nen> *m(f)* (SPORT) marciatore, -trice *m, f*
**geheuer** [gəˈhɔɪɐ] *adj* **nicht ~ sein** (*verdächtig*) essere sospetto; (*beängstigend*) essere sinistro; (*unbehaglich*) essere spiacevole; **das ist mir nicht ~** ciò mi insospettisce, ciò non mi piace
**Gehhilfe** *f* ausilio *m* per la deambulazione
**Gehilfe** [gəˈhɪlfə] <-n, -n> *m* ❶ aiuto *m*, assistente *m* ❷ (*nach Lehre*) garzone *m* ❸ (*Laden~*) commesso *m* ❹ (JUR: *Komplize*) complice *m*
**Gehilfenschaft** <-, -en> *f* (*CH:* JUR: *Beihilfe*) complicità *f*
**Gehilfin** [gəˈhɪlfɪn] <-, -nen> *f* ❶ assistente *f* ❷ (*Laden~*) commessa *f* ❸ (JUR: *Komplize*) complice *f*
**Gehirn** [gəˈhɪrn] <-(e)s, -e> *nt* (ANAT) cervello *m* **Gehirnerschütterung** *f* (MED) commozione *f* cerebrale **Gehirnhaut** *f* (ANAT) meninge *f* **Gehirnhautentzündung** *f* (MED) meningite *f* **Gehirnschlag** *m* (MED) apoplessia *f* cerebrale **Gehirnwäsche** *f* lavaggio *m* del cervello **Gehirnzelle** <-, -n> *f* (ANAT) cellula *f* cerebrale
**gehoben** [gəˈho:bən] I. *PP von* **heben**

**II.** *adj* ❶ (*Stil*) elevato, sostenuto ❷ (*anspruchsvoll*) sofisticato ❸ (*Stellung*) elevato; **der ~e Dienst** l'impiego di responsabilità ❹ (*Stimmung*) allegro, brioso

**Gehöft** [gəˈhøːft] <-(e)s, -e> *nt* fattoria *f*, podere *m*

**geholfen** *PP von* **helfen**

**Gehölz** [gəˈhœlts] <-es, -e> *nt* boschetto *m*

**Gehör** [gəˈhøːɐ] <-(e)s> *kein Pl.* *nt* ❶ (*~sinn*) udito *m*; (*Tonempfindung*) orecchio *m*; **ein gutes ~ haben** aver l'udito fine; **nach ~** (MUS) a orecchio ❷ (*Beachtung*) ascolto *m*; **bei jdm ~ finden** trovare ascolto presso qu; **sich** *dat* **~ verschaffen** farsi ascoltare

**gehorchen** *vi* [jdm] **~** ubbidire [a qu]; **jdm nicht ~** disubbidire a qu

**gehören** <ohne ge-> **I.** *vi* ❶ (*als Eigentum*) appartenere; **jdm ~** appartenere a qu; **das gehört mir** questo è mio ❷ (*als Teil*) far[e] parte di; **zu etw ~** far[e] parte di qc; **diese Frage gehört nicht hierher** questo non c'entra; **er gehört zu den besten Dichtern** è tra i migliori poeti ❸ (*an bestimmten Platz*) andare messo, dover stare; **der Schrank gehört nicht hierher** non è questo il posto dell'armadio; **du gehörst ins Bett** dovresti essere a letto ❹ (*erforderlich sein*) occorrere; **dazu gehört nicht viel** non ci vuole molto **II.** *vr* **sich ~** convenire, addirsi; **das gehört sich nicht** non si fa; **wie es sich gehört** (*sich schickt*) come si addice; (*ordentlich*) come si deve

**Gehörfehler** <-s, -> *m* (MED) difetto *m* dell'udito

**Gehörgang** *m* (ANAT) meato *m* uditivo

**gehörig** **I.** *adj* ❶ (*gehörend*) **zu etw ~** appartenente a qc ❷ (*gebührend*) dovuto, spettante ❸ (*erforderlich*) necessario, richiesto ❹ (*fam: gründlich*) bello, grande; (*bes. Strafe, Prügel*) forte **II.** *adv* ❶ (*gebührend*) a dovere ❷ (*gründlich*) per bene; **jdm ~ die Meinung sagen** dire a qu quello che si merita

**Gehörlose** <ein -r, -n, -n> *mf* non udente *mf*

**gehorsam** [gəˈhoːɐ̯zaːm] *adj* ubbidiente **Gehorsam** <-s> *kein Pl.* *m* ubbidienza *f*

**Gehsteig** [ˈgeːʃtaɪk] <-(e)s, -e> *m*, **Gehweg** *m* marciapiede *m*

**Geier** [ˈgaɪɐ] <-s, -> *m* (ZOO) avvoltoio *m*

**geifern** [ˈgaɪfən] *vi* (*sabbern*) sbavare; (*Schaum vor dem Mund haben*) avere la bava alla bocca; (*fig, pej: giftig reden*) inveire (*gegen* contro)

**Geige** [ˈgaɪgə] <-, -n> *f* (MUS) violino *m*; **auf der ~ spielen** suonare il violino; **die erste ~ spielen** (*a. fig*) essere il numero uno, fare il bello ed il cattivo tempo *fam*

**geigen** *vi* suonare il violino

**Geigenbauer(in)** <-s, -; -, -nen> *m(f)* (MUS) liutaio, -a *m, f*, violinaio, -a *m, f*

**Geigenbogen** *m* archetto *m* del violino

**Geiger(in)** <-s, -; -, -nen> *m(f)* violinista *mf*

**Geigerzähler** [ˈgaɪgɐtsɛːlɐ] <-s, -> *m* (PHYS) contatore *m* [di] Geiger

**geil** [gaɪl] *adj* (*lüstern*) lussurioso, libidinoso; **er ist ~ nach Erfolg** è avido di successo; **das ist echt ~!** (*sl*) è veramente fico! **Geilheit** <-, -en> *f* libidine *f*

**Geisel** [ˈgaɪzəl] <-, -n> *f* ostaggio *m* **Geiselhaft** <-> *kein Pl.* *f* condizione *f* di ostaggio, prigionia *f* **Geiselnahme** <-, -n> *f* cattura *f* di un ostaggio **Geiselnehmer(in)** <-s, -; -, -nen> *m(f)* chi tiene in ostaggio qu, sequestratore, -trice *m, f*

**Geiß** [gaɪs] <-, -en> *f* (*südd, A, CH: Ziege*) capra *f* **Geißblatt** *nt* (BOT) caprifoglio *m*, madreselva *f* **Geißbock** *m* (*südd, A, CH*) caprone *m*, becco *m*

**Geißel** [ˈgaɪsəl] <-, -n> *f* (*a. fig* BIOL) flagello *m*

**geißeln** **I.** *vt* frustare; (REL) flagellare **II.** *vr* **sich ~** flagellarsi

**Geißeltierchen** <-s, -> *nt* (ZOO) flagellato *m*

**Geist** [gaɪst] <-(e)s, -er> *m* ❶ *Sing.* (*Denken*) spirito *m*, ingegno *m* ❷ *Sing.* (*Intellekt*) spirito *m* ❸ (*Denker*) spirito *m* ❹ *Sing.* (*Seele*) anima *f*, spirito *m*; **der Heilige ~** lo Spirito Santo; **seinen ~ aufgeben** (*sterben*) rendere l'anima a Dio; (*nicht mehr funktionieren*) smettere di funzionare ❺ (*Gespenst*) spirito *m*, fantasma *m*, spettro *m*; **von allen guten ~ern verlassen sein** (*fam*) aver perso la testa ❻ *Sing.* (*Vorstellung*) pensiero *m*, spirito *m*; **etw im ~[e] vor sich** *dat* **sehen** vedere qc davanti a sé col pensiero ❼ (*Gesinnung*) spirito *m*, intenzione *f*; **in jds ~e handeln** operare secondo le intenzioni di qu

**Geisterbahn** *f* galleria *f* degli orrori **Geisterfahrer(in)** *m(f)* automobilista *mf* che viaggia contromano, kamikaze *m*

**geisterhaft** *adj* da fantasma, spettrale

**geistern** *vi sein* aggirarsi come un fantasma; **durch die Wohnung/Straßen ~** aggirarsi per l'appartamento/le strade come un fantasma; **der Gedanke geistert**

Geisterstadt → Geländer

durch die Köpfe [der Leute] il pensiero occupa la gente
**Geisterstadt** f città f fantasma **Geisterstunde** f ora f degli spiriti, mezzanotte f
**geistesabwesend** adj assente, distratto
**Geistesabwesenheit** f distrazione f
**Geistesarbeiter(in)** m(f) (geh) intellettuale mf **Geistesblitz** m lampo m di genio
**Geistesgegenwart** f presenza f di spirito
**geistesgegenwärtig** adv con prontezza di spirito **geistesgestört** adj alienato [di mente] **Geistesgestörte** <ein -r, -n, -n> mf alienato, -a m, f mentale **Geistesgröße** f ① Sing. (Genialität) genialità f ② (Mensch) genio m **Geisteshaltung** f attitudine f mentale, mentalità f **geisteskrank** adj malato di mente **Geisteskranke** mf malato, -a m, f di mente **Geisteskrankheit** f malattia f mentale
**Geistesstörung** f turba f mentale **geistesverwandt** adj spiritualmente affine; **sich mit jdm ~ fühlen** sentirsi spiritualmente affine a qu **Geisteswissenschaften** Pl. scienze umane fpl **Geisteswissenschaftler(in)** m(f) umanista mf, studioso, -a m, f di scienze umane
**geisteswissenschaftlich** adj di scienze umane **Geisteszustand** m stato m mentale
**geistig** ['gaɪstɪç] adj ① (gedanklich) intellettuale; (verstandesmäßig) mentale ② (innerlich) spirituale, interiore ③ (unkörperlich) immateriale
**geistlich** ['gaɪstlɪç] adj spirituale; (MUS) sacro; (kirchlich) ecclesiastico; (klerikal) clericale **Geistliche** <ein -r, -n, -n> m ecclesiastico m; (Priester) prete m, sacerdote m; (Pastor) pastore m
**geistlos** adj (einfallslos) privo d'ingegno; (dumm) stupido, sciocco; (fade) insulso, insipido; (langweilig) noioso
**Geistlosigkeit** <-, -en> f ① Sing. (Einfallslosigkeit) futilità f; (Dummheit) sciocchezza f; (Fadheit) scipitaggine f; (Langweiligkeit) monotonia f ② (Äußerung) insulsaggine f **geistreich** adj spiritoso; (einfallsreich) ingegnoso, geniale
**geisttötend** adj noioso, monotono **geistvoll** adj (Mensch) spiritoso; (Unterhaltung) brillante; (Äußerung) arguto; (Buch) profondo
**Geiz** [gaɪts] <-es, -e> m avarizia f
**geizen** vi essere avaro; **mit jedem Pfennig ~** lesinare su ogni centesimo
**Geizhals** m (pej) avaro m, spilorcio m fam
**geizig** adj avaro
**Geizkragen** m (fam pej) spilorcio m

**Gejammer** [gə'jamɐ] <-s> kein Pl. nt (fam pej) lagna f
**Gejohle** [gə'jo:lə] <-s> kein Pl. nt (pej) urlio m
**gekannt** PP von **kennen**
**Gekicher** [gə'kɪçɐ] <-s> kein Pl. nt risatine fpl
**Gekläff[e]** [gə'klɛf(ə)] <-(e)s> kein Pl. nt (pej) abbaio m
**Geklimper** [gə'klɪmpɐ] <-s> kein Pl. nt (pej: Münzen) tintinnio m; (fam: Klavierspielen) strimpellio m; (auf Gitarre) strimpellamento m
**geklont** [gə'klo:nt] adj clonato
**geklungen** PP von **klingen**
**Geknatter** [gə'knatɐ] <-s> kein Pl. nt (von Gewehren) crepitio m; (von Motorrad, Motor) scoppiettio m
**geknickt** [gə'knɪkt] adj (fam) abbacchiato, avvilito
**gekniffen** PP von **kneifen**
**gekonnt** [gə'kɔnt] I. PP von **können²** II. adj ben fatto, azzeccato; **etw ~ machen** fare qc magistralmente
**Gekritzel** [gə'krɪtsəl] <-s> kein Pl. nt scarabocchi mpl
**gekrochen** PP von **kriechen**
**Gekröse** [gə'krø:zə] <-s, -> nt ① (ANAT) mesentere m ② (GASTR: Kutteln) trippa f; (Eingeweide) animella f; (von Geflügel) rigaglie fpl
**gekünstelt** [gə'kʏnstəlt] adj (unnatürlich) affettato; (Sprache) ricercato
**Gel** [ge:l] <-s, -e> nt gel m
**Gelächter** [gə'lɛçtɐ] <-s, -> nt risata f, risa fpl
**gelackmeiert** [gə'lakmaɪɐt] adj (fam) fregato
**geladen** I. PP von **laden** II. adj (fam: zornig) tirato, teso; **eine ~e Atmosphäre** un'atmosfera tesa
**Gelage** [gə'la:gə] <-s, -> nt banchetto m; (bes. Zech~) gozzoviglia f
**gelähmt** [gə'lɛ:mt] adj paralizzato; (Mensch) paralitico **Gelähmte** <ein -r, -n, -n> mf paralitico, -a m, f
**Gelände** [gə'lɛndə] <-s, -> nt (Grundstück) terreno m, area f; (Fabrik~) zona f di un'industria/una ditta; (Ausstellungs~) recinto m, area f delimitata; **ebenes ~** terreno pianeggiante; **hügeliges ~** terreno collinoso; **mitten im ~** in un posto impensato **Geländeabschnitt** m settore m di terreno **geländegängig** adj adatto per tutti i terreni **Geländelauf** m (SPORT) corsa f campestre
**Geländer** [gə'lɛndɐ] <-s, -> nt (Treppen~)

ringhiera *f;* (*Brüstung*) balaustra *f,* parapetto *m*
**Geländewagen** *m* fuoristrada *m*
**gelang** [gəˈlaŋ] *1. u. 3. Pers. Sing. Imp. von* **gelingen**
**gelangen** [gəˈlaŋən] <ohne ge-> *vi sein* ① (*ein Ziel erreichen*) arrivare; **zu** [*o* **nach**] **etw ~** arrivare a qc; **in den Besitz einer Sache** *gen* **~** entrare in possesso di qc ② (*CH: sich wenden*) **an jdn/etw ~** appellarsi a qu/qc
**gelangweilt** *adj* annoiato; **jdm ~ zuhören** ascoltare qu [in modo] annoiato
**gelassen** [gəˈlasən] I. *PP von* **lassen**[1] II. *adj* (*ruhig*) calmo, tranquillo; (*gleichmütig*) imperturbabile; (*gefasst*) composto; **~ bleiben** mantenere la calma III. *adv* con calma, tranquillamente **Gelassenheit** <-> *kein Pl. f* calma *f*
**Gelatine** [ʒelaˈtiːnə] <-> *kein Pl. f* (GASTR) gelatina *f*
**gelaufen** [gəˈlaʊfən] *PP von* **laufen**
**geläufig** [gəˈlɔɪfɪç] *adj* corrente; **jdm ~ sein** essere familiare a qu
**gelaunt** [gəˈlaʊnt] *adj* disposto; **gut/schlecht ~** di buon/cattivo umore; **übel ~** di malumore
**Geläut** [gəˈlɔɪt] <-(e)s, -e> *nt,* **Geläute** <-s, -> *nt* (*Glocken~*) scampanio *m;* (*Schellen~*) scampanellio *m;* (*Läutwerk*) soneria *f*
**gelb** [gɛlp] *adj* giallo; **~ werden** diventar giallo, ingiallire; *s. a.* **blau**
**Gelb** <-(s), - *o fam* -s> *nt* giallo *m;* **die Ampel springt auf ~** il semaforo diventa giallo; *s. a.* **Blau**
**gelbbraun** *adj* bruno giallastro, lionato; (*Tier*) sauro
**Gelbe** <ein -s, -n> *kein Pl. nt* (*Eigelb*) tuorlo *m;* **das ist nicht gerade das ~ vom Ei** (*fig*) non è proprio il non plus ultra
**Gelbfieber** *nt* (MED) febbre *f* gialla
**gelblich** *adj* giallognolo
**Gelbsucht** *kein Pl. f* (MED) ittero *m*
**Geld** [gɛlt] <-(e)s, -er> *nt* ① denaro *m,* soldi *mpl;* (*Klein~*) spiccioli *mpl,* moneta *f;* **bares ~** denaro in contanti; **~ verdienen** guadagnare soldi; **das ~ zum Fenster hinauswerfen** gettare i soldi dalla finestra; **ins ~ gehen** diventar caro; **um ~ spielen** giocare a soldi; **zu ~ machen** vendere ② (*Vermögen*) capitale *m,* fondi *mpl;* **öffentliche ~er** fondi pubblici **Geldangelegenheiten** *fPl.* questioni *mpl* di denaro, finanze *fpl* **Geldanlage** *f* investimento *m* **Geldautomat** *m* bancomat *m* **Geldbeutel** *m* borsellino *m;* **tief in den ~ greifen** tirar fuori molto denaro **Geldbörse** *f* (A) *s.* **Geldbeutel Geldbuße** *f* (JUR) multa *f,* contravvenzione *f*
**Geldeinwurf** *m* fessura *f* per la moneta **Geldentwertung** *f* (FIN) svalutazione *f* monetaria **Geldgeber(in)** *m(f)* finanziatore, -trice *m, f* **Geldgeschäft** *nt* operazione *f* finanziaria **Geldgier** *f* avidità *f* [*o* sete *f*] di denaro **geldgierig** *adj* avido di denaro **Geldinstitut** *nt* istituto *m* finanziario
**Geldkurs** *m* corso *m* del denaro
**geldlich** *adj* finanziario **Geldmacherei** <-, -en> *f* (*pej fam*) truffa *f* **Geldmangel** <-s> *kein Pl. m* mancanza *f* di denaro **Geldmittel** *ntPl.* mezzi *mpl* finanziari **Geldquelle** *f* risorsa *f* finanziaria; (*Verdienstquelle*) fonte *f* di guadagno **Geldrolle** *f* rotolino *m* di monete **Geldschein** *m* banconota *f* **Geldschrank** *m* cassaforte *f* **Geldsorgen** *fPl.* preoccupazioni *fpl* finanziarie **Geldspende** *f* offerta *f* in denaro **Geldstrafe** *f* (JUR) multa *f,* contravvenzione *f;* **jdn mit einer ~ belegen** multare qu **Geldstück** *nt* moneta *f* **Geldtasche** *f* (A) *s.* **Geldbeutel**
**Geldumlauf** *m* circolazione *f* monetaria **Geldverlegenheit** *f* difficoltà *fpl* finanziarie **Geldverschwendung** *f* spreco *m* di denaro **Geldwäsche** *kein Pl. f* riciclaggio *m* del denaro sporco **Geldwechsel** *m* cambio *m* [monetario]; (*Stelle*) ufficio *m* di cambio **Geldwechsler** <-s, -> *m* distributore *m* automatico per cambio di monete **Geldwert** *m* valore *m* in denaro; (*Kaufkraft*) potere *m* d'acquisto, valore *m* monetario
**Gelee** [ʒeˈleː] <-s, -s> *nt o m* (GASTR) gelatina *f*
**gelegen** [gəˈleːgən] I. *PP von* **liegen** II. *adj* ① (*örtlich*) situato, posto; **das Zimmer ist nach Süden ~** la camera è situata a sud ② (*passend*) comodo, opportuno; **das kommt mir sehr ~** questo mi torna molto comodo; **mir ist daran ~, dass ...** mi importa che +*conj*
**Gelegenheit** <-, -en> *f* occasione *f,* possibilità *f;* **eine gute ~** una buona occasione; **~ haben zu** aver l'occasione di; **bei ~** all'occasione, al momento opportuno; **bei dieser ~** in quest'occasione; **es bietet sich eine ~** si presenta un'occasione **Gelegenheitsarbeit** *f* lavoro *m* occasionale **Gelegenheitsarbeiter(in)** *m(f)* avventizio, -a *m, f* **Gelegenheitskauf** *m* acquisto *m* d'occasione, occasione *f*

**gelegentlich** [gəˈleːgəntlɪç] I. *adj* occasionale; (*zeitweilig*) temporario II. *adv* (*bei Gelegenheit*) all'occasione; (*manchmal*) ogni tanto

**gelehrig** [gəˈleːrɪç] *adj* docile, studioso **Gelehrigkeit** <-> *kein Pl. f* docilità *f*; (*Lernwilligkeit*) buona disponibilità *f* all'apprendimento

**Gelehrsamkeit** <-> *kein Pl. f* (*geh*) erudizione *f*, sapienza *f*, scienza *f*

**gelehrt** [gəˈleːɐ̯t] *adj* dotto, erudito **Gelehrte** <ein -r, -n, -n> *mf* erudito, -a *m, f*; (*Wissenschaftler*) studioso, -a *m, f*, scienziato, -a *m, f*

**Geleise** [gəˈlaɪzə] <-s, -> *nt s.* **Gleis**

**Geleit** [gəˈlaɪt] <-(e)s, -e> *nt* ① (*Begleitung*) accompagnamento *m*; (*zum Schutz*) scorta *f*; (NAUT, MIL) convoglio *m*; **jdm das ~ geben** scortare qu; **jdm freies** [*o* **sicheres**] **~ geben** dare a qu un salvacondotto; (*bei Geiselnahme*) dare via libera a qu ② (HIST: *Gefolge*) seguito *m*, corteo *m* **Geleitschutz** *m* scorta *f*; (NAUT) scorta *f* navale; **jdm ~ geben** scortare qu; (*bes.* NAUT) convogliare qu **Geleitwort** <-(e)s, -e> *nt* prefazione *f*

**Gelenk** [gəˈlɛŋk] <-(e)s, -e> *nt* ① (ANAT) giuntura *f*, articolazione *f* ② (TEC) giunto *m*, snodo *m* **Gelenkbus** *m* autobus *m* articolato **Gelenkentzündung** *f* (MED) artrite *f* **Gelenkflüssigkeit** <-, -en> *f* (MED) sinovia *f* **gelenkig** *adj* (*beweglich*) agile, sciolto **Gelenkigkeit** <-> *kein Pl. f* agilità *f*, sciolezza *f* **Gelenkkapsel** <-, -n> *f* (MED) capsula *f* articolare **Gelenkrheumatismus** *m* (MED) reumatismo *m* articolare

**gelernt** *adj* **~er Arbeiter** operaio qualificato

**gelesen** [gəˈleːzən] *PP von* **lesen**

**geliebt** [gəˈliːpt] *adj* amato, caro **Geliebte** <ein -r, -n, -n> *mf* amante *mf*

**geliefert** [gəˈliːfɐt] *adj* (*fam*) **~ sein** essere spacciato

**geliehen** *PP von* **leihen**

**gelieren** [ʒeˈliːrən *o* ʒəˈliːrən] <ohne ge-> *vi* gelificare, gelificarsi

**gelind|e** [gəˈlɪnt] *adj* (*sanft*) mite; (*bes. Strafe*) dolce; (*mäßig*) moderato, leggero; **~ gesagt** a dir poco

**gelingen** [gəˈlɪŋən] <gelingt, gelang, gelungen> *vi sein* (*Unternehmen*) riuscire **Gelingen** <-s> *kein Pl. nt* riuscita *f*, esito *m* positivo

**gelitten** [gəˈlɪtən] *PP von* **leiden**

**gellen** [ˈgɛlən] *vi* risuonare **gellend** *adj* squillante, acuto

**geloben** <ohne ge-> *vt* promettere [solennemente], giurare

**Gelöbnis** [gəˈløːpnɪs] <-ses, -se> *nt* promessa *f* [solenne], voto *m*

**gelogen** *PP von* **lügen**

**Gelse** [ˈgɛlzə] <-, -n> *f* (*A*) zanzara *f*

**gelten** [ˈgɛltən] <gilt, galt, gegolten> I. *vi* (*gültig sein*) essere valido; (*Gesetz, Regel*) essere in vigore, vigere; **~ als** (*angesehen werden als*) passare per; **jdm ~** (*betreffen*) riguardare qu; **einer Sache** *dat* **~** (*gewidmet sein*) essere dedicato a qc; **für jdn/ etw ~** (*zutreffen*) valere per qu/qc; **jdn/ etw ~ lassen** riconoscere qu/qc; **die Wette gilt** la scommessa vale; **das gilt nicht!** (*ist unerlaubt*) non vale!, non è corretto!; **das gilt mir** questo tocca a me; **dasselbe gilt für ...** lo stesso vale per ... II. *vt* ① (*wert sein*) valere, aver valore ② (*nötig sein*) essere necessario; **es gilt, Ruhe zu bewahren** è necessario mantenere la calma

**geltend** *adj* (*gültig*) valido; (*Gesetz*) vigente; (*Preise*) corrente; (*herrschend*) dominante, generale; **~ machen** far valere; (*durchsetzen*) affermare; **sich ~ machen** (*bemerkbar werden*) manifestarsi

**Geltung** <-> *kein Pl. f* ① (*Gültigkeit*) validità *f*; **~ haben** (*gültig sein*) essere valido ② (*Ansehen*) considerazione *f* ③ (*Bedeutung*) evidenza *f*, risalto *m*; **sich** *dat* **~ verschaffen** farsi valere; **zur ~ bringen** mettere in risalto; **zur ~ kommen** farsi valere; (*hervorstechen*) risaltare **Geltungsbedürfnis** *nt* desiderio *m* di mettersi in luce **Geltungsbereich** *m* ① sfera *f* d'azione ② (JUR: *von Gesetz*) giurisdizione *f*

**Gelübde** [gəˈlʏpdə] <-s, -> *nt* voto *m*; **ein ~ ablegen** fare un voto

**gelungen** [gəˈlʊŋən] I. *PP von* **gelingen** II. *adj* ① (*geglückt*) riuscito [bene] ② (*zum Lachen*) buffo, comico

**GEMA** [ˈgeːma] <-> *kein Pl. f abk v* **Gesellschaft für musikalische Aufführungs- und mechanische Vervielfältigungsrechte** *società per i diritti di riproduzione meccanica e di esecuzione delle opere musicali*, SIAE *f*

**Gemach** [gəˈmaːx, *Pl:* gəˈmɛçɐ] <-(e)s, Gemächer> *nt* (*geh*) stanza *f*; **sich in seine Gemächer zurückziehen** ritirarsi nelle proprie stanze

**gemächlich** [gəˈmɛːçlɪç] I. *adj* (*langsam*) lento, placido; (*gemütlich*) comodo, confortevole II. *adv* (*langsam*) pian piano, adagio

**gemacht** *adj* **für etw ~ sein** (*geschaffen*)

essere fatto per qc; **ein ~er Mann sein** (*erfolgreich*) essere un uomo arrivato; **sich ins ~e Bett legen** (*fig*) costituire la propria fortuna sul lavoro degli altri; |ist| ~! (*einverstanden*) d'accordo!

**Gemahl(in**) [gəˈmaːl] <-(e)s, -e; -, -nen> *m(f)* (*geh*) consorte *mf*

**gemahlen** [gəˈmaːlən] *PP von* **mahlen**

**Gemälde** [gəˈmɛːldə] <-s, -> *nt* quadro *m*, dipinto *m* **Gemäldegalerie** *f* pinacoteca *f* **Gemäldesammlung** *f* collezione *f* di quadri

**gemasert** *adj* marezzato, venato; (*Holz*) marezzato

**gemäß** [gəˈmɛːs] **I.** *prp +dat* ➊ (*entsprechend*) secondo, in conformità a; **Ihrem Wunsch ~** secondo il Suo/Vostro desiderio ➋ (JUR) ai sensi di, a norma di; **~ den bestehenden Bestimmungen** in conformità alle vigenti disposizioni **II.** *adj* (*würdig*) degno; **einer Sache** *dat* **~ sein** essere degno di qc

**gemäßigt** *adj* moderato; (*Klima*) temperato

**Gemäuer** [gəˈmɔɪɐ] <-s, -> *nt* mura *fpl*, ruderi *mpl*

**Gemecker** <-(e)s> *kein Pl. nt* ➊ (*fam pej: von Mensch*) brontolio *m* ➋ (*von Ziege*) belio *m*

**gemein** [gəˈmaɪn] *adj* ➊ (*böse*) cattivo, perfido; (*niederträchtig*) meschino; **~er Kerl** villano; **sei nicht ~!** non essere villano! ➋ (*ordinär*) volgare; (*unanständig*) sporco, indecente ➌ (ZOO, BOT: *verbreitet*) comune, corrente ➍ (*allgemein*) comune, generale; (*öffentlich*) pubblico ➎ (*einfach*) semplice; (*niedrigen Standes*) basso, popolare ➏ (*gemeinsam*) comune; **das ~e Volk** la gente comune; **etw mit jdm ~ haben** avere qc in comune con qu

**Gemeinde** [gəˈmaɪndə] <-, -n> *f* ➊ (*Kommune*) comune *m*; (*bes. Dorf*) municipio *m* ➋ (*Einwohner*) abitanti *mpl* di un comune ➌ (REL) comunità *f*; (*beim Gottesdienst*) fedeli *mpl*; (*Pfarr~*) parrocchia *f* **Gemeindeammann** <-(e)s, -ammänner> *m* (*CH*) ➊ (ADM, POL: *Gemeindevorsteher, Bürgermeister*) presidente *m*, sindaco *m* ➋ (*Betreibungs- und Vollstreckungsbeamter*) ufficiale *m* giudiziario **Gemeindehaus** *nt* ➊ (*Rathaus*) palazzo *m* comunale, municipio *m* ➋ (REL) parrocchia *f* **Gemeindepräsident(in)** *m(f)* (*CH*) *s.* **Gemeindeammann Gemeinderat** *m* ➊ (*Körperschaft*) consiglio *m* comunale ➋ (*Person*) consigliere *m* comunale **Gemeindeschwester** *f* diaconessa *f* **Gemeindesteuer** *f* imposta *f* comunale **Gemeindeversammlung** *f* (*CH:* ADM) assemblea *f* comunale **Gemeindeverwaltung** *f* amministrazione *f* comunale **Gemeindewahl** *f* elezioni *fpl* comunali **Gemeindewohnung** *f* (*A: Sozialwohnung*) casa *f* popolare **Gemeindezentrum** *nt* ➊ (*der Kirche*) centro *m* parrocchiale ➋ (*der Kommune*) centro *m* comunale

**gemeingefährlich** *adj* che costituisce un pericolo pubblico

**Gemeingut** <-(e)s> *kein Pl. nt* bene *m* pubblico

**Gemeinheit** <-, -en> *f* ➊ *Sing.* (*Gesinnung*) perfidia *f*, malvagità *f*; (*Niedertracht*) meschinità *f* ➋ (*gemeine Handlung*) cattiveria *f*, malvagità *f*

**gemeinhin** *adv* generalmente, di solito

**Gemeinkosten** *Pl.* (WIRTSCH) spese *fpl* generali

**gemeinnützig** [gəˈmaɪnnʏtsɪç] *adj* di pubblica utilità

**Gemeinplatz** *m* luogo *m* comune, banalità *f*

**gemeinsam** **I.** *adj* comune; **der Gemeinsame Markt** (COM) il mercato comune; **mit jdm ~e Sache machen** far causa comune con qu **II.** *adv* (*mehrere betreffend*) in comune; (*zusammen*) insieme, assieme

**Gemeinsame Außen- und Sicherheitspolitik** <-> *kein Pl. f* (*Europäische Union*) politica *f* comune degli affari esteri e della sicurezza; **die ~ ist eine der drei Säulen der EU** la politica comune degli affari esteri e della sicurezza è uno dei tre pilastri dell'UE

**Gemeinsamkeit** <-, -en> *f* ➊ *Sing.* (*Übereinstimmung*) sintonia *f* ➋ (*gemeinsame Eigenschaft*) comunanza *f*

**Gemeinschaft** <-, -en> *f* ➊ *Sing.* (*Zusammensein*) comunità *f*; (*Verbundenheit*) unione *f*; **in ~ mit** in unione con, in cooperazione con ➋ (*Personengruppe*) comunità *f*, associazione *f*, società *f*; (*religiöse ~*) comunità *f* ➌ (*Staatenbündnis*) comunità *f*, associazione *f*; **die Europäische ~** la Comunità europea

**gemeinschaftlich** *adj* comune, collettivo **Gemeinschaftsantenne** *f* (TEC, TV, RADIO) antenna *f* collettiva **Gemeinschaftsgefühl** *nt*, **Gemeinschaftsgeist** *m* spirito *m* comunitario **Gemeinschaftskunde** *f* educazione *f* civica **Gemeinschaftspraxis** *f* (MED) studio *m* comunitario **Gemeinschaftsproduktion** *f* copro-

duzione *f* **Gemeinschaftsraum** *m* sala *f* di ricreazione
**gemeinverständlich** *adj* facilmente comprensibile, popolare
**Gemeinwesen** *nt* comunità *f*, collettività *f*
**Gemeinwohl** *kein Pl. nt* bene *m* comune
**Gemenge** [gə'mɛŋə] <-s, -> *nt* ① (*Gemisch*) miscuglio *m*, misto *m* ② (*fig: Durcheinander*) confusione *f* ③ (*Hand~*) mischia *f*, zuffa *f*
**gemessen** I. *PP von* **messen** II. *adj* misurato, compassato
**Gemetzel** [gə'mɛtsəl] <-s, -> *nt* massacro *m*, strage *f*
**gemieden** *PP von* **meiden**
**Gemisch** [gə'mɪʃ] <-(e)s, -e> *nt* (MOT) miscela *f*; (*a. fig*) miscuglio *m*
**gemischt** [gə'mɪʃt] *adj* mescolato, mischiato; **ein ~er Salat** un'insalata mista
**Gemme** ['gɛmə] <-, -n> *f* ① (*Edelstein*) gemma *f*, cammeo *m* ② (BIOL) gemma *f*
**gemocht** *PP von* **mögen**¹
**gemolken** *PP von* **melken**
**gemoppelt** [gə'mɔpəlt] (*fam*) **das ist doppelt ~** è trito e ritrito
**Gemunkel** [gə'mʊŋkəl] <-s> *kein Pl. nt* (*fam*) dicerie *fpl*, vociferazione *f*
**Gemurmel** [gə'mʊrməl] <-s> *kein Pl. nt* borbottio *m*
**Gemüse** [gə'my:zə] <-s, -> *nt* verdura *f*, ortaggi *mpl*; **junges ~** (*fig fam*) i giovani; **~ anbauen** coltivare ortaggi **Gemüsegarten** *m* orto *m* **Gemüsegärtner(in)** *m(f)* orticoltore, -trice *m*, *f* **Gemüsehändler(in)** *m(f)* erbivendolo, -a *m*, *f* **Gemüsesaft** <-(e)s, -säfte> *m* succo *m* di verdura
**Gemüsesuppe** *f* minestrone *m*
**gemusst** *PP von* **müssen**²
**gemustert** [gə'mʊstɐt] *adj* a disegni
**Gemüt** [gə'my:t] <-(e)s, -er> *nt* (*Psyche*) animo *m*; (*Gefühl*) sentimento *m*; (*Seele*) anima *f*; (*Veranlagung*) indole *f*, natura *f*; **die ~er** gli animi; **sich** *dat* **etw zu ~e führen** (*essen, trinken*) mangiare/bere qc con gusto; (*Buch*) concedersi qc; (*beherzigen*) prendersi qc a cuore; **sie hat zu viel ~** è tutta sentimento
**gemütlich** *adj* (*behaglich*) accogliente; (*bequem*) comodo, confortevole; (*in aller Ruhe*) calmo, tranquillo; (*angenehm*) piacevole; (*familiär*) intimo, caldo; (*Mensch*) affabile, alla buona; **es sich** *dat* **~ machen** mettersi a proprio agio; **machen Sie es sich** *dat* **~!** faccia come se fosse a casa Sua!
**Gemütlichkeit** <-> *kein Pl. f* (*Behaglichkeit*) comodità *f*; (*Traulichkeit*) aria *f* di casa; (*Ruhe*) tranquillità *f*; (*Familiarität*) familiarità *f*; (*von Menschen*) cordialità *f*
**Gemütsart** *f* indole *f*, carattere *m*, temperamento *m*
**Gemütsbewegung** *f* emozione *f*; (*Rührung*) commozione *f* **gemütskrank** *adj* (MED, PSYCH) nevrotico; (*schwermütig*) malinconico **Gemütskrankheit** *f* psicosi *f* emotiva **Gemütsmensch** *m* persona *f* di cuore, pasta *f* d'uomo *fam* **Gemütsruhe** *f* **in aller ~** con tutta calma **Gemütsverfassung** *f*, **Gemütszustand** *m* stato *m* d'animo
**Gen** [ge:n] <-s, -e> *nt* (BIOL) gene *m*
**genannt** *PP von* **nennen**
**genas** [gə'na:s] *Imp. von* **genesen**
**genau** [gə'naʊ] I. *adj* ① (*exakt*) esatto; (*a. bestimmt*) preciso; **~ genommen** a rigore ② (*sorgfältig*) accurato; **peinlich ~** pignolo, pedante ③ (*ausführlich*) dettagliato ④ (*streng*) severo, rigoroso II. *adv* ① (*exakt*) esattamente, precisamente; (*pünktlich*) in punto; **~ gehen** (*Uhr*) andare bene, essere preciso; **~ um drei Uhr** alle tre precise ② (*gerade*) proprio, esattamente; **~!** (*stimmt*) esatto!; **das ist ~ dasselbe** è proprio la stessa cosa; **jdn ~ kennen** conoscere bene qu; **es mit etw ~ nehmen** prendere qc alla lettera; **es mit etw nicht so ~ nehmen** prendere qc sottogamba *fam*
**genaugenommen** *adv* a rigore
**Genauigkeit** <-> *kein Pl. f* ① (*Exaktheit*) precisione *f*, esattezza *f* ② (*Sorgfalt*) accuratezza *f* ③ (*Strenge*) rigore *m* ④ (*peinliche ~*) meticolosità *f* ⑤ (*in der Wiedergabe*) fedeltà *f*
**genauso** [gə'naʊzo:] *adv* altrettanto
**Genbank** <-, -bänke> *f* banca *f* genetica
**Gendarm** [ʒan'darm] <-en, -en> *m* (A, CH) gendarme *m*, carabiniere *m*
**Gendarmerie** [ʒandarmə'ri:] <-, -n> *f* (A, CH) gendarmeria *f*, corpo *m* dei carabinieri
**Gendatei** *f* archivio *m* genetico
**genehm** [gə'ne:m] *adj* (*geh*) ① (*willkommen, angenehm*) gradito, [ben] accetto ② (*passend*) comodo; **wenn es Ihnen ~ ist** se Le fà comodo
**genehmigen** [gə'ne:mɪgən] <ohne ge-> *vt* autorizzare; (*Antrag*) approvare; (*erlauben*) permettere; (*zugestehen*) riconoscere; **sich** *dat* **etw ~** concedersi qc
**Genehmigung** <-, -en> *f* (*Erlaubnis*) permesso *m*; (*Antrag*) approvazione *f*, autorizzazione *f*; (*behördliche Zulassung*) ammissione *f*; (*Lizenz*) licenza *f*; **jdm eine ~ zu**

**etw erteilen** dare il permesso a qu di fare qc **genehmigungspflichtig** *adj* soggetto ad autorizzazione
**geneigt** [gə'naɪkt] *adj* ❶ (*abfallend*) inclinato; (*abschüssig*) in pendenza; (*gebeugt*) chino, chinato; (*gesenkt*) abbassato ❷ (*fig: wohlgesonnen*) ben disposto; **zu etw ~ sein** essere incline a qc
**Geneigtheit** <-> *kein Pl. f* ❶ (*Schiefe*) inclinazione *f*; (*Abschüssigkeit*) pendenza *f* ❷ (*Wohlwollen*) benevolenza *f*; (*Willigkeit*) buona disposizione *f*
**General** [genə'raːl] <-s, -e *o* Generäle> *m* (MIL) generale *m* **Generaldirektor(in)** *m(f)* direttore, -trice *m*, *f* generale **Generalintendant(in)** *m(f)* (THEAT) sovrintendente *mf* **Generalkonsul(in)** *m(f)* console *mf* generale **Generalkonsulat** *nt* consolato *m* generale **Generalprobe** *f* prova *f* generale
**generalrevidieren** *vt* (*CH*) *s.* **generalüberholen Generalsekretär(in)** *m(f)* segretario, -a *m*, *f* generale **Generalstaatsanwalt** *m*, **Generalstaatsanwältin** *f* procuratore, -trice *m*, *f* generale **Generalstab** *m* stato *m* maggiore **Generalstreik** *m* sciopero *m* generale
**generalüberholen** *vt* fare una revisione generale a **Generalüberholung** *f* revisione *f* generale
**Generalversammlung** *f* assemblea *f* generale
**Generation** [genəra'tsjoːn] <-, -en> *f* generazione *f*
**Generationenkonflikt** <-(e)s, -e> *m* conflitto *m* generazionale
**Generationenvertrag** *m* accordo *m* tra generazioni
**Generationskonflikt** *m* conflitto *m* generazionale
**Generationswechsel** <-s, -> *m* (BIOL) metagenesi *f*, ricambio *m* generazionale
**Generator** [genə'raːtoːɐ̯] <-s, -en> *m* (TEC) generatore *m*
**generell** [genə'rɛl] *adj* generale, generico
**genesen** [gə'neːzən] <genest, genas, genesen> *vi sein* (*geh*) guarire
**Genesis** ['geːnezɪs *o* 'gɛnezɪs, *Pl:* geːne'zən *o* gɛ'neːzən] <-, Genesen> *f* (*a.* REL) genesi *f*
**Genesung** [gə'neːzʊŋ] <-, *rar* -en> *f* (*geh*) guarigione *f*
**Genetik** [ge'neːtɪk] <-> *kein Pl. f* (SCIENT, BIOL) genetica *f*
**Genetiker(in)** [ge'neːtikɐ] <-s, -; -, -nen> *m(f)* genetista *mf*

**genetisch** [ge'neːtɪʃ] *adj* genetico; **~ verändert** transgenico, transgenetico
**Genf** [gɛnf] *nt* (GEOG) Ginevra *f*
**Genfer** <inv> *adj a.* attr di Ginevra, ginevrino; **der ~ See** il Lago Lemano [*o* di Ginevra]; **~ Konvention** la convenzione di Ginevra
**Genfood** ['geːnfuːd] <-s> *kein Pl. nt* cibo *m* transgenico **Genforscher(in)** *m(f)* genetista *mf*, studioso, -a *m*, *f* di genetica **Genforschung** *kein Pl. f* genetica *f*
**genial** [ge'njaːl] *adj* geniale, ingegnoso; (*Sache*) ingegnoso
**Genialität** [genjali'tɛːt] <-> *kein Pl. f* genialità *f*, genio *m*
**Genick** [gə'nɪk] <-(e)s, -e> *nt* nuca *f*; (*fig fam*) collo *m*; **sich** *dat* **das ~ brechen** rompersi l'osso del collo **Genickstarre** <-> *kein Pl. f* (*steifer Hals*) rigidità *f* della nuca
**Genie** [ʒe'niː] <-s, -s> *nt* genio *m*
**Genien** *Pl. von* **Genius**
**genieren** [ʒe'niːrən] <ohne ge-> *vr* **sich ~** sentirsi imbarazzato; (*sich schämen*) vergognarsi
**genießbar** *adj* (*Speise*) mangiabile, mangereccio; (*Getränk*) bevibile
**genießen** [gə'niːsən] <genießt, genoss, genossen> *vt* (*Speise*) gustare; (*fig*) godere
**Genießer(in)** <-s, -; -, -nen> *m(f)* gaudente *mf*; (*Feinschmecker*) buongustaio, -a *m*, *f*
**genießerisch** *adj* godereccio *fam*, voluttuoso
**genital** [geni'taːl] *adj* genitale **Genitalbereich** *m* zona *f* genitale
**Genitalien** [geni'taːliən] *Pl.* [organi *mpl*] genitali *mpl*
**Genitiv** ['geːnitiːf] <-s, -e> *m* (GRAM) genitivo *m*
**Genius** ['geːnius, *Pl:* 'geːniən] <-, Genien> *m* genio *m*
**Genmais** *m* mais *m* geneticamente modificato **Genmanipulation** *f* (BIOL) biomanipolazione *f* **genmanipuliert** *adj* (BIOL) biomanipolato
**genommen** *PP von* **nehmen**
**genormt** [gə'nɔrmt] *adj* standardizzato
**genoss** [gə'nɔs] *1. u. 3.Pers. Sing. Imp. von* **genießen**
**Genosse** [gə'nɔsə] <-n, -n> *m* compagno *m*
**genossen** [gə'nɔsən] *PP von* **genießen**
**Genossenschaft** <-, -en> *f* cooperativa *f* **genossenschaftlich** *adj* cooperativistico

**Genossin** [gəˈnɔsɪn] <-, -nen> f compagna f
**genötigt** adj **sich ~ sehen etw zu tun** vedersi costretto a fare qc
**Genre** [ˈʒãːrə] <-s, -s> nt genere m
**Gent** [gɛnt] nt (GEOG) Gand f
**Gentechnik** kein Pl. f (BIOL) ingegneria f genetica **Gentechniker(in)** <-s, -; -, -nen> m(f) (BIOL) studioso, -a m, f di ingegneria genetica **gentechnisch** (BIOL) I. adj di ingegneria genetica II. adv **~ verändert** biomanipolato **Gentechnologie** <-> kein Pl. f (BIOL) ingegneria f genetica
**Genua** [ˈgeːnua] nt (GEOG) Genova f
**genug** [gəˈnuːk] adv abbastanza, a sufficienza; **~ haben von** averne abbastanza di ... fam; **lass es ~ sein!** finiscila! fam; **~ davon!** basta!
**Genüge** [gəˈnyːgə] f **zur ~** abbastanza, a sufficienza
**genügen** [gəˈnyːgən] <ohne ge-> vi bastare, essere sufficiente; **den Anforderungen ~** [cor]rispondere alle esigenze **genügend** adj sufficiente
**genügsam** adj di poche pretese, modesto, sobrio **Genügsamkeit** <-> kein Pl. f sobrietà f, modestia f
**Genugtuung** [gəˈnuːktuːʊŋ] <-, -en> f soddisfazione f
**Genus** [ˈgɛnʊs] <-, Genera> nt (LING) genere m
**Genuss** [gəˈnʊs] <-es, Genüsse> m ① Sing. (Konsum) consumo m ② (Vergnügen) piacere m, godimento m ③ Sing. (Nutznießung) beneficio m; (JUR: von Rechten) godimento m; **in den ~ einer Sache** gen **kommen** beneficiare di qc
**genüsslich** adj con voluttà
**Genussmittel** nt genere m voluttuario
**genussvoll** adj piacevole, voluttuoso
**Geograf(in)** <-en, -en; -, -nen> m(f) s. **Geograph**
**Geografie** <-> kein Pl. f s. **Geographie**
**Geografin** f s. **Geograph**
**geografisch** adj s. **geographisch**
**Geograph(in)** [geoˈgraːf] <-en, -en; -, -nen> m(f) geografo, -a m, f
**Geographie** [geograˈfiː] <-> kein Pl. f geografia f
**Geographin** f s. **Geograph**
**geographisch** adj geografico
**Geologe** [geoˈloːgə] <-n, -n> m geologo m **Geologie** [geoloˈgiː] <-> kein Pl. f geologia f **Geologin** [geoˈloːgɪn] <-, -nen> f geologa f **geologisch** [geoˈloːgɪʃ] adj geologico

**Geometrie** [geomeˈtriː] <-> kein Pl. f geometria f
**geometrisch** [geoˈmeːtrɪʃ] adj geometrico
**Geophysik** kein Pl. f geofisica f **Geopolitik** kein Pl. f geopolitica f
**geordnet** adj (Leben) ordinato; (Zustände, Verhältnisse) stabile
**geothermisch** [geoˈtɛrmɪʃ] adj geotermico
**geozentrisch** [geoˈtsɛntrɪʃ] adj (ASTR) geocentrico
**Gepäck** [gəˈpɛk] <-(e)s> kein Pl. nt bagaglio m; (MIL) equipaggiamento m; **sein ~ aufgeben** consegnare il proprio bagaglio **Gepäckabfertigung** f spedizione f bagagli **Gepäckannahme** f accettazione f bagagli **Gepäckaufbewahrung** f deposito m bagagli
**Gepäck|aufbewahrungs|schein** m scontrino m del deposito bagagli **Gepäckaufgabe** f consegna f bagagli **Gepäckausgabe** f consegna f bagagli **Gepäcknetz** nt rete f portabagagli **Gepäckschein** m s. **Gepäckaufbewahrungsschein**
**Gepäckschließfach** nt deposito m bagagli a cassette **Gepäckstück** nt collo m **Gepäckträger** m ① (Person) facchino m, portabagagli m; (Hotelpage) ragazzo m d'albergo ② (an Fahrzeugen) portabagagli m **Gepäckwagen** m bagagliaio m
**Gepard** [ˈgeːpart] <-s, -e> m (ZOO) ghepardo m
**gepfeffert** [gəˈpfɛfət] adj (fam) ① (Preise) salato ② (grob) grossolano ③ (schwierig) difficile
**gepfiffen** [gəˈpfɪfən] PP von **pfeifen**
**gepflegt** [gəˈpfleːkt] adj ① curato; **~ essen/tanzen gehen** (fam) andare a mangiare/ballare in un bel locale ② (kultiviert) raffinato, sofisticato; (Ausdrucksweise) scelto, accurato **Gepflegtheit** <-> kein Pl. f ① (Ordentlichkeit) cura f ② (Kultiviertheit) raffinatezza f
**Gepflogenheit** [gəˈpfloːgənhaɪt] <-, -en> f (Gewohnheit) abitudine f; (Sitte) uso m, costume m
**gepierct** adj [bucato] con il piercing
**Geplänkel** [gəˈplɛŋkəl] <-s, -s> nt ① (MIL) scaramuccia ② (fig: Wortgefecht) schermaglia f
**Geplapper** [gəˈplapɐ] <-s> kein Pl. nt (fam pej) chiacchierio m, cicaleccio m
**Geplärr(e)** [gəˈplɛr(ə)] <-(e)s> kein Pl. nt (fam pej: von Kind) piagnisteo m; (von Radio) gracidio m
**Geplätscher** [gəˈplɛtʃɐ] <-s> kein Pl. nt mormorio m, gorgoglio m

**Geplauder** [gəˈplaʊdɐ] <-s> *kein Pl. nt* chiacchierata *f*

**Gepolter** [gəˈpɔltɐ] <-s> *kein Pl. nt* strepito *m*

**Gepräge** [gəˈprɛːgə] <-s, -> *nt* ❶ (*auf Münzen*) conio *m* ❷ (*fig: Eigenart*) impronta *f*, carattere *m*

**gepriesen** [gəˈpriːzən] *PP von* **preisen**

**gequält** [gəˈkvɛːlt] *adj* sforzato; **~ lächeln/zuhören** sforzarsi di sorridere/di ascoltare

**gequollen** [gəˈkvɔlən] *PP von* **quellen**

**gerade** [gəˈraːdə] **I.** *adj* ❶ (*geradlinig*) diritto; **~ biegen** (*Draht*) [rad]drizzare ❷ (*aufrecht*) eretto; **~ stehen** stare diritto ❸ (*fig: unmittelbar*) diretto ❹ (*Charakter*) leale, onesto ❺ (*Zahl*) pari **II.** *adv* ❶ (*soeben*) appena; (*jetzt*) adesso, in questo momento; **ich bin ~ gekommen** sono appena arrivato; **ich will ~ gehen** sto per andarmene; **das fällt mir ~ ein** a proposito, mi viene in mente ❷ (*genau, ausgerechnet*) proprio; **nicht ~ schön/gut** non proprio bello/buono; **das ist es ja ~!** proprio di questo si tratta! ❸ (*knapp*) appena; **~ zur rechten Zeit** giusto in tempo; **das fehlte ~ noch!** ci mancava anche questo! *fam*

**Gerade** [gəˈraːdə] <-n, -n> *f* ❶ (*gerade Linie*) linea *f* retta ❷ (SPORT) rettilineo *m*; (*Boxhieb*) diretto *m*

**geradeaus** *adv* d[i]ritto

**geradelbiegen** <irr> *vt* (*fam: klären, in Ordnung bringen*) aggiustare, mettere a posto

**geradeheraus** *adv* francamente, chiaro e tondo *fam*

**gerädert** [gəˈrɛːdɐt] *adj* (*fam*) **wie ~** stanco morto

**geradeso** *adv* proprio così

**geradelstehen** <irr> *vi* (*Verantwortung übernehmen*) **für etw ~** rispondere di qc

**geradewegs** *adv* direttamente, chiaramente

**geradezu** *adv* ❶ (*beinahe*) quasi ❷ (*tatsächlich*) veramente, proprio ❸ (*ohne Umschweife*) direttamente, chiaramente

**Geradheit** <-> *kein Pl. nt* (*a. fig*) dirittura *f*; (*Rechtschaffenheit*) rettitudine *f*

**geradlinig** [gəˈraːtliːnɪç] *adj* ❶ (MAT) rettilineo ❷ (*Nachkommen*) in linea diretta ❸ (*Charakter*) conseguente, retto **Geradlinigkeit** <-> *kein Pl. f* (*a. fig*) linearità *f*; (*Charakter*) rettitudine *f*

**gerammelt** [gəˈraməlt] *adv* **~ voll** (*fam*) pieno zeppo

**Gerangel** [gəˈraŋəl] <-s> *kein Pl. nt* (*fam: Balgerei*) zuffa *f*; (*Kampf*) lotta *f*

**Geranie** [geˈraːniə] <-, -n> *f* (BOT) geranio *m*

**gerannt** [gəˈrant] *PP von* **rennen**

**Gerät** [gəˈrɛːt] <-(e)s, -e> *nt* (*Werkzeug*) attrezzo *m*, strumento *m*; (*bes. für Feinmechanik*) utensile *m*, arnese *m*; (*Vorrichtung*) congegno *m*; (*Apparat*) apparecchio *m*; (*Ausrüstung*) equipaggiamento *m*

**geraten¹** [gəˈraːtən] *PP von* **raten, geraten²**

**geraten²** <gerät, geriet, geraten> *vi sein* ❶ (*gelangen*) capitare; **in einen Sturm ~** essere sorpreso da una tempesta; **an jdn ~** imbattersi in qu, incontrare qu; **an den Falschen ~** cascar male *fam*, sbagliare indirizzo *fam*; **außer sich** *dat* **~** essere fuori di sé; **in Gefahr ~** trovarsi in pericolo; **in Schulden ~** indebitarsi; **in Wut ~** infuriarsi ❷ (*gelingen*) riuscire; (*gedeihen*) prosperare, crescere; **gut/schlecht ~** (*Sache*) riuscire bene/male; (*Kind*) crescer bene/male; **nach jdm ~** assomigliare a qu

**Geräteturnen** <-s> *kein Pl. nt* attrezzistica *f*

**Geratewohl** [gəraːtəˈvoːl] *nt* **aufs ~** a casaccio *fam*

**geraum** [gəˈraʊm] *adj a. attr* **~e Zeit** lungo tempo; **seit ~er Zeit** da molto tempo

**geräumig** [gəˈrɔʏmɪç] *adj* spazioso, vasto

**Geräusch** [gəˈrɔʏʃ] <-(e)s, -e> *nt* rumore *m* **geräuscharm** *adj* tranquillo, silenzioso **geräuschempfindlich** *adj* sensibile al rumore **Geräuschkulisse** *f* rumori *mpl* di sottofondo **geräuschlos** *adj* silenzioso **Geräuschpegel** <-s, -> *m* intensità *f* del suono **geräuschvoll** *adj* rumoroso, fragoroso

**gerben** [ˈgɛrbən] *vt* conciare

**Gerber** <-s, -> *m* conciatore *m*

**Gerberei** <-, -en> *f* conceria *f*

**Gerbsäure** *f* acido *m* tannico

**gerecht** [gəˈrɛçt] *adj* ❶ (*rechtgemäß*) giusto; (*rechtschaffen*) onesto, probo ❷ (*verdient*) meritato; **einer Sache** *dat* **~ werden** (*bewältigen*) essere all'altezza di qc

**gerechtfertigt** *adj* giustificato

**Gerechtigkeit** <-> *kein Pl. f* giustizia *f*; (*Rechtschaffenheit*) onestà *f*; **ausgleichende ~** giustizia distributiva **Gerechtigkeitssinn** *kein Pl. m* senso *m* della giustizia

**Gerede** [gəˈreːdə] <-s> *kein Pl. nt* (*pej: Geschwätz*) chiacchiere *fpl*; (*Klatsch*) pettegolezzi *mpl*; **jdn ins ~ bringen** diffondere delle voci sul conto di qu; **ins ~ kommen** dar luogo a pettegolezzi

**geregelt** *adj* (*Arbeits-, Mahlzeit*) regolare; (*Leben*) regolato

**gereichen** <ohne ge-> *vi* (*geh*) **jdm zur Ehre/zum Nachteil ~** tornare a onore/a danno di qu

**gereizt** [gə'raɪtst] *adj* irritato, arrabbiato **Gereiztheit** <-> *kein Pl. f* irritazione *f*, rabbia *f*

**Geriatrie** [geria'triː] <-> *kein Pl. f* geriatria *f*

**Gericht** [gə'rɪçt] <-(e)s, -e> *nt* ① (*Speise*) piatto *m* ② (JUR: *Behörde*) tribunale *m*; (*~sstand*) foro *m*; (*~shof*) corte *f*, tribunale *m*; (*Gebäude*) tribunale *m*, palazzo *m* di giustizia; (*die Richter*) giudici *mpl*, corte *f*; **das höchste ~** la corte suprema; **zuständiges ~** foro competente; **jdn vor ~ bringen** citare qu in giudizio

**gerichtlich** *adj* ① (*rechtlich*) legale, giudiziario; **jdn ~ verfolgen** procedere per via legale contro qu ② (*des Gerichts*) del tribunale, della corte

**Gerichtsakten** *fpl.* atti *mpl* giudiziari
**Gerichtsarzt** *m* medico, -a *m, f* legale
**Gerichtsärztin** *f* medico, -a *m, f* legale
**Gerichtsbarkeit** <-, -en> *f* giurisdizione *f*, competenza *f* giudiziaria
**Gerichtsbeschluss** *m* decreto *m* giudiziario **Gerichtsdiener** *m* usciere *m* del tribunale **Gerichtsentscheid** *m* decisione *f* giudiziaria **Gerichtshof** *m* corte *f* di giustizia; **Oberster ~** Suprema Corte di Giustizia; **der Europäische ~** la Corte di giustizia dell'Unione europea **Gerichtskosten** *Pl.* spese *fpl* giudiziarie **Gerichtsmedizin** *f* medicina *f* legale **Gerichtsmediziner(in)** <-s, -; -, -nen> *m(f)* (JUR) medico *m* legale **Gerichtssaal** *m* sala *f* delle udienze **Gerichtsschreiber** *m* (CH: JUR: *Protokollführer*) cancelliere *m* **Gerichtsstand** *m* foro *m* **Gerichtstermin** *m* data *f* d'udienza **Gerichtsverfahren** *nt* procedimento *m* legale; **ein ~ gegen jdn einleiten** intentare un procedimento legale contro qu **Gerichtsverhandlung** *f* dibattimento *m*, udienza *f* **Gerichtsvollzieher** *m* ufficiale *m* giudiziario

**gerieben** *PP von* **reiben**

**gering** [gə'rɪŋ] *adj* ① (*klein*) piccolo *m*; (*knapp*) scarso; (*beschränkt*) limitato; (*wenig*) poco; (*kurz*) breve, poco; (*schwach*) debole; (*niedrig*) basso; **~ schätzen** (*Menschen*) avere poca stima; (*Leistung*) deprezzare; (*Menschenleben*) svilire ② (*unbedeutend*) insignificante, futile; **kein Geringerer als ...** nientemeno che ...; **nicht im Geringsten** per niente, non ... minimamente ③ (*minderwertig*) scadente, cattivo

**geringfügig** [gə'rɪŋfyːgɪç] I. *adj* (*unbedeutend*) insignificante; (*klein*) esiguo, scarso; (*leicht*) leggero II. *adv* poco **Geringfügigkeit** <-, -en> *f* ① *Sing.* (*Bedeutungslosigkeit*) futilità *f*; (*Kleinheit*) esiguità *f* ② (*Lappalie*) bazzecola *f fam,* piccolezza *f*

**geringschätzig** I. *adj* sprezzante II. *adv* con disprezzo **Geringschätzung** *f* (*mangelnde Achtung*) mancanza *f* di stima; (*Verachtung*) disprezzo *m*, spregio *m*

**gerinnen** [gə'rɪnən] <gerinnt, gerann, geronnen> *vi sein* coagulare, coagularsi; (*Milch*) cagliare

**Gerinnsel** [gə'rɪnzəl] <-s, -> *nt* coagulo *m*, grumo *m*

**Gerinnung** <-, *rar* -en> *f* coagulazione *f*

**Gerippe** [gə'rɪpə] <-s, -> *nt* ① (*Skelett*) scheletro *m*; (*die Knochen*) ossatura *f* ② (*von Schiff, Flugzeug*) ossatura *f*; (*von Blatt*) nervatura *f*, costola *f*; (*von Schirm*) stecca *f*; (*von Gebäude*) impalcatura *f* ③ (*fig: Grundplan*) schema *m*, canovaccio *m*

**gerissen** I. *PP von* **reißen** II. *adj* (*schlau*) scaltro, furbo **Gerissenheit** <-> *kein Pl. f* scaltrezza *f*

**geritten** *PP von* **reiten**

**Germ** [gɛrm] <-> *kein Pl. m* (*südd, A: Hefe*) lievito *m*

**Germane** [gɛr'maːnə] <-n, -n> *m,* **Germanin** [gɛr'maːnɪn] <-, -nen> *f* (HIST, LING) germano, -a *m, f*

**germanisch** *adj* germanico

**Germanist(in)** [gɛrma'nɪst] <-en, -en; -, -nen> *m(f)* germanista *mf*

**Germanistik** [gɛrma'nɪstɪk] <-> *kein Pl. f* germanistica *f*

**Germanistin** *f s.* **Germanist**

**germanistisch** *adj* germanistico

**gern** [gɛrn] <lieber, am liebsten> *adv* volentieri, con piacere; **herzlich ~** ben volentieri, di tutto cuore; **ich reise ~** mi piace viaggiare; **ich mag das ~** mi piace; **ich tue das ~** lo faccio volentieri; **ich glaube es ~** lo credo bene; **ich hätte ~ ...** vorrei ...; **aber ~!** ma certo!, volentieri!; **~ geschehen!** non c'è di che!

**Gernegroß** ['gɛrnəgroːs] <-, -e> *m* (*fam scherz*) presuntuoso *m*, pallone *m* gonfiato

**gern|haben** <irr> *vt* **jdn ~** voler bene a qu; **er hat es sehr gern** gli piace molto; **du**

**kannst mich** [mal] **~!** (*fam*) me ne infischio di te! *fam*
**gerochen** *PP von* **riechen**
**Geröll** [gəˈrœl] <-(e)s, -e> *nt* detriti *mpl*
**geronnen** [gəˈrɔnən] *PP von* **rinnen**
**Gerontologie** [gerɔntoloˈgiː] <-> *kein Pl. f* gerontologia *f*
**Gerste** [ˈgɛrstə] <-, *Sorten:* -n> *f* orzo *m*
**Gerstenkorn** *nt* ① (*von Ähre*) chicco *m* d'orzo ② (MED) orzaiolo *m*
**Gerte** [ˈgɛrtə] <-, -n> *f* (*Stock*) verga *f*; (*Peitsche*) frusta *f*; (*Reit~*) frustino *m*, scudiscio *m*
**Geruch** [gəˈrʊx] <-(e)s, Gerüche> *m* ① (*Sinneseindruck*) odore *m* ② (*~ssinn*) odorato *m*, olfatto *m* **geruchlos** *adj* inodore, senza odore; (*duftlos*) senza profumo
**Geruchsnerv** *m* (ANAT) nervo *m* dell'olfatto
**Geruchssinn** *m* [senso *m* dell']olfatto *m*, odorato *m*
**Gerücht** [gəˈrʏçt] <-(e)s, -e> *nt* voce *f*; **ein ~ verbreiten** spargere una voce; **es geht das ~, dass ...** corre voce che ...
**Gerüchteküche** <-, -n> *f* covo *m* di pettegolezzi
**gerufen** [gəˈruːfən] *PP von* **rufen**
**geruhen** <ohne ge-> *vi* (*geh*) compiacersi (*zu* di), degnarsi (*zu* di)
**geruhsam** [gəˈruːzaːm] *adj* tranquillo
**Gerümpel** [gəˈrʏmpəl] <-s> *kein Pl. nt* (*pej*) ciarpame *m*
**Gerundium** [geˈrʊndiʊm, *Pl:* geˈrʊndiən] <-s, Gerundien> *nt* (GRAM) gerundio *m*
**gerungen** *PP von* **ringen**
**Gerüst** [gəˈrʏst] <-(e)s, -e> *nt* ① (*Bau~*) impalcatura *f*, armatura *f* ② (*Aufbau, a. fig: Grundplan*) struttura *f*
**gesalzen** *adj* (*fig fam: Preis*) salato; (*Witz*) piccante *fam*, spinto
**gesamt** [gəˈzamt] *adj* ① (*ganz*) tutto ② (*völlig*) totale, globale ③ (*vollständig*) completo
**Gesamt-** (*in Zusammensetzungen*) complessivo, totale **Gesamtansicht** *f* (*von Stadt*) panorama *m*; (*fig*) vista *f* d'insieme **Gesamtarbeitsvertrag** *m* (CH: Kollektivvertrag) contratto *m* collettivo di lavoro **Gesamtausgabe** *f* (TYP) edizione *f* completa **Gesamtbetrag** *m* [importo *m*] totale *m* **gesamtdeutsch** *adj* pangermanico **Gesamteindruck** *m* impressione *f* generale **Gesamtergebnis** *nt* risultato *m* globale; **im ~** nel complesso **gesamthaft** *adj* totale **Gesamtheit** <-> *kein Pl. f* totalità *f*, totale *m*; (*von Menschen*) collettività *f*; **in seiner ~** nel suo complesso **Gesamthochschule** *f* università unificata **Gesamtkosten** *Pl.* spesa *f* complessiva **Gesamtpreis** *m* prezzo *m* totale **Gesamtschaden** *m* danno *m* complessivo **Gesamtschule** *f* scuola media unificata **Gesamtsieger(in)** <-s, -; -, -nen> *m(f)* (SPORT) vincitore, -trice *m*, *f* globale **Gesamtstrafe** *f* (JUR) pena *f* complessiva **Gesamtsumme** *f* [somma *f*] totale *m* **Gesamtübersicht** *f* vista *f* d'insieme, prospettiva *f* generale **Gesamtvermögen** *nt* patrimonio *m* complessivo **Gesamtwerk** *nt* opera *f* omnia **Gesamtwert** *m* valore *m* complessivo
**gesandt** *PP von* **senden Gesandte** <ein -r, -n, -n> *mf*, **Gesandtin** <-, -nen> *f* inviato, -a *m*, *f*, delegato, -a *m*, *f*; (*Botschafter*) ambasciatore, -trice *m*, *f*; **päpstlicher Gesandter** nunzio pontificio **Gesandtschaft** <-, -en> *f* (*Gebäude*) ambasciata *f*; (*diplomatische Vertretung*) ambasceria *f*, legazione *f geh*
**Gesang** [gəˈzaŋ] *m* (MUS) canto *m* **Gesangbuch** *nt* (*Liederbuch*) libro *m* dei canti; (REL) innario *m* **Gesanglehrer(in)** *m(f)* maestro, -a *m*, *f* di canto **Gesangverein** *m* società *f* corale
**Gesäß** [gəˈzɛːs] <-es, -e> *nt* sedere *m*, posteriore *m* **Gesäßtasche** *f* tasca *f* posteriore
**geschaffen** *PP von* **schaffen**[1]
**Geschäft** [gəˈʃɛft] <-(e)s, -e> *nt* ① (*Handel, Gewinn*) affare *m*; **ein ~ abschließen** concludere un affare; **mit jdm ins ~ kommen** entrare in rapporti d'affari con qu; **mit jdm ein** [**gutes**]/**schlechtes ~ machen** fare un buon/cattivo affare con qu; **wie geht das ~?** come vanno gli affari? ② (*Firma*) ditta *f*, impresa *f*; (*Laden*) negozio *m*; (*Büro*) ufficio *m*; (*fam: Arbeit*) lavoro *m* ③ (*Beruf*) mestiere *m*, professione *f* ④ (*Aufgabe*) dovere *m*, mansione *f* ⑤ (*fam: Notdurft*) bisogno *m*
**Geschäftemacher(in)** <-s, -; -, -nen> *m(f)* (*pej*) affarista *mf*; (*Wucherer*) strozzino, -a *m*, *f*
**geschäftig** *adj* (*tätig*) attivo, operoso; (*schnell*) svelto; (*beflissen*) premuroso **Geschäftigkeit** <-> *kein Pl. f* (*Emsigkeit*) attività *f*, operosità *f*; (*übertrieben*) affaccendamento *m*
**geschäftlich** *adj* d'affari; (*beruflich*) professionale; **~ verreisen** partire per affari; **~ verhindert** impedito per ragioni d'affari
**Geschäftsabschluss** *m* ① conclusione *f* di un affare ② (*von Geschäftsjahr*) resoconto *m* annuale **Geschäftsanteil** *m* quota *f* sociale **Geschäftsaufgabe** *f* ces-

sazione *f* di commercio **Geschäftsbedingungen** *fPl.* condizioni *fpl* contrattuali **Geschäftsbereich** *m* (POL) sfera *f* di competenza, portafoglio *m* **Geschäftsbericht** *m* resoconto *m* **Geschäftsbeziehungen** *fPl.* relazioni *fpl* commerciali **Geschäftsbrief** *m* lettera *f* commerciale **geschäftsfähig** *adj* (JUR) capace **Geschäftsfrau** *f* (*Inhaberin*) negoziante *f;* (*Geschäfte betreibend*) donna *f* d'affari **Geschäftsfreund** *m* amico *m* d'affari **geschäftsführend** *adj* (*leitend*) gerente; (*amtierend*) in carica **Geschäftsführer(in)** *m(f)* gerente *mf;* (*von Fabrik*) direttore, -trice *m, f;* (*von Gesellschaft*) amministratore, -trice *m, f,* delegato, -a *m, f* **Geschäftsführung** *f* ❶ *Sing.* (*Vorgang*) gestione *f* degli affari ❷ (*Direktoren*) dirigenti *mpl* **Geschäftsgang** *m* ❶ (*Gang der Geschäfte*) andamento *m* degli affari ❷ (*Dienstweg*) iter *m* burocratico ❸ (*Besorgung*) commissione *f* **Geschäftsgebaren** [gə'ʃɛftsɡəbaːrən] <-s> *kein Pl. nt* conduzione *f* degli affari **Geschäftshaus** *nt* ❶ (*Firma*) ditta *f* [*o* azienda *f*] commerciale ❷ (*Bürogebäude*) palazzo *m* per uffici **Geschäftsinhaber(in)** *m(f)* (*von Laden*) titolare *mf* di un negozio; (*von Firma*) titolare *mf* di una ditta **Geschäftsinteresse** *nt* interesse *m* commerciale **Geschäftsjahr** *nt* esercizio *m,* anno *m* d'esercizio **Geschäftsleben** *kein Pl. nt* mondo *m* degli affari **Geschäftsleitung** *f s.* **Geschäftsführung Geschäftsleute** *Pl.* uomini *mpl* d'affari **Geschäftsliste** *f* (*CH:* ADM, POL: *Tagesordnung*) ordine *m* del giorno **Geschäftsmann** *m* uomo *m* d'affari **geschäftsmäßig** *adj* secondo la prassi commerciale; (*fig: sachlich*) distaccato **Geschäftsmethoden** *fPl.* pratiche *fpl* d'affari **Geschäftsordnung** *f* regolamento *m* interno **Geschäftspartner(in)** *m(f)* socio, -a *m, f* [d'affari], business partner *m* d'affari **Geschäftsreise** *f* viaggio *m* d'affari **geschäftsschädigend** *adj* dannoso [per gli affari] **Geschäftsschluss** *m* chiusura *f* [di negozi e uffici]; **nach ~** dopo l'ora di chiusura **Geschäftsstelle** *f* ufficio *m* **Geschäftsstraße** *f* strada *f* commerciale **Geschäftszeiten** *fPl.* ore *fpl* d'ufficio **Geschäftsträger** *m* incaricato *m* d'affari **geschäftstüchtig** *adj* abile negli affari **Geschäftsverbindung** *f* relazione *f* d'affari
**Geschäftsverkehr** *m* relazioni *fpl* d'affari **Geschäftsviertel** *nt* quartiere *m* commerciale **Geschäftszeit** *f* (*von Büro*) ore *fpl* d'ufficio; (*von Laden*) orario *m* d'apertura **Geschäftszweig** *m* branca *f* d'affari; (*Wirtschaftszweig*) settore *m* economico **geschah** [ɡə'ʃaː] *1. u. 3. Pers. Sing. Imp. von* **geschehen**
**geschätzt** *adj* (*geachtet*) stimato; (*Brief*) pregiato
**geschehen** [ɡə'ʃeːən] <**geschieht, geschah, geschehen**> *vi sein* ❶ (*passieren*) succedere, accadere; (*zufällig*) capitare; **ich wusste gar nicht, wie mir geschah** non capivo cosa mi stava succedendo; **es war um ihn ~** (*verloren*) era perduto, per lui era finita; (*verliebt*) aveva preso una cotta; **als ob nichts ~ wäre** come se non fosse successo nulla; **das geschieht dir [ganz] recht [so]**! ti sta bene! *fam,* ben ti sta! *fam* ❷ (*getan werden*) esser fatto; **es muss etwas ~** bisogna fare qualcosa; **[das ist] gern ~!** non c'è di che!
**Geschehen** <-s> *kein Pl. nt* accaduto *m,* avvenimento *m*
**Geschehnis** <-ses, -se> *nt* (*geh*) avvenimento *m,* fatto *m,* vicenda *f*
**gescheit** [ɡə'ʃaɪt] *adj* (*klug*) intelligente; (*fam: vernünftig*) ragionevole, assennato
**Geschenk** [ɡə'ʃɛŋk] <-(e)s, -e> *nt* dono *m,* regalo *m;* **jdm etw zum ~ machen** regalare qc a qu **Geschenkartikel** *m* articolo *m* da regalo **Geschenkgutschein** *m* buono *m* regalo **Geschenkpapier** *nt* carta *f* da regali
**Geschichte** [ɡə'ʃɪçtə] <-, -n> *f* storia *f;* **Alte/Mittlere/Neuere/Neueste ~** storia antica/medievale/moderna/contemporanea; **Biblische ~** Sacra Scrittura; **mach keine ~n!** (*fam*) non fare storie! **geschichtlich** *adj* storico
**Geschichtsbewusstsein** <-s> *kein Pl. nt* coscienza *f* storica
**Geschichtsschreiber** *m* storiografo *m* **Geschichtsschreibung** <-> *kein Pl. f* storiografia *f*
**Geschick** <-(e)s> *kein Pl. nt* (*Begabung*) talento *m*
**Geschicklichkeit** <-> *kein Pl. f* destrezza *f;* (*a. fig*) abilità *f*
**geschickt** *adj* (*gewandt*) abile; (*tüchtig*) bravo; **in etw** *dat* **~ sein** essere bravo in qc
**geschieden** [ɡə'ʃiːdən] *PP von* **scheiden Geschiedene** <**ein -r, -n, -n**> *mf* divorziato, -a *m, f*
**geschieht** *3. Pers. Sing. Präs. von* **geschehen**
**geschienen** *PP von* **scheinen**

**Geschirr** [gəˈʃɪr] <-(e)s, -e> nt ❶ (*Küchen~*) stoviglie *fpl*, piatti *mpl*; (*Tafel~*) vasellame *m*, servizio *m* [da tavola] ❷ (*Pferde~*) finimenti *mpl* **Geschirrschrank** *m* credenza *f* **Geschirrspüler** *m* (*fam*), **Geschirrspülmaschine** *f* lavastoviglie *f*, lavapiatti *f* **Geschirrspülmittel** *nt* detersivo *m* per i piatti **Geschirrtuch** *nt* strofinaccio *m* **Geschirrwaschmaschine** *f* (*CH*) *s*. **Geschirrspülmaschine**

**geschissen** [gəˈʃɪsən] *PP von* **scheißen**
**geschlafen** [gəˈʃlaːfən] *PP von* **schlafen**
**geschlagen** [gəˈʃlaːɡən] *PP von* **schlagen**
**Geschlecht** [gəˈʃlɛçt] <-(e)s, -er> nt ❶ (BIOL) sesso *m;* (*~sorgan*) organo *m* sessuale, sesso *m;* **das schwache/starke ~** il sesso debole/forte; **beiderlei ~s** di entrambi i sessi ❷ (*Gattung*, LING) genere *m* ❸ (*Generation*) generazione *f* ❹ (*Familie*) stirpe *f*, famiglia *f*
**geschlechtlich** *adj* sessuale
**geschlechtlos** *adj* asessuato
**Geschlechtsakt** *m* atto *m* sessuale, coito *m*
**geschlechtskrank** *adj* affetto da malattia venerea **Geschlechtskrankheit** *f* malattia *f* venerea **Geschlechtsorgan** *nt* organo *m* genitale **Geschlechtsreife** *f* maturità *f* sessuale **Geschlechtsteil** <-(e)s, -e> *nt* organo *m* genitale **Geschlechtstrieb** *m* istinto *m* sessuale **Geschlechtsumwandlung** <-, -en> *f* cambiamento *m* di sesso **Geschlechtsverkehr** *m* rapporti *mpl* sessuali, coito *m* **Geschlechtswort** <-(e)s, -wörter> *nt* (GRAM) articolo *m*
**geschlichen** *PP von* **schleichen**
**geschliffen** I. *PP von* **schleifen**¹ II. *adj* (*Manieren*) raffinato, distinto; (*Stil*) forbito
**geschlossen** [gəˈʃlɔsən] I. *PP von* **schließen** II. *adj* ❶ (*zu*) chiuso ❷ (*Front, Reihe*) compatto; **~e Gesellschaft** riunione privata ❸ (*ohne Ausnahme*) compatto; (*einstimmig*) all'unanimità; **~ für etw sein/stimmen** essere/votare all'unanimità per qc; **~ hinter jdm stehen** sostenere solidariamente qu **Geschlossenheit** <-> *kein Pl. f* ❶ (*von Form*) compiutezza *f* ❷ (*Einheit*) compattezza *f*, unità *f*
**geschlungen** *PP von* **schlingen**
**Geschmack** [gəˈʃmak] <-(e)s, Geschmäcke> *m* gusto *m;* **~ nach etw** gusto di qc; **~ haben** aver gusto; **an etw** *dat* **~ finden** trovare gusto in qc; **mit Himbeer~/Vanille~** al sapore di lampone/vaniglia; **über ~ lässt sich [nicht] streiten** (*prov*) tutti i gusti sono gusti **geschmacklos** *adj* ❶ (*Speise*) insaporo, privo di gusto; (*fade*) insipido ❷ (*Kleidung*) di cattivo gusto; (*Bemerkung*) senza tatto; (*Witz*) che non sa di niente **Geschmacklosigkeit** <-, -en> *f* ❶ *Sing.* (*von Speise, Bemerkung*) mancanza *f* di gusto; (*Fadheit*) insipidezza *f;* (*Taktlosigkeit*) mancanza *f* di tatto ❷ (*Gegenstand*) cosa *f* di cattivo gusto; (*Bemerkung*) osservazione *f* di cattivo gusto; (*Handlung*) azione *f* di cattivo gusto
**Geschmacksnerv** <-s, -en> *m* (ANAT) nervo *m* gustativo **Geschmack[s]sache** *f* **das ist ~** è questione di gusti **Geschmackssinn** *kein Pl. m* [buon] gusto *m* **Geschmacksverirrung** <-, -en> *f* pervertimento *m* del gusto
**geschmackvoll** *adj* di buon gusto
**Geschmeide** [gəˈʃmaɪdə] <-s, -> *nt* (*poet, geh*) monile *m*
**geschmeidig** [gəˈʃmaɪdɪç] *adj* ❶ (*glatt und weich*) liscio e morbido ❷ (*elastisch*) elastico; (*Haar*) soffice; (*Körper*) agile; (*Metall, Wachs*) duttile, malleabile; (*Teig*) morbido ❸ (*fig: anpassungsfähig*) flessibile, duttile **Geschmeidigkeit** <-> *kein Pl. f* ❶ (*Glätte*) morbidezza *f* ❷ (*Elastizität*) elasticità *f;* (*von Haar*) esser *m* soffice; (*von Körper*) agilità *f;* (*von Metall, Wachs*) duttilità *f,* malleabilità *f;* (*von Teig*) morbidezza *f* ❸ (*fig: Anpassungsfähigkeit*) flessibilità *f,* duttilità *f*
**Geschmier|e|** [gəˈʃmiːɐ (gəˈʃmiːrə)] <-(e)s> *kein Pl. nt* (*fam: Schmutz*) sudiciume *m;* (*Handschrift*) scarabocchio *m;* (*Geschriebenes*) scarabocchi *mpl;* (*schlechtes Bild*) imbratto *m*
**geschmissen** *PP von* **schmeißen**
**geschmolzen** *PP von* **schmelzen**
**Geschmus|e|** [gəˈʃmuːs (gəˈʃmuːzə)] <-es> *kein Pl. nt* (*fam*) sbaciucchiamento *m*
**Geschnatter** [gəˈʃnatɐ] <-s> *kein Pl. nt* (*fam: von Gänsen*) schiamazzo *m;* (*von Menschen*) cicaleccio *m*
**geschniegelt** [gəˈʃniːɡəlt] *adj* (*Mensch, Äußeres*) azzimato; **~ und gebügelt** [*o* **gestriegelt**] in ghingheri
**geschnitten** *PP von* **schneiden**
**geschoben** *PP von* **schieben**
**gescholten** *PP von* **schelten**
**geschönt** *adj* (*Statistik*) manipolato
**Geschöpf** [gəˈʃœpf] <-(e)s, -e> *nt* creatura *f*
**geschoren** *PP von* **scheren**¹
**Geschoss** [gəˈʃɔs] <-es, -e> *nt* ❶ (*Wurf~, Rakete*) proiettile *m;* (*Gewehr~*) pallottola *f* ❷ (*Stockwerk*) piano *m*

geschossen *PP von* **schießen**
Geschrei <-s> *kein Pl. nt* grida *fpl*, urli *mpl;* **um etw viel ~ machen** fare molto rumore per qc
geschrieben *PP von* **schreiben**
geschrie|e|n *PP von* **schreien**
geschritten *PP von* **schreiten**
geschunden *PP von* **schinden**
Geschütz [gə'ʃʏts] <-es, -e> *nt* (MIL) pezzo *m* d'artiglieria, cannone *m;* **schwere ~e auffahren** (*a. fig*) usare la maniera forte Geschützfeuer *nt* (MIL) fuoco *m* d'artiglieria
geschützt *adj* protetto
Geschwader [gə'ʃva:dɐ] <-s, -> *nt* (NAUT) squadra *f;* (AERO) squadriglia *f*, stormo *m*
Geschwafel [gə'ʃva:fəl] <-s> *kein Pl. nt* (*fam pej*) ciance *fpl*
Geschwätz [gə'ʃvɛts] <-es> *kein Pl. nt* (*fam*) ❶ (*pej: dummes Gerede*) chiacchiere *fpl* ❷ (*pej: Klatsch*) pettegolezzi *mpl* geschwätzig *adj* chiacchierone, pettegolo Geschwätzigkeit <-> *kein Pl. f* far *m* chiacchiere [*o* pettegolezzi]
geschweige [gə'ʃvaɪgə] *konj* **~ denn** tanto meno, meno che mai
geschwiegen *PP von* **schweigen**
geschwind [gə'ʃvɪnt] *adj* (*obs südd: schnell*) veloce, rapido; (*flink*) svelto
Geschwindigkeit [gə'ʃvɪndɪçkaɪt] <-, -en> *f* velocità *f;* (*Schnelligkeit*) rapidità *f;* **mit einer ~ von ...** ad una velocità di ... Geschwindigkeitsbegrenzung *f,* Geschwindigkeitsbeschränkung *f* limite *m* di velocità Geschwindigkeitsüberschreitung *f* eccesso *m* di velocità
Geschwister [gə'ʃvɪstɐ] *Pl.* fratelli *mpl* e sorelle *fpl*
Geschwisterpaar *nt* [coppia *f* di] fratello e sorella
geschwollen I. *PP von* **schwellen** II. *adj* ❶ (MED) gonfio, gonfiato ❷ (*Stil*) gonfio, ampolloso
geschwommen *PP von* **schwimmen**
geschworen *PP von* **schwören**
Geschworene <ein -r, -n, -n> *mf* (JUR) giurato, -a *m, f* Geschworenengericht *nt* (JUR) corte *f* d'assise
Geschwulst [gə'ʃvʊlst] <-, Geschwülste> *f* (MED) gonfiore *m*, tumefazione *f;* (*Tumor*) tumore *m*
geschwunden *PP von* **schwinden**
geschwungen *PP von* **schwingen**
Geschwür [gə'ʃvy:ɐ] <-(e)s, -e> *nt* (MED) ulcera *f*, ascesso *m;* (*fig*) piaga *f*
Geselchte [gə'zɛlçtə] <-n> *kein Pl. nt*

(*A, südd:* GASTR: *geräuchertes Schweinefleisch*) carne *f* di maiale affumicata
Geselle [gə'zɛlə] <-n, -n> *m* ❶ (*Handwerks~*) garzone *m*, lavorante *m* [artigiano] ❷ (*Kerl*) tipo *m;* **lustiger ~** buontempone *m fam*
gesellen [gə'zɛlən] <ohne ge-> *vr* **sich zu jdm ~** accompagnarsi a qu
Gesellenprüfung *f* esame *m* di abilitazione
gesellig *adj* (*Mensch, Tier*) sociovole; (*unterhaltsam*) lieto, gaio Geselligkeit <-> *kein Pl. f* ❶ (*Verkehr mit anderen Menschen*) vita *f* di società ❷ (*geselliges Beisammensein*) trattenimento *m*
Gesellin [gə'zɛlɪn] <-, -nen> *f* ❶ (*Handwerks~*) lavorante *f* [artigiana] ❷ (*Tussi*) persona *f*
Gesellschaft [gə'zɛlʃaft] <-, -en> *f* ❶ (SOC) società *f* ❷ (COM: *Vereinigung*) società *f*, associazione *f* ❸ (*Umgang*) compagnia *f;* **jdm ~ leisten** fare compagnia a qu; **in guter/schlechter ~** in buona/cattiva compagnia ❹ (*Fest*) trattenimento *m;* (*Abend~*) ricevimento *m* serale; (*Gäste~*) invitati *mpl*
Gesellschafter(in) <-s, -; -, -nen> *m(f)* ❶ (*Unterhalter*) compagno, -a *m, f;* (*Gesellschaftsdame*) dama *f* di compagnia ❷ (COM: *Partner*) socio, -a *m, f;* **stiller ~** (COM) associato
gesellschaftlich *adj* sociale, mondano
Gesellschaftsanzug <-s, -anzüge> *m* abito *m* da sera; (*Smoking*) smoking *m* gesellschaftsfähig *adj* presentabile, accettabile
Gesellschaftskritik <-> *kein Pl. f* critica *f* sociale
Gesellschaftsreise *f* viaggio *m* in comitiva Gesellschaftsschicht *f* strato *m* sociale Gesellschaftsspiel *nt* gioco *m* di società
gesessen [gə'zɛsən] *PP von* **sitzen**
Gesetz [gə'zɛts] <-es, -e> *nt* legge *f*
Gesetzblatt <-(e)s, -blätter> *nt* (ADM) gazzetta *f* ufficiale Gesetzbuch *nt* codice *m* Gesetzentwurf *m* progetto *m* di legge Gesetzeskraft *f* **~ erlangen/haben** entrare/essere in vigore Gesetzeslücke <-, -n> *f* lacuna *f* legislativa gesetzestreu *adj* (JUR) obbediente [*o* ossequiente] alla legge Gesetzesvorlage *f* progetto *m* di legge gesetzgebend *adj* legislativo Gesetzgeber *m* legislatore *m* Gesetzgebung <-> *kein Pl. f* legislazione *f*
gesetzlich *adj* legale, di legge; (*gesetzmäßig*) conforme alla legge; (*rechtmäßig*) legittimo, legale; **~er Feiertag** festa uffi-

ciale; **~ er Vertreter** rappresentante legale, mandatario
**gesetzlos** *adj* senza legge **Gesetzlosigkeit** <-, -en> *f* essere *m* senza legge, anarchia *f*
**gesetzmäßig** *adj* ❶ (JUR) conforme alla legge, legale; (*rechtmäßig*) legittimo ❷ (SCIENT) regolare **Gesetzmäßigkeit** <-> *kein Pl. f* ❶ (JUR) legalità *f*; (*Rechtmäßigkeit*) legittimità *f* ❷ (SCIENT) regolarità *f*
**gesetzt** [gəˈzɛtst] I. *adj* (*ruhig*) posato, calmo; (*ernst*) serio II. *konj* **~ den Fall, dass ...** poniamo il caso che +*conj*
**Gesetztheit** <-> *kein Pl. f* posatezza *f*, compostezza *f*, serietà *f*
**gesetzwidrig** *adj* illegale, innaturale **Gesetzwidrigkeit** *f* illegalità *f*, innaturalità *f*
**ges. gesch.** *abk v* **gesetzlich geschützt** brevettato
**gesichert** [gəˈzɪçət] *adj* sicuro
**Gesicht** [gəˈzɪçt] <-(e)s, -er> *nt* ❶ (*vordere Kopfseite*) faccia *f*, viso *m;* **das ~ verlieren** (*fig*) perdere la faccia; **das ~ wahren** [*o* **retten**] (*fig*) salvare la faccia; **jdm etw ins ~ sagen** dire qc in faccia a qu; **jdm ins ~ sehen** guardare in faccia a qu; **zu ~ bekommen** riuscire a vedere; **~ er schneiden** fare smorfie; **jdm wie aus dem ~ geschnitten sein** essere il ritratto di qu ❷ (*Miene*) viso *m*, volto *m;* **ein langes ~ machen** fare un viso lungo, fare la faccia appesa *fam* ❸ (*fig: Aussehen*) aspetto *m*, volto *m* ❹ (*Mensch*) faccia *f*, viso *m*
**Gesichtsausdruck** *m* espressione *f* del volto **Gesichtserkennung** *f* riconoscimento *m* del viso **Gesichtsfarbe** *f* colorito *m* **Gesichtsfeld** *nt* (OPT) campo *m* visivo **Gesichtskreis** *m* (*a. fig*) orizzonte *m* **Gesichtspunkt** *m* punto *m* di vista, aspetto *m;* **unter diesem ~** sotto questo punto di vista **Gesichtswasser** *nt* tonico *m* [per il viso] **Gesichtswinkel** *m* angolo *m* visuale; (OPT) angolo *m* visivo; (*fig*) punto *m* di vista, angolo *m* visuale **Gesichtszüge** *mPl.* lineamenti *mpl* [del viso]
**Gesims** [gəˈzɪms] <-es, -e> *nt* (ARCH) cornicione *m*
**Gesinde** [gəˈzɪndə] <-s, -> *nt* (*obs*) servitù *f*
**Gesindel** [gəˈzɪndəl] <-s> *kein Pl. nt* (*pej*) gentaglia *f*, canaglia *f*
**gesinnt** [gəˈzɪnt] *adj* disposto, intenzionato; **wohl/übel ~** ben/mal intenzionato; **jdm feindlich ~ sein** essere ostile a qu

**Gesinnung** [gəˈzɪnʊŋ] <-, -en> *f* (*Denkweise*) modo *m* di pensare, idee *fpl*, opinione *f*; (*Grundeinstellung*) principi *mpl*; **politische ~** idee politiche **Gesinnungsgenosse** *m*, **Gesinnungsgenossin** *f* compagno, -a *m*, *f* ideologico, -a
**gesinnungslos** *adj* senza principi, senza carattere **Gesinnungswechsel** *m* cambiamento *m* d'opinione, voltafaccia *m*
**gesittet** *adj* [ben] educato; (*zivilisiert*) civile
**Gesöff** [gəˈzœf] <-(e)s, -e> *nt* (*fam pej*) intruglio *m*
**gesoffen** *PP von* **saufen**
**gesogen** *PP von* **saugen**
**gesondert** *adj* separato
**gesonnen** I. *PP von* **sinnen** II. *adj* **~ sein etw zu tun** essere intenzionato a fare qc
**gesotten** *PP von* **sieden**
**gespalten** *adj* ❶ (*Lippen, Rachen*) spaccato; (*Huf*) fesso; (*Zunge, a. fig*) biforcuto ❷ (*Bewusstsein*) diviso; (*Verhältnis*) contrastato
**Gespann** [gəˈʃpan] <-(e)s, -e> *nt* ❶ (*Zugtiere, Gefährt*) tiro *m;* (*Wagen mit Zugtieren*) carrozza *f* ❷ (*fig: Paar*) coppia *f*
**gespannt** [gəˈʃpant] *adj* ❶ (*an~, a. fig*) teso; (*Feder*) sotto carico ❷ (*fig: neugierig*) curioso; **ich bin ~ auf deinen Freund** sono curioso di vedere il tuo amico ❸ (*aufmerksam*) attento **Gespanntheit** <-> *kein Pl. f* ❶ (*Angespanntsein, a. fig*) tensione *f* ❷ (*Ungeduld*) impazienza *f* ❸ (*Aufmerksamkeit*) attenzione *f* intensa
**Gespenst** [gəˈʃpɛnst] <-(e)s, -er> *nt* spettro *m*, fantasma *m;* (*von Toten*) spirito *m;* (*fig*) spettro *m* **gespenstisch** *adj* spettrale, tetro, sinistro
**gespie|e|n** *PP von* **speien**
**gesponnen** *PP von* **spinnen**
**Gespött** [gəˈʃpœt] <-(e)s> *kein Pl. nt* beffa *f*, burla *f*; **sich zum ~ der Leute machen** diventare lo zimbello della gente
**Gespräch** [gəˈʃprɛːç] <-(e)s, -e> *nt* conversazione *f*; (*Unterredung*, POL) colloquio *m;* (*Zwie~*) dialogo *m;* (TEL) conversazione *f*, comunicazione *f*; (*Sprechen*) discorso *m;* **das ~ auf etw** *acc* **bringen** far cadere il discorso su qc; **mit jdm ein ~ führen** avere un colloquio con qu
**gesprächig** *adj* loquace, comunicativo **Gesprächigkeit** <-> *kein Pl. f* loquacità *f*
**gesprächsbereit** *adj* disposto al dialogo **Gesprächspartner(in)** *m(f)* interlocutore, -trice *m*, *f* **Gesprächsstoff** *m*, **Gesprächsthema** *nt* argomento *m* [della conversazione]

**gespreizt** *adj* ❶ (*Beine*) allargato ❷ (*fig*) affettato; (*Stil*) ampolloso
**gesprenkelt** [gəˈʃprɛŋkəlt] *adj* macchiettato; (*bes. Tier*) pezzato
**Gespritzte** [gəˈʃprɪtstə] <ein -r, -n, -n> *m* (*A, südd:* GASTR: *Wein mit Sodawasser*) vino allungato con soda; **ein rot/weiß ~r** un rosso/bianco vino allungato con soda
**gesprochen** *PP von* **sprechen**
**gesprossen** *PP von* **sprießen**
**gesprungen** *PP von* **springen**
**Gespür** [gəˈʃpyːɐ̯] <-s> *kein Pl. nt* fiuto *m*
**gest.** *abk v* **gestorben** m.
**Gestagen** [gɛstaˈgeːn] <-s, -e> *nt* (BIOL) gestagene *m*
**Gestalt** [gəˈʃtalt] <-, -en> *f* forma *f*; (LIT) figura *f*; (*äußere Erscheinung*) aspetto *m*; (*Körperbau*) corporatura *f*; (*Wuchs*) statura *f*; (*Persönlichkeit*) personaggio *m*; **[feste] ~ annehmen** prendere forma; (*Plan*) prendere forma; **in ~ von** in forma di, sotto l'aspetto di; (*Person*) in veste di
**gestalten** <ohne ge-> I. *vt* dare forma a; (*Bildhauerei*) modellare; (*entwerfen*) progettare; (*Programm*) preparare; (*Schaufenster*) allestire; (*einrichten*) disporre; (*Freizeit*) organizzare; (*schöpferisch ~*) creare II. *vr* **sich ~** prendere forma, svilupparsi
**Gestaltpsychologie** *f* (PSYCH) gestaltismo *m*
**Gestaltung** <-, -en> *f* (*Formgebung*) forma *f*; (*in Bildhauerei*) modello *m*; (*Entwurf*) progetto *m*; (*von Programm*) preparazione *f*; (*von Schaufenster*) allestimento *m*; (*Einrichtung*) disposizione *f*; (*Freizeit*) organizzazione *f*; (*schöpferische ~*) creazione *f*
**Gestammel** [gəˈʃtaməl] <-s> *kein Pl. nt* (*pej*) balbettio *m*
**gestanden** *PP von* **stehen, gestehen**
**geständig** *adj* (JUR) **~ sein** essere reo confesso
**Geständnis** [gəˈʃtɛntnɪs] <-ses, -se> *nt* (JUR) confessione *f*; **ein ~ ablegen** fare una confessione
**Gestank** [gəˈʃtaŋk] <-(e)s> *kein Pl. m* puzzo *m*, cattivo odore *m*
**Gestapo** [geˈstaːpo] <-> *kein Pl. f* (HIST) *abk v* **Geheime Staatspolizei** GESTAPO *f*
**gestatten** [gəˈʃtatən] <ohne ge-> *vt* **[jdm] etw ~** permettere qc [a qu]; (*gewähren*) accordare qc [a qu]; **wenn Sie [mir] ~ ...** se mi permette ...; **~ [Sie]?** permette? è permesso?
**Geste** [ˈɡɛstə] <-, -n> *f* (*a. fig*) gesto *m*

**Gesteck** [gəˈʃtɛk] <-(e)s, -e> *nt* composizione *f* floreale
**gestehen** <**gesteht, gestand, gestanden**> *vt* (*bekennen*) confessare; (*zugeben*) ammettere; (*Gefühle*) dichiarare; **offen gestanden** francamente
**Gestein** [gəˈʃtaɪn] <-(e)s, -e> *nt* roccia *f*; (*Steinmenge*) pietrame *m*
**Gestell** [gəˈʃtɛl] <-(e)s, -e> *nt* (*Stütze*) supporto *m*; (*Regal*) scaffale *m*; (*Bock*) cavalletto *m*; (*Bett~*) lettiera *f*; (MOT) telaio *m*; (AERO) carrello *m* [d'atterraggio]; (*Brillen~*) montatura *f*
**gestellt** [gəˈʃtɛlt] *adj* ❶ (*gekünstelt, inszeniert*) innaturale, artificiale ❷ (*situiert*) **gut/schlecht ~ sein** stare bene/male [finanziariamente]
**gestern** [ˈɡɛstɐn] *adv* ieri; **~ früh/Abend** ieri mattina/sera; **~ vor acht Tagen** nove giorni fa; **nicht von ~ sein** (*fig fam*) non essere nato ieri *fam*
**gestiefelt** [gəˈʃtiːfəlt] *adj* (*Mensch*) stivalato, con gli stivali; **der Gestiefelte Kater** il gatto con gli stivali; **~ und gespornt** (*fam scherz*) bello e pronto
**gestiegen** *PP von* **steigen**
**Gestik** [ˈɡeːstɪk o ˈɡɛstɪk] <-> *kein Pl. f* gesti *mpl*, gesticolazione *f*
**Gestikulation** [ɡɛstikulaˈtsjoːn] <-, -en> *f* gesticolazione *f*
**gestikulieren** [ɡɛstikuˈliːrən] <ohne ge-> *vi* gesticolare
**Gestirn** [gəˈʃtɪrn] *nt* (ASTR: *Himmelskörper*) astro *m*; (*Stern*) stella *f*
**gestoben** [gəˈʃtoːbən] *PP von* **stieben**
**gestochen** *PP von* **stechen**
**gestohlen** *PP von* **stehlen**
**gestorben** *PP von* **sterben**
**gestört** [gəˈʃtøːɐ̯t] *adj* (RADIO) disturbato; (*belastet*) instabile; (*geistig ~*) squilibrato; **ein ~es Verhältnis zu jdm/etw haben** avere un rapporto difficile con qu/qc
**Gestotter** [gəˈʃtɔtɐ] <-s> *kein Pl. nt* (*fam*) balbettio *m*
**Gesträuch** [gəˈʃtrɔyç] <-(e)s, -e> *nt* cespugli *mpl*
**gestreift** [gəˈʃtraɪft] *adj* a strisce, rigato
**gestresst** [gəˈʃtrɛst] *adj* stressato
**gestrichelt** *adj* **~e Linie** linea tratteggiata
**gestrichen** [gəˈʃtrɪçən] I. *PP von* **streichen** II. *adj* (*Löffel*) raso; **~ voll** (*Maß*) pieno raso
**gestrig** [ˈɡɛstrɪç] *adj* di ieri, fuori moda
**gestritten** *PP von* **streiten**
**Gestrüpp** [gəˈʃtrʏp] <-(e)s, -e> *nt* sterpaglia *f*
**gestunken** *PP von* **stinken**

**Gestüt** [gəˈʃtyːt] <-(e)s, -e> *nt* scuderia *f*
**gestylt** *adj* stylé, elegante
**Gesuch** [gəˈzuːx] <-(e)s, -e> *nt* domanda *f*; (JUR) istanza *f*; (*Bittschrift*) petizione *f*
**gesucht** [gəˈzuːxt] *adj* ricercato
**gesund** [gəˈzʊnt] *adj* sano; (*Luft, Klima*) sano, salubre; (*heilsam: Erfahrung, Lehre*) salutare; **der ~e Menschenverstand** il buon senso comune; **~ aussehen** avere un aspetto sano; [**wieder**] **~ werden** guarire; **ein ~es Urteil haben** avere giudizio; **~ und munter** sano e vegeto
**gesunden** [gəˈzʊndən] <ohne ge-> *vi sein* (*geh*) guarire; (*sich erholen*) rimettersi, riprendersi
**Gesundheit** <-> *kein Pl. f* salute *f*; (*Zuträglichkeit*) salubrità *f*; (*fig: von Wirtschaft*) prosperità *f*; **auf jds ~ trinken** bere alla salute di qu; **bei bester ~ sein** essere in buona salute; **~!** salute!
**gesundheitlich** *adj* (*die Gesundheit betreffend*) della salute, igienico; (*der Gesundheit dienend*) salutare; **aus ~en Gründen** per ragioni di salute; **wie geht es Ihnen ~?** come sta di salute?
**Gesundheitsamt** *nt* ufficio *m* d'igiene
**gesundheitsbewusst** *adj* attento alla salute
**Gesundheitsbewusstsein** <-s> *kein Pl. nt* (MED) attenzione *f* per la salute
**gesundheitsschädlich** *adj* nocivo alla salute **Gesundheitswesen** *kein Pl. nt* sanità *f* **Gesundheitszustand** *m* stato *m* di salute
**gesund**|**schlafen** *vr* **sich ~** rigenerarsi dormendo
**gesund**|**schrumpfen** (*bes.* COM) I. *vt haben* risanare II. *vi sein* risanarsi
**Gesundung** <-> *kein Pl. f* (*geh*) guarigione *f*; (*von Wirtschaft*) risanamento *m*
**gesungen** *PP von* **singen**
**gesunken** *PP von* **sinken**
**getan** *PP von* **tun**
**Getier** [gəˈtiːɐ] <-(e)s> *kein Pl. nt* animali *mpl*, bestie *fpl*
**Getöse** [gəˈtøːzə] <-s> *kein Pl. nt* frastuono *m*, fracasso *m*; (*von Wellen*) fragore *m*
**getragen** [gəˈtraːɡən] I. *PP von* **tragen** II. *adj* ❶ (*Musik*) sostenuto ❷ (*Kleidung*) usato
**Getrampel** [gəˈtrampəl] <-s> *kein Pl. nt* (*fam*) scalpiccio *m*
**Getränk** [gəˈtrɛŋk] <-(e)s, -e> *nt* bevanda *f*, bibita *f* **Getränkeautomat** *m* distributore *m* automatico di bevande **Getränkesteuer** *f* tassa *f* sugli alcolici

**getrauen** <ohne ge-> *vr* **sich ~** [etw zu tun] avere il coraggio [di fare qc], osare [fare qc]
**Getreide** [gəˈtraɪdə] <-s, -> *nt* cereali *mpl*, granaglie *fpl*; (*Korn*) grano *m* **Getreideanbau** *m* (AGR) cerealicoltura *f* **Getreideart** *f* specie *f* di cereale, cereali *mpl* **Getreidemühle** *f* mulino *m* per cereali
**getrennt** [gəˈtrɛnt] I. *adj* separato II. *adv* separatamente; (*bezahlen*) alla romana; (*berechnen*) a parte
**getreten** [gəˈtreːtən] *PP von* **treten**
**getreu** [gəˈtrɔɪ] *adj* ❶ (*treu*) fedele, devoto ❷ (*genau entsprechend*) fedele, conforme
**Getriebe** [gəˈtriːbə] <-s, -> *nt* (TEC) meccanismo *m*; (*Räder-~*) rotismo *m*; (*Triebwerk*) trasmissione *f*; (*Wechsel-~*) cambio *m* [di velocità]; (MOT) cambio *m* di velocità
**getrieben** *PP von* **treiben**
**getroffen** *PP von* **treffen**
**getrogen** *PP von* **trügen**
**getrost** [gəˈtroːst] I. *adj* (*zuversichtlich*) fiducioso II. *adv* (*ohne Bedenken*) tranquillamente
**getrübt** [gəˈtryːpt] *adj* torbido, tetro
**getrunken** *PP von* **trinken**
**Getto** [ˈɡɛto] <-s, -s> *nt* ghetto *m*
**Getue** [gəˈtuːə] <-s> *kein Pl. nt* (*fam pej: Wichtigtuerei*) arie *fpl*; (*Geziertheit*) smancerie *fpl*; **vornehmes ~** arie aristocratiche
**Getümmel** [gəˈtʏməl] <-s, *rar* -> *nt* trambusto *m*, tafferuglio *m*; (*Tumult*) tumulto *m*, baraonda *f*
**getüpfelt** [gəˈtʏpfəlt] *adj* macchiettato, picchiettato; (*Stoff*) a pois
**geübt** [gəˈʔyːpt] *adj* pratico, esperto
**Gewächs** [gəˈvɛks] <-es, -e> *nt* pianta *f*, vegetale *m*
**gewachsen** [gəˈvaksən] *adj* **jdm/etw ~ sein** essere all'altezza di qu/qc
**Gewächshaus** *nt* (*für Pflanzen*) serra *f*
**gewagt** [gəˈvaːkt] *adj* ❶ (*kühn*) audace, arrischiato; (*gefährlich*) rischioso ❷ (*unanständig*) spinto
**gewählt** [gəˈvɛːlt] *adj* scelto, ricercato; (*elegant*) raffinato
**Gewähr** [gəˈvɛːɐ̯] <-> *kein Pl. f* garanzia *f*, assicurazione *f*; **für etw ~ leisten** garantire per qc, rispondere di qc; **ohne ~** senza garanzia
**gewähren** [gəˈvɛːrən] <ohne ge-> *vt* ❶ (*bewilligen*) accordare, concedere ❷ (*geben*) **jdm etw ~** procurare qc a qu ❸ (*Bitte*) esaudire, accogliere
**gewährleisten** <ohne ge-> *vt* garantire
**Gewährleistung** *f* garanzia *f*

**Gewahrsam** [gə'vaːɐ̯zaːm] <-s, -e> *m* ① (*Obhut*) custodia *f* ② (*Haft*) arresto *m;* **in ~ nehmen** (*Sache*) prendere in custodia; (*Person*) arrestare

**Gewährsmann** <-(e)s, -männer *o* -leute> *m* fonte *f* sicura, informatore *m* sicuro

**Gewährung** <-, -en> *f* (*Bewilligung*) concessione *f;* (*Erlaubnis*) permesso *m;* (*von Bitte*) esaudire *m*

**Gewalt** [gə'valt] <-, -en> *f* ① *Sing.* (*Zwang*) costrizione *f;* (*~tätigkeit*) violenza *f;* **jdm ~ antun** usare violenza a qu; (*vergewaltigen*) violentare qu; **~ anwenden** impiegare la forza; **mit ~** con la forza ② (*Macht*) potere *m;* (*Autorität*) autorità *f;* (*Kontrolle*) controllo *m;* **~ über jdn/etw haben** avere autorità su qu/qc; **gesetzgebende/richterliche/vollziehende ~** potere legislativo/giudiziario/esecutivo; **jdn in seine ~ bringen** impadronirsi di qu ③ (*Heftigkeit*) forza *f,* violenza *f;* **elterliche ~** patria potestà; **höhere ~** forza maggiore; **in jds ~ sein** essere in potere di qu; **sich in der ~ haben** dominarsi, controllarsi; **mit aller ~** con tutta forza; (*fig*) a tutti i costi; **mit nackter** [*o* **roher**] **~** con forza bruta

**Gewaltausbruch** *m* scoppio *m* di violenza

**gewaltbereit** *adj* pronto alla violenza, violento **Gewaltbereitschaft** <-> *kein Pl. f* disposizione *f* alla violenza

**Gewaltenteilung** *f* divisione *f* dei poteri

**gewaltfrei** I. *adj* non violento II. *adv* senza violenza

**Gewaltherrschaft** *f* tirannia *f,* dispotismo *m*

**gewaltig** I. *adj* ① (*riesig*) enorme, gigantesco ② (*heftig*) violento; (*a. stark*) forte ③ (*mächtig*) potente ④ (*eindrucksvoll*) impressionante ⑤ (*großartig*) grandioso ⑥ (*groß*) grande, forte II. *adv* (*fam: sehr*) fortemente, molto; **da irren Sie sich ~** qui si sbaglia di grosso *fam*

**gewaltlos** *adj* non violento

**Gewaltlosigkeit** <-> *kein Pl. f* non violenza *f*

**Gewaltprävention** *f* prevenzione *f* della violenza

**gewaltsam** *adj* violento; **~ öffnen** forzare

**Gewaltstreich** *m* atto *m* di violenza; (MIL) colpo *m* di mano

**Gewalttat** *f* atto *m* di violenza **Gewalttäter(in)** *m(f)* violento, -a *m, f,* delinquente *mf,* criminale *mf* **gewalttätig** *adj* violento, brutale **Gewalttätigkeit** *f* violenza *f*

**Gewaltverbrechen** *nt* crimine *m* di violenza

**Gewaltverzicht** *m* rinuncia *f* all'uso della forza

**Gewand** [gə'vant, *Pl:* gə'vɛndə] <-(e)s, Gewänder> *nt* (*geh*) veste *f,* abbigliamento *m;* (*Talar*) talare *m;* (*fig*) veste *f*

**gewandt** [gə'vant] I. *PP von* **wenden²** II. *adj* (*geschickt*) abile; (*Stil*) elegante, raffinato; [**in etw** *dat*] **~ sein** essere abile [in qc] **Gewandtheit** <-> *kein Pl. f* (*Geschicktheit*) abilità *f;* (*Flinkheit*) agilità *f;* (*von Stil*) eleganza *f,* raffinatezza *f*

**gewann** *1. u. 3. Pers. Sing. Imp. von* **gewinnen**

**gewaschen** *PP von* **waschen**

**Gewässer** [gə'vɛsə] <-s, -> *nt* acqua *f;* (NAUT) acque *fpl* **Gewässerreinhaltung** *kein Pl. f,* **Gewässerschutz** *kein Pl. m* salvaguardia *f* delle acque

**Gewebe** [gə've:bə] <-s, -> *nt* tessuto *m*

**Gewehr** [gə'veːɐ̯] <-(e)s, -e> *nt* fucile *m* **Gewehrkolben** *m* calcio *m* del fucile **Gewehrkugel** *f* pallottola *f*

**Geweih** [gə'vaɪ] <-(e)s, -e> *nt* corna *fpl*

**Gewerbe** [gə'vɛrbə] <-s, -> *nt* lavoro *m,* attività *f;* (*Beruf*) professione *f;* (*Handwerk*) mestiere *m;* (*kleiner Betrieb*) commercio *m;* **ein ~ betreiben** esercitare un mestiere **Gewerbeaufsicht** *f,* **Gewerbeaufsichtsamt** *nt* ispettorato *m* del lavoro **Gewerbebetrieb** *m* azienda *f* industriale [*o* commerciale] **Gewerbegebiet** *nt* zona *f* industriale **Gewerbeordnung** *f* codice *m* delle attività lucrative indipendenti **Gewerbeschein** *m* licenza *f* d'esercizio **Gewerbeschule** *f* scuola *f* industriale **Gewerbesteuer** *f* (FIN) imposta *f* su industrie e commerci **Gewerbetreibende** <ein -r, -n, -n> *mf* **selb|st|ständiger ~r** chi esercita una professione indipendente **gewerblich** [gə'vɛrplɪç] *adj* commerciale; (*industriell*) industriale; (*beruflich*) professionale; **Räume ~ nutzen** utilizzare locali ad uso industriale o commerciale

**gewerbsmäßig** *adj* professionale, di professione, di mestiere

**Gewerkschaft** [gə'vɛrkʃaft] <-, -en> *f* sindacato *m* **Gewerkschaft|l|er(in)** <-s, -; -, -nen> *m(f)* sindacalista *mf* **gewerkschaftlich** *adj* sindacale; **~ organisiert** organizzato sindacalmente

**Gewerkschaftsbewegung** *f* movimento *m* sindacale **Gewerkschaftsbund** *m* confederazione *f* sindacale **Gewerkschaftsführer(in)** *m(f)* dirigente *mf* sindacale **Gewerkschaftsfunktionär(in)** *m(f)*

funzionario, -a *m, f* sindacale **Gewerkschaftsmitglied** *nt* iscritto, -a *m, f* al sindacato
**gewesen** [gəˈveːzən] *PP von* **sein**¹
**gewichen** *PP von* **weichen**
**Gewicht** [gəˈvɪçt] <-(e)s, -e> *nt* peso *m;* (*fig: Wichtigkeit*) importanza *f;* **ins ~ fallen** essere importante, aver peso; **nach ~** a peso; **auf etw ~ legen** dare importanza a qc **Gewichtheben** <-s> *kein Pl. nt* (SPORT) sollevamento *m* pesi
**Gewichtheber** *m* (SPORT) pesista *m*
**gewichtig** *adj* ❶ (*schwer*) pesante ❷ (*fig: einflussreich*) influente; (*bedeutungsvoll*) importante
**Gewichtsangabe** <-, -n> *f* indicazione *f* del peso
**Gewichtsverlust** *m* perdita *f* di peso
**Gewichtszunahme** *f* aumento *m* di peso
**Gewichtung** <-, -en> *f* ponderazione *f*
**gewieft** [gəˈviːft] *adj* (*fam: schlau*) furbo, scaltro
**Gewieher** [gəˈviːɐ] <-s> *kein Pl. nt* nitriti *mpl*
**gewiesen** *PP von* **weisen**
**gewillt** *adj* **~ zu etw sein** essere intenzionato a [fare] qc
**Gewimmel** <-s> *kein Pl. nt* brulichio *m*, formicolio *m*
**Gewinde** [gəˈvɪndə] <-s, -> *nt* (TEC) filetto *m*
**Gewinn** [gəˈvɪn] <-(e)s, -e> *m* ❶ (*Vorteil*) vantaggio *m;* (*Nutzen*) profitto *m;* **mit ~ verkaufen** vendere con profitto ❷ (*Verdienst*) guadagno *m;* (*Ertrag*) utile *m;* (*im Spiel, durch Spekulation*) vincita *f;* (*in der Lotterie*) premio *m;* **~ und Verlust** (COM) perdite e profitti; **~ bringen** dare un utile, rendere; **~ bringend** redditizio, lucrativo **Gewinnanteil** *m* partecipazione *f* agli utili, dividendo *m* **Gewinnausschüttung** *f* distribuzione *f* degli utili **Gewinnbeteiligung** *f* partecipazione *f* agli utili **gewinnbringend** *adj* redditizio, lucrativo **Gewinnchance** <-, -n> *f* possibilità *f* di vincita
**gewinnen** [gəˈvɪnən] <gewinnt, gewann, gewonnen> I. *vt* ❶ (*Spiel*) vincere ❷ (*erlangen: Preis*) vincere; (*Sympathie*) ottenere; (*jds Herz*) conquistare; **Zeit ~ guadagnar tempo**; **jdn für etw ~ ottenere** l'adesione di qu a qc; **sich für etw ~ lassen** acconsentire a qc ❸ (*verdienen*) guadagnare ❹ (*erzeugen: Strom*) ricavare; (*Erz*) estrarre; (*durch Verarbeitung*) ricavare II. *vi* ❶ (*siegen*) vincere; **bei** [*o* **in**] **etw** *dat* **~** vincere in qc ❷ (*profitieren*) approfittare; (*besser werden*) migliorare
**gewinnend** *adj* attraente, simpatico
**Gewinner(in)** <-s, -; -, -nen> *m(f)* vincitore, -trice *m, f*
**Gewinnspanne** *f* (COM) margine *m* d'utile
**Gewinnstreben** <-s> *kein Pl. nt* tendenza *f* al profitto, aspirazione *f* al guadagno **gewinnträchtig** *adj* fruttuoso, redditizio
**Gewinnung** <-, -en> *f* (MIN, CHEM) estrazione *f*
**Gewinnzahl** *f* numero *m* vincente
**Gewinsel** <-s> *kein Pl. nt* (*pej*) uggiolio *m;* (*fig*) piagnucolio *m*
**Gewirr** [gəˈvɪr] <-(e)s> *kein Pl. nt* (*von Fäden*) garbuglio *m;* (*von Straßen*) labirinto *m;* (*von Stimmen*) brusio *m;* (*von Paragraphen*) guazzabuglio *m;* (*fig: Durcheinander*) confusione *f*, groviglio *m*
**gewiss** [gəˈvɪs] I. *adj* ❶ (*sicher*) sicuro ❷ (*bestimmt*) certo; **das gewisse Etwas** quel certo non so che; **ein gewisser N.** un certo N. II. *adv* (*sicher*) certamente, di sicuro; (*zweifellos*) indubbiamente, senza dubbio; **ganz ~** non c'è dubbio; **~ nicht** certamente no; **~!** ma certo!
**Gewissen** [gəˈvɪsən] <-s, -> *nt* coscienza *f* [morale]; **ein gutes/schlechtes ~ haben** avere la coscienza pulita/sporca; **etw/jdn auf dem ~ haben** avere qc/qu sulla coscienza; **jdm ins ~ reden** appellarsi alla coscienza di qu
**gewissenhaft** *adj* coscienzioso, scrupoloso; (*peinlich genau*) meticoloso **Gewissenhaftigkeit** <-> *kein Pl. f* ❶ coscienziosità *f*, scrupolosità *f* ❷ (*Genauigkeit*) meticolosità *f*
**gewissenlos** *adj* senza coscienza, privo di scrupoli **Gewissenlosigkeit** <-> *kein Pl. f* mancanza *f* di coscienza
**Gewissensbisse** *mPl.* rimorsi *mpl* **Gewissensentscheidung** <-, -en> *f*, **Gewissensfrage** *f* questione *f* di coscienza **Gewissensfreiheit** *f* libertà *f* di coscienza **Gewissenskonflikt** *m* conflitto *m* di coscienza
**gewissermaßen** *adv* in certo qual modo, per così dire
**Gewissheit** <-, -en> *f* certezza *f*, sicurezza *f;* (*innere ~*) convinzione *f;* **~ erlangen** acquisire certezze; **sich** *dat* **~ über etw** *acc* **verschaffen** accertarsi di qc
**Gewitter** [gəˈvɪtɐ] <-s, -> *nt* temporale *m*
**gewitt|e|rig** *adj* temporalesco **gewittern** <ohne ge-> *vi* esserci un temporale **Gewitterwolke** *f* nuvola *f* temporalesca
**gewittrig** *adj s.* **gewitt|e|rig**

**gewitzt** [gəˈvɪtst] *adj* smaliziato, scaltrito
**gewoben** *PP von* **weben**
**gewogen** *PP von* **wiegen**¹
**gewöhnen** <ohne ge-> I. *vt* jdn [an etw *acc*] ~ abituare qu [a qc] II. *vr* **sich an jdn/etw** ~ abituarsi a qu/qc
**Gewohnheit** [gəˈvoːnhaɪt] <-, -en> *f* abitudine *f*; **die ~ haben etw zu tun** avere l'abitudine di fare qc; **aus** ~ per abitudine
**gewohnheitsmäßig** I. *adj* abituale II. *adv* per abitudine **Gewohnheitsmensch** *m* abitudinario, -a *m, f*, consuetudinario, -a *m, f* **Gewohnheitsrecht** *nt* (JUR) diritto *m* consuetudinario **Gewohnheitstier** *nt* (*iron*) abitudinario *m;* **der Mensch ist ein** ~ gli uomini sono creature abitudinarie **Gewohnheitstrinker(in)** *m(f)* bevitore, -trice *m, f* abituale **Gewohnheitsverbrecher(in)** *m(f)* delinquente *mf* abituale
**gewöhnlich** [gəˈvøːnlɪç] I. *adj* ❶ (*gewohnt*) abituale, consueto; (*üblich*) solito ❷ (*alltäglich*) ordinario ❸ (*mittelmäßig*) comune ❹ (*pej: unfein, gemein*) grossolano, volgare II. *adv* (*normalerweise*) di solito, di consueto; **wie** ~ come il solito
**gewohnt** [gəˈvoːnt] *adj* abituale, consueto; **etw ~ sein** essere abituato a qc
**Gewöhnung** [gəˈvøːnʊŋ] <-> *kein Pl. f* assuefazione *f*; **die ~ an etw** *acc* l'assuefazione a qc
**gewöhnungsbedürftig** *adj* insolito, singolare
**Gewölbe** [gəˈvœlbə] <-s, -> *nt* (ARCH) volta *f*; (*Raum*) ambiente *m* a volta
**gewölbt** [gəˈvœlpt] *adj* (ARCH) a volta; (*Nase*) aquilino; (*Stirn*) prominente; (*Himmel*) a volta; (*Brust*) prosperoso, rigonfio
**gewollt** *PP von* **wollen**¹
**gewonnen** *PP von* **gewinnen**
**geworben** *PP von* **werben**
**geworden** *PP von* **werden**
**geworfen** *PP von* **werfen**
**gewrungen** *PP von* **wringen**
**Gewühl** [gəˈvyːl] <-(e)s> *kein Pl. nt* (*Durcheinander*) confusione *f*, trambusto *m*; (*Gedränge*) ressa *f*, calca *f*; (SPORT) mischia *f*
**gewunden** [gəˈvʊndən] I. *PP von* **winden**¹ II. *adj* ❶ (*gedreht*) contorto ❷ (*Weg*) tortuoso; (*Fluss*) sinuoso ❸ (*Ausdrucksweise*) contorto
**gewunken** [gəˈvʊŋkən] *PP von* **winken**
**Gewürz** [gəˈvʏrts] <-es, -e> *nt* ❶ (*Substanz*) spezie *fpl*, droghe *fpl* ❷ (*Kräutersorte*) erbe *fpl* aromatiche ❸ (*Würze*) condimento *m* **Gewürzgurke** *f* (GASTR)

cetriolo *m* sott'aceto **Gewürznelke** *f* chiodo *m* di garofano **gewürzt** *adj* condito, aromatizzato; **stark** ~ piccante
**gewusst** [gəˈvʊst] *PP von* **wissen**
**Geysir** [ˈgaɪziːɐ, *Pl:* ˈgaɪziːrə] <-s, -e> *m* geyser *m*
**gez.** *abk v* **gezeichnet** f.to
**gezackt** [gəˈtsakt] *adj* dentellato
**gezahnt** [gəˈtsaːnt] *adj* (TEC, BOT) dentato, dentellato
**Gezänk** [gəˈtsɛŋk] <-(e)s> *kein Pl. nt* litigi *mpl*, dispute *fpl*
**gezeichnet** [gəˈtsaɪçnət] *adj* ❶ (*fig*) segnato; **vom Schicksal** ~ segnato dal destino ❷ (*unterschrieben*) sottoscritto
**Gezeiten** [gəˈtsaɪtən] *Pl.* maree *fpl* **Gezeitenkraftwerk** *nt* centrale *f* mareomotrice **Gezeitenwechsel** *m* alternanza *f* delle maree
**Gezeter** [gəˈtseːtɐ] <-s> *kein Pl. nt* (*pej*) grida *fpl*, strilli *mpl*
**gezielt** [gəˈtsiːlt] *adj* (*Frage*) specifico; (*Hilfe*) ben diretto; (*Beleidigung*) voluto, intenzionale; **~ fragen** domandare allusivamente
**geziemen** [gəˈtsiːmən] <ohne ge-> (*geh*) I. *vi* **jdm** ~ convenire a qu, addirsi a qu II. *vr* **sich** ~ convenirsi; **wie es sich geziemt** come si conviene **geziemend** *adj* dovuto
**geziert** *adj* affettato, lezioso
**gezogen** [gəˈtsoːgən] *PP von* **ziehen**
**Gezwitscher** [gəˈtsvɪtʃɐ] <-s> *kein Pl. nt* cinguettio *m*
**gezwungen** I. *PP von* **zwingen** II. *adj* forzato **gezwungenermaßen** *adv* forzatamente, per costrizione
**ggf[s].** *abk v* **gegebenenfalls** eventualmente, nel caso
**Ghetto** <-s, -s> *nt s.* **Getto**
**Ghostwriter(in)** [ˈgɔʊstraɪtɐ] <-s, -; -, -nen> *m(f)* ghost-writer *m*
**Gibraltar** [giˈbraltaːɐ] *nt* (GEOG) Gibilterra *f*
**gibt** [giːpt] *3. Pers. Sing. Präs. von* **geben**
**Gicht** [gɪçt] <-> *kein Pl. f* (MED) gotta *f*
**Giebel** [ˈgiːbəl] <-s, -> *m* (ARCH) timpano *m*, frontone *m*
**Gier** [giːɐ] <-> *kein Pl. f* (*Begierde*) avidità *f*, brama *f*; (*Fress~*) voracità *f*; **~ nach etw** avidità di qc
**gieren** [ˈgiːrən] *vi* **nach etw** ~ bramare qc, essere avido di qc
**gierig** *adj* avido; (*fress~*) vorace; **nach etw ~ sein** essere avido di qc; **~ essen/trinken** mangiare/bere avidamente
**Gießbach** <-(e)s, -bäche> *m* torrente *m*
**gießen** [ˈgiːsən] <gießt, goss, gegossen>

I. *vt* ① (*schütten*) versare, rovesciare; (*verschütten*) versare ② (*Blumen*) annaffiare ③ (*Metall*) fondere, colare; (*Bildwerk*) gettare II. *vi* piovere dirottamente; **es gießt in Strömen** piove a dirotto

**Gießer(in)** <-s, -; -, -nen> *m(f)* fonditore, -trice *m, f*

**Gießerei** [giːsəˈraɪ] <-, -en> *f* ① *Sing.* (*Vorgang*) fusione *f* ② (*Betrieb*) fonderia *f*

**Gießerin** *f s.* **Gießer**

**Gießform** <-, -en> *f* forma *f* da fonderia

**Gießkanne** *f* annaffiatoio *m* **Gießkannenprinzip** <-s> *kein Pl. nt* **etw nach dem ~ austeilen** (*fam*) distribuire qc a pioggia, *dare a tutti indipendentemente dai bisogni effettivi dei singoli*

**Gift** [gɪft] <-(e)s, -e> *nt* (*a. fig*) veleno *m*; **~ sein für ...** (*fig*) essere veleno per ...; **~ und Galle speien** (*fam*) sputare veleno; **darauf kannst Du ~ nehmen** (*fam*) puoi giurarci

**giften** *vi* (*fam*) inveire (*gegen* contro)

**Giftgas** *nt* gas *m* tossico

**giftgrün** *adj* verde bandiera [*o* brillante]

**giftig** *adj* (*a. fig*) velenoso, tossico; (ZOO) velenifero; (BOT, MIN) venefico; **~er Blick** sguardo velenoso

**Giftigkeit** <-> *kein Pl. f* (*einer Substanz*) velenosità *f*, tossicità *f*; (*fam: einer Person*) velenosità *f*

**Giftmord** *m* veneficio *m*

**Giftmüll** *m* (ECO) rifiuti *mpl* tossici **Giftmüllexport** *m* (ECO) esportazione *f* di rifiuti tossici **Giftpflanze** *f* pianta *f* velenosa **Giftpilz** *m* fungo *m* velenoso **Giftschlange** *f* serpente *m* velenoso **Giftstoff** *m* (ECO) sostanza *f* velenosa; (MED) tossina *f* **Giftzahn** *m* (ZOO) dente *m* velenifero

**Gigabyte** <-s, -s> *nt* (INFORM) gigabyte *m*

**Gigant(in)** [giˈgant] <-en, -en; -, -nen> *m(f)* gigante, -essa *m, f*

**gigantisch** *adj* gigantesco, colossale

**Gilde** [ˈgɪldə] <-, -n> *f* corporazione *f*

**gilt** [gɪlt] 3. *Pers. Sing. Präs. von* **gelten**

**Gimpel** [ˈgɪmpəl] <-s, -> *m* (ZOO) borgognone *m*, ciuffolotto *m*

**ging** [gɪŋ] *1. u. 3. Pers. Sing. Imp. von* **gehen**

**Ginster** [ˈgɪnstɐ] <-s, -> *m* (BOT) ginestra *f*

**Gipfel** [ˈgɪpfəl] <-s, -> *m* ① (*von Berg*) cima *f*, vetta *f* ② (*fig: Höhepunkt*) apice *m*, apogeo *m*; **das ist [doch] der ~!** questo è proprio il colmo! *fam* **Gipfelkonferenz** *f* (POL) conferenza *f* al vertice

**gipfeln** *vi* (*fig*) **in etw** *dat* **~** culminare in qc

**Gipfelpunkt** *m* (*a. fig*) punto *m* culminante **Gipfelteilnehmer(in)** *m(f)* partecipante *m* al vertice **Gipfeltreffen** *nt* incontro *m* al vertice

**Gips** [gɪps] <-es, -e> *m* gesso *m* **Gipsabdruck** *m*, **Gipsabguss** *m* calco *m* in gesso **Gipsbein** *nt* (*fam*) gamba *f* ingessata

**gipsen** *vt* (MED) ingessare

**Gipser(in)** <-s, -; -, -nen> *m(f)* (KUNST, ARCH) stuccatore, -trice *m, f*

**Gipsfigur** *f* figurina *f* di gesso

**Gipsverband** *m* ingessatura *f*

**Giraffe** [giˈrafə] <-, -n> *f* (ZOO) giraffa *f*

**girieren** [ʒiˈriːrən] <ohne ge-> *vt* (FIN) girare

**Girlande** [gɪrˈlandə] <-, -n> *f* ghirlanda *f*

**Girlgroup** [ˈgəːlgruːp] <-, -s> *f* girlgroup *m*

**Girlie** [ˈgəːli] <-s, -s> *nt* girlie *f*

**Giro** [ˈʒiːro] <-s, -s> *nt* (FIN) giro *m*, girata *f* **Girokonto** *nt* giroconto *m*, conto *m* corrente **Giroscheck** <-s, -s> *m* assegno *m* circolare **Giroverkehr** *m* bancogiro *m* **Girozentrale** *f* ufficio *m* di compensazione [*o* trasferimento]

**girren** [ˈgɪrən] *vi* tubare

**Gischt** [gɪʃt] <-, *rar* -en> *f o* -(e)s, *rar* -e *m*> *f o m* (*Wellenschaum*) schiuma *f*; (*spritzendes Wasser*) spruzzi *mpl*

**Gitarre** [giˈtarə] <-, -n> *f* (MUS) chitarra *f*

**Gitter** [ˈgɪtɐ] <-s, -> *nt* (*Absperrung*) inferriata *f*; (*an Straßen*) grata *f*; (*von Zaun*) cancellata *f*; (*für Pflanzen*) graticcio *m*; (*an Radio*) griglia *f*; (*Draht~*) reticolato *m*; (*Schutz~*) griglia *f* [di protezione]; (*Kamin~*) parafuoco *m*; **hinter ~n** (*fam*) dietro le sbarre **Gitterfenster** *nt* inferriata *f*

**gitterförmig** [ˈgɪtɐfœrmɪç] *adj* graticolato, reticolato **Gitterwerk** *nt* graticolato *m*, graticcio *m* **Gitterzaun** *m* graticciata *f*

**Glace** [glaːs] <-, -n> *f* (CH) gelato *m*

**Glacéhandschuhe** [glaˈseːhantʃuː] <-(e)s, -e> *mPl.* guanti *mpl* glacé [*o* di pelle lucida]; **jdn mit ~n anfassen** trattare qu coi guanti

**Gladiole** [glaˈdjoːlə] <-, -n> *f* (BOT) gladiolo *m*

**Glamour** [ˈglaˈmuːɐ] <-s> *kein Pl. mnt* glamour *m*, fascino *m*

**Glanz** [glants] <-es> *kein Pl. m* ① (*blendender, a. fig*) splendore *m*; (*von Fläche, Haaren, Seide*) lucentezza *f*; (*Schimmer*) luccichio *m*, scintillio *m* ② (*Pracht*) splendore *m*, fulgore *m*; (*Pomp*) magnificenza *f*, pompa *f*

**glänzen** [ˈglɛntsən] *vi* ① (*Glanz haben*)

glänzend → glauben

brillare; (*leuchten*) luccicare, scintillare; (*strahlen*) splendere ❷ (*fig: in einem Fach*) eccellere, brillare; **durch Wissen ~** brillare per il proprio sapere **glänzend** *adj* ❶ (*Glanz habend*) brillante; (*schimmernd*) luccicante, scintillante; (*leuchtend*) splendente; (*Metall, Papier, Leder*) lucido ❷ (*fig*) splendido, brillante; **eine ~e Idee** un'idea formidabile; **mir geht es ~** sto magnificamente bene
**Glanzleistung** *f* prestazione *f* splendida, capolavoro *m* **glanzlos** *adj* senza splendore; (*matt*) opaco; (*Augen*) spento; (*fig*) smorto
**Glanznummer** *f* clou *m*, attrazione *f* principale
**Glanzpapier** *nt* carta *f* lucida [*o* satinata] **glanzvoll** *adj* splendido, brillante **Glanzzeit** *f* periodo *m* aureo, apogeo *m*
**Glarus** ['gla:rʊs] *nt* (GEOG) ❶ (*Stadt*) Glarona *f* ❷ (*Kanton*) Glarona *m*
**Glas** [gla:s] <-es, Gläser, *Maßangaben:* -> *nt* ❶ (*Material*) vetro *m* ❷ (*Trink~*) bicchiere *m*; (*~behälter*) recipiente *m*; (*Marmeladen~*) vasetto *m*; **zu tief ins ~ gucken** (*fam scherz*) alzare il gomito ❸ (OPT: *Brillen~*) lente *f*; (*Fern~, Opern~*) binocolo *m* **Glasauge** *nt* occhio *m* di vetro **Glasbläser** *m* soffiatore *m* del vetro **Glasbläserei** [gla:sblɛ:zə'raɪ] <-, -en> *f* ❶ *Sing*. (*Handwerk*) soffiatura *f* del vetro ❷ (*Betrieb*) vetreria *f* **Glascontainer** *m* (*für Altglas*) cassonetto *m* del vetro
**Glaser** ['gla:zɐ] <-s, -> *m* vetraio *m*; **ist dein Vater ~?** (*fam scherz*) non sei mica trasparente!
**Glaserei** [gla:zə'raɪ] <-, -en> *f* vetreria *f* **gläsern** ['glɛ:zɐn] *adj* di vetro; (*fig: Blick*) vitreo
**Glasfabrik** <-, -en> *f* vetreria *f*
**Glasfaser** *f* fibra *f* di vetro **Glasfaserkabel** *nt* (TEC) cavo *m* in fibra di vetro
**Glasglocke** *f* campana *f* di vetro; (*Lampenschirm*) globo *m* **Glashaus** *nt* serra *f* **glasieren** [gla'zi:rən] <ohne ge-> *vt* ❶ (TEC) smaltare, invetriare ❷ (GASTR) glassare
**glasig** ['gla:zɪç] *adj* vitreo
**Glaskasten** *m* vetrina *f* **glasklar** *adj* (*Wasser*) limpido; (*fig: offensichtlich*) palese **Glasmalerei** *f* ❶ (*Kunst*) pittura *f* su vetro, vetrocromia *f* ❷ (*Gegenstand*) vetro *m* dipinto
**Glasnost** ['glasnɔst] <-> *kein Pl*. *f* (POL) glasnost *f* **Glasperle** *f* perla *f* di vetro
**Glasplatte** *f* lastra *f* di vetro
**Glasröhre** *f* tubo *m* di vetro **Glasscheibe** *f* lastra *f* di vetro **Glasscherbe** *f* coccio *m* di vetro **Glasschrank** *m* vetrina *f* **Glassplitter** *m* scheggia *f* di vetro **Glastür** *f* [porta *f*] vetrata *f*
**Glasur** [gla'zu:ɐ] <-, -en> *f* ❶ (TEC) smaltatura *f*, smalto *m*; (*von Porzellan*) vetrina *f* ❷ (GASTR) glassa[tura] *f*
**Glaswaren** *fPl*. vetrerie *fpl*, vetrame *m*
**Glaswolle** *f* lana *f* di vetro
**glatt** [glat] **I.** *adj* ❶ (*eben*) piano, piatto; (*nicht rau*) liscio; (*~rasiert*) ben rasato; **~ streichen** (*Stoff, Haare*) lisciare ❷ (*rutschig*) scivoloso ❸ (*komplikationslos*) perfetto; (*nicht kompliziert*) semplice ❹ (*eindeutig*) bell' e buono, categorico; **das kostet ~e hundert Euro** (*fam*) costa cento euro tondi **II.** *adv* ❶ (*völlig*) completamente, del tutto ❷ (*rundheraus*) apertamente
**glatt|bügeln** *vt s*. **bügeln**
**Glätte** ['glɛtə] <-, -n> *f* ❶ (*Ebenheit*) esser *m* piano; (*nicht rau*) esser *m* liscio; (*Faltenlosigkeit*) mancanza *f* di rughe ❷ (*Rutschigkeit*) scivolosità *f*
**Glatteis** *kein Pl*. *nt* vetrato *m*; **jdn aufs ~ führen** (*fig*) tendere un'insidia a qu, raggirare qu
**Glätteisen** *nt* (CH) ferro *m* da stiro
**Glatteisgefahr** *f* pericolo *m* di strada ghiacciata
**glätten** ['glɛtən] **I.** *vt* (*glatt machen*) lisciare, levigare; (*Kleidung*) stirare; (*Falten, Stirn*) spianare; (*Haare*) lisciare **II.** *vr* **sich ~** (*Stirn, Gesicht*) spianarsi; (*Meer, Wellen*) calmarsi; **wenn sich die Wogen geglättet haben** (*fig*) quando si saranno calmate le acque
**glatt|gehen** <irr> *vi* (*fam*) andare liscio
**glatt|streichen** <irr> *vt s*. **glatt 1.**
**glattweg** ['glatvɛk] *adv* (*fam*) senza esitare, bellamente, semplicemente
**Glatze** ['glatsə] <-, -n> *f* testa *f* calva, calvizie *f*, pelata *f* *scherz*; **eine ~ haben** essere calvo **Glatzkopf** *m* (*fam: Mensch*) [uomo *m*] calvo *m* **glatzköpfig** *adj* calvo, pelato *scherz*
**Glaube** ['glaʊbə] <-ns, *rar* -n> *m* ❶ (*Vertrauen*, REL) credenza *f*; **der ~ an jdn/etw** *acc* la fede in qu/qc; **jdm/etw ~n schenken** prestar fede a qu/qc; **in gutem ~n** in buona fede; **im ~n, dass ...** credendo che ... ❷ (*Überzeugung*) convinzione *f*; (*Meinung*) opinione *f* ❸ (*Zuversicht*) fiducia *f*; **der ~ an jdn/etw** *acc* la fiducia in qu/qc
**glauben** ['glaʊbən] **I.** *vt* ❶ (*für wahr halten*) credere a; **das ist nicht zu ~** è incre-

dibile; **ob du es glaubst oder nicht** che tu ci creda o no ❷ (*vermuten, annehmen*) pensare, credere **II.** *vi* ❶ (*allg*, REL) credere; **an jdn/etw ~ credere** in [*o* a] qu/qc; **dran ~ müssen** (*fig fam: sterben*) andarci di mezzo *fam*; **ich glaube dir aufs Wort** ti credo sulla parola; **ich glaube nicht daran** non ci credo ❷ (*Glauben schenken*) **jdm** [*o* **an jdn**] **~** prestar fede a qu ❸ (*vertrauen auf*) aver fiducia in

**Glauben** <-s, *rar* -> *m s.* **Glaube**

**Glaubensbekenntnis** *nt* ❶ (REL) professione *f* di fede ❷ (*fig: Überzeugung, Weltanschauung*) credo *m* **Glaubensfreiheit** *f* libertà *f* religiosa **Glaubensgemeinschaft** *f* comunità *f* dei credenti

**glaubhaft** *adj* credibile, attendibile; **etw ~ machen** rendere qc credibile **Glaubhaftigkeit** *kein Pl. f* credibilità *f*, attendibilità *f*

**gläubig** ['glɔɪbɪç] *adj* (REL) credente; (*fromm*) pio **Gläubige** <ein -r, -n, -n> *mf* (REL) fedele *mf*, credente *mf*

**Gläubiger(in)** <-s, -; -, -nen> *m(f)* (COM) creditore, -trice *m, f*

**glaublich** *adj* **es ist kaum ~** è quasi da non credersi

**glaubwürdig** *adj* credibile, attendibile **Glaubwürdigkeit** <-> *kein Pl. f* credibilità *f*, attendibilità *f*

**gleich** [glaɪç] **I.** *adj* ❶ (*gleichartig*) affine; (*ähnlich*) simile; (*identisch*) identico, stesso; **in ~er Weise** allo stesso modo, ugualmente; **zur ~en Zeit** nello stesso tempo ❷ (MAT: *gleichwertig*) uguale; **zweimal fünf ~ zehn** due per cinque uguale dieci ❸ (*fam: gleichgültig*) **jdm/etw ~ sein** essere uguale a qu/qc; **es ist mir ~** (*fam*) per me fa lo stesso **II.** *adv* ❶ (*ebenso*) altrettanto, ugualmente; **~ breit/groß** della stessa larghezza/grandezza; **~ hoch sein** essere della stessa altezza; **~ viel** (*dieselbe Menge*) altrettanto ❷ (*sofort*) subito, immediatamente; (*bald*) presto, fra poco; **~ darauf** subito dopo; **~ heute** oggi stesso; **~ bei/an ...** proprio a ...; **ich komme ~** arrivo subito; **das dachte ich mir ~** c'era da immaginarselo, lo sospettavo; **habe ich das nicht ~ gesagt!** l'avevo detto subito io!; **~!** un momento!; **bis ~!** a presto!

**gleichaltrig** ['glaɪçaltrɪç] *adj* coetaneo, della stessa età **gleichartig** *adj* simile, affine **gleichbedeutend** *adj* [**mit etw**] **~ sein** essere equivalente [a qc] **gleichberechtigt** *adj* di uguali diritti **Gleichberechtigung** *f* equiparazione *f* dei diritti

**gleichbleibend** *adj* invariabile, immutato, costante

**Gleiche(s)** *nt* **das ~ tun** fare la medesima cosa; **das läuft aufs ~ hinaus** fa lo stesso; **~s mit ~m vergelten** rendere pan per focaccia

**gleichen** ['glaɪçən] <gleicht, glich, geglichen> *vi* (*ähneln*) assomigliare, essere somigliante

**gleichentags** *adv* (CH) nello stesso giorno **gleichermaßen** *adv* ugualmente, allo stesso modo

**gleichfalls** *adv* parimenti, altrettanto; **danke, ~!** grazie, altrettanto!

**gleichförmig** *adj* uniforme, regolare; (*eintönig*) monotono **Gleichförmigkeit** <-> *kein Pl. f* uniformità *f*; (*Eintönigkeit*) monotonia *f*

**gleichgeschlechtlich** *adj* dello stesso sesso **gleichgesinnt** *adj* che ha affinità di vedute e interessi **gleichgestellt** *adj* equiparato; (*gesellschaftlich*) pari; **jdm ~ sein** essere pari a qu

**Gleichgewicht** *kein Pl. nt* equilibrio *m*; **das ~ verlieren** perdere l'equilibrio; **aus dem ~ bringen** squilibrare; **ins ~ bringen** equilibrare **Gleichgewichtsorgan** <-(e)s, -e> *nt* (ANAT) organo *m* dell'equilibrio **Gleichgewichtssinn** *m* senso *m* dell'equilibrio **Gleichgewichtsstörung** *f* (MED) alterazione *f* dell'equilibrio

**gleichgültig** *adj* ❶ (*ohne Anteilnahme*) [**gegenüber etw**] **~ sein** essere indifferente [a qc] ❷ (*unwichtig*) insignificante; **das ist mir ~** per me è indifferente, non m'importa ❸ (*uninteressiert*) disinteressato **Gleichgültigkeit** *f* ❶ indifferenza *f*; **~ gegenüber etw** indifferenza nei confronti di qc ❷ (*Desinteresse*) disinteressamento *m*

**Gleichheit** <-, -en> *f* uguaglianza *f*; (*Gleichberechtigung*) parità *f*; (*Gleichartigkeit*) affinità *f* **Gleichheitszeichen** *nt* (MAT) segno *m* d'uguaglianza

**gleich|kommen** <irr> *vi* **jdm an etw** *dat* **~** ugualiare qu in qc; **einer Sache** *dat* **~** equivalere a qc

**gleichlautend** *adj* ❶ (*klanglich*) identico ❷ (*im Wortlaut*) identico, conforme

**gleich|machen** *vt* render uguale, livellare; **dem Erdboden ~** radere al suolo

**Gleichmacherei** [glaɪçmaxəˈraɪ] <-, *pej* -en> *f* egualitarismo *m*

**Gleichmaß** <-es> *kein Pl. nt* ❶ (*Ebenmaß*) proporzione *f*, armonia *f* ❷ (*Gleichförmigkeit, a. pej*) uniformità *f*

**gleichmäßig** *adj* ❶ (*zu gleichen Teilen*)

uguale, uniforme ❷ (*regelmäßig*) regolare, stabile ❸ (*ausgeglichen*) equilibrato ❹ (*ebenmäßig*) simmetrico **Gleichmäßigkeit** *f* ❶ (*gleiche Verteilung*) uniformità *f* ❷ (*Regelmäßigkeit*) regolarità *f* ❸ (*Ausgeglichenheit*) equilibrio *m* ❹ (*Ebenmaß*) simmetria *f*

**Gleichmut** <-(e)s> *kein Pl. m* impassibilità *f*, imperturbabilità *f*, calma *f* **gleichmütig** ['glaıçmy:tıç] *adj* impassibile, imperturbabile, calmo

**gleichnamig** ['glaıçna:mıç] *adj* omonimo; **ein Film nach dem ~en Roman von ...** un film dal romanzo omonimo di ...

**Gleichnis** <-ses, -se> *nt* ❶ (REL) allegoria *f*, parabola *f* ❷ (*Vergleich*) paragone *m*

**gleichrangig** ['glaıçraŋıç] *adj* (*Stellung*) di ugual grado; (*Künstler*) di ugual valore; (*Straßen*) di uguale importanza; (*Probleme*) identico

**Gleichrichter** <-s, -> *m* (TEC) raddrizzatore *m* di corrente; (RADIO) rettificatore *m*

**gleichsam** *adv* per così dire, in certo qual modo

**gleich|schalten** I. *vt* (*pej*) allineare, livellare II. *vr* **sich ~** adeguarsi, adattarsi **Gleichschaltung** <-, -en> *f* ❶ (*pej: Angliederung*) allineamento *m*, livellamento *m* ❷ (*Anpassung*) adattamento *m*

**gleichschenk|e|lig** *adj* (MAT) isoscele

**Gleichschritt** *m* passo *m* cadenzato; **im ~** (MIL) al passo

**gleichseitig** *adj* (MAT) equilatero

**gleich|setzen** *vt* paragonare; **jdn/etw mit jdm/etw ~** paragonare qu/qc a qu/qc; (*als gleichwertig einstufen*) mettere qu/qc sullo stesso livello di qu/qc

**Gleichsetzung** <-, -en> *f* ❶ (*im Vergleich*) paragone *m* ❷ (*gleichwertiger Dinge*) equivalenza *f*

**Gleichspannung** <-, -en> *f* (EL) tensione *f* uniforme

**Gleichstand** *kein Pl. m* (SPORT) parità *f*, pareggio *m*

**gleich|stellen** *vt* equiparare **Gleichstellung** *f* equiparazione *f*

**Gleichstrom** *m* (TEC) corrente *f* continua

**gleich|tun** <irr> *vt* **es jdm ~** (*nachahmen*) imitare qu [in qc]; (*in Leistung*) competere con qu

**Gleichung** <-, -en> *f* (MAT) equazione *f*

**gleichviel** [glaıç'fi:l] *adv* comunque; **~, ob ...** poco importa che +*conj*

**gleichwertig** *adj* di ugual valore; (CHEM) equivalente

**gleichwie** *konj* [*sic*]come

**gleichwink|e|lig** *adj* (MAT) equiangolo

**gleichwohl** [glaıç'vo:l *o* 'glaıçvo:l] *adv* (*geh*) tuttavia, nondimeno

**gleichzeitig** *adj* contemporaneo, simultaneo **Gleichzeitigkeit** <-> *kein Pl. f* simultaneità *f*, sincronismo *m*

**Gleis** [glaıs] <-es, -e> *nt* binario *m*; **aus dem ~ kommen** (*fig*) uscire dalla carreggiata *fam*; **jdn aus dem ~ bringen** (*fig*) traviare qu; **etw wieder ins |rechte| ~ bringen** (*fig*) rimettere qc in carreggiata

**gleißen** ['glaısən] *vi* (*geh*) splendere, luccicare; **~des Licht** luce sfavillante

**gleiten** ['glaıtən] <gleitet, glitt, geglitten> *vi sein* ❶ (*schweben*) planare; (*sich fortbewegen*) scivolare; **über etw** *acc* **~** passare su qc; **seine Hand über etw** *acc* **~ lassen** passare la propria mano su qc ❷ (*rutschen*) slittare, scivolare; (*Auto*) slittare; **ins Wasser/zu Boden ~** scivolare in acqua/a terra ❸ (*Arbeit*) **~de Arbeitszeit** orario flessibile di lavoro

**Gleitflug** <-(e)s, -flüge> *m* volo *m* planato [*o* librato]; **im ~ niedergehen** scendere a volo planato

**Gleitmittel** *nt* lubrificante *m* **Gleitschiene** *f* (FERR) [rotaia *f* di] guida *f* **Gleitschirmflieger|in|** *m(f)* (SPORT) chi pratica il parapendio **Gleitschutz** *m* (MOT) dispositivo *m* antisdrucciolevole **Gleitzeit** *kein Pl. f* orario *m* flessibile [di lavoro]

**Gletscher** ['glɛtʃɐ] <-s, -> *m* ghiacciaio *m* **Gletscherbrand** *m* (MED) eritema *m* solare **Gletscherspalte** *f* crepaccio *m*

**glich** [glıç] *1. u. 3. Pers. Sing. Imp. von* **gleichen**

**Glied** [gli:t] <-(e)s, -er> *nt* ❶ (ANAT) membro *m*, arto *m*; (*Finger~, Zehen~*) falange *f*; (*Penis*) membro *m*; **an allen ~ern zittern** tremare in tutte le membra ❷ (*Ketten~*) maglia *f*, anello *m* ❸ (*Teil*) parte *f*, sezione *f*, segmento *m*; (MAT: *von Gleichung*) termine *m*; (BIOL: *von Bandwurm*) segmento *m*

**Gliederfüßer** <-s, -> *m* (ZOO) artropoda *m*

**gliedern** ['gli:dɐn] I. *vt* (*ordnen*) ordinare; **etw in etw** *acc* **~** ordinare qc in qc; (*einteilen, unter~*) [sud]dividere qc in qc II. *vr* **sich |in etw** *acc*| **~** (*zerfallen in*) [sud]dividersi in qc; (*bestehen aus*) articolarsi in qc

**Gliederung** <-, -en> *f* ❶ *Sing.* (*Einteilung*) divisione *f*; (*Unterteilung*) suddivisione *f* ❷ (*Aufbau*) struttura *f*

**Gliedmaßen** ['gli:tma:sən] *Pl.* membra *fpl*, arti *mpl*

**glimmen** ['glımən] <glimmt, glomm, geglommen> *vi* ardere senza fiamma; (*unter Asche*) covare

**Glimmer** <-s, -> *m* (MIN) mica *f*
**Glimmstängel** <-s, -> *m* (*fam*) cicca *f*
**glimpflich** ['glɪmpflɪç] *adv* ~ **davonkommen** cavarsela a buon mercato *fam*; **das ist noch ~ ausgegangen** è finita bene
**glitschig** ['glɪtʃɪç] *adj* sdrucciolevole, scivoloso
**glitt** [glɪt] *1. u. 3. Pers. Sing. Imp. von* **gleiten**
**glitzern** [ˈglɪtsən] *vi* scintillare, luccicare
**global** [gloˈbaːl] *adj* globale
**globalisieren** *vt* globalizzare
**Globalisierung** <-, -en> *f* (POL) globalizzazione *f*
**Globalisierungsgegner(in)** *m(f)* antiglobal *mf*
**global player** <-, -s> *m* (FIN) global player *m*
**Globus** ['gloːbʊs] <- *o* -ses, Globen *o* Globusse> *m* globo *m*, mappamondo *m*
**Glocke** ['glɔkə] <-, -n> *f* ❶ (*Kirchturm~*) campana *f*; **etw an die große ~ hängen** strombazzare qc ai quattro venti *fam* ❷ (*Klingel*) campanello *m* ❸ (*Käse~*) campana *f*; (*fig: Dunst~*) calotta *f*
**Glockenblume** *f* (BOT) campanula *f*, campanella *f* **Glockengeläut|e|** *nt* scampanio *m*; **unter ~** al suon delle campane **Glockengießer** *m* fonditore *m* di campane **Glockenschlag** *m* [rin]tocco *m* della campana **Glockenspiel** *nt* carillon *m*
**Glockenstuhl** *m* ceppo *m* [*o* mozzo *m*] della campana **Glockenturm** *m* campanile *m*, torre *f* campanaria
**glomm** *1. u. 3. Pers. Sing. Imp. von* **glimmen**
**Glorie** ['gloːriə] <-, -n> *f* ❶ (*geh: Ruhm, Glanz*) gloria *f* ❷ (*geh: Heiligenschein*) aureola *f*
**glorifizieren** [glorifiˈtsiːrən] <ohne ge-> *vt* glorificare, magnificare
**glorreich** ['gloːɐ̯raɪç] *adj* glorioso
**Glossar** [glɔˈsaːɐ̯] <-s, -e> *nt* glossario *m*
**Glosse** ['glɔsə] <-, -n> *f* ❶ (*Kommentar*) commento *m*; (*spöttische Bemerkung*) osservazione *f* ironica ❷ (LIT: *Erläuterung*) glossa *f*
**glossieren** [glɔˈsiːrən] <ohne ge-> *vt* ❶ (*kommentieren*) commentare; (*spöttisch*) ironizzare su [*o* di] ❷ (LIT: *mit Erläuterungen versehen*) glossare
**Glotze** <-, -n> *f* (*fam*) televisione *f*, tele *f*
**glotzen** ['glɔtsən] *vi* (*starr*) guardare con gli occhi fissi; (*dumm*) guardare con gli occhi spalancati, sgranare gli occhi
**Glück** [glʏk] <-(e)s, *rar* -e> *nt* fortuna *f*; (*Erfolg*) successo *m*; (*Glücklichsein*) felicità *f*; **~ bringen** portare fortuna; **sie hat ~ gehabt!** è stata fortunata!, ha avuto fortuna!; **sein ~ machen** far fortuna; **sein ~ suchen** cercar fortuna; **jdm zu etw ~ wünschen** fare a qu gli auguri per qc; **auf gut ~** a caso, a tutto rischio; **zum ~** per fortuna; **viel ~!** buona fortuna!; **jeder ist seines ~es Schmied** ognuno è artefice della propria fortuna
**Glucke** ['glʊkə] <-, -n> *f* chioccia *f*
**glücken** ['glʏkən] *vi sein* riuscire
**gluckern** ['glʊkən] *vi* gorgogliare
**glücklich** *adj* ❶ (*vom Glück gesegnet, erfolgreich*) fortunato; (*erfreulich*) buono, piacevole; **sich ~ schätzen** ritenersi fortunato ❷ (*froh*) felice; **jdn ~ machen** rendere felice qu **glücklicherweise** *adv* fortunatamente, per fortuna
**glücklos** *adj* sfortunato, senza fortuna
**Glücksbringer** <-s, -> *m* portafortuna *m*
**glückselig** [glʏkˈzeːlɪç] *adj* felice, beato
**Glückseligkeit** <-, -en> *f* felicità *f*, beatitudine *f* **Glücksfall** *m* caso *m* fortunato, colpo *m* di fortuna **Glücksgefühl** *nt* senso *m* di felicità **Glücksgriff** *m* colpo *m* di fortuna **Glückspilz** *m* (*fam*) fortunato, -a *m, f*, figlio, -a *m, f* della fortuna **Glückssache** *f* **das ist [reine] ~** è solo questione di fortuna **Glücksspiel** *nt* gioco *m* d'azzardo **Glücksspieler(in)** <-s, -, -nen> *m(f)* giocatore, -trice *m, f* d'azzardo
**Glückstag** *m* giornata *f* fortunata
**glückstrahlend** *adj* raggiante [di gioia]
**Glückwunsch** *m* augurio *m*, felicitazione *f*; **herzlichen ~!** tanti auguri!, auguri affettuosi! **Glückwunschkarte** *f* biglietto *m* d'auguri
**Glückwunschtelegramm** *nt* telegramma *m* d'auguri
**Glucose** [gluˈkoːzə] <-> *kein Pl. f* (CHEM) glucosio *m*
**Glühbirne** *f* lampadina *f* a incandescenza
**glühen** ['glyːən] *vi* ❶ (*Metall*) essere incandescente; (*Kohle*) essere ardente; (*Feuer, Zigarette*) ardere ❷ (*fig: vor Fieber*) bruciare; (*Gesicht*) essere in fiamme **glühend** *adj* ❶ (*Metall*) incandescente; (*Kohle*) ardente; (*Zigarette*) accesa; **rot ~** arroventato, rovente ❷ (*Gesicht, Augen*) sfavillante ❸ (*heiß*) scottante ❹ (*fig*) ardente; **~e Hitze** calura
**Glühfaden** <-s, -fäden> *m* (TEC) filamento *m* incandescente
**Glühlampe** <-, -n> *f* lampadina *f* [a incandescenza]
**Glühwein** *m* vin *m* brûlé **Glühwürmchen** <-s, -> *nt* (*fam*) lucciola *f*

**Glut** [gluːt] <-, -en> f (*Feuer*) brace f; (*von Zigarette*) cenere f ardente; (*Hitze*) calura f, gran caldo m

**Gluten** [gluˈteːn] <-s> *kein Pl.* nt glutine m **glutenfrei** adj o adv senza glutine

**Gluthitze** f calura f

**Glykol** [glyˈkoːl] <-s, -e> nt (CHEM) glicol[e] m

**Glyzerin** [glytseˈriːn] <-s> *kein Pl.* nt (CHEM) glicerina f

**GmbH** [geːˈɛmbeːˈhaː] <-, -s> f abk v **Gesellschaft mit beschränkter Haftung** S.r.l.

**Gnade** [ˈgnaːdə] <-, -n> f ❶ (JUR, REL) grazia f; **jdn um ~ bitten** chiedere grazia a qu ❷ (*Gunst*) favore m ❸ (*Erbarmen*) misericordia f; (*Milde, Nachsicht*) clemenza f; **~ vor Recht ergehen lassen** usare clemenza **Gnadenbrot** nt **jdm das ~ geben** mantenere qu per carità; **das ~ essen** vivere della carità di qu **Gnadenfrist** f rinvio m [concesso per grazia] **Gnadengesuch** nt domanda f di grazia **gnadenlos** adj spietato **Gnadenstoß** m (*a. fig*) colpo m di grazia

**gnädig** [ˈgnɛːdɪç] adj ❶ (*gütig*) benigno; (*barmherzig*) misericordioso ❷ (*wohlwollend*) benevolo; (*mild, nachsichtig*) indulgente, clemente; (*günstig gesinnt*) bendisposto ❸ (*herablassend*) condiscendente ❹ (*Anrede*) **~e Frau** gentile signora; **~er Herr** gentile signore

**Gneis** [gnaɪs] <-es, -e> m (MIN) gneis m

**Gnom** [gnoːm] <-en, -en> m gnomo m

**Gobelin** [gobəˈlɛ̃ː] <-s, -s> m (KUNST) arazzo m, gobelin m

**Goder** <-s, -> m (A: *Doppelkinn*) doppio mento m

**Gold** [gɔlt] <-(e)s> *kein Pl.* nt (MIN) oro m; **nicht wie ~ aufzuwiegen sein, ~ wert sein** valere tant'oro quanto pesa **Goldbarren** m lingotto m d'oro **Goldbestand** m (FIN) riserva f aurea **Golddeckung** f (FIN) copertura f aurea

**golden** [ˈgɔldən] adj ❶ (*aus Gold, a. fig*) d'oro; **die ~e Mitte** il giusto mezzo ❷ (*goldfarbig, vergoldet*) dorato

**Golden Goal** [ˈgoldn gɔl] <- -s, - -s> nt (SPORT) golden goal m

**goldfarben** adj dorato

**Goldfasan** <-s, -e> m (ZOO) fagiano m dorato; (*fam: besonderer Liebling*) amante m particolare

**Goldfisch** m pesce m rosso **Goldgehalt** m titolo m dell'oro, fino m **goldgelb** adj giallo oro; (GASTR) dorato

**goldgierig** adj assetato d'oro **Goldgräber(in)** <-s, -; -, -nen> m(f) cercatore, -trice m, f d'oro **Goldgrube** f (a. fig) miniera f d'oro **Goldhamster** m mesocriceto m

**goldig** adj (*fam: niedlich*) carino

**Goldlack** <-s, -e> m (BOT) violacciocca f gialla **Goldmedaille** f (SPORT) medaglia f d'oro; (*olympische ~*) oro m olimpico **Goldmünze** f moneta f d'oro

**Goldplombe** f (MED) impiombatura f d'oro **Goldregen** m (BOT) avornello m, maggiociondolo m **Goldreserve** <-, -n> f (FIN) riserva f aurea **goldrichtig** adj (*fam*) giusto, adeguato **Goldschmied(in)** m(f) orafo, -a m, f **Goldschnitt** m taglio m dorato

**Goldstaub** m oro m in polvere **Goldstück** nt ❶ (*Goldmünze*) moneta f d'oro ❷ (*fig*) tesoro m **Goldwaage** f bilancia f dell'orafo; **jedes Wort auf die ~ legen** soppesare ogni parola; (*überempfindlich sein*) essere ipersensibile **Goldwährung** f (COM) valuta f aurea

**Goldwaren** fPl. ori mpl, gioielli mpl

**Golf**[1] [gɔlf] <-(e)s, -e> m (GEOG) golfo m

**Golf**[2] <-s> *kein Pl.* nt (SPORT) golf m

**Golfer(in)** m(f) s. **Golfspieler**

**Golfkrieg** <-(e)s, -e> m guerra f del Golfo

**Golfplatz** m campo m da golf **Golfschläger** m mazza f da golf **Golfspieler(in)** m(f) giocatore, -trice m, f di golf, golfista mf

**Golfstaat** m stato m del Golfo **Golfstrom** m corrente f del Golfo

**Gondel** [ˈgɔndəl] <-, -n> f gondola f

**Gong** [gɔŋ] <-s, -s> m gong m

**gönnen** [ˈgœnən] vt **jdm etw ~** concedere qc a qu; **jdm etw nicht ~** invidiare qc a qu; **ich gönne es dir** te lo auguro di cuore; **sich** dat **~** (*sich leisten*) concedersi, permettersi

**Gönner(in)** <-s, -; -, -nen> m(f) (*Wohltäter*) benefattore, -trice m, f; (*Beschützer*) protettore, -trice m, f; (*von Künstlern*) mecenate mf **gönnerhaft** I. adj condiscendente II. adv con condiscendenza

**Gönnerin** f s. **Gönner Gönnermiene** f aria f condiscendente [o di condiscendenza]

**Gonorrhö[e]** [gɔnɔˈrøː, *Pl:* gɔnɔˈrøːən] <-, -en> f (MED) genorrea f, blenorragia f

**gor** [goːɐ̯] *1. u. 3. Pers. Sing. Imp. von* **gären**

**Gör** [gøːɐ̯] <-(e)s, -en> nt, **Göre** [ˈgøːrə] <-, -n> f (*kleines Kind*) marmocchio m; (*freches Mädchen*) saputella f

**Gorilla** [goˈrɪla] <-s, -s> m gorilla m

**goschert** *adj* (*A: vorlaut*) impertinente, saccente

**goss** [gɔs] *1. u. 3. Pers. Sing. Imp. von* **gießen**

**Gosse** ['gɔsə] <-, -n> *f* ① (*Straßenrinne*) cunetta *f* ② (*fig: Verkommenheit*) fango *m*; **in der ~ enden** finire nel fango

**Gote** ['go:tə] <-n, -n> *m* padrino *m*; *s. a.* **Gotin**

**Goten** ['go:tən] *mPl.* (HIST) Goti *mpl*

**Gotik** ['go:tɪk] <-> *kein Pl. f* [stile *m*] gotico *m*

**Gotin** ['go:tɪn] <-, -nen> *f* madrina *f*; *s. a.* **Gote**

**gotisch** *adj* gotico

**Gott** [gɔt] <-es *o rar* -s, Götter> *m* (*christlich*) Dio *m*; (*heidnisch*) dio *m*, divinità *f*; **~ sei Dank!** grazie a Dio!; **leider ~es** purtroppo, disgraziatamente; **mit ~es Hilfe** grazie a Dio; **um ~es willen** per l'amor di Dio; **großer ~!, mein ~!** Dio mio!; **grüß ~!** (*südd, A*) buon giorno!; **behüt' dich ~!** (*südd, A: Abschiedsgruß*) ciao; **~ bewahre!** Dio non voglia!; **der liebe ~** il buon Dio; **über ~ und die Welt reden** (*fam*) parlare di tutto e di più; **wie ~ in Frankreich leben** vivere come un papa *fam*; **ein Bild für [die] Götter** (*fam*) uno spettacolo unico

**Götterbild** ['gœtɐbɪlt, *Pl:* 'gœtɐbɪldə] <-(e)s, -er> *nt* idolo *m*

**Götterspeise** *f* (GASTR) budino *m* di gelatina

**Gottesanbeterin** <-, -nen> *f* (ZOO) mantide *f* religiosa **Gottesdienst** *m* (REL) messa *f*

**Gottesfurcht** *f* timor *m* di Dio **gottesfürchtig** *adj* timorato di Dio, devoto **Gotteshaus** *nt* casa *f* di Dio, chiesa *f* **Gotteskrieger(in)** <-s, -> *m(f)* guerriero , -a di Dio *m* **Gotteslästerung** *f* blasfemia *f* **Gottesmutter** *f* Madonna *f*, madre *f* di Dio

**Gottesurteil** *nt* giudizio *m* di Dio

**Gottheit** <-, -en> *f* ① (*göttliche Natur*) divinità *f* ② (REL: *Gott*) Dio *m*; (*heidnische ~*) dio *m*

**Göttin** ['gœtɪn] <-, -nen> *f* dea *f*, divinità *f*

**Göttingen** ['gœtɪŋən] *nt* (GEOG) Gottinga *f*

**göttlich** ['gœtlɪç] *adj* divino

**gottlob** [gɔt'lo:p] *adv* (*glücklicherweise*) per fortuna

**gottlos** *adj* (*Gott leugnend*) senza Dio, ateo; (*Gott nicht achtend*) empio; (*ruchlos*) scellerato **Gottlosigkeit** <-, -en> *f* (*Gottesleugnung*) irreligiosità *f*, ateismo *m*; (*Ruchlosigkeit*) scelleratezza *f*, empietà *f*

**gottverlassen** *adj* (*fam: abgelegen*) desolato

**Gottvertrauen** *nt* fiducia *f* in Dio

**Götze** ['gœtsə] <-n, -n> *m* idolo *m* **Götzendienst** *m* idolatria *f*

**Gourmet** [gʊr'me:] <-s, -s> *m* gourmet *m*

**Gouverneur(in)** [guvɛr'nø:ɐ o guvə'nø:ɐ, *Pl:* guvɛr'nø:rə o guvə'nø:rə] <-s, -e; -, -nen> *m(f)* governatore, -trice *m, f*

**GPS-System** [ge:pe:'ʔɛs-] *nt* sistema *m* GPS

**Grab** [gra:p] <-(e)s, Gräber> *nt* tomba *f*; (*~denkmal*) sepolcro *m*; **jdn zu ~e tragen** seppellire qu; **sich** *dat* **sein [eigenes] ~ schaufeln** (*fig*) scavarsi la fossa con le proprie mani; **sich im ~e umdrehen** rivoltarsi nella tomba; **mit einem Bein [*o* Fuß] im ~e stehen** (*fam*) avere un piede nella fossa; **ein Geheimnis mit ins ~ nehmen** portare un segreto con sé nella tomba; **schweigen wie ein ~** essere [muto come] una tomba *fam*

**graben** ['gra:bən] <gräbt, grub, gegraben> I. *vt, vi* scavare, vangare; **nach etw ~** (*nach Kohle, Erz*) scavare alla ricerca di qc; (*nach archäologischen Funden*) scavare II. *vr* **sich in etw** *acc* **~** (*Tier*) scavarsi un buco in qc; (*Fingernägel*) affondare in qc; **sich jdm ins Gedächtnis ~** (*geh*) imprimersi a qu nella memoria

**Graben** ['gra:bən] <-s, Gräben> *m* ① (*Wasser-, Festungs-*) fossato *m*, fosso *m* ② (MIL) trincea *f* ③ (GEOL) fossa *f*

**Grabesstille** *f* silenzio *m* di tomba

**Grabesstimme** *f* voce *f* cupa

**Grabgewölbe** *nt* cripta *f* **Grabhügel** *m* tumulo *m* **Grabmal** <-(e)s, Grabmäler> *nt* monumento *m* sepolcrale **Grabplatte** *f* pietra *f* sepolcrale; (*Gedenktafel*) lapide *f* commemorativa **Grabrede** *f* orazione *f* funebre **Grabstein** *m* pietra *f* tombale

**gräbt** [grɛpt] *3. Pers. Sing. Präs. von* **graben**

**Grabung** <-, -en> *f* scavo *m*

**Grad** [gra:t] <-(e)s, -e, *Maßeinheit:* -> *m* grado *m*; **akademischer ~** titolo *m* accademico; **bis zu einem gewissen ~** fino a un certo punto; **im höchsten ~e** al massimo grado; **bei drei ~ Celsius/Wärme/Kälte** a tre gradi Celsius/sopra zero/sotto zero **Gradeinteilung** *f* graduazione *f* **Gradmesser** *m* indice *m*, scala *f*

**graduell** [gradu'ɛl] *adj* graduale

**Graf** [gra:f] <-en, -en> *m* conte *m*

**Graffiti** [gra'fi:ti] <-(s)> *mpl npl* graffito *m*

**Graffiti-Maler** *m* graffittaro, -a *m, f*

**Grafik**¹ ['graːfɪk] <-> *kein Pl. f* (KUNST) grafica *f*
**Grafik**² <-, -en> *f* ❶ (*Kunstwerk*) opera *f* grafica, grafica *f* ❷ (*Schaubild*) grafico *m*
**Grafiker(in)** ['graːfikɐ] <-s, -; -, -nen> *m(f)* (*Zeichner*) grafico, -a *m, f*, disegnatore, -trice *m, f* grafico, -a
**Grafikkarte** *f* (INFORM) scheda *f* grafica
**Gräfin** ['grɛːfɪn] <-, -nen> *f* contessa *f*
**grafisch** *adj* grafico
**Grafit** [graˈfiːt] <-(e)s, -e> *m s.* **Graphit**
**Grafschaft** <-, -en> *f* contea *f*
**gram** [graːm] *adj* **jdm ~ sein** (*geh, obs*) provare un sentimento di avversione nei confronti di qu [per un'offesa subita]
**Gram** [graːm] <-(e)s> *kein Pl. m* (*geh, obs*) pena *f*, afflizione *f*
**grämen** ['grɛːmən] *vr* **sich [über jdn/etw]** ~ affliggersi [per qu/qc]
**grämlich** *adj* (*mürrisch*) stizzoso; (*verdrießlich*) infastidito; (*Gedanken*) triste
**Gramm** [gram] <-s, -e *bei Maßangaben:* -> *nt* grammo *m*
**Grammatik** [graˈmatɪk] <-, -en> *f* grammatica *f*
**grammatikalisch, grammatisch** *adj* (LING) grammaticale; ~ **richtig** grammaticalmente corretto
**Grammel** ['graməl] <-, -n> *meist Pl f* (*A, südd:* GASTR: *Griebe*) cicciolo *m* [di pancetta]
**Granat** [graˈnaːt] <-(e)s, -e> *m* (MIN) granato *m* **Granatapfel** *m* melagrana *f*
**Granate** [graˈnaːtə] <-, -n> *f* (MIL) granata *f*; (*Hand~*) bomba *f* a mano **Granatsplitter** *m* scheggia *f* di granata
**Granatwerfer** <-s, -> *m* lanciagranate *m*
**grandios** [granˈdi̯oːs] *adj* grandioso
**Granit** [graˈniːt] <-s, -e> *m* (MIN) granito *m*
**Granne** ['granə] <-, -n> *f* ❶ (BOT) arista *f* ❷ (ZOO) pelo *m* ispido
**grantig** ['grantɪç] *adj* (*A: verärgert*) irritato, arrabbiato
**Grapefruit** ['greːpfruːt] <-, -s> *f* (BOT) pompelmo *m*
**Graphik** <-, -en> *f s.* **Grafik**
**Graphiker(in)** <-s, -; -, -nen> *m(f) s.* **Grafiker**
**graphisch** *adj s.* **grafisch**
**Graphit** <-(e)s, -e> *m* (MIN) grafite *f*, piombaggine *f*
**Graphologe** [grafoˈloːgə] <-n, -n> *m* grafologo *m*; *s. a.* **Graphologin**
**Graphologie** [grafoloˈgiː] <-> *kein Pl. f* grafologia *f*
**Graphologin** [grafoˈloːgɪn] <-, -nen> *f* grafologa *f*; *s. a.* **Graphologe**

**Gras** [graːs] <-es, Gräser> *nt* erba *f*; **ins ~ beißen** (*sl*) morire; **das ~ wachsen hören** (*scherz*) fare il sapientone; **über etw** *acc* **~ wachsen lassen** (*fig*) mettere una pietra sopra qc *fam;* **darüber ist längst ~ gewachsen** (*fam*) è acqua passata
**grasen** ['graːzən] *vi* pascolare
**grasgrün** *adj* verde erba, acerbo **Grashalm** *m* filo *m* d'erba **Grashüpfer** <-s, -> *m* (*fam*) cavalletta *f* **Grasland** *nt* prateria *f* **Grasmücke** *f* (ZOO) capinera *f*
**grassieren** [graˈsiːrən] <ohne ge-> *vi* imperversare
**grässlich** ['grɛslɪç] *adj* ❶ (*abscheulich*) atroce, orrendo ❷ (*fam: sehr schlecht*) terribile, spaventoso
**Grat** [graːt] <-(e)s, -e> *m* ❶ (*Berg~*) cresta *f* ❷ (*Dach~*) linea *f* di colmo
**Gräte** ['grɛːtə] <-, -n> *f* lisca *f*, spina *f* di pesce
**Gratifikation** [gratifikaˈtsjoːn] <-, -en> *f* gratifica *f*
**gratinieren** [gratiˈniːrən] <ohne ge-> *vt* (GASTR) gratinare
**gratis** ['graːtɪs] *adv* gratuitamente, gratis **Gratisanzeiger** <-s, -> *m* (*CH*) inserto *m* degli annunci [economici]
**Grätsche** ['grɛːtʃə] <-, -n> *f* (SPORT) divaricata *f*
**Gratulant(in)** [gratuˈlant] <-en, -en; -, -nen> *m(f)* chi si congratula
**Gratulation** [gratulaˈtsjoːn] <-, -en> *f* congratulazioni *fpl*, felicitazioni *fpl*
**gratulieren** [gratuˈliːrən] <ohne ge-> *vi* **jdm zu etw** ~ congratularsi con qu per qc; **jdm zum Geburtstag** ~ fare a qu gli auguri di buon compleanno
**Gratwanderung** <-, -en> *f* escursione *f* in cresta; **sich auf einer ~ befinden** (*fig*) trovarsi in una situazione molto ambigua
**grau** [graʊ] *adj* grigio; (*fig: trostlos*) triste, tetro; **in ~er Vorzeit** nei tempi più remoti; *s. a.* **blau Grau** <-(s), - *fam* -s> *nt* (*graue Farbe*) grigio *m*; (*Trostlosigkeit*) grigiore *m*; *s. a.* **Blau Graubrot** *nt* pane *m* bigio
**Graubünden** [graʊˈbʏndən] *nt* (GEOG) Grigioni *mpl*
**Gräuel** ['grɔʏəl] <-s, -> *m* ❶ (*Abscheu*) orrore *m*; **der ~ vor etw** *dat* l'orrore di qc ❷ *meist pl* (*Gewalttat*) orrori *mpl*, atrocità *fpl*; **er/das ist mir ein ~** lui/ciò mi ripugna
**Gräuelmärchen** *nt* storia *f* raccapricciante
**Gräueltat** *f* atrocità *f*
**grauen** ['graʊən] *vi* **mir graut davor, zu**

+*inf* provo orrore all'idea di +*inf* **Grauen** <-s, -> *nt* orrore *m;* ~ **erregend** orribile, spaventoso; (*übertreibend: schrecklich*) terribile **grauenerregend** *adj* orribile, spaventoso; (*übertreibend: schrecklich*) terribile **grauenhaft** *adj,* **grauenvoll** *adj* orribile, spaventoso; (*übertreibend: schrecklich*) terribile
**grauhaarig** *adj* dai capelli grigi
**gräulich** ['grɔɪlɪç] *adj* ❶ grigiastro ❷ (*grässlich*) orribile, atroce; (*ekelhaft*) raccapricciante; (*furchtbar*) terribile
**graumeliert** *adj* (*Haar*) brizzolato
**Graupe** ['graʊpə] <-, -n> *f* (GASTR) orzo *m* mondato
**Graupeln** ['graʊpəln] *fPl.* (METEO) gragnola *f*
**grausam** ['graʊza:m] *adj* ❶ (*gefühllos*) crudele, spietato ❷ (*schrecklich, furchtbar*) terribile, atroce **Grausamkeit** <-, -en> *f* crudeltà *f*
**grausen** ['graʊzən] **I.** *vi* **mir graust** [*o* **es graust mir**] **vor etw** *dat* ho orrore di qc **II.** *vr* **sich vor etw** *dat* ~ spaventarsi di qc, avere paura di qc **Grausen** <-s> *kein Pl. nt* orrore *m,* terrore *m* **grausig** *adj* ❶ (*grauenvoll, entsetzlich*) orribile, atroce, raccapricciante ❷ (*furchtbar*) terribile
**Grauzone** *f* zona *f* d'ombra
**Graveur(in)** [gra'vøːɐ̯, *Pl:* gra'vøːrə] <-s, -e; -, -nen> *m(f)* incisore, -a *m, f*
**gravieren** [gra'viːrən] <ohne ge-> *vt* incidere **gravierend** *adj* gravoso; (*Fehler*) grave
**Gravitation** [gravita'tsi̯oːn] <-> *kein Pl. f* (PHYS, ASTR) gravitazione *f* **Gravitationskraft** <-, -kräfte> *f* (PHYS) forza *f* di gravitazione
**gravitätisch** [gravi'tɛːtɪʃ] *adj* grave, solenne, impettito
**Gravur** [gra'vuːɐ̯] <-, -en> *f* incisione *f*
**Graz** [graːts] *nt* (GEOG) Graz *f*
**Grazie** ['graːtsi̯ə] <-, -n> *f* ❶ *Sing.* (*Anmut*) grazia *f,* leggiadria *f* ❷ (*Mythologie*) Grazia *f*
**grazil** [gra'tsiːl] *adj* gracile
**graziös** [gra'tsi̯øːs] *adj* grazioso, leggiadro
**Green Card** ['griːn kɑːd] <-, -s> *f* green card *f*
**Greif** [graɪf] <-(e)s *o* -en, -e *o* -en> *m* (ZOO) grifone *m*
**greifbar** *adj* ❶ (*zur Hand*) a portata di mano ❷ (*fig: konkret, real*) concreto, tangibile
**greifen** ['graɪfən] <greift, griff, gegriffen> **I.** *vt* prendere, pigliare; (*packen*) afferrare; **das ist zu hoch gegriffen** è esagerato **II.** *vi* ❶ (*die Hand ausstrecken*) stendere la mano; **nach etw** ~ [stendere la mano per] prendere qc; **zu etw** ~ (*fig*) ricorrere a qc; **zum Greifen nahe** (*fig*) vicinissimo ❷ (*einrasten*) fare presa ❸ (*fig: wirksam werden*) essere efficace, convincere; **um sich** ~ (*fig*) propagarsi, estendersi
**Greifer** <-s, -> *m* (TEC) benna *f* mordente [*o* prensile]
**Greifvogel** *m* accipitride *m*
**Greis(in)** [graɪs] <-es, -e; -, -nen> *m(f)* vecchio, -a *m, f,* vegliardo, -a *m, f poet*
**greis** [graɪs] *adj* (*geh*) vecchio
**Greisenalter** *nt* età *f* senile *poet,* vecchiaia *f*
**greisenhaft** *adj* senile; (~ *wirkend*) da [*o* come un] vecchio
**Greisin** *f s.* **Greis**
**Greißler(in)** <-s, -> *m(f)* (*A: Krämer*) negoziante *mf* di generi alimentari, bottegaio, -a *m, f*
**grell** [grɛl] *adj* ❶ (*Farbe*) vivo, stridente ❷ (*Licht*) abbagliante, accecante ❸ (*Ton*) stridulo, penetrante; (*fig: scharf*) netto
**Gremium** ['greːmi̯ʊm] <-s, Gremien> *nt* organo *m,* commissione *f*
**Grenzbewohner(in)** <-s, -; -, -nen> *m(f)* abitante *mf* di confine [*o* frontiera] **Grenzbezirk** *m* distretto *m* di frontiera
**Grenze** ['grɛntsə] <-, -n> *f* confine *m;* (*Landes-*) frontiera *f;* (*fig*) limite *m;* **keine ~n kennen** (*fig*) non conoscere limiti; **einer Sache** *dat* **~n setzen** porre dei limiti a qc; **sich in ~n halten** stare nei limiti; **an der ~** alla frontiera; (*fig*) al limite
**grenzen** *vi* ~ **an** +*acc* confinare con, essere vicino a; (*fig*) rasentare; **an etw** *acc* ~ avvicinarsi a qc
**grenzenlos** *adj* (*Land*) sconfinato; (*fig*) smisurato
**Grenzfall** *m* caso *m* limite **Grenzgänger(in)** <-s, -; -, -nen> *m(f)* frontaliere *m* **Grenzkonflikt** <-(e)s, -e> *m* (POL) conflitto *m* di frontiera **Grenzkontrolle** *f* controllo *m* di frontiera **Grenzland** *nt* paese *m* confinante; (*Grenzgebiet*) regione *f* di frontiera **Grenzlinie** *f* [linea *f* di] confine *m* **Grenzschutz** *m* ❶ (*Vorgang*) protezione *f* del confine ❷ (*Truppen*) guardie *fpl* confinarie
**Grenzstadt** <-, -städte> *f* città *f* di confine **Grenzstein** *m* [pietra *f* di] confine *m* **Grenzstreit** *m,* **Grenzstreitigkeit** *f* controversia *f* per i confini **Grenzübergang** *m* (*Ort*) valico *m* di frontiera **grenzüberschreitend** *adj* (*Handel, Verkehr*) che [oltre]passa i confini **Grenzübertritt** *m*

passaggio *m* del confine **Grenzverkehr** *m* traffico *m* di frontiera **Grenzwert** *m* (ECO) valore *m* limite; (MAT) limite *m*
**Grenzzwischenfall** *m* incidente *m* di frontiera
**Griebe** ['gri:bə] <-, -n> *f* (GASTR: *Speck*) cicciolo *m*
**Grieche** ['gri:çə] <-n, -n> *m* greco *m* **Griechenland** *nt* Grecia *f*
**Griechin** ['gri:çɪn] <-, -nen> *f* greca *f* **griechisch** *adj* greco, ellenico
**Griesgram** ['gri:sgra:m] <-(e)s, -e> *m* (*pej*) burbero *m*, grugnone *m fam*
**griesgrämig** ['gri:sgrɛ:mɪç] *adj* burbero, tetro
**Grieß** [gri:s] <-es, -e> *m* ❶ (GASTR) semolino *m* ❷ (MED) renella *f* **Grießbrei** *m* (GASTR) pappa *f* di semolino
**griff** [grɪf] *1. u. 3. Pers. Sing. Imp. von* **greifen**
**Griff** [grɪf] <-(e)s, -e> *m* ❶ (*Stiel, Messer~*) manico *m;* (*Knauf*) pomo *m;* (*Klinke*) maniglia *f;* (*Degen~*) elsa *f;* (*von Lenkstange, Pistolen~*) impugnatura *f* ❷ *Sing.* (*das Greifen*) prendere *m,* afferrare *m;* **jdn/etw im ~ haben** avere qu/qc sotto controllo; (*geistig*) conoscere bene qu/qc; **jdn/etw in den ~ bekommen** avere in mano qu/qc ❸ (*Hand~*) presa *f;* (SPORT) mossa *f*, appiglio *m* ❹ (MUS: *Fingerstellung*) diteggiatura *f;* (*fam: Akkord*) tocco *m*
**griffbereit** *adj* a portata di mano
**Griffel** ['grɪfəl] <-s, -> *m* (BOT) stilo *m*
**griffig** *adj* ❶ (*handlich*) maneggevole ❷ (*Reifen*) antisdrucciolevole; (*Fahrbahn*) che ha buona presa ❸ (*fig: Ausdruck*) di facile uso ❹ (*A: grobkörnig*) grosso; **~es Mehl** farina grossa
**Grill** [grɪl] <-s, -s> *m* griglia *f;* **vom ~ ai ferri, alla griglia
**Grille** ['grɪlə] <-, -n> *f* (ZOO) grillo *m*
**grillen** ['grɪlən] **I.** *vt* cuocere sulla griglia, fare ai ferri **II.** *vi* far da mangiare sulla griglia
**Grimasse** [gri'masə] <-, -n> *f* smorfia *f;* **~n schneiden** fare le boccacce
**grimmig** *adj* ❶ (*Mensch*) rabbioso, stizzoso; (*Gesicht*) truce ❷ (*fig: Kälte*) atroce
**Grind** [grɪnt, *Pl:* grɪndə] <-(e)s, -e> *m* ❶ (MED, *fam*) escara *f* ❷ (BOT) scabbia *f*
**grinsen** ['grɪnzən] *vi* [sog]ghignare; (*mit breitem Mund*) sghignazzare **Grinsen** <-s> *kein Pl. nt* ghigno *m*
**grippal** [grɪ'pa:l] *adj* influenzale
**Grippe** ['grɪpə] <-, -n> *f* (MED) influenza *f* **Grippeschutzimpfung** *f* vaccinazione *f* antinfluenza **Grippevirus** *m o nt* (MED) virus *m* dell'influenza **Grippewelle** *f* ondata *f* di influenza

**Grips** [grɪps] <-es, -e> *m* (*fam*) **~ haben** avere sale in zucca

**grob** [gro:p] <gröber, gröbste> *adj* ❶ (*nicht fein: Leinen, Papier*) grosso, grossolano; (*Sand, Zucker*) grosso ❷ (*Arbeit*) pesante, faticoso ❸ (*schlimm: Verstoß*) grave; (*Fehler*) grossolano, madornale; **~e Beleidigung** offesa spudorata, **~e Fahrlässigkeit** (JUR) colpa grave ❹ (*brutal: Behandlung, Mensch*) brutale, rozzo; (*unhöflich*) sgarbato; **gegen jdn ~ werden** (*brutal*) diventare brutale con qu; (*ausfällig*) inveire contro qu ❺ (*ungefähr*) approssimativo; **in ~en Zügen** a larghi tratti

**grobgemahlen** *adj* macinato grossolanamente
**Grobheit** <-, -en> *f* ❶ *Sing.* (*Rohheit*) grossolanità *f*, rozzezza *f* ❷ (*Unhöflichkeit*) villania *f*, sgarbatezza *f;* (*grobe Äußerung*) sgarbo *m;* **jdm ~en an den Kopf werfen** dire delle sgarbataggini a qu
**Grobian** ['gro:bia:n] <-(e)s, -e> *m* (*pej*) villano *m*, villanzone *m fam*
**grobkörnig** *adj* di grana grossa, grosso
**grobmaschig** *adj* a maglie grosse
**Gröden** ['grø:dən] *nt* (GEOG) Gardena *f*
**Grog** [grɔk] <-s, -s> *m* grog *m*
**groggy** ['grɔgi] *adj* (*fam*) sfatto
**grölen** ['grø:lən] *vi* (*fam: schreien*) gridare, vociare; (*singen*) cantare a squarciagola
**Groll** [grɔl] <-(e)s> *kein Pl. m* rancore *m;* (*Verbitterung*) risentimento *m;* (*Feindseligkeit*) astio *m;* **~ gegen jdn/etw** rancore nei confronti di qu/qc
**grollen** *vi* (*geh*) ❶ (*Groll haben*) avere [*o* portare] rancore (*jdm* verso, a qu) ❷ (*donnern*) rimbombare, brontolare
**Grönland** ['grø:nlant] *nt* (GEOG) Groenlandia *f*
**Grönländer(in)** ['grø:nlɛndɐ] <-s, -; -, -nen> *m(f)* groenlandese *mf*
**grönländisch** *adj* groenlandese
**Gros** [gro:] <-, -> *nt* massa *f;* (MIL, SPORT) grosso *m*
**Groschen** ['grɔʃən] <-s, -> *m* ❶ (*A: Münze*) groschen *m* ❷ (*fam: 10 Pfennig*) monetina *f;* (*fig: Geld*) quattrini *mpl*, soldi *mpl;* **der ~ ist gefallen** (*fig*) ci è arrivato
**Groschenroman** <-s, -e> *m* (*pej*) romanzo *m* da quattro soldi
**groß** [gro:s] <größer, größte> *adj* ❶ grande; (*~ u dick*) grosso; **~ angelegt** in grande stile, alla grande; **eine größere**

**Summe** una somma piuttosto grossa; jdn ~ **anschauen** guardare qu con tanto d'occhi *fam;* ~ **e Stücke auf jdn halten** avere molta stima di qu, avere un'alta opinione di qu; **im Großen und Ganzen** nell'insieme, in generale; **was soll man da ~ machen?** *(fam)* non c'è molto da fare ❷ *(ausgedehnt)* vasto, ampio ❸ *(geräumig)* spazioso ❹ *(lang, zeitlich)* lungo ❺ *(hoch)* alto; *(hochgewachsen)* di alta statura; **gleich ~ sein** essere della stessa grandezza; **~ werden** diventare più grande, crescere ❻ *(erwachsen)* cresciuto, adulto ❼ *(wichtig, bedeutend)* importante; *(berühmt)* famoso; **~ schreiben** dare importanza a; **Karl der Große** Carlomagno ❽ *(älter)* maggiore; **~ und klein** grandi e piccoli

**Großaktionär(in)** <-s, -e; -, -nen> *m(f)* grande azionista *mf*

**großartig** *adj* grandioso, imponente; *(herrlich)* magnifico; *(ausgezeichnet)* eccellente

**Großaufnahme** *f* (FOTO, FILM) primo piano *m* **Großbetrieb** *m* grande azienda *f* **Großbildschirmfernseher** *m* televisore *m* a maxischermo **Großbrand** <-(e)s, -brände> *m* grande incendio *m*

**Großbritannien** [groːsbriˈtanjən] *nt* Gran Bretagna *f*

**Großbuchstabe** *m* [lettera *f*] maiuscola *f*

**großbürgerlich** [ˈgroːsˈbʏrgɐlɪç] *adj* alto borghese **Großbürgertum** *kein Pl. nt* alta borghesia *f*

**Größe** [ˈgrøːsə] <-, -n> *f* ❶ *(a. fig* MAT, PHYS, ASTR*)* grandezza *f;* **unbekannte ~** (MAT) incognita *f* ❷ *(Ausdehnung)* estensione *f; (Weite)* ampiezza *f; (Fassungsvermögen)* capienza *f* ❸ *(Länge)* lunghezza *f* ❹ *(Höhe)* altezza *f; (Körper~)* statura *f* ❺ *(Kleidungs~)* taglia *f; (Schuh~)* misura *f,* numero *m* ❻ *(Stärke)* forza *f,* intensità *f* ❼ *(Erhabenheit)* sublimità *f,* magnificenza *f* ❽ *(berühmte Person)* celebrità *f*

**Großeinkauf** *m* acquisto *m* all'ingrosso **Großeinsatz** <-(e)s, -sätze> *m* impiego *m* imponente [o massiccio] **Großeltern** *Pl.* nonni *mpl*

**Größenordnung** *f* ordine *m* di grandezza **größenteils** [ˈgroːsənˈtaɪls] *adv* in gran parte

**Größenwahn** *m (pej)* mania *f* di grandezza, megalomania *f* **größenwahnsinnig** *adj* megalomane

**Großereignis** *nt* evento *m* di grande portata

**Großfahndung** <-, -en> *f* battuta *f,* caccia *f;* **die Polizei leitete eine ~ ein** la polizia ha organizzato una battuta

**Großfamilie** *f* grande famiglia *f*

**Großformat** <-s, -e> *nt* formato *m* grande **großformatig** *adj* di grande formato

**Großglockner** [groːsˈglɔknɐ *o* ˈgroːsglɔknɐ] *m* (GEOG) Großglockner *m,* Gran Campanaro *m*

**Großgrundbesitzer(in)** *m(f)* latifondista *mf*

**Großhandel** *m* commercio *m* all'ingrosso **Großhändler(in)** *m(f)* commerciante *mf* all'ingrosso, grossista *mf* **Großhandlung** *f* negozio *m* all'ingrosso

**großherzig** *adj* magnanimo, generoso **Großherzigkeit** *kein Pl. f* magnanimità *f,* generosità *f*

**Großherzog(in)** *m(f)* granduca, -duchessa *m, f* **Großherzogtum** *nt* granducato *m*

**Großhirn** *nt* (ANAT) cervello *m*

**Grossist(in)** [grɔˈsɪst] <-en, -en; -, -nen> *m(f) s.* **Großhändler**

**Großkapitalist** <-s, -en> *m* grande capitalista *m*

**Großkind** *nt (CH: Enkelkind)* nipote *mf*

**großkotzig** [ˈgroːskɔtsɪç] *adj (fam pej)* da spaccone, da sbruffone

**Großkundgebung** <-, -en> *f* grande manifestazione *f*

**Großmacht** *f* grande potenza *f*

**Großmama** [ˈgroːsmamaː] <-, -s> *f (fam)* nonna *f*

**Großmarkt** *m* mercato *m* all'ingrosso

**Großmaul** *nt (fam pej)* spaccone *m,* fanfarone *m*

**Großmut** *kein Pl. f* magnanimità *f,* generosità *f* **großmütig** *adj* magnanimo, generoso

**Großmutter** *f* nonna *f* **Großneffe** *m* pronipote *m* **Großnichte** *f* pronipote *f* **Großonkel** *m* prozio *m*

**Großpapa** [ˈgroːspapaː] <-s, -s> *m (fam)* nonno *m*

**Großrat** *m (CH:* POL*)* membro *m* di un parlamento cantonale

**Großraum** *m* **im ~ Stuttgart** nella zona che gravita attorno a Stoccarda **Großraumabteil** *nt* (FERR) carrozza *f* a scompartimento unico **Großraumbüro** *nt* open space *m* **Großraumflugzeug** *nt* aereo *m* tipo jumbo [o cargo]

**großräumig** [ˈgroːsrɔɪmɪç] *adj (geräumig)* ampio; *(großflächig)* spazioso

**Großraumwagen** *m* (FERR) vagone *m* senza scompartimenti

**Großrechner** *m* (INFORM) supercalcolatore *m*
**Großreinemachen** [groːsˈraɪnəmaxən] <-s> *kein Pl. nt* (*fam*) grande pulizia *f*
**groß|schreiben** *vt* (*mit großem Anfangsbuchstaben schreiben*) scrivere maiuscolo
**Großschreibung** <-, -en> *f* grafia *f* con iniziale maiuscola
**großspurig** *adj* tronfio
**Großstadt** *f* grande città *f*, metropoli *f*
**Großstädter(in)** *m(f)* abitante *mf* di una grande città **großstädtisch** *adj* di [una] grande città, metropolitano
**Großtante** *f* prozia *f*
**Großteil** *m* gran parte *f*
**größtenteils** [ˈgrøːstənˌtaɪls] *adv* in massima parte
**Großtuerei** [groːstuːəˈraɪ] <-, -en> *f* (*pej*) spacconata *f*; (*Angeberei*) millantata *f*
**groß|tun** <*irr*> I. *vi* (*pej*) millantare II. *vr* **sich [mit etw] ~** (*pej*) darsi delle arie [per qc]
**Großunternehmer(in)** *m(f)* grande imprenditore, -trice *m, f*
**Großvater** *m* nonno *m*
**Großveranstaltung** *f* grande spettacolo *m*
**Großverdiener(in)** <-s, -; -, -nen> *m(f)* persona *f* che guadagna molto [*o* a reddito elevato]
**Großwetterlage** <-, -n> *f* (METEO) condizioni *mpl* generali del tempo
**Großwild** *nt* selvaggina *f* grossa
**groß|ziehen** <*irr*> *vt* (*aufziehen*) allevare, tirar su *fam*
**großzügig** [ˈgroːstsyːgɪç] *adj* ❶ (*freigebig*) generoso ❷ (*in den Ansichten*) di larghe vedute ❸ (*in der Form*) in grande stile, grandioso **Großzügigkeit** <-> *kein Pl. f* ❶ (*Freigebigkeit*) generosità *f* ❷ (*von Gesinnung*) larghezza *f* di vedute ❸ (*von Form, Gestaltung*) grandiosità *f*
**grotesk** [groˈtɛsk] *adj* grottesco
**Grotte** [ˈgrɔtə] <-, -n> *f* grotta *f*
**Groupie** [ˈgruːpi] <-s, -s> *nt* (*sl*) groupie *mf*
**grub** [gruːp] *1. u. 3. Pers. Sing. Imp. von* **graben**
**Grübchen** [ˈgryːpçən] <-s, -> *nt* fossetta *f*
**Grube** [ˈgruːbə] <-, -n> *f* fossa *f*; (MIN) miniera *f*; (*offene ~*) cava *f*; **wer andern eine ~ gräbt, fällt selbst hinein** (*prov*) l'inganno va a casa dell'ingannatore
**Grübelei** [gryːbəˈlaɪ] <-, -en> *f* fantasticare *m*, almanacchio *m*
**grübeln** [ˈgryːbəln] *vi* **über etw** *acc* **~** fantasticare su qc
**Grubengas** *nt* (MIN) grisou *m* **Grubenlampe** *f* lampada *f* del minatore **Grubenunglück** *nt* sciagura *f* mineraria
**Grübler(in)** <-s, -; -, -nen> *m(f)* fantasticone, -a *m, f*
**grüblerisch** [ˈgryːblərɪʃ] *adj* di chi si lambicca il cervello
**grüezi** [ˈgryːɛtsi] *int* (*CH*) ciao, salve
**Gruft** [gruft] <-, Grüfte> *f* tomba *f*, sepolcro *m*; (*Krypta*) cripta *f*
**grummeln** [ˈgrʊməln] *vi* ❶ (*Mensch*) borbottare ❷ (*Donner*) tuonare
**Grum|me|t** [ˈgrʊm(ə)t] <-(e)s> *kein Pl. nt* (AGR) [fieno *m*] grumereccio *m*
**grün** [gryːn] *adj* ❶ (*Farbe*) verde; **~es Licht** (*von Ampeln*) il verde; (*fig: Zustimmung*) il permesso; **~e Welle** (*von Ampeln*) onda verde; **jdn ~ und blau schlagen** (*fam*) bastonare qu di santa ragione; **sich ~ und blau ärgern** (*fam*) diventar verde di bile; **auf keinen ~en Zweig kommen** non avere fortuna ❷ (POL) verde, ecologista ❸ (*unreif: Obst*) verde, acerbo ❹ (*pej: unerfahren*) inesperto; **~er Junge** sbarbatello *m fam*; *s. a.* **blau**
**Grün** <-(s), - *fam* -s> *nt* [colore *m*] verde *m*; **die Ampel steht auf ~** il semaforo è verde; *s. a.* **Blau**
**grün-alternativ** [ˈgryːnaltenaˌtiːf] *adj* (POL) verde-alternativo
**Grün-Alternative Liste** <-, -n> *f* (POL) lista verde alternativa
**Grünanlagen** *fPl.* spazi *mpl* verdi
**Grünbuch** *kein Pl. nt* (EU) Libro *m* Verde
**Grund** [grʊnt] <-(e)s, Gründe> *m* ❶ *Sing.* (*tiefste Stelle, Boden*) fondo *m*; **einer Sache** *dat* **auf den ~ gehen** andare fino in fondo a qc ❷ *Sing.* (*Erdboden*) suolo *m*, terreno *m*; **auf eigenem ~ und Boden** sul proprio [fondo] ❸ *Sing.* (*~lage*) fondamento *m*, base *f*; **zum ~ auf** interamente, radicalmente ❹ (*fig: Ursache*) causa *f*; (*Beweg~, Anlass*) motivo *m*, ragione *f*; (*Beweis~*) argomento *m*, prova *f*; **~ haben zu** +*inf* aver motivo di +*inf*; **auf ~ von** in base a, a causa di; **aus diesem ~[e]** per questa ragione, perciò; **das ist kein ~ zum Lachen** c'è poco da ridere
**Grundausbildung** *f* istruzione *f* fondamentale; (MIL) addestramento *m* delle reclute, CAR *m* **Grundausstattung** *f* attrezzatura *f* elementare **Grundbedeutung** *f* ❶ (*wesentlichste Bedeutung*) significato *m* fondamentale ❷ (LING) significato *m* originario [*o* primitivo] **Grundbedingung** *f* condizione *f* principale **Grundbegriff** *m* ❶ (*elementarer Begriff*)

concetto *m* fondamentale ❷ *meist pl* (*Basiswissen*) principi *mpl* basilari **Grundbesitz** *m* proprietà *f* terriera **Grundbesitzer(in)** *m(f)* proprietario, -a *m, f* terriero, -a, fondiario, -a *m, f* **Grundbestandteil** *m* elemento *m* fondamentale **Grundbuch** *nt* catasto *m,* registro *m* fondiario **Grundbuchamt** <-(e)s, -ämter> *nt* (ADM) ufficio *m* catastale [*o* del catasto]

**gründen** ['ɡrʏndən] **I.** *vt* ❶ (*Institution*) fondare; (*stiften*) istituire; (*ins Leben rufen*) creare ❷ (*fig: stützen*) basare; **etw auf etw** *acc* ~ basare qc su qc **II.** *vr* **sich auf etw** *acc* ~ basarsi su qc

**Gründer(in)** <-s, -; -, -nen> *m(f)* fondatore, -trice *m, f*

**Grunderwerbssteuer** <-, -n> *f* (ADM) imposta *f* sugli acquisti immobili

**grundfalsch** ['ɡrʊntˈfalʃ] *adj* assolutamente falso

**Grundfarbe** *f* ❶ (PHYS) colore *m* fondamentale ❷ (KUNST, TEC: *Malerei, Stoffdruck*) fondo *m* **Grundfeste** ['ɡrʊntfɛstə] <-, -n> *f* **in seinen Grundfesten erschüttern** scuotere dalle fondamenta **Grundfläche** *f* (MAT) base *f* **Grundform** *f* ❶ (*Hauptform*) forma *f* base ❷ (*ursprüngliche Form*) forma *f* primitiva ❸ (LING) infinito *m* **Grundgebühr** *f* tassa *f* fissa **Grundgedanke** *m* concetto *m* fondamentale **Grundgesetz** *nt* ❶ (*Grundprinzip*) legge *f* fondamentale ❷ (JUR: *Verfassung*) costituzione *f* **Grundhaltung** *f* atteggiamento *m* di base

**grundieren** [ɡrʊnˈdiːrən] <ohne ge-> *vt* (KUNST) dare il colore di fondo a qc

**Grundierung** <-, -en> *f* (KUNST) prima mano *f*; (TEC) mano *f* di fondo

**Grundkapital** <-s> *kein Pl. nt* (FIN) capitale *m* sociale

**Grundlage** *f* ❶ (*Basis*) fondamento *m,* base *f* ❷ (*Voraussetzung*) presupposto *m*; **die ~n für etw schaffen** porre le basi per qc **grundlegend** *adj* basilare; (*wichtig*) fondamentale, di importanza fondamentale

**gründlich** ['ɡrʏntlɪç] **I.** *adj* (*tiefgehend*) profondo; (*exakt*) esatto, preciso; (*sorgfältig*) accurato; (*gewissenhaft*) coscienzioso **II.** *adv* a fondo; **er hat sich ~ blamiert** (*fam*) ha fatto una figuraccia **Gründlichkeit** <-> *kein Pl. f* (*Tiefe*) profondità *f*; (*Genauigkeit*) esattezza *f*, precisione *f*; (*Gewissenhaftigkeit*) coscienziosità *f*

**Grundlinie** *f* (MAT) base *f*; (SPORT) linea *f* di fondo **Grundlohn** *m* salario *m* base

**grundlos** *adj* ❶ (*Tiefe*) senza fondo ❷ (*fig: unbegründet*) infondato **Grundmauer** *f* fondamenta *fpl*

**Grundnahrungsmittel** *nt* alimento *m* di base

**Gründonnerstag** *m* (REL) giovedì *m* santo **Grundrechenart** *f* **die vier ~en** le quattro operazioni fondamentali

**Grundrecht** *nt* diritto *m* fondamentale

**Grundregel** *f* regola *f* fondamentale, principio *m*

**Grundriss** *m* ❶ (MAT) proiezione *f* orizzontale ❷ (ARCH) pianta *f* ❸ (*Schema*) compendio *m*

**Grundsatz** *m* principio *m*; **sich** *dat* **etw zum ~ machen** farsene un principio **Grundsatzerklärung** *f* dichiarazione *f* di principi

**grundsätzlich** [ˈɡrʊntzɛtslɪç] **I.** *adj* ❶ (*aus Prinzip*) di principio, di massima ❷ (*wesentlich*) fondamentale **II.** *adv* (*aus Prinzip*) per principio, per massima

**Grundschuld** *f* (JUR, FIN) debito *m* fondiario **Grundschule** *f* ≈ scuola *f* elementare **Grundschullehrer(in)** *m(f)* maestro, -a *m, f* della Grundschule

**Grundstein** *m* prima pietra *f*; **den ~ zu etw legen** (*a. fig*) porre la prima pietra per qc **Grundsteinlegung** <-, -en> *f* posa *f* della prima pietra

**Grundsteuer** *f* (FIN) imposta *f* fondiaria

**Grundstock** *m* fondo *m*, base *f*

**Grundstoff** *m* ❶ (CHEM: *Element*) elemento *m* ❷ (TEC: *Rohstoff*) materia *f* prima **Grundstoffindustrie** *f* industria *f* di base **Grundstück** *nt* fondo *m*, terreno *m* **Grundstücksmakler(in)** *m(f)* agente *mf* immobiliare

**Grundstudium** *kein Pl. nt* (UNIV) *i primi semestri all'università*

**Grundton** *m* ❶ (MUS) nota *f* fondamentale, tonica *f* ❷ (*Malerei*) colore *m* di fondo ❸ (*fig: von Rede*) nota *f* generale

**Grundübel** *nt* vizio *m* fondamentale

**Gründung** [ˈɡrʏndʊŋ] <-, -en> *f* fondazione *f*; (*Schaffung*) creazione *f*; (*Stiftung*) istituzione *f*; **die ~ einer Familie** il fondare una famiglia

**grundverschieden** *adj* totalmente diverso **Grundwasser** *kein Pl. nt* acqua *f* freatica **Grundwasserspiegel** *m* livello *m* freatico

**Grundwehrdienst** *m* (MIL) servizio *m* militare di base

**Grundwortschatz** *kein Pl. m* vocabolario *m* di base

**Grundzahl** *f* (MAT) base *f*; (*Kardinalzahl*) numero *m* cardinale

**Grundzug** *m* (*Charakteristik*) tratto *m* fondamentale, caratteristica *f*

**Grüne**¹ <-n> *kein Pl. nt* ① (*Farbe*) verde *m* ② (*von Gemüse*) verde *m*; (*Gemüse u Salat*) verdura *f*; (*Grünfutter*) foraggio *m* fresco ③ (*Natur*) verde *m*, natura *f*; **im ~ n** nel verde; **ins ~ fahren** andare in campagna

**Grüne**² <ein -r, -n, -n> *mf* (POL) appartenente *mf* al movimento dei verdi; **die ~ n** i verdi

**grünen** *vi* (*geh*) verdeggiare, inverdire

**Grünfläche** *f* zona *f* verde **Grünfutter** *nt* (AGR) foraggio *m* fresco

**Grunge** [grantʃ] <-> *kein Pl.* m grunge *m*

**Grüngürtel** *m* cintura *f* di verde **Grünkohl** *m* (BOT) cavolo *m* riccio **grünlich** *adj* verdastro **Grünpflanze** *f* pianta *f* verde **Grünschnabel** *m* (*pej*) sbarbatello *m fam*, pivello *m fam* **Grünspan** *m* verderame *m* **Grünstreifen** *m* spartitraffico *m* [verde]

**grunzen** ['grʊntsən] *vi* grugnire

**Grünzeug** *nt* (*A: Suppengrün*) misto *m* di verdure e erbe per minestre

**Gruppe** ['grʊpə] <-, -n> *f* ① gruppo *m*; (*von Arbeitern, Sportlern*) squadra *f* ② (*Klasse*) classe *f*, categoria *f*

**Gruppenarbeit** *kein Pl. f* lavoro *m* di gruppo

**Gruppenaufnahme** *f*, **Gruppenbild** *nt* (FOTO) fotografia *f* di gruppo

**Gruppenbildung** *f* formazione *f* di gruppi, raggruppamento *m* **Gruppendynamik** *f* (PSYCH) dinamica *f* di gruppo **gruppendynamisch** *adj* (PSYCH) dinamico nel gruppo **Gruppenfoto** *nt* foto *f* di gruppo **Gruppenreise** *f* viaggio *m* in comitiva **Gruppensex** *m* sesso *m* di gruppo **Gruppentherapie** *f* (PSYCH) terapia *f* di gruppo **gruppenweise** *adv* a gruppi

**gruppieren** [grʊˈpiːrən] <ohne ge-> **I.** *vt* disporre in gruppi, raggruppare; (*klassifizieren*) classificare **II.** *vr* **sich ~** raggrupparsi

**Gruppierung** <-, -en> *f* disposizione *f* in gruppi, raggruppamento *m*

**gruselig** ['gruːzəlɪç] *adj* raccapricciante

**gruseln** ['gruːzəln] **I.** *vi*, *vt* rabbrividire; **mir gruselt es vor etw** *dat* rabbrividisco per qc **II.** *vr* **sich [vor etw** *dat*] **~** rabbrividire [per qc]

**Gruß** [gruːs] <-es, Grüße> *m* saluto *m*; **richten Sie ihm meine herzlichsten Grüße aus!** gli porti i miei più cordiali saluti!; **viele Grüße an ...** *acc* molti saluti a ...; **mit freundlichen Grüßen** (*Briefschluss*) distinti [*o* cordiali] saluti

**grüßen** ['gryːsən] *vt* salutare; **jdn ~ lassen** mandare i saluti a qu; **~ Sie ihn von mir!** gli porti i miei saluti!; **grüß Gott!** (*südd, A*) buon giorno; **grüß dich!** (*fam*) ti saluto!

**Grütze** ['grʏtsə] <-, -n> *f* tritello *m*; **rote ~** (GASTR) *dessert gelatinoso preparato con frutta rossa*

**GSM-Handy** *nt* cellulare *m* GSM

**gucken** ['gʊkən] *vi* (*fam*) guardare; **nach etw ~** dare un'occhiata a qc

**Guckloch** *nt* spioncino *m*

**Guerilla** [geˈrɪlja] <-, -s> *f* bande *fpl* di guerriglieri

**Guerillakämpfer(in)** *m(f)* guerrigliero, -a *m, f*

**Guerillakrieg** *m* guerriglia *f*

**Gugelhopf** ['guːgəlhɔpf] <-s, -e> *m* (*CH: Napfkuchen*) *tipo di ciambella*

**Gugelhupf** ['guːgəlhʊpf] <-(e)s, -e> *m* (*A, südd, CH:* GASTR: *Napfkuchen*) focaccia *f*

**Güggeli** ['gʏgəli] <-s, -> *nt* (*CH*) pollo *m* allo spiedo

**Guillotine** [gɪljoˈtiːnə] <-, -n> *f* ghigliottina *f*

**guillotinieren** [gɪljotiˈniːrən] *o* gijotiˈniːrən] <ohne ge-> *vt* ghigliottinare

**Guinea** [giˈneːa] *nt* (GEOG) Guinea *f*

**Gulasch** ['gulaʃ] <-(e)s, -e *o* -s> *nt o m* (GASTR) gulasch *m*, spezzatino *m* **Gulaschkanone** *f* (*fam scherz*) cucina *f* da campo **Gulaschsuppe** *f* (*A*) minestra *f* di gulasch

**Gulden** ['gʊldən] <-s, -> *m* fiorino *m*

**Gully** ['gʊli] <-s, -s> *m o nt* tombino *m*

**gültig** ['gʏltɪç] *adj* (JUR) valido; (*Fahrschein*) valevole; (*Geld*) che ha corso; (*gesetzlich*) in vigore, vigente; **für ~ erklären** dichiarare valido, convalidare; **ab ... ~ sein** essere valido a decorrere dal ... **Gültigkeit** <-> *kein Pl. f* validità *f*; (JUR) forza *f* legale, validità *f*

**Gummi** ['gʊmi] <-s, -(s)> *nt o m* gomma *f*; **Gummiball** *m* palla *f* di gomma **Gummiband** *nt* [nastro *m*] elastico *m* **Gummibaum** *m* ① (*Kautschukbaum*) albero *m* di caucciù ② (*Zimmerpflanze*) ficus *m*

**gummieren** [gʊˈmiːrən] <ohne ge-> *vt* gommare

**Gummihandschuh** *m* guanto *m* di gomma **Gummiknüppel** *m* manganello *m* [di gomma]

**Gummiparagraf** <-en, -en> *m* paragrafo *m* elastico [*o* flessibile] **Gummiparagraph** <-en, -en> *m* (*fam*) paragrafo *m* elastico [*o* flessibile] **Gummireifen** *m* pneumatico *m*, gomma *f* **Gummiring** *m* anello *m* di gomma

**Gummischuhe** *mPl*. scarpe *fpl* di gomma **Gummisohle** *f* suola *f* di gomma

**Gummistiefel** *mPl.* stivali *mpl* di gomma **Gummistrumpf** *m* calza *f* elastica
**Gummizug** *m* elastico *m*
**Gunst** [gʊnst] <-> *kein Pl. f* favore *m;* (*Wohlwollen*) benevolenza *f;* (*von Schicksal*) favore *m;* **in jds ~ stehen** essere nelle grazie di qu; **zu jds ~en** a favore di qu
**günstig** ['gʏnstɪç] *adj* ① (*geeignet, gut*) favorevole; (*bes. Moment*) propizio ② (*vorteilhaft*) vantaggioso; (*bes. Preis*) conveniente **günstigstenfalls** *adv* nella migliore delle ipotesi
**Günstling** ['gʏnstlɪŋ] <-s, -e> *m* favorito *m* **Günstlingswirtschaft** *f* (*pej*) protezionismo *m*
**Gurgel** ['gʊrgəl] <-, -n> *f* gola *f;* **jdm an die ~ springen** (*fig*) mettere il coltello alla gola di qu
**gurgeln** *vi* ① (*die Gurgel spülen*) fare i gargarismi ② (*gluckern*) gorgogliare
**Gurke** ['gʊrkə] <-, -n> *f* (BOT) cetriolo *m;* (*kleine ~*) cetriolino *m;* **saure ~n** cetriolini sott'aceto
**Gurkensalat** *m* (GASTR) insalata *f* di cetrioli
**gurren** ['gʊrən] *vi* (*Taube*) tubare
**Gurt** [gʊrt] <-(e)s, -e> *m* cintura *f,* cinghia *f*
**Gürtel** ['gʏrtəl] <-s, -> *m* ① (*an Kleidung*) cintura *f,* cinghia *f;* **den ~ enger schnallen** (*fam fig*) stringere la cinghia ② (GEOG) zona *f;* (*Absperrung*) cordone *m* **Gürtellinie** *f* cintola *f;* **ein Schlag unter die ~** (*a. fig*) un colpo basso **Gürtelreifen** *m* (MOT) [pneumatico *m*] cinturato *m* **Gürtelrose** *f* (MED) erpete *m* zoster **Gürtelschnalle** *f* fibbia *f* della cintura **Gürteltier** *nt* (ZOO) armadillo *m*
**Gurtmuffel** <-s, -> *m* (*fam*) *persona che non si allaccia le cinture di sicurezza*
**Gurtpflicht** <-> *kein Pl. f* obbligo *m* di allacciarsi le cinture di sicurezza **Gurtstraffer** *m* (AUTO) pretensionatore *m*
**Guru** ['gu:ru] <-s, -s> *m* (REL) guru *m*
**GUS** *f* (POL) *abk v* **Gemeinschaft Unabhängiger Staaten** unione *f* degli stati indipendenti
**Guss** [gʊs] <-es, Güsse> *m* ① (*Gießen*) colata *f;* (*Erzeugnis*) pezzo *m* fuso; **aus einem ~** di un solo pezzo; (*fig*) tutto d'un pezzo ② (*Wasserstrahl*) getto *m;* (*Regen~*) acquazzone *m,* rovescio *m* **Gusseisen** *nt* ghisa *f* **gusseisern** *adj* di ghisa **Gussform** *f* forma *f* da fonderia
**Gussstahl** *m* acciaio *m* fuso
**gut** [gu:t] **I.** <besser, beste> *adj* ① buono; **~es Wetter** bel tempo; **ein ~es Gewissen** la coscienza pulita; **~ aussehend** di bell'aspetto, bello; **wieder ~ werden** ridiventar buono; **es ist ~, dass ...** meno male che ..., per fortuna che ...; **lassen wir es ~ sein!** lasciamo perdere! ② (*rechtschaffen, anständig*) probo, virtuoso; **seien Sie so ~ und ...** abbia la cortesia di +*inf* ③ (*richtig*) corretto, giusto; **mehr als ~ ist** più del ragionevole ④ (*nützlich*) utile; **wozu ist das ~?** a che serve? ⑤ (*förderlich*) giovevole; **~ für etw sein** fare bene a qc ⑥ (*vorteilhaft*) vantaggioso ⑦ (*~ erhalten*) in buono stato ⑧ (FIN: *Scheck*) valido ⑨ (*reichlich*) abbondante ⑩ (*Schulnote*) otto; **sehr ~** (*Schulnote*) nove **II.** <besser, am besten> *adv* bene; **~ riechen** avere un buon odore; **~ bezahlt** ben pagato; **~ gelaunt** di buon umore; **eine ~ gehende Firma** una ditta ben avviata; **es ~ haben** star bene; **mit jdm ~ stehen** essere in buoni rapporti con qu; **~ daran tun, zu** +*inf* fare bene a +*inf;* **~ und gern** per lo meno; **so ~ wie** quasi, pressoché; **so ~ wie möglich** nel miglior modo possibile; **es geht mir ~** sto bene; **Sie haben ~ reden** ha un bel dire; **~ [so]!** bene così!; (*es genügt!*) basta così!; **[es ist ja] schon ~!** va bene!; *s. a.* **Gute**[1], [2]
**Gut** <-(e)s, Güter> *nt* ① (*Besitz*) proprietà *f;* (*a. geistig*) bene *m* ② (*Land~*) proprietà *f* terriera; (*Pacht~*) podere *m* in affitto ③ *pl* (*Waren*) merci *fpl*
**Gutachten** ['gu:tʔaxtən] *nt* perizia *f;* **ein ~ einholen** far fare una perizia **Gutachter(in)** <-s, -; -, -nen> *m(f)* perito, -a *m, f,* esperto, -a *m, f*
**gutartig** *adj* ① (*Tier*) mansueto; (*Mensch*) buono ② (MED) benigno
**Gutartigkeit** <-> *kein Pl. f* ① (*von Tier*) mansuetudine *f,* docilità *f;* (*von Mensch, Wesen*) bontà *f* ② (MED) carattere *m* benigno, benignità *f*
**gutaussehend** *adj* di bell'aspetto, bello
**gutbezahlt** *adj* ben pagato
**gutbürgerlich** *adj* casereccio, nostrano, genuino
**Gutdünken** ['gu:tdʏŋkən] <-s> *kein Pl. nt* **nach ~** a discrezione
**Gute**[1] <ein -r, -n, -n> *mf* (*guter Mensch*) buono, -a *m, f;* **mein ~r, meine ~** mio caro, mia cara
**Gute**[2] <ein -s, -n> *kein Pl. nt* (*gute Seite*) lato *m* buono; (*gute Taten*) bene *m,* buone azioni *fpl;* (*gute Eigenschaft*) buono *m;* **alles ~!** (*für Zukunft*) buona fortuna!; (*Glückwunsch*) auguri!; **es hat alles sein ~s** non tutto il male vien per nuocere *prov*

**Güte** ['gy:tə] <-> *kein Pl. f* ① (*Gefälligkeit*) bontà *f*; **in aller ~** con le buone *fam*, in tutta amicizia; [**ach**] **du meine ~!** Dio mio! ② (*von Ware*) qualità *f*

**Gutenachtgeschichte** *f* fiaba *f* della buona notte **Gutenachtkuss** [gʊtə'naxtkʊs] *m* bacio *m* della buona notte

**Güterabfertigung** ['gy:tɐapfɛrtɪgʊŋ] *f* (COM) ① (*Vorgang*) spedizione *f* merci ② (*Stelle*) servizio *m* [spedizione] merci

**Güterbahnhof** *m* scalo *m* merci

**Güterfernverkehr** *m* trasporto *m* di merci a grande distanza **Gütergemeinschaft** *f* (JUR) comunione *f* dei beni

**Güternahverkehr** *m* trasporto *m* di merci a breve distanza **Gütertrennung** *f* (JUR) [regime *m* della] separazione *f* dei beni **Güterverkehr** *kein Pl. m* traffico *m* merci **Güterwagen** *m* (FERR) carro *m* [*o* vagone *m*] merci **Güterzug** *m* (FERR) treno *m* merci

**Gütesiegel** <-s, -> *nt*, **Gütezeichen** *nt* marchio *m* di qualità

**gut|gehen** <irr> *vi* ① **jdm geht es gut** qu sta bene; **es geht mir gut** sto bene ② (*gut verlaufen*) andare bene **gutgehend** *adj* (*Geschäft, Firma*) ben avviato

**gutgelaunt** *adj* di buon umore **gutgemeint** *adj* detto [*o* fatto] con buone intenzioni **gutgläubig** *adj* in buona fede; (*leichtgläubig*) ingenuo, credulo

**gut|haben** <irr> *vt* avere un credito di **Guthaben** ['gu:tha:bən] <-s, -> *nt* (FIN) averi *mpl*; (*Spareinlage*) deposito *m*

**gut|heißen** <irr> *vt* approvare

**gutherzig** *adj* cordiale, di buon cuore

**gütig** ['gy:tɪç] *adj* buono, benevolo; (*freundlich*) gentile; (*nachsichtig*) indulgente

**gütlich** ['gy:tlɪç] *adj* amichevole

**gut|machen** *vt* (*Fehler, Schaden*) riparare; **das kann ich gar nicht wieder ~** non potrò mai ripagare; **das ist nicht wieder gutzumachen** è irreparabile

**gutmütig** ['gu:tmy:tɪç] *adj* bonario, buono **Gutmütigkeit** <-, *rar* -en> *f* bonarietà *f*, bontà *f*

**Gutsbesitzer(in)** *m(f)* proprietario, -a *m*, *f* terriero, -a

**Gutschein** *m* buono *m* **gut|schreiben** <irr> *vt* **jdm etw ~** accreditare qc a qu **Gutschrift** *f* accredito *m*

**Gutsherr(in)** *m(f) s.* **Gutsbesitzer Gutshof** *m* podere *m*

**gutsituiert** *adj* abbiente, agiato

**Gutsverwalter(in)** *m(f)* amministratore, -trice *m*, *f* di una tenuta

**gut|tun** <irr> *vi* far bene, giovare **gutwillig** *adj o adv* di buona volontà, di buona voglia

**Gymnasiast(in)** [gʏmnazi'ast] <-en, -en; -, -nen> *m(f)* studente, -essa *m*, *f* del Gymnasium

**Gymnasium** [gʏm'na:ziʊm] <-s, Gymnasien> *nt* scuola superiore che comprende gli anni dalla fine della scuola elementare fino alla maturità classica, linguistica o scientifica; **mathematisch-naturwissenschaftliches ~** scuola che comprende la scuola media e il liceo scientifico; **neusprachliches ~** scuola che comprende la scuola media e il liceo linguistico; **altsprachliches ~** (*die ersten Jahre*) ginnasio *m*; (*die letzten drei Jahre*) liceo classico

**Gymnastik** [gʏm'nastɪk] <-> *kein Pl. f* ginnastica *f*

**gymnastisch** *adj* ginnico

**Gynäkologe** [gynɛko'lo:gə] <-n, -n> *m* ginecologo *m* **Gynäkologie** [gynɛkolo'gi:] <-> *kein Pl. f* ginecologia *f* **Gynäkologin** [gynɛko'lo:gɪn] <-, -nen> *f* ginecologa *f* **gynäkologisch** [gynɛko'lo:gɪʃ] *adj* ginecologico

# Hh

**H, h** [ha:] <-, -(s)> *nt* ❶ (*Buchstabe*) H, h *f*; **H wie Heinrich** H come hotel ❷ (MUS) si *m*; **H-Dur** si maggiore; **h-Moll** si minore
**ha** *abk v* **Hektar** ha
**ha** *int* ah, oh
**Haar** [ha:ɡ] <-(e)s, -e> *nt* (*Kopf~*) capello *m*; (*Bart~, Körper~, Tier~, Pflanzen~*) pelo *m*; **blondes/dunkles/glattes/lockiges** ~ capelli biondi/scuri/lisci/ricci; **graue ~e bekommen** incanutirsi; **sich** *dat* **keine grauen ~e wachsen lassen** non prendersela troppo per qc; **sich** *dat* **die ~e schneiden lassen** farsi tagliare i capelli; **aufs ~ esattamente**; **sich aufs ~ gleichen** assomigliarsi come due gocce d'acqua; **um ein ~** per un pelo, a momenti; **immer ein ~ in der Suppe finden** trovare sempre qc da ridire; **jdm kein ~ krümmen** non torcere un capello a qu; **an jdm kein gutes ~ lassen** tagliare i panni addosso a qu; **da stehen einem die ~e zu Berge** gli si rizzano i capelli; **das ist an den ~en herbeigezogen** questo è tirato per i capelli; **~e auf den Zähnen haben** sapersi difendere **Haaransatz** *m* attaccatura *f* dei capelli **Haarausfall** *m* caduta *f* dei capelli
**Haarbreit** *nt* (*fig*) **um ein ~** per un pelo; **nicht um ein ~ weichen** non cedere neanche di un passo **Haarbürste** *f* spazzola *f* per capelli
**haaren** ['ha:rən] *vi, vr* **sich ~** perdere il pelo
**Haarentfernungsmittel** *nt* crema *f* depilatoria **Haaresbreite** *f* (*fig*) **um ~** per un pelo **Haarfarbe** *f* colore *m* dei capelli **Haarfestiger** *m* fissatore *m*
**haargenau** *adv* esattamente
**haarig** ['ha:rɪç] *adj* ❶ (*behaart*) peloso ❷ (*fam: schwierig*) difficile; (*heikel*) scabroso; (*schlimm*) brutto
**Haarklammer** <-, -n> *f* fermaglio *m* per capelli **haarklein** *adv* (*fam*) per filo e per segno **Haarknoten** *m* chignon *m*, crocchia *f* **Haarlack** *m* lacca *f* per capelli **Haarnadel** *f* forcina *f* **Haarnadelkurve** *f* tornante *m* **Haarnetz** *nt* retina *f* per capelli **haarscharf** I. *adj* esattissimo II. *adv* ❶ (*genau*) con la massima precisione ❷ (*dicht*) a un pelo
**Haarschleife** *f* fiocco *m* **Haarschnitt** *m* taglio *m* **Haarspalterei** <-, -en> *f* (*pej*) cavillosità *f*; **~ treiben** cavillare **Haarspange** *f* molletta *f* per capelli **Haarspray** *nt o m* lacca *f* per capelli **haarsträubend** *adj* che fa rizzare i capelli, raccapricciante **Haartrockner** *m* asciugacapelli *m*, fon *m* **Haarverlängerung** *f* extention *f* **Haarwaschmittel** *nt* shampoo *m* **Haarwasser** *nt* lozione *f* per capelli **Haarwuchs** *m* ❶ (*Vorgang*) crescita *f* dei capelli/dei peli ❷ (*Zustand: beim Menschen*) capigliatura *f*; (*bei Tieren*) pelo *m* **Haarwuchsmittel** *nt* prodotto *m* per la crescita dei capelli **Haarwurzel** *f* radice *f* dei capelli

**Hab** [ha:p] *nt* **mein [ganzes] ~ und Gut** tutti i miei averi
**Habe** ['ha:bə] <-> *kein Pl. f* (*geh*) averi *mpl*, beni *mpl*; (*Besitz*) possesso *m*; (*persönliche*) effetti *mpl* [o beni *mpl*] personali
**haben** ['ha:bən] <hat, hatte, gehabt> I. *vt* avere; (*besitzen*) possedere; (*erhalten*) ricevere; **lieber ~** preferire; **Zeit ~** avere tempo; **nichts dagegen ~** non aver nulla in contrario; **etw ~ wollen** desiderare qc; (*fordern*) richiedere qc, esigere qc; **gegen jdn etw ~** essere contro qu, avercela con qu *fam;* **mit jdm etw ~** (*fam*) intendersela con qu, filare con qu; **es mit jdm zu tun ~** aver a che fare con qu; **jdn zum Freund ~** aver qu per amico; **noch zu ~ sein** essere ancora libero; **bei sich** *dat* **~** avere con sé; **etw für sich ~** avere i propri lati positivi; **es im Hals ~** avere mal di gola; **wir ~ den 10. Juni** è il 10 giugno; **ich hätte gern ...** vorrei ...; **beinahe hätte ich ...** ci è mancato poco che +*conj;* **das hat nichts zu sagen** non ha alcuna importanza; **ich habe zu tun** ho da fare; **dafür bin ich immer zu ~** ci sto sempre *fam;* **er hat hier nichts zu suchen** lui qui non c'entra niente; **was habe ich [denn] davon?** che vantaggio ne ho?, cosa ci guadagno?; **was hast du?** che hai?; **den Wievielten ~ wir heute?** quanti ne abbiamo oggi?; **welche Größe/Nummer ~ Sie?** che taglia/numero porta?; **ich hab's!** ci sono!, ho capito!; **da ~ wir's!** ci siamo!, lo sapevo! II. *vi* ❶ (*müssen*) dovere; **er hat zu arbeiten** deve lavorare ❷ (*Hilfsverb*) avere ❸ (*bes. CH: es gibt*) c'è; **es hat viele Leute** c'è molta gente III. *vr* **sich ~** (*fam*) ❶ (*sich anstellen*) fare lo smorfioso ❷ (*Aufhebens machen*) essere esagerato ❸ (*erle-*

*digt sein*) **und damit hat sich's** non c'è altro da dire *fam*

**Haben** <-s> *kein Pl. nt* avere *m*

**Habenichts** ['ha:bənɪçts] <- *o* -es, -e> *m* (*pej*) poveraccio *m*, spiantato *m*

**Habenseite** <-, -n> *f* (FIN) avere *m*, attivo *m* **Habenzinsen** *mPl.* (FIN) interessi *mpl* attivi

**Haberer** <-s, -> *m* ❶ (A: *Verehrer*) ammiratore *m* ❷ (A: *Kumpel*) amico *m*, compagno *m*

**Habgier** *kein Pl. f* avidità *f*, cupidigia *f* **habgierig** *adj* avido, cupido

**habhaft** *adj* jds/einer Sache ~ **werden** (*geh*) acchiappare qu/impadronirsi di qc

**Habicht** ['ha:bɪçt] <-s, -e> *m* (ZOO) astore *m*

**Habilitation** [habilita'tsjo:n] <-, -en> *f* (UNIV) abilitazione *f*

**habilitieren** *vr* **sich** ~ (UNIV) abilitarsi, conseguire la libera docenza

**Habitat** [habi'ta:t] <-s, -e> *nt* (BIOL) habitat *m*

**Habsburger(in)** ['ha:psbʊrgɐ] <-s, -; -, -nen> *m(f)* (HIST) Asburgo *m*

**Habseligkeiten** *fPl.* quisquilie *fpl*, carabattole *fpl*

**Habsucht** *f s.* **Habgier habsüchtig** *adj s.* **habgierig**

**hach** [hax] *int* oh

**Hackbraten** *m* (GASTR) polpettone *m*

**Hacke** ['hakə] <-, -n> *f* ❶ (*Pickel*) zappa *f* ❷ (*fam: Ferse*) calcagno *m*, tallone *m* ❸ (*fam: Absatz*) tacco *m*

**hacken** ['hakən] I. *vt* ❶ (*Boden*) zappare ❷ (*Holz*) spaccare, tagliare ❸ (*Zwiebeln*) tritare II. *vi* (*mit Schnabel*) beccare

**Hacker(in)** ['hakɐ] <-s, -; -, -nen> *m(f)* (INFORM) hacker *mf*, pirata *m* informatico

**Hackfleisch** *nt* (GASTR) carne *f* tritata [*o* macinata]

**Hackordnung** <-, -en> *f* (ZOO) gerarchia *f*, ordine *m*; (*fig*) gerarchia *f*

**Häcksel** ['hɛksəl] <-s> *kein Pl. nt o m* (AGR) paglia *f* tritata

**Hader¹** <-s, -n> *m* (*südd, A*) rimasuglio *m* di stoffa

**Hader²** <-s, -> *m* (*ostd*) straccio *m*

**hadern** ['ha:dɐn] *vi* (*geh*) **mit jdm** ~ accusare qu, prendersela con qu; **mit seinem Schicksal** ~ lamentarsi della propria sorte

**Hafen** ['ha:fən] <-s, Häfen> *m* ❶ (*Schiff*) porto *m*; **einen** ~ **anlaufen** toccare un porto; **aus einem** ~ **auslaufen** uscire da un porto; **in den** ~ **einlaufen** entrare in porto ❷ (*südd, CH, A: Gefäß*) recipiente *m*, vaso *m* ❸ (*nordd: hohes Glasgefäß*) vaso *m* di vetro **Hafenanlagen** *fPl.* opere *fpl* portuali **Hafenarbeiter(in)** *m(f)* lavoratore, -trice *m*, *f* del porto, portuale *mf* **Hafenbecken** *nt* bacino *m* del porto, darsena *f* **Hafenbehörde** *f* autorità *f* portuale **Hafeneinfahrt** *f* imboccatura *f*, entrata *f* del porto **Hafenpolizei** *f* polizia *f* portuale **Hafenrundfahrt** *f* giro *m* turistico del porto **Hafenstadt** *f* città *f* portuale, porto *m*

**Hafer** ['ha:fɐ] <-s> *kein Pl. m* (BOT, AGR) avena *f* **Haferflocken** *fPl.* (GASTR) fiocchi *mpl* d'avena

**Häferl** <-s, -n> *nt* (*A: Tasse*) tazza *f*

**Haferschleim** <-(e)s, -e> *m* (GASTR) pappa *f* di avena

**Hafner(in)** <-s, -> *m(f)* (*A, CH, südd: Ofensetzer*) fumista *mf*

**Haft** [haft] <-> *kein Pl. f* ❶ (*Gefängnis~*) detenzione *f*, reclusione *f* ❷ (*Verhaftung*) arresto *m*; **jdn aus der** ~ **entlassen** rilasciare qu, rimettere in libertà qu; **jdn in** ~ **nehmen** arrestare qu **Haftanstalt** *f* penitenziario *m*, prigione *f*

**haftbar** *adj* responsabile; **jdn für etw** ~ **machen** (JUR) rendere qu responsabile di qc **Haftbefehl** *m* (JUR) mandato *m* di cattura

**Hafteinrichtung** *f* istituto *m* di detenzione

**haften** ['haftən] *vi* ❶ (*festsitzen*) aderire; **an** [*o* **auf**] **etw** *dat* ~ aderire a qc; **an etw** *dat* ~ **bleiben** rimanere attaccato a qc ❷ (JUR: *bürgen*) **für jdn** ~ garantire per qu ❸ (JUR: *verantwortlich sein*) rispondere; **Eltern** ~ **für ihre Kinder** i genitori rispondono dei loro figli

**Haftentlassung** *f* scarcerazione *f*

**haftfähig** *adj* ❶ (JUR) idoneo al regime penitenziario ❷ (*leicht haftend*) aderente

**Häftling** ['hɛftlɪŋ] <-s, -e> *m* detenuto, -a *m*, *f*

**Haftpflicht** *f* (JUR) responsabilità *f* civile **haftpflichtig** *adj* responsabile **Haftpflichtversicherung** *f* assicurazione *f* della responsabilità civile [verso terzi]

**Haftschale** *f* lente *f* a contatto

**Haftstrafe** *f* (JUR) pena *f* detentiva

**Haftung** <-s> *kein Pl. f* ❶ (JUR: *Verantwortlichkeit*) responsabilità *f*; **für etw die** ~ **übernehmen** assumere la responsabilità di qc ❷ (JUR: *Bürgschaft*) garanzia *f* ❸ (*Kontakt*) aderenza *f*

**Hafturlaub** <-(e)s, -e> *m* (JUR) permesso *m* [di uscita]

**Hagebutte** ['ha:gəbʊtə] <-, -n> *f* (BOT) frutto *m* di rosa canina, sincarpio *m*

**Hagel** ['ha:gəl] <-s, *rar* -> *m* (METEO) gran-

dine f **Hagelkorn** nt ① (*Hagel*) chicco m di grandine ② (MED) calazio m
**hageln** ['haːgəln] vi, vt (METEO) grandinare; **es hagelte Vorwürfe** piovvero rimproveri
**Hagelschaden** <-s, -schäden> m (METEO) danno m causato dalla grandine **Hagelschauer** m rovescio m di grandine, grandinata f **Hagelschlag** m grandinata f
**hager** ['haːgɐ] adj magro, scarno
**haha** [ha'ha(ː)] int ah ah
**Häher** ['hɛːɐ] <-s, -> m (ZOO) ghiandaia f
**Hahn** [haːn] <-(e)s, Hähne> m ① (ZOO) gallo m; **~ im Korb sein** (*fam*) fare il gallo nel pollaio; **danach kräht kein ~** (*fam*) non se ne cura nessuno ② (TEC) rubinetto m; (*Gewehr~*) grilletto m, cane m
**Hähnchen** ['hɛːnçən] <-s, -> nt galletto m
**Hahnenfuß** m (BOT) ranuncolo m
**Hahnenschrei** m **beim ersten ~ aufstehen** alzarsi al canto del gallo **Hahnentritt** m ① (*im Ei*) germe m dell'uovo ② (*Muster*) pied-de-poule m
**Hai|fisch|** ['haɪ(fɪʃ)] m (ZOO) pescecane m, squalo m
**Hain** [haɪn] <-(e)s, -e> m (*poet*) boschetto m
**Hairstylist(in)** ['hɛːɐstaɪlɪst] <-en, -en> m(f) hair stylist mf
**häkeln** ['hɛːkəln] vt (*Handarbeit*) lavorare all'uncinetto **Häkelnadel** f uncinetto m
**haken** ['haːkən] I. vt (*einhängen*) agganciare II. vi (*klemmen*) rimanere impigliato; (*Tür*) rimanere bloccato; **da hakt es** (*fam*) la faccenda si imbroglia [*o* complica]
**Haken** ['haːkən] <-s, -> m ① (TEC, SPORT) gancio m; **einen ~ schlagen** fare uno scarto ② (*Kleider~*) attaccapanni m ③ (*Angel~*) amo m ④ (*fam fig*) intoppo m; **die Sache hat einen ~** (*fam*) c'è un intoppo
**Hakenkreuz** nt croce f uncinata, svastica f **Hakennase** f naso m adunco
**halb** [halp] I. adj mezzo, metà [di]; **eine ~e Note** una mezza nota; **auf ~em Wege** a metà strada; **um ~ drei** alle due e mezza; **zum ~en Preis** a metà prezzo; **das ist nichts Halbes und nichts Ganzes** non è né carne né pesce II. adv mezzo, [a] metà; **~ öffnen** (*Tür*) socchiudere; **ich habe mich ~ totgelacht** (*fam*) sono quasi morto dal ridere; **das ist ~ so schlimm** non è poi così grave **halbamtlich** adj ufficioso, semiufficiale **Halbbildung** f (*pej*) pseudocultura f **halbbitter** adj semiamaro **Halbbruder** m fratellastro m; (*väterlicherseits*) fratello m consanguineo; (*mütterlicherseits*) fratello m uterino **Halbdunkel** nt penombra f, chiaroscuro m

**Halbe** ['halbə] <-n, -> f (GASTR, *fam: Bier*) birra f grande [da mezzo litro]
**Halbedelstein** m (MIN) pietra f dura
**halber** ['halbɐ] *prp* +*gen* (*geh*) per; **der Ordnung ~** per ragioni di/per ordine; **der Ehre ~** per l'onore; **vorsichts~** per precauzione [*o* prudenza]
**Halbfabrikat** <-(e)s, -e> nt (COM) prodotto m semilavorato [*o* semifinito]
**halbfertig** adj quasi finito **Halbfinale** nt (SPORT) semifinale f **Halbgeschwister** Pl. fratellastri mpl **Halbgott** m semidio m
**Halbheit** <-, -en> f imperfezione f, insufficienza f; (*halbe Maßnahmen*) mezze misure fpl **halbherzig** adj tiepido, poco entusiasta
**halbieren** [hal'biːrən] <ohne ge-> vt dividere in due, fare a metà
**Halbierung** <-, -en> f dimezzamento m, bipartizione f; (MAT) bisezione f
**Halbinsel** f (GEOG) penisola f **Halbjahr** nt semestre m **halbjährig** adj (*ein halbes Jahr dauernd*) [della durata] di sei mesi; (*ein halbes Jahr alt*) di sei mesi [d'età]; **ein ~er Kurs** un corso semestrale **halbjährlich** I. adj semestrale II. adv ogni sei mesi **Halbkanton** <-s, -e> m (CH) semicantone m **Halbkreis** m semicerchio m **Halbkugel** f semisfera f, mezza sfera f; (GEOG) emisfero m **halblaut** adj *o* adv a mezza voce **Halbleinenband** <-(e)s, -bände> m volume m in mezza tela **Halbleiter** m (TEC) semiconduttore m
**Halblinks** [halp'lɪŋks] <-, -> m (SPORT) mezz'ala f sinistra, interno m sinistro
**halbmast** adv **auf ~** a mezz'asta; **~ flaggen** mettere la bandiera a mezz'asta
**Halbmesser** m (MAT) raggio m **Halbmond** m mezzaluna f
**halbnackt** adj *s.* **nackt 1.**
**halboffen** adj *s.* **offen 1.**
**Halbpension** f (GASTR) mezza pensione f
**Halbrechts** [halp'rɛçts] <-, -> m (SPORT) mezz'ala f destra, interno m destro **halbrund** adj semicircolare **Halbschatten** m penombra f **Halbschlaf** *kein Pl.* m dormiveglia m **Halbschuh** m scarpa f bassa **Halbschwergewicht** nt (SPORT) peso m medio-massimo **Halbschwester** f sorellastra f; (*väterlicherseits*) sorella f consanguinea; (*mütterlicherseits*) sorella f uterina **Halbstarke** <ein -r, -n, -n> mf (*pej*) teppista mf; **die ~n** la gioventù bruciata **halbstündlich** ['halpʃtʏntlɪç] adj di mezz'ora **Halbtagsarbeit** f lavoro m a mezza giornata **Halbtagsbeschäftigung** f lavoro m [*o* impiego m] a mezza giornata

**Halbtagskraft** *f* lavoratore, -trice *m*, *f* part-time **Halbtagsstelle** *f* lavoro *m* a mezza giornata
**halbvoll** *adj s.* **voll I.1.**
**Halbwahrheit** <-, -en> *f* mezza verità *f*
**Halbwaise** *f* orfano, -a *m*, *f* di padre [*o* di madre]
**halbwegs** *adv* press'a poco, abbastanza
**Halbwelt** *f* demi-monde *m* **Halbwert|s|zeit** *f* (PHYS) tempo *m* di dimezzamento, periodo *m* radioattivo **Halbzeit** *f* (SPORT: *Spielzeit*) tempo *m;* **erste ~** primo tempo; **zweite ~** ripresa *f*
**Halde** ['haldə] <-, -n> *f* ① (GEOL) ghiaione *m* ② (MIN) discarica *f*
**half** [half] *1. u. 3. Pers. Sing. Imp. von* **helfen**
**Hälfte** ['hɛlftə] <-, -n> *f* metà *f;* **meine bessere ~** (*scherz: Ehepartner*) la mia dolce metà; **bis zur ~** fino alla metà; **zur ~** a metà
**Hall** [hal] <-(e)s, -e> *m* eco *m o f*
**Halle** ['halə] <-, -n> *f* ① (*Hotel~*) hall *f;* (THEAT) foyer *m* ② (*Bahnhofs~*) atrio *m;* (AERO) aviorimessa *f,* hangar *m;* (ARCH) galleria *f;* (*Fabrik~, Lager~*) capannone *m;* (*Sport~*) palestra *f*
**hallen** ['halən] *vi* risonare, riecheggiare
**Hallenbad** *nt* piscina *f* coperta **Hallensport** *m* sport *m* da palestra
**Hallenturnen** *nt* ginnastica *f* da palestra
**hallo** [ha'lo: *o* 'halo] *int* ① (*Zuruf*) ohé, ehi ② (*am Telefon*) pronto ③ (*Begrüßung*) ciao
**Hallo** [ha'lo:] <-s, -s> *nt* ① (*Freude*) giubilo *m* ② (*dial: Aufsehen*) scalpore *m;* **es gab ein großes ~** ci fu un grande scalpore
**Halluzination** [halutsina'tsi̯oːn] <-, -en> *f* (PSYCH) allucinazione *f*
**halluzinogen** [halutsino'geːn] *adj* allucinogeno
**Halm** [halm] <-(e)s, -e> *m* gambo *m*, stelo *m*
**Halogen** [halo'geːn] <-s, -e> *nt* (CHEM) alogeno *m* **Halogenleuchte** *f* lampada *f* alogena **Halogenscheinwerfer** [halo'geːnʃaɪnvɛrfɐ] <-s, -> *m* proiettore *m* alogeno
**Hals** [hals] <-es, Hälse> *m* ① (*Flaschen~*) collo *m* ② (ANAT) collo *m;* (*Kehle*) gola *f;* **sich** *dat* **den ~ brechen** rompersi l'osso del collo; (*fig*) rovinarsi; **sich jdm an den ~ werfen** gettarsi al collo di qu; **sich** *dat* **etw/jdn vom ~ schaffen** levarsi di dosso qc/liberarsi di qu; **~ über Kopf** a precipizio, a rotta di collo *fam,* a rompicollo *fam;* **aus vollem ~|e|** a squarciagola, a piena gola; **etw in den falschen ~ bekommen** (*fam*) prendere qc per il verso sbagliato; **das hängt mir zum ~ heraus** (*fig fam*) ne ho fin sopra i capelli; **bleib mir damit vom ~!** (*fam*) stammi alla larga con queste cose! ③ (MUS: *Geigen~*) manico *m;* (*Noten~*) collo *m* **Halsabschneider** *m* (*fam pej*) strozzino *m* **Halsband** *nt* ① (*für Hunde*) collare *m* ② (*Schmuck*) collana *f* **halsbrecherisch** ['halsbrɛçərɪʃ] I. *adj* pericoloso; (*tollkühn*) spericolato II. *adv* a rotta di collo, in maniera spericolata **Halsentzündung** *f* (MED) infiammazione *f* della gola **Halskette** *f* collana *f* **Hals-Nasen-Ohren-Arzt** *m,* **Hals-Nasen-Ohren-Ärztin** *f* otorinolaringoiatra *mf* **Halsschlagader** *f* (ANAT) carotide *f* **Halsschmerzen** *mPl.* (MED) mal *m* di gola **halsstarrig** *adj* ostinato, testardo **Halsstarrigkeit** <-> *kein Pl. f* ostinazione *f,* testardaggine *f* **Halstuch** *nt* fazzoletto *m* [da collo], foulard *m;* (*Schal*) sciarpa *f* **Halswirbel** *m* (ANAT) vertebra *f* cervicale
**halt** [halt] I. *int* ① (*stehen bleiben*) fermo; **~! Wer da?** (MIL) chi va là?, alto là! ② (*genug*) basta, stop ③ (*Moment mal*) un momento, aspetta II. *adv* (*A, CH, südd*) ① (*Ausdruck der Resignation: eben*) appunto ② (*Verstärkung: eben*) proprio; **es wurde ihm ~ keine faire Chance gegeben** non gli fu proprio data alcuna possibilità; **ein Auto ist ~ doch praktischer als die öffentlichen Verkehrsmittel** un'auto è molto più pratica dei mezzi pubblici
**Halt** [halt] <-(e)s, -e *o* -s> *m* ① (*Stillstand*) arresto *m* ② (*Anhalten*) fermata *f;* **~ machen** fermarsi; **ohne ~** senza sosta, senza fermarsi ③ (*Griff: für Hände*) appiglio *m* [per le mani]; (*Stand: für Füße*) appoggio *m* [per i piedi] ④ (*Stütze*) sostegno *m;* (*a. fig: Rück~*) appoggio *m;* **den ~ verlieren** (*fig*) perdere il controllo ⑤ (*fig: Bestand*) durevolezza *f,* stabilità *f*
**hält** [hɛlt] *3. Pers. Sing. Präs. von* **halten**
**haltbar** *adj* ① (*Lebensmittel*) non deperibile, che si mantiene; (*Farben*) indelebile ② (*beständig*) durevole, duraturo ③ (*widerstandsfähig*) resistente ④ (*fig: Argument*) valido, sostenibile ⑤ (MIL) sostenibile **Haltbarkeit** <-> *kein Pl. f* ① (*von Farben*) indelebilità *f;* (*von Lebensmitteln*) durata *f,* conservabilità *f* ② (*Beständigkeit*) durata *f* ③ (*Widerstandsfähigkeit*) resistenza *f* ④ (*fig: von Argument*) validità *f,* sostenibilità *f* **Haltbarkeitsdatum** *nt* data *f* di scadenza

**Haltegriff** <-(e)s, -e> *m* maniglia *f*, appiglio *m*

**halten** ['haltən] <hält, hielt, gehalten> **I.** *vt* ① (*aufrecht ~, fest~, ab~*) tenere; **halt den Mund!** chiudi la bocca!, taci!, ② (*stützen*) sostenere, sorreggere ③ (*an~*) fermare ④ (*zurück~*) trattenere ⑤ (*Rekord*) detenere ⑥ (*Versprechen*) mantenere ⑦ (*besitzen*) avere ⑧ (*begehen*) celebrare ⑨ (*meinen*) ritenere, credere; (*betrachten*) considerare; **jdn für etw/jdn ~** considerare qu qc/qu; (*irrtümlich*) prendere qu per qc/qu; **nichts von etw ~** tenere in poco conto qc; **was halten Sie davon?** che ne pensa?; **wofür halten Sie mich denn eigentlich?** per chi mi prende? **II.** *vi* ① (*an~, stehen bleiben*) fermarsi; (*mit Auto*) sostare ② (*fest~, zusammen~*) tenere; (*nicht zusammenbrechen*) reggere; **die Tür offen ~** (*nicht schließen*) lasciare aperta la porta; (*aus Höflichkeit*) tenere aperta la porta ③ (*dauern*) durare ④ (*widerstandsfähig sein*) essere resistente ⑤ (*Wert legen*) tenere; **auf etw** *acc* **~** tenere a qc; **an sich ~** controllarsi, dominarsi; **zu jdm ~** stare dalla parte di qu **III.** *vr* **sich ~** ① (*sich aufrecht ~*) sorreggersi; **sich gerade ~** stare d[i]ritto ② (*dauern*) conservarsi; (*bleiben*) mantenersi ③ (*sich fest~*) **sich an etw** *dat* **~** tenersi [fisso] a qc ④ (*sich stützen*) reggersi ⑤ (*sich richten*) **sich an die Tatsachen ~** attenersi ai fatti

**Halter(in)** <-s, -; -, -nen> *m(f)* ① (*Fahrzeug~*) proprietario, -a *m*, *f* [di autoveicolo] ② (*Tier~*) allevatore, -trice *m*, *f* [di animali]

**Halterung** <-, -en> *f* supporto *m*, sostegno *m*

**Haltestelle** *f* fermata *f* **Halteverbot** *nt* divieto *m* di sosta; (*Stelle*) zona *f* di sosta vietata

**Halteverbotsschild** *nt* cartello *m* di divieto di sosta

**haltlos** *adj* ① (*Mensch*) instabile, incostante ② (*Behauptung: unbegründet*) infondato, inconsistente; (*unhaltbar*) insostenibile

**Haltlosigkeit** <-> *kein Pl. f* ① (*von Mensch*) debolezza *f*, volubilità *f*, incostanza *f* ② (*von Behauptung*) infondatezza *f*, inconsistenza *f*; (*von Theorie*) insostenibilità *f*

**Haltung** <-, -en> *f* ① (*Körper~*) portamento *m*; (*Stellung*) posizione *f* ② (*Einstellung*) atteggiamento *m*; **eine ~ zu etw einnehmen** assumere un atteggiamento di fronte a qc ③ (*Benehmen*) comportamento *m*, condotta *f* ④ *Sing.* (*Fassung*) contegno *m*, controllo *m*; **die ~ bewahren** mantenere il controllo di sé stesso

**Haltungsschaden** *m* difetto *m* di portamento

**Halunke** [ha'lʊŋkə] <-n, -n> *m* (*fig*) mascalzone *m*, farabutto *m*

**Hamburg** ['hambʊrk] *nt* (GEOG) Amburgo *f*

**Hamburger** ['hambʊrɡɐ] <-s, -> *m* (GASTR) hamburger *m*

**Hamburger(in)** <-s, -; -, -nen> *m(f)* amburghese *mf*

**hämisch** ['hɛːmɪʃ] *adj* ① (*schadenfroh*) maligno ② (*hinterhältig*) perfido, infido

**Hammel** ['haməl] <-s, -> *m* ① (ZOO) montone *m* ② (*fig pej: Dummkopf*) babbeo *m*, scemo *m*

**Hammelherde** *f* (*a. pej*) branco *m* di pecore

**Hammelkeule** *f* (GASTR) cosciotto *m* di montone **Hammelkotelett** *nt* (GASTR) cotoletta *f* di montone

**Hammelrücken** *m* (GASTR) spalletta *f* di montone **Hammelsprung** *m* (PARL) votazione *f* per divisione

**Hammer** ['hamɐ] <-s, Hämmer> *m* martello *m*; (*Schmiede~*) maglio *m*; **~ und Sichel** (POL) falce e martello; **unter den ~ kommen** essere messo all'asta; **das ist ja ein ~!** (*sl: positiv*) che bella sorpresa!, è magnifico; (*negativ*) che vergogna!

**hämmern** ['hɛmɐn] **I.** *vt* martellare, lavorare col martello **II.** *vi* martellare; (*bes. Herz, Puls*) battere

**Hammerwerfen** <-s> *kein Pl. nt* (SPORT) lancio *m* del martello

**Hammondorgel** ['hæməndɔrɡəl] *f* (MUS) organo *m* Hammond

**Hämoglobin** [hɛmoɡlo'biːn] <-s> *kein Pl. nt* emoglobina *f*

**Hämorrhoiden** *fPl.*, **Hämorriden** [hɛmɔ-ro'iːdən] *fPl.* emorroidi *fpl*

**Hampelmann** ['hampəlman] *m* marionetta *f*; (*a. fig*) burattino *m*

**Hamster** ['hamstɐ] <-s, -> *m* (ZOO) criceto *m*, hamster *m* **Hamsterkauf** <-(e)s, -käufe> *m* incetta *f*

**hamstern I.** *vt* incettare, accaparrare **II.** *vi* accaparrarsi

**Hand** [hant] <-, Hände> *f* mano *f*; **hohle/flache ~** cavo/palmo della mano; **meine rechte ~** (*fig*) il mio braccio destro; **die öffentliche ~** la pubblica amministrazione; **jdm die ~ geben** dare la mano a qu; **seine ~ im Spiel haben** avere le mani in pasta; **freie ~ haben** etw zu tun (*fig*) avere mano libera di fare qc; **mit** [*o* **bei**] etw eine glückliche ~ haben avere fiuto per qc; **letzte ~ an etw** *acc* **legen** dare l'ultima mano a qc; **seine ~ für etw ins Feuer legen** mettere la mano sul fuoco per qc; **die Hände ringen** torcersi le mani; **die Hände über dem Kopf zusammenschlagen** mettersi le mani nei capelli; **die Hände in den Schoß legen** (*fig*) stare con le mani in mano; **kalte Hände haben** avere le mani fredde; **alle Hände voll zu tun haben** essere molto affaccendato; **sich** *dat* **die Hände schmutzig machen** sporcarsi le mani; **jdn an der ~ nehmen** prendere qu per mano; **jdm zur ~ gehen** dare una mano a qu; **jdm aus der ~ fressen** (*fig*) essere succube di qu; **etw aus der ~ geben** dar via qc; **jdn in der ~ haben** tenere in pugno qu; **um jds ~ anhalten** chiedere la mano di qu; **von der ~ in den Mund leben** vivere alla giornata; **von langer ~ vorbereiten** preparare da tempo; **etw zur ~ haben** avere qc a portata di mano; **etw zur ~ nehmen** prendere qc in mano; **jdn auf Händen tragen** (*fig*) portare qu in palmo di mano; **in guten Händen sein** essere in buone mani; **mit Händen und Füßen reden** (*fam*) parlare gesticolando; **sich mit Händen und Füßen gegen etw wehren** difendersi coi denti e con le unghie; **mit leeren Händen** a mani vuote; **an ~ von** in base a, sulla scorta di; **aus erster/zweiter ~** di prima/seconda mano; **in der ~** nella [*o* in] mano; **mit beiden Händen** con tutt'e due le mani; **mit vollen Händen** a piene mani; **von ~ zu ~** di mano in mano; **zu Händen von ...** all'attenzione di ...; **mir sind die Hände gebunden** ho le mani legate; **man kann die ~ nicht vor den Augen sehen** non si vede più in là del proprio naso; **das hat weder ~ noch Fuß** non ha né capo né coda; **das liegt auf der ~** è evidente, è chiaro come la luce del sole; **er hat es in der ~ zu** +*inf* è sua facoltà +*inf;* **die Arbeit geht ihm leicht von der ~** il lavoro gli riesce facilmente; **das ist nicht von der ~ zu weisen** non è da disprezzare; **eine ~ voll Kirschen** una manciata di ciliege; **unter der ~** sottomano; **~ aufs Herz!** parola d'onore!, siamo sinceri!; **~ drauf!** promesso!; **Hände hoch!** mani in alto!; **Hände weg!** giù le mani!; **eine grüne ~ haben** avere il pollice verde; **eine ~ wäscht die andere** (*prov*) una mano lava l'altra

**Handarbeit** *f* ❶ (*Tätigkeit*) lavoro *m* manuale ❷ (*Produkt*) lavoro *m* [fatto] a mano, manufatto *m* ❸ (*Schulfach*) attività *fpl* manuali e pratiche **Handball** *m* pallamano *f* **Handbesen** <-s, -> *m* scopetta *f* **Handbewegung** *f* movimento *m* della mano, gesto *m* **Handbibliothek** *f* biblioteca *f* di consultazione **Handbreit** <-, -> *f* larghezza *f* di un palmo **Handbremse** *f* (AUTO) freno *m* a mano; **die ~ ziehen** tirare il freno a mano **Handbuch** *nt* manuale *m*, prontuario *m*

**Händedruck** ['hɛndədrʊk] <-[e]s, -drücke> *m* stretta *f* di mano; **goldener ~** (*fig*) gratifica *f* di fine rapporto

**Handel** ['handəl] <-s> *kein Pl. m* ❶ (*Gewerbe*) commercio *m;* **mit jdm ~ treiben** commerciare con qu, esercitare il commercio con qu; **nicht im ~** [befindlich] non in commercio ❷ (*einzelner Vorgang*) affare *m*, transazione *f*

**Händel** ['hɛndəl] *Pl.* (*geh*) lite *f;* **mit jdm ~ suchen** attaccare lite con qu

handeln ['handəln] *vi* ❶ (*agieren*) agire, operare ❷ (*Handel treiben*) [**mit etw**] **~** commerciare in qc ❸ (*feilschen*) **um etw ~** [con]trattare su qc ❹ (LIT, FILM, THEAT: *Buch, Film*) avere per argomento; **von etw ~** trattare di qc; **es handelt sich um ...** si tratta di ...

**Handeln** <-s> *kein Pl. nt* ❶ (*Verhalten*) comportamento *m* ❷ (*Handeltreiben*) commercio *m* ❸ (*Feilschen*) contrattazione *f*, mercanteggiamento *m*

**Handelsabkommen** *nt* accordo *m* commerciale **Handelsakademie** *f* (A: *höhere Handelsschule mit Matura*) istituto *m* tecnico commerciale **Handelsartikel** *m* articolo *m* [commerciale], merce *f* **Handelsbank** *f* banca *f* di commercio **Handelsbeziehungen** *fPl.* relazioni *fpl* commerciali **Handelsbilanz** *f* bilancio *m* commerciale **handelseinig** *adj* **mit jdm ~ sein/werden** essere d'accordo/accordarsi con qu **Handelsembargo** <-s, -> *nt* embargo *m*

**Handelsflagge** *f* bandiera *f* della marina mercantile **Handelsflotte** *f* flotta *f* mercantile **Handelsfreiheit** *f* libertà *f* di commercio, libero commercio *m* **Handelsgesellschaft** *f* società *f* commerciale; **offene ~** società a nome collettivo **Handelsgesetz** *nt* legge *f* commerciale **Handelsgesetzbuch** *nt* codice *m* di diritto commerciale

**Handelshafen** *m* porto *m* mercantile **Handelskammer** *f* camera *f* di commercio **Handelsmarine** *f* marina *f* mercantile **Handelsmission** *f* missione *f* commerciale

**Handelsrecht** *nt* diritto *m* commerciale
**Handelsregister** *nt* registro *m* di commercio **Handelsschiff** *nt* nave *f* mercantile **Handelsschule** *f* scuola *f* commerciale
**Handelsspanne** <-, -n> *f* utile *m* commerciale lordo **handelsüblich** *adj* che si trovano in commercio, standard **Handelsvertrag** *m* trattato *m* commerciale **Handelsvertreter(in)** *m(f)* rappresentante *mf* di commercio **Handelsvertretung** *f* rappresentanza *f* commerciale **Handelsware** *f* articolo *m* di commercio, merce *f* **Handelszentrum** *nt* centro *m* commerciale
**Handelszweig** *m* ramo *m* del commercio
**Handeltreibende** <ein -r, -n, -n> *mf* commerciante *mf*
**händeringend** ['ɛndərɪŋənd] **I.** *adj* disperato **II.** *adv* (*flehentlich*) implorando; (*verzweifelt*) disperatamente
**Handfeger** ['hantfe:gə] <-s, -> *m* scopetta *f* **Handfertigkeit** *f* abilità *f* manuale **handfest** *adj* (*Lüge*) grosso, solenne; (*Skandal*) grosso, grande; (*Schlägerei*) grande; (*Argument, Beweis*) valido, convincente **Handfeuerwaffe** *f* (MIL) arma *f* da fuoco portatile **Handfläche** *f* palma *f* della mano **handgearbeitet** *adj* lavorato a mano
**Handgelenk** *nt* (ANAT) [articolazione *f* del] polso *m*; **etw aus dem ~ schütteln** (*fam*) fare qc facilmente **handgemacht** *adj* fatto a mano **handgemalt** *adj* dipinto a mano **Handgemenge** *nt* rissa *f*, zuffa *f* **Handgepäck** *nt* bagaglio *m* a mano **handgeschrieben** *adj* scritto a mano **handgestrickt** *adj* lavorato [*o* fatto] a mano **Handgranate** *f* bomba *f* a mano
**handgreiflich** *adj* ① (*offensichtlich*) evidente, manifesto ② (*Streit*) violento; **~ werden** venire alle mani, passare alle vie di fatto
**Handgriff** *m* ① (*zum Festhalten, Tragen*) maniglia *f*, manico *m* ② (*Bewegung*) movimento *m* [della mano]; **mit ein paar ~ en** (*fig*) in quattro e quatt'otto *fam* ③ (*kleine Verrichtung*) lavoretto *m*
**Handhabe** <-, -n> *f* pretesto *m*, motivo *m*; **eine ~ gegen etw haben** avere un pretesto per qc
**handhaben** ['hanthaːbən] *vt* ① (*behandeln*) maneggiare, impiegare ② (*bedienen*) far funzionare, azionare ③ (*gebrauchen*) adoperare, usare ④ (*anwenden*) applicare; (*Recht*) amministrare **Handhabung** <-, -en> *f* ① (*Behandlung*) maneggio *m*, impiego *m* ② (*Bedienung*) funzionamento *m* ③ (*Gebrauch*) uso *m* ④ (*Anwendung*) applicazione *f*; (*von Recht*) amministrazione *f*
**Handheld** <-s, -s> *m* (INFORM: *kleiner Laptop*) handheld *m*
**Handicap, Handikap** ['hɛndikɛp] <-s, -s> *nt* handicap *m*
**handicapiert** *adj* (*CH: benachteiligt*) svantaggiato, danneggiato
**händisch** ['hɛndɪʃ] *adj* (*A: fam: manuell*) con le mani, manuale
**Handkarren** <-s, -> *m* carretto *m* a mano **Handkoffer** *m* valigetta *f*
**Handkuss** *m* baciamano *m*
**Handlanger** ['hantlaŋɐ] <-s, -> *m* ① (*Arbeiter*) manovale *m* ② (*pej*) tirapiedi *m*
**Händler(in)** ['hɛndlɐ] <-s, -; -, -nen> *m(f)* commerciante *mf*, negoziante *mf*
**handlich** ['hantlɪç] *adj* maneggevole, comodo
**Handlichkeit** <-> *kein Pl.* *f* maneggevolezza *f*, comodità *f*
**Handlinie** <-, -n> *f* linea *f* della mano; **die ~n deuten** leggere la mano
**Handlung** ['handlʊŋ] <-, -en> *f* ① (*Tat*) azione *f*; **strafbare ~** (JUR) reato ② (THEAT, FILM) trama *f*, storia *f*; (*verwickelte ~*) intreccio *m* **Handlungsbevollmächtigte** *mf* (JUR) mandatario, -a *m*, *f*, procuratore, -trice *m*, *f* **handlungsfähig** *adj* capace d'agire **Handlungsfähigkeit** *f* capacità *f* d'agire **Handlungsfreiheit** *f* libertà *f* d'azione **handlungsunfähig** *adj* incapace d'agire **Handlungsweise** *f* modo *m* d'agire
**Handorgel** *f* (*CH*) ① (*Drehorgel*) organetto *m* ② (*Ziehharmonika*) fisarmonica *f*
**Handout** [hɛnt'ʔaʊt] <-s, -s> *nt*, **Handout** <-s, -s> *nt* handout *m*
**Handrücken** *m* dorso *m* della mano **Handsatz** *m* (TYP) composizione *f* [tipografica] a mano **Handscanner** *m* (INFORM) scanner *m* a mano **Handschellen** *fPl.* manette *fpl* **Handschlag** *m* stretta *f* di mano; **keinen ~ tun** (*fam*) non alzare un dito *fam*; **etw durch ~ bekräftigen** confermare qc con una stretta di mano
**Handschrift** *f* ① (*Schrift*) scrittura *f*, calligrafia *f* ② (*fig: Charakteristik*) mano *f*, stile *m* ③ (*handgeschriebener Text*) manoscritto *m* **handschriftlich I.** *adj* scritto a mano, manoscritto **II.** *adv* per iscritto

**Handschuh** *m* guanto *m* **Handschuhfach** *nt* (*im Auto*) cassetto *m* portaoggetti
**Handspiegel** *m* specchietto *m* [a

mano] **Handstand** *m* (SPORT) verticale *f* [sulle mani] **Handstaubsauger** *m* aspirapolvere *m* manuale **Handstreich** *m* **etw im** [*o* **in einem**] [*o* **durch einen**] ~ **erobern** conquistare qc con un colpo di mano **Handtasche** *f* borsetta *f* **Handteller** *m* palma *f* della mano
**Handtuch** *nt* asciugamano *m*; **das ~ werfen** (*fig*) gettare la spugna **Handtuchhalter** *m* portasciugamani *m*
**Handumdrehen** *kein Pl. nt* **im ~** in un batter d'occhio, in quattro e quatt'rotto *fam*
**Handwagen** *m* carretto *m* a mano
**Handwäsche** *kein Pl. f* (*Waschen*) bucato *m* a mano; (*Wäsche*) biancheria *f* da lavare a mano
**Handwerk** <-s> *kein Pl. nt* ① (*Tätigkeit*) artigianato *m* ② (*Beruf*) mestiere *m*; **ein ~ erlernen** imparare un mestiere ③ (*fig*) **jdm das ~ legen** mettere fine ai maneggi di qu; **jdm ins ~ pfuschen** immischiarsi nei fatti altrui
**Handwerker(in)** <-s, -; -, -nen> *m(f)* ① (*Kunst~*) artigiano, -a *m, f* ② (*Arbeiter*) operaio, -a *m, f*
**handwerklich** *adj* artigianale
**Handwerksbetrieb** *m* azienda *f* artigiana **Handwerkskammer** *f* camera *f* dell'artigianato **Handwerksmeister** *m* maestro *m,* mastro *m* **Handwerkszeug** *nt* arnesi *mpl* dell'artigiano
**Handwurzel** *f* (ANAT) carpo *m*
**Handy** <-s, -s> *nt* telefonino *m,* [telefono] cellulare *m* **Handybenutzer(in)** *m(f)* cellularista *mf* **Handylogo** *nt* logo *m* per cellulare
**Handzeichen** *nt* gesto *m* della mano; **durch ~** per alzata di mano
**Handzeichnung** *f* disegno *m* a mano libera
**Handzettel** *m* volantino *m*
**hanebüchen** ['haːnəbyːçən] *adj* (*geh, obs*) inaudito, incredibile, scandaloso
**Hanf** [hanf] <-(e)s> *kein Pl. m* (BOT) canapa *f*
**Hänfling** ['hɛnflɪŋ] <-s, -e> *m* (ZOO) fanello *m*
**Hang** [haŋ] <-(e)s, Hänge> *m* ① (*Ab~*) pendio *m,* declivio *m* ② *Sing.* (*fig: Neigung, Tendenz*) inclinazione *f,* tendenza *f*; **einen ~ zu etw haben** avere un'inclinazione a qc ③ *Sing.* (*fig: Vorliebe*) predilezione *f*; **einen ~ für etw haben** avere predilezione per qc
**Hangar** ['haŋgaːɐ *o* haŋ'gaːɐ] <-s, -s> *m* (AERO) hangar *m,* aviorimessa *f*
**Hängebrücke** *f* ponte *m* sospeso **Hängegleiter** <-s, -> *m* (SPORT) aliante *m* **Hängelampe** *f* lampadario *m* [da soffitto]
**hangeln** ['haŋəln] *vi, vr* **sich ~** arrampicarsi
**Hängematte** *f* amaca *f*
**hängen**[1] ['hɛŋən] *vt* ① (*auf~*) appendere ② (*befestigen*) attaccare, fissare; (*an Haken*) agganciare; **etw an den Nagel ~** (*fig*) gettare qc alle ortiche ③ (*henken*) impiccare
**hängen**[2] <hängt, hing, gehangen> *vi* ① (*herab~*) pendere ② (*befestigt sein*) essere appeso; **an der Decke/über dem Tisch ~** essere appeso al soffitto/sopra al tavolo ③ (*haften*) essere attaccato; **sehr an etw** *dat* **~** tenere molto a qc ④ (*schief sein*) **nach rechts/links ~** pendere a destra/sinistra
**hängen**|**bleiben** <irr> *vi s.* **bleiben 1.**
**hängend** *adj* pendente, sospeso
**hängen**|**lassen** <irr> *vt, vr s.* **lassen**[2] **4.**
**Hängerkleid** *nt* vestito *m* svasato
**Hängeschrank** <-s, -schränke> *m* [mobiletto *m*] pensile *m*
**hängig** *adj* ① (CH:JUR: *anhängig*) pendente ② (CH: *unerledigt*) irrisolto, non sbrigato
**Hannover** [haˈnoːfɐ] *nt* (GEOG) Hannover *f*
**Hansa** ['hanza] <-> *kein Pl. f s.* **Hanse**
**Hansdampf** [hansˈdampf *o* ˈhansdampf] <-(e)s, -e> *m* (*fam*) **~ in allen Gassen** impiccione *m*
**Hanse** ['hanzə] <-> *kein Pl. f* (HIST) Ansa *f*
**Hänselei** [hɛnzəˈlaɪ] <-, -en> *f* presa *f* in giro, canzonatura *f*
**hänseln** ['hɛnzəln] *vt* prendere in giro, canzonare
**Hansestadt** *f* città *f* anseatica
**Hanswurst** ['hansvʊrst] *m* ① (THEAT) arlecchino *m* ② (*fig*) buffone *m,* pagliaccio *m*
**Hantel** ['hantəl] <-, -n> *f* manubrio *m*
**hantieren** [hanˈtiːrən] <ohne ge-> *vi* (*handhaben*) **mit etw ~** maneggiare qc
**hapern** ['haːpɐn] *vi* **mit** [*o* **an**] **etw** *dat* **~** mancare qc
**häppchenweise** ['hɛpçənvaɪzə] *adv* (*fam*) a piccoli bocconi
**Happen** ['hapən] <-s, -> *m* (*fam*) boccone *m*; (*bes. leckerer ~*) bocconcino *m*
**Happening** ['hɛpənɪŋ] <-s, -s> *nt* happening *m*
**happig** ['hapɪç] *adj* (*fam*) **das ist ganz schön ~** è un po' troppo
**Happyend** ['hɛpiˈʔɛnt] <-(s), -s> *nt* lieto fine *m,* happy end *m* **Happy End** <-(s), -s> *nt* lieto fine *m,* happy end *m* **Happy Hour** [hɛpi'(ʔ)aʊɐ] <-, -s> *f* happy hour *f*

**Harasse** <-, -en> *f* (*CH: Lattenkiste, Kiste für Getränke*) cassetta *f*
**Hardcore-Porno** ['haːɛdkoːɛ 'pɔrno] *m* hardcore *m*
**Hardliner** ['hɑːdlaɪnɐ] <-s, -> *m* integralista *mf*
**Hardware** ['hɑːtvɛːɐ̯] <-, -s> *f* (INFORM) hardware *f*
**Harem** ['haːrɛm] <-s, -s> *m* harem *m*
**Harfe** ['harfə] <-, -n> *f* arpa *f*
**Harke** ['harkə] <-, -n> *f* rastrello *m*
**harken** *vt* rastrellare
**Harlekin** ['harlekiːn] <-s, -e> *m* arlecchino *m*
**härmen** ['hɛrmən] *vr* **sich ~** (*geh*) affliggersi (*um* per), affannarsi (*um* per)
**harmlos** ['harmloːs] *adj* ① (*arglos, unschuldig*) innocente; (*friedlich*) tranquillo, pacifico ② (*ungefährlich*) innocuo
**Harmlosigkeit** <-> *kein Pl. f* ① (*Arglosigkeit, Unschuld*) innocenza *f*; (*Friedlichkeit*) tranquillità *f* ② (*Ungefährlichkeit*) innocuità *f*
**Harmonie** [harmo'niː] <-, -n> *f* armonia *f*
**harmonieren** [harmo'niːrən] <ohne ge-> *vi* armonizzare, accordarsi; (MUS) essere armonizzato
**harmoniesüchtig** *adj* bisognoso di serenità
**Harmonika** [har'moːnika] <-, -s *o* Harmoniken> *f* (MUS) armonica *f*; (*Mund~*) armonica *f* a bocca; (*Zieh~*) fisarmonica *f*
**harmonisch** [har'moːnɪʃ] *adj* ① (MUS, MAT, PHYS) armonico ② (*fig*) armonioso
**Harmonisierung** <-, -en> *f* armonizzazione *f*; **~ des Zollwesens** armonizzazione del sistema doganale
**Harmonium** [har'moːniʊm] <-s, -s *o* Harmonien> *nt* (MUS) armonium *m*, armonio *m*
**Harn** [harn] <-(e)s, -e> *m* (MED) urina *f*, orina *f* **Harnblase** *f* (ANAT) vescica *f*
**Harndrang** *m* stimolo *m* della minzione
**harnen** *vi* (*geh*) orinare
**Harnisch** ['harnɪʃ] <-(e)s, -e> *m* armatura *f*; (*Brust~*) corazza *f*; **jdn in ~ bringen** far uscire dai gangheri qu *fam*; **in ~ geraten** uscire dai gangheri *fam*, andare in bestia *fam*
**Harnleiter** *m* (ANAT) uretere *m* **Harnröhre** *f* uretra *f* **Harnsäure** *f* acido *m* urico **harntreibend** *adj* diuretico
**Harpune** [har'puːnə] <-, -n> *f* arpione *m*, fiocina *f*
**harpunieren** [harpu'niːrən] <ohne ge-> *vt* arpionare, colpire con la fiocina
**harren** ['harən] *vi* (*geh*) aspettare (*jds/einer Sache* qu/qc), attendere [con ansia] (*jds/einer Sache* qu/qc)
**harsch** [harʃ] *adj* ① (*Mensch*) brusco, duro ② (*Schnee*) gelato, ghiacciato
**Harsch** <-es> *kein Pl. m* neve *f* ghiacciata
**hart** [hart] I. <härter, härteste> *adj* ① duro; **~ e Droge** droga pesante; **eine ~ e Währung** una valuta dura; **~ machen** indurire, rendere duro *a. fig*; **~ werden** indurirsi, diventare duro *a. fig* ② (*fest*) solido; (*bes. Eier*) sodo; (*Brot*) raffermo; (*Wasser*) calcareo ③ (*widerstandsfähig*) resistente; **sie ist ~ im Nehmen** è una buona incassatrice ④ (*streng*) severo, rigido ⑤ (*~herzig*) duro, insensibile ⑥ (*schwer, mühsam*) difficile, duro; (*anstrengend*) faticoso; (*Kampf*) accanito; **~ es Los** sorte crudele II. <härter, am härtesten> *adv* **~ arbeiten** lavorare sodo; **jdn ~ anfassen** trattare qu duramente; **jdm ~ zusetzen** mettere alle strette qu; **~ an** rasente a, vicino a; **es geht ~ auf ~** si combatte accanitamente
**Härte** ['hɛrtə] <-, -n> *f* ① (PHYS) durezza *f*; (*von Stahl*) tempra *f* ② (*Widerstandsfähigkeit*) resistenza *f* ③ (*Strenge*) rigore *m*, severità *f* ④ (*Gefühllosigkeit*) insensibilità *f*; (*Grausamkeit*) crudeltà *f* ⑤ (*Heftigkeit*) violenza *f* **Härtefall** *m* caso *m* di rigore **Härtegrad** *m* (PHYS) grado *m* di durezza; (*von Stahl*) grado *m* di tempra
**härten** ['hɛrtən] I. *vt* indurire; (*Stahl*) temperare II. *vr* **sich ~** indurirsi, diventare duro
**Härtetest** *m* test *m* di resistenza
**Hartfaserplatte** <-, -n> *f* lastra *f* di truciolato
**hartgefroren** *adj* (*Boden*) ghiacciato
**hartgekocht** *adj* (*Ei*) sodo
**Hartgeld** *nt* moneta *f* metallica
**Hartgummi** *mnt* ebanite *f*, gomma *f* vulcanizzata
**hartherzig** *adj* duro d'animo, spietato **Hartherzigkeit** <-, *rar* -en> *f* durezza *f* d'animo, insensibilità *f*
**Hartholz** *nt* legno *m* duro
**Hartkäse** <-s, -> *m* formaggio *m* a pasta dura
**hartnäckig** ['hartnɛkɪç] *adj* ① (*eigensinnig*) testardo, caparbio ② (*Krankheit*) ostinato ③ (*verbissen*) accanito ④ (*ausdauernd*) resistente, tenace **Hartnäckigkeit** <-> *kein Pl. f* ① (*Eigensinn*) testardaggine *f*, ostinazione *f*, caparbietà *f* ② (*von Krankheit*) persistenza *f* ③ (*Verbissenheit*) accanimento *m* ④ (*Ausdauer*) resistenza *f*, tenacia *f*

Härtung <-, -en> f (PHYS) indurimento m; (von Stahl) tempra f; (CHEM) idrogenazione f

Hartwurst <-, -würste> f salame m

Hartz IV [haːɐ̯tsˈfiːɐ̯] hartz IV, Hartz IV f, legge per la riforma del mercato del lavoro tedesco che regola i sussidi sociali e di disoccupazione; termine colloquiale per indicare i sussidi stessi

Harz[1] [haːɐ̯ts] <-es, -e> nt (Baum~) resina f

Harz[2] m Selva f Ercinia

harzig adj resinoso

Hasch [haʃ] <-s> kein Pl. nt (fam) hascisc m

Haschee [haˈʃeː] <-s, -s> nt (GASTR) piatto di carne macinata in salsa piccante

haschen [ˈhaʃən] vi (fam) fumare l'hascisc, drogarsi

Häschen [ˈhɛːsçən] <-s, -> nt ① (ZOO) leprotto m ② (Kosename) tesoro m

haschieren [haˈʃiːrən] <ohne ge-> vt (GASTR) tritare, macinare

Haschisch [ˈhaʃɪʃ] <-(s)> kein Pl. nt o m hascisc m

Hase [ˈhaːzə] <-n, -n> m (ZOO) lepre f; alter ~ (fig) vecchia volpe; falscher ~ (GASTR) polpettone; wissen, wie der ~ läuft (fam) prevedere come andranno le cose; da liegt der ~ im Pfeffer! (fam) qui casca l'asino!

Hasel <-, -n> f, Haselbusch [ˈhaːzəlbʊʃ, Pl: ˈhaːzəlbyʃə] <-, -Haselbüsche> m (BOT) nocciolo m

Haselnuss f (BOT) nocciola f

Hasenbraten <-s, -> m (GASTR) arrosto m di lepre, lepre f arrosto

Hasenfuß m ① (ZOO) zampa f di lepre ② (fam pej) vigliacco m, coniglio m

Hasenpfeffer m (GASTR) lepre f in salmì

Hasenscharte f (MED) labbro m leporino

Häsin [ˈhɛːzɪn] <-, -nen> f lepre f femmina

Hass [has] <-es> kein Pl. m ① odio m; ~ gegen jdn empfinden provare odio contro qu ② (fam: Zorn) collera f; einen ~ auf jdn haben (fam) essere in collera con qu

hassen [ˈhasən] vt odiare; (verabscheuen) detestare

hasserfüllt adj pieno d'odio

hässlich [ˈhɛslɪç] adj ① (a. fig) brutto; (abstoßend) orribile, ripugnante ② (gemein) cattivo Hässlichkeit <-, -en> f ① (a. fig) bruttezza f ② (von Gesinnung) cattiveria f

Hassliebe f amore-odio m

Hasspropaganda f (pej) propaganda f dell'odio

Hast [hast] <-> kein Pl. f ① (Eile) fretta f, furia f ② (Überstürzung) precipitazione f

hasten [ˈhastən] vi sein (geh) precipitarsi, correre, andare in fretta

hastig I. adj ① (eilig) affrettato; (a. flüchtig) frettoloso ② (überstürzt) precipitoso II. adv ① (eilig) in fretta ② (überstürzt) precipitosamente

hat [hat] 3. Pers. Sing. Präs. von haben

hätscheln [ˈhɛːtʃəln] vt ① (liebkosen) [ac]carezzare, coccolare ② (verwöhnen) viziare

hatschi [haˈtʃiː] int ecci[ù], atciù, etciù

hatte [ˈhatə] 1. u. 3. Pers. Sing. Imp. von haben

Haube [ˈhaʊbə] <-, -n> f ① cuffia f; jdn unter die ~ bringen (Mann) maritare qu; (Mädchen) dar marito a qu ② (bei Vögeln) ciuffo m ③ (Motor~) cofano m

Hauch [haʊx] <-(e)s, rar -e> m ① (Atem) fiato m, alito m ② (Luft~) aria f, soffio m di vento ③ (Duft) profumo m ④ (Anflug, Andeutung) ombra f, parvenza f

hauchdünn [ˈhaʊxdʏn] adj sottilissimo, leggerissimo

hauchen [ˈhaʊxən] I. vi ① (mit Atem) respirare ② (Wind) alitare II. vt sussurare a fior di labbra

hauchzart [ˈhaʊxtsaːɐ̯t] adj leggerissimo, sottilissimo, molto delicato

Haudegen <-s, -> m spadaccino m provetto

Haue [ˈhaʊə] <-, -n> f ① (südd, A: Hacke) zappa f ② Sing. (fam: Schläge) botte fpl; ~ bekommen prenderle

hauen [ˈhaʊən] <haut, haute o hieb, gehaut o gehauen> I. vt ① (schlagen) battere, colpire; (Holz) spaccare; (Loch) scavare; (Nagel) piantare, conficcare ② (prügeln) bastonare; (mit Peitsche) frustare II. vr sich ~ (sich schlagen) picchiarsi; um sich ~ menar colpi a destra e a manca

Hauer <-s, -> m ① (ZOO) zanna fpl ② (MIN) minatore m

häufeln [ˈhɔɪfəln] vt ammonticchiare

Haufen [ˈhaʊfən] <-s, -> m ① (Anhäufung) mucchio m; (Stapel) pila f; (bes. Holz~) catasta f; etw über den ~ werfen (fam) mandare a monte qc, buttare all'aria qc; jdn über den ~ fahren (fam) stendere a terra qu ② (fig fam: Menge) montagna f, sacco m; einen ~ ausgeben (fam) spendere un sacco [di soldi] ③ (Schar) massa f

häufen [ˈhɔɪfən] I. vt ammucchiare, accumulare; **ein gehäufter Esslöffel Mehl** un cucchiaio colmo di farina **II.** *vr* **sich ~** accumularsi, ammucchiarsi

**haufenweise** *adv* (*fam*) a mucchi, a palate

**Haufenwolke** <-, -n> *f* (METEO) cumulo *m*

**häufig** ['hɔɪfɪç] **I.** *adj* ❶ (*oft*) frequente ❷ (*wiederholt*) ripetuto ❸ (*weitverbreitet*) diffuso **II.** *adv* spesso, frequentemente

**Häufigkeit** <-, -en> *f* frequenza *f*

**Häufung** <-, -en> *f* ❶ (*Ansammlung*) ammucchiamento *m,* accumulamento *m* ❷ (*fig: Anhäufung*) cumulo *m*

**Haupt** [haʊpt] <-(e)s, Häupter> *nt* ❶ (*Kopf*) capo *m;* **erhobenen ~es** a testa alta; **gesenkten ~es** a capo chino ❷ (*fig*) capo *m,* testa *f*

**Haupt-** (*in Zusammensetzungen*) ❶ (*hauptsächlich*) principale, centrale ❷ (*wesentlich*) fondamentale, essenziale

**Hauptaltar** *m* (REL) altar[e] *m* maggiore

**Hauptamt** *nt* posta *f* centrale **hauptamtlich** *adj* a tempo pieno **Hauptanschluss** *m* (TEL) linea *f* diretta, collegamento *m* diretto **Hauptaufgabe** *f* compito *m* principale

**Hauptaugenmerk** *nt* **sein ~ auf etw** *acc* **richten** rivolgere la propria attenzione specialmente su qc **Hauptausgang** *m* uscita *f* principale **Hauptbahnhof** *m* stazione *f* centrale

**Hauptbedingung** *f* condizione *f* essenziale [*o* principale]

**Hauptberuf** *m* professione *f* principale **hauptberuflich** *adv* come professione principale **Hauptbestandteil** *m* elemento *m* [*o* componente *f* [*o* parte *f*]] essenziale

**Hauptbuch** *nt* libro *m* mastro **Hauptdarsteller(in)** *m(f)* (THEAT, FILM) protagonista *mf,* interprete *mf* principale **Haupteingang** *m* entrata *f* principale **Hauptfach** *nt* materia *f* principale **Hauptfigur** *f* personaggio *m* principale **Hauptgericht** *nt* (GASTR) piatto *m* principale

**Hauptgeschäftsstelle** [haʊptgəˈʃɛftsʃtɛlə] *f* sede *f* centrale **Hauptgeschäftszeit** *f* ore *fpl* di punta **Hauptgewinn** *m* primo premio *m*

**Hauptleitung** *f* (TEC) conduttura *f* principale; (TEL) linea *f* principale

**Häuptling** ['hɔɪptlɪŋ] <-s, -e> *m* capo *m* [di una tribù]

**Hauptmahlzeit** *f* pasto *m* principale **Hauptmann** *m* ❶ (MIL) capitano *m* ❷ (*von Räuberbande*) capobanda *m*

**Hauptmerkmal** *nt* caratteristica *f* principale [*o* fondamentale] **Hauptnahrungsmittel** <-s, -> *nt* alimento *m* di base

**Hauptnenner** *m* (MAT) denominatore *m* comune **Hauptperson** *f* ❶ (FILM, THEAT, LIT) protagonista *mf* ❷ (*fig*) personaggio *m* principale **Hauptpost** *f* posta *f* centrale **Hauptproblem** *nt* problema *f* fondamentale [*o* principale] **Hauptquartier** *nt* (MIL) quartiere *m* generale **Hauptrolle** *f* (FILM, THEAT) ruolo *m* principale; (*fig*) parte *f* principale; **die ~ spielen** fare la parte principale; (*von größter Wichtigkeit sein*) essere di somma importanza

**Hauptsache** *f* cosa *f* principale, essenziale *m;* **zur ~ kommen** venire al nocciolo della questione; **in der ~** (*im wesentlichen*) in sostanza; (*im Allgemeinen*) in generale; **das ist die ~** questa è la cosa più importante; **die ~ dabei ist, zu** +*inf* tutto sta nel +*inf*

**hauptsächlich** ['haʊptzɛçlɪç] *adj* ❶ (*wichtig*) principale, fondamentale ❷ (*wesentlich*) essenziale, sostanziale

**Hauptsaison** *f* alta stagione *f* **Hauptsatz** *m* (LING) proposizione *f* principale **Hauptschalter** *m* (TEC) interruttore *m* generale **Hauptschlagader** *f* (ANAT) aorta *f* **Hauptschlüssel** *m* passe-partout *m*

**Hauptschulabgänger(in)** *m(f)* chi lascia la Hauptschule; *s. a.* **Hauptschüler**

**Hauptschuld** *f* colpa *f* maggiore **Hauptschuldige** *mf* maggior colpevole *mf;* (JUR) reo, -a *m, f* principale

**Hauptschule** *f* scuola *f* professionale che comprende cinque anni dopo la scuola elementare **Hauptschüler(in)** *m(f)* scolaro, -a *m, f* della Hauptschule

**Hauptseminar** *nt* seminario *m* principale (*corso universitario obbligatorio nella seconda metà del corso di studi*) **Hauptsicherung** *f* (TEC) fusibile *f* principale **Hauptspeicher** <-s, -> *m* (INFORM) memoria *f* principale **Hauptspeise** *f* (*A: Hauptgericht*) piatto *m* principale **Hauptstadt** *f* capitale *f* **Hauptstraße** *f* ❶ (*Geschäftsstraße*) corso *m* ❷ (*Durchgangsstraße*) strada *f* principale ❸ (*CH*) strada *f* con diritto di precedenza **Haupttreffer** *m* primo premio *m* **Hauptursache** *f* causa *f* principale **Hauptverhandlung** *f* (JUR) dibattimento *m* **Hauptverkehrsstraße** *f* strada *f* principale **Hauptverkehrszeit** *f* ore *fpl* di punta **Hauptversammlung** *f* assemblea *f* generale **Hauptverwaltung** *f* amministrazione *f* generale

**Hauptwäsche** *f* lavaggio *m* principale

**Hauptwaschgang** *m* fase *f* principale di lavaggio

**Hauptwaschmittel** *nt* detersivo *m* per il lavaggio principale **Hauptwohnsitz** *m* domicilio *m* principale **Hauptwort** *nt* (LING) sostantivo *m*

**Haus** [haʊs] <-es, Häuser> *nt* ① (*Wohn~*) casa *f*; (*Gebäude*) edificio *m*; **nach ~e** a casa; **die Dame/der Herr des ~es** la padrona/il padrone di casa; **ein Freund des ~es** un amico di famiglia; **jdm das ~ verbieten** proibire a qu di frequentare la propria casa; **außer ~ essen** mangiare fuori [di] casa; **jdm ins ~ stehen** (*fig*) prospettarsi a qu; **jdn nach ~e bringen** accompagnare a casa qu; **sich [ganz] wie zu ~e fühlen** sentirsi come a casa propria; **in etw** *dat* **zu ~e sein** (*fig*) essere versato in qc; **aus gutem ~[e]** di buona famiglia; **frei ~** (COM) franco domicilio; **von ~ aus** (*von der Familie her*) di casa, di famiglia; (*seinem Wesen nach*) per natura; (*ursprünglich*) originariamente; **von ~ zu ~** di casa in casa; **zu ~e** a casa; **fühlen Sie sich wie zu ~e !** faccia come a casa Sua ② (PARL: *Kammer*) camera *f* ③ (*Schnecken~*) guscio *m* ④ (ASTR) casa *f* ⑤ (*fam scherz: Person*) tipo *m*; **hallo, [du] altes ~!** (*fam*) ciao, vecchio mio/vecchia mia!

**Hausangestellte** *mf* domestico, -a *m, f* **Hausapotheke** *f* farmacia *f* [domestica] **Hausarbeit** *f* ① (*im Haushalt*) lavori *mpl* di casa, faccende *fpl* domestiche ② (*für Schule*) compito *m* [a casa] **Hausarrest** *m* arresto *m* domiciliare **Hausarzt** *m*, **Hausärztin** *f* medico *m* di famiglia **Hausaufgabe** *f* compito *m* [per casa] **hausbacken** *adj* (*pej*) terra terra *fam*, mediocre **Hausbar** *f* bar *m*; (*Möbelstück*) mobile *m* bar **Hausbesetzer** *m* chi occupa un edificio abusivamente

**Hausbesetzerszene** *f* movimento *m* degli occupanti abusivi **Hausbesetzung** *f* occupazione *f* abusiva di edifici **Hausbesitzer(in)** *m(f)* proprietario, -a *m, f* di una casa, padrone, -a *m, f* di casa **Hausbesorger(in)** *m(f)* (*A: Hausmeister*) portiere *m*, custode *mf* **Hausbesuch** <-(e)s, -e> *m* visita *f* a domicilio **Hausbewohner(in)** *m(f)* inquilino, -a *m, f* **Hausboot** *nt* casa *f* battello

**Häuschen** ['hɔɪsçən] <-s> *nt* ① (*kleines Haus*) casetta *f*; **ganz aus dem ~ sein** (*fig fam*) essere fuori dei gangheri ② (*fam: Toilette*) posticino *m*

**Hausdame** <-, -n> *f* governante *f*, dama *f* di compagnia **Hausdiener(in)** *m(f)* domestico, -a *m, f* **Hausdurchsuchung** *f* (*A*) *s.* **Haussuchung Hauseinfahrt** *f* ingresso *m* carraio

**hausen** ['haʊzən] *vi* (*pej*) ① (*wohnen*) alloggiare, abitare ② (*fig: wüten*) **in etw** *dat* **~** devastare qc ③ (*CH: Geld*) risparmiare

**Häuserblock** *m* caseggiato *m*
**Häusermeer** *nt* mare *m* di case
**Häuserreihe** *f* fila *f* di case

**Hausflur** *m* corridoio *m*; (*Vorraum*) ingresso *m* **Hausfrau** *f* ① (*einen Haushalt führende Frau*) casalinga *f*; donna *f* di casa ② (*südd, A*) affittacamere *f* **Hausfreund** *m* ① (*vertrauter Freund*) amico *m* di famiglia ② (*scherz: Liebhaber*) amante *m* **Hausfriedensbruch** *m* (JUR) violazione *f* di domicilio **Hausgebrauch** *m* **für den ~** per uso domestico, per la casa

**Hausgehilfin** *f s.* **Haushaltshilfe**

**hausgemacht** ['haʊsɡəmaxt] *adj* fatto in casa, casereccio

**Haushalt** ['haʊshalt] <-(e)s, -e> *m* ① (*Hausgemeinschaft*) casa *f*, ménage *m*; **jdm den ~ führen** accudire alla casa di qu ② (*~sführung*) [governo *m* della] casa *f* ③ (COM: *Etat*) bilancio *m*

**haus|halten** <irr> *vi* [**mit etw**] **~** far economia [di qc]

**Haushälterin** ['haʊshɛltərɪn] *f* governante *f*

**haushälterisch** **I.** *adj* economo **II.** *adv* in modo economico

**Haushalt|s|artikel** *m* articolo *m* per la casa **Haushaltsdebatte** *f* (POL) discussione *f* del bilancio pubblico **Haushaltsdefizit** *nt* (POL) disavanzi *mpl* pubblici **Haushalt|s|geld** *nt* denaro *m* per le spese di casa **Haushalt|s|gerät** *nt* utensile *m* domestico **Haushaltshilfe** *f* colf *f*, collaboratrice *f* domestica **Haushaltsjahr** *nt* (FIN, ADM) anno *m* [*o* esercizio *m*] finanziario **Haushaltsplan** *m* (FIN, ADM) bilancio *m* preventivo

**Haushaltung** <-, -en> *f* ① (*Haushalt*) casa *f* ② (*Hauswirtschaft*) economia *f* domestica ③ (*Wirtschaftsführung*) gestione *f* economica

**Hausherr(in)** *m(f)* (*Hausbesitzer*) padrone, -a *m, f* di casa

**haushoch** ['haʊsˈhoːx] *adj* altissimo, enorme; (*Sieg*) netto; (*überragend*) nettamente superiore; **~ gewinnen** vincere brillantemente; **~ verlieren** perdere in modo clamoroso

**hausieren** [hau'ziːrən] <ohne ge-> *vi* (~ *gehen*) [**mit etw**] ~ vendere [qc] di casa in casa

**Hausier(in)** <-s, -; -, -nen> *m(f)* venditore, -trice *m, f* ambulante

**Hauskleid** <-(e)s, -er> *nt* vestito *m* da casa

**Hauslehrer(in)** *m(f)* precettore, -trice *m, f,* insegnante *mf* privato, -a

**häuslich** ['hɔɪslɪç] *adj* ① (*das Zuhause betreffend*) domestico, di casa, della casa; (*die Familie betreffend*) familiare ② (*Familienleben liebend*) che ama stare in casa, casalingo; **sich ~ einrichten** installarsi comodamente [a casa di qu]

**Häuslichkeit** <-> *kein Pl. f* ① (*Liebe zum Zuhause*) amore *m* per la casa ② (*Familienleben*) vita *f* familiare

**Hausmädchen** *nt* cameriera *f,* domestica *f*

**Hausmann** *m* casalingo *m* **Hausmannskost** *f* cucina *f* casalinga **Hausmeister(in)** *m(f)* ① portinaio, -a *m, f,* portiere, -a *m, f* ② (CH: *Eigentümer*) padrone, -a *m, f* di casa **Hausmittel** *nt* rimedio *m* casalingo **Hausmüll** *kein Pl. m* rifiuti *mpl* domestici **Hausnummer** *f* numero *m* civico **Hausordnung** *f* regolamento *m* della casa; (*für Betriebe*) regolamento *m* interno **Hauspartei** *f* (A: *Hausbewohner*) inquilino, -a *m, f* **Hausputz** *m* pulizia *f* della casa **Hausratversicherung** *f* assicurazione *f* sulle suppellettili domestiche **Hausschlüssel** *m* chiave *f* di casa **Hausschuh** *m* pantofola *f,* ciabatta *f*

**Hausse** ['hoːsə *o* hoːs *o* oːs] <-, -n> *f* (FIN) rialzo *m;* **auf ~ spekulieren** giocare al rialzo

**Haussegen** <-s, -> *m* **bei uns hängt der ~ schief** (*fam scherz*) c'è un'aria pesante in casa nostra **Hausstand** *m* (*geh*) casa *f,* famiglia *f;* **einen ~ gründen** mettere su casa **Haussuchung** <-, -en> *f* (JUR) perquisizione *f* [di casa] **Haustelefon** *nt* telefono *m* interno **Haustier** *nt* animale *m* domestico **Haustür** *f* porta *f* di casa **Haustyrann** *m* (*fam pej*) tiranno *m* della famiglia **Hausverwalter(in)** *m(f)* amministratore, -trice *m, f,* della casa **Hauswirt(in)** *m(f)* padrone, -a *m, f* di casa **Hauszelt** *nt* tenda *f* a casetta **Hauszins** *m* (*südd, CH: Miete*) affitto *m*

**Haut** [haut] <-, Häute> *f* ① (*Tier-, Menschen-*) pelle *f,* cute *f;* (MED: *dünne ~*) membrana *f;* (BOT: *von Frucht*) buccia *f;* **aus der ~ fahren** (*fam*) uscire dai gangheri, andare in bestia; **mit heiler ~ davonkommen** (*fam: unverletzt*) salvare la pelle, uscirne illeso; (*ungestraft*) pas- sarla liscia; **mit ~ und Haaren** (*fam*) completamente, tutto quanto; **nass bis auf die ~** bagnato fino all'osso; **sie ist bloß noch ~ und Knochen** (*fam*) è ridotta pelle ed ossa; **niemand kann aus seiner ~ [heraus]** (*fam*) non si può essere diversi da quello che si è; **mir ist nicht wohl in meiner ~** (*fam*) non sono tranquillo; **ich möchte nicht in seiner ~ stecken** non vorrei essere nei suoi panni; **dieser Film geht unter die ~** questo film tocca da vicino ② (*Schicht*) pellicola *f*

**Hautabschürfung** *f* escoriazione *f* **Hautalterung** *f* invecchiamento *m* della pelle **Hautarzt** *m,* **Hautärztin** *f* dermatologo, -a *m, f*

**Hautatmung** *f* respirazione *f* cutanea

**Hautausschlag** *m* (MED) eruzione *f* cutanea, esantema *m*

**Häutchen** ['hɔɪtçən] <-s, -> *nt* ① (*Überzug*) pellicina *f* ② (*auf Flüssigkeit*) velo *m,* pellicola *f* ③ (ANAT) membrana *f;* (*Nagel~*) pellicina *f,* pipita *f* ④ (BOT) buccia *f* **Hautcreme** *f* crema *f* per la pelle

**häuten** ['hɔɪtən] **I.** *vt* spellare, scorticare **II.** *vr* **sich ~** spellarsi, cambiare pelle; (*Schlange*) gettare la spoglia

**hauteng** *adj* attillato, aderente

**Hautevolee** [(h)oːtvo'leː] <-> *kein Pl. f* alta società *f*

**Hautfarbe** *f* colore *m* della pelle, carnagione *f* **hautfreundlich** *adj* delicato per la pelle **Hautkrankheit** *f* (MED) malattia *f* della pelle, dermatosi *f* **Hautkrebs** <-es> *kein Pl. m* cancro *m* della pelle, carcinoma *m* **hautnah** *adj* (SPORT: *Deckung*) a uomo; (*fig*) vivo, immediato; **etw ~ miterleben** vivere qc da vicino **Hautpflege** *f* cura *f* della pelle **Hautpilz** *m* (MED) micosi *f* cutanea **hautschonend** *adj* che non irrita la pelle

**Häutung** <-, -en> *f* spellatura *f;* (ZOO) muta *f;* (*bes. von Schlangen*) cambio *m* della spoglia

**Havarie** [hava'riː] <-, -n> *f* ① (NAUT, AERO) avaria *f* ② (A: MOT) avaria *f* al motore, guasto *m* meccanico

**Hbf.** *abk v* **Hauptbahnhof** Stazione C.

**h. c.** [haː'tseː] *abk v* **honoris causa** honoris causa

**HDTV** [haːdeːteː'fau] <-[s]> *nt kein Pl. abk v* **High Definition Television** HDTV *m*

**H-Dur** ['haːˈduːɐ̯] <-> *kein Pl. nt* si *m* maggiore

**he** [heː] *int* eh, ehi

**Hearing** ['hi:rɪŋ] <-s, -s> nt (POL) hearing m

**Hebamme** ['he:bamə] <-, -n> f levatrice f, ostetrica f

**Hebebühne** f (TEC) ponte m sollevatore, banco m elevatore

**Hebel** ['he:bəl] <-s, -> m (PHYS) leva f; **alle ~ in Bewegung setzen** (fig fam) muovere cielo e terra; **am längeren ~ sitzen** essere in [posizione di] vantaggio **Hebelarm** m (TEC, PHYS) braccio m della leva **Hebelwirkung** f azione f della leva

**heben** ['he:bən] <hebt, hob, gehoben> **I.** vt ① (hoch~) [sol]levare; (Wrack) recuperare; (Schatz) scavare; **einen ~** (fam) bere un bicchierino ② (Stimme, Augen, Hände) alzare ③ (fig: vermehren) aumentare, elevare; (verbessern) migliorare; (Stimmung) accrescere **II.** vr **sich ~** ① (steigen) salire; (sich aufrichten) alzarsi; (sich emporheben) sollevarsi ② (zunehmen) accrescere, aumentare

**Heber** <-s, -> m ① (Saug~) sifone m ② (MOT) cric m ③ (CHEM) pipetta f ④ (Gewicht~) sollevatore m di pesi

**Hebewerk** <-s, -e> nt (TEC) impianto m di sollevamento

**Hebräer(in)** [he'brɛ:ɐ̯] <-s, -; -, -nen> m(f) ebreo, -a m, f

**hebräisch** [he'brɛ:ɪʃ] adj ebreo

**Hebräisch** nt ebraico m, lingua f ebraica; s. a. **Deutsch**

**Hebung** ['he:bʊŋ] <-, -en> f ① (Er~) sollevamento m, innalzamento m; (von Schiff) recupero m; (von Schatz) scavo m ② (GEOL) elevazione f ③ (fig: Steigern) incremento m, crescita f ④ (LIT) arsi f

**hecheln** ['hɛçəln] vi (Hunde) ansimare

**Hecht** [hɛçt] <-(e)s, -e> m (ZOO) luccio m **Hechtsprung** m (SPORT) tuffo m

**Heck** [hɛk] <-(e)s, -e o -s> nt ① (NAUT) poppa f; (AERO) coda f; (MOT) parte f posteriore ② (nordd: AGR: Weide) pascolo m

**Heckantrieb** m (MOT) trazione f posteriore

**Hecke** ['hɛkə] <-, -n> f (Büsche) siepe f **Heckenrose** f (BOT) rosa f selvatica **Heckenschere** f cesoie fpl [per siepi] **Heckenschütze** m franco tiratore m

**Heckfenster** nt (MOT) finestrino m posteriore

**Heckklappe** f (MOT) portellone m posteriore **Heckmotor** m (MOT) motore m posteriore **Heckscheibe** f (MOT) lunotto m **Heckscheibenheizung** f (MOT) lunotto m termico **Heckscheibenwischer** m (MOT) tergilunotto m

**heda** ['he:da] int ehi

**Heer** [he:ɐ̯] <-(e)s, -e> nt esercito m

**Heeresleitung** f comando m dell'esercito **Heerführer** m generale m d'armata; (HIST) condottiero m

**Heerscharen** fPl. esercito m, legioni fpl; **die himmlischen ~** le legioni celesti

**Hefe** ['he:fə] <-, -n> f (GASTR) lievito m, fermento m **Hefeteig** m pasta f lievitata

**Heft** [hɛft] <-(e)s, -e> nt (Schreib~) quaderno m; (Notiz~) taccuino m; (Büchlein) libretto m; (Broschüre) fascicolo m

**heften** ['hɛftən] vt ① (befestigen) attaccare, fissare; (mit Klammern) agganciare; (mit Stecknadeln) appuntare ② (beim Nähen) imbastire ③ (beim Buchbinden) rilegare ④ (in einen Ordner ab~) mettere in un classificatore ⑤ (fig) **sich an jds Fersen ~** stare alle calcagna di qu; **den Blick auf etw** acc **~** fissare lo sguardo su qc

**Hefter** <-s, -> m raccoglitore m, cartella f [per incartamenti]

**Heftfaden** <-s, -fäden> m filo m per imbastire

**Heftgerät** <-(e)s, -e> nt s. **Heftmaschine**

**heftig** ['hɛftɪç] adj ① (stark) forte; (wuchtig) violento, veemente; (Schmerz) acuto, atroce; (Kälte) intenso; (Worte) aspro; (Regen, Weinen) dirotto ② (stürmisch) impetuoso, appassionato; **~ werden** adirarsi, infiammarsi **Heftigkeit** <-, -en> f ① (Wucht) violenza f, veemenza f ② (heftiges Wesen) impetuosità f ③ (Schärfe) asprezza f

**Heftmaschine** <-, -n> f cucitrice f

**Heftpflaster** nt cerotto m **Heftzwecke** f puntina f da disegno

**Hege** ['he:gə] <-> kein Pl. f (Pflege, Schutz) cura f, protezione f

**Hegemonie** [hegemo'ni:] <-, -n> f egemonia f

**hegen** ['he:gən] vt ① (Wild) conservare; (Pflanzen) curare; **jdn ~ und pflegen** avere gran cura di qu ② (fig: Gefühle) nutrire, avere; (Groll) nutrire, serbare

**Hehl** [he:l] <-s> kein Pl. nt o m **kein[en] ~ aus etw machen** non nascondere qc, non fare mistero di qc

**Hehler(in)** <-s, -; -, -nen> m(f) ricettatore, -trice m, f

**Hehlerei** <-, -en> f ricettazione f

**Hehlerin** f s. **Hehler**

**hehr** [he:ɐ̯] adj (geh, poet) augusto, sublime, venerabile

**Heia** ['haɪa] <-, rar -(s)> f (Kindersprache) nanna f; (Bett) lettino m; **in die ~ gehen** andare a nanna; **~ machen** fare la nanna

**Heide**[1] ['haɪdə] <-, -n> f (~*land*) brughiera f
**Heide**[2] <-n, -n> m (REL) pagano m
**Heidekraut** *kein Pl.* nt erica f
**Heidelbeere** ['haɪdəlbeːrə] f mirtillo m nero
**Heidelberg** ['haɪdəlbɛrk] nt Heidelberg f
**Heidenangst** f (*fam*) paura f matta, fifa f
**Heidenarbeit** ['haɪdən'ʔarbaɪt] f **das ist eine ~** (*fam*) è un lavoro faticoso **Heidengeld** nt **ein ~ kosten** (*fam*) costare un sacco di soldi **Heidenlärm** m (*fam*) fracasso m infernale, rumore m spaventoso **Heidenspaß** m (*fam*) piacere m folle
**Heidentum** <-s> *kein Pl.* nt paganesimo m **Heidin** ['haɪdɪn] <-, -nen> f (REL) pagana f **heidnisch** *adj* pagano
**heikel** ['haɪkəl] <heikler, heikelste> *adj* ① (*schwierig*) difficile, problematico ② (*A, südd: wählerisch beim Essen*) schizzinoso ③ (*A, südd: schwer zufriedenzustellen*) difficile da accontentare
**heil** [haɪl] *adj* ① (*unversehrt*) illeso; (~ *und gesund*) sano e salvo; (*geheilt*) guarito; **sie hat den Unfall ~ überstanden** è uscita illesa dall'incidente ② (*ganz*) intero, intatto; **die ~e Welt** un mondo ideale
**Heil** <-(e)s> *kein Pl.* nt ① (*Rettung*) salvezza f ② (*Wohlergehen*) benessere m, prosperità f; (*a. Glück*) fortuna f ③ (REL: *Gnade*) grazia f
**Heiland** ['haɪlant] <-(e)s, -e> m (REL) Salvatore m, Redentore m
**Heilanstalt** f ① (*Sanatorium*) sanatorio m, casa f di cura ② (*Nerven~*) manicomio m
**heilbar** *adj* guaribile, curabile
**Heilbarkeit** <-> *kein Pl.* f possibilità f di guarire
**Heilbutt** ['haɪlbʊt] <-(e)s, -e> m (ZOO) ippoglosso m, halibut m
**heilen** ['haɪlən] I. *vt haben* guarire; **von einer Krankheit ~** guarire da una malattia II. *vi sein* guarire
**Heilerde** <-, -n> f argilla f curativa
**heilfroh** ['haɪl'froː] *adj* (*fam*) contento come una pasqua, contentissimo
**Heilgymnastik** f cinesiterapia f
**heilig** ['haɪlɪç] *adj* ① santo; (*vor männlichen Eigennamen*) San; (*geweiht*) sacro; **~er Antonius** Sant'Antonio; **Heilige Jungfrau Maria** Santa Maria Vergine; **der Heilige Vater** il Santo Padre ② (*fig: unverletzlich*) inviolabile, sacrosanto ③ (*fig: ernst*) solenne; (*Pflicht*) sacrosanto; (*Ernst, Eifer, Zorn*) grande ④ (*fig fam: groß*) grande, incredibile
**Heiligabend** m vigilia f di Natale
**Heilige** <ein -r, -n, -n> *mf* santo, -a m, f
**heiligen** ['haɪlɪɡən] *vt* ① santificare ② (*weihen*) consacrare ③ (*fig: rechtfertigen*) giustificare; **der Zweck heiligt die Mittel** il fine giustifica i mezzi
**Heiligenschein** m aureola f, nimbo m
**Heiligkeit** <-> *kein Pl.* f ① (REL) santità f ② (*Unverletzlichkeit*) inviolabilità f; **Seine ~** Sua Santità
**heilig|sprechen** <*irr*> *vt* (REL) canonizzare
**Heiligsprechung** <-, -en> f (REL) canonizzazione f
**Heiligtum** <-s, Heiligtümer> nt ① (*Stätte*) luogo m sacro, santuario m ② (*Gegenstand*) cosa f sacra; (*Reliquie*) reliquia f
**Heilkraft** f virtù f terapeutica, potere m curativo
**Heilkraut** nt erba f medica
**Heilkunde** f medicina f, scienza f medica
**heillos** *adj* terribile, inaudito
**Heilmittel** nt rimedio m, farmaco m **Heilpflanze** f pianta f medicinale **Heilpraktiker(in)** m(f) medico m naturalista **Heilquelle** f sorgente f d'acqua minerale **heilsam** *adj* salutare, utile
**Heilsarmee** <-, -n> f esercito m della salvezza
**Heilschlaf** <-s> *kein Pl.* m (MED) sonno m ristoratore; (*Schlafkur*) cura f del sonno
**Heilung** <-, -en> f ① *Sing.* (*Heilen*) cura f ② (*Gesundwerden*) guarigione f; (*von Wunde*) cicatrizzazione f
**heim** [haɪm] *adv* ① (*nach Hause*) a casa ② (*ins Heimatland*) in patria
**Heim** <-(e)s, -e> nt ① (*Zuhause*) casa f ② (*öffentliche Einrichtung*) casa f; (*Waisen~*) orfanotrofio m; (*Alten~*) ospizio m; (*Erziehungs~*) istituto m [di educazione]; (*Internat*) collegio m; (*Schulland~*) colonia f
**Heimarbeit** f lavoro m a domicilio **Heimarbeiter(in)** m(f) lavoratore, -trice m, f a domicilio
**Heimat** ['haɪmaːt] <-, *rar* -en> f ① (~*land*) patria f ② (~*ort*) paese m natale; **geistige ~** patria spirituale **heimatberechtigt** *adj* (CH: ADM: *das Bürgerrecht besitzend*) che possiede la cittadinanza [in un comune] **Heimatdichter(in)** m(f) poeta, -essa m, f patriottico, -a **Heimatfilm** m film m a sfondo regionale e patriottico **Heimatkunde** <-, -n> f (SCHULE) *studio della storia, geografia ed arte locale* **Heimatland** nt patria f, terra f natale **heimatlich** *adj* ① (*zur Heimat gehörend*) natale, natio ② (*an die Heimat erinnernd*) familiare, che ricorda il proprio

paese **heimatlos** *adj* senza patria, apolide **Heimatlose** <ein -r, -n, -n> *m* senza patria *mf*; (*Staatenlose*) apolide *mf* **Heimatort** *m* luogo *m* d'origine, patria *f* **Heimatrecht** *nt* (JUR) diritto *m* di residenza **Heimatschein** *m* (*CH*: ADM: *Schriftstück*) certificato *m* di cittadinanza **Heimatstadt** *f* città *f* natale **Heimatvertriebene** ['haɪmaːtfɛɐtriːbənə] <ein -r, -n, -n> *mf* profugo, -a *m, f*

**Heimchen** ['haɪmçən] <-s, -> *nt* (ZOO) grillo *m* del focolare; **~ am Herd** (*fam pej*) *donna di casa senza altri interessi*

**heim|fahren** <irr> *vi sein* andare a casa **Heimfahrt** *f* viaggio *m* verso casa; (*Rückfahrt*) viaggio *m* di ritorno

**heim|gehen** <irr> *vi sein* (*südd*) rincasare, andare a casa

**Heimindustrie** *f* industria *f* domestica

**heimisch** *adj* ① (*ein~*) indigeno, locale ② (*vertraut*) abituale; **sich ~ fühlen** sentirsi come a casa propria

**Heimkehr** ['haɪmkeːɐ] *kein Pl. f* ① (*nach Hause*) ritorno *m* a casa ② (*in die Heimat*) ritorno *m* in patria **heim|kehren** *vi sein* ① (*nach Hause*) tornare a casa, rincasare ② (*in die Heimat*) tornare in patria, rimpatriare **Heimkehrer(in)** <-s, -; -, -nen> *m(f)* ① (*aus Krieg, Exil*) reduce *mf* ② (*aus Emigration*) rimpatriato, -a *m, f*, rimpatriante *mf*

**Heimkind** *nt* bambino *m* affidato ad un istituto, convittore, -trice *m, f*

**Heimkino** *nt* ① (*Filmvortrag*) proiezioni *fpl* in casa ② (*fam scherz: Fernsehen*) tele *f* **heim|kommen** <irr> *vi sein* (*südd*) rincasare, venire a casa

**Heimleiter(in)** *m(f)* direttore, -trice *m, f* di un istituto

**heim|leuchten** *vi* **jdm ~** (*fam*) rispondere per le rime a qu

**heimlich** ['haɪmlɪç] *adj* ① (*geheim*) segreto ② (*verborgen*) nascosto; (*Gedanken*) recondito ③ (*verstohlen*) furtivo **Heimlichkeit** <-, -en> *f* ① *Sing.* segretezza *f* ② (*Geheimnis*) segreto *m* ③ (*Verborgenheit*) clandestinità *f* ④ (*Stille*) quiete *f*, solitudine *f* **Heimlichtuerei** <-, *rar* -en> *f* fare *m* misterioso **heimlich|tun** <irr> *vi* fare il misterioso

**Heimreise** *f* viaggio *m* di ritorno, rientro *m* **heim|schicken** *vt* ① (*nach Hause*) mandare a casa ② (*in Heimat*) rimpatriare **Heimsieg** <-(e)s, -e> *m* (SPORT) vittoria *f* in casa **Heimspiel** *nt* (SPORT) incontro *m* in casa **heim|suchen** *vt* (*Katastrophen*) colpire; (*Krankheiten*) affliggere

**Heimtrainer** *m s.* **Hometrainer**

**heimtückisch** *adj* subdolo, falso; (*Krankheit*) maligno

**Heimvorteil** <-s, -e> *m* (SPORT) vantaggio *m* del fattore campo

**heimwärts** ['haɪmvɛʁts] *adv* verso casa

**Heimweg** *m* ritorno *m* a casa; **auf dem ~** ritornando a casa; **sich auf den ~ machen** mettersi sulla via del ritorno

**Heimweh** *kein Pl. nt* nostalgia *f*; **~ nach etw haben** avere nostalgia di qc **Heimwerker(in)** <-s, -; -, -nen> *m(f)* lavoratore, -trice *m, f* fai da te

**heim|zahlen** *vt* **jdm etw ~** far pagare caro qc a qu *fam*

**Heinzelmännchen** ['haɪntsəlmɛnçən] *nt* gnomo *m*, nano *m*

**Heirat** ['haɪraːt] <-, -en> *f* matrimonio *m* **heiraten** ['haɪratən] I. *vt* sposare II. *vi* sposarsi; (*Frau a.*) maritarsi; (*Mann a.*) ammogliarsi

**Heiratsantrag** <-s, -anträge> *m* proposta *f* di matrimonio **Heiratsanzeige** *f* ① (*Mitteilung*) partecipazione *f* di matrimonio ② (*in Zeitung*) annuncio *m* matrimoniale **heiratsfähig** *adj* in età da prendere moglie/marito; **~es Alter** età di sposarsi **Heiratsschwindler(in)** *m(f)* corteggiatore, -trice *m, f* a scopo di lucro **Heiratsurkunde** *f* atto *m* di matrimonio **Heiratsvermittler(in)** *m(f)* sensale *mf* di matrimonio

**heischen** ['haɪʃən] *vt* esigere, richiedere

**heiser** ['haɪzɐ] *adj* rauco, fioco **Heiserkeit** <-, *rar* -en> *f* raucedine *f*

**heiß** [haɪs] *adj* ① (*Temperatur*) [molto] caldo, caldissimo; (*Flüssigkeiten*) bollente; (GEOG) torrido; (*Sonne*) cocente; **~er Draht** linea calda; **~ machen** (*erwärmen, erhitzen*) [ri]scaldare; **~ werden** [ri]scaldarsi; **es ist ~** fa un gran caldo; **mir ist ~** ho molto caldo ② (*fig: innig*) fervido; (*a. leidenschaftlich*) ardente; **~ geliebt** amatissimo, diletto; **~e Musik** musica eccitante ③ (*fig: Thema*) scottante; (*fig: Auseinandersetzung*) acceso; (*Kampf*) accanito; **~e Spur** traccia importante ④ (*sexuell erregend/erregt*) libidinoso **heißblütig** ['haɪsblyːtɪç] *adj* focoso, impetuoso

**heißen** ['haɪsən] <heißt, hieß, geheißen> *vi* ① (*Namen haben*) chiamarsi; **wie ~ Sie?** come si chiama? ② (*Bedeutung haben*) significare, voler dire; **das heißt** (*mit anderen Worten*) cioè, vale a dire; (*einschränkend*) o meglio, s'intende; **das soll nicht ~, dass ...** non significa che ...; **es heißt, dass ...** si dice che +*conj,* corre voce che +*conj;* **was soll das ~?** che significa questo?, che discorso è questo?; **wie heißt das auf Italienisch?** come si dice questo in italiano?; **wie heißt es noch [so schön] bei Dante?** com'è che dice Dante?

**heißgeliebt** *adj* amatissimo, diletto **Heißhunger** *m* fame *f* da lupi; **einen ~ auf etw** *acc* **haben** avere una voglia matta di [mangiare] qc **Heißluft** *f* aria *f* calda

**Heißluftherd** <-(e)s, -e> *m* (TEC) forno *m* ad aria calda

**heiß|machen** *vt* (*fam*) ❶ (*begierig machen*) incuriosire ❷ (*sexuell erregen*) arrapare **Heißmangel** *f* mangano *m* a caldo **Heißwasserspeicher** *m* scaldacqua *m*

**heiter** ['haɪtɐ] *adj* (*Mensch, Wetter*) sereno, contento; (*bes. Abend, Gesellschaft*) gaio; (*bes. Musik*) allegro; **aus ~em Himmel** a ciel sereno; **das kann ja ~ werden!** (*fam*) ne vedremo delle belle! **Heiterkeit** <-> *kein Pl. f* ❶ (*Fröhlichkeit*) allegria *f*, gaiezza *f* ❷ (*Gelächter*) ilarità *f*

**Heizanlage** *f* impianto *m* di riscaldamento **heizbar** *adj* riscaldabile **Heizdecke** *f* termocoperta *f*

**heizen** ['haɪtsən] *vi, vt* [ri]scaldare; **mit etw ~** riscaldare con qc; **wir ~ mit Erdöl** abbiamo il riscaldamento a petrolio

**Heizer** <-s, -> *m* fochista *m*

**Heizkessel** *m* (TEC) caldaia *f* per riscaldamento **Heizkissen** *nt* termoforo *m* **Heizkörper** *m* radiatore *m*, calorifero *m* **Heizkosten** *Pl.* costi *mpl* di riscaldamento **Heizlüfter** *m* termoventilatore *m* **Heizmaterial** *nt* combustibile *m* **Heizöl** *nt* olio *m* combustibile **Heizpilz** *m* fungo *m* riscaldante [*o* scaldapatio], stufa *f* a fungo **Heizsonne** *f* radiatore *m* parabolico **Heizung** <-, -en> *f* ❶ *Sing.* (*Heizen*) riscaldamento *m* ❷ (*Anlage*) impianto *m* di riscaldamento ❸ (*Heizkörper*) radiatore *m*

**Hektar** ['hɛktaːɐ̯] <-s, -e, *bei Maßangaben:* -> *nt o m* ettaro *m*

**Hektik** ['hɛktɪk] <-> *kein Pl. f* attività *f* febbrile, tran tran *m;* **bloß keine ~!** non è mica morto nessuno!, calma!

**hektisch** ['hɛktɪʃ] *adj* febbrile, nervoso

**hektografieren** [hɛktograˈfiːrən] <ohne ge-> *vt* ciclostilare

**hektographieren** <ohne ge-> *vt* ciclostilare

**Hektoliter** [hɛktoˈliːtɐ] <-s, -> *nt o m* ettolitro *m*

**helau** [heˈlaʊ] *int* evviva, urrà

**Held(in)** ['hɛlt] <-en, -en; -, -nen> *m(f)*
❶ eroe *m*, eroina *f* ❷ (THEAT, LIT, FILM) protagonista *mf*

**Heldengedicht** *nt* (LIT) canzone *f* epica **heldenhaft** ['hɛldənhaft] *adj* eroico **Heldensage** *f* (LIT) leggenda *f* epica, saga *f* **Heldentat** *f* atto *m* eroico, impresa *f* eroica **Heldentum** <-s> *kein Pl. nt* eroismo *m*

**Heldin** *f s.* **Held**

**helfen** ['hɛlfən] <hilft, half, geholfen> *vi*
❶ (*Hilfe leisten*) **jdm ~** aiutare qu, soccorrere qu; (*beistehen*) assistere qu; (*behilflich sein*) dare una mano a qu; **sich** *dat* **zu ~ wissen** sapersi arrangiare, sapersi trarre d'impiccio; **ich kann mir nicht ~, [aber] ich muss es sagen** non posso fare a meno di dirlo; **ich weiß mir nicht mehr zu ~** non so che pesci pigliare ❷ (*nützen*) **jdm ~** essere buono con qu, essere utile a qu; **das hilft nichts** non serve a nulla; **es hilft nichts, du musst ...** non c'è niente da fare, devi ... ❸ (*fördern*) promuovere, favorire ❹ (*heilsam sein*) **gegen etw ~** fare bene per qc, essere un buon rimedio contro qc

**Helfer(in)** <-s, -; -, -nen> *m(f)* ❶ (*Gehilfe*) assistente *mf*, aiuto *m* ❷ (*Retter*) soccorritore, -trice *m, f* **Helfershelfer** *m* (*pej*) complice *m*

**Helium** ['heːliʊm] <-s> *kein Pl. nt* (CHEM) elio *m*

**hell** [hɛl] *adj* ❶ (*Licht, Farbe, Stimme, Feuer, Bier*) chiaro; (*Haar*) chiaro, biondo; (*Hautfarbe*) chiaro; **am ~en Tag** in pieno giorno; **ein Helles, bitte!** una birra chiara per favore! ❷ (*voller Licht*) luminoso, pieno di luce; (*beleuchtet*) illuminato ❸ (*Töne*) limpido, sonoro ❹ (*groß*) grande, forte; (*Verzweiflung, Freude*) grandissimo; **seine ~e Freude an etw** *dat* **haben** provare una gran gioia per qc; **in ~en Scharen** in massa ❺ (*klug*) intelligente

**hell-** (*in Zusammensetzungen vor Farbbezeichnungen*) chiaro

**hellauf** *adv* estremamente, molto; **~ begeistert** molto entusiasta

**hellblau** *adj* azzurro chiaro, celeste **hellblond** *adj* biondo chiaro

**Helldunkel** *nt* (KUNST) chiaroscuro *m*

**Helle** ['hɛlə] <-> *kein Pl. f* ❶ (*Helligkeit*) chiarezza *f* ❷ (*helles Licht*) luminosità *f*, chiarore *m*

**hellhäutig** ['hɛlhɔɪtɪç] *adj* di carnagione chiara

**hellhörig** *adj* ❶ (*Mensch*) di udito fine;

Helligkeit → heranmachen

~ werden tendere le orecchie ❷(*Wohnung*) che non assorbe i suoni
**Helligkeit** <-, -en> *f* ❶chiarezza *f* ❷(*Lichtfülle*) luminosità *f* ❸(*Lichtstärke*) intensità *f* luminosa
**helllicht** ['hɛl'lɪçt] *adj* **am ~en Tage** a giorno fatto, in pieno giorno
**Hellraumprojektor** <-s, -en> *m* (*CH: Overheadprojektor*) lavagna *f* luminosa
**hellsehen** *vi* avere il dono della chiaroveggenza, prevedere il futuro **Hellseher(in)** <-s, -; -, -nen> *m(f)* chiaroveggente *mf* **Hellseherei** <-> *kein Pl. f* (*pej*) chiaroveggenza *f*
**hellwach** *adj* sveglio
**Helm** [hɛlm] <-(e)s, -e> *m* ❶(MIL) elmo *m*, elmetto *m* ❷(*Schutz~, Sturz~*) casco *m*
**Helmbusch** *m* pennacchio *m* **Helmpflicht** <-> *kein Pl. f* obbligo *m* di portare il casco
**Helsinki** ['hɛlzɪŋki] *nt* (GEOG) Helsinki *f*
**Hemd** [hɛmt] <-(e)s, -en> *nt* ❶(*Ober~*) camicia *f* ❷(*Unter~*) maglia *f*; (*für Männer*) canottiera *f*; (*für Frauen*) camiciola *f* **Hemdbluse** *f* camicetta *f* **hemdsärm|e|lig** *adj* ❶in maniche di camicia ❷(*fam fig*) sbracato, sguaiato
**Hemisphäre** [hemi'sfɛːrə] *f* emisfero *m*
**hemmen** ['hɛmən] *vt* ❶(*anhalten*) frenare, bloccare ❷(*fig: hindern*) ostacolare, intralciare ❸(PSYCH) inibire
**Hemmnis** <-ses, -se> *nt* ostacolo *m*, impedimento *m*
**Hemmschuh** <-s, -e> *m* ❶(TEC, FERR) calzatoia *f*, scarpa *f* d'arresto ❷(*fig: Hemmnis*) intralcio *m*, ostacolo *m*, palla *f* di piede
**Hemmschwelle** *f* (PSYCH) soglia *f* di inibizione
**Hemmung** <-, -en> *f* ❶(*Verlangsamung*) rallentamento *m* ❷(*Verhinderung*) ostacolamento *m*, impedimento *m* ❸(*Bedenken*) scrupolo *m*; **~en/keine ~en haben** avere/non avere scrupoli ❹(PSYCH) inibizione *f*; (*Schüchternheit*) timidezza *f*
**hemmungslos** *adj* ❶(*zügellos*) sfrenato ❷(*leidenschaftlich*) appassionato ❸(*ohne Bedenken*) senza scrupoli; **~ weinen** piangere senza ritegno **Hemmungslosigkeit** <-> *kein Pl. f* ❶(*Zügellosigkeit*) sfrenatezza *f* ❷(*Benehmen*) mancanza *f* di ritegno
**Hendl** ['hɛnd(ə)l] <-s, -n> *nt* (*A, südd*) ❶(GASTR: *Brathuhn*) pollo *m* arrosto ❷(*junges Huhn*) galletto *m*
**Hengst** [hɛŋst] <-es, -e> *m* stallone *m*
**Henkel** ['hɛŋkəl] <-s, -> *m* manico *m*
**henken** ['hɛŋkən] *vt* impiccare

**Henker** <-s, -> *m* carnefice *m*, boia *m*
**Henkersmahlzeit** *f* ❶(*Essen*) ultimo pasto *m* del condannato a morte ❷(*fig*) pranzo *m* d'addio
**Henna** ['hɛna] <-> *kein Pl. nf*(BOT) henné *f*, henna *f*
**Henne** ['hɛnə] <-, -n> *f* gallina *f*
**Hepatitis** [hepa'tiːtɪs] <-, Hepatitiden> *f* (MED) epatite *f*
**her** [heːɐ̯] *adv* ❶(*örtlich*) qui, qua; **hin und ~** qua e là; (*auf und ab*) su e giù; **von ... ~** da; (*zeitlich*) da, fin da; **Geld ~!** (*fam*) fuori i soldi!; **komm ~!** vieni qui [*o* qua]!; **~ damit!** (*fam*) dà [*o* date] qua! ❷(*kausal*) per, a causa di; **das ist schon lange ~** è già [da] un pezzo *fam*, è già passato molto tempo; **es ist ein Jahr ~, dass ...** è [passato] un anno che ...; **wie lange ist es ~, dass ...?** quanto tempo è che ...?

**herab** [hɛ'rap] *adv* giù, in basso **herab|blicken** *vi* (*a. fig*) **auf jdn/etw ~** guardare qu/qc dall'alto in basso **herab|fallen** <irr> *vi sein* cadere giù
**herab|lassen** <irr> I. *vt* (*Vorhang, Seil*) calare, abbassare II. *vr* **sich ~** ❶(*an Seil*) calarsi giù ❷(*fig*) **sich ~ etw zu tun** degnarsi di fare qc **herablassend** *adj* presuntuoso, borioso
**Herablassung** <-> *kein Pl. f* presunzione *f*, arroganza *f* **herab|sehen** <irr> *vi s.* **herabblicken herab|setzen** *vt* ❶(*Gegenstand*) mettere giù ❷(*fig: Preis, Strafe*) diminuire, ridurre ❸(*fig: schmälern*) sminuire **Herabsetzung** <-> *kein Pl. f* ❶(*fig: Senkung*) riduzione *f*, diminuzione *f*, ribasso *m* ❷(*fig: Herabwürdigung*) discredito *m* **herab|würdigen** *vt* svalutare, svilire

**Heraldik** [he'raldɪk] <-> *kein Pl. f* (*Wappenkunde*) araldica *f*
**heran** [hɛ'ran] *adv* ❶(*örtlich*) vicino, avanti ❷(*zeitlich*) vicino
**heran|bilden** I. *vt* formare (*zu* per), educare (*zu* per) II. *vr* **sich ~** formarsi (*zu* per)
**heran|fahren** <irr> *vi sein* **an etw** *acc* **~** avvicinarsi [con un veicolo] a qc
**heran|kommen** <irr> *vi sein* ❶(*fig*) **an jdn/etw ~** avvicinarsi a qu/qc; **die Dinge an sich ~ lassen** prendere tempo, temporeggiare; **man kann nicht an ihn ~** è inavvicinabile ❷(*fig: sich vergleichen können*) **an jdn ~** raggiungere qu ❸(*fig: bekommen*) **an etw** *acc* **~** ottenere qc
**heran|machen** *vr* **sich ~** ❶(*sich nähern*) **sich an jdn/etw ~** avvicinarsi a qu/qc ❷(*beginnen*) **sich an etw** *acc* **~** comin-

ciare [a fare] qc, mettere mano a qc **heran|reichen** *vi* ① (*mit Hand*) **an etw** *acc* ~ arrivare a[d afferrare] qc ② (*fig: gleichkommen*) **an jdn** ~ uguagliare qu **heran|reifen** *vi sein* ① (*geh: Früchte*) maturare ② (*Menschen, Pläne*) maturare, farsi; **der Jugendliche ist zu einem Mann herangereift** il ragazzo si è fatto un uomo; **die Pläne ~ lassen** maturare un piano **heran|schaffen** *vt* avvicinare, portare vicino **heran|tasten** *vr* **sich an etw** *acc* ~ avvicinarsi a qc a tastoni **heran|tragen** <irr> *vt* (*herbeitragen*) apportare, portare (*zu* verso, presso); **etw an jdn** ~ (*fig*) sottoporre qc a qu **heran|treten** <irr> *vi sein* ① (*näher kommen*) avvicinarsi (*an* +*acc* a) ② (*sich wenden*) rivolgersi (*an* +*acc* a, *mit* con) **heran|wachsen** <irr> *vi sein* crescere, diventare grande

**Heranwachsende** <ein -r, -n, -n> *mf* adolescente *mf*

**heran|wagen** *vr* **sich an etw** *acc* ~ azzardarsi a fare qc, tentare qc **heran|ziehen** <irr> **I.** *vt haben* ① (*näher holen*) avvicinare tirando ② (*großziehen*) allevare ③ (*ausbilden*) formare, educare ④ (*einsetzen*) impiegare; (*Sachverständigen*) consultare, chiamare ⑤ (*geltend machen*) far valere, citare **II.** *vi sein* avvicinarsi

**herauf** [hɛ'raʊf] *adv* su [per], sopra; **komm ~!** vieni su!; **den Berg ~** su per la montagna **herauf|beschwören** <irr> *vt* ① (*wachrufen*) evocare ② (*verursachen*) provocare, causare **herauf|kommen** <irr> *vi sein* salire, venire su **herauf|laden** <irr> *vt* (INET) caricare **herauf|ziehen** <irr> **I.** *vt haben* tirare su **II.** *vi sein* avvicinarsi

**heraus** [hɛ'raʊs] *adv* fuori; **aus ... ~** fuori da ...; **von innen ~** dal di dentro; **das ist noch nicht ~** non è ancora sicuro; **~ damit!** fuori!, dà [*o* date] qua!; **~ mit der Sprache!** (*fam*) sputa l'osso!

**heraus|bekommen** <irr> *vt* ① (*Fleck*) togliere, levare ② (*fig: herausfinden*) venire a sapere; (*Geheimnis*) riuscire a scoprire; (*Rätsel*) riuscire a risolvere; (*entziffern*) riuscire a decifrare; (*Rechenaufgabe*) trovare ③ (*Wechselgeld*) ricevere di resto; **ich bekomme zwei Euro heraus** mi spettano due euro di resto **heraus|bilden** *vr* **sich [aus etw]** ~ formarsi [da qc] **heraus|bringen** <irr> *vt* ① (*nach draußen bringen*) portare fuori ② (*fam: Fleck*) riuscire a togliere ③ (*Ware*) lanciare [sul mercato]; (*Buch*) pubblicare; (THEAT) mettere in scena ④ (*fam: in Erfahrung bringen*) venire a sapere, riuscire a scoprire; **aus jdm kein Wort ~** non cavare una parola di bocca a qu *fam;* **kein Wort ~** non proferire parola **heraus|fahren** <irr> *vi sein* uscire, venire fuori **heraus|finden** <irr> *vt* ① (*finden*) ritrovare, rintracciare ② (*entdecken*) scoprire, trovare **heraus|fischen** *vt* (*fam*) pescar fuori

**Herausforderer(in)** <-s, -; -, -nen> *m(f)* (*allg,* SPORT) sfidante *mf*

**heraus|fordern** *vt* ① (SPORT) sfidare; **jdn zu etw ~** sfidare qu a qc ② (*Schicksal*) provocare **herausfordernd** *adj* (*Benehmen*) provocatorio; (*bes. Blicke*) provocante

**Herausforderung** *f* ① (SPORT) sfida *f*; **die ~ annehmen** accettare la sfida ② (*fig*) provocazione *f*

**Herausgabe** *kein Pl. f* ① (*Übergabe*) consegna *f* ② (*eines Buches*) pubblicazione *f* ③ (*von Aktien*) emissione *f* ④ (JUR) restituzione *f*

**heraus|geben** <irr> *vt* ① (*herausreichen*) passare fuori, porgere ② (*zurückgeben*) restituire ③ (*Garderobe, Gefangene*) consegnare ④ (*Wechselgeld*) dare di resto; **jdm 3 Euro ~** dare a qu 3 euro di resto ⑤ (*veröffentlichen*) pubblicare ⑥ (*Aktien*) emettere; (*Vorschriften*) emanare

**Herausgeber(in)** <-s, -; -, -nen> *m(f)* ① (*von Buch*) curatore, -trice *m, f*; (*Verleger*) editore, -trice *m, f* ② (*von Zeitung*) direttore, -trice *m, f*

**heraus|gehen** <irr> *vi sein* ① (*nach draußen gehen*) uscire ② (*sich herausziehen lassen*) venir fuori ③ (*Fleck*) andare via; **aus sich** *dat* **~** aprirsi, sbottonarsi *fam*

**Herausgeld** <-(e)s> *kein Pl. nt* (CH: *Wechselgeld*) moneta *f*, spiccioli *mpl*

**heraus|greifen** <irr> *vt* prendere, scegliere **heraus|gucken** *vi* (*fam*) ① (*aus Fenster*) guardare fuori [dalla finestra] ② (*sichtbar sein*) spuntare fuori **heraus|halten** <irr> **I.** *vt* ① (*nach draußen halten*) tener fuori ② (*fam: fernhalten*) tener lontano **II.** *vr* **sich aus etw ~** tenersi fuori da qc **heraus|hängen** *vt* appendere fuori **heraus|holen** *vt* ① (*nach draußen holen*) **etw [aus dem Schrank] ~** tirare fuori qc [dall'armadio]; **das Letzte aus sich** *dat* **~** dare il massimo di sé stesso ② (*befreien*) **jdn [aus dem Gefängnis] ~** far uscire qu [dalla prigione] ③ (*fig fam: verdienen*) **aus jdm Geld ~** ricavare da qu del denaro ④ (*fig: durch Fragen*) **aus jdm etw ~** far dire qc a qu; (*Geheimnis*) strappare qc a qu **heraus|kommen** <irr> *vi sein* ① (*nach draußen kommen*) venire fuori, uscire;

aus einem Loch ~ uscire da un buco; **aus dem Staunen nicht ~** non potersi riavere dallo stupore ❷ *(sich ergeben)* risultare; **bei den Verhandlungen ist kein greifbares Ergebnis herausgekommen** le trattative non hanno portato ad alcun risultato concreto; **das kommt auf dasselbe heraus** il risultato è sempre quello, è la stessa cosa; **dabei kommt nichts heraus** non se ne ricava nulla ❸ *(Wahrheit)* venire a galla; **ganz groß ~** avere un gran successo; **mit der Sprache ~** parlare ❹ *(Buch)* venire pubblicato **heraus|kriegen** *vt (fam)* s. **herausbekommen**
**herausnehmbar** *adj* estraibile
**heraus|nehmen** <irr> I. *vt* ❶ *(aus dem Inneren holen)* estrarre; **etw [aus dem Schrank/aus der Tasche] ~** tirare fuori qc [dall'armadio/dalla borsa] ❷ *(entfernen)* togliere; *(operativ)* asportare; **jdm den Blinddarm/die Mandeln ~** togliere l'appendice/le tonsille a qu II. *vr* **sich** *dat* [jdm gegenüber] **etw ~** prendersi delle libertà [nei confronti di qu] **heraus|putzen** I. *vt (schmücken)* abbellire, agghindare II. *vr* **sich ~** agghindarsi, farsi bello **heraus|ragen** *vi* ❶ ergersi; **aus etw ~** ergersi su qc ❷ *(fig)* distinguersi; **aus einer Gruppe durch etw ~** distinguersi in un gruppo per qc **heraus|reden** *vr* **sich ~** scusarsi; **sich mit etw ~** addurre qc come scusa **heraus|reißen** <irr> *vt* ❶ strappare; **jdn aus einer Arbeit ~** strappare qu da un lavoro ❷ *(fig fam: retten)* salvare **heraus|rücken** I. *vt haben* ❶ *(Stuhl)* mettere fuori ❷ *(fig fam: Geld)* sborsare, mettere mano al borsellino II. *vi sein* ❶ *(räumlich)* spostare ❷ *(fig fam)* **mit etw ~** tirare fuori qc, dare qc; **mit der Sprache ~** *(fam)* parlare **heraus|rutschen** *vi sein* scivolar fuori; *(Wort)* scappare; **das ist mir nur so herausgerutscht** *(fam)* mi è semplicemente scappata **heraus|schauen** *vi (fam)* s. **herausgucken heraus|schlagen** <irr> I. *vt haben* ❶ far uscire battendo ❷ *(fig fam: gewinnen)* ricavare, guadagnare II. *vi sein (Flamme)* uscir fuori, divampare
**heraußen** [hɛˈraʊsən] *adv (südd, A: hier draußen)* qui fuori
**heraus|springen** *vi* ❶ *(nach draußen springen)* saltar fuori; **aus dem Fenster ~** saltar fuori dalla finestra ❷ *(sich aus etw lösen)* saltar via **heraus|spritzen** *vi sein* schizzare [fuori] **heraus|stellen** I. *vt* ❶ *(nach draußen stellen)* mettere fuori ❷ *(fig: hervorheben)* mettere in luce II. *vr*

sich ~ risultare, rivelarsi; **sich als richtig ~** rivelarsi esatto; **es hat sich herausgestellt, dass ...** è risultato che ... **heraus|streichen** <irr> *vt* ❶ *(wegstreichen)* cancellare ❷ *(fig: hervorheben)* vantare, elogiare **heraus|suchen** *vt* cercare, scegliere **heraus|wirtschaften** *vt* ricavare *(aus* da) **heraus|ziehen** <irr> *vt* **jdn/etw aus etw ~** tirare fuori qu/qc da qc

**herb** [hɛrp] *adj* ❶ acerbo; *(Wein)* aspro ❷ *(fig: Worte, Gesicht, Schönheit)* duro; *(Enttäuschung)* amaro; *(Verlust)* doloroso **Herbarium** [hɛrˈbaːriʊm, *Pl:* hɛrˈbaːriən] <-s, Herbarien> *nt* (BOT) erbario *m*

**herbei** [hɛɐˈbaɪ] *adv* qui, qua **herbei|eilen** *vi sein* accorrere **herbei|führen** *vt (bewirken)* causare, provocare **herbei|rufen** <irr> *vt* chiamare, far venire **herbei|sehnen** *vt,* **herbei|wünschen** *vt* desiderare ardentemente, bramare
**herbei|zwingen** *vt* ottenere con la forza
**Herberge** [ˈhɛrbɛrɡə] <-, -n> *f* alloggio *m,* locanda *f*
**Herbergsmutter** *f* responsabile *mf* di un ostello della gioventù
**Herbergsvater** *m* responsabile *mf* di un ostello della gioventù
**her|bringen** <irr> *vt* portare, arrecare
**Herbst** [hɛrpst] <-(e)s, -e> *m* autunno *m* **herbstlich** *adj* d'autunno, autunnale **Herbstzeitlose** <-n, -n> *f* (BOT) colchico *m*
**Herculaneum** [hɛrkuˈlaːneʊm] *nt* (GEOG, HIST) Ercolano *m*
**Herd** [heːɐ̯t] <-(e)s, -e> *m* ❶ *(Küchen~)* forno *m,* fornello *m* ❷ *(Feuerstelle)* focolare *m* ❸ *(fig: Krisen~, Seuchen~)* focolaio *m*
**Herde** [ˈheːɐ̯də] <-, -n> *f* gregge *m* **Herdentier** *nt* ❶ *(Tier)* animale *m* da branco ❷ *(pej: Person)* animale *m* da branco **Herdentrieb** *m* istinto *m* gregario
**Herdplatte** *f* piastra *f* del fornello elettrico **herein** [hɛˈraɪn] *adv* dentro; **~!** avanti; **hier ~, bitte!** per di qua! **herein|brechen** <irr> *vi sein (Nacht)* calare; *(Unglück)* colpire; **über jdm ~** colpire qu **herein|fallen** <irr> *vi sein* ❶ *(nach innen fallen)* cadere dentro; *(Licht)* penetrare ❷ *(fig fam: betrogen werden)* cascarci, farsi imbrogliare **herein|holen** *vt* portare dentro; *(Person)* far entrare **herein|kommen** <irr> *vi sein* entrare **herein|lassen** <irr> *vt* lasciare [o fare] entrare **herein|legen** *vt* ❶ *(nach innen legen)* mettere dentro ❷ *(fig fam: betrügen)* imbrogliare **herein|platzen** *vi*

*sein* (*fam*) giungere inaspettatamente; **in einen Raum ~** piombare in una stanza
**her|fallen** <irr> *vi sein* **über jdn ~** gettarsi contro/su qu; (*fig: mit Fragen*) tempestare qu; (*mit Kritik*) assillare; **über etw** *acc* **~** gettarsi contro qc; (*über Essen*) gettarsi su qc, buttarsi su qc
**Hergang** ['he:ɐgan] *m* ① (*Verlauf*) svolgimento *m* ② (*Einzelheiten*) particolari *mpl*
**her|geben** <irr> I. *vt* ① (*geben*) dare ② (*weggeben*) dare via II. *vr* **sich zu etw ~** prestarsi per qc
**hergebracht** ['he:ɐgəbraxt] *adj* tradizionale
**her|gehen** <irr> *vi sein* **hinter/vor/neben jdm ~** andare dietro/davanti/accanto a qu *fam;* **bei der Diskussion ging es hoch her** la discussione si fece accesa **her|halten** <irr> I. *vt* porgere II. *vi* dover scontare; **er muss für die anderen ~** deve pagare per gli altri **her|holen** *vt* andare a prendere **her|hören** *vi* ascoltare [con attenzione]
**Hering** ['he:rɪŋ] <-s, -e> *m* ① (ZOO) aringa *f* ② (*Zeltpflock*) picchetto *m*
**Heringssalat** *m* (GASTR) insalata *f* d'aringhe
**herinnen** [hɛˈrɪnən] *adv* (*A, südd: hier drinnen*) qui dentro
**Herisau** ['he:rizau] *nt* (GEOG) Herisau *f*
**her|kommen** <irr> *vi sein* ① (*hierhin kommen*) venire qui; (*sich nähern*) avvicinarsi ② (*herrühren*) derivare; (*herstammen*) provenire; **von etw ~** derivare da qc
**herkömmlich** ['he:ɐkœmlɪç] *adj* tradizionale
**Herkunft** ['he:ɐkʊnft] <-, *rar* Herkünfte> *f* ① (*Abstammung*) nascita *f*, discendenza *f*; (*soziale ~*) estrazione *f* ② (*Ursprung*) origine *f*, provenienza *f* **Herkunftsland** <-(e)s, -länder> *nt* paese *m* d'origine
**her|leiten** I. *vt* (*fig: ableiten*) derivare; **ein Wort aus dem Griechischen ~** dedurre un termine dal greco II. *vr* **sich [von etw] ~** trarre origine [da qc] **her|machen** *vr* **sich ~** ① (*herfallen*) **sich über jdn ~** gettarsi addosso a qu, scagliarsi su qu ② (*in Angriff nehmen*) **sich über etw** *acc* **~** accingersi a fare qc ③ (*gierig essen*) **sich über eine Torte ~** buttarsi su una torta
**Hermelin** [hɛrməˈli:n] <-s, -e> *nt* (ZOO) ermellino *m*
**hermetisch** [hɛrˈme:tɪʃ] *adj* ermetico
**hernach** [hɛɐˈna:x] *adv* (*obs, dial*) dopo, poi, più tardi
**her|nehmen** <irr> *vt* prendere
**Heroin** [heroˈi:n] <-s> *kein Pl. nt* eroina *f*
**heroisch** [heˈro:ɪʃ] *adj* eroico

**Herold** ['he:rɔlt, *Pl:* 'he:rɔldə] <-(e)s, -e> *m* ① (HIST) araldo *m* ② (*fig*) messaggero *m*
**Herpes** ['hɛrpɛs] <-> *kein Pl. m* (MED) herpes *m*
**Herr** [hɛr] <-n *o rar* -en, -en> *m* ① (HIST) signore *m;* (*vor Eigennamen*) signor *m;* [**Gott**] **der ~** Signore *m,* Dio *m;* **meine Damen und ~en!** Signore e Signori!; **sehr geehrte ~en!** (*in Brief*) egregi signori; **~ Doktor** [signor] dottore; **~ Müller** il signor Müller; (*als Anrede*) signor Müller ② (*beim Tanz*) cavaliere *m* ③ (*Gebieter, Eigentümer, Arbeitgeber*) padrone *m;* (*Vorgesetzter*) superiore *m;* (*Herrscher*) sovrano *m;* **der ~ des Hauses** il padron[e] di casa; **~ der Lage sein** essere padrone della situazione; **sein eigener ~ sein** non dipendere da nessuno; **einer Sache** *gen* **~ werden** riuscire a dominare qc
**Herrchen** ['hɛrçən] <-s, -> *nt* (*von Hund*) padrone *m*
**Herrenartikel** *mPl.* articoli *mpl* da uomo
**Herrenausstatter** <-s, -> *m* (*Geschäft*) negozio *m* di articoli da uomo
**Herrenbegleitung** *f* **in ~** in compagnia maschile
**Herrenbekanntschaft** *f* conoscenza *f* maschile **Herrenbekleidung** *f* abbigliamento *m* maschile
**Herrenbesuch** *m* visita *f* maschile **Herrendoppel** *nt* (SPORT) doppio *m* maschile **Herreneinzel** *nt* (SPORT) singolo *m* maschile **herrenlos** *adj* abbandonato, non reclamato; (*Tier*) randagio **Herrenmode** *f* moda *f* maschile **Herrenpilz** *m* (*A: Steinpilz*) [fungo *m*] porcino *m* **Herrentoilette** *f* gabinetto *m* per uomini
**Herrenwitz** *m* barzelletta *f* spinta
**Herrgott** *kein Pl. m* ① (*fam*) Signore *m,* Dio *m;* **~ noch mal!** (*fam*) accidenti!, maledizione! ② (*südd, A*) crocifisso *m*
**Herrgottsfrühe** *f* **in aller ~** di buon mattino
**her|richten** *vt* ① (*vorbereiten*) preparare ② (*Instand setzen*) sistemare, accomodare
**Herrin** ['hɛrɪn] <-, -nen> *f* ① (*Gebieterin*) signora *f*, padrona *f* ② (*Haus~*) padrona *f* [di casa]
**herrisch** *adj* imperioso, dispotico
**herrlich** *adj* (*großartig*) magnifico, splendido; (*wunderbar*) meraviglioso; (*ausgezeichnet*) eccellente
**Herrschaft** <-, -en> *f Sing.* ① (*Beherrschung*) dominio *m;* (*Befehlsgewalt*) potere *m,* autorità *f;* (*Herrschergewalt*) sovranità *f;* **~ über jdn/etw ausüben**

avere il dominio su qu/qc; **eine totalitäre ~** un regime totalitario; **die absolute ~** i pieni poteri; **zur ~ gelangen** raggiungere il potere ❷ (*fig: Kontrolle*) controllo *m;* **die ~ über sich** *acc* **verlieren** perdere il controllo di sé; **die ~ über ein Fahrzeug verlieren** perdere il controllo di un veicolo **herrschaftlich** *adj* padronale; (*vornehm*) signorile
**herrschen** ['hɛrʃən] *vi* ❶ (*Herr sein*) **über jdn/etw ~** comandare [*o* regnare] su qu/qc ❷ (*fig*) esserci; (*Not*) infuriare; (*Angst, Ruhe*) regnare; (*Meinung*) predominare **herrschend** *adj* ❶ regnante; (*Klasse*) dominante ❷ (*fig: vor~*) predominante; (*gegenwärtig*) vigente
**Herrscher(in)** <-s, -; -, -nen> *m(f)* ❶ (*Gebieter*) dominatore, -trice *m, f* ❷ (*Landesherr*) sovrano, -a *m, f* ❸ (*regierender Fürst*) principe, -essa *m, f* [regnante] **Herrscherhaus** *nt* dinastia *f*
**Herrscherin** *f s.* **Herrscher**
**Herrschsucht** *kein Pl. f* avidità *f* di dominio **herrschsüchtig** *adj* avido di potere
**her|rühren** *vi* **von etw ~** provenire da qc
**her|stammen** *vi* provenire (*aus* da), discendere, avere origine (*aus* da); **wo stammst du her?** di dove sei?
**her|stellen** *vt* ❶ (*an einen Platz*) mettere qua ❷ (*produzieren*) produrre, fabbricare; (*bauen*) costruire ❸ (*schaffen*) creare; (*Verbindung, Kontakt, Beziehung*) stabilire
**Hersteller(in)** <-s, -; -, -nen> *m(f)* fabbricante *mf*, produttore, -trice *m, f*
**Herstellung** <-> *kein Pl. f* fabbricazione *f,* produzione *f* **Herstellungskosten** *Pl.* costi *mpl* di produzione **Herstellungsland** *nt* paese *m* produttore
**Hertz** [hɛrts] <-, -> *nt* (PHYS) hertz *m*
**herüben** *adv* (*A, südd: hier auf dieser Seite*) qui da questa parte
**herüber** [hɛ'ry:bɐ] *adv* di qua, da questa parte
**herum** [hɛ'rʊm] *adv* intorno, attorno; **um ... ~** (*räumlich*) intorno a ...; (*zeitlich*) verso; (*bei Zahlenangaben*) circa; **um Weihnachten ~** verso Natale; **im Kreise ~** in cerchio **herum|ärgern** *vr* **sich ~** (*fam*) arrabbiarsi, pigliarsela; **sich mit jdm/etw ~** arrabbiarsi con qu/qc; (*sich anstrengen*) affaticarsi con qu/qc **herum|drehen** I. *vt* girare; **den Schlüssel zweimal ~** dare due giri di chiave II. *vr* **sich** [**zu jdm/etw**] **~** girarsi [verso qu/qc] **herumdrucksen** *vt* tergiversare **herum|fahren** <irr> *vi sein* ❶ (*umherfahren*) **um jdn/etw ~** girare attorno a qu/qc

❷ (*ohne Ziel*) girare, andare in giro; **in der Stadt ~** girare per la città ❸ (*sich herumdrehen*) girarsi di scatto **herum|fuchteln** *vi* (*fam*) **mit den Händen ~** gesticolare **herum|führen** I. *vt* (*Person*) portare in giro II. *vi* **um etw ~** (*umschließen*) cingere qc; **jdn an der Nase ~** ingannare qu **herum|gehen** <irr> *vi sein* ❶ (*umkreisen*) **um jdn/etw ~** girare attorno a qu/qc; **das geht mir im Kopf herum** ci penso e ripenso ❷ (*ziellos*) gironzolare ❸ (*Zeit*) passare ❹ (*gereicht werden*) **etw ~ lassen** far circolare qc **herum|hängen** *vi* (*fam*) essere appeso male, essere buttato lì; **in der Gegend ~** andarsene in giro **herum|irren** *vi sein* girare, girovagare **herum|kommen** <irr> *vi sein* (*fam*) ❶ (*um Ecke*) voltare; **mit dem Wagen um die Ecke ~** girare l'angolo con la macchina ❷ (*herumgehen können*) poter girare ❸ (*reisen*) girare, andare in giro; **viel ~** viaggiare molto ❹ (*vermeiden können*) **um Steuererhöhungen ~** poter evitare l'aumento delle tasse **herum|kriegen** *vt* (*fam*) riuscire a convincere **herum|laufen** <irr> *vi sein* (*fam*) ❶ (*ziellos*) correre in giro; **so kannst du doch nicht ~!** non puoi andare in giro così! ❷ **um etw ~** circondare qc **herum|liegen** <irr> *vi* (*fam*) ❶ **um etw ~** giacere attorno a qc ❷ (*unordentlich*) essere sparso [dappertutto] **herum|lungern** [hɛ'rʊmlʊŋɐn] *vi* (*fam*) bighellonare, andare a zonzo **herum|meckern** *vi* (*fam*) brontolare (*an* +*dat* con), trovare da ridire (*an* +*dat* su) **herum|nörgeln** *vi* brontolare (*an* +*dat* con), trovare da ridire (*an* +*dat* su) **herum|posen** [hɛ'rʊmpo:sen] *vi* fare lo sborone **herum|reichen** *vt* far circolare, porgere in giro **herum|reiten** <irr> *vi sein* ❶ (*umherreiten*) girare a cavallo ❷ (*Wend*) **um etw ~** girare intorno a qc; **auf etw** *dat* **~** (*fig fam*) non smettere di parlare di qc, insistere su qc; **auf jdm ~** (*fig fam*) accanirsi contro qu **herum|schlagen** <irr> *vr* **sich ~** (*fam: raufen*) azzuffarsi; **sich mit jdm/etw ~** (*fig*) essere alle prese con qu/qc **herum|schnüffeln** *vi* (*fam*) **in etw** *dat* **~** ficcare il naso in qc **herum|sitzen** <irr> *vi* (*fam*) ❶ (*um etw herum*) sedere (*um* intorno a) ❷ (*fig: nichts tun*) starsene [seduto] senza far niente **herum|spielen** *vi* **mit etw ~** giocherellare, trastullarsi **herum|sprechen** <irr> *vr* **sich ~** diffondersi, spargersi **herum|stehen** <irr> *vi* ❶ **um etw ~** stare attorno a qc ❷ (*lässig*) starsene senza far niente ❸ (*Sachen*) essere fuori posto **herum|stöbern** *vi* (*fam*) frugare (*in* +*dat* in), rovistare (*in* +*dat* in) **herum|stoßen** *vt* sbattere [*o* buttare] di qua e di là; **er wurde in seiner Jugend viel herumgestoßen** quando era giovane è stato sbattuto di qua e di là **herum|treiben** <irr> *vr* **sich ~** (*fam pej*) bighellonare, andare a zonzo **Herumtreiber(in)** <-s, -; -, -nen> *m(f)* (*fam*) vagabondo, -a *m, f,* bighellone, -a *m, f,* perdigiorno *mf* **herum|werfen** <irr> **I.** *vt* ❶ (*achtlos*) gettare qua e là, sparpagliare ❷ (*Steuer*) dare un giro a **II.** *vr* **sich ~** rivoltarsi, rigirarsi **herum|wühlen** *vi* **herum|stöbern herum|ziehen** <irr> *vi sein* ❶ (*umherziehen*) girare, girovagare ❷ **um etw ~** fare il giro intorno a qc

**herunten** [hɛˈrʊntən] *adv* (*A, südd: hier unten*) quaggiù

**herunter** [hɛˈrʊntɐ] *adv* giù; **von ... ~** giù da ...; **von oben ~** dall'alto in basso; **ich kann nicht ~** non posso scendere

**herunter|fallen** <irr> *vi sein* cadere [giù]; (*Haare*) scendere **herunter|gehen** <irr> *vi sein* ❶ (*räumlich*) scendere, andare giù ❷ (*Fieber*) diminuire **heruntergekommen** *adj* (*fam*) decaduto, rovinato **herunter|handeln** *vt* (*fam*) tirare sul prezzo; **den Preis um 5 Euro ~** tirare 5 euro sul prezzo **herunter|hauen** <hieb *o* heruntergehaut> *vt* (*fam*) **jdm eine ~** mollare un ceffone a qu **herunter|klappen** *vt* abbassare **herunter|kommen** *vi sein* ❶ venire giù, scendere ❷ (*fam: gesundheitlich*) deperire; (*sittlich*) decadere, cadere in basso **herunterladbar** *adj* scaricabile **herunter|laden** *vt* scaricare, download **herunter|leiern** *vt* (*fam*) recitare meccanicamente **herunter|machen** *vt* (*fam*) ❶ (*zurechtweisen*) sgridare, rimproverare ❷ (*herabsetzen*) stroncare, denigrare **herunter|nehmen** <irr> *vt* prendere giù **herunter|reißen** <irr> *vt* strappare [giù] **herunter|schlucken** *vt* ❶ (*Bissen, Pille*) inghiottire ❷ (*fig fam: Vorwürfe, Kritik*) ingoiare, mandar giù **herunter|spielen** *vt* minimizzare **herunter|springen** <irr> *vi sein* **von etw ~** saltare giù da qc; (*aus großer Höhe*) buttarsi giù da qc **herunter|werfen** <irr> *vt* buttar giù **herunter|wirtschaften** *vt* (*fam*) mandare in rovina

**hervor** [hɛɐˈfoːɐ] *adv* [in] fuori

**hervor|bringen** <irr> *vt* ❶ (*erzeugen*) produrre; (*a. fig*) dare; (*schaffen*) creare ❷ (*Ton, Wort*) dire, proferire ❸ (*bewirken*) causare **hervor|gehen** <irr> *vi sein* ❶ (*sich ergeben*) risultare; **aus etw ~** risultare da qc ❷ (*überstehen*) uscire; **aus dem Wettkampf als Sieger ~** uscire vincitore dalla lotta **hervor|gucken** *vi* (*fam*) guardar fuori, spuntare **hervor|heben** <irr> *vt* ❶ (*räumlich*) dare rilievo a, far spiccare ❷ (*fig: betonen*) accentuare, sottolineare **hervor|holen** *vt* **etw [aus etw] ~** tirare fuori qc [da qc] **hervor|ragen** *vi* ❶ sporgere fuori; **aus etw ~** emergere da qc ❷ (*fig*) emergere, distinguersi **hervorragend** *adj* ❶ (*räumlich*) sporgente, prominente ❷ (*fig*) straordinario, eccezionale; (*Wissenschaftler*) eminente; (*Wein*) eccellente **hervor|rufen** <irr> *vt* (*verursachen*) suscitare; (*Bewunderung*) causare; (MED) provocare **hervor|stechen** *vi* sporgere, venire in fuori

**hervorstechend** *adj* spiccato, pronunciato **hervor|treten** <irr> *vi sein* ❶ (*räumlich*) uscire, sporgere ❷ (*sich abheben*) staccarsi; (*a. fig*) spiccare; **~ lassen** dare risalto a ❸ (*erscheinen*) apparire; (*sich hervortun*) manifestarsi **hervor|tun** *vr* **sich [mit etw] ~** distinguersi [per qc]; (*bewusst*) mettersi in mostra [per qc] **hervor|wagen** *vr* **sich ~** azzardarsi a uscire

**Herz** [hɛrts] <-ens, -en> *nt* ❶ (ANAT) cuore *m*; (*Seele*) animo *m*; **das ~ auf der Zunge haben** avere il cuore sulle labbra; **ein ~ und eine Seele sein** essere un cuore e un'anima sola; **jds ~ höher schlagen lassen** far battere il cuore a qu; **ein gutes ~ haben** avere un buon cuore; **sich** *dat* **ein ~ fassen** farsi animo; **alle ~en gewinnen** guadagnarsi l'affetto di tutti; **jdm ans ~ gewachsen sein** essere molto affezionato a qu; **jdm ans ~ legen etw zu tun** raccomandare vivamente a qu di fare qc; **etw auf dem ~ haben** avere un peso sul cuore; **jdn in sein ~ geschlossen haben** nutrire un grande affetto per qu; **es nicht übers ~ bringen zu** +*inf* non avere il coraggio di +*inf*; **von ~en lieben** amare di vero cuore; **sich** *dat* **etw zu ~en nehmen** prendersi a cuore qc; **leichten/schweren ~ens** a cuor leggero/a malincuore; **von ~en gern** molto volentieri; **von ganzem ~en** di tutto cuore; **mir klopft das ~** mi batte il cuore; **das ~ schlug ihm bis zum Hals** aveva il cuore in gola ❷ *Sing.* (*Mut*) coraggio *m* ❸ (*Kern*) centro *m*; **im ~en Deutschlands** nel cuore della Germania ❹ *Sing.* (*beim Kartenspiel*) cuori *mpl*

**Herzanfall** *m* (MED) attacco *m* cardiaco

Herzbeschwerden → Heugabel 1224

**Herzbeschwerden** *fPl.* (MED) disturbi *mpl* cardiaci
**Herzchen** ['hɛrtsçən] <-s, -> *nt* ① (*Kosewort*) tesoruccio *m* ② (*fam pej*) pupa *f*
**herzen** *vt* (*obs*) abbracciare, accarezzare
**Herzensbrecher** <-s, -> *m* rubacuori *m*
**herzensgut** *adj* di buon cuore, profondamente buono **Herzenslust** *f* **nach** ~ a piacere **Herzenswunsch** *m* desiderio *m* profondo
**herzerfrischend** *adj* gradevole
**herzergreifend** *adj* commovente, toccante
**herzerweichend** *adj* commovente, struggente
**Herzfehler** *m* (MED) vizio *m* cardiaco, insufficienza *f* cardiaca **Herzflattern** <-s> *kein Pl. nt* flutter *m* cardiaco
**herzförmig** *adj* cuoriforme
**herzhaft** *adj* ① (*kräftig*) forte ② (*gehörig*) bello, buono; ~ **lachen** ridere di cuore
**her|ziehen** <irr> I. *vi sein* (*herankommen*) avvicinarsi; **über jdn** ~ (*fam fig*) tagliare i panni addosso a qu II. *vt haben* (*heranziehen*) tirare; **jdn/etw hinter sich** *dat* ~ tirarsi dietro qu/qc
**herzig** ['hɛrtsɪç] *adj* grazioso, carino
**Herzinfarkt** *m* (MED) infarto *m* cardiaco **Herzkammer** *f* (ANAT) ventricolo *m* [del cuore] **Herzklappe** *f* (ANAT) valvola *f* cardiaca **Herzklappenfehler** *m* (MED) vizio *m* valvolare **Herzklopfen** *kein Pl. nt* batticuore *m*, palpitazioni *fpl* **Herzkönig** *m* (*Karten*) re *m* di cuori **herzkrank** *adj* cardiopatico **Herzkrankheit** *f* malattia *f* del cuore
**Herz-Kreislauf-Erkrankung** *f* (MED) patologia *f* del sistema cardiocircolatorio
**Herzleiden** *nt* cardiopatia *f*
**herzlich** I. *adj* ① (*in Gruß- u Wunschformeln*) cordiale ② (*aufrichtig*) sincero ③ (*Mensch*) affettuoso ④ (*Bitte*) fervido; (*Empfang*) affettuoso II. *adv* cordialmente, di cuore; ~ **gern** ben volentieri, di cuore **Herzlichkeit** <-, -en> *f* cordialità *f*
**herzlos** *adj* senza cuore, insensibile; (*grausam*) spietato, crudele
**Herz-Lungen-Maschine** *f* (MED, TEC) macchina *f* cuore-polmoni
**Herzmittel** *nt* (MED) cardiotonico *m*
**Herzmuskel** *m* (ANAT) miocardio *m*
**Herzog(in)** ['hɛrtsoːk] <-(e)s, Herzöge; -, -nen> *m(f)* duca *m*, duchessa *f* **Herzogtum** <-(e)s, -tümer> *nt* ducato *m*
**Herzschlag** *m* ① (*einzelner Schlag*) battito *m* del cuore ② (*Herztätigkeit*) pulsazioni *fpl* [cardiache] ③ (*Herzstillstand*) colpo *m* apoplettico, sincope *f* cardiaca

**Herzschrittmacher** *m* (MED) pace-maker *m* **Herzschwäche** <-, -n> *f* (MED) insufficienza *f* cardiaca **Herzspezialist(in)** *m(f)* (MED) cardiologo, -a *m, f* **Herzstillstand** *m* (MED) arresto *m* cardiaco **Herzstück** *nt* (*geh: Kernstück*) parte *f* centrale, cuore *m*
**Herztätigkeit** *f* attività *f* cardiaca **Herzton** *m* tono *m* cardiaco **Herztransplantation** *f* trapianto *m* cardiaco **Herzversagen** *kein Pl. nt* colpo *m* apoplettico
**Herzzentrum** *nt* centro *m* di malattie cardiache **herzzerreißend** *adj* straziante
**Hesse** ['hɛsə] <-n, -n> *m* assiano *m* **Hessen** ['hɛsən] *nt* Assia *f* **Hessin** ['hɛsɪn] <-, -nen> *f* assiana *f* **hessisch** *adj* assiano
**heterogen** [hetero'geːn] *adj* eterogeneo
**Heterogenität** [heterogeni'tɛːt] <-> *kein Pl. f* eterogeneità *f*
**Heterosexualität** [heterozɛksualɪ'tɛt] *o* heterosɛksualɪ'tɛt] *f* eterosessualità *f*
**heterosexuell** [heterozɛksu'ɛl] *adj* eterosessuale
**Hetze** ['hɛtsə] <-, -n> *f* ① (*Eile*) fretta *f*, furia *f* ② (*Hetzkampagne*) campagna *f* diffamatoria
**hetzen** ['hɛtsən] I. *vt haben* ① (*jagen*) dare la caccia a; (*Menschen*) inseguire, perseguitare; **jdn/einen Hund auf jdn** ~ aizzare qu/un cane contro qu ② (*fig: zur Eile antreiben*) fare fretta, sollecitare II. *vi* ① *sein* (*eilen*) correre ② *haben* (*sich beeilen*) affrettarsi ③ *haben* (*lästern, pej*) sobillare; **gegen jdn/etw** ~ sobillare contro qu/qc
**Hetzerei** <-, -en> *f* ① (*pej: Hetzreden*) discorso *m* sovversivo ② (*fam: Eile*) furia *f*, foga *f*; **diese ständige** ~ **macht mich noch ganz krank** tutta questa furia mi distrugge
**Hetzjagd** *f* ① (*beim Jagen*) caccia *f* ② (*fig: Hetze*) fretta *f*, furia *f*
**Hetzkampagne** *f* campagna *f* diffamatoria (*gegen* contro)
**Heu** [hɔɪ] <-(e)s> *kein Pl. nt* fieno *m*
**Heuchelei** [hɔɪçə'laɪ] <-, -en> *f* ① (*pej*) ipocrisia *f*; (*Scheinheiligkeit*) fariseismo *m*; (*Verstellung*) [dis]simulazione *f*
**heucheln** ['hɔɪçəln] I. *vt* simulare, fingere II. *vi* fare l'ipocrita
**Heuchler(in)** ['hɔɪçlɐ] <-s, -; -, -nen> *m(f)* ipocrita *mf*; (*Scheinheilige*) fariseo, -a *m, f*, [dis]simulatore, -trice *m, f* **heuchlerisch** *adj* ipocrita; (*scheinheilig*) farisaico
**heuer** ['hɔɪɐ] *adv* (*südd, A, CH*) quest'anno
**Heuernte** <-, -n> *f* fienagione *f*
**Heugabel** *f* forcone *m* da fieno

**Heuhaufen** *m* mucchio *m* di fieno
**heulen** ['hɔɪlən] *vi* ①(*Sirenen*) cantare; (*Wölfe*) ululare ②(*fam: weinen*) piangere, strillare
**heurig** ['hɔɪrɪç] *adj* (*A, CH, südd: diesjährig*) di quest'anno
**Heurige** ['hɔɪrɪgə] <ein -r, -n, -n> *m* (*bes. A*) vino *m* nuovo
**Heuschnupfen** *m* raffreddore *m* da fieno **Heuschober** *m* (*südd, A*) fienile *m* **Heuschrecke** ['hɔɪʃrɛkə] *f* ①(*Insekt*) cavalletta *f*; (*Wanderheuschrecke*) locusta *f* ②(*fam pej: skrupelloser Investor*) locusta *f*, cavalletta *f* **Heustadel** ['hɔɪʃtaːdəl] <-s, -> *m* (*südd, A*) fienile *m*
**heute** ['hɔɪtə] *adv* oggi; **~ Abend/Nacht** stasera/stanotte; **~ Morgen** stamattina; **~ [Nach]Mittag** questo pomeriggio; **~ Vormittag** stamattina; **~ in acht Tagen/** [*o* **in einer Woche**] oggi a otto; **~ in vierzehn Tagen** fra quindici giorni; **ab ~** a partire da oggi; **von ~ an** da oggi in poi; **bis ~** fino ad oggi; **von ~ auf morgen** dall'oggi al domani
**heutig** ['hɔɪtɪç] *adj* di oggi; (*gegenwärtig*) odierno; (*modern*) moderno
**heutzutage** ['hɔɪttsuːtaːgə] *adv* oggigiorno, di questi tempi
**Heuwagen** <-s, -> *m* carro *m* da fieno
**Heuwender** <-s, -> *m* voltafieno *m*
**hexagonal** [hɛksagoˈnaːl] *adj* (MAT: *sechseckig*) esagonale
**Hexe** ['hɛksə] <-, -n> *f* strega *f*
**hexen** ['hɛksən] *vi* fare stregonerie; **ich kann doch nicht ~** (*fam*) non posso mica fare miracoli
**Hexenkessel** <-s, -> *m* tregenda *f*, inferno *m* **Hexenschuss** *m* (*fam*) colpo *m* della strega, lombaggine *f* **Hexenverbrennung** *f* (HIST) rogo *m* delle streghe
**Hexenwahn** *m* delirio *m* per credenza nelle streghe
**Hexerei** <-, *rar* -en> *f* stregoneria *f*, magia *f*
**hg.** *abk v* **herausgegeben von** ed.
**Hg.** *abk v* **Herausgeber(in)** Ed.
**HGB** [haːgeːˈbeː] <-(s), -s> *nt* (JUR) *abk v* **Handelsgesetzbuch** Codice di Diritto Commerciale
**hieb** [hiːp] *1. u. 3. Pers. Sing. Imp. von* **hauen**
**Hieb** [hiːp] <-(e)s, -e> *m* ①(*Schlag*) colpo *m* ②(*Wunde*) taglio *m* ③ *pl* (*Prügel*) botte *fpl* ④(*fig: bissige Bemerkung*) frecciata *f* **hieb- und stichfest** *adj* incontestabile, inconfutabile
**hielt** [hiːlt] *1. u. 3. Pers. Sing. Imp. von* **halten**

**hier** [hiːɐ̯] *adv* ①(*an diesem Ort*) qui, qua, in questo posto; (*auf Erden*) in questo mondo; **dieser ~** questo qui; **der Brief ~** questa lettera qui; **~ und da** qua e là; **von ~** da qui; **~ ist/sind …** ecco …; **~ bin ich** eccomi qua; **ich bin nicht von ~** non sono di qui; **~ bleiben** restare qui ②(*in diesem Augenblick*) a questo punto; (*bei diesen Worten*) a queste parole; **von ~ an** da qui in poi
**hieran** ['hiːˈran] *adv* ①(*räumlich*) qui, a ciò, vi ②(*fig: daran*) da ciò, ci, ne; **~ erkennt man einen Maikäfer** da ciò si riconosce un maggiolino
**Hierarchie** [hierarˈçiː] <-, -n> *f* gerarchia *f*
**hierarchisch** [hieˈrarçɪʃ] *adj* gerarchico
**hierauf** ['hiːˈraʊf] *adv* ①(*räumlich*) qui, su di ciò ②(*zeitlich*) dopo di ciò, poi; (*infolgedessen*) quindi
**hieraus** ['hiːˈraʊs] *adv* da qui, ne
**hier|behalten** <irr, ohne ge-> *vt* tenere qui/qua
**hierbei** ['hiːɐ̯ˈbaɪ] *adv* ①(*räumlich*) qui accanto ②(*bei dieser Gelegenheit*) in quest'occasione ③(*zeitlich*) durante ciò ④(*in diesem Zusammenhang*) a questo proposito
**hier|bleiben** <irr> *vi sein* rimanere [*o* stare] qui/qua
**hierdurch** ['hiːɐ̯ˈdʊrç] *adv* ①(*örtlich*) per di qua ②(*fig*) da ciò, con ciò, così
**hierfür** ['hiːɐ̯ˈfyːɐ̯] *adv* per ciò, per questo; (*als Gegenleistung*) in cambio di ciò
**hierher** ['hiːɐ̯ˈheːɐ̯] *adv* qua, qui; **bis ~** (*örtlich*) fin qui; (*zeitlich*) finora, fino ad ora; **das gehört nicht ~** questo non c'entra; **~!** [vieni] qua!, a me!
**hierhin** ['hiːɐ̯ˈhɪn] *adv* qui; **bis ~** fin qui
**hier|lassen** <irr> *vt* lasciare [qui]
**hiermit** ['hiːɐ̯ˈmɪt] *adv* con questo, con ciò; (*im Brief*) con la presente
**Hieroglyphe** [hieroˈglyːfə] <-, -n> *f* geroglifico *m*
**hierüber** ['hiːɐ̯ˈryːbɐ] *adv* ①(*örtlich*) sopra questo ②(*fig*) di ciò
**hierunter** ['hiːˈrʊntɐ] *adv* ①(*örtlich*) qui sotto ②(*fig*) tra questi, con questo; **~ versteht man** con questo si intende
**hiervon** ['hiːɐ̯ˈfɔn] *adv* di ciò, ne
**hierzu** ['hiːɐ̯ˈtsuː] *adv* ①(*zu diesem*) a ciò, a questo; **~ kommt noch, dass …** a ciò si aggiunge che … ②(*zu diesem Zweck*) questo scopo ③(*zu diesem Punkt*) a questo proposito
**hierzulande** ['hiːɐ̯tsuˈlandə] *adv* [qui] da noi, in questo paese

**hiesig** ['hi:zɪç] *adj* ❶ locale, di qui ❷ *(einheimisch)* indigeno, nativo

**hieß** [hi:s] *1. u. 3. Pers. Sing. Imp. von* **heißen**

**Hi-Fi** ['haɪfi] hi-fi

**Hi-Fi-Anlage** *f* impianto *m* hi-fi

**high** [haɪ] <inv> *adj (sl)* flippato, high

**Highlight** ['haɪlaɪt] <-(s), -s> *nt* momento *m* clou

**Hightech** ['haɪ'tɛk] <-(s)> *kein Pl. nt o f* high-tech *f* **High Tech** <-(s)> *kein Pl. nt o f* high-tech *f*

**hihi** [hi'hi:] *int* ah, ah

**Hilfe** ['hɪlfə] <-, -n> *f* aiuto *m;* (*Unterstützung*) appoggio *m;* (*Beistand*, MED) assistenza *f;* **erste ~** pronto soccorso; **jdn um ~ bitten** chiedere aiuto a qu; **um ~ rufen** invocare aiuto; **jdn zu ~ rufen** chiamare in aiuto qu; **jdm zu ~ kommen** venire in aiuto di qu; **mit ~ von** con l'aiuto di, per mezzo di; |**zu**| **~!** aiuto!

**Hilfeleistung** *f* prestazione *f* d'aiuto [*o* soccorso]; (*bes.* MED) assistenza *f;* **unterlassene ~** (JUR) omissione di soccorso

**Hilfemenü** *nt* (INFORM) menu *m* di assistenza

**Hilferuf** *m* ❶ (*Schrei*) grido *m* di aiuto ❷ (*fig: Bitte um Hilfe*) chiamata *f* di soccorso

**hilflos** *adj* ❶ (*allein*) privo d'aiuto, impotente ❷ (*ratlos*) perplesso **Hilflosigkeit** <-> *kein Pl. f* impotenza *f*, perplessità *f*

**hilfreich** *adj* caritatevole; **eine ~e Hand** una mano caritatevole

**Hilfsaktion** *f* [oper]azione *f* di soccorso

**Hilfsarbeiter(in)** <-s, -; -, -nen> *m(f)* manovale *mf*, bracciante *mf*, operaio, -a *m, f* ausiliario, -a

**hilfsbedürftig** *adj* bisognoso d'aiuto, indigente

**hilfsbereit** *adj* pronto ad aiutare, servizievole **Hilfsbereitschaft** *f* prontezza *f* nel soccorrere, essere *m* servizievole

**Hilfsdienst** *m* ❶ (*Zusatzdienst*) servizio *m* ausiliario ❷ (*für Notfälle*) servizio *m* d'emergenza

**Hilfsgüter** *ntPl.* aiuti *mpl* umanitari

**Hilfskraft** *f* aiuto *m*, assistente *mf*

**Hilfsmittel** *nt* aiuto *m*, ausilio *m*

**Hilfsmotor** *m* (*am Auto*) motore *m* ausiliario; (*am Fahrrad*) motorino *m* ausiliario

**Hilfsprojekt** *nt* piano *m* di aiuti

**Hilfsquellen** *fPl.* (LIT, AGR) risorse *fpl*

**Hilfsverb** *nt* (LING) [verbo *m*] ausiliare *m*

**Hilfswerk** *nt* ente *m* assistenziale

**hilft** [hɪlft] *3. Pers. Sing. Präs. von* **helfen**

**Himbeere** ['hɪmbeːrə] *f* lampone *m* **Himbeergeist** *m* distillato *m* di lampone

**Himbeersirup** *m* sciroppo *m* di lamponi

**Himbeerstrauch** *m* (BOT) lampone *m*

**Himmel** ['hɪməl] <-s, *rar* -> *m* ❶ cielo *m;* **am ~** in cielo; **im ~** in paradiso; |**das**| **weiß der ~!** (*fam*) lo sa il cielo; **du lieber ~!** santo cielo!; **um ~s willen!** per l'amor del cielo!; **aus heiterem ~** (*fam*) inaspettatamente; **im siebten ~ sein** essere al settimo cielo; **~ und Hölle in Bewegung setzen** smuovere cielo e terra *fam;* **das schreit zum ~** grida vendetta ❷ (*Thron~, Altar~*) baldacchino *m* **himmelangst** ['hɪməl'aŋst] *adj* **mir ist ~** ho una paura del diavolo *fam* **Himmelbett** *nt* letto *m* a baldacchino **himmelblau** *adj* celeste; *s. a.* **blau**

**Himmelfahrt** *f* ❶ (REL) **Christi ~** Ascensione *f;* **Mariä ~** Assunzione *f* ❷ (*Feiertag*) Ascensione *f*

**himmelhoch** ['hɪməl'ho:x] *adj* altissimo; **~ jauchzend, zu Tode betrübt sein** alternare momenti di esaltazione a fasi depressive **Himmelreich** *nt* (REL) regno *m* dei cieli **himmelschreiend** *adj* che grida vendetta davanti a Dio, inaudito **Himmelskörper** *m* (ASTR) corpo *m* celeste; (*Gestirn*) stella *f* **Himmelsrichtung** *f* punto *m* cardinale

**himmelweit** ['hɪməl'vaɪt] *adj* **das ist ein ~er Unterschied** (*fam*) fa una grandissima differenza

**himmlisch** ['hɪmlɪʃ] *adj* ❶ (*göttlich*) celeste, del cielo ❷ (*fig: wunderbar*) celestiale

**hin** [hɪn] I. *adv* ❶ (*örtlich*) là, verso quel luogo; **wo gehst du ~?** dove vai?; **~ und her** qua e là, su e giù; **das Hin und Her** il viavai, l'andirivieni; **~ und zurück** (*Fahrkarte*) andata e ritorno; **nach langem Hin und Her** (*fam*) dopo un lungo tiremmolla ❷ (*zeitlich*) per; **~ und her überlegen** riflettere a lungo, ponderare; **~ und wieder** di quando in quando, di tanto in tanto ❸ (*daraufhin*) **auf ... ~** in relazione a; **auf die Gefahr ~, dass ...** a rischio di +*inf* II. *adj* (*fam*) ❶ (*verflossen*) finito, passato; **sein guter Ruf ist hin** la sua buona reputazione è rovinata ❷ (*kaputt*) rotto

**hinab** [hɪ'nap] *adv s.* **hinunter**

**hin|arbeiten** *vi* **auf etw** *acc* **~** mirare a qc, sforzarsi di raggiungere qc

**hinauf** [hɪ'naʊf] *adv* in su, in alto; **da ~** su per di qua

**hinauf|fahren** <irr> I. *vi sein* andare su, salire; (*einen Fluss*) risalire II. *vt haben* portare su **hinauf|gehen** <irr> *vi sein* andare su **hinauf|setzen** *vt* (*Preise*) alzare, aumentare **hinauf|steigen** <irr> *vi sein* ❶ salire ❷ (*fig*) **zu jdm/etw ~** ascendere a qu/qc **hinauf|treiben** <irr> *vt* far alzare

**hinaus** [hɪˈnaʊs] *adv* fuori; **da ~** fuori [per] di qua; **darüber ~** oltre, più in là; (*fig*) oltre a ciò; **über ... ~** (*räumlich*) al di là di ...; (*zeitlich, mehr als*) oltre; **zum Fenster/zur Tür ~** fuori dalla finestra/porta; **das Zimmer geht nach vorn/hinten ~** la camera dà sul davanti/retro; **wo geht es ~?** dov'è l'uscita?; **~ mit Ihnen!** esca!, fuori!, se ne vada!

**hinaus|begleiten** <ohne ge-> *vt* accompagnare fuori **hinaus|drängen I.** *vi* venir fuori (*aus* da) **II.** *vt* espellere (*aus* da) **hinaus|ekeln** *vt* (*fam*) **jdn ~** far scappare qu [dallo schifo] **hinaus|fliegen** <irr> *vi sein* ❶ (*Vogel*) volar via; **aus dem Käfig ~** volar via dalla gabbia ❷ (*fam: Person*) volar via, scappar via; **aus dem Restaurant/der Schule ~** venir buttato fuori dal ristorante/dalla scuola **hinaus|gehen** <irr> *vi sein* ❶ (*nach draußen gehen*) andare fuori, uscire ❷ (*Zimmer, Fenster*) dare; **auf den** [*o* **nach dem**] **Hof ~** dare sul cortile ❸ (*fig: überschreiten*) **über etw** *acc* **~** superare qc **hinaus|laufen** <irr> *vi sein* (*nach draußen laufen*) correre fuori, uscire di corsa; **auf etw** *acc* **~** (*fig*) andare a finire in qc, portare a qc **hinaus|lehnen** *vr* **sich ~** sporgersi **hinaus|schicken** *vt* mandare fuori **hinaus|schieben** <irr> *vt* ❶ (*Termin*) rimandare ❷ (*Person, Gegenstand*) spingere [*o* buttare] fuori **hinaus|schießen** <irr> *vi* ❶ *haben* (*nach draußen schießen*) sparare fuori ❷ *sein* (*hinausrennen*) uscire sparato *fam*; **über das Ziel ~** (*fig*) oltrepassare il segno **hinaus|werfen** <irr> *vt* ❶ (*Sache*) gettare fuori ❷ buttare fuori; (*entlassen*) licenziare; (*kündigen*) sfrattare, sbatter fuori *fam* **hinaus|wollen** <irr> *vi* (*nach draußen wollen*) voler uscire; **aus etw ~** voler uscire da qc; **hoch ~** mirare in alto; **auf etw** *acc* **~** mirare a qc, tendere a qc; **worauf wollen Sie hinaus?** dove vuole andare a parare? **hinaus|zögern I.** *vt* rinviare **II.** *vr* **sich ~** protrarsi, andare per le lunghe

**hin|biegen** <irr> *vt* (*fam*) piegare, sistemare; **das biegen wir schon hin** vedrai che si sistema

**Hinblick** <-s> *kein Pl. m* **im ~ auf** +*acc* riguardo a, in considerazione di; **im ~ darauf, dass ...** in considerazione del fatto che ...

**hin|bringen** <irr> *vt* (*Sache*) portare lì; (*Person*) accompagnare [là]

**hinderlich** [ˈhɪndɐlɪç] *adj* che è d'impedimento; **jdm ~ sein** essere d'ostacolo a qu

**hindern** [ˈhɪndɐn] *vt* ❶ (*abhalten*) **jdn [daran] ~ etw zu tun** impedire a qu di fare qc ❷ (*hemmen*) **jdn bei etw ~** ostacolare qu in qc

**Hindernis** [ˈhɪndɐnɪs] <-ses, -se> *nt* ❶ (*allg*, SPORT) ostacolo *m*; **ein ~ aus dem Weg räumen** (*fig*) eliminare un ostacolo; **jdm ~se in den Weg legen** (*fig*) frapporre ostacoli a qu ❷ (*Behinderung*, JUR) impedimento *m* **Hindernislauf** *m* corsa *f* a ostacoli

**Hindernisrennen** *nt* corsa *f* a ostacoli **Hinderungsgrund** *m* [motivo *m* d']impedimento *m*

**hin|deuten** *vi* ❶ (*hinzeigen*) **auf jdn/etw ~** mostrare qu/qc col dito, additare qu/qc ❷ (*fig: andeuten*) **auf etw** *acc* **~** alludere a qc; (*hinweisen*) indicare qc

**Hindi** [ˈhɪndi] <-> *kein Pl. nt* (LING) hindi *m*

**Hindu** [ˈhɪndu] <-(s), -(s)> *m* indù *m*

**Hinduismus** [hɪnduˈɪsmʊs] <-> *kein Pl. m* induismo *m*

**hinduistisch** *adj* induistico, dell'induismo

**hindurch** [hɪnˈdʊrç] *adv* ❶ (*örtlich*) attraverso; **mitten ~** attraverso il mezzo ❷ (*zeitlich*) per, durante

**hinein** [hɪˈnaɪn] *adv* dentro; **mitten in etw** *acc* **~** in mezzo a qc, nel bel mezzo di qc; **bis tief in die Nacht ~** fino a notte avanzata

**hinein|gehen** <irr> *vi sein* ❶ (*in etw ~*) andare dentro, entrare; (*nach innen gehen*) penetrare ❷ (*hineinpassen*) starci **hinein|knien** *vr* **sich in etw** *acc* **~** (*fig fam*) sprofondarsi in qc **hinein|kommen** <irr> *vi sein* ❶ entrare; (*hineingelangen*) poter entrare ❷ (*fig: sich hineinfinden*) impratichirsi (*in* +*acc* di) ❸ (*hineingeraten*) cacciarsi (*in* +*acc* in) **hinein|legen** *vt* ❶ (*nach innen legen*) mettere dentro ❷ (*fig: Gefühl, Ehrgeiz*) metterci **hinein|passen** *vi* ❶ (*Platz haben*) **in etw** *acc* **~** trovar posto in qc ❷ (*fig*) **in eine Umgebung ~** essere adatto per un ambiente **hinein|schlittern** *vi* (*fam*) ❶ (*in Graben*) scivolare [dentro] (*in* +*acc* in) ❷ (*fam: in Situation*) finire (*in* +*acc* in) **hinein|stecken** *vt* ❶ (*hineinlegen, -setzen, -stellen*) mettere dentro; (*Stecker, Nadel*) infilare ❷ (*investieren*) investire, impiegare **hinein|steigern** *vr* **sich in etw** *acc* **~** lasciarsi trasportare a qc **hinein|versetzen** <ohne ge-> *vr* **sich in jdn** [*o* **jds**

**Lage**| ~ mettersi nei panni di qu *fam*
**hin|wachsen** <irr> *vi sein* maturare, crescere (*in* +*acc* in), familiarizzarsi (*in* +*acc* con) **hinein|ziehen** <irr> I. *vt* tirar dentro (*in* +*acc* in) II. *vt* ❶ (*Dinge*) trascinare ❷ (*in Verbrechen*) coinvolgere (*in* +*acc* in)

**hin|fahren** <irr> I. *vi sein* andare là, andarci; (*wegfahren*) andare via II. *vt haben* condurre, portare là

**Hinfahrt** <-, -en> *f* [viaggio *m* di] andata *f*; **Hin- und Rückfahrt** andata e ritorno

**hin|fallen** <irr> *vi sein* cadere [per terra]; **der Länge nach** ~ cadere lungo disteso

**hinfällig** *adj* ❶ (*altersschwach*) decrepito, cadente; (*kränklich*) malaticcio *fam*, debole ❷ (*ungültig*) non valido, nullo

**Hinfälligkeit** <-, -en> *f* ❶ (*Altersschwäche*) decrepitezza *f*; (*Kränkeln*) gracilità *f*, infermità *f* ❷ (*Ungültigkeit*) caducità *f*, nullità *f*

**Hinflug** *m* volo *m* di andata

**hing** [hɪŋ] *1. u. 3. Pers. Sing. Imp. von* **hängen**[2]

**Hingabe** <-> *kein Pl. f* (*Begeisterung*) fervore *m*; (*Leidenschaft*) passione *f*; (*Eifer*) zelo *m*

**hin|geben** <irr> I. *vt* sacrificare II. *vr* **sich einer Sache** *dat* ~ dedicarsi a qc; **sich jdm** ~ darsi a qu

**hingebungsvoll** *adj* (*opferbereit*) pieno di abnegazione

**hingegen** [hɪnˈgeːgən] *adv* invece, al contrario

**hin|gehen** <irr> *vi sein* ❶ (*räumlich*) andare là, andarci ❷ (*Zeit*) passare

**hingerissen** [ˈhɪŋgərɪsən] *adj* entusiasta, incantato

**hin|halten** <irr> *vt* ❶ (*entgegenstrecken*) tendere, porgere; **seinen Kopf für etw** ~ tenere la testa alta di fronte a qc ❷ (*fig: warten lassen*) tenere a bada **Hinhaltetaktik** *f* tattica *f* di rinvio **hin|hauen** <irr> (*fam*) I. *vt* (*Arbeit*) buttar giù II. *vi* ❶ (*klappen*) riuscire ❷ (*gut gehen*) andare bene III. *vr* **sich** ~ (*fam: zum Schlafen*) coricarsi **hin|hören** *vi* ascoltare, tendere l'orecchio

**hinken** [ˈhɪŋkən] *vi haben* essere zoppo, zoppicare; **auf dem rechten/linken Fuß** ~ zoppicare dal piede destro/sinistro

**hin|knien** *vi sein o vr* **sich** ~ inginocchiarsi, mettersi in ginocchio

**hinlänglich** *adj* bastante, sufficiente

**hin|legen** I. *vt* [de]porre, posare II. *vr* **sich** ~ sdraiarsi; (*zu Bett gehen*) coricarsi

**hin|nehmen** <irr> *vt* (*Tatsache*) accettare, prendere; (*erdulden*) sopportare; (*Beleidigung*) incassare, ingoiare

**hinreichend** [ˈhɪnraɪçənt] *adj* bastante, sufficiente

**Hinreise** *f* [viaggio *m* d'] andata *f*

**hin|reißen** <irr> *vt* **sich zu etw** ~ **lassen** lasciarsi trasportare a fare qc **hinreißend** *adj* affascinante, meraviglioso

**hin|richten** *vt* giustiziare

**Hinrichtung** <-, -en> *f* esecuzione *f* capitale

**Hinschied** [ˈhɪnʃiːt] <-(e)s, -e> *m* (*CH: Tod*) morte *f*, decesso *m*

**hin|schmeißen** <irr> *vt* (*fam*) buttare là; (*Arbeit*) mandare a quel paese *fam* **hin|sehen** <irr> *vi* **zu jdm/etw** ~ guardare verso qu/qc; **bei näherem Hinsehen** guardando più da vicino **hin|setzen** I. *vr* **sich** ~ sedersi II. *vt* mettere là

**Hinsicht** <-, *rar* -en> *f* **in** ~ **auf** +*acc* riguardo a; **in dieser** ~ sotto questo aspetto; **in gewisser** ~ sotto certi aspetti; **in jeder** ~ sotto tutti gli aspetti

**hinsichtlich** *prp* +*gen* riguardo a, per quanto concerne

**hin|sitzen** <irr> *vi sein* (*südd, CH*) sedersi

**Hinspiel** <-(e)s, -e> *nt* (SPORT) partita *f* di andata

**hin|stellen** I. *vt* ❶ mettere, collocare ❷ (*fig: darstellen*) presentare; **jdn als Dummkopf** ~ far passare qu da stupido II. *vr* **sich** ~ mettersi; **sich vor jdn** ~ mettersi davanti a qu; **sich als Künstler** ~ (*fig*) farsi passare per artista

**hin|stürzen** *vi sein* ❶ (*hinfallen*) cadere ❷ (*hineilen*) precipitarsi [là] (*zu* a)

**hinten** [ˈhɪntən] *adv* ❶ [di] dietro ❷ (*im Hintergrund*) sullo sfondo ❸ (*hinter anderen*) indietro ❹ (*am Ende*) in coda, alla fine ❺ (*weit entfernt*) lontano ❻ (*auf der Rückseite*) di dietro ❼ (*fam*) **das stimmt** ~ **und vorne nicht** non è affatto vero; **das Geld reicht** ~ **und vorn[e] nicht** i soldi non bastano assolutamente

**hintenherum** *adv* per di dietro; **etw** ~ **erfahren** venire a sapere qc per vie traverse

**hintennach** [hɪntənˈnaːx] *adv* (*südd, CH*) *s.* **hinterdrein**

**hintenrum** *adv* (*fam*) *s.* **hintenherum**

**hintenüber** [hɪntənˈʔyːbɐ] *adv* [all']indietro

**hinter** [ˈhɪntɐ] *prp* +*acc o dat* (*örtlich*) dietro; (*in der Reihenfolge*) dopo; **einer** ~ **dem andern** uno dopo l'altro; ~ **die Wahrheit kommen** scoprire la verità; ~ **sich** *dat* dietro di sé; ~ **sich** *dat* **lassen**

(*überholen*) sorpassare; (*übertreffen*) superare; **etw ~ sich bringen** compiere qc
**Hinterachse** *f* (MOT) assale *m* posteriore
**Hinterausgang** *m* uscita *f* posteriore
**Hinterbacke** *f* (*fam*) natica *f*, chiappa *f*
**Hinterbein** *nt* (*Tiere*) gamba *f* posteriore; **sich auf die ~e stellen** (*fig*) impuntarsi, puntare i piedi
**Hinterbliebene** [hɪntə'bliːbənə] <ein -r, -n, -n> *mf* superstite *mf*
**hinterbringen**[1] [hɪntə'brɪŋən] <irr, ohne ge-> *vt* **jdm etw ~** riferire [*o* riportare] qc a qu
**hinter|bringen**[2] <irr> *vt* ❶ (*ostd, südd, A: fam*) portare indietro ❷ (*ostd*) finire, inghiottire, mandar giù
**hinterdrein** [hɪntə'draɪn] *adv* ❶ (*räumlich*) [di] dietro, dopo ❷ (*Zeit*) dopo, poi, in seguito
**hintere(r, s)** *adj* posteriore, ultimo, -a
**hintereinander** [hɪntəʔaɪ'nandɐ] *adv* ❶ (*örtlich*) uno dietro l'altro, in fila ❷ (*zeitlich*) uno dopo l'altro; (*Reihenfolge*) successivamente; **zwei Jahre ~** due anni di fila
**hinterfragen** [hɪntə'fraːgən] <ohne ge-> *vt* indagare
**Hintergedanke** <-ns, -n> *m* pensiero *m* segreto, secondo fine *m*
**hintergehen** [hɪntə'geːən] <irr> *vt* **haben** (*täuschen*) ingannare, raggirare
**hinter|gehen**[2] <irr> *vi* **sein** (*ostd, südd, A: fam*) andare indietro
**Hintergrund** *m* (*a. Computer*) sfondo *m*; (THEAT) retroscena *m*; **im ~ bleiben** (*fig*) restare nell'ombra; **in den ~ treten** (*fig*) passare in secondo piano **hintergründig** ['hɪntəɡrʏndɪç] *adj* recondito, nascosto
**Hinterhalt** *m* imboscata *f*, agguato *m*; **jdn in einen ~ locken** attirare qu in un'imboscata **hinterhältig** ['hɪntɐhɛltɪç] *adj* subdolo, perfido
**hinterher** [hɪntɐ'heːɐ̯] *adv* ❶ (*räumlich*) [di] dietro ❷ (*zeitlich*) dopo, poi
**hinterher|hinken** [hɪntɐ'heːɐ̯hɪŋkən] *vi sein* ❶ (*hinkend verfolgen*) seguire zoppicando, seguire a fatica; **die Gesetzgebung hinkt der sozialen Entwicklung hinterher** la legislazione segue a fatica lo sviluppo sociale ❷ (*zu langsam folgen*) arrancare
**hinterher|laufen** <irr> *vi sein* **jdm ~** correr dietro a qu
**Hinterhof** *m* cortile *m* interno **Hinterkopf** *m* occipite *m* **Hinterland** *nt* entroterra *m*, hinterland *m*
**hinterlassen** [hɪntə'lasən] <irr> *vt* lasciare **Hinterlassenschaft** *f* eredità *f*

**hinterlegen** [hɪntə'leːɡən] <ohne ge-> *vt* depositare
**Hinterlist** *kein Pl. f* perfidia *f*, malignità *f* **hinterlistig** *adj* perfido, subdolo
**hinterm** ['hɪntɐm] = **hinter dem** (*fam*) dietro
**Hintermann** *m* ❶ (*räumlich*) chi sta dietro ❷ *meist pl* (*fig: Drahtzieher*) mandanti *mpl*
**hintern** ['hɪntɐn] = **hinter den** (*fam*) dietro
**Hintern** ['hɪntɐn] <-s, -> *m* (*fam*) didietro *m*
**Hinterrad** *nt* ruota *f* posteriore **Hinterradantrieb** *m* (MOT) trazione *f* posteriore
**Hinterreihe** *f* ultima fila *f*
**hinterrücks** ['hɪntɐrʏks] *adv* ❶ [per] di dietro, alle spalle ❷ (*fig pej: heimtückisch*) a tradimento, proditoriamente
**hinters** ['hɪntɐs] = **hinter das** (*fam*) dietro
**Hinterschinken** <-s, -> *m* (GASTR) prosciutto *m* di coscia
**hintersinnen** <ohne ge-> *vr* **sich ~** (*CH: grübeln, sich viele Gedanken machen*) lambiccarsi [il cervello], scervellarsi; **wegen ihrer schweren Krankheit hat sie sich fast hintersinnt** per colpa della sua grave malattia si è abbattuta [*o* avvilita]
**hinterste(r, s)** *adj Superlativ von* **hintere(r, s)** ultimo, -a
**Hinterteil** *nt* (*fam: Gesäß*) sedere *m*, posteriore *m*
**Hintertreffen** *nt* (*fam*) **ins ~ geraten** avere la peggio
**hintertreiben** [hɪntə'traɪbən] <irr, ohne ge-> *vt* mandare a monte, render vano, frustrare
**Hintertupfing|en|** ['hɪntɐtʊpfɪŋ(ən)] <-s> *kein Pl. nt* (*fam iron*) paesetto *m* sperduto
**Hintertür** *f* ❶ (*bei einem Haus*) porta *f* posteriore ❷ (*fig*) scappatoia *f*; **sich** *dat* **eine ~ offenlassen** lasciarsi aperta una porta
**Hinterwäldler** ['hɪntɐvɛltlɐ] <-s, -> *m* (*fig fam*) uomo *m* rozzo [*o* ignorante], zoticone *m*
**hinterziehen** [hɪntə'tsiːən] <irr> *vt* (*Geld*) sottrarre; (*Steuern, Zoll*) frodare, evadere
**Hinterzimmer** *nt* stanza *f* sul retro
**hin|treten** <irr> *vi sein* **zu etw ~** mettere i piedi in qc; **vor jdn ~** comparire davanti a qu
**hin|tun** <irr> *vt* (*fam*) mettere
**hinüber** [hɪ'nyːbɐ] *adv* di là, dall'altra

parte; **da ~ per di qua**; **über etw** *acc* **~** al di sopra di qc, dall'altra parte di qc

**hinüber|retten I.** *vt* salvare; (*in spätere Zeit*) conservare (*in* +*acc* in) **II.** *vr* **sich ~** (*über Brücke, Grenze*) salvarsi (*über* +*acc* oltre), rifugiarsi

**hinunter** [hɪ'nʊntɐ] *adv* giù, abbasso; **den Berg ~** giù per la montagna

**hinunter|fahren** <irr> *vi sein* scendere [con un veicolo] **hinunter|fallen** <irr> *vi sein* cadere giù **hinunter|gehen** <irr> *vi sein* scendere **hinunter|schlucken** *vt* mandare giù, inghiottire; (*a. Ärger*) ingoiare **hinunter|spülen** *vt* (*fam: hinunterschlucken*) ingoiare; (*Ärger*) inghiottire, mandar giù; **etw den Ausguss ~** far scolare qc nel lavello **hinunter|stürzen I.** *vi sein* ❶ (*hinunterfallen*) cadere [*o* precipitare] giù ❷ (*hinunterlaufen*) scendere a precipizio **II.** *vt haben* buttar giù **III.** *vr* **sich ~** buttarsi giù **hinunter|werfen** <irr> *vt* gettare giù **hinunter|würgen** *vt* (*Essen*) ingoiare

**hinweg** [hɪn'vɛk] *adv* **~ mit euch!** (*obs*) fuori dai piedi!, via di qui!

**Hinweg** ['hɪnveːk] *m* andata *f*

**hinweg|gehen** <irr> *vi sein* **über etw** *acc* **~** (*fig*) ignorare qc, passare sopra a qc

**hinweg|hören** *vi* **über etw** *acc* **~** ignorare qc **hinweg|kommen** <irr> *vi sein* **über etw ~** (*fig*) superare qc, non pensare più a qc **hinweg|sehen** <irr> *vi* ❶ **über etw** *acc* **~** guardare al di sopra di qc ❷ (*fig: ignorieren*) passare sopra; **darüber will ich noch ~, aber ...** per questa volta passi, però ... **hinweg|setzen** *vr* **sich über etw** *acc* **~** non tener conto di qc **hinweg|täuschen** *vt* ingannare (*über* +*acc*); **sein Lächeln konnte nicht über seine Enttäuschung ~** il suo sorriso non poté ingannare la delusione

**Hinweis** ['hɪnvaɪs] *m* ❶ (*Rat*) indicazione *f*, informazione *f* ❷ (*Verweis*) rimando *m*; **der ~ auf Seite** *acc* **...** il rimando a pagina ... ❸ (*Anspielung*) allusione *f*, accenno *m*; **unter ~ auf etw** *acc* accennando a qc, facendo riferimento a qc

**hin|weisen** <irr> **I.** *vt* **jdn auf etw** *acc* **~** far notare qc a qu, richiamare l'attenzione di qu su qc **II.** *vi* **auf etw** *acc* **~** indicare qc, segnalare qc; **darauf ~, dass ...** far notare che ... **hin|werfen** <irr> *vt* ❶ (*zu Boden werfen*) buttare per terra ❷ (*fig: Zeichnung*) abbozzare, schizzare ❸ (*fam: Stellung*) abbandonare **hin|ziehen** <irr> *vr* **sich ~** (*zeitlich*) protrarsi, andare per le lunghe; **sich zu jdm hingezogen fühlen** sentirsi attratto da qu; **sich zu etw hingezogen fühlen** avere inclinazione per qc

**hinzu** [hɪn'tsuː] *adv* ❶ (*örtlich*) vi ❷ (*außerdem*) inoltre ❸ (*obendrein*) per di più **hinzu|fügen** *vt* **etw** [**zu etw**] **~** aggiungere qc [a qc] **hinzu|kommen** <irr> *vi sein* (*Personen*) sopraggiungere; (*Dinge, Tatsachen*) aggiungersi; **hinzu kommt noch, dass ...** va ancora aggiunto che ... **hinzu|ziehen** <irr> *vt* consultare, ricorrere a

**Hiobsbotschaft** ['hiːɔpsboːtʃaft] *f* annuncio *m* funesto, notizia *f* infausta

**Hip-Hop** ['hɪphɔp] <-s> *kein Pl. m* hip-hop *m*

**Hippie** ['hɪpi] <-s, -s> *m* hippy *m*

**Hirn** [hɪrn] <-(e)s, -e> *nt* ❶ (*Gehirn*) cervello *m* ❷ (*Verstand*) intelligenza *f* **Hirngespinst** ['hɪrnɡəʃpɪnst] *nt* (*pej*) fantasticheria *f*, fantasia *f*, idea *f* cervellotica **Hirnhaut** *f* (ANAT) meninge *f* **Hirnhautentzündung** *f* (MED) meningite *f* **hirnrissig, hirnverbrannt** ['hɪrnrɪsɪç, 'hɪrnfɛɐbrant] *adj* (*fam*) pazzo, folle **Hirntod** *m* (MED) morte *f* cerebrale

**Hirsch** [hɪrʃ] <-(e)s, -e> *m* (ZOO) cervo *m* **Hirschkäfer** *m* (ZOO) cervo *m* volante **Hirschkalb** *nt* (ZOO) cerbiatto *m* **Hirschkeule** *f* (GASTR) coscia *f* di cervo **Hirschkuh** *f* (ZOO) cerva *f*

**Hirse** ['hɪrzə] <-, *rar* -n> *f* (BOT, AGR) miglio *m*

**Hirte** ['hɪrtə] <-n, -n> *m* pastore *m* **Hirtenbrief** *m* (REL) lettera *f* pastorale **Hirtin** ['hɪrtɪn] <-, -nen> *f* pastora *f*

**hissen** ['hɪsən] *vt* (*Fahne*) issare; (*Segel*) alzare

**Historie** [hɪs'toːriə] <-, -n> *f* (*obs, geh*) storia *f*

**Historiker(in)** [hɪs'toːrɪkɐ] <-s, -; -, -nen> *m(f)* storico, -a *m, f*

**historisch** [hɪs'toːrɪʃ] *adj* storico

**Hit** [hɪt] <-s, -s> *m* hit *m* **Hitliste** *f* classifica *f* delle canzoni di successo **Hitparade** *f* hitparade *f* **hitverdächtig** *adj* in odore di successo

**Hitze** ['hɪtsə] <-> *kein Pl. f* ❶ (*heiß*) gran caldo *m*, gran calura *f*; (METEO) caldo *m*; **den Kuchen bei mittlerer ~ backen** cuocere il dolce in forno a temperatura media ❷ (*fig: Leidenschaft*) ardore *m*; (*Eifer*) fervore *m*; **in der ~ des Gefechts** nel fervore della mischia; (*fig*) nella foga della discussione **hitzebeständig** *adj* resistente al calore, refrattario **Hitzebläschen** ['hɪtsəblɛːsçən] <-s, -> *nt* (MED) sudamina *f* **hitzeempfindlich** *adj* sensibile al calore **hitzefrei** *adj* **~ haben** avere vacanza per il gran caldo **Hitzewelle** *f* ondata *f* di caldo

**hitzig** ['hɪtsɪç] *adj* ① (*leicht erregbar*) irritabile, irascibile; (*heftig*) violento ② (*Debatte*) acceso **Hitzkopf** *m* (*fig*) testa *f* calda **Hitzschlag** *m* (MED) colpo *m* di calore

**HIV** [ha:ʔi:'faʊ] <-(s)> *kein Pl. nt* (MED) *abk v* **Human Immune [Deficiency] Virus** HIV *m*; ~ **positiv/negativ** sieropositivo/sieronegativo **HIV-Test** <-(e)s, -s> *m* (MED) test *m* dell'AIDS

**Hiwi** ['hi:vi] <-(s), -s> *m* (*sl: an Universität*) assistente *m* universitario

**hl** *abk v* **Hektoliter** hl

**hl.** *abk v* **heilig** s.

**hm** *int* ehm

**H-Milch** ['ha:mɪlç] *f* latte *m* pastorizzato a lunga conservazione

**h-Moll** ['ha:'mɔl] <-> *kein Pl. nt* (MUS) si *m* minore

**HNO-Arzt** [ha:ʔɛn'ʔo:artst] *m*, **HNO-Ärztin** *f* otorinolaringoiatra *mf*

**hob** [ho:p] *1. u. 3. Pers. Sing. Imp. von* **heben**

**Hobby** ['hɔbi] <-s, -s> *nt* hobby *m*, svago *m* preferito **Hobbyraum** *m* locale *m* per hobby

**Hobel** ['ho:bəl] <-s, -> *m* pialla *f* **Hobelbank** *f* banco *m* da falegname

**hobeln** ['ho:bəln] *vt* piallare

**hoch** [ho:x] I.<höher, höchste> *adj* ① (*räumlich*) alto; **im hohen Norden** all'estremo nord; **das ist mir zu ~** (*fam*) questo è troppo difficile per me ② (*fig: Ton*) acuto ③ (*Zahl, Preis*) elevato; (*Alter*) avanzato; **in hohem Maße** in alto grado, grandemente; **mit hoher Wahrscheinlichkeit** con grande probabilità ④ (*Strafe*) duro; (*Geldstrafe*) forte ⑤ (*erhaben*) sublime; (*Ehre*) grande ⑥ (*hervorragend*) eminente ⑦ (*oben stehen*) **hoher Feiertag** festa solenne; **das Hohe Gericht** l'Alta corte; **hoher Offizier** ufficiale superiore; **ein hohes Tier** (*fam*) un pezzo grosso II.<höher, am höchsten> *adv* molto, ben; **~ erfreut sein** essere molto lieto; **~ und heilig versprechen** promettere solennemente; **jdm etw ~ anrechnen** fare un gran merito a qu di qc; **6 ~ 4** (MAT) sei elevato alla quarta potenza; **~ oben** su in alto; **~ am Himmel** alto nel cielo; **wenn es ~ kommt** (*fam*) tutt'al più, al massimo; **wie ~ schätzen Sie ...?** quanto vale secondo Lei ...?; **er lebe ~!** viva!; **Hände ~!** mani in alto!

**Hoch** <-s, -s> *nt* ① (METEO) zona *f* di alta pressione, anticiclone *m* ② (*Ruf*) evviva *m*; **ein dreifaches ~ für ...!** un triplo evviva per ...!

**Hochachtung** <-> *kein Pl. f* stima *f*, rispetto *m* **hochachtungsvoll** *adv* (*Brief*) distinti saluti

**Hochaltar** *m* altar[e] *m* maggiore **Hochamt** *nt* (REL) messa *f* grande [*o* solenne]

**hochangesehen** ['ho:x'angəze:ən] *adj* molto apprezzato [*o* stimato] **hochanständig** ['ho:x'anʃtɛndɪç] *adj* (*Handlung*) molto corretto

**hoch|arbeiten** *vr* **sich ~** farsi strada [lavorando]

**Hochbahn** *f* ferrovia *f* sopraelevata

**Hochbau** *m* ① (*Bau*) costruzione *f* soprassuolo ② (*Studium*) ingegneria *f* civile

**hochbegabt** *adj* particolarmente dotato, superdotato

**hochberühmt** *adj a. attr.* famosissimo, celeberrimo

**hochbetagt** *adj* molto vecchio

**Hochbetrieb** *m* (*fam*) massima attività *f*

**Hochblüte** <-> *kein Pl. f* (*fig*) fioritura *f*; **seine ~ haben** fiorire

**Hochburg** *f* roccaforte *f*, baluardo *m*

**hochdeutsch** *adj* ① (*nicht umgangssprachlich*) tedesco puro, tedesco scritto ② (*ober- und mitteldeutsch*) alto tedesco

**Hochdruck** *kein Pl. m* ① (PHYS, METEO) alta pressione *f*; (*fig*) pressione *f* ② (TYP) stampa *f* in rilievo, tipografia *f* **Hochdruckgebiet** <-(e)s, -e> *nt* (METEO) zona *f* d'alta pressione **Hochdruckreiniger** <-s, -> *m* idropulitrice *f*

**Hochebene** *f* (GEOG) altopiano *m*

**hocherfreut** *adj a. attr.* felicissimo

**hochexplosiv** *adj* molto esplosivo

**hoch|fahren** <irr> *vi sein* ① (*nach oben fahren*) andare su, salire ② (*aufbrausen*) saltar[e] su; **aus dem Schlaf ~** svegliarsi di soprassalto **hochfahrend** *adj* superbo, arrogante, presuntuoso

**Hochfinanz** <-> *kein Pl. f* alta finanza *f*

**hochfliegend** *adj* (*fig*) ambizioso

**Hochform** *f* ottima forma *f*

**Hochformat** *nt* formato *m* verticale

**Hochfrequenz** *f* (PHYS) alta frequenza *f*

**Hochgebirge** *nt* (GEOG) alta montagna *f*

**Hochgefühl** *nt* euforia *f*

**hoch|gehen** <irr> *vi sein* ① (*nach oben gehen*) salire; (*Vorhang*) alzarsi, levarsi; (*Mine*) esplodere ② (*fam: zornig werden*) montare su tutte le furie

**Hochgenuss** *m* godimento *m* massimo, voluttà *f*

**hochgeschlossen** *adj* (*Bluse*) accollato

**Hochgeschwindigkeitszug** *m* treno *m* ad alta velocità
**hochgespannt** *adj* (*Erwartung*) eccessivo
**hochgestellt** *adj* ① (*Ziffer, Zahl*) in apice ② (*Persönlichkeit*) altolocato
**hochgestochen** *adj* (*fam pej: Rede*) forbito; (*Buch*) pretenzioso
**hochgewachsen** *adj* alto, grande
**Hochglanz** *kein Pl. m* lucentezza *f*, splendore *m;* **etw auf ~ bringen** lucidare qc a specchio *fam* **Hochglanzpapier** *nt* carta *f* patinata per stampa
**hochgradig** *adj* forte, intenso
**hochhackig** ['hoːxhakɪç] *adj* a tacchi alti
**hoch|halten** <*irr*> *vt* ① tenere in alto ② (*fig: achten*) tenere alto, onorare
**Hochhaus** *nt* grattacielo *m*
**hoch|heben** <*irr*> *vt* alzare, sollevare
**hochindustrialisiert** *adj* altamente industrializzato
**hoch|jubeln** *vt* (*fam*) gioire di cuore, esultare
**hochkant** ['hoːxkant] *adv* (*Bücher*) per [*o a*] coltello, di costa; **jdn ~ hinauswerfen** sbattere fuori qu
**hochkarätig** ['hoːxkarɛːtɪç] *adj* ① (*von hohem Karat*) di molti carati, di pregio ② (*Person*) di qualità; **~ er Wissenschaftler** uno studioso di qualità
**Hochkonjunktur** *f* (FIN) congiuntura *f* favorevole
**hochkonzentriert** ['hoːxkɔntsɛnˈtriːɛt] *adj* ad alta concentrazione, molto concentrato
**Hochkultur** *f* civiltà *f* evoluta
**hoch|laden** <*irr*> *vt* (INFORM) uploadare
**Hochland** *nt* (GEOG) altopiano *m*
**hoch|leben** *vi* **er/sie lebe hoch!** viva!, evviva!; **jdn ~ lassen** festeggiare qu
**Hochleistung** *f* alto rendimento *m*, alta resa *f*
**Hochlohnland** <-(e)s, -länder> *nt* (WIRTSCH) paese *m* ad alto costo di lavoro [*o* ad alta retribuzione lavorativa]
**hochmodern** *adj* modernissimo
**Hochmoor** *nt* (GEOG) palude *f* alta [*o* sovracquatica]
**Hochmut** *kein Pl. m* superbia *f*, arroganza *f*
**hochmütig** ['hoːxmyːtɪç] *adj* superbo, arrogante
**hochnäsig** ['hoːxnɛːzɪç] *adj* (*fam pej: eingebildet*) con la puzza sotto il naso, presuntuoso; (*arrogant*) arrogante
**Hochnebel** *m* (METEO) nebbia *f* alta
**Hochofen** *m* (TEC) altoforno *m*
**Hochparterre** *nt* pianoterra *m* rialzato
**hochprozentig** *adj* ad alta percentuale; (*Alkohol*) ad alta gradazione alcolica

**hochqualifiziert** *adj* altamente qualificato
**hochrangig** *adj* di alto rango
**hoch|rechnen** I. *vt* prevedere [sulla base di proiezioni parziali] II. *vi* fare delle previsioni **Hochrechnung** *f* previsione *f* [in base a proiezioni parziali]
**Hochrelief** <-s, -s> *nt* (KUNST) altorilievo *m*
**Hochruf** *m* evviva *m*
**hoch|rüsten** I. *vi* (MIL) aumentare gli armamenti II. *vt* (*technisch verbessern*) migliorare l'attrezzatura
**Hochsaison** *f* alta stagione *f*
**hoch|schätzen** *vt* (*geh*) stimare molto
**hoch|schaukeln** I. *vt* aumentare, montare II. *vr* **sich ~** eccitarsi, montarsi [la testa]
**Hochschule** *f* istituto *m* superiore, università *f* **Hochschüler(in)** *m(f)* studente, -essa *m, f* universitario, -a **Hochschullehrer(in)** *m(f)* professore, -essa *m, f* universitario, -a **Hochschulreife** *f* maturità *f*, licenza *f* liceale **Hochschulstudium** *nt* studi *mpl* universitari **Hochschulzulassung** *f* ammissione *f* all'università
**hochschwanger** *adj* negli ultimi mesi di gravidanza
**Hochsee** *kein Pl. f* alto mare *m* **Hochseefischerei** *f* pesca *f* d'alto mare
**hochsensibel** ['hoːxzɛnˈziːbəl] *adj* molto sensibile
**Hochsitz** *m* (*Jagd*) palchetto *m*, posta *f* alta
**Hochsommer** *m* piena estate *f*
**Hochspannung** *f* ① (TEC) alta tensione *f* ② (*fig*) alta tensione *f* **Hochspannungsleitung** *f* linea *f* ad alta tensione **Hochspannungsmast** *m* traliccio *m* per linea ad alta tensione
**hoch|spielen** *vt* (*fig*) gonfiare, enfatizzare
**Hochsprache** *f* lingua *f* scritta
**Hochsprung** *m* (SPORT) salto *m* in alto
**höchst** [høːkst *o* 'høːçst] *adv* molto, assai
**Höchst-** (*in Zusammensetzungen*) massimo **Höchstalter** *nt* età *f* massima
**Hochstapler(in)** ['hoːxʃtaːplɐ] <-s, -; -, -nen> *m(f)* cavaliere *m* d'industria, filibustiere, -a *m, f*, imbroglione, -a *m, f*
**Höchstbetrag** *m* importo *m* massimo; **bis zum ~ von** fino all'ammontare di
**höchste(r, s)** ['høːkstə *o* 'høːçstə, -tɐ, -təs] *adj* ① *Superlativ von* **hoch** [il, la] più alto, -a ② *Superlativ von* **hoch** (*fig: äußerste*) estremo, -a, massimo, -a; **es ist ~ Zeit** è proprio ora
**höchstens** ['høːkstəns *o* 'høːçstəns] *adv* al massimo, tutt'al più
**Höchstfall** *m* **im ~** al massimo **Höchstform** <-> *kein Pl. f* (SPORT) piena forma *f*; **in ~** in piena forma **Höchstgebot** *nt*

offerta *f* massima, ultima offerta *f* **Höchstgeschwindigkeit** *f* velocità *f* massima **Höchstgrenze** *f* limite *m* massimo **hoch|stilisieren** <ohne ge-> *vt* elevare (*zu a*) **Hochstimmung** *kein Pl. f* bella atmosfera *f* **Höchstleistung** *f* ❶ (TEC) rendimento *m* massimo, produzione *f* massima ❷ (SPORT) record *m*, primato *m* **Höchstmaß** *nt* **ein ~ an Verantwortung** una grandissima responsabilità **höchstpersönlich** *adv* in [o di] persona **Höchstpreis** *m* prezzo *m* massimo **Höchststrafe** *f* pena *f* massima **höchstwahrscheinlich** *adv* con tutta probabilità **höchstzulässig** *adj* **~es Gesamtgewicht** carico massimo ammesso

**Hochtechnologie** *f* (TEC) alta tecnologia *f* **Hochtouren** *Pl.* **auf ~ laufen/arbeiten** girare a pieno regime; (*fig*) lavorare a pieno ritmo **hochtrabend** *adj* (*pej*) enfatico, ampolloso **hochverehrt** *adj* molto stimato **Hochverrat** *m* (JUR) alto tradimento *m* **hochverschuldet** *adj* s. **verschuldet**, **Hochwald** *m* fustaia *f*

**Hochwasser** *nt* ❶ (*bei Flut*) alta marea *f* ❷ (*von Fluss*) piena *f* ❸ (*Überschwemmung*) inondazione *f*

**hochwertig** *adj* di gran valore, prezioso **Hochwild** *nt* selvaggina *f* grossa

**Hochzeit** *f* ['hɔxtsaɪt] <-, -en> *f* nozze *fpl*, matrimonio *m*; **silberne/goldene/diamantene ~** nozze d'argento/d'oro/di diamante **Hochzeitsfeier** *f* cerimonia *f* nuziale **Hochzeitsgast** *m* invitato *m* alle nozze **Hochzeitsgeschenk** *nt* regalo *m* di nozze **Hochzeitsnacht** *f* prima notte *f* di matrimonio **Hochzeitsreise** *f* viaggio *m* di nozze **Hochzeitstag** *m* ❶ (*Tag der Eheschließung*) giorno *m* delle nozze ❷ (*Jahrestag*) anniversario *m* delle nozze **Hocke** ['hɔkə] <-, -n> *f* ❶ posizione *f* raccolta ❷ (SPORT) salto *m* a gambe unite

**hocken** ['hɔkən] *vi* ❶ (*in Hocke sitzen*) essere accoccolato ❷ (*fam: sitzen*) stare [seduto]

**Hocker** ['hɔkɐ] <-s, -> *m* sgabello *m*

**Höcker** ['hœkɐ] <-s, -> *m* ❶ (*Buckel*) gobba *f* ❷ (MED) gibbosità *f*

**Hockey** ['hɔki] <-s> *kein Pl. nt* (SPORT) hockey *m* **Hockeyschläger** *m* mazza *f* da hockey

**Hode** ['hoːdə] <-, -n> *f*, **Hoden** <-s, -> *m* testicolo *m* **Hodensack** *m* scroto *m*

**Hof** [hoːf] <-(e)s, Höfe> *m* ❶ (*Innen~*) cortile *m* ❷ (*Bauern~*) fattoria *f* ❸ (*Gerichts~, Fürsten~*) corte *f*; **bei ~e** in reggia ❹ (ASTR) alone *m*

**hoffen** ['hɔfən] *vt, vi* sperare; **auf etw** *acc* **~** sperare in qc; **ich hoffe es** lo spero; **ich hoffe nicht** spero di no; **~ wir das Beste!** speriamo [in] bene!

**hoffentlich** ['hɔfəntlɪç] *adv* speriamo [che] +*conj;* **du bist mir doch ~ nicht böse** spero che tu non sia arrabbiato con me

**Hoffnung** ['hɔfnʊŋ] <-, -en> *f* speranza *f;* (*Erwartung*) attesa *f;* (*Aussicht*) probabilità *f;* **auf etw** *acc* **haben** avere speranza in qc; **die ~ aufgeben** perdere ogni speranza; **sich** *dat* **~en machen** farsi illusioni; **seine ~ auf etw/jdn setzen** riporre le proprie speranze in qc/qu; **in der ~ zu …** nella speranza di +*inf*; **in der ~, dass …** sperando che +*conj* **hoffnungslos** *adj* senza speranza; (*aussichtslos*) disperato **Hoffnungslosigkeit** <-> *kein Pl. f* ❶ (*ohne Hoffnung*) condizione *f* disperata, disperazione *f* ❷ (*ohne Aussicht*) inutilità *f* **Hoffnungsschimmer** *m* barlume *m* di speranza **hoffnungsvoll** *adj* pieno di speranza; (*zuversichtlich*) fiducioso; (*vielversprechend*) promettente

**Hofhund** *m* <-(e)s, -e> *m* cane *m* da guardia **hofieren** [hoˈfiːrən] <ohne ge-> *vt* corteggiare

**höfisch** ['høːfɪʃ] *adj* ❶ (*Leben, Sitten*) di corte, cortigiano ❷ (*Dichtung*) cortese

**höflich** ['høːflɪç] *adj* cortese, gentile **Höflichkeit** <-, -en> *f* cortesia *f*, gentilezza *f* **Höflichkeitsbesuch** *m* visita *f* di cortesia **Höflichkeitsfloskel** *f* [vuota] formula *f* di cortesia

**Höfling** ['høːflɪŋ] <-s, -e> *m* cortigiano *m* **Hofmarschall** <-s, -schälle> *m* maresciallo *m* di corte

**Hofnarr** *m* buffone *m* di corte

**Hofrat** <-(e)s, -räte> *m* (A: *Ehrentitel*) consigliere *m* di corte **Hoftor** *nt* portone *m* del cortile

**hohe(r, s)** ['hoːə, -e, -əs] *adj s.* **hoch**

**Höhe** ['høːə] <-, -n> *f* ❶ (MAT, MUS) altezza *f;* (AERO) quota *f;* **nicht auf der ~ sein** (*fig fam*) non essere in forma; **auf der ~ von** all'altezza di; **auf gleicher ~** alla stessa altezza; (*Stadt, Ort*) alla stessa latitudine; **das ist [doch] die ~!** (*fam*) è il colmo! ❷ (*An~*) altura *f*, elevazione *f;* (*Gipfel~*) vetta *f* ❸ (*von Betrag*) ammontare *m;* (*von Steuer, Satz*) tasso *m;* **bis zur ~ von 1000 Euro** fino a[ll'ammontare di] 1000 euro

**Hoheit** ['hoːhaɪt] <-, -en> *f* ❶ *Sing.* (*Erhabenheit*) maestà *f*, sublimità *f* ❷ (*Anrede*) Sua Altezza; **Königliche ~** Altezza reale **Hoheitsgebiet** *nt* territorio *m* nazionale

**Hoheitsgewässer** *ntPl.* acque *fpl* territoriali **hoheitsvoll** *adj* maestoso, regale
**Hoheitszeichen** *nt* emblema *m* di sovranità
**Höhenangst** *f* acrofobia *f* **Höhenflug** <-(e)s, -flüge> *m* (AERO) volo *m* ad alta quota; **geistiger ~** alta prestazione intellettuale **Höhenmesser** *m* altimetro *m* **Höhensonne** *f* (TEC) lampada *f* al quarzo **Höhenunterschied** *m* dislivello *m* **Höhenzug** *m* (GEOG) catena *f* di montagne
**Höhepunkt** *m* ① punto *m* culminante; (*Gipfel*) cima *f*, culmine *m* ② (*fig*) apice *m*, vertice *m*; (MED) acme *f fam*, colmo *m fam*; **den ~ erreichen** raggiungere l'apice
**höher** ['hø:ɐ] *adj Komparativ von* **hoch** più alto; **~ als ...** più alto di ...; (*Stellung*) più elevato di ...; (*fig*) superiore a ...; **~e Gewalt** forza maggiore
**hohl** [ho:l] *adj* ① (*leer*) cavo ② (*Augen*) infossato; (*Wangen*) incavato ③ (*Klang*) cupo ④ (*fig*) vuoto, vacuo; (*nichts sagend*) insulso
**Höhle** ['hø:lə] <-, -n> *f* ① (*Fels~*) caverna *f*, grotta *f* ② (*Hohlraum,* MED) cavità *f*; (*Augen~*) orbita *f* ③ (*Tier~*) tana *f*; **in die ~ des Löwen gehen** (*scherz*) andare nella tana del lupo **Höhlenbewohner(in)** *m(f)* cavernicolo, -a *m, f* **Höhlenforscher(in)** *m(f)* speleologo, -a *m, f* **Höhlenforschung** *f* speleologia *f*
**Höhlenkunde** *f* speleologia *f* **Höhlenmalerei** *f* pittura *f* parietale
**Hohlheit** <-, *rar* -en> *f* vacuità *f*
**Hohlkopf** *m* (*pej*) testa *f* vuota *fam,* zucca *f fam* **Hohlkörper** *m* corpo *m* cavo **Hohlkreuz** *nt* (MED) lordosi *f* lombosacrale
**Hohlkugel** *f* sfera *f* cava **Hohlmaß** *nt* misura *f* di capacità **Hohlraum** *m* cavità *f* **Hohlsaum** *m* orlo *m* a giorno **Hohlspiegel** *m* specchio *m* concavo
**Höhlung** <-, -en> *f* cavità *f* **Hohlweg** *m* strada *f* incassata
**Hohlziegel** *m* mattone *m* forato
**Hohn** [ho:n] <-(e)s> *kein Pl. m* scherno *m*; (*Spott*) derisione *f*; (*feiner ~*) ironia *f*; (*bitterer ~*) sarcasmo *m*
**höhnen** ['hø:nən] **I.** *vi* farsi beffe (*über* +*acc* di) **II.** *vt* (*geh*) schernire
**Hohngelächter** <-s, -> *nt* risata *f* di scherno
**höhnisch** ['hø:nɪʃ] *adj* derisorio, sarcastico
**Hokkaido** [hɔˈkaido] <-s, -s> *m* (BOT, GASTR) zucca *f* hokkaido
**Hokuspokus** [ho:kʊsˈpo:kʊs] <-> *kein Pl. m* ① (*Zauberformel*) abracadabra *f* ② (*pej: fauler Zauber*) raggiro *m* ③ (*pej: Getue*) sciocchezze *fpl*

**hold** [hɔlt] *adj* (*poet*) ① (*Glück*) favorevole, propizio; **das Glück ist mir ~** la fortuna mi arride ② (*Mensch*) grazioso, leggiadro
**holen** ['ho:lən] *vt* andare [*o* venire] a prendere; **Atem ~** prender fiato; **etw ~ lassen** mandare a prendere qc; **jdn aus dem Bett ~** tirare qu giù dal letto; **sich** *dat* **einen Schnupfen ~** (*fam*) pigliarsi un raffreddore; **sich** *dat* **bei jdm Rat ~** chiedere consiglio a qu; **da ist nichts zu ~** non se ne ricava nulla
**Holland** ['hɔlant] *nt* Olanda *f*
**Holländer(in)** ['hɔlɛndɐ] <-s, -, -nen> *m(f)* olandese *mf*
**holländisch** *adj* olandese
**Hölle** ['hœlə] <-, *rar* -n> *f* inferno *m*; **in die ~ kommen** andare all'inferno; **jdm das Leben zur ~ machen** (*fam*) rendere la vita insopportabile a qu; **jdm die ~ heiß machen** (*fam*) non dar tregua a qu; **das ist die ~ auf Erden** è un inferno **Höllenlärm** *m* baccano *m* infernale **Höllenqual** ['hœlənˌkvaːl] *f* pena *f* dell'inferno
**Höllenstein** *m* (MED) pietra *f* infernale
**Holler** ['hɔlɐ] <-s, -> *m* (*südd, A: Holunder*) sambuco *m*
**höllisch** *adj* ① (*die Hölle betreffend*) infernale, d'inferno ② (*fam: riesig*) enorme; **~ aufpassen** (*fam*) stare attentissimo; **das tut ~ weh** (*fam*) fa un male cane
**Hollywoodschaukel** ['hɔlɪvʊdˌʃaʊkəl] *f* divano *m* a dondolo
**Holm** [hɔlm] <-(e)s, -e> *m* ① (*von Leiter*) staggio *m* ② (SPORT: *von Barren*) sbarra *f* ③ (AERO, MOT) longherone *m*
**Holocaust** ['ho:lokaʊst] <-(s), -s> *m* olocausto *m* **Holocaustmahnmal** *nt* **das ~** il Memoriale dell'Olocausto
**holp(e)rig** ['hɔlp(ə)rɪç] *adj* ① (*Weg*) accidentato, ineguale ② (*fig: Stil*) scabro; (*Vers*) zoppicante
**holpern** ['hɔlpɐn] *vi* ① *sein* (*sich holpernd fortbewegen*) camminare inciampando; (*Wagen*) traballare ② *haben* (*stolpern, wackeln*) inciampare, vacillare ③ *haben* (*beim Lesen*) leggere stentatamente
**holprig** *adj s.* **holp(e)rig**
**Holschuld** ['ho:lʃʊlt] *f* (JUR) debito *m* chiedibile
**Holunder** [hoˈlʊndɐ] <-s, -> *m,* **Holunderbaum** *m* (BOT) sambuco *m*
**Holz** [hɔlts, *Pl:* ˈhœltsə] <-es, Hölzer> *nt* ① (*Material, Stück*) legno *m*; (*Brenn~*) legna *f*; (*Nutz~*) legname *m*; **~ fällen** tagliare la legna ② (*Wald*) bosco *m*

**Holzbearbeitung** f lavorazione f del legno **Holzbein** nt gamba f di legno **Holzblasinstrument** nt (MUS) strumento m a fiato di legno **Holzbock** m ❶ (TEC) cavalletto m di legno ❷ (ZOO) zecca f **Holzbohrer** m ❶ (TEC) trivella f ❷ (ZOO) scolito m bostrico
**hölzern** ['hœltsɐn] adj ❶ (aus Holz) di legno ❷ (fig: Haltung) rigido; (schwerfällig) pesante
**Holzfäller** ['hɔltsfɛlɐ] m boscaiolo m
**Holzfaser** f fibra f legnosa **Holzfaserplatte** f pannello m di masonite **holzfrei** adj (Papier) che non contiene cellulosa
**Holzhacker** <-s, -> m (bes. A) spaccalegna m, tagliealegna m **Holzhammer** mazzuolo m
**Holzhandel** m commercio m del legname **Holzhändler(in)** m(f) commerciante mf di legnami
**Holzhaufen** m catasta f di legna **Holzhaus** nt casa f di legno
**holzig** ['hɔltsɪç] adj legnoso
**Holzklotz** m ceppo m **Holzkohle** f carbone m di legna
**Holzlager** nt deposito m di legname **Holzscheit** nt [pezzo m di] legno m **Holzschnitt** m (KUNST) silografia f **Holzschnitzer(in)** m(f) (KUNST) intagliatore, -trice m, f nel legno **Holzschnitzerei** f (KUNST) intaglio m [o scultura f] nel legno **Holzschuh** m zoccolo m **Holzschutzmittel** nt (CHEM) prodotto m per la protezione del legno **Holzsplitter** m scheggia f di legno **Holzstich** m (KUNST) silografia f **Holzstoß** m catasta f di legna
**holzverarbeitend** adj ~e Industrie industria della lavorazione del legno **Holzweg** m auf dem ~ sein (fam) sbagliarsi di grosso **Holzwolle** f lana f di legno **Holzwurm** m tarlo m
**Homebanking** <-s> kein Pl. nt home banking m **Homecomputer** <-s, -> m (INFORM) personal computer m **Homeoffice, Home-Office** ['hoʊmˈʔɔfɪs, Pl: 'hoʊmˈʔɔfɪsɪs] <-, -s> nt home office m; zwei Tage pro Woche im ~ arbeiten lavorare in home office due giorni alla settimana **Homepage** <-, -s> f (INFORM) Home Page f, pagina f Internet **Hometrainer** <-s, -> m (SPORT) cyclette f
**Homo-Ehe** f matrimonio m gay
**homogen** [homo'ɡeːn] adj omogeneo
**homogenisieren** [homogeni'ziːrən] <ohne ge-> vt omogeneizzare
**Homogenität** [homogeni'tɛːt] <-> kein Pl. f omogeneità f

**homonym** [homo'nyːm] adj omonimo
**Homonym** <-(e)s, -e> nt omonimo m
**Homöopath(in)** [homøo'paːt] <-en, -en; -, -nen> m(f) omeopata mf
**Homöopathie** [homøopaˈtiː] <-> kein Pl. f omeopatia f
**Homöopathin** f s. **Homöopath**
**homöopathisch** [homøo'paːtɪʃ] adj omeopatico
**Homosexualität** [homozɛksuali'tɛt] f omosessualità f
**homosexuell** adj omosessuale
**Hongkong** ['hɔŋkɔŋ] nt (GEOG) Hong Kong m
**Honig** ['hoːnɪç] <-s, rar -e> m miele m; jdm ~ ums Maul schmieren (fam) essere latte e miele con qu; mit ~ gesüßt mielato; türkischer ~ torrone m **Honigkuchen** m (GASTR) panpepato m **Honigkuchenpferd** nt grinsen wie ein ~ (fam scherz) sghignazzare come uno sciocco **Honigmelone** f melone m **honigsüß** ['hoːnɪçˈzyːs] adj ❶ dolce come il miele, mielato ❷ (fig pej) mellifluo **Honigwabe** f favo m
**Honorar** [hono'raːɐ̯] <-s, -e> nt onorario m
**Honoratioren** [honora'tsjoːrən] Pl. notabili mpl
**honorieren** [hono'riːrən] <ohne ge-> vt ❶ (Anwalt, Arzt) pagare un onorario a, retribuire; (COM: Wechsel) onorare ❷ (fig: würdigen) onorare
**Hopfen** ['hɔpfən] <-s, -> m (BOT) luppolo m; bei ihm ist ~ und Malz verloren (fam) con lui è fatica sprecata
**Hopfenstange** f ❶ (AGR) pertica f dei luppoli ❷ (fam scherz: langer Mensch) spilungone, -a m, f
**hopp** [hɔp] int op, opplà
**hoppeln** ['hɔpəln] vi sein saltellare
**hoppla** ['hɔpla] int (fam) opplà
**hops** [hɔps] int opplà
**hopsen** ['hɔpsən] vi sein (fam) saltellare
**hops|gehen** <irr> vi sein (fam: verloren gehen) andar perduto; (sterben) morire
**hörbar** ['høːɐ̯baːɐ̯] adj udibile, percettibile
**horchen** ['hɔrçən] vi auf jdn/etw ~ ascoltare qu/qc; (heimlich) stare in ascolto di qu/qc; an der Tür ~ origliare
**Horchposten** m (MIL) posto m d'ascolto [o d'intercettazione]
**Horde** ['hɔrdə] <-, -n> f ❶ (pej: wilde Menge) orda f ❷ (Obstlattengestell) graticcio m
**hören** ['høːrən] I. vt ❶ (allg) udire, sentire ❷ (hin~, zu~) ascoltare; eine Vorle-

Hörensagen → Hosenbund

**sung ~** assistere a una lezione universitaria ❸ (*erfahren*) apprendere, sentire [parlare di]; **ich will nichts mehr von Fußball ~** non ne voglio più sapere di calcio II. *vi* ❶ (*allg*) udire, sentire; **gut ~** sentire bene, avere un udito fine; **schlecht ~** essere sordo; **[na] ~ Sie mal!** che cosa Le salta in mente! ❷ (*hin~, zu~*) **auf jdn/etw ~** ascoltare qu/qc; **hör mal!** senti un po'! ❸ (*gehorchen*) ubbidire; **auf die Eltern** *acc* **~** ubbidire ai genitori; **sie hört auf den Namen Maria** risponde al nome di Maria; **wer nicht ~ will, muss fühlen** (*prov*) chi non vuole essere consigliato, non può essere aiutato ❹ (*erfahren*) sentir parlare di, venire a sapere; **[nichts] von sich** *dat* **~ lassen** [non] dare notizie di sé, [non] farsi vivo *fam*

**Hörensagen** *nt* **vom ~** per sentito dire

**Hörer** <-s, -> *m* (*Telefon~*) ricevitore *m*; **den ~ abnehmen/auflegen** staccare/riattaccare il ricevitore

**Hörer(in)** <-s, -; -, -nen> *m(f)* ❶ (RADIO) ascoltatore, -trice *m, f* ❷ (*Universitäts~*) uditore, -trice *m, f* **Hörerschaft** <-, *rar* -en> *f* uditorio *m*

**Hörfehler** *m* difetto *m* dell'udito **Hörfolge** *f* serie *f* [*o* ciclo *m*] di trasmissioni [radiofoniche] **Hörfunk** <-(e)s> *kein Pl.* *m* radio *f* **Hörgerät** *nt* apparecchio *m* acustico

**hörig** *adj* **jdm ~ sein** dipendere [sessualmente] da qu **Hörigkeit** <-, *rar* -en> *f* ❶ (*sexuell*) dipendenza *f* sessuale ❷ (HIST) servitù *f*, asservimento *m*

**Horizont** [hori'tsɔnt] <-(e)s, -e> *m* orizzonte *m*; **am ~** all'orizzonte; **einen engen ~ haben** avere un orizzonte limitato; **das geht über meinen ~** [ciò] va oltre le mie conoscenze

**horizontal** [horitsɔn'taːl] *adj* orizzontale **Horizontale** <-, -n> *f* [linea *f*] orizzontale *f*

**Hormon** [hɔr'moːn] <-s, -e> *nt* ormone *m* **hormonal** [hɔrmo'naːl] *adj*, **hormonell** [hɔrmo'nɛl] *adj* ormonale

**Hormonhaushalt** *m* equilibrio *m* ormonale

**Hörmuschel** *f* padiglione *m* del ricevitore **Horn** [hɔrn] <-(e)s, Hörner> *nt* corno *m*; **jdm Hörner aufsetzen** (*fam*) mettere le corna a qu; **sich** *dat* **die Hörner abstoßen** (*fig fam*) rompersi le corna; **ins gleiche ~ stoßen** (*fig fam*) avere grande affinità d'idee **Hornbrille** *f* occhiali *mpl* con la montatura in tartaruga

**Hörnchen** ['hœrnçən] <-s, -> *nt* (*Gebäck*) cornetto *m*

**Hörnerv** <-s, -en> *m* (ANAT) nervo *m* acustico

**Hornhaut** *f* ❶ (*Schwiele*) callosità *f*, durone *m* ❷ (ANAT: *am Auge*) cornea *f*

**Hornisse** [hɔr'nɪsə] <-, -n> *f* (ZOO) calabrone *m*

**Hornist(in)** [hɔr'nɪst] <-en, -en; -, -nen> *m(f)* (MUS) suonatore, -trice *m, f* di corno

**Hornochse** <-n, -n> *m* (*fam*) imbecille *m*, cretino *m*

**Hörorgan** <-s, -e> *nt* organo *m* dell'udito **Horoskop** [horo'skoːp] <-s, -e> *nt* oroscopo *m*; **jdm das ~ stellen** fare l'oroscopo a qu

**Hörrohr** <-s, -e> *nt* ❶ (*für Schwerhörige*) cornetto *m* acustico ❷ (*für Arzt*) stetoscopio *m*

**Horror** ['hɔroːɐ̯] <-s> *kein Pl.* *m* orrore *m*; **vor jdm/etw ~ haben** provare orrore per qu/qc **Horrorfilm** *m* film *m* dell'orrore **Horrortrip** *m* (*sl*) ❶ (*von Rauschgift*) viaggio *m* allucinante ❷ (*fig*) esperienza *f* allucinante

**Hörsaal** *m* uditorio *m* **Hörspiel** *nt* radiodramma *m*

**Horst** [hɔrst] <-(e)s, -e> *m* ❶ (BOT) ciuffo *m* ❷ (*Adler~*) nido *m* [di uccello rapace] ❸ (*Flieger~*) base *f* aerea

**Hörsturz** *m* (MED) ipoacusia *f* improvvisa **Hort** [hɔrt] <-(e)s, -e> *m* (*Kinder~*) doposcuola *m*

**horten** ['hɔrtən] *vt* tesaurizzare, accumulare

**Hortensie** [hɔr'tɛnzi̯ə] <-, -n> *f* (BOT) ortensia *f*

**Hörweite** *kein Pl.* *f* portata *f* d'orecchio; **außer/in ~** che non si può più/che si può ancora sentire

**Höschen** ['høːsçən] <-s, -> *nt* mutandina *f*, slip *m*

**Hose** ['hoːzə] <-, -n> *f* pantaloni *mpl*, calzoni *mpl*; (*kurze ~, Knie~*) calzoncini *mpl*, pantaloni *mpl* corti; (*Unter~*) mutande *fpl*; **die ~n anhaben** (*fig fam*) portare i calzoni, comandare; **sich** *dat* **[vor Angst] in die ~n machen** (*fig fam*) farsela addosso [per la paura]; **das Baby hat in die ~ gemacht** il bambino se l'è fatta addosso; **die Prüfung ist in die ~n gegangen** (*sl*) l'esame è andato a farsi benedire

**Hosenanzug** *m* tailleur *m* pantalone **Hosenbein** *nt* gamba *f* dei calzoni **Hosenboden** *m* fondo *m* dei calzoni; **jdm den ~ versohlen** (*fam*) sculacciare qu **Hosenbund** <-(e)s, -bünde> *m* cintura *f*

dei calzoni **Hosenklammer** *f* molletta *f* fermapantaloni **Hosenrock** *m* gonna-pantalone *f* **Hosenschlitz** *m* patta *f* dei calzoni **Hosentasche** *f* tasca *f* dei calzoni **Hosenträger** *mPl.* bretelle *fpl*
**Hospital** [hɔspiˈtaːl] <-s, -e *o* Hospitäler> *nt* ospedale *m*
**Hospiz** [hɔsˈpiːts] <-es, -e> *nt* ospizio *m*
**Host** [ˈhəʊst] <-(s), -s> *m* (INFORM) host *m*
**hosten** [ˈhəʊstən] *vt* (INFORM) ospitare
**Hostess** [hɔsˈtɛs] <-, -en> *f* hostess *f*
**Hostie** [ˈhɔstɪə] <-, -n> *f* (REL) ostia *f*, particola *f*
**Hot dog** [ˈhɔt ˈdɔ(ː)k] <-s, -s> *mnt* hot dog *m* **Hot Dog** <-s, -s> *mnt* hot dog *m*
**Hotdog** <-s, -s> *mnt* hot dog *m*
**Hotel** [hoˈtɛl] <-s, -s> *nt* albergo *m*, hotel *m*
**Hotelbesitzer(in)** *m(f)* proprietario, -a *m*, *f* d'albergo, albergatore, -trice *m*, *f* **Hotelboy** [hoˈtɛlbɔɪ] <-s, -s> *m* ragazzo *m* d'albergo **Hotelfachschule** *f* scuola *f* alberghiera **Hotelgast** *m* ospite *mf* dell'hotel
**Hotelier** [hotəˈlieː] <-s, -s> *m* albergatore, -trice *m*, *f*
**Hotelzimmer** *nt* camera *f* d'albergo
**Hotline** [ˈhɔtlaɪn] <-, -s> *f* hot line *f*
**Hotpants** [ˈhɔt ˈpɛnts] *Pl.* hot pants *mpl*
**hott** [hɔt] *int* arri
**Hr.** *abk v* **Herr** Sig.
**HR** [haːˈʔɛr] <-(s)> *kein Pl. m abk v* **Hessischer Rundfunk** *rete radiotelevisiva regionale tedesca* (*dell'Assia*) *con sede a Francoforte*
**Hrsg.** *abk v* **Herausgeber(in)** Ed.
**hrsg.** *abk v* **herausgegeben** ed.
**HTML-Code** *m* (INFORM) codice *m* HTML
**hü** [hyː] *int* uh; **einmal ~ und einmal hott sagen** (*fam*) cambiare continuamente idea
**Hubraum** [ˈhuːpraʊm] *m* (MOT) cilindrata *f*
**hübsch** [hypʃ] **I.** *adj* bello; (*niedlich*) carino; (*reizend*) grazioso; **eine [ganz] ~e Summe** (*fam iron*) una bella somma; **sich ~ machen** farsi bello; **das ist ja eine ~e Geschichte!** (*fam iron*) questa sì che è una bella storia! **II.** *adv* (*fam: ziemlich*) abbastanza
**Hubschrauber** [ˈhuːpʃraʊbɐ] *m* elicottero *m*
**huch** [hʊx] *int* iih!, oh!
**huckepack** [ˈhʊkəpak] *adv* **jdn ~ tragen** portare qu a cavalluccio *fam*
**hudeln** [ˈhuːdəln] *vi* (*südd, A: fam*) raffazzonare
**Huf** [huːf] <-(e)s, -e> *m* zoccolo *m*, unghia *f* **Hufeisen** *nt* ferro *m* di cavallo **hufeisenförmig** *adj* a ferro di cavallo
**Hüferl** <-s, -n> *nt* (*A: Hüfte*) taglio *m* di quarto superiore
**Hufschmied** *m* maniscalco *m*
**Hüfte** [ˈhʏftə] <-, -n> *f* (ANAT) anca *f*; **mit den ~n wackeln** ancheggiare; **bis an die ~** fino ai fianchi **Hüftgelenk** *nt* (ANAT) articolazione *f* dell'anca **Hüfthalter** *m* guaina *f*, reggicalze *m* **Hüftsteak** *nt* (GASTR) bistecca *f* di culaccio, taglio *m* di quarto posteriore
**Hügel** [ˈhyːɡəl] <-s, -> *m* colle *m*; (*kleiner*) collina *f* **hügelig** *adj* collinoso
**Huhn** [huːn] <-(e)s, Hühner> *nt* ① (*a. Gericht*) pollo *m*; **mit den Hühnern aufstehen** (*fam*) alzarsi con i polli; **da lachen ja die Hühner!** (*fam*) fa ridere i polli!; **du verrücktes/dummes ~!** (*fam*) [sei] pazzo/[sei un] imbecille! ② (*Gattung*) pollame *m* ③ (*Henne*) gallina *f*
**Hühnchen** [ˈhyːnçən] <-s, -> *nt* pollastro *m*, pollastrella *f*; **mit jdm [noch] ein ~ zu rupfen haben** (*fam*) avere dei conti in sospeso con qu
**Hühnerauge** *nt* (MED) callo *m* **Hühnerbouillon** *f*, **Hühnerbrühe** *f* (GASTR) brodo *m* di pollo **Hühnerei** *nt* uovo *m* di gallina **Hühnerfarm** *f* stabilimento *m* avicolo **Hühnerhof** *m* bassa *f* corte
**Hühnerleiter** *f* scaletta *f* del pollaio **Hühnerstall** *m* pollaio *m* **Hühnerstange** *f* posatoio *m* **Hühnersuppe** [ˈhyːnɐzʊpə] <-, -n> *f* (GASTR) brodo *m* di pollo **Hühnerzucht** *f* pollicoltura *f*, allevamento *m* di polli
**Huld** [hʊlt] <-s> *kein Pl. f* (*obs, geh*) grazia *f*; (*Geneigtheit, Wohlwollen*) benevolenza *f*; (*Gunst*) favore *m*
**huldigen** [ˈhʊldɪɡən] *vi* (*obs, geh*) ① (*Menschen*) rendere omaggio (*jdm* a qu) ② (*Dingen*) essere dedito (*etw dat* a qc)
**Huldigung** <-, -en> *f* (*obs, geh*) omaggio *m*
**Hülle** [ˈhʏlə] <-, -n> *f* involucro *m*; (*Schallplatten-, CD-~*) copertina *f*, custodia *f*; **die letzten ~n fallen lassen** spogliarsi; **in ~ und Fülle** in gran quantità, a bizzeffe
**hüllen** [ˈhʏlən] *vt* avvolgere, coprire; **jdn/sich in eine Decke ~** avvolgere qu/avvolgersi in una coperta; **ein Tuch um etw ~** avvolgere qc con un fazzoletto; **sich in Schweigen [über etw *acc*] ~** chiudersi nel silenzio [riguardo a qc]
**hüllenlos** *adj* nudo
**Hülse** [ˈhʏlzə] <-, -n> *f* ① (BOT) baccello *m*;

(*Schale*) buccia *f* ❷ (*Geschoss~*) bossolo *m* **Hülsenfrucht** *f* ❶ (*Pflanze*) leguminosa *f* ❷ (*Frucht*) legume *m*
**human** [hu'maːn] *adj* umano
**Humangenetik** <-> *kein Pl.* *f* genetica *f* umana
**Humanismus** [huma'nɪsmʊs] <-> *kein Pl.* *m* umanesimo *m*
**Humanist(in)** [huma'nɪst] <-en, -en; -, -nen> *m(f)* umanista *mf*
**humanistisch** *adj* umanista; (HIST) umanistico
**humanitär** [humani'tɛːɐ̯] *adj* umanitario
**Humanität** [humani'tɛːt] <-> *kein Pl.* *f* umanità *f*
**Humanmedizin** <-> *kein Pl.* *f* medicina *f* [umana]
**humanoid** [humaːno'iːt] *adj* umanoide
**Humbug** ['hʊmbuːk] <-s> *kein Pl.* *m* ❶ (*fam pej: Unsinn*) sciocchezza *f*, assurdità *f* ❷ (*Schwindel*) imbroglio *m*, truffa *f*
**Hummel** ['hʊməl] <-, -n> *f* (ZOO) bombo *m*
**Hummer** ['hʊmɐ] <-s, -> *m* (ZOO) gambero *m* di mare
**Humor** [hu'moːɐ̯] <-s, *rar* -e> *m* umorismo *m*; (*Sinn für ~*) senso *m* dell'umorismo, humour *m*
**humoristisch** [humo'rɪstɪʃ] *adj* umoristico
**humorlos** *adj* privo di umorismo **humorvoll** *adj* ricco di umorismo; (*witzig*) spiritoso
**humpeln** ['hʊmpəln] *vi* ❶ haben (*hinken*) zoppicare ❷ sein (*sich humpelnd fortbewegen*) camminare zoppicando
**Humpen** ['hʊmpən] <-s, -> *m* boccale *m*, bicchierone *m*
**Humus** ['huːmʊs] <-s> *kein Pl.* *m* (BIOL) humus *m*
**Hund** [hʊnt] <-(e)s, -e> *m* (ZOO) cane *m*; **auf den ~ kommen** (*fam*) cadere in miseria; **vor die ~e gehen** (*fam*) andare in rovina; **bekannt sein wie ein bunter ~** (*fam*) essere conosciuto dappertutto; **wie ~ und Katze leben** (*fam*) vivere come cane e gatto; **er ist ein ganz armer ~** (*fam*) è proprio un povero diavolo; **da liegt der ~ begraben** (*fam*) qui sta il busillis; **damit lockt man keinen ~ hinterm Ofen hervor** (*fam*) con ciò non si cava un ragno dal buco; **das ist ein dicker ~!** (*fam*) è un'indecenza; **Vorsicht, bissiger ~!** attenti al cane!; **du gemeiner ~!** (*sl*) vigliacco!, cane!; **~e, die bellen, beißen nicht** (*prov*) can che abbaia non morde
**hundeelend** *adj* **mir ist ~** (*fam*) mi sento da cani **Hundefutter** *nt* cibo *m* per cani **Hundehotel** *nt* albergo *m* per cani **Hundehütte** *f* ❶ cuccia *f* ❷ (*fig pej*) stamberga *f*, canile *m*
**Hundekälte** ['hʊndə'kɛltə] *f* (*fam*) freddo *m* cane **Hundekuchen** *m* biscotto *m* per cani **Hundeleben** *nt* (*fam*) vita *f* da cani **Hundeleine** *f* guinzaglio *m* **hundemüde** *adj* (*fam*) stanco morto, stracco **Hunderasse** *f* razza *f* canina
**hundert** *num o adj* cento; **ungefähr ~** un centinaio; *s. a.* **acht, achtzig**
**Hundert-, hundert-** *s. a.* **Acht-, acht-, Achtzig-, achtzig-**
**Hundert**[1] ['hʊndət] <-s, -e> *nt* ❶ (*Maßeinheit*) cento *m* ❷ centinaio *m*; **einige/mehrere ~** alcune/parecchie centinaia; **zu ~en** a centinaia
**Hundert**[2] <-, -en> *f* (*Zahl*) cento *m*
**Hunderter** <-s, -> *m* ❶ (MAT) centinaio *m* ❷ (*fam: Geldschein*) biglietto *m* da cento
**hundertfach** *adj* centuplo; *s. a.* **achtfach**
**Hundertjahrfeier** [hʊndət'jaːɐ̯faɪɐ] *f* centenario *m*
**hundertjährig** ['hʊndətjɛːrɪç] *adj* (*hundert Jahre alt*) centenne, centenario; (*hundert Jahre dauernd*) centennale; **der Hundertjährige Krieg** la guerra dei cent'anni; *s. a.* **achtjährig Hundertjährige** <ein -r, -n, -n> *mf* centenario, -a *m*, *f*
**hundertmal** ['hʊndətmaːl] *adv* cento volte; *s. a.* **achtmal**
**Hundertmeterlauf** *m* (SPORT) [corsa dei] cento metri *mpl*
**hundertprozentig** *adj o adv* al [*o* del] cento per cento
**Hundertsatz** <-es, -sätze> *m* percentuale *f*
**hundertste(r, s)** ['hʊndəstə, -tɐ, -təs] *adj* centesimo, -a; **vom Hundertsten ins Tausendste kommen** saltare di palo in frasca *fam*; *s. a.* **achte(r, s)**
**hundertstel** ['hʊndətstəl] <inv> *adj* centesimo; *s. a.* **achtel**
**Hundertstel** ['hʊndətstəl] <-s, -> *nt* centesimo *m*, centesima parte *f*; *s. a.* **Achtel Hundertstelsekunde** *f* (SPORT) centesimo *m* di secondo
**hunderttausend** *num* centomila; **Hunderttausende** centinaia di migliaia
**hunderttausendstel** ['hʊndət'tauzənstəl] <inv> *adj* millesimo; *s. a.* **achtel**
**Hundesteuer** *f* tassa *f* sui cani **Hundewetter** <-s> *kein Pl. nt* (*fam*) tempo *m* da cani **Hundezwinger** *m* canile *m*
**Hündin** ['hʏndɪn] <-, -nen> *f* (ZOO) cagna *f*; *s. a.* **Hund**

**hündisch** ['hʏndɪʃ] *adj* (*fig, pej*) servile; **~e Ergebenheit** devozione servile

**hundsgemein** ['hʊndsɡəmaɪn] *adj* (*fam*) infame, perfido, bestiale; **es tut ~ weh** fa un male bestiale; **er kann ~ sein/werden** può essere/diventare perfido

**Hundstage** *mPl.* giorni *mpl* canicolari, canicola *f*

**Hüne** ['hy:nə] <-n, -n> *m* gigante *m* **Hünengrab** *nt* dolmen *m,* tomba *f* megalitica

**Hunger** ['hʊŋɐ] <-s> *kein Pl. m* fame *f*; (*fig: Verlangen*) sete *f*; **~ nach Gerechtigkeit/Liebe** fame di giustizia/di amore; **~/keinen ~ haben** avere/non avere fame; **~ auf etw** *acc* **haben** avere voglia di [mangiare] qc; **~ leiden** patire la fame; **seinen ~ stillen** saziarsi, sfamarsi; **vor ~ sterben** morir di fame; **ich bekomme ~** mi viene fame

**Hungerkünstler**(**in**) *m(f)* digiunatore, -trice *m, f*

**Hungerkur** *f* cura *f* del digiuno **Hungerlohn** *m* (*pej*) paga *f* da fame

**hungern** ['hʊŋɐn] *vi* ❶ (*Hunger leiden*) aver fame, patire la fame ❷ (*fasten*) digiunare; (*bei Abmagerungskur*) far dieta

**Hungersnot** *f* carestia *f* **Hungerstreik** *m* sciopero *m* della fame; **in den ~ treten** fare lo sciopero della fame

**Hungertuch** *nt* (*fam scherz*) **am ~ nagen** tirare la cinghia

**hungrig** ['hʊŋrɪç] *adj* affamato; **~ nach etw sein** avere fame di qc

**Hunsrück** ['hʊnsrʏk] *m* (GEOG) Hunsrück *m*

**Hupe** ['hu:pə] <-, -n> *f* clacson *m*

**hupen** ['hu:pən] *vi* sonare il clacson

**hüpfen** ['hʏpfən] *vi sein* (*südd, A*) saltellare

**Hürde** ['hʏrdə] <-, -n> *f* ❶ (SPORT) ostacolo *m* ❷ (*Einzäunung*) graticolato *m* ❸ (*fig: Hindernis*) ostacolo *m;* **eine ~ nehmen** superare un ostacolo; (*fig*) superare una difficoltà **Hürdenlauf** *m* (SPORT) corsa *f* a ostacoli

**Hürdenläufer**(**in**) *m(f)* (SPORT) ostacolista *mf*

**Hure** ['hu:rə] <-, -n> *f* (*pej*) prostituta *f,* puttana *f vulg* **Hurensohn** *m* (*vulg*) figlio *m* di puttana

**hurra** [hʊ'ra: *o* 'hʊra] *int* urrà; **~ rufen** gridare evviva

**Hurrikan** ['hʊrika(:)n] <-s, -e> *m* uragano *m*

**husch** [hʊʃ] *int* su!, via!; **und ~!** e via!; **~ ins Bett!** su, via, a letto!

**huschen** ['hʊʃən] *vi sein* ❶ guizzare ❷ (*fig*) **über etw** *acc* **~** scivolare su qc

**hüsteln** ['hy:stəln] *vi* tossicchiare

**husten** ['hu:stən] *vi* tossire, avere la tosse **Husten** <-s, *rar* -> *m* tosse *f* **Hustenanfall** *m* colpo *m* di tosse **Hustenbonbon** <-s, -s> *nt* caramella *f* per la tosse **Hustenreiz** *m* stimolo *m* della tosse **Hustensaft** *m* sciroppo *m* per la tosse

**Hut**[1] [hu:t] <-(e)s, Hüte> *m* cappello *m;* **den ~ aufsetzen/abnehmen** mettersi/togliersi il cappello; **~ ab!** tanto di cappello!; **unter einen ~ bringen** (*fig*) mettere d'accordo; **da geht einem [ja] der ~ hoch** (*fam*) c'è da arrabbiarsi sul serio; **das ist ein alter ~** (*fig fam*) è una vecchia storia; **dein Geld kannst du dir an den ~ stecken!** (*fam*) i tuoi soldi, puoi tenerteli!

**Hut**[2] [hu:t] <> *kein Pl. f* (*geh*) **auf der ~ sein** stare in guardia

**hüten** ['hy:tən] I. *vt* ❶ sorvegliare, guardare, custodire ❷ (*Vieh*) pascolare ❸ (*fig: Geheimnis*) custodire; (*Zunge*) tenere a freno; **das Bett ~ [müssen]** [dover] stare a letto [per malattia]; **das Haus ~** stare in casa, non uscire di casa II. *vr* **sich ~** guardarsi

**Hüter**(**in**) <-s, -; -, -nen> *m(f)* ❶ guardiano, -a *m, f,* custode *mf* ❷ (*Hirt*) pastore, -a *m, f* ❸ (*fig*) salvaguardia *f*; **die ~ des Gesetzes** (*scherz: Polizisten*) la salvaguardia della legge

**Hutgeschäft** *nt* cappelleria *f* **Hutkrempe** *f* tesa *f* del cappello **Hutmacher**(**in**) *m(f)* cappellaio, -a *m, f,* modista *f* **Hutschnur** *f* **das geht mir über die ~** (*fam*) questo è [un po'] troppo

**Hütte** ['hʏtə] <-, -n> *f* ❶ (*kleines Haus*) capanna *f*; (*elende*) baracca *f*; (*im Gebirge*) baita *f,* rifugio *m;* (*Hunde~*) canile *m* ❷ (NAUT) cassero *m* ❸ (TEC, MIN: *~nwerk*) stabilimento *m* metallurgico **Hüttenarbeiter** *m* operaio *m* metallurgico **Hüttenkäse** *m* (GASTR) specie *f* di ricotta, cottage cheese *m*

**Hüttenkunde** *f* metallurgia *f*

**H-Vollmilch** ['ha:fɔlmɪlç] *kein Pl. f* latte *m* intero a lunga conservazione

**Hyäne** ['hyɛ:nə] <-, -n> *f* (ZOO) iena *f*

**Hyazinthe** [hya'tsɪntə] <-, -n> *f* (BOT) giacinto *m*

**Hybridauto** [hy'brɪt-] *nt* auto *f* [*o* machina *f*] ibrida, ibrida *f* **Hybridantrieb** *m* motore *m* ibrido **Hybridfahrzeug** *nt* veicolo *m* ibrido

**Hydrant** [hy'drant] <-en, -en> *m* idrante *m,* bocca *f* d'acqua

**Hydraulik** [hy'drauːlɪk] <-> *kein Pl. f* (TEC) idraulica *f*
**hydraulisch** *adj* idraulico
**hydrieren** [hy'driːrən] <ohne ge-> *vt* idrogenare
**Hydrodynamik** [hydrody'naːmɪk] *f* (PHYS) idrodinamica *f* **Hydrokultur** *f* (AGR) idrocultura *f* **Hydrotherapie** *f* (MED) idroterapia *f*
**Hygiene** [hy'gjeːnə] <-> *kein Pl. f* igiene *f* **Hygienepapier** <-s, -e> *nt* carta *f* igienica
**hygienisch** *adj* igienico
**Hymen** ['hyːmən] <-s, -> *mnt* (ANAT) imene *m*
**Hymne** ['hʏmnə] <-, -n> *f* inno *m*
**Hyperbel** [hy'pɛrbəl] <-, -n> *f* (MAT, LING) iperbole *f*
**Hyperlink** <-s, -s> *m* (INFORM) link *m*
**hypernervös** *adj* ipernervoso, nevrotico
**Hypertext** *m* (INFORM) ipertesto *m*
**Hypnose** [hʏp'noːzə] <-, -n> *f* ipnosi *f*; **unter ~ stehen** essere in stato d'ipnosi
**hypnotisch** [hʏp'noːtɪʃ] *adj* ipnotico
**Hypnotiseur(in)** [hʏpnotiˈzøːɐ, *Pl:* hʏpnotiˈzøːrən] <-s, -e; -, -nen> *m(f)* ipnotizzatore, -trice *m, f*
**hypnotisieren** [hʏpnotiˈziːrən] <ohne ge-> *vt* ipnotizzare

**Hypochonder** [hypoˈxɔndɐ] <-s, -> *m* (MED) ipocondriaco *m*
**Hypochondrie** [hypoxɔnˈdriː] <-> *kein Pl. f* (MED) ipocondria *f*
**hypochondrisch** [hypoxɔnˈdrɪʃ] *adj* ipocondriaco; **~e Züge** caratteristiche ipocondriache
**Hypophyse** [hypoˈfyːzə] <-, -n> *f* (ANAT) ipofisi *f*
**Hypotenuse** [hypoteˈnuːzə] <-, -n> *f* (MAT) ipotenusa *f*
**Hypothek** [hypoˈteːk] <-, -en> *f* (FIN, JUR) ipoteca *f*; **erste/zweite ~** ipoteca di primo/secondo rango; **eine ~ auf etw** *acc* **aufnehmen** accendere un'ipoteca su qc; **mit einer ~ belasten** gravare di un'ipoteca **Hypothekenbank** *f* banca *f* di credito ipotecario **Hypothekenbrief** *m* titolo *m* ipotecario **hypothekenfrei** *adj* libero da ipoteche **Hypothekenschuld** *f* debito *m* ipotecario
**Hypothese** [hypoˈteːzə] <-, -n> *f* ipotesi *f*; **eine ~ aufstellen** fare un'ipotesi
**hypothetisch** [hypoˈteːtɪʃ] *adj* ipotetico
**Hysterie** [hʏsteˈriː] <-, -n> *f* (MED) isteria *f*, isterismo *m*
**hysterisch** [hʏsˈteːrɪʃ] *adj* isterico
**Hz** *abk v* **Hertz** Hz

---

# I i

**I, i** [iː] <-, -(s)> *nt* I, i *f*; **I wie Ida** I come Imola
**i** [iː] *int* oh!, eh!; **~ wo!** ma va! *fam*
**I** *abk v* **Italien** I
**i. A.** *abk v* **im Auftrag** per incarico di
**ib., ibid, ibid.** *abk v* **ibidem** ib., ibid
**iberisch** [iˈbeːrɪʃ] *adj* iberico; **die Iberische Halbinsel** la penisola iberica
**ibidem** (*ebenda, ebendort*) ibidem
**IBM kompatibel** *adj* (INFORM) compatibile con IBM
**IC** [iːˈtseː] <-(s), -(s)> *m abk v* **Intercity** IC *m*
**ICE** [iːtseːˈʔeː] <-(s), -s> *m abk v* **Intercity-Express** treno ad alta velocità
**ich** [ɪç] *pron pers* (*1. pers sing*) io; **~ für meine Person** quanto a me, per me; **~ selbst** io stesso; **hier bin ~!** eccomi!; **~ Ärmster!** povero me!; **~ Idiot!** che stupido sono! *fam*

**Ich** <-(s), -(s)> *nt* **das ~** l'io *m*; **mein zweites ~** il mio alter ego
**Ich-AG** *f* ditta *f* individuale (*finanziamento pubblico concesso ai disoccupati per la creazione di una società individuale*)
**ichbezogen** ['ɪçbəzoːɡən] *adj* egocentrico
**Icon** <-s, -s> *nt* (INFORM) icona *f* [di applicazione]
**IC-Zuschlag** [iːˈtseːˈtsuːʃlaːk, *Pl:* iːˈtseːˈtsuːʃlɛːɡə] <-(e)s, IC-Zuschläge> *m* supplemento *m* speciale [*o* rapido]
**ideal** [ideˈaːl] *adj* ideale
**Ideal** <-s, -e> *nt* ideale *m* **Idealfall** *m* caso *m* ideale **Idealgewicht** *nt* peso *m* forma
**idealisieren** [ideali'ziːrən] <ohne ge-> *vt* idealizzare
**Idealismus** [ideaˈlɪsmʊs] <-> *kein Pl. m* idealismo *m*

**Idealist(in)** [idea'lɪst] <-en, -en; -, -nen> m(f) idealista mf
**idealistisch** adj idealistico, idealista
**Idee** [i'de:] <-, -n> f idea f; **geniale ~** idea brillante; **voller ~n stecken** essere pieno di idee; **das ist eine fixe ~ von ihm** è una sua idea fissa; **wie kommst du denn auf die ~?** come ti è venuta quest'idea?; **das bringt mich auf eine ~!** mi fa venire un'idea!; **eine ~ [Salz]** un'idea [di sale]
**ideell** [ide'ɛl] adj ideale
**ideenreich** [i'de:ənraɪç] adj ricco d'idee
**Identifikation** [idɛntifika'tsi̯o:n] <-, -en> f (PSYCH) identificazione f
**identifizieren** [idɛntifi'tsi:rən] <ohne ge-> vt identificare
**Identifizierung** <-, -en> f identificazione f
**identisch** [i'dɛntɪʃ] adj [mit jdm/etw] **~ sein** essere identico a qc/qc
**Identität** [idɛnti'tɛ:t] <-> kein Pl. f identità f **Identitätskarte** f (CH: Personalausweis) carta f d'identità **Identitätskrise** f crisi f d'identità **Identitätsverlust** m (PSYCH) perdita f della propria identità
**Ideologe** [ideo'lo:gə] <-n, -n> m ideologo m
**Ideologie** [ideolo'gi:] <-, -n> f ideologia f
**Ideologin** [ideo'lo:gɪn] <-, -nen> f ideologa f
**Ideologiekritik** f critica f ideologica
**ideologiekritisch** adj critico ideologico
**ideologisch** [ideo'lo:gɪʃ] adj ideologico
**Idiom** [i'djo:m] <-s, -e> nt (LING) ① (Jargon) dialetto m, idioma m ② (Wendung) espressione f idiomatica
**idiomatisch** [idi̯o'ma:tɪʃ] adj (LING) idiomatico
**Idiot(in)** [i'di̯o:t] <-en, -en; -, -nen> m(f) idiota mf; (fam) stupido, -a m, f
**Idiotenhügel** m (fam scherz) pendio m per sciatori principianti **idiotensicher** adj (fam scherz) di semplicissimo impiego
**Idiotie** [idi̯o'ti:] <-, -n> f (MED, fam pej) idiozia f
**Idiotin** f s. **Idiot**
**idiotisch** adj idiota; (fam) stupido
**Idol** [i'do:l] <-s, -e> nt idolo m
**Idyll** [i'dʏl] <-s, -e> nt idillio m
**Idylle** [i'dʏlə] <-, -n> f (LIT) idillio m
**idyllisch** adj idilliaco
**i. e.** abk v **id est** ie
**IG** f abk v **Industriegewerkschaft** sindacato industriale
**Igel** ['i:gəl] <-s, -> m (ZOO) riccio m
**igitt** [i'gɪt] int oh, che schifo
**Iglu** ['i:glu] <-s, -s> m o nt iglù m

**Ignorant(in)** [ɪgno'rant] <-en, -en; -, -nen> m(f) ignorante mf
**Ignoranz** [ɪgno'rants] <-> kein Pl. f ignoranza f
**ignorieren** [ɪgno'ri:rən] <ohne ge-> vt ① (nicht wissen wollen) ignorare ② (nicht beachten) trascurare
**IHK** [i:ha:'ka:] <-> kein Pl. f abk v **Industrie- und Handelskammer** camera dell'industria e del commercio
**ihm** [i:m] pron pers dat von **er, es** (betont) a lui; (unbetont) gli
**ihn** [i:n] pron pers acc von **er** (betont) lui; (unbetont) lo, l'
**ihnen** ['i:nən] pron pers Pl, dat von **sie** (betont) a loro; (unbetont) loro, gli
**Ihnen** pron pers ① Sing, dat von **Sie** (betont) a Lei; (unbetont) Le ② Pl, dat von **Sie** (betont) a voi; (unbetont) Vi
**ihr** [i:ɐ̯] I. pron pers ① (2. pers pl) voi ② Sing, dat von **sie** (betont) a lei; (unbetont) le II. pron poss a. attr ① Sing, von **sie** suo, -a m, f, suoi mpl, sue fpl ② Pl, von **sie** loro
**Ihr** pron poss a. attr ① Sing, von **Sie** Suo, -a m, f, Suoi mpl, Sue fpl ② Pl, von **Sie** Loro, Vostro
**ihre(r, s)** ['i:rə, -re, -rəs] pron poss (substantivisch) ① Sing, von **sie** il suo m, la sua f, i suoi pl, le sue pl ② Pl, von **sie** il loro m, la loro f, i loro pl, le loro pl
**Ihre(r, s)** pron poss (substantivisch) ① Sing, von **Sie** il Suo m, la Sua f, i Suoi pl, le Sue pl ② Pl, von **Sie** il Loro [o Vostro], la Loro [o Vostra], i Loro [o Vostri] pl, le Loro [o Vostre] pl
**ihrer** pron pers ① Sing, gen von **sie** di lei ② Pl, gen von **sie** di essi m, di esse f; s. a. **ihre(r, s)**
**Ihrer** pron pers ① Sing, gen von **Sie** di Lei ② Pl, gen von **Sie** di Loro, di Voi; s. a. **Ihre(r, s)**
**ihrerseits** ['i:rɐzaɪts] adv ① Sing. da parte sua ② pl da parte loro
**Ihrerseits** adv da parte Sua
**ihres, Ihres** pron poss s. **ihre(r, s), Ihre(r, s)**
**ihresgleichen** ['i:rəs'glaɪçən] <inv> pron ① Sing. suo pari, gente come lei ② pl loro pari, gente come loro
**Ihresgleichen** <inv> pron pari Suo, gente come Lei
**ihretwegen** ['i:rətve:gən] adv ① Sing. per causa sua, per lei; (negativ) per colpa sua ② pl per [causa] loro; (negativ) per colpa loro

**Ihretwegen** *adv* per causa Sua, per Lei; (*negativ*) per colpa Sua

**ihretwillen** ['iːrətˈvɪlən] *adv* ❶ *Sing.* **um ~** per lei, per amor suo ❷ *pl* **um ~** per loro, per amor loro

**Ihretwillen** *adv* **um ~** per Lei, per amor Loro

**ihrige(r, s)**, **Ihrige(r, s)** *pron poss* (*obs, geh*) *s.* **ihre(r, s)**, **Ihre(r, s)**

**i. J.** *abk v* **im Jahre** nell'anno

**Ikone** [iˈkoːnə] <-, -n> *f* icona *f*

**illegal** [ˈɪleɡaːl] *adj* illegale

**Illegalität** <-, -en> *f* illegalità *f*

**illegitim** [ˈɪleɡitiːm] *adj* illegittimo, illegale

**illoyal** [ˈɪlɔɪaːl] *adj* sleale, scorretto

**Illoyalität** [ˈɪlɔɪalɪtɛːt *o* ɪlɔɪaliˈtɛːt] <-> *kein Pl. f* slealtà *f*

**Illumination** [ɪlumina'tsjoːn] <-, -en> *f* illuminazione *f*

**illuminieren** [ɪlumiˈniːrən] <ohne ge-> *vt* illuminare

**Illusion** [ɪluˈzjoːn] <-, -en> *f* (OPT) illusione *f;* **sich** *dat* **~ en machen über jdn/etw** farsi illusioni su qu/qc

**illusionär** [ɪluzjoˈnɛːɐ̯] *adj* illusorio, irreale

**illusorisch** [ɪluˈzoːrɪʃ] *adj* illusorio

**Illustration** [ɪlʊstraˈtsjoːn] <-, -en> *f* illustrazione *f*

**illustrieren** [ɪlʊsˈtriːrən] <ohne ge-> *vt* illustrare **illustriert** *adj* illustrato **Illustrierte** <-n, -n> *f* rivista *f* illustrata

**Iltis** [ˈɪltɪs] <-ses, -se> *m* (ZOO) puzzola *f*

**im** [ɪm] = **in dem** *s.* **in**

**Image** [ˈɪmɪtʃ] <-(s), -s> *nt* immagine *f* **Imagepflege** *f* cura *f* della propria immagine **Imageverlust** *m* perdita *f* della propria immagine

**imaginär** [imagiˈnɛːɐ̯] *adj* immaginario

**Imbiss** [ˈɪmbɪs] <-es, -e> *m* ❶ (*kleine Mahlzeit*) spuntino *m* ❷ (*Lokal*) chiosco *m* per spuntini **Imbissstand** *m* chiosco *m* **Imbissstube** *f* tavola *f* calda

**Imitat** [imiˈtaːt] <-(e)s, -e> *nt* imitazione *f*

**Imitation** [imitaˈtsjoːn] <-, -en> *f* imitazione *f*

**Imitator(in)** [imiˈtaːtoːɐ̯] <-s, -en; -, -nen> *m(f)* imitatore, -trice *m, f*

**imitieren** [imiˈtiːrən] <ohne ge-> *vt* imitare

**Imker(in)** [ˈɪmkɐ] <-s, -; -, -nen> *m(f)* (AGR) apicoltore, -trice *m, f*

**Immatrikulation** [ɪmatrikulaˈtsjoːn] <-, -en> *f* ❶ (*an einer Hochschule*) immatricolazione *f* ❷ (*CH: Kraftfahrzeug*) immatricolazione *f*

**immatrikulieren** [ɪmatrikuˈliːrən] <ohne ge-> *vt* ❶ (*Hochschule*) immatricolare, iscrivere ❷ (*CH: Kraftzeug*) immatricolare, iscrivere

**Imme** [ˈɪmə] <-, -n> *f* (*obs, poet*) ape *f*

**immens** [ɪˈmɛns] *adj* immenso, enorme

**immer** [ˈɪmɐ] *adv* sempre; **wann auch ~** in qualsiasi momento +*conj;* **was auch ~** qualunque cosa +*conj;* **wer auch ~** chiunque +*conj;* **wie auch ~** in qualunque modo +*conj;* **wo auch ~** dovunque +*conj;* **für ~** per sempre; **noch ~ , ~ noch** ancora [sempre]; **schon ~** da sempre; **~ mehr** sempre più; **~ , wenn …** ogni volta che …, tutte le volte che …; **~ wieder** sempre

**immergrün** *adj* (BOT) sempreverde **Immergrün** <-s, -e> *nt* (BOT) pervinca *f*

**immerhin** *adv* (*jedenfalls*) comunque; (*wenigstens*) almeno; **das ist ~ etwas** è già qualcosa; **er hat sich ~ entschuldigt** almeno si è scusato

**immerwährend** [ˈɪməˈvɛːrənt] *adj* (*geh*) sempre, continuamente

**immerzu** *adv* sempre, continuamente

**Immigrant(in)** [ɪmiˈgrant] <-en, -en; -, -nen> *m(f)* immigrante *mf,* immigrato, -a *m, f*

**Immigration** [ɪmigraˈtsjoːn] <-, -en> *f* immigrazione *f*

**immigrieren** [ɪmiˈgriːrən] <ohne ge-> *vi sein* immigrare

**Immobilien** [ɪmoˈbiːliən] *fPl.* immobili *mpl,* beni *mpl* immobili **Immobilienfonds** <-, -> *m* (FIN) immobilizzazioni *fpl,* fondo *m* [immobiliare] **Immobilienhändler(in)** *m(f)* immobiliarista *mf* **Immobilienmakler(in)** *m(f)* agente *mf* immobiliare **Immobilienmarkt** *m* mercato *m* immobiliare [*o* degli immobili]

**immun** [ɪˈmuːn] *adj* **~ [gegen etw] sein** essere immune [da qc]

**Immunabwehr** <-> *kein Pl. f* immunoreazione *f*

**immunisieren** [ɪmuniˈziːrən] <ohne ge-> *vt* immunizzare

**Immunisierung** [ɪmuniˈziːrʊŋ] <-, -en> *f* (MED) immunizzazione *f* (*gegen* contro)

**Immunität** [ɪmuniˈtɛːt] <-> *kein Pl. f* immunità *f*

**Immunschwäche** *f* (MED) immunodeficienza *f* **Immunsystem** <-s, -e> *nt* (MED) sistema *m* immunitario

**Imperativ** [ˈɪmperatiːf] <-s, -e> *m* (LING) imperativo *m*

**Imperfekt** [ˈɪmpɛrfɛkt] <-s, -e> *nt* (LING) imperfetto *m*

**Imperialismus** [ɪmperiaˈlɪsmʊs] <-, *rar* Imperialismen> *m* imperialismo *m*

**imperialistisch** *adj* imperialistico, imperialista
**Imperium** [ɪmˈpeːrium] <-s, Imperien> *nt* impero *m*
**impertinent** [ɪmpɛrtiˈnɛnt] *adj* (*geh: dreist*) impertinente
**Impertinenz** [ɪmpɛrtiˈnɛnts] <-, -en> *f* (*geh*) impertinenza *f*, insolenza *f*
**impfen** [ˈɪmpfən] *vt* vaccinare; **jdn/sich [gegen etw]** ~ fare il vaccino a qu/farsi il vaccino [contro qc]
**Impfling** [ˈɪmpflɪŋ] <-s, -e> *m* chi deve essere vaccinato
**Impfpass** [ˈɪmpfpas] *m* (MED) certificato *m* di vaccinazione **Impfpflicht** *f* vaccinazione *f* obbligatoria
**Impfpistole** *f* pistola *f* per vaccinazione
**Impfschein** *m* certificato *m* di vaccinazione
**Impfstoff** *m* vaccino *m*
**Impfung** <-, -en> *f* vaccinazione *f*
**Implantat** [ɪmplanˈtaːt] <-(e)s, -e> *nt* (MED) organo *m* per trapianto
**Implantation** [ɪmplantaˈtsjoːn] <-, -en> *f* (MED) impianto *m*, trapianto *m*
**implementieren** [ɪmplɛmɛnˈtiːrən] *vt* (INFORM) implementare
**implizit** [ɪmpliˈtsiːt] *adj* implicito
**imponieren** [ɪmpoˈniːrən] <ohne ge-> *vi* **jdm** ~ impressionare [*o* fare effetto su] qu
**imponierend** *adj* imponente
**Import** [ɪmˈpɔrt] <-(e)s, -e> *m* (COM) importazione *f*
**Importeur(in)** [ɪmpɔrˈtøːɐ] <-s, -e; -, -nen> *m(f)* importatore, -trice *m, f*
**importieren** [ɪmpɔrˈtiːrən] <ohne ge-> *vt* importare
**Importstopp** *m* (COM) blocco *m* delle importazioni
**Importzoll** <-(e)s, -zölle> *m* (COM) dazio *m* d'importazione
**imposant** [ɪmpoˈzant] *adj* imponente
**impotent** [ˈɪmpotɛnt] *adj* (MED) impotente
**Impotenz** [ˈɪmpotɛnts] <-> *kein Pl. f* (MED) impotenza *f*
**imprägnieren** [ɪmprɛˈgniːrən] <ohne ge-> *vt* ① (*durchtränken*) **etw [mit etw]** ~ impregnare qc [di qc] ② (*wasserdicht machen*) impermeabilizzare; **Kleidung/Schuhe mit etw** ~ impermeabilizzare i vestiti/le scarpe con qc
**Impressionismus** [ɪmprɛsjoˈnɪsmʊs] <-> *kein Pl. m* (KUNST, LIT, MUS) impressionismo *m*
**Impressionist(in)** [ɪmprɛsjoˈnɪst] <-en, -en; -, -nen> *m(f)* (KUNST) impressionista *mf*
**impressionistisch** [ɪmprɛsjoˈnɪstɪʃ] *adj* impressionista

**Impressum** [ɪmˈprɛsʊm] <-s, Impressen> *nt* (TYP) colofone *m*, colophon *m*
**Improvisation** [ɪmproviza'tsjoːn] <-, -en> *f* improvvisazione *f*
**improvisieren** [ɪmproviˈziːrən] <ohne ge-> *vi, vt* improvvisare
**Impuls** [ɪmˈpʊls] <-es, -e> *m* (PHYS) impulso *m*
**impulsiv** [ɪmpʊlˈziːf] *adj* impulsivo
**imstande** [ɪmˈʃtandə] *adj* ~ **sein etw zu tun** (*fähig*) essere capace di fare qc; (*in der Lage*) essere in grado di fare qc
**in** [ɪn] I. *adj* (*fam*) ~ **sein** essere in II. *prp* +*acc o dat* in, a; **ins Kino/Museum/Theater gehen** andare al cinema/al museo/a teatro; **im Garten** in giardino; **im Regen** sotto la pioggia; **im ersten Stock** al primo piano; ~ **der Hand/Tasse/Kiste** in mano/nella tazza/nella cassa; ~ **dem** [*o* **im**] **Zimmer/Haus/Gebiet/Land** in camera/in casa/nella regione/nel paese; ~ **der Stadt** in città; ~ **Rom** a Roma; ~ **Deutschland** in Germania; **im Anfang** all'inizio, al principio; **im Alter von ...** all'età di ...; ~ **der Nacht** nella notte; ~ **der nächsten Woche** la settimana prossima; **im Mai** in [*o* a] maggio; **im Frühling** in [*o* a] primavera; **im Sommer/Herbst/Winter** d'[*o* in] estate/autunno/inverno; ~ **diesem Jahr** quest'anno; ~ **zehn Jahren** (*nach Ablauf von*) tra dieci anni; (*während*) in dieci anni; **im Jahre 1970** nel 1970; ~ **Eile** in fretta; **dieses Rätsel hat es** ~ **sich** (*dat*) questo enigma è difficile; **der Schnaps hat es** ~ **sich!** (*fam*) l'acquavite è forte!
**inaktiv** [ˈɪnʔaktiːf] *adj* inattivo
**inakzeptabel** [ɪnʔtsɛpˈtaːbəl] *adj* inaccettabile
**Inanspruchnahme** [ɪnʔanʃprʊxnaːmə] <-, -n> *f* (*form*) ① (*Nutzung*) utilizzazione *f*; (*von Hilfsquellen*) fruizione *f*; ~ **eines Kredits** utilizzo di un credito ② (*von Menschen*) ricorso *m*; ~ **von Unterstützung** ricorso ad un aiuto
**Inbegriff** [ˈɪnbəgrɪf] *m* incarnazione *f*
**inbegriffen** *adj* compreso, incluso
**Inbetriebnahme** *f* messa *f* in servizio
**Inbrunst** [ˈɪnbrʊnst] <-> *kein Pl. f* fervore *m*, ardore *m* **inbrünstig** [ˈɪnbrʏnstɪç] *adj* (*geh*) fervido, ardente
**Inbusschlüssel®** [ˈɪnbʊsʃlʏsəl] <-s, -> *m* (TEC) chiave per vite ad esagono incassato
**indem** [ɪnˈdeːm] *konj* ① (*während*) mentre ② (*dadurch, dass*) **er bleibt in Form,** ~ **er ständig trainiert** si mantiene in forma allenandosi continuamente

**Inder** (in) ['ɪndɐ] <-s, -; -, -nen> *m(f)* indiano, -a *m, f,* indù *mf*

**indes|sen** [ɪn'dɛs(ən)] *adv* ① (*zeitlich*) intanto, nel frattempo ② (*einräumend*) tuttavia, nondimeno

**Index** ['ɪndɛks] <-(es), -e *o* Indizes *o* Indices> *m* ① (MAT, COM) indice *m* ② (REL) elenco *m*

**Indian** <-s, -e> *m* (*A: Truthahn*) tacchino *m*

**Indianer** (in) [ɪndi'aːnɐ] <-s, -; -, -nen> *m(f)* indiano, -a *m, f*

**Indianerstamm** *m* tribù *f* indiana **indianisch** *adj* indiano

**Indien** ['ɪndiən] *nt* India *f*, Indie *fpl*

**indifferent** ['ɪndɪfərɛnt *o* ɪndɪfə'rɛnt] *adj* ① (PHYS) indifferente; (CHEM) neutro, inerte ② (*geh: teilnahmslos, gleichgültig*) indifferente, inerte

**indigniert** [ɪndɪ'gniːɐt] *adj* (*geh*) indignato

**Indikation** [ɪndika'tsjoːn] <-, -en> *f* (MED, JUR) indicazione *f*; **medizinische ~** indicazione clinica; **soziale ~** indicazione sociale per l'interruzione di gravidanza

**Indikativ** ['ɪndikatiːf] <-s, -e> *m* (LING) indicativo *m*

**Indikator** [ɪndi'kaːtoːɐ] <-s, -en> *m* indicatore *m*; **als ~ für etw gelten** valere come indicatore per qc

**indirekt** ['ɪndɪrɛkt] *adj* indiretto

**indisch** ['ɪndɪʃ] *adj* indiano, indù

**indiskret** ['ɪndɪskreːt] *adj* indiscreto

**Indiskretion** [ɪndɪskre'tsjoːn] <-, -en> *f* indiscrezione *f*

**indiskutabel** ['ɪndɪskutaːbəl *o* ɪndɪsku'taːbəl] *adj* indiscutibile, fuori discussione; **deine Idee ist ~** la tua idea è fuori discussione [*o* inammissibile]

**Individualismus** [ɪndividua'lɪsmʊs] <-> *kein Pl. m* individualismo *m*

**Individualist** (in) [ɪndividua'lɪst] <-en, -en; -, -nen> *m(f)* individualista *mf*

**Individualität** [ɪndividuali'tɛːt] <-, -en> *f* individualità *f*

**Individualverkehr** [ɪndividu'alfɛɐkeːɐ̯] <-s> *kein Pl. m* (ADM) traffico *m* di mezzi privati

**individuell** [ɪndivi'duɛl] *adj* individuale

**Individuum** [ɪndi'viːduʊm] <-s, Individuen> *nt* individuo *m*

**Indiz** [ɪn'diːts] <-es, -ien> *nt* indizio *m*; **~ für etw sein** essere indizio di qc

**Indizes** *Pl. von* **Index**

**Indizien** [ɪn'diːtsiən] *Pl. von* **Indiz Indizienbeweis** *m* prova *f* indiziaria

**Indochina** [ɪndo'çiːna] *nt* Indocina *f*

**indogermanisch** *adj* indogermanico

**Indonesien** [ɪndo'neːziən] *nt* Indonesia *f*

**Indonesier** (in) <-s, -; -, -nen> *m(f)* indonesiano, -a *m, f*

**indonesisch** *adj* indonesiano

**indossieren** [ɪndɔ'siːrən] <ohne ge-> *vt* (FIN) girare

**Induktion** [ɪndʊk'tsjoːn] <-, -en> *f* (PHILOS, TEC, BIOL) induzione *f* **Induktionsherd** *m* fornello *m* a induzione **induktiv** [ɪndʊk'tiːf] *adj* (TEC, PHILOS) induttivo; **~e Methode** metodo induttivo

**industrialisieren** [ɪndʊstriali'ziːrən] <ohne ge-> *vt* industrializzare

**Industrialisierung** <-, -en> *f* industrializzazione *f*

**Industrie** [ɪndʊs'triː] <-, -n> *f* industria *f*; **chemische ~** industria chimica; **eisen-/holzverarbeitende ~** industria siderurgica/della lavorazione del legno; **verarbeitende ~** industria di trasformazione **Industrieabwässer** *ntPl.* acque *fpl* di scarico industriali **Industriebetrieb** *m* azienda *f* industriale **Industrieerzeugnis** *nt* prodotto *m* industriale, manufatto *m* **Industriegebiet** *nt* zona *f* industriale **Industriegelände** *nt* terreno *m* [*o* zona *f*] industriale **Industriegesellschaft** <-, -en> *f* società *f* industriale **Industriegewerkschaft** *f* sindacato *m* industriale **Industrieland** *nt* paese *m* industriale

**industriell** [ɪndʊstri'ɛl] *adj* industriale

**Industriemüll** *kein Pl. m* rifiuti *mpl* industriali

**Industriestaat** *m* stato *m* industriale

**Industriestadt** *f* città *f* industriale **Industriestandort** *m* area *f* industriale **Industrie- und Handelskammer** *f* camera *f* dell'industria e del commercio **Industriezweig** *m* branca *f* dell'industria

**ineffektiv** *adj* inefficace

**ineffizient** *adj* inefficiente **Ineffizienz** ['ɪnɛfitsiɛnts *o* ɪnɛfi'tsiɛnts] <-, -en> *f* (COM) inefficienza *f*

**ineinander** [ɪn?aɪ'nandɐ] *adv* l'uno nell'altro, l'un l'altro, reciprocamente; **sie waren ~ verliebt** erano innamorati l'uno dell'altra; **~ übergehen** (*Farben*) confondersi

**ineinander|greifen** <irr> *vi* (*Zahnräder*) ingranare; (*fig: Faktoren*) intrecciarsi

**infam** [ɪn'faːm] *adj* infame, svergognato

**Infamie** [ɪnfa'miː, *Pl:* ɪnfa'miːən] <-, -n> *f* infamia *f*

**Infanterie** ['ɪnfant(ə)riː] <-, -n> *f* (MIL) fanteria *f*

**Infanterist** [ɪnfantəˈrɪst] <-en, -en> m (MIL) fante m, soldato m di fanteria
**infantil** [ɪnfanˈtiːl] adj infantile
**Infarkt** [ɪnˈfarkt] <-(e)s, -e> m (MED) infarto m
**Infektion** [ɪnfɛkˈtsi̯oːn] <-, -en> f (MED) infezione f **Infektionsgefahr** <-, -en> f (MED) pericolo m d'infezione **Infektionsherd** m focolaio m d'infezione **Infektionskrankheit** f malattia f infettiva
**infektiös** [ɪnfɛkˈtsi̯øːs] adj (MED) infettivo, contagioso; **~e Krankheit** malattia infettiva
**Inferno** [ɪnˈfɛrno] <-s> kein Pl. nt inferno m
**infiltrieren** [ɪnfɪlˈtriːrən] <ohne ge-> vt (eindringen) infiltrare (in +acc in); (einflößen) instillare
**Infinitiv** [ˈɪnfinitiːf] <-s, -e> m (LING) infinito m
**infizieren** [ɪnfiˈtsiːrən] <ohne ge-> vt infettare
**in flagranti** [ɪn flaˈɡranti] adv in flagrante
**Inflation** [ɪnflaˈtsi̯oːn] <-, -en> f (FIN, COM) inflazione f
**inflationär** [ɪnflatsi̯oˈnɛːɐ̯] adj (FIN) inflazionistico
**Inflationsrate** f tasso m d'inflazione **Inflationsspirale** f spirale f inflazionistica
**Info** [ˈɪnfo] <-s, -s> nt (fam) foglietto m informativo
**infolge** [ɪnˈfɔlɡə] prp +gen in seguito a, a causa di
**infolgedessen** [ɪnfɔlɡəˈdɛsən] adv perciò, per questa ragione
**Informatik** [ɪnfɔrˈmaːtɪk] <-> kein Pl. f informatica f
**Informatiker(in)** <-s, -; -, -nen> m(f) informatico m, studioso, -a m, f di informatica
**Information** [ɪnfɔrmaˈtsi̯oːn] <-, -en> f informazione f; (Nachricht) notizia f; **~en einholen** raccogliere informazioni
**Informationsaustausch** <-(e)s> kein Pl. m scambio m di informazioni **Informationsgesellschaft** <-, -en> f società f dell'informazione **Informationsmaterial** <-s, -ien> nt materiale m informativo **Informationstechnologie** f tecnologia f dell'informazione
**informativ** [ɪnfɔrmaˈtiːf] adj informativo
**informell** [ˈɪnfɔrmɛl] adj ❶ (ohne Formalitäten) informale ❷ (informatorisch) informativo
**informieren** [ɪnfɔrˈmiːrən] <ohne ge-> I. vt jdn [über etw acc] ~ informare qu [di qc]; **über etw acc informiert sein** essere a conoscenza di qc II. vr **sich [über etw acc] ~** informarsi [su qc]
**Infotainment** <-s, -s> nt (TV) infotainment m, spettacolo che unisce informazione e intrattenimento
**infrage** adv **~ kommen** essere preso in considerazione; **etw ~ stellen** mettere qc in dubbio
**infrarot** [ˈɪnfraroːt] adj (PHYS) infrarosso **Infrarotbestrahlung** f (MED) applicazione f di raggi infrarossi **Infrarotlicht** kein Pl. nt luce f infrarossa
**Infrastruktur** [ˈɪnfraʃtruktuːɐ̯] f infrastruttura f
**Infusion** [ɪnfuˈzi̯oːn] <-, -en> f (MED) fleboclisi f
**Ing.** abk v **Ingenieur(in)** ing.
**Ingenieur(in)** [ɪnʒeˈni̯øːɐ̯] <-s, -e ; -, -nen> m(f) ingegnere m; **leitender ~** ingegnere [in] capo
**Ingenieurbüro** nt ufficio m d'ingegneria
**Ingenieurin** f s. **Ingenieur**
**Ingrediens** [ɪnˈɡreːdi̯ɛns, Pl: ɪnɡreˈdi̯ɛntsi̯ən] <-, Ingredienzien> nt ingrediente m
**Ingredienz** [ɪnɡreˈdi̯ɛnts] <-, -en> f meist pl ingrediente m
**Ingrimm** [ˈɪnɡrɪm] m (geh) rancore m, risentimento m
**Ingwer** [ˈɪŋvɐ] <-s, -> m (BOT) zenzero m
**Inh.** abk v **Inhaber(in)** titolare
**Inhaber(in)** [ˈɪnhaːbɐ] <-s, -; -, -nen> m(f) ❶ proprietario, -a m, f; (Besitzer) possessore m, possiditrice f; (von Geschäft a) principale mf; (von Gaststätte) proprietario, -a m, f ❷ (von Amt, Ausweis) titolare mf; (von Aktie) detentore, -trice m, f; (FIN) portatore, -trice m, f
**Inhaberaktie** <-, -n> f (FIN) azione f al portatore
**inhaftieren** [ɪnhafˈtiːrən] <ohne ge-> vt arrestare, imprigionare
**Inhalation** [ɪnhalaˈtsi̯oːn] <-, -en> f (MED) inalazione f
**inhalieren** [ɪnhaˈliːrən] <ohne ge-> I. vt inalare II. vi fare inalazioni
**Inhalt** [ˈɪnhalt] <-(e)s, -e> m ❶ contenuto m; **zum ~ haben** avere per soggetto ❷ (MAT: Raum~) volume m; (Flächen~) area f ❸ (~sverzeichnis) indice m **inhaltlich** I. adj contenutistico II. adv per quanto riguarda il contenuto, di contenuto **Inhaltsangabe** f sommario m, riassunto m
**Inhaltserklärung** f (COM: bei einer Postsendung) la dichiarazione del contenuto [di un pacchetto] **inhalt[s]los** adj vuoto, superficiale **inhalt[s]reich** adj sostanziale;

(*bedeutsam*) significativo **Inhaltsübersicht** *f,* **Inhaltsverzeichnis** *nt* indice *m*
**inhuman** ['ɪnhumaːn *o* ɪnhu'maːn] *adj* (*geh*) disumano
**Initiale** [inits̩'aːlə] <-, -n> *f* iniziale *f*
**Initialzündung** [ini'tsjaːltsʏndʊŋ] <-, -en> *f* (TEC) carica *f* d'innesco
**Initiative** [inits̩a'tiːvə] <-, -n> *f* ❶ (*erster Schritt*) iniziativa *f;* **die ~ ergreifen** prendere l'iniziativa; **aus eigener ~** di propria iniziativa ❷ (*Entschlusskraft*) intraprendenza *f,* spirito *m* d'iniziativa ❸ (PARL) iniziativa *f* popolare ❹ (*CH:* JUR: *Volksbegehren*) proposta *f* di legge di iniziativa popolare
**Initiator(in)** [ini'tsjaːtoːɐ̯] <-s, -en; -, -nen> *m(f)* iniziatore, -trice *m, f,* promotore, -trice *m, f*
**Injektion** [ɪnjɛk'tsjoːn] <-, -en> *f* (MED) iniezione *f,* puntura *f*
**injizieren** [ɪnji'tsiːrən] <ohne ge-> *vt* iniettare
**Inka** ['ɪŋka] <-s, -s> *mf* (HIST) inca *mf*
**Inkasso** [ɪn'kaso] <-s, -s *o* Inkassi> *nt* (FIN) incasso *m*
**inkl.** *abk v* **inklusive** incl.
**inklusive** [ɪnklu'ziːvə] *prp +gen* incluso, compreso
**inkognito** [ɪn'kɔgnito] *adv* in incognito
**Inkognito** <-s, -s> *nt* incognito *m*
**inkohärent** ['ɪnkohɛrɛnt *o* ɪnkohɛ'rɛnt] *adj* incoerente
**Inkohärenz** ['ɪnkohɛrɛnts *o* ɪnkohɛ'rɛnts] <-, -en> *f* incoerenza *f*
**inkompatibel** ['ɪnkɔmpatiːbəl] *adj* (INFORM, JUR) incompatibile
**Inkompatibilität** [ɪnkɔmpatibili'tɛːt] <-, -en> *f* (INFORM, JUR) incompatibilità *f*
**inkompetent** ['ɪnkɔmpetɛnt] *adj* incompetente
**Inkompetenz** ['ɪnkɔmpetɛnts] <-, -en> *f* incompetenza *f*
**inkonsequent** *adj* inconseguente
**Inkonsequenz** *f* inconseguenza *f*
**inkonsistent** ['ɪnkɔnzɪstɛnt *o* ɪnkɔnzɪs'tɛnt] *adj* (*a.* PHILOS) inconsistente
**Inkonsistenz** ['ɪnkɔnzɪstɛnts *o* ɪnkɔnzɪs'tɛnts] <-, -en> *f* (PHILOS) inconsistenza *f*
**inkorrekt** ['ɪnkɔrɛkt] *adj* erroneo, scorretto
**Inkraftsetzung** [ɪn'kraftzɛtsʊŋ] <-, -en> *f* messa *f* in vigore [*o* in atto]
**Inkrafttreten** [ɪn'krafttreːtən] <-s> *kein Pl. nt* (JUR, ADM) entrata *f* in vigore
**Inkubation** [ɪnkuba'tsjoːn] <-, -en> *f* (MED, ZOO) incubazione *f*
**Inkubationszeit** *f* (MED) periodo *m* d'incubazione

**Inland** ['ɪnlant] *kein Pl. nt* interno *m* [del paese]; **im In- und Ausland** nel paese stesso e all'estero
**Inlandflug** *m* volo *m* nazionale
**inländisch** ['ɪnlɛndɪʃ] *adj* interno; (*Erzeugnis*) nazionale, del paese
**Inlandsgespräch** *nt* (TEL) telefonata *f* nazionale **Inlandsmarkt** *m* mercato *m* interno
**Inlandsporto** *nt* affrancatura *f* per l'interno
**Inlett** ['ɪnlɛt] <-(e)s, -e *o* -s> *nt* federa *f* [per piumini]
**inliegend** *adj* (*form*) allegato, accluso
**Inliner** ['ɪnlaɪnɐ] *mPl.,* **Inlineskates** ['ɪnlaɪnskəɪts] *ntPl.* pattini *mpl* in linea **Inlineskating** *nt* inline skating *m,* pattinaggio *m* su rollerblade
**inmitten** [ɪn'mɪtən] *prp +gen* in mezzo a
**Inn** [ɪn] *m* (GEOG) Inn *m*
**inne|haben** ['ɪnəhaːbən] <irr> *vt* avere; (*Titel*) detenere; (*Amt, Stellung a*) occupare **inne|halten** <irr> *vi* arrestarsi; **~ mit ...** cessare di +*inf*
**innen** ['ɪnən] *adv* all'interno, dentro; **nach/von ~** verso/dall'interno **Innenansicht** *f* interno *m*
**Innenantenne** *f* (RADIO, TV) antenna *f* interna **Innenarchitekt(in)** *m(f)* architetto, -a *m, f* d'interni, arredatore, -trice *m, f* d'interni
**Innenausschuss** *m* commissione *f* interna **Innenausstattung** *f* arredamento *m* interno **Innendienst** *m* servizio *m* interno **Inneneinrichtung** *f* arredamento *m* [interno] **Innenhof** *m* cortile *m* interno **Innenleben** *nt* vita *f* interiore **Innenminister(in)** *m(f)* ministro, -a *m, f* degli interni **Innenministerium** *nt* ministero *m* degli interni **Innenpolitik** *f* politica *f* interna **innenpolitisch** *adj* di politica interna **Innenraum** *m* interno *m,* spazio *m* interno
**Innenraumdesign** <-s, -s> *nt* design *m* degli interni **Innenseite** *f* faccia *f* interna, lato *m* interno **Innenspiegel** *m* (MOT) specchietto *m* retrovisore **Innenstadt** *f* centro *m* [della città] **Innentemperatur** *f* temperatura *f* interna
**Innenwand** *f* parete *f* divisoria
**innerbetrieblich** I. *adj* interaziendale II. *adv* all'interno dell'azienda
**innerdeutsch** ['ɪnedɔɪtʃ] *adj* (HIST: *Angelegenheit, Handel*) interno tedesco; **die ~e Grenze** il confine interno tedesco
**innere(r, s)** ['ɪnərə, -re, -rəs] *adj* ❶ (*räumlich,* ADM, MED) interno, -a; **~ Angelegen-**

**heit** affare interno ❷ (*körperlich*) interno, -a ❸ (*geistig, seelisch*) intimo, -a

**Innere** ['ɪnərə] <ein -s, -n> *kein Pl. nt* ❶ (*räumlich*) interno *m*, centro *m;* **im ~ von** all'interno di ❷ (*fig*) viscere *fpl*, cuore *m;* **in meinem ~n** nel mio intimo

**Innereien** [ɪnə'raɪən] *fPl.* interiora *fpl*

**innerhalb** ['ɪnɛhalp] **I.** *prp* +gen ❶ (*örtlich*) all'interno di, in ❷ (*zeitlich*) nello spazio di, in **II.** *adv* all'interno, dentro

**innerlich** *adj* ❶ (*körperlich*) interiore, interno; **~ anzuwenden** per uso interno ❷ (*seelisch*) intimo **Innerlichkeit** <-> *kein Pl. f* interiorità *f*, profondità *f* di sentimenti

**innerparteilich** *adj o adv* all'interno del [*o* in seno al] partito

**innerste** *adj s.* **innerste(r, s)**

**Innerste** <ein -s, -n> *kein Pl. nt* **das ~** il centro, il nucleo; **tief im ~n** nel più profondo, nell'intimo; **bis ins ~ getroffen** colpito nel più profondo

**innerste(r, s)** ['ɪnɛstə, -tɛ, -təs] *adj Superlativ von* **innere** ❶ (*räumlich*) [il, la] più profondo, -a ❷ (*fig*) intimo, -a, [il, la] più profondo, -a, [il, la] più segreto, -a; **im ~n Herzen** nel più profondo dell'animo; **das ist meine ~ Überzeugung** [questa] è la mia intima convinzione

**innelwohnen** ['ɪnəvo:nən] *vi* (*geh*) essere insito (*+ dat* in)

**innig** ['ɪnɪç] *adj* ❶ (*herzlich*) cordiale ❷ (*stark*) fervido, ardente ❸ (*zärtlich*) tenero ❹ (*vertraut*) intimo **Innigkeit** <-> *kein Pl. f* ❶ (*Herzlichkeit*) cordialità *f* ❷ (*Intensität*) fervore *m*, ardore *m* ❸ (*Zärtlichkeit*) tenerezza *f* ❹ (*Vertrautheit*) intimità *f*

**Innovation** [ɪnova'tsi̯o:n] <-, -en> *f* innovazione *f*

**innovativ** [ɪnova'ti:f] *adj* (*Denken*) innovativo

**Innsbruck** ['ɪnsbrʊk] *nt* (GEOG) Innsbruck *f*

**Innung** ['ɪnʊŋ] <-, -en> *f* corporazione *f* artigianale

**inoffiziell** ['ɪnʔɔfits i̯ɛl] *adj* non ufficiale

**ins** [ɪns] = **in das** *s.* **in**

**Insasse** ['ɪnzasə] <-n, -n> *m,* **Insassin** ['ɪnzasɪn] <-, -nen> *f* ❶ (*von Fahrzeug*) occupante *mf* ❷ (*von Anstalt*) pensionante *mf*, ospite *mf*

**insbesondere** [ɪnsbə'zɔndərə] *adv* soprattutto, specialmente, particolarmente

**Inschrift** ['ɪnʃrɪft] *f* iscrizione *f*

**Insekt** [ɪn'zɛkt] <-(e)s, -en> *nt* insetto *m*

**Insektenfresser** <-s, -> *m* insettivoro *m*

**Insektenkunde** *f* entomologia *f*

**Insektenpulver** *nt* polvere *f* insetticida

**Insektenstich** *m* puntura *f* d'insetto

**Insektenvernichtungsmittel** *nt,* **Insektizid** [ɪnzɛkti'tsi:t] <-s, -e> *nt* insetticida *m*

**Insel** ['ɪnzəl] <-, -n> *f* isola *f* **Inselgruppe** *f* arcipelago *m*

**Inserat** [ɪnze'ra:t] <-(e)s, -e> *nt* inserzione *f*, annuncio *m;* **ein ~ aufgeben** fare un'inserzione

**Inserent(in)** [ɪnze'rɛnt] <-en, -en; -, -nen> *m(f)* inserzionista *mf*

**inserieren** [ɪnze'ri:rən] <ohne ge-> *vi* fare un'inserzione

**insgeheim** [ɪnsgə'haɪm] *adv* in segreto, di nascosto

**insgesamt** [ɪnsgə'zamt] *adv* (*im ganzen*) in tutto, in totale

**Insider** ['ɪnsaɪdɐ] <-s, -> *m* iniziato, -a *m, f*

**inskribieren** <ohne ge-> **I.** *vi* (A: *sich an einer Universität einschreiben*) immatricolarsi, iscriversi all'università **II.** *vt* (A: *ein Studienfach belegen*) iscriversi

**Inskription** [ɪnskrɪp'tsi̯o:n] <-, -en> *f* (A: *Anmeldung an einer Universität*) immatricolazione *f*, iscrizione *f* all'università

**insofern** [ɪnzo'fɛrn] **I.** *adv* fino a questo punto, a tale riguardo; **~, als …** nella misura in cui …, in quanto … **II.** *konj* per quanto, nella misura in cui

**insolvent** ['ɪnzɔlvɛnt *o* ɪnzɔl'vɛnt] *adj* (FIN) insolvente

**Insolvenz** ['ɪnzɔlvɛnts *o* ɪnzɔl'vɛnts] <-, -en> *f* (FIN) insolvenza *f*

**insoweit** [ɪnzo'vaɪt] *s.* **insofern**

**Inspekteur(in)** [ɪnspɛk'tø:ɐ̯, *Pl:* ɪnspɛk'tø:rə] <-s, -e; -, -nen> *m(f)* ispettore, -trice *m, f*, controllore *mf*

**Inspektion** [ɪnspɛk'tsi̯o:n] <-, -en> *f* ispezione *f*; (*Prüfung*) controllo *m;* **sein Auto zur ~ bringen** portare la [propria] macchina a fare la revisione

**Inspektor(in)** [ɪn'spɛkto:ɐ̯] <-s, -en; -, -nen> *m(f)* gerente *mf*, amministratore, -trice *m, f*

**Inspiration** [ɪnspira'tsi̯o:n] <-, -en> *f* ispirazione *f*

**inspirieren** [ɪnspi'ri:rən] <ohne ge-> *vt* ispirare

**instabil** ['ɪnʃtabi:l] *adj* instabile

**Instabilität** ['ɪnʃtabilitɛːt *o* ɪnʃtabilili'tɛːt] <-, -en> *f* instabilità *f*

**Installateur(in)** [ɪnstala'tø:ɐ̯] <-s, -e; -, -nen> *m(f)* ❶ installatore, -trice *m, f* ❷ (A: *Klempner*) idraulico *m*

**Installation** [ɪnstala'tsi̯o:n] <-, -en> *f* installazione *f*

**Installationsdiskette** f (INFORM) dischetto m di installazione
**installieren** [ɪnstaˈliːrən] <ohne ge-> vt installare; (TEC) equipaggiare
**instand** [ɪnˈʃtant] adj a posto, in ordine; **etw ~ halten** tenere qc in buono stato, provvedere alla manutenzione di qc; **etw ~ setzen** ripristinare qc, riparare qc
**Instandhaltung** <-, -en> f manutenzione f
**inständig** [ˈɪnʃtɛndɪç] I. adj pressante, insistente II. adv jdn ~ um etw bitten pregare insistentemente qu per qc; ~ **hoffen** sperare intensamente
**Instandsetzung** [ɪnˈʃtantzɛtsʊŋ] <-, -en> f riparazione f, raccomodatura f
**Instanz** [ɪnˈstants] <-, -en> f ❶ (JUR) istanza f; **in erster/letzter ~** in prima/ultima istanza ❷ (ADM) autorità f
**Instanzenweg** m (ADM, JUR, PARL) **den ~ einhalten** seguire la via gerarchica; **auf dem ~** per via gerarchica
**Instinkt** [ɪnˈstɪŋkt] <-(e)s, -e> m istinto m
**instinktiv** [ɪnstɪŋkˈtiːf] adj istintivo
**Institut** [ɪnstiˈtuːt] <-(e)s, -e> nt (a. Lehr~) istituto m, istituzione f; (Anstalt) ente m
**Institution** [ɪnstituˈtsi̯oːn] <-, -en> f istituzione f
**institutionell** [ɪnstitutsi̯oˈnɛl] adj istituzionale
**instruieren** [ɪnstruˈiːrən] <ohne ge-> vt istruire, dare le istruzioni a
**Instruktion** [ɪnstrʊkˈtsi̯oːn] <-, -en> f istruzione f
**Instrument** [ɪnstruˈmɛnt] <-(e)s, -e> nt strumento m; (Werkzeug a) attrezzo m
**instrumental** [ɪnstrumɛnˈtaːl] adj strumentale **Instrumentalbegleitung** f accompagnamento m strumentale **Instrumentalmusik** kein Pl. f musica f strumentale **Instrumentalstück** nt pezzo m strumentale
**Insulaner(in)** [ɪnzuˈlaːnɐ] <-s, -; -, -nen> m(f) isolano, -a m, f
**Insulin** [ɪnzuˈliːn] <-s> kein Pl. nt (MED) insulina f **Insulinspritze** f (MED) iniezione f d'insulina
**inszenieren** [ɪnstseˈniːrən] <ohne ge-> vt ❶ (THEAT, FILM) mettere in scena ❷ (fig) montare, inscenare
**Inszenierung** <-, -en> f ❶ (THEAT, FILM) allestimento m, messa f in scena ❷ (fig) montatura f, messa f in scena
**intakt** [ɪnˈtakt] adj intatto
**Intarsienmalerei** [ɪnˈtarzi̯ənmaːləraɪ] <-, -en> f (KUNST) pittura f ad intarsio
**integer** [ɪnˈteːgɐ] adj (geh) integro

**Integral** [ɪnteˈgraːl] <-s, -e> nt (MAT) integrale m **Integralrechnung** f (MAT) calcolo m integrale
**Integration** [ɪntegraˈtsi̯oːn] <-, -en> f integrazione f **Integrationsweg** m **neue ~e beschreiten** adottare nuove misure di integrazione
**integrativ** [ɪntegraˈtiːf] adj integrativo
**integrieren** [ɪnteˈgriːrən] <ohne ge-> vt integrare
**Integrität** [ɪntegriˈtɛːt] <-> kein Pl. f integrità f; **territoriale ~** integrità territoriale
**Intellekt** [ɪntɛˈlɛkt] <-(e)s> kein Pl. m intelletto m
**intellektuell** [ɪntɛlɛkˈtu̯ɛl] adj intellettuale **Intellektuelle** <ein -r, -n, -n> mf intellettuale mf
**intelligent** [ɪntɛliˈgɛnt] adj intelligente
**Intelligenz** [ɪntɛliˈgɛnts] <-, -en> f intelligenza f; **künstliche ~** intelligenza artificiale **Intelligenzquotient** m quoziente m d'intelligenza **Intelligenztest** m test m d'intelligenza
**Intendant(in)** [ɪntɛnˈdant] <-en, -en; -, -nen> m(f) (THEAT, MIL) intendente m f; (RADIO, TV) direttore, -trice m, f generale
**Intendanz** [ɪntɛnˈdants] <-, -en> f (THEAT) intendenza f; (RADIO, TV) direzione f generale
**Intensität** [ɪntɛnziˈtɛːt] <-> kein Pl. f intensità f
**intensiv** [ɪntɛnˈziːf] adj intenso; (AGR, TEC) intensivo
**intensivieren** [ɪntɛnziˈviːrən] <ohne ge-> vt intensificare
**Intensivkurs** m corso m intensivo **Intensivmedizin** kein Pl. f (MED) medicina f intensiva **Intensivstation** f (MED) reparto m cure intensive
**interaktiv** [ɪntɛʔakˈtiːf] adj (INFORM) interattivo
**Intercity** [ɪntɛˈsɪti] <-s, -s> m (FERR) intercity m, rapido m **Intercity-Express** <-es, -e> m (FERR) treno ad alta velocità
**interdisziplinär** [ɪntɐdɪstsipliˈnɛːɐ] adj interdisciplinare; **~e Forschung** ricerca interdisciplinare
**interessant** [ɪntərɛˈsant] adj interessante
**interessanterweise** [ɪnt(ə)rɛˈsantəvaɪzə] adv curiosamente
**Interesse** [ɪntəˈrɛsə] <-s, -n> nt interesse m; **an etw** dat [o **für etw**] **~ haben** avere interesse per qc; **das ~ an etw** dat **verlieren** disinteressarsi di qc; **jds ~n vertreten** difendere gli interessi di qu; **in jds ~ liegen** essere nell'interesse di qu; **von allgemeinem ~** d'interesse generale

**interesselos** *adj* indifferente, senza interesse

**Interesselosigkeit** <-> *kein Pl. f* disinteresse *m*, perdita *f* di interesse

**Interessengemeinschaft** *f* comunione *f* d'interessi **Interessenkonflikt** *m* conflitto *m* d'interessi

**Interessent(in)** [ɪnt(ə)rɛ'sɛnt] <-en, -en; -, -nen> *m(f)* interessato, -a *m, f*

**Interessenvertretung** *kein Pl. f* rappresentanza *f* degli interessi

**interessieren** [ɪnt(ə)rɛ'si:rən] <ohne ge-> *vt* interessare; **sich für jdn/etw ~** interessarsi di qu/qc

**interessiert** [ɪnt(ə)rɛ'si:ɛt] I. *adj* interessato; **kulturell ~ sein** avere interessi culturali; **an etw/jdm ~ sein** essere interessato a qc/qu, avere interesse per qc/qu; **sich ~ zeigen** mostrarsi interessato; **ich bin nicht daran ~, dass** non mi interessa che +*conj* II. *adv* con interesse

**Interface** ['ɪntɐfɛɪs] <-, -s> *nt* (INFORM) interfaccia *f*

**Interferenz** ['ɪntɐfe'rɛnts] <-, -en> *f* (PHYS, TEC) interferenza *f*

**Interjektion** [ɪntɐjɛk'tsjo:n] <-, -en> *f* (LING) interiezione *f*

**interkantonal** *adj* (*CH*) che interessa vari cantoni

**Interkontinentalrakete** *f* (MIL) missile *m* intercontinentale

**interkulturell** [ɪntɐkʊltu'rɛl] *adj* interculturale

**interlinear** *adj* (LING, LIT) interlineare

**Interlinearglosse** *f* (LING, LIT: *bes Handschriften*) glossa *f* interlineare

**Intermezzo** [ɪntɐ'mɛtso] <-s, -s *o* Intermezzi> *nt* (THEAT, MUS) intermezzo *m*; (*fig a*) intermezzo *m* comico

**intern** [ɪn'tɛrn] *adj* interno

**Internat** [ɪntɐ'na:t] <-(e)s, -e> *nt* internato *m*, collegio *m*, convitto *m*

**international** [ɪntɐnatsjo'na:l] *adj* internazionale

**Internet** ['ɪntɐnɛt] <-s> *kein Pl. nt* Internet, m; **im ~ surfen** navigare su Internet **Internetadresse** *f* sito *m* [Internet] **Internetanschluss** *m* collegamento *m* a Internet **Internetanwender(in)** *m(f)* internettista *mf* **Internetauktion** *f* asta *f* on line **Internetbrowser** <-s, -> *m* Internet browser *m* **Internetcafé** *nt* Internet café *m*, cybercafé *m* **Internethandel** *m* commercio *m* elettronico **Internetnutzer(in)** *m(f)* internettista *mf* **Internetportal** *nt* portale *m* Internet **Internetprovider** <-s, -> *m* Internet provider *m*

**Internettelefonie** <-> *kein Pl. f* telefonia *f* via Internet **Internetzugang** *m* accesso *m* a Internet

**internieren** [ɪntɐ'ni:rən] <ohne ge-> *vt* internare

**Internierte** <ein -r, -n, -n> *mf* internato, -a *m, f*

**Internierung** <-, -en> *f* internamento *m* **Internierungslager** *nt* campo *m* d'internamento

**Internist(in)** [ɪntɐ'nɪst] <-en, -en; -, -nen> *m(f)* (MED) internista *mf*

**Interpol** ['ɪntɐpo:l] <-> *kein Pl. f* INTERPOL *m*

**interpolieren** [ɪntɐpo'li:rən] <ohne ge-> *vt* (MAT, SCIENT) interpolare

**Interpret(in)** [ɪntɐ'pre:t] <-en, -en; -, -nen> *m(f)* (MUS) interprete *mf*

**Interpretation** [ɪntɐpreta'tsjo:n] <-, -en> *f* interpretazione *f*

**interpretieren** [ɪntɐpre'ti:rən] <ohne ge-> *vt* interpretare

**Interpretin** *f s.* **Interpret**

**Interpunktion** [ɪntɐpʊŋk'tsjo:n] *f* (LING) interpunzione *f* **Interpunktionszeichen** *nt* segno *m* d'interpunzione

**Interrailkarte** ['ɪntɐreɪlkartə] *f* (FERR) [biglietto] interrail *m*

**Interregio** [ɪntɐ're:gio] <-s, -s> *m* (FERR) [treno] interregionale *m*, diretto *m*

**Intervall** [ɪntɐ'val] <-s, -e> *nt* intervallo *m*

**intervenieren** [ɪntɐve'ni:rən] <ohne ge-> *vi* intervenire

**Intervention** [ɪntɐvɛn'tsjo:n] <-, -en> *f* (*bes.* POL) intervento *m*

**Interview** ['ɪntɐvju *o* ɪntɐ'vju:] <-s, -s> *nt* intervista *f*

**interviewen** [ɪntɐ'vju:ən] <ohne ge-> *vt* intervistare

**Interviewer(in)** [ɪntɐ'vju:ɐ] <-s, -; -, -nen> *m(f)* intervistatore, -trice *m, f*

**intim** [ɪn'ti:m] *adj* intimo; (*vertraut*) familiare; **~e Beziehungen mit jdm haben** avere rapporti sessuali con qu

**Intimfeind(in)** <-(e)s, -e; -, -nen> *m(f)* (*geh*) nemico *m* giurato

**Intimität** [ɪntimi'tɛ:t] <-, -en> *f* intimità *f*

**Intimsphäre** <-, -n> *f* intimo *m*

**intolerant** ['ɪntolɐrant] *adj* intollerante

**Intoleranz** ['ɪntolɐrants] <-, -en> *f* intolleranza *f*

**Intonation** [ɪntona'tsjo:n] <-, -en> *f* (MUS, LING) intonazione *f*

**in toto** *adv* in toto

**Intranet** ['ɪntranɛt] <-s, -s> *nt* (INFORM) intranet *f*

**intransitiv** [ˈɪntranziːtiːf] *adj* (LING) intransitivo

**Intrauterinpessar** [ɪntraʔuteˈriːnpɛsaːɐ] *nt* (MED) diaframma *m*

**intravenös** [ɪntraveˈnøːs] **I.** *adj* (MED: *Injektion*) endovenoso **II.** *adv* (MED: *ernähren*) per via endovenosa

**intrigant** [ɪntriˈɡant] *adj* intrigante **Intrigant(in)** <-en, -en; -, -nen> *m(f)* intrigante *mf*

**Intrige** [ɪnˈtriːɡə] <-, -n> *f* intrigo *m*, cabala *f*; **~n spinnen** tessere intrighi

**intrigieren** [ɪntriˈɡiːrən] <ohne ge-> *vi* intrigare, brigare *fam*

**introvertiert** [ɪntrovɛrˈtiːɐt] *adj* (PSYCH) introverso

**Intuition** [ɪntuiˈtsi̯oːn] <-, -en> *f* intuito *m*; (*Eingebung*) intuizione *f*

**intuitiv** [ɪntuiˈtiːf] *adj* intuitivo

**intus** *adj* **etw ~ haben** (*fam*) essersi scolato qc

**Invalide** [ɪnvaˈliːdə] <-n, -n> *m*, **Invalidin** [ɪnvaˈliːdɪn] <-, -nen> *m*, *f* invalido, -a *m, f*; (MIL) mutilato, -a *m, f*

**Invalidenrente** <-, -n> *f* pensione *f* di invalidità

**Invalidität** [ɪnvalidiˈtɛːt] <-> *kein Pl.* *f* invalidità *f*

**Invasion** [ɪnvaˈzi̯oːn] <-, -en> *f* invasione *f*

**Inventar** [ɪnvɛnˈtaːɐ] <-s, -e> *nt* inventario *m;* **das ~ aufnehmen** fare l'inventario; **lebendes/totes ~** scorte vive/morte

**Inventur** [ɪnvɛnˈtuːɐ] <-, -en> *f* (COM) inventario *m;* **~ machen** fare l'inventario

**investieren** [ɪnvɛsˈtiːrən] <ohne ge-> *vt* investire

**Investition** [ɪnvɛstiˈtsi̯oːn] <-, -en> *f* investimento *m*

**Investitionsanreiz** <-es, -e> *m* (FIN) incentivo *m* all'investimento **Investitionsgüter** *ntPl.* (COM, FIN) beni *mpl* d'investimento

**Investmentbanking** [ɪnˈvɛstmənt ˈbɛŋkɪŋ] <-(s)> *kein Pl. nt* investment bank *f*

**inwendig** [ˈɪnvɛndɪç] **I.** *adj* interno **II.** *adv* dentro, all'interno

**inwiefern, inwieweit** [ɪnviˈfɛrn, ɪnviˈvaɪt] *adv* quanto, in che senso

**Inzest** [ɪnˈtsɛst] <-(e)s, -e> *m* incesto *m*

**Inzucht** [ˈɪntsʊxt] <-, -en> *f* ① (*bei Tieren*) riproduzione *f* fra consanguinei ② (*bei Menschen*) unione *f* consanguinea

**inzwischen** [ɪnˈtsvɪʃən] *adv* intanto, nel frattempo

**IOK** [iːʔoːˈkaː] <-(s)> *kein Pl. nt abk v* **Internationales Olympisches Komitee** CIO *m*

**Ion** [ioːn] <-s, -en> *nt* (PHYS, CHEM) ione *m*

**I-Punkt** [ˈiːpʊŋkt] *m*, **i-Punkt** *m* puntino *m* sulla i; **bis auf den ~** con la massima precisione

**IQ** [iːˈkuː] <-(s), -s> *m abk v* **Intelligenzquotient** QI

**i. R.** *abk v* **im Ruhestand** a riposo

**IR** [iːˈɛr] <-(s), -(s)> *m abk v* **Interregio**|**-Zug**| IR *m*

**Ir** (CHEM) *abk v* **Iridium** IR

**Irak** [iˈraːk] *m* (GEOG) [**der**] **~** l'Iraq *m;* **im ~** nell'Iraq **Iraker(in)** <-s, -; -, -nen> *m(f)* iracheno, -a *m, f* **irakisch** *adj* iracheno

**Irakkrieg** *m* guerra *f* in Iraq

**Iran** [iˈraːn] *m* (GEOG) [**der**] **~** l'Iran *m;* **im ~** nell'Iran **Iraner(in)** <-s, -; -, -nen> *m(f)* iraniano, -a *m, f,* iranico, -a *m, f* **iranisch** *adj* iraniano, iranico

**irden** [ˈɪrdən] *adj* di terra, terracotta

**irdisch** [ˈɪrdɪʃ] *adj* terrestre; (*nicht himmlisch*) terreno, di questo mondo

**Ire** [ˈiːrə] <-n, -n> *m* irlandese *m*

**irgend** [ˈɪrɡənt] *adv* **wenn ~ möglich** se mai è possibile **irgendein** *pron indef* (*adjektivisch*) uno, -a *m, f* qualunque, uno, -a *m, f* qualsiasi **irgendeine(r, s)** [ˈɪrɡəntʔaɪnə, -nɐ, -nəs] *pron indef* qualcuno, -a *m, f,* uno, -a *m, f*

**irgendetwas** *pron indef* qualunque cosa

**irgendjemand** *pron indef* qualcuno, uno qualunque **irgendwann** *adv* una volta o l'altra, prima o poi **irgendwas** *pron indef* (*fam*) ① (*etwas*) qualcosa, qualche; **fällt dir noch ~ ein?** ti viene in mente qualcos'altro? ② (*Beliebiges*) qualcosa; **falls du ~ brauchst …** se hai bisogno di qualcosa … **irgendwelche** *pron indef* ① (*manche*) qualche *mfsing,* qualcuno, -a *m, f sing;* **~ Leute meinten …** qualcuno diceva/intendeva … ② (*beliebige*) qualche; **solltest du ~ Probleme haben …** se dovessi avere qualche problema … **irgendwer** *pron indef* ① (*jemand*) qualcuno, -a *m, f sing* ② (*eine beliebige Person*) uno, -a *m, f* qualunque; **er ist schließlich nicht ~** in fondo non è uno qualunque **irgendwie** *adv* in qualche modo, in un modo o nell'altro **irgendwo** *adv* in qualche posto, da qualche parte **irgendwoher** *adv* da qualche parte **irgendwohin** *adv* in qualche posto, da qualche parte

**Iriden** *Pl. von* **Iris**[1]

**Iridium** [iˈriːdiʊm] <-s> *kein Pl. nt* (CHEM) iridio *m*

**Irin** ['iːrɪn] <-, -nen> f irlandese f
**Iris**[1] ['iːrɪs] o 'iːrideːs] <-, - o **Iriden** o **Irides**> f (ANAT, OPT) iride f
**Iris**[2] ['iːrɪs] <-, -> f (BOT) iris f
**irisch** ['iːrɪʃ] adj irlandese
**Irisscanner** m iris scan m
**IRK** [iːʔɛrˈkaː] <-(s)> kein Pl. nt abk v **Internationales Rotes Kreuz** CRI
**Irland** ['ɪrlant] nt (GEOG) Irlanda f
**Ironie** [iroˈniː] <-, -n> f ironia f
**ironisch** [iˈroːnɪʃ] adj ironico
**irr|e** ['ɪr(ə)] adj ❶ (verrückt) folle, pazzo, alienato ❷ (sl: ausgefallen, toll) straordinario, pazzesco; **ein ~er Typ** (sl) un tipo stravagante [o originale]; **an jdm ~ werden** perdere la fiducia in qu
**irrational** ['ɪratsi̯onaːl] adj irrazionale
**irre** ['ɪrə] adj ❶ (verrückt) folle, pazzo ❷ (sl: ausgefallen, toll) straordinario, pazzesco; **ein ~r Typ** (sl) un tipo stravagante
**Irre**[1] <-> kein Pl. f **in die ~ führen** fuorviare; (fig: täuschen) sviare, ingannare
**Irre**[2] <ein -r, -n, -n> mf pazzo, -a m, f, demente mf
**irreal** ['ɪreaːl] adj irreale
**Irrealität** [ɪrealiˈtɛːt] <-> kein Pl. f irrealtà f
**irre|führen** ['ɪrəfyːrən] vt (fig) trarre in inganno, ingannare
**irreführend** adj che trae in inganno
**Irreführung** f sviamento m
**irrelevant** ['ɪrelevant] adj irrilevante, trascurabile
**irren** ['ɪrən] **I.** vi ❶ sein (umher~) errare; (fig: Gedanken) vagare ❷ haben (sich täuschen) errare, sbagliare; **~ ist menschlich** (prov) errare è umano **II.** vr **sich [in jdm/etw]** ~ sbagliarsi [sul conto di qu/qc]; **sich gewaltig** ~ (fam) prendere un granchio enorme; **wenn ich mich nicht irre** se non erro, se non mi sbaglio
**Irrenanstalt** f manicomio m
**Irrenarzt** m psichiatra mf
**Irrenärztin** f psichiatra mf **Irrenhaus** nt manicomio m
**irreparabel** ['ɪreparaːbəl] adj irreparabile
**irreversibel** ['ɪreverziːbəl o ɪrevɛrˈziːbəl] adj irreversibile
**Irrfahrt** ['ɪrfaːɐt] f peregrinazione f, odissea f **Irrgarten** m labirinto m, dedalo m
**Irrglaube** kein Pl. m ❶ credenza f falsa ❷ (REL) eresia f
**irrig** ['ɪrɪç] adj (geh) erroneo, falso
**irrigerweise** ['ɪrɪɡəˈvaɪzə] adv (geh) erroneamente
**Irritation** [ɪritaˈtsi̯oːn] <-, -en> f (geh) irritazione f

**irritieren** [ɪriˈtiːrən] <ohne ge-> vt (verwirren) confondere
**Irrlicht** nt fuoco m fatuo **Irrsinn** m follia f, demenza f **irrsinnig** adj ❶ (geistesgestört) folle, demente ❷ (fam: sehr, außerordentlich) straordinario
**Irrtum** <-s, Irrtümer> m (falsche Meinung) errore m; (Missverständnis) malinteso m, equivoco m; (Versehen) svista f, sbaglio m; **sich im ~ befinden, im ~ sein** essere in errore; **es ist ein ~ zu glauben, dass ...** è un errore credere che ...; **das ist ein ~** vi è un malinteso; **das war ein ~ von mir** mi sono sbagliato; **~!** (fam) è uno sbaglio!
**irrtümlich** ['ɪrtyːmlɪç] adj erroneo
**ISBN** [iːʔɛsbeːˈʔɛn] f abk v **Internationale Standardbuchnummer** ISBN m
**Ischia** f (GEOG) Ischia f
**Ischias** ['ɪʃias] <-> kein Pl. m (MED) sciatica f
**ISDN** [iːʔɛsdeːˈʔɛn] (TEL) abk v **Integrated Services Digital Network** ISDN f **ISDN-Anschluss** m (TEL) allacciamento m ISDN
**Islam** [ɪsˈlaːm] <-s> kein Pl. m (REL) islam[ismo] m **Islamfeindlichkeit** <-> kein Pl. f islamofobia f **islamisch** adj islamico **Islamisierung** [ɪslamiˈziːrʊŋ] <-, -en> f (REL) islamizzazione f
**Islamist(in)** <-en, -en> m(f) islamista mf
**Islamistenhochburg** f roccaforte f islamica **islamistisch** adj islamistico
**Islamophobie** [ɪslamofoˈbiː] <-> kein Pl. f islamofobia f
**Island** ['iːslant] nt Islanda f
**Isländer(in)** ['iːslɛndɐ] <-s, -; -, -nen> m(f) islandese mf
**isländisch** adj islandese
**ISO** ['iːzo] f (COM) abk v **International Organization for Standardization** ISO f
**Isolation** [izolaˈtsi̯oːn] <-, -en> f isolamento m **Isolationshaft** f segregazione f
**Isolator** [izoˈlaːtoːɐ, Pl: izolaˈtoːrən] <-s, -en> m isolante m
**Isolierband** nt nastro m isolante
**isolieren** [izoˈliːrən] <ohne ge-> vt isolare
**Isoliermasse** f, **Isoliermaterial** nt [materiale m] isolante m
**Isolierstation** f (MED) reparto m di isolamento
**Isolierung** <-, -en> f isolamento m
**Israel** ['ɪsraeːl] nt Israele m
**Israeli** [ɪsraˈeːli] <-(s), -(s)> mf, **Israelin** [ɪsraˈeːlɪn] <-, -nen> f israeliano, -a m, f
**israelisch** [ɪsraˈeːlɪʃ] adj israeliano
**Israelit(in)** [ɪsraeˈliːt] <-en, -en; -, -nen> m(f) (REL) israelita mf

**israelitisch** *adj* israelitico, ebraico
**isst** [ɪst] *2. u. 3. Pers. Sing. Präs. von* **essen**
**ist** [ɪst] *3. Pers. Sing. Präs. von* **sein**[1]
**Istanbul** [ˈɪstambuːl] *nt* Istanbul *f*
**Ist-Bestand** <-(e)s, -Bestände> *m* (COM, FIN) stato *m* effettivo, scorte *fpl* di magazzino
**Italien** [iˈtaːliən] *nt* Italia *f*
**Italiener(in)** [itaˈli̯eːnɐ] <-s, -; -, -nen> *m(f)* italiano, -a *m, f*
**italienisch** *adj* italiano
**Italienisch** <-s> *kein Pl. nt,* **Italienische** <-n> *kein Pl. nt* italiano *m;* **die Schwierigkeiten des ~n** le difficoltà dell'italiano; [**kein**] **~ sprechen/verstehen** [non] parlare/capire l'italiano
**IT-Branche** [aɪˈtiːʔbrãːʃə] *f* settore *m* dell'IT
**i. Tr.** *abk v* **in der Trockenmasse** a secco; **Fett ~** grassi in [*o* grasso] s. s
**I-Tüpfelchen** [ˈiːtʏpfəlçən] <-s, -> *nt,* **i-Tüpfelchen** <-s, -> *nt* ❶ puntino *m* sulla i ❷ (*fig*) cacio *m* sui maccheroni *fam,* minimo particolare *m*
**i. V.** [iːˈfaʊ] *abk v* **in Vertretung** in rappresentanza

# J j

**J, j** [jɔt] <-, -(s)> *nt* J, j *f;* **J wie Julius** i lunga
**J** *abk v* **Joule** J
**ja** [jaː] *adv* ❶ (*zustimmend*) sì; **~ sagen** dire di sì; **zu etw ~ sagen** acconsentire a qc, dare il proprio consenso a qc; **zu allem ~ und amen sagen** (*fam*) acconsentire a tutto; **mit ~ antworten** rispondere affermativamente; **ich glaube ~** penso di sì; **aber ~!** *fam,* **~ doch!** ma sì! *fam* ❷ (*fragend*) ah sì; (*fam*) eh, vero ❸ (*nachdrücklich*) ma; **ich habe es ~ gesagt** ma l'ho detto; **sage ~ nicht, dass ...** stai attento a non dire che ...; **da bist du ~!** eccoti qua!; **das ist ~ furchtbar!** ma è terribile! ❹ (*sogar*) anzi, perfino
**Jacht** [jaxt] <-, -en> *f* yacht *m*
**Jacke** [ˈjakə] <-, -n> *f* (*Herren~*) giacca *f* [da uomo]; (*Damen~*) giacca *f* da donna
**Jackett** [ʒaˈkɛt] <-(e)s, -s *o rar* -e> *nt* giacca *f,* giacchetta *f*
**Jackpot** [ˈdʒɛkpɔt] *m* (*im Lotto*) jackpot *m*
**Jade** [ˈjaːdə] <-(s) *m o - f*> *kein Pl. mf* (MIN) giada *f*
**Jagd** [jaːkt] <-, -en> *f* caccia *f;* (*Verfolgung*) inseguimento *m;* **auf die ~ gehen** andare a caccia; **auf etw** *acc* **~ machen** dare la caccia a qc
**Jagdaufseher** *m* guardiacaccia *m* **Jagdbeute** *f* cacciagione *f* **Jagdbomber** *m* (MIL) cacciabombardiere *m* **Jagdgewehr** *nt* fucile *m* da caccia **Jagdhund** *m* cane *m* da caccia **Jagdhütte** *f* capanna *f* di caccia **Jagdpächter** <-s, -> *m* locatario *m* di una riserva di caccia **Jagdrevier** *nt* riserva *f* di caccia **Jagdschein** *m* licenza *f* di caccia **Jagdtasche** *f* carniere *m* **Jagdzeit** *f* stagione *f* venatoria [*o* della caccia]
**jagen** [ˈjaːgən] I. *vt haben* ❶ (*Wild*) cacciare ❷ (*fig: verfolgen*) inseguire, dare la caccia a; **jdn zum Teufel ~** mandare al diavolo qu; **damit kannst du mich ~!** (*fam*) mi fa schifo! II. *vi* ❶ *haben* (*auf die Jagd gehen*) cacciare, andare a caccia ❷ *sein* (*dahin~*) correre, andare di corsa; **nach etw ~** correr dietro a qc
**Jäger(in)** [ˈjɛːgɐ] <-s, -; -, -nen> *m(f)* ❶ (*Jagd*) cacciatore, -trice *m, f* ❷ (MIL, AERO) pilota *mf* da caccia
**Jägerei** [jɛːgəˈraɪ] <-> *kein Pl. f* caccia *f,* esercizio *m* della caccia
**Jägerin** *f s.* **Jäger**
**Jägerlatein** *nt* (*scherz*) fanfaronata *f* [da cacciatore] **Jägerschnitzel** <-s, -> *nt* (GASTR) scaloppina *f* ai funghi
**Jaguar** [ˈjaːguaːɐ̯] <-s, -e> *m* (ZOO) giaguaro *m*
**jäh** [jɛː] *adj* ❶ (*steil*) ripido, erto ❷ (*plötzlich*) improvviso, repentino ❸ (*überstürzt*) precipitato
**Jahr** [jaːɐ̯] <-(e)s, -e> *nt* (*Zeiteinheit*) anno *m;* (*Verlauf*) annata *f;* **jedes ~** ogni anno, annualmente; **letztes ~** l'anno scorso; **nächstes ~** l'anno prossimo; **ein halbes ~** sei mesi; **das laufende ~** l'anno in corso; **das neue ~** l'anno nuovo; **alle zwei ~e** ogni due anni; **die dreißiger ~e** gli anni trenta; **die besten ~e** [**des Lebens**] gli anni più belli [della vita]; **jdm ein glückliches neues ~ wünschen** augurare a qu buon anno; **in die ~e kom-**

men cominciare a invecchiare; **viele ~e lang** per anni; **~ für ~** anno per anno; **das ganze ~** [**hindurch**] [per] tutto l'anno; **in einem ~** (*ab jetzt*) fra un anno; (*im Verlauf eines ~es*) in un anno, nel corso di un anno; **im ~e 2015** nel[l'anno] 2015; **einmal im ~** una volta all'anno; **von ~ zu ~** di anno in anno; **im Alter von 3 ~en** a 3 anni; **vor einem ~** un anno fa; **vor ~en** anni fa

**jahraus** [ja:ɐ̯'ʔaʊs] *adv* **~, jahrein** anno per anno

**Jahrbuch** *nt* annuario *m*, almanacco *m*

**jahrelang** ['ja:rəlaŋ] **I.** *adj* di anni, che dura da anni **II.** *adv* per anni

**jähren** ['jɛ:rən] *vr* **sich ~** ricorrere; **der Tag jährt sich bald, an dem ...** presto è l'anniversario del giorno in cui ...

**Jahresabschluss** <-es, -schlüsse> *m* (FIN) bilancio *m* d'esercizio [o di fine anno]

**Jahresabschlussprämie** <-, -n> *f* premio *m* di fine anno

**Jahresanfang** *m* inizio *m* dell'anno **Jahresbeitrag** *m* quota *f* annua **Jahresdurchschnitt** *m* media *f* annua **Jahreseinkommen** *nt* reddito *m* annuo **Jahresende** *nt* fine *f* dell'anno **Jahresring** *m* (BOT) anello *m* annuale **Jahrestag** *m* anniversario *m* **Jahresurlaub** *m* vacanze *fpl* annuali; (MIL) licenza *f* ordinaria **Jahreswechsel** *m* capodanno *m* **Jahreswende** *f* capodanno *m* **Jahreszahl** *f* data *f*

**Jahreszeit** *f* stagione *f* **jahreszeitlich** *adj* stagionale

**Jahrgang** *m* ❶ (*von Geburt*) generazione *f* ❷ (*in Schule*) classe *f* ❸ (*von Wein, Zeitschrift*) annata *f*

**Jahrhundert** [ja:ɐ̯'hʊndɐt] <-s, -e> *nt* secolo *m*

**jahrhundertealt** *adj* (*Möbel, Buch*) [pluri]secolare **jahrhundertelang** *adv* per secoli

**Jahrhundertwende** *f* passaggio *m* da un secolo all'altro

**-jährig** [jɛ:rɪç] *adj* (*in Zusammensetzungen*) di ... anni

**jährlich** ['jɛ:ɐ̯lɪç] *adj* annuale, annuo

**Jahrmarkt** *m* fiera *f* **Jahrmarktsbude** *f* baraccone *m* da fiera

**Jahrtausend** [ja:ɐ̯'taʊzənt] <-s, -e> *nt* millennio *m* **Jahrtausendwende** *f* passaggio *m* da un millennio all'altro

**Jahrzehnt** [ja:ɐ̯'tse:nt] <-(e)s, -e> *nt* decennio *m* **jahrzehntelang** *adv* per decenni

**Jähzorn** ['jɛ:tsɔrn] <-s> *kein Pl. m* ❶ (*Eigenschaft*) temperamento *m* collerico, irascibilità *f* ❷ (*Ausbruch*) accesso *m* di collera **jähzornig** *adj* irascibile, collerico

**Jalousie** [ʒalu'zi:] <-, -n> *f* imposta *f*, persiana *f*

**Jammer** ['jamɐ] <-s> *kein Pl. m* ❶ (*Elend*) miseria *f*, indigenza *f*; **es ist ein ~, dass ...** è un peccato che +*conj* ❷ (*Klagen*) lamenti *mpl*

**jämmerlich** ['jɛmɐlɪç] *adj* (*elend*) misero; (*erbärmlich*) miserabile, pietoso; (*mitleiderregend*) compassionevole

**jammern** ['jamɐn] *vi* lamentarsi; **über etw** *acc* **~** lamentarsi di qc; (*klagen*) lagnarsi di qc; **um etw ~** lamentarsi per qc; **nach jdm/etw ~** reclamare qu/qc con tono lamentoso

**jammerschade** ['jamɐ'ʃa:də] *adj* (*fam*) **das ist ~!** è un gran peccato!

**Janker** <-s, -> *m* (*A: Trachtenjackett*) giacca *f* folcloristica

**Jänner** ['jɛnɐ] <-s, -> *m* (*A, südd: Januar*) gennaio *m*; *s. a.* **April**

**Januar** ['janua:ɐ̯] <-(s), -e> *m* gennaio *m*; *s. a.* **April**

**Japan** ['ja:pan] *nt* Giappone *m*

**Japaner(in)** [ja'pa:nɐ] <-s, -; -, -nen> *m(f)* giapponese *mf*

**japanisch** *adj* giapponese

**japsen** ['japsən] *vi* (*fam*) [**nach Luft**] **~** ansimare

**Jargon** [ʒar'gõː] <-s, -s> *m* gergo *m*

**Jasmin** [jas'mi:n] <-s, -e> *m* (BOT) gelsomino *m*

**Jastimme** ['ja:ʃtɪmə] *f* voto *m* favorevole

**jäten** ['jɛ:tən] *vt* sarchiare, diserbare

**Jauche** ['jaʊxə] <-, -n> *f* (AGR) liquame *m*, colaticcio *m*

**Jauchegrube** *f* fossa *f* del liquame

**jauchzen** ['jaʊxtsən] *vi* levare grida di gioia, esultare

**Jauchzer** <-s, -> *m* grido *m* di giubilo

**jaulen** ['jaʊlən] *vi* (*Hunde*) guaire, mugolare

**Jause** ['jaʊzə] <-, -n> *f* (*A, südd: Vesper*) merenda *f*, spuntino *m*

**jausnen** *vi* (*A: vespern*) fare la merenda

**jawohl** [ja'vo:l] *adv* sì certo, sissignore

**Jawort** ['ja:vɔrt] *nt* **das ~ geben** dare il proprio assenso a qc; (*bei Trauung*) pronunciare il sì

**Jazz** [dʒæz] <-> *kein Pl. m* (MUS) jazz *m*

**Jazzkapelle** *f* jazzband *f*, orchestra *f* di jazz

**je** [je:] **I.** *adv* ❶ (*~mals*) mai; **seit eh und ~** da sempre; **es ist schlimmer denn ~** è peggio che mai; **wer hätte das ~ gedacht?** chi l'avrebbe mai immaginato! ❷ (*~weils*) ogni, alla volta; (*bei Personen*) ciascuno; **ich gebe euch ~ 2 Euro** vi do 2 euro ciascuno II. *konj* **~ ..., desto ... quanto ... tanto ...; ~ eher, desto lieber** quanto prima tanto meglio; **~ mehr, desto besser** più ce n'è meglio è; **~ nach ...** secondo ...; **~ nachdem** a seconda delle circostanze; **~ nachdem, ob ...** a seconda se ... III. *prp* +*acc* (*pro*) per, a IV. *int* **ach** [*o* **oh**] **~!** ahimè!, oh Dio!, mamma mia!

**Jeans** [dʒi:nz] *Pl.* jeans *mpl*

**jede(r, s)** ['je:də, -de, -dəs] *pron indef* ❶ (*adjektivisch*) ogni ❷ (*substantivisch*) ognuno, -a *m, f,* tutti *mpl,* tutte *fpl;* **~r beliebige** uno qualsiasi; **~r einzelne** ogni singolo; **~ zweite/dritte/vierte ...** ogni ... due/tre/quattro ...; **~r von uns** ognuno di noi; **ohne ~n Grund/Sinn** senza alcun motivo/senso; **~m das Seine** a ciascuno il suo; **er kann ~n Augenblick hereinkommen** può entrare da un momento all'altro

**jedenfalls** ['je:dən'fals] *adv* in ogni caso, a ogni modo

**jedermann** *pron indef* ognuno, tutti

**jederzeit** ['je:de'tsaɪt] *adv* in qualsiasi momento, sempre

**jedes** *pron indef s.* **jede(r, s)**

**jedesmal** ['je:dəs'ma:l] *adv* ogni volta; **~, wenn ...** ogni volta che ...

**jedoch** [je'dɔx] I. *adv* però, tuttavia II. *konj* ma, però

**jegliche(r, s)** ['je:klɪçə, -çe, -çəs] *pron indef* ogni, tutto

**jeher** ['je:(')he:ɐ̯] *adv* **von ~** da sempre, da molto tempo

**jemals** ['je:ma:ls] *adv* mai; **hat man ~ so etwas gesehen?** si è mai visto qualcosa di simile?

**jemand** ['je:mant] *pron indef* qualcuno, -a *m, f;* (*verneinend*) nessuno, -a *m, f;* **~ anders** qualcun altro; **es ist ~ da** c'è qualcuno

**jene(r, s)** ['je:nə, -ne, -nəs] *pron dem* (*geh*) ❶ (*adjektivisch*) quel[lo] *m,* quella *f,* quei *mpl,* quegli *mpl,* quelle *fpl;* **an ~m Tage** quel giorno ❷ (*substantivisch*) quello *m,* quella *f,* quelli *mpl,* quelle *fpl;* **dies und ~s** questo e quello

**jenseitig** ['je:nzaɪtɪç *o* 'jɛnzaɪtɪç] *adj* ulteriore, altro, che è di là

**jenseits** ['je:nzaɪts] I. *adv* di là, dall'altra parte II. *prp* +*gen* al di là di, di là da **Jenseits** <-> *kein Pl. nt* (REL) l'al di là *m,* l'altro mondo *m*

**Jerusalem** [je'ru:zalɛm] *nt* Gerusalemme *f*

**Jesuit** [jezu'i:t] <-en, -en> *m* (REL) gesuita *m*

**Jesuitenorden** *m* ordine *m* dei gesuiti, compagnia *f* di Gesù

**Jesus** ['je:zʊs] <Jesu> *m* (REL) Gesù *m;* **~ Christus** Gesù Cristo

**Jet** [dʒɛt] <-s, -s> *m* jet *m,* aviogetto *m*

**Jetlag** ['dʒɛtlɛg] <-s, -s> *m* jetlag *m*

**Jet-set** ['dʒɛtsɛt] <-s, *rar* -s> *m,* **Jetset** <-s, *rar* -s> *m* jet-set *m*

**jetten** ['dʒɛtən] *vi* (*fam*) volare su un jet

**jetzig** ['jɛtsɪç] *adj* di adesso, attuale

**jetzt** [jɛtst] *adv* adesso, ora; (*dann*) allora; **bis ~** finora; **erst ~** solo ora, soltanto adesso; **gerade ~** proprio ora; **von ~ an** d'ora in poi, d'ora innanzi; **~ oder nie!** adesso o mai più!

**jeweilig** ['je:vaɪlɪç] *adj* rispettivo, vigente; (*betreffend*) in questione

**jeweils** ['je:vaɪls] *adv* (*jedesmal*) ogni volta; **für jede Gruppe gilt ~ ...** per ogni gruppo vale sempre ...; **es können ~ 8 Personen teilnehmen** possono prendervi parte 8 persone per volta

**Jg.** *abk v* **Jahrgang** annata

**Jh.** *abk v* **Jahrhundert** sec.

**jiddisch** ['jɪdɪʃ] *adj* yiddish

**Jingle** ['dʒɪŋgəl] <-(s), -(s)> *m* jingle *m*

**Job** [dʒɔp] <-s, -s> *m* (*fam*) lavoro *m*

**jobben** ['dʒɔbən] *vi* (*fam*) lavorare [occasionalmente]

**Jobber(in)** ['dʒɔbɐ] <-s, -; -, -nen> *m(f)* ❶ (*fam*) lavoratore, -trice *m, f* occasionale ❷ (FIN: *Börsenspekulant*) speculatore, -trice *m, f* in borsa

**Jobbörse** *f* (*im Internet*) sito dedicato alle offerte di lavoro **Jobhopper** [dʒɔp'hɔpɐ] *m* chi cambia spesso lavoro puntando ad un'ascesa sociale **Job-Sharing** ['dʒɔpʃɛːrɪŋ] <-(s)> *kein Pl. nt* jobsharing *m,* lavoro *m* part time a turno **Jobsharing** <-(s)> *kein Pl. nt* jobsharing *m,* lavoro *m* part time a turno

**Jobsuche** ['dʒɔpzu:xə] <-> *kein Pl. f* (*fam*) ricerca *f* di lavoro **Jobvermittler(in)** *m(f)* consulente *mf* per la ricerca del personale, agente *mf* di collocamento

**Jobvermittlung** <-, -en> *f* ufficio *m* [*o* agenzia *f*] di collocamento

**Joch** [jɔx] <-(e)s, -e> *nt* ❶ (*Zugtiere, a. fig*) giogo *m* ❷ (ARCH) pila *f* ad arco ❸ (*Pass*) passo *m,* valico *m*

**Jockei, Jockey** ['dʒɔke *o* 'dʒɔki] <-s, -s> *m* fantino *m,* jockey *m*

**Jod** [jo:t] <-(e)s> *kein Pl. nt* (CHEM) iodio *m*

**jodeln** ['jo:dəln] *vi* fare lo jodel

**jodhaltig** ['jo:thaltɪç] *adj* iodato; **~es Salz** sale iodato

**Jodler** ['jo:dlɐ] <-s, -> *m* (*Ruf, Lied*) jodel *m*

**Jodler(in)** ['jo:dlɐ] <-s, -; -, -nen> *m(f)* cantante *mf* di jodel

**Jodtinktur** <-, -en> *f* tintura *f* di iodio

**joggen** ['dʒɔgən] *vi sein* fare jogging

**Jogger(in)** ['dʒɔgɐ] <-s, -; -, -nen> *m(f)* jogger *mf*, chi fa jogging

**Jogging** ['dʒɔgɪŋ] <-(s)> *kein Pl.* *nt* jogging *m* **Jogginganzug** *m* tuta *f* da jogging

**Joghurt** ['jo:gʊrt] <-(s), -(s)> *m o nt* yogurt *m*, iogurt *m* **Joghurtbereiter** <-s, -> *m* yogurtiera *f*

**Jogi** ['jo:gi] <-(s), -s> *m* (*Yoga*) yogin *m*

**Jogurt** <-(s), -(s)> *m o nt s.* **Joghurt**

**Johannisbeere** [jo'hanɪsbe:rə] <-, -n> *f* (BOT) ribes *m*; **schwarze/rote ~** ribes nero/rosso

**johlen** ['jo:lən] *vi* urlare, gridare

**Joint** [dʒɔɪnt] <-s, -s> *m* (*sl*) spinello *m*

**Joint Venture** <-(s), -s> *nt* (COM) joint venture *f*

**Jointventure** <-(s), -s> *nt* joint venture *f*

**Jongleur** [ʒõ'ɡløːɐ] <-s, -e> *m* giocoliere *m*

**jonglieren** [ʒõ'gli:rən] <ohne ge-> *vi* fare giochi di destrezza

**Joppe** ['jɔpə] <-, -n> *f* giacca *f*, casacca *f*

**Jordan** ['jɔrdan] *m* (GEOG: *Fluss*) Giordano *m*

**Jordanien** [jɔr'da:niən] *nt* (GEOG) Giordania *f*

**Jordanier(in)** <-s, -; -, -nen> *m(f)* giordano, -a *m, f*

**Joule** [dʒu:l *o* dʒaʊl] <-(s), -> *nt* (PHYS) joule *m*

**Journal** [ʒʊr'na:l] <-s, -e> *nt* ❶ (COM) giornale *m* di contabilità ❷ (*Zeitschrift*) giornale *m* **Journaldienst** *m* (A: *Bereitschaftsdienst*) servizio *m* di turno

**Journalismus** [ʒʊrna'lɪsmʊs] <-> *kein Pl.* *m* giornalismo *m*

**Journalist(in)** [ʒʊrna'lɪst] <-en, -en; -, -nen> *m(f)* giornalista *mf*

**journalistisch** [ʒʊrna'lɪstɪʃ] *adj* giornalistico

**jovial** [jo'vja:l] *adj* gioviale

**Joystick** <-s, -s> *m* (INFORM) joystick *m*

**jr.** *abk v* **junior** jr

**Jubel** ['ju:bəl] <-s> *kein Pl.* *m* giubilo *m*, esultanza *f*; (*~schreie*) grida *fpl* di giubilo; **~, Trubel, Heiterkeit** (*fam*) confusione ed allegria

**Jubeljahr** <-(e)s, -e> *nt* **alle ~e** [einmal] (*fam*) [una volta] ogni morte di papa

**jubeln** ['ju:bəln] *vi* giubilare, esultare

**Jubilar(in)** [jubi'la:ɐ] <-s, -e; -, -nen> *m(f)* festeggiato, -a *m, f,* chi festeggia un anniversario

**Jubiläum** [jubi'lɛ:ʊm] <-s, Jubiläen> *nt* giubileo *m;* **fünfzigjähriges ~** cinquantenario

**juchzen** ['jʊxtsən] *vi* (*fam*) gioire, esultare

**jucken** ['jʊkən] I. *vi, vt* (*Körperstelle*) prudere; **es juckt mich** mi prude II. *vr* **sich ~** (*fam*) grattarsi

**Juckreiz** *m* prurito *m*

**Jude** ['ju:də] <-n, -n> *m* ebreo *m* **Judenstern** *m* (HIST) stella *f* di David **Judentum** <-s> *kein Pl.* *nt* ebraismo *m* **Judenverfolgung** *f* persecuzione *f* degli ebrei

**Jüdin** ['jy:dɪn] <-, -nen> *f* ebrea *f*

**jüdisch** ['jy:dɪʃ] *adj* ebreo, giudaico

**Judo** ['ju:do] <-(s)> *kein Pl.* *nt* (SPORT) judo *m*

**Jugend** ['ju:gənt] <-> *kein Pl.* *f* ❶ (*Jungsein*) gioventù *f*, giovinezza *f;* **die ~ von heute** la gioventù d'oggi; **von [früher] ~ an** dalla [prima] giovinezza ❷ (*Kindheit*) infanzia *f;* (*~alter*) adolescenza *f* **Jugendamt** *nt* ufficio *m* di assistenza dei minorenni, servizio *m* sociale per minorenni

**Jugendarbeitslosigkeit** *f* disoccupazione *f* giovanile **Jugendbuch** *nt* libro *m* per ragazzi

**Jugenddrama** *nt* dramma *m* giovanile

**jugendfrei** ['ju:gəntfraɪ] *adj* (FILM) adatto ai minori

**Jugendfreund(in)** *m(f)* amico, -a *m, f* di gioventù

**jugendgefährdend** *adj* **~e Schriften** (JUR) scritti pericolosi per la gioventù

**Jugendherberge** *f* ostello *m* della gioventù

**Jugendkriminalität** *f* delinquenza *f* minorile

**jugendlich** *adj* ❶ (*jung wirkend*) giovanile; **~ aussehen** avere un aspetto giovanile ❷ (*jung*) giovane, adolescente

**Jugendliche** <ein -r, -n, -n> *mf* minorenne *mf;* **~ unter 16 Jahren haben keinen Zutritt** vietata l'entrata ai minori di sedici anni **Jugendlichkeit** <-> *kein Pl.* *f* gioventù *f,* giovinezza *f;* (*Aussehen*) aspetto *m* giovanile

**Jugendliebe** *f* ❶ (*Gefühl*) amore *m* giovanile ❷ (*Person*) amore *m* di gioventù **Jugendrichter(in)** <-s, -; -, -nen> *m(f)* (JUR) giudice *m* del tribunale minorile

**Jugendschutz** *m* protezione *f* della gioventù **Jugendstil** *m* (KUNST, ARCH) [stile] liberty *m* **Jugendsünde** <-, -n> *f* errore *m* di gioventù, ragazzata *f* **Jugendtreffpunkt** *m* meeting-point *m* **Jugendwahn** *m* ossessione *f* della giovinezza, ricerca *f* frenetica della giovinezza **Jugendzeit** *f* gioventù *f*, adolescenza *f* **Jugendzentrum** *nt* centro *m* per la gioventù

**Jugoslawe** [jugo'sla:və] <-n, -n> *m* iugoslavo *m* **Jugoslawien** [jugo'sla:viən] *nt* Iugoslavia *f* **Jugoslawin** [jugo'sla:vɪn] <-, -nen> *f* iugoslava *f* **jugoslawisch** *adj* iugoslavo

**Juli** ['ju:li] <-(s), -s> *m* luglio *m; s. a.* **April**

**jun.** *abk v* **junior** jr

**jung** [jʊŋ] <jünger, jüngste> *adj* ① giovane; **Jung und Alt** giovani e vecchi; **von ~ auf** fin da giovane ② (*fig*) nuovo; **~er Wein** vino novello

**Junge¹** <-n, -n *o fam* Jungs> *m* (*bes. nordd*) ragazzo *m*, giovane *m;* **kleiner ~** ragazzino, marmocchio; **~, ~!** (*fam*) ahi ahi ahi!

**Junge²** <ein -s, -n, -n> *nt* ① (*Tier*) cucciolo *m;* **~ werfen** figliare ② (*bes. südd, A*) piccolo *m*

**jungenhaft** ['jʊŋənhaft] *adj* da ragazzo, mascolino

**jünger** ['jʏŋɐ] *adj Komparativ von* **jung** più giovane; (*bei Geschwistern*) minore; **er ist fünf Jahre ~ als ich** ha cinque anni meno di me; **er sieht ~ aus, als er ist** non dimostra la sua età, sembra più giovane

**Jünger** <-s, -> *m* (REL) discepolo *m*

**Jungfer** ['jʊŋfɐ] <-, -n> *f* (*obs: junges Mädchen*) ragazza *f*, vergine *f;* **alte ~** (*fam*) vecchia zitella

**Jungfernfahrt** *f* viaggio *m* inaugurale **Jungfernhäutchen** *nt* (ANAT) imene *m*

**Jungfrau** <-, -en> *f* ① vergine *f* ② (ASTR) Vergine *f;* **er/sie ist ~** è della Vergine

**jungfräulich** ['jʊŋfrɔɪlɪç] *adj* vergine, verginale **Jungfräulichkeit** ['jʊŋfrɔɪlɪçkaɪt] <-> *kein Pl. f* (*geh*) verginità *f*, purezza *f*

**Junggeselle** <-n, -n> *m* scapolo *m*, celibe *m;* **eingefleischter ~** (*fam*) scapolo impenitente **Junggesellin** <-, -nen> *f* nubile *f*

**Jüngling** ['jʏŋlɪŋ] <-s, -e> *m* (*obs, poet*) adolescente *m*, efebo *m*, giovincello *m scherz*

**jüngst** [jʏŋst] *adv* (*geh*) ultimamente, recentemente

**jüngste(r, s)** ['jʏŋstə, -tɐ, -təs] *adj Superlativ von* **jung** [il, la] più giovane; (*letzter*) ultimo, -a; **der/die Jüngste** (*Bruder o*

*Schwester*) il/la più piccolo/-a; **das Jüngste Gericht, der Jüngste Tag** il giudizio universale

**Jungtier** <-(e)s, -e> *nt* animale *m* giovane

**jungverheiratet** ['jʊŋfɛɐ̯'haɪraːtət] *adj* sposato giovane

**Jungwähler(in)** <-s, -; -, -nen> *m(f)* (POL) elettore *m* giovane

**Juni** ['ju:ni] <-(s), -s> *m* giugno *m; s. a.* **April**

**junior** ['juːni̯oːɐ̯] *adj* (*nachgestellt*) junior *m*, figlio *m*

**Junior(in)** ['juːni̯oːɐ̯] <-s, -en; -, -nen> *m(f)* ① (*fam*) figlio, -a *m, f* ② (SPORT) junior *mf* **Juniorchef(in)** *m(f)* figlio, -a *m, f* del principale

**Junkfood** ['dʒʌnkfuːt] <-s> *kein Pl.* *nt* junk food *m*, *cibo m di scarso valore nutritivo*

**Junkie** ['dʒʌŋki] <-s, -s> *m* (*fam*) junkie *m*, eroinomane *mf*

**Jupe** [ʒyːp] <-, -s *f o* -s, -s *m*> *f o m* (*CH*) gonna *f*

**Jura¹** ['juːra] *ohne Artikel* (*Recht*) **~ studieren** studiare legge

**Jura²** *m* ① (*Gebirge*) Giura *m* ② (*schweizerischer Kanton*) Giura *m* ③ (GEOL) giurassico *m*

**Jurisdiktion** [juːrɪsdɪk'tsi̯oːn] <-, -en> *f* (*geh*) giurisdizione *f*

**Jurisprudenz** [juːrɪspruˈdɛnts] <-> *kein Pl. f* giurisprudenza *f*

**Jurist(in)** [juˈrɪst] <-en, -en; -, -nen> *m(f)* giurista *mf*, legista *mf*; (*Rechtsgelehrter*) giureconsulto *m;* (*Student*) studente, -essa *m, f* in legge

**Juristendeutsch** *nt* (*pej*) gergo *m* giuridico

**juristisch** [juˈrɪstɪʃ] *adj* giuridico; **~e Fakultät** facoltà di legge; **~e Person** persona giuridica

**Jury** [ʒyˈriː *o* 'ʒyːriː] <-, -s> *f* giurì *m*, giuria *f*

**Jus¹** <-> *kein Pl. nt* (*ohne Artikel*) diritto *m;* **~ studieren** (*A*) studiare legge

**Jus²** <-, -> *m* (*CH*) succo *m* di frutta [*o* di verdura]

**Juso** ['juːzo] <-s, -s> *m* (POL) *s.* **Jungsozialist**

**just** [jʊst] *adv* (*obs scherz*) proprio, precisamente, per l'appunto

**justieren** [jʊsˈtiːrən] <ohne ge-> *vt* ① (TEC) aggiustare, regolare ② (TYP) giustificare

**Justiz** [jʊsˈtiːts] <-> *kein Pl. f* giustizia *f* **Justizbeamte** *m*, **Justizbeamtin** *f* funzionario, -a *m, f* dell'ordine giudiziario **Justizbehörde** *f* autorità *f* giudiziaria, magistratura *f* **Justizgebäude** *nt* palazzo *m* di giustizia **Justizirrtum** *m* errore *m* giudiziario **Justizminister(in)** *m(f)* ministro *m* della giustizia **Justizministerium** *nt* ministero *m* della giustizia **Justizmord** *m* assassinio *m* giudiziario **Justizpalast** *m* palazzo *m* di giustizia **Justizvollzugsanstalt** *f* (*form*) carcere *m*, prigione *f*

**Jute** ['juːtə] <-> *kein Pl. f* iuta *f*
**Juwel** [ju'veːl] <-s, -en *m o fig* -s, -e *n*> *m o nt* gioiello *m*
**Juwelenhandel** *m* commercio *m* di gioielli
**Juwelier** [juve'liːɐ] <-s, -e> *m* gioielliere *m* **Juweliergeschäft** *nt*, **Juwelierladen** *m* gioielleria *f*
**Jux** [jʊks] <-es, -e> *m* (*fam*) scherzo *m*, celia *f*; **aus ~** per scherzo

# Kk

**K, k** [kaː] <-, -(s)> *nt* K, k *f*; **K wie Kaufmann** kappa
**Kabarett** [kaba'rɛt *o* kaba'reː] <-s, -s *o* -e> *nt* cabaret *m*
**Kabarettist(in)** [kabarɛ'tɪst] <-en, -en; -, -nen> *m(f)* artista *mf* da cabaret
**Kabel** ['kaːbəl] <-s, -> *nt* cavo *m*, filo *m* **Kabelanschluss** <-es, -schlüsse> *m* collegamento *m* televisivo via cavo **Kabelfernsehen** *nt* televisione *f* via cavo
**Kabeljau** ['kaːbəljaʊ] <-s, -e *o* -s> *m* (ZOO) merluzzo *m*
**Kabelleger** <-s, -> *m* (NAUT) nave *f* posacavi **Kabelrolle** *f* rotolo *m* di cavo
**Kabine** [ka'biːnə] <-, -n> *f* cabina *f* **Kabinenkoffer** *m* baule *m* a scomparti **Kabinenroller** *m* (MOT) scooter *m* cabinato
**Kabinett** [kabi'nɛt] <-s, -e> *nt* ❶ gabinetto *m* ❷ (POL) governo *m*, consiglio *m* dei ministri **Kabinettsbeschluss** *m* decisione *f* del governo **Kabinettschef** *m* capo *m* del governo **Kabinettskrise** *f* crisi *f* ministeriale [*o* di governo] **Kabinettssitzung** *f* seduta *f* dei ministri **Kabinettsumbildung** *f* rimpasto *m* ministeriale
**Kabrio** ['kaːbrio] <-s, -s> *nt*, **Kabriolett** [kabrio'lɛt *o* 'kaːbriole] <-s, -s> *nt* (MOT) decappottabile *f*
**Kachel** ['kaxəl] <-, -n> *f* ❶ (*für Ofen*) piastrella *f* ❷ (*südd: Topf*) vaso *m* di ceramica
**kacheln** *vt* piastrellare
**Kachelofen** *m* stufa *f* di ceramica
**Kadaver** [ka'daːve] <-s, -> *m* ❶ (*Tier*) carogna *f* ❷ (*pej: Mensch*) cadavere *m*
**Kader** ['kaːdɐ] <-s, -> *m* ❶ (MIL, POL) quadri *mpl* ❷ (SPORT) gruppo *m*
**Kadi** ['kaːdi] <-s, -s> *m* ❶ (*islamischer Richter*) cadì *m* ❷ (*fam: Gericht*) tribu-nale *m*; **jdn vor den ~ zerren** [*o* **schleppen**] portare qu in tribunale
**Kadmium** ['katmiʊm] <-s> *kein Pl. nt* (CHEM) cadmio *m*
**Käfer** ['kɛːfɐ] <-s, -> *m* ❶ (ZOO) coleottero *m* ❷ (*Auto*) maggiolino *m*
**Kaff** [kaf] <-s, -s *o* -e> *nt* (*fam pej: Ort*) buco *m*
**Kaffee** ['kafe *o* ka'feː] <-s, -s, *bei Mengenangaben:* -> *m* caffè *m*; **schwarzer/koffeinfreier ~** caffè nero/decaffeinato; **~ mit Milch** caffellatte; **das ist kalter ~!** (*fam*) è vecchia! **Kaffeebar** *f* locale che serve in primo luogo i caffè considerati tipicamente italiani **Kaffeebohne** *f* chicco *m* di caffè **Kaffee-Ersatz** *m*, **Kaffeeersatz** *m* surrogato *m* di caffè **Kaffeefilter** *m* filtro *m* per il caffè **Kaffeehaus** [ka'feːhaʊs] *nt* (*bes. A*) caffè *m* **Kaffeekanne** *f* caffettiera *f* **Kaffeekapsel** *f* capsula *f* [di] caffè **Kaffeeklatsch** *m* (*fam*) incontro *m* [di signore] per il caffè **Kaffeekränzchen** ['kafekrɛntsçən] <-s, -> *nt* (*fam*) *s.* **Kaffeeklatsch Kaffeelöffel** *m* cucchiaino *m* da caffè **Kaffeemaschine** *f* macchina *f* del caffè **Kaffeemühle** *f* macinino *m* per il caffè, macinacaffè *m* **Kaffeepad** [-pɛt] *nt* cialda *f* per il caffè **Kaffeepause** <-, -n> *f* pausa *f* caffè **Kaffeesatz** *m* fondo *m* del caffè **Kaffeeservice** *nt* servizio *m* da caffè **Kaffeetasse** *f* tazza *f* da caffè **Kaffeewärmer** <-s, -> *m* copriteiera *f*, copricaffettiera *f*
**Käfig** ['kɛːfɪç] <-s, -e> *m* gabbia *f*
**kahl** [kaːl] *adj* ❶ (*haarlos*) pelato, calvo; **~ geschoren** raso a zero; (*Schafe*) tosato; **~ werden** (*Kopf*) stempiarsi ❷ (*unbewachsen, schmucklos*) brullo, spoglio; (*Wand*) nudo ❸ (*ohne Laub*) spoglio; **~ fressen** divorare il fogliame

**Kahlheit** <-> *kein Pl. f* ❶ (*Kahlköpfigkeit*) calvizie *f* ❷ (*Kahlsein*) nudità *f* **Kahlkopf** *m* testa *f* pelata **kahlköpfig** ['kaːlkœpfɪç] *adj* calvo **Kahlschlag** *m* ❶ (*Schlagen von Bäumen*) disboscamento *m* totale ❷ (*Fläche*) area *f* disboscata

**Kahn** [kaːn] <-(e)s, Kähne> *m* barca *f*; (*Schlepp~*) chiatta *f* **Kahnfahrt** *f* gita *f* in barca

**Kai** [kaɪ] <-s, -e *o* -s> *m* (NAUT) banchina *f*, molo *m* **Kaimauer** *f* [muro *m* della] banchina *f*

**Kairo** ['kaɪro] *nt* Il Cairo *m*

**Kaiser(in)** ['kaɪzɐ] <-s, -; -, -nen> *m(f)* imperatore, -trice *m, f* **Kaiseradler** *m* aquila *f* imperiale **Kaiserhaus** *nt* casa *f* imperiale

**Kaiserin** *f s.* **Kaiser**

**Kaiserkrone** *f* ❶ (*Krone*) corona *f* imperiale ❷ (BOT) fritillaria *f*

**kaiserlich** *adj* imperiale **Kaiserreich** *nt* impero *m* **Kaiserschmarren** *m* (*A, südd*: GASTR) *frittata dolce sminuzzata* **Kaiserschnitt** *m* (MED) taglio *m* cesareo

**Kaisertum** <-s, -tümer> *nt* impero *m*

**Kajüte** [ka'jyːtə] <-, -n> *f* (NAUT) cabina *f*, camerino *m*

**Kakadu** ['kakadu] <-s, -s> *m* cacatua *m*

**Kakao** [ka'kaʊ] <-s> *kein Pl. m* ❶ (*Pflanze, Pulver*) cacao *m* ❷ (*Getränk*) cioccolata *f* [calda]; **jdn durch den ~ ziehen** (*fig fam*) prendere in giro qu **Kakaobaum** *m* (BOT) cacao *m* **Kakaobohne** *f* seme *m* di cacao **Kakaobutter** *kein Pl. f* (GASTR) burro *m* di cacao

**Kakerlak** ['kaːkɛlak] <-s *o* -en, -en> *m* (ZOO) scarafaggio *m*

**Kaktee** [kak'teːə] <-, -n> *f*, **Kaktus** ['kaktʊs] <- *o A* -ses, Kakteen> *m* (BOT) cactus *m*

**Kalabrien** [ka'laːbriən] *nt* (GEOG) Calabria *f*

**Kalauer** ['kaːlaʊɐ] <-s, -> *m* freddura *f*; (*Wortspiel*) gioco *m* di parole

**Kalb** [kalp] <-(e)s, Kälber> *nt* (ZOO) vitello *m*

**kalben** ['kalbən] *vi* (*Tier*) figliare

**Kalbfleisch** *kein Pl. nt* (GASTR) carne *f* di vitello

**Kalbsbraten** *m* (GASTR) arrosto *m* di vitello **Kalbskotelett** *nt* (GASTR) braciola *f* di vitello **Kalb[s]leder** *nt* [pelle *f* di] vitello *m* **Kalbsschnitzel** *nt* (GASTR) scaloppina *f* di vitello

**Kaldaunen** [kal'daʊnən] *fPl.* (GASTR) trippa *f*

**Kaleidoskop** [kalaɪdɔ'skoːp] <-s, -e> *nt* (*a. fig* OPT) caleidoscopio *m*

**Kalender** [ka'lɛndɐ] <-s, -> *m* calendario *m* **Kalenderfunktion** *f* funzione *m* di calendario **Kalenderjahr** *nt* anno *m* civile

**Kali** ['kaːli] <-s, -s> *nt* ❶ (CHEM) potassio *m;* (*~lauge*) potassa *f* caustica ❷ (MIN) sale *m* potassico

**Kaliber** [ka'liːbɐ] <-s, -> *nt* (*a. fig* TEC) calibro *m*

**Kalif** [ka'liːf] <-en, -en> *m* (REL) califfo *m*

**Kalifornien** [kali'fɔrniən] *nt* (GEOG) California *f*

**Kalium** ['kaːlium] <-s> *kein Pl. nt* (CHEM) potassio *m*

**Kalk** [kalk] <-(e)s, -e> *m* ❶ (*Baustoff*) calce *f;* **ungelöschter/gelöschter ~** calce viva/spenta ❷ (*~stein*) calcare *m* ❸ (ANAT) calcio *m* **Kalkablagerung** *f* deposito *m* calcareo **Kalkbildung** *f* calcificazione *f* **Kalkbrennerei** *f* fornace *f* di calce

**kalken** *vt* imbiancare

**kalkhaltig** *adj* calcareo

**Kalkmangel** *m* ❶ (MED) mancanza *f* di calcio ❷ (*von Boden*) mancanza *f* di carbonato di calcio **Kalkstein** *m* pietra *f* calcarea

**Kalkül** [kal'kyːl] <-s, -e> *mnt* (*a.* MAT) calcolo *m;* **etw [mit] ins ~ ziehen** prendere in considerazione qc fin dall'inizio

**Kalkulation** [kalkula'tsjoːn] <-, -en> *f* ❶ (*a. fig*) calcolo *m* ❷ (COM, FIN: *Kostenvoranschlag*) preventivo *m*

**kalkulierbar** [kalku'liːɛbaːɐ] *adj* calcolabile

**kalkulieren** [kalku'liːrən] <ohne ge-> *vt* calcolare; (*a. fig: abschätzen*) valutare

**Kalorie** [kalo'riː] <-, -n> *f* caloria *f* **kalorienarm** *adj* ipocalorico **Kalorienbedarf** *m* fabbisogno *m* calorico **Kaloriengehalt** *m* potere *m* calorico **kalorienreich** *adj* ipercalorico

**kalt** [kalt] <kälter, kälteste> *adj* ❶ freddo; (*eisig~*) freddissimo, ghiacciato; **~ werden** (*Wetter*) fare freddo; (*Speise*) raffreddarsi; **es ist ~** fa freddo; **mir ist ~** ho freddo; **es lief mir ~ über den Rücken, es überlief mich ~** mi vennero i brividi; **~ stellen** (*Getränk, Speise*) mettere in fresco ❷ (*fig*) freddo; (*unempfindlich, gefühllos*) insensibile; (*gleichgültig*) indifferente; (*unfreundlich*) duro, secco

**Kaltblüter** ['kaltblyːtɐ] <-s, -> *m* (ZOO) animale *m* eterotermo [*o* a sangue freddo]

**kaltblütig** ['kaltblyːtɪç] *adj o adv* a sangue freddo, di sangue freddo **Kaltblütigkeit**

[kaltbly:tɪçkaɪt] <-> *kein Pl. f* sangue *m* freddo, freddezza *f*

**Kälte** ['kɛltə] <-> *kein Pl. f* ❶ freddo *m;* **vor ~ zittern** tremare dal freddo; **bei dieser ~** con questo freddo; **13 Grad ~** 13 gradi sotto zero ❷ (*fig: Gefühls~*) freddezza *f*; (*Gleichgültigkeit*) indifferenza *f*
**kältebeständig** *adj* resistente al freddo
**Kälteeinbruch** *m* (METEO) ondata *f* di freddo **kälteempfindlich** *adj* sensibile al freddo **Kältegrad** *m* grado *m* sotto zero
**Kälteschutzmittel** *nt* anticongelante *m;* (*für Autos*) antigelo *m*
**Kaltfront** ['kaltfrɔnt] <-, -en> *f* (METEO) fronte *m* freddo
**kaltgepresst** ['kaltgəprɛst] *adj* (*Öl*) spremuto a freddo
**kalt|lassen** <irr> *vt* (*fam*) **das lässt mich kalt** ciò non mi fa né caldo né freddo
**Kaltluft** *f* (METEO) aria *f* fredda **Kaltluftfront** *f* (METEO) fronte *m* di aria fredda
**kalt|machen** *vt* (*sl: töten*) freddare, far fuori
**Kaltmiete** ['kaltmi:tə] *f* canone *m* d'affitto
**Kaltschale** *f* (GASTR) zuppa dolce servita fredda
**kaltschnäuzig** ['kaltʃnɔɪtsɪç] *adj* (*fam*) freddo, insensibile **Kaltschnäuzigkeit** ['kaltʃnɔɪtsɪçkaɪt] <-> *kein Pl. f* (*fam*) ❶ (*Gleichgültigkeit*) indifferenza *f* ❷ (*Frechheit*) impertinenza *f*
**Kaltstart** <-(e)s, -s> *m* (INFORM) cold boot *m*
**Kaltstartautomatik** *f* (MOT) starter *m*
**kalt|stellen** *vt* (*fam: ausmanövrieren*) liquidare; (POL) mettere su un binario morto
**Kalvinismus** [kalvi'nɪsmʊs] <-> *kein Pl. m* (REL) calvinismo *m*
**Kalvinist(in)** [kalvi'nɪst] <-en, -en; -, -nen> *m(f)* calvinista *mf*
**kalvinistisch** *adj* calvinista, calvinistico
**Kalzium** ['kaltsiʊm] <-s> *kein Pl. nt* (CHEM) calcio *m*
**kam** [ka:m] *1. u. 3. Pers. Sing. Imp. von* **kommen**
**Kambodscha** [kam'bɔdʒa] *nt* (GEOG) Cambogia *f*
**Kamel** [ka'me:l] <-(e)s, -e> *nt* ❶ (ZOO: *Tier*) cammello *m* ❷ (*fam pej*) imbecille *m*
**Kamelhaar** *nt* pelo *m* di cammello
**Kamelie** [ka'me:liə] <-, -n> *f* (BOT) camelia *f*
**Kameltreiber** *m* cammelliere *m*
**Kamera** ['kamərə] <-, -s> *f* ❶ (FILM) cinepresa *f*; (TV) telecamera *f* ❷ (FOTO) macchina *f* fotografica
**Kamerad(in)** [kamə'ra:t] <-en, -en; -,

-nen> *m(f)* ❶ compagno, -a *m, f*, camerata *m* ❷ (MIL) commilitone *m* **Kameradschaft** <-> *kein Pl. f* cameratismo *m* **kameradschaftlich** *adj* cameratesco **Kameradschaftsgeist** *m* spirito *m* cameratesco
**Kameramann** *m* (FILM, TV) cameraman *m*, operatore *m* cinematografico **kamerascheu** ['kaməraʃɔɪ] *adj* che sfugge l'obiettivo, che non si fa riprendere
**Kamikaze** [kami'ka:tsə] <-, -> *m* kamikaze *m*
**Kamille** [ka'mɪlə] <-, -n> *f* (BOT) camomilla *f* **Kamillentee** *m* [infuso *m* di] camomilla *f*
**Kamin** [ka'mi:n] <-s, -e> *m* camino *m*, caminetto *m* **Kaminaufsatz** *m* mensola *f* del camino **Kaminfeger, Kaminkehrer** *m* (*fam*) spazzacamino *m*
**Kamm** [kam] <-(e)s, Kämme> *m* ❶ (*Haar~*) pettine *m;* **alles über einen ~ scheren** fare di ogni erba un fascio *fam* ❷ (*Hahnen~, Wellen~, Gebirgs~*) cresta *f*
**kämmen** ['kɛmən] *I. vt* pettinare *II. vr* **sich ~** pettinarsi
**Kammer** ['kamɐ] <-, -n> *f* ❶ (*Zimmer*) camera *f* ❷ (MED, BIOL) cavità *f* ❸ (PARL) camera *f;* **die erste/zweite ~ des Parlaments** la Camera del Consiglio/la Camera dei Deputati **Kammerdiener** *m* cameriere *m* segreto **Kammerjäger(in)** *m(f)* disinfestatore *m* **Kammermusik** *f* musica *f* da camera **Kammerorchester** ['kamɐrɔrkɛstɐ] <-s, -> *nt* orchestra *f* da camera **Kammerton** *m* intonazione *f*, diapason *m*
**Kampagne** [kam'panjə] <-, -n> *f* campagna *f*
**Kampanien** [kam'panjən] *nt* (GEOG) Campania *f*
**Kampf** [kampf] <-(e)s, Kämpfe> *m* ❶ (*allg*) lotta *f;* **~ ums Dasein** lotta per l'esistenza; **~ auf Leben und Tod** lotta all'ultimo sangue; **jdm den ~ ansagen** dichiarare guerra a qu ❷ (MIL: *~handlung*) combattimento *m;* (*Schlacht*) battaglia *f* ❸ (*Auseinandersetzung*) disputa *f*; (*Streit*) controversia *f*; (*Schlägerei*) rissa *f* ❹ (*Wett~*) gara *f*, competizione *f*
**Kampfabstimmung** ['kampfapʃtɪmʊŋ] <-, -en> *f* (POL) elezione *f* a maggioranza **Kampfansage** *f* sfida *f* **Kampfbahn** *f* arena *f*, stadio *m* **kampfbereit** *adj* pronto a combattere **Kampfeinsatz** ['kampfaɪnzats, *Pl:* 'kampfaɪnzɛtsə] <-es, Kampfeinsätze> *m* (MIL) operazione *f* militare, azione *f* militare

**kämpfen** ['kɛmpfən] *vi* ❶ (*allg, a. fig*) lottare; **für** [*o* **um**] **etw** ~ lottare per qc; **mit den Tränen** ~ cercare di trattenere le lacrime; **mit Schwierigkeiten zu** ~ **haben** essere alle prese con delle difficoltà ❷ (MIL) **gegen jdn/etw** ~ combattere contro qu/qc ❸ (*im Wettkampf*) **mit jdm** ~ gareggiare con qu

**Kampfer** ['kampfɐ] <-s> *kein Pl. m* (CHEM) canfora *f*

**Kämpfer(in)** <-s, -; -, -nen> *m(f)* (MIL) combattente *mf;* (*a. fig* SPORT) lottatore, -trice *m, f*

**kämpferisch** *adj* combattivo, battagliero

**kampffähig** *adj* in grado di combattere

**Kampfflugzeug** *nt* (MIL) aereo *m* da combattimento **Kampfführung** *f* condotta *f* di combattimento **Kampfgefährte** *m* compagno *m* di lotta **Kampfgefährtin** *f* compagna *f* di lotta **Kampfgeist** *m* spirito *m* combattivo **Kampfgewühl** *nt* mischia *f* **Kampfgruppe** *f* squadra *f* da combattimento **Kampfhandlung** *f* operazione *f* militare **Kampfkraft** *f* forza *f* combattiva **kampflos** *adj* (*widerstandslos*) senza opporre resistenza **kampflustig** *adj* battagliero, combattivo **Kampfpause** *f* tregua *f* **Kampfplatz** *m* campo *m* di battaglia **Kampfrichter(in)** *m(f)* (SPORT) arbitro, -a *m, f* **Kampfsport** *kein Pl. m* sport *m* di combattimento **kampfunfähig** *adj* ❶ (MIL) incapace di combattere ❷ (SPORT) fuori combattimento **Kampfverband** *m* squadra *f* da combattimento **Kampfwille** *m* volontà *f* di combattere

**kampieren** [kam'piːrən] <ohne ge-> *vi* accamparsi

**Kanada** ['kanada] *nt* Canada *m*

**Kanadier(in)** [ka'naːdiɐ] <-s, -; -, -nen> *m(f)* canadese *mf*

**kanadisch** *adj* canadese

**Kanal** [ka'naːl] <-s, Kanäle> *m* ❶ (*Wasserlauf*) canale *m* ❷ (*Abwasser~*) canale *m* di scolo ❸ (ANAT, BIOL) canale *m*, dotto *m* ❹ (GEOG) canale *m;* **Ärmel~** Canale della Manica **Kanalinseln** *fPl.* isole *fpl* della Manica

**Kanalisation** [kanaliza'tsi̯oːn] <-, -en> *f* canalizzazione *f* di scarico, fognatura *f*

**kanalisieren** [kanali'ziːrən] <ohne ge-> *vt* canalizzare

**Kanalnetz** <-(e)s, -e> *nt* (*Abwasser~*) rete *f* di fognatura

**Kanarienvogel** [ka'naːri̯ənfoːgəl] *m* (ZOO) canarino *m*

**Kanarische Inseln** *fPl.* (GEOG) Canarie *fpl*

**Kandare** [kan'daːrə] <-, -n> *f* (*Zaumzeug*) morso *m;* **jdn an die** ~ **nehmen** mettere il morso a qu

**Kandidat(in)** [kandi'daːt] <-en, -en; -, -nen> *m(f)* candidato, -a *m, f;* **jdn als** ~ **en** [**für etw**] **aufstellen** presentare qu come candidato [a qc]

**Kandidatur** [kandida'tuːɐ] <-, -en> *f* candidatura *f;* **seine** ~ **anmelden/zurückziehen** proporre/ritirare la propria candidatura

**kandidieren** [kandi'diːrən] <ohne ge-> *vi* [**für etw**] ~ presentare la propria candidatura [a qc]

**kandieren** [kan'diːrən] <ohne ge-> *vt* (GASTR) candire; **kandierte Früchte** frutta candita, frutti canditi

**Kandis|zucker**] ['kandɪs(tsʊkɐ)] *m* zucchero *m* candito

**Känguru** <-s, -s> *nt* (ZOO) canguro *m*

**Kaninchen** [ka'niːnçən] <-s, -> *nt* (ZOO) coniglio *m* **Kaninchenstall** *m* conigliera *f*

**Kanister** [ka'nɪstɐ] <-s, -> *m* bidone *m*

**kann** [kan] *3. Pers. Sing. Präs. von* **können¹, können²**

**Kännchen** ['kɛnçən] <-s, -> *nt* bricchetto *m*

**Kanne** ['kanə] <-, -n> *f* (*Kaffee~, Tee~*) bricco *m;* (*große ~*) bidone *m;* **volle** ~ (*sl*) a tutto gas

**Kannibale** [kani'baːlə] <-n, -n> *m*, **Kannibalin** [kani'baːlɪn] <-, -nen> *f* cannibale *mf*

**Kannibalismus** [kaniba'lɪsmʊs] <-> *kein Pl. m* cannibalismo *m*

**kannte** ['kantə] *1. u. 3. Pers. Sing. Imp. von* **kennen**

**Kanon** ['kaːnɔn] <-s, -s> *m* (MUS) canone *m*

**Kanonade** [kano'naːdə] <-, -n> *f* (MIL) cannoneggiamento *m;* (*fig*) pioggia *f*, grandine *f*

**Kanone** [ka'noːnə] <-, -n> *f* ❶ (*a. fig* MIL) cannone *m*, pezzo *m* d'artiglieria ❷ (*fig fam* SPORT) asso *m*, campione *m* ❸ (*sl: Revolver*) pistola *f*, revolver *m;* **das ist unter aller** ~ (*fam*) è una sfacciataggine **Kanonenboot** *nt* cannoniera *f* **Kanonenfutter** *nt* (*fig, pej*) carne *f* da cannone [*o* da macello] **Kanonenkugel** *f* palla *f* di cannone, proiettile *m* di cannone **Kanonenschuss** *m* colpo *m* di cannone

**Kanonier** [kano'niːɐ, *Pl:* kano'niːrə] <-s, -e> *m* (MIL) artigliere *m*

**Kantate** [kan'taːtə] <-, -n> *f* (MUS) cantata *f*

**Kante** ['kantə] <-, -n> *f* ❶ (*Ecke*) spigolo *m* ❷ (*Rand*) bordo *m;* (*Saum*) orlo *m;*

**Geld auf die hohe ~ legen** (*fam*) mettere soldi da parte, risparmiare soldi
**kanten** ['kantən] **I.** *vt* ① (*auf die Kante stellen*) mettere di costa [*o* di coltello] ② (*Stein, Holz*) squadrare; **nicht ~!** non capovolgere! **II.** *vi* (*beim Skilaufen*) spigolare gli sci
**Kantholz** *nt* legname *m* squadrato, travetti *mpl*
**kantig** *adj* angoloso; (*bes. Gesicht*) spigoloso
**Kantine** [kan'ti:nə] <-, -n> *f* (*Werks~*) mensa *f*; (*Kasernen~, Internats~*) refettorio *m*
**Kanton** [kan'to:n] <-s, -e> *m* (*CH*) cantone *m*
**kantonal** [kanto'na:l] *adj* cantonale
**Kantonsschule** *f* (*CH: Gymnasium*) scuola *f* media superiore [amministrata dal cantone]
**Kanu** ['ka:nu] <-s, -s> *nt* canoa *f*
**Kanüle** [ka'ny:lə] <-, -n> *f* (MED) ① (*an Spritze*) ago *m* [della siringa] ② (*Röhrchen*) cannula *f*
**Kanusport** <-s> *kein Pl. m* canottaggio *m*
**Kanzel** ['kantsəl] <-, -n> *f* ① (REL) pulpito *m* ② (AERO) cabina *f* [di pilotaggio]
**kanzerogen** [kantsero'ge:n] *adj* (MED) cancerogeno
**Kanzlei** [kants'laɪ] <-, -en> *f* ① (*von Rechtsanwalt*) ufficio *m*, studio *m* ② (*von Behörde*) cancelleria *f*, segreteria *f*
**Kanzler(in)** ['kantslɐ] <-s, -; -, -nen> *m(f)* ① (POL) cancelliere, -a *m, f* ② (*von Universität*) economo, -a *m, f* **Kanzleramt** *nt* ufficio *m* di cancelliere
**Kap** [kap] <-s, -s> *nt* (GEOG) capo *m*
**Kap.** *abk v* **Kapitel** cap.
**Kapaun** [ka'paʊn] <-s, -e> *m* (ZOO) cappone *m*
**Kapazität** [kapatsi'tɛ:t] <-, -en> *f* ① (*Fassungsvermögen*) capacità *f* ② (*Experte*) esperto *m*, autorità *f*
**Kapelle** [ka'pɛlə] <-, -n> *f* ① (REL) cappella *f* ② (MUS) banda *f*, orchestrina *f* **Kapellmeister** *m* ① (*Orchesterdirigent*) direttore *m* d'orchestra ② (*Leiter einer Kapelle*) capobanda *m*
**Kaper** ['ka:pɐ] <-, -n> *f* (GASTR) cappero *m*
**kapern** ['ka:pɐn] *vt* ① (HIST: *erbeuten*) catturare ② (*fam: sich bemächtigen*) **etw ~** impadronirsi di qc
**kapieren** [ka'pi:rən] <ohne ge-> *vt* (*fam*) capire, afferrare; **kapiert?** capito?
**Kapillargefäß** [kapɪ'la:ɐɡəfɛ:s] <-es, -e> *nt* (ANAT) [vaso *m*] capillare *m*
**Kapital** [kapi'ta:l] <-s, -e *o* -ien> *nt* ① (*Geldsumme*) capitale *m*; **~ aus etw schlagen** (*fig*) trarre profitto da qc ② (*Geldmittel*) capitali *mpl*, fondi *mpl* **Kapitalabwanderung** <-, -en> *f* (FIN) fuga *f* di capitali **Kapitalanlage** *f* investimento *m* [di capitale] **Kapitalaufwand** *m* (FIN) impiego *m* di capitale **Kapitalertrag** *m* reddito *m* di capitale **Kapitalertragssteuer** *f* (FIN) imposta *f* sul reddito da capitale **Kapitalflucht** *f* fuga *f* di capitali **Kapitalgesellschaft** *f* società *f* di capitali
**Kapitalismus** [kapita'lɪsmʊs] <-> *kein Pl. m* capitalismo *m*
**Kapitalist** [kapita'lɪst] <-en, -en> *m* capitalista *m*
**kapitalistisch** *adj* capitalista, capitalistico
**kapitalkräftig** *adj* finanziariamente solido **Kapitalmangel** *m* mancanza *f* [*o* penuria *f*] di capitali **Kapitalmarkt** *m* mercato *m* finanziario [*o* dei capitali] **Kapitalverbrechen** *nt* delitto *m* capitale
**Kapitän** [kapi'tɛ:n] <-s, -e> *m* ① (NAUT, SPORT) capitano *m* ② (AERO) comandante *m*
**Kapitel** [ka'pɪtəl] <-s, -> *nt* ① (*Abschnitt*) capitolo *m* ② (*fig: Angelegenheit*) questione *f*, faccenda *f*; **das ist ein ~ für sich** questa è una questione a parte; **das ist ein anderes ~** è un'altra faccenda
**Kapitell** [kapi'tɛl] <-s, -e> *nt* (ARCH) capitello *m*
**Kapitelüberschrift** <-, -en> *f* titolo *m* del capitolo
**Kapitulation** [kapitula'tsjo:n] <-, -en> *f* resa *f*; **die ~ vor jdm** la resa davanti a qu
**kapitulieren** [kapitu'li:rən] <ohne ge-> *vi* capitolare; (*a. fig*) arrendersi
**Kaplan** [ka'pla:n] <-s, Kapläne> *m* (REL) cappellano *m*
**Kaposi-Sarkom** <-s, -e> *nt* (MED) sarcoma *m* di Kaposi
**Kappe** ['kapə] <-, -n> *f* ① (*Kopfbedeckung*) berretto *m*, berretta *f*; **etw auf seine ~ nehmen** (*fig*) assumersi la responsabilità di qc ② (*am Schuh*) punta *f* ③ (*Deckel*) coperchio *m*
**kappen** ['kapən] *vt* (NAUT: *Tau*) troncare, mozzare
**Kappes** ['kapəs] <-> *kein Pl. m* (*dial*) ① (*fam: Blödsinn*) scemenze *fpl* ② (*Weißkohl*) cavolo *m* cappuccio
**Kapriole** [kapri'o:lə] <-, -n> *f* ① (*Luftsprung*) capriola *f* ② (*fig*) pazzia *f*
**kapriziös** [kapri'tsjø:s] *adj* capriccioso
**Kapsel** ['kapsəl] <-, -n> *f* ① (BOT, ANAT) capsula *f* ② (*Tablette*) cachet *m* ③ (*Behälter*) scatoletta *f*

**Kapstadt** ['kapʃtat] *nt* (GEOG) Città *f* del Capo

**kaputt** [ka'pʊt] *adj* ❶ *(fam: zerbrochen)* rotto, scassato; *(beschädigt)* rovinato; *(defekt)* guasto; **ein ~er Typ** *(sl)* un emarginato, un outsider ❷ *(fig: erschöpft)* sfinito, stanco morto *fam*

**kaputt|gehen** <irr> *vi sein* (*fam*) ❶ *(entzweigehen)* rompersi, scassarsi; *(verderben)* rovinarsi, guastarsi ❷ *(Pflanzen: eingehen)* morire ❸ *(fig: zugrunde gehen)* rovinarsi, andare in rovina

**kaputt|lachen** *vr* **sich ~** *(fam)* sbellicarsi dalle risa **kaputt|machen** I. *vt* ❶ *(zerbrechen)* rompere, scassare *fam* ❷ *(ruinieren, a wirtschaftlich)* rovinare II. *vr* **sich ~** rovinarsi

**Kapuze** [ka'puːtsə] <-, -n> *f* cappuccio *m*
**Kapuzenshirt** *nt* maglietta *f* con cappuccio

**Kapuziner** [kapu'tsiːnɐ] <-s, -> *m* (REL) [frate *m*] cappuccino *m* **Kapuzinerkresse** *f* (BOT) cappuccina *f*

**Karabiner** [kara'biːnɐ] <-s, -> *m* ❶ *(Gewehr)* carabina *f* ❷ *(A)* moschettone *m* **Karabinerhaken** *m* moschettone *m*

**Karaffe** [ka'rafə] <-, -n> *f* caraffa *f*

**Karambolage** [karambo'laːʒə] <-, -n> *f* collisione *f*, scontro *m*

**karambolieren** [karambo'liːrən] <ohne ge-> *vi sein* ❶ *(Billard)* carambolare ❷ *(rar: zusammenstoßen)* scontrarsi *(mit* con*)*

**Karamell** [kara'mɛl] <-s> *kein Pl. m* CH: *nt* caramello *m*, caramel *m*

**Karaoke** [kara'oːkə] <-(s), -(s)> *nt* karaoke *m*

**Karat** [ka'raːt] <-(e)s, -e> *nt* carato *m*

**Karate** [ka'raːtə] <-(s)> *kein Pl. nt* (SPORT) karatè *m*

**-karätig** [karɛːtɪç] *adj* di ... carati

**Karawane** [kara'vaːnə] <-, -n> *f* carovana *f*

**Karawanserei** [karavanzə'raɪ] <-, -en> *f* caravanserraglio *m*

**Karbid** [kar'biːt, *Pl:* kar'biːdə] <-(e)s, -e> *nt* (CHEM) carburo *m* **Karbidlampe** *f* lampada *f* a carburo

**Karbonat** [karbo'naːt] <-(e)s, -e> *nt* (CHEM) carbonato *m*

**Kardantunnel** [kar'daːntʊnəl] <-s, -> *m* (MOT) tunnel *m* dell'albero cardanico **Kardanwelle** *f* (MOT) albero *m* cardanico

**Kardinal** [kardi'naːl] <-s, **Kardinäle**> *m* (REL) cardinale *m*

**Kardinal-** [kardi'naːl] *(in Zusammensetzungen)* fondamentale, sostanziale **Kardinalfrage** *f (geh)* questione *f* fondamentale **Kardinalzahl** *f* numero *m* cardinale

**Kardiogramm** [kardio'gram] <-s, -e> *nt* (MED) cardiogramma *m*

**Kardiologe** [kardio'loːgə] <-n, -n> *m,* **Kardiologin** [kardio'loːgɪn] <-, -nen> *f* (MED) cardiologo, -a *m, f*

**Karenz|zeit|** [ka'rɛnts(tsaɪt)] <-, -en> *f* periodo *m* di aspettativa

**Karfiol** [kar'fjoːl] <-s> *kein Pl. m* (A: *Blumenkohl*) cavolfiore *m*

**Karfreitag** [kaːɐ̯'fraɪtaːk] <-s, -e> *m* venerdì *m* santo

**karg** [kark] <-er *o rar* kärger, -ste *o rar* kärgste> *adj* ❶ *(gering)* scarso, magro; *(bes. Worte)* parco; **mit etw ~ sein** essere parco di qc ❷ *(armselig)* misero, povero ❸ *(unfruchtbar)* povero ❹ *(geizig)* [**mit etw**] **~ sein** essere avaro [di qc]

**kargen** ['kargən] *vi (geh)* lesinare *(mit etw* qc)

**kärglich** ['kɛrklɪç] *adj (dürftig)* magro; *(Mahl)* frugale; *(a. armselig)* misero, povero

**Karibik** [ka'riːbɪk] <-> *f* Caraibi *mpl*

**karibisch** [ka'riːbɪʃ] *adj* caribico

**kariert** [ka'riːɐ̯t] *adj (Papier)* a quadretti; *(Stoff)* a quadri; **klein ~** *(Stoff)* a quadrettini

**Karies** ['kaːriɛs] <-> *kein Pl. f* (MED) carie *f*

**Karikatur** [karika'tuːɐ̯] <-, -en> *f* caricatura *f*; *(in Zeitungen)* vignetta *f*

**Karikaturist(in)** [karikatu'rɪst] <-en, -en; -, -nen> *m(f)* caricaturista *mf*

**karikieren** [kari'kiːrən] <ohne ge-> *vt* fare la caricatura di

**karitativ** [karita'tiːf] *adj* caritativo

**Karneval** ['karnəval] <-s, -e *o* -s> *m* carnevale *m*

**Karnickel** [kar'nɪkəl] <-s, -> *nt (dial)* coniglio *m*

**Karniese** <-, -n> *f* (A: *Gardinenleiste*) bastone *m* per tenda

**Kärnten** ['kɛrntən] *nt* Carinzia *f*

**Karo** ['kaːro] <-s, -s> *nt* ❶ *(Quadrat)* quadrato *m* ❷ *(Raute)* losanga *f*, rombo *m* ❸ *(in ~ muster)* quadro *m* ❹ *Sing. (beim Kartenspiel)* quadri *mpl* **Karoas** ['kaːroʔas *o* kaːroʔas] *nt* asso *m* di quadri

**Karolinger** ['kaːrolɪŋɐ] <-s, -> *m* (HIST) carolingio *m*

**Karosse** [ka'rɔsə] <-, -n> *f* carrozza *f*

**Karosserie** [karɔsə'riː] <-, -n> *f* (MOT) carrozzeria *f* **Karosserietyp** *m* tipo *m* di carrozzeria

**Karotin** [karo'tiːn] <-s, -e> *nt* (CHEM) carotene *m*

**Karotte** [ka'rɔtə] <-, -n> f (BOT) carota f, carota f rossa

**Karpaten** [kar'pa:tən] Pl. (GEOG) Carpazi mpl

**Karpfen** ['karpfən] <-s, -> m (ZOO) carpa f **Karpfenteich** m vivaio m di carpe

**Karre** ['karə] <-, -n> f s. **Karren**

**Karree** [ka're:] <-s, -s> nt ❶ (Viereck) quadrato m ❷ (Häuserblock) caseggiato m, isolato m; **ums ~ gehen** fare il giro dell'isolato ❸ (A: GASTR: Rippenstück) costata f

**Karren** ['karən] <-s, -> m ❶ carretto m, carrello m; **den ~ aus dem Dreck ziehen** (fig fam) sbrogliare la matassa ❷ (Schub~) carriola f

**Karriere** [ka'ri̯e:rə] <-, -n> f (Laufbahn) carriera f; **~ machen** fare carriera **Karriereknick** [ka'ri̯ɛ:rəknɪk] <-(e)s, -e> m insuccesso m nel lavoro, battuta f d'arresto nel lavoro

**Karsamstag** [ka:ɐ̯'zamsta:k] m sabato m santo

**Karst** [karst] <-(e)s, -e> m (GEOL) regione f carsica

**Karte** ['kartə] <-, -n> f ❶ carta f ❷ (Land~) carta f [geografica] ❸ (Spiel~) carta f [da gioco]; **ein Spiel ~n** un mazzo di carte; **~n spielen** giocare a carte; **jdm die ~n legen** fare le carte a qu; **alles auf eine ~ setzen** (fig) puntare tutto su una carta; **sich** dat **nicht in die ~n sehen lassen** (a. fig) non scoprire le proprie carte; **mit verdeckten ~n spielen** (a. fig) non svelare il proprio gioco ❹ (Fahr~, Eintritts~) biglietto m; (Visiten~) biglietto m da visita; (Kartei~) scheda f ❺ (Speise~) menù m, carta f; (Wein~) lista f dei vini; **nach der ~ essen** mangiare alla carta ❻ (Ansichts~, Post~) cartolina f [illustrata] ❼ (SPORT) cartellino m; **die gelbe/rote ~** (SPORT) il cartellino giallo/rosso ❽ (INFORM) scheda f

**Kartei** [kar'taɪ] <-, -en> f schedario m **Karteikarte** f scheda f, cartellino m **Karteikasten** m schedario m **Karteileiche** f (scherz) annotazione f burocratica scaduta

**Kartell** [kar'tɛl] <-s, -e> nt (COM) cartello m **Kartellrecht** nt (COM) norma f giuridica di cartello

**Kartenhaus** nt ❶ (NAUT) sala f nautica ❷ (aus Spielkarten, fig) castello m di carte; **wie ein ~ zusammenfallen** crollare come un castello di carte **Kartenkunststück** nt gioco m di prestigio con le carte **Kartenleger(in)** m(f) cartomante mf

**Kartenlesegerät** nt (INFORM) lettore m di carte magnetiche

**Kartenspiel** nt ❶ (Spiel) partita f a carte ❷ (Spielkarten) mazzo m di carte **Kartenspieler(in)** m(f) giocatore, -trice m, f di carte **Kartenständer** m sostegno m per carte geografiche **Kartentelefon** nt telefono m a scheda magnetica **Kartenvorverkauf** m (THEAT) prevendita f [biglietti]

**Kartoffel** [kar'tɔfəl] <-, -n> f (BOT) patata f **Kartoffelbrei** m (GASTR) purè m di patate **Kartoffelchip** <-s, -s> m patatina f [fritta], chip f **Kartoffelernte** f raccolta f delle patate **Kartoffelkäfer** m (ZOO) dorifora f della patata **Kartoffelkloß** m (GASTR) gnocco m di patate **Kartoffelpuffer** m (GASTR) frittella f di patate **Kartoffelpüree** nt (GASTR) s. **Kartoffelbrei Kartoffelsalat** m (GASTR) insalata f di patate **Kartoffelschale** f buccia f di patata **Kartoffelstärke** [kar'tɔfəlʃtɛrkə] <-, -n> f (BIOL) fecola f di patate

**Kartograf(in)** [karto'gra:f] <-en, -en; -, -nen> m(f) cartografo, -a m, f

**Kartograph(in)** <-en, -en; -, -nen> m(f) cartografo, -a m, f

**Karton** [kar'tɔŋ o kar'to:n] <-s, -s o -e> m ❶ (Pappe) cartone m; (leichter ~) cartoncino m ❷ (Schachtel) scatola f di cartone

**kartonieren** [karto'ni:rən] <ohne ge-> vt (Buch) rilegare in cartone; (ein kartoniertes Buch) un libro incartonato

**Karussell** [karʊ'sɛl] <-s, -s o -e> nt giostra f, carosello m

**Karwendelgebirge** [kar'vɛndəlɡəbɪrɡə] nt (GEOG) **das ~** le [montagne] Karwendel fpl

**Karwoche** ['ka:ɐ̯vɔxə] <-, -n> f settimana f santa

**Karzinom** [kartsi'no:m] <-s, -e> nt (MED) carcinoma m

**Kaschmir**[1] ['kaʃmi:ɐ̯] <-s, -e> m (Wolle, Gewebe) cachemire m

**Kaschmir**[2] ['kaʃmi:ɐ̯] nt Kashmir m

**Käse** ['kɛ:zə] <-s, -> m ❶ (Nahrungsmittel) formaggio m, cacio m; **weißer ~** formaggio molle ❷ (fig fam: Unsinn) sciocchezze fpl, cretinate fpl; **das ist doch alles ~!** sono tutte cretinate! **Käseblatt** nt (fam pej) giornaluccio m **Käsebrot** nt (GASTR) panino m al [o col] formaggio **Käseglocke** f campana f per formaggio **Käsekuchen** m (GASTR) torta f di ricotta **Käseplatte** ['kɛ:zəplatə] <-, -n> f piatto m di formaggi misti

**Käserei** [kɛ:zə'raɪ] <-, -en> f caseificio m **Kaserne** [ka'zɛrnə] <-, -n> f (MIL) ca-

serma *f* **Kasernenhof** *m* cortile *m* della caserma
**kasernieren** [kazɛr'niːrən] <ohne ge-> *vt* accasermare
**käsig** ['kɛːzɪç] *adj* (*käseartig*) caseiforme, caseoso; (*Hautfarbe*) pallido
**Kasino** [ka'ziːno] <-s, -s> *nt* ❶ (*Spielbank*) casinò *m* ❷ (*Speiseraum*) mensa *f*; (*Offiziers~*) mensa *f* ufficiali
**Kaskoversicherung** ['kaskofɛɐzɪçəruŋ] <-, -en> *f* kasko *f*, assicurazione *f* contro tutti i rischi
**Kasper|le|** ['kaspɐ(lə)] <-s, -> *nt o m* ❶ (*Hauptfigur im ~ theater*) Arlecchino ❷ (*fam*) pagliaccio *m*, buffone *m* **Kasper|le|theater** *nt* teatrino *m* dei burattini
**Kassa** ['kasa] <-, Kassen> *f* (*A, südd: Kasse*) cassa *f*
**Kasse** ['kasə] <-, -n> *f* ❶ (*allg, a. fig*) cassa *f*; **~ machen** (COM) fare i conti di cassa; **[gut] bei ~ sein** (*fam*) stare bene a quattrini; **knapp bei ~ sein** (*fam*) essere a corto di quattrini; **jdn zur ~ bitten** chiedere il pagamento a qu ❷ (*Zahlstelle*) ufficio *m* cassa ❸ (*für Eintritts-, Fahrkarten*) biglietteria *f*; (THEAT, FILM) botteghino *m* ❹ (*Bank*) banca *f* ❺ (*Kranken~*) mutua *f*, cassa *f* malati **Kassenabschluss** *m* chiusura *f* di cassa **Kassenarzt** *m*, **Kassenärztin** *f* (MED) medico *m* della mutua, dottoressa *f* della mutua **Kassenbestand** *m* giacenza *f* di cassa **Kassenbon** *m* scontrino *m* **Kassenbuch** *nt* libro *m* [*o* registro *m*] di cassa **Kassenfüller** *m* ❶ (*Buch*) successo *m* di vendita; (FILM) film *m* di cassetta ❷ (*Künstler*) artista *mf* che riempie il botteghino **Kassenmagnet** *m* campione *m* d'incasso, successo *m* di cassa **Kassenpatient|in|** *m(f)* (MED) [paziente *mf*] mutuato, -a *m, f* **Kassenschlager** <-s, -> *m* ❶ (*fam: Film*) successo *m* di cassetta ❷ (COM) film *m* di cassetta, campione *m* di incassi **Kassenstunden** *fPl.* orario *m* d'ufficio **Kassensturz** *m* **~ machen** verificare la cassa
**Kassette** [ka'sɛtə] <-, -n> *f* ❶ cassetta *f*; (*Musik~*) musicassetta *f* ❷ (FOTO: *Filmbehälter*) caricatore *m* ❸ (ARCH) cassettone *m* **Kassettenrecorder** <-s, -> *m* registratore *m* a cassette
**Kassier|in|** [ka'siːɐ] <-s, -e; -, -nen> *m(f)* (*A, CH, südd: Kassierer*) cassiere, -a *m, f*
**kassieren** [ka'siːrən] <ohne ge-> **I.** *vt* ❶ (*ein~: Geld*) incassare; (*Scheck*) cassare, annullare; **bei jdm etw ~** incassare qc da qu ❷ (*fig fam: wegnehmen*) sottrarre; (*beschlagnahmen*) sequestrare ❸ (JUR: *Gerichtsurteil*) cassare **II.** *vi* ❶ (*abrechnen*) fare i conti ❷ (*sl: verdienen*) far soldi *fam*
**Kassierer|in|** <-s, -; -, -nen> *m(f)* cassiere, -a *m, f*
**Kastagnetten** [kastan'jɛtən] *fPl.* (MUS) nacchere *fpl*, castagnette *fpl*
**Kastanie** [kas'taːnjə] <-, -n> *f* (BOT) ❶ (*Baum: Edel~*) castagno *m*; (*Ross~*) ippocastano *m*, castagno *m* d'India ❷ (*Frucht*) castagna *f*; **für jdn die ~n aus dem Feuer holen** (*fig*) cavare le castagne dal fuoco per qu *fam* **Kastanienbaum** *m s.* **Kastanie kastanienbraun** *adj* castano
**Kästchen** ['kɛstçən] <-s, -> *nt* ❶ (*kleine Kiste*) cassettina *f*; (*Schmuck~*) scrigno *m* ❷ (*Viereck*) quadretto *m*
**Kaste** ['kastə] <-, -n> *f* casta *f*
**kasteien** [kas'taɪən] <ohne ge-> *vr* **sich ~** mortificarsi
**Kastell** [kas'tɛl] <-s, -e> *nt* (*Burg*) castello *m*; (*Befestigung*) fortificazione *f*
**Kasten** ['kastən] <-s, Kästen> *m* ❶ (*Kiste*) cassa *f*; (*großer ~, Truhe*) cassone *m*; (*Schachtel*) scatola *f*; **etw auf dem ~ haben** (*fam*) avere una gran testa ❷ (SPORT: *Turngerät*) plinto *m* ❸ (*A, CH: Schrank*) armadio *m* ❹ (*fam: hässliches Gebäude*) catapecchia *f*; (*altes Fahrzeug*) trabiccolo *m*, macinino *m;* (*altes Schiff*) rottame *m fam*, carcassa *f*
**Kastration** [kastra'tsjoːn] <-, -en> *f* castrazione *f*, evirazione *f*
**kastrieren** [kas'triːrən] <ohne ge-> *vt* castrare
**Kat** [kat] <-s, -s> *m* (CHEM, MOT) *abk v* **Katalysator** catalizzatore *m*
**Katakomben** [kata'kɔmbən] *fPl.* catacomba *f*
**Katalog** [kata'loːk] <-(e)s, -e> *m* catalogo *m*
**katalogisieren** [katalogi'ziːrən] <ohne ge-> *vt* catalogare **Katalognummer** <-, -n> *f* numero *m* di catalogo
**Katalysator** [kataly'zaːtoːɐ] <-s, -en> *m* (*a. fig* CHEM, MOT) catalizzatore *m*
**Katamaran** [katama'raːn] <-s, -e> *m* (NAUT) catamarano *m*
**Katapult** [kata'pʊlt] <-(e)s, -e> *nm* (*a.* AERO, HIST) catapulta *f* **katapultieren** [katapʊl'tiːrən] <ohne ge-> *vt* (AERO) catapultare
**Katarrh** [ka'tar] <-s, -e> *m* (MED) catarro *m*
**Kataster** [ka'tastɐ] <-s, -> *mnt* catasto *m*, registro *m* fondiario **Katasteramt** *nt* ufficio *m* del catasto

**katastrophal** [katastro'fa:l] *adj* catastrofico

**Katastrophe** [katas'tro:fə] <-, -n> *f* catastrofe *f*; disastro *m* **Katastrophengebiet** *nt* zona *f* sinistrata **Katastrophenhilfe** *f* aiuto *m* in caso di catastrofe **Katastrophenschutz** *m* ① (*Organisation*) protezione *f* civile ② (*Maßnahme*) misure *fpl* anticatastrofe

**Katechismus** [katɛ'çɪsmʊs] <-, Katechismen> *m* (REL) catechismo *m*

**Kategorie** [katego'ri:] <-, -n> *f* categoria *f*

**kategorisch** [kate'go:rɪʃ] *adj* categorico

**Kater** ['ka:tɐ] <-s, -> *m* ① (ZOO) gatto *m* ② (*fig fam: nach Alkoholkonsum*) malessere *m*, mal *m* di testa dopo una sbornia **Katerfrühstück** *nt* (*fam*) colazione *f* per smaltire la sbornia

**kath.** *abk v* **katholisch** cattolico

**Katheder** [ka'te:dɐ] <-s, -> *nm* cattedra *f*

**Kathedrale** [kate'dra:lə] <-, -n> *f* cattedrale *f*

**Katheter** [ka'te:tɐ] <-s, -> *m* (MED) catetere *m*

**Kathode** [ka'to:də] <-, -n> *f* (PHYS) catodo *m*

**Katholik(in)** [kato'li:k] <-en, -en; -, -nen> *m(f)* (REL) cattolico, -a *m, f*

**katholisch** [ka'to:lɪʃ] *adj* (REL) cattolico

**Katholizismus** [katoli'tsɪsmʊs] <-> *kein Pl. m* (REL) cattolicesimo *m*

**katzbuckeln** ['katsbʊkəln] *vi* (*pej*) fare i salamelecchi (*vor jdm* a qu)

**Katze** ['katsə] <-, -n> *f* gatto *m*; (*nur weiblich*) gatta *f*; **die ~ im Sack kaufen** comprare a occhi chiusi; **die ~ aus dem Sack lassen** spiattellare il segreto *fam*; **wie die ~ um den heißen Brei herumgehen** (*prov*) menare il can per l'aia; **das ist für die Katz** (*fam*) è fatica sprecata; **die ~ lässt das Mausen nicht** (*prov*) il lupo perde il pelo ma non il vizio

**Katzelmacher** <-s, -> *m* (A: *pej: abwertende Bezeichnung für Italiener*) termine spregiativo con cui vengono designati gli italiani dagli austriaci

**katzenartig** *adj* felino

**Katzenauge** *nt* ① occhio *m* di gatto ② (*fam: Rückstrahler*) catarinfrangente *m* ③ (MIN) occhio *m* di gatto **Katzenjammer** *m* (*fam*) ① (*nach Alkoholgenuss*) postumi *mpl* di una sbornia ② (*depressive Stimmung*) abbattimento *m* **Katzenmusik** *f* (*pej*) strimpellata *f fam* **Katzensprung** *m* (*fam*) **das ist nur ein ~ [von hier]** è a due passi [da qui] **Katzenstreu** ['katsənʃtrɔɪ] <-> *kein Pl. f* lettiera *f* [per gatti] **Katzenwäsche** *f* (*fam*) pulizia *f* superficiale; **~ machen** (*fam scherz*) lavarsi come i gatti

**Kauderwelsch** ['kaʊdɐvɛlʃ] <-(s)> *kein Pl. nt* (*pej*) linguaggio *m* incomprensibile e scorretto **kauderwelschen** *vi* ① (*fehlerhaft*) parlare in modo scorretto ② (*unverständlich*) parlare in modo incomprensibile [*o* in gergo]

**kauen** ['kaʊən] *vi, vt* masticare; **an den Nägeln ~** rosicchiarsi le unghie

**kauern** ['kaʊɐn] I. *vi* stare accovacciato II. *vr* **sich ~** accovacciarsi, rannicchiarsi

**Kauf** [kaʊf] <-(e)s, Käufe> *m* acquisto *m*, comp[e]ra *f*; **etw in ~ nehmen** rassegnarsi ad accettare qc

**kaufen** ['kaʊfən] *vt* **etw [von jdm] ~** comp[e]rare qc [da qu]; **sich** *dat* **jdn ~** (*vornehmen*) fare i conti con qu

**Kaufentscheidung** *f* decisione *f* d'acquisto

**Käufer(in)** ['kɔɪfɐ] <-s, -; -, -nen> *m(f)* compratore, -trice *m, f*, acquirente *mf*; (*Kunde*) cliente *mf*

**Kauffrau** <-, -en> *f* commerciante *f* **Kaufhaus** *nt* grande magazzino *m* **Kaufkraft** *f* potere *m* d'acquisto **kaufkräftig** *adj* (COM) solvibile, solvente

**Kaufleute** ['kaʊflɔɪtə] *Pl. s.* **Kaufmann**

**käuflich** ['kɔɪflɪç] *adj* ① (*zum Verkauf angeboten*) da vendersi, in vendita; **~ erwerben** comp[e]rare, acquistare ② (*fig: Liebe*) venale; (*a. bestechlich*) corruttibile

**Kaufmann** <-(e)s, -leute> *m* ① (*a. Geschäftsmann*) commerciante *m* ② (*Krämer*) bottegaio *m* ③ (*Einzelhandels~*) negoziante *m*

**kaufmännisch** ['kaʊfmɛnɪʃ] *adj* commerciale, di commercio

**Kaufpreis** <-es, -e> *m* prezzo *m* d'acquisto **Kaufrausch** *m* brama *f* d'acquisti **Kaufsumme** *f* importo *m* d'acquisto **Kaufvertrag** *m* contratto *m* di compravendita **Kaufzwang** *m* obbligo *m* d'acquisto; **kein ~** ingresso libero

**Kaugummi** <-s, -s> *m o nt* gomma *f* da masticare

**Kaulquappe** ['kaʊlkvapə] <-, -n> *f* (ZOO) girino *m*

**kaum** [kaʊm] *adv* ① (*fast nicht*) appena; (*noch nicht einmal*) non appena; **ich kann es ~ glauben** stento a crederlo, mi pare impossibile; **ich kann es ~ erwarten** non [ne] vedo l'ora; **das dauert ~ zwei Stunden** dura appena due ore; **~ war er zu Hause, da rief er mich an** non appena arrivò a casa, mi telefonò ② (*nur mit*

*Mühe*) a malapena ❸(*wahrscheinlich nicht*) probabilmente non ...; **ich glaube** ~ non credo
**Kaumuskel** <-s, -n> *m* (ANAT) massetere *m*, muscolo *m* masticatorio
**kausal** [kaʊˈzaːl] *adj* causale **Kausalsatz** *m* (LING) frase *f* causale
**Kautabak** *m* tabacco *m* da masticare
**Kaution** [kaʊˈtsjoːn] <-, -en> *f* (*bes.* ~*ssumme*) cauzione *f*, garanzia *f*; **gegen** ~ contro cauzione
**Kautschuk** [ˈkaʊtʃʊk] <-s, -e> *m* caucciù *m*, gomma *f* elastica
**Kauz** [kaʊts] <-es, Käuze> *m* (ZOO) civetta *f*; **komischer** ~ (*fam*) tipo strano
**Kavalier** [kavaˈliːɐ] <-s, -e> *m* cavaliere *m* **Kavaliersdelikt** *nt* peccatuccio *m*
**Kaviar** [ˈkaːviaɐ] <-s, -e> *m* (GASTR) caviale *m*
**KB** *abk v* **Kilobyte** KB
**kcal** *abk v* **Kilokalorie** kcal, Cal
**Kebab** [keˈba(ː)p] <-(s), -s> *m* (GASTR) kebab *m*
**keck** [kɛk] *adj* ❶(*frech*) baldanzoso, spavaldo ❷(*unbefangen*) spigliato; (*munter*) vispo ❸(*respektlos*) sfacciato **Keckheit** <-, -en> *f* ❶(*keckes Auftreten*) spavalderia *f*, baldanza *f* ❷(*Unbefangenheit*) spigliatezza *f* ❸(*Kühnheit*) audacia *f* ❹(*Frechheit*) sfacciataggine *f*
**Kefir** [ˈkeːfɪr] <-s> *kein Pl. m* kefir *m*
**Kegel** [ˈkeːgəl] <-s, -> *m* ❶(MAT) cono *m* ❷(*Spiel*~) birillo *m* ❸(GEOG: *Berg*~) conoide *m* ❹(TYP) corpo *m* tipografico **Kegelbahn** *f* pista *f* dei birilli, bowling *m* **Kegelbruder** *m* (*fam*) appassionato *m* di birilli; (*eines gleichen Kegelclubs*) compagno *m* di club **kegelförmig** *adj* conico
**kegeln** [ˈkeːgəln] *vi* giocare ai birilli
**Kegelschnitt** *m* (MAT) sezione *f* conica
**Kegler(in)** [ˈkeːglɐ] <-s, -; -, -nen> *m(f)* giocatore, -trice *m, f* di birilli
**Kehle** [ˈkeːlə] <-, -n> *f* (ANAT) gola *f*; **sich** *dat* **die** ~ **aus dem Hals schreien** (*fam*) gridare a squarciagola; **jdm an die** ~ **springen** prendere qu per la gola; **aus voller** ~ a squarciagola *fam*; **mir war die** ~ **wie zugeschnürt** avevo un nodo alla gola
**kehlig** [ˈkeːlɪç] *adj* (LING) gutturale; ~**e Stimme** voce gutturale
**Kehlkopf** <-(e)s, -köpfe> *m* (ANAT) laringe *f* **Kehllaut** *m* suono *m* gutturale
**Kehre** [ˈkeːrə] <-, -n> *f* tornante *m*, svolta *f*
**kehren** [ˈkeːrən] I. *vi*, *vt* ❶(*bes. südd, A: fegen*) scopare ❷(*wenden*) voltare, girare; **das Oberste zuunterst** ~ mettere tutto sottosopra; **in sich gekehrt** chiuso in sé

stesso II. *vr* **sich** ~ ❶(*sich wenden*) voltarsi, girarsi ❷(*sich kümmern*) **sich an jdn/etw** ~ curarsi di qu/qc
**Kehricht** [ˈkeːrɪçt] <-s> *kein Pl. m* o *nt* (*CH: Müll*) spazzatura *f*, rifiuti *mpl*
**Kehrmaschine** *f* [macchina *f*] spazzatrice *f*
**Kehrreim** *m* ritornello *m*
**Kehrseite** *f* ❶(*Rückseite*) retro *m*, rovescio *m*; **die** ~ **der Medaille** il rovescio della medaglia ❷(*fam scherz: Rücken*) spalle *fpl*; (*Gesäß*) didietro *m*
**kehrt|machen** [ˈkeːɐtmaxən] *vi* fare dietrofront **Kehrtwendung** *f* ❶(MIL) dietrofront *m* ❷(*fig*) voltafaccia *m*
**keifen** [ˈkaɪfən] *vi* (*pej*) strillare, gridare
**Keil** [kaɪl] <-(e)s, -e> *m* ❶(TEC) cuneo *m*, chiavetta *f* ❷(TEC, MOT: *Bremsklotz*) ceppo *m* del freno
**keilen** [ˈkaɪlən] *vr* **sich** ~ (*fam*) picchiarsi, darsele
**Keiler** [ˈkaɪlɐ] <-s, -> *m* (ZOO) cinghiale *m*
**Keilerei** [kaɪləˈraɪ] <-, -en> *f* (*fam*) zuffa *f*, rissa *f*
**keilförmig** [ˈkaɪlfœrmɪç] *adj* cuneiforme
**Keilriemen** *m* (TEC, MOT) cinghia *f* trapezoidale **Keilschrift** *f* (HIST) scrittura *f* cuneiforme
**Keim** [kaɪm] <-(e)s, -e> *m* (BOT, MED) germe *m*; **etw im** ~ **ersticken** soffocare qc sul nascere **Keimdrüse** *f* (ANAT) ghiandola *f* germinale
**keimen** *vi* ❶(*Pflanzen*) germogliare, germinare ❷(*fig: Verdacht*) sorgere
**keimfrei** *adj* (*Milch*) sterilizzato; (*aseptisch*) asettico **Keimling** <-s, -e> *m* (BOT) germoglio *m* **keimtötend** *adj* antisettico, germicida
**Keimung** <-, -en> *f* germinazione *f*
**Keimzelle** *f* cellula *f* germinale
**kein, keine** [kaɪn, ˈkaɪnə] *pron indef* ❶non ... [un, una], nessuno, -a *m, f*; alcuno, -a *m, f*; ~ **Mensch** (*fam*) nessuno, non anima viva; ~ **anderer als ...** nessun altro all'infuori di ...; ~ **einziges Mal** neanche una volta; ~ **... mehr** non più ... ❷(*nicht einmal*) nemmeno; ~**e 20 Leute** neanche 20 persone
**keine(r, s)** [ˈkaɪnə, -nɐ, -nəs] *pron indef* nessuno, -a *m, f*; ~**r von beiden** nessuno dei due
**keinerlei** <inv> *adj* non ... alcuno, non ... di sorta
**keinesfalls** *adv* in nessun caso
**keineswegs** *adv* in nessun modo, non ... affatto
**keinmal** [ˈkaɪnmaːl] *adv* mai, neanche una volta

**keins** *pron indef s.* **keine(r, s)**
**Keks** [ke:ks] <-es, -e> *m o nt* biscotto *m*, biscottino *m*
**Kelch** [kɛlç] <-(e)s, -e> *m* calice *m;* **den ~ bis zur Neige leeren** (*fig*) bere il calice sino alla feccia
**Kelle** ['kɛlə] <-, -n> *f* ❶ (*Schöpf~*) mestolo *m,* ramaiolo *m* ❷ (*Maurer~*) cazzuola *f* ❸ (*Signalstab*) paletta *f*
**Keller** ['kɛlɐ] <-s, -> *m* ❶ cantina *f* ❷ (*~geschoss*) scantinato *m* **Kellerassel** *f* (ZOO) onisco *m* delle cantine
**Kellerei** [kɛlə'raɪ] <-, -en> *f* cantina *f;* (*Sekt~*) bottiglieria *f* [per spumante]
**Kellergeschoss** *nt* scantinato *m* **Kellermeister** *m* cantiniere *m*
**Kellner(in)** ['kɛlnɐ] <-s, -; -, -nen> *m(f)* cameriere, -a *m, f*
**kellnern** ['kɛlnən] *vi* (*fam*) servire
**Kelte** ['kɛltə] <-n, -n> *m* celta *m*
**Kelter** ['kɛltɐ] <-, -n> *f* (AGR) torchio *m*
**keltern** ['kɛltən] *vt* pigiare
**Keltin** ['kɛltɪn] <-, -nen> *f* celta *f* **keltisch** ['kɛltɪʃ] *adj* celtico
**Kelvin** ['kɛlvɪn] <-s, -> *nt* (PHYS) kelvin *m*
**Kennbuchstabe** <-ns, -n> *m* lettera *f* di riferimento
**kennen** ['kɛnən] <kennt, kannte, gekannt> *vt* ❶ conoscere; (*wissen a*) sapere; **~ lernen** conoscere, fare la conoscenza di; **es freut mich, Sie ~ zu lernen** lieto di fare la Sua conoscenza; **du wirst mich noch ~ lernen!** (*fam*) ancora non mi conosci!; **sich vor Wut nicht mehr ~** essere fuori di sé dalla rabbia; **so kenne ich ihn gar nicht!** così non lo conosco proprio! ❷ (*fig: Grenzen, Mitleid*) avere; **keine Rücksicht ~** non avere riguardo
**Kenner(in)** <-s, -; -, -nen> *m(f)* conoscitore, -trice *m, f,* intenditore, -trice *m, f;* (*a. Fachmann*) esperto, -a *m, f* **Kennerblick** *m* **mit ~** con occhio esperto
**Kennerin** *f s.* **Kenner**
**Kennnummer** <-, -n> *f* numero *m* di riferimento
**kenntlich** ['kɛntlɪç] *adj* [an etw *dat*] **~ sein** essere riconoscibile [da qc]; **~ machen** (*kennzeichnen*) contrassegnare; (*erkennbar machen*) far riconoscere
**Kenntnis** ['kɛntnɪs] <-, -se> *f* ❶ conoscenza *f;* **von etw ~ erhalten** venir a conoscenza di qc, avere notizia di qc; **etw zur ~ nehmen** prendere atto di qc; **ohne ~ von ...** senza conoscenza di ... ❷ *pl* (*Fach~*) cognizioni *fpl,* nozioni *fpl*
**Kenntnisnahme** ['kɛntnɪsna:mə] <-, -n> *f* (*form*) **zur ~** per conoscenza; **zu Ihrer ~** per Vostra informazione
**Kennwort** *nt* parola *f* di riconoscimento; (MIL) parola *f* d'ordine **Kennzahl** ['kɛntsa:l] *f s.* **Kennziffer**
**Kennzeichen** *nt* ❶ (*Merkmal*) segno *m* [particolare]; **~ für etw sein** essere segno di qc; **besondere ~** (*Passvermerk*) segni particolari ❷ (*Unterscheidungszeichen*) contrassegno *m* ❸ (*Abzeichen*) distintivo *m* ❹ (MOT: *amtliches ~*) targa *f*
**kennzeichnen** *vt* ❶ contrassegnare ❷ (*markieren*) segnare ❸ (*charakterisieren*) caratterizzare; (*a. beschreiben*) descrivere ❹ (*auszeichnen*) distinguere ❺ (*bezeichnen*) definire **kennzeichnend** *adj* **~ für etw sein** essere caratteristico di qc
**Kennziffer** *f* ❶ numero *m* di riferimento ❷ (MAT) indice *m;* (*von Logarithmus*) caratteristica *f*
**kentern** ['kɛntən] *vi sein* (NAUT) ribaltarsi, capovolgersi
**Keramik** [ke'ra:mɪk] <-, -en> *f* ❶ ceramica *f* ❷ (*Erzeugnisse*) ceramiche *fpl* ❸ (KUNST) arte *f* della ceramica
**keramisch** *adj* ceramico; (*aus Ton*) di [o in] ceramica
**Kerbe** ['kɛrbə] <-, -n> *f* tacca *f,* intaccatura *f;* (TEC) intaglio *m;* **in die gleiche ~ schlagen** (*fig*) mirare allo stesso scopo
**Kerbel** ['kɛrbəl] <-s> *kein Pl. m* cerfoglio *m*
**kerben** *vt* (*bes.* TEC) intagliare, intaccare
**Kerbholz** *nt* **etw auf dem ~ haben** avere un conto da saldare
**Kerker** ['kɛrkɐ] <-s, -> *m* carcere *m*
**Kerl** [kɛrl] <-(e)s, -e *o* -s> *m* (*fam: Mann*) uomo *m;* (*a. pej*) tipo *m;* (*pej*) individuo *m;* **anständiger ~** tipo onesto; **armer ~** poveraccio; **feiner ~** tipo in gamba *fam;* **ganzer ~** uomo tutto d'un pezzo; **gemeiner ~** vigliacco
**Kern** [kɛrn] <-(e)s, -e> *m* ❶ nocciolo *m;* (*von Birnen, Äpfeln*) seme *m;* (*von Trauben*) acino *m,* chicco *m;* (*Nuss~*) gheriglio *m;* (*von Holz*) anima *f* ❷ (MED, PHYS: *Zell~, Atom~*) nucleo *m* ❸ (*~punkt*) centro *m,* cuore *m;* **zum ~ der Sache vordringen** venire al dunque della questione ❹ (*fig: Wesen*) sostanza *f,* essenza *f;* **er hat einen guten ~** il suo fondo è buono ❺ (*fig: wichtigster Teil*) anima *f,* nerbo *m;* **der harte ~** [**der Gruppe**] l'anima [del gruppo]
**Kernenergie** *f* energia *f* nucleare **Kernexplosion** *f* esplosione *f* nucleare **Kernforschung** *f* ricerca *f* nucleare **Kernfusion**

['kɛrnfuzjoːn] <-, -en> f (PHYS) fusione f nucleare **Kerngehäuse** nt torsolo m **kerngesund** adj sano come un pesce fam, sanissimo

**kernig** adj ❶ (Frucht) granuloso ❷ (kräftig) vigoroso, forte, robusto ❸ (markig, bes. Ausspruch) incisivo

**Kernkraft** f energia f atomica **Kernkraftgegner(in)** m(f) antinucleare mf **Kernkraftwerk** nt centrale f nucleare

**kernlos** adj privo di semi, senza nocciolo **Kernobst** nt frutta f con semi **Kernphysik** f fisica f nucleare **Kernreaktion** f reazione f nucleare **Kernreaktor** m reattore m nucleare **Kernspaltung** f fissione f nucleare **Kernstück** nt parte f essenziale, anima f **Kerntechnologie** f (PHYS) tecnologia f nucleare **Kernteilung** f (BIOL) mitosi f **Kernumwandlung** f trasformazione f nucleare **Kernverschmelzung** f fusione f atomica

**Kernwaffen** fPl. armi fpl nucleari **kernwaffenfrei** adj denuclearizzato; **~ e Zone** zona denuclearizzata

**Kerosin** [keroˈziːn] <-s> kein Pl. nt cherosene m

**Kerze** ['kɛrtsə] <-, -n> f (allg, a Zünd~) candela f; (Altar~) cero m; **eine ~ machen** (SPORT) fare la candela **kerzengerade** adj diritto come una candela fam **Kerzenhalter** m candeliere m, portacandele m **Kerzenleuchter** m candeliere m **Kerzenlicht** nt lume m di candela; **bei ~** al lume di candela **Kerzenständer** m candeliere m

**kess** [kɛs] adj ❶ (Mädchen) spigliata; **~ e Biene** (fam) ragazza giovane, carina e spensierata ❷ (schick) chic, carino ❸ (frech) impertinente

**Kessel** ['kɛsəl] <-s, -> m ❶ (Wasser~, Heiz~) caldaia f; (großer ~) calderone m, paiolo m; (kleiner ~, Tee~) bollitore m ❷ (GEOG: Tal~) conca f ❸ (MIL) sacca f

**Kesselschmied** m calderaio m **Kesselstein** m incrostazione f della caldaia; **den ~ entfernen** disincrostare (aus etw qc) **Kesseltreiben** nt ❶ (Jagd) battuta f [di caccia] in cerchio ❷ (fig) caccia f spietata

**Ketchup** <-(s), -s> ['kɛtʃap] <-(s), -s> m o nt ketchup m

**Kette** ['kɛtə] <-, -n> f ❶ (Menschen~, Laden~, Hotel~) catena f; **eine ~ bilden** (Personen) formare una catena; **in ~n legen** incatenare, mettere in ceppi ❷ (Schmuck~) catenina f; (Hals~) collana f ❸ (von Raupenfahrzeugen) cingolo m ❹ (Absperrungs~) cordone m ❺ (fig: Reihe) serie f, fila f; **eine ~ von Ereignissen** una serie di avvenimenti

**ketten** vt jdn [an etw acc] **~** incatenare qu [a qc]; **sich an jdn/etw ~** (fig) legarsi a qu/qc

**Kettenfahrzeug** nt [veicolo m] cingolato m **Kettenhund** m cane m da guardia legato alla catena **Kettenraucher(in)** m(f) fumatore, -trice m, f accanito, -a **Kettenreaktion** f reazione f a catena

**Ketzer(in)** ['kɛtsɐ] <-s, -; -, -nen> m(f) (REL) eretico, -a m, f

**Ketzerei** [kɛtsəˈraɪ] <-, -en> f (REL) eresia f

**Ketzerin** f s. **Ketzer**

**ketzerisch** adj (REL) eretico

**keuchen** ['kɔɪçən] vi ansimare, parlare affannosamente **Keuchhusten** m (MED) pertosse f, tosse f canina

**Keule** ['kɔɪlə] <-, -n> f ❶ (Waffe, Sportgerät) clava f ❷ (GASTR) coscia f, cosciotto m

**keusch** [kɔɪʃ] adj casto; (schamhaft) pudico **Keuschheit** <-> kein Pl. f castità f; (Schamhaftigkeit) pudicizia f

**Keyboard** ['kiːbɔːt] <-s, -s> nt keyboard m, tastiera f elettrica

**Kfm.** abk v **Kaufmann** commerciante

**Kfz** [kaːʔɛfˈtsɛt] <-(s), -(s)> nt abk v **Kraftfahrzeug** autoveicolo

**kg** abk v **Kilogramm** kg

**KG** [kaːˈɡeː] <-, -s> f abk v **Kommanditgesellschaft** S.acc.

**kgl.** abk v **königlich** R.

**Khaki** ['kaːki] <-(s)> kein Pl. nt (Farbe) color m cachi **khakifarben** adj [color] cachi

**kHz** abk v **Kilohertz** kHz

**Kibbuz** [kɪˈbuːts] <-, -e o Kibbuzim> m kibbutz m

**Kichererbse** ['kɪçɐɛrpsə] f (BOT) cece m

**kichern** ['kɪçɐn] vi ridacchiare, ridere sotto i baffi fam

**Kick** ['kɪk] <-(s), -s> m (fam) picco m, sballo m

**Kickboard** ['kɪkbɔːd] <-s, -s> nt monopattino m

**kicken** ['kɪkən] I. vi (fam: Fußball spielen) giocare [a calcio] II. vt (fam: Ball) calciare **Kicker(in)** ['kɪkɐ] <-s, -(s); -, -nen> m(f) (fam) calciatore, -trice m, f

**Kid** [kɪt] <-, -s> nt ❶ (Glacéleder) pelle f liscia ❷ (sl: Kind, Jugendlicher) ragazzino, -a m, f

**kidnappen** ['kɪtnɛpən] vt sequestrare, rapire

**Kidnapper(in)** ['kɪtnɛpɐ] <-s, -; -, -nen> m(f) sequestratore, -trice m, f, rapitore,

-trice *m, f* **Kidnapping** ['kɪtnɛpɪŋ] <-s, -s> *nt* sequestro *m*, rapimento *m*
**Kiebitz** ['kiːbɪts] <-es, -e> *m* ❶ (ZOO) pavoncella *f* ❷ (*fam: beim Kartenspiel*) osservatore *m* importuno
**Kiefer**¹ ['kiːfɐ] <-s, -> *m* (ANAT) mascella *f*
**Kiefer**² <-, -n> *f* (BOT) pino *m* **Kiefernwald** *m* pineta *f*, foresta *f* di pini
**kieken** ['kiːkən] *vi* (*nordd: gucken*) guardare; (*hervor~*) spuntare fuori; **kiek mal!** guarda [un po']!
**Kiel** [kiːl] <-(e)s, -e> *m* ❶ (NAUT: *Schiffs~*) chiglia *f*, carena *f* ❷ (*Feder~*) cannello *m* della penna
**Kielraum** <-(e)s, -räume> *m* (NAUT: *Schiff*) sentina *f* **Kielwasser** *nt* scia *f*; **in jds ~ schwimmen** (*fig*) seguire le orme di qu
**Kieme** ['kiːmə] <-, -n> *f meist pl* branchia *f*
**Kies** [kiːs] <-es, -e> *m* ❶ ghiaia *f*; (*grober ~*) pietrisco *m* ❷ *Sing.* (*sl: Geld*) grana *f*
**Kiesel** ['kiːzəl] <-s, -> *m* ciottolo *m* **Kieselerde** *f* terra *f* silicea, silice *f* **Kieselstein** <-(e)s, -e> *m* ciottolo *m*
**Kiesgrube** <-, -n> *f* cava *f* di ghiaia
**kiffen** ['kɪfən] *vi* (*sl: einen Joint rauchen*) farsi uno spinello; (*wiederholt Joints rauchen*) fumare spinelli **Kiffer(in)** ['kɪfɐ] <-s, -; -, -nen> *m(f)* (*fam*) spinellato, -a *m, f*, cannato, -a *m, f*
**kikeriki** [kikəriˈkiː] *int* chicchirichì
**killekille** ['kɪləˌkɪlə] *int* (*Kindersprache*) ~ **machen** fare il solletico
**killen** ['kɪlən] *vi*, *vt* (*sl*) ammazzare
**Killer** <-s, -> *m* (*sl*) killer *m*, sicario *m*
**Kilo** ['kiːlo] <-s, -s *o bei Maßangaben:* -> *nt* chilo *m* **Kilobyte** <-, -s> *nt* (INFORM) kilobyte *m* **Kilogramm** *nt* chilogrammo *m* **Kilohertz** <-, -> *nt* (PHYS) chilohertz *m*, chilociclo *m* **Kilojoule** *nt* (PHYS) chilo *m* joule **Kilokalorie** *f* chilocaloria *f* **Kilometer** [kiloˈmeːtɐ] <-s, -> *m* chilometro *m*; **fünf ~ fahren** fare cinque chilometri; **mit hundert ~n in der Stunde fahren** andare a cento [chilometri] all'ora **Kilometerfresser** <-s, -> *m* (*fam scherz o pej*) divoratore *m* di chilometri **Kilometergeld** *nt* indennità *f* per chilometro **kilometerlang** [kiːloˈmeːtɐˈlaŋ] *adj* chilometrico, lungo chilometri **Kilometerstein** *m* pietra *f* miliare **Kilometerzähler** *m* contachilometri *m*
**Kilowatt** [kiloˈvat] <-s, -> *nt* chilowatt *m* **Kilowattstunde** *f* chilowattora *f*
**Kind** [kɪnt] <-(e)s, -er> *nt* ❶ (*a. Klein~*) bambino *m*; (*a. Koseform*) bimbo *m*; **sich bei jdm lieb ~ machen** (*fam*) entrare nelle grazie di qu; **von ~ auf** fin dall'infanzia, [fin] da piccolo; **das weiß jedes ~ lo sanno tutti**; **so, ~er, jetzt …!** (*fam*) allora, ragazzi, adesso …!; **das ~ mit dem Bade ausschütten** (*prov*) buttare via il buono con il cattivo ❷ (*Sohn, Tochter*) figlio, -a *m, f*; **ein ~ erwarten** aspettare un bambino; **an ~es statt annehmen** adottare; **mit ~ und Kegel** (*fam scherz*) con tutta la famiglia **Kindbett** <-es> *nt* (*obs*) puerperio *m*; **im ~ liegen** essere di parto
**Kinderarbeit** ['kɪndɐaɐbaɪt] *kein Pl. f* lavoro *m* infantile **kinderarm** *adj* ~ **es Land** paese a crescita zero, paese con un basso tasso di natalità **Kinderarzt** *m*, **Kinderärztin** *f* pediatra *mf* **Kinderbeihilfe** *f* (*A:* ADM: *Kindergeld*) assegno *m* familiare [per i figli] **Kinderbuch** *nt* libro *m* per ragazzi **Kinderdorf** *nt* villaggio *m* del fanciullo
**Kinderei** [kɪndəˈraɪ] <-, -en> *f* ❶ (*Kinderstreich*) bambinata *f* ❷ (*albernes Benehmen*) comportamento *m* sciocco
**kinderfeindlich** *adj* ostile ai bambini **kinderfreundlich** *adj* affabile con i bambini **Kindergarten** *m* scuola *f* materna, giardino *m* d'infanzia, asilo *m* **Kindergärtner(in)** *m(f)* maestro, -a *m, f* di scuola materna, maestra *f* giardiniera **Kindergeld** *nt* assegno *m* familiare **Kinderheim** *nt* ❶ (*für Waisenkinder*) orfanotrofio *m* ❷ (*Erholungsheim*) colonia *f* **Kinderhort** *m* doposcuola *m* **Kinderklinik** *f* clinica *f* pediatrica **Kinderkrankheit** *f* malattia *f* infantile **Kinderkrippe** *f* [asilo *m*] nido *m* **Kinderlähmung** *f* (MED) paralisi *f* infantile
**kinderleicht** *adj* facilissimo; **das ist ~** è un gioco da ragazzi
**kinderlieb** *adj* ~ **sein** essere amante dei bambini **kinderlos** *adj* senza figli **Kindermädchen** *nt* bambinaia *f* **Kinderpornografie** *kein Pl. f* pornografia *f* infantile **kinderreich** *adj* ~**e Familie** famiglia numerosa **Kinderschänderring** *m* rete *f* di pedofili **Kinderschuhe** *mPl.* **noch in den ~n stecken** essere agli inizi, essere in fasce **Kindersegen** ['kɪndəˌzeːgən] <-s> *kein Pl. m* (*a. iron*) prole *f*, figliolanza *f*; **der ~ blieb bei ihnen aus** non hanno avuto figli [o prole] **Kindersitz** *m* seggiolino *m* [per bambini] **Kinderspiel** *nt* gioco *m* per bambini; **das ist ein ~** è un giochetto *fam* **Kinderspielplatz** *m* parco *m* giochi [per bambini] **Kindersprache** *f* linguaggio *m* dei bambini **Kindersterblichkeit** *f* mortalità *f* infantile **Kinderstube** *kein Pl. f* (*fig*) **eine gute/**

**schlechte ~ haben** essere ben/mal educato **Kinderwagen** *m* carrozzina *f* **Kinderzimmer** *nt* stanza *f* dei bambini
**Kindesalter** *nt* infanzia *f* **Kindesbeine** *ntPl.* **von ~ n an** fin dall'infanzia, fin da piccolo **Kindesmisshandlung** *f* violenza *f* sui bambini, maltrattamento *m* di bambini
**Kindheit** <-> *kein Pl. f* (*bis 12 Jahre*) infanzia *f;* (*Kleinkindalter*) prima infanzia *f;* (*von 2 bis 12*) seconda infanzia *f;* (*von 6 bis 13*) fanciullezza *f* **Kindheitserinnerung** *f* ricordo *m* d'infanzia
**kindisch** *adj* (*pej*) infantile, puerile; **sich ~ benehmen** comportarsi in modo puerile; **sei nicht ~!** non fare il bambino!
**kindlich** *adj* ① infantile; (*Gesicht*) di bambino ② (*fig: naiv*) ingenuo
**Kindskopf** *m* bambino, -a *m, f pej*
**Kind|s|taufe** *f* battesimo *m*
**Kindstod** *m* **plötzlicher ~** improvvisa morte in culla
**kinetisch** [ki'neːtɪʃ] *adj* (PHYS, KUNST) cinetico
**Kinn** [kɪn] <-(e)s, -e> *nt* (ANAT) mento *m*
**Kinnbart** *m* pizzo *m* **Kinnhaken** *m* (*Boxen*) montante *m* al mento, gancio *m*
**Kinnlade** *f* (*Unterkiefer*) mandibola *f;* (*Kiefer*) mascella *f*
**Kino** ['kiːno] <-s, -s> *nt* ① (*Raum*) cinema *m* ② (*Vorstellung*) film *m* **Kinobesucher**(**in**) *m(f)* spettatore, -trice *m, f;* **ein häufiger ~ sein** essere un frequentatore assiduo del cinema **Kinofilm** *m* film *m* cinematografico **Kinogänger**(**in**) ['kiːnogɛŋɐ] <-s, -; -, -nen> *m(f)* spettatore, -trice *m, f;* **ein häufiger ~ sein** essere un frequentatore assiduo del cinema **Kinovorstellung** *f* spettacolo *m* cinematografico
**Kiosk** ['kiːɔsk] <-(e)s, -e> *m* ① (*Verkaufsbude*) chiosco *m* ② (*Zeitungsstand*) edicola *f*
**Kipfer|l** ['kɪpfɐ(l)] <-s, -n> *nt* (A, *südd:* GASTR) chifel *m*, cornetto *m*
**Kippe** ['kɪpə] <-, -n> *f* ① (*fam: Zigarettenstummel*) mozzicone *m,* cicca *f* ② (SPORT) capovolta *f* alla sbarra; **auf der ~ stehen** essere in bilico, stare per cadere; (*fig: unsicher sein*) essere incerto ③ (*Ablagerungsstelle, Müll~*) scarico *m*
**kippen** ['kɪpən] I. *vt* **haben** ① (*um~*) rovesciare, ribaltare ② (*schütten*) versare; **einen ~** (*fam*) bere un bicchierino II. *vi sein* (*um~*) rovesciarsi, ribaltarsi; (*fallen*) cadere
**Kippschalter** <-s, -> *m* (TEC) interruttore *m* a levetta [*o* basculante]

**Kippwagen** *m* carro *m* ribaltabile
**Kirche** ['kɪrçə] <-, -n> *f* ① (*Gebäude, Einrichtung*) chiesa *f;* **in die ~ gehen** andare in chiesa ② (*Gottesdienst*) funzione *f;* (*Messe*) messa *f* **Kirchenälteste** ['kɪrçənɛltəstə] <ein -r, -n, -n> *m* decano *m* della chiesa **Kirchenbuch** *nt* registro *m* parrocchiale **Kirchenchor** *m* coro *m* parrocchiale **Kirchendiener** *m* sacrestano *m* **kirchenfeindlich** *adj* anticlericale **Kirchenfenster** *nt* vetrata *f* **Kirchenfest** *nt* festa *f* religiosa **Kirchenfürst** *m* principe *m* della Chiesa **Kirchengemeinde** *f* parrocchia *f* **Kirchengeschichte** *f* storia *f* della chiesa **Kirchenjahr** *nt* anno *m* ecclesiastico **Kirchenlicht** *nt* **er ist kein** [**großes**] **~** (*fam scherz*) non è un gran luminare [*o* una cima] **Kirchenlied** *nt* canto *m* liturgico **Kirchenmaus** *f* **arm wie eine ~** (*fam scherz*) povero in canna **Kirchenmusik** *kein Pl. f* musica *f* sacra
**Kirchenoberhaupt** *nt* Capo *m* della Chiesa **Kirchenrecht** *nt* diritto *m* canonico **Kirchenstaat** *m* (HIST) stato *m* pontificio; (*Vatikanstaat*) stato *m* vaticano **Kirchensteuer** *f* imposta *f* per la Chiesa **Kirchenvater** *m* padre *m* della Chiesa
**Kirchhof** <-(e)s, -höfe> *m* (*obs*) camposanto *m,* cimitero *m*
**kirchlich** *adj* ① (*die Kirche betreffend*) ecclesiastico, della chiesa; (*a. religiös*) religioso; **sich ~ trauen lassen** sposarsi in chiesa ② (*geistlich*) sacro
**Kirchturm** *m* campanile *m* **Kirchturmpolitik** ['kɪrçtʊrmpoliti:k] <-> *kein Pl. f* (*pej*) politica *f* campanilistica **Kirchweih** ['kɪrçvaɪ] <-, -en> *f* sagra *f*
**Kirmes** ['kɪrməs] <-, -sen> *f* (*dial*) sagra *f*
**kirre** ['kɪrə] *adj* (*fam*) docile, mansueto; **jdn ~ machen** ammansire qu
**Kirschbaum** *m* ciliegio *m* **Kirschblüte** *f* ① fiore *m* di ciliegio ② (*Blütezeit*) fioritura *f* dei ciliegi
**Kirsche** ['kɪrʃə] <-, -n> *f* ciliegia *f;* **mit ihm ist nicht gut ~n essen** è meglio non aver a che fare con lui **Kirschkern** *m* nocciolo *m* di ciliegia **Kirschwasser** *nt* kirsch *m,* acquavite *f* di ciliegie
**Kissen** ['kɪsən] <-s, -> *nt* cuscino *m;* (*bes. Kopf~*) guanciale *m* **Kissenbezug** *m* federa *f*
**Kiste** ['kɪstə] <-, -n> *f* ① (*Truhe*) cassa *f;* (*Bier~*) cassetta *f;* (*Zigarren~*) scatola *f* ② (*fam: Auto*) trabiccolo *m,* macinino *m;* (*Schiff*) rottame *m,* carcassa *f;* (*Flugzeug*) carcassa *f* ③ (*fam: Bett*) letto *m;* (*Sarg*) bara *f* ④ (*fam: Fernseher*) tivù *f*

**Kitesurfen** ['kaitsœ:fən] <-s> *kein Pl.* nt (SPORT) kitesurf *m*

**Kitsch** [kɪtʃ] <-(e)s> *kein Pl. m* opera *f* di cattivo gusto, kitsch *m* **kitschig** *adj* di poco gusto, pacchiano; (*rührselig*) sentimentale

**Kitt** [kɪt] <-(e)s, -e> *m* (*Glaser~*) mastice *m*, stucco *m*

**Kittchen** ['kɪtçən] <-s, -> *nt* (*fam*) gattabuia *f*, galera *f*

**Kittel** ['kɪtəl] <-s, -> *m* ❶ (*Arbeits~*) camice *m* ❷ (*weite Bluse*) camiciotto *m*; (*langes Hemd*) casacca *f* ❸ (*südd*) giacchetta *f* **Kittelschürze** *f* camice *m* senza maniche

**kitten** ['kɪtən] *vt* ❶ stuccare, applicare il mastice a ❷ (*kleben*) incollare ❸ (*fig: Ehe*) accomodare

**Kitz** [kɪts] <-es, -e> *nt*, **Kitze** [kɪtsə] <-, -n> *f* (ZOO) ❶ (*Reh~*) caprioletto *m* ❷ (*Ziegen~*) capretto *m*

**Kitzel** ['kɪtsəl] <-s, *rar* -> *m* ❶ solletico *m* ❷ (*fig: Gelüst*) voglia *f* **kitz|e|lig** *adj* ❶ (*Mensch*) che soffre il solletico; (*Stelle*) sensibile al solletico ❷ (*fig: empfindlich*) suscettibile, permaloso ❸ (*fam: heikel*) scabroso, delicato

**kitzeln** ['kɪtsəln] I. *vt* ❶ fare il solletico a; (*a. fig*) solleticare; **es kitzelt mich, etw zu machen** ho voglia di fare qc II. *vi* (*jucken*) dare prurito; **hör auf, das kitzelt!** smettila, fa il solletico!

**Kitzler** ['kɪtslɐ] <-s, -> *m* (ANAT) clitoride *mf*

**kitzlig** *adj s.* **kitz|e|lig**

**Kiwi** ['ki:vi] <-, -s> *f* (BOT) kiwi *m*

**kJ** *abk v* **Kilojoule** kilojoule

**KKW** [ka:ka:'ve:] <-(s), -s> *nt abk v* **Kernkraftwerk** centrale nucleare

**klaffen** ['klafən] *vi* spalancarsi

**kläffen** ['klɛfən] *vi* (*Hunde*) abbaiare, latrare

**klaffend** *adj* (*Wunde*) aperto; (*Abgrund*) spalancato

**Klage** ['kla:gə] <-, -n> *f* ❶ (*Weh~*) lamento *m* ❷ (*Beschwerde*) lagnanza *f*, lamento *m*; **über jdn/etw ~ vorbringen** lamentarsi di qu/qc; **das ist kein Grund zur ~** non è un motivo per lamentarsi ❸ (JUR) querela *f*; (*Verfahren*) causa *f*, azione *f*; **gegen jdn ~ [wegen etw] erheben** sporgere querela contro qu [per qc]

**Klagegeschrei** *nt*, **Klagelaut** *m* lamento *m* **Klagelied** *nt* ❶ (*Gedicht*) elegia *f* ❷ (*fig*) lamentela *f* **Klagemauer** ['kla:gəmauɐ] <-, -n> *f* muro *m* del pianto

**klagen** ['kla:gən] I. *vi* ❶ (*sich beschweren, jammern*) lamentarsi; **über etw** *acc* **~** lamentarsi di qc; **über Kopfschmerzen ~** accusare mal di testa ❷ (*trauern*) **um jdn/etw ~** piangere qu/qc ❸ (JUR) **gegen jdn auf etw** *acc* **~** sporgere querela contro qu per qc; **auf Schadenersatz ~** chiedere il risarcimento dei danni II. *vt* **jdm sein Leid ~** sfogare il proprio dolore con qu

**Klagenfurt** ['kla:gənfʊrt] *nt* (GEOG) Klagenfurt *f*

**Kläger(in)** ['klɛ:gɐ] <-s, -; -, -nen> *m(f)* querelante *mf*; (JUR) attore, -trice *m, f*

**Klageschrift** *f* (JUR) citazione *f*

**kläglich** ['klɛ:klɪç] *adj* ❶ (*beklagenswert*) pietoso ❷ (*jämmerlich*) misero, miserabile; **der Versuch ist ~ misslungen** il tentativo è fallito miseramente

**klamm** [klam] *adj* ❶ (*kalt und feucht*) umido e freddo ❷ (*starr vor Kälte*) irrigidito [per il freddo]; **~ sein** (*sl: Geld*) essere al verde

**Klamm** [klam] <-, -en> *f* (*Schlucht*) gola *f*

**Klammer** ['klamɐ] <-, -n> *f* ❶ (*Wäsche~, Haar~*) molletta *f*; (*Büro~*) fermaglio *m*; (*Heft~, Wund~, Zahn~*) graffetta *f*; (*Hosen~*) molletta *f*, fermapantaloni *m*; (*Bau~*) grappa *f* ❷ (TYP) parentesi *f*; (*geschweifte ~*) graffa *f*; **runde/eckige ~** parentesi tonda/quadra; **~ auf/zu** (*beim Diktieren*) aperta/chiusa parentesi; **in ~n setzen** mettere fra parentesi

**Klammeraffe** *m* (INFORM: *@-Symbol in einer Mail-Adresse*) chiocciola *f*

**klammern** ['klamɐn] I. *vt* ❶ (*befestigen*) fissare [con graffe] ❷ (MED) chiudere con graffette II. *vr* **sich** [**an jdn/etw**] **~** aggrapparsi [a qu/qc]

**klammheimlich** ['klam'haɪmlɪç] (*fam*) I. *adj* furtivo II. *adv* di soppiatto

**Klamotten** [kla'mɔtən] *fPl.* ❶ (*fam: Kleidung*) indumento *m*, vestito *m* ❷ (*pej: Kram*) cianfrusaglie *fpl*

**klang** [klaŋ] *1. u. 3. Pers. Sing. Imp. von* **klingen**

**Klang** [klaŋ] <-(e)s, Klänge> *m* ❶ (*Ton*) suono *m*; **dumpfer/heller/tiefer ~** suono cupo/limpido/profondo ❷ (*bes. von Stimme*) timbro *m*, tono *m* ❸ (*Klingen*) tintinnio *m* **Klangfarbe** *f* timbro *m*, tonalità *f* **Klangfülle** *f* sonorità *f*

**klanglich** ['klaŋlɪç] *adj* sonoro; **~e Unterschiede** differenze sonore

**klanglos** ['klaŋloːs] *adj* (*Stimme*) afono; **sang- und ~ verschwinden** (*fam*) andarsene alla chetichella **Klangregler** *m* regolatore *m* di suono [*o* di tonalità] **klangvoll**

Klappbett → Klassenziel

*adj* ① (*Klang*) sonoro ② (*fig: berühmt*) altisonante
**Klappbett** <-s, -en> *nt* letto *m* ribaltabile
**Klappe** ['klapə] <-, -n> *f* ① (*Deckel*) coperchio *m* [ribaltabile] ② (MUS) chiavetta *f* ③ (TEC: *Drossel*) [valvola *f* a] farfalla *f* ④ (*Hosen~*) patta *f*; (*Taschen~*) pattina *f*; (*Schulter~*) controspallina *f* ⑤ (*Augen~*) benda *f* per gli occhi ⑥ (ANAT: *Herz~*) valvola *f* ⑦ (FILM) ciac *m* ⑧ (*fam: Bett*) letto *m* ⑨ (*fam: Mund*) becco *m*; **eine große ~ haben** (*fam*) fare lo sbruffone *fam*; **halt die ~!** (*fam*) chiudi il becco! ⑩ (*A: Telefonnebenstelle*) interno *m*
**klappen** ['klapən] I. *vt* (*nach oben/unten/vorn/hinten ~*) ribaltare II. *vi* (*fam: gelingen*) andare bene; **es hat geklappt** (*fam*) è andata bene, ha funzionato
**Klapper** ['klapɐ] <-, -n> *f* ① sonaglio *m* ② (*Knarre*) raganella *f* **klapperdürr** ['klapɐˈdʏr] *adj* (*pej*) magro come uno scheletro **Klappergestell** *nt* ① (*pej: Mensch*) spaventapasseri *m fam* ② (*fam pej, scherz: Auto*) catenaccio *m* **klapp|e|rig** ['klap(ə)rɪç] *adj* ① (*Fahrzeug*) scassato *fam* ② (*Mensch, Tier*) decrepito ③ (*wenig solide*) fragile **Klapperkasten** *m*, **Klapperkiste** *f* (*fam pej: Klavier*) vecchio pianoforte *m*; (*Auto*) trabiccolo *m*; (*Schreibmaschine, Radio, Fernseher*) catorcio *m*
**klappern** ['klapɐn] *vi* strepitare; (*Tür, Fenster*) sbattere; (*Geschirr*) acciottolare; **mit den Zähnen ~** battere i denti
**Klapperschlange** <-, -n> *f* ① (ZOO) serpente *m* a sonagli ② (*fam*) vipera *f* **Klapperstorch** *m* (*scherz*) cicogna *f*
**Klappfahrrad** *nt* bicicletta *f* pieghevole
**klapprig** *adj s.* **klapp|e|rig**
**Klappsitz** *m* sedile *m* ribaltabile, strapuntino *m* **Klappstuhl** *m* sedia *f* pieghevole; (*kleiner*) seggiolino *m* pieghevole **Klapptisch** *m* tavolo *m* pieghevole **Klappverdeck** *nt* (MOT) capote *f* ribaltabile, mantice *m*
**Klaps** [klaps] <-es, -e> *m* (*fam*) pacca *f*; **einen ~ haben** non avere il cervello a posto, essere un po' tocco **Klapsmühle** *f* (*fam pej*) manicomio *m*
**klar** [klaːɐ] *adj* ① (*deutlich*) chiaro; **ein ~er Fall von ...** (*fam*) un chiaro caso di ...; **jdm wird etw ~** qc si chiarisce a qu; **sich** *dat* **über etw** *acc* **~ werden** rendersi conto di qc; **~ und deutlich** chiaro e tondo *fam*; **das ist doch ~!** (*fam*) ma è chiaro!; **das ist so ~ wie sonst was!** (*fam*) è chiaro che più chiaro non si può!; **na ~!** (*fam*) certo!, chiaro! ② (*Wetter, Himmel*) sereno; (*Farben*) schietto; (*durchsichtig*) limpido, trasparente ③ (*bei vollem Bewusstsein*) lucido ④ (*bereit*) pronto; **~ zum Gefecht/Start** pronto al combattimento/alla partenza
**Kläranlage** ['klɛːɐanlaːgə] *f* (ECO) impianto *m* di depurazione **Klärbecken** *nt* (ECO) bacino *m* di depurazione
**klären** ['klɛːrən] I. *vt* ① (*reinigen*) chiarificare; (*bes. Luft*) purificare; (*bes. Wasser*) depurare ② (*Frage*) chiarire, mettere in chiaro II. *vr* **sich ~** chiarirsi
**klar|gehen** <irr> *vi sein* (*fam*) andare bene; **ist mit der Prüfung alles klargegangen?** è andato tutto bene all'esame?
**Klarheit** <-> *kein Pl. f* ① (*Deutlichkeit*) chiarezza *f* ② (*Reinheit, Schärfe*) limpidezza *f* ③ (*von Verstand*) lucidità *f*
**Klarinette** [klariˈnɛtə] <-, -n> *f* (MUS) clarinetto *m*
**klar|kommen** <irr> *vi sein* (*fam*) **mit etw ~** venire a capo di qc
**klar|machen** I. *vt* ① (NAUT) approntare ② (*erklären*) spiegare, esporre; **jdm etw ~** far capire qc a qu II. *vi* (NAUT) essere pronto
**Klärschlamm** *m* (ECO) deposito *m* di filtrazione
**Klarsichtfolie** *f* foglio *m* trasparente **Klarsichthülle** *f* involucro *m* trasparente
**klar|stellen** *vt* chiarire, mettere in chiaro
**Klartext** *m* **im ~** in parole semplici, in altre parole
**Klärung** <-, -en> *f* ① (*Reinigung*) chiarificazione *f*; (*von Luft*) purificazione *f*; (*von Abwasser*) depurazione *f* ② (*von Frage*) chiarimento *m*
**klar|werden** <irr> *vi, vr s.* **klar 1.**
**klasse** *adj inv* (*fam: großartig, sehr gut*) della Madonna
**Klasse** ['klasə] <-, -n> *f* ① classe *f*; **eine ~ wiederholen** (*Schule*) ripetere una classe; **erster/zweiter ~ fahren** (FERR) viaggiare in prima/seconda classe; **in ~n einteilen** classificare ② (*Kategorie*, SPORT) categoria *f*; (*Rang*) ordine *m* ③ (*Qualität*) qualità *f* ④ **das ist [große] ~!** (*fam*) è grandioso!, è formidabile! **Klassenarbeit** *f* compito *m* in classe **Klassenbuch** *nt* (*Schule*) registro *m* di classe **Klassenkamerad(in)** *m(f)* compagno, -a *m*, *f* di classe **Klassenkampf** *m* lotta *f* di classe **Klassenlehrer(in)** *m(f)* docente *mf* di una classe **klassenlos** *adj* senza classi **Klassenlotterie** ['klasənlɔtəriː, *Pl:* 'klasənlɔtəriːən] <-, -n> *f* lotteria *f* nazionale **Klassentreffen** *nt* incontro *m* di classe **Klassenziel**

<-(e)s, -e> *nt* (*Schule*) obiettivo *m* della classe; (SPORT, *sl*) obiettivo *m* salvezza; **das ~ erreichen** essere promosso **Klassenzimmer** *nt* aula *f,* classe *f*

**klassifizieren** [klasifi'tsi:rən] <ohne ge-> *vt* classificare

**Klassik** ['klasɪk] <-> *kein Pl. f* ① (HIST: *klassisches Altertum*) periodo *m* classico, epoca *f* classica ② (KUNST: *Kunstperiode*) classicismo *m* ③ (*klassische Ausführung*) classicità *f* ④ (MUS) musica *f* classica

**Klassiker(in)** <-s, -; -, -nen> *m(f)* classico, -a *m, f*

**klassisch** *adj* classico

**Klassizismus** [klasi'tsɪsmʊs] <-> *kein Pl. m* (ARCH) classicismo *m*

**klassizistisch** *adj* (ARCH) classicistico

**Klatsch** [klatʃ] <-(e)s, -e> *m* ① (*klatschendes Geräusch*) tonfo *m* ② (*fam pej: Tratsch*) pettegolezzi *mpl* ③ (*Plauderei*) chiacchiere *fpl* **Klatschbase** *f* (*pej*) pettegola *f*

**klatschen** ['klatʃən] I. *vi* ① *haben* (*mit den Händen*) battere le mani; (*applaudieren*) battere le mani, applaudire ② *sein* (*aufschlagen*) battere; (*Regen*) scrosciare ③ *haben* (*pej fam: tratschen*) **über jdn/ etw ~** spettegolare di qu/qc II. *vt* **jdm Beifall ~** applaudire qu; **den Takt ~** battere il tempo [con le mani]

**Klatschmaul** *nt* (*fam*) *s.* **Klatschbase**
**Klatschmohn** *m* (BOT) papavero *m* selvatico **klatschnass** ['klatʃˈnas] *adj* bagnato fradicio; (*Mensch*) bagnato come un pulcino *fam* **Klatschspalte** *f* cronaca *f* mondana [*o* rosa] **Klatschsucht** *f* mania *f* di pettegolare, maldicenza *f*

**Klaue** ['klauə] <-, -n> *f* ① (*Krallen*) artiglio *m,* grinfia *f*; (*bei Paarhufern*) zoccolo *m,* unghione *m*; **in jds ~n geraten/ sein** cadere/essere nelle grinfie di qu ② (*fam pej: Hand*) mano *f*; (*Handschrift*) scrittura *f* illeggibile ③ (TEC) attacco *m*

**klauen** ['klauən] *vt* (*fam*) sgraffignare

**Klause** ['klauzə] <-, -n> *f* ① (*Mönchszelle*) cella *f*; (*Einsiedelei*) eremitaggio *m,* clausura *f* ② (*Schlucht*) gola *f*

**Klausel** ['klauzəl] <-, -n> *f* clausola *f*

**Klausur** [klau'zu:ɐ̯] <-, -en> *f* ① (*Klausurarbeit*) esame *m* ② (*im Kloster*) clausura *f*

**Klavier** [kla'vi:ɐ̯] <-s, -e> *nt* (MUS) pianoforte *m,* piano *m fam;* **~ spielen** suonare il pianoforte **Klavierhocker** *m* sgabello *m* del pianoforte **Klavierlehrer(in)** *m(f)* maestro, -a *m, f* di pianoforte **Klavierspiel** *nt* suonare *m* il pianoforte, tecnica *f* del pianoforte **Klavierspieler(in)** *m(f)* pianista *mf* **Klavierstimmer** <-s, -> *m* accordatore *m* di pianoforti

**Klebeband** ['kle:bəbant] *nt* nastro *m* adesivo

**kleben** ['kle:bən] I. *vi* ① (*haften*) aderire ② (*klebefähig sein*) essere appiccicoso ③ (*an~*) appiccicarsi, attaccarsi; **nicht ~** non rimanere attaccato II. *vt* incollare, attaccare; (*Anschlagzettel*) affiggere; **jdm eine ~** (*fam*) mollare uno schiaffo a qu

**Kleber** ['kle:bɐ] <-s, -> *m* ① (*Klebstoff*) adesivo *m,* colla *f* ② (*CH: Aufkleber*) etichetta *f* autoadesiva, [auto]adesivo *m*

**Kleb|e|streifen** *m* nastro *m* adesivo
**klebrig** ['kle:brɪç] *adj* colloso, appiccicoso
**Klebstoff** *m* adesivo *m,* colla *f*
**Klebstreifen** *m s.* **Kleb|e|streifen**

**kleckern** ['klɛkɐn] *vi* ① (*fam: Flecken machen*) sporcare, macchiare; (*sich be~*) sbrodolarsi; **kleckere nicht so!** non ti sporcare in questo modo! ② *sein* (*fallen*) colare, cadere; **der Wein ist auf die Decke gekleckert** il vino è colato sulla tovaglia

**Klecks** [klɛks] <-es, -e> *m* ① (*Fleck*) macchia *f*; (*Farb~*) schizzo *f* di colore ② (*fam: kleine Menge*) cucchiaiata *f* **klecksen** *vi* fare macchie; **der Füller kleckst** la penna perde

**Klee** [kle:] <-s> *kein Pl. m* (BOT) trifoglio *m*
**Kleeblatt** *nt* [foglia *f* di] trifoglio *m;* **vierblättriges ~** quadrifoglio

**Kleid** [klaɪt] <-(e)s, -er> *nt* ① (*Damen~*) vestito *m;* (*a. Ordens~*) abito *m* ② *pl* (*Kleidungsstücke*) vestiti *mpl;* **~er machen Leute** (*prov*) vesti un bastone e ti parrà un signore

**kleiden** ['klaɪdən] I. *vt* ① vestire; **in Worte ~** esprimere a parole ② (*gut stehen*) donare a II. *vr* **sich ~** vestirsi, vestire

**Kleiderablage** <-, -n> *f* guardaroba *m*
**Kleiderbügel** *m* appendino *m,* gruccia *f* appendiabiti **Kleiderbürste** *f* spazzola *f* per vestiti **Kleiderhaken** *m* gancio *m* dell'attaccapanni **Kleiderkasten** *m* (A, CH) *s.* **Kleiderschrank Kleiderschrank** *m* armadio *m* [per vestiti] **Kleiderständer** *m* attaccapanni *m*

**kleidsam** *adj* che dona
**Kleidung** <-, -en> *f* vestiti *mpl,* abbigliamento *m* **Kleidungsstück** *nt* capo *m* di abbigliamento

**Kleie** ['klaɪə] <-, -n> *f* (BOT) crusca *f*

**klein** [klaɪn] *adj* ① piccolo; (*Buchstabe*) minuscolo; **~ anfangen** cominciare con poco; **~ beigeben** cedere la testa; **aus ~en Verhältnissen** di origine modesta; **von ~**

**auf** fin da piccolo; **ein ~ wenig** un pochino; **~, aber fein** piccolo, ma buono; **~, aber oho** (*fam*) piccolo, ma in gamba ❷(*kurz*) breve; (*~gewachsen*) basso ❸(*eng*) stretto ❹(*jünger*) minore ❺(*fig: unbedeutend*) insignificante; (*bescheiden*) modesto; (*beschränkt*) limitato
**Kleinaktionär** *m* (WIRTSCH) piccolo azionista *m* **Kleinanleger** *m* (WIRTSCH) piccolo investitore *m* **Kleinanzeige** *f* [breve] annuncio *m* **Kleinasien** *nt* Asia *f* Minore
**Kleinbildkamera** *f* (FOTO) microcamera *f*
**Kleinbuchstabe** *m* [lettera *f*] minuscola *f* **Kleinbürger(in)** *m(f)* (*a. pej*) piccolo/piccola borghese *mf* **kleinbürgerlich** *adj* piccoloborghese **Kleinbürgertum** *nt* piccola borghesia *f*
**kleingedruckt** *adj* (*Text*) a caratteri piccoli
**Kleingedruckte(s)** *nt* postilla *f* stampata a caratteri piccoli
**Kleingeld** *nt* moneta *f* spicciola, spiccioli *mpl* **kleingläubig** *adj* ❶(*pej*) di poca fede ❷(*ängstlich*) pusillanime **Kleinhandel** *m* commercio *m* al minuto [*o* al dettaglio] **Kleinheit** <-> *kein Pl. f* piccolezza *f*, minutezza *f* **Kleinhirn** *nt* (ANAT) cervelletto *m* **Kleinholz** *kein Pl. nt* legna *f* minuta; **~ aus etw machen** (*fig fam*) distruggere qc; **~ aus jdm machen** (*fig fam*) picchiare qu violentemente
**Kleinigkeit** ['klaɪnɪçkaɪt] <-, -en> *f* ❶(*unbedeutende Sache*) piccolezza *f*, sciocchezza *f;* **sich über jede ~ aufregen** irritarsi per un nonnulla; **das ist keine ~** (*wichtig*) è una cosa importante; (*nicht einfach*) non è una sciocchezza ❷(*Bagatelle*) inezia *f,* bagattella *f,* bazzecola *f fam* ❸(*ein bisschen*) un poco, un po'; **eine ~ essen** mangiare un boccone **Kleinigkeitskrämer** ['klaɪnɪçkaɪtskrɛːmɐ] <-s, -> *m* (*pej*) pedante *m*, pignolo *m*
**kleinkariert** *adj* ❶(*Stoff*) a quadrettini ❷(*engherzig*) meschino, gretto **Kleinkind** *nt* bambino *m,* bimbo *m* **Kleinkram** *m* cianfrusaglie *fpl* **Kleinkrieg** *m* guerriglia *f*
**klein|kriegen** *vt* (*fam*) ❶(*zerkleinern*) riuscire a sminuzzare ❷(*unterkriegen*) sottomettere ❸(*kaputtmachen*) sottomettere, mettere sotto i piedi
**Kleinkunst** ['klaɪnkʊnst] *kein Pl. f* (THEAT) cabaret *m,* spettacolo *m* cabarettistico
**kleinlaut** *adj* mogio mogio *fam*
**kleinlich** *adj* ❶(*engherzig*) gretto, meschino; (*knauserig*) avaro ❷(*engstirnig*) limitato ❸(*pedantisch*) pedante, meticoloso **Kleinlichkeit** <-, -en> *f* ❶(*Engherzigkeit*) meschinità *f,* grettezza *f;* (*Geiz*) avarizia *f* ❷(*Engstirnigkeit*) limitatezza *f* ❸(*Pedanterie*) pedanteria *f,* meticolosità *f*
**kleinmütig** ['klaɪnmyːtɪç] *adj* pusillanime, pavido
**Kleinod** ['klaɪnoːt] <-(e)s, -e *o* -ien> *nt* gioiello *m*
**klein|schneiden** <irr> *vt s.* **schneiden I.1.**
**klein|schreiben** <irr> *vt* (*mit kleinem Anfangsbuchstaben schreiben*) scrivere minuscolo
**Kleinstaat** *m* piccolo stato *m*
**Kleinstadt** *f* cittadina *f*
**Kleinstwagen** *m* (AUTO) citycar *f*
**Kleinvieh** <-s> *kein Pl. nt* (AGR) bestiame *m* minuto; **~ macht auch Mist** (*prov*) meglio poco che niente
**Kleinwagen** *m* (AUTO) utilitaria *f*
**kleinwüchsig** ['klaɪnvyːksɪç] *adj* basso di statura, nano
**Kleister** ['klaɪstɐ] <-s, -> *m* colla *f* [d'amido]
**kleistern** *vt* incollare
**Klemme** ['klɛmə] <-, -n> *f* ❶(*bes. Haar~*) molletta *f;* (TEC) morsetto *m;* (MED) graffetta *f* ❷(*fig*) guaio *m,* impiccio *m;* **in die ~ geraten** cacciarsi nei guai; **in der ~ sitzen** (*fam*) essere nei guai
**klemmen** I. *vt* ❶(*Draht*) serrare ❷(*Bücher*) stringere; (*Monokel*) applicare; **etw unter den Arm ~** portare qc sotto il braccio ❸(*quetschen*) incastrare II. *vi* incepparsi, bloccarsi; **die Schublade klemmt** il cassetto si blocca III. *vr* **sich ~** schiacciarsi, incepparsi; **sich hinter etw** *acc* **~** (*fam*) arrabattarsi dietro a qc
**Klempner** ['klɛmpnɐ] <-s, -> *m* stagnaio *m*
**Klempnerei** <-, -en> *f* officina *f* dello stagnaio
**Klepper** ['klɛpɐ] <-s, -> *m* (*pej*) ronzino *m*
**Kleptomane** [klɛptoˈmaːnə] <-n, -n> *m,* **Kleptomanin** [klɛptoˈmaːnɪn] <-, -nen> *f* cleptomane *mf*
**klerikal** [kleriˈkaːl] *adj* clericale **Kleriker** ['kleːrikɐ] <-s, -> *m* (REL) chierico *m*
**Klerus** ['kleːrʊs] <-> *kein Pl. m* clero *m*
**Klette** ['klɛtə] <-, -n> *f* ❶(BOT) lappola *f* ❷(*fam pej: lästiger Mensch*) piattola *f*
**Klett|en|verschluss** *m* chiusura *f* a strappo
**Klettereisen** <-s, -> *nt* rampone *m*
**klettern** ['klɛtɐn] *vi sein* ❶arrampicarsi; **auf einen Baum ~** arrampicarsi su un albero; **auf einen Berg klettern** scalare una montagna ❷(*steigen, a. fig*) salire

**Kletterpflanze** *f* (BOT) [pianta *f*] rampicante *m*
**Kletterstange** *f* (SPORT) pertica *f*
**Klettverschluss** *m s.* **Klett[en]verschluss**
**klicken** ['klɪkən] *vi* ❶ (INFORM) cliccare; [mit der Maus] auf etw *acc* ~ cliccare [con il mouse] su qc; **doppelt** ~ fare doppio clic ❷ („*klick*" *machen*) fare clic, scattare
**Klient(in)** [kli'ɛnt] <-en, -en; -, -nen> *m(f)* cliente *mf*
**Kliff** [klɪf] <-(e)s, -e> *nt* (*nordd*) falesia *f*
**Klima** ['kli:ma] <-s, -s *o* -te> *nt* (METEO) clima *m* **Klimaanlage** *f* impianto *m* di aria condizionata, climatizzazione *f* **Klimaforscher(in)** *m(f)* climatologo, -a *m, f* **Klimakatastrophe** *f* catastrofe *f* climatica
**Klimakterium** [klimak'te:riʊm] <-s> *kein Pl. nt* (MED) climaterio *m*, età *f* critica
**Klimaschutzkonferenz** *f* conferenza *f* sul clima
**klimatisch** [kli'ma:tɪʃ] *adj* climatico
**klimatisieren** [klimati'zi:rən] <ohne ge-> *vt* dotare di condizionamento d'aria, climatizzare; **ein klimatisiertes Hotel** un albergo climatizzato
**Klimatologe** [klimato'lo:gə] <-n, -n>, **Klimatologin** [klimato'lo:gɪn] <-, -nen> *f* climatologo, -a *m, f*
**Klimaveränderung** *f* variazione *f* climatica
**Klimawandel** *m* cambiamento *m* climatico
**Klimawechsel** *m* cambiamento *m* climatico
**Klimbim** [klɪm'bɪm] <-s> *kein Pl. m* (*fam*) ❶ (*unnützer Kram*) cianfrusaglie *fpl* ❷ (*Unsinn*) scemenze *fpl* ❸ (*Klamauk*) baccano *m*, baldoria *f*
**Klimmzug** ['klɪmtsu:k] *m* (SPORT) sollevamento *m* sulle braccia [alla sbarra]
**klimpern** ['klɪmpɐn] *vi* ❶ (*Geld*) tintinnare ❷ (*pej*) **auf etw** *dat* ~ strimpellare [su] qc
**Klinge** ['klɪŋə] <-, -n> *f* lama *f*; **eine scharfe** ~ **führen** avere una lingua tagliente
**Klingel** ['klɪŋəl] <-, -n> *f* campanello *m*
**klingeln** *vi* suonare; **es klingelt** suona [il campanello]; **das Telefon klingelt** squilla il telefono **Klingelton** *m* (*eines Handys*) suoneria *f* **Klingelzeichen** <-s, -> *nt* suono *m* di campanello, squillo *m*
**klingen** ['klɪŋən] <klingt, klang, geklungen> *vi* ❶ (*Töne hervorbringen*) mandare un suono, sonare ❷ (*sich anhören*) avere un suono; **es klingt ja, als ob du ...** sentendoti si ha l'impressione che +*conj;* **das klingt wie ein Vorwurf** ha l'aria di un rimprovero

**Klinik** ['kli:nɪk] <-, -en> *f* clinica *f*
**klinisch** *adj* clinico
**Klinke** ['klɪŋkə] <-, -n> *f* maniglia *f*
**Klinker** ['klɪŋkɐ] <-s, -> *m* (*Bau*) clinker *m*
**klipp** [klɪp] *adv* ~ **und klar** chiaro e tondo *fam*
**Klippe** ['klɪpə] <-, -n> *f* ❶ scoglio *m*, scogliera *f* ❷ (*fig*) ostacolo *m*
**klirren** ['klɪrən] *vi* (*Glas*) tintinnare; (*Metall*) stridere, cigolare; (*Waffen*) stridere; ~ **de Kälte** freddo intenso
**Klischee** [kli'ʃe:] <-s, -s> *nt* ❶ (*sl* TYP) cliché *m* ❷ (*geh pej*) cliché *m*, stereotipo *m*; **in** ~ **s reden** parlare per luoghi comuni, dire frasi fatte **klischeehaft** *adj* stereotipato
**Klitoris** ['kli:torɪs] <-, - *o* klitorides> *f* (ANAT) clitoride *mf*
**klitschnass** ['klɪtʃ'nas] *adj s.* **klatschnass**
**klitzeklein** ['klɪtsə'klaɪn] *adj* minuscolo
**Klo** [klo:] <-s, -s> *nt* (*fam*) gabinetto *m*; **aufs** ~ **gehen** andare al gabinetto
**Kloake** [klo'a:kə] <-, -n> *f* (ECO) cloaca *f*
**klobig** ['klo:bɪç] *adj* (*Möbel*) massiccio; (*Mensch*) tozzo
**Klobrille** ['klo:brɪlə] <-, -n> *f* (*fam*) cerchio *m* del water
**Klon** [klo:n] <-s, -e> *m* (BIOL, INFORM) clone *m*
**klonen** [klo:nən] *vt* (BIOL) clonare **Klonierung** [klo'ni:rʊŋ] <-, -en> *f* (BIOL) clonazione *f*
**Klopapier** *kein Pl. nt* (*fam*) carta *f* igienica
**klopfen** ['klɔpfən] **I.** *vi* ❶ [an die Tür] ~ bussare [alla porta]; **ans Fenster/an** [*o* **gegen**] **die Wand** ~ picchiare alla finestra/battere contro il muro; **es klopft** bussano [alla porta] ❷ (*pulsieren*) **das Herz klopft** il cuore batte ❸ (MOT) battere in testa **II.** *vt* ❶ (*Steine*) spaccare ❷ (*Teppich, Fleisch*) battere; **den Takt** ~ battere il tempo
**klopffest** *adj* (MOT) antidetonante
**Klöppel** ['klœpəl] <-s, -> *m* ❶ (*Glocken~*) battaglio *m*, batacchio *m* ❷ (*Spitzen~*) fuso *m* **klöppeln** *vi, vt* lavorare al tombolo **Klöppelspitze** *f* pizzo *m* a tombolo
**kloppen** ['klɔpən] *vr* **sich** ~ (*nordd*) picchiarsi (*mit*), battersi (*mit* con)
**Klops** [klɔps] <-es, -e> *m* (*ostd: Kloß*) polpetta *f* [di carne]
**Klosett** [klo'zɛt] <-s, -e *o* -s> *nt* gabinetto *m* **Klosettbecken** *nt* tazza *f* [del gabinetto] **Klosettbürste** *f* scopettino *m*

per il gabinetto **Klosettpapier** *nt* carta *f* igienica

**Kloß** [kloːs] <-es, Klöße> *m* ①(GASTR: *Mehl~*) gnocco *m;* (*Fisch~, Fleisch~*) polpetta *f;* **einen ~ im Hals haben** (*fam*) avere un nodo alla gola ②(*fam pej: dicker Mensch*) grassone *m*

**Kloster** ['kloːstɐ] <-s, Klöster> *nt* convento *m,* monastero *m* **Klosterkirche** *f* chiesa *f* del convento **Klosterschule** *f* scuola *f* conventuale

**Klotz** [klɔts] <-es, Klötze> *m* ①(*Holz~*) ciocco *m,* ceppo *m;* (*Beton~*) blocco *m;* **jdm ein ~ am Bein sein** (*fam*) essere una palla al piede per qu ②(*fam pej: grober Mensch*) zoticone, -a *m, f*

**klotzen** ['klɔtsən] *vi* ①(*arbeiten*) sgobbare ②(*protzen*) fare sfoggio; **groß ~** fare le cose in grande

**klotzig** *adj* ①massiccio, tozzo ②(*sl: riesig*) molto

**Klub** [klʊp] <-s, -s> *m* circolo *m*, club *m*

**Klubobfrau** *f,* **Klubobmann** *m* (*A: Fraktionsvorsitzende(r)*) presidente, -essa *m, f* di un gruppo parlamentare

**Klubsessel** *m* poltrona *f* in pelle

**Kluft**[1] [klʊft] <-, Klüfte> *f* ①(*Felsspalte*) crepaccio *m;* (*Schlucht*) gola *f* ②(*fig*) spaccatura *f*

**Kluft**[2] [klʊft] <-, -en> *f* (*fam*) ①(*Arbeits~*) tuta *f* da lavoro ②(*Uniform*) divisa *f*

**klug** [kluːk] <klüger, klügste> *adj* intelligente; (*scharfsinnig*) sagace; (*aufgeweckt*) sveglio; (*vernünftig*) sensato; (*weise*) saggio; (*schlau*) astuto; (*erfinderisch*) ingegnoso; **daraus werde ich nicht ~** non ci capisco niente *fam;* **das war sehr ~ von dir** hai fatto bene; **der Klügere gibt nach** (*prov*) chi ha più senno cede

**Klugheit** <-, -en> *f* intelligenza *f;* (*Scharfsinn*) sagacia *f;* (*Verständigkeit*) giudizio *m;* (*Weisheit*) saggezza *f;* (*Schlauheit*) astuzia *f;* (*Einfallsreichtum*) ingegnosità *f*

**Klugscheißer(in)** *m(f)* (*fam pej*) sapientone, -a *m, f,* sputasentenze *mf*

**Klumpen** ['klʊmpən] <-s, -> *m* ①(*Erd~*) zolla *f* ②(*Blut~*) grumo *m* [di sangue]; **~ bilden** raggrumarsi ③(*Gold~*) massello *m*

**Klumpfuß** <-es, -füße> *m* (MED) piede *m* varo

**klumpig** *adj* ①(*in Klumpen*) grumoso ②(*unförmig*) informe, deforme

**Klüngelwirtschaft** *f* nepotismo *m*

**km** *abk v* **Kilometer** km

**km/h** *abk v* **Kilometer pro Stunde** km/h

**Knabbereien** *Pl.* snack *pl*

**knabbern** ['knabɐn] *vi, vt* sgranocchiare; **an etw** *dat* **zu ~ haben** (*fam*) aver da penare per qc; **nichts mehr zum ~ haben** (*fam*) non avere più niente da mettere sotto i denti

**Knabe** ['knaːbə] <-n, -n> *m* (*geh*) ragazzo *m;* **na, alter ~!** (*fam*) allora, vecchio mio!

**Knäckebrot** ['knɛkəbroːt] <-(e)s, -e> *nt* cracker *m* [di segale]

**knacken** ['knakən] I. *vi* ①(*geräuschvoll ~*) scricchiolare; (*Holz*) crepitare; (*Zähne*) digrignare ②(*brechen*) spezzarsi ③(*fam: schlafen*) dormire II. *vt* ①(*Nüsse*) schiacciare ②(*fam: Geldschrank*) scassinare; (*Auto*) forzare ③(*fig fam: Rätsel, Code*) sciogliere, risolvere

**Knacker** <-s, -> *m* (*fam pej*) vecchio *m;* **alter ~** vecchio bacucco ② *s.* **Knackwurst**

**knackig** ['knakɪç] *adj* ①(*Salat*) fresco, croccante ②(*knusprig*) croccante ③(*a. fig*) sexy, attraente; **ein ~er Typ** un tipo sexy

**Knackpunkt** <-(e)s, -e> *m* (*fam*) momento *m* cruciale, punto *m* critico

**Knacks** [knaks] <-es, -e> *m* (*fam*) incrinatura *f;* **er hat einen seelischen ~** ha un disturbo psichico; **diese Ehe hatte schon vorher einen ~** questo matrimonio era già incrinato prima

**knacks** [knaks] *int* crac

**Knackwurst** *f* salsicciotto *m,* würstel *m*

**Knall** [knal] <-(e)s, -e> *m* scoppio *m;* (*bes. von Geschoss*) colpo *m;* (*von Peitsche*) schiocco *m;* (*von Explosion*) detonazione *f;* **einen ~ haben** (*fam*) essere tocco; **~ und Fall** (*fam*) su due piedi **Knalleffekt** *m* (*fam*) ①(*Überraschung*) colpo *m* di scena ②(*Pointe*) effetto *m* finale

**knallen** I. *vi* ①scoppiare; (*Peitsche*) schioccare; (*Tür*) sbattere; (*Explosion*) detonare; (*Sektkorken*) schizzare ②(*fam: Sonne*) picchiare ③(*prallen*) andare a sbattere II. *vt* tirare, sbattere; **jdm eine ~** (*fam*) mollare un ceffone a qu

**Knallerbse** *f* castagnola *f* **Knallfrosch** *m* (*fam*) *s.* **Knallkörper knallhart** *adj* (*fam*) ①durissimo ②(*fig: rücksichtslos*) brutale, spietato **knallig** *adj* (*fam: Farben*) acceso, vivace **Knallkopf** *m* (*fam pej*) imbecille *m* **Knallkörper** *m* petardo *m* **knallrot** *adj* rosso sgargiante

**knapp** [knap] I. *adj* ①(*nicht ausreichend*) scarso; (*dürftig*) misero; **~ werden** (*Ware*) cominciare a scarseggiare ②(*gerade noch ausreichend: Sieg, Mehr-*

*heit*) di stretta misura; (*beschränkt*) limitato; (*vor Zahlen*) poco meno di ❸ (*nicht ganz, kaum*) scarso; **eine ~e Stunde** un'ora scarsa ❹ (*Stil*) conciso ❺ (*eng*) stretto **II.** *adv* ❶ (*nicht reichlich*) scarsamente; **~ bei Kasse sein** (*fam*) essere a corto di denaro ❷ (*mit Mühe, gerade noch*) appena ❸ (*nicht ganz*) meno di ❹ (*kurz und bündig*) concisamente, in modo conciso ❺ (*sehr nahe*) **er ist ~ an mir vorbeigefahren** mi è passato vicinissimo

**Knappe** ['knapə] <-n, -n> *m* ❶ (HIST: *Edelknabe*) paggio *m*; (*Schild~*) scudiero *m* ❷ (MIN) minatore *m*

**Knappheit** <-> *kein Pl. f* ❶ (*Mangel*) **~ [an Gütern]** scarsità *f* [di beni] ❷ (*Dürftigkeit*) ristrettezza *f* ❸ (*Enge*) stretezza *f* ❹ (*von Stil*) stringatezza *f*, concisione *f*

**Knappschaft** <-, -en> *f* (MIN) maestranze *fpl* d'una miniera

**Knarre** ['knarə] <-, -n> *f* ❶ (*Spielzeug*) raganella *f* ❷ (*sl* MIL: *Gewehr*) fucile *m*

**knarren** ['knarən] *vi* scricchiolare

**Knast** [knast] <-(e)s, -e *o* Knäste> *m* (*sl*) galera *f fam*, gattabuia *f fam*

**knattern** ['knatən] *vi* scoppiettare, crepitare

**Knäuel** ['knɔɪəl] <-s, -> *m o nt* (*Garn~*) gomitolo *m*

**Knauf** [knauf] <-(e)s, Knäufe> *m* (*Tür~*) pomello *m*; (*Degen~*) pomo *m*

**Knauser** ['knauzɐ] <-s, -> *m* (*fam pej*) spilorcio *m*, taccagno *m*

**knaus|e|rig** ['knauz(ə)rɪç] *adj* (*fam pej*) spilorcio, taccagno

**knausern** ['knauzɐn] *vi* (*fam pej*) [**mit etw**] **~** fare lo spilorcio [con qc]

**knautschen** ['knaʊtʃən] **I.** *vt* (*bes. Kleid*) sgualcire, spiegazzare **II.** *vi* sgualcirsi **Knautschlack** *m*, **Knautschleder** *nt* cuoio *m* verniciato **Knautschzone** *f* (MOT) zona *f* di assorbimento

**Knebel** ['kne:bəl] <-s, -> *m* bavaglio *m*

**knebeln** *vt* imbavagliare

**Knecht** [knɛçt] <-(e)s, -e> *m* ❶ (*Bauern~*) bracciante *m* agricolo ❷ (HIST) servo *m* **knechten** *vt* (*geh, obs*) sottomettere, asservire; (*unterjochen*) soggiogare **knechtisch** *adj* servile **Knechtschaft** <-, *rar* -en> *f* servitù *f*, schiavitù *f*

**kneifen** ['knaɪfən] <kneift, kniff, gekniffen> **I.** *vi* ❶ (*Kleidungsstücke*) stringere, essere [troppo] stretto ❷ (*fam pej: sich drücken*) **vor jdm ~** sottrarsi a qu; **vor etw** *dat* **~** evitare qc **II.** *vt* (*zwicken*) pizzicare; (*a. zusammenpressen*) stringere

**Kneipe** ['knaɪpə] <-, -n> *f* (*fam*) osteria *f*, bettola *f*

**Kneippkur** ['knaɪpku:ɐ, *Pl:* 'knaɪpku:rən] <-, -en> *f* (MED) cura *f* idroterapica di Kneipp

**Knete** ['kne:tə] <-> *kein Pl. f* (*fam*) ❶ (*Knetmasse*) plastilina *f* ❷ (*Geld*) quattrini *mpl*

**kneten** ['kne:tən] *vt* impastare **Knetgummi** *nm* plastilina *f* **Knetmasse** *f* plastilina *f*

**Knick** [knɪk] <-(e)s, -e> *m* ❶ (*Falte, bes. in Papier*) piega *f*; (*in Metall*) gomito *m* ❷ (*Biegung*) svolta *f*

**knicken I.** *vt haben* ❶ (*falten*) piegare; „**Bitte nicht ~!"** "[Per favore] non piegare"; **das kannst du ~!** (*fam*) te lo puoi scordare! ❷ (*brechen*) spezzare **II.** *vi sein* (*brechen, kaputtgehen*) spezzarsi

**Knicks** [knɪks] <-es, -e> *m* inchino *m*, riverenza *f* **knicksen** *vi* fare un inchino

**Knie** [kni:] <-s, -> *nt* ❶ (ANAT) ginocchio *m*; **auf den ~n** in ginocchio; **weiche ~ haben** avere le ginocchia che fanno giacomo giacomo *fam*; **in die ~ gehen** (*umfallen*) cadere in ginocchio; (*sich einer Übermacht beugen*) cedere, darsi per vinto; **jdn in die ~ zwingen** mettere qu in ginocchio, mettere qu sotto i piedi; **jdn übers ~ legen** sculacciare qu; **etw übers ~ brechen** (*fig*) precipitare qc; **sich** *dat* **ins [eigene] ~ schießen** (*fam*) darsi la zappa sui piedi ❷ (*Fluss~*) ansa *f* **Kniebeuge** <-, -n> *f* piegamento *m* delle ginocchia **Kniebundhose** *f* pantaloni *mpl* alla zuava **kniefrei** *adj* **~er Rock** gonna sopra il ginocchio **Kniegelenk** *nt* (ANAT) articolazione *f* del ginocchio **Kniekehle** *f* (ANAT) cavità *f* del ginocchio, poplite *m*

**knien** [kni:n *o* 'kni:ən] **I.** *vi* stare in ginocchio **II.** *vr* **sich ~** inginocchiarsi, mettersi in ginocchio

**Kniescheibe** *f* (ANAT) rotula *f*, patella *f* **Knieschützer** *m* (SPORT) ginocchiera *f* **Kniestrumpf** *m* calzettone *m* **Kniestück** *nt* curva *f*, gomito *m* **Kniewärmer** <-s, -> *m* ginocchiera *f* di lana

**kniff** [knɪf] *1. u. 3. Pers. Sing. Imp. von* **kneifen**

**Kniff** [knɪf] <-(e)s, -e> *m* ❶ (*Kneifen*) pizzico *m*, pizzicotto *m* ❷ (*Falte*) piega *f*, piegatura *f* ❸ (*fig: Kunstgriff*) artificio *m*; (*Trick*) trucco *m* **kniff|e|lig** *adj* (*fam*) ❶ (*schwierig*) difficoltoso ❷ (*heikel*) spinoso

**Knilch** [knɪlç] <-s, -e> *m* (*fam*) scocciatore *m*

**knipsen** ['knɪpsən] I. vt (fam) ① (Schalter) far scattare ② (FOTO) jdn ~ scattare una fotografia a qu ③ (lochen, entwerten) forare, obliterare II. vi (FOTO, fam) fare fotografie

**Knirps** [knɪrps] <-es, -e> m ① (kleiner Junge) bambino m piccolo, bambinetto m; (kleiner Mann) omino m; (pej: unbedeutender ~) omiciattolo m ② (®) ombrello m pieghevole

**knirschen** ['knɪrʃən] vi scricchiolare, stridere; **mit den Zähnen** ~ digrignare i denti

**knistern** ['knɪstən] vi (Feuer) crepitare; (Papier) scricchiolare; (Haar, Stoff) frusciare

**knitterfrei** adj ingualcibile

**knittern** ['knɪten] vi sgualcirsi, spiegazzarsi

**Knobelbecher** ['kno:bəlbɛçɐ] <-s, -> m ① (beim Würfeln) bussolotto m per i dadi ② (MIL, sl: Stiefel) stivaletto m

**knobeln** ['kno:bəln] vi ① (würfeln) giocare ai dadi ② (losen) tirare a sorte ③ (fig: nachdenken) riflettere; **an etw** dat ~ rimuginare su qc

**Knoblauch** ['kno:plaʊx] m (BOT) aglio m **Knoblauchpresse** f spremiaglio m

**Knöchel** ['knœçəl] <-s, -> m (ANAT: Fuß~) caviglia f, malleolo m; (Finger~) nocca f

**Knochen** ['knɔxən] <-s, -> m osso m; **nass bis auf die** ~ **sein** (fam) essere bagnato fino nelle ossa; **mir tun alle** ~ **weh** (fam) mi fanno male tutte le ossa; **das ist mir in die** ~ **gefahren** (fam) mi è entrato nelle ossa **Knochenarbeit** f <kein Pl.> (fam) sfacchinata f **Knochenbau** m ossatura f **Knochenbruch** m (MED) frattura f ossea **Knochenfisch** ['knɔxənfɪʃ] <-(e)s, -e> m (ZOO) attinopterigio m, teleosteo m **Knochengerüst** nt (ANAT) scheletro m, ossatura f **Knochenjob** m lavoro m di manovalanza **Knochenmark** nt (ANAT) midollo m osseo **Knochenmarktransplantation** f (MED) trapianto m del midollo osseo **knochentrocken** ['knɔxən'trɔkən] adj (fam) completamente asciutto [o secco]

**knöchern** ['knœçɛn] adj osseo, d'osso

**knochig** ['knɔxɪç] adj scarno

**Knödel** ['knø:dəl] <-s, -> m (GASTR: bes. südd, A) gnocco m

**Knolle** ['knɔlə] <-, -n> f ① (BOT) bulbo m, tubero m ② (fam scherz: dicke Nase) nasone m **Knollenblätterpilz** m (BOT) amanita f, tignosa f **Knollengemüse** nt ortaggio m tuberoso

**Knopf** [knɔpf] <-(e)s, Knöpfe> m ① (Kleidung) bottone m; **einen** ~ **annähen** cucire un bottone; **mir ist ein** ~ **abgegangen** mi è saltato un bottone ② (Gerät) tasto m, pulsante m; **auf den** ~ **drücken** premere il bottone, schiacciare il pulsante ③ (südd, A, CH: Knoten) nodo m

**Knopfdruck** ['knɔpfdrʊk] <-(e)s> kein Pl. m pressione f di un pulsante; |**wie**| **auf** ~ di primo acchito, al primo colpo; **ein** ~ **genügt** basta premere il pulsante

**knöpfen** ['knœpfən] vt abbottonare

**Knopfloch** nt occhiello m, asola f

**Knorpel** ['knɔrpəl] <-s, -> m (ANAT) cartilagine f **knorp|e|lig** adj cartilaginoso

**Knorren** ['knɔrən] <-s, -> m ① (Ast~) nocchio m ② (Baumstumpf) ceppo m ③ (Auswuchs) protuberanza f **knorrig** ['knɔrɪç] adj nodoso, nocchiuto

**Knospe** ['knɔspə] <-, -n> f (Blatt~) gemma f; (Blüten~) boccio m, bocciuolo m; ~**n treiben** germogliare

**knospen** vi germogliare

**knoten** ['kno:tən] vt fare un nodo a; (zusammen~) annodare

**Knoten** ['kno:tən] <-s, -> m ① nodo m ② (Haar~) crocchia f ③ (MED) nodulo m ④ (BOT) nodello m ⑤ (NAUT: Geschwindigkeit) nodo m **Knotenpunkt** m ① nodo m, punto m di congiunzione ② (MOT) nodo m stradale; (FERR) nodo m ferroviario

**knotig** adj a nodi, nodoso

**Know-how** [noʊ'haʊ] <-(s)> kein Pl. nt know-how m, bagaglio m fig; **technisches** ~ conoscenze tecniche

**knuddeln** ['knʊdəln] vt (dial) coccolare

**knüll|e|** ['knʏl(ə)] adj (fam: betrunken) sbronzo

**knüllen** ['knʏlən] I. vt spiegazzare II. vi (knittern) sgualcirsi, spiegazzarsi

**Knüller** ['knʏlɐ] <-s, -> m (fam) sensazione f, successo m

**knüpfen** ['knʏpfən] vt ① (Schuhbänder, a. fig: Freundschaft) stringere ② (Knoten) annodare ③ (Netz) intrecciare ④ (Teppich) tessere ⑤ (fig: Bedingungen) collegare, far dipendere; **etw an eine Bedingung** ~ far dipendere qc da una condizione

**Knüppel** ['knʏpəl] <-s, -> m ① (Stock) bastone m, randello m; (Polizei~) manganello m; **jdm** |**einen**| ~ **zwischen die Beine werfen** (fam fig) mettere a qu i bastoni fra le ruote ② (Rundholz) tondello m ③ (AERO: Steuer~) barra f di comando; (MOT: Schalt~) leva f del cambio **knüppeldick** adj (fam) **dann kam es** ~ (sehr schlimm) poi venne il peggio **Knüppelschaltung** f (MOT) cambio m a cloche

**knurren** ['knʊrən] vi ① (Tier) ringhiare ② (Magen, Mensch) brontolare

**knurrig** *adj* brontolone
**knusperig** ['knʊsp(ə)rɪç] *adj* croccante
**knuspern** ['knʊspən] (*fam*) **I.** *vt* (*Nüsse*) sgranocchiare **II.** *vi* rosicchiare (*an etw dat* qc) **knusprig** *adj s.* **knuspelig**
**Knute** ['knuːtə] <-, -n> *f* knut *m*, staffile *m;* **unter jds ~ dat stehen** (*fam*) stare sotto il giogo di qu
**knutschen** ['knuːtʃən] *vt* (*fam*) sbaciucchiare **Knutschfleck** *m* (*fam*) succhiotto *m sl*
**k.o.** [kaːˈʔoː] *adj abk v* **knockout** k.o.; **~ gehen** finire k.o.; **jdn ~ schlagen** mettere qu k.o.
**Koalabär** [koˈaːlabɛːɐ̯] *m* (zoo) koala *m*
**koalieren** [koaˈliːrən] <ohne ge-> *vi,* **koalisieren** <ohne ge-> *vi* (POL) coalizzarsi **Koalition** [koaliˈtsi̯oːn] <-, -en> *f* (POL) coalizione *f* **Koalitionspartner** *m* (POL) partner *m* di coalizione **Koalitionsregierung** *f* (POL) governo *m* di coalizione **Koalitionsvereinbarung** <-, -en> *f,* **Koalitionsvertrag** *m* (POL) accordo *m* di coalizione
**Kobalt** ['koːbalt] <-s> *kein Pl. nt* (CHEM, MIN) cobalto *m*
**Koblenz** ['koːblɛnts] *nt* (GEOG) Coblenza *f*
**Kobold** ['koːbɔlt] <-(e)s, -e> *m* coboldo *m,* folletto *m*
**Kobra** ['koːbra] <-, -s> *f* cobra *m* [dagli occhiali]
**Koch** [kɔx] <-(e)s, Köche> *m* cuoco *m*
**kochbeständig** ['kɔxbəʃtɛndɪç] *adj* resistente all'ebollizione
**Kochbuch** *nt* libro *m* di cucina, ricettario *m*
**kochen** ['kɔxən] **I.** *vi* ❶ (*Flüssigkeit*) bollire; (*Speise*) cuocere; **vor Wut ~** bollire di rabbia *fam* ❷ (*Speisen zubereiten*) cucinare, far da mangiare *fam;* **gut ~** [**können**] [saper] cucinare bene **II.** *vt* ❶ (*Flüssigkeit, Wäsche*) far bollire; (*Speise*) cuocere, far cuocere; **auf kleiner Flamme ~ lassen** far cuocere a fuoco lento; **hart gekocht** sodo; **weich gekocht** (*Ei*) à la coque; (*Nudeln*) cotto; (*Gemüse, Fleisch*) lessato ❷ (*zubereiten*) cucinare, preparare; (*Kaffee/Tee*) fare **Kochen** <-s> *kein Pl. nt* ❶ (*Speise*) cottura *f;* (*Sieden*) bollitura *f* ❷ (*Tätigkeit*) cucinare *m,* cucina *f*
**kochend** *adj* ❶ (*a. fig*) bollente; (*schäumend*) ribollente ❷ (*sehr heiß*) molto caldo, che scotta
**Kocher** <-s, -> *m* fornello *m*
**Köcher** ['kœçɐ] <-s, -> *m* faretra *f*
**kochfest** *adj* resistente all'ebollizione
**Kochgeschirr** *nt* ❶ stoviglie *fpl* ❷ (MIL) gavetta *f*

**Köchin** ['kœçɪn] <-, -nen> *f* cuoca *f*
**Kochkunst** *f* arte *f* culinaria **Kochlöffel** *m* mestolo *m* **Kochnische** *f* cucinino *m,* angolo *m* cottura **Kochplatte** *f* piastra *f* [del fornello] **Kochrezept** *nt* ricetta *f* [di cucina] **Kochsalz** *nt* sale *m* da cucina **Kochsendung** *f,* **Kochshow** *f* programma *m* di cucina, cooking show *m* **Kochtopf** *m* pentola *f,* casseruola *f* **Kochwäsche** *kein Pl. f* biancheria *f* lavabile ad alta temperatura
**Kode** ['koːt] <-s, -s> *m* codice *m*
**Köder** ['køːdɐ] <-s, -> *m* esca *f*
**ködern** *vt* adescare; (*a. fig*) allettare
**Kodex** ['koːdɛks] <-(es), -e *o* Kodizes> *m* ❶ (HIST) codice *m,* manoscritto *m* ❷ (*Regelung*) codice *m*
**kodieren** [koˈdiːrən] *vt* cifrare
**Koedukation** [koedukaˈtsi̯oːn] <-> *kein Pl. f* coeducazione *f*
**Koeffizient** [koʔɛfiˈtsi̯ɛnt] <-en, -en> *m* (MAT) coefficiente *m*
**Koexistenz** ['koːʔɛksɪstɛnts] <-> *kein Pl. f* coesistenza *f*
**Koffein** [kɔfeˈiːn] <-s> *kein Pl. nt* caffeina *f* **koffeinfrei** *adj* senza caffeina **koffeinhaltig** *adj* che contiene caffeina
**Koffer** ['kɔfɐ] <-s, -> *m* (*Hand~*) valigia *f;* (*Schrank~*) baule *m;* **seine ~ packen** fare le valigie; (*a. fig*) andarsene **Kofferradio** *nt* radio *f* portatile **Kofferraum** *m* (MOT) portabagagli *m*
**kognitiv** [kɔɡniˈtiːf] *adj* (PSYCH) cognitivo
**kohärent** [kohɛˈrɛnt] *adj* coerente
**Kohärenz** [kohɛˈrɛnts] <-en> *f* coerenza *f*
**Kohäsion** [kohɛˈzi̯oːn] <-en> *f* coesione *f*
**Kohl** [koːl] <-(e)s, -e> *m* ❶ (BOT) cavolo *m;* (*~gericht*) cavoli *mpl;* **das macht den ~ auch nicht fett** (*fam*) questo non cambia nulla ❷ (*fam: Geschwätz, Unsinn*) sciocchezze *fpl*
**Kohldampf** *m* (*fam*) fame *f;* **~ schieben** patire la fame
**Kohle** ['koːlə] <-, -n> *f* ❶ (*Brennstoff*) carbone *m;* [**wie**] **auf** [**glühenden**] **~n sitzen** stare sui carboni ardenti *fam* ❷ (*Zeichen~*) carboncino *m* ❸ (*sl: Geld*) grana *f*
**Kohle-** (*in Zusammensetzungen*) *s.* **Kohlen-**
**Kohleabbau** <-s> *kein Pl. m* estrazione *f* del carbone **kohlehaltig** ['koːləhaltɪç] *adj* carbonioso
**kohlen I.** *vi* (*ver~*) carbonizzarsi **II.** *vi* (*fam: schwindeln*) dire bugie
**Kohlenabbau** <-s> *kein Pl. m* estrazione *f* del carbone **Kohlenbecken** *nt* ❶ (GEOL) bacino *m* carbonifero ❷ (TEC) braciere *m*

**Kohlenbergbau** *m* industria *f* carbonifera
**Kohlenbergwerk** *nt* miniera *f* di carbone
**Kohlendioxid** *nt* (CHEM) anidride *f* carbonica **Kohlenhalde** *f* deposito *m* di carbone **Kohlenhändler** *m* carbonaio *m*, negoziante *m* di carbone **Kohlenhandlung** *f* negozio *m* [*o* deposito *m*] di carboni **Kohlenherd** *m* fornello *m* [*o* forno *m*] a carbone **Kohle|n|hydrat** *nt* (CHEM) idrato *m* di carbonio **Kohlenkasten** *m* cassa *f* del carbone **Kohlenkeller** *m* carbonaia *f* **Kohlenmonoxid** *nt* (CHEM) ossido *m* di carbonio **Kohlenofen** *m* stufa *f* a carbone **Kohlenpott** *m* (*fam scherz*) bacino *m* carbonifero della Ruhr **Kohlensäure** *f* (CHEM) acido *m* carbonico **Kohlenschaufel** *f* pala *f* da carbone **Kohlenstaub** *m* polvere *f* di carbone **Kohlenstoff** *m* (CHEM) carbonio *m* **Kohlenvorkommen** *nt* giacimento *m* di carbone **Kohlenwagen** *m* ❶ (MIN) vagoncino *m* per carbone ❷ (FERR) carro-scorta *m*, tender *m* **Kohlenwasserstoff** *m* (CHEM) idrocarburo *m*
**Kohlepapier** *nt* carta *f* carbone
**Köhler** ['kø:lɐ] <-s, -> *m* carbonaio *m*
**Kohlezeichnung** *f* disegno *m* a carboncino
**Kohlkopf** *m* (BOT) testa *f* di cavolo
**kohl|raben|schwarz** *adj* nero come il carbone
**Kohlrabi** [ko:l'ra:bi] <-(s), -(s)> *m* (BOT) rapa *f*
**Kohlrübe** <-, -n> *f* (BOT) navone *m*, rapa *f* da foraggio **kohlschwarz** *adj s.* **kohl|raben|schwarz Kohlsprossen** *fPl.* (*A: Rosenkohl*) cavoletti *mpl* di Bruxelles **Kohlweißling** <-s, -e> *m* (ZOO) cavolaia *f*
**Koitus** ['ko:itus] <-, -> *m* coito *m*
**Koje** ['ko:jə] <-, -n> *f* ❶ (NAUT) cuccetta *f* ❷ (*sl: Bett*) fodero *m*
**Kokain** [koka'i:n] <-s> *kein Pl. nt* cocaina *f*
**Kokerei** [ko:kə'raɪ] <-, -en> *f* (MIN: *Betrieb*) cokeria *f*
**kokett** [ko'kɛt] *adj* civettuolo
**Koketterie** [kokɛtə'ri:] <-> *kein Pl. f* civetteria *f*
**kokettieren** [kokɛ'ti:rən] <ohne ge-> *vi* civettare; (*flirten*) flirtare
**Kokolores** [koko'lo:rɛs] <-> *kein Pl. m* (*fam*) ❶ (*Unsinn*) scemenze *fpl*, stupidaggini *fpl* ❷ (*Aufheben*) arie *fpl*
**Kokon** [ko'kõ:] <-s, -s> *m* bozzolo *m*
**Kokosfaser** ['ko:kɔsfa:zɐ] *f* fibra *f* di cocco **Kokosfett** *nt* grasso *m* di cocco **Kokosflocken** *fPl.* fondente *m* di cocco **Kokosmakrone** *f* (GASTR) amaretto *m* al cocco **Kokosmilch** *f* latte *m* di cocco **Kokosnuss** *f* (BOT) noce *f* di cocco **Kokospalme** *f* (BOT) [palma *f* del] cocco *m*
**Kokotte** [ko'kɔtə] <-, -n> *f* (*obs, geh*) cocotte *f*
**Koks** [ko:ks] <-es, -e> *m* ❶ (*Brennstoff*) coke *m* ❷ (*fam: Unsinn*) schiocchezze *fpl* ❸ (*sl: Kokain*) coca *f*
**koksen** *vi* (*fam*) sniffare cocaina
**Kolben** ['kɔlbən] <-s, -> *m* ❶ (*Keule*) mazza *f*, clava *f* ❷ (*Gewehr~*) calcio *m* [del fucile] ❸ (CHEM: *Destillier~*) alambicco *m* ❹ (TEC) bulbo *m*, ampolla *f*; (TEC: *Motor~*) stantuffo *m*, pistone *m* ❺ (BOT) spadice *m*; (*Rispe, Maiskolben*) pannocchia *f* ❻ (*fam: Nase*) proboscide *f* **Kolbenfresser** <-s, -> *m* (MOT, *sl*) grippaggio *m* del pistone **Kolbenhub** ['kɔlbənhu:p, *Pl*: 'kɔlbənhy:bə] <-(e)s, Kolbenhübe> *m* (TEC) corsa *f* dello stantuffo [*o* del pistone] **Kolbenmotor** *m* (TEC) motore *m* a pistoni **Kolbenring** (TEC) segmento *m*, fascia *f* elastica, anello *m* elastico
**Kolchose** [kɔl'ço:zə] <-, -n> *f* kolchoz *m*, fattoria *f* collettiva
**Kolibakterien** [kolibakte:riə] *fPl.* colibacilli *mpl*
**Kolibri** ['ko:libri] <-s, -s> *m* (ZOO) colibrì *m*
**Kolik** ['ko:lɪk] <-, -en> *f* (MED) colica *f*
**Kollaborateur(in)** [kɔlabora'tø:ɐ̯] <-s, -e; -, -nen> *m(f)* collaborazionista *mf*
**Kollaboration** [kɔlabora'tsi̯o:n] <-> *kein Pl. f* (POL) collaborazionismo *m*
**Kollaps** ['kɔlaps] <-es, -e> *m* (MED, ASTR) collasso *m*
**Kolleg** [kɔ'le:k] <-s, -s *o rar* -ien> *nt* corso *m* [accademico]
**Kollege** [kɔ'le:gə] <-n, -n> *m* collega *m*
**kollegial** [kɔle'gi̯a:l] *adj* collegiale
**Kollegialität** [kɔlegi̯ali'tɛ:t] <-> *kein Pl. f* collegialità *f*
**Kollegien** *Pl. von* **Kolleg, Kollegium**
**Kollegin** [kɔ'le:gɪn] <-, -nen> *f* collega *f*
**Kollegium** [kɔ'le:gi̯um] <-s, Kollegien> *nt* ❶ (*Gruppe*) collegio *m* ❷ (*Lehrkörper*) corpo *m* insegnante ❸ (*Ausschuss*) comitato *m*, commissione *f*
**Kollekte** [kɔ'lɛktə] <-, -n> *f* (REL) colletta *f*
**Kollektion** [kɔlɛk'tsi̯o:n] <-, -en> *f* collezione *f*
**kollektiv** [kɔlɛk'ti:f] *adj* collettivo
**Kollektiv** [kɔlɛk'ti:f] <-s, -e *o* -s> *nt* ❶ (POL) collettivo *m* ❷ (*Gemeinschaft*) comunità *f*; (*Produktionsgemeinschaft*) gruppo *m* di produzione
**Kollektivismus** [kɔlɛkti'vɪsmʊs] <-> *kein Pl. m* collettivismo *m*
**Kollektivschuld** [kɔlɛk'ti:fʃʊlt] <-> *kein*

*Pl. f* responsabilità *f* collettiva, colpa *f* collettiva **Kollektivvertrag** *m* (*A: Tarifvertrag*) contratto *m* collettivo di lavoro

**Koller** ['kɔlɐ] <-s, -> *m* (*fam*) accesso *m* d'ira, rabbia *f*; **einen ~ kriegen** andare in bestia

**kollidieren** [kɔli'diːrən] <ohne ge-> *vi haben o sein* (*geh*) ❶ (*Fahrzeuge*) [**mit etw**] **~** scontrarsi [con qc] ❷ (*fig*) **mit jdm/etw ~** scontrarsi con qu/qc

**Kollier** [kɔ'lieː] <-s, -s> *nt* collana *f*

**Kollision** [kɔli'zjoːn] <-, -en> *f* scontro *m*; (*von Schiffen, fig*) collisione *f*

**Kolloquium** [kɔ'loːkvium] <-s, Kolloquien> *nt* (*wissenschaftliches Gespräch*) dissertazione *f*; (*Prüfung an der Hochschule*) colloquio *m*

**Köln** [kœln] *nt* Colonia *f*

**Kölner(in)** <-s, -; -, -nen> *m(f)* abitante *mf* di Colonia

**kölnisch** *adj* di Colonia **Kölnischwasser** *nt* acqua *f* di Colonia, colonia *f*

**kolonial** [kolo'nja:l] *adj* coloniale

**Kolonialherrschaft** *f* dominio *m* coloniale

**Kolonialismus** [kolonja'lɪsmʊs] <-> *kein Pl. m* colonialismo *m*

**Kolonialkrieg** *m* (HIST) guerra *f* coloniale

**Kolonialmacht** *f* potenza *f* coloniale

**Kolonie** [kolo'niː] <-, -n> *f* colonia *f*

**Kolonisation** [koloniza'tsjoːn] <-, -en> *f* colonizzazione *f*

**kolonisieren** [koloni'ziːrən] <ohne ge-> *vt* colonizzare

**Kolonist(in)** [kolo'nɪst] <-en, -en; -, -nen> *m(f)* colonizzatore, -trice *m, f*

**Kolonnade** [kolɔ'naːdə] <-, -n> *f* (ARCH) colonnato *m*

**Kolonne** [ko'lɔnə] <-, -n> *f* ❶ (MIL, MAT, TYP) colonna *f* ❷ (*Auto~*) [auto]colonna *f*

**Koloratur** [kolora'tuːɐ̯, *Pl:* kolora'tuːrən] <-, -en> *f* (MUS) coloratura *f*, passaggio *m* di agilità; **der Sopran hat die ~en gut gesungen** il soprano ha eseguito bene i passaggi di agilità

**Koloratursopran** [kolora'tuːɐ̯zopraːn] <-s, -e> *m* soprano *m* di coloratura [*o* di agilità]

**kolorieren** [kolo'riːrən] <ohne ge-> *vt* colorare

**Kolorit** [kolo'riːt] <-(e)s, -e> *nt* ❶ (KUNST, MED, MUS) colorito *m*, colore *m* ❷ (*Lokal~*) atmosfera *f*, carattere *m*

**Koloss** [ko'lɔs] <-es, -e> *m* colosso *m*

**kolossal** [kolɔ'saːl] **I.** *adj* colossale, enorme **II.** *adv* moltissimo

**Kölsch** [kœlʃ] <-(s)> *kein Pl. nt* (*Bier*) birra *f* di frumento prodotta a Colonia; (*Dialekt*) dialetto *m* di Colonia

**Kolumbianer(in)** [kolʊmbia:nɐ] <-s, -; -, -nen> *m(f)* colombiano, -a *m, f*

**kolumbianisch** *adj* colombiano

**Kolumbien** [ko'lʊmbiən] *nt* Columbia *f*

**Kolumne** [ko'lʊmnə] <-, -n> *f* ❶ (TYP) colonna *f* ❷ (*in Zeitung*) rubrica *f*

**Kolumnist(in)** [kolʊm'nɪst] <-en, -en; -, -nen> *m(f)* (*in Zeitung*) colonnista *mf*, editorialista *mf*

**Koma** ['koːma] <-s, -s *o* -ta> *nt* (MED) coma *m*; **im ~ liegen** essere in coma

**Komasaufen** <-s> *kein Pl. nt* (*sl*), **Komatrinken** <-s> *kein Pl. nt* (*fam*) binge drinking *m*

**Kombi** ['kɔmbi] <-s, -s> *m* (*fam*) familiare *f*, station wagon *f*

**Kombination** [kɔmbina'tsjoːn] <-, -en> *f* ❶ combinazione *f* ❷ (*Vermutung*) supposizione *f* ❸ (SPORT) gioco *m* combinato, combinata *f* ❹ (MAT) combinazione *f* matematica ❺ (*Arbeitsanzug*) tuta *f*; (*Herren~*) spezzato *m* **Kombinationsgabe** *f* facoltà *f* di combinazione

**kombinieren** [kɔmbi'niːrən] <ohne ge-> **I.** *vt* combinare **II.** *vi* (*folgern*) dedurre

**Kombiwagen** *m* vettura *f* familiare

**Kombüse** [kɔm'byːzə] <-, -n> *f* (NAUT) cambusa *f*

**Komet** [ko'meːt] <-en, -en> *m* (ASTR) cometa *f*

**kometenhaft** [ko'meːtənhaft] *adj* (*Aufstieg*) rapidissimo

**Kometenschweif** [ko'meːtənʃvaif] <-(e)s, -e> *m* (ASTR) chioma *f*, coda *f* della cometa

**Komfort** [kɔm'foːɐ̯] <-s> *kein Pl. m* comfort *m*, comodità *f*

**komfortabel** [kɔmfɔr'taːbəl] *adj* comodo, confortevole

**Komfortwohnung** <-, -en> *f* appartamento *m* con tutti i comfort

**Komik** ['koːmɪk] <-> *kein Pl. f* comicità *f*; **unfreiwillige ~** comicità involontaria

**Komiker(in)** ['koːmikɐ] <-s, -; -, -nen> *m(f)* ❶ attore, -trice *m, f* comico, -a ❷ (*fig pej*) buffone, -a *m, f*

**komisch** *adj* ❶ comico; (*bes. Aussehen*) buffo ❷ (*seltsam*) strano ❸ (*lächerlich*) ridicolo **komischerweise** ['koːmiʃɐvaizə] *adv* stranamente

**Komitee** [komi'teː] <-s, -s> *nt* comitato *m*

**Komma** ['kɔma] <-s, -s *o* -ta> *nt* ❶ (LING) virgola *f* ❷ (MUS) comma *f*

**Kommandant(in)** [kɔman'dant] <-en, -en; -, -nen> *m(f)* (MIL) comandante *mf*

**Kommandantur** [kɔmandan'tuːɐ̯, *Pl:* kɔ-

mandan'tuːrən] <-, -en> *f* (MIL) comando *m*
**Kommandeur** [kɔman'døːɐ̯, *Pl:* kɔman-'døːrə] <-s, -e> *m* (MIL) comandante *m*
**kommandieren** [kɔman'diːrən] <ohne ge-> I. *vt* [jdm] **etw** ~ comandare qc [a qu]; **jdn** ~ (*fam*) comandare qu a bacchetta II. *vi* (*Kommandeur sein*) comandare
**Kommanditgesellschaft** [kɔman'diːtgəzɛlʃaft] *f* (COM) società *f* in accomandita
**Kommando** [kɔ'mando] <-s, -s> *nt* comando *m*; **das** ~ **übernehmen/führen/niederlegen** assumere/tenere/deporre il comando; **auf** ~ a comando
**Kommandobrücke** *f* (NAUT) ponte *m* di comando
**kommen** ['kɔmən] <kommt, kam, gekommen> *vi sein* ① venire; (*an*~) arrivare; (*wieder*~) ritornare; **gegangen/gefahren/geflogen/gelaufen** ~ arrivare a piedi/in macchina/in aereo/di corsa; **gelegen** ~ venir a proposito; **zu früh/zu spät** ~ venire troppo presto/tardi; **jdn** ~ **lassen** chiamare qu; **etw** ~ **lassen** ordinare qc; **auf jdn nichts** ~ **lassen** non permettere che si parli male di qu; **ans Licht** ~ venire alla luce; **durch Mailand** ~ passare per Milano; **hinter etw** *acc* ~ (*fam*) scoprire qc; **ins Gerede** ~ dare adito a pettegolezzi, far nascere chiacchiere; **ums Leben** ~ perdere la vita; **zu nichts** ~ non combinare nulla; [**wieder**] **zu sich** ~ tornare in sé; **auf etw** *acc* **zu sprechen** ~ venire a parlare di qc; **mir kommen gleich die Tränen** (*fam iron*) mi viene già da piangere; **ich komme** [**einfach**] **nicht auf seinen Namen** (*fam*) non mi viene in mente il suo nome; **da kommt nicht viel bei raus** (*fam*) non se ne ricava nulla; **daher kommt es, dass ...** ecco perché ...; **ich komme nicht dazu, zu** +*inf* non trovo il tempo di +*inf*; **wenn Sie mir so** ~ ... se mi parla così ...; **wie kommst du darauf?** come ti è venuta quest'idea?; **wie kommt es, dass ...?** come mai ...?, com'è che ...?; **wie komme ich zu ...?** come faccio [ad arrivare] a ...?; **komm, komm, komm!** andiamoci piano!; **komm** [**her**]! vieni qui!; **da kommt er!** eccolo che arriva!; **kommen Sie mir nicht damit!** (*fam*) non cominci con questa storia!, non voglio sentire queste cose!; **darauf wäre ich nie gekommen!** non ci sarei mai arrivato! *fam* ② (*hin*~, *gelangen*) giungere; (*hinge-*

hören: *Gegenstände*) andare [messo]; (*erreichen können*) raggiungere, arrivare; **nach Venedig** ~ giungere a Venezia; **es kommt noch so weit, dass ...** si arriverà [fino] al punto che ...; **kommst du an die Lampe da oben?** (*fam*) arrivi fino al lampadario là in cima? ③ (*herbei*~) avvicinarsi; (*her*~) provenire ④ (*besuchen* ~) **zu jdm** ~ venire a trovare qu ⑤ (*stammen*) venire, provenire; (*herrühren*) derivare, essere dovuto; **ich komme aus Bamberg** vengo da Bamberga; **das kommt von ...** ciò deriva da ...; **das kommt davon!** (*fam*) ecco cosa succede! *fam* ⑥ (*sich zutragen*) succedere, accadere; **das habe ich** ~ **sehen** (*fam*) l'ho sempre detto; **das Beste kommt** [**erst**] **noch** (*fam*) il meglio deve ancora venire; **das musste ja so** ~ **!** non poteva essere altrimenti ⑦ (*an der Reihe sein*) toccare; **als Nächstes komme ich** [**dran**] (*fam*) il prossimo sono io, poi tocca a me ⑧ (*sl: einen Orgasmus haben*) arrivare *sl* ⑨ (*fam: kosten*) venire; **das kommt auf 5 Euro** questo viene 5 euro; **das wird dich teuer zu stehen** ~ **!** (*fam*) la pagherai cara!
**Kommen** <-s> *kein Pl.* *nt* venuta *f*; **ein ständiges** ~ **und Gehen** un continuo viavai
**kommend** *adj* ① (*nächste*) prossimo; **die** ~**e Woche** la settimana prossima ② (*zukünftig*) a venire, futuro
**Kommentar** [kɔmɛn'taːɐ̯] <-s, -e> *m* commento *m*; **einen** ~ **zu etw abgeben** fare un commento a qc; **kein** ~ **!** no comment!
**kommentarlos** *adj* senza commento
**Kommentarzeile** *f* (INFORM) riga *f* di commento
**Kommentator(in)** [kɔmɛn'taːtoːɐ̯, *Pl:* kɔmɛnta'toːrən] <-s, -en; -, -nen> *m(f)* commentatore, -trice *m, f*
**kommentieren** [kɔmɛn'tiːrən] <ohne ge-> *vt* commentare; (*Bemerkungen machen zu*) far commenti su
**kommerziell** [kɔmɛr'tsi̯ɛl] *adj* commerciale
**Kommilitone** [kɔmili'toːnə] <-n, -n> *m*, **Kommilitonin** [kɔmili'toːnɪn] <-, -nen> *f* compagno, -a *m, f* [di studi]
**Kommiss** [kɔ'mɪs] <-es> *kein Pl. m* (*BRD:* MIL, *sl*) naia *f*; **beim** ~ **sein** fare il militare
**Kommissar(in)** [kɔmɪ'saːɐ̯] <-s, -e; -, -nen> *m(f)* commissario, -a *m, f*; **Europäischer** ~ Commissario europeo
**Kommissär(in)** [kɔmɪ'sɛːɐ̯] <-s, -e; -, -nen> *m(f)* (A, CH, *südd:* ADM: *Kommissar*) commissario *m*

**Kommissariat** [kɔmɪsari'aːt] <-(e)s, -e> nt commissariato m
**Kommissarin** f s. **Kommissar**
**kommissarisch** [kɔmɪ'saːrɪʃ] I. adj commissariale, provvisorio II. adv per incarico
**Kommission** [kɔmɪ'sjoːn] <-, -en> f commissione f; **die Europäische ~** la Commissione europea
**Kommissionär** [kɔmɪsjo'nɛːɐ, Pl: kɔmɪsjo-'nɛːrə] <-s, -e> m (COM, FIN) commissionario m
**Kommissionsbasis** [kɔmɪ'sjoːnsbaːzɪs] <-> f (COM) **auf ~** secondo contratto estimatorio [di deposito]
**Kommode** [kɔ'moːdə] <-, -n> f comò m, cassettone m
**kommunal** [kɔmu'naːl] adj comunale, municipale **Kommunalpolitik** f politica f comunale **Kommunalwahl** f elezioni fpl comunali
**Kommune** [kɔ'muːnə] <-, -n> f ① (Gemeinde) comune m ② (Wohngemeinschaft) comune f
**Kommunikation** [kɔmunika'tsjoːn] <-, -en> f comunicazione f **Kommunikationsmittel** nt mezzo m di comunicazione
**Kommunikee** <-s, -s> nt s. **Kommuniqué**
**Kommunion** [kɔmu'njoːn] <-, -en> f (REL: Abendmahl) eucarestia f; (~feier a) comunione f; **die erste ~** la prima comunione
**Kommuniqué** [kɔmyni'keː] <-s, -s> nt (POL, ADM) comunicato m
**Kommunismus** [kɔmu'nɪsmʊs] <-> kein Pl. m comunismo m
**Kommunist(in)** [kɔmu'nɪst] <-en, -en; -, -nen> m(f) comunista mf
**kommunistisch** adj comunista
**Komödiant(in)** [komø'djant] <-en, -en; -, -nen> m(f) (Schauspieler) attore, -trice m, f
**Komödie** [ko'møːdjə] <-, -n> f commedia f
**Kompagnon** [kɔmpan'jö: o 'kɔmpanjö o 'kɔmpanjɔŋ] <-s, -s> m socio m
**kompakt** [kɔm'pakt] adj ① (Material) compatto ② (fam: Person, Statur) tozzo
**Kompanie** [kɔmpa'niː] <-, -n> f (MIL, FIN) compagnia f **Kompaniechef** m comandante m di compagnia **Kompanieführer** m (MIL) comandante m di compagnia
**Komparativ** ['kɔmparatiːf] <-s, -e> m (LING) comparativo m
**Komparse** [kɔm'parzə] <-n, -n> m, **Komparsin** [kɔm'parzɪn] <-, -nen> f (FILM, THEAT) comparsa mf

**Kompass** ['kɔmpas] <-es, -e> m bussola f **Kompassnadel** f ago m della bussola
**kompatibel** [kɔmpa'tiːbəl] adj (INFORM) [**mit etw**] **~ sein** essere compatibile [con qc]
**Kompatibilität** [kɔmpatibili'tɛːt] <-, -en> f compatibilità f
**Kompensation** [kɔmpɛnza'tsjoːn] <-, -en> f ① (PSYCH, PHYS, MED: Ausgleich) compensazione f ② (COM: Entschädigung) compenso m
**kompensieren** [kɔmpɛn'ziːrən] <ohne ge-> vt compensare
**kompetent** [kɔmpe'tɛnt] adj competente
**Kompetenz** [kɔmpe'tɛnts] <-, -en> f competenza f; (JUR) giurisdizione f **Kompetenzstreitigkeit** f conflitto m di competenze [o di giurisdizione]
**komplett** [kɔm'plɛt] adj ① (vollständig) completo ② (vollzählig) al completo ③ (völlig, absolut) perfetto, completo
**komplex** [kɔm'plɛks] adj complesso
**Komplex** [kɔm'plɛks] <-es, -e> m ① (Ganzes) complesso m ② (PSYCH) complesso m; **er steckt voller ~e** è pieno di complessi
**Komplexität** [kɔmplɛksi'tɛːt] <-> kein Pl. f complessità f; **die ~ eines Problems** la complessità di un problema
**Komplikation** [kɔmplika'tsjoːn] <-, -en> f complicazione f
**Kompliment** [kɔmpli'mɛnt] <-(e)s, -e> nt complimento m; **jdm für etw ~e machen** fare i complimenti a qu per qc; **mein ~!** complimenti!
**Komplize** [kɔm'pliːtsə] <-n, -n> m complice m
**komplizieren** [kɔmpli'tsiːrən] <ohne ge-> I. vt complicare II. vr **sich ~** complicarsi
**kompliziert** adj complicato **Kompliziertheit** <-> kein Pl. f complicatezza f
**Komplizin** [kɔm'pliːtsɪn] <-, -nen> f complice f
**Komplott** [kɔm'plɔt] <-(e)s, -e> nt complotto m, congiura f; **ein ~ gegen jdn schmieden** tramare una congiura contro qu
**Komponente** [kɔmpo'nɛntə] <-, -n> f componente f
**komponieren** [kɔmpo'niːrən] <ohne ge-> vi, vt (MUS, KUNST) comporre
**Komponist(in)** [kɔmpo'nɪst] <-en, -en; -, -nen> m(f) (MUS) compositore, -trice m, f
**Komposition** [kɔmpozi'tsjoːn] <-, -en> f (MUS, KUNST) composizione f
**Kompost** [kɔm'pɔst] <-(e)s, -e> m (ECO) composta f, terricciato m **Komposthaufen** m mucchio m di rifiuti organici

**Kompostierung** [kɔmˈpɔstiːrʊŋ] <-, -en> *f* ① (*Verarbeitung zu Kompost*) compostaggio *m,* produzione *f* di compost ② (*Düngung*) concimazione *f* con compost

**Kompott** [kɔmˈpɔt] <-(e)s, -e> *nt* (GASTR) frutta *f* cotta, conserva *f* di frutta

**Kompresse** [kɔmˈprɛsə] <-, -n> *f* (MED: *Umschlag*) impacco *m;* (*Mullstück*) compressa *f*

**Kompressor** [kɔmˈprɛsoːɐ̯] <-s, -en> *m* (TEC) compressore *m*

**Kompressormotor** *m* motore *m* sovralimentato

**komprimieren** [kɔmpriˈmiːrən] <ohne ge-> *vt* (TEC, PHYS, INFORM) comprimere

**Kompromiss** [kɔmproˈmɪs] <-es, -e> *m* compromesso *m;* **einen ~ schließen** venire ad un compromesso **kompromissbereit** *adj* condiscendente, disposto al compromesso **Kompromissbereitschaft** *f* atteggiamento *m* conciliante **kompromisslos** *adj* irremovibile, che non ammette compromessi **Kompromissvorschlag** *m* proposta *f* di compromesso

**kompromittieren** [kɔmprɔmɪˈtiːrən] <ohne ge-> I. *vt* compromettere II. *vr* **sich ~** compromettersi

**Kondensator** [kɔndɛnˈzaːtoːɐ̯] <-s, -en> *m* (TEC) condensatore *m*

**kondensieren** [kɔndɛnˈziːrən] <ohne ge-> *vi, vt* (PHYS, TEC) condensare

**Kondensmilch** [kɔnˈdɛnsmɪlç] *f* latte *m* condensato **Kondensstreifen** *m* (AERO) scia *f* di condensazione **Kondenswasser** *nt* condensa *f,* acqua *f* di condensazione

**Kondition** [kɔndiˈtsjoːn] <-, -en> *f* ① (*Bedingung*) condizione *f* ② *Sing.* (*sport*) forma *f*

**Konditionalsatz** [kɔndiˈtsjoːˈnaːlzats] *m* (LING) proposizione *f* condizionale

**Konditionsschwäche** *f* (SPORT) cattiva forma *f* **Konditionstraining** [kɔndiˈtsjoːnstrɛːnɪŋ] *nt* (SPORT) allenamento *m* [per mantenersi in forma]

**Konditor(in)** [kɔnˈdiːtoːɐ̯] <-s, -en; -, -nen> *m(f)* pasticciere, -a *m, f*

**Konditorei** [kɔndiːtoˈraɪ] <-, -en> *f* pasticceria *f*

**Konditorwaren** *fPl.* pasticceria *f,* dolci *mpl*

**Kondom** [kɔnˈdoːm] <-s, -e *o* -s> *nt o m* preservativo *m*

**Kondukteur** [kɔndʊkˈtøːɐ̯] <-s, -e> *m* (*CH:* FERR) controllore *m*

**Konfekt** [kɔnˈfɛkt] <-(e)s, -e> *nt* ① (*Pralinen*) cioccolatini *mpl,* dolci *mpl* ② (*südd, A, CH: Teegebäck*) pasticcini *mpl* da tè

**Konfektion** [kɔnfɛkˈtsjoːn] <-, -en> *f* ① (*Herstellung*) confezione *f* di abiti in serie ② (*Kleidung*) confezioni *fpl,* abiti *mpl* confezionati **Konfektionsgröße** *f* taglia *f* **Konfektionskleidung** *f* abbigliamento *m* confezionato in serie

**Konferenz** [kɔnfeˈrɛnts] <-, -en> *f* conferenza *f,* congresso *m;* (*Besprechung*) consiglio *m;* (*Lehrer~*) consiglio *m* di classe **Konferenzraum** *m* sala *f* delle conferenze **Konferenzschaltung** *f* (TEL, TV) circuito *m* della conferenza

**Konferenzzentrum** *nt* centro *m* conferenze

**konferieren** [kɔnfeˈriːrən] <ohne ge-> *vi* ① (*beraten*) conferire; **über etw** *acc* **~** conferire su qc; (*Konferenz abhalten*) tenere una conferenza su qc ② (*als Conférencier sprechen*) presentare, parlare

**Konfession** [kɔnfɛˈsjoːn] <-, -en> *f* (REL) confessione *f*

**konfessionell** [kɔnfɛsjoˈnɛl] *adj* confessionale, religioso

**konfessionslos** *adj* senza confessione

**Konfetti** [kɔnˈfɛti] *ntPl.* coriandoli *mpl*

**Konfiguration** [kɔnfigurаˈtsjoːn] *f* configurazione *f* **konfigurieren** [kɔnfiguˈriːrən] *vt* configurare

**Konfirmand(in)** [kɔnfɪrˈmant] <-en, -en; -, -nen> *m(f)* (REL) cresimando, -a *m, f*

**Konfirmation** [kɔnfɪrmaˈtsjoːn] <-, -en> *f* (REL) cresima *f,* confermazione *f*

**konfirmieren** [kɔnfɪrˈmiːrən] <ohne ge-> *vt* (REL) cresimare, confermare

**Konfiserie** [kõfizəˈriː] <-, -n> *f* (*CH*) pasticceria *f*

**konfiszieren** [kɔnfɪsˈtsiːrən] <ohne ge-> *vt* (JUR) confiscare, sequestrare

**Konfitüre** [kɔnfiˈtyːrə] <-, -n> *f* marmellata *f,* confettura *f*

**Konflikt** [kɔnˈflɪkt] <-(e)s, -e> *m* conflitto *m;* **in ~ mit jdm/etw geraten** entrare in conflitto con qu/qc

**konform** [kɔnˈfɔrm] *adj* ① conforme, in conformità; **mit etw ~ sein** essere conforme a qc; **~ gehen mit** essere d'accordo con ② (MAT) isogono

**Konformismus** [kɔnfɔrˈmɪsmʊs] <-> *kein Pl. m* (*geh*) conformismo *m*

**Konformist(in)** [kɔnfɔrˈmɪst] <-en, -en; -, -nen> *m(f)* (*geh*) conformista *mf*

**konformistisch** *adj* (*geh*) conformistico

**Konfrontation** [kɔnfrɔntaˈtsjoːn] <-, -en> *f* confronto *m*

**konfrontieren** [kɔnfrɔnˈtiːrən] <ohne ge-> *vt* **jdn/etw mit etw ~** mettere qu/qc di fronte a qc

**konfus** [kɔnˈfuːs] *adj* confuso; (*Person*) sconcertato; **jdn ~ machen** confondere qu
**Konfusion** [kɔnfuˈzi̯oːn] <-en> *f* confusione *f*, caos *m*
**Konglomerat** [kɔnglomeˈraːt] <-(e)s, -e> *nt* (GEOL) conglomerato *m* (*aus* di)
**Kongo** [ˈkɔŋgo] *m* (*Land, Fluss*) Congo *m*
**Kongolese** [ˈkɔŋgoleːzə] <-n, -n> *m*, **Kongolesin** [ˈkɔŋgoleːzɪn] <-, -nen> *f* congolese *mf*
**kongolesisch** *adj* congolese
**Kongress** [kɔnˈgrɛs] <-es, -e> *m* congresso *m*
**kongruent** [kɔŋɡruˈɛnt] *adj* ❶ (MAT) congruente ❷ (*fig: übereinstimmend*) concorde
**Kongruenz** [kɔŋɡruˈɛnts *o* kɔŋɡruˈɛnts] <-> *kein Pl.* *f* ❶ (MAT) congruenza *f* ❷ (LING) congruenza *f*
**K.-o.-Niederlage** *f* (SPORT) sconfitta *f* k.o.
**König(in)** [ˈkøːnɪç] <-(e)s, -e; -, -nen> *m(f)* re *m*, regina *f*; **die Heiligen Drei ~ e** i re Magi
**königlich** [ˈkøːnɪklɪç] I. *adj* ❶ (*auf König bezogen*) reale, regio ❷ (*a. hoheitsvoll*) maestoso; (*Benehmen*) da re II. *adv* (*fig fam: außerordentlich*) moltissimo
**Königreich** *nt* regno *m*
**Königsmord** [ˈkøːnɪçsmɔrt *o* ˈkøːnɪksmɔrt] *m* regicidio *m*
**Königtum** <-s, -tümer> *nt* monarchia *f*, dignità *f* regia
**konisch** [ˈkoːnɪʃ] *adj* conico
**Konjugation** [kɔnjugaˈtsi̯oːn] <-, -en> *f* (LING) coniugazione *f*
**konjugieren** [kɔnjuˈgiːrən] <ohne ge-> *vt* (LING) coniugare
**Konjunktion** [kɔnjʊŋkˈtsi̯oːn] <-, -en> *f* (LING) congiunzione *f*
**Konjunktiv** [ˈkɔnjʊŋktiːf] <-s, -e> *m* (LING) congiuntivo *m*
**Konjunktur** [kɔnjʊŋkˈtuːɐ̯] <-, -en> *f* congiuntura *f*; **rückläufige/stabile/steigende ~** (COM, FIN) congiuntura negativa/stabile/positiva **konjunkturell** [kɔnjʊŋktuˈrɛl] *adj* (WIRTSCH) congiunturale **Konjunkturlage** *kein Pl.* *f* (WIRTSCH) situazione *f* congiunturale **Konjunkturschwäche** *f* crisi *f* congiunturale
**konkav** [kɔnˈkaːf] *adj* concavo
**Konkavlinse** *f* lente *f* concava
**Konkordat** [kɔnkɔrˈdaːt] <-s, -e> *nt* ❶ (JUR, REL: *Vertrag zwischen einem Staat und dem Vatikan*) concordato *m* ❷ (*CH:* ADM, JUR: *Vertrag zwischen Kantonen*) concordato *m*; **ein ~ abschließen** stringere un concordato

**konkret** [kɔnˈkreːt] *adj* concreto, reale
**Konkubine** [kɔŋkuˈbiːnə] <-, -n> *f* concubina *f*
**Konkurrent(in)** [kɔŋkʊˈrɛnt] <-en, -en; -, -nen> *m(f)* (*allg,* SPORT) concorrente *mf*; (COM) rivale *mf*
**Konkurrenz** [kɔŋkʊˈrɛnts] <-, -en> *f* ❶ concorrenza *f*; **jdm ~ machen** fare concorrenza a qu ❷ (*Wettbewerb*) concorso *m*; (SPORT) competizione *f*, gara *f*; **außer ~** fuori concorso ❸ (*Konkurrenten*) concorrenti *mpl* **konkurrenzfähig** *adj* competitivo, concorrenziale **Konkurrenzkampf** *m* concorrenza *f* **konkurrenzlos** *adj* senza concorrenza, che non ha concorrenti; (*Preis, Waren*) che non teme la concorrenza
**Konkurrenzunternehmen** *nt* impresa *f* concorrente
**konkurrieren** [kɔŋkʊˈriːrən] <ohne ge-> *vi* ❶ (COM) concorrere; **um eine Stelle ~** concorrere per un posto; **mit jdm/etw ~** entrare in concorrenza con qu/qc ❷ (SPORT) competere; (*sich messen*) misurarsi; **miteinander ~** farsi concorrenza
**Konkurs** [kɔnˈkʊrs] <-es, -e> *m* fallimento *m*, bancarotta *f*; **~ anmelden** dichiarare fallimento; **in ~ gehen** fallire, fare fallimento **Konkursmasse** *f* massa *f* fallimentare **Konkursverfahren** *nt* procedimento *m* fallimentare **Konkursverwalter** *m* curatore *m* del fallimento
**können**[1] [ˈkœnən] <kann, konnte, können> *Modalverb* ❶ (*imstande sein, vermögen*) potere; (*in der Lage sein*) essere in grado di; **so gut ich [es] kann** come meglio posso; **ich kann es nicht mehr hören** (*fam*) non posso più sentirlo; **das hätte ich Ihnen gleich sagen ~** gliel'avrei potuto dire subito; **Sie ~ es mir glauben** può credermi; **er kann sich noch so anstrengen ...** per quanto si sforzi ...; **kannst du nicht aufpassen?** non puoi fare attenzione?, sta attento!; **das kann man wohl sagen!** (*fam*) si può proprio dire!, ha/hai ragione!; **du kannst mich mal!** (*sl*) vaffa[nculo]!; **ich kann es Ihnen nicht sagen** non glielo so dire ❷ (*dürfen*) essere autorizzato a, avere il permesso di; (*erlaubt sein*) essere permesso che +*conj* ❸ (*die Möglichkeit haben*) avere la possibilità di; (*möglich sein*) essere possibile che +*conj*; **kann sein** (*fam*) può darsi; **das kann schon stimmen** può essere giusto; **man könnte meinen, dass ...** si direbbe che +*conj*
**können**[2] <kann, konnte, gekonnt> I. *vt*

(*beherrschen*) sapere; (*fähig sein*) essere capace di; **er kann kein Italienisch** non sa l'italiano; **was kannst du alles?** che cosa sai fare?; **er hat es [nicht] gekonnt** [non] l'ha saputo II. *vi* potere; **nicht anders ~ als ...** non poter fare a meno di +*inf*; **ich kann nicht anders** non posso far altrimenti; **ich kann nicht mehr** (*nicht mehr aushalten*) non ne posso più *fam*, non ce la faccio più *fam*; (*nicht weitermachen*) non posso continuare; (*fam*: *nichts mehr essen*) non posso mandar giù più niente *fam*; **ich kann nichts dafür** (*fam*) non è colpa mia, non posso farci niente

**Können** <-s> *kein Pl. nt* ❶ (*Fähigkeit*) capacità *f*, bravura *f* ❷ (*Kunstfertigkeit*) arte *f*

**Könner(in)** <-s, -; -, -nen> *m(f)* esperto, -a *m, f*, competente *mf*, genio *m fam*

**konnte** ['kɔntə] *1. u. 3. Pers. Sing. Imp. von* **können¹, können²**

**Konsekutivdolmetschen** [kɔnzekuˈtiːfdɔlmɛtʃən] <-s> *kein Pl. nt* interpretariato *m* consecutivo

**Konsekutivsatz** [kɔnzekuˈtiːfzats] <-es, Konsekutivsätze> *m* (LING) proposizione *f* consecutiva

**Konsens** [kɔnˈzɛns] <-es> *kein Pl. m* consenso *m*

**konsequent** [kɔnzeˈkvɛnt] *adj* coerente, conseguente; **~ durchgreifen** intervenire energicamente

**Konsequenz** [kɔnzeˈkvɛnts] <-, -en> *f* ❶ (*Folgerichtigkeit*) logicità *f*, coerenza *f* ❷ (*Unbeirrbarkeit*) costanza *f*, perseveranza *f* ❸ (*Folge*) conseguenza *f*; **die ~en ziehen** tirare le conseguenze, agire di conseguenza ❹ (*Schlussfolgerung*) conclusione *f*

**konservativ** [kɔnzɛrvaˈtiːf] *adj* ❶ (*am Hergebrachten festhaltend*) tradizionalista ❷ (POL) conservatore

**Konserve** [kɔnˈzɛrvə] <-, -n> *f* conserva *f* **Konservenbüchse** *f*, **Konservendose** *f* scatola *f* di conserva

**konservieren** [kɔnzɛrˈviːrən] <ohne ge-> *vt* conservare; (*Lebensmittel*) mettere in conserva

**Konservierung** <-, -en> *f* conservazione *f* **Konservierungsmittel** *nt* mezzo *m* di conservazione **Konservierungsstoff** *m* conservante *m*

**Konsole** [kɔnˈzoːlə] <-, -n> *f* ❶ (ARCH) modiglione *m* ❷ (*Wandbrett*) consolle *f*, mensola *f*

**Konsolidation** [kɔnzolidaˈtsjoːn] <-, -en> *f* (*a.* GEOL, JUR) consolidamento *m*, compattamento *m*

**konsolidieren** [kɔnzoliˈdiːrən] <ohne ge-> *vt* consolidare

**Konsolidierung** <-, -en> *f* (WIRTSCH, MED) consolidamento *m*

**Konsonant** [kɔnzoˈnant] <-en, -en> *m* (LING) consonante *f*

**Konsortium** [kɔnˈzɔrtsiʊm] <-s, Konsortien> *nt* (WIRTSCH) consorzio *m*

**konspirativ** [kɔnspiraˈtiːf] *adj* cospirativo

**konstant** [kɔnˈstant] *adj* costante **Konstante** <-, -n> *f* (MAT, PHYS) costante *f*

**Konstantin** [ˈkɔnstantɪn] *m* Costantino *m*

**Konstanz** [ˈkɔnstants] *nt* (GEOG) Costanza *f*

**konstatieren** [kɔnstaˈtiːrən] <ohne ge-> *vt* co[n]statare, accertare

**Konstellation** [kɔnstɛlaˈtsjoːn] <-, -en> *f* costellazione *f*

**Konstitution** [kɔnstituˈtsjoːn] <-, -en> *f* (MED, POL, CHEM) costituzione *f*

**konstitutionell** [kɔnstitutsjoˈnɛl] *adj* costituzionale

**konstruieren** [kɔnstruˈiːrən] <ohne ge-> *vt* ❶ costruire ❷ (*entwerfen*) ideare, progettare

**Konstrukteur(in)** [kɔnstrʊkˈtøːɐ] <-s, -e; -, -nen> *m(f)* [ingegnere *mf* ] costruttore, -trice *m, f*

**Konstruktion** [kɔnstrʊkˈtsjoːn] <-, -en> *f* ❶ (*das Konstruieren*) costruzione *f* ❷ (*Entwurf*) progetto *m* **Konstruktionsfehler** *m* difetto *m* di costruzione

**konstruktiv** [kɔnstrʊkˈtiːf] *adj* costruttivo

**Konstruktivität** [kɔnstrʊktiviˈtɛːt] <-> *kein Pl. f* costruttività *f*

**Konsul(in)** [ˈkɔnzʊl] <-s, -n; -, -nen> *m(f)* (POL, HIST) console *mf*

**Konsulat** [kɔnzuˈlaːt] <-(e)s, -e> *nt* consolato *m*

**Konsulin** *f s.* **Konsul**

**konsultieren** [kɔnzʊlˈtiːrən] <ohne ge-> *vt* consultare

**Konsum** [kɔnˈzuːm] <-s> *kein Pl. m* ❶ (*Verbrauch*) consumo *m* ❷ (*~genossenschaft*) cooperativa *f* di consumo

**Konsumation** [kɔnzumaˈtsjoːn] <-, -en> *f* (A, CH) consumazione *f*

**Konsument(in)** [kɔnzuˈmɛnt] <-en, -en; -, -nen> *m(f)* consumatore, -trice *m, f*

**Konsumgesellschaft** *f* (*a. pej*) società *f* dei consumi **Konsumgüter** *ntPl.* beni *mpl* di consumo

**konsumieren** [kɔnzuˈmiːrən] <ohne ge-> *vt* consumare

**konsumorientiert** *adj* orientato al consumo

**Konsumverhalten** *kein Pl. nt* atteggiamento *m* dei consumatori, consumi *mpl*
**Kontakt** [kɔn'takt] <-(e)s, -e> *m* (TEC) contatto *m;* **mit jdm ~ aufnehmen, mit jdm in ~ treten** prendere contatto con qu; **mit jdm ~ haben, mit jdm in ~ stehen** essere in contatto con qu; **keinen ~ mehr zu jdm haben** non essere più in contatto con qu
**Kontaktanzeige** *f* annuncio *m* personale
**kontaktarm** *adj* poco comunicativo
**Kontaktarmut** *f* ❶ (*Wesen*) povertà *f* di comunicativa ❷ (*Mangel an Kontakt*) mancanza *f* di contatti **kontaktfreudig** *adj* socievole **Kontaktlinsen** *fPl.* (OPT) lenti *fpl* a contatto **Kontaktparty** *f* party dove si va per trovare un partner **Kontaktperson** *f* intermediario, -a *m, f;* (MED) persona *f* sospetta di contagio
**Konten** *Pl. von* **Konto**
**kontern** ['kɔntən] I. *vt* (SPORT) giocare di rimessa; **den Angriff ~** passare al contrattacco II. *vi* (*zurückweisen*) controbattere, ribattere
**Konterrevolution** *f* controrivoluzione *f*
**Kontext** ['kɔntɛkst] <-(e)s, -e> *m* contesto *m* **Kontextmenü** *nt* (INFORM) menu *m* di scelta rapida
**Kontinent** [kɔnti'nɛnt] <-(e)s, -e> *m* (GEOG) continente *m*
**kontinental** [kɔntinɛn'taːl] *adj* continentale
**Kontingent** [kɔntɪŋ'gɛnt] <-(e)s, -e> *nt* contingente *m,* quota *f*
**kontinuierlich** [kɔntinui'iːɐ̯lɪç] *adj* continuo, continuativo
**Kontinuität** [kɔntinui'tɛːt] <-> *kein Pl. f* continuità *f*
**Konto** ['kɔnto] <-s, Konten> *nt* (FIN) conto *m;* **ein ~ eröffnen/auflösen/ überziehen/sperren** aprire/estinguere/ mandare allo scoperto/bloccare un conto
**Kontoauszug** *m* estratto *m* conto **Kontoführung** <-, -en> *f* tenuta *f* del conto corrente **Kontoinhaber(in)** *m(f)* intestatario, -a *m, f* del conto **Kontonummer** *f* numero *m* del conto
**Kontor** [kɔn'toːɐ̯, *Pl.:* kɔn'toːrə] <-s, -e> *nt* (COM: *Handelsniederlassung*) filiale *f,* agenzia *f*
**Kontorist(in)** [kɔnto'rɪst] <-en, -en; -, -nen> *m(f)* impiegato, -a *m, f* di commercio **Kontostand** *m* (FIN) situazione *f* del conto
**Kontrahent(in)** [kɔntra'hɛnt] <-en, -en; -, -nen> *m(f)* ❶ (COM) contraente *mf* ❷ (*Gegner*) avversario, -a *m, f*

**Kontraindikation** ['kɔntraʔɪndikatsjoːn *o* kɔntraʔɪndika'tsjoːn] <-, -en> *f* (MED) controindicazione *f*
**Kontrakt** [kɔn'trakt] <-(e)s, -e> *m* contratto *m;* **mit jdm einen ~ abschließen** stipulare un contratto con qu
**kontraproduktiv** ['kɔntraprodʊktiːf] *adj* controproducente
**konträr** [kɔn'trɛːɐ̯] *adj* contrario; (*bes. Ziele*) opposto
**Kontrast** [kɔn'trast] <-(e)s, -e> *m* contrasto *m* **Kontrastblende** *f* striscia *f* fluorescente
**kontrastieren** [kɔntras'tiːrən] <ohne ge-> *vi* (*geh*) contrastare (*mit* con); (*sich abheben*) staccarsi (*mit* da); **Kontrastprogramm** *nt* (TV) programma *m* alternativo **Kontrastregler** *m* (TV) regolatore *m* del contrasto **kontrastreich** *adj* pieno di contrasti
**Kontrollabschnitt** *m* tagliando *m* di controllo
**Kontrolle** [kɔn'trɔlə] <-, -n> *f* ❶ (*Beherrschung*) controllo *m;* **die ~ über etw** *acc* **verlieren** perdere il controllo di qc; **jdn/ etw unter ~ haben** tenere qu/qc sotto controllo ❷ (*Prüfung*) verifica *f;* (*Pass~, Polizei~, Zoll~*) controllo *m*
**Kontrolleur(in)** [kɔntrɔ'løːɐ̯] <-s, -e; -, -nen> *m(f)* controllore *m*
**Kontrollgang** *m* giro *m* d'ispezione
**Kontrollgremium** *nt* organo *m* di controllo
**kontrollierbar** [kɔntrɔ'liːɐ̯baːɐ̯] *adj* verificabile, controllabile
**kontrollieren** [kɔntrɔ'liːrən] <ohne ge-> *vt* ❶ controllare ❷ (*überwachen*) sorvegliare ❸ (*prüfen*) verificare, esaminare; (*überprüfen*) ispezionare
**Kontrolllampe** *f* (TEC, MOT) spia *f* luminosa **Kontrollmaßnahme** <-, -n> *f* misura *f* di controllo
**Kontrollorgan** *nt* (*a.* ADM) organo *m* di controllo
**Kontrollturm** *m* torre *f* di controllo
**kontrovers** [kɔntro'vɛrs] *adj* ❶ (*entgegengesetzt*) controverso ❷ (*bestreitbar*) contestabile ❸ (*umstritten*) discutibile
**Kontroverse** [kɔntro'vɛrzə] <-, -n> *f* controversia *f*
**Kontur** [kɔn'tuːɐ̯] <-, -en> *f* profilo *m,* sagoma *f,* contorno *m*
**Konvention** [kɔnvɛn'tsjoːn] <-, -en> *f* (*Abkommen, Norm*) convenzione *f*
**Konventionalstrafe** [kɔnvɛntsjoˈnaːl-ʃtraːfə] <-, -en> *f* (JUR) [multa *f*] penale *f*

**konventionell** [kɔnvɛntsi̯o'nɛl] *adj* convenzionale

**konvergent** [kɔnvɛr'gɛnt] *adj* (*a*. MAT) convergente

**Konvergenz** [kɔnvɛr'gɛnts] <-, -en> *f* (*a. Europäische Währungsunion*) convergenza *f*

**Konvergenzkriterien** *fPl.* criteri *mpl* di convergenza

**Konvergenzphase** *f* fase *f* di convergenza

**Konvergenzpolitik** *f* politica *f* di convergenza

**Konvergenzprogramm** *nt* programma *m* di convergenza

**Konversation** [kɔnvɛrza'tsi̯o:n] <-, -en> *f* conversazione *f* **Konversationslexikon** *nt* enciclopedia *f*, dizionario *m* enciclopedico

**Konversionskurse** *fPl.* (FIN) tassi *mpl* di conversione

**konvertibel** [kɔnvɛr'ti:bəl], **konvertierbar** [kɔnvɛr'ti:gba:ɐ̯] *adj* (WIRTSCH) convertibile

**konvertieren** [kɔnvɛr'ti:rən] <ohne ge-> I. *vt haben* (FIN, INFORM) convertire II. *vi haben o sein* (REL) [**zum Christentum**] ~ convertirsi [al Cristianesimo]

**Konvertit(in)** [kɔnvɛr'ti:t] <-en, -en; -, -nen> *m(f)* (REL) convertito, -a *m, f*

**konvex** [kɔn'vɛks] *adj* (OPT) convesso

**Konvexlinse** <-, -n> *f* lente *f* convessa

**Konzentrat** [kɔntsɛn'tra:t] <-(e)s, -e> *nt* concentrato *m*

**Konzentration** [kɔntsɛntra'tsi̯o:n] <-, -en> *f* concentrazione *f* **Konzentrationsfähigkeit** *f* capacità *f* di concentrazione **Konzentrationslager** *nt* campo *m* di concentramento **Konzentrationsmangel** *m* mancanza *f* di concentrazione **Konzentrationsschwäche** *f* concentrazione *f* insufficiente

**konzentrieren** [kɔntsɛn'tri:rən] <ohne ge-> I. *vt* concentrare II. *vr* **sich** [**auf etw** *acc*] ~ concentrarsi [su qc]

**konzentriert** [kɔntsɛn'tri:ɐ̯t] *adj* concentrato

**konzentrisch** [kɔn'tsɛntrɪʃ] *adj* (MAT) concentrico

**Konzept** [kɔn'tsɛpt] <-(e)s, -e> *nt* ① (*von Rede*) abbozzo *m*, traccia *f*; (*Entwurf*) progetto *m*; (*Rohentwurf*) minuta *f*, brutta copia *f*; **jdn aus dem** ~ **bringen** far perdere il filo a qu ② (*Begriff, Vorstellung*) concetto *m*, idea *f*; **das passt mir nicht ins** ~ non mi va *fam*, non sono d'accordo

**konzeptionslos** *adj* privo di un'idea chiara, senza idee chiare

**Konzern** [kɔn'tsɛrn] <-(e)s, -e> *m* (COM) gruppo *m* industriale

**Konzert** [kɔn'tsɛrt] <-(e)s, -e> *nt* concerto *m* **Konzertflügel** *m* pianoforte *m* a coda

**konzertieren** [kɔntsɛr'ti:rən] <ohne ge-> *vi* (*geh*) dare un concerto **Konzertmeister** <-s, -> *m* primo violino *m* **Konzertsaal** *m* sala *f* dei concerti

**Konzession** [kɔntsɛ'si̯o:n] <-, -en> *f* ① (*Zugeständnis*) concessione *f* ② (*form: Gewerbeerlaubnis*) licenza *f*, permesso *m*

**konzessionsbereit** *adj* disposto [*o* disponibile] a fare concessioni

**Konzessivsatz** [kɔntsɛ'si:fzats] *m* (LING) proposizione *f* concessiva

**Konzil** [kɔn'tsi:l] <-s, -e *o* -ien> *nt* (REL) concilio *m*

**konziliant** [kɔntsi'li̯ant] *adj* ① (*aussöhnend*) conciliante; **er gab sich äußerst** ~ si mostrò estremamente conciliante ② (*nachgiebig*) accondiscendente, indulgente, condiscendente; **sie war ausnahmsweise sehr** ~ **gestimmt** era insolitamente accondiscendente

**Konzipient** <-en, -en> *m* (*A: JUR: Anwalt zur Ausbildung in einer Kanzlei*) giurista che sta facendo un periodo di formazione in uno studio legale

**Kooperation** [koʔopera'tsi̯o:n] <-, -en> *f* cooperazione *f*

**kooperativ** [koʔopera'ti:f] *adj* collaborativo

**kooperieren** *vi* (*fam*) collaborare **Koordination** [koʔɔrdina'tsi̯o:n] <-, -en> *f* coordinazione *f*

**Koordinator(in)** [koʔɔrdi'na:to:ɐ, *Pl:* koʔɔrdina'to:rən] <-s, -en; -, -nen> *m(f)* coordinatore, -trice *m, f*

**koordinieren** [koʔɔrdi'ni:rən] <ohne ge-> *vt* coordinare

**Koordinierung** <-> *kein Pl. f* **die** ~ **der Wirtschaftspolitiken der EU-Staaten** il coordinamento delle politiche economiche dei Stati membri dell'UE

**Kopenhagen** [ko:pən'ha:gən] *nt* (GEOG) Copenaghen *f*

**Kopf** [kɔpf] <-(e)s, Köpfe> *m* ① testa *f*; (*a. fig: Anführer*) capo *m*; (*fig: Verstand*) mente *f*, testa *f*; **den** ~ **hängen lassen** (*fig*) avvilirsi, perdersi d'animo; **den** ~ **verlieren** perdere la testa; ~ **und Kragen riskieren** (*fam*) rischiare la pelle; **jdm den** ~ **verdrehen** far perdere la testa a qu; **jdm den** ~ **waschen** (*fig fam*) fare una lavata di capo a qu; **jdn einen** ~ **kürzer machen** (*fam*) tagliare la testa a qu; **einen** ~ **größer**

sein als jd superare qu di una testa; **ein kluger ~ sein** essere un tipo capace; **einen klaren ~ behalten** conservare la calma, non perdere la testa; **einen schweren ~ haben** sentirsi la testa pesante; **einen roten ~ kriegen** arrossire; (*vor Zorn*) diventare rosso dalla rabbia; **nicht wissen, wo einem der ~ steht** non sapere dove sbattere la testa; **vor etw** *dat* **~ stehen** (*fig: durcheinander sein*) essere sottosopra per qc; **auf dem ~ stehen** (*umgekehrt sein*) essere sottosopra *fam;* **auf den ~ stellen** (*umkehren*) capovolgere; (*in Unordnung bringen*) mettere a soqquadro; **jdm etw auf den ~ zusagen** dire qc in faccia a qu *fam;* **jdm etw an den ~ werfen** (*fig fam*) rinfacciare qc a qu; **im ~ behalten** tenere a mente; **im ~ haben** (*fam*) avere in mente; **im ~ rechnen** calcolare a mente; **nicht richtig im ~ sein** (*fam*) essere un po' tocco; **jdn vor den ~ stoßen** (*fig*) offendere qu; **wie vor den ~ geschlagen sein** (*fam*) rimanere di stucco; **sich** *dat* **etw durch den ~ gehen lassen** [ri]pensare a qc; **sich** *dat* **etw in den ~ setzen** mettersi in mente qc; **mit dem ~ durch die Wand wollen** (*fam*) voler imporsi ad ogni costo; **sich** *dat* **etw aus dem ~ schlagen** (*fam*) levarsi qc dalla testa; **~ an ~** stretti stretti *fam*, testa a testa; **aus dem ~** (*auswendig*) a memoria; **pro ~** a testa, pro capite; **von ~ bis Fuß** da capo a piedi; **das hat ihn den ~ gekostet** gli è costata la vita; **die Arbeit wächst ihm über den ~** è carico di lavoro fin sopra i capelli *fam;* **~ hoch!** animo!, coraggio! ❷ (*Spitze, Ende*) punta *f,* estremità *f;* (*Brief~*) intestazione *f;* (*Nadel~, Nagel~*) capocchia *f;* (*von Münze*) testa *f;* (*Zeitungs~*) testata *f*

**Kopf-an-Kopf-Rennen** <-s, -> *nt* corsa *f* testa a testa **Kopfbahnhof** *m* (FERR) stazione *f* di testa **Kopfball** *m* (SPORT) tiro *m* di testa **Kopfbedeckung** *f* copricapo *m*

**Köpfchen** ['kœpfçən] <-s, -> *nt* (*fam scherz*) **Köpfchen, Köpfchen!** ci vuole un po' di cervello!

**köpfen** ['kœpfən] *vt* ❶ (*enthaupten*) decapitare ❷ (SPORT: *Ball*) tirare di testa

**Kopfende** *nt* (*von Bett*) testata *f;* (*von Tisch*) capotavola *m* **Kopfgeld** *nt* taglia *f* **Kopfgeldjäger** *m* cacciatore *m* di taglie **Kopfhaar** *nt* capelli *mpl*, capigliatura *f* **Kopfhaut** *f* cuoio *m* capelluto **Kopfhörer** *m* cuffia *f* **Kopfkissen** *nt* guanciale *m*, cuscino *m* **Kopflänge** *f* spanna *f;* **jdn um ~ überragen** essere più alto di qu

di una spanna **kopflastig** *adj* (AERO) appruato; (*Tennisschläger*) squilibrato; (*fig*) intellettualizzato **kopflos** *adj* sbadato, sventato **Kopfnicken** *kein Pl. nt* l'annuire *m*, cenno *m* del capo **Kopfrechnen** *nt* calcolo *m* mentale **Kopfsalat** *m* (BOT) lattuga *f*

**kopfscheu** *adj* (*Tiere*) ombroso; **jdn ~ machen** (*fig*) intimidire [*o* confondere] qu

**Kopfschmerz** *m* mal *m* di testa **Kopfschmerztablette** *f* cachet *m*, pasticca *f* per il mal di testa **Kopfschütteln** *kein Pl. nt* **das ~** lo scuotere il capo

**Kopfsprung** *m* tuffo *m* di testa; **einen ~ machen** (*a. fig*) tuffarsi a capofitto **Kopfstand** *m* (SPORT) verticale *f* [in appoggio] sul capo **kopf|stehen** <irr> *vi* ❶ (*Kopfstand machen*) fare la verticale sulla testa ❷ (*fam: in heller Aufregung sein: Person*) essere sottosopra; (*Firma, Viertel*) essere in subbuglio **Kopfsteinpflaster** *nt* acciottolato *m*

**Kopfstimme** *f* (MUS) voce *f* di testa; (*männliche ~*) falsetto *m* **Kopfstütze** *f* (MOT) poggiatesta *m* **Kopftuch** *nt* fazzoletto *m* [da testa], foulard *m* **kopfüber** *adv* a capofitto **Kopfverletzung** *f* ferita *f* alla testa, lesione *f* cranica **Kopfweh** *kein Pl. nt* (*fam*) *s.* **Kopfschmerz**

**Kopfzerbrechen** *kein Pl. nt* rompicapo *m;* **das bereitet mir ~** ciò mi dà dei grattacapi **Kopie** [ko'piː] <-, -n> *f* ❶ (*Abschrift*) copia *f* ❷ (*Nachahmung*) imitazione *f*

**kopieren** [ko'piːrən] <ohne ge-> *vt* ❶ (*Kopie machen*) copiare ❷ (*abschreiben*) trascrivere ❸ (*Fotokopie machen*) fotocopiare ❹ (FOTO) stampare ❺ (*imitieren*) imitare

**Kopierer** <-s, -> *m* (*fam*) fotocopiatrice *f* **Kopiergerät** [ko'piːɐɡəreːt] *nt* fotocopiatrice *f* **Kopierpapier** <-s, -> *kein Pl. nt* carta *f* carbone [*o* copiativa]; (*Fotopapier*) carta *f* sensibile

**Kopilot(in)** ['koːpiloːt] *m(f)* (AERO) copilota *mf*

**Koppel** <-, -n> *f* (*Weide*) pascolo *m*

**koppeln** ['kɔpəln] *vt* ❶ accoppiare; (*a. fig: verbinden*) abbinare; **etw mit etw ~** abbinare qc a qc ❷ (*Hunde*) legare al guinzaglio; (*Ochsen*) aggiogare ❸ (*anhängen*) attaccare; (*Fahrzeuge*) agganciare

**Kopp|e|lung** <-, -en> *f* ❶ (*Verbindung*, TEC) accoppiamento *m* ❷ (*von Fahrzeugen*) agganciamento *m* ❸ (TEC) collegamento *m* ❹ (*fig*) abbinamento *m*

**Koproduktion** ['koːprodʊktsjoːn] <-, -en> *f* coproduzione *f*

**Koproduzent**(in) <-en, -en; -, -nen> *m(f)* coproduttore, -trice *m, f*
**Koralle** [ko'ralə] <-, -n> *f* (ZOO) corallo *m*
**Koralleninsel** *f* atollo *m*, isola *f* corallina
**Korallenriff** *nt* scogliera *f* corallina
**Koran** [ko'ra:n] <-s, -e> *m* (REL) Corano *m*
**Korb** [kɔrp] <-(e)s, Körbe> *m* ❶ (*Behälter*) cesto *m;* (*a. Brot~, Wäsche~*) cesta *f;* (*bes. Henkel~*) paniere *m,* canestro *m;* (*Trag~*) gerla *f* ❷ (*~voll*) cesto *m,* canestro *m* ❸ (*~geflecht*) cesto *m* di vimini ❹ (SPORT: *Gerät, ~wurf*) canestro *m* ❺ (*fam: Ablehnung*) rifiuto *m;* **einen ~ bekommen** (*Heiratsantrag, Tanz*) ricevere un rifiuto; **jdm einen ~ geben** dire di no a qu **Korbball** *m* (SPORT) pallacanestro *f*
**Körbchen** ['kœrpçən] <-s, -> *nt* ❶ (*kleiner Korb*) cestello *m,* cestino *m;* (*Hunde~*) cuccia *f;* **ab ins ~** a cuccia ❷ (*von BH*) coppa *f* **Körbchengröße** *f* misura *f* delle coppette
**Korbflasche** *f* fiasco *m;* (*große ~*) damigiana *f*
**Korbflechter**(in) <-s, -; -, -nen> *m(f)* cestaio, -a *m, f,* canestraio, -a *m, f*
**Korbflechterei** [kɔrpflɛçtə'raɪ] <-, -en> *f* ❶ *Sing.* (*Herstellung*) fabbricazione *f* di ceste ❷ (*Betrieb*) cesteria *f*
**Korbmacher**(in) <-s, -; -, -nen> *m(f)* cestaio, -a *m, f,* canestraio, -a *m, f*
**Korbmacherei** [kɔrpmaxə'raɪ] <-, -en> *f* ❶ *Sing.* (*Herstellung*) fabbricazione *f* di ceste ❷ (*Betrieb*) cesteria *f* **Korbmöbel** *ntPl.* mobili *mpl* di vimini
**Korbwährung** <-, -en> *f* valuta *f* paniere
**Korbwaren** *fPl.* oggetti *mpl* di vimini
**Kordel** ['kɔrdəl] <-, -n> *f* cordoncino *m,* cordicella *f*
**Koriander** [kori'andɐ] <-s> *kein Pl. m* coriandolo *m*
**Korinthe** [ko'rɪntə] <-, -n> *f* uvetta *f,* uva *f* passa
**Kork** [kɔrk] <-(e)s, -e> *m* sughero *m* **Korkeiche** *f* (BOT) quercia *f* da sughero
**Korken** ['kɔrkən] <-s, -> *m* turacciolo *m,* tappo *m* di sughero **Korkenzieher** <-s, -> *m* cavatappi *m*
**Korn**[1] [kɔrn] <-(e)s, Körner> *nt* ❶ chicco *m;* (*Weizen~*) chicco *m* di grano; (*Samen~*) seme *m,* grano *m;* (*Pfeffer~*) grano *m* di pepe; (*Salz~*) grano *m* di sale; (*Sand~*) granello *m* di sabbia; (*Staub~*) granello *m* di polvere ❷ (*Getreide*) grano *m,* cereali *mpl,* granaglie *fpl* ❸ (*an Gewehr*) mirino *m;* **jdn aufs ~ nehmen** tener d'occhio qu

**Korn**[2] [kɔrn] <-(e)s, -> *m* (*Kornbranntwein*) acquavite *f* [di cereali]
**Kornblume** *f* (BOT) fiordaliso *m*
**körnen** ['kœrnən] *vt* ridurre in granelli
**Kornfeld** *nt* campo *m* di grano
**körnig** ['kœrnɪç] *adj* granuloso
**Kornkammer** *f* granaio *m*
**Kornsilo** *nt,* **Kornspeicher** *m* silo *m* di cereali
**Korona** [ko'ro:na, *Pl:* ko'ro:nən] <-, Koronen> *f* ❶ (*Strahlenkranz*) corona *f* solare ❷ (*Schar*) banda *f* ❸ (TEC) corona *f*
**Körper** ['kœrpɐ] <-s, -> *m* ❶ (*Gestalt*) corpo *m,* organismo *m* ❷ (*Kugel, Kegel, Zylinder*) solido *m* ❸ (*Dichte*) densità *f,* consistenza *f* **Körperbau** *m* corpo *m,* corporatura *f* **körperbehindert** *adj* minorato fisico, handicappato; (*invalide*) invalido **Körperbehinderte** *mf* minorato, -a *m, f,* fisico, -a, handicappato, -a *m, f;* (*Invalide*) invalido, -a *m, f* **körperbetont** *adj* attillato **körpereigen** *adj* (BIOL) corporeo **Körpergewicht** *kein Pl. nt* peso *m* corporeo **Körpergröße** *f* statura *f,* grandezza *f* di un corpo **Körperhaltung** *f* posizione *f* [del corpo] **Körperkraft** *f* forza *f* fisica
**körperlich** *adj* ❶ (*leiblich*) corporeo, corporale; (*a. geschlechtlich*) fisico ❷ (*stofflich*) materiale ❸ (*Arbeit*) manuale
**Körperpflege** *kein Pl. f* cura *f* del corpo **Körperpuder** *m* talco *m*
**Körperschaft** <-, -en> *f* (JUR) corporazione *f,* organo *m;* **gesetzgebende ~** corpo legislativo; **~ des öffentlichen Rechts** ente pubblico **Körperschaft**(s)**steuer** *f* (FIN) imposta *f* sul reddito delle società
**Körpersprache** *kein Pl. f* linguaggio *m* del corpo **Körperteil** *m* parte *f* del corpo **Körperverletzung** *kein Pl. f* (JUR) lesione *f* corporale; **fahrlässige/schwere ~** lesione colposa/grave
**Korps** [ko:ɐ] <-, -> *nt* (MIL) corpo *m*
**korpulent** [kɔrpu'lɛnt] *adj* corpulento, obeso **Korpulenz** [kɔrpu'lɛnts] <-> *kein Pl. f* corpulenza *f,* obesità *f*
**korrekt** [kɔ'rɛkt] *adj* ❶ (*richtig*) giusto ❷ (*Normen entsprechend*) corretto **Korrektheit** <-> *kein Pl. f* ❶ (*Richtigkeit*) esattezza *f* ❷ (*von Benehmen*) correttezza *f*
**Korrektor**(in) [kɔ'rɛkto:ɐ] <-s, -en; -, -nen> *m(f)* correttore, -trice *m, f* di bozze
**Korrektur** [kɔrɛk'tu:ɐ] <-, -en> *f* correzione *f;* **~ lesen** correggere le bozze
**Korrekturband** <-(e)s, -bänder> *nt* nastro *m* correttore **Korrekturfahne** *f*

(TYP) bozza *f* [di stampa] **Korrekturzeichen** *nt* [segno *m* di] correzione *f*
**Korrespondent(in)** [kɔrɛspɔn'dɛnt] <-en, -en; -, -nen> *m(f)* corrispondente *mf*
**Korrespondenz** [kɔrɛspɔn'dɛnts] <-, -en> *f* corrispondenza *f*
**korrespondieren** [kɔrɛspɔn'diːrən] <ohne ge-> *vi* ① (*in Briefwechsel stehen*) corrispondere; **mit jdm ~** essere in corrispondenza con qu ② (*übereinstimmen*) **mit etw ~** corrispondere a qc
**Korridor** ['kɔridoːɐ] <-s, -e> *m* corridoio *m*
**korrigieren** [kɔri'giːrən] <ohne ge-> *vt* (*Text*) correggere; (*berichtigen*) modificare, rettificare; (*Ansichten*) rivedere
**Korrosion** [kɔro'zi̯oːn] <-, -en> *f* corrosione *f*
**korrupt** [kɔ'rʊpt] *adj* corrotto
**Korruption** [kɔrʊp'tsi̯oːn] <-, -en> *f* corruzione *f*
**Korruptionsvorwurf** *m* accusa *f* di corruzione
**Korse** ['kɔrzə] <-n, -n> *m* corso *m*
**Korsett** [kɔr'zɛt] <-(e)s, -e *o* -s> *nt* busto *m*, corsetto *m*
**Korsika** ['kɔrzika] *nt* Corsica *f*
**Korsin** ['kɔrzɪn] <-, -nen> *f* corsa *f*
**korsisch** *adj* corso
**Korvette** [kɔr'vɛtə] <-, -n> *f* (NAUT, MIL) corvetta *f*
**Koryphäe** [kory'fɛːə] <-, -n> *f* corifeo *m*, luminare *m*, autorità *f*
**koscher** ['koːʃɐ] *adj* (REL) kasher; **nicht ~** (*fam: bedenklich*) losco, sospetto
**kosen** ['koːzən] I. *vt* accarezzare II. *vi* scambiarsi carezze
**Kosename** *m* nome *m* vezzeggiativo
**Kosewort** *nt* vezzeggiativo *m*
**Kosinus** ['koːzinʊs] <-, - *o* -se> *m* (MAT) coseno *m*
**Kosmetik** [kɔs'meːtɪk] <-> *kein Pl. f* cosmesi *f*, cosmetica *f*
**Kosmetika** [kɔs'meːtɪka] *ntPl.* cosmetici *mpl*, prodotti *mpl* di bellezza
**Kosmetiker(in)** [kɔs'meːtikɐ] <-s, -; -, -nen> *m(f)* estetista *mf*
**kosmetisch** *adj* cosmetico
**kosmisch** ['kɔsmɪʃ] *adj* (ASTR) cosmico
**Kosmonaut(in)** [kɔsmo'naʊt] <-en, -en; -, -nen> *m(f)* cosmonauta *mf*
**Kosmopolit(in)** [kɔsmopo'liːt] <-en, -en; -, -nen> *m(f)* cosmopolita *mf*
**Kosmos** ['kɔsmɔs] <-> *kein Pl. m* (ASTR) cosmo *m*
**Kost** [kɔst] <-> *kein Pl. f* ① (*Nahrung*) cibo *m*, cucina *f*; **schwere ~** cucina grassa; (*fig*) cosa difficile da capire ② (*Verpflegung*) vitto *m*; **~ und Logis** vitto e alloggio
**kostbar** *adj* prezioso; (*teuer*) caro **Kostbarkeit** <-, -en> *f* ① (*Gegenstand*) cosa *f* preziosa ② *Sing.* (*Wert*) pregio *m*, valore *m*
**kosten** ['kɔstən] *vi, vt* ① (*Preis haben, a. fig: erfordern*) costare; **es hat mich einige Überwindung gekostet** mi è costato un po'; **was kostet das?** quanto costa questo?; **koste es, was es wolle!** costi quel che costi! ② (*Speisen*) assaggiare, provare; **willst du mal ~?** vuoi assaggiare?
**Kosten** ['kɔstən] *Pl.* (*Un~*) costo *m*, spesa *f*; (*Auslagen*) spese *fpl*; **~ mit sich** *dat* **bringen** comportare delle spese; **auf seine ~ bei etw kommen** (*fig*) essere soddisfatto di qc; **für die ~ aufkommen** assumersi le spese; **auf ~ von** a spese di; (*fig*) a scapito di; **auf eigene ~** a proprie spese; **das geht auf meine ~** questo lo pago io
**Kostenaufwand** <-(e)s> *kein Pl. m* costo *m*, spesa *f*, spese *fpl*; **mit einem ~ von ...** con una spesa di ... **Kostenbeteiligung** *f* partecipazione *f* alle spese **kostendeckend** *adj* che copre le spese; **~ wirtschaften** amministrare i beni coprendo le spese
**Kostenersparnis** *f* risparmio *m* di costi
**Kostenexplosion** <-, -en> *f* (COM) esplosione *f* dei costi, aumento *m* improvviso dei costi **kostenfrei** *adj* (JUR) esente da spese **kostengünstig** *adj* economico, conveniente, a basso costo **kostenlos** *adj* gratuito **kostenneutral** *adj* senza spese aggiuntive **kostenpflichtig** I. *adj* (ADM, JUR) soggetto a spese, con obbligo di pagamento delle spese II. *adv* a carico di qu
**Kostenrechnung** *f* (WIRTSCH) conto *m* delle spese **Kostenvoranschlag** *m* (COM) preventivo *m*
**köstlich** ['kœstlɪç] I. *adj* ① (*Genuss*) delizioso; (*Speise*) squisito, eccellente ② (*herrlich*) splendido ③ (*amüsant*) divertente II. *adv* **sich ~ amüsieren** divertirsi un mondo *fam*
**Kostprobe** *f* (*a. fig*) assaggio *m*; (*von Wein*) degustazione *f*
**kostspielig** *adj* caro, costoso
**Kostüm** [kɔs'tyːm] <-s, -e> *nt* ① (*Damen~*) tailleur *m* ② (*Verkleidung*) costume *m*; (*Karnevals~*) costume *m* da carnevale **Kostümball** *m*, **Kostümfest** *nt* ballo *m* in maschera
**kostümieren** [kɔsty'miːrən] <ohne ge-> *vr* **sich ~** mettersi in costume; **sich als**

**etw ~ travestirsi da qc;** (*sich maskieren*) mascherarsi da qc

**Kostümprobe** <-, -n> *f* (THEAT) prova *f* in costume

**Kostverächter** [kɔstfɛɐ̯ʔɛçtɐ] <-s, -> *m* **kein ~ sein** (*scherz: gern essen*) non disprezzare la buona tavola; (*genießerisch sein*) non disprezzare i piaceri della vita

**Kot** [koːt] <-(e)s, -e> *m* (*Exkremente*) feci *fpl*, escrementi *mpl*; (*Tier~*) sterco *m*

**Kotelett** [kɔtəˈlɛt *o* kɔtˈlɛt] <-s, -s *o* -e> *nt* (GASTR) costoletta *f*, cotoletta *f*

**Koteletten** *Pl.* basette *fpl*

**Köter** [ˈkøːtɐ] <-s, -> *m* (*pej*) botolo *m*, cagnaccio *m*

**Kotflügel** *m* (MOT) parafango *m*

**kotzen** [ˈkɔtsən] *vi* (*vulg*) vomitare; **es ist zum Kotzen** fa vomitare

**Kotzen** <-s, -> *m* (*südd, A: Decke*) coperta *f*

**KP** [kaːˈpeː] <-, -s> *f abk v* **Kommunistische Partei** PC *m*

**KPdSU** [kaːpeːdeːʔɛsˈʔuː] <-> *kein Pl. f abk v* **Kommunistische Partei der Sowjetunion** P.C.U.S. *m*

**Krabbe** [ˈkrabə] <-, -n> *f* (ZOO: *Krebs*) granchio *m*; (*Garnele*) gambero *m*

**krabbeln** [ˈkrabəln] *vi* ❶ *sein* (*Tiere*) strisciare ❷ (*Kind*) camminare carponi

**Krach** [krax] <-(e)s, Kräche> *m* ❶ *Sing.* (*Lärm*) chiasso *m*, baccano *m fam*; **~ machen** (*fam*) fare chiasso; **~ schlagen** (*fam*) protestare ❷ (*fam: Streit*) lite *f* ❸ (FIN: *Krise*) crollo *m*

**krachen** *vi* ❶ *haben* (*Donner*) tuonare; (*Schuss*) scoppiare; (*Holz*) scricchiolare; (*Tür*) sbattere; **auf dieser Kreuzung kracht es dauernd** (*fam*) a questo incrocio succedono sempre incidenti; **gleich kracht's** (*fam*) adesso succede qc, ci sono guai in vista ❷ *sein* (*fam: platzen*) scoppiare; (*brechen: Eis*) spaccarsi ❸ *sein* (*fam: aufprallen*) **gegen etw ~** schiantarsi contro qc

**Kracher** <-s, -> *m* petardo *m*

**krächzen** [ˈkrɛçtsən] *vi* gracchiare, gracidare

**kraft** [kraft] *prp +gen* (*geh, form*) in virtù di, in forza di

**Kraft** [kraft] <-, Kräfte> *f* ❶ forza *f*; **Kräfte sammeln** raccogliere le proprie forze; **neue Kräfte schöpfen** riacquistare nuove forze; **seine Kräfte mit jdm messen** misurare le proprie forze con qu; **bei Kräften sein** essere in forze; **am Ende seiner Kräfte sein** essere allo stremo delle proprie forze; **wieder zu Kräften kommen** rimettersi in forze; **aus eigener ~** con le proprie forze, da solo; **mit aller ~** con tutte le forze; **mit letzter ~** con le ultime forze; **nach Kräften** facendo tutto il possibile; **das geht über meine Kräfte** questo supera le mie forze; **volle ~ voraus!** (NAUT) avanti a tutta forza! ❷ (*Wirksamkeit*) efficacia *f*; (*Gültigkeit*) vigore *m*; **in ~ sein/treten** (JUR) essere/entrare in vigore; **außer ~ setzen** annullare, dichiarare invalido; (*Gesetz*) abolire, abrogare; (*zeitweilig*) sospendere ❸ (*Fähigkeit*) capacità *f* ❹ (*Hilfs~, Arbeits~*) elemento *m*, operaio *m*; (*Lehr~*) insegnante *mf* **Kraftaufwand** *m* impiego *m* di forze **Kraftausdruck** *m* parolaccia *f*; (*Fluch*) bestemmia *f* **Kraftbrühe** *f* (GASTR) consommé *m*

**Kräfteverfall** *m* deperimento *m* delle forze, cachessia *f*

**Kraftfahrer(in)** *m(f)* conducente *mf* **Kraftfahrzeug** *nt* autoveicolo *m* **Kraftfahrzeugbrief** *m* libretto *m* di circolazione **Kraftfahrzeugpapiere** *ntPl.* documenti *mpl* dell'autoveicolo **Kraftfahrzeugschein** *m* carta *f* di circolazione **Kraftfahrzeugsteuer** *f* tassa *f* di circolazione **Kraftfahrzeugversicherung** *f* assicurazione *f* automobilistica

**Kraftfeld** *nt* (PHYS) campo *m* di forze

**Kraftfutter** *nt* (AGR) foraggio *m* concentrato

**kräftig** [ˈkrɛftɪç] I. *adj* ❶ (*stabil*) robusto, forte; (*stark*) forte; (*groß*) grande; **eine ~e Tracht Prügel** (*fam*) una bella dose di legnate; **einen ~en Schluck nehmen** (*fam*) bere un bel sorso ❷ (*Farben*) violento ❸ (*Nahrung*) sostanzioso II. *adv* (*sehr*) molto; **~ regnen** piovere forte; **~ schütteln** agitare bene

**kräftigen** [ˈkrɛftɪɡən] *vt* rinforzare, rinvigorire

**Kräftigung** <-, -en> *f* rafforzamento *m*, irrobustimento *m*, rinvigorimento *m*; **zur ~ der Muskulatur** per il rafforzamento dei muscoli

**kraftlos** *adj* senza forza; (*schwach*) debole **Kraftprobe** *f* prova *f* di forza **Kraftrad** *nt* motociclo *m* **Kraftreserve** *f* riserva *f* d'energia **Kraftstoff** *m* (MOT) carburante *m* **Kraftstoffgemisch** *nt* miscela *f* di carburante

**Kraftstrom** *m* corrente *f* industriale, forza *f* **kraftstrotzend** *adj* pieno di forze [*o* d'energia], muscoloso **Krafttraining** *nt* (SPORT) bodybuilding *m* **Kraftübertragung** *f* trasmissione *f* d'energia **kraftvoll** *adj* pieno di forza, forte **Kraftwagen** *m* automobile

*f,* autoveicolo *m* **Kraftwerk** *nt* centrale *f* elettrica
**Kragen** ['kraːgən] <-s, - *o südd, A, CH* Krägen> *m* (*Hemd~*) colletto *m,* collo *m;* (*Kleider~, Mantel~*) bavero *m;* **jdn beim ~ packen** prendere qu per il collo; **da platzt einem ja der ~** (*fam*) questo mi fa andare in bestia **Kragenknopf** *m* bottone *m* del colletto **Kragenweite** *f* misura *f* del collo
**Krähe** ['krɛːə] <-, -n> *f* (ZOO) cornacchia *f*
**krähen** ['krɛːən] *vi* (*Hahn*) cantare; (*fig: Mensch*) gracidare
**Krähenfüße** *mPl.* (*fam*) ① (*Runzeln*) zampe *fpl* di gallina ② (*unleserliche Schrift*) scarabocchi *mpl*
**krakeelen** [kra'keːlən] <ohne ge-> *vi* (*BRD*) ① (*pej: lärmen*) schiamazzare *fam* ② (*pej: streiten*) litigare
**Kralle** ['kralə] <-, -n> *f* artiglio *m;* (*von Katzen*) unghia *f;* **die ~n zeigen** mostrare i denti
**krallen I.** *vt* ① (*packen*) aggranfiare; (*bes. Katze*) adunghiare; **die Finger in etw** *acc* **~** affondare le dita in qc ② (*sl: klauen*) sgraffignare *fam* **II.** *vr* **sich [an etw** *acc*] **~** (*a. fig*) aggrapparsi [a qc]
**Kram** [kraːm] <-(e)s> *kein Pl. m* (*fam*) ① (*pej: Zeug*) cianfrusaglie *fpl,* roba *f;* (*Plunder, Schund*) ciarpame *m* ② (*pej: Angelegenheit*) faccenda *f,* storia *f;* **den ganzen ~ hinschmeißen** mandare tutto all'aria; **das passt mir nicht in den ~** non mi va a genio
**kramen I.** *vi* frugare; **in etw** *dat* **~** rovistare in qc; **nach etw ~** frugare per trovare qc **II.** *vt* **etw aus etw ~** tirare fuori qc da qc
**Krämer(in)** ['krɛːmɐ] <-s, -; -, -nen> *m(f)* ① (*dial: Ladenbesitzer*) bottegaio, -a *m, f* ② (*pej: Kleingeist*) bottegaio *m* **Krämerseele** ['krɛːmɐzeːlə] *f* persona *f* meschina
**Kramladen** <-s, -läden> *m* (*fam: für Lebensmittel*) pizzicagnolo *m;* (*für Kurzwaren*) merceria *f*
**Krampf** [krampf] <-(e)s, Krämpfe> *m* ① (MED) crampo *m,* convulsioni *fpl* ② (*fam pej: gequältes Tun*) forzatura *f;* (*Unsinn*) sciocchezze *fpl* **Krampfader** *f* (MED) vena *f* varicosa, varice *f*
**krampfen I.** *vr* **sich ~** ① (MED) contrarsi [per convulsioni] ② (*sich festhalten*) **sich an etw** *acc* **~** aggrapparsi a qc; **sich um etw ~** (*Finger*) stringersi a qc **II.** *vt* (*Finger*) **etw um etw** [*o* **in etw** *acc*] **~** affondare qc in qc **III.** *vi* ① (*Krämpfe haben*) avere i crampi ② (*CH: hart arbeiten*) lavorare sodo, sgobbare

**krampfhaft** *adj* ① (MED) spasmodico, convulsivo ② (*fam: unnatürlich*) forzato; (*angestrengt*) sforzato; **~ e Anstrengungen machen** fare [degli] sforzi disperati
**krampflösend** *adj* (MED) antispastico, spasmolitico
**Kran** [kraːn] <-(e)s, -e *o* Kräne> *m* (TEC) gru *f* **Kranführer** *m* gruista *m*
**Kranich** ['kraːnɪç] <-s, -e> *m* (ZOO) gru *f*
**krank** [kraŋk] <kränker, kränk(e)ste> *adj* ammalato; (*bes. Organe*) malato; (*dauernd*) infermo; **an etw** *dat* **~ sein** essere malato di qc; **schwer ~** gravemente ammalato; **~ machen** far ammalare; **~ werden** ammalarsi; **sich ~ stellen** fingersi malato; **deine Fragen machen mich noch ~** (*fam*) le tue domande mi danno sui nervi
**Kranke** <ein -r, -n, -n> *mf* [am]malato, -a *m, f,* infermo, -a *m, f;* (*Patient*) paziente *mf*
**kränkeln** ['krɛŋkəln] *vi* essere malaticcio
**kränken** ['krɛŋkən] *vt* offendere
**kranken** ['kraŋkən] *vi* ① (*obs*) essere malato (*an* +*dat* di), soffrire (*an* +*dat* di) ② (*fig*) risentire (*an* +*dat* di); **das krankt daran, dass ...** [ciò] risente del fatto che ...
**Krankenbesuch** *m* visita *f* [a un malato] **Krankenbett** *nt* letto *m* [dell'ammalato] **Krankengeld** *nt* indennità *f* di malattia **Krankengeschichte** *f* anamnesi *f,* cartella *f* clinica **Krankengymnast(in)** <-en, -en; -, -nen> *m(f)* fisioterapista *mf* **Krankengymnastik** *f* fisioterapia *f* **Krankengymnastin** *f s.* **Krankengymnast Krankenhaus** *nt* ospedale *m;* (*Klinik*) clinica *f;* **jdn ins ~ einweisen** far ricoverare qu in ospedale
**Krankenhausarzt** *m,* **-ärztin** *f* medico *m* ospedaliero **krankenhausreif** *adj* **jdn ~ schlagen** mandare qu all'ospedale [per le botte] **Krankenkasse** *f* mutua *f,* azienda *f* sanitaria **Krankenkost** *f* dieta *f* per ammalati **Krankenpflege** *f* assistenza *f* al malato **Krankenpfleger(in)** *m(f)* infermiere, -a *m, f*
**Krankenschein** *m* modulo *m* per la mutua, foglio *m* di malattia **Krankenschwester** *f* infermiera *f* **Krankentransport** <-(e)s, -e> *m* trasporto *m* di feriti **Krankenversicherung** *f* assicurazione *f* contro le malattie **Krankenwagen** *m* ambulanza *f* **Krankenzimmer** *nt* camera *f* dell'ammalato
**krank|feiern** *vi* (*fam*) darsi malato
**krankhaft** *adj* patologico; (*a. fig*) morboso; **seine Eifersucht ist geradezu ~** la sua è una gelosia morbosa

**Krankheit** <-, -en> *f* malattia *f*; (*Erkrankung*) affezione *f*; (*Schmerz, Leiden*) male *m*; **eine ~ bekommen, sich** *dat* **eine ~ zuziehen** prendere una malattia
**Krankheitsbild** *nt* quadro *m* clinico
**Krankheitserreger** *m* agente *m* patogeno **Krankheitserscheinung** *f* sintomo *m* di una malattia **Krankheitsherd** *m* focolaio *m* d'infezione [*o* di malattia]
**Krankheitskeim** *m* germe *m* patogeno
**Krankheitsverlauf** *m* decorso *m* della malattia
**krank|lachen** *vr* **sich ~** (*fam*) morire dal ridere
**kränklich** ['krɛŋklɪç] *adj* malaticcio
**krank|melden** *vr* **sich ~** mettersi in malattia; (MIL) marcare visita
**Krankmeldung** *f* il mettersi *m* in malattia, certificato *m* medico
**krank|schreiben** *vt* **jdn ~** rilasciare un certificato di malattia a qu; **krankgeschrieben sein** essere in malattia
**Kränkung** ['krɛŋkʊŋ] <-, -en> *f* offesa *f*
**Kranz** [krants] <-es, **Kränze**> *m* ① corona *f*, ghirlanda *f* ② (GASTR) ciambella *f*
**kränzen** ['krɛntsən] *vt* incoronare
**Krapfen** ['krapfən] <-s, -> *m* (GASTR) ① (*salzige*) frittella salata tipo calzone ② (*A, südd, CH: Mehlspeise*) bombolone *m*, krapfen *m*
**krass** *adj* ① (*extrem*) estremo; (*Egoist*) grande ② (*auffallend*) sorprendente; (*Widerspruch*) stridente; (*Unterschied*) grande ③ (*unerhört*) incredibile, inaudito; (*Lüge*) spudorato
**Krater** ['kraːtɐ] <-s, -> *m* (GEOL) cratere *m*
**Krätze** ['krɛtsə] <-> *kein Pl. f* (MED) scabbia *f*, rogna *f*
**kratzen** ['kratsən] I. *vt* ① grattare; (*mit Nägeln, Krallen*) graffiare ② (*ab~*) raschiare, raspare ③ (*einritzen*) incidere ④ (*fam: stören*) irritare, disturbare; **das kratzt mich überhaupt nicht** (*fam*) non mi disturba affatto II. *vi* ① (*Geräusch*) scricchiolare ② (*Pullover*) dare prurito III. *vr* **sich ~** grattarsi
**Kratzer** <-s, -> *m* (*a. Kratzspur*) graffiatura *f*; (*a. Kratzwunde*) graffio *m*
**kraulen** ['kraʊlən] I. *vt* haben (*streicheln*) accarezzare, lisciare II. *vt, vi haben o sein* (SPORT: *schwimmen*) nuotare a stile libero
**kraus** [kraʊs] *adj* ① (*Haar*) riccio, crespo; (*Stirn*) rugoso; (*Stoff*) sgualcito ② (*fig: Gedanken*) confuso; **die Nase/Stirn ~ ziehen** arricciare il naso/corrugare la fronte

**kräuseln** ['krɔɪzəln] I. *vt* (*Haare*) arricciare; (*Stoff, Wasser*) increspare; (*Stirn*) corrugare II. *vr* **sich ~** incresparsi
**Krauskopf** <-(e)s, -köpfe> *m* testa *f* ricciuta
**Kraut** [kraʊt] <-(e)s, **Kräuter**> *nt* (BOT) ① (*Pflanze*) erba *f*; (*Heil~*) erba *f* medicinale; (*Würz~*) erba *f* aromatica; **mit Kräutern** (GASTR) alle erbe; **dagegen ist kein ~ gewachsen** non c'è rimedio, non si può far nulla ② (*von Rüben*) foglie *fpl* ③ *Sing.* (*Kohl*) cavolo *m* [cappuccio]; (*Rot~, Weiß~*) cavolo *m* rosso/bianco; (*Sauer~*) crauti *mpl*; **wie ~ und Rüben** (*fam*) sottosopra, alla rinfusa ④ (*Un~*) malerba *f* ⑤ (*pej fam: Tabak*) tabacco *m* scadente
**Kräuterbuch** *nt* erbario *m* **Kräuterbutter** *f* (GASTR) burro *m* aromatizzato **Kräuterlikör** *m* liquore *m* alle erbe **Kräutermischung** *f* misto *m* di erbe aromatiche **Kräutertee** *m* infuso *m* d'erbe; (*bes. Beruhigungs~*) tisana *f*
**Krautsalat** *m* insalata di cavoli crudi tagliati a strisce
**Krawall** [kra'val] <-s, -e> *m* ① (*Aufruhr*) tumulto *m*, disordine *m* ② (*fam pej: Lärm*) chiasso *m*, baccano *m*
**Krawatte** [kra'vatə] <-, -n> *f* cravatta *f* **Krawattennadel** *f* spillo *m* da cravatte
**kraxeln** ['kraksəln] *vi* (*A, südd: klettern*) **auf einen Baum ~** arrampicarsi su un albero; **auf einen Berg ~** scalare una montagna
**Kreation** [krea'tsjoːn] <-, -en> *f* creazione *f*
**kreativ** [krea'tiːf] *adj* creativo
**Kreativdirektor**(**in**) *m(f)* direttore *m* creativo
**Kreativität** [kreativiˈtɛːt] <-> *kein Pl. f* creatività *f*
**Kreatur** [krea'tuːɐ] <-, -en> *f* creatura *f*
**Krebs** [kreːps] <-es, -e> *m* ① (ZOO) gambero *m*; (*Taschen~*) granchio *m* ② (MED, BOT) cancro *m* ③ (ASTR) Cancro *m*; **er/sie ist** [**ein**] **~** è [del] Cancro **krebserregend** *adj* cancerogeno; **~e Stoffe** agenti *mpl* cancerogeni **Krebserreger** *m* cancerogeno *m* **Krebsforschung** *f* cancerologia *f* **Krebsfrüherkennung** *kein Pl. f* diagnosi *f* precoce del cancro **Krebsgang** *m* **den ~ gehen** (*fig*) fare come i gamberi **Krebsgeschwür** *nt* ulcerazione *f* cancerosa **krebskrank** *adj* malato di cancro **krebsrot** *adj* rosso come un gambero **Krebssuppe** *f* (GASTR) zuppa *f* di gamberetti **Krebsverdacht** *m* sospetto *m* di cancro **Krebsvorbeugung** <-, -en> *f* (MED)

prevenzione *f* del cancro **Krebsvorsorge** *f* prevenzione *f* del cancro **Krebsvorsorgeuntersuchung** *f* visita *f* di controllo preventiva del cancro **Krebszelle** *f* (MED) cellula *f* cancerosa
**Kredit** [kre'diːt] <-(e)s, -e> *m* ❶ (FIN: *a. Glaubwürdigkeit*) credito *m;* ~ **haben** avere credito; (*fig*) godere di molto credito; **einen ~ aufnehmen** aprire un credito; **etw auf ~ kaufen** comprare qc a credito ❷ (*fig: Ansehen*) reputazione *f*
**Kreditbank** <-, -en> *f* istituto *m* di credito **Kreditbrief** *m* lettera *f* di credito **kreditfähig** *adj* solvibile **Kreditfähigkeit** *f* solvibilità *f* **Kreditgeber** *m* creditore *m*
**kreditieren** [kredi'tiːrən] <ohne ge-> I. *vi* far credito II. *vt* [**jdm**] **etw ~** accreditare qc [a qu]
**Kreditinstitut** *nt* (FIN) istituto *m* di credito **Kreditkarte** *f* carta *f* di credito **Kreditnehmer** <-s, -> *m* beneficiario *m* di un credito **kreditwürdig** *adj* solvibile
**Kreide** ['kraɪdə] <-, -n> *f* ❶ (MIN: *weicher Kalkstein*) creta *f* ❷ (*Schreib~*) gesso *m;* **ein Stück ~** un gessetto ❸ *Sing.* (GEOL: *~zeitalter*) cretaceo *m;* **bei jdm** [**tief**] **in der ~ stehen** (*fam*) essere indebitato [fino al collo] con qu **kreidebleich** *adj* bianco come un cencio **Kreidefelsen** *m* roccia *f* cretacea **kreideweiß** ['kraɪdə'vaɪs] *adj s.* **kreidebleich Kreidezeichnung** *f* (KUNST) disegno *m* a gessetto **Kreidezeit** *f s.* **Kreide 3.**
**Kreis** [kraɪs] <-es, -e> *m* ❶ circolo *m;* (*a. fig* MAT) cerchio *m;* (*~linie*) circonferenza *f;* [**weite**] **~e ziehen** (*fig*) estendersi; **sich im ~ drehen** girare, rotare; **im ~** in cerchio ❷ (TEC) circuito *m* ❸ (*Lebens~, Bereich*) ambito *m;* (*Wirkungs~*) ambito *m*, sfera *f;* **in gut unterrichteten ~en** in ambienti ben informati ❹ (*fig: Personen~*) cerchia *f;* **im ~e von** in seno a ❺ (*Verwaltungsbezirk*) distretto *m* **Kreisbahn** *f* (ASTR) orbita *f* [circolare] **Kreisbogen** *m* arco *m* di cerchio
**kreischen** ['kraɪʃən] *vi* strillare; (*Vögel, Bremsen*) stridere **kreischend** *adj* (*Stimme*) stridulo; (*Bremsen*) stridente
**Kreisel** ['kraɪzəl] <-s, -> *m* trottola *f*
**kreisen** ['kraɪzən] *vi haben o sein* ❶ **um etw ~** girare intorno a qc; **das Gespräch kreiste um ...** la conversazione si incentrava su ... ❷ (*Vögel, Flugzeug*) volteggiare ❸ (*Blut, Geld*) circolare; **in der Runde ~** (*Becher*) fare il giro
**Kreisfläche** *f* ❶ superficie *f* circolare ❷ (MAT) superficie *f* del cerchio **kreisförmig** ['kraɪsfœrmɪç] I. *adj* circolare II. *adv* in cerchio, in circolo
**Kreislauf** *m* ❶ (MED, FIN: *Blut~, Geld~*) circolazione *f* ❷ (ASTR) rivoluzione *f* ❸ (*Natur~*) ciclo *m* ❹ (TEC) circuito *m* **Kreislaufstörung** *f* (MED) disturbo *m* circolatorio
**kreisrund** ['kraɪs'rʊnt] *adj* rotondo, tondo, circolare
**Kreissäge** *f* sega *f* circolare
**kreißen** ['kraɪsən] *vi* (*obs: Wehen haben*) avere le doglie
**Kreißsaal** ['kraɪsza:l] *m* (MED) sala *f* parto **Kreisstadt** *f* capoluogo *m* distrettuale **Kreisumfang** *m* (MAT) circonferenza *f*
**Kreisverkehr** *m* circolazione *f* rotatoria
**Krematorium** [krema'toːrium] <-s, Krematorien> *nt* [forno *m*] crematorio *m*
**Kreml** ['krɛməl] <-(s), -> *m* (POL) Cremlino *m*
**Krempe** ['krɛmpə] <-, -n> *f* tesa *f*, falda *f*
**Krempel** ['krɛmpəl] <-s> *kein Pl. m* (*fam pej*) roba *f*, cianfrusaglie *fpl;* **dieser alte ~** queste vecchie cianfrusaglie; **den ganzen ~ hinwerfen** (*fig*) buttare tutto all'aria
**Kren** [kreːn] <-(e)s> *kein Pl. m* (*südd, A: Meerrettich*) rafano *m*, crèn *m*
**krepieren** [kre'piːrən] <ohne ge-> *vi sein* ❶ (*Tiere, vulg: Menschen*) crepare ❷ (*Granate*) scoppiare
**Krepp**¹ [krɛp] <-, -s> *f* (GASTR) crêpe *f*
**Krepp**² <-s, -s *o* -e> *m* (*Gewebe*) crespo *m*
**Kresse** ['krɛsə] <-, -n> *f* (BOT) crescione *m*
**kreuz** [krɔʏts] *adv* **~ und quer** a destra e sinistra, in tutti i sensi
**Kreuz** [krɔʏts] <-es, -e> *nt* ❶ (REL) croce *f;* (*~zeichen a.*) segno *m* della croce; **ein ~ schlagen** farsi il segno della croce; **etw über ~ legen** mettere in croce qc; **zu ~e vor jdm kriechen** umiliarsi davanti a qu ❷ (MUS) diesis *m* ❸ *Sing.* (*beim Kartenspiel*) fiori *mpl* ❹ (*fig: Leid*) tormento *m*, afflizione *f;* **es ist ein ~** (*fam*) è un calvario; **es ist ein ~ mit ihm** (*fam*) è una croce con lui ❺ (*Rücken*) schiena *f*, reni *mpl;* **jdn aufs ~ legen** (*sl*) gabbare qu
**Kreuzbube** *m* (*Karten*) fante *m* di fiori
**kreuzen** ['krɔʏtsən] I. *vt haben* ❶ (*Arme, Beine, Wege, Blicke*) incrociare ❷ (BOT, ZOO) incrociare ❸ (*überschreiten*) attraversare II. *vi haben o sein* (NAUT) incrociare; (*beim Segeln*) bordeggiare III. *vr* **sich ~** (*Straßen*) tagliarsi; (*Wege, Blicke*) incrociarsi
**Kreuzer** <-s, -> *m* (NAUT) incrociatore *m*

**Kreuzfahrt** f (NAUT) crociera f **Kreuzfahrtschiff** nt (NAUT) nave f da crociera
**Kreuzfeuer** nt (MIL) fuoco m incrociato; **im ~ der Kritik stehen** essere al centro della critica **kreuzfidel** ['krɔɪtsfi'de:l] adj (fam) allegro come una pasqua **Kreuzgang** m (ARCH) chiostro m **Kreuzgewölbe** nt (ARCH) volta f a crociera
**kreuzigen** ['krɔɪtsɪgən] vt crocifiggere
**Kreuzigung** <-, -en> f crocifissione f
**Kreuzotter** <-, -n> f (ZOO) vipera f comune
**Kreuzritter** m (HIST) [cavaliere] crociato m
**Kreuzschmerz** m (fam) dolore m di schiena **Kreuzspinne** f (ZOO) ragno m crociato
**Kreuzung** <-, -en> f (allg, BOT, ZOO) incrocio m
**kreuzungsfrei** adj senza [o privo di] incroci
**Kreuzverhör** nt (JUR) interrogatorio m in contraddittorio; **jdn ins ~ nehmen** interrogare qu in contraddittorio
**Kreuzweg** m ① (Wegkreuzung) incrocio m, crocicchio m ② (REL) via f crucis
**kreuzweise** adv in croce; **du kannst mich ~!** (sl) ma impiccati!, vaffanculo! vulg **Kreuzworträtsel** nt cruciverba m
**Kreuzzeichen** nt s. **Kreuz 1. Kreuzzug** m (HIST) crociata f
**kribb|e|lig** ['krɪb(ə)lɪç] adj ① (kribbelnd) solleticante ② (fam: nervös, unruhig) nervoso, irrequieto; (gereizt) irritato
**kribbeln** ['krɪbəln] vi ① haben (jucken) prudere; (prickeln) essere frizzante ② sein (wimmeln) formicolare
**kribblig** adj s. **kribb|e|lig**
**kriechen** ['kri:çən] <kriecht, kroch, gekrochen> vi sein ① strisciare ② (Fahrzeuge) procedere lentamente
**Kriecher** <-s, -> m (fig pej) leccapiedi m
**Kriechspur** <-, -en> f corsia f lenta **Kriechtempo** kein Pl. nt (pej) **im ~ a** passo di lumaca **Kriechtier** nt rettile m
**Krieg** [kri:k] <-(e)s, -e> m guerra f; **den ~ erklären** dichiarare la guerra; **gegen jdn ~ führen** fare la guerra contro qu; **~ führend** belligerante; **im ~ in** guerra
**kriegen** ['kri:gən] vt (fam: bekommen, erhalten) ricevere, ottenere; (Krankheit) prendersi, buscarsi fam; **ein Kind ~** (erwarten) aspettare un bambino; **sie hat ein Kind gekriegt** ha avuto un bambino; **nicht genug ~ [können]** non averne mai abbastanza; **ich kriege Hunger/Durst** mi viene fame/sete
**Krieger(in)** ['kri:gɐ] <-s, -; -, -nen> m(f) guerriero m **Kriegerdenkmal** nt monumento m ai caduti
**kriegerisch** ['kri:gərɪʃ] adj (Ereignisse) guerresco, bellico; (Haltung) bellicoso; (Aussehen) marziale
**Kriegerwitwe** <-, -n> f vedova f di guerra
**kriegführend** adj belligerante **Kriegführung** f condotta f di guerra, strategia f
**Kriegsausbruch** kein Pl. m **bei ~** allo scoppio della guerra **Kriegsbeil** nt **das ~ begraben** (scherz) sotterrare l'ascia di guerra
**Kriegsbereitschaft** f **in ~** sul piede di guerra **Kriegsberichterstatter** m corrispondente m di guerra **Kriegsbeschädigte** <ein -r, -n, -n> mf invalido, -a m, f di guerra **Kriegsdienstverweigerer** <-s, -> m obiettore m di coscienza **Kriegserklärung** f dichiarazione f di guerra
**Kriegsfall** m **im ~** in caso di guerra
**Kriegsfilm** m film m di guerra **Kriegsfuß** m **mit jdm auf ~ stehen** (scherz) essere sul piede di guerra con qu; **mit etw auf ~ stehen** (scherz) non conoscere bene qc **Kriegsgefahr** f pericolo m di guerra **Kriegsgefangene** mf prigioniero, -a m, f di guerra **Kriegsgefangenschaft** f prigionia f [di guerra] **Kriegsgericht** nt tribunale m di guerra, corte f marziale **Kriegshandlung** f operazione f bellica **Kriegslist** f stratagemma m, astuzia f di guerra
**Kriegsmarine** f marina f militare
**Kriegsmaterial** nt materiale m bellico
**Kriegsopfer** nt vittima f di guerra
**Kriegspfad** m **auf dem ~ sein** essere sul sentiero di guerra
**Kriegsrecht** nt diritto m di guerra **Kriegsschauplatz** m teatro m della guerra **Kriegsschiff** nt nave f da guerra **Kriegsspielzeug** nt giocattolo m per giochi di guerra **Kriegsverbrechen** nt crimine m di guerra **Kriegsverbrecher** m criminale m di guerra **Kriegsversehrte** mf s. **Kriegsbeschädigte**
**Kriegsveteran(in)** <-en, -en; -, -nen> m(f) (MIL) veterano m [di guerra] **Kriegszustand** m stato m di guerra; **sich im ~ befinden** essere in guerra
**Krim** [krɪm] f (GEOG) Crimea f
**Krimi** ['kri:mi] <-s, -s> m (FILM, LIT, fam) giallo m
**Kriminalbeamte** m, **Kriminalbeamtin** f funzionario, -a m, f della polizia giudiziaria
**Kriminalfall** m caso m criminale **Kriminalfilm** m [film m] giallo m
**Kriminalisierung** [kriminali'ʦi:rʊŋ] <-> f criminalizzazione f

**Kriminalistik** [krimina'lɪstɪk] <-> *kein Pl. f* criminologia *f* **kriminalistisch** *adj* criminalistico
**Kriminalität** [kriminali'tɛ:t] <-> *kein Pl. f* criminalità *f*, delinquenza *f*
**Kriminalpolizei** *kein Pl. f* polizia *f* criminale **Kriminalroman** *m* romanzo *m* poliziesco, giallo *m*
**kriminell** [krimi'nɛl] *adj* criminale **Kriminelle** <ein -r, -n, -n> *mf* criminale *mf*
**Kriminologie** [kriminolo'gi:] <-> *kein Pl. f* criminologia *f*
**Krimskrams** ['krɪmskrams] <-(es)> *kein Pl. m* (*fam*) cianfrusaglie *fpl*, ciarpame *m*
**kringeln** *vr* **sich ~** arrotolarsi, arricciarsi; **sich vor Lachen ~** (*fam*) spanciarsi/sbellicarsi dalle risate, ridere a crepapelle
**Kripo** ['kri:po] <-, -s> *f abk v* **Kriminalpolizei** polizia *f* criminale
**Krippe** ['krɪpə] <-, -n> *f* ① (*Weihnachts~*) presepio *m* ② (*Futter~*) mangiatoia *f*, greppia *f* ③ (*Kinder~*) asilo *m* nido **Krippenplatz** *m* posto *m* al micronido
**Krise** ['kri:zə] <-, -n> *f* crisi *f*
**kriseln** ['kri:zəln] *vi* **es kriselt** c'è [in vista] una crisi
**krisenanfällig** *adj* (WIRTSCH) soggetto a crisi, che risente delle crisi **krisenfest** *adj* stabile **Krisengebiet** *nt* focolaio *m* di crisi **krisengeschüttelt** *adj* **~es Gebiet** regione scossa da conflitti **Krisengipfel** *m* (POL) vertice *m* [in seguito a una crisi] **Krisenherd** *m* focolaio *m* **Krisenmanagement** *nt* (WIRTSCH, POL) gestione *f* della crisi **Krisenstab** *m* comitato *m* d'emergenza
**Kristall**[1] [krɪs'tal] <-s, -e> *m* (*Körper*) cristallo *m*
**Kristall**[2] <-s> *kein Pl. nt* (*Glas*) cristallo *m*
**kristallen** *adj* di cristallo, cristallino
**Kristallglas** *nt* ① (*Material*) cristallo *m* ② (*Gefäß*) bicchiere *m* di cristallo
**kristallin[isch]** [krɪsta'li:n(ɪʃ)] *adj* (MIN) cristallino
**kristallisieren** [krɪstali'zi:rən] <ohne ge-> I. *vi, vt* cristallizzare II. *vr* **sich ~** cristallizzarsi
**kristallklar** *adj* cristallino
**Kristallnacht** *f* (HIST) notte *f* dei cristalli, *inizio della persecuzione nazista degli ebrei residenti in Germania*
**Kristallzucker** *m* zucchero *m* cristallino
**Kriterium** [kri'te:riʊm] <-s, Kriterien> *nt* ① criterio *m* ② (SPORT) criterium *m*
**Kritik** [kri'ti:k] <-, -en> *f* critica *f*; **an jdm/etw ~ üben** volgere una critica a qu/qc; **eine gute/schlechte ~ haben** avere una buona/cattiva critica

**Kritiker(in)** ['kri:tikɐ] <-s, -; -, -nen> *m(f)* critico, -a *m, f*, recensore *m*
**kritiklos** *adj* acritico
**kritisch** ['kri:tɪʃ] *adj* critico
**kritisieren** [kriti'zi:rən] <ohne ge-> *vt* criticare
**kritteln** ['krɪtəln] *vi* (*pej*) trovare da ridire (*an* +*dat* su)
**Kritzelei** [krɪtsə'laɪ] <-, -en> *f* (*fam pej*) scarabocchi *mpl*, sgorbi *mpl*
**kritzeln** ['krɪtsəln] *vi, vt* scarabocchiare
**Kroate** [kro'a:tə] <-n, -n> *m* croato *m*
**Kroatien** [kro'a:tsiən] *nt* Croazia *f* **Kroatin** [kro'a:tin] <-, -nen> *f* croata *f*
**kroatisch** [kro'a:tɪʃ] *adj* croato
**kroch** [krɔx] *1. u. 3. Pers. Sing. Imp. von* **kriechen**
**Krokant** [kro'kant] <-s> *kein Pl. m* (GASTR) croccante *m*
**Krokette** [kro'kɛtə] <-, -n> *f* (GASTR) crocchetta *f* [di patate]
**Krokodil** [kroko'di:l] <-s, -e> *nt* (ZOO) coccodrillo *m* **Krokodilstränen** *fPl.* (*fam*) lacrime *fpl* di coccodrillo
**Krokus** ['kro:kʊs] <-, -(se)> *m* (BOT) croco *m*
**Krone** ['kro:nə] <-, -n> *f* ① corona *f*; (FIN, TEC: *a. Zahn~*) corona *f*; (*Baum~*) chioma *f*; **einen in der ~ haben** (*fam*) essere sbronzo; **da fällt dir kein Zacken** [*o* **da brichst du dir keinen Zacken**] **aus der ~** (*fam*) non ci rimetti niente ② (*fig: Höhepunkt*) colmo *m*, massimo *m*, coronamento *m*; **das setzt doch allem die ~ auf!** (*fam*) questo è il colmo!
**krönen** ['krø:nən] *vt* ① (*a. fig*) incoronare; **von Erfolg gekrönt sein** essere coronato dal successo ② (*abschließen*) coronare; **der ~de Abschluss** la fine in gloria
**Kronleuchter** <-s, -> *m* lampadario *m* a corona **Kronprinz** *m* principe *m* ereditario **Kronprinzessin** *f* principessa *f* ereditaria
**Krönung** ['krø:nʊŋ] <-, -en> *f* ① (*das Krönen*) incoronazione *f* ② (*fig: Höhepunkt*) coronamento *m*
**Kronzeuge** *m*, **Kronzeugin** *f* teste *mf* principale
**Kropf** [krɔpf] <-(e)s, Kröpfe> *m* gozzo *m*; **überflüssig sein wie ein ~** (*fam scherz*) essere solo zavorra
**kross** [krɔs] *adv* croccante; **~ gebraten** fritto in modo croccante
**Krösus** ['krø:zʊs] <- *o* -ses, -se> *m* (*scherz*) creso *m*, nababbo *m*
**Kröte** ['krø:tə] <-, -n> *f* ① (ZOO) rospo *m*

❷ (*fam scherz: kleines Kind*) rospetto *m* ❸ *pl* (*sl: Geld*) quattrini *mpl fam*

**Krs.** *abk v* **Kreis** distretto

**Krücke** ['krʏkə] <-, -n> *f* ❶ (*zum Gehen*) gruccia *f*, stampella *f*; **an ~n gehen** camminare con le grucce ❷ (*Griff*) manico *m* ❸ (*sl pej: Versager*) inetto, -a *m*, *f fam*, fallito, -a *m*, *f fam*

**Krug** ['kru:k] <-(e)s, Krüge> *m* brocca *f*; **der ~ geht so lange zum Brunnen, bis er bricht** (*prov*) tanto va la gatta al lardo che ci lascia lo zampino

**Krume** ['kru:mə] <-, -n> *f* ❶ (*Brot~*) briciola *f* [di pane] ❷ (AGR: *Acker~*) strato *m* superiore del terreno

**Krümel** ['kry:məl] <-s, -> *m* briciola *f* **krüm|e|lig** *adj* friabile

**krümeln** *vi* sbriciolarsi

**krümlig** *adj* s. **krüm|e|lig**

**krumm** [krʊm] *adj* ❶ (*schief*) storto; (*verkrümmt*) contorto; (*bogenförmig*) curvo; **~e Nase** naso adunco; **~e Beine** gambe storte ❷ (*fig sl: unrechtmäßig*) disonesto; **~e Geschäfte** affari loschi; **~e Dinger drehen** far qc di proibito; **auf die ~e Tour** in modo poco pulito, per vie traverse

**krummbeinig** *adj* dalle gambe storte

**krümmen** ['krʏmən] I. *vt* (*biegen*) [in]curvare, piegare; **ihm wurde kein Haar gekrümmt** non gli è stato torto un capello II. *vr* **sich ~** ❶ (*sich beugen*) [in]curvarsi, piegarsi; (*Straße, Fluss*) [in]curvare, piegare ❷ (*sich winden*) [con]torcersi; **sich vor Lachen/Schmerzen ~** piegarsi in due dal ridere/dai dolori

**krumm|lachen** *vr* **sich ~** (*fam*) spanciarsi dalle risate **krumm|nehmen** <irr> *vt* (*fam*) **jdm etw ~** prendere a male qc a qu

**Krümmung** ['krʏmʊŋ] <-, -en> *f* ❶ incurvamento *m* ❷ (*Biegung*, ANAT, MAT) curvatura *f*; (*Straßen~, Fluss~*) curva *f*

**Kruppe** ['krʊpə] <-, -n> *f* groppa *f*

**Krüppel** ['krʏpəl] <-s, -> *m* storpio *m*; **jdn zum ~ machen** storpiare qu

**krüppelhaft** *adj* storpio, storpiato

**krüpp|e|lig** *adj* ❶ (*verkrüppelt*) storpio ❷ (*missgestaltet*) deforme

**Kruste** ['krʊstə] <-, -n> *f* crosta *f*

**Krustenbildung** *f* (*Vorgang*) incrostamento *m*; (*Resultat*) incrostazione *f* **Krustentier** *nt* (ZOO) crostaceo *m*

**Kruzifix** [krutsi'fɪks] <-es, -e> *nt* (REL) crocifisso *m*; **~ [noch mal]!** (*fam*) accidenti!

**Krypta** ['krʏpta] <-, Krypten> *f* (ARCH) cripta *f*

**KSZE** [ka:ʔɛstsɛt'ʔe:] <-> *kein Pl. f* (HIST) *abk v* **Konferenz über Sicherheit und Zusammenarbeit in Europa** CSCE *f*

**Kuba** ['ku:ba] *nt* Cuba *f*

**Kubaner(in)** [ku'ba:nɐ] <-s, -; -, -nen> *m(f)* cubano, -a *m*, *f*

**kubanisch** *adj* cubano

**Kübel** ['ky:bəl] <-s, -> *m* mastello *m*, tinozza *f*; (*Eimer*) secchio *m*

**Kubikmeter** [ku'bi:kme:tɐ] *m o nt* metro *m* cubo **Kubikwurzel** *f* (MAT) radice *f* cubica **Kubikzahl** *f* (MAT) potenza *f* cubica **Kubikzentimeter** *m o nt* centimetro *m* cubo

**kubisch** ['ku:bɪʃ] *adj* cubico

**Kubismus** [ku'bɪsmʊs] <-> *kein Pl. m* (KUNST) cubismo *m*

**kubistisch** *adj* (KUNST) cubista

**Küche** ['kʏçə] <-, -n> *f* cucina *f*; **gutbürgerliche ~** cucina casalinga; **in Teufels ~ kommen** mettersi nei guai

**Kuchen** ['ku:xən] <-s, -> *m* ❶ (*Gebäck*) dolce *m*, torta *f*; **ein Stück ~** un pezzo di torta ❷ *meist pl* (*Kleingebäck*) paste *fpl* **Kuchenblech** *nt* piastra *f* del forno

**Küchenchef** *m* (GASTR) chef *m*, capocuoco *m*

**Kuchenform** *f* forma *f* per torte **Kuchengabel** *f* forchetta *f* da dessert

**Küchenherd** *m* fornello *m* [da cucina] **Küchenmaschine** *f* robot *m* da cucina **Küchenmesser** *nt* coltello *m* da cucina **Küchenpapier** *nt* carta *f* assorbente **Küchenpersonal** *nt* personale *m* di cucina **Küchenschabe** *f* (ZOO) scarafaggio *m*, blatta *f* **Küchenschrank** *m* credenza *f*, buffet *m*

**Kuchenteig** *m* pasta *f* per torte

**Kücken** ['kʏkən] <-s, -> *nt* (A) pulcino *m* **kuckuck** ['kʊkʊk] *int* cucù

**Kuckuck** ['kʊkʊk] <-s, -e> *m* (ZOO) cuculo *m*; **das weiß der ~!** (*fam*) lo sa il diavolo!; **zum ~ [noch mal]!** (*fam*) al diavolo! **Kuckucksuhr** *f* [orologio *m* a] cucù *m*

**Kufe** ['ku:fə] <-, -n> *f* ❶ (*Schlitten~, Flugzeug~*) pattino *m* ❷ (*Schlittschuh~*) lama *f*

**Küfer** ['ky:fɐ] <-s, -> *m* (*südd, CH*) bottaio *m*

**Kugel** ['ku:gəl] <-, -n> *f* ❶ (*runder Körper*) palla *f*; (MAT) sfera *f*; (*Erd~*) globo *m* ❷ (*Gewehr~*) pallottola *f*; (*Kanonen~*) palla *f*; **sich** *dat* **eine ~ durch den Kopf jagen** (*fam*) bruciarsi il cervello ❸ (SPORT: *Kegel~*) boccia *f*; (*Billard~*) biglia *f*; (*Stoß~*) peso *m*; **eine ruhige ~ schieben** (*fam*) prendersela comoda **Kugelblitz** *m* (METEO)

fulmine *m* globulare **Kugelfang** *m* parapalle *m* **kugelförmig** *adj* sferico
**Kugelkopfschreibmaschine** *f* macchina *f* da scrivere a testina rotante **Kugellager** *nt* (MOT) cuscinetto *m* a sfere
**kugeln** ['kuːgəln] I. *vi sein* rotolare II. *vr* sich ~ rotolarsi; sich ~ vor Lachen ridere a crepapelle
**kugelrund** ['kuːgəlˈrʊnt] *adj* sferico, tondo **Kugelschreiber** *m* penna *f* a sfera, biro® *f fam* **kugelsicher** *adj* a prova di proiettile
**Kugelstoßen** <-s> *kein Pl. nt* (SPORT) lancio *m* del peso
**Kuh** [kuː] <-, Kühe> *f* ❶ (ZOO: *weibliches Rind*) vacca *f*, mucca *f* ❷ (*weibliches Tier*) femmina *f* ❸ (*fig pej: Person*) stupida *f fam*, cretina *f fam*; **blöde ~** (*Schimpfwort*) brutta vacca **Kuhfladen** *m* meta *f* di vacca **Kuhhandel** *m* (*fam pej*) mercanteggiamento *m*, mercimonio *m*
**Kuhhaut** *f* **das geht auf keine ~** (*fig fam*) questo è troppo **Kuhhirte** *m* vaccaio *m*
**kühl** [kyːl] *adj* ❶ (*Wetter, Raum*) fresco; ~ **aufbewahren** tenere al fresco ❷ (*erfrischend*) rinfrescante ❸ (*fig: Empfang, Blick*) freddo **Kühlanlage** *f* impianto *m* frigorifero **Kühlbox** *f* borsa *f* termica
**Kühle** ['kyːlə] <-> *kein Pl. f* ❶ fresco *m*, frescura *f* ❷ (*fig*) freddezza *f*
**kühlen** ['kyːlən] I. *vt* ❶ (~ *lassen*) raffreddare; (*kalt stellen*) mettere in ghiaccio ❷ (*erfrischen*) rinfrescare ❸ (PHYS, TEC) refrigerare II. *vi* diventar freddo
**kühlend** *adj* refrigerante
**Kühler** <-s, -> *m* (TEC) refrigeratore *m*; (MOT, AERO) radiatore *m* **Kühlerhaube** *f* (MOT) cofano *m* [del motore]
**Kühlflüssigkeit** *f* (TEC) fluido *m* refrigerante **Kühlhaus** *nt* magazzino *m* frigorifero **Kühlraum** *m* cella *f* frigorifera **Kühlschrank** *m* frigorifero *m*, frigo *m fam* **Kühltasche** *f* borsa *f* termica **Kühltruhe** *f* congelatore *m* **Kühlturm** *m* (TEC) torre *f* di raffreddamento
**Kühlung** <-> *kein Pl. f* ❶ (*Vorgang*) raffreddamento *m* ❷ (*Luft*) frescura *f* ❸ (*Vorrichtung*) dispositivo *m* di raffreddamento
**Kühlwagen** *m* (FERR) vagone *m* frigorifero; (MOT) camion *m* frigorifero **Kühlwasser** *nt* acqua *f* di raffreddamento
**Kuhmilch** *kein Pl. f* latte *m* di mucca
**kühn** [kyːn] *adj* ❶ audace; (*riskant*) rischioso; **das übertrifft meine ~sten Erwartungen** questo supera le mie più audaci aspettative ❷ (*fig: Behauptung*) avventato **Kühnheit** <-, -en> *f* ❶ audacia *f*, temerarietà *f* ❷ (*fig: von Gedanke, Theorie*) arditezza *f*
**Kuhstall** *m* stalla *f* delle mucche
**k. u. k.** [ˈkaːʔʊntˈkaː] *abk v* **kaiserlich und königlich** (HIST) imperialregio
**Küken** ['kyːkən] <-s, -> *nt* pulcino *m*
**Ku-Klux-Klan** [kuklʊksˈklaːn] <-s> *kein Pl. m* (POL) mafia *f* cinese
**Kukuruz** ['kʊkurʊts] <-(es)> *kein Pl. m* (A: *Mais, obs*) mais *m*, gran[o]turco *m*
**kulant** [kuˈlant] *adj* accomodante
**Kuli** ['kuːli] <-s, -s> *m* ❶ (*Lastenträger*) coolie *m*; (*fig*) facchino *m* ❷ (*fam: Kugelschreiber*) biro® *f fam*
**kulinarisch** [kuliˈnaːrɪʃ] *adj* culinario
**Kulisse** [kuˈlɪsə] <-, -n> *f* ❶ (THEAT) quinta *f*; **einen Blick hinter die ~n werfen** (*fig*) gettare uno sguardo dietro le quinte ❷ (*fig: Rahmen, Hintergrund*) fondo *m*
**Kulleraugen** ['kʊlɐaʊɡən] *ntPl.* (*scherz*) occhioni *mpl*
**kullern** ['kʊlɐn] *vi* (*fam*) rotolare
**Kult** [kʊlt] <-(e)s, -e> *m* culto *m*; **einen ~ mit etw treiben** avere un culto per qc
**Kultfilm** *m* (FILM) cult movie *m*
**kultig** *adj* particolare, caratteristico
**kultisch** *adj* del culto, liturgico
**kultivieren** [kʊltiˈviːrən] <ohne ge-> *vt* ❶ (AGR) coltivare ❷ (*urbar machen*) dissodare ❸ (*fig: pflegen*) coltivare
**kultiviert** [kʊltiˈviːɐ̯t] *adj* (*fig: vornehm, gebildet*) colto, istruito; (*Geschmack, Sprache*) raffinato
**Kultserie** *f* serie *f* cult
**Kultstätte** *f* luogo *m* sacro
**Kultur** [kʊlˈtuːɐ̯] <-, -en> *f* ❶ (AGR, BIOL) coltura *f* ❷ (*geistige, künstlerische* ~) cultura *f*; (*Lebensform*) civiltà *f*
**Kulturaustausch** *m* scambi *mpl* culturali
**Kulturbanause** *m* (*scherz pej*) zotico *m*
**Kulturbeutel** *m* beauty case *m* **Kulturdenkmal** *nt* monumento *m* [storico]
**kulturell** [kʊltuˈrɛl] *adj* culturale
**Kulturfilm** <-s, -e> *m* documentario *m*
**Kulturgeschichte** *f* storia *f* della civiltà
**Kulturgut** *nt* bene *m* culturale **Kulturhauptstadt** *f* **~ Europas** Capitale *f* Europea della Cultura
**Kulturhoheit** *f* sovranità *f* culturale **Kulturlandschaft** *f* paesaggio *m* antropizzato
**kulturlos** *adj* privo di [o senza] cultura
**Kulturpolitik** *kein Pl. f* politica *f* culturale
**Kulturrevolution** *f* rivoluzione *f* culturale **Kulturschock** *m* choc *m* culturale **Kulturstufe** *f* grado *m* di civiltà

**Kulturvolk** *nt* popolo *m* civile **Kulturzentrum** *nt* centro *m* culturale
**Kultusminister(in)** ['kʊltʊsmɪnɪstɐ] *m(f)* (*BRD*) ministro *m* della pubblica istruzione **Kultusministerium** *nt* (*BRD*) ministero *m* della pubblica istruzione
**Kümmel** ['kʏməl] <-s, -> *m* ❶ (BOT) cumino *m* ❷ (*Branntwein*) Kümmel *m*
**Kummer** ['kʊmɐ] <-s> *kein Pl. m* dispiacere *m*, pena *f*, afflizione *f*; **jdm ~ bereiten** dare dei dispiaceri a qu; **hast du ~?** hai preoccupazioni?
**kümmerlich** ['kʏmɐlɪç] *adj* ❶ (*elend*) misero; (*erbärmlich*) pietoso; (*ärmlich, dürftig*) povero, scarso ❷ (*schwächlich*) deboluccio
**kümmern** ['kʏmɐn] I. *vr* **sich ~** ❶ (*sich annehmen*) **sich um jdn ~** prendersi cura di qu ❷ (*sich befassen*) **sich um jdn/etw ~** preoccuparsi di qu/qc; **~ Sie sich bitte darum, dass ...** per favore, si preoccupi che +*conj*; **~ Sie sich [doch] um Ihre eigenen Angelegenheiten!** badi ai fatti suoi *fam*; **~ Sie sich nicht um ...** non pensi a ..., non si impicci di ... *fam* II. *vt* **jdn etw ~** interessare qc a qu; **was kümmert mich das?** che me ne importa?
**kummervoll** *adj* afflitto
**Kumpan(in)** [kʊm'paːn] <-s, -e; -, -nen> *m(f)* (*fam*) ❶ (*Kamerad*) compagno, -a *m*, *f* ❷ (*pej: Mittäter*) complice *mf*
**Kumpel** ['kʊmpəl] <-s, -(s)> *m* ❶ (MIN) minatore *m* ❷ (*fam*) compagno *m* [di lavoro] ❸ (*fam*) amico *m* [di sesso maschile]; **er ist ein guter ~** (*fam*) è un buon amico
**kündbar** ['kʏntbaːɐ̯] *adj* ❶ (*Vertrag*) denunciabile ❷ (*Geld*) rimborsabile, revocabile ❸ (*Arbeitnehmer*) licenziabile
**Kunde** ['kʊndə] <-n, -n> *m* cliente *m*, avventore *m*
**künden** ['kʏndən] I. *vi* (*geh*) dare notizia (*von* di) II. *vt* ❶ (*geh*) annunciare ❷ (*CH*) licenziare
**Kundendienst** *m* servizio *m* di assistenza ai clienti **Kundenfeedback** *nt* feedback *m* dei clienti **Kundenkarte** *f* carta *f* fedeltà **Kundennummer** *f* codice *m* clienti **kundenorientiert** *adj* orientato al cliente, centrato sulle aspettative del cliente **Kundenstamm** *m* (WIRTSCH) clientela *f*
**kund|geben** <*irr*> *vt* (*geh*) ❶ (*mitteilen*) annunciare, comunicare ❷ (*äußern*) manifestare, rivelare
**Kundgebung** <-, -en> *f* (POL) manifestazione *f*, dimostrazione *f*

**kundig** *adj* (*geh*) ❶ (*unterrichtet*) informato (*gen* di) ❷ (*erfahren*) esperto (*gen* di, in), versato (*gen* in)
**kündigen** ['kʏndɪgən] I. *vt* (*Freundschaft*) disdire, rifiutare; (*Vertrag*) denunciare; (*Darlehen*) chiedere la restituzione di; (*Hypothek*) denunciare il rimborso di II. *vi* ❶ (*Arbeitgeber*) licenziare; (*Arbeitnehmer*) licenziarsi; **jdm** |**fristlos**| **~** licenziare qu [senza preavviso] ❷ (*Mieter, Vermieter*) **jdm ~** dare la disdetta a qu
**Kündigung** <-, -en> *f* ❶ (*von Vertrag*) disdetta *f*, rescissione *f* ❷ (*von Darlehen, Hypothek*) riscatto *m* ❸ (*von Arbeitgeber*) licenziamento *m*; (*von Arbeitnehmer*) dimissioni *fpl*; **mit monatlicher ~** licenziamento con preavviso di un mese **Kündigungsfrist** *f* ❶ (*Zeitpunkt*) termine *m* di disdetta ❷ (*Zeitraum*) preavviso *m* **Kündigungsgrund** *m* motivo *m* del licenziamento **Kündigungsschutz** <-es> *kein Pl. m* ❶ (*des Arbeitnehmers*) tutela *f* contro licenziamenti ingiustificati ❷ (*des Mieters*) tutela *f* contro lo sfratto ingiustificato
**Kundin** ['kʊndɪn] <-, -nen> *f* cliente *f*, avventrice *f*
**Kundmachung** *f* (*A, CH: amtliche Verlautbarung*) comunicazione *f* ufficiale
**Kundschaft** <-> *kein Pl. f* (COM) clientela *f*, clienti *mpl*
**kundschaften** *vi* andare in ricognizione
**Kundschafter(in)** <-s, -; -, -nen> *m(f)* (*Gesandter*) esploratore, -trice *m*, *f*, perlustratore, -trice *m*, *f*; (*Spion*) spia *f*, agente *m* segreto
**kund|tun** <*irr*> *vt s.* **kund|geben**
**künftig** ['kʏnftɪç] I. *adj* futuro II. *adv* in avvenire; (*von jetzt an*) d'ora innanzi
**Kunst** [kʊnst] <-, Künste> *f* ❶ arte *f*; **die bildenden Künste** le arti figurative; **die schönen Künste** le belle arti ❷ (*Geschicklichkeit*) abilità *f*, destrezza *f*; **das ist keine ~!** non è difficile ❸ (*~griff*) artificio *m* **Kunstakademie** *f* accademia *f* di belle arti **Kunstausstellung** *f* mostra *f* d'arte
**Kunstdünger** *m* concime *m* chimico **Kunstfaser** *f* fibra *f* sintetica **Kunstfehler** *m* errore *m* medico
**kunstfertig** *adj* (*geh*) abile, destro **Kunstfertigkeit** *f* abilità *f*, destrezza *f* **Kunstgegenstand** *m* oggetto *m* d'arte **kunstgerecht** I. *adj* fatto a regola d'arte II. *adv* a regola d'arte **Kunstgeschichte** *f* storia *f* dell'arte **Kunstgewerbe** *nt* arte *f* applicata **kunstgewerblich** *adj* dell'arte appli-

cata **Kunstgriff** *m* artificio *m,* stratagemma *m* **Kunsthandel** *kein Pl. m* commercio *m* di oggetti d'arte **Kunsthändler(in)** *m(f)* commerciante *mf* d'oggetti d'arte
**Kunsthandlung** *f* negozio *m* [*o* bottega *f*] d'arte **Kunsthandwerk** *nt* ① arte *f* applicata, arti *fpl* decorative ② (*Handwerk*) artigianato *m,* artigianato *m* artistico **Kunstkenner(in)** *m(f)* intenditore, -trice *m, f* d'arte **Kunstkritiker(in)** *m(f)* critico, -a *m, f* d'arte **Kunstleder** *nt* similpelle *f*
**Künstler(in)** ['kʏnstlɐ] <-s, -; -, -nen> *m(f)* artista *mf* **künstlerisch** *adj* artistico **Künstlername** *m* nome *m* d'artista **Künstlerpech** <-(e)s> *kein Pl. nt* (*fam*) sfortuna *f,* piccolo incidente *m*
**künstlich** ['kʏnstlɪç] *adj* ① (*nicht natürlich*) artificiale; **jdn ~ ernähren** nutrire qu artificialmente ② (CHEM) sintetico ③ (*gekünstelt*) artificioso; (*geheuchelt*) affettato
**Kunstliebhaber(in)** *m(f)* amante *mf* dell'arte **kunstlos** *adj* semplice, disadorno **Kunstmaler(in)** *m(f)* pittore, -trice *m, f* **Kunstpause** <-, -n> *f* ① (THEAT) pausa *f* a effetto ② (*fam iron*) inciampo *m* **Kunstreiter(in)** *m(f)* cavallerizzo, -a *m, f,* acrobata **Kunstsammlung** *f* collezione *f* [di oggetti] d'arte **Kunstseide** *f* seta *f* artificiale **Kunstspringen** *kein Pl. nt* (SPORT) salto *m* dal trampolino, tuffo *m* **Kunststoff** *m* materia *f* sintetica, plastica *f* **kunststoffbeschichtet** *adj* plastificato **kunst|stopfen** *vt* rammendare in modo invisibile **Kunststück** *nt* gioco *m* di prestigio; ~ **e vorführen** fare giochi di destrezza; **das ist kein ~!** (*fam*) non ci vuol tanto! **Kunstturnen** *kein Pl. nt* ginnastica *f* artistica **Kunstverständnis** *kein Pl. nt* sensibilità *f* artistica, senso *m* dell'arte **kunstvoll** *adj* artistico, fatto con arte **Kunstwerk** *nt* opera *f* d'arte **Kunstwert** *m* valore *m* artistico
**kunterbunt** ['kʊntɐbʊnt] *adj* ① (*bunt*) colorato, variopinto ② (*fig: abwechslungsreich*) vario; (*ungeordnet*) disordinato, confuso
**Kunz** [kʊnts] *kein Pl. m* (*fam*) **Hinz und ~** Tizio e Caio
**Kupfer** ['kʊpfɐ] <-s, -> *nt* (MIN) rame *m* **Kupferdraht** *m* filo *m* di rame **Kupfergeschirr** *nt* pentola *f* di rame **kupfern** *adj* di rame **Kupferschmied** *m* ramaio *m* **Kupferstich** *m* (KUNST) incisione *f* su rame
**Kupfervitriol** ['kʊpfɐvitrioːl] <-s, -e> *nt* (CHEM) solfato *m* di rame
**Kupon** [kuˈpõː] <-s, -s> *m* (*abtrennbarer Zettel, Zinsschnitt*) cedola *f,* coupon *m;* (*Talon*) cedola *f,* tagliando *m*
**Kuppe** ['kʊpə] <-, -n> *f* ① (*Berg~*) cima *f* arrotondata ② (*Finger~*) punta *f* del dito
**Kuppel** ['kʊpəl] <-, -n> *f* (ARCH) cupola *f*
**Kuppelei** [kʊpəˈlaɪ] <-, -en> *f* (JUR) lenocinio *m*
**kuppeln** ['kʊpəln] I. *vt* ① (*fig* TEC) accoppiare, appaiare ② (FERR) agganciare II. *vi* ① (MOT) innestare la frizione ② (*als Kuppler*) fare da mezzano
**Kuppelshow** *f* (TV) show televisivo che ha lo scopo di far trovare l'anima gemella ad un single
**Kuppler(in)** <-s, -; -, -nen> *m(f)* mezzano, -a *m, f,* lenone, -a *m, f*
**Kupplung** ['kʊplʊŋ] <-, -en> *f* ① (*Ver~,* TEC) accoppiamento *m;* (FERR) agganciamento *m* ② (TEC: *Vorrichtung*) giunto *m;* (MOT) frizione *f;* **die ~ treten** pigiare la frizione
**Kur** [kuːɐ] <-, -en> *f* cura *f,* trattamento *m*
**Kür** [kyːɐ] <-, -en> *f* (SPORT) esercizio *m* libero
**Kuratorium** [kuraˈtoːriʊm] <-s, Kuratorien> *nt* (ADM) consiglio *m* di sorveglianza
**Kurbel** ['kʊrbəl] <-, -n> *f* manovella *f* **Kurbelantrieb** *m* comando *m* a manovella
**kurbeln** I. *vi* girare la manovella II. *vt* tirare girando una manovella
**Kurbelstange** *f* biella *f* **Kurbelwelle** *f* (TEC) albero *m* a gomiti
**Kürbis** ['kʏrbɪs] <-ses, -se> *m* (BOT) zucca *f*
**Kurde** ['kʊrdə] <-n, -n> *m,* **Kurdin** ['kʊrdɪn] <-, -nen> *f* curdo, -a *m, f*
**kurdisch** *adj* curdo
**Kurdistan** ['kʊrdɪstaːn] <-s> *nt* Curdistan *m*
**küren** ['kyːrən] *vt* (*geh*) eleggere (*zu*)
**Kurfürst** ['kuːɐfʏrst] *m* (HIST) principe *m* elettore **Kurfürstentum** *nt* (HIST) elettorato *m*
**Kurgast** *m* ospite *m* di un luogo di cura **Kurhaus** *nt* stabilimento *m* di cura
**Kurie** ['kuːriə] <-, -n> *f* (REL) curia *f*
**Kurier** [kuˈriːɐ] <-s, -e> *m* corriere *m*
**kurieren** [kuˈriːrən] <ohne ge-> *vt* (*heilen*) guarire, curare
**kurios** [kuriˈoːs] *adj* curioso, strano, bizzarro
**Kuriosität** [kurioziˈtɛːt] <-, -en> *f* ① (*Eigenart*) curiosità *f,* stranezza *f* ② (*Gegenstand*) oggetto *m* raro, rarità *f*
**Kurort** *m* luogo *m* di cura, stazione *f* climatica

**Kurpfuscher(in)** ['kuːɐ̯pfʊʃɐ] *m(f)* (*fam pej*) medicastro, -a *m, f,* ciarlatano, -a *m, f*
**Kurpfuscherei** <-> *kein Pl. f* ciarlataneria *f*
**Kurpfuscherin** *f s.* **Kurpfuscher**
**Kurs** [kʊrs] <-es, -e> *m* ❶ (NAUT, AERO) rotta *f;* ~ **nehmen auf** +*acc* (NAUT) far rotta su; **einen neuen ~ einschlagen** (*a. fig*) cambiare rotta ❷ (*fig* POL) corso *m;* **harter ~** (POL) linea *f* dura; **vom ~ abkommen** andare fuori corso ❸ (FIN: *Aktien~*) quotazione *f;* (*Wechsel~*) cambio *m;* **hoch im ~ bei etw stehen** (*Aktien*) essere molto quotato presso qc; **zum ~ von** (FIN) al cambio di ❹ (*Lehrgang*) corso *m;* **ein Kurs für** [*o* **in**] **Englisch** *dat* un corso d'inglese **Kursbericht** *m* (FIN: *Aktien*) bollettino *m* della borsa; (*Wechselkurse*) listino *m* dei cambi
**Kursbuch** *nt* (FERR) orario *m* ferroviario
**Kurschatten** <-s, -> *m* (*fam scherz*) amante *mf* durante un soggiorno termale [*o* di cura]
**Kürschner(in)** ['kʏrʃnɐ] <-s, -; -, -nen> *m(f)* pellicciaio, -a *m, f*
**Kurse** *Pl. von* **Kurs, Kursus**
**kursieren** [kʊrˈziːrən] <ohne ge-> *vi* circolare
**kursiv** [kʊrˈziːf] *adj* (TYP) corsivo
**Kursnotierung** *f* (FIN) quotazione *f* di borsa
**Kursrückgang** <-(e)s, -gänge> *m* (FIN) flessione *f* dei corsi [*o* delle quotazioni]
**Kursschwankung** *f* (FIN) oscillazione *f* dei corsi **Kursteilnehmer(in)** *m(f)* partecipante *mf* a un corso
**Kursus** ['kʊrzʊs, *Pl:* 'kʊrzə] <-, Kurse> *m* corso *m*
**Kursverlust** *m* (FIN) perdita *f* sul cambio
**Kurswagen** *m* (FERR) carrozza *f* diretta
**Kurszettel** *m* (FIN) listino *m* di borsa
**Kurtaxe** <-, -n> *f* tassa *f* di soggiorno
**Kurve** ['kʊrvə] <-, -n> *f* (MAT) curva *f;* (*Straßen~*) svolta *f;* **eine ~ nehmen** prendere una curva; **aus der ~ geschleudert werden** sbandare in curva; **die ~ kratzen** (*fam*) svignarsela; **nicht die ~ kriegen** (*fam*) non farcela
**kurven** *vi sein* curvare
**Kurvenlineal** <-s, -e> *nt* (MAT) curvilineo *m*
**kurvenreich** *adj* sinuoso, pieno di curve
**kurvig** *adj* ❶ (*bogenförmig*) curvo, arcuato ❷ (*kurvenreich*) pieno di tornanti
**kurz** [kʊrts] I.<kürzer, kürzeste> *adj* ❶ (*räumlich*) corto; **~e Ärmel** maniche corte; **kürzer machen** [r]accorciare; **den Kürzeren ziehen** (*fam*) avere la peggio ❷ (*zeitlich*) breve; **binnen ~em** entro breve tempo, in poco tempo; [**bis**] **vor ~em** [fino a] poco [tempo] fa; **~ danach** poco dopo; **über ~ oder lang** presto o tardi, prima o poi II.<kürzer, am kürzesten> *adv* in breve, brevemente; **sich ~ fassen** essere breve; **etw ~ und klein schlagen** fracassare qc, fare a pezzi qc; **bei etw zu ~ kommen** scapitarci in qc *fam;* **~ angebunden** di poche parole; **~ gesagt, ~ und gut** per farla breve *fam,* in poche parole, insomma; **~ und bündig** brevemente, in modo conciso; **um es ~ zu machen** per farla breve *fam;* **mach's ~!** falla breve! *fam,* taglia corto! *fam*
**Kurzarbeit** *f* lavoro *m* a orario ridotto
**kurzärm|e|lig** [kʊrtsɛrm(ə)liç] *adj* a maniche corte **kurzatmig** *adj* che ha il fiato corto, asmatico
**Kurzbesuch** *m* breve visita *f*
**Kürze** ['kʏrtsə] <-, -n> *f* ❶ *Sing.* (*räumlich*) cortezza *f;* (*a. zeitlich*) brevità *f;* **in ~** tra poco ❷ *Sing.* (*des Ausdrucks*) concisione *f,* stringatezza *f;* **in aller ~** brevemente, succintamente
**Kürzel** ['kʏrtsəl] <-s, -> *nt* ❶ (*Stenografie*) stenogramma *m,* segno *m* stenografico ❷ (*Abkürzung*) sigla *f,* abbreviazione *f*
**kürzen** *vt* ❶ (*kürzer machen*) [r]accorciare ❷ (*ab~*) abbreviare ❸ (*verringern: Gehälter, Ausgaben*) diminuire; (*Kredit*) tagliare ❹ (MAT) ridurre
**kurzerhand** ['kʊrtsəˈhant] *adv* senza esitare
**kürzer|treten** <irr> *vi sein* (*sich schonen*) aver cura di sé
**kurz|fassen** *vr* **sich ~** essere breve **Kurzfassung** *f* edizione *f* ridotta
**Kurzfilm** *m* cortometraggio *m*
**kurzfristig** I. *adj* ❶ (*kurze Zeit dauernd*) a breve termine ❷ (*ohne Vorbereitung*) dell'ultimo momento ❸ (*in kurzer Zeit*) sollecito II. *adv* ❶ (*ohne Vorbereitung*) all'ultimo momento ❷ (*in kurzer Zeit*) in breve tempo **Kurzgeschichte** *f* storia *f* breve, racconto *m* **kurz|halten** <irr> *vt* (*fam*) **jdn ~** tenere a corto qu **kurzlebig** *adj* ❶ (*kurze Zeit lebend*) dalla vita breve ❷ (*fig*) di breve durata, effimero, di breve respiro; (*Güter*) deperibile
**kürzlich** *adv* recentemente, poco tempo fa
**Kurznachrichten** *fPl.* brevi notizie *fpl*
**kurz|schließen** <irr> I. *vt* cortocircuitare II. *vr* **sich** [**mit jdm**] **~** (*fam*) mettersi d'accordo [con qu]
**Kurzschluss** *m* (EL) corto circuito *m* **Kurzschlusshandlung** *f* azione *f* avventata
**Kurzschrift** *f* stenografia *f*

**kurzsichtig** *adj* miope **Kurzsichtigkeit** <-> *kein Pl. f* miopia *f*
**kurz|treten** <irr> *vi sein o haben* contenersi
**kurzum** ['kʊrts'ʔʊm] *adv* in breve, insomma
**Kürzung** <-, -en> *f* ❶ (*Kürzen*) [r]accorciamento *m* ❷ (*Ab~*) abbreviazione *f* ❸ (*Verringerung*) diminuzione *f* ❹ (MAT) riduzione *f*
**Kurzurlaub** *m* vacanza *f* breve **Kurzwaren** *fPl.* mercerie *fpl* **kurzweilig** *adj* divertente **Kurzwelle** *f* ❶ (PHYS) onda *f* corta ❷ (RADIO) onde *fpl* corte
**Kurzzeitgedächtnis** *nt* memoria *f* corta
**kurzzeitig** I. *adj* breve II. *adv* temporaneamente, per poco tempo
**kusch** [kʊʃ] *int* ❶ (*Hund*) a cuccia!, giù! ❷ (*A: vulg: an Personen gerichtete Aufforderung, still zu sein*) a cuccia!, zitto!
**kuschelig** ['kʊʃəlɪç] *adj* ❶ (*kuschelweich*) soffice, morbido ❷ (*behaglich*) accogliente
**kuscheln** ['kʊʃəln] *vr* **sich ~** stringersi, farsi le coccole; **sich an jdn ~** stringersi a qu; **sich in etw** *acc* **~** raggomitolarsi in qc
**Kuscheltier** *nt* [animale *m* di] peluche *m*
**kuschen** ['kʊʃən] *vi* ❶ (*sich fügen*) sottomettersi ❷ (*Hund*) accucciarsi, fare la cuccia
**Kusine** [ku'ziːnə] <-, -n> *f* cugina *f*
**Kuss** [kʊs] <-es, Küsse> *m*, **kussecht** *adj* indelebile
**küssen** ['kʏsən] I. *vt* baciare II. *vr* **sich ~** baciarsi
**Küste** ['kʏstə] <-, -n> *f* costa *f*; **an der ~** sulla costa **Küstengebiet** *nt* territorio *m* costiero, litorale *m* **Küstengewässer** *ntPl.* acque *fpl* territoriali **Küstenschifffahrt** *f* navigazione *f* costiera, cabotaggio *m* **Küstenstreifen** *m* fascia *f* costiera, litorale *m*
**Küster** ['kʏstɐ] <-s, -> *m* sagrestano *m*
**Kustos** ['kʊstɔs, *Pl:* kʊs'toːdən] <-, Kustoden> *m* conservatore *m* di museo
**Kutsche** ['kʊtʃə] <-, -n> *f* carrozza *f*
**Kutscher** <-s, -> *m* cocchiere *m*, vetturino *m*
**kutschieren** [kʊ'tʃiːrən] I. *vi* (*fam*) andare in carrozza; **durch die Gegend ~** andare in giro [*o* a zonzo], gironzolare II. *vt* (*fam*) scarrozzare; **jdn nach Hause/durch die Gegend ~** portare a casa/in giro [*o* a spasso] qu
**Kutte** ['kʊtə] <-, -n> *f* saio *m*
**Kutteln** ['kʊtəln] *fPl.* (*südd, A, CH*) trippa *f*
**Kutter** ['kʊtɐ] <-s, -> *m* cutter *m*
**Kuvert** [ku'veːɐ̯] <-(e)s, -e *o* -s> *nt* (*A: Briefumschlag*) busta *f* [da lettera]
**kV** (EL) *abk v* **Kilovolt** kV
**KV** *abk v* **Köchelverzeichnis** registro *m* Köchel
**kW** *abk v* **Kilowatt** kW
**KW** *abk v* **Kurzwelle** OC
**kWh** (PHYS, EL) *abk v* **Kilowattstunde** kWh
**Kybernetik** [kybɛr'neːtɪk] <-> *kein Pl. f* cibernetica *f*
**kyrillisch** [ky'rɪlɪʃ] *adj* cirillico
**KZ** [kaː'tsɛt] <-(s), -s> *nt abk v* **Konzentrationslager** campo *m* di concentramento
**KZ-Gedenkstätte** <-, -n> *f* monumento *m* ai prigionieri dei lager nazisti

# L

**L, l** [ɛl] <-, -(s)> nt L, l f; **L wie Ludwig** L come Livorno

**l** abk v Liter 1

**Label** ['leɪbəl] <-s, -> nt ❶ (COM: Etikett, Preisschild) etichetta f; label f ❷ (Schallplattenfirma) casa f discografica ❸ (INFORM: Markierung) label f, identificatore m

**laben** ['la:bən] **I.** vt (geh) ristorare **II.** vr **sich ~** ❶ (geh: mit Genuss verzehren) gustare (an etw dat qc), godersi (an etw dat qc) ❷ (fig) ricrearsi (an +dat con)

**labern** ['la:bɐn] vi (fam pej) cianciare, farneticare; **über etw** acc ~ parlare di qc

**labil** [la'bi:l] adj labile

**Labilität** [labili'tɛ:t] <-> kein Pl. f labilità f, instabilità f

**Labor** [la'bo:ɐ̯] <-s, -s o -e> nt laboratorio m

**Laborant(in)** [labo'rant] <-en, -en; -, -nen> m(f) assistente mf di laboratorio

**Laboratorium** [labora'to:riʊm] <-s, Laboratorien> nt laboratorio m

**Labsal** ['la:pza:l] <-(e)s o A, südd. -, -e o A, südd. -e> nf (geh) ristoro m, conforto m

**Labyrinth** [laby'rɪnt] <-(e)s, -e> nt labirinto m

**Lache** ['la:xə] <-, -n> f ❶ pozza f; (Wasser~) pozzanghera f ❷ (fam) risata f

**lächeln** ['lɛçəln] vi sorridere **Lächeln** <-s> kein Pl. nt sorriso m

**lachen** ['laxən] vi [**über etw** acc] ~ ridere [di qc]; **herzlich ~** ridere di cuore; **aus vollem Hals ~** ridere di cuore; **jdm ins Gesicht ~** ridere in faccia a qu; **sich dat ins Fäustchen ~** ridere sotto i baffi; **nichts zu ~ haben** aver poco da ridere; **da gibt's nichts zu ~** c'è poco da ridere; **Sie haben gut ~!** ha un bel ridere; **das wäre ja gelacht, wenn ...!** sarebbe davvero da ridere se ...; **wer zuletzt lacht, lacht am besten** (prov) ride bene chi ride ultimo

**Lachen** <-s> kein Pl. nt riso m; (Gelächter) risata f; **sich** dat **das ~ nicht verbeißen können** non potersi trattenere dal ridere; **sich vor ~ nicht halten können** non poterne più dal ridere; **sich biegen vor ~** (fam) ridere a crepapelle, piegarsi in due dal ridere; **dir wird das ~ [schon] noch vergehen** ti passerà la voglia di ridere

**Lacher** <-s, -> m colui che ride; **die ~ auf seiner Seite haben** aver conquistato con una battuta le persone che ascoltano

**Lacherfolg** m **ein ~ sein** essere un successo di risate

**lächerlich** ['lɛçɐlɪç] adj ridicolo; **sich ~ machen** rendersi ridicolo; **jdn ~ machen** rendere ridicolo qu, ridicolizzare qu; **etw ~ machen** volgere qc al ridicolo; **das habe ich zu einem geradezu ~en Preis bekommen** l'ho comprato per un prezzo irrisorio

**Lächerlichkeit**[1] <-, -en> f (pej: Geringfügigkeit) stupidaggine f, sciocchezza f, quisquilia f, inezia f, bazzecola f

**Lächerlichkeit**[2] <-> kein Pl. f (das Lächerlichsein) ridicolaggine f; **etw/jdn der ~ preisgeben** far fare una figura ridicola a qc/qu, mettere in ridicolo qc/qu

**Lachgas** nt gas m esilarante

**lachhaft** adj (pej) ridicolo

**Lachkrampf** m riso m convulso

**Lachs** [laks] <-es, -e> m salmone m **lachsfarben** adj color salmone **Lachsforelle** f trota f salmonata **Lachsschinken** m arista f di maiale affumicata

**Lack** [lak] <-(e)s, -e> m (~farbe) lacca f, vernice f; (Auto~) vernice f; (Nagel~) smalto m; (Siegel~) ceralacca f **Lackaffe** m (fam pej) bellimbusto m

**lackieren** [la'ki:rən] <ohne ge-> vt (Lack auftragen) laccare; (Auto, Möbel) verniciare; (Fingernägel) mettere lo smalto su

**Lackierung** <-, -en> f (das Lackieren, Lack) verniciatura f, smaltatura f, laccatura f

**Lackleder** nt cuoio m verniciato, vernice f

**Lackmus** ['lakmʊs] <-> kein Pl. m o nt (CHEM) tornasole m **Lackmuspapier** nt carta f al tornasole

**Lackschuh** m scarpa f di vernice

**Lade** ['la:də] <-, -n> f (dial: Schub~) cassetto m

**Ladegerät** nt (PHYS) caricatrice f; (MOT) caricabatteria m **Ladegewicht** nt portata f; **zulässiges ~** carico m ammesso

**Ladehemmung** f inceppamento m **Ladekran** m gru f da carico

**laden** ['la:dən] <lädt, lud, geladen> vt ❶ (fig PHYS, MIL) caricare; **Holz auf einen Wagen ~** caricare legname su un carro; **[schwere] Schuld auf sich ~** addossarsi una [grave] colpa; **geladen sein** (fig fam) essere furibondo ❷ (INFORM: Datei öffnen)

aprire [un file] ② (JUR: *vor~*) citare; **jdn vor Gericht ~** citare qu in giudizio
**Laden** ['la:dən] <-s, Läden> *m* ① (*Kauf~*) negozio *m*, bottega *f*; **einen ~ aufmachen** aprire un negozio; **den ~ schmeißen** (*fam*) far girare le cose; **den ganzen ~ hinwerfen** (*fam*) piantar baracca e burattini ② (*Fenster~*) imposta *f*; (*Rollladen*) avvolgibile *m*
**Ladendieb(in)** *m(f)* taccheggiatore, -trice *m, f* **Ladendiebstahl** *m* taccheggio *m* **Ladenhüter** *m* (*fig pej*) fondo *m* di bottega, rimanenza *f* **Ladenkette** *f* catena *f* di negozi **Ladenpreis** *m* prezzo *m* [di vendita] al minuto
**Ladenschild** *nt* insegna *f* del negozio
**Ladenschluss** *m* chiusura *f* dei negozi **Ladenschlussgesetz** *nt* legge *f* sull'orario di chiusura dei negozi
**Ladenschlusszeit** <-, -n> *f* orario *m* di chiusura [dei negozi]
**Ladentisch** *m* banco *m* di vendita
**Laderampe** *f* rampa *f* di carico
**lädieren** [lɛˈdiːrən] <ohne ge-> *vt* danneggiare, ledere
**lädt** [lɛːt] *3. Pers. Sing. Präs. von* **laden**
**Ladung** <-, -en> *f* ① (*Fracht*) carico *m* ② (*Munition*, EL) carica *f* ③ (JUR: *Vor~*) citazione *f*
**Ladyshave** ['leɪdɪʃeɪv] <-s, -s> *m* depilatore *m* elettrico
**lag** [la:k] *1. u. 3. Pers. Sing. Imp. von* **liegen**
**Lage** ['la:gə] <-, -n> *f* ① (*Position, Ton~*, GEOG) posizione *f*; **eine sonnige/verkehrsgünstige ~** una posizione soleggiata/favorevole per quanto riguarda i mezzi di trasporto ② (*Situation, Umstände*) situazione *f*, condizione *f*; **die ~ erkunden** tastare il terreno; **in der ~ sein etw zu tun** essere in grado di fare qc; **in einer schwierigen ~ sein** essere in una situazione precaria; **sich in jds ~ versetzen** mettersi nei panni di qu ③ (*Schicht*) strato *m*; (*~ Papier*) quinterno *m* ④ (*fam: Runde*) giro *m* ⑤ (MUS: *Stimm~*) registro *m* **Lagebericht** *m* rapporto *m* sulla situazione **Lagebesprechung** *f* discussione *f* della situazione **Lageplan** *m* planimetria *f*
**Lager** ['la:gɐ] <-s, -> *nt* ① (*Unterkunft*) campo *m*; **sein ~ aufschlagen** piantare il campo; **das ~ abbrechen** levare il campo ② (*Vorrats~*) deposito *m*, magazzino *m*; (*gelagerter Vorrat*) stock *m*; **etw auf ~ haben** avere qc in magazzino; (*fig fam: Witz*) avere in serbo qc; **ab ~** franco magazzino ③ (*fig: Partei, Seite*) campo *m*, schieramento *m*, partito *m* ④ (TEC) cuscinetto *m*
**Lagerbestand** *m* stock *m*, scorta *f* disponibile
**lagerfähig** *adj* conservabile, non deperibile
**Lagerfeuer** *nt* fuoco *m* da campo, bivacco *m*
**Lagergebühr** *f* diritto *m* di magazzinaggio **Lagerhalle** *f* capannone *m* **Lagerhaltung** *f* stoccaggio *m*, magazzinaggio *m* **Lagerhaus** *nt* magazzino *m*, deposito *m*
**Lagerist(in)** [laːgəˈrɪst] <-en, -en; -, -nen> *m(f)* magazziniere, -a *m, f*
**lagern** I. *vi* ① (*kampieren*, MIL) essere accampato ② (*Vorrat, Waren*) essere depositato; (*Wein*) stagionare II. *vt* ① (*legen*) posare, adagiare; **dieser Fall ist ähnlich gelagert** questo caso presenta analogie ② (*aufbewahren*) immagazzinare
**Lagerplatz** *m* ① (*Zelt~*) campo *m* ② (*Waren~*) deposito *m* **Lagerraum** *m* magazzino *m*
**Lagerung** <-, -en> *f* ① (*Lagern*) immagazzinamento *m* ② (*Gelagertsein*) magazzinaggio *m*
**Lagerverwalter(in)** *m(f)* capo *m* magazziniere **Lagerzeit** *f* periodo *m* di magazzinaggio
**Lagune** [laˈguːnə] <-, -n> *f* laguna *f*
**lahm** [laːm] *adj* ① (*gelähmt*) paralitico; (*a. fig*) paralizzato; (*hinkend*) zoppo ② (*fam: kraftlos*) debole, fiacco ③ (*fam fig*) magro, insufficiente; **eine ~e Entschuldigung** una misera scusa **lahmarschig** *adj* (*sl pej*) indolente
**Lahme** <ein -r, -n, -n> *mf* paralitico, -a *m, f*; (*Hinkende*) zoppo, -a *m, f*
**lähmen** ['lɛːmən] *vt* paralizzare
**lahmen** *vi* essere zoppo; (*hinken*) zoppicare
**lahm|legen** *vt* (*Verkehr, Wirtschaft*) paralizzare; (*Computersystem*) mandare in tilt
**Lähmung** <-, -en> *f* paralisi *f*; **halbseitige ~** emiplegia
**Laib** [laɪp] <-(e)s, -e> *m* ① (*Brot~*) pagnotta *f* ② (*Käse~*) forma *f*
**Laich** [laɪç] <-(e)s, -e> *m* uova *fpl* di pesci e anfibi **laichen** *vi* deporre le uova
**Laichplatz** *m* luogo *m* dove pesci e anfibi depongono uova
**Laie** ['laɪə] <-n, -n> *m* ① (*Nichtfachmann*) profano, -a *m, f* ② (REL) laico *m* **laienhaft** *adj o adv* da profano, da incompetente
**Lakai** [laˈkaɪ] <-en, -en> *m* lacchè *m*
**Lake** ['laːkə] <-, -n> *f* salamoia *f*
**Laken** ['laːkən] <-s, -> *nt* lenzuolo *m*
**lakonisch** [laˈkoːnɪʃ] *adj* laconico
**Lakritze** [laˈkrɪtsə] <-, -n> *f* liquirizia *f*

**Laktose** [lak'to:zə] <-> *kein Pl. f* lattosio *m* **laktosefrei** *adj o adv* senza lattosio
**lallen** ['lalən] *vi, vt* balbettare, ciangottare
**Lama**[1] ['la:ma] <-s, -s> *nt* ❶ (ZOO) lama *m* ❷ *Sing.* (*Textil*) vigogna *f*
**Lama**[2] <-(s), -s> *m* (REL) lama *m*
**Lamelle** [la'mɛlə] <-, -n> *f* ❶ (BOT) lamella *f* ❷ (TEC) aletta *f*
**Lametta** [la'mɛta] <-s> *kein Pl. nt* (*Christbaumschmuck*) fili *mpl* d'argento
**Laminat** [lami'na:t] <-(e)s, -e> *nt* (TEC) laminato *m* plastico **Laminat-Fußboden** *m* pavimento *m* in laminato
**Lamm** [lam] <-(e)s, **Lämmer**> *nt* agnello *m;* (GASTR) abbacchio *m*
**lammen** *vi* agnellare
**Lammfell** *nt* pelliccia *f* d'agnello, agnellino *m*
**lammfromm** *adj* docile come un agnello
**Lammkotelett** *nt* (GASTR) costoletta *f* di agnello
**Lampe** ['lampə] <-, -n> *f* lampada *f*
**Lampenfieber** *nt* febbre *f* della ribalta
**Lampenschirm** *m* paralume *m,* abat-jour *m*
**Lampion** [lam'pjõ *o* lam'pjɔn *o* 'lampjɔŋ] <-s, -s> *m* lampioncino *m* [alla veneziana]
**LAN** [la:n] <-[s], -[s]> *nt abk v* **Local Area Network** (INFORM) rete *f* locale, [rete] LAN
**lancieren** [lã'siːrən] <ohne ge-> *vt* ❶ (*fig* COM, POL) lanciare ❷ (MIL) silurare
**Land** [lant] <-(e)s, **Länder**> *nt* ❶ (*Fest~*) terra *f; das Gelobte ~* la terra promessa; *wieder ~ sehen* (*fig*) tornare a sperare; *an ~ gehen* toccare terra, approdare; *sich dat etw/jdn an ~ ziehen* (*fam fig*) conquistare qc/qu ❷ (*Staat*) paese *m; ~ und Leute* il paese e i suoi abitanti; *jdn des ~es verweisen* esiliare qu ❸ (*Bundesland*) regione *f,* Land *m* ❹ (*dörfliche Gegend*) campagna *f; aufs ~ ziehen* andare/andare a stare in campagna ❺ (*Acker~*) terreno *m* **Landadel** *m* nobiltà *f* terriera **Landarbeiter(in)** *m(f)* lavoratore, -trice *m, f* agricolo, -a **landauf** [lant'aʊf] *adv ~,* **landab** (*geh*) ovunque, dappertutto, in ogni angolo del paese **Landbesitz** *m* proprietà *f* terriera **Landbevölkerung** *f* popolazione *f* rurale
**Landeanflug** *m* manovra *f* d'atterraggio
**Landebahn** *f* pista *f* di atterraggio
**Landeerlaubnis** *f* autorizzazione *m* all'atterraggio
**Landegenehmigung** *f* autorizzazione *f* all'atterraggio
**landeinwärts** *adv* verso l'interno del paese

**landen** ['landən] I. *vi sein* ❶ (NAUT) toccare terra, approdare ❷ (AERO) atterrare; (*auf Flugzeugträger*) appontare; (*auf Mond*) allunare; **damit kannst du bei mir nicht ~!** (*fam*) con me non attacca! ❸ (*fam: ankommen*) arrivare, giungere; (*unvorhergesehen ankommen*) capitare, andare a finire; **nach seinem Sturz landete er auf dem Bauch** (*fam*) dopo la sua caduta cadde bocconi; **du landest noch einmal im Gefängnis, wenn du so weitermachst!** (*fam*) finirai in galera se continui a comportarti così! II. *vt haben* ❶ (*an Land bringen*) sbarcare ❷ (*fam: Schlag*) assestare, mettere a segno; (*Sieg, Erfolg*) conseguire, riportare
**Landenge** *f* istmo *m*
**Landeplatz** *m* ❶ (NAUT) approdo *m* ❷ (AERO) terreno *m* d'atterraggio
**Ländereien** [lɛndə'raɪən] *Pl.* proprietà *f* terriera, terre *fpl*
**Länderkampf** *m* incontro *m* internazionale
**Länderkunde** *f* geografia *f* **Länderspiel** *nt* incontro *m* internazionale
**Ländervergleich** *m* confronto *m* tra paesi
**Landeschleife** <-, -n> *f* virata *f* prima della manovra d'atterraggio
**Landesebene** *f* **auf ~** a livello nazionale
**Landesfarben** *fPl.* ❶ (*von Staat*) colori *mpl* nazionali ❷ (*von Bundesland*) colori *mpl* regionali [*o* del Land] **Landesgrenze** *f* ❶ (*von Staat*) confine *m* nazionale, frontiera *f* ❷ (*von Bundesland*) confine *m* regionale **Landeshauptfrau** *f,* **Landeshauptmann** *m* (*A:* POL) presidente, -essa *m, f* della regione **Landeshauptstadt** *f* (*von Staat*) capitale *f;* (*von Region*) capoluogo *m*
**Landesignal** *nt* segnale *m* d'atterraggio **Landesinnere** *nt* interno *m* del paese **Landeskunde** *f* corografia *f* **Landesrat** *m,* **Landesrätin** *f* (*A:* POL) membro *m* della giunta regionale **Landesregierung** *f* ❶ (*von Staat*) governo *m* nazionale ❷ (*von Bundesland*) governo *m* regionale **Landessprache** *f* lingua *f* nazionale
**Landesteg** *m* pontile *m* d'approdo
**Landestrauer** *f* lutto *m* nazionale
**landesüblich** *adj* conforme agli usi del paese **Landesverrat** *m* alto tradimento *m* **Landesverteidigung** *f* <-> *kein Pl. f* difesa *f* dello Stato [*o* nazionale] **Landeswährung** *f* moneta *f* nazionale
**Landflucht** *f* esodo *m* dalla campagna
**Landfriedensbruch** *m* (JUR) violazione *f* dell'ordine pubblico **Landgemeinde** *f* comune *m* rurale **Landgewinnung** <->

*kein Pl. f* ampliamento della terra antistante il mare tramite opere di bonifica e spostamento delle dighe **Landgut** *nt* proprietà *f* terriera, podere *m* [rurale] **Landhaus** *nt* casa *f* di campagna, villa *f*
**Landingpage, Landing-Page** [ˈlɛndɪŋpeɪtʃ] <-, -s> *f* (INET) landing page *f*
**Landkarte** *f* carta *f* geografica **Landkommune** *f* comune *f* rurale **Landkreis** *m* distretto *m* rurale **landläufig** *adj* corrente, usuale **Landleben** *nt* vita *f* di campagna
**ländlich** [ˈlɛntlɪç] *adj* rurale, campagnolo **Landluft** *f* aria *f* di campagna **Landmaschinen** *fPl.* macchine *fpl* agricole **Landplage** *f* piaga *f*, calamità *f* **Landrat** *m* presidente *m* di distretto rurale **Landratsamt** *nt* ufficio *m* distrettuale **Landratte** *f* (*fam scherz*) terraiolo *m*, uomo *m* di terraferma **Landregen** *m* pioggia *f* continua
**Landschaft** <-, -en> *f* paesaggio *m*; (*Landstrich*) regione *f*, paese *m* **landschaftlich** *adj* paesistico; (*regional*) regionale **Landschaftsgärtner(in)** *m(f)* architetto *mf* paesaggista **Landschaftsgestaltung** *f* architettura *f* del paesaggio **Landschaftspflege** *kein Pl. f* salvaguardia *f* del paesaggio **Landschaftsschutz** *m* tutela *f* del paesaggio naturale **Landschaftsschutzgebiet** *nt* zona *f* protetta
**Landschulheim** *nt* collegio *m* di campagna **Landsknecht** *m* (HIST) lanzichenecco *m*; (*Söldner*) mercenario *m*
**Landsmann** <-(e)s, Landsleute> *m*, **Landsmännin** <-, -nen> *f* compatriota *mf*, connazionale *mf*, compaesano, -a *m, f*
**Landstraße** *f* strada *f* maestra **Landstreicher(in)** <-s, -; -, -nen> *m(f)* vagabondo, -a *m, f*, girovago, -a *m, f*
**Landstreicherei** [ˈlantʃtraɪçəˈraɪ] <-, *rar* -en> *f* vagabondaggio *m* **Landstrich** *m* regione *f*, zona *f*
**Landtag** *m* ❶ (*Institution*) dieta *f* regionale ❷ (*~sgebäude*) sede *f* della dieta
**Landtagswahlen** *fPl.* elezioni *fpl* parlamentari a livello regionale dei Laender, elezioni *fpl* del parlamento di un Land
**Landung** <-, -en> *f* ❶ (AERO) atterraggio *m*; (*Mond~*) allunaggio *m* ❷ (NAUT) approdo *m* **Landungsbrücke** *f* pontile *m* d'approdo
**Landvermessung** *f* agrimensura *f* **Landweg** *m* **auf dem ~** via terra
**Landwein** *m* vino *m* locale
**Landwirt(in)** *m(f)* agricoltore, -trice *m, f*, coltivatore, -trice *m, f*
**Landwirtschaft** *f* agricoltura *f*, economia *f* rurale **landwirtschaftlich** *adj* agricolo, agrario
**Landwirtschaftsausstellung** *f* fiera *f* agricola **Landwirtschaftsminister(in)** *m(f)* ministro *m* dell'agricoltura
**Landwirtschaftsministerium** *nt* ministero *m* dell'agricoltura
**Landzunge** *f* lingua *f* di terra
**lang** [laŋ] I. <länger, längste> *adj* ❶ lungo; **~er Samstag** (*Ladenöffnungszeit*) sabato ad orario prolungato; **vor ~er Zeit** tanto tempo fa; **gleich/verschieden ~** (*räumlich*) della stessa/di diversa lunghezza; (*zeitlich*) della stessa/di diversa durata ❷ (*hochgewachsen*) alto II. *adv* **~ ersehnt/erwartet** lungamente desiderato/atteso; **den ganzen Tag ~** per tutta la giornata; **zehn Jahre ~** per dieci anni **langanhaltend** *adj* di lunga durata **langärm|e|lig** *adj* a maniche lunghe **langatmig** *adj* prolisso **langbeinig** *adj* dalle gambe lunghe
**lange** [ˈlaŋə] <länger, am längsten> *adv* (*~ Zeit*) [a] lungo, lungamente, per molto tempo; **~ dauern** durare a lungo; **~ brauchen, um etw zu tun** impiegare molto [tempo] per fare qc; **es nicht mehr ~ machen** (*fam*) non averne per molto; **schon ~** da molto tempo; **so ~ wie** [per tanto tempo] quanto; **es ist schon ~ her** è già da un pezzo; **es ist noch ~ nicht gesagt, dass ...** non è detto che +*conj*; **warten Sie schon ~?** è molto che aspetta?; **da kannst du ~ warten!** (*fam*) aspetta e spera!
**Länge** [ˈlɛŋə] <-, -n> *f* ❶ (SPORT) lunghezza *f*; **der ~ nach** per il lungo, in lunghezza; **von zehn Meter ~** lungo dieci metri; **der ~ nach hinfallen** cadere lungo disteso ❷ (GEOG, ASTR, MAT) longitudine *f* ❸ (*Dauer*) durata *f*; **sich in die ~ ziehen** andare per le lunghe ❹ (*lange Silbe*) [sillaba] *f* lunga, lunga *f* ❺ (*fig: langweilige Stelle*) lungaggine *f*
**langen** I. *vi* ❶ (*fam: ausreichen*) bastare; **mir langt's!, jetzt langt's [mir] aber!** (*fam*) ne ho abbastanza!, ora basta!; **das langt** basta così ❷ (*greifen*) prendere; **nach etw ~** allungare la mano verso qc ❸ (*sich erstrecken*) allungarsi II. *vt* ❶ (*reichen*) porgere; **jdm eine ~** (*fam*) mollare un ceffone a qu ❷ (*nehmen, holen*) prendere
**Längengrad** *m* grado *m* di longitudine **Längenmaß** *nt* misura *f* di lunghezza
**länger** [ˈlɛŋɐ] I. *adj Komparativ von* **lang** I. ❶ (*von größerer Ausdehnung*) più lungo;

**etw ~ machen** allungare qc; **~ werden** allungarsi ❷ (*ziemlich lang*) prolungato II. *adv Komparativ von* **lange** ❶ (*von größerer Dauer*) più [a lungo]; **einen Tag ~** un giorno in più; **je ~ , desto besser** più dura meglio è ❷ (*ziemlich lang*) per lungo tempo

**Langeweile** <-> *kein Pl. f* noia *f*; **~ haben** annoiarsi; **aus ~** per la noia

**Langfinger** *m* (*fam*) ladro *m*, ladruncolo *m*

**langfristig** *adj o adv* a lunga scadenza, a lungo termine **langgestreckt** *adj* lungo, allungato **langhaarig** *adj* (*Mensch*) con i capelli lunghi; (*Tier*) a pelo lungo **langjährig** *adj* di [molti] anni; (*Freund*) vecchio **Langlauf** *m* sci *m* di fondo **Langläufer(in)** *m(f)* fondista *mf* **Langlaufloipe** *f* pista *f* [per sci] di fondo **Langlaufski** *m* sci *m* di fondo **langlebig** *adj* ❶ (*lange lebend*) longevo ❷ (*lange Zeit dauernd*) duraturo, durevole **Langlebigkeit** <-> *kein Pl. f* ❶ (*langes Leben*) longevità *f* ❷ (*Dauerhaftigkeit*) durevolezza *f*

**länglich** ['lɛŋlɪç] *adj* allungato, oblungo

**Langmut** <-> *kein Pl. f* (*geh*) longanimità *f* **langmütig** ['laŋmyːtɪç] *adj* (*geh*) longanime

**längs** [lɛŋs] I. *prp* +*gen o dat* lungo II. *adv* per [il] lungo **Längsachse** *f* asse *m* longitudinale

**langsam** I. *adj* lento II. *adv* ❶ (*nicht schnell*) lentamente, a poco a poco; **~er fahren/gehen** rallentare [il passo]; **~ , aber sicher** (*fam*) lento, ma sicuro; **immer schön ~ !** (*fam*) adagio!, con calma! ❷ (*allmählich, endlich*) piano piano; **~ wird es Zeit, dass ...** (*fam*) è quasi ora che +*conj* **Langsamkeit** <-> *kein Pl. f* lentezza *f*

**Langschläfer(in)** *m(f)* dormiglione, -a *m, f* **Langspielplatte** *f* long-playing *m*

**Längsschnitt** *m* taglio *m* longitudinale

**längst** [lɛŋst] *adv* da molto tempo; **schon ~** già da molto tempo; **noch ~ nicht** non ... assolutamente

**längstens** ['lɛŋstəns] *adv* ❶ (*höchstens*) al massimo ❷ (*spätestens*) al più tardi

**Langstreckenflug** *m* volo *m* a lungo raggio **Langstreckenlauf** *m* corsa *f* di fondo **Langstreckenläufer(in)** *m(f)* fondista *mf*

**Languste** [laŋˈgʊsta] <-, -n> *f* aragosta *f* **langweilen** I. *vt* annoiare II. *vr* **sich ~** annoiarsi; **sich tödlich ~** annoiarsi a morte **langweilig** *adj* noioso; (*eintönig*) monotono

**Langwelle** *f* onda *f* lunga

**langwierig** ['laŋviːrɪç] *adj* lungo e complicato

**Langzeitarbeitslosigkeit** *kein Pl. f* disoccupazione *f* persistente **Langzeitgedächtnis** *kein Pl. nt* (PSYCH) memoria *f* lunga **Langzeitstudie** *f* programmazione *f* a lungo termine; (*Forschungen*) ricerche *fpl* a lungo termine; (WIRTSCH: *Feldstudie*) ricerca *f* sul campo **Langzeitwirkung** *f* effetto *m* prolungato

**Lanolin** [lanoˈliːn] <-s> *kein Pl. nt* lanolina *f*

**LAN-Party** *f* (INFORM) LAN party *m*

**Lanze** ['lantsə] <-, -n> *f* lancia *f*; **für jdn eine ~ brechen** (*fig*) spezzare una lancia in favore di qu

**La-Ola-Welle** *f* ola *f*

**lapidar** [lapiˈdaːɐ̯] *adj* lapidario

**Lapislazuli** [lapɪsˈlaːtsuli] <-, -> *m* lapislazzuli *m*

**Lappalie** [laˈpaːliə] <-, -n> *f* bagatella *f*, bazzecola *f*

**Lappen** ['lapən] <-s, -> *m* ❶ (*Stück Stoff*) cencio *m*, straccio *m*; (*Wisch~*) strofinaccio *m*; (*Wasch~*) manopola *f* [per lavarsi]; **jdm durch die ~ gehen** (*fam*) sfuggire di mano a qu ❷ (ANAT) lobo *m* ❸ (*sl: Geldschein*) banconota *f* di grosso taglio

**läppern** ['lɛpɛn] *vr* **sich ~** accumularsi; **es läppert sich allmählich** si accumula poco a poco

**läppisch** ['lɛpɪʃ] *adj* (*pej*) sciocco, ridicolo; (*kindisch*) infantile

**Laptop** ['lɛptɔp] <-s, -s> *m* laptop *m*, computer *m* portatile

**Lärche** ['lɛrçə] <-, -n> *f* (BOT) larice *m*

**Lärm** [lɛrm] <-(e)s> *kein Pl. m* rumore *m*; (*Krach*) chiasso *m*, baccano *m*; **~ schlagen** dare l'allarme; **viel ~ um nichts** molto rumore per nulla **Lärmbekämpfung** *f* lotta *f* contro i rumori **Lärmbelästigung** *f* inquinamento *m* fonico **Lärmbelastung** *f* inquinamento *m* acustico **lärmempfindlich** *adj* sensibile ai rumori **lärmen** *vi* far chiasso **lärmend** *adj* rumoroso, chiassoso; (*Kinder*) schiamazzante

**Lärmpegel** *m* decibel *m*

**Lärmschutz** *kein Pl. m* isolamento *m* acustico; (*an Straßen*) insonorizzante *m* **Lärmschutzmaßnahme** *f* provvedimento *m* a favore dell'isolamento acustico

**Larve** ['larfə] <-, -n> *f* ❶ (ZOO) larva *f* ❷ (*Maske*) maschera *f*

**las** [laːs] *1. u. 3. Pers. Sing. Imp. von* **lesen**

**lasch** [laʃ] *adj* (*schlaff*) molle; (*a. fig*) fiacco

**Lasche** ['laʃə] <-, -n> *f* ❶ (TEC) coprigiunto *m* ❷ (*Schuh~*) linguetta *f*

**Laschi** ['laʃi:] *m* (*fam*) mollaccione *m*, pappamolla *m*

**Laser** ['leɪzɐ] <-s, -> *m* laser *m* **Laserdrucker** *m* (INFORM) stampante *f* laser **Laserstrahl** *m* raggio *m* laser

**lassen¹** ['lasən] <lässt, ließ, gelassen> *vt* ❶ (*unverändert ~*) **etw ~** (*unter~*) smettere di fare qc; (*verzichten auf*) rinunciare a qc; **etw [einfach] nicht ~ können** non poter fare a meno di qc; **tu, was du nicht ~ kannst** (*fam*) fallo se proprio vuoi ❷ (*zurück~*) abbandonare; **jdn allein ~** lasciare solo qu ❸ (*be~*) lasciare; **jdn in Ruhe ~** lasciare qu in pace; **offen ~** (*geöffnet ~*) lasciare aperto; (*nicht zudecken*) lasciare scoperto; (*frei ~*) lasciare libero; (*fig*) lasciare in sospeso; **lass mich dabei aus dem Spiel** non coinvolgermi

**lassen²** <lässt, ließ, lassen> *Modalverb* ❶ (*zu~, dulden*) lasciare; **etw tun ~** lasciar fare qc; (*gestatten*) permettere di fare qc; **jdn kommen/warten ~** far venire/aspettare qu; **sich** *dat* **etw nicht nehmen ~** non rinunciare a qc; **er lässt nicht mit sich** *dat* **reden/handeln** con lui non si può ragionare/trattare; **ich habe mir sagen ~, dass ...** ho saputo che ..., mi hanno detto che ...; **lass mich nur machen!** (*fam*) lascia fare a me! ❷ (*veran~*) fare; **etw tun ~** far fare qc; **sich** *dat* **die Haare schneiden/wachsen ~** farsi tagliare/crescere i capelli ❸ (*nicht tun*) non fare; (*sein ~*) lasciar stare; **lass das [sein]**! lascia perdere!, smettila! ❹ (*ver~, zurück~*) abbandonare; **hängen ~** (*vergessen*) dimenticare; (*fam: im Stich ~*) piantare in asso; **liegen ~** (*herumliegen ~*) lasciare lì; (*vergessen*) dimenticare; **alles stehen und liegen ~** (*fam*) lasciare tutto com'è ❺ (*über~*) trascurare, dare; **jdn links liegen ~** (*fam*) trascurare qu; **das muss man ihr ~** questo bisogna concederglielo

**lässig** ['lɛsɪç] *adj* ❶ (*ungezwungen*) disinvolto ❷ (*gleichgültig*) indolente ❸ (*nach~*) negligente, trascurato **Lässigkeit** <-> *kein Pl. f* ❶ (*Ungezwungenheit*) disinvoltura *f* ❷ (*Gleichgültigkeit*) indolenza *f*

**Lasso** ['laso] <-s, -s> *nt o m* lasso *m*

**lässt** [lɛst] *2. u. 3. Pers. Sing. Präs. von* **lassen¹, lassen²**

**Last** [last] <-, -en> *f* ❶ (*fig* EL) carico *m*; (*Gewicht, a. fig*) peso *m*; **jdm zur ~ fallen** (*lästig sein*) molestare qu; **zu ~en von** a carico di ❷ (*undankbare Arbeit*) corvé *f*, sfacchinata *f* ❸ *pl* (*Abgaben*) oneri *mpl*; (*Steuern*) imposte *fpl*

**Lastauto** <-s, -s> *nt* (AUTO) camion *m*, autocarro *m*

**lasten** *vi* [**auf etw** *dat*] **~** gravare [su qc]

**Lastenaufzug** *m* montacarichi *m* **lastenfrei** *adj* esente da oneri [*o* da ipoteche]

**Laster¹** ['lastɐ] <-s, -> *m* (*fam*) *s.* **Last|kraft|wagen**

**Laster²** <-s, -> *nt* vizio *m*

**Lästerei** [lɛstə'raɪ] <-, -en> *f* continuo imprecare *m*

**Lästerer** ['lɛstərɐ] <-s, -> *m* maldicente *m*

**lasterhaft** *adj* vizioso, depravato **Lasterhaftigkeit** <-> *kein Pl. f* viziosità *f*, depravazione *f* **Lasterhöhle** *f* (*fam pej*) sentina *f* di vizi **Lästerin** ['lɛstərɪn] <-, -nen> *f* maldicente *f*, malalingua *f*

**Lästermaul** *nt* (*fam pej*) malalingua *f*, linguaccia *f*

**lästern** ['lɛstərn] I. *vi* (*pej*) [**über jdn/etw**] **~** sparlare [di qu/qc] II. *vt* (*Gott*) bestemmiare

**lästig** ['lɛstɪç] *adj* (*unangenehm*) fastidioso, noioso; (*unbequem*) scomodo; **jdm ~ fallen** dare fastidio a qu, importunare qu

**Lastkahn** *m* chiatta *f*

**Last|kraft|wagen** *m* autocarro *m*, camion *m*

**Last-Minute-Angebot** [laːstˈmɪnɪtangəboːt] *nt* offerta *f* last minute **Last-Minute-Flug** [laːstˈmɪnɪtfluːk] *m* volo *m* last minute

**Lastschrift** *f* (FIN) addebitamento *m*, addebito *m* **Lasttier** *nt* bestia *f* da soma

**Lastträger** *m* portatore *m* **Lastwagen** *m s.* **Last|kraft|wagen Lastwagenfahrer(in)** *m(f)* camionista *mf* **Lastzug** *m* autotreno *m*

**Lasur** [la'zuːɐ] <-, -en> *f* vernice *f* trasparente

**lasziv** [lasˈtsiːf] *adj* (*geh*) lascivo, voluttuoso

**Latein** [laˈtaɪn] <-s> *kein Pl. nt* latino *m*; **mit seinem ~ am Ende sein** (*fam*) non saper più andare avanti

**Lateinamerika** *nt* America *f* latina

**Lateinamerikaner(in)** [lataɪnameriˈkaːnə] <-s, -; -, -nen> *m(f)* latino-americano, -a *m, f*;

**lateinamerikanisch** *adj* sudamericano, latino-americano

**lateinisch** *adj* latino

**latent** [laˈtɛnt] *adj* latente; **~ vorhanden sein** essere latente

**Laterne** [laˈtɛrnə] <-, -n> *f* lanterna *f*; (*Straßen~*) lampione *m* **Laternenpfahl** *m* palo *m* del lampione

**Latex** ['laːtɛks] <-, Latizes> *nt* la[t]tice *m*

**Latium** ['la:tsiʊm] *nt* Lazio *m*
**Latsche** ['latʃə] <-, -n> *f* pino *m* nano
**latschen** ['la:tʃən] *vi sein* (*fam*) camminare strascicando i piedi; (*fam*) camminare a piedi
**Latschen** <-s, -> *m* (*fam*) ciabatta *f*; **aus den ~ kippen** (*fam*) perdere le staffe
**Latte** ['latə] <-, -n> *f* ① (*schmales Brett*) assicella *f*; **eine lange ~ von ...** (*fam*) una lunga lista di ... ② (SPORT: *Hand-, Fußball*) traversa *f*; (*Leichtathletik*) asticella *f* ③ (*fam: großer Mensch*) stanga *f*
**Lattenrost** *m* ① incannucciata *f* in legno ② (*Bett*) rete *f* del letto a doghe di legno
**Lattenzaun** *m* staccionata *f*, steccato *m*
**Latz** [lats] <-es, Lätze> *m* ① (*Lätzchen*) bavaglino *m* ② (*Brust~*) pettorina *f* ③ (*Hosen~*) patta *f*
**Lätzchen** ['lɛtsçən] <-s, -> *nt* bavaglino *m*
**Latzhose** *f* pantaloni *mpl* con pettorina, salopette *f*
**lau** [laʊ] *adj* tiepido
**Laub** [laʊp] <-(e)s> *kein Pl. nt* fogliame *m*
**Laubbaum** *m* latifoglia *f*, albero *m* a foglie caduche
**Laube** ['laʊbə] <-, -n> *f* ① (*Garten~*) pergola *f*, pergolato *m* ② (ARCH: *Bogengang*) portico *m*
**Laubfrosch** *m* raganella *f* **Laubsäge** *f* sega *f* da traforo **Laubwald** *m* bosco *m* di latifoglie
**Lauch** [laʊx] <-(e)s, -e> *m* porro *m*
**Lauer** ['laʊɐ] <-> *kein Pl. f* agguato *m*; **auf der ~ liegen** stare in agguato
**lauern** *vi* ① (*im Hinterhalt liegen*) [**auf jdn**] **~** fare la posta [a qu]; **auf etw** *acc* **~** (*bes. Wild*) appostare qc ② (*angespannt warten*) [**auf jdn/etw**] **~** attendere [qu/qc]
**Lauf** [laʊf] <-(e)s, Läufe> *m* ① (*das Laufen, a Wett~*) corsa *f* ② (*Ver~, a Fluss~*) corso *m*; **seinen ~ nehmen** compiersi, svolgersi; **den Dingen ihren ~ lassen** lasciare andare le cose per il loro verso; **einer Sache** *dat* **freien ~ lassen** dare libero corso a qc; **im ~[e] des Gesprächs** nel corso del colloquio; **im ~[e] der Woche** nel corso della settimana ③ (TEC) funzionamento *m*; (*Auto*) marcia *f* ④ (ASTR) orbita *f* ⑤ (*Gewehr~*) canna *f* ⑥ (MUS) passaggio *m* ⑦ (*Jägersprache*) zampa *f*, gamba *f*
**Laufbahn** *f* ① (*Karriere*) carriera *f* ② (*Sport*) pista *f* **Laufband** *nt* (SPORT) tapis *m* roulant **Laufbursche** *m* garzone *m*, fattorino *m*
**laufen** ['laʊfən] <läuft, lief, gelaufen> I. *vi sein* ① (*rennen*) correre; **gelaufen kommen** venire di corsa ② (*fam: gehen*) camminare, andare a piedi ③ (*in Betrieb sein*) funzionare; (*a. Motor*) marciare; (*Fahrzeug*) andare ④ (*fließen*) scorrere; **ihm läuft die Nase** gli cola il naso *fam* ⑤ (*undicht sein*) perdere ⑥ (*Film*) essere in programma; (*als Vorführung*) venire proiettato ⑦ (*fig: im Gange sein*) essere in corso, svolgersi ⑧ (*ver~*) andare, correre; **die Sache ist gelaufen** (*fam*) la cosa è andata; **ich weiß genau, wie das läuft** (*fam*) so esattamente come vanno le cose; **wie läuft der Laden?** (*fam*) come vanno le cose? ⑨ (JUR, FIN) decorrere; **ab einem bestimmten Datum ~** decorrere da una data precisa; **auf jds Namen ~** essere a nome di qu, essere intestato a qu II. *vt* ① *sein* (*Strecke, Runden*) fare, percorrere; **Rollschuh/Schlittschuh ~** pattinare; **Ski ~** sciare; **hundert Meter ~** fare i cento metri piani; **Gefahr ~ etw zu tun** correre il pericolo di fare qc ② *haben* **sich** *dat* **Blasen ~** farsi venire le vesciche camminando III. *vr* **sich warm ~** riscaldarsi
**laufend** I. *adj* corrente; **auf dem Laufenden über etw** *acc* **sein** essere al corrente su qc; **jdn auf dem Laufenden halten** tenere qu al corrente; **am ~en Band** senza interruzione II. *adv* continuamente, in continuazione
**laufen|lassen** <irr> *vt* (*fam*) **jdn ~** rimettere qu in libertà
**Läufer** ['lɔyfɐ] <-s, -> *m* ① (*beim Schach*) alfiere *m* ② (*Teppich*) passatoia *f* ③ (TEC) rotore *m*
**Läufer(in)** ['lɔyfɐ] <-s, -; -, -nen> *m(f)* (*Leichtathletik*) corridore, -a *m, f*; (*Fußball*) mediano, -a *m, f*
**Lauferei** [laʊfə'raɪ] <-, -en> *f* (*fam*) **~en haben** avere un bel daffare; **jdm [unnötige] ~en bereiten** procurare dei fastidi a qu
**Läuferin** *f s.* **Läufer**
**Lauffeuer** *nt* **sich wie ein ~ verbreiten** propagarsi con rapidità fulminea
**läufig** ['lɔyfɪç] *adj* in calore
**Laufjunge** *m s.* **Laufbursche Laufkran** *m* gru *f* mobile [*o* scorrevole] **Laufkundschaft** *f* clientela *f* di passaggio **Laufmasche** *f* smagliatura *f* **Laufpass** *m* **jdm den ~ geben** (*fam*) mandare a spasso qu **Laufschritt** *m* passo *m* di corsa **Laufstall** *m* box *m* [per bambini] **Laufsteg** *m* passerella *f*
**läuft** [lɔyft] *3. Pers. Sing. Präs. von* **laufen**
**Laufwerk** *nt* (INFORM) unità *f* **Laufzeit** *f* ① (SPORT) tempo *m* [impiegato] ② (FILM) durata *f* della programmazione ③ (*Gültig-*

*keitsdauer*) durata *f* di validità **Laufzettel** *m* avviso *m*, circolare *f*

**Lauge** ['laʊgə] <-, -n> *f* ❶ (*Seifen~*) liscivia *f* ❷ (CHEM) soluzione *f* caustica

**Laune** ['laʊnə] <-, -n> *f* ❶ (*Stimmung*) umore *m*; **gute/schlechte ~ haben** essere di buon/cattivo umore; **seine schlechte ~ an jdm auslassen** sfogare il proprio malumore su qu; **jdm die ~ verderben** far passare il buon umore a qu ❷ (*spontaner Einfall*) capriccio *m* **launenhaft** *adj* ❶ (*launisch*) lunatico ❷ (*unberechenbar*) imprevedibile

**Launenhaftigkeit** <-> *kein Pl. f* carattere *m* lunatico, capricciosità *f*

**launig** *adj* (*obs: witzig*) spiritoso, brioso

**launisch** *adj s.* **launenhaft**

**Laus** [laʊs] <-, Läuse> *f* pidocchio *m*; **ist dir eine ~ über die Leber gelaufen?** (*fam*) sei di cattivo umore?

**Lausanne** [lo'zan] *nt* Losanna *f*

**Lausbub|e|** *m* (*obs, fam*) *s.* **Lausebengel**

**Lauschangriff** *m* (JUR, MIL) azione *f* di spionaggio con microspie

**lauschen** ['laʊʃən] *vi* ❶ (*zuhören*) **jdm/etw ~** ascoltare attentamente qu/qc ❷ (*heimlich*) origliare

**Lauscher** <-s, -> *m* (*Jägersprache*) orecchio *m*

**lauschig** *adj* intimo, romantico

**Lausebengel** *m*, **Lausejunge** *m* (*fam*) monello *m*, briccone *m*

**lausen** ['laʊzən] *vt* (*a. entlausen*) spidocchiare

**lausig** *adj* (*fam pej: schäbig*) misero; (*armselig*) miserabile; **es ist ~ kalt** fa un freddo cane

**laut** [laʊt] I. *adj* ❶ (*Stimme*) alto; (*~stark, kräftig*) forte, intenso ❷ (*geräuschvoll, lärmerfüllt*) rumoroso, chiassoso; **~ werden** (*bekanntwerden*) diventare noto, divulgarsi; **das Radio ~er stellen** alzare il volume della radio II. *adv* ❶ (*vernehmlich*) chiaramente, distintamente ❷ (*kräftig*) forte; **~ lachen** ridere forte; **~er sprechen** parlare più forte ❶ (*mit ~er Stimme*) ad alta voce; **~ denken** parlare da solo; **etw ~ vorlesen** leggere a voce alta qc III. *prp* +*gen o dat* secondo, conformemente a

**Laut** <-(e)s, -e> *m* suono *m*; (*Geräusch*) rumore *m*; **keinen ~ von sich** *dat* **geben** non aprir bocca

**lauten** *vi* (*einen Wortlaut haben*) essere; (*besagen*) dire; **auf jds Namen ~** essere intestato a qu; **der Titel lautet ...** il titolo è ...; **das Urteil lautet auf ...** è una sentenza di ...

**läuten** ['lɔɪtən] *vi* ❶ (*a. vt, Glocken*) s[u]onare ❷ (*Telefon, Wecker*) squillare; **es hat geläutet** hanno s[u]onato; **er hat davon [etw] ~ hören** (*fam*) ne ha sentito parlare

**lauter** ['laʊtɐ] I. *adj* (*geh*) ❶ (*rein*) puro ❷ (*aufrichtig, ehrlich*) onesto, retto II. *adv* (*nur*) solo, non ... [altro] che; **vor ~ Angst/Freude/Glück** per la gran paura/gioia/fortuna; **das sind ~ Lügen** sono tutte bugie

**läutern** ['lɔɪtən] *vt* (CHEM) depurare, chiarificare; (TEC) [r]affinare

**Läuterung** <-, -en> *f* (CHEM) depurazione *f*; (TEC) affinazione *f*

**lauthals** ['laʊthals] *adv* a squarciagola

**Lautlehre** *f* fonetica *f*

**lautlos** I. *adj* silenzioso II. *adv* in silenzio

**Lautschrift** *f* trascrizione *f* fonematica

**Lautsprecher** *m* altoparlante *m* **Lautsprecherbox** *f* cassa *f* acustica

**Lautsprecherwagen** *m* vettura *f* munita di altoparlante

**lautstark** I. *adj* alto, forte; (*heftig*) violento II. *adv* ad alta voce

**Lautstärke** *f* livello *m* sonoro, sonorità *f*; (RADIO, TV) volume *m* **Lautstärkeregler** *m* regolatore *m* del volume

**lauwarm** *adj* tiepido

**Lava** ['la:va] <-, *rar* Laven> *f* lava *f*

**Lavendel** [la'vɛndəl] <-s, -> *m* lavanda *f*

**lavieren** [la'vi:rən] <ohne ge-> *vi* ❶ (NAUT) bordeggiare ❷ (*fig*) barcamenarsi, destreggiarsi

**Lawine** [la'vi:nə] <-, -n> *f* valanga *f* **Lawinengefahr** *f* pericolo *m* di valanghe

**Lawinenunglück** *nt* sciagura *f* causata da valanga **Lawinenverbauung** <-, -en> *f* paravalanghe *m*

**lax** [laks] *adj* molle; (*a. fig*) rilassato

**Layout** [lɛɪ'aʊt] <-s, -s> *nt*, **Lay-out** <-s, -s> *nt* lay-out *m*

**Lazarett** [latsa'rɛt] <-(e)s, -e> *nt* ospedale *m* militare

**LCD** [ɛltseː'deː] <-s, -s> *nt abk v* **liquid crystal display** LCD *m*

**leasen** ['liːzən] *vt* (*Wagen, Fernseher*) noleggiare, prendere in leasing

**Leasing** ['liːzɪŋ] <-s, -s> *nt* leasing *m*

**Lebedame** *f* donna *f* di mondo **Lebemann** *m* uomo *m* di mondo, viveur *m*

**leben** ['leːbən] *vi, vt* vivere; **bescheiden/enthaltsam/gesund/zurückgezogen ~** vivere modestamente/castamente/in modo sano/ritirato; **noch/nicht mehr ~**

essere ancora/non essere più in vita; **von/ für etw ~** vivere di/per qc; **man lebt nur einmal!** si vive una volta sola; **in den Tag hinein ~** vivere alla giornata; **es lebe die Freiheit!** viva la libertà!
**Leben** <-s, -> *nt* vita *f*; (*Lebhaftigkeit*) animazione *f*, vivacità *f*, vitalità *f*; **jdm das ~ retten** salvare la vita a qu; **jdm das ~ schwer machen** rendere la vita dura a qu; **einem Kind das ~ schenken** dare la vita a un bambino, mettere al mondo un bambino; **sein ~ fristen** campare alla meglio, tirare avanti; **voller ~ stecken** essere pieno di vita; **~ in die Bude bringen** (*fam*) portar l'allegria in casa; **sich** *dat* **das ~ nehmen** togliersi la vita, suicidarsi; **am ~ bleiben/sein** restare/essere in vita; **etw ins ~ rufen** dare vita a qc; **etw mit dem ~ bezahlen** pagare qc con la vita; **mit dem ~ davonkommen** salvarsi la vita; **ums ~ kommen** perdere la vita; **um sein ~ rennen** correre per salvarsi la pelle; **ein ~ lang** tutta una vita; **auf ~ und Tod** per la vita e la morte; **aus dem ~ gegriffen** tratto dal vivo; **nie im ~** (*fam*) mai e poi mai; **für mein ~ gern würde ich ...** pagherei non so che per ...
**lebend** *adj* vivente; **~e Sprachen** lingue vive; **das ist der ~e Beweis** è la prova lampante, è l'esempio vivo **lebendgebärend** *adj* (ZOO) viviparo **Lebendgewicht** *nt* peso *m* vivo
**lebendig** [leˈbɛndɪç] *adj* ❶ (*lebend, a Erinnerung*) vivo; **bei ~em Leib verbrennen** essere bruciato vivo ❷ (*lebhaft*) vivace **Lebendigkeit** <-> *kein Pl. f* ❶ (*Lebendigsein*) vitalità *f* ❷ (*Lebhaftigkeit*) vivacità *f*
**Lebensabend** *m* (*geh*) vecchiaia *f*, ultimi anni *mpl* **Lebensabschnitt** *m* periodo *m* della vita **Lebensalter** *nt* età *f* **Lebensart** *f* ❶ (*Lebensweise*) modo *m* di vivere, vita *f* ❷ (*gutes Benehmen*) modi *mpl*, maniere *fpl* gentili **Lebensaufgabe** *f* compito *m* della vita **Lebensbaum** *m* ❶ (BOT) tuia *f* ❷ (REL) albero *m* della vita **Lebensbedingungen** *fPl.* condizioni *fpl* di vita **Lebensdauer** *f* ❶ (*Länge eines Lebens*) [durata *f* della] vita *f* ❷ (TEC) durata *f* **Lebenselixier** *nt* elisir *m* di lunga vita **Lebensende** *nt* fine *f* della vita; **bis an sein ~** fino alla morte **Lebenserfahrung** *kein Pl. f* esperienza *f* [di vita] **lebenserhaltend** *adj* vitale **Lebenserwartung** *f* vita *f* media **lebensfähig** *adj* vitale **Lebensfreude** *f* gioia *f* di vivere **lebensfroh** *adj* pieno di gioia di vivere

**Lebensgefahr** *f* pericolo *m* di vita; **in ~ schweben** essere in pericolo di vita; **außer ~ sein** essere fuori pericolo; **Vorsicht, ~!** pericolo di morte! **lebensgefährlich** *adj* pericolosissimo, rischioso; (*Verletzung*) mortale; **~ verletzt/krank** ferito/malato mortalmente
**Lebensgefährte** *m*, **Lebensgefährtin** *f* compagno, -a *m, f* **Lebensgemeinschaft** *f* ❶ (*Ehe*) matrimonio *m* ❷ (*nichtehelich*) convivenza *f* **lebensgroß** *adj* di grandezza naturale **Lebenshaltungsindex** *m* indice *m* del costo della vita **Lebenshaltungskosten** *Pl.* costo *m* della vita **Lebensjahr** *nt* anno *m* di vita; **im zwanzigsten ~** all'età di vent'anni; **mit vollendetem 18. ~** a diciott'anni compiuti **Lebenskünstler(in)** *m(f)* artista *mf* nell'arte di vivere; **ein ~ sein** saper vivere **Lebenslage** *f* situazione *f* [della vita] **lebenslang** *adj* che dura tutta la vita, a vita **lebenslänglich** *adj* a vita; (*Rente a*) vitalizio; **~e Haft** ergastolo; **sie bekam „~"** è stata condannata all'ergastolo **Lebenslauf** *m* ❶ (*Verlauf*) corso *m* della vita ❷ (*geschriebener*) curriculum *m* vitae **lebenslustig** *adj* gaio, allegro
**Lebensmittel** *ntPl.* generi *mpl* alimentari, viveri *mpl* **Lebensmittelallergie** *f* allergia *f* alimentare **Lebensmittelgeschäft** *nt* negozio *m* di [generi] alimentari **Lebensmittelhändler(in)** *m(f)* negoziante *mf* di generi alimentari **Lebensmittelvergiftung** *f* (MED) intossicazione *f* alimentare **Lebensmittelversorgung** *f* rifornimento *m* di viveri
**Lebensmittelvorrat** *m* provviste *fpl* di viveri
**lebensmüde** *adj* stanco della vita **Lebensmut** *m* coraggio *m* [di vivere], forza *f* d'animo **lebensnah** *adj* ❶ (*praktisch*) attuale, pratico ❷ (*realistisch*) realistico **lebensnotwendig** *adj* d'importanza vitale **Lebenspartnerschaft** *f* unione *f* civile; **eingetragene ~** convivenza *f* registrata **Lebensqualität** *kein Pl. f* qualità *f* [dello stile] di vita **Lebensraum** *m* spazio *m* vitale; (BIOL) biotopo *m* **Lebensretter(in)** *m(f)* salvatore, -trice *m, f* **Lebensstandard** *m* tenore *m* di vita **Lebensstellung** *f* posto *m* a vita **Lebensunterhalt** *m* sostentamento *m*; **sich** *dat* **seinen ~ verdienen** guadagnarsi da vivere **lebensuntüchtig** *adj* disadattato **Lebensverlängerung** <-> *kein Pl.. f* ❶ (MED: *Hinauszögern des Sterbens*) prolungamento *m* della vita; **~ mit**

**allen Mitteln** accanimento *m* terapeutico ❷ (*längere Lebensdauer*) allungamento *m* della vita **Lebensversicherung** *f* assicurazione *f* sulla vita **Lebenswandel** *m* [condotta *f* di] vita *f* **Lebensweg** *m* corso *m* della vita; **viel Glück auf deinem weiteren ~!** tanti auguri per il futuro! **Lebensweise** *f* modo *m* di vivere, costume *m* di vita **Lebensweisheit** *f* saggezza *f* di vita **Lebenswerk** *nt* opera *f* di [tutta] una vita **lebenswert** *adj* degno di essere vissuto **lebenswichtig** *adj* [di importanza] vitale **Lebenswirklichkeit** *f* vita *f* reale **Lebenszeichen** *nt* segno *m* di vita; **kein ~ von sich** *dat* **geben** non dare segni di vita **Lebenszeit** *f* durata *f* di una vita; **auf ~ a** vita

**Leber** ['le:bɐ] <-, -n> *f* fegato *m*; **frisch von der ~ weg** (*fam*) francamente **Leberfleck** *m* macchia *f* epatica **Leberkäse** *m* (*bes. südd, A*) *impasto di carne tritata condito e cucinato* **Leberknödel** *m* (*bes. südd, A*) gnocchetto *m* di fegato **leberkrank** *adj* (MED) epatico, malato di fegato **Leberpastete** *f* pasticcio *m* di fegato **Lebertran** *m* olio *m* di fegato di merluzzo **Leberwurst** *f* salsiccia *f* di fegato; **die beleidigte ~ spielen** (*fam*) fare l'offeso **Leberzirrhose** *f* (MED) cirrosi *f* epatica

**Lebewesen** *nt* essere *m* vivente; (*einzelliges ~ a*) organismo *m*

**Lebewohl** ['le:bəˈvoːl] <-(e)s, -s *o* -e> *nt* (*geh*) addio *m*; **jdm ~ sagen** dire addio a qu

**lebhaft** *adj* ❶ (*Mensch, Unterhaltung*) vivace ❷ (*Fantasie, Farbe, Erinnerung*) vivo ❸ (*Handel, Verkehr*) intenso ❹ (*deutlich, klar*) chiaro; **ich kann mir ~ vorstellen, wie ...** mi posso ben immaginare come ... **Lebhaftigkeit** <-> *kein Pl. f* ❶ (*Munterkeit*) vivacità *f* ❷ (*Bewegtheit*) animazione *f* ❸ (*Deutlichkeit*) vivezza *f*

**Lebkuchen** ['le:pkuːxən] *m* panpepato *m*

**leblos** *adj* ❶ (*wie tot*) senza vita, inanimato ❷ (*fig*) inerte, languido

**Lebzeiten** *fPl*. **zu ~ von** ai tempi di; **zu seinen ~** quand'era vivo

**Lech** [lɛç] *m* Lech *m*

**lechzen** ['lɛçtsən] *vi* ❶ (*verlangen*) desiderare (*nach etw* qc); (*gierig sein*) essere avido (*nach* di) ❷ (*dürsten*) essere assetato (*nach* di)

**Lecithin** [letsiˈtiːn] <-s, -e> *nt* (CHEM) lecitina *f*

**leck** [lɛk] *adj* **~ sein** (*undicht sein*) perdere; (*Schiff*) fare acqua **Leck** <-(e)s, -s> *nt* perdita *f*; (NAUT) fuga *f*

**lecken** ['lɛkən] **I.** *vt* (*schlecken*) leccare **II.** *vi* ❶ (*schlecken*) **an etw** *dat* **~** leccare qc ❷ (*fig: Flammen*) lambire ❸ (*undicht sein*) perdere, colare; (*Schiff*) fare acqua

**lecker** ['lɛkɐ] *adj* (*a. fig*) gustoso, appetitoso **Leckerbissen** *m*, **Leckerei** <-, -en> *f* ghiottoneria *f*, leccornia *f* **Leckermaul** *nt* (*fam*) ❶ (*der gern Süßigkeiten isst*) ghiottone, -a *m, f* ❷ (*Feinschmecker*) buongustaio, -a *m, f*

**LED** [ɛlʔeːˈdeː] <-, -s> *f abk v* **Light Emitting Diode** LED *m*

**led.** *abk v* **ledig** nubile; (*Männer*) celibe

**Leder** ['leːdɐ] <-s, -> *nt* ❶ (*Material*) cuoio *m*, pelle *f* ❷ (*fam* SPORT: *Fußball*) pallone *m*

**Leder-** (*in Zusammensetzungen*) di pelle **Ledereinband** *m* rilegatura *f* in pelle **Lederhandschuh** *m* guanto *m* di pelle **Lederhose** *f* pantaloni *mpl* di pelle tradizionali **Lederindustrie** *f* industria *f* del cuoio **Lederjacke** *f* giacca *f* di pelle

**ledern** *adj* ❶ (*aus Leder*) di cuoio, di pelle ❷ (*zäh*) coriaceo, duro

**Lederriemen** *m* cinghia *f* di cuoio **Ledersohle** *f* suola *f* di cuoio **Lederwaren** *fPl*. pelletterie *fpl*, articoli *mpl* di pelle **Lederwarenhandlung** *f* negozio *m* di pelletteria

**ledig** ['leːdɪç] *adj* (*unverheiratet*) celibe, scapolo; (*Frau*) nubile; **~e Mutter** ragazza madre

**lediglich** ['leːdɪklɪç] *adv* soltanto, solamente

**Lee** [leː] <-> *kein Pl. f o nt* (NAUT) [lato *m*] sottovento *m*

**leer** [leːɐ̯] **I.** *adj* ❶ (*ohne Inhalt*) vuoto; **~e Worte/Versprechungen** parole vuote/vane promesse; **mit ~en Händen** a mani vuote; **~ ausgehen** andarsene a mani vuote; **der Platz ist wie ~ gefegt** la piazza è deserta [*o* spopolata] ❷ (*unbeschrieben*) bianco ❸ (EL: *Batterie*) scarico ❹ (*nicht möbliert*) non ammobiliato ❺ (*unbesetzt*) libero, vacante ❻ (*fig: nichts sagend, ausdruckslos*) inespressivo **II.** *adv* (TEC) al minimo; (MOT) in folle; (*fig*) a vuoto

**Leere** ['leːrə] <-> *kein Pl. f* ❶ (*das Leersein*) vuoto *m*; **gähnende ~** vuoto assoluto ❷ (*fig*) vacuità *f*

**leeren I.** *vt* vuotare **II.** *vr* **sich ~** svuotarsi

**leergefegt** *adj s.* **leer I.1.**

**Leergewicht** *nt* peso *m* a vuoto **Leergut** *nt* [recipienti *mpl*] vuoti *mpl* **Leerlauf** *m* (TEC) funzionamento *m* a vuoto;

Leerlaufdrehzahl → Lehrgangsteilnehmer

(MOT) marcia f in folle **Leerlaufdrehzahl** f
(MOT) regime m a vuoto **leer|laufen** <irr>
vi (*Behälter, Tank*) svuotarsi
**leerstehend** *adj* disabitato, sfitto, vuoto
**Leerung** <-, -en> f svuotamento m; (*von Briefkasten*) levata f della posta
**Lefze** ['lɛftsə] <-, -n> f labbro m
**legal** [le'ga:l] *adj* legale
**legalisieren** [legali'zi:rən] <ohne ge-> vt legalizzare
**Legalität** [legali'tɛ:t] <-> *kein Pl.* f legalità f
**Legasthenie** [legaste'ni:] <-> *kein Pl.* f dislessia f
**Legastheniker(in)** [legas'te:nɪkɐ] <-s, -; -, -nen> m(f) dislessico, -a m, f
**Legat**[1] [le'ga:t] <-en, -en> m (HIST, REL) legato m
**Legat**[2] <-(e)s, -e> nt (JUR) legato m
**Legebatterie** <-, -n> f batteria f di polli d'allevamento
**legen** ['le:gən] I. vt ❶ mettere, adagiare; **einen Brand** ~ appiccare il fuoco a qc; **die Fliesen/den Teppichboden** ~ mettere le piastrelle/la moquette; **auf etw** *acc* **Wert** ~ tenere a qc; **die Stirn in Falten** ~ corrugare la fronte ❷(*nieder~*) posare, deporre ❸(*ausbreiten*) stendere; **eine Decke über das Bett** ~ stendere una coperta sul letto ❹(*Eier*) deporre II. vr **sich** ~ ❶(*sich ausstrecken*) distendersi; (*zu Bett*) coricarsi; **sich auf den Bauch/die Seite** ~ coricarsi sulla pancia/sul fianco ❷(*nachlassen*) calmarsi, placarsi
**legendär** [legɛn'dɛ:ɐ̯] *adj* leggendario
**Legende** [le'gɛndə] <-, -n> f leggenda f
**leger** [le'ʒe:ɐ̯] *adj* ❶ disinvolto ❷(*Kleidung*) casual
**Leggings** ['lɛgɪŋs] *Pl.* fuseaux *mpl*
**legieren** [le'gi:rən] <ohne ge-> vt legare
**Legierung** <-, -en> f lega f
**Legion** [le'gi̯o:n] <-, -en> f legione f
**Legionär** [legi̯o'nɛ:ɐ̯] <-s, -e> m legionario m
**Legislative** [legɪsla'ti:və] <-, -n> f ❶(*gesetzgebende Gewalt*) potere m legislativo ❷(*Versammlung*) assemblea f legislativa
**Legislaturperiode** [legɪsla'tu:ɐ̯peri'o:də] f legislatura f
**legitim** [legi'ti:m] *adj* legittimo
**Legitimation** [legitima'tsi̯o:n] <-, -en> f legittimazione f
**legitimieren** [legiti'mi:rən] <ohne ge-> I. vt legittimare II. vr **sich** ~ (*sich ausweisen*) dimostrare la propria identità
**Legitimität** [legitimi'tɛ:t] <-> *kein Pl.* f legittimità f

**Lehen** ['le:ən] <-s, -> nt feudo m
**Lehm** [le:m] <-(e)s, -e> m argilla f, creta f
**Lehmgrube** f cava f d'argilla **lehmig** *adj* argilloso
**Lehne** ['le:nə] <-, -n> f ❶(*Stütze*) appoggio m, sostegno m; (*Rücken~*) spalliera f; (*Arm~*) bracciolo m ❷(*A, CH: Abhang*) pendio m
**lehnen** I. vt etw an etw *acc* [o **gegen etw**] ~ appoggiare qc a qc II. vi poggiare; **an etw** *dat* ~ essere appoggiato a qc III. vr **sich an** [o **gegen**] **jdn/etw** ~ appoggiarsi a qu/qc; **sich aus dem Fenster** ~ (*von Auto*) sporgersi dal finestrino; (*von Haus*) sporgersi dalla finestra
**Lehnsessel** m poltrona f
**Lehnsherr** ['le:nshɛr] m (HIST) feudatario m, signore m feudale
**Lehnsmann** <-(e)s, -männer *o* -leute> m (HIST) vassallo m **Lehnstuhl** m poltrona f **Lehnwort** <-(e)s, -wörter> nt prestito m linguistico
**Lehramt** nt insegnamento m
**Lehramtsanwärter(in)** m(f) candidato, -a m, f all'insegnamento **Lehramtsstudium** <-s> *kein Pl.* nt studio che abilita all'insegnamento nelle scuole medie inferiori e superiori **Lehranstalt** f istituto m scolastico **Lehrbeauftragte** mf [insegnante] incaricato, -a m, f **Lehrberuf** m professione f d'insegnante, insegnamento m **Lehrbrief** m certificato m di apprendistato **Lehrbuch** nt [libro m di] testo m, manuale m
**Lehre** ['le:rə] <-, -n> f ❶(*Unterweisung*) insegnamento m; (*Handwerks~*) apprendistato m, tirocinio m; **bei jdm in die** ~ **gehen** andare a fare [il] tirocinio presso qu ❷(SCIENT) scienza f ❸(*Theorie, Lehrmeinung*) teoria f; (REL, PHILOS) dottrina f ❹(*Erfahrung*) lezione f; (*Warnung*) monito m; (*einer Fabel*) morale f; **jdm eine** ~ **sein** servire di lezione a qu; **aus etw eine** ~ **ziehen** trarre insegnamento da qc ❺(TEC) calibro m
**lehren** vt, vi insegnare; **ich werde dich** ~ **zu** +*inf* ti insegnerò io a +*inf fam*
**Lehrer(in)** <-s, -; -, -nen> m(f) insegnante mf; (*Volksschul~*) maestro, -a m, f; (*Gymnasial~, Universitäts~*) professore, -essa m, f **Lehrerschaft** <-, -en> f corpo m insegnante, insegnanti mpl **Lehrerzimmer** nt sala f dei professori [o docenti]
**Lehrfilm** m film m didattico **Lehrgang** m corso m
**Lehrgangsteilnehmer(in)** m(f) parteci-

pante *mf* a un corso **Lehrgeld** *nt* costo *m* del tirocinio; **~ zahlen** (*fig*) imparare a proprie spese **lehrhaft** *adj* didattico, didascalico
**Lehrherr** *m* (*obs*) maestro *m*, padrone *m*
**Lehrjahr** *nt* anno *m* di tirocinio **Lehrkörper** *m* (ADM) corpo *m* insegnante **Lehrkraft** *f* (ADM) insegnante *mf* **Lehrling** <-s, -e> *m* apprendista *mf* **Lehrmädchen** *nt* apprendista *f* **Lehrmeister(in)** <-s, -; -, -nen> *m(f)* maestro, -a *m*, *f*, mastro, -a *m*, *f* **Lehrmittel** *nt meist pl* materiale *m* didattico **Lehrmittelfreiheit** *f* gratuità *f* dei libri scolastici
**Lehrpfad** *m* sentiero *m* didattico **Lehrplan** *m* piano *m* di studi **Lehrprobe** *f* lezione *f* di prova **lehrreich** *adj* istruttivo
**Lehrsatz** *m* tesi *f*; (MAT, PHYS) teorema *m*; (REL) dogma *m* **Lehrstelle** *f* posto *m* di apprendistato **Lehrstuhl** *m* cattedra *f*; **ein ~ für Linguistik** una cattedra di linguistica **Lehrvertrag** *m* contratto *m* di apprendistato **Lehrzeit** *f* [periodo *m* di] apprendistato *m*
**Leib** [laɪp] <-(e)s, -er> *m* (*geh*) ❶ (*Körper*) corpo *m*; **etw am eigenen ~[e] erfahren** imparare qc a proprie spese; **am ganzen ~[e] zittern** tremare da capo a piedi; **jdm wie auf den ~ geschrieben sein** adattarsi perfettamente a qu; **sich** *dat* **jdn vom ~ e halten** tenere alla larga qu *fam*; **bei lebendigem ~e** vivo; **mit ~ und Seele** anima e corpo; **bleiben Sie mir damit vom ~e!** (*fam*) non mi secchi con questa storia! ❷ (*Bauch*) ventre *m*, pancia *f* **Leibarzt** *m* medico *m* personale
**Leibbinde** *f* panciera *f*, ventriera *f*
**leibeigen** ['laɪpʔaɪgən] *adj* appartenente alla servitù della gleba
**leiben** *vi* **wie er leibt und lebt** in carne ed ossa
**Leibeserziehung** *f* (ADM) educazione *f* fisica **Leibeskräfte** *fPl.* **aus ~n schreien** gridare a più non posso **Leibesübungen** *fPl.* (ADM) esercizi *mpl* fisici **Leibesvisitation** *f* perquisizione *f* personale
**Leibgarde** *f* guardia *f* del corpo
**Leibgardist** *m* soldato *m* della guardia del corpo **Leibgericht** *nt* piatto *m* preferito **leibhaftig** *adj* in persona, in carne ed ossa **leiblich** *adj* ❶ (*körperlich*) corporale, fisico ❷ (*blutsverwandt*) consanguineo; **sein ~er Sohn** suo figlio carnale
**Leibspeise** *f* piatto *m* preferito **Leibwache** *f*, **Leibwächter** *m* guardia *f* del corpo **Leibwäsche** *f* biancheria *f* intima
**Leiche** ['laɪçə] <-, -n> *f* cadavere *m*, salma *f poet*; **über ~n gehen** (*fig*) essere senza scrupoli **leichenblass** *adj* pallido come un morto **Leichenhalle** *f*, **Leichenhaus** *nt* camera *f* mortuaria **Leichenschändung** *f* profanazione *f* di cadavere **Leichenschauhaus** *nt* obitorio *m* **Leichenstarre** <-> *kein Pl. f* rigidità *f* cadaverica **Leichentuch** *nt* lenzuolo *m* funebre **Leichenverbrennung** *f* cremazione *f* **Leichenwagen** *m* carro *m* funebre **Leichenzug** *m* corteo *m* funebre
**Leichnam** ['laɪçnaːm] <-(e)s, -e> *m* (*geh*) salma *f lett*, cadavere *m*
**leicht** [laɪçt] I. *adj* ❶ (*nicht schwer, geringfügig*) leggero ❷ (*nicht schwierig*) facile; **es nicht ~ haben** non avere una vita facile; **~es Spiel haben** aver buon gioco; **etw ~en Herzens tun** far qc a cuor leggero; **nichts ~er als das** nulla di più facile; **jdm etw ~ machen** agevolare qc a qu II. *adv* ❶ (*schnell, mühelos*) facilmente; **~ zugänglich** facilmente accessibile; **sie wird ~ ärgerlich** si arrabbia facilmente; **das ist ~ möglich** è possibilissimo; **das ist ~ gesagt** è facile a dirsi; **das ist ~er gesagt als getan** tra il dire ed il fare c'è di mezzo il mare *prov* ❷ (*zurückhaltend*) **etw ~ salzen** salare qc leggermente
**Leichtathlet(in)** *m(f)* atleta *mf* [di atletica leggera] **Leichtathletik** *f* atletica *f* leggera
**Leichter** <-s, -> *m* (NAUT) alleggio *m*
**leicht|fallen** <*irr*> *vi* (*keine Mühe bereiten*) essere facile; **das fällt mir leicht** mi riesce facile **leichtfertig** *adj* ❶ (*unbekümmert*) spensierato ❷ (*leichtsinnig*) leggero, sconsiderato **Leichtfertigkeit** <-> *kein Pl. f* leggerezza *f*; (*Gedankenlosigkeit*) spensieratezza *f*; (*Unvorsichtigkeit*) sventatezza *f*, sconsideratezza *f*
**Leichtgewicht** *nt* peso *m* leggero
**leichtgläubig** *adj* credulone **Leichtgläubigkeit** <-> *kein Pl. f* credulità *f*
**leichthin** ['laɪçthɪn] *adv* ❶ (*ohne lange zu überlegen*) senza riflettere, alla leggera ❷ (*flüchtig*) di sfuggita **Leichtigkeit** <-> *kein Pl. f* ❶ (*Leichtsein*) leggerezza *f* ❷ (*Mühelosigkeit*) facilità *f*; **mit ~** facilmente
**leichtlebig** *adj* spensierato, gaio **leicht|-machen** *vt s.* **leicht I.2. Leichtmetall** *nt* metallo *m* leggero **leicht|nehmen** <*irr*> *vt* **etw ~** prendere qc alla leggera; **nimm's leicht!** non te la prendere!
**Leichtsinn** *m* ❶ (*Unvorsichtigkeit*) leggerezza *f*; (*Unbesonnenheit*) avventatezza *f* ❷ (*Unbekümmertheit*) spensieratezza *f* **leichtsinnig** I. *adj* ❶ (*unvorsichtig*) leg-

gero; (*unbesonnen*) sventato; (*unbedacht*) sconsiderato ❷ (*sorglos*) spensierato II. *adv* (*unvorsichtig*) con leggerezza, alla leggera

**leicht|tun** <irr> *vr* **sich ~** (*fam*) non avere difficoltà; **sich mit etw ~** non avere difficoltà con qc **leichtverdaulich** *adj s.* **verdaulich leichtverderblich** *adj s.* **verderblich 1.**

**leichtverletzt** *adj s.* **verletzen I.1. Leichtverletzte** *mf* ferito, -a *m, f* leggero, -a

**leichtverständlich** *adj s.* **verständlich 1. leichtverwundet** *adj s.* **verwundet Leichtverwundete** *mf* ferito, -a *m, f* leggero, -a

**leid** [laɪt] *adj* **ich bin es ~, zu warten** sono stufo di aspettare *fam*

**Leid** <-(e)s> *kein Pl. nt* ❶ (*seelischer Schmerz*) pena *f*, sofferenza *f*; (*Schmerz*) dolore *m*; (*Kummer*) dispiacere *m*; **jdm sein ~ klagen** confidare a qu il proprio dolore ❷ (*Unrecht*) torto *m*, ingiustizia *f*; **jdm ein ~ |an|tun** fare un torto a qu

**leiden** [ˈlaɪdən] <leidet, litt, gelitten> I. *vi* soffrire; **an einer Krankheit ~** soffrire di una malattia; **unter der Einsamkeit ~** soffrire di solitudine; **an Krebs ~** soffrire di cancro II. *vt* (*ertragen*) patire; **Not ~** essere in miseria; **jdn nicht ~ können** non poter soffrire qu *fam*; **ich mag ihn gut ~** mi è simpatico, mi piace

**Leiden** <-s, -> *nt* ❶ sofferenza *f* ❷ (*Schmerz*) dolore *m* ❸ (*Krankheit*) malattia *f*; (*Erkrankung*) affezione *f*

**Leidenschaft** <-, -en> *f* passione *f* **leidenschaftlich** *adj* ❶ (*begeistert*) appassionato; **etw ~ gern tun** fare qc molto volentieri ❷ (*emotional*) passionale **leidenschaftslos** *adj* razionale, spassionato

**Leidenschaftslosigkeit** <-> *kein Pl. f* (*Teilnahmslosigkeit*) insensibilità *f*, freddezza *f*; (*Objektivität*) spassionatezza *f*; (*Unempfindlichkeit*) impassibilità *f*

**Leidensfähigkeit** *f* capacità *f* di sofferenza **Leidensgefährtin** <-, -nen> *f* compagno, -a *m, f* di sventura

**Leidensgenosse** *m*, **Leidensgenossin** *f* compagno, -a *mf* di sventura

**leider** [ˈlaɪdɐ] *adv* purtroppo; (*unglücklicherweise*) disgraziatamente, sfortunatamente; **~ muss ich sagen, dass ...** mi dispiace [di] dover dire che ...; **~!** purtroppo!; **~ ja/nein** purtroppo sì/no; **~ Gottes** sfortunatamente

**leidig** *adj* (*ärgerlich*) fastidioso; (*unangenehm*) increscioso

**leidlich** I. *adj* passabile, discreto II. *adv* discretamente, passabilmente; (*einigermaßen*) abbastanza

**Leidtragende** <ein -r, -n, -n> *mf* (*Benachteiligte*) vittima *f*

**leid|tun** <irr> *vi* ❶ (*bedauerlich sein*) [di]spiacere; **es tut mir leid, dass ...** mi [di]spiace che +*conj* ❷ (*Mitleid erregen*) **er tut mir leid** mi fa pena **leidvoll** *adj* doloroso

**Leidwesen** *nt* **zu meinem ~** con mio rincrescimento

**Leier** [ˈlaɪɐ] <-, -n> *f* (MUS) lira *f*; (*Dreh~*) organetto *m;* **das ist immer die alte ~** (*fam*) è sempre la solita storia **Leierkasten** *m* organetto *m* [di Barberia]

**Leierkastenmann** *m* sonatore *m* d'organetto

**leiern** *vi* (*fig: monoton sprechen*) parlare in tono monotono

**Leiharbeit** *kein Pl. f* lavoro *m* temporaneo prestato presso un altro datore di lavoro, lavoro *m* a prestito

**Leihbibliothek** *f*, **Leihbücherei** *f* biblioteca *f* di prestito

**leihen** [ˈlaɪən] <leiht, lieh, geliehen> I. *vt* [jdm] etw ~ prestare qc [a qu] II. *vr* **sich** *dat* [**von jdm etw**] **~** farsi prestare [qc da qu]

**Leihfrist** *f* scadenza *f* del prestito **Leihgabe** *f* prestito *m* **Leihgebühr** *f* tariffa *f* di prestito **Leihhaus** *nt* monte *m* di pietà **Leihmutter** *f* madre *f* in affitto **Leihwagen** *m* (AUTO) macchina *f* a nolo, auto *f* noleggiata **leihweise** *adv* in prestito

**Leim** [laɪm] <-(e)s, -e> *m* ❶ (*Klebstoff*) colla *f*; **jdm auf den ~ gehen** (*fam*) farsi abbindolare da qu; **aus dem ~ gehen** (*fam: auseinanderfallen*) scollarsi; (*dick werden*) sformarsi ❷ (*Vogel~*) vischio *m*

**leimen** *vt* ❶ (*kleben*) incollare ❷ (*sl: hereinlegen*) abbindolare *fam*

**Leimfarbe** *f* colore *m* a colla, tempera *f*

**Lein** [laɪn] <-(e)s, -e> *m* lino *m*

**Leine** [ˈlaɪnə] <-, -n> *f* (*Seil*) funicella *f*; (*a. Wäsche~*) corda *f*; (*Hunde~*) guinzaglio *m;* (*Lauf~*) lunga *f*; (*Angel~*) lenza *f*; **an der ~ führen** tenere al guinzaglio; **zieh' ~!** (*fam*) vattene! sparisci!

**leinen** *adj* di lino

**Leinen** <-s, -> *nt* ❶ (*Gewebe*) lino *m* ❷ (*Bucheinband*) tela *f;* **in ~ [gebunden]** rilegato in tela

**Leinöl** *nt* olio *m* di lino

**Leinsamen** *m* seme *m* di lino

**Leintuch** *nt* lenzuolo *m* **Leinwand** *f*

**①** tela *f*; (*Malerei a*) lino *m* **②** (FILM) schermo *m*

**Leipzig** ['laɪptsɪç] *nt* Lipsia *f*

**leise** ['laɪzə] **I.** *adj* **①** (*still*) basso, sommesso; **~r stellen** abbassare; **mit ~r Stimme** a bassa voce **②** (*leicht, schwach*) leggero; (*sanft*) delicato; **nicht die ~ste Ahnung haben** non avere la più pallida idea **II.** *adv* (*mit leiser Stimme*) sottovoce, piano **Leisetreter** <-s, -> *m* (*pej*) sornione, -a *m, f*, ipocrita *mf*

**Leiste** ['laɪstə] <-, -n> *f* **①** (*Rand~*) lista *f*, listello *m* **②** (*Stoff~*) orlo *m*, bordo *m* **③** (ARCH) modanatura *f* **④** (ANAT) inguine *m*

**leisten** ['laɪstən] **I.** *vt* **①** (*tun, schaffen*) fare; (*hervorbringen*) compiere **②** (TEC) rendere; (MOT) avere un rendimento **③** (*Zahlung*) effettuare **④** (*Hilfe, Eid*) prestare; **jdm Gesellschaft ~** far compagnia a qu **II.** *vr* **sich ~** **①** (*gönnen*) concedersi **②** (FIN) permettersi [il lusso di] **③** (*sich herausnehmen*) prendersi la libertà di, permettersi

**Leisten** ['laɪstən] <-s, -> *m* (*Schuhform*) forma *f* (*Schuhspanner*) tendiscarpe *m*; **alles über einen ~ schlagen** (*fam*) fare di ogni erba un fascio

**Leistenbruch** *m* (MED) ernia *f* inguinale **Leistengegend** *f* (ANAT) regione *f* inguinale

**Leistung** <-, -en> *f* **①** prestazione *f*; (SPORT) exploit *m*; (*von Arbeiter*) rendimento *m*; (*von Schüler*) profitto *m*; (*Geleistetes*) lavoro *m*, opera *f*; **große ~** grande opera; (SPORT) prodezza *f*, exploit *m*; **soziale ~en** prestazioni sociali; **eine ~ vollbringen** fare un lavoro; (SPORT) compiere un exploit **②** (*von Maschine, Fabrik*) capacità *f* di produzione, efficienza *f* **③** (*Zahlung*) pagamento *m*; (*Beitrag*) contributo *m* **Leistungsabfall** *m* calo *m* di rendimento **leistungsbezogen** *adj* a cottimo **Leistungsbilanz** *f* (WIRTSCH) bilancia *f* delle partite correnti **Leistungsdruck** *kein Pl. m* **unter ~ sein** essere sotto pressione [di dover rendere] **leistungsfähig** *adj* (*produktiv*) efficiente, produttivo **Leistungsfähigkeit** *f* **①** (*Produktivität*) capacità *f* produttiva, produttività *f* **②** (TEC) rendimento *m*, efficienza *f* **Leistungsgesellschaft** *f* società *f* efficientistica **Leistungskurs** *m* seminario *m* di **leistungsschwach** *adj* poco efficiente, di scarso rendimento **Leistungssport** *m* sport *m* di competizione **leistungsstark** *adj* efficiente, produttivo; (SPORT) competitivo; (MOT) potente

**Leitartikel** *m* articolo *m* di fondo **Leitartikler(in)** <-s, -; -, -nen> *m(f)* editorialista *mf* **Leitbild** *nt* esempio *m*, modello *m*, ideale *m*

**leiten** ['laɪtən] *vt* **①** (*führen*) condurre, guidare; **sich von etw ~ lassen** lasciarsi guidare da qc **②** (*verantwortlich ~*) dirigere; (*den Vorsitz haben von*) presiedere **③** (*lenken*) dirigere; (*um~*) deviare; (*Gewässer, fig*) incanalare **④** (EL, PHYS) condurre **leitend** *adj* **①** (*Stellung*) direttivo; **~e[r] Angestellte[r]** dirigente *mf* **②** (*fig: Gedanke*) dominante **③** (EL, PHYS) conduttore

**Leiter**[1] ['laɪtɐ] <-, -n> *f* scala *f* [a pioli]

**Leiter**[2] <-s, -> *m* (EL, PHYS) conduttore *m*

**Leiter(in)** ['laɪtɐ] <-s, -; -, -nen> *m(f)* guida *f*, capo *m*; (*Betriebs~, Schul~, Orchester~*) direttore, -trice *m, f*; (*Geschäfts~*) gerente *mf*; (*Abteilungs~*) caporeparto *mf*

**Leiterwagen** *m* carro *m* rastrelliera

**Leitfaden** *m* **①** (*Lehrbuch*) manuale *m* **②** (*fig: Leitgedanke*) filo *m* conduttore **leitfähig** *adj* conduttore **Leitfähigkeit** *f* conduttività *f* **Leitgedanke** *m* pensiero *m* dominante **Leithammel** *m* **①** (*einer Schafherde*) montone *m* guidaiolo **②** (*fig: Anführer*) guida *f*; **der ~ sein** (*fig*) guidare la danza **Leitlinie** *f* (POL, WIRTSCH) direttiva *f* **Leitplanke** *f* guardrail *m* **Leitsatz** *m* principio *m* [direttivo] **Leitspruch** *m* motto *m* **Leitstelle** *f* ufficio *m* centrale, direzione *f*

**Leitung** <-, -en> *f* **①** (*Führung*) guida *f*, conduzione *f*; (*von Betrieb, Schule, Orchester*) direzione *f*; **die ~ einer Firma übernehmen** assumere la direzione di un'impresa; **unter der ~ von** sotto la direzione di **②** (*Verwaltung*) gestione *f*, amministrazione *f* **③** (*die Leitenden*) direzione *f*; (*von Parteien*) direttivo *m* **④** (TEC: *Gas~, Wasser~*) tubazione *f* **⑤** (EL, TEL) linea *f*; (*Kabel*) cavo *m*; **eine ~ legen** posare una linea; **eine lange ~ haben** (*fig fam*) essere duro di comprendonio; **die ~ ist besetzt/gestört** la linea è occupata/disturbata **Leitungsnetz** *nt* **①** (*für Wasser*) canalizzazione *f* **②** (EL) rete *f* elettrica **③** (TEL) rete *f* telefonica **Leitungsrohr** *nt* tubazione *f*, conduttura *f* **Leitungswasser** *nt* acqua *f* di rubinetto **Leitungswiderstand** *m* (PHYS, EL) resistenza *f* di linea

**Leitwerk** <-s, -e> *nt* **①** (AERO) impennaggio *m* **②** (INFORM: *Steuerwerk*) unità *f* di comando

**Lektion** [lɛkˈtsi̯oːn] <-, -en> *f* lezione *f*;

**jdm eine ~ erteilen** (*fig*) dare una lezione a qu

**Lektor(in)** ['lɛktoːɐ̯] <-s, -en; -, -nen> *m(f)* ❶ (*Universitäts~*) lettore, -trice *m, f* ❷ (*Verlags~*) consulente *mf* editoriale

**Lektorat** [lɛktoˈraːt] <-(e)s, -e> *nt* (*Schule*, UNIV) lettorato *m;* (TYP) redazione *f*

**Lektüre** [lɛkˈtyːrə] <-, -n> *f* lettura *f*

**Lemming** ['lɛmɪŋ] <-s, -e> *m* lemming *m;* **wie die ~e** in modo precipitoso e avventato

**Lende** ['lɛndə] <-, -n> *f* (ANAT, GASTR) lombo *m* **Lendenbraten** *m* arrosto *m* di lombo, lombata *f* **Lendenschurz** *m* perizoma *m* **Lendenstück** *nt* (GASTR) lombata *f* **Lendenwirbel** *m* vertebra *f* lombare

**lenkbar** *adj* ❶ (*steuerbar*) dirigibile, manovrabile ❷ (*fig: Kind*) docile, ubbidiente

**lenken** ['lɛŋkən] *vt* ❶ (*Fahrzeug*) guidare; (AERO) pilotare; (NAUT) governare ❷ (*führen, leiten*) condurre; (*fig: Kind*) guidare ❸ (*adm, Wirtschaft*) pianificare ❹ (*fig: Gedanken, Blick*) volgere; **seine Schritte ~ nach** volgere i propri passi verso; **auf sich ~** attirare su di sé; **jds Aufmerksamkeit auf etw** *acc* **~** richiamare l'attenzione di qu su qc

**Lenker** <-s, -> *m* (*Lenkstange*) manubrio *m;* (*Lenkrad*) volante *m*

**Lenker(in)** <-s, -> *m(f)* (*Fahrer*) conduttore, -trice *m, f*

**Lenkrad** *nt* volante *m* [di guida] **Lenkradschaltung** *f* cambio *m* al volante **Lenkradschloss** *nt* bloccasterzo *m*

**lenksam** *adj* docile

**Lenksamkeit** <-> *kein Pl. f* docilità *f* **Lenkstange** *f* manubrio *m*

**Lenkung** <-, -en> *f* ❶ (*von Fahrzeug*) guida *f;* (NAUT) governo *m* ❷ (*Führung*) direzione *f*, conduzione *f* ❸ (MOT: *Vorrichtung*) sterzo *m*

**Lenz** [lɛnts] <-es, -e> *m* (*obs, poet*) primavera *f*

**Leopard** [leoˈpart] <-en, -en> *m* leopardo *m*

**Lepra** ['leːpra] <-> *kein Pl. f* lebbra *f*

**Leprakranke** *mf* lebbroso, -a *m, f*

**Leprastation** *f* lebbrosario *m*

**Lerche** ['lɛrçə] <-, -n> *f* allodola *f*

**lernbegierig** *adj* avido di apprendere

**lernbehindert** *adj* ritardato, che ha problemi di apprendimento

**Lerneifer** <-s> *kein Pl. m* diligenza *f* nello studio, volontà *f* di studiare

**lernen** ['lɛrnən] **I.** *vt* imparare, **etw [von jdm]** ~ imparare qc [da qu]; **~ etw zu tun** imparare a fare qc; **aus etw ~** imparare da qc; **auswendig ~** imparare a memoria; **lesen/schreiben/rechnen ~** imparare a leggere/a scrivere/a contare; **von ihr kannst du noch etw ~** lei ti può insegnare qc; **das lernst du nie!** non imparerai mai! **II.** *vi* ❶ (*Kenntnisse erwerben*) studiare ❷ (*in der Lehre sein*) imparare come apprendista

**lernfähig** *adj* in grado di apprendere **Lernfähigkeit** *kein pl f* capacità *f* d'apprendimento **Lernfahrausweis** *m* (CH: MOT) foglio *m* rosa **Lernprozess** *m* processo *m* d'apprendimento **Lernsoftware** *f* (INFORM) software *m* a scopo didattico

**lernwillig** *adj* desideroso di imparare **Lernziel** *nt* obiettivo *m* didattico

**Lesart** *f* ❶ (*Fassung*) versione *f;* (*andere ~*) variante *f* ❷ (*Deutung*) interpretazione *f*

**lesbar** *adj* leggibile **Lesbarkeit** <-> *kein Pl. f* leggibilità *f*

**Lesbe** ['lɛsbə] <-, -n> *f* (*sl*) lesbica *f*

**lesbisch** *adj* lesbico

**Lese** ['leːzə] <-, -n> *f* raccolta *f;* (*Wein~*) vendemmia *f*

**Lesebrille** *f* occhiali *mpl* da leggere **Lesebuch** *nt* libro *m* di lettura **Leselampe** *f* lampada *f* leggilibro

**lesen** ['leːzən] <liest, las, gelesen> **I.** *vt* ❶ (*Geschriebenes*) leggere ❷ (*fig: Gedanke*) indovinare, leggere ❸ (*pflücken*) cogliere; (*Trauben*) vendemmiare ❹ (*aus~, ver~*) cernere **II.** *vi* ❶ (*Geschriebenes erfassen*) leggere ❷ (*an Universität*) **über ihr Thema** *acc* **~** tenere un corso su un argomento

**lesenswert** *adj* che vale la pena di essere letto

**Leseprobe** *f* ❶ (LIT) saggio *m* di lettura ❷ (THEAT) prova *f* a tavolino

**Leser(in)** <-s, -; -, -nen> *m(f)* lettore, -trice *m, f*

**Leseratte** *f* divoratore, -trice *m, f* di libri

**Leserbrief** *m* lettera *f* al direttore **Leserkreis** *m* cerchia *f* dei lettori

**leserlich** *adj* leggibile **Leserlichkeit** <-> *kein Pl. f* leggibilità *f*

**Leserschaft** <-> *kein Pl. f* lettori *mpl*

**Lesesaal** *m* sala *f* di lettura **Lesestoff** *m* lettura *f* **Lesestück** *nt* [brano *m* di] lettura *f* **Lesezeichen** *nt* segnalibro *m*

**Lesung** <-, -en> *f* lettura *f*

**Lethargie** [letarˈgiː] <-> *kein Pl. f* letargo *m* **lethargisch** [leˈtarɡɪʃ] *adj* letargico

**Lette** ['lɛtə] <-n, -n> *m* lettone *m*

**Letter** ['lɛtɐ] <-, -n> f lettera f, carattere m tipografico
**Lettin** ['lɛtɪn] <-, -nen> f lettone f
**lettisch** adj lettone
**Lettland** ['lɛtlant] nt Lettonia f
**Letzt** [lɛtst] f **zu guter ~** alla fin fine, in fin dei conti
**letzte(r, s)** ['lɛtstə, -tɐ, -təs] adj ❶ (örtlich, zeitlich) ultimo; (abschließend) finale; **der Letzte Wille** le ultime volontà; **~ Woche** la settimana scorsa; **zum ~n Mittel greifen** giocare l'ultima carta; **~n Endes** in fin dei conti; **in den ~n Jahren/Tagen** negli ultimi anni/giorni; **das ist mein ~s Angebot** è la mia ultima offerta; **das wäre das Letzte!** sarebbe la fine ❷ (neueste) [il/la] più recente; **der ~ Schrei** l'ultimo grido ❸ (äußerste) estremo; **bis aufs ~** fino in fondo
**letztendlich** adv alla fin fine
**letztens** adv ❶ (kürzlich) recentemente ❷ (als letzter Punkt) infine, in ultimo luogo
**letztere(r, s)** adj quest'ultimo, -a
**letztjährig** adj dell'anno scorso [o passato]
**letztlich** adv (schließlich) in fine, alla fine
**letztmalig** adj ultimo, dell'ultima volta
**letztwillig** adj testamentario; **~e Verfügung** disposizione f testamentaria
**Leuchtbake** f, **Leuchtboje** f boa f luminosa **Leuchtbombe** f bomba f illuminante **Leuchtdiode** f diodo m a emissione luminosa
**Leuchte** ['lɔɪçtə] <-, -n> f ❶ (Licht) lume m; (Lampe) lampada f ❷ (fig fam: kluger Mensch) luminare m
**leuchten** ['lɔɪçtən] vi ❶ (Licht abgeben) dar luce ❷ (be~) far luce, illuminare ❸ (glänzen) splendere; (a. strahlen) brillare; (Augen) luccicare, essere raggianti
**leuchtend** adj luminoso; (Farbe) vivo; (strahlend) raggiante; **~es Vorbild** esempio luminoso
**Leuchter** <-s, -> m (Kerzen~) candeliere m; (Arm~) candelabro m; (Wand~) applique f; (Kron~) lampadario m
**Leuchtfarbe** f colore m luminescente **Leuchtfeuer** nt faro m **Leuchtgas** nt gas m illuminante **Leuchtkäfer** m lucciola f **Leuchtkraft** f intensità f luminosa **Leuchtrakete** f razzo m illuminante **Leuchtreklame** f insegna f luminosa **Leuchtsignal** nt segnale m luminoso
**Leuchtstofflampe** f lampada f fluorescente **Leuchtstoffröhre** f tubo m fluorescente **Leuchtturm** m faro m **Leuchtzifferblatt** nt quadrante m luminoso
**leugnen** ['lɔɪgnən] vt negare; (bestreiten) contestare; **es kann nicht geleugnet werden, dass ...** è innegabile che ...
**Leukämie** [lɔɪkɛ'mi:] <-, -n> f (MED) leucemia f
**Leukoplast**® [lɔɪko'plast] <-(e)s, -e> nt leucoplasto® m
**Leumund** ['lɔɪmʊnt] <-(e)s> kein Pl. m reputazione f, nome m
**Leute** ['lɔɪtə] Pl. gente f; **alle ~** tutti; **junge/alte ~** i giovani mpl/i vecchi mpl; **kleine ~** (fig) la gente semplice; **meine ~** (fam: Familie) i miei; (Mannschaft, Arbeiter) i miei uomini mpl, i miei operai mpl; **unter die ~ bringen** diffondere, divulgare; **unter/wieder unter [die] ~ gehen** andare/ritornare in società; **ich kenne meine ~** conosco i miei polli fam; **es sind ~ bei uns [zu Besuch]** abbiamo gente; **es waren mindestens zehn ~ da** c'erano per lo meno dieci persone; **was werden die ~ dazu sagen?** che dirà la gente?; **liebe ~!** (fam) miei cari!
**Leutnant** ['lɔɪtnant] <-s, -s o rar -e> m tenente m
**leutselig** adj affabile, alla mano **Leutseligkeit** f affabilità f
**Leviten** [le'vi:tən] Pl. **jdm die ~ lesen** (fam) dare una lavata di capo a qu
**Lexika** Pl. von **Lexikon**
**lexikalisch** [lɛksi'ka:lɪʃ] adj lessicale
**Lexikograf(in)** <-en, -en; -, -nen> m(f) s. **Lexikograph**
**Lexikografie** <-> kein Pl. f s. **Lexikographie**
**Lexikografin** f s. **Lexikograph**
**Lexikograph(in)** [lɛksiko'gra:f] <-en, -en; -, -nen> m(f) lessicografo, -a m, f
**Lexikographie** [lɛksikogra'fi:] <-> kein Pl. f lessicografia f
**Lexikographin** f s. **Lexikograph**
**Lexikon** ['lɛksikɔn] <-s, -ka o -ken> nt dizionario m enciclopedico
**lfd.** abk v **laufend** c.
**Liaison** [liɛ'zõ:] <-, -s> f (geh) ❶ (Liebesverhältnis) liaison f, legame m amoroso, relazione f ❷ (LING) liaison f
**Libanese** [liba'ne:zə] <-n, -n> m, **Libanesin** [liba'ne:zɪn] <-, -nen> f libanese mf
**libanesisch** adj libanese
**Libanon** ['li:banɔn] m **der ~** il Libano; **im ~** nel Libano
**Libelle** [li'bɛlə] <-, -n> f ❶ (ZOO) libellula f ❷ (TEC: bei Wasserwaage) livella f
**liberal** [libe'ra:l] adj liberale
**liberalisieren** [liberali'zi:rən] <ohne ge-> vt liberalizzare

**Liberalisierung** <-, -en> *f* liberalizzazione *f*

**Liberalismus** [libera'lɪsmʊs] <-> *kein Pl. m* liberalismo *m*

**Libero** ['li:bero] <-s, -s> *m* (SPORT) [battitore *m*] libero *m*

**libidinös** *adj* libidinoso

**Libido** [li'bi:do] <-> *kein Pl. f* (PSYCH) libido *f*

**Libretto** [li'brɛto] <-s, Libretti *o* -s> *nt* libretto *m*

**Libyen** ['li:byən] *nt* Libia *f*

**Libyer(in)** <-s, -; -, -nen> *m(f)* libico, -a *m, f*

**libysch** ['li:byʃ] *adj* libico

**lic.** *abk v* **Lizentiat(in)** laureato, -a *m, f*; **wir haben ~ iur. Harald Maier mit dem Vertragsabschluss beauftragt** abbiamo incaricato il dott. in legge Harald Meier della stipulazione del contratto

**licht** [lɪçt] *adj* ① (*hell*) chiaro ② (*dünn, spärlich*) rado

**Licht** [lɪçt] <-(e)s, -er> *nt* luce *f*; (*Helligkeit, ~ schein*) chiarore *m*; **~ machen** accendere la luce; **das ~ ausmachen** spegnere la luce; **das ~ scheuen** fuggire la luce del giorno; **jdm im ~ stehen** fare ombra a qu; **bei ~** alla luce; **das ~ der Welt erblicken** schiudere gli occhi alla luce, nascere; **~ in etw** *acc* **bringen** (*fig*) far luce su qc; **ans ~ kommen** (*fig*) venire alla luce; **etw ins rechte ~ rücken** (*fig*) mettere qc nella giusta luce; **jdn hinters ~ führen** (*fig*) imbrogliare qu, abbindolare qu *fam*; **bei ~ besehen** (*fig*) esaminato più da vicino; **jetzt geht mir ein ~ auf** (*fig*) ora comincio a capire **Lichtanlage** *f* impianto *m* d'illuminazione **Lichtbild** *nt* (ADM: *Passbild*) fototessera *f*

**Lichtbildervortrag** *m* conferenza *f* con diapositive **Lichtblick** *m* (*fig*) [barlume *m* di] speranza *f* **Lichtbogen** *m* arco *m* elettrico [*o* voltaico] **Lichtbrechung** <-> *kein Pl. f* rifrazione *f* della luce

**Lichtdruck** <-(e)s, -e> *m* fototipia *f* **lichtdurchlässig** *adj* trasparente **lichtecht** *adj* resistente alla luce **Lichteinwirkung** *f* azione *f* della luce **lichtempfindlich** *adj* sensibile alla luce; (FOTO, BIOL) fotosensibile **lichten I.** *vt* ① (*ausdünnen, a. fig*) diradare ② (*Anker*) levare **II.** *vr* **sich ~** (*Nebel, Wald, Wolken, Haare*) diradarsi; (*Dunkelheit, Angelegenheit*) rischiararsi; (*Bestände*) diminuire

**Lichterkette** *f* (POL) fiaccolata *f*

**lichterloh** ['lɪçtɐ'lo:] *adv* **~ brennen** essere in fiamme

**Lichtermeer** *nt* mare *m* di luci
**Lichterschlange** *f* catena *f* di luci
**Lichtfleck** *m* macchia *f* di luce
**Lichtgeschwindigkeit** *f* velocità *f* della luce **Lichtgriffel** *m* (INFORM) penna *f* luminosa **Lichthof** *m* ① (ARCH) cortile *m* a lucernario ② (FOTO, ASTR) alone *m* **Lichthupe** *f* lampeggiatore *m* **Lichtjahr** *nt* anno *m* luce **Lichtmaschine** *f* dinamo *f* **Lichtmast** *m* palo *m* della luce **Lichtmess** ['lɪçtmɛs] *ohne Artikel* Candelora *f* **Lichtmesser** <-s, -> *m* fotometro *m* **Lichtorgel** *f* console *f* per luci **Lichtpause** *f* copia *m* eliografica **Lichtquelle** *f* sorgente *f* luminosa

**Lichtsatz** *m* fotocomposizione *f* **Lichtschacht** *m* lucernario *m* **Lichtschalter** *m* interruttore *m* della luce **Lichtschein** *m* luce *f*, chiarore *m*, riflesso *m* **lichtscheu** *adj* (*fig*) losco, sinistro; **~es Gesindel** (*fam*) losca canaglia **Lichtschranke** *f* barriera *f* fotoelettrica **Lichtschutzfaktor** *m* coefficiente *m* di filtrazione **Lichtsignal** *nt* segnale *m* luminoso [*o* ottico]

**Lichtspielhaus** *nt* cinematografo *m obs,* cinema *m*

**Lichtspieltheater** *nt* (*obs*) cinematografo *m obs,* cinema *m* **lichtstark** *adj* molto luminoso **Lichtstärke** *f* ① (PHYS) intensità *f* luminosa ② (FOTO) luminosità *f* **Lichtstrahl** *m* raggio *m* di luce

**lichtundurchlässig** *adj* (PHYS) impenetrabile alla luce

**Lichtung** <-, -en> *f* radura *f*

**Lichtverhältnisse** *ntPl.* condizioni *fpl* di luce **Lichtwelle** *f* onda *f* luminosa

**Lid** [li:t] <-(e)s, -er> *nt* palpebra *f* **Lidschatten** *m* ombretto *m*

**lieb** [li:p] *adj* ① (*geschätzt, teuer*) caro; **~ gewinnen** affezionarsi a; **~ haben** amare; **wenn dir dein Leben ~ ist** se ti è cara la vita; **mein Lieber!** mio caro!; **~e Birgit/Verwandte/Gäste!** cara Birgit/cari parenti/cari ospiti! ② (*geliebt*) diletto ③ (*angenehm*) piacevole; **den ~en langen Tag** (*fam*) tutto il santo giorno; **es wäre mir ~[er], wenn ...** preferirei che +*conj* ④ (*nett*) gentile; (*liebenswürdig*) amabile; **seien Sie so ~ und ...** abbiate la cortesia di +*inf* ⑤ (*artig, brav*) bravo, buono; **bist du heute ~ gewesen?** sei stato bravo oggi?

**liebäugeln** ['li:p?ɔɪgəln] *vi* **mit etw ~** vagheggiare qc

**Liebchen** ['li:pçən] <-s, -> *nt* ① (*obs: geliebte Frau*) amata *f* ② (*pej: Geliebte*) bella *f*, amante *f*

**Liebe** ['liːbə] <-, *rar* -n> *f* ❶ (*Gefühl*) amore *m;* **~ zu jdm/etw** amore per qu/qc; **~ auf den ersten Blick** amore a prima vista; **aus ~ zu** per amore di; **bei aller ~, aber ...** con tutto l'amore, ma ...; **~ macht blind** (*prov*) l'amore è cieco ❷ (*Gefallen*) favore *m* ❸ (*fam: geliebter Mensch*) amato, -a *m, f*

**Liebelei** [liːbəˈlaɪ] <-, -en> *f* (*pej*) amoretto *m*

**lieben** *vt* amare; **etw/jdn über alles ~** amare qc/qu sopra ogni cosa; **viel geliebt** molto amato; **etw ~ d gern tun** far qc con gran piacere; **was sich liebt, das neckt sich** (*prov*) l'amore non è bello se non è stuzzicarello **Liebende** <ein -r, -n, -n> *mf* innamorato, -a *m, f*

**liebenswert** *adj* amabile, piacevole **liebenswürdig** *adj* gentile; **das ist sehr ~ von Ihnen** è molto gentile da parte Sua; **wären Sie so ~ und ...?** mi farebbe la cortesia di ... *inf?* **Liebenswürdigkeit** <-, -en> *f* gentilezza *f*, cortesia *f*

**lieber** ['liːbɐ] I. *adj Komparativ von* **lieb** II. *adv Komparativ von* **gern** ❶ (*eher, vorzugsweise*) piuttosto; **~ haben** preferire; **etw ~ tun** preferire fare qc; **ich würde ~ gehen** preferirei andare ❷ (*besser, klugerweise*) meglio; **~ nicht** è meglio di no; **nichts ~ als das** (*fam*) niente di meglio

**Liebesaffäre** *f* avventura *f* amorosa **Liebesbrief** *m* lettera *f* d'amore **Liebesdienst** *m* favore *m* **Liebeserklärung** *f* dichiarazione *f* d'amore; **jdm eine ~ machen** dichiararsi a qu **Liebesfilm** *m* film *m* d'amore **Liebesgabe** *f* (*geh, obs*) dono *m*, beneficenza *f* **Liebesgeschichte** *f* love story *f*, storia *f* d'amore **Liebesknochen** *m* (*dial* GASTR) bignè *m* **Liebeskummer** *m* dispiaceri *mpl* amorosi, pene *fpl* d'amore **Liebesleben** *nt* vita *f* sessuale **Liebeslied** *nt* canzone *f* d'amore **Liebesmüh[e]** *f* **verlorene ~** fatica sprecata **Liebespaar** *nt* coppia *f* d'innamorati

**liebevoll** I. *adj* amoroso, affettuoso II. *adv* ❶ (*zärtlich*) affettuosamente ❷ (*sorgfältig*) con cura

**Liebhaber(in)** <-s, -; -, -nen> *m(f)* ❶ (*Geliebte*) amante *mf* ❷ (*Interessent, Kenner*) amatore, -trice *m, f* ❸ (*Sammler*) collezionista *mf* ❹ (THEAT) amoroso, -a *m, f*

**Liebhaberei** <-, -en> *f* passione *f*, hobby *m*

**Liebhaberwert** *m* valore *m* d'affezione **liebkosen** [liːpˈkoːzən] <ohne ge-> *vt* accarezzare

**Liebkosung** <-, -en> *f* carezza *f*

**lieblich** *adj* (*Mensch*) grazioso; (*Duft, Töne*) soave; (*Landschaft*) ridente, ameno

**Liebling** ['liːplɪŋ] <-s, -e> *m* ❶ (*von Eltern*) prediletto, -a *m, f;* (*von Publikum*) beniamino, -a *m, f*, idolo *m* ❷ (*Kosewort*) tesoro *m*

**Lieblings-** (*in Zusammensetzung*) preferito, prediletto

**lieblos** *adj* (*ohne Liebe*) senza amore; (*ohne Sorgfalt*) senza cura; (*herzlos*) freddo; (*unfreundlich*) scortese, sgarbato **Lieblosigkeit** <-, -en> *f* mancanza *f* d'animo, insensibilità *f*

**Liebschaft** <-, -en> *f* relazione *f* amorosa **liebste(r, s)** ['liːpstə, -te, -təs] I. *adj Superlativ von* **lieb** II. *adv Superlativ von* **gern**, **am ~ n** più di tutto; **am ~ n spiele ich Tennis** giocare a tennis mi piace più di tutto; **am ~ n würde ich jetzt schlafen** adesso avrei proprio voglia di dormire

**Liebste** <ein -r, -n, -n> *mf* (*obs*) amato, -a *m, f*

**Liebstöckel** ['liːpʃtœkəl] <-s> *kein Pl.. m* (BOT, GASTR) sedano *m* di monte

**Liechtenstein** ['lɪçtənʃtaɪn] *nt* Liechtenstein *m*

**Liechtensteiner(in)** <-s, -; -, -nen> *m(f)* abitante *mf* del Liechtenstein

**liechtensteinisch** *adj* del Liechtenstein

**Lied** [liːt] <-(e)s, -er> *nt* ❶ canzone *f;* (*a. Volks~*) canto *m;* **davon kann ich ein ~ singen** (*fam fig*) ne so qualcosa; **es ist immer das alte ~** (*fam fig*) è sempre la solita musica ❷ (MUS) lied *m* **Liederabend** *m* serata *f* liederistica **Liederbuch** *nt* raccolta *f* di canzoni

**liederlich** ['liːdɐlɪç] *adj* (*pej: unmoralisch*) dissoluto, sregolato; (*unordentlich*) disordinato; (*Arbeit*) raffazzonato

**Liederlichkeit** <-> *kein Pl. f* ❶ (*Sittenlosigkeit*) dissolutezza *f*, sregolatezza *f* ❷ (*Unordentlichkeit*) disordine *m*, sciatteria *f*

**Liedermacher(in)** *m(f)* cantautore, -trice *m, f*

**lief** [liːf] *1. u. 3. Pers. Sing. Imp. von* **laufen**

**Lieferant(in)** [lifəˈrant] <-en, -en; -, -nen> *m(f)* fornitore, -trice *m, f*

**lieferbar** *adj* disponibile; **jederzeit ~** pronto alla consegna **Lieferbedingungen** *fPl.* condizioni *fpl* di consegna

**Lieferblockade** *f* blocco *m* delle forniture **Lieferfirma** *f* ditta *f* fornitrice **Lieferfrist** *f* termine *m* di consegna

**liefern** ['liːfɐn] *vt* ❶ (*zustellen*) fornire,

consegnare; **ins Haus ~** consegnare a domicilio ❷ (*Wasser, Strom*) erogare
**Lieferschein** *m* bolletta *f* di consegna **Liefertermin** *m* termine *m* di consegna
**Lieferung** <-, -en> *f* ❶ (*Zustellung*) fornitura *f*, consegna *f*; **~ frei Haus** consegna franco domicilio ❷ (*von Buch*) fascicolo *m*, dispensa *f*
**Lieferwagen** *m* furgone *m*; (*kleiner ~*) furgoncino *m*
**Liege** ['li:gə] <-, -n> *f* ❶ (*Couch*) divano *m* ❷ (*Garten~*) sedia *f* a sdraio
**liegen** ['li:gən] <liegt, lag, gelegen> *vi* ❶ (*flach ~*) essere disteso, giacere; **hart/ weich ~** stare sul duro/morbido; **die ganze Nacht wach ~** stare sveglio tutta la notte ❷ (*sich befinden*) trovarsi, essere, esserci; **an erster/letzter Stelle ~** essere al primo/all'ultimo posto; **in Führung ~** essere in testa; **im Rückstand ~** essere arretrato; [so] **wie die Dinge ~ ...** [così] come stanno le cose ...; **zehn Jahre ~ zwischen ... und ...** dieci anni separano ... da ...; **über/unter dem Durchschnitt ~** essere superiore/inferiore alla media ❸ (*gelegen sein*, GEOG) essere situato; (*Zimmer*) dare; **zur Straße ~** dare sulla strada; **wo liegt Regensburg?** dove si trova Ratisbona? ❹ (MIL) essere accampato ❺ (NAUT) essere ormeggiato ❻ (*fig: lasten*) **auf jdm ~** pesare su qu ❼ (*abhängen*) **an jdm/etw ~** dipendere da qu/qc; **das liegt ganz bei dir** [etw zu tun] sta a te [fare qc]; **daran soll's nicht ~** (*fam*) non sarà questo a impedirlo; **an wem liegt das?** chi è responsabile per questo?, da chi dipende? ❽ (*zusagen, gefallen*) **seine Art liegt mir nicht** i suoi modi non mi piacciono; **es liegt mir viel/wenig daran, dass ...** mi preme molto/poco che ...; **es liegt mir [viel] daran, Ihnen zu sagen ...** ci tengo molto a dirLe ...; **Sprachen liegen ihm** è portato per le lingue
**liegend** *adj* (*Kunst: Akt*) sdraiato; **eine im Süden ~e Stadt** una città situata a sud; **~ aufbewahren** mantenere in posizione orizzontale
**Liegesitz** *m* ❶ (MOT) sedile *m* ribaltabile ❷ (FERR) cuccetta *f* **Liegestuhl** *m* [sedia *f* a] sdraio *f* **Liegestütz** ['li:gəʃtʏts] *m* appoggio *m* frontale teso **Liegewagen** *m* carrozza *f* con cuccette **Liegewagenplatz** <-es, -plätze> *m* posto *m* in cuccetta, cuccetta *f* **Liegewiese** *f* prato *m* [per sdraiarsi]
**lieh** [li:] *1. u. 3. Pers. Sing. Imp. von* **leihen**

**ließ** [li:s] *1. u. 3. Pers. Sing. Imp. von* **lassen¹, lassen²**
**liest** [li:st] *2. u. 3. Pers. Sing. Präs. von* **lesen**
**LiF** <-> *kein Pl. nt* (*A:* POL) *akr v* **Liberale Forum** partito liberale austriaco (*di sinistra*)
**Lifestyle** ['laɪfstaɪl] <-s> *kein Pl. m* stile *m* di vita, lifestyle *m* **Lifestylemagazin** ['laɪfstaɪl-] *nt* (TV) magazine *m* di lifestyle
**Lift** [lɪft] <-(e)s, -e *o* -s> *m* ❶ (*Aufzug*) ascensore *m*, lift *m* ❷ (*Ski~*) sciovia *f*
**Liftboy** ['lɪftbɔɪ] <-s, -s> *m* ascensorista *m*, lift[boy] *m*
**liften** ['lɪftən] *vt* ❶ (TEC) sollevare ❷ (*Preise*) alzare ❸ (MED) **sich** *dat* **das Gesicht ~ lassen** sottoporsi ad un lifting
**Liga** ['li:ga] <-, Ligen> *f* ❶ (POL) lega *f* ❷ (SPORT) serie *f*, lega *f*
**light** [laɪt] *adj* (GASTR) light, leggero
**Light-Pen** ['laɪtpɛn] <-(s), -s> *m* penna *f* luminosa
**Ligurien** [li'gu:riən] *nt* Liguria *f*
**Ligurisches Meer** *nt* Mar *m* Ligure
**Likör** [li'køːɐ] <-s, -e> *m* liquore *m*
**lila** ['li:la] <inv> *adj* lilla; *s. a.* **blau Lila** <-(s), - *o fam* -s> *nt* [colore *m*] lilla *m*; *s. a.* **Blau**
**Lilie** ['li:liə] <-, -n> *f* giglio *m*
**Liliputaner(in)** [lilipu'taːnɐ] <-s, -; -, -nen> *m(f)* lillipuziano, -a *m, f*
**Limit** ['lɪmɪt] <-s, -s *o* -e> *nt* limite *m*; **jdm ein ~ setzen** porre un limite a qu
**limitieren** [limi'tiːrən] <ohne ge-> *vt* limitare
**Limo** ['lɪmo] <-, -(s)> *f* (*fam*) ❶ (*Orange*) aranciata *f* ❷ (*Zitrone*) limonata *f*, cedrata *f*
**Limonade** [limo'naːdə] <-, -n> *f* gassosa *f*
**Limousine** [limu'ziːnə] <-, -n> *f* berlina *f*
**lind** [lɪnt] *adj* ❶ (*geh: mild*) mite; (*sanft*) soave ❷ *s.* **lindgrün**
**Linde** ['lɪndə] <-, -n> *f* tiglio *m* **Lindenbaum** *m* (*poet*) tiglio *m*
**lindern** ['lɪndɐn] *vt* ❶ (*mildern: Schmerz, Strafe*) mitigare ❷ (*erleichtern*) alleviare ❸ (MED) lenire, sedare
**Linderung** <-> *kein Pl. f* ❶ (*Milderung*) mitigazione *f* ❷ (*Erleichterung*) sollievo *m*, alleviamento *m*
**lindgrün** *adj* verde giallo
**Lineal** [line'aːl] <-s, -e> *nt* riga *f*
**linear** [line'aːɐ] *adj* lineare, rettilineo
**Linguist(in)** [lɪŋgu'ɪst] <-en, -en; -, -nen> *m(f)* linguista *mf*
**Linguistik** [lɪŋgu'ɪstɪk] <-> *kein Pl. f* linguistica *f*

**Linguistin** *f s.* **Linguist**
**linguistisch** *adj* linguistico
**Linie** ['liːniə] <-, -n> *f* linea *f*; **auf die schlanke ~ achten** badare alla linea; **auf der ganzen ~** su tutta la linea; **in erster/zweiter ~** in primo/secondo luogo
**Linienblatt** *nt* falsariga *f* **Linienbus** <-ses, -se> *m* autobus *m* di linea **Linienflug** *m* volo *m* di linea **Linienführung** *f* tratteggio *m* **Linienrichter(in)** *m(f)* (SPORT) guardalinee *mf* **linientreu** *adj* (*parteipolitisch*) ortodosso
**lin[i]ieren** [liˈniːrən (liniˈiːrən)] <ohne ge-> *vt* rigare
**lin[i]iert** *adj* a righe
**link** [lɪŋk] *adj* (*sl*) sinistro; **ein [ganz] ~es Ding drehen** farne una [molto] grossa *fam*; **auf die [ganz] ~e Tour** in modo [molto] sinistro
**Linke** <-n, -n> *f* sinistra *f*; **äußerste ~** (POL) estrema sinistra; **gemäßigte ~** (POL) centrosinistra *m*; **europäische ~** eurosinistra *f*; **zur ~n** a sinistra
**linke(r, s)** [ˈlɪŋkə, -kɐ, -kəs] *adj* ❶ sinistro, -a; **~ Seite** parte *f* sinistra, lato *m* sinistro; (*untere, hintere Seite*) interno *m*; (*von Stoff*) rovescio *m*; **~r Hand** a[lla] sinistra ❷ (POL) di sinistra
**linkisch** *adj* maldestro, impacciato
**links** [ˈlɪŋks] *adv* ❶ (*allg*, POL) a sinistra; **~ sein** (POL) essere a sinistra; **sich ~ einordnen** disporsi sulla corsia di sinistra; **sich ~ halten** mantenersi sulla sinistra; **etw mit ~ machen** (*fam*) fare qc ad occhi chiusi; **~ von mir** alla mia sinistra; **nach/von ~ a/da** sinistra; **von ~ nach rechts** da sinistra a destra ❷ (*auf der unteren, hinteren Seite*) alla rovescia; **den Pullover auf ~ anziehen** mettersi il pullover alla rovescia
**Linksabbieger** <-s, -> *m* chi svolta a sinistra
**Linksabbiegerspur** *f* preselezione *f* a sinistra **Linksaußen** <-, -> *m* (SPORT) ala *f* sinistra **linksbündig** *adj* (*a. Computer*) allineato a sinistra **Linksdrehung** *f* rotazione *f* sinistrosa
**linksextrem** *adj s.* **linksextremistisch**
**Linksextremismus** <-> *kein Pl. m* (POL) estremismo *m* [*o* massimalismo *m*] di sinistra
**Linksextremist(in)** *m(f)* (POL) estremista *mf* di sinistra **linksextremistisch** *adj* (POL) di estrema sinistra
**Linkshänder(in)** [ˈlɪŋkshɛndɐ] <-s, -; -, -nen> *m(f)* mancino, -a *m, f* **linkshändig** *adj* mancino

**Linkskurve** *f* curva *f* a sinistra **linksradikal** *adj* (POL) radicale di sinistra
**linksrheinisch** *adj* della/sulla riva sinistra del Reno **Linksruck** <-(e)s, -e> *m* (POL) sterzata *f* a sinistra
**Linkssteuerung** <-, -en> *f* (AUTO) guida *f* a sinistra **Linksverkehr** *m* circolazione *f* a sinistra
**Linoleum** [liˈnoːleʊm] <-s> *kein Pl. nt* linoleum *m*
**Linolschnitt** [liˈnoːlʃnɪt] *m* incisione *f* su linoleum
**Linse** [ˈlɪnzə] <-, -n> *f* ❶ (BOT, GASTR) lenticchia *f* ❷ (OPT) lente *f* ❸ (FOTO, *fam*; *Objektiv*) obiettivo *m* ❹ (ANAT) cristallino *m*
**linsenförmig** [ˈlɪnzənfœrmɪç] *adj* lenticolare
**Linz** [lɪnts] *nt* Linz *f*
**Liparische Inseln** [liˈpaːrɪʃə ˈɪnzəln] *fPl.* Eolie *fpl*, [isole *fpl*] Lipari *fpl*
**Lippe** [ˈlɪpə] <-, -n> *f* labbro *m*; **aufgesprungene ~n haben** avere le labbra screpolate; **sich** *dat* **auf die ~n beißen** mordersi le labbra; **kein Wort über die ~n bringen** non [riuscire a] proferire parola; **er hatte das Wort schon auf den ~n, als ...** l'aveva già sulla punta della lingua, quando ...; **an jds ~n** *dat* **hängen** (*fig*) pendere dalle labbra di qu; **jdm etw von den ~n ablesen** leggere qc sulle labbra di qu **Lippenbekenntnis** *nt* professione *f* [di fede] formale **Lippenstift** *m* rossetto *m* [per le labbra]
**Liquidation** [likvidaˈtsjoːn] <-, -en> *f* liquidazione *f*
**liquidieren** [likviˈdiːrən] <ohne ge-> *vt* liquidare
**Liquidität** [likvidiˈtɛːt] <-> *kein Pl. f* liquidità *f*
**lispeln** [ˈlɪspəln] **I.** *vi* bisbigliare, avere la lisca **II.** *vt* (*flüstern*) sussurrare
**Lissabon** [ˈlɪsabɔn] *nt* Lisbona *f*
**List** [lɪst] <-, *rar* -en> *f* ❶ (*Schlauheit*) astuzia *f*, furbizia *f*; **zu einer ~ greifen** ricorrere a un'astuzia; **mit ~ und Tücke** (*fam*) a gran fatica ❷ (*listige Handlung*) stratagemma *m*
**Liste** [ˈlɪstə] <-, -n> *f* lista *f*, elenco *m*; (*Wahl~*) lista *f* elettorale; **sich in eine ~ eintragen** iscriversi in un elenco
**Listenplatz** <-es, -plätze> *m* posizione *f* in lista **Listenpreis** *m* prezzo *m* di listino
**listig** *adj* astuto, furbo
**Listigkeit** <-> *kein Pl. f* astuzia *f*, furberia *f*
**Litanei** [litaˈnaɪ] <-, -en> *f* litania *f*
**Litauen** [ˈliːtaʊən] *nt* Lituania *f*

**Litauer(in)** <-s, -; -, -nen> *m(f)* lituano, -a *m, f*
**litauisch** *adj* lituano
**Liter** ['liːtɐ] <-s, -> *m o nt* litro *m*
**literarisch** [lɪtəˈraːrɪʃ] *adj* letterario
**Literat** [lɪtəˈraːt] <-en, -en> *m* letterato *m*, scrittore *m*
**Literatur** [lɪtəraˈtuːɐ̯] <-, -en> *f* letteratura *f;* (*einschlägige* ~) bibliografia *f;* **schöne** ~ letteratura *f* amena **Literaturangaben** *fPl.* bibliografia *f* **Literaturgeschichte** *f* storia *f* della letteratura **Literaturkritik** *f* critica *f* letteraria **Literaturpreis** *m* premio *m* letterario **Literaturverfilmung** *f* trasposizione *f* filmica di un romanzo
**Literaturwissenschaft** *f* lettere *fpl*
**Literaturwissenschaftler(in)** *m(f)* studioso, -a *m, f* di lettere **literaturwissenschaftlich** *adj* letterario, relativo agli studi letterari; **~es Studium** studi letterari
**Litfaßsäule** ['lɪtfasʦɔɪlə] *f* colonna *f* delle affissioni
**Lithium** ['liːtiʊm] <-s> *kein Pl. nt* (CHEM) litio *m*
**Lithografie** [litograˈfiː] <-, -n> *f,* **Lithographie** <-, -n> *f* litografia *f*
**litt** [lɪt] *1. u. 3. Pers. Sing. Imp. von* **leiden**
**Liturgie** [litʊrˈɡiː] <-, -n> *f* liturgia *f*
**liturgisch** [liˈtʊrɡɪʃ] *adj* liturgico
**Litze** ['lɪʦə] <-, -n> *f* cordoncino *m*, passamano *m;* (MIL) gallone *m;* (TEC) liccio *m;* (EL) cavetto *m*
**live** [laɪf] <inv> *adj o adv* (TV, RADIO) in diretta **Liveaufzeichnung** *f* registrazione *f* in diretta **Livesendung** *f* trasmissione *f* in diretta **Livestream** [laɪfstriːm] <-s, -s> *m* (INET) streaming *m;* **sich** *dat* **ein Video per ~ ansehen** guardare un video in streaming **Liveübertragung** *f* trasmissione *f* in diretta
**Livree** [liˈvreː, *Pl:* liˈvreːən] <-, -n> *f* livrea *f*
**Lizentiat** [liʦɛnˈʦjaːt] <-(e)s, -e> *nt s.* **Lizenziat**
**Lizenz** [liˈʦɛnʦ] <-, -en> *f* licenza *f;* **eine ~ erteilen/zurückziehen** accordare/revocare una licenza; **in ~** in concessione **Lizenzgeber(in)** *m(f)* datore, -trice *m, f* di licenza **Lizenzgebühr** *f* tassa *f* di licenza
**Lizenziat(in)** <-en, -en; -, -nen> *m(f)* (*CH: Inhaber eines Lizentiats*) laureato, -a *m, f;* **er ist ~ der Philosophie** è laureato in filosofia
**Lizenznehmer(in)** *m(f)* licenziatario, -a *m, f* **Lizenzvertrag** *m* contratto *m* di licenza
**LKW, Lkw** [ɛlkaːˈveː] <-(s), -(s)> *m abk v* **Lastkraftwagen** autocarro *m* **Lkw-Maut** [ɛlkaˈveː-] *f* pedaggio *m* autostradale per autocarri [*o* per i veicoli industriali pesanti]
**Lob** [loːp] <-(e)s> *kein Pl. nt* lode *f*, elogi *mpl;* (*~rede*) elogio *m;* **ein ~ verdient haben** essere degno di lode; **zu jds ~ in** lode di qu
**Lobby** ['lɔbi] <-, -s> *f* lobby *m*
**loben** ['loːbən] *vt* lodare, elogiare; (*überschwänglich*) vantare, esaltare; (*Gott*) glorificare **lobend** *adj* laudativo; **etw ~ erwähnen** citare qc in modo lusinghiero
**lobenswert, löblich** ['loːbənsveːrt, 'løːplɪç] *adj* lodevole, degno di lode
**Loblied** *nt* **ein ~ auf jdn singen** tessere le lodi di qu
**Lobrede** *f* elogio *m*, panegirico *m;* **eine ~ auf etw** *acc* **halten** fare un panegirico su qc
**Lobredner(in)** <-s, -; -, -nen> *m(f)* panegirista *mf*, encomiatore, -trice *m, f*, elogiatore, -trice *m, f*
**Loch** [lɔx] <-(e)s, Löcher> *nt* ① buco *m;* (*Öffnung*) apertura *f;* **Löcher in die Luft gucken** (*fam*) [continuare a] guardare nel vuoto; **aus dem letzten ~ pfeifen** (*fam*) essere allo stremo ② (*Höhle*) tana *f* ③ (*Erd~, Schlag~*) buca *f* ④ (*Riss*) strappo *m;* (*in Reifen*) foro *m* ⑤ (*beim Billard*) bilia *f* ⑥ (*sl pej: schlechte Wohnung*) buco *m* ⑦ (*sl: Gefängnis*) galera *f* **Locheisen** *nt* punzone *m*
**lochen** *vt* ① bucare, forare ② (INFORM) perforare
**Locher** <-s, -> *m* perforatore *m*
**Lochkarte** *f* scheda *f* perforata **Lochstanze** *f* punzonatrice *f*
**Lochstickerei** *f* lavoro *m* a giorno **Lochstreifen** *m* nastro *m* perforato
**Lochung** <-, -en> *f* perforazione *f*
**Lochzange** *f* tenaglia *f* perforatrice
**Locke** ['lɔkə] <-, -n> *f* riccio *m*, ciocca *f;* **~n haben** avere i riccioli
**locken** ['lɔkən] **I.** *vt* ① (*Tier*) chiamare ② (*fig: reizen, anziehen*) attirare, allettare; **jdm das Geld aus der Tasche ~** (*fam*) spillare soldi a qu ③ (*Haar*) arricciare **II.** *vr* **sich ~** (*Haar*) arricciarsi
**lockend** *adj* allettante, invitante
**Lockenkopf** *m* ① (*Frisur*) testa *f* ricciuta ② (*Mensch*) persona *f* riccia **Lockenstab** *m* ferro *m* arricciante [per capelli] **Lockenwickler** *m* bigodino *m*
**locker** ['lɔkɐ] *adj* ① (*Schraube, Knoten,*

*Seil*) lento; (*wackelnd*) traballante; ~ **sitzen** (TEC) avere gioco ❷ (*Teig, Backware, Boden*) molle, soffice ❸ (*nicht gespannt, Muskulatur*) (*Beine*) sciolto; ~ **werden** (*schlaff*) rilassarsi; (*sich lockern, a. fig*) allentarsi ❹ (*fig: Lebenswandel*) sregolato, libertino; (*leichtfertig*) leggero; **das mach' ich doch ~!** (*sl*) lo faccio ad occhi chiusi *fam* ❺ (*sl: lässig*) comodo

locker|lassen <irr> *vi* (*fam*) **nicht ~** non mollare, tener duro locker|machen *vt* (*fam*) **Geld ~** sborsare

lockern *vt* ❶ (*locker machen, a. fig*) allentare ❷ (*Erde*) smuovere ❸ (*Muskeln*) rilassare, sciogliere

lockig *adj* ricciuto

Lockmittel *nt* richiamo *m*, esca *f*

Lockruf *m* richiamo *m*

Lockung <-, -en> *f* ❶ (*Reiz*) allettamento *m*, attrazione *f* ❷ (*Versuchung*) tentazione *f*

Lockvogel *m* ❶ (*Tier*) zimbello *m* ❷ (*fig pej*) adescatore, -trice *m, f*

Loden ['loːdən] <-s, -> *m* loden *m* Lodenmantel *m* [cappotto *m* di] loden *m*

lodern ['loːdɐn] *vi* fiammeggiare; (*a. fig*) divampare

Löffel ['lœfəl] <-s, -> *m* ❶ (*Ess~,* MED) cucchiaio *m* ❷ (*~ voll*) cucchiaiata *f* ❸ (*Jägersprache*) orecchio *m* ❹ (*fam: Ohr*) orecchio *m;* **den ~ abgeben** (*sl: sterben*) tirare le cuoia **Löffelbagger** *m* escavatore *m* a cucchiaia

löffeln *vt, vi* mangiare col cucchiaio

log [loːk] *1. u. 3. Pers. Sing. Imp. von* lügen

Logarithmentafel *f* tavola *f* logaritmica

Logarithmus [logaˈrɪtmʊs] <-, Logarithmen> *m* logaritmo *m*

Logbuch <-(e)s, -bücher> *nt* (NAUT) diario *m* di bordo

Loge ['loːʒə] <-, -n> *f* ❶ (THEAT) palco *m* ❷ (*Pförtner~*) portineria *f* ❸ (*Freimaurer~*) loggia *f* [massonica] **Logenplatz** *m* palco *m*

logieren [loˈʒiːrən] I. *vi* alloggiare II. *vt* (*CH*) alloggiare, ospitare, albergare, sistemare

Logik ['loːgɪk] <-> *kein Pl. f* logica *f*

Login [ˈlɔgɪn] <-s, -s> *nt* (INFORM) login *f*

Logis [loˈʒiː] <-, -> *nt* alloggio *m*

logisch ['loːgɪʃ] *adj* logico **logischerweise** *adv* logicamente, a rigor di logica

Logistik [loˈgɪstɪk] <-> *kein Pl. f* logistica *f*

logistisch *adj* logistico

Logo ['loːgo] <-s, -s> *m o nt* logo *m*

Logoff [ˈlɔgɔf] <-s, -s> *nt* (INFORM) logoff *f*

Logopäde [logoˈpɛːdə] <-n, -n> *m*, **Logopädin** [logoˈpɛːdɪn] <-, -nen> *f* logopedista *mf*

Lohn [loːn] <-(e)s, Löhne> *m* ❶ (*Arbeitsentgelt*) salario *m;* (*von Arbeiter a*) paga *f* ❷ (*fig: Belohnung*) ricompensa *f;* **zum ~ für** (*fig*) in ricompensa per **Lohnabbau** *m* riduzione *f* salariale **Lohnabkommen** *nt* convenzione *f* salariale **Lohnabrechnung** *f* busta *f* paga **Lohnausfall** *m* perdita *f* di salario **Lohnausgleich** *m* conguaglio *m* salariale **Lohnbuchhaltung** *f* ❶ (*Abteilung*) ufficio *m* paga ❷ (*Tätigkeit*) contabilità *f* salariale **Lohnbüro** *nt* ufficio *m* paga **Lohndumping** [-dampɪŋ] <-s> *nt* dumping *m* salariale **Lohnempfänger(in)** *m(f)* salariato, -a *m, f*

lohnen I. *vt* ❶ (*be~*) [jdm] etw ~ ricompensare [qu] di qc ❷ (*wert sein, rechtfertigen*) valere, compensare; **das Ergebnis lohnt die Mühe** il gioco vale la candela *prov,* il risultato compensa la fatica II. *vr* **sich ~** rendere; (*fig*) valere la pena; **es lohnt sich nicht** non ne vale la pena

löhnen ['løːnən] *vt* ❶ (*obs: bezahlen*) pagare (*jdn* qu), fare la paga (*jdn* di qu) ❷ (*fam: viel zahlen*) pagare caro

lohnend *adj* ❶ (*vorteilhaft*) vantaggioso, proficuo ❷ (*einträglich*) redditizio

lohnenswert *adj* conveniente, proficuo, vantaggioso, utile

Lohnerhöhung *f* aumento *m* salariale **Lohnforderung** *f* rivendicazione *f* salariale **Lohngefälle** *nt* disparità *f* salariale **Lohnkampf** *m* lotta *f* salariale **Lohnkosten** *Pl.* costi *mpl* del lavoro **Lohnkürzung** *f* riduzione *f* della paga **Lohnpolitik** *f* politica *f* dei salari **Lohnsteuer** *f* imposta *f* sul salario **Lohnsteuerjahresausgleich** *m* conguaglio *m* annuale dell'imposta sul salario **Lohnsteuerkarte** *f* cedolino *m* [delle ritenute fiscali] **Lohnstopp** *m* congelamento *m* [o blocco *m*] dei salari

Lohntarif *m* tariffa *f* salariale

Löhnung <-, -en> *f* ❶ (*Zahlung*) pagamento *m* del salario; (MIL) pagamento *m* del soldo ❷ (*Lohn*) salario *m*, paga *f;* (MIL) soldo *m*

Lohnvereinbarung *f* accordo *m* salariale **Lohnverhandlungen** *fPl.* trattative *fpl* [sindacali] sui salari

Loipe ['lɔɪpə] <-, -n> *f* pista *f* [per sci] di fondo

Lok [lɔk] <-, -s> *f abk v* **Lokomotive**

lokal [loˈkaːl] *adj* ❶ (*örtlich*) locale ❷ (LING) di luogo

**Lokal** <-(e)s, -e> *nt* (*Gaststätte*) locale *m* pubblico, ristorante *m;* (*Wirtschaft*) osteria *f*

**Lokalaugenschein** *m* (A: JUR: *Lokaltermin*) sopralluogo *m*

**Lokalblatt** *nt* giornale *m* locale

**Lokale** <ein -s, -n> *kein Pl. nt* (*in Zeitung*) cronaca *f* locale

**lokalisieren** [lokali'ziːrən] <ohne ge-> *vt* localizzare

**Lokalität** [lokali'tɛːt] <-, -en> *f* località *f*

**Lokalnachrichten** *fPl.* cronaca *f* locale **Lokalpatriotismus** *m* (*pej*) campanilismo *m* **Lokalseite** *f,* **Lokalteil** *m* (*einer Zeitung*) cronaca *f* locale **Lokaltermin** *m* (JUR) sopralluogo *m* **Lokalverbot** *nt* divieto *m* di accesso in un locale

**Lokomotive** [lokomo'tiːvə] <-, -n> *f* locomotiva *f;* **elektrische** ~ locomotrice *f,* locomotore *m* **Lokomotivführer(in)** *m(f)* macchinista *mf*

**Lokus** ['loːkʊs] <- *o* **-ses,** - *o* **-se**> *m* (*fam*) posticino *m,* cesso *m*

**lol** [lɔl] *int* (*fam*) *abk v* **laughing out loud** (INET) lol

**Lombardei** [lɔmbar'daɪ] *f* Lombardia *f*

**London** ['lɔndɔn] *nt* Londra *f*

**Look** [lʊk] <-s, -s> *m* stile *m,* moda *f*

**Looping** ['luːpɪŋ] <-s, -s> *m o nt* giro *m* della morte, looping *m*

**Lorbeer** ['lɔrbeːɐ̯] <-s, -en> *m* alloro *m;* [sich] **auf seinen ~ en ausruhen** dormire sugli allori **Lorbeerbaum** *m* alloro *m* **Lorbeerkranz** *m* corona *f* d'alloro

**Lord** [lɔrt] <-(s), -s> *m* lord *m*

**Lore** ['loːrə] <-, -n> *f* (FERR) vagoncino *m*

**Lorgnette** [lɔrn'jɛtə] <-, -n> *f* lorgnette *f,* occhialino *m*

**los** [loːs] I. *adj* ❶ (*abgegangen, abgelöst*) staccato, strappato; **etw/jdn ~ sein** (*fam*) essersi liberato di qc/qu ❷ (*locker*) allentato ❸ (*Wend*) **~ sein** (*fam: geschehen*) succedere; (*nicht in Ordnung sein*) non essere in ordine, non andare; **was ist [denn] hier ~?** (*fam*) che cosa succede?; **was ist mit dir ~?** (*fam*) che cosa hai?; **in dieser Stadt ist nach zehn Uhr nichts mehr ~** (*fam*) questa città dopo le dieci; **mit dem ist nicht viel ~** (*fam pej*) non vale molto, non è un gran che II. *int* **~!** avanti!, forza!, via!; **na, ~!** (*fam: zier dich nicht*) su, coraggio!; **auf die Plätze! Fertig? Los!** pronti? partenza! Via!

**Los** [loːs] <-es, -e> *nt* (*Lotterie~*) biglietto *m* della lotteria; **das Große ~ ziehen** vincere il primo premio; (*fig*) vincere un terno al lotto; **das ~ entscheiden las-sen** tirare a sorte, sorteggiare

**lösbar** *adj* ❶ (*löslich*) solubile ❷ (*fig: Probleme*) risolvibile

**los|binden** <irr> *vt* sciogliere, slegare

**los|brechen** <irr> I. *vi sein* scoppiare, scatenarsi II. *vt haben* rompere

**Löschblatt** *nt* [foglio *m* di] carta *f* assorbente

**löschen** ['lœʃən] I. *vt* ❶ (*Feuer, Durst*) spegnere, estinguere; (*Licht, Kerze*) spegnere ❷ (*Schrift, Namen, Tonband*) cancellare ❸ (*Hypothek, Schuld*) estinguere ❹ (*Firma*) radiare ❺ (NAUT) scaricare, sbarcare II. *vi* (*Feuerwehr*) spegnere il fuoco

**Löschfahrzeug** *nt* autopompa *f* **Löschmannschaft** *f* squadra *f* antincendi **Löschpapier** *nt* carta *f* assorbente **Löschtrupp** *m s.* **Löschmannschaft**

**Löschung** <-, -en> *f* ❶ (*von Feuer, Brand*) spegnimento *m,* estinzione *f* ❷ (*von Hypothek, Schuld*) estinzione *f* ❸ (*von Firma*) radiazione *f* ❹ (NAUT) scarico *m,* sbarco *m*

**lose** *adj* ❶ (*locker*) lento, allentato ❷ (*unverpackt*) sciolto; **das Band hing ~ herunter** la fascia pendeva giù sciolta ❸ (*leichtfertig*) leggero, frivolo ❹ (*frech, dreist*) impertinente, sfacciato

**Lösegeld** *nt* riscatto *m*

**losen** ['loːzən] *vi* [**um etw**] **~** tirare a sorte [qc]

**lösen** ['løːzən] I. *vt* ❶ (*a. losmachen, auf~,* CHEM) sciogliere, slegare ❷ (*abtrennen*) **etw** [**von etw**] **~** staccare qc [da qc] ❸ (*lockern*) allentare ❹ (*Problem, Rätsel, Gleichung*) risolvere ❺ (*Fahrkarte*) comperare II. *vr* **sich ~** ❶ (CHEM) sciogliersi ❷ (*ab-, losgehen*) staccarsi; (*Schuss*) partire ❸ (*sich frei machen*) **sich von etw ~** liberarsi da qc ❹ (*sich aufklären*) risolversi

**Loser** <-s, -> *m* (*fam*) perdente *mf*

**los|fahren** <irr> *vi sein* ❶ (*abfahren*) partire ❷ (*fig: anfahren, -greifen*) [**auf jdn**] **~** aggredire [qu]

**los|gehen** <irr> *vi sein* ❶ (*aufbrechen*) mettersi in cammino; (*weggehen*) andarsene; **auf jdn ~** (*zugehen*) dirigersi verso qu; (*in feindlicher Absicht*) gettarsi contro qu ❷ (*fam: sich lösen*) staccarsi; (*Schuss*) partire ❸ (*fam: anfangen*) cominciare; **geht das Gejammere schon wieder los!** (*fam*) ricomincia la lagna!

**los|haben** <irr> *vt* **etw** [*o* **viel**] **~** (*fam*) saperci fare

**los|kaufen** *vt* riscattare

**los|kommen** <irr> *vi sein* ❶ (*wegkommen*) staccarsi, venir via ❷ (*freikommen*) **von etw ~** riuscire a staccarsi da qc

**los|lachen** *vi* laut ~ scoppiare a ridere

**los|lassen** <irr> *vt* ❶ (*nicht mehr festhalten*) lasciare andare, mollare; **das Buch/die Frage/der Gedanke lässt mich nicht mehr los** il libro/la domanda/il pensiero non mi dà più pace; **lass den Ball los!** molla la palla! ❷ (*freilassen*) rilasciare; **die Hunde auf jdn ~** sguinzagliare i cani contro qu ❸ (*fam: verlauten lassen*) raccontare, dire

**los|legen** *vi* (*fam*) ❶ (*anfangen etw zu tun*) **mit etw ~** cominciare a +*inf* ❷ (*anfangen, etw zu sagen*) cominciare a parlare

**löslich** *adj* solubile; **schwer ~** difficilmente solubile

**los|lösen** *vt, vr* **sich** [**von jdm/etw**] **~** staccarsi [da qu qc]; **etw von etw ~** staccare qc da qc

**los|machen** **I.** *vt* sciogliere, slegare **II.** *vr* **sich ~** svincolarsi; (*a. fig*) liberarsi **III.** *vi* ❶ (*fam: sich beeilen*) sbrigarsi ❷ (NAUT) salpare

**los|müssen** <irr, ohne ge-> *vi* (*fam*) devere andare [via]; **wir müssen heute früh los** (*fam*) dobbiamo andare [via] presto oggi

**los|reißen** <irr> **I.** *vt* **etw** [**von etw**] **~** (*a. fig*) strappare qc [da qc] **II.** *vr* **sich** [**von jdm/etw**] **~** (*a. fig*) staccarsi [da qu/qc]

**los|rennen** <irr> *vi sein* ❶ (*loslaufen*) partire di corsa, correre via ❷ (*auf jdn zulaufen*) **auf jdn ~** correre verso qu

**Löss** <-es, -e> *m* loess *m*

**los|sagen** *vr* **sich von jdm/etw ~** separarsi da qu/qc

**los|treten** <irr> *vt* **eine Lawine ~** (*fam fig*) scatenare un putiferio

**Losung** <-, -en> *f* parola *f* d'ordine

**Lösung** <-, -en> *f* ❶ (*Los~*) distacco *m* ❷ (*fig* CHEM, MAT) soluzione *f* ❸ (*von Beziehungen*) rottura *f*, scioglimento *m*

**Lösungsmittel** *nt* (CHEM) solvente *m*

**los|werden** <irr> *vt sein* ❶ (*sich befreien von*) liberarsi di, sbarazzarsi di; **ich werde den Gedanken nicht los** non riesco a togliermi quest'idea dalla testa ❷ (*fam: verkaufen*) vendere ❸ (*fam: verlieren*) perdere

**los|ziehen** <irr> *vi sein* partire, mettersi in cammino; **gegen jdn ~** (*fam: auf jdn schimpfen*) scagliarsi [*o* inveire] contro qu

**Lot** [lo:t] <-(e)s, -e> *nt* ❶ (*Senkblei*) filo *m* a piombo, piombino *m;* **etw wieder ins rechte ~ bringen** sistemare qc ❷ (NAUT) scandaglio *m* ❸ (MAT: *Senkrechte*) perpendicolare *f*, verticale *f*

**loten** *vt* ❶ (TEC) mettere a piombo ❷ (NAUT) scandagliare

**löten** ['lø:tən] *vt* saldare; (*hart ~*) brasare

**Lotion** [lo'tsi̯oːn] <-, -en> *f* lozione *f*

**Lötkolben** *m* saldatoio *m* **Lötlampe** *f* lampada *f* per saldare

**Lotos** ['lo:tɔs] <-, -> *m,* **Lotosblume** *f* loto *m*

**lotrecht** *adj* a piombo, a picco

**Lötrohr** *nt* cannello *m* per saldare

**Lotse** ['lo:tsə] <-n, -n> *m* ❶ (NAUT) pilota *m;* (AERO: *Flug~*) radioassistente *m* ❷ (*fig*) guida *f*

**lotsen** *vt* ❶ (NAUT) pilotare; (AERO) dirigere; (MOT) guidare ❷ (*fig fam*) portare, trascinare

**Lotsenboot** *nt* pilotina *f* **Lotsendienst** *m* servizio *m* di pilotaggio

**Lötstelle** *f* [punto *m* di] saldatura *f*

**Lotterie** [lɔtəˈriː] <-, -n> *f* lotteria *f* **Lotterielos** *nt* biglietto *m* della lotteria

**lott|e|rig** ['lɔt(ə)rɪç] *adj* (*fam*) ❶ (*schlampig*) trasandato, trascurato ❷ (*unmoralisch*) dissoluto, sregolato

**Lotterleben** ['lɔtɐle:bən] *nt* (*pej*) vita *f* sregolata

**Lotto** ['lɔto] <-s, -s> *nt* lotto *m* **Lottogewinn** *m* vincita *f* al lotto **Lottoschein** *m* schedina *f* del lotto **Lottozahlen** *fPl.* numeri *mpl* del lotto

**lottrig** *s.* **lott|e|rig**

**Love Parade** <-, -n> *f* festa che raduna a Berlino una volta all'anno tutti i fan della musica tecno

**Löwe** ['løːvə] <-n, -n> *m* ❶ (ZOO) leone *m;* **sich in die Höhle des ~n begeben** (*fig fam*) osare entrare nella tana del lupo ❷ (ASTR) Leone *m* **Löwenanteil** *m* **sich** *dat* **den ~ nehmen** (*fig fam*) fare la parte del leone **Löwenmaul** *nt,* **Löwenmäulchen** ['løːvənmɔyl̯çən] <-s, -> *nt* (BOT) bocca *f* di leone **Löwenzahn** *m* (BOT) dente *m* di leone **Löwin** ['løːvɪn] <-, -nen> *f* leonessa *f*

**loyal** [loaˈjaːl] *adj* leale

**Loyalität** [loajaliˈtɛːt] <-> *kein Pl. f* lealtà *f*

**LP** [ɛlˈpeː] <-, -s> *f abk v* **Langspielplatte** LP *m*

**LSD** [ɛlʔɛsˈdeː] <-(s)> *kein Pl. nt* LSD *f*

**lt.** *abk v* laut sec.

**Lübeck** ['lyːbɛk] *nt* Lubecca *f*

**Luchs** [lʊks] <-es, -e> *m* lince *f*

**Lücke** ['lʏkə] <-, -n> *f* ❶ (*leere Stelle, a. fig*) vuoto *m* ❷ (*fig*) lacuna *f*; (*Mangel*) carenza *f*, difetto *m*; **eine ~ schließen** colmare una lacuna **Lückenbüßer** *m* ❶ (*Person*) tappabuchi *m* ❷ (*Sache*) riempiti-

**lückenhaft** *adj* ❶ (*voller Lücken*) pieno di lacune, lacunoso ❷ (*fig: unvollständig*) incompleto **lückenlos** *adj* ❶ (*ohne Lücken*) senza lacune ❷ (*fig: vollständig*) completo

**lud** [luːt] *1. u. 3. Pers. Sing. Imp. von* **laden**

**Luder** ['luːdə] <-s, -> *nt* (*fam pej*) carogna *f*

**Luft** [lʊft] <-, *poet* **Lüfte**> *f* ❶ aria *f*; **dicke ~** (*fam*) aria pesante; **die ~ aus etw herauslassen** sgonfiare qc; **für jdn ~ sein** non esistere per qu; **an die [frische] ~ gehen** andare all'aria aperta; **jdn an die ~ setzen** (*fam*) mettere qu alla porta; **in die ~ jagen** (*sprengen*) far saltare; **in der ~ liegen** essere nell'aria; **sich in ~ auflösen** (*fam: Person*) svanire nel nulla; (*Ding*) andare in fumo ❷ *Sing.* (*Atem*) fiato *m*, respiro *m*; **~ holen** prendere fiato; **tief ~ holen** respirare profondamente; **keine ~ kriegen** soffocare ❸ (*fam: Platz, Spielraum*) spazio *m*; **seinem Ärger ~ machen** sfogare la propria rabbia

**Luftangriff** *m* attacco *m* aereo, incursione *f* aerea **Luftballon** *m* ❶ (*Spielzeug*) palloncino *m* ❷ (AERO) aerostato *m* **Luftbefeuchter** <-s, -> *m* evaporatore *m*, umidificatore *m* **Luftbild** *nt* fotografia *f* aerea **Luftblase** *f* bolla *f* d'aria **Luftbrücke** *f* ponte *m* aereo **luftdicht** *adj* ermetico **Luftdruck** *kein Pl. m* pressione *f* atmosferica **luftdurchlässig** *adj* permeabile all'aria

**lüften** ['lʏftən] *vt* ❶ (*Zimmer*) aerare; (*Bett, Kleidung*) dare aria a, mettere all'aria ❷ (*Vorhang*) sollevare; (*Hut*) alzare ❸ (*fig: Geheimnis*) svelare

**Luftfahrt** *f* aviazione *f*, aeronautica *f* **Luftfahrtgesellschaft** *f* compagnia *f* di navigazione aerea **Luftfeuchtigkeit** *f* umidità *f* atmosferica **Luftfracht** *f* ❶ (*Gebühr*) nolo *m* aereo ❷ (*Ware*) merce *f* aerotrasportata **luftgekühlt** *adj* (TEC) raffreddato ad aria, con raffreddamento ad aria **luftgetrocknet** *adj* seccato all'aria **Luftgewehr** *nt* fucile *m* ad aria compressa **Lufthauch** *m* (*geh*) soffio *m* [*o* alito *m*] d'aria **Lufthoheit** *kein Pl. f* sovranità *f* aerea

**luftig** *adj* ❶ (*Raum*) arioso; (*frisch*) aerato ❷ (*Kleidung*) vaporoso

**Luftkampf** *m* combattimento *m* aereo; (*zwischen zwei Flugzeugen*) duello *m* aereo

**Luftkissen** *nt* ❶ (*Kissen*) cuscino *m* pneumatico ❷ (*Luft*) cuscino *m* d'aria

**Luftkissenboot** *nt* hovercraft *m* **Luftkrieg** *m* guerra *f* aerea **Luftkühlung** *f* raffreddamento *m* ad aria **Luftkurort** *m* stazione *f* climatica

**Luftlandetruppen** *fPl.* truppe *fpl* aviotrasportate

**Luftlandung** *f* (MIL) aerosbarco *m* **luftleer** *adj* **~er Raum** vuoto *m* **Luftlinie** *f* linea *f* d'aria **Luftloch** *nt* ❶ (TEC) foro *m* d'aerazione ❷ (*fam*) vuoto *m* d'aria **Luftmasche** *f* primo ferro *m* [*o* punto *m*] **Luftmatratze** *f* materasso *m* pneumatico, materassino *m* [gonfiabile] **Luftmine** *f* mina *f* aerea **Luftpirat(in)** *m(f)* pirata *mf* dell'aria **Luftpost** *f* posta *f* aerea; **mit ~ per posta aerea **Luftpostbrief** *m* lettera *f* per posta aerea **Luftpostpapier** *nt* carta *f* per posta aerea **Luftpumpe** *f* pompa *f* pneumatica **Luftraum** *m* spazio *m* aereo **Luftreiniger** *m* depuratore *m* dell'aria **Luftröhre** *f* trachea *f* **Luftschacht** *m* pozzo *m* di ventilazione **Luftschicht** *f* strato *m* d'aria **Luftschiff** *nt* dirigibile *m*, aeronave *f*

**Luftschifffahrt** *f* navigazione *f* aerea [con dirigibili], aeronautica *f* **Luftschlange** *f* stella *f* filante **Luftschloss** *nt* castello *m* in aria; **Luftschlösser bauen** fare castelli in aria **Luftschraube** *f* elica *f* **Luftschutz** *m* protezione *f* antiaerea; **ziviler ~** difesa *f* antiaerea civile **Luftschutzbunker** *m*, **Luftschutzkeller** *m*, **Luftschutzraum** *m* rifugio *m* antiaereo **Luftsperrgebiet** *nt* zona *f* aerea vietata **Luftspieg[e]lung** *f* miraggio *m* **Luftsprung** *m* salto *m* di gioia

**Luftstreitkräfte** *fPl.* forze *fpl* aeree **Luftströmung** *f* corrente *f* d'aria **Luftstützpunkt** *m* base *f* aerea **Lufttaxi** *nt* aerotaxi *m* **Lufttemperatur** *f* (METEO) temperatura *f* atmosferica **Lufttransport** *m* trasporto *m* aereo **luftundurchlässig** *adj* impermeabile all'aria

**Lüftung** <-, -en> *f* aerazione *f*, ventilazione *f* **Lüftungsschacht** *m* condotto *m* dell'aria

**Luftveränderung** *f* cambiamento *m* d'aria **Luftverkehr** *m* traffico *m* aereo **Luftverschmutzung** *f* inquinamento *m* atmosferico **Luftwaffe** *f* aeronautica *f* militare **Luftweg** *m* **auf dem ~** per via aerea **Luftwiderstand** *m* resistenza *f* dell'aria **Luftzufuhr** *f* adduzione *f* d'aria **Luftzug** *m* corrente *f* d'aria

**Lüge** ['lyːɡə] <-, -n> *f* bugia *f*, menzogna *f*; **jdn ~n strafen** smentire qu; **~n haben kurze Beine** (*prov*) le bugie hanno le gambe corte

**lügen** <lügt, log, gelogen> *vi* mentire, dire una bugia; **~ wie gedruckt** (*fam*) spararle grosse, mentire spudoratamente

**Lügendetektor** ['ly:gəndeˈtɛktɔr] *m* macchina *f* della verità, lie detector *m*

**Lügengeschichte** *f* frottola *f*, fandonia *f*, panzana *f*

**Lügner(in)** ['ly:gnɐ] <-s, -; -, -nen> *m(f)* bugiardo, -a *m*, *f*, mentitore, -trice *m*, *f*

**lügnerisch** *adj* bugiardo, menzognero

**Luke** ['lu:kə] <-, -n> *f* (*Dach~*) abbaino *m*; (NAUT) boccaporto *m*

**lukrativ** [lukraˈtiːf] *adj* lucrativo

**lukullisch** [luˈkʊlɪʃ] *adj* luculliano

**Lümmel** ['lʏməl] <-s, -> *m* ❶ (*pej: Flegel*) villano *m* ❷ (*fam: Bursche*) tipo *m* **lümmeln** *vr* **sich ~** (*fam pej*) stravaccarsi (*auf etw acc* su qc) **Lümmeltüte** *f* (*sl: Kondom*) preservativo *m*

**Lump** [lʊmp] <-en, -en> *m* (*pej*) farabutto *m*, mascalzone *m*

**lumpen** ['lʊmpən] *vt* (*fam*) **sich nicht ~ lassen** non fare lo spilorcio

**Lumpen** <-s, -> *m* straccio *m*, cencio *m*

**Lumpengesindel** *nt*, **Lumpenpack** *nt* (*pej*) gentaglia *f*, marmaglia *f*

**Lumpensammler** *m* ❶ (*Mensch*) cenciaiolo *m* ❷ (*fig, scherz: Bahn, Bus*) ultima corsa *f*

**lumpig** *adj* ❶ (*niederträchtig*) meschino, vile ❷ (*zerlumpt*) cencioso ❸ (*fam: unbedeutend*) misero

**Lunch** [lantʃ] <-(e)s *o* -, -(e)s *o* -e> *m* lunch *m*, pranzo *m*

**lunchen** ['lantʃən] *vi*, *vt* pranzare

**Lüneburg** ['ly:nəbʊrk] *nt* Luneburgo *f*; **~er Heide** Lande *fpl* di Luneburgo

**Lunge** ['lʊŋə] <-, -n> *f* polmone *m*, polmoni *mpl*; **sich** *dat* **die ~ aus dem Leib schreien** (*fam*) spolmonarsi

**Lungenbraten** <-s, -> *m* (*A: GASTR: Rinderfilet*) filetto *m* di manzo, lombata *f* **Lungenembolie** <-, -n> *f* (*MED*) embolia *f* polmonare **Lungenentzündung** *f* polmonite *f* **Lungenfell** *nt* pleura *f* **Lungenfellentzündung** *f* pleurite *f* **Lungenflügel** *m* lobo *m* polmonare

**Lungenhaschee** <-s, -s> *nt* macinato *m* di lombo

**Lungenheilstätte** *f* sanatorio *m* antitubercolare **lungenkrank** *adj* tubercolotico, tisico **Lungenkrankheit** *f* affezione *f* polmonare **Lungenkrebs** *m* cancro *m* ai polmoni **Lungentuberkulose** *f* tubercolosi *f* polmonare **Lungenzug** *m* tiro *m* [di sigaretta]; **einen ~ machen** fare un tiro

**lungern** ['lʊŋɐn] *vi* (*fam*) oziare, perdere tempo, bighellonare, ciondolare

**Lunte** ['lʊntə] <-, -n> *f* **~ riechen** (*fig fam*) sentire odore di polvere

**Lupe** ['lu:pə] <-, -n> *f* lente *f*; **etw/jdn unter die ~ nehmen** (*fam*) esaminare qc/ qu attentamente **lupenrein** *adj* ❶ (*Diamant*) purissimo ❷ (*fig*) vero, autentico

**Lupine** [luˈpi:nə] <-, -n> *f* lupino *m*

**Lurch** [lʊrç] <-(e)s, -e> *m* anfibio *m*

**Lurex®** ['lu:rɛks] <-> *kein Pl. nt* lurex® *m*

**Lust** [lʊst] <-, Lüste> *f* ❶ *Sing.* (*Freude*) gioia *f*; (*Vergnügen*) piacere *m*; **mit ~ und Liebe** con piacere, con grande entusiasmo; **nach ~ und Laune** a capriccio ❷ *Sing.* (*Verlangen*) voglia *f*, desiderio *m*; **~ auf etw** *acc* **haben** avere voglia di qc; **~/ keine ~ haben zu arbeiten** avere/non avere voglia di lavorare; **mir ist die ~ [daran] vergangen** mi è passata la voglia ❸ (*Sinnes~*) voluttà *f*

**Luster** ['lʊstɐ] <-s, -> *m* (*A*) *s.* **Lüster**

**Lüster** <-s, -> *m* ❶ (*Glanzüberzug*) lustro *m* ❷ (*Kronleuchter*) lampadario *m*

**lüstern** ['lʏstɛrn] *adj* ❶ (*begierig*) avido, bramoso; **auf etw** *acc* [*o* **nach etw**] **~ sein** essere bramoso di [fare] qc ❷ (*geil*) cupido, lascivo **Lüsternheit** <-> *kein Pl. f* ❶ (*Begierde*) desiderio *m*, brama *f* ❷ (*Geilheit*) concupiscenza *f*, lascivia *f*

**Lustgewinn** <-(e)s, -e> *m* raggiungimento *m* del piacere

**lustig** *adj* ❶ (*vergnügt*) allegro, gaio ❷ (*erheiternd*) divertente, piacevole; **sich über jdn ~ machen** prendere in giro qu; **sich über etw** *acc* **~ machen** ridere di qc; **das kann ja ~ werden!** (*fam iron*) ci sarà da divertirsi!, ne vedremo delle belle!

**Lüstling** ['lʏstlɪŋ] <-s, -e> *m* libertino *m*

**lustlos** *adj* (*Mensch*) svogliato, apatico

**Lustmolch** *m* (*fam scherz*) libidinoso *m*

**Lustmord** *m* omicidio *m* con violenza carnale

**Lustmörder(in)** *m(f)* omicida *mf* sessuale **Lustobjekt** *nt* oggetto *m* di piacere **Lustschloss** *nt* castello *m* di campagna **Lustspiel** *nt* commedia *f* **lustvoll** *adj* (*geh*) voluttuoso, appagato, soddisfatto, gaio, di gusto, con piacere; **~er Blick** sguardo voluttuoso; **etw ~ machen** fare qc con piacere [*o* di gusto]

**lutschen** ['lʊtʃən] *vt*, *vi* **an etw** *dat* **~** succhiare qc

**Lutscher** <-s, -> *m* lecca-lecca *m*

**Luv** [lu:f] <-> *kein Pl. f o nt* orza *f*, lato *m* sopravvento

**Luxemburg** ['lʊksəmbʊrk] *nt* Lussemburgo *m*
**Luxemburger(in)** <-s, -; -, -nen> *m(f)* lussemburghese *mf*
**luxemburgisch** *adj* lussemburghese
**luxuriös** [lʊksuri'øːs] *adj* lussuoso, di lusso
**Luxus** ['lʊksʊs] <-> *kein Pl. m* lusso *m*
**Luxus-** (*in Zusammensetzungen*) di lusso
 **Luxusartikel** *m* articolo *m* di lusso
 **Luxusausführung** *f* modello *m* di lusso
 **Luxushotel** *nt* albergo *m* di lusso **Luxusliner** [-laɪnɐ] <-s, -> *m* crociera *f* di lusso
 **Luxussteuer** *f* imposta *f* sui generi di lusso **Luxuswagen** *m* automobile *f* di lusso

**Luzern** [lu'tsɛrn] *nt* Lucerna *f*
**Luzerne** [lu'tsɛrnə] <-, -n> *f* (BOT) [erba *f*] medica *f*
**LW** *abk v* **Langwelle** OL
**Lymphdrüse** *f* ghiandola *f* linfatica
**Lymphe** ['lʏmfə] <-, -n> *f* linfa *f*
**Lymphknoten** *m* linfoghiandola *f* **Lymphsystem** *nt* (MED) sistema *m* linfatico
**lynchen** ['lʏnçən] *vt* linciare
**Lynchjustiz** *f* linciaggio *m*
**Lyrik** ['lyːrɪk] <-> *kein Pl. f* lirica *f*
**Lyriker(in)** <-s, -; -, -nen> *m(f)* poeta, -essa *m*, *f* lirico, -a
**lyrisch** *adj* lirico

# Mm

**M, m** [ɛm] <-, -(s)> *nt* M, m *f*; **M wie Martha** M come Milano
**m** *abk v* **Meter** m
**MA.** *abk v* **Mittelalter** M.E.
**MA** *abk v* **Mittelalter** M.E.
**mA** *abk v* **Milliampere** mA
**M. A.** *abk v* **Magister Artium** *titolo di studio universitario per le materie umanistiche*
**Maastrichter Vertrag** <-es> *kein Pl. m* (EU) Trattato *m* di Maastricht
**Mach** [max] <-(s), -> *nt* (PHYS) Mach *m*
**Machart** *f* fattura *f*, confezione *f* **machbar** *adj* fattibile
**Mache** ['maxə] <-> *kein Pl. f* (*fam*) ❶ (*Vortäuschung*) apparenza *f*, messa *f* in scena; **das ist alles nur ~** è tutta una commedia ❷ (*Wend*) **etw in der ~ haben** stare macchinando qc
**machen** ['maxən] I. *vt* ❶ (*tun*) fare; **etw ~ lassen** far fare qc; **das Bett ~** fare il letto; **jdm den Hof ~** fare la corte a qu; **Licht ~** accendere la luce; **sich** *dat* **das Haar ~** farsi i capelli; **das [o so etwas] macht man nicht** una cosa simile non si fa; **da kann man nichts [mehr] ~** non c'è più niente da fare; **dagegen ist nichts zu ~** non ci si può fare nulla; **was macht dein Mann?** come sta tuo marito?; **was macht deine Arbeit?** come va il tuo lavoro?; **was machst du denn hier?** cosa fai qui?; **den Anfang mit etw ~** cominciare qc; **ein Ende ~ mit** porre fine a; **mach's gut!** (*fam*) ciao, stammi bene!; **wird gemacht!** (*fam*) sarà fatto ❷ (*herstellen*) produrre, fabbricare ❸ (*bewirken, verursachen*) causare; **Mühe ~** costare fatica; **das macht nichts** non fa niente ❹ (*in einen Zustand versetzen*) rendere; **du machst mich ganz nervös!** mi rendi nervoso! ❺ (*veranstalten*) organizzare ❻ (*fam: ergeben*) fare; (*kosten*) costare; **was macht das?** quant'è? ❼ (*fam: Notdurft verrichten*) fare
II. *vr* **sich ~** ❶ (*fam: gedeihen*) crescere, svilupparsi ❷ (*sich in einen Zustand versetzen*) **mach dich nicht schmutzig!** non sporcarti!; **machen Sie es sich** *dat* **bequem!** si metta a Suo agio! ❸ (*beginnen*) **sich an etw** *acc* **~** mettersi a fare qc ❹ (*passen, aussehen*) stare; **sich gut ~** stare bene ❺ (*Wend*) **ich mache mir nichts aus Kuchen** i dolci non mi piacciono; **ich mache mir nichts daraus** non me ne importa niente; **ich mache mir viel daraus** non me ne importa niente/; **mach dir nichts draus!** (*fam*) non te la prendere
III. *vi* **in die Hose ~** (*fam*) farsela addosso; **Arbeiten macht müde** il lavoro stanca; **lass mich nur ~!** (*fam*) lascia fare a me!; **nun mach schon!** (*fam*) sbrigati!, spicciati!

**Machenschaften** *fPl.* (*pej*) manovre *fpl*, intrighi *mpl*
**Macher** <-s, -> *m* (*fam*) uomo *m* energico
**Macho** ['matʃo] <-s, -s> *m* (*fam*) macho *m*, maschilista *m* **Macholand** *nt* paese *m* maschilista **Machotum** *nt* maschilismo *m*

**Macht** [maxt, *Pl:* 'mɛçtə] <-, Mächte> *f* ❶ *Sing.* (*Einfluss, Gewalt*) potere *m;* **an der ~ sein** essere al potere; **die ~ ergreifen** prendere il potere; **in jds ~ liegen** dipendere da qu ❷ *Sing.* (*Kraft*) forza *f;* **alles, was in meiner ~ steht** tutto quello che posso ❸ (*Heeres-*) forze *fpl* armate, esercito *m*
**Machtbereich** *m* sfera *f* di competenza
**Machtergreifung** *f* presa *f* del potere
**Machthaber(in)** <-s, -; -, -nen> *m(f)* uomo *m* [donna *f*] al potere, potente *mf*
**machthungrig** *adj* assetato di potere
**mächtig** ['mɛçtɪç] I. *adj* ❶ (*machtvoll*) potente, possente; **einer Sprache ~ sein** (*geh*) padroneggiare una lingua ❷ (*sehr groß*) grande, enorme II. *adv* (*fam: sehr*) molto, assai; **sich ~ anstrengen** sforzarsi molto
**Machtkampf** *m* lotta *f* per il potere
**machtlos** *adj* impotente; **dagegen ist man ~** non ci si può far nulla **Machtlosigkeit** <-> *kein Pl. f* impotenza *f* **Machtmissbrauch** <-(e)s> *kein Pl. m* abuso *m* di potere **Machtpolitik** *f* politica *f* di forza **Machtprobe** *f* prova *f* di forza **Machtstellung** *f* posizione *f* di forza **Machtübernahme** *f* (POL) avvento *m* al potere **machtvoll** *adj* potente **Machtwechsel** <-s, -> *m* (POL) cambio *m* di potere **Machtwort** <-(e)s, -e> *nt* **ein ~ sprechen** dire una parola decisiva, fare la voce grossa *fam*
**Machwerk** *nt* (*pej*) abborracciatura *f*
**Macke** ['makə] <-, -n> *f* ❶ (*Fehler*) difetto *m;* (*Beule*) ammaccatura *f* ❷ (*fam: Tick*) fisima *f*, fissazione *f;* **du hast doch eine ~!** non hai tutte le rotelle a posto!
**Macker** ['makɐ] <-s, -> *m* (*sl*) ❶ (*Typ*) tizio *m*, tipo *m* ❷ (*Freund*) ragazzo *m*
**MAD** [ɛmʔaːˈdeː] <-(s)> *kein Pl. m abk v* **Militärischer Abschirmdienst** *Organizzazione tedesca per la protezione delle forze armate da spionaggio e sabotaggi*
**Mädchen** ['mɛːtçən] <-s, -> *nt* ❶ (*Kind*) bambina *f*; (*Jugendliche*) ragazza *f*; **leichtes ~** ragazza leggera ❷ (*Haus-*) domestica *f*; (*Zimmer-*) cameriera *f*; **für alles** ragazza tuttofare **mädchenhaft** I. *adj* da fanciulla II. *adv* come una fanciulla
**Mädchenhandel** *m* tratta *f* delle bianche **Mädchenname** *m* ❶ (*weiblicher Vorname*) nome *m* di ragazza ❷ (*von verheirateter Frau*) cognome *m* da ragazza
**Made** ['maːdə] <-, -n> *f* verme *m;* (*bes. Obst-*) baco *m;* **wie die ~ im Speck leben** (*fam*) far vita da papi

**Mad|e|l** ['maːd(ə)l] <-s, -n> *nt* (*südd, A*) ragazza *f* **Mädel** ['mɛːdəl] <-s, -(s)> *nt* (*fam*) ragazza *f*
**madig** *adj* bacato
**madig|machen** *vt* (*fam*) **jdm etw ~** rovinare qc a qu, far passare la voglia a qu
**Madonna** [maˈdɔna, *Pl:* maˈdɔnən] <-, Madonnen> *f* Madonna *f*
**Madrid** [maˈdrɪt] *nt* Madrid *f*
**Mafia** ['mafja] <-, -s> *f* mafia *f*
**mag** [maːk] *1. u. 3.Pers. Sing. Präs. von* **mögen¹, mögen²**
**Magazin** [magaˈtsiːn] <-s, -e> *nt* ❶ (*Lager*) magazzino *m* ❷ (*von Waffe*) caricatore *m* ❸ (*Zeitschrift*) rivista *f* ❹ (TV, RADIO) programma *m* d'attualità ❺ (FOTO) caricatore *m*
**Magd** [maːkt, *Pl:* 'mɛːkdə] <-, Mägde> *f* (*obs*) serva *f*, domestica *f*
**Magen** ['maːɡən, *Pl:* 'mɛːɡən] <-s, Mägen *o* -> *m* stomaco *m;* **auf nüchternen ~** a stomaco vuoto, a digiuno; **sich** *dat* **den ~ verderben** guastarsi lo stomaco; **das liegt mir schwer im ~** (*fig fam*) mi sta sullo stomaco
**Magenbeschwerden** *fPl.* disturbi *mpl* gastrici **Magenbitter** <-s, -> *m* amaro *m* [digestivo] **Magen-Darm-Trakt** ['maːɡənˈdarmtrakt] <-(e)s, -e> *m* (ANAT) tratto *m* gastrointestinale [*o* gastroenterico] **Magengeschwür** *nt* (MED) ulcera *f* gastrica **Magengrube** *f* epigastrio *m*, bocca *f* dello stomaco *fam* **Magenknurren** <-s> *kein Pl. nt* borborismo *m* **Magenleiden** <-s, -> *nt* affezione *f* gastrica, gastropatia *f* **Magensäure** *f* acido *m* gastrico **Magenschmerzen** *mPl.* dolori *mpl* di stomaco **Magenverstimmung** <-, -en> *f* indigestione *f*
**mager** ['maːɡɐ] *adj* magro; (*fig a*) scarso; **~ werden** dimagrire
**Magerkeit** <-> *kein Pl. f* magrezza *f*
**Magermilch** *f* latte *m* magro **Magerquark** *m* ricotta *f* magra **Magersucht** *f* (MED) anoressia *f* [nervosa] **magersüchtig** *adj* anoressico
**Maggikraut** ['magiː-] <-s> *kein Pl. nt* (BOT, GASTR) sedano *m* di monte
**Magie** [maˈɡiː] <-> *kein Pl. f* magia *f*
**Magier** [ˈmaːɡiɐ] <-s, -> *m* mago *m*
**magisch** *adj* magico
**Magister** [maˈɡɪstɐ] <-s, -> *m*, **Magistra** [maˈɡɪstra] <-, -en> *f* (A) ❶ (*akademischer Grad, dem Diplom entsprechend*) laurea *f;* **den/seinen ~ machen** laurearsi; **sie ist ~/Magistra der Philo-**

**sophie** è laureata in filosofia ❷ (*A: Titel und Anrede eines Apothekers*) farmacista *mf*
**Magistrat** [magɪs'traːt] <-(e)s, -e> *m* ❶ (HIST) magistrato *m;* (*Amt*) magistratura *f* ❷ (*Stadtverwaltung*) amministrazione *f* comunale, municipalità *f*
**Magistratur** [magɪstra'tuːɐ, *Pl:* magɪs'tra:rən] <-, -en> *f* carica *f* pubblica
**Magma** ['magma, *Pl:* 'magmən] <-s, Magmen> *nt* (GEOL) magma *m*
**Magnesium** [ma'gneːzium] <-s> *kein Pl. nt* (CHEM) magnesio *m*
**Magnet** [ma'gneːt] <-(e)s o -en, -e o rar -en> *m* magnete *m* **Magnetbahn** <-, -en> *f* treno *m* superveloce a trazione magnetomeccanica **Magnetband** <-(e)s, -bänder> *nt* nastro *m* magnetico **Magnetfeld** *nt* campo *m* magnetico
**magnetisch** *adj* magnetico
**magnetisieren** [magneti'ziːrən] <ohne ge-> *vt* magnetizzare
**Magnetismus** [magne'tɪsmʊs] <-> *kein Pl. m* magnetismo *m*
**Magnetnadel** *f* ago *m* magnetico
**Magnolie** [ma'gnoːliə] <-, -n> *f* (BOT) magnolia *f*
**Mahagoni** [maha'goːni] <-s> *kein Pl. nt* mogano *m*
**Maharadscha** [maha'raːdʒa] <-s, -s> *m* maragià *m*
**Mahd** [maːt, *Pl:* 'mɛːdə] <-(e)s, Mähder> *nt* (*A, CH*) prato *m*, pascolo *m*
**Mähdrescher** *m* mietitrebbiatrice *f*
**mähen** ['mɛːən] *vt* mietere, falciare
**Mahl** [maːl, *Pl:* maːlə o mɛːlə] <-(e)s, -e o Mähler> *nt* (*geh*) pasto *m*, pranzo *m;* (*Fest~*) banchetto *m*
**mahlen** ['maːlən] <mahlt, mahlte, gemahlen> *vt* triturare, tritare; (*Körner*) macinare
**Mahlzeit** *f* pasto *m;* ~! buon appetito!
**Mähmaschine** *f* falciatrice *f,* mietitrice *f*
**Mähne** ['mɛːnə] <-, -n> *f* criniera *f*
**mahnen** ['maːnən] *vt* ❶ (*zurechtweisen*) ammonire ❷ (*erinnern*) **jdn an etw** *acc* ~ rammentare qc a qu ❸ (*Schuldner*) sollecitare ❹ (JUR) intimare
**Mahngebühr** *f* spese *fpl* di intimazione
**Mahnmal** <-(e)s, -e o rar -mäler> *nt* monumento *m* commemorativo
**Mahnung** <-, -en> *f* ❶ (*Er~*) ammonimento *m* ❷ (*von Schuldner*) sollecitazione *f;* (*Mahnbrief*) sollecito *m* ❸ (JUR) intimazione *f,* diffida *f*
**Mahnwache** <-, -n> *f* sit-in *m,* manifestazione *f* di protesta

**Mai** [maɪ] <-(e)s o -, -e> *m* maggio *m; s. a.* **April Maibowle** *f* bowle *f* con asperula
**Maifeier** *f* festa *f* del primo maggio, primo maggio *m* **Maiglöckchen** ['maɪglœkçən] <-s, -> *nt* mughetto *m* **Maikäfer** *m* maggiolino *m*
**Mail** ['meɪl] <-, -s> *f* mail *f*
**Mailand** ['maɪlant] *nt* Milano *f*
**Mailbox** ['meɪlbɔks] *f* (INFORM) cassetta *f* postale elettronica
**mailen** ['meɪlən] *vt* **etw** ~ (INFORM, *fam*) inviare per mail
**Mailinglist** ['meilɪŋlist] <-, -s> *f* (INFORM) mailinglist *f*
**Mailprogramm** *nt* (INFORM) programma *m* mail
**Main** [maɪn] *m* Meno *m*
**Mainz** [maɪnts] *nt* Magonza *f*
**Mais** [maɪs] <-es, *rar* -e> *m* mais *m,* gran[o]turco *m* **Maiskeimöl** *nt* olio *m* di semi di mais **Maiskolben** *m* pannocchia *f* **Maismehl** *nt* farina *f* di granoturco
**Majestät** [majɛs'tɛːt] <-, -en> *f* maestà *f*
**majestätisch** *adj* maestoso
**Major** [ma'joːɐ] <-s, -e> *m* (MIL) maggiore *m*
**Majoran** ['maːjoran o majo'raːn] <-s, -e> *m* maggiorana *f*
**Majorität** [majori'tɛːt] <-, -en> *f* maggioranza *f*
**Majorz** [ma'jɔrts] <-es> *kein Pl. m* (*CH: Mehrheitswahlsystem*) [sistema *m*] maggioritario *m;* **es gibt zwei verschiedene Wahlsysteme:** ~ **und Proporz** ci sono due diversi sistemi di votazione: il maggioritario e il proporzionale
**makaber** [ma'kaːbɐ] *adj* macabro
**Makedonien** [make'doːniən] *nt* Macedonia *f*
**Makedonier(in)** [make'doːniɐ] <-s, -; -, -nen> *m(f)* macedone *mf*
**Makedonisch** <-s> *kein Pl. nt* macedone *m*
**makedonisch** *adj* macedone
**Makedonische** <-n> *kein Pl. nt* macedone *m*
**Makel** ['maːkəl] <-s, -> *m* (*geh*) difetto *m*
**makellos** *adj* senza difetto; (*fig*) impeccabile
**mäkeln** ['mɛːkəln] *vi* (*pej*) **an etw** *dat* ~ trovare da ridire su qc
**Make-up** [meɪk'ʔap] <-s, -s> *nt* maquillage *m,* make-up *m*
**Makler(in)** ['maːklɐ] <-s, -; -, -nen> *m(f)* (*Wohnungs~*) sensale *mf* di alloggi; (*Börsen~*) agente *mf* di cambio; (*Grund-*

*stücks~*) agente *mf* immobiliare **Maklergebühr** *f* diritti *mpl* di mediazione
**Maklerin** *f s.* **Makler**
**Makrele** [ma'kreːlə] <-, -n> *f* sgombro *m*
**Makrokosmos** <-> *kein Pl. m* macrocosmo *m*
**Makrone** [ma'kroːnə] <-, -n> *f* amaretto *m*
**Makulatur** [makula'tuːɐ, *Pl:* makula'tuːrən] <-, -en> *f* carta *f* da macero
**mal** [maːl] *adv* ① (MAT) per; **2 ~ 2 ist 4** 2 per 2 fa 4 ② (*fam: einmal*) **ich muss ~** devo andare in un posticino; **denk** [dir] **~!** immagina!; **hör ~ her** [*o* zu]! ascolta!; **sieh ~!, schau ~!** guarda!; **besuchen Sie mich ~!** venga a trovarmi!; **versuchen Sie es ~!** ci provi un po'!
**Mal**[1] <-(e)s, -e> *nt* volta *f;* **das erste/zweite/nächste/vorige** [*o* letzte] **~** la prima/la seconda/la prossima/l'ultima volta; **dieses ~** questa volta; **ein für alle ~** una volta per tutte; **ein ums andere ~** una volta su due; **mit einem ~** ad un tratto; **zum ersten/letzten ~** per la prima/l'ultima volta; **von ~ zu ~** di volta in volta; **Dutzend ~** dozzine di volte; **Millionen ~** milioni di volte
**Mal**[2] <-(e)s, -e *o* Mäler> *nt* (*Fleck*) chiazza *f;* (*bes. auf der Haut*) livido *m;* (*Mutter~*) voglia *f*
**Malaria** [ma'laːria] <-> *kein Pl. f* malaria *f*
**malen** ['maːlən] *vt* dipingere; (*porträtieren*) fare il ritratto a
**Maler(in)** <-s, -; -, -nen> *m(f)* ① (*Kunst~*) pittore, -trice *m, f* ② (*Anstreicher*) imbianchino, -a *m, f*
**Malerei** [maːlə'rai] <-, -en> *f* pittura *f*
**Malerin** *f s.* **Maler**
**malerisch** *adj* pittoresco
**Malheur** [ma'løːɐ, *Pl:* ma'løːrə] <-s, -e *o* -s> *nt* (*fam*) guaio *m;* **mir ist ein kleines ~ passiert** mi è capitato un piccolo guaio; **das ist doch kein ~!** non è niente di grave!, non è la fine del mondo!
**Malkasten** *m* cassetta *f* dei colori
**Mallorca** [ma'lɔrka *o* ma'jɔrka] *nt* Maiorca *f*
**mal|nehmen** <irr> *vt, vi* **etw mit etw ~** moltiplicare qc per qc
**malochen** [maˈlɔːxən] <ohne ge-> *vi* (*sl*) lavorare
**Malta** ['malta] *nt* Malta *f*
**Malteser(in)** [mal'teːzɐ] <-s, -; -, -nen> *m(f)* maltese *mf*
**Malteserkreuz** *nt* croce *f* di Malta
**Malve** ['malvə] <-, -n> *f* malva *f*

**Malz** [malts] <-es> *kein Pl. nt* malto *m*
**Malzbier** *nt* birra *f* di malto
**Malzbonbon** *mnt* caramella *f* di malto
**Malzkaffee** *m* caffè *m* di malto
**Mama** [ma'maː *o* 'mama] <-, -s> *f* (*fam*) mamma *f*
**Mami** ['mami] <-, -s> *f* (*fam*) mammina *f*
**Mammografie** [mamogra'fiː, *Pl:* mamogra'fiːən] <-, -n> *f,* **Mammographie** <-, -n> *f* mammografia *f*
**Mammut** ['mamʊt] <-s, -e *o* -s> *nt* mammut *m*
**mampfen** ['mampfən] *vt, vi* (*fam*) mangiare a quattro palmenti
**man** [man] I. *pron indef* si; **das tut ~ nicht** questo non si fa; **~ hat mir gesagt, dass ...** mi hanno detto che ...; **~ sagt, dass ...** si dice che ..., dicono che ... II. *adv* (*nordd: fam*) **denn ~ los!** su, andiamo!
**Management** ['mɛnɪdʒmənt] <-s, -s> *nt* management *m*
**managen** ['mɛnɪdʒən] *vt* ① (*fam: bewerkstelligen*) organizzare, sistemare ② (*geschäftlich betreuen*) **jdn ~** essere il manager di qu
**Manager(in)** <-s, -; -, -nen> *m(f)* manager *mf* **Managerkrankheit** *f* surmenage *m*
**manche(r, s)** ['mançə, -çɐ, -çəs] I. *pron indef* qualcuno, -a *m, f,* alcuni, -e *mpl, fpl,* parecchi, -cchie *mpl, fpl* II. *adj* qualche, alcuni, -e *mpl, fpl*
**mancherlei** ['mançɐ'lai] <inv> I. *adj* diverso, vario II. *pron indef* varie [*o* diverse] cose
**manches** I. *adj s.* **manche(r, s)** II. *pron indef* alcune [*o* parecchie] cose
**manchmal** *adv* talvolta, qualche volta
**Mandant(in)** [man'dant] <-en, -en; -, -nen> *m(f)* (JUR) mandante *mf*
**Mandarine** [manda'riːnə] <-, -n> *f* mandarino *m*
**Mandat** [man'daːt] <-(e)s, -e> *nt* mandato *m*
**Mandatar(in)** <-s, -e; -, -nen> *m(f)* (*A: Abgeordneter*) deputato, -a *m, f*
**Mandatszeit** *f* durata *f* del mandato
**Mandel** ['mandəl] <-, -n> *f* ① (BOT) mandorla *f;* **gebrannte ~n** mandorle tostate ② (ANAT) tonsilla *f* **Mandelbaum** *m* (BOT) mandorlo *m* **Mandelentzündung** *f* (MED) tonsillite *f* **mandelförmig** ['mandəlfœrmɪç] *adj* amigdaloide, a forma di mandorla
**Mandelkleie** *f* polvere *f* di mandorle
**Mandoline** [mando'liːnə] <-, -n> *f* (MUS) mandolino *m*

**Manege** [ma'ne:ʒə] <-, -n> f arena f
**Mangan** [maŋ'ga:n] <-s> kein Pl. nt (CHEM) manganese m
**Mangel**[1] ['maŋəl, Pl: 'mɛŋəl] <-s, Mängel> m ❶ Sing. (Fehlen) mancanza f, insufficienza f; **aus ~ an Beweisen** per insufficienza di prove; **~ haben an etw** dat avere mancanza di qc ❷ Sing. (Knappheit) scarsità f, penuria f; (MED) carenza f ❸ (Fehler) difetto m
**Mangel**[2] ['maŋəl] <-, -n> f (Wäsche~) mangano m; **jdn in die ~ nehmen** (fig fam) spremere ben bene qu
**mangelernährt** adj (MED) malnutrito
**Mangelerscheinung** f (MED) fenomeno m di carenza **mangelhaft** adj (unzureichend) insufficiente; (fehlerhaft) difettoso, manchevole; (Schulnote) cinque **Mangelkrankheit** f malattia f da carenza alimentare
**mangeln** I. vi (geh: fehlen) mancare, scarseggiare; **an etw** dat **~** mancare di qc; **es mangelt ihm an Geld** gli mancano soldi II. vt, vi (Wäsche~) manganare
**mangelnd** adj mancante, insufficiente; **wegen ~er Vorbereitung** a causa della scarsa preparazione
**Mängelrüge** ['mɛŋəlry:gə] f reclamo m
**mangels** prp +gen (geh) per mancanza di
**Mangelware** f merce f rara
**Mango** ['maŋgo] <-, -s o -nen> f mango m
**Mangold** <-(e)s, -e> m bietola f
**Mangrove** [maŋ'gro:və] <-, -n> f mangrov[i]a f
**Manie** [ma'ni:] <-, -n> f mania f
**Manier** [ma'ni:ɐ] <-, -en> f ❶ Sing. (Art) modo m, maniera f ❷ pl (Benehmen) modi mpl, maniere fpl; **gute/schlechte ~en** buone/cattive maniere; **keine ~en haben** essere maleducato
**manierlich** adj beneducato, garbato
**Manifest** [mani'fɛst] <-es, -e> nt manifesto m
**Maniküre** [mani'ky:rə] <-, -n> f manicure f
**maniküren** <ohne ge-> vt fare la manicure a
**Manipulation** [manipula'tsio:n] <-, -en> f manipolazione f
**manipulierbar** [manipu'li:ɐbaːɐ] adj manipolabile, maneggevole, maneggiabile; **beliebig/leicht/kaum ~** molto/poco/a mala pena maneggevole [o maneggiabile]
**manipulieren** [manipu'li:rən] <ohne ge-> vt manipolare
**manisch** ['ma:nɪʃ] adj (PSYCH) maniaco,

maniacale **manisch-depressiv** ['ma:nɪʃ-deprɛ'si:f] adj (PSYCH) maniaco-depressivo
**Manko** ['maŋko] <-s, -s> nt ❶ (Nachteil) mancanza f, difetto m ❷ (WIRTSCH: Fehlbetrag) ammanco m, deficit m
**Mann** [man, Pl: 'mɛnɐ o 'lɔɪtə] <-(e)s, Männer o Teilnehmer von Mannschaft: Leute> m ❶ (Erwachsener) uomo m; **ein ~ von Welt** un uomo di mondo; **seinen ~ stehen** sapere il fatto suo; **seine Ware an den ~ bringen** (fam) piazzare la propria merce; **bis auf den letzten ~** fino all'ultimo; **~ für** a uno a uno; **~ gegen ~** corpo a corpo; **pro ~** a testa; **von ~ zu ~** da uomo a uomo; **mein lieber ~!** (fam) caro mio!; **~ über Bord!** (NAUT) uomo in mare!; **alle ~ an Deck!** (NAUT) tutti in coperta!; **ein ~, ein Wort!** ogni promessa è debito prov; **selbst ist der ~!** chi fa da sé fa per tre prov ❷ (Ehe~) marito m; **mein geschiedener ~** il mio ex marito
**Männchen** ['mɛnçən] <-s, -> nt ❶ (Männlein) ometto m; **~ machen** drizzarsi sulle zampe posteriori ❷ (ZOO) maschio m
**Mannequin** ['manəkɛ̃ o manə'kɛ̃:] <-s, -s> nt mannequin f, indossatrice f
**Männerchor** ['mɛnɐkoːɐ] m coro m maschile
**Männersache** <-, -n> f faccenda f da uomini
**mannhaft** adj ❶ virile ❷ (mutig) intrepido, coraggioso ❸ (entschlossen) risoluto, deciso
**mannigfach** ['manɪçfax] adj, **mannigfaltig** ['manɪçfaltɪç] adj (geh) ❶ (vielfach) molteplice ❷ (abwechslungsreich) vario, svariato **Mannigfaltigkeit** <-> kein Pl. f molteplicità f, varietà f
**männlich** ['mɛnlɪç] adj ❶ (a. fig: mannhaft) virile ❷ (BIOL, BOT) maschio; (LING) maschile **Männlichkeit** <-> kein Pl. f virilità f
**Mannsbild** nt (fam) uomo m
**Mannschaft** <-, -en> f ❶ (SPORT) squadra f ❷ (AERO, NAUT) equipaggio m
**Mannschaftsführer(in)** m(f) (SPORT) capitano, -a m, f di squadra
**mannshoch** adj dell'altezza di un uomo
**mannstoll** adj (fam) ninfomane **Mannweib** nt (pej) virago f
**Manometer** [mano'me:tɐ] <-s, -> nt manometro m; **~!** (fam) accidenti!
**Manöver** [ma'nø:vɐ] <-s, -> nt ❶ (MAR, AERO, MOT) manovra f ❷ (MIL) manovre fpl ❸ (fig pej: Kunstgriff) stratagemma m
**manövrieren** [manø:'vri:rən] <ohne ge->

*vt, vi* manovrare **manövrierfähig** *adj* manovrabile
**Manövrierfähigkeit** *f* manovrabilità *f*
**manövrierunfähig** *adj* non manovrabile
**Mansarde** [man'zardə] <-, -n> *f* mansarda *f* **Mansardenwohnung** <-, -en> *f* attico *m* mansardato, mansarda *f*
**Manschette** [man'ʃɛtə] <-, -n> *f* ❶ (*an Kleidung*) polsino *m* ❷ (TEC) manicotto *m* **Manschettenknopf** *m* gemello *m*
**Mantel** ['mantəl, *Pl:* 'mɛntəl] <-s, Mäntel> *m* ❶ (*Kleidungsstück*) cappotto *m;* **den ~ nach dem Winde hängen** (*fig*) regolarsi secondo il vento che tira ❷ (TEC) rivestimento *m*, involucro *m;* (*Reifen~*) copertone *m* **Manteltarif|vertrag|** *m* contratto *m* collettivo di lavoro **Manteltasche** *f* tasca *f* del cappotto
**Mantua** ['mantua] *nt* Mantova *f*
**manuell** [manu'ɛl] I. *adj* manuale II. *adv* a mano
**Manuskript** [manu'skrɪpt] <-(e)s, -e> *nt* manoscritto *m;* (FILM) copione *m*
**Mappe** ['mapə] <-, -n> *f* ❶ (*Akten~, Schul~, Zeichen~*) cartella *f* ❷ (*Ordner*) raccoglitore *m*
**Marabu** ['maːrabu] <-s, -s> *m* marabù *m*
**Maracuja** [mara'kuːja] <-, -s> *f* maracuja *f*
**Marathon** ['maratɔn] <-s, -s> *m* (SPORT) maratona *f*
**Märchen** ['mɛːɐ̯çən] <-s, -> *nt* ❶ (LIT) fiaba *f*, favola *f* ❷ (*fig pej*) storia *f*, frottola *f* **Märchenbuch** *nt* libro *m* di fiabe **märchenhaft** *adj* ❶ (*von der Art eines Märchens*) fiabesco ❷ (*fig: schön, zauberhaft*) favoloso, fantastico **Märchenland** *nt* paese *m* di fiaba **Märchenprinz** *m* principe *m* azzurro
**Marder** ['mardɐ] <-s, -> *m* martora *f*
**Margarine** [marga'riːnə] <-, -n> *f* margarina *f*
**Margerite** [margə'riːtə] <-, -n> *f* margherita *f* |dei campi|
**marginal** [margi'naːl] *adj* marginale
**Marienkäfer** [ma'riːənkɛːfɐ] *m* coccinella *f*
**Marihuana** [marihu'aːna] <-s> *kein Pl. nt* marijuana *f*
**Marille** [ma'rɪlə] <-, -n> *f* (*A: Aprikose*) albicocca *f*
**Marinade** [mari'naːdə] <-, -n> *f* marinata *f*
**Marine** [ma'riːnə] <-, -n> *f* marina *f* **marineblau** *adj* blu marino **Marineoffizier** *m* ufficiale *m* di marina **Marinestützpunkt** *m* base *f* navale
**marinieren** [mari'niːrən] <ohne ge-> *vt* marinare

**Marionette** [marjo'nɛtə] <-, -n> *f* marionetta *f* **Marionettentheater** *nt* teatro *m* delle marionette
**Mark**[1] [mark] <-(e)s> *kein Pl. nt* (*fig* ANAT, BOT) midollo *m;* **durch ~ und Bein gehen** penetrare nelle ossa
**Mark**[2] <-, - *o* -stücke> *f* (*Währung*) marco *m;* **Deutsche ~** marco tedesco
**Mark**[3] <-, -en> *f* (*Grenzgebiet*) marca *f*
**markant** [mar'kant] *adj* (*auffallend*) notevole; (*ausgeprägt*) spiccato, marcato
**Marke** ['markə] <-, -n> *f* ❶ (*Fabrikat*) marca *f*; (*Schutz~*) marchio *m* |di fabbrica| ❷ (*Brief~, Steuer~*) bollo *m* ❸ (*Lebensmittel~, Essens~*) bollino *m* ❹ (*Erkennungs~*) contrassegno *m;* (MIL) piastrina *f* di riconoscimento ❺ (*Spiel~, Automaten~*) gettone *m*
**Marken** *Pl.* (GEOG) Marche *fpl*
**Markenartikel** *m* articolo *m* di marca **Markenname** *m* |nome *m* di una| marca *f* **Markenqualität** *f* prodotti *fpl* di qualità **Markenschutz** *m* protezione *f* del marchio di fabbrica **Markenware** *f* prodotto *m* di marca
**markerschütternd** *adj* straziante
**Marketing** ['markətɪŋ] <-s> *kein Pl. nt* (WIRTSCH) marketing *m*
**markieren** [mar'kiːrən] <ohne ge-> *vt* ❶ (*kennzeichnen*) marcare; (*Weg*) |contras|segnare ❷ (*fam: vortäuschen*) simulare, fingere ❸ (INFORM) evidenziare, selezionare
**Markierung** <-, -en> *f* ❶ (*Kennzeichnung*) marcatura *f* ❷ (*Zeichen*) |contras|segno *m*
**markig** *adj* energico, vigoroso
**Markise** [mar'kiːzə] <-, -n> *f* marquise *f*
**Markknochen** *m* osso *m* ricco di midollo
**Markstein** *m* (*fig*) pietra *f* miliare
**Markstück** *nt* |pezzo *m* da un| marco *m*
**Markt** [markt, *Pl:* 'mɛrktə] <-(e)s, Märkte> *m* mercato *m;* **auf den ~ bringen/kommen** lanciare/venire sul mercato; **auf dem ~** al [*o* sul] mercato **Marktanalyse** *f* (WIRTSCH) analisi *f* di mercato **Marktanteil** *m* (WIRTSCH) partecipazione *f* al mercato **Marktbericht** *m* bollettino *m* del mercato, mercuriale *m* **Marktbude** *f* bancarella *f*, chiosco *m* **Marktflecken** *m* (*geh, obs*) borgo *m*, borgata *f* |con diritto di mercato| **Marktforschung** *f* (WIRTSCH) ricerche *fpl* di mercato **Marktfrau** *f* rivenditrice *f* del mercato **Marktführer** *m* (WIRTSCH) leader *m* nel settore, industria *f* leader |nel settore| **Markthalle** *f* mercato *m* coperto **Marktlage** *f* (WIRTSCH)

situazione *f* del mercato **Marktlücke** *f* (WIRTSCH) vuoto *m* di mercato **Marktplatz** *m* piazza *f* del mercato **Marktpreis** *m* (WIRTSCH) prezzo *m* di mercato **marktschreierisch** *adj* (*pej*) ciarlatanesco
**Marktschwankungen** *fPl.* oscillazioni *fpl* del mercato
**Marktsituation** *f* situazione *f* del mercato **Markttag** *m* giorno *m* di mercato **Marktwert** *m* (WIRTSCH) valore *m* di mercato **Marktwirtschaft** *f* (WIRTSCH) economia *f* di mercato; **freie ~** economia di libero mercato **marktwirtschaftlich** *adj* orientato sull'economia di mercato, dell'economia di mercato
**Marmelade** [marməˈlaːdə] <-, -n> *f* marmellata *f* **Marmelade|n|brot** *nt* fetta *f* di pane con marmellata
**Marmor** [ˈmarmoːɐ̯, pl ˈmarmoːrə] <-s, -e> *m* marmo *m*
**marmorieren** [marmoˈriːrən] <ohne ge-> *vt* marmorizzare
**marmoriert** [marmoˈriːɐ̯t] *adj* ❶ (GASTR) marmorizzato, che presenta delle striature ❷ (KUNST) marmorizzato
**Marmorierung** <-> *kein Pl.* *f* ❶ (*Vorgang*) marmorizzazione *f* ❷ (*Ergebnis*) marmorizzatura *f*
**Marmorkuchen** *m* torta *f* marmorizzata **marode** [maˈroːdə] *adj* ❶ (*erschöpft*) stremato, sfinito, spossato, a terra ❷ (*moralisch verdorben*) corrotto, depravato
**Marokkaner(in)** [marɔˈkaːnɐ] <-s, -; -, -nen> *m(f)* marocchino, -a *m, f*
**marokkanisch** *adj* marocchino
**Marokko** [maˈrɔko] *nt* Marocco *m;* **in ~** nel Marocco
**Marone** [maˈroːnə] <-, -n> *f* (*Esskastanie*) marrone *m*
**Marotte** [maˈrɔtə] <-, -n> *f* capriccio *m*
**Mars** [mars] <-> *kein Pl.* *m* Marte *m*
**marsch** [marʃ] *int* avanti marsc'
**Marsch¹** [marʃ, Pl: ˈmɛrʃə] <-(e)s, Märsche> *m* (MIL, MUS) marcia *f;* **sich in ~ setzen** mettersi in marcia, avviarsi
**Marsch²** [marʃ] <-, -en> *f* (GEOG) terreno *m* alluvionale
**Marschall** [ˈmarʃal, Pl: ˈmarʃɛlə] <-s, Marschälle> *m* (MIL) maresciallo *m*
**Marschbefehl** *m* (MIL) ordine *m* di marcia **marschbereit** *adj* pronto a partire
**Marschgepäck** *nt* equipaggiamento *m* da marcia
**marschieren** [marˈʃiːrən] <ohne ge-> *vi sein* marciare
**Marschkolonne** *f* colonna *f* di marcia

**Marschmusik** *f* musica *f* militare **Marschordnung** *f* (MIL) ordine *m* di marcia; **sich in ~ aufstellen** mettersi in colonna
**Marschpause** *f* tappa *f* **Marschroute** *f* itinerario *m* **Marschverpflegung** *f* razioni *fpl* di marcia
**Marsexpedition** *f* spedizione *f* su Marte **Marsmensch** *m* marziano, -a *m, f* **Marsrover** [-roːvɐ] <-s, -> *m* (RAUM) rover *m,* veicolo *m* rover per Marte
**Marter** [ˈmartɐ] <-, -n> *f* (*geh*) martirio *m*, tortura *f*
**Marterl** <-s, -n> *nt* (*A, südd: Bildstock*) nicchia *f* all'aperto (*dove sono esposte immagini sacre*)
**martern** *vt* (*geh: foltern*) torturare; (*seelisch*) tormentare
**Marterpfahl** *m* palo *m* della tortura
**martialisch** [marˈtsjaːlɪʃ] *adj* marziale
**Martinshorn** <-s, -hörner> *nt* sirena *f*
**Märtyrer(in)** [ˈmɛrtyrɐ] <-s, -; -, -nen> *m(f)* martire *mf*
**Märtyrertum** <-s> *kein Pl.* *nt* l'essere martire
**Martyrium** [marˈtyːriʊm] <-s, Martyrien> *nt* martirio *m*
**Marxismus** [marˈksɪsmʊs] <-> *kein Pl.* *m* (POL) marxismo *m*
**Marxist(in)** [marˈksɪst] <-en, -en; -, -nen> *m(f)* (POL) marxista *mf*
**marxistisch** *adj* (POL) marxista
**März** [mɛrts] <-(en), -e> *m* marzo *m; s. a.* **April**
**Marzipan** [martsiˈpaːn *o* ˈmartsipaːn] <-s, -e> *nt o m* marzapane *m*
**Masche** [ˈmaʃə] <-, -n> *f* ❶ (*bei Handarbeit*) maglia *f;* **eine ~ fallen lassen** lasciar cadere una maglia ❷ (*fam: Trick*) trucco *m;* **das ist seine neueste ~** (*fam*) è la sua ultima trovata **Maschendraht** *m* rete *f* metallica
**Maschine** [maˈʃiːnə] <-, -n> *f* ❶ (*Schreib~, Näh~, Wasch~*) macchina *f;* **auf** [*o* **mit**] **der ~ schreiben** scrivere a macchina ❷ (*Flugzeug*) apparecchio *m* ❸ (*fam: Motorrad*) moto *f* **maschinegeschrieben** *adj s.* **maschine|n|geschrieben**
**maschinell** [maʃiˈnɛl] I. *adj* meccanico II. *adv* meccanicamente, a macchina
**Maschinenbau** <-(e)s> *kein Pl.* *m* ❶ (*das Bauen*) costruzione *f* di macchine ❷ (*Lehrfach*) [ingegneria *f*] meccanica *f* **Maschinenfabrik** *f* fabbrica *f* di macchine **maschine|n|geschrieben** *adj* scritto a macchina **Maschinengewehr** *nt* mitra-

gliatrice *f* **maschinenlesbar** *adj* leggibile dalla macchina
**Maschinenmeister** *m* ❶ (*in Fabrik*) capo *m* macchinista ❷ (BES THEAT) macchinista *m* **Maschinenöl** *nt* olio *m* di macchina **Maschinenpistole** *f* pistola *f* mitragliatrice **Maschinenraum** *m* sala *f* macchine **Maschinensatz** *m* (TYP) composizione *f* a macchina **Maschinenschaden** *m* (*bes.* MOT) avaria *f* al motore **Maschinenschlosser(in)** *m(f)* meccanico *m,* donna *f* meccanico **Maschinenschrift** *f* scrittura *f* a macchina; **in ~** dattiloscritto **maschinenschriftlich** *adj* dattiloscritto
**Maschinerie** [maʃinəˈriː] <-, -n> *f* ❶ (*maschinelle Einrichtung*) macchinario *m* ❷ (THEAT) macchinismo *m* ❸ (*fig*) meccanismo *m*
**Maschinist(in)** [maʃiˈnɪst] <-en, -en; -, -nen> *m(f)* macchinista *mf*
**Maser** [ˈmaːzɐ] <-, -n> *f* (*im Holz*) marezzo *m,* venatura *f*
**Masern** [ˈmaːzən] *Pl.* (MED) morbillo *m*
**masern** *vt* variegare
**Maserung** <-, -en> *f* venatura *f*
**Maske** [ˈmaskə] <-, -n> *f* maschera *f* **Maskenball** *m* ballo *m* in maschera **Maskenbildner(in)** [ˈmaskənbɪldnɐ] <-s, -; -, -nen> *m(f)* truccatore, -trice *m, f*
**Maskerade** [maskəˈraːdə] <-, -n> *f* mascherata *f*
**maskieren** [masˈkiːrən] <ohne ge-> I. *vt* mascherare II. *vr* **sich [als etw] ~** mascherarsi [da qc]
**Maskierung** <-, -en> *f* mascheramento *m*
**Maskottchen** [masˈkɔtçən] <-s, -> *nt* mascotte *f*
**maskulin** [maskuˈliːn] *adj* (LING) maschile
**Maskulinum** [maskuˈliːnʊm *o* ˈmaskuliːnʊm, *Pl:* maskuˈliːna *o* ˈmaskuliːna] <-s, Maskulina> *nt* [genere *m*] maschile *m*
**Masochismus** [mazɔˈxɪsmʊs] <-> *kein Pl. m* masochismo *m*
**Masochist(in)** [mazɔˈxɪst] <-en, -en; -, -nen> *m(f)* masochista *mf*
**masochistisch** *adj* masochistico
**maß** [maːs] *1. u. 3. Pers. Sing. Imp. von* **messen**
**Maß** [maːs] <-es, -e> *nt* misura *f;* **~ nehmen** prender le misure; **etw nach ~ machen lassen** far fare qc su misura; **mit zweierlei ~ messen** (*fig*) avere due pesi e due misure; **ein gewisses ~ an ...** una certa quantità di ...; **kein ~ kennen** non conoscere misura, eccedere; **etw in** [*o* **mit**] **~en tun** fare qc con moderazione; **~ halten** moderarsi, osservare la misura; **in hohem ~** in alto grado, in larga scala; **in vollem ~e** molto, grandemente; **in dem ~e, dass ...** a tal punto che ...; **in dem ~e, wie ...** a misura che ..., man mano che ...; **das ~ ist voll!** questo è il colmo! *fam*
**Massage** [maˈsaːʒə] <-, -n> *f* massaggio *m* **Massageöl** <-(e)s, -e> *nt* olio *m* per massaggi
**Massaker** [maˈsaːkɐ] <-s, -> *nt* massacro *m*
**massakrieren** [masaˈkriːrən] <ohne ge-> *vt* massacrare
**Maßanzug** *m* abito *m* su misura **Maßarbeit** *f* lavorazione *f* su misura
**Masse** [ˈmasə] <-, -n> *f* ❶ (PHYS, JUR: *Konkurs~, Erb~*) massa *f* ❷ (*Menge*) gran quantità *f;* (*Menschen*) folla *f;* (*oft pej*) massa *f;* **die breite** [*o* **große**] **~** la massa; **eine [ganze] ~ ...** (*fam*) una gran quantità di ...
**Maßeinheit** *f* unità *f* di misura
**Massenabsatz** *m* smercio *m* in massa
**Massenandrang** *m* affluenza *f* in massa
**Massenarbeitslosigkeit** *f* disoccupazione *f* di massa **Massenartikel** *m* articolo *m* in serie **Massenbewegung** *f* movimento *m* di massa
**Massenelend** *nt* pauperismo *m* **Massenentlassung** *f* licenziamento *m* in massa [*o* in blocco] **Massenerzeugung** *f,* **Massenfabrikation** *f,* **Massenfertigung** *f* produzione *f* in massa
**Massenflucht** *f* fuga *f* in massa, esodo *m* **Massengrab** *nt* fossa *f* comune **massenhaft** *adj o adv* in gran numero, in massa **Massenhysterie** <-> *kein Pl. f* isterismo *m* collettivo **Massenkarambolage** *f* tamponamento *m* a catena **Massenkundgebung** *f* manifestazione *f* [*o* dimostrazione *f*] di massa **Massenmedien** *ntPl.* mass-media *mpl* **Massenmedium** <-s, -medien> *nt* medium *m,* mezzo *m* di comunicazione di massa **Massenmord** *m* eccidio *m,* strage *f* **Massenproduktion** *f* produzione *f* in massa **Massenpsychologie** *f* psicologia *f* delle masse **Massentierhaltung** <-, -en> *f* allevamento *m* di bestiame in massa **Massentourismus** *m* turismo *m* di massa **Massenvernichtungswaffen** *fpl* armi *fpl* di distruzione di massa
**massenweise** *adv* in massa
**Masseur** [maˈsøːɐ] <-s, -e> *m,* **Mas-**

**seurin** [ma'sø:rɪn] <-, -nen> *f* massaggiatore, -trice *m, f*
**Masseuse** [ma'sø:zə] <-, -n> *f* (*in Eroscenter*) massaggiatore, -trice *m, f*
**maßgebend** *adj* determinante, decisivo
**maßgeblich** *adj* ❶ (*ausschlaggebend*) determinante ❷ (*in hohem, besonderem Maße*) particolare; **an diesem Erfolg war sie ~ beteiligt** in questo successo ha avuto una parte determinante
**maßgeschneidert** *adj* fatto su misura
**massieren** [ma'si:rən] <ohne ge-> *vt* ❶ (MED) massaggiare ❷ (MIL) concentrare
**massig** I. *adj* (*wuchtig*) massiccio II. *adv* (*fam: viel*) in massa, in gran quantità
**mäßig** ['mɛ:sɪç] *adj* ❶ (*gemäßigt*) moderato; (*niedrig, bes. Preis*) modico ❷ (*genügsam*) sobrio ❸ (*mittel~*) mediocre
**mäßigen** I. *vt* moderare II. *vr* **sich ~** moderarsi
**Mäßigkeit** <-> *kein Pl. f* ❶ (*Maßhalten*) moderazione *f*; (*Genügsamkeit*) sobrietà *f* ❷ (*Mittel~*) mediocrità *f*
**Mäßigung** <-> *kein Pl. f* moderazione *f*
**massiv** [ma'si:f] *adj* massiccio
**Massiv** [ma'si:f] <-s, -e> *nt* massiccio *m* [montuoso]
**Maßkonfektion** *f* confezione *f* su misura
**Maßkrug** *m* boccale *m* [da un litro]
**maßlos** I. *adj* smisurato; (*unmäßig*) smodato; (*übermäßig*) eccessivo II. *adv* (*außerordentlich*) molto **Maßlosigkeit** <-> *kein Pl. f* smisuratezza *f*; (*Unmäßigkeit, Übermaß*) eccesso *m*
**Maßnahme** ['mɑːsnaːmə] <-, -n> *f* misura *f*, provvedimento *m;* **~n ergreifen** prendere [dei] provvedimenti
**Maßregel** *f* norma *f*
**maßregeln** *vt* (*tadeln*) biasimare; (*strafen*) punire disciplinarmente
**Maßstab** *m* ❶ (*Karten~*) scala *f;* **im ~ 1 : 100.000** scala 1 : 100.000 ❷ (*fig*) metro *m,* norma *f,* criterio *m;* **Maßstäbe setzen** stabilire [o fissare] delle norme; **einen strengen ~ anlegen** giudicare severamente **maßstab|s|gerecht, maßstab|s|getreu** I. *adj* conforme alla scala II. *adv* in scala
**maßvoll** *adj* moderato
**Mast**[1] [mast] <-(e)s, -en *o* -e> *m* ❶ (NAUT) albero *m* ❷ (EL, TEL) pilone *m,* traliccio *m*
**Mast**[2] <-, -en> *f* (*von Tieren*) ingrasso *m*
**Mastdarm** *m* (ANAT) [intestino *m*] retto *m*
**mästen** ['mɛstən] *vt* ingrassare
**Master** ['maːstɐ] <-s, -> *m* laurea *f* magistrale **Masterstudiengang** *m* corso *m* di laurea magistrale

**Mastfutter** *nt* mangime *m* da ingrasso
**Mastgans** *f* oca *f* ingrassata [*o* da ingrasso]
**Mastkorb** *m* coffa *f*
**Masturbation** *f* masturbazione *f*
**masturbieren** [mastʊr'biːrən] *vi* masturbarsi
**Match** [mɛtʃ] <-(e)s, -s *o* -e> *nt* (SPORT) partita *f,* match *m* **Matchball** ['mɛtʃbal] *m* matchball *m*
**Material** [materi'aːl] <-s, -ien> *nt* ❶ (*Werk-, Rohstoff*) materiale *m* ❷ (*fig: Unterlagen*) documenti *mpl* ❸ (JUR: *Beweis~*) prove *fpl* **Materialfehler** *m* difetto *m* di materiale
**Materialismus** [materia'lɪsmʊs] <-> *kein Pl. m* materialismo *m*
**Materialist(in)** [materia'lɪst] <-en, -en; -, -nen> *m(f)* materialista *mf*
**materialistisch** *adj* materialistico, materialista
**Materialkosten** *Pl.* costo *m* del materiale
**Materialschlacht** *f* (MIL) battaglia *f* con massiccio impiego di armi pesanti
**Materie** [ma'teːriə] <-, -n> *f* ❶ *Sing.* (PHYS, CHEM, PHILOS) materia *f* ❷ (*Thema*) soggetto *m,* tema *m*
**materiell** [materi'ɛl] *adj* ❶ (*stofflich, körperlich,* PHILOS) materiale ❷ (*oft pej: materialistisch*) materialistico, materialista ❸ (FIN) economico
**Mathe** ['matə] <-> *kein Pl. f* (*sl*) mate *f,* matematica *f*
**Mathematik** [matema'tiːk] <-> *kein Pl. f* matematica *f*
**Mathematiker(in)** [mate'maːtikɐ] <-s, -; -, -nen> *m(f)* matematico, -a *m, f*
**mathematisch** [mate'maːtɪʃ] *adj* matematico
**Matjeshering** ['matjəsheːrɪŋ] *m* aringa *f* giovane
**Matratze** [ma'tratsə] <-, -n> *f* materasso *m* **Matratzenschoner** *m* coprimaterasso *m*
**Mätresse** [mɛ'trɛsə] <-, -n> *f* amante *f*
**matriarchalisch** [matriar'çaːlɪʃ] *adj* matriarcale
**Matriarchat** [matriar'çaːt] <-(e)s, -e> *nt* matriarcato *m*
**Matrikel** [ma'triːkəl] *f* ❶ (*Verzeichnis*) matricola *f* ❷ (A: *Personenstandsregister*) *registro attestante lo stato civile dei cittadini*
**Matrikelnummer** [ma'triːkəlnʊmɐ] *f* numero *m* di matricola
**Matrix** ['maːtrɪks] <-, Matrizes *o* Matrizen> *f* matrice *f*

**Matrixdrucker** *m* (INFORM) stampante *f* a matrice di punti
**Matrize** [ma'tri:tsə] <-, -n> *f* matrice *f*
**Matrone** [ma'tro:nə] <-, -n> *f* matrona *f*
**Matrose** [ma'tro:zə] <-n, -n> *m* marinaio *m;* (MIL) soldato *m* di marina
**Matsch** [matʃ] <-(e)s> *kein Pl. m* (*fam*) ❶ (*weiche Masse*) poltiglia *f* ❷ (*Schlamm*) fanghiglia *f* **matschig** *adj* (*fam*) ❶ (*breiig*) poltiglioso ❷ (*schlammig*) fangoso
**matt** [mat] *adj* ❶ (*Blick, Augen, Stimme*) spento; (*Metall, Spiegel*) opaco; (*Glas*) smerigliato ❷ (*schwach: Stimme, Licht*) fioco; (*schlaff, abgespannt*) stanco, spossato ❸ (*Schach*) **jdn ~ setzen** dare scacco matto a qu
**Matt** [mat] <-s, -s> *nt* scaccomatto *m*, scacco *m* matto
**Matte** ['matə] <-, -n> *f* ❶ (*Unterlage*) stuoia *f;* (*Fuß~*) stuoino *m*, zerbino *m* ❷ (SPORT) tappeto *m* ❸ (*CH: Bergwiese*) prato *m* alpino
**Matterhorn** ['matɐhɔrn] *nt* [Monte *m*] Cervino *m*
**Mattglas** *nt* vetro *m* opaco [*o* smerigliato]
**mattieren** [ma'ti:rən] <ohne ge-> *vt* rendere opaco; (*Glas*) smerigliare
**Mattigkeit** <-> *kein Pl. f* (*Müdigkeit, Erschöpfung*) stanchezza *f*, spossatezza *f;* (*Schwäche*) debolezza *f*, fiacchezza *f*
**Mattscheibe** *f* (*fam: Fernseher*) tivù *f;* **~ haben** (*fam*) avere la mente annebbiata
**Matura** [ma'tu:ra] <-> *kein Pl. f* (*A, CH: Abitur*) maturità *f*
**Maturand(in)** [matu'rant] *m(f)* (*CH*) *s.* **Maturant(in)**
**Maturant(in)** [matu'rant] <-en, -en; -, -nen> *m(f)* (*A, CH*) ❶ (*Abiturient vor, im Abitur*) maturando, -a *m, f* ❷ (*Abiturient nach Abitur*) diplomato, -a *m, f*
**maturieren** [matu'ri:rən] <ohne ge-> *vi* (*A, CH: die Matura ablegen*) fare l'esame di maturità; **mit gutem Erfolg/Auszeichnung ~** superare l'esame di maturità con successo/con lode; **sie hat in Geschichte/Englisch maturiert** ha portato storia/inglese alla maturità
**Maturität** [maturi'tɛ:t] <-> *f* (*CH*) ❶ (*Hochschulreife*) maturità *f* ❷ (*Reifeprüfung, Abitur*) esame *m* di maturità
**Mauer** ['mauɐ] <-, -n> *f* muro *m* **Mauerblümchen** ['mauɐbly:mçən] <-s, -> *nt* **~ sein** (*fam*) far da tappezzeria
**mauern** **I.** *vt* costruire **II.** *vi* ❶ (*bauen*) costruire un muro ❷ (SPORT) far barriera
**Maueröffnung** <-> *kein Pl. f* apertura *f* del muro [di Berlino] **Mauersegler** *m* (ZOO) rondone *m* **Mauervorsprung** *m* sporto *m* **Mauerwerk** *nt* opera *f* in muratura
**Maul** [maul, *Pl:* 'mɔɪlɐ] <-(e)s, Mäuler> *nt* ❶ (*bei Tieren*) muso *m* ❷ (*fam pej: Mund*) becco *m;* **jdm das ~ stopfen** chiudere il becco a qu; **ein großes ~ haben** essere uno spaccone; **halt's ~!** chiudi il becco!
**Maulbeerbaum** *m* gelso *m*
**maulen** *vi* (*fam*) brontolare
**Maulesel** *m* mulo *m* **maulfaul** *adj* **~ sein** (*fam pej*) non aprir bocca **Maulheld** *m* (*fam pej*) spaccone *m*, smargiasso *m* **Maulkorb** *m* museruola *f* **Maulsperre** <-, -n> *f* (MED) trisma *f*; **die ~ kriegen** (*fam*) rimanere a bocca aperta **Maultaschen** *fPl.* tipo di grandi ravioli con un ripieno di carne macinata, spinaci, prezzemolo, cipolla, serviti spesso in brodo **Maultier** *nt* mulo *m*
**Maul- und Klauenseuche** *f* afta *f* epizootica
**Maulwurf** *m* talpa *f* **Maulwurfshügel** *m* monticello *m* di terra sollevato dalle talpe
**maunzen** ['mauntsən] *vi* ❶ (*miauen*) miagolare ❷ (*dial: winseln*) piagnucolare, frignare
**Maurer(in)** ['maurɐ] <-s, -; -, -nen> *m(f)* muratore *m*, donna *f* muratore **Maurerkelle** *f* cazzuola *f* **Maurerpolier** *m* capomastro *m*
**maurisch** ['maurɪʃ] *adj* moresco
**Maus** [maus, *Pl:* 'mɔɪzə] <-, Mäuse> *f* ❶ (*Tier*) topo *m* ❷ *pl* (*sl: Geld*) grana *f*, quattrini *mpl* ❸ (INFORM) mouse *m*
**Mäusebussard** ['mɔɪzəbusart] *m* poiana *f*
**Mausefalle** *f* trappola *f* per i topi **Mauseloch** *nt* buco *m* dei topi
**mausen** ['mauzən] *vt* (*fam scherz: stibitzen*) sgraffignare
**Mauser** ['mauzɐ] <-> *kein Pl. f* muda *f;* **in der ~ sein** essere in muda
**mausern** *vr* **sich ~** ❶ (ZOO) mutare le penne ❷ (*fig fam*) diventare, farsi
**mausetot** ['mauzə'to:t] *adj* (*fam*) morto stecchito
**Mausklick** <-s, -s> *m* (INFORM) clic *m* del mouse
**Mausoleum** [mauzo'le:um] <-s, Mausoleen> *nt* mausoleo *m*
**Mauspad** <-s, -s> *nt* (INFORM) tappetino *m* [per il mouse]
**Maut** ['maut] <-, -en> *f,* **Mautgebühr** *f* (*A, südd*) pedaggio *m;* (*A, südd: Benützungsgebühr für Straßen, Brücken*) pedaggio *m;* **für eine Straße ~ einheben** incassare il pedaggio per una strada; **die ~ für**

Pkws/Motorräder beträgt ... il pedaggio per auto/moto ammonta a ...; **die allgemeine ~ auf den österreichischen Autobahnen sorgt für Unmut unter den Autofahrern** il pedaggio su tutte le autostrade austriache indigna gli automobilisti **Mautstelle** *f* (*A*) casello *m* [autostradale] **Mautstraße** *f* (*A*) strada *f* a pagamento **Mautsystem** *nt* sistema *m* di pagamento pedaggi

**Maxima** *Pl. von* **Maximum**

**maximal** [maksi'maːl] I. *adj* massimo II. *adv* (*höchstens*) al massimo

**Maximal-** (*in Zusammensetzungen*) massimo

**Maxime** [ma'ksiːmə] <-, -n> *f* massima *f*

**Maximum** ['maksimʊm, *Pl:* 'maksima] <-s, Maxima> *nt* massimo *m;* **ein ~ an etw** *dat* **bieten** offrire un massimo di qc

**Maxisingle** <-, -s> *f* (MUS) maxisingle *m*, single *m* su LP

**Mayonnaise** [majo'nɛːzə] <-, -n> *f* maionese *f*

**Mazedonien** [matse'doːniən] *nt* Macedonia *f*

**Mazedonier**(**in**) [matse'doːniɐ] <-s, -; -, -nen> *m/f)* macedone *mf*

**mazedonisch** *adj* macedone

**Mazedonisch** <-s> *kein Pl. nt* macedone *m*

**Mazedonische** <-n> *kein Pl. nt* macedone *m*

**Mäzen** [mɛ'tseːn] <-s, -e> *m,* **Mäzenatin** [mɛtseˈnaːtɪn] <-, -nen> *f,* **Mäzenin** [mɛ'tseːnɪn] <-, -nen> *f* mecenate *mf*

**MB** *abk v* **Megabyte** MB

**mb** *abk v* **Millibar** mb

**mbH** [ɛmbeː'haː] *abk v* **mit beschränkter Haftung** a.r.l.

**MdB** *abk v* **Mitglied des Bundestags** membro del Bundestag

**mdl.** *abk v* **mündlich** orale

**MdL** *abk v* **Mitglied des Landtags** membro del Landtag

**m. E.** *abk v* **meines Erachtens** a mio parere

**Mechanik** [me'çaːnɪk] <-, -en> *f* meccanica *f* **Mechaniker**(**in**) <-s, -; -, -nen> *m/f)* meccanico *m,* donna *f* meccanico **mechanisch** *adj* meccanico **Mechanisierung** <-, -en> *f* meccanizzazione *f* **Mechanismus** [meça'nɪsmʊs] <-, Mechanismen> *m* meccanismo *m*

**Mechatronik** [meça'troːnɪk] <-> *kein Pl. f* meccatronica *f* **Mechatroniker**(**in**) <-s, -> *m/f)* tecnico *m* meccatronico

**Meckerer** ['mɛkərɐ] <-s, -> *m* (*fam pej*) criticone *m*, brontolone *m*

**meckern** ['mɛkɐn] *vi* ❶ (*Ziege*) belare ❷ (*fam pej*) **über etw** *acc* **~** brontolare su qc

**Mecklenburg** ['mɛklənbʊrk] *nt* Meclemburgo *m*

**mecklenburgisch** ['mɛklənbʊrgɪʃ] *adj* meclemburghese

**Mecklenburg-Vorpommern** ['mɛklənbʊrgˈfoːɐ̯pɔmɐn] <-s> *nt* Meclemburgo-Pomerania *m*

**Medaille** [me'daljə] <-, -n> *f* medaglia *f* **Medaillengewinner**(**in**) <-s, -; -, -nen> *m(f)* vincitore, -trice *m, f* di una medaglia

**Medaillon** [medal'jõː] <-s, -s> *nt* medaglione *m*

**Mediathek** [medja'teːk] <-, -en> *f* mediateca *f*

**Medien** *Pl. von* **Medium**

**Medienlandschaft** <-> *kein Pl. f* panorama *m* dei massmedia **Medienpolitik** *f* politica *f* dei mass-media **Medienrummel** *m* (*fam*) scalpore *m* dei mass-media **Medienstar** <-s,-s> *m* star *f* mediatica **Medienunternehmen** *nt* impresa *f* di telecomunicazioni **Medienunternehmer**(**in**) *m/f)* imprenditore, -trice *m, f* di telecomunicazioni **Medienverbund** *m* (COM) fusione *f*; (*in Schule*) impiego *m* multimedia **medienwirksam** *adj* efficace grazie ai media

**Medienzar** *m* (*fam*) magnate *m* dei media

**Medikament** [medika'mɛnt] <-(e)s, -e> *nt* medicamento *m*, farmaco *m* **Medikamentenabhängigkeit** <-> *kein Pl. f,* **Medikamentensucht** <-> *kein Pl. f* farmacodipendenza *f*

**medikamentös** [medikamɛn'tøːs] *adj* (MED) medicamentoso

**Meditation** [medita'tsi̯oːn] <-, -en> *f* meditazione *f*

**mediterran** [meditɛ'raːn] *adj* mediterraneo

**meditieren** [medi'tiːrən] <ohne ge-> *vi* **über etw** *acc* **~** meditare su qc

**Medium** ['meːdiʊm, *Pl:* 'meːdiən] <-s, Medien> *nt* ❶ (PHYS, CHEM) mezzo *m* ❷ *pl* (*Massenmedien*) media *mpl* ❸ (*Parapsychologie*) medium *m*

**Medizin** [medi'tsiːn] <-, -en> *f* ❶ *Sing.* (*Heilkunde*) medicina *f* ❷ (*Medikament*) farmaco *m*, medicina *f,* medicamento *m* **Medizinball** *m* palla *f* medica

**Mediziner**(**in**) <-s, -; -, -nen> *m/f)* ❶ (*Arzt*) dottore, -essa *m, f* ❷ (*Student*) studente, -essa *m, f* di medicina

**medizinisch** *adj* ① (*ärztlich*) [del] medico ② (*arzneilich*) medicinale
**Medizinmann** *m* stregone *m*
**Meer** [meːɐ̯] <-(e)s, -e> *nt* mare *m;* (*Welt-*) oceano *m;* **Rotes/Schwarzes ~** Mar[e] Rosso/Nero; **am ~ Urlaub machen** far vacanza al mare; **ein ~ von Blumen** (*geh fig*) un mare di fiori **Meerbusen** *m* golfo *m* **Meerenge** *f* stretto *m* di mare, canale *m*
**Meeresarm** *m* braccio *m* di mare **Meeresboden** *m s.* **Meeresgrund Meeresfrüchte** *fPl.* (GASTR) frutti *mpl* di mare **Meeresgrund** *m* fondo *m* marino **Meereshöhe** *f* livello *m* del mare **Meereskunde** *f* oceanografia *f* **Meeresküste** *f* costa *f* marina, litorale *m* **Meeresspiegel** *m* superficie *f* del mare; **Düsseldorf liegt 36 m über dem ~** Düsseldorf è a 36 m sul livello del mare **Meeresströmung** <-, -en> *f* corrente *f* marina **Meeresverschmutzung** <-, -en> *f* inquinamento *m* del mare [*o* marino]
**Meerrettich** *m* (BOT, GASTR) rafano *m* **Meerschaum** *m* schiuma *f* di mare **Meerschweinchen** ['meːɐ̯ʃvaɪnçən] <-s, -> *nt* (ZOO) porcellino *m* d'India, cavia *f*
**Meerwasser** *nt* acqua *f* marina
**Meeting** ['miːtɪŋ] <-s, -s> *nt* meeting *m*, convegno *m*
**Megabyte** <-s, -s> *nt* (INFORM) megabyte *m*
**Megafon** <-s, -e> *nt s.* **Megaphon**
**Megahertz** ['megahɛrts] *nt* (PHYS) megaciclo *m* al secondo, megahertz *m*
**Megaphon** [megaˈfoːn] <-s, -e> *nt* megafono *m*
**Megatonne** [megaˈtɔnə] *f* megaton *m*
**Megawatt** [magaˈvat] *nt* megawatt *m*
**Mehl** [meːl] <-(e)s, *rar* -e> *nt* farina *f* **mehlig** *adj* farinoso, farinaceo **Mehlschwitze** ['meːlʃvɪtsə] <-, -n> *f* soffritto *m* di farina **Mehlspeis[e]** <-, -en> *f* (*A: Backwaren*) pasticceria *f* **Mehltau** *m* oidio *m* **Mehlwurm** *m* larva *f* di tenebrione

**mehr** [meːɐ̯] *adv o pron indef Komparativ von* **viel** (*vor Substantiv*) più; (*nach Substantiv*) in più, di più; (*allein verwendet*) [di] più; **~ ... als ...** più ... che ...; **~ als ...** più di ...; **ein Grund ~** una ragione di più; **~ denn je** più che mai; **~ und ~, immer ~** sempre più; **je ~ ..., desto ...** [quanto] più ..., [tanto] più ...; **nicht ~ und nicht weniger** né più né meno; **etwas/viel ~** un po' di più/molto di più; **nie ~** mai più; **noch ~** ancora [di] più; (*allein verwendet*) a maggior ragione; **~ tot als lebendig** più morto che vivo; **es war ~ oder weniger dasselbe** era più o meno la stessa cosa; **es war niemand ~ da** non c'era più nessuno; **es war enttäuschend, um so ~, als ...** è stato deludente tanto più che ...; **ich bin ~ als beunruhigt** sono più che preoccupato; **was wollen Sie ~?** che altro vuole?; **kein Wort ~!** non una parola in più!, basta!; **war deine Besprechung zufriedenstellend? — Mehr als das!** è stato soddisfacente il tuo colloquio? — Più che soddisfacente!

**Mehr** <-s> *kein Pl. nt* ① (*Überschuss*) soprappiù *m*, eccedenza *f* ② (*CH: Stimmenmehrheit*) maggioranza *f* [di voti]
**Mehrarbeit** <-> *kein Pl. f* ① (*zusätzliche Arbeit*) lavoro *m* in più [*o* straordinario] ② (*Überstunden*) straordinario *m* **Mehraufwand** *m* (*an Geld*) spesa *f* eccedente **mehrbändig** ['meːɐ̯bɛndɪç] *adj* in più volumi **Mehrbelastung** *f* sovraccarico *m*
**Mehrbetrag** *m* importo *m* eccedente, eccedenza *f* **mehrdeutig** ['meːɐ̯dɔɪtɪç] *adj* ambiguo, equivoco **Mehrdeutigkeit** <-> *kein Pl. f* ambiguità *f* **Mehreinnahme** *f* maggiore entrata *f*
**mehren** ['meːrən] *vr* **sich ~** aumentare, accrescersi
**mehrere** ['meːrərə] *pron indef* parecchi, -cchie *mpl, fpl*
**Mehrerlös** *m*, **Mehrertrag** *m* ricavo *m* [*o* guadagno *m*] in più
**mehrfach** I. *adj* molteplice; (TEC) multiplo; (*wiederholt*) ripetuto II. *adv* ripetutamente, a più riprese **Mehrfachstecker** *m* spina *f* multipla
**mehrfarbig** *adj* a più colori, multicolore
**mehrgleisig** *adj* a più binari
**Mehrheit** <-, -en> *f* maggioranza *f;* **in der ~** maggioritario; **die schweigende ~** la maggioranza silenziosa
**mehrheitlich** *adj* maggioritario; **der Antrag wurde ~ angenommen** la richiesta venne accolta a maggioranza
**Mehrheitsbeschluss** *m* deliberazione *f* presa a maggioranza **mehrheitsfähig** *adj* che può incontrare il consenso della maggioranza **Mehrheitswahl** *f* scrutinio *m* maggioritario **Mehrheitswahlrecht** *nt* sistema *m* maggioritario
**mehrjährig** *adj* di più anni, pluriennale; (BOT) plurienne
**Mehrkampf** <-(e)s, -kämpfe> *m* (SPORT) gara *f* polisportiva
**Mehrkosten** *Pl.* spese *fpl* eccedenti, sovraccosto *m* **mehrmalig** *adj* ripetuto, rei-

terato **mehrmals** *adv* più volte, ripetutamente **mehrmotorig** *adj* plurimotore **Mehrparteiensystem** *nt* (POL) sistema *m* a più partiti **mehrphasig** *adj* polifase **mehrpolig** *adj* multipolare **Mehrpreis** *m* sovrapprezzo *m* **mehrsilbig** *adj* polisillabo **mehrsprachig** *adj* plurilingue; (*Person*) poliglotta **mehrstellig** *adj* di [*o* a] più cifre **mehrstimmig** (MUS) I. *adj* polifonico II. *adv* a più voci **mehrstöckig** ['meːɐ̯ʃtœkɪç] *adj* a più piani **Mehrstufenrakete** *f* missile *m* pluristadio **mehrstufig** *adj* pluristadio **mehrstündig** ['meːɐ̯ʃtʏndɪç] *adj* di parecchie ore **mehrtägig** ['meːɐ̯tɛːɡɪç] *adj* di parecchi giorni **mehrteilig** *adj* costituito da più parti, in più parti

**Mehrung** <-> *kein Pl.* *f* accrescimento *m*, aumento *m*

**Mehrverbrauch** *m* eccesso *m* di consumo

**Mehrweg-** riutilizzabile **Mehrwegflasche** <-, -n> *f* vuoto *m* a rendere

**Mehrwert** *m* ❶ (*marxistisch*) plusvalore *m* ❷ (WIRTSCH) valore *m* aggiunto **mehrwertig** *adj* polivalente **Mehrwertsteuer** *f* (WIRTSCH) imposta *f* sul valore aggiunto

**Mehrzahl** *f* ❶ (*Mehrheit*) maggioranza *f*, maggior parte *f* ❷ (LING) plurale *m*

**Mehrzweck-** (*in Zusammensetzungen*) universale, per vari usi

**meiden** ['maɪdən] <meidet, mied, gemieden> *vt* (*geh*) evitare, [s]fuggire

**Meile** ['maɪlə] <-, -n> *f* miglio *m* **Meilenstein** *m* pietra *f* miliare **meilenweit** *adj* a miglia di distanza, lontano diverse miglia; **~ von der Lösung des Problems entfernt sein** essere ben lontano dalla soluzione del problema

**mein** [maɪn] *pron poss* s. **ich** mio, -a *m, f,* miei *mpl,* mie *fpl;* **~e Damen und Herren!** Signore e Signori!

**meine(r, s)** ['maɪnə, -nɐ, -nəs] *pron poss* s. **ich** il mio, la mia, i miei *pl,* le mie *pl;* **ihr Zimmer lag direkt neben ~m** la sua camera era proprio accanto alla mia; **ist das dein Stift oder ~r?** è la tua matita o la mia?

**Meineid** ['maɪnʔaɪt] *m* spergiuro *m;* **einen ~ schwören** [*o* **leisten**] fare uno spergiuro **meineidig** *adj* spergiuro; **~ werden** spergiurare

**meinen** ['maɪnən] *vt* ❶ (*denken*) pensare; (*glauben*) credere; **was ~ Sie dazu?** che cosa ne pensa?; **wie ~ Sie das?** cosa intende dire con ciò?; **man sollte ~, dass ...** si direbbe che ...; **wie Sie ~!** come pare a Lei [*o* come le pare]; **das will ich ~!** (*fam*) lo credo bene! ❷ (*sich beziehen auf*) riferirsi a; **wen ~ Sie?** a chi si riferisce?; **damit sind Sie gemeint** questo è per Lei ❸ (*sagen*) dire; **was meinten Sie?** cosa ha detto? ❹ (*sagen wollen*) volere dire; **was ~ Sie damit?** cosa intende dire? ❺ (*beabsichtigen*) **gut gemeint** detto [*o* fatto] con buone intenzioni; **etw ernst ~** dire qc sul serio; **es war nicht böse gemeint** non c'era alcuna cattiva intenzione; **das war nicht so gemeint** non volevo dire questo; **wohl gemeint** fatto con buona intenzione; **wohl gemeinter Rat** consiglio da amico

**meiner** *pron poss gen von* **ich** di me; *s. a.* **meine(r, s)**

**meinerseits** ['maɪnɐˈzaɪts] *adv* da parte mia, per conto mio; **ganz ~!** il piacere è tutto mio!

**mein(e)s** *s.* **meine(r, s)**

**meinesgleichen** ['maɪnəsˈɡlaɪçən] *pron indef* mio pari, uno *m* come me

**meinetwegen** ['maɪnətˈveːɡən] *adv* ❶ (*wegen mir*) per causa mia; (*negativ*) per colpa mia ❷ (*von mir aus*) per me

**meinetwillen** ['maɪnətˈvɪlən] *adv* **um ~** per me, per amor mio

**meinige(r, s)** (*obs, geh*) *s.* **meine(r, s)**

**meins** *s.* **meine(r, s)**

**Meinung** <-, -en> *f* opinione *f,* parere *m;* **meiner ~ nach** a mio parere; **der ~ sein, dass ...** essere del parere che ...; **seine ~ ändern** cambiare opinione; **einer ~ sein mit** condividere il parere di; **anderer ~ sein** essere di altro avviso; **jdm die ~ sagen** (*fam*) dire il fatto suo a qu **Meinungsäußerung** *f* manifestazione *f* della propria opinione **Meinungsaustausch** *m* scambio *m* di opinioni **Meinungsbildner(in)** *m(f)* opinion maker *mf* **Meinungsforscher(in)** <-s, -; -, -nen> *m(f)* ricercatore, -trice *m, f* di un istituto demoscopico, autore, -trice *m, f* di indagini demoscopiche [*o* di sondaggi d'opinione] **Meinungsforschung** *f* sondaggio *m* dell'opinione pubblica, indagine *f* demoscopica **Meinungsfreiheit** <-> *kein Pl.* *f* libertà *f* d'opinione **Meinungsumfrage** <-, -n> *f* sondaggio *m* d'opinione, indagine *f* demoscopica **Meinungsverschiedenheit** *f* ❶ (*Unterschiedlichkeit*) divergenza *f* d'opinioni ❷ (*Streit*) controversia *f,* dissidio *m*

**Meise** ['maɪzə] <-, -n> *f* cinciallegra *f*

**Meißel** ['maɪsəl] <-s, -> *m* scalpello *m*

**meißeln** I. *vi* lavorare con lo scalpello II. *vt*

❶ (*bearbeiten*) scalpellare ❷ (*schaffen*) scolpire

**meist** [maɪst] *s.* **meistens**

**meistbietend** *adj* che offre di più; **der Meistbietende** il maggior offerente

**meiste(r, s)** ['maɪstə, -tɐ, -təs] *pron indef Superlativ von* **viel** ❶ (*adjektivisch*) **die ~n Leute** la maggior parte delle persone; **die ~ Zeit** la maggior parte del tempo; **in den ~n Fällen** nella maggior parte dei casi ❷ (*meist*) per lo più ❸ (*substantivisch*) **der/die/das ~** il/la/il più; **die ~n** i più, la maggior parte

**meisten** *adv* **am ~** più di tutto

**meistens** *adv* per lo più, di solito

**meister** *s.* **meiste(r, s)**

**Meister(in)** ['maɪstɐ] <-s, -; -, -nen> *m(f)* ❶ (*Handwerks~*) mastro, -a *m, f* ❷ (*in Betrieb*) capo, -a *m, f* ❸ (*fig: Könner, Künstler*) maestro, -a *m, f;* **es ist noch kein ~ vom Himmel gefallen** (*prov*) maestri non si nasce, nessuno nasce maestro ❹ (SPORT) campione, -essa *m, f* **Meisterbrief** *m* diploma *m* di maestro **meisterhaft** I. *adj* magistrale, perfetto II. *adv* da maestro, magistralmente **Meisterhand** *f* **von ~** di mano maestra

**Meisterin** *f* (*obs: Frau von Meister*) moglie *f* del principale; *s. a.* **Meister**

**meistern** *vt* venire a capo di; (*Emotion*) dominare; (*Schwierigkeit*) superare

**Meisterprüfung** *f* esame *m* di maestro

**Meisterschaft** <-, -en> *f* ❶ *Sing.* (*Können*) maestria *f* ❷ (SPORT: *Veranstaltung*) campionato *m;* (*Sieg*) titolo *m* di campione

**Meisterstück** *nt,* **Meisterwerk** *nt* capolavoro *m*

**meistes** *s.* **meiste(r, s)**

**MEK** [ɛmʔeːˈkaː] <-> *nt s.* **mobiles Einsatzkommando** unità *f* operativa mobile, reparto *m* operativo mobile

**Mekka** ['mɛka] *nt* Mecca *f;* (*fig*) mecca *f*

**Melancholie** [melaŋkoˈliː] <-, -n> *f* malinconia *f*

**melancholisch** [melaŋˈkoːlɪʃ] *adj* malinconico

**Melange** [meˈlãʒə] <-, -n> *f* (A: *1/2 Kaffee, 1/2 Milch*) caffell[l]atte *m*

**Melanom** [melaˈnoːm] <-(e)s, -e> *nt* (MED) melanoma *m*

**Melanzani** [melanˈtsaːni] *Pl.* (A: *Auberginen*) melanzane *fpl*

**Meldeamt** *nt* (*Einwohner~*) anagrafe *f*

**Meldefrist** *f* termine *m* di denuncia

**melden** ['mɛldən] I. *vt* ❶ (*ankündigen*) **jdn ~** annunciare qu; **wen darf ich ~?** chi devo annunciare? ❷ (*einer zuständigen Stelle*) notificare, denunciare ❸ (*mitteilen*) **jdm etw ~** comunicare qc a qu; **er hat hier nichts zu ~** (*fam*) non ha voce in capitolo II. *vr* **sich ~** ❶ (*an~*) **sich bei jdm ~** annunciarsi a qu; **sich zu etw ~** annunciarsi per qc ❷ (*vorstellen*) **sich für etw ~** presentarsi per qc ❸ (*Schule*) alzare la mano ❹ (*am Telefon*) rispondere al telefono; **es meldet sich niemand** non risponde nessuno ❺ (*von sich hören lassen*) farsi vivo; **wenn du etw brauchst, musst du dich ~** se hai bisogno di qualcosa, dillo; **melde dich mal wieder!** fatti vivo! *fam*

**Meldepflicht** *f* ❶ (*für Person*) iscrizione *f* obbligatoria ❷ (*für Dinge*) obbligo *m* di notifica **meldepflichtig** *adj* ❶ (*Person*) soggetto a iscrizione ❷ (*Dinge*) da dichiarare

**Meldung** <-, -en> *f* ❶ (*Mitteilung*) annuncio *m*, comunicazione *f* ❷ (TV, RADIO) notizia *f;* **letzte ~en** ultime notizie ❸ (*Angabe*) notifica *f*, denuncia *f* ❹ (MIL) rapporto *m;* **jdm ~ machen** far rapporto a qu

**meliert** [meˈliːɐ̯t] *adj* screziato; (*Haar*) brizzolato

**melken** ['mɛlkən] <melkt, melkte *o rar* molk, gemolken *o rar* gemelkt> *vt* mungere

**Melker(in)** <-s, -; -, -nen> *m(f)* mungitore, -trice *m, f*

**Melkmaschine** *f* mungitrice *f* meccanica

**Melodie** [meloˈdiː] <-, -n> *f* melodia *f*

**melodiös** [meloˈdiøːs] *adj* melodioso

**melodisch** [meˈloːdɪʃ] *adj* melodico

**Melodrama** [meloˈdraːma] *nt* melodramma *m* **melodramatisch** [melodraˈmaːtɪʃ] *adj* melodrammatico

**Melone** [meˈloːnə] <-, -n> *f* ❶ (*Honig~*) melone *m;* (*Wasser~*) cocomero *m* ❷ (*fam scherz: Hut*) bombetta *f*

**Membran** [mɛmˈbraːn] <-, -en> *f*, **Membrane** [mɛmˈbraːnə] <-, -n> *f* (ANAT, BIOL, CHEM, PHYS, TEC) membrana *f;* (TEL) diaframma *m*

**Memo** ['meːmo] <-s, -s> *nt* ❶ (*Memorandum*) memoriale *m* ❷ (*Merkzettel,* INFORM) promemoria *m*

**Memoiren** [memoˈaːrən] *Pl.* memorie *fpl*

**Memorandum** [memoˈrandum, *Pl:* memoˈrandan *o* memoˈranda, Memoranden *o* Memoranda> *nt* memorandum *m*

**Menagerie** [menaʒəˈriː, *Pl:* menaʒəˈriːən] <-, -n> *f* serraglio *m*

**Menge** ['mɛŋə] <-, -n> *f* ❶ (*bestimmte Anzahl*) quantità *f;* (*große Anzahl*) moltitudine *f*, gran numero *m;* **eine [ganze] ~ ...** (*fam*) [tutt'll]un mucchio di ...; **in kleinen ~ n** in piccole quantità; **in großen** [*o fam* **rauen**] **~ n** a mucchi, a profusione; **davon gibt es jede ~** (*fam*) ce n'è a non finire; **sie weiß eine ganze ~** (*fam*) sa un sacco di cose ❷ (*Menschen~*) folla *f*, massa *f*

**mengen** I. *vt* ❶ (*ver~*) mescolare ❷ (*hinzufügen*) etw **in den Teig ~** aggiungere qc nell'impasto II. *vr* **sich [unter die Besucher]** ~ mescolarsi [fra i visitatori]

**Mengenlehre** *f* (MAT) teoria *f* degli insiemi **mengenmäßig** *adj* quantitativo **Mengenrabatt** *m* (WIRTSCH) sconto *m* per grandi quantità

**Meniskus** [me'nɪskʊs] <-, Menisken> *m* (ANAT, MED) menisco *m*

**Menopause** [meno'paʊzə] <-, -n> *f* (MED) menopausa *f*

**Mensa** ['mɛnza, *Pl:* 'mɛnzas *o* 'mɛnzən] <-, -s *o* Mensen> *f* mensa *f*

**Mensch** [mɛnʃ] <-en, -en> *m* ❶ (*Gattung*) uomo *m*, essere *m* umano ❷ (*Person*) persona *f;* (*Mann*) uomo *m;* (*Frau*) donna *f;* **kein ~** nessuno; **er ist auch nur ein ~** anche lui è solo un uomo; **~ Meier!** (*fam*) accidenti!; **~, ist das gut!** (*fam*) caspita, com'è buono!

**Menschenaffe** *m* (ZOO) antropoide *m* **Menschenalter** *nt* ❶ (*Generation*) generazione *f* ❷ (*Lebensspanne*) periodo *m* di vita **Menschenfresser** <-s, -> *m* antropofago *m*, cannibale *m* **Menschenfreund** *m* filantropo *m* **menschenfreundlich** *adj* filantropico, umanitario, umano **Menschengedenken** *nt* **seit ~** a memoria d'uomo **Menschenhandel** *m* tratta *f* **Menschenkenner(in)** *m(f)* conoscitore, -trice *m, f* dell'animo umano **Menschenkenntnis** *f* conoscenza *f* degli uomini **Menschenkette** <-, -n> *f* catena *f* umana **Menschenleben** *nt* vita *f* umana; **~ fordern** [*o* **kosten**] costare vite umane **menschenleer** *adj* spopolato, deserto **Menschenmasse** *f*, **Menschenmenge** *f* massa *f*, folla *f* **menschenmöglich** ['mɛnʃən'møːklɪç] *adj* umanamente possibile; **alles Menschenmögliche tun** fare tutto il possibile

**Menschenrechte** *ntPl.* diritti *mpl* dell'uomo **Menschenrechtserklärung** *f* dichiarazione *f* dei diritti dell'uomo **Menschenrechtskommission** *f* commissione *f* per i diritti dell'uomo **Menschenrechtsverletzung** *f* violazione *f* dei diritti dell'uomo

**menschenscheu** *adj* (*ungesellig*) insocievole; (*schüchtern*) timido **Menschenschlag** *m* specie *f* [*o* razza *f*] di uomini **Menschenseele** *f* **es war keine ~ zu sehen** non c'era anima viva

**Menschenskind** *nt* **~!** (*fam*) figlio mio!

**menschenverachtend** *adj* misantropico, che disprezza il genere umano **Menschenverstand** *m* **der gesunde ~** il buon senso **Menschenwürde** *f* dignità *f* umana **menschenwürdig** *adj* degno di un uomo **Menschheit** <-> *kein Pl.* *f* umanità *f* **menschlich** *adj* umano **Menschlichkeit** <-> *kein Pl.* *f* umanità *f* **Menschwerdung** <-> *kein Pl.* *f* ❶ (REL) incarnazione *f* ❷ (BIOL) ominazione *f*

**Mensen** *Pl. von* **Mensa**

**Menstruation** [mɛnstrua'tsi̯oːn] <-, -en> *f* mestruazione *f*

**mental** [mɛn'taːl] *adj* mentale

**Mentalität** [mɛntali'tɛːt] <-, -en> *f* mentalità *f*

**Menthol** [mɛn'toːl] <-s> *kein Pl.* *nt* (CHEM) mentolo *m*

**Mentor(in)** ['mɛntoːɐ̯] <-s, -en; -, -nen> *m(f)* mentore, -trice *m, f,* consigliere, -a *m, f*

**Menü** [me'nyː] <-s, -s> *nt* (INFORM, GASTR) menu *m*

**Menuett** [menu'ɛt] <-(e)s, -e *o* -s> *nt* minuetto *m*

**Menüleiste** <-, -n> *f* (INFORM) barra *f* dei menu

**Meran** [me'raːn] *nt* Merano *f*

**Merchandising** <-s> *kein Pl.* *nt* (WIRTSCH) merchandising *m*

**Meridian** [meri'di̯aːn] <-s, -e> *m* meridiano *m*

**merkbar** *adj* percettibile, sensibile

**Merkblatt** *nt* ❶ (*mit Verordnungen*) foglio *m* d'istruzioni, istruzioni *fpl* ❷ (*Notizzettel*) foglio *m* d'appunti

**merken** ['mɛrkən] I. *vt* ❶ (*be~, an~*) notare ❷ (*wahrnehmen*) accorgersi di; **jdn etw ~/nicht ~ lassen** far/non far capire qc a qu; **das merkt doch keiner** non se ne accorge nessuno ❸ (*spüren*) sentire ❹ (*erkennen*) **etw an etw** *dat* **~** riconoscere qc da qc; **ich merke an deinem Gesichtsausdruck, dass du ...** riconosco dalla tua espressione, che ... II. *vr* **sich** *dat* **etw ~** ricordare qc, tenere a mente qc; **~ Sie sich** *dat* **das!** se lo ricordi!

**merklich** *adj* ❶ (*fühlbar*) sensibile ❷ (*sichtlich*) visibile ❸ (*beträchtlich*) notevole

**Merkmal** <-(e)s, -e> *nt* (*Kennzeichen*) segno *m* caratteristico, caratteristica *f;*

(BIOL) carattere *m*; (*Unterscheidungs~*) criterio *m*

**merkwürdig** *adj* strano, singolare

**Merkwürdigkeit** <-, -en> *f* ① *Sing.* (*Art*) stranezza *f*, singolarità *f* ② (*Erscheinung*) cosa *f* singolare [*o* strana]

**meschugge** [meˈʃʊgə] *adj* (*fam*) suonato, svitato, toccato

**Messapparat** *m* apparecchio *m* di misura

**messbar** *adj* misurabile

**Messbecher** *m* misurino *m*

**Messbuch** *nt* messale *m*

**Messdiener(in)** *m(f)* (REL) chierichetto *m*

**Messe** [ˈmɛsə] <-, -n> *f* ① (REL) messa *f*; **die ~ lesen** celebrare la messa; **in der** [*o* **zur**] **~ gehen** andare a messa ② (*Ausstellung*) fiera *f*; **auf der ~** alla fiera ③ (NAUT: *Speiseraum*) mensa *f* **Messegelände** *nt* area *f* fiera

**messen** [ˈmɛsən] <misst, maß, gemessen> I. *vt*, *vi* misurare II. *vr* **sich mit jdm ~** misurarsi con qu, cimentarsi con qu

**Messer** [ˈmɛsɐ] <-s, -> *nt* coltello *m*; (TEC) lama *f*; **jdm das ~ an die Kehle setzen** (*fam*) stare col coltello alla gola di qu; **ein Kampf bis aufs ~** (*fam*) una lotta all'ultimo sangue; **jdn jdm ans ~ liefern** (*fam*) consegnare qu nelle mani di qu; **auf des ~s Schneide stehen** essere sul filo del rasoio

**Messerheld** *m* (*fam pej*) accoltellatore *m*

**Messerklinge** *f* lama *f* del coltello **Messerrücken** *m* costa *f* del coltello **messerscharf** *adj* tagliente; (*Verstand*) acuto

**Messerspitze** *f* (*in Rezept*) **eine ~ ...** un pizzico di ...

**Messerstecher** <-s, -> *m* *s*. **Messerheld**

**Messestand** *m* stand *m* di una fiera

**Messfehler** *m* errore *m* di misurazione

**Messgerät** *nt* strumento *m* di misura

**Messias** [mɛˈsiːas] <-> *kein Pl.* *m* (REL) Messia *m*

**Messing** [ˈmɛsɪŋ] <-s> *kein Pl.* *nt* ottone *m*

**Messinstrument** *nt* strumento *m* di misurazione **Messlatte** *f* mira *f*

**Messopfer** *nt* sacrificio *m* della messa **Messtechnik** <-, -en> *f* ① *Sing.* (*Messkunde*) tecnica *f* di misurazione ② (*Methode*) tecnica *f* di misurazione

**Messtisch** *m* tavola *f* pretoriana

**Messung** <-, -en> *f* ① (*Tätigkeit*) misurazione *f* ② (*Ergebnis*) rilevamento *m*

**Messwein** *m* vino *m* da messa

**Messwert** *m* valore *m* misurato

**Messzylinder** *m* cilindro *m* graduato

**MESZ** [ɛmʔeːʔɛsˈtsɛt] *abk v* **mitteleuropäische Sommerzeit** ora *f* legale dell'Europa centrale

**Metall** [meˈtal] <-s, -e> *nt* metallo *m* **Metallarbeiter** *m* [operaio *m*] metallurgico *m*

**metallic** [meˈtalɪk] <inv> *adj* metallizzato

**metallisch** *adj* metallico; **~ glänzend** metallino

**Metallsäge** *f* sega *f* per metalli

**Metallurgie** [metalʊrˈgiː] <-> *kein Pl.* *f* metallurgia *f*

**Metallverarbeitung** *f* lavorazione *f* del metallo

**Metamorphose** [metamɔrˈfoːzə] <-, -n> *f* metamorfosi *f*

**Metapher** [meˈtafɐ] <-, -n> *f* (LING) metafora *f*

**metaphorisch** [metaˈfoːrɪʃ] *adj* (LING) metaforico

**metaphysisch** [metaˈfyːzɪʃ] *adj* metafisico

**Metastase** [metaˈstaːzə] <-, -n> *f* (MED) metastasi *f*

**Meteor** [meteˈoːɐ̯, *Pl*: meteˈoːrə] <-s, -e> *m rar nt* meteora *f*

**Meteorit** [meteoˈriːt *o* meteoˈrɪt] <-en *o* -s, -en *o* -e> *m* (ASTR) meteorite *m o f*

**Meteorologe** [meteoroˈloːgə] <-n, -n> *m* meteorologo *m*

**Meteorologie** [meteoroloˈgiː] <-> *kein Pl.* *f* meteorologia *f*

**Meteorologin** [meteoroˈloːgɪn] <-, -nen> *f* meteorologa *f*

**meteorologisch** [meteoroˈloːgɪʃ] *adj* meteorologico

**Meter** [ˈmeːtɐ] <-s, -> *m o nt* metro *m*; **am laufenden ~** (*fam*) a metri **meterhoch** *adj* alto dei metri, altissimo; **das Unkraut steht ~** le erbacce sono altissime

**Metermaß** *nt* metro *m*

**Methadon** [metaˈdoːn] <-s> *kein Pl.* *nt* metadone *m*

**Methan** [meˈtaːn] <-s> *kein Pl.* *nt* metano *m*

**Methode** [meˈtoːdə] <-, -n> *f* metodo *m*

**methodisch** *adj* metodico

**Methyl** [meˈtyːl] <-s> *kein Pl.* *nt* metile *m*

**Methylalkohol** *m* alcol *m* metilico

**Metier** [meˈtjeː] <-s, -s> *nt* mestiere *m*

**Metrik** [ˈmeːtrɪk] <-, -en> *f* metrica *f*

**metrisch** *adj* metrico

**Metro** [ˈmeːtro] <-, -s> *f* metrò *m*, metro[politana] *f*

**Metropole** [metroˈpoːlə] <-, -n> *f* metropoli *f*

**Mett** [mɛt] <-(e)s> *kein Pl.* *nt* carne *f* di maiale macinata

**Mette** [ˈmɛtə] <-, -n> *f* ① (*Früh~*) mattutino m (*Mitternachts~*) messa f di mezzanotte

**Mettwurst** f salsicciotto m [affumicato]

**Metzelei** [mɛtsə'laɪ] <-, -en> f (*pej*) carneficina f, massacro m

**Metzger(in)** ['mɛtsɡɐ] <-s, -; -, -nen> m(f) macellaio, -a m, f

**Metzgerei** [mɛtsɡə'raɪ] <-, -en> f macelleria f

**Metzgerin** f s. **Metzger**

**Meuchelmord** m (*pej*) assassinio m proditorio **Meuchelmörder(in)** m(f) (*pej*) assassino, -a m, f, omicida mf

**meucheln** ['mɔɪçəln] vt (*obs, rar*) uccidere proditoriamente

**Meute** ['mɔɪtə] <-, -n> f ① (*bei Jagd*) muta f ② (*fig pej fam: Menschen*) masnada f, orda f

**Meuterei** [mɔɪtə'raɪ] <-, -en> f ammutinamento m

**Meuterer** ['mɔɪtərɐ] <-s, -> m ammutinato m

**meutern** ['mɔɪtɐn] vi ① (MIL, NAUT) ammutinarsi ② (*fam: meckern*) brontolare

**Mexikaner(in)** [mɛksi'kaːnɐ] <-s, -; -, -nen> m(f) messicano, -a m, f

**mexikanisch** adj messicano

**Mexiko** ['mɛksiko] nt ① (*Land*) Messico m ② (*Stadt*) Città f del Messico

**MEZ** abk v **mitteleuropäische Zeit** tempo dell'Europa centrale

**Mezzanin** <-s, -e> nt (A: *Zwischengeschoss*) mezzanino m, [piano m] ammezzato m

mg abk v **Milligramm** mg

**MG** [ɛm'ɡeː] <-(s), -s> nt abk v **Maschinengewehr** mitragliatrice f

mhd abk v **mittelhochdeutsch** medio alto tedesco

**MHz** abk v **Megahertz** MHz

**Mia.** abk v **Milliarde(n)** miliardo, -i

miau [mi'aʊ] int miao

miauen <ohne ge-> vi miagolare

mich [mɪç] I. pron pers acc von **ich** (*betont*) me; (*unbetont*) mi II. pron refl mi

**mick|e|rig** ['mɪk(ə)rɪç] adj (*fam pej*) scarso, magro

mied [miːt] 1. u. 3. Pers. Sing. Imp. von **meiden**

**Mieder** ['miːdɐ] <-s, -> nt ① (*Unterwäsche*) busto m, corsetto m ② (*Oberteil von Trachtenkleid*) corsetto m **Miederwaren** fPl. corsetteria f

**Mief** [miːf] <-(e)s> kein Pl. m (*fam pej*) aria f viziata

**miefen** vi (*fam pej*) [nach etw] ~ puzzare [di qc]

**Miene** ['miːnə] <-, -n> f [espressione f del] viso m, faccia f; **gute ~ zum bösen Spiel machen** far buon viso a cattiva sorte; **keine ~ verziehen** restare impassibile **Mienenspiel** nt mimica f facciale

**mies** [miːs] adj (*fam pej*) brutto, cattivo; **~e Stimmung** malumore m

**Miesepeter** ['miːzəpeːtɐ] <-s, -> m disfattista mf

**mies|machen** vt (*fam pej*) **etw/jdn ~** sparlare di qc/qu, criticare qc/qu

**Miesmacher(in)** m(f) (*fam pej*) disfattista mf, criticone, -a m, f

**Miesmacherei** <-> kein Pl. f (*fam pej*) maldicenza f

**Miesmuschel** ['miːsmʊʃəl] f mitilo m, cozza f

**Mietauto** <-s, -s> nt auto f a noleggio

**Miete** ['miːtə] <-, -n> f ① (*Wohnungs~*) locazione f, affitto m; **zur ~ wohnen** essere in affitto ② (AGR) silo m [sotterraneo]

**Mieteinnahmen** fPl. reddito m locativo

**mieten** vt (*Wohnung*) affittare, prendere in affitto; (*Auto, Boot*) noleggiare

**Mieter(in)** <-s, -; -, -nen> m(f) (*von Wohnung*) locatario, -a m, f, inquilino, -a m, f; (*von Auto, Boot*) noleggiatore, -trice m, f

**Mieterhöhung** f aumento m dell'affitto

**Mieterin** f s. **Mieter**

**Mieterschutz** m tutela f degli inquilini

**Mietertrag** m rendita f degli affitti

**mietfrei** adj esente da fitto **Mietpreis** m prezzo m dell'affitto, fitto m

**Mietrecht** <-(e)s> kein Pl. nt (JUR) diritto f di locazione **Mietrückstand** m affitto m arretrato

**Mietshaus** nt casa f in affitto **Mietskaserne** f (*pej*) casermone m

**Mietvertrag** m contratto m d'affitto **Mietwagen** m automobile f a noleggio **Mietwohnung** f appartamento m in affitto

**Mieze** ['miːtsə] <-, -n> f ① (*fam: Katze*) micio m ② (*sl: Mädchen*) donna f

**Migräne** [mi'ɡrɛːnə] <-, -n> f emicrania f

**Mikado** [mi'kaːdo] <-s, -s> nt ① (*Spiel*) sciangai m ② (*Stäbchen*) bastoncino m dello sciangai

**Mikro** ['mikro] <-s, -s> nt microfono m

**Mikrobe** [mi'kroːbə] <-, -n> f (BIOL) microbo m

**Mikrobiologe** [mikrobio'loːɡə] <-n, -n> m microbiologo m **Mikrobiologie** <-> kein Pl. f microbiologia f **Mikrobiologin** [mikrobio'loːɡɪn] <-, -nen> f microbiologa f **mikrobiologisch** adj microbiologico **Mikrochip** ['miːkrotʃɪp] m (EL) microchip m **Mikroelektronik** f

microelettronica *f* **Mikrofaser** ['miːkrofaːzɐ] *f* microfibra *f* **Mikrofiche** ['miːkrofiːʃ] *o* mikroˈfiːʃ] <-s, -s> *nt o m* microfiche *f*, microscheda *f* **Mikrofilm** ['miːkrofɪlm] *m* microfilm *m*
**Mikrofon** [mikroˈfoːn] <-s, -e> *nt* microfono *m*
**Mikrokosmos** ['miːkrokɔsmɔs *o* mikroˈkɔsmɔs] <-> *kein Pl. m* (BIOL, PHILOS, PHYS) microcosmo *m* **Mikrokosmus** <-> *kein Pl. m* (BIOL, PHILOS, PHYS) microcosmo *m*
**Mikrometer** [mikroˈmeːtɐ] *nt* micrometro *m* **Mikroorganismus** ['miːkroɔrganɪsmʊs *o* mikroɔrgaˈnɪsmʊs] *m* (BIOL) microrganismo *m*
**Mikrophon** <-s, -e> *nt s.* **Mikrofon**
**Mikroprozessor** ['mikroproˈtsɛsoːɐ] *m* (INFORM) microprocessore *m*
**Mikroskop** [mikroˈskoːp] <-s, -e> *nt* microscopio *m*
**mikroskopieren** [mikroskoˈpiːrən] <ohne ge-> *vt, vi* guardare al microscopio
**mikroskopisch** [mikroˈskoːpɪʃ] *adj* microscopico
**Mikrowelle** ['miːkrovɛlə] <-, -n> *f* ❶ (*~nherd*) [forno *m* a] microonde *m* ❷ (EL) microonda *f* **Mikrowellenherd** ['miːkroˈvɛlənheːɐt] *m* forno *m* a microonde
**Milbe** ['mɪlbə] <-, -n> *f* (ZOO) acaro *m*
**Milch** [mɪlç] <-> *kein Pl. f* latte *m*; (BOT) lattice *m* **Milchbar** *f* milk-bar *m* **Milchbart** *m* (*fam pej*) sbarbatello *m* **Milcherzeugnisse** *ntPl.* latticini *mpl* **Milchflasche** *f* bottiglia *f* del latte; (*für Babys*) poppatoio *m,* biberon *m* **Milchgebiss** *nt* denti *mpl* di latte **Milchgeschäft** *nt* latteria *f,* cremeria *f* **Milchglas** *nt* (*Glasscheibe*) vetro *m* smerigliato
**milchig** ['mɪlçɪç] *adj* latteo, lattiginoso
**Milchkaffee** *m* caffellatte *m* **Milchkännchen** *nt* bricco *m* del latte **Milchkanne** *f* bidone *m* del latte **Milchkuh** *f* mucca *f* lattifera **Milchmädchenrechnung** *f* (*scherz*) illusioni *fpl* **Milchmann** *m* lattaio *m* **Milchprodukt** <-(e)s, -e> *nt* latticino *m* **Milchpulver** *nt* latte *m* in polvere **Milchreis** *m* riso *m* al latte **Milchsäure** <-> *kein Pl. f* (CHEM) acido *m* lattico **Milchschokolade** *f* cioccolato *m* al latte **Milchspeise** *f* cibo *m* a base di latte **Milchstraße** *f* (ASTR) via *f* lattea
**Milchstraßensystem** *nt* sistema *m* galattico
**Milchsuppe** *f* pappa *f* di latte **Milchzahn** *m* dente *m* di latte

**mild|e|** [mɪlt ('mɪldə)] *adj* ❶ (*sanft*) dolce; (*Klima*) mite; (*Farbe*) tenue; (*Strafe*) lieve ❷ (*~tätig*) mite, caritatevole; (*gütig*) benevolo, benigno; (*nachsichtig*) clemente, indulgente; **~e Gabe** elemosina ❸ (*Käse*) dolce; (*Tabak, Wein*) leggero
**Milde** <-> *kein Pl. f* ❶ (*Sanftheit*) dolcezza *f*; (*von Klima a*) mitezza *f*; (*von Farben*) tenuità *f*; (*von Strafe*) lievità *f* ❷ (*Güte*) mitezza *f,* benevolenza *f*; (*Nachsicht*) clemenza *f,* indulgenza *f*
**mildern** ['mɪldɐn] **I.** *vt* (*Urteil, Strafe*) attenuare; (*Schmerz*) lenire; **~de Umstände** attenuanti *fpl* **II.** *vr* **sich ~** (*Wetter*) addolcirsi, mitigarsi
**Milderung** <-> *kein Pl. f* (*von Urteil, Strafe*) attenuazione *f*; (*von Schmerzen*) lenimento *m*
**mildtätig** *adj* (*geh*) caritatevole **Mildtätigkeit** *f* carità *f*
**Milieu** [mɪˈli̯øː] <-s, -s> *nt* ambiente *m*
**milieugeschädigt** *adj* maladattato, disadattato
**militant** [miliˈtant] *adj* militante
**Militär**[1] [miliˈtɛːɐ] <-s> *kein Pl. nt* ❶ (*Soldaten*) militari *mpl* ❷ (*Heer*) forze *fpl* armate ❸ (*~dienst*) servizio *m* militare; **beim ~ sein** essere sotto le armi
**Militär**[2] <-s, -s> *m* militare *m,* ufficiale *m*
**Militärärztin** *f* medico *m*/dottoressa *f* militare, ufficiale *m* medico
**Militärattaché** [miliˈtɛːɐʔataʃeː] <-s, -s> *m* addetto *m* militare
**Militärbündnis** *nt* alleanza *f* militare
**Militärdienst** *m* servizio *m* militare **Militärdiktatur** *f* dittatura *f* militare **Militärgericht** *nt* tribunale *m* militare
**militärisch** *adj* militare
**Militarismus** [militaˈrɪsmʊs] <-> *kein Pl. m* (*pej*) militarismo *m*
**militaristisch** *adj* militaristico
**Militärkapelle** *f* banda *f* militare
**Militärkrankenhaus** *nt* ospedale *m* militare
**Militärputsch** <-(e)s, -e> *m* colpo *m* di stato **Militärregierung** *f* governo *m* militare
**Miliz** [miˈliːts] <-, -en> *f* milizia *f*
**Mill.** *abk v* **Million(en)** milione, -i
**Mille** ['mɪlə] <-, -> *nt* (*sl*) mille *m,* un migliaio di
**Millennium** [mɪˈlɛnium] <-s, -ien> *nt* millennio *m*
**Milli-** [mɪli] (*in Zusammensetzungen*) milli-
**Milliardär(in)** [mɪljarˈdɛːɐ] <-s, -e; -, -nen> *m(f)* miliardario, -a *m, f*

**Milliarde** [mɪˈlįardə] <-, -n> f miliardo m
**milliardstel** [mɪˈljartstəl] adj inv miliardesimo
**Millibar** [mɪliˈbaːɐ̯] <-s, -> nt (METEO) millibar m
**Milligramm** [mɪliˈgram o ˈmɪligram] nt milligrammo m
**Millimeter** [mɪliˈmeːtɐ o ˈmɪlimeːtɐ] m o nt millimetro m **Millimeterpapier** nt carta f millimetrata
**Million** [mɪˈljoːn] <-, -en> f milione m
**Millionär(in)** [mɪljoˈnɛːɐ̯] <-s, -e; -, -nen> m(f) milionario, -a m, f
**Millionenauftrag** m ordine m di milioni
**millionenfach** adj o adv milioni di volte
**Millionengeschäft** nt affare m di milioni
**Millionengewinn** m guadagno m di milioni
**Millionenschaden** m danno m di milioni
**millionenschwer** adj (fam) straricco
**Millionenstadt** f città f con più di un milione di abitanti
**Millionstel** [mɪˈljoːnstəl] <-s, -> nt milionesimo m
**millionstel** adj inv milionesimo
**Milz** [mɪlts] <-, -en> f (ANAT) milza f **Milzbrand** m antrace m
**mimen** [ˈmiːmən] vt (fam pej: vortäuschen) simulare, fingere; **den Kranken ~** fingersi malato
**Mimik** [ˈmiːmɪk] <-> kein Pl. f mimica f
**mimisch** adj mimico
**Mimose** [miˈmoːzə] <-, -n> f ❶ (BOT) mimosa f ❷ (fig pej: überempfindlicher Mensch) persona f ipersensibile **mimosenhaft** adj delicato, delicatino, delicatuccio
**min, Min.** abk v **Minute** min.
**Minarett** [minaˈrɛt] <-s, -e o -s> nt minareto m
**minder** [ˈmɪndɐ] adv (geh) meno; **mehr oder ~** più o meno **minderbemittelt** adj meno abbiente; **geistig ~** (sl pej) deficiente
**mindere(r, s)** [ˈmɪndərə, -rɐ, -rəs] adj minore, inferiore; (Ware, Qualität) scadente
**Minderheit** <-, -en> f minoranza f; **in der ~ sein** essere in minoranza
**Minderheitenfrage** f problema f [o questione f] delle minoranze **Minderheitenschutz** <-es> kein Pl. m tutela f delle minoranze
**Minderheitsregierung** <-, -en> f governo m di minoranza
**minderjährig** adj minorenne **Minderjährige** <ein -r, -n, -n> mf minorenne mf
**Minderjährigkeit** <-> kein Pl. f minorità f
**mindern** vt (geh) ❶ (verringern) diminuire; (abschwächen) attenuare, mitigare ❷ (herabsetzen) ridurre, abbassare
**Minderung** <-, -en> f ❶ (Verringerung) diminuzione f; (Abschwächung) attenuazione f ❷ (Herabsetzung) riduzione f; (im Wert) deprezzamento m
**minderwertig** adj inferiore; (Ware, Produkt) scadente **Minderwertigkeit** f inferiorità f; (von Ware, Produkt) qualità f scadente **Minderwertigkeitsgefühl** nt (PSYCH) senso m di inferiorità **Minderwertigkeitskomplex** m (PSYCH) complesso m di inferiorità
**Mindestabstand** [ˈmɪndəstapʃtant] m distanza f minima **Mindestalter** nt età f minima **Mindestanforderung** f requisito m minimo **Mindestbetrag** m importo m minimo
**mindeste(r, s)** [ˈmɪndəstə, -tɐ, -təs] adj minimo, -a, [il, la] più piccolo, -a; **nicht im ~ n** [o **Mindesten**] per niente, non … affatto; **zum ~ n** per lo meno; **das ist doch das ~** è il minimo
**Mindesteinkommen** nt reddito m minimo
**mindestens** adv per lo meno, almeno
**Mindestgeschwindigkeit** <-, -en> f velocità f minima **Mindestgewicht** nt peso m minimo **Mindestlohn** m salario m minimo **Mindestmaß** nt minimo m; **sich auf das ~ beschränken** limitarsi al minimo **Mindestpreis** m prezzo m minimo
**Mindestreservesystem** <-s, -e> nt (FIN) sistema m di riserva minima **Mindeststrafe** f minimo m della pena
**Mine** [ˈmiːnə] <-, -n> f ❶ (MIL) mina f; **~ n legen** posare mine ❷ (Bleistift~) mina f; (Kugelschreiber~) ricambio m ❸ (MIN) giacimento m minerario **Minenfeld** nt campo m minato
**Minenleger** <-s, -> m posamine m **Minensuchgerät** nt cercamine m **Minenwerfer** <-s, -> m lanciamine m
**Mineral** [mineˈraːl] <-s, -e o -ien> nt minerale m **Mineralbad** nt bagno m d'acque minerali
**mineralisch** adj minerale
**Mineralogie** [mineraloˈgiː] <-> kein Pl. f mineralogia f
**Mineralöl** nt olio m minerale; (Erdöl) petrolio m **Mineralölsteuer** f tassa f sugli idrocarburi **Mineralquelle** f sorgente f

d'acqua minerale **Mineralsalz** <-es, -e> *nt* sale *m* minerale
**Mineralstoffe** *mPl.* minerali *mpl* **Mineralwasser** *nt* acqua *f* minerale
**Mini-** ['mɪni] (*in Zusammensetzungen*) mini-
**Miniatur** [minia'tuːɐ̯] <-, -en> *f* miniatura *f*
**Minibar** *f* frigobar *m* **Minigolf** *nt* minigolf *m*
**Minikleid** *nt* vestito *m* mini
**Minima** *Pl. von* **Minimum**
**minimal** [mini'maːl] *adj* minimale, minimo
**Minimal-** (*in Zusammensetzungen*) minimo, minimale **Minimalforderung** <-, -en> *f* richiesta *f* minima
**minimieren** *vt* (INFORM) ridurre a icona
**Minimum** ['miːnimʊm, *Pl:* 'miːnima] <-s, Minima> *nt* minimo *m;* **ein ~ an etw** *dat* **haben** avere un minimo di qc
**Mini-PC** *m* minicomputer *m*
**Minipille** *f* (*fam*) minipillola *f*
**Minirock** *m* minigonna *f*
**Minister(in)** [mi'nɪstɐ] <-s, -; -, -nen> *m(f)* ministro *m* **Ministeramt** *nt* ministero *m,* carica *f* di ministro
**Ministerialbeamte** *m,* **-beamtin** *f* impiegato *m* del ministero
**Ministerialrat** [minɪsteri'aːlraːt, *Pl:* minɪsteri'aːlrɛːtə] <-(e)s, Ministerialräte> *m,* **Ministerialrätin** [minɪsteri'aːlrɛtɪn] <-, -nen> *f* consigliere *m* ministeriale
**ministeriell** [minɪsteri'ɛl] *adj* ministeriale
**Ministerien** *Pl. von* **Ministerium**
**Ministerin** *f s.* **Minister**
**Ministerium** [minɪs'teːriʊm] <-s, Ministerien> *nt* ministero *m*
**Ministerkonferenz** *f* conferenza *f* dei ministri **Ministerpräsident(in)** *m(f)* primo ministro *m;* (*in Italien*) presidente, -essa *m, f* del consiglio **Ministerrat** *m* consiglio *m* dei ministri
**Ministerratssitzung** *f* (POL) seduta *f* del Consiglio dei Ministri
**Ministrant(in)** [minɪs'trant] <-en, -en; -, -nen> *m(f)* (REL) chierichetto, -a *m, f,* chierico *m*
**Mini-Tower** [mini'tauɐ] <-s, -> *m* minitorre *f*
**Minorität** [minori'tɛːt] <-, -en> *f* minoranza *f*
**minus** ['miːnʊs] *adv* ❶ (MAT) meno; **bei ~ 10 Grad** a 10 gradi sotto zero ❷ (EL) negativo
**Minus** <-, -> *nt* ❶ (*Fehlbetrag*) ammanco *m,* deficit *m;* **ein ~ machen** fare un deficit ❷ (EL) polo *m* negativo ❸ (*fig:*

*Nachteil*) svantaggio *m* **Minuspunkt** *m* punto *m* a sfavore **Minuszeichen** *nt* [segno *m* di] meno *m*
**Minute** [mi'nuːtə] <-, -n> *f* minuto *m;* (*Augenblick*) attimo *m,* istante *m;* **auf die ~ genau sein** spaccare il minuto *fam;* **auf die letzte** [*o* **in letzter**] **~** all'ultimo minuto **minutenlang** I. *adj* di alcuni minuti II. *adv* per alcuni minuti **Minutenzeiger** *m* lancetta *f* dei minuti
**minutiös** [minu'tsi̯øːs] *adj* (*geh*), **minuziös** [minu'tsi̯øːs] *adj* (*geh*) meticoloso, pedante
**Minze** ['mɪntsə] <-, -n> *f* menta *f*
**Mio** *abk v* **Million(en)** milione, -i
**mir** [miːɐ̯] I. *pron pers dat von* **ich** (*betont*) [a] me; (*unbetont*) mi; **von ~ aus** per me, per conto mio; **~ nichts, dir nichts** (*fam*) di punto in bianco, come se niente fosse II. *pron refl dat von* **sich** mi
**Mirabelle** [mira'bɛlə] <-, -n> *f* mirabella *f*
**Mischbatterie** *f* batteria *f* di miscellazione per acqua fredda e calda
**Mischbrot** *nt* pane *m* misto **Mischehe** <-, -n> *f* matrimonio *m* misto
**mischen** ['mɪʃən] I. *vt* ❶ (*vermengen*) mescolare; (*Karten a*) mischiare; (*Gift*) preparare; (*Cocktail*) fare; (*Wein*) tagliare ❷ (FILM, RADIO, TV) missare II. *vr* **sich ~** ❶ (*sich ver~*) mischiarsi, mescolarsi ❷ (*sich ein~*) **sich in etw** *acc* **~** immischiarsi in qc III. *vi* (*beim Kartenspiel*) mischiare
**Mischfutter** *nt* foraggio *m* misto
**Mischgemüse** *nt* verdura *f* mista
**Mischgewebe** *nt* tessuto *m* misto
**Mischling** ['mɪʃlɪŋ] <-s, -e> *m* ❶ (*Mensch*) meticcio, -a *m, f* ❷ (*Tier*) bastardo, -a *m, f*
**Mischmasch** ['mɪʃmaʃ] <-(e)s, -e> *m* (*fam pej*) miscuglio *m* **Mischmaschine** *f* mescolatrice *f,* mescolatore *m;* (*Beton~*) betoniera *f* **Mischpult** *nt* tavolo *m* di missaggio **Mischtrommel** *f* mescolatrice *f,* mescolatore *m;* (*Beton~*) betoniera *f*
**Mischung** <-, -en> *f* ❶ *Sing.* (*das Mischen*) mescolamento *m,* mescolatura *f* ❷ (*Gemisch*) miscuglio *m,* mescolanza *f;* **eine Mischung aus mehreren Sorten** un miscuglio di diversi tipi
**Mischwald** *m* bosco *m* misto
**miserabel** [mizə'raːbəl] *adj* ❶ (*schlecht*) pessimo; (*Zustand*) pietoso, miserabile ❷ (*nichtswürdig*) ignobile
**Misere** [mi'zeːrə] <-, -n> *f* situazione *f* precaria
**misogyn** [mizo'gyːn] *adj* misogino

**Misogynie** [mizo'gy'ni:] <-> *kein Pl. f* misoginia *f*

**Mispel** ['mɪspəl] <-, -n> *f* ❶ (*Frucht*) nespola *f* ❷ (*Baum*) nespolo *m*

**missachten** [mɪs'ʔaxtən] <ohne ge-> *vt* ❶ (*ignorieren*) trascurare; (*Rotlicht*) non osservare ❷ (*verachten*) disprezzare

**Missachtung** *f* ❶ (*Nichteinhaltung*) mancato rispetto *m;* (*von Gesetz a*) inosservanza *f* ❷ (*Geringschätzung*) disprezzo *m*

**Missbehagen** *nt* disagio *m*

**Missbildung** *f* malformazione *f*, deformità *f*

**missbilligen** [mɪs'bɪlɪgən] <ohne ge-> *vt* disapprovare

**missbilligend** *adj* di disapprovazione

**Missbilligung** *f* disapprovazione *f*

**Missbrauch** *m* abuso *m;* ~ **mit etw treiben** fare abuso di qc

**missbrauchen** [mɪs'brauxən] <ohne ge-> *vt* (*Vertrauen*) abusare di; (*Dinge*) fare uso indebito di

**missbräuchlich** ['mɪsbrɔɪçlɪç] *adj* abusivo

**missdeuten** [mɪs'dɔɪtən] <ohne ge-> *vt* fraintendere **Missdeutung** ['mɪsdɔɪtʊŋ] *f* malinteso *m*, equivoco *m*

**missen** ['mɪsən] *vt* etw nicht ~ mögen [*o* **können**] (*geh*) non voler fare a meno di qc

**Misserfolg** *m* insuccesso *m*, fallimento *m*

**Missernte** *f* cattivo raccolto *m*, annata *f* cattiva

**Missetat** ['mɪsəta:t] *f* (*geh*) misfatto *m* poet;  (*Streich*) tiro *m* birbone *fam*

**Missetäter(in)** *m(f)* (*geh*) malfattore, -trice *m*, *f lett*

**missfallen** [mɪs'falən] <irr, ohne ge-> *vi* non piacere, spiacere **Missfallen** ['mɪsfalən] <-s> *kein Pl. nt* malcontento *m;* jds ~ über etw *acc* erregen suscitare la disapprovazione di qu per qc

**missgebildet** *adj* malformato, deforme

**Missgeburt** *f* (MED) aborto *m*

**missgelaunt** *adj* (*geh*) di malumore **Missgeschick** *nt* sfortuna *f*, disavventura *f* **missgestaltet** *adj* deforme **missgestimmt** *adj* di malumore **missglücken** [mɪs'glʏkən] <ohne ge-> *vi sein* non riuscire, fallire; **es ist mir missglückt** non ci sono riuscito **missgönnen** [mɪs'gœnən] <ohne ge-> *vt* **jdm etw** ~ invidiare qc a qu **Missgriff** *m* passo *m* falso, mossa *f* sbagliata **Missgunst** *f* invidia *f* **missgünstig** *adj* invidioso, geloso **misshandeln** [mɪs'handəln] <ohne ge-> *vt* maltrattare **Misshandlung** [mɪs'handlʊŋ] *f* maltrattamento *m*

**Mission** [mɪ'sjo:n] <-, -en> *f* missione *f*

**Missionar(in)** [mɪsjo'na:ɐ̯] <-s, -e; -, -nen> *m(f)* missionario, -a *m*, *f*

**missionarisch** [mɪsjo'na:rɪʃ] *adj* missionario

**missionieren** [mɪsjo'ni:rən] <ohne ge-> I. *vt* evangelizzare II. *vi* fare il missionario

**Missklang** *m* ❶ (MUS) dissonanza *f*, stonatura *f* ❷ (LING) cacofonia *f* ❸ (*fig*) disaccordo *m* **Misskredit** *m* discredito *m;* **jdn in** ~ **bringen** screditare qu, gettare il discredito su qu; **in** ~ **geraten** [*o* **kommen**] cadere in discredito

**misslang** [mɪs'laŋ] *3. Pers. Sing. Imp. von* **misslingen**

**misslich** ['mɪslɪç] *adj* (*geh*) spiacevole, sgradevole

**missliebig** *adj* malvisto, antipatico; **sich bei jdm** ~ **machen** rendersi antipatico a qu, farsi malvolere da qu

**misslingen** [mɪs'lɪŋən] <misslingt, misslang, misslungen> *vi sein* non riuscire, fallire; **der Versuch ist misslungen** il tentativo è fallito; **ihm misslingt alles** non gli riesce niente **Misslingen** <-s> *kein Pl. nt* fallimento *m*, insuccesso *m*

**misslungen** [mɪs'lʊŋən] *PP von* **misslingen**

**Missmanagement** ['mɪsmɛnɪdʒmənt] <-s, -s> *nt* cattiva gestione *f* **Missmut** *m* malumore *m*, malcontento *m* **missmutig** *adj* di malumore, di cattivo umore **missraten** [mɪs'ra:tən] I. <irr, ohne ge-> *vi sein* non riuscire, fallire II. *adj* (*Mensch*) maleducato, screanzato **Missstand** *m* male *m;* **soziale Missstände** mali sociali **Missstimmung** *f* malumore *m*

**misst** [mɪst] *2. u. 3. Pers. Sing. Präs. von* **messen**

**Misston** *m* (*a. fig*) stonatura *f*

**misstrauen** [mɪs'trauən] <ohne ge-> *vi* **jdm/etw** ~ diffidare di qu/qc **Misstrauen** ['mɪstrauən] <-s> *kein Pl. nt* diffidenza *f*, sfiducia *f* **Misstrauensantrag** *m* (PARL) mozione *f* di sfiducia **Misstrauensvotum** *nt* (PARL) voto *m* di sfiducia

**misstrauisch** *adj* diffidente; (*argwöhnisch*) sospettoso

**Missverhältnis** *nt* sproporzione *f*, squilibrio *m* **missverständlich** *adj* equivoco, ambiguo **Missverständnis** *nt* malinteso *m*, equivoco *m* **missverstehen** <irr, ohne ge-> *vt* capire male, fraintendere

**Misswahl** ['mɪsva:l] *f* concorso *m* di bellezza

**Misswirtschaft** *f* cattiva amministrazione *f*, malgoverno *m*

**Mist** [mɪst] <-(e)s> *kein Pl. m* ① (*Tier~*) letame *m;* (*~haufen*) letamaio *m* ② (*fam pej: Schund*) porcheria *f,* robaccia *f* ③ (*fam pej: Unsinn*) sciocchezze *fpl,* stupidaggini *fpl;* **~ reden** dire cretinate; **da hat einer ~ gemacht** [*o* **gebaut**] qualcuno ha fatto un pasticcio ④ (*fam pej: Ärgernis*) **so ein ~!** che pasticcio!, che porcheria!

**Mistbeet** *nt* letto *m* caldo

**Mistel** ['mɪstəl] <-, -n> *f* (BOT) vischio *m*

**Mistfink** <-en *o* -s, -en> *m* (*fam*) sporcaccione *m,* porco *m* **Mistgabel** *f* forcone *m* [da letame] **Misthaufen** *m* letamaio *m* **Mistkübel** <-s, -> *m* (*A: Mülleimer*) pattumiera *f* **Miststück** *nt fam, pej* ① (*Mann*) farabutto *m,* porco *m* ② (*Frau*) farabutta *f,* carogna *f*

**Mistvieh** *nt* (*vulg*) ① (*Mann*) farabutto *m,* porco *m* ② (*Frau*) farabutta *f,* carogna *f*

**mit** [mɪt] **I.** *prp + dat* ① (*in Begleitung von*) [insieme] con, assieme a ② (*mit Hilfe von*) con, per; (*Verkehrsmittel a*) a, in; **~ dem Auto/Flugzeug/Zug** in automobile/aereo/treno ③ (*versehen mit, Eigenschaft*) con, a, da; (*Alter*) a, all'età di; **eine Pizza ~ Salami** una pizza al salame; **~ blauen Augen** dagli occhi blu; **~ zwanzig Jahren** a venti anni ④ (*Art und Weise*) con, a; **~ lauter/leiser Stimme** a voce alta/bassa **II.** *adv* (*ebenfalls*) **etw ~ berücksichtigen** tenere conto anche di qc; **~ dabei sein** esserci

**Mitangeklagte** *mf* (JUR) coimputato, -a *m, f*

**Mitarbeit** *f* collaborazione *f,* cooperazione *f;* **unter ~ von ...** con la collaborazione di ..., hanno collaborato ...

**mit|arbeiten** *vi* **an etw** *dat* **~** collaborare a qc

**Mitarbeiter(in)** *m(f)* collaboratore, -trice *m, f,* cooperatore, -trice *m, f;* **freier ~** libero collaboratore

**mit|bekommen** <irr, ohne ge-> *vt* ① (*zum Mitnehmen*) ricevere [da portar via]; (*als Mitgift*) ricevere in dote ② (*fam: bemerken, wahrnehmen*) notare, accorgersi di; (*verstehen*) comprendere

**mit|benutzen** <ohne ge-> *vt* usare in comune

**Mitbenutzung** *f* uso *m* in comune

**Mitbestimmung** *f* cogestione *f* **Mitbestimmungsrecht** *nt* diritto *m* di cogestione

**Mitbewerber(in)** *m(f)* concorrente *mf*

**Mitbewohner(in)** *m(f)* ① (*von Wohnung*) coabitatore, -trice *m, f* ② (*von Haus*) coinquilino, -a *m, f*

**mit|bringen** <irr> *vt* ① (*Dinge, Personen*) portare [con sé] ② (*aufweisen*) avere, disporre di

**Mitbringsel** ['mɪtbrɪŋzəl] <-s, -> *nt* (*fam*) regalino *m;* (*von Reise*) pensierino *m*

**Mitbürger(in)** *m(f)* (*form*) concittadino, -a *m, f*

**mit|denken** <irr> *vi* seguire il ragionamento, ragionare

**mit|dürfen** <irr> *vi* (*fam*) **darf ich mit?** posso venire anch'io?

**Miteigentümer(in)** *m(f)* (JUR) comproprietario, -a *m, f*

**miteinander** [mɪtʔaɪˈnandɐ] *adv* ① (*einer mit dem anderen*) l'uno con l'altro; **~ reden** parlare l'uno con l'altro ② (*gemeinsam*) insieme, assieme; **alle ~** tutti insieme

**Miteinander** [mɪtʔaɪˈnandɐ] <-s> *kein Pl. nt* **sie führen ein friedliches ~** vanno d'amore e d'accordo

**Miterbe** *m,* **Miterbin** *f* coerede *mf*

**mit|erleben** <ohne ge-> *vt* ① (*erleben*) vivere, vedere ② (*dabei sein*) assistere a, partecipare a

**Mitesser** *m* (MED) comedone *m*

**mit|fahren** <irr> *vi sein* **mit jdm ~** andare [*o* venire] con qu; **jdn ~ lassen** (*im Auto*) dare un passaggio a qu

**Mitfahrerzentrale** <-, -n> *f* agenzia che mette in contatto automobilisti e persone alla ricerca di un passaggio

**Mitfahrgelegenheit** *f* passaggio *m*

**mit|fühlen I.** *vt* condividere, partecipare a **II.** *vi* **mit jdm ~** condividere i sentimenti di qu **mitfühlend** *adj* compassionevole

**mit|führen** *vt* ① (*Waren, Papiere*) avere con sé, portare appresso ② (*Fluss*) trasportare [con sé]

**mit|geben** <irr> *vt* dare

**Mitgefangene** *mf* compagno, -a *m, f* di prigionia

**Mitgefühl** *nt* (*Verständnis*) comprensione *f;* (*Mitleid*) compassione *f;* **~ mit jdm haben** avere comprensione per qu

**mit|gehen** <irr> *vi sein* ① (*auch gehen*) [**mit jdm**] **~** andare insieme a qu; (*begleiten*) accompagnare qu; **etw ~ lassen** (*fam*) far sparire qc ② (*fig: sich mitreißen lassen*) lasciarsi trasportare

**mitgenommen** *adj* ① (*Sache*) consunto, logoro ② (*Person*) colpito, provato; **du siehst sehr ~ aus** sei molto sciupato

**Mitgift** ['mɪtɡɪft] <-, -en> *f* dote *f*

**Mitglied** *nt* membro *m* **Mitgliedsausweis** *m* tessera *f* di socio **Mitgliedsbeitrag** *m* quota *f* sociale

**Mitgliedschaft** <-, *rar* -en> *f* appartenenza *f*

**Mitgliedsland** <-(e)s, -länder> *nt* stato *m* membro

**mit|haben** <irr> *vt* (*fam*) aver[e] dietro, avere con sé; **ich habe kein Geld mit** non ho portato con me i soldi; **ich habe keinen Schirm mit** non ho con me l'ombrello

**Mithaftung** *f* garanzia *f* solidale

**mit|halten** <irr> *vi* essere della partita *fam*, starci *fam*

**mit|helfen** <irr> *vi* [**bei etw**] ~ collaborare [a qc]

**Mithilfe** *f* collaborazione *f*, cooperazione *f*

**mit|hören** I. *vt* ascoltare; (*belauschen*) ascoltare di nascosto, origliare II. *vi* stare in ascolto; (*lauschen*) origliare

**Mitinhaber(in)** *m(f)* comproprietario, -a *m, f*, contitolare *mf*

**Mitkläger(in)** *m(f)* (JUR) coattore, -trice *m, f*

**mit|kommen** <irr> *vi sein* ❶ (*auch kommen*) venire; **mit jdm** ~ venire insieme a qu; (*begleiten*) accompagnare qu; **ich kann heute Abend leider nicht** ~ purtroppo stasera non posso venire; **kommst du mit?** vieni anche tu? ❷ (*fig: Schritt halten*) tener dietro; (*geistig*) seguire; **da komme ich nicht mehr mit** (*fig fam*) non riesco a capire

**mit|kriegen** (*fam*) *s.* **mitbekommen**

**Mitläufer** *m* (*pej*) pedissequo *m*

**Mitlaut** *m* (LING) consonante *f*

**Mitleid** *nt* compassione *f*, pietà *f*; **jds** ~ **erregen** [*o* **erwecken**] far compassione a qu; ~ **erregend** che suscita compassione, pietoso; **mit jdm** ~ **haben** provare compassione per qu

**Mitleidenschaft** *f* **etw in** ~ **ziehen** danneggiare qc

**mitleiderregend** *adj* pietoso, che suscita compassione

**mitleidig** *adj* pietoso, compassionevole

**mitleid[s]los** *adj* spietato

**mit|machen** I. *vt* ❶ (*Veranstaltung*) partecipare a, prendere parte a; (*Kurs, Mode*) seguire; **das mache ich nicht länger mit!** (*fam*) non ci sto più! ❷ (*durchmachen, erleiden*) passare, subire; **da machst du vielleicht was mit!** (*fam*) ne sto passando delle belle! II. *vi* (*sich beteiligen*) partecipare; (*fam*) starci; **bei etw** ~ partecipare a qc; **ich mache mit** ci sto

**Mitmensch** *m* prossimo *m*, simile *m* **mitmenschlich** *adj* caritatevole

**mit|mischen** *vi* (*fam*) partecipare, prendere parte; **er will überall** ~ vuole ficcare il naso ovunque; **er hat früher aktiv in der Politik mitgemischt** un tempo partecipava attivamente alla politica

**Mitnahmepreis** ['mɪtna:məpraɪs] *m* prezzo *m* del ritiratelo da voi (*prezzo offerta per merci da ritirare personalmente*)

**mit|nehmen** <irr> *vt* ❶ (*mit sich nehmen*) prendere [*o* portare] con sé; (*fortnehmen*) portare via; **Pizza zum Mitnehmen** pizza da portar via; **kannst du mich bis Köln [im Auto]** ~ **?** mi puoi dare un passaggio fino a Colonia? ❷ (*fam: stehlen*) rubare, sgraffignare ❸ (*fam: lernen*) **etw aus etw** ~ apprendere qc da qc ❹ (*fig: körperlich, seelisch*) affaticare, esaurire

**mitnichten** [mɪt'nɪçtən] *adv* (*geh*) niente affatto

**mit|reden** *vi* ❶ (*im Gespräch*) partecipare alla discussione ❷ (*mitbestimmen*) partecipare alla decisione; **da habe ich auch noch ein Wort mitzureden** (*fam*) anch'io ho ancora qc da dire

**Mitreisende** *mf* compagno, -a *m, f* di viaggio

**mit|reißen** <irr> *vt* ❶ (*mit sich fortreißen*) trascinare con sé ❷ (*fig: begeistern*) entusiasmare

**mitsamt** [mɪt'zamt] *prp* +*dat* insieme a

**mit|schicken** *vt* spedire qc insieme a qc; (*beifügen*) allegare

**mit|schneiden** <irr> *vt* (RADIO, TV) registrare

**mit|schreiben** <irr> I. *vi* prendere appunti; **schreiben Sie mit: ...** scriva: ... II. *vt* ❶ (*Diktat*) scrivere ❷ (*an Arbeit teilnehmen*) partecipare a

**Mitschuld** *f* correità *f*, complicità *f*; ~ **an etw** *dat* **haben** essere complice in qc **mitschuldig** *adj* correo, complice; ~ **an etw** *dat* **sein** essere complice in qc

**Mitschüler(in)** *m(f)* compagno, -a *m, f* di scuola

**mit|schwingen** <irr> *vi* trapelare, trasparire; **in seinen Worten schwingt Stolz mit** l'orgoglio trapela [*o* traspare] dalle sue parole

**mit|spielen** I. *vi* ❶ (*bei einem Spiel*) **bei etw** ~ giocare con qu a qc; **mit jdm** ~ (SPORT) giocare insieme a qu; (THEAT) recitare insieme a qu; (MUS) suonare insieme a qu ❷ (*fig: Gründe, Motive*) concorrere, essere in gioco ❸ (*zusetzen, Schaden zufügen*) **jdm/etw** ~ danneggiare qu/qc; **jdm übel** ~ giocare un brutto tiro a qu II. *vt* giocare

**Mitsprache** *f* parola *f* **Mitspracherecht** *nt* diritto *m* di essere interpellato

**mit|sprechen** <irr> I. *vt* (*Gebet*) dire qc insieme a qu II. *vi* ❶ (*im Gespräch*) partecipare alla discussione ❷ (*mitbestimmen*) avere voce in capitolo

**Mitstreiter(in)** <-s, -; -, -nen> *m(f)* collaboratore, -trice *m, f*, sostenitore, -trice *m, f*

**Mittag** ['mɪtaːk] *m* mezzogiorno *m;* **gestern/heute/morgen ~** ieri/oggi/domani a mezzogiorno; **zu ~ essen** pranzare **Mittagessen** *nt* pranzo *m*

**mittags** *adv* a mezzogiorno; [**um**] **12 Uhr ~** a mezzogiorno; [**um**] **1 Uhr ~** all'una [di pomeriggio]

**Mittagspause** *f* pausa *f* di mezzogiorno

**Mittagsruhe** *f* riposo *m* pomeridiano, siesta *f;* **~ halten** fare la siesta **Mittagsschlaf** *m* pisolino *m* pomeridiano **Mittagstisch** *m* **~ von 12 bis 14 Uhr** servizio *m* da mezzogiorno alle 14 **Mittagszeit** *f* mezzogiorno *m;* (*Mittagspause*) pausa *f* del mezzogiorno; **in der ~** sul mezzogiorno

**Mittäter(in)** *m(f)* complice *mf*

**Mitte** ['mɪtə] <-, -n> *f* ❶ (*räumlich*) mezzo *m;* **in der ~** nel mezzo, al centro; **in unserer ~** in mezzo a noi, tra di noi; **ab durch die ~!** (*fam*) via! ❷ (*zeitlich*) metà *f;* **~ Januar** a metà gennaio; **er ist ~ Vierzig** ha quarantacinque anni ❸ (*POL*) centro *m*

**mit|teilen** I. *vt* [**jdm**] **etw ~** comunicare qc [a qu] II. *vr* **sich jdm ~** (*geh*) confidarsi con qu

**mitteilsam** *adj* comunicativo

**Mitteilung** *f* (*Benachrichtigung*) comunicazione *f;* (ADM) comunicato *m;* (*Bekanntmachung*) avviso *m;* (*vertraulich*) confidenza *f*

**Mittel** ['mɪtəl] <-s, -> *nt* ❶ (*~ zum Zweck*) mezzo *m;* **~ und Wege finden** trovare mezzo e modo; **ihm ist jedes ~ recht** a lui va bene ogni mezzo ❷ (*Hilfs~, Heil~*) rimedio *m* ❸ (MAT) media *f* ❹ *pl* (FIN) mezzi *mpl* [finanziari], fondi *mpl;* **öffentliche ~** fondi pubblici

**Mittelalter** *nt* medioevo *m* **mittelalterlich** *adj* medievale

**Mittelamerika** *nt* America *f* centrale **Mittelamerikaner(in)** ['mɪtəlameri'kaːnɐ] <-s, -; -, -nen> *m(f)* abitante *mf* dell'America centrale **mittelamerikanisch** ['mɪtəlameri'kaːnɪʃ] *adj* centroamericano

**mittelbar** *adj* mediato, indiretto

**Mittelding** *nt* (*fam*) cosa *f* di mezzo

**Mitteleuropa** *nt* Europa *f* centrale **Mitteleuropäer(in)** ['mɪtəlɔɪroˈpɛːɐ] <-s, -; -, -nen> *m(f)* abitante *mf* dell'Europa centrale **mitteleuropäisch** *adj* **~e Zeit** tempo dell'Europa centrale

**Mittelfeld** *nt* (SPORT) centro campo *m* **Mittelfinger** *m* [dito *m*] medio *m* **mittelfristig** I. *adj* a medio termine II. *adv* nei tempi brevi **Mittelgebirge** *nt* media montagna *f* **Mittelgewicht** *nt* (SPORT) peso *m* medio **mittelgroß** *adj* (*Ding*) di media grandezza; (*Person*) di statura media **mittelhochdeutsch** *adj* medio alto tedesco

**Mittelklasse** <-, -n> *f* ❶ (*Soziologie*) classe *f* media, ceto *m* medio ❷ (*bei Waren*) media qualità *f;* (*Auto*) media cilindrata *f* **Mittelklassewagen** *m* autovettura *f* di media cilindrata

**Mittelläufer(in)** *m(f)* centromediano, -a *m, f*

**Mittellinie** *f* linea *f* di metà campo

**mittellos** *adj* privo di mezzi; (ADM) nullatenente **Mittellosigkeit** <-> *kein Pl. f* mancanza *f* di mezzi; (ADM) nullatenenza *f*

**Mittelmaß** *nt* ❶ (*Durchschnitt*) media *f* ❷ (*mittlere Größe*) misura *f* media **mittelmäßig** *adj* medio; (*pej* a) mediocre **Mittelmäßigkeit** *f* (*pej*) mediocrità *f*

**Mittelmeer** *nt* [Mare *m*] Mediterraneo *m* **Mittelmeerraum** <-(e)s> *kein Pl. m* area *f* del Mediterraneo

**Mittelohrentzündung** *f* otite *f* media

**mittelprächtig** *adj* (*fam*) così così

**Mittelpunkt** *m* punto *m* centrale; (*fig* MAT) centro *m;* **im ~ stehen** essere al centro

**mittels** *prp* +*gen* (*geh*) mediante, per mezzo di

**Mittelscheitel** *m* riga *f* [*o* scriminatura *f*] in mezzo **Mittelschicht** *f* ceto *m* medio **Mittelschiff** *nt* (ARCH) navata *f* centrale **Mittelschule** <-, -n> *f* ❶ (*CH: höhere Schule, Gymnasium*) scuola *f* media superiore ❷ (*A: allgemeinbildende höhere Schule, Gymnasium*) liceo *m;* **die ~ besuchen** frequentare le superiori

**Mittelsmann** <-(e)s, -männer *o* -leute> *m* intermediario *m*, mediatore *m*

**Mittelstand** *m* ceto *m* medio **mittelständisch** *adj* del ceto medio

**Mittelstreckenrakete** *f* missile *m* a media gittata **Mittelstreifen** *m* spartitraffico *m* **Mittelstürmer(in)** *m(f)* (SPORT) centrattacco *mf*

**Mitteltunnel** *m* (MOT) tunnel *m* centrale **Mittelweg** *m* via *f* di mezzo **Mittelwelle** *f* onde *fpl* medie **Mittelwert** *m* valore *m* medio, media *f*

**mitten** ['mɪtən] *adv* **~ durchbrechen** rompere a metà; **~ durch** attraverso; **~ aus** dal mezzo di; **~ in** in mezzo a, al centro di;

~ **in der Nacht** in piena notte; ~ **auf der Straße** in mezzo alla strada **mittendrin** ['mɪtən'drɪn] *adv* nel mezzo **mittendurch** ['mɪtən'dʊrç] *adv* nel mezzo; (*in der Hälfte*) a metà
**Mitternacht** ['mɪtɐnaxt] *f* mezzanotte *f*
**mittlere(r, s)** ['mɪtlərə, -re, -rəs] *adj* ❶ (*im Mittelpunkt*) centrale ❷ (*dazwischen befindlich*) intermediario, -a ❸ (*durchschnittlich*) medio, -a; **~ n Alters** di mezza età; **von ~ r Größe** di statura media
**mittlerweile** ['mɪtlɐ'vailə] *adv* intanto, frattanto
**Mittwoch** ['mɪtvɔx] <-(e)s, -e> *m* mercoledì *m*; *s. a.* **Dienstag**
**Mittwochabend** *m* mercoledì *m* sera
**mittwochabends** *adv* il mercoledì sera
**Mittwochmittag** *m* mercoledì a mezzogiorno; *s. a.* **Mittwochabend**
**mittwochmittags** *adv* il mercoledì a mezzogiorno
**Mittwochmorgen** *m* mercoledì mattina; *s. a.* **Mittwochabend**
**mittwochmorgens** *adv* il mercoledì mattina
**Mittwochnachmittag** *m* mercoledì pomeriggio; *s. a.* **Mittwochabend**
**mittwochnachmittags** *adv* il mercoledì pomeriggio
**mittwochs** *adv* di [*o* il] mercoledì
**Mittwochvormittag** *m* mercoledì mattina; *s. a.* **Mittwochabend**
**mittwochvormittags** *adv* il mercoledì mattina
**mitunter** [mɪt'ʔʊntɐ] *adv* talvolta, di quando in quando
**mitverantwortlich** *adj* corresponsabile
**Mitverantwortung** <-> *kein Pl. f* corresponsabilità *f*
**Mitverfasser(in)** *m(f)* coautore, -trice *m, f*
**Mitvergangenheit** <-> *kein Pl. f* (*A: Imperfekt*) imperfetto *m*
**Mitverschulden** <-s> *kein Pl. nt* concorso *m* di colpa
**Mitwelt** *f* contemporanei *mpl*
**mit|wirken** *vi* ❶ (*beteiligt sein*) **bei** [*o* **an**] **etw** *dat* ~ collaborare a qc ❷ (FILM, THEAT) **in** [*o* **bei**] **etw** *dat* ~ prendere parte a qc; **es wirkten mit: ...** hanno collaborato: ...
**Mitwirkung** *f* cooperazione *f*, collaborazione *f*; **unter ~ von** con la partecipazione di
**Mitwissen** *nt* **ohne mein ~** a mia insaputa
**Mitwisser(in)** <-s, -; -, -nen> *m(f)* (*in Geheimnis*) iniziato, -a *m, f*; (*Vertrauter*) confidente *mf*; (JUR) conniviente *mf*

**mit|wollen** <irr> *vi* (*fam*) **willst du** [**auch**] **mit?** vuoi venire anche tu?
**mit|zählen** I. *vt* (*mit einrechnen*) includere [nel conto] II. *vi* (*von Bedeutung sein*) contare
**Mixbecher** *m* shaker *m*
**mixen** ['mɪksən] *vt* ❶ (*mischen*) mescolare; (*im Mixer*) frullare ❷ (FILM, RADIO, TV) missare
**Mixer** <-s, -> *m* ❶ (*Bar~*) barista *m*, barman *m* ❷ (*Gerät*) frullatore *m*
**Mixtur** [mɪks'tuːɐ̯] <-, -en> *f* mistura *f*
**mm** *abk v* **Millimeter** mm
**MMS** [ɛmɛm'ɛs] <-, -> *f s.* **Multimedia Messaging Services** MMS *m* **MMS-Handy** *nt* cellulare *m* MMS
**Mob** [mɔp] <-s> *kein Pl. m* (*pej*) plebaglia *f*, gentaglia *f*
**mobben** *vt* fare mobbing
**Mobbing** <-> *kein Pl. nt* mobbing *m* **Mobbingopfer** *nt* vittima *f* del mobbing
**Möbel** ['møːbəl] <-s, -> *nt meist pl* mobile *m* **Möbelgeschäft** *nt* negozio *m* di mobili **Möbelpacker** *m* facchino *m* **Möbelpolitur** *f* lucido *m* per mobili **Möbelschreiner(in)** *m(f)* ebanista *mf* **Möbelstück** *nt* mobile *m* **Möbeltischler(in)** *m(f)* ebanista *mf* **Möbelwagen** *m* furgone *m* per traslochi
**mobil** [mo'biːl] *adj* ❶ (JUR, MIL, COM) mobile; **~ machen** (MIL) mobilitare; **etw ~ machen** (*fig*) mobilitare qc ❷ (*fam: munter*) vivace ❸ (*fam: flink*) svelto, lesto
**Mobilfunk** <-s> *kein Pl. m* (*das Telefonieren*) telefonia *f* mobile; (*Funknetz*) rete *f* radiomobile **Mobilfunkanbieter** <-s, -> *m* gestore *m* telefonico
**Mobiliar** [mobi'ljaːɐ̯] <-s, -e> *nt* mobilia *f*, mobili *mpl*
**mobilisieren** [mobili'ziːrən] <ohne ge-> *vt* (*fig* MIL) mobilitare
**Mobilität** [mobili'tɛːt] <-> *kein Pl. f* mobilità *f*
**mobil|machen** *vi* mobilitare **Mobilmachung** <-> *kein Pl. f* (MIL) mobilitazione *f*
**Mobiltelefon** <-s, -e> *nt* [telefono *m*] cellulare *m*, telefonino *m fam*
**möblieren** [mø'bliːrən] <ohne ge-> *vt* ammobiliare, arredare
**mochte** ['mɔxtə] *1. u. 3. Pers. Sing. Imp. von* **mögen**[1], **mögen**[2]
**möchte** ['mœçtə] *1. u. 3. Pers. Sing. conj von* **mögen**[1], **mögen**[2]
**Modalverb** <-s, -en> *nt* (LING) verbo *m* modale
**Mode** ['moːdə] <-, -n> *f* moda *f*; [**in**] **~ sein** essere di moda; **aus der ~ kommen**

passare di moda; **mit der ~ gehen** seguire la moda **modebewusst** *adj* **~ sein** avere stile **Modedesigner(in)** *m(f)* stilista *mf* **Modegeschäft** *nt* negozio *m* di moda **Modeheft** *nt*, **Modejournal** *nt* giornale *m* di moda
**Model** ['mɔdəl] <-s, -s> *nt* (*Fotomodell*) indossatore, -trice *m, f*
**Modell** [mɔ'dɛl] <-s, -e> *nt* ① (*Vorbild, Muster, Entwurf*) modello *m* ② (*eines Malers, Fotografen*) modello, -a *m, f*; **~ stehen** posare ③ (*Foto~*) modella *f* **Modellflugzeug** *nt* aeromodello *m*
**modellieren** [modɛ'liːrən] <ohne ge-> *vt, vi* modellare **Modelliermasse** *f* pasta *f* per modellare
**Modellkleid** *nt* modello *m*
**Modellversuch** *m* sperimentazione *f* pilota
**modeln** ['mɔdəln] *vi* lavorare come indossatore [*o* indossatrice]
**Modem** ['moːdɛm] <-s, -s> *nt o m* (INFORM) modem *m*
**Mode|n|schau** *f* sfilata *f* di moda
**Moder** ['moːdɐ] <-s> *kein Pl. m* marciume *m*; (*Schimmel*) muffa *f*
**moderat** [mode'raːt] *adj* moderato
**Moderation** [modera'tsi̯oːn] <-, -en> *f* (RADIO, TV) **die ~ einer Sendung übernehmen** fare da moderatore, -trice
**Moderator(in)** [mode'raːtoːɐ̯] <-s, -en; -, -nen> *m(f)* (RADIO, TV) moderatore, -trice *m, f*
**Modergeruch** *m* odore *m* di muffa, tanfo *m*
**mod|e|rig** ['moːd(ə)rɪç] *adj* che sa di marcio [*o* di muffa]
**modern¹** ['moːdɐn] *vi* marcire, ammuffire
**modern²** [mo'dɛrn] *adj* ① (*zeitgemäß*) moderno ② (*modisch*) alla [*o* di] moda
**Moderne** [mo'dɛrnə] <-> *kein Pl. f* **die ~** i tempi *mpl* moderni; (KUNST) l'arte *f* moderna
**modernisieren** [modɛrni'ziːrən] <ohne ge-> *vt* modernizzare; (*Wohnung, Kleid*) rimodernare
**Modernisierung** <-> *kein Pl. f* modernizzazione *f*; (*Wohnung, Kleid*) rimodernamento *m*
**Modesalon** *m* casa *f* di mode
**Modeschau** *f s.* **Modenschau**
**Modeschmuck** *m* bigiotteria *f*, bijoux *mpl* **Modeschöpfer(in)** *m(f)* creatore, -trice *m, f* di moda
**Modetrend** *m* trend *m* di moda **Modewort** *nt* parola *f* trend **Modezeitschrift** *f* giornale *m* di moda
**Modezeitung** *f* giornale *m* di moda

**Modi** *Pl. von* **Modus**
**modisch** *adj o adv* alla moda
**Modistin** [mo'dɪstɪn] *f* modista *f*
**modrig** *s.* **mod|e|rig**
**Modul** [mo'duːl] <-s, -e> *nt* modulo *m*
**Modus** ['mɔdʊs *o* 'moːdʊs, *Pl.:* 'mɔdi *o* 'moːdi] <-, Modi> *m* modo *m*
**Mofa** ['moːfa] <-s, -s> *nt* ciclomotore *m* **Mofafahrer(in)** *m(f)* ciclomotorista *mf*
**mogeln** ['moːgəln] *vi* (*fam*) imbrogliare; (*beim Kartenspiel*) barare
**Mogelpackung** <-, -en> *f* (WIRTSCH) confezione *f* ingannevole
**mögen¹** ['møːgən] <mag, mochte, gemocht> *vt* ① (*gernhaben*) amare; (*Speise*) essere ghiotto di; **lieber ~** preferire ② (*wollen*) volere; **ich mag nicht [mehr]** non ne voglio [più]
**mögen²** <mag, mochte, mögen> *Modalverb* ① (*Wunsch*) volere, avere voglia di; **ich möchte gern ...** vorrei ...; **man möchte meinen, dass ...** si direbbe che ... ② (*Vermutung*) potere; **es mag sein, dass ...** è possibile che +*conj*; **er mag 10 Jahre alt sein** avrà circa dieci anni; **was mag das bedeuten?** cosa significherà questo?; **wo mag er bloß stecken?** dove si sarà cacciato? *fam*
**möglich** ['møːklɪç] *adj* possibile; **alles Mögliche** di tutto; **sein Möglichstes tun** fare tutto il possibile, fare del proprio meglio; **so bald/oft wie ~** il più presto/spesso possibile; **so viel/wenig wie ~** il più/meno possibile; **das ist wohl ~** è possibilissimo; **[das ist ja] nicht ~!** (*fam*) non è possibile!
**möglicherweise** *adv* forse, eventualmente
**Möglichkeit** <-, -en> *f* ① (*mögliches Verhalten, Vorgehen, möglicher Weg*) possibilità *f*; **ich hatte keine andere ~** non avevo altra scelta ② (*Gelegenheit*) occasione *f*; **nach ~** nella misura del possibile, per quanto possibile
**möglichst** *adv* **~ gut/viel/oft** il meglio/il più/il più spesso possibile
**Mohair** [mo'hɛːɐ̯, *Pl.:* mo'hɛːra] <-s, -e> *m* mohair *m*
**Mohammedaner(in)** [mohame'daːnɐ] <-s, -; -, -nen> *m(f)* maomettano, -a *m, f*, musulmano, -a *m, f*
**mohammedanisch** *adj* musulmano, maomettano
**Mohn** [moːn] <-(e)s, -e> *m* ① (BOT) papavero *m*; (*Klatsch~*) rosolaccio *m* ② (~*samen*) semi *mpl* di papavero
**Möhre** ['møːrə] <-, -n> *f* carota *f*

**Mohrenkopf** ['moːrənkɔpf] *m* (GASTR) testa *f* di moro, africano *m*
**Mohrrübe** ['moːɡryːbə] *f s.* **Möhre**
**mokant** [moˈkant] *adj* beffardo, sarcastico
**mokieren** [moˈkiːrən] <ohne ge-> *vr* **sich [über jdn]** ~ beffarsi [di qu]
**Mokka** ['mɔka] <-s, -s> *m* moca *m* **Mokkatasse** *f* tazzina *f* da caffè
**Molch** [mɔlç] <-(e)s, -e> *m* (ZOO) tritone *m*
**Moldawien** [mɔlˈdaːviən] *nt* Moldavia *f*
**Mole** ['moːlə] <-, -n> *f* molo *m*
**Molekül** [moleˈkyːl] <-s, -e> *nt* (CHEM) molecola *f*
**molekular** [molekuˈlaːɐ] *adj* (CHEM) molecolare **Molekulargewicht** [molekuˈlaːɐɡəvɪçt] *nt* peso *m* molecolare
**molk** [mɔlk] *1. u. 3. Pers. Sing. Imp. von* **melken**
**Molke** ['mɔlkə] <-> *kein Pl. f* siero *m* di latte
**Molkerei** [mɔlkəˈraɪ] <-, -en> *f* latteria *f*, caseificio *m*
**Moll** [mɔl] <-> *kein Pl. nt* (MUS) tonalità *f* minore
**mollig** ['mɔlɪç] *adj* (*fam*) ❶ (*warm*) piacevole, piacevolmente caldo; (*Kleidung*) soffice, morbido ❷ (*rundlich*) grassottello
**Molotowcocktail** ['moːlotɔfkɔkteɪl] *m* molotov *f*
**Molybdän** [molʏpˈdɛːn] <-s> *kein Pl. nt* (CHEM) molibdeno *m*
**Moment**[1] [moˈmɛnt] <-(e)s, -e> *m* (*Augenblick*) momento *m*, istante *m*, attimo *m*; **im** ~ (*jetzt*) al momento, momentaneamente; (*gerade*) in quest'istante, in questo momento; **im letzten** ~ all'ultimo minuto; **er kann jeden** ~ **kommen** può arrivare da un momento all'altro; ~ **[mal]**! un momento!
**Moment**[2] <-(e)s, -e> *nt* (*Umstand*) momento *m*
**momentan** [momɛnˈtaːn] **I.** *adj* momentaneo; (*aktuell a*) attuale **II.** *adv* momentaneamente, per il momento
**Momentaufnahme** *f* (FOTO) istantanea *f*
**Monaco** ['moːnako *o* moˈnako] *nt* Monaco *f*
**Monarch(in)** [moˈnarç] <-en, -en; -, -nen> *m(f)* monarca *m*, monarchessa *f nur scherz*
**Monarchie** [monarˈçiː] <-, -n> *f* monarchia *f*
**Monarchin** *f s.* **Monarch**
**Monarchist(in)** [monarˈçɪst] <-en, -en; -, -nen> *m(f)* monarchico, -a *m, f*
**monarchistisch** *adj* monarchico
**Monat** ['moːnat] <-(e)s, -e> *m* mese *m*; **im Laufe des** ~**s** nel corso del mese; **am 10. dieses** ~**s** (ADM) il 10 corrente mese; **im achten** ~ **[schwanger] sein** essere [incinta] all'ottavo mese
**monatelang I.** *adj* di mesi **II.** *adv* [per] molti mesi, [per] mesi e mesi
**monatlich** *adj* mensile
**Monatsanfang** <-(e)s, -fänge> *m* inizio *m* del mese; **am** ~ all'inizio del mese **Monatsbinde** *f* assorbente *m* igienico **Monatsblutung** *f* mestruazioni *fpl* **Monatsgehalt** *nt* [stipendio *m*] mensile *m*, mensilità *f* **Monatskarte** *f* tessera *f* mensile **Monatsrate** *f* rata *f* mensile
**Mönch** [mœnç] <-(e)s, -e> *m* (REL) monaco *m* **Mönchskloster** *nt* convento *m* di monaci, monastero *m* di frati **Mönchsorden** *m* ordine *m* monastico
**Mond** [moːnt] <-(e)s, -e> *m* luna *f*; **abnehmender/zunehmender** ~ luna calante/crescente; **auf dem** ~ **landen** allunare; **hinter dem** ~ **leben** (*fam*) vivere sulla luna; **manchmal könnte ich ihn auf den** ~ **schießen!** (*fam*) a volte lo manderei a quel paese!
**mondän** [mɔnˈdɛːn] *adj* mondano
**Mondbahn** *f* (ASTR) orbita *f* lunare
**Mondfähre** *f* modulo *m* lunare **Mondfinsternis** *f* (ASTR) eclissi *f* lunare **mondhell** *adj* illuminato dalla luna; **in einer** ~**en Nacht** in una notte [al chiaro] di luna **Mondlandefähre** *f* navetta *f* spaziale, shuttle *m* **Mondlandschaft** *f* paesaggio *m* lunare **Mondlandung** *f* allunaggio *m* **Mondlicht** *nt* luce *f* lunare
**Mondoberfläche** *f* superficie *f* lunare **Mondphase** *f* fase *f* lunare **Mondschein** *m* chiaro *m* di luna **Mondscheintarif** *m* (TEL) tariffa *f* notturna **Mondsichel** *f* falce *f* di luna **Mondsonde** *f* sonda *f* lunare **mondsüchtig** *adj* sonnambulo **Mondumlaufbahn** *f* orbita *f* lunare **Mondwechsel** *m* cambiamento *m* della luna
**Monegasse** [moneˈɡasə] <-n, -n> *m*, **Monegassin** [moneˈɡasɪn] <-, -nen> *f* monegasco, -a *m, f*
**monegassisch** *adj* monegasco
**monetär** [moneˈtɛːɐ] *adj* (WIRTSCH) monetario
**Moneten** [moˈneːtən] *Pl.* (*fam*) quattrini *mpl*
**Mongole** [mɔŋˈɡoːlə] <-n, -n> *m* mongolo *m*
**Mongolei** [mɔŋɡoˈlaɪ] *f* **die** ~ [la] Mongolia *f*

**Mongolin** [mɔŋˈgoːlɪn] <-, -nen> f mongola f
**mongolisch** [mɔŋˈgoːlɪʃ] adj mongolico
**Mongolismus** [mɔŋgoˈlɪsmʊs] <-> kein Pl. m (MED) mongolismo m
**mongoloid** [mɔŋgoloˈiːt] adj (MED) mongoloide
**Monitor** [ˈmoːnitoːɐ̯ o ˈmoːnitoːɐ̯] <-s, -e(n)> m ❶ (TV, INFORM) monitor m, video m ❷ (TEC, TV) schermo m, video m
**mono** [ˈmoːno] adj mono
**Monogamie** [monogaˈmiː] <-> kein Pl. f monogamia f
**Monografie** <-, -n> f s. **Monographie**
**Monogramm** [monoˈgram] <-s, -e> nt monogramma m
**Monographie** [monograˈfiː] <-, -n> f monografia f
**Monokel** [moˈnɔkəl] <-s, -> nt monocolo m
**Monokultur** [ˈmoːnokʊltuːɐ̯] f monocultura f
**Monolog** [monoˈloːk] <-s, -e> m monologo m; **einen ~ halten** fare un monologo
**Monopol** [monoˈpoːl] <-s, -e> nt monopolio m **Monopolstellung** f posizione f di monopolio
**monoton** [monoˈtoːn] adj monotono
**Monotonie** [monotoˈniː] <-, rar -en> f monotonia f
**Monster** [ˈmɔnstɐ] <-s, -> nt mostro m
**Monstranz** [mɔnˈstrants] <-, -en> f ostensorio m
**monströs** [mɔnˈstrøːs] adj mostruoso
**Monstrum** [ˈmɔnstrʊm, Pl: ˈmɔnstrən] <-s, Monstren> nt mostro m
**Monsun** [mɔnˈzuːn] <-s, -e> m (METEO) monsone m
**Montag** [ˈmoːntaːk] <-s, -e> m lunedì m; **blauen ~ machen** (fam) far festa di lunedì; s. a. **Dienstag**
**Montagabend** m lunedì sera
**montagabends** adv il lunedì sera
**Montage** [mɔnˈtaːʒə] <-, -n> f montaggio m **Montagehalle** f capannone m di montaggio
**Montagmittag** m lunedì a mezzogiorno; s. a. **Montagabend**
**montagmittags** adv il lunedì a mezzogiorno
**Montagmorgen** m lunedì mattina; s. a. **Montagabend**
**montagmorgens** adv il lunedì mattina
**Montagnachmittag** m lunedì pomeriggio; s. a. **Montagabend**
**montagnachmittags** adv il lunedì pomeriggio

**montags** adv di [o il] lunedì
**Montagvormittag** m lunedì mattina; s. a. **Montagabend**
**montagvormittags** adv il lunedì mattina
**Montanindustrie** [mɔnˈtaːnɪndʊsˈtriː] f industria f mineraria e metallurgica
**Monteur(in)** [mɔnˈtøːɐ̯] <-s, -e; -, -nen> m(f) montatore, -trice m, f
**montieren** <ohne ge-> vt montare
**Montur** [mɔnˈtuːɐ̯, Pl: mɔnˈtuːrən] <-, -en> f (fam scherz: ausgefallene Kleidung) abbigliamento m stravagante; (von Motorradfahrer, Sportler) tuta f; (Arbeitskleidung) vestito m [o tuta f] da lavoro; (obs: Uniform) uniforme f
**Monument** [monuˈmɛnt] <-(e)s, -e> nt monumento m
**monumental** [monumɛnˈtaːl] adj monumentale **Monumentalfilm** m colossal m
**Moor** [moːɐ̯] <-(e)s, -e> nt palude f
**Moos** [moːs] <-es, -e> nt ❶ (BOT) muschio m ❷ Sing. (sl: Geld) grana f fam
**moosig** adj muscoso
**Moped** [ˈmoːpɛt o ˈmoːpeːt] <-s, -s> nt ciclomotore m, motorino m
**Mopp** [mɔp] <-s, -s> m scopa f a frange
**Mops** [mɔps, Pl: ˈmœpsə] <-es, Möpse> m Mops m, carlino m
**mopsen** I. vt (fam: stehlen) sgraffignare II. vr **sich ~** (fam: sich langweilen) annoiarsi; (sich ärgern) arrabbiarsi
**Moral** [moˈraːl] <-, rar -en> f ❶ (Lehre, Geist) morale f ❷ (Sittlichkeit) moralità f; **eine doppelte ~** una doppia morale **Moralapostel** m (pej) moralista mf
**moralisch** adj morale
**Moralist(in)** [moraˈlɪst] <-en, -en; -, -nen> m(f) moralista mf
**Moralpredigt** f (pej) **jdm eine ~ halten** fare una ramanzina a qu
**Moräne** [moˈrɛːnə] <-, -n> f morena f
**Morast** [moˈrast, Pl: moˈrasta o moˈrɛsta] <-(e)s, -e o Moräste> m ❶ (Sumpf) pantano m, palude f ❷ Sing. (Schlamm) fango m
**morbid** [mɔrˈbiːt] adj (geh) ❶ (kränklich) malaticcio, cagionevole ❷ (zart) tenue, delicato ❸ (im Verfall begriffen) marcio, corrotto
**Morchel** [ˈmɔrçəl] <-, -n> f (BOT) morchella f, spugnola f
**Mord** [mɔrt] <-(e)s, -e> m assassinio m, omicidio m; **der ~ an jdm** l'omicidio di qu; **einen ~ begehen** commettere un assassinio; **das gibt ~ und Totschlag** (fam) succede un putiferio **Mordanschlag** m attentato m alla vita; **der ~ auf**

**jdn** l'attentato a qu **Morddrohung** *f* minaccia *f* di morte

**morden** ['mɔrdən] **I.** *vt* assassinare **II.** *vi* commettere un assassinio

**Mörder(in)** ['mœrdɐ] <-s, -; -, -nen> *m(f)* assassino, -a *m, f,* omicida *mf*

**mörderisch** *adj (fam: abscheulich)* feroce, atroce; *(Hitze, Kälte)* terribile; *(Geschwindigkeit)* pazzo

**Mordfall** <-(e)s, -fälle> *m* caso *m* di omicidio

**Mordkommission** *f* sezione *f* omicidi

**Mordprozess** *m* processo *m* per omicidio

**Mordshunger** ['mɔrts'hʊŋə] *m (fam)* fame *f* da lupi **Mordskerl** ['mɔrts'kɛrl] *m (fam: tüchtig)* tipo *m* in gamba; *(stark)* pezzo *m* d'uomo **Mordskrach** ['mɔrts'krax] *m (fam)* ❶ *(Lautsein)* baccano *m* ❷ *(Streit)* alterco *m* **mordsmäßig** *adj (fam)* enorme, terribile **Mordsschreck|en|** ['mɔrts'ʃrɛk(ən)] *m (fam)* paura *f* infernale **Mordsspaß** ['mɔrts-'ʃpaːs] *m* **es gab einen ~** *(fam)* ci siamo divertiti un mondo **Mordswut** ['mɔrts-'vuːt] *f (fam)* rabbia *f* feroce

**Mordverdacht** *m* **unter ~ stehen** essere sospettato di omicidio **Mordversuch** *m* tentato omicidio *m* **Mordwaffe** *f* arma *f* del delitto

**morgen** ['mɔrgən] *adv* domani; **~ ist Sonntag** domani è domenica; **~ früh** domani mattina; **~ Mittag/Abend** domani a mezzogiorno/a sera; **~ in acht Tagen** domani a otto; **ab ~, von ~ an** a partire da domani; **bis ~!** a domani!

**Morgen-** *(in Zusammensetzungen)* del mattino

**Morgen** <-s, -> *m (Tageszeit)* mattino *m; (Vormittag)* mattina *f,* mattinata *f;* **gestern ~** ieri mattina; **eines |schönen| ~s** un [bel] mattino; **am ~** di [*o* la] mattina; **am anderen** [*o* **nächsten**] **~** la mattina seguente; **früh am ~** la mattina presto, di buon mattino; **guten ~!** buon giorno!

**Morgenausgabe** *f* edizione *f* del mattino

**Morgendämmerung** *f* crepuscolo *m* mattutino, alba *f*

**morgendlich** ['mɔrgəntlɪç] *adj* mattutino, del mattino

**Morgenessen** *nt (CH)* prima colazione *f*

**Morgengrauen** *nt* **im** [*o* **beim**] **~** all'alba

**Morgenluft** *f* aria *f* mattutina **Morgenmantel** *m* vestaglia *f* **Morgenmuffel** *m (fam)* grugnone *m;* **er ist ein ~** la mattina, appena alzato, parla poco ed è di cattivo umore **Morgenrock** *m* vestaglia *f* **Morgenrot** *nt,* **Morgenröte** *f (geh)* aurora *f*

**morgens** *adv* di [*o* la] mattina, il mattino; **von ~ bis abends** dalla mattina alla sera; **um sieben Uhr ~** alle sette del mattino

**Morgensonne** *f* sole *m* del mattino **Morgenstern** *m* stella *f* del mattino

**morgig** *adj* di domani; **der ~e Tag** [il] domani

**Morphinismus** [mɔrfi'nɪsmʊs] <-> *kein Pl. m* morfinismo *m,* morfinomania *f*

**Morphium** ['mɔrfiʊm] <-s> *kein Pl. nt* morfina *f*

**Morphologie** [mɔrfolo'giː] <-> *kein Pl. f* (LING, BIOL) morfologia *f*

**morphologisch** [mɔrfo'loːgɪʃ] *adj* morfologico

**morsch** [mɔrʃ] *adj (Holz)* marcio, fradicio; *(Gestein)* friabile; *(Brücke)* decrepito

**Morsealphabet** *nt* alfabeto *m* Morse

**Morseapparat** *m* apparecchio *m* Morse

**morsen** ['mɔrzən] *vt, vi* telegrafare

**Mörser** ['mœrzɐ] <-s, -> *m* mortaio *m*

**Morsezeichen** <-s, -> *nt* segnale *m* dell'alfabeto in codice morse

**Mörtel** ['mœrtəl] <-s, -> *m* malta *f* **Mörtelkelle** *f* cazzuola *f*

**Mosaik** [moza'iːk] <-s, -en *o* -e> *nt* mosaico *m*

**Mosaikfußboden** *m* pavimento *m* a mosaico

**Moschee** [mɔ'ʃeː] <-, -n> *f* moschea *f*

**Moschus** ['mɔʃʊs] <-> *kein Pl. m* muschio *m*

**Möse** ['møːzə] <-, -n> *f (vulg)* fica *f*

**Mosel** ['moːzəl] *f* Mosella *f*

**Mosel|wein|** <-s, -> *m* vino *m* della Mosella

**Moskau** ['mɔskau] *nt* Mosca *f*

**Moskito** [mɔs'kiːto] <-s, -s> *m* moschito *m,* zanzara *f* **Moskitonetz** *nt* zanzariera *f*

**Moslem** ['mɔslɛm] <-s, -s> *m* musulmano *m*

**moslemisch** [mɔs'leːmɪʃ] *adj* moslemico

**Moslime** [mɔs'liːmə] <-, -n> *f* musulmana *f*

**Most** [mɔst] <-(e)s, -e> *m* ❶ *(Trauben~)* mosto *m* ❷ *(Apfel~)* sidro *m*

**Motel** ['moːtəl *o* mo'tɛl] <-s, -s> *nt* motel *m*

**Motherboard** <-s, -s> *nt* (INFORM) scheda *f* madre

**Motiv** [mo'tiːf] <-s, -e> *nt* motivo *m; (*JUR*)* movente *m*

**Motivation** [motiva'tsi̯oːn] <-, -en> *f* motivazione *f*

**motivieren** [moti'viːrən] <ohne ge-> *vt* motivare

**Motivierung** <-, -en> f motivazione f
**Motocross** [moto'krɔs] <-, rar -e> nt motocross m **Motocross-Fahrer(in)** m(f) crossista mf
**Motor** ['moːtɔr o moˈtoːɐ̯] <-s, -en> motore m **Motorantrieb** m trazione f a motore; **mit ~** a motore **Motorboot** nt motoscafo m, barca f a motore **Motorenbau** <-(e)s> kein Pl. m costruzione f di motori **Motorengeräusch** nt rumore m [o rombo m] dei motori [o del motore]
**Motorfahrzeug** nt veicolo m a motore **Motorfahrzeugsteuer** <-, -n> f (CH: ADM, MOT: Kraftfahrzeugsteuer) tassa f di circolazione **Motorhaube** f cofano m [del motore]
**Motorik** [moˈtoːrɪk] <-> kein Pl. f (MED) motricità f
**motorisch** [moˈtoːrɪʃ] adj motorio
**motorisieren** [motoriˈziːrən] <ohne ge-> vt motorizzare
**Motorisierung** <-, rar -en> f motorizzazione f
**Motorjacht** f motoscafo m da crociera
**Motoröl** <-s, -e> nt olio m motore **Motorpumpe** f motopompa f **Motorrad** nt motocicletta f, moto f fam **Motorradfahrer(in)** m(f) motociclista mf **Motorradrennen** nt corsa f motociclistica **Motorradsport** m motociclismo m **Motorraum** m vano m motore **Motorroller** m [moto]scooter m **Motorsäge** f sega f a motore **Motorschaden** m guasto m al motore **Motorsegler** m motoaliante m **Motorsport** m motorismo m
**Motortechnik** f (MOT) tecnica f motoristica **Motorwäsche** f lavaggio m del motore
**Motte** ['mɔtə] <-, -n> f tarma f, tignola f **Mottenfraß** m intarmatura f **Mottenkiste** f (fig) **etw aus der ~ [hervor]holen** levar dal dimenticatoio **Mottenkugel** f pallina f antitarmica **Mottenloch** nt buco m fatto dalle tarme **mottenzerfressen** adj tarmato
**Motto** ['mɔto] <-s, -s> nt motto m, massima f
**motzen** ['mɔtsən] vi (sl) brontolare
**Mountainbike** ['maʊntənbaɪk] <-s, -s> nt mountain bike f, rampichino m
**Möwe** ['møːvə] <-, -n> f gabbiano m
**MP3-Brenner** [ɛmpeˈdraɪ-] m masterizzatore m MP3 **MP3-Player** [ɛmpeˈdraɪplɛɐ] <-s, -> m lettore m MP3
**Mrd.** abk v **Milliarde(n)** miliardo, -i

**MS** [ɛmˈʔɛs] abk v **Multiple Sklerose** sclerosi f multipla
**Ms., Mskr.** abk v **Manuskript** ms.
**Mt** abk v **Megatonne** MT
**MTA** [ɛmteːˈʔaː] <-, -s> f abk v **medizinisch-technische Assistentin** tecnico di laboratorio analisi
**mtl.** abk v **monatlich** mens.
**Mucke** <-> m musica f
**Mücke** ['mʏkə] <-, -n> f moscerino m, moschino m; (Stech~) zanzara f; **aus einer ~ einen Elefanten machen** (fig) fare di una mosca un elefante
**mucken** ['mʊkən] vi (fam) fiatare, aprir bocca; **ohne zu ~** senza fiatare
**Mucken** ['mʊkən] fPl. (fam) bizze fpl, capricci mpl; **seine ~ haben** avere la luna storta/di traverso; **der Computer hat seine ~** il computer fa le bizze
**Mückenstich** m puntura f di zanzara
**Mucks** [mʊks] <-es, -e> m (fam) **keinen ~ sagen/machen** non batter ciglio/fiatare; **ohne einen ~** senza batter ciglio/fiatare
**mucksen** ['mʊksən] vi, vr **sich ~** (fam) fiatare, aprir bocca
**mucksmäuschenstill** ['mʊksˈmɔɪsçənˈʃtɪl] adj (fam) **~ sein** stare zitto zitto, non batter ciglio; **es war ~** c'era un silenzio di tomba
**müde** ['myːdə] adj stanco; **~ werden** stancarsi, affaticarsi; **einer Sache** gen **~ sein** (geh) essere stanco di qc **Müdigkeit** <-> kein Pl. f stanchezza f; (Schläfrigkeit) sonnolenza f; **vor ~ umfallen** essere stanco morto fam, cadere dal sonno fam
**Müesli** ['myːɛsli] <-s, -> nt (CH) müsli m, muesli m
**Muff** [mʊf] <-(e)s, -e> m manicotto m
**Muffe** ['mʊfə] <-, -n> f ❶ (TEC) manicotto m ❷ (fam: Angst) strizza f; **mir geht di ~** ho strizza
**Muffel** ['mʊfəl] <-s, -> m (fam pej) brontolone m
**muff[e]lig** adj (fam pej) scontroso, musone
**Muffensausen** <-s> kein Pl. nt (sl) **~ haben/kriegen** avere fifa fam
**muffig** adj **~ riechen** sapere di muffa
**mufflig** s. **muff[e]lig**
**Mühe** ['myːə] <-, -n> f fatica f, pena f; (Anstrengung) sforzo m; (Schwierigkeit) difficoltà f; **der ~ wert sein** valere la pena, **sich** dat **~ geben, zu ...** darsi la briga di ...; **mit ~ und Not** a stento, a mala pena; **das ist verlorene** [o **vergebliche**] **~** è fatica sprecata; **wenn es Ihnen keine ~ macht** se non Le incomoda; **geben Sie**

**sich** *dat* **keine** ~ ! non s'incomodi!, non si disturbi!
**mühelos** I. *adj* facile, senza fatica II. *adv* con facilità, facilmente
**muhen** ['muːən] *vi* muggire
**mühen** *vr* **sich** ~ (*geh*) darsi pena *poet,* affannarsi
**mühevoll** *adj* ❶ (*anstrengend*) faticoso ❷ (*schwierig*) difficile
**Mühle** ['myːlə] <-, -n> *f* ❶ (*Korn~*) mulino *m,* macina *f;* (*Kaffee~, Pfeffer~*) macinino *m* ❷ *pl* (*fig: der Justiz, Bürokratie*) ingranaggi *mpl* ❸ (*fam pej: altes Auto*) macinino *m*
**Mühlrad** *nt* ruota *f* del mulino **Mühlstein** *m* mola *f,* macina *f*
**Mühlwerk** *nt* meccanismo *m* del mulino
**Mühsal** ['myːzaːl] <-, -e> *f* (*geh*) pene *fpl poet,* affanni *mpl* **mühsam** I. *adj* faticoso II. *adv* a fatica **mühselig** *adj* penoso
**Mulatte** [muˈlatə] <-n, -n> *m,* **Mulattin** [muˈlatɪn] <-, -nen> *f* mulatto, -a *m, f*
**Mulde** ['mʊldə] <-, -n> *f* ❶ (*Vertiefung*) avvallamento *m* ❷ (*dial: Trog*) trogolo *m*
**Mull** [mʊl] <-(e)s, -e> *m* ❶ (*Gewebe*) mussola *f;* (MED) garza *f* ❷ (*nordd: Torf~*) terriccio *m*
**Müll** [mʏl] <-(e)s> *kein Pl. m* immondizia *f,* rifiuti *mpl;* **radioaktiver** ~ scorie *fpl* radioattive; ~ **abladen verboten!** divieto di scarico! **Müllabfuhr** *f* nettezza *f* urbana **Müllaufbereitungsanlage** *f* impianto *m* di riciclaggio dei rifiuti **Müllberg** *m* mucchio *m* di rifiuti **Müllbeutel** *m* sacco *m* della spazzatura
**Mullbinde** *f* fascia *f* di garza
**Müllcontainer** *m* cassonetto *m* **Mülldeponie** *f* deposito *m* delle immondizie **Mülleimer** *m* secchio *m* delle immondizie, pattumiera *f*
**Müller(in)** ['mʏlɐ] <-s, -; -, -nen> *m(f)* mugnaio, -a *m, f*
**Müllhalde** *f* discarica *f*
**Müllkutscher** *m,* **Müllmann** *m* (*fam*) addetto *m* al trasporto delle immondizie **Müllschlucker** *m* tromba *f* per le immondizie **Mülltonne** *f* bidone *m* delle immondizie **Mülltourismus** *m* smaltimento *m* dei rifiuti all'estero **Mülltrennung** *f* separazione *f* dei rifiuti **Müllverbrennung** <-> *kein Pl. f* incenerimento *m* dei rifiuti **Müllverbrennungsanlage** *f* inceneritore *m* di rifiuti **Müllverwertung** *f* sfruttamento *m* dei rifiuti **Müllwagen** *m* autocarro *m* della nettezza urbana
**mulmig** ['mʊlmɪç] *adj* (*fam: Situation*) compromettente; **mir ist ganz** ~ [**zumute**] (*fam*) mi sento a disagio
**Multi** ['mʊlti] <-s, -s> *m* (*fam*) multinazionale *f*
**multikulti** *adj* multiculturale
**multikulturell** [mʊltikʊltuˈrɛl] *adj* multiculturale
**multilateral** [mʊltilateˈraːl] *adj* multilaterale
**Multimedia** <-, -s> *nt* (INFORM) multimedialità *f*
**multimedial** [mʊltimeˈdjaːl o 'mʊltimedjaːl] *adj* (INFORM) multimediale
**Multimillionär(in)** *m(f)* multimilionario, -a *m, f*
**multinational** [mʊltinatsjoˈnaːl o 'mʊltinatsjonaːl] *adj* (WIRTSCH, POL) multinazionale
**Multiple Sklerose** [mʊlˈtiːplə skleˈroːzə] <-> *kein Pl. f* (MED) sclerosi *f* multipla
**Multiplexkino** ['mʊltiplɛkskiːno] *nt* multisala *m*
**Multiplikation** [mʊltiplikaˈtsjoːn] <-, -en> *f* (MAT) moltiplicazione *f*
**multiplizieren** [mʊltipliˈtsiːrən] <ohne ge-> *vt* (MAT) **etw mit etw** ~ moltiplicare qc per qc
**Multitalent** ['mʊltitalɛnt] <-(e)s, -e> *nt* mente *f* eclettica
**Mumie** ['muːmiə] <-, -n> *f* mummia *f*
**mumifizieren** [mumifiˈtsiːrən] <ohne ge-> *vt* mummificare
**Mumm** [mʊm] <-s> *kein Pl. m* (*fam*) ❶ (*Mut*) fegato *m* ❷ (*Kraft*) forza *f*
**Mummelgreis(in)** ['mʊməlɡraɪs] *m(f)* (*fam pej*) vecchio, -a *m, f* decrepito, -a
**Mumps** [mʊmps] <-> *kein Pl. m dial f* (MED) parotite *f,* orecchioni *mpl fam*
**München** ['mʏnçən] *nt* Monaco *f* [di Baviera]
**Mund** [mʊnt, *Pl:* 'mʏndə] <-(e)s, Münder> *m* bocca *f;* **in aller** ~ **e sein** correre sulla bocca di tutti; **dieses Wort nehme ich nicht mehr in den** ~ non dirò più questa parola; **jdm den** ~ **stopfen** (*fam*) tappare la bocca a qu; **jdm den** ~ **verbieten** impedire a qu di parlare; **jdm den** ~ **wässrig machen** (*fam*) far venire l'acquolina in bocca a qu; **nicht auf den** ~ **gefallen sein** (*fam*) avere sempre la risposta pronta; **jdm das Wort im** ~ **umdrehen** travisare le parole di qu; **jdm nach dem** ~ **reden** dire cose che fanno piacere a qu; **du nimmst mir das Wort aus dem** ~ ! (*fam*) mi togli le parole di bocca!; **den** ~ **nicht halten können** (*fam*) aver la lingua

troppo lunga; **halt den ~!** (*fam*) stai zitto!, chiudi il becco!
**Mundart** *f* dialetto *m* **Mundartdichter(in)** *m(f)* poeta, -tessa *m, f* **mundartlich** *adj* dialettale
**Munddusche** *f* idropulsore *m*
**Mündel** ['mʏndəl] <-s, -> *nt* pupillo *m* **mündelsicher** *adj* (FIN) di tutto riposo; **~ e Wertpapiere** valori [*o* titoli] di tutto riposo
**munden** ['mʊndən] *vi* (*geh*) piacere (*jdm* a qu)
**münden** ['mʏndən] *vi haben o sein* ① (*Fluss*) **in etw** *acc* **~** sfociare in qc; (*Straße a*) sboccare in qc ② (*fig: enden*) **in eine Diskussion** *acc* **~** [andare a] finire in una discussione
**mundfaul** *adj* (*fam*) taciturno **mundgerecht** *adj* pronti per essere mangiati; **jdm etw ~ servieren** (*fig*) scodellare la pappa a qu
**Mundgeruch** *m* alito *m* cattivo **Mundharmonika** *f* armonica *f* a bocca **Mundhöhle** *f* cavità *f* orale **Mundhygiene** <-> *kein Pl. f* igiene *f* orale
**mündig** ['mʏndɪç] *adj* ① (JUR) maggiorenne ② (*fig*) emancipato **Mündigkeit** <-> *kein Pl. f* ① (JUR) maggiore età *f* ② (*fig*) emancipazione *f*
**mündlich** ['mʏntlɪç] *adj* orale
**Mundpflege** *f* igiene *f* della bocca
**Mundpropaganda** *f* pubblicità *f* verbale
**Mundraub** *m* furto *m* lieve di generi alimentari per consumo immediato
**M-und-S-Reifen** ['ɛm ʊnt 'ɛs 'raɪfən] *m* pneumatico *m* antineve
**Mundstück** *nt* bocchino *m* **mundtot** *adj* (*fam*) **jdn ~ machen** ridurre qu al silenzio
**Mündung** <-, -en> *f* ① (*von Fluss*) foce *f*; (*von Straße a*) sbocco *m* ② (*von Gewehr*) bocca *f* **Mündungsarm** *m* braccio *m* del delta
**Mundvoll** <-, -> *m* boccata *f* **Mundwasser** *nt* (MED) collutorio *m* **Mundwerk** *nt* (*fam*) **ein loses ~ haben** avere la lingua lunga **Mundwinkel** *m* angolo *m* della bocca
**Mund-zu-Mund-Beatmung** *f* respirazione *f* bocca a bocca
**Munition** [muni'tsi̯oːn] <-, -en> *f* munizione *f*
**Munitionsfabrik** *f* fabbrica *f* di munizioni
**munkeln** ['mʊŋkəln] *vt, vi* (*fam*) **über jdn** [*o* **von einer Sache**] **~** mormorare di qu/qc; **man munkelt, dass ...** si mormora che ...
**Münster** ['mʏnstɐ] <-s, -> *nt* cattedrale *f*
**munter** ['mʊntɐ] *adj* ① (*lebhaft*) vivace, vivo; (*fröhlich*) allegro, gaio ② (*wach*) sveglio
**Munterkeit** <-> *kein Pl. f* (*Lebhaftigkeit*) vivacità *f*; (*Fröhlichkeit*) allegria *f* **Muntermacher** *m* (*fam*) stimolante *m*
**Münzamt** *nt s.* **Münzstätte**
**Münzautomat** *m* gettoniera *f*, distributore *m* di gettoni
**Münze** ['mʏntsə] <-, -n> *f* moneta *f*; **jdm etw mit gleicher ~ heimzahlen** (*fig*) ripagare qu con la stessa moneta; **etw für bare ~ nehmen** (*fig*) prendere qc per oro colato
**Münzeinwurf** *m* fessura *f* per gettone
**münzen** *vt* coniare; **das ist auf mich gemünzt** (*fig*) la frecciata è diretta a me
**Münzfernsprecher** *m* telefono *m* pubblico a gettoni **Münzgeld** *nt* spiccioli *mpl* **Münzprägung** *f* coniatura *f* di monete **Münzsammler(in)** *m(f)* collezionista *mf* di monete **Münzsammlung** *f* collezione *f* di monete **Münzstätte** *f* zecca *f* **Münztankstelle** *f* distributore *m* di benzina a gettoni
**mürbe** ['mʏrbə] *adj* ① (*Fleisch, Obst*) tenero; (*Gebäck*) friabile ② (*bröckelig*) friabile; (*brüchig*) fragile ③ (*Person*) **jdn ~ machen** rendere docile qu, fiaccare qu
**Mürbeteig** *m* pasta *f* frolla
**Murmel** ['mʊrməl] <-, -n> *f* bilia *f*
**murmeln** ['mʊrməln] *vt, vi* mormorare, borbottare
**Murmeltier** *nt* marmotta *f*; **wie ein ~ schlafen** dormire come una marmotta
**murren** ['mʊrən] *vi* [**über etw** *acc*] **~** brontolare [per qc]
**mürrisch** ['mʏrɪʃ] *adj* (*griesgrämig*) scontroso; (*Gesicht*) imbronciato; (*brummig*) brontolone
**Mus** [muːs] <-es, -e> *nt* passato *m*, purè *m*
**Muschel** ['mʊʃəl] <-, -n> *f* ① (ZOO) conchiglia *f*; (*Mies~*) mitilo *m*, cozza *f* ② (*~schale*) guscio *m* ③ (*Ohr~*) padiglione *m* auricolare ④ (TEL: *Hör~*) ricevitore *m*; (*Sprech~*) microfono *m* **muschelförmig** ['mʊʃəlfœrmɪç] *adj* a forma di conchiglia
**Muse** ['muːzə] <-, -n> *f* musa *f*
**Museum** [muˈzeːʊm, *Pl*: muˈzeːən] <-s, Museen> *nt* museo *m* **museumsreif** *adj* (*fam*) da museo **Museumswärter(in)** *m(f)* guardiano, -a *m, f* di museo
**Musical** ['mjuːzikəl] <-s, -s> *nt* musical *m*
**Musik** [muˈziːk] <-, *rar* -en> *f* musica *f*; **~ machen** fare della musica
**musikalisch** [muziˈkaːlɪʃ] *adj* musicale

**Musikalität** [muzikali'tɛːt] <-> *kein Pl. f* ① (*Empfinden*) sensibilità *f* musicale ② (*Begabung*) disposizione *f* per la musica ③ (*Wirkung*) musicalità *f*
**Musikant(in)** [muzi'kant] <-en, -en; -, -nen> *m(f)* musicante *mf* **Musikantenknochen** *m* epicondilo *m*
**Musikantin** *f s*. **Musikant**
**Musikbegleitung** *f* accompagnamento *m* musicale **Musikbox** *f* juke-box *m* **Musikdirektor** *m* direttore *m* d'orchestra
**Musiker(in)** ['muːzikɐ] <-s, -; -, -nen> *m(f)* musicista *mf*
**Musikfreund(in)** *m(f)* amante *mf* della musica **Musikhochschule** *f* conservatorio *m* [musicale] **Musikinstrument** *nt* strumento *m* musicale **Musikkapelle** *f* orchestra *f*; (MIL) banda *f* musicale **Musikkassette** *f* musicassetta *f* **Musiklehrer(in)** *m(f)* insegnante *mf* di musica
**Musikrichtung** *f* corrente *f* musicale **Musikschule** <-, -n> *f* scuola *f* di musica **Musiksender** *m* (TV) canale *m* di musica **Musikstück** *nt* brano *m* musicale
**musisch** ['muːzɪʃ] *adj* ① (*Fächer, Schule, Veranlagung*) artistico ② (*Mensch*) dotato artisticamente
**musizieren** [muzi'tsiːrən] <ohne ge-> *vi* fare della musica
**Muskatnuss** <-, -nüsse> *f* noce *f* moscata
**Muskel** ['mʊskəl] <-s, -n> *m* muscolo *m*
**Muskelkater** *m* dolori *mpl* muscolari **Muskelkraft** <-> *kein Pl. f* forza *f* muscolare **Muskelprotz** ['mʊskəlprɔts] <-en *o* -es, -e(n)> *m* (*fam*) maciste *m* **Muskelschwund** *m* atrofia *f* muscolare **Muskelzerrung** <-, -en> *f* (MED) strappo *m* muscolare
**muskulös** [mʊskuˈløːs] *adj* muscoloso
**Müsli** ['myːsli] <-s, -> *nt* müsli *m*, muesli *m*
**Muslim(e)** ['mʊslɪm, *Pl:* mʊsˈliːmə] <-s, -e *o* -s; -n> *m(f)* musulmano, -a *m, f*
**muss** [mʊs] *1. u. 3. Pers. Sing. Präs. von* **müssen¹, müssen²**
**Muss** [mʊs] <-> *kein Pl. nt* necessità *f* [assoluta]
**Muße** ['muːsə] <-> *kein Pl. f* (*geh*) tempo *m* libero
**Mussehe** ['mʊsəːə] *f* matrimonio *m* di necessità
**müssen¹** ['mʏsən] <muss, musste, müssen> *Modalverb* ① (*Notwendigkeit*) dovere; **muss das sein?** bisogna proprio?, è necessario? ② (*Zwang*) essere costretto a +*inf*; (*Verpflichtung*) essere obbligato a +*inf*; **ich muss es tun** devo farlo; **da musste ich lachen** dovetti ridere ③ (*Vermutung*) dovere; **das müsstest du eigentlich wissen** lo dovresti sapere; **er muss gleich kommen** dovrebbe arrivare subito ④ (*Wunsch*) **man müsste mehr Zeit haben!** si dovrebbe avere più tempo libero!
**müssen²** <muss, musste, gemusst> *vi* **ich muss in die Stadt** devo andare in città [*o* centro]; **ich muss mal** (*fam*) devo andare al gabinetto
**Mußestunden** *fPl.* tempo *m* libero
**müßig** ['myːsɪç] *adj* (*geh*) ① (*untätig*) ozioso, inoperoso ② (*zwecklos*) inutile, vano **Müßiggang** *m* ozio *m;* ~ **ist aller Laster Anfang** (*prov*) l'ozio è il padre dei vizi
**musste** ['mʊstə] *1. u. 3. Pers. Sing. Imp. von* **müssen¹, müssen²**
**Muster** ['mʊstɐ] <-s, -> *nt* ① (*Vorlage*) modello *m;* **nach dem ~ von** sull'esempio di ② (*Vorbild*) esempio *m;* ~ **an Fleiß** *dat* **sein** essere esempio di diligenza ③ (~*ung*) disegno *m*, motivo *m* ④ (*Probestück*) campione *m* **Musterbeispiel** *nt* esempio *m* tipico **Musterbetrieb** *m* azienda *f* modello **Musterbrief** *m* lettera *f* tipo **Musterexemplar** *nt* esemplare *m*, modello *m* **mustergültig, musterhaft** *adj* esemplare **Musterknabe** *m* (*pej*) ragazzo *m* modello [mal visto dai compagni] **Musterkollektion** *f* collezione *f* di campioni **Mustermesse** *f* fiera *f* campionaria
**mustern** ['mʊstɐn] *vt* ① (*betrachten*) squadrare, scrutare ② (MIL: *Truppen*) passare in rassegna; (*Wehrpflichtigen*) sottoporre alla visita di leva
**Musterschüler(in)** *m(f)* scolaro, -a *m, f* modello
**Musterung** <-, -en> *f* ① (*Prüfung, Betrachtung*) esame *m* ② (MIL: *von Wehrpflichtigen*) visita *f* di leva ③ (*Muster*) motivo *m*, disegno *m*
**Mut** [muːt] <-(e)s> *kein Pl. m* coraggio *m;* **den ~ verlieren** perdersi d'animo; **jdm ~ machen** far coraggio a qu, incoraggiare qu; **frohen ~es** di buon animo; **nur ~!** su, coraggio!
**Mutant** [muˈtant] <-en, -en> *m,* **Mutante** [muˈtantə] <-, -n> *f* (BIOL) mutante *m*
**Mutation** [mutaˈtsi̯oːn] <-, -en> *f* mutazione *f*
**mutig** *adj* coraggioso
**mutlos** *adj* scoraggiato, abbattuto

**Mutlosigkeit** <-> *kein Pl.* *f* scoraggiamento *m*, avvilimento *m*
**mutmaßen** ['muːtmaːsən] *vt* (*vermuten*) presumere, congetturare; (*annehmen*) supporre
**mutmaßlich** *adj* (ADM) presunto
**Mutmaßung** <-, -en> *f* presunzione *f*, congettura *f*; (*Annahme*) supposizione *f*
**Mutprobe** <-, -n> *f* prova *f* di coraggio
**Mutter**[1] ['mʊtɐ], *Pl:* 'mʏtɐ] <-, Mütter> *f* madre *f;* **werdende und stillende Mütter** donne incinte e allattanti; **keine ~ mehr haben** essere orfano di madre
**Mutter**[2] ['mʊtɐ] <-, -n> *f* (TEC) madrevite *f*, dado *m*
**Mütterchen** ['mʏtɐçən] <-s, -> *nt altes ~* nonnina *f*, vecchietta *f*
**Mütter-Genesungswerk** ['mʏtɐgəˈneːzʊŋsvɛrk] *nt opera assistenziale che gestisce delle case di cura per madri bisognose*
**Muttergottes** ['mʊtɐˈɡɔtəs] <-> *kein Pl.* *f* (REL) Madonna *f*, madre *f* di Dio
**Mutterinstinkt** <-(e)s, -e> *m* istinto *m* materno **Mutterkomplex** <-es, -e> *m* complesso *m* materno **Mutterkuchen** *m* (ANAT) placenta *f* **Mutterleib** *m* grembo *m* materno
**mütterlich** ['mʏtɐlɪç] *adj* materno
**mütterlicherseits** *adv* per parte di madre
**Mutterliebe** *f* amore *m* materno
**mutterlos** *adj* orfano di madre **Muttermal** <-s, -e> *nt* neo *m* **Muttermilch** *f* latte *m* materno
**Muttermord** *m* matricidio *m*
**Muttermörder(in)** *m(f)* matricida *mf* **Muttermund** *m* (ANAT) orifizio *m* dell'utero **Mutterschaft** <-> *kein Pl.* *f* maternità *f* **Mutterschaftsgeld** *nt* sussidio *m* di maternità **Mutterschaftsur-**

**laub** *m* congedo *m* per maternità **Mutterschiff** *nt* (NAUT) nave *f* appoggio **Mutterschutz** *m* protezione *f* della maternità **Mutterschutzgesetz** *nt* legge *f* sulla protezione della maternità **mutterseelenallein** ['mʊtɐˈzeːlənʔaˈlaɪn] *adj o adv* (*fam*) solo soletto **Muttersöhnchen** ['mʊtɐzøːnçən] <-s, -> *nt* (*fam pej*) figlio *m* di mamma **Muttersprache** *f* lingua *f* madre **Muttersprachler(in)** ['mʊtɐʃpraːxlɐ] <-s, -; -, -nen> *m(f)* parlante *mf* madrelingua **Muttertag** *m* festa *f* della mamma **Mutterwitz** *m* astuzia *f* genuina
**Mutti** ['mʊti] <-, -s> *f* (*fam*) mamm[in]a *f*
**mutwillig** *adj* ① (*absichtlich*) intenzionale, volontario ② (*böswillig*) malizioso
**Mütze** ['mʏtsə] <-, -n> *f* berretto *m*, berretta *f*
**MW** ① *abk v* **Mittelwelle** OM ② *abk v* **Megawatt** MW
**m. W.** *abk v* **meines Wissens** per quanto ne so
**MwSt** *abk v* **Mehrwertsteuer** IVA *f*
**MWSt** *abk v* **Mehrwertsteuer** IVA *f*
**Myrte** ['mʏrtə] <-, -n> *f* mirto *m*
**Mysterien** *Pl. von* **Mysterium**
**mysteriös** [mʏsteriˈøːs] *adj* misterioso
**Mysterium** [mʏsˈteːriʊm] <-s, Mysterien> *nt* mistero *m*
**Mystifizierung** [mʏstifiˈtsiːrʊŋ] <-, -en> *f* mistificazione *f*
**Mystik** ['mʏstɪk] <-> *kein Pl.* *f* mistica *f*
**mystisch** ['mʏstɪʃ] *adj* mistico
**Mythen** *Pl. von* **Mythos, Mythus**
**mythisch** ['myːtɪʃ] *adj* mitico
**Mythologie** [mytoloˈɡiː] <-, -n> *f* mitologia *f*
**mythologisch** [mytoˈloːɡɪʃ] *adj* mitologico
**Mythos** ['myːtɔs, *Pl:* 'myːtən] <-, Mythen> *m* mito *m*

# Nn

**N, n** [ɛn] <-, -(s)> *nt* N, n *f;* **N wie Nordpol** N come Napoli
**N** *abk v* **Nord[en]** N
**na** [na] *int* (*fam*) ① (*fragend, auffordernd, anredend*) allora, su; **~ und [wenn schon]**? e allora?, e con ciò?, ebbene?; **~, wird's bald!** forza!, spicciati! ② (*beschwichtigend*) suvvia; **~ also!, ~ eben!, ~ bitte!** allora!, dunque! ③ (*zweifelnd*) ma ④ (*ermahnend*) attenzione; **~ warte!** aspetta! ⑤ (*resigniert, zustimmend*) okay; **~ gut!, ~ schön!** va bene ⑥ (*überrascht*) oh, ma; **~, so was!** ma che sorpresa!, ma guarda un po'!
**Na** (CHEM) *abk v* **Natrium** Na
**Nabe** ['na:bə] <-, -n> *f* mozzo *m*
**Nabel** ['na:bəl] <-s, -> *m* ombelico *m*
**Nabelschau** <-, -en> *f* narcisismo *m;* (*Zeigen des Körpers*) ostentazione *f* [*o* esibizione *f* esagerata] del proprio corpo
**Nabelschnur** *f* cordone *m* ombelicale
**nach** [na:x] **I.** *prp +dat* ① (*räumlich*) verso; (*bei Ortsnamen*) a; (*bei Ländernamen*) in; **~ oben/unten** in su/giù; **~ hinten** indietro, all'indietro; **~ Hause gehen** andare a casa; **der Zug ~ Paris** il treno per Parigi; **von links ~ rechts** da sinistra a destra ② (*Reihenfolge*) dopo; **einer ~ dem ander[e]n** uno dopo l'altro, uno alla volta; **[bitte] ~ Ihnen!** dopo di Lei ③ (*Uhrzeit*) e; **Viertel ~ fünf** le cinque e un quarto ④ (*zufolge, gemäß*) secondo, in conformità di; **~ etw riechen/schmecken** sapere di qc; **jdn ~ jdm/etw benennen** dare a qu il nome di qu/qc; **~ [französischer, etc] Art** alla [francese, etc]; **~ Geschmack** secondo i gusti; **[je] ~ den Umständen** secondo le circostanze; **meiner Meinung ~** secondo me; **aller Wahrscheinlichkeit ~** con tutta probabilità **II.** *adv* ① (*zeitlich*) **~ wie vor** come prima; **~ und ~** un po' alla volta, a poco a poco ② (*räumlich*) **mir ~!** dietro a me!, seguitemi!
**nach|äffen** ['na:x?ɛfən] *vt* (*pej*) contraffare, scimiottare *fam*
**nach|ahmen** ['na:x?a:mən] *vt* imitare, copiare; (*in Gestik, Sprache a*) contraffare **nachahmenswert** *adj* esemplare **Nachahmung** <-, -en> *f* imitazione *f;* (*Fälschung*) contraffazione *f*
**Nachbar(in)** ['naxba:ɐ̯] <-n *o rar* -s, -n; -, -nen> *m(f)* vicino, -a *m, f* **Nachbarhaus** *nt* casa *f* vicina

**Nachbarin** *f s.* **Nachbar Nachbarland** *nt* paese *m* confinante **nachbarlich** *adj* [del] vicino **Nachbarschaft** <-> *kein Pl. f* ① (*Verhältnis*) vicinato *m;* (*Nachbarn*) vicini *mpl* ② (*Nähe*) vicinanza *f* **Nachbarstaat** <-(e)s, -en> *m* stato *m* limitrofo [*o* confinante]
**nach|bereiten** <ohne ge-> *vt* rielaborare, rimeditare
**nach|bessern** *vt* ritoccare, ripassare
**nach|bestellen** <ohne ge-> *vt* ordinare ancora **Nachbestellung** *f* ordinazione *f* supplementare
**nach|beten** *vt* (*fam*) ripetere a pappagallo
**nach|bilden** *vt* riprodurre, fare una copia di **Nachbildung** *f* ① *Sing.* (*Vorgang*) imitazione *f* ② (*Werk*) copia *f*
**nach|bohren** *vi* (*fam*) insistere; **bei jdm ~** insistere su qc con qu, chiedere a qu qc con insistenza
**nach|datieren** <ohne ge-> *vt* retrodatare
**nachdem** [na:x'de:m] **I.** *konj* ① (*zeitlich*) dopo +*inf*, dopo che ② (*dial: kausal*) poiché, siccome **II.** *adv* **je ~, ob ... / wie ...** secondo se .../come ...
**nach|denken** <irr> *vi* [**über etw** *acc*] **~** riflettere [su qc]
**nachdenklich** *adj* ① (*in Gedanken versunken*) pensieroso, meditabondo ② (*generell zum Nachdenken geneigt*) riflessivo
**Nachdichtung** *f* versione *f* libera
**Nachdruck**[1] <-(e)s> *kein Pl. m* (*Betonung*) accento *m,* enfasi *f;* **auf etw** *acc* **~ legen** porre l'accento su qc; **mit ~** con energia
**Nachdruck**[2] <-(e)s, -e> *m* (TYP) riproduzione *f;* (*Neuauflage*) ristampa *f*
**nach|drucken** *vt* ristampare
**nachdrücklich** ['na:xdrʏklɪç] *adj* energico, fermo
**nach|dunkeln** *vi sein* scurire
**Nachdurst** *m* sete *f* da sbornia
**nach|eifern** *vi* **jdm ~** emulare qu
**nach|eilen** *vi sein* **jdm ~** correre dietro a qu
**nacheinander** [na:x?aɪ'nandɐ] *adv* ① (*räumlich*) l'uno dopo [*o* dietro] l'altro ② (*zeitlich a*) di seguito
**nach|empfinden** <irr, ohne ge-> *vt* partecipare a, condividere; **jdm etw ~** avere comprensione per qu in qc
**Nachen** ['naxən] <-s, -> *m* (*poet*) navicella *f,* barca *f*
**nach|erzählen** <ohne ge-> *vt* ripetere con

parole proprie **Nacherzählung** *f* ripetizione *f* [con parole proprie], riassunto *m*
**Nachfahr|e** <-en, -en> *m* (*geh*) discendente *mf*
**Nachfeier** *f* festeggiamento *m* aggiornato [*o* replicato]
**Nachfolge** *f* successione *f*
**nach|folgen** *vi sein* ① (*geh: als Anhänger*) seguire l'esempio (*jdm* di qu) ② (*hinterhergehen*) seguire (*jdm* qu) ③ (*im Amt*) succedere (*jdm* a qu) **nachfolgend** *adj* successivo, seguente
**Nachfolger(in)** <-s, -; -, -nen> *m(f)* successore *m*, succeditrice *f*
**nach|forschen** *vi* fare ricerche **Nachforschung** *f* ricerca *f*, indagine *f*; **~en nach etw anstellen** fare delle ricerche su qc
**Nachfrage** *f* domanda *f*
**nach|fragen** I. *vi* ① (*sich erkundigen*) [**nach etw**] ~ informarsi su qc ② (*erbitten*) **um etw ~** chiedere il permesso di [fare] qc ③ (*noch einmal fragen*) ridomandare II. *vt* (COM) richiedere
**Nachfrist** *f* dilazione *f*, proroga *f*
**nach|fühlen** *s.* **nachempfinden**
**nachfüllbar** *adj* ricaricabile
**nach|füllen** *vt* ① (*Gefäß*) riempire [di nuovo] ② (*Inhalt*) riempire
**Nachfüllpackung** *f* ricarica *f*
**nach|geben** <irr> *vi* ① (*fig: Mensch*) cedere ② (*Boden, Wand*) cedere ③ (FIN) flettersi
**Nachgebühr** *f* soprattassa *f*
**Nachgeburt** *f* ① (*Mutterkuchen*) placenta *f* ② (*Vorgang*) secondina *f*
**nach|gehen** <irr> *vi sein* ① (*folgen*) **jdm ~** andare dietro a qu; **einer Sache dat ~** (*a. fig*) seguire qc ② (*fig: sich widmen*) **einer Sache dat ~** dedicarsi a qc ③ (*nachforschen*) **einer Sache dat ~** studiare a fondo qc ④ (*Uhr*) ritardare; **meine Armbanduhr geht** [**zwei Minuten**] **nach** il mio orologio è indietro [di due minuti]
**Nachgeschmack** *m* sapore *m* [residuo]; (*meist Wein*) retrogusto *m*
**nachgiebig** ['naːxɡiːbɪç] *adj* ① (*Boden, Wand*) cedevole; (*Material*) elastico, flessibile ② (*Mensch*) arrendevole, accondiscendente **Nachgiebigkeit** <-> *kein Pl. f* ① (*von Boden, Wand*) cedevolezza *f*; (TEC) elasticità *f*, flessibilità *f* ② (*fig*) arrendevolezza *f*, compiacenza *f*
**nach|grübeln** *vi* **über etw** *acc* **~** rimuginare qc
**nach|haken** *vi* (*fam*) insistere su un punto, soffermarsi su un argomento; **bei jdm** [**mit einer Frage**] **~** insistere da qu [con una domanda]
**nachhaltig** ['naːxhaltɪç] *adj* persistente, durevole **Nachhaltigkeit** <-> *kein Pl. f* persistenza *f*, durata *f*
**nach|hängen** <irr> *vi* accarezzare; **einem Gedanken/einem Traum ~** accarezzare un'idea/un sogno
**Nachhauseweg** [naːxˈhaʊzəveːk] *m* rientro *m* a casa; **auf dem ~** rientrando a casa
**nach|helfen** <irr> *vi* [**jdm**] **~** dare una mano [a qu]; **dem Glück ein bisschen ~** aiutare un po' la fortuna
**nachher** [naːxˈheːɐ̯ *o* ˈnaːxheːɐ̯] *adv* (*danach*) dopo, poi; (*später*) più tardi; **bis ~!** a più tardi!, a dopo!
**Nachhilfe|stunde** *f* ripetizione *f*
**Nachhilfe** *f* ① (*Hilfe*) aiuto *m*, assistenza *f* ② *s.* **Nachhilfestunden**
**Nachhilfestunden** *fPl.* ripetizione *f*
**Nachhilfeunterricht** *m* ripetizione *f*
**Nachhinein** ['naːxhɪnaɪn] *adv* **im ~** in seguito, dopo
**Nachholbedarf** *m* bisogno *m* di recuperare; **~ an etw** *dat* bisogno di recuperare qc; **einen ~ an Schlaf haben** aver bisogno di recuperare il sonno
**nach|holen** *vt* recuperare
**Nachhut** <-, -en> *f* retroguardia *f*
**nach|jagen** *vi sein* **einer Sache** *dat* **~** correre dietro a qc
**nach|kaufen** *vt* comprare successivamente, completare **Nachkaufgarantie** *f* garanzia *f* di produzione
**Nachkomme** ['naːxkɔmə] <-n, -n> *m* discendente *mf*
**nach|kommen** <irr> *vi sein* ① (*später kommen*) venire dopo; **ich komme nach** vi raggiungo dopo ② (*geh*) seguire, conformarsi; **einem Befehl ~** obbedire a un ordine; **einer Verpflichtung ~** adempiere a un compito
**Nachkommenschaft** <-> *kein Pl. f* discendenza *f*, posteri *mpl*
**Nachkömmling** ['naːxkœmlɪŋ] <-s, -e> *m* ultimo figlio *m* [con grande differenza di età rispetto ai fratelli]
**Nachkriegs-** (*in Zusammensetzungen*) del dopoguerra, postbellico
**Nachkriegsgeschichte** *f* storia *f* del dopoguerra
**Nachkriegszeit** *f* dopoguerra *m*
**Nachkur** *f* convalescenza *f*
**Nachlass** ['naːxlas, *Pl.:* ˈnaːxlasə *o* ˈnaːxlɛsə] <-es, -e *o* Nachlässe> *m* ① (COM) riduzione *f*, sconto *m*; (*Rabatt*) ribasso *m* ② (*Hinterlassenschaft*) eredità *f*

**nach|lassen** <irr> I. vt ① (*lockern*) allentare ② (*vom Preis*) ribassare II. vi (*Sturm, Lärm, Wind*) placarsi; (*Kälte, Hitze, Interesse, Leistung*) diminuire; (*Schmerz*) calmarsi; (*Liebe, Freundschaft, Eifer*) raffreddarsi, intiepidirsi

**nachlässig** adj ① (*ohne Sorgfalt*) trascurato, negligente ② (*gleichgültig*) incurante **Nachlässigkeit** <-, *rar* -en> f ① (*Unordentlichkeit*) trascuratezza f, negligenza f ② (*Gleichgültigkeit*) noncuranza f

**Nachlassverwalter(in)** m(f) amministratore, -trice m, f d'eredità

**nach|laufen** <irr> vi sein **jdm/etw ~** correre dietro a qu/qc

**Nachlese** f ① (*Getreide~*) spigolatura f; (*Trauben~*) racimolatura f ② (*fig* LIT) spigolatura f

**nach|lesen** <irr> vt (*Text*) rileggere; **etw in einem Buch ~** dare una riletta a qc nel libro

**nach|liefern** vt fornire in un secondo tempo [o in seguito]

**nach|lösen** vi fare il biglietto in treno

**nach|machen** vt (*fam*) ① (*nachahmen*) imitare, copiare; (*parodieren*) contraffare; **das soll mir erst mal jemand ~!** (*fam*) vediamo se c'è qualcuno capace di fare come me! ② (*fälschen*) contraffare; (*Geld*) falsificare ③ (*nachträglich machen*) fare dopo

**nach|messen** <irr> vt, vi rimisurare

**Nachmieter(in)** m(f) inquilino, -a m, f subentrante

**Nachmittag** m pomeriggio m **nachmittags** adv di pomeriggio

**Nachmittagssonne** f sole m del pomeriggio **Nachmittagsvorstellung** f rappresentazione f pomeridiana

**Nachnahme** ['na:xna:mə] <-, -n> f **gegen ~** contrassegno **Nachnahmegebühr** f tassa f per spedizione contrassegno

**Nachname** <-ns, -n> m cognome m

**nach|plappern** vt (*fam*) ripetere come un pappagallo [o pappagallescamente]

**Nachporto** nt soprattassa f

**nachprüfbar** adj controllabile, verificabile **nach|prüfen** vt controllare, verificare; (*noch einmal prüfen*) riesaminare **Nachprüfung** f ① (*Überprüfung*) controllo m, verifica f ② (*erneute Prüfung*) risame m; (*in Schule*) esame m di riparazione

**nach|rechnen** I. vt controllare, verificare II. vi verificare i conti

**Nachrede** f **üble ~** maldicenza f, diffamazione f

**nach|reden** vt (*wiederholen*) ripetere; **jdm [etw] Schlechtes ~** dire male di qu, sparlare di qu

**nach|reichen** vt (*Unterlagen*) fornire in seguito

**Nachricht** ['na:xrɪçt] <-, -en> f ① (*Meldung, Information*) notizia f; (*Mitteilung*) informazione f, comunicazione f; **ich habe keine ~ von ihm** non ho sue notizie; **wir geben Ihnen ~, sobald die Möbel da sind** non appena arrivano i mobili, glielo facciamo sapere ② (*Computer*) messaggio m ③ pl (RADIO) giornale m radio, notiziario m; (TV) telegiornale m **Nachrichtenagentur** f agenzia f d'informazioni **Nachrichtendienst** m servizio m d'informazioni; (MIL) servizio m di ricognizione **Nachrichtensatellit** m satellite m per telecomunicazioni **Nachrichtensender** m canale m di informazione **Nachrichtensendung** f (RADIO) giornale m radio, notiziario m; (TV) telegiornale m **Nachrichtensperre** f censura f sulle informazioni **Nachrichtensprecher(in)** m(f) annunciatore, -trice m, f **Nachrichtentechnik** f telecomunicazioni fpl **Nachrichtenwesen** nt informazioni fpl

**Nachruf** m necrologio m; **~ auf jdn** necrologio di qu

**nach|rufen** <irr> vt **jdm etw ~** gridare qc dietro a qu **Nachruhm** m fama f postuma

**nach|rüsten** I. vi (MIL) potenziare gli armamenti II. vt (TEC, INFORM: *zusätzlich ausstatten*) potenziare l'attrezzatura di, attrezzare maggiormente

**Nachrüstung** f (MIL) riarmo m

**nach|sagen** vt (*wiederholen*) ripetere; **jdm Gutes/Schlechtes ~** dire bene/male di qu

**Nachsaison** f bassa stagione f

**Nachsatz** <-es, -sätze> m ① (*Ergänzung*) aggiunta f, appendice f, postilla f; (*Postskriptum*) poscritto m, post scriptum m; **in einem ~ sagte er, dass ...** nell'appendice disse che... ② (LING) apodosi f

**nach|schauen** vi s. **nachsehen**

**nach|schenken** vi, vt (*geh*) versare ancora

**nach|schicken** vt (*Post*) rispedire; (*Leute*) mandare dietro

**Nachschlag** m ① (MUS) note fpl finali del trillo ② (*fam: beim Essen*) seconda porzione f

**nach|schlagen** <irr> I. vt haben (*in Buch*) cercare II. vi ① *haben* consultare; **in einem Buch ~** consultare un libro ② *sein* **jdm ~** (*geh: nacharten*) assomigliare a qu

**Nachschlagewerk** *nt* opera *f* di consultazione
**Nachschlüssel** *m* chiave *f* falsa, passe-partout *m*
**nach|schmeißen** <irr> *vt* (*fam*) tirare dietro; **das ist [so gut wie] nachgeschmissen** è praticamente regalato
**Nachschrift** *f* ① (*Aufzeichnungen*) appunti *mpl* ② (*Nachtrag*) poscritto *m*
**Nachschub** *m* ① (*Versorgung*) rifornimento *m* ② (*Material*) rifornimenti *mpl*
**nach|sehen** <irr> I. *vi* ① (*hinterhersehen*) **jdm/etw ~** seguire con lo sguardo qu/qc ② (*gucken*) andare a vedere, dare un'occhiata; **in einem Buch ~** consultare un libro II. *vt* ① (*prüfen*) verificare, controllare ② (*entschuldigen*) **jdm etw ~** perdonare qc a qu **Nachsehen** <-s> *kein Pl. nt* **das ~ haben** restare a bocca asciutta *fam*
**nach|senden** <irr> *s.* **nachschicken**
**Nachsicht** *f* indulgenza *f*, condiscendenza *f*; **~ mit jdm haben** essere indulgente con qu **nachsichtig** *adj* indulgente
**Nachsilbe** *f* (LING) suffisso *m*
**nach|sinnen** <irr> *vi* (*geh*) [**über etw** *acc*] **~** riflettere [su qc]
**nach|sitzen** <irr> *vi* rimanere a scuola per castigo
**Nachspann** ['naːxʃpan] <-(e)s, -e> *m* titoli *mpl* di chiusura
**Nachspeise** *f* (GASTR) dessert *m*, dolce *m*
**Nachspiel** *nt* ① (THEAT) epilogo *m;* (MUS) postludio *m* ② (*fig: Folgen*) strascico *m*
**nach|spielen** I. *vt* (*Melodie*) ripetere, risuonare II. *vi* (SPORT) giocare i minuti di recupero [*o* il recupero] **Nachspielzeit** *f* (SPORT) supplementari *mpl*
**nach|spionieren** <ohne ge-> *vi* **jdm ~** spiare qu
**nach|sprechen** <irr> *vt* ripetere
**nächst** [nɛːçst] *prp +dat* (*geh*) ① (*örtlich*) accanto, dopo ② (*außer*) oltre a
**nächstbeste(r, s)** ['nɛːçstˈbɛstə, -tə, -təs] *adj* primo, -a venuto, -a *m, f*
**Nächste**[1] <ein -r, -n, -n> *m* (*geh: Mitmensch*) prossimo *m*
**Nächste**[2] <ein -s, -n> *kein Pl. nt* prima cosa *f*
**nächste(r, s)** ['nɛːçstə, -tə, -təs] *adj Superlativ von* **nah[e]** ① (*räumlich*) [il, la] più vicino, -a; **aus ~r Nähe** da molto vicino; **am ~n** più vicino ② (*Reihenfolge*) seguente, prossimo, -a, successivo, -a; **der Nächste, bitte!** avanti il prossimo! ③ (*zeitlich*) prossimo, -a; **~s Mal** la prossima volta; **~n Sonntag** domenica prossima; **bei der ~n Gelegenheit** alla prossima occasione; **im ~n Augenblick** un momento dopo
**nach|stehen** <irr> *vi* **jdm [in nichts] ~** [non] essere inferiore [in nulla] a qu; **jdm an Schönheit nicht ~** non essere inferiore a qu in bellezza
**nachstehend** *adj* seguente; **~ aufgeführt** sottoelencato, elencato qui di seguito; **im Nachstehenden** qui di seguito, più avanti
**nach|steigen** <irr> *vi sein* (*fam*) **jdm ~** stare dietro a qu, fare il filo a qu
**nach|stellen** I. *vt* ① (LING) posporre ② (*Uhr*) mettere indietro II. *vi* **jdm ~** (*geh: verfolgen*) inseguire qu, perseguitare qu; (*nachsteigen*) correre dietro a qu **Nachstellung** *f* ① (*Verfolgung*) agguato *m*, caccia *f*, persecuzione *f*; (*Aufdringlichkeit*) invadenza *f* ② (GRAM) posposizione *f*
**nächsten** ['nɛːçstən] *Superlativ von* **nah[e]**, **am ~** il più vicino
**Nächstenliebe** *f* amore *m* del prossimo, carità *f*
**Nächstliegende** <ein -s, -n> *kein Pl. nt* **das ~** (*fig*) la cosa più evidente **nächstmögliche(r, s)** ['nɛːçstˈmøːklɪçə, -çe, -çəs] *adj* prossimo, -a
**nach|suchen** *vi* ① (*nachsehen*) [ri]cercare ② (*geh: bitten, beantragen*) **bei jdm um etw ~** sollecitare qc da qu
**Nacht** [naxt, *Pl:* ˈnɛçtə] <-, Nächte> *f* notte *f;* (*Dauer*) nottata *f;* **bei ~, in der ~** di notte; **heute ~** stanotte; **in der ~ vom 21. auf den 22. April** nella notte fra il 21 ed il 22 aprile; **über ~, die ~ über** durante la notte; **über ~ bleiben** pernottare, passare la notte; **es wird ~, die ~ bricht herein** si fa notte, annotta; **bei ~ und Nebel** furtivamente; **gute ~!** buona notte!; **über ~** (*fig*) improvvisamente; (*von heute auf morgen*) da un giorno all'altro
**Nachtarbeit** *f* lavoro *m* notturno **Nachtblindheit** *f* emeralopia *f* **Nachtcreme** *f* crema *f* da [*o* per la] notte **Nachtdienst** *m* servizio *m* notturno
**Nachteil** *m* svantaggio *m*, sfavore *m;* (*Schaden a.*) danno *m*, pregiudizio *m;* **jdm ~ e bringen, für jdn von ~ sein** arrecare danno a qu; **gegenüber jdm im ~ sein** essere svantaggiato rispetto a qu; **sich zu seinem ~ verändern** cambiare in peggio; **zum ~ von** a svantaggio di **nachteilig** *adj* (*ungünstig*) svantaggioso; (*schädlich*) pregiudizievole; (*abträglich*) sfavorevole
**nächtelang** ['nɛçtəˈlaŋ] *adv* per notti intere
**Nachtessen** <-s, -> *nt* (CH: *Abendessen*) cena *f* **Nachteule** *f* (*fam scherz*) nottam-

bulo *m* **Nachtfahrverbot** <-(e)s, -e> *nt* divieto *m* di circolazione notturna **Nachtfalter** *m* farfalla *f* notturna, falena *f* **Nachtfrost** *m* gelo *m* notturno **Nachthemd** *nt* camicia *f* da notte
**Nachtigall** ['naxtɪgal] <-, -en> *f* (ZOO) usignolo *m*
**nächtigen** ['nɛçtɪgən] *vi* passare la notte
**Nächtigung** ['nɛçtɪgʊŋ] <-, -en> *f* (*A: Übernachtung*) pernottamento *m*
**Nachtisch** *m* dessert *m*, dolce *m*
**Nachtklub** *m* locale *m* notturno, nightclub *m* **Nachtlager** *nt* (*geh*) giaciglio *m* **Nachtleben** *nt* vita *f* notturna
**nächtlich** ['nɛçtlɪç] *adj* notturno
**Nachtlokal** *nt* locale *m* notturno, night *m* **Nachtmahl** *nt* (*A, südd*) *s.* **Abendessen** **Nachtportier** *m* portiere *m* di notte **Nachtquartier** *nt* alloggio *m* per la notte
**Nachtrag** ['naːxtraːk, *Pl:* 'naːxtrɛːgə] <-(e)s, Nachträge> *m* supplemento *m*, aggiunta *f*; (*Anhang*) appendice *f*; (*in Brief*) poscritto *m*
**nach|tragen** <irr> *vt* ❶ (*hinterhertragen*) portare dietro ❷ (*hinzufügen*) aggiungere ❸ (*nachtragend sein*) **jdm etw ~** serbare rancore a qu per qc **nachtragend** *adj* permaloso
**nachträglich** ['naːxtrɛːklɪç] I. *adj* ❶ (*ergänzend*) supplementare, suppletivo ❷ (*später eingehend*) ulteriore, posteriore ❸ (*später nachfolgend*) ritardato, tardivo II. *adv* più tardi, in seguito; (*verspätet*) in ritardo
**nach|trauern** *vi* **jdm/etw ~** rimpiangere qu/qc
**Nachtruhe** *f* riposo *m* notturno
**nachts** *adv* di notte; **um 3 Uhr ~** alle 3 di notte
**Nachtschattengewächs** *nt* (BOT) solanacee *fpl* **Nachtschicht** *f* turno *m* di notte **Nachtschwärmer** *m* ❶ (ZOO) falena *f* ❷ (*scherz*) nottambulo, -a *m*, *f* **Nachtschwester** *f* infermiera *f* di notte **Nachtspeicherofen** *m* stufa *f* d'accumulazione di calore **Nachtstrom** <-(e)s> *kein Pl. m* corrente *f* elettrica a tariffa notturna ridotta **Nachttarif** *m* tariffa *f* notturna **Nachttisch** *m* comodino *m* **Nachttischlampe** *f* abat-jour *m* **Nachttopf** *m* vaso *m* da notte **Nachttresor** <-s, -e> *m* cassa *f* continua **Nacht-und-Nebel-Aktion** *f* (*fam*) retata *f* notturna **Nachtvorstellung** *f* rappresentazione *f* notturna **Nachtwache** *f* ❶ (*Dienst*) veglia *f* ❷ (*Person*) guardia *f* notturna **Nachtwächter(in)** *m(f)* guardiano, -a *m*, *f* notturno, -a **Nachtzeit** *f* **zur ~** di notte

**Nachuntersuchung** *f* controllo *m*
**nachvollziehbar** *adj* comprensibile; (*Gedanken*) ripercorribile
**nach|vollziehen** <irr, ohne ge-> *vt* ripercorrere
**nach|wachsen** <irr> *vi sein* ricrescere
**Nachwahl** *f* elezione *f* suppletiva
**Nachwehen** *fPl.* ❶ (MED) morsi *mpl* uterini ❷ (*geh fig: unangenehme Folgen*) effetti *mpl* dolorosi
**nach|weinen** *vi* **jdm/etw keine Träne ~** non rimpiangere qu/qc, non versare lacrime per qu/qc
**Nachweis** ['naːxvaɪs] <-es, -e> *m* (*Beweis*) prova *f*; (*Bescheinigung*) attestato *m*; **zum ~ von** a sostegno di
**nachweisbar** *adj* ❶ (*beweisbar*) dimostrabile; (*belegbar*) documentabile ❷ (*auffindbar: Fehler, Mängel*) trovabile
**nach|weisen** <irr> *vt* ❶ (*beweisen*) provare, dimostrare; **jdm etw ~** provare qc a qu ❷ (*belegen, bescheinigen*) attestare, certificare
**nachweislich** *adv* come si può dimostrare
**Nachwelt** *f* posterità *f*, posteri *mpl*
**nach|werfen** <irr> *vt* **jdm etw ~** gettare [*o* tirare] dietro qc a qu
**nach|winken** *vi* **jdm ~** salutare qu [che sta partendo] con la mano
**nach|wirken** *vi* ❶ (TEC, MED) produrre un effetto secondario ❷ (*Einfluss haben*) **auf etw** *acc* **~** ripercuotersi su qc **Nachwirkung** *f* ❶ (TEC, MED) effetto *m* secondario ❷ (*fig: Einfluss*) ripercussione *f*; **~ auf etw** *acc* ripercussione su qc
**Nachwort** <-(e)s, -e> *nt* epilogo *m*
**Nachwuchs** *m* ❶ (*fam: Kinder*) figli *mpl*, bambini *mpl* ❷ (*junge Kräfte*) giovani leve *fpl* **Nachwuchsstar** *m* giovane star *f*
**nach|zahlen** *vt*, *vi* ❶ (*später zahlen*) pagare dopo ❷ (*zusätzlich zahlen*) pagare in più
**nach|zählen** *vt*, *vi* [ri]contare
**Nachzahlung** *f* ❶ (*später*) pagamento *m* successivo; (*zusätzlich*) pagamento *m* supplementare ❷ (*nachzuzahlende Summe*) arretrato *m*
**nach|zeichnen** *vt* copiare, riprodurre
**nach|ziehen** <irr> I. *vt haben* ❶ (*Schraube*) serrare ❷ (*Strich*) ricalcare; (*Augenbrauen, Lippen*) ritoccare ❸ (*Bein*) trascinare II. *vi sein* **jdm/etw ~** seguire qu/qc
**Nachzügler(in)** ['naːxtsyːklɐ] <-s, -; -, -nen> *m(f)* ritardatario, -a *m*, *f*
**Nackedei** ['nakədaɪ] <-s, -s> *m* (*fam*) ❶ (*Erwachsener*) nudità *f* ❷ (*Kind, scherz*) bambino, -a *m*, *f* nudo, -a

**Nacken** ['nakən] <-s, -> *m* nuca *f*; **ihr sitzt die Angst/ihr Chef im ~** (*fam*) è in preda alla paura/il suo capo l'assilla **Nackenstütze** *f* poggiacapo *m*
**nackig** ['nakɪç] *adj* (*fam*) nudo
**nackt** [nakt] *adj* ① (*unbekleidet*) nudo; **sich ~ ausziehen** spogliarsi completamente; **~ baden** fare il bagno nudo; **halb ~** seminudo, mezzo nudo ② (*kahl*) calvo; (*Baum*) spoglio; (*Hügel*) brullo ③ (*fig: unverhüllt*) nudo e crudo; (*nichts anderes als*) puro **Nacktbadestrand** *m* spiaggia *f* per nudisti **Nacktheit** <-> *kein Pl. f* nudità *f* **Nacktänzer(in)** *m(f)* ballerino, -a *m, f* nudo, -a
**Nadel** ['na:dəl] <-, -n> *f* ① (*Näh~*, BOT) ago *m;* (*Steck~*) spillo *m;* (*Häkel~*) uncinetto *m;* (*Strick~*) ferro *m* [da calza] ② (*ohne Öhr*) spilla *f;* (*Haar~*) spillone *m* ③ (*Grammophon~*) puntina *f* **Nadelbaum** *m* conifera *f* **Nadeldrucker** *m* stampante *f* ad aghi **Nadelholz** *nt* conifera *f* **Nadelkissen** *nt* puntaspilli *m* **Nadelöhr** *nt* cruna *f* dell'ago **Nadelstich** *m* ① (*Einstich*) puntura *f* ② (*Nähstich*) punto *m* di cucito ③ (*fig*) punzecchiatura *f,* frecciata *f* **Nadelstreifen** *mPl.* righe *fpl* sottilissime di una stoffa gessata **Nadelstreifenanzug** *m* [abito *m*] gessato *m* **Nadelwald** *m* bosco *m* di conifere
**Nagel** ['na:gəl, *Pl:* 'nɛ:gəl] <-s, Nägel> *m* ① (TEC) chiodo *m;* (*Holz~*) cavicchio *m;* **mit Nägeln beschlagen** chiodare; **den ~ auf den Kopf treffen** (*fam fig*) cogliere nel segno; **Nägel mit Köpfen machen** (*fam*) fare le cose come si deve; **er hat das Klavierspielen an den ~ gehängt** (*fam*) ha smesso di suonare il pianoforte ② (ANAT) unghia *f*; **sich** *dat* **die Nägel schneiden** tagliarsi le unghie; **sich** *dat* **etw unter den ~ reißen** (*fam*) grattare qc; **die Sache brennt mir auf** [*o* **unter**] **den Nägeln** la cosa mi preme **Nagelbürste** *f* spazzolino *m* per le unghie **Nagelfeile** *f* limetta *f* per le unghie **Nagelhaut** *f* pipita *f* **Nagelhautentferner** <-s, -> *m* lozione *f* per togliere le pellicine delle unghie **Nagellack** *m* smalto *m* per le unghie **Nagellackentferner** <-s, -> *m* acetone *m*
**nageln** *vt* inchiodare; **etw an** [*o* **auf**] **etw** *acc* **~** inchiodare qc a qc
**nagelneu** ['na:gəlˈnɔɪ] *adj* (*fam*) nuovo fiammante, nuovo di zecca
**Nagelpflege** *f* manicure *f,* cura *f* delle unghie **Nagelprobe** <-, -n> *f* prova *f* del nove [*o* del fuoco]; **die ~ machen** fare la prova del nove; **das wird für ihn zur ~** questa sarà per lui la prova del fuoco **Nagelreiniger** <-s, -> *m* nettaunghie *m* **Nagelschere** *f* forbici *fpl* per le unghie **Nagelschuhe** *mPl.* scarpe *fpl* chiodate
**nagen** ['na:gən] I. *vi* ① (*knabbern, zer~*) [cor]rodere; **an einer Möhre ~** rosicchiare una carota ② (*fig: Kummer*) struggere; (*Gewissen*) rimordere; **an jdm ~** struggere qu II. *vt* rodere **nagend** *adj* tormentoso, cocente
**Nager** <-s, -> *m,* **Nagetier** *nt* roditore *m*
**nah|e** ['na:(ə)] I.<**näher, nächste**> *adj* ① (*räumlich*) vicino; **~ bei** sei vicino a, in prossimità di; **~|e| beieinander** uno accanto all'altro; **von ~ und fern** da tutte le parti, da ogni dove; **der Nahe Osten** il Vicino Oriente; **jdm einer Sache ~ e kommen** (*näher herantreten*) avvicinarsi a qu/qc; **jdm zu ~ e treten** offendere qu; **ich war ~ e daran, zu** +*inf* ero sul punto di +*inf* ② (*zeitlich*) prossimo, imminente ③ (*fig: eng*) stretto II. *prp* +*dat* vicino a; **den Tränen ~ e sein** stare per piangere
**Nahaufnahme** *f* primo piano *m*
**Nähe** ['nɛ:ə] <-> *kein Pl. f* vicinanza *f,* prossimità *f;* (*Umgebung*) vicinanze *fpl,* dintorni *mpl;* **aus nächster ~** da brevissima distanza; **aus der ~ betrachtet** considerato da vicino; **in der ~ [von]** vicino [a], nelle vicinanze [di]; **in seiner ~ fühle ich mich wohl** vicino a lui mi sento bene
**nahebei** ['na:əˈbaɪ] *adv* vicino
**nahe|bringen** <*irr*> *vt* **jdm etw ~** rendere accessibile qc a qu, spiegare qc a qu; **jdm jdn ~** avvicinare qu a qu **nahe|gehen** <*irr*> *vi* **jdm ~** toccare qu da vicino **nahe|kommen** <*irr*> *vi* ① **jdm ~** (*vertraut werden mit*) stabilire un rapporto più stretto con qu ② (*fast gleichkommen*) **der Wahrheit** *dat* **~** avvicinarsi a la verità **nahe|legen** *vt* ① (*raten*) **jdm etw ~** far capire qc a qu, raccomandare qc a qu ② (*aufkommen lassen*) **das legt die Vermutung nahe, dass** questo fa [*o* induce a] pensare che ... +*conj* **nahe|liegen** <*irr*> *vi* (*Verdacht, Annahme*) essere ovvio; **die Vermutung liegt nahe, dass ...** è facile supporre che +*conj* **naheliegend** *adj* (*Gedanke, Grund, Folgerung*) evidente, ovvio
**nahen** ['na:ən] *vi sein* (*geh*) avvicinarsi
**nähen** ['nɛ:ən] I. *vt* cucire; (*Wunde*) suturare II. *vi* cucire
**näher** ['nɛ:ɐ] *adj Komparativ von* **nah|e|** ① (*räumlich*) più vicino; **treten Sie ~!**

venga avanti! ❷ (*zeitlich*) prossimo, più vicino ❸ (*fig: genauer*) preciso, dettagliato; ~ **bestimmen** determinare; ~ **auf etw** *acc* **eingehen** interessarsi di qc più da vicino; **bei ~em Hinsehen** visto [più] da vicino; **alles Nähere besprechen wir morgen** dei particolari parleremo domani ❹ (*enger*) più stretto; **jdn ~ kennen lernen** conoscere qu più da vicino

**Naherholung** *f* villeggiatura *f* da fine settimana **Naherholungsgebiet** *nt* zona *f* di villeggiatura limitrofa al centro urbano

**Näherin** ['nɛːərɪn] <-, -nen> *f* cucitrice *f*

**näher|kommen** <irr> *vi* **jdm ~** (*vertrauter werden mit*) stabilire un rapporto più stretto con qu **näher|liegen** <irr> *vi* (*Verdacht, Annahme*) essere più ovvio; **die Vermutung liegt näher, dass ...** è più facile supporre che +*conj* **näherliegend** *adj* (*Gedanke, Grund, Folgerung*) più evidente, più ovvio

**nähern** *vr* **sich** [**jdm/etw**] **~** avvicinarsi [a qu/qc] **Näherungswert** *m* valore *m* approssimativo

**nahe|stehen** <irr> *vi* **jdm ~** (*in enger Beziehung stehen*) essere vicino a qu

**nahezu** ['naːəˈtsuː] *adv* quasi

**Nähfaden** *m* filo *m* da cucire

**Nähgarn** *nt* filo *m* da cucire

**Nahkampf** *m* (MIL) corpo a corpo *m*

**Nähkasten** *m,* **Nähkorb** *m* cestino *m* da lavoro

**nahm** [naːm] *1. u. 3. Pers. Sing. Imp. von* **nehmen**

**Nähmaschine** *f* macchina *f* da cucire **Nähnadel** *f* ago *m* per cucire

**Nahost** ['naːˈɔst] <-> *m* Medio Oriente *m* **Nahostfriedensprozess** *m* processo *m* di pace nel Medio Oriente

**Nährboden** *m* ❶ (BIOL) terreno *m* di coltura ❷ (*fig*) terreno *m* propizio

**nähren** ['nɛːrən] *vt* nutrire

**nahrhaft** ['naːɐ̯haft] *adj* nutriente, nutritivo

**Nährmittel** *ntPl.* prodotti *mpl* alimentari **Nährstoff** *m* sostanza *f* nutritiva **nährstoffarm** *adj* ❶ (*Gewässer*) povero di sostanze nutritive ❷ (*Nahrung*) povero di sostanze nutritive **nährstoffreich** *adj* ❶ (*Gewässer*) ricco di sostanze nutritive ❷ (*Nahrung*) ricco di sostanze nutritive

**Nahrung** ['naːrʊŋ] <-> *kein Pl. f* alimentazione *f,* nutrizione *f;* **~ zu sich** *dat* **nehmen** mangiare, prendere cibo; **einem Gerücht neue ~ geben** alimentare una voce

**Nahrungskette** <-, -n> *f* (BIOL) catena *f* alimentare

**Nahrungsmittel** *nt* alimento *m,* prodotto *m* alimentare **Nahrungsmittelchemie** *f* chimica *f* alimentare [*o* degli alimenti] **Nahrungsmittelchemiker(in)** *m(f)* chimico, -a *m, f* alimentare **Nahrungsmittelindustrie** *f* industria *f* alimentare **Nahrungsmittelvergiftung** *f* intossicazione *f* da alimenti

**Nährwert** *m* valore *m* nutritivo

**Nähseide** *f* seta *f* per cucire

**Naht** [naːt, *Pl:* ˈnɛːtə] <-, **Nähte**> *f* ❶ (*an Kleidung*) cucitura *f* ❷ (MED) sutura *f* ❸ (TEC) saldatura *f*

**nahtlos** *adj* ❶ (*Kleidung*) senza cucitura ❷ (TEC) senza saldatura ❸ (*Übergang*) senza soluzione di continuità

**Nahverkehr** *m* traffico *m* locale **Nahverkehrsmittel** *nt* mezzo *m* di trasporto intercomunale **Nahverkehrszug** <-(e)s, -züge> *m* treno *m* locale

**Nähzeug** <-(e)s, -e> *nt* occorrente *m* per cucire

**naiv** [naˈiːf] *adj* ingenuo, semplice

**Naivität** [naiviˈtɛːt] <-> *kein Pl. f* ingenuità *f,* semplicità *f*

**Naivling** [naˈiːflɪŋ] <-s, -e> *m* sempliciotto *m,* credulone *m;* (*fam pej*) tontolone *m,* babbeo *m,* stupidotto *m*

**Name** ['naːmə] <-ns, -n> *m* nome *m;* (*Bezeichnung a*) denominazione *f;* (*Ruf*) reputazione *f;* **mein ~ ist ...** mi chiamo ...; **im ~ n von** a nome [*o* da parte] di; **im ~ n des Gesetzes/Volkes** in nome della legge/del popolo; **ich kenne sie nur dem ~ n nach** la conosco solo di nome; **sich** *dat* **mit etw einen ~ n machen** farsi un nome con qc; **das Kind beim ~ n nennen** (*fam*) dire pane al pane e vino al vino

**Namen** ['naːmən] <-s, -> *m* nome *m;* (*Bezeichnung a*) denominazione *f;* (*Ruf*) reputazione *f;* **seinen ~ n für etw hergeben** prestare il nome per qc; **seinen ~ n unter etw** *acc* **setzen** apporre il proprio nome sotto qc, firmare qc; **sich** *dat* **mit etw einen ~ n machen** farsi un nome con qc; **beim ~ n nennen** chiamare per nome; **das Kind beim ~ n nennen** (*fam*) dire pane al pane e vino al vino [*o* chiamare le cose col loro nome]; **mit vollem ~ n unterschreiben** firmare per intero [*o* con nome e cognome]; **auf den ~ n ... lautend** nominativo ...; **im ~ n von** a nome [*o* da parte] di; **im ~ n des Gesetzes/Volkes** in nome della legge/del popolo; **im ~ n des Vaters, des Sohnes und des Heiligen**

**Geistes** nel nome del Padre, del Figlio e dello Spirito Santo; **unter falschem ~n** sotto falso nome; **dem ~n nach könnte er Italiener sein** a giudicare dal nome potrebbe essere italiano; **ich kenne sie nur dem ~n nach** la conosco solo di nome; **wie ist Ihr ~?** come si chiama?; **in Gottes ~n!** (*fam*) per carità! **namenlos** *adj* ❶ (*Person*) senza nome, anonimo ❷ (*geh fig: unsagbar*) indicibile, inesprimibile

**namens I.** *adv* (*mit Namen*) di nome, chiamato **II.** *prp* +*gen* (*form: im Namen von*) in nome [*o* da parte] di

**Namensänderung** *f* cambiamento *m* di nome **Namensgedächtnis** *nt* memoria *f* per i nomi **Namensschild** *nt* targhetta *f* [con il nome] **Namenstag** *m* onomastico *m* **Namensvetter** *m* omonimo *m* **Namenszug** *m* sigla *f*

**namentlich** ['naːməntlɪç] **I.** *adj* nominale, nominativo **II.** *adv* ❶ (*mit Namen*) nominalmente, per nome ❷ (*insbesondere*) segnatamente, specialmente

**namhaft** *adj* ❶ (*bekannt*) noto, conosciuto ❷ (*beträchtlich*) considerevole, notevole

**nämlich** ['nɛːmlɪç] *adv* ❶ (*und zwar*) cioè, vale a dire ❷ (*denn*) poiché, difatti; **das weiß ich genau, wir haben sie ~ gerade getroffen** lo so con precisione, infatti l'abbiamo appena incontrata

**nannte** ['nantə] *1. u. 3. Pers. Sing. Imp. von* **nennen**

**Nanotechnik** ['naːnotɛçnɪk] <-> *kein Pl.* *f* nanotecnologia *f*

**nanu** [na'nuː] *int* (*fam*) beh, tò, ma guarda un po'!

**Napalm®** ['naːpalm] <-s> *kein Pl.* *nt* napalm® *m*

**Napalmbombe** *f* bomba *f* al napalm

**Napf** (napf, *Pl:* 'nɛpfə] <-(e)s, **Näpfe**> *m* scodella *f*, ciotola *f* **Napfkuchen** *m* focaccia *f*

**Narbe** ['narbə] <-, -n> *f* ❶ (MED) cicatrice *f* ❷ (BOT) stigma *m* **narbig** *adj* ❶ (MED) pieno di cicatrici, butterato ❷ (*Leder*) granito

**Narbung** <-, -en> *f* (*Leder~*) granitura *f*

**Narkose** [nar'koːzə] <-, -n> *f* (MED) narcosi *f*, anestesia *f* **Narkosemittel** *nt* (MED) narcotico *m*

**Narkotikum** [nar'koːtikʊm, *Pl:* nar'koːtika] <-s, Narkotika> *nt* ❶ (*Narkosemittel*) narcotico *m* ❷ (*Schmerzmittel*) anestetico *m*

**narkotisch** [nar'koːtɪʃ] *adj* narcotico, narcotizzante

**narkotisieren** [narkoti'ziːrən] <ohne ge-> *vt* narcotizzare

**Narr** [nar] <-en, -en> *m* ❶ (*törichter Mensch*) pazzo *m*, matto *m* ❷ (THEAT, HIST) buffone *m;* **an jdm einen ~ en gefressen haben** (*fam*) andare pazzo per qu; **jdn zum ~en halten** [*o* **haben**] prendersi gioco di qu

**narren** *vt* (*geh*) ❶ (*zum Besten halten*) prendersi gioco di ❷ (*täuschen*) ingannare

**Narrenfreiheit** *f* libertà *f* di dire cose altrimenti proibite **Narrenkappe** *f* berretto *m* da buffone

**Narretei** [narə'taɪ] <-, -en> *f* (*geh*) scherzo *m;* (*Unsinn*) sciocchezza *f*, stravaganza *f*

**Narrheit** <-, -en> *f* ❶ *Sing.* (*Dummheit*) follia *f*, pazzia *f* ❷ (*Streich*) sciocchezza *f*; (*dumme Tat*) pazzia *f*, follia *f*

**Närrin** ['nɛrɪn] <-, -nen> *f* (*törichter Mensch*) pazza *f*, matta *f*

**närrisch** ['nɛrɪʃ] *adj* ❶ (*töricht*) folle, matto; (*verrückt, skurril*) pazzo, buffo; **ganz ~ auf jdn/etw sein** (*fam*) andare pazzo per qu/qc ❷ (*karnevalistisch*) carnevalesco, buffonesco; **die ~en Tage** (*Faschingszeit*) il Carnevale

**Narzisse** [nar'tsɪsə] <-, -n> *f* narciso *m*

**Narzissmus** [nar'tsɪsmʊs] <-> *kein Pl.* *m* narcisismo *m*

**Narzisst(in)** [nar'tsɪst] <-en, -en; -, -nen> *m(f)* narcisista *mf*

**narzisstisch** *adj* narcisistico

**NASA** ['naːza] <-> *kein Pl.* *f* N.A.S.A. *f*

**nasal** [na'zaːl] *adj* nasale

**nasalieren** [naza'liːrən] <ohne ge-> *vt* nasalizzare **Nasallaut** *m* (LING) suono *m* nasale

**naschen** ['naʃən] *vt*, *vi* (*heimlich*) spizzicare [di nascosto]; (*Süßigkeiten*) mangiare; **von** [*o* **an**] **etw** *dat* ~ mangiucchiare qc

**Nascherei** [naʃə'raɪ] <-, -en> *f* ❶ (*Naschwerk*) dolciume *m* ❷ *Sing.* (*das Naschen*) spilluzzicare *m* [di nascosto]; (*von Süßigkeiten*) mangiare *m* dolciumi

**naschhaft** *adj* ghiotto, goloso **Naschhaftigkeit** <-> *kein Pl.* *f* golosità *f*, ghiottoneria *f* **Naschkatze** *f* (*fam*) ghiottone, -a *m, f*, goloso, -a *m, f*

**Nase** ['naːzə] <-, -n> *f* ❶ (*Geruchsorgan*) naso *m;* **pro ~** (*fam*) a testa; **immer der ~ nach** (*fam*) sempre diritto; **die ~ rümpfen** arricciare il naso; **auf die ~ fallen** (*fam fig*) fallire, non avere successo; **seine ~ in alles stecken** (*fam*) ficcare il naso dappertutto; **jdn an der ~ herumführen** menare qu per il naso *fam;* **jdm auf der ~ herum-**

**näseln → Natur**

tanzen mettersi qu sotto i piedi; **jdm etw unter die ~ reiben** (*fam*) rinfacciare qc a qu; **jdm etw vor der ~ wegschnappen** (*fam*) portar via qc a qu sotto il naso; **jdm die Tür vor der ~ zuschlagen** (*fam*) sbattere la porta in faccia a qu; **man musste ihr jedes Wort aus der ~ ziehen** bisognava cavarle le parole di bocca; **die ~ davon voll haben** (*fam*) averne le tasche piene *vulg* ❷ (*Geruchssinn*) odorato *m*, olfatto *m* ❸ (*Spürsinn*) fiuto *m;* **die richtige ~ für etw haben** avere buon fiuto per qc ❹ (*fam: Farb-, Lacktropfen*) lacrima *f*
**näseln** ['nɛ:zəln] *vi* parlare con voce nasale
**Nasenbein** *nt* osso *m* nasale **Nasenbluten** <-s> *kein Pl. nt* epistassi *f;* **~ haben** perdere sangue dal naso **Nasenflügel** *m* ala *f* [*o* pinna *f*] nasale **Nasenhöhle** *f* fossa *f* nasale **Nasenkorrektur** *f* rinoplastica *f* **Nasenlänge** *f* **jdm um eine ~ voraus sein** precedere qu di un palmo **Nasenloch** *nt* narice *f* **Nasenrücken** *m* dorso *m* del naso **Nasenscheidewand** *f* setto *m* nasale **Nasenschleimhaut** *f* mucosa *f* nasale **Nasenspitze** *f* punta *f* del naso **Nasenspray** *m o nt* spray *m* per il naso **Nasentropfen** *mPl.* gocce *fpl* per il naso **Nasenwurzel** *f* radice *f* del naso
**naserümpfend** *adv* con ripugnanza, con ribrezzo, arricciando [*o* storcendo] il naso
**naseweis** ['na:zəvaɪs] *adj* saccente **Naseweis** <-es, -e> *m* ❶ (*Vorlauter*) saputello, -a *m, f,* saccente *mf* ❷ (*Vorwitziger*) saccente *mf*
**Nashorn** *nt* rinoceronte *m*
**nass** [nas] <-er *o* nässer, -este *o* nässeste> *adj* bagnato; (*durchnässt a*) zuppo, fradicio; (*Wetter*) umido; (*regenreich*) piovoso; **~ machen** bagnare; **sich ~ machen, ~ werden** bagnarsi; **~ bis auf die Haut** bagnato fino alle ossa
**Nässe** ['nɛsə] <-> *kein Pl. f* umidità *f*
**nässen** *vi* colare
**nasskalt** *adj* freddo umido; **es ist ~** fa un freddo umido **Nassrasur** *f* rasatura *f* con pennello **Nasszelle** *f* servizi *mpl*
**Nastuch** *nt* (*CH*) fazzoletto *m*
**Natel** <-s, -> *nt* (*CH*) ❶ (*Handy*) telefonino *m* ❷ (*Mobilfunknetz*) rete *f* cellulare
**Nation** [na'tsi̯oːn] <-, -en> *f* nazione *f;* **die Vereinten ~ en** le Nazioni Unite
**national** [natsi̯oˈnaːl] *adj* nazionale **Nationalbewusstsein** <-s> *kein Pl. nt* coscienza *f* nazionale
**Nationalbibliothek** *f* biblioteca *f* nazionale **Nationalelf** *f* squadra *f* nazionale di calcio **Nationalfeiertag** *m* festa *f* nazionale **Nationalgericht** *nt* piatto *m* nazionale **Nationalgetränk** *nt* bevanda *f* nazionale **Nationalheld(in)** *m(f)* eroe, eroina *m, f* nazionale **Nationalhymne** *f* inno *m* nazionale
**Nationalismus** [natsi̯onaˈlɪsmʊs] <-> *kein Pl. m* nazionalismo *m*
**Nationalist(in)** [natsi̯onaˈlɪst] <-en, -en; -, -nen> *m(f)* nazionalista *mf*
**nationalistisch** *adj* nazionalista, nazionalistico
**Nationalität** [natsi̯onaliˈtɛːt] <-, -en> *f* nazionalità *f* **Nationalitätskennzeichen** *nt* targa *f* di nazionalità
**Nationalmannschaft** *f* [squadra *f*] nazionale *f* **Nationalpark** <-(e)s, -s *o* -e> *m* parco *m* nazionale **Nationalrat** <-(e)s, -räte> *m* (*CH:* PARL, POL: *eine der beiden Kammern des schweizerischen Parlaments*) Camera *f* bassa
**Nationalrätin** <-, -nen> *f* ❶ (PARL: *gewählte Volksvertretung*) parlamento *m* ❷ (PARL: *Mitglied des ~ s*) parlamentare *m*, onorevole *m;* **den ~ auflösen** sciogliere il parlamento; **der ~ geht in die Sommerpause** il parlamento entra nella pausa estiva; **ich gebe das Wort an Herrn ~ Müller** passo la parola all'onorevole Müller **Nationalratswahl** <-, -en> *f* (*A:* PARL: *bundesweite Wahl der Volksvertreter*) elezione *f* del parlamento; **eine ~ abhalten** tenere l'elezione del parlamento **Nationalsozialismus** *m* nazionalsocialismo *m*, nazismo *m* **Nationalsozialist(in)** *m(f)* nazionalsocialista *mf*, nazista *mf* **nationalsozialistisch** *adj* nazionalsocialista, nazionalsocialistico **Nationalspieler(in)** *m(f)* giocatore, -trice *m, f* della nazionale **Nationalversammlung** *f* assemblea *f* nazionale
**NATO** ['na:to] <-> *kein Pl. f* NATO *f*
**Nato, NATO** ['na:to] <-> *kein Pl. f* N.A.T.O. *f* **NATO-Beitrittsland** *nt* paese *m* aderente alla NATO
**Nato-Doppelbeschluss** *m* doppia risoluzione *f* N.A.T.O
**Natrium** ['na:triʊm] <-s> *kein Pl. nt* (CHEM) sodio *m* **Natriumchlorid** *nt* (*Kochsalz*) cloruro *m* di sodio
**Natron** ['na:trɔn] <-s> *kein Pl. nt* soda *f*
**Natter** ['natɐ] <-, -n> *f* ❶ (ZOO) colubro *m* ❷ (*fig*) vipera *f*
**Natur** [na'tuːɐ̯] <-> *kein Pl. f* natura *f;* (*Körperverfassung a*) fisico *m*, complessione *f;* (*Veranlagung a*) indole *f,* carattere *m;* **sie ist von ~ aus energisch** è energica di carattere; **seine wahre ~ zeigen** mostrare

la propria indole; **in der ~ der Sache liegen** essere nella natura delle cose
**Naturalien** [natuˈraːliən] *Pl.* prodotti *mpl* naturali
**Naturalismus** [naturaˈlɪsmʊs] <-> *kein Pl. m* naturalismo *m*
**naturalistisch** [naturaˈlɪstɪʃ] *adj* naturalistico
**Naturalleistung** [natuˈraːllaɪstʊŋ] *f* prestazione *f* in natura **Naturallohn** *m* salario *m* in natura
**Naturdenkmal** <-s, -mäler> *nt* meraviglia *f* della natura
**Naturdünger** *m* concime *m* naturale
**Naturell** [natuˈrɛl] <-s, -e> *nt* (*geh*) temperamento *m*, carattere *m*
**Naturereignis** *nt* fenomeno *m* naturale
**Naturerscheinung** *f* fenomeno *m* naturale **naturfarben** *adj* di colore naturale
**Naturfaser** *f* fibra *f* naturale **Naturforscher(in)** *m(f)* naturalista *mf* **Naturfreund** *m* amante *mf* della natura **naturgemäß** I. *adj* conforme alla natura, naturale II. *adv* per [sua] natura **Naturgesetz** *nt* legge *f* naturale **naturgetreu** *adj* conforme all'originale
**Naturheilkunde** *f* medicina *f* naturalista **Naturheilmethode** <-, -n> *f* metodo *m* terapeutico naturale
**Naturkatastrophe** *f* cataclisma *m*
**Naturkost** <-> *kein Pl. f* alimentazione *f* macrobiotica, alimenti *mpl* naturali
**Naturkostladen** <-s, -läden> *m* negozio *m* di prodotti naturali, erboristeria *f*
**Naturkunde** *f* scienze *fpl* naturali **Naturlehrpfad** *m* sentiero *m* botanico
**natürlich** [naˈtyːɐ̯lɪç] I. *adj* ① (*der Natur entsprechend*) naturale ② (*nicht künstlich, gekünstelt*) genuino ③ (*selbstverständlich*) ovvio, logico II. *adv* ① (*der Natur entsprechend*) naturalmente, in modo naturale ② (*selbstverständlich*) naturalmente, ben inteso **Natürlichkeit** <-> *kein Pl. f* naturalezza *f*
**naturnah** *adj* naturale
**Naturprodukt** *nt* prodotto *m* naturale **Naturrecht** *nt* diritto *m* naturale **naturrein** *adj* genuino, naturale **Naturschätze** *mPl.* (ECO) ricchezze *fpl* della natura; (GEOL) tesori *mpl* della natura **Naturschutz** *m* tutela *f* delle bellezze naturali; **unter ~ stehen** essere protetto dalle leggi per la tutela della natura **Naturschutzgebiet** *nt* zona *f* protetta, parco *m* nazionale **Naturtalent** <-(e)s, -e> *nt* talento *m* naturale
**naturverbunden** [naˈtuːɐ̯fɛɐ̯bʊndən] *adj* amante della natura **Naturverbundenheit** *f* amore *m* per la natura **naturverträglich** *adj* a basso impatto ambientale, compatibile con l'ambiente naturale
**Naturvolk** *nt* popolo *m* primitivo
**Naturwissenschaft** *f* scienze *fpl* naturali **Naturwissenschaftler(in)** *m(f)* naturalista *mf* **naturwissenschaftlich** *adj* naturalistico, delle scienze naturali
**Naturwunder** *nt* meraviglie *fpl* della natura
**Navigation** [navigaˈtsi̯oːn] <-> *kein Pl. f* navigazione *f*
**Navigationsgerät** *nt* (AUTO) dispositivo *m* di navigazione **Navigationssystem** *nt* (AUTO) sistema *m* di navigazione
**Nazi** [ˈnaːtsi] <-s, -s> *m* (*pej*) nazista *mf*
**nazistisch** [naˈtsɪstɪʃ] *adj* (*pej*) nazista
**NB** *abk v* **notabene** NB, n.b.
**n. Br.** *abk v* **nördlicher Breite** lat N
**NC** [ɛnˈtseː] <-(s), -s> *m abk v* **Numerus clausus** numero chiuso, numerus clausus
**n. Chr.** *abk v* **nach Christus** d.C.
**NDR** [ɛndeːˈʔɛr] <-(s)> *kein Pl. m abk v* **Norddeutscher Rundfunk** rete radiotelevisiva regionale della RFT con sede in Amburgo
**ne** [neː] (*fam, dial*) *s.* **nein**
**Ne** (CHEM) *abk v* **Neon** Ne
**'ne** [nə] *art indef* (*fam, dial*) *s.* **eine**
**Neandertaler** [neˈandətaːlɐ] <-s, -> *m* uomo *m* di Neandertal
**Neapel** [neˈaːpəl] *nt* Napoli *f*
**Nebel** [ˈneːbəl] <-s, -> *m* ① (METEO) nebbia *f*; **in ~ gehüllt** avvolto nella nebbia ② (ASTR) nebulosa *f* **Nebelbank** <-, -bänke> *f* banco *m* di nebbia **Nebelbildung** *f* formazione *f* di nebbia **nebelhaft** *adj* ① (*rar: neblig*) nebbioso ② (*fig: undeutlich, verschwommen*) vago **Nebelhorn** *nt* sirena *f* da nebbia
**nebelig** *adj* nebbioso; **es ist ~** c'è nebbia **Nebelkrähe** *f* cornacchia *f* grigia **Nebelscheinwerfer** *m* (AUTO) [faro *m*] fendinebbia *m* **Nebelschlussleuchte** *f* faro *m* fendinebbia posteriore **Nebelschwaden** *m* banco *m* di nebbia **Nebelwand** *f* cortina *f* di nebbia
**neben** [ˈneːbən] *prp* +*acc o dat* ① (*räumlich*) accanto a, vicino a ② +*dat* (*außer*) oltre a ③ +*dat* (*verglichen mit*) al confronto di
**nebenamtlich** I. *adj* collaterale II. *adv* come attività collaterale
**nebenan** [neːbənˈʔan] *adv* accanto
**Nebenanschluss** *m* apparecchio *m* telefonico supplementare **Nebenausgaben** *fPl.* spese *fpl* accessorie

**nebenbei** [neːbənˈbaɪ] *adv* ① (*gleichzeitig*) contemporaneamente ② (*außerdem*) inoltre ③ (*beiläufig*) tra parentesi, incidentalmente; ~ **bemerkt** [*o* **gesagt**] tra l'altro, tra parentesi

**Nebenbemerkung** *f* commento *m* **Nebenberuf** *m* secondo impiego *m*, occupazione *f* secondaria **nebenberuflich** I. *adj* secondario II. *adv* come secondo impiego **Nebenbeschäftigung** *f* occupazione *f* secondaria **Nebenbuhler(in)** <-s, -; -, -nen> *m(f)* rivale *mf* **Nebeneffekt** <-(e)s, -e> *m* effetto *m* collaterale

**nebeneinander** [ˈneːbənʔaɪˈnandɐ] *adv* ① (*räumlich*) l'uno accanto all'altro, fianco a fianco ② (*zeitlich*) insieme, contemporaneamente **Nebeneinander** <-s> *kein Pl. nt* ① (*räumlich*) vicinanza *f* ② (*zeitlich*) coesistenza *f*, simultaneità *f*

**nebeneinander|legen** *vt* mettere l'uno accanto all'altro,, giustapporre

**nebeneinander|setzen** *vt* mettere l'uno accanto all'altro

**nebeneinander|stellen** *vt* mettere l'uno accanto all'altro, giustapporre

**Nebeneingang** *m* ingresso *m* laterale

**Nebeneinnahmen** *fPl.* entrate *fpl* secondarie **Nebenfach** *nt* materia *f* secondaria **Nebenfluss** *m* affluente *m* **Nebengebäude** *nt* edificio *m* annesso, dépendance *f*

**Nebeng[e]leis[e]** *nt* binario *m* secondario **Nebengeräusch** *nt* rumore *m* estraneo; (RADIO) disturbo *m*, rumore *m* parassita **Nebenhandlung** *f* (LIT) trama *f* collaterale

**nebenher** [ˈneːbənˈheːɐ̯] *adv* ① (*gleichzeitig*) contemporaneamente ② (*außerdem*) inoltre ③ (*beiläufig*) incidentalmente

**Nebenhoden** <-s, -> *m* (ANAT) epididimo *m* **Nebenhöhle** <-, -n> *f* (ANAT) seno *m* [*o* cavità *f*] paranasale

**Nebenklage** *f* (JUR) costituzione *f* di parte civile **Nebenkläger(in)** *m(f)* (JUR) parte *f* civile **Nebenkosten** *Pl.* spese *fpl* accessorie **Nebenlinie** *f* ① (*im Verkehr*) linea *f* secondaria ② (*von Familie*) linea *f* collaterale **Nebenmann** <-(e)s, -männer *o* -leute> *m* vicino *m* **Nebennieren** *fPl.* ghiandole *fpl* surrenali **Nebenprodukt** *nt* sottoprodotto *m* **Nebenraum** *m* stanza *f* attigua **Nebenrolle** *f* (THEAT, FILM) parte *f* secondaria; **eine ~ spielen** (*fig*) giocare un ruolo secondario **Nebensache** *f* questione *f* marginale, cosa *f* secondaria; **das ist ~** ciò ha poca importanza **nebensächlich** *adj* accessorio, marginale

**Nebensaison** <-, -s *südd, A a.:* -en> *f* bassa stagione *f* **Nebensatz** *m* (LING) proposizione *f* subordinata **nebenstehend** *adj o adv* a lato **Nebenstelle** *f* ① (*Filiale, Zweigstelle*) succursale *f*, filiale *f* ② (*Fernsprech-*) apparecchio *m* [telefonico] supplementare **Nebenstraße** *f* strada *f* secondaria; (*Seitenstraße*) [strada *f*] laterale *f* **Nebenstrecke** *f* linea *f* secondaria **Nebentisch** *m* tavolo *m* vicino **Nebenverdienst** *m* secondo guadagno *m*, guadagno *m* accessorio **Nebenwinkel** *m* angolo *m* adiacente **Nebenwirkung** *f* effetto *m* collaterale **Nebenzimmer** *nt s.* **Nebenraum**

**neblig** *s.* **neb[e]lig**

**nebst** [neːpst] *prp* +*dat* (*obs: mit*) [insieme] con; (*einschließlich*) compreso

**nebstdem** [ˈneːpstˈdeːm] *adv* (*CH*) inoltre

**nebulös** [nebuˈløːs] *adj* nebuloso, vago

**Necessaire** [nesɛˈsɛːɐ̯] <-s, -s> *nt* nécessaire *m*

**Neckar** [ˈnɛkar] *m* Neckar *m*

**necken** [ˈnɛkən] *vt* punzecchiare, stuzzicare

**neckisch** *adj* ① (*schelmisch*) malizioso ② (*kokett*) civettuolo

**nee** [neː] (*fam, dial*) *s.* **nein**

**Neffe** [ˈnɛfə] <-n, -n> *m* nipote *m* [di zio e zia]

**negativ** [ˈneːgatiːf *o* negaˈtiːf *o* ˈnɛgatiːf] *adj* negativo; (*ungünstig a*) sfavorevole **Negativ** <-s, -e> *nt* (FOTO) negativa *f*, negativo *m*

**Neger(in)** [ˈneːgɐ] <-s, -; -, -nen> *m(f)* (*pej*) negro, -a *m, f*

**negieren** [neˈgiːrən] <ohne ge-> *vt* negare

**Negligé** [negliˈʒeː] <-s, -s> *nt*, **Negligee** <-s, -s> *nt* (*CH*) négligé *m*

**negrid** [neˈgriːt] *adj* negride

**nehmen** [ˈneːmən] <nimmt, nahm, genommen> *vt* ① (*fassen*) prendere; (*ergreifen*) afferrare; **etw an sich ~** prendere [possesso di] qc ② (*an-*) accettare; **die Dinge ~, wie sie sind** prendere le cose come vengono ③ (*weg-*) **jdm etw ~** togliere qc a qu; **es sich** *dat* **nicht ~ lassen etw zu tun** non rinunciare a fare qc ④ (*ein-*) prendere; **etw zu sich** *dat* **~** mangiare qc ⑤ (*verwenden*) prendere; **man nehme: 500 g Mehl, 200 g Butter ...** si prendano: mezzo chilo di farina, 2 etti di burro ... ⑥ (*überwinden*) **ein Hindernis ~** superare un ostacolo ⑦ (*auf-*) **jdn zu sich** *dat* **~** prendere in casa qu

**⑧** (*auffassen*) etw ernst/wörtlich ~ prendere qc sul serio/alla lettera; **~ Sie es nicht tragisch!** non la prenda sul tragico!; **wie man's nimmt!** (*fam*) dipende ⑨ (*Wend*) etw auf sich ~ assumersi qc; (*Entbehrungen*) sottoporsi a qc; **seinen Anfang ~** cominciare; **ein Ende ~** finire; **auf jdn Einfluss ~** (*geh*) influenzare qu

**Nehmerland** *nt* paese *m* che riceve contributi

**Neid** [naɪt] <-(e)s> *kein Pl. m* invidia *f*; **aus ~** per invidia; **~ erregen** destare [l']invidia; **vor ~ platzen** (*fam*) crepare d'invidia; **vor ~ erblassen** essere molto invidioso; **das muss ihm der ~ lassen** (*fam*) questo bisogna riconoscerglielo

**neiden** ['naɪdən] *vt* **jdm etw ~** (*geh*) invidiare qc a qu

**Neider(in)** <-s, -; -, -nen> *m(f)* invidioso, -a *m, f*

**Neidhammel** *m* (*sl pej*) invidioso *m*

**neidisch** *adj* invidioso; **auf jdn ~ sein** essere invidioso di qu

**neidlos** I. *adj* non invidioso II. *adv* senza invidia

**Neige** ['naɪɡə] <-, -n> *f* (*geh*) ① (*Ende*) fine *f*, declino *m*; **zur ~ gehen** volgere alla fine ② (*Rest*) fondo *m*

**neigen** I. *vt* inclinare; (*beugen*) chinare, abbassare II. *vi* (*aus Veranlagung*) tendere; **zu etw ~** essere incline a qc, propendere per qc III. *vr* **sich ~** ① **sich zu etw ~** (*Körper, Kopf*) piegarsi verso qc; (*Gegenstand*) inclinarsi verso qc ② (*geh: zu Ende gehen*) volgere al termine

**Neigung** <-, -en> *f* ① (*das Neigen, Geneigtsein*) inclinazione *f* ② (*fig: Veranlagung*) attitudine *f*; **eine ~ zu etw haben** avere una [pre]disposizione per qc; (*Tendenz*) avere una tendenza a qc ③ (*Zu-*) simpatia *f*, affetto *m* **Neigungswinkel** *m* angolo *m* d'inclinazione

**nein** [naɪn] *adv* no; **~** [*o* **Nein**] **sagen** dire di no; **ich glaube/fürchte ~** credo/temo di no; **aber ~!** ma no!; **~, so was!** ma guarda un po'! **Nein** <-s> *kein Pl. nt* no *m*; **mit ~ antworten** rispondere di no

**Neinsager(in)** <-s, -; -, -nen> *m(f)* bastian *m* contrario *sett* **Neinstimme** *f* voto *m* contrario, no *m*

**Nektar** ['nɛktaːɐ̯] <-s> *kein Pl. m* nettare *m*

**Nektarine** [nɛktaˈriːnə] <-, -n> *f* pesca noce *f*

**Nelke** ['nɛlkə] <-, -n> *f* ① (*Blume*) garofano *m* ② (*Gewürz*) chiodo *m* di garofano

**nennen** ['nɛnən] <nennt, nannte, genannt> I. *vt* ① (*einen Namen geben*) chiamare, dare un nome a ② (*be-*) denominare ③ (*erwähnen*) menzionare; **oben/unten genannt** indicato sopra/sotto; **nenne mir drei europäische Hauptstädte!** dimmi tre capitali europee! ④ (*bezeichnen*) qualificare; **und das nennst du Erholung?** e questo lo chiami riposo? II. *vr* **sich ~** chiamarsi **nennenswert** *adj* degno di nota; (*beträchtlich*) considerevole

**Nenner** <-s, -> *m* (MAT) denominatore *m*; **auf einen [gemeinsamen] ~ bringen** ridurre allo stesso denominatore

**Nennung** <-, -en> *f* ① (*Nennen*) denominazione *f* ② (*Erwähnung*) menzione *f*

**Nennwert** *m* (FIN) valore *m* nominale; **zum ~** alla pari

**Neofaschismus** [neofaˈʃɪsmʊs] <-> *kein Pl. m* neofascismo *m*

**Neologismus** [neoloˈɡɪsmʊs] <-, Neologismen> *m* (LING) neologismo *m*

**Neon** ['neːɔn] <-s> *kein Pl. nt* neon *m*

**Neonazi** ['neːonaˌtsi] <-s, -s> *m* neonazista *mf*

**Neonazismus** [neonaˈtsɪsmʊs] <-> *kein Pl. m* neonazismo *m*

**Neonlicht** *nt* luce *f* al neon **Neonreklame** *f* réclame *f* luminosa **Neonröhre** *f* tubo *m* al neon

**Nepp** [nɛp] <-s> *kein Pl. m* (*fam pej*) buggeratura *f*

**neppen** *vt* (*fam pej*) buggerare

**Nerv** [nɛrf] <-s, -en> *m* nervo *m*; **die ~en verlieren** perdere la calma; **~en wie Drahtseile haben** avere i nervi d'acciaio; **jdm auf die ~en gehen** dare ai nervi a qu; **mit den ~en fertig** [*o* **runter**] **sein** (*fam*) essere giù di nervi, avere i nervi a pezzi; **Sie haben [vielleicht] ~en!** (*fam*) Lei ha un bel coraggio!

**nerven** *vt* (*sl*) scocciare, far venire i nervi a qu

**Nervenarzt** *m*, **Nervenärztin** *f* neurologo, -a *m, f* **nervenaufreibend** *adj* snervante **Nervenbahn** <-, -en> *f* (ANAT) funicolo *m* dei nervi spinali **Nervenbündel** *nt* (ANAT) fascio *m* nervoso; **ein ~ sein** (*fam fig*) avere i nervi a fior di pelle **Nervengas** *nt* gas *m* nervino **Nervenheilanstalt** *f* clinica *f* neurologica **Nervenkitzel** *m* (*fam*) brivido *m* **Nervenkostüm** *nt* (*fam scherz*) sistema *m* nervoso; **ein starkes/schwaches ~ haben** avere i nervi saldi/fragili **Nervenkrankheit** *f* nevrosi *f* **Nervenkrieg** *m* guerra *f* dei nervi

**Nervenleiden** *nt* nevrosi *f* **Nervensäge** *f* (*fam pej*) rompiscatole *mf* **Nervenschock** *m* choc *m* nervoso

**nervenschwach** *adj* nevrastenico, debole di nervi **nervenstark** *adj* saldo [*o* forte] di nervi, che ha i nervi d'acciaio [*o* saldi] **Nervensystem** *nt* (ANAT) sistema *m* nervoso **Nervenzelle** *f* (ANAT) cellula *f* nervosa **Nervenzentrum** *nt* (ANAT) centro *m* nervoso **Nervenzusammenbruch** *m* esaurimento *m* nervoso

**nervig** ['nɛrfɪç] *adj* ❶ (*Hände*) nerboruto, nervoso, asciutto ❷ (*fam: lästig*) che da ai [*o* sui] nervi, fastidioso, molesto

**nervlich** ['nɛrflɪç] *adj* del sistema nervoso; **~ am Ende sein** avere i nervi a pezzi

**nervös** [nɛr'vøːs] *adj* nervoso; **jdn ~ machen** far venire i nervi a qu; **~ werden** irritarsi

**Nervosität** [nɛrvozi'tɛːt] <-> *kein Pl.* *f* nervosismo *m*

**nervtötend** *adj* snervante

**Nerz** [nɛrts] <-es, -e> *m* visone *m*

**Nessel** ['nɛsəl] <-, -n> *f* ortica *f*; **sich in die ~n setzen** (*fam fig*) mettersi nei pasticci **Nesselfieber** *nt* orticaria *f*

**Nessessär** [nɛsɛ'sɛːɐ̯] <-s, -s> *nt* *s.* **Necessaire**

**Nest** [nɛst] <-(e)s, -er> *nt* ❶ (*Brutstätte, a. fig: Heim*) nido *m*; **sich ins gemachte ~ setzen** (*fig*) trovare la pappa pronta; (*durch Heirat*) sposare un buon partito, sposare bene; **das eigene ~ beschmutzen** sputare nel piatto in cui si mangia *fam* ❷ (*fam pej: kleiner Ort*) buco *m* ❸ (*fig: Schlupfwinkel*) covo *m*

**nesteln** ['nɛstəln] *vi* **an etw** *dat* **~** armeggiare con qc

**Nesthäkchen** ['nɛsthɛːkçən] <-s, -> *nt* (*fam*) ultimogenito *m* **Nestwärme** *f* calore *m* familiare

**Netiquette** <-, -> *f* (INFORM) netiquette *m*

**nett** [nɛt] *adj* ❶ (*freundlich*) gentile, simpatico; **das ist ~ von Ihnen** è gentile da parte Sua; **sei so ~ und mach die Tür zu** fammi il piacere di chiudere la porta ❷ (*hübsch*) carino, grazioso ❸ (*angenehm*) piacevole ❹ (*fam: groß, iron: unangenehm*) bello

**netto** ['nɛto] *adv* netto **Nettoeinkommen** *nt* reddito *m* netto **Nettogehalt** *nt* stipendio *m* netto **Nettogewicht** *nt* peso *m* netto **Nettolohn** *m* paga *f* netta **Nettopreis** *m* prezzo *m* netto **Nettosozialprodukt** *nt* prodotto *m* nazionale netto

**Netz** [nɛts] <-es, -e> *nt* (*fig: a. Einkaufs~, Verkehrs~, Gepäck~,* TEL, EL, RADIO, SPORT) rete *f*; (*Spinnen~*) ragnatela *f*; (*Haar~*) retina *f*; **jdm ins ~ gehen** (*fig*) lasciarsi abbindolare da qu **Netzanschluss** *m* (EL) allacciamento *m* alla rete **netzartig** *adj* reticolare, reticolato **Netzauge** <-s, -n> *nt* (ZOO) occhio *m* composto **Netzball** *m* palla *f* in rete **Netzbetreiber** *m* gestore *m* di una rete di distribuzione, provider *m*

**netzen** ['nɛtsən] *vt* (*poet*) inumidire, umettare

**Netz|fahr|karte** *f* biglietto *m* di rete **Netzgerät** *nt* (EL) apparecchio *m* alimentato dalla rete **Netzhaut** *f* (ANAT) retina *f* **Netzhemd** *nt* canottiera *f* a rete **Netzkarte** *f* *s.* **Netzfahrkarte Netzspannung** <-, -en> *f* (EL) tensione *f* di rete **Netzstecker** <-s, -> *m* (EL) spina *f* [elettrica] **Netzstrumpf** *m* calza *f* a rete **Netzteil** <-(e)s, -e> *nt* (EL) trasformatore *m* [di alimentazione] **Netzwerk** *nt* ❶ (*netzartig verbundenes System*) reticolo *m* ❷ (INFORM, TEC) rete *f*; **soziales ~** rete *f* sociale, social network *m* ❸ (*fig*) intreccio *m* **Netzwerkkarte** <-, -n> *f* (INFORM) scheda *f* network **Netzzugang** *m* (INFORM) accesso *m* alla rete

**neu** [nɔɪ] *adj* nuovo; (*jung a*) novello; (*frisch a*) fresco; (*kürzlich geschehen a*) recente; **die Neue Welt** il Nuovo Mondo; **die ~[e]ste Mode** l'ultima moda; **was gibt's Neues?** che c'è di nuovo?; **von ~em** un'altra volta, da capo; **aufs Neue** di nuovo; **das Neu[e]ste vom Tage** le ultime notizie; **~ anfangen** ricominciare; **das ist mir ~** questa mi giunge nuova *fam*; **das ist nichts Neues** non è niente di nuovo; **glückliches ~es Jahr!** buon anno!

**Neuankömmling** ['nɔɪʔankœmlɪŋ] <-s, -e> *m* nuovo, -a arrivato, -a *m, f* **Neuanschaffung** *f* nuovo acquisto *m* **neuartig** *adj* nuovo, inedito **Neuauflage** *f* ristampa *f*, riedizione *f*

**Neubau** <-(e)s, -ten> *m* ❶ (*im Bau befindliches Gebäude*) edificio *m* in costruzione ❷ (*neues Gebäude*) nuova costruzione *f* **Neubaugebiet** *nt* area *f* di nuova urbanizzazione **Neubauwohnung** *f* appartamento *m* di recente costruzione

**Neubearbeitung** *f* (*Buch*) edizione *f* rimaneggiata, revisione *f* **Neubewertung** *f* rivalutazione *f* **Neubildung** *f* neoformazione *f* **Neudeutsch** *nt* tedesco *m* moderno

**Neue** <ein -r, -n, -n> *mf* nuovo, -a *m, f* [arrivato, -a]

**Neuenburg** ['nɔɪənbʊrk] *nt* Neuchâtel *f*

**neuerdings** ['nɔɪɐ'dɪŋs] *adv* recentemente, da poco
**neuerlich** I. *adj* rinnovato II. *adv* di nuovo
**Neueröffnung** *f* nuova apertura *f* **Neuerscheinung** *f* novità *f* editoriale
**Neuerung** <-, -en> *f* innovazione *f*
**Neuerwerbung** *f* nuovo acquisto *m*
**Neufassung** *f* rielaborazione *f*; (*film*) remake *m*
**Neufundland** [nɔr'funtlant] *nt* Terranova *f*
**neugeboren** *adj* neonato; **ich fühle mich wie ~** mi sento [come] rinato **Neugeborene** <ein -s, -n, -n> *nt* neonato, -a *m, f*
**Neugestaltung** *f* riordinamento *m*, riorganizzazione *f*, riassetto *m*
**Neugier|de|** ['nɔɪgiːɐ(də)] <-> *kein Pl. f* curiosità *f*; **aus ~** per curiosità **neugierig** *adj* curioso; **~ auf etw** *acc* **sein** essere curioso di qc; **ich bin ~, ob ...** sono curioso di sapere se ...; **das macht mich ~** questo mi incuriosisce
**Neugriechisch** *nt* greco *m* moderno
**Neugründung** *f* rifondazione *f*
**Neuguinea** [nɔɪgi'neːa] *nt* Nuova Guinea *f*
**Neuheit** <-, -en> *f* novità *f*
**Neuhochdeutsch** *nt* nuovo alto tedesco *m*
**Neuigkeit** <-, -en> *f* novità *f*
**Neuinszenierung** *f* nuova messinscena *f*
**Neujahr** *nt* capodanno *m*; **prosit ~!** buon anno! **Neujahrsmorgen** *m* mattina *f* di Capodanno **Neujahrstag** <-(e)s, -e> *m* capodanno *m*
**Neuland** *nt* ❶ (*neu gewonnenes Land*) terra *f* di bonifica ❷ (*fig*) terra *m* vergine; **~ betreten** (*fig*) muoversi in un campo nuovo **Neulandgewinnung** *f* dissodamento *m*
**neulich** *adv* recentemente, l'altro giorno; **~ abend[s]** l'altra sera
**Neuling** ['nɔɪlɪŋ] <-s, -e> *m* principiante *mf*, novellino, -a *m, f*
**neumodisch** I. *adj* moderno II. *adv* all'ultima moda **Neumond** *m* luna *f* nuova
**neun** [nɔɪn] *num* nove; *s. a.* **acht**
**Neun** <-, -en> *f* nove *m*; **ach, du grüne ~e!** (*fam*) perbacco!, diamine!
**Neun-, neun-** *s. a.* **Acht-, acht-**
**Neunauge** *nt* lampreda *f*
**neunhundert** ['nɔɪn'hundɐt] *num* novecento
**neunmal** *adv* nove volte **neunmalklug** *adj* (*iron*) saccente
**neuntausend** ['nɔɪn'tauzənt] *num* novemila
**Neunte** <ein -r, -n, -n> *mf* nono, -a *m, f*; *s. a.* **Achte**

**neunte(r, s)** *adj* nono, -a; (*bei Datumsangabe*) nove; *s. a.* **achte(r, s)**
**Neuntel** <-s, -> *nt* nono *m*, nona parte *f*
**neuntens** *adv* [in] nono [luogo]
**neunzehn** *num* diciannove
**neunzehnte(r, s)** *adj* diciannovesimo, -a; (*bei Datumsangabe*) diciannove; *s. a.* **achte(r, s)**
**neunzig** ['nɔɪntsɪç] *num* novanta
**neunzigste(r, s)** *adj* novantesimo, -a
**Neunzigstel** <-s, -> *nt* novantesimo *m*, novantesima parte *f*
**Neuorientierung** *f* nuovo orientamento *m*
**Neuphilologe** *m*, **Neuphilologin** *f* filologo, -a *m, f* di lingue moderne
**Neuralgie** [nɔɪral'giː, *Pl*: nɔɪral'giːən] <-, -n> *f* nevralgia *f*
**neuralgisch** [nɔɪ'ralgɪʃ] *adj* nevralgico
**Neurasthenie** [nɔɪraste'niː, *Pl*: nɔɪrasteˈniːən] <-, -n> *f* nevrastenia *f*
**Neuregelung** *f* nuova regolamentazione *f*
**neureich** *adj* (*pej*) nuovo ricco **Neureiche** <ein -r, -n, -n> *mf* (*pej*) nuovo, -a ricco, -a *m, f*
**Neurodermitis** [nɔɪrodɛr'miːtɪs] <-, Neurodermitiden> *f* (MED) neurodermite *f*
**Neurologe** [nɔɪro'loːgə] <-n, -n> *m* neurologo *m* **Neurologie** [nɔɪrolo'giː] <-> *kein Pl. f* neurologia *f* **Neurologin** [nɔɪro'loːgɪn] <-, -nen> *f* neurologa *f*
**Neurose** [nɔɪ'roːzə] <-, -n> *f* (MED, PSYCH) nevrosi *f*
**Neurotiker(in)** [nɔɪ'roːtɪkɐ] <-s, -; -, -nen> *m(f)* (MED, PSYCH) nevrotico, -a *m, f*
**neurotisch** *adj* (MED, PSYCH) nevrotico
**Neuschnee** *m* neve *f* fresca
**Neuseeland** [nɔɪ'zeːlant] *nt* Nuova Zelanda *f*
**neusprachlich** *adj* di [o delle] lingue moderne
**Neutra** *Pl. von* **Neutrum**
**neutral** [nɔɪ'traːl] *adj* ❶ (*unbeteiligt, unparteiisch*, POL) neutrale ❷ (CHEM, LING) neutro
**neutralisieren** [nɔɪtrali'ziːrən] <ohne ge-> *vt* neutralizzare
**Neutralisierung** <-> *kein Pl. f* neutralizzazione *f*
**Neutralität** [nɔɪtrali'tɛːt] <-> *kein Pl. f* (POL, CHEM, EL) neutralità *f*; (*von Schiedsrichter*) imparzialità *f*
**Neutren** *Pl. von* **Neutrum**
**Neutron** ['nɔɪtroːn] <-s, -en> *nt* (PHYS) neutrone *m* **Neutronenbombe** *f* bomba *f* al neutrone
**Neutrum** ['nɔɪtrʊm, *Pl*: 'nɔɪtra *o* 'nɔɪtrən] <-s, Neutra *o* Neutren> *nt* neutro *m*

**Neuverschuldung** <-, -en> *f* (FIN) rindebitamento *m*
**Neuwahl** *f* nuova elezione *f*
**neuwertig** *adj* come nuovo
**Neuwort** <-s, -wörter> *nt* neologismo *m*
**Neuzeit** *f* tempi *mpl* moderni **neuzeitlich** *adj* moderno
**Newbie** ['nju:bi] <-s, -s> *m* (INFORM) newbie *m*
**Newcomer(in)** ['nju:kʌmɐ] <-s, -; -, -nen> *m(f)* debuttante *mf*
**New Economy** *kein Pl. f* nuova economia *f*
**Newsgroup** <-, -s> *f* (INFORM) news group *m*
**New York** ['nju:'jɔ:k] *nt* New [*o* Nuova] York *f*
**nhd.** *abk v* **neuhochdeutsch** nuovo alto tedesco
**Ni** (CHEM) *abk v* **Nickel** Ni
**nicht** [nɪçt] *adv* non; **bestimmt ~** non di certo; **ich auch ~** neanch'io; **~ einmal** nemmeno; **~ mehr** non più; **~ mehr und ~ weniger** né più né meno; **~ nur ..., sondern auch ...** non solo ..., ma anche ...; **dann eben ~** (*fam*) allora no; **durchaus** [*o* **ganz und gar**] **~** non ... affatto; **alle wissen es, nur Sie ~** tutti lo sanno, solo Lei no; **~ wahr?** nevvero?; **~ doch!** ma no!; **~ schlecht!** (*fam*) mica male!; **~, dass ich wüsste!** non che io sappia!; **was du ~ sagst!** che mi dici!
**Nichtachtung** *f* ❶ (*Mangel an Respekt*) mancanza *f* di rispetto ❷ (*Nichtbeachtung*) inosservanza *f* **Nichtanerkennung** *f* (FIN, POL) non riconoscimento *m;* (JUR) disconoscimento *m* **Nichtangriffspakt** *m* patto *m* di non aggressione **Nichtbeachtung** *f* inosservanza *f*
**Nichte** ['nɪçtə] <-, -n> *f* nipote *f* [di zio e zia]
**nichtehelich** *adj* (JUR) illegittimo
**Nichteinhaltung** *f* (*von Vorschrift, Anordnung*) inosservanza *f*; (*von Vertrag*) inadempimento *m* **Nichteinmischung** *f* non intervento *m* **Nichterscheinen** *nt* non comparizione *f*, contumacia *f* **Nichtgefallen** *nt* **bei ~ Geld zurück** in caso di non soddisfazione la somma pagata sarà restituita
**nichtig** *adj* ❶ (JUR: *ungültig*) nullo; **etw für ~ erklären** abrogare qc ❷ (*geh: unbedeutend*) insignificante **Nichtigkeit** <-, -en> *f* ❶ *Sing.* (JUR: *Ungültigkeit*) nullità *f* ❷ *Sing.* (*Bedeutungslosigkeit*) futilità *f*, vanità *f* ❸ (*Kleinigkeit*) niente *m* **Nichtigkeitserklärung** *f* annullamento *m*
**nichtleitend** *adj* (EL) coibente

**Nichtraucher(in)** *m(f)* non fumatore, -trice *m, f* **Nichtraucherabteil** *nt* scompartimento *m* per non fumatori **Nichtraucherzone** <-, -n> *f* sala *f* [per] non fumatori
**Nichtregierungsorganisation** *f* organizzazione *f* non governativa [ONG]
**nichtrostend** *adj* inossidabile
**nichts** [nɪçts] *pron indef* niente, nulla; **er hat ~ gesagt** non ha detto niente; **~ dergleichen** nulla di tutto ciò; **gar** [*o* **überhaupt**] **~** proprio niente; **~ Neues** niente di nuovo; **sie haben mit ihr ~ als Sorgen** con lei non hanno altro che preoccupazioni; **ich kann ~ dafür** non è colpa mia, non ci posso far nulla; **~ zu danken!** non c'è di che!; **für ~ und wieder ~** (*fam*) per niente; **mir ~, dir ~** come se niente fosse; **da ist ~ zu machen** non c'è niente da fare; **daraus wird ~** non se ne farà [di] nulla; **das macht ~** non fa nulla; **das hat ~ zu sagen** non vuol dire nulla; **das ist ~ für mich** non fa per me; **das ist** [**immerhin**] **besser als ~** è già meglio di niente; **~ lieber als das!** non chiedo di meglio; **~ da!** (*fam*) nemmeno per sogno!; **wenn es weiter ~ ist!** se non c'è altro!, se questo è tutto!; **jetzt aber ~ wie weg!** (*fam*) adesso via, veloci!
**Nichts** <-> *kein Pl. nt* ❶ (PHILOS) nulla *m* ❷ (*Leere*) vuoto *m* ❸ (*Geringfügigkeit*) nonnulla *m;* **vor dem ~ stehen** essere sull'orlo della rovina ❹ (*pej: Mensch*) niente *m*
**nichtsahnend** *adj* non sospettando [di] niente
**Nichtschwimmer(in)** *m(f)* non nuotatore, -trice *m, f* **Nichtschwimmerbecken** *nt* piscina *f* per non nuotatori
**nichtsdestoweniger** [nɪçtsdɛstoˈveːnɪgɐ] *adv* ciò nonostante, nondimeno
**Nichtsnutz** ['nɪçtsnʊts] <-es, -e> *m* (*pej*) buono, -a *m, f* a nulla, inetto, -a *m, f*
**nichtsnutzig** *adj* (*pej*) buono a nulla, inetto
**nichtssagend** *adj* insignificante, futile; (*Gesicht*) inespressivo
**Nichtstuer(in)** <-s, -; -, -nen> *m(f)* (*pej*) fannullone, -a *m, f,* poltrone, -a *m, f*
**Nichtstun** <-s> *kein Pl. nt* ❶ (*Muße*) oziosità *f* ❷ (*Faulheit*) pigrizia *f,* poltroneria *f*
**nichtswürdig** *adj* (*geh pej*) vile, spregevole, abietto
**Nichtwähler(in)** <-s, -; -, -nen> *m(f)* non elettore, -trice *m, f*
**Nichtzutreffende** <ein -s, -n> *kein Pl. nt*

~s bitte streichen! cancellare ciò che non interessa
**Nickel** ['nɪkəl] <-s> *kein Pl. nt* (CHEM) nichel *m*, nichelio *m* **Nickelbrille** *f* occhiali *mpl* con montatura nichelata
**nicken** ['nɪkən] *vi* ① (*mit dem Kopf*) fare cenno col capo; (*zustimmend*) annuire ② (*fam: schlummern*) appisolarsi
**Nickerchen** ['nɪkəçən] <-s, -> *nt* (*fam*) pisolino *m*
**Nicki|pullover** ['nɪki(pʊˈloːvɐ)] <-s, -s> *m* maglia *f* felpata
**Nickname** ['nɪkneɪm] <-s, -s> *m* (INET) nick|name| *m*
**nie** [niː] *adv* |non| … mai; ~ **und nimmer** mai e poi mai; **noch ~ dagewesen** senza precedenti; ~ **mehr!** mai più!
**nieder** ['niːdɐ] I. *adj* ① (*dial: gering*) basso ② (*Rang*) inferiore; **von ~er Herkunft** di umili natali ③ (*Gesinnung*) vile II. *adv* giù, abbasso; **auf und ~ gehen** salire e scendere; ~ **mit den Frauenfeinden!** abbasso i misogini!
**nieder|beugen** I. *vt* (*geh*) piegare in giù II. *vr* **sich ~** abbassarsi, |in|chinarsi
**nieder|brennen** <irr> I. *vt haben* bruciare, ridurre in cenere II. *vi sein* bruciare, essere distrutto dal fuoco
**niederdeutsch** *adj* (LING) basso tedesco
**nieder|drücken** *vt* ① (*herunterdrücken*) piegare |in giù|; (*Klinke, Hebel*) abbassare ② (*fig geh: bedrücken*) deprimere, scoraggiare
**nieder|fallen** <irr> *vi sein* **vor jdm ~** (*geh*) gettarsi ai piedi di qu, prostrarsi dinanzi a qu
**Niederfrequenz** *f* (PHYS) bassa frequenza *f*
**Niedergang** <-(e)s> *kein Pl. m* (*geh: Untergang*) decadenza *f*
**nieder|gehen** <irr> *vi sein* ① (*Gewitter, Wolkenbruch*) abbattersi; (*Regen*) venire giù ② (*Flugzeug*) atterrare
**niedergelassen** *adj* (*CH*) ① (*als Schweizer in einer Gemeinde seinen festen Wohnsitz habend*) residente ② (*als Ausländer das Recht besitzend, in der Schweiz zu wohnen und zu arbeiten*) chi ha il permesso di soggiorno in Svizzera
**niedergeschlagen** *adj* (*bedrückt*) depresso, avvilito **Niedergeschlagenheit** <-> *kein Pl. f* abbattimento *m*, avvilimento *m*
**nieder|holen** *vt* ammainare
**nieder|knien** *vi sein* inginocchiarsi
**nieder|kommen** <irr> *vi sein* (*geh*) |mit **einem Mädchen**| ~ dare alla luce |una bambina|

**Niederkunft** ['niːdɐkʊnft, *Pl*: 'niːdɐkynftə] <-, Niederkünfte> *f* (*geh*) parto *m*
**Niederlage** *f* (MIL) disfatta *f*; (*fig a*) sconfitta *f*; **eine ~ erleiden** subire una sconfitta
**Niederlande** ['niːdɐlandə] *Pl.* **die ~** i Paesi Bassi
**Niederländer(in)** ['niːdɐlɛndɐ] <-s, -; -, -nen> *m(f)* olandese *mf*
**niederländisch** *adj* olandese
**nieder|lassen** <irr> *vr* **sich ~** ① (*geh: sich setzen*) sedersi ② (*seinen Wohnsitz nehmen*) stabilirsi; (*als Arzt, Anwalt*) aprire uno studio
**Niederlassung** <-, -en> *f* ① *Sing.* (*das Sichniederlassen*) stabilimento *m*; (*als Arzt*) apertura *f* di uno studio medico; (*als Rechtsanwalt*) apertura *f* di uno studio legale ② (WIRTSCH) sede *f*; (*Zweigstelle*) filiale *f*, succursale *f* **Niederlassungsbewilligung** <-, -en> *f* (*CH:* JUR) permesso *m* di soggiorno illimitato **Niederlassungsfreiheit** <-, -en> *f* (WIRTSCH) libertà *f* di stabilimento
**nieder|legen** I. *vt* ① (*geh: hinlegen*) mettere giù, posare; (*Waffen*) deporre ② (*Arbeit*) interrompere; (*Amt*) dimettersi |dal suo ufficio| ③ (*schriftlich fixieren*) fissare, registrare II. *vr* **sich ~** (*geh*) coricarsi
**Niederlegung** <-, -en> *f* ① (*Kranz-*) deposizione *f* ② (*Arbeits-*) interruzione *f*; (*Amts-*) dimissioni *fpl*; (*von Krone*) abdicazione *f* ③ (*schriftlich*) registrazione *f*
**nieder|machen** *vt* trucidare, massacrare
**nieder|metzeln** ['niːdɐmɛtsəln] *vt* trucidare, massacrare
**Niederösterreich** *nt* Bassa Austria *f*
**nieder|reißen** <irr> *vt* abbattere, demolire
**Niederrhein** *m* Basso Reno *m*
**Niedersachsen** *nt* Bassa Sassonia *f*
**nieder|schießen** <irr> I. *vt haben* abbattere, stendere II. *vi sein* (*Vogel*) **auf jdn/etw ~** piombare su qu/qc
**Niederschlag** *m* ① (METEO) precipitazioni *fpl* ② (CHEM) precipitato *m*; **radioaktiver ~** pioggia *f* radioattiva, fall-out *m* ③ (*fig*) ripercussione *f*; **seinen ~ in etw** *dat* **finden** riflettersi in |o su| qc
**nieder|schlagen** <irr> I. *vt* ① (*zu Boden schlagen*) abbattere, atterrare ② (*fig: Aufstand*) reprimere ③ (*Kragen, Augen*) abbassare II. *vr* **sich ~** ① (*Dampf*) depositarsi; (CHEM) precipitare ② (*fig: zum Ausdruck kommen*) **sich in etw** *dat* **~** riflettersi su qc
**niederschlagsarm** *adj* povero di precipitazioni, con scarsezza di piogge, siccitoso, secco **Niederschlagsmenge** *f* precipita-

zioni *fpl* **niederschlagsreich** *adj* ricco di precipitazioni, con abbondanti precipitazioni, piovoso

**nieder|schmettern** *vt* scaraventare a terra; (*a. fig*) abbattere **niederschmetternd** *adj* costernante

**nieder|schreiben** <irr> *vt* mettere per iscritto, stendere

**Niederschrift** *f* scritto *m*

**nieder|setzen** I. *vt* posare II. *vr* **sich ~** sedersi

**Niederspannung** <-, -en> *f* (EL) bassa tensione *f*

**nieder|stoßen** <irr> I. *vt haben* (*geh*) buttare giù, gettare a terra II. *vi sein* (*Raubvogel*) **auf jdn/etw ~** piombare su qu/qc

**nieder|strecken** (*geh*) I. *vt* stendere a terra, abbattere II. *vr* **sich ~** [di]stendersi

**Niedertracht** <-> *kein Pl. f* (*geh*) infamia *f*, viltà *f* **niederträchtig** [ˈniːdɐtrɛçtɪç] *adj* infame, vile **Niederträchtigkeit** <-, -en> *f s.* **Niedertracht**

**nieder|trampeln** *vt* (*fam*) pestare coi piedi, calpestare **nieder|treten** <irr> *vt* pestare coi piedi, calpestare

**Niederung** <-, -en> *f* bassopiano *m*

**nieder|walzen** *vt* schiacciare

**nieder|werfen** <irr> I. *vt* (*geh*) ❶ (*Aufstand*) reprimere ❷ (*Feind*) vincere II. *vr* **sich vor jdm ~** gettarsi ai piedi di qu

**Niederwerfung** <-, -en> *f* (*von Feind*) sconfitta *f*; (*von Aufstand*) repressione *f*

**Niederwild** *nt* selvaggina *f* piccola

**niedlich** [ˈniːtlɪç] *adj* carino, grazioso

**niedrig** [ˈniːdrɪç] *adj* ❶ (*klein, gering*) basso; (*Preis*) modico ❷ (*Stand*) umile ❸ (*fig: Gesinnung*) vile **Niedrigenergiehaus** *nt* edificio *m* a basso consumo energetico **Niedrigkeit** <-, -en> *f* bassezza *f* **Niedriglohnland** *nt* paese *m* dai salari bassi

**niemals** [ˈniːmaːls] *adv* [non ...] mai; **~ mehr** mai più

**niemand** [ˈniːmant] *pron indef* [non ...] nessuno; **es ist ~ da** non c'è nessuno; **sonst ~** nessun altro **Niemandsland** *nt* terra *f* di nessuno

**Niere** [ˈniːrə] <-, -n> *f* ❶ (ANAT) rene *m*; **jdm an die ~n gehen** (*fig fam*) deprimere qu, tirare qu giù [di morale] ❷ *pl* (GASTR) rognoni *mpl* **Nierenbecken** *nt* (ANAT) bacinetto *m* renale **nierenförmig** [ˈniːrənfœrmɪç] *adj* reniforme **Nierengurt** *m* fascia *f* renale **nierenkrank** *adj* nefritico **Nierenleiden** *nt* (MED) affezione *f* renale, nefropatia *f* **Nierenspender(in)** <-s, -; -, -nen> *m(f)* (MED) donatore, -trice *m, f* di reni **Nierenstein** *m* (MED) calcolo *m* renale **Nierentisch** *m* tavola *f* reniforme **Nierentransplantation** *f* trapianto *m* renale

**nieseln** [ˈniːzəln] *vi* **es nieselt** pioviggina **Nieselregen** *m* pioggerella *f* minuta

**niesen** [ˈniːzən] *vi* starnutire **Niesen** <-s> *kein Pl. nt* starnuto *m* **Niespulver** *nt* polvere *f* per starnutire

**Nießbrauch** [ˈniːsbraʊx] *m* (JUR) usufrutto *m* **Nießbraucher(in)** <-s, -; -, -nen> *m(f)* (JUR) usufruttuario, -a *m, f* **Nießnutzer(in)** <-s, -; -, -nen> *m(f)* (JUR) usufruttuario, -a *m, f*

**Niet** [niːt] <-(e)s, -e> *m* rivetto *m*

**Niete**[1] [ˈniːtə] <-, -n> *f* (*Bolzen*) chiodo *m* da ribadire, rivetto *m*

**Niete**[2] [ˈniːtə] <-, -n> *f* ❶ (*Fehllos*) biglietto *m* non vincente ❷ (*fig fam: Versager*) schiappa *f*

**nieten** *vt* rivettare

**niet- und nagelfest** *adj* **alles, was nicht ~ ist** (*fam*) tutto quello che si può portar via

**Nihilismus** [nihiˈlɪsmʊs] <-> *kein Pl. m* nichilismo *m*

**Nihilist(in)** [nihiˈlɪst] <-en, -en; -, -nen> *m(f)* nichilista *mf*

**nihilistisch** *adj* nichilista

**Nikolaus** [ˈnɪkolaʊs] <-, -e *o fam* -läuse> *m* (*Gestalt*) San Niccolò *m*

**Nikotin** [nikoˈtiːn] <-s> *kein Pl. nt* nicotina *f* **nikotinarm** *adj* a basso contenuto di nicotina, povero di nicotina **nikotinfrei** *adj* denicotinizzato, senza nicotina **Nikotingehalt** *m* contenuto *m* di nicotina **Nikotinpflaster** *nt* cerotto *m* alla nicotina **Nikotinvergiftung** *f* avvelenamento *m* da nicotina, nicotinismo *m*

**Nil** [niːl] *m* Nilo *m* **Nilpferd** *nt* ippopotamo *m*

**Nimbus** [ˈnɪmbʊs] <-, -se> *m* aureola *f*

**nimmer** [ˈnɪmɐ] *adv* (A, südd: nie) [non] ... mai **nimmermüde** [ˈnɪmɐˈmyːdə] *adj* instancabile, indefesso **Nimmersatt** <-(e)s, -e> *m* (*fam*) ingordo, -a *m, f*, sfondato, -a *m, f* **Nimmerwiedersehen** *nt* (*fam*) **auf ~!** addio per sempre

**nimmt** [nɪmt] *3. Pers. Sing. Präs. von* **nehmen**

**Nippel** [ˈnɪpəl] <-s, -> *m* (TEC) raccordo *m* filettato

**nippen** [ˈnɪpən] *vi* **an etw** *dat* **~** sorseggiare qc

**Nippes** [ˈnɪpəs *o* nɪps] *Pl.,* **Nippsachen** [ˈnɪpzaxən] *fPl.* ninnoli *mpl*, chincaglie *fpl*

**nirgends, nirgendwo** ['nɪrɡənts, 'nɪrɡəntvo:] *adv* da nessuna parte
**nirgendwo** ['nɪrɡəntvo:] *adv* s. **nirgends**
**Nische** ['ni:ʃə] <-, -n> *f* nicchia *f*
**Nisse** ['nɪsə] <-, -n> *f* lendine *f*
**nisten** ['nɪstən] *vi* nidificare, fare il nido
**Nistkasten** *m* nido *m* artificiale
**Nitrat** [ni'tra:t] <-(e)s, -e> *nt* nitrato *m*
**Nitrit** [ni'tri:t] <-s, -e> *nt* nitrito *m*
**Nitroglyzerin** [nitroglytse'ri:n] <-s> *kein Pl. nt* nitroglicerina *f*
**Niveau** [ni'vo:] <-s, -s> *nt* livello *m;* **eine Sendung mit ~** una trasmissione di livello
**niveaulos** *adj* di basso livello; (*mittelmäßig*) mediocre **niveauvoll** *adj* ad alto livello
**nivellieren** [nivɛ'li:rən] <ohne ge-> *vt* livellare
**Nivellierung** <-, -en> *f* livellamento *m*
**nix** [nɪks] (*fam*) *s.* **nichts**
**Nixe** ['nɪksə] <-, -n> *f* ondina *f*
**NN** *abk v* **Normalnull** l.m.
**N. N.** *abk v* **nomen nescio** nome ignoto; (*in Vorlesungsverzeichnissen*) non ancora nominato
**NO** *abk v* **Nordost|en|** NE
**No-bail-Klausel** <-, -n> *f* (FIN) clausola *f* no-bail-out
**nobel** ['no:bəl] *adj* ❶ (*geh: vornehm, edel*) nobile ❷ (*iron: luxuriös*) signorile ❸ (*fam: großzügig*) generoso
**Nobelkarosse** *f* (AUTO: *pej fam*) macchina *f* di lusso
**Nobelpreis** [no'bɛlpraɪs] *m* premio *m* Nobel **Nobelpreisträger(in)** *m(f)* premio *m* Nobel
**noch** [nɔx] I. *adv* ancora; **~ größer** ancora più grande; **~ besser** ancora meglio; **~ bevor** [*o* **ehe**] ancora prima che +*conj*, di +*inf*; **~ dazu** (*außerdem*) per giunta, oltre tutto; **~ |ein|mal** ancora una volta; **~ heute, heute ~** oggi stesso, ancora oggi; **~ immer, immer ~** ancora, sempre; **~ mehr** ancora di più; **~ nicht** non ancora; **~ nie** non ancora; **~ und ~** [*o* **nöcher** *fam*] (*scherz*) a palate; **ich möchte ~ bleiben** vorrei rimanere ancora; **er wird schon ~ kommen** finirà per venire; **er kann ~ nicht einmal kochen** non sa neanche cucinare; **wäre er auch ~ so reich ...** per ricco che sia ...; **wie hieß sie |doch| ~?** com'è che si chiamava?; **|darf es| sonst ~ etwas |sein|?** che [*o* qualcos'] altro?; **auch das ~!** ci mancava anche questo!; **geh doch ~ nicht!** non andartene ancora!; **das wirst du ~ bereuen!** te ne pentirai! II. *konj* **weder ... ~ ...** né ... né ...

**nochmalig** *adj* nuovo; (*wiederholt*) ripetuto
**nochmals** *adv* ancora una volta, di nuovo
**Nockenwelle** ['nɔkənvɛlə] *f* albero *m* a camme
**Nockerl** <-s, -n> *nt* (*A: kleiner Kloß*) gnocco *m*
**Nomade** [no'ma:də] <-n, -n> *m* nomade *m* **Nomadenleben** *nt* vita *f* [da] nomade **Nomadentum** <-s> *kein Pl. nt* nomadismo *m* **Nomadin** [no'ma:dɪn] <-, -nen> *f* nomade *f*
**Nomen** ['no:mən, *Pl:* 'no:mina] <-s, Nomina> *nt* (LING) nome *m*
**Nomenklatur** [nomɛnkla'tu:ɐ̯] <-, -en> *f* nomenclatura *f*
**Nomenklatura** [nomɛnkla'tu:ra] <-> *kein Pl. f* (*in der UdSSR*) ❶ (*Oberschicht*) nomenklatura *f* ❷ (*Verzeichnis der Führungspositionen*) nomenklatura *f*
**Nomina** *Pl. von* **Nomen**
**nominal** [nomi'na:l] *adj* (LING, WIRTSCH) nominale **Nominalwert** <-(e)s, -e> *m* (FIN) valore *m* nominale
**Nominativ** ['no:minati:f] <-s, -o> *m* (LING) nominativo *m*
**nominell** [nomi'nɛl] *adj* nominale
**nominieren** [nomi'ni:rən] <ohne ge-> *vt* nominare
**Nominierung** <-, -en> *f* nomina *f*
**No-Name-Produkt** ['noʊneɪm pro'dʊkt] *nt* sottomarca *f*
**Nonchalance** [nõʃa'lãːs] <-> *kein Pl. f* nonchalance *f*
**Nonkonformismus** ['no:nkɔnfɔrmɪsmʊs *o* nɔnkɔnfɔr'mɪsmʊs] <-> *kein Pl. m* non conformismo *m*, anticonformismo *m*
**Nonkonformist(in)** [nɔnkɔnfɔr'mɪst] <-en, -en; -, -nen> *m(f)* nonconformista *mf*
**nonkonformistisch** *adj* nonconformista
**Nonne** ['nɔnə] <-, -n> *f* monaca *f*, suora *f*
**Nonplusultra** [nɔnplʊs'ʔʊltra] <-s> *kein Pl. nt* (*geh*) **das ~** il non plus ultra, il massimo
**nonprofit** *adj* nonprofit
**Nonsens** ['nɔnzɛns] <-(es)> *kein Pl. m* nonsenso *m*, controsenso *m*, assurdità *f*
**nonstop** [nɔn'stɔp] *adv* non-stop, senza interruzioni, continuato; **~ fliegen** volare non-stop [*o* senza scalo]; **das Programm läuft ~** il programma continua senza interruzioni **Nonstopflug** [nɔn'stɔpflu:k] *m* volo *m* senza scalo **Nonstopkino** *nt* cinema *m* con spettacoli continuati
**Nord** [nɔrt] <-(e)s> *kein Pl. m* nord *m;* **der Wind kommt aus ~** il vento soffia da nord

**Nord-** [nɔrt] (*in Zusammensetzungen*) del nord, settentrionale

**Nordamerika** ['nɔrtʔa'meːrika] *nt* America *f* settentrionale, America *f* del Nord, Nordamerica *m*

**Nordatlantikpakt** ['nɔrtat'lantɪkpakt] <-(e)s> *kein Pl. m* (POL, MIL) trattato *m* nordatlantico

**nordatlantisch** ['nɔrtʔat'lantɪʃ] *adj* nordatlantico

**norddeutsch** *adj* della Germania settentrionale **Norddeutsche** *mf* tedesco, -a *m, f* settentrionale **Norddeutschland** *nt* Germania *f* del Nord [*o* settentrionale]

**Norden** ['nɔrdən] <-s> *kein Pl. m* nord *m*, settentrione *m*; **im ~ von** a nord di; **im hohen ~** nell'alto nord; **nach ~** verso il nord; **von ~** dal nord

**Nordeuropa** ['nɔrtʔɔɪ'roːpa] *nt* Europa *f* del Nord

**Nordhalbkugel** ['nɔrthalpkuːɡəl] <-> *kein Pl. f* emisfero *m* boreale [*o* settentrionale]

**Nordhang** *m* versante *m* settentrionale

**Nordic Walking** ['nɔrdɪk 'vɔːkɪŋ] <-> *nt* nordic *m* walking

**Nordirland** ['nɔrt'ɪrlant] <-s> *nt* Irlanda *f* del Nord

**nordisch** *adj* nordico; **~e Kombination** (SPORT) combinata nordica

**Norditalien** *nt* Italia *f* del Nord [*o* settentrionale] **Norditaliener(in)** *m(f)* [italiano, -a *m, f*] settentrionale *mf* **norditalienisch** *adj* dell'Italia settentrionale

**Nordkorea** ['nɔrtkoreːa] *nt* Corea *f* del Nord

**Nordkoreaner(in)** ['nɔrtkoreaːne] <-s, -; -, -nen> *m(f)* nordcoreano, -a *m, f*

**nordkoreanisch** *adj* nordcoreano, della Corea del Nord

**nördlich** ['nœrtlɪç] **I.** *adj* settentrionale; **~ von** a nord di; **in ~er Richtung** verso nord **II.** *prp +gen* **~ des Polarkreises** a nord del circolo polare

**Nordlicht** *nt* ① (*Polarlicht*) aurora *f* boreale ② (*fam scherz*) persona *f* della Germania settentrionale

**Nordost(en)** ['nɔrt'ʔɔst(ən)] *m* nord-est *m* **nordöstlich** ['nɔrt'ʔœstlɪç] *adj* **~ von ...** a nord-est di ...

**Nordpol** *m* polo *m* nord

**Nordrhein-Westfalen** ['nɔrtraɪnvɛst'faːlən] *nt* Renania *f* Settentrionale-Vestfalia

**Nordsee** *f* mare *m* del Nord

**Nord-Süd-Dialog** *m* dialogo *m* Nord-Sud

**Nord-Süd-Gefälle** *nt* divario *m* Nord-Sud

**Nordwest(en)** ['nɔrt'vɛst(ən)] *m* nord-ovest *m* **nordwestlich** ['nɔrt'vɛstlɪç] *adj* **~ von ...** a nord-ovest di ...

**Nordwind** *m* vento *m* del nord

**Nörgelei** [nœrɡə'laɪ] <-, -en> *f* (*pej*) continuo criticare *m*, brontolio *m*

**nörgeln** ['nœrɡəln] *vi* (*pej*) **an etw** *dat* **~** criticare qc, trovar sempre da ridire su qc

**Nörgler(in)** <-s, -; -, -nen> *m(f)* (*pej*) criticone, -a *m, f*

**Norm** [nɔrm] <-, -en> *f* norma *f*, regola *f*

**normal** [nɔr'maːl] *adj* normale **Normalbenzin** <-s> *kein Pl. nt* benzina *f* normale **normalerweise** *adv* normalmente **Normalfall** *m* caso *m* normale; **im ~** normalmente **Normalgewicht** <-(e)s> *kein Pl. nt* peso *m* norma **Normalgröße** *f* altezza *f* normale

**normalisieren** [nɔrmali'ziːrən] <ohne ge-> **I.** *vt* normalizzare **II.** *vr* **sich ~** normalizzarsi

**Normalisierung** <-, -en> *f* normalizzazione *f*

**Normalität** [nɔrmali'tɛːt] <-> *kein Pl. f* normalità *f*

**Normalmaß** *nt* misura *f* normale, campione *m* **Normalnull** <-s> *kein Pl. nt* quota *f* zero, livello *m* mare **Normalsterbliche** <ein -r, -n, -n> *mf* comune *mf* mortale **Normalverbraucher** *m* consumatore *m* medio; **Otto ~** (*fam pej*) un uomo qualunque

**Normanne** [nɔr'manə] <-n, -n> *m*, **Normannin** [nɔr'manɪn] <-, -nen> *f* normanno, -a *m, f*

**normannisch** *adj* normanno

**normativ** [nɔrma'tiːf] *adj* normativo

**normen** ['nɔrmən] *vt*, **normieren** [nɔr'miːrən] <ohne ge-> *vt* normalizzare, unificare

**Normierung** <-, -en> *f*, **Normung** <-, -en> *f* normalizzazione *f*, standardizzazione *f*

**normwidrig** *adj* contrario alla norma

**Norwegen** ['nɔrveːɡən] *nt* Norvegia *f*

**Norweger(in)** <-s, -; -, -nen> *m(f)* norvegese *mf*

**norwegisch** *adj* norvegese

**Nostalgie** [nɔstal'ɡiː] <-, -n> *f* nostalgia *f* **Nostalgiewelle** *f* revival *m* della nostalgia, ritorno *m* nostalgico; **auf der ~ schwimmen** abbandonarsi all'onda della nostalgia

**nostalgisch** [nɔs'talɡɪʃ] *adj* nostalgico

**Not** [noːt, *Pl:* 'nøːtə] <-, Nöte> *f*

❶ (~*lage*) bisogno *m*, necessità *f*; **in ~ geraten** cadere in miseria ❷ *Sing.* (*Mangel*) penuria *f*, mancanza *f*; (*Bedürftigkeit*) indigenza *f*; (*Armut*) povertà *f*; (*Elend*) miseria *f*; **~ leiden** (*geh*) essere in miseria; **~ leidend** bisognoso, indigente; **wenn ~ am Mann ist** quando urge il bisogno; **aus der ~ eine Tugend machen** fare di necessità virtù; **zur ~** se è necessario; **~ macht erfinderisch** (*prov*) il bisogno aguzza l'ingegno ❸ (*Sorge, Mühe*) fatica *f*, pena *f*; **seine [liebe] ~ mit jdm/etw haben** avere un bel daffare con qu/qc *fam;* **mit knapper ~** a malapena; **mit knapper ~ entkommen** scamparla bella *fam*
**Notanker** *m* ❶ (NAUT) ancora *f* di riserva ❷ (*geh fig*) ancora *f* di salvezza
**Notar(in)** [no'taːɐ] <-s, -e; -, -nen> *m(f)* notaio *m*
**Notariat** [notari'aːt] <-(e)s, -e> *nt* ❶ (*Amt*) notariato *m* ❷ (*Büro*) studio *m* notarile
**notariell** [notari'ɛl] **I.** *adj* notarile **II.** *adv* dal notaio; **~ beglaubigt** legalizzato dal notaio
**Notarin** *f s.* **Notar**
**Notarzt** *m*, **Notärztin** *f* medico *m* di servizio **Notaufnahme** <-, -n> *f* pronto soccorso *m* **Notausgang** *m* uscita *f* di sicurezza **Notbehelf** *m* espediente *m*, ripiego *m* **Notbeleuchtung** *f* illuminazione *f* d'emergenza **Notbremse** *f* freno *m* d'emergenza **Notbremsung** <-, -en> *f* frenata *f* d'emergenza **Notdienst** *m* **~ haben** (*Apotheke*) essere di turno
**Notdurft** ['noːtdʊrft] <--> *kein Pl. f* (*geh*) bisogno *m*, necessità *fpl;* **seine ~ verrichten** fare i propri bisogni
**notdürftig I.** *adj* ❶ (*kaum ausreichend*) appena sufficiente, scarso ❷ (*behelfsmäßig*) provvisorio, di fortuna **II.** *adv* alla meno peggio
**Note** ['noːtə] <-, -n> *f* ❶ (MUS) nota *f*; **ganze ~** semibreve *f*; **halbe ~** minima *f* ❷ (*Bank~*) banconota *f* ❸ (*Schul~*) voto *m* ❹ (*fig: Wesenszug*) impronta *f*; **eine persönliche ~** un'impronta personale
**Notebook** <-s, -s> *nt* notebook *m*
**Notenbank** <-, -en> *f* banca *f* d'emissione **Notenblatt** *nt* (MUS) foglio *m* di musica **Notenheft** *nt* quaderno *m* di musica **Notenpapier** *nt* carta *f* da musica **Notenschlüssel** <-s, -> *m* (MUS) chiave *f* **Notenständer** *m* (MUS) leggio *m*
**Notfall** *m* caso *m* di bisogno; **im ~** in caso di bisogno; (*zur Not*) se è necessario

**notfalls** *adv* all'occorrenza, in caso di bisogno
**Notfallstation** <-, -en> *f* (*CH: Unfallstation im Krankenhaus*) pronto soccorso *m*
**notgedrungen** *adv* per necessità, costretto dalla necessità
**notgeil** *adj* (*sl*) affamato, allupato
**Notgroschen** *m* risparmio *m*, riserva *f* di denaro
**notieren** [no'tiːrən] <ohne ge-> *vt* ❶ (*aufschreiben*) annotare, prendere nota di ❷ (FIN: *Kurse, Aktien*) quotare
**Notierung** <-, -en> *f* (FIN) quotazione *f*
**nötig** ['nøːtɪç] *adj* necessario; **etw ~ haben** aver bisogno di qc; **für ~ halten** ritenere necessario; **wenn** [*o* **falls**] **~** se necessario, all'occorrenza; **es ist ~, dass ...** è necessario che *+conj*, occorre che *+conj*
**nötigen** *vt* obbligare, costringere; (JUR) costringere, coartare
**nötigenfalls** *adv* in caso di bisogno
**Nötigung** <-, -en> *f* (JUR) costrizione *f*, coartazione *f*
**Notiz** [no'tiːts] <-, -en> *f* ❶ (*Vermerk*) nota *f*, appunto *m*; **sich** *dat* **~en machen** prendere appunti; **von etw/jdm ~ nehmen** prendere nota di qc/qu ❷ (*Zeitungs~*) notizia *f* **Notizblock** <-(e)s, -blöcke> *m* blocco *m* per appunti **Notizbuch** *nt* taccuino *m*, agenda *f*; **elektronisches ~** agenda elettronica **Notizzettel** <-s, -> *m* foglio *m* degli appunti
**Notlage** *f* situazione *f* di emergenza, necessità *f* **notlanden** *vi sein* effettuare un atterraggio di fortuna **Notlandung** *f* atterraggio *m* di fortuna **notleidend** *adj* bisognoso, indigente **Notlösung** *f* soluzione *f* di fortuna **Notlüge** *f* bugia *f* ufficiosa
**notorisch** [no'toːrɪʃ] *adj* notorio, pubblicamente noto
**Notruf** *m* ❶ (*Anruf*) chiamata *f* d'emergenza ❷ (~*nummer*) numero *m* per chiamate d'emergenza **Notrufsäule** *f* colonnina *f* per chiamate di soccorso
**Notrufsystem** *nt* sistema *m* di chiamata di soccorso
**notschlachten** *vt* abbattere
**Notsitz** *m* strapuntino *m* **Notstand** *m* stato *m* di emergenza **Notstandsgebiet** *nt* zona *f* sinistrata **Notstandsgesetz** *nt* legge *f* per lo stato di emergenza **Notstromaggregat** *nt* gruppo *m* elettrogeno di emergenza **Notstromversorgung** <--> *kein Pl. f* fornitura *f* [*o* erogazione *f*] di energia elettrica d'emergenza **Nottaufe** *f* battesimo *m* d'urgenza **Notunterkunft** *f* alloggio *m* di fortuna

**Notverband** *m* fasciatura *f* provvisoria, prima medicazione *f* **Notwehr** <-> *kein Pl. f* (JUR) legittima difesa *f*; **aus** [*o* **in**] ~ per legittima difesa
**notwendig** ['no:tvɛndɪç] *adj* necessario; (*unerlässlich*) indispensabile **notwendigerweise** *adv* necessariamente **Notwendigkeit** <-, -en> *f* necessità *f*
**Notzucht** *f* stupro *m,* violenza *f* carnale
**Nougat** <-s, -s> *m o nt s.* **Nugat**
**Novelle** [no'vɛlə] <-, -n> *f* ❶ (LIT) novella *f* ❷ (JUR, POL) emendamento *m* di legge
**novellieren** <ohne ge-> *vt* (*bes. A, sonst: form: ein Gesetz ändern oder ergänzen*) emendare
**November** [no'vɛmbɐ] <-(s), -> *m* novembre *m*; *s. a.* **April**
**Novize** [no'vi:tsə] <-n, -n> *m,* **Novizin** [no'vi:tsɪn] <-, -nen> *f* (REL) novizio, -a *m, f*
**NPD** [ɛnpe:'de:] <-> *kein Pl. f abk v* **Nationaldemokratische Partei Deutschlands** partito nazionaldemocratico tedesco
**Nr.** *abk v* **Nummer** n.
**NS** ❶ *abk v* **Nachschrift** P.S. ❷ *abk v* **Nationalsozialismus** nazionalsocialismo *m*
**N. T.** *abk v* **Neues Testament** NT
**Nu** [nu:] *m* **im** ~ (*fam*) in un attimo
**Nuance** [ny'ã:sə] <-, -n> *f* sfumatura *f*
**nüchtern** ['nʏçtɐn] *adj* ❶ (*ohne Essen*) digiuno; **auf ~en Magen** a digiuno ❷ (*nicht betrunken*) sobrio ❸ (*einfach*) sobrio ❹ (*schmucklos*) disadorno, semplice ❺ (*sachlich*) obiettivo, spassionato **Nüchternheit** <-> *kein Pl. f* ❶ (*ohne Essen*) essere *m* a digiuno ❷ (*ohne Alkohol*) sobrietà *f* ❸ (*Einfachheit*) sobrietà *f* ❹ (*Schmucklosigkeit*) semplicità *f* ❺ (*Sachlichkeit*) obiettività *f*
**nuckeln** ['nʊkəln] *vi* (*fam*) succhiare (*an etw dat* qc)
**Nudel** ['nu:dəl] <-, -n> *f* pasta *f*; **die ~n abgießen** scolare la pasta
**Nudelholz** *nt* matterello *m*
**nudeln** *vt* ingrassare
**Nudelsuppe** *f* pastina *f* in brodo
**Nudist(in)** [nu'dɪst] <-en, -en; -, -nen> *m(f)* nudista *mf*
**Nugat** ['nu:gat] <-s, -s> *m o nt* nougat *m*
**nuklear** [nukle'a:ɐ] *adj* nucleare **Nuklearmacht** *f* potenza *f* nucleare **Nuklearmedizin** *f* medicina *f* nucleare **Nuklearphysik** *f* fisica *f* nucleare **Nuklearwaffe** <-, -n> *f* arma *f* nucleare
**null** [nʊl] *num* ❶ (*Zahl*) zero; **~ und nichtig** nullo; **es ist ~ Uhr fünf** (ADM) è mezzanotte e cinque; **in ~ Komma nichts** (*fam*) in un batter d'occhio ❷ (*sl: kein*) **~ Ahnung/Bock haben** non avere idea/ nessuna voglia **Null** <-, -en> *f* ❶ (*Zahl*) zero *m*; **die Stunde ~** l'ora zero; **zehn Grad über/unter ~** dieci gradi sopra/sotto zero ❷ (*fam pej: unfähiger Mensch*) nullità *f*
**Nullachtfuffzehn-, Nullachtfünfzehn-** [nʊlaxt'fʊftse:n, nʊlaxt'fʏnftse:n] (*in Zusammensetzungen, fam pej*) dozzinale
**nullachtfünfzehn** [nʊlaxt'fʏnftse:n] *adj inv* (*fam*) mediocre, banale
**Nullchecker** ['nʊltʃɛkɐ] <-s, -> *m* incapace *m,* inetto *m,* imbecille *m*
**Nulldiät** *f* dieta *f* zero **Nulllösung** *f* (POL) opzione *f* zero **Nullpunkt** *m* punto *m* zero; **auf den ~ sinken** scendere a zero **Nullrunde** <-, -n> *f* wage freeze *m,* congelamento *m* dei salari **Nullserie** *f* serie *f* sperimentale **Nulltarif** *m* tariffa *f* zero; **zum ~ fahren** andare gratis **Nullwachstum** *nt* (WIRTSCH) crescita *f* zero
**numerisch** [nu'me:rɪʃ] *adj* numerico
**Numerus clausus** ['nu:merʊs 'klaʊzʊs] <-, -> *m* numero *m* chiuso
**Numismatik** [numɪs'ma:tɪk] <-> *kein Pl. f* numismatica *f*
**Nummer** ['nʊmɐ] <-, -n> *f* ❶ (*Zahl, Zirkus~, Konfektions~, von Zeitschrift*) numero *m*; **eine ~ wählen** comporre un numero; **mit einer ~ versehen** numerare; **auf ~ Sicher gehen** (*fam*) andare sul sicuro ❷ (*fam: Typ*) tipo *m*
**nummerieren** [nume'ri:rən] <ohne ge-> *vt* numerare **Nummerierung** <-, -en> *f* numerazione *f*
**Nummernkonto** *nt* conto *m* cifrato **Nummernscheibe** *f* disco *m* combinatore **Nummernschild** *nt* targa *f* [d'immatricolazione]
**nun** [nu:n] *adv* ❶ (*jetzt*) ora, adesso; **was ~?** e adesso?, e ora?; **von ~ an** d'ora in poi ❷ (*beschwichtigend*) e; **~ gut!** e va bene!; **~ ja** ebbene ❸ (*entrüstet*) però ❹ (*auffordernd, fragend*) be', e, e allora; **~?** allora? ❺ (*eben*) **das ist ~ einmal so!** è [ormai] così
**nunmehr** ['nu:nme:ɐ] *adv* (*geh*) ormai
**Nuntius** ['nʊntsiʊs, *Pl:* 'nʊntsiən] <-, Nuntien> *m* nunzio *m*
**nur** [nu:ɐ] *adv* solo, solamente; (*bei Verben* a) non ... che; **nicht ~ ..., sondern auch ...** non solo ..., ma anche ...; **~ schade, dass ...** solo peccato che ...; **alle, ~ ich nicht** tutti, solo io no, tutti tranne me; **wenn ich ~ wüsste, ob ...** se solo sapessi se ...; **ich weiß es ~ zu gut** lo

so fin troppo bene; **ich habe ~ noch zwei Euro** mi restano solo due euro; **sie lief so schnell sie ~ konnte** corse con quanta forza aveva in corpo; **~ zu!** avanti!, coraggio!; **lassen Sie mich ~ machen!** (*fam*) lasci fare a me!; **sollen sie sich ~ über mich lustig machen!** e che si prendano pure gioco di me!; **was hast du ~ [heute]?** ma che hai [oggi]?, si può sapere che hai [oggi]?; **wie konntest du ~ so dumm sein!** come hai potuto essere così stupido!

**Nürnberg** ['nʏrnbɛrk] *nt* Norimberga *f*

**nuscheln** ['nʊʃəln] *vt, vi* (*fam*) farfugliare

**Nuss** [nʊs, *Pl:* 'nʏsə] <-, Nüsse> *f* ❶ (BOT, GASTR) noce *f*; (*Hasel~ a*) nocciola *f*; **das ist eine harte ~!** (*fam fig*) è un osso duro ❷ (*fam pej: Mensch*) **du dumme** [*o* **doofe**] **~!** imbecille!, cretino! ❸ (*A: Mokkatasse*) tazzina *f* da caffè **Nussbaum** *m* noce *m* **nussbraun** *adj* color noce, castano

**Nüsse** *Pl. von* **Nuss**

**nussig** *adj* nocciolato

**Nussknacker** <-s, -> *m* schiaccianoci *m* **Nussöl** <-(e)s, -e> *nt* olio *m* di noce **Nussschale** *f* guscio *m* di noce **Nusstorte** <-, -n> *f* torta *f* di nocciole

**Nüster** ['nʏstɐ] <-, -n> *f meist pl* frogia *f*

**Nut** [nuːt] <-, -en> *f*, **Nute** ['nuːtə] <-, -n> *f* (TEC) scanalatura *f*

**nuten** *vt* scanalare

**Nutte** ['nʊtə] <-, -n> *f* (*vulg pej*) puttana *f*

**Nutzanwendung** *f* applicazione *f* pratica

**nutzbar** *adj* utilizzabile; **~ machen** utilizzare, mettere a profitto; (*Boden*) coltivare **Nutzbarmachung** <-> *kein Pl. f* utilizzazione *f*, sfruttamento *m*; (*von Boden*) coltivazione *f*

**nutzbringend** *adj* utile, proficuo; (*ertragreich*) produttivo

**nütze** ['nʏtsə] *adj* [**zu**] **nichts ~ sein** non essere buono a nulla; [**zu**] **etw ~ sein** servire a qc

**Nutzeffekt** *m* effetto *m* utile

**nutzen, nützen** ['nʊtsən, 'nʏtsən] I. *vi* essere utile; **zu etw ~** essere utile a qc; **jdm ~** essere utile a qu II. *vt* sfruttare; **das nützt nichts** ciò non serve a nulla

**Nutzen** ['nʊtsən] <-s> *kein Pl. m* (*Nützlichkeit*) utilità *f*; (*Gewinn*) profitto *m*, guadagno *m*; (*Vorteil*) vantaggio *m*; **~ bringen, von ~ sein** dare frutti, essere utile; **aus etw ~ ziehen** trarre profitto da qc

**Nutzfahrzeug** *nt* veicolo *m* utilitario **Nutzfläche** *f* superficie *f* utile **Nutzholz** *nt* legname *m* da costruzione **Nutzlast** *f* carico *m* utile

**nützlich** *adj* utile, giovevole; **sich ~ machen** rendersi utile **Nützlichkeit** <-> *kein Pl. f* utilità *f*

**nutzlos** *adj* inutile; (*vergeblich*) vano, infruttuoso **Nutzlosigkeit** <-> *kein Pl. f* inutilità *f*; (*Vergeblichkeit*) vanità *f*

**Nutznießer(in)** ['nʊtsniːsɐ] <-s, -; -, -nen> *m(f)* beneficiario, -a *m, f*; (JUR) usufruttuario, -a *m, f* **Nutzpflanze** *f* pianta *f* utile **Nutztier** <-(e)s, -e> *nt* animale *m* utile

**Nutzung** <-, *rar* -en> *f* ❶ (*Be~*) utilizzazione *f*, uso *m* ❷ (*Aus~*) sfruttamento *m*; (*von Boden*) coltivazione *f* **Nutzungsrecht** *nt* (JUR) diritto *m* d'usufrutto

**NW** *abk v* **Nordwest[en]** NO

**Nylon**® ['naɪlɔn] <-(s)> *kein Pl. nt* nylon® *m*

**Nymphe** ['nʏmfə] <-, -n> *f* ninfa *f*

**nymphoman** *adj* ninfomane

**Nymphomanie** [nʏmfomaˈniː] *f* ninfomania *f*

**Nymphomanin** [nʏmfoˈmaːnɪn] *f* ninfomane *f*

**nymphomanisch** *adj* ninfomane

# Oo

**O, o** [oː] <-, -(s)> *nt* O, o *f*; **O wie Otto** O come Otranto
**o** [oː] *int* oh
**O** *abk v* **Ost[en]** E
**o. a.** *abk v* **oben angeführt** detto [*o* dimostrato] sopra
**o. ä.** *abk v* **oder ähnlich** o sim.
**o. Ä.** *abk v* **oder Ähnliche(s)** o sim.
**Oase** [oˈaːzə] <-, -n> *f* oasi *f*
**ob** [ɔp] *konj* ❶ (*indirekte Frage einleitend*) se; **er fragt, ~ du mitkommst** chiede se ci vieni anche tu; **~ das wohl stimmt?** che sia vero? ❷ (*vergleichend*) **als ~** come se; **es ist, als ~ ...** si direbbe che ...; **so tun, als ~ ...** far finta di +*inf* ❸ (*egal ~*) **~ ... oder** che ... o +*conj*; **~ er kommt oder nicht** che venga o no ❹ (*verstärkend*) **und ~!** eccome!, altro che!
**o B.** *abk v* **ohne Befund** risultato negativo
**OB** [oːˈbeː] <-(s), -s> *m abk v* **Oberbürgermeister** sindaco *m*
**o. B.** *abk v* **ohne Befund** risultato negativo
**Obacht** [ˈoːbaxt] <-> *kein Pl. f* (*südd*) attenzione *f*; **auf jdn/auf etw ~ geben** prestare attenzione a qu/qc; **~!** occhio!
**ÖBB** *f* (*A*) *abk v* **Österreichische Bundesbahnen** ferrovie *fpl* federali austriache
**Obdach** [ˈɔpdax] *nt* ricovero *m*, rifugio *m*
**obdachlos** *adj* senza casa, senza tetto
**Obdachlose** <ein -r, -n, -n> *mf* senzatetto *mf* **Obdachlosenasyl** *nt* asilo *m* per i senzatetto
**Obduktion** [ɔpdʊkˈtsi̯oːn] <-, -en> *f* (MED) autopsia *f*
**obduzieren** [ɔpduˈtsiːrən] <ohne ge-> *vt* (MED) fare l'autopsia di
**O-Beine** *ntPl.* (*fam*) gambe *fpl* storte
**Obelisk** [obeˈlɪsk] <-en, -en> *m* obelisco *m*
**oben** [ˈoːbən] *adv* ❶ (*in der Höhe*) in alto; **da** [*o* **dort**] **~** lassù; **links/rechts ~** su [*o* in alto] a sinistra/a destra; **nach ~** in alto; **von ~** dall'alto; **von ~ bis unten** da cima a fondo; (*bei Personen*) da capo a piedi; **~ wohnen** abitare sopra; **jdn von ~ herab behandeln** trattare qu dall'alto in basso; **~ ohne sein** (*fam*) essere topless; **sich ~ ohne sonnen** (*fam*) prendere il sole in topless; **mir steht's bis hier ~!** (*fam*) ne ho fin sopra i capelli! ❷ (*an Oberfläche*) alla superficie ❸ (*in Schriftstück, Buch*) sopra **obenan** [ˈoːbənˈʔan] *adv* (*in Reihenfolge*) al primo posto; (*bei Liste*) in cima

**obenauf** [ˈoːbənˈʔaʊf] *adv* **wieder ~ sein** (*fam: gesund sein*) essersi rimesso **obendrein** [ˈoːbənˈdraɪn] *adv* per giunta, per di più, inoltre
**obenerwähnt** *adj* summenzionato, soprammenzionato
**obengenannt** *adj* indicato sopra
**obenhin** [ˈoːbənˈhɪn] *adv* superficialmente, di sfuggita
**Ober** [ˈoːbɐ] <-s, -> *m* cameriere *m*
**Oberarm** [ˈoːbɐarm] *m* parte *f* superiore del braccio, omero *m* **Oberarzt** *m*, **Oberärztin** *f* medico *m* capo, dottoressa *f* capo **Oberbefehl** *m* (MIL) comando *m* supremo **Oberbefehlshaber** *m* (MIL) comandante *m* supremo **Oberbekleidung** *f* vestiti *mpl* **Oberbett** *nt* piumino *m* **Oberbürgermeister(in)** *m(f)* borgomastro *m*, sindaco, -a *m, f*
**obere(r, s)** [ˈoːbərə, -re, -rəs] *adj* superiore, [più] alto, -a
**Oberfeldwebel** *m* maresciallo *m* maggiore **Oberfläche** *f* superficie *f*; **an der ~** in superficie **oberflächlich** *adj* superficiale **Oberflächlichkeit** <-, -en> *f* superficialità *f* **Obergeschoss** *nt* piano *m* superiore **Obergrenze** <-, -n> *f* limite *m* [*o* estremo *m*] massimo **oberhalb** I. *prp* +*gen* al di sopra di II. *adv* [di] sopra **Oberhand** *f* **die ~ gewinnen über** +*acc* avere il sopravvento su **Oberhaupt** *nt* (*geh*) capo *m* **Oberhaus** *nt* (POL) ❶ (*erste Kammer des Parlaments*) camera *f* alta ❷ (*in Großbritannien*) Camera *f* alta [*o* dei Lords] **Oberhaut** *f* epidermide *f* **Oberhemd** *nt* camicia *f* **Oberhoheit** *f* sovranità *f*
**Oberin** [ˈoːbərɪn] <-, -nen> *f* [madre *f*] superiora *f*
**oberirdisch** *adj* [situato] in superficie
**Oberkellner(in)** *m(f)* capocameriere *m*, capocameriera *f* **Oberkiefer** *m* (ANAT) mascella *f* superiore **Oberkommando** *nt* (MIL) comando *m* supremo **Oberkörper** *m* parte *f* superiore del corpo, busto *m* **Oberlandesgericht** [ˈoːbəˈlandəsɡərɪçt] <-(e)s, -e> *nt* (JUR) corte *f* d'appello **Oberlauf** <-(e)s, -läufe> *m* corso *m* superiore **Oberleder** *nt* tomaia *f* **Oberleitung** *f* ❶ (*Führung*) direzione *f* generale ❷ (EL) linea *f* aerea **Oberleitungsomnibus** *m* filobus *m* **Oberleutnant** *m* (MIL) tenente *m* **Oberlicht** *nt* luce *f* dall'alto,

lucernario *m* **Oberlippe** *f* labbro *m* superiore **Oberösterreich** *nt* Alta Austria *f* **Oberprima** ['oːbeˈpriːma] *f* ultima classe *f* liceale **Oberprimaner(in)** ['oːbepriˈmaːnɐ] <-s, -; -, -nen> *m(f)* allievo, -a *m, f* dell'ultima classe liceale **Oberrhein** *m* Reno *m* superiore

**Obers** ['oːbɐs] <-> *kein Pl. nt* (*A: Sahne*) panna *f* [montata]

**Oberschenkel** *m* coscia *f* **Oberschicht** *f* ① (*obere Schicht*) strato *m* superiore ② (SOC) strato *m* superiore, ceto *m* elevato **Oberschule** <-, -n> *f* (*fam*) scuola *f* [media] superiore **Oberschwester** *f* capoinfermiera **Oberseite** *f* lato *m* superiore

**Oberst** ['oːbɛst] <-en *o* -s, -en *o rar* -e> *m* colonnello *m*

**Oberstaatsanwalt** *m*, **Oberstaatsanwältin** *f* procuratore, -trice *m, f* della Repubblica

**oberste(r, s)** *adj* Superlativ *von* **obere(r, s)** ① (*räumlich*) [il/la] più alto, -a; (*Stockwerk*) ultimo, -a ② (ADM) supremo, -a, superiore; **das Oberste Gericht** la corte suprema

**Oberstufe** *f* corso *m* superiore, livello *m* avanzato; **gymnasiale ~** *i tre anni scolastici che precedono la maturità classica, linguistica o scientifica* **Oberteil** *nt* parte *f* superiore; (*von Kleidung*) disopra *m* **Oberwasser** *nt* acqua *f* superiore, gora *f* d'afflusso; **~ haben** (*fam*) avere il sopravvento **Oberweite** *f* [circonferenza *f* del] petto *m*

**obgleich** [ɔpˈglaɪç] *konj* sebbene +*conj*, benché +*conj*

**Obhut** ['ɔphuːt] <-> *kein Pl. f* (*geh*) **jdn in seine ~ nehmen** prendere qu sotto la sua protezione

**obige(r, s)** ['oːbɪgɐ, -gɐ, -gɐs] *adj* suddetto, -a, summenzionato, -a

**Objekt** [ɔpˈjɛkt] <-(e)s, -e> *nt* ① (*Gegenstand*, PHILOS) oggetto *m* ② (LING) complemento *m*

**objektiv** [ɔpjɛkˈtiːf] *adj* obiettivo

**Objektiv** <-s, -e> *nt* obiettivo *m*

**Objektivität** [ɔpjɛktiviˈtɛːt] <-> *kein Pl. f* obiettività *f*

**Objektträger** *m* vetrino *m* portaoggetti, portaoggetto *m*

**Oblate** [oˈblaːtə] <-, -n> *f* ostia *f*

**obliegen** [ɔpˈliːgən] <irr> *vi* (*geh*) **jdm ~** spettare a qu **Obliegenheit** <-, -en> *f* (*geh*) dovere *m*, incombenza *f*, obbligo *m*

**obligat** [obliˈgaːt] *adj* d'obbligo, obbligatorio, indispensabile

**Obligation** [obligaˈtsjoːn] <-, -en> *f* (*a.* FIN) obbligazione *f*

**obligatorisch** [obligaˈtoːrɪʃ] *adj* obbligatorio

**Obmann** ['ɔpman, *Pl:* 'ɔpmɛnɐ *o* 'ɔplɔɪtə] <-(e)s, Obmänner *o* Obleute> *m*, **Obmännin** ['ɔpmɛnɪn] <-, -nen> *f* direttore, -trice *m, f;* (SPORT) arbitro, -a *m, f*

**Oboe** [oˈboːə] <-, -n> *f* oboe *m*

**Obolus** ['oːbolus] <-, - *o* -se> *m* obolo *m*

**Obrigkeit** ['oːbrɪçkaɪt] <-, -en> *f* autorità *f* **Obrigkeitsstaat** *m* stato *m* [*o* regime *m*] autoritario

**obschon** [ɔpˈʃoːn] (*geh*) *s.* **obgleich**

**Observatorium** [ɔpzɛrvaˈtoːrium] <-s, Observatorien> *nt* osservatorio *m*

**observieren** [ɔpzɛrˈviːrən] *vt* pedinare, tenere sotto controllo

**obsessiv** [ɔpzɛˈsiːf] *adj* (PSYCH) ossessivo

**obskur** [ɔpsˈkuːɐ̯] *adj* oscuro, sospetto

**Obst** [oːpst] <-(e)s> *kein Pl. nt* frutta *f* **Obstanbau** <-(e)s> *kein Pl. m* frutticoltura *f* **Obstbau** <-(e)s> *kein Pl. m* frutticoltura *f* **Obstbaum** *m* albero *m* da frutto **Obsternte** ① (*Tätigkeit*) raccolta *f* della frutta ② (*Zeit*) tempo *m* del raccolto **Obstgarten** *m* frutteto *m* **Obstgeschäft** *nt* negozio *m* di frutta **Obsthändler(in)** *m(f)* fruttivendolo, -a *m, f* **Obsthandlung** *f* negozio *m* di frutta **Obstkuchen** *m* dolce *m* di frutta **Obstmesser** *nt* coltello *m* da frutta **Obstplantage** *f* piantagione *f* di alberi da frutto **Obstsaft** *m* succo *m* di frutta **Obstsalat** *m* macedonia *f* di frutta **Obsttorte** *f* torta *f* alla frutta

**obszön** [ɔpsˈtsøːn] *adj* osceno

**Obszönität** [ɔpstsøniˈtɛːt] <-, -en> *f* oscenità *f*

**Obus** ['oːbus] *m abk v* **Oberleitungsomnibus**

**obwohl** [ɔpˈvoːl] *konj* sebbene +*conj*, benché +*conj*, anche se

**Ochs** [ɔks] <-en, -en> *m*, **Ochse** ['ɔksə] <-n, -n> *m* ① (ZOO) bue *m* ② (*fam fig: Dummkopf*) stupido *m*, sciocco *m*

**ochsen** *vi* (*fam: pauken*) sgobbare

**Ochsenschlepp** <-s, -e> *m* (*A: Ochsenschwanz*) coda *f* di bue **Ochsenschwanzsuppe** *f* brodo *m* di coda di bue

**Ocker** ['ɔkɐ] <-s, -> *m o nt* ocra *f*

**öd** [øːt] *adj s.* **öde**

**Ode** ['oːdə] <-, -n> *f* ode *f*

**öde** ['øːdə] *adj* ① (*verlassen*) deserto; (*kahl*) brullo; (*unbebaut*) incolto; (*unbewohnt*) disabitato ② (*fig: langweilig*) monotono

**Öde** ['øːdə] <-, -n> *f* ① (*Wüste*) deserto *m*;

(*Ein~*) solitudine *f* ❷ *Sing.* (*fig: Langeweile*) monotonia *f*
**Ödem** [øˈdeːm] <-s, -e> *nt* (MED) edema *m*
**oder** [ˈoːdɐ] *konj* o, oppure; **~ auch** oppure, ovvero; **entweder ... ~ ... o ... o ...; du kommst doch heute, ~?** vieni oggi, o no?; **du kommst heute nicht, ~ doch?** non vieni oggi, o sbaglio?
**Ödipuskomplex** [ˈøːdipʊskɔmˈplɛks] *m* (PSYCH) complesso *m* di Edipo
**Ödland** *nt* (AGR) terreni *mpl* incolti
**Odyssee** [odyˈseː] <-, -n> *f* (*geh*) odissea *f*
**OEZ** *abk v* **osteuropäische Zeit** ora locale dell'Europa orientale
**Ofen** [ˈoːfən, *Pl:* ˈøːfən] <-s, Öfen> *m* (*Heiz~*) stufa *f*; (*Back~*) forno *m* **Ofenbank** <-, -bänke> *f* panca *f* accanto alla stufa **Ofenrohr** *nt* tubo *m* della stufa **Ofenschirm** *m* parafuoco *m* **Ofensetzer(in)** <-s, -; -, -nen> *m(f)* fumista *mf*
**Off** [ɔf] <-s> *kein Pl. nt* (TV, FILM, THEAT) fuoricampo *m*; **aus dem ~** fuoricampo
**offen** [ˈɔfən] *adj* ❶ (*geöffnet, nicht verschlossen, a. fig*) aperto; (*Gelände, Wagen*) scoperto; **halb ~** semiaperto, socchiuso; **weit ~** spalancato; **auf ~ er Straße** per la strada; **~ er Wein** vino sfuso; **Tag der ~ en Tür** giorno *m* di apertura al pubblico, porte *f* aperte *pl* ❷ (*Stelle*) vacante, libero ❸ (*Frage*) insoluto, aperto, in sospeso ❹ (*freimütig*) franco, sincero; (*unverhüllt*) palese, manifesto; **~ und ehrlich** schiettamente, chiaro e tondo; **es ganz ~ sagen** dirlo senza mezzi termini; **~ gesagt** [*o* **gestanden**] a dire il vero; **~ er Widerstand** opposizione palese
**offenbar** [ˈɔfənbaːɐ̯ *o* ɔfənˈbaːɐ̯] I. *adj* manifesto, palese II. *adv* chiaramente, evidentemente
**offenbaren** [ɔfənˈbaːrən] <ohne ge-> I. *vt* (*geh*) manifestare, rivelare; (REL) rivelare II. *vr* **sich ~** (*geh*) ❶ (*erweisen*) mostrarsi ❷ (*kundtun*) rivelarsi
**Offenbarung** <-, -en> *f* rivelazione *f* **Offenbarungseid** *m* (JUR) giuramento *m* dichiaratorio
**offen|bleiben** <irr> *vi* (*unentschieden bleiben*) rimanere indeciso **offen|halten** <irr> *vt* **sich** *dat* **etw ~** (*sich vorbehalten*) tenersi [*o* lasciarsi] aperto qc
**Offenheit** <-, *rar* -en> *f* franchezza *f*, sincerità *f*; **in aller ~** con tutta franchezza
**offenherzig** *adj* franco, schietto, sincero **Offenherzigkeit** <-, *rar* -en> *f* franchezza *f*, sincerità *f*, schiettezza *f* **offenkundig** *adj* manifesto, notorio, evidente **offen|lassen** <irr> *vt* (*Frage, Problem*) lasciare aperto [*o* in sospeso] **offen|legen** *vt* (*klar darlegen*) rivelare, scoprire
**Offenmarktgeschäft** <-(e)s, -e> *nt* (FIN) affare *m* del mercato aperto
**offensichtlich** I. *adj* evidente, palese II. *adv* evidentemente
**offensiv** [ɔfɛnˈziːf] *adj* offensivo **Offensive** [ɔfɛnˈziːvə] <-, -n> *f* offensiva *f*
**offen|stehen** <irr> *vi* ❶ (*sich bieten*) **jdm ~** (*Möglichkeit, Alternative*) offrirsi a qu, prospettarsi a qu ❷ (*zugänglich sein*) **ihr steht die ganze Welt offen** il mondo le sta aperto davanti, ha tutte le possibilità ❸ (*freistehen*) **es steht dir offen, zu kommen oder nicht** sta a te decidere se venire o meno ❹ (*unbezahlt sein*) essere scoperto, non essere pagato
**öffentlich** [ˈœfəntlɪç] I. *adj* pubblico; **die ~ e Meinung** l'opinione pubblica II. *adv* pubblicamente, in pubblico; **~ auftreten** presentarsi in pubblico
**Öffentlichkeit** <-> *kein Pl. f* pubblico *m*; **in der ~** in pubblico; **vor aller ~** davanti a tutti; **unter Ausschluss der ~** (JUR) a porte chiuse **Öffentlichkeitsarbeit** *f* pubbliche relazioni *fpl*
**Öffentlichkeitsarbeiter(in)** *m(f)* pr *mf*
**öffentlich-rechtlich** *adj* di diritto pubblico
**offerieren** [ɔfeˈriːrən] <ohne ge-> *vt* (COM) offrire
**Offerte** [ɔˈfɛrtə] <-, -n> *f* (COM) offerta *f*
**Office-paket** <-(e)s, -e> *nt* (INFORM) pacchetto *m* office
**offiziell** [ɔfiˈtsi̯ɛl] *adj* ufficiale
**Offizier** [ɔfiˈtsiːɐ̯] <-s, -e> *m* ufficiale *m* **Offiziersanwärter** *m* allievo *m* ufficiale **Offizierslaufbahn** *f* carriera *f* di ufficiale
**offline** <inv> *adj* (INFORM) off-line **Offline-Betrieb** *m* (INFORM) modalità *f* fuori linea
**öffnen** [ˈœfnən] I. *vt* (*a. Computer*) aprire; (*Flasche*) stappare; **mit Gewalt ~** forzare; **hier ~!** lato da aprire! II. *vr* **sich ~** aprirsi
**Öffner** <-s, -> *m* ❶ (*Dosen~*) apriscatole *m*; (*Flaschen~*) apribottiglie *m*; (*Brief~*) tagliacarte *m* ❷ (*Tür~*) apriporta *m*
**Öffnung** <-, -en> *f* ❶ (*Vorgang*) apertura *f* ❷ (*Loch*) buco *m*, foro *m* **Öffnungszeit** *f* ore *fpl* di apertura
**Off-Roader** [ˈɔfroʊdɐ] *m* (AUTO) fuoristrada *m*
**Offsetdruck** [ˈɔfsɛtdrʊk] <-(e)s, -e> *m* (TYP) stampa *f* offset
**oft** [ɔft] <öfter, *rar* am öftesten> *adv* spesso; **des Öft[e]ren** di frequente; **je öfter ..., desto mehr/weniger ...** più ... e più/meno ...; **wie ~?** quante volte?
**öfters** [ˈœftəs] *adv* spesso, diverse volte

**oftmals** ['ɔftmaːls] *adv* spesso, più volte
**oh** [oː] *int* o, oh, ah; **~, wie schön!** oh, che bello!; **~, wie furchtbar!** terribile!
**OHG** [oːhaːˈgeː] <-, -s> *f abk v* **offene Handelsgesellschaft** s.n.c.
**Ohm** [oːm] <-(s), -> *nt* (EL) ohm *m*
**ohne** ['oːnə] **I.** *prp* +*acc* senza; (*frei von*) privo di; **~ mein Wissen** a mia insaputa, senza che lo sapessi; **~ weiteres** senz'altro; **ich werde auch ~ ihn fertig** farò anche a meno di lui; **nicht [so] ~ sein** (*fam*) non essere niente male, non essere da disprezzare **II.** *konj* **~ dass ...** senza che +*conj*; **~ etw zu sagen** senza dir nulla
**ohnedies** [oːnəˈdiːs] *adv* in ogni caso, comunque
**ohnegleichen** ['oːnəˈglaɪçən] <inv> *adj* (*nachgestellt*) senza pari, unico [nel suo genere]
**ohnehin** ['oːnəˈhɪn] *s.* **ohnedies**
**Ohnmacht** ['oːnmaxt] <-, -en> *f* ● (*Bewusstlosigkeit*) svenimento *m;* **in ~ fallen** svenire, perdere la conoscenza ❷ (*Machtlosigkeit*) impotenza *f*, debolezza *f* **ohnmächtig** ['oːnmɛçtɪç] *adj* ● (*bewusstlos*) svenuto, senza conoscenza; **~ werden** svenire, perdere la conoscenza ❷ (*machtlos*) impotente
**oho** [oˈhoː] *int* oh, oh, olà
**Ohr** [oːɐ̯] <-(e)s, -en> *nt* orecchio *m;* **auf einem ~ taub sein** essere sordo da un orecchio; **ganz ~ sein** essere tutt'orecchi *fam;* **ins ~ gehen** (*Melodie*) essere facilmente orecchiabile; **nur mit halbem ~ hinhören** [*o* **zuhören**] ascoltare distrattamente; **sich aufs ~ legen** (*fam*) mettersi a dormire, fare un pisolino; **sich** *dat* **die ~en zuhalten** tapparsi le orecchie; **die ~en spitzen** drizzare gli orecchi, tendere l'orecchio; **die ~en steifhalten** (*fam*) farsi forza e coraggio; **jdm zu ~en kommen** giungere all'orecchio di qu; **zu einem ~ herein- und zum anderen wieder hinausgehen** (*fam*) entrare da un orecchio e uscire dall'altro; **jdn übers ~ hauen** (*fam*) imbrogliare qu; **mit den ~en schlackern** (*fam*) rimanere senza parole; **sich** *dat* **etw hinter die ~en schreiben** (*fam fig*) ficcarsi bene in mente qc; **jdm mit etw in den ~en liegen** (*fam*) importunare qu con qc; **bis über die ~en fin sopra i capelli** *fam;* **ich habe im Moment furchtbar viel um die ~en** (*fam*) al momento ho un sacco di cose per la testa
**Öhr** [øːɐ̯] <-(e)s, -e> *nt* (*Nadel~*) cruna *f;* (TEC) occhiello *m*
**Ohrenarzt** *m*, **Ohrenärztin** *f* otoiatra *mf* **ohrenbetäubend** *adj* (*fam*) assordante, da rompere i timpani **Ohrenentzündung** *f* (MED) otite *f* **Ohrensausen** <-s> *kein Pl. nt* ronzio *m* auricolare **Ohrenschmalz** *nt* cerume *m* **Ohrenschmaus** *m* delizia *f* per gli orecchi **Ohrenschützer** *mPl.* paraorecchie *m* **Ohrensessel** *m* poltrona *f* a orecchioni **Ohrenzeuge** *m*, **Ohrenzeugin** *f* testimone *mf* auricolare
**Ohrfeige** *f* schiaffo *m*, ceffone *m* **ohrfeigen** *vt* schiaffeggiare
**Ohrgehänge** *nt* pendente *m* da orecchio, orecchino *m* a pendaglio **Ohrläppchen** ['oːɐ̯lɛpçən] <-s, -> *nt* lobo *m* auricolare **Ohrmuschel** *f* padiglione *m* auricolare **Ohrring** *m* orecchino *m* **Ohrwurm** *m* ● (ZOO) forbicina *f* ❷ (*fam fig: Melodie*) motivo *m* di successo facilmente orecchiabile
**oje** [oˈjeː] *int* ahimè
**o.k.** [oˈkeː], **O.K., okay** *adj* <inv> **etw ist ~** (*ist gut*) qc va bene; (*ist in Ordnung*) qc è a posto [o okay]; **[das ist] ~!** okay!, va bene!; (*einverstanden*) d'accordo!; **es ist alles ~** è tutto a posto; **bist du wieder ~?** tutto O.K. [*o* bene]?
**okkult** [ɔˈkʊlt] *adj* occulto, segreto
**Okkultismus** [ɔkʊlˈtɪsmʊs] <-> *kein Pl. m* occultismo *m*
**Okkupation** [ɔkupaˈtsjoːn] <-, -en> *f* occupazione *f*
**Ökobauer** ['øːkoˌbauɐ] *m*, **Ökobäu|e|rin** *f* bioagricoltore, -trice *m, f* **Öko-Katastrophe** *f* (ECO) ecocatastrofe *f*
**Ökologe** [økoˈloːgə] <-n, -n> *m* ecologo *m*
**Ökologie** [økoloˈgiː] <-> *kein Pl. f* ecologia *f* **Ökologiebewegung** <-> *kein Pl. f* movimento *m* ecologista
**Ökologin** [økoˈloːgɪn] <-, -nen> *f* ecologa *f*
**ökologisch** [økoˈloːgɪʃ] *adj* ecologico
**Ökonom(in)** [økoˈnoːm] <-en, -en; -, -nen> *m(f)* ● (*Wirtschaftswissenschaftler*) economo, -a *m, f* ❷ (*Landwirt*) agricoltore, -trice *m, f*
**Ökonomie** [økonoˈmiː] <-, -n> *f* economia *f*
**Ökonomin** *f s.* **Ökonom**
**ökonomisch** [økoˈnoːmɪʃ] *adj* economico
**Ökosiegel** <-s, -> *nt* marchio *m* di qualità per prodotti ecologici **Ökosteuer** *f* ecotassa *f*, tassa *f* per l'ambiente **Ökosystem** *nt* ecosistema *m* **Ökotourismus** *m* ecoturismo *m* **Ökozertifikat** *nt* ecocertificazione *f*

**Oktaeder** [ɔkta'ʔeːdɐ] <-s, -> *nt* (MAT) ottaedro *m*

**Oktanzahl** [ɔk'taːntsaːl] *f* numero *m* di ottani

**Oktave** [ɔk'taːvə] <-, -n> *f* (MUS) ottava *f*

**Oktober** [ɔk'toːbɐ] <-(s), -> *m* ottobre *m; s. a.* **April**

**Okular** [oku'laːɐ, *Pl:* oku'laːrə] <-s, -e> *nt* lente *f* oculare

**okulieren** [oku'liːrən] <ohne ge-> *vt* (AGR) innestare a occhio

**Ökumene** [øku'meːnə] <-> *kein Pl. f* (REL) ❶ (*Christentum*) consiglio *m* ecumenico delle chiese ❷ (*gemeinsames Handeln*) ecumenismo *m* **ökumenisch** [øku'meːnɪʃ] *adj* ecumenico

**Okzident** ['ɔktsidɛnt *o* ɔktsi'dɛnt] <-s> *kein Pl. m* **der ~** l'occidente *m*

**Öl** [øːl] <-(e)s, -e> *nt* ❶ (*Speise~, Sonnen~*) olio *m* ❷ (*Heiz~*) nafta *f* ❸ (*Erd~*) petrolio *m;* **~ ins Feuer gießen** (*fig*) gettare olio sulle fiamme ❹ (KUNST) **in ~ malen** dipingere a olio

**Ölbaum** *m* olivo *m* **Ölbild** *nt* [dipinto *m* a] olio *m*

**Oldtimer** ['oʊltaɪmɐ] <-s, -> *m* ❶ (*scherz: Person*) vecchia volpe *f fam* ❷ (*Auto*) auto *f* d'epoca

**Oleander** [ole'andɐ] <-s, -> *m* (BOT) oleandro *m*

**ölen** *vt* oliare, lubrificare; **wie ein geölter Blitz** (*fam*) come un lampo

**Ölfarbe** *f* colore *m* a olio **Ölfleck** *m* macchia *f* d'olio **Ölförderung** *f* estrazione *f* petrolifera

**Ölgemälde** *nt s.* **Ölbild Ölgemisch** *nt* miscela *f* [d'olio e benzina] **Ölgesellschaft** *f* compagnia *f* petrolifera **Ölgewinnung** *f* estrazione *f* petrolifera; (*von Speiseöl*) produzione *f* di olio **ölhaltig** *adj* (*Pflanze*) oleoso, oleifero **Ölheizung** *f* riscaldamento *m* a nafta

**ölig** *adj* oleoso

**Olive** [o'liːvə] <-, -n> *f* oliva *f* **Olivenbaum** *m* olivo *m,* ulivo *m* **Olivenentkerner** *m* snocciolaolive *m* **Olivenöl** *nt* olio *m* d'oliva

**olivgrün** *adj* verde oliva, olivastro

**Ölkanister** *m* bidone *m* dell'olio **Ölkännchen** *nt* oliatore *m* **Ölkanne** <-, -n> *f* oliatore *m,* tanica *f* d'olio **Ölkrise** *f* crisi *f* del petrolio **Öllager** *nt* deposito *m* di petrolio **Ölleitung** *f* oleodotto *m;* (MOT) tubo *m* dell'olio **Ölofen** *m* stufa *f* a olio combustibile **Ölpapier** *nt* carta *f* oleata **Ölpest** *f* inquinamento *m* da petrolio **Ölpresse** *f* frantoio *m* **Ölpumpe** *f* pompa *f* dell'olio **Ölquelle** *f* pozzo *m* di petrolio **Ölraffinerie** *f* raffineria *f* di petrolio **Ölrückstände** *mPl.* depositi *mpl* oleosi, residui *mpl* d'olio **Ölsardine** *f* sardina *f* sott'olio **Ölscheich** *m* (*fam*) sceicco *m* del petrolio **Ölschicht** *f* strato *m* d'olio **Ölstand** *m* livello *m* dell'olio **Öltanker** *m* petroliera *f* **Ölteppich** *m* chiazza *f* di petrolio

**Ölung** <-, -en> *f* (REL) unzione *f;* **die Letzte ~** l'estrema unzione

**Ölverbrauch** *m* (AUTO) consumo *m* d'olio **Ölvorkommen** *nt* giacimento *m* petrolifero **Ölwechsel** *m* (AUTO) cambio *m* dell'olio

**Olympiade** [olʏm'pi̯aːdə] <-, -n> *f* (SPORT) olimpiadi *fpl,* giochi *mpl* olimpici

**Olympiasieger(in)** [o'lʏmpi̯aziːkɐ] *m(f)* campione, -essa *m, f* olimpionico, -a, vincitore, -trice *m, f* olimpico, -a **Olympiastadion** <-stadien> *nt* stadio *m* olimpico

**olympisch** [o'lʏmpɪʃ] *adj* olimpico; **die Olympischen Spiele** i giochi olimpici

**Ölzeug** *nt* indumenti *mpl* di tela cerata

**Oma** ['oːma] <-, -s> *f* (*fam*) nonna *f*; (*Kindersprache*) nonnina *f*

**Ombudsfrau** <-, -en> *f,* **Ombudsmann** ['ɔmbʊtsman, *Pl:* 'ɔmbʊtslɔɪtə *o* 'ɔmbʊtsmɛnɐ] <-es, Ombudsleute *o* Ombudsmänner> *m* difensore *m* civico, ombudsman *m*

**Omega-3-Fettsäure** [oːmega'draɪ-] *f* acidi *mpl* grassi Omega-3 [*o* Omega 3]

**Omelett** <-(e)s, -s *o* -e> *nt,* **Omelette** [ɔm(ə)'lɛt] <-, -n> *f* (*CH, A*) omelette *f,* frittata *f*

**Omen** ['oːmən] <-s, - *o* Omina> *nt* segno *m,* augurio *m,* presagio *m;* **ein gutes/böses ~** un buon/cattivo segno

**ominös** [omi'nøːs] *adj* di cattivo augurio

**Omnibus** ['ɔmnibʊs] *m* omnibus *m,* autobus *m;* (*Reise~, Gesellschafts~*) pullman *m* **Omnibushaltestelle** *f* fermata *f* dell'autobus **Omnibuslinie** *f* linea *f* d'autobus

**Onanie** [ona'niː] <-> *kein Pl. f* onanismo *m,* masturbazione *f*

**onanieren** [ona'niːrən] <ohne ge-> *vi* masturbarsi

**One-Man-Show** ['wʌnmænʃoʊ] *f* one- -man show *m*

**One-Night-Stand** ['wʌnnaɪtstænd] <-s, -s> *m* esperienza *f* di un'unica notte

**Onkel** ['ɔŋkəl] <-s, - *o fam* -s> *m* zio *m*

**online** ['ɔnlaɪn] <inv> *adj* online, in linea; **~ gehen** entrare in rete; **~ sein** essere in rete **Onlineangebot** *nt* offerta *f* online

**Onlinebanking** [ˈɔnlaɪnbɛŋkɪŋ] <-s> *kein Pl. nt* home banking *m* **Onlinebetrieb** *m* modalità *f* online **Onlinegeschäft** *nt* affare *m* online **Onlinehandel** [ˈɔnlaɪn-] *m* commercio *m* elettronico [*o* on line], e-commerce *m* **Onlinekunde** *m* utente *mf* online **Onlineportal** *nt* portale *m* web [*o* internet] **Onlineshop** *m* negozio *m* virtuale **Onlineshopping** *nt* shopping *m* online **Onlineübersetzung** *f* traduzione *f* online
**ÖNORM, Ö-Norm** <-, Ö-Normen> *f* (A) akr v **Österreichische Norm** norma *f* austriaca
**Onyx** [ˈoːnʏks] <-(es), -e> *m* onice *f*
**OP** [oːˈpeː] <-(s), -s> *m* abk v **Operationssaal** sala *f* operatoria
**Opa** [ˈoːpa] <-s, -s> *m* (fam) nonno *m*
**Opal** [oˈpaːl] <-s, -e> *m* opale *m* o *f*
**op. cit.** abk v **opere citato** op. cit.
**OPEC** [ˈoːpɛk] <-> *kein Pl. f* abk v **Organization of the Petrol Exporting Countries** OPEC *f*
**Oper** [ˈoːpɐ] <-, -n> *f* ❶ (MUS) opera *f* ❷ (Gebäude) teatro *m* dell'opera, opera *f*
**Operateur** [opəraˈtøːɐ, *Pl:* opəraˈtøːrə] <-s, -e> *m* operatore *m*
**Operation** [opəraˈtsi̯oːn] <-, -en> *f* (MED, MAT, MIL) operazione *f* **Operationssaal** *m* (MED) sala *f* operatoria **Operationstisch** *m* (MED) tavolo *m* operatorio
**operativ** [opəraˈtiːf] I. *adj* operatorio; ~**er Eingriff** intervento *m* per via operatoria; ~ **entfernen** resecare
**Operette** [opəˈrɛta] <-, -n> *f* operetta *f*
**operieren** [opəˈriːrən] <ohne ge-> I. *vt* (MED) operare; **sich ~ lassen** sottoporsi a un'operazione II. *vi* ❶ (MED) fare un'operazione ❷ (MIL) operare, compiere una manovra
**Opernball** *m* ballo *m* dell'opera **Opernführer** *m* (Buch) guida *f* dell'opera **Opernglas** *nt* binocolo *m* dell'opera **Opernhaus** *nt* teatro *m* dell'opera, opera *f* **Opernsänger(in)** *m(f)* cantante *mf* d'opera
**Opfer** [ˈɔpfɐ] <-s, -> *m* ❶ (~gabe, *a. fig*) offerta *f*; (Verzicht) sacrificio *m*; (REL) immolazione *f*; **ein ~ für jdn/etw bringen** fare un sacrificio per qu/qc ❷ (Person) vittima *f*; **jdm/etw zum ~ fallen** essere vittima di qu/qc **Opferbereitschaft** *f* spirito *m* di sacrificio, abnegazione *f*
**opfern** I. *vt* (*a. fig*) sacrificare, immolare II. *vr* **sich [für jdn/etw] ~** (*a. fig*) sacrificarsi [per qu/qc]
**Opferstatistik** *f* statistica *f* delle vittime

**Opferung** <-, -en> *f* (*a. fig*) sacrificio *m*
**opferwillig** *adj* pronto al sacrificio
**Opiat** [opiˈaːt] <-(e)s, -e> *nt* oppiato *m*
**Opium** [ˈoːpi̯ʊm] <-s> *kein Pl. nt* oppio *m*
**Opossum** [oˈpɔsʊm] <-s, -s> *nt* opossum *m*
**Opponent(in)** [ɔpoˈnɛnt] <-en, -en; -, -nen> *m(f)* oppositore, -trice *m, f*, avversario, -a *m, f*
**opponieren** [ɔpoˈniːrən] <ohne ge-> *vi* opporsi (gegen a), fare opposizione (gegen a)
**opportun** [ɔpɔrˈtuːn] *adj* opportuno
**Opportunismus** [ɔpɔrtuˈnɪsmʊs] <-> *kein Pl. m* opportunismo *m*
**Opportunist(in)** [ɔpɔrtuˈnɪst] <-en, -en; -, -nen> *m(f)* opportunista *mf*
**opportunistisch** *adj* opportunista, opportunistico
**Opposition** [ɔpoziˈtsi̯oːn] <-, -en> *f* opposizione *f*
**oppositionell** [ɔpozitsi̯oˈnɛl] *adj* contrario, d'opposizione; **einer Sache** *dat* ~ **gegenüberstehen** essere contrari a qc, opporsi a qc
**Oppositionsführer(in)** *m(f)* (POL) [donna *f*] capo *m* dell'opposizione **Oppositionspartei** *f* partito *m* d'opposizione
**OP-Schwester** *f* infermiera *f* di sala operatoria
**Optik** [ˈɔptɪk] <-> *kein Pl. f* ottica *f*; (*fig: Eindruck*) aspetto *m* ottico
**Optiker(in)** <-s, -; -, -nen> *m(f)* ottico, -a *m, f*
**Optima** *Pl. von* **Optimum**
**optimal** [ɔptiˈmaːl] *adj* ottimale
**Optimalfall** *m* miglior caso *m*; **im ~** nel migliore dei casi
**optimieren** [ɔptiˈmiːrən] <ohne ge-> *vt* ottimizzare
**Optimierung** <-, -en> *f* ottimizzazione *f*
**Optimismus** [ɔptiˈmɪsmʊs] <-> *kein Pl. m* ottimismo *m*
**Optimist(in)** [ɔptiˈmɪst] <-en, -en; -, -nen> *m(f)* ottimista *mf*
**optimistisch** *adj* ottimista, ottimistico
**Optimum** [ˈɔptimʊm, *Pl:* ˈɔptima] <-s, Optima> *nt* optimum *m*
**Option** [ɔpˈtsi̯oːn] <-, -en> *f* opzione *f*
**optisch** [ˈɔptɪʃ] *adj* ottico
**opulent** [opuˈlɛnt] *adj* opulento
**Orakel** [oˈraːkəl] <-s, -> *nt* oracolo *m*
**orakeln** <ohne ge-> *vi* (*fig*) parlare come un oracolo
**oral** [oˈraːl] *adj* orale **Oralverkehr** *kein Pl. m* rapporto *m* orale

**orange** [oˈrãːʒə *o* oˈraŋʒə] <inv> *adj* arancione; *s. a.* **blau**
**Orange**[1] <-, -n> *f* (*Apfelsine*) arancia *f*
**Orange**[2] <-, - *o fam* -s> *nt* (*Farbe*) [colore *m*] arancione *m; s. a.* **Blau**
**Orangeade** [orãˈʒaːdə] <-, -n> *f* aranciata *f*
**Orangeat** [orãˈʒaːt *o* oraŋˈʒaːt] <-s, -e> *nt* buccia *f* d'arancia candita
**Orangenbaum** *m* arancio *m* **Orangenhaut** <-> *kein Pl. f* (MED) cellulite *f* **Orangensaft** *m* succo *m* d'arancia **Orangenschale** *f* buccia *f* d'arancia
**Orangerie** [orãʒəˈriː, *Pl:* orãʒəriːən] <-, -n> *f* aranceto *m*
**Orang-Utan** [ˈoːraŋˈʔuːtan] <-s, -s> *m* orang-utan *m*
**Oratorium** [oraˈtoːriʊm] <-s, Oratorien> *nt* oratorio *m*
**Orchester** [ɔrˈkɛstɐ] <-s, -> *nt* orchestra *f* **Orchesterbegleitung** *f* accompagnamento *m* orchestrale **Orchestergraben** *m* fossa *f* dell'orchestra
**orchestrieren** [ɔrkɛsˈtriːrən] <ohne ge-> *vt* orchestrare
**Orchidee** [ɔrçiˈdeːə] <-, -n> *f* orchidea *f*
**Orden** [ˈɔrdən] <-s, -> *m* ① (REL) ordine *m* [religioso] ② (*Auszeichnung*) onorificenza *f*; (MIL) decorazione *f*, medaglia *f* **Ordensgeistliche** *m* chierico *m* regolare, clero *m* regolare **Ordensträger(in)** *m(f)* insignito, -a *m, f* di un ordine
**ordentlich** [ˈɔrdəntlɪç] *adj* ① (*aufgeräumt*) ordinato, in ordine ② (*ordnungsliebend*) ordinato, ammodo ③ (*achtbar*) ordinato ④ (*ordnungsgemäß*) ordinario ⑤ (*fam: reichlich*) abbondante; **eine ~e Tracht Prügel** (*fam*) un fracco di legnate ⑥ (*fam: einigermaßen gut*) buono, come si deve
**Order** [ˈɔrdɐ] <-, -s *o* -n> *f* ① (*Befehl*) ordine *m* ② (COM: *Auftrag*) ordinazione *f*, commissione *f*
**Ordinalzahl** [ɔrdiˈnaːltsaːl] *f* numero *m* ordinale
**ordinär** [ɔrdiˈnɛːɐ] *adj* ① (*pej: unfein*) volgare ② (*gewöhnlich*) ordinario, comune
**Ordinarius** [ɔrdiˈnaːriʊs, *Pl:* ɔrdiˈnaːriən] <-, Ordinarien> *m* professore *m* ordinario, ordinario *m*
**Ordination** <-, -en> *f* ① (REL) ordinazione *f* ② (MED: *ärztliche Verordnung*) prescrizione *f* ③ (*A, sonst: obs* MED: *ärztliche Sprechstunde*) orario *m* di visita ④ (*A:* MED: *Arztpraxis*) studio *m* medico
**ordnen** [ˈɔrdnən] *vt* ordinare, mettere in ordine; **alphabetisch ~** ordinare alfabeticamente

**Ordner** <-s, -> *m* (*Akten~*) raccoglitore *m*
**Ordner(in)** <-s, -; -, -nen> *m(f)* organizzatore, -trice *m, f,* ordinatore, -trice *m, f*
**Ordnung** <-, *rar* -en> *f* ① *Sing.* (*Zustand*) ordine *m*, [buono] stato *m;* **für ~ sorgen** mettere ordine; **in ~ halten** tenere in ordine; **etw [wieder] in ~ bringen** rimettere in ordine qc; **zur ~ rufen** richiamare all'ordine; **der ~ halber** per mantenere l'ordine; **in ~** in [buon] ordine; (TEC) in buono stato, a posto; (*fam: Mensch*) a posto; **es ist alles in ~** è tutto in ordine; [**geht**] **in ~!** (*fam*) d'accordo! ② *Sing.* (*Handlung*) disposizione *f,* sistemazione *f,* regolamento *m* ③ *Sing.* (*Regelung*) regolamento *m*, statuto *m* ④ (BIOL, MAT) ordine *m*
**ordnungsgemäß** I. *adj* regolare, regolamentare II. *adv* regolarmente, nella debita forma **ordnungshalber** *adv* per regolarità, per essere in regola **Ordnungsliebe** *f* amore *m* dell'ordine **Ordnungsruf** *m* richiamo *m* all'ordine **Ordnungssinn** *m* senso *m* dell'ordine **Ordnungsstrafe** *f* (JUR) pena *f* disciplinare **ordnungswidrig** *adj* (JUR) irregolare, non conforme al regolamento; **sich ~ verhalten** contravvenire al regolamento **Ordnungszahl** *f* (MAT) [numero *m*] ordinale
**Oregano** [oˈreːgano] <-s> *kein Pl. m* origano *m*
**Organ** [ɔrˈgaːn] <-s, -e> *nt* ① (ANAT) organo *m* ② (*fig* ADM) istituzione *f* ③ (*fig: Zeitung*) organo *m* ④ (*fam: Stimme*) voce *f* **Organbank** <-, -en> *f* banca *f* degli organi
**Organigramm** [ɔrganiˈgram] <-s, -e> *nt* organigramma *m*
**Organisation** [ɔrganizaˈtsi̯oːn] <-, -en> *f* organizzazione *f*
**Organisator(in)** [ɔrganiˈzaːtoːɐ̯] <-s, -en; -, -nen> *m(f)* organizzatore, -trice *m, f*
**organisatorisch** [ɔrganizaˈtoːrɪʃ] *adj* organizzativo
**organisch** [ɔrˈgaːnɪʃ] *adj* organico
**organisieren** [ɔrganiˈziːrən] <ohne ge-> I. *vt* ① (*planen*) organizzare ② (*fam: beschaffen*) procurarsi II. *vr* **sich ~** organizzarsi; **gewerkschaftlich organisiert** organizzato in un sindacato **organisiert** *adj* organizzato; **gewerkschaftlich ~** organizzato in un sindacato
**Organismus** [ɔrgaˈnɪsmʊs] <-, Organismen> *m* organismo *m*
**Organist(in)** [ɔrgaˈnɪst] <-en, -en; -, -nen> *m(f)* organista *mf*
**Organizer** <-s, -> *m* (INFORM) agenda *f* [elettronica]

**Organmandat** <-s, -e> *nt* (A) *multa che viene direttamente pagata al poliziotto che l'ha elevata*
**Organspende** *f* (MED) *donazione f di un organo* **Organspender(in)** *m(f)* (MED) *donatore, -trice m, f* [di un organo] **Organtransplantation** *f* (MED) *trapianto m organico*
**Orgasmus** [ɔr'gasmʊs] <-, Orgasmen> *m orgasmo m*
**Orgel** ['ɔrgəl] <-, -n> *f organo m* **Orgelkonzert** *nt concerto m d'organo* **Orgelmusik** *f musica f d'organo* [*o per organo*]
**orgeln** *vi* s[u]onare l'organo **Orgelpfeife** *f canna f dell'organo* **Orgelspieler(in)** *m(f)* s. **Organist(in)**
**Orgie** ['ɔrgiə] <-, -n> *f orgia f*
**Orient** ['o:riɛnt *o* ori'ɛnt] <-s> *kein Pl. m* **der ~** *l'oriente m, il levante m*
**Orientale** [oriɛn'ta:lə] <-n, -n> *m*, **Orientalin** [oriɛn'ta:lɪn] <-, -nen> *f orientale mf*
**orientalisch** *adj orientale, levantino*
**orientieren** [oriɛn'ti:rən] <ohne ge-> *vr* **sich ~** *orientarsi;* (*fig*) *raccapezzarsi fam*
**Orientierung** <-> *kein Pl. f orientamento m* **Orientierungshilfe** *f guida f* **Orientierungssinn** <-(e)s> *kein Pl. m senso m dell'orientamento*
**original** [origi'na:l] *adj originale;* (*echt*) *autentico*
**Original** <-s, -e> *nt* ① (*erstes Exemplar*) *originale m* ② (*fam: Mensch*) *tipo m originale, originale m*
**Original-** (*in Zusammensetzungen*) *originale*
**Originalfassung** <-, -en> *f* [*versione f*] *originale m;* **in der italienischen ~** *nella versione originale italiana*
**originalgetreu** *adj conforme all'originale*
**Originalität** [originali'tɛ:t] <-, *rar* -en> *f originalità f*
**Originalpackung** *f confezione f originale* **Originalübertragung** *f trasmissione f in diretta*
**originell** [origi'nɛl] *adj originale*
**Orkan** [ɔr'ka:n] <-(e)s, -e> *m uragano m* **orkanartig** *adj come un uragano, violento*
**Ornament** [ɔrna'mɛnt] <-(e)s, -e> *nt ornamento m*
**Ornat** [ɔr'na:t] <-(e)s, -e> *m veste f ufficiale;* (REL) *paramenti mpl sacerdotali*
**Ornithologie** [ɔrnitolo'gi:] <-> *kein Pl. f ornitologia f*
**Oropax®** ['o:ropaks] <-, -> *nt tappo m per le orecchie*
**Ort** [ɔrt] <-(e)s, -e> *m* ① (*Stelle*) *luogo m,* *posto m;* **an ~ und Stelle** *sul posto* ② (*~schaft*) *località f, paese m*
**orten** *vt localizzare;* (AERO) *fare il punto di, avvistare*
**orthodox** [ɔrto'dɔks] *adj ortodosso*
**Orthografie** <-, -n> *f s.* **Orthographie**
**orthografisch** *adj s.* **orthographisch**
**Orthographie** [ɔrtogra'fi:] <-, -n> *f ortografia f*
**orthographisch** [ɔrto'gra:fɪʃ] *adj ortografico*
**Orthopäde** [ɔrto'pɛ:də] <-n, -n> *m*, **Orthopädin** [ɔrto'pɛ:dɪn] <-, -nen> *f ortopedico, -a m, f*
**orthopädisch** *adj ortopedico*
**örtlich** ['œrtlɪç] *adj locale;* **~ betäubt** *anestetizzato localmente*
**Ortsangabe** *f indicazione f del luogo* **ortsansässig** *adj residente nel luogo* **Ortsbestimmung** *f localizzazione f;* (AERO, NAUT) *determinazione f della posizione, rilevamento m*
**Ortschaft** <-, -en> *f località f, villaggio m*
**ortsfremd** *adj forestiero* **Ortsgespräch** *nt* (TEL) *telefonata f urbana* **Ortskenntnis** <-, -se> *f conoscenza f del luogo* **Ortskrankenkasse** *f Azienda f Sanitaria Locale* **ortskundig** *adj esperto del posto* **Ortsname** *m nome m di luogo, toponimo m* **Ortsnetz** *nt* (TEL) *rete f locale* **Ortsschild** *nt segnale m di località* **Ortsteil** *m quartiere m, sobborgo m* **ortsüblich** *adj di uso locale* **Ortswechsel** <-s, -> *m cambiamento m di residenza, trasferimento m* **Ortszeit** *f ora f locale* **Ortszuschlag** *m indennità f di residenza*
**Ortung** <-, -en> *f orientamento m;* (*mit Radar*) *localizzazione f*
**O-Saft** *m* (*fam: Orangensaft*) *succo m di arancia*
**Oscarnominierung** <-, -en> *f nomination f all'Oscar* **Oscarpreisträger(in)** *m(f) Premio mf Oscar* **oscarreif** *adj ~e* **Leistung** (*a. fig*) *performance f da Oscar*
**oscarverdächtig** *adj in odore di Oscar* **Oscarverleihung** <-, -en> *f premiazione f degli Oscar*
**Öse** ['ø:zə] <-, -n> *f occhiello m*
**Oslo** ['ɔslo] *nt Oslo f*
**Osmane** [ɔs'ma:nə] <-n, -n> *m*, **Osmanin** [ɔs'ma:nɪn] <-, -nen> *f ottomano, -a m, f*
**Osmose** [ɔs'mo:zə] <-, -n> *f* (BOT, CHEM) *osmosi f*
**Ossi** ['ɔsi] <-s, -s; -s> *mf* (*fam*) *tedesco originario della Germania dell'Est, della ex RDT*

**Ost** [ɔst] <-(e)s> *kein Pl. m* (NAUT, METEO) est *m*
**Ostberlin** *nt* Berlino *f* Est
**Ostblock** *m* (HIST) **der ~** il blocco orientale
**Ostblockstaaten** *mPl.* (HIST) **die ~** i paesi *mpl* dell'Est [*o* del blocco orientale]
**ostdeutsch** *adj* della Germania dell'Est; (HIST) della RDT **Ostdeutschland** <-s> *nt* Germania *f* dell'Est; (HIST: *DDR*) RDT *f*, Repubblica *f* Democratica Tedesca
**Osten** ['ɔstən] <-s> *kein Pl. m* est *m*; **der ~** (*Orient*) l'oriente *m*, il levante; (POL) l'est *m*; **der Nahe/Mittlere/Ferne ~** il vicino/il medio/l'estremo oriente
**ostentativ** [ɔstɛnta'tiːf] *adj* ostentato
**Osteopath(in)** *m(f)* osteopata *mf* **Osteopathie** *f* osteopatia *f*
**Osterei** *nt* uovo *m* di Pasqua **Osterglocke** *f* (BOT) narciso *m* **Osterhase** *m* coniglietto *m* pasquale **Osterlamm** *nt* agnello *m* pasquale
**österlich** ['øːstəlɪç] *adj* pasquale
**Ostermontag** ['oːstɐ'moːntaːk] *m* Pasquetta *f*, lunedì *m* di Pasqua [*o* dell'Angelo]
**Ostern** ['oːstən] <-> *kein Pl. nt* Pasqua *f*; **fröhliche ~!** buona Pasqua!
**Österreich** ['øːstəraɪç] *nt* Austria *f*
**Österreicher(in)** <-s, -; -, -nen> *m(f)* austriaco, -a *m, f*
**österreichisch** *adj* austriaco
**Ostersonntag** ['oːstɐ'zɔntaːk] *m* domenica *f* di Pasqua
**Osterweiterung** <-, -en> *f* (POL) estensione *f* verso l'Europa orientale, allargamento *m* ad Est; **die ~ der EU/der NATO** l'allargamento ad Est dell'Ue/della Nato
**Osterwoche** *f* settimana *f* di Pasqua
**Osteuropa** *nt* Europa *f* orientale **Ostfriesland** ['ɔstˈfriːslant] *nt* Frisia *f* orientale
**Ostgote** ['ɔstgoːtə] <-n, -n> *m*, **Ostgotin** ['ɔstgoːtɪn] <-, -nen> *f* ostrogoto, -a *m, f* **Ostindien** ['ɔstˈʔɪndiən] *nt* Indie *fpl* orientali **Ostküste** *f* costa *f* orientale
**östlich** ['œstlɪç] I. *adj* orientale, dell'est II. *adv* **~ von ...** a est di ...
**Ostpolitik** *f* politica *f* con i paesi dell'Est, Ostpolitik *f*
**Ostpreußen** *nt* Prussia *f* orientale
**Östrogen** [œstro'geːn] <-s, -e> *nt* estrogeno *m*
**oströmisch** *adj* **das Oströmische Reich** l'Impero romano d'oriente [*o* bizantino]
**Ostsee** *f* **die ~** il mar Baltico **Ostseite** *f* lato *m* est [*o* orientale] **Ostverträge** *mPl.* trattati *mpl* con i paesi dell'Est **ostwärts** ['ɔstvɛrts] *adv* verso est **Ostwind** *m* vento *m* dell'est
**OSZE** [oːʔɛstsɛtˈʔeː] *f abk v* **Organisation für Sicherheit und Zusammenarbeit in Europa** OSCE *f*
**O-Ton** ['oːtoːn, *Pl:* 'oːtøːnə] <-(e)s, O-Töne> *m* **es war ~ Adenauer** era Adenauer in persona a parlare, era proprio Adenauer a parlare
**Otter**[1] ['ɔtɐ] <-, -n> *f* (*Schlange*) vipera *f*
**Otter**[2] <-s, -> *m* (*Fisch~*) lontra *f*
**Ottomotor** *m* motore *m* a carburazione, motore *m* a ciclo Otto
**Ötztal** ['œtstaːl] *nt* valle *f* dell'Oetz
**outen** ['aʊtən] *vr* **sich ~** rendere pubblica la propria omosessualità
**Outfit** ['aʊtfɪt] <-(s), -s> *nt* look *m*, tenuta *f*
**Outing** ['aʊtɪŋ] <-s> *kein Pl. nt* outing *m*, pubblica dichiarazione *f* di omosessualità
**Output** <-s, -s> *m o nt* (INFORM) output *m*
**Outsourcing** ['aʊtsɔːsɪŋ] <-> *nt* ❶ outsourcing *m* ❷ (*Produktionsverlagerung ins Ausland*) delocalizzazione *f* dei processi produttivi
**Ouvertüre** [uvɛrˈtyːrə] <-, -n> *f* ouverture *f*
**oval** [oˈvaːl] *adj* ovale **Oval** <-s, -e> *nt* ovale *m*
**Ovation** [ovaˈtsi̯oːn] <-, -en> *f* ovazione *f*; **jdm eine ~ bringen** fare un'ovazione a qu
**Overall** ['oʊvərɔːl] <-s, -s> *m* tuta *f*, overall *m*
**Overheadprojektor** <-s, -en> *m* lavagna *f* luminosa
**ÖVP** [øːfauˈpeː] *f abk v* **Österreichische Volkspartei** *Partito Popolare Austriaco*
**Ovulation** [ovulaˈtsi̯oːn] <-, -en> *f* ovulazione *f* **Ovulationshemmer** <-s, -> *m* (MED) pillola *f* anticoncezionale
**Oxid** [ɔˈksiːt, *Pl:* ɔˈksiːdə] <-(e)s, -e> *nt* ossido *m*
**Oxidation** [ɔksidaˈtsi̯oːn] <-, -en> *f* (CHEM) ossidazione *f*
**Oxyd** [ɔˈksyːt] *nt* (CHEM) ossido *m*
**Oxydation** [ɔksydaˈtsi̯oːn] <-, -en> *f* (CHEM) ossidazione *f*
**oxydieren** [ɔksyˈdiːrən] <ohne ge-> *vi sein o haben* (CHEM) ossidare
**Oxydierung** <-, -en> *f* ossidazione *f*
**Ozean** ['oːtseaːn] <-s, -e> *m* oceano *m* **Ozeandampfer** *m* transatlantico *m*
**Ozeanien** [otseˈaːniən] *nt* Oceania *f*
**ozeanisch** *adj* ❶ (*einen Ozean betreffend*) oceanico ❷ (*Ozeanien betreffend*) oceaniano
**Ozeanografie** [otseanograˈfiː] <-> *kein*

*Pl. f*, **Ozeanographie** <-> *kein Pl. f* oceanografia *f*
**Ozelot** ['oːtselɔt *o* 'ɔtselɔt] <-s, -e> *m* ozelot *m*
**Ozon** [oˈtsoːn] <-s> *kein Pl. m o nt* ozono *m* **Ozonalarm** *m* allarme *m* ozono
**Ozonloch** <-(e)s> *kein Pl. nt* buco *m* nell'ozono **Ozonschicht** <-> *kein Pl. f* (METEO) ozonosfera *f*
**Ozonsmog** <-(s)> *kein Pl. m* (ECO) inquinamento *m* da ozono

# Pp

**P, p** [peː] <-, -(s)> *nt* P, p *f*; **P wie Paula** P come Padova
**paar** [paːɐ̯] <inv> *adj* **ein ~ ...** un paio di ..., alcuni ..., qualche ...; **in den ~ Stunden konnte ich nichts lernen** in quelle poche ore non sono riuscito a studiare niente
**Paar** <-(e)s, -e> *nt* ❶ (*Lebewesen*) coppia *f* ❷ (*Dinge*) paio *m*; **ein ~ Schuhe** un paio di scarpe
**paaren** ['paːrən] I. *vt* ❶ (*Zuchttiere*) appaiare ❷ (*paarweise zusammenstellen*) accoppiare II. *vr* **sich ~** (*Tiere*) accoppiarsi
**Paarhufer** <-s, -> *m* artiodattilo *m*
**paarig** *adj* geminato
**Paarlauf** *m*, **Paarlaufen** <-s> *kein Pl. nt* pattinaggio *m* artistico a coppie
**paarmal** *adv* **ein ~** un paio di volte
**Paarung** <-, -en> *f* (*a. fig* BIOL, SPORT) accoppiamento *m*
**paarweise** *adv* a coppie, a paia
**Pacht** [paxt] <-, -en> *f* ❶ (*~verhältnis*) affitto *m*; (*von Geschäften*) gestione *f*; **etw in ~ geben/nehmen** dare/prendere in affitto qc ❷ (*~vertrag*) contratto *m* di locazione ❸ (*~zins*) [af]fitto *m*
**pachten** *vt* prendere in affitto; (*Geschäft*) prendere la gestione di
**Pächter(in)** ['pɛçtɐ] <-s, -; -, -nen> *m(f)* affittuario, -a *m*, *f*; (*Geschäftsleiter*) gerente *mf*
**Pachtung** <-, -en> *f* locazione *f*; (*von Geschäft*) gestione *f*
**Pachtvertrag** *m* contratto *m* di locazione; (*von Geschäft*) contratto *m* di gestione
**Pachtzins** <-es, -en> *m* canone *m* d'affitto, affitto *m*
**Pack**[1] [pak, *Pl:* pakə *o* pɛkə] <-(e)s, -e *o* Päcke> *m* (*Bündel*) pacco *m*
**Pack**[2] [pak] <-(e)s> *kein Pl. nt* (*pej: Gesindel*) gentaglia *f*
**Päckchen** ['pɛkçən] <-s, -> *nt* pacchetto *m*
**Packeis** *nt* banchisa *f*, pack *m*
**packen** ['pakən] I. *vt* ❶ (*ergreifen*) afferrare; **jdn am Arm ~** prendere qu sotto il braccio ❷ (*ein~*) mettere; (*Koffer, Paket*) fare ❸ (*fig: heftiges Gefühl*) assalire, cogliere; (*fesseln*) avvincere; **ihn hat es ganz schön gepackt** (*fam: er ist verliebt*) s'è preso una cotta ❹ (*fam: schaffen*) **es ~** farcela ❺ (*sl: verstehen*) capire II. *vi* (*die Koffer ~*) fare le valigie
**Packen** <-s, -> *m* pacco *m*
**packend** *adj* avvincente
**Packer(in)** <-s, -; -, -nen> *m(f)* impaccatore, -trice *m*, *f*
**Packesel** *m* (*fam*) mulo *m* **Packpapier** *nt* carta *f* da pacchi **Packstation** *f* struttura self-service per il ritiro di pacchi
**Packung** <-, -en> *f* ❶ (*Paket*) pacchetto *m*; (*Schachtel*) scatola *f* ❷ (MED) impacco *m*
**Packwagen** *m* bagagliaio *m*
**Pad** [pɛt] <-s, -s> *nt* ❶ (*Maus~*) [mouse]pad *m* ❷ (*Watte~*) dischetto *m* [di cotone] ❸ (*Kaffee~*) cialda *f*
**Pädagoge** [pɛdaˈgoːgə] <-n, -n> *m* (*Erzieher*) pedagogo *m*; (*Wissenschaftler*) pedagogista *m*
**Pädagogik** [pɛdaˈgoːgɪk] <-> *kein Pl. f* pedagogia *f*
**Pädagogin** [pɛdaˈgoːgɪn] <-, -nen> *f* (*Erzieherin*) pedagoga *f*; (*Wissenschaftlerin*) pedagogista *f*
**pädagogisch** *adj* pedagogico; **Pädagogische Hochschule** scuole *fpl* magistrali, facoltà *f* di pedagogia
**Paddel** ['padəl] <-s, -> *nt* pagaia *f* **Paddelboot** *nt* canoa *f*
**paddeln** *vi* haben *o* bei Fortbewegung sein andare in canoa
**Päderast** [pɛdeˈrast] <-en, -en> *m* pederasta *m*
**Padua** ['paːdua] *nt* Padova *f*
**paffen** ['pafən] *vt*, *vi* (*fam*) ❶ (*rauchen*)

fumare a grandi sbuffate ❷ (*rauchen, ohne zu inhalieren*) fumare senza aspirare

**Page** ['paːʒə] <-n, -n> *m* ❶ (*Hotel~*) fattorino *m* d'albergo ❷ (HIST) paggio *m* **Pagenkopf** *m* capelli *mpl* alla paggio

**paginieren** [pagi'niːrən] <ohne ge-> *vt* numerare le pagine di

**Paginierung** <-, -en> *f* paginatura *f*

**Pagode** [pa'goːdə] <-, -n> *f* pagoda *f*

**Paillette** [paɾ'jɛtə] <-, -n> *f* lustrino *m*, paglietta *f*

**Paket** [pa'keːt] <-(e)s, -e> *nt* pacco *m* **Paketannahme** *f* [sportello *m* di] accettazione *f* pacchi **Paketausgabe** *f* [sportello *m* di] consegna *f* pacchi **Paketbombe** *f* pacchetto *m* bomba **Paketkarte** *f* bollettino *m* di spedizione **Paketpost** *f* servizio *m* pacchi postali **Paketschalter** *m* sportello *m* per i pacchi postali **Paketzustellung** *f* consegna *f* dei pacchi

**Pakistan** ['paːkɪstaːn] *nt* Pakistan *m*; **in ~** nel Pakistan

**Pakistaner(in)** [pakɪs'taːnɐ] <-s, -; -, -nen> *m(f)* pakistano, -a *m, f*

**Pakistani** [pakɪs'taːni] <-(s), -(s)> *m* pakistano, -a *m, f*

**pakistanisch** *adj* pakistano

**Pakt** [pakt] <-(e)s, -e> *m* patto *m*

**paktieren** [pak'tiːrən] <ohne ge-> *vi* [**mit dem Feind**] **~** fare un patto [con il nemico]

**Palais** [pa'lɛː] <-, -> *nt* palazzo *m*

**Palast** [pa'last, *Pl:* pa'lɛstə] <-(e)s, Paläste> *m* palazzo *m*

**Palästina** [palɛs'tiːna] *nt* Palestina *f*

**Palästinenser(in)** [palɛsti'nɛnzɐ] <-s, -; -, -nen> *m(f)* palestinese *mf* **Palästinensergebiet** *nt* territorio *m* ad alta densità di popolazione palestinese **Palästinenserstaat** *m* stato *m* palestinese **palästinensisch** *adj* palestinese

**Palatschinke** [pala'tʃɪŋkə] <-, -n> *f* (*A: dünner Eierkuchen*) omelette *f*

**Palaver** [pa'laːvɐ] <-s, -> *nt* (*fam pej*) chiacchiere *fpl*

**palavern** <ohne ge-> *vi* (*fam pej*) chiacchierare

**Palette** [pa'lɛtə] <-, -n> *f* ❶ (*Maler~*) tavolozza *f* ❷ (*fig: Vielfalt*) gamma *f*

**Palisade** [pali'zaːdə] <-, -n> *f* palizzata *f*

**Palme** ['palmə] <-, -n> *f* palma *f*; **jdn auf die ~ bringen** (*fam*) mandare in bestia qu **Palm|en|wedel** *m*, **Palm|en|zweig** *m* ramo *m* di palma

**Palmsonntag** ['palm'zɔnta:k] *m* Domenica *f* delle Palme

**Palmwedel** *m s.* **Palmenwedel**

**Pampe** ['pampə] <-> *kein Pl. f* (*meist pej*) pastone *m*

**Pampelmuse** ['pampəlmuːzə *o* pampəl'muːzə] <-, -n> *f* pompelmo *m*

**Pamphlet** [pam'fleːt] <-(e)s, -e> *nt* (*pej*) libello *m*, pamphlet *m*

**pampig** *adj* ❶ (*nordd, ostd: breiig*) poltiglioso ❷ (*fam pej: frech*) sfacciato

**panaschieren** [pana'ʃiːrən] <ohne ge-> *vi* votare candidati di liste diverse

**Panda** ['panda] <-s, -s> *m* panda *m*

**panieren** [pa'niːrən] <ohne ge-> *vt* (GASTR) impanare

**Paniermehl** *nt* pangrattato *m*

**Panik** ['paːnɪk] <-, -en> *f* panico *m* **panikartig** I. *adj* dettato dal panico II. *adv* come in preda al panico **Panikmache** [-maxə] <-> *kein Pl. f* (*pej*) allarmismo *m* **Panikstimmung** *f* atmosfera *f* di panico

**panisch** *adj* panico

**Pankreas** ['pankreas, *Pl:* pankre'aːtən] <-, Pankreaten *o* Pankreata> *nt* (MED) pancreas *m*

**Panne** ['panə] <-, -n> *f* ❶ (*Schaden*) guasto *m*; (*Auto~*) panna *f*; **eine ~ haben** avere una panna, essere in panna ❷ (*fig: Fehler*) errore *m* **Pannendienst** *m* soccorso *m* stradale

**Panorama** [pano'raːma] <-s, Panoramen> *nt* panorama *m*

**panschen** ['panʃən] I. *vt* (*Wein*) adulterare; (*mit Wasser*) annacquare II. *vi* (*fam: planschen*) sguazzare

**Pansen** ['panzən] <-s, -> *m* rumine *m*

**Panter** ['pantɐ] <-s, -> *m*, **Panther** <-s, -> *m* pantera *f*

**Pantine** [pan'tiːnə] <-, -n> *f* (*nordd.*) zoccolo *m*

**Pantoffel** [pan'tɔfəl] <-s, -n> *m meist pl* pantofola *f*, ciabatta *f*; **er steht unter dem ~** (*fam*) si fa mettere sotto i piedi dalla moglie **Pantoffelheld** *m* (*fam pej*) marito *m* comandato a bacchetta dalla moglie **Pantoffelkino** *nt* (*fam scherz*) tele[visione] *f*

**Pantomime**¹ [panto'miːmə] <-, -n> *f* (*Darbietung*) pantomima *f*

**Pantomime**² <-n, -n> *m* (*Künstler*) pantomimo *m*

**pantomimisch** *adj* pantomimico

**pantschen** ['pantʃən] I. *vt* (*Wein*) adulterare; (*mit Wasser*) annacquare II. *vi* (*fam: planschen*) sguazzare

**Panzer** ['pantsɐ] <-s, -> *m* ❶ (*fig* ZOO, HIST) corazza *f* ❷ (MIL) carro *m* armato **Panzerfaust** *f* lanciarazzi *m* anticarro

**Panzerglas** *nt* vetro *m* blindato **Panzerkreuzer** *m* incrociatore *m* corazzato
**panzern** *vt* corazzare
**Panzerschrank** *m* cassaforte *f* blindata
**Panzerung** <-, -en> *f* corazzatura *f*
**Panzerwagen** *m* carro *m* armato
**Papa** ['papa *o* pa'pa:] <-s, -s> *m* (*fam*) papà *m*, babbo *m*
**Papagei** [papa'gaɪ] <-en *o* -s, -en *o rar* -e> *m* pappagallo *m* **Papageienkrankheit** *f* psittacosi *f*
**Papaya** [pa'pa:ja] <-, -s> *f* papaya *f*
**Paperback** ['peɪpɛbɛk] <-s, -s> *nt* libro *m* tascabile
**Papeterie** [papɛtə'ri:] <-, -n> *f* (*CH*) cartoleria *f*
**Papi** ['papi] <-s, -s> *m s.* **Papa**
**Papier** [pa'pi:ɐ] <-s, -e> *nt* ① (*Material*) carta *f;* **ein Blatt ~** un foglio di carta; **etw zu ~ bringen** mettere qc per iscritto ② (*Schriftstück, Dokument*) carta *f*, documento *m* ③ (*Wert~*) titolo *m* ④ *pl* (*Ausweis*) carte *fpl*, documenti *mpl*
**Papierfabrik** *f* cartiera *f* **Papiergeld** *nt* cartamoneta *f* **Papierhandtuch** <-(e)s, -tücher> *nt* asciugamano *m* di carta **Papierkorb** *m* cestino *m* **Papierkram** <-(e)s> *kein Pl. m* (*fam pej*) scartoffie *fpl*, pratiche *fpl* da ufficio **Papierkrieg** *m* (*fam pej*) lungaggine *f* burocratica **Papiertaschentuch** *nt* fazzoletto *m* di carta **Papiertiger** <-s, -> *m* tigre *f* di carta; **er/sie ist doch nur ein ~** lui/lei è soltanto una tigre di carta **Papiertüte** *f* sacchetto *m* di carta **Papierwaren** *fPl.* articoli *mpl* di cartoleria
**Pappbecher** *m* bicchiere *m* di carta **Pappdeckel** *m* cartone *m*
**Pappe** ['papə] <-, -n> *f* cartone *m*
**Pappeinband** *m* rilegatura *f* in cartone
**Pappel** ['papəl] <-, -n> *f* pioppo *m*
**päppeln** ['pɛpəln] *vt* (*fam*) dare la pappa a, imboccare
**Papp|en|deckel** *m* cartone *m*
**Pappenheimer** ['papənhaɪmɐ] *mPl.* **ich kenne meine ~** (*fam*) conosco i miei polli
**Pappenstiel** *m* **das ist kein ~** non è un'inezia
**papperlapapp** [papɐla'pap] *int* sciocchezze!
**pappig** ['papɪç] *adj* (*fam*) ① (*klebrig*) appiccicoso ② (*breiig, a Schnee*) poltiglioso
**Pappmaché** ['papmaʃe:] <-s, -s> *nt*, **Pappmaschee** <-s, -s> *nt* cartapesta *f*
**Pappschachtel** ['papʃaxtəl] *f* scatola *f* di cartone **Pappschnee** ['papʃne:] *m* neve *f* poltigliosa **Pappteller** <-s, -> *m* piatto *m* di carta

**Paprika** ['paprika] <-s, -(s)> *m* ① (BOT: *Pflanze, ~ schote*) peperone *m* ② *Sing.* (GASTR: *~ gemüse*) peperoni *mpl* ③ *Sing.* (*Gewürz*) paprica *f* **Paprikaschote** *f* peperone *m*
**Paps** [paps] <-> *kein Pl. m* (*fam*) babbo *m*, papà *m*
**Papst** [pa:pst, *Pl:* 'pɛ:pstə] <-(e)s, Päpste> *m* papa *m*, pontefice *m*
**päpstlich** ['pɛ:pstlɪç] *adj* papale, pontificio
**Papsttum** <-> *kein Pl. nt* papato *m*
**Papyrus** [pa'py:rʊs, *Pl:* pa'py:ri] <-, Papyri> *m* papiro *m*
**Parabel** [pa'ra:bəl] <-, -n> *f* parabola *f*
**Parabolantenne** *f* antenna *f* parabolica
**Parabolspiegel** <-s, -> *m* (TEC) riflettore *m* *[o* specchio *m*] parabolico
**Parade** [pa'ra:də] <-, -n> *f* ① (SPORT) parata *f* ② (MIL) rivista *f* militare, rassegna *f*; (*Vorbeimarsch*) sfilata *f* **Paradebeispiel** *nt* esempio *m* paradigmatico
**Paradeiser** [para'daɪzɐ] <-s, -> *m* (*A: Tomate*) pomodoro *m*
**Paradeuniform** *f* grande uniforme *f*
**paradieren** [para'di:rən] <ohne ge-> *vi* ① (MIL) sfilare in parata ② (*fig geh: sich brüsten*) fare sfoggio (*mit etw* di qc)
**Paradies** [para'di:s] <-es, -e> *nt* paradiso *m;* **das ~ auf Erden** il paradiso in terra **paradiesisch** *adj* paradisiaco **Paradiesvogel** *m* uccello *m* del paradiso, paradisea *f*
**Paradigma** [para'dɪgma] <-s, Paradigmen *o* Paradigmata> *nt* paradigma *m*
**paradox** [para'dɔks] *adj* paradossale
**Paradoxa** *Pl. von* **Paradoxon**
**paradoxerweise** [para'dɔksə'vaɪzə] *adv* paradossalmente
**Paradoxon** [pa'ra:dɔksɔn, *Pl:* pa'ra:dɔksa] <-s, Paradoxa> *nt* (PHILOS, LING) paradosso *m*
**Paraffin** [para'fi:n] <-s, -e> *nt* paraffina *f*
**parafieren** [para'fi:rən] <ohne ge-> *vt* parafare, convalidare
**Paragliding** ['pa:raglaɪdɪŋ] <-s> *kein Pl. nt* parapendio *m*
**Paragraf** <-en, -en> *m s.* **Paragraph** **Paragrafendschungel** *m s.* **Paragraphendschungel**
**Paragraph** [para'gra:f] <-en, -en> *m* paragrafo *m* **Paragraphendschungel** *m* (*pej*) labirinto *m* della legge
**parallel** [para'le:l] *adj* [**zu etw**] **~ sein** essere parallelo [a qc] **Parallele** <-, -n> *f* ① (MAT) parallela *f;* **eine ~ zu etw ziehen**

tracciare una parallela a qc ❷ (*fig: Vergleich*) parallelo *m;* **eine ~ zwischen ... und ...** un parallelo fra ... e ...
**Parallelgesellschaft** *f* società *f* parallela
**Parallelität** [paraleliˈtɛːt] <-, -en> *f* parallelismo *m*
**Parallelogramm** [paraleloˈgram] <-s, -e> *nt* (MAT) parallelogramma *m*
**Parallelstraße** *f* strada *f* parallela **Parallelumlauf** <-(e)s> *kein Pl. m* (*Europäische Währungsunion*) doppia circolazione *f* **Paralleluniversum** *nt* (ASTRON: a. *fig*) universo *m* [*o* mondo *m*] parallelo
**Parameter** [paˈraːmetɐ] <-s, -> *m* (MAT, MUS, INFORM) parametro *m*
**paramilitärisch** [ˈpaːramilitɛːrɪʃ] *adj* paramilitare
**Paranoia** [paraˈnɔɪa] <-> *kein Pl. f* (MED, PSYCH) paranoia *f*
**paraphieren** <ohne ge-> *vt s.* **parafieren**
**Parapsychologie** [ˈpaːrapsyçoloˈgiː] *f* parapsicologia *f*
**Parasit** [paraˈziːt] <-en, -en> *m* parassita *m*
**parasitär** [paraziˈtɛːɐ̯] *adj* parassitario
**parat** [paˈraːt] *adj* pronto; **immer eine Antwort ~ haben** avere sempre la risposta pronta
**Paratyphus** [ˈparatyːfʊs] *m* paratifo *m*
**Pärchen** [ˈpɛːɐ̯çən] <-s, -> *nt* coppietta *f*
**Parcours** [parˈkuːɐ̯] <-, -> *m* percorso *m*
**Pardon** [parˈdõː] <-s> *kein Pl. nt* perdono *m;* **Pardon!** Scusi!; **da gibt's kein ~** non c'è scusa che tenga; **sie kennt kein ~** non conosce pietà
**Parfüm** [parˈfyːm] <-s, -e *o* -s> *nt* profumo *m*
**Parfümerie** [parfymǝˈriː] <-, -n> *f* profumeria *f*
**Parfümfläschchen** [parˈfyːmflɛʃçən] <-s, -> *nt* flacone *m* [*o* bottiglietta *f*] di profumo
**parfümieren** [parfyˈmiːrən] <ohne ge-> I. *vt* profumare II. *vr* **sich ~** profumarsi
**Paria** [ˈpaːria] <-s, -s> *m* paria *m*
**parieren** [paˈriːrən] <ohne ge-> I. *vt* (SPORT) parare II. *vi* (*fam: gehorchen*) ubbidire
**Paris** [paˈriːs] *nt* Parigi *f*
**Pariser** [paˈriːzɐ] <-s, -> *m* (*sl: Präservativ*) preservativo *m*
**Pariser(in)** <-s, -; -, -nen> *m(f)* parigino, -a *m, f*
**paritätisch** [pariˈtɛːtɪʃ] *adj* paritetico
**Park** [park] <-s, -s *o* CH Pärke> *m* parco *m*

**Parka** [ˈparka] <-, -s *f o* -(s), -s *m>* *fm* eskimo *m,* parka *m*
**Park-and-ride-System** *nt sistema di parcheggio adiacente a mezzo pubblico*
**Parkbank** <-, -bänke> *f* panchina *f* del parco **Parkdeck** *nt* piano *m* di autosilo
**Parkebene** *f* area *f* di parcheggio
**parken** [ˈparkən] *vt, vi* parcheggiare; **~ de Wagen** veicoli in parcheggio; **Parken verboten!** parcheggio vietato!
**Parkett** [parˈkɛt] <-(e)s, -e *o* -s> *nt* ❶ (*Fußboden*) parquet *m* ❷ (THEAT) platea *f* ❸ (*Tanzfläche*) pista *f* [da ballo] **Parkett|fuß|boden** *m* [pavimento *m*] di parquet *m*
**Parkfläche** <-, -n> *f* parcheggio *m*
**Parkgebühr** *f* tassa *f* di parcheggio **Parkhaus** *nt* autosilo *m*
**parkieren** [parˈkiːrən] <ohne ge-> *vt, vi* (*CH*) parcheggiare
**Parkingmeter** [ˈparkɪŋmeːtɐ] <-s, -> *m* (*CH*) parchimetro *m*
**Parkinson-Krankheit** [ˈpaːkɪnsənkraŋkhaɪt] <-, -en> *f* (MED) morbo *m* di Parkinson
**Parklücke** *f* spazio *m* libero per posteggiare, buco *m* [per posteggiare] *fam* **Parkometer** [parkoˈmeːtɐ] <-s, -> *nt s.* **Parkuhr** **Parkplatz** *m* parcheggio *m,* posteggio *m* **Parkscheibe** *f* disco *m* orario **Parkstreifen** *m* corsia *f* di sosta **Parkstudium** *nt* (*fam*) studi *mpl* di attesa **Parksünder(in)** *m(f)* (*fam*) parcheggiatore, -trice *m, f* abusivo, -a **Parkuhr** *f* parchimetro *m* **Parkverbot** *nt* divieto *m* di parcheggio **Parkwächter(in)** <-s, -; -, -nen> *m(f)* ❶ (*im Park*) guardaparco *mf* ❷ (*im Parkhaus, auf einem Parkplatz*) custode *m* di un parcheggio, parcheggiatore *m*
**Parlament** [parlaˈmɛnt] <-(e)s, -e> *nt* parlamento *m;* **das Europäische Parlament** il Parlamento europeo
**Parlamentarier(in)** [parlamɛnˈtaːriɐ] <-s, -; -, -nen> *m(f)* parlamentare *mf,* membro *m* del parlamento
**parlamentarisch** *adj* parlamentare
**Parlamentarismus** [parlamɛntaˈrɪsmʊs] <-> *kein Pl. m* parlamentarismo *m*
**Parlamentsbeschluss** *m* voto *m* del parlamento **Parlamentsdebatte** *f* dibattito *m* parlamentare **Parlamentsferien** *Pl.* vacanze *fpl* parlamentari **Parlamentspräsident(in)** <-en, -en; -, -nen> *m(f)* presidente *m* del parlamento **Parlamentssitzung** *f* seduta *f* parlamentare **Parlamentswahlen** *fPl.* elezioni *fpl* per la camera dei deputati

**Parmesan** [parmeˈzaːn] <-s> *kein Pl. m* parmigiano *m*
**Parodie** [paroˈdiː] <-, -n> *f* parodia *f*; **eine ~ auf etw** *acc* **schreiben** scrivere una parodia di qc
**parodieren** [paroˈdiːrən] <ohne ge-> *vt* parodiare, fare la parodia di
**parodistisch** [paroˈdɪstɪʃ] *adj* parodistico
**Parodontose** [parodɔnˈtoːzə] *f* (MED) paradentosi *f*
**Parole** [paˈroːlə] <-, -n> *f* ❶ (MIL) parola *f* d'ordine ❷ (*fig* POL) motto *m*
**Partei** [parˈtaɪ] <-, -en> *f* ❶ (POL) partito *m*; **einer ~ angehören/beitreten** essere di/aderire ad un partito ❷ (*fig* JUR) parte *f*; **für jdn ~ ergreifen** [*o* **nehmen**] prendere partito per qu ❸ (SPORT) squadra *f* ❹ (*Miet~*) inquilino *m* pigionale **Parteiapparat** *m* apparato *m* del partito **Parteibuch** *nt* tessera *f* del partito; **das richtige/falsche ~ haben** (*fam fig*) stare dalla parte giusta/sbagliata
**Parteienfinanzierung** <-, -en> *f* finanziamento *m* dei partiti **Parteienverkehr** <-s> *kein Pl. m* (A: ADM: *Amtsstunden*) orario *m* d'ufficio
**Parteifreund(in)** <-(e)s, -e; -, -nen> *m(f)* compagno *m* di partito **Parteiführer(in)** *m(f)* leader *m* [*o* capo *m*] del partito **Parteiführung** *f* presidenza *f* del partito **Parteifunktionär(in)** *m(f)* funzionario, -a *m*, *f* del partito **parteiintern** [parˈtaɪɪntɛrn] *adj* interno al partito
**parteiisch** *adj* parziale
**Parteikongress** *m* congresso *m* del partito **parteilich** *adj* partitico, di partito; (*parteiisch*) parziale, di parte **Parteilichkeit** <-> *kein Pl. f* parzialità *f*
**parteilos** *adj* apartitico, senza partito **Parteimitglied** *nt* membro *m* del partito, iscritto, -a *m*, *f* ad un partito **Parteinahme** [parˈtaɪnaːmə] <-, -n> *f* presa *f* di posizione **Parteiorgan** *nt* organo *m* di partito **Parteipolitik** *f* politica *f* di partito **Parteiprogramm** *nt* programma *m* di partito **Parteitag** *m* congresso *m* del partito **Parteivorsitzende** *mf* presidente *m* del partito **Parteizugehörigkeit** *f* appartenenza *f* ad un partito
**parterre** [parˈtɛr] *adv* a pianterreno **Parterre** <-s, -s> *nt* pianterreno *m*
**Partie** [parˈtiː] <-, -n> *f* ❶ (*Teil, Abschnitt*, MUS, THEAT) parte *f* ❷ (SPORT, COM) partita *f* ❸ (*Wend*) **eine gute ~ machen** fare un buon matrimonio; **ich bin mit von der ~** (*fam*) ci sto anch'io
**partiell** [parˈtsi̯ɛl] *adj* parziale

**Partikelfilter** *m* (AUTO) filtro *m* antiparticolato
**Partisan(in)** [partiˈzaːn] <-s *o* -en, -en; -, -nen> *m(f)* partigiano, -a *m*, *f* **Partisanenkrieg** *m* guerra *f* partigiana
**Partisanin** *f s.* **Partisan**
**Partition** <-, -en> *f* (INFORM) partizione *f*
**Partitur** [partiˈtuːɐ̯] <-, -en> *f* (MUS) spartito *m*, partitura *f*
**Partizip** [partiˈtsiːp] <-s, -pien> *nt* (LING) participio *m*
**Partizipium** [partiˈtsiːpi̯ʊm, *Pl:* partiˈtsiːpi̯a] <-s, Partizipia> *nt* (GRAM) participio *m*
**Partner(in)** [ˈpartnɐ] <-s, -; -, -nen> *m(f)* (*Tanz~*, THEAT, FILM) partner *mf*; (*Spiel~*) compagno, -a *m*, *f* di gioco; (*Vertrags~*) contraente *mf*; (*Ehe~*) coniuge *mf*; (*Gesprächs~*) interlocutore, -trice *m*, *f*; (COM) socio, -a *m*, *f*
**Partnerlook** [ˈpartnɐlʊk] <-s, -s> *m* look *m* di coppia; **im ~ gehen** [detto di coppia] andare in giro vestiti in modo simile
**Partnerschaft** <-, -en> *f* ❶ (*Mitarbeit*) collaborazione *f*; (COM) compartecipazione *f* ❷ (*Zusammenleben*) convivenza *f* ❸ (*Städte~*) gemellaggio *m* **partnerschaftlich** *adj* di partecipazione **Partnerstadt** *f* città *f* gemellata **Partnertausch** *m* scambio *m* di partner **Partnervermittlung** *f* agenzia *f* cuori solitari **Partnerwahl** *f* scelta *f* del proprio partner
**partout** [parˈtuː] *adv* (*fam*) a tutti costi, assolutamente
**Party** [ˈpaːɐ̯ti] <-, -s> *f* festa *f*, party *m* **Partykeller** *m* tavernetta *f* **Partymeile** *f* zona della movida con alta concentrazione di locali **Partyservice** *m* servizio *m* ristoro
**Parzelle** [parˈtsɛlə] <-, -n> *f* parcella *f*, lotto *m*
**parzellieren** [partsɛˈliːrən] <ohne ge-> *vt* lottizzare, dividere in parcelle
**Parzellierung** <-, -en> *f* lottizzazione *f*, parcellazione *f*
**Pascha** [ˈpaʃa] <-s, -s> *m* pascià *m*
**Pass** [pas, *Pl:* ˈpɛsə] <-es, Pässe> *m* ❶ (*Reise~*) passaporto *m* ❷ (*Gebirgs~*) passo *m*, valico *m* ❸ (SPORT: *Ballspiele*) passaggio *m*
**passabel** [paˈsaːbəl] *adj* passabile, discreto
**Passage** [paˈsaːʒə] <-, -n> *f* ❶ (*Durchfahrt*) passaggio *m*, transito *m* ❷ (*Ladenstraße*) galleria *f* ❸ (*Überfahrt*) passaggio *m*, traversata *f* ❹ (*Textabschnitt*) brano *m*, passaggio *m*
**Passagier** [pasaˈʒiːɐ̯] <-s, -e> *m* passeg-

gero, -a *m, f*, viaggiatore, -trice *m, f* **Passagierdampfer** *m* nave *f* passeggeri **Passagierflugzeug** *nt* aereo *m* passeggeri
**Passah|fest|** ['pasa(fɛst)] <-s> *kein Pl. nt* pasqua *f* [ebraica]
**Passamt** *nt* ufficio *m* passaporti
**Passant(in)** [pa'sant] <-en, -en; -, -nen> *m(f)* passante *mf*
**Passat|wind|** [pa'sa:t(vɪnt)] <-(e)s, -e> *m* aliseo *m*
**Passbild** *nt* fototessera *f*
**passé** [pa'se:] <inv> *adj s.* **passee**
**Pässe** *Pl. von* **Pass**
**passee** [pa'se:] <inv> *adj* (*fam*) tramontato, passato, out
**passen** ['pasən] I. *vi* ① (*harmonieren*) andare [bene]; **zu jdm/etw ~** andare bene a qu/qc; (*sich eignen*) adattarsi a qu/qc; **das Bild passt nicht ins Zimmer** il quadro non si adatta alla stanza; **sie passt nicht zu ihm** non è fatta per lui; **er passt nicht zu uns** non ci troviamo con lui ② (*in Größe, Form*) andare [bene], stare [bene]; (*Schuhe*) calzare bene; **das Buch passt nicht ins Regal** nella libreria non c'è posto per il libro; **die Hose passt wie angegossen** i pantaloni stanno a pennello; **das Kleid passt mir nicht** il vestito non mi va bene ③ (*genehm sein*) andare; **jdm ~** andare a qu; **es passt mir gar nicht, dass du erst so spät kommst** non mi va che tu venga così tardi; **passt es dir am Samstag um elf Uhr?** ti va bene sabato alle undici?; **das könnte dir so ~!** (*fam*) ti piacerebbe, eh! ④ (*beim Kartenspiel*) passare; (*bei Fragen*) non saper rispondere II. *vt* ① (TEC) adattare ② (SPORT: *Ball*) passare **passend** *adj* ① (*in Größe, Form*) che va bene; **er trägt zu jedem Anzug die ~e Krawatte** per ogni vestito ha la cravatta adatta ② (*angemessen*) adeguato, buono ③ (*treffend*) giusto, che coglie nel segno; **das ~e Wort finden** trovare la parola adatta
**Passepartout** [paspar'tu:] <-s, -s> *nt* passe-partout *m*
**Passfoto** <-s, -s> *nt* fototessera *f*
**passierbar** *adj* (*Weg*) praticabile, transitabile; (*Pass*) valicabile
**passieren** [pa'si:rən] <ohne ge-> I. *vt haben* ① (*Grenze, Zensur*) passare; (*Fluss*) attraversare; (*Pass*) valicare ② (GASTR) passare II. *vi sein* succedere, accadere; **mit jdm etw ~** succedere qc a qu; **jdm etw ~** (*widerfahren*) capitare a qu; **was ist passiert?** cosa è successo?; **ist ihm etw passiert?** gli è successo qualcosa?; **das soll mir nicht noch einmal ~** non mi succederà una seconda volta; **das kann jedem ~** può capitare a tutti
**Passierschein** *m* lasciapassare *m*
**Passion** [pa'sjo:n] <-, -en> *f* passione *f*
**passioniert** [pasjo'ni:ɐt] *adj* appassionato
**Passionsfrucht** <-, -früchte> *f* frutto *m* della passione
**Passionszeit** *f* quaresima *f*
**passiv** ['pasi:f *o* pa'si:f] *adj* passivo **Passiv** <-s, *rar* -e> *nt* (LING) passivo *m*, forma *f* passiva
**Passiva** [pa'si:va] *Pl.*, **Passiven** [pa'si:vən] *Pl.* (*A:* WIRTSCH) passivo *m*, passività *fpl*
**Passivität** [pasivi'tɛːt] <-> *kein Pl. f* passività *f*
**Passivrauchen** ['pasi:frauxən] <-s> *kein Pl. nt* fumo *m* passivo
**Passkontrolle** *f* controllo *m* dei passaporti
**Passstraße** *f* valico *m* di montagna
**Passus** ['pasʊs] <-, -> *m* passo *m*
**Passwort** ['pasvɔrt] <-(e)s, Passwörter> *nt* password *f*
**Pasta** ['pasta, *Pl:* 'pastən] <-, Pasten> *f* pasta *f*
**Paste** ['pastə] <-, -n> *f* pasta *f*
**Pastell** [pas'tɛl] <-(e)s, -e> *nt* pastello *m* **Pastellfarbe** *f* [colore *m*] pastello *m* **pastellfarben** *adj* color pastello **Pastellton** *m* tonalità *f* pastello
**Pasten** *Pl. von* **Pasta, Paste**
**Pastete** [pas'te:tə] <-, -n> *f* ① (*Leber~, Fleisch~*) pasticcio *m* ② (*Blätterteig~*) vol-au-vent *m*
**pasteurisieren** [pastøri'zi:rən] <ohne ge-> *vt* pastorizzare
**Pastille** [pas'tɪlə] <-, -n> *f* pastiglia *f*, pasticca *f*
**Pastor(in)** ['pasto:ɐ *o* pas'to:ɐ] <-s, -en; -, -nen> *m(f)* pastore *m*
**Patchwork-Familie** *f* famiglia *f* allargata
**Pate** ['pa:tə] <-n, -n> *m* padrino *m* **Patenkind** *nt* figlioccio, -a *m, f* **Patenonkel** *m* padrino *m* **Patenschaft** <-, -en> *f* paternità *f* spirituale; **die ~ für jdn übernehmen** fare da padrino/madrina a qu
**patent** [pa'tɛnt] *adj* (*fam*) ① (*Person*) bravo, in gamba ② (*Lösung, Idee*) formidabile
**Patent** <-s, -e> *nt* ① (JUR, ADM: *Recht auf eine Erfindung*) brevetto *m*; **auf etw** *acc* **ein ~ anmelden** chiedere il brevetto per qc ② (*CH: staatliche Erlaubnis*) licenza *f* **Patentamt** *nt* ufficio *m* brevetti
**Patentante** *f* madrina *f*
**Patentanwalt** *m*, **Patentanwältin** *f* avvocato, -essa *m, f* specializzato, -a in brevetti
**patentieren** [patɛn'ti:rən] <ohne ge-> *vt*

brevettare; **eine Erfindung ~ lassen** chiedere il brevetto per un'invenzione
**Patentinhaber(in)** *m(f)* detentore, -trice *m, f* [*o* titolare *mf*] di brevetto **Patentlösung** *f* ricetta *f*, formula *f* magica
**Patentrecht** *nt* ① (JUR: *Rechtsvorschriften*) legislazione *f* sui brevetti ② (*Recht auf Patentnutzung*) diritto *m* di privativa **Patentrezept** <-(e)s, -e> *nt* soluzione *f* garantita **Patentschutz** <-es> *kein Pl. m* tutela *f* [*o* protezione *f*] brevettuale [*o* dei brevetti]
**Pater** ['pa:tɐ, *Pl:* 'patre:s] <-s, Patres *o* -> *m* padre *m*
**Paternoster** [patɐ'nɔstɐ] <-s, -> *m* (*Aufzug*) ascensore *m* a paternoster
**pathetisch** [pa'te:tɪʃ] *adj* patetico
**Pathologe** [pato'lo:gə] <-n, -n> *m* (MED) patologo *m*
**Pathologie** [patolo'gi:] <-> *kein Pl. f* patologia *f*
**Pathologin** [pato'lo:gɪn] <-, -nen> *f* (MED) patologa *f*
**pathologisch** [pato'lo:gɪʃ] *adj* patologico
**Pathos** ['pa:tɔs] <-> *kein Pl. nt* pathos *m*
**Patience** [pa'sjã:s, *Pl:* pa'sjã:sən] <-, -n> *f* gioco *m* di pazienza; **eine ~ legen** fare un solitario
**Patient(in)** [pa'tsi̯ɛnt] <-en, -en; -, -nen> *m(f)* paziente *mf*
**Patin** ['pa:tɪn] <-, -nen> *f* madrina *f*
**Patina** ['pa:tina] <-> *kein Pl. f* patina *f*
**Patisserie** [patɪsə'ri:] <-, -n> *f* (*CH*) pasticceria *f*
**Patres** *Pl. von* **Pater**
**Patriarch** [patri'arç] <-en, -en> *m* patriarca *m*
**patriarchalisch** [patriar'ça:lɪʃ] *adj* patriarcale
**Patriarchat** [patriar'ça:t] <-(e)s, -e> *nt* patriarcato *m*
**Patriot(in)** [patri'o:t] <-en, -en; -, -nen> *m(f)* patriota *mf*
**patriotisch** *adj* patriottico
**Patriotismus** [patrio'tɪsmʊs] <-> *kein Pl. m* patriottismo *m*
**Patrizier(in)** [pa'tri:tsi̯ɐ] <-s, -; -, -nen> *m(f)* patrizio, -a *m, f*
**Patron(in)** [pa'tro:n] <-s, -e; -, -nen> *m(f)* patrono, -a *m, f*
**Patronanz** <-, -en> *f* (*A: Patronat*) patrocinio *m*
**Patronat** [patro'na:t] <-(e)s, -e> *nt* patronato *m* (*über + acc* su)
**Patrone** [pa'tro:nə] <-, -n> *f* cartuccia *f* **Patronentasche** *f* giberna *f*
**Patronin** *f s.* **Patron**

**Patrouille** [pa'trʊljə] <-, -n> *f* ① (*Kontrollgang*) ronda *f*; **auf ~ gehen** pattugliare ② (*Spähtrupp*) pattuglia *f*
**patrouillieren** [patrʊl'ji:rən *o* patrʊ'li:rən] <ohne ge-> *vi* haben *o* bei *Fortbewegung* sein pattugliare
**patsch** [patʃ] *int* paf[fete]
**Patsche** ['patʃə] <-, -n> *f* (*fam*) ① (*Matsch*) fanghiglia *f* ② (*fig: Bedrängnis*) **in der ~ sitzen** trovarsi nei guai; **jdm aus der ~ helfen** trarre qu d'impaccio
**Patschen** ['patʃən] <-s, -> *m* (*A*) ① (*Hausschuh*) pantofola *f*; **die ~ aufstellen** (*vulg: sterben*) schiattare ② (*fam: Reifenpanne*) foratura *f*, gomma *f* a terra; **sich** *dat* **einen ~ fahren** avere una gomma a terra
**patschen** *vi* (*fam*) ① haben (*schlagen*) dare un colpo ② sein (*gehen*) sguazzare ③ sein (*aufprallen*) battere
**patsch|e|nass** ['patʃ(ə)'nas] *adj* (*fam*) bagnato fradicio
**Patschhändchen** ['patʃhɛntçən] <-s, -> *nt* (*Kindersprache*) manina *f*
**patt** [pat] *adj* patta; **~ sein** essere pari e patta
**Patt** [pat] <-s, -s> *nt* ① (*beim Schach*) patta *f* ② (POL: *fig*) stallo *m* **Pattsituation** <-, -en> *f* situazione *f* di parità [*o* di equilibrio]
**patzen** ['patsən] *vi* (*fam*) commettere delle imperfezioni (*bei* in)
**Patzer** <-s, -> *m* (*fam*) errore *m* di esecuzione, imperfezione *f*; (MUS) stecca *f*
**patzig** *adj* (*fam pej*) sfacciato
**Pauke** ['paʊkə] <-, -n> *f* timpano *m*; **auf die ~ hauen** (*fam: feiern*) fare baldoria; **mit ~n und Trompeten durchfallen** (*fam*) fare un fiasco completo agli esami
**pauken** I. *vi* ① (*Pauke spielen*) s[u]onare il timpano ② (*fam: büffeln*) sgobbare II. *vt* (*fam: lernen*) studiare
**Paukenschlag** *m* colpo *m* di timpano
**Pauker** <-s, -> *m* ① (*Paukist*) timpanista *m* ② (*sl: Lehrer*) insegnante *m*
**pausbäckig** ['paʊsbɛkɪç] *adj* dalle guance paffute
**pauschal** [paʊ'ʃa:l] I. *adj* ① (FIN) globale, forfettario ② (*fig: generell*) generale II. *adv* globalmente, in blocco; **so ~ kann man das nicht sagen** non si può dirlo così in generale **Pauschalbetrag** *m*, **Pauschale** [paʊ'ʃa:lə] <-, -n> *f* importo *m* globale
**Pausch|al|betrag** *m*, **Pauschalpreis** *m* prezzo *m* globale **Pauschalreise** *f* viaggio *m* tutto compreso **Pauschaltourismus** *m* turismo *m* all-inclusive **Pauschaltourist(in)** *m(f)* turista *mf* all-inclusive

**Pauschalurlaub** <-s> *kein Pl. m* vacanza *f* organizzata [con tutti i costi compresi], viaggio *m* organizzato tutto compreso **Pauschalurteil** *nt (pej)* giudizio *m* troppo generico **Pauschalverurteilung** *f* giudizio *m* sommario
**Pauschbetrag** *m s.* **Pauschalbetrag**
**Pause** ['paʊzə] <-, -n> *f* ❶ (*Unterbrechung*, MUS) pausa *f*; (THEAT, FILM) intervallo *m*; (*Schul~*) ricreazione *f*; **eine ~ einlegen** [*o* **machen**] fare una pausa ❷ (*Rast*) sosta *f*, fermata *f* ❸ (*Durchzeichnung*) calco *m*, lucido *m*
**pausen** *vt* fare un calco di, lucidare
**Pausenbrot** *nt* panino *m* **pausenfüllend** *adj* che fa da intermezzo **Pausenfüller** *m* intermezzo *m* **pausenlos** *adj* ininterrotto **Pausenzeichen** *nt* segnale *m* d'intervallo
**pausieren** [paʊˈziːrən] <ohne ge-> *vi* fare una pausa; (*ausruhen*) riposarsi
**Pauspapier** *nt* carta *f* da ricalco
**Pavian** ['paːvi̯aːn] <-s, -e> *m* babbuino *m*
**Pavillon** ['pavɪljõ *o* pavɪlˈjõː *o* 'pavɪljɔŋ] <-s, -s> *m* padiglione *m*
**Pay-back-Karte, Paybackkarte** ['peɪbɛk-] *f* carta *f* Payback
**Pay-TV** ['peɪtiːviː] <-> *kein Pl. nt* pay tv *f*
**Pazifik** [paˈtsiːfɪk] *m* Pacifico *m*
**pazifisch** [paˈtsiːfɪʃ] *adj* **der Pazifische Ozean** l'oceano pacifico
**Pazifismus** [patsiˈfɪsmʊs] <-s> *kein Pl. m* pacifismo *m*
**Pazifist(in)** [patsiˈfɪst] <-en, -en; -, -nen> *m(f)* pacifista *mf*
**pazifistisch** *adj* pacifista
**PC** [peːˈtseː] <-(s), -(s)> *m abk v* **Personalcomputer** PC *m*
**PDS** [peːdeːˈʔɛs] <-> *kein Pl. f abk v* **Partei des Demokratischen Sozialismus** *Partito del Socialismo Democratico* (*tedesco*)
**Pech** [pɛç] <-s *o rar* -es, -e> *nt* ❶ (*Material*) pece *f*; **wie ~ und Schwefel zusammenhalten** (*fam*) essere inseparabili ❷ *Sing.* (*fig: Unglück*) sfortuna *f*; **~ haben** avere sfortuna, essere sfortunato **Pechblende** *f* pechblenda *f*, uranite *f* **pechschwarz** ['pɛçˈʃvarts] *adj* nero come la pece **Pechsträhne** *f* (*fam*) serie *f* di disgrazie; **eine ~ haben** essere perseguitato dalla scalogna *fam* **Pechvogel** *m* (*fam*) scalognato, -a *m, f*
**Pedal** [peˈdaːl] <-s, -e> *nt* pedale *m*
**Pedant(in)** [peˈdant] <-en, -en; -, -nen> *m(f)* pedante *mf*, pignolo, -a *m, f*
**Pedanterie** [pedantəˈriː, *Pl:* pedantəˈriːən] <-, -n> *f* pedanteria *f*, pignoleria *f*

**Pedantin** *f s.* **Pedant**
**pedantisch** *adj* pedante, pignolo
**Pedell** [peˈdɛl] <-s, -e> *m* (*obs*) bidello *m*
**Pediküre** [pediˈkyːrə] <-> *kein Pl. f* pedicure *m*
**Peeling** ['piːlɪŋ] <-s, -s> *nt* peeling *m*
**Peepshow** *f* peep-show *m*
**Pegel** ['peːgəl] <-s, -> *m* (*Meer~*) mareografo *m*; (*Fluss~*) idrometro *m* **Pegelstand** *m* livello *m* dell'acqua
**Peilanlage** *f* radiogoniometro *m*
**peilen** ['paɪlən] *vt* ❶ (*Lage, Richtung, Standort bestimmen*) rilevare, determinare; **die Lage ~** (*fam*) sondare il terreno; **über den Daumen gepeilt** (*fam*) a occhio e croce ❷ (NAUT: *Wassertiefe bestimmen*) scandagliare
**Peilfunk** *m* radiogoniometria *f*
**Peilgerät** *nt* apparecchio *m* di rilevamento **Peilstation** *f* stazione *f* radiogoniometrica
**Pein** [paɪn] <-> *kein Pl. f* (*geh*) pena *f*
**peinigen** *vt* (*geh*) tormentare
**Peiniger(in)** <-s, -; -, -nen> *m(f)* (*geh: Folterer*) torturatore, -trice *m, f*; (*fig*) tormentatore, -trice *m, f*
**Peinigung** <-, -en> *f* (*geh*) tortura *f*; (*fig*) tormento *m*
**peinlich** *adj* ❶ (*unangenehm*) spiacevole; (*Situation*) imbarazzante; **es ist mir sehr ~, dass ...** mi dispiace molto che +*conj*; **von etw ~ berührt sein** essere imbarazzato per qc ❷ (*übergenau*) meticoloso, preciso; **~e Ordnung** ordine scrupoloso
**Peitsche** ['paɪtʃə] <-, -n> *f* frusta *f*; (*a. fig*) sferza *f*
**peitschen** I. *vt* ❶ (*schlagen*) frustare; (*aus~*) sferzare ❷ (*a. fig*) sferzare II. *vi* (*Regen*) battere
**Peitschenhieb** *m* frustata *f*, sferzata *f*
**pejorativ** [pejoraˈtiːf] *adj* peggiorativo, spregiativo
**Pekinese** [pekiˈneːzə] <-n, -n> *m* (*Hund*) [cane *m*] pechinese *m*
**Peking** ['peːkɪŋ] *nt* Pechino *f*
**Pelerine** [peləˈriːnə] <-, -n> *f* pellegrina *f*, mantellina *f*
**Pelikan** ['peːlikaːn] <-s, -e> *m* pellicano *m*
**Pelle** ['pɛlə] <-, -n> *f* (*bes. nordd: Kartoffel~, Obst~*) buccia *f*; (*Wurst~*) pelle *f*; **jdm auf der ~ sitzen** [*o* **liegen**] (*fam*) essere sempre alle costole di qu
**pellen** I. *vt* (*bes. nordd: schälen*) sbucciare II. *vr* **sich ~** (*bes. nordd: Haut*) pelarsi
**Pellkartoffel** <-, -n> *f* patata *f* bollita con la buccia
**Pelz** [pɛlts] <-es, -e> *m* pelliccia *f*

**pelzbesetzt** *adj* guarnito di pelliccia **pelzgefüttert** *adj* foderato di pelliccia **Pelzgeschäft** *nt* pellicceria *f* **Pelzhandel** *m* commercio *m* di pellicce **Pelzhändler(in)** *m(f)* pellicciaio, -a *m, f*
**pelzig** *adj* peloso; (*dial: im Geschmack*) stopposo
**Pelzimitation** *f* pelliccia *f* sintetica **Pelzkragen** *m* collo *m* di pelliccia **Pelzmantel** *m* pelliccia *f* **Pelzmütze** *f* berretto *m* di pelliccia **Pelztier** *nt* animale *m* da pelliccia
**pempern** *vi* (*A: bumsen*) chiavare, scopare
**Pendant** [pã'dã:] <-s, -s> *nt* pendant *m;* **das ~ zu etw sein** essere il pendant di qc
**Pendel** ['pɛndəl] <-s, -> *nt* pendolo *m*
**pendeln** *vi* ① **haben** (*schwingen*) pendolare; (*a. fig*) oscillare ② **sein** (*hin- u herfahren*) fare la spola; **von ... nach ...** [*o* **zwischen ... und ...**] ~ fare la spola tra ... e ...
**Pendeltür** *f* porta *f* battente **Pendelverkehr** *m* traffico *m* pendolare **Pendelzug** *m* treno *m* navetta
**pendent** [pɛn'dɛnt] *adj* (*CH:* COM, ADM, JUR: *unerledigt, anhängig*) pendente, in sospeso
**Pendenz** [pɛn'dɛnts] <-, -en> *f* (*CH:* COM, ADM: *unerledigte Aufgabe*) pendenza *f*
**Pendler(in)** <-s, -; -, -nen> *m(f)* pendolare *mf*
**Penes** *Pl. von* **Penis**
**penetrant** [pene'trant] *adj* ① (*Geruch*) penetrante ② (*pej: Person*) invadente
**peng** [pɛŋ] *int* pam
**penibel** [pe'ni:bəl] *adj* (*peinlich genau*) meticoloso, preciso; (*kleinlich*) pignolo
**Penicillin** *nt s.* **Penizillin**
**Penis** ['pe:nɪs] <-, -se *o* Penes> *m* pene *m*
**Penizillin** [penɪtsɪ'li:n] <-s, -e> *nt* (MED) penicillina *f*
**Pennäler(in)** [pɛ'nɛːlɐ] <-s, -; -, -nen> *m(f)* (*fam, obs*) studente, -essa *m, f* di scuola superiore
**Pennbruder** *m* (*fam pej*) vagabondo *m*
**Penne** ['pɛnə] <-, -n> *f* (*sl: Schule*) scuola *f* [superiore]
**pennen** ['pɛnən] *vi* (*fam*) fare una dormita
**Penner(in)** <-s, -; -, -nen> *m(f) fam, pej* ① (*Stadtstreicher*) clochard *m*, donna *f* sacchetto ② (*Schlafmütze*) persona *f* disattenta
**Pensen** *Pl. von* **Pensum**
**Pension** [pã'zjo:n *o* pɛn'zjo:n] <-, -en> *f* ① (*Rente*) pensione *f* ② *Sing.* (*Ruhestand*) pensione *f;* **in ~ sein/gehen** essere/andare in pensione ③ (*Unterkunft und Verpflegung*) pensione *f;* **halbe ~** mezza pensione; **volle ~** pensione completa
**Pensionär(in)** [pãzjo'nɛːɐ̯ *o* pɛnzjo'nɛːɐ̯] <-s, -e; -, -nen> *m(f)* ① (*Mensch im Ruhestand*) pensionato, -a *m, f* ② (*CH: Pensionsgast*) pensionante *mf*
**Pensionat** [pãzjo'na:t *o* pɛnzjo'na:t] <-(e)s, -e> *nt* collegio *m*, pensionato *m*
**pensionieren** [pãzjo'ni:rən *o* pɛnzjo'ni:rən] <ohne ge-> *vt* mandare in pensione; **sich ~ lassen** andare in pensione **pensioniert** *adj* pensionato, a riposo
**Pensionierung** <-, -en> *f* pensionamento *m*
**Pensionsalter** *nt* età *f* di pensionamento; **das ~ erreicht haben** aver raggiunto i limiti d'età per la pensione **pensionsberechtigt** *adj* che ha diritto alla pensione **Pensionsgast** *m* pensionante *mf* **Pensionskasse** *f* cassa *f* pensione
**Pensum** [pɛnzʊm, *Pl:* pɛnzən *o* pɛnza] <-s, Pensen *o* Pensa> *nt* ① (*Arbeits~*) lavoro *m*, compito *m* ② (*Unterrichts~*) programma *m*
**Pentagon**[1] ['pɛntagɔn] <-s, -e> *nt* (MAT) pentagono *m*
**Pentagon**[2] <-s> *kein Pl. nt* (*US-Verteidigungsministerium*) Pentagono *m*
**Pep** [pɛp] <-(s)> *kein Pl. m* pepe *m*
**Peperoni** [pepe'ro:ni] *Pl.* (*CH:* GASTR: *Paprika*) peperone *m*
**peppig** ['pɛpɪç] *adj* vivace, brioso; (*Musik*) vivace; (*Person*) vivace, pepato, tutto pepe
**per** [pɛr] *prp* ① (*mittels, durch*) per, a mezzo, con; **~ Anhalter fahren** viaggiare facendo l'autostop; **mit jdm ~ du sein** darsi del tu con qu ② (COM: *für*) per; (*pro*) per, a; **~ Stück** il pezzo
**perfekt** [pɛr'fɛkt] *adj* ① (*vollkommen*) perfetto; **einen Kauf ~ machen** perfezionare un acquisto ② (*fam: abgeschlossen*) concluso; **damit war die Niederlage ~** in tal modo la sconfitta era completa
**Perfekt** ['pɛrfɛkt] <-(e)s, -e> *nt* (LING) perfetto *m*, passato *m*
**Perfektion** [pɛrfɛk'tsjo:n] <-, -en> *f* perfezione *f*, compiutezza *f*
**Perfektionist(in)** [pɛrfɛktsjo'nɪst] <-en, -en; -, -nen> *m(f)* perfezionista *mf*
**perfid|e|** [pɛr'fi:t (pɛr'fi:də)] *adj* (*geh*) perfido
**Perfidie** [pɛrfi'di:, *Pl:* pɛrfi'di:ən] <-, *rar* -n> *f* (*geh*) perfidia *f*
**Perforation** [pɛrfora'tsjo:n] <-, -en> *f* perforazione *f*
**perforieren** [pɛrfo'ri:rən] <ohne ge-> *vt* perforare

**Pergament** [pɛrga'mɛnt] <-(e)s, -e> nt pergamena f **Pergamentpapier** nt carta f pergamena

**Periode** [peri'o:də] <-, -n> f ① (*Zeitabschnitt*) periodo m, epoca f ② (MAT, PHYS, GEOL) periodo m ③ (*Menstruation*) mestruazione f **Periodensystem** nt sistema m periodico

**periodisch** adj periodico

**peripher** [peri'feːɐ̯] adj periferico

**Peripherie** [perife'riː] <-, -n> f ① (*Randgebiet*) periferia f ② (MAT) circonferenza f ③ (INFORM) periferica f

**Perle** ['pɛrlə] <-, -n> f ① (*der Perlmuschel*) perla f; **echte ~** perla vera ② (*fam: Hausgehilfin*) domestica f [perfetta]

**perlen** vi (*Schweiß, Tau*) imperlare; (*Sekt*) spumeggiare

**Perlentaucher(in)** m(f) pescatore, -trice m, f di perle

**Perlhuhn** nt [gallina f] faraona f **Perlmuschel** f conchiglia f perlifera **Perlmutt** ['pɛrlmʊt] <-s> kein Pl. nt madreperla f

**Perlmutter** <- o -s n> kein Pl. f/nt madreperla f **perlmuttern** adj ① (*aus Perlmutt*) di [o in] madreperla ② (*perlmuttfarben*) madreperlaceo

**Perlon®** ['pɛrlɔn] <-s> kein Pl. nt perlon® m

**Perlzwiebel** <-, -n> f (GASTR) aglio m romano [o di Spagna]; (*in Essig eingelegte Zwiebel*) cipollina f sott'aceto

**permanent** [pɛrma'nɛnt] adj permanente

**perplex** [pɛr'plɛks] adj (*fam: verblüfft*) sbalordito; (*verwirrt*) confuso, perplesso

**Perron** [pɛ'rõː] <-s, -s> m (CH) marciapiede m

**Perser(in)** ['pɛrzɐ] <-s, -; -, -nen> m(f) persiano, -a m, f

**Perserteppich** m tappeto m persiano

**Persianer** [pɛrzi'aːnɐ] <-s, -> m persiano m

**Persien** ['pɛrziən] nt Persia f

**Persiflage** [pɛrzi'flaːʒə] <-, -n> f beffa f

**Persilschein** [pɛr'ziːlʃain] <-(e)s, -e> m (*fam*) prova f a discarico [o scagionatrice], documento m a [propria] discolpa; (HIST) (*nel dopoguerra*) prova a discolpa dei tedeschi rilasciata dalle autorità di denazificazione

**persisch** adj persiano; (GEOG) persico; **der Persische Golf** il Golfo Persico

**Person** [pɛr'zoːn] <-, -en> f persona f; (THEAT, FILM, LIT) figura f, personaggio m; (*Einzel~*) individuo m; **pro ~** a testa, a persona; **juristische/natürliche ~** (JUR) persona giuridica/fisica; **ich für meine ~ fände es besser, wenn ...** in quanto a me mi sembrerebbe meglio se ...; **sie ist die Güte in ~** è la bontà in persona

**Personal** [pɛrzo'naːl] <-s> kein Pl. nt personale m, risorse pl umane **Personalabbau** m riduzione f del personale **Personalabteilung** f ufficio m del personale **Personalakte** f cartella f personale **Personalausweis** m carta f d'identità **Personalbüro** nt s. **Personalabteilung**

**Personalchef(in)** m(f) capo m del personale

**Personal Computer** ['pəːsənəl-] m personal computer m

**Personalien** [pɛrzo'naːliən] Pl. generalità fpl

**Personalisierung** f individualizzazione f

**Personalkosten** Pl. spese fpl per il personale **Personalmangel** <-s> kein Pl. m carenza f [o mancanza f] di personale

**Personalpolitik** f politica f del personale [o organica] **Personalpronomen** nt (LING) pronome m personale **Personal Trainer** ['pəːsənəl 'treɪnɐ] <-s, -> m personal trainer mf **Personalunion** f **er ist Arzt und Musiker in ~** è contemporaneamente medico e musicista **Personalwesen** <-s> kein Pl. nt (WIRTSCH) settore m dell'organico

**personell** [pɛrzo'nɛl] adj ① (*die Person betreffend*) personale ② (*das Personal betreffend*) del personale

**Personenaufzug** m ascensore m [per persone] **Personenbeschreibung** f connotati mpl di una persona **Personengedächtnis** <-ses, -se> nt memoria f per le persone **Personen|kraft|wagen** m autovettura f **Personenkreis** m cerchia f di persone **Personenschaden** m danno m alle persone **Personenverkehr** m traffico m viaggiatori **Personenwaage** f bilancia f per persone **Personenwagen** m s. **Personen|kraft|wagen**

**Personifikation** [pɛrzonifika'tsioːn] <-, -en> f personificazione f

**personifizieren** [pɛrzonifi'tsiːrən] <ohne ge-> vt personificare

**persönlich** [pɛr'zøːnlɪç] I. adj personale; (*individuell*) individuale; (*privat*) privato II. adv personalmente, di persona; **der König ~** il re in persona; **jdn ~ kennen** conoscere qu personalmente; **etw ~ nehmen** prendere qc personalmente

**Persönlichkeit** <-, -en> f ① Sing. (*Eigenschaften*) personalità f ② (*Mensch*) personaggio m **Persönlichkeitswahl** f elezione f uninominale

**Perspektive** [pɛrspɛk'tiːvə] <-, -n> f prospettiva f; (Blickwinkel a) punto m di vista
**perspektivisch** adj prospettico; **~e Verkürzung** effetto prospettico di rimpicciolimento
**Peru** [pe'ruː] nt Perù m; **in ~** nel Peru
**Peruaner(in)** [peru'aːnɐ] <-s, -; -, -nen> m(f) peruviano, -a m, f
**peruanisch** adj peruviano
**Perücke** [pe'rʏkə] <-, -n> f parrucca f
**pervers** [pɛr'vɛrs] adj perverso
**Perversion** [pɛrvɛr'zi̯oːn] <-, -en> f perversione f
**Perversität** [pɛrvɛrzi'tɛːt] <-, -en> f pervertimento m
**Pessar** [pɛ'saːɐ̯] <-s, -e> nt (MED) pessario m
**Pessimismus** [pɛsi'mɪsmʊs] <-> kein Pl. m pessimismo m
**Pessimist(in)** [pɛsi'mɪst] <-en, -en; -, -nen> m(f) pessimista mf
**pessimistisch** adj pessimista, pessimistico
**Pest** [pɛst] <-> kein Pl. f peste f; **jdn wie die ~ hassen** (fam) odiare a morte qu; **wie die ~ stinken** (fam) puzzare come la peste
**Pestizid** [pɛsti'tsiːt] <-s, -e> nt pesticida m
**Pesto** ['pɛsto] <-s, -s> nt o m (GASTR) pesto m
**Petersdom** m Basilica f di San Pietro
**Petersilie** [petɐ'ziːli̯ə] <-, -n> f prezzemolo m
**Petersplatz** m Piazza f San Pietro
**Petition** [peti'tsi̯oːn] <-, -en> f petizione f
**PET-Pfandflasche** f vuoto m a rendere in PET
**Petrochemie** [petroçe'miː] <-> kein Pl. f petrochimica f
**Petroleum** [pe'troːleʊm] <-s> kein Pl. nt petrolio m, greggio m **Petroleumlampe** f lampada f a petrolio
**Petting** ['pɛtɪŋ] <-(s), -s> nt petting m
**petto** ['pɛto] adv **etw in ~ haben** (fam) avere qc in petto
**Petze** ['pɛtsə] <-, -n> f (fam pej) spia f
**petzen** ['pɛtsən] vt (fam pej) **[jdm] etw ~** riportare qc [a qu]
**Pf** abk v **Pfennig(e)** pfennig
**Pfad** [pfaːt] <-(e)s, -e> m ① (Weg) sentiero m ② (INFORM) percorso m
**Pfadfinder(in)** m(f) giovane esploratore, -trice m, f
**Pfaffe** ['pfafə] <-n, -n> m (pej) pretaccio m
**Pfahl** [pfaːl, Pl: pfɛːlə] <-(e)s, Pfähle> m palo m; (Stütz~) sostegno m **Pfahlbau** <-(e)s, -ten> m costruzione f su palafitte; **~ten** (HIST) palafitte fpl
**Pfalz** [pfalts] f Palatinato m
**Pfälzer(in)** ['pfɛltsɐ] <-s, -; -, -nen> m(f) abitante mf del Palatinato
**pfälzisch** adj del palatinato
**Pfand** [pfant, Pl: 'pfɛndə] <-(e)s, Pfänder> nt (a. fig) pegno m; (Bürgschaft) garanzia f; (Flaschen~) deposito m per il vuoto; **etw als ~ behalten** tenere qc in pegno; **als ~ geben** dare in pegno; **gegen ~** su pegno; **auf der Flasche sind 30 Cent ~** sulla bottiglia c'è un deposito per il vuoto di 30 centesimi
**pfändbar** adj pignorabile
**Pfandbrief** m (FIN) lettera f di pegno
**pfänden** ['pfɛndən] vt ① (Dinge) pignorare, sequestrare ② (Personen) pignorare i beni di qu
**Pfänderspiel** nt gioco m dei pegni
**Pfandflasche** f vuoto m a rendere **Pfandhaus** <-es, -häuser> nt, **Pfandleihe** <-, -n> f monte m dei pegni **Pfandschein** m polizza f di pegno
**Pfändung** ['pfɛndʊŋ] <-, -en> f pignoramento m
**Pfanne** ['pfanə] <-, -n> f ① (Stiel~) padella f; (Henkel~) tegame m; **jdn in die ~ hauen** (fam: hereinlegen) abbindolare qu; (beschimpfen, herunterputzen) strapazzare qu; (vernichten, erledigen) annientare qu ② (Dach~) tegola f fiamminga
**Pfannkuchen** ['pfankuːxən] m frittata f
**Pfarramt** ['pfaʁamt] nt parrocchia f
**Pfarrbezirk** m parrocchia f
**Pfarre** [pfarə] <-, -n> f parrocchia f
**Pfarrei** [pfa'raɪ] <-, -en> f parrocchia f
**Pfarrer(in)** ['pfarɐ] <-s, -; -, -nen> m(f) (katholisch) parroco m; (evangelisch) pastore m
**Pfarrgemeinde** <-, -n> f parrocchia f
**Pfarrhaus** nt (katholisch) casa f parrocchiale; (evangelisch) casa f del pastore
**Pfarrkirche** f chiesa f parrocchiale
**Pfau** [pfaʊ] <-(e)s o A -en, -en o A -e> m pavone m **Pfauenauge** nt (ZOO) pavonia f
**Pfd.** abk v **Pfund** lb
**Pfeffer** ['pfɛfɐ] <-s, -> m pepe m; **geh hin, wo der ~ wächst!** (fam) va' all'inferno!
**Pfefferkorn** nt grano m di pepe **Pfefferkuchen** m panpepato m **Pfefferminz** <-es, -e> nt, **Pfefferminzbonbon** m o nt [caramella f di] menta f **Pfefferminze** f menta f piperita

**Pfefferminztee** *m* tè *m* di menta **Pfeffermühle** *f* pepaiola *f*
**pfeffern** ['pfɛfɐn] *vt* ❶ (GASTR) pepare ❷ (*sl: schleudern*) scaraventare; **jdm eine ~ dare** una sberla a qu *fam*
**Pfefferoni** <-, -> *m* (*A: Peperoni*) peperoncino *m*
**Pfeffersteak** *nt* bistecca *f* al pepe **Pfefferstreuer** <-s, -> *m* pepiera *f*, spargipepe *m*
**Pfeife** ['pfaɪfə] <-, -> *f* ❶ (MUS) piffero *m*, zufolo *m*; (*Orgel~*) canna *f* [d'organo]; (*Signal~*) fischio *m*, fischietto *m* ❷ **nach jds ~ tanzen** farsi comandare a bacchetta da qu; (*Tabak~*) pipa *f* ❸ (*sl pej: Versager*) fallito *m*; (*Feigling*) vigliacco *m*
**pfeifen** ['pfaɪfən] <pfeift, pfiff, gepfiffen> *vt, vi* fischiare; **auf jdn/etw ~** (*fam*) infischiarsene di qu/qc
**Pfeifenkopf** *m* fornello *m* della pipa **Pfeifenreiniger** <-s, -> *m* scovolino *m* **Pfeifenstopfer** <-s, -> *m* curapipe *m*
**Pfeifkonzert** *nt* (*fam*) salva *f* di fischi
**Pfeil** [pfaɪl] <-(e)s, -e> *m* freccia *f*; **mit ~ und Bogen** con arco e frecce
**Pfeiler** ['pfaɪlɐ] <-s, -> *m* (*Stütz~*) pila *f*; (*a. Brücken~*) pilone *m*; (*fig* ARCH, MIN) pilastro *m*
**pfeilgerade** ['pfaɪlgə'ra:də] *adj* dritto come una freccia **Pfeilgift** *nt* curaro *m*
**pfeilschnell** ['pfaɪl'ʃnɛl] *adj o adv* veloce come una freccia
**Pfennig** ['pfɛnɪç, *Pl:* 'pfɛnɪgə] <-s, -e *o bei Mengenangabe:* -> *m* pfennig *m*; **auf den ~ genau** esatto al centesimo; **keinen ~ [Geld] haben** non avere un soldo; **keinen ~ wert sein** (*fam*) non valere una lira; **jeden ~ [dreimal] umdrehen** (*fam*) badare al centesimo **Pfennigabsatz** *m* tacco *m* a spillo
**Pfennigbetrag** *m* piccola somma *f*; **dabei handelt es sich nur um Pfennigbeträge** si tratta solo di poche lire **Pfennigfuchser** ['pfɛnɪçfʊksɐ] <-s, -> *m* (*fam pej*) spilorcio *m*, tirchio *m*
**pfenniggroß** *adj* grande quanto una monetina
**Pfennigstück** *nt* moneta *f* da un pfennig
**Pferch** [pfɛrç] <-(e)s, -e> *m* recinto *m*, stabbio *m*
**pferchen** *vt* stipare
**Pferd** [pfe:ɐ̯t] <-(e)s, -e> *nt* cavallo *m*; **das ~ besteigen** montare a cavallo; **vom ~ steigen** scendere da cavallo; **ein ~ reiten** cavalcare, montare un cavallo; **zu ~** a cavallo; **wie ein ~ arbeiten** (*fam*) lavorare come una bestia; **ich glaub', mich tritt ein ~!** (*sl*) che mi venga un colpo! *fam*; **das ~ am** [*o* **beim**] **Schwanz aufzäumen** (*fig*) mettere il carro innanzi ai buoi; **aufs richtige/falsche ~ setzen** (*fig fam*) puntare sul cavallo vincente/perdente; **mit dem kann man ~e stehlen** (*fam*) di lui ci si può fidare a occhi chiusi; **plötzlich gingen ihm die ~e durch** (*fig fam*) improvvisamente perse il controllo; **keine zehn ~e brächten mich dazu, das zu tun** (*fam*) non c'è barba d'uomo che possa convincermi a farlo; **immer langsam mit den jungen ~en!** (*fam*) calma, calma!; **jdm was** [*o* **einen**] **vom ~ erzählen** (*fam*) dire [*o* raccontare] delle balle *fam*, dire [*o* raccontare] un sacco di balle *fam*
**Pferdeapfel** *m* sterco *m* equino **Pferdefuß** *m* ❶ (ZOO) piede *m* di cavallo ❷ (*fig: Nachteil*) inconveniente *m* **Pferdegebiss** *nt* (*fig fam*) dentatura *f* da cavallo **Pferderennbahn** *f* ippodromo *m* **Pferderennen** *nt* corsa *f* di cavalli **Pferdeschwanz** *m* coda *f* di cavallo **Pferdestall** *m* scuderia *f* **Pferdestärke** *f* cavallo *m* vapore; **ein Motor mit 60 ~n** un motore da 60 cavalli **Pferdezucht** *f* allevamento *m* di cavalli
**pfiff** [pfɪf] *1. u. 3. Pers. Sing. Imp. von* **pfeifen**
**Pfiff** [pfɪf] <-(e)s, -e> *m* ❶ (*Ton*) fischio *m* ❷ (*fam: Reiz*) bello *m*; **ein Hut mit ~** un cappello chic
**Pfifferling** ['pfɪfɐlɪŋ] <-s, -e> *m* finferlo *m*, gallinaccio *m*; **keinen ~ wert sein** (*fam*) non valere un fico secco
**pfiffig** *adj* furbo, astuto **Pfiffigkeit** <-> *kein Pl.* *f* furbizia *f*, astuzia *f*
**Pfiffikus** ['pfɪfɪkʊs] <- *o* -ses, -se> *m* (*fam*) furbacchione, -a *m, f*
**Pfingsten** ['pfɪŋstən] <-, -> *nt* Pentecoste *f*
**Pfingstferien** ['pfɪŋstfe:riən] *Pl.* vacanze *fpl* di Pentecoste
**Pfingstrose** *f* peonia *f* **Pfingstsonntag** *m* [domenica *f* di] Pentecoste *f*
**Pfirsich** ['pfɪrzɪç] <-s, -e> *m* pesca *f* **Pfirsichbaum** *m* pesco *m*
**Pflanze** ['pflantsə] <-, -n> *f* pianta *f*
**pflanzen** *vt* ❶ (*ein~*) piantare ❷ (*A: foppen*) schernire, prendere in giro
**Pflanzenfett** *nt* (GASTR) grasso *m* vegetale **Pflanzenfresser** <-s, -> *m* (ZOO) erbivoro *m*, fitofago *m* **Pflanzenkunde** *f* botanica *f* **Pflanzenöl** *nt* (GASTR) olio *m* vegetale **Pflanzenreich** <-(e)s> *kein Pl.* *nt* regno *m* vegetale **Pflanzenschutzmittel** *nt* fitofarmaco *m*

**Pflanzer(in)** <-s, -; -, -nen> *m(f)* piantatore, -trice *m, f*
**pflanzlich** *adj* vegetale
**Pflanzung** <-, -en> *f* ❶ (*Plantage*) piantagione *f* ❷ *Sing.* (*Anbau*) coltivazione *f*
**Pflaster** ['pflastɐ] <-s, -> *nt* ❶ (*Wund~, Heft~*) cerotto *m* ❷ (*Straßen~*) pavimentazione *f*, lastrico *m*; **ein gefährliches [o heißes] ~** (*fam*) una zona pericolosa; **ein teures ~** (*fam*) un posto costoso **Pflastermaler(in)** *m(f)* madonnaro, -a *m, f*
**pflastern** *vt* lastricare, pavimentare
**Pflasterstein** *m* cubetto *m* per lastrico
**Pflaume** ['pflaʊmə] <-, -n> *f* ❶ (*Frucht*) prugna *f* ❷ (*fig fam: Blödmann*) buono *m* a nulla **Pflaumenbaum** *m* prugno *m* **Pflaumenkuchen** *m* torta *f* di prugne **Pflaumenmus** *nt* marmellata *f* di prugne
**Pflege** ['pfle:gə] <-, -n> *f* ❶ (*Körper~*) cura *f*; (*Kranken~*) assistenza *f*; **in ~ geben/nehmen** affidare alle cure/prendersi cura di ❷ (*von Maschinen, Gebäuden, Anlagen*) manutenzione *f* ❸ (*von Interessen, Beziehungen*) cura *f*, coltivare *m* **pflegebedürftig** *adj* bisognoso di cure **Pflegeeltern** *Pl.* genitori *mpl* che hanno in custodia un bambino **Pflegefall** *m* assistito, -a *m, f* **Pflegeheim** <-(e)s, -e> *nt* casa *f* di cura per anziani **Pflegekind** *nt* pupillo, -a *m, f* **Pflegekosten** *Pl.* retta *f* **pflegeleicht** *adj* che non richiede cure speciali; **ein ~es Kleidungsstück** un [indumento] pratico **Pflegemutter** *f* madre *f* putativa, donna *f* che fa le veci di madre
**pflegen** I. *vt* ❶ (*seinen Körper, sein Äußeres*) curare, avere cura di; (*Kranke*) assistere ❷ (*Freundschaft, Interessen*) coltivare; (*Sport*) praticare II. *vi* **~ etw zu tun** soler fare qc; **wie man zu sagen pflegt** come si suol dire III. *vr* **sich ~** ❶ (*äußerlich*) curarsi, aver cura di sé ❷ (*sich schonen*) riguardarsi
**Pflegepersonal** *nt* personale *m* sanitario **Pfleger(in)** <-s, -; -, -nen> *m(f)* ❶ (*Kranken~*) infermiere, -a *m, f*; (*Tier~*) allevatore, -trice *m, f* ❷ (*JUR*) curatore, -trice *m, f*; (*Vormund*) tutore, -trice *m, f*
**Pflegesatz** *m* retta *f* **Pflegevater** *m* padre *m* putativo, uomo *m* che fa le veci di padre **Pflegeversicherung** <-, -en> *f* assicurazione *f* previdenziale
**pfleglich** ['pfle:klɪç] I. *adj* premuroso, attento, pieno di cure II. *adv* premurosamente, delicatamente, con cura; **etw ~ behandeln** trattare qc con cura

**Pflegschaft** <-, -en> *f* (JUR) curatela *f*; (*Vormundschaft*) tutela *f*
**Pflicht** [pflɪçt] <-, -en> *f* ❶ (*Notwendigkeit*) dovere *m*; (*Verpflichtung*) obbligo *m*; **ich halte es für meine ~ etw zu tun** ritengo mio dovere fare qc; **Rechte und ~en** diritti e doveri; **seine ~ [gegenüber jdm] erfüllen/vernachlässigen** adempiere al/trascurare il proprio dovere [nei confronti di qu]; **die ~ ruft** il dovere chiama ❷ (SPORT) esercizi *mpl* obbligatori
**pflichtbewusst** *adj* consapevole del proprio dovere **Pflichtbewusstsein** *nt* coscienza *f* del dovere
**Pflichterfüllung** *f* adempimento *m* dei propri doveri **Pflichtfach** *nt* materia *f* obbligatoria **Pflichtgefühl** *nt* senso *m* del dovere **pflichtgemäß** *adj* doveroso, debito **Pflichtteil** *mnt* legittima *f* **Pflichtübung** *f* esercizio *m* obbligatorio **pflichtvergessen** *adj* dimentico dei propri doveri **pflichtversichert** *adj* coperto dall'assicurazione obbligatoria **Pflichtversicherung** <-, -en> *f* assicurazione *f* obbligatoria **Pflichtverteidiger(in)** *m(f)* (JUR) difensore *m* d'ufficio
**Pflock** [pflɔk, *Pl:* 'pflœkə] <-(e)s, Pflöcke> *m* palo *m*
**pflücken** ['pflʏkən] *vt* (*Obst*) raccogliere; (*Blumen*) cogliere
**Pflücker(in)** <-s, -; -, -nen> *m(f)* raccoglitore, -trice *m, f*
**Pflug** [pflu:k, *Pl:* 'pfly:gə] <-(e)s, Pflüge> *m* aratro *m*
**pflügen** ['pfly:gən] *vt, vi* arare
**Pforte** ['pfɔrtə] <-, -n> *f* porta *f*
**Pförtner(in)** <-s, -; -, -nen> *m(f)* (*in Wohnhaus*) portinaio, -a *m, f*, custode *mf*; (*in öffentlichen Gebäuden*) portiere, -a *m, f* **Pförtnerloge** *f* portineria *f*
**Pfosten** ['pfɔstən] <-s, -> *m* palo *m*; (*Fenster~, Tür~*) montante *m*
**Pfote** ['pfo:tə] <-, -n> *f* zampa *f*; **nimm deine dreckigen ~n da weg!** (*fam*) togli le tue manacce sporche di là!
**Pfriem** [pfri:m] <-(e)s, -e> *m* (TEC) lesina *f*
**Pfropf** [pfrɔpf] <-(e)s, -e> *m* tampone *m*; (*Blut~*) grumo *m*
**pfropfen** ['pfrɔpfən] *vt* ❶ (*Pflanzen*) innestare ❷ (*Flaschen*) tappare, turare ❸ (*fam: hineinzwängen*) stipare; **gepfropft voll** (*fam*) pieno zeppo
**Pfropfen** <-s, -> *m* turacciolo *m*
**Pfründe** ['pfrʏndə] <-, -n> *f* (REL) prebenda *f*
**Pfuhl** [pfu:l] <-(e)s, -e> *m* ❶ (*Teich*)

palude *f*, pantano *m* ❷ (*fig obs, geh*) fango *m*, sentina *f*

**pfui** [pfʊɪ] *int* puh, puah; ~ **Teufel!** (*fam*) che schifo!

**Pfund** [pfʊnt] <-(e)s, *o bei Maßangaben:* -e> *nt* ❶ (*Gewicht*) libbra *f*, mezzo chilo *m* ❷ (*Währung in Großbritannien*) sterlina *f*

**pfundig** ['pfʊndɪç] *adj* (*fam*) formidabile, in gamba

**Pfundskerl** *m* (*fam*) tipo *m* in gamba

**pfundweise** *adv* a bizzeffe *fam*

**Pfusch** [pfʊʃ] <-(e)s> *kein Pl. m*, **Pfuscharbeit** *f* ❶ (*fam pej: schlecht ausgeführte Arbeit*) lavoro *m* fatto male ❷ (*A: Schwarzarbeit*) lavoro *m* nero

**pfuschen** *vi* ❶ (*fam pej: bei Arbeit*) abborracciare, acciarpare ❷ (*dial: mogeln*) imbrogliare ❸ (*A: schwarzarbeiten*) lavorare in nero

**Pfuscher(in)** <-s, -; -, -nen> *m(f)* ❶ (*fam pej*) abborraccione, -a *m, f* ❷ (*A: Schwarzarbeiter*) lavoratore *m* in nero

**Pfuscherei** <-, -en> *f* (*fam pej*) lavoro *m* fatto male

**Pfuscherin** *f s.* **Pfuscher**

**Pfütze** ['pfʏtsə] <-, -n> *f* pozzanghera *f*

**PH** [peː'haː] <-, -s> *f abk v* **Pädagogische Hochschule** *istituto universitario per la formazione di insegnanti per la scuola*

**Phalanx** ['faːlaŋks, *Pl:* fa'laŋən] <-, Phalangen> *f* (HIST, MIL, ANAT) falange *f*; **erste/zweite/dritte** ~ (ANAT) falange/falangina/falangetta

**Phallus** ['falʊs, *Pl:* 'fali *o* 'falən] <-, Phalli *o* Phallen *o* -se> *m* (ANAT) fallo *m* **Phalluskult** *m* culto *m* fallico

**Phänomen** [fɛnoˈmeːn] <-s, -e> *nt* fenomeno *m*

**phänomenal** [fɛnomeˈnaːl] *adj* ❶ (PHILOS) fenomenico ❷ (*einzigartig*) fenomenale

**Phantasie** <-, -n> *f s.* **Fantasie**

**Phantasiegebilde** *nt s.* **Fantasiegebilde**

**phantasielos** *s.* **fantasielos Phantasielosigkeit** <-> *kein Pl. f s.* **Fantasielosigkeit**

**phantasieren** <ohne ge-> *vi s.* **fantasieren**

**phantasievoll** *s.* **fantasievoll**

**Phantast(in)** <-en, -en; -, -nen> *m(f) s.* **Fantast**

**Phantasterei** <-, -en> *f s.* **Fantasterei**

**Phantastin** *f s.* **Fantast**

**phantastisch** *adj s.* **fantastisch**

**Phantom** [fan'toːm] <-s, -e> *nt* fantasma *m* **Phantombild** *nt* identikit *m*

**Phantomschmerz** *m* (MED) dolore *m* fantasma

**Pharao** ['faːrao, *Pl:* faraˈoːnən] <-s, Pharaonen> *m* faraone *m*

**Pharisäer(in)** [fariˈzɛːɐ̯] <-s, -; -, -nen> *m(f)* fariseo, -a *m, f*

**Pharmaindustrie** <-> *kein Pl. f* industria *f* farmaceutica

**Pharmakologe** [farmakoˈloːgə] <-n, -n> *m*, **Pharmakologin** [farmakoˈloːgɪn] <-, -nen> *f* farmacologo, -a *m, f*

**pharmakologisch** *adj* farmacologico

**Pharmazeut(in)** [farmaˈtsɔɪt] <-en, -en; -, -nen> *m(f)* farmacista *mf*

**pharmazeutisch** [farmaˈtsɔɪtɪʃ] *adj* farmaceutico

**Pharmazie** [farmaˈtsiː] <-> *kein Pl. f* farmaceutica *f*

**Phase** ['faːzə] <-, -n> *f* fase *f*

**Philanthrop(in)** [filanˈtroːp] <-en, -en; -, -nen> *m(f)* filantropo, -a *m, f*

**philanthropisch** *adj* filantropico

**Philatelie** [filateˈliː] <-> *kein Pl. f* filatelia *f*

**Philatelist(in)** [filateˈlɪst] <-en, -en; -, -nen> *m(f)* filatelista *mf*

**Philharmonie** [fɪlharmoˈniː] *f* filarmonica *f*

**Philharmoniker** [fɪlharˈmoːnikɐ] <-s, -> *m* filarmonico *m*

**philharmonisch** *adj* filarmonico

**Philippinen** [filɪˈpiːnən] *Pl.* **die** ~ le Filippine

**Philister** [fiˈlɪstɐ] <-s, -> *m* filisteo *m*

**Philologe** [filoˈloːgə] <-n, -n> *m* filologo *m*

**Philologie** [filoloˈgiː] <-, -n> *f* filologia *f*

**Philologin** [filoˈloːgɪn] <-, -nen> *f* filologa *f*

**philologisch** *adj* filologico

**Philosoph(in)** [filoˈzoːf] <-en, -en; -, -nen> *m(f)* filosofo, -a *m, f*

**Philosophie** [filozoˈfiː] <-, -n> *f* filosofia *f*

**philosophieren** [filozoˈfiːrən] <ohne ge-> *vi* [**über etw** *acc*] ~ filosofare [su qc]

**Philosophin** *f s.* **Philosoph**

**philosophisch** *adj* filosofico

**Phishing** ['fɪʃɪŋ] <-s> *kein Pl. nt* (INET) phishing *m*

**Phlegmatiker(in)** [flɛˈgmaːtikɐ] <-s, -; -, -nen> *m(f)* persona *f* flemmatica

**phlegmatisch** *adj* flemmatico

**Phobie** [foˈbiː] <-, -n> *f* (MED) fobia *f*; **eine** ~ **vor etw** *dat* **haben** avere una fobia di qc

**Phon** [foːn] <-s, -s *o bei Maßangaben:* -> *nt* (MUS) fono *m*, phon *m*

**Phonetik** [foˈneːtɪk] <-> *kein Pl. f* fonetica *f*

**phonetisch** *adj* fonetico
**Phönix** ['fø:nɪks] <-(es), -e> *m* fenice *f*
**Phönizier(in)** [fø'ni:tsi̯ɐ] <-s, -; -, -nen> *m(f)* fenicio, -a *m, f*
**Phonologie** [fonolo'gi:] <-> *kein Pl. f* (LING) fonologia *f*
**Phonotypist(in)** [fonoty'pɪst] <-en, -en; -, -nen> *m(f)* dattilografo, -a *m, f* addetto, -a al dittafono
**Phonotypistin** [fonoty'pɪstɪn] *f* dattilografa *f* addetta al dittafono
**Phosphat** [fɔs'fa:t] <-(e)s, -e> *nt* fosfato *m* **phosphatfrei** *adj* privo di [o senza] fosfati
**Phosphor** ['fɔsfo:ɐ̯] <-s> *kein Pl. m* (CHEM) fosforo *m*
**Phosphoreszenz** [fɔsforɛs'tsɛnts] <-> *kein Pl. f* fosforescenza *f*
**phosphoreszierend** [fɔsforɛs'tsi:rənt] *adj* fosforescente
**Photo-** *s.* **Foto-**
**Phrase** ['fra:zə] <-, -n> *f* frase *f*; **~n dreschen** (*fam pej*) parlare a vuoto; **leere ~n** discorsi vuoti **Phrasendrescher(in)** *m(f)* (*pej*) fraseggiatore, -trice *m, f*, retore *m*
**pH-Wert** [peː'haːveːɐ̯t] *m* [valore *m* del] pH *m*
**Physik** [fy'zi:k] <-> *kein Pl. f* fisica *f*
**physikalisch** [fyzi'ka:lɪʃ] *adj* fisico
**Physiker(in)** ['fy:zikɐ] <-s, -; -, -nen> *m(f)* fisico, -a *m, f*
**Physiognomie** [fyziogno'mi:] <-, -n> *f* (*geh*) fisionomia *f*
**Physiologie** [fyziolo'gi:] <-> *kein Pl. f* fisiologia *f*
**physiologisch** [fyzio'lo:gɪʃ] *adj* fisiologico
**Physiotherapeut(in)** [fyziotera'pɔɪt] <-en, -en; -, -nen> *m(f)* fisioterapista *mf*
**Physiotherapie** [fyziotera'pi:] <-> *kein Pl. f* fisioterapia *f*
**physisch** ['fy:zɪʃ] *adj* fisico
**Pi** [pi:] <-(s)> *kein Pl. nt* (MAT) pi *m* greco; **~ mal Daumen** (*fam*) a occhio e croce, a lume di naso
**Pianist(in)** [pi̯a'nɪst] <-en, -en; -, -nen> *m(f)* pianista *mf*
**picheln** ['pɪçəln] *vt, vi* (*fam*) bere
**Pickel** ['pɪkəl] <-s, -> *m* ① (*Spitzhacke*) piccone *m*; (*Eis~*) piccozza *f* per ghiaccio ② (MED) brufolo *m*, pustoletta *f* **pick|e|lig** *adj* pieno di brufoli
**picken** ['pɪkən] *vt, vi* (*Tiere*) **nach etw ~** beccare qc
**Pickerl** <-s, -n> *nt* (*A: Aufkleber*) etichetta *f* autoadesiva
**Picknick** ['pɪknɪk] <-s, -e *o* -s> *nt* picnic *m* **picknicken** *vi* fare un picnic

**picobello** [pi:ko'bɛlo] *adj* (*fam*) impeccabile
**piekfein** ['pi:k'faɪn] *adj* (*fam*) extra, esclusivo
**Piemont** [pi̯e'mɔnt] *nt* Piemonte *m*
**piep** [pi:p] *int* pio, pio
**piepegal** ['pi:pʔe'ga:l] *adj* (*fam*) **das ist mir ~!** me ne impipo
**piepen** ['pi:pən] *vi* (*Vogel*) pigolare; (*Maus*) squittire; (*Funkgerät*) gracchiare; **bei der piept's wohl!** (*fam*) dà i numeri, gli ha dato di volta il cervello!; **das ist ja zum Piepen** (*fam*) c'è proprio da morir dal ridere
**Pieps** <-es, -e> *m* (*fam*) pigolio *m*
**piepsen** ['pi:psən] *vi* ① *s.* **piepen** ② (*sprechen*) parlare con voce stridula
**piepsig** *adj* (*Stimme*) stridulo
**Pier** [pi:ɐ̯] <-s, -e *o* -s *m o* -, -s *f*> *m* molo *m*
**Piercing** ['pi:ɐ̯sɪŋ] <-s, -s> *nt* piercing *m*
**piesacken** ['pi:zakən] *vt* (*fam*) tormentare
**Pietät** [pi̯e'tɛ:t] <-> *kein Pl. f* (*geh*) pietà *f* **pietätlos** *adj* (*geh*) senza pietà, irriverente **Pietätlosigkeit** <-, -en> *f* (*geh*) mancanza *f* di rispetto, irriverenza *f* **pietätvoll** *adj* (*geh*) pietoso, rispettoso, riverente
**Pigment** [pɪ'gmɛnt] <-(e)s, -e> *nt* pigmento *m* **Pigmentfleck** <-(e)s, -e *o* -en> *m* (MED) angioma *m* cutaneo, voglia *f fam*, macchia *f* sulla pelle
**Pik** <-s, -s> *nt* (*Spielkartenfarbe*) picche *fpl*
**pikant** [pi'kant] *adj* piccante
**Pikdame** *f* donna *f* di picche
**Pike** ['pi:kə] <-, -n> *f* picca *f*; **etw von der ~ auf lernen** (*fam*) cominciare qc dall'abbiccì, studiare qc dai primi rudimenti
**piken** ['pi:kən] *vt, vi* (*fam*) *s.* **pik|s|en**
**pikiert** [pi'ki:ɐ̯t] *adj* offeso
**Pikkolo** ['pɪkolo] <-s, -s> *m* ① (*Kellnerlehrling*) aiuto *m* cameriere ② (*fam: ~flasche*) bottiglietta *f* di spumante [per una persona] **Pikkoloflöte** *f* (MUS) ottavino *m*
**pik|s|en** ['pi:k(s)ən] *vt, vi* pungere
**Piksieben** *f* **dastehen wie [die] ~** (*fam*) non sapere che pesci pigliare
**Pilger(in)** ['pɪlgɐ] <-s, -; -, -nen> *m(f)* pellegrino, -a *m, f* **Pilgerfahrt** *f* pellegrinaggio *m*
**Pilgerin** *f s.* **Pilger**
**pilgern** *vi sein* andare in pellegrinaggio
**Pille** ['pɪlə] <-, -n> *f* ① (*Tablette*) pillola *f*; **eine bittere ~** una pillola amara ② (*fam: Antibaby~*) pillola *f* [anticoncezionale]; **die ~ nehmen** prendere la pillola

**Pillenknick** *m* calo *m* demografico dovuto alla pillola

**Pilot(in)** [pi'lo:t] <-en, -en; -, -nen> *m(f)* pilota *mf* **Pilotfilm** *m* (TV) film *m* pilota

**Pilotin** *f s.* **Pilot Pilotprojekt** *nt* progetto *m* pilota **Pilotstudie** *f* studio *m* pilota

**Pilz** [pɪlts] <-es, -e> *m* ① (BOT) fungo *m;* **wie ~ e aus der Erde schießen** spuntare come funghi ② (MED, *fam: Haut~*) fungo *m* [della pelle] **Pilzkrankheit** *f* micosi *f* **Pilzvergiftung** *f* avvelenamento *m* [*o* intossicazione *f*] da funghi

**Pimmel** ['pɪməl] <-s, -> *m* (*fam: Penis*) uccello *m*

**PIN-Code** [pɪnkəʊd] *m* (TEL) codice *m* PIN

**pingelig** ['pɪŋəlɪç] *adj* (*fam pej*) pedante; (*empfindlich*) schizzinoso, schifiltoso

**Pinguin** ['pɪŋgui:n] <-s, -e> *m* pinguino *m*

**Pinie** ['pi:niə] <-, -n> *f* pino *m* **Pinienkern** <-(e)s, -e> *m* pinolo *m*

**pink** *adj* color rosa

**pink(farben)** ['pɪŋk(farbən)] <inv> *adj* color rosa

**Pinke** ['pɪŋkə] <-> *kein Pl. f* (*fam*) grana *f*

**pinkeln** ['pɪŋkəln] *vi* (*fam*) fare la pipì

**Pinnummer** ['pɪnnʊmɐ] *f* (TEL) numero *m* PIN

**Pinnwand** ['pɪnvant] *f* pannello *m* d'affissione

**Pinscher** ['pɪnʃɐ] <-s, -> *m* cane *m* grifone

**Pinsel** ['pɪnzəl] <-s, -> *m* pennello *m;* **ein eingebildeter ~** (*fam pej*) uno stupido presuntuoso

**pinseln** *vt, vi* spennellare

**Pinte** ['pɪntə] <-, -n> *f* (*fam CH*) bettola *f*

**Pin-up-Girl** [pɪn'ʔʌpgəːl] <-s, -s> *nt* pin-up girl *f,* ragazza *f* copertina

**Pinzette** [pɪn'tsɛtə] <-, -n> *f* pinzetta *f*

**Pionier** [pio'ni:ɐ] <-s, -e> *m* ① (MIL) geniere *m* ② (*Wegbereiter*) pioniere *m*

**Pipeline** ['paɪplaɪn] <-, -s> *f* (*für Gas*) gasdotto *m;* (*für Öl*) oleodotto *m,* pipeline *f*

**Pipette** [pi'pɛtə] <-, -n> *f* pipetta *f*

**Pipi** ['pɪpi] <-s> *kein Pl. nt* (*Kindersprache*) pipì *f;* **~ machen** fare [la] pipì

**Pirat** [pi'ra:t] <-en, -en> *m* pirata *m,* corsaro *m* **Piratensender** <-s, -> *m* radio *f* pirata

**Pirol** [pi'ro:l] <-s, -e> *m* (ZOO) rigogolo *m*

**Pirouette** [pi'ruɛtə] <-, -n> *f* piroetta *f*

**Pirsch** [pɪrʃ] <-> *kein Pl. f* caccia *f;* **auf die ~ gehen** andare a caccia

**pirschen** *vi haben o sein* ① (*bei der Jagd*) andare a caccia; **auf Wild ~** andare a caccia di selvaggina ② (*schleichen*) avanzare quatto quatto, camminare di soppiatto

**PISA-Studie** *f* PISA-Studie *m*

**Pisse** ['pɪsə] <-> *kein Pl. f* (*vulg*) piscia *f,* piscio *m*

**pissen** ['pɪsən] *vi* (*vulg*) pisciare

**Pistazie** [pɪs'ta:tsiə] <-, -n> *f* pistacchio *m*

**Piste** ['pɪstə] <-, -n> *f* pista *f* **Pistenraupe** <-, -n> *f* gatto *m* delle nevi, apripista *f* **Pistensau** *f,* **Pistenschreck** *m* (*fam pej: Skifahrer*) terrore *m* delle piste

**Pistole** [pɪs'to:lə] <-, -n> *f* pistola *f;* **jdm die ~ auf die Brust setzen** (*fig fam*) mettere la pistola alla gola a qu; **wie aus der ~ geschossen** (*fam*) di botto

**pittoresk** [pɪto'rɛsk] *adj* (*geh*) pittoresco

**Pixel** <-s, -> *nt* (INFORM: *Bildpunkt*) pixel *m,* pel *m*

**Pizza** ['pɪtsa, *Pl:* 'pɪtsas *o* 'pɪtsən] <-, -s *o* Pizzen> *f* pizza *f* **Pizzaservice** [-sœrvɪs] <-s *o* pizza *f* a domicilio

**Pkt.** *abk v* **Punkt** punto

**PKW, Pkw** ['pe:ka:ve: *o* pe:ka:'ve:] <-(s), -(s)> *m abk v* **Personenkraftwagen** autovettura *f*

**Placebo** [pla'tse:bo] <-s, -s> *nt* placebo *m*

**placken** ['plakən] *vr* **sich ~** (*fam*) affaticarsi, affannarsi, strapazzarsi

**Plackerei** [plakə'raɪ] <-, -en> *f* (*fam*) fatica[ccia] *f*

**plädieren** [plɛ'di:rən] <ohne ge-> *vi* ① (JUR: *beantragen*) **auf etw** *acc* **~** chiedere qc ② (*sich einsetzen*) **für etw ~** battersi per qc

**Plädoyer** [plɛdoa'je:] <-s, -s> *nt* (JUR: *von Verteidiger*) arringa *f;* (*von Staatsanwalt*) requisitoria *f*

**Plafond** [pla'fõ:] <-s, -s> *m* ① (*CH:* (*flache*) *Decke*) soffitto *m,* plafond *m* ② (*A: Zimmerdecke*) soffitto *m*

**Plage** ['pla:gə] <-, -n> *f* tormento *m;* (*Belästigung*) seccatura *f;* (*Übel*) piaga *f;* **zu einer ~ werden** diventare un tormento

**plagen I.** *vt* (*quälen*) tormentare; (*belästigen*) seccare **II.** *vr* **sich ~** (*sich abmühen*) tribolare; (*schwer arbeiten*) faticare; **sich mit etw ~** torturarsi con qc

**Plagiat** [pla'gja:t] <-(e)s, -e> *nt* plagio *m*

**Plagiator** [pla'gja:to:ɐ, *Pl:* plagja'to:rən] <-s, -en> *m* plagiario *m*

**plagiieren** [plagi'i:rən] <ohne ge-> *vt* plagiare

**Plakat** [pla'ka:t] <-(e)s, -e> *nt* affisso *m,* manifesto *m;* (*bes. Werbe~*) cartellone *m* [pubblicitario]

**plakativ** [plaka'ti:f] *adj* ① (*bewusst herausgestellt*) ostentato ② (*wie ein Plakat wirkend*) suggestivo

**Plakatsäule** f colonna f per [i] manifesti
**Plakatwand** <-, -wände> f spazio m per affissioni
**Plakette** [plaˈkɛtə] <-, -n> f targhetta f, placca f; (*Abzeichen*) distintivo m
**plan** [plaːn] adj piano, piatto
**Plan** [plaːn, Pl: ˈplɛːnə] <-(e)s, Pläne> m ❶ (*Vorhaben*) progetto m, piano m; (*Absicht*) intenzione f; **alles verlief nach ~** tutto andò secondo i piani; **Pläne schmieden** fare progetti; **auf dem ~ stehen** (*fig*) essere in programma ❷ (*Entwurf*) progetto m; **auf den ~ rufen** chiamare in causa ❸ (*Karte, Grundriss, Stadt~*) pianta f ❹ (*Zeit~, Stunden~, Fahr~*) orario m
**Plane** [ˈplaːnə] <-, -n> f telone m
**planen** vt ❶ (*entwerfen*) progettare ❷ (*vorhaben*) aver intenzione; (*Ausflug, Essen, Reise*) progettare; (*Wirtschaft, Entwicklung*) pianificare; **~ etw zu tun** programmare di fare qc; **habt ihr für heute Abend schon etw geplant?** avete già in progetto qc per stasera?
**Planer(in)** <-s, -; -, -nen> m(f) progettista mf; (*von Wirtschaft, Entwicklung*) pianificatore, -trice m, f
**Planet** [plaˈneːt] <-en, -en> m pianeta m
**planetarisch** [planeˈtaːrɪʃ] adj planetario
**Planetarium** [planeˈtaːriʊm] <-s, Planetarien> nt planetario m
**Planetensystem** <-s, -e> nt (ASTR) sistema m planetario
**planieren** [plaˈniːrən] <ohne ge-> vt spianare, livellare **Planierraupe** f apripista m, bulldozer m
**Planke** [ˈplaŋkə] <-, -n> f tavolone m, asse m
**Plankton** [ˈplaŋktɔn] <-s> kein Pl. nt (BIOL) plancton m
**planlos** adj o adv senza metodo **Planlosigkeit** <-> kein Pl. f mancanza f di metodo
**planmäßig** I. adj ❶ (*nach Plan*) sistematico ❷ (*pünktlich*) puntuale ❸ (*wie vorgesehen*) come stabilito II. adv ❶ (*nach Plan*) secondo il piano ❷ (*pünktlich*) in orario ❸ (*wie vorgesehen*) come [pre]stabilito
**Planschbecken** nt piscina f per bambini
**planschen** [ˈplanʃən] vi sguazzare [nell'acqua]
**Planstelle** f posto m in organico
**Plantage** [planˈtaːʒə] <-, -n> f piantagione f
**Planung** <-, -en> f progettazione f; (*Wirtschaft, Entwicklung*) pianificazione f; **im** [*o* **in**] **Stadium der ~ sein** essere in fase di progettazione
**planvoll** adj sistematico, metodico
**Planwagen** m carro m coperto
**Planwirtschaft** f economia f pianificata
**Planziel** nt obiettivo m del piano
**Plappermaul** nt (fam pej) ciarlone, -a m, f
**plappern** [ˈplapən] I. vi (*fam*) ciarlare, chiacchierare II. vt (*fam*) dire
**plärren** [ˈplɛrən] vi (*pej*) ❶ (*fam: weinen*) piangere ❷ (*schlecht singen*) gracchiare ❸ (*Radio, Lautsprecher*) gracchiare
**Plasma** [ˈplasma, Pl: ˈplasmən] <-s, Plasmen> nt plasma m **Plasmabildschirm** m schermo m al plasma
**Plastik**[1] [ˈplastɪk] <-s> kein Pl. nt (*Kunststoff*) plastica f
**Plastik**[2] <-, -en> f (KUNST) scultura f
**Plastikbecher** <-s, -> m bicchiere m di plastica **Plastikbeutel** m sacchetto m di plastica
**Plastikfolie** f carta f plastificata per alimenti **Plastikgeld** <-es> kein Pl. nt (*fam*) carta f di credito **Plastiktüte** f sacchetto m di plastica
**plastisch** adj ❶ (*die Bildhauerei betreffend*) scultoreo ❷ (*formbar*) plastico ❸ (*anschaulich*) plastico; **das kann ich mir ~ vorstellen** (*fam*) me lo posso immaginare chiaramente
**Plastizität** [plastitsiˈtɛːt] <-> kein Pl. f plasticità f
**Platane** [plaˈtaːnə] <-, -n> f (BOT) platano m
**Plateau** [plaˈtoː] <-s, -s> nt altipiano m, plateau m
**Platin** [ˈplaːtiːn] <-s> kein Pl. nt platino m
**platinblond** adj biondo platino
**Platitude** [platiˈtyːdə] <-, -n> f s. **Plattitüde**
**platonisch** [plaˈtoːnɪʃ] adj platonico
**platsch** [platʃ] int ciac, ciaf[fete]
**plätschern** [ˈplɛtʃən] vi gorgogliare
**platt** [plat] adj ❶ (*flach*) piatto; (*eben*) piano; (*abgeplattet*) appiattito; **~ drücken** appiattire, schiacciare; **einen Platten haben** (*fam*) avere una gomma a terra; **~ sein** (*fam*) rimanere di stucco ❷ (*fig pej: geistlos*) piatto
**platt|deutsch|** adj basso tedesco
**Plattdeutsch** <-(s)> kein Pl. nt basso tedesco m
**Platte** [ˈplatə] <-, -n> f ❶ (*Stein~, Metall~, Glas~*, FOTO) lastra f; (*Blech~*) lamina f; (*Holz~*) tavola f; (*Herd~*, TEC, ARCH) piastra f; (*Tisch~*) piano m ❷ (*Schall~*) disco m; **eine andere ~ auf-**

**legen** (*fig fam*) cambiare disco ③ (GASTR) piatto *m;* **kalte ~** piatto freddo ④ (*fam: Glatze*) zucca *f* pelata

**Plätteisen** *nt* (*nordd: Bügeleisen*) ferro *m* da stiro

**plätten** ['plɛtən] *vt* ① (*nordd: bügeln*) stirare ② (*platt machen*) appiattire

**Plattencover** ['platənkavɐ] <-s, -> *nt* copertina *f* del disco **Plattenfirma** *f* casa *f* discografica **Plattenspieler** *m* giradischi *m*

**Plattentektonik** <-> *kein Pl. f* (GEOL) tettonica *f* a placche

**Plattenteller** *m* piatto *m* girevole per i dischi

**Plattenwechsler** <-s, -> *m* cambiadischi *m*

**Plätterin** *f* (*dial*) stiratrice *f*

**Plattform** *f* piattaforma *f* **Plattfuß** *m* ① (MED) piede *m* piatto ② (*fam: Reifenpanne*) gomma *f* a terra

**plattieren** [pla'tiːrən] <ohne ge-> *vt* placcare

**Plattitüde** [plati'tyːdə] <-, -n> *f* insulsaggine *f*

**Platz** [plats, *Pl:* 'plɛtsə] <-es, Plätze> *m* ① (*Stelle, Ort*) posto *m;* **das beste Hotel am ~|e|** il miglior albergo del luogo; **fehl am ~|e| sein** essere fuori luogo, essere inopportuno; **auf die Plätze, fertig, los!** ai vostri posti, pronti, via! ② *Sing.* (*Raum*) spazio *m,* posto *m;* **für etw ~ schaffen** fare posto a qc; **jdm ~ machen** fare posto a qu; **~ |da|!** (*fam*) largo!, |fate| posto! ③ (*Stellung, Posten*) posto *m* ④ (*Sitz~*) posto *m;* **~ nehmen** accomodarsi, sedersi; **ist dieser ~ noch frei?** è ancora libero questo posto?; **dieser ~ ist besetzt** questo posto è occupato; **~!** (*zum Hund*) |a| cuccia! ⑤ (*öffentlicher ~*) piazza *f* ⑥ (SPORT: *Platzierung*) posto *m;* **den dritten ~ belegen** piazzarsi terzo ⑦ (*Sport~, Golf~, Tennis~*) campo *m*

**Platzangst** *f* ① (PSYCH) agorafobia *f* ② (*fam: Beklemmungszustand*) claustrofobia *f* **Platzanweiser(in)** <-s, -; -, -nen> *m(f)* (*Kino, Theater*) maschera *f*

**Plätzchen** ['plɛtsçən] <-s, -> *nt* (*Gebäck*) biscotto *m* |fatto in casa|, pasticcino *m*

**Platzdeckchen** ['platsdɛkçən] <-s, -> *nt* set *m* da tavola

**platzen** ['platsən] *vi sein* ① (*bersten*) scoppiare; (*zerreißen*) spaccarsi; (*Naht*) aprirsi, rompersi; **vor Lachen/vor Wut/vor Neid ~** (*fig fam*) scoppiare dal ridere/dalla rabbia/dall'invidia ② (*fig fam: nicht zustande kommen*) andare a monte; (*Wechsel*) non essere pagato; (*Betrug, Verbrechen*) essere scoperto; **etw ~ lassen** far andare a monte qc ③ (*fam: hineinstürmen*) **in einen Raum ~** piombare in una stanza

**platzieren** [pla'tsiːrən] <ohne ge-> I. *vt* ① (*Personen*) mettere; (*Dinge*) collocare ② (*CH: unterbringen*) alloggiare, ricoverare ③ (SPORT: *Ball, Treffer*) piazzare II. *vr* **sich ~** (SPORT) piazzarsi

**Platzierung** <-, -en> *f* (SPORT) piazzamento *m*

**Platzkarte** *f* (FERR) |biglietto *m* di| prenotazione *f* **Platzkonzert** *nt* concerto *m* pubblico all'aperto **Platzmangel** *m* mancanza *f* di posto **Platzpatrone** *f* cartuccia *f* a salva **Platzregen** *m* acquazzone *m* **Platzreservierung** <-, -en> *f* prenotazione *f* |di un posto| **platzsparend** *adj* che fa guadagnare spazio **Platzwart** ['platsvart] <-(e)s, -e> *m* custode *m* di un campo sportivo **Platzwette** *f* scommessa *f* sui favoriti |*o* piazzati| **Platzwunde** *f* sbucciatura *f*

**Plauderei** [plaʊdə'raɪ] <-, -en> *f* chiacchierata *f*

**plaudern** ['plaʊdɐn] *vi* |**über etw** *acc*| **~** fare quattro chiacchiere |su qc|

**Plauderstündchen** *nt* chiacchieratina *f* fam

**Plausch** [plaʊʃ] <-(e)s, -e> *m* ① (*südd, A: gemütliche Unterhaltung*) chiacchierata *f* ② (*CH: fam: Spaß*) divertimento *m*

**plausibel** [plaʊ'ziːbəl] *adj* plausibile; **jdm etw ~ machen** spiegare qc a qu

**Playback** ['plɛːbɛk] <-s, -s> *nt,* **Play--back** <-s, -s> *nt* playback *m*

**Playboy** ['plɛːbɔɪ] <-s, -s> *m* playboy *m*

**Playstation** [plɛɪ'steɪʃn] <-, -s> *f* Playstation® *f*

**pleite** ['plaɪtə] *adj* (*fam*) **~ sein** essere al verde **Pleite** <-, -n> *f* (*fam*) ① (*Bankrott*) bancarotta *f,* fallimento *m;* **~ machen** andare in fallimento ② (*Reinfall*) fiasco *m* **pleite|gehen** <irr> *vi* (*fam: Firma, Geschäft*) andare in fallimento **Pleitegeier** *m* (*fam*) minaccia *f* di fallimento

**plemplem** [plɛm'plɛm] <inv> *adj* (*fam pej*) rimbambito

**Plenarsaal** [ple'naːɐzaːl] *m* (POL) sala *f* per assemblee plenarie **Plenarsitzung** *f* (POL) seduta *f* plenaria

**Plenum** ['pleːnʊm] <-s> *kein Pl. nt* (PARL) plenum *m*

**Plissee** [plɪ'seː] <-s, -s> *nt* plissé *m*

**plissieren** [plɪ'siːrən] <ohne ge-> *vt* pieghettare

**PLO** [peːʔɛlˈʔoː] <-> *kein Pl. f abk v* **Palestine Liberation Organization** OLP *f*
**Plockwurst** [ˈplɔkvʊrst] *f* salsiccione *m*
**Plombe** [ˈplɔmbə] <-, -n> *f* ❶ (*Bleisiegel*) piombo *m* ❷ (*Zahn~*) otturazione *f*
**plombieren** [plɔmˈbiːrən] <ohne ge-> *vt* ❶ (*versiegeln*) piombare ❷ (*Zahn*) otturare
**Plotter** <-s, -> *m* (INFORM: *elektronisches Zeichengerät*) plotter *m*, diagrammatore *m*
**plötzlich** [ˈplœtslɪç] I. *adj* improvviso, repentino; (*unvermittelt*) brusco II. *adv* all'improvviso, ad un tratto; **aber etwas ~!** su, presto!
**Plug-In** [plʌgˈɪn] <-s, -s> *nt* (INFORM) plug-in *m*
**plump** [plʊmp] *adj* ❶ (*unförmig*) tozzo ❷ (*ungeschickt*) goffo; (*schwerfällig*) pesante ❸ (*grob*) rozzo; (*Scherz, Lügen*) grossolano; (*taktlos*) sgarbato; (*Annäherungsversuch*) goffo **Plumpheit** <-, -en> *f* ❶ (*Unförmigkeit*) forma *f* tozza ❷ (*Ungeschicktheit*) goffaggine *f*; (*Schwerfälligkeit*) pesantezza *f* ❸ (*Grobheit*) rozzezza *f*; (*a. Derbheit*) grossolanità *f*; (*Taktlosigkeit*) indelicatezza *f*
**plumps** [plʊmps] *int* patapumfete
**Plumps** [plʊmps] <-es, -e> *m* (*fam*) tonfo *m* **plumpsen** [ˈplʊmpsən] *vi sein* (*fam*) cadere con un tonfo **Plumpsklo** *nt* (*fam*) bagno *m* alla turca
**Plunder** [ˈplʊndɐ] <-s> *kein Pl. m* (*fam pej*) ciarpame *m*
**Plündjejrer** [ˈplʏnd(ə)rɐ] <-s, -> *m* saccheggiatore *m*
**Plundergebäck** <-(e)s> *kein Pl. nt* (GASTR) dolcetti *mpl* di pasta sfoglia variamente farciti
**plündern** [ˈplʏndɐn] *vt* saccheggiare
**Plünderung** <-, -en> *f* sacco *m*; (*a. fig*) saccheggio *m*
**Plündrer** *m s.* **Plündjejrer**
**Plural** [ˈpluːraːl] <-s, -e> *m* (LING) plurale *m*
**Pluralismus** [pluraˈlɪsmʊs] <-> *kein Pl. m* pluralismo *m*
**pluralistisch** [pluraˈlɪstɪʃ] *adj* pluralistico
**plus** [plʊs] I. *konj* più; **eins ~ eins ist** [*o* **macht**] **zwei** uno più uno uguale [*o* fa] due II. *prp +gen* più III. *adv* più; **~ zehn Grad, zehn Grad ~** dieci gradi sopra [lo] zero **Plus** <-, -> *nt* ❶ (*Überschuss*) eccedenza *f*; (COM) sopravanzo *m*; **im ~ sein** avere un bilancio positivo ❷ (*~punkt*) [punto *m* di] vantaggio *m* ❸ (MAT: *~zeichen*) più *m*
**Plüsch** [plyːʃ *o* plʏʃ] <-(e)s, -e> *m* (*Stoff*) felpa *f*, spugna *f* **Plüschtier** <-(e)s, -e> *nt* peluche *m*
**Pluspol** *m* (EL, PHYS) polo *m* positivo **Pluspunkt** *m* punto *m* di vantaggio
**Plusquamperfekt** [ˈplʊskvampɛrfɛkt] *nt* (LING) piuccheperfetto *m*, trapassato *m* prossimo
**plustern** [ˈpluːstɐn] I. *vt* ❶ (*Gefieder*) rizzare, gonfiare ❷ (*Haare*) arruffare, cotonare, gonfiare II. *vr* **sich ~** ❶ (*Vogel*) gonfiarsi [rizzando le piume] ❷ (*fig*) imbaldanzirsi, pavoneggiarsi, darsi delle arie
**Pluszeichen** *nt* [segno *m* di] più *m*
**Plutonium** [pluˈtoːniʊm] <-s> *kein Pl. nt* (CHEM) plutonio *m*
**PLZ** *abk v* **Postleitzahl** CAP *m*
**Pneu** [pnøː] <-s, -s> *m* (*bes. A, CH*) pneumatico *m*
**pneumatisch** [pnɔʏˈmaːtɪʃ] *adj* pneumatico
**Po**¹ <-s> *kein Pl. m* (GEOG: *Fluss*) Po *m*
**Po**² <-s, -s> *m* (*fam*) sedere *m*, culetto *m*
**Pöbel** [ˈpøːbəl] <-s> *kein Pl. m* (*pej*) plebe *f*, volgo *m* **pöbelhaft** *adj* plebeo, volgare; (*gemein*) villano
**pöbeln** [ˈpøːbəln] *vi* (*fam*) fare il villano, comportarsi da villano
**pochen** [ˈpɔxən] *vi* ❶ (*Herz*) battere; (*Arterien*) pulsare ❷ (*klopfen*) **an die Tür ~** bussare alla porta ❸ (*geh: bestehen*) **auf etw** *acc* **~** (*fig*) insistere su qc
**Pocken** [ˈpɔkən] *fPl.* vaiolo *m* **Pockenimpfung** *f* vaccinazione *f* antivaiolosa
**pockennarbig** *adj* butterato
**podcasten** [ˈpɔtkaːstən] *vt, vi* (INET: *als Podcast veröffentlichen*) pubblicare un podcast, podcastare
**Podest** [poˈdɛst] <-(e)s, -e> *nt o m* (*Podium*) podio *m*; (*Sockel*) piedistallo *m*
**Podium** [ˈpoːdiʊm, *Pl:* ˈpoːdiən] <-s, Podien> *nt* podio *m* **Podiumsdiskussion** *f* tavola *f* rotonda
**Poesie** [poeˈziː] <-, -n> *f* poesia *f*
**Poet(in)** [poˈeːt] <-en, -en; -, -nen> *m(f)* poeta, -essa *m, f*
**Poetik** [poˈeːtɪk] <-, -en> *f* poetica *f*
**poetisch** *adj* poetico
**Pogrom** [poˈgroːm] <-s, -e> *mnt* pogrom *m*
**Pointe** [ˈpo̯ɛ̃ːtə] <-, -n> *f* effetto *m* finale
**pointieren** [po̯ɛ̃ˈtiːrən] <ohne ge-> *vt* mettere in risalto
**pointiert** I. *adj* mirato, arguto II. *adv* con arguzia
**Pokal** [poˈkaːl] <-s, -e> *m* coppa *f* **Pokalsieger(in)** *m(f)* vincitore, -trice *m, f* di coppa **Pokalspiel** *nt* gara *f* di coppa

**Pökelfleisch** *nt* carne *f* salmistrata
**pökeln** ['pø:kəln] *vt* mettere in salamoia
**Poker** ['po:kɐ] <-s> *kein Pl. nt o m* poker *m,* **Pokerface** ['po:kɐfeɪs] <-, -s> *nt,* **Pokergesicht** <-(e)s, -er> *nt* faccia *f* impenetrabile; **ein ~ machen** assumere un'aria imperturbabile **Pokermiene** *f* faccia *f* imperturbabile; **eine ~ aufsetzen** assumere un'aria imperturbabile
**pokern** *vi* ① (*Poker spielen*) giocare a poker ② (*fig*) **um etw ~** puntare alto per qc
**Pol** [po:l] <-s, -e> *m* (GEOG, ASTR, MAT, PHYS) polo *m;* **der ruhende ~** (*fig*) chi mantiene la calma [nei momenti difficili]
**polar** [po'la:ɐ̯] *adj* polare **Polareis** *nt* ghiaccio *m* polare **Polarexpedition** *f* spedizione *f* polare **Polarforscher(in)** *m(f)* esploratore, -trice *m, f* polare **Polarfront** *f* (METEO) fronte *m* polare
**polarisieren** [polari'zi:rən] <ohne ge-> I. *vt* polarizzare II. *vr* **sich ~** polarizzarsi
**Polarität** [polari'tɛt] <-, -en> *f* polarità *f*
**Polarkreis** *m* circolo *m* polare; **nördlicher/südlicher ~** circolo polare artico/antartico **Polarlicht** *nt* aurora *f* boreale **Polarstern** *m* stella *f* polare
**Pole** ['po:lə] <-n, -n> *m* polacco *m*
**Polemik** [po'le:mɪk] <-, -en> *f* polemica *f*
**polemisch** *adj* polemico
**polemisieren** [polemi'zi:rən] <ohne ge-> *vi* [**gegen etw**] **~** polemizzare [su qc]
**Polen** ['po:lən] *nt* Polonia *f*
**Polente** [po'lɛntə] <-> *kein Pl. f* (*sl*) madama *f*
**Pole Position** ['poʊl po'sɪʃən] <-> *kein Pl. f* (*Formel 1*) pole position *f*
**Police** [po'li:s(ə)] <-, -n> *f* polizza *f* [d'assicurazione]
**Polier** [po'li:ɐ̯, *Pl:* po'li:rə] <-s, -e> *m* capomastro *m*
**polieren** [po'li:rən] <ohne ge-> *vt* ① (*Möbel, Fußboden*) lucidare, lustrare; (*Marmor, Holz*) levigare; (*Metall*) brunire; **dem polier' ich noch mal die Fresse** (*vulg*) lo picchierò di santa ragione *fam* ② (*fig: überarbeiten*) limare, rifinire
**Polin** ['po:lɪn] <-, -nen> *f* polacca *f*
**Polio** ['po:lio] <-> *kein Pl. f* (MED) polio[mielite] *f*
**Politesse** [poli'tɛsə] <-, -n> *f* donna *f* poliziotto ausiliaria
**Politik** [poli'ti:k] <-, *rar* -en> *f* politica *f*
**Politiker(in)** [po'li:tikɐ] <-s, -; -, -nen> *m(f)* politico *m*
**Politikum** [po'li:tikʊm, *Pl:* po'li:tika] <-s, Politika> *nt* questione *f* politica
**Politikverdrossenheit** <-> *kein Pl. f* insoddisfazione *f* verso la politica
**politisch** *adj* politico
**Politische Union** <-> *kein Pl. f* (EU) Unione *f* politica
**politisieren** [politi'zi:rən] <ohne ge-> I. *vi* parlare di politica II. *vt* politicizzare
**Politologe** [polito'lo:gə] <-n, -n> *m* politologo *m*
**Politologie** [politolo'gi:] <-> *kein Pl. f* politologia *f*
**Politologin** [polito'lo:gɪn] <-, -nen> *f* politologa *f*
**Politstratege** *m,* **-strategin** *f* stratega *mf* politico
**Politur** [poli'tu:ɐ̯] <-, -en> *f* ① (*das Polieren*) lucidatura *f* ② (*Glanz, Mittel*) lucido *m*
**Polizei** [poli'tsaɪ] <-, *rar* -en> *f* polizia *f;* **zur ~ gehen** andare alla polizia; **er ist dümmer, als die ~ erlaubt** (*fam scherz*) è più stupido del lecito **Polizeiaufgebot** *nt* spiegamento *m* di forze di polizia **Polizeiaufsicht** *f* sorveglianza *f* speciale **Polizeibeamte** *m,* **Polizeibeamtin** *f* funzionario, -a *m, f* di polizia **Polizeibuße** <-, -n> *f* (*CH: Geldstrafe*) multa *f,* sanzione *f* **Polizeidienststelle** *f* (ADM) posto *m* di polizia **Polizeifunk** *m* radio *f* della polizia **Polizeigewalt** <-> *kein Pl. f* forze *fpl* dell'ordine **Polizeihund** <-(e)s, -e> *m* cane *m* poliziotto
**polizeilich** *adj* di polizia; **~ verboten** vietato dalla polizia
**Polizeiposten** <-s, -> *m* (*CH: Polizeidienststelle*) stazione *f* di polizia **Polizeipräsident(in)** *m(f)* capo *m* della polizia, questore *m* **Polizeipräsidium** *nt* questura *f* **Polizeirevier** *nt* commissariato *m* di polizia **Polizeischutz** <-es> *kein Pl. m* protezione *f* della polizia; **unter ~ stehen** essere sotto la protezione della polizia **Polizeispitzel** *m* spia *f* [o informatore *m*] della polizia **Polizeistaat** *m* stato *m* poliziesco **Polizeistreife** *f* pattuglia *f* di polizia **Polizeiwache** *f* posto *m* di polizia
**Polizist(in)** [poli'tsɪst] <-en, -en; -, -nen> *m(f)* agente *mf* di polizia, poliziotto, -a *m, f*
**Polizze** <-, -n> *f* (*A: Police*) polizza *f* [d'assicurazione]
**Polka** ['pɔlka] <-, -s> *f* (MUS) polca *f*
**Pollen** ['pɔlən] <-s, -> *m* (BOT) polline *m*
**Pollenallergie** <-, -n> *f* (MED) pollinosi *f*
**Pollenflug** <-(e)s> *kein Pl. m* spargimento *m* di polline [a opera del vento]

**polnisch** ['pɔlnɪʃ] *adj* polacco
**Polo** ['po:lo] <-s> *kein Pl. nt* (SPORT) polo *m*
**Polohemd** ['po:lohɛmt] *nt* (*Trikothemd*) polo *f*
**Polonaise** [polo'nɛ:zə] <-, -n> *f* (MUS) polonaise *f*, polacca *f*
**Polster** ['pɔlstɐ] <-s, -> *nt A: m* ❶ (*Polsterung, in Kleidungsstück*) imbottitura *f* ❷ (*A: Kissen*) cuscino *m* ❸ (*fig: Geldreserve*) riserva *f* **Polstergarnitur** *f* salotto *m* **Polstermöbel** *ntPl.* mobili *mpl* imbottiti
**polstern** *vt* (*Möbel, Kleidung*) imbottire
**Polstersessel** *m* poltrona *f* imbottita
**Polsterung** <-, -en> *f* imbottitura *f*
**Polterabend** *m festa alla vigilia delle nozze*
**poltern** ['pɔltɐn] *vi* ❶ *haben* (*lärmen*) far chiasso, strepitare ❷ *sein* (*sich bewegen*) muoversi con rumore; (*fallen*) cadere rumorosamente ❸ *haben* (*fam: Polterabend feiern*) festeggiare la vigilia delle nozze
**Polyamid®** [polya'mi:t] <-(e)s, -e> *nt* poliammide® *f*
**Polyäthylen** [polyɛty'le:n] <-s, -e> *nt* polietilene *m*
**Polyester** [poly'ɛstɐ] <-s, -> *m* poliestere *m*
**polygam** [poly'ga:m] *adj* poligamo, poligamico; (BOT) poligamo
**Polygamie** [polyga'mi:] <-> *kein Pl. f* poligamia *f*
**polyglott** [poly'glɔt] *adj* poliglotta, multilingue
**Polyp** [po'ly:p] <-en, -en> *m* ❶ (ZOO, MED) polipo *m* ❷ (*sl pej: Polizist*) piedipiatti *m*
**Polytechnikum** [poly'tɛçnikʊm, *Pl:* poly'tɛçnika] <-s, Polytechnika> *nt* politecnico *m*
**Pomade** [po'ma:də] <-, -n> *f* brillantina *f*
**Pomeranze** [pomə'rantsə] <-, -n> *f* ❶ (*Baum*) melangolo *m*, arancio *m* amaro ❷ (*Frucht*) melangola *f*, arancia *f* amara
**Pommern** ['pɔmɐn] *nt* (GEOG) Pomerania *f*
**Pommes frites** [pɔm'frɪt] *Pl.* patate *fpl* fritte
**Pomp** [pɔmp] <-(e)s> *kein Pl. m* pompa *f*
**Pompeji** [pɔm'pe:ji] *nt* (GEOG) Pompei *f*
**Pompon** [põ'põ] <-s, -s> *m* pompon *m*
**pompös** [pɔm'pø:s] *adj* pomposo
**Pond** [pɔnt] <-s, -> *nt* (PHYS) grammo *m* peso, grammo *m* forza
**Pontifikat** [pɔntifi'ka:t] <-(e)s, -e> *nt* (*von Papst*) pontificato *m*, papato *m*; (*von Bischof*) episcopato *m*
**Ponton** [pɔn'tõ:] <-s, -s> *m* pontone *m*, barcone *m* **Pontonbrücke** *f* ponte *m* di pontoni [*o* di barconi]
**Pony¹** ['pɔni] <-s, -s> *nt* (ZOO) pony *m*
**Pony²** <-s, -s> *m* (*an Frisur*) frangia *f*
**Ponyfrisur** *f* pettinatura *f* con la frangetta
**Ponyhof** <-s, -s> *m* maneggio *m* pony, scuola *f* pony; **etw ist kein Ponyhof** (*fam*) qc non è un balocco
**Pool** [pu:l] <-s, -s> *m* ❶ (*Schwimmbad*) piscina *f* ❷ (WIRTSCH) pool *m*
**Pop** [pɔp] <-(s)> *kein Pl. m* musica *f* pop
**Popanz** ['po:pants] <-es, -e> *m* ❶ (*Schreckgespenst*) spauracchio *m* ❷ (*pej: willenloser Mensch*) fantoccio *m*, marionetta *f* **Pop-Art** <-> *kein Pl. f* pop art *f*
**Popcorn** ['pɔpkɔrn] <-s> *kein Pl. nt* popcorn *m*
**Popel** ['po:pəl] <-s, -> *m* (*fam*) caccola *f*
**popelig** *adj* (*fam*) ❶ (*pej: schäbig*) misero ❷ (*pej: gewöhnlich*) normale, mediocre
**Popelin** [popə'li:n] <-s, -e> *m*, **Popeline** [popə'li:nə] <-s, - *m o* -, -f> *mf* popelin *m*, popeline *f* **Popelkram** *m* (*pej fam*) stronzate *pl* **popeln** ['po:pəln] *vi* (*fam*) **in der Nase ~** scaccolarsi
**Popfestival** ['pɔpfɛstival *o* 'pɔpfɛstival] *nt* festival *m* della musica pop **Popgruppe** *f* complesso *m* pop **poplig** *adj s.* **popelig**
**Popmusik** *f* musica *f* pop
**Popo** [po'po: *o* 'popo:] <-s, -s> *m* (*fam*) sedere *m*, culetto *m*
**Popper** ['pɔpɐ] <-s, -> *m* (*sl*) supernormale *mf*
**poppig** ['pɔpɪç] *adj* pop
**Popsänger(in)** *m(f)* cantante *mf* pop **Popstar** *m* star *f* della musica pop **Popszene** *f* scena *f* pop
**populär** [popu'lɛ:ɐ̯] *adj* popolare
**Popularität** [populari'tɛ:t] <-> *kein Pl. f* popolarità *f*
**populärwissenschaftlich** *adj* [di/a carattere] divulgativo
**Populist(in)** [popu'lɪst] <-en, -en; -, -nen> *m(f)* populista *mf*
**Pore** ['po:rə] <-, -n> *f* poro *m*
**Porno** ['pɔrno] <-s, -s> *m* (*fam:* ~*film*) film *m* porno, pornofilm *m*; (~*roman*) romanzo *m* porno **Pornofilm** *m* film *m* porno, pornofilm *m*
**Pornografie** [pɔrnogra'fi:] <-, -n> *f* pornografia *f*
**pornografisch** [pɔrno'gra:fɪʃ] *adj* pornografico
**Pornographie** <-, -n> *f* pornografia *f*
**pornographisch** *adj* pornografico
**porös** [po'rø:s] *adj* poroso

**Porree** ['pɔre] <-s, -s> *m* porro *m*
**Portal** [pɔr'taːl] <-s, -e> *nt* portale *m*
**Portemonnaie** <-s, -s> *nt s.* **Portmonee**
**Portier** [pɔr'tjeː] <-s, -s> *m* portinaio *m;* (*bes. Hotel*) portiere *m*
**Portion** [pɔr'tsi̯oːn] <-, -en> *f* ① (*beim Essen*) porzione *f*; (*a. Gericht*) piatto *m;* **eine halbe** ~ (*fig fam*) un soldo di cacio ② (*fig fam*) dose *f*, un bel po' *m*
**Portmonee** [pɔrtmɔˈneː] <-s, -s> *nt* portamonete *m*
**Porto** ['pɔrto, *Pl:* 'pɔrtos *o* 'pɔrti] <-s, -s *o* Porti> *nt* tassa *f* postale, affrancatura *f*
**portofrei** *adj* franco di porto, in franchigia [postale] **portopflichtig** *adj* soggetto ad affrancatura
**Portrait, Porträt** [pɔr'trɛː] <-s, -s> *nt* ritratto *m*
**portraitieren, porträtieren** [pɔrtrɛˈtiːrən] <ohne ge-> *vt* fare il ritratto di
**Portugal** ['pɔrtugal] *nt* Portogallo *m;* **in ~** nel Portogallo
**Portugiese** [pɔrtuˈgiːzə] <-n, -n> *m*, **Portugiesin** [pɔrtuˈgiːzɪn] <-, -nen> *f* portoghese *mf*
**portugiesisch** *adj* portoghese
**Portwein** ['pɔrtvaɪn] *m* porto *m*
**Porzellan** [pɔrtsɛˈlaːn] <-s, -e> *nt* porcellana *f* **Porzellangeschirr** *nt* stoviglie *fpl* di porcellana **Porzellanmanufaktur** *f* manifattura *f* di porcellane
**Posaune** [poˈzaʊnə] <-, -n> *f* trombone *m*
**posaunen** <ohne ge-> **I.** *vi* s[u]onare il trombone **II.** *vt* (*fam*) ① (*aus~, pej*) spargere ai quattro venti ② (*laut verkünden*) strombazzare
**Pose** ['poːzə] <-, -n> *f* posa *f*
**Poser**(in) ['poːzɐ] <-, -> *m(f)* (*sl*) sborone, -a *m, f*
**posieren** [poˈziːrən] <ohne ge-> *vi* posare
**Position** [poziˈtsi̯oːn] <-, -en> *f* ① (*Standpunkt, Lage*) posizione *f*; **~ beziehen** prendere posizione ② (*im Beruf*) posizione *f;* **eine gesicherte ~ haben** avere una posizione sicura ③ (WIRTSCH) voce *f*
**Positionslicht** *nt* (AERO, NAUT) luce *f* di posizione
**positiv** ['poːzitiːf] *adj* positivo
**Positiv** <-s, -e> *nt* (FOTO) positivo *m*
**Positur** [poziˈtuːɐ, *Pl:* poziˈtuːrən] <-, -en> *f* posa *f*, postura *f*, atteggiamento *m;* **sich in ~ setzen** [*o* **werfen**] (*fam*) mettersi in posa
**Posse** ['pɔsə] <-, -n> *f* farsa *f*
**Possen** ['pɔsən] <-s, -> *m* (*obs*) ① (*Unfug*) buffonata *f;* **~ reißen** fare buffonate, fare il buffone ② (*Streich*) tiro *m;* **jdm**

**einen ~ spielen** giocare un tiro a qu **possenhaft** *adj* buffonesco, farsesco
**Possessivpronomen** ['pɔsɛsiːfproːnoːmən] *o* pɔsɛˈsiːfpronoːmən] *nt* (LING) pronome *m* possessivo
**possierlich** [pɔˈsiːɐ̯lɪç] *adj* grazioso
**Post** [pɔst] <-, *rar* -en> *f* ① (*Einrichtung*) posta *f;* **auf die** [*o* **zur**] **~ gehen** andare alla posta; **etw mit der ~ schicken** spedire qc per posta ② (*Sendung*) posta *f;* **elektronische ~** posta elettronica, e-mail; **die ~ abholen/aufgeben** ritirare/spedire la posta; **ist ~ für mich da?** c'è posta per me?; **ab geht die ~!** (*fam*) è ora!
**postalisch** [pɔsˈtaːlɪʃ] *adj* postale
**Postamt** *nt* ufficio *m* postale **Postanweisung** *f* vaglia *m* postale **Postauto** *nt* automobile *f* delle poste **Postbeamte** *m*, **Postbeamtin** *f* impiegato, -a *m, f* delle poste **Postbote** *m*, **Postbotin** *f* portalettere *mf*, postino, -a *m, f*
**Posten** ['pɔstən] <-s, -> *m* ① (*Stellung*) posto *m*, impiego *m;* (*Amt*) carica *f* ② (MIL: *Wach~*) sentinella *f*, guardia *f;* **~ stehen** essere di sentinella; **auf dem ~ sein** (*fam: gesund sein*) stare bene di salute; (*wachsam sein*) stare all'erta ③ (COM) partita *f* ④ (*Streik~*) picchetto *m*
**Poster** ['poːstɐ] <-s, - *o* -s> *nt o m* poster *m*
**Postfach** *nt* casella *f* postale **Postgeheimnis** *nt* (JUR) segreto *m* epistolare
**post**[**h**]**um** [pɔsˈtuːm (pɔstˈhuːm)] *adj o adv* postumo
**postieren** [pɔsˈtiːrən] <ohne ge-> *vt* postare, piazzare
**Postitch** <-s, -e> *m* (*CH: Hefter, Büroheftmaschine*) cucitrice *f*, pinzatrice *f*
**Postkarte** *f* cartolina *f* [postale] **Postkutsche** *f* diligenza *f* [postale] **postlagernd** *adv* fermo posta **Postleitzahl** *f* codice *m* di avviamento postale
**Pöstler** ['pœstlɐ] <-s, -> *m* (*CH*) impiegato *m* della posta
**Postler**(in) <-s, -; -, -nen> *m(f)* (*fam*) impiegato, -a *m, f* delle poste, postino, -a *m, f*
**postmodern** [pɔstmoˈdɛrn] *adj* postmoderno **Postmoderne** [pɔstmoˈdɛrnə] <-> *kein Pl. f* postmodernità *f*, postmoderno *m*
**Postpaket** *nt* pacco *m* postale **Postscheck** *m* assegno *m* postale **Postscheckamt** *nt* ufficio *m* dei conti correnti postali **Postscheckkonto** *nt* conto *m* corrente postale **Postsendung** <-, -en> *f* spedizione *f* postale
**Postskript** [pɔstˈskrɪpt] <-(e)s, -e> *nt* po-

scritto *m*, post scriptum *m* **Postskriptum** [pɔstˈskrɪptʊm, *Pl:* pɔstˈskrɪpta] <-s, Postskripta> *nt* poscritto *m*, post scriptum *m*

**Postsparbuch** *nt* libretto *m* postale di risparmio **Postsparkasse** *f* cassa *f* di risparmio postale **Poststelle** *f* ufficio *m* postale [ausiliario] **Poststempel** *m* timbro *m* postale **Postüberweisung** <-, -en> *f* versamento *m* in conto corrente postale, postagiro *m*

**postulieren** [pɔstuˈliːrən] <ohne ge-> *vt* postulare

**postum** *adj o adv s.* **post[h]um**

**Postweg** <-(e)s> *kein Pl. m* **etw auf dem ~ verschicken** inviare qc per posta **postwendend** [ˈpɔstˈvɛndənt] *adv* ❶ (*im Briefverkehr*) a giro di posta ❷ (*fig*) subito, immediatamente **Postwertzeichen** *nt* (ADM) francobollo *m* **Postwurfsendung** *f* spedizione *f* postale cumulativa di stampati

**potent** [poˈtɛnt] *adj* potente
**Potential** <-s, -e> *nt s.* **Potenzial**
**potentiell** *adj s.* **potenziell**
**Potenz** [poˈtɛnts] <-, -en> *f* potenza *f*; **eine Zahl in die vierten ~ erheben** (MAT) elevare un numero alla quarta potenza
**Potenzial** [potɛnˈtsi̯aːl] <-s, -e> *nt* potenziale *m*
**potenziell** [potɛnˈtsi̯ɛl] *adj* potenziale
**potenzieren** [potɛnˈtsiːrən] <ohne ge-> *vt* ❶ (MAT) elevare a potenza ❷ (*fig*) potenziare

**Potpourri** [ˈpɔtpʊri] <-s, -s> *nt* potpourri *m*
**Pott** [pɔt, *Pl:* ˈpœta] <-(e)s, Pötte> *m* (*fam*) ❶ (*Topf*) pentola *f*; (*Nachttopf*) vaso *m* da notte ❷ (*Schiff*) bastimento *m*
**potthässlich** [ˈpɔtˈhɛslɪç] *adj* (*fam*) brutto come la peste
**Poulet** [puˈleː] <-s, -s> *nt* (*CH:* GASTR: *Hühnchen*) pollo *m*
**Power** [ˈpaʊɐ] <-> *kein Pl. f* (*fam*) forza *f*, grinta *f*
**Powidl** <-s, -> *m* (*A: Pflaumenmus*) marmellata *f* di prugne; **es ist mir völlig ~, was du dazu meinst** non mi importa affatto di ciò che pensi

**pp., ppa.** *abk v* **per procura** p.p.
**PR** *abk v* **Publicrelations** PR
**Präambel** [prɛˈambəl] <-, -n> *f* preambolo *m*

**Pracht** [praxt] <-> *kein Pl. f* magnificenza *f*, pompa *f*, fasto *m;* **das ist eine [wahre] ~!** (*fam*) è magnifico!
**prächtig** [ˈprɛçtɪç] *adj* ❶ (*prunkvoll*) sontuoso, pomposo ❷ (*großartig*) magnifico, formidabile

**Prachtkerl** *m* (*fam*) tipo *m* formidabile **Prachtstück** *nt* (*fam*) esemplare *m* magnifico **prachtvoll** *adj s.* **prächtig**

**prädestinieren** [prɛdɛstiˈniːrən] <ohne ge-> *vt* predestinare; **für etw prädestiniert sein** essere predestinato a qc
**Prädikat** [prɛdiˈkaːt] <-(e)s, -e> *nt* ❶ (*Bewertung*) voto *m*, qualifica *f* ❷ (LING, PHILOS) predicato *m* **Prädikatsnomen** *nt* (GRAM) predicato *m* nominale
**Präfekt** [prɛˈfɛkt] <-en, -en> *m* prefetto *m*
**Präfektur** [prɛfɛkˈtuːɐ, *Pl:* prɛfɛkˈtuːrən] <-, -en> *f* prefettura *f*
**Präferenz** [prɛfeˈrɛnts] <-, -en> *f* preferenza *f*
**Präfix** [prɛˈfɪks] <-es, -e> *nt* (LING) prefisso *m*
**Prag** [praːk] *nt* Praga *f*
**prägen** [ˈprɛːɡən] *vt* (*Münzen, Begriffe*) coniare; (*Charakter*) formare; (*Metall*) imprimere; (*Papier*) stampare; **sich ins Gedächtnis ~** imprimersi nella mente; **die moderne Architektur ist durch ... geprägt worden** l'architettura moderna ha subito l'influenza di ...
**Pragmatiker(in)** [praˈɡmaːtikɐ] <-s, -; -, -nen> *m(f)* pragmatico, -a *m, f*
**pragmatisch** *adj* pragmatico
**Pragmatisierung** <-, -en> *f* (*A:* ADM: *Anstellung auf Lebenszeit im öffentlichen Dienst*) assunzione *f* a tempo indeterminato
**Pragmatismus** [praɡmaˈtɪsmʊs] <-> *kein Pl. m* (PHILOS) pragmatismo *m*
**prägnant** [prɛˈɡnant] *adj* (*Stil*) conciso
**Prägnanz** [prɛˈɡnants] <-> *kein Pl. f* pregnanza *f*, concisione *f*
**Prägung** <-, -en> *f* ❶ (*von Münzen*) coniazione *f*; (*von Wort*) conio *m* ❷ (*fig: Art*) tipo *m*, stampo *m*
**prähistorisch** [prɛhɪsˈtoːrɪʃ *o* ˈprɛːhɪstoːrɪʃ] *adj* preistorico
**prahlen** [ˈpraːlən] *vi* (*pej*) [**mit etw**] **~** vantarsi [di qc]
**Prahler(in)** <-s, -; -, -nen> *m(f)* (*pej*) fanfarone, -a *m, f*
**Prahlerei** [praːləˈraɪ] <-, -en> *f* (*pej*) ❶ *Sing.* (*dauerndes Prahlen*) vanteria *f* ❷ (*Äußerung*) spacconata *f*
**Prahlerin** *f s.* **Prahler**
**prahlerisch** *adj* ❶ (*Mensch*) millantatore ❷ (*Haltung*) ostentato
**Praktik** [ˈpraktɪk] <-, -en> *f* ❶ (*Methode*) metodo *m*, pratica *f* ❷ *meist pl* (*pej*) manovre *fpl*

**Praktika** *Pl. von* **Praktikum**
praktikabel [prakti'kaːbəl] *adj* praticabile
**Praktikant(in)** [prakti'kant] <-en, -en; -, -nen> *m(f)* tirocinante *mf*
**Praktiken** *Pl. von* **Praktik, Praktikum**
**Praktiker(in)** <-s, -; -, -nen> *m(f)* persona *f* pratica
**Praktikum** ['praktɪkʊm, *Pl:* 'praktɪka] <-s, Praktika> *nt* tirocinio *m*, pratica *f*
**praktisch** *adj* pratico; **~er Arzt** medico generico; **~es Jahr** anno di pratica
**praktizieren** [prakti'tsiːrən] <ohne ge-> *vi* praticare; **als Arzt ~** esercitare la professione di medico; **ein ~der Katholik** un cattolico praticante
**Prälat** [prɛ'laːt] <-en, -en> *m* prelato *m*
**Praline** [pra'liːnə] <-, -n> *f*, **Praliné, Pralinee** [prali'neː] <-s, -s> *nt* (*A, CH*) cioccolatino *m*
**prall** [pral] *adj* (*Segel*) teso, tirato; (*Wangen*) gonfio; (*Körperteil*) sodo; **in der ~en Sonne** in pieno sole
**prallen** ['pralən] *vi sein* ① (*auftreffen*) **an** [*o* **gegen**] **etw** *acc* **~** urtare contro qc ② (*Sonne*) **auf etw** *acc* **~** picchiare su qc
**prallvoll** ['pralˈfɔl] *adj* strapieno, pieno zeppo
**Prämie** ['prɛːmi̯ə] <-, -n> *f* ① (*Preis, Versicherungs~*) premio *m* ② (*Belohnung*) ricompensa *f* ③ (*Zulage*) indennità *f* **Prämiensparen** <-s> *kein Pl. nt* risparmio *m* a premio
**präm|i|ieren** [prɛ'miːrən (prɛmi'iːrən)] <ohne ge-> *vt* premiare
**Präm|i|ierung** <-, -en> *f* premiazione *f*
**Prämisse** [prɛ'mɪsə] <-, -n> *f* premessa *f*, presupposto *m*; **unter** [*o* **mit**] **der ~, dass ...** a condizione che +*conj*
**prangen** ['praŋən] *vi* **an etw** *dat* **~** spiccare su qc
**Pranger** ['praŋɐ] <-s, -> *m* berlina *f*, gogna *f*; **jdn/etw an den ~ stellen** (*fig*) mettere alla berlina qu/qc
**Pranke** ['praŋkə] <-, -n> *f* ① (ZOO) zampa *f* ② (*fam pej*) manaccia *f*
**Präparat** [prɛpa'raːt] <-(e)s, -e> *nt* preparato *m*
**präparieren** [prɛpa'riːrən] <ohne ge-> *vt* preparare
**Präposition** [prɛpozi'tsi̯oːn] <-, -en> *f* (LING) preposizione *f*
**präpotent** *adj* (*A: überheblich*) prepotente, presuntuoso
**Prärie** [prɛ'riː] <-, -n> *f* prateria *f*
**Präsens** ['prɛːzɛns, *Pl:* prɛ'zɛntsia *o* prɛ'zɛntsi̯ən] <-, Präsentia *o* Präsenzien> *nt* (LING) presente *m*

**Präsentation** [prɛzɛnta'tsi̯oːn] <-, -en> *f* presentazione *f*
**Präsentia** *Pl. von* **Präsens**
**präsentieren** [prɛzɛn'tiːrən] *vt* presentare **Präsentierteller** *m* **auf dem ~ sitzen** (*fam*) essere in vetrina
**Präsentkorb** [prɛ'zɛntkɔrp] *m* cesta *f* regalo
**Präsenz** [prɛ'zɛnts] <-> *kein Pl. f* presenza *f* **Präsenzbibliothek** [prɛ'zɛntsbibliotːeːk] *f* biblioteca *f* di consultazione sul posto **Präsenzdienst** <-es> *kein Pl. m* (*A:* MIL: *Militärdienst*) servizio *m* militare
**Präsenzien** *Pl. von* **Präsens**
**Präservativ** [prɛzɛrva'tiːf] <-s, -e> *nt* preservativo *m*
**Präsident(in)** [prɛzi'dɛnt] <-en, -en; -, -nen> *m(f)* presidente, -essa *m, f*
**Präsidentschaft** <-, *rar* -en> *f* presidenza *f* **Präsidentschaftskandidat(in)** *m(f)* candidato, -a *m, f* alla presidenza
**präsidieren** [prɛzi'diːrən] <ohne ge-> *vi* presiedere
**Präsidium** [prɛ'ziːdi̯ʊm, *Pl:* prɛ'ziːdi̯ən] <-s, Präsidien> *nt* ① (*Gremium*) comitato *m* direttivo ② (*Vorsitz, Leitung*) presidenza *f* ③ (*Polizei~*) questura *f*
**prasseln** ['prasəln] *vi* ① *haben* (*Feuer*) scoppiettare, crepitare ② *sein* (*herunter~*) scrosciare; **an** [*o* **auf**] **etw** *acc* **~** (*Regen*) battere su qc ③ *sein* (*fig: Fragen, Vorwürfe*) piovere
**prassen** ['prasən] *vi* (*pej*) ① (*üppig leben*) scialare ② (*schlemmen*) gozzovigliare
**Präteritum** [prɛ'teːritʊm, *Pl:* prɛ'teːrita] <-s, Präterita> *nt* (LING) preterito *m*
**Pratze** ['pratsə] <-, -n> *f s.* **Pranke**
**Prävention** [prɛvɛn'tsi̯oːn] <-, -en> *f* prevenzione *f* **präventiv** [prɛvɛn'tiːf] *adj* preventivo; **~ behandeln** adottare misure preventive
**Präventivmaßnahme** [prɛvɛn'tiːfmaːsnaːmə] *f* misura *f* preventiva **Präventivschlag** *m* attacco *m* preventivo
**Praxis** ['praksɪs, *Pl:* 'praksən] <-, Praxen> *f* ① *Sing.* (*keine Theorie*) pratica *f*; **etw in die ~ umsetzen** mettere in pratica qc ② *Sing.* (*Handlungsweise*) prassi *f*; (*Erfahrung*) esperienza *f* ③ (*Arzt~*) studio *m* medico, ambulatorio *m*; (*Anwalts~*) studio *m*
**praxisfern** *adj* troppo teorico, poco pragmatico [*o* pratico] **praxisnah** *adj* pratico, pragmatico, empirico
**Präzedenzfall** [prɛtse'dɛntsfal] *m* precedente *m*; **einen ~ schaffen** creare un precedente

**präzis|e** [prɛˈtsiːs (prɛˈtsizə)] *adj* preciso, esatto; (*pünktlich*) puntuale
**präzisieren** [prɛtsiˈziːrən] <ohne ge-> *vt* precisare
**Präzision** [prɛtsiˈzi̯oːn] <-> *kein Pl.* f precisione f, esattezza f **Präzisionsarbeit** f lavoro m di precisione
**predigen** [ˈpreːdɪɡən] *vt, vi* predicare
**Prediger(in)** <-s, -; -, -nen> *m(f)* predicatore, -trice *m, f*
**Predigt** <-, -en> f predica f; **eine ~ halten** fare una predica; **jdm eine ~ halten** (*fig fam*) fare un predicozzo a qu
**Preis** [praɪs] <-es, -e> *m* ① (*Kauf~*) prezzo *m;* **der ~ für etw** il prezzo per qc; **zum halben ~** a metà prezzo; **zum ~ von ...** al prezzo di ...; **um jeden/keinen ~** a ogni/nessun costo; **der Erfolg hat seinen ~** (*fig*) il successo ha il suo prezzo ② (*bei Wettbewerb*) premio *m;* (*Belohnung*) ricompensa f
**Preisabbau** *m* riduzione f dei prezzi
**Preisabsprache** f accordo *m* sul prezzo
**Preisangabe** <-, -n> f indicazione f del prezzo **Preisanstieg** *m* (WIRTSCH) rialzo *m* dei prezzi **Preisaufschlag** *m* (WIRTSCH) maggiorazione f del prezzo **Preisausschreiben** *nt* concorso *m* a premi **preisbewusst** *adj* attento al prezzo **Preisbildung** f formazione f dei prezzi **Preisbindung** f (WIRTSCH) accordo *m* sui prezzi **Preiseinbruch** *m* (WIRTSCH) crollo *m* dei prezzi
**Preiselbeere** [ˈpraɪzəlbeːrə] f mirtillo *m* rosso
**Preisempfehlung** f prezzo *m* indicativo; **unverbindliche ~** prezzo indicativo senza impegno
**preisen** [ˈpraɪzən] <preist, pries, gepriesen> *vt* (*geh*) lodare, elogiare; **sich glücklich ~** considerarsi fortunato
**Preisentwicklung** f evoluzione f dei prezzi **Preiserhöhung** f (WIRTSCH) aumento *m* di prezzo **Preisermäßigung** f (WIRTSCH) riduzione f dei prezzi **Preisfrage** f ① (*vom Preis abhängige Frage*) questione f di prezzo ② (*bei Preisausschreiben*) quesito *m* a premi; (*schwierige Frage*) domanda f a premio
**Preisgabe** [ˈpraɪsɡaːbə] f ① (*Aufgabe*) abbandono *m;* (*Verzicht*) rinuncia f ② (*von Geheimnis*) rivelazione f
**preis|geben** <irr> *vt* (*geh*) ① (*ausliefern*) abbandonare ② (*aufgeben*) **etw ~** abbandonare qc ③ (*verraten*) rivelare
**preisgekrönt** *adj* premiato
**Preisgeld** <-[e]s, -er> *nt* premio *m* vincita

**Preisgericht** *nt* giuria f [di concorso]
**preisgünstig** *adj* conveniente, a buon prezzo **Preisindex** *m* indice *m* dei prezzi
**Preiskampf** *m* battaglia f dei prezzi
**Preiskontrolle** f controllo *m* dei prezzi
**Preislage** f prezzo *m;* **in jeder ~** ad ogni prezzo
**Preis-Leistungs-Verhältnis** <-ses, -se> *nt* rapporto *m* qualità-prezzo
**preislich** *adj* di prezzo, per quanto riguarda il prezzo; **~e Unterschiede** differenze di prezzo; **~ unterschiedliche Artikel** articoli di prezzo diverso
**Preisliste** f listino *m* dei prezzi
**Preis-Lohn-Spirale** f (COM) spirale f dei prezzi e dei salari
**Preisnachlass** *m* (WIRTSCH) sconto *m*, ribasso *m* **Preisniveau** *nt* livello *m* dei prezzi **Preisrätsel** <-s, -> *nt* quiz *m* a premi **Preisrichter(in)** <-s, -; -, -nen> *m(f)* membro *m* della giuria **Preisrückgang** *m* (WIRTSCH) ribasso *m* dei prezzi **Preisschild** *nt* cartellino *m* del prezzo **Preisschlager** *m* (*fam*) offerta f speciale **Preisschwankungen** *fPl.* (WIRTSCH) oscillazioni *fpl* dei prezzi **Preissenkung** f (WIRTSCH) calo *m* dei prezzi **Preisstabilität** <-> *kein Pl.* f (EU) stabilità f dei prezzi
**Preissteigerung** f (WIRTSCH) *s.* **Preiserhöhung Preisstopp** *m* (WIRTSCH) blocco *m* dei prezzi **Preissturz** *m* crollo *m* dei prezzi **Preisträger(in)** *m(f)* premiato, -a *m, f* **Preistreiberei** [ˈpraɪstraɪbəˈraɪ] <-, -en> f (*pej*) rialzo *m* abusivo dei prezzi **Preisüberwachung** f controllo *m* dei prezzi **Preisverleihung** <-, -en> f premiazione f, conferimento *m* di un premio
**preiswert** *adj* a buon mercato, conveniente
**prekär** [preˈkɛːɐ̯] *adj* precario
**Prellbock** *m* (FERR) paraurti *m*, fermacarri *m*
**prellen** [ˈprɛlən] **I.** *vt* ① (*betrügen*) **jdn [um etw] ~** defraudare qu [di qc]; **die Zeche ~** (*fam*) non pagare il conto ② (MED) farsi un livido **II.** *vr* **sich am Knie ~** farsi un livido al ginocchio
**Prellung** <-, -en> f contusione f
**Premier** [prəˈmi̯eː] <-s, -s> *m s.* **Premierminister**
**Premiere** [prəˈmi̯eːrə] <-, -n> f prima f
**Premierminister(in)** *m(f)* primo ministro *m*
**preschen** [ˈprɛʃən] *vi sein* andare [*o* venire] di corsa, andare [*o* venire] sparato
**Presse** [ˈprɛsə] <-, -n> f ① (TEC) pressa f, torchio *m* ② *Sing.* (*~wesen*) stampa f; **eine gute/schlechte ~ haben** avere

buona/cattiva stampa **Presseagentur** *f* agenzia *f* di stampa **Presseausweis** *m* tessera *f* di giornalista **Pressechef(in)** *m(f)* capo *m* dell'ufficio stampa **Presseerklärung** *f* comunicato *m* stampa **Pressefotograf(in)** *m(f)* fotoreporter *mf* **Pressefreiheit** *f* libertà *f* di stampa **Pressekonferenz** *f* conferenza *f* stampa **Pressemeldung** <-, -en> *f*, **Pressemitteilung** <-, -en> *f* comunicato *m* stampa

**pressen** ['prɛsən] *vt* ① (*durch Druck o mit Presse bearbeiten*) pressare; (*keltern*) torchiare, pigiare; (*zusammen~*) comprimere; (*aus~*) spremere ② (*drücken*) premere, schiacciare; (*fig: zwingen*) costringere; **jdn [zu etw]** ~ costringere qu [a fare] qc

**Pressesprecher(in)** *m(f)* addetto, -a *m, f* stampa **Pressestimme** *f meist pl* rassegna *f* della stampa

**pressieren** [prɛˈsiːrən] <ohne ge-> *vi* (*südd, A, CH*) essere urgente; **das pressiert nicht** non c'è premura

**Pressluft** *f* aria *f* compressa **Pressluftbohrer** *m* perforatore *m* pneumatico **Presslufthammer** *m* martello *m* pneumatico

**Prestige** [prɛsˈtiːʒ(ə)] <-s> *kein Pl. nt* prestigio *m* **Prestigedenken** *nt* mentalità *f* orientata al prestigio **Prestigegewinn** *m* aumento *m* di prestigio **Prestigeverlust** *m* perdita *f* di prestigio

**Preuße** ['prɔɪsə] <-n, -n> *m* prussiano *m* **Preußen** ['prɔɪsən] *nt* Prussia *f* **Preußin** ['prɔɪsɪn] <-, -nen> *f* prussiana *f* **preußisch** *adj* prussiano

**prickeln** ['prɪkəln] *vi* ① (*kribbeln*) prudere, pizzicare ② (*Getränk*) frizzare **prickelnd** *adj* ① (*kribbelnd*) pruriginoso ② (*Luft, Sekt*) frizzante ③ (*fig: erregend*) eccitante, piccante

**Priem** [priːm] <-(e)s, -e> *m* tabacco *m* da masticare

**priemen** *vi* ciccare *fam*

**pries** [priːs] *1. u. 3. Pers. Sing. Imp. von* **preisen**

**Priester(in)** ['priːstɐ] <-s, -; -, -nen> *m(f)* sacerdote, -essa *m, f*, prete *m* **Priesteramt** *nt* sacerdozio *m*

**Priesterin** *f s.* **Priester Priestertum** <-s> *kein Pl. nt* (REL) sacerdozio *m* **Priesterweihe** *f* ordinazione *f* sacerdotale

**Prim** [priːm] <-, -en> *f* ① (MUS) prima *f* ② (SPORT: *Fechten*) prima *f* [posizione] ③ (REL: *Morgengebet*) mattutini *mpl*

**prima** ['priːma] <inv> *adj* (*fam*) eccellente, ottimo, formidabile

**Prima** <-, Primen> *f* (A) prima classe *f* del ginnasio

**Primaballerina** ['priːmabaleˈriːna] *f* prima ballerina *f*

**Primadonna** [priːmaˈdɔna] <-, Primadonnen> *f* (THEAT) prima donna *f*

**primär** [priˈmɛːɐ̯] *adj* primario

**Primärenergie** *f* energia *f* primaria

**Primaria** <-, -e> *f*, **Primarius** <-, -ien *o* -ii> *m* (*A: Chefarzt*) primario *m*

**Primarlehrer(in)** [priˈmaːɐ̯leːrɐ] *m(f)* (*CH*) maestro, -a *m, f* di scuola elementare

**Primärliteratur** *f* opere *fpl* dell'autore

**Primarschule** [priˈmaːɐ̯ʃuːlə] <-, -n> *f* (*CH: Grundschule*) scuola *f* elementare

**Primas** ['priːmas, *Pl:* ˈpriːmasə *o* priˈmaːtən] <-, -se *o* **Primaten**> *m* primate *m*

**Primat** [priˈmaːt] <-(e)s, -e> *m o nt* primato *m*

**Primaten** [priˈmaːtən] *mPl.* (ZOO) primati *mpl*

**Primel** ['priːməl] <-, -n> *f* primula *f*

**primitiv** [primiˈtiːf] *adj* primitivo

**Primitivität** [primitiviˈtɛːt] <-> *kein Pl. f* primitività *f*

**Primitivling** [primiˈtiːflɪŋ] <-s, -e> *m* (*pej*) primitivo, -a *m, f*, sempliciotto, -a *m, f*

**Primzahl** ['priːmtsaːl] *f* (MAT) numero *m* primo

**Printmedien** ['prɪntmeːdiən] *ntPl.* stampa *f*

**Prinz** [prɪnts] <-en, -en> *m*, **Prinzessin** <-, -nen> *f* principe *m*, principessa *f*

**Prinzip** [prɪnˈtsiːp, *Pl:* prɪnˈtsiːpiən] <-s, Prinzipien> *nt* principio *m*; **ein Mensch mit ~ien** un uomo di principio; **aus ~** per principio; **im ~** in linea di massima

**prinzipiell** [prɪntsiˈpjɛl] I. *adj* di principio II. *adv* per principio

**Prinzipienreiter** *m* (*pej*) pedante *mf*

**prinzipientreu** *adj* fedele ai propri principi

**Prior(in)** ['priːoːɐ̯, *Pl:* priˈoːrən] <-s, -en; -, -nen> *m(f)* priore, -a *m, f*

**Priorität** [prioriˈtɛːt] <-, -en> *f* priorità *f*; **~en setzen** stabilire delle priorità

**Prise** ['priːzə] <-, -n> *f* ① (*Salz, Pfeffer*) pizzico *m*; (*Tabak*) presa *f* ② (NAUT) preda *f*

**Prisma** ['prɪsma, *Pl:* ˈprɪsmən] <-s, Prismen> *nt* (MAT, OPT) prisma *m*

**Pritsche** ['prɪtʃə] <-, -n> *f* ① (*Liege*) branda *f* ② (*von LKW*) cassone *m*

**privat** [priˈvaːt] *adj* privato

**Privat-** (*in Zusammensetzungen*) privato **Privatadresse** *f*, **Privatangelegenheit** *f* faccenda *f* privata **Privatanschrift** *f* indirizzo *m* privato **Privataudienz** *f*

udienza *f* privata **Privatbesitz** *m* proprietà *f* privata **Privatdetektiv(in)** *m(f)* investigatore, -trice *m*, *f* privato, -a **Privatdozent(in)** *m(f)* libero, -a *m*, *f* docente **Privateigentum** *nt* proprietà *f* privata **Privatfernsehen** <-s> *kein Pl*. *nt* (*fam*) televisione *f* privata **Privatinitiative** *f* iniziativa *f* privata
**privatisieren** [privati'tsi:rən] *vt* (WIRTSCH) privatizzare **Privatisierung** <-, -en> *f* (WIRTSCH) privatizzazione *f*
**Privatklinik** *f* clinica *f* privata **Privatleben** *nt* vita *f* privata, privacy *f* **Privatlehrer(in)** *m(f)* insegnante *mf* privato, -a **Privatmann** <-(e)s, -leute *o rar* -männer> *m* privato *m* **Privatpatient(in)** *m(f)* paziente *mf* privato, -a **Privatperson** *f* persona *f* privata, privato *m* **Privatrecht** *nt* diritto *m* privato **Privatrente** *f* pensione *f* privata [aggiuntiva] **Privatsache** *f* faccenda *f* privata **Privatschule** *f* scuola *f* privata **Privatsekretär(in)** *m(f)* segretario, -a *m*, *f* personale **Privatsphäre** *f* privacy *f* **Privatstunde** *f* lezione *f* privata **Privatvergnügen** *nt* (*fam*) diletto *m* personale; **das ist dein ~** è affar tuo **Privatvermögen** <-s, -> *nt* patrimonio *m* privato **Privatwagen** *m* vettura *f* privata **Privatweg** *m* strada *f* privata **Privatwirtschaft** *f* economia *f* privata
**Privileg** [privi'le:k, *Pl:* privi'le:giən *o* privi'le:gə] <-(e)s, -ien *o* -e> *nt* privilegio *m*
**privilegieren** [privile'gi:rən] <ohne ge-> *vt* privilegiare
**pro** [pro:] *prp* +*acc* a, per; **das Pro und** [**das**] **Kontra** il pro e il contro; **~ Kopf/ Person** a testa/persona
**probat** [pro'ba:t] *adj* provato, efficace
**Probe** ['pro:bə] <-, -n> *f* ❶ (*Prüfung, Versuch, Beweis*, THEAT, MUS) prova *f*; **auf** [*o* **zur**] **~** in prova; **die ~ bestehen** superare la prova; **jdn/etw auf die ~ stellen** mettere alla prova qu/qc ❷ (*Waren~, Muster*) campione *m*
**Probeabzug** *m* prova *f* di stampa **Probealarm** *m* allarme *m* di prova **Probeaufnahme** *f* prova *f* di registrazione **Probebohrung** *f* prova *f* di trivellazione **Probefahrt** *f* prova *f* su strada **Probelauf** *m* (TEC) prova *f* di funzionamento **Probelehrer(in)** <-s, -; -, -nen> *m(f)* (A) *insegnante delle superiori non di ruolo assunto con un contratto annuale*
**proben** *vt, vi* provare
**Probepackung** <-, -en> *f* campione *m* omaggio [*o* gratuito], confezione *f* omaggio [*o* gratuita] **probeweise** *adv* in prova **Probezeit** *f* periodo *m* di prova
**probieren** [pro'bi:rən] <ohne ge-> *vt* ❶ (*prüfen, aus~*) provare ❷ (*versuchen*) provare, tentare; **Probieren geht über Studieren** (*prov*) val più la pratica che la grammatica ❸ (*Speise*) assaggiare; (*Getränk*) degustare
**probiotisch** [pro:'bio:tɪʃ] *adj* probiotico
**Problem** [pro'ble:m] <-s, -e> *nt* problema *m*; **vor einem ~ stehen** trovarsi di fronte ad un problema; **das ist nicht mein ~** (*fam*) ciò non è affar mio; **kein ~!** (*fam*) non c'è problema!
**Problemabfälle** *mPl*. rifiuti *mpl* tossici
**Problematik** [proble'ma:tɪk] <-> *kein Pl*. *f* problematica *f*, problematicità *f*
**problematisch** *adj* problematico
**problemlos** *adj o adv* senza problemi
**Produkt** [pro'dʊkt] <-(e)s, -e> *nt* prodotto *m*
**Produktenhandel** *m* commercio *m* di prodotti agricoli [locali]
**Produkthaftung** <-> *kein Pl*. *f* responsabilità *f* per il prodotto
**Produktion** [prodʊk'tsjo:n] <-, -en> *f* produzione *f* **Produktionsablauf** *m* [ciclo *m* di] produzione *f* **Produktionsausfall** *m* perdita *f* di produzione **Produktionskosten** *Pl*. costi *mpl* di produzione **Produktionsmittel** *ntPl*. mezzi *mpl* di produzione **Produktionsrückgang** *m* regresso *m* della produzione **Produktionssteigerung** *f* aumento *m* della produzione
**produktiv** [prodʊk'ti:f] *adj* ❶ (*ergiebig*) produttivo ❷ (*schöpferisch*) creativo
**Produktivität** [prodʊktivi'tɛ:t] <-> *kein Pl*. *f* ❶ (*Ergiebigkeit*) produttività *f* ❷ (*Schaffenskraft*) creatività *f*
**Produktkategorie** *f* categoria *f* di prodotto
**Produktmanager(in)** *m(f)* product manager *mf*
**Produktpalette** *f* gamma *f* di prodotti
**Produzent(in)** [produ'tsɛnt] <-en, -en; -, -nen> *m(f)* produttore, -trice *m*, *f*
**produzieren** [produ'tsi:rən] <ohne ge-> I. *vt* produrre II. *vr* **sich ~** (*fam pej*) prodursi, esibirsi
**Prof.** *abk v* **Professor** prof.
**profan** [pro'fa:n] *adj* profano
**Professionalität** [prɔfɛsjonali'tɛ:t] <-> *kein Pl*. *f* professionalità *f*
**professionell** [prɔfɛsjo'nɛl] *adj* di professione, professionale
**Professor(in)** [pro'fɛso:ɐ] <-s, -en; -,

-nen> *m(f)* professore, -essa *m, f* [universitario, -a]

**Professur** [prɔfɛˈsuːɐ̯] <-, -en> *f* professorato *m;* **die ~ für italienische Literaturwissenschaft** il professorato di letteratura italiana

**Profi** [ˈproːfi] <-s, -s> *m* (*fam*) professionista *mf*

**Profil** [proˈfiːl] <-s, -e> *nt* ❶ (*Gesichts~*) profilo *m;* **im ~** di profilo ❷ (*fig: Persönlichkeit*) personalità *f;* **an ~ gewinnen/verlieren** migliorare/peggiorare la propria immagine ❸ (TEC) profilo *m*

**profilieren** [profiˈliːrən] <ohne ge-> I. *vt* profilare II. *vr* **sich ~** profilarsi **profiliert** *adj* ❶ (TEC) profilato ❷ (*fig: Mensch*) eminente

**Profilsohle** *f* suola *f* di gomma intagliata

**Profit** [proˈfiːt] <-(e)s, -e> *m* profitto *m*

**profitabel** [profiˈtaːbəl] *adj* redditizio, proficuo

**Profitgeier** *m* (*fam*) persona *f* avida di guadagno

**Profitgier** *f* (*pej*) avidità *f* di guadagno

**profitieren** [profiˈtiːrən] <ohne ge-> *vi* profittare; **von jdm/etw ~** trarre profitto da qu/qc

**pro forma** [proː ˈfɔrma] *adv* pro forma **Pro-Forma-Rechnung** *f* fattura *f* pro forma

**Prognose** [proˈɡnoːzə] <-, -n> *f* previsione *f*, prognosi *f;* **eine ~ über etw** *acc* **stellen** fare una prognosi di qc

**prognostizieren** [prɔɡnɔstiˈtsiːrən] <ohne ge-> *vt* pronosticare

**Programm** [proˈɡram] <-s, -e> *nt* (*allg,* INFORM) programma *m;* **auf dem ~ stehen** essere in programma **Programmänderung** *f* modifica *f* del programma

**programmatisch** [proɡraˈmaːtɪʃ] *adj* programmatico

**programmgemäß** *adj o adv* secondo il programma **Programmgestaltung** *f* programmazione *f* **Programmhinweis** *m* informazione *f* sui programmi

**programmieren** [proɡraˈmiːrən] <ohne ge-> *vt* (*allg,* INFORM) programmare

**Programmierer(in)** <-s, -; -, -nen> *m(f)* (INFORM) programmatore, -trice *m, f*

**Programmiersprache** *f* (INFORM) linguaggio *m* di programmazione

**Programmierung** <-, -en> *f* (INFORM) programmazione *f*

**Programmkino** <-s, -s> *nt* cinema *m* d'essai **Programmpunkt** *m* punto *m* del programma **Programmsteuerung** *f* (INFORM) comando *m* a programma **Programmvorschau** *f* rassegna *f* dei programmi **Programmzeitschrift** *f* rivista *f* dei programmi radiotelevisivi

**Progression** [prɔɡrɛˈsi̯oːn] <-, -en> *f* progressione *f*

**progressiv** [prɔɡrɛˈsiːf] *adj* ❶ (*fortschreitend*) progressivo ❷ (*fortschrittlich*) progressista

**Projekt** [proˈjɛkt] <-(e)s, -e> *nt* progetto *m* **Projektgruppe** *f* commissione *f* per l'elaborazione di un progetto

**Projektil** [prɔjɛkˈtiːl] <-s, -e> *nt* proiettile *m*

**Projektion** [prɔjɛkˈtsi̯oːn] <-, -en> *f* proiezione *f* **Projektionsapparat** *m* proiettore *m* **Projektionsgerät** <-(e)s, -e> *nt* proiettore *m*

**Projektleiter(in)** *m(f)* responsabile *mf* di progetto **Projektmanagement** *nt* project management *m* **Projektmanager(in)** *m(f)* project manager *mf*

**Projektor** [proˈjɛktoːɐ̯] <-s, -en> *m* proiettore *m*

**projizieren** [projiˈtsiːrən] <ohne ge-> *vt* **etw [auf jdn/etw] ~** proiettare qc [su qu/qc]

**Proklamation** [prɔklamaˈtsi̯oːn] <-, -en> *f* proclamazione *f*

**proklamieren** [prɔklaˈmiːrən] <ohne ge-> *vt* proclamare

**Proklamierung** <-, -en> *f* proclamazione *f* **Pro-Kopf-Einkommen** *nt* reddito *m* pro capite

**Prokura** [proˈkuːra, *Pl:* proˈkuːrən] <-, Prokuren> *f* (*form*) procura *f;* **~ haben** avere la procura; **jdm ~ erteilen** dare la procura a qu

**Prokurist(in)** [prokuˈrɪst] <-en, -en; -, -nen> *m(f)* procuratore, -trice *m, f*

**Prolet** [proˈleːt] <-en, -en> *m* (*pej*) zotico *m*

**Proletariat** [proletaˈri̯aːt] <-s, -e> *nt* proletariato *m*

**Proletarier(in)** [proleˈtaːri̯ɐ] <-s, -; -, -nen> *m(f)* proletario, -a *m, f*

**proletarisch** *adj* proletario

**Prolog** [proˈloːk] <-(e)s, -e> *m* prologo *m*

**Promenade** [prɔməˈnaːdə] <-, -n> *f* passeggiata *f* **Promenadenmischung** *f* (*scherz pej: Hund*) bastardo *m*

**promenieren** [prɔməˈniːrən] <ohne ge-> *vi sein* (*geh*) passeggiare

**Promi** [ˈprɔmi] <-s, -s> *m* (*fam*) vip *mf* **Promibonus** *m* trattamento di favore riservato a personaggi famosi **Promijagd** *f* caccia *f* ai vip

**Promille** [proˈmɪlə] <-(s), -> *nt* per

mille *m;* **sie ist mit 0,5 ~ gefahren** *(fam)* ha guidato con un tasso alcolico [nel sangue] di 0,5 per mille **Promillegrenze** *f* limite *m* del tasso alcolemico
**prominent** [promi'nɛnt] *adj* famoso, celebre **Prominente** <ein -r, -n, -n> *mf* persona *f* famosa [*o* celebre]
**Prominenz** [promi'nɛnts] <-> *kein Pl. f* personalità *fpl*
**Promiskuität** [promɪskui'tɛ:t] <-> *kein Pl. f* promiscuità *f* [sessuale]
**promiskuitiv** *adj* [sessualmente] promiscuo
**Promotion**[1] [promo'tsi̯o:n] <-, -en> *f (an Universität)* dottorato *m* di ricerca
**Promotion**[2] [prə'mouʃən] <-> *kein Pl. f* (WIRTSCH) promozione *f* pubblicitaria
**promovieren** [promo'vi:rən] <ohne ge-> I. *vt* conferire il dottorato a; **jdn zum Doktor der Philologie ~** conferire a qu il dottorato in filologia II. *vi* ❶ *(die Doktorwürde erlangen)* dottorarsi; **er ist promovierter Betriebswirt** è dottorato in economia aziendale ❷ *(Dissertation schreiben)* [über etw *acc*] ~ scrivere la tesi di dottorato [su qc]
**prompt** [prɔmpt] I. *adj* pronto II. *adv* prontamente, subito
**Pronomen** [pro'no:mən] <-s, - *o* Pronomina> *nt* (LING) pronome *m*
**Propaganda** [propa'ganda] <-> *kein Pl. f* propaganda *f;* ~ **machen** fare propaganda **Propagandafeldzug** *m* campagna *f* propagandistica [*o* di propaganda]
**Propagandist(in)** [propagan'dɪst] <-en, -en; -, -nen> *m(f)* propagandista *mf*
**propagandistisch** *adj* propagandistico, pubblicitario
**propagieren** [propa'gi:rən] <ohne ge-> *vt* propagare
**Propan** [pro'pa:n] <-s> *kein Pl. nt* (CHEM) propano *m*
**Propeller** [pro'pɛlɐ] <-s, -> *m* elica *f* [di propulsione]
**proper** ['prɔpɐ] *(fam)* I. *adj* ❶ *(Mensch)* piacevole ❷ *(Dinge)* lindo II. *adv* con accuratezza
**Prophet(in)** [pro'fe:t] <-en, -en; -, -nen> *m(f)* profeta, -tessa *m, f* **prophetisch** *adj* profetico
**prophezeien** [profe'tsai̯ən] <ohne ge-> *vt* profetare, predire
**Prophezeiung** <-, -en> *f* profezia *f;* (*Voraussage)* predizione *f*
**prophylaktisch** [profy'laktɪʃ] I. *adj* profilattico, preventivo II. *adv* preventivamente
**Prophylaxe** [profy'laksə] <-, -n> *f* (MED) profilassi *f*

**Proportion** [propɔr'tsi̯o:n] *f* proporzione *f*
**proportional** [propɔrtsi̯o'na:l] *adj* proporzionale; **a ist** [**direkt**] **~ zu b** a è [direttamente] proporzionale a b
**proportioniert** *adj* proporzionato
**Proporz** [pro'pɔrts] <-es> *kein Pl. m* ❶ *(Verhältnis)* rapporto *m* propozionale ❷ *(bes. A, CH:* POL: *System der Verhältniswahl)* [sistema *m*] proporzionale *m;* **die Legislative wird nach ~ gewählt** il potere legislativo è scelto secondo il sistema proporzionale
**proppe|n|voll** ['prɔpə(n)'fɔl] *adj (fam)* pieno zeppo
**Propst** [pro:pst, *Pl:* 'prø:pstə] <-es, Pröpste> *m* (REL) preposto *m*
**Prosa** ['pro:za] <-> *kein Pl. f* prosa *f*
**prosaisch** [pro'za:ɪʃ] *adj (geh: nüchtern)* prosaico
**Proseminar** ['pro:zemina:ɐ̯] *nt* (UNIV) seminario per studenti del primo biennio
**pros|i|t** [pro:st ('pro:zɪt)] *int* [alla] salute; **ein Prosit auf ...** un [ev]viva a ...; **~ Neujahr!** buon anno!; **prost Mahlzeit!** *fam,* **na denn prost!** bell'affare!, c'è da stare allegri!
**Prospekt** [pro'spɛkt] <-(e)s, -e> *m* prospetto *m*
**prost** *int s.* **pros|i|t**
**Prostata** ['prɔstata, *Pl:* 'prɔstatɛ] <-, Prostatae> *f* (ANAT) prostata *f*
**prostituieren** [prostitu'i:rən] <ohne ge-> *vr* **sich ~** prostituirsi
**Prostituierte** <-n, -n> *f* prostituta *f*
**Prostitution** [prostitu'tsi̯o:n] <-> *kein Pl. f* prostituzione *f*
**Protagonist(in)** [protago'nɪst] <-en, -en; -, -nen> *m(f)* protagonista *mf*
**Protegé** [prote'ʒe:] <-s, -s> *m* protetto, -a *m, f*
**protegieren** [prote'ʒi:rən] <ohne ge-> *vt* proteggere, patrocinare
**Protein** [prote'i:n] <-s, -e> *nt* proteina *f*
**Protektion** [protɛk'tsi̯o:n] <-, -en> *f* protezione *f*, appoggio *m*
**Protektionismus** [protɛktsi̯o'nɪsmus] <-> *kein Pl. m* (WIRTSCH) protezionismo *m*
**Protektorat** [protɛkto'ra:t] <-(e)s, -e> *nt* ❶ *(Schirmherrschaft)* protezione *f*, patronato *m (für* di) ❷ (POL: *Schutzherrschaft)* protettorato *m*
**Protest** [pro'tɛst] <-(e)s, -e> *m* protesta *f;* **aus ~** per protesta; **unter ~** protestando
**Protestaktion** *f* azione *f* di protesta
**Protestant(in)** [protɛs'tant] <-en, -en; -, -nen> *m(f)* protestante *mf*
**protestantisch** *adj* protestante

**Protestantismus** [protɛstanˈtɪsmʊs] <-> kein Pl. m protestantesimo m

**Protestbewegung** <-, -en> f movimento m di protesta

protestieren [protɛsˈtiːrən] <ohne ge-> vi, vt [gegen jdn/etw] ~ protestare [contro qu/qc]

**Protestkundgebung** f manifestazione f di protesta **Protestwahl** f voto m di protesta **Protestwähler(in)** <-s, -; -, -nen> m(f) (POL) elettore, -trice m, f estremista per protesta **Protestwelle** f ondata f di protesta

**Prothese** [proˈteːzə] <-, -n> f protesi f

**Protokoll** [protoˈkɔl] <-s, -e> nt ❶ (Niederschrift) verbale m; ~ **führen** tenere il protocollo, fare il verbale; **etw zu ~ geben** far mettere a verbale qc; **etw zu ~ nehmen** mettere qc a verbale ❷ (POL: Etikette) protocollo m ❸ (Strafmandat) multa f

**protokollarisch** [protokoˈlaːrɪʃ] adj protocollare

**Protokollführer(in)** m(f) protocollista mf

**protokollieren** [protokoˈliːrən] <ohne ge-> vt protocollare, verbalizzare

**Proton** [ˈproːtɔn] <-s, -en> nt (PHYS) protone m

**Protoplasma** [protoˈplasma] nt protoplasma m

**Prototyp** [proˈtoːtyːp] m prototipo m

**protzen** [ˈprɔtsən] vi (fam pej) **mit etw ~** fare sfoggio di qc; (mit Worten) vantarsi di qc

**protzig** adj fam, pej ❶ (Person) borioso ❷ (Auto, Kleidung) vistoso

**Proviant** [proviˈant] <-s, rar -e> m viveri mpl, provviste fpl [di cibo]

**Provider** <-s, -> m (INFORM) provider m

**Provinz** [proˈvɪnts] <-, -en> f provincia f

**provinziell** [provɪnˈtsi̯ɛl] adj provinciale, provincialesco pej

**Provinzler(in)** <-s, -; -, -nen> m(f) (fam pej) provinciale mf

**Provinzstadt** f città f di provincia

**Provinzzeitung** f giornale m provinciale

**Provision** [proviˈzi̯oːn] <-, -en> f (COM) provvigione f; **auf ~** a provvigione

**provisorisch** [proviˈzoːrɪʃ] adj provvisorio

**Provisorium** [proviˈzoːriʊm] <-s, Provisorien> nt soluzione f provvisoria

**provokant** [provoˈkant] adj provocatorio

**Provokateur(in)** [provokaˈtøːɐ̯] <-s, -e; -, -nen> m(f) provocatore, -trice m, f

**Provokation** [provokaˈtsi̯oːn] <-, -en> f provocazione f

**provokativ** [provokaˈtiːf] adj, **provokatorisch** [provokaˈtoːrɪʃ] adj provocatorio

**provozieren** [provoˈtsiːrən] <ohne ge-> vt provocare

**Prozedur** [protseˈduːɐ̯] <-, -en> f procedura f

**Prozent** [proˈtsɛnt] <-(e)s, -e o bei Mengenangaben: -> nt ❶ (Hundertstel) percento m; **in ~en** in percentuale; **50 ~ der Bevölkerung** il 50 percento della popolazione ❷ pl (fam: Rabatt) sconto m; **in diesem Geschäft bekomme ich ~e** in questo negozio mi fanno lo sconto **Prozentsatz** m percentuale f; (Zinsfuß) tasso m

**prozentual** [protsɛntuˈaːl] adj percentuale

**Prozess** [proˈtsɛs] <-es, -se> m ❶ (JUR) processo m; **einen ~ gegen jdn führen** fare un processo contro qu; **mit jdm/etw kurzen ~ machen** (fam) tagliar corto con qu/qc, andare per le spicce con qu/qc ❷ (Vorgang) processo m

**Prozessakten** fPl. atti mpl processuali

**Prozessgegner(in)** m(f) parte f avversaria

**prozessieren** [protsɛˈsiːrən] <ohne ge-> vi **gegen jdn ~** fare un processo a qu

**Prozession** [protsɛˈsi̯oːn] <-, -en> f processione f

**Prozesskosten** Pl. (JUR) spese fpl processuali

**Prozessor** [proˈtsɛsoːɐ̯] <-s, -en> m (INFORM) processore m

**Prozessordnung** f (JUR) codice m di procedura

**prüde** [ˈpryːdə] adj (pej) prude

**Prüderie** [pryːdəˈriː] <-> kein Pl. f (pej) pruderie f

**prüfen** [ˈpryːfən] vt ❶ (untersuchen, abfragen) esaminare; (testen) collaudare; (als Sachverständiger) periziare; (nach~, über~) controllare, verificare; **ein ~der Blick** uno sguardo indagatore; **eine staatlich geprüfte Dolmetscherin** un'interprete giurata; **jdn auf Herz und Nieren ~** esaminare a fondo qu ❷ (fig geh: durch Schicksal, Leid) provare

**Prüfer(in)** <-s, -; -, -nen> m(f) esaminatore, -trice m, f; (Wirtschafts~) revisore m dei conti; (Buch~) revisore m

**Prüfgerät** nt apparecchio m di collaudo [o prova] **Prüflampe** f spia f luminosa

**Prüfling** [ˈpryːflɪŋ] <-s, -e> m esaminando, -a m, f, candidato, -a m, f d'esame

**Prüfstand** m banco m di prova **Prüfstein** <-(e)s, -e> m pietra f di paragone; **ein ~ für etw sein** essere una pietra di paragone per qc

**Prüfung** <-, -en> f ❶ (Untersuchung, a

*Schul~, Universitäts~*) esame *m;* (*Über~*) controllo *m,* verifica *f;* (*Test*) collaudo *m;* (*Buch~*) revisione *f;* **bei näherer** [*o* **genauer**] **~ ablegen** [*o* **machen**] sostenere un esame; **in einer ~ durchfallen, durch eine ~ fallen** (*fam*) essere bocciato a un esame; **schriftliche/mündliche ~** esame scritto/orale ❷ (*fig geh: Heimsuchung*) prova *f* **Prüfungsangst** *f* paura *f* degli esami **Prüfungsausschuss** *m* commissione *f* d'esame **Prüfungsgegenstand** *m* oggetto *m* d'esame **Prüfungskommission** *f s.* **Prüfungsausschuss**
**Prügel** ['pry:gəl] <-s, -> *m* ❶ (*Stock*) bastone *m* ❷ *pl* (*fam: Schläge*) bastonate *fpl,* legnate *fpl;* **eine Tracht ~ bekommen** (*fam*) ricevere un sacco di legnate
**Prügelei** [pry:gə'laɪ] <-, -en> *f* rissa *f*
**Prügelknabe** *m* (*fam*) capro *m* espiatorio
**prügeln** I. *vt* bastonare, picchiare II. *vr* **sich ~** picchiarsi; **sich mit jdm** [**um etw**] **~** darsele con qu [per qc] *fam*
**Prügelstrafe** *f* pena *f* corporale
**Prunk** [prʊŋk] <-(e)s> *kein Pl. m* fasto *m,* sfarzo *m*
**prunken** *vi* **mit etw ~** far sfoggio di qc
**Prunkstück** <-(e)s, -e> *nt* gioiello *m,* perla *f*
**prunkvoll** *adj* sfarzoso
**prusten** ['pru:stən] *vi* stronfiare; **vor Lachen ~** scoppiare dal ridere
**PS** ❶ *abk v* **Pferdestärke** CV ❷ *abk v* **Postskriptum** PS, p.s.
**Psalm** [psalm] <-s, -en> *m* salmo *m*
**Pseudo-, pseudo-** [psɔɪdo] (*in Zusammensetzungen*) pseudo-
**pseudodemokratisch** *adj* (*Verfahren, Maßnahme*) pseudodemocratico **pseudointellektuell** *adj* pseudointellettuale
**pseudonym** [psɔɪdo'ny:m] *adj* pseudonimo
**Pseudonym** <-s, -e> *nt* pseudonimo *m*
**pst** [pst] *int* pss, pst
**Psyche** ['psy:çə] <-, -n> *f* psiche *f*
**Psychiater(in)** [psy'çi̯a:te] <-s, -; -, -nen> *m(f)* psichiatra *mf*
**Psychiatrie**[1] [psyçi̯a'tri:] <-> *kein Pl. f* (*Gebiet der Medizin*) psichiatria *f*
**Psychiatrie**[2] <-, -n> *f* (*sl: psychiatrische Abteilung*) reparto *m* psichiatrico
**psychiatrisch** [psy'çi̯a:trɪʃ] *adj* (MED) psichiatrico; **in ~er Behandlung sein** essere in cura psichiatrica
**psychisch** ['psy:çɪʃ] *adj* psichico
**Psycho-** [psyço] (*in Zusammensetzungen*) psico-

**Psychoanalyse** [psyço?ana'ly:zə] *f* psicanalisi *f* **Psychoanalytiker(in)** [psyçoana'ly:tikɐ] <-s, -; -, -nen> *m(f)* psicanalista *mf,* [psico]analista *mf* **Psychogramm** [psyço'gram] <-s, -e> *nt* psicogramma *m*
**Psychologe** [psyço'lo:gə] <-n, -n> *m* psicologo *m*
**Psychologie** [psyçolo'gi:] <-> *kein Pl. f* psicologia *f*
**Psychologin** [psyço'lo:gɪn] <-, -nen> *f* psicologa *f*
**psychologisch** [psyço'lo:gɪʃ] *adj* psicologico
**Psychopath(in)** [psyço'pa:t] <-en, -en; -, -nen> *m(f)* psicopatico, -a *m, f* **psychopathisch** *adj* psicopatico **Psychopharmaka** [psyço'farmaka] *ntPl.* psicofarmaci *mpl*
**Psychose** [psy'ço:zə] <-, -n> *f* psicosi *f*
**psychosomatisch** [psyçozo'ma:tɪʃ] *adj* psicosomatico **Psychoterror** ['psy:çotɛro:ɐ] *m* terrorismo *m* psicologico
**Psychotherapeut(in)** [psyçotera'pɔɪt] <-en, -en; -, -nen> *m(f)* (MED, PSYCH) psicoterapeuta *mf,* psicoterapista *mf* **psychotherapeutisch** *adj* (MED, PSYCH) psicoterapeutico, psicoterapico **Psychotherapie** [psyçotera'pi:] *f* psicoterapia *f*
**PTA** [pe:te:'?a:] <-, -s> *f abk v* **pharmazeutisch-technische Asisstentin** assistente *mf* farmaceutico, -a
**PTT** [pe:te:'te:] *f* (*CH: Abkürzung für Schweizerische Post-, Telefon- und Telegrafenbetriebe*) poste, telefoni e telegrafi svizzeri
**pubertär** [pubɛr'tɛ:ɐ] *adj* ❶ (*Probleme, Störungen*) puberale ❷ (*Mensch*) nell'età puberale, adolescenziale
**Pubertät** [pubɛr'tɛ:t] <-> *kein Pl. f* pubertà *f*
**Publicity** [pʌ'blɪsəti] <-> *kein Pl. f* ❶ (*Bekanntheit*) notorietà *f* ❷ (*Reklame*) pubblicità *f*
**Public Relations** ['pʌblɪk rɪ'leɪʃənz] *Pl.* public relations *fpl,* pubbliche relazioni *fpl*
**Public Viewing** ['pʌblɪk 'vju:ɪŋ] <-s, -s> *nt* public viewing *m*
**publik** [pu'bli:k] *adj* pubblico; **etw ~ machen** rendere pubblico qc; **~ werden** diventare di pubblico dominio
**Publikation** [publika'tsi̯o:n] <-, -en> *f* pubblicazione *f*
**Publikum** ['pu:blikʊm] <-s> *kein Pl. nt* pubblico *m* **Publikumserfolg** *m* successo *m* di pubblico; (*Film*) film *m* di cassetta **Publikumsgeschmack** *m* gusto *m*

del pubblico **Publikumsliebling** *m* beniamino, -a *m, f* del pubblico **Publikumsmagnet** <-en, -en> *m* beniamino, -a *m, f* del pubblico **publikumswirksam** *adj* che fa presa sul pubblico

**publizieren** [publiˈtsiːrən] <ohne ge-> *vt* pubblicare

**Publizist(in)** [publiˈtsɪst] <-en, -en; -, -nen> *m(f)* pubblicista *mf*

**Publizistik** [publiˈtsɪstɪk] <-> *kein Pl. f* pubblicistica *f*

**Publizistin** *f s.* **Publizist**

**publizistisch** *adj* pubblicistico

**Puck** [pʊk] <-s, -s> *m* (SPORT) disco *m*

**Pudding** [ˈpʊdɪŋ] <-s, -e *o* -s> *m* budino *m* **Puddingpulver** *nt* polvere *f* per budino

**Pudel** [ˈpuːdəl] <-s, -> *m* barboncino *m*; **wie ein begossener ~ dastehen** (*fam*) starsene lì come un cane bastonato **Pudelmütze** *f* berretto *m* di lana **pudelnackt** [ˈpuːdəlˈnakt] *adj* (*fam*) nudo come un verme **pudelnass** [ˈpuːdəlˈnas] *adj* (*fam*) bagnato come un pulcino **pudelwohl** [ˈpuːdəlˈvoːl] *adj* (*fam*) **sich ~ fühlen** sentirsi magnificamente bene

**Puder** [ˈpuːdɐ] <-s, -> *m fam, dial nt* cipria *f*; **~ auflegen** mettere la cipria **Puderdose** *f* portacipria *m*

**pudern** I. *vt* incipriare II. *vr* **sich ~** incipriarsi

**Puderquaste** *f* piumino *m* per la cipria

**Puderzucker** *m* zucchero *m* a velo

**Puff**[1] [pʊf, *Pl:* ˈpyfə *o* ˈpʊfə] <-(e)s, Püffe *o* rar -e> *m* (*fam: Stoß*) spinta *f*, colpo *m*

**Puff**[2] [pʊf] <-s, -s> *m o nt* (*fam pej: Bordell*) bordello *m*

**Puffärmel** *m* manica *f* a palloncino

**puffen** I. *vt* (*stoßen*) spingere, dare spintoni a II. *vi* (*Lokomotive*) sbuffare

**Puffer** <-s, -> *m* ❶ (FERR) respingente *m* ❷ (GASTR: *Kartoffel~*) frittella *f* di patate **Pufferstaat** *m* stato *m* cuscinetto **Pufferzone** <-, -n> *f* zona *f* cuscinetto

**Puffmutter** *f* (*fam*) tenutaria *f* di un bordello

**pulen** [ˈpuːlən] *nordd, fam* I. *vi* ❶ (*knibbeln*) grattare ❷ (*in Nase*) scaccolarsi II. *vt* (*heraus~*) sgranare

**Pulk** [pʊlk] <-(e)s, -s> *m* ❶ (*Schlitten der Lappen, Pulka*) pulca *f*, pulka *f* ❷ (MIL) formazione *f*, schieramento *m* ❸ (*Gedränge*) ammasso *m*, mucchio *m*, caterva *f*, affollamento *m*, assembramento *m*

**Pulle** [ˈpʊlə] <-, -n> *f* (*fam*) bottiglia *f*; **volle ~ fahren** andare a tutta birra

**Pulli** [ˈpʊli] <-s, -s> *m* (*fam*) pullover *m*, maglione *m* **Pullover** [pʊˈloːvɐ] <-s, -> *m* pullover *m*, maglione *m*

**Pullunder** [pʊˈlʊndɐ] <-s, -> *m* pull *m* senza maniche

**Puls** [pʊls] <-es, -e> *m* polso *m*; **jdm den ~ fühlen** tastare il polso a qu **Pulsader** *f* arteria *f* radiale, vena *f* del polso; **sich** *dat* **die ~n aufschneiden** tagliarsi le vene, svenarsi

**pulsieren** [pʊlˈziːrən] <ohne ge-> *vi* pulsare

**Pulsschlag** *m* ❶ (ANAT) pulsazione *f*, battito *m* del polso ❷ (*fig*) pulsare *m*, palpito *m* **Pulswärmer** <-s, -> *m* scaldapolsi *m*

**Pult** [pʊlt] <-(e)s, -e> *nt* ❶ (*Schreib~*) scrivania *f*; (*in Schule*) cattedra *f*; (*Redner~*) tribuna *f*; (*Noten~*) leggio *m* ❷ (*Schalt~*) quadro *m* di comando

**Pulver** [ˈpʊlvɐ] <-s, -> *nt* ❶ (*zerriebener, zermahlener Stoff*) polvere *f*; **sein ~ verschossen haben** (*fig fam*) aver sparato tutte le cartucce ❷ (*sl: Geld*) grana *f* **Pulverfass** *nt* barile *m* di polvere; **einem ~ gleichen** essere una polveriera; **auf einem ~ sitzen** (*fig*) star seduti su un vulcano

**pulv(e)rig** *adj* pulverulento, polveroso

**pulverisieren** [pʊlveriˈziːrən] <ohne ge-> *vt* polverizzare

**Pulverkaffee** *m* caffè *m* solubile **Pulverschnee** *m* neve *f* farinosa **pulvertrocken** [ˈpʊlfɐˈtrɔkən] *adj* molto secco

**pulvrig** *adj s.* **pulv(e)rig**

**Puma** [ˈpuːma] <-s, -s> *m* puma *m*

**pumm(e)lig** [ˈpʊm(ə)lɪç] *adj* (*fam*) paffuto, grassoccio

**Pump** [pʊmp] <-s> *kein Pl. m* (*sl*) prestito *m*; **etw auf ~ kaufen** comprare qc a credito; **auf ~ leben** vivere di prestiti

**Pumpe** [ˈpʊmpə] <-, -n> *f* ❶ (*Vorrichtung*) pompa *f* ❷ (*fam: Herz*) cuore *m*

**pumpen** *vt* ❶ (*Wasser*) pompare ❷ (*fam: ausleihen*) battere cassa; **sich** *dat* **Geld von jdm ~** farsi prestar soldi da qu, battere cassa da qu *fam*

**Pumps** [pœmps] <-, -> *m* [scarpa *f*] décolleté *m*

**Pumpstation** *f* stazione *f* di pompaggio

**puncto** [ˈpʊŋkto] *adv* **in ~ ...** riguardo a ...

**Punk** [paŋk] <-(s), -s> *m* ❶ *Sing.* (*~musik*) musica *f* punk ❷ (*Anhänger des Punk*) punk *mf*

**Punker(in)** <-s, -; -, -nen> *m(f) s.* **Punk 2.**

**Punkrock** <-s> *kein Pl. m* rock *m* punk

**Punkt** [pʊŋkt] <-(e)s, -e> *m* punto *m*;

**um ~ 12 Uhr** a mezzogiorno in punto; **~ für ~** punto per punto; **in diesem ~** a questo riguardo; **nach ~en siegen** vincere ai punti; **dieser ~ der Verhandlungen ist noch strittig** nelle trattative questo punto è ancora controverso; **das ist ein dunkler ~ in ihrer Vergangenheit** questo è un punto nero nel suo passato; **bis zu einem gewissen ~** fino ad un certo punto; **nun mach aber mal 'nen ~!** (*fam*) ora però basta!; **ohne ~ und Komma reden** (*fam*) parlare come una mitragliatrice; **auf den ~ kommen** venire al dunque

**Punkteführerschein** *m* patente *f* a punti
**punktgleich** *adj* (SPORT) a pari merito, ex aequo
**punktieren** [pʊŋkˈtiːrən] <ohne ge-> *vt* ① (*Linie, Fläche*) punteggiare ② (MUS) puntare ③ (MED) fare una puntura a
**Punktion** [pʊŋkˈtsi̯oːn] <-, -en> *f* puntura *f*
**pünktlich** [ˈpʏŋktlɪç] *adj* puntuale **Pünktlichkeit** <-> *kein Pl. f* puntualità *f*
**Punktrichter(in)** *m(f)* giudice *mf* di gara **Punktsieg** *m* vittoria *f* ai punti **Punktsieger(in)** *m(f)* vincitore, -trice *m, f* ai punti
**punktuell** [pʊŋktuˈɛl] I. *adj* puntuale II. *adv* per sommi capi
**Punsch** [pʊnʃ, *Pl:* ˈpʊnʃə *o* ˈpʏnʃə] <-(e)s, -e *o* Pünsche> *m* (*alkoholisches Getränk*) ponce *m*
**Pupille** [puˈpɪlə] <-, -n> *f* pupilla *f*
**Puppe** [ˈpʊpə] <-, -n> *f* ① (*Kinderspielzeug*) bambola *f*; (*Marionette*) marionetta *f* ② (*fam: Frau*) bambola *f* ③ (ZOO) crisalide *f* ④ (*Wend*) **bis in die ~n schlafen** (*sl*) dormire fino a tardi **Puppenhaus** *nt* casa *f* delle bambole **Puppenspiel** *nt* spettacolo *m* di burattini **Puppenspieler(in)** *m(f)* burattinaio, -a *m, f* **Puppentheater** *nt* teatro *m* di burattini **Puppenwagen** *m* carrozzina *f* delle bambole
**Pups** [puːps] <-es, -e> *m* (*fam*) scoreggia *f*
**pupsen** *vi* (*fam*) scoreggiare
**pur** [puːɐ̯] *adj* ① (*rein*) puro; **Whisky ~** whisky liscio ② (*fam: bloß*) puro; **~er Zufall** puro caso
**Püree** [pyˈreː] <-s, -s> *nt* (GASTR) purea *f*, purè *m*
**pürieren** [pyˈriːrən] <ohne ge-> *vt* (GASTR) passare
**Pürierstab** *m* frullatore *m* a immersione
**Puritaner(in)** [puriˈtaːnɐ] <-s, -; -, -nen> *m(f)* puritano, -a *m, f*
**puritanisch** *adj* puritano

**Purpur** [ˈpʊrpʊr] <-s> *kein Pl. m* porpora *f*
**purpurfarben, purpurrot** *adj* [*color*] porpora, porporino
**Purzelbaum** *m* (*fam*) capriola *f*; **einen ~ schlagen** fare una capriola
**purzeln** [ˈpʊrtsəln] *vi sein* fare un capitombolo; (*herunter~*) ruzzolare
**puschen** [ˈpʊʃən] *vt*, **pushen** *vt* (*sl*) ① (*zum Erfolg bringen*) promuovere, pubblicizzare; **ein neues Produkt auf den Markt ~** lanciare un nuovo prodotto sul mercato; **jdn an die Spitze ~** lanciare qu ai vertici di qc ② (*mit Drogen handeln*) spacciare [droga]
**Push-Up-BH** [ˈpʊʃapbeːˈhaː] *m* push up *m*
**Puste** [ˈpuːstə] <-> *kein Pl. f* (*fam*) fiato *m*; **außer ~ sein** essere senza fiato **Pusteblume** *f* (*fam*) soffione *m* **Pustekuchen** *m* **[ja] ~!** (*fam*) te lo sogni!
**Pustel** [ˈpʊstəl] <-, -n> *f* pustola *f*
**pusten** [ˈpuːstən] *vi* ① (*blasen*) soffiare ② (*keuchen*) ansimare
**Pute** [ˈpuːtə] <-, -n> *f* ① (*Truthenne*) tacchina *f* ② (*fam pej*) oca *f*
**Puter** [ˈpuːtɐ] <-s, -> *m* tacchino *m*
**puterrot** [ˈpuːtɐˈroːt] *adj* rosso come un peperone
**Putsch** [pʊtʃ] <-(e)s, -e> *m* (MIL) golpe *m*
**putschen** *vi* fare un colpo di stato
**Putschist(in)** [pʊˈtʃɪst] <-en, -en; -, -nen> *m(f)* golpista *mf*
**Putte** [ˈpʊtə] <-, -n> *f* putto *m*, amorino *m*
**Putz** [pʊts] <-es> *kein Pl. m* intonaco *m*; **unter/über ~** sotto/sopra l'intonaco; **auf den ~ hauen** (*fam: angeben*) darsi delle arie; (*ausgelassen sein*) essere sfrenato
**putzen** [ˈpʊtsən] I. *vt* nettare; (*a. Gemüse*) pulire; (*polieren*) lucidare; (*a. Schuhe*) lustrare II. *vr* **sich ~** pulirsi; **sich** *dat* **die Nase ~** soffiarsi il naso; **sich** *dat* **die Zähne ~** lavarsi i denti
**Putzerei** <-> *kein Pl. f* (*fam pej*) il continuo pulire *m*, mania *f* della pulizia
**Putzfimmel** *m* (*fam pej*) mania *f* della pulizia **Putzfrau** *f* donna *f* delle pulizie
**putzig** [ˈpʊtsɪç] *adj* (*fam*) ① (*niedlich*) carino, grazioso ② (*seltsam, komisch*) buffo, bizzarro
**Putzkolonne** *f* squadra *f* di addetti alle pulizie **Putzlappen** *m* strofinaccio *m* **Putzmacherin** *f* (*obs*) modista *f* **Putzmittel** *nt* detersivo *m*; (*zum Polieren*) lucido *m*
**putzmunter** [ˈpʊtsmʊntɐ] *adj* (*fam*) vispo
**Putzsucht** <-> *kein Pl. f* mania *f* della pulizia **Putzwut** *f* mania *f* della pulizia **putzwütig** *adj* (*fam*) maniaco della pulizia

puzzeln → Qualifikation

**puzzeln** ['pazəln] *vi* fare un puzzle
**Puzzle** ['pazəl *o* 'pasəl] <-s, -s> *nt,* **Puzzlespiel** *nt* puzzle *m*
**PVC** [pe:faʊ'tse:] <-(s)> *kein Pl. nt abk v* **Polyvinylchlorid** PVC
**Pygmäe** [pʏ'gmɛ:ə] <-n, -n> *m* pigmeo *m*
**Pyjama** [py'(d)ʒa:ma] <-s, -s> *m* pigiama *m*
**Pyramide** [pyra'mi:də] <-, -n> *f* piramide *f* **pyramidenförmig** [pyra'mi:dənfœrmɪç] *adj* piramidale
**Pyrenäen** [pyre'nɛ:ən] *Pl.* Pirenei *mpl*

**Pyrit** [py'ri:t *o* py'rɪt] <-s, -e> *m* (MIN) pirite *f*
**Pyromane** [pyro'ma:nə] <-n, -n> *m* piromane *mf*
**Pyromanie** [pyroma'ni:] *f* piromania *f*
**Pyromanin** [pyro'ma:nɪn] <-, -nen> *f* piromane *f*
**Pyrotechniker(in)** [pyro'tɛçnɪkɐ] *m(f)* pirotecnico *m*
**Pyrrhussieg** ['pyrʊszi:k] <-(e)s, -e> *m* (*geh*) vittoria *f* di Pirro
**Python** ['py:tɔn] <-s, -s *o* -en> *m,* **Pythonschlange** *f* pitone *m*

# Qq

**Q, q** [ku:] <-, -(s)> *nt* Q, q *f;* **Q wie Quelle** Q come quarto
**q** (*CH, A*) *abk v* **Zentner** quintale
**QbA** *abk v* **Qualitätswein aus bestimmten Anbaugebieten** DOC
**QR-Code** [ku:'ʔɛr-] *m abk v* **Quick Response Code** (INET) codice *m* QR
**quabbelig** *adj* ❶ (*gallertartig*) gelatinoso ❷ (*weich und glitschig*) viscido ❸ (*weich und dick*) grasso e flaccido
**quabbeln** ['kvabəln] *vi* tremolare
**Quacksalber(in)** ['kvakzalbɐ] <-s, -; -, -nen> *m(f)* (*pej*) ciarlatano, -a *m, f*
**Quacksalberei** [kvakzalbə'raɪ] <-, -en> *f* (*pej*) ciarlataneria *f*
**Quader** ['kva:dɐ] <-s, -> *m* ❶ (ARCH) quadrone *m* ❷ (MAT) parallelepipedo *m* **Quaderstein** *m* pietra *f* quadra [*o* squadrata], quadrone *m*
**Quadrant** [kva'drant] <-en, -en> *m* quadrante *m*
**Quadrat** [kva'dra:t] <-(e)s, -e> *nt* quadrato *m;* **sechzehn zum ~** sedici al quadrato
**quadratisch** *adj* ❶ (MAT) quadratico; **~e Gleichung** equazione di secondo grado ❷ (*quadratförmig*) quadr[at]o
**Quadratkilometer** *m* chilometro *m* quadrato **Quadratlatschen** *mPl.* (*fam*) ❶ (*Schuhe*) barche *fpl* ❷ (*Füße*) piedoni *mpl* **Quadratmeter** *m o nt* metro *m* quadrato
**Quadratur** [kvadra'tu:ɐ̯] <-, -en> *f* quadratura *f;* **die ~ des Kreises** la quadratura del cerchio
**Quadratwurzel** *f* (MAT) radice *f* quadrata

**Quadratzentimeter** *m o nt* centimetro *m* quadrato
**quadrieren** [kva'dri:rən] <ohne ge-> *vt* (MAT) quadrare, elevare al quadrato
**Quadrille** [kva'drɪljə *o* ka'drɪljə] <-, -n> *f* quadriglia *f*
**quadrofon** *adj s.* **quadrofonisch**
**Quadrofonie** [kvadrofo'ni:] <-, -n> *f,* **Quadrophonie** <-, -n> *f* (RADIO) quadrifonia *f*
**quadrofonisch** [kvadro'fo:nɪʃ] *adj* (RADIO) quadrifonico
**quadrophon** *adj s.* **quadrofonisch**
**quadrophonisch** *adj s.* **quadrofonisch**
**quak** [kva:k] *int* qua, quac
**quaken** ['kva:kən] *vi* ❶ (*Ente*) schiamazzare; (*Frosch*) gracidare ❷ (*fam pej: viel und unnütz reden*) blaterare
**quäken** ['kvɛ:kən] *vi* gracchiare; (*aus Unzufriedenheit*) frignare, piagnucolare, lagnarsi, lamentarsi
**Quäker(in)** ['kvɛ:kɐ] <-s, -; -, -nen> *m(f)* quacchero, -a *m, f*
**Qual** [kva:l] <-, -en> *f* tormento *m,* pena *f;* **die ~ der Wahl** (*scherz*) l'imbarazzo della scelta
**quälen** ['kvɛ:lən] **I.** *vt* ❶ (*seelisch*) tormentare; (*misshandeln*) maltrattare ❷ (*lästig fallen*) seccare *fam* **II.** *vr* **sich ~** ❶ (*seelisch*) tormentarsi ❷ (*sich abmühen*) affaticarsi
**Quälerei** [kvɛlə'raɪ] <-, -en> *f* tormento *m*
**Quälgeist** *m* (*fam*) scocciatore, -trice *m, f*
**Qualifikation** [kvalifika'tsi̯o:n] <-, -en> *f* ❶ (SPORT) qualificazione *f* ❷ (*Eignung*) qualifica *f,* attitudine *f*

**qualifizieren** [kvalifi'tsi:rən] <ohne ge-> **I.** *vt* qualificare; **qualifizierter Arbeiter** operaio qualificato **II.** *vr* **sich ~** qualificarsi
**Qualität** [kvali'tɛ:t] <-, -en> *f* qualità *f*; **der Stoff ist von schlechter ~** la stoffa è di qualità scadente
qualitativ [kvalita'ti:f] *adj* qualitativo
**Qualitätsarbeit** *f* lavoro *m* di qualità **Qualitätserzeugnis** *nt* prodotto *m* di qualità **Qualitätskontrolle** *f* controllo *m* della qualità **Qualitätsmerkmal** <-(e)s, -e> *nt* segno *m* di qualità **Qualitätssiegel** <-s, -> *nt* marchio *m* di qualità **Qualitätssteigerung** *f* aumento *m* di qualità
**Qualle** ['kvalə] <-, -n> *f* medusa *f*
**Qualm** [kvalm] <-(e)s> *kein Pl. m* fumo *m* denso
qualmen *vi* ❶ (*Qualm verbreiten*) fumare, mandare fumo denso ❷ (*fam pej: rauchen*) fumare [come un turco]
qualmig *adj* fumoso
qualvoll *adj* straziante, penoso
**Quant** [kvant] <-s, -en> *nt* (PHYS) quanto *m*
**Quanten** *Pl.* ❶ *Pl. von* **Quant, Quantum** ❷ (*sl: Füße*) piedacci *mpl* **Quantenelektronik** *f* elettronica *f* quantistica **Quantensprung** <-(e)s, -sprünge> *m* (PHYS) salto *m* quantico **Quantentheorie** *f* (PHYS) teoria *f* dei quanti
**Quantität** [kvanti'tɛ:t] <-, -en> *f* quantità *f*
quantitativ [kvantita'ti:f] *adj* quantitativo
**Quantum** ['kvantʊm, *Pl:* 'kvantən] <-s, Quanten> *nt* ❶ (*Menge*) dose *f* ❷ (*Anteil*) parte *f*, porzione *f*
**Quappe** ['kvapə] <-, -n> *f* (ZOO) ❶ (*Kaulquappe*) girino *m* ❷ (*Aalquappe*) bottatrice *f*
**Quarantäne** [karan'tɛ:nə] <-, -n> *f* quarantena *f*; **unter ~ stellen** mettere in quarantena **Quarantänestation** *f* reparto *m* contumaciale
**Quark**[1] [kvark] <-s> *kein Pl. m* ❶ (GASTR) *formaggio tipo ricotta* ❷ (*fam pej: Unsinn*) sciocchezze *fpl*
**Quark**[2] [kwɔ:k] <-s, -s> *nt* (PHYS) quark *m*
**Quarkspeise** *f* (GASTR) dolce *m* col quark
**Quart**[1] [kvart] <-, -en> *f* ❶ (MUS) quarta *f* ❷ (SPORT: *Fechten*) quarta *f*
**Quart**[2] <-s, -e> *nt* (TYP: *Format*) quarto *m*
**Quarta** ['kvarta, *Pl:* 'kvartən] <-, Quarten> *f* (*A*) quarta classe *f* ginnasiale
**Quartal** [kvar'ta:l] <-s, -e> *nt* trimestre *m*
**Quartals-** (*in Zusammensetzungen*) trimestrale **Quartal|s|säufer(in)** *m(f)* (*fam pej*) dipsomane *mf* **quartal|s|weise** *adv* trimestralmente
**Quartaner(in)** [kvar'ta:nɐ] <-s, -; -, -nen> *m(f)* allievo, -a *m, f* di terza ginnasio
**Quarte** ['kvartə] <-, -n> *f* (MUS) quarta *f*
**Quarten** *Pl. von* **Quarta**
**Quartett** [kvar'tɛt] <-(e)s, -e> *nt* (MUS) quartetto *m*
**Quartier** [kvar'ti:ɐ] <-s, -e> *nt* ❶ (*Unterkunft*) alloggio *m*; (MIL) alloggiamento *m*, acquartieramento *m*; **ein ~ beziehen** alloggiare ❷ (*CH: Viertel*) quartiere *m*
**Quarz** [kva:ɐ̯ts] <-es, -e> *m* quarzo *m* **Quarzsand** <-(e)s, -e> *m* (GEOL) sabbia *f* quarzifera **Quarzuhr** *f* orologio *m* al quarzo
**quasi** ['kva:zi] *adv* (*gewissermaßen*) in un certo senso; (*sozusagen*) per così dire
**Quasisynonym** *nt* quasi sinonimo *m*
**quasseln** ['kvasəln] **I.** *vi* (*fam*) cianciare, blaterare **II.** *vt* (*fam*) dire; **dummes Zeug ~** dire ciance **Quasselstrippe** *f* (*fam pej*) ciancione, -a *m, f*, blaterone, -a *m, f*
**Quaste** ['kvastə] <-, -n> *f* ❶ (*Troddel*) nappa *f* ❷ (*Puder~*) piumino *m* [per la cipria]
**Quatsch** <-(e)s> *kein Pl. m* (*fam pej*) sciocchezze *fpl*, stupidaggini *fpl*; **mach keinen ~!** non fare stupidaggini!; **red' doch nicht so einen ~!** non dire sciocchezze!
**quatsch** [kvatʃ] *int* ciac, ciaf
**quatschen** (*fam*) **I.** *vi* ❶ (*pej: dumm daherschwätzen*) dire sciocchezze ❷ (*plaudern, quasseln*) cianciare, blaterare ❸ (*klatschen*) [über etw *acc*] **~** spettegolare [su qu] **II.** *vt* (*pej*) dire; **Blödsinn ~** dire delle scemenze
**Quatschkopf** *m* (*fam pej*) ciancione, -a *m, f*
**Quecke** ['kvɛkə] <-, -n> *f* gramigna *f*
**Quecksilber** ['kvɛkzɪlbɐ] *nt* (CHEM) mercurio *m* **Quecksilbersäule** *f* colonna *f* di mercurio **Quecksilberthermometer** <-s, -> *nt* termometro *m* a mercurio **Quecksilberverbindung** *f* composto *m* di mercurio **Quecksilbervergiftung** *f* intossicazione *f* da mercurio, mercurialismo *m*
**Quell** [kvɛl] <-(e)s, -e> *m* fonte *f*
**Quelle** ['kvɛlə] <-, -n> *f* ❶ (*eines Gewässers*) sorgente *f*; (*Öl~*) pozzo *m* [petrolifero] ❷ (*fig: Text, Person*) fonte *f*; **aus zuverlässiger ~** da fonte sicura; **an der ~ sitzen** (*fam*) avere una buona fonte di rifornimento
**quellen** ['kvɛlən] <quillt, quoll, gequollen> *vi sein* ❶ (*heraus~*) sgorgare, scaturire ❷ (*auf~, anschwellen*) gonfiarsi

**Quellenangabe** f indicazione f delle fonti
**Quellenforschung** f studio m delle fonti
**Quellensteuer** f ritenuta f alla fonte sugli interessi bancari **Quellenstudium** nt studio m delle fonti **Quellentext** m fonte f
**Quellgebiet** nt bacino m sorgentifero
**Quellwasser** <-s> *kein Pl.* nt acqua f sorgiva
**Quengelei** [kvɛŋəˈlaɪ] <-, -en> f (*fam*) piagnisteo m
**queng|e|lig** *adj* (*fam: nörgelig*) brontolone; (*Kinder*) piagnucoloso
**quengeln** [ˈkvɛŋəln] *vi* (*fam: nörgeln*) brontolare, criticare; (*Kinder*) piagnucolare
**quenglig** *adj s.* **queng|e|lig**
**quer** [kveːɐ̯] *adv* ❶ (*rechtwinklig*) di traverso; ~ **gestreift** a righe trasversali ❷ (*schräg*) ~ **durch** [*o* **über**] attraverso **Querachse** f asse m trasversale **Querbalken** m traversa f **querbeet** [kveːɐ̯ˈbeːt] *adv* (*fam*) a casaccio
**Quere** [ˈkveːrə] <-> *kein Pl.* f **jdm in die ~ kommen** (*fam*) ostacolare qu, mettere i bastoni fra le ruote di qu *fam*
**Querele** [kveˈreːlə] <-, -n> f (*geh*) controversia f
**querfeldein** [ˈkveːɐ̯fɛltˈʔaɪn] *adv* attraverso i campi **Querfeldeinrennen** nt corsa f campestre
**Querflöte** f flauto m traverso
**Querformat** nt formato m orizzontale
**quergestreift** *adj* a righe trasversali
**Querkopf** m (*fam pej*) bastian m contrario **querköpfig** [ˈkveːɐ̯kœpfɪç] *adj* (*fam pej*) da bastian contrario **quer|legen** *vr* **sich ~** (*fam*) mettersi di traverso; (*sich widersetzen*) opporsi **Querleiste** f traversina f **Querschiff** nt (ARCH) transetto m **Querschläger** m colpo m di rimbalzo
**Querschnitt** m ❶ (*Schnitt*) sezione f trasversale ❷ (*fig: Überblick*) panorama m, rassegna f **querschnitt|s|gelähmt** *adj* paraplegico **Querschnitt|s|gelähmte** mf paraplegico, -a m, f
**quer|stellen** *vr* **sich ~** (*fam*) mettersi di traverso; (*sich widersetzen*) opporsi **Querstraße** f traversa f **Querstrich** m linea f trasversale **Quersumme** f (MAT) somma f delle cifre di un numero **Quertreiber** m (*fam pej*) intrigante m f, oppositore, -trice m, f
**Querulant(in)** [kveruˈlant] <-en, -en; -, -nen> m(f) (*pej*) brontolone, -a m, f fam
**Querverbindung** f collegamento m diretto **Querverweis** m rinvio m, rimando m **Querweg** m via f trasversale
**quetschen** [ˈkvɛtʃən] **I.** *vt* ❶ (*drücken, ver-*

*letzen*) schiacciare ❷ (*in etw hineinzwängen*) stipare **II.** *vr* **sich ~** ❶ (*sich klemmen*) schiacciarsi ❷ (*sich zwängen*) accalcarsi; **sich** *dat* **den Finger ~** schiacciarsi il dito
**Quetschfalte** f piega f piatta
**Quetschung** <-, -en> f, **Quetschwunde** f contusione f
**Queue** [køː] <-s, -s> m *o* nt (*Billard*) stecca f da biliardo
**Quickie** [ˈkwɪki] <-, -s> m (*sl*) rapido m, sveltina f
**quicklebendig** [ˈkvɪklˈbɛndɪç] *adj* vivacissimo
**quieken** [ˈkviːkən] *vi* ❶ (*Tiere*) squittire ❷ (*fig: vor Vergnügen*) emettere piccoli gridi striduli, stridere
**quietschen** [ˈkviːtʃən] *vi* ❶ (*Tür, Schloss, Bremsen, Bett*) cigolare, stridere ❷ (*fam: Menschen*) strillare
**quietschfidel, quietschvergnügt** [ˈkviːtʃfiˈdeːl, ˈkviːtʃfɛɐ̯ˈgnyːkt] *adj* (*fam*) contento come una Pasqua
**Quietschgeräusch** nt stridore m
**quillt** [kvɪlt] *3. Pers. Sing. Präs. von* **quellen**
**Quint** [kvɪnt] <-, -en> f ❶ (MUS) quinta f ❷ (SPORT: *Fechten*) quinta f
**Quinta** [ˈkvɪnta, *Pl:* ˈkvɪntən] <-, Quinten> f (*A*) quinta classe f ginnasiale
**Quintaner(in)** [kvɪnˈtaːnɐ] <-s, -; -, -nen> m(f) (*obs*) allievo, -a m, f di seconda ginnasio
**Quinte** [ˈkvɪntə] <-, -n> f (MUS) *s.* **Quint 1.**
**Quinten** *Pl. von* **Quinta**
**Quintessenz** [ˈkvɪntɛsɛnts] f quintessenza f
**Quintett** <-(e)s, -e> nt (MUS) quintetto m
**Quirl** [kvɪrl] <-(e)s, -e> m ❶ (*Küchengerät*) frullino m ❷ (BOT) verticillo m
**quirlen** *vt* frullare
**quirlig** *adj* vivace, esuberante
**quitt** [kvɪt] *adj* (*fam*) [**mit jdm**] **~ sein** essere pari [con qu]
**Quitte** [ˈkvɪtə] <-, -n> f ❶ (*Baum*) melo m cotogno ❷ (*Frucht*) [mela f] cotogna f
**quittieren** [kvɪˈtiːrən] <ohne ge-> *vt* ❶ (*bescheinigen*) quietanzare; (*Rechnung*) saldare ❷ (*Dienst*) lasciare, abbandonare
**Quittung** [ˈkvɪtʊŋ] <-, -en> f (COM) ricevuta f, quietanza f; **eine ~** [**über etw** *acc*] **ausstellen** rilasciare una ricevuta [per qc]; **gegen ~** dietro ricevuta ❷ (*fig: Folgen*) ricompensa f; **das ist die ~ für deine Voreiligkeit** ecco il risultato della tua fretta

**Quittungsblock** <-(e)s, -blöcke> *m* blocco *m* delle ricevute

**Quiz** [kvɪs] <-, -> *nt* [gioco *m* a] quiz *m*

**Quizmaster** ['kvɪsmaːstɐ] <-s, -> *m* presentatore, -trice *m*, *f* di un gioco a quiz

**Quizshow** *f* (TV) quizshow *f*

**quoll** [kvɔl] *1. u. 3. Pers. Sing. Imp. von* **quellen**

**Quote** ['kvoːtə] <-, -n> *f* ① (*Anteil*) quota *f* ② (*bei Statistik*) percentuale *f* **Quotenfrau** <-, -en> *f donna impiegata/incaricata grazie all'applicazione della Quotenregelung* **Quotenregelung** <-, -en> *f normativa per la percentuale di rappresentanza femminile in carichi politici, amministrativi etc*

**Quotient** [kvoˈtsi̯ɛnt] <-en, -en> *m* (MAT) quoziente *m*

**Quotierung** <-, -en> *f* (WIRTSCH) quotazione *f*

# R r

**R, r** [ɛr] <-, -(s)> *nt* R, r *f*; **R wie Richard** R come Roma

**R** ① *abk v* **Réaumur** (PHYS) °r ② *abk v* **Radius** (MAT) r

**Ra** *abk v* **Radium** (CHEM) Ra

**Rabatt** [raˈbat] <-(e)s, -e> *m* sconto *m*, ribasso *m*; [einen] ~ **auf etw** *acc* **geben** fare uno sconto su qc; **mit 10 %** ~ con uno sconto del 10 %; **ich bekam 2 Euro** ~ mi fecero uno sconto di 2 euro

**rabattieren** [rabaˈtiːrən] <ohne ge-> *vt* fare uno sconto su, accordare un ribasso su

**Rabattmarke** *f* buono *m* [di] sconto **Rabattschlacht** *f* battaglia *f* degli sconti

**Rabauke** [raˈbaʊkə] <-n, -n> *m* (*fam*) teppista *mf*, bruto, -a *m*, *f*

**Rabbi** ['rabi, *Pl:* raˈbiːnən *o* 'rabiːs] <-(s), Rabbinen *o* -s> *m* (REL: *Judentum*) rabbi *m*

**Rabbiner** [raˈbiːnɐ] <-s, -> *m* rabbino *m*

**Rabe** ['raːbə] <-n, -n> *m* corvo *m* **Rabeneltern** *Pl.* (*pej*) genitori *mpl* degeneri **Rabenmutter** *f* (*pej*) madre *f* snaturata **rabenschwarz** ['raːbənˈʃvarts] *adj* corvino, nero come un corvo **Rabenvater** *m* (*pej*) padre *m* snaturato

**rabiat** [rabiˈaːt] *adj* ① (*gewalttätig*) violento; (*wütend, wild*) arrabbiato, furioso ② (*rigoros*) spietato, crudele

**Rache** ['raxə] <-> *kein Pl. f* vendetta *f*; [an jdm für etw] ~ nehmen vendicarsi [di qc su qu]; aus ~ per vendetta; ~ ist süß la vendetta è dolce **Racheakt** *m* atto *m* di vendetta **Rachedurst** *m* sete *f* di vendetta **Racheengel** *m* angelo *m* vendicatore

**Rachen** ['raxən] <-s, -> *m* faringe *f*; (*von Raubtier*) fauci *fpl*; **jdm etw in den** ~ **werfen** (*fam*) gettare qc nelle fauci di qu

**rächen** ['rɛçən] I. *vt* vendicare II. *vr* sich ~ vendicarsi; **sich an jdm für etw** ~ vendicarsi su qu per qc

**Rachenhöhle** *f* cavità *f* faringea **Rachenkatarrh** *m* faringite *f*

**Rächer(in)** <-s, -; -, -nen> *m(f)* vendicatore, -trice *m*, *f*

**Rachgier** *f* sete *f* di vendetta **rachgierig** *adj* avido di vendetta, vendicativo

**Rachitis** [raˈxiːtɪs, *Pl:* raxiˈtiːdən] <-, Rachitiden> *f* (MED) rachitismo *m*

**Rachsucht** *f* sete *f* di vendetta **rachsüchtig** *adj* avido di vendetta, vendicativo

**Racker** ['rakɐ] <-s, -> *m* (*fam*) birbone *m*, briccone *m*

**Rackerei** <-> *kein Pl. f* (*fam*) sfacchinata *f*

**rackern** ['rakɐn] *vi* (*fam*) sfacchinare, sgobbare

**Rad** [raːt, *Pl:* ˈrɛːdɐ] <-(e)s, Räder> *nt* ① (TEC, SPORT) ruota *f*; **ein ~ schlagen** (SPORT) fare una ruota; (*Pfau*) fare la ruota; **unter die Räder kommen** (*fam*) finire a terra; **das fünfte ~ am Wagen sein** (*fam*) essere la quinta ruota del carro ② (*Fahr~*) bicicletta *f*, bici *f fam*; ~ **fahren** andare in bicicletta **Radachse** *f* asse *m* [della ruota]

**Radar** [raˈdaːɐ̯ *o* ˈraːdaːɐ̯] <-s, -e> *m o nt* radar *m* **Radarbild** *nt* immagine *f* dello schermo radar **Radarfalle** *f* (*fam*) radar *m* **Radargerät** *nt* [apparecchio *m*] radar *m* **Radarkontrolle** *f* controllo *m* radar **Radarschirm** *m* schermo *m* del radar **Radarstation** *f* stazione *f* radar **Radarwagen** *m* veicolo *m* radar

**Radau** [raˈdaʊ] <-s> *kein Pl. m* (*fam*) chiasso *m*, baccano *m*

**Radaufhängung** <-, -en> *f* (AUTO) sospensione *f* delle ruote

**Rädchen** ['rɛːtçən] <-s, -> *nt* rotella *f*, rotellina *f*; **nur ein ~ im Getriebe sein**

(*fig*) essere solo una rotellina di un ingranaggio; **bei jdm fehlt ein** ~ (*fam*) gli manca qualche rotella

**Raddampfer** *m* piroscafo *m* a ruote

**radebrechen** ['ra:dəbrɛçən] *vt, vi* |in| **Deutsch** ~ masticare male il tedesco

**radeln** ['ra:dəln] *vi sein* (*fam*) andare in bicicletta

**Rädelsführer(in)** ['rɛ:dəlsfy:rɐ] *m(f)* caporione, -a *m, f*

**rädern** ['rɛ:dən] *vt* (HIST) giustiziare sulla ruota; **sich |wie| gerädert fühlen** (*fam*) avere le ossa rotte

**Räderwerk** ['rɛ:devɛrk] *nt* ● (TEC) rotismo *m* ● (*fig*) ingranaggio *m* **Radfahrer(in)** *m(f)* ciclista *mf* **Rad|fahr|weg** *m* pista *f* ciclabile

**radial** [radi'a:l] *adj* radiale **Radialreifen** <-s, -> *m* pneumatico *m* radiale

**Radien** *Pl. von* **Radius**

**radieren** [ra'di:rən] <ohne ge-> *vt* ● (*aus*~) cancellare ● (KUNST) incidere |all'acquaforte|

**Radierer** <-s, -> *m* (*fam*), **Radiergummi** *m* gomma *f* |per cancellare|

**Radierung** <-, -en> *f* |disegno *m* all'|acquaforte *f*

**Radieschen** [ra'di:sçən] <-s, -> *nt* ravanello *m*

**radikal** [radi'ka:l] *adj* ● (*vollständig*) radicale; (*Maßnahme*) drastico ● (POL) radicale, estremista

**Radikal** [radi'ka:l] <-s, -e> *nt* (BIOCHEM) radicale *m;* **freie ~e** radicali liberi **Radikale** <ein -r, -n, -n> *mf* radicale *mf*, estremista *mf*

**Radikalenerlass** *m* decreto *m* contro gli estremisti

**radikalisieren** [radikali'zi:rən] <ohne ge-> *vt* radicalizzare

**Radikalismus** [radika'lɪsmʊs, *Pl:* radika'lɪsmən] <-, *rar* Radikalismen> *m* radicalismo *m;* (*a.* POL) estremismo *m*

**Radikalkur** [radi'ka:lku:ɐ, *Pl:* radi'ka:lku:rən] <-, -en> *f* cura *f* drastica |*o* radicale|

**Radio** ['ra:dio] <-s, -s> *nt* radio *f;* ~ **hören** ascoltare la radio; **im** ~ alla radio

**radioaktiv** [radio?ak'ti:f] *adj* radioattivo

**Radioaktivität** [radio?aktivi'tɛ:t] *f* radioattività *f*

**Radioapparat** *m,* **Radiogerät** *nt* |apparecchio *m*| radio *f*

**Radiogramm** [radio'gram] <-s, -e> *nt* radiogramma *m*

**Radiologe** [radio'lo:gə] <-n, -n> *m* radiologo *m*

**Radiologie** [radio'lo:gə] <-> *kein Pl. f* (MED) radiologia *f*

**Radiologin** [radio'lo:gɪn] <-, -nen> *f* radiologa *f*

**Radiorecorder** [ra:diore'kɔrdɐ] <-s, -> *m* radioregistratore *m*

**Radiosender** <-s, -> *m* stazione *f* radiofonica

**Radiotherapie** [radiotera'pi:] *f* radioterapia *f*

**Radiowecker** *m* radiosveglia *f*

**Radium** ['ra:diʊm] <-s> *kein Pl. nt* (CHEM) radio *m*

**Radius** ['ra:diʊs, *Pl:* 'ra:diən] <-, Radien> *m* raggio *m*

**Radkappe** *f* (AUTO) copriruota *m,* coppa *f* della ruota

**Radler** <-s, -> *m* (*bes. südd, A*) bevanda rinfrescante con birra e limonata

**Radler(in)** <-s, -; -, -nen> *m(f)* (*fam*) *s.* **Radfahrer**

**Radlerhose** <-, -n> *f* pantaloni *mpl* da ciclista

**Radon** ['ra:dɔn *o* ra'do:n] <-s> *kein Pl. nt* (CHEM) radon *m*

**Radrennbahn** *f* velodromo *m* **Radrennen** *nt* corsa *f* ciclistica **Radrennfahrer(in)** *m(f)* corridore, -trice *m, f* |ciclista|

**Radsport** *m* ciclismo *m* **Radtour** *f* gita *f* in bicicletta **Radwanderung** *f* gita *f* |*o* giro *m*| in bicicletta **Radwechsel** *m* cambio *m* della ruota **Radweg** *m s.* **Rad|fahr|weg**

**RAF** [ɛr?a:'?ɛf] <-> *kein Pl. f abk v* **Rote-Armee-Fraktion** frazione *f* dell'armata rossa (*gruppo terroristico di estrema sinistra attivo in Germania negli anni '70/80*)

**raffen** ['rafən] *vt* ● (*pej: an sich reißen*) arraffare; (*Geld*) accumulare ● (*Rock*) sollevare, tirare su; (*Stoff*) pieghettare ● (*kürzen*) comprimere ● (*fam: kapieren*) afferrare

**Raffgier** *f* rapacità *f,* avidità *f* **raffgierig** *adj* rapace, avido

**Raffinade** [rafi'na:də] <-, -n> *f* zucchero *m* raffinato

**Raffinerie** [rafinə'ri:] <-, -n> *f* raffineria *f*

**Raffinesse** [rafi'nɛsə] <-, -n> *f* ● *Sing.* (*Schlauheit*) astuzia *f* ● (*Feinheit*) raffinatezza *f*

**raffinieren** [rafi'ni:rən] <ohne ge-> *vt* raffinare **raffiniert** *adj* ● (*schlau*) astuto; (*durchtrieben*) furbo ● (*verfeinert*) raffinato ● (*fam: Kleid, Frisur*) raffinato

**Raffsucht** *f s.* **Raffgier raffsüchtig** *adj s.* **raffgierig**

**Rafting** ['ra:ftɪŋ] <-s> *kein Pl. nt* rafting *m*

**Rage** ['ra:ʒə] <-> *kein Pl. f* rabbia *f,*

**furore** *m;* **in ~ kommen** andare in bestia *fam*

**ragen** ['raːgən] *vi* innalzarsi, elevarsi; **in die Höhe ~** alzarsi in aria

**Ragout** [raˈguː] <-s, -s> *nt* (GASTR) ragù *m*

**Rah** [raː] <-, -en> *f,* **Rahe** ['raːə] <-, -n> *f* (NAUT) pennone *m*

**Rahm** [raːm] <-(e)s> *kein Pl. m* (*bes. südd, A, CH*) panna *f,* crema *f*

**rahmen** ['raːmən] *vt* incorniciare, mettere in cornice

**Rahmen** <-s, -> *m* ① (*Bilder~, a. fig*) cornice *f* ② (*Tür~, Fenster~*) telaio *m* ③ *Sing.* (*fig: Bereich*) quadro *m,* ambito *m;* **in bescheidenem/großem ~** in piccolo/grande; **im ~ des Möglichen** nell'ambito delle possibilità; **aus dem ~ fallen** essere fuori dell'ordinario **Rahmenbedingung** *f* condizione *f* **Rahmenerzählung** *f* [racconto *m*] cornice *f* **Rahmengesetz** *nt* legge *f* quadro **Rahmenhandlung** *f* (LIT) trama *f* che fa da cornice **Rahmenrichtlinien** *fPl.* linee *fpl* programmatiche

**Rahmsoße** <-, -n> *f* sugo preparato con panna da cucina

**Rain** [raɪn] <-(e)s, -e> *m* ① (*Streifen Land*) confine *m,* limite *m* ② (*südd, CH: Abhang*) ciglio *m*

**räkeln** ['rɛːkəln] *vr* **sich ~** *s.* **rekeln**

**Rakete** [raˈkeːtə] <-, -n> *f* razzo *m;* (MIL) missile *m*

**Raketenabschussbasis** *f* (MIL) base *f* di lancio per missili

**Raketenabschussrampe** *f* (MIL) rampa *f* lanciamissili **Raketenantrieb** *m* propulsione *f* a razzo **Raketenstufe** *f* stadio *m* del missile **Raketenstützpunkt** *m* (MIL) base *f* missilistica **Raketentriebwerk** *nt* motore *m* a razzo **Raketenversuchsgelände** *nt* poligono *m* di lancio **Raketenzeitalter** *nt* era *f* dei missili

**Rallye** ['rali *o* 'rɛli] <-, -s> *f* rally *m* **Rallyefahrer(in)** *m(f)* campione, -essa *m, f* di rally

**RAM** [ram] <-(s), -(s)> *nt* (INFORM) *abk v* **random access memory** RAM *f*

**Ramadan** [ramaˈdaːn] <-[s]> *kein Pl. m* Ramadan *m*

**Rambo** ['rambo] <-s, -s> *m* (*fam*) Rambo *m*

**Ramme** ['ramə] <-, -n> *f* (TEC: *Pfahl~*) battipalo *m;* (*Hand~*) mazzapicchio *m*

**rammeln** ['raməln] **I.** *vi* ① (*Tiere*) accoppiarsi; (*vulg: Menschen*) scopare ② (*fam: stoßend drängen*) spingere, spintonare; **gerammelt voll** pieno zeppo **II.** *vr* **sich ~** (*fam*) ① (*sich balgen*) azzuffarsi, accapigliarsi ② (*sich stoßen*) spingersi

**rammen** *vt* ① **etw in den Boden ~** conficcare qc [con il battipalo] nel terreno ② (*Fahrzeuge*) tamponare; (*Schiffe*) speronare

**Rammler** ['ramlɐ] <-s, -> *m* (ZOO) lepre *f* maschio

**Rampe** ['rampə] <-, -n> *f* ① (*Auffahrt, Stiegen~*) rampa *f;* (*Lade~*) piano *m* caricatore ② (THEAT) ribalta *f* **Rampenlicht** *nt* luci *fpl* della ribalta; **im ~ stehen** (*fig*) essere al centro dell'interesse

**ramponieren** [rampoˈniːrən] <ohne ge-> *vt* (*fam*) rovinare, guastare

**Ramsch** [ramʃ] <-(e)s, *rar* -e> *m* (*fam pej: schlechte Ware*) merce *f* di scarto; (*wertloses Zeug*) cianfrusaglie *fpl,* robaccia *f* **Ramschladen** *m* (*fam pej*) negozio *m* che vende merce scadente

**ran** [ran] *adv* (*fam*) *s.* **heran**

**Rand** [rant, *Pl:* 'rɛndə] <-(e)s, Ränder> *m* ① (*an Gefäß, Abgrund, a. fig*) orlo *m;* (*Kante*) bordo *m;* (*Wald~, Straßen~*) margini *mpl;* (*Stadt~*) periferia *f;* (*Schmutz~*) alone *m;* **am ~e des Verderbens stehen** essere sull'orlo della rovina; **Ränder unter den Augen haben** avere le occhiaie; **am ~e bemerken** (*fig*) accennare di sfuggita ② (TYP) margine *m* ③ (*Wend*) **außer ~ und Band sein** (*fam*) essere scatenato; **mit etw nicht zu ~e kommen** (*fam*) non venire a capo di qc

**randalieren** [randaˈliːrən] <ohne ge-> *vi* ① (*Lärm machen*) far baccano ② (*zerstören*) compiere atti di vandalismo

**Randbemerkung** *f* ① (*schriftlich*) nota *f* a margine ② (*mündlich*) osservazione *f,* commento *m*

**Rande** ['randə] <-, -n> *f* (*CH:* BOT: *rote Rübe*) barbabietola *f*

**Randerscheinung** *f* fenomeno *m* di importanza secondaria **Randgebiet** *nt* territorio *m* periferico; (*einer Stadt*) periferia *f* **Randgruppe** *f* emarginati *mpl* **randlos** *adj* senza orlo, senza margine; (*Brille*) senza montatura

**Randsteller** <-s, -> *m* (*Schreibmaschine*) marginatore *m* **Randstreifen** *m* (MOT) corsia *f* di sosta

**rang** [raŋ] *1. u. 3. Pers. Sing. Imp. von* **ringen**

**Rang** [raŋ, *Pl:* 'rɛŋə] <-(e)s, Ränge> *m* ① (*Stufe*) rango *m;* (MIL) grado *m;* (*Stand*) condizione *f,* stato *m;* (*Stellung*) posizione *f;* **alles, was ~ und Namen hat** le persone eminenti, i notabili ② *Sing.* (*Stel-*

*lenwert*) importanza *f;* (*Güte*) qualità *f;* **ersten ~es** di prima qualità; (*von Bedeutung*) di prim'ordine ❸ (THEAT) galleria *f* ❹ (SPORT) posto *m* **Rangabzeichen** *nt* (MIL) distintivo *m* di grado
**Range** ['raŋə] <-, -n> *f* monello, -a *m, f,* birichino, -a *m, f*
**ran|gehen** ['ranɡə:ən] <irr> *vi sein* (*fam*) fare qc con impegno; **der geht aber ran!** ci si mette d'impegno!, ce la mette tutta!
**Rangelei** [raŋə'laɪ] <-, -en> *f* (*fam*) zuffa *f,* baruffa *f*
**rangeln** ['raŋəln] *vi* (*fam*) **um etw ~** azzuffarsi per qc
**Rangfolge** *f* gerarchia *f;* (*Wertordnung*) ordine *m*
**Rangierbahnhof** *m* (FERR) stazione *f* di smistamento
**rangieren** [ran'ʒiːrən] *o* rã'ʒiːrən] <ohne ge-> I. *vt* manovrare II. *vi* trovarsi, venire; **hinter/vor jdm ~** venire dopo/prima di qu **Rangiergleis** *nt* binario *m* di manovra
**Rangliste** *f* (SPORT) classifica *f* **Rangordnung** *f s.* Rangfolge
**ran|halten** <irr> *vr* **sich ~** (*fam*) ❶ (*sich beeilen*) affettarsi ❷ (*rasch zugreifen*) afferrare, agguantare
**rank** [raŋk] *adj* (*geh*) **~ und schlank** slanciato
**Ranke** ['raŋkə] <-, -n> *f* (BOT) viticcio *m,* cirro *m;* (*von Rebe*) tralcio *m*
**Ränke** ['rɛŋkə] *mPl.* (*geh*) **~ schmieden** ordire intrighi
**ranken** *vr* **sich ~** avviticchiarsi, arrampicarsi
**Ränkeschmied** *m* (*obs, poet*) intrigante *m,* macchinatore *m*
**ran|machen** *vr* **sich ~** (*fam*) ❶ (*beginnen*) **sich [an etw** *acc*] **~** iniziare a *+inf* ❷ (*an Person*) **sich an jdn ~** agganciare qu
**rann** [ran] *1. u. 3. Pers. Sing. Imp. von* **rinnen**
**rannte** ['rantə] *1. u. 3. Pers. Sing. Imp. von* **rennen**
**Ranzen** ['rantsən] <-s, -> *m* ❶ (*Schultasche*) cartella *f* ❷ (*fam: dicker Bauch*) pancione *m*
**ranzig** ['rantsɪç] *adj* rancido; **~ werden** irrancidire
**Rap** [ræp] *nt* Rap *m*
**Rappe** ['rapə] <-n, -n> *m* (ZOO) morello *m*
**Rappel** ['rapəl] <-s, -> *m* (*fam*) attacco *m* di pazzia; **er hat [s]einen ~ gekriegt** gli sono venuti i cinque minuti
**rappeln** *vi* (*fam*) sbattere, fare rumore; **bei dir rappelt's wohl?** sei un po' tocco?

**Rappen** ['rapən] <-s, -> *m* centesimo *m* [di franco svizzero]
**Rapper(in)** [ræpə] <-s, -; -, -nen> *m(f)* rappista *mf*
**Raps** [raps] <-es, *rar* -e> *m* (BOT) colza *f*
**Rapsöl** <-(e)s, -e> *nt* olio *m* di colza
**rar** [raːɐ̯] *adj* raro; (*Juwelen*) prezioso
**Rarität** [rari'tɛːt] <-, -en> *f* rarità *f*
**rar|machen** *vr* **sich ~** (*fam*) farsi vedere di rado
**rasant** [ra'zant] *adj* ❶ (*fam*) velocissimo; (*Tempo*) vertiginoso ❷ (MIL) radente, teso
**rasch** [raʃ] I. *adj* rapido, veloce; (*flink*) svelto II. *adv* alla svelta
**rascheln** ['raʃəln] *vi* frusciare; **mit etw ~** fare un fruscio con qc **Rascheln** <-s> *kein Pl. nt* fruscio *m*
**rasen** ['raːzən] *vi* ❶ *haben* (*toben*) essere fuori di sé, fremere; **vor Wut ~** essere fuori di sé per la rabbia; **jdn ~d machen** far impazzire qu ❷ *sein* (*sich schnell fortbewegen*) correre all'impazzata, sfrecciare; **die Zeit rast** il tempo vola
**Rasen** ['raːzən] <-s, -> *m* prato *m*
**rasend** I. *adj* ❶ (*Geschwindigkeit*) pazzo, folle ❷ (*Schmerzen*) violento ❸ (*Wut, Eifersucht*) furioso, furibondo ❹ (*Beifall*) frenetico II. *adv* (*fam: sehr*) molto, da matti; **das war ~ komisch** era da sganasciarsi dalle risate
**Rasenfläche** *f* prato *m*
**Rasenmäher** <-s, -> *m* tosaerba *f,* tosatrice *f* **Rasenplatz** *m* campo *m* erboso
**Rasensprenger** <-s, -> *m* irrigatore *m* [da giardino]
**Raser(in)** <-s, -; -, -nen> *m(f)* (*fam pej*) automobilista *mf* pazzo
**Raserei** [raːzə'raɪ] <-> *kein Pl. f* ❶ (*fam: schnelles Fahren*) velocità *f* [vertiginosa] ❷ (*vor Wut*) furia *f,* rabbia *f*
**Rasierapparat** *m* rasoio *m* [di sicurezza]; **elektrischer ~** rasoio elettrico **Rasiercreme** *f* crema *f* da barba
**rasieren** [ra'ziːrən] <ohne ge-> I. *vt* radere; **jdn ~** fare la barba a qu; **sich ~ lassen** farsi fare la barba; **sich dat die Beine ~** radersi le gambe II. *vr* **sich ~** radersi, farsi la barba; **sich nass/trocken ~** farsi la barba saponata/a secco
**Rasierer** <-s, -> *m* (*fam*) rasoio *m;* (*elektrisch*) rasoio *m* elettrico
**Rasierklinge** *f* lametta *f* da barba **Rasiermesser** *nt* rasoio *m* **Rasierpinsel** *m* pennello *m* da barba **Rasierschaum** <-(e)s> *kein Pl. m* schiuma *f* da barba **Rasierseife** *f* sapone *m* da barba

**Rasierwasser** nt lozione f dopobarba **Rasierzeug** nt servizio m da barba
**Raspel** ['raspəl] <-, -n> f ❶ (Feile) raspa f ❷ (Küchen~) grattugia f per verdure
**raspeln** vt ❶ (Holz) raspare ❷ (Gemüse) grattugiare
**raß** <rasser, rasseste> adj A, CH, südd ❶ (scharf gewürzt) piccante ❷ (bei Hunden: bissig) che morde ❸ (bei Pferden: wild) selvaggio ❹ (von Frauen: resolut) scorbutico
**Rasse** ['rasə] <-, -n> f (BIOL) razza f **Rassehund** m cane m di razza
**Rassel** ['rasəl] <-, -n> f sonaglio m **Rasselbande** f (fam) brigata f di ragazzi
**rasseln** vi ❶ haben (Ketten) strepitare; (Wecker) [ri]sonare con fragore ❷ sein (fam: nicht bestehen) **durch eine Prüfung ~** essere bocciato ad un esame
**Rassendiskriminierung** f discriminazione f razziale **Rassenhass** m odio m razziale **Rassenkonflikt** m conflitto m razziale **Rassenkrawall** <-s, -e> m disordini mpl razziali **Rassentrennung** f segregazione f razziale **Rassenunruhen** fPl. disordini mpl razziali
**rassig** adj razziale; (feurig) focoso
**rassisch** adj razziale
**Rassismus** [ra'sɪsmʊs] <-> kein Pl. m razzismo m
**Rassist(in)** [ra'sɪst] <-en, -en; -, -nen> m(f) razzista mf
**rassistisch** adj razzista, razzistico
**Rast** [rast] <-, -en> f sosta f, fermata f
**rasten** vi fermarsi, sostare
**Raster¹** ['rastɐ] <-s, -> m ❶ (TYP) retino m ❷ (in Fragenbogen) griglia f ❸ (fig) categoria f [del pensiero]
**Raster²** <-s, -> nt (TV) quadro m
**Raster|elektronen|mikroskop** nt microscopio m elettronico a scansione lineare
**Rasterfahndung** f investigazione f computerizzata
**Rasthof** <-(e)s, -höfe> m motel m
**rastlos** adj ❶ (unermüdlich) incessante, continuo ❷ (ruhelos) instancabile, infaticabile ❸ (unstet) irrequieto **Rastlosigkeit** <-> kein Pl. f ❶ (Unermüdlichkeit) infaticabilità f ❷ (Ruhelosigkeit, Unstetigkeit) irrequietezza f
**Rastplatz** m luogo m di sosta; (Autobahn~) piazzola f di sosta **Raststätte** f autogrill m
**Rasur** [ra'zu:ɐ] <-, -en> f rasatura f
**Rat¹** [ra:t] <-(e)s> kein Pl. m (~schlag) consiglio m; (Empfehlung) raccomandazione f; **jdn um ~ bitten** [o **fragen**] chiedere consiglio a qu; **jdn/etw zu ~e ziehen** consultare qu/qc; **jdm mit ~ und Tat zur Seite stehen** assistere qu a parole e a fatti; **sich** dat **keinen [anderen] ~ mehr wissen, als ...** non saper far altro che ...
**Rat²** <-(e)s, Räte> m ❶ (Kollegium) consiglio m; **der Europäische ~** il Consiglio europeo; **der Erweiterte ~** (EU) il Consiglio ampliato ❷ (Person) consigliere m
**rät** [rɛ:t] 3. Pers. Sing. Präs. von **raten**
**Rate** ['ra:tə] <-, -n> f ❶ (COM) rata f; **in ~n [be]zahlen** pagare a rate; **auf ~n kaufen** comperare a rate ❷ (Verhältniszahl) quota f
**raten** ['ra:tən] <rät, riet, geraten> vt, vi ❶ (Ratschläge geben) consigliare; (vorschlagen) suggerire; (empfehlen) raccomandare; **jdm zu etw ~** consigliare qu per qc ❷ (er~) indovinare; **rat[e] mal, wer heute angerufen hat** (fam) indovina un po' chi ha telefonato oggi; **dreimal darfst du ~!** (fam) puoi fare tre tentativi
**Ratenzahlung** f pagamento m rateale
**Ratgeber** m (Buch) manualetto m
**Ratgeber(in)** m(f) consigliere, -a m, f
**Rathaus** nt municipio m
**Ratifikation** [ratifika'tsjo:n] <-, -en> f ratifica f
**ratifizieren** [ratifi'tsi:rən] <ohne ge-> vt ratificare
**Ratifizierung** <-, -en> f ratifica f
**Rätin** ['rɛ:tɪn] f consigliera f
**Ration** [ra'tsjo:n] <-, -en> f razione f
**rational** [ratsjo'na:l] adj razionale
**rationalisieren** [ratsjonali'zi:rən] <ohne ge-> vt, vi razionalizzare
**Rationalisierung** <-, -en> f razionalizzazione f **Rationalisierungsmaßnahmen** fPl. misure fpl di razionalizzazione
**rationell** [ratsjo'nɛl] adj razionale; (haushälterisch) economico
**rationieren** [ratsjo'ni:rən] <ohne ge-> vt razionare
**Rationierung** <-, -en> f razionamento m
**ratlos** adj perplesso, confuso **Ratlosigkeit** <-> kein Pl. f perplessità f, confusione f
**rätoromanisch** [rɛtoro'ma:nɪʃ] adj (LING) retoromano, romancio
**ratsam** adj consigliabile; (zu empfehlen) raccomandabile; (angezeigt) opportuno
**ratsch** [ratʃ] int zaff
**ratschen** ['ra:tʃən] vi (fam) chiacchierare
**Ratschlag** ['ra:tʃa:k] m consiglio m
**Rätsel** ['rɛ:tsəl] <-s, -> nt ❶ (Denkaufgabe) indovinello m, enigma m; **ein ~ lösen** sciogliere un enigma; **jdm ein ~ aufgeben** porre un problema a qu ❷ (Geheimnis) enigma m, mistero m; **das ist**

Rätselecke → Rauchverbot

des ~s Lösung ecco la chiave dell'enigma; es ist mir ein ~, wie das passieren konnte non riesco a capire come sia successo **Rätselecke** *f* (*fam*) pagina *f* dei quiz **rätselhaft** *adj* enigmatico, misterioso; (*unerklärlich*) inesplicabile
**rätseln** *vi* [**über etw** *acc*] ~ congetturare [su qc]
**Rätselraten** <-s> *kein Pl. nt* ❶ (*Lösen von Rätseln*) risolvere *m* gli indovinelli ❷ (*fig: das Rätseln*) supposizioni *fpl*, congetture *fpl*; **das ~ über den Verbleib der Millionen geht weiter** continuano le congetture su dove siano i milioni
**Ratskeller** *m* ristorante *m* del municipio
**Ratssitzung** *f* seduta *f* del consiglio **Ratsversammlung** *f* assemblea *f* comunale
**Rattan** ['ratan] <-s, -e> *nt* rattan *m*
**Ratte** ['ratə] <-, -n> *f* ratto *m* **Rattengift** *nt* topicida *m* **Rattenschwanz** *m* ❶ (ZOO) coda *f* di ratto ❷ (*fig fam*) strascico *m*; **der Skandal zog einen ~ von Enthüllungen nach sich** lo scandalo sollevò molti veli
**rattern** ['ratɐn] *vi* ❶ **haben** (*knatternde Töne erzeugen*) fare strepito; (*Maschinengewehr*) crepitare ❷ **sein** (*sich ratternd bewegen*) passare con strepito
**ratzekahl** ['ratsəˈkaːl] *adv* (*fam: ganz und gar*) radicalmente, del tutto **ratzeputz** ['ratsəˈpʊts] *adv* (*südd: fam*) radicalmente, del tutto
**rau** [raʊ] *adj* ❶ (*nicht glatt*) ruvido, scabro; (*borstig*, BOT) irto, ispido ❷ (*Stimme, Hals*) rauco, roco; (*Haut*) screpolato ❸ (*Klima*) rigido, inclemente; (*Wind*) tagliente ❹ (*Gegend*) selvaggio ❺ (*Manieren, Mensch*) ruvido; (*grob*) rozzo, rude ❻ (*Wend*) **in ~en Mengen** (*fam*) in grande quantità
**Raub** [raʊp] <-(e)s> *kein Pl. m* ❶ (*Rauben*) rapina *f*; (*Entführung*) rapimento *m* ❷ (*Beute*) bottino *m*, preda *f* **Raubbau** <-(e)s> *kein Pl. m* sfruttamento *m* abusivo; **~ treiben** sfruttare senza criterio; **mit seiner Gesundheit ~ treiben** rovinarsi la salute **Raubdruck** <-(e)s, -e> *m* edizione *f* contraffatta
**Raubein** *nt* (*fam*) orso *m*
**rauben** ['raʊbən] *vt* rubare, rapinare; (*entführen*) rapire; **jdm alle Hoffnung ~** (*geh*) privare qu di ogni speranza; **du raubst mir noch den letzten Nerv!** (*fam*) sei veramente snervante!
**Räuber(in)** ['rɔɪbɐ] <-s, -; -, -nen> *m(f)* rapinatore, -trice *m, f;* (*Straßen~*) brigante *m,* bandito *m;* **~ und Gendarm spielen** giocare a guardie e ladri **Räuberbande** *f* banda *f* di briganti
**Räuberhauptmann** *m* capobanda *m* **Räuberhöhle** *f* covo *m* di briganti
**Räuberin** *f s.* **Räuber räuberisch** *adj* rapace
**Raubkatze** *f* felino *m* **Raubkopie** *f* copia *f* pirata; **eine ~ von etw anfertigen** piratare qc **Raubmord** *m* assassinio *m* per rapina **Raubmörder(in)** *m(f)* assassino, -a *m, f* rapinatore, -trice **Raubritter** *m* cavaliere *m* predone **Raubtier** *nt* animale *m* rapace **Raubüberfall** *m* rapina *f*; **bewaffneter ~** rapina a mano armata **Raubvogel** *m* uccello *m* rapace
**Rauch** [raʊx] <-(e)s> *kein Pl. m* fumo *m*; **sich in ~ auflösen** (*fig*) andare in fumo **Rauchabzug** *m* canna *f* fumaria **Rauchbelästigung** <-, -en> *f* molestia *f* da fumo **Rauchbombe** *f* bomba *f* fumogena
**rauchen** ['raʊxən] I. *vi* ❶ (*Feuer*) fumare; **mir raucht der Kopf** (*fig fam*) mi fuma la testa ❷ (*Person*) fumare; **~ Sie?** fuma?; **Rauchen verboten!** proibito fumare! II. *vt* fumare
**Rauchentwicklung** *f* sviluppo *m* di fumo
**Raucher(in)** <-s, -; -, -nen> *m(f)* fumatore, -trice *m, f*; **ein starker ~** un gran fumatore
**Raucheraal** *m* (GASTR) anguilla *f* affumicata
**Raucherabteil** *nt* (FERR) scompartimento *m* per fumatori
**Räucherfisch** <-(e)s, -e> *m* pesce *m* affumicato
**Raucherhusten** *m* tosse *f* dei fumatori
**Raucherin** *f s.* **Raucher**
**Räucherlachs** *m* (GASTR) salmone *m* affumicato
**räuchern** ['rɔɪçɐn] *vt* affumicare
**Räucherspeck** <-(e)s, -e> *m* lardo *m* affumicato **Räucherstäbchen** *nt* bastoncini *mpl* d'incenso
**Raucherzone** <-, -n> *f* sala *f* [per] fumatori
**Rauchfahne** *f* pennacchio *m* di fumo
**Rauchfang** *m* cappa *f* del camino **Rauchfangkehrer** <-s, -> *m* (*A: Schornsteinfeger*) spazzacamino *m* **Rauchfleisch** *nt* carne *f* affumicata
**rauchig** *adj* ❶ (*voll Rauch*) pieno di fumo ❷ (*Stimme*) profondo e rauco ❸ (*Whisky*) che sa di fumo
**rauchlos** *adj* senza fumo
**Rauchmelder** <-s, -> *m* rivelatore *m* di fumo **Rauchsäule** *f* colonna *f* di fumo, fumata *f* **Rauchschwaden** *m* nuvola *f* di fumo **Rauchsignal** <-s, -e> *nt* segnale *m* di fumo **Rauchverbot** *nt* divieto *m* di

fumare **Rauchvergiftung** *f* intossicazione *f* da fumo **Rauchverzehrer** <-s, -> *m* fumivoro *m*
**Rauchwaren** *fPl.* ① (*Tabakwaren*) tabacchi *mpl* ② (*Pelze*) pellicceria *f* **Rauchwolke** *f* nuvola *f* di fumo **Rauchzeichen** *nt* fumata *f*
**Räude** ['rɔɪdə] <-, -n> *f* rogna *f*, scabbia *f*
**räudig** *adj* rognoso
**rauf** [raʊf] *adv* (*fam*) *s.* **herauf, hinauf**
**Raufasertapete** *f* carta *f* da parati ruvida
**Raufbold** ['raʊfbɔlt] <-(e)s, -e> *m* (*pej*) rissaiolo *m*
**Raufe** ['raʊfə] <-, -n> *f* rastrelliera *f*
**raufen** ['raʊfən] *vr* **sich ~** azzuffarsi, accapigliarsi; **sich um etw ~** far rissa per qc
**Rauferei** [raʊfəˈraɪ] <-, -en> *f* zuffa *f*, baruffa *f*
**rauflustig** *adj* rissoso, litigioso
**Rauheit** <-, -en> *f* ① (*Rauigkeit*) ruvidezza *f* ② (*von Stimme*) raucedine *f* ③ (*von Klima*) rigidità *f* ④ (*von Benehmen*) rudezza *f*
**Raum** [raʊm, *Pl:* 'rɔɪmə] <-(e)s, Räume> *m* ① (ASTR, PHILOS, PHYS, MAT) spazio *m*; **luftleerer ~** (PHYS) vuoto *m* ② *Sing.* (*geh: Platz*) posto *m;* **viel ~ einnehmen** occupare molto posto ③ (*Räumlichkeit*) locale *m*, vano *m;* (*Zimmer*) stanza *f*, camera *f; im ~ stehen* (*fig*) esistere; **eine Frage in den ~ stellen** fare una domanda ④ (*Gebiet*) zona *f;* **im ~ Köln** nella zona di Colonia
**Raumanzug** *m* tuta *f* spaziale
**Raumaufteilung** *f* distribuzione *f* dello spazio
**Räumboot** *nt* (MIL) dragamine *m*
**räumen** ['rɔɪmən] *vt* ① (*entfernen*) sgombrare; (*weg-*) togliere, levare; (*leeren*) vuotare; **etw von etw ~** sgombrare qc da qc ② (*verlassen*) lasciare; (*aufgeben*) abbandonare; (*evakuieren*) evacuare; **den Saal ~ lassen** far evacuare la sala
**Raumersparnis** *f* risparmio *m* di spazio; **zwecks ~** per risparmiare spazio
**Raumfähre** *f* navetta *f* spaziale **Raumfahrer(in)** *m(f)* astronauta *mf* **Raumfahrt** *f* navigazione *f* spaziale, astronautica *f*
**Raumfahrtbehörde** *f* ente *m* per la ricerca spaziale
**Räumfahrzeug** *nt* mezzo *m* di sgombero
**Raumfahrzeug** *nt* veicolo *m* spaziale
**Raumflug** *m* volo *m* spaziale **Raumforschung** *f* ricerche *fpl* spaziali
**Raumgestaltung** *f* architettura *f* interna, arredamento *m*
**Rauminhalt** *m* (MAT) volume *m*, cubatura *f*

**Raumkapsel** <-, -n> *f* capsula *f* spaziale
**Räumkommando** *nt* squadra *f* di sgombero
**Raumlehre** *f* geometria *f*
**räumlich** ['rɔɪmlɪç] *adj* ① (*den Raum betreffend*) spaziale ② (*dreidimensional*) tridimensionale **Räumlichkeiten** *fPl.* vani *mpl*, locali *mpl*
**Raummeter** *mnt* metro *m* cubo; (*Holz*) stero *m*
**Raumpfleger(in)** <-s, -; -, -nen> *m(f)* uomo, donna *m, f* delle pulizie
**Raumpflegerin** *f s.* **Raumpfleger**
**Räumpflug** *m* apripista *m*
**Raumschiff** *nt* nave *f* spaziale
**raumsparend** *adj* poco ingombrante
**Raumstation** *f* stazione *f* spaziale
**Raumteiler** <-s, -> *m* divisorio *m* di ambienti
**Räumung** <-, -en> *f* (*der Wohnung, der Unfallstelle*) sgombero *m*; (*zwangsweise ~*) sfratto *m*; (*Verlassen*) abbandono *m*; (*Evakuierung*) evacuazione *f*; (*Leerung*) vuotamento *m*; (COM) svendita *f*, liquidazione *f* **Räumungsarbeiten** *fPl.* lavori *mpl* di sgombero
**Räumungs|aus|verkauf** *m* liquidazione *f* totale **Räumungsbefehl** *m* ① (MIL) ordine *m* di evacuazione ② (JUR) ordine *m* di sfratto **Räumungsklage** *f* (JUR) azione *f* per sfratto **Räumungsverkauf** *m* (WIRTSCH) liquidazione *f* totale
**raunen** ['raʊnən] *vi* mormorare, sussurrare
**raunzen** *vi* (A, süddt: fam: nörgeln) lamentarsi, piagnucolare
**Raupe** ['raʊpə] <-, -n> *f* ① (ZOO) bruco *m* ② (TEC: *Planier~*) apripista *m*, bulldozer *m*
**Raupenschlepper** *m* trattore *m* a cingoli
**Raureif** *m* brina *f*
**raus** [raʊs] *adv* (*fam*) *s.* **heraus, hinaus**
**Rausch** [raʊʃ, *Pl:* 'rɔɪʃə] <-(e)s, Räusche> *m* ① (*Alkohol~*) ubriacatura *f*, sbornia *f fam;* **sich** *dat* **einen ~ antrinken** prendersi una sbornia *fam;* **seinen ~ ausschlafen** smaltire la sbornia *fam* ② (*Ekstase*) estasi *f*
**rauscharm** *adj* (TEL, RADIO) con poche interferenze, non disturbato
**rauschen** ['raʊʃən] *vi* (*Sturm, Wogen*) muggire; (*Wald, Blätter*) stormire; (*Bach*) mormorare; (*Regen, Beifall*) scrosciare; (*Wind*) sibilare; (*Seide, Kleider*) frusciare
**Rauschgift** *nt* droga *f*, stupefacente *m*
**Rauschgiftdezernat** *nt* sezione *f* narcotici **Rauschgifthandel** *m* traffico *m* di droga **Rauschgifthändler(in)** *m(f)* trafficante *mf* di droga **Rauschgiftring** *m*

rete *f* di spacciatori **Rauschgiftsucht** <-> *kein Pl. f* tossicomania *f*, tossicodipendenza *f* **rauschgiftsüchtig** *adj* tossicodipendente, tossicomane **Rauschgiftsüchtige** *mf* tossicodipendente *mf*

**Rauschgoldengel** *m* angioletto *m* natalizio di latta

**raus|ekeln** *vt* (*fam*) **jdn ~** far scappare qu [dallo schifo]

**raus|fliegen** ['raʊsfliːgən] <irr> *vi sein* (*fam*) ❶ (*heraus-, hinausfliegen*) volare fuori ❷ (*hinausgeworfen werden*) essere buttato fuori

**raus|geben** <irr> *vt* (*fam*) ❶ (*herausreichen*) porgere, distribuire ❷ (*aushändigen*) consegnare ❸ (*Wechselgeld*) dare il resto, cambiare; **ich kann nicht ~** non posso cambiare; **Sie haben mir falsch rausgegeben** mi ha dato il resto sbagliato ❹ (*Buch*) pubblicare

**raus|kriegen** *vt* (*fam*) *s.* **herausbekommen**

**räuspern** ['rɔɪspɐn] *vr* **sich ~** raschiarsi la gola

**raus|rücken** ['raʊsrʏkən] (*fam*) I. *vt haben* (*Geld, Beute*) tirare fuori II. *vi sein* tirare fuori (*mit etw qc*); **mit der Sprache ~** parlare francamente

**raus|schmeißen** ['raʊsʃmaɪsən] <irr> *vt* (*fam*) buttare fuori; **das ist rausgeschmissenes Geld** sono soldi buttati via

**Rausschmeißer(in)** <-s, -; -, -nen> *m(f)* (*fam*) buttafuori *m*

**Raute** ['raʊtə] <-, -n> *f* ❶ (MAT) rombo *m* ❷ (BOT) ruta *f* **Rautetaste** *f* (TEL, INFORM) cancelletto *m*

**Rave** [reɪv] <-, -s> *m* (MUS) rave *m*; **~ Musik** musica rave

**Razzia** ['ratsja, *Pl:* 'ratsjən] <-, Razzien> *f* retata *f*, rastrellamento *m*

**RB** *abk v* **Radio Bremen** rete radiotelevisiva regionale tedesca con sede a Brema

**rd.** *abk v* **rund** ca

**Reagens** [re'aːgɛns, *Pl:* rea'gɛntsiən] <-, Reagenzien> *nt* (CHEM) reagente *m*

**Reagenz** [rea'gɛnts, *Pl:* rea'gɛntsiən] <-es, Reagenzien> *nt*, **Reagenzglas** *nt* provetta *f*

**reagieren** [rea'giːrən] <ohne ge-> *vi* [**auf etw** *acc*] **~** reagire [a qc]

**Reaktion** [reak'tsjoːn] <-, -en> *f* ❶ (*das Reagieren,* CHEM) reazione *f*; **die ~ auf etw** *acc* la reazione a qc ❷ *Sing.* (POL) reazione *f*

**reaktionär** [reaktsjoˈnɛːɐ̯] *adj* (*pej*) reazionario

**Reaktionsfähigkeit** *f* reattività *f* **Reaktionsgeschwindigkeit** *f* velocità *f* di reazione

**reaktionsschnell** *adj* reattivo

**Reaktionsvermögen** <-s> *kein Pl. nt* reattività *f*

**Reaktor** [re'aktoːɐ̯] <-s, -en> *m* (PHYS) reattore *m* [nucleare] **Reaktorkern** <-(e)s, -e> *m* (PHYS) nucleo *m* del reattore **Reaktorunglück** <-(e)s, -e> *nt* incidente *m* del reattore

**real** [re'aːl] *adj* (*wirklich*) reale; (*konkret*) concreto

**Reala** [re'aːla] <-, -s> *f* membro dell'ala "realistica"del partito dei Verdi

**Realeinkommen** *nt* (WIRTSCH) reddito *m* reale

**realisierbar** *adj* attuabile

**realisieren** [reali'ziːrən] <ohne ge-> *vt* realizzare; (*verwirklichen*) attuare

**Realisierung** <-> *kein Pl. f* realizzazione *f*; (*Verwirklichung*) attuazione *f*

**Realismus** [rea'lɪsmʊs] <-> *kein Pl. m* (PHILOS, LIT, KUNST) realismo *m*

**Realist(in)** [rea'lɪst] <-en, -en; -, -nen> *m(f)* realista *mf*

**realistisch** [rea'lɪstɪʃ] *adj* realistico

**Realität** [reali'tɛːt] <-, -en> *f* realtà *f* **Realitätsnah** *adj* realistico **Realitätsverlust** *m* **an ~ leiden** soffrire di perdita della realtà

**Reality-TV** [ri'ɛlɪtitiːviː] <-> *kein Pl. nt* (TV) reality-tv *f* (*programmi televisivi che trasmettono incidenti o sciagure, dal vivo o registrati, accaduti realmente*)

**Reallohn** *m* salario *m* reale **Reallohnabbau** *m* diminuzione *f* del salario reale

**Realo** [re'aːlo] <-s, -s> *m* (*sl*) membro dell'ala "realistica"del partito dei Verdi

**Realpolitik** <-> *kein Pl. f* Realpolitik *f* (*politica che si ispira ad un assoluto realismo*)

**Realschule** *f* scuola secondaria inferiore che dura sei anni e offre la possibilità di passare al Gymnasium

**Rebe** ['reːbə] <-, -n> *f* ❶ (*Weinstock*) vite *f* ❷ (*Ranke*) viticcio *m*

**Rebell(in)** [re'bɛl] <-en, -en; -, -nen> *m(f)* ribelle *mf*

**rebellieren** [rɛbɛ'liːrən] <ohne ge-> *vi* [**gegen jdn/etw**] **~** ribellarsi [a qu/qc]

**Rebellin** *f s.* **Rebell**

**Rebellion** [rɛbɛ'ljoːn] <-, -en> *f* ribellione *f*

**rebellisch** *adj* ribelle

**Rebhuhn** ['reːphuːn] *nt* pernice *f* **Reblaus** ['reːplaʊs] *f* fillossera *f* della vite **Rebstock** *m* vite *f*

**Rebus** ['reːbʊs] <-, -se> *mnt* rebus *m*
**Rechaud** [re'ʃoː] <-s, -s> *m* o *nt* ❶ (*zum Warmhalten*) scaldavivande *m* ❷ (*südd, A, CH*) fornello *m*
**Rechen** ['rɛçən] <-s, -> *m* (*südd, A, CH*) rastrello *m*
**Rechenaufgabe** *f* problema *m* di aritmetica **Rechenbuch** *nt* libro *m* di aritmetica **Rechenexempel** *nt* esempio *m* di calcolo **Rechenfehler** *m* errore *m* di calcolo **Rechenmaschine** *f* calcolatrice *f*
**Rechenschaft** <-> *kein Pl. f* conto *m*, ragione *f*; **jdm über etw** *acc* **~ geben** [o **ablegen**] rendere conto a qu di qc; **jdn für etw zur ~ ziehen** chiedere conto di qc a qu; **darüber bin ich Ihnen keine ~ schuldig** non ne devo rendere conto a Lei **Rechenschaftsbericht** *m* rendiconto *m*, resoconto *m*
**Rechenschieber** *m* regolo *m* calcolatore **Rechenzentrum** *nt* centro *m* di calcolo
**Recherchen** [re'ʃɛrʃən] *fPl.* ricerche *fpl*, indagini *fpl*
**recherchieren** [re'ʃɛr'ʃiːrən] <ohne ge-> I. *vt* ricercare, fare una ricerca su II. *vi* fare una ricerca [su qc]
**rechnen** ['rɛçnən] I. *vt* ❶ (MAT) contare, calcolare ❷ (*einbeziehen*) annoverare; **jdn zu seinen Freunden ~** considerare qu un amico II. *vi* ❶ (MAT) contare, calcolare ❷ (*sich verlassen*) **auf jdn/etw ~** contare su qu/qc ❸ (*erwarten*) **mit etw ~** aspettarsi qc; **mit dem Schlimmsten ~** temere il peggio; **damit habe ich nicht gerechnet** non l'avevo previsto; **es muss damit gerechnet werden, dass ...** c'è da aspettarsi che +*conj* ❹ (*haushalten*) **mit jedem Pfennig ~ müssen** dover contare ogni centesimo che si spende **Rechnen** <-s> *kein Pl. nt* calcolo *m*
**Rechner** <-s, -> *m* (*Gerät*) calcolatore *m*; (INFORM) elaboratore *m*
**Rechner(in)** <-s, -; -, -nen> *m(f)* calcolatore, -trice *m, f*
**rechnergestützt** *adj* (INFORM) supportato dall'elaboratore
**rechnerisch** I. *adj* aritmetico II. *adv* per via di calcolo
**Rechnung** <-, -en> *f* ❶ (*das Rechnen*) calcolo *m* ❷ (*Ab~, Be~*) conto *m*; **der Kaffee geht auf meine ~** il caffè va sul mio conto, il caffè lo pago io; [**Herr Ober,**] **die ~, bitte!** [cameriere,] il conto, per favore; **auf eigene ~** per conto proprio; **jdm etw in ~ stellen** mettere in conto qc a qu; **einer Sache** *dat* **~ tragen** tener conto di qc; **die ~ ohne den Wirt machen** fare i conti senza l'oste
**Rechnungsführer(in)** *m(f)* ragioniere, -a *m, f*, contabile *mf* **Rechnungsführung** *f* contabilità *f* **Rechnungshof** <-(e)s, -höfe> *m* (ADM) corte *f* dei conti; **der Europäische Rechnungshof** la Corte dei conti dell'Unione europea **Rechnungsjahr** *nt* anno *m* [o esercizio *m*] finanziario **Rechnungsprüfer(in)** *m(f)* revisore *m* dei conti **Rechnungsprüfung** <-, -en> *f* ❶ (WIRTSCH) revisione *f* dei conti ❷ (POL) bilancio *m* pubblico
**recht** [rɛçt] I. *adj* ❶ (*richtig*) giusto; (*passend*) adatto; (*gelegen*) opportuno; **am ~en Ort** al posto giusto; **zur ~en Zeit** a tempo buono; **nach dem Rechten sehen** guardare se tutto va bene; **hier geht es nicht mit ~en Dingen zu** qui c'è qualcosa che non va; **alles, was ~ ist, aber ...** (*fam*) va bene tutto, ma ...; **das ist nur ~ und billig** questo è più che giusto ❷ (*wirklich*) vero II. *adv* ❶ (*sehr*) molto; **~ herzliche Grüße!** cordiali saluti! ❷ (*ziemlich*) abbastanza ❸ (*richtig, genehm*) bene; **wenn es Ihnen ~ ist** se per Lei va bene; **es jdm ~ machen** accontentare qu; **man kann ihr nichts ~ machen** non le va mai bene niente; **~ und schlecht** alla [meno] peggio; **das geschieht dir ~** ti sta bene *fam*; **wenn ich mich ~ entsinne, hieß er Dirk** se ben ricordo si chiamava Dirk; **ganz ~!** esattamente!, giustissimo!; **nun erst ~!** ora più che mai!; **nun erst ~ nicht!** ora meno che mai!; **ich glaub', ich hör' nicht ~!** (*fam*) [ci] sento bene?, non posso crederci!
**Recht** <-(e)s, -e> *nt* ❶ *Sing.* (JUR) diritto *m*; **bürgerliches ~** diritto civile; **das deutsche ~** la legislazione tedesca; **~ sprechen** amministrare la giustizia ❷ (*Anrecht*) diritto *m*; (*Berechtigung*) ragione *f*; (*Gerechtigkeit*) giustizia *f*; **~ auf etw** *acc* diritto di qc; **~ haben** avere ragione; **jdm ~ geben** dar ragione a qu; **im ~ sein** aver ragione; **mit ~** a diritto, a ragione; **mit welchem ~ ...?** con che diritto ...?; **das ist mein gutes ~** è mio pieno diritto; **zu ~** a buon diritto; **das ~ des Stärkeren** la legge del più forte; **ein ~ auf etw** *acc* **haben** aver diritto a qc; **seine ~e geltend machen** far valere i propri diritti; **gleiches ~ für alle!** la legge è uguale per tutti
**Rechte**[1] <ein -r, -n, -n> *mf* (POL) sostenitore, -trice *m, f* dei partiti di destra
**Rechte**[2] <-n, -n> *f* ❶ (*rechte Hand*) destra *f*; (*beim Boxen*) destro *m*; **zur ~n** a

rechte → Rechtsstreit

destra ❷ (POL) destra *f*; **europäische ~** eurodestra *f*
**rechte(r, s)** ['rɛçtə, -tɐ, -təs] *adj* ❶ (*Seite*) destro, -a; **~r Hand** a destra; **die ~ Seite eines Pullovers** il dritto di un pullover; **jds ~ Hand sein** essere il braccio destro di qu ❷ (MAT: *Winkel*) retto, -a ❸ (POL) di destra; **der ~ Flügel** l'ala destra
**Rechteck** *nt* rettangolo *m* **rechteckig** *adj* rettangolare
**rechtens** ['rɛçtəns] *adv* (*zu Recht*) giustamente
**rechtfertigen** I. *vt* giustificare II. *vr* **sich ~** giustificarsi
**Rechtfertigung** *f* giustificazione *f*
**rechtgläubig** *adj* ortodosso **Rechtgläubigkeit** *f* ortodossia *f*
**Rechthaberei** ['rɛçtaːbəˈraɪ] <-> *kein Pl. f* pretesa *f* di aver sempre ragione, prepotenza *f*
**rechthaberisch** *adj* che vuol sempre avere ragione, prepotente
**rechtlich** *adj* giuridico, legale
**rechtlos** *adj* privo di diritti **Rechtlosigkeit** <-> *kein Pl. f* privazione *f* di diritti
**rechtmäßig** *adj* legittimo, legale; **der ~e Besitzer** il proprietario legittimo **Rechtmäßigkeit** *f* legittimità *f*, legalità *f*
**rechts** [rɛçts] *adv* a [*o* sulla] destra; **~ gehen** [*o* **fahren**] andare a [*o* tenere la] destra; **~ überholen** sorpassare a destra; **sich ~ einordnen** mettersi sulla destra; **~ vor links** precedenza a [chi viene da] destra; **~ vom** [*o* **neben dem**] **Haus** a destra della casa; **nach/von ~** a [*o* verso]/da destra
**Rechtsabbieger** <-s, -> *m* persona *f* che svolta a destra **Rechtsabbiegerspur** *f* preselezione *f* a destra
**Rechtsabteilung** *f* sezione *f* giuridica **Rechtsanwalt** *m*, **Rechtsanwältin** *f* avvocato, -tessa *m*, *f*, legale *mf* **Rechtsauskunft** *f* informazione *f* legale
**Rechtsaußen** [rɛçtsˈʔaʊsən] <-, -> *m* (SPORT) ala *f* destra
**Rechtsberater(in)** *m(f)* consigliere, -a *m*, *f* giuridico, -a **Rechtsbrecher(in)** *m(f)* violatore, -trice *m*, *f* del diritto **Rechtsbruch** *m* violazione *f* del diritto
**rechtsbündig** *adj* (TYP, INFORM) [allineato] a destra
**rechtschaffen** I. *adj* ❶ (*ehrlich, anständig*) retto, onesto ❷ (*groß*) grande II. *adv* (*sehr*) molto **Rechtschaffenheit** <-> *kein Pl. f* rettitudine *f*, onestà *f*, probità *f*
**Rechtschreibfehler** *m* errore *m* d'ortografia **Rechtschreibprüfung** <-, -en> *f*

(INFORM) controllo *m* ortografico **Rechtschreibreform** *f* riforma *f* ortografica
**Rechtschreibung** *f* ortografia *f*
**Rechtsdrehung** *f* rotazione *f* destrorsa
**rechtsextrem** *adj s*. **rechtsextremistisch**
**Rechtsextremismus** ['rɛçtsʔɛkstremɪsmʊs] <-> *kein Pl. m* estremismo *m* di destra, fascismo *m* **Rechtsextremist(in)** *m(f)* (POL) estremista *mf* di destra **rechtsextremistisch** *adj* (POL) di estrema destra, fascista
**rechtsfähig** *adj* (JUR) giuridicamente capace **Rechtsfähigkeit** *f* capacità *f* giuridica **Rechtsfall** *m* caso *m* giuridico, causa *f* **Rechtsfrage** *f* (JUR) questione *f* giuridica **Rechtsgrundlage** <-, -n> *f* (JUR) fondamento *m* giuridico **rechtsgültig** *adj* (JUR) giuridicamente valido; **in ~er Form** in modo conforme alla legge **Rechtsgültigkeit** *f* validità *f* giuridica, legalità *f* **Rechtsgutachten** *nt* parere *m* legale
**Rechtshänder(in)** ['rɛçtshɛndɐ] <-s, -; -, -nen> *m(f)* destrimano, -a *m*, *f* **rechtshändig** ['rɛçtshɛndɪç] *adj* destrimano **rechtsherum** *adv* a destra
**Rechtshilfe** *f* assistenza *f* legale **Rechtskraft** *f* **~ erlangen** entrare in vigore; **~ haben** avere forza di legge; (*Urteil*) passare in giudicato **rechtskräftig** *adj* (JUR) che ha valore di legge; (*Urteil*) esecutivo, passato in giudicato **Rechtskunde** *f* giurisprudenza *f* **rechtskundig** *adj* esperto di diritto [*o* di legge]
**Rechtskurve** *f* curva *f* a destra
**Rechtslage** *f* (JUR) situazione *f* giuridica **Rechtsmittel** <-s, -> *nt* (JUR) mezzo *m* legale, ricorso *m* **Rechtsmittelbelehrung** *f* (JUR) indicazione *f* delle possibilità di ricorso **Rechtsnorm** <-, -en> *f* norma *f* giuridica **Rechtspfleger(in)** *m(f)* (JUR) giurista *mf*
**Rechtsprechung** <-, -en> *f* (JUR) giurisdizione *f*
**rechtsradikal** *adj* (POL) radicale di [estrema] destra
**rechtsrheinisch** *adj* situato sulla riva destra del Reno **Rechtsruck** <-(e)s, -e> *m* (*fam: bei Wahlen*) spostamento *m* a destra **Rechtsrutsch** *m* (POL) slittamento *m* a destra
**Rechtsschutz** *m* (JUR) protezione *f* giuridica **Rechtsschutzversicherung** *f* assicurazione *f* della protezione giuridica
**Rechtsstaat** *m* stato *m* di diritto **rechtsstaatlich** *adj* (POL) giuridico statale
**Rechtsstreit** *m* (JUR) controversia *f* giudiziaria, causa *f*

**Rechtsverdreher** <-s, -> *m* ❶ (*pej*) leguleio, -a *m, f* ❷ (*fam scherz: Jurist*) azzeccagarbugli *m*
**Rechtsverkehr** *m* (AUTO) circolazione *f* a destra
**Rechtsverletzung** *f* (JUR) violazione *f* del diritto **Rechtsweg** *m* (JUR) via *f* legale; **auf dem ~** per via legale; **unter Ausschluss des ~s** escludendo le vie legali **rechtswidrig** *adj* contrario alla legge, illegale **Rechtswissenschaft** *f* (JUR) [scienza *f* del] diritto *m*, giurisprudenza *f*
**rechtwink|e|lig** *adj* rettangolo
**rechtzeitig** I. *adj* tempestivo II. *adv* in tempo
**Reck** [rɛk] <-(e)s, -e *o* -s> *nt* (SPORT) sbarra *f* fissa
**recken** ['rɛkən] I. *vt* (*Glieder*) stirare, [di]stendere; (*Hals*) allungare II. *vr* **sich ~** stirarsi
**recycelbar** [riˈsaikl̩baːɐ] *adj* riciclabile
**recyceln** [riˈsaikl̩n] <ohne ge-> *vt* riciclare
**Recycling** [riˈsaiklɪŋ] <-s> *kein Pl. nt* riciclaggio *m*, riutilizzo *m* **Recyclingpapier** <-s> *kein Pl. nt* carta *f* riciclata
**Redakteur(in)** [redakˈtøːɐ̯] <-s, -e; -, -nen> *m(f)* redattore, -trice *m, f*
**Redaktion** [redakˈtsi̯oːn] <-, -en> *f* redazione *f*
**redaktionell** [redaktsi̯oˈnɛl] *adj* redazionale
**Redaktionsschluss** *m* chiusura *f* del giornale; **vor ~** prima di andare in macchina; **nach ~** dopo la chiusura del giornale
**Redaktor** [reˈdaktoːɐ̯] <-s, -en> *m* (*CH*) redattore *m*
**Rede** ['reːdə] <-, -n> *f* ❶ (*Vortrag*) discorso *m*; (*Ansprache*) allocuzione *f*; **eine ~ halten** tenere un discorso ❷ (*Äußerung*) parole *fpl*; (*Gespräch*) conversazione *f*; **jdm ~ und Antwort stehen** rendere conto a qu; **jdn wegen etw zur ~ stellen** chiedere conto a qu di qc; **es ist die ~ von ...** si parla di ...; **davon kann nicht die ~ sein** è fuori discussione; **davon war nie die ~!** non se n'è mai parlato!; **das ist nicht der ~ wert** non vale la pena parlarne; **langer** [*o* **der langen**] **~ kurzer Sinn** in poche parole, in breve ❸ (LING) discorso *m*; **direkte/indirekte ~** discorso diretto/indiretto **Redefluss** *m* (*pej*) fiumana *f* di parole **Redefreiheit** *f* libertà *f* di parola **redegewandt** *adj* eloquente **Redegewandtheit** *f* facilità *f* di parola, eloquenza *f*
**reden** I. *vi* ❶ (*sprechen*) **über jdn/etw** [*o* **von jdm/etw**] **~** parlare di qu/qc; **mit sich** *dat* **~ lassen** intendere ragione; **von sich** *dat* **~ machen** far parlare di sé; **Sie haben gut ~** ha un bel dire ❷ (*eine Rede halten*) tenere un discorso II. *vt* parlare, dire
**Redensart** *f* modo *m* di dire
**Redeschwall** *m* (*pej*) profluvio *m* [*o* mare *m*] di parole **Redeverbot** <-(e)s, -e> *nt* divieto *m* di parlare; **jdm ~ erteilen** impartire a qu il divieto di parlare **Redewendung** *f* locuzione *f*
**redigieren** [rediˈgiːrən] <ohne ge-> *vt* redigere
**redlich** ['reːtlɪç] *adj* ❶ (*rechtschaffen*) onesto, probo; (*aufrichtig*) sincero ❷ (*groß*) grande; **sich ~ bemühen** darsi ogni premura **Redlichkeit** <-> *kein Pl. f* onestà *f*, rettitudine *f*; (*Aufrichtigkeit*) sincerità *f*
**Redner(in)** ['reːdnɐ] <-s, -; -, -nen> *m(f)* oratore, -trice *m, f* **Rednerpult** *nt* podio *m* dell'oratore
**redselig** ['reːtzeːlɪç] *adj* loquace, verboso **Redseligkeit** *f* loquacità *f*, verbosità *f*
**Reduktion** [redukˈtsi̯oːn] <-, -en> *f* (CHEM, PHYS, MAT) riduzione *f*
**redundant** [redʊnˈdant] *adj* (LING) ridondante
**Redundanz** [redʊnˈdants] <-, -en> *f* (LING) ridondanza *f*
**reduzierbar** *adj* riducibile
**reduzieren** [reduˈtsiːrən] <ohne ge-> *vt* ridurre
**Reede** ['reːdə] <-, -n> *f* (NAUT) rada *f*; **auf der ~ liegen** essere ormeggiato in rada
**Reeder** <-s, -> *m* (NAUT) armatore *m*
**Reederei** [reːdəˈrai] <-, -en> *f* (NAUT) compagnia *f* armatrice
**reell** [reˈɛl] *adj* ❶ (*ehrlich*) onesto; (*Geschäft*) serio, solido ❷ (*wirklich*) reale
**Referat** [refeˈraːt] <-(e)s, -e> *nt* ❶ (*Bericht*) relazione *f*, rapporto *m* ❷ (*Dienststelle*) reparto *m*, sezione *f*
**Referendar(in)** [refɛrɛnˈdaːɐ̯] <-s, -e; -, -nen> *m(f)* chi (*gener giurista o insegnante*) sta assolvendo il Referendariat
**Referendariat** [refɛrɛndariˈaːt] <-(e)s, -e> *nt* apprendistato biennale tra il primo e il secondo esame di stato
**Referendarin** *f s.* Referendar
**Referendum** [refeˈrɛndʊm] <-s, Referenden *o* Referenda> *nt* referendum *m*
**Referent(in)** [refeˈrɛnt] <-en, -en; -, -nen> *m(f)* ❶ (*Berichterstatter*) relatore, -trice *m, f* ❷ (*Sachbearbeiter*) addetto, -a *m, f*

Referenz → Regentag

**Referenz** [refeˈrɛnts] <-, -en> f ① (*Empfehlung*) referenze fpl; **eine ~ vorweisen** presentare le referenze ② (*Person, Stelle*) referenza f
**Referenzen** [refeˈrɛntsən] fPl. referenze fpl
**referieren** [refeˈriːrən] <ohne ge-> vi **über etw** acc ~ fare una relazione su qc
**reflektieren** [reflɛkˈtiːrən] <ohne ge-> I. vi (*nachdenken*) [**über jdn/etw**] ~ riflettere [su qu/qc] II. vt (*Licht*) riflettere
**Reflex** [reˈflɛks] <-es, -e> m riflesso m
**Reflexhandlung** <-, -en> f movimento m riflesso
**Reflexion** [reflɛksˈjoːn] <-, -en> f ① (PHYS) riflesso m ② (*Nachdenken*) riflessione f
**reflexiv** [reflɛkˈsiːf] adj riflessivo **Reflexivpronomen** nt (LING) pronome m riflessivo
**Reflexzonenmassage** <-, -n> f riflessologia f
**Reform** [reˈfɔrm] <-, -en> f riforma f
**Reformation** [refɔrmaˈtsjoːn] <-, -en> f Riforma f
**Reformator(in)** [refɔrmaˈtoːɐ, Pl: refɔrmaˈtoːrən] <-s, -en; -, -nen> m(f) riformatore, -trice m, f
**reformbedürftig** adj che ha bisogno di una riforma
**Reformer(in)** [reˈfɔrmɐ] <-s, -; -, -nen> m(f) promotore, -trice m, f, riformatore, -trice m, f
**reformfreudig** adj riformista, riformistico
**Reformhaus** nt (ECO) negozio m di prodotti naturali ed ecologici
**reformierbar** adj riformabile
**reformieren** [refɔrˈmiːrən] <ohne ge-> vt riformare
**Reformkost** <-> kein Pl. f alimenti mpl biologici, alimentazione f naturale
**Reformpaket** nt pacchetto m di riforme
**Reformstau** m blocco m delle riforme
**Reformvorhaben** nt progetto m di riforma
**Refrain** [rəˈfrɛː] <-s, -s> m ritornello m
**Refugium** [reˈfuːgiʊm, Pl: reˈfuːgiən] <-s, Refugien> nt (geh) rifugio m
**refundieren** <ohne ge-> vt (A: *zurückzahlen*) rimborsare, rifondere
**Regal** [reˈgaːl] <-s, -e> nt scaffale m, scaffalatura f
**Regatta** [reˈgata] <-, Regatten> f (SPORT) regata f
**Reg.-Bez.** abk v **Regierungsbezirk** Prov.
**rege** [ˈreːgə] adj (*lebhaft*) vivace, vivo; (*Verkehr*) animato, intenso; (*geschäftig*) attivo; (*flink*) agile, lesto
**Regel** [ˈreːgəl] <-, -n> f ① (*Vorschrift*, LING, MAT) regola f; (*Grundsatz*) principio m; **in der ~** di regola, normalmente; **sich** dat **etw zur ~ machen** fare di qc un'abitudine; **nach allen ~n der Kunst** a regola d'arte ② (*Menstruation*) **sie hat ihre ~** ha le sue cose
**regelbar** adj regolabile
**Regelblutung** <-, -en> f mestruazione f
**regellos** adj ① (*unregelmäßig*) irregolare ② (*unordentlich*) sregolato
**regelmäßig** adj regolare; **in ~en Abständen** (*zeitlich*) periodicamente **Regelmäßigkeit** f regolarità f
**regeln** vt ① (*ordnen, einstellen*) regolare ② (*Angelegenheit*) sistemare ③ (*durch Verordnung*) regolamentare; (*festlegen*) fissare
**regelrecht** adj ① (*vorschriftsmäßig*) regolare ② (*fam: richtiggehend*) vero [e proprio]
**Regelstudienzeit** f tempo m regolamentare per un corso di studi
**Regelung** <-, -en> f ① (*Regulierung*) regolazione f ② (*Schlichtung*) composizione f, sistemazione f ③ (ADM) regolamentazione f
**regelwidrig** adj irregolare
**regen** [ˈreːgən] I. vt (*geh*) muovere II. vr **sich ~** muoversi
**Regen** [ˈreːgən] <-s, -> m pioggia f; **bei ~** con la pioggia; **im ~** sotto la pioggia; **saurer ~** (ECO) piogge acide; **vom ~ in die Traufe kommen** (*fam*) cadere dalla padella nella brace
**regenarm** adj poco piovoso, povero di piogge
**Regenbö** f folata f di pioggia
**Regenbogen** m arcobaleno m **Regenbogenfarben** fPl. colori mpl dell'arcobaleno **Regenbogenhaut** f iride f **Regenbogenpresse** <-> kein Pl. f stampa f gialla
**Regeneration** [regeneraˈtsjoːn] <-, -en> f (BIOL, MED, TEC) rigenerazione f
**regenerieren** [regeneˈriːrən] <ohne ge-> I. vt rigenerare II. vr **sich ~** rigenerarsi
**Regenfälle** mPl. piogge fpl **Regenguss** m acquazzone m **Regenjacke** f giacca f a vento **Regenmantel** m impermeabile m
**regenreich** adj piovoso, ricco di piogge
**Regenrinne** f grondaia f
**Regensburg** [ˈreːgənsbʊrk] nt Ratisbona f
**Regenschauer** m scroscio m di pioggia
**Regenschirm** m ombrello m
**Regent(in)** [reˈgɛnt] <-en, -en; -, -nen> m(f) (*Herrscher*) regnante mf; (*Stellvertreter*) reggente mf
**Regentag** m giorno m di pioggia, giornata f piovosa

**Regentin** *f s.* **Regent**
**Regentropfen** *m* goccia *f* di pioggia
**Regentschaft** <-, -en> *f* reggenza *f*
**Regenwald** *m* foresta *f* pluviale **Regenwasser** *nt* acqua *f* piovana **Regenwetter** *nt* tempo *m* piovoso **Regenwolke** *f* nuvola *f* piovosa **Regenwurm** *m* lombrico *m* **Regenzeit** *f* stagione *f* delle piogge
**Regie** [re'ʒiː] <-> *kein Pl. f* ❶ (FILM, THEAT, RADIO, TV) regia *f*; **unter der ~ von ...** con la regia di ... ❷ (ADM) amministrazione *f* **Regieanweisung** *f* didascalia *f* **Regieassistent(in)** *m(f)* aiuto *mf* regista
**regieren** [re'giːrən] <ohne ge-> I. *vt* ❶ (*beherrschen*) governare ❷ (LING) reggere II. *vi* |**über jdn/etw**| ~ regnare [su qu/qc]
**Regierung** <-, -en> *f* governo *m*; **eine ~ bilden/stürzen** formare/rovesciare un governo; **an die ~ kommen** giungere al governo **Regierungsantritt** *m* assunzione *f* del governo; (*von König*) ascesa *f* al trono
**Regierungsapparat** *m* apparato *m* governativo **Regierungsbezirk** *m* circoscrizione *f* amministrativa **Regierungsbildung** *f* formazione *f* del governo
**Regierungsbündnis** *nt* coalizione *f* governativa **Regierungschef(in)** *m(f)* capo *m* del governo **Regierungserklärung** *f* dichiarazione *f* del governo **regierungsfähig** *adj* in grado di governare **Regierungsform** *f* |forma *f* di| governo *m*, regime *m* **Regierungskoalition** *f* coalizione *f* di governo **Regierungskrise** *f* crisi *f* di governo
**Regierungsmannschaft** *f* coalizione *f* governativa **Regierungspartei** *f* partito *m* governativo **Regierungsrat** <-(e)s, -räte> *m* ❶ (ADM: *höherer Beamter im Verwaltungsdienst*) alto funzionario *m* nell'amministrazione ❷ (*CH:* POL: *Kantonsregierung*) governo *m* cantonale ❸ (*CH:* POL: *Mitglied einer Kantonsregierung*) membro *m* del governo cantonale **Regierungssprecher(in)** *m(f)* portavoce *mf* del governo **Regierungsumbildung** *f* rimpasto *m* ministeriale **Regierungswechsel** *m* cambiamento *m* di governo **Regierungszeit** <-, -en> *f* (*einer Regierung, eines Präsidenten*) periodo *m* di governo; (*eines Königs*) regno *m*
**Regime** [re'ʒiːm] <-s, - *o rar* -s> *nt* regime *m* **Regimegegner(in)** <-s, -; -, -nen> *m(f)* (POL) oppositore *m* del regime

**Regimekritiker(in)** *m(f)* dissidente *mf* del regime
**Regiment**[1] [regi'mɛnt] <-(e)s, -e> *nt* (*Herrschaft*) governo *m*; (*fig: Führung*) comando *m*
**Regiment**[2] <-(e)s, -er> *nt* (MIL) reggimento *m*
**Region** [re'gi̯oːn] <-, -en> *f* regione *f*; **in höheren ~en schweben** (*fig scherz*) vivere nelle nuvole
**regional** [regi̯o'naːl] *adj* regionale
**Regisseur(in)** [reʒɪ'søːɐ̯] <-s, -e; -, -nen> *m(f)* regista *mf*
**Register** [re'gɪstɐ] <-s, -> *nt* ❶ (*amtliche Liste*) registro *m* ❷ (*Stichwortverzeichnis*) indice *m* ❸ (MUS) registro *m*; **alle ~ ziehen** (*fig*) ricorrere ad ogni mezzo **Registertonne** *f* (NAUT) tonnellata *f* di stazza
**Registratur** [regɪstra'tuːɐ̯] <-, -en> *f* ❶ (*Tätigkeit*) registrazione *f* ❷ (*~büro*) ufficio *m* di registrazione ❸ (MUS) registratura *f*
**registrieren** [regɪs'triːrən] <ohne ge-> *vt* registrare
**Registrierkasse** *f* registratore *m* di cassa **Registrierung** <-, -en> *f* registrazione *f*
**Reglement** [reglə'mãː] <-s, -e> *nt* (*CH:* JUR) regolamento *m*, statuto *m*
**reglementieren** [reglemɛn'tiːrən] <ohne ge-> *vt* regolamentare
**Regler** ['reːglɐ] <-s, -> *m* (TEC) regolatore *m*
**reglos** ['reːkloːs] *adj* immobile, inerte **Reglosigkeit** <-> *kein Pl. f* immobilità *f*
**regnen** ['reːgnən] *vi, vt* piovere; **es regnet in Strömen** piove a dirotto
**regnerisch** *adj* piovoso
**Regress** [re'grɛs] <-es, -e> *m* (JUR) rivalsa *f* **Regresspflicht** *f* (JUR) diritto *m* di rivalsa **regresspflichtig** *adj* (JUR) obbligato a rivalsa
**regsam** ['reːkzaːm] *adj* attivo; (*Geist*) sveglio, vivace **Regsamkeit** <-> *kein Pl. f* vivacità *f*, attività *f*
**regulär** [regu'lɛːɐ̯] *adj* regolare
**regulierbar** *adj* regolabile
**regulieren** [regu'liːrən] <ohne ge-> *vt* regolare
**Regulierung** <-, -en> *f* regolazione *f*
**Regung** <-, -en> *f* (*geh*) ❶ (*Bewegung*) moto *m* ❷ (*Gefühls~*) sentimento *m* [nascente] **regungslos** *adj s.* **reglos**
**Reh** [reː] <-(e)s, -e> *nt* capriolo *m*
**Rehabilitation** [rehabilita'tsi̯oːn] <-, -en> *f* (MED) riabilitazione *f* **Rehabilitationszentrum** *nt* (MED) centro *m* di riabilitazione

**rehabilitieren** [rehabili'ti:rən] <ohne ge-> vt (*Ruf, Ehre*) riabilitare; (SOC, JUR, MED) reinserire
**Rehabilitierung** <-, -en> f (MED) riabilitazione f, rieducazione f
**Rehbock** m capriolo m [maschio] **Rehbraten** m (GASTR) arrosto m di capriolo **Rehkeule** f cosciotto m di capriolo **Rehkitz** nt caprioletto m **Rehrücken** m (GASTR) lombata f di capriolo
**Reibe** ['raɪbə] <-, -n> f grattugia f
**reiben** ['raɪbən] <reibt, rieb, gerieben> vt ① (*mit Druck darüberfahren*) [s]fregare; (*Augen*) stropicciare ② (*ein~*) frizionare ③ (*zerkleinern*) grattugiare
**Reibereien** [raɪbə'raɪən] fPl attriti mpl
**Reibung** <-, -en> f ① (*das Reiben*) sfregamento m, strofinamento m ② (*fig* PHYS) attrito m, frizione f **Reibungselektrizität** f (PHYS) elettricità f per strofinio, triboelettricità f **Reibungsfläche** f (PHYS) superficie f d'attrito
**reibungslos** I. adj liscio II. adv senza difficoltà
**reich** [raɪç] adj ① (*wohlhabend*) ricco; ~ **werden** arricchirsi ② (*fig*) ricco; (*umfassend*) vasto; ~ **an etw** dat **sein** essere ricco di qc; **eine ~e Auswahl** un'ampia scelta; **in ~em Maße** abbondantemente
**Reich** [raɪç] <-(e)s, -e> nt (a. fig) regno m; (*großes ~, Kaiser~*) impero m; **das Deutsche ~** l'impero germanico, il Reich; **das ~ Gottes** il regno di Dio
**Reiche** <ein -r, -n, -n> mf ricco, -a m, f
**reichen** ['raɪçən] I. vt (*hinhalten, geben*) porgere, tendere, dare II. vi ① (*sich erstrecken*) giungere; (*nach oben*) elevarsi; (*nach unten*) scendere; ~ **bis ...** arrivare fino a ...; **so weit das Auge reicht** fin dove giunge lo sguardo ② (*genügen*) bastare; **mir reicht's** (*fam*) ne ho abbastanza
**reichhaltig** adj ricco; (*reichlich*) abbondante; (*abwechslungsreich*) vario **Reichhaltigkeit** <-> kein Pl. f ricchezza f, abbondanza f; (*Vielfalt*) molteplicità f
**reichlich** I. adj ricco, abbondante II. adv ① (*sehr viel*) molto ② (*mehr als genügend*) abbondantemente; ~ **vorhanden sein** abbondare ③ (*fam: ziemlich*) abbastanza
**Reichsstadt** f **freie ~** (HIST) città libera dell'impero
**Reichstag** <-(e)s> kein Pl. m ① (*Parlament*) antico parlamento m tedesco ② (*Gebäude*) sede dell'antico parlamento tedesco

**Reichtum** <-s, -tümer> m (a. fig) ricchezza f; ~ **an etw** dat ricchezza di qc
**Reichweite** f portata f; **außer/in ~** +gen fuori/a portata di
**reif** [raɪf] adj maturo; ~ **werden** maturare; **eine ~e Leistung** (*fam*) una prestazione brillante; **die Zeit ist ~/noch nicht ~** i tempi sono/non sono ancora maturi
**Reif**¹ [raɪf] <-(e)s> kein Pl. m (*Rau~*) brina[ta] f
**Reif**² <-(e)s, -e> m (*geh: Arm~*) bracciale m
**Reife** <-> kein Pl. f ① (*das Reifen*) maturazione f ② (*das Reifsein*) maturità f; **mittlere ~** diploma di scuola media
**reifen** I. vi sein maturare; **in ihm reifte der Entschluss zum Mord** in lui maturò la decisione dell'assassinio II. vt haben (*geh*) far maturare
**Reifen** ['raɪfən] <-s, -> m ① (*Ring*) cerchio m ② (*Fahrzeug~*) pneumatico m **Reifendecke** f (MOT) copertone m **Reifendruck** <-(e)s, -drücke> m pressione f di gonfiamento di un pneumatico **Reifenheber** m (MOT) leva f per pneumatici **Reifenpanne** f foratura f **Reifenschaden** m guasto m ai pneumatici **Reifenwechsel** m cambio m di pneumatico
**Reifeprüfung** f (*Abitur*) esame m di maturità **Reifezeugnis** nt diploma m di maturità
**reiflich** I. adj maturo; **nach ~er Überlegung** dopo matura riflessione II. adv bene; **es sich** dat ~ **überlegen** pensarci bene
**Reigen** ['raɪgən] <-s, -> m girotondo m, ridda f; **den ~ eröffnen** (*fig*) aprire le danze
**Reihe** ['raɪə] <-, -n> f ① (*geregelte Anordnung*, MIL) fila f; **in einer ~** in fila; **in Reih und Glied** in fila; **der ~ nach** (*räumlich*) l'uno dopo l'altro; (*ordnungsgemäß*) per ordine; **aus der ~ tanzen** (*fig fam*) fare di testa propria ② (*Folge, Anzahl*) serie f; (*Buch~*) collana f; **eine [ganze] ~ [von ...]** un gran numero [di ...], tutta una fila [di ...] ③ (MAT) progressione f ④ *Sing.* (*Reihenfolge*) turno m; **außer der ~** fuori turno; **ich bin an der ~** tocca a me; **wer ist an der ~?** a chi tocca? ⑤ pl (*fig: Gemeinschaft*) file fpl; **die Kritik kam aus den eigenen ~n** la critica giunse dai propri ranghi
**reihen** I. vt (*geh*) ① (*auf~*) infilare ② (*ein~*) mettere in fila II. vr **sich** [**an etw** acc] ~ seguire [qc]
**Reihenfolge** f ordine m; **der ~ nach** in

ordine; **in alphabetischer ~** in ordine alfabetico

**Reihenhaus** *nt* casa *f* a schiera **Reihenhaussiedlung** *f* agglomerato *m* di case a schiera

**Reihenschaltung** *f* collegamento *m* in serie

**reihenweise** *adv* in fila

**Reiher** ['raɪɐ] <-s, -> *m* airone *m*

**reihern** ['raɪɐn] *vi* (*fam*) ❶ (*erbrechen*) vomitare ❷ (*dial: Durchfall haben*) avere la sciolta

**reihum** [raɪ'ʔʊm] *adv* in giro, in cerchio

**Reim** [raɪm] <-(e)s, -e> *m* rima *f*; **ich kann mir keinen ~ darauf machen** (*fam*) non riesco a spiegarmelo

**reimen** I. *vt* rimare II. *vr* **sich** [**auf etw** *acc*] **~** fare rima [con qc]

**rein** [raɪn] I. *adj* ❶ (*ohne Zusatz, a. fig* MUS) puro; (*unverfälscht*) genuino; (*Freude*) vero; **die ~e Wahrheit** la pura verità ❷ (*sauber, a. fig: Gewissen*) pulito; **ins Reine schreiben** scrivere in bella [copia]; **etw ins Reine bringen** mettere in chiaro qc; **mit sich** *dat* [**selbst**] **ins Reine kommen** chiarirsi le idee; **ist die Luft ~?** (*fam*) non c'è nessuno?, si può star sicuri? ❸ (*Gewinn*) netto ❹ (*fam: völlig*) puro, vero; **das ist der ~ste Wahnsinn** è pazzia pura II. *adv* ❶ (*fam: völlig*) assolutamente; **~ gar nichts** proprio niente ❷ (*ausschließlich*) esclusivamente; **~ zufällig** per puro caso ❸ (*fam*) *s.* **herein, hinein**

**Reinemachefrau** *f* donna *f* delle pulizie

**reine|machen** ['raɪnəmaxən] *vi* (*dial*) fare le pulizie, pulire

**Reinemachen** <-s> *kein Pl. nt* pulizia *f;* **großes ~** grandi pulizie

**Reinerlös** *m* ricavo *m* netto **Reinertrag** *m* ricavo *m* netto

**Reinfall** *m* (*fam*) bidonata *f*, fregatura *f*

**rein|fallen** ['raɪnfalən] <irr> *vi sein* (*fig fam*) prendere una bidonata, rimanere fregato

**Reingewinn** *m* guadagno *m* netto

**rein|halten** <irr> *vt* tenere pulito

**Reinhaltung** <-> *kein Pl. f* pulizia *f*

**rein|hauen** ['raɪnhaʊən] <irr> (*fam*) I. *vt* **jdm eine ~** mollare un ceffone a qu II. *vi* (*tüchtig essen*) abbuffarsi

**Reinheit** <-> *kein Pl. f* ❶ (*reine Beschaffenheit, a. fig*) purezza *f*; (*Unverfälschtheit*) genuinità *f* ❷ (*Sauberkeit*) pulizia *f*

**Reinheitsgebot** <-(e)s, -e> *nt* legge del 1516 sulla regolamentazione della produzione della birra

**reinigen** *vt* pulire; (*chemisch*) pulire a secco; (TEC) depurare; (*fig* REL) purificare

**Reiniger** <-s, -> *m* detersivo *m*, detergente *m*

**Reinigung** <-, -en> *f* ❶ (*das Reinigen*) pulitura *f*; (TEC) depurazione *f*; (*fig* TEC, REL) purificazione *f* ❷ (*~sgeschäft*) lavanderia *f* a secco **Reinigungscreme** *f* crema *f* detergente **Reinigungsmilch** *f* latte *m* detergente **Reinigungsmittel** *nt* detergente *m*, detersivo *m*

**Reinkultur** *f* ❶ (AGR) monocoltura *f* ❷ (BIOL) coltura *f* monocitogenica; **in ~** (*fig fam*) autentico, genuino

**rein|legen** *vt* (*fam*) **jdn ~** bidonare qu

**reinlich** *adj* (*auf Sauberkeit bedacht*) amante della pulizia; (*sauber*) pulito **Reinlichkeit** <-> *kein Pl. f* amore *m* per la pulizia

**Reinmachen** *nt s.* **Reinemachen reinrassig** *adj* di razza pura; (*bes. Pferd*) purosangue **Reinraum** *m* (TECH) camera *f* bianca

**rein|schneien** *vi* (*fam*) ❶ *haben* (*Schnee*) nevicare dentro ❷ *sein* (*fig: Menschen*) piombare in ...

**rein|schreiben** <irr> *vt* (*A: ins Reine schreiben*) copiare in bella

**Reinschrift** *f* ❶ (*Tätigkeit*) trascrizione *f* in bella [copia] ❷ (*Ergebnis*) bella [copia] *f*

**rein|waschen** <irr> (*fig*) I. *vr* **sich ~** scagionarsi (*von* di) II. *vt* lavare (*von* da)

**rein|würgen** *vt* **jdm eine ~** (*sl*) giocare un brutto tiro a qu

**rein|ziehen** <irr> *vt* (*fam*) ❶ (*Dinge*) introdurre, infilare ❷ (*fam: verschlingen*) divorare, inghiottire; **sich** *dat* **ein Schnitzel/ ein Bier/einen Film ~** divorarsi una bistecca/scolare una birra/divorare un film ❸ (*in Verbrechen*) **jdn** [**in etw** *acc*] **~** coinvolgere qu [in qc]

**Reis** [raɪs] <-es, -e> *m* (BOT) riso *m*

**Reisbau** <-(e)s> *kein Pl. m* risicoltura *f*, coltivazione *f* del riso **Reisbrei** *m* pappa *f* di riso

**Reise** ['raɪzə] <-, -n> *f* viaggio *m*; (*Rund~*) giro *m;* **eine ~ machen** fare un viaggio; **eine ~ nach Italien** un viaggio in Italia; **eine ~ um die Welt** un giro del mondo; **auf ~n** in viaggio; **Gute ~!** buon viaggio!

**Reiseandenken** *nt* ricordo *m* di viaggio, souvenir *m* **Reiseapotheke** *f* farmacia *f* portatile **Reisebekanntschaft** *f* conoscenza *f* fatta in viaggio **Reisebeschreibung** *f* descrizione *f* di un viaggio **Reisebett** *nt* brandina *f* **Reisebüro** *nt* agenzia *f* viaggi **Reisebus** *m* pullman *m*,

corriera f **reisefertig** adj pronto per il viaggio **Reisefieber** nt febbre f della partenza **Reiseführer(in)** m(f) guida f **Reisegefährte** m, **Reisegefährtin** f compagno, -a m, f di viaggio **Reisegepäck** nt bagagli mpl **Reisegesellschaft** f comitiva f **Reisegruppe** <-, -n> f comitiva f turistica **Reisekosten** Pl. spese fpl di viaggio **Reisekostenabrechnung** f indennità f di trasferta **Reisekrankheit** f (MED) chinetosi f **Reiseland** <-(e)s, -länder> nt paese m turistico **Reiseleiter(in)** m(f) responsabile mf [di una comitiva] **reiselustig** adj che ha voglia di viaggiare **Reisemitbringsel** nt souvenir m, ricordo m **reisen** vi sein ① (Reisen unternehmen) viaggiare ② (eine Reise machen) fare un viaggio; (fahren, fliegen, gehen) andare; ~ **über** passare per; **nach Rom/Italien** ~ andare a Roma/in Italia
**Reisende** <ein -r, -n, -n> mf viaggiatore, -trice m, f; (Fahrgast) passeggero, -a m, f
**Reisenecessaire** nt nécessaire m [o astuccio m] da viaggio **Reisepass** m passaporto m **Reisepläne** mPl. progetti mpl di viaggio **Reiseprospekt** m dépliant m turistico **Reiseproviant** m provviste fpl per il viaggio **Reisescheck** m assegno m turistico
**Reiseschreibmaschine** f macchina f da scrivere portatile **Reisetasche** f borsa f da viaggio **Reiseveranstalter** <-s, -> m operatore m turistico **Reiseverkehr** m traffico m turistico **Reiseversicherung** <-, -en> f assicurazione f sui viaggi **Reisevorbereitungen** fPl. preparativi mpl di viaggio **Reisewecker** m sveglia f da viaggio **Reisewelle** f ondata f turistica **Reisewetterbericht** m bollettino m meteorologico per chi viaggia **Reisezeit** f stagione f turistica **Reiseziel** nt meta f del viaggio
**Reisfeld** nt risaia f
**Reisig** ['raɪzɪç] <-s> kein Pl. nt rami mpl secchi, sterpi mpl **Reisigbesen** m granata f **Reisigbündel** nt fascina f di sterpi
**Reißaus** [raɪsˈʔaʊs] m ~ **nehmen** (fam) darsela a gambe
**Reißbrett** nt tavola f da disegno
**reißen** ['raɪsən] <reißt, riss, gerissen> I. vt haben ① (ab~, ent~) strappare; **jdn aus dem Schlaf** ~ strappare qu dal sonno, svegliare qu ② (zer~) stracciare, lacerare; (in zwei Teile) strappare in due ③ (zerren) trascinare; (ziehen) tirare; (fort~) trascinare via; (zu Boden) gettare a terra; **jdm etw aus der Hand** ~ strappare qc di mano a qu; **etw an sich** ~ tirare qc a sé; (fig)

impadronirsi di qc; **hin und her gerissen sein** non riuscire a decidersi ④ (zerfleischen) sbranare II. vi ① sein (zer~) strapparsi, andare in pezzi; (Stoff) stracciarsi; (Faden, Seil) rompersi; **gleich reißt mir die Geduld** (fam) mi scappa la pazienza ② haben (zerren) **an etw** dat ~ tirare qc III. vr **sich um jdn/etw** ~ (fam) fare di tutto per qu/qc **reißend** adj (Tier) feroce; (Wasser) impetuoso; ~**en Absatz finden** andare a ruba
**Reißer** <-s, -> m (fam: Ware) merce f di gran sucesso; (FILM) film m di cassetta; (Buch) romanzo m nero **reißerisch** adj (pej) sensazionale
**Reißfeder** f tiralinee m
**reißfest** adj resistente allo strappo **Reißnagel** m s. **Reißzwecke**. **Reißschiene** f riga f a forma di T
**Reißverschluss** m chiusura f lampo **Reißverschlussprinzip** <-s, -e> nt circolazione f alternata **Reißverschlusssystem** nt (MOT) sistema m a senso alternato **Reißwolf** m sfilacciatrice f **Reißzahn** m dente m canino **Reißzwecke** f puntina f da disegno
**Reitbahn** f maneggio m
**reiten** ['raɪtən] <reitet, ritt, geritten> I. vi sein (auf Pferd) andare a cavallo; (auf Tierrücken) cavalcare; (rittlings sitzen) stare a cavallo; **auf etw** dat ~ cavalcare qc II. vt haben cavalcare
**Reiter(in)** <-s, -; -, -nen> m(f) cavaliere m, amazzone f
**Reiterei** [raɪtəˈraɪ] <-, -en> f ① (MIL) cavalleria f ② (SPORT) equitazione f
**Reiterin** f s. **Reiter**
**Reiterstandbild** nt statua f equestre
**Reithose** f calzoni mpl alla cavallerizza **Reitpeitsche** f scudiscio m **Reitpferd** nt cavallo m da sella **Reitschule** f scuola f di equitazione **Reitsport** m ippica f, equitazione f **Reitstall** m scuderia f **Reitstiefel** m stivale m da cavallerizzo **Reitstunde** f lezione f di equitazione **Reittier** nt animale m da sella **Reitweg** m pista f per cavalli
**Reiz** ['raɪts] <-es, -e> m ① (physiologisch) stimolo m ② (Anziehungskraft) attrattiva f; (Verlockung) fascino m; **der** ~ **des Neuen** il fascino della novità; **einen** ~ **auf jdn ausüben** affascinare qu ③ (Anmut) grazia f, bellezza f
**reizbar** adj irritabile, eccitabile; (jähzornig) irascibile **Reizbarkeit** <-> kein Pl. f irritabilità f, eccitabilità f; (Jähzorn) irascibilità f
**reizen** I. vt ① (provozieren) provocare;

(*ärgern*) irritare, far arrabbiare; **jdn bis zur Weißglut ~** fare imbestialire qu ❷ (MED) irritare ❸ (*anregen*) stimolare; (*anziehen*) attrarre; (*bezaubern*) affascinare; **die neue Aufgabe reizt mich sehr** la nuova attività mi attrae molto; **das reizt mich nicht** non mi fa né caldo né freddo II. *vi* (*beim Kartenspiel*) invitare

**reizend** *adj* (*entzückend*) grazioso; (*hübsch*) carino; **das ist ja ~!** (*fam iron*) questa è bella!

**Reizhusten** *m* tosse *f* nervosa **Reizklima** *nt* (MED, METEO) clima *m* stimolante **reizlos** *adj* senza attrattive; (*langweilig*) noioso **Reizschwelle** *f* (PSYCH) soglia *f* dello stimolo **Reizstoff** *m* sostanza *f* irritante; (MED) stimolante *m* **Reizstrom** *m* (MED) corrente *f* impulsiva **Reizthema** *nt* tema *m* scottante **Reizüberflutung** *f* (PSYCH) bombardamento *m* di stimoli esterni

**Reizung** <-, -en> *f* (MED) irritazione *f*

**reizvoll** *adj* ❶ (*attraktiv, schön*) grazioso; (*bezaubernd*) affascinante ❷ (*verlockend*) allettante, interessante **Reizwäsche** *f* (*fam*) biancheria *f* erotica **Reizwort** <-(e)s, -wörter> *nt* **Atomenergie ist zum ~ geworden** l'energia atomica è diventata un argomento scottante; **seit ihrer Trennung ist sein Name für sie ein ~** da quando si sono separati il suo nome è per lei parola-tabù

**rekapitulieren** [rekapitu'liːrən] <ohne ge-> *vt* ricapitolare

**rekeln** ['reːkəln] *vr* **sich ~** (*fam*) stirarsi, stiracchiarsi

**Reklamation** [reklama'tsi̯oːn] <-, -en> *f* reclamo *m*

**Reklame** [re'klaːmə] <-, -n> *f* pubblicità *f*; **für etw ~ machen** fare pubblicità a qc **Reklamerummel** *m* (*fam pej*) battage *m* **Reklameschild** *nt* cartello *m* pubblicitario **Reklametrick** *m* trucco *m* pubblicitario

**reklamieren** [rekla'miːrən] <ohne ge-> *vt, vi* reclamare

**rekonstruieren** [rekɔnstru'iːrən] <ohne ge-> *vt* ricostruire

**Rekonstruktion** [rekɔnstrʊk'tsi̯oːn] *f* ricostruzione *f*

**Rekonvaleszent(in)** [rekɔnvalɛs'tsɛnt] <-en, -en; -, -nen> *m(f)* convalescente *mf*

**Rekonvaleszenz** [rekɔnvalɛs'tsɛnts] <-> *kein Pl. f* convalescenza *f*

**Rekord** [re'kɔrt] <-(e)s, -e> *m* record *m*, primato *m*; **einen ~ aufstellen/brechen/halten** stabilire/battere/detenere un record

**Rekord-** (*in Zusammensetzungen*) record **Rekordhalter(in)** <-s, -; -, -nen> *m(f)* detentore, -trice *m, f* del record **Rekordinhaber(in)** *m(f)* primatista *mf*, detentore, -trice *m, f* del primato **Rekordzeit** *f* tempo *m* record

**Rekrut(in)** [re'kruːt] <-en, -en; -, -nen> *m(f)* (MIL) recluta *mf*

**rekrutieren** [rekru'tiːrən] <ohne ge-> I. *vt* reclutare II. *vr* **sich aus etw ~** (*fig*) comporsi di qc

**Rekrutierung** <-, -en> *f* reclutamento *m*

**Rekrutin** *f s.* **Rekrut**

**Rektor(in)** ['rɛktoːɐ̯] <-s, -en; -, -nen> *m(f)* ❶ (*Schul~*) direttore, -trice *m, f* ❷ (*Universitäts~*) rettore, -trice *m, f*

**Rektorat** [rɛkto'raːt] <-(e)s, -e> *nt* rettorato *m*

**Rektorin** *f s.* **Rektor**

**Relais** [rə'lɛː] <-, -> *nt* relè *m* **Relaisstation** *f* stazione *f* ripetitrice [*o* ricetrasmittente]

**Relation** [rela'tsi̯oːn] <-, -en> *f* relazione *f*, rapporto *m*; **Preis und Leistung stehen in keiner ~ zueinander** prezzo e prestazione non hanno alcun rapporto reciproco

**relativ** [rela'tiːf] *adj* relativo

**relativieren** [relati'viːrən] <ohne ge-> *vt* relativizzare

**Relativität** [relativi'tɛːt] <-> *kein Pl. f* relatività *f* **Relativitätstheorie** *f* (PHYS) teoria *f* della relatività

**Relativpronomen** *nt* (LING) pronome *m* relativo **Relativsatz** *m* (LING) proposizione *f* relativa

**relaxen** [ri'lɛksən] <ohne ge-> *vi* (*entspannen*) rilassarsi; (*ausruhen*) riposarsi

**relevant** [rele'vant] *adj* rilevante, importante **Relevanz** [rele'vants] <-, -en> *f* rilevanza *f*, importanza *f*

**Relief** [re'li̯ɛf] <-s, -s *o* -e> *nt* (KUNST, GEOG) rilievo *m*

**Religion** [reli'gi̯oːn] <-, -en> *f* religione *f* **Religionsbekenntnis** *nt* professione *f* di fede **Religionsfreiheit** *f* libertà *f* religiosa **Religionsgemeinschaft** *f* comunità *f* religiosa **Religionsgeschichte** *f* storia *f* delle religioni **Religionskrieg** *m* guerra *f* di religione **religionslos** *adj* ❶ (*unreligiös*) irreligioso ❷ (*bekenntnislos*) senza confessione

**Religionsschule** *f* scuola *f* religiosa **Religionsstifter** *m* fondatore *m* di una reli-

gione **Religionszugehörigkeit** f confessione f
**religiös** [reli'gjø:s] adj ① (die Religion betreffend) religioso; **~ e Kunst** arte sacra ② (fromm) pio, devoto
**Religiosität** [religjozi'tɛ:t] <-> kein Pl. f religiosità f, devozione f
**Relikt** [re'lɪkt] <-(e)s, -e> nt resto m, relitto m
**Reling** ['re:lɪŋ] <-, -s o -e> f (NAUT) impavesata f
**Reliquie** [re'li:kviə] <-, -n> f reliquia f
**Reliquienschrein** m reliquiario m
**Remake** ['ri:meɪk] <-s, -s> nt (FILM) rifacimento m
**Reminiszenz** [reminɪs'tsɛnts] <-, -en> f (geh) reminiscenza f
**remis** [rə'mi:] <inv> adj pari **Remis** [rə'mi:, Pl: rə'mi:s o rə'mi:zən] <-, - o -en> nt (SPORT: bes. Schach) parità f, pareggio m
**Remittenden** [remɪ'tɛndən] fPl. resa f [di giornali [o libri] invenduti]
**Remoulade|nsoße** [remu'la:də(nzo:sə)] <-, -n> f (GASTR) salsa f remoulade
**rempeln** ['rɛmpəln] vt (fam) urtare, dare uno spintone
**Ren** [rɛn o re:n] <-s, -s o -e> nt (ZOO) renna f
**Renaissance** [rənɛ'sã:s] <-, -n> f ① (Stil, Epoche) Rinascimento m ② (fig) rinascita f
**Rendezvous** [rãde'vu:] <-, -> nt appuntamento m, rendez-vous m
**Rendite** [rɛn'di:tə] <-, -n> f (WIRTSCH) rendita f
**Reneklode** [re:nə'klo:də] <-, -n> f (BOT) regina f Claudia
**renitent** [reni'tɛnt] adj renitente
**Rennbahn** f pista f; (Pferde~) ippodromo m; (Rad~) velodromo m; (Auto~) autodromo m
**rennen** ['rɛnən] <rennt, rannte, gerannt> vi sein correre; **gegen etw ~** andare a urtare contro qc; **jdn über den Haufen ~** (fam) buttare a terra qu con uno spintone **Rennen** <-s, -> nt corsa f; **das ~ machen** (fam) vincere, essere vincitore; **das ~ aufgeben** (fig) abbandonare la partita; **gut im ~ liegen** essere in buona posizione; **das ~ ist gelaufen** la corsa è finita; (fig) la faccenda è sistemata
**Renner** <-s, -> m (fam: Verkaufsschlager) articolo m che va a ruba
**Rennfahrer(in)** m(f) (Auto~) corridore, -trice m, f [automobilista]; (Rad~) ciclista mf **Rennpferd** nt cavallo m da corsa **Rennplatz** m s. **Rennbahn Rennrad** nt bicicletta f da corsa **Rennreiter(in)** m(f) fantino, -a m, f **Rennsport** m corse fpl; (Pferde~) ippica f **Rennstall** m scuderia f **Rennstrecke** f percorso m della gara; (Rundstrecke) circuito m **Rennwagen** m vettura f da corsa
**Renommee** [renɔ'me:] <-s, -s> nt reputazione f; (gutes ~) buon nome m
**renommieren** [renɔ'mi:rən] <ohne ge-> vi vantarsi (mit di), gloriarsi (mit di)
**renommiert** adj rinomato
**renovieren** [reno'vi:rən] <ohne ge-> vt rinnovare, restaurare
**Renovierung** <-, -en> f rinnovamento m, restauro m
**rentabel** [rɛn'ta:bəl] adj redditizio, rimunerativo
**Rentabilität** [rɛntabili'tɛ:t] <-> kein Pl. f redditività f
**Rente** ['rɛntə] <-, -n> f ① (Alters~, Waisen~, Invaliden~) pensione f ② (FIN) rendita f **Rentenalter** <-s> kein Pl. nt età f pensionabile **Rentenanpassung** f adeguamento m delle pensioni **Rentenanspruch** m diritto m alla pensione **Rentenempfänger(in)** m(f) pensionato, -a m, f **Rentenversicherung** f previdenza f sociale **Rentenvorsorge** f **private ~** assicurazione f privata per la vecchiaia
**Rentier** nt s. **Ren**
**rentieren** [rɛn'ti:rən] <ohne ge-> vr **sich ~** rendere, fruttare; **das rentiert sich nicht** non rende; (fig) non vale la pena
**Rentner(in)** ['rɛntnɐ] <-s, -; -, -nen> m(f) pensionato, -a m, f
**reparabel** [repa'ra:bəl] adj riparabile
**Reparation** [repara'tsjo:n] <-, -en> f ① (MED) riparazione f ② Pl: (POL) riparazioni fpl
**Reparationen** [repara'tsjo:nən] fPl. (POL) riparazioni fpl
**Reparatur** [repara'tu:ɐ] <-, -en> f riparazione f; **etw in ~ geben** fare riparare qc **reparaturanfällig** adj delicato **reparaturbedürftig** adj **~ sein** aver bisogno di essere riparato **Reparaturkosten** Pl. spese fpl di riparazione **Reparaturwerkstatt** f officina f [di] riparazioni
**reparieren** [repa'ri:rən] <ohne ge-> vt riparare
**Repertoire** [repɛr'toa:ɐ] <-s, -s> nt repertorio m
**repetieren** [repe'ti:rən] <ohne ge-> vt ripetere
**Report** [re'pɔrt] <-(e)s, -e> m ① (Bericht) rapporto m ② (FIN) riporto m

**Reportage** [rɛpɔr'taːʒə] <-, -n> f reportage m, servizio m
**Reporter(in)** <-s, -; -, -nen> m(f) reporter mf, cronista mf
**Repräsentant(in)** [reprɛzɛn'tant] <-en, -en; -, -nen> m(f) rappresentante mf **Repräsentantenhaus** <-es> kein Pl. nt camera f dei deputati
**Repräsentation** [reprɛzɛntaˈtsjoːn] <-, -en> f rappresentanza f
**repräsentativ** [reprɛzɛntaˈtiːf] adj ① (stellvertretend) rappresentativo ② (eindrucksvoll) di [grande] effetto
**repräsentieren** [reprɛzɛnˈtiːrən] <ohne ge-> vt rappresentare
**Repressalien** [reprɛˈsaːliən] fPl. rappresaglia f
**repressiv** [reprɛˈsiːf] adj repressivo, inibitorio
**Reproduktion** [reprodʊkˈtsjoːn] f riproduzione f
**reproduzieren** [reproduˈtsiːrən] <ohne ge-> vt riprodurre
**Reptil** [rɛpˈtiːl, Pl: rɛpˈtiːliən] <-s, -ien> nt rettile m
**Republik** [repuˈbliːk] <-, -en> f repubblica f
**Republikaner(in)** [republiˈkaːnɐ] <-s, -; -, -nen> m(f) repubblicano, -a m, f
**republikanisch** adj repubblicano
**Reputation** [reputaˈtsjoːn] <-, -en> f (geh) reputazione f
**Requiem** ['reːkviɛm] <-s, -s o A Requien> nt (REL) [messa f di] requiem m
**Requisit** [rekviˈziːt] <-(e)s, -en> nt ① pl (THEAT) accessorio m di scena ② (Zubehör) requisito m
**Requisiteur(in)** [rekviziˈtøːɐ̯] <-s, -e; -, -nen> m(f) (THEAT) trovarobe mf
**resch** [rɛʃ] adj (A, südd) ① (knusprig) croccante ② (von Frauen: lebhaft, etwas resolut) vivace, risoluto
**Reschen** ['rɛʃən] nt (GEOG) Resia f
**Reservat** [rezɛrˈvaːt] <-(e)s, -e> nt (Tiere und Pflanzen) riserva f
**Reserve** [reˈzɛrvə] <-, -n> f ① (Vorrat, Ersatz, Rücklage) riserva f; **etw in ~ haben** avere qc in serbo ② (Zurückhaltung) riservatezza f, riserbo m; **jdn aus der ~ locken** fare uscire qu dalla riservatezza
**Reserve-** (in Zusammensetzungen) di riserva [o ricambio] **Reservekanister** m tanica f di riserva **Reserveoffizier** m ufficiale m di riserva **Reserverad** nt ruota f di scorta **Reservespieler(in)** m(f) (SPORT) riserva f

**reservieren** [rezɛrˈviːrən] <ohne ge-> vt riservare; (Hotelzimmer, Tisch) prenotare
**reserviert** adj riservato **Reserviertheit** <-> kein Pl. f riservatezza f
**Reservist** [rezɛrˈvɪst] <-en, -en> m ① (MIL) riservista m ② (SPORT) riserva f
**Reservoir** [rezɛrˈvoaːɐ̯] <-s, -e> nt ① (Becken) serbatoio m ② (fig) riserva f
**Residenz** [reziˈdɛnts] <-, -en> f [città f di] residenza f
**residieren** [reziˈdiːrən] <ohne ge-> vi risiedere
**Resignation** [rezɪgnaˈtsjoːn] <-, -en> f rassegnazione f
**resignieren** [rezɪˈgniːrən] <ohne ge-> vi rassegnarsi **resigniert** adj rassegnato
**resistent** [rezɪsˈtɛnt] adj (BIOL, MED) **gegen etw ~ sein** essere resistente [a qc]
**resolut** [rezoˈluːt] adj risoluto, deciso
**Resolution** [rezoluˈtsjoːn] <-, -en> f risoluzione f
**Resonanz** [rezoˈnants] <-, -en> f (fig PHYS, MUS) risonanza f; **~ finden** avere risonanza **Resonanzkörper** m (MUS) cassa f armonica [o di risonanza]
**Resopal®** [rezoˈpaːl] <-s> kein Pl. nt formica® f
**resozialisieren** [rezotsialiˈziːrən] <ohne ge-> vt reinserire nella società
**Resozialisierung** f reinserimento m nella società
**resp.** abk v **respektive** rispettivamente
**Respekt** [reˈspɛkt o rɛsˈpɛkt] <-(e)s> kein Pl. m rispetto m; **~ vor jdm/etw haben** avere rispetto per qu/qc; **sich dat ~ verschaffen** farsi rispettare; **jdm ~ einflößen** incutere rispetto a qu; **bei allem ~ vor ..., aber ...** con tutto il rispetto per ..., ma ...
**respektabel** [rɛspɛkˈtaːbəl] adj ragguardevole, stimato
**respektieren** [rɛspɛkˈtiːrən] <ohne ge-> vt rispettare
**respektive** [rɛspɛkˈtiːvə] adv (geh) ① (beziehungsweise) rispettivamente ② (oder) o, oppure
**respektlos** adj **jdm/etw gegenüber ~ sein** essere irrispettoso verso qu/qc **Respektlosigkeit** <-, -en> f irriverenza f
**Respektsperson** f persona f di riguardo
**respektvoll** adj **jdm/etw gegenüber ~ sein** essere pieno di rispetto verso qu/qc
**Ressentiment** [rɛsãtiˈmãː] <-s, -s> nt risentimento m; [**gegen jdn**] **~s hegen** provare risentimenti [nei confronti di qu]
**Ressort** [rɛˈsoːɐ̯] <-s, -s> nt ① (Zuständigkeitsbereich) competenza f ② (Abteilung) sezione f, divisione f

**Ressourcen** [rɛˈsʊrsən] *Pl.* risorse *fpl*
**Rest** [rɛst] <-(e)s, -e> *m* (MAT) resto *m;* (*Stoff~*) scampolo *m;* (*~betrag*) rimanenza *f;* (*Essens~*) avanzi *mpl;* **jdm den ~ geben** (*fam*) dare a qu il colpo di grazia; **zehn geteilt durch drei ist drei, ~ eins** dieci diviso tre fa tre col resto di uno **Restauflage** *f* resto *m* della tiratura
**Restaurant** [rɛstoˈrãː] <-s, -s> *nt* ristorante *m*
**Restauration** [rɛstaʊraˈtsi̯oːn o rɛstaʊraˈtsi̯oːn] <-, -en> *f* ❶ (POL) restaurazione *f* ❷ (*A: Restaurant*) ristorante *m*
**Restaurator(in)** [rɛstaʊraˈtoːɐ̯] <-s, -en; -, -nen> *m(f)* restauratore, -trice *m, f*
**restaurieren** [rɛstaʊˈriːrən] <ohne ge-> *vt* restaurare
**Restbestand** *m* resto *m,* rimanenza *f*
**Restbetrag** *m* resto *m,* importo *m* restante **restlich** *adj* restante, rimanente; (*übrig*) residuo **restlos I.** *adj* intero, totale **II.** *adv* (*fam*) perfettamente **Restposten** *m* (COM) rimanenza *f,* saldo *m*
**Restriktion** [rɛstrɪkˈtsi̯oːn o rɛstrɪkˈtsi̯oːn] <-, -en> *f* (*geh*) restrizione *f;* **jdm in einer Angelegenheit ~en auferlegen** imporre a qu delle restrizioni in una faccenda
**restriktiv** [rɛstrɪkˈtiːf o rɛstrɪkˈtiːf] *adj* (*geh*) restrittivo, limitativo
**Restrisiko** <-s, -risiken> *nt* rischio *m* residuo
**Resultat** [rezʊlˈtaːt] <-(e)s, -e> *nt* risultato *m*
**resultieren** [rezʊlˈtiːrən] <ohne ge-> *vi* [**aus etw**] ~ risultare [da qc]
**Resümee** [rezyˈmeː] <-s, -s> *nt* riassunto *m;* **das ~ ziehen** trarre il succo
**Retorte** [reˈtɔrtə] <-, -n> *f* (CHEM) storta *f,* alambicco *m;* **eine Stadt/Mahlzeit aus der ~** (*pej*) una città/un pasto che non ha più niente di naturale **Retortenbaby** *nt* (*sl*) figlio, -a *m, f* della provetta
**retour** [reˈtuːɐ̯] *adv* (*A, CH: zurück*) indietro; **jdm etw ~ geben** dare qc di ritorno a qu; **Sie erhalten alle Unterlagen wieder ~** riceverà tutto il materiale indietro; **~!** (*auf Briefen: zurück an den Absender*) rispedire al mittente **Retourgeld** <-(e)s> *kein Pl. nt* (*CH:* COM: *Wechselgeld*) resto *m*
**retournieren** [retʊrˈniːrən] *vt* (*CH: zurücksenden, -geben*) rispedire al mittente; **eine Ware ~** rispedire una merce al mittente
**retten** [ˈrɛtən] **I.** *vt* ❶ (*aus Gefahr*) salvare; **jdm das Leben ~** salvare la vita a qu; **bist du noch zu ~?** (*fam*) sei del tutto normale?; **wenn Stefan auch kommt, ist der Abend gerettet** se viene anche Stefano, la serata è salva ❷ (*bewahren*) **jdn/etw [vor jdm/etw] ~** preservare qu/qc [da qu/qc] **II.** *vr* **sich ~** salvarsi; **ich konnte mich vor Anrufen kaum noch ~** non riuscivo quasi più a salvarmi dalle telefonate; **rette sich, wer kann!** si salvi chi può! **rettend** *adj* salvatore
**Retter(in)** <-s, -; -, -nen> *m(f)* salvatore, -trice *m, f*
**Rettich** [ˈrɛtɪç] <-s, -e> *m* rafano *m,* ravanello *m*
**Rettung** <-, -en> *f* ❶ (*aus Gefahr*) salvataggio *m,* salvezza *f;* (*Befreiung*) liberazione *f;* **du bist meine letzte ~** (*fam*) sei la mia ancora di salvezza ❷ (*A: Rettungsdienst*) soccorso *m;* **die ~ verständigen** chiamare soccorso ❸ (*A: Rettungswagen*) autoambulanza *f* **Rettungsaktion** *f* azione *f* di salvataggio **Rettungsanker** *m* (*fig*) ancora *f* di salvezza **Rettungsboot** *nt* ❶ (*Motorboot*) battello *m* di salvataggio ❷ (*Beiboot*) scialuppa *f* di salvataggio **Rettungsdienst** *m* servizio *m* di salvataggio **Rettungshubschrauber** *m* elicottero *m* di salvataggio **Rettungsinsel** *f* zattera *f* di salvataggio
**Rettungskraft** *f* soccorritore *m* **rettungslos** *adv* senza scampo, irrimediabilmente **Rettungsmannschaft** *f* squadra *f* di soccorso
**Rettungsplan** *m* piano *m* di soccorso **Rettungsring** *m* salvagente *m* **Rettungsschirm** *m* (FIN, POL) fondo *m* salva-Stati **Rettungsschwimmen** <-s> *kein Pl. nt* nuoto *m* di salvataggio **Rettungsschwimmer(in)** *m(f)* nuotatore, -trice *m, f* di salvataggio **Rettungswagen** *m* mezzo *m* di soccorso **Rettungsweste** *f* giubbotto *m* salvagente
**Retusche** [reˈtʊʃə] <-, -n> *f* (FOTO) ritocco *m*
**retuschieren** [retʊˈʃiːrən] <ohne ge-> *vt* (FOTO) ritoccare
**Reue** [ˈrɔɪə] <-> *kein Pl. f* pentimento *m,* rimorso *m;* **~ über etw** *acc* **empfinden** provare pentimento per qc **reuelos** *adj* impenitente
**reuen** *vt* **es reut mich** mi pento
**reuig** *adj* (*geh*) pentito **reumütig** [ˈrɔɪmyːtɪç] *adj* pentito
**Reuse** [ˈrɔɪzə] <-, -n> *f* nassa *f*
**Revanche** [reˈvãːʃ(ə)] <-, -n> *f* rivincita *f* **Revanchepartie** *f,* **Revanchespiel** *nt* (SPORT) [partita *f* di] rivincita *f*
**revanchieren** [revãˈʃiːrən] <ohne ge-> *vr*

sich ~ ① (*sich rächen*) sich bei jdm für etw ~ vendicarsi di qc su qu ② (*sich erkenntlich zeigen*) sich für etw ~ contraccambiare qc ③ (SPORT) prendersi la rivincita
**Revers** [reˈvɛːɐ̯ *o* reˈveːɐ̯] <-, -> *nt A: m* (*von Mänteln, Jacken*) risvolto *m*
**reversibel** [revɛrˈziːbəl] *adj* (*geh*) reversibile
**revidieren** [reviˈdiːrən] <ohne ge-> *vt* ① (*Geschäftsbücher, Kasse*) verificare ② (*Meinung*) cambiare; (*Urteil*) correggere ③ (*Vertrag, Buch*) rivedere
**Revier** [reˈviːɐ̯] <-s, -e> *nt* ① (*Tätigkeitsbereich*) settore *m*, sfera *f* ② (ZOO) territorio *m* ③ (*Polizei~*) commissariato *m* [di polizia] ④ (*Forst~*) distretto *m* forestale; (*Jagd~*) bandita *f* ⑤ (MIN) distretto *m* minerario
**Revision** [reviˈzi̯oːn] <-, -en> *f* ① (*von Geschäftsbüchern, Kasse*) verifica *f*, controllo *m* ② (*von Meinung*) cambiamento *m*; (*von Urteil*) correzione *f* ③ (*von Vertrag*) revisione *f* ④ (TYP) revisione *f* ⑤ (JUR) ricorso *m*; **gegen ein Urteil ~ einlegen** presentare ricorso contro una sentenza
**Revisor(in)** [reˈviːzoːɐ̯, *Pl:* reviˈzoːrən] <-s, -en; -, -nen> *m(f)* revisore, -a *m, f*
**Revolte** [reˈvɔltə] <-, -n> *f* rivolta *f*, insurrezione *f*
**revoltieren** [revɔlˈtiːrən] <ohne ge-> *vi* rivoltarsi, insorgere
**Revolution** [revoluˈtsi̯oːn] <-, -en> *f* rivoluzione *f*
**revolutionär** [revolutsi̯oˈnɛːɐ̯] *adj* rivoluzionario **Revolutionär(in)** <-s, -e; -, -nen> *m(f)* rivoluzionario, -a *m, f*
**Revoluzzer(in)** [revoˈlutsɐ] <-s, -; -, -nen> *m(f)* (*pej*) rivoluzionario, -a *m, f,* sovversivo, -a *m, f*
**Revolver** [reˈvɔlvɐ] <-s, -> *m* revolver *m* **Revolverheld** *m* (*pej*) uomo *m* dal grilletto facile
**Revue** [rəˈvyː] <-, -n> *f* ① (MUS) rivista *f*, varietà *f* ② (MIL) rivista *f*
**Rezensent(in)** [retsɛnˈzɛnt] <-en, -en; -, -nen> *m(f)* recensore, -a *m, f,* critico *m*
**rezensieren** [retsɛnˈziːrən] <ohne ge-> *vt* recensire
**Rezension** [retsɛnˈzi̯oːn] <-, -en> *f* recensione *f,* critica *f*
**Rezept** [reˈtsɛpt] <-(e)s, -e> *nt* ① (MED, GASTR) ricetta *f* ② (*fig*) rimedio *m*; **ein ~ für/gegen etw** un rimedio per/contro qc
**rezeptfrei** *adj* non soggetto a prescrizione medica

**Rezeption** [retsɛpˈtsi̯oːn] <-, -en> *f* ① (LIT) ricezione *f* ② (*Hotel~*) réception *f*
**rezeptpflichtig** *adj* da vendersi dietro prescrizione medica
**Rezession** [retsɛˈsi̯oːn] <-, -en> *f* (WIRTSCH) recessione *f*
**reziprok** [retsiˈproːk] *adj* reciproco
**Rezitativ** [retsitaˈtiːf, *Pl:* retsitaˈtiːvə] <-s, -e> *nt* recitativo *m*
**rezitieren** [retsiˈtiːrən] <ohne ge-> *vt* recitare
**R-Gespräch** [ˈɛrgəʃprɛːç] *nt* (TEL) telefonata *f* a carico di chi la riceve
**rh, RH** *abk v* **Rhesusfaktor** (MED) Rh
**Rhabarber** [raˈbarbɐ] <-s> *kein Pl. m* rabarbaro *m*
**Rhein** [raɪn] *m* Reno *m* **rheinisch, rheinländisch** [ˈraɪnɪʃ, ˈraɪnlɛndɪʃ] *adj* renano
**Rheinland** *nt* Renania *f* **Rheinländer(in)** [ˈraɪnlɛndɐ] <-s, -; -, -nen> *m(f)* renano, -a *m, f* **Rheinland-Pfalz** *nt* Renania-Palatinato *f*
**Rhesusaffe** [ˈreːzʊsʔafə] <-n, -n> *m* reso *m* **Rhesusfaktor** [ˈreːzʊsfaktoːɐ̯] *m* (MED) [fattore *m*] Rh *m*; ~ **positiv** Rh+ [*o* positivo]; ~ **negativ** Rh- [*o* negativo]
**Rhetorik** [reˈtoːrɪk] <-> *kein Pl. f* retorica *f*
**rhetorisch** *adj* retorico; **~e Frage** domanda retorica
**Rheuma** [ˈrɔɪma] <-s> *kein Pl. nt* (*fam*) reumatismo *m*
**Rheumatiker(in)** [rɔɪˈmaːtikɐ] <-s, -; -, -nen> *m(f)* (MED) reumatico, -a *m, f*
**rheumatisch** *adj* (MED) reumatico
**Rheumatismus** [rɔɪmaˈtɪsmʊs] <-, Rheumatismen> *m* (MED) reumatismo *m*
**Rhinozeros** [riˈnoːtserɔs] <- *o* -ses, -se> *nt* rinoceronte *m*
**Rhododendron** [rodoˈdɛndrɔn, *Pl:* rodoˈdɛndrən] <-, Rhododendren> *mnt* (BOT) rododendro *m*, rosa *f* delle Alpi
**Rhombus** [ˈrɔmbʊs, *Pl:* ˈrɔmbən] <-, Rhomben> *m* (MAT) rombo *m*
**Rhone** [ˈroːnə] *f* (GEOG) Rodano *m*
**Rhönrad** [ˈrøːnraːt] *nt* cerchio *m* acrobatico
**Rhythmen** *Pl. von* **Rhythmus**
**rhythmisch** [ˈrʏtmɪʃ] *adj* ritmico
**Rhythmus** [ˈrʏtmʊs, *Pl:* ˈrʏtmən] <-, Rhythmen> *m* ritmo *m*
**RIAS** [ˈriːas] <> *kein Pl. m akr v* **Rundfunk im amerikanischen Sektor (von Berlin)** *stazione radiofonica con sede a Berlino*
**Ribisel** [ˈriːbiːzəl] <-, -(n)> *f* (*A: Johannisbeere*) ribes *m*
**Ribonukleinsäure** [ribonukleˈiːnzɔɪrə] *f* acido *m* ribonucleico

**Richtantenne** *f* antenna *f* direzionale
**richten** ['rɪçtən] **I.** *vt* ❶ (*lenken*) **etw auf jdn/etw ~** dirigere qc verso qu/qc; (*Waffe, Fernglas*) puntare qc su qu/qc; (*Aufmerksamkeit, Blicke*) volgere qc a qu/qc; **etw an jdn/etw ~** (*Worte, Bitte*) rivolgere qc a qu/qc ❷ (*bes. südd, A, CH: her~*) preparare; (*in Ordnung bringen*) mettere in ordine, assettare; (*Essen*) preparare; (*Haare*) farsi; (*Betten*) [ri]fare; (*reparieren*) riparare **II.** *vr* **sich nach etw ~** orientarsi su qc, regolarsi secondo qc; (*folgen*) seguire qc; (LING) concordare con qc; **sich nach jdm ~** conformarsi a qu; **ich richte mich ganz nach dir** mi regolo secondo quello che mi dici tu; **unsere Urlaubspläne ~ sich nach dem Wetter** i nostri progetti per le vacanze dipendono dal tempo

**Richter(in)** ['rɪçtɐ] <-s, -; -, -nen> *m(f)* giudice *mf*, [donna *f*] magistrato *m;* **vor den ~ bringen** citare in giudizio **Richteramt** *nt* magistratura *f*

**Richterin** *f s.* **Richter**

**richterlich** *adj* giudiziario

**Richter-Skala** <-> *kein Pl. f* **die ~** la scala Richter

**Richtfunk** *m* trasmissione *f* per ponte *m* radio **Richtgeschwindigkeit** *f* (MOT) velocità *f* consigliata

**richtig** ['rɪçtɪç] **I.** *adj* ❶ (*zutreffend*) giusto, corretto; **auf dem ~en Wege sein** essere sulla buona strada; **das ist genau das Richtige für mich** è proprio quello che ci vuole per me; **bin ich hier ~ nach Bonn?** va bene di qua per Bonn?; **sehr ~!** giustissimo! ❷ (*echt*) vero; (*wirklich*) autentico; **du bist eine ~e Hexe** (*fam*) sei proprio una strega ❸ (*geeignet*) giusto; **der ~e Mann** l'uomo giusto; **im ~en Augenblick** al momento giusto ❹ (*fam: in Ordnung*) **nicht ganz ~** [**im Kopf**] **sein** essere un po' tocco **II.** *adv* ❶ (*korrekt*) correttamente; **du hast das Fenster nicht ~ zugemacht** non hai chiuso bene la finestra; **meine Uhr geht nicht ~** il mio orologio non è esatto ❷ (*in der Tat*) effettivamente ❸ (*fam: ~gehend*) bene; (*gänzlich*) completamente; **jetzt bin ich aber ~ erleichtert** (*fam*) adesso sono proprio sollevato

**richtiggehend** *adj* (*regelrecht*) vero [e proprio]

**Richtigkeit** <-> *kein Pl. f* giustezza *f,* esattezza *f;* **seine ~ haben** essere in ordine, essere giusto

**richtig**|**stellen** *vt* (*berichtigen*) rettificare, correggere **Richtigstellung** *f* rettifica *f,* correzione *f*

**Richtlinie** <-, -n> *f* direttiva *f,* norma *f;* (*Anweisungen*) istruzioni *fpl;* **sich an die ~n halten** attenersi alle direttive **Richtpreis** *m* (WIRTSCH) prezzo *m* indicativo; **unverbindlicher ~** prezzo raccomandato **Richtpunkt** *m* punto *m* di mira **Richtschnur** *f* ❶ (*zur Absteckung von Linien*) corda *f* [per tracciare] ❷ (*fig: Grundsatz*) norma *f,* regola *f* **Richtstrahler** *m* (RADIO) trasmettitore *m* direzionale

**Richtung** <-, -en> *f* ❶ (*Verlauf*) direzione *f,* senso *m;* **in ~ Venedig** in direzione Venezia; **aus allen ~en** da tutte le direzioni; **in alle ~en** in tutte le direzioni; **in entgegengesetzter** [*o* **umgekehrter**] **~** in senso contrario ❷ (*fig: Strömung*) corrente *f;* (*Tendenz*) tendenza *f* **richtungweisend** *adj* (*fig*) direttivo, normativo

**Richtwert** *m* valore *m* indicativo

**Ricke** ['rɪkə] <-, -n> *f* (ZOO) capriola *f*

**rieb** [ri:p] *1. u. 3. Pers. Sing. Imp. von* **reiben**

**riechen** ['ri:çən] <riecht, roch, gerochen> **I.** *vt* odorare, sentire l'odore; (*Tiere*) annusare; **jdn nicht ~ können** (*fig fam*) non poter soffrire qu; **das konnte ich doch nicht ~!** (*fig fam*) non potevo mica prevederlo **II.** *vi* ❶ (*Geruch wahrnehmen*) **an etw** *dat* **~** odorare qc; (*Tiere*) annusare qc ❷ (*Geruch verbreiten*) **nach etw ~** sapere di qc; **angebrannt ~** sapere di bruciato; **gut/schlecht ~** avere un buon/cattivo odore; **übel riechend** maleodorante, puzzolente; (*Atem*) cattivo; **aus dem Mund ~** avere l'alito cattivo

**Riecher** <-s, -> *m* (*fam*) naso *m;* **einen guten ~** [**für etw**] **haben** avere fiuto [per qc]

**Riechkolben** *m* (*sl scherz*) nappa *f,* nasone *m* **Riechsalz** *nt* sali *mpl*

**rief** [ri:f] *1. u. 3. Pers. Sing. Imp. von* **rufen**

**Riege** ['ri:gə] <-, -n> *f* (SPORT) squadra *f*

**Riegel** ['ri:gəl] <-s, -> *m* ❶ (*Tür~*) catenaccio *m,* chiavistello *m;* (*am Türschloss*) stanghetta *f;* **einer Sache** *dat* **einen ~ vorschieben** (*fig*) mettere un freno a qc ❷ (*Schokoladen~*) stecca *f*

**Riemen** ['ri:mən] <-s, -> *m* ❶ (*Band aus Leder*) cinghia *f,* correggia *f;* (*Gürtel*) cintura *f;* (*Schuh~*) stringa *f;* **den ~ enger schnallen** (*fig fam*) stringere la cintura, tirare la cinghia; **sich am ~ reißen** (*fig fam*) darsi da fare ❷ (*Ruder*) remo *m*

**Ries** [ri:s] <-es, -e> *nt* (*Papier*) risma *f*

**Riese** ['riːzə] <-n, -n> *m* gigante *m*
**Rieselfeld** *nt* (AGR) marcita *f*
**rieseln** ['riːzəln] *vi sein* (*Wasser*) scorrere; (*Schnee, Sand*) cadere; (*Regen*) cadere, piovigginare
**Riesen-** (*in Zusammensetzungen*) gigantesco, [da] gigante **Riesengebirge** *nt* (GEOG) Monti *mpl* Giganti **riesengroß** *adj* gigante, gigantesco, colossale **Riesenrad** *nt* ruota *f* panoramica **Riesenschlange** *f* boa *f* **Riesenschritt** *m* (*fam*) **mit ~en** a passi da gigante **Riesenslalom** *m* (SPORT) slalom *m* gigante
**riesig** I. *adj* gigante; (*gewaltig*) enorme II. *adv* (*fam: sehr*) molto; **sich ~ amüsieren** divertirsi un mondo
**Riesin** ['riːzɪn] <-, -nen> *f* gigantessa *f*
**riet** [riːt] *1. u. 3. Pers. Sing. Imp. von* **raten**
**Riff** [rɪf] <-(e)s, -e> *nt* scogliera *f*
**rigoros** [rigo'roːs] *adj* rigoroso, rigido; (*rücksichtslos*) senza riguardi
**Rigorosum** [rigo'roːzʊm, *Pl:* rigo'roːza *o* rigo'roːzən] <-s, Rigorosa *o A* Rigorosen> *nt* esame *m* di laurea
**Rikscha** ['rɪkʃa] <-, -s> *f* risciò *m*
**Rille** ['rɪlə] <-, -n> *f* rigatura *f*; (ARCH) scanalatura *f*; (*Schallplatten~*) solco *m*
**Rind** [rɪnt] <-(e)s, -er> *nt* ① (*Art*) bovino *m* ② (*Tier*) bue *m* ③ *Sing.* (*fam: ~fleisch*) manzo *m*
**Rinde** ['rɪndə] <-, -n> *f* ① (*von Baum, Gehirn*) corteccia *f* ② (*von Brot, Käse*) crosta *f*
**Rinderbraten** *m* (GASTR) arrosto *m* di manzo **Rinderfilet** *nt* (GASTR) filetto *m* di manzo **Rinderwahnsinn** <-s> *kein Pl. m* sindrome *f* della mucca pazza **Rinderzucht** *f* allevamento *m* di bovini **Rindfleisch** *nt* [carne *f* di] manzo *m* **Rindfleischsuppe** *f* brodo *m* di manzo **Rindsleder** *nt* (*Leder*) vacchetta *f* **Rindsuppe** <-, -n> *f* (*A: Rinderbouillion, klare Rinderkraftbrühe*) brodo *m* di manzo **Rindvieh** *nt* ① (ZOO) bovini *mpl* ② (*fam pej*) bue *m*
**Ring** [rɪŋ] <-(e)s, -e> *m* ① (*allgemein*) anello *m*; (*Ehe~*) fede *f*; (*Servietten~*) portatovagliolo *m* ② (SPORT: *Box~*) ring *m* ③ *pl* (SPORT: *Turngerät*) anelli *mpl* ④ *pl* (*unter den Augen*) occhiaie *fpl* ⑤ (*fig: Menschengruppe*) circolo *m*; (*Verbrecher~*) organizzazione *f*
**Ringbuch** *nt* quaderno *m* ad anelli **Ringbucheinlage** *f* foglio *m* da inserire in un quaderno ad anelli
**Ringel** ['rɪŋəl] <-s, -> *m* cerchietto *m*, voluta *f* **Ringellocke** *f* ricciolo *m*

**ringeln** I. *vt* arricciare, inanellare II. *vr* **sich ~** (*Haare*) arricciarsi; (*Schlange*) arrotolarsi
**Ringelnatter** *f* (ZOO) biscia *f* dal collare, natrice *f*
**Ringelspiel** *nt* (*A: Karussell*) giostra *f*, carosello *m*
**ringen** ['rɪŋən] <ringt, rang, gerungen> I. *vi* ① (SPORT) lottare ② (*streben*) far di tutto; **um Anerkennung ~** far di tutto per essere riconosciuto II. *vt* (*geh*) **die Hände ~** torcersi le mani
**Ringer(in)** <-s, -; -, -nen> *m(f)* lottatore, -trice *m, f*
**Ringfinger** *m* anulare *m* **ringförmig** ['rɪŋfœrmɪç] *adj* anulare, circolare **Ringkampf** *m* lotta *f* **Ringkämpfer(in)** *m(f)* lottatore, -trice *m, f*
**Ringlotte** [rɪŋ'glɔtə] <-, -n> *f* (*A: Reneklode*, BOT) regina *f* Claudia
**Ringrichter(in)** *m(f)* giudice-arbitro, -a *m, f*
**rings** [rɪŋs] *adv* **~ um ...** intorno a ...
**rings|her|um** ['rɪŋs'ʔʊm ('rɪŋshɛ'rʊm)] *adv* tutt'intorno, in giro
**Ringstraße** *f* circonvallazione *f*
**Rinne** ['rɪnə] <-, -n> *f* ① (*Furche, Abfluss~, Fahr~*) canale *m*; (*Dach~*) grondaia *f* ② (*Rinnstein*) cunetta *f* ③ (*Rille*) scanalatura *f*
**rinnen** ['rɪnən] <rinnt, rann, geronnen> *vi sein* (*Sand, Zeit*) scorrere; (*Blut*) colare
**Rinnsal** ['rɪnzaːl] <-(e)s, -e> *nt* (*geh*) rigagnolo *m* **Rinnstein** *m* cunetta *f*
**R.I.P.** *abk v* **requiescat in pace** RIP
**Rippchen** ['rɪpçən] <-s, -> *nt* (GASTR) cotoletta *f*
**Rippe** ['rɪpə] <-, -n> *f* ① (ANAT, BOT) costa *f*; (ARCH) costolone *m* ② (TEC: *von Heizkörper*) aletta *f* **Rippenbruch** *m* frattura *f* di una costola **Rippenfell** *nt* pleura *f* **Rippenfellentzündung** *f* pleurite *f* **Rippenstoß** *m* colpo *m* alle costole [*o* nei fianchi]
**Rippli** ['rɪpli] <-s, -> *nt* (*CH:* GASTR) costina *f*
**Rips** [rɪps] <-es, -e> *m* (*Gewebe*) reps *m*
**Risiko** ['riːziko, *Pl:* 'riːzikos *o* 'riːzikən] <-s, -s *o* Risiken> *nt* rischio *m*; **ein ~ eingehen** correre un rischio; **auf eigenes ~** a proprio rischio e pericolo **Risikofaktor** *m* fattore *m* rischio **risikofreudig** *adj* amante del rischio **Risikogruppe** *f* (MED) gruppo *m* a rischio **Risikokapital** *nt* (FIN) capitale *m* a rischio **risikolos** *adj* senza rischi **Risikomanagement** *nt* gestione *f* del rischio **risikoreich** *adj* rischioso, pericoloso
**riskant** [rɪs'kant] *adj* arrischiato, rischioso

riskieren [rɪs'kiːrən] <ohne ge-> vt [ar]rischiare

riss [rɪs] 1. u. 3. Pers. Sing. Imp. von reißen

Riss [rɪs] <-sses, -sse> m ① (in Stoff, Papier) strappo m; (in Fels) fenditura f; (in Glas, Porzellan, Freundschaft) incrinatura f; (in Wand) crepa f; (a. in Haut) screpolatura f ② (TEC: Zeichnung) tracciato m, pianta f

rissig adj (Haut, Mauerwerk, Leder) screpolato; (Erde, Felsen) pieno di crepacci; (Glas, Porzellan) incrinato; ~ werden screpolarsi, incrinarsi

Rist [rɪst] <-es, -e> m ① (Fußrücken) collo m del piede ② (Handrücken) dorso m della mano

Riten Pl. von Ritus

ritt [rɪt] 1. u. 3. Pers. Sing. Imp. von reiten

Ritt [rɪt] <-(e)s, -e> m cavalcata f

Ritter ['rɪtɐ] <-s, -> m cavaliere m; armer ~ (GASTR) pane fritto; rostige ~ (GASTR) dessert tipico della zona della Saar preparato con pasta di pane e budino alla vaniglia Ritterburg f maniero m Ritterkreuz nt croce f di cavaliere ritterlich adj cavalleresco Ritterlichkeit <-> kein Pl. f cavalleria f Ritterorden m ordine m cavalleresco Ritterroman m (LIT) romanzo m cavalleresco Ritterrüstung f armatura f da cavaliere Ritterschlag m accollata f Rittersporn <-(e)s, -e> m speronella f

rittlings ['rɪtlɪŋs] adv a cavallo, a cavalcioni

Ritual [rituˈaːl] <-s, -e o -ien> nt rituale m

rituell [rituˈɛl] adj rituale

Ritus ['riːtʊs, Pl: 'riːtən] <-, Riten> m rito m

Ritz [rɪts] <-es, -e> m ① (Schramme) scalfittura f ② (Spalte) fessura f

Ritze ['rɪtsə] <-, -n> f (Spalte) fessura f

ritzen I. vt ① (an~, auf~) scalfire ② (ein~) etw [in etw acc] ~ incidere qc [in qc]; die Sache ist geritzt (sl) la cosa è fissata II. vr sich ~ scalfirsi

Rivale [riˈvaːlə] <-n, -n> m, Rivalin [riˈvaːlɪn] <-, -nen> f rivale mf

rivalisieren [rivaliˈziːrən] <ohne ge-> vi mit jdm um etw ~ rivaleggiare con qu per qc

Rivalität [rivaliˈtɛːt] <-, -en> f rivalità f

Riviera [riˈvjeːra] f die [italienische] ~ la Riviera; die [französische] ~ la Costa Azzurra

Rizinus ['riːtsinʊs] <-, - o -se> m ricino m Rizinusöl nt olio m di ricino

RNS [ɛrʔɛnˈʔɛs] <-> kein Pl. f abk v Ribonukleinsäure RNA

Roastbeef ['roːstbiːf] <-s, -s> nt rosbif m, roast beef m

Robbe ['rɔbə] <-, -n> f foca f

robben ['rɔbən] vi sein strisciare carponi

Robbenfang m caccia f alle foche

Robe ['roːbə] <-, -n> f ① (geh: Abend~) abito m da sera ② (Amts~) toga f; (von Geistlichen) abito m talare

Roboter ['rɔbɔtɐ] <-s, -> m robot m

robust [roˈbʊst] adj ① (kräftig) robusto ② (widerstandsfähig) resistente, solido

Robustheit <-> kein Pl. f robustezza f

roch [rɔx] 1. u. 3. Pers. Sing. Imp. von riechen

röcheln ['rœçəln] vi rantolare

Rochen ['rɔxən] <-s, -> m (ZOO) razza f

Rock¹ [rɔk, Pl: 'rœkə] <-(e)s, Röcke> m ① (Damen~) gonna f ② (Herrenjacke) giacca f [da uomo]

Rock² [rɔk] <-(s), -(s)> m ① Sing. (Musik) musica f rock ② (Tanz) rock and roll m Rockband ['rɔkbɛnt] <-, -s> f complesso m rock

rocken ['rɔkən] vi ① (Musik machen) fare musica rock, rockeggiare ② (tanzen) ballare il rock

Rocker ['rɔkɐ] <-s, -> m rocker m Rockerbande f banda f di rocker Rockerbraut f (fam) ragazza f del rocker Rockfestival nt festival m rock

Rodel¹ ['roːdəl] <-s, -> m ① (südd: Schlitten) slitta f ② (CH: Liste) lista f

Rodel² <-, -n> f (A: kleiner Schlitten) slittino m Rodelbahn f pista f per slitte

rodeln ['roːdəln] vi haben o bei Fortbewegung sein andare in slitta, slittare

roden ['roːdən] vt dissodare

Rodler(in) ['roːdlɐ] <-s, -; -, -nen> m(f) (A: jd, der mit dem Schlitten fährt) guidatore, -trice m, f di slittino

Rodung <-, -en> f dissodamento m

Rogen ['roːɡən] <-s, -> m (ZOO) uova fpl di pesce

Roggen ['rɔɡən] <-s, -> m segale f Roggenbrot <-(e)s, -e> nt pane m di segale Roggenmehl <-(e)s, -e> nt farina f di segale

roh [roː] adj ① (ungekocht, ungebraten) crudo, non cotto ② (nicht be-, verarbeitet) grezzo, greggio ③ (grob) rozzo; (brutal) brutale; ~e Gewalt forza bruta Rohbau <-(e)s, -ten> m costruzione f rustica Roheisen nt ferro m grezzo Roherz nt minerale m grezzo Rohgewicht <-(e)s, -e> nt (WIRTSCH) peso m lordo Rohgummi mnt gomma f greggia Rohkost f crudités fpl

Rohling ['roːlɪŋ] <-s, -e> m ① (pej:

*Mensch*) bruto *m* ❷ (TEC: *Werkstück*) pezzo *m* grezzo
**Rohmaterial** *nt* materiale *m* grezzo **Rohmetall** *nt* metallo *m* grezzo **Rohöl** *nt* [petrolio *m*] greggio *m*
**Rohr** [roːɐ̯] <-(e)s, -e> *nt* ❶ (BOT) canna *f* ❷ (TEC) tubo *m*, tubatura *f* ❸ (*A: Backröhre*) forno *m* **Rohrbruch** *m* scoppio *m* di un tubo
**Rohrdommel** [ˈroːɐ̯dɔməl] <-, -n> *f* (ZOO) tarabuso *m*
**Röhre** [ˈrøːrə] <-, -n> *f* ❶ (TEC, EL, RADIO, TV) tubo *m* ❷ (*Brat~*) forno *m*; **in die ~ gucken** (*fam: leer ausgehen*) rimanere a mani vuote ❸ (*fam pej: Fernsehgerät*) televisore *m*
**röhren** [ˈrøːrən] *vi* bramire
**Rohrleger** <-s, -> *m* tubista *m*
**Rohrleitung** *f* tubazione *f*, conduttura *f* **Rohrmatte** *f* stuoia *f* di bambù **Rohrmöbel** *ntPl.* mobili *mpl* di bambù **Rohrnetz** *nt* tubature *fpl* **Rohrpost** *f* posta *f* pneumatica **Rohrspatz** *m* **wie ein ~ schimpfen** (*fam*) imprecare **Rohrstock** *m* canna *f* **Rohrstuhl** *m* sedia *f* di canna **Rohrzucker** *m* zucchero *m* di canna
**Rohseide** *f* seta *f* grezza
**Rohstoff** *m* materia *f* prima **Rohstoffmangel** *m* penuria *f* di materie prime **Rohstoffreserven** *fPl.* riserve *fpl* di materie prime **Rohwolle** *f* lana *f* grezza **Rohzucker** *m* zucchero *m* grezzo
**Rokoko** [ˈrɔkoko *o* roˈkɔko *o* rɔkoˈkoː] <-(s)> *kein Pl. nt* (KUNST, MUS, LIT) rococò *m*
**Rollator** [rɔˈlaːtoːɐ̯, *Pl:* rɔlaˈtoːrən] <-s, -en> *m* deambulatore *m*, girello *m* deambulatore
**Rollbahn** *f* (AERO) pista *f* di rullaggio **Rollbraten** *m* (GASTR) rollè *m*, rotolo *m* di carne **Rollbrett** *nt* skate-board *m*
**Rolle** [ˈrɔlə] <-, -n> *f* ❶ (*Gerolltes*) rotolo *m*; (*Garn~*) rocchetto *m*; (*Draht~*) bobina *f* ❷ (TEC: *Lauf~*) carrucola *f*; (*Walze*) rullo *m*; (*unter Möbeln*) rotella *f* ❸ (SPORT) capriola *f*; **eine ~ vorwärts/rückwärts machen** fare una capriola in avanti/all'indietro ❹ (*fig* THEAT, FILM) ruolo *m*; **eine ~ spielen** (THEAT) sostenere una parte; (*fig: wichtig sein*) avere importanza; **aus der ~ fallen** (*fig*) sfigurare; **es spielt doch keine/eine ~, ob ...** non ha/ha importanza se ...; **das spielt keine [große] ~** questo conta poco; **bei mir spielt Geld keine ~** per me i soldi non sono un problema
**rollen** [ˈrɔlən] I. *vt haben* ❶ (*drehen*) [far] girare, rotolare ❷ (*auf~*) arrotolare ❸ (*ein~*) arrotolare; (*einwickeln*) avvolgere ❹ (GASTR: *aus~*) spianare II. *vr* **sich ~** ❶ (*sich drehen*) rotolarsi ❷ (*sich auf~*) arrotolarsi ❸ (*sich ein~*) **sich in etw** *acc* ~ arrotolarsi in qc III. *vi* ❶ *sein* (*sich rollend fortbewegen*) rotolare; (*Räder*) girare; **ins Rollen kommen** (*fig*) cominciare, avviarsi ❷ *sein* (*Auto, Zug*) passare; (*Flugzeug*) rollare ❸ *haben* (*drehend bewegen*) **mit den Augen ~** roteare gli occhi ❹ *haben* (*Donner*) rimbombare
**Rollenbesetzung** *f* (THEAT, FILM) distribuzione *f* delle parti **Rollenbild** <-(e)s, -er> *nt* stereotipo *m*, cliché *m*, immagine *f*; **das traditionelle ~ der Frau verändern** cambiare l'immagine tradizionale della donna **Rollenklischee** *nt* cliché *m* **Rollenkonflikt** *m* conflitto *m* di ruolo **Rollentausch** *m* scambio *m* di ruolo **Rollenverhalten** *nt* ruolo *m* [*o* comportamento *m*] tipico **Rollenverteilung** *f* (THEAT, FILM) distribuzione *f* delle parti **Rollenzwang** *m* imperativi *mpl* del ruolo sociale
**Roller** [ˈrɔlɐ] <-s, -> *m* ❶ (*Spielzeug*) monopattino *m* ❷ (*Motor~*) [moto]scooter *m*
**Rollfeld** *nt* (AERO) campo *m* di atterraggio e di decollo
**Rollfilm** *m* pellicola *f* a bobina
**Rollkragen** *m* collo *m* alto **Rollkragenpullover** *m* maglione *m* col collo alto
**Rollladen** <-s, Rollläden *o rar* -> *m* persiane *fpl* avvolgibili
**Rollmops** *m* (GASTR) aringa *f* arrotolata
**Rollo** [ˈrɔlo *o* rɔˈloː] <-s, -s> *nt* persiana *f* avvolgibile
**Rollscanner** *m* (INFORM) scanner *m* a rullo **Rollschinken** *m* involtino *m* di prosciutto **Rollschrank** *m* armadio *m* con avvolgibile **Rollschuh** *m* pattino *m* a rotelle; **~ laufen** fare il pattinaggio a rotelle, andare coi pattini a rotelle
**Rollsplitt** *m* pietrisco *m* catramato
**Rollstuhl** *m* sedia *f* a rotelle **Rollstuhlfahrer(in)** *m(f)* persona *f* che si muove sulla sedia a rotelle **rollstuhlgerecht** *adj* predisposto per sedie a rotelle
**Rolltreppe** *f* scala *f* mobile
**Rom**[1] [roːm] *nt* (*Hauptstadt Italiens*) Roma *f*
**Rom**[2] [rɔm] <-, -a> *m* (*Roma*) rom *mf*
**ROM** [rɔm] <-(s), -(s)> *nt abk v* **read-only memory** (INFORM) ROM *f*
**Roma** [ˈroːma] *sing* Roma *fsing*
**Roman** [roˈmaːn] <-s, -e> *m* romanzo *m*

**romanhaft** *adj* ① (*romanartig gestaltet*) romanzato ② (*fig*) romanzesco
**Romanik** [roˈmaːnɪk] <-> *kein Pl. f* romanico *m*
**romanisch** *adj* ① (LING) romanzo, neolatino ② (*Kunst*) romanico ③ (*Volk, Länder*) latino
**Romanist(in)** [romaˈnɪst] <-en, -en; -, -nen> *m(f)* romanista *mf*
**Romanistik** [romaˈnɪstɪk] <-s> *kein Pl. f* romanistica *f*
**Romanistin** *f s.* **Romanist**
**Romanschriftsteller(in)** *m(f)* romanziere, -a *m, f*
**Romantik** [roˈmantɪk] <-> *kein Pl. f* (KUNST, LIT, MUS) romanticismo *m*
**Romantiker(in)** [roˈmantɪkɐ] <-s, -; -, -nen> *m(f)* (KUNST) romantico, -a *m, f*
**romantisch** *adj* romantico
**Romanze** [roˈmantsə] <-, -n> *f* (MUS, LIT) romanza *f*
**Römer** <inv> *adj* di Roma, romano
**Römer(in)** [ˈrøːmɐ] <-s, -; -, -nen> *m(f)* romano, -a *m, f,* abitante *mf* di Roma
**Römertopf** *m* teglia *f* in terracotta
**römisch** *adj* romano **römisch-katholisch** *adj* cattolico romano
**Rommé** [ˈrɔme *o* rɔˈmeː] <-s, -s> *nt,* **Rommee** <-s, -s> *nt* ramino *m*
**röntgen** [ˈrœntɡən] *vt* radiografare; (*Körperteil*) fare una radiografia di
**Röntgenaufnahme** *f* radiografia *f* **Röntgenbild** *nt* radiografia *f* **Röntgengerät** *nt* apparecchio *m* radiologico **Röntgenologie** [rœntɡenoloˈɡiː] <-> *kein Pl. f* radiologia *f* **Röntgenstrahlen** *mPl.* raggi *mpl* X **Röntgentherapie** *f* radioterapia *f* **Röntgenuntersuchung** *f* (MED) esame *m* radioscopico, radioscopia *f*
**Rooming-in** [ruːmɪŋˈɪn] <-(s)> *kein Pl. nt* degenza della gestante con il proprio figlio
**rosa** [ˈroːza] <inv> *adj* rosa; *s. a.* blau **Rosa** <-(s), - *o fam* -s> *nt* rosa *m; s. a.* **Blau**
**rosarot** [ˈroːzaˈroːt] *adj* rosa, rosato; **die Welt durch eine ~e Brille sehen** vedere tutto rosa
**Rose** [ˈroːzə] <-, -n> *f* rosa *f*
**rosé** [roˈzeː] <inv> *adj* rosato; *s. a.* **blau**
**Rosé** <-s, -s> *m* (*Wein*) rosé *m,* rosato *m*
**Rosengarten** *m* roseto *m,* giardino *m* di rose **Rosenkohl** *m* cavolino *m* di Bruxelles **Rosenkranz** *m* (REL) [corona *f* del] rosario *m;* **den ~ beten** recitare il rosario **Rosenmontag** [ˈroːzənmoːntaːk] *m* lunedì *m* grasso **Rosenöl** <-(e)s, -e> *nt* olio *m* essenziale di rose **Rosenstock** *m* rosaio *m* **Rosenstrauch** *m* rosaio *m* **Rosenzucht** *f* rosicultura *f*
**Rosette** [roˈzɛtə] <-, -n> *f* rosetta *f;* (ARCH) rosone *m*
**rosig** [ˈroːzɪç] *adj* ① (*rosa*) roseo ② (*fig: erfreulich*) roseo; **keine ~e Zukunft** un futuro poco roseo; **alles in ~em Licht sehen** vedere tutto roseo
**Rosine** [roˈziːnə] <-, -n> *f* uva *f* passa; **~n im Kopf haben** (*fig fam*) avere idee grandiose e irrealizzabili
**Rosmarin** [ˈrɔsmariːn *o* rɔsmaˈriːn] <-s> *kein Pl. m* rosmarino *m*
**Ross** [rɔs] <-es, -e *o dial* Rösser> *nt* (*südd, A, CH: sonst geh*) cavallo *m,* destriero *m poet;* **sich aufs hohe ~ setzen** (*fig*) montare in superbia **Rosshaar** *nt* crine *m* [di cavallo] **Rosskastanie** *f* ① (*Baum*) castagno *m* d'India, ippocastano *m* ② (*Frucht*) frutto *m* dell'ippocastano **Rosskur** *f* (*fam*) cura *f* da cavallo
**Rost**[1] [rɔst] <-(e)s, -e> *m* (*Gitter, Brat~*) griglia *f;* **vom ~** (GASTR) ai ferri, alla griglia
**Rost**[2] <-(e)s> *kein Pl. m* (CHEM, BOT) ruggine *f;* **~ ansetzen** arrugginire
**Rostbraten** *m* arrosto *m* fatto ai ferri **Rostbratwurst** *f* salsiccia *f* alla brace
**rostbraun** *adj* color ruggine, rugginoso
**rosten** [ˈrɔstən] *vi* haben *o* sein arrugginire; (SCIENT) inossidarsi
**rösten** [ˈrœstən] *vt* arrostire, cuocere ai ferri; (*Brot*) tostare; (*Kaffee*) torrefare
**rostfrei** *adj* ① (*ohne Rost*) non arrugginito ② (*nicht rostend*) inossidabile
**röstfrisch** *adj* appena tostato
**Rösti** [ˈrœsti] *Pl.* (*CH:* GASTR) *patate arrostite alla maniera svizzera*
**rostig** *adj* arrugginito
**Röstkartoffeln** *fPl.* patate *fpl* arrosto
**Rostschutz** *m* protezione *f* antiruggine **Rostschutzfarbe** *f* vernice *f* antiruggine **Rostschutzmittel** *nt* antiruggine *m*
**Rostumwandler** <-s, -> *m* inibitore *m* di ruggine
**rot** [roːt] <-er *o* röter, -este *o* röteste> *adj* rosso; (*Haar*) rossiccio; (*Gesicht*) rubicondo; **~ werden** arrossire; **einen ~en Kopf kriegen** diventare rosso come un peperone *fam;* **der ~e Faden** (*fig*) il filo conduttore; **auf jdn wie ein ~es Tuch wirken** far montare qu su tutte le furie; **in den ~en Zahlen stecken** essere in deficit; *s. a.* blau
**Rot** <-s, - *o fam* -s> *nt* [colore *m*] rosso *m;* **bei ~ über die Straße gehen** passare col rosso; **die Ampel steht auf ~** il semaforo è rosso; *s. a.* **Blau**

**Rotation** [rotaˈtsi̯oːn] <-, -en> f rotazione f **Rotationsdruck** <-(e)s, -e> m stampa f rotativa **Rotationsprinzip** <-s> *kein Pl.* nt principio m di rotazione **Rotationssystem** <-s> *kein Pl.* nt (POL) sistema m di rotazione
**Rotbarsch** m (ZOO) pesce m persico
**rotblond** adj fulvo **rotbraun** adj rosso bruno; (*Haar*) bruno rossiccio
**Rotdorn** <-(e)s, -e> m biancospino m rosso
**Röte** [ˈrøːtə] <-> *kein Pl.* f ❶ (*Farbe*) [colore m] rosso m; (*im Gesicht*) rossore m ❷ (BOT) robbia f
**Rote-Armee-Fraktion** [roːtəarˈmeːfraktsi̯oːn] f frazione f dell'armata rossa, *gruppo terroristico* (*RAF*)
**Röteln** [ˈrøːtəln] *Pl.* (MED) rosolia f
**röten** I. vt (geh) tingere di rosso, arrossare II. vr **sich ~** arrossare; (*Himmel*) tingersi di rosso; (*Haut, Augen*) arrossarsi
**rotglühend** adj arroventato, rovente
**rot-grün** adj (POL) **die ~e Koalition** la coalizione rosso-verde (*tra il partito dei socialdemocratici e quello dei verdi*)
**rothaarig** adj dai capelli rossi
**Rothaut** f (*scherz*) pellirossa mf
**rotieren** [roˈtiːrən] <ohne ge-> vi ❶ (*sich drehen*) **um etw ~** rotare intorno a qc ❷ (*fam: hektisch werden*) agitarsi
**Rotkäppchen** [ˈroːtkɛpçən] <-s> *kein Pl.* nt Cappuccetto m rosso
**Rotkehlchen** [ˈroːtkɛːlçən] <-s, -> nt pettirosso m
**Rotkohl** m (*bes. nordd*) cavolo m rosso
**Rotkraut** nt (*südd, A*) cavolo m rosso
**rötlich** adj rossastro; (*a. Haar*) rossiccio
**Rotlichtviertel** <-s, -> nt (fam) quartiere m a luci rosse
**Rotor** [ˈroːtoːɐ, *Pl:* roˈtoːrən] <-s, -en> m (TEC) rotore m
**rot|sehen** <irr> vi (fam) vedere rosso **Rotstift** m matita f rossa; **dem ~ zum Opfer fallen** venir cancellato
**Rotte** [ˈrɔtə] <-, -n> f ❶ (*pej: Schar*) banda f, masnada f ❷ (MIL, AERO, NAUT) formazione f a due ❸ (*Tier~*) branco m
**Rötung** <-, -en> f arrossamento m
**rotviolett** adj rosso violaceo
**Rotwein** m vino m rosso
**Rotwild** nt cervi mpl
**Rotz** [rɔts] <-es, -e> m (*vulg: Nasenschleim*) moccolo m fam; **~ und Wasser heulen** (fam) piangere come una fontana
**rotzen** [ˈrɔtsən] vi (vulg) ❶ (*sich schnäuzen*) soffiarsi il naso ❷ (*ausspucken*) scatarrare

**Rotzfahne** f (sl) moccichino m fam **rotzfrech** [ˈrɔtsˈfrɛç] adj (sl pej) sfacciato **rotzig** adj ❶ (*vulg: Nase*) moccioso ❷ (*sl pej: frech*) sfacciato **Rotznase** f (sl) ❶ (*Nase*) naso m pieno di moccio fam ❷ (*pej: Kind*) moccioso, -a m, f fam
**Rouge** [ruːʒ] <-s, -s> nt rouge m
**Roulade** [ruˈlaːdə] <-, -n> f (GASTR) involtino m [di carne]
**Rouleau** [ruˈloː] <-s, -s> nt s. **Rollo**
**Roulett** [ruˈlɛt] <-(e)s, -e o -s> nt, **Roulette** [ruˈlɛtə] <-s, -s> nt roulette f; **russisches ~** roulette russa
**Route** [ˈruːtə] <-, -n> f percorso m; (*Reise~*) itinerario m
**Routenplaner** m navigatore m
**Router** [ˈruːtɐ] <-s, -> m (INFORM) router m
**Routine** [ruˈtiːnə] <-> *kein Pl.* f ❶ (*Gewandtheit*) pratica f ❷ (*pej*) routine f; **zur ~ werden** diventare routine **routinemäßig** adj o adv di routine, in modo meccanico **Routineuntersuchung** f visita f di controllo
**Routinier** [rutiˈni̯eː] <-s, -s> m routinier, -a m, f, abitudinario, -a m, f
**routiniert** [rutiˈniːɐ̯t] adj pratico, esperto
**Rowdy** [ˈraʊdi] <-s, -s> m (*pej*) teppista m
**Royalist(in)** [ro̯ajaˈlɪst] <-en, -en; -, -nen> m(f) realista mf, monarchico, -a m, f
**RT** abk v **Registertonne** tonnellata di stazza
**Rubbellos** nt gratta e vinci m
**rubbeln** [ˈrʊbəln] vi, vt strofinare, sfregare
**Rübe** [ˈryːbə] <-, -n> f ❶ (*Futter~, Gemüse~*) rapa f; (*Zucker~*) barbabietola f; **rote ~** barbabietola f, rapa f rossa; **gelbe ~** (*südd*) carota f ❷ (*fam: Kopf*) zucca f
**Rubel** [ˈruːbəl] <-s, -> m rublo m
**Rübenzucker** m zucchero m di barbabietola
**rüber** [ˈryːbɐ] adv (fam) s. **herüber, hinüber**
**Rubin** [ruˈbiːn] <-s, -e> m rubino m
**Rubrik** [ruˈbriːk] <-, -en> f rubrica f; **unter der ~ ...** alla rubrica ...
**ruchbar** [ˈruːxbaːɐ̯] adj **~ werden** (geh) divenire di pubblico dominio
**ruchlos** [ˈruːxloːs] adj (geh) scellerato, empio, infame **Ruchlosigkeit** <-> *kein Pl.* f (geh) scelleratezza f, empietà f, infamia f
**ruck** [rʊk] int **~, zuck!** (*fam: ganz schnell*) in un batter d'occhio
**Ruck** [rʊk] <-(e)s, -e> m scossa f, scossone m; (*fam POL*) spostamento m, slittamento m; **~ nach links** slittamento a sinistra; **mit einem ~** di colpo; **sich** *dat* **einen ~ geben** (fam) [ri]scuotersi

**ruckartig** adj ❶ (*mit einem Ruck*) a strappi ❷ (*unvermittelt*) brusco

**Rückbesinnung** <-> *kein Pl.* f ricordo m, rimembranza f (*auf+acc* di)

**rückbezüglich** ['rʏkbətsy:klɪç] adj (GRAM) riflessivo

**Rückblende** f flashback m **Rückblick** m sguardo m retrospettivo **rückblickend** adj retrospettivo; **~ kann man sagen, dass ...** a posteriori si può dire che ...

**rücken** ['rʏkən] I. *vt haben* spingere; *etw* **von etw ~** (*weg-*) scostare qc da qc II. *vi sein* (*Platz machen*) spostarsi; (*vorwärts*) avanzare; (*rückwärts*) indietreggiare; **an etw** *acc* **~** (*näher*) avvicinarsi a qc; **der Zeiger rückte auf 6** la lancetta andò sul 6; **rück mal ein bisschen!** (*fam*) spostati un po'!, fatti un po' più in là!; **in weite Ferne ~** (*fig*) allontanarsi molto

**Rücken** ['rʏkən] <-s, -> m ❶ (ANAT) schiena f, dorso m; **~ an ~** schiena a schiena; **jdm den ~ zukehren** [*o* zuwenden] voltare le spalle a qu; **mir lief es heiß und kalt den ~ hinunter** mi corsero i brividi giù per la schiena; **jdm den ~ stärken** (*fig*) infondere coraggio a qu; **hinter jds ~** (*a. fig*) alle spalle di qu; **sich** *dat* **den ~ freihalten** (*fig*) coprirsi le spalle; **jdm/etw den ~ kehren** (*fig*) voltare le spalle a qu/qc; **jdm in den ~ fallen** (*fig*) voltare le spalle a qu ❷ (*Berg~*) dorsale f; (*Hand~, Fuß~, Nasen~*) dorso m; (*Messer~*) costa f; (*Buch~*) costa f, dorso m **Rückendeckung** f copertura f alle spalle **Rückenlehne** f schienale m, spalliera f **Rückenmark** nt midollo m spinale **Rückenschmerzen** mPl. dolori mpl di schiena, mal m di schiena **Rückenschwimmen** nt [nuoto m sul] dorso m **Rückenwind** m vento m da dietro

**rück|erstatten** <ohne ge-> vt rimborsare **Rückerstattung** <-, -en> f restituzione f; (FIN) rimborso m, rifusione f

**Rückfahrkarte** f biglietto m di andata e ritorno **Rückfahrschein** m biglietto m di andata e ritorno **Rückfahrscheinwerfer** m fanale m di retromarcia

**Rückfahrt** f [viaggio m di] ritorno m; **auf der ~** al ritorno

**Rückfall** m ❶ (*a. fig* MED) ricaduta f ❷ (JUR) recidiva f **rückfällig** adj **~ werden** (JUR) essere recidivo; (MED) avere una ricaduta

**Rückfenster** nt (MOT) lunotto m

**Rückflug** m [volo m di] ritorno m **Rückflugticket** <-s, -s> nt biglietto m aereo di ritorno

**Rückfrage** f [ulteriore] richiesta f di spiegazioni **rück|fragen** vi [**bei jdm**] **~** chiedere ulteriori informazioni [a qu]

**Rückgabe** f restituzione f **Rückgaberecht** nt diritto m di restituzione

**Rückgang** m ❶ (*Abnahme*) diminuzione f, regresso m ❷ (COM, FIN) recessione f, flessione f **rückgängig** adj **~ machen** (*Beschluss*) revocare; (*Vertrag*) rescindere; (*Kauf, Geschäft*) annullare

**Rückgewinnung** f recupero m

**Rückgrat** <-(e)s, -e> nt spina f dorsale, colonna f vertebrale; (*fig*) spina f dorsale; **kein ~ haben** (*fig*) essere uno smidollato *fam*

**Rückgriff** m ❶ (*Wiederaufgreifen*) ricorso m; **~ auf etw** *acc* ricorso a qc ❷ (JUR) regresso m, rivalsa f

**Rückhalt** m appoggio m, sostegno m **rückhaltlos** adj *o* adv senza riserve

**Rückhand** f (SPORT) rovescio m

**Rückkauf** m riacquisto m, riscatto m **Rückkaufsrecht** nt diritto m di riacquisto [*o* di riscatto]

**Rückkehr** ['rʏkke:ɐ̯] <-> *kein Pl.* f ritorno m, rientro m; **bei meiner ~** al mio ritorno

**Rückkopp[e]lung** f feedback m; (TEC, RADIO) reazione f

**Rücklage** f ❶ (FIN) [fondo m di] riserva f ❷ (SPORT: *Haltung*) posizione f all'indietro del corpo

**rückläufig** adj retrogrado, regressivo

**Rücklicht** nt luce f posteriore

**rücklings** ['rʏklɪŋs] adv ❶ (*rückwärts*) all'indietro ❷ (*auf dem Rücken*) sulla schiena ❸ (*von hinten*) da dietro, alle spalle

**Rückmarsch** m (MIL) ritirata f

**rück|melden** vr **sich ~** (UNIV) confermare l'iscrizione

**Rücknahme** ['rʏkna:mə] <-, -n> f (*von Versprechen, Klage*) ritiro m

**Rückporto** nt affrancatura f per la risposta

**Rückreise** f [viaggio m di] ritorno m; **auf der ~** al ritorno; **auf der ~ sein** essere sulla via del ritorno **Rückreiseverkehr** <-s> *kein Pl.* m traffico m di rientro [*o* di ritorno] [dalle vacanze]

**Rückruf** <-(e)s, -e> m ❶ (TEL) richiamata f ❷ (JUR, WIRTSCH) ritiro m **Rückrufaktion** f contrordine m **Rückrufautomatik** f sistema m automatico di richiamo

**Rucksack** ['rʊkzak] m zaino m **Rucksacktourist[in]** <-en, -en; -, -nen> m(f) saccopelista mf

**Rückschau** f sguardo m retrospettivo **rückschauend** adj retrospettivo

**Rückschlag** *m* ① (SPORT) rimbalzo *m* ② (*Fehlschlag*) ricaduta *f*
**Rückschluss** *m* conclusione *f*; **aus etw den ~ ziehen** trarre la conclusione da qc
**Rückschritt** *m* passo *m* indietro, regresso *m* **rückschrittlich** *adj* retrogrado, reazionario
**Rückseite** *f* retro *m*; (*von Stoff, Medaille*) rovescio *m*; (*von Blatt*) verso *m*; (*von Gebäude*) parte *f* posteriore; **auf der ~ von** a retro di; **siehe ~** vedi retro
**Rücksicht** *f* riguardo *m*; **~ nehmen auf jdn** avere riguardo per qu; **mit/ohne ~ auf** +acc con/senza riguardo a; **ohne ~ auf Verluste** (*fam*) senza curarsi di eventuali perdite **Rücksichtnahme** ['rʏkzɪçtnaːmə] <-> *kein Pl. f* riguardo *m*, considerazione *f* **rücksichtslos** *adj* senza riguardo, spietato **Rücksichtslosigkeit** <-, -en> *f* mancanza *f* di riguardo; (*Schonungslosigkeit*) brutalità *f* **rücksichtsvoll** *adj* [**gegen jdn/etw**] **~ sein** essere pieno di riguardo [verso qu/qc]
**Rücksitz** *m* (*von Auto*) sedile *m* posteriore; (*von Motorrad*) sellino *m* posteriore
**Rückspiegel** *m* specchietto *m* retrovisore
**Rückspiel** *nt* (SPORT) partita *f* di ritorno
**Rücksprache** *f* abboccamento *m*, colloquio *m*; **nach ~ mit** d'intesa con
**Rückstand** *m* ① (*Rest*) resto *m*, rimanente *m*; (CHEM) residuo *m* ② *meist pl* (FIN) arretrati *mpl* ③ (*Verzug*) ritardo *m*; **im ~ sein** essere indietro ④ (SPORT) svantaggio *m* **rückständig** *adj* ① (*unterentwickelt*) arretrato; (*rückschrittlich*) retrivo, retrogrado ② (FIN: *Schuldner*) moroso; (*Betrag*) arretrato **Rückständigkeit** <-> *kein Pl. f* arretratezza *f*
**Rückstau** *m* ① (TEC) ristagno *m* ② (MOT) ingorgo *m* **Rückstoß** *m* ① (*Stoß nach hinten*) contraccolpo *m*; (*bei Schusswaffe*) rinculo *m* ② (PHYS) ripercussione *f* **Rückstrahler** *m* catarifrangente *m* **Rücktaste** *f* (TEC) tasto *m* di ritorno
**Rücktritt** *m* ① (*vom Amt*) dimissioni *fpl*, ritiro *m*; **seinen ~ von einem Amt erklären** rassegnare le dimissioni da una carica ② (*~bremse*) freno *m* a contropedale **Rücktrittbremse** *f* freno *m* a contropedale **Rücktrittsgesuch** *nt* dimissioni *fpl* scritte **Rücktrittsrecht** *nt* (JUR) diritto *m* di recesso
**Rückübersetzung** *f* retroversione *f*, ritraduzione *f*
**rück|vergüten** <ohne ge-> *vt* rimborsare **Rückvergütung** *f* rimborso *m*
**rück|versichern** <ohne ge-> *vr* **sich ~** riassicurarsi **Rückversicherung** *f* riassicurazione *f*
**Rückwand** *f* parete *f* posteriore
**rückwärtig** ['rʏkvɛrtɪç] *adj* di dietro, posteriore
**rückwärts** ['rʏkvɛrts] *adv* ① (*nach hinten, von hinten nach vorne*) [all']indietro ② (*südd, A: hinten*) [di] dietro **rückwärts|fahren** <irr> *vi* (*Person, Fahrzeug*) fare marcia indietro **Rückwärtsgang** *m* retromarcia *f* **rückwärts|gehen** <irr> *vi* camminare all'indietro
**Rückweg** *m* [via *f* del] ritorno *m*
**ruckweise** *adv* a scosse
**rückwirkend** *adj* (ADM) retroattivo **Rückwirkung** *f* ① (ADM) retroattività *f* ② (*Auswirkung*) ripercussione *f*
**rückzahlbar** *adj* rimborsabile, restituibile
**Rückzahlung** *f* rimborso *m*
**Rückzieher** <-s, -> *m* (*fam*) marcia *f* indietro, dietro front *m*; **einen ~ machen** (*fam*) fare marcia indietro, tornare sui propri passi
**Rückzug** *m* (MIL) ritirata *f*; **den ~ antreten** battere in ritirata
**Rucola¹, Rukola** ['ruːkola] <-s> *kein Pl. m* (*Salat*) rucola *f*
**Rucola², Rukola** ['ruːkola] <-> *kein Pl. f* (*Pflanze*) rucola *f*
**rüde** ['ryːdə] *adj* rozzo, rude
**Rüde** ['ryːdə] <-n, -n> *m* maschio *m*
**Rudel** ['ruːdəl] <-s, -> *nt* branco *m*
**Ruder** ['ruːdɐ] <-s, -> *nt* ① (*von ~boot*) remo *m* ② (*Steuer~*) timone *m*; **das ~ fest in der Hand haben** (*fig*) reggere il timone **Ruderboot** *nt* barca *f* a remi
**Ruderer** <-s, -> *m*, **Ruderin** <-, -nen> *f* rematore, -trice *m, f*
**rudern** *vi* haben *o bei Fortbewegung sein* ① (*Ruder bewegen*) remare; **mit den Armen ~** (*fig fam*) agitare le braccia come un mulino a vento ② (*Ruderboot fahren*) andare in barca a remi ③ (SPORT) fare [del] canottaggio
**Ruderregatta** *f* gara *f* di canottaggio **Rudersport** *m* canottaggio *m*
**Rudiment** [rudiˈmɛnt] <-(e)s, -e> *nt* ① (*Überbleibsel*) residuo *m* ② (BIOL) rudimento *m* ③ *Pl:* (*Grundbegriffe*) rudimenti *mpl*
**rudimentär** [rudimɛnˈtɛːɐ̯] *adj* rudimentale
**Ruderin** <-, -nen> *f* rematore, -trice *m, f*
**Ruf** [ruːf] <-(e)s, -e> *m* ① (*Schrei, Aus~*) grido *m* ② *Sing.* (*Auf~*) chiamata *f*; (*des Herzens, Gewissens*) voce *f*, richiamo *m* ③ *Sing.* (*Berufung*) invito *m*; **einen ~ an**

**die Universität Köln erhalten** essere chiamato quale professore all'università di Colonia ❶ *Sing.* (*Ansehen*) reputazione *f*; (*Ruhm*) fama *f*; **einen guten/schlechten ~ haben** godere [di] una buona/cattiva fama; **er ist besser als sein ~** è migliore di quel che si dice

**rufen** ['ruːfən] <ruft, rief, gerufen> I. *vt* chiamare; **hast du mich gerufen?** mi hai chiamato?; **jdn zur Ordnung ~** richiamare qu all'ordine; **sich** *dat* **etw ins Gedächtnis ~** farsi venire in mente qc; **wie gerufen kommen** (*fam*) venire a proposito II. *vi* (*a. auf~*) chiamare; (*aus~*) gridare; **nach jdm ~** chiamare qu; **um Hilfe ~** chiamare aiuto; **die Arbeit/Pflicht ruft** il lavoro/dovere chiama

**Rüffel** ['rʏfəl] <-s, -> *m* (*fam*) rabbuffo *m*, sgridata *f*

**Rufmord** *m* grave calunnia *f*

**Rufname** *m* nome *m*

**Rufnummer** *f* numero *m* telefonico

**Rufsäule** *f* colonnina *f* di soccorso

**rufschädigend** *adj* **~es Verhalten** comportamento screditante

**Rufweite** *f* **in/außer ~** a portata/fuori della portata di voce

**Rufzeichen** *nt* ❶ (TEL) segnale *m* di libero ❷ (A: *Ausrufezeichen*) punto *m* esclamativo

**Rugby** ['rakbi] <-(s)> *kein Pl. nt* (SPORT) rugby *m*

**Rüge** ['ryːɡə] <-, -n> *f* biasimo *m*, rimprovero *m*

**rügen** *vt* biasimare, rimproverare

**Rügen** ['ryːɡən] <-s> *f* (GEOG) isola *f* di Rügen

**Ruhe** ['ruːə] <-> *kein Pl. f* ❶ (*Unbewegtheit*) calma *f*; (*Stille, Gelassenheit*) quiete *f*; **die ~ vor dem Sturm** (*fig*) la calma prima della tempesta ❷ (*Schweigen*) silenzio *m*; **~!** silenzio! ❸ (*Entspannung, Erholung, Bett~*) riposo *m*; **sich** *dat* **keine ~ gönnen** non concedersi riposo; **angenehme ~!** buon riposo!; **sich zur ~ setzen** (*Geschäftsmann*) ritirarsi dagli affari; (*Angestellter*) andare in pensione; **die ewige ~** (*geh*) la pace eterna ❹ (*innere ~, Friede*) tranquillità *f*, calma *f*, pace *f*; **~ bewahren** mantenere la calma; **jdn mit etw in ~ lassen** lasciare in pace qu con qc; **nicht aus der ~ zu bringen sein** non perdere mai la calma; **zur ~ kommen** trovare un momento di pace; **nicht** [*o* **keinen Augenblick**] **zur ~ kommen** non trovare requie; **in** [**aller**] **~** con calma, in tutta tranquillità; **sie hat die ~ weg** (*fam*) è la calma in persona; **das lässt ihm keine ~** [ciò] non gli dà pace; **immer mit der ~!** (*fam*) calma e sangue freddo!

**Ruhegehalt** *nt* pensione *f*

**ruheliebend** *adj* amante della quiete; **~ sein** essere un amante della quiete

**ruhelos** *adj* irrequieto, agitato; (*innerlich*) inquieto **Ruhelosigkeit** <-> *kein Pl. f* irrequietezza *f*, agitazione *f*; (*innerlich*) inquietudine *f*

**ruhen** *vi* ❶ (*aus~*) riposare, riposarsi; **nicht eher ~, als bis ...** non aver pace fin quando non ...; **ruhe in Frieden** riposa in pace ❷ (*fig*) essere posato su qc; (*Verdacht, Verantwortung*) gravare; **sein Blick ruhte auf der Landschaft** il suo sguardo si posò sul paesaggio ❸ (*sich stützen*) **auf etw** *dat* **~** poggiare su qc ❹ (*Arbeit, Betrieb, Produktion*) essere fermo; (*Angelegenheit*) essere sospeso; **eine Angelegenheit ~ lassen** lasciare un affare

**Ruhepause** *f* pausa *f* **Ruhestand** *m* (*Lebensabschnitt*) riposo *m*; (*Stellung*) pensione *f*; **im ~** a riposo, in pensione; **in den ~ treten** andare in pensione **Ruhestellung** *f* posizione *f* di riposo **Ruhestörung** *f* disturbo *m* della quiete pubblica; **nächtliche ~** schiamazzi *mpl* notturni **Ruhetag** *m* giorno *m* di riposo; (*von Geschäft*) riposo *m* settimanale

**ruhig** ['ruːɪç] I. *adj* ❶ (*unbewegt, a. fig*) calmo ❷ (*geräuschlos*) silenzioso ❸ (*still, gelassen*) tranquillo; **~ bleiben** restare calmo; **sich ~ verhalten** mantenersi tranquillo; **~ Blut!** (*fam*) calma e sangue freddo! ❹ (MED: *unbeweglich*) **~ stellen** (*Arm, Bein*) immobilizzare II. *adv* (*fam*) ❶ (*unbesorgt*) tranquillamente ❷ (*meinetwegen*) per me

**ruhig|stellen** *vt* (MED: *sedieren*) calmare **Ruhm** [ruːm] <-(e)s> *kein Pl. m* gloria *f*, fama *f*

**rühmen** ['ryːmən] I. *vt* ❶ (*preisen*) glorificare, esaltare ❷ (*loben*) lodare, elogiare; (*übermäßig*) magnificare II. *vr* **sich einer Sache** *gen* **~** gloriarsi di qc, vantarsi di qc

**rühmlich** *adj* degno di lode, lodevole

**ruhmlos** *adj* inglorioso **ruhmreich, ruhmvoll** *adj* glorioso

**Ruhr**[1] ['ruːɐ̯] <-> *f* (GEOG) Ruhr *f*

**Ruhr**[2] ['ruːɐ̯] <-, *rar* -en> *f* (MED) dissenteria *f*

**Rührei** *nt* uova *fpl* strapazzate

**rühren** ['ryːrən] I. *vt* ❶ (*um~*) rimestare; (*mischen*) mescolare ❷ (*bewegen*) muovere; **keinen Finger ~** (*fam*) non muovere un dito ❸ (*ergreifen, erregen*) commuovere, toccare; **jdn zu Tränen ~** commuovere qu fino alle lacrime **II.** *vi* ① (*um~*) mescolare ② (*geh: her~*) **von etw ~** derivare da qc; **das rührt daher, dass ...** questo dipende dal fatto che ... **III.** *vr* **sich ~** ① (*sich bewegen*) muoversi; **kein Lüftchen rührte sich** non spirava un alito di vento; **rührt euch!** (MIL) riposo! ② (*sich melden: Gewissen*) svegliarsi **rührend I.** *adj* commovente, toccante **II.** *adv* **sich ~ um jdn kümmern** preoccuparsi di qu in modo commovente

**Ruhrgebiet** *nt* (GEOG) regione *f* della Ruhr
**rührig** *adj* attivo, dinamico; (*emsig*) operoso
**rührselig** *adj* (*pej*) ① (*Mensch*) emotivo, sentimentale ② (*Buch, Film*) lacrimoso, commovente **Rührseligkeit** *f* emotività *f*, sentimentalismo *m*
**Rührteig** <-(e)s, -e> *m* impasto *m*
**Rührung** <-> *kein Pl.* *f* commozione *f*
**Ruin** [ru'i:n] <-s> *kein Pl.* *m* rovina *f*, tracollo *m*
**Ruine** [ru'i:nə] <-, -n> *f* rovina *f*
**ruinieren** [rui'ni:rən] <ohne ge-> *vt* rovinare
**ruinös** [rui'nø:s] *adj* rovinoso
**rülpsen** ['rʏlpsən] *vi* (*fam*) ruttare
**Rülpser** <-s, -> *m* (*fam*) rutto *m*
**rum** [rʊm] *adv* (*fam*) *s.* **herum**
**Rum** [rʊm] <-s, -s> *m* rhum *m*, rum *m*
**Rumäne** [ru'mɛ:nə] <-n, -n> *m* romeno *m*, rumeno *m*
**Rumänien** [ru'mɛ:niən] *nt* Romania *f*
**Rumänin** [ru'mɛ:nɪn] <-, -nen> *f* romena *f*, rumena *f*
**rumänisch** *adj* romeno, rumeno
**rum|kriegen** *vt* (*fam*) **jdn ~** convincere qu a starci
**Rummel** ['rʊməl] <-s> *kein Pl.* *m* (*fam*) ① (*Betriebsamkeit*) viavai *m*, movimento *m* ② (*~platz*) fiera *f* **Rummelplatz** *m* (*fam*) parco *m* dei divertimenti
**rumoren** [ru'mo:rən] <ohne ge-> *vi* (*poltern*) fare fracasso; (*im Magen*) brontolare
**Rumpelkammer** *f* (*fam*) ripostiglio *m*
**rumpeln** ['rʊmpəln] *vi* (*fam*) ① *haben* (*poltern*) fare fracasso ② *sein* (*polternd fahren*) passare con fracasso
**Rumpf** [rʊmpf, *Pl:* 'rʏmpfə] <-(e)s, Rümpfe> *m* ① (ANAT) tronco *m* ② (NAUT) scafo *m*; (AERO) fusoliera *f*
**rümpfen** ['rʏmpfən] *vt* **die Nase [über etw** *acc*] **~** arricciare il naso [per qc]
**Rumpsteak** ['rʊmpste:k] *nt* costata *f* di manzo
**Rumtopf** *m* frutta *f* conservata nel rhum

**rum|treiben** <irr> *vr* **sich ~** (*fam pej*) andare in giro, girovagare; (*auf der Straße*) gironzolare; **wo hast du dich wieder rumgetrieben?** dove hai gironzolato di nuovo?
**Run** [ran] <-s, -s> *m* corsa *f*; **der ~ auf etw** *acc* la corsa a qc
**rund** [rʊnt] **I.** *adj* rotondo; (*Gesicht*) pieno; (*Zahl*) tondo; **ein ~es Dutzend** (*fam*) una buona dozzina **II.** *adv* ① (*fam: ungefähr*) [all'in]circa ② (*herum*) intorno; **eine Reise ~ um die Erde** un viaggio intorno alla terra; **~ um die Uhr** senza interruzione
**Rundbau** <-(e)s, -ten> *m* rotonda *f* **Rundblick** *m* panorama *m* **Rundbogen** *m* arco *m* a tutto sesto **Rundbrief** *m* [lettera *f*] circolare *f*
**Runde** ['rʊndə] <-, -n> *f* ① (*Gesellschaft*) circolo *m*, cerchia *f* ② (*Rundgang*) giro *m*; **die ~ machen** (*a. fig*) fare il giro ③ (*Rennstrecke*) giro *m* ④ (*beim Boxen*) ripresa *f*, round *m*; **über die ~n kommen** (*fam*) farcela a stento ⑤ (*von Getränken*) giro *m*; **eine ~ spendieren** [*o* [aus]geben] offrire un giro
**runden I.** *vt* arrotondare **II.** *vr* **sich ~** arrotondarsi
**rund|erneuern** <ohne ge-> *vt* (*Reifen*) vulcanizzare
**Rundfahrt** *f* giro *m*, intinerario *m* [con ritorno al punto di partenza] **Rundflug** *m* giro *m* in aereo **Rundfrage** *f* inchiesta *f*
**Rundfunk** *m* radio *f*; **im ~** alla radio
**Rundfunk-** (*in Zusammensetzungen*) radiofonico **Rundfunkanstalt** *f* stazione *f* radiofonica **Rundfunkempfang** *m* ricezione *f* delle emissioni radiofoniche **Rundfunkempfänger** *m* *s.* **Rundfunkgerät Rundfunkgebühren** *fPl.* canone *m* radiofonico **Rundfunkgerät** *nt* [apparecchio *m*] radio *f* **Rundfunkhörer(in)** *m(f)* radioascoltatore, -trice *m, f* **Rundfunkprogramm** *nt* programma *m* radiofonico **Rundfunksender** *m* emittente *f* radiofonica **Rundfunksendung** *f* emissione *f* radiofonica **Rundfunksprecher(in)** *m(f)* annunciatore, -trice *m, f* radiofonico, -a **Rundfunkstation** *f* stazione *f* radiofonica **Rundfunkteilnehmer(in)** *m(f)* radioabbonato, -a *m, f* **Rundfunkübertragung** *f* trasmissione *f* radiofonica **Rundfunkwerbung** *f* pubblicità *f* radiofonica
**Rundgang** *m* giro *m*; (MIL) ronda *f*
**rund|gehen** <irr> *vi sein* ① (*herumgereicht werden*) circolare; (*erzählt werden*) essere passato di bocca in bocca

❷ (*fam: turbulent werden*) agitarsi; **jetzt geht's rund** adesso si parte!, forza che si inizia!

**rundheraus** ['rʊnthɛ'raʊs] *adv* francamente, apertamente, chiaro e tondo

**rundherum** ['rʊnthɛ'rʊm] *adv* ❶ (*rings*) [tutto] intorno ❷ (*fig fam: völlig*) completamente, pienamente

**rundlich** *adj* ❶ (*annähernd rund*) [ro]tondeggiante ❷ (*Mensch*) grassottello

**Rundreise** *f s.* **Rundfahrt Rundschreiben** *nt* [lettera *f* ] circolare *f* **Rundstricknadel** *f* ferro *m* circolare

**rundum** ['rʊnt'ʊm] *adv s.* **rundherum**

**Rundung** <-, -en> *f* rotondità *f*

**Rundwanderweg** <-(e)s, -e> *m* giro *m*, sentiero *m* circolare

**rundweg** ['rʊnt'vɛk] *adv* nettamente, in modo chiaro e tondo

**Rune** ['ru:nə] <-, -n> *f* runa *f* **Runenschrift** *f* scrittura *f* runica, caratteri *mpl* runici

**Runkel** ['rʊŋkəl] <-, -n> *f* (*A, CH: Runkelrübe*) barbabietola *f* **Runkelrübe** *f* barbabietola *f*

**runter** ['rʊntɐ] *adv* (*fam*) *s.* **herunter, hinunter**

**runter|hauen** <irr> *vt* (*fam*) **jdm eine ~** mollare una sberla a qu

**runter|ziehen** <irr> *vt* (*sl*) buttar giù, deprimere

**Runzel** ['rʊntsəl] <-, -n> *f* ruga *f* **runzelig** *adj* (*Mensch*) pieno di rughe, rugoso; (*Frucht*) raggrinzito

**runzeln** I. *vt* corrugare II. *vr* **sich ~** [r]aggrinzarsi

**runzlig** *adj s.* **runzelig**

**Rüpel** ['ry:pəl] <-s, -> *m* (*pej*) villano *m*, zotico[ne] *m*

**Rüpelei** [ry:pə'laɪ] <-, -en> *f* (*pej*) villania *f*

**rüpelhaft** *adj* (*pej*) villano

**rupfen** ['rʊpfən] *vt* (*zupfen*) strappare; (*Geflügel, a. fig fam: übervorteilen*) spennare; (*Gras, Unkraut*) strappare

**ruppig** ['rʊpɪç] *adj* (*pej*) sgarbato, villano

**Rüsche** ['ry:ʃə] <-, -n> *f* ruche *f*

**Ruß** [ru:s] <-es, *rar* -e> *m* fuliggine *f*

**Russe** ['rʊsə] <-n, -n> *m* russo *m*

**Rüssel** ['rʏsəl] <-s, -> *m* (*Elefanten~, Insekten~*) proboscide *f*; (*Schweine~*) grugno *m*

**rußen** ['ru:sən] *vi* produrre fuliggine; (*Lampe*) far fumo

**rußig** *adj* fuligginoso

**Russin** ['rʊsɪn] <-, -nen> *f* russa *f*

**russisch** *adj* russo

**Russland** ['rʊslant] *nt* Russia *f*

**Rußpartikelfilter** *m* (AUTO) filtro *m* antiparticolato

**rüsten** ['rʏstən] I. *vi* (MIL) armare II. *vr* **sich [zu etw] ~** (*geh*) prepararsi [a qc]

**Rüster** ['ry:stɐ] <-, -n> *f* olmo *m*

**rüstig** ['rʏstɪç] *adj* arzillo

**rustikal** [rʊsti'ka:l] *adj* rustico

**Rüstung** ['rʏstʊŋ] <-, -en> *f* ❶ (MIL) armamento *m* ❷ (*Ritter~*) armatura *f* **Rüstungsbegrenzung** *f* limitazione *f* degli armamenti **Rüstungsetat** *m* budget *m* per gli armamenti **Rüstungsexport** <-(e)s, -e> *m* (MIL) esportazione *f* di armamenti **Rüstungsindustrie** *f* industria *f* degli armamenti **Rüstungskontrolle** *f* controllo *m* degli armamenti

**Rüstzeug** *nt* ❶ (*Werkzeug*) arnesi *mpl* ❷ (*Kenntnisse*) requisiti *mpl*

**Rute** ['ru:tə] <-, -n> *f* ❶ (*Gerte*) verga *f*; (*zur Züchtung*) bacchetta *f* ❷ (*Tierschwanz*) coda *f* ❸ (*Tierpenis, a. vulg*) verga *f vulg* **Rutengänger(in)** ['ru:təngɛŋɐ] <-s, -; -, -nen> *m(f)* rabdomante *mf*

**Rutsch** [rʊtʃ] <-(e)s, -e> *m* scivolone *m*; (POL) scivolare *m*; **in einem ~** (*fam*) in una volta; **guten ~ [ins neue Jahr]**! (*fam*) buon anno! **Rutschbahn** *f*, **Rutsche** <-, -n> *f* scivolo *m*

**rutschen** *vi sein* ❶ (*gleiten, aus~*) scivolare; (*a. Kupplung, Reifen*) slittare ❷ (*fam: Essen*) andare giù ❸ (*fam: auf~*) **zur Seite ~** spostarsi a lato ❹ (*hinunter~*) scivolare giù

**rutschfest** *adj* antiscivolo

**Rutschgefahr** <-> *kein Pl. f* strada *f* sdrucciolevole

**rutschig** *adj* scivoloso, sdrucciolevole

**Rutschpartie** *f* (*scherz*) scivolata *f*; **eine ~ machen** fare uno scivolone

**rütteln** ['rʏtəln] *vt, vi* [**an etw** *dat*] **~** scuotere [qc]; **daran gibt's nichts zu ~!** (*fam*) non ci si può fare più nulla!

# Ss

**S, s** [ɛs] <-, -> *nt* S, s *f;* **S wie Siegfried** S come Savona

**s** *abk v* **Sekunde** (ASTR) s

**s.** *abk v* **siehe** v.

**S** ① *abk v* **Süd[en]** S ② *abk v* **Schilling** S. ③ *abk v* **Sulfur** (CHEM) S

**S.** *abk v* **Seite** p., pag.

**s. a.** ① *abk v* **siehe auch** v.a. ② *abk v* **sine anno (ohne Jahr)** s.a.

**Sa.** *abk v* **Summa, Summe** somma

**Saal** ['zaːl] <-(e)s, Säle> *m* sala *f*

**Saar** [zaːɐ̯] *f* (GEOG) Saar *f*

**Saarbrücken** [zaːɐ̯'brʏkən] *nt* (GEOG) Saarbrücken *f*

**Saarland** *nt* territorio *m* della Saar

**Saat** [zaːt] <-, -en> *f* ① (*Aussaat*) semina *f* ② (*Samenkörner*) semenza *f* **Saatgut** *nt* semenza *f*, semente *f*

**Sabbat** ['zabat] <-s, -e> *m* (REL) sabato *m*

**Sabbatical** [sə'bɛtɪkəl] <-s, -s> *nt*, **Sabbatjahr** ['zabat-] *nt* anno *m* sabbatico

**sabbern** ['zabɐn] (*fam*) I. *vi* sbavare II. *vt* (*dumm reden*) cianciare

**Säbel** ['zɛːbəl] <-s, -> *m* sciabola *f*

**Sabotage** [zabo'taːʒə] <-, -n> *f* sabotaggio *m*

**Saboteur(in)** [zabo'tøːɐ̯] <-s, -e; -, -nen> *m(f)* sabotatore, -trice *m, f*

**sabotieren** [zabo'tiːrən] <ohne ge-> *vt* sabotare

**Sachbearbeiter(in)** *m(f)* incaricato, -a *m, f*, addetto, -a *m, f* **Sachbeschädigung** *f* (ADM) danno *m* materiale **sachbezogen** *adj* pertinente, concernente, relativo all'argomento **Sachbuch** *nt* saggio *m* **sachdienlich** *adj* (ADM) utile, giovevole; ~**e Hinweise** informazioni *pl* riguardo

**Sache** ['zaxə] <-, -n> *f* ① (*Ding*) cosa *f*; (*Gegenstand*) oggetto *m* ② (*fig: Angelegenheit*) faccenda *f*; (JUR) causa *f*; **bei der ~ bleiben** [re]stare in argomento; **nicht [ganz] bei der ~ sein** essere distratto; **das ist eine ~ für sich** è una cosa a sé; **das ist meine ~** sono affari miei; **das ist nicht jedermanns ~** non è cosa da tutti; **das tut nichts zur ~** non c'entra; **die ~ ist die, dass ...** il fatto è che ...; **es ist Ihre ~ zu ...** spetta a Lei +*inf;* **etw von der ~ verstehen** essere del mestiere; **in eigener ~** in causa propria; **seiner ~ sicher sein** essere sicuro del fatto proprio; **zur ~ kommen** venire al fatto ③ *pl* (*persönlicher Besitz*) effetti *mpl* personali; (*Habseligkeiten*) beni *mpl;* **mit 100 ~n** (*fam: Tempo*) a 100 all'ora; **seine ~n packen** (*fam*) far fagotto

**Sachfrage** *f* problema *m* tecnico

**Sachgebiet** *nt* campo *m*, ramo *m* **sachgemäß** *adj* appropriato, adeguato **Sachkenntnis** *f* (*Fachwissen*) competenza *f;* (*Kenntnis der Sachlage*) conoscenza *f* di causa **sachkundig** *adj* esperto, competente **Sachlage** *f* stato *m* delle cose; (*bestehende Situation*) situazione *f* di fatto **Sachleistung** *f* prestazione *f* in natura

**sachlich** *adj* (*sachbezogen*) concreto, positivo; (*objektiv*) obiettivo; (*unparteiisch*) imparziale; (ARCH) funzionale; (*Stil*) sobrio; ~ **bleiben/sein** attenersi ai fatti

**sächlich** ['zɛçlɪç] *adj* neutro

**Sachlichkeit** <-> *kein Pl. f* oggettività *f*, obiettività *f*

**Sachregister** *nt* indice *m* analitico

**Sachschaden** *m* danno *m* materiale

**Sachse** ['zaksə] <-n, -n> *m* sassone *m*

**Sachsen** ['zaksən] *nt* Sassonia *f*

**Sächsin** ['zɛksɪn] <-, -nen> *f* sassone *f*

**sächsisch** *adj* sassone

**Sachspende** *f* dono *m* in natura

**sacht** [zaxt] *adj* (*vorsichtig*) cauto; (*sanft*) delicato; (*leicht*) leggero; (*unmerklich*) impercettibile

**sachte** ['zaxtə] *adv* ① (*nicht so heftig*) piano ② (*allmählich*) a poco a poco, pian piano *fam*

**Sachverhalt** *m* stato *m* di cose, circostanze *fpl* di fatto, fatti *mpl*

**Sachverständige** <ein -r, -n, -n> *mf* esperto, -a *m, f*, perito, -a *m, f* **Sachverständigengutachten** *nt* perizia *f*

**Sachwert** *m* ① (*Wert*) valore *m* reale ② *pl* (*Wertobjekt*) valori *mpl* **Sachzwang** *m* condizionamento *m*

**Sack** [zak] <-(e)s, Säcke> *m* ① sacco *m;* **mit ~ und Pack** con armi e bagagli; **fauler ~!** (*sl*) poltrone *m fam;* **jdn im ~ haben** avere qu in pugno ② (*vulg: Hoden~*) coglioni *mpl* **Sackbahnhof** *m* stazione *f* di testa

**Säckchen** ['zɛkçən] <-s, -> *nt* sacchetto *m*

**sacken** ['zakən] *vi sein* abbassarsi, sprofondarsi; **zur Seite ~** inclinarsi

**Sackerl** <-s, -n> *nt* (*A: Tüte*) sacchetto *m*

**Sackgasse** *f* (*a. fig*) vicolo *m* cieco **Sackhüpfen** <-s> *kein Pl. nt* corsa *f* dei sacchi **Sackkleid** *nt* vestito *m* a sacco

**Sackleinen** *nt* tela *f* da sacchi **Sacktuch** *nt* (*südd, A, CH*) fazzoletto *m*
**Sadismus** [zaˈdɪsmʊs] <-> *kein Pl. m* sadismo *m*
**Sadist(in)** [zaˈdɪst] <-en, -en; -, -nen> *m(f)* sadico, -a *m, f*
**sadistisch** *adj* sadico
**säen** [ˈzɛːən] *vt* (*a. fig*) seminare; **dünn gesät sein** (*fig*) essere scarso
**Safari** [zaˈfaːri] <-, -s> *f* safari *m* **Safaripark** *m* zoo *m* safari
**Safe** [seɪf] <-s, -s> *m o nt* cassaforte *f*
**Saffian** [ˈzafia(ː)n] <-s> *kein Pl. m* (*Ziegenleder*) marocchino *m*
**Safran** [ˈzafran] <-s, -e> *m* zafferano *m*
**Saft** [zaft] <-(e)s, Säfte> *m* (*Obst~*) succo *m;* (*Pflanzen~*) linfa *f;* (*Braten~*) sugo *m;* (*Husten~*) sciroppo *m;* (*fam: Strom*) corrente *f;* (*fam: Benzin*) benzina *f;* **ohne ~ und Kraft** insipido, scialbo
**saftig** *adj* ❶ (*Obst, Fleisch*) succoso, sugoso; (*Wiese*) grasso ❷ (*fam: Rechnung*) salato; (*Ohrfeige*) solenne; (*Antwort*) potente
**saftlos** *adj* ❶ (*Orange*) senza succo ❷ (*fig*) senza brio
**Saftpresse** *f* spremifrutta *m*
**Sage** [ˈzaːgə] <-, -n> *f* leggenda *f;* (*Götter~, Helden~*) mito *m*
**Säge** [ˈzɛːgə] <-, -n> *f* sega *f* **Sägeblatt** *nt* lama *f* della sega **Sägebock** *m* (TEC) pietica *f* **Sägefisch** *m* pesce *m* sega **Sägemehl** *nt* segatura *f*
**sagen** [ˈzaːgən] *vt* dire; (*ausdrücken*) dire, esprimere; [**zu jdm**] **guten Tag ~** augurare il buon giorno [a qu]; **Sie zu jdm ~** dare del Lei a qu; **viel/nichts zu ~ haben** aver/ non aver voce in capitolo; **sich** *dat* **nichts ~ lassen** non intendere ragione; **es sich** *dat* **nicht zweimal ~ lassen** non lasciarselo dire due volte; **sich** *dat* **etw gesagt sein lassen** tenere a mente qc; **ohne ein Wort zu ~** senza proferir parola; **nichts sagend** insignificante, futile; (*Gesicht*) inespressivo; **viel sagend** significativo, espressivo; (*Blick*) eloquente; **besser gesagt** o per meglio dire; **genauer gesagt** più precisamente; **unter uns gesagt** detto fra noi; **gesagt, getan** detto fatto; **wenn ich so ~ darf** se mi è lecito; **sage und schreibe** veramente, realmente; **~ wir ...** diciamo ..., facciamo ...; **das sagt man nicht** una cosa simile non si dice; **das ist leicht gesagt** è facile a dirsi; **damit ist alles gesagt** con questo è detto tutto; **damit ist nicht gesagt, dass ...** con questo non è detto che +*conj;* **das hat nichts zu ~** questo non conta nulla; **dagegen ist nichts zu ~** non c'è che dire; **was ~ Sie dazu?** che ne dice?; **was hat das zu ~?** che importa?; **was wollen Sie damit ~?** cosa intende dire con ciò?; **könnten Sie mir ~, wie/wo ...?** mi potrebbe dire come/dove ...?; **sag' bloß!** (*fam*) non dirmi!; **~ Sie mal!** dica un po'!; **was Sie nicht** [**alles**] **~!** che dice mai!; **wem ~ Sie das!** a chi lo dice!; **das sagt** [**mir**] **alles!** questo spiega tutto!; **das kann man wohl ~!** è proprio il caso di dirlo
**Sagen** *nt* **das ~ haben** avere voce in capitolo
**sägen** [ˈzɛːgən] I. *vi* (*fam: schnarchen*) russare II. *vt* segare
**sagenhaft** *adj* ❶ (*legendär*) leggendario ❷ (*fam: wunderbar*) favoloso
**Sägespäne** *mPl.* segatura *f* **Sägewerk** *nt* segheria *f*
**Sago** [ˈzaːgo] <-s> *kein Pl. m* (*Mehl*) sagù *m*
**sah** [zaː] *1. u. 3. Pers. Sing. Imp. von* **sehen**
**Sahara** [zaˈhaːra] *f* Sahara *m*
**Sahne** [ˈzaːnə] <-> *kein Pl. f* crema *f*, panna *f* **Sahnetorte** *f* torta *f* con panna
**sahnig** *adj* cremoso
**Saison** [zɛˈzõː] <-, -s> *f* stagione *f;* **außerhalb der ~** fuori stagione
**saisonal** [zɛzoˈnaːl] *adj* stagionale
**Saisonarbeit** *f* lavoro *m* stagionale **Saisonarbeiter(in)** *m(f)* stagionale *mf* **saisonbedingt** *adj* stagionale
**Saite** [ˈzaɪtə] <-, -n> *f* corda *f;* **andere ~n aufziehen** (*fig*) cambiar musica **Saiteninstrument** *nt* strumento *m* a corda
**Sakko** [ˈzako] <-s, -s> *m o nt* giacca *f* da uomo
**sakral** [zaˈkraːl] *adj* sacrale, sacro
**Sakrament** [zakraˈmɛnt] <-(e)s, -e> *nt* sacramento *m*
**Sakrileg** [zakriˈleːk] <-s, -e> *nt* sacrilegio *m*
**Sakristei** [zakrɪsˈtaɪ] <-, -en> *f* sagrestia *f*
**Salamander** [zalaˈmandɐ] <-s, -> *m* salamandra *f*
**Salami** [zaˈlami] <-, -s> *f* salame *m*
**Salär** [zaˈlɛːɐ̯] <-s, -e> *nt* (*A, CH, südd: Gehalt*) salario *m*, paga *f*
**Salat** [zaˈlaːt] <-(e)s, -e> *m* ❶ (*Speise*) insalata *f;* **gemischter ~** insalata mista; **da haben wir den ~!** (*fam*) la frittata è fatta! ❷ (*Pflanze*) lattuga *f* **Salatbesteck** *nt* posate *fpl* da insalata **Salatgurke** <-, -n> *f* cetriolo *m* da insalata **Salatplatte** *f* piatto *m* d'insalata **Salatschleuder** *f* centrifuga *f* per l'insalata **Salatschüssel** *f*

insalatiera *f* **Salatsoße** *f* condimento *m* [per l'insalata]

**Salbe** ['zalbə] <-, -n> *f* pomata *f,* unguento *m*

**Salbei** ['zalbaɪ] <-s> *kein Pl. m* salvia *f*

**salbungsvoll** *adj* (*pej*) untuoso, mellifluo

**Salden, Saldi** *Pl. von* **Saldo**

**saldieren** [zal'diːrən] <ohne ge-> *vt* saldare

**Saldo** ['zaldo] <-s, -s *o* Salden *o* Saldi> *m* (COM, FIN) saldo *m*

**Säle** *Pl. von* **Saal**

**Saline** [za'liːnə] <-, -n> *f* salina *f*

**Salm** [zalm] <-(e)s, -e> *m* salmone *m*

**Salmiak** [zal'mjak] <-s> *kein Pl. m* cloruro *m* d'ammonio **Salmiakgeist** *m* ammoniaca *f*

**Salmonelle** [zalmo'nɛlə] <-, -n> *f* salmonella *f* **Salmonellenvergiftung** *f* salmonellosi *f*

**salomonisch** [zalo'moːnɪʃ] *adj* salomonico, saggio

**Salon** [za'lõː] <-s, -s> *m* ❶ (*Friseur~*) salone *m* ❷ (*feines Wohnzimmer*) salotto *m*; (NAUT) salone *m* nautico **salonfähig** *adj* presentabile [in società] **Salonlöwe** *m* (*scherz*) uomo *m* salottiero

**salopp** [za'lɔp] *adj* (*Kleidung*) trasandato; (*Haltung*) disinvolto; (*Ausdrucksweise*) sciatto

**Salpeter** [zal'peːtɐ] <-s> *kein Pl. m* nitrato *m* **Salpetersäure** *f* acido *m* nitrico

**Salto** ['zalto] <-s, -s *o* Salti> *m* salto *m*

**salü** *int* ❶ (*CH: hallo*) salve ❷ (*CH: tschüss*) ciao, arrivederci

**Salut** [za'luːt] <-(e)s, -e> *m* (MIL) saluto *m*

**salutieren** [zalu'tiːrən] <ohne ge-> *vt, vi* (MIL) salutare

**Salve** ['zalvə] <-, -n> *f* (MIL) salva *f*

**Salz** [zalts] <-es, -e> *nt* sale *m* **salzarm** *adj* (*Diät*) iposodico **Salzbergwerk** *nt* miniera *f* di salgemma, salina *f*

**Salzburg** ['zaltsbʊrk] *nt* Salisburgo *f*

**salzen** <salzt, salzte, gesalzen> *vt* salare

**Salzgehalt** *m* contenuto *m* di sale, salinità *f* **Salzgurke** *f* cetriolino *m* **salzhaltig** *adj* salifero, salino **Salzhering** *m* aringa *f* salata

**salzig** *adj* (*Salz enthaltend*) salino, salso; (GASTR) salato

**Salzkartoffeln** *fPl.* patate *fpl* lesse **Salzlake** *f* salamoia *f* **salzlos** *adj* senza sale, insipido **Salzsäule** *f* **zur ~ erstarren** (*in Bibel*) rimanere di sale **Salzsäure** *f* acido *m* cloridrico **Salzsee** *m* lago *m* salato **Salzstange** *f* bastoncino *m* salato,

salatino *m* **Salzstreuer** *m* saliera *f* **Salzwasser** *nt* acqua *f* salata

**SA-Mann** [ɛs'ʔaːman, *Pl:* ɛs'ʔaːlɔɪtə] <-(e)s, SA-Leute> *m* (HIST, MIL) SA *f*

**Samariter** [zama'riːtɐ] <-s, -> *m* samaritano *m*

**Samen** ['zaːmən] <-s, -> *m* ❶ (*fig* BOT) seme *m* ❷ (*Saat*) semente *f* ❸ (*Sperma*) sperma *m* **Samenbank** *f* banca *f* dello sperma **Samenerguss** *m* eiaculazione *f* **Samenkorn** *nt* grano *m* **Samenstrang** *m* (ANAT) cordone *m* spermatico

**sämig** ['zɛːmɪç] *adj* denso

**Sämischleder** ['zɛːmɪʃleːdɐ] *nt* pelle *f* scamosciata

**Sammelanschluss** *m* (TEL) centralino *m* telefonico privato

**Sammelbecken** *nt* bacino *m* collettore; (*fig*) ricettacolo *m* **Sammelbegriff** *m* nome *m* collettivo **Sammelbestellung** *f* ordinazione *f* collettiva **Sammelbüchse** *f* bossolo *m* [per oboli] **Sammelfahrkarte** *f,* **Sammelfahrschein** *m* biglietto *m* collettivo **Sammelmappe** *f* raccoglitore *m*

**sammeln** ['zamǝln] I. *vt* [rac]cogliere; (*anhäufen*) accumulare; (*aus Liebhaberei*) collezionare; (*Erfahrungen*) acquisire; (*versammeln*) radunare; (*Kräfte*) concentrare; **Spenden ~** fare una colletta II. *vr* **sich ~** ❶ (*Sachen*) accumularsi; (*Personen*) radunarsi ❷ (*sich konzentrieren*) raccogliersi, concentrarsi III. *vi* **für etw ~** fare una colletta per qc

**Sammelnummer** *f* (TEL) numero *m* collettivo **Sammelpunkt** *m* ❶ (*Sammelplatz*) luogo *m* di adunata ❷ (*Brennpunkt*) fuoco *m*

**Sammelsurium** [zamǝl'zuːriʊm] <-s, Sammelsurien> *nt* (*pej*) guazzabuglio *m*

**Sammeltaxi** *nt* taxi *m* collettivo

**Sammler(in)** <-s, -; -, -nen> *m(f)* raccoglitore, -trice *m, f;* (*Liebhaber*) collezionista *mf*; (*Spenden~*) promotore, -trice *m, f* di una colletta **Sammlerstück** <-(e)s, -e> *nt* pezzo *m* da collezione **Sammlerwert** <-(e)s> *kein Pl. m* valore *m* da collezione

**Sammlung** <-, -en> *f* ❶ (*Sammeln*) raccolta *f*; (*von Spenden*) colletta *f* ❷ collezione *f* ❸ (*fig: innere ~*) raccoglimento *m*, concentrazione *f*

**Samstag** ['zamstaːk] <-s, -e> *m* sabato *m*; *s. a.* **Dienstag**

**Samstagabend** *m* sabato sera; **am ~** sabato sera; **an diesem ~** questo sabato sera; **jeden ~** ogni sabato sera

**samstagabends** *adv* il sabato sera

**Samstagmittag** *m* sabato a mezzogiorno; *s. a.* **Samstagabend**

**samstagmittags** *adv* il sabato a mezzogiorno

**Samstagmorgen** *m* sabato mattina; *s. a.* **Samstagabend**

**samstagmorgens** *adv* il sabato mattina

**Samstagnachmittag** *m* sabato pomeriggio; *s. a.* **Samstagabend**

**samstagnachmittags** *adv* il sabato pomeriggio

**samstags** *adv* di [*o* il] sabato

**Samstagvormittag** *m* sabato mattina; *s. a.* **Samstagabend**

**samstagvormittags** *adv* il sabato mattina

**samt** [zamt] I. *prp* +*dat* [insieme] con, unitamente a II. *adv* ~ **und sonders** tutti insieme

**Samt** [zamt] <-(e)s, -e> *m* velluto *m* **Samthandschuh** *m* **jdn mit ~en anfassen** (*fig*) trattare qu coi guanti

**samtig** *adj* vellutato, di velluto

**sämtlich** ['zɛmtlɪç] *adj* tutto; (*vollständig*) completo

**Sanatorium** [zana'toːriʊm] <-s, Sanatorien> *nt* sanatorio *m*

**Sand** [zant] <-(e)s, -e> *m* sabbia *f;* **jdm ~ in die Augen streuen** (*fig*) gettare polvere negli occhi di qu; **im ~e verlaufen** (*fig*) insabbiarsi, perdersi nel nulla; **wie ~ am Meer** (*fam*) in grande quantità

**Sandale** [zan'daːlə] <-, -n> *f* sandalo *m*

**Sandalette** [zanda'lɛtə] <-, -n> *f* sandaletto *m*

**Sandbank** *f* banco *m* di sabbia **Sanddorn** *m* (BOT) olivello *m* spinoso

**Sandelholz** ['zandəlhɔlts] *nt* legno *m* di sandalo

**sandeln** ['zandəln] *vi* (*A: fam pej: untätig sein*) ciondolare, oziare **sändeln** ['zɛndəln] *vi* (*CH*) *s.* **sandeln**

**Sandhaufen** *m* mucchio *m* di sabbia

**sandig** *adj* sabbioso

**Sandkasten** *m* recinto *m* con sabbia **Sandkorn** *nt* granello *m* di sabbia **Sandkuchen** <-s, -> *m* pan *di Spagna*

**Sandler** <-s, -> *m* (*A*) ❶ (*fam pej: Obdachloser*) senzatetto *mf* ❷ (*fam pej: untüchtiger Mensch*) inetto *m*

**Sandmännchen** *nt* (*Märchengestalt*) mago *m* Sabbiolino **Sandpapier** *nt* carta *f* vetrata **Sandsack** *m* sacco *m* di sabbia; (SPORT) punching ball *m* **Sandstein** *m* [pietra *f*] arenaria *f* **Sandstrahlgebläse** *nt* sabbiatrice *f* **Sandstrand** *m* spiaggia *f* sabbiosa **Sandsturm** *m* tempesta *f* di sabbia

**sandte** ['zantə] *1. u. 3. Pers. Sing. Imp. von* **senden**

**Sanduhr** *f* clessidra *f*

**Sandwich** ['sɛntvɪtʃ] <-(e)s, -(e)s> *m o nt* sandwich *m,* panino *m* imbottito

**sanft** [zanft] *adj* (*Gemüt*) dolce, mite; (*leicht*) leggero; (*a. nicht steil*) lieve; (*zart*) delicato

**Sänfte** ['zɛnftə] <-, -n> *f* lettiga *f,* portantina *f*

**Sanftmut** <-> *kein Pl. f* mitezza *f,* dolcezza *f* [d'animo] **sanftmütig** ['zanftmyːtɪç] *adj* mite, dolce

**sang** [zaŋ] *1. u. 3. Pers. Sing. Imp. von* **singen**

**Sänger(in)** ['zɛŋɐ] <-s, -; -, -nen> *m(f)* (*berufsmäßig*) cantante *mf,* cantore *m,* cantatrice *f*

**sang- und klanglos** *adv* (*fam*) ~ **abziehen** scomparire inosservato

**sanieren** [za'niːrən] <ohne ge-> *vt* risanare

**Sanierung** <-> *kein Pl. f* risanamento *m* **Sanierungsmaßnahme** *f* misura *f* di risanamento

**sanitär** [zani'tɛːɐ̯] *adj* sanitario; ~**e Anlagen** impianti sanitari

**Sanität** [zani'tɛːt] <-> *kein Pl. f* (*CH, A*) ❶ (MIL: *Sanitätsdienst*) sanità *f* ❷ (*Krankenwagen*) ambulanza *f*

**Sanitäter** [zani'tɛːtɐ] <-s, -> *m* infermiere *m;* (MIL) soldato *m* di sanità

**sank** [zaŋk] *1. u. 3. Pers. Sing. Imp. von* **sinken**

**Sankt** [zaŋkt] <inv> *adj* San[to]; ~ **Nikolaus** San Nicola **Sankt Bernhard** [zaŋkt 'bɛrnhard] *m* (GEOG) San Bernardo *m;* **der Große/der Kleine** ~ il Gran/il Piccolo San Bernardo **Sankt Gallen** [zaŋkt 'galən] *nt* (GEOG) San Gallo *f* **Sankt Gotthard** [zaŋkt 'gɔthart] *m* (GEOG) San Gottardo *m*

**Sanktion** [zaŋk'tsi̯oːn] <-, -en> *f* ❶ (JUR: *Bestätigung*) ratifica *f* ❷ *meist pl* (COM, POL) sanzioni *fpl;* ~ **en gegen jdn verhängen** decretare sanzioni contro qu

**sanktionieren** [zaŋktsi̯o'niːrən] <ohne ge-> *vt* sanzionare

**Sankt Moritz** [zaŋkt 'moːrɪts] *nt* (GEOG) Saint Moritz *f* **Sankt-Nimmerleins-Tag** [zaŋkt'nɪmɐlai̯nstaːk] *m* (*scherz*) **am** ~ il giorno del poi dell'anno del mai **Sankt Ulrich** [zaŋkt 'ʊlrɪç] *nt* (GEOG) Ortisei *f*

**sann** [zan] *1. u. 3. Pers. Sing. Imp. von* **sinnen**

**Saphir** ['zaːfiɐ̯] <-s, -e> *m* zaffiro *m*

**Sarde** ['zardə] <-n, -n> *m* sardo *m*

**Sardelle** [zarˈdɛlə] <-, -n> f acciuga f
**Sardin** [ˈzardɪn] <-, -nen> f sarda f
**Sardine** [zarˈdiːnə] <-, -n> f sardina f
**Sardinien** [zarˈdiːniən] nt Sardegna f
**sardisch** [ˈzardɪʃ] adj sardo
**Sarg** [zark] <-(e)s, Särge> m bara f
**Sari** [ˈzaːri] <-(s), -s> m (indisches Gewand) sari m
**Sarkasmus** [zarˈkasmʊs] <-, Sarkasmen> m sarcasmo m
**sarkastisch** adj sarcastico
**Sarkophag** [zarkoˈfaːk] <-s, -e> m sarcofago m
**Sarong** [ˈzaːrɔŋ] <-(s), -s> m (indonesischer Rock) sarong m
**SARS** [zars] <-> kein Pl., **Sars** nt s. **Severe Acute Respiratory Syndrome** (MED) SARS f
**saß** [zaːs] 1. u. 3. Pers. Sing. Imp. von **sitzen**
**Satan** [ˈzaːtan] <-s, -e> m Satana m; (fig: Mensch) demonio m, diavolo m
**satanisch** [zaˈtaːnɪʃ] adj satanico, diabolico
**Satellit** [zatɛˈliːt] <-en, -en> m satellite m **Satellitenfernsehen** nt televisione f via satellite **Satellitenfoto** nt immagine f via satellite **Satellitennavigationssystem** nt sistema m di navigazione satellitare **Satellitennetz** nt rete f satellitare **Satellitenradio** nt radio f satellitare **Satellitenschüssel** f (fam) parabola f **Satellitenstaat** m stato m satellite **Satellitenstadt** f città f satellite
**Satellitensystem** nt sistema m satellitare
**Satin** [zaˈtɛ̃ː] <-s, -s> m satin m
**Satire** [zaˈtiːrə] <-, -n> f satira f; **eine ~ auf etw** acc una satira di qc
**Satiriker(in)** [zaˈtiːrɪkɐ] <-s, -; -, -nen> m(f) satirico m
**satirisch** adj satirico
**satt** [zat] adj ❶ (gesättigt, a. fig) sazio; (viel) molto, a sazietà; **~ machen** saziare; **~ werden** saziarsi; **sich ~ essen** mangiare a sazietà ❷ (Farbe) intenso, scuro
**Sattel** [ˈzatəl] <-s, Sättel> m sella f; **fest im ~ sitzen** (fig) ritenere la propria posizione sicura **Satteldach** nt tetto m a due spioventi **sattelfest** adj **in etw** dat **~ sein** (fig) essere ferrato in qc
**satteln** vt sellare; (Packtier) mettere il basto a
**Sattelschlepper** m motrice f per semirimorchio **Satteltasche** f (an Pferdesattel) bisaccia f; (an Zweiradsattel) borsetta f portaccessori
**satt|haben** <irr> vt (fam) **jdn/etw ~** essere stufo di qu/qc fam, averne abbastanza di qu/qc
**Sattheit** <-> kein Pl. f sazietà f
**sättigen** [ˈzɛtɪɡən] I. vt ❶ (satt machen) saziare; (fig: stillen) soddisfare, appagare ❷ (CHEM, PHYS, COM) saturare II. vi saziare
**sättigend** adj che sazia
**Sättigung** <-, -en> f ❶ (das Sattsein) sazietà f; (fig) appagamento m; (das Sättigen) satollamento m ❷ (CHEM, PHYS) saturazione f
**Sattler(in)** [ˈzatlɐ] <-s, -; -, -nen> m(f) sellaio, -a m, f
**satt|sehen** <irr> vr (fam) **sich an etw** dat **nicht ~ können** non stancarsi di guardare qc
**Saturn** [zaˈtʊrn] <-s> kein Pl. m Saturno m
**Satyr** [ˈzaːtyr] <-s o -n, -n o -e> m satiro m
**Satz** [zats] <-es, Sätze> m ❶ (LING) frase f, proposizione f ❷ (These) principio m; (MAT) teorema m; (Grund~) assioma m ❸ (MUS) movimento m ❹ (Tennis~) set m ❺ (Quote) tasso m; (Gebühren~) tariffa f ❻ (zusammengehörige Dinge) serie f; (COM) assortimento m ❼ (TYP) composizione f ❽ (INFORM: Datensatz) serie f ❾ (Sprung) salto m, balzo m ❿ (Boden~) fondo m, deposito m, sedimento m; (Kaffee~) fondo m **Satzbau** kein Pl. m (LING) costruzione f della frase **Satzlehre** f sintassi f **Satzteil** m parte f della proposizione
**Satzung** [ˈzatsʊŋ] <-, -en> f (von Körperschaften) statuti mpl; (von Verein) ordinamento m, regolamento m **satzungsgemäß** adj statutario
**Satzzeichen** nt segno m d'interpunzione
**Sau** [zaʊ] <-, Säue> f (Hausschwein) scrofa f, troia f; (Wild~) cinghiala f; (fam: Schwein, a. fig) porco m; **keine ~** (fig sl) neanche un cane fam; **die ~ rauslassen** (sl: feiern) far baldoria fam; (wütend sein) arrabbiarsi, infuriarsi; **jdn zur ~ machen** (sl) trattare qu come un cane; **unter aller ~** (sl) da cani; **sein Englisch ist unter aller ~** sa l'inglese da cani
**sauber** [ˈzaʊbɐ] adj ❶ (nicht schmutzig) pulito; **etw ~ machen** pulire qc; **~ machen** fare le pulizie; **~ sein** (Kind) non farla più addosso fam; (Tier) non sporcare in casa ❷ (gut u sorgfältig) accurato; (genau) esatto ❸ (hübsch) carino ❹ (anständig) perbene ❺ (fam iron) bello
**Sauberkeit** <-> kein Pl. f ❶ (Reinlichkeit) pulizia f ❷ (sorgfältiger Zustand) accuratezza f, precisione f ❸ (Anständigkeit) onestà f

**säuberlich** ['zɔɪbɐlɪç] *adv* accuratamente
**Saubermann-Image** *nt* fama *f* da bacchettone
**säubern** ['zɔɪbɐn] *vt* ① (*reinigen*) pulire ② (*fig: Buch*) **etw [von etw]** ~ ripulire qc [da qc]; (POL) epurare qc [da qc]
**Säuberung** <-, -en> *f* ① (*Reinigung*) pulizia *f* ② (*fig*) ripulita *f*; (POL) epurazione *f*; (MIL) rastrellamento *m;* **ethnische** ~ pulizia etnica
**Saubohne** *f* fava *f*
**Sauce** ['zoːsə] <-, -n> *f s.* **Soße**
**Sauciere** [zoˈsi̯eːrə] <-, -n> *f* salsiera *f*
**Saudiaraber(in)** [zaʊdiˈaːrabɐ] *m(f)* saudita *mf*
**Saudi-Arabien** [zaʊdiaˈraːbi̯ən] *nt* Arabia *f* Saudita
**saudumm** [zaʊˈdʊm] *adj* (*fam*) stupidissimo
**sauer** ['zaʊɐ] *adj* ① (*nicht süß*) acido; (*Wein*) aspro ② (*verdorben: Milch*) acido; (*Geruch*) acre; ~ **werden** (*Milch*) inacidirsi; (*fam: Mensch*) incavolarsi, incacchiarsi ③ (GASTR: *Gurke*) sott'aceto; (*Hering*) all'agro; (*Sahne*) acido ④ (*Boden, Regen,* CHEM) acido ⑤ (*Pflicht*) amaro, spiacevole; (*Arbeit*) duro, faticoso; ~ **verdient** guadagnato faticosamente ⑥ (*fam: Mensch*) incavolato; (*Gesicht*) accigliato; ~ **reagieren** (*Mensch*) incavolarsi, incacchiarsi; **auf jdn** ~ **sein** (*fam*) avercela con qu **Sauerampfer** *m* (BOT) romice *f*
**Sauerbraten** *m* (GASTR) arrosto *m* all'agro
**Sauerei** [zaʊəˈraɪ] <-, -en> *f* (*fam pej*) porcheria *f*; (*a. Zote*) sconcezza *f*
**Sauerkirsche** *f* amarena *f* **Sauerklee** *m* (BOT) acetosella *f* **Sauerkraut** *nt* crauti *mpl*
**Sauerland** ['zaʊəlant] *nt* Sauerland *m*
**säuerlich** ['zɔɪɐlɪç] *adj* (CHEM) acidulo; (*herb, a. Wein*) asprigno
**Sauermilch** *f* latte *m* acido [*o* cagliato]
**Sauerstoff** *m* ossigeno *m* **Sauerstoffapparat** *m* inalatore *m* d'ossigeno **Sauerstoffgerät** *nt* respiratore *m* a ossigeno **sauerstoffhaltig** *adj* ossigenato, contenente ossigeno **Sauerstoffmangel** *m* mancanza *f* d'ossigeno **Sauerstoffmaske** *f* maschera *f* a ossigeno **Sauerstoffzelt** *nt* tenda *f* a ossigeno
**Sauerteig** *m* lievito *m*
**saufen** ['zaʊfən] <säuft, soff, gesoffen> I. *vt* ① (*Tier*) bere ② (*sl: Mensch*) trincare II. *vi* ① (*Tier*) bere ② (*sl: Mensch*) sbevazzare
**Säufer(in)** ['zɔɪfɐ] <-s, -; -, -nen> *m(f)* (*fam pej*) ubriacone, -a *m, f*, beone, -a *m, f*

**Sauferei** [zaʊfəˈraɪ] <-, -en> *f* (*fam*) ① *Sing.* (*Trunksucht, pej*) bere *m* ② (*Gelage, pej*) bevuta *f*
**Säuferin** *f s.* **Säufer**
**Säufernase** *f* (*fam*) naso *m* paonazzo
**Saufgelage** *nt* (*fam pej*) gozzoviglia *f*
**säuft** [zɔɪft] *3. Pers. Sing. Präs. von* **saufen**
**saugen** ['zaʊɡən] <saugt, sog *o* saugte, gesogen *o* gesaugt> I. *vi* ① succhiare, poppare; **das Baby saugt an der Mutterbrust** il bambino succhia dal seno materno ② (*ein*~) aspirare II. *vt* ① (*Milch*) succhiare, poppare ② (*ein*~: *Schwamm*) assorbire; (*Luft*) aspirare; **Staub** ~ passare l'aspirapolvere
**säugen** ['zɔɪɡən] *vt* allattare
**Sauger** <-s, -> *m* ① (*auf Babyfläschchen*) ciuccio *m;* (*Schnuller*) succhiotto *m* ② (*fam: Staub*~) aspirapolvere *f*
**Säuger** <-s, -> *m*, **Säugetier** *nt* mammifero *m*
**saugfähig** *adj* assorbente **Saugflasche** *f* biberon *m* **Saugheber** *m* sifone *m*
**Säugling** ['zɔɪklɪŋ] <-s, -e> *m* lattante *mf*
**Säuglingsheim** *nt* [asilo *m*] nido *m*
**Säuglingspflege** *f* puericultura *f* **Säuglingsschwester** *f* puericultrice *f* **Säuglingssterblichkeit** *f* mortalità *f* dei lattanti
**Sauhaufen** *m* (*fam pej*) gentaglia *f*
**Säule** ['zɔɪlə] <-, -n> *f* colonna *f* **Säulengang** *m* colonnato *m;* (*Säulenhalle*) portico *m* **Säulenhalle** *f* loggia *f*, porticato *m*
**Saum** [zaʊm] <-(e)s, Säume> *m* (*Näh*~) orlo *m;* (*fig: Rand*) bordo *m,* margine *m*
**saumäßig** (*sl*) I. *adj* (*sehr schlecht*) pessimo; (*verstärkend*) terribile, enorme II. *adv* (*sehr schlecht*) malissimo; (*verstärkend*) terribilmente, enormemente
**säumen** ['zɔɪmən] *vt* (*Saum nähen an*) fare l'orlo a
**säumig** *adj* (*geh*) ① (*nachlässig*) negligente, indolente ② (*Schuldner*) moroso; (*Zahlung*) insoluto, arretrato
**Saumpfad** *m* mulattiera *f*
**Saumtier** *nt* bestia *f* da soma
**Sauna** ['zaʊna] <-, -s *o* Saunen> *f* sauna *f*
**saunieren** [zaʊˈniːrən] <ohne ge-> *vi* fare la sauna
**Säure** ['zɔɪrə] <-, -n> *f* ① *Sing.* (*saure Beschaffenheit*) acidità *f*; (*von Wein*) asprezza *f* ② (CHEM) acido *m*
**säurebeständig** *adj* antiacido
**Sauregurkenzeit** [zaʊrəˈɡʊrkəntsaɪt] *f* (*fam scherz*) stagione *f* morta
**säurehaltig** *adj* acido, contenente acido
**Saurier** ['zaʊri̯ɐ] <-s, -> *m* (ZOO) sauro *m*

**Saus** [zaʊs] *m* **in ~ und Braus leben** fare la bella vita

**säuseln** ['zɔɪzəln] *vi* (*Blätter im Wind*) stormire, mormorare; (*Wind in den Bäumen, Mensch*) sussurrare

**sausen** ['zaʊzən] *vi* ① *sein* (*Geschoss*) fendere l'aria; (*fam: Mensch*) correre, volare; (*fam: Fahrzeug*) filare ② *haben* (*Ohren*) fischiare; (*Kopf*) ronzare; (*Wind, Sturm*) sibilare, fischiare; **durch eine Prüfung ~** (*fam*) essere bocciato ad un esame; **etw ~ lassen** (*fam: verzichten auf*) lasciar perdere

**Sauser** <-s, -> *m* (CH: GASTR: *gärender Most*) mosto *m*

**Saustall** *m* (*fam a. fig*) porcile *m* **Sauwetter** *nt* (*vulg*) tempaccio *m*, tempo *m* da cani **sauwohl** *adj* (*fam*) **sich ~ fühlen** sentirsi proprio bene

**Savanne** [zaˈvanə] <-, -n> *f* savana *f*

**Saxofon** [zaksoˈfoːn] <-(e)s, -e> *nt* sassofono *m*

**Saxofonist**(**in**) [zaksofoˈnɪst] <-en, -en; -, -nen> *m(f)* sassofonista *mf*

**Saxophon** <-(e)s, -e> *nt s.* **Saxofon**

**Saxophonist**(**in**) <-en, -en; -, -nen> *m(f) s.* **Saxofonist**

**SB** [ɛsˈbeː] *abk v* **Selbstbedienung** self-service *m*

**S-Bahn**® [ˈɛsbaːn] *f* ferrovia *f* urbana, metropolitana *f*

**SBB** [ɛsbeːˈbeː] *f abk v* **Schweizerische Bundesbahn** Ferrovie *fpl* federali svizzere

**SB-Bank** [ɛsˈbeːbaŋk] <-, -en> *f* banca *f* con sportello automatico

**s. Br.** *abk v* **südlicher Breite** lat S

**SB-Tankstelle** *f* distributore *m* automatico [*o* self-service] di benzina

**scannen** *vt* (INFORM) scannerizzare, sottoporre a scanning

**Scanner** ['skɛnɐ] <-s, -> *m* (INFORM) scanner *m*

**Schabe** [ˈʃaːbə] <-, -n> *f* blatta *f*; (*Küchen~*) scarafaggio *m*

**schaben** [ˈʃaːbən] *vt* (*ab~: Schmutz*) raschiare; (*Fell, Leder*) scarnare; (*Gemüse*) grattugiare, grattare; **den Lack vom Tisch ~** raschiare la vernice dal tavolo

**Schabernack** [ˈʃaːbɐnak] <-(e)s, -e> *m* **jdm einen ~ spielen** fare uno scherzo a qu

**schäbig** [ˈʃɛːbɪç] *adj* ① (*fadenscheinig*) liso, logoro ② (*fig: Charakter*) gretto, meschino ③ (*armselig*) misero

**Schablone** [ʃaˈbloːnə] <-, -n> *f* modello *m*, forma *f*; (*fig pej: Schema*) schema *m* fisso, cliché *m*

**Schach** [ʃax] <-s, -s> *nt* (*Spiel*) [gioco *m* degli] scacchi *mpl;* (*Stellung*) scacco *m;* **~ spielen** giocare agli scacchi; **in ~ halten** (*fig*) tenere in scacco **Schachbrett** *nt* scacchiera *f* **schachbrettartig** *adj* a scacchiera

**schachern** [ˈʃaxɐn] *vi* (*pej*) **um etw ~** mercanteggiare su qc

**Schachfigur** *f* figura *f* degli scacchi, scacco *m;* (*fig*) fantoccio *m* **schachmatt** *adj* scacco matto; (*fig: erschöpft*) sfinito **Schachpartie** <-, -n> *f* partita *f* a scacchi **Schachspiel** *nt* [gioco *m* degli] scacchi *mpl* **Schachspieler**(**in**) *m(f)* scacchista *mf*

**Schacht** [ʃaxt] <-(e)s, Schächte> *m* (MIN) pozzo *m* [da miniera]; (*Kanal*) tombino *m;* (*Fahrstuhl~*) tromba *f* [dell'ascensore]

**Schachtel** [ˈʃaxtəl] <-, -n> *f* scatola *f*; **eine ~ Zigaretten** un pacchetto di sigarette; **alte ~** (*fam pej*) vecchiaccia **Schachtelhalm** *m* (BOT) equiseto *m*

**Schachzug** *m* (*a. fig*) mossa *f* [negli scacchi]

**schade** [ˈʃaːdə] *adj* **~ sein** essere peccato; **sich** *dat* **zu ~ sein für** sentirsi sprecato per; **es ist ~, dass …/um …** è un peccato che +*conj*, è un peccato per +*conj*; **wie ~!** che peccato!

**Schädel** [ˈʃɛːdəl] <-s, -> *m* (ANAT) cranio *m;* (*Totenkopf*) teschio *m* **Schädelbruch** *m* frattura *f* cranica **Schädeldecke** *f* calotta *f* cranica

**schaden** [ˈʃaːdən] *vi* jdm/etw ~ nuocere a qu/qc; **das schadet dir gar nichts** (*fam*) ben ti sta; **das kann nicht[s] ~** non fa male

**Schaden** <-s, Schäden> *m* ① (*Beschädigung*) danno *m;* (TEC) avaria *f*, guasto *m;* **~ anrichten** causare danni; **zu ~ kommen** subire un danno, essere danneggiato; **durch ~ wird man klug** (*prov*) sbagliando s'impara ② (*Nachteil*) svantaggio *m*, pregiudizio *m* ③ (*Verlust*) perdita *f* ④ (*körperlich*) lesione *f*; (*Verletzung*) ferita *f*

**Schadenersatz** *m* risarcimento *m* [dei] danni; [**jdm**] **~ leisten** risarcire la [qu] danni **Schadenfreude** *f* gioia *f* maligna **schadenfroh** *adj* malignamente soddisfatto

**Schadensersatz** *kein Pl. m* (JUR) *s.* **Schadenersatz**

**schadhaft** *adj* (*beschädigt*) danneggiato; (*Material*) difettoso

**schädigen** [ˈʃɛːdɪgən] *vt* nuocere a, danneggiare **schädigend** *adj* dannoso, nocivo; **~e Wirkung** conseguenza dannosa **Schädigung** <-, -en> *f* danneggiamento *m*, lesione *f*

**schädlich** ['ʃɛːtlɪç] *adj* dannoso; (*a. gesundheitlich*) nocivo **Schädlichkeit** <-> *kein Pl. f* dannosità *f*, nocività *f*
**Schädling** ['ʃɛːtlɪŋ] <-s, -e> *m* parassita *m*
**Schädlingsbekämpfung** *f* lotta *f* antiparassitaria
**schadlos** *adv* **sich an jdm ~ halten** rivalersi su qu
**Schadstoff** *m* elemento *m* nocivo, agente *m* inquinante **schadstoffarm** *adj* poco nocivo **Schadstoffbelastung** *f* inquinamento *m* **schadstoffgeprüft** *adj* libero da sostanze nocive
**Schaf** [ʃaːf] <-(e)s, -e> *nt* ① (*Tier*) pecora *f*; **schwarzes ~** (*fig*) pecora nera ② (*pej fam: Dummkopf*) sciocco, -a *m, f*, minchione, -a *m, f* **Schafbock** *m* montone *m*
**Schäfchen** ['ʃɛːfçən] <-s, -> *nt* ① (*kleines Schaf*) pecorella *f*; **sein ~ ins trockene bringen** (*fam*) mettere da parte un bel gruzzoletto; **~ zählen** (*fam*) contare le pecore ② *pl* (*Gemeinde*) pecorella *f* **Schäfchenwolken** *fPl.* pecorelle *fpl*
**Schäfer(in)** ['ʃɛːfɐ] <-s, -; -, -nen> *m(f)* pecoraio, -a *m, f* **Schäferhund** *m* [cane *m*] pastore *m*
**Schäferin** *f s.* **Schäfer Schäferstündchen** *nt* convegno *m* amoroso
**Schaffell** *nt* pelle *f* di pecora
**schaffen**[1] ['ʃafən] <schafft, schuf, geschaffen> *vt* ① (*er-, hervorbringen*) creare; **für etw wie geschaffen sein** essere fatto apposta per qc ② (*bewirken*) fare; (*Voraussetzungen*) creare; (*Ruhe*) imporre; (*Unruhe*) causare; (*Ordnung*) fare, mettere; (*Ersatz*) procurare; **Abhilfe ~** rimediare; **Klarheit ~** chiarire
**schaffen**[2] *vt* ① (*bewältigen*) portare a termine, fare; (*Prüfung*) passare; (*Portion*) mangiare tutto; **es ~** farcela; **wir haben's geschafft!** ce l'abbiamo fatta! ② (*fam: fertigmachen*) esaurire, sfinire, spossare; **geschafft sein** (*fam: erschöpft*) essere stanco morto; **jdm** [sehr] **zu ~ machen** dar [molto] da fare a qu ③ (*befördern*) portare ④ (*dial: arbeiten, a vi*) lavorare
**Schaffensdrang** *m* impulso *m* creatore
**Schaffenskraft** *f* forza *f* creatrice
**Schaffhausen** [ʃafˈhaʊzən] *nt* (GEOG) Sciaffusa *f*
**Schaffner(in)** ['ʃafnɐ] <-s, -; -, -nen> *m(f)* bigliettaio, -a *m, f*
**Schafgarbe** *f* (BOT) achillea *f*
**Schafherde** *f* gregge *m* di pecore
**Schafhirte** *m*, **-hirtin** *f* pastore *m* di pecore
**Schafott** [ʃaˈfɔt] <-(e)s, -e> *nt* patibolo *m*
**Schafskäse** *m* formaggio *m* pecorino
**Schafskopf** *m* (*fig, pej: Schimpfwort*) imbecille *m*, cretino *m* **Schafstall** *m* ovile *m*
**Schaft** [ʃaft] <-(e)s, Schäfte> *m* (*Stiel*) manico *m*; (BOT) gambo *m*; (*von Baum, Säule, Waffe*) fusto *m*; (*Stiefel~*) gambale *m* **Schaftstiefel** *m* stivalone *m*
**Schafzucht** *f* allevamento *m* di pecore
**Schah** [ʃaː] <-s, -s> *m* scià *m*
**Schakal** [ʃaˈkaːl] <-s, -e> *m* sciacallo *m*
**Schäker(in)** ['ʃɛːkɐ] <-s, -; -, -nen> *m(f)* ① (*fam: Witzbold*) burlone, -a *m, f* ② (*gerne flirtender Mensch*) chi ama flirtare
**schäkern** *vi* (*fam: scherzen*) scherzare; (*flirten*) flirtare
**schal** [ʃaːl] *adj* ① (*abgestanden*) guasto ② (*fig: fade, geistlos*) insulso, insipido
**Schal** [ʃaːl] <-s, -s> *m* scialle *m*; (*länglich*) sciarpa *f*; (*quadratisch*) foulard *m*
**Schälchen** ['ʃɛːlçən] <-s, -> *nt* scodellina *f*, ciotolina *f*
**Schale** ['ʃaːlə] <-, -n> *f* ① (*Gefäß*) coppa *f*; (*Schüssel*) scodella *f*, ciotola *f*, terrina *f* ② (*Waag~*) piatto *m* [della bilancia] ③ (*Obst~, Kartoffel~*) buccia *f*; (*Eier~, Nuss~, von Hülsenfrucht, Schalentier*) guscio *m* ④ (*fig: Äußeres*) scorza *f* ⑤ (*A, südd: Tasse*) tazza *f* ⑥ (*Muschel~*) conchiglia *f* ⑦ (*Wend*) **sich in ~ werfen** (*fam*) mettersi in ghingheri
**schälen** ['ʃɛːlən] **I.** *vt* (*Obst*) sbucciare; (*Tomaten, Kartoffeln*) pelare; (*Eier, Kastanien*) sgusciare **II.** *vr* **sich ~** (*a. Schlangen*) sbucciarsi; (*Haut*) spellarsi
**Schalentier** *nt* conchiglia *f*
**Schäler** ['ʃɛːlɐ] <-s, -> *m* sbucciatore *m*
**Schalk** [ʃalk] <-(e)s, -e *o* Schälke> *m* mattacchione *m fam*, burlone *m fam*; **er hat den ~ im Nacken** è un gran burlone
**schalkhaft** *adj* faceto, scherzoso
**Schall** [ʃal, *Pl.:* ʃalə *o* 'ʃɛlə] <-(e)s, -e *o* Schälle> *m* suono *m*, tono *m*; **~ und Rauch sein** essere insignificante **schalldämmend** *adj* fonoassorbente **Schalldämmung** *f* assorbimento *m* sonoro **Schalldämpfer** *m* assorbente *m* acustico; (*von Auto, Waffe*) silenziatore *m*; (MUS) sordina *f* **schalldicht** *adj* a isolamento acustico, insonorizzato
**schallen** *vi* [ri]sonare **schallend** *adj* risonante; (*Gelächter*) sonoro; (*Beifall*) scrosciante
**Schallgeschwindigkeit** *f* velocità *f* sonica **Schallgrenze** *f*, **Schallmauer** *f* muro *m*

del suono; **die ~ durchbrechen** superare il muro del suono **Schallplatte** *f* disco *m* **Schallplattensammlung** *f* collezione *f* di dischi, discoteca *f* **Schallwelle** *f* (PHYS) onda *f* acustica
**Schalotte** [ʃa'lɔtə] <-, -n> *f* scalogno *m*
**schalt** [ʃalt] *1. u. 3. Pers. Sing. Imp. von* **schelten**
**Schaltanlage** *f* impianto *m* di distribuzione **Schaltbild** *nt* schema *m* dell'impianto elettrico **Schaltbrett** *nt* quadro *m* di distribuzione
**schalten** ['ʃaltən] I. *vt* regolare; (TEC) inserire; (MOT): *Gang*) innestare II. *vi* ❶ (*verfügen*) disporre; **frei ~ und walten** fare e disfare a piacimento ❷ (*fam: kapieren*) capire; (*reagieren*) reagire ❸ (MOT) cambiare marcia; **in den dritten Gang ~** innestare la terza
**Schalter** <-s, -> *m* ❶ (TEC) commutatore *m*, interruttore *m* ❷ (*in Bank, Post, Auskunfts~*) sportello *m* **Schalterbeamte** *m*, **Schalterbeamtin** *f* impiegato, -a *m, f* allo sportello **Schalterhalle** *f* sala *f* degli sportelli **Schalterstunden** *fPl.* orario *m* per il pubblico
**Schaltfläche** *f* (*Computer*) barra *f* **Schalthebel** *m* (*a. fig*) leva *f* di comando; (MOT) leva *f* del cambio **Schaltjahr** *nt* anno *m* bisestile **Schaltknüppel** *m* (MOT) cloche *f* del cambio; (AERO) cloche *f* **Schaltkreis** *m* (EL) circuito *m* elettrico **Schaltplan** *m* schema *m* [dell'impianto] elettrico **Schalttafel** *f s.* **Schaltbrett** **Schalttag** *m* giorno *m* intercalare
**Schaltung** <-, -en> *f* ❶ (TEC) inserimento *m*, accoppiamento *m* ❷ (MOT) cambio *m* di marcia
**Schaltzentrale** *f* (TECH) centrale *f* di comando
**Scham** [ʃa:m] <-> *kein Pl. f* ❶ (*Sichschämen*) vergogna *f*; **ich möchte vor ~ in die Erde versinken** vorrei sprofondare dalla vergogna ❷ (*~haftigkeit*) pudore *m* ❸ (*~teile*) [parti *fpl*] pudende *fpl*
**Schambein** *nt* pube *m*
**schämen** ['ʃɛ:mən] *vr* **sich [einer Sache gen] ~** vergognarsi [di qc]
**Schamgefühl** *nt* pudore *m* **Schamgegend** *f* pube *m* **Schamhaar** *nt* peli *mpl* del pube **schamhaft** *adj* (*züchtig*) modesto; (*verschämt*) vergognoso, pudico **Schamhaftigkeit** <-> *kein Pl. f* (*Züchtigkeit*) modestia *f*; (*Verschämtheit*) vergogna *f*, pudicizia *f* **Schamlippe** *f* (ANAT) labbra *fpl* vaginali **schamlos** *adj* impudico; (*unverschämt*) svergognato; (*Lüge,*

*Frechheit*) spudorato **schamrot** *adj* **~ werden** arrossire di vergogna **Schamröte** <-> *kein Pl. f* rossore *m* dalla vergogna; **mir stieg die ~ ins Gesicht** diventai rosso dalla vergogna **Schamteile** *ntPl.* [parti *fpl*] pudende *fpl*
**Schande** ['ʃandə] <-> *kein Pl. f* vergogna *f*; (*a. Unehre*) disonore *m*; (*Schmach*) infamia *f*, ignominia *f*; **jdm/etw ~ machen** far disonore a qu/qc; **ich muss zu meiner [großen] ~ gestehen ...** debbo confessare, con mia grande vergogna ...; **das ist [wirklich] eine ~!** è proprio una vergogna!
**schänden** ['ʃɛndən] *vt* (*entehren*) disonorare; (*besudeln*) macchiare; (*entweihen*) profanare
**Schandfleck** *m* marchio *m* d'infamia, macchia *f*
**schändlich** *adj* ❶ (*abscheulich*) vergognoso, infame ❷ (*fam: sehr schlecht*) orribile
**Schandtat** *f* infamia *f*, scelleratezza *f*; **zu jeder ~ bereit sein** (*fam scherz*) essere della partita
**Schändung** <-, -en> *f* disonore *m*; (*Entweihung*) profanazione *f*
**Schanigarten** *m* (*A: fam*) piccolo giardino della pensione a disposizione degli ospiti
**Schänke** ['ʃɛŋkə] <-, -n> *f* osteria *f*, mescita *f*
**Schanktisch** ['ʃaŋktɪʃ] *m* banco *m* di mescita **Schankwirt** *m* oste *m* **Schankwirtschaft** *f* mescita *f* di vini, osteria *f*
**Schanze** ['ʃantsə] <-, -n> *f* ❶ (MIL) trincea *f* ❷ (SPORT: *Sprung~*) trampolino *m* [di salto]
**Schar** [ʃa:ɐ] <-, -en> *f* (*Menge*) schiera *f*, frotta *f*; (*Vogel~*) stormo *m*; **in ~en** a frotte
**Scharade** [ʃa'ra:də] <-, -n> *f* sciarada *f*
**Schäre** ['ʃɛ:rə] <-, -n> *f* (GEOG) faraglione *m*
**scharen** ['ʃa:rən] I. *vt* (*versammeln*) **jdn um jdn ~** radunare qu attorno a qu II. *vr* **sich [um jdn] ~** radunarsi [attorno a qu]
**scharenweise** *adv* a schiere, a frotte
**scharf** [ʃarf] <schärfer, schärfste> *adj* ❶ (*Schneide*) affilato, tagliente; (*Kante*) vivo; (*Spitze*) aguzzo ❷ (*Speise*) piccante, forte; (CHEM) corrosivo; (*Geruch*) acre, penetrante ❸ (*Wind*) rigido, pungente ❹ (*Stimme*) stridulo ❺ (*Bild*) nitido; (*Umrisse*) netto, marcato; (*Augen*) buono; (*Gehör*) fine ❻ (*Kurve*) brusco; **~ bremsen** frenare bruscamente ❼ (*Verstand*) acuto, sottile; **~ nachdenken** pensare intensamente ❽ (*Worte*) pungente, aspro; (*Kritik*) mordace ❾ (*Disziplin*) rigido, rigoroso; (*Überwachung*) stretto ❿ (MIL: *Muni-*

*tion*) caricato a palla; (*Bombe*) innescato ① (*sl: geil*) tosto, figo *sl;* **auf etw** *acc* ~ **sein** (*fam*) desiderare avidamente qc

**Scharfblick** *m* perspicacia *f,* acume *m*

**Schärfe** ['ʃɛrfə] <-, -n> *f* ① (*von Schneide*) taglio *m* ② (*von Speise*) [sapore *m*] piccante *m* ③ (*von Wind*) rigidità *f;* (*von Stimme*) acutezza *f* ④ (*von Bild*) nitidezza *f,* precisione *f* ⑤ (*Verstandes~*) acume *m,* sottigliezza *f* ⑥ (*von Worten*) asprezza *f;* (*von Kritik*) mordacità *f* ⑦ (*Härte*) durezza *f,* severità *f*

**schärfen** *vt* affilare; (*Sinne, Verstand*) acuire; (*Gespür*) affinare

**scharfkantig** *adj* a spigoli vivi, nitido

**scharf|machen** *vt* (*fam*) ① (*aufhetzen*) aizzare, provocare ② (*sexuell erregen*) arrapare, attizzare, allupare

**Scharfmacher** *m* (*fam*) agitatore *m,* sobillatore *m* **Scharfrichter** *m* giustiziere *m* **Scharfschütze** *m,* **Scharfschützin** *f* tiratore, -trice *m, f* scelto, -a

**scharfsichtig** *adj* perspicace, acuto

**Scharfsinn** *m* acume *m,* sagacia *f* **scharfsinnig** *adj* acuto, sagace

**Scharlach**[1] ['ʃarlax] <-s, *rar* -e> *m A: nt* (*Farbe*) [colore *m*] scarlatto *m*

**Scharlach**[2] <-s> *kein Pl. m* (MED) scarlattina *f*

**Scharlatan** ['ʃarlatan] <-s, -e> *m* ciarlatano *m*

**Scharmützel** [ʃar'mʏtsəl] <-s, -> *nt* scaramuccia *f*

**Scharnier** [ʃar'niːɐ] <-s, -e> *nt* cerniera *f*

**Schärpe** ['ʃɛrpə] <-, -n> *f* (*an Uniform*) sciarpa *f;* (*an Kleidung*) fusciacca *f*

**scharren** ['ʃarən] I. *vi* raschiare, raspare; (*Hühner*) razzolare; **mit den Füßen** ~ stropicciare i piedi per terra II. *vt* (*Boden*) raschiare; (*Loch*) scavare [raspando]

**Scharte** ['ʃartə] <-, -n> *f* ① (*Kerbe*) tacca *f,* intaccatura *f* ② (MIL) feritoia *f* ③ (*Berge*) valico *m,* sella *f* **schartig** *adj* intaccato

**scharwenzeln** [ʃar'vɛntsəln] <ohne ge-> *vi haben o sein* (*fam*) **um jdn** ~ strisciare intorno a qu

**Schaschlik** ['ʃaʃlɪk] <-s, -s> *m o nt* (GASTR) spiedino *m*

**schassen** ['ʃasən] *vt* (*fam: Schüler*) espellere; (*Minister*) silurare

**Schatten** ['ʃatən] <-s, -> *m* ① ombra *f;* **im** ~ **von** all'ombra di; **es sind 40° im** ~ ci sono 40° all'ombra; **jdn in den** ~ **stellen** (*fig*) mettere in ombra qu; **nur noch ein** ~ **seiner selbst sein** essere l'ombra di se stesso ② (*Dunkelheit*) oscurità *f,* tenebre *fpl* ③ (*Figur, Gestalt*) ombra *f,* spettro *m*

**Schattendasein** *nt* **ein** ~ **führen** rimanere nell'ombra **schattenhaft** *adj* (*Umrisse*) indistinto; (*fig: vage*) vago **Schattenkabinett** *nt* (POL) gabinetto *m* ombra

**Schattenmann** *m* uomo *m* ombra **Schattenriss** *m* silhouette *f* **Schattenseite** *f* parte *f* ombrosa; (*fig: Kehrseite*) rovescio *m* della medaglia; (*das Negative*) lato *m* oscuro **Schattenwirtschaft** <-> *kein Pl. f* economia *f* sommersa

**schattieren** [ʃa'tiːrən] <ohne ge-> *vt* ombr[eggi]are

**Schattierung** <-, -en> *f* (*Vorgang*) ombreggiatura *f;* (*schattierte Stelle*) ombratura *f;* (*fig*) sfumatura *f*

**schattig** *adj* ombreggiato

**Schattseite** *f* (*CH*) *s.* **Schattenseite**

**Schatulle** [ʃa'tʊlə] <-, -n> *f* cassetta *f,* scrignetto *m*

**Schatz** [ʃats] <-es, Schätze> *m* ① (*a. fig: Mensch*) tesoro *m* ② *pl* (*Reichtum*) ricchezza *f* **Schatzamt** *nt* tesoreria *f,* ministero *m* del Tesoro

**schätzen** ['ʃɛtsən] I. *vt* ① (*Wert festlegen*) valutare, stimare; (*veranschlagen*) calcolare; **einen Schaden auf mehrere Millionen** ~ valutare un danno di diversi milioni; **wie alt schätzt du mich?** quanti anni mi dai?; **was schätzt du, wie viel/wie lange …?** quanto pensi che …? +*conj* ② (*würdigen*) stimare, apprezzare; **sich glücklich** ~ dirsi fortunato; **jdn/etw zu** ~ **wissen** saper apprezzare qu/qc II. *vi* (*veranschlagen*) indovinare **schätzenswert** *adj* stimabile, apprezzabile

**Schätzer(in)** <-s, -; -, -nen> *m(f)* stimatore, -trice *m, f*

**Schatzkammer** *f* tesoro *m* pubblico **Schatzkästchen** ['ʃatskɛstçən] <-s, -> *nt,* **Schatzkästlein** ['ʃatskɛstlaɪn] <-s, -> *nt* scrignetto *m* **Schatzmeister(in)** *m(f)* tesoriere, -a *m, f*

**Schätzung** <-, -en> *f* stima *f,* valutazione *f;* **nach meiner** ~ secondo i miei calcoli **schätzungsweise** *adv* approssimativamente

**Schätzwert** *m* valore *m* di stima

**Schau** [ʃaʊ] <-, -en> *f* ① (*Vorführung*) esibizione *f;* (*Ausstellung*) mostra *f,* esposizione *f;* **etw zur** ~ **stellen** (*ausstellen*) mettere in mostra qc; (*fig: Gefühle*) mostrare qc; (*protzen mit*) ostentare qc ② (*fam: Spektakel, Theater*) spettacolo *m;* **eine** ~ **abziehen** (*fam*) mettersi in scena; **jdm die** ~ **stehlen** (*fam*) rubare la scena a qu

**Schaubild** *nt* diagramma *m* **Schaubude** <-, -n> *f* baraccone *m* da fiera
**Schauder** ['ʃaʊdɐ] <-s, -> *m* (*Kälte~*) brivido *m*; (*Grauen*) orrore *m*
**schauderhaft** *adj* (*Verbrechen*) orribile; (*fam: Kälte*) terribile
**schaudern** *vi* ① (*frösteln*) **vor jdm/etw ~** rabbrividire davanti a qu/per qc ② (*Grauen empfinden*) inorridire; **mich schaudert bei dem Gedanken an ...** inorridisco al pensiero di ...
**schauen** ['ʃaʊən] *vi* (*bes. südd, A, CH*) ① (*sehen*) guardare; **aus dem Fenster ~** guardare dalla finestra; **schau, schau!** ma guarda un po'! ② (*sich kümmern*) guardare, badare
**Schauer** ['ʃaʊɐ] <-s, -> *m* (METEO: *Regen~*) scroscio *m*; (*Hagel~*) grandinata *f*
**Schauergeschichte** *f* (*Gruselgeschichte*) storia *f* raccapricciante; (*fam: Lügenmärchen*) racconto *m* truculento
**schauerlich** *adj* ① (*Anblick, Tat*) orribile ② (*fam: sehr schlecht*) orrendo
**Schauermann** ['ʃaʊɐman, *Pl:* 'ʃaʊɐlɔɪtə] <-(e)s, Schauerleute> *m* (NAUT) portuale *m*
**Schaufel** ['ʃaʊfəl] <-, -n> *f* pala *f*
**schaufeln** I. *vt* (*Loch*) scavare II. *vi* spalare
**Schaufenster** *nt* vetrina *f* **Schaufensterbummel** *m* **einen ~ machen** fare un giro per vedere le vetrine **Schaufensterpuppe** *f* manichino *m*
**Schaukasten** *m* teca *f*
**Schaukel** ['ʃaʊkəl] <-, -n> *f* altalena *f*
**schaukeln** I. *vi* ① (*mit Schaukel*) andare in altalena; (*mit Stuhl*) dondolarsi ② (*Boot*) ballare; (*Fahrzeug*) oscillare II. *vt* (*Kind auf den Knien*) dondolare; (*wiegen*) cullare
**Schaukelpferd** *nt* cavallo *m* a dondolo
**Schaukelstuhl** *m* sedia *f* a dondolo
**schaulustig** *adj* curioso
**Schaum** [ʃaʊm] <-(e)s, Schäume> *m* schiuma *f*; (*Bier~*) spuma *f* **Schaumbad** *nt* bagnoschiuma *m*
**schäumen** ['ʃɔɪmən] *vi* schiumare, far schiuma; (*Meer, Sekt*) spumeggiare; **vor Wut ~** schiumare di rabbia
**Schaumgummi** *m o nt* gomma *f* piuma
**schaumig** *adj* schiumoso, spumoso; **etw ~ schlagen** (GASTR) montare a neve qc
**Schaumkrone** *f* (*Bier*) cresta *f* schiumosa **Schaumschläger** *m* (*fig, pej: Prahler*) spaccone *m* *fam* **Schaumstoff** *m* espanso *m* **Schaumwein** *m* spumante *m*
**Schauplatz** *m* luogo *m* della rappresentazione

**Schauprozess** *m* processo *m* clamoroso [*o* sensazionale]
**schaurig** ['ʃaʊrɪç] *adj* ① (*unheimlich*) orrendo ② (*fig fam: schlimm*) terribile
**Schauspiel** *nt* ① (*Drama*) dramma *m* ② (*Anblick, Geschehen*) spettacolo *m*
**Schauspieler(in)** *m(f)* (THEAT, FILM, TV) attore, -trice *m, f*; (*fig*) commediante *mf*
**Schauspielerei** *kein Pl. f* (*Schauspielen*) teatro *m*; (*fig: Vorstellung*) commedia *f*
**Schauspielerin** *f s.* **Schauspieler**
**schauspielerisch** *adj* teatrale, scenico, artistico
**schauspielern** *vi* (*Theater spielen*) recitare in teatro; (*fig*) fare l'attore, recitare
**Schauspielhaus** *nt* teatro *m* [di prosa]
**Schauspielkunst** *f* arte *f* drammatica
**Schauspielschule** *f* scuola *f* di arte drammatica
**Schausteller(in)** <-s, -; -, -nen> *m(f)* proprietario, -a *m, f* di un baraccone
**Schautafel** *f* tabellone *m*
**Scheck** [ʃɛk] <-s, -s> *m* assegno *m*; **ein ~ über 50 Euro** un assegno di 50 euro; **einen ~ ausstellen** emettere un assegno; **einen ~ einlösen** incassare un assegno; **ungedeckter ~** assegno senza copertura **Scheckbuch** *nt*, **Scheckheft** *nt* libretto *m* degli assegni
**scheckig** ['ʃɛkɪç] *adj* pezzato, chiazzato
**Scheckkarte** *f* carta *f* assegni
**scheel** [ʃe:l] I. *adj* (*neidisch*) invidioso; (*abschätzig*) storto, bieco II. *adv* **~ ansehen** guardare di sbieco
**Scheffel** ['ʃɛfəl] <-s, -> *m* (*alte Maßeinheit*) staio *m*; **in ~n** a palate; **sein Licht unter den ~ stellen** mettere la fiaccola sotto il moggio
**scheffeln** *vt* (*Geld*) ammassare
**Scheibe** ['ʃaɪbə] <-, -n> *f* ① disco *m* ② (TEC: *Unterleg~*) rondella *f*; (*Töpfer~*) tornio *m* ③ (SPORT, MIL: *Schieß~*) bersaglio *m* ④ (*Fenster~*) vetro *m* ⑤ (*Brot~*) fetta *f*; **in ~n schneiden** affettare **Scheibenbremse** *f* (MOT) freno *m* a disco
**Scheibengardine** *f* tendina *f* per finestra
**Scheibenschießen** *nt* (SPORT, MIL) tiro *m* al bersaglio **Scheibenwaschanlage** *f* lavavetro *m* **Scheibenwischer** <-s, -> *m* tergicristallo *m*
**Scheich** [ʃaɪç] <-s, -e *o* -s> *m* sceicco *m*
**Scheide** ['ʃaɪdə] <-, -n> *f* ① (ANAT) vagina *f* ② (*von Waffe*) fodero *m*, guaina *f*
**scheiden** ['ʃaɪdən] <scheidet, schied, geschieden> I. *vt haben* (*trennen*) dividere; (CHEM) separare; (*Ehe*) sciogliere; **sich [von jdm] ~ lassen** divorziare [da qu]

II. *vi sein* (*auseinandergehen*) separarsi; **aus dem Amt ~** dare le dimissioni
**Scheidewasser** *nt* (CHEM) acqua *f* forte
**Scheideweg** *m* bivio *m*
**Scheidung** <-, -en> *f* divorzio *m;* **die ~ einreichen** chiedere il divorzio; **in ~ leben** stare per divorziare **Scheidungsgrund** *m* motivo *m* di divorzio **Scheidungsklage** *f* domanda *f* di divorzio **Scheidungsprozess** *m* causa *f* di divorzio
**Schein** [ʃaɪn] <-(e)s, -e> *m* ① (*Bescheinigung*) attestato *m,* certificato *m;* (*Erlaubnis~*) permesso *m;* (*Empfangs~*) ricevuta *f;* (*Gepäck~*) scontrino *m* bagagli; (*Zins~*) cedola *f,* tagliando *m* ② (*Fahr~*) biglietto *m* ③ (*Geld~*) banconota *f* ④ (*an Universität*) *certificato di fine corso* ⑤ *kein Pl.* (*Licht~*) luce *f,* chiarore *m* ⑥ (*An~*) apparenza *f;* (*Aussehen*) aspetto *m;* **den ~ wahren** salvare le apparenze; |**nur**| **zum ~** solo per finta, per la forma; **der ~ trügt** l'apparenza inganna
**Schein-** (*in Zusammensetzungen*) finto, apparente
**scheinbar** *adj* (*anscheinend*) apparente; (*vorgeblich*) finto, simulato
**scheinen** [ˈʃaɪnən] <scheint, schien, geschienen> *vi* ① (*Sonne*) splendere; (*glänzen*) brillare ② (*den Anschein haben*) sembrare, parere; **wie mir scheint** a quanto sembra; **es scheint, dass ...** sembra che + *conj*
**Scheinfirma** *f* (COM, JUR) ditta *f* simulata
**scheinheilig** *adj* ipocrita
**Scheinschwangerschaft** *f* (MED) gravidanza *f* apparente
**Scheinselbstständigkeit** *f* libera professione *f* apparente
**Scheintod** *m* (MED) morte *f* apparente
**scheintot** *adj* morto in apparenza
**Scheinwerfer** <-s, -> *m* (*zum Beleuchten*) riflettore *m,* faro *m;* (THEAT, FILM) proiettore *m;* (*Such~,* AUTO) faro *m* **Scheinwerferlicht** *nt* luce *f* dei proiettori
**Scheiß-** [ˈʃaɪs] (*in Zusammensetzungen, vulg*) di merda
**Scheiße** [ˈʃaɪsə] <-> *kein Pl.* *f* (*vulg*) merda *f;* **verdammte ~!** merda!; **in der ~ sitzen/stecken** sedere/stare nella merda; **~ bauen** fare stronzate
**scheißegal** *adj* (*fam*) **das ist mir ~** non me ne frega niente, me ne frego
**scheißen** <scheißt, schiss, geschissen> *vi* (*vulg*) cacare; **auf etw** *acc* **~** fregarsene di qc
**scheißfreundlich** *adj* (*sl*) untuoso

**Scheißhaus** *nt* (*vulg*) cesso *m*
**Scheißkerl** *m* (*vulg*) stronzo *m*
**Scheit** [ʃaɪt] <-(e)s, -e *o südd, A, CH* -er> *nt* ceppo *m,* ciocco *m*
**Scheitel** [ˈʃaɪtəl] <-s, -> *m* ① (*im Haar*) riga *f,* scriminatura *f;* **vom ~ bis zur Sohle** da capo a piedi; (*fig*) da cima a fondo ② (*höchster Punkt*) cima *f,* sommità *f* ③ (ASTR) zenit *m* ④ (MAT) vertice *m* **scheiteln** *vt* **das Haar ~** fare la riga **Scheitelpunkt** *m* punto *m* culminante; (*a. fig*) culmine *m;* (ASTR) zenit *m*
**Scheiterhaufen** [ˈʃaɪtɐhaʊfən] *m* rogo *m*
**scheitern** [ˈʃaɪtɐn] *vi sein* fallire; **an etw** *dat* **~** fallire per qc; (*Regierung*) cadere a causa di qc; **an einer Mannschaft ~** (SPORT) perdere contro una squadra; **zum Scheitern bringen** far naufragare; **zum Scheitern verurteilt** destinato a fallire
**Schellack** [ˈʃɛlak] *m* gommalacca *f*
**Schelle** [ˈʃɛlə] <-, -n> *f* ① (*Türklingel*) campanello *m* ② (TEC) fascetta *f*
**schellen** *vi* suonare
**Schellenbaum** *m* (MUS) cappello *m* cinese [*o turco*]
**Schellfisch** [ˈʃɛlfɪʃ] *m* (ZOO) eglefino *m*
**Schelm** [ʃɛlm] <-(e)s, -e> *m* birbante *mf,* briccone *m* **schelmisch** *adj* burlone, scherzoso
**Schelte** [ˈʃɛltə] <-, -n> *f* (*geh*) rimprovero *m,* sgridata *f*
**schelten** <schilt, schalt, gescholten> *vt, vi* rimproverare, sgridare
**Schema** [ˈʃeːma] <-s, -s *o* Schemata *o* Schemen> *nt* schema *m,* piano *m;* **nach ~ F** (*pej*) come al solito
**schematisch** [ʃeˈmaːtɪʃ] *adj* (*a. pej*) schematico
**Schemel** [ˈʃeːməl] <-s, -> *m* ① (*Hocker*) sgabello *m* ② (*südd*) poggiapiedi *m*
**Schemen** *Pl. von* **Schema**
**schemenhaft** *adj* indistinto
**Schenke** [ˈʃɛŋkə] <-, -n> *f* osteria *f,* mescita *f*
**Schenkel** [ˈʃɛŋkəl] <-s, -> *m* ① (ANAT) coscia *f;* (*Ober~*) femore *m;* (*Unter~*) gamba *f* ② (*von Zirkel*) asta *f;* (MAT: *von Winkel*) lato *m* ③ (*Schere, Zange*) branca *f*
**schenken** [ˈʃɛŋkən] I. *vt* ① (*Geschenk*) [jdm] **etw ~** regalare qc [a qu]; **etw geschenkt bekommen** ricevere qc in regalo; **das ist geschenkt** (*fam: ist einfach*) è semplice; (*wertlos*) dimenticalo! ② (*erlassen*) condonare ③ (*fig: Freiheit, Vertrauen*) dare; (*Aufmerksamkeit*) prestare II. *vr* **sich** *dat* **etw ~** regalarsi qc;

(*darauf verzichten*) risparmiarsi qc, rinunciare a qc III. *vi* regalare, fare regali
**Schenkung** <-, -en> *f* donazione *f*
**scheppern** [ˈʃɛpən] *vi* (*fam*) scontrarsi, incocciarsi
**Scherbe** [ˈʃɛrbə] <-, -n> *f* coccio *m*, pezzo *m;* **in ~n gehen** andare in frantumi; **~n bringen Glück** (*prov*) cocci di bottiglia, fortuna chi ti piglia **Scherbenhaufen** <-s, -> *m* **vor einem ~ stehen** trovarsi davanti a un mucchio di cocci
**Schere** [ˈʃeːrə] <-, -n> *f* ❶ (*Werkzeug*) [paio *m* di] forbici *fpl;* (*Blech~*) cesoia *f* [per lamiera] ❷ (ZOO: *Krebs~*) chela *f,* pinza *f* ❸ (SPORT) sforbiciata *f;* (*Ringen*) forbice *f*
**scheren**[1] [ˈʃeːrən] <schert, schor, geschoren> *vt* (*Tier*) tosare; (*Mensch*) tagliare i capelli; (*Haar*) tagliare; (*Bart*) radere; (*Hecke, Pflanze*) potare
**scheren**[2] I. *vt* (*fam*) **was schert mich das!** che m'importa! II. *vr* **sich um jdn/etw nicht ~** non curarsi di qu/qc; **scher dich zum Teufel!** va al diavolo!; **scher dich um deinen Kram!** fatti gli affari tuoi!
**Scherenschleifer(in)** <-s, -; -, -nen> *m(f)* arrotino, -a *m, f*
**Scherenschnitt** *m* siluetta *f*
**Scherereien** [ʃeːraˈraɪən] *fPl*. seccature *fpl*, noie *fpl;* **jdm ~ machen** procurare noie a qu
**Scherz** [ʃɛrts] <-es, -e> *m* (*Unfug*) scherzo *m;* (*Witz*) spiritosaggine *f;* **schlechter ~** scherzo di cattivo gusto; **im ~** per scherzo; **~ beiseite!** bando agli scherzi! **Scherzartikel** *m* articolo *m* per Carnevale
**Scherzel** <-s, -> *nt* (*A: Anschnitt*) prima fetta *f*
**scherzen** *vi* scherzare
**Scherzfrage** <-, -n> *f* indovinello *m* scherzoso
**scherzhaft** *adj* scherzoso; (*Gedicht*) burlesco
**scheu** [ʃɔɪ] *adj* (*schüchtern*) timido; (*menschen~*) schivo; (*Tier*) pauroso; (*Pferd*) ombroso; **~ werden** adombrarsi **Scheu** <-> *kein Pl. f* timidezza *f*
**scheuchen** [ˈʃɔɪçən] *vt* scacciare
**scheuen** [ˈʃɔɪən] I. *vt* (*Kosten*) badare a; (*Arbeit*) aver paura di; (*Mühe*) scansare; (*Auseinandersetzung*) evitare; (*Menschen, Licht*) [s]fuggire; **weder Kosten noch Mühe ~** non risparmiare né spese né fatica II. *vr* **sich vor etw** *dat* **~** (*Angst haben*) avere paura di qc, temere qc; (*zurückschrecken*) rifuggire qc III. *vi* (*Pferd*) adombrarsi

**Scheuer** [ˈʃɔɪɐ] <-, -n> *f* granaio *m*
**Scheuerbürste** *f* bruschino *m* **Scheuerlappen** *m* strofinaccio *m* **Scheuerleiste** *f* ❶ (*Fußleiste*) battiscopa *m* ❷ (NAUT) parabordo *m* con rinforzo
**scheuern** [ˈʃɔɪɐn] I. *vt* (*reinigen*) pulire strofinando; (*Schuh*) sfregare; **jdm eine ~** (*fam*) mollare un ceffone a qu II. *vr* **sich** [**an etw** *dat*] **~** sfregarsi [contro qc]
**Scheuklappe** *f meist pl* (*a. fig*) paraocchi *mpl*
**Scheune** [ˈʃɔɪnə] <-, -n> *f* granaio *m*
**Scheusal** [ˈʃɔɪzaːl] <-s, -e> *nt* mostro *m*
**scheußlich** [ˈʃɔɪslɪç] *adj* ❶ (*Anblick*) orribile, orrendo; (*Verbrechen*) atroce ❷ (*fam: unangenehm*) terribile, spaventoso
**Scheußlichkeit** <-, -en> *f* atrocità *f,* orrore *m*
**Schi** *m s.* **Ski**
**Schicht** [ʃɪçt] <-, -en> *f* ❶ (GEOL, SOC) strato *m;* (*dünner Belag*) strato *m* sottile, film *m;* (*Farb~*) mano *f* ❷ (*Arbeits~*) turno *m* di lavoro; (*die Arbeiter*) squadra *f;* **~ arbeiten** fare i turni **Schichtarbeit** *f* lavoro *m* a turni
**schichten** [ˈʃɪçtən] I. *vt* disporre a strati; (*Holz*) accatastare II. *vr* **sich ~** stratificarsi
**Schichtwechsel** *m* cambio *m* di turno
**schichtweise** *adv* ❶ (*Schicht für Schicht*) a strati ❷ (*Gruppe für Gruppe*) a turni
**schick** [ʃɪk] *adj* ❶ (*elegant*) chic, elegante ❷ (*fam: großartig*) magnifico **Schick** <-(e)s> *kein Pl. m* chic *m,* eleganza *f*
**schicken** [ˈʃɪkən] I. *vt* (*senden*) mandare; (*versenden*) spedire; (*holen lassen*) mandare a chiamare; **jdn einkaufen ~** mandare qu a far la spesa II. *vr* **sich ~** (*sich geziemen*) addirsi; **das schickt sich nicht** questo non si fa; **sich in etw** *acc* **~** (*fügen*) rassegnarsi a qc
**Schickeria** [ʃɪkəˈriːa] <-> *kein Pl. f* (*iron*) jet-set *m*
**Schickimicki** [ʃɪkiˈmɪki] <-s, -s> *m* (*fam*) trendy *mf,* chic *mf*
**schicklich** *adj* (*anständig*) decente; (*angemessen*) adeguato, appropriato
**Schicksal** [ˈʃɪkzaːl] <-s, -e> *nt* destino *m,* fato *m;* (*persönliches Geschick*) sorte *f;* **jdn seinem ~ überlassen** abbandonare qu al proprio destino **schicksalhaft** *adj* fatale, fatidico **Schicksalsschlag** *m* rovescio *m* di fortuna, colpo *m* del destino
**Schiebedach** *nt* tetto *m* scorrevole; (MOT) tetto *m* apribile **Schiebefenster** *nt* finestra *f* scorrevole
**schieben** [ˈʃiːbən] <schiebt, schob, geschoben> I. *vt* ❶ (*fortbewegen*) spin-

gere; **die Schuld für etw auf jdn** ~ (*fig*) addossare la colpa di qc a qu; **etw in den Mund** ~ mettere qc in bocca ❷ (*fam pej: handeln mit*) trafficare **II.** *vi* ❶ (*bewegen*) spingere ❷ (*fam*) **mit etw** ~ fare traffici con qc

**Schieber** <-s, -> *m* ❶ (TEC) cursore *m;* (*Wasserbau*) saracinesca *f;* (*Riegel*) chiavistello *m*, paletto *m* ❷ (*fam pej: Schwarzhändler*) borsanerista *m;* (*Drogen*~) spacciatore *m* di droga

**Schiebetür** *f* porta *f* scorrevole

**Schieblehre** *f* (TEC) calibro *m* a corsoio

**Schiebung** <-, -en> *f* ❶ (*Geschäfte*) affare *m* illecito ❷ (*Begünstigung*) favoreggiamento *m;* (SPORT) scorrettezza *f* [nel gioco]

**schiech** [ʃiax] *adj* (A: *hässlich*) orribile

**schied** [ʃiːt] *1. u. 3. Pers. Sing. Imp. von* **scheiden**

**Schiedsgericht** [ˈʃiːtsɡərɪçt] *nt* (JUR) tribunale *m* arbitrale **schiedsgerichtlich** *adj* arbitrale **Schiedsrichter(in)** *m(f)* (JUR) giudice *mf* arbitrale; (SPORT) arbitro, -a *m, f* **Schiedsspruch** *m* (JUR) arbitrato *m*, sentenza *f* arbitrale

**schief** [ʃiːf] *adj* ❶ (*Linie, Mund, Blick, Ansicht*) storto; (*schräg*) obliquo; (*geneigt*) inclinato; (*Turm*) pendente; **das Bild hängt** ~ il quadro è appeso storto; **jdn** ~ **ansehen** guardare qu di traverso; **die Absätze** ~ **treten** consumare i tacchi da un lato ❷ (*fig: falsch*) falso, sbagliato; **auf die** ~**e Bahn geraten** finire sulla cattiva strada

**Schiefer** [ˈʃiːfɐ] <-s, -> *m* ❶ (*Gestein*) scisto *m;* (*Ton*~) ardesia *f* ❷ (A, *südd: Holzsplitter*) scheggia *f* di legno **Schiefertafel** *f* lavagna *f* **schief|gehen** <irr> *vi* (*fam: fehlschlagen*) andare storto; [**es**] **wird schon** ~! (*iron*) andrà tutto bene!

**schief|lachen** *vr* **sich** ~ (*fam*) crepare dalle risate **schief|laufen** <irr> *vi sein* (*fam: fehlschlagen*) andare storto [*o* male], fallire, non riuscire; **heute läuft aber auch alles schief!** oggi va tutto storto!

**schief|treten** <irr> *vt s.* **schief 1.**

**schielen** [ˈʃiːlən] *vi* essere strabico; **nach etw** ~ (*fam*) sbirciare qc **Schielen** <-s> *kein Pl. nt* strabismo *m* **schielend** *adj* strabico, guercio

**schien** [ʃiːn] *1. u. 3. Pers. Sing. Imp. von* **scheinen**

**Schienbein** *nt* tibia *f*

**Schiene** [ˈʃiːnə] <-, -n> *f* ❶ (MED) stecca *f* ❷ (*Lauf*~) guida *f* ❸ (FERR) rotaia *f* ❹ (TEC) barra *f*

**schienen** *vt* steccare

**Schienenbus** *m* elettromotrice *f* **Schienenfahrzeug** *nt* veicolo *m* su rotaia **Schienennetz** *nt* rete *f* ferroviaria **Schienenstrang** *m* [tronco *m* di] rotaie *fpl* **Schienenverkehr** *m* traffico *m* ferroviario **Schienenweg** *m* strada *f* ferrata; **auf dem** ~ per ferrovia

**schier** [ʃiːɐ̯] **I.** *adj* (*Fleisch*) magro; (*fig: Hohn, Bosheit*) puro, mero **II.** *adv* (*beinahe*) quasi

**Schierling** [ˈʃiːɐ̯lɪŋ] <-s> *kein Pl. m* cicuta *f*

**Schießbefehl** *m* ordine *m* di far fuoco **Schießbude** *f* baraccone *m* del tiro a segno **Schießbudenfigur** *f* (*fig*) figura *f* da baraccone

**schießen** [ˈʃiːsən] <schießt, schoss, geschossen> **I.** *vt* (*Geschoss*) sparare; (*Ball, Pfeil*) tirare; (*Rakete*) lanciare; (*ab*~ *: Wild*) uccidere, abbattere; **ein Foto** ~ (*fam*) fare una foto; **ein Tor** ~ segnare una rete, fare un gol; **jdn ins Bein** ~ sparare qu alla gamba; **jdn zum Krüppel** ~ storpiare qu con una fucilata **II.** *vi* ❶ *haben* (*Schütze*) sparare, tirare; (*Fußballer*) tirare, mandare; **auf jdn** ~ far fuoco su qu, sparare a qu; **daneben** ~ mancare il bersaglio ❷ *sein* (*schnell wachsen*) crescere rapidamente ❸ *sein* (*sich schnell bewegen*) sfrecciare, passare veloce; **der Gedanke schoss mir durch den Kopf** il pensiero mi passò per la testa; **zum Schießen sein** (*fam: lustig*) essere uno spasso

**Schießerei** [ʃiːsəˈraɪ] <-, -en> *f* sparatoria *f* **Schießhund** *m* segugio *m*, bracco *m;* **wie ein** ~ **aufpassen** stare all'erta **Schießplatz** *m* poligono *m* [di tiro] **Schießpulver** *nt* polvere *f* da sparo **Schießscharte** *f* feritoia *f* **Schießstand** *m* poligono *m* [di tiro]

**Schiff** [ʃɪf] <-(e)s, -e> *nt* ❶ (NAUT) nave *f*, bastimento *m;* **mit dem** ~ **fahren** andare con la nave ❷ (ARCH: *Kirchen*~) navata *f*

**schiffbar** *adj* navigabile **Schiffbau** *m* costruzioni *mpl* navali, navalmeccanica *f* **Schiffbruch** *m* (a. *fig*) naufragio *m;* ~ **erleiden** (a. *fig*) naufragare **schiffbrüchig** *adj* naufragato **Schiffbrüchige** <ein -r, -n, -n> *mf* naufrago, -a *m, f*

**Schiffchen** [ˈʃɪfçən] <-s, -> *nt* ❶ (TEC: *von Nähmaschine*) navetta *f;* (*beim Weben*) navetta *f* [del telaio] ❷ (*Spielzeug*) barchetta *f*

**schiffen I.** *vi* (*fam: urinieren*) orinare, pisciare **II.** *vunpers* (*fam: heftig regnen*) piovere a dirotto

**Schiffer(in)** <-s, -; -, -nen> *m(f)* battel-

liere, -a *m, f* **Schifferklavier** *nt (fam)* fisarmonica *f*
**Schifffahrt** *f* navigazione *f* **Schifffahrtslinie** *f (Route)* linea *f* marittima [*o* di navigazione]; *(Unternehmen)* compagnia *f* marittima, società *f* di navigazione **Schifffahrtsweg** *m* rotta *f* navale
**Schiffsarzt** *m,* **Schiffsärztin** *f* medico, -a *m, f* di bordo
**Schiffschaukel** *f* altalena *f*
**Schiffsjunge** *m* mozzo *m* **Schiffskoch** *m* cuoco *m* di bordo **Schiffsladung** *f* carico *m* della nave **Schiffspapiere** *ntPl.* documenti *mpl* di bordo **Schiffsrumpf** *m* scafo *m* **Schiffsschraube** *f* elica *f* della nave **Schiffsverkehr** *m (auf See)* traffico *m* marittimo; *(auf Flüssen)* traffico *m* fluviale **Schiffszwieback** *m* galletta *f*
**Schiit(in)** [ʃi'i:t] <-en, -en; -, -nen> *m(f)* sciita *mf*
**schiitisch** *adj* sciita
**Schikane** [ʃi'ka:nə] <-, -n> *f* ❶ *(Erschwerung)* angheria *f,* vessazione *f* ❷ (SPORT) chicane *f;* **mit allen ~n** *(fam)* con tutti i comfort, con tutto il necessario
**schikanieren** [ʃika'ni:rən] <ohne ge-> *vt* vessare, tormentare
**schikanös** [ʃika'nø:s] *adj (Mensch)* pignolo, cavilloso; *(Behandlung)* vessatorio; *(Regelung)* fiscale; **jdn ~ behandeln** vessare qu
**Schikoree** [ʃiko're: *o* 'ʃɪkore:] <-> *kein Pl. mf s.* **Chicorée**
**Schilcher** <-s, -> *m (A)* vino rosso chiaro della Stiria
**Schild**[1] [ʃɪlt] <-(e)s, -er> *nt (Zeichen, Aushänge~)* insegna *f; (Hinweis~)* segnale *m* d'indicazione; *(Nummern~, Tür~)* targa *f; (Etikett)* etichetta *f; (Preis~)* cartellino *m* del prezzo
**Schild**[2] [ʃɪlt] <-(e)s, -e> *m* ❶ *(fig* HIST, MIL.*)* scudo *m; (Wappen~)* stemma *m;* **etw im ~e führen** tramare qc ❷ (ZOO) scudo *m; (von Schildkröte)* guscio *m*
**Schildbürgerstreich** *m (pej)* tiro *m* da sempliciotto
**Schilddrüse** *f* [ghiandola *f*] tiroide *f*
**schildern** ['ʃɪldən] *vt (erzählen)* descrivere; *(umreißen)* schizzare
**Schilderung** <-, -en> *f* descrizione *f; (literarische ~)* narrazione *f,* racconto *m*
**Schildkröte** *f* tartaruga *f* **Schildkrötensuppe** <-, -n> *f* zuppa *f* di tartaruga
**Schildpatt** ['ʃɪltpat] <-(e)s> *kein Pl. nt* [placca *f* cornea della] tartaruga *f*
**Schilf** [ʃɪlf] <-(e)s, -e> *nt (~pflanze)* canna *f* palustre; *(~fläche)* canneto *m*

**schillern** ['ʃɪlən] *vi* avere riflessi, cambiare colore **schillernd** *adj* iridescente, cangiante; *(fig)* ambiguo
**Schilling** ['ʃɪlɪŋ] <-s, - *o* -e> *m* scellino *m*
**schilt** [ʃɪlt] *3. Pers. Sing. Präs. von* **schelten**
**Schimäre** [ʃi'mɛ:rə] <-, -n> *f* chimera *f*
**Schimmel**[1] ['ʃɪməl] <-s> *kein Pl. m* (BOT) muffa *f*
**Schimmel**[2] <-s, -> *m* (ZOO) cavallo *m* bianco
**schimm(e)lig** *adj* ammuffito; **~ riechen** sapere di muffa
**schimmeln** *vi sein o haben* ammuffire
**Schimmelpilz** *m* (BOT) aspergillo *m,* ficomicete *m*
**Schimmer** ['ʃɪmɐ] <-s> *kein Pl. m (schwaches Licht)* lume *m,* chiarore *m; (von Haar, Perlen, Seide)* splendore *m; (von Metall)* splendore *m,* scintillio *m;* **keinen [blassen] ~ von etw haben** *(fam)* non avere la più pallida idea di qc
**schimmern** *vi (Licht, Kerze)* rilucere; *(Mond, Haare, Perle, Seide, Metall)* splendere
**schimmlig** *adj s.* **schimm(e)lig**
**Schimpanse** [ʃɪm'panzə] <-n, -n> *m* scimpanzé *m*
**Schimpf** [ʃɪmpf] <-(e)s> *kein Pl. m (Schande)* vergogna *f; (Schmach)* infamia *f,* ignominia *f; (Beleidigung)* offesa *f; (Affront)* oltraggio *m;* **mit ~ und Schande** ignominiosamente
**schimpfen** ['ʃɪmpfən] *vi (ärgerlich sein)* imprecare; *(fluchen)* bestemmiare; *(Vögel)* garrire; *(Affen)* strillare; *(schelten)* sgridare, rimbrottare; **auf** [*o* **über**] **jdn/etw ~** imprecare contro qu/qc; *(sich beklagen)* lamentarsi per qu/qc; **mit jdm ~** sgridare qu
**schimpflich** *adj (Behandlung)* oltraggioso; *(Handlung)* disonorante, infamante; *(stärker)* ignominioso
**Schimpfname** *m* nomignolo *m* [*o* epiteto *m*] ingiurioso
**Schimpfwort** *nt* insulto *m,* bestemmia *f*
**Schindel** ['ʃɪndəl] <-, -n> *f (Holzbrett)* scandola *f*
**schinden** ['ʃɪndən] <schindet, schund, geschunden> I. *vt* ❶ *(abhetzen)* vessare, tormentare; *(Tier)* scuoiare ❷ *(fam: Zigarette)* scroccare; **Eindruck ~** *(fam)* cercare di far colpo; **Zeit ~** *(fam)* tirare qc per le lunghe II. *vr* **sich ~** *(sich abmühen)* affaticarsi, arrabattarsi *fam*
**Schinder** <-s, -> *m* ❶ *(fig, pej: Quäler)* aguzzino *m,* vessatore *m* ❷ *(obs: Abdecker)* scorticatore *m*

**Schinderei** [ʃɪndəˈraɪ] <-, -en> f (*Plackerei*) angheria f, vessazione f; (*Qual*) strapazzo m

**Schindluder** nt **mit jdm/etw ~ treiben** (*fam*) maltrattare qu/qc

**Schinken** [ˈʃɪŋkən] <-s, -> m ① (GASTR) prosciutto m ② (*fam pej: Gemälde*) crosta f, imbratto m; (*Buch, Film*) mattone m, polpettone m **Schinkenspeck kein Pl.** m pancetta f affumicata **Schinkenwurst** f salsiccia f di prosciutto

**Schippe** [ˈʃɪpə] <-, -n> f (*Schaufel*) pala f; (*nordd*) paletta f; **jdn auf die ~ nehmen** (*fam*) prendere in giro qu

**schippen** [ˈʃɪpən] vi, vt (*nordd: dial*) spalare, gettare con la pala; **Erde/Kies in etw** *acc* **~** spalare terra/ghiaia in qc

**Schirm** [ʃɪrm] <-(e)s, -e> m ① (*Regen~*) ombrello m; (*Sonnen~*) parasole m; (*von Pilz*) cappella f ② (*Wand~*) paravento m; (*Ofen~*) parafuoco m; (*Lampen~*) paralume m; (*Mützen~*) visiera f ③ (*Bild~, Röntgen~*) schermo m **Schirmbildaufnahme** f radiografia f **Schirmherr(in)** *m(f)* protettore, -trice m, f, patrono, -a m, f, patrocinatore, -trice m, f **Schirmherrschaft** f patronato m; **unter jds ~ stehen** essere sotto il patronato di qu **Schirmmütze** f berretto m con visiera **Schirmständer** m portaombrelli m

**schiss** [ʃɪs] *1. u. 3. Pers. Sing. Imp. von* **scheißen**

**Schiss** [ʃɪs] <-es> *kein Pl.* m (*sl: Angst*) fifa f *fam*; **~ haben** farsela addosso *fam*

**schizophren** [ʃɪtsoˈfreːn] *adj* schizofrenico

**Schizophrenie** [ʃɪtsofreˈniː] <--> *kein Pl.* f schizofrenia f

**schlabberig** [ˈʃlabərɪç] *adj* (*fam*) ① (*wässrig*) acquoso, lungo ② (*schmiegsam*) flessuoso, flessibile

**schlabbern** [ˈʃlabən] **I.** vi (*fam*) ① (*pej: kleckern*) sbrodolarsi, macchiarsi ② (*Kleidung*) ciondolare, sbrindellare **II.** vt (*fam: auflecken*) leccare

**Schlacht** [ʃlaxt] <-, -en> f (*a. fig*) battaglia f

**schlachten** [ˈʃlaxtən] vt macellare

**Schlachtenbummler(in)** <-s, -; -, -nen> *m(f)* tifoso-a m che segue la propria squadra nelle trasferte

**Schlachter(in)** <-s, -; -, -nen> *m(f)* (*nordd*) macellaio, -a m, f

**Schlächter** [ˈʃlɛçtɐ] <-s, -> m (*nordd*) macellatore m

**Schlachterei** [ʃlaxtəˈraɪ] <-, -en> f (*nordd*) macelleria f

**Schlachterin** f s. **Schlachter**

**Schlachtfeld** nt campo m di battaglia **Schlachthof** m macello m, mattatoio m **Schlachtplan** m piano m di battaglia **Schlachtruf** m grido m di battaglia **Schlachtschiff** nt nave f da battaglia, corazzata f

**Schlachtung** <-, -en> f macellazione f **Schlachtvieh** nt bestiame m da macello **Schlacke** [ˈʃlakə] <-, -n> f scoria f

**Schlaf** [ʃlaːf] <-(e)s> *kein Pl.* m sonno m; **einen festen/leichten/tiefen ~ haben** avere il sonno pesante/leggero/profondo; **den ~ des Gerechten schlafen** dormire il sonno del giusto; **jdn aus dem ~ reißen** strappare qu dal sonno; **im ~** nel sonno; **etw im ~ können** sapere qc a menadito **Schlafanzug** m pigiama m

**Schläfchen** [ˈʃlɛːfçən] <-s, -> nt **ein ~ machen** (*fam*) schiacciare un pisolino **Schlafcouch** f divano-letto m

**Schläfe** [ˈʃlɛːfə] <-, -n> f tempia f

**schlafen** [ˈʃlaːfən] <schläft, schlief, geschlafen> vi (*a. fig*) dormire; **gut/ schlecht ~** dormire bene/male; **~ gehen** andare a dormire; **mit jdm ~** andare a letto con qu; **darüber will ich noch ~** voglio ancora dormirci sopra; **~ Sie gut!** buonanotte!

**Schläfenbein** nt (ANAT) osso m temporale **schlafend** *adj* che dorme; **sich ~ stellen** far finta di dormire

**Schlafengehen** <-s> *kein Pl.* nt **vor dem ~** prima di coricarsi

**Schlafentzug** m mancanza f di sonno

**Schläfer(in)** [ˈʃlɛːfɐ] <-s, -; -, -nen> *m(f)* dormiente *mf*

**schlaff** [ʃlaf] *adj* (*Seil*) lento, allentato; (*Haut*) flaccido, floscio; (*Disziplin*) rilassato; (*fig: kraftlos*) fiacco, molle; **~ werden** allentarsi; (*fig*) rilassarsi **Schlaffheit** <--> *kein Pl.* f (*von Seil*) allentamento m; (*von Muskeln, Haut*) flaccidità f; (*Kraftlosigkeit*) debolezza f

**Schlafgelegenheit** f posto m letto

**Schlafittchen** [ʃlaˈfɪtçən] nt **jdn am** [*o* **beim**] **~ nehmen** [*o* **kriegen**] (*fam*) prendere qu per il collo, dare una tirata d'orecchi a qu, dare una lavata di capo a qu

**Schlafkrankheit** f malattia f del sonno **Schlaflied** nt ninnananna f **schlaflos** *adj* ① (*Mensch*) insonne ② (*Nacht*) insonne, in bianco *fam* **Schlaflosigkeit** <--> *kein Pl.* f insonnia f **Schlafmittel** nt sonnifero m **Schlafmütze** f ① (*Kopfbedeckung*) berretto m da notte ② (*fig fam: Langschläfer*) dormiglione, -a m, f

**schläfrig** [ˈʃlɛːfrɪç] *adj* (*Mensch*) assonnato;

(*a. Tag*) sonnolento; **jdn ~ machen** far venire sonno a qu **Schläfrigkeit** <-> *kein Pl. f* sonnolenza *f* **Schlafrock** *m* vestaglia *f* **Schlafsaal** *m* dormitorio *m* **Schlafsack** *m* sacco *m* a pelo **Schlafstadt** *f* città *f* dormitorio **Schlafstelle** *f* (*Bett*) posto *m* per dormire; (*Nachtquartier*) alloggio *m* **Schlafstörung** *f* disturbo *m* del sonno; (MED) disgripnia *f*

**schläft** [ʃlɛ:ft] *3. Pers. Sing. Präs. von* **schlafen**

**Schlaftablette** *f* sonnifero *m* **schlaftrunken** *adj* sonnolento **Schlafwagen** *m* vagone-letto *m* **Schlafwagenplatz** <-es, -plätze> *m* posto *m* in vagone [*o* carrozza] letto **schlafwandeln** *vi sein o haben* essere sonnambulo **Schlafwandeln** <-s> *kein Pl. nt* sonnambulismo *m* **Schlafwandler(in)** <-s, -; -, -nen> *m(f)* sonnambulo, -a *m, f* **schlafwandlerisch** *adj* **mit ~er Sicherheit** con la sicurezza del sonnambulo **Schlafzimmer** *nt* camera *f* da letto

**Schlag**[1] [ʃla:k] <-(e)s, Schläge> *m* ① (*Hieb, fig*) colpo *m*; (*mit Hand*) pacca *f*, manata *f*; (*heftiger*) botta *f*; **jdm einen ~ versetzen** assestare un colpo a qu; **schwerer ~** (*fig*) duro colpo; **ein ~ ins Gesicht** (*fig*) uno schiaffo; **auf einen ~** d'un sol colpo; **~ auf ~** (*fig*) colpo su colpo, uno dopo l'altro ② *pl* (*Prügel*) botte *fpl*, busse *fpl fam* ③ (*von Herz*) battito *m*; (*Puls-~*) pulsazione *f*; **~ 8 Uhr** alle otto in punto ④ (MED: *~anfall*) colpo *m* apoplettico; **mich soll der ~ treffen, wenn ... mi** venisse un accidente se ... ⑤ (*elektrischer ~*) scossa *f* ⑥ (*Blitz-~*) fulmine *m*; (*Donner-~*) tuono *m* ⑦ (*von Singvogel*) canto *m* ⑧ (*Art*) razza *f*, specie *f*, sorta *f* ⑨ (*fam: Portion*) porzione *f*

**Schlag**[2] [ʃla:k] <-(e)s> *kein Pl. m* (*A: Schlagsahne*) panna *f*

**Schlagabtausch** *m* (*beim Boxen*) scambio *m* ravvicinato di colpi; (*verbal*) schermaglia *f* **Schlagader** *f* arteria *f* **Schlaganfall** *m* colpo *m* apoplettico **schlagartig** I. *adj* fulmineo II. *adv* di colpo **Schlagball** *m* (*Ballspiel*) pallacorda *f*; (*Ball*) palla *f* [nella pallacorda] **Schlagbaum** *m* sbarra *f*, barriera *f* **Schlagbohrmaschine** *f* trapano *m* elettrico

**Schlägel** [ʃlɛ:gəl] <-s, -> *m* ① (MUS: *Trommel-~*) bacchetta *f*, mazza *f*; (*Glocken-~*) martelletto *m* ② (*Holzhammer*) mazzuolo *m* ③ (*südd, A, CH: Keule*) cosciotto *m*; (*Hähnchen-~*) coscia *f* [di pollo]

**schlagen** [ʃla:gən] <schlägt, schlug, geschlagen> I. *vt* ① battere; (*Eier, Sahne*) [s]battere, montare; **jdm etw aus der Hand ~** far cadere qc di mano a qu; **etw in Papier ~** (*einwickeln*) avvolgere qc nella carta, incartare qc; **etw in Stücke ~** fare a pezzi qc; **einen Nagel in die Wand ~** piantare un chiodo nel muro; **die Hände vors Gesicht ~** coprirsi la faccia con le mani ② (*besiegen*) vincere, sconfiggere; (*Schlacht*) combattere; (*Rekord*) battere; **sich geschlagen geben** darsi per vinto ③ (*Baum*) abbattere; (*Holz*) tagliare ④ (*läuten: Stunde*) battere, suonare; **es hat 12 geschlagen** è scoccato mezzogiorno, sono suonate le dodici ⑤ (*Trommel*) battere, suonare; (*Saiteninstrument*) suonare ⑥ (*Kreis, Bogen*) fare, tracciare; (*Purzelbaum*) fare; (*Alarm*) suonare; (*Funken*) mandare, sprizzare; **Profit aus etw ~** trarre profitto da qc II. *vi* ① (*Mensch, Gegenstand, Herz, Puls*) battere; **nach jdm ~** cercare di colpire qu; (*fig: ähneln*) assomigliare a qu; **um sich ~** difendersi; (*im Schlaf*) dibattersi; **mit dem Kopf auf** [*o* **gegen**] **etw** *acc* **~** battere la testa contro qc ② (*Uhr*) battere ③ (*Blitz*) **in etw** *acc* **~** abbattersi su qc ④ (*singen: Vogel*) cantare III. *vr* **sich ~** (*sich prügeln*) battersi, picchiarsi; **sich gut ~** battersi bene; **sich um etw ~** (*a. fig*) battersi per qc; **sich auf jds Seite ~** schierarsi dalla parte di qu

**schlagend** *adj* (*Argumentation*) stringente; (*Beweis*) convincente

**Schlager** <-s, -> *m* ① (MUS) canzone *f* di successo ② (*fig fam: Erfolg*) successo *m*; (*Buch*) best seller *m*; (COM) articolo *m* di successo

**Schläger** [ʃlɛ:gɐ] <-s, -> *m* (*Tennis-~*) racchetta *f*; (*Golf-~*) mazza *f* [da golf]; (*Hockey-~*) bastone *m* [da hockey]

**Schlägerei** [ʃlɛ:gəˈraɪ] <-, -en> *f* rissa *f*, baruffa *f fam*

**Schlagerfestival** *nt* festival *m* della canzone

**Schlägerin** *f s.* **Schläger**

**schlägern** [ʃlɛ:gɐn] *vi* (A) abbattere gli alberi

**Schlagersänger(in)** *m(f)* cantante *mf* di musica leggera

**schlagfertig** *adj* pronto **Schlagfertigkeit** *f* prontezza *f* di parola

**Schlaghose** *f* pantaloni *mpl* a zampa d'elefante

**Schlaginstrument** *nt* strumento *m* a percussione

**Schlagkraft** *f* forza *f*, potenza *f*; (*fig: Wir-*

*kungskraft*) efficacia *f*, efficienza *f*; (MIL) forza *f* d'urto **schlagkräftig** *adj* (*Boxer*) forte; (*Armee*) potente; (*Argumente*) convincente **Schlaglicht** *nt* (FOTO, KUNST) effetto *m* di luce; (*fig*) sprazzo *m* di luce **Schlagloch** *nt* buca *f*
**Schlagobers** <-> *kein Pl.* *nt* (*A: Schlagsahne*) panna *f* montata **Schlagrahm** <-(e)s> *kein Pl. m* (*A, südd*) *s.* **Schlagobers Schlagsahne** *f* panna *f;* [**geschlagene**] ~ panna montata
**Schlagseite** *f* (NAUT) sbandamento *m;* ~ **haben** (*fam scherz*) essere sbronzo
**Schlagstock** *m* manganello *m* **Schlagstockeinsatz** *m* uso *m* del manganello
**schlägt** [ʃlɛːkt] *3. Pers. Sing. Präs. von* **schlagen**
**Schlagwerk** *nt* suoneria *f*
**Schlagwort** *nt* ❶ (*Parole*) motto *m,* slogan *m* ❷ (*Gemeinplatz*) luogo *m* comune ❸ (*Stichwort*) voce *f*
**Schlagzeile** *f* titolo *m*
**Schlagzeug** *nt* batteria *f* **Schlagzeuger(in)** <-s, -; -, -nen> *m(f)* batterista *mf*
**Schlagzeugspieler(in)** *m(f)* batterista *mf*
**schlaksig** [ˈʃlaksɪç] *adj* (*fam*) goffo, impacciato
**Schlamassel** [ʃlaˈmasəl] <-s, -> *m* *o nt* (*fam: Durcheinander*) confusione *f;* (*schwierige Lage*) pasticcio *m;* **da haben wir den** ~ ora siamo nei guai
**Schlamm** [ʃlam] <-(e)s, *rar* -e *o* Schlämme> *m* fango *m,* melma *f*
**Schlammbad** *nt* bagno *m* di fango **schlammig** *adj* (*Weg, Schuhe*) fangoso; (*Wasser*) limaccioso **Schlammschlacht** *f* (*fam*) ❶ (*Fußballspiel*) partita *f* su campo fangoso ❷ (*Streit*) litigio *m* furioso
**Schlampe** [ˈʃlampə] <-, -n> *f* (*fam pej*) sciattona *f*
**schlampen** [ˈʃlampən] *vi* (*fam pej*) essere disordinato [*o* sciatto]
**Schlamperei** [ʃlampəˈraɪ] <-, -en> *f* ❶ *Sing.* (*Verhalten*) sciatteria *f*, trascuratezza *f* ❷ (*schlechte Arbeit*) abborracciatura *f*
**schlampig** *adj* (*Mensch*) disordinato, sciatto; (*Arbeit*) abborracciato
**schlang** [ʃlaŋ] *1. u. 3. Pers. Sing. Imp. von* **schlingen**
**Schlange** [ˈʃlaŋə] <-, -n> *f* ❶ (*Tier*) serpe *f;* (*a. fig*) serpente *m,* biscia *f* ❷ (TEC: *Rohr*) serpentino *m* ❸ (*fig pej: Frau*) vipera *f* ❹ (*Menschen~*) coda *f,* fila *f;* (*a. Auto~*) fila *f;* ~ **stehen** fare la coda
**schlängeln** [ˈʃlɛŋəln] *vr* **sich** ~ serpeggiare
**Schlangenbiss** *m* morso *m* di serpente
**Schlangengift** *nt* veleno *m* di serpente
**Schlangenlinie** *f* serpentina *f* **Schlangenmensch** *m* contorsionista *mf*
**schlank** [ʃlaŋk] *adj* (*Mensch, Gestalt, Figur*) slanciato, snello; (*Taille*) sottile
**schlank|essen** *vr* **sich** ~ dimagrire mangiando
**Schlankheit** <-> *kein Pl.* *f* snellezza *f,* figura *f* slanciata **Schlankheitskur** *f* cura *f* dimagrante
**schlankweg** *adv* (*fam: ohne weiteres*) senz'altro; (*ohne zu zögern*) senza esitare
**schlapp** [ʃlap] *adj* ❶ (*müde*) spossato, esausto ❷ (*fam pej: feige*) vigliacco, indolente ❸ (*schlaff*) floscio
**Schlappe** [ˈʃlapə] <-, -n> *f* (*fam: Niederlage*) sconfitta *f,* scacco *m;* **eine ~ einstecken** subire uno scacco
**Schlapphut** *m* cappello *m* floscio
**schlapp|machen** *vi* (*fam: zusammenbrechen*) crollare, essere cotto; (*aufgeben*) rinunciare
**Schlappschwanz** *m* (*fam pej*) smidollato *m*
**Schlaraffenland** [ʃlaˈrafənlant] *nt* paese *m* della Cuccagna
**schlau** [ʃlaʊ] *adj* ❶ (*klug*) scaltro; (*pfiffig*) furbo; (*listig*) astuto ❷ (*iron: dumm*) intelligente ❸ (*fam: bequem*) comodo; **ich werde nicht ~ daraus** non ne vengo a capo
**Schlauberger** <-s, -> *m s.* **Schlaumeier**
**Schlauch** [ʃlaʊx] <-(e)s, Schläuche> *m* ❶ (*Garten~*) pompa *f;* (*Feuerwehr*) manichetta *f* antincendio ❷ (*Wein*) otre *m* ❸ (*Fahrrad~*) camera *f* d'aria ❹ (TEC: *Zufuhr~*) tubo *m* flessibile **Schlauchboot** *nt* canotto *m* pneumatico
**schlauchen** [ˈʃlaʊxən] *vt* (*fam: körperlich*) strapazzare; (*seelisch*) snervare
**schlauchlos** *adj* (*Reifen*) privi di camera d'aria, tubeless
**Schläue** [ˈʃlɔɪə] <-> *kein Pl.* *f* furbizia *f,* astuzia *f*
**Schlaufe** [ˈʃlaʊfə] <-, -n> *f* (*Schleife*) fiocco *m;* (*Aufhänger*) cappio *m;* (*Halte~ in Bus*) sostegno *m*
**Schlauheit** <-> *kein Pl. f s.* **Schläue**
**Schlaumeier** [ˈʃlaʊmaɪɐ] <-s, -> *m* (*fam*) furbacchione *m,* volpone *m*
**Schlawiner** [ʃlaˈviːnɐ] <-s, -> *m* (*fam*) furbo *m* matricolato
**schlecht** [ʃlɛçt] **I.** *adj* ❶ (*nicht gut*) cattivo; **mir ist ~** mi sento male ❷ (*verdorben*) guasto; (*Luft*) viziato; ~ **werden** (*verderben*) guastarsi, deteriorarsi ❸ (*gemein*) cattivo, brutto ❹ (*Zeiten*) duro, difficile;

(*Ende*) brutto **II.** *adv* male; (*mit Schwierigkeit*) difficilmente, male; **auf jdn/etw ~ zu sprechen sein** non avere una buona parola per qu/qc; **immer ~er** di male in peggio; **~ und recht** alla meno peggio *fam;* **nicht ~!** mica male! *fam*

**schlechterdings** ['ʃlɛçtɐˌdɪŋs] *adv* assolutamente

**schlecht|gehen** *v unpers s.* **gehen I.1.**

**schlechtgelaunt** *adj s.* **gelaunt**

**Schlechtheit** <-, -en> *f* ① *Sing.* (*Wesen*) cattiveria *f;* (*von Ware*) cattiva qualità *f* ② (*schlechte Tat*) cattiveria *f*

**schlechthin** ['ʃlɛçtˈhɪn] *adv* ① (*an sich*) per eccellenza ② (*geradezu*) semplicemente ③ (*absolut*) assolutamente, del tutto

**Schlechtigkeit** ['ʃlɛçtɪçkaɪt] <-, -en> *f* ① *Sing.* (*Wesen*) cattiveria *f;* (*von Ware*) cattiva qualità *f* ② (*schlechte Tat*) cattiveria *f*

**schlecht|machen** *vt* **jdn ~** sparlare di qu, diffamare qu

**Schlechtwettergeld** [ʃlɛçt'vɛtɐɡɛlt] *nt* (*im Baugewerbe*) indennità *f* di cattivo tempo

**schlecken** ['ʃlɛkən] **I.** *vi* (*bes. nordd: Süßigkeiten essen*) mangiare dolciumi **II.** *vi, vt* (*bes. südd: Eis, Milch*) leccare

**Schleckermaul** *nt* (*fam*) ghiottone, -a *m, f*

**Schlehdorn** ['ʃleːˌdɔrn] <-(e)s, -e> *m* (BOT) prugnolo *m*, spino *m* nero

**Schlehe** ['ʃleːə] <-, -n> *f* ① (*Frucht*) prugnola *f* ② (*Strauch*) prugnolo *m*

**schleichen** ['ʃlaɪçən] <schleicht, schlich, geschlichen> **I.** *vi sein* andare strisciano, sgaiattolare; (*fig: Zeit*) passare lentamente **II.** *vr* **sich ~** entrare/uscire di soppiatto

**schleichend** *adj* (*Zerfall, Inflation*) strisciante; (*Krankheit, Gift*) lento

**Schleichhandel** *m* traffico *m* illecito

**Schleichweg** *m* via *f* segreta, sentiero *m* nascosto **Schleichwerbung** *f* pubblicità *f* occulta

**Schleie** ['ʃlaɪə] <-, -n> *f* (ZOO) tinca *f*

**Schleier** ['ʃlaɪɐ] <-s, -> *m* ① (*a. fig*) velo *m;* (*am Hut*) veletta *f;* **den ~ lüften** (*a. fig*) sollevare il velo ② (FOTO) velo *m*

**Schleiereule** *f* barbagianni *m* **schleierhaft** *adj* **es ist mir völlig ~,** ... (*fam*) mi è assolutamente incomprensibile ...

**Schleife** ['ʃlaɪfə] <-, -n> *f* ① (*Schlinge*) cappio *m*, fiocco *m;* (*Kranz~*) fiocco *m* ② (*von Straße*) curva *f* a S; (*von Fluss*) ansa *f* ③ (AERO) loop *m*, gran volta *f* ④ (INFORM) loop *m*

**schleifen**[1] ['ʃlaɪfən] <schleift, schliff, geschliffen> *vt* (*schärfen*) arrotare, affilare; (*Glas, Diamanten*) molare; (TEC) rettificare

**schleifen**[2] *vt* ① (*auf dem Boden, fam: mit~*) trascinare ② (MIL: *Festungsanlagen*) radere al suolo, smantellare

**Schleiflack** *m* vernice *f* a pulimento

**Schleifstein** *m* cote *f;* (*Papierherstellung*) mola *f*

**Schleim** [ʃlaɪm] <-(e)s, -e> *m* ① (*schleimige Substanz*) muco *m;* (*krankhaft*) catarro *m;* (*von Schnecke*) bava *f;* (*von Pflanze*) mucillagine *f* ② (GASTR) crema *f*

**schleimen** *vi* (*fam*) ① (*Schleim absondern*) secernere muco, sbavare ② (*schmeichelnd reden*) adulare, lusingare

**Schleimer(in)** ['ʃlaɪmɐ] <-s, -; -, -nen> *m(f)* (*pej*) adulatore *m*

**Schleimhaut** *f* (MED) mucosa *f*

**schleimig** ['ʃlaɪmɪç] *adj* ① (*Flüssigkeit*) vischioso; (*Auswurf, Absonderung*) di muco; (*Pflanze, Tier*) viscido ② (*pej: Mensch, Art*) viscido, servile; (*Reden*) mellifluo

**schlemmen** ['ʃlɛmən] *vi* banchettare

**Schlemmer(in)** <-s, -; -, -nen> *m(f)* ghiottone, -a *m, f*

**Schlemmerei** [ʃlɛməˈraɪ] <-, -en> *f* (*Mahl*) banchetto *m*

**Schlemmerin** *f s.* **Schlemmer**

**schlendern** ['ʃlɛndɐn] *vi sein* bighellonare *fam*

**Schlendrian** ['ʃlɛndriaːn] <-(e)s> *kein Pl. m* (*fam*) tran-tran *m;* **im alten ~ weitermachen** continuare il solito tran-tran

**schlenkern** ['ʃlɛŋkɐn] *vt, vi* ciondolare

**Schleppe** ['ʃlɛpə] <-, -n> *f* strascico *m*

**schleppen** ['ʃlɛpən] **I.** *vt* ① (*hinter sich her~*) trainare ② (*tragen*) trascinare **II.** *vr* **sich ~** (*a. fig*) trascinarsi **schleppend** *adj* (*Gang*) strascicato; (*Unterhaltung*) stentato; (*Melodie*) lento; (*Nachfrage*) stentato

**Schlepper** <-s, -> *m* ① (MOT) trattore *m* ② (NAUT) rimorchiatore *m* ③ (*von Flüchtlingen, Asylanten*) mediatore *m* di clandestini

**Schleppkahn** *m* chiatta *f* rimorchiata

**Schlepplift** *m* sciovia *f*, skilift *m*

**Schleppnetz** *nt* rete *f* a strascico

**Schlepptau** *nt* cavo *m* da rimorchio; **in jds ~** (*fig*) a rimorchio di qu

**Schlesien** ['ʃleːziən] *nt* Slesia *f*

**Schlesier(in)** <-s, -; -, -nen> *m(f)* slesiano, -a *m, f*

**schlesisch** *adj* slesiano

**Schleswig-Holstein** ['ʃleːsvɪçˈhɔlʃtaɪn] *nt* Schleswig-Holstein *m*

**Schleuder** ['ʃlɔɪdɐ] <-, -n> *f* ① (*Waffe*)

fionda *f* ❷(*Zentrifuge*) centrifuga *f* ❸(AERO) catapulta *f* **Schleuderball** *m* (SPORT) palla *f* vibrata **Schleudergefahr** *f* ~! strada sdrucciolevole!

**schleudern** I. *vt haben* ❶(*werfen*) scagliare, scaraventare ❷(TEC: *Wäsche*) centrifugare ❸(AERO) catapultare II. *vi sein o haben* sbandare

**Schleuderpreis** *m* prezzo *m* di svendita
**Schleudersitz** *m* (AERO) sedile *m* eiettabile

**schleunig** ['ʃlɔɪnɪç] *adj* pronto, rapido, sollecito **schleunigst** *adv* il più presto possibile

**Schleuse** ['ʃlɔɪzə] <-, -n> *f* chiusa *f*

**schleusen** *vt* (*Schiff*) far passare per la chiusa; (*Wasser*) guidare; (*fam: Menschen*) far passare clandestinamente

**Schleusenkammer** *f* conca *f* di navigazione **Schleusenwärter(in)** *m(f)* guardiano, -a *m, f* della chiusa

**schlich** [ʃlɪç] *1. u. 3. Pers. Sing. Imp. von* **schleichen**

**Schliche** ['ʃlɪçə] *mPl.* trucchi *mpl,* astuzie *fpl;* **jdm auf die ~ kommen** scoprire le astuzie di qu

**schlicht** [ʃlɪçt] *adj* (*einfach*) semplice; (*bescheiden*) modesto; (*nüchtern*) sobrio; **~ und einfach** semplicemente

**schlichten** ['ʃlɪçtən] *vt* ❶(*Streit*) comporre, conciliare ❷(*glätten*) levigare, lisciare

**Schlichter(in)** <-s, -; -, -nen> *m(f)* mediatore, -trice *m, f,* conciliatore, -trice *m, f,* arbitro, -a *m, f*

**Schlichtheit** <-> *kein Pl. f* semplicità *f;* (*Bescheidenheit*) modestia *f;* (*Nüchternheit*) sobrietà *f*

**Schlichtung** <-, -en> *f* composizione *f,* conciliazione *f* **Schlichtungsverfahren** *nt* procedimento *m* di conciliazione

**Schlick** [ʃlɪk] <-(e)s, -e> *m* limo *m,* melma *f*

**schliddern** ['ʃlɪdɐn] *vi* (*nordd*) *s.* **schlittern**

**schlief** [ʃliːf] *1. u. 3. Pers. Sing. Imp. von* **schlafen**

**Schliere** ['ʃliːrə] <-, -n> *f* pappa *f,* stria *f*

**Schließe** ['ʃliːsə] <-, -n> *f* fibbia *f,* fermaglio *m*

**schließen** ['ʃliːsən] <schließt, schloss, geschlossen> I. *vt* ❶(*zumachen*) chiudere; (*Lücke*) colmare ❷(*beenden*) terminare, finire; (*Sitzung*) togliere ❸(*Vertrag*) concludere; (*Ehe*) contrarre; (*Frieden*) fare; (*Freundschaft*) fare, stringere; **jdn in die Arme ~** abbracciare qu ❹(*folgern*) **etw [aus etw] ~** dedurre qc [da qc] II. *vi* ❶(*zugehen*) chiudere, chiudersi ❷(*Geschäft*) chiudere ❸(*aufhören*) [**mit jdm/etw**] **~** chiudere [con qu/qc] ❹(*Wend*) **von sich** *dat* **auf andere ~** giudicare gli altri secondo il proprio metro; **auf etw** *acc* **~ lassen** far pensare a qc

**Schließfach** *nt* (*Bank~*) cassetta *f* di sicurezza; (*Post~*) casella *f* postale; (*Gepäck~*) deposito *m* bagagli a cassette

**schließlich** *adv* (*am Ende*) alla fine; (*im Grunde*) in fondo, in fin dei conti; (*an letzter Stelle*) da ultimo

**Schließmuskel** *m* (ANAT) muscolo *m* costrittore, sfintere *m*

**Schließung** <-, -en> *f* ❶(*Betriebs~*) chiusura *f* ❷(*Beendigung*) conclusione *f;* (*von Sitzung*) chiusura *f*

**schliff** [ʃlɪf] *1. u. 3. Pers. Sing. Imp. von* **schleifen**

**Schliff** [ʃlɪf] <-(e)s, -e> *m* ❶(*Schärfen*) affilatura *f;* (*von Diamant, Glas*) taglio *m,* sfaccettatura *f;* **einer Sache** *dat* **den letzten ~ geben** (*fam*) dare l'ultimo tocco a qc ❷(*fig fam: Lebensart*) buone maniere *fpl,* garbo *m*

**schlimm** [ʃlɪm] I. *adj* ❶(*schlecht*) brutto; (*a. böse*) cattivo; **~er** peggiore; **~er werden** peggiorare; **immer ~er werden** andare di mal in peggio *fam* ❷(*ernst*) grave; **das ist nicht ~** non è grave, non fa niente; **das ist halb so ~** non è poi niente di grave ❸(*ärgerlich*) fastidioso II. *adv* male; **~er** peggio; **am ~sten** peggio di tutto **schlimmstenfalls** *adv* nel peggiore dei casi

**Schlinge** ['ʃlɪŋə] <-, -n> *f* (*Schlaufe*) cappio *m,* nodo *m* scorsoio; (MED) [fascia-tura *f* a] sciarpa *f;* **seinen Kopf aus der ~ ziehen** (*fig*) tirarsi fuori da un guaio

**Schlingel** ['ʃlɪŋəl] <-s, -> *m* birbante *m,* monello *m*

**schlingen** ['ʃlɪŋən] <schlingt, schlang, geschlungen> I. *vt* (*winden*) stringere, cingere II. *vi* (*hastig essen*) ingoiare; (*herunterschlucken*) inghiottire III. *vr* **sich ~** stringersi; (*Efeu*) avviticchiarsi

**schlingern** ['ʃlɪŋɐn] *vi* (*Schiffe*) rollare

**Schlingpflanze** *f* pianta *f* rampicante

**Schlips** [ʃlɪps] <-es, -e> *m* (*fam*) cravatta *f;* **jdm auf den ~ treten** offendere qu

**Schlitten** ['ʃlɪtən] <-s, -> *m* ❶(*Rodel~*) slitta *f,* slittino *m* ❷(*von Schreibmaschine*) carrello *m* ❸(*fam: Auto*) trabiccolo *m* **Schlittenfahrt** *f* corsa *f* in slitta

**schlittern** ['ʃlɪtɐn] *vi haben o sein* scivolare, slittare

Schlittschuh *m* pattino *m* [per ghiaccio]; ~ **laufen** pattinare su ghiaccio **Schlittschuhlaufen** <-s> *kein Pl. nt* pattinaggio *m* su ghiaccio **Schlittschuhläufer(in)** *m(f)* pattinatore, -trice *m, f* su ghiaccio

**Schlitz** [ʃlɪts] <-es, -e> *m* (*Spalt*) fessura *f*, fenditura *f*; (*von Schraube*) taglio *m*; (*Hosen~*) patta *f* dei calzoni; (*im Kleid*) spacco *m*; (*Einwurf~*) buca *f* **Schlitzaugen** *ntPl.* occhi *mpl* a mandorla

**schlitzen** *vt* (*auf~*) fendere

**Schlitzohr** *nt* (*fam*) dritto *m* **schlitzohrig** *adj* (*fam*) furbo, astuto, scaltro, abile

**Schlögel** <-s, -> *m* (*A, südd*: GASTR: *Keule*) coscia *f*

**schlohweiß** [ˈʃloːvaɪs] *adj* candido, bianchissimo

**schloss** [ʃlɔs] *1. u. 3. Pers. Sing. Imp. von* **schließen**

**Schloss** [ʃlɔs] <-es, Schlösser> *nt* ❶ (*Gebäude*) castello *m* ❷ (*Verschluss*) serratura *f*; (*Vorhänge~*) catenaccio *m*; (*Gewehr~*) otturatore *m*; (*Gürtel~*) fibbia *f*; (*von Tasche*) cerniera *f*; **ins ~ fallen** chiudersi di scatto; **hinter ~ und Riegel bringen** mettere sotto chiave; **hinter ~ und Riegel sitzen** essere in prigione

**Schlosser(in)** [ˈʃlɔsɐ] <-s, -; -, -nen> *m(f)* fabbro *m* ferraio

**Schlosserei** [ʃlɔsəˈraɪ] <-, -en> *f* officina *f* del fabbro

**Schlosserin** *f s.* **Schlosser**

**Schlossherr(in)** *m(f)* castellano, -a *m, f*

**Schlosshund** *m* **wie ein ~ heulen** (*fam*) piangere a calde lacrime

**Schlot** [ʃloːt] <-(e)s, -e *o rar* Schlöte> *m* ❶ (*Fabrik~*) ciminiera *f*; (*von Schiff*) fumaiolo *m* ❷ (*fam pej*) zoticone *m*

**schlott|e|rig** [ˈʃlɔt(ə)rɪç] *adj* ❶ (*zitternd*) tremante ❷ (*Kleidung*) cascante

**schlottern** [ˈʃlɔtɐn] *vi* ❶ (*zittern*) tremare ❷ (*Kleidung*) ballare addosso, essere cascante

**schlottrig** *adj s.* **schlott|e|rig**

**Schlucht** [ʃlʊxt] <-, -en> *f* gola *f*

**schluchzen** [ˈʃlʊxtsən] *vi* singhiozzare

**Schluchzer** <-s, -> *m* singhiozzo *m*

**Schluck** [ʃlʊk] <-(e)s, -e *o rar* Schlücke> *m* sorso *m*; (*~ Alkohol*) goccio *m*; **ein tüchtiger ~** una sorsata

**Schluckauf** <-s> *kein Pl. m* singhiozzo *m*, singulto *m*

**schlucken** [ˈʃlʊkən] **I.** *vt* ❶ (*hinunter~*) inghiottire, mandar giù ❷ (*fig: Beleidigung*) mandar giù, ingoiare ❸ (*fam: kosten, brauchen*) inghiottire, divorare; (*Benzin*) consumare; (*absorbieren: Schall*) assorbire **II.** *vi* inghiottire, deglutire

**Schlucker** <-s, -> *m* **armer ~** (*fam*) povero diavolo

**Schluckimpfung** *f* vaccinazione *f* per via orale **schluckweise** *adv* a sorsi

**schludern** [ˈʃluːdɐn] *vt, vi* abborracciare

**schlug** [ʃluːk] *1. u. 3. Pers. Sing. Imp. von* **schlagen**

**Schlummer** [ˈʃlʊmɐ] <-s> *kein Pl. m* sonno *m* leggero, sopore *m*

**schlummern** *vi* sonnecchiare; (*fig: Kräfte, Pläne*) essere sopito **schlummernd** *adj* assopito; (*fig: verborgen*) latente

**Schlund** [ʃlʊnt] <-(e)s, Schlünde> *m* (ANAT) faringe *f*; (*Rachen*) gola *f*; (*bei Tieren*) fauci *fpl*

**schlüpfen** [ˈʃlʏpfən] *vi sein* ❶ (*gleiten*) scivolare, sgusciare ❷ (*in Kleidungsstück*) **in etw** *acc* **~** infilarsi qc; **aus dem Ei ~** uscire dall'uovo

**Schlüpfer** <-s, -> *m* slip *m*, mutandine *fpl*

**Schlupfloch** [ˈʃlʊpflɔx] *nt* (*Durchschlupf*) pertugio *m*; (*Schlupfwinkel*) nascondiglio *m*; (*fig: Lücke*) buco *m*, foro *m*

**schlüpfrig** [ˈʃlʏpfrɪç] *adj* ❶ (*rutschig*) sdrucciolevole, scivoloso ❷ (*fig: anzüglich*) salace, scurrile

**Schlupfwinkel** <-s, -> *m* tana *f*, nascondiglio *m*

**schlurfen** [ˈʃlʊrfən] *vi sein* strascicare i piedi, ciabattare

**schlürfen** [ˈʃlʏrfən] **I.** *vt* (*beim Essen/Trinken*) mangiare/bere rumorosamente; (*mit Genuss*) centellinare **II.** *vi* ciabattare *fam*

**Schluss** [ʃlʊs] <-es, Schlüsse> *m* (*Ende*) fine *f*, termine *m*; (*Ab~, ~folgerung*) conclusione *f*; (*von Debatte*) chiusura *f*; (*von Rede*) fine *f*, conclusione *f*; **~ machen** finire, terminare; **mit jdm/etw ~ machen** farla finita con qu/qc *fam*; **zu dem ~ gelangen, dass ...** giungere alla conclusione che ...; **am ~ von** alla fine di; **~!** basta!; **~ damit!** finiamola! *fam* **Schlussabrechnung** *f* bilancio *m* finale **Schlussbemerkung** *f* osservazione *f* finale

**Schlüssel** [ˈʃlʏsəl] <-s, -> *m* ❶ (*Gegenstand*) chiave *f* ❷ (*fig*) chiave *f*, soluzione *f* ❸ (MUS) chiave *f* [di violino], chiave *f* per accordare ❹ (INFORM) chiave *f* **Schlüsselanhänger** *m* ciondolo *m* portachiavi **Schlüsselbein** *nt* clavicola *f* **Schlüsselblume** *f* primula *f* **Schlüsselbund** *m o nt* mazzo *m* di chiavi **Schlüsselerlebnis** *nt* evento *m* chiave **schlüsselfertig** *adj* pronto per la consegna **Schlüsselfigur** <-, -en> *f* figura *f* chiave

**Schlüsselindustrie** *f* industria *f* chiave
**Schlüsselkind** *nt* (*sl*) bambino che in assenza dei genitori deve provvedere a sé stesso **Schlüsselloch** *nt* buco *m* della serratura **Schlüsselposition** *f*, **Schlüsselstellung** *f* posizione *f* chiave **Schlüsselzahl** *f* combinazione *f*
**schlussendlich** ['ʃlʊsʔɛntlɪç] *adv* alla fine
**schlussfolgern** *vt* **etw [aus etw]** ~ dedurre qc [da qc] **Schlussfolgerung** *f* conclusione *f*, deduzione *f*
**Schlussformel** *f* formula *f* finale
**schlüssig** ['ʃlʏsɪç] *adj* (*Beweis*) conclusivo; (*Argumentation*) concludente; **sich** *dat* **über etw** *acc* ~ **werden** decidersi su qc
**Schlusslicht** *nt* luce *f* posteriore; (*fig fam*) fanalino *m* di coda **Schlussnote** *f* (*Börse*) fissato *m* bollato **Schlusspfiff** *m* (SPORT) fischio *m* finale **Schlusspunkt** *m* punto *m* finale; **einen** ~ **hinter** [*o* **unter**] **etw** *acc* **setzen** (*fig*) porre termine a qc **Schlussrunde** *f* ultimo giro *m;* (*Boxen*) ultima ripresa *f* **Schlussstrich** *m* **einen** ~ **unter etw** *acc* **ziehen** (*fig*) porre fine a qc **Schlussverkauf** *m* svendita *f* [di fine stagione] **Schlusswort** *nt* ultima parola *f;* (*Nachwort*) conclusione *f*
**Schmach** [ʃmaːx] <-> *kein Pl. f* (*Schande*) vergogna *f;* (*Entehrung*) ignominia *f,* infamia *f;* (*Demütigung*) umiliazione *f;* (*Beleidigung*) oltraggio *m*
**schmachten** ['ʃmaxtən] *vi* languire; (*fig: sich sehnen*) struggersi; **vor Durst/Hunger** ~ languire per la sete/fame; **nach der Geliebten** ~ struggersi per l'amante
**schmachtend** *adj* (*Mensch*) innamorato; (*Blick*) languido
**schmächtig** ['ʃmɛçtɪç] *adj* esile, smilzo
**schmackhaft** ['ʃmakhaft] *adj* (*wohlschmeckend*) gustoso; (*appetitanregend*) appetitoso; **jdm etw** ~ **machen** (*fig*) rendere qc gradevole a qu
**Schmäh** <-s, -(s)> *m* (*A*) ❶ (*fam: Trick, Kniff*) inganno *m,* trucco *m* ❷ (*fam: Schwindelei, Unwahrheit*) truffa *f,* imbroglio *m*
**schmähen** ['ʃmɛːən] *vt* (*geh*) ingiuriare, oltraggiare
**schmählich** ['ʃmɛːlɪç] I. *adj* (*schändlich*) vergognoso, ignominioso II. *adv* tremendamente, terribilmente; (*verlassen*) vergognosamente
**Schmähung** ['ʃmɛːʊŋ] <-, -en> *f* (*geh: Beschimpfung*) ingiuria *f,* insulto *m,* oltraggio *m;* (*Verleumdung*) diffamazione *f*
**schmal** [ʃmaːl] <-er *o* schmäler, -ste *o* rar

schmälste> *adj* stretto; (*Hände, Gesicht*) sottile; (*mager, a. fig*) magro
**schmälern** ['ʃmɛːlɐn] *vt* (*schmäler machen*) restringere; (*verringern*) ridurre, diminuire; (*fig: Verdienste*) sminuire; (*Bedeutung*) scemare; (*Rechte*) ledere
**Schmälerung** <-, -en> *f* restrizione *f,* riduzione *f,* diminuzione *f,* (*von Bedeutung*) scemare *m;* (*von Rechten*) lesione *f*
**Schmalfilm** *m* (FILM) pellicola *f* a passo ridotto **Schmalfilmkamera** *f* cinepresa *f* a passo ridotto
**schmallippig** *adj* ❶ (*dünnlippig*) con le labbra sottili ❷ (*fig*) acido
**Schmalspur** *f* (FERR) scartamento *m* ridotto **Schmalspur-** (*in Zusammensetzungen*) a scartamento ridotto **Schmalspurbahn** *f* ferrovia *f* a scartamento ridotto
**Schmalz**[1] [ʃmalts] <-es, -e> *nt* ❶ (*Schweine~*) strutto *m* ❷ (*Ohren~*) cerume *m*
**Schmalz**[2] <-es> *kein Pl. m* (*fam pej: Sentimentalität*) sentimentalismo *m;* (*Werk*) opera *f* sdolcinata **schmalzig** *adj* (*fam pej*) sdolcinato
**Schmankerl** ['ʃmaŋkɐl] <-s, -n> *nt* (*südd, A: Leckerbissen, a. fig*) ghiottoneria *f*
**schmarotzen** [ʃmaˈrɔtsən] <ohne ge-> *vi* (BOT, ZOO) vivere da parassita; (*pej: Mensch*) scroccare *fam*
**Schmarotzer** [ʃmaˈrɔtsɐ] <-s, -> *m* (BOT, ZOO) parassita *mf*
**Schmarotzer(in)** <-s, -; -, -nen> *m(f)* (*pej: Mensch*) scroccone, -a *m, f fam,* parassita *m*
**Schmarren** ['ʃmarən] <-s, -> *m* ❶ (*A, südd: Eierkuchen*) frittatina *f,* omelette *f* ❷ (*fam pej: Unsinn*) sciocchezza *f*
**schmatzen** ['ʃmatsən] *vi* (*laut essen*) mangiare rumorosamente
**Schmaus** [ʃmaʊs, *Pl:* 'ʃmɔʏzə] <-es, Schmäuse> *m* banchetto *m*
**schmausen** ['ʃmaʊzən] I. *vi* bisbocciare, banchettare II. *vt* mangiare
**schmecken** ['ʃmɛkən] I. *vt* (*Geschmack wahrnehmen*) sentire il sapore di; (*kosten, versuchen*) assaggiare II. *vi* (*gut* ~) essere buono; (*probieren*) provare, assaggiare; **jdm** ~ piacere a qu; **gut** ~ avere un buon sapore; **nach etw** ~ (*a. fig*) sapere di qc; **es sich** *dat* ~ **lassen** mangiare qc di gusto; **das schmeckt mir gut/ausgezeichnet** mi piace/è squisito; **schmeckt's?** (*fam*) è buono?
**Schmeichelei** [ʃmaɪçəˈlaɪ] <-, -en> *f* lusinga *f;* (*pej*) adulazione *f;* (*Kompliment*) complimento *m*

**schmeichelhaft** *adj* lusinghevole, lusinghiero

**schmeicheln** ['ʃmaɪçəln] *vi* ① (*mit Worten*) **jdm ~** lusingare qu; (*pej*) adulare qu ② (*fig: vorteilhaft aussehen lassen*) donare

**Schmeichler(in)** <-s, -; -, -nen> *m(f)* lusingatore, -trice *m, f;* (*pej*) adulatore, -trice *m, f*

**schmeichlerisch** *adj* lusinghevole; (*pej*) adulatorio

**schmeißen** ['ʃmaɪsən] <schmeißt, schmiss, geschmissen> *vt* (*fam*) ① (*werfen*) gettare, scagliare ② (*fam: bewältigen*) sistemare, sbrigare; **den Laden ~** (*fig*) sbrigare la faccenda ③ (*spendieren: Runde*) pagare, offrire

**Schmeißfliege** ['ʃmaɪsfliːɡə] *f* moscone *m*

**Schmelz** [ʃmɛlts] <-es, -e> *m* (*Glasur, Zahn~*) smalto *m;* (*Glanz*) splendore *m;* (*Klang*) timbro *m*

**Schmelze** ['ʃmɛltsə] <-, -n> *f* ① (*Vorgang*) scioglimento *m;* (TEC) fusione *f* ② (*Schnee~*) [periodo *m* del] disgelo *m* ③ (TEC: *Masse*) massa *f* fusa

**schmelzen** ['ʃmɛltsən] <schmilzt, schmolz, geschmolzen> I. *vt haben* sciogliere; (TEC) fondere II. *vi sein* sciogliersi; (TEC) fondersi

**Schmelzkäse** *m* formaggio *m* fondente
**Schmelzofen** *m* forno *m* di fusione
**Schmelzpunkt** *m* punto *m* di fusione
**Schmelztiegel** *m* (*a. fig*) crogiolo *m*
**Schmelzwasser** *nt* acqua *f* di disgelo

**Schmerbauch** ['ʃmeːɐbaʊx] *m* (*fam pej*) pancione *m*

**Schmerz** [ʃmɛrts] <-es, -en> *m* (*körperlich, seelisch*) dolore *m;* (*Kummer*) afflizione *f*, pena *f*

**schmerzempfindlich** *adj* sensibile al dolore

**schmerzen** (*geh*) I. *vi* (*fig* MED) dolere II. *vt* (*fig*) addolorare, affliggere

**Schmerzensgeld** *nt* risarcimento *m* per danni morali

**Schmerzensschrei** *m* grido *m* di dolore
**schmerzhaft** *adj* (*a. fig*) doloroso
**schmerzlich** *adj* (*Verlust*) doloroso; (*Verlangen*) ardente **schmerzlindernd** *adj* analgesico, calmante, sedativo **schmerzlos** *adj* indolore **Schmerzmittel** *nt* analgesico *m*, calmante *m* **schmerzstillend** *adj* calmante, sedativo; (SCIENT) analgesico
**Schmerztablette** *f* analgesico *m*

**Schmetterball** *m* (SPORT) schiacciata *f*, smash *m*

**Schmetterling** ['ʃmɛtɐlɪŋ] <-s, -e> *m* farfalla *f*

**schmettern** ['ʃmɛtɐn] I. *vt* ① (*werfen*) scaraventare; (*Tür ins Schloss*) sbattere con violenza; (SPORT: *Ball*) schiacciare ② (*Lied*) cantare a squarciagola II. *vi* ① (*Trompete*) squillare; (*Stimme*) tuonare; (*Mensch*) urlare; (*Vogel*) cantare ② (SPORT) fare una schiacciata

**Schmied** [ʃmiːt] <-(e)s, -e> *m* fabbro *m* ferraio; (*Huf~*) maniscalco *m* **Schmiede** ['ʃmiːdə] <-, -n> *f* fucina *f*, forgia *f*
**Schmiedeeisen** *nt* ferro *m* fucinato
**schmiedeeisern** *adj* di ferro battuto
**schmieden** ['ʃmiːdən] *vt* battere, fucinare; (*herstellen*) fabbricare; **einen Plan ~** (*fig*) ideare un piano

**schmiegen** ['ʃmiːɡən] *vr* **sich ~** (*Mensch*) stringersi; (*Kleid*) aderire; **sich an jdn ~** stringersi a qu; **sich in jds Armen ~** stringersi nelle braccia di qu; **das Kleid schmiegt sich an den Körper** il vestito aderisce al corpo

**schmiegsam** *adj* flessibile, pieghevole

**Schmiere** ['ʃmiːrə] <-, -n> *f* (*fam*) ① (*Fett*) grasso *m*, lubrificante *m;* (*Salbe*) pomata *f;* (*Schmutz*) unto *m;* (*Aufstrich*) pasta *f* da spalmare ② (*pej: Theater*) teatro *m* di guitti ③ (*fam*) **~ stehen** fare il palo

**schmieren** ['ʃmiːrən] I. *vt* ① (TEC: *mit Fett*) ingrassare, lubrificare; (*mit Öl*) oliare ② (*streichen*) spalmare; **etw auf etw** *acc* **~** spalmare qc su qc; **Brot mit Marmelade ~** spalmare il pane di marmellata; **mit Butter ~** imburrare ③ (*fam: schlecht schreiben*) scarabocchiare ④ (*fam: bestechen*) corrompere; **jdm eine ~** (*fam*) mollare un ceffone a qu; **es läuft wie geschmiert** (*fam*) va liscio come l'olio II. *vi* (*fam*) ① (*Stift*) macchiare; (*Radiergummi*) sporcare cancellando; (*Scheibenwischer*) sporcare ② (*schlecht schreiben*) scarabocchiare

**Schmiererei** [ʃmiːrəˈraɪ] <-, -en> *f* (*fam*) ① (*schlechte Schrift, pej*) scarabocchiatura *f* ② (*schlechte Malerei, pej*) crosta *f*

**Schmierfett** *nt* (TEC) grasso *m* lubrificante
**Schmierfink** *m* (*fam*) ① (*Autor, Journalist, pej*) scribacchino *m*, imbrattacarte *mf* ② (*Kind, pej*) sudicione, -a *m, f*, sporcaccione, -a *m, f* **Schmiergeld** *nt* (*fam*) bustarella *f*

**schmierig** *adj* ① (*fettig*) unto, grasso ② (*fig: widerlich*) sordido ③ (*fig fam: kriecherisch*) viscido

**Schmiermittel** *nt* lubrificante *m*
**Schmieröl** *nt* olio *m* lubrificante
**Schmierpapier** *nt* foglio *m* per appunti
**Schmierseife** *f* sapone *m* tenero

**Schmierzettel** *m* brutta copia *f*; minuta *f*; (*Zettel für Notizen*) foglietto *m* per appunti
**schmilzt** [ʃmɪltst] *3. Pers. Sing. Präs. von* **schmelzen**
**Schminke** ['ʃmɪŋkə] <-, -n> *f* trucco *m*, belletto *m*
**schminken** I. *vt* (*jdn*) truccare; (*Mund, Augen*) truccarsi II. *vr* **sich** ~ truccarsi
**Schminktisch** <-es, -e> *m* tavolo *m* per il trucco
**schmirgeln** ['ʃmɪrgəln] *vt* smerigliare
**Schmirgelpapier** *nt* carta *f* smerigliata
**schmiss** [ʃmɪs] *1. u. 3. Pers. Sing. Imp. von* **schmeißen**
**Schmiss** [ʃmɪs] <-es, -e> *m* ❶ (*Mensurnarbe*) sfregio *m*, cicatrice *f* ❷ (*fam: Schwung*) brio *m*, slancio *m*
**schmissig** *adj* (*fam*) pieno di brio [*o* slancio], brioso
**Schmöker** ['ʃmøːkɐ] <-s, -> *m* (*fam*) librone *m*, mattone *m*
**schmökern** ['ʃmøːkɐn] *vi* (*fam*) immergersi nella lettura; **in einem Buch** ~ leggere un libro
**schmollen** ['ʃmɔlən] *vi* [**mit jdm**] ~ tenere il broncio [a qu] **Schmollmund** *m* muso *m*, broncio *m;* **einen** ~ **machen** fare il muso, tenere il broncio
**schmolz** [ʃmɔlts] *1. u. 3. Pers. Sing. Imp. von* **schmelzen**
**Schmorbraten** *m* stufato *m*
**schmoren** ['ʃmoːrən] I. *vt* stufare II. *vi* ❶ (GASTR) cuocere a fuoco lento ❷ (*fam: in der Sonne*) crogiolarsi al sole
**Schmortopf** *m* casseruola *f*
**Schmu** [ʃmuː] <-> *kein Pl. m* (*fam: Betrug*) raggiro *m;* ~ **machen** raggirare
**Schmuck** <-(e)s, *rar* -e> *m* ❶ (*Juwelen*) gioielli *mpl*; (~*stück*) gioiello *m* ❷ (*Verzierung*) ornamento *m;* (*Zierrat*) decorazione *f*
**schmuck** [ʃmʊk] *adj* avvenente, leggiadro, grazioso
**schmücken** ['ʃmʏkən] *vt* **etw** [**mit etw**] ~ [ad]ornare qc [di qc]
**Schmuckkästchen** *nt* portagioie *m*, portagioielli *m;* (*fig scherz: Haus*) gioiello *m*
**schmucklos** *adj* (*a. fig*) disadorno, spoglio
**Schmucklosigkeit** <-> *kein Pl. f* mancanza *f* di ornamenti, semplicità *f*; (*fig*) sobrietà *f*
**Schmuckstück** *nt* (*a. fig*) gioiello *m*
**schmudd|e|lig** ['ʃmʊd(ə)lɪç] *adj* (*unordentlich*) trasandato; (*schmutzig*) lurido
**Schmuggel** ['ʃmʊgəl] <-s> *kein Pl. m* contrabbando *m*

**schmuggeln** I. *vi* fare contrabbando II. *vt* contrabbandare
**Schmuggelware** *f* merce *f* di contrabbando
**Schmuggler(in)** <-s, -; -, -nen> *m(f)* contrabbandiere, -a *m, f*
**schmunzeln** ['ʃmʊntsəln] *vi* sorridere compiaciuto
**Schmus** [ʃmuːs] <-es> *kein Pl. m* (*fam: Unsinn*) ciance *fpl;* (*Schmeicheleien*) moine *fpl*
**schmusen** ['ʃmuːzən] *vi* (*fam*) [**mit jdm**] ~ amoreggiare [con qu]
**Schmutz** [ʃmʊts] <-es> *kein Pl. m* sporco *m;* (*Kot, Schlamm*) fango *m*, melma *f;* (*fig: Schweinerei*) porcheria *f;* **in den** ~ **ziehen** (*fig*) trascinare nel fango
**schmutzen** *vi* sporcarsi
**Schmutzfink** *m* (*fam: Kind*) sudicione, -a *m, f;* (*unmoralisch*) sporcaccione, -a *m, f*
**Schmutzfleck** *m* macchia *f* di sporco
**schmutzig** *adj* (*unsauber*) sporco; (*Arbeit*) sudicio; (*beschmiert*) imbrattato; (*Geschäft, Mittel*) losco; (*unanständig*) indecente; (*obszön*) osceno; ~ **werden** sporcarsi, insudiciarsi
**Schmutzwäsche** *kein Pl. f* biancheria *f* sporca
**Schnabel** ['ʃnaːbəl] <-s, Schnäbel> *m* becco *m;* **ich rede, wie mir der ~ gewachsen ist** (*fam*) parlo come posso; **halt den ~!** (*fam*) chiudi il becco! **Schnabeltier** *nt* ornitorinco *m*
**Schnake** ['ʃnaːkə] <-, -n> *f* ❶ (*Weberknecht*) tipula *f* ❷ (*fam: Stechmücke*) zanzara *f* ❸ (*Witz*) lazzo *m*
**Schnalle** ['ʃnalə] <-, -n> *f* ❶ (*am Ende des Gürtels*) fibbia *f* ❷ (*A: Türklinke*) maniglia *f* ❸ (*fam pej*) puttana *f*
**schnallen** *vt* (*Gürtel*) affibbiare, allacciare; **enger** ~ stringere; **etw auf etw** *acc* ~ allacciare qc a [*o* su] qc; **etw** ~ (*sl*) capire qc
**schnalzen** ['ʃnaltsən] *vi* [**mit den Fingern**] ~ schioccare le dita; **mit der Zunge** ~ [far] schioccare la lingua
**Schnäppchen** ['ʃnɛpçən] <-s, -> *nt* (*fam, dial*) occasione *f*, affare *m;* **ein** ~ **machen** fare un affarone **Schnäppchenjagd** *f* (*fam*) caccia *f* all'occasione **Schnäppchenjäger(in)** <-s, -; -, -nen> *m(f)* (*fam*) maniaco , -a degli sconti *m*
**schnappen** ['ʃnapən] I. *vt haben* ❶ (*greifen*) prendere, afferrare; [**frische**] **Luft** ~ prendere una boccata d'aria ❷ (*fig fam: erwischen*) acchiappare, acciuffare II. *vi* ❶ *haben* (*beißen*) **nach etw** ~ cercare di

addentare qc; **nach Luft** ~ boccheggiare ② sein (*Schloss, Feder*) scattare
**Schnappschloss** *nt* serratura *f* a scatto
**Schnappschuss** *m* (*fam*) [foto *f*] istantanea *f*
**Schnaps** [ʃnaps] <-es, Schnäpse> *m* (*fam*) acquavite *f* **Schnapsbrennerei** *f* (*fam*) distilleria *f* di acquavite **Schnapsidee** *f* (*fam*) idea *f* balorda
**schnarchen** [ˈʃnarçən] *vi* russare
**schnarren** [ˈʃnarən] *vi* stridere; (*mit der Stimme*) parlare col naso
**schnattern** [ˈʃnatən] *vi* (*Gänse, Enten*) schiamazzare; (*fam: schwatzen*) chiacchierare
**schnauben** [ˈʃnaʊbən] I. *vi* (*Pferd*) sbuffare; **vor Wut/Entrüstung** ~ (*fig*) fremere di rabbia/sdegno II. *vr* **sich** *dat* [**die Nase**] ~ soffiarsi il naso
**schnaufen** [ˈʃnaʊfən] *vi* ① (*schwer atmen*) ansimare; (*keuchen*) ansimare, respirare affannosamente ② (*dial: atmen*) respirare
**Schnauz** [ʃnaʊts] <-es, Schnäuze> *m* (*CH: Schnurrbart*) baffi *mpl* **Schnauzbart** *m* mustacchi *mpl*; (*fam: Mann*) baffone *m fam*
**Schnauze** [ˈʃnaʊtsə] <-, -n> *f* ① (*von Tier*) muso *m*; (*Schweine~*) grugno *m* ② (*an Kanne*) becco *m* ③ (*fam: von Flugzeug, Fahrzeug*) muso *m* ④ (*vulg: von Mensch*) becco *m*; **die** ~ **voll haben** (*sl*) averne piene le scatole *sl*; [**halt die**] ~! (*fam*) chiudi il becco!
**schnauzen** *vi* (*fam*) gridare, inveire
**schnäuzen** [ˈʃnɔɪtsən] *vr* **sich** ~ soffiarsi il naso
**Schnauzer** <-s, -> *m* ① (*Hunderasse*) schnauzer *m* ② (*fam: Schnauzbart*) baffi *mpl*
**Schnecke** [ˈʃnɛkə] <-, -n> *f* ① (*Nackt~, gastr, fig*) lumaca *f*; (*mit Haus*) chiocciola *f*; **jdn zur** ~ **machen** (*fam*) sgridare qu, fare una sfuriata a qu ② (TEC) vite *f* senza fine ③ (ARCH: *Volute*) voluta *f*; (*Wendeltreppe*) scale *fpl* a chiocciola ④ (GASTR: *Hefekuchen*) focaccia *f* a forma di chiocciola ⑤ (ANAT) coclea *f* **Schneckenhaus** *nt* guscio *m* della chiocciola **Schneckentempo** *nt* (*fam*) **im** ~ a passo di lumaca/di tartaruga
**Schnee** [ʃneː] <-s> *kein Pl. m* ① (*Niederschlag, Ei~*) neve *f*; ~ **von gestern** (*fig fam*) vecchia storia; **zu** ~ **schlagen** (GASTR) montare a neve ② (*sl: Kokain*) neve *f*
**Schneeball** *m* ① (*aus Schnee*) palla *f* di neve ② (BOT) viburno *m* **Schneeballeffekt** *m* effetto *m* valanga [*o* scatenante]
**Schneeballschlacht** *f* battaglia *f* a palle di neve **schneebedeckt** *adj* innevato, coperto di neve **Schneebesen** *m* frusta *f* **schneeblind** *adj* sofferente di oftalmia da neve **Schneedecke** *f* coltre *f* di neve **Schneefall** *m* nevicata *f* **Schneeflocke** *f* fiocco *m* di neve **Schneefräse** *f* spazzaneve *m* [a fresa] **schneefrei** *adj* sgombro da neve, libero dalla neve **Schneegestöber** <-s, -> *nt* bufera *f* di neve **Schneeglöckchen** <-s, -> *nt* bucaneve *m* **Schneegrenze** *f* limite *m* delle nevi perenni **Schneekanone** *f* cannone *m* spataneve **Schneeketten** *fPl.* (AUTO) catene *fpl* da neve **Schneemann** *m* pupazzo *m* di neve **Schneematsch** *m* poltiglia *f* di neve **Schneepflug** *m* (*Fahrzeug, beim Skilaufen*) spazzaneve *m* **Schneeraupe** *f* spartineve *m*, battipista *m* **Schneeregen** *kein Pl. m* pioggia *f* mista a neve, nevischio *m* **Schneeschaufel** *f*, **Schneeschippe** *f* pala *f* per la neve **Schneeschmelze** *f* [periodo *m* di] disgelo *m* **Schneeschuh** *m* ① racchetta *f* da neve ② (*obs*) sci *m* **schneesicher** *adj* a innevamento sicuro **Schneesturm** *m* bufera *f* di neve **Schneetreiben** *nt s.* **Schneegestöber** **Schneeverhältnisse** *ntPl.* stato *m* di innevamento **Schneeverwehung** *f* ammasso *m* di neve [formato dal vento] **Schneewehe** *f* duna *f* di neve **schneeweiß** *adj* bianco come la neve, candido **Schneewittchen** [ʃneːˈvɪtçən] <-> *kein Pl. nt* Biancaneve *f* **Schneezaun** *m* paraneve *m*
**Schneid** [ʃnaɪt] <-(e)s> *kein Pl. m* (*fam*) coraggio *m*, ardire *m*
**Schneide** [ˈʃnaɪdə] <-, -n> *f* filo *m*; (*Klinge*) lama *f*
**schneiden** [ˈʃnaɪdən] <schneidet, schnitt, geschnitten> I. *vt* ① (*kürzen, zerkleinern*) tagliare; (*Hecke*) potare; **klein** ~ sminuzzare; **die Luft ist zum Schneiden** (*fam*) l'aria è pesante ② (*beim Überholen*) tagliare ③ (MAT: *Linie, Kreis*) intersecare ④ (*fig: meiden*) ignorare, snobbare ⑤ (*operieren*) tagliare, operare; (*Geschwür*) incidere ⑥ (SPORT: *Tennis, Ballspiele*) tagliare la palla II. *vi* ① (*Mensch*) tagliar fuori; (*Messer*) essere affilato ② (*fig: Wind, Kälte*) tagliare ③ (*operieren*) tagliare, operare III. *vr* **sich** ~ ① (*verletzen*) tagliarsi, farsi un taglio ② (MAT: *Linien*) intersecarsi ③ (*fam: sich irren*) sbagliarsi
**schneidend** *adj* (*Wind, Kälte*) pungente; (*Schmerz*) lancinante; (*Hohn, Bemer-

*kung*) mordace, caustico; (*Stimme, Ton*) acuto
**Schneider** ['ʃnaɪdɐ] <-s, -> *m* (*fam: Gerät*) affettatrice *f*
**Schneider(in)** <-s, -; -, -nen> *m(f)* sarto, -a *m, f*
**Schneiderei** [ʃnaɪdəˈraɪ] <-, -en> *f* sartoria *f*
**Schneiderin** *f s.* **Schneider**
**schneidern** *vt* cucire, confezionare
**Schneiderpuppe** *f* manichino *m*
**Schneidersitz** *m* **im ~ sitzen** essere seduto a gambe incrociate
**Schneidezahn** *m* [dente *m*] incisivo *m*
**schneidig** *adj* risoluto, energico
**schneien** ['ʃnaɪən] *vi* ❶ *haben* **es schneit** nevica ❷ *sein* **jdm ins Haus ~** (*fam: Brief*) arrivare inaspettatamente da qu; (*Besuch*) piombare in casa di qu
**Schneise** ['ʃnaɪzə] <-, -n> *f* ❶ (*Wald~*) pista *f* tagliata nel bosco ❷ (*Flug~*) corridoio *m* aereo
**schnell** [ʃnɛl] *adj* veloce, rapido; (*Gang*) spedito; (*plötzlich*) repentino; (*flink, fix*) pronto, svelto; **~ machen** fare presto; (*fam: sich beeilen*) sbrigarsi; **~er gehen** allungare il passo; **möglichst ~, so ~ wie möglich, auf dem ~sten Weg** il più presto possibile; **~, ~!** presto, presto!
**Schnellboot** *nt* (NAUT) vedetta *f*
**Schnelle** <-, -n> *f* (*Strom~*) rapida *f;* **ein Bier auf die ~** (*fam*) una birra di volata; **etw auf die ~ machen** (*fam*) fare qualcosa di corsa
**schnellen** *vi sein* balzare; (*Feder*) scattare; **in die Höhe ~** balzare in alto; (*fig: Preise*) salire alle stelle *fam*
**Schnellfeuerwaffe** *f* arma *f* a tiro rapido
**Schnellgaststätte** *f* tavola *f* calda, snackbar *m* **Schnellgericht** *nt* ❶ (JUR) tribunale *m* per direttissima ❷ (GASTR) piatto *m* veloce **Schnellhefter** *m* classificatore *m*
**Schnelligkeit** <-> *kein Pl. f* velocità *f,* rapidità *f;* (*Promptheit*) prontezza *f*
**Schnellimbiss** *m* (*Restaurant*) snackbar *m;* (*Gericht*) spuntino *m*
**Schnellkochtopf** *m* pentola *f* a pressione
**Schnellläufer(in)** *m(f)* (SPORT) velocista *mf*
**schnelllebig** *adj* febbrile
**schnellstens** *adv* al più presto; (*möglichst schnell*) quanto prima
**Schnellstraße** *f* superstrada *f* **Schnellverfahren** *nt* ❶ (TEC) procedimento *m* rapido ❷ (JUR) procedimento *m* per direttissima **Schnellzug** *m* [treno *m*] direttissimo *m*
**Schnepfe** ['ʃnɛpfə] <-, -n> *f* ❶ (ZOO) beccaccia *f* ❷ (*fam pej*) donnaccia *f*

**schnetzeln** ['ʃnɛtsəln] *vt* (*südd, CH*) affettare
**Schnickschnack** ['ʃnɪkʃnak] <-(e)s> *kein Pl. m* (*fam*) ❶ (*wertloses Zeug*) cianfrusaglie *fpl;* (*Beiwerk*) accessori *mpl* ❷ (*Gerede*) chiacchiere *fpl*
**schniefen** ['ʃniːfən] *vi* (*dial*) tirare su col naso
**Schnippchen** ['ʃnɪpçən] <-s, -> *nt* **jdm ein ~ schlagen** (*fam*) giocare un tiro a qu
**Schnippel** ['ʃnɪpəl] <-s, -> *mnt* (*fam*) ritaglio *m,* pezzetto *m*
**schnippeln** *vi* (*fam*) **an etw** *dat* **~** tagliuzzare qc
**schnippen** ['ʃnɪpən] **I.** *vi* schioccare; **mit den Fingern ~** schioccare con le dita **II.** *vt* togliere [velocemente] con le dita
**schnippisch** ['ʃnɪpɪʃ] *adj* sfacciato, impertinente
**Schnipsel** ['ʃnɪpsəl] <-s, -> *m o nt* pezzetto *m,* ritaglio *m*
**schnipseln** *vt, vi* (*fam*) *s.* **schnippeln**
**schnipsen** ['ʃnɪpsən] *vt, vi* (*fam*) *s.* **schnippen**
**schnitt** [ʃnɪt] *1. u. 3. Pers. Sing. Imp. von* **schneiden**
**Schnitt** <-(e)s, -e> *m* ❶ (*Schneiden*) taglio *m;* (*Öffnung*) intaglio *m;* (*Wunde*) taglio *m,* ferita *f* ❷ (*Haar~*) taglio *m* ❸ (*~muster*) cartamodello *m* ❹ (*von Gesicht, von Augen*) taglio *m,* forma *f;* (*von Profil*) tratti *mpl,* linea *f* ❺ (FILM) taglio *m* ❻ (*~punkt*) punto *m* d'intersezione; (*Längs~, Quer~*) sezione *f;* (*fam: Durch~*) media *f;* **im ~ in** media ❼ (MAT) **der Goldene ~** la sezione aurea
**Schnittblumen** *fPl.* fiori *mpl* da taglio; (*abgeschnittene*) fiori *mpl* recisi
**Schnitte** <-, -n> *f* ❶ (*Scheibe*) fetta *f;* (*von Fisch, Fleisch*) trancia *f* ❷ (*belegtes Brot*) tartina *f* ❸ (*A: Waffel*) Wafer *m*
**Schnittfläche** *f* superficie *f* di taglio; (MAT) sezione *f*
**schnittig** *adj* (*Sportwagen*) slanciato; (*Tempo*) veloce
**Schnittkäse** <-s, -> *m* formaggio *m* da taglio **Schnittlauch** *m* erba *f* cipollina **Schnittmuster** *nt* cartamodello *m* **Schnittpunkt** *m* (MAT) punto *m* d'intersezione; (*von Straßen*) [punto *m* d']incrocio *m* **Schnittstelle** *f* (INFORM) interfaccia *f* **Schnittwunde** *f* ferita *f* da taglio

**Schnitzel**[1] ['ʃnɪtsəl] <-s, -> *nt* (GASTR) fettina *f,* cotoletta *f;* **Wiener ~** cotoletta milanese
**Schnitzel**[2] <-s, -> *nt o m* (*Papier~*) rita-

glio *m*, pezzetto *m* **Schnitzeljagd** *f* (SPORT: *Pferde*) caccia *f* alla carta

**schnitzen** ['ʃnɪtsən] **I.** *vt* (*Figur, Gegenstand*) **etw [aus etw]** ~ intagliare qc [da qc] **II.** *vi* intagliare

**Schnitzer** <-s, -> *m* (*fam: Fehler*) gaffe *f*

**Schnitzer(in)** <-s, -; -, -nen> *m(f)* (*Holz* ~) intagliatore, -trice *m, f*

**Schnitzerei** [ʃnɪtsəˈraɪ] <-, -en> *f* (*Verzierung*) intaglio *m;* (*Bildwerk*) scultura *f* in legno

**Schnitzerin** *f* s. **Schnitzer**

**schnodd|e|rig** ['ʃnɔd(ə)rɪç] *adj* (*fam: Benehmen*) irrispettoso, insolente; (*Ton, Ausdrucksweise*) incivile

**schnöde** ['ʃnøːdə] *adj* (*schändlich*) vergognoso, infame; (*gemein*) vile; (*verächtlich*) sprezzante

**Schnorchel** ['ʃnɔrçəl] <-s, -> *m* (*von U-Boot*) schnorchel *m;* (*von Taucher*) respiratore *m* di superficie

**schnorcheln** *vi* fare immersione con lo schnorchel

**Schnörkel** ['ʃnœrkəl] <-s, -> *m* (ARCH) arabesco *m;* (*in Schrift, a. fig*) svolazzo *m*, ghirigoro *m*

**schnorren** ['ʃnɔrən] *vt* (*fam*) **[bei jdm] etw** ~ scroccare qc [a qu]

**Schnorrer(in)** <-s, -; -, -nen> *m(f)* (*fam*) scroccone, -a *m, f*, parassita *mf*

**Schnösel** ['ʃnøːzəl] <-s, -> *m* (*fam pej*) sfacciato, -a *m, f*, bellimbusto *m*

**schnüffeln** ['ʃnʏfəln] *vi* ① (*schnuppern*) tirar su l'aria per il naso; **an etw** *dat* ~ (*riechen*) fiutare qc; (*Hund*) annusare qc ② (*fam pej: spionieren*) curiosare, frugare; (*als Spitzel*) spiare ③ (*sl*) sniffare

**Schnüffler(in)** <-s, -; -, -nen> *m(f)* (*pej*) ① (*Spion*) spia *f*, spione *m* ② (*Neugieriger*) curioso, -a *m, f*, ficcanaso *mf*, intrigante *mf*

**Schnuller** ['ʃnʊlɐ] <-s, -> *m* tettarella *f*, ciuccio *m fam*

**Schnulze** ['ʃnʊltsə] <-, -n> *f* (*pej* MUS) canzonetta *f;* (THEAT) commedia *f* sdolcinata

**schnulzig** *adj* (*fam pej*) sdolcinato

**schnupfen** ['ʃnʊpfən] **I.** *vi* fiutare tabacco, tabaccare **II.** *vt* (*Tabak, Kokain*) sniffare

**Schnupfen** <-s, -> *m* raffreddore *m;* **[einen] ~ haben** essere raffreddato, avere il raffreddore **Schnupftabak** *m* tabacco *m* da fiuto

**schnuppe** ['ʃnʊpə] *adj* **das ist mir ~** (*fam*) non m'importa

**Schnupperlehre** *f* (*fam*) apprendistato *m* di prova

**schnuppern** ['ʃnʊpɐn] *vi* **an etw** *dat* ~ annusare qc

**Schnur** [ʃnuːɐ] <-, Schnüre> *f* corda *f;* (*Bindfaden*) spago *m;* (*Kordel*) cordoncino *m;* (TEC) cordone *m*, filo *m*

**Schnürchen** ['ʃnyːɐçən] <-s, -> *nt* **etw wie am ~ können** (*fam*) sapere qc a menadito; **das klappt wie am ~** (*fam*) corre liscio

**schnüren** ['ʃnyːrən] *vt* (*Schuhe*) allacciare; (*Paket*) legare; (*schlingen*) stringere

**schnurgerade** ['ʃnuːɐɡaˈraːdə] *adj* rettilineo, diritto

**schnurlos** *adj* senza fili; **~ es Telefon** cordless *m*

**Schnurrbart** *m* baffi *mpl* **schnurrbärtig** *adj* baffuto

**schnurren** ['ʃnʊrən] *vi* (*Katze*) fare le fusa; (*Ventilator, Motor*) ronzare

**schnurrig** *adj* (*Geschichte*) spassoso; (*Mensch*) strambo, strano

**Schnürsenkel** ['ʃnyːɐzɛŋkəl] *m* laccio *m* da scarpe, stringa *f* per scarpe **Schnürstiefel** *m* stivale *m* con lacci

**schnurstracks** ['ʃnuːɐʃtraks] *adv* (*fam*) difilato

**schnurz** [ʃnʊrts] *adj* (*fam*) **das ist mir ~** me ne frego

**Schnute** ['ʃnuːtə] <-, -n> *f* (*fam bes. nordd: Mund*) muso *m;* (*Schmollmund*) broncio *m;* **eine ~ ziehen** fare il broncio

**schob** [ʃoːp] *1. u. 3. Pers. Sing. Imp. von* **schieben**

**Schober** ['ʃoːbɐ] <-s, -> *m* (*südd, A: Heuschuppen*) fienile *m;* (*Heuhaufen*) mucchio *m* di fieno

**Schock** [ʃɔk] <-(e)s, -s *o rar* -e> *m* choc *m*

**schocken** ['ʃɔkən] *vt* (*fam*) far venire un colpo, sciocccare, lanciare; (*moralisch*) choccare, dare uno choc

**schockieren** [ʃɔˈkiːrən] <ohne ge-> *vt* sciocccare, scandalizzare

**Schockwelle** *f* (*auch fig*) onda *f* d'urto

**Schockwirkung** <-, -en> *f* effetto *m* shockizzante

**schofel** ['ʃoːfəl] *adj* (*fam*) misero

**Schöffe** ['ʃœfə] <-n, -n> *m* giurato *m* **Schöffengericht** *nt* giuria *f* **Schöffin** ['ʃœfɪn] <-, -nen> *f* giurata *f*

**Schokolade** [ʃokoˈlaːdə] <-, -n> *f* cioccolato *m;* (*Getränk*) cioccolata *f*

**Scholle** ['ʃɔlə] <-, -n> *f* ① (*Erd*~) zolla *f;* (*Eis*~) lastra *f* di ghiaccio *fig* ② (*Fisch*) passera *f* di mare, pianuzza *f*

**schon** [ʃoːn] *adv* ① (*zeitlich, örtlich*) già; **~ oft** più volte; **~ wieder** di nuovo; **~ von weitem** già da lontano; **das weiß**

ich ~ lange lo so da un pezzo; es ist ~ lange her è già da un pezzo ❷ (*mit nachfolgender Zeitbestimmung*) fin da; ~ damals fin d'allora; ~ jetzt fin d'ora; ~ als Kind fin da bambino ❸ (*gewiss, doch, wohl*) certamente, senz'altro; [das] ~, aber ... certo, ma ...; ich weiß ~ lo so, lo so; es wird ~ gehen andrà bene; das mag ~ sein è possibile; wenn ich das ~ höre solo a sentirlo; sie wird ~ [noch] kommen verrà, verrà; ~ gut! va bene, basta così; mach ~! (*fam: beeil dich!*) spicciati!; und wenn ~! (*fam*) che fa!, che importa, e allora?

schön [ʃøːn] I. *adj* bello; (*angenehm*) piacevole; ~e Worte (*leere*) belle parole; ~ werden (*Wetter*) mettersi al bello; es ist ~ [o ~es Wetter] fa bello; das ist ~ von dir è gentile da parte tua; das ist ja alles ganz ~, aber ... (*fam*) d'accordo, ma ...; das ist [ja] eine ~e Geschichte! (*fam*) bell'affare!; das wäre [ja] noch ~er! (*fam*) sarebbe il colmo!; ~e Grüße tanti saluti; ~es Wochenende! buon fine settimana! II. *adv* bene; (*fam: ziemlich*) abbastanza; ~ malen/schreiben/singen dipingere/scrivere/cantare bene; ich lasse ~ grüßen tante belle cose da parte mia; das werde ich ~ sein lassen (*fam*) me ne guarderò bene; bitte ~! prego!; danke ~!, ~en Dank! tante grazie!; sei ~ brav! sii bravo!, fa il bravo!

Schonbezug *m* coprisedile *m*; (*für Matratze*) coprimaterasso *m*

schonen [ˈʃoːnən] I. *vt* (*jdn, Nerven*) risparmiare; (*Gesundheit*) aver riguardo di, badare a; (*Gegenstand*) avere cura di; (*jds Gefühle*) aver riguardo di II. *vr* sich ~ risparmiarsi, riguardarsi schonend I. *adj* delicato, riguardoso II. *adv* con riguardo; jdm etw ~ beibringen insegnare qc a qu gentilmente

Schonfrist *f* periodo *m* di rodaggio

Schongang <-s, -gänge> *m* ❶ (AUTO) quinta *f* ❷ (*Schonwaschgang*) programma *m* delicato

Schöngeist *m* bellospirito *m* schöngeistig *adj* (*Mensch*) amante delle belle lettere; ~e Literatur belle lettere

Schönheit <-, -en> *f* bellezza *f* Schönheitschirurgie *f* chirurgia *f* estetica Schönheitsfehler *m* difetto *m* estetico; (*fig*) imperfezione *f* Schönheitskönigin *f* reginetta *f* di bellezza Schönheitsoperation *f* operazione *f* di chirurgia estetica Schönheitspflege *f* cosmesi *f*

Schonkost *f* dieta *f* [leggera]

Schönling [ˈʃøːnlɪŋ] <-s, -e> *m* (*pej*) bellimbusto *m*

schön|machen I. *vi* (*Hund*) drizzarsi sulle zampe posteriori II. *vr* sich ~ farsi bello III. *vt* (*Kind*) mettere il vestito migliore a; (*Wohnung*) decorare

Schönschrift *f* bella scrittura *f*, calligrafia *f*; (*fam: Reinschrift*) bella copia *f*

schön|tun <irr> *vi* (*fam*) jdm ~ (*schmeicheln*) adulare qu

Schonung <-, -en> *f* ❶ *Sing.* (*von Gesundheit*) riguardo *m*, cura *f*; (*von Gegenstand*) attenzione *f*, riguardo *m*; (*Nachsicht*) indulgenza *f* ❷ (*Wald*) bosco *m* di riserva; (*Baumschule*) vivaio *m* schonungslos *adj* (*Behandlung*) senza riguardo; (*Vorgehen*) senza delicatezza; (*Kritik*) spietato; (*Wahrheit*) brutale

Schonzeit *f* periodo *m* di divieto di caccia

Schopf [ʃɔpf] <-[e]s, Schöpfe> *m* ciuffo *m*; die Gelegenheit beim ergreifen cogliere la palla al balzo *fam*

Schopfbraten *m* (*A:* GASTR: *Schweinefleisch vom Nacken*) coppa *f* di maiale

schöpfen [ˈʃœpfən] I. *vt* ❶ (*Flüssigkeit*) attingere; Wasser aus der Quelle ~ attingere acqua alla fonte; Suppe ~ versare la minestra con il mestolo ❷ (*geh*) Atem ~ respirare; Mut ~ farsi coraggio; Hoffnung ~ riacquistare la speranza; Kraft ~ riprendere forza; Verdacht ~ insospettirsi ❸ (*neuen Ausdruck, Wort*) coniare II. *vi* attingere, prendere

Schöpfer(in) <-s, -; -, -nen> *m(f)* creatore, -trice *m, f* schöpferisch *adj* creativo Schöpfkelle *f*, Schöpflöffel *m* ramaiolo *m*, mestolo *m*

Schöpfung <-, -en> *f* creazione *f* Schöpfungsgeschichte *f* (*in Bibel*) genesi *f*

Schoppen [ˈʃɔpən] <-s, -> *m* ❶ (*Wein, Bier*) quartino *m*, mezzetta *f* ❷ (*südd, CH: Babyfläschchen*) biberon *m*

Schöpserne <-n> *kein Pl. nt* (*A:* GASTR: *Hammelfleisch*) carne *f* di montone

schor [ʃoːɐ̯] *1. u. 3. Pers. Sing. Imp. von* scheren[1]

Schorf [ʃɔrf] <-(e)s, -e> *m* (*auf Wunde*) crosta *f* [della ferita]; (*Hautkrankheit*) pelle *f* squamosa, crosta *f*

Schornstein [ˈʃɔrnʃtaɪn] *m* (*von Gebäude*) comignolo *m*; (*von Fabrik, Lokomotive, Schiff*) fumaiolo *m* Schornsteinfeger(in) <-s, -; -, -nen> *m(f)*, Schornsteinkehrer(in) <-s, -; -, -nen> *m(f)* spazzacamino *m*

schoss [ʃɔs] *1. u. 3. Pers. Sing. Imp. von* schießen

**Schoß** [ʃoːs] <-es, Schöße> m ① (*Teil des Körpers, Mutterleib*) grembo m; **auf jds ~ sulle ginocchia di qu;** **das ist ihm in den ~ gefallen** (*fig*) gli è piovuto dal cielo ② (*fig: von Kirche, Familie*) seno m ③ (*Rock~*) falda f **Schoßhund** m cane m da salotto
**Schössling** [ˈʃœslɪŋ] <-s, -e> m germoglio m, rampollo m
**Schote** [ˈʃoːtə] <-, -n> f ① (BOT) baccello m, siliqua f; (*fam*) pisello m ② (NAUT) scotta f
**Schott** [ʃɔt] <-(e)s, -en *o rar* -e> nt (NAUT) paratia f
**Schotte** [ˈʃɔtə] <-n, -n> m scozzese m
**Schottenmuster** nt disegno m scozzese
**Schotter** [ˈʃɔtɐ] <-s, -> m ghiaia f, pietrisco m
**schottern** vt inghiaiare
**Schottin** [ˈʃɔtɪn] <-, -nen> f scozzese f
**schottisch** adj scozzese
**Schottland** [ˈʃɔtlant] nt Scozia f
**schraffieren** [ʃraˈfiːrən] <ohne ge-> vt tratteggiare
**Schraffierung** <-, -en> f, **Schraffur** [ʃraˈfuːɐ̯] <-, -en> f tratteggio m, tratteggiatura f
**schräg** [ʃrɛːk] adj (*nicht gerade*) obliquo, sbieco; (*geneigt*) inclinato; (*quer laufend*) diagonale; **~ gegenüber** dall'altra parte in linea diagonale **Schrägstreifen** m banda f trasversale **Schrägstrich** m linea f obliqua
**Schramme** [ˈʃramə] <-, -n> f scalfittura f, graffio m
**Schrammelmusik** [ˈʃraməlmuziːk] <-> *kein Pl.* f (*A: Wiener Volksmusik*) musica popolare viennese
**schrammen** vt scalfire, graffiare
**Schrank** [ʃraŋk] <-(e)s, Schränke> m armadio m; (*Kleider~*) guardaroba m; (*Wand~*) armadio m a muro; (*Geschirr~*) credenza f; (*Bücher~*) libreria f; (*Geld~*) cassaforte f
**Schranke** [ˈʃraŋkə] <-, -n> f (*fig* FERR) barriera f; (*Gerichts~*) [s]barra f; (*fig*) limite m; **jdn in seine ~n weisen** richiamare qu all'ordine **schrankenlos** adj (*Bahnübergang*) senza sbarre; (*fig*) illimitato; (*bes. Macht*) assoluto **Schrankenwärter(in)** m(f) custode mf del passaggio a livello
**Schrankkoffer** m baule m armadio
**Schrankwand** f parete f di armadi a muro
**Schraubdeckel** m coperchio m a vite
**Schraube** [ˈʃraʊbə] <-, -n> f ① (TEC) vite f; **bei ihm ist eine ~ locker** (*fam*) gli manca qualche rotella ② (NAUT, AERO) elica f
**schrauben** vt avvitare; (*fester/loser ~*) stringere/allentare; (*in die Höhe/niedriger ~*) far salire/ridurre
**Schraubendreher** <-s, -> m s. **Schraubenzieher Schraubenschlüssel** m chiave f per dadi **Schraubenzieher** <-s, -> m cacciavite m
**Schraubstock** m morsa f [da banco]
**Schraubverschluss** m chiusura f a vite
**Schraubzwinge** f (TEC) sergente m, morsetto m
**Schrebergarten** [ˈʃreːbɐgartən] m piccolo orto privato
**Schreck** [ʃrɛk] <-(e)s, -e> m spavento m, sgomento m; **einen ~ bekommen** prendere uno spavento; **jdm einen ~ einjagen** incutere spavento a qu; **ach du [mein] ~!** (*fam*) Dio mio!, mamma mia!
**schrecken I.** vt haben (*ängstigen*) spaventare; **jdn aus dem Schlaf/seiner Lethargie ~** svegliare qu di soprassalto/svegliare qu dal suo letargo **II.** vi sein **aus dem Schlaf ~** svegliare di soprassalto
**Schrecken** <-s, -> m ① (*Erschrecken*) spavento m; **in ~ versetzen** spaventare; **mit einem ~ davonkommen** cavarsela con uno spavento; **~ erregend** spaventoso, terrificante ② *meist pl* (*des Krieges*) orrori mpl ③ (*Entsetzen*) terrore m
**schreckenerregend** adj spaventoso, terrificante
**schreckensbleich** adj pallido di paura, terreo, sbiancato
**Schreckensszenario** nt scenario m dell'orrore
**Schreckgespenst** nt ① (*Person*) spauracchio m fam ② (*drohende Gefahr*) spettro m
**schreckhaft** adj che si impaurisce facilmente, pauroso
**schrecklich** adj terribile, spaventoso; (*Anblick*) orribile; (*Verbrechen*) atroce; (*fam: stark, groß*) terribile, tremendo
**Schreckschuss** m colpo m sparato in aria
**Schrecksekunde** f momento m di spavento
**Schrei** [ʃraɪ] <-(e)s, -e> m grido m, urlo m; **der letzte ~** (*fam*) l'ultimo grido; **einen ~ ausstoßen** cacciare un urlo, dare un grido
**Schreibblock** <-(e)s, -s> m taccuino m, bloc-notes m
**schreiben** [ˈʃraɪbən] <schreibt, schrieb, geschrieben> vt, vi scrivere; **auf der [Schreib]maschine ~** scrivere a macchina, dattilografare; **wie ~ Sie sich?** come si scrive il Suo nome? **Schreiben** <-s, -> nt (ADM: *Brief*) lettera f; (*Schriftstück*) scritto m

**Schreiber** ['ʃraɪbɐ] <-s, -> m ❶ (*Gerät*) strumento m per scrivere ❷ (TEC: *Fahrten~*) tacografo m; (*an Messgerät*) registratore m

**Schreiber(in)** <-s, -; -, -nen> m(f) (*Verfasser*) scrittore, -trice m, f, autore, -trice m, f; (*Brief~*) corrispondente m,f; (HIST) scriba m; (*Gerichts~*) cancelliere m del tribunale

**schreibfaul** adj pigro nello scrivere lettere, che scrive poco **Schreibfehler** m errore m ortografico **schreibgeschützt** adj (INFORM) protetto in scrittura **Schreibkraft** f stenodattilografo, -a m, f **Schreibmaschine** f macchina f da scrivere **Schreibpapier** nt carta f per macchina da scrivere **Schreibschrank** m secrétaire m **Schreibschrift** kein Pl. f corsivo m **Schreibtisch** m scrivania f **Schreibtischtäter(in)** <-s, -; -, -nen> m(f) cospiratore m

**Schreibung** <-, -en> f modo m di scrivere, grafia f

**Schreibunterlage** f cartella f da scrivania, sottomano m

**Schreibwaren** fPl. articoli mpl di cancelleria **Schreibwarenhändler(in)** m(f) cartolaio, -a m, f **Schreibwarenhandlung** f cartoleria f

**Schreibzeug** nt occorrente m per scrivere

**schreien** ['ʃraɪən] <schreit, schrie, geschrie(e)n> I. vi (*Mensch, Vogel*) gridare; (*auf~*) [mettersi a] urlare; (*brüllen*) urlare; (*rufen*) gridare, chiamare; (*laut reden*) parlare forte, gridare; (*weinen: Kind*) piangere, strillare; (*Esel*) ragliare; (*Eule*) stridere; (*Hahn*) cantare; **nach jdm/etw ~** chiamare ad alta voce qu/qc; **zum Schreien [komisch] sein** (*fam*) essere da sbellicarsi dalle risate II. vt gridare, chiamare III. vr **sich heiser ~** diventare rauco a furia di gridare, sgolarsi

**schreiend** adj ❶ (*brüllend*) urlante ❷ (*fig: Farbe*) stridente; **eine ~e Ungerechtigkeit** un'ingiustizia che grida vendetta

**Schreihals** m (*fam*) strillone, -a m, f, sbraitone, -a m, f

**Schreikrampf** <-(e)s, -krämpfe> m urlo m spasmodico

**Schrein** [ʃraɪn] <-(e)s, -e> m (*Reliquien~*) reliquiario m

**Schreiner(in)** ['ʃraɪnɐ] <-s, -; -, -nen> m(f) (*bes. südd*) falegname m

**Schreinerei** [ʃraɪnə'raɪ] <-, -en> f (*bes. südd*) falegnameria f

**Schreinerin** f s. **Schreiner**

**schreinern** ['ʃraɪnɐn] vi, vt (*bes. südd*) fare il falegname

**schreiten** ['ʃraɪtən] <schreitet, schritt, geschritten> vi sein (*geh*) camminare, marciare; (*würdevoll*) incedere; **über etw** acc **~** passare sopra qc; **zu etw ~** (*fig*) passare a qc

**schrie** [ʃriː] *1. u. 3. Pers. Sing. Imp. von* **schreien**

**schrieb** [ʃriːp] *1. u. 3. Pers. Sing. Imp. von* **schreiben**

**Schrift** [ʃrɪft] <-, -en> f ❶ (*~art, Hand~, ~system*) scrittura f; (*Auf~*) scritta f ❷ (*Gedrucktes*) scritto m; (*literarisches Werk*) opera f; (*Abhandlung*) atto m, trattato m; **die Heilige ~** la Sacra Scrittura ❸ (*CH: Ausweispapiere*) documenti mpl

**Schriftdeutsch** nt tedesco m letterario; (*nicht Dialekt*) buon tedesco m **Schriftführer(in)** m(f) segretario, -a m, f, protocollista mf **Schriftgröße** <-, -n> f (*Computer*) dimensione f di carattere

**schriftlich** I. adj scritto II. adv per iscritto; **~ festhalten** mettere per iscritto **Schriftsprache** f lingua f scritta; (*Hochdeutsch*) tedesco m standard

**Schriftsteller(in)** <-s, -; -, -nen> m(f) scrittore, -trice m, f **schriftstellerisch** adj letterario, di [o da] scrittore **Schriftstellername** m pseudonimo m di scrittore

**Schriftstück** nt scritto m; (ADM) documento m **Schriftverkehr** kein Pl. m corrispondenza f

**schrill** [ʃrɪl] adj stridulo, acuto

**schritt** [ʃrɪt] *1. u. 3. Pers. Sing. Imp. von* **schreiten**

**Schritt** [ʃrɪt] <-(e)s, -e> m ❶ (*beim Gehen, a. fig*) passo m; **drei ~e von ...** a quattro passi da ...; **große ~e machen** camminare a grandi passi; **jdm auf ~ und Tritt folgen** seguire qu passo passo; **~ für ~** passo [per] passo; (*fig*) gradatamente, gradualmente; **~e unternehmen** (*fig*) intraprendere dei passi; **den ersten ~ tun** (*fig*) fare il primo passo; **mit jdm/etw ~ halten** (*fig*) andare di pari passo con qu/andare al passo con qc ❷ (*von Hose*) cavallo m

**Schrittmacher** m ❶ (*fig* SPORT) battistrada m ❷ (MED) pacemaker m **Schritttempo** kein Pl. nt [im] **~ fahren** andare/procedere a passo d'uomo

**schrittweise** adv passo passo; (*fig: allmählich*) gradatamente, gradualmente

**schroff** [ʃrɔf] adj ❶ (*steil*) erto, ripido; (*jäh abfallend*) dirupato, scosceso ❷ (*fig: barsch, plötzlich*) brusco

**schröpfen** ['ʃrœpfən] vt (*fig*) salassare

**Schrot** [ʃroːt] <-(e)s, -e> m o nt ❶ (*Mehl*) [chicchi *mpl* di] cereali *mpl* macinati grossolanamente, cruschello m ❷ (*Flinten~*) pallini *mpl;* **von altem ~ und Korn** di vecchio stampo

**schroten** *vt* tritare, macinare

**Schrott** [ʃrɔt] <-(e)s> *kein Pl.* m rottami *mpl* metallici; **ein Auto zu ~ fahren** ridurre un'auto a pezzi **Schrotthändler(in)** *m(f)* negoziante *mf* di ferraglia **Schrotthaufen** m ❶ (*Ansammlung*) mucchio m di rottami ❷ (*fam: altes Auto*) catorcio m **Schrottplatz** m parco m rottami **schrottreif** *adj* (*Auto*) pronto per essere demolito **Schrottwert** m valore m di rottame

**schrubben** [ˈʃrʊbən] *vt* strofinare, [s]fregare **Schrubber** <-s, -> m spazzolone m

**Schrulle** [ˈʃrʊlə] <-, -n> *f* (*pej*) ❶ (*Marotte*) grillo m, capriccio m, tic m ❷ (*alte Frau*) vecchiaccia *f*

**schrullig** *adj* stravagante, bizzarro

**schrumpelig** [ˈʃrʊmpəlɪç] *adj* raggrinzito, rugoso

**schrumpfen** [ˈʃrʊmpfən] *vi sein* ❶ (*Gewebe*) [r]aggrinzare, restringersi; (*Apfel*) incresparsi ❷ (*fig: Vorrat, Kapital*) assottigliarsi, ridursi

**Schrumpfung** <-, -en> *f* ❶ (*von Gewebe*) restringimento m, ritiro m ❷ (*fig*) riduzione *f*, diminuzione *f*

**schrumplig** *adj s.* **schrumpelig**

**Schrunde** [ˈʃrʊndə] <-, -n> *f* (*Haut~*) screpolatura *f;* (*Fels~, Gletscherspalte*) crepaccio m

**Schub** [ʃuːp] <-(e)s, Schübe> m ❶ (*Stoß,* PHYS) spinta *f* ❷ (MED) fase *f* ❸ (*Gruppe, Anzahl*) gruppo m, quantità *f* **Schubkarre** *f*, **Schubkarren** m carriola *f* **Schubkraft** *f* forza *f* di spinta **Schublade** *f* cassetto m

**Schubs** [ʃʊps] <-es, -e> m (*fam*) spintarella *f*

**schubsen** [ˈʃʊpsən] *vt* (*fam*) spingere, dare una spinta a

**schüchtern** [ˈʃʏçtɐn] *adj* timido **Schüchternheit** <-> *kein Pl. f* timidezza *f*

**schuf** [ʃuːf] *1. u. 3. Pers. Sing. Imp. von* **schaffen**[1]

**Schuft** [ʃʊft] <-(e)s, -e> m (*pej*) furfante m, canaglia *f*

**schuften** [ˈʃʊftən] *vi* (*fam*) sfacchinare, sgobbare

**Schufterei** [ʃʊftəˈraɪ] <-, -en> *f* (*fam: Plackerei*) sfacchinata *f*, sgobbata *f*

**schuftig** *adj* (*pej*) infame, basso, vile

**Schuftigkeit** <-, -en> *f* (*pej*) infamia *f*, bassezza *f*, viltà *f*

**Schuh** [ʃuː] <-(e)s, -e> m scarpa *f;* **jdm etw in die ~ e schieben** (*fig fam*) gettare la colpa di qc addosso a qu; **ich weiß, wo dich der ~ drückt** (*fig*) so che cosa ti preoccupa **Schuhanzieher** <-s, -> m calzascarpe m **Schuhband** *nt* laccio m, stringa *f* **Schuhbürste** *f* spazzola *f* per scarpe **Schuhcreme** *f* lucido m da scarpe **Schuhgeschäft** *nt* negozio m di calzature **Schuhgröße** *f* numero m di scarpe **Schuhlöffel** m calzascarpe m **Schuhmacher(in)** *m(f)* calzolaio, -a m, *f*

**Schuhmacherei** [ʃuːmaxəˈraɪ] <-, -en> *f* calzoleria *f*

**Schuhmacherin** *f s.* **Schuhmacher** **Schuhnummer** *f s.* **Schuhgröße Schuhplattler** [ˈʃuːplatlɐ] <-s, -> m *danza tipica tirolese* **Schuhputzer(in)** *m(f)* lustrascarpe *mf* **Schuhsohle** *f* suola *f* [della scarpa] **Schuhspanner** m forma *f* per scarpe, tendiscarpe m

**Schukostecker®** [ˈʃuːkoʃtɛkɐ] m spina *f* con messa a terra

**Schulabbrecher(in)** *m(f)* chi ha interrotto gli studi **Schulalter** *nt* età *f* scolastica **Schulanfang** m inizio m dell'anno scolastico **Schularbeit** *f* ❶ (*Hausaufgaben*) compiti *mpl* per casa ❷ (*A: Klassenarbeit*) compito m in classe **Schulaufgabe** *f* compito m [scolastico] **Schulausflug** m gita *f* scolastica **Schulbank** *f* banco m di scuola; **die ~ drücken** (*fam*) andare a scuola **Schulbeginn** m (*morgens*) inizio m delle lezioni; (*Schuljahresbeginn*) inizio m dell'anno scolastico; (*nach Ferien*) rientro m a scuola **Schulbeispiel** *nt* esempio m classico [*o* tipico] **Schulbesuch** m frequenza *f* scolastica **Schulbildung** *f* istruzione *f* scolastica **Schulbuch** *nt* libro m scolastico **Schulbus** m scuolabus m

**schuld** [ʃʊlt] *adj* **an etw** *dat* **~ sein** avere la colpa di qc

**Schuld** [ʃʊlt] <-, -en> *f* ❶ (FIN) debito m; **seine ~en bezahlen** pagare i propri debiti; **in jds ~ stehen** (*a. fig*) essere debitore di qu ❷ *Sing.* (*Fehler, Vergehen, Verbrechen*) colpa *f;* **die ~ auf sich nehmen** assumersi la responsabilità; **jdm die ~** [**an etw** *dat*] **geben** dare a qu la colpa [di qc]; **das ist meine ~, ich bin schuld** è colpa mia **schuldbewusst** *adj* conscio della propria colpa

**schulden** [ˈʃʊldən] *vt* **jdm etw ~** dovere qc a qu, essere debitore di qc a qu

**schuldenfrei** *adj* esente da debiti; (*Grundstück*) non ipotecato, libero da ipoteca

**Schuldenkriterium** <-s> *kein Pl. nt* (*Europäische Währungsunion*) criterio *m* del debito

**Schuldfrage** *f* questione *f* della colpevolezza **Schuldgefühl** *nt* senso *m* di colpa

**schuldhaft** *adj* colpevole

**schuldig** *adj* ❶ (*schuldhaft, verantwortlich*) **einer Sache** *gen* [*o* **an etw** *dat*] **~ sein** essere colpevole di qc; **~ sprechen** dichiarare colpevole; **sich ~ bekennen** riconoscersi colpevole ❷ (*verpflichtet, verschuldet*) debitore; (*gebührend*) dovuto; **jdm etw ~ sein** (*a. fig*) dovere qc a qu, avere un debito di qc verso qu; **die Antwort ~ bleiben** dovere dare una risposta; **die Antwort nicht ~ bleiben** aver la risposta pronta; **was bin ich Ihnen ~?** cosa Le devo?

**Schuldige** <ein -r, -n, -n> *mf* colpevole *mf*

**Schuldigkeit** <-> *kein Pl. f* dovere *m,* obbligo *m;* **seine ~ tun** fare il proprio dovere

**schuldlos** *adj* **an etw** *dat* **~ sein** non essere colpevole di qc **Schuldlosigkeit** <-> *kein Pl. f* innocenza *f*

**Schuldner(in)** ['ʃʊldnɐ] <-s, -; -, -nen> *m(f)* debitore, -trice *m, f*

**Schuldschein** *m* certificato *m* di credito **Schuldspruch** *m* verdetto *m* di colpevolezza, condanna *f*

**Schule** ['ʃuːlə] <-, -n> *f* scuola *f;* **Hohe ~** (*Reiten*) alta scuola; **höhere ~** scuola media [*o* secondaria]; **~ haben** aver lezione; **~ machen** fare scuola; **in die ~ kommen** iniziare la scuola; **zur ~ gehen** andare a scuola; **heute ist keine ~** oggi non c'è scuola

**schulen** *vt* (*ausbilden*) istruire, formare; (*Auge, Ohr, Gedächtnis*) educare; (*dressieren*) ammaestrare

**Schüler(in)** ['ʃyːlɐ] <-s, -; -, -nen> *m(f)* allievo, -a *m, f;* (*bes. im schulpflichtigen Alter*) scolaro, -a *m, f,* alunno, -a *m, f;* (*an höheren Schulen*) studente, -essa *m, f;* (*fig: Anhänger*) discepolo, -a *m, f* **Schüleraustausch** *m* scambio *m* di studenti **Schülerausweis** <-es, -e> *m* tessera *f* dello studente **Schülerin** *f s.* **Schüler** **Schülerlotse** *m,* **Schülerlotsin** *f* scolaro che aiuta i compagni ad attraversare la strada **Schülermitverwaltung** *f* partecipazione *f* degli scolari ai consigli scolastici **Schülerschaft** <-, -en> *f* scolaresca *f* **Schülerzeitung** *f* giornale *m* studentesco **Schulfach** *nt* materia *f* scolastica **Schulferien** *Pl.* vacanze *fpl* scolastiche **Schulfernsehen** *nt* televisione *f* scolastica **Schulflugzeug** *nt* aeroplano *m* di addestramento **schulfrei** *adj* **~er Tag** giorno di vacanza; **~ haben** avere vacanza **Schulfreund(in)** *m(f)* compagno, -a *m, f* di scuola **Schulfunk** *m* radio *f* scuola

**Schulgebühr** *f* tassa *f* scolastica **Schulgeld** *nt* tassa *f* scolastica **Schulheft** *nt* quaderno *m* di scuola **Schulhof** *m* cortile *m* della scuola

**schulisch** *adj* scolastico

**Schuljahr** *nt* anno *m* scolastico **Schulkamerad(in)** *m(f)* compagno, -a *m, f* di scuola **Schulkenntnisse** *fPl.* nozioni *fpl* scolastiche **Schulkind** *nt* scolaretto, -a *m, f* **Schulklasse** *f* classe *f;* (*a. Klassenzimmer*) aula *f* **Schulleiter(in)** *m(f)* direttore, -trice *m, f* di scuola; (*an höheren Schulen*) preside *mf* **Schulmappe** *f* cartella *f* **Schulmedizin** *f* medicina *f* classica **Schulmeinung** <-, -en> *f* opinione *f* scolastica **schulmeisterlich** *adj* (*pej: pedantisch*) pedante; (*belehrend*) professorale, cattedratico **schulmeistern** (*pej*) I. *vi* pedanteggiare II. *vt* criticare **Schulpflicht** *f* istruzione *f* obbligatoria, obbligo *m* scolastico **schulpflichtig** *adj* **im ~en Alter** in età scolare **Schulrat** *m,* **Schulrätin** *f* ispettore, -trice *m, f* scolastico, -a **Schulreform** *f* riforma *f* scolastica **Schulschiff** *nt* (NAUT) nave-scuola *f* **Schulschluss** *kein Pl. m* fine *f* delle lezioni **Schulspeisung** *f* mensa *f* [*o* refezione *f*] scolastica **Schulstress** *m* stress *m* da [*o* a] scuola **Schulstunde** *f* [ora *f* di] lezione *f* **Schultasche** *f* cartella *f*

**Schulter** ['ʃʊltɐ] <-, -n> *f* spalla *f;* **~ an ~** spalla a spalla; **jdm auf die ~ klopfen** battere sulla spalla a qu; **etw auf die leichte ~ nehmen** prendere qc alla leggera; **jdm die kalte ~ zeigen** trattare qu con indifferenza

**Schulterblatt** *nt* scapola *f* **schulterfrei** *adj* che lascia scoperte le spalle, sbracciato **schulterlang** *adj* lungo fino alle spalle **schultern** *vt* mettere in spalla **Schulterschluss** <-es> *kein Pl. m* spalleggiamento *m*

**Schulung** <-, -en> *f* ❶ (*Ausbildung*) istruzione *f,* addestramento *m;* (*von Stimme*) educazione *f* ❷ (*Lehrgang*) corso *m* d'istruzione

**Schulunterricht** *m* insegnamento *m* scolastico **Schulversager(in)** *m(f)* fallito, -a *m, f* negli studi **Schulweg** *m* strada *f* tra casa e scuola **Schulweisheit** *f* erudizione *f* scolastica **Schulwesen** *kein Pl. nt*

organizzazione *f* scolastica, ente *m* scolastico **Schulzeit** *f* anni *mpl* di scuola
**Schulzeugnis** *nt* pagella *f* scolastica
**schummeln** ['ʃʊməln] *vi* (*fam: beim Spiel*) barare; (*in Schule*) copiare
**schumm|e|rig** ['ʃʊm(ə)rɪç] *adj* crepuscolare
**Schund** [ʃʊnt] <-(e)s> *kein Pl. m* (*pej*) robaccia *f fam*, ciarpame *m*
**schund** [ʃʊnt] *1. u. 3. Pers. Sing. Imp. von* **schinden**
**schunkeln** ['ʃʊŋkəln] *vi* dondolarsi tenendosi sottobraccio
**Schuppe** ['ʃʊpə] <-, -n> *f* ① (ZOO) scaglia *f*; (*a. Haut~*) squama *f* ② (*Kopf~*) forfora *f*; **es fiel mir wie ~n von den Augen** (*fig*) mi cadde la benda dagli occhi
**schuppen** I. *vt* (*Fisch*) squamare II. *vr* **sich ~** squamarsi
**Schuppen** ['ʃʊpən] <-s, -> *m* capannone *m*, rimessa *f* **Schuppenflechte** *f* (MED) psoriasi *f* **Schuppentier** *nt* squamato *m*
**schuppig** *adj* (*Haut*) squamoso, scaglioso; (*Haar*) pieno di forfora
**Schur** [ʃuːɐ̯, *Pl:* 'ʃuːrən] <-, -en> *f* tosatura *f*
**schüren** ['ʃyːrən] *vt* (*a. fig*) attizzare
**schürfen** ['ʃʏrfən] I. *vt* ① (*Haut*) scalfire ② (*Bodenschätze*) scavare [per estrarre] II. *vr* **sich ~** scalfirsi III. *vi* [**nach etw**] **~** esplorare il terreno [alla ricerca di qc]
**Schürfung** <-, -en> *f* ① (*Verletzung*) scalfittura *f* ② (MIN) ricerca *f* di minerali, prospezione *f*
**Schürfwunde** <-, -n> *f* graffio *m*
**Schürhaken** *m* attizzatoio *m*
**Schurke** ['ʃʊrkə] <-n, -n> *m*, **Schurkin** ['ʃʊrkɪn] <-, -nen> *f* farabutto, -a *m, f*, canaglia *f*
**schurkisch** *adj* infame, spregevole
**Schurwolle** *f* lana *f* vergine
**Schurz** [ʃʊrts] <-es, -e> *m* grembiule *m*; (*Lenden~*) perizoma *m*
**Schürze** ['ʃʏrtsə] <-, -n> *f* grembiule *m*
**Schürzenjäger** *m* (*fam pej*) donnaiolo *m*
**Schuss** [ʃʊs] <-es, Schüsse> *m* ① (*einer Waffe*) colpo *m*, sparo *m*; (SPORT: *beim Fußball*) tiro *m*; **einen ~ abgeben** sparare un colpo; **gut in ~** (*fam: Mensch*) in buona salute; (*Auto*) in buono stato; (*Firma*) florida; **weit vom ~ sein** essere fuori tiro ② (*~ Wein, Essig*) goccio *m*; (*fig: ~ Humor*) pizzico *m*, tantino *m fam* ③ (*beim Skilaufen*) schuss *m* ④ (*Weberei*) trama *f* ⑤ (*sl: Rauschgift*) schizzo *m sl*
**schussbereit** *adj* pronto per sparare, caricato

**Schüssel** ['ʃʏsəl] <-, -n> *f* scodella *f*, ciotola *f*
**schuss|e|lig** ['ʃʊs(ə)lɪç] *adj* (*fam pej*) sbadato, disattento
**Schusslinie** *f* traiettoria *f* **Schusswaffe** *f* arma *f* da fuoco **Schusswechsel** *m* conflitto *m* a fuoco **Schussweite** *f* portata *f*, gittata *f*; **außer ~** fuori tiro; **in ~** a tiro
**Schusswunde** *f* ferita *f* d'arma da fuoco
**Schuster** ['ʃuːstɐ] <-s, -> *m* calzolaio *m*; (*Flick~*) ciabattino *m*
**schustern** *vi* (*fam pej: pfuschen*) tirar via
**Schutt** [ʃʊt] <-(e)s> *kein Pl. m* macerie *fpl*; (*Bau~*, *bes. Gips~*) calcinacci *mpl*; **in ~ und Asche legen** ridurre in cenere
**Schuttabladeplatz** *m* scarico *m* dei rifiuti
**Schüttelfrost** *m* brividi *mpl* di febbre
**schütteln** ['ʃʏtəln] *vt* scuotere, agitare; **den Kopf ~** scuotere la testa; **jdm die Hand ~** stringere la mano a qu; **vor Gebrauch ~** agitare prima dell'uso
**schütten** ['ʃʏtən] I. *vt* versare; (*aus~*) spargere, spandere II. *vi* **es schüttet** (*fam*) piove a dirotto
**schütter** ['ʃʏtɐ] *adj* (*Haar*) rado
**Schutthalde** <-, -n> *f* materiale *m* detritico **Schutthaufen** *m* mucchio *m* di rifiuti
**Schüttstein** *m* (CH: *Spülstein, Ausguss*) lavello *m*
**Schutz** [ʃʊts] <-es> *kein Pl. m* protezione *f*; (*Zuflucht, Obdach*) rifugio *m*, riparo *m*; **~ vor jdm/etw** [*o* **gegen jdn/ etw**] protezione da qu/qc; **~ bei jdm suchen** rifugiarsi presso qu; **jdn in ~ nehmen** prendere qu sotto la propria protezione, prendere le difese di qu; **im ~[e] der Dunkelheit** col favore delle tenebre
**Schutzanzug** *m* vestito *m* protettivo
**schutzbedürftig** *adj* bisognoso di protezione **Schutzblech** *nt* parafango *m*
**Schutzbrille** *f* occhiali *mpl* protettivi
**Schutzdach** *nt* tettoia *f*, pensilina *f*
**Schütze** ['ʃʏtsə] <-n, -n> *m* ① (ASTR) Sagittario *m*; **er/sie ist [ein] ~** è [del] Sagittario ② (*Schießender*) tiratore *m*
**schützen** ['ʃʏtsən] I. *vt* proteggere, riparare; (*in Obhut nehmen*) tutelare, salvaguardare; (*bewahren*) preservare; **jdn [vor jdm/etw** [*o* **gegen jdn/etw]] ~** proteggere qu [da qu/qc]; **gesetzlich geschützt** protetto dalla legge II. *vr* **sich [vor jdm/ etw] ~** difendersi [da qu/qc]; **sich vor Hitze/Leid ~** difendersi dal caldo/dalla sofferenza; **sich gegen den Schaden ~** salvaguardarsi dai danni **schützend** *adj* protettore, protettivo

**Schützenfest** *nt* festa *f* dell'associazione dei tiratori a segno
**Schutzengel** *m* angelo *m* custode
**Schützengraben** *m* trincea *f* **Schützenhilfe** *f* (*fig*) **jdm ~ geben** appoggiare qu
**Schützenkönig** *m* (*Schützenfest*) vincitore *m* del primo premio nel tiro a segno
**Schützenverein** *m* associazione *f* dei tiratori a segno
**Schutzfärbung** *f* (ZOO) mimetismo *m* protettivo
**Schutzfrist** *f* (JUR) periodo *m* di proprietà riservata **Schutzgebiet** *nt* ❶(POL) protettorato *m* ❷(*Natur~*) parco *m* nazionale
**Schutzgeld** *nt* tangente *f;* **~er erpressen** estorcere tangenti **Schutzgitter** *nt* griglia *f* di protezione **Schutzhaft** *f* fermo *m* precauzionale **Schutzheilige** *mf* patrono, -a *m, f* **Schutzhelm** *m* elmetto *m* di protezione **Schutzhülle** *f* involucro *m* protettivo; (*für Instrumente*) custodia *f;* (*von Buch*) copertina *f* salvalibri **Schutzhütte** *f* rifugio *m* **Schutzimpfung** *f* vaccinazione *f* profilattica
**Schützin** ['ʃʏtsɪn] <-, -nen> *f* tiratrice *f; s. a.* **Schütze**
**Schützling** ['ʃʏtslɪŋ] <-s, -e> *m* protetto, -a *m, f*
**schutzlos** *adj* senza protezione, indifeso **Schutzmann** <-(e)s, -männer *o* -leute> *m* (*fam*) vigile *m,* poliziotto *m*
**Schutzmarke** *f* (COM) marchio *m* di fabbrica **Schutzpatron(in)** *m(f)* patrono, -a *m, f* **Schutzpolizei** *f* polizia *f* di pubblica sicurezza **Schutzraum** *m* rifugio *m;* (*Luft~*) ricovero *m* antiaereo **Schutzumschlag** *m* copertina *f* salvalibri **Schutzweg** *m* (*A: Fußgängerübergang*) strisce *fpl* pedonali **Schutzzoll** *m* dazio *m* protettivo
**Schwabe** ['ʃvaːbə] <-n, -n> *m* svevo *m*
**Schwaben** ['ʃvaːbən] *nt* Svevia *f* **Schwabenstreich** *m* (*scherz*) balordaggine *f*
**Schwäbin** ['ʃvɛːbɪn] <-, -nen> *f* sveva *f*
**schwäbisch** *adj* svevo
**schwach** [ʃvax] <schwächer, schwächste> *adj* (*nicht kräftig*) debole; (*Hoffnung*) vago; (*Geste, Nachfrage*) fiacco; (*Licht*) fioco; (*Gesundheit*) gracile, delicato; (*Getränk*) leggero; (*Kaffee*) lungo; (*dürftig: Leistung*) scarso; **die wirtschaftlich Schwachen** le persone di scarsa disponibilità finanziaria; **die ~e Stelle** il punto debole; **~er Trost** magra consolazione; **~ werden** (*Kraft verlieren*) indebolirsi; (*der Versuchung erliegen*) cedere; **mir wird ~** mi sento svenire
**Schwäche** ['ʃvɛçə] <-, -n> *f* debolezza *f;* (*Gebrechlichkeit*) fragilità *f;* (*Vorliebe*) debole *m;* **eine ~ haben für** avere un debole per **Schwächeanfall** *m* attacco *m* di debolezza
**schwächen** *vt* (*a. fig: Gegner*) indebolire; (*entkräften*) spossare, fiaccare; (*Ansehen*) diminuire, sminuire
**Schwachheit** <-, -en> *f* ❶(*moralische Schwäche*) debolezza *f* ❷(*Gebrechlichkeit*) fragilità *f;* **bild dir bloß keine ~en ein!** (*fam*) non farti illusioni!
**Schwachkopf** *m* (*fam pej*) imbecille *m*
**schwächlich** *adj* (*körperlich schwach*) deboluccio, gracile; (*kränklich*) malaticcio
**Schwächlichkeit** <-> *kein Pl. f* debolezza *f,* gracilità *f;* (*Kränklichkeit*) cagionevolezza *f* **Schwächling** ['ʃvɛçlɪŋ] <-s, -e> *m* (*pej*) debole *m;* (*Feigling*) codardo *m*
**Schwachsinn** *m* ❶(MED) deficienza *f* mentale, imbecillità *f* ❷(*fam pej: Blödsinn*) idiozia *f,* scemenza *f* **schwachsinnig** *adj* ❶(MED) debole di mente, deficiente ❷(*fam pej*) imbecille
**Schwachstelle** *f* lato *m* debole **Schwachstrom** *m* corrente *f* a bassa tensione
**Schwächung** <-, -en> *f* (*a. fig*) indebolimento *m;* (*Minderung*) diminuzione *f,* attenuazione *f*
**Schwaden** ['ʃvaːdən] <-s, -> *m meist pl* (*Rauch~, Dampf~*) nube *f;* (*Nebel~*) banco *m*
**schwafeln** ['ʃvaːfəln] *vt, vi* (*fam pej*) blaterare
**Schwager** ['ʃvaːgɐ] <-s, Schwäger> *m,* **Schwägerin** ['ʃvɛːgərɪn] <-, -nen> *f* cognato, -a *m, f*
**Schwalbe** ['ʃvalbə] <-, -n> *f* rondine *f* **Schwalbennest** *nt* (*a.* GASTR) nido *m* di rondine
**Schwall** [ʃval] <-(e)s, -e> *m* (*Woge*) ondata *f,* cavallone *m;* (*Guss, Wort~*) flusso *m*
**schwamm** [ʃvam] *1. u. 3. Pers. Sing. Imp. von* **schwimmen**
**Schwamm** [ʃvam] <-(e)s, Schwämme> *m* ❶(*Tier, Wasch~*) spugna *f* ❷(*südd, A: Pilz*) fungo *m;* **~ drüber!** (*fam*) mettiamoci una pietra sopra
**Schwammerl** <-s, -n> *nt* (*A, südd: fam: Pilz*) fungo *m*
**schwammig** *adj* spugnoso; (*pej: Leib*) gonfio, molle; (*pej: Begriff*) vago
**Schwan** [ʃvaːn] <-(e)s, Schwäne> *m* cigno *m*
**schwand** [ʃvant] *1. u. 3. Pers. Sing. Imp. von* **schwinden**
**schwanen** ['ʃvaːnən] *vi* (*fam*) **mir**

**schwant nichts Gutes** ho un cattivo presentimento

**schwang** [ʃvaŋ] *1. u. 3. Pers. Sing. Imp. von* **schwingen**

**schwanger** ['ʃvaŋɐ] *adj* incinta; **~ werden** rimaner incinta **Schwangere** <-n, -n> *f* donna *f* incinta, gestante *f*

**schwängern** ['ʃvɛŋɐn] *vt* mettere incinta; **mit etw geschwängert** *(fig)* pregno di qc, saturo di qc

**Schwangerschaft** <-, -en> *f* gravidanza *f* **Schwangerschaftsabbruch** *m* interruzione *f* della gravidanza, aborto *m* **Schwangerschaftsgymnastik** <-> *kein Pl. f* ginnastica *f* preparto **Schwangerschaftstest** *m* test *m* di gravidanza **Schwangerschaftsunterbrechung** *f* interruzione *f* della gravidanza, aborto *m* **Schwangerschaftsurlaub** *m* maternità *f*; **~ nehmen** entrare in maternità

**Schwank** [ʃvaŋk] <-(e)s, Schwänke> *m* ① (LIT) farsa *f* ② (*lustige Begebenheit*) storiella *f* allegra

**schwanken** ['ʃvaŋkən] *vi* ① *haben* (*Äste, Wipfel*) muoversi (di qua e di là), agitarsi; (*Boot*) dondolare ② *sein* (*~d gehen*) barcollare, traballare ③ *haben* (*fig: Preise, Temperatur, Kurse*) oscillare ④ *haben* (*fig: unentschlossen sein*) essere indeciso; (*zögern*) esitare; **zwischen etw und etw ~** essere indeciso fra qc e qc **schwankend** *adj* ① (*taumelnd*) vacillante, barcollante ② (*fig: fluktuierend*) oscillante; (*wechselnd*) variabile ③ (*fig: zögernd*) esitante, titubante

**Schwankung** <-, -en> *f* oscillazione *f*; (*von Stimmung*) cambiamento *m*

**Schwanz** [ʃvants] <-es, Schwänze> *m* ① (*bei Tieren*) coda *f*; **mit dem ~ wedeln** scodinzolare ② (*vulg: Penis*) cazzo *m*

**schwänzeln** ['ʃvɛntsəln] *vi* (*Hund*) scodinzolare

**schwänzen** ['ʃvɛntsən] (*fam*) I. *vt* saltare; **die Schule ~** marinare la scuola II. *vi* ancheggiare, sculettare *vulg*

**Schwanzflosse** <-, -n> *f* pinna *f* caudale, deriva *f*

**schwappen** ['ʃvapən] *vi* ① *haben* (*hin und her*) sciabordare ② *sein* (*über~*) traboccare

**Schwarm** [ʃvarm] <-(e)s, Schwärme> *m* ① (*Insekten~*) sciame *m*; (*Vogel~*) stormo *m*; (*Fisch~*) banco *m*; (*Menschen~*) schiera *f*, frotta *f*, folla *f* ② (*verehrter Mensch*) passione *f*; (*Idol*) idolo *m*

**schwärmen** ['ʃvɛrmən] *vi* ① *sein* (*Insekten*) sciamare; (MIL) procedere in ordine sparso ② *haben* (*fig: begeistert sein*) **für jdn/etw ~** essere entusiasta di qu/qc; (*verliebt sein*) spasimare per qu/qc; **von jdm/etw ~** (*begeistert reden*) parlare con entusiasmo di qu/qc

**Schwärmer** <-s, -> *m* ① *pl* (ZOO) sfingidi *mpl* ② (*Feuerwerk*) serpentello *m*

**Schwärmer(in)** <-s, -; -, -nen> *m(f)* entusiasta *mf*, appassionato, -a *m, f*; (*Fantast*) sognatore, -trice *m, f*; (*sentimentaler Mensch*) sentimentale *mf*

**Schwärmerei** [ʃvɛrməˈraɪ] <-, -en> *f* entusiasmo *m*

**schwärmerisch** *adj* (*begeistert*) entusiasta, entusiastico; (REL) fanatico; (*träumerisch*) sognatore

**Schwarte** ['ʃvartə] <-, -n> *f* ① (*dicke Haut*) cotenna *f*; (*Speck~*) cotica *f* ② (*fam pej: altes Buch*) libraccio *m*

**schwarz** [ʃvarts] <schwärzer, schwärzeste> *adj* ① (*Farbe, fig*) nero; (*Gedanken*) malvagio; **die ~e Liste** il libro nero; **ein ~er Tag** una giornata nera *fam*, una giornataccia *fam*; **~ werden** annerire, oscurarsi; **ins Schwarze treffen** far centro; (*fig*) indovinare, cogliere nel segno; **~ auf weiß** nero su bianco; **in den ~en Zahlen** (FIN) in attivo; **es sieht ziemlich ~ aus** (*fig*) le cose vanno abbastanza male; **es wurde mir ~ vor den Augen** mi sentii svenire ② (*illegal*) clandestino ③ (*pej: katholisch*) cattolico; *s. a.* **blau**

**Schwarz** <-(es), -> *nt* nero *m*; **in ~** (*Trauer*) di nero, a lutto

**Schwarzafrika** *nt* Africa *f* nera **schwarzafrikanisch** *adj* negro africano

**Schwarzarbeit** *f* lavoro *m* nero **schwarz|arbeiten** *vi* lavorare in nero **Schwarzarbeiter(in)** *m(f)* lavoratore, -trice *m, f* abusivo **schwarz|ärgern** *vr* **sich ~** (*fam*) arrabbiarsi molto **schwarzbraun** *adj* bruno cupo **Schwarzbrot** *nt* pane *m* nero **Schwarze** <ein -r, -n, -n> *mf* negro, -a *m, f*

**Schwärze** ['ʃvɛrtsə] <-, -en> *f* ① *Sing.* (*Dunkelheit*) oscurità *f* ② (*Farbe*) nero *m*; (*Drucker~*) inchiostro *m* [da stampa]

**schwärzen** *vt* tingere di nero, annerire; (TYP) inchiostrare

**schwarz|fahren** ['ʃvartsfaːrən] <irr> *vi sein* ① (*ohne Führerschein*) guidare senza patente ② (*ohne Fahrkarte*) viaggiare clandestinamente **Schwarzfahrer(in)** *m(f)* ① (*ohne Führerschein*) persona *f* che guida senza patente ② (*ohne Fahrkarte*) viaggiatore, -trice *m, f* clandestino, -a **Schwarzgeld** *kein Pl. nt* denaro *m* sporco, fondi *mpl* neri **schwarzhaarig** *adj* dai capelli neri **Schwarzhandel** *m* commercio *m* clandestino, mercato *m* nero **Schwarzhändler(in)** *m(f)* borsanerista *mf* **schwarz|hören** *vi ascoltare la radio senza pagare il canone* **Schwarzhörer(in)** *m(f)* [radio]ascoltatore, -trice *m, f* abusivo, -a

**schwärzlich** ['ʃvɛrtslɪç] *adj* nerastro

**schwarz|malen** *vi* (*pessimistisch sein*) essere pessimista, vedere tutto nero **Schwarzmarkt** *m* mercato *m* nero **schwarz|sehen** <irr> *vi* ① (*pessimistisch sein*) essere pessimista, vedere tutto nero ② (*Fernsehgebühren prellen*) *guardare la televisione senza pagare il canone* **Schwarzseher(in)** *m(f)* ① (*Pessimist*) pessimista *mf* ② (TV) telespettatore, -trice *m, f* abusivo, -a **Schwarzsender** *m* emittente *f* clandestina **Schwarzwald** *m* Foresta *f* Nera **schwarzweiß** *adj* [in] bianco e nero **Schwarzwurzel** *f* (BOT) scorzonera *f*

**Schwatz** [ʃvats] <-es, -e> *m* (*fam*) chiacchierata *f*

**schwatzen** *vi, vt,* **schwätzen** ['ʃvɛtsən] *vi, vt* (*dial*) [**über jdn/etw**] ~ chiacchierare [su qu/qc]

**Schwätzer(in)** ['ʃvɛtsɐ] <-s, -; -, -nen> *m(f)* (*pej: Klatschmaul*) chiacchierone, -a *m, f,* pettegolo, -a *m, f;* (*Schwafler*) chiacchierone, -a *m, f;* (*Angeber*) fanfarone, -a *m, f*

**schwatzhaft** *adj* (*pej: geschwätzig*) chiacchierone, loquace; (*klatschsüchtig*) maldicente, pettegolo **Schwatzhaftigkeit** <-> *kein Pl. f* loquacità *f;* (*Klatschsucht*) maldicenza *f*

**Schwebe** ['ʃveːbə] <-> *kein Pl. f* **in der ~** in equilibrio; (*fig*) in sospeso **Schwebebahn** *f* ferrovia *f* aerea; (*Drahtseilbahn*) teleferica *f* **Schwebebalken** *m* asse *f* d'equilibrio

**schweben** *vi* ① *sein* (*fliegen*) librarsi; **in Gefahr ~** (*fig*) essere in pericolo ② *haben* (*frei hängen*) **an etw** *dat* ~ essere sospeso a qc ③ *haben* (*fig: noch unentschieden sein*) essere indeciso **schwebend** *adj* sospeso; (*fig: Frage, Verfahren*) pendente, in sospeso

**Schwede** ['ʃveːdə] <-n, -n> *m* svedese *m*
**Schweden** ['ʃveːdən] *nt* Svezia *f*
**Schwedin** ['ʃveːdɪn] <-, -nen> *f* svedese *f*
**schwedisch** *adj* svedese

**Schwefel** ['ʃveːfəl] <-s> *kein Pl. m* zolfo *m*
**Schwefeldioxid** <-s, -e> *nt* (CHEM) anidride *f* solforosa **schwefelhaltig** *adj* sulfureo

**schwefeln** *vt* solforare
**Schwefelsäure** *f* acido *m* solforico **Schwefelwasserstoff** ['ʃveːfəlˈvasəʃˌtɔf] *m* acido *m* solfidrico, idrogeno *m* solforato

**Schweif** [ʃvaɪf] <-(e)s, -e> *m* coda *f*
**schweifen** ['ʃvaɪfən] I. *vi sein* (*Mensch, Blick, Gedanke*) vagare II. *vt haben* (TEC) ripiegare

**Schweigegeld** *nt* prezzo *m* del silenzio
**Schweigemarsch** *m* marcia *f* silenziosa
**Schweigeminute** *f* minuto *m* di silenzio
**schweigen** ['ʃvaɪɡən] <schweigt, schwieg, geschwiegen> *vi* (*nicht reden*) tacere; (*aufhören*) cessare; **über etw** *acc* [*o* **von etw**] ~ tacere su qc; **ganz zu ~ von ...** per non parlare di ... **Schweigen** <-s> *kein Pl. nt* silenzio *m;* **das ~ brechen** rompere il silenzio; **jdn zum ~ bringen** far tacere qu; **sich in ~ hüllen** avvolgersi nel silenzio **schweigend** I. *adj* silenzioso II. *adv* in silenzio

**Schweigepflicht** *f* **ärztliche ~** segreto professionale del medico

**schweigsam** *adj* taciturno **Schweigsamkeit** <-> *kein Pl. f* taciturnità *f*

**Schwein** [ʃvaɪn] <-(e)s, -e> *nt* ① (ZOO) maiale *m,* porco *m;* (*~efleisch*) maiale *m* ② (*fam pej: Mensch*) porco *m;* **kein ~** (*sl: niemand*) non ... anima viva *fam* ③ (*fam: Glück*) culo *m sl;* **~ haben** (*fam*) avere culo, avere un gran sedere *sl* **Schweinebraten** *m* arrosto *m* di maiale **Schweinefett** *nt* grasso *m* di maiale; (*ausgelassen*) strutto *m* **Schweinefleisch** *nt* [carne *f* di] maiale *m* **Schweinefutter** *nt* mangime *m* per porci **Schweinegrippe** *f* (MED) influenza *f* suina **Schweinehund** *m* (*sl*) porco *m,* canaglia *f* **Schweinekotelett** <-s, -s> *nt* cotoletta *f* di maiale **Schweinepest** *kein Pl. f* peste *f* suina

**Schweinerei** [ʃvaɪnəˈraɪ] <-, -en> *f* (*fam*) ① (*Unordnung, Unanständigkeit*) porcheria *f* ② (*Gemeinheit*) porcata *f*

**Schweineschmalz** *nt* strutto *m* **Schweinestall** *m* (*a. fig*) porcile *m;* **das ist [ja] ein ~!** (*fam*) sembra una stalla!

**schweinisch** *adj* (*fam*) ① (*schmutzig*) sporco, sudicio ② (*anstößig*) osceno, sconcio

**Schweinshaxe** <-, -n> *f* (*südd, A*) stinco *m* di maiale **Schweinsleder** *nt* pelle *f* di porco **Schweinsstelze** <-, -n> *f* (*A*) zampetto *m* di maiale

**Schweiß** [ʃvaɪs] <-es> *kein Pl. m* (*a. fig*) sudore *m;* (*leichter*) madore *m;* **in ~ gebadet sein** essere in un bagno di sudore;

im ~e seines Angesichts col sudore della fronte; der ~ trat ihm auf die Stirn il sudore gli imperlò la fronte **Schweißausbruch** m traspirazione f cutanea **schweißbedeckt** adj coperto di sudore, sudato
**Schweißbrenner** m cannello m per saldare
**Schweißdrüse** f ghiandola f sudoripara
**schweißen** ['ʃvaɪsən] vt, vi saldare
**Schweißen** <-s> kein Pl. nt saldatura f
**Schweißfüße** mPl. ~ **haben** sudare ai piedi
**schweißgebadet** ['ʃvaɪsɡəˈbaːdət] adj bagnato di sudore
**Schweißperle** f perla f di sudore
**Schweißstelle** f saldatura f
**schweißtreibend** adj sudorifero **schweißtriefend** adj grondante di sudore
**Schweißtropfen** m goccia f di sudore
**Schweiz** [ʃvaɪts] f die ~ la Svizzera; **die deutsche/französische** ~ la Svizzera tedesca/romanda
**Schweizer** <inv> adj svizzero, elvetico
**Schweizer(in)** <-s, -; -, -nen> m(f) (Bewohner der Schweiz) svizzero, -a m, f
**Schweizerdeutsch** nt dialetto m svizzero tedesco
**schweizerisch** adj svizzero, elvetico
**schwelen** ['ʃveːlən] I. vi ❶ (Feuer, Material) bruciare senza fiamma [o lentamente] ❷ (Hass, Feindschaft) covare II. vt (TEC) distillare a bassa temperatura
**schwelgen** ['ʃvɛlɡən] vi (üppig leben) straviziare; **im Überfluss** ~ nuotare nell'abbondanza; **in Erinnerungen/Gefühlen** ~ godere di ricordi/sentimenti **schwelgerisch** adj (genießerisch) voluttuoso
**Schwelle** ['ʃvɛlə] <-, -n> f (Tür~, fig, PSYCH) soglia f; (Eisenbahn~) traversina f
**schwellen** ['ʃvɛlən] <schwillt, schwoll, geschwollen> vi sein gonfiarsi; (MED) tumefarsi; (Gewässer) ingrossarsi, crescere
**Schwellenangst** f fobia f delle situazioni nuove
**Schwellenwert** m valore m di soglia
**Schwellkörper** m corpo m cavernoso
**Schwellung** <-, -en> f (MED) rigonfiamento m, gonflore m
**Schwemme** ['ʃvɛmə] <-, -n> f ❶ (fürs Vieh) guazzatoio m ❷ (Überfluss) offerta f eccessiva, invasione f
**schwemmen** vt (fort~) dilavare
**Schwemmland** nt terreno m alluvionale
**Schwengel** ['ʃvɛŋəl] <-s, -> m (Glocken~) batacchio m; (Pumpen~) leva f
**Schwenk** [ʃvɛŋk] <-(e)s, -s o -e> m ❶ (FILM, TV) pianosequenza m, movi-

mento m di macchina ❷ (Drehung) svolta f
**schwenkbar** adj orientabile; (drehbar) girevole
**schwenken** ['ʃvɛŋkən] I. vt haben ❶ (hin und her bewegen) sventolare; (schwingen) brandire ❷ (GASTR) far saltare ❸ (spülen) sciacquare ❹ (TEC: drehen) girare; (wenden) orientare II. vi sein girare, voltare; (MIL) fare una conversione
**schwer** [ʃveːɐ] I. adj ❶ (gewichtig, ~fällig, ~verdaulich) pesante; (Last) pesante, gravoso; **zwei Zentner** ~ **sein** pesare un quintale; ~**es Geld machen** (fam) fare un patrimonio; **eine** ~**e Zunge haben** balbettare, parlare con difficoltà [per ubriachezza] ❷ (ernst, schlimm) grave, grande, duro ❸ (Gewitter, Sturm) grosso, grande ❹ (hart: Tag, Arbeit) pesante, faticoso; (Amt, Aufgabe) arduo, difficile; (Geburt, Tod) doloroso; (schwierig) difficile; **das ist nicht [so]** ~ non è poi tanto difficile; **Schweres durchmachen** attraversare momenti difficili; **es jdm** ~ **machen** rendere le cose difficili a qu; **jdm das Leben** ~ **machen** rendere la vita difficile a qu ❺ (stark, kraftvoll: Wein, Parfüm, Zigarre) forte; (Fahrzeug) potente; (AGR: Boden) forte II. adv ❶ (gewichtsmäßig) molto ❷ (stark, ernst) gravemente, seriamente; (enttäuscht, beleidigen) molto; (geprüft, büßen, bestrafen) duramente ❸ (hart: arbeiten) sodo, duramente; (mit Schwierigkeiten) con difficoltà ❹ (fam: sehr) molto; ~ **betrunken sein** essere ubriaco fradicio; **sich** ~ **täuschen** sbagliarsi di grosso
**Schwerarbeit** f lavoro m pesante **Schwerarbeiter(in)** m(f) operaio, -a m, f addetto, -a ai lavori pesanti **Schwerathletik** f atletica f pesante **Schwerbehinderte** mf grande invalido, -a m, f
**schwerbeladen** adj s. **beladen Schwerbeschädigte** <ein -r, -n, -n> mf grande invalido, -a m, f
**Schwere** <-> kein Pl. f ❶ (Gewicht) peso m ❷ (PHYS: Schwerkraft) gravità f ❸ (Ernsthaftigkeit) gravità f; (von Leiden, Leben) durezza f, peso m ❹ (Stärke: von Gewitter) forza f ❺ (Härte: von Arbeit) pesantezza f; (von Amt) difficoltà f, onere m ❻ (Schwierigkeit) difficoltà f
**schwerelos** adj privo di gravità **Schwerelosigkeit** <-> kein Pl. f ❶ (PHYS) mancanza f di gravità, imponderabilità f ❷ (fig: Leichtigkeit) leggerezza f

**Schwerenöter** ['ʃveːrənøːtɐ] <-s, -> m (fam) donnaiolo m, dongiovanni m
**schwererziehbar** adj s. **erziehbar**
**schwer|fallen** <irr> vi (Mühe bereiten) essere difficile; **das fällt mir schwer** mi riesce difficile
**schwerfällig** adj (Gang, Bewegung, Mensch) lento, pesante; (Verstand) lento, tardo; (Argumentieren) goffo; (Stil, Übersetzung) pesante **Schwerfälligkeit** <-> kein Pl. f (von Bewegung, Mensch) lentezza f; pesantezza f; (von Verstand) lentezza f; (von Stil) pesantezza f
**Schwergewicht** nt ①(SPORT, a. fam scherz: Mensch) peso m massimo ②(fig: Nachdruck) massima importanza f; **das ~ auf etw** acc **legen** dare il massimo peso a qc **schwerhörig** adj duro d'orecchio **Schwerhörigkeit** <-> kein Pl. f debolezza f d'udito **Schwerindustrie** f industria f pesante **Schwerkraft** f forza f di gravità **schwerkrank** adj s. **krank**
**schwerlich** adv difficilmente
**schwerlöslich** ['ʃveːɐ̯ˈløːslɪç] adj s. **löslich**
**schwer|machen** vt s. **schwer** I.4.
**Schwermetall** nt metallo m pesante
**Schwermut** <-> kein Pl. f malinconia f **schwermütig** ['ʃveːɐ̯myːtɪç] adj malinconico
**schwer|nehmen** <irr> vt **etw ~** prendere qc sul serio; **nehmen Sie es nicht so schwer!** non se la prenda!
**Schweröl** <-s, -e> nt olio m [combustibile] pesante
**Schwerpunkt** m ①(PHYS) centro m di gravità, baricentro m ②(fig) centro m; (Hauptgewicht) massima importanza f; **den ~ auf etw** acc **legen** dare la massima importanza a qc **schwerpunktmäßig** adj per punti chiave **Schwerpunktstreik** m sciopero m che paralizza i gangli vitali dell'economia
**schwerreich** adj (fam) ricco sfondato, ricchissimo
**Schwert** [ʃveːɐ̯t] <-(e)s, -er> nt spada f **Schwertfisch** m pesce m spada **Schwertlilie** f iris f, iride f
**schwer|tun** <irr> vr **sich ~** (fam) avere difficoltà; **sich mit etw ~** avere difficoltà con qc **Schwerverbrecher(in)** m(f) grande criminale mf **schwerverdaulich** adj s. **verdaulich** **schwerverletzt** adj s. **verletzen** I.1. **schwerverständlich** adj s. **verständlich** 1. **schwerwiegend** adj (Gründe) grave, serio; (Entschluss) importante
**Schwester** ['ʃvɛstɐ] <-, -n> f ①(Verwandte, a. fig) sorella f ②(Kranken~) infermiera f ③(Nonne) suora f **schwesterlich** adj di sorella, fraterno
**schwieg** [ʃviːk] 1. u. 3. Pers. Sing. Imp. von **schweigen**
**Schwiegereltern** ['ʃviːgɐʔɛltɐn] Pl. suoceri mpl **Schwiegermutter** f suocera f **Schwiegersohn** m genero m **Schwiegertochter** f nuora f **Schwiegervater** m suocero m
**Schwiele** ['ʃviːlə] <-, -n> f callo m, durone m fam **schwielig** adj calloso
**schwierig** ['ʃviːrɪç] adj difficile; (mühsam) penoso; (verzwickt) delicato; (heikel) spinoso; (unübersichtlich) accidentato
**Schwierigkeit** <-, -en> f difficoltà f; **~en bereiten** creare difficoltà; **auf ~en stoßen** incontrare difficoltà **Schwierigkeitsgrad** m grado m di difficoltà
**schwillt** [ʃvɪlt] 3. Pers. Sing. Präs. von **schwellen**
**Schwimmbad** nt piscina f **Schwimmbecken** nt piscina f **Schwimmdock** nt bacino m galleggiante
**schwimmen** ['ʃvɪmən] <schwimmt, schwamm, geschwommen> I. vi sein ①(SPORT) nuotare; **~ gehen** andare in piscina; **auf dem Rücken/auf der Seite ~** nuotare sul dorso/sul fianco; **über einen Fluss ~** attraversare un fiume a nuoto ②(Sachen) galleggiare ③(fig fam: unsicher sein) essere insicuro II. vt sein o haben nuotare **Schwimmen** <-s> kein Pl. nt nuoto m **schwimmend** I. adj nuotante; (NAUT: Hotel) galleggiante; (Insel) navigante II. adv a nuoto
**Schwimmer** ['ʃvɪmɐ] <-s, -> m (NAUT, TEC) galleggiante m
**Schwimmer(in)** <-s, -; -, -nen> m(f) (SPORT) nuotatore, -trice m, f
**Schwimmflosse** f pinna f **Schwimmhaut** f (ZOO) natatoia f **Schwimmlehrer(in)** m(f) insegnante mf di nuoto **Schwimmsport** m nuoto m **Schwimmweste** f giubbetto m di salvataggio
**Schwindel** ['ʃvɪndəl] <-s> kein Pl. m ①(MED) vertigini fpl; **~ erregend** vertiginoso ②(pej: Betrug) imbroglio m; (Täuschung) impostura f; (Lüge) frottole fpl **Schwindelanfall** m vertigini fpl, capogiro m **schwindelerregend** adj vertiginoso **schwindelfrei** adj **~ sein** non soffrire di vertigini **Schwindelgefühl** <-(e)s, -e> nt senso m di vertigine **schwind[e]lig** adj che ha le vertigini, che soffre di vertigini; (MED) vertiginoso; **mir ist ~** ho le vertigini

**schwindeln** I. vi ① (*fam: lügen*) mentire ② (*Schwindel haben*) **mir schwindelt** ho le vertigini II. vt (*fam*) inventare

**schwinden** ['ʃvɪndən] <schwindet, schwand, geschwunden> vi sein ① (*abnehmen*) diminuire, decrescere; (*schwächer werden*) attenuarsi; **im Schwinden begriffen sein** andar svanendo ② (*dahin~, vergehen*) passare; (*Hoffnung, Erinnerung*) svanire

**Schwindler(in)** <-s, -; -, -nen> m(f) (*Lügner*) mentitore, -trice m, f; (*Betrüger*) imbroglione, -a m, f, truffatore, -trice m, f

**schwindlig** *adj s.* **schwind[e]lig**

**Schwindsucht** f (*obs*) tubercolosi f, tisi f

**schwindsüchtig** *adj* tisico

**schwingen** ['ʃvɪŋən] <schwingt, schwang, geschwungen> I. vt (*Tücher*) agitare; (*Fahnen*) sventolare; (*Waffen*) brandire II. vr **sich auf etw** *acc* ~ balzare su qc, lanciarsi su qc III. vi ① (*Schaukel, Pendel*) oscillare ② (*Ski*) scendere a serpentine ③ (*vibrieren*) vibrare ④ (*fig: nachklingen*) risonare

**Schwingung** <-, -en> f ① (PHYS) oscillazione f; **in ~[en] versetzen** far oscillare ② pl (*fig*) vibrazioni fpl

**Schwips** [ʃvɪps] <-es, -e> m (*fam*) leggera sbornia f; **einen ~ haben** essere un po' brillo

**schwirren** ['ʃvɪrən] vi sein ronzare; (*Vögel, Gedanken*) frullare; (*Kugel, Pfeil*) sibilare

**schwitzen** ['ʃvɪtsən] vi (*Menschen*) sudare; (*Wände, Mauern*) trasudare; (*Fenster*) appannarsi; (GASTR) rosolare

**Schwitzen** <-s> *kein Pl.* nt sudata f, traspirazione f **Schwitzwasser** nt condensa f

**schwoll** [ʃvɔl] *1. u. 3. Pers. Sing. Imp. von* **schwellen**

**schwören** ['ʃvøːrən] <schwört, schwor, geschworen> vi, vt **bei jdm/etw** [*o* **auf jdn/etw**] ~ giurare su qu/qc; **jdm/sich** *dat* **etw** ~ (*versprechen*) giurare qc a qu/a se stesso; **auf jdn/etw** ~ (*fig: viel halten von*) aspettarsi molto da qu/qc; **ich möchte darauf ~, dass ...** giurerei che ...

**schwul** [ʃvuːl] *adj* (*fam*) omosessuale

**schwül** [ʃvyːl] *adj* ① (*Wetter, Luft*) afoso, soffocante; **es ist ~** c'è afa ② (*fig: Atmosphäre*) opprimente ③ (*fig: Fantasien, Träume*) eccitante

**Schwule** ['ʃvuːlə] <ein -r, -n, -n> m (*fam*) omosessuale m

**Schwüle** ['ʃvyːlə] <-> *kein Pl.* f ① (*Witterung*) afa f ② (*Stimmung*) pesantezza f ③ (*fig: Sinnlichkeit*) sensualità f

**Schwulenheirat** f matrimonio m gay, matrimonio m tra omosessuali

**Schwulst** [ʃvʊlst] <-(e)s, Schwülste> m (*pej*) ampollosità f

**schwulstig** ['ʃvʊlstɪç] *adj* (A: *pej*), **schwülstig** ['ʃvʏlstɪç] *adj* (*pej*) ampolloso, gonfio

**Schwund** [ʃvʊnt] <-(e)s> *kein Pl.* m ① (*Abnahme*) diminuzione f ② (*Verlust*) perdita f ③ (*Schrumpfung*) ritiro m; (MED) atrofia f

**Schwung** [ʃvʊŋ] <-(e)s, Schwünge> m ① (*Bewegung*) movimento m circolare; (*mit dem Arm*) giro m [del braccio]; (*von Skiläufer*) svolta f, virata f ② (*Linienführung*) linea f ③ *Sing.* (*~kraft, Antrieb*) forza f, slancio m; (*fig: Elan*) slancio m, entusiasmo m; (*fig: mitreißende Kraft*) energia f, forza f travolgente; **in ~** in forma; **jdn in ~ bringen** stimolare qu; **etw in ~ bringen** dare l'avvio a qc; **in ~ kommen** prendere l'avvio ④ *Sing.* (*fam: Menge*) mucchio m, montagna f **schwunghaft** *adj* vivace, attivo **Schwungrad** nt (TEC) volano m **schwungvoll** *adj* ① (*Bewegung, Linie, Unterschrift*) ampio e circolare ② (*Rede*) vivace, animato; (*Aufführung*) pieno di slancio; (*Musik*) brioso

**Schwur** [ʃvuːɐ̯] <-(e)s, Schwüre> m giuramento m; (*Gelübde*) voto m; **einen ~ tun, dass ...** giurare di +*inf* **Schwurgericht** nt corte f d'assise

**Schwyz** [ʃviːts] nt (*Stadt*) Svitto f; (*Kanton*) Svitto m

**Science-Fiction** ['saɪəns'fɪkʃən] <-, -s> f, **Sciencefiction** <-, -s> f fantascienza f **Sciencefiction-Film** m film m di fantascienza **Sciencefiction-Roman** m romanzo m di fantascienza

**Scooter** ['skuːtɐ] <-s, -> m monopattino m

**scrollen** vt (*Computer*) scorrere

**SDR** [ɛsdeː'ʔɛr] <-(s)> *kein Pl.* m *abk v* **Süddeutscher Rundfunk** rete radiotelevisiva regionale tedesca con sede a Stoccarda

**sechs** [zɛks] *num* sei; *s. a.* **acht**

**Sechs** <-, -en> f sei m; (*Schulnote: ungenügend*) zero

**Sechs-, sechs-** *s. a.* **Acht-, acht-**

**Sechseck** nt esagono m **sechsfach** *adj* sestuplo; *s. a.* **achtfach**

**sechshundert** *num* seicento

**sechsjährig** *adj* ① (*sechs Jahre alt*) di sei anni ② (*sechs Jahre lang*) che dura sei anni

**sechsmal** *adv* sei volte

**Sechstagerennen** nt (SPORT) seigiorni f

**Sechste** <ein -r, -n, -n> *mf* sesto, -a *m, f; s. a.* **Achte**

**sechste(r, s)** *adj* sesto, -a; (*bei Datumsangaben*) sei; *s. a.* **achte(r, s)**

**Sechstel** <-s, -> *nt* sesto *m*

**sechstens** *adv* [in] sesto [luogo]

**sechzehn** ['zɛçtseːn] *num* sedici

**sechzehnte(r, s)** *adj* sedicesimo, -a; (*bei Datumsangaben*) sedici; *s. a.* **achte(r, s)**

**Sechzehntel** *nt* sedicesimo *m* **Sechzehntelnote** *f* (MUS) sedicesima *f*

**sechzig** ['zɛçtsɪç] *num* sessanta; **etwa ~** [...] una sessantina [di ...]; *s. a.* **achtzig**

**Sechzigerjahre** *ntPl.* anni *mpl* sessanta

**sechzigjährig** *adj* ① (*sechzig Jahre alt*) sessantenne ② (*sechzig Jahre lang*) che dura sessant'anni **Sechzigjährige** <ein -r, -n, -n> *mf* uomo *m* [donna *f* ] sulla sessantina, sessantenne *mf*

**sechzigste(r, s)** *adj* sessantesimo, -a; *s. a.* **achte(r, s)**

**Sechzigstel** <-s, -> *nt* sessantesimo *m*

**Secondhandladen** ['sɛkənd'hændlaːdən] *m* negozio *m* dell'usato

**SED** [ɛsʔeːˈdeː] <-> *kein Pl. f* (HIST, POL) *abk v* **Sozialistische Einheitspartei Deutschlands** *partito socialista unitario tedesco*

**Sediment** [zediˈmɛnt] <-(e)s, -e> *nt* (GEOL, CHEM) sedimento *m*

**See**¹ [zeː] <-s, -n> *m* (*Binnen~*) lago *m;* **Vierwaldstätter See** lago *m* dei Quattro Cantoni

**See**² <-> *kein Pl. f* (*Meer*) mare *m*, oceano *m;* **glatte ~** mare calmo; **schwere ~** mare grosso; **an der ~** al mare; **in ~ stechen** salpare; **auf ~** in mare; **auf hoher/offener ~** in alto mare

**Seeadler** *m* aquila *f* marina **Seebad** *nt* (*Ort*) stabilimento *m* balneare **Seebär** *m* (*scherz*) lupo *m* di mare **Seebeben** *nt* maremoto *m* **Seefahrt** *f* ① (*Schifffahrt*) navigazione *f* marittima ② (*einzelne*) viaggio *m* per mare **Seefrachtbrief** *m* polizza *f* di carico marittimo **Seegang** *kein Pl. m* moto *m* ondoso; **hoher ~** mare grosso **Seegras** *nt* (*Tang*) zostera *f;* (*zum Polstern*) crine *m* vegetale **seegrün** *adj* verde mare **Seehafen** *m* porto *m* marittimo **Seehandel** <-s> *kein Pl. m* commercio *m* marittimo **Seeherrschaft** *f* dominio *m* dei mari **Seehund** *m* foca *f* **Seeigel** *m* riccio *m* di mare **Seekarte** *f* carta *f* nautica **Seeklima** *nt* clima *m* marittimo **seekrank** *adj* **~ sein** aver il mal di mare **Seekrankheit** *f* mal *m* di mare **Seelachs** *m* merluzzo *m*

**Seele** ['zeːlə] <-, -n> *f* (*a. fig: Mensch*) anima *f;* (*fig: Gemüt*) animo *m,* anima *f;* (*Gefühl*) sentimento *m,* cuore *m;* **mit ganzer ~** con tutta l'anima; **er/sie ist eine ~ von einem Menschen** è una pasta d'uomo *fam;* **das ist mir aus der ~ gesprochen** mi è sgorgato dall'anima; **nun hat die arme ~ Ruh!** adesso il poveretto è in pace

**seelengut** ['zeːlənˈguːt] *adj* di buon cuore **Seelenheil** <-(e)s> *kein Pl. nt* (REL) salvezza *f* dell'anima **Seelenleben** *nt* vita *f* interiore **Seelenruhe** *f* tranquillità *f* d'animo; **in aller ~** con tutta calma **seelenruhig** *adv* imperturbabile, tranquillo **Seelenverwandte(r)** <ein -r, -n, -n> *f(m)* spirito *m* affine **Seelenwanderung** *f* metempsicosi *f,* trasmigrazione *f* dell'anima

**Seeleute** *Pl.* gente *f* di mare

**seelisch** *adj* psichico, psicologico; **~ bedingt** psicogeno

**Seelöwe** *m* leone *m* marino, otaria *f* dalla criniera

**Seelsorge** *f* cura *f* d'anime **Seelsorger(in)** <-s, -; -, -nen> *m(f)* padre *m* spirituale

**Seeluft** *f* aria *f* di mare **Seemacht** *f* potenza *f* marittima **Seemann** *m* marinaio *m* **Seemannsgarn** *nt* **~ spinnen** raccontare avventure di marinai **Seemeile** *f* miglio *m* marino **Seenot** *f* pericolo *m* di naufragio **Seenotruf** *m* SOS *m* **Seepferdchen** <-s, -> *nt* cavalluccio *m* marino, ippocampo *m* **Seeräuber** *m* pirata *m,* corsaro *m* **Seeräuberei** ['zeːrɔybəˈraɪ] <-, -en> *f* pirateria *f* **Seerecht** *nt* diritto *m* marittimo **Seereise** *f* viaggio *m* per mare **Seerose** *f* ninfea *f* **Seeschlacht** *f* battaglia *f* navale **Seeschlange** *f* ① (ZOO) serpente *m* marino ② (*in Mythologie*) idra *f* **Seestern** *m* stella *f* di mare, asteria *f* **Seestreitkräfte** *fPl.* forze *fpl* navali, marina *f* **Seetang** *m* alga *f* marina **seetüchtig** *adj* navigabile, atto alla navigazione **Seevogel** *m* uccello *m* marino **Seeweg** *m* via *f* marittima; **auf dem ~** per mare **Seewind** *m* vento *m* marino **Seezunge** *f* sogliola *f*

**Segel** ['zeːɡəl] <-s, -> *nt* vela *f;* **die ~ setzen** alzare le vele, salpare **Segelboot** *nt* barca *f* a vela **Segelfliegen** *nt* volo *m* a vela **Segelflieger(in)** *m(f)* veleggiatore, -trice *m, f,* volovelista *mf* **Segelflug** *m* volo *m* a vela **Segelflugzeug** *nt* aliante *m*

**Segeljacht** *f* yacht *m* a vela **Segelklub** *m* circolo *m* velico

**segeln** *vi* veleggiare, navigare a vela; (SPORT) fare della vela; (*Wolken, Vogel*) veleggiare; **~ gehen** andare a fare della vela; **mit dem Wind ~** navigare di bolina **Segeln** <-s> *kein Pl. nt* [navigazione *f* a] vela *f,* velismo *m* **Segelregatta** *f* regata *f* velica **Segelschiff** *nt* veliero *m,* nave *f* a vela **Segelsport** *m* velismo *m* **Segeltörn** <-s, -s> *m* viaggio *m* in barca a vela **Segeltuch** *nt* [tela *f*] olona *f*

**Segen** ['zeːgən] <-s, -> *m* ❶ (*gesprochener, fam: Einwilligung*) benedizione *f* ❷ (~ *des Himmels*) grazia *f* [di Dio] ❸ (*Glück*) fortuna *f*; (*Wohltat*) beneficio *m* **segensreich** *adj* (*wohltätig*) benefico; (*glückbringend*) che porta fortuna

**Segler** ['zeːglɐ] <-s, -> *m* ❶ (*Segelschiff*) veliero *m* ❷ (*Segelflugzeug*) aliante *m* **Segler(in)** <-s, -; -, -nen> *m(f)* (SPORT) velista *mf*

**Segment** [zɛˈgmɛnt] <-s, -e> *nt* segmento *m*

**segnen** ['zeːgnən] *vt* benedire

**Segnung** <-, -en> *f* benedizione *f*; (*segensreiche Wirkung*) beneficio *m*

**sehbehindert** *adj* che ha la vista debole; **leicht/stark ~ sein** avere la vista un po'/molto debole

**sehen** ['zeːən] <sieht, sah, gesehen> **I.** *vt* vedere; (*an~*) guardare; (*erkennen*) riconoscere; (*beurteilen*) giudicare; (*treffen*) vedere, incontrare; **wieder ~** rivedere; **etw gern/ungern ~** vedere qc di buon/cattivo occhio; **bei jdm gern gesehen sein** essere ben accetto a qu; **jdn kommen ~** veder arrivare qu; **das habe ich kommen ~** l'avevo previsto; **sich ~ lassen** (*erscheinen*) farsi vivo *fam;* **sich ~ lassen können** (*gut aus~*) presentarsi bene; **ich sehe nichts mehr** non vedo più niente; **ich kann es nicht ~, wenn ...** non mi piace che +*conj;* **ich kann ihn nicht ~** (*ausstehen*) non posso vederlo; **wenn man ihn [so] sieht** a vederlo; **das kann man ~** si può vederlo, lo si vede; **das muss man gesehen haben** bisogna averlo visto; **das müssen wir erst mal ~** dobbiamo prima vedere; **das möchte ich doch mal ~!** vorrei proprio vederlo; **das wollen wir [doch einmal] ~!** è da vedersi; **da sieht man es mal wieder!** è tipico!; **da siehst du, was dabei herauskommt** vedi che cosa succede **II.** *vr* **sich ~** (*treffen*) vedersi, incontrarsi; **sich gezwungen ~ etw zu tun** vedersi costretto a fare qc; **sich in der Lage ~ etw zu tun** essere in grado di fare qc **III.** *vi* (*mit den Augen*) vederci; (*in bestimmte Richtung*) guardare; **gut/schlecht ~** vederci bene/male; **~, dass etw getan wird** vedere che venga fatto qc; **jdn vom Sehen kennen** conoscere qu di vista; **auf etw** *acc* **~** (*achten*) badare a qc; **aus etw ~** (*hervorschauen*) fare capolino da qc, emergere da qc; **in die Zukunft ~** guardare all'avvenire; **jdm ins Gesicht/in die Augen ~** guardare qu in faccia/negli occhi; **nach jdm/etw ~** (*sich kümmern*) occuparsi di qu/qc; **mal ~, ob ...** vedremo se ...; **wir wollen ~** vedremo; **wir werden ja ~** staremo a vedere; **ich sehe schon, das geht nicht** vedo già che non va; **siehe auch** vedi anche; **siehe oben/unten** vedi sopra/sotto; **sieh mal!** guarda!; **lass mal ~!** fa vedere!; **darf ich mal ~?** posso vedere?; **siehst du [, ich habe es ja gesagt]!** vedi [, l'avevo detto io]!

**sehenswert** *adj* degno d'esser visto, notevole **Sehenswürdigkeit** <-, -en> *f* cosa *f* notevole, bellezza *f*

**Seher(in)** <-s, -; -, -nen> *m(f)* veggente *mf*

**Sehfehler** *m* difetto *m* della vista **Sehkraft** *f* vista *f,* facoltà *f* visiva **Sehleistung** <-, -en> *f* (MED) capacità *f* visiva

**Sehne** ['zeːnə] <-, -n> *f* ❶ (ANAT) tendine *m* ❷ (*Bogen~*, MAT) corda *f*

**sehnen** ['zeːnən] *vr* **sich nach etw ~** (*Verlangen haben*) desiderare ardentemente qc, bramare qc; **sich nach jdm/etw ~** (*Heimweh haben*) aver nostalgia di qu/qc; **ich sehne mich danach zu** +*inf*/, **dass ...** ho una gran voglia di +*inf*

**Sehnenscheidenentzündung** *f* tendovaginite *f*

**Sehnerv** *m* nervo *m* ottico

**sehnig** *adj* ❶ (*Fleisch*) tiglioso ❷ (*fig: nervig, kraftvoll*) nerboruto

**sehnlich** *adj* ardente, fervido

**sehnlichst** *adv* appassionatamente, ardentemente

**Sehnsucht** *f* ❶ (*Verlangen*) desiderio *m* ardente, brama *f*; **~ nach Liebe** desiderio d'amore ❷ (*Heimweh*) nostalgia *f*; **~ nach etw haben** avere nostalgia di qc; **vor ~ vergehen** struggersi dal desiderio

**sehnsüchtig** *adj* con struggimento, nostalgico; (*Wunsch*) appassionato, struggente; (*ungeduldig*) con ansia; **jdn/etw ~ erwarten** aspettare qu/qc con struggimento **sehnsuchtsvoll** *adj* (*geh*) con struggimento, nostalgico; (*Wunsch*) appassionato, ardente, struggente; (*ungeduldig*) con ansia

**sehr** [zeːɐ̯] *adv* molto, tanto; **~ lang/schön** lunghissimo/bellissimo; **~ bald** tra poco, presto; **~ viel** moltissimo; (*vor Substantiv*) molto, una gran quantità di; **wie ~** quanto; **wie ~ auch ...** per quanto +*conj;* **zu ~** troppo; **so ~** tanto; **bitte ~!** prego

**Sehschärfe** *f* acutezza *f* visiva

**Sehvermögen** *nt* vista *f,* facoltà *f* visiva

**seicht** [zaɪçt] *adj* ❶ (*Wasser*) poco profondo, basso ❷ (*fig pej: flach*) piatto, scialbo

**seid** [zaɪt] *2. Pers. Pl Präs. von* **sein**[1]

**Seide** ['zaɪdə] <-, -n> *f* seta *f;* **reine ~** seta pura

**Seidel** ['zaɪdəl] <-s, -> *nt* boccale *m* [da birra]

**Seidelbast** ['zaɪdəlbast] *m* mezereo *m*

**seiden** *adj* di seta **Seidenpapier** *nt* carta *f* velina **Seidenraupe** *f* baco *m* da seta **Seidenraupenzucht** *f* bachicoltura *f* **Seidenwaren** *fPl.* seterie *fpl* **seidenweich** ['zaɪdən'vaɪç] *adj* morbido come la seta

**seidig** *adj* come la seta

**Seife** ['zaɪfə] <-, -n> *f* sapone *m,* saponetta *f* **Seifenblase** *f* (*a. fig*) bolla *f* di sapone **Seifenfabrik** *f* saponificio *m* **Seifenlauge** *f* saponata *f,* lisciva *f* di sapone **Seifenoper** *f* soap opera *f* **Seifenpulver** *nt* sapone *m* in polvere **Seifenschale** *f* portasapone *m* **Seifenspender** *m* dosatore *m* di sapone **Seifenwasser** *nt* [acqua *f*] saponata *f*

**seifig** *adj* pieno di sapone, insaponato

**seihen** ['zaɪən] *vt* (*filtern*) filtrare, passare

**Seil** [zaɪl] <-(e)s, -e> *nt* corda *f;* (*Tau*) fune *f;* (NAUT) cavo *m* **Seilbahn** *f* funivia *f,* teleferica *f*

**Seiler(in)** <-s, -; -, -nen> *m(f)* cordaio, -a *m, f*

**Seilerwaren** *fPl.* cordami *mpl*

**Seilschaft** <-, -en> *f* cordata *f*

**Seiltänzer(in)** *m(f)* funambolo, -a *m, f*

**sein**[1] [zaɪn] <ist, war, gewesen> *vi sein* essere; (*existieren*) esistere; (*sich befinden*) trovarsi; (*stattfinden*) aver luogo; **Lehrer ~** essere insegnante; **20 Jahre alt ~** aver vent'anni; **ich bin es** sono io; **hier bin ich** eccomi [qua]; **mir ist kalt** ho freddo; **mir ist, als ob ...** ho l'impressione che +*conj;* **es ist an dir zu** +*inf* spetta a te +*inf;* **es ist schön[es Wetter]** fa bello, fa bel tempo; **es ist Winter** è inverno; **es ist kalt/warm** è [*o* fa] freddo/caldo; **es ist lange her** è un pezzo; **es waren viele Menschen da** c'erano molte persone; **so ist es** è così; **2 und 2 ist 4** 2 più 2 fa 4; **das ist nichts für Sie** non fa per Lei; **das mag ~** può darsi, sarà; **beinahe wäre ich ...** mancò poco che +*conj;* **als ob nichts [geschehen] wäre** come se niente fosse [stato]; **da dem so ist, ...** quand'è così, ...; **sei es ..., sei es ...** sia ..., sia ...; **es sei denn [, dass] ...** a meno che +*conj;* **es könnte sehr wohl ~, dass ...** potrebbe darsi benissimo che +*conj;* **wie dem auch sei** come che sia; **sei es auch noch so wenig** per quanto poco sia; **sind Sie es?** è Lei?; **was ist mit Ihnen?** che cos'ha?; **was ist das?** che cos'è?; **wer ist das?** chi è?; **lass es ~!** lascia perdere!; **lass es gut ~!** non prendertela!; **das ist ja gerade!** proprio di questo si tratta!

**sein**[2] *pron poss von* **er, es** (*adjektivisch*) suo, -a *m, f,* suoi *mpl,* sue *fpl*

**Sein** <-s> *kein Pl. nt* essere *m;* (*Da~*) esistenza *f*

**Seine** ['zɛːnə *o* sɛn] *f* Senna *f*

**seine(r, s)** ['zaɪnə, -nə, -nəs] *pron poss von* **er, es** (*substantivisch*) [il] suo, [la] sua, [i] suoi *pl,* [le] sue *pl;* **das Seine tun** fare il possibile; **jedem das Seine** (*prov*) a ciascuno il suo

**seiner** *pron pers gen von* **er, es** di lui; *s. a.* **seine(r, s)**

**seinerseits** *adv* da parte sua

**seinerzeit** *adv* allora

**sein[e]s** *s.* **seine(r, s)**

**seinesgleichen** <inv> *pron* suo pari, uno come lui; **jdn wie ~ behandeln** trattare qu da pari a pari; **unter ~** tra i propri pari

**seinetwegen** ['zaɪnət'veːgən] *adv* per causa sua, per lui; (*negativ*) per colpa sua

**seinetwillen** ['zaɪnət'vɪlən] *adv* **um ~** per lui, per amor suo

**seinige(r, s)** (*obs, geh*) *s.* **seine(r, s)**

**seins** *s.* **seine(r, s)**

**seit** [zaɪt] I. *prp* da II. *konj* da quando

**seitdem** [zaɪt'deːm] I. *adv* da allora II. *konj* da quando

**Seite** ['zaɪtə] <-, -n> *f* ❶ (*von Körper, Gegenstand, Fläche*) lato *m,* parte *f;* (*von Fahrzeug*) fianco *m,* lato *m;* (*von Schiff*) fianco *m,* fiancata *f;* (*von Stoff*) verso *m;* **linke ~** (*von Stoff*) rovescio *m;* (TYP) verso *m;* **rechte ~** (*von Stoff*) diritto *m;* (TYP) retto *m;* **~ an ~** fianco a fianco; **auf allen ~n** da ogni parte; **auf beiden ~n** da ambo le parti; **auf der einen ~ ..., auf der anderen ~ ...** da un lato ..., dall'altro [*o* dall'altra]; **nach allen ~n** in tutte le direzioni; **von der ~** di lato; (MIL) al fianco; **von beiden ~n** da una parte e dall'altra;

**auf die ~ legen** (*a. fig: sparen*) mettere da parte; **zur ~ gehen/treten/fahren** farsi da parte; **jdn von der ~ ansehen** guardare qu di lato; **jdm nicht von der ~ weichen** seguire qu come la sua ombra; **auf jds ~ stehen** (*fig*) parteggiare per qu, essere dalla parte di qu; **jdn auf seine ~ bringen** (*fig*) tirare qu dalla propria parte; **jdm zur ~ stehen** (*fig*) assistere qu, aiutare qu ❷ (MAT: *von Gleichung*) termine *m*, membro *m* ❸ (*Charakterzug, Aspekt*) lato *m*, aspetto *m;* **jds starke/schwache ~** il [lato] forte/il [lato] debole di qu; **sich von seiner besten ~ zeigen** mostrarsi dal lato migliore ❹ (*von Partei*) ala *f;* (SPORT, MIL) fianco *m* ❺ (*von Buch, Zeitung*) pagina *f*

**Seitenairbag** *m* (AUTO) airbag *m* laterale **Seitenaltar** *m* altare *m* laterale **Seitenansicht** *f* vista *f* laterale; (*Profil*) profilo *m* **Seitenaufprallschutz** *m* (AUTO) paraurti *m* laterale **Seitenblick** *m* occhiata *f* [di lato] **Seiteneingang** *m* entrata *f* laterale **Seitenflügel** *m* (ARCH) ala *f;* (*von Flügelaltar*) sportello *m* **Seitenhieb** *m* (*fig*) fiancata *f*, stoccata *f* **Seitenlage** *f* posizione *f* laterale; **stabile ~** posizione laterale stabile **seitenlang** *adj* di pagine e pagine **Seitenlänge** <-, -n> *f* ❶ (*Pyramide, Möbelstück*) lunghezza *f* laterale ❷ (*Umfang einer Manuskriptseite*) lunghezza *f* di pagina **Seitenlinie** *f* ❶ (SPORT) linea *f* laterale ❷ (FERR) linea *f* secondaria ❸ (*Genealogie*) linea *f* collaterale

**seitens** *prp* +*gen* da parte di
**Seitenschiff** *nt* navata *f* laterale **Seitensprung** *m* (*fig*) scappatella *f;* **einen ~ machen** avere un'avventura **Seitenstechen** *kein Pl. nt* fitta *f* al fianco **Seitenstraße** *f* strada *f* laterale **Seitenstreifen** *m* (*von Straße*) banchina *f* **seitenverkehrt** *adj* inverso, in ordine inverso **Seitenwind** *m* vento *m* laterale
**seither** [zaɪtˈheːɐ̯] *adv* da allora
**seitlich** I. *adj* laterale II. *adv* lateralmente, di lato III. *prp* +*gen* a lato di
**seitwärts** [ˈzaɪtvɛrts] *adv* lateralmente
**sek., Sek.** *abk v* **Sekunde** sec.
**SEK** [ɛsʔeːˈkaː] <-> *nt s.* **Sondereinsatzkommando** unità *f* operativa speciale, gruppo *m* operativo speciale
**sekkieren** [zɛˈkiːrən] <ohne ge-> *vt* (*A: belästigen, quälen*) maltrattare
**Sekret** [zeˈkreːt] <-(e)s, -e> *nt* secreto *m*
**Sekretär** [zekreˈtɛːɐ̯] <-s, -e> *m* (*Möbelstück*) secrétaire *m*

**Sekretär(in)** [zekreˈtɛːɐ̯] <-s, -e; -, -nen> *m(f)* segretario, -a *m, f*
**Sekretariat** [zekretariˈaːt] <-(e)s, -e> *nt* segretariato *m*
**Sekretärin** *f s.* **Sekretär**
**Sekt** [zɛkt] <-(e)s, -e> *m* spumante *m*
**Sekte** [ˈzɛktə] <-, -n> *f* setta *f* **Sektenmitglied** *nt* membro *m* di una setta
**Sektfrühstück** *nt* colazione *f* a base di champagne **Sektglas** *nt* calice *m* da spumante
**Sektierer(in)** [zɛkˈtiːrɐ] <-s, -; -, -nen> *m(f)* seguace *mf* [di una setta], settario, -a *m, f* **sektiererisch** [zɛkˈtiːrərɪʃ] *adj* settario
**Sektion** [zɛkˈtsi̯oːn] <-, -en> *f* ❶ (*Abteilung*) sezione *f*, reparto *m* ❷ (MED) dissezione *f*, autopsia *f* **Sektionschef(in)** *m(f)* (*A*) *funzionario ministeriale di massimo grado*
**Sektkühler** *m* secchiello *m* del ghiaccio [per spumante] **Sektlaune** *f* (*scherz*) euforia *f* da champagne
**Sektor** [ˈzɛktoːɐ̯] <-s, -en> *m* (MAT) settore *m*
**sekundär** [zekʊnˈdɛːɐ̯] *adj* secondario
**Sekundararzt** [zekʊnˈdaːɐ̯artst] *m*, **Sekundarärztin** *f* (*A: Assistenzarzt*) assistente *mf* medico, -a **Sekundarlehrer(in)** [zekʊnˈdaːɐ̯leːrɐ] *m(f)* (*CH*) insegnante *mf* della Sekundarschule
**Sekundärliteratur** *f* opere *fpl* critiche, bibliografia *f*
**Sekundarschule** *f* (*CH: ca. 6.-10. Schulstufe*) *scuola che comprende gli anni della scuola media e i primi due della scuola superiore*
**Sekunde** [zeˈkʊndə] <-, -n> *f* secondo *m;* **eine ~, bitte!** un momento, per favore!
**Sekundenschnelle** [zeˈkʊndənˌʃnɛlə] *f* **in ~** in un attimo **Sekundenzeiger** *m* lancetta *f* dei secondi
**selbe(r, s)** [ˈzɛlbə, -bɐ, -bəs] *adj* stesso; **im ~n Augenblick** nello stesso momento
**selber** [ˈzɛlbɐ] *adv* (*fam*) *s.* **selbst**
**selbst** [zɛlbst] I. *pron dem* io stesso, in persona; **die Sache/das Haus ~** la cosa/la casa in sé stessa; **etw ~ machen** fare qc da solo; **von ~** da sé; **wie von ~** quasi da sé; **das versteht sich von ~** va da sé; **er ist die Güte ~** è la bontà in persona; **~ ist der Mann** (*prov*) chi fa da sé fa per tre II. *adv* (*sogar*) persino; **~ wenn** anche se +*conj*, quand'anche +*conj*
**Selbstachtung** *f* rispetto *m* per sé stesso
**selbständig** [ˈzɛlpʃtɛndɪç] *adj* ❶ (*unabhängig*) indipendente; (POL) autonomo;

**sich ~ machen** (*im Beruf*) rendersi indipendente; (*scherz: abhandenkommen*) sparire ❷ (COM) in proprio **Selbständigkeit** <-> *kein Pl. f* indipendenza *f;* (POL) autonomia *f*
**Selbstauslöser** *m* autoscatto *m*
**Selbstbedienung** *f* self-service *m* **Selbstbedienungsladen** *m* self-service *m*, supermercato *m* **Selbstbedienungsrestaurant** *nt* ristorante *m* con self-service
**Selbstbefriedigung** *f* masturbazione *f*, onanismo *m*
**Selbstbeherrschung** *f* dominio *m* di sé, autocontrollo *m*
**Selbstbestätigung** *f* (PSYCH) autoconferma *f*, conferma *f* di sé
**Selbstbestimmung** *f* autodeterminazione *f* **Selbstbestimmungsrecht** *nt* diritto *m* di autodeterminazione
**Selbstbeteiligung** *f* (*an Kosten*) franchigia *f*
**Selbstbetrug** *m* illudersi *m*, ingannare *m* sé stesso
**selbstbewusst** *adj* sicuro di sé **Selbstbewusstsein** *nt* sicurezza *f*, autostima *f*; (PHILOS) autocoscienza *f*
**Selbstbildnis** *nt* autoritratto *m*
**Selbstbräuner** <-s, -> *m* autoabbronzante
**Selbstdisziplin** *kein Pl. f* autodisciplina *f*
**Selbsterfahrung** *f* esperienza *f* di sé **Selbsterfahrungsgruppe** *f* gruppo *m* di autocoscienza
**Selbsterhaltung** *f* autoconservazione *f* **Selbsterhaltungstrieb** *m* istinto *m* di autoconservazione
**Selbsterkenntnis** *f* conoscenza *f* di sé stesso **selbsternannt** *adj* autonominato **Selbstfindung** *f* processo *m* di identificazione
**selbstgefällig** *adj* soddisfatto di sé stesso **Selbstgefälligkeit** *f* autocompiacimento *m*
**selbstgemacht** *adj* (*Marmelade*) fatto in casa; (*Pullover, Geschenk*) fatto da sé
**selbstgerecht** *adj* pieno di sé; (*eingebildet*) presuntuoso, tronfio
**Selbstgespräch** *nt* monologo *m*, soliloquio *m;* **~ e führen** parlare fra sé
**selbstherrlich** *adj* dispotico, tirannico
**Selbsthilfe** *f* iniziativa *f* personale; **zur ~ greifen** farsi giustizia da sé **Selbsthilfegruppe** *f* gruppo *m* di autoaiuto
**Selbstjustiz** *f* **~ üben** fare giustizia da sé
**selbstklebend** *adj* autoadesivo
**Selbstkosten** *Pl.* (WIRTSCH) costi *mpl* di produzione [*o* effettivi] **Selbstkostenpreis** *m* prezzo *m* di costo; **zum ~** a prezzo di costo

**Selbstkritik** *f* autocritica *f* **selbstkritisch** *adj* autocritico
**Selbstlaut** *m* vocale *f*
**Selbstlerner(in)** <-s, -; -, -nen> *m(f)* autodidatta *mf*
**selbstlos** *adj* disinteressato, altruista
**Selbstlosigkeit** <-> *kein Pl. f* disinteresse *m*, altruismo *m*
**Selbstmitleid** *kein Pl. nt* (*pej*) autocommiserazione *f*
**Selbstmord** *m* suicidio *m;* **~ begehen** suicidarsi **Selbstmordattentat** *nt* attentato *m* kamikaze **Selbstmordattentäter(in)** *m(f)* kamikaze *m* **Selbstmörder(in)** *m(f)* suicida *mf* **selbstmörderisch** *adj* suicida **Selbstmordkandidat(in)** *m(f)* candidato, -a *m, f* al suicidio **Selbstmordversuch** *m* tentativo *m* di suicidio; **einen ~ machen** tentare di suicidarsi
**selbstredend** *adv* naturalmente, ovviamente
**Selbstschussanlage** *f* dispositivo *m* automatico di sparo
**Selbstschutz** *m* autodifesa *f*
**selbstsicher** *adj* sicuro di sé; **~ auftreten** comportarsi con molta sicurezza
**selbstständig** ['zɛlpʃtɛndɪç] *adj* ❶ (*unabhängig*) indipendente; (POL) autonomo; **sich ~ machen** (*im Beruf*) rendersi indipendente; (*scherz: abhandenkommen*) sparire ❷ (COM) in proprio **Selbstständigkeit** <-> *kein Pl. f* indipendenza *f;* (POL) autonomia *f*
**Selbstsucht** *f* egoismo *m* **selbstsüchtig** *adj* egoista, egoistico
**selbsttätig** *adj* automatico
**Selbsttäuschung** *f* illusione *f*
**Selbstüberwindung** *f* dominio *m* di sé
**Selbstverleugnung** *f* abnegazione *f*, sacrificio *m* personale
**selbstverliebt** *adj* narciso
**selbstverschuldet** *adj* per colpa propria
**Selbstversorger** *m* chi si nutre di alimenti di propria produzione; (*in Urlaub*) chi [in vacanza] provvede al proprio vitto
**selbstverständlich** *adj* naturale, ovvio; **das ist ~** è naturale; **~!** si capisce! **Selbstverständlichkeit** *f* (*Fraglosigkeit*) indiscutibilità *f;* (*selbstverständliche Tatsache*) cosa *f* ovvia; (*Ungeniertheit*) naturalezza *f*, semplicità *f*; **etw für eine ~ halten** ritenere qc ovvio; **er tat es mit einer erstaunlichen ~** lo fece con un'incredibile naturalezza; **das war doch eine ~!** era ovvio!
**Selbstverständnis** <-ses> *kein Pl. nt* co-

**Selbstverteidigung → Senkrechtstart**

scienza *f* del proprio ruolo *geh;* **mein ~ als Frau und Mutter** la coscienza del mio ruolo di donna e madre
**Selbstverteidigung** *kein Pl. f* autodifesa *f*
**Selbstvertrauen** *nt* fiducia *f* in sé
**Selbstverwaltung** *f* amministrazione *f* autonoma, autonomia *f* amministrativa
**Selbstverwirklichung** *f* autorealizzazione *f*
**Selbstwertgefühl** *nt* stima *f* di sé
**Selbstzufriedenheit** *f* autocompiacimento *m*
**Selbstzweck** *m* fine *m* a sé stesso
**selchen** ['zɛlçən] *vt* (*A, südd:* GASTR: *räuchern*) affumicare
**Selchfleisch** *kein Pl. nt* (*A, südd:* GASTR: *Rauchfleisch*) carne *f* affumicata
**Selektion** [zelɛk'tsjoːn] <-, -en> *f* (BIOL) selezione *f*
**Selen** [ze'leːn] <-s> *kein Pl. nt* selenio *m*
**selig** ['zeːlıç] *adj* ❶ (REL) beato; **~ sprechen** beatificare; **Gott habe ihn ~!** Dio l'abbia in gloria ❷ (*verstorben*) defunto, povero ❸ (*überglücklich*) felice **Seligkeit** <-> *kein Pl. f* ❶ (REL) beatitudine *f* ❷ (*Glücksgefühl*) felicità *f* **Seligsprechung** <-, -en> *f* beatificazione *f*
**Sellerie** ['zɛlari] <-s, -(s)> *m* sedano *m*
**selten** ['zɛltən] *adj* ❶ (*nicht häufig*) raro; **sehr ~** rarissimo ❷ (*außergewöhnlich*) straordinario ❸ (*fam: merkwürdig*) strano, singolare **Seltenheit** <-, -en> *f* ❶ *Sing.* (*seltenes Vorkommen*) rarità *f* ❷ (*seltenes Stück*) pezzo *m* raro **Seltenheitswert** *m* **~ haben** avere un valore di rarità
**seltsam** *adj* strano, curioso
**seltsamerweise** *adv* stranamente
**Seltsamkeit** <-, -en> *f* stranezza *f*, singolarità *f*
**Semantik** [ze'mantık] <-> *kein Pl. f* (LING) semantica *f*
**semantisch** [ze'mantıʃ] *adj* (LING) semantico
**Semester** [ze'mɛstɐ] <-s, -> *nt* semestre *m*
**Semikolon** [zemi'koːlɔn] <-s, -s *o* Semikola> *nt* punto *m* e virgola
**Seminar** [zemi'naːɐ] <-s, -e> *nt* seminario *m*
**Semit(in)** [ze'miːt] <-en, -en; -, -nen> *m(f)* semita *mf* **semitisch** *adj* semitico, semita
**Semmel** ['zɛməl] <-, -n> *f* (*dial*) panino *m*, rosetta *f*; **wie warme ~n weggehen** andare a ruba **Semmelbrösel** *mPl.* (*A, südd:* GASTR: *Paniermehl*) pane *m* grattugiato, pangrattato *m* **Semmelknödel** *m*

(*A, südd:* GASTR: *Semmelkloß*) gnocco *m* di pane **Semmelmehl** <-(e)s> *kein Pl. nt* pangrattato *m*
**sen.** *abk v* **senior** sen
**Senat** [ze'naːt] <-(e)s, -e> *m* senato *m*
**Senator(in)** [ze'naːtoːɐ] <-s, -en; -, -nen> *m(f)* senatore, -trice *m, f*
**Sendeanlage** *f* stazione *f* trasmittente
**Sendeantenne** *f* antenna *f* trasmittente
**Sendebereich** *m* (RADIO, TV) raggio *m* d'emissione **Sendefolge** *f* programma *m* delle trasmissioni; (*Teil einer Serie*) puntata *f*
**senden** ['zɛndən] <sendet, sendete *o* sandte, gesendet *o* gesandt> *vt* ❶ mandare, inviare ❷ (RADIO, TV) trasmettere, mandare in onda
**Sendepause** *f* intervallo *m*
**Sender** <-s, -> *m* ❶ (*Anlage*) trasmettitore *m* ❷ (RADIO, TV) [stazione *f*] trasmittente *f*, emittente *f*
**Senderaum** *m* studio *m* **Sendereihe** *f* serie *f* di trasmissioni **Sendeschluss** *kein Pl. m* fine *f* delle trasmissioni **Sendezeit** *f* tempo *m* di trasmissione
**Sendung** <-, -en> *f* ❶ (*Beförderung*) invio *m*, spedizione *f* ❷ (*Gegenstand*) invio *m* ❸ (RADIO, TV) trasmissione *f*
**Senf** [zɛnf] <-(e)s, -e> *m* senape *f* **Senfgas** *nt* iprite *f*
**sengen** ['zɛŋən] I. *vt* bruciacchiare; (GASTR: *Geflügel*) flammeggiare II. *vi* (*Sonne*) dardeggiare **sengend** *adj* ardente, cocente, infocato
**senil** [ze'niːl] *adj* senile
**Senilität** [zenili'tɛːt] <-> *kein Pl. f* senilità *f*
**senior** ['zeːnjoːɐ] *adj* **Herr X ~** il signor X senior
**Senior(in)** ['zeːnjoːɐ] <-s, -en; -, -nen> *m(f)* ❶ *pl* (*alte Menschen*) anziani *mpl* ❷ (*Ältester*) decano, -a *m, f* ❸ (SPORT) senior *mf* **Seniorenkarte** *f,* **Seniorenpass** *m* carta *f* d'argento
**Seniorin** *f s.* **Senior**
**Senkblei** *nt* piombino *m*
**Senke** ['zɛŋkə] <-, -n> *f* depressione *f*
**senken** ['zɛŋkən] I. *vt* ❶ (*Kopf, Augen, Blick, Stimme*) abbassare; (*Haupt*) chinare ❷ (*Steuern, Kosten*) ridurre; (*Preise*) calare II. *vr* **sich ~** abbassarsi; (*Boden*) avvallarsi; (*Gelände*) scendere; (*Abend, Nacht*) calare
**Senkfuß** *m* piede *m* piatto
**senkrecht** I. *adj* verticale, perpendicolare II. *adv* (*jäh*) a picco; (AERO) a candela
**Senkrechte** *f* verticale *f*
**Senkrechtstart** *m* decollo *m* verticale

**Senkrechtstarter** *m* ① (AERO) aereo *m* a decollo verticale ② (*fig: Mensch*) fenomeno *m*, asso *m*, cannone *m*; (*Buch*) best seller *m*
**Senkung** <-, -en> *f* ① *Sing.* (*Bewegung nach unten*) abbassamento *m* ② (*von Boden*) avvallamento *m*; (GEOL) depressione *f* ③ *Sing.* (*von Preisen, Steuern*) ribasso *m*, riduzione *f*
**Senn** [zɛn] <-(e)s, -e> *m* (*südd, A, CH*) *s.* **Senner**
**Senner(in)** <-s, -; -, -nen> *m(f)* (*A, südd: Almhirt*) pastore *m* montano, malgaro, -a *m, f*
**Sennhütte** *f* (*A, südd*) malga *f*
**Sensation** [zɛnza'tsjoːn] <-, -en> *f* (*Aufsehen*) sensazione *f*; (*Ereignis*) fatto *m* sensazionale
**sensationell** [zɛnzatsjo'nɛl] *adj* sensazionale; (*Fähigkeiten, Angebot*) eccezionale
**Sensationsgier** <-> *kein Pl. f* (*pej*) brama *f* sensazionalistica **Sensationslust** *f* sensazionalismo *m* **sensationslüstern** *adj* (*pej*) avido di sensazionalità
**Sense** ['zɛnzə] <-, -n> *f* falce *f*
**sensibel** [zɛn'ziːbəl] *adj* sensibile
**Sensibelchen** <-s, -> *nt* (*scherz, pej*) ipersensibile *mf*
**sensibilisieren** [zɛnzibili'ziːrən] <ohne ge-> *vt* |**jdn**| **für etw** ~ sensibilizzare qu [a qc]
**Sensibilität** [zɛnzibili'tɛːt] <-> *kein Pl. f* sensibilità *f*
**Sensor** ['zɛnzoːɐ] <-s, -en> *m* (TEC) sensore *m*
**sentimental** [zɛntimɛn'taːl] *adj* sentimentale
**Sentimentalität** [zɛntimɛntali'tɛːt] <-, -en> *f* sentimentalismo *m*
**separat** [zepa'raːt] *adj* separato, a parte
**Separatismus** [zepara'tɪsmʊs] <-> *kein Pl. m* separatismo *m*
**Separatist(in)** [zepara'tɪst] <-en, -en; -, -nen> *m(f)* separatista *mf*
**separatistisch** *adj* separatistico
**September** [zɛp'tɛmbɐ] <-(s), -> *m* settembre *m*; *s. a.* **April**
**Sequenz** [ze'kvɛnts] <-, -en> *f* (FILM, MUS) sequenza *f*
**Sera** *Pl. von* **Serum**
**Serbe** ['zɛrbə] <-n, -n> *m* serbo *m*
**Serbien** ['zɛrbiən] *nt* Serbia *f*
**Serbin** ['zɛrbɪn] <-, -nen> *f* serba *f*
**serbisch** ['zɛrbɪʃ] *adj* serbo
**serbokroatisch** [zɛrbokro'aːtɪʃ] *adj* serbocroato
**Seren** *Pl. von* **Serum**

**Serenade** [zere'naːdə] <-, -n> *f* serenata *f*
**Serie** ['zeːriə] <-, -n> *f* serie *f*; (*Bände*) collana *f*
**seriell** [zeri'ɛl] *adj* seriale
**Serienausstattung** *f* equipaggiamento *m* di serie **serienmäßig I.** *adj* di serie **II.** *adv* in serie **Seriennummer** *f* numero *m* di serie **Serienproduktion** *f* produzione *f* in serie **Serienschaltung** *f* collegamento *m* in serie **serienweise** *adv* in serie
**seriös** [zeri'øːs] *adj* serio
**Serpentine** [zɛrpɛn'tiːnə] <-, -n> *f* serpentina *f*
**Serum** ['zeːrʊm] <-s, Sera *o* Seren> *nt* siero *m*
**Server** ['sœːvɐ] <-s, -> *m* ① (INFORM) server *m* ② (SPORT) battitore *m*
**Service¹** [zɛr'viːs] <-(s), -> *nt* (*Ess~, Kaffee~, Tee~*) servizio *m*
**Service²** ['zøːɐ̯vɪs] <-, -s> *m o nt* ① *Sing.* (*Kundendienst*) assistenza *f* tecnica; (*Bedienung*) servizio *m* ② (*Tennis*) servizio *m*
**servieren** [zɛr'viːrən] <ohne ge-> **I.** *vt* servire **II.** *vi* ① (*am Tisch*) servire in tavola ② (*Tennis*) battere il servizio
**Serviererin** *f* cameriera *f*
**Serviertochter** *f* (*CH: Serviererin*) cameriera *f*
**Serviette** [zɛr'vjɛtə] <-, -n> *f* tovagliolo *m* **Serviettenring** *m* [anello *m*] portatovagliolo *m*
**servil** [zɛr'viːl] *adj* (*geh*) servile
**Servobremse** ['zɛrvobrɛmzə] *f* servofreno *m* **Servolenkung** *f* servosterzo *m* **Servomotor** *m* servomotore *m*, motore *m* ausiliario
**servus** ['sɛrvʊs] *int* (*A, südd: Gruß*) ciao, salve
**Servus** ['sɛrvʊs] *int* (*A, südd: Begrüßung und Verabschiedung unter Freunden*) ciao, salve; ~ **sagen** dire ciao; „**sag zum Abschied leise ~**" (*Titel eines Wienerliedes*) saluta dicendo piano ciao (*titolo di una canzone viennese*)
**Sesam** ['zeːzam] <-s, -s> *m* sesamo *m*; ~, **öffne dich!** apriti, Sesamo!
**Sessel** ['zɛsəl] <-s, -> *m* ① poltrona *f* ② (*A: Stuhl*) sedia *f* **Sessellift** *m* seggiovia *f*
**sesshaft** ['zɛshaft] *adj* sedentario; (*wohnhaft*) residente; **sie ist jetzt in Paris** ~ adesso è residente a Parigi; ~ **werden** stabilirsi
**setzen** ['zɛtsən] **I.** *vt* ① (*hintun*) mettere; (*sitzen lassen: Gast*) far sedere; (*Kind*) mettere a sedere; **jdn an Land** ~ sbarcare qu; **etw auf die Tagesordnung/den**

**Spielplan** ~ mettere qc nell'ordine del giorno/in programma; **etw in die Zeitung** ~ mettere qc sul giornale ❷ (*Pflanze, Baum*) piantare ❸ (*aufstellen: Ofen*) montare, installare; (*Denkmal*) erigere; (*Segel*) issare; (*Standard, Norm*) fissare, stabilire ❹ (TYP) comporre ❺ (*Geld*) **eine Summe auf etw** *acc* ~ puntare una somma su qc ❻ (*schreiben: Punkt, Komma*) mettere; (*Namen*) mettere; **seine Unterschrift unter einen Brief** ~ apporre la propria firma in calce alla lettera; **etw auf die Rechnung** ~ mettere qc in conto ❼ (*fest~: Termin, Grenze, Ziel*) fissare, porre; **jdm eine Frist** ~ fissare un termine a qu ❽ (*fig*) riporre; **seine Hoffnung auf** [*o* **in**] **jdn/ etw** ~ riporre la propria speranza in qu/qc II. *vr* **sich** ~ ❶ (*Platz nehmen*) sedersi, mettersi a sedere; (*Vogel*) posarsi; **sich zu jdm** ~ sedersi vicino a qu; **~ Sie sich!** si sieda! ❷ (*Kaffee, Tee, Lösung*) depositarsi ❸ (*sich fest~: Staub, Geruch*) penetrare; **der Staub hat sich in die Ritze gesetzt** la polvere è penetrata nella fessura III. *vi* **auf jdn/etw** ~ (*a. fig*) puntare su qu/qc; **über etw** *acc* ~ (*springen, hüpfen*) saltare sopra qc

**Setzer(in)** [ˈzɛtsɐ] <-s, -; -, -nen> *m(f)* compositore, -trice *m, f*

**Setzerei** [zɛtsəˈraɪ] <-, -en> *f* compositoria *f*

**Setzerin** *f s.* **Setzer**

**Setzfehler** *m* errore *m* di composizione

**Setzkasten** *m* cassetta *f* dei caratteri

**Setzling** [ˈzɛtslɪŋ] <-s, -e> *m* ❶ (AGR) piantone *m* ❷ (*bei Fischzucht*) avannotto *m*

**Seuche** [ˈzɔɪçə] <-, -n> *f* epidemia *f*; (*Tier~*) epizoozia *f*; (*fig*) peste *f*, flagello *m* **Seuchengebiet** *nt* zona *f* contaminata **Seuchenherd** *m* focolaio *m* epidemico

**seufzen** [ˈzɔɪftsən] *vi, vt* sospirare **Seufzer** <-s, -> *m* sospiro *m*

**Sex** [zɛks] <-(es)> *kein Pl. m* sesso *m* **Sexappeal, Sex-Appeal** [ˈsɛks əˈpiːl] <-s> *kein Pl. m* sex appeal *m*, attrazione *f* sessuale **Sexbombe** *f* (*fam*) maggiorata *f* fisica **Sexfilm** *m* film *m* porno

**Sexismus** [zɛˈksɪsmʊs] <-> *kein Pl. m* sessismo *m*

**Sexist(in)** [zɛˈksɪst] <-en, -en; -, -nen> *m(f)* sessista *mf*

**sexistisch** *adj* sessista

**Sexorgie** *f* orgia *f* [del sesso]

**Sexshop** [zɛksˈʃɔp] <-s, -s> *m* sex-shop *m*

**Sexta** [ˈzɛksta, *Pl:* ˈzɛkstən] <-, **Sexten**> *f* prima *f* ginnasio

**Sextaner(in)** [zɛksˈtaːnɐ] <-s, -; -, -nen> *m(f)* alunno, -a *m, f* di prima ginnasio

**Sextant** [zɛksˈtant] <-en, -en> *m* sestante *m*

**Sextelefon** *nt* telefono *m* a luci rosse **Sextourismus** *m* sessoturismo *m* **Sextourist(in)** *m(f)* sessoturista *mf*

**Sexualerziehung** [zɛksuaˈlɛɐtsiːʊŋ] *f* educazione *f* sessuale **Sexualforscher(in)** *m(f)* sessuologo, -a *m, f* **Sexualforschung** *f* sessuologia *f* **Sexualhormon** *nt* ormone *m* sessuale

**Sexualität** [zɛksualiˈtɛːt] <-> *kein Pl. f* sessualità *f*

**Sexualkunde** *f* educazione *f* sessuale **Sexualmoral** <-> *kein Pl. f* morale *f* sessuale **Sexualobjekt** *nt* oggetto *m* sessuale **Sexualtrieb** *m* impulso *m* sessuale **Sexualverbrechen** *nt* delitto *m* sessuale **Sexualwissenschaft** *f* sessuologia *f*

**sexuell** [zɛˈksuɛl] *adj* sessuale

**sexy** [ˈzɛksi] <inv> *adj* sexy

**sezieren** [zeˈtsiːrən] <ohne ge-> *vt* sezionare; (*a. fig*) anatomizzare

**SFB** [ɛsʔɛfˈbeː] <-(s)> *kein Pl. m abk v* **Sender Freies Berlin** *rete radiotelevisiva regionale con sede a Berlino-Ovest*

**s-förmig** [ˈɛsfœrmɪç] *adj* a [forma di] esse

**sfr, sFr** *abk v* **Schweizer Franken** Fr.sv.

**Shampoo** [ˈʃampu] <-s, -s> *nt* shampoo *m*

**shampoonieren** [ʃampuˈniːrən] <ohne ge-> *vt* (*Haare*) fare uno shampoo a; (*Hund*) lavare con lo shampoo; (*Teppich*) trattare con lo shampoo

**Shareware** <-, -> *f* (INFORM) shareware *m*

**Sherry** [ˈʃɛri] <-s, -s> *m* sherry *m*

**Shitstorm** [ˈʃɪtstɔːm] <-s, -s> *m* (INET) shitstorm *m*

**shoppen** *vi* fare shopping **Shopping** [ˈʃɔpɪŋ] <-s, -s> *nt* ❶ (*Einkaufsbummel*) shopping *m* ❷ (INFORM) acquisti *mpl* on line

**Shorts** [ʃɔrts] *Pl.* pantaloncini *mpl* corti, shorts *mpl*

**Show** [ʃoʊ] <-, -s> *f* show *m;* **eine ~ abziehen** (*sl*) fare la scena **Showbusiness** [ˈʃoʊbɪznɪs] <-> *kein Pl. nt* show business *m* **Showdown** [ʃoʊˈdaʊn] <-(s), -s> *m o nt* chiarimento *m* **Showgeschäft** <-(e)s, -e> *kein Pl. nt* show business *m* **Showmaster** [ˈʃoʊmastɐ] <-s, -> *m* presentatore *m* TV

**siamesisch** [ziaˈmeːzɪʃ] *adj* siamese; **~e Zwillinge** gemelli siamesi

**Sibirien** [ziˈbiːriən] *nt* Siberia *f*

**sibirisch** *adj* siberiano

**sich** [zɪç] *pron refl* (*betont*) sé; (*unbetont*) si; **~ selbst** sé stesso; **an ~** in sé; **an und**

**für** ~ in sé stesso; **bei** ~ (*am Körper*) con sé; **für** ~ a sé; **von** ~ **aus** per conto proprio; **wieder zu** ~ **kommen** tornare in sé; **etwas auf** ~ **haben** (*fig*) avere importanza

**Sichel** ['zɪçəl] <-, -n> *f* falce *f* **sichelförmig** ['zɪçəlfœrmɪç] *adj* a forma di falce, falciforme

**sicher** ['zɪçɐ] **I.** *adj* ❶ (*nicht gefährlich*) sicuro; (*geborgen*) sicuro, protetto; **sich bei jdm** ~ **fühlen** sentirsi sicuro presso qu; **seines Lebens nicht [mehr]** ~ **sein** non essere [più] sicuro della propria vita; **vor jdm/etw** ~ **sein** essere al sicuro da qu/qc ❷ (*gewiss*) certo, sicuro; (*zuverlässig*) sicuro; **einer Sache** *gen* ~ **sein** essere sicuro di qc; ~ **ist, dass ...** certo è che ...; ~ **ist** ~ la prudenza non è mai troppa *prov* **II.** *adv* ❶ (*gefahrlos*) in modo sicuro ❷ (*bestimmt, gewiss*) certamente, certo; ~ **auftreten** avere un modo di fare sicuro; **etw** ~ **wissen** sapere qc per certo; **er hat das** ~ **vergessen** l'ha certamente dimenticato; **weißt du das** ~**?** lo sai con sicurezza? **sicher|gehen** <irr> *vi sein* essere sicuro, assicurarsi; **um ganz sicherzugehen** per maggior sicurezza

**Sicherheit** <-, -en> *f* ❶ *Sing.* (*Ungefährlichkeit*) sicurezza *f*; (*Geborgenheit*) sicurezza *f*, protezione *f*; **in** ~ **bringen** mettere al sicuro; **sich in** ~ **wiegen** illudersi di essere al sicuro ❷ *Sing.* (*Gewissheit*) certezza *f*, sicurezza *f*; **mit** ~ con certezza ❸ *Sing.* (*Zuverlässigkeit*) sicurezza *f* ❹ (FIN: *Bürgschaft*) garanzia *f*; **gegen** ~ contro garanzia, su pegno

**Sicherheitsabstand** *m* distanza *f* di sicurezza **Sicherheitsbindung** *f* attacco *m* di sicurezza

**Sicherheitsexperte** *m*, **-expertin** *f* esperto *m* di sicurezza **Sicherheitsglas** *nt* vetro *m* di sicurezza **Sicherheitsgurt** *m* cintura *f* di sicurezza **sicherheitshalber** *adv* per [motivi di] sicurezza **Sicherheitskopie** *f* (INFORM) copia *f* di sicurezza **Sicherheitslücke** *f* falla *f* nel sistema di sicurezza **Sicherheitsnadel** *f* spilla *f* di sicurezza **Sicherheitsrat** *m* consiglio *m* di sicurezza **Sicherheitsschloss** *nt* serratura *f* di sicurezza **Sicherheitsventil** *nt* valvola *f* di sicurezza **Sicherheitsvorkehrung** <-, -en> *f* misura *f* di sicurezza; ~**en treffen** prendere delle misure di sicurezza

**sicherlich** *adv s.* **sicher**

**sichern I.** *vt* ❶ (*schützen*) proteggere, salvaguardare; (MIL) coprire ❷ (*garantieren, ver~*) garantire, porre al sicuro ❸ (*verschaffen*) [jdm] *etw* ~ procurare qc [a qu] ❹ (*befestigen*) consolidare, fortificare; (*Bergsteiger*) assicurare ❺ (TEC: *Maschinen*) bloccare; (*Schusswaffe*) mettere la sicura a **II.** *vr* **sich** ~ (*sich schützen*) proteggersi; (*beim Bergsteigen*) assicurarsi; **sich vor jdm/etw [o gegen jdn/etw]** ~ proteggersi da qu/qc

**sicher|stellen** *vt* ❶ (*garantieren*) assicurare, garantire ❷ (*in Sicherheit bringen*) mettere al sicuro ❸ (*beschlagnahmen*) sequestrare

**Sicherung** <-, -en> *f* ❶ *Sing.* (*Schutz*) protezione *f*, salvaguardia *f*; (MIL: *Deckung*) copertura *f* ❷ *Sing.* (*Garantie*) assicurazione *f*, garanzia *f* ❸ *Sing.* (*Festigung*) consolidamento *m* ❹ (*von Schusswaffe*) sicura *f* ❺ (EL) fusibile *m* **Sicherungskasten** *m* pannello *m* degli interruttori **Sicherungskopie** *f* (INFORM) copia *f* di sicurezza

**Sicht** [zɪçt] <-> *kein Pl. f* ❶ (~*verhältnisse*) visibilità *f* ❷ (*fig: Ausblick,* FIN) vista *f*; **auf kurze/lange** ~ a breve/lunga scadenza; **aus meiner** ~ dal mio punto di vista; **bei** ~ (FIN) a vista; **in** ~ in vista **sichtbar** *adj* ❶ (*zu sehen*) visibile; (*wahrnehmbar*) percettibile ❷ (*fig: offensichtlich*) manifesto, evidente; (*Fortschritt*) evidente; ~ **werden** apparire, manifestarsi

**sichten** *vt* ❶ (*erblicken*) avvistare, scorgere ❷ (*durchsehen u ordnen*) ordinare, classificare

**Sichtgerät** *nt* (*von Computer*) unità *f* video [terminale], videomonitor *m*

**sichtlich** *adj* visibile, manifesto

**Sichtverhältnisse** *ntPl.* [condizioni *fpl* di] visibilità *f* **Sichtvermerk** *m* (*in Visum*) visto *m* **Sichtweite** *f* vista *f*; **in/außer** ~ in vista/fuori del campo visivo

**sickern** ['zɪkən] *vi sein* passare; (*a. Blut*) stillare

**sie** [ziː] *pron pers* ❶ *nom 3. pers sing f* (*in Bezug auf Menschen, unbetont, meist nicht übersetzt*) ella; (*betont*) lei; (*in Bezug auf Dinge, unbetont, meist nicht übersetzt*) essa; (*betont*) lei ❷ *nom 3. pers pl* (*unbetont, meist nicht übersetzt*) essi *mpl*, esse *fpl*; (*betont*) loro ❸ *Sing, acc von* **sie** (*betont*) lei; (*unbetont*) la, l' ❹ *Pl, acc von* **sie** (*betont*) loro; (*unbetont*) li *mpl*, le *fpl*

**Sie** *pron pers* ❶ *nom sing* (*Höflichkeitsform*) Lei; **jdn mit** ~ **anreden** dare del Lei a qu ❷ *nom pl* (*Höflichkeitsform*) voi; (*geh*) Loro ❸ *Sing, acc von* **Sie** La ❹ *Pl, acc von* **Sie** Li *mpl*, Le *fpl*

**Sieb** [ziːp] <-(e)s, -e> *nt* (*feines*) setac-

cio *m*; (*grobes*) vaglio *m*, crivello *m*; (*Gemüse~*) passaverdura *m*; (*Tee~, Kaffee~*) colino *m*; **ein Gedächtnis wie ein ~ haben** essere uno smemorato **Siebdruck** *m* serigrafia *f*
**sieben**[1] ['zi:bən] **I.** *vt* (*Sand, Erde*) setacciare, passare al setaccio; (*Mehl, Tee, Gold*) setacciare; (*Getreide*) vagliare **II.** *vi* (*fig: bei Bewerberauswahl, Prüfung*) selezionare, fare una cernita
**sieben**[2] *num* sette; *s. a.* **acht**
**Sieben** <-, -> *f* sette *m*
**Siebenbürgen** [zibən'byrgən] *nt* Transilvania *f*
**siebenfach** *adj* settuplo; *s. a.* **achtfach**
**Siebengebirge** *nt* Settemonti *mpl*
**siebenhundert** *num* settecento
**siebenjährig** *adj* ❶ (*sieben Jahre alt*) di sette anni ❷ (*sieben Jahre lang*) settennale
**siebenmal** *adv* sette volte
**Siebenmeilenstiefel** ['zi:bən'maɪlənʃti:fəl] *mPl.* stivali *mpl* delle sette leghe
**Siebensachen** ['zi:bən'zaxən] *fPl.* **seine ~ packen** (*fam*) prendere i propri stracci
**Siebenschläfer** *m* ghiro *m*
**siebentausend** *num* settemila
**siebte(r, s)** *adj* settimo, -a; (*bei Datumsangaben*) sette; **im ~n Himmel sein** essere al settimo cielo; *s. a.* **achte(r, s)**
**Siebtel** <-s, -> *nt* settimo *m*
**siebtens** *adv* [in] settimo [luogo]
**siebzehn** *num* diciassette
**siebzehnte(r, s)** *adj* diciassettesimo; *s. a.* **achte(r, s)**
**Siebzehntel** *nt* diciassettesimo *m*
**siebzig** ['zi:ptsɪç] *num* settanta; *s. a.* **achtzig siebzigjährig** *adj* ❶ (*siebzig Jahre alt*) settantenne ❷ (*siebzig Jahre lang*) di settanta anni **Siebzigjährige** <ein -r, -n, -n> *mf* uomo *m* [donna *f*] sulla settantina, settantenne *mf*
**siebzigste(r, s)** *adj* settantesimo; *s. a.* **achte(r, s)**
**Siebzigstel** <-s, -> *nt* settantesimo *m*
**siedeln** ['zi:dəln] *vi* insediarsi
**sieden** ['zi:dən] <siedet, sott *o* siedete, gesotten *o* gesiedet> **I.** *vt* [far] bollire; (GASTR) lessare **II.** *vi* sbollire
**siedend** *adj* bollente **siedendheiß** ['zi:dənt'haɪs] *adj* (*dial*) a bollore, bollente; **plötzlich fiel mir ~ ein, dass ...** (*fam*) con indicibile sgomento improvvisamente mi venne in mente che ...
**Siedepunkt** *m* ❶ (PHYS) punto *m* di ebollizione ❷ (*fig: Höhepunkt*) culmine *m*

**Siedler(in)** ['zi:dlɐ] <-s, -; -, -nen> *m(f)* colono, -a *m, f*
**Siedlung** <-, -en> *f* ❶ (*An~*) insediamento *m* ❷ (*Wohn~*) centro *m* residenziale
**Sieg** [zi:k] <-(e)s, -e> *m* vittoria *f*; **den ~ davontragen** riportare la vittoria
**Siegel** ['zi:gəl] <-s, -> *nt* sigillo *m*; **unter dem ~ der Verschwiegenheit** in gran segreto **Siegellack** *m* ceralacca *f* **Siegelring** *m* anello *m* con sigillo
**siegen** ['zi:gən] *vi* **über jdn/etw ~** vincere qu/qc
**Sieger(in)** <-s, -; -, -nen> *m(f)* vincitore, -trice *m, f*; **als ~ aus etw hervorgehen** uscire vincitore da qc **Siegerehrung** <-, -en> *f* celebrazione *f* dei vincitori **Siegerpose** <-, -n> *f* atteggiamento *m* da vincitore
**siegesbewusst, siegesgewiss, siegessicher** *adj* sicuro di vincere **Siegeszug** *m* corteo *m* trionfale; (*a. fig*) trionfo *m*
**siegreich** *adj* vittorioso
**sieht** [zi:t] *3. Pers. Sing. Präs. von* **sehen**
**siezen** ['zi:tsən] *vt* dare del Lei a
**Signal** [zɪ'gnaːl] <-s, -e> *nt* segnale *m*; **das ~ zu etw geben** dare il segnale di qc
**Signalanlage** *f* impianto *m* di segnalazione
**signalisieren** [zɪgnali'zi:rən] <ohne ge-> *vt* segnalare
**Signalwirkung** *f* **~ haben** avere effetti determinanti; **von etw geht eine ~ aus** qc ha suscitato degli effetti determinanti
**Signatur** [zɪgna'tu:ɐ] <-, -en> *f* ❶ (*Kartenzeichen*) segno *m* convenzionale ❷ (*Buchnummer in Bibliothek*) segnatura *f*
**signieren** [zɪ'gni:rən] <ohne ge-> *vt* firmare
**Silbe** ['zɪlbə] <-, -n> *f* sillaba *f* **Silbentrennung** *f* divisione *f* in sillabe
**Silber** ['zɪlbɐ] <-s> *kein Pl. nt* ❶ (*Metall, Farbe*) argento *m* ❷ (*Tafelgeschirr*) argenteria *f* **Silberblick** *m* (*fam*) strabismo *m* di Venere **Silberfischchen** *nt* lepisma *f* **Silberfuchs** *m* volpe *f* argentata **Silbergeschirr** *kein Pl. nt* stoviglie *fpl* d'argento
**silberhell** *adj* argenteo; (*Klang*) argentino
**Silberhochzeit** *f* nozze *fpl* d'argento
**silb(e)rig** ['zɪlb(ə)rɪç] *adj* argenteo
**Silbermedaille** *f* medaglia *f* d'argento **Silbermünze** *f* moneta *f* d'argento
**silbern** *adj* ❶ (*aus Silber*) d'argento ❷ (*silberig*) argenteo; (*Stimme*) argentina
**Silberpapier** *nt* [carta *f*] stagnola *f* **silberweiß** *adj* argentato
**silbrig** *s.* **silb(e)rig**

**Silhouette** [ziˈlʊɛtə] <-, -n> f silhouette f
**Silicium, Silizium** [ziˈliːtsiʊm] <-s> kein Pl. nt silicio m
**Silikon** [ziliˈkoːn] <-s, -e> nt (CHEM) silicone m
**Silo** [ˈziːlo] <-s, -s> m o nt silo m; **im ~ einlagern** insilare
**Silvester** [zɪlˈvɛstɐ] <-s, -> nt san Silvestro
**Silvesterparty** f festa f di Capodanno
**simpel** [ˈzɪmpəl] adj ❶ (unkompliziert, schlicht) semplice ❷ (pej: einfältig, beschränkt) sempliciotto, sciocco
**Sims** [zɪms] <-es, -e> m o nt (ARCH) cornice f; cimasa f; (Wandbrett) mensola f; (Fenster~) davanzale m
**simsen** [ˈzɪmsən] vi (fam: eine SMS schicken) messaggiarsi
**Simulant(in)** [zimuˈlant] <-en, -en; -, -nen> m(f) simulatore, -trice m, f
**simulieren** [zimuˈliːrən] <ohne ge-> vi, vt fingere, simulare
**simultan** [zimʊlˈtaːn] adj simultaneo
**Simultandolmetschen** <-s> kein Pl. nt traduzione f simultanea **Simultandolmetscher(in)** m(f) interprete mf simultaneo, -a
**sind** [zɪnt] 1. u. 3. Pers. Pl pr, bei Sie Sing. u. Pl. von **sein**¹
**Sinfonie** [zɪnfoˈniː] <-, -n> f sinfonia f
**Sinfoniekonzert** nt concerto m sinfonico
**Sinfonieorchester** nt orchestra f sinfonica
**sinfonisch** [zɪnˈfoːnɪʃ] adj sinfonico
**singen** [ˈzɪŋən] <singt, sang, gesungen> vt, vi (a. sl: gestehen) cantare **Singen** <-s> kein Pl. nt canto m
**Single**¹ [ˈsɪŋl] <-, -(s)> f (Schallplatte) 45 giri m
**Single**² <-, -s m o -, -s f> mf (Alleinlebende) single mf
**Single-Disco** f discoteca f per single **Single-Haushalt** m ménage m di un single **Single-Party** f festa f per single
**Singsang** [ˈzɪŋzaŋ] <-(e)s> kein Pl. m cantilena f
**Singular** [ˈzɪŋgulaːɐ̯] <-s, -e> m singolare m
**Singvogel** m uccello m canoro
**sinken** [ˈzɪŋkən] <sinkt, sank, gesunken> vi sein ❶ (nach unten ~) calare, affondare; (Schiff) affondare; (Ballon, Nebel) calare; (Sonne, Stern) tramontare, calare; (in weichen Untergrund) sprofondare; **in einen Stuhl/zu Boden ~** cadere su una sedia/a terra ❷ (sich senken: Boden, Gelände, Gebäude) abbassarsi, calare; (Fundament) abbassarsi ❸ (Wasserspiegel) abbassarsi; (Temperatur) calare, scendere; (Preise, Kurse) calare, diminuire ❹ (Ansehen, Vertrauen) calare; (Einfluss) diminuire; **in jds Achtung ~** perdere la stima di qu; **die Hoffnung/den Mut ~ lassen** perdere la speranza/perdersi d'animo
**Sinn** [zɪn] <-(e)s, -e> m ❶ (Wahrnehmungs~) senso m; **~ haben für ...** avere il senso di ... ❷ pl (Begierde) sensi mpl; (Bewusstsein) sensi mpl, conoscenza f ❸ (Denken) intenzione f, pensiero m; **etw im ~[e] haben** avere in mente qc; **sich** dat **etw aus dem ~ schlagen** togliersi qc dalla testa; **jdm in den ~ kommen** venire in mente a qu; **in jds ~e** secondo le intenzioni di qu ❹ (Verständnis, Empfänglichkeit) comprensione f, sensibilità f ❺ (Zweck) scopo m, senso m; **der ~ des Lebens** il senso della vita; **der ~ der Sache** il senso della cosa; **ohne ~ und Verstand** senza senso; **das hat keinen ~** non ha alcun senso ❻ (Bedeutung) significato m, senso m; **keinen ~ ergeben** non avere nessun senso; **im ~e des Gesetzes** ai sensi di legge; **in gewissem ~e** in un certo senso; **im eigentlichen/bildlichen ~e** in senso proprio/figurato; **im engeren/weiteren ~e** in senso stretto/lato; **im wahrsten ~e des Wortes** nel pieno significato della parola
**Sinnbild** nt simbolo m; **der Löwe ist ~ für Venedig** il leone è il simbolo di Venezia
**sinnbildlich** adj simbolico; **~ darstellen** simboleggiare
**sinnen** [ˈzɪnən] <sinnt, sann, gesonnen> vi ❶ (nachdenken) [über etw acc] **~** riflettere [su qc] ❷ (planen) [auf etw acc] **~** meditare qc
**sinnentstellend** adj che altera il senso
**Sinnesänderung** f cambiamento m d'idea [o d'opinione]
**Sinneseindruck** m sensazione f
**Sinneslust** f piacere m sensuale **Sinnesorgan** nt organo m dei sensi **Sinnestäuschung** f allucinazione f **Sinneswandel** <-s> kein Pl. m mutamento m di significato
**sinnfällig** adj evidente **sinngemäß** adj conforme al senso; **etw ~ wiedergeben** riprodurre il senso di qc **sinngetreu** adj fedele al senso [o al significato]
**sinnieren** [zɪˈniːrən] <ohne ge-> vi fantasticare, meditare
**sinnig** adj (Gedanke) sensato; (sinnreich) ingegnoso
**sinnlich** adj ❶ (die Sinnesorgane betreffend) sensoriale ❷ (Mensch, Mund,

*Genuss*) sensuale **Sinnlichkeit** <-> *kein Pl. f* sensualità *f*

**sinnlos** *adj* ❶ (*ohne Sinn*) senza senso ❷ (*widersinnig*) assurdo, insensato; **~ betrunken** ubriaco fradicio *fam* ❸ (*vergeblich*) vano, inutile **Sinnlosigkeit** <-> *kein Pl. f* assurdità *f*

**sinnverwandt** *adj* sinonimico **sinnvoll** *adj* ❶ (*Satz, Aussage*) sensato ❷ (*vernünftig*) sensato; (*nützlich*) funzionale, utile **sinnwidrig** *adj* assurdo, insensato

**Sintflut** ['zɪntfluːt] *f* diluvio *m* universale

**Sinti** ['zɪnti] *Pl.* Sinti *pl*

**Sinus** ['ziːnʊs] <-, *o* -se> *m* seno *m*

**Siphon** [ziˈfõː *o* ˈziːfõ] <-s, -s> *m* sifone *m*

**Sippe** ['zɪpə] <-, -n> *f* ❶ (*von Menschen*) stirpe *f*, clan *m*; (*fam: Verwandtschaft*) famiglia *f*; (*scherz*) tribù *f* ❷ (*ZOO*) specie *f*

**Sippenhaft** <-> *kein Pl. f* pena (*detentiva*) *estesa alla famiglia di un colpevole o perseguitato politico* (*applicata ai responsabili della stirpe sotto il nazismo*)

**Sippschaft** <-, -en> *f* (*meist pej*) parentado *m*

**Sirene** [ziˈreːnə] <-, -n> *f* sirena *f* **Sirenengeheul** *nt* urlo *m* delle sirene

**Sirup** ['ziːrʊp] <-s, -e> *m* sciroppo *m*

**Sisyphusarbeit** ['ziːzyfʊsˌarbaɪt] *f* fatica *f* di Sisifo

**Sitcom** ['sɪtkɔm] <-, -s> *f* (TV) sitcom *f*

**Site** <-, -s> *f* (INFORM: *Internetseite*) pagina *f* Internet

**Sitte** ['zɪtə] <-, -n> *f* ❶ (*Benehmen*) [buon] costume *m;* **gegen die guten ~n verstoßen** offendere la decenza ❷ (*Brauch*) uso *m*, usanza *f;* **nach alter ~** secondo le antiche usanze ❸ (*Gewohnheit*) abitudine *f*

**Sittendezernat** <-(e)s, -e> *nt* [polizia *f*] buoncostume *m* **sittenlos** *adj* dissoluto, immorale **Sittenlosigkeit** <-> *kein Pl. f* dissolutezza *f*, immoralità *f* **Sittenpolizei** *f* squadra *f* del buon costume, buoncostume *f* **sittenstreng** *adj* austero, puritano **Sittenverfall** *m* decadenza *f* dei costumi **sittenwidrig** *adj* (JUR) immorale, depravato

**Sittich** ['zɪtɪç] <-s, -e> *m* pappagallino *m*

**sittlich** *adj* morale **Sittlichkeit** <-> *kein Pl. f* moralità *f* **Sittlichkeitsverbrechen** *nt* delitto *m* sessuale

**sittsam** *adj* (*Mädchen*) pudico; (*Benehmen*) costumato; (*Kleidung*) decente **Sittsamkeit** <-> *kein Pl. f* (*von Mädchen*) pudicizia *f*; (*von Kleidung*) decenza *f*

**Situation** [zitua'tsjoːn] <-, -en> *f* situazione *f*, condizioni *fpl*

**situieren** [zituˈiːrən] *vt* situare; **gut situiert** abbiente, agiato

**Sitz** [zɪts] <-es, -e> *m* ❶ (*~gelegenheit*) posto *m*; (*Stuhl*) sedia *f*; (*Sessel, a in Fahrzeugen*) sedile *m* ❷ (PARL: *von Abgeordneten*) seggio *m* ❸ (*von Firma, Verein, Regierung*) sede *f* ❹ (*von Kleidung*) taglio *m;* **dieses Kleid hat einen guten ~** questo vestito cade bene **Sitzbad** *nt* semicupio *m*

**sitzen** ['zɪtsən] <sitzt, saß, gesessen> *vi* ❶ (*Mensch*) sedere, essere seduto; (*Vogel*) stare, essere posato; **bleiben Sie ~!** resti seduto!; **~ lassen** (*fam: im Stich lassen*) piantare; (*bei Verabredung*) dare un bidone a; **etw auf sich** *dat* **~ lassen** lasciar correre qc; **das lasse ich nicht auf mir ~!** questa non la mando giù; **einen ~ haben** (*fam: betrunken sein*) essere sbronzo; **~ bleiben** [re]stare seduto; (*in der Schule*) essere bocciato; (*beim Tanz*) fare da tappezzeria ❷ (*sich befinden*) stare, essere; (*Firma, Regierung*) avere la propria sede, risiedere; (*fig*) avere radici; **in einer Partei ~** (*Mitglied sein*) essere membro di un partito; **der Hass saß lange in ihm** fu pervaso a lungo dall'odio ❸ (*Modell ~*) posare ❹ (*passen: Frisur*) stare bene; (*Kleidung*) cadere bene; **wie angegossen ~** stare a pennello ❺ (*treffen: Bemerkung*) essere giusto ❻ (*Wend*) **im Gedächtnis ~** rimanere impresso [nella memoria]; **im Gefängnis ~** essere al fresco

**sitzend** *adj* **~e Lebensweise** vita sedentaria

**Sitzgelegenheit** *f* posto *m* a sedere **Sitzheizung** *f* (AUTO) riscaldamento *m* del sedile **Sitzkissen** *nt* cuscino *m* [per sedersi]; (*orientalisches*) pouf *m*

**Sitznachbar(in)** *m(f)* vicino *m* di posto **Sitzordnung** *f* disposizione *f* dei posti; **die ~ festlegen** stabilire la disposizione dei posti a tavola **Sitzplatz** *m* posto *m* a sedere **Sitzstreik** *m* sciopero *m* passivo

**Sitzung** <-, -en> *f* ❶ seduta *f*; (JUR) udienza *f*; **die ~ ist geschlossen** la seduta è tolta ❷ (INFORM) sessione *f* **Sitzungssaal** *m* sala *f* delle riunioni; (JUR) aula *f* delle udienze

**Sitzverteilung** *f* (PARL) ripartizione *f* dei seggi

**Sizilianer(in)** [zitsiˈliaːnɐ] <-s, -; -, -nen> *m(f)* siciliano, -a *m, f*

**sizilianisch** *adj* siciliano

**Sizilien** [ziˈtsiːliən] *nt* Sicilia *f*

**Skala** [ˈskaːla] <-, -s *o* Skalen> *f* scala *f*

**Skaleneinteilung** *f* graduazione *f* della scala

**Skalp** [skalp] <-s, -e> *m* scalpo *m*

**Skalpell** [skal'pɛl] <-s, -e> *nt* scalpello *m*

**skalpieren** [skal'piːrən] <ohne ge-> *vt* scalpare

**Skandal** [skan'daːl] <-s, -e> *m* scandalo *m*

**skandalös** [skanda'løːs] *adj* (*anstößig*) scandaloso; (*unerhört*) inaudito

**skandalträchtig** *adj* scandaloso

**Skandinavien** [skandi'naːviən] *nt* Scandinavia *f*

**Skandinavier(in)** <-s, -; -, -nen> *m(f)* scandinavo, -a *m, f*

**skandinavisch** *adj* scandinavo

**Skat** [skaːt] <-(e)s, -e *o* -s> *m* skat *m*

**Skateboard** ['skɛɪtbɔːt] <-s, -s> *nt* skateboard *m*

**skaten** ['skɛɪtən] *vi* (*fam: Inliner fahren*) pattinare inline

**Skelett** [ske'lɛt] <-(e)s, -e> *nt* scheletro *m*

**Skepsis** ['skɛpsɪs] <-> *kein Pl. f* scetticismo *m*

**Skeptiker(in)** ['skɛptɪkɐ] <-s, -; -, -nen> *m(f)* scettico, -a *m, f*

**skeptisch** *adj* scettico

**Skeptizismus** [skɛpti'tsɪsmʊs] <-> *kein Pl. m* scetticismo *m*

**Sketch** [skɛtʃ] <- (es), -e(s) *o* -s> *m* sketch *m*, scenetta *f* comica

**Ski** [ʃiː] <-s, -er *o rar* -> *m* sci *m;* ~ **fahren** sciare **Skianzug** *m* (SPORT) tuta *f* da sci **Skiausrüstung** *f* attrezzatura *f* da sci **Skifahrer(in)** *m(f)* (SPORT) sciatore, -trice *m, f* **Skihaserl** [ʃiːhaːzɐl] <-s, -> *nt* (*A, südd: scherz*) giovane sciatrice *f* **Skihose** *f* pantaloni *mpl* da sci **Skikurs** *m* corso *m* di sci **Skilanglauf** *m* sci *m* di fondo **Skilauf** <-(e)s> *kein Pl. m* (SPORT) **nordischer/alpiner** ~ sci alpino **Skilaufen** <-s> *kein Pl. nt* sci *m* **Skiläufer(in)** *m(f)* sciatore, -trice *m, f* **Skilehrer(in)** *m(f)* insegnante *mf* di sci **Skilift** *m* sciovia *f*

**Skinhead** ['skɪnhɛt] <-s, -s> *m* skinhead *m*

**Skipass** *m* ski-pass *m* **Skipiste** *f* pista *f* da sci **Skischule** *f* (SPORT) scuola *f* di sci **Skispringen** <-s, -> *nt* salto *m* con gli sci **Skispringer(in)** *m(f)* saltatore, -trice *m, f* con gli sci **Skistock** *m* bastone *m* da sci, racchetta *f* **Skiträger** *m* portasci *m* **Skiurlaub** *m* vacanze *fpl* sci[istiche] **Skizirkus** *m* circo *m* bianco

**Skizze** ['skɪtsə] <-, -n> *f* (*Entwurf*) schizzo *m;* (LIT) abbozzo *m* **skizzenhaft** *adj* abbozzato, schizzato

**skizzieren** [skɪ'tsiːrən] <ohne ge-> *vt* schizzare, abbozzare

**Sklave** ['sklaːvə] <-n, -n> *m* schiavo *m*

**Sklaverei** [sklaːvə'raɪ] <-> *kein Pl. f* schiavitù *f*

**Sklavin** ['sklaːvɪn] <-, -nen> *f* schiava *f*

**sklavisch** *adj* da schiavo, servile

**Sklerose** [skle'roːzə] <-, -n> *f* sclerosi *f;* **multiple** ~ sclerosi a placche

**Skonto** ['skɔnto] <-s, -s *o rar* Skonti> *m o nt* sconto *m*

**Skorbut** [skɔr'buːt] <-(e)s> *kein Pl. m* scorbuto *m*

**Skorpion** [skɔr'pjoːn] <-s, -e> *m* ❶ (ZOO) scorpione *m* ❷ (ASTR) Scorpione *m;* **er/sie ist** [**ein**] ~ è [dello] Scorpione

**Skript** [skrɪpt] <-(e)s, -en *o* -s> *nt* ❶ (*Manuskript*) manoscritto *m* ❷ (*einer Vorlesung*) appunti *mpl,* dispensa *f* ❸ (FILM) copione *m*

**Skrupel** ['skruːpəl] <-s, -> *m* scrupolo *m* **skrupellos** *adj* senza scrupoli **Skrupellosigkeit** <-> *kein Pl. f* mancanza *f* di scrupoli

**Skulptur** [skʊlp'tuːɐ̯] <-, -en> *f* scultura *f*

**Skunk** [skʊŋk] <-s, -s *o* -e> *m* skunk *m*

**skurril** [skʊ'riːl] *adj* (*geh*) buffonesco

**S-Kurve** ['ɛskʊrvə] <-, -n> *f* curva *f* a S, doppia curva *f*

**Skyline** ['skaɪlaɪn] <-, -s> *f* orizzonte *m*

**skypen** ['skaɪpən] *vi* (INET) telefonare con skype, skypare; **mit jdm oft skypen** sentire qu spesso su skype

**Skysurfing** ['skaɪsœfɪŋ] <-> *kein Pl. nt* (SPORT) skysurfing *m*

**s. l.** *abk v* sine loco s.l.

**Slalom** ['slaːlɔm] <-s, -s> *m* slalom *m*

**Slang** [slɛŋ] <-s> *kein Pl. m* ❶ (*saloppe Sprache*) slang *m* ❷ (*Jargon*) gergo *m*, slang *m*

**Slapstick** ['slɛpstɪk] <-s, -s> *m* comicità *f* farsesca

**Slash** ['slæʃ] <-s, -s> *m* (INFORM) slash *m*

**Slawe** ['slaːvə] <-n, -n> *m,* **Slawin** ['slaːvɪn] <-, -nen> *f* slavo, -a *m, f*

**slawisch** *adj* slavo

**Slip** [slɪp] <-s, -s> *m* slip *m,* mutandina *f* **Slipeinlage** *f* proteggi *m* mutandina

**Slogan** ['sloːgən] <-s, -s> *m* slogan *m*

**Slowake** [slo'vaːkə] <-n, -n> *m* slovacco *m*

**Slowakei** [slova'kaɪ] *f* **die** ~ la Repubblica Slovacca

**Slowakin** [slo'vaːkɪn] <-, -nen> *f* slovacca *f*

**slowakisch** *adj* slovacco

**Slowakisch** <-s> *kein Pl. nt,* **Slowakische** <-n> *kein Pl. nt* slovacco *m*

**Slowene** [slo'veːnə] <-n, -n> *m* sloveno *m*
**Slowenien** [slo'veːniən] *nt* Slovenia *f*
**Slowenier(in)** [slo'veːniɐ] <-s, -; -, -nen> *m(f)* sloveno, -a *m, f*
**Slowenin** [slo'veːnɪn] <-, -nen> *f* slovena *f*
**slowenisch** *adj* sloveno
**Slowenisch** <-s> *kein Pl. nt,* **Slowenische** <-n> *kein Pl. nt* sloveno *m*
**Slum** [slam] <-s, -s> *m* slum *m,* bassofondi *mpl*
**sm** *abk v* **Seemeile** miglio *m* marino
**Smalltalk, Small Talk** ['smɔːltɔːk] <-s, -s> *m* small talk *m*
**Smaragd** [sma'rakt] <-(e)s, -e> *m* smeraldo *m*
**Smog** [smɔk] <-(s), -s> *m* smog *m* **Smogalarm** *m* allarme *m* smog
**Smoking** ['smoːkɪŋ] <-s, -s> *m* smoking *m*
**SMS** [ɛsɛm'ɛs] <-, -> *f abk v* **Short Message Service** SMS *m,* messaggino *m;* **jdm eine ~ schicken** messaggiare a qu
**smsen** [ɛsɛm'ɛsən] *vi* (*fam: eine SMS schicken*) messaggiarsi
**SMV** [ɛsɛm'faʊ] <-, -s> *f abk v* **Schülermitverwaltung** partecipazione degli scolari ai consigli scolastici
**Snob** [snɔp] <-s, -s> *m* snob *mf*
**Snobismus** [sno'bɪsmʊs, *Pl:* sno'bɪsmən] <-, Snobismen> *m* snobismo *m*
**snobistisch** [sno'bɪstɪʃ] *adj* snob
**Snowboard** ['snoʊbɔːt] <-s, -s> *nt* snowboard *m* **Snowboarder(in)** *m(f)* snowbo[a]rdista *mf*
**s.o.** *abk v* **siehe oben** v.s.
**so** [zoː] I. *adv* ① (*Art und Weise*) così, in questa maniera; **~ oder ~** o in un modo o nell'altro; **bald ~, bald ~** ora in un modo, ora in un altro; **und ~ fort** e così via, eccetera; **und zwar ~** e precisamente così; **~ liegen die Dinge** le cose stanno così; **~ ist das Leben nun mal** [così] è la vita; **wenn dem ~ ist** se è così; **~ siehst du aus!** (*fam*) stai fresco! ② (*mit einem Adjektiv oder Adverb*) così, talmente; **~ ein[e]** uno [una] così; **~ etwas** una cosa simile, una tale cosa; **~ etwas wie ...** qualcosa come ...; **~ ... wie** tanto ... quanto; **~ gut wie** praticamente, quasi; **~ etwa** all'incirca; **~ ... auch** per quanto +*conj;* **~ sehr** tanto; **~ sehr, dass ...** a tal punto che ...; **~ ..., dass ...** così ... che; **so dass ...** per cui ...; **~ viel** tanto; **~ ziemlich** pressappoco; **~ wenig wie möglich** il meno possibile; **es ist ~ weit** ci siamo; **bist du ~ weit?** sei pronto?; **ich bin ~ weit zufrieden** sono abbastanza contento; **~ [und ~]**
**oft** tante [e tante] volte; **~ viel ist gewiss, dass ...** una cosa è certa, che ...; **du tust nur ~** fai solo finta; **~ ein Esel!** che imbecille!; **recht ~!** così va bene!; **~ genannt** (*wie es genannt wird*) cosiddetto; (*angeblich*) sedicente, che si dice; **~ was von ...** (*fam*) ... da non credere; **das ist ~ was von dreist** (*fam*) è impertinente da non credere II. *konj* (*also, folglich*) così, dunque; **~ Gott will** se Dio vuole III. *int* **~!** eccoǃ, bene!; **~, ~!** ma guarda un po'!; (*sieh mal einer an*) to'!; **ach ~!** ah, davvero?, veramente?; **~?** davvero?, veramente?
**SO** *abk v* **Südost[en]** SE
**sobald** [zo'balt] *konj* non appena
**Socke** ['zɔkə] <-, -n> *f* calzino *m;* **sich auf die ~n machen** (*fam*) andarsene
**Sockel** ['zɔkəl] <-s, -> *m* zoccolo *m,* piedistallo *m;* (*Unterbau*) basamento *m*
**Socken** ['zɔkən] <-s, -> *m* (*CH, A, südd*) calzino *m*
**Soda** ['zoːda] <-> *kein Pl. nt* soda *f*
**sodass** [zo'das] *konj* (*A: so dass*) cosicché
**Sodawasser** *nt* [acqua *f* di] soda *f*
**Sodbrennen** ['zoːtbrɛnən] <-s> *kein Pl. nt* bruciore *m* di stomaco
**Sodomie** [zodo'miː] <-, -n> *f* sodomia *f*
**soeben** [zo'ʔeːbən] *adv* (*gerade jetzt*) in questo istante; (*vor kurzer Zeit*) appena, poco fa
**Sofa** ['zoːfa] <-s, -s> *nt* divano *m,* sofà *m* **Sofakissen** *nt* cuscino *m* del divano **Sofa-Überwurf** *m* copridivano *m*
**sofern** [zo'fɛrn] *konj* purché +*conj,* a condizione che +*conj;* **~ nicht** a meno che +*conj*
**soff** [zɔf] *1. u. 3. Pers. Sing. Imp. von* **saufen**
**Sofia** ['zoːfi̯a] *nt* Sofia *f*
**sofort** [zo'fɔrt] *adv* subito, immediatamente; **~ zur Sache kommen** venire subito al dunque **Sofortbildkamera** *f* [macchina *f*] polaroid® *f* **Soforthilfe** *f* primo soccorso *m* **sofortig** *adj* immediato, istantaneo **Sofortmaßname** *f* misura *f* immediata
**Softie** ['zɔfti] <-s, -s> *m* (*fam*) mezza calzetta *f,* delicatino *m*
**Soft-Porno** ['zɔftpɔrno] <-s, -s> *m* [film *m*] soft-core *m*
**Software** ['zɔftvɛːɐ] <-, -s> *f* software *m* **Software-Piraterie** *f* (INFORM) pirateria *f* informatica **Software-Raubkopie** *f* (INFORM) software *m* piratato
**sog** [zoːk] *1. u. 3. Pers. Sing. Imp. von* **saugen**

**sog.** *abk v* **sogenannt** cosiddetto, -a
**Sog** [zoːk] <-(e)s, -e> *m* risucchio *m;* (*a. fig*) vortice *m*
**sogar** [zoˈgaːɐ̯] *adv* perfino, persino
**so genannt** *adj* (*wie es genannt wird*) cosiddetto; (*angeblich*) sedicente, che si dice
**sogleich** [zoˈglaɪç] *s.* **sofort**
**Sohle** [ˈzoːlə] <-, -n> *f* ① (*Fuß~*) pianta *f* ② (*Schuh~*) suola *f* ③ (GEOL: *Tal~*) fondo *m;* (MIN) livello *m*
**sohlen** *vt* solare
**Sohn** [zoːn] <-(e)s, Söhne> *m* (*a. fig*) figlio *m;* **der verlorene ~** il figlio prodigo
**Soja** [ˈzoːja] <-, Sojen> *f,* **Sojabohne** *f* soia *f* **Sojamehl** *nt* farina *f* di soia **Sojaöl** *nt* olio *m* di soia **Sojasoße** *f* salsa *f* di soia
**Sojen** *Pl. von* **Soja**
**solange** [zoˈlaŋə] *konj* finché, fintantoché
**solar** [zoˈlaːɐ̯] *adj* (ASTR, METEO, PHYS) solare
**Solar-** [zoˈlaːɐ̯] (*in Zusammensetzungen*) solare
**Solarenergie** *kein Pl. f* (PHYS) energia *f* solare
**Solarium** [zoˈlaːriʊm] <-s, Solarien> *nt* solarium *m* **solariumgebräunt** *adj* lampadato
**Solarzelle** *f* pannello *m* solare
**solch, solche(r, s)** *adj* tale; **ein ~er .../eine ~e ...** un tale .../una tale ...; **ein ~er Mensch** un simile individuo; **als ~er** come tale; **ich habe ~e Angst/~en Hunger** ho una tal paura/fame; **es gibt ~e und ~e** (*fam*) non son tutti uguali
**solcherlei** [ˈzɔlçɐˈlaɪ] *adj inv* tale
**Sold** [zɔlt] <-(e)s, -e> *m* soldo *m*
**Soldat** [zɔlˈdaːt] <-en, -en> *m* soldato *m,* militare *m*
**Soldatenfriedhof** *m* cimitero *m* di guerra
**soldatisch** *adj* soldatesco, militare
**Söldner** [ˈzœldnɐ] <-s, -> *m* mercenario *m*
**Sole** [ˈzoːlə] <-, -n> *f* acqua *f* salsa
**Soli** *Pl. von* **Solo**
**Solidarbeitrag** [zoliˈdaːɐ̯baɪtraːk] *m* contributo *m* di solidarietà
**solidarisch** [soliˈdaːrɪʃ] *adj* solidale; **sich mit jdm ~ erklären** solidarizzare con qu
**Solidarität** [zolidariˈtɛːt] <-> *kein Pl. f* solidarietà *f*
**solide** [zoˈliːdə] *adj* ① (*Haus, Möbel*) solido ② (*gründlich: Arbeit, Arbeiter*) coscienzioso, serio; (*Wissen*) solido ③ (*Mensch, Lebensweise*) onesto ④ (FIN: *Firma*) solido; (*Preise*) ragionevole
**Solidität** [zolidiˈtɛːt] <-> *kein Pl. f* ① (*von Haus, Möbel*) solidità *f* ② (*von Arbeit, Arbeiter*) coscienziosità *f,* serietà *f;* (*von Wissen*) solidità *f* ③ (*von Mensch, Lebensweise*) onestà *f* ④ (*von Firma*) solidità *f;* (*von Preisen*) ragionevolezza *f*
**Solist(in)** [zoˈlɪst] <-en, -en; -, -nen> *m(f)* solista *mf*
**Soll** [zɔl] <-(s), -(s)> *nt* ① (FIN) dare *m,* debito *m;* **~ und Haben** dare e avere ② (*Plan~*) norma *f* di produzione; **sein ~ erfüllen** adempiere il proprio dovere
**sollen**¹ [ˈzɔlən] <soll, sollte, sollen> *Modalverb* (*Pflicht*) dovere; **ich soll Ihnen sagen, dass ...** devo dirLe che ...; **du sollst nicht töten** non ammazzare; **du sollst doch nicht rauchen!** non devi fumare!; **du sollst mal sehen ...** vedrai ...; **du solltest lieber gehen** faresti meglio ad andare; **du hättest nicht gehen ~** non saresti dovuto andare; **das hättest du nicht tun ~** non avresti dovuto farlo; **er soll reich sein** dicono che sia ricco; **er soll sofort kommen** che venga subito; **er soll gesagt haben** avrebbe detto; **Sie ~ wissen ...** desidero che Lei sappia ...; **sollten Sie ihn zufällig treffen** se per caso lo incontrasse; **man sollte meinen ...** si direbbe; **man sollte weniger essen** bisognerebbe mangiar meno; **so etw sollte man vermeiden** si dovrebbe evitare una cosa simile; **mir soll es gleich sein** per me è lo stesso; **das soll es geben** queste cose accadono; **es soll geschehen** succederà; **es sollten Jahre vergehen, bevor ...** passeranno anni prima che +*conj;* **es sollte nicht lange dauern, bis ...** non durerà molto fino a ...; **wenn es regnen sollte** se dovesse piovere, se piovesse; **soll ich kommen?** devo venire?; **soll ich dir helfen?** devo aiutarti?; **soll das möglich sein?** è possibile?; **was soll ich tun?** che cosa devo fare?; **was soll das heißen?** che cosa vuol dire?; **was soll das kosten?** quanto costa?, quant'è?; **was soll das werden?** che succederà?, che sarà?
**sollen**² <soll, sollte, gesollt> **I.** *vi* **soll ich?** devo?; **was soll das?** (*was hat das zu bedeuten*) come sarebbe?, che significa?; (*wozu*) a che serve questo?, che scopo ha?; **was soll der Quatsch?** (*fam*) ma a che gioco giochiamo?; **was soll ich dort?** cosa ci faccio?; **was soll's** (*fam: ist gleichgültig*) è uguale **II.** *vt* **das sollst du!** devi farlo!; **das solltest du nicht** non dovresti farlo
**Sollzinsen** *mPl.* interessi *mpl* a debito [*o* passivi]
**Solo** [ˈzoːlo] <-s, -s *o* Soli> *nt* assolo *m*

**solo** ['zo:lo] <inv> *adj* solo; **ich bin ganz ~** (*fam*) sono tutto solo
**Solothurn** ['zo:loturn] *nt* Soletta *f*
**solvent** [zɔl'vɛnt] *adj* solvente
**Solvenz** [zɔl'vɛnts] <-, -en> *f* solvibilità *f*, solvenza *f*
**somit** [zo'mɪt] *adv* quindi, di conseguenza
**Sommer** ['zɔmɐ] <-s, -> *m* estate *f*; **im ~** d'estate; **mitten im ~** in piena estate; **den ~ über** durante l'estate **Sommerfahrplan** *m* orario *m* estivo **Sommerferien** *Pl.* vacanze *fpl* estive **Sommerfrische** *f* villeggiatura *f* **Sommerhalbjahr** *nt* semestre *m* estivo **Sommerkleidung** *f* vestiti *mpl* estivi **sommerlich** *adj* estivo, d'estate **Sommerloch** *nt* (*fam*) periodo *m* morto [in estate] **Sommermantel** *m* soprabito *m* **Sommerpause** *f* pausa *f* estiva; (*des Parlaments*) pausa *f* estiva **Sommerreifen** *m* pneumatico *m* estivo **Sommerschlussverkauf** *m* liquidazione *f* di fine stagione [estiva] **Sommersemester** *nt* semestre *m* estivo **Sommersonnenwende** *f* solstizio *m* d'estate **Sommerspiele** *ntPl.* **Olympische ~** olimpiadi *fpl* estive **Sommersprosse** <-, -n> *f* lentiggine *f* **sommersprossig** *adj* lentigginoso **Sommerzeit** *f* ① (*Uhrzeit*) ora *f* estiva ② (*Jahreszeit*) estate *f*
**Sonate** [zo'na:tə] <-, -n> *f* sonata *f*
**Sonde** ['zɔndə] <-, -n> *f* sonda *f*
**Sonder-** ['zɔndɐ] (*in Zusammensetzungen*) speciale **Sonderanfertigung** *f* ① (*Tätigkeit*) fabbricazione *f* fuori serie ② (*Stück*) esemplare *m* fuori serie **Sonderangebot** *nt* offerta *f* speciale; **im ~ sein** essere in offerta speciale **Sonderausführung** *f* versione *f* speciale **Sonderausgabe** *f* ① (*Buch, Zeitschrift*) edizione *f* straordinaria ② (FIN) spesa *f* straordinaria
**sonderbar** *adj* strano, singolare, bizzarro
**sonderbarerweise** *adv* caso strano
**Sonderbeilage** *f* supplemento *m* speciale **Sonderfall** *m* caso *m* particolare **Sondergenehmigung** *f* autorizzazione *f* speciale
**sondergleichen** ['zɔndɐ'glaɪçən] <inv> *adj* (*nachgestellt*) senza pari
**Sonderkommando** <-s, -s> *nt* comando *m* speciale
**sonderlich** I. *adj* eccessivo II. *adv* eccessivamente
**Sonderling** ['zɔndɐlɪŋ] <-s, -e> *m* originale *m*, persona *f* strana
**Sondermarke** *f* francobollo *m* da collezione
**Sondermüll** *m* residui *mpl* tossici
**sondern** ['zɔndɐn] *konj* ma, bensì; **nicht nur ..., ~ auch ...** non solo ..., ma anche ...
**Sondernummer** *f* numero *m* speciale **Sonderregelung** *f* regolamento *m* speciale **Sonderschule** *f* scuola *f* per handicappati, classi *fpl* differenziali **Sonderstellung** *f* posizione *f* particolare; (*von Person*) posizione *f* privilegiata **Sondervollmacht** *f* (JUR) procura *f* speciale, poteri *mpl* speciali **Sonderwunsch** <-(e)s, -wünsche> *m* desiderio *m* particolare **Sonderzug** *m* treno *m* straordinario
**sondieren** [zɔn'di:rən] <ohne ge-> *vt* sondare
**Sonett** [zo'nɛt] <-(e)s, -e> *nt* sonetto *m*
**Sonnabend** ['zɔn ʔa:bənt] *m* sabato *m*; *s. a.* **Dienstag**
**Sonne** ['zɔnə] <-, -n> *f* sole *m;* **in der ~** al sole; **die ~ scheint** splende il sole
**sonnen** *vr* **sich ~** prendere il sole; **sich im Ruhm/Glück/Erfolg ~** (*fig*) godersi la fama/la felicità/il successo
**Sonnenaufgang** *m* sorgere *m* del sole **Sonnenbad** *nt* bagno *m* di sole **sonnenbeschienen** *adj* soleggiato **Sonnenblume** *f* girasole *m* **Sonnenbrand** *m* scottatura *f* [solare] **Sonnenbrille** *f* occhiali *mpl* da sole **Sonnencreme** *f* crema *f* solare **Sonnendach** *nt* tenda *f* da sole **Sonnenenergie** *f* energia *f* solare **Sonnenfinsternis** *f* eclisse *f* solare **Sonnengel** *nt* gel *m* solare **sonnenhungrig** *adj* patito della *f* tintarella **sonnenklar** *adj* (*fam*) ① (*hell und sonnig*) chiaro, soleggiato ② (*eindeutig*) evidente, chiarissimo **Sonnenkollektor** *m* collettore *m* solare **Sonnenkraftwerk** *nt* centrale *f* a energia solare **Sonnenlicht** *nt* luce *f* solare **Sonnenmilch** *f* latte *m* solare **Sonnenöl** *nt* olio *m* solare **Sonnenschein** *m* **im ~** al sole **Sonnenschirm** *m* ombrellino *m,* parasole *m;* (*großer*) ombrellone *m* **Sonnenschutz** *kein Pl. m* ① (*Maßnahme*) protezione *f* solare ② (*Konstruktion*) riparo *m* dal sole **Sonnenschutzmittel** *nt* ambra *f* solare **Sonnenseite** *f* parte *f* esposta al sole, solatio *m* **Sonnenstich** *m* insolazione *f,* colpo *m* di sole **Sonnenstrahl** *m* raggio *m* di sole **Sonnensystem** *nt* sistema *m* solare **Sonnenuhr** *f* orologio *m* solare, meridiana *f* **Sonnenuntergang** *m* tramonto *m* del sole **Sonnenwende** *f* solstizio *m*
**sonnig** *adj* ① (*Zimmer, Platz*) soleggiato,

assolato; (*Tag, Wetter*) sereno ❷ (*fig: Mensch: heiter*) gaio
**Sonntag** ['zɔntaːk] <-s, -e> *m* domenica *f;* *s. a.* **Dienstag**
**Sonntagabend** *m* domenica sera; **am ~** domenica sera; **an diesem ~** questa domenica sera; **jeden ~** ogni domenica sera
**sonntagabends** *adv* la domenica sera
**sonntäglich** *adj* domenicale
**Sonntagmittag** *m* domenica a mezzogiorno; *s. a.* **Sonntagabend**
**sonntagmittags** *adv* la domenica a mezzogiorno
**Sonntagmorgen** *m* domenica mattina; *s. a.* **Sonntagabend**
**sonntagmorgens** *adv* la domenica mattina
**Sonntagnachmittag** *m* domenica pomeriggio; *s. a.* **Sonntagabend**
**sonntagnachmittags** *adv* la domenica pomeriggio
**sonntags** *adv* di [*o* la] domenica; **sonn- und feiertags** la domenica e i giorni festivi
**Sonntagsarbeit** *kein Pl. f* lavoro *m* domenicale **Sonntagsdienst** *m* ~ **haben** essere di servizio la domenica; ~ (*Hinweis: Arzt*) medico *m* di servizio; (*Apotheke*) farmacia *f* di turno **Sonntagsfahrer** *m* (*pej*) automobilista *mf* della domenica, automoblastro, -a *m, f* **Sonntagsstaat** *m* (*obs*) vestiti *mpl* della domenica [*o* festa]
**Sonntagvormittag** *m* domenica mattina; *s. a.* **Sonntagabend**
**sonntagvormittags** *adv* la domenica mattina
**sonst** [zɔnst] *adv* ❶ (*andernfalls*) altrimenti ❷ (*außerdem*) oltre a ciò, inoltre; ~ **niemand** nessun altro; ~ **nichts** niente altro; **wenn es ~ nichts ist** se non c'è niente altro; ~ **noch etwas?** che altro desidera? ❸ (*gewöhnlich*) di solito, normalmente ❹ (*früher*) un tempo **sonstig** *adj* ulteriore, altro; **Sonstiges** varie *fpl*
**sooft** [zoˈʔɔft] *konj* ogniqualvolta
**Sopran** [zoˈpraːn] <-s, -e> *m* ❶ (*Partie, Stimme*) soprano *m;* (*Knaben~*) voce *f* bianca ❷ (*Sängerin*) soprano *m*
**Sopranistin** [zopraˈnɪstɪn] <-, -nen> *f* (MUS) soprano *mf*
**Sorge** ['zɔrɡə] <-, -n> *f* ❶ (*Angst*) preoccupazione *f;* (*innere Unruhe*) pensiero *m*, apprensione *f;* (*Kummer*) dispiacere *m;* **jdm ~n machen** dare dei pensieri a qu; **sich** *dat* ~**n um jdn/etw machen** darsi pensiero per qu/qc; **keine ~!** non si preoccupi!; **du hast ~n!** (*iron*) che razza di preoccupazioni! ❷ (*Fürsorge*) cure *fpl*, sollecitudine *f;* **dafür ~ tragen, dass …** badare che +*conj;* **lassen Sie das meine ~ sein!** lasci che ci pensi io!
**sorgen** I. *vi* **für etw ~** (*beschaffen*) pensare a qc, provvedere a qc; (*vorsorgen für*) provvedere a qc; (*bewirken*) procurare qc, causare qc; **für jdn ~** (*sich kümmern um*) preoccuparsi di qu; (*betreuen*) aver cura di qu; (*versorgen*) provvedere a qu; **dafür ~, dass …** fare in modo che +*conj;* **ich werde dafür ~** ci penserò io; **dafür ist gesorgt** s'è provveduto II. *vr* **sich** [**um jdn/etw**] ~ essere in pensiero [per qu/qc]
**sorgenfrei** *adj* senza pensieri **Sorgenkind** *nt* figlio, -a *m, f* che dà molti pensieri; (*fig: a. Sache*) spina *f* **sorgenvoll** *adj* (*Leben*) pieno di pensieri; (*Blick*) pensieroso; (*Worte*) ansioso
**Sorgerecht** *nt* (JUR) affidamento *m* di minori
**Sorgfalt** ['zɔrkfalt] <-> *kein Pl. f* cura *f;* (*Gründlichkeit*) precisione *f;* (*Gewissenhaftigkeit*) coscienziosità *f* **sorgfältig** ['zɔrkfɛltɪç] *adj* (*Arbeit*) accurato; (*gründlich*) preciso; (*gewissenhaft*) scrupoloso
**sorglos** *adj* senza preoccupazioni; (*unbekümmert*) spensierato; (*leichtsinnig*) incosciente; (*nachlässig*) negligente **Sorglosigkeit** <-> *kein Pl. f* spensieratezza *f;* (*Leichtsinn*) incoscienza *f;* (*Nachlässigkeit*) negligenza *f*
**sorgsam** *adj* (*sorgfältig*) accurato; (*umsichtig*) circospetto; (*vorsichtig*) cauto, prudente
**Sorrent** [zɔˈrɛnt] *nt* Sorrento *f*
**Sorte** ['zɔrtə] <-, -n> *f* ❶ (*Art*) tipo *m*, sorta *f* ❷ (*Marke*) marca *f* ❸ (*Qualität*) qualità *f* ❹ (BOT) varietà *f* ❺ *pl* (*Devisen*) valute *fpl*
**sortieren** [zɔrˈtiːrən] <ohne ge-> *vt* (*nach Sorten zusammenstellen*) assortire; (*ordnen*) classificare; (*Briefe*) smistare
**Sortiermaschine** *f* selezionatrice *f*
**Sortiment** [zɔrtiˈmɛnt] <-(e)s, -e> *nt* ❶ (COM) assortimento *m* ❷ (*Buchhandel*) commercio *m* librario
**SOS** [ɛsʔoːˈʔɛs] <-, -> *nt* S.O.S
**sosehr** [zoˈzeːɐ] *konj* per quanto +*conj*
**Soße** ['zoːsə] <-, -n> *f* (GASTR) salsa *f;* (*Braten~*) sugo *m;* (*Spaghetti~*) sugo *m*, salsa *f*
**sott** [zɔt] *1. u. 3. Pers. Sing. Imp. von* **sieden**
**Soufflé** [zuˈfleː] <-s, -s> *nt* (GASTR) sufflé *m*
**Soufflee** [zuˈfleː] <-s, -s> *nt s.* **Soufflé**
**Souffleur** [zuˈfløːɐ] <-s, -e> *m* suggeritore *m* **Souffleurkasten** *m* buca *f* del suggeritore

**Souffleuse** [zu'flø:zə] <-, -n> f suggeritrice f
**soufflieren** [zu'fli:rən] <ohne ge-> **I.** vi fare il suggeritore **II.** vt jdm etw ~ (fig THEAT) suggerire qc a qu
**Soundkarte** ['saʊndkartə] f (INFORM) scheda f di suono
**soundso** ['zo:ʔʊnt'zo:] adv tal dei tali; **Herr/Frau Soundso** il signore/la signora tal dei tali
**soundsovielte** ['zo:ʔʊntzo'fi:ltə] adj tal e tal
**Soundtrack** ['saʊndtræk] <-s, -s> m colonna f sonora
**Soutane** [zu'ta:nə] <-, -n> f sottana f
**Souvenir** [zuvə'ni:ɐ̯] <-s, -s> nt souvenir m, ricordo m
**souverän** [zuvə'rɛ:n] adj (fig) con superiorità
**Souverän** [zuvə'rɛ:n] <-s, -e> m (CH: POL: stimmberechtigtes Volk) corpo m elettorale, elettorato m
**Souveränität** [zuvərɛni'tɛ:t] <-> kein Pl. f sovranità f
**soviel** [zo'fi:l] konj quanto, per quanto +conj; ~ **ich weiß** per quanto ne sappia io
**soweit** [zo'vaɪt] konj fin dove; (in dem Maße, wie) per quanto +conj; ~ **ich mich erinnere** per quanto ricordi; ~ **ich mich erinnern kann** per quanto possa ricordarmi
**sowenig** [zo've:nɪç] konj per poco che +conj
**sowie** [zo'vi:] konj ❶ (sobald) [non] appena ❷ (und auch) e anche, come anche
**sowieso** [zovi'zo:] adv comunque, tanto; **ich gehe ~ hin** ci vado comunque
**Sowjet** [zɔ'vjɛt] <-s, -s> m soviet m; **die ~s** i sovietici **Sowjetbürger(in)** m(f) [cittadino, -a m, f] sovietico, -a m, f **sowjetisch** adj sovietico **Sowjetunion** f **die ~** l'Unione f Sovietica
**sowohl** [zo'vo:l] konj ~ ... **als auch** ... tanto ... quanto ...
**sozial** [zo'tsja:l] adj sociale; ~**e Einrichtungen** servizi sociali; **die ~en Verhältnisse** le condizioni sociali; **der ~e Wohnungsbau** l'edilizia popolare **Sozialabbau** m revoca f delle prestazioni sociali **Sozialabgaben** fPl. contributi mpl sociali **Sozialamt** nt ufficio m d'assistenza sociale **Sozialarbeiter(in)** m(f) assistente mf sociale **Sozialausgaben** fPl. spese fpl sociali **Sozialdemokrat(in)** m(f) socialdemocratico, -a m, f **sozialdemokratisch** adj socialdemocratico **Sozialfall** m caso m sociale **Sozialhilfe** f assistenza f sociale

**Sozialhilfeempfänger(in)** m(f) beneficiario, -a m, f di assistenza sociale
**Sozialisierung** [zotsjali'zi:rʊŋ] <-> kein Pl. f socializzazione f
**Sozialismus** [zotsja'lɪsmʊs] <-> kein Pl. m socialismo m
**Sozialist(in)** [zotsja'lɪst] <-en, -en; -, -nen> m(f) socialista mf
**sozialistisch** adj socialista
**Sozialkritik** f critica f sociale
**Sozialleistung** f prestazione f sociale **Sozialpartner** mPl. parti fpl sociali **Sozialprodukt** nt prodotto m nazionale **Sozialstaat** m stato m sociale **Sozialversicherung** f previdenza f sociale **Sozialverträglichkeit** <-> f equità f sociale **Sozialwissenschaften** fPl. scienze fpl sociali **Sozialwohnung** f casa f popolare
**Soziologe** [zotsi̯o'lo:gə] <-, -n> m sociologo m
**Soziologie** [zotsi̯olo'gi:] <-> kein Pl. f sociologia f
**Soziologin** [zotsi̯o'lo:gɪn] <-, -nen> f sociologa f
**soziologisch** [zotsi̯o'lo:gɪʃ] adj sociologico
**Sozius** ['zo:tsi̯ʊs] <-, -se> m ❶ (COM: Teilhaber) socio m ❷ (Motorrad~) persona f che viaggia sul sellino posteriore **Soziussitz** m sellino m posteriore
**sozusagen** [zo:tsu'za:gən] adv per così dire
**s. p.** abk v **sine pagina** s.p.
**Space-Wagon** ['speɪsvægən] <-s, -s> m monovolume f
**Spachtel** ['ʃpaxtəl] <-s, -> m spatola f
**spachteln** **I.** vt stuccare **II.** vi (fam: essen) pappare
**Spagat** [ʃpa'ga:t] <-(e)s, -e> m o nt ❶ spaccata f ❷ (A, südd: Schnur, Bindfaden) spago m
**Spagetti** [ʃpa'gɛti] Pl., **Spaghetti** Pl. spaghetti mpl **Spaghettiträger** mPl. spalline fpl sottilissime
**spähen** ['ʃpɛ:ən] vi spiare; **nach jdm/ etw ~** guardare se viene qu/qc
**Spalier** [ʃpa'li:ɐ̯] <-s, -e> nt spalliera f; ~ **stehen** fare ala
**Spalt** [ʃpalt] <-(e)s, -e> m (Öffnung) fessura f, fenditura f; (Mauer~) crepa f; (Fels~) crepaccio m; (Sprung) incrinatura f; **die Tür einen ~ öffnen** aprire appena la porta
**spaltbar** adj (PHYS) fissile
**spaltbreit** adj a spiraglio; **eine ~e Öffnung** un'apertura a spiraglio
**Spalte** ['ʃpaltə] <-, -n> f ❶ (Fels~,

*Mauer~*) crepa *f;* (*Gletscher~*) crepaccio *m* ❷ (TYP) colonna *f* ❸ (*A: Schnitz*) fetta *f,* spicchio *m*
**spalten** <spaltet, spaltete, gespaltet *o bes. fig:* gespalten> I. *vt* ❶ (*Material*) fendere; (*Steine, Holz*) spaccare ❷ (*fig: Gruppe, Land*) scindere, dividere ❸ (PHYS: *Atom*) fissionare; (CHEM) dissociare II. *vr* **sich ~** ❶ (*sich teilen*) fendersi, spaccarsi ❷ (*fig: die Einheit verlieren*) scindersi
**Spaltung** <-, -en> *f* ❶ (*von Material*) fenditura *f,* spaccatura *f* ❷ (*fig POL*) divisione *f,* scissione *f;* (*Glaubens~*) scisma *m* ❸ (PHYS) fissione *f;* (CHEM) scissione *f* ❹ (*~ des Bewusstseins, der Persönlichkeit*) dissociazione *f*
**Span** [ʃpa:n] <-(e)s, Späne> *m* truciolo *m*
**Spanferkel** ['ʃpa:nfɛrkəl] *nt* maialino *m* da latte
**Spange** ['ʃpaŋə] <-, -n> *f* fermaglio *m;* (*Schuh~*) fibbia *f*
**Spanien** ['ʃpa:niən] *nt* Spagna *f*
**Spanier(in)** <-s, -; -, -nen> *m(f)* spagnolo, -a *m, f*
**spanisch** *adj* spagnolo; **~e Wand** paravento *m;* **das kommt mir ~ vor** (*fam*) mi pare strano
**spann** [ʃpan] *1. u. 3. Pers. Sing. Imp. von* **spinnen**
**Spann** [ʃpan] <-(e)s, -e> *m* collo *m* del piede
**Spannbeton** *m* calcestruzzo *m* precompresso **Spannbetttuch** *nt* lenzuolo *m* con angoli elasticizzati
**Spanne** ['ʃpanə] <-, -n> *f* ❶ (*Zeit~*) intervallo *m,* lasso *m* di tempo ❷ (*Handels~, Verdienst~*) margine *m*
**spannen** ['ʃpanən] I. *vt* ❶ (*an~*) tendere, tirare ❷ (*ein~, einklemmen*) stringere; (*in die Schreibmaschine*) mettere; **vor den Wagen ~** attaccare al carro ❸ (*Schusswaffe, Fotoapparat*) caricare ❹ (*bes. südd, A: fam: merken*) accorgersi di II. *vr* **sich ~** ❶ (*sich an~*) tendersi ❷ (*sich wölben*) **sich [über etw** *acc*] **~** inarcarsi [su qc] III. *vi* ❶ (*Kleidungsstück*) stringere; (*Haut*) tirare ❷ (*Gewehr, Kamera*) caricare
**spannend** *adj* avvincente, appassionante
**Spanner** <-s, -> *m* ❶ (*Gerät*) tenditore *m;* (*Hosen~*) stiracalzoni *m;* (*Schuh~*) tendiscarpe *m* ❷ (ZOO: *Schmetterling*) falena *f* ❸ (*fam: Voyeur*) voyeur *m*
**Spannkraft** *f* ❶ (TEC) forza *f* di tensione; (*von Feder*) elasticità *f* ❷ (*von Muskel*) tonicità *f* ❸ (*fig: von Mensch*) energia *f*
**Spannteppich** <-s, -e> *m* (*CH: Teppichboden*) moquette *f*

**Spannung** <-, -en> *f* ❶ (*von Seil, Feder, Muskel*) tensione *f* ❷ (EL) tensione *f,* voltaggio *m;* **unter ~** (EL) sotto tensione ❸ *Sing.* (*Ungeduld, Ungewissheit*) impazienza *f,* tensione *f;* (*Neugier*) curiosità *f;* (*~sgeladenheit: von Film, Buch*) suspense *f;* **etw mit ~ erwarten** attendere qc con impazienza ❹ *Sing.* (*nervlich, innerlich*) tensione *f* ❺ *meist pl* (*Feindseligkeit*) tensione *f,* conflitto *m*
**Spannweite** *f* ❶ (*Flügel~,* AERO) apertura *f* alare ❷ (*Brücken~*) luce *f* campata
**Spanplatte** *f* truciolato *m*
**Sparbrief** *m* certificato *m* di deposito a risparmio, saving letter *f* **Sparbuch** *nt* libretto *m* di risparmio **Sparbüchse** *f* salvadanaio *m* **Spardose** *f* salvadanaio *m* **Spareinlage** *f* deposito *m* di risparmio
**sparen** ['ʃpa:rən] I. *vi, vt* ❶ (*sparsam sein*) economizzare, fare economia; **mit Lob ~** essere parco di lodi ❷ (*von etw wenig verbrauchen*) **an etw** *dat* **~** risparmiare qc; (*Strom, Gas*) economizzare su qc; **am Essen ~** risparmiare sul mangiare II. *vr* **sich** *dat* **etw ~** (*nicht tun*) risparmiarsi qc; **~ Sie sich** *dat* **die Mühe zu ...** si risparmi la pena di ...
**Sparer(in)** <-s, -; -, -nen> *m(f)* risparmiatore, -trice *m, f*
**Sparflamme** *f* fiamma *f* al minimo; **auf ~** (*fig fam*) al minimo
**Spargel** ['ʃpargəl] <-s, -> *m* asparago *m;* **~ essen** mangiare gli asparagi **Spargelspitze** *f* punta *f* d'asparago
**Sparguthaben** *nt* deposito *m* a risparmio **Sparheft** *nt* (*CH*) *s.* **Sparbuch Sparkasse** *f* cassa *f* di risparmio **Sparkonto** *nt* conto *m* di risparmio **Sparkurs** <-es, -e> *m* risparmio *m;* **auf ~ sein** fare economie, cercare di risparmiare
**spärlich** ['ʃpɛːɐ̯lɪç] *adj* (*knapp*) scarso; (*Gewinn*) magro; (*Haar*) rado; **~ bekleidet** poco vestito
**Sparmaßnahme** *f* misura *f* di risparmio
**Sparren** ['ʃparən] <-s, -> *m* (*Dach~*) falso puntone *m*
**Sparring** ['ʃparɪŋ *o* 'sparɪŋ] <-s> *kein Pl. nt* sparring *m* **Sparringspartner** *m* sparring partner *m*
**sparsam** *adj* (*Mensch*) economo, parsimonioso; (*im Verbrauch*) economico; **mit etw ~ umgehen** fare economia di qc
**Sparsamkeit** <-> *kein Pl. f* parsimonia *f,* economia *f* **Sparschwein** *nt* salvadanaio *m* a porcellino
**spartanisch** [ʃparˈtaːnɪʃ] *adj* spartano, austero

**Sparte** ['ʃpartə] <-, -n> f ❶ (*Gebiet*) campo m, settore m; (*Wissenszweig*) ramo m, branca f; (*Geschäftszweig*) branca f ❷ (*Zeitungsspalte*) rubrica f
**Spartensender** m canale m specializzato in un genere
**Sparziel** nt obiettivo m di risparmio
**Spaß** [ʃpaːs] <-es, Späße> m ❶ *Sing.* (*Vergnügen*) piacere m, divertimento m; **~ machen** (*Sache: angenehm sein*) essere divertente; **sich** *dat* **einen ~ daraus machen etw zu tun** divertirsi a fare qc; **jdm den ~ verderben** rovinare il divertimento a qu; **das war ein teurer ~** (*fam*) è costato un occhio della testa; **viel ~!** buon divertimento! ❷ (*Scherz*) scherzo m; **~ machen** (*Mensch: scherzen*) scherzare; **~ verstehen** stare agli scherzi; **zum ~** per scherzo; **~ beiseite!** bando agli scherzi!
**spaßen** vi (*scherzen*) scherzare; **er lässt nicht mit sich** dat **~** con lui c'è poco da scherzare; **damit ist nicht zu ~** con questo non si scherza
**spaßeshalber** adv per scherzo
**Spaßgesellschaft** f società f del divertimento
**spaßhaft** adj, **spaßig** adj (*Geschichte*) divertente, spassoso; (*Mensch*) faceto, scherzoso **Spaßmacher** m burlone, -a m, f, mattacchione, -a m, f **Spaßverderber** m guastafeste mf **Spaßvogel** m burlone, -a m, f, mattacchione, -a m, f
**Spastiker(in)** ['ʃpastikɐ] <-s, -; -, -nen> m(f) (MED) spastico, -a m, f
**spastisch** ['ʃpastɪʃ o 'ʃpastɪʃ] adj (MED) spastico
**spät** [ʃpɛːt] I. adj tardo; (*Frühjahr, Obst, Reue*) tardivo; **am ~en Abend** nella tarda serata; **bis in die ~e Nacht** [**hinein**] fino a notte inoltrata II. adv tardi; **zu ~ kommen** arrivare in ritardo; **jdn fragen, wie ~ es ist** chiedere l'ora a qu; **wie ~ ist es?** che ore sono?; **es ist schon ~** è già tardi; **es wird ~** si sta facendo tardi
**Spat** [ʃpaːt, *Pl.:* 'ʃpaːte o 'ʃpɛːtə] <-(e)s, -e o Späte> m spato m
**Spätaussiedlerproblematik** f problemi relativi all'integrazione di persone con cittadinanza tedesca, ma che hanno un'esperienza di migrazione alle spalle
**Spaten** ['ʃpaːtən] <-s, -> m vanga f
**später** ['ʃpɛːtɐ] I. adj ❶ (*nachkommend*) posteriore ❷ (*zukünftig*) futuro II. adv (*danach*) più tardi; **nicht ~ als** al più tardi; **einige Zeit ~** qualche tempo dopo; **bis ~!** a più tardi!
**spätestens** adv al più tardi
**Spätfolge** f conseguenza f tarda **Spätherbst** m tardo autunno m **Spätlese** f ❶ (*Lese*) tarda vendemmia f ❷ (*Wein*) vino m di prima scelta **Spätobst** <-(e)s> kein Pl. nt frutta f tardiva **Spätschaden** m [disturbi mpl] postumi mpl **Spätschicht** f turno m di notte **Spätsommer** m tarda estate f
**Spatz** [ʃpats] <-en o -es, -en> m passero m; **die ~en pfeifen es von den Dächern** (*fig*) lo sanno tutti; **ein ~ in der Hand ist besser als eine Taube auf dem Dach** (*prov*) meglio un uovo oggi che una gallina domani
**Spätzle** ['ʃpɛtslə] Pl., **Spätzli** ['ʃpɛtsli] Pl. (*CH, südd*) tipo di pasta a base di farina e uova
**Spätzündung** f (MOT) accensione f ritardata
**spazieren** [ʃpa'tsiːrən] I. vi sein passeggiare; **~ fahren** fare una passeggiata [in bicicletta, macchina, etc]; **~ gehen** andare a passeggio II. vt haben **~ fahren** portare a fare una passeggiata [in macchina, etc]; (*Kind*) portare a passeggio
**Spazierfahrt** f gita f **Spaziergang** m passeggiata f **Spaziergänger(in)** [ʃpa'tsiːrɡɛŋɐ] <-s, -; -, -nen> m(f) chi va a passeggio, passeggiatore, -trice m, f **Spazierstock** m bastone m da passeggio
**SPD** [ɛspeː'deː] <-> kein Pl. f abk v **Sozialdemokratische Partei Deutschlands** partito socialdemocratico tedesco
**Specht** [ʃpɛçt] <-(e)s, -e> m picchio m
**Speck** [ʃpɛk] <-(e)s, -e> m ❶ (GASTR) lardo m; **durchwachsener ~** pancetta f ❷ (*fam: Fettpolster*) grasso m
**speckig** adj ❶ (*schmutzig*) unto e bisunto; (*Buch*) sciupato e sporco ❷ (*fam: dick*) grasso
**Speckschwarte** f cotica f; **wie eine ~ glänzen** essere lustro come il lardo **Speckseite** <-, -n> f lardone m
**Speckstein** m steatite f
**Spediteur** [ʃpedi'tøːɐ] <-s, -e> m spedizioniere m
**Spedition** [ʃpedi'tsi̯oːn] <-, -en> f ❶ (*Versendung*) spedizione f ❷ (*Speditionsabteilung*) reparto m spedizioni ❸ (*Transportunternehmen*) impresa f di spedizioni
**speditiv** [ʃpedi'tiːf] adj (*CH: rasch*) spedito, rapido
**Speed** [spiːt] <-s, -s> nt (*sl: Droge*) speed m
**Speer** [ʃpeːɐ] <-(e)s, -e> m lancia f; (SPORT:

*Wurf~*) giavellotto *m* **Speerwerfen** <-s> *kein Pl. nt* lancio *m* del giavellotto

**Speiche** ['ʃpaiçə] <-, -n> *f* ① (*an Rad*) raggio *m* ② (ANAT) radio *m*

**Speichel** ['ʃpaiçəl] <-s> *kein Pl. m* saliva *f;* ~ **absondern** salivare **Speicheldrüse** *f* ghiandola *f* salivale

**Speicher** ['ʃpaiçɐ] <-s, -> *m* ① (*Getreide~*) granaio *m;* (*Lagerraum*) magazzino *m*, silo *m* ② (*Dachboden*) solaio *m*, sottotetto *m* ③ (*Wasser~*) serbatoio *m* ④ (INFORM) memoria *f* **Speicherkapazität** *f* (INFORM) capacità *f* di memoria **Speicherkarte** *f* (INFORM) scheda *f* di memoria, memoria *f*

**speichern** *vt* ① (*einlagern*) immagazzinare, accumulare ② (*Computer*) salvare, memorizzare

**Speicherplatz** *m* (INFORM) spazio *m* di memoria **Speicherschutz** *m* (INFORM) protezione *f* della memoria

**Speicherung** <-, -en> *f* immagazzinazione *f;* (INFORM) memorizzazione *f*

**speien** ['ʃpaiən] <speit, spie, gespie(e)n> *vt, vi* (*spucken*) sputare; (*sich erbrechen*) vomitare

**Speise** ['ʃpaizə] <-, -n> *f* (*Nahrung*) nutrimento *m;* (*Gericht*) piatto *m*, pietanza *f;* ~**n und Getränke** cibi e bevande **Speiseeis** *nt* gelato *m* **Speisekammer** *f* dispensa *f* **Speisekarte** *f* menu *m*

**speisen** I. *vt* ① (*geh: zu essen geben*) dar da mangiare a; (*essen*) mangiare ② (TEC) alimentare II. *vi* (*geh: essen*) mangiare

**Speisenaufzug** *m* montavivande *m* **Speisenfolge** *f* menu *m*

**Speiseöl** *nt* olio *m* commestibile **Speiseröhre** *f* esofago *m* **Speisesaal** *m* sala *f* da pranzo **Speisesalz** <-es, -e> *nt* sale *m* da cucina; **jodiertes** ~ sale iodato **Speisewagen** *m* carrozza *f* ristorante

**Speisung** <-, -en> *f* (*a.* TEC) alimentazione *f*

**speiübel** ['ʃpaiʔyːbəl] *adj* **mir ist** ~ mi sento malissimo

**Spektakel**[1] [ʃpɛk'taːkəl] <-s, -> *m* (*fam: Krach, Lärm*) baccano *m*, chiasso *m*

**Spektakel**[2] <-s, -> *nt* (*Anblick, Schauspiel*) spettacolo *m*

**spektakulär** [ʃpɛktakuˈlɛːɐ̯] *adj* spettacolare

**Spektra** *Pl. von* **Spektrum**

**Spektralanalyse** [ʃpɛk'traːlanalyːzə] *f* analisi *f* spettrale

**Spektrum** ['ʃpɛktrʊm] <-s, Spektren *o* Spektra> *nt* spettro *m*

**Spekulant(in)** [ʃpekuˈlant] <-en, -en; -, -nen> *m(f)* speculatore, -trice *m, f*

**Spekulation** [ʃpekulaˈtsi̯oːn] <-, -en> *f* speculazione *f;* ~**en anstellen** fare speculazioni, speculare

**spekulativ** [ʃpekulaˈtiːf] *adj* ① (*hypothetisch*) speculativo, astratto ② (WIRTSCH) speculatorio

**spekulieren** [ʃpekuˈliːrən] <ohne ge-> *vi* speculare; **auf etw** *acc* ~ (*fam*) contare su qc; **an der Börse** ~ speculare in borsa

**Spelunke** [ʃpeˈlʊŋkə] <-, -n> *f* (*pej*) bettola *f*

**spendabel** [ʃpɛnˈdaːbəl] *adj* (*fam*) spendereccio, generoso

**Spende** ['ʃpɛndə] <-, -n> *f* offerta *f*, dono *m*

**spenden** *vt* (*Geld, Lebensmittel*) offrire; (*Blut, Organ*) donare, dare; (*Seife, Wasser, Schatten*) dare; (*Sakrament*) amministrare; (*Segen*) impartire, dare; (*Lob*) tributare; (*Trost*) dare, recare; **Beifall** ~ applaudire

**Spendenaffäre** *f* scandalo *m* delle donazioni **Spendenkonto** *nt* conto *m* per le donazioni **Spendenmarathon** *m* gara *f* di solidarietà

**Spender** <-s, -> *m* (*Gerät*) distributore *m*

**Spender(in)** <-s, -; -, -nen> *m(f)* donatore, -trice *m, f* **Spenderherz** *nt* cuore *m* donato **Spenderniere** *f* rene *m* donato **Spenderorgan** *nt* organo *m* donato

**spendieren** [ʃpɛnˈdiːrən] <ohne ge-> *vt* (*fam*) [**jdm**] **etw** ~ offrire qc [a qu]; (*bezahlen*) pagare qc [a qu]

**Spengler(in)** ['ʃpɛŋlɐ] <-s, -; -, -nen> *m(f)* (*südd, A, CH*) lattoniere *m*

**Sperber** ['ʃpɛrbɐ] <-s, -> *m* sparviero *m*

**Sperling** ['ʃpɛrlɪŋ] <-s, -e> *m* passero *m*

**Sperma** ['ʃpɛrma] <-s, Spermen *o* Spermata> *nt* sperma *m*

**sperrangelweit** [ʃpɛrˈʔaŋəlˈvait] *adv* (*fam*) ~ **offen** spalancato

**Sperrbezirk** <-s, -e> *m* zona *f* vietata

**Sperre** ['ʃpɛrə] <-, -n> *f* ① (*Schranke*) barriera *f;* (*Straßen~*) blocco *m;* (MIL) sbarramento *m;* (*Tal~*) diga *f* di sbarramento ② (TEC) arresto *m*, bloccaggio *m* ③ (*Verbot*) divieto *m*, interdizione *f;* (*Embargo*) embargo *m;* (*Nachrichten~*) censura *f* ④ (SPORT) sospensione *f*

**sperren** ['ʃpɛrən] I. *vt* ① (*ver~*) sbarrare, bloccare ② (*Einfuhr, Handel*) interdire, proibire ③ (TEC: *Strom, Gas, Wasser*) tagliare, chiudere; (*Telefon*) staccare ④ (TYP) spazi[eggi]are ⑤ (*Konto, Kredit, Gehalt, Bezüge*) bloccare; (*Scheck*) sbarrare

❻ (*Spieler*) sospendere, squalificare; **jdn in etw** *acc* ~ [rin]chiudere qu in qc ❼ (*A, südd: schließen*) chiudere II. *vr* **sich [gegen jdn/etw]** ~ opporsi [a qu/qc] III. *vi* (*A, südd: schließen*) chiudere
**Sperrfrist** *f* periodo *m* bloccato
**Sperrgebiet** *nt* zona *f* vietata
**Sperrgut** *nt* merce *f* ingombrante
**Sperrholz** *nt* [legno *m*] compensato *m*
**sperrig** *adj* ingombrante, voluminoso
**Sperrkonto** *nt* conto *m* vincolato
**Sperrmüll** *m* rifiuti *mpl* ingombranti **Sperrmüllabfuhr** *f* rimozione *f* dei rifiuti ingombranti
**Sperrsitz** *m* posto *m* distinto
**Sperrstunde** *f* ora *f* di chiusura
**Sperrung** <-, -en> *f* ❶ (*Versperren*) sbarramento *m*, blocco *m* ❷ (*Verbot*) proibizione *f*, interdizione *f* ❸ (TEC: *von Strom, Gas, Wasser*) blocco *m* ❹ (TYP) spazieggiatura *f* ❺ (*von Konto, Scheck, Gehalt, Kredit, Bezügen*) blocco *m* ❻ (SPORT) sospensione *f*
**Spesen** ['ʃpeːzən] *Pl.* spese *fpl*
**Spessart** ['ʃpɛsart] *m* Spessart *m*
**Speyer** ['ʃpaɪɐ] *nt* Spira *f*
**Spezi**[1] ['ʃpeːtsi] <-s, -(s)> *m* (*A, südd: Freund*) amicone *m*, amico, -a *m, f* intimo, -a, compare *mf*
**Spezi**®[2] <-s, -(s)> *nt* (*A, südd: fam: Getränk*) bevanda che si ottiene mischiando coca cola e limonata
**Spezialgebiet** [ʃpeˈtsi̯aːlɡəbiːt] *nt* specialità *f*
**spezialisieren** [ʃpetsi̯aliˈziːrən] <ohne ge-> I. *vt* specializzare II. *vr* **sich [auf etw** *acc*] ~ specializzarsi [in qc]
**Spezialisierung** <-, -en> *f* specializzazione *f*
**Spezialist(in)** [ʃpetsi̯aˈlɪst] <-en, -en; -, -nen> *m(f)* specialista *mf*
**Spezialität** [ʃpetsi̯aliˈtɛːt] <-, -en> *f* specialità *f*
**Spezialvollmacht** <-, -en> *f* (JUR) delega *f* speciale, procura *f* straordinaria
**speziell** [ʃpeˈtsi̯ɛl] *adj* speciale, particolare
**Spezies** ['ʃpeːtsi̯ɛs] <-, -> *f* (BIOL) specie *f*
**spezifieren** [ʃpetsifiˈtsiːrən] <ohne ge-> *vt* specificare
**spezifisch** [ʃpeˈtsiːfɪʃ] *adj* specifico
**Sphäre** ['sfɛːrə] <-, -n> *f* sfera *f* **sphärisch** *adj* sferico
**Sphinx** [sfɪŋks] <-, -(e)> *f* sfinge *f*
**spicken** ['ʃpɪkən] I. *vt* ❶ (*fig: Rede*, GASTR) lardellare ❷ (*fam: bestechen*) comprare II. *vi* (*fam: abschreiben*) copiare **Spickzettel** *m* (*fam*) bigino *m*

**spie** [ʃpiː] *1. u. 3. Pers. Sing. Imp. von* **speien**
**Spiegel** ['ʃpiːɡəl] <-s, -> *m* ❶ (*a. fig*) specchio *m;* (*von Arzt*) specolo *m;* **in den ~ sehen** guardare nello specchio ❷ (*Wasser~*) specchio *m;* (*Alkohol~, Zucker~*) tasso *m* ❸ (MIL: *Kragen~*) mostrina *f* **Spiegelbild** *nt* immagine *f* riflessa; (*fig*) specchio *m*, riflesso *m* **spiegelbildlich** I. *adj* speculare II. *adv* in modo speculare **spiegelblank** *adj* lucido come uno specchio **Spiegelei** *nt* uovo *m* al tegamino **Spiegelfechterei** ['ʃpiːɡəlfɛçtəˌraɪ] <-, -en> *f* finzione *f* **spiegelglatt** *adj* liscio come uno specchio **spiegelgleich** *adj* speculare
**spiegeln** I. *vt* (*a. fig*) riflettere, rispecchiare II. *vr* **sich** ~ ❶ (*sich betrachten*) specchiarsi; **sich auf dem Wasser** ~ specchiarsi sull'acqua ❷ (*sich wider~*) **sich in etw** *dat* ~ rispecchiarsi in qc III. *vi* (*glänzen*) splendere, brillare; (*reflektieren*) riflettere
**Spiegelreflexkamera** *f* [macchina *f* fotografica] reflex *f* **Spiegelschrift** *f* scrittura *f* speculare
**Spiegelung** <-, -en> *f* riflesso *m*
**Spiel** [ʃpiːl] <-(e)s, -e> *nt* ❶ (*zur Unterhaltung*) gioco *m;* (SPORT: *Wettkampf*) gara *f;* (*Karten~, Billard~, Tennis~*) partita *f;* **leichtes ~ bei jdm haben** (*fig*) avere buon gioco su qu; **ein falsches ~ spielen** (*fig*) fare il doppio gioco; **mit etw sein ~ treiben** beffarsi di qc; **etw aufs ~ setzen** (*fig*) mettere in gioco qc; (*Ruf, Zukunft*) compromettere qc; **auf dem ~ stehen** (*fig*) essere in gioco; **aus dem ~ lassen** (*fig*) non immischiare, lasciare fuori di questione; **im ~ sein** (*fig*) essere in gioco; **die Hand im ~ haben** (*fig*) avere le mani in pasta ❷ (THEAT: *Stück*) commedia *f;* (*Darbietung*) interpretazione *f* ❸ (*Spielen, Spielweise*) gioco *m*, modo *m* di giocare; (SPORT) gioco *m;* (MUS) brano *m* musicale ❹ (TEC) gioco *m*
**Spielart** *f* (*Sonderform*) variante *f;* (BIOL, ZOO) varietà *f*
**Spielautomat** *m* slot-machine *f* **Spielball** *m* ❶ (*Ball*) palla *f*, pallone *m* ❷ (SPORT) palla *f* decisiva ❸ (*fig*) giocattolo *m* **Spielbank** *f* casinò *m* **Spielcomputer** *m* play-station® *f*
**spielen** I. *vt* ❶ (*Spiel*) giocare ❷ (MUS) suonare ❸ (THEAT) recitare; (*Rolle*) interpretare ❹ (*vortäuschen*) atteggiarsi a, fare; **was wird hier gespielt?** (*fig*) che cosa succede qui? II. *vi* ❶ (*ein Spiel* ~, SPORT) giocare; **um 50 Euro ~** giocare 50 euro; **mit jdm/**

etw ~ (*fig*) giocare con qu/qc ② (MUS) suonare ③ (*sich zutragen*) svolgersi; **die Handlung spielt in Rom/im 15. Jahrhundert** la trama si svolge a Roma/nel 15. secolo

**spielend** *adv* a occhi chiusi, senza problemi; **das schaffst du doch ~** lo fai a occhi chiusi

**Spieler(in)** <-s, -; -, -nen> *m(f)* giocatore, -trice *m*, *f*

**Spielerei** [ʃpiːləˈraɪ] <-, -en> *f* ① *Sing.* (*Zeitvertreib*) trastullo *m*, passatempo *m;* (*Spaß, Kinderei*) scherzo *m;* (*Leichtigkeit*) giochetto *m* ② (*nutzloser Gegenstand*) carabattola *f*

**Spielerin** *f s.* **Spieler**

**spielerisch** *adj* ① (*verspielt*) giocoso, scherzoso ② (SPORT: *Können, Überlegenheit*) di gioco; (THEAT: *Können, Leistung*) recitativo; **mit ~er Leichtigkeit** con la più grande facilità

**Spielfeld** *nt* campo *m* da gioco, terreno *m* **Spielfilm** *m* lungometraggio *m* **Spielhölle** *f* (*pej*) bisca *f* **Spielkamerad(in)** *m(f)* compagno, -a *m, f* di giochi **Spielkarte** *f* carta *f* da gioco **Spielkasino** *nt* casinò *m* **Spielleiter(in)** *m(f)* ① (THEAT, FILM: *Regisseur*) regista *mf* ② (*Schiedsrichter*) arbitro, -a *m, f* **Spielmarke** *f* gettone *m,* fiche *f* **Spielplan** *m* programma *m* **Spielplatz** *m* campo *m* giochi **Spielraum** *m* spazio *m;* (TEC) gioco *m;* (*Bewegungsfreiheit*) libertà *f* d'azione, margine *m* **Spielregel** *f* regola *f* di gioco **Spielsachen** *fPl.* giocattoli *mpl* **Spieltrieb** *m* istinto *m* del gioco **Spieluhr** *f* carillon *m* [a orologeria] **Spielverderber(in)** <-s, -; -, -nen> *m(f)* guastafeste *mf* **Spielwaren** *fPl.* giocattoli *mpl* **Spielzeit** *f* ① (THEAT) stagione *f* [teatrale] ② (SPORT: *Spieldauer*) durata *f* della partita; (*Saison*) stagione *f* [sportiva] **Spielzeug** *nt* (*einzelnes, a. fig*) giocattolo *m;* (*Sammelbegriff*) giocattoli *mpl*

**Spieß** [ʃpiːs] <-es, -e> *m* (*Pike*) lancia *f;* (*Wurf~*) giavellotto *m;* (*Brat~*) spiedo *m;* **den ~ umdrehen** (*fig*) ritorcere le accuse; **er schreit wie am ~** (*fam*) grida come un dannato

**Spießbürger(in)** *m(f)* (*pej*) piccolo, -a borghese *m, f,* borghesuccio, -a *m, f,* filisteo *m* **spießbürgerlich** *adj* (*pej*) piccolo borghese, filisteo

**spießen** [ˈʃpiːsən] **I.** *vt* **etw auf etw** *acc* **~** infilzare qc con qc **II.** *vr* **sich ~** (*A*) ① (*sich verklemmen*) incastrarsi ② (*nicht wie gewünscht verlaufen*) arenarsi, non procedere

**Spießer(in)** <-s, -; -, -nen> *s.* **Spießbürger(in)**

**Spießgeselle** *m* complice *mf*

**spießig** *s.* **spießbürgerlich**

**Spießruten** *fPl.* **~ laufen** passare per le forche caudine

**Spikes** [ʃpaɪks] *Pl.* ① (*an Schuhen, Reifen*) chiodi *mpl* ② (*~reifen*) copertoni *mpl* chiodati

**Spinat** [ʃpiˈnaːt] <-(e)s, -e> *m* (BOT) spinacio *m;* (GASTR) spinaci *mpl*

**Spind** [ʃpɪnt] <-(e)s, -e> *m o nt* armadietto *m*

**Spindel** [ˈʃpɪndəl] <-, -n> *f* (*beim Spinnen*) fuso *m* **spindeldürr** *adj* magro come un chiodo

**Spinett** [ʃpiˈnɛt] <-(e)s, -e> *nt* spinetta *f*

**Spinne** [ˈʃpɪnə] <-, -n> *f* ragno *m*

**spinnefeind** [ˈʃpɪnəˌfaɪnt] *adj* [**mit**] **jdm ~ sein** essere il nemico giurato di qu

**spinnen** [ˈʃpɪnən] <spinnt, spann, gesponnen> **I.** *vi* ① (*Garn ~*) filare ② (*fam: verrückt sein*) essere svitato; (*Unsinn reden*) dire stupidaggini **II.** *vt* (*Garn*) filare

**Spinnengewebe** *nt*, **Spinnennetz** *nt* ragnatela *f*

**Spinn[en]gewebe** *nt*, **Spinn[en]netz** *nt* ragnatela *f*

**Spinner(in)** <-s, -; -, -nen> *m(f)* ① (*Garn~*) filatore, -trice *m, f* ② (*fig fam: verrückte Person*) mattoide *mf*

**Spinnerei** [ʃpɪnəˈraɪ] <-, -en> *f* ① (*Betrieb*) filanda *f* ② (*fam: Blödsinn*) scemenze *fpl*

**Spinnerin** *f s.* **Spinner**

**Spinngewebe** *nt* ragnatela *f* **Spinnmaschine** *f* filatoio *m* **Spinnrad** *nt* fuso *m* **Spinnrocken** *m* conocchia *f* **Spinnwebe** [ˈʃpɪnveːbə] <-, -n> *f* ragnatela *f*

**Spion** [ʃpiˈoːn] <-s, -e> *m* (*Guckloch*) spioncino *m;* (*Fensterspiegel*) specchietto *m*

**Spion(in)** [ʃpiˈoːn] <-s, -e; -, -nen> *m(f)* spia *f;* (*Geheimagent*) agente *m* segreto

**Spionage** [ʃpioˈnaːʒə] <-> *kein Pl. f* spionaggio *m* **Spionageabwehr** *f* controspionaggio *m* **Spionagenetz** *nt*, **Spionagering** <-(e)s, -e> *m* rete *f* di agenti segreti

**spionieren** [ʃpioˈniːrən] <ohne ge-> *vi* ① (*Spionage treiben*) fare la spia ② (*pej: herum~*) curiosare; **in jds Schubladen ~** ficcare il naso nei cassetti di qu

**Spionin** *f s.* **Spion**

**Spirale** [ʃpiˈraːlə] <-, -n> *f* (*allg,* MED) spirale *f*

**Spiralfeder** f molla f a spirale
**Spiralnebel** m nebulosa f a spirale
**Spiränzchen** [ʃpiˈrɛnsçən] Pl. ~ **machen** (fam) fare storie
**Spiritismus** [ʃpiriˈtɪsmʊs] <-> kein Pl. m spiritismo m
**Spiritist(in)** [ʃpiriˈtɪst o spiriˈtɪst] <-en, -en; -, -nen> m(f) spiritista mf
**spiritistisch** adj spiriti[sti]co
**spirituell** [ʃpirituˈɛl] adj spirituale
**Spirituose** <-, -n> f bevanda f alcolica
**Spiritus** [ˈʃpiːritʊs] <-, -se> m (Alkohol) spirito m, alcool m **Spiritusbrenner** m bruciatore m a spirito **Spirituskocher** m fornello m a spirito **Spirituslampe** f lampada f a spirito
**Spital** [ʃpiˈtaːl] <-s, Spitäler> nt (A, CH, sonst: obs: Krankenhaus) ospedale m, ospizio m
**spitz** [ʃpɪts] adj ① (Gegenstand) aguzzo, a punta ② (Winkel) acuto ③ (Gesicht) affilato ④ (fig: Worte) tagliente, pungente
**Spitz** <-es, -e> m [cane m] volpino m
**Spitzbart** m barba f a punta, pizzo m
**spitz|bekommen** <irr, ohne ge-> vt (fam) **etw ~** accorgersi di qc, avvedersi di qc
**Spitzbogen** m arco m ogivale
**Spitzbube** [ˈʃpɪtsbuːbə] m ① (pej: Gauner) farabutto m, canaglia f ② (Schelm) birba f, birbante m **spitzbübisch** adj birichino
**Spitze** [ˈʃpɪtsə] <-, -n> f ① (von Gegenständen) punta f; **etw auf die ~ treiben** spingere qc all'estremo ② (Berg~) vetta f, cima f ③ (MAT: Rang, Person) vertice m ④ (vordere Stelle, SPORT) testa f; **an der ~ stehen** essere in testa ⑤ (Spitzengeschwindigkeit) velocità f massima ⑥ (boshafte Anspielung) frecciata f ⑦ (Textil) merletto m, pizzo m
**Spitzel** [ˈʃpɪtsəl] <-s, -> m spia f; (Polizei~) informatore m [della polizia]
**spitzeln** vi (pej) fare la spia, fare il delatore
**spitzen** vt temperare, fare la punta a; **die Ohren ~** drizzare gli orecchi, tendere l'orecchio
**Spitzenerzeugnis** nt prodotto m superiore [o di prima qualità] **Spitzengeschwindigkeit** f velocità f massima **Spitzengespräch** nt colloquio m al vertice **Spitzenkandidat(in)** m(f) candidato, -a m, f capolista **Spitzenklasse** f qualità f superiore **Spitzenkleid** nt abito m di pizzo **Spitzenlohn** m retribuzione f massima **Spitzenpolitiker(in)** <-s, -; -, -nen> m(f) politico m di primo piano **Spitzenreiter** m (SPORT) [squadra f] capolista f, capoclassifica mf; (fig: von Hitparade) capoclassifica mf; (Firma) leader mf
**Spitzensportler(in)** <-s, -; -, -nen> m(f) asso m sportivo, atleta mf di spicco
**Spitzer** <-s, -> m (Bleistift~) temperamatite m, temperalapis m
**spitzfindig** adj sottile; (pej: haarspalterisch) cavilloso, sofistico **Spitzfindigkeit** <-, -en> f sottigliezza f; (a. Äußerung) argutezza f; (pej) cavillosità f
**Spitzhacke** f piccone m
**spitz|kriegen** vt (fam) capire
**Spitzmaus** f toporagno m **Spitzname** m nomignolo m, soprannome m **spitzwinklig** adj ad angolo acuto, acutangolo
**Spleen** [ʃpliːn] <-s, -e o -s> m (Angewohnheit) abitudine f strana; (Marotte) grillo m; (Idee) idea f balzana
**spleenig** adj bizzarro, balzano; (PSYCH) malinconico
**Splitt** [ʃplɪt] <-(e)s, -e> m pietrisco m
**Splitter** [ˈʃplɪtɐ] <-s, -> m (Holz~, Knochen~) scheggia f; (Diamant~) pagliuzza f; (Metall~) scaglia f; (Glas~) coccio m; (Bruchstück) frammento m
**splitterfasernackt** [ˈʃplɪtɐˈfaːzɐ)ˈnakt] adj (fam) nudo come un verme
**Splittergruppe** f gruppuscolo m
**splittern** vi sein scheggiarsi
**splitternackt** s. **splitterfasernackt**
**Splitterpartei** f partito m scissionista
**SPÖ** [ɛspeˈʔøː] f abk v **Sozialistische Partei Österreichs** partito socialista austriaco
**Spoiler** [ˈʃpɔilɐ] <-s, -> m (AUTO) spoiler m
**spondieren** <ohne ge-> vi (A: den Magistergrad verliehen bekommen) ricevere la laurea
**sponsern** [ˈʃpɔnzɐn] vt sponsorizzare
**Sponsion** [ʃpɔnˈsjoːn] <-, -en> f (A: Verleihung des Magistergrads) consegna f della laurea
**Sponsor** [ˈʃpɔnzɐ] <-s, -en> m sponsor m
**Sponsoring** [ˈʃpɔnsəɐrɪŋ] <-s> kein Pl. nt sponsorizzazione f
**spontan** [ʃpɔnˈtaːn] adj spontaneo
**Spontaneität** [ʃpɔntaneiˈtɛːt] <-> kein Pl. f spontaneità f
**sporadisch** [ʃpoˈraːdɪʃ] adj sporadico
**Spore** [ˈʃpoːrə] <-, -n> f (BOT) spora f
**Sporn** [ʃpɔrn, Pl: ˈʃpɔːrən] <-(e)s, Sporen> m (a. ZOO, BOT) sperone m; **einem Pferd die Sporen geben** spronare un cavallo; **sich** dat **die Sporen verdienen** guadagnarsi i galloni
**Sport** [ʃpɔrt] <-(e)s, rar -e> m sport m; **~ treiben** fare dello sport

**Sportabzeichen** *nt* distintivo *m* sportivo **Sportanzug** *m* tuta *f* sportiva **Sportart** *f* [tipo *m* di] sport *m* **Sportarzt** *m*, **Sportärztin** *f* medico *m* per atleti **Sportgeschäft** *nt* negozio *m* di articoli sportivi **Sportlehrer(in)** *m(f)* insegnante *mf* di educazione fisica

**Sportler(in)** <-s, -; -, -nen> *m(f)* sportivo, -a *m, f*

**sportlich** *adj* sportivo

**Sportmedizin** *f* medicina *f* sportiva **Sportnachrichten** *fPl.* notizie *fpl* sportive **Sportplatz** *m* campo *m* sportivo **Sportveranstaltung** *f* manifestazione *f* sportiva **Sportverein** *m* circolo *m* sportivo, società *f* sportiva **Sportwagen** *m* ① (*Auto*) macchina *f* sportiva ② (*Kinderwagen*) passeggino *m*

**Spot** [spɔt] <-s, -s> *m* spot *m*, spazio *m* pubblicitario

**Spott** [ʃpɔt] <-(e)s> *kein Pl.* *m* scherno *m*, derisione *f*; (*Gegenstand des ~s*) scherno *m*; (*beißender*) sarcasmo *m*; **seinen ~ mit jdm/etw treiben** schernire qu/qc

**Spottbild** *nt* caricatura *f*

**spottbillig** *adj* dal prezzo irrisorio

**Spöttelei** [ʃpœtəˈlaɪ] <-, -en> *f* canzonatura *f*, dileggio *m*

**spötteln** [ˈʃpœtəln] *vi* **über jdn ~** canzonare qu

**spotten** [ˈʃpɔtən] *vi* **über jdn ~** schernire qu

**Spötter(in)** [ˈʃpœtɐ] <-s, -; -, -nen> *m(f)* schernitore, -trice *m, f*, canzonatore, -trice *m, f*

**spöttisch** *adj* derisorio, canzonatorio

**Spottpreis** *m* prezzo *m* irrisorio; **zu einem ~** a un prezzo irrisorio

**sprach** [ʃpraːx] *1. u. 3. Pers. Sing. Imp. von* **sprechen**

**sprachbegabt** *adj* portato per le lingue **Sprachbegabung** *f* talento *m* linguistico **Sprachcomputer** *m* traduttore *m* elettronico

**Sprache** [ˈʃpraːxə] <-, -n> *f* ① (*Sprachsystem*) lingua *f*; (*Sonder-~*) idioma *m*; **fremde ~** lingua straniera; **lebende/tote ~** lingua viva/morta ② *Sing.* (*Sprechfähigkeit*) parola *f*, favella *f*; (*Ausdrucksweise*) linguaggio *m*; (*Sprechweise*) parlata *f*; **mit der ~ herausrücken** (*fam*) sputar fuori; **nicht mit der ~ herauswollen** (*fam*) non voler aprir bocca; **zur ~ bringen** mettere in discussione, trattare

**Sprachebene** *f* livello *m* linguistico **Spracherkennung** *f* (INFORM) riconoscimento *m* della voce **Sprachfehler** *m* difetto *m* di pronuncia

**Sprachförderung** *f* sviluppo *m* delle competenze linguistiche **Sprachführer** *m* manuale *m* di conversazione **Sprachgebrauch** *m* uso *m* linguistico; **allgemeiner ~** linguaggio comune **Sprachgefühl** *kein Pl.* *nt* sensibilità *f* linguistica **Sprachkenntnisse** *fPl.* conoscenze *fpl* linguistiche; **mit deutschen ~n** con cognizioni di tedesco **Sprachkompetenz** <-> *kein Pl.* *f* (LING) competenza *f* linguistica **sprachkundig** *adj* poliglotta **Sprachkurs** *m* corso *m* linguistico **Sprachlabor** *nt* laboratorio *m* linguistico **Sprachlehre** *f* grammatica *f* **Sprachlehrer(in)** *m(f)* insegnante *mf* di lingue

**sprachlich** *adj* linguistico

**sprachlos** *adj* **~ sein** rimanere senza parole **Sprachraum** *m* area *f* linguistica; **im deutschen ~** nei paesi di lingua tedesca **Sprachreise** *f* viaggio *m* studio [a scopo linguistico] **Sprachrohr** *nt* megafono *m*; (*fig*) portavoce *m* **Sprachstörung** *f* logopatia *f* **Sprachstudium** *nt* studio *m* delle lingue **Sprachurlaub** *m* soggiorno *m* linguistico

**Sprachwissenschaft** *f* linguistica *f*, filologia *f* **Sprachwissenschaftler(in)** *m(f)* linguista *mf* **sprachwissenschaftlich** *adj* linguistico

**sprang** [ʃpraŋ] *1. u. 3. Pers. Sing. Imp. von* **springen**

**Spray** [ʃpreː] <-s, -s> *m o nt* spray *m* **Spraydose** *s.* **Sprühdose**

**sprayen** [ˈʃpreɪən] I. *vi* usare uno spray II. *vt* nebulizzare; **etw ~** spruzzare qc su qc

**Sprechanlage** *f* citofono *m* **Sprechblase** *f* fumetto *m*

**sprechen** [ˈʃprɛçən] <spricht, sprach, gesprochen> I. *vi* parlare; **mit jdm über etw** *acc* **~** parlare con qu di qc; **laut/leise ~** parlare forte/piano; **für jdn ~** intervenire in favore di qu; **gut über jdn/etw ~** dir bene di qu/qc; **gut/schlecht auf jdn zu ~ sein** vedere qu di buon/mal occhio; **auf etw** *acc* **zu ~ kommen** venire a parlare di qc; **jdn zum Sprechen bringen** far sciogliere la lingua a qu; **das spricht für sich** il fatto parla da sé; **das spricht für Sie** ciò parla a Suo favore; **alle Anzeichen ~ dafür, dass ...** tutto fa pensare che +*conj* II. *vt* dire, recitare; (*aus-*) pronunciare; **Deutsch/Italienisch ~** parlare tedesco/italiano; **kein Wort ~** non proferir parola; **nicht zu ~ sein** non esserci per nessuno;

**ich möchte Sie ~** vorrei parlarLe; **wir ~ uns noch!** ci rivedremo!
**Sprecher(in)** <-s, -; -, -nen> *m(f)* parlatore, -trice *m, f;* (*Redner*) oratore, -trice *m, f;* (*Wortführer*) portavoce *mf;* (RADIO, TV) annunciatore, -trice *m, f,* speaker *m;* (LING) parlante *mf*
**Sprechererziehung** *f* insegnamento *m* della dizione, ortofonia *f* **Sprechfunk** *m* radiotelefonia *f* **Sprechstunde** *f* (*von Ärzten*) orario *m* di visita; (*von Beamten*) ore *fpl* di ufficio; (*von Lehrern*) ore *fpl* di ricevimento **Sprechstundenhilfe** *f* assistente *mf,* infermiere, -a *m, f* **Sprechweise** *f* modo *m* di parlare, parlata *f* **Sprechzimmer** *nt* studio *m;* (MED) ambulatorio *m;* (*in Kloster*) parlatorio *m*
**spreizen** ['ʃpraɪtsən] I. *vt* (*Finger*) allargare; (*Beine*) divaricare; (*Flügel*) spiegare II. *vr* **sich ~** (*sich sträuben*) recalcitrare
**Spreizfuß** *m* (MED) piede *m* spianato
**Sprengbombe** *f* bomba *f* dirompente
**Sprengel** <-s, -> *m* ❶ (*Amtsbereich eines Geistlichen*) parrocchia *f,* diocesi *f* ❷ (*A, sonst: obs: Amts-, Verwaltungsbezirk; Dienstbereich*) circoscrizione *f,* distretto *m*
**sprengen** ['ʃprɛŋən] I. *vt haben* ❶ (*mit Sprengstoff, Spielbank*) far saltare ❷ (*aufbrechen: Schloss, Tresor*) forzare, scassinare; (*Fesseln, Ketten, a. fig*) spezzare ❸ (*Versammlung*) disperdere ❹ (*Wasser*) spruzzare; (*Straße, Rasen*) annaffiare; (*Wäsche*) inumidire II. *vi haben* (*mit Sprengstoff*) far saltare
**Sprengkopf** *m* testata *f;* **atomarer ~** testata nucleare **Sprengkörper** *m* ordigno *m* esplosivo **Sprengladung** *f* carica *f* esplosiva **Sprengsatz** <-es, -sätze> *m* esplosivo *m,* carica *f* esplosiva
**Sprengstoff** *m* esplosivo *m* **Sprengstoffanschlag** *m* attentato *m* dinamitardo **Sprengstoffzünder** *m* detonatore *m*
**Sprengung** <-, -en> *f* ❶ (*mit Sprengstoff*) esplosione *f* ❷ (*Aufbrechen*) scasso *m* ❸ (*von Versammlung*) dispersione *f* ❹ (*von Rasen*) annaffiamento *m*
**Spreu** [ʃprɔɪ] <-> *kein Pl. f* pula *f;* **die ~ vom Weizen trennen** (*fig*) sceverare il grano dalla pula
**spricht** [ʃprɪçt] *3. Pers. Sing. Präs. von* **sprechen**
**Sprichwort** ['ʃprɪçvɔrt] *nt* proverbio *m* **sprichwörtlich** *adj* proverbiale
**sprießen** ['ʃpriːsən] <sprießt, spross *o* sprießte, gesprossen> *vi sein* spuntare
**Springbrunnen** *m* fontana *f* a zampillo
**springen** ['ʃprɪŋən] <springt, sprang, gesprungen> I. *vi sein* ❶ (*Mensch, Tier*) saltare; (*Ball*) rimbalzare; (*mit einem Satz*) balzare; **über einen Graben ~** saltare un fosso; **aus den Schienen ~** uscire dalle rotaie, deragliare; **etw ~ lassen** (*fam*) offrire qc ❷ (*Schwimmsport*) tuffarsi ❸ (*Risse bekommen: Glas*) incrinarsi; (*Haut*) screpolarsi ❹ (*reißen: Saite*) spezzarsi II. *vt haben* (*Rekord*) battere **springend** *adj* **der ~e Punkt** il punto saliente
**Springer** <-s, -> *m* (*Schach*) cavaliere *m*
**Springer(in)** <-s, -; -, -nen> *m(f)* saltatore, -trice *m, f;* (*Schwimmer*) tuffatore, -trice *m, f*
**Springflut** *f* marea *f* sizigiale
**Springreiten** <-s> *kein Pl. nt* percorso *m* di caccia, corsa *f* equestre ad ostacoli
**Sprint** [ʃprɪnt] <-s, -s> *m* (SPORT) gara *f* di velocità; **einen ~ einlegen** scattare
**sprinten** ['ʃprɪntən] *vi haben o sein* fare uno scatto, scattare
**Sprit** [ʃprɪt] <-(e)s, -e> *m* (*fam: Benzin*) benzina *f*
**Spritze** ['ʃprɪtsə] <-, -n> *f* ❶ (MED: *Instrument*) siringa *f* ❷ (*Einspritzung*) iniezione *f,* puntura *f;* **jdm eine ~ geben** fare un'iniezione a qu ❸ (*Feuer~*) pompa *f* antincendio
**spritzen** I. *vt haben* ❶ (*Straße, Rasen*) annaffiare ❷ (*lackieren*) verniciare a spruzzo ❸ (MED: *Patienten*) fare un'iniezione a; (*Mittel*) iniettare ❹ (*Zuckerguss, Muster*) **etw [auf etw** *acc*] **~** decorare qc [con qc] II. *vi* ❶ (*Flüssigkeit*) schizzare, spruzzare; (*Füller*) schizzare ❷ *sein* (*fam: eilen*) filare
**Spritzenhaus** *nt* deposito *m* delle pompe da incendio
**Spritzer** <-s, -> *m* spruzzo *m,* schizzo *m;* (*kleine Menge*) goccia *f;* (*Fleck*) zacchera *f*
**spritzig** *adj* (*Wein*) frizzante; (*Auto*) brillante; (*fig: lebendig*) vivace; (*witzig*) divertente
**Spritzkuchen** *m* frollino *m,* frollino *fatto con la siringa da pasticcere* **Spritzpistole** *f* pistola *f* a spruzzo **Spritztour** *f* (*fam*) piccola gita *f*
**spröde** ['ʃprøːdə] *adj* ❶ (*brüchig*) fragile; (*hart*) duro ❷ (*rissig: Haut*) screpolato ❸ (*fig: Thema, Stoff*) arduo, difficile ❹ (*fig: Mensch*) scostante, scontroso **Sprödigkeit** <-> *kein Pl. f* ❶ (*Brüchigkeit*) fragilità *f* ❷ (*von Haut*) screpolatura *f* ❸ (*fig: Wesen*) scontrosità *f,* ritrosia *f*
**spross** [ʃprɔs] *1. u. 3. Pers. Sing. Imp. von* **sprießen**

**Spross** [ʃprɔs] <-es, -e> m (BOT) germoglio m

**Sprosse** [ˈʃprɔsə] <-, -n> f (Leiter~) piolo m; (fig: Stufe) gradino m **Sprossenkohl** m (A: Rosenkohl) cavolino m di Bruxelles **Sprossenwand** f (SPORT) spalliera f

**Sprössling** [ˈʃprœslɪŋ] <-s, -e> m rampollo m

**Sprotte** [ˈʃprɔtə] <-, -n> f spratto m

**Spruch** [ʃprʊx] <-(e)s, Sprüche> m ❶ (Ausspruch) detto m, motto m; (Weisheits~) massima f; (Lehr~) aforisma m; (Bibel~) versetto m ❷ (JUR: Urteil) sentenza f; (Schieds~) arbitrato m; (Orakel~) oracolo m ❸ pl (fam: leeres Gerede) grandi parole fpl; **Sprüche klopfen** (fam) dire paroloni **Spruchband** nt striscione m **spruchreif** adj **die Sache ist noch nicht ~** la cosa non è ancora matura [per una decisione]

**Sprudel** [ˈʃpruːdəl] <-s, -> m (Mineralwasser) acqua f minerale gassata

**sprudeln** vi ❶ haben (schäumen: Wasser, Quelle) zampillare, spumeggiare; (Sekt, Limonade) spumeggiare, essere effervescente ❷ haben (kochen: Wasser) bollire; **vor Freude/guten Ideen ~** (fig) traboccare di gioia/buone idee ❸ sein (hervor~: Wasser, Worte) sgorgare

**Sprudler** <-s, -> m (A: Quirl) frullino m **Sprühdose** f [bombola f] spray m

**sprühen** [ˈʃpryːən] I. vt haben (Funken, a. fig: Feuer, Hass) schizzare II. vi ❶ sein (Wasser) schizzare; (Funken) sprizzare ❷ haben **vor Geist ~** essere di spirito brillante; **ihre Augen sprühten vor Zorn/Freude** i suoi occhi sprizzavano rabbia/gioia **sprühend** adj (fig: Geist) scintillante, spumeggiante; (Laune, Temperament) brioso, brillante **Sprühregen** m pioggerella f [minutissima]

**Sprung** [ʃprʊŋ] <-(e)s, Sprünge> m ❶ (Hüpfen) salto m; (Satz) balzo m; (Kopf~ beim Schwimmen) tuffo m; (Gedanken~) salto m, rapido passaggio m; **keine großen Sprünge machen können** (fig fam) non poter fare grandi cose; **jdm auf die Sprünge helfen** (fam) dare una mano a qu; **bei jdm auf einen ~ vorbeikommen** (fam) fare un salto da qu; **auf dem ~ sein etw zu tun** (fam) essere sul punto di fare qc ❷ (Riss in Glas o Porzellan) crepa f, incrinatura f; (in Holz) fessura f; (in Stahl) cricca f; (in Haut) screpolatura f; **einen ~ bekommen** incrinarsi **sprungbereit** adj ❶ (Sportler, Tier) pronto per il salto ❷ (fam: ausgehfertig) pronto per uscire; (reisefertig) pronto per partire **Sprungbrett** nt (Turnen) pedana f; (Schwimmen, a. fig) trampolino m **Sprungfeder** f molla f **Sprunggelenk** nt articolazione f tibio-tarsale **Sprunggrube** f buca f per il salto

**sprunghaft** adj ❶ (unzusammenhängend) sconnesso, slegato ❷ (unbeständig) volubile ❸ (plötzlich) improvviso **Sprunghaftigkeit** <-> kein Pl. f ❶ (von Gedanken) sconnessione f ❷ (Unbeständigkeit) volubilità f

**Sprungschanze** f trampolino m **Sprungtuch** nt telo m di salvataggio **Sprungturm** m trampolino m per tuffi

**Spucke** [ˈʃpʊkə] <-> kein Pl. f (fam) saliva f; **da bleibt mir die ~ weg** (fam) rimango di sasso

**spucken** vi, vt sputare; (sich erbrechen) vomitare; **große Töne ~** (fam) sballarle grosse

**Spucknapf** m sputacchiera f

**Spuk** [ʃpuːk] <-(e)s, rar -e> m ❶ (Erscheinung) visione f, apparizione f ❷ (fam: Lärm) chiasso m, baccano m; (Aufwand, Umstände) storie fpl

**spuken** vi (Gespenst) apparire; **es spukt [hier]** [qui] ci sono i fantasmi

**Spülbecken** nt lavandino m, acquaio m

**Spule** [ˈʃpuːlə] <-, -n> f (FILM) bobina f; (Nähmaschinen~) rocchetto m

**Spüle** [ˈʃpyːlə] <-, -n> f lavandino m, acquaio m

**spulen** [ˈʃpuːlən] vt bobinare

**spülen** [ˈʃpyːlən] I. vt ❶ (Geschirr) rigovernare, lavare ❷ (Wunde) lavare; (Mund) sciacquare ❸ (Haar, Wäsche) [ri]sciacquare ❹ (schwemmen) trasportare; **etw ans Ufer ~** trasportare qc a riva II. vi ❶ (angeschwemmt werden) **an etw** acc **~** sciabordare contro qc ❷ (in Toilette) azionare lo sciacquone, tirare l'acqua ❸ (Geschirr ~) lavare i piatti; (Mund ~) sciaquarsi; (Waschmaschine) [ri]sciacquare

**Spülkasten** <-s, -kästen> m sciacquone m

**Spülmaschine** f lavastoviglie f **spülmaschinenfest** adj (Geschirr) resistente al lavaggio nella lavastoviglie

**Spülmittel** nt detersivo m per [le] stoviglie **Spülprogramm** nt programma m di risciacquo

**Spülung** <-, -en> f ❶ (MED) irrigazione f ❷ (TEC) lavaggio m

**Spülwasser** nt (a. fig, pej) risciacquatura f **Spulwurm** m ascaride m

**Spund**[1] [ʃpʊnt, *Pl:* ʃpʏndə] <-(e)s, Spünde> *m* (*am Fass*) zaffo *m*
**Spund**[2] <-(e)s, -e> *m* (*fam*) **junger ~** sbarbatello *m*
**Spur** [ʃpuːɐ] <-, -en> *f* ① (*Fuß~, a. fig: Fährte*) orma *f*, traccia *f*; (*Abdruck*) impronta *f*; (*Zeichen, Anzeichen*) traccia *f*, ombra *f*; **eine ~ verfolgen** seguire una traccia; **~en hinterlassen** (*fig*) lasciare tracce; **die ~en sichern** rilevare le impronte; **jdm auf der ~ sein** (*fig*) essere sulle tracce di qu; **vom Täter fehlt jede ~** il colpevole non ha lasciato traccia ② (*Fahrbahn*) corsia *f*; (*Rad~*) rotaia *f*; (*Ski~*) pista *f*; (*von Tonband*) pista *f*, traccia *f* ③ (*kleine Menge*) pizzico *m* ④ *pl* (*Überreste*) vestigia *fpl* ⑤ (*~weite,* FERR) scartamento *m*; (*von Auto*) carreggiata *f*
**spürbar** *adj* sensibile
**spüren** ['ʃpyːrən] *vt* (*Hunger, Kälte, Schmerz*) sentire; (*Enttäuschung, Zorn*) provare; (*wahrnehmen*) percepire
**spuren** ['ʃpuːrən] *vi* ① (*eine Spur machen*) aprire la pista ② (*fam: gehorchen*) filare [*o* rigare] dritto *fam*
**Spurenelement** *nt* microelemento *m*
**Spürhund** *m* bracco *m*, segugio *m*
**spurlos** *adv* **~ verschwinden** sparire senza lasciar traccia
**Spürnase** *f* **eine sehr gute ~ haben** avere un fiuto finissimo **Spürsinn** *m* (*a. fig*) fiuto *m*
**Spurt** [ʃpʊrt] <-s, -s *o* -e> *m* (SPORT) sprint *m*; (*End~, a. fig*) sprint *m* finale
**spurten** ['ʃpʊrtən] *vi haben o sein* (SPORT) fare uno sprint, scattare
**Spurweite** *f* ① (MOT) carreggiata *f* ② (FERR) scartamento *m*
**Squash** ['skvɔʃ] <-> *kein Pl. nt* (SPORT) squash *m*
**SR** [ɛs'ʔɛr] <-(s)> *kein Pl. m abk v* **Saarländischer Rundfunk** *rete radiotelevisiva regionale tedesca con sede a Saarbrücken*
**Sri Lanka** ['sriː 'laŋka] *nt* Sri Lanka *m*
**SS** ① *abk v* **Sommersemester** semestre *m* estivo ② *abk v* **Schutzstaffel** SS *fpl*
**St.** ① *abk v* **Stück** pezzo ② *abk v* **Sankt** S.
**s. t.** *abk v* **sine tempore** senza il quarto d'ora accademico
**Staat** [ʃtaːt] <-(e)s, -en> *m* ① (POL) stato *m* ② *Sing.* (*Prunk, Aufwand*) sfoggio *m*, pompa *f*; (*Festgewand*) gran gala *f*; **mit etw ~ machen** far sfoggio di qc **Staatenbund** *m* confederazione *f* di stati **staatenlos** *adj* apolide **Staatenlose** <ein -r, -n, -n> *mf* apolide *mf*
**staatlich** *adj* dello stato, statale; (*dem Staat gehörig*) demaniale; (*national*) nazionale; (*öffentlich*) pubblico; **~e Unterstützung** sussidio dello stato; **~ anerkannt** riconosciuto dallo stato; **~ geprüft** diplomato
**Staatsakt** <-(e)s, -e> *m* cerimonia *f* ufficiale **Staatsaktion** *f* **eine ~ aus etw machen** fare di qc un affare di stato **Staatsangehörige** *mf* cittadino, -a *m, f* **Staatsangehörigkeit** *f* nazionalità *f* **Staatsanleihe** *f* ① (*Schulden des Staates*) prestito *m* statale ② (*Schuldverschreibung*) emissione *f* di buoni del tesoro **Staatsanwalt** *m*, **Staatsanwältin** *f* sostituto, -a procuratore, -trice *m, f* della repubblica; (*vor Gericht*) pubblico ministero *m* **Staatsanwaltschaft** *f* procura *f* della repubblica; (*vor Gericht*) pubblico ministero *m* **Staatsbeamte** *m*, **Staatsbeamtin** *f* funzionario, -a *m, f* statale **Staatsbegräbnis** *nt* funerale *m* di stato **Staatsbesuch** *m* visita *f* ufficiale **Staatsbürger(in)** *m(f)* cittadino, -a *m, f* **staatsbürgerlich** *adj* civico **Staatsbürgerschaft** *f* cittadinanza *f*, nazionalità *f* **Staatschef(in)** *m(f)* capo *m* di stato **Staatsdienst** *m* servizio *m* statale; **im ~ stehen** essere funzionario statale **Staatseigentum** *nt* bene *m* dello stato **Staatsexamen** *nt* esame *m* di stato **Staatsfeind** *m* nemico *m* pubblico **Staatsform** *f* forma *f* di governo, regime *m* **Staatsgebiet** *nt* territorio *m* nazionale **Staatsgeheimnis** *nt* segreto *m* dello stato **Staatsgewalt** *f* potere *m* politico, autorità *f* dello stato **Staatshaushalt** *m* bilancio *m* pubblico **Staatskirche** *f* chiesa *f* di stato **Staatskosten** *Pl.* **auf ~** a spese dello stato **Staatsmann** *m* statista *m*, [uomo *m*] politico *m* **staatsmännisch** ['ʃtaːtsmɛnɪʃ] *adj* di statista, di uomo di stato **Staatsoberhaupt** *nt* capo *m* di stato **Staatspräsident(in)** *m(f)* presidente *m* della repubblica **Staatsräson** <-> *kein Pl. f* ragione *f* di stato **Staatsrat** *m* ① (*Institution*) consiglio *m* di stato ② (*Person*) consigliere *m* di stato **Staatsschuld** *f* debito *m* pubblico **Staatssekretär(in)** *m(f)* sottosegretario, -a *m, f* di stato **Staatssicherheitsdienst** *m* polizia *f* di sicurezza **Staatsstreich** *m* colpo *m* di stato **staatstragend** *adj* che esprime lo Stato; **die staatstragenden Parteien** i partiti espressione dello Stato **Staatstrauer** *f* lutto *m* nazionale **Staatsverschuldung** *f* indebitamento *m* dello stato **Staatsvertrag** <-(e)s, -träge> *m* trattato *m* di stato,

*accordo fra lo Stato e le singole regioni di uno stato federale*

**Stab** [ʃtaːp] <-(e)s, Stäbe> *m* ❶ (*Stock*) bastone *m*; (*dünner, Dirigenten~*) bacchetta *f*; (*kurzer*) bastoncino *m*; (*Eisen~*) sbarra *f*; **über jdn den ~ brechen** (*fig*) condannare qu ❷ (SPORT: *Staffel~*) testimone *m*; (*Stabhochsprung~*) asta *f* ❸ (MIL: *Führungsgruppe*) stato *m* maggiore ❹ (*Mitarbeiter~*) quadri *mpl*, staff *m*

**stabförmig** *adj* a forma di asta

**Stabhochspringer(in)** <-s, -; -, -nen> *m(f)* saltatore, -trice *m*, *f* con l'asta **Stabhochsprung** *m* salto *m* con l'asta

**stabil** [ʃtaˈbiːl] *adj* stabile; (*Konstitution*) robusto

**stabilisieren** [ʃtabiliˈziːrən] <ohne ge-> I. *vt* stabilizzare II. *vr* **sich ~** stabilizzarsi

**Stabilisierung** <-, -en> *f* stabilizzazione *f*

**Stabilität** [ʃtabiliˈtɛːt] <-> *kein Pl. f* stabilità *f*; **~s- und Wachstumspakt** (EU) patto *m* di stabilità e di crescita

**Stabilitäts- und Wachstumspakt** <-(e)s> *kein Pl. m* (*Europäische Währungsunion*) patto *m* di stabilità e di crescita

**Stabmixer** *m* frullatore *m* a immersione

**Stabreim** *m* allitterazione *f*

**Stabsarzt** *m* capitano *m* medico **Stabschef** *m* capo *m* di stato maggiore **Stabsoffizier** *m* ufficiale *m* di stato maggiore

**Stabwechsel** *m* (SPORT) cambio *m* del testimone

**stach** [ʃtaːx] *1. u. 3. Pers. Sing. Imp. von* **stechen**

**Stachel** [ʃtaxəl] <-s, -n> *m* (*von Pflanzen*) spina *f*; (*von Igel, ~schwein*) aculeo *m*; (*von ~draht*) punta *f*; (*von Insekt*) pungiglione *m*

**Stachelbeere** *f* uva *f* spina **Stachelbeerstrauch** *m* arbusto *m* di uva spina

**Stacheldraht** *m* filo *m* spinato **Stacheldrahtverhau** *m* reticolato *m* **Stacheldrahtzaun** *m* reticolato *m*

**stachelig** *adj* (*Rose, Kaktee*) spinoso; (*Igel*) aculeato; (*Oberfläche*) ruvido, pungente; (*Kinn, Bart*) pungente

**Stachelschwein** *nt* porcospino *m*

**Stadel** [ˈʃtaːdəl] <-s, - *A auch* -n, *CH* Städel> *m* (*A, CH, südd: Scheune*) fienile *m*, pagliaio *m*

**Stadion** [ˈʃtaːdiɔn] <-s, Stadien> *nt* stadio *m*

**Stadium** [ˈʃtaːdiʊm] <-s, Stadien> *nt* stadio *m*

**Stadt** [ʃtat] <-, Städte> *f* ❶ (*Ort*) città *f*; **die ~ Zürich** la città di Zurigo; **in die ~ gehen** andare in città ❷ (*~verwaltung*) amministrazione *f* comunale **stadtbekannt** *adj* **das ist ~** è un fatto notorio **Stadtbezirk** *m* rione *m*, quartiere *m* **Stadtbibliothek** *f* biblioteca *f* civica **Stadtbild** *nt* fisionomia *f* della città **Stadtbücherei** *f* biblioteca *f* civica [*o* comunale]

**Städtchen** [ˈʃtɛ(ː)tçən] <-s, -> *nt* cittadina *f*

**Städtebau** [ˈʃtɛ(ː)təbaʊ] *kein Pl. m* urbanistica *f* **städtebaulich** *adj* urbanistico **Städtepartnerschaft** *f* gemellaggio *m*

**Städter(in)** [ˈʃtɛtɐ] <-s, -; -, -nen> *m(f)* cittadino, -a *m*, *f*

**Stadtflucht** *kein Pl. f* fuga *f* dalla città **Stadtgebiet** *nt* territorio *m* urbano **Stadtgespräch** *nt* (TEL) conversazione *f* urbana; **das ist ~** tutta la città ne parla

**städtisch** [ˈʃtɛtɪʃ] *adj* urbano, cittadino; (*verwaltungsmäßig*) comunale, municipale, civico

**Stadtkern** *m* nucleo *m* cittadino **Stadtmauer** *f* mura *fpl* cittadine **Stadtmensch** *m* uomo *m* di città **Stadtmitte** *f* centro *m* [della città] **Stadtplan** *m* pianta *f* della città **Stadtplaner(in)** *m(f)* urbanista *mf* **Stadtplanung** *f* urbanistica *f* **Stadtrand** *m* periferia *f* [cittadina] **Stadtrandsiedlung** *f* agglomerato *m* periferico **Stadtrat** *m* (*Gremium*) giunta *f* **Stadtrat** *m*, **Stadträtin** *f* assessore *m* **Stadtrundfahrt** *f* giro *m* turistico della città **Stadtstaat** *m* città *f* stato **Stadtstreicher(in)** <-s, -; -, -nen> *m(f)* vagabondo, -a *m*, *f* [di città] **Stadtteil** *m* quartiere *m*, rione *m* **Stadttor** *nt* porta *f* della città **Stadtväter** *mPl.* (*scherz*) consiglieri *mpl* comunali **Stadtverkehr** *m* traffico *m* cittadino **Stadtverwaltung** *f* amministrazione *f* comunale **Stadtviertel** *nt* quartiere *m* **Stadtwerke** *ntPl.* aziende *fpl* comunali

**Staffel** [ˈʃtafəl] <-, -n> *f* ❶ (SPORT) staffetta *f* ❷ (MIL, AERO: *Flug~*) squadriglia *f*

**Staffelei** [ʃtafəˈlaɪ] <-, -en> *f* cavalletto *m*

**Staffellauf** *m* staffetta *f*

**staffeln** *vt* ❶ (*Gebühren, Steuern, Gehälter*) graduare ❷ (*staffelweise aufstellen*) scaglionare

**Staffelung** <-, -en> *f* ❶ (*Gliederung*) graduazione *f* ❷ (*Aufstellung*) scaglionamento *m*

**Stagflation** [ʃtakflaˈtsjoːn] <-> *kein Pl. f* (COM) stagflazione *f*

**Stagnation** [ʃtagna'tsi̯oːn] <-, -en> f ristagno m
**stagnieren** [ʃta'gniːrən] <ohne ge-> vi ristagnare
**stahl** [ʃtaːl] *1. u. 3. Pers. Sing. Imp. von* **stehlen**
**Stahl** [ʃtaːl] <-(e)s, Stähle *o rar* -e> m (*Metall*) acciaio m; **Nerven aus ~** (*fig*) nervi d'acciaio **Stahlbeton** m cemento m armato **Stahlblech** nt lamiera f d'acciaio
**stählen** ['ʃtɛːlən] vt temprare
**stählern** ['ʃtɛːlɐn] adj (*a. fig*) d'acciaio
**Stahlfeder** f ❶ (*Schreibfeder*) pennino m d'acciaio ❷ (*Sprungfeder*) molla f d'acciaio **Stahlgerüst** nt ponteggio m tubolare **stahlhart** ['ʃtaːlˈhart] adj durissimo, duro come l'acciaio **Stahlhelm** m elmetto m d'acciaio **Stahlindustrie** f industria f dell'acciaio **Stahlrohrmöbel** ntPl. mobili mpl tubolari **Stahlträger** m longherone m d'acciaio **Stahlwerk** nt acciaieria f
**staksen** ['ʃtaːksən] vi sein (*fam*) camminare impettito
**Stalagmit** [ʃtalaˈgmiːt] <-s *o* -en, -e(n)> m (GEOL) stalagmite f [*o* stalammite f]
**Stalaktit** [ʃtalakˈtiːt] <-s *o* -en, -e(n)> m (GEOL) stalattite f
**Stalinismus** [ʃtaliˈnɪsmʊs] <-> *kein Pl.* m stalinismo f
**stalinistisch** [ʃtaliˈnɪstɪʃ] adj stalinista
**Stall** [ʃtal] <-(e)s, Ställe> m stalla f; (*Hühner-*) pollaio m; (*Pferde-, Renn-*) scuderia f; (*Schweine-*) porcile m **Stallknecht** m stalliere m
**Stallung** <-, -en> f stallaggio m, scuderia f
**Stamm** [ʃtam] <-(e)s, Stämme> m ❶ (*Baum-*) tronco m, fusto m ❷ (LING) radice f ❸ (*Kundschaft*) clientela f fissa ❹ (*Abstammung*) linea f ❺ (*Volks-, Eingeborenen-*) tribù f **Stammaktie** f azione f ordinaria **Stammbaum** m albero m genealogico; (*von Tieren*) pedigree m **Stammbuch** nt (*Familien-*) libro m di famiglia
**stammeln** ['ʃtaməln] vi, vt balbettare
**stammen** ['ʃtamən] vi ❶ (*abstammen*) discendere; (LING) derivare; **von etw ~** derivare da qc ❷ (*örtlich*) **aus Padua ~** essere originario di Padova ❸ (*zeitlich*) risalire; **dieses Bild stammt aus dem Mittelalter** questa figura risale al Medioevo
**Stammform** f (LING) forma f fondamentale
**Stammgast** m abitudinario, -a m, f, avventore, -trice m, f abituale, habitué m

**Stammhalter** m erede m maschio
**Stammhaus** nt casa f madre
**stämmig** ['ʃtɛmɪç] adj (*kräftig*) robusto; (*gedrungen*) tarchiato
**Stammkapital** nt capitale m sociale **Stammkneipe** f osteria f **Stammkunde** m, **Stammkundin** f cliente mf abituale, abitudinario, -a m, f **Stammkundschaft** f clientela f abituale [*o* fissa], abitudinari mpl **Stammlokal** nt locale m **Stammplatz** m posto m fisso **Stammtisch** m tavolo m riservato agli avventori abituali **Stammwähler(in)** <-s, -; -, -nen> m(f) elettore, -trice m, f fedele
**Stammzelle** f (BIOL) cellula f staminale
**Stammzellenforschung** f ricerca f sulle cellule staminali
**Stamperl** <-s, -n> nt (*A: Schnapsglas*) bicchierino m da grappa
**stampfen** ['ʃtampfən] **I.** vi ❶ haben (*Mensch*) pestare i piedi; (*Tier*) scalpitare ❷ haben (*Motor, Maschine*) lavorare ❸ haben *o* sein (*Schiff*) beccheggiare ❹ sein (*stapfen*) camminare pesantemente **II.** vt haben ❶ (*fest-~*) [cal]pestare, calcare ❷ (*Trauben*) pigiare; (*Kartoffeln*) schiacciare; (*im Mörser*) pestare
**Stampfer** <-s, -> m ❶ (TEC) pilone m, mazzapicchio m ❷ (*Küchengerät*) pestello m
**stand** [ʃtant] *1. u. 3. Pers. Sing. Imp. von* **stehen**
**Stand** [ʃtant] <-(e)s, Stände> m ❶ *Sing.* (*Stehen*) posizione f eretta; **bei jdm einen schweren ~ haben** (*fig*) avere difficoltà con qu ❷ (*Ort, Platz: von Beobachter, Schütze*) posizione f; (*Schieß-*) stand m, campo m di tiro; (*Taxi-*) posteggio m, stazione f [di tassì] ❸ (*Verkaufs-, Bude*) banco m di vendita; (*Verkaufstisch*) banco m; (*Bücher-*) bancherella f; (*Informations-, Messe-*) stand m ❹ *Sing.* (*Entwicklungsstufe: von Geschäften, der Dinge*) stato m; (*Kurs-*) quotazione f; (*von Forschungen, Verhandlungen*) stadio m; (SPORT: *Spiel-*) punteggio m; **auf den neuesten ~ bringen** aggiornare; **beim jetzigen ~ der Dinge** allo stato attuale delle cose ❺ *Sing.* (*Zustand*) stato m, condizione f ❻ *Sing.* (*Wasser-, Thermometer-*) livello m; (*Kilometer-*) chilometraggio m; (*Kassen-, Konto-*) situazione f, posizione f; (*der Sonne, des Monds*) posizione f; **den höchsten ~ erreichen** raggiungere il livello massimo ❼ (*soziale Stellung*) condizione f, posizione f; (*Berufs-*) categoria f
**Standard** ['ʃtandart] <-s, -s> m ❶ (*Richt-*

*schnur*) standard *m;* (*Norm*) norma *f* ❷(*Lebens~*) tenore *m* di vita ❸(*Feingehalt*) titolo *m* **Standardausführung** *f* modello *m* standard

**standardisieren** [ʃtandardiˈziːrən] <ohne ge-> *vt* standardizzare

**Standardisierung** <-, -en> *f* standardizzazione *f*, omogeneizzazione *f*

**Standarte** [ʃtanˈdartə] <-, -n> *f* stendardo *m*

**Standbild** *nt* statua *f*

**Stand-by-Betrieb** [stɛntˈbaɪ-] *m* (TECH, INFORM) modalità *f* standby; **im ~** in standby

**Ständchen** [ˈʃtɛntçən] <-s, -> *nt* serenata *f;* **jdm ein ~ bringen** fare una serenata a qu

**Ständemehr** <-s> *kein Pl. nt* (CH: POL: *Stimmenmehrheit in der Mehrzahl der Kantone*) maggioranza *f* dei voti dei rappresentanti dei cantoni del Consiglio degli Stati

**Ständer** [ˈʃtɛndɐ] <-s, -> *m* supporto *m*, sostegno *m;* (*Kleider~*) attaccapanni *m;* (*Noten~*) leggio *m*

**Ständerat** [ˈʃtɛndəraːt] *m* (*CH*) ❶(PARL, POL: *eine der beiden Kammern des schweizerischen Parlaments*) Consiglio *m* degli Stati, Camera *f* alta ❷(*Mitglied des Ständerates*) membro *m* del Consiglio degli Stati

**Standesamt** *nt* ufficio *m* di stato civile, anagrafe *f* **standesamtlich** *adj* ~**e Trauung** matrimonio civile **Standesbeamte** *m*, **Standesbeamtin** *f* ufficiale, -essa *m, f* di stato civile **standesgemäß** *adj* conforme al proprio stato sociale

**standfest** *adj* stabile **Standfestigkeit** <-> *kein Pl. f* ❶(*sicherer Stand*) stabilità *f* ❷(*Standhaftigkeit*) costanza *f*

**Standgericht** *nt* corte *f* marziale

**standhaft** *adj* costante, fermo, perseverante **Standhaftigkeit** <-> *kein Pl. f* costanza *f*, fermezza *f*, perseveranza *f*

**stand|halten** <irr> *vi* **einer Sache** *dat* ~ (*Mensch*) tener testa a qc; (*Gegenstand*) reggere qc, resistere a qc

**ständig** [ˈʃtɛndɪç] *adj* (*Mitglied, Ausschuss*) permanente; (*Wohnsitz*) stabile; (*ununterbrochen*) continuo; (*fest: Einkommen*) fisso

**Standlicht** *nt* (MOT) luce *f* di posizione **Standort** *m* ❶(*von Mensch, Schiff, Flugzeug*) posizione *f* ❷(BOT) habitat *m* ❸(*Garnison*) guarnigione *f* **Standpauke** *f* (*fam*) predica *f;* **jdm eine ~ halten** fare la paternale a qu **Standpunkt** *m* punto *m* di vista; (*Meinung*) parere *m*, opinione *f;* **jdm seinen ~ klarmachen** chiarire a qu il proprio punto di vista; **auf dem ~ stehen, dass ...** essere dell'opinione che +*conj* **Standuhr** *f* orologio *m* a pendolo

**Stange** [ˈʃtaŋə] <-, -n> *f* ❶(*Stab*) bastone *m;* (*Quer~*) sbarra *f;* (*Kleider~, Teppich~*) stanga *f;* (*Gardinen~*) asta *f;* (*Metall~*) barra *f;* (*senkrecht*) paio *m;* (*Hühner~*) posatoio *m;* (*Geweih~*) fusto *m* [di corna]; **eine ~ Geld kosten** (*fam*) costare un occhio della testa; **jdm die ~ halten** (*fam*) dar man forte a qu; **jdn bei der ~ halten** (*fam*) riuscire a trattenere qu; **bei der ~ bleiben** (*fam*) non cambiare opinione; **einen Anzug von der ~ kaufen** comp[e]rare un abito [da uomo] confezionato ❷(*länglicher Gegenstand: ~ Siegellack*) barra *f;* (*~ Zigaretten*) stecca *f;* (*~ Brot*) filone *m*, bastone *m*

**Stängel** [ˈʃtɛŋəl] <-s, -> *m* gambo *m*, stelo *m* **Stängelgemüse** <-s, -> *nt* verdura *f* a stelo [*o* a caule]

**Stangenbrot** *nt* filone *m*, baguette *f*

**stank** [ʃtaŋk] *1. u. 3. Pers. Sing. Imp. von* **stinken**

**stänkern** [ˈʃtɛŋkɐn] *vi* (*fam*) piantar grane **Stanniol** [ʃtaˈnjoːl] <-s, -e> *nt*, **Stanniolpapier** *nt* carta *f* stagnola

**Stanze** [ˈʃtantsə] <-, -n> *f* ❶(LIT) stanza *f* ❷(*Loch~*) punzonatrice *f;* (*Prägestempel*) punzone *m*

**stanzen** *vt* stampare; (*lochen*) punzonare; (*aus~*) tranciare

**Stapel** [ˈʃtaːpəl] <-s, -> *m* ❶(*Haufen*) pila *f*, catasta *f* ❷(NAUT: *Dock*) scalo *m;* **vom ~ lassen** (NAUT) varare; (*fig*) lanciare ❸(*Warenlager*) deposito *m* **Stapellauf** *m* varo *m*

**stapeln** *vt* impilare, accatastare

**stapfen** [ˈʃtapfən] *vi sein* camminare faticosamente

**Star**[1] [staːɐ̯] <-(e)s, -e> *m* (*Vogel*) storno *m*

**Star**[2] [staːɐ̯] <-s, -s> *m* (*berühmter Mensch*) divo, -a *m, f*, star *f*, stella *f*

**Star**[3] [staːɐ̯] <-[e]s> *kein Pl. m* (MED: *grauer ~*) cateratta *f;* (*grüner ~*) glaucoma *m*

**starb** [ʃtarp] *1. u. 3. Pers. Sing. Imp. von* **sterben**

**stark** [ʃtark] **I.**<stärker, stärkste> *adj* ❶forte; (*kräftig*) vigoroso, robusto; (*kraftvoll*) energico; (*willensstark*) forte; **sich für etw ~ machen** parteggiare per qc, sostenere qc; **das ist ein ~es Stück!** (*fam*) questo è il colmo! ❷(*heftig*) violento, forte; **~er Schnupfen** forte raffreddore

❸ (*mächtig, leistungs-*) potente ❹ (*intensiv: Verkehr, Kälte*) intenso; (*Farben a*) forte ❺ (*beträchtlich*) grande, considerevole; **~es Gefälle** discesa ripida ❻ (*tüchtig, beschlagen*) ferrato ❼ (*dick: Mensch*) grasso, corpulento; (*Schicht*) spesso; (*umfangreich*) voluminoso; **500 Seiten ~** di 500 pagine; **zehn Zentimeter ~** di dieci centimetri di spessore ❽ (*fest*) solido, saldo, resistente II.<stärker, am stärksten> *adv* ❶ (*bei Verben*) fortemente; (*beträchtlich*) abbondantemente ❷ (*bei Adjektiven*) molto; **~ verschuldet** indebitato fino al collo

**Stärke** ['ʃtɛrkə] <-, -n> *f* ❶ (*körperliche Kraft*) forza *f*, vigore *m*, robustezza *f*; (*Energie*) energia *f* ❷ (*Leistungsfähigkeit*) forza *f*, potenza *f* ❸ (*Intensität*) intensità *f*; (*Heftigkeit*) violenza *f* ❹ (*Anzahl*) numero *m*, forza *f*; (MIL) effettivo *m* ❺ (*Tüchtigkeit, Beschlagenheit, starke Seite*) forte *m* ❻ (*Dicke: von Schicht*) spessore *m* ❼ (*Festigkeit*) solidità *f*; (*innere ~*) saldezza *f* ❽ (*~mehl*) fecola *f*; (*Wäsche ~*) amido *m*

**stärken** I. *vt* ❶ (*kräftigen*) rinforzare, corroborare; (*fig*) rafforzare; (*Gesundheit*) rinvigorire, irrobustire ❷ (*mit Nahrung*) rifocillare, ristorare ❸ (*Wäsche*) inamidare II. *vr* **sich ~** rifocillarsi, ristorarsi

**Starkstrom** *m* corrente *f* ad alta tensione
**Starkstromleitung** <-, -en> *f* conduttura *f* di corrente ad alta tensione
**Stärkung** <-, -en> *f* ❶ (*Kräftigung*) corroboramento *m*, rinforzo *m*; (*fig*) rafforzamento *m*; (*von Gesundheit*) irrobustimento *m* ❷ (*Erfrischung*) ristoro *m* **Stärkungsmittel** *nt* ricostituente *m*

**starr** [ʃtar] *adj* ❶ (*fig: nicht beweglich*, TEC) rigido; (*steif*) irrigidito; (*vor Kälte*) intirizzito ❷ (*Blick*) fisso; (*wie versteinert*) pietrificato; **vor Schreck ~ sein** essere pietrificato per la paura; **vor Staunen ~ sein** essere sbalordito ❸ (*unbeugsam*) inflessibile ❹ (*Gesetze, Regeln*) rigoroso

**Starre** ['ʃtarə] <-> *kein Pl. f* ❶ (*Steifheit*) rigidità *f*, fissità *f* ❷ (*Feststehen*) immobilità *f*; (MED) rigidità *f* ❸ (*Strenge*) rigidità *f*, rigore *m*

**starren** ['ʃtarən] *vi* ❶ (*starr blicken*) **auf etw** *acc* **~** fissare qc ❷ (*ragen*) ergersi ❸ (*strotzen*) **von etw ~** essere pieno di qc; **vor Schmutz ~** essere sporco lurido

**Starrheit** <-> *kein Pl. f* ❶ (*Starre*) rigidezza *f*; (*fig* TEC) rigidità *f* ❷ (*Unbeugsamkeit*) inflessibilità *f* ❸ (*Strenge*) rigore *m* ❹ (*Starrsinn*) ostinatezza *f* **Starrkopf** ❺ (*pej*) testone, -a *m, f*, testa *f* dura, ostinato *m*

**Starrsinn** *m* caparbietà *f*, testardaggine *f*
**starrsinnig** *adj* ostinato, testardo

**Start** [ʃtart] <-(e)s, -s *o rar* -e> *m* ❶ (SPORT) partenza *f*; (*a. ~stelle*) start *m* ❷ (AERO) decollo *m*; (*~platz*) pista *f* di decollo; (*von Rakete, Raumschiff*) lancio *m* ❸ (MOT) avviamento *m* ❹ (*Computer*) avvio *m* ❺ (*fig: Anfangszeit*) inizio *m*, principio *m* **Startautomatik** *f* (MOT) starter *m* automatico **Startbahn** *f* pista *f* di decollo **startbereit** *adj* pronto alla partenza; (AERO) pronto al decollo

**starten** I. *vi sein* ❶ (*aufbrechen*) partire; (SPORT) prendere il via ❷ (MOT) avviarsi ❸ (AERO) decollare II. *vt haben* ❶ (*Rakete, Raumschiff*) lanciare ❷ (*fig* MOT: *in Gang setzen*) avviare

**Starter** <-s, -> *m* (MOT, SPORT) starter *m*
**Starterlaubnis** *f* (AERO) permesso *m* di decollo **Starthilfe** *f* ❶ (AERO) decollo *m* assistito ❷ (*fig: finanzielle Hilfe*) impulso *m* iniziale **Starthilfekabel** *nt* (MOT) cavetti *mpl*, cavi *mpl* d'accensione **Startkapital** *nt* capitale *m* iniziale **startklar** *adj s.* **startbereit Startmenü** <-s, -s> *nt* (INFORM) menu *m* di avvio **Startschuss** *m* segnale *m* di partenza **Startsignal** *nt*, **Startzeichen** *nt* segnale *m* di partenza

**Stasi** ['ʃta:zi] <-> *kein Pl. f* (HIST, *fam*) *akr v* **Staatssicherheitsdienst** *polizia segreta di stato dell'ex RDT*

**Statik** ['ʃta:tɪk] <-> *kein Pl. f* (PHYS) statica *f*
**Statiker(in)** ['ʃta:tɪkɐ] <-s, -; -, -nen> *m(f)* studioso *m* [*o* esperto *m*] di statica

**Station** [ʃta'tsjo:n] <-, -en> *f* ❶ (*Bahnhof, Radio~, Kreuzweg~*) stazione *f*; (*Haltestelle*) fermata *f* ❷ (*im Krankenhaus*) reparto *m* ❸ (*fig: Halt, Rast*) sosta *f*; **~ machen** fare sosta

**stationär** [ʃtatsjo'nɛ:ɐ] *adj* stazionario; (*ortsfest*) fisso; **~e Behandlung** (MED) trattamento clinico

**stationieren** [ʃtatsjo'ni:rən] <ohne ge-> *vt* (MIL) dislocare

**Stationierung** <-, -en> *f* (MIL) dislocamento *m*

**Stationsarzt** *m*, **Stationsärztin** *f* dottore, -essa *m, f* di reparto **Stationsschwester** *f* [infermiera *f*] caporeparto *f*

**statisch** ['ʃta:tɪʃ] *adj* statico

**Statist(in)** [ʃta'tɪst] <-en, -en; -, -nen> *m(f)* comparsa *f*

**Statistik** [ʃta'tɪstɪk] <-, -en> *f* statistica *f*
**Statistin** *f s.* **Statist**

**statistisch** [ʃtaˈtɪstɪʃ] *adj* statistico
**Stativ** [ʃtaˈtiːf] <-s, -e> *nt* stativo *m*, treppiedi *m*
**statt** [ʃtat] I. *prp* +*gen* invece di, in luogo di II. *konj* ~ **zu** +*inf*, ~ **dass** ... invece di +*inf*, anziché +*inf*
**stattdessen** *adv* invece [di ciò]
**Stätte** [ˈʃtɛtə] <-, -n> *f* (*geh*) luogo *m*, posto *m*
**statt|finden** <irr> *vi* aver luogo; (*Veranstaltung*) tenersi
**statt|geben** <irr> *vi* **einem Gesuch** ~ dar corso a un'istanza; **einer Bitte** ~ accogliere una preghiera
**statthaft** *adj* (*geh: erlaubt*) permesso; (*zulässig*) ammissibile; (JUR) ricevibile
**Statthalter** *m* governatore *m*
**stattlich** [ˈʃtatlɪç] *adj* ① (*Gebäude*) imponente; (*ansehnlich*) di bella presenza; (*prächtig*) magnifico ② (*Summe*) considerevole
**Statue** [ˈʃtaːtuə] <-, -n> *f* statua *f*
**Statur** [ʃtaˈtuːɐ̯] <-, -en> *f* statura *f*
**Status** [ˈʃtaːtʊs] <-, -> *m* status *m;* (JUR) situazione *f* giuridica; ~ **quo** status quo *m*
**Statussymbol** *nt* status symbol *m*
**Statuszeile** *f* (INFORM) barra *f* di stato
**Statut** [ʃtaˈtuːt] <-(e)s, -en> *nt* statuto *m*, regolamento *m*
**Stau** [ʃtaʊ] <-(e)s, -s *o* -e> *m* (*Verkehrs~*) ingorgo *m*, congestione *f;* (*Wasser~*) ristagno *m*, rigurgito *m*
**Staub** [ʃtaʊp] <-(e)s, -e *o* Stäube> *m* polvere *f;* (*Blüten~*) polline *m;* ~ **saugen** passare l'aspirapolvere; ~ **wischen** spolverare; [**viel**] ~ **aufwirbeln** (*fig fam*) fare molto scalpore; **sich aus dem** ~ **machen** (*fam*) svignarsela **Staubbeutel** *m* (BOT) antera *f*
**Staubecken** *nt* bacino *m* di sbarramento
**stauben** [ˈʃtaʊbən] *vi* (*staubig sein*) essere polveroso; (*Staub machen*) far polvere
**stäuben** [ˈʃtɔɪbən] I. *vi* ① (*Staub absondern*) impolverare, alzar polvere ② (*zerstieben*) polverizzare, nebulizzare II. *vt* ① (*Staub entfernen*) spolverare ② (*streuen*) cospargere; (*Flüssigkeiten*) versare (*auf/über* +*acc* su)
**Staubfaden** *m* (BOT) filamento *m*
**Staubfänger** [ˈʃtaʊpfɛŋɐ] <-s, -> *m* nido *m* di polvere
**Staubgefäß** *nt* (BOT) stame *m*
**staubig** *adj* polveroso, impolverato
**Staubkorn** *nt* granello *m* di polvere
**staub|saugen** *vi, vt* aspirare la polvere; **den Teppich** ~ passare l'aspirapolvere sul tappeto **Staubsauger** *m* aspirapolvere *m*
**Staubtuch** *nt* cencio *m* della polvere, strofinaccio *m* per spolverare **Staubwolke** *f* nube *f* di polvere **Staubzucker** *kein Pl. m* (A, *südd: Puderzucker*) zucchero *m* a velo
**stauchen** [ˈʃtaʊxən] *vt* ① (*zusammendrücken*) comprimere ② (*fam: schimpfen*) sgridare
**Staudamm** *m* diga *f* di sbarramento
**Staude** [ˈʃtaʊdə] <-, -n> *f* (*Pflanze*) pianta *f* perenne; (*Busch*) arbusto *m*
**stauen** [ˈʃtaʊən] I. *vt* ① (*Wasser*) arginare; (*Fluss*) sbarrare; (*Blut*) fermare ② (NAUT) stivare II. *vr* **sich** ~ (*Wasser, Blut*) ristagnare; (*durch Abbinden*) arrestare; (*Verkehr*) ingorgarsi; (*Menschen*) ammassarsi; (*fig: sich anhäufen*) ammassarsi, accalcarsi; (*Gefühle*) accumularsi
**Staugefahr** <-> *kein Pl. f* **es besteht** ~ attenzione, [possono formarsi delle] code
**Staumauer** *f* diga *f* di sbarramento
**Staumeldung** *f* comunicato *m* di un ingorgo
**staunen** [ˈʃtaʊnən] *vi* stupirsi; (*überrascht sein*) rimanere sorpreso; **über etw** *acc* ~ stupirsi di qc; **da staunst du, was?** non te l'aspettavi, eh? **Staunen** <-s> *kein Pl. nt* stupore *m*, meraviglia *f;* **aus dem** ~ **nicht herauskommen** non riaversi dallo stupore
**Staupe** [ˈʃtaʊpə] <-, -n> *f* cimurro *m*
**Staupilot** *m* chi vede e comunica un ingorgo
**Stausee** *m* lago *m* artificiale
**Stauung** <-, -en> *f* (*von Wasser*) ristagno *m;* (*von Blut*) stasi *f,* congestione *f;* (*durch Abbinden*) arresto *m;* (*Stockung*) arresto *m*, stasi *f;* (*von Menschen*) folla *f*, calca *f*
**Std.** *abk v* **Stunde** h
**Steak** [steːk] <-s, -s> *nt* bistecca *f* di filetto
**Stearin** [ʃteaˈriːn *o* steaˈriːn] <-s, -e> *nt* stearina *f*
**Stechbecken** *nt* padella *f*
**stechen** [ˈʃtɛçən] <sticht, stach, gestochen> I. *vt* ① (*mit spitzem Gegenstand, Insekt*) pungere; (*mit Messer*) piantare; (*mit Finger*) pizzicare; **ein Loch in etw** *acc* ~ bucare qc; **es sticht mich in der Seite** sento delle fitte al fianco ② (*Schlachttier*) scannare, sgozzare ③ (*Spargel*) cogliere; (*Torf*) scavare ④ (*beim Kartenspiel*) ammazzare ⑤ (TYP: *in Kupfer, Stahl*) incidere II. *vi* ① (*spitzer Gegenstand, Insekt*) pungere; **nach jdm** ~ accoltellare qu; **ins Bläuliche** ~ (*Farbe*) dare sul bluastro ② (*Sonne*) picchiare ③ (*beim Kartenspiel*) imbrogliare III. *vr* **sich** ~ pungersi;

**sich in den Finger ~** pungersi al dito; **sich mit einer Nadel ~** pungersi con un ago
**stechend** *adj* pungente; (*Schmerz*) lancinante; (*Blick, Geruch*) penetrante; (*Sonne*) ardente
**Stechginster** *m* ginestra *f* spinosa **Stechkarte** *f* cartellino *m* di presenza **Stechmücke** *f* zanzara *f* **Stechuhr** *f* orologio *m* marcatempo **Stechzirkel** *m* compasso *m* per spessori
**Steckbrief** *m* dati *mpl* segnaletici **steckbrieflich** *adj* **~ gesucht** ricercato con un mandato di cattura
**Steckdose** *f* presa *f* [di corrente]
**stecken** ['ʃtɛkən] **I.** *vt* ① (*hinein~, an~*) infilare, introdurre; (*Schlüssel, Ring*) infilare ② (*fest~*) [con]ficcare, piantare; (*mit Nadeln*) appuntare ③ (*Geld, Mühe, Zeit*) investire; **etw in etw** *acc* **~** investire qc in qc; **jdm etw ~** (*fam*) soffiare qc nell'orecchio a qu **II.** *vi* ① (*festsitzen*) essere conficcato; **der Schreck steckt mir noch in allen Gliedern** sono ancora tutto spaventato ② (*sich befinden*) essere, trovarsi; **wo steckst du denn?** (*fam*) dove ti sei cacciato?
**Stecken** ['ʃtɛkən] <-s, -> *m* (*dial*) bastone *m*
**Steckenpferd** *nt* ① (*Spielzeug*) cavalluccio *m* di legno ② (*fig: Hobby*) hobby *m*
**Stecker** <-s, -> *m*, **Steckkontakt** *m* (EL) spina *f*
**Stecknadel** *f* spillo *m;* **eine ~ im Heuhaufen suchen** cercare un ago nel pagliaio
**Steckplatz** *m* (INFORM) slot *m*
**Steckrübe** *f* navone *m*
**Steg** [ʃteːk] <-(e)s, -e> *m* ① (*Weg*) viottolo *m,* sentiero *m* ② (*Fußgängerbrücke*) passerella *f;* (*Boots~*) pontile *m* ③ (*Geigen~*) ponticello *m*
**Stegreif** ['ʃteːkraɪf] *m* **aus dem ~ sprechen** improvvisare un discorso
**Stehaufmännchen** *nt* misirizzi *m*
**Stehcafé** ['ʃteːkafeː] *nt* bar *m, locale dove si beve il caffè in piedi*
**stehen** ['ʃteːən] <**steht, stand, gestanden**> **I.** *vi* ① (*aufrecht ~ : Mensch*) stare in piedi; (*Gegenstand*) stare ritto; **~ bleiben** restare in piedi; **~ lassen** lasciare in piedi; (*an seinem Platz lassen*) lasciar stare; (*dalassen*) dimenticare; (*nicht anrühren: Essen*) non toccare; **im Stehen essen** mangiare in piedi; **die Sache steht und fällt damit** la cosa dipende da ciò ② (*sein*) essere; (*sich befinden*) trovarsi; **offen ~** (*geöffnet sein*) essere aperto; (*frei sein*) essere libero; (*zugänglich sein*) essere accessibile; **leer ~d** disabitato, sfitto, vuoto; **über etw** *dat* **~** (*fig*) essere superiore a qu; **unter Wasser ~** essere allagato; **unter jds Leitung ~** essere sotto la guida di qu; **Tränen standen ihm in den Augen** aveva le lacrime agli occhi; **es steht mir bis hier** [**oben**] (*fig fam*) ne ho fin sopra i capelli; **wie steht's?** (*wie geht's*) come va?; (*was ist*) cosa c'è? ③ (*geschrieben, gedruckt sein*) esser scritto; **das steht in der Zeitung** è scritto sul giornale; **darauf steht die Todesstrafe** per questo è prevista la pena di morte; **davon steht nichts im Brief** la lettera non ne parla ④ (*sich nicht bewegen*) essere fermo; (*Verkehr*) ristagnare ⑤ (*anzeigen*) segnare; **das Spiel steht eins zu null** la partita sta uno a zero; **das Thermometer steht auf 30 Grad** il termometro segna 30 gradi ⑥ (*kleidsam sein*) **jdm ~** stare bene a qu ⑦ (*Unterstützung*) **hinter jdm ~** (*fig*) appoggiare qu; **zu jdm ~** stare dalla parte di qu, sostenere qu; **zu seinem Wort ~** mantenere la parola data ⑧ (*Wend*) **auf jdn/etw ~** (*sl: gut finden*) essere pazzo di qu/qc *sl*; **es steht mir frei zu** +*inf* sono libero di +*inf* **II.** *vr* **sich gut/schlecht ~** (FIN) stare bene/male [finanziariamente]; **sich gut mit jdm ~** (*verstehen*) essere in buoni rapporti con qu
**stehend** *adj* ① (*aufrecht*) in piedi, ritto ② (*nicht in Bewegung*) fermo; (*fest, unbeweglich*) fisso, immobile; (*Gewässer*) stagnante; **~e Redensart** frase fatta
**Stehkragen** *m* colletto *m* alto **Stehlampe** *f* lampada *f* a stelo
**stehlen** ['ʃteːlən] <**stiehlt, stahl, gestohlen**> *vt, vi* rubare; **jdm die Zeit ~** far perdere tempo a qu; **sie kann mir gestohlen bleiben!** (*fam*) vada a farsi friggere!
**Stehplatz** *m* posto *m* in piedi
**Stehvermögen** *kein Pl. nt* ① (*Ausdauer*) resistenza *f,* tenacità *f* ② (*Durchhaltevermögen*) perseveranza *f,* tenacità *f*
**Steiermark** ['ʃtaɪɐmark] *f* Stiria *f*
**steif** [ʃtaɪf] *adj* ① (*nicht biegsam*) rigido ② (*starr*) irrigidito; (*~gefroren*) intirizzito; **~er Hals** torcicollo *m;* **~ werden** irrigidirsi; (*vor Kälte*) intirizzirsi; **~ und fest behaupten** (*fam*) sostenere con fermezza ③ (*dickflüssig: Pudding*) denso ④ (*gestärkt: Wäsche*) inamidato ⑤ (*fig: gezwungen*) compassato; (*förmlich*) formale
**steifen** *vt* ① (*steif machen*) irrigidire ② (*stärken: Wäsche*) inamidare
**Steifheit** <-> *kein Pl. f* ① (*Steife*) rigidità *f,*

rigidezza *f* ② (*fig: von Benehmen*) formalismo *m*
**Steigbügel** *m* staffa *f*
**Steige** ['ʃtaɪɡə] <-, -n> *f* (*A, südd*) ① (*kleine Lattenkiste*) piccola gabbia *f* per imballaggio ② (*Lattenverschlag für Kleintiere*) gabbietta *f* per piccoli animali
**Steigeisen** *nt* rampone *m*
**steigen** ['ʃtaɪɡən] <steigt, stieg, gestiegen> *vi sein* ① (*hoch~*) salire; (*klettern*) arrampicarsi; (*hinunter~*) scendere; **über etw** *acc* **~** scavalcare qc; **aufs/vom Pferd ~** montare a/smontare da cavallo; **aus dem/in den Wagen ~** scendere dall'/salire in automobile; **einen Drachen ~ lassen** far volare un aquilone ② (*fig: zunehmen*) aumentare, crescere; (*Preise*) salire; **in jds Achtung ~** crescere nella stima di qu ③ (*fam: stattfinden*) aver luogo **steigend** *adj* crescente; (COM: *Preise*) in aumento; (FIN: *Tendenz*) al rialzo
**Steiger** <-s, -> *m* (MIN) capo *m* [sciolta]
**steigern** ['ʃtaɪɡɐn] I. *vt* ① (*erhöhen, vergrößern*) aumentare; (*Produktion, Leistung*) aumentare, incrementare ② (LING) formare i gradi di comparazione di II. *vr* **sich ~** ① (*anwachsen*) crescere ② (*sich verbessern*) migliorare; **sich in Wut ~** montare in collera III. *vi* (*bei Auktionen*) fare un'offerta
**Steigerung** <-, -en> *f* ① (*Erhöhung*) aumento *m*, accrescimento *m*; (*Preis~*) aumento *m*; (*Produktions~, Absatz~*) incremento *m*; (*Intensivierung*) intensificazione *f*; **allmähliche ~** gradazione *f* ② (LING) comparazione *f* ③ (*Verbesserung*) miglioramento *m*
**Steigung** <-, -en> *f* (*Hang*) salita *f*, ascesa *f*; (*von Straße*) pendenza *f*
**steil** [ʃtaɪl] *adj* (*ansteigend*) ripido, erto; (*abfallend*) scosceso; (*fig: Karriere*) rapido **Steilhang** *m* pendio *m* ripido **Steilheit** <-> *kein Pl. f* ripidezza *f* **Steilküste** *f* costa *f* ripida **Steilpass** *m* (SPORT) pallonetto *m*
**Stein** [ʃtaɪn] <-(e)s, -e> *m* ① (*Material, Bau~*) pietra *f*, sasso *m*; (*Fels*) roccia *f*; (*Kiesel*) ciottolo *m*; **den ~ ins Rollen bringen** (*fig*) dare l'avvio a qc; **keinen ~ auf dem ander[e]n lassen** (*fig*) distruggere tutto; **jdm ~e in den Weg legen** (*fig*) mettere a qu i bastoni fra le ruote; **da fällt mir ein ~ vom Herzen** (*fig*) mi sento sollevato da un gran peso ② (*Edel~*) pietra *f* preziosa; (*in Uhr*) rubino *m* ③ (BOT: *Kern*) nocciolo *m* ④ (MED) calcolo *m* ⑤ (*von Brettspiel*) pedina *f*, pezzo *m*; **bei jdm einen ~ im Brett haben** (*fig fam*) essere nelle grazie di qu

**Steinadler** *m* aquila *f* reale **steinalt** *adj* vecchissimo **Steinbock** *m* ① (ZOO) stambecco *m* ② (ASTR) Capricorno *m*; **er/sie ist [ein] ~** è [del] Capricorno **Steinbruch** *m* cava *f* di pietra **Steinbutt** *m* rombo *m* chiodato
**steinern** *adj* di pietra; (*fig a.*) di sasso
**Steinfrucht** *f* drupa *f* **Steingut** *nt* terraglia *f* **steinhart** *adj* duro come la pietra, durissimo
**steinig** *adj* sassoso, pietroso; (*felsig*) roccioso
**steinigen** *vt* lapidare
**Steinkohle** *f* carbone *m* fossile **Steinmarder** *m* faina *f* **Steinmetz** ['ʃtaɪnmɛts] <-en, -en> *m* scalpellino *m* **Steinobst** *nt* frutta *f* col nocciolo **Steinpilz** *m* porcino *m* **steinreich** *adj* (*fam*) ricco sfondato **Steinsalz** *nt* salgemma *m* **Steinsarg** *m* sarcofago *m* **Steinschlag** *m* caduta *f* massi **Steinzeit** *f* età *f* della pietra; **ältere/mittlere/jüngere ~** paleo-/meso-/neolitico *m*
**Steiß** [ʃtaɪs] <-es, -e> *m* (*~bein*) coccige *m*; (*Gesäß*) sedere *m*, didietro *m fam*, deretano *m* **Steißbein** *nt* coccige *m*
**Stele** ['ʃteːlə, 'steːlə] <-, -n> *f* stele *f* **Stelenfeld** *nt* campo *m* di stele
**Stelldichein** ['ʃtɛldɪçʔaɪn] <-(e)s, -(s)> *nt* appuntamento *m*; (*zwischen Verliebten*) convegno *m* amoroso
**Stelle** ['ʃtɛlə] <-, -n> *f* ① (*Platz, Ort*) posto *m*, luogo *m*; (*Fleck*) punto *m*; (*in Buch*) punto *m*; **an ~ von** in luogo di, in vece di; **an deiner ~** al tuo posto; **an erster/zweiter ~** al primo/secondo posto; **auf der ~** (*sofort*) subito; **schwache ~** (*a. fig*) punto debole; **an jds ~ treten** prendere il posto di qu; **von der ~ bringen** smuovere; **nicht von der ~ kommen** (*a. fig*) non fare un passo avanti; **zur ~ sein** essere presente ② (*Arbeits~*) impiego *m*; (*Anstellung*) posto *m*; **offene ~** posto vacante; **offene ~n** (*Zeitungsrubrik*) offerte *fpl* d'impiego ③ (*Behörde*) autorità *f*; (*Dienst~*) ufficio *m* ④ (MAT) cifra *f*
**stellen** ['ʃtɛlən] I. *vt* ① (*hin~, auf~*) mettere, collocare [ritto]; (*anlehnen*) appoggiare; (*Falle*) mettere, collocare; **auf sich [allein] gestellt** abbandonato a sé stesso ② (TEC: *ein~*) regolare; **den Wecker auf acht Uhr ~** puntare la sveglia alle otto; **die Heizung höher ~** aumentare il riscaldamento; **das Radio lauter ~** aumentare il volume della radio ③ (*Horoskop*) trarre;

(*Diagnose*) fare ④ (*fest~*) fissare ⑤ (*bereit~*) fornire, procurare; (*Zeugen*) produrre; (*Bürgschaft*) fornire; (*Kaution*) dare ⑥ (*Verbrecher*) fermare, arrestare ⑦ (*Frage*) porre; (*Termin*) fissare; (*Aufgabe*) assegnare, dare; **jdn vor ein Problem/eine Entscheidung ~** confrontare qu con un problema/una decisione **II.** *vr* **sich ~** ① (*sich hin~, auf~*) mettersi, porsi, collocarsi; **sich gut/schlecht ~** (FIN) stare bene/male [finanziariamente]; **sich gut mit jdm ~** (*auskommen*) essere in buoni rapporti con qu; **sich einer Aufgabe/den Fragen ~** essere disposto ad assumersi un compito/a rispondere alle domande; **sich gegen jdn/etw ~** (*fig*) essere contro qu/qc; **sich hinter jdn/etw ~** (*fig*) spalleggiare qu/qc, appoggiare qu/qc; **sich auf [die] Zehenspitzen ~** stare sulla punta dei piedi ② (ADM) **sich der Polizei ~** costituirsi alla polizia; **sich dem Gericht ~** presentarsi in tribunale ③ (*sich ergeben: Frage, Problem, Aufgabe*) sorgere, nascere ④ (*vortäuschen*) **sich krank ~** fingersi malato; **sich taub ~** fingersi sordo

**Stellenabbau** *m* razionalizzazione *f* dei posti **Stellenangebot** *nt* offerta *f* d'impiego **Stellenausschreibung** *f* bando *m* di concorso **Stellengesuch** *nt* domanda *f* d'impiego **Stellenkampf** *m* battaglia *f* per i posti di lavoro **Stellenmarktprognose** *f* previsioni *pl* sul mercato del lavoro **Stellenrückgang** *m* diminuzione *f* dei posti di lavoro **Stellenvermittlung** *f* collocamento *m*; (*Büro*) ufficio *m* di collocamento **stellenweise** *adv* qua e là **Stellenwert** *m* valore *m*

**Stellung** <-, -en> *f* ① (*Position, Rang*, MIL) posizione *f* ② (*Anordnung*) disposizione *f*; (*Geschütz~*) postazione *f* d'artiglieria; (*Raketen~*) base *f* missilistica ③ (*Körperhaltung*) posa *f*, posizione *f* ④ (*Stelle, An~*) posto *m*, impiego *m*, occupazione *f*; (*Amt*) carica *f* ⑤ (*Einstellung*) atteggiamento *m*; **~ nehmen zu** prendere posizione riguardo a; **~ beziehen** (*fig*) assumere un atteggiamento

**Stellungnahme** ['ʃtɛlʊŋnaːmə] <-, -n> *f* presa *f* di posizione
**Stellungsbefehl** <-(e)s, -e> *m* (MIL) cartolina *f* di precetto **stellungslos** *adj* disoccupato **Stellung|s|suchende** <ein -r, -n, -n> *mf* persona *f* in cerca di occupazione
**stellvertretend** *adj* sostituto, vice- **Stellvertreter(in)** *m(f)* sostituto, -a *m, f*, vice *mf* **Stellvertretung** *f* rappresentanza *f*, supplenza *f*; **die ~ von jdm übernehmen** supplire qu; **in ~ von** in sostituzione di
**Stellwerk** *nt* cabina *f* di blocco
**Stelze** ['ʃtɛltsə] <-, -n> *f* trampolo *m*
**stelzen** *vi sein* camminare impettito
**Stelzvögel** *mPl.* trampolieri *mpl*
**Stemmbogen** *m* conversione *f* a spazzaneve
**Stemmeisen** *nt* palanchino *m*, piede *m* di porco
**stemmen** ['ʃtɛmən] **I.** *vt* ① (*stützen*) puntare, appoggiare ② (*Gewicht*) sollevare **II.** *vr* **sich ~** ① (*sich stützen*) puntare i piedi/le mani ② (*fig: sich auflehnen*) **sich gegen etw ~** opporsi a qc **III.** *vi* (*beim Skilaufen*) fare il cristiania
**Stemmschwung** *m* curva *f* con apertura a monte
**Stempel** ['ʃtɛmpəl] <-s, -> *m* ① (*Gerät, Abdruck*) timbro *m*; (*Ergebnis*) timbro *m*, bollo *m*; (*Post~*) timbro *m*; (*auf Metall*) marchio *m*; **einer Sache** *dat* **seinen ~ aufdrücken** (*fig*) dare la propria impronta a qc ② (*Münz~*) conio *m*; (*Punze*) punzone *m* ③ (BOT) pistillo *m* ④ (*fig: Gepräge*) marchio *m*, impronta *f* **Stempelfarbe** *f* inchiostro *m* per timbri **Stempelkissen** *nt* tampone *m* per timbri **Stempelmarke** *f* (*A:* ADM: *Gebührenmarke*) marca *f* da bollo
**stempeln I.** *vt* ① (*bedrucken*) timbrare, bollare; (*Post*) timbrare; (*entwerten*) obliterare; **jdn zu etw ~** trattare qu da qc, bollare qu di qc ② (*prägen*) stampare; (*punzen*) punzonare **II.** *vi* (*Stempeluhr betätigen*) timbrare il cartellino; **~ [gehen]** (*fam: arbeitslos sein*) percepire il sussidio di disoccupazione
**Stempeluhr** *f* orologio *m* da controllo
**Stenograf(in)** [ʃtenoˈɡraːf] <-en, -en; -, -nen> *m(f)* stenografo, -a *m, f*
**Stenografie** [ʃtenoɡraˈfiː] <-, -n> *f* stenografia *f*
**stenografieren** [ʃtenoɡraˈfiːrən] <ohne ge-> *vt, vi* stenografare
**stenografisch** *adj* stenografico
**Stenogramm** [ʃtenoˈɡram] <-s, -e> *nt* stenogramma *m* **Stenogrammblock** <-(e)s, -s> *m* blocco *m* per stenografia
**Stenograph(in)** <-en, -en; -, -nen> *m(f)* *s.* **Stenograf**
**Stenographie** <-, -n> *f s.* **Stenografie**
**stenographieren** <ohne ge-> *vt, vi s.* **stenografieren**
**stenographisch** *adj s.* **stenografisch**
**Stenotypist(in)** [ʃtenotyˈpɪst] <-en, -en; -, -nen> *m(f)* stenodattilografo, -a *m, f*

**Stepp** [ʃtɛp] <-s, -s> *m* (*~tanz*) tip-tap *m*
**Steppdecke** *f* trapunta *f*
**Steppe** ['ʃtɛpə] <-, -n> *f* steppa *f*
**steppen** ['ʃtɛpən] **I.** *vi* (*Stepp tanzen*) ballare il tip-tap **II.** *vt* (*nähen*) trapuntare
**Stepper** ['ʃtɛpɐ] <-s, -> *m* (*Fitnessgerät*) stepper *m*
**Stepper(in)** ['ʃtɛpɐ] <-s, -> *m(f)* ballerino *m*/ballerina *f* di step
**Sterbebett** *nt* letto *m* di morte; **auf dem ~ liegen** essere in punto di morte **Sterbefall** *m* caso *m* di morte, decesso *m* **Sterbegeld** *nt* indennità *f* funeraria **Sterbehilfe** *f* eutanasia *f* **Sterbekasse** *f* cassa *f* d'assicurazione in caso di morte
**sterben** ['ʃtɛrbən] <stirbt, starb, gestorben> *vi sein* [an etw *dat*] ~ morire [di qc]; **eines gewaltsamen/natürlichen Todes ~** morire di morte violenta/naturale; **daran wirst du nicht ~!** (*fig fam*) non è mica la morte **Sterben** <-s> *kein Pl. nt* morte *f;* **im ~ liegen** essere in punto di morte **Sterbende** <ein -r, -n, -n> *mf* moribondo, -a *m, f,* morente *mf* **Sterbenswörtchen** ['ʃtɛrbəns'vœrtçən] *nt* **kein ~ sagen** non dire una parola
**Sterberate** *f* mortalità *f* **Sterberegister** *nt* registro *m* dei decessi **Sterbesakramente** *ntPl.* estrema unzione *f* **Sterbeurkunde** *f* certificato *m* di morte
**sterblich** *adj* mortale **Sterblichkeit** <-> *kein Pl. f* mortalità *f* **Sterblichkeitsziffer** *f* [tasso *m* di] mortalità *f*
**Stereo** ['ʃte:reo] <-s> *kein Pl. nt* stereofonia *f* **Stereoanlage** *f* stereo *m,* impianto *m* stereo **Stereoaufnahme** *f* registrazione *f* stereofonica [*o* stereo]
**stereofon** [ʃtereo'fo:n] *adj,* **stereophon** *adj* stereofonico
**Stereoskop** [ʃtereo'sko:p] <-s, -e> *nt* stereoscopio *m*
**stereotyp** [ʃtereo'ty:p] *adj* stereotipo, stereotipato
**Stereotyp** [ʃtereo'ty:p] <-s, -e> *nt* stereotipo *m*
**steril** [ʃte'ri:l] *adj* sterile
**Sterilisation** [ʃteriliza'tsi̯o:n] <-, -en> *f* sterilizzazione *f*
**sterilisieren** [ʃterili'zi:rən] <ohne ge-> *vt* sterilizzare
**Sterilisierung** <-, -en> *f* (*a.* MED) sterilizzazione *f*
**Sterilität** [ʃterili'tɛ:t] <-> *kein Pl. f* (*a. fig*) sterilità *f*
**Stern** [ʃtɛrn] <-(e)s, -e> *m* ❶ (*am Himmel*) stella *f;* (*Gestirn*) astro *m;* **~ sehen** (*fam*) vedere le stelle; **unter einem glückli-**
**chen ~ geboren sein** (*fig*) essere nato sotto una buona stella; **das steht in den ~en geschrieben** è scritto nelle stelle ❷ (*Abzeichen, Orden*) stelletta *f;* **ein Hotel mit vier Sternen** un albergo a quattro stelle ❸ (TYP) asterisco *m*
**Sternbild** *nt* costellazione *f*
**Sternenbanner** *nt* bandiera *f* stellata **Sternenhimmel** *m* cielo *m* stellato **sternenklar** *adj* chiarissimo, stellato
**Sternfahrt** *f* (SPORT, POL) rally *m* **sternhagelvoll** *adj* (*fam*) ubriaco fradicio **Sternkarte** *f* carta *f* del cielo **sternklar** *adj* (*Himmel*) stellato **Sternkunde** *f* astronomia *f* **Sternschnuppe** *f* stella *f* filante **Sternstunde** *f* (*fig*) grande momento *m* **Sternwarte** ['ʃtɛrnvartə] <-, -n> *f* osservatorio *m*
**Sterz** [ʃtɛrts] <-es, -e> *m* ❶ (*Vögel*) coda *f,* codione *m;* (*Pflugsterz*) stegola *f* ❷ (*A, südd:* GASTR: *Speise aus einem Teig aus Mehl, Grieß usw., der in Fett gebacken oder in heißem Wasser gekocht und dann zerteilt wird*) pietanza, il cui impasto a base di farina di grano, semolino etc, viene fritto o cotto in acqua bollente e poi tagliuzzato
**stet, stetig** [ʃte:t, 'ʃte:tɪç] *adj* costante; (MAT) continuo
**Stethoskop** [ʃteto'sko:p] <-s, -e> *nt* (MED) stetoscopio *m*
**Stetigkeit** <-> *kein Pl. f* (*Beständigkeit*) costanza *f;* (*Kontinuität*) continuità *f*
**stets** [ʃte:ts] *adv* (*immer*) sempre; (*ständig*) costantemente, continuamente
**Steuer**[1] ['ʃtɔɪɐ] <-s, -> *nt* (*fig* MAR, AERO: *Führung*) timone *m;* (MOT) volante *m;* **das ~ übernehmen** (*fig*) mettersi al timone; **am ~ sitzen** (MOT) essere al volante; (AERO) essere ai comandi
**Steuer**[2] <-, -n> *f* (FIN) imposta *f;* **~n hinterziehen** evadere il fisco; **nach Abzug der ~n** detratte le imposte
**Steueraufkommen** *nt* gettito *m* fiscale **Steuerausgleich** *m* perequazione *f* tributaria, conguaglio *m* fiscale **steuerbegünstigt** *adj* che gode di agevolazioni fiscali **Steuerbelastung** *f* onere *m* fiscale **Steuerberater(in)** *m(f)* consulente *mf* fiscale **Steuerbescheid** *m* avviso *m* d'accertamento, cartella *f* di pagamento [di imposte]
**Steuerbord** *nt* tribordo *m*
**Steuererhöhung** *f* aumento *m* delle imposte **Steuererklärung** *f* dichiarazione *f* fiscale **Steuererleichterung** *f* agevolazione *f* fiscale **Steuerflucht** *f* eva-

sione *f* fiscale **steuerfrei** *adj* esente da imposte **Steuerfreibetrag** *m* importo *m* esente da tasse **Steuerfuß** <-es, -füße> *m* (*CH*: FIN: *Steuersatz*) aliquota *f* d'imposta **Steuergelder** *ntPl.* introiti *mpl* fiscali **Steuerhinterziehung** *f* evasione *f* fiscale **Steuerklasse** *f* fascia *f* fiscale
**Steuerknüppel** *m* cloche *f*
**Steuerlast** *f* onere *m* fiscale
**steuerlich** *adj* fiscale; **aus ~en Gründen** per ragioni fiscali
**steuerlos** *adj* senza guida
**Steuermann** *m* timoniere *m*, pilota *m*
**Steuermarke** *f* marca *f* da bollo
**steuern I.** *vt* haben ① (*fig* AUTO) guidare; (NAUT) governare; (AERO) pilotare ② (TEC) regolare ③ (*fig*: *lenken*) dirigere **II.** *vi* ① sein (*fahren*) [**nach rechts**] ~ far rotta [verso destra] ② haben (AUTO: *am Steuer sein*) essere al volante; (NAUT) essere al timone; (AERO) essere ai comandi
**Steuernachlass** *m* condono *m* fiscale
**Steuerparadies** <-es, -e> *nt* (*fam*) paradiso *m* fiscale **steuerpflichtig** *adj* soggetto a imposta **Steuerpflichtige** <ein -r, -n, -n> *mf* contribuente *mf* **Steuerpolitik** *f* politica *f* fiscale **Steuerprüfung** *f* controllo *m* fiscale
**Steuerrad** *nt* (MOT) volante *m*; (NAUT) ruota *f* del timone
**Steuerrecht** *nt* diritto *m* tributario **Steuerreform** *f* riforma *f* tributaria **Steuerrückerstattung** *f*, **Steuerrückvergütung** *f* rimborso *m* di imposte
**Steuerruder** *nt* timone *m*
**Steuersatz** *m* aliquota *f* d'imposta **Steuerschuld** *f* debito *m* tributario **Steuersenkung** *f* riduzione *f* d'imposte
**Steuerung** <-, -en> *f* ① *Sing.* (NAUT, AERO) guida *f*, pilotaggio *m*; (WIRTSCH) direzione *f*, guida *f* ② (*Steuervorrichtung*) controllo *m*, dispositivo *m* ③ *Sing.* (*fig*: *Bekämpfung*) lotta *f*
**Steuerveranlagung** *f* accertamento *m* fiscale
**Steuerwerk** *nt* (INFORM) unità *f* di controllo
**Steuerzahler(in)** *m(f)* contribuente *mf*
**Steward** ['stjuːɐt] <-s, -s> *m* steward *m*, assistente *m* di bordo
**Stewardess** ['stjuːɐdɛs] <-, -en> *f* hostess *f*, assistente *m* di bordo
**StGB** [ɛsteːgeːˈbeː] <-(s), -> *nt abk v* **Strafgesetzbuch** CP
**stibitzen** [ʃtiˈbɪtsən] <ohne ge-> *vt* (*fam*: *stehlen*) grattare, sgraffignare
**Stich** [ʃtɪç] <-(e)s, -e> *m* ① (*mit Dorn, Stachel, Nadel*) puntura *f*; (*mit Waffe*) colpo *m* ② (*Näherei, Kartenspiel*) punto *m* ③ (*Grafik*) incisione *f* ④ (*fig*: *ins Herz*) fitta *f* al cuore ⑤ (*fig*: *Stichelei*) frecciata *f*, stoccata *f* ⑥ (*stechender Schmerz*) dolore *m* lancinante ⑦ (*Wend*) **einen ~ haben** (*fam*: *Wein*) avere lo spunto; (*Milch*) essere inacidito; (*Mensch*) esser un po' matto; **einen ~ ins Grüne haben** avere un segno verde, dare sul verde; **im ~ lassen** lasciare, piantare in asso; **mein Gedächtnis lässt mich im ~** la memoria mi tradisce
**Stichel** ['ʃtɪçəl] <-s, -> *m* bulino *m*
**Stichelei** [ʃtɪçəˈlaɪ] <-, -en> *f* (*anhaltendes Sticheln*) punzecchiature *fpl*; (*einzelne Bemerkung*) frecciata *f*, stoccata *f*
**sticheln** ['ʃtɪçəln] *vi* ① (*gehässig reden*) **gegen jdn ~** punzecchiare qu ② (*nähen*) aguzzchiare; (*sticken*) ricamare
**Stichentscheid** *m* ① (*Entscheidung durch Stichwahl*) risultato *m* del ballottaggio ② (*CH*: POL: *Entscheidung durch die Stimme des Präsidenten bei Stimmengleichheit*) risultato *m* determinato dal voto del presidente
**stichfest** *adj* **hieb- und ~** invulnerabile; (*Argumentation*) inopinabile, irrefutabile
**Stichflamme** *f* [fiamma *f* a] dardo *m*, fiammata *f*, vampata *f*
**stichhaltig** *adj* plausibile, valido **Stichhaltigkeit** <-> *kein Pl. f* plausibilità *f*, validità *f*
**Stichling** ['ʃtɪçlɪŋ] <-s, -e> *m* spinarello *m*
**Stichprobe** *f* ① (*Handlung*) sondaggio *m* ② (*Sache*) campione *m*
**Stichsäge** *f* gattuccio *m*
**sticht** [ʃtɪçt] *3. Pers. Sing. Präs. von* **stechen**
**Stichtag** *m* giorno *m* stabilito **Stichtagsregelung** *kein Pl. f* (*Europäische Währungsunion*) regolamentazione *f* con il giorno determinato
**Stichtagsumstellung** <-> *kein Pl. f* (*Europäische Währungsunion*) passaggio *m* all'Euro ad un giorno determinato **Stichwahl** *f* ballottaggio *m*
**Stichwort**[1] <-(e)s, -wörter> *nt* (*in Wörterbuch*) lemma *m*, voce *f*
**Stichwort**[2] <-(e)s, -e> *nt* ① (*fig* THEAT) spunto *m* ② (*Schlagwort*) appunto *m* **stichwortartig** *adj* per appunti sommari **Stichwortverzeichnis** *nt* indice *m* tematico
**Stichwunde** *f* coltellata *f*
**sticken** ['ʃtɪkən] *vt* ricamare
**Stickerei** [ʃtɪkəˈraɪ] <-, -en> *f* ricamo *m*
**stickig** ['ʃtɪkɪç] *adj* soffocante

**Sticknadel** f ago m da ricamo
**Stickoxid** <-(e)s, -e> nt (CHEM) ossido m d'azoto
**Stickstoff** ['ʃtɪkʃtɔf] m azoto m
**stieben** ['ʃtiːbən] <stiebt, stob o stiebte, gestoben o gestiebt> vi ❶ *haben o sein* (*sprühen*) sprizzare; (*bes. Funken*) schizzare ❷ *sein* (*sich bewegen*) disperdersi
**Stiefbruder** ['ʃtiːfbruːdɐ] m fratellastro m
**Stiefel** ['ʃtiːfəl] <-s, -> m (*a. Bierglas*) stivale m; (*Schaft~*) stivalone m; (*Halb~*) stivaletto m **Stiefelknecht** m cavastivali m
**stiefeln** vi sein (*fam*) procedere a gran passi
**Stiefeltern** Pl. genitori mpl acquisiti, patrigno m e matrigna f **Stiefkind** nt figliastro, -a m, f; (*fig*) cenerentola f **Stiefmutter** f matrigna f **Stiefmütterchen** nt (BOT) viola f del pensiero **stiefmütterlich** adj (*fig*) da matrigna **Stiefschwester** f sorellastra f **Stiefsohn** m figliastro m **Stieftochter** f figliastra f **Stiefvater** m patrigno m
**stieg** [ʃtiːk] *1. u. 3. Pers. Sing. Imp. von* **steigen**
**Stiege** ['ʃtiːgə] <-, -n> f (*A, südd*) scala f
**Stiegenhaus** nt (*A, südd*) tromba f delle scale
**Stieglitz** ['ʃtiːglɪts] <-es, -e> m cardellino m
**stiehlt** [ʃtiːlt] *3. Pers. Sing. Präs. von* **stehlen**
**Stiel** [ʃtiːl] <-(e)s, -e> m ❶ (*von Blume*) gambo m, stelo m; (*von Blatt, Frucht*) picciolo m, gambo m ❷ (*Griff*) manico m; (*von Glas*) gambo m, stelo m; **Eis am ~** gelato sullo stecco **Stielaugen** ntPl. **~ machen** (*fam*) far tanto d'occhi **Stieltopf** m casseruola f a un manico
**stier** [ʃtiːɐ̯] adj (*Blick*) fisso
**Stier** [ʃtiːɐ̯] <-(e)s, -e> m ❶ (ZOO) toro m ❷ (ASTR) Toro m; **er/sie ist [ein] ~** è [del] Toro
**stieren** ['ʃtiːrən] vi **auf etw** acc **~** fissare qc
**Stierkampf** m corrida f **Stierkämpfer** m torero m
**stieß** [ʃtiːs] *1. u. 3. Pers. Sing. Imp. von* **stoßen**
**Stift**¹ [ʃtɪft] <-(e)s, -e> m ❶ (*Metall~*) perno m; (*Holz~*) caviglia f; (*Nagel*) chiodo m, punta f ❷ (*Blei~*) matita f, lapis m; (*Bunt~*) matita f colorata ❸ (*fam: Lehrjunge*) apprendista m; (*Knirps*) ragazzino m
**Stift**² <-(e)s, -e> nt ❶ (*Stiftung*) fondazione f ❷ (*Kloster*) convento m, monastero m ❸ (*Altersheim*) casa f di ricovero
**stiften** ['ʃtɪftən] vt ❶ (*gründen*) fondare; (*errichten, einsetzen*) istituire ❷ (*schenken, bezahlen*) offrire ❸ (*schaffen, bewirken*) creare, provocare; **Frieden ~** ristabilire la pace; **Unruhe ~** creare disordini
**Stifter(in)** <-s, -; -, -nen> m(f) ❶ (*Gründer*) fondatore, -trice m, f ❷ (*Spender*) donatore, -trice m, f ❸ (*Urheber*) autore, -trice m, f
**Stiftskirche** f collegiata f
**Stiftung** <-, -en> f ❶ (*Institution, Gründung*) fondazione f ❷ (JUR: *Schenkung*) donazione f
**Stiftzahn** m dente m a perno
**Stil** [ʃtiːl] <-(e)s, -e> m stile m; **großen ~s in grande stile Stilblüte** f perla f stilistica **stilecht** adj in stile **stilgetreu** adj fedele nello stile; (*korrekt*) corretto **Stilikone** f icona f di stile
**stilisieren** [ʃtili'ziːrən] <ohne ge-> vt stilizzare
**Stilistik** [ʃti'lɪstɪk] <-, -en> f stilistica f
**stilistisch** adj stilistico
**still** [ʃtɪl] adj ❶ (*ruhig, lautlos*) tranquillo, calmo ❷ (*schweigend, stumm*) silenzioso, muto; (*schweigsam*) taciturno; **~ sein** starsene cheto; **um sie ist es ~ geworden** non si parla più di lei; [sei] **~!** [sta] zitto! ❸ (*unbewegt*) immobile ❹ (*friedlich*) pacifico; **der Stille Ozean** l'Oceano Pacifico ❺ (*heimlich*) segreto, nascosto; (COM: *Partner, Beteiligung*) silenzioso, non attivo; **~er Teilhaber** socio ininfluente; **~ und leise** clandestinamente, di nascosto; **im Stillen** (*heimlich*) in segreto
**Stille** [ʃtɪlə] <-> kein Pl. f ❶ (*Unbewegtheit*) tranquillità f, calma f ❷ (*Schweigen*) silenzio m; **in aller ~** in perfetto silenzio; (*Feier*) nell'intimità ❸ (*Ruhe*) quiete f ❹ (*Frieden*) pace f
**stillen** I. vt ❶ (*Kind*) allattare ❷ (*Blutung*) fermare; (*Schmerz*) sedare ❸ (*Durst, Hunger*) appagare; (*befriedigen*) soddisfare II. vi allattare
**Stillhalteabkommen** nt accordo m di tregua temporanea
**still|halten** <irr> vi ❶ (*sich nicht bewegen*) stare fermo ❷ (*fig: sich nicht wehren*) non reagire
**Stillleben** nt natura f morta
**stilllegen** vt (*Betrieb*) chiudere; (*Verkehr*) chiudere
**Stilllegung** <-, -en> f chiusura f; (*von Verkehr*) chiusura f al traffico
**stillliegen** <irr> vi essere fermo
**stillos** adj senza stile
**Stillschweigen** nt silenzio m; **~ bewah-**

**ren** mantenere il silenzio **stillschweigend** *adj* tacito
**still|sitzen** <irr> *vi* starsene seduto tranquillo
**Stillstand** *m* arresto *m;* (*Unterbrechung*) interruzione *f;* **zum ~ bringen** arrestare, fermare; **zum ~ kommen** arrestarsi, fermarsi
**still|stehen** <irr> *vi* ❶ (*stehen bleiben*) fermarsi, arrestarsi ❷ (*nicht in Betrieb sein*) essere fermo; **stillgestanden!** (MIL) attenti!
**stillvergnügt** *adj* intimamente soddisfatto
**Stilmöbel** *ntPl.* mobili *mpl* in stile
**stilvoll** *adj* che ha stile; (*geschmackvoll*) di buon gusto
**Stimmabgabe** *f* votazione *f* **Stimmband** *nt* corda *f* vocale **stimmberechtigt** *adj* avente diritto di voto **Stimmbeteiligung** *f* (*CH:* POL*: Wahlbeteiligung*) affluenza *f* alle urne **Stimmbruch** *m* mutazione *f* della voce **Stimmbürger(in)** <-s, -; -, -nen> *m(f)* (*CH:* POL*: Wahlberechtigter*) elettore, -trice *m, f*
**Stimme** ['ʃtɪmə] <-, -n> *f* ❶ (*Organ, fig* MUS) voce *f* ❷ (*bei Wahl*) voto *m,* suffragio *m;* **gültige/ungültige ~** voto valido/nullo; **seine ~ für/gegen jdn/etw abgeben** votare per/contro qu/qc; **sich der ~ enthalten** astenersi dal voto
**stimmen** ['ʃtɪmən] I. *vi* (*richtig sein*) essere giusto; **für jdn/etw ~** (*wählen*) votare per qu/qc; **da stimmt etwas nicht** (*nicht richtig*) non è giusto; (*nicht in Ordnung*) non va bene; (*verdächtig*) c'è qc che non va; **stimmt es, dass ...?** è vero che ...?; [*das*] **stimmt!** giusto!, [va] bene!; **stimmt so!** (*zu Bedienung*) va bene così! II. *vt* (MUS) accordare; **jdn ernst ~** rendere serio qu; **jdn fröhlich/heiter ~** rallegrare/allietare qu; **jdn nachdenklich ~** far pensare a qu, rendere pensieroso qu; **jdn traurig ~** rattristare qu
**Stimmenauszählung** *f* conteggio *m* dei voti, computo *m* dei voti **Stimmengewirr** <-s> *kein Pl. nt* brusio *m* di voci **Stimmengleichheit** *f* parità *f* [di voti] **Stimmenmehrheit** *f* maggioranza *f* [di voti]
**Stimmenthaltung** *f* astensione *f* [dal voto]
**Stimmgabel** *f* diapason *m*
**stimmhaft** *adj* sonoro
**stimmig** *adj* corretto, coerente
**Stimmlage** *f* (MUS) registro *m*
**stimmlos** *adj* ❶ (*tonlos*) afono ❷ (LING) sordo **Stimmrecht** *nt* diritto *m* di voto **Stimmritze** *f* glottide *f*
**Stimmung** <-, -en> *f* ❶ (*Gemütsverfassung*) stato *m* d'animo, disposizione *f* di spirito; (*Laune*) umore *m;* **~ machen** (*gute Laune*) creare l'ambiente; **nicht in ~ sein** non essere in vena; **in guter/schlechter ~** di buon/cattivo umore ❷ (*von Gesellschaft*) atmosfera *f,* clima *m;* (*Arbeitsmoral*) morale *m;* **~ in etw bringen** animare qc ❸ (*öffentliche Meinung*) opinione *f* pubblica; **~ gegen/für etw machen** far propaganda contro/per qc ❹ (*von Musikinstrument*) accordatura *f* **Stimmungskanone** *f* animatore, -trice *m, f* **Stimmungsumschwung** *m* cambiamento *m* d'opinione **stimmungsvoll** *adj* suggestivo **Stimmungswandel** *m* cambiamento *m* d'umore
**Stimmwechsel** *m* mutazione *f* della voce
**Stimmzettel** *m* scheda *f* elettorale
**Stimulation** [ʃtimula'tsjoːn] <-, -en> *f* stimolazione *f,* eccitamento *m*
**Stimuli** *Pl. von* **Stimulus**
**stimulieren** [ʃtimu'liːrən] <ohne ge-> *vt* stimolare
**Stimulus** ['ʃtiːmulʊs, *Pl:* 'ʃtiːmuli] <-, Stimuli> *m* stimolo *m*
**Stinkbombe** *f* bombetta *f* puzzolente
**stinken** ['ʃtɪŋkən] <stinkt, stank, gestunken> *vi* puzzare; **nach etw ~** puzzare di qc; **aus dem Mund ~** avere l'alito cattivo; **hier stinkt es fürchterlich!** qui c'è un puzzo terribile!; **an der Sache stinkt etwas** (*fig fam*) la faccenda mi puzza; **das stinkt mir** (*fam*) ne ho abbastanza, ne ho le tasche piene **stinkend** *adj* puzzolente, fetente, fetido
**stinkfaul** *adj* (*fam*) pigrissimo **stinkkonservativ** *adj* (*fam*) ipertradizionalista **stinklangweilig** *adj* (*fam*) noiosissimo **stinksauer** ['ʃtɪŋk'zaʊɐ] *adj* (*fam*) infuriato; **sie ist ~ auf dich** è infuriata con te **Stinktier** *nt* moffetta *f*
**Stinkwut** *f* (*fam*) **eine ~ [im Bauch] haben** friggere di rabbia
**Stipendium** [ʃti'pɛndiʊm] <-s, Stipendien> *nt* borsa *f* di studio
**Stippvisite** ['ʃtɪpviziːtə] *f* (*fam*) visitina *f,* capatina *f*
**stirbt** [ʃtɪrpt] *3. Pers. Sing. Präs. von* **sterben**
**Stirn** [ʃtɪrn] <-, -en> *f* fronte *f;* **die ~ runzeln** corrugare la fronte; **jdm/etw die ~ bieten** tener testa a qu/qc; **die ~ haben etw zu tun** aver la sfacciataggine di fare qc **Stirnband** *nt* benda *f,* fascia *f* **Stirnbein** *nt* osso *m* frontale **Stirnhöhle** *f* seno *m* frontale **Stirnhöhlenentzündung** *f* sinusite *f* **Stirnrunzeln** <-s> *kein Pl. nt* corrugamento *m* [della fronte]

**Stirnseite** *f* (*Vorderseite*) parte *f* anteriore; (ARCH) facciata *f*

**stob** [ʃtoːp] *1. u. 3. Pers. Sing. Imp. von* **stieben**

**stöbern** ['ʃtøːbən] *vi* [**in etw** *dat*] ~ frugare [in qc]

**stochern** ['ʃtɔxen] *vi* [**in etw** *dat*] ~ frugare [in qc]; **im Feuer** ~ attizzare il fuoco; **in den Zähnen** ~ stuzzicare i denti

**Stock¹** [ʃtɔk] <-(e)s, Stöcke> *m* ❶ (*Stab*) bastone *m*; (*Spazier~*) bastone *m* da passeggio; (*kleiner Takt~*) bacchetta *f*; (*Billard~*) stecca *f* [di biliardo]; **am ~ gehen** camminare col bastone; **über ~ und Stein** a rompicollo ❷ (BOT) ceppo *m*; (*Blumentopf*) pianta *f*

**Stock²** [ʃtɔk] <-(e)s, -*o* -werke> *m* (ARCH) piano *m*; **im zweiten** ~ al secondo [piano]

**stockbesoffen** *adj* (*fam*) ubriaco fradicio, sbronzo **stockdumm** ['ʃtɔkdʊm] *adj* (*fam*) arciidiota, arcistupido **stockdunkel** *adj* (*fam*) buio pesto

**stöckeln** ['ʃtœkəln] *vi sein* (*fam*) camminare coi tacchi alti

**Stöckelschuh** *m* scarpa *f* col tacco alto

**stocken** ['ʃtɔkən] *vi* ❶ (*nicht vorangehen*) ristagnare; (*Gespräch*) languire, arenarsi; (*im Sprechen*) interrompersi; **ins Stocken geraten** (*Redner*) impappinarsi; (*Gespräch*) languire; (*Verkehr, Produktion*) ristagnare ❷ (*stillstehen: Puls, Herz*) arrestarsi, fermarsi **stockend I.** *adj* ristagnante; (*Rede*) esitante **II.** *adv* (*reden*) a stento

**Stockerl** <-s, -n> *nt* (*A: Hocker*) sgabello *m*

**stockfinster** *adj* **es ist** ~ (*fam*) è buio pesto

**Stockfisch** *m* (*a. fig, pej*) stoccafisso *m*

**Stockfleck** *m* macchia *f* di muffa

**Stockholm** ['ʃtɔkhɔlm *o* ʃtɔk'hɔlm] *nt* Stoccolma *f*

**stockkonservativ** *adj* (*fam*) reazionario, arciconservatore **stocksauer** *adj* (*sl*) incazzato nero

**Stockschirm** *m* ombrello *m* bastone

**stocksteif** *adj* (*fam*) rigido come un bastone, impalato **stocktaub** ['ʃtɔk'taʊp] *adj* (*fam*) sordo come una campana

**Stockung** <-, -en> *f* ❶ (*Behinderung*) ristagno *m* ❷ (*Stillstand*) arresto *m* ❸ (*Verkehrs~*) ingorgo *m* [di traffico] ❹ (*im Gespräch*) interruzione *f*, stasi *f*

**Stockwerk** *nt* piano *m*

**Stoff** [ʃtɔf] <-(e)s, -e> *m* ❶ stoffa *f*; (*Gewebe*) tessuto *m* ❷ (*Materie, Substanz*) sostanza *f*; (PHILOS) materia *f* ❸ (*fig: Gegenstand*) argomento *m*, tema *m*, soggetto *m*; (*Grundlage*) materiale *m*; ~ **zum Nachdenken** motivo *m* di meditazione

**Stoffel** ['ʃtɔfəl] <-s, -> *m* (*pej fam*) zoticone *m*

**stofflich** *adj* (PHILOS: *materiell*) materiale; (*den Inhalt betreffend*) contenutistico

**Stoffrest** *m* scampolo *m*

**Stofftier** *nt* pupazzo *m* di peluche

**Stoffwechsel** *m* metabolismo *m* **Stoffwechselkrankheit** *f* malattia *f* del ricambio

**stöhnen** ['ʃtøːnən] *vi* gemere; **vor Schmerz** ~ gemere per il dolore; **über etw** *acc* ~ (*sich beklagen*) lamentarsi di qc **Stöhnen** <-s> *kein Pl. nt* gemito *m*

**stoisch** ['ʃtoːɪʃ] *adj* stoico

**Stola** ['ʃtoːla] <-, Stolen> *f* stola *f*

**Stollen** ['ʃtɔlən] <-s, -> *m* ❶ (*Gebäck*) dolce *m* natalizio ❷ (MIN, MIL) galleria *f*

**stolpern** ['ʃtɔlpɐn] *vi sein* **über etw** *acc* ~ incespicare in qc

**stolz** [ʃtɔlts] *adj* ❶ (*voller Freude*) ~ **auf jdn/etw sein** essere fiero di qu/qc ❷ (*hochmütig*) orgoglioso, altero ❸ (*fig: imposant*) superbo, magnifico ❹ (*fam: Summe*) considerevole; (*Preis*) salato

**Stolz** <-es> *kein Pl. m* ❶ (*Freude*) orgoglio *m* ❷ (*Hochmut*) superbia *f*, alterigia *f* ❸ (*Selbstwertgefühl*) orgoglio *m*, amor *m* proprio

**stolzieren** [ʃtɔl'tsiːrən] <ohne ge-> *vi sein* pavoneggiarsi, camminare impettito

**stop** [ʃtɔp] *int* stop

**Stopfei** *nt* uovo *m* da rammendo

**stopfen** ['ʃtɔpfən] **I.** *vt* ❶ (*voll~*) riempire; (*Kissen*) imbottire ❷ (*zu~*) turare, tappare; (*Loch, a. fig*) tappare ❸ (*hineinpressen*) calcare; **etw in etw** *acc* ~ ficcare qc in qc ❹ (*flicken: Kleidung*) rammendare ❺ (*mästen: Gänse*) ingrassare **II.** *vi* ❶ (*satt machen*) saziare ❷ (*den Stuhlgang hindern*) causare stitichezza, costipare

**Stopfgarn** *nt* filo *m* da rammendo **Stopfnadel** *f* ago *m* da rammendo

**Stopp** <-s, -s> *m* ❶ (*Anhalten*) arresto *m* ❷ (*Einstellung*) sospensione *f*

**Stoppel** ['ʃtɔpəl] <-, -n> *f* ❶ (*Getreide~*) stoppia *f* ❷ (*Bart~*) pelo *m* ispido **Stoppelbart** *m* barba *f* ispida **Stoppelfeld** *nt* campo *m* di stoppie **stoppelig** *adj* irsuto

**Stoppelzieher** <-s, -> *m* (*A: Korkenzieher*) cavatappi *m*

**stoppen I.** *vt* ❶ (*anhalten: Auto, Maschinen*) fermare, arrestare ❷ (*mit der Uhr*) cronometrare **II.** *vi* (*Auto*) fermarsi, arrestarsi

**stopplig** *s.* **stoppelig**

**Stoppschild** nt stop m **Stoppstraße** f strada f con obbligo di arresto **Stoppuhr** f cronometro m

**Stöpsel** ['ʃtœpsəl] <-s, -> m ❶ (an Becken) tappo m; (Korken) turacciolo m ❷ (EL: Stecker) spina f ❸ (fam scherz: kleiner Junge) marmocchio m

**Stör** [ʃtøːɐ̯] <-(e)s, -e> m storione m

**störanfällig** adj sensibile ai disturbi [o ai guasti]

**Storch** [ʃtɔrç] <-(e)s, Störche> m cicogna f **Storchennest** nt nido m di cicogne **Storchschnabel** m ❶ (BOT) geranio m ❷ (TEC: Zeichengerät) pantagrafo m

**stören** ['ʃtøːrən] I. vt (RADIO) disturbare; (Frieden) turbare; (belästigen) importunare, molestare; **lassen Sie sich nicht ~!** non si disturbi! II. vi essere di disturbo; **störe ich?** disturbo? III. vr **sich an etw** dat ~ scandalizzarsi per qc

**störend** adj fastidioso; **etw als ~ empfinden** provare fastidio per qc

**Störenfried** ['ʃtøːrənfriːt] <-(e)s, -e> m (pej) disturbatore, -trice m, f, perturbatore, -trice m, f

**Störfall** m guasto m

**Storni** Pl. von **Storno**

**stornieren** <ohne ge-> vt stornare

**Storno** ['ʃtɔrno] <-s, Storni> m o nt storno m

**störrisch** ['ʃtœrɪʃ] adj (widerspenstig) ostinato; (Haare) ribelle; (Material) refrattario; (unfolgsam) testardo, cocciuto

**Störsender** m stazione f disturbatrice

**Störung** <-, -en> f disturbo m, perturbazione f; (von Ruhe, PSYCH) turbamento m; (Unterbrechung) interruzione f; (Belästigung) molestia f; (TEC) guasto m; (RADIO) disturbo m; **eine ~ beheben** riparare un guasto **Störungsdienst** m servizio m tecnico **störungsfrei** adj (RADIO) senza interferenze **Störungsstelle** f (TEL) ufficio m guasti

**Stoß** [ʃtoːs] <-es, Stöße> m ❶ (Schubs) colpo m; (Schlag) percossa f, botta f; (mit dem Ellenbogen) gomitata f; (mit der Faust) pugno m; (mit dem Kopf) testata f; (Degen~) stoccata f; **geben Sie Ihrem Herzen einen ~!** si decida!, si faccia coraggio! ❷ (Anstoßen) urto m; (Aufprall) impatto m; (Zusammen~) collisione f ❸ (Kugelstoßen) lancio m [del peso]; (Schwimm~) bracciata f ❹ (Trompeten~) squillo m [di tromba]; (Wind~) folata f; (Atem~) respiro m affannoso ed ansante ❺ (Stapel) pila f; (Bündel) fascio m; (~ Holz) catasta f ❻ (Erschütterung) choc m;

(a. fig) scossa f; (im Wagen) scossone m **Stoßdämpfer** m ammortizzatore m

**Stößel** ['ʃtøːsəl] <-s, -> m pestello m

**stoßen** ['ʃtoːsən] <stößt, stieß, gestoßen> I. vt haben ❶ (schubsen) colpire; (schieben) spingere; (an~, ~ gegen) battere, urtare; (SPORT: Kugel) lanciare; (hinein~) cacciare; (hinaus~) espellere ❷ (zerkleinern) pestare II. vr **sich ~** (an~) urtare; **sich an etw** dat ~ (an~) urtare contro qc; (fig: Anstoß nehmen) urtarsi per qc, scandalizzarsi per qc III. vi ❶ haben (schubsen) spingere; **mit den Hörnern nach jdm/etw ~** cozzare [con le corna] contro qu/qc; **mit dem Messer nach jdm/etw ~** cercare di colpire qu/qc ❷ sein (treffen, prallen) **auf** [o **an**] **etw** acc **~** toccare qc, urtare contro qc; **auf jdn/etw ~** (finden) trovare qu/qc; (jdn treffen) incontrare qu, imbattersi in qu; (begegnen: Widerstand) incontrare qc; (Freundschaft) trovare qc; (sich anschließen) unirsi a qu/qc ❸ sein **an etw** acc **~** (angrenzen) confinare con qc; (Zimmer, Grundstück) essere attiguo a qc

**stoßfest** adj a prova d'urto, resistente agli urti

**Stoßgebet** nt giaculatoria f **Stoßseufzer** m gran sospiro m **Stoßstange** f paraurti m

**stößt** [ʃtøːst] 3. Pers. Sing. Präs. von **stoßen**

**Stoßverkehr** m traffico m di punta **stoßweise** adv ❶ (ruckartig) a scatti; (mit Stößen) a scosse ❷ (in Stapeln) a pile **Stoßzahn** m zanna f **Stoßzeit** f ora f di punta

**Stotterer** ['ʃtɔtərə] <-s, -> m, **Stotterin** ['ʃtɔtərɪn] <-, -nen> f balbuziente mf

**stottern** ['ʃtɔtən] I. vi ❶ (Mensch) balbettare, tartagliare ❷ (MOT) perdere colpi II. vt balbettare

**StPO** abk v **Strafprozessordnung** C.P.P.

**Str.** abk v **Straße** v.

**stracks** [ʃtraks] adv ❶ (geradewegs) difilato ❷ (sofort) immediatamente

**Strafanstalt** f penitenziario m, prigione f **Strafantrag** m querela f; (von Staatsanwalt) requisitoria f **Strafanzeige** f denuncia f; **~ gegen jdn erstatten** sporgere denuncia contro qu **Strafarbeit** f (von Schüler) penso m, compito m assegnato per punizione **Strafaufschub** <-(e)s, -schübe> m sospensione f della pena **strafbar** adj punibile; (JUR) passibile di pena; **~e Handlung** reato; **sich ~ machen** essere passibile di pena **Strafbarkeit** f punibilità f

**Strafe** ['ʃtraːfə] <-, -n> f punizione f; (*Züchtigung*) castigo m; (*Gefängnis~*) pena f detentiva; (*Geldbuße*) multa f; **eine ~ verbüßen** scontare una pena; **eine ~ verhängen** infliggere una pena; **bei ~** sotto pena; **zur ~** per punizione; **du bist wirklich eine ~!** (*fig fam*) sei un vero castigo!

**strafen** vt punire; (*züchtigen*) castigare
**strafend** adj (*Maßnahmen*) punitivo; (*Worte*) reprensivo; (*Blick*) riprovatore
**Strafentlassene** <ein -r, -n, -n> mf scarcerato, -a m, f
**Straferlass** m condono m di pena; (*Amnestie*) amnistia f
**straff** [ʃtraf] adj ❶ (*gespannt: Seil*) teso, tirato; (*Haut*) liscio, sodo; (*Brust*) turgido, sodo; **~ spannen** tendere ❷ (*stramm*) diritto ❸ (*streng: Zucht*) severo ❹ (*bündig: Stil*) conciso
**straffällig** adj (ADM) **~ werden** incorrere in una pena
**straffen** I. vt ❶ (*Seil*) tendere; (*Haut*) rassodare ❷ (*fig: Roman*) rendere conciso II. vr **sich ~** ❶ (*sich spannen*) tendersi ❷ (*sich aufrichten*) rizzarsi
**Straffheit** <-> kein Pl. f ❶ (*Gespanntheit*) tensione f; (*von Haut, Busen*) sodezza f ❷ (*Strenge: von Disziplin*) severità f, rigidezza f ❸ (*fig: von Stil*) concisione f
**straffrei** adj **~ ausgehen** uscirne impunito
**Straffreiheit** f esenzione f da pena, impunità f
**Strafgefangene** mf detenuto, -a m, f
**Strafgericht** nt ❶ (JUR) tribunale m penale ❷ (*fig: Bestrafung*) castigo m, punizione f **Strafgesetz** nt legge f penale
**Strafgesetzbuch** nt codice m penale
**Strafjustiz** kein Pl. f giustizia f penale
**sträflich** ['ʃtrɛːflɪç] adj punibile; (*unverzeihlich*) imperdonabile
**Sträfling** ['ʃtrɛːflɪŋ] <-s, -e> m detenuto, -a m, f, carcerato, -a m, f **Sträflingskleidung** f tenuta f da carcerato
**straflos** s. **straffrei Strafmandat** nt mandato m di cattura **Strafmaß** nt grado m della pena **strafmildernd** adj attenuante
**strafmündig** adj (JUR) perseguibile **Strafporto** nt soprattassa f **Strafpredigt** f **jdm eine ~ halten** fare una ramanzina a qu
**Strafprozess** m processo m penale
**Strafprozessordnung** f codice m di procedura penale **Strafpunkt** m penalità f
**Strafraum** m area f di rigore **Strafrecht** nt diritto m penale **strafrechtlich** adj [di diritto] penale **Strafregister** nt casellario m giudiziale **Strafsanktionen** fPl. (*Europäische Währungsunion*) sanzioni fpl pecuniarie **Strafstoß** m calcio m di punizione **Straftat** f reato m, delitto m **Straftäter(in)** m(f) reo m, delinquente m
**strafverschärfend** adj aggravante **Strafversetzung** f trasferimento m per ragioni disciplinari **Strafverteidiger(in)** m(f) avvocato m difensore [in campo penale]
**Strafvollzug** m esecuzione f della pena; **offener ~** pena f detentiva con possibilità di lavorare al di fuori della prigione e di uscire il fine settimana **Strafzettel** m (*fam*) contravvenzione f, multa f
**Strahl** [ʃtraːl] <-(e)s, -en> m (*fig* MAT, PHYS) raggio m; (*Wasser~*) getto m, zampillo m
**strahlen** vi ❶ (*Licht, Sonne*) [ri]splendere; (*radioaktiv ~*) emanare raggi; (*Wärme*) irradiare; **vor Sauberkeit ~** essere lucido come uno specchio ❷ (*fig: Mensch*) essere raggiante; **übers ganze Gesicht ~** avere il viso raggiante
**Strahlenbehandlung** f (MED) radioterapia f, trattamento m coi raggi **Strahlenbelastung** f esposizione f alle radiazioni **Strahlenbündel** nt ❶ (OPT) fascio m luminoso ❷ (MAT) fascio m di rette
**strahlend** adj (*leuchtend*) splendente; (*a. fig: Schönheit*) splendido; (*Gesicht*) raggiante; (*Tag*) radioso
**Strahlendosis** f dose f di radiazioni
**Strahlenkrankheit** f sindrome f da raggi **Strahlenschäden** mPl. (*an Dingen*) danno m da radiazioni; (*beim Menschen*) lesioni fpl da raggi **Strahlenschutz** m protezione f contro le radiazioni **strahlenverseucht** adj contaminato dalle radiazioni
**Strahler** <-s, -> m ❶ (*Heiz~*) radiatore m [di calore] ❷ (*Licht~*) riflettore m
**Strahltriebwerk** nt turboreattore m
**Strahlung** <-, -en> f radiazione f **strahlungsarm** adj a bassa irradiazione **Strahlungsintensität** f intensità f di radiazione **Strahlungswärme** f calore m radiante
**Strähne** ['ʃtrɛːnə] <-, -n> f ❶ (*Haar~*) ciocca f; (*getönt*) meche f ❷ (*Strang*) matassa f ❸ (*fig: Reihe*) serie f
**strähnig** adj (*Haar*) a ciocche
**stramm** [ʃtram] adj ❶ (*straff: Seil*) teso, tirato; **~ sitzen** (*Kleidung*) essere stretto, tirare ❷ (*gerade aufgerichtet*) eretto; **~e Haltung** atteggiamento risoluto ❸ (*fig: kräftig*) forte, robusto ❹ (*fig: Disziplin*) rigido **stramm|stehen** <irr> vi essere sull'attenti
**Strampelanzug** m pagliaccetto m, tutina f da neonato

**strampeln** ['ʃtrampəln] *vi* ① (*mit Beinen*) sgambettare, dimenare le gambe ② (*fam: sich abmühen*) stancarsi
**Strampler** <-s, -> *m s.* **Strampelanzug**
**Strand** [ʃtrant] <-(e)s, Strände> *m* (*Bade~*) spiaggia *f*; (*Ufer*) riva *f*; **an den ~ gehen** andare alla spiaggia **Strandbad** *nt* lido *m,* stabilimento *f* balneare
**stranden** ['ʃtrandən] *vi sein* ① (*Schiff*) arenarsi, incagliarsi ② (*fig geh: scheitern*) naufragare, fallire
**Strandgut** *nt* (*a. fig*) relitto *m* **Strandhotel** <-s, -s> *nt* albergo *m* sul mare **Strandkorb** *m* capanno *m* da spiaggia **Strandläufer** *m* (*Vogel*) gambecchio *m* **Strandpromenade** *f* lungomare *m*
**Strang** [ʃtraŋ] <-(e)s, Stränge> *m* ① (*Seil*) corda *f,* fune *f*; **am gleichen ~ ziehen** (*fig*) mirare al medesimo scopo; **über die Stränge schlagen** (*fam*) passare i limiti ② (EL, TEL) linea *f* ③ (*Nerven~*) funicolo *m* nervoso ④ (*Woll~, Garn~*) matassa *f*
**strangulieren** [ʃtraŋgu'liːrən] <ohne ge-> *vt* strangolare, strozzare
**Strapaze** [ʃtra'paːtsə] <-, -n> *f* strapazzo *m,* fatica *f*
**strapazieren** [ʃtrapa'tsiːrən] <ohne ge-> *vt* ① (*Menschen*) affaticare; (*Nerven*) logorare; (*fig: Geduld*) mettere a dura prova ② (*Gegenstände*) sciupare, strapazzare; (*fig: Begriff*) usare continuamente
**strapazierfähig** *adj* (*Kleidung*) resistente
**strapaziös** [ʃtrapaˈtsi̯øːs] *adj* faticoso, affaticante
**Straps** [ʃtraps] <-es, -e> *m* reggicalze *m,* giarrettiera *f*
**Straßburg** ['ʃtraːsbʊrk] *nt* Strasburgo *f*
**Straße** ['ʃtraːsə] <-, -n> *f* ① (*Fahr~, a. fig*) strada *f*; (*bei Namen*) via *f*; **auf der ~** per strada; **auf offener ~** in mezzo alla strada; **über die ~ gehen** attraversare la strada; **~ gesperrt!** strada sbarrata!; **auf die ~ setzen** (*fig fam: entlassen*) gettare sul lastrico; (*Mieter*) mettere alla porta; **auf die ~ gehen** andare in strada; (*fig: demonstrieren*) scendere in piazza ② (*Meerenge*) stretto *m*
**Straßenanzug** *m* abito *m* da passeggio **Straßenarbeiter** *m* stradino *m* **Straßenbahn** *f* tram *m* **Straßenbahner** <-s, -> *m* (*fam*) tranviere *m* **Straßenbahnlinie** *f* linea *f* tranviaria **Straßenbahnnetz** *nt* rete *f* tranviaria **Straßenbau** *m* costruzioni *fpl* stradali **Straßenbelag** *m* rivestimento *m* stradale **Straßenbeleuchtung** *f* illuminazione *f* stradale **Straßenbenutzungsgebühr** *f* pedaggio *m* **Straßenblatt** *nt* giornale *m* di strada **Straßencafé** *nt* caffè *m* all'aperto **Straßendecke** *f* pavimentazione *f* stradale **Straßenfeger** <-s, -> *m spazzino m,* netturbino *m* **Straßenführung** *f* tracciato *m* stradale **Straßengraben** *m* fosso *m* della strada **Straßenhändler(in)** *m(f)* venditore, -trice *m, f* ambulante **Straßenjunge** *m* (*pej*) ragazzo *m* di strada **Straßenkampf** *m* combattimento *m* nelle strade **Straßenkarte** *f* carta *f* stradale **Straßenkehrer** <-s, -> *m s.* **Straßenfeger Straßenkehrmaschine** *f* [macchina *f* ] spazzatrice *f* **Straßenkind** <-es, -er> *m* monnello *m* **Straßenkreuzer** *m* (*fam*) macchinone *m* **Straßenkreuzung** *f* incrocio *m* **Straßenlage** *f* (MOT) tenuta *f* di strada **Straßenlärm** *m* rumore *m* della strada **Straßenlaterne** *f* lampione *m* **Straßenmarkierung** *f* segnaletica *f* **Straßenmusikant(in)** *m(f)* musicista *mf* ambulante **Straßennetz** *nt* rete *f* stradale **Straßenrand** *m* bordo *m* della strada **Straßenraub** *m* scippo *m* **Straßenreinigung** *f* pulizia *f* stradale; (*Dienststelle*) nettezza *f* urbana **Straßenrennen** *nt* corsa *f* ciclistica **Straßensänger(in)** *m(f)* cantante *mf* ambulante **Straßenschild** *nt* targa *f* stradale; (*Wegweiser*) indicatore *m* stradale **Straßensperre** *f* blocco *m* stradale, barricata *f* **Straßenstrich** *m* (*fam*) prostituzione *f* da strada **Straßentransport** *m* trasporto *m* stradale [*o* automobilistico] **Straßentunnel** *m* tunnel *m* stradale **Straßenverhältnisse** *ntPl.* percorribilità *f* delle strade **Straßenverkehr** *m* traffico *m* stradale; **im ~** sulla strada **Straßenverkehrsordnung** *f* codice *m* stradale **Straßenzustand** <-(e)s, -stände> *m* stato *m* delle strade **Straßenzustandsbericht** *m* bollettino *m* delle strade
**Stratege** [ʃtra'teːgə] <-n, -n> *m* stratega *m*
**Strategie** [ʃtrate'giː] <-, -n> *f* strategia *f*
**Strategiespiel** *nt* (INFORM) gioco *m* di strategia
**Strategin** [ʃtra'teːgɪn] <-, -nen> *f* stratega *f*
**strategisch** [ʃtra'teːgɪʃ] *adj* strategico
**Stratosphäre** [ʃtrato'sfɛːrə *o* strato'sfɛː-rə] *f* stratosfera *f*
**sträuben** [ˈʃtrɔɪbən] I. *vt* (*Haare*) rizzare; (*Fell*) arruffare II. *vr* **sich ~** ① (*Haare*) rizzarsi; (*Fell*) arruffarsi ② (*fig: sich wehren*) **sich gegen jdn/etw ~** opporsi a qu/qc
**Strauch** [ʃtraʊx] <-(e)s, Sträucher> *m* arbusto *m*; (*Busch*) cespuglio *m*

**straucheln** ['ʃtrauxəln] *vi sein* (*fig: auf die schiefe Bahn geraten*) traviarsi

**Strauß**[1] [ʃtraus] <-es, Sträuße> *m* (*Blumen~*) mazzo *m*

**Strauß**[2] [ʃtraus] <-es, -e> *m* (*Vogel*) struzzo *m*

**Straußenei** *nt* uovo *m* di struzzo **Straußenfeder** *f* piuma *f* di struzzo

**Streaming** ['stri:mɪŋ] <-[s], -s> *m* (INET) streaming *m;* **sich dat ein Video per ~ ansehen** guardare un video in streaming

**Strebe** ['ʃtre:bə] <-, -n> *f* puntello *m*, sostegno *m* **Strebebogen** *m* arco *m* rampante

**streben** ['ʃtre:bən] *vi* cercare [di raggiungere]; **nach etw ~** aspirare a qc; **nach Erfolg ~** aspirare al successo **Streben** <-s> *kein Pl. nt* (*Trachten*) aspirazione *f;* (*Suche*) ricerca *f;* **das ~ nach Erfolg** l'aspirazione al successo

**Strebepfeiler** *m* contrafforte *m*

**Streber(in)** <-s, -; -, -nen> *m(f)* (*pej*) arrivista *mf*, carrierista *mf;* (*in Schule*) secchione, -a *m, f fam* **streberhaft** *adj* ambizioso, arrivista; (*Schüler*) zelante, secchione *sl* **Strebertum** <-s> *kein Pl. nt* (*pej*) arrivismo *m*, carrierismo *m*

**strebsam** *adj* diligente, operoso; (*eifrig*) zelante **Strebsamkeit** <-> *kein Pl. f* operosità *f;* solerzia *f;* (*Eifer*) zelo *m*

**Strecke** ['ʃtrɛkə] <-, -n> *f* ❶ (*Abschnitt*) tronco *m,* tratto *m;* (FERR) tratto *m;* **auf der ~ bleiben** (*fig: scheitern*) rimanere per strada ❷ (*Entfernung*) distanza *f* ❸ (*Weg, Route*) itinerario *m;* (*Fahr~, Flug~*) percorso *m,* itinerario *m;* (SPORT) percorso *m;* (*Verkehrslinie*) linea *f;* (AERO) rotta *f* ❹ (MIN) galleria *f* ❺ (MAT) segmento *m* ❻ (*Wend*) **zur ~ bringen** (*Tier*) uccidere; (*Verbrecher*) arrestare

**strecken** ['ʃtrɛkən] **I.** *vt* ❶ (*Körperteil*) allungare, stendere; (*Hals*) allungare; **lang gestreckt** lungo, allungato; **die Zunge aus dem Munde ~** cacciare fuori la lingua ❷ (MED: *im Streckverband*) estendere ❸ (*Metall*) tirare, laminare ❹ (*Vorräte, Geld*) far durare; (*Arbeit*) tirar in lungo; (GASTR) allungare; (*verdünnen*) diluire **II.** *vr* **sich ~** ❶ (*sich dehnen*) stendersi; (*sich aus~*) [di]stendersi, allungarsi ❷ (*sich recken*) sgranchirsi, stiracchiarsi

**Streckenabschnitt** *m* tronco *m,* sezione *f* **Streckennetz** *nt* rete *f* stradale **streckenweise** *adv* a tratti

**Streckmuskel** *m* [muscolo *m*] estensore *m* **Streckverband** *m* fasciatura *f* per estensione

**Streetworker(in)** ['stri:twœ:kɐ] <-s, -; -, -nen> *m(f)* operatore, -trice *m, f* di strada

**Streich** [ʃtraɪç] <-(e)s, -e> *m* (*fig: Schabernack*) tiro *m,* scherzo *m;* **jdm einen üblen ~ spielen** giocare un brutto tiro a qu

**Streicheleinheiten** *fPl.* (*fam: Zärtlichkeit*) tenerezza *f;* (*Zuwendung*) attenzione *f*

**streicheln** ['ʃtraɪçəln] *vt* accarezzare

**streichen** ['ʃtraɪçən] <streicht, strich, gestrichen> **I.** *vt haben* ❶ (*mit der Hand*) passare la mano su; (*zärtlich*) accarezzare ❷ (*auftragen*) [**etw auf einen Gegenstand**] **~** spalmare [qc su un oggetto] ❸ (*an~*) verniciare; (*tünchen*) tinteggiare; **frisch gestrichen!** pittura fresca! ❹ (*aus~, durch~*) cancellare, tagliare ❺ (*Zuschuss, Zug*) sopprimere; (*Plan, Auftrag*) annullare **II.** *vi* ❶ *haben* [**über etw** *acc*] **~** passare la mano [su qc]; (*zärtlich*) accarezzare [qc] ❷ *sein* (*umherstreifen*) girare, vagare ❸ *sein* (*wehen*) soffiare

**Streicher** *mPl.* (MUS) archi *mpl*

**streichfähig** *adj* spalmabile

**Streichholz** *nt* fiammifero *m* **Streichholzschachtel** *f* scatola *f* di fiammiferi **Streichinstrument** *nt* strumento *m* ad arco **Streichkäse** *m* formaggio *m* da spalmare **Streichorchester** *nt* orchestra *f* d'archi **Streichquartett** *nt* quartetto *m* d'archi

**Streichung** <-, -en> *f* (*von Wort, Satz*) cancellatura *f;* (*Kürzung*) riduzione *f;* (*von Schulden, Auftrag*) cancellazione *f;* (*von Zuschuss, Zug*) soppressione *f*

**Streichwurst** *f* insaccato a pasta molle spalmabile

**Streifband** <-(e)s, -bänder> *nt* ❶ (*Banderole*) fascetta *f* ❷ (*Post*) fascia *f;* **unter ~** sotto fascia

**Streife** ['ʃtraɪfə] <-, -n> *f* ❶ (*Personen*) pattuglia *f* ❷ (*Gang*) giro *m* d'ispezione

**streifen** ['ʃtraɪfən] **I.** *vt haben* ❶ (*berühren, a. fig: Thema*) sfiorare; **nur leicht ~** (*Thema*) sfiorare semplicemente ❷ (*ziehen, tun*) **den Ring auf den Finger ~** infilare l'anello al dito; **den Ring vom Finger ~** sfilare l'anello dal dito; **die Kapuze über den Kopf ~** tirare su il cappuccio [sulla testa] **II.** *vi* ❶ *sein* (*umher~*) girare, vagare ❷ *haben* (*fig: angrenzen*) **an etw** *acc* **~** rasentare qc

**Streifen** <-s, -> *m* ❶ (*Papier~, Stoff~, von Land*) striscia *f;* (*Speck~*) lardello *m* ❷ (*Strich, Linie*) striscia *f,* linea *f* ❸ (*Klebe~, Loch~*) nastro *m,* striscia *f* ❹ (*Film*) film *m;* (*Ausschnitt*) pellicola *f*

**Streifendienst** *m* pattuglia *f* **Streifenwagen** *m* automobile *f* della polizia
**Streifschuss** *m* colpo *m* di striscio; (*Verletzung*) scalfittura *f* **Streifzug** *m* (*Erkundigungszug*) esplorazione *f*, ricognizione *f*; (MIL) incursione *f*
**Streik** [ʃtraɪk] <-(e)s, -s> *m* sciopero *m;* **in den ~ treten** entrare in sciopero; **einen ~ ausrufen** dichiarare lo sciopero **Streikbrecher(in)** *m(f)* crumiro, -a *m, f*
**streiken** *vi* ① (*Arbeiter*) scioperare, fare sciopero ② (*fam: Motor, Fernseher*) non funzionare; (*nicht mitmachen*) rifiutarsi
**Streikende** <ein -r, -n, -n> *mf* scioperante *mf*
**Streikgeld** *nt* indennità *f* di sciopero **Streikkasse** *f* cassa *f* scioperi **Streikposten** *m* picchetto *m* **Streikrecht** *nt* diritto *m* di sciopero **Streikwelle** <-, -n> *f* ondata *f* di scioperi
**Streit** [ʃtraɪt] <-(e)s, -e> *m* (*Zank, Zwist*) lite *f*, litigio *m;* (*mit Tätlichkeiten*) rissa *f;* (*heftiger Wortwechsel*) diverbio *m*, battibecco *m*, alterco *m;* (*Meinungs~*) disputa *f;* (*Rechts~*) controversia *f;* **mit jdm ~ anfangen** attaccar briga con qu; **mit jdm in ~ geraten** litigare con qu **streitbar** *adj* (*streitlustig*) combattivo; (*a. angriffslustig*) aggressivo; (*kriegerisch*) bellicoso
**streiten** [ˈʃtraɪtən] <streitet, stritt, gestritten> I. *vi* ① (*zanken*) litigare, bisticciare; (*handgreiflich*) azzuffarsi ② (*mit Worten*) [**über etw** *acc*] **~** discutere [di qc]; **darüber lässt sich ~** la cosa è discutibile II. *vr* **sich ~** bisticciarsi, litigare
**Streiterei** [ʃtaɪtəˈraɪ] <-, -en> *f* (*pej*) continui litigi *mpl*
**Streitfall** *m* (ADM) **im ~** in caso di controversia **Streitfrage** *f* controversia *f*, vertenza *f*
**streitig** *adj* **jdm etw ~ machen** contestare qc a qu
**Streitkräfte** *fPl.* forze *fpl* armate **streitlustig** *adj* litigioso, polemico **Streitmacht** *f* forza *f* [militare] **Streitschrift** <-, -en> *f* scritto *m* polemico **streitsüchtig** *s.* **streitlustig**
**streng** [ʃtrɛŋ] *adj* ① (*hart, unnachsichtig*) severo, rigido; **eine ~e Erziehung** un'educazione rigida; **ein ~er Lehrer** un insegnante severo; **ein ~er Winter** un inverno rigido ② (*CH, A, südd: anstrengend*) difficile; **eine ~e Arbeit** un lavoro difficile ③ (*genau*) esatto, preciso, assoluto; **~ genommen** a rigore [di termine]; **~e Bettruhe** riposo assoluto a letto; **das ist ~stens verboten** questo è severamente proibito ④ (*herb*) aspro; **ein ~er Geruch/Geschmack** un odore/sapore aspro
**Strenge** [ˈʃtrɛŋə] <-> *kein Pl. f* ① (*Striktheit*) severità *f* ② (*Schmucklosigkeit*) austerità *f* ③ (*von Geruch, Geschmack*) asprezza *f;* (*von Winter*) rigore *m*, rigidezza *f*
**strenggenommen** *adv* a rigore [di termine]
**strenggläubig** *adj* ortodosso, osservante
**Stress** [ʃtrɛs] <-es, *rar* -e> *m* stress *m;* **im ~ sein** essere sotto stress
**stressen** *vt* stressare
**stressfrei** *adj* senza stress, tranquillo
**stressgeplagt** *adj* stressato
**stressig** *adj* (*fam*) stressante
**Stresssituation** *f* situazione *f* da stress
**Stresstest** *m* ① (*ärztliche Untersuchung*) test *m* da sforzo ② (*Überprüfung einer Bank, eines Atomkraftwerks oder Gebäudes*) stress test *m*
**Streu** [ʃtrɔɪ] <-, -en> *f* strame *m*, lettiera *f*
**Streubüchse** *f*, **Streudose** *f* polverizzatore *m;* (*für Salz*) spargisale *m;* (*für Zucker*) spargizucchero *m*
**streuen** [ˈʃtrɔɪən] I. *vt* (*Sand, Blumen, a. fig: Gerüchte*) spargere; **die Straße mit Salz ~** cospargere la strada di sale; **Salz/ Zucker auf etw** *acc* **~** cospargere qc di sale/zucchero II. *vi* ① (*Straße ~*) spargere qc sulla strada ② (*Salz-, Zuckerstreuer*) spargere
**streunen** [ˈʃtrɔɪnən] *vi sein o haben* (*fam*) vagabondare
**Streusalz** <-es> *kein Pl. nt* sale *m* per strade
**Streusel** [ˈʃtrɔɪzəl] <-s, -> *m o nt* granelli fatti di zucchero, burro e farina **Streuselkuchen** <-s, -> *m* dolce cosparso di granelli fatti di zucchero, burro e farina
**Streuung** <-, -en> *f* (*Statistik*, PHYS) dispersione *f*
**strich** [ʃtrɪç] *1. u. 3. Pers. Sing. Imp. von* **streichen**
**Strich** [ʃtrɪç] <-(e)s, -e> *m* ① (*mit Schreibgerät*) tratto *m;* (*Pinsel~ a.*) pennellata *f;* (*Linie*, MAT) linea *f;* (*kurzer ~, Gedanken~*) lineetta *f*, trattino *m;* (*Schräg~*) [s]barra *f;* (*Quer~*) barra *f;* **nach ~ und Faden** (*fam*) per bene, a modo; **einen ~ unter etw** *acc* **ziehen** (*fig*) farla finita con qc; **jdm einen ~ durch die Rechnung machen** (*fig*) mandare a monte i piani di qu ② (*Richtung: von Haar, Fell*) verso *m;* **gegen den ~** contropelo; **es geht mir gegen**

**den ~** (*fam*) non mi va a genio ❸ (MUS: *Bogenführung*) tocco *m* ❹ (*fig fam: dünner Mensch*) stuzzicadenti *m*, persona *f* scheletrica ❺ (*sl: Prostitution*) prostituzione *f*; (*Gegend*) marciapiede *m fam;* **auf den ~ gehen** (*sl*) battere il marciapiede *fam*
**Strichcode** <-s, -s> *m* codice *m* a sbarre
**stricheln** *vt* tratteggiare
**Stricher(in)** <-s, -; -, -nen> *m(f)* (*fam*) checca *f sl*
**Strichjunge** *m* (*sl*) ragazzo *m* di vita
**Strichkode** <-s, -s> *m s.* **Strichcode**
**Strichliste** *f* lista *f* a sbarre **Strichmädchen** *nt* (*sl*) ragazza *f* di vita **Strichmännchen** *nt* omino *m* **Strichpunkt** *m* punto *m* e virgola **Strichvogel** *m* uccello *m* di passo **strichweise** *adv* (METEO) a tratti
**Strick** [ʃtrɪk] <-(e)s, -e> *m* ❶ (*Seil*) corda *f*, fune *f*; **jdm aus etw einen ~ drehen** (*fig fam*) servirsi di qc per rovinare qu; **wenn alle ~e reißen** (*fam*) nel peggiore dei casi ❷ (*fam: Schlingel*) briccone *m*
**stricken** ['ʃtrɪkən] *vi, vt* lavorare a maglia; (*Pullover, Strümpfe*) fare
**Strickgarn** *nt* filo *m* per maglieria **Strickjacke** *f* giacca *f* di maglia, golf *m*
**Strickleiter** *f* scala *f* di corda
**Strickmaschine** *f* macchina *f* per maglieria **Stricknadel** *f* ferro *m* da calza **Strickwaren** *fPl.* maglierie *fpl* **Strickweste** <-, -n> *f* gilè *m* di maglia **Strickzeug** <-(e)s, -e> *nt* lavoro *m* a maglia
**Striegel** ['ʃtriːgəl] <-s, -> *m* striglia *f*
**striegeln** *vt* ❶ (*bürsten*) strigliare ❷ (*fig fam: schikanieren*) strapazzare
**Strieme** ['ʃtriːmə] <-, -n> *f*, **Striemen** ['ʃtriːmən] <-s, -> *m* livido *m*
**Striezel** <-s, -> *m* (*A, südd*) ❶ (*Hefegebäck*) dolce di pasta lievitata lungo e intrecciato ❷ (*Lausbub*) monello *m*
**strikt** [ʃtrɪkt] *adj* (*genau*) preciso, esatto; (*streng*) stretto, rigoroso; (*Bestimmung*) tassativo
**Stringtanga** *m* tanga[slip] *m*
**Strip** [strɪp] <-s, -s> *m* strip[tease] *m*, spogliarello *m*
**Strippe** ['ʃtrɪpə] <-, -n> *f* (*fam*) ❶ (*Schnur*) spago *m*, corda *f* ❷ (*fig: Telefon*) telefono *m;* **an der ~ hängen** (*fam*) stare attaccato al telefono
**strippen** ['strɪpən] *vi* (*fam*) fare lo spogliarello
**Striptease** ['strɪptiːs] <-> *kein Pl. m o nt* spogliarello *m*, strip-tease *m* **Stripteaselokal** *nt* locale *m* notturno con spogliarello

**Stripteasetänzer(in)** *m(f)* spogliarellista *mf*
**stritt** [ʃtrɪt] *1. u. 3. Pers. Sing. Imp. von* **streiten**
**strittig** ['ʃtrɪtɪç] *adj* controverso; (*fraglich*) discutibile; **~er Punkt** punto in questione
**Strizzi** <-s, -s> *m* (*A: Subjekt, das sich am Rande der Legalität bewegt*) farabutto *m*
**Stroh** [ʃtroː] <-(e)s> *kein Pl. nt* paglia *f*; **~ im Kopf haben** (*fam*) essere senza cervello **strohblond** *adj* biondo paglierino **Strohblume** *f* elicriso *m* **Strohdach** *nt* tetto *m* di paglia **strohdumm** *adj* (*fam*) tonto, stupidone **Strohfeuer** *nt* fuoco *m* di paglia **Strohhalm** *m* filo *m* di paglia; (*Trinkhalm*) cannuccia *f*; **sich an einen ~ klammern** aggrapparsi all'ultimo filo di speranza **Strohhut** *m* cappello *m* di paglia **strohig** *adj* (*Gemüse*) legnoso; (*Orange, Haar*) stopposo
**Strohmann** *m* (*fig*) uomo *m* di paglia **Strohsack** *m* pagliericcio *m* **Strohwitwe** *f* donna *f* il cui marito è assente **Strohwitwer** *m* uomo *m* la cui moglie è assente
**Strolch** [ʃtrɔlç] <-(e)s, -e> *m* (*pej: übler Kerl*) farabutto *m*, furfante *m;* (*fam: Schlingel*) birbante *m*
**Strom** [ʃtroːm] <-(e)s, Ströme> *m* ❶ (*Fluss*) corrente *f*, [grande] fiume *m;* (*fig: von Blut*) fiotto *m;* (*von Tränen*) fiume *m;* (*Strömung*) corrente *f*, flusso *m;* (*Menschen~*) fiumana *f*, marea *f;* (*Lava~*) fiume *m*, colata *f;* **in Strömen fließen** scorrere a fiumi; **es gießt in Strömen** piove a catinelle; **gegen den ~ schwimmen** (*fig*) andare contro corrente; **mit dem ~ schwimmen** (*fig*) seguire la corrente ❷ (EL) corrente *f;* **den ~ ab-/einschalten** togliere/dare la corrente; **unter ~ stehen** (*fig*) essere sotto tensione **Stromabnehmer** *m* presa *f* di corrente, trolley *m*
**stromabwärts** [ʃtroːmˈʔapvɛrts] *adv* (*Lage*) a valle; (*Richtung*) con la corrente
**stromaufwärts** [ʃtroːmˈʔaufvɛrts] *adv* (*Lage*) a monte; (*Richtung*) contro corrente
**Stromausfall** *m* mancanza *f* di corrente
**strömen** ['ʃtrøːmən] *vi sein* ❶ (*fließen*) scorrere, fluire; (*Blut*) scorrere; **bei strömendem Regen** sotto una pioggia torrenziale ❷ (*aus~*) **aus etw ~** fuoriuscire da qc ❸ (*Menschen*) affluire, accorrere
**Stromer** ['ʃtroːmɐ] <-s, -> *m* (*fam: Landstreicher*) vagabondo *m;* (*Schlingel*) briccone *m*, brigante *m*

**Stromerzeugung** *f* generazione *f* di corrente **Stromkabel** *nt* cavo *m* elettrico **Stromkreis** *m* circuito *m* [elettrico] **stromlinienförmig** *adj* aerodinamico **Strommast** *m* pilone *m* dell'alta tensione **Stromnetz** *nt* rete *f* elettrica **Stromquelle** *f* sorgente *f* di elettricità **Stromrechnung** *f* bolletta *f* dell'elettricità **Stromschnelle** *f* rapida *f*, cateratta *f* **Stromsperre** *f* interruzione *f* di corrente **Stromstärke** *f* intensità *f* di corrente **Stromstoß** *m* impulso *m* di corrente **Stromtankstelle** *f* stazione *f* di ricarica per auto elettriche
**Strömung** <-, -en> *f* (*a. fig*) corrente *f*
**Stromverbrauch** *m* consumo *m* di corrente **Stromversorgung** *f* erogazione *f* di energia elettrica **Stromzähler** *m* contatore *m* dell'elettricità
**Strophe** ['ʃtroːfə] <-, -n> *f* strofa *f*
**strotzen** ['ʃtrɔtsən] *vi* **vor etw** *dat* ~ (*voll sein*) essere pieno di qc, rigurgitare di qc; (*wimmeln*) pullulare di qc; **vor Gesundheit** ~ sprizzare salute, scoppiare di salute **strotzend** *adj* rigurgitante, traboccante
**strubbelig** ['ʃtrʊbəlɪç] *adj* spettinato, scompigliato
**Strudel** ['ʃtruːdəl] <-s, -> *m* ❶ (*Wasser, a. fig*) vortice *m* ❷ (*bes. A, südd: Gebäck*) strudel *m*
**Struktur** [ʃtrʊkˈtuːɐ̯] <-, -en> *f* struttura *f* **Strukturalismus** [ʃtrʊkturaˈlɪsmʊs] <-> *kein Pl. m* strutturalismo *m*
**strukturell** [ʃtrʊktuˈrɛl] *adj* strutturale **strukturieren** [ʃtrʊktuˈriːrən] <ohne ge-> *vt* strutturare
**Strukturierung** <-, -en> *f* strutturazione *f* **Strukturwandel** <-s> *kein Pl. m* adeguamento *m* di struttura
**Strumpf** [ʃtrʊmpf] <-(e)s, Strümpfe> *m* calza *f* **Strumpfband** <-(e)s, -bänder> *nt* giarrettiera *f* **Strumpfhalter** *m* giarrettiera *f* **Strumpfhose** *f* collant *m*, calzamaglia *f* **Strumpfwaren** *fPl.* calze *fpl*
**struppig** ['ʃtrʊpɪç] *adj* (*Haar*) irto; (*Bart*) ispido; (*Tier*) arruffato
**Strychnin** [ʃtrʏçˈniːn *o* strʏçˈniːn] <-s> *kein Pl. nt* stricnina *f*
**Stube** ['ʃtuːbə] <-, -n> *f* ❶ (*Wohnzimmer*) soggiorno *m* ❷ (*in Kaserne, Internat*) camerata *f*; **die gute** ~ il salotto [buono] **Stubenarrest** *m* consegna *f* **Stubenfliege** *f* mosca *f* comune **Stubengelehrte** *m* (*pej*) erudito *m* da tavolino **Stubenhocker** *m* (*pej*) pantofolaio *m* **stubenrein** *adj* (*Haustier*) pulito **Stubenwagen** *m* culla *f*

**Stuck** [ʃtʊk] <-(e)s> *kein Pl. m* stucco *m*
**Stück** [ʃtʏk] <-(e)s, -e> *nt* ❶ pezzo *m*; **ein ~ Schokolade/Seife** un pezzo di cioccolata/sapone; **in [tausend] ~e gehen** rompersi in mille pezzi; **ein Euro das ~** un euro al pezzo; **ich komme ein ~ mit** (*des Weges*) ti accompagno per un tratto di strada; **das ist ein starkes ~!** (*fam*) questo è troppo! ❷ (*Teil~*) parte *f*, porzione *f*; **~ für ~** pezzo per pezzo; **aus freien ~en** di propria iniziativa, volontariamente; **wir sind ein gutes ~ weitergekommen** (*bei Arbeit*) abbiamo fatto un bel pezzo di lavoro; **auf jdn große ~e halten** avere molta stima di qu, avere un'alta opinione di qu ❸ (THEAT) lavoro *m* [teatrale], dramma *m*, commedia *f*; (*Musik~*) pezzo *m*
**Stuckateur(in)** [ʃtʊkaˈtøːɐ̯] <-s, -e; -, -nen> *m(f)* stuccatore, -trice *m, f*
**stückeln** ['ʃtʏkəln] *vt* (COM) parcellizzare, frazionare
**Stückgut** *nt* collo *m* singolo **Stücklohn** *m* salario *m* a cottimo **Stückpreis** *m* prezzo *m* unitario **stückweise** *adv* a pezzi, pezzo per pezzo, al minuto **Stückwerk** *nt* lavoro *m* imperfetto **Stückzahl** *f* numero *m* dei pezzi
**stud.** *abk v* **studiosus** studente
**Student(in)** [ʃtuˈdɛnt] <-en, -en; -, -nen> *m(f)* studente, -essa *m, f* **Studentenausweis** *m* tessera *f* di studente **Studentenfutter** *nt* frutta *f* secca **Studentenheim** *nt* casa *f* dello studente **Studentenschaft** <-> *kein Pl. f* studenti *mpl* **Studentenwohnheim** *s.* **Studentenheim Studentin** *f s.* **Student studentisch** *adj* studentesco
**Studie** ['ʃtuːdiə] <-, -n> *f* studio *m*; (*literarisch*) saggio *m*
**Studienabbrecher(in)** <-s, -; -, -nen> *m(f)* persona *f* che interrompe gli studi **Studienanfänger(in)** <-s, -; -, -nen> *m(f)* matricola *f* **Studienbeihilfe** *f* assegno *m* di studio **Studiendirektor(in)** *m(f)* preside *mf* **Studienfach** *nt* materia *f* di studio **Studiengang** *m* curricolo *m*, corso *m* degli studi **Studiengebühr** *f* tasse *fpl* universitarie **studienhalber** *adv* a scopo di studio **Studienplatz** *m* posto *m* di studio **Studienrat, Studienrätin** *f* insegnante *mf* medio superiore [di ruolo] **Studienreferendar(in)** *m(f)* insegnante *mf* medio superiore [non di ruolo] **Studienreise** *f* viaggio *m* di studio **Studienzeit** *f* anni *mpl* di studio, studi *mpl*

**Studienzeitbegrenzung** *f* limitazione *f* degli anni di studio
**studieren** [ʃtu'diːrən] <ohne ge-> *vt, vi* studiare **Studierende** <ein -r, -n, -n> *mf* s. **Student(in) studiert** *adj* (*fam*) che ha studiato
**Studio** ['ʃtuːdio] <-s, -s> *nt* ① (THEAT, TV, RADIO) studio *m* ② (*Einzimmerwohnung*) monolocale *m*
**Studium** ['ʃtuːdiʊm] <-s, Studien> *nt* studio *m*
**Stufe** ['ʃtuːfə] <-, -n> *f* ① (*Treppen~, Entwicklungs~*) gradino *m;* **Vorsicht ~!** attenzione al gradino! ② (*fig: Ebene*) livello *m;* (*Rang*) grado *m;* **sich mit jdm auf eine ~ stellen** (*fig*) mettersi allo stesso livello di qu ③ (TEC: *a. von Raketen*) stadio *m*
**stufen** *vt* ① (*Hang*) munire di gradini ② (*ab~*) graduare ③ (*Haare*) scalare, sfumare
**Stufenbarren** *m* parallele *fpl* asimmetriche **stufenförmig** ['ʃtuːfənfœrmɪç] *adj* a gradini; (*fig*) graduale **Stufenheck** <-(e)s, -s *o* -e> *nt* (AUTO) liftback *m* **Stufenleiter** *f* (*fig*) scala *f;* (*der Gefühle*) gamma *f* **stufenlos** *adj* (TEC) senza gradini, piano **Stufenschnitt** *m* (*Frisur*) taglio *m* scalato **stufenweise** *adv* gradualmente, gradatamente
**stufig** *adj* ① (*Land*) a terrazze, a gradini, a ripiani ② (*Haar*) scalato
**Stuhl** [ʃtuːl] <-(e)s, Stühle> *m* ① (*Möbel*) sedia *f;* **elektrischer ~** sedia elettrica; **der Heilige ~** la Santa Sede; **sich zwischen zwei Stühle setzen** (*fig*) giocarsi due occasioni in una volta; **das haut einen vom ~** (*sl*) c'è da restare sbalorditi ② (*~gang*) defecazione *f* ③ (*Lehr~*) cattedra *f;* **der ~ für Linguistik** la cattedra di linguistica **Stuhlbein** *nt* gamba *f* della sedia **Stuhlgang** *m* defecazione *f;* **~/keinen ~ haben** andare/non andare di corpo **Stuhllehne** *f* schienale *m* della sedia
**Stulle** ['ʃtʊlə] <-, -n> *f* (*dial*) tartina *f*
**Stulpe** ['ʃtʊlpə] <-, -n> *f* risvolto *m*
**stülpen** ['ʃtʏlpən] *vt* **etw nach innen/außen ~** rovesciare qc verso l'interno/l'esterno; **den Kragen nach oben ~** tirare su il colletto; **etw auf** [*o* **über**] **etw** *acc* **~** mettere qc sopra qc
**stumm** [ʃtʊm] *adj* ① (*sprechunfähig*) muto ② (*schweigsam*) silenzioso, taciturno ③ (LING) muto **Stumme** <ein -r, -n, -n> *mf* muto, -a *m, f*
**Stummel** ['ʃtʊməl] <-s, -> *m* (*Bleistift~, Zigaretten~*) mozzicone *m;* (*von Körperglied*) moncone *m,* moncherino *m;* (*Ker-*

*zen~*) moccolo *m;* (*~schwanz*) mozzicone *m*
**Stummfilm** *m* film *m* muto
**Stümper(in)** ['ʃtʏmpɐ] <-s, -; -, -nen> *m(f)* (*pej*) abborraccione, -a *m, f,* schiappa *f*
**Stümperei** [ʃtʏmpəˈraɪ] <-, -en> *f* (*pej*) ① (*Arbeiten*) abborracciamento *m* ② (*Leistung*) abborracciatura *f*
**stümperhaft** *adj* (*pej*) abborracciato; **~e Arbeit** abborracciatura *f*
**Stümperin** *f* s. **Stümper**
**stümpern** *vi* (*pej*) abborracciare
**stumpf** [ʃtʊmpf] *adj* ① (*nicht scharf*) smussato, senza filo; (*nicht spitz*) spuntato; (*Nase*) schiacciato; **~ werden** (*Messer*) smussarsi; (*Stift*) spuntarsi; (*fig*) diventare ottuso ② (*Winkel*) ottuso; (*Kegel, Reim*) tronco ③ (*glanzlos, matt*) opaco ④ (*unempfindlich*) insensibile; (*teilnahmslos*) apatico; (*gleichgültig*) indifferente; (*abgestumpft*) ottuso
**Stumpf** [ʃtʊmpf] <-(e)s, Stümpfe> *m* (*Baum~*) troncone *m;* (*von Körperglied*) moncone *m,* moncherino *m;* (*Zahn~*) moncone *m* di dente; (*Kerzen~*) moccolo *m*
**Stumpfheit** <-> *kein Pl. f* ① (*von Messer*) smussatura *f;* (*von Spitze*) spuntatura *f;* (*von Nase*) schiacciamento *m* ② (*Glanzlosigkeit*) opacità *f* ③ (*Unempfindlichkeit*) insensibilità *f;* (*Teilnahmslosigkeit*) apatia *f;* (*Gleichgültigkeit*) indifferenza *f;* (*Abgestumpftheit*) ottusità *f*
**Stumpfsinn** *m* ottusità *f* [di mente], ebetismo *m;* (*Langweiligkeit*) noiosità *f;* (*Monotonie*) monotonia *f* **stumpfsinnig** *adj* (*geistig ~*) ottuso, ebete; (*monoton*) monotono; (*stupide*) stupido
**stumpfwinklig** *adj* (MAT) ad angolo ottuso, ottusangolo
**Stündchen** ['ʃtʏntçən] <-s, -> *nt* (*fam*) oretta *f*
**Stunde** ['ʃtʊndə] <-, -n> *f* ① (*Zeiteinheit, Zeitpunkt*) ora *f;* **eine geschlagene ~** (*fam*) un'ora d'orologio; **eine halbe ~** mezz'ora; **zur ~** in questo momento; **zu später ~** a tarda ora, tardi; **meine ~ hat geschlagen** è venuta la mia ora ② (*Unterrichts~*) lezione *f;* **~n geben/nehmen** dare/prendere lezioni
**stunden** *vt* **jdm eine Zahlung ~** concedere a qu una dilazione nel pagamento
**Stundengeschwindigkeit** *f* velocità *f* oraria **Stundenhotel** *nt* albergo *m* a ore **Stundenkilometer** *m* chilometro *m* orario **stundenlang I.** *adj* che dura delle ore

**II.** *adv* per ore [e ore] **Stundenlohn** *m* paga *f* all'ora **Stundenplan** *m* orario *m* [delle lezioni] **stundenweise** *adv* a ore **Stundenzeiger** *m* lancetta *f* delle ore
**Stündlein** ['ʃtʏntlaɪn] <-s, -> *nt* **sein letztes ~ hatte geschlagen** era giunta la sua ultima ora
**stündlich** ['ʃtʏntlɪç] *adj* ❶ (*jede Stunde*) ogni ora ❷ (*von Stunde zu Stunde*) da un'ora all'altra
**Stunk** [ʃtʊŋk] <-> *kein Pl. m* **~ machen** (*fam*) spargere zizzania
**Stuntman** ['stʌntmæn] <-s, Stuntmen> *m* controfigura *f*, stunt-man *m*
**stupfen** ['ʃtʊpfən] *vt* (*südd, A, CH*) *s.* **stupsen**
**stupid|e|** [ʃtu'piːt (ʃtu'piːdə)] *adj* (*beschränkt*) stupido; (*langweilig, monoton*) noioso, monotono
**Stups** [ʃtʊps] <-es, -e> *m* (*fam*) spinta *f* **stupsen** *vt* (*fam*) spingere
**Stupsnase** *f* naso *m* all'insù
**stur** [ʃtuːɐ̯] *adj* testardo, ostinato **Sturheit** <-> *kein Pl. f* testardaggine *f*, ostinazione *f*
**Sturm** [ʃtʊrm] <-(e)s, Stürme> *m* ❶ (fig METEO) tempesta *f*, burrasca *f*; **~ läuten** sonare a stormo; **~ der Entrüstung** uragano *m* di sdegno ❷ (*fig: Aufregung*) tumulto *m* ❸ (MIL, SPORT: *Angriff*) attacco *m*; **gegen etw ~ laufen** (*fig*) attaccare qc ❹ (*fig: An~*) assalto *m*; **im ~ nehmen** prendere d'assalto
**Sturmabteilung** *f* (HIST) SA *fpl*
**Sturmbö** <-, -en> *f* violenta *f* raffica di vento, bora *f*
**stürmen** ['ʃtʏrmən] **I.** *vi* ❶ *haben* (METEO: *Wind*) infuriare; (*Sturm*) imperversare; **es stürmt** infuria la bufera ❷ *sein* (*rennen*) **auf jdn/etw ~** scagliarsi contro qu/qc ❸ *haben* (SPORT: *als Stürmer spielen*) giocare da attaccante; (*offensiv spielen*) attaccare **II.** *vt haben* ❶ (MIL: *angreifen*) attaccare, dare l'assalto a ❷ (*im Sturm nehmen, a. fig: Banken, Geschäfte*) prendere d'assalto
**Stürmer(in)** <-s, -; -, -nen> *m(f)* (SPORT) attaccante *mf*, avanti *m*
**Sturmflut** *f* mareggiata *f* **sturmgepeitscht** *adj* sferzato dalla tempesta
**stürmisch** ['ʃtʏrmɪʃ] *adj* ❶ (METEO) tempestoso, burrascoso; (*See*) in burrasca ❷ (*fig: ungestüm*) impetuoso, veemente; (*heftig*) violento, tempestoso; **~er Beifall** applauso frenetico; **~e Tage** (*fig*) giorni turbolenti; **nicht so ~!** piano!, calma!
**Sturmschäden** *mPl.* danni *mpl* provocati dalla tempesta **Sturmvogel** *m* procella-

ria *f* **Sturmwarnung** *f* avviso *m* di tempesta
**Sturz** [ʃtʊrts] <-es, Stürze> *m* ❶ (*Fall, Hinstürzen*) caduta *f* ❷ (*Zusammenbruch, Preis~*) crollo *m*; (*von Regierung*) caduta *f*, rovesciamento *m* ❸ (ARCH: *Fenster~, Tür~*) architrave *m*
**stürzen** ['ʃtʏrtsən] **I.** *vt haben* ❶ (*fallen lassen*) far cadere ❷ (*umstoßen, umkippen, a. fig: Regierung*) rovesciare ❸ (*umdrehen: Pudding*) rovesciare **II.** *vi sein* ❶ (*fallen*) cadere, fare una caduta; (*herab~*) precipitare; **vom Dach ~** precipitare dal tetto ❷ (*rennen*) precipitarsi ❸ (*ein~, a. Preise*) crollare **III.** *vr* **sich auf jdn ~** lanciarsi contro qu; **sich auf die Zeitung ~** buttarsi sul giornale; **sich in Schulden ~** indebitarsi; **sich in Unkosten ~** darsi a spese pazze; **sich ins Verderben ~** rovinarsi
**Sturzflug** *m* [volo *m* in] picchiata *f* **Sturzhelm** *m* casco *m* di protezione
**Stute** ['ʃtuːtə] <-, -n> *f* cavalla *f*, giumenta *f*; (*Kamel~*) cammella *f*; (*Esel~*) asina *f*
**Stuttgart** ['ʃtʊtgart] *nt* Stoccarda *f*
**Stütze** ['ʃtʏtsə] <-, -n> *f* ❶ (*zur Unterstützung*) appoggio *m*, sostegno *m*, supporto *m* ❷ (*Pfeiler*) pilastro *m*; (*für Baum*) tutore *m* ❸ (*fig: Hilfe*) aiuto *m*; (*Haushaltshilfe*) domestica *f*
**stutzen** ['ʃtʊtsən] **I.** *vt* (*kürzen*) [r]accorciare, tagliare; (*Hecke*) potare; (*Haare, Bart*) spuntare; (*Flügel*) tarpare; (*Schwanz*) mozzare **II.** *vi* (*erstaunt innehalten*) rimanere sorpreso, fermarsi; (*zögern*) esitare
**Stutzen** ['ʃtʊtsən] <-s, -> *m* ❶ (*kurzes Gewehr*) carabina *f*, moschetto *m* ❷ (*A: Kniestrumpf*) calzettone *m* ❸ (TEC: *Ansatzrohr*) raccordo *m*
**stützen** ['ʃtʏtsən] **I.** *vt* (*ab~*) puntellare, sorreggere; (*fig*) sostenere **II.** *vr* **sich ~** ❶ (*sich auf~*) **sich auf jdn/etw ~** appoggiarsi a qu/qc ❷ (*auf etw beruhen*) **sich auf etw** *acc* **~** basarsi su qc
**stutzig** *adj* **~ machen** sorprendere; (*argwöhnisch machen*) insospettire; **~ werden** essere sorpreso
**Stützpunkt** *m* base *f*
**StVO** *abk v* **Straßenverkehrsordnung** C.d.S.
**stylen** ['staɪlən] **I.** *vt* mettere in posa; **sich** *dat* **die Haare ~** acconciarsi i capelli **II.** *vr* **sich ~** (*fam*) farsi bello
**stylisch, stylish** ['staɪlɪʃ] (*fam*) **I.** *adj* stiloso **II.** *adv* **sich ~ kleiden** vestire molto fashion

**Styropor®** [ʃtyroˈpoːɐ̯] <-s> *kein Pl. nt* polistirolo *m* espanso

**s.u.** *abk v* **siehe unten** v.s.

**Subjekt** [zʊpˈjɛkt] <-(e)s, -e> *nt* ❶ (LING, PHILOS) soggetto *m* ❷ (*pej: Mensch*) individuo *m*

**subjektiv** [zʊpjɛkˈtiːf] *adj* soggettivo

**Subjektivität** [zʊpjɛktiviˈtɛːt] <-> *kein Pl. f* soggettività *f*

**Subkultur** [ˈzʊpkʊltuːɐ, *Pl:* ˈzʊpkʊltuːrən] <-, -en> *f* subcultura *f*

**Subskribent(in)** [zʊbskriˈbɛnt] <-en, -en; -, -nen> *m(f)* sottoscrittore, -trice *m, f*

**subskribieren** [zʊbskriˈbiːrən] <ohne ge-> I. *vt* sottoscrivere II. *vi* **auf etw** *acc* ~ sottoscrivere qc

**Subskriptionspreis** [zʊpskrɪpˈtsjoːnsprais] *m* prezzo *m* di sottoscrizione

**Substandardwohnung** *f* (*A: Altbauwohnung ohne eigene Toilette*) appartamento *m* senza servizi

**substantiell** *adj s.* **substanziell**

**Substantiv** [ˈzʊpstantiːf] <-s, -e> *nt* sostantivo *m*

**Substanz** [zʊpˈstants] <-, -en> *f* ❶ (*Stoff, Wesen*) sostanza *f* ❷ (*Besitz*) sostanze *fpl*, averi *mpl*

**substanziell** [zʊpstanˈtsjɛl] *adj* sostanziale

**Substitut(in)** [zʊpstiˈtuːt] <-en, -en; -, -nen> *m(f)* (*CH*) sostituto, -a *m, f*

**Substrat** [zʊpˈstraːt] <-(e)s, -e> *nt* (BIOL, LING) sostrato *m*

**Subtext** *m* sottotesto *m*

**subtil** [zʊpˈtiːl] *adj* ❶ (*zart, fein*) sottile ❷ (*kompliziert*) complesso, complicato

**Subtilität** [zʊptiliˈtɛːt] <-, -en> *f* ❶ *Sing.* (*Feinheit*) finezza *f* ❷ (*Spitzfindigkeit*) sottigliezza *f* ❸ (*Schwierigkeit*) complessità *f*, complicazione *f*

**subtrahieren** [zʊptraˈhiːrən] <ohne ge-> *vt* sottrarre

**Subtraktion** [zʊptrakˈtsjoːn] <-, -en> *f* sottrazione *f*

**Subtropen** [ˈzʊptroːpən] *Pl.* (GEOG) subtropici *mpl*, regioni *fpl* subtropicali **subtropisch** *adj* subtropicale

**Subvention** [zʊpvɛnˈtsjoːn] <-, -en> *f* sovvenzione *f*

**subventionieren** [zʊpvɛntsjoˈniːrən] <ohne ge-> *vt* sovvenzionare

**subversiv** [zʊpvɛrˈziːf] *adj* sovversivo

**Suchaktion** *f* ricerche *fpl* **Suchausdruck** *m* (INFORM) chiave *f* di ricerca **Suchdienst** *m* servizio *m* di ricerche

**Suche** [ˈzuːxə] <-, *rar* -n> *f* ricerca *f*; **auf der ~ nach etw sein** essere alla ricerca di qc; **auf die ~ nach etw gehen** andare alla ricerca di qc

**suchen** [ˈzuːxən] *vt, vi* cercare; (*forschen nach*) ricercare; **nach jdm/etw ~** cercare qu/qc; **bei jdm Rat ~** chiedere consiglio a qu; **Streit mit jdm ~** cercare brighe con qu; **was hast du hier zu ~?** che fai qui?, che vuoi?

**Sucher** <-s, -> *m* ❶ (*Mensch*) cercatore *m* ❷ (FOTO) mirino *m*

**Suchgerät** *nt* rivelatore *m*

**Suchmaschine** *f* (INFORM: *im Internet*) motore *m* di ricerca

**Sucht** [zʊxt] <-, Süchte> *f* ❶ (MED) assuefazione *f*; **die ~ nach Rauschgift** assuefazione alla droga ❷ (*fig: übersteigertes Verlangen*) mania *f*; **die ~ nach Erfolg** la smania di successo

**süchtig** [ˈzʏçtɪç] *adj* ❶ (*an einer Sucht leidend*) schiavo; (*rauschgift~*) tossicomane; **~ nach etw sein** essere schiavo di qc ❷ (*versessen, begierig*) avido **Süchtige** <ein -r, -n, -n> *mf* (*Rauschgift~*) tossicomane *mf*; (*Alkohol~*) alcolizzato, -a *m, f*; (*Nikotin~*) gran fumatore, -trice *m, f*

**Süchtigkeit** <-> *kein Pl. f* (*Rauschgift~*) tossicomania *f*; (*Alkohol~*, *Nikotin~*) dedizione *f*

**Sud** [zuːt] <-(e)s, -e> *m* decotto *m*

**Süd** [zyːt] <-(e)s> *kein Pl. m* (*allg*, NAUT, METEO) sud *m*

**Süd-** [ˈzyːt] (*in Zusammensetzungen*) del sud, meridionale

**Südafrika** *nt* Sudafrica *m*

**Südamerika** *nt* America *f* del Sud, Sudamerica *m* **Südamerikaner(in)** <-s, -; -, -nen> *m(f)* sudamericano, -a *m, f*, latinoamericano, -a *m, f* **südamerikanisch** *adj* sudamericano, latinoamericano

**Südasien** *nt* Asia *f* del Sud

**süddeutsch** *adj* della Germania meridionale **Süddeutsche** *mf* tedesco, -a *m, f* meridionale **Süddeutschland** *nt* Germania *f* del Sud

**Sudelei** [zuːdəˈlai] <-, -en> *f* (*Gesudel*) pasticcio *m*; (*beim Schreiben, Malen*) scarabocchi *mpl*

**sudeln** [ˈzuːdəln] *vi* (*schmieren*) insudiciare; (*beim Schreiben*) scarabocchiare

**Süden** [ˈzyːdən] <-s> *kein Pl. m* sud *m*, meridione *m*; (*Gebiet*) sud *m*; **in den ~ reisen** andare al sud; **im ~ von** a sud di; **nach ~** verso il sud; **von ~** dal sud

**Sudeten** [zuˈdeːtən] *Pl.* Sudeti *mpl*

**Südeuropa** *nt* Europa *f* del Sud **Südfrucht** *f* frutta *f* esotica, *frutta del mediter-*

*raneo o dei tropici* **Südhalbkugel** *kein Pl. f* emisfero *m* meridionale **Südhang** *m* versante *m* meridionale
**Süditalien** *nt* Italia *f* del Sud, Meridione *m*
**Süditaliener(in)** *m(f)* [italiano, -a *m, f*] meridionale *mf*
**Süditalienier(in)** *m(f)* [italiano, -a *m, f*] meridionale *mf* **süditalienisch** *adj* meridionale
**Südkorea** ['zy:tkore:a] *nt* Corea *f* del Sud
**Südkoreaner(in)** ['zy:tkorea:nɐ] <-s, -; -, -nen> *m(f)* sudcoreano, -a *m, f*
**südkoreanisch** *adj* sudcoreano, della Corea del Sud
**Südländer(in)** ['zy:dlɛndɐ] <-s, -; -, -nen> *m(f)* abitante *mf* dei paesi mediterranei **südländisch** *adj* mediterraneo
**südlich** I. *adj* meridionale, australe; **in ~er Richtung** verso sud II. *prp* +*gen* a sud di III. *adv* ~ **von** a sud di
**Sudoku** [zu'do:ku] <-[s], -[s]> *nt* sudoku *m;* **Sudoku spielen** giocare a sudoku
**Südostasien** [zy:d'ɔst'ʔa:ziən] *nt* sud-est *m* asiatico
**Südosten** [zy:d'ʔɔstən] *m* sud-est *m*
**südöstlich** [zy:d'ʔœstlɪç] *adj* meridionale; ~ **von** ... a sud-est di ...
**Südpol** *m* polo *m* sud **Südsee** *f* Mari *mpl* del Sud, Pacifico *m* meridionale **Südtirol** *nt* Sudtirolo *m*, Alto Adige *m*
**südwärts** ['zy:tvɛrts] *adv* verso sud
**Südwesten** [zy:d'vɛstən] *m* sud-ovest *m*
**Südwester** [zy:d'vɛstɐ] <-s, -> *m* (*Hut*) sud-ovest *m*
**südwestlich** [zy:d'vɛstlɪç] *adj* sudoccidentale; ~ **von** ... a sud-ovest di ...
**Südwind** *m* vento *m* meridionale
**Suff** [zʊf] <-(e)s> *kein Pl. m* (*fam: Betrunkenheit*) ubriachezza *f;* (*Trunksucht*) alcolismo *m;* **sich dem ~ ergeben** darsi all'alcool; **im ~ in** stato d'ubriachezza
**süffig** ['zʏfɪç] *adj* gradevole, abboccato
**süffisant** [zʏfi'zant] *adj* (*geh*) superiore, sufficiente
**suggerieren** [zʊge'ri:rən] <ohne ge-> *vt* suggerire
**Suggestion** [zʊgɛs'tjo:n] <-, -en> *f* suggestione *f*
**suggestiv** [zʊgɛs'ti:f] *adj* suggestivo **Suggestivfrage** *f* domanda *f* suggestiva
**suhlen** ['zu:lən] *vr* **sich** [**in etw** *dat*] ~ voltolarsi [in qc]
**Sühne** ['zy:nə] <-, -n> *f* (*geh*) ① (REL) espiazione *f* ② (*allgemeine Strafe*) punizione *f* ③ (JUR) riconciliazione *f*
**sühnen** ['zy:nən] *vt* (*geh*) espiare

**Suizidabsicht** *f* intento *m* suicida
**sukzessiv** [zʊktsɛ'si:f] *adj* graduale
**Sulfat** [zʊl'fa:t] <-(e)s, -e> *nt* solfato *m*
**Sulfid** [zʊl'fi:t, *Pl:* zʊl'fi:də] <-(e)s, -e> *nt* solfuro *m*
**Sulfit** [zʊl'fi:t] <-s, -e> *nt* solfito *m*
**Sultan** ['zʊlta:n] <-s, -e> *m* sultano *m*
**Sultanine** [zʊlta'ni:nə] <-, -n> *f* sultanina *f*
**Sulz** <-, -en> *f* (*A: Sülze*) aspic *m*
**Sülze** ['zʏltsə] <-, -n> *f* aspic *f*
**sülzen** ['zʏltsən] *vi, vt* (GASTR) mettere in gelatina; (*quatschen, fam*) chiacchierare
**summarisch** [zʊ'ma:rɪʃ] *adj* sommario; **etw ~ darstellen** illustrare qc per sommi capi
**Summe** ['zʊmə] <-, -n> *f* somma *f*
**summen** ['zʊmən] I. *vi* (*Insekt, Motor*) ronzare; (*Mensch*) canticchiare II. *vt* (*Lied*) canticchiare
**Summer** <-s, -> *m* (EL) cicalino *m*
**summieren** [zʊ'mi:rən] <ohne ge-> I. *vt* sommare II. *vr* **sich** ~ sommarsi
**Sumpf** [zʊmpf] <-(e)s, Sümpfe> *m* palude *f;* (*a. fig*) pantano *m* **Sumpfgas** *nt* metano *m* **Sumpfgebiet** *nt* zona *f* paludosa **sumpfig** *adj* paludoso, pantanoso
**Sünde** ['zʏndə] <-, -n> *f* peccato *m* **Sündenbock** *m* capro *m* espiatorio; **jdn zum ~ machen** addossare tutte le colpe a qu **Sündenfall** *m* peccato *m* originale
**Sünder(in)** <-s, -; -, -nen> *m(f)* peccatore, -trice *m, f*
**sündhaft** *adj* peccaminoso; ~ **teuer** oscenamente caro
**sündig** *adj* peccaminoso
**sündigen** *vi* (*fig* REL) peccare
**sündteuer** *adj* (*A: fam: sündhaft teuer*) costosissimo
**super** ['zu:pɐ] <inv> *adj* (*fam*) fantastico
**Super|benzin|** <-s> *kein Pl. nt* benzina *f* super, super *f fam*
**Super-8-Film** [zu:pɐ'ʔaxtfɪlm] *m* pellicola *f* superotto, superotto *m*
**Super-8-Kamera** *f* superotto *f*
**Supercomputer** *m* (INFORM) supercomputer *m*, supercalcolatore *m*
**Superlativ** ['zu:pɐlati:f] <-s, -e> *m* superlativo *m*
**Supermacht** *f* superpotenza *f*
**Supermarkt** *m* supermercato *m*
**Superrechner** *m* (INFORM) *s*. **Supercomputer**
**Supersommer** *m* estate *f* da sballo, estate *f* da paura
**Superstar** <-s, -s> *m* superstar *f,* personalità *f* di spicco
**Suppe** ['zʊpə] <-, -n> *f* minestra *f,* zup-

pa *f;* **die ~ auslöffeln** (*fig fam*) pagare il fio; **du hast dir die ~ selbst eingebrockt** (*fig*) sei andato in cerca di guai **Suppenfleisch** *nt* carne *f* da brodo; (*zubereitet*) lesso *m* **Suppengrün** <-s> *kein Pl. nt* misto di verdure e erbe per minestra (*carote, sedano, porro e prezzemolo*) **Suppenhuhn** *nt* pollo *m* da lessare **Suppenkelle** *f* mestolo *m* **Suppenküche** <-, -n> *f* mensa *f* per i poveri, cucina *f* popolare **Suppenschüssel** *f* zuppiera *f* **Suppenteller** *m* piatto *m* fondo **Suppenterrine** *f* zuppiera *f* **Suppenwürfel** *m* dado *m* per brodo

**Supplierstunde** *f* (*A: Vertretungsstunde*) ora *f* di supplenza

**Support** [sə'pɔːt] <-[e]s> *kein Pl. m* (INFORM) supporto *m* tecnico

**supraleitend** ['zuːpralaɪtənt] *adj* (EL) superconduttivo

**Surfbrett** *nt* tavola *f* da salto, surf *m*

**surfen** ['sœːfən] *vi* ❶ (SPORT) praticare il surf ❷ (*Internet*) navigare; **im Internet/Web ~** navigare su Internet/in Rete **Surfen** <-s> *kein Pl. nt* surfing *m*

**Surfer(in)** <-s, -; -, -nen> *m(f)* ❶ (SPORT) surfista *mf* ❷ (INFORM) internauta *mf*

**Surfing** ['sœːfɪŋ] <-s> *kein Pl. nt s.* **Surfen**

**Surrealismus** [zʊrea'lɪsmʊs] <-> *kein Pl. m* surrealismo *m*

**surrealistisch** [zʊrea'lɪstɪʃ] *adj* surrealista

**surren** ['zʊrən] *vi* ❶ *haben* (*Insekt*) ronzare; (*Motor*) rombare ❷ *sein* (*sich bewegen*) muoversi

**Surrogat** [zʊro'gaːt] <-(e)s, -e> *nt* surrogato *m*

**Survival-Training** [sə'vaɪvltrɛːnɪŋ] *nt* corso *m* di sopravvivenza

**suspekt** [zʊs'pɛkt] *adj* sospetto; **das kommt mir ~ vor** ho i miei dubbi

**suspendieren** [zʊspɛn'diːrən] <ohne ge-> *vt* sospendere

**süß** [zyːs] *adj* ❶ (*Geschmack*) dolce ❷ (*fig: angenehm*) soave, piacevole; (*Duft*) soave; **träume ~!** sogni d'oro! ❸ (*fig: niedlich*) carino, grazioso ❹ (*pej: übertrieben freundlich*) mellifluo

**Süße** ['zyːsə] <-> *kein Pl. f* dolcezza *f,* dolce *m*

**süßen** *vt* (*zuckern*) addolcire, zuccherare; (*Nahrungsmittel*) dolcificare, edulcorare

**Süßholz** *nt* liquirizia *f;* **~ raspeln** (*fig*) fare il ruffiano

**Süßigkeit** <-, -en> *f* dolciume *m,* dolce *m*

**süßlich** *adj* dolciastro

**Süßmost** *m* mosto *m* dolce **süßsauer** *adj* agrodolce **Süßspeise** *f* dolce *m* **Süßstoff** *m* sostanza *f* dolcificante **Süßwaren** *fPl.* dolciumi *mpl* **Süßwasser** *nt* acqua *f* dolce **Süßwein** *m* vino *m* liquoroso

**SW** *abk v* **Südwest|en|** SO

**Sweatshirt** ['swɛtʃœːt] <-s, -s> *nt* pull *m* oversize

**Swimmingpool** ['svɪmɪŋpuːl] <-s, -s> *m* swimmingpool *f,* piscina *f*

**SWR** [ɛsveː'?ɛf] <-(s)> *kein Pl. m abk v* **Südwestrundfunk** rete radiotelevisiva regionale tedesca con sede a Baden-Baden e Stoccarda

**Symbiose** [zʏmbi'oːzə] <-, -n> *f* simbiosi *f*

**Symbol** [zʏm'boːl] <-s, -e> *nt* simbolo *m* **Symbolfigur** *f* [figura *f*] simbolo *m*

**symbolisch** *adj* simbolico

**symbolisieren** [zʏmbolizi'rən] <ohne ge-> *vt* simboleggiare

**Symmetrie** [zʏme'triː] <-, -n> *f* simmetria *f* **Symmetrieachse** *f* asse *m* di simmetria

**symmetrisch** [zʏ'meːtrɪʃ] *adj* simmetrico

**Sympathie** [zʏmpa'tiː] <-, -n> *f* simpatia *f;* **~ für jdn empfinden** nutrire simpatia per qu **Sympathiekundgebung** *f* manifestazione *f* di solidarietà **Sympathieträger(in)** *m(f)* campione, -essa di simpatia *m*

**Sympathisant(in)** [zʏmpati'zant] <-en, -en; -, -nen> *m(f)* simpatizzante *mf*

**sympathisch** [zʏm'paːtɪʃ] *adj* simpatico; **jdm ~/nicht ~ sein** essere/non riuscire simpatico a qu

**sympathisieren** [zʏmpati'ziːrən] <ohne ge-> *vt* simpatizzare

**Symphonie** [zʏmfo'niː] *f s.* **Sinfonie**

**Symptom** [zʏmp'toːm] <-s, -e> *nt* sintomo *m*

**symptomatisch** [zʏmpto'maːtɪʃ] *adj* |**für etw**| **~ sein** essere sintomatico [di qc]

**Synagoge** [zyna'goːgə] <-, -n> *f* sinagoga *f*

**synchron** [zʏn'kroːn] *adj* (PHYS, EL, MOT) sincrono; (LING) sincronico

**Synchronisation** [zʏnkroniza'tsjoːn] <-, -en> *f* sincronizzazione *f*

**synchronisieren** [zʏnkroni'ziːrən] <ohne ge-> *vt* sincronizzare; (FILM) doppiare, sincronizzare **Synchronisierung** <-, -en> *f* sincronizzazione *f*

**Syndikat** [zʏndi'kaːt] <-(e)s, -e> *nt* (COM: *Kartell*) cartello *m,* sindacato *m;* (*Verbrecher~*) racket *m*

**Syndrom** [zʏn'droːm] <-s, -e> *nt* (MED) sindrome *f*

**Synergie** [zynɛr'giː: *o* zʏnɛr'giː:, *Pl.:* zynɛr'giːən *o* zʏnɛr'giːən] <-, -n> *f* sinergia *f*

**Synergieeffekt** <-(e)s, -e> *m* effetto *m* sinergico
**Synode** [zy'no:də] <-, -n> *f* sinodo *m*
**synonym** [zyno'ny:m] *adj* sinonimo, sinonimico **Synonym** <-s, -e> *nt* sinonimo *m*
**syntaktisch** [zyn'taktɪʃ] *adj* sintattico
**Syntax** ['zyntaks] <-, -en> *f* sintassi *f*
**Synthese** [zyn'te:zə] *f* sintesi *f*
**synthetisch** [zyn'te:tɪʃ] *adj* sintetico
**Syphilis** ['zy:filɪs] <-> *kein Pl.* *f* sifilide *f*
**Syrakus** [zyra'ku:s] *nt* Siracusa *f*
**Syrer(in)** ['zy:rɐ] <-s, -; -, -nen> *m(f)* siriano, -a *m, f*
**Syrien** ['zy:riən] *nt* Siria *f*
**Syrier(in)** <-s, -; -, -nen> *m(f)* s. **Syrer(in)**
**syrisch** *adj* siriano
**System** [zys'te:m] <-s, -e> *nt* sistema *m*
**Systematik** [zyste'ma:tɪk] <-, -en> *f* ① (*Ordnung*) sistematicità *f* ② (BIOL) sistematica *f*
**systematisch** [zyste'ma:tɪʃ] I. *adj* sistematico II. *adv* in modo sistematico
**systematisieren** [zystemati'zi:rən] <ohne ge-> *vt* sistematizzare
**Systemkritiker(in)** *m(f)* (POL) critico *m* del sistema
**systemlos** *adj* asistematico, disordinato
**Szenarium** [stse'na:riʊm] <-s, Szenarien> *nt* (THEAT, FILM) scenario *m*
**Szene** ['stse:nə] <-, -n> *f* ① (*fig* THEAT, FILM) scena *f*; **jdm eine ~ machen** fare una scenata a qu; **in ~ setzen** (*fig* THEAT) inscenare; (*fig*) orchestrare ② (*sl:* Drogen~, Jazz~, Alternativ~) scena *f*, ambiente *m*
**Szenenwechsel** *m* cambiamento *m* di scena
**Szenerie** [stsenə'ri:] <-, -n> *f* scenario *m*
**szenisch** *adj* scenico

# Tt

**T, t** [te:] <-, -(s)> *nt* T, t *f*; **T wie Theodor** T come Torino
**t** *abk v* **Tonne** t
**Tabak** ['tabak] <-s, -e> *m* tabacco *m*
**Tabakhändler(in)** *m(f)* commerciante *mf* di tabacco **Tabakplantage** <-, -n> *f* (AGR) piantagione *f* di tabacco **Tabaksbeutel** *m* borsa *f* per tabacco **Tabaksdose** *f* tabacchiera *f* **Tabakspfeife** *f* pipa *f* **Tabaksteuer** *f* imposta *f* sul tabacco **Tabaksteuererhöhung** *f* aumento *m* dell'imposta sui tabacchi **Tabaktrafik** <-, -en> *f* (A: Verkaufsstelle) tabaccheria *f*, rivendita *f* tabacchi; **Stempelmarken bekommt man in der ~** i francobolli si comprano in tabaccheria **Tabakwaren** *fPl.* tabacchi *mpl*
**tabellarisch** [tabɛla'rɪʃ] *adj* in forma di tabella; **~er Lebenslauf** curriculum vitae tabellare
**Tabelle** [ta'bɛlə] <-, -n> *f* tabella *f*, tavola *f* **Tabellenführer** <-s, -> *m* (SPORT) capolista *m*, numero *m* uno **Tabellenkalkulationsprogramm** <-s, -e> *nt* (INFORM) foglio *m* elettronico
**Tabernakel** [tabɛr'na:kəl] <-s, -> *mnt* (REL) tabernacolo *m*
**Tablar** ['tabla:ɐ] <-s, -e> *nt* (CH: Regalbrett) scaffale *m*, mensola *f*
**Tablet** ['tɛblət] <-s, -s> *nt* tablet *m* [computer] **Tablet-PC** *m* tablet *m* PC
**Tablett** [ta'blɛt] <-(e)s, -s *o rar* -e> *nt* vassoio *m*
**Tablette** [ta'blɛtə] <-, -n> *f* compressa *f*, pastiglia *f* **Tablettenmissbrauch** *m* abuso *m* di pillole
**tabu** [ta'bu:] <inv> *adj* tabù **Tabu** <-s, -s> *nt* tabù *m*
**Tabuwort** *nt* parola *f* tabù
**tachinieren** <ohne ge-> *vi* (A) ① (*fam: bei der Arbeit untätig herumstehen*) oziare, poltrire ② (*fam: etwas vortäuschen*) fingere
**Tachinierer** <-s, -> *m* (A) ① (*fam: Faulenzer*) pigro *m* ② (*fam: jd, der etwas vortäuscht*) simulatore *m*
**Tacho** ['taxo] <-s, -s> *m* (*fam*), **Tachometer** [taxo'me:tɐ] <-s, -> *m o nt* tachimetro *m*
**Tadel** ['ta:dəl] <-s, -> *m* biasimo *m*, rimprovero *m* **tadellos** *adj* impeccabile; (*vollkommen*) perfetto
**tadeln** *vt* biasimare, rimproverare
**tadelnd** *adj* di biasimo, di disapprovazione, di condanna, di rimprovero; **ein ~er Blick** un'occhiata di rimprovero
**tadelnswert** *adj* biasimevole, riprovevole
**Tadschikistan** <-s> *nt* Tagikistan *m*

**Tafel** ['ta:fəl] <-, -n> f ❶ (*Platte*) tavola *f*; lastra *f*; (*kleine, a Schokoladen~*) tavoletta *f*; (*dünne ~*) lamina *f* ❷ (*geh: Esstisch*) tavola *f* ❸ (*Schild*) insegna *f*
**tafeln** *vi* (*geh*) pranzare, banchettare
**täfeln** ['tɛ:fəln] *vt* pannellare; (*mit Holz*) rivestire di legno
**Tafelobst** *nt* frutta *f* da tavola **Tafelrunde** *f* tavolata *f*; (*von Herrscher*) tavola *f* rotonda **Tafelsilber** *nt* posate *fpl* d'argento **Tafelspitz** <-es, -e> *m* (*A*) ❶ (GASTR: *Rindfleisch von der Hüfte*) spuntatura *f* di lombo, punta *f* ❷ (GASTR: *gekochter ~*) bollito *m*
**Täfelung** <-, -en> *f* rivestimento *m* di tavole, pannellatura *f*
**Tafelwasser** *nt* acqua *f* minerale [da tavola] **Tafelwein** *m* vino *m* da tavola
**Taferlklassler(in)** <-s, -; -, -nen> *m(f)* (*A: Schulanfänger*) scolaro *m* [che inizia la prima elementare]
**taff** ['taf] *adj* tosto
**Taft** [taft] <-(e)s, -e> *m* taffettà *m*
**Tag** [ta:k] <-(e)s, -e> *m* ❶ (*Zeiteinheit, ~eslicht*) giorno *m*; (*im Verlauf*) giornata *f*; ~ **und Nacht** giorno e notte; **guten ~**! buon giorno!; **eines** [**schönen**] **~es** un [bel] giorno; **jeden ~** ogni giorno, tutti i giorni; **jeden zweiten ~** ogni due giorni; **den ganzen ~** [**lang** [*o* **über**]] tutto il giorno; **~ für ~** giorno per giorno; **am folgenden ~** il giorno seguente; **von ~ zu ~** di giorno in giorno; **von einem ~ auf den anderen** da un giorno all'altro; **vor acht ~en** otto giorni fa; **in acht ~en** fra otto giorni; **heute in acht ~en** oggi a otto; **Montag in ~ Tagen** lunedì a otto; **es wird ~** si fa giorno; **es ist heller ~** è giorno fatto; **an den ~ kommen** venire alla luce, rivelarsi; **etw an den ~ legen** mostrare qc, dimostrare qc; **in den ~ hinein leben** vivere alla giornata; **über ~e** a giorno, a cielo aperto; **unter ~e** in sotterraneo; **zu ~e fördern** [*o* **bringen**] estrarre; (*fig*) rivelare; **das ist ein Unterschied wie ~ und Nacht** c'è una differenza come fra il giorno e la notte; **man soll den ~ nicht vor dem Abend loben** (*prov*) non lodare il bel giorno innanzi sera; **es ist noch nicht aller ~e Abend** (*prov*) chi vivrà, vedrà ❷ *pl* (*fam: Menstruation*) **sie hat ihre ~e** ha le sue cose
**tagaus** [ta:k'ʔaʊs] *adv* **~, tagein** giorno per giorno, tutti i giorni
**Tagebau** *m* scavo *m* a cielo aperto **Tagebuch** *nt* diario *m* **Tagedieb** *m* (*pej*) fannullone *m* **Tagegeld** *nt* diaria *f*
**tagein** [ta:k'ʔaɪn] *adv s.* **tagaus**
**tagelang** *adv* per giorni interi
**Tagelöhner(in)** <-s, -; -, -nen> *m(f)* lavoratore, -trice *m*, *f* a giornata
**tagen** ['ta:gən] *vi* ❶ (*eine Tagung abhalten*) tenere seduta ❷ (*geh: Tag werden*) **es tagt** si fa giorno
**Tagesanbruch** *m* **bei ~** sul far del giorno; **vor ~** prima dell'alba **Tagescreme** *f* crema *f* da giorno **Tagesdecke** *f* copriletto *m* **Tageseinnahme** *f* introito *m* giornaliero **Tagesfahrt** *f* viaggio *m* di un giorno **Tagesgericht** *nt* (GASTR) piatto *m* del giorno **Tagesgeschehen** *nt* attualità *fpl* **Tagesgespräch** *nt* argomento *m* del giorno **Tageskarte** *f* ❶ (*Speisekarte*) menu *m* del giorno ❷ (*Fahrkarte*) biglietto *m* valido per un giorno, giornaliero *m* **Tageskurs** *m* quotazione *f* [*o* cambio *m*] del giorno **Tageslicht** *nt* luce *f* del giorno; **ans ~ kommen** (*fig*) venire alla luce **Tagesmutter** *f* madre *f* che bada ai bambini altrui **Tagesnachrichten** *fpl.* notizie *fpl* del giorno **Tagesordnung** *f* ordine *m* del giorno; **an der ~ sein** (*fig*) essere all'ordine del giorno; **zur ~ übergehen** passare all'ordine del giorno **Tagesreise** <-, -n> *f s.* **Tagesfahrt Tagesschau** *f* telegiornale *m* **Tagesumsatz** *m* entrate *fpl* giornaliere **Tageszeit** *f* ora *f* [della giornata]; **zu jeder ~** a tutte le ore; **zu jeder Tages- und Nachtzeit** in qualsiasi momento, sempre **Tageszeitung** *f* quotidiano *m*
**tageweise** *adv* a giornate **Tagewerk** *nt* (*geh*) lavoro *m* quotidiano
**Tagfalter** *m* farfalla *f* diurna
**Taggeld** *nt* (*CH*) indennità *f* giornaliera, compenso *m* giornaliero
**taghell** ['ta:k'hɛl] *adj* chiaro come il giorno
**täglich** ['tɛ:klɪç] **I.** *adj* giornaliero, quotidiano; (*all~*) di ogni giorno **II.** *adv* giornalmente, al giorno; (*jeden Tag*) ogni giorno; **einmal ~** una volta al giorno
**Tagreise** <-, -n> *f* (*CH*) *s.* **Tagesreise**
**Tagsatzung** <-, -en> *f* (*A: Verhandlungstermin bei Gericht*) ordine *m* dell'udienza
**tagsüber** *adv* durante la giornata, di giorno
**tagtäglich** ['ta:k'tɛ:klɪç] **I.** *adj* quotidiano **II.** *adv* tutti i giorni
**Tagundnachtgleiche** ['ta:kʔʊnt'naxtglaɪçə] <-, -n> *f* equinozio *m*
**Tagung** <-, -en> *f* (*Kongress*) convegno *m*, congresso *m*; (*Sitzung*) sessione *f*, seduta *f* **Tagungsort** <-(e)s, -e> *m* luogo *m* del congresso
**Taifun** [taɪ'fu:n] <-s, -e> *m* tifone *m*

**Taille** ['taljə] <-, -n> *f* vita *f* **Taillenweite** *f* circonferenza *f* vita, vita *f*
**tailliert** [tal'ji:ɛt] *adj* sciancrato
**Takelage** [takə'la:ʒə] <-, -n> *f* (NAUT) attrezzatura *f*, alberatura *f*, manovre *fpl* fisse e correnti
**takeln** ['ta:kəln] *vt* (NAUT) attrezzare [un'imbarcazione con alberatura]
**Takt**[1] [takt] <-(e)s, -e> *m* (MUS) tempo *m*, ritmo *m*; (*Rhythmus, Tonfall*) cadenza *f*; **den ~ schlagen** battere il tempo; **im ~ bleiben, den ~ halten** andare a tempo; **aus dem ~ kommen** andare fuori tempo
**Takt**[2] <-(e)s> *kein Pl. m* (*Feingefühl*) tatto *m*, discrezione *f*
**Taktgefühl** *nt* ❶ (MUS) senso *m* del ritmo ❷ (*fig: Feingefühl*) tatto *m*, delicatezza *f*
**Taktik** ['taktɪk] <-, -en> *f* tattica *f* **Taktiker(in)** <-s, -; -, -nen> *m(f)* persona *f* che ha tattica **taktisch** *adj* tattico; (MIL) operativo
**taktlos** *adj* privo di tatto, indelicato; **~ sein** mancare di tatto **Taktlosigkeit** <-, -en> *f* mancanza *f* di tatto
**Taktstock** *m* (MUS) bacchetta *f* [del direttore d'orchestra] **Taktstrich** *m* sbarra *f* [di misura]
**taktvoll** *adj* che ha tatto, delicato; **~ sein** aver tatto
**Tal** [ta:l, *Pl:* 'tɛ:lə] <-(e)s, Täler> *nt* valle *f*
**talabwärts** [ta:l'ʔapvɛrts] *adv* a valle
**Talar** [ta'la:ɐ] <-s, -e> *m* toga *f*
**talaufwärts** [ta:l'ʔaufvɛrts] *adv* a monte
**Talent** [ta'lɛnt] <-(e)s, -e> *nt* talento *m*; **~ für Sprachen haben** essere portato per le lingue
**talentiert** [talɛn'ti:ɐt] *adj* [pieno] di talento, dotato
**Taler** ['ta:lə] <-s, -> *m* (HIST) tallero *m*
**Talfahrt** <-, -en> *f* discesa *f* a valle, declino *m*; (*einer Währung*) discesa *f* precipitosa
**Talg** [talk] <-(e)s, -e> *m* sego *m*; (*von Haar*) sebo *m* **Talgdrüse** *f* ghiandola *f* sebacea
**Talisman** ['ta:lɪsman] <-s, -e> *m* talismano *m*
**Talkessel** *m* conca *f* vallìva
**Talkmaster** ['tɔ:kma:stɐ] *m* (TV) presentatore *m* di talkshow **Talkshow** *f* (TV) talk show *m*
**Talmi** ['talmi] <-s> *kein Pl. nt* similoro *m*; (*fig*) paccottiglia *f*
**Talmud** ['talmu:t, *Pl:* 'talmu:də] <-(e)s, -e> *m* talmud *m*
**Talschaft** <-, -en> *f* (CH) ❶ (*Bewohner*) valligiani *mpl* ❷ (*Tal*) valle *f*, vallata *f* **Talsperre** *f* [diga *f* di] sbarramento *m* **Talstation** *f* stazione *f* a valle **talwärts** ['ta:lvɛrts] *adv* a valle
**Tamburin** ['tamburi:n] <-s, -e> *nt* tamburello *m*
**Tampon** ['tampɔn] <-s, -s> *m* tampax® *m*, assorbente *m* interno
**Tand** [tant] <-(e)s> *kein Pl. m* (*geh, obs*) cianfrusaglie *fpl*, gingilli *mpl*
**Tändelei** [tɛndə'laɪ] <-, -en> *f* (*obs* LIT) trastullo *m*, flirt *m*
**tändeln** ['tɛndəln] *vi* (*herumspielen*) baloccarsi, gingillarsi; (*schäkern*) celiare, folleggiare; (*flirten*) flirtare
**Tandem** ['tandɛm] <-s, -s> *nt* tandem *m*
**Tang** [taŋ] <-(e)s, -e> *m* fuco *m*
**Tanga** ['taŋga] <-s, -s> *m* tanga *m*
**Tangente** [taŋ'gɛntə] <-, -n> *f* (MAT) tangente *f*
**tangieren** [taŋ'gi:rən] <ohne ge-> *vt* toccare
**Tank** [taŋk] <-s, -s *o rar* -e> *m* serbatoio *m*, cisterna *f* **Tankdeckel** <-s, -> *m* tappo *m* del serbatoio
**Tanke** ['taŋkə] <-, -n> *f* (*fam*) distributore *m* [di benzina]; **an der ~ jobben** lavorare dal benzinaio
**tanken** I. *vi* fare benzina, fare rifornimento di benzina II. *vt* [20 Liter] Benzin ~ fare rifornimento di [20 litri di] benzina
**Tanker** <-s, -> *m* petroliera *f*, nave *f* cisterna
**Tankinhalt** <-es, -e> *m* capacità *f* del serbatoio **Tanklastzug** *m* autocisterna *f* **Tankstelle** *f* (*kleine* ~) distributore *m* [di benzina]; (*größere* ~) stazione *f* di rifornimento; (*an der Autobahn*) area *f* di servizio **Tankwagen** *m* (MOT) autocisterna *f*; (FERR) carro *m* cisterna **Tankwart(in)** <-(e)s, -e; -, -nen> *m(f)* benzinaio, -a *m*, *f* **Tankzug** <-(e)s, -züge> *m* autocisterna *f*, autotreno *m* per il trasporto di carburante
**Tanne** ['tanə] <-, -n> *f* abete *m* **Tannenbaum** *m* ❶ (*fam: Tanne*) abete *m* ❷ (*Weihnachtsbaum*) albero *m* di Natale **Tannenholz** *nt* legno *m* d'abete, abete *m* **Tannennadel** *f* ago *m* d'abete **Tannenzapfen** *m* pigna *f*
**Tante** ['tantə] <-, -n> *f* zia *f*
**Tante-Emma-Laden** [tantə'ɛmala:dən] *m* negozietto *m* all'angolo
**Tantieme** [tɑ̃'tjɛ:mə] <-, -n> *f* tantième *m*
**Tanz** [tants, *Pl:* 'tɛntsə] <-es, Tänze> *m* ballo *m*, danza *f*; **jdn zum ~ auffordern** invitare qu a ballare **Tanzabend** *m* serata *f* danzante

**tänzeln** ['tɛntsəln] *vi haben o bei Fortbewegung sein* ballonzolare; (*Pferd*) caracollare
**tanzen** [tantsən] **I.** *vi* ballare, danzare; (*Mücken*) volteggiare **II.** *vt* ballare; **Walzer ~** ballare un valzer
**Tänzer(in)** ['tɛntsɐ] <-s, -; -, -nen> *m(f)* ballerino, -a *m, f*
**tänzerisch** *adj* danzante
**Tanzfläche** *f* pista *f* da ballo **Tanzkurs** *m* corso *m* di ballo **Tanzlehrer(in)** <-s, -; -, -nen> *m(f)* maestro *m* di ballo **Tanzlokal** *nt* dancing *m* **Tanzmusik** *f* musica *f* da ballo **Tanzpartner(in)** *m(f)* cavaliere *m*, dama *f* **Tanzschritt** *m* passo *m* di danza **Tanzschule** *f* scuola *f* di ballo **Tanzschuppen** *m* (*fam*) discoteca *f* **Tanzstunde** *f* lezione *f* di ballo **Tanztee** *m* tè *m* danzante **Tanzturnier** *nt* gara *f* di ballo
**tapen** ['teɪpən] *vt* fasciare
**Tapet** [ta'pe:t] *nt* **etw aufs ~ bringen** (*fam*) mettere qc sul tappeto
**Tapete** [ta'pe:tə] <-, -n> *f* tappezzeria *f* **Tapetenrolle** <-, -n> *f* rotolo *m* di carta da parati **Tapetentür** *f* porta *f* nascosta dalla tappezzeria **Tapetenwechsel** *m* (*fig fam*) cambiamento *m* d'aria
**Tapeverband** ['teɪpfɛɐ̯bant] *m* fasciatura *f* a nastro
**tapezieren** [tape'tsi:rən] <ohne ge-> *vt* tappezzare
**Tapezierer(in)** <-s, -; -, -nen> *m(f)* tappezziere, -a *m, f*, decoratore, -trice *m, f*
**tapfer** ['tapfɐ] *adj* bravo, valoroso; (*mutig*) coraggioso; **sich ~ schlagen** battersi con coraggio **Tapferkeit** <-> *kein Pl.* *f* bravura *f*, valore *m*; (*Mut*) coraggio *m*
**Tapir** ['ta:pi:ɐ̯] <-s, -e> *m* (ZOO) tapiro *m*
**tappen** ['tapən] *vi sein* andar tastoni
**täppisch** ['tɛpɪʃ] *adj* goffo, maldestro
**tapsen** ['tapsən] *vi sein* (*fam*) brancolare
**tapsig** *adj* (*fam*) impacciato, goffo
**Tara** ['ta:ra, *Pl.*: 'ta:rən] <-, **Taren**> *f* tara *f*
**Tarantel** <-, -n> *f* tarantola *f*; **wie von der ~ gestochen** come morso dalla tarantola
**Taren** *Pl. von* **Tara**
**Tarent** [ta'rɛnt] *nt* Taranto *f*
**Tarif** [ta'ri:f] <-s, -e> *m* tariffa *f* **Tarifgruppe** *f* gruppo *m* tariffario
**tariflich** *adj* tariffario, tariffale
**Tariflohn** *m* salario *m* contrattuale **Tarifpartner** *mPl.* parti *fpl* sociali **Tarifverhandlungen** *fPl.* trattative *fpl* tariffarie **Tarifvertrag** *m* contratto *m* collettivo di lavoro
**tarnen** ['tarnən] *vt* mimetizzare, camuffare

**Tarnfarbe** *f* colore *m* mimetico **Tarnfirma** <-, -en> *f* ditta *f* di copertura
**Tarnung** <-, -en> *f* mimetizzazione *f*, camuffamento *m*
**Tasche** ['taʃə] <-, -n> *f* ❶ (*in Kleidungsstück*) tasca *f*; (*Westen~, Uhren~ a*) taschino *m* ❷ (*Hand~*) borsa *f*, borsetta *f*; (*Akten~, Schul~*) cartella *f*; **etw aus eigener** [*o* **der eigenen**] **~ bezahlen** pagare qc di borsa propria; **jdm auf der ~ liegen** (*fam*) vivere alle spalle di qu **Taschenausgabe** *f* edizione *f* economica **Taschenbuch** *nt* libro *m* tascabile **Taschencomputer** *m* (INFORM) computer *m* tascabile **Taschendieb(in)** *m(f)* borsaiolo, -a *m, f*, borseggiatore, -trice *m, f* **Taschenformat** *nt* formato *m* tascabile **Taschengeld** *nt* denaro *m* per piccole spese **Taschenkrebs** *m* (ZOO) granciporro *m* **Taschenlampe** *f* lampadina *f* tascabile **Taschenmesser** *nt* temperino *m*, coltellino *m* **Taschenrechner** *m* calcolatrice *f* [tascabile] **Taschentuch** *nt* fazzoletto *m* [da naso] **Taschenuhr** *f* orologio *m* da tasca
**Taschenwörterbuch** *nt* dizionario *m* tascabile
**Taskleiste** <-, -n> *f* (INFORM) barra *f* dei task
**Tasse** ['tasə] <-, -n> *f* tazza *f*; **eine ~ Tee trinken** bere una tazza di tè; **nicht alle ~n im Schrank haben** (*fam*) non avere tutti i venerdì
**tassenfertig** *adj* pronto all'istante
**Tastatur** [tasta'tu:ɐ̯] <-, -en> *f* tastiera *f*
**tastbar** *adj* tastabile, palpabile, tangibile
**Taste** ['tastə] <-, -n> *f* tasto *m*
**tasten** ['tastən] **I.** *vt* tastare, palpare **II.** *vi* **nach etw tasten** cercare qc a tastoni
**Tasteninstrument** *nt* strumento *m* a tastiera **Tastentelefon** *nt* telefono *m* a tastiera
**Tastorgan** <-(e)s, -e> *nt* tatto *m*
**Tastsinn** *m* senso *m* del tatto, tatto *m*
**tat** [ta:t] *1. u. 3. Pers. Sing. Imp. von* **tun**
**Tat** [ta:t] <-, -en> *f* (*Handlung*) azione *f*, atto *m*; (*Straf~*) delitto *m*; **etw in die ~ umsetzen** mettere in opera qc, attuare qc; **in der ~** infatti; **jdn auf frischer ~ ertappen** cogliere qu sul fatto **Tatbestand** *m* stato *m* di fatto, fatti *mpl*
**Tatendrang** *m* slancio *m*, dinamismo *m* **tatenlos I.** *adj* inattivo, passivo **II.** *adv* **einer Sache** *dat* **~ zusehen** restare inerte di fronte a qc
**Täter(in)** ['tɛ:tɐ] <-s, -; -, -nen> *m(f)* reo, -a *m, f*, colpevole *mf*

**Täterschaft**[1] <-> *kein Pl. f* (*Beteiligung*) colpevolezza *f*
**Täterschaft**[2] <-, -en> *f* (*CH: Gesamtheit der Täter*) responsabili *mpl*, colpevoli *mpl*
**tätig** ['tɛːtɪç] *adj* attivo; **er ist als Bankkaufmann ~** fa l'impiegato di banca, è impiegato in banca; **in einer Firma ~ sein** lavorare in una ditta; **in einer Sache ~ sein** (*geh* ADM) lavorare in qc
**tätigen** *vt* effettuare; (*Geschäft*) concludere
**Tätigkeit** <-, -en> *f* ① (*das Tätigsein*) attività *f*; (*Arbeit*) lavoro *m* ② *Sing.* (*von Maschine*) funzionamento *m*; **in ~ treten** entrare in funzione **Tätigkeitsbereich** *m* sfera *f* d'attività **Tätigkeitsform** *f* forma *f* attiva **Tätigkeitswort** <-(e)s, -wörter> *nt* verbo *m*
**Tatkraft** *f* energia *f*, dinamismo *m* **tatkräftig** *adj* energico, dinamico; **jdn ~ unterstützen** dar manforte a qu
**tätlich** ['tɛːtlɪç] *adj* **~ werden** passare a vie di fatto **Tätlichkeit** <-, -en> *f* (JUR) vie *fpl* di fatto; **es kam zu ~en** si passò a vie di fatto
**Tatmotiv** *nt* movente *m*
**Tatort** *m* luogo *m* del reato
**tätowieren** [tɛtoˈviːrən] <ohne ge-> *vt* tatuare
**Tätowierung** <-, -en> *f* tatuaggio *m*
**Tatsache** *f* fatto *m*, realtà *f*; **auf Grund dieser ~** perciò, per questo; **~ ist, dass ...** sta di fatto che ..., la verità è che ...; **jdn vor vollendete ~n stellen** mettere qu di fronte al fatto compiuto
**tatsächlich** I. *adj* effettivo, reale II. *adv* in realtà, in effetti
**tätscheln** ['tɛtʃəln] *vt* accarezzare, dare colpetti a
**Tattergreis(in)** ['tatəgraɪs] <-es, -e; -, -nen> *m(f)* (*fam pej*) vecchio, -a *m*, *f* decrepito, -a
**tatterig** ['tatərɪç] *adj* (*fam*) tremolante, tremante
**Tattoo** [tɛˈtuː] <-s, -s> *nt* tatuaggio *m*
**Tatverdacht** *m* (JUR) indizio *m* [di reato]
**tatverdächtig** *adj* (JUR) indiziato, sospetto
**Tatwaffe** *f* (JUR) arma *f* del reato
**Tatze** ['tatsə] <-, -n> *f* zampa *f*
**Tau**[1] [tau] <-(e)s> *kein Pl. m* (METEO) rugiada *f*
**Tau**[2] <-(e)s, -e> *nt* (MAR) cavo *m*, gomena *f*
**taub** [taup] *adj* ① (*gehörlos*) sordo; **sich ~ stellen** fare il sordo, fare orecchie da mercante; **auf einem Ohr ~ sein** essere sordo da un orecchio ② (*Körperteil*) insensibile, intorpidito ③ (*Ähre, Nuss*) vuoto; (*Blüte, Gestein*) sterile **taubblind** *adj* sordocieco

**Taube** <-, -n> *f* piccione *m* **Taubenhaus** *nt*, **Taubenschlag** *m* piccionaia *f*
**Täuberich** ['tɔɪbərɪç] <-s, -e> *m* piccione *m* maschio
**Taubheit** <-> *kein Pl. f* ① (*Gehörlosigkeit*) sordità *f* ② (*von Körperteilen*) mancanza *f* di sensibilità, intorpidimento *m*
**Taubnessel** *f* ortica *f* bianca [*o* rossa]
**taubstumm** *adj* sordomuto **Taubstummensprache** *f* linguaggio *m* dei sordomuti
**tauchen** ['tauxən] I. *vi haben o sein* tuffarsi, immergersi II. *vt haben* tuffare, immergere
**Taucher(in)** <-s, -; -, -nen> *m(f)* (SPORT) sommozzatore, -trice *m*, *f*; (*mit Ausrüstung*) palombaro *m*, donna palombaro *f*
**Taucheranzug** *m* muta *f* **Taucherausrüstung** *f* equipaggiamento *m* subacqueo **Taucherbrille** *f* maschera *f* subacquea **Taucherglocke** *f* campana *f* pneumatica **Taucherhelm** *m* casco *m* da palombaro **Taucherin** *f s.* **Taucher Tauchermaske** <-, -n> *f* maschera *f* subacquea
**Tauchsieder** <-s, -> *m* bollitore *m* a immersione
**tauen** ['tauən] *vi haben o sein* sgelarsi, sciogliersi; **es taut** disgela
**Tauern** ['tauɐn] *Pl.* [monti *mpl*] Tauri *mpl*
**Taufbecken** *nt* fonte *m* battesimale
**Taufe** ['taufə] <-, -n> *f* battesimo *m*; **etw aus der ~ heben** (*fig*) fondare qc
**taufen** *vt* battezzare
**Taufkapelle** *f* battistero *m*
**Täufling** ['tɔɪflɪŋ] <-s, -e> *m* battezzando, -a *m*, *f*
**Taufpate** *m*, **Taufpatin** *f* padrino *m*, madrina *f* di battesimo **Taufregister** *nt* registro *m* dei battezzati
**taufrisch** *adj* fresco come una rosa
**Taufschein** *m* certificato *m* di battesimo
**taugen** ['taugən] *vi* ① (*wert sein*) valere; **nichts ~** non valere nulla ② (*geeignet sein*) **zu etw ~** essere buono a qc ③ (*A: fam: zusagen*) piacere
**Taugenichts** <- *o* -es, -e> *m* (*pej*) buono *m* a nulla, perdigiorno *mf*
**tauglich** *adj* atto, idoneo; (MIL) idoneo [al servizio di leva]; **zu etw ~ sein** essere idoneo a qc; (*fähig*) essere capace di [fare] qc
**Tauglichkeit** <-> *kein Pl. f* attitudine *f*, capacità *f*
**Taumel** ['taumǝl] <-s> *kein Pl. m* ① (*Schwindel*) vertigine *f*; (*Benommenheit*) stordimento *m* ② (*Rausch*) ebbrezza *f* **taumelig** *adj* preso da vertigine, vacillante, titubante

**taumeln** *vi sein* vacillare, barcollare
**Taunus** ['taʊnʊs] *m* Tauno *m*
**Tausch** [taʊʃ] <-(e)s, -e> *m* scambio *m*; **im ~ gegen** in cambio di **Tauschbörse** *f* (INFORM) pagina *f* Internet di compravendita
**tauschen** I. *vt* cambiare; **etw gegen etw tauschen** cambiare qc con qc II. *vi* fare uno scambio; **ich möchte nicht mit ihm ~** non vorrei essere al suo posto
**täuschen** ['tɔɪʃən] I. *vt* ingannare; **wenn mich nicht alles täuscht** se non mi sbaglio di grosso II. *vr* **sich ~** ingannarsi, sbagliarsi; **sich über etw** *acc* **~** sbagliarsi su qc; **sich in etw** *dat* **~** sbagliarsi riguardo a qc; **wir haben uns alle sehr in ihr getäuscht** sul suo conto ci siamo tutti sbagliati di grosso III. *vi* **das täuscht** ciò inganna
**täuschend** I. *adj* ingannevole, illusorio II. *adv* **sie sehen sich** *dat* **~ ähnlich** si somigliano in modo sorprendente
**Tauschgeschäft** *nt* baratto *m*, scambio *m*
**Tauschhandel** *m* baratto *m* **Tauschobjekt** *nt* oggetto *m* di scambio
**Täuschung** <-, -en> *f* ❶ (*Betrug*) inganno *m*, frode *f* ❷ (*Irrtum*) errore *m*; **optische ~** illusione *f* ottica **Täuschungsmanöver** *nt* finta *f* [manovra] **Täuschungsversuch** *m* tentativo *m* di frode
**tausend** ['taʊzənt] *num* mille; **ungefähr ~** un migliaio; **~ und aber ~** migliaia e migliaia; **~ Dank!** grazie mille!; *s. a.* **acht, achtzig**
**Tausend-, tausend-** *s. a.* **Acht-, acht-, Achtzig-, achtzig-**
**Tausend** ['taʊzənt] <-s, -e> *nt* migliaio *m*; **einige ~** alcune migliaia; **vom ~** per mille; **zu ~en** a migliaia
**Tausender** <-s, -> *m* ❶ (MAT) migliaio *m* ❷ (*fam: Geldschein*) biglietto *m* da mille
**tausendfach** *adj* centuplicato; *s. a.* **achtfach Tausendfüßler** ['taʊzəntfy:slɐ] <-s, -> *m* (ZOO) millepiedi *m*
**Tausendjahrfeier** ['taʊzənt'jaːɛfaɪɐ] *f* millenario *m* **tausendjährig** *adj* millenario
**tausendmal** *adv* mille volte
**Tausendsassa** ['taʊzəntsasa] <-s, -s> *m* (*fam*) [piccolo] sottutto *m*; **er ist ein ~** lo si trova dappertutto come il prezzemolo
**tausendste(r, s)** *adj* millesimo, -a
**Tausendstel** <-s, -> *nt* millesimo *m*
**tausendstel** ['taʊzənstəl] *adj inv* millesimo; *s. a.* **achtel**
**Tautropfen** *m* goccia *f* di rugiada **Tauwasser** <-s, -> *nt* acqua *f* derivata dallo scioglimento di neve e ghiaccio **Tauwetter** *nt* tempo *m* di disgelo; **es ist ~** disgela
**Tauziehen** <-s> *kein Pl. nt* (SPORT) tiro *m* della fune; (*fig*) braccio *m* di ferro
**Taverne** [ta'vɛrnə] <-, -n> *f* taverna *f*
**Taxameter** [taksa'meːtɐ] <-s, -> *nt o m* tassametro *m*
**Taxcard** ['tɛkskaːɐ̯t] <-, -s> *f* (*CH: Telefonwertkarte*) carta *f* telefonica
**Taxe** ['taksə] <-, -n> *f* ❶ (*Gebühr*) tassa *f* ❷ (*Taxi*) tassì *m*
**Taxi** ['taksi] <-s, -s> *nt* tassì *m*
**taxieren** [ta'ksiːrən] <ohne ge-> *vt* stimare, valutare
**Taxifahrer(in)** *m(f)* tassista *mf* **Taxistand** *m* posteggio *m* di tassì
**Taxpreis** *m* prezzo *m* stimato
**Tb[c]** [teːˈbeː (teːbeːˈtseː)] *abk v* **Tuberkulose** TBC, tbc
**Team** [tiːm] <-s, -s> *nt* team *m* **Teamarbeit** *kein Pl. f* lavoro *m* d'équipe
**Teamchef** *m* capitano *m*, caposquadra *m*
**teamfähig** *adj* capace di lavorare in un team **Teamgeist** *kein Pl. m* spirito *m* di gruppo **Teamwork** ['tiːmwœːk] <-s> *kein Pl. nt s.* **Teamarbeit**
**Technik** ['tɛçnɪk] <-, -en> *f* tecnica *f*
**Techniker(in)** <-s, -; -, -nen> *m(f)* tecnico, -a *m, f*
**technikfeindlich** *adj* contrario alle novità tecnologiche
**technisch** *adj* tecnico, meccanico; **~er Ausdruck** termine tecnico; **Technische Hochschule** [*o* **Universität**] politecnico *m*; **aus ~en Gründen** per motivi tecnici
**Techno** ['tɛkno] <-(s)> *kein Pl. m o nt* (MUS) tecnohouse *f*
**Technologie** <-, -n> *f* tecnologia *f* **Technologiepark** *m* parco *m* tecnologico
**Technologievorsprung** *m* primato *m* tecnologico
**technologisch** *adj* tecnologico
**Techtelmechtel** [tɛçtəl'mɛçtəl] <-s, -> *nt* (*fam*) flirt *m*, amoretto *m*
**Teddybär** ['tɛdibɛːɐ̯] *m* orsacchiotto *m*
**Tee** [teː] <-s, -s> *m* tè *m*; (*Aufguss von anderen Pflanzen*) infuso *m*; (*Kranken~*) tisana *f*
**TEE** [teːʔeːˈʔeː] <-(s), -(s)> *m abk v* **Trans-Europ-Express** T.E.E **Teebeutel** *m* bustina *f* di tè
**Teebutter** *kein Pl. f* (*A: Markenbutter*) burro *m* di marca
**Tee-Ei** *nt* uovo *m* da tè **Teegebäck** *nt* biscotti *mpl* da tè **Teekanne** *f* teiera *f*

**Teekessel** <-s, -> m bollitore m **Teelöffel** m cucchiaino m da tè
**Teenager** ['ti:nɛɪdʒɐ] <-s, -> m teenager m
**Teer** [te:ɐ̯] <-(e)s, -e> m catrame m
**teeren** ['te:rən] vt [in]catramare
**Teerpappe** f cartone m catramato
**Teeservice** nt servizio m da tè **Teesieb** nt colino m per il tè **Teestrauch** m pianta f del tè **Teestube** f tea-room m **Teewagen** m carrello m **Teewurst** f insaccato affumicato a pasta molle spalmabile
**Teich** [taɪç] <-(e)s, -e> m stagno m; (Fisch~) peschiera f
**Teig** [taɪk] <-(e)s, -e> m pasta f **teigig** ['taɪɡɪç] adj ❶ (Kuchen) non ancora cotto ❷ (Beschaffenheit) pastoso
**Teigwaren** fPl. pasta f [alimentare]
**Teil**[1] [taɪl] <-(e)s, -e> m (allg, JUR) parte f; **zum ~** in parte; **zum größten ~** per lo più
**Teil**[2] <-(e)s, -e> nt (einzelnes Stück) pezzo m
**Teil**[3] <-(e)s, -e> m o nt (Anteil, Beitrag) parte f; **ich für mein[en] ~** per conto mio; **zu gleichen ~en** in parti uguali; **sich** dat **sein ~ denken** avere delle idee ben precise in proposito
**Teilansicht** f veduta f parziale **teilbar** adj divisibile **Teilbetrag** m importo m parziale
**Teilchen** ['taɪlçən] <-s, -> nt ❶ (PHYS) particella f ❷ (dial: Gebäckstück) pastina f
**teilen** I. vt ❶ (zer~, zerlegen) dividere, separare; (MAT) dividere ❷ (auf~, ver~) dividere ❸ (Anteil nehmen an) prendere parte a, condividere ❹ (Meinung, Ansicht) condividere II. vr **sich ~** (auseinandergehen, auseinanderfallen) separarsi, staccarsi; (Weg) biforcarsi; **sich** dat **etw ~** dividersi qc, spartirsi qc
**Teiler** <-s, -> m (MAT) divisore m
**Teilerfolg** ['taɪlɛɐ̯fɔlk, Pl: 'taɪlɛɐ̯fɔlɡə] <-(e)s, -e> m successo m parziale
**teil|haben** <irr> vi partecipare; **an etw** dat **~** partecipare a qc **Teilhaber(in)** <-s, -; -, -nen> m(f) (COM) socio, -a m, f
**Teilkaskoversicherung** f casco f parziale
**Teilnahme** ['taɪlna:mə] <-> kein Pl. f ❶ (Anwesenheit) partecipazione f; (Mitarbeit) cooperazione f, collaborazione f; **~ an etw** dat partecipazione a qc ❷ (Mitgefühl) interesse m, interessamento m; (Beileid) condoglianze fpl **teilnahmeberechtigt** adj autorizzato a partecipare
**teilnahmslos** adj indifferente **Teilnahmslosigkeit** <-> kein Pl. f indifferenza f, apatia f
**teilnahmsvoll** ['taɪlna:mslo:s] adj compartecipe, interessato
**teil|nehmen** <irr> vi partecipare; (an Arbeit) collaborare; **an etw** dat **~** prendere parte a qc; **an einem Projekt ~** collaborare a un progetto; **an einem Lehrgang ~** frequentare un corso **Teilnehmer(in)** <-s, -> m(f) (SPORT) partecipante m/f; (TEL) utente m/f, abbonato, -a m, f; (Verkehrs~) utente m/f **Teilnehmerwährung** f (Europäische Währungsunion) moneta f partecipante [all'UEM]
**teils** adv in parte; **~ ..., ~ ...** parte ..., parte ...; **~ blieben sie, ~ gingen sie** gli uni restarono, gli altri se ne andarono
**Teilsendung** f spedizione f parziale **Teilstrecke** f tratto m **Teilstück** nt pezzo m, parte f
**Teilung** <-, -en> f spartizione f, divisione f; (Spaltung, SCIENT) scissione f **Teilungsartikel** m articolo m partitivo
**teilweise** I. adj parziale II. adv in parte, parzialmente
**Teilzahlung** f pagamento m parziale; **auf ~ kaufen** comprare a rate
**Teilzeitarbeit** f part time m **teilzeitbeschäftigt** adj che lavora part time **Teilzeitkraft** <-, -kräfte> f impiegato, -a m, f a tempo parziale, lavoratore, -trice m, f part-time **Teilzeitstelle** f lavoro m part time
**Teint** [tɛ̃:] <-s, -s> m carnagione f, colorito m
**T-Eisen** ['te:aɪzən] nt ferro m a T
**Telearbeit** f (INFORM) telelavoro m **Telearbeiter(in)** m(f) telelavoratore, -trice m, f **Telearbeitsplatz** m (INFORM) [posto m di] telelavoro m
**Telebanking** nt (TEL) telebanking m
**Telefax** ['te:lefaks] <-es, -e> nt telefax m
**Telefon** [tele'fo:n] <-s, -e> nt telefono m; **am ~** al telefono; **ans ~ gehen** rispondere al telefono; **schnurloses ~** telefono senza fili **Telefonanruf** m telefonata f **Telefonanrufbeantworter** <-s, -> m segreteria f telefonica **Telefonanschluss** m allacciamento m del telefono
**Telefonat** [telefo'na:t] <-(e)s, -e> nt telefonata f
**Telefonauskunft** kein Pl. f informazione f elenco abbonati **Telefonbuch** nt elenco m telefonico **Telefongebühren** fPl. tassa m telefonica **Telefongespräch** nt telefonata f **Telefonhörer** <-s, -> m ricevitore m, cornetta f del telefono
**telefonieren** [telefo'ni:rən] <ohne ge-> vi telefonare; **mit jdm ~** telefonare a qu; **ins**

**Ausland** ~ telefonare all'estero; **ich habe mit Julia telefoniert** ho parlato al telefono con Giulia
**telefonisch** [teleˈfoːnɪʃ] **I.** *adj* telefonico **II.** *adv* per telefono
**Telefonist(in)** [teleˈfoˈnɪst] <-en, -en; -, -nen> *m(f)* telefonista *mf*
**Telefonkarte** *f* scheda *f* telefonica **Telefonleitung** *f* linea *f* telefonica **Telefonmarketing** *nt* telepromozione *f* **Telefonnetz** *nt* rete *f* telefonica **Telefonnummer** *f* numero *m* telefonico **Telefonrechnung** *f* bolletta *f* del telefono **Telefonseelsorge** *f* telefono *m* amico **Telefontarif** *m* tariffa *f* telefonica **Telefonverbindung** *f* collegamento *m* telefonico **Telefonzelle** *f* cabina *f* telefonica **Telefonzentrale** *f* centrale *f* telefonica
**telegen** [teleˈgeːn] *adj* telegenico
**Telegraf** [teleˈgraːf] <-en, -en> *m* telegrafo *m* **Telegrafenamt** *nt* ufficio *m* telegrafico
**Telegrafie** [telegraˈfiː] <-> *kein Pl. f* telegrafia *f*
**telegrafieren** [telegraˈfiːrən] <ohne ge-> *vt, vi* telegrafare
**telegrafisch** [teleˈgraːfɪʃ] **I.** *adj* telegrafico **II.** *adv* telegraficamente, per telegrafo; ~ **überweisen** inviare per vaglia telegrafico
**Telegramm** [teleˈgram] <-s, -e> *nt* telegramma *m;* **ein ~ aufgeben** spedire un telegramma **Telegrammadresse** *f* indirizzo *m* telegrafico **Telegrammformular** *nt* modulo *m* per telegramma **Telegrammstil** *m* stile *m* telegrafico
**Telekinese** [telekiˈneːzə] <-> *kein Pl. f* telecinesi *f* **Telekolleg** [ˈteːlekɔleːk] <-s, -s> *nt corso di lezioni televisivo con esami ed un diploma finale* **Telekommunikation** <-> *kein Pl. f* telecomunicazione *f*
**Telenovela** [ˈteːlenovela] <-, -s> *f* telenovela *f* **Teleobjektiv** [ˈteːleʔɔpjɛktiːf] *nt* (FOTO) teleobiettivo *m* **Telepathie** [telepaˈtiː] <-> *kein Pl. f* telepatia *f* **Teleshopping** *nt* acquisti *m* via cavo *pl* **Teleskop** [teleˈskoːp] <-s, -e> *nt* telescopio *m* **Telespiel** [ˈteːleʃpiːl] *nt* videogioco *m*
**Telex** [ˈteːlɛks] <-, -e> *nt* ❶ *(Fernschreiben)* telex *m* ❷ *(Fernschreiber)* telescrivente *f*
**Teller** [ˈtɛlɐ] <-s, -> *m* piatto *m;* **flacher/ tiefer** ~ piatto piano/fondo; **er hat zwei ~ Spaghetti gegessen** ha mangiato due piatti di spaghetti **Tellergericht** *nt* piatto *m* con contorno **Tellermine** *f* mina *f* piatta **Tellerwärmer** <-s, -> *m* scaldapiatti *m*
**Tellur** [tɛˈluːɐ] <-s> *kein Pl. nt* (CHEM) tellurio *m*
**Tempel** [ˈtɛmpəl] <-s, -> *m* tempio *m* **Tempelelefant** *m* elefante *m* del tempio
**Temperafarbe** [ˈtɛmpərafarbə] *f* colore *m* a tempera
**Temperament** [tɛmp(ə)raˈmɛnt] <-(e)s, -e> *nt* ❶ *(Wesensart)* temperamento *m* ❷ *(Lebhaftigkeit)* vivacità *f*
**temperamentlos** *adj* apatico, scialbo **temperamentvoll** *adj* *(lebhaft)* vivace; *(schwungvoll)* pieno di brio, esuberante
**Temperatur** [tɛmpəraˈtuːɐ] <-, -en> *f* temperatura *f;* ~ **haben** avere un po' di febbre; **die ~ messen** misurare la temperatura **Temperaturanstieg** *m* aumento *m* della temperatura **Temperaturrückgang** <-(e)s, -gänge> *m* diminuzione *f* della temperatura **Temperaturschwankung** *f* oscillazione *f* della temperatura **Temperatursturz** *m* abbassamento *m* della temperatura
**temperieren** [tɛmpəˈriːrən] <ohne ge-> *vt* ❶ *(Wasser, Heizung)* regolare la temperatura di; *(Wein)* chambrer ❷ *(geh fig: Gefühle)* temperare
**Tempo**[1] [ˈtɛmpo] <-s, -s> *nt (Geschwindigkeit)* velocità *f;* **mit hohem ~** a tutta velocità; **~!** *(fam)* forza, sbrigati [*o* sbrigatevi]!
**Tempo**[2] [ˈtɛmpo, *Pl:* ˈtɛmpi] <-s, Tempi> *nt* (MUS) tempo *m*
**Tempo**[®3] <-s, -s> *nt (fam)* fazzoletto *m* di carta
**Tempolimit** *nt* limite *m* di velocità
**temporär** [tempoˈrɛːɐ] *adj* temporaneo, transitorio
**Temposünder(in)** <-s, -; -, -nen> *m(f) chi non rispetta i limiti di velocità*
**Tendenz** [tɛnˈdɛnts] <-, -en> *f* tendenza *f;* **steigende/fallende** [*o* **sinkende**] ~ tendenza al rialzo/al ribasso
**tendenziell** [tɛndɛnˈtsjɛl] *adj* tendenziale **tendenziös** [tɛndɛnˈtsjøːs] *adj* tendenzioso, parziale
**Tendenzwende** *f* inversione *f* di tendenza
**tendieren** [tɛnˈdiːrən] <ohne ge-> *vi* tendere; **zu etw ~** tendere a qc
**Tenne** [ˈtɛnə] <-, -n> *f* aia *f*
**Tennis** <-> *kein Pl. nt* tennis *m*
**Tennis-** *(in Zusammensetzungen)* da [*o* di] tennis **Tennisarm** <-(e)s, -e> *m* gomito *m* del tennista **Tennisball** *m* palla *f* da tennis **Tennisklub** *m* circolo *m* di tennis **Tennisplatz** *m* campo *m* da tennis

**Tennisschläger** *m* racchetta *f* da tennis **Tennisspiel** *nt* incontro *m* di tennis **Tennisspieler(in)** *m(f)* tennista *mf*, giocatore, -trice *m, f* di tennis **Tennisturnier** *nt* torneo *m* di tennis

**Tenor**[1] ['te:nɔr] <-s> *kein Pl. m* (*Sinn*) tenore *m*

**Tenor**[2] [te'no:ɐ̯, *Pl:* te'nø:rə] <-s, Tenöre> *m* (MUS) tenore *m*

**Teppich** ['tɛpɪç] <-s, -e> *m* tappeto *m*; **auf dem ~ bleiben** (*fam*) guardare in faccia la realtà, mantenersi nei limiti **Teppichboden** *m* moquette *f* **Teppichklopfer** *m* battipanni *m* **Teppichstange** *f* barra *f* per stendere i tappeti

**Termin** [tɛr'mi:n] <-s, -e> *m* (*festgesetzter Tag*) termine *m*, data *f*; (*Frist*) scadenza *f*; (*Arzt~*) appuntamento *m*; **einen ~ einhalten** rispettare un termine; **einen ~ versäumen** mancare ad un appuntamento

**Terminal**[1] ['tœ:mɪnəl] <-s, -s> *m o nt* ❶ (*Flughafen*) aerostazione *f*, terminale *m* passeggeri ❷ (*Bahnhof*) scalo *m* merci, stazione *f* di smistamento

**Terminal**[2] <-s, -s> *nt* (INFORM) terminale *m*

**Termindruck** <-(e)s> *kein Pl. m* pressione *f* [a causa di scadenze imminenti]; **in ~ sein** essere sotto pressione **termingemäß, termingerecht** *adj* puntuale, tempestivo **Terminkalender** *m* agenda *f*

**Terminologie** [tɛrminolo'gi:] <-, -n> *f* terminologia *f*

**terminologisch** [tɛrmino'lo:gɪʃ] *adj* terminologico; **~e Ungenauigkeit** improprietà terminologica

**Terminplaner** *m* scadenzario *m* **Terminplanung** *f* fissare *m* il calendario degli appuntamenti **Terminschwierigkeiten** *fPl.* difficoltà *f* di mantenere gli impegni presi

**Termite** [tɛr'mi:tə] <-, -n> *f* (ZOO) termite *f* **Termitenhügel** *m* termitaio *m*

**Terpentin** [tɛrpɛn'ti:n] <-s, -e> *nt* trementina *f* **Terpentinöl** *nt* olio *m* di trementina, acqua *f* ragia

**Terrain** [tɛ'rɛ̃:] <-s, -s> *nt* terreno *m*

**Terrakotta** [tɛra'kɔta] <-, Terrakotten> *f* terracotta *f*

**Terrarium** [tɛ'ra:riʊm] <-s, Terrarien> *nt* terrario *m*

**Terrasse** [tɛ'rasə] <-, -n> *f* terrazza *f* **terrassenförmig** [tɛ'rasənfœrmɪç] *adj o adv* a terrazze, a gradinate

**Terrier** ['tɛriɐ] <-s, -> *m* terrier *m*

**Terrine** [tɛ'ri:nə] <-, -n> *f* terrina *f*

**territorial** [tɛritori'a:l] *adj* territoriale

**Territorium** [tɛri'to:riʊm] <-s, Territorien> *nt* territorio *m*

**Terror** ['tɛro:ɐ̯] <-s> *kein Pl. m* terrore *m* **Terrorakt** <-(e)s, -e> *m* atto *m* terroristico **Terroranschlag** *m* attentato *m* terroristico

**terrorisieren** [tɛrori'zi:rən] <ohne ge-> *vt* terrorizzare

**Terrorismus** [tɛro'rɪsmʊs] <-> *kein Pl. m* terrorismo *m*

**Terrorismusforscher(in)** *m(f)* studioso *m* di terrorismo

**Terrorist(in)** [tɛro'rɪst] <-en, -en; -, -nen> *m(f)* terrorista *mf*

**terroristisch** *adj* terrorista

**Terrornetzwerk** *nt* rete *f* terroristica

**Terrorschutz** *m* protezione *f* contro il terrorismo

**Terrorszene** *f* mondo *m* del terrorismo **Terrorverdächtige(r)** <ein -r, -n, -n> *f(m)* sospetto, -a terrorista *m* **Terrorwarnung** *f* avvertimento *m* di attentati terroristici

**Tertiär** [tɛr'tsjɛ:ɐ̯] <-s> *kein Pl. nt* (GEOL) terziario *m*

**Terz** [tɛrts] <-, -en> *f* (MUS) terza *f*

**Terzett** [tɛr'tsɛt] <-(e)s, -e> *nt* (MUS) terzetto *m*

**Tesafilm®** ['te:zafɪlm] *m* scotch® *m*

**Tessin** [tɛ'si:n] *nt* Ticino *m*

**Test** [tɛst] <-(e)s, -s *o* -e> *m* test *m*; (CHEM, TEC) controllo *m*

**Testament** [tɛsta'mɛnt] <-(e)s, -e> *nt* testamento *m*; **das Alte/Neue ~** il Vecchio/Nuovo Testamento; **sein ~ machen** fare testamento

**testamentarisch** [tɛstamɛn'ta:rɪʃ] **I.** *adj* testamentario **II.** *adv* per testamento

**Testamentseröffnung** *f* apertura *f* del testamento **Testamentsvollstrecker(in)** <-s, -; -, -nen> *m(f)* esecutore, -trice *m, f* testamentario, -a

**Testbild** *nt* (TV) monoscopio *m*

**testen** ['tɛstən] *vt* testare, sottoporre ad un test; **etw auf seine Haltbarkeit ~** sottoporre qc ad un test di resistenza

**Testfahrer(in)** <-s, -; -, -nen> *m(f)* (AUTO) [pilota *mf*] collaudatore, -trice *m, f* **Testperson** *f* soggetto *m* **Testpilot(in)** *m(f)* (AERO) pilota *mf* collaudatore, -trice **Testreihe** *f* serie *f* di test

**Tetanus** ['tetanʊs *o* 'te:tanʊs] <-> *kein Pl. m* (MED) tetano *m*

**Tête-à-Tête** [tɛta'tɛ:t] <-, -s> *nt* tête-à-tête *m*

**teuer** ['tɔyɐ] *adj* ❶ (*kostspielig*) caro, costoso; **teurer werden** rincarare; **wie ~ ist das?** quanto costa?; **etw ~ bezahlen** (*a.*

*fig*) pagare caro qc; **das wird dich ~ zu stehen kommen** (*fig*) ti costerà caro ❷ (*geh: lieb*) caro
**Teuerung** ['tɔɪərʊŋ] <-, -en> *f* rincaro *m*
**Teufel** ['tɔɪfəl] <-s, -> *m* diavolo *m;* **den ~ an die Wand malen** (*fam*) fare l'uccello del malaugurio; **jdn zum ~ jagen** (*fam*) mandare qu al diavolo; **er ist ein armer ~** (*fam*) è un povero diavolo; **damit kommt man in ~s Küche** (*fam*) così ci si mette nei pasticci; **wo/wie/wann zum ~?** (*fam*) accidenti! dove/come/quando?; **pfui ~!** (*fam*) puah, che schifo!; **zum ~ mit ...!** (*fam*) che vada al diavolo ...!; **scher dich zum ~!** (*fam*) vattene al diavolo! **Teufelskerl** *m* (*fam*) uomo *m* in gamba, diavolo *m* d'un uomo **Teufelskreis** *m* circolo *m* vizioso
**teuflisch** ['tɔɪflɪʃ] *adj* diabolico
**Text** [tɛkst] <-(e)s, -e> *m* testo *m;* (*Wortlaut*) contenuto *m;* (*von Lied*) parole *fpl;* (*von Oper*) libretto *m* **Textaufgabe** *f* quesito *m* **Textbuch** *nt* libretto *m* [d'opera] **Textdatei** *f* (INFORM) file *m* di testo **Textdichter(in)** *m(f)* paroliere, -a *m, f,* librettista *mf*
**texten** ['tɛkstən] *vt* ❶ (*Werbetexte*) redigere messaggi pubblicitari ❷ (*Schlagertexte*) stendere testi per canzoni
**Texter(in)** <-s, -; -, -nen> *m(f)* (*von Werbetexten*) pubblicitario, -a *m, f;* (*von Schlagertexten*) paroliere, -a *m, f*
**Textilfaser** [tɛks'ti:lfa:zə] *f* fibra *f* tessile
**Textilien** [tɛks'ti:liən] *Pl.* tessili *mpl*
**Textilindustrie** *f* industria *f* tessile
**Textmarker** <-s, -> *m* evidenziatore *m*
**Textverarbeitung** *f* (INFORM) videoscrittura *f* **Textverarbeitungsprogramm** *nt* (INFORM) programma *m* di scrittura
**Textverständnis** *nt* comprensione *f* del testo
**TH** [te:'ha:] <-, -s> *f abk v* **Technische Hochschule** Università *f* Tecnica, Politecnico *m*
**Thai**[1] [taɪ] <-(s), -(s)> *m s.* **Thailänder**
**Thai**[2] <-> *kein Pl. nt* tailandese *m*
**Thailand** ['taɪlant] *nt* Tailandia *f*
**Thailänder(in)** ['taɪlɛndə] <-s, -; -, -nen> *m(f)* tailandese *mf*
**Thallium** ['talium] <-s> *kein Pl. nt* (CHEM) tallio *m*
**Theater** [te'a:tɐ] <-s, -> *nt* teatro *m;* **ins ~ gehen** andare a teatro; **~ machen** (*fam*) fare [tante] storie; **das ist alles nur ~** (*fam*) è tutta scena **Theaterabonnement** *nt* abbonamento *m* per il teatro **Theateraufführung** *f* rappresentazione *f*

**Theaterbesuch** *m* andare *m* a teatro **Theaterbesucher(in)** *m(f)* frequentatore, -trice *m, f* di teatri **Theaterdirektor(in)** *m(f)* direttore, -trice *m, f* di [*o* del] teatro **Theaterferien** *Pl.* vacanze *fpl* teatrali **Theaterkarte** *f* biglietto *m* d'ingresso al teatro **Theaterkasse** *f* cassa *f* del teatro, botteghino *m* **Theaterstück** *nt* opera *f* per il teatro
**theatralisch** [tea'tra:lɪʃ] *adj* teatrale
**Theke** ['te:kə] <-, -n> *f* (*Schanktisch*) banco *m* [di osteria]; (*Ladentisch*) banco *m* [di vendita] **Theker** ['te:kɐ] <-s, -> *m* barman *m*
**Thema** ['te:ma, *Pl:* 'te:mən] <-s, Themen> *nt* tema *m;* (*Gesprächs~*) soggetto *m,* argomento *m;* **das ~ wechseln** cambiare argomento; **vom ~ abbringen** distogliere dall'argomento; **vom ~ abkommen** scostarsi dall'argomento
**Thematik** [te'ma:tɪk] <-> *kein Pl. f* tematica *f*
**thematisch** *adj* tematico
**Themse** ['tɛmzə] *f* Tamigi *m*
**Theologe** [teo'lo:gə] <-n, -n> *m* teologo *m*
**Theologie** [teolo'gi:] <-, -n> *f* teologia *f*
**Theologin** [teo'lo:gɪn] <-, -nen> *f* teologa *f*
**theologisch** [teo'lo:gɪʃ] *adj* teologico
**Theoretiker(in)** [teo're:tikɐ] <-s, -; -, -nen> *m(f)* teoretico, -a *m, f*
**theoretisch** [teo're:tɪʃ] I. *adj* teorico II. *adv* in teoria
**Theorie** [teo'ri:] <-, -n> *f* teoria *f*
**Therapeut(in)** [tera'pɔɪt] <-en, -en; -, -nen> *m(f)* terapeuta *mf* **therapeutisch** *adj* terapeutico
**Therapie** [tera'pi:] <-, -n> *f* terapia *f*
**Thermalbad** [tɛr'ma:lba:t] *nt* bagno *m* termale **Thermalquelle** *f* sorgente *f* termale
**thermisch** *adj* termico
**Thermodynamik** [tɛrmody'na:mɪk] *f* termodinamica *f*
**Thermometer** [tɛrmo'me:tɐ] <-s, -> *nt* termometro *m* **Thermometerstand** *m* altezza *f* della colonna termometrica
**Thermopapier** ['tɛrmopapi:ɐ] <-s> *kein Pl. nt* carta *f* termica
**Thermosflasche®** ['tɛrmɔsflaʃə] *f* thermos *m* **Thermoskanne** <-, -n> *f* thermos *m*
**Thermostat** [tɛrmo'sta:t] <-(e)s, *o* -en, -e(n)> *m* termostato *m*
**These** ['te:zə] <-, -n> *f* tesi *f;* **eine ~ aufstellen** formulare una tesi
**Thon** [to:n] <-s, -e> *m* (*CH:* GASTR: *Thunfisch*) tonno *m*

**Thriller** ['θrɪlɐ] <-s, -> *m* thriller *m*
**Thrombose** [trɔm'boːzə] <-, -n> *f* (MED) trombosi *f*
**Thron** [troːn] <-(e)s, -e> *m* trono *m;* **den ~ besteigen** salire al trono **Thronbesteigung** *f* avvento *m* al trono
**thronen** *vi* troneggiare
**Thronerbe** *m,* **Thronerbin** *f* erede *mf* al trono **Thronfolge** *f* successione *f* al trono **Thronfolger(in)** <-s, -; -, -nen> *m(f)* erede *mf* al trono
**Thronrede** *f* discorso *m* della corona
**Thunfisch** ['tuːnfɪʃ] *m* tonno *m*
**Thurgau** ['tuːɐ̯gau] *m* Turgovia *f*
**Thüringen** ['tyːrɪŋən] *nt* Turingia *f*
**Thüringer(in)** <-s, -; -, -nen> *m(f)* turingiano, -a *m, f*
**thüringisch** *adj* turingiano
**Thymian** ['tyːmiaːn] <-s, -e> *m* timo *m*
**Tiber** ['tiːbɐ] *m* Tevere *m*
**Tick** [tɪk] <-(e)s, -s> *m* ① (*fam: Eigenart*) mania *f* ② (MED) tic *m*
**ticken** ['tɪkən] *vi* fare tic tac; **nicht richtig ~** (*fam*) non avere tutte le rotelle a posto **Ticken** <-s> *kein Pl. nt* ticchettio *m,* tic tac *m*
**ticktack** ['tɪk'tak] *int* tic tac
**Tiebreak** ['taɪbreɪk] <-s, -s> *m o nt* (SPORT) tie-break *m*
**tief** [tiːf] **I.** *adj* ① (*nicht flach, a. fig*) profondo; **~er Schnee** neve alta; **im ~sten Australien** nel cuore dell'Australia; **im ~sten Winter** in pieno inverno ② (*niedrig*) basso ③ (*Ton*) grave; **er hat eine sehr ~e Stimme** ha una voce molto profonda ④ (*Farbe*) carico, profondo, intenso **II.** *adv* ① (*nach unten*) in basso; **ein ~ ausgeschnittenes Kleid** un vestito molto scollato; **~ gesunken sein** (*fig*) essere caduto molto in basso ② (*stark*) molto, profondamente; **~ atmen** respirare profondamente; **bis ~ in die Nacht hinein** fino a notte inoltrata; **das lässt ~ blicken** questo svela molte cose
**Tief** <-s, -s> *nt* (METEO) bassa pressione *f*
**Tiefbau** <-(e)s> *kein Pl. m* costruzione *f* sotto il livello del suolo
**tiefbetrübt** ['tiːfbə'tryːpt] *adj* affranto
**tiefbewegt** *adj* profondamente commosso
**Tiefdruck** <-(e)s> *kein Pl. m* ① (METEO) bassa pressione *f* ② (TYP) rotocalco *m* **Tiefdruckgebiet** *nt* zona *f* di bassa pressione **Tiefdruckkeil** *m* fronte *m* della perturbazione
**Tiefe** ['tiːfə] <-, -n> *f* profondità *f*
**Tiefebene** *f* bassopiano *m*
**Tiefenpsychologie** *f* psicologia *f* del profondo **Tiefenschärfe** *f* (FOTO) profondità *f* di campo **Tiefenwirkung** *f* effetto *m* in profondità
**Tiefflug** *m* volo *m* a bassa quota; **im ~** a volo radente **Tiefgang** *m* ① (NAUT) pescaggio *m* ② (*fig: Tiefgründigkeit*) profondità *f* **Tiefgarage** *f* autorimessa *f* sotterranea, garage *m* sotterraneo **tiefgefroren, tiefgekühlt** *adj* surgelato **tiefgreifend, tiefgründig** ['tiːfɡraɪfənt, 'tiːfɡrʏndɪç] *adj* profondo **Tiefkühlfach** *nt* freezer *m,* congelatore *m* **Tiefkühlkost** *f* [prodotti *mpl*] surgelati *mpl* **Tiefkühltruhe** *f* congelatore *m* **Tieflader** <-s, -> *m* autocarro *m* a telaio abbassato **Tiefland** *nt* bassopiano *m* **Tiefpunkt** *m* punto *m* più basso, livello *m* minimo **Tiefschlaf** <-(e)s> *kein Pl. m* sonno *m* profondo **Tiefschlag** *m* (*a. fig*) colpo *m* basso **tiefschürfend** *adj* profondo
**Tiefsee** *f* profondità *fpl* marine **Tiefseefauna** *f* fauna *f* abissale **Tiefseegraben** *m* fossa *f* oceanica
**Tiefsinn** *m* ① (*Gedankentiefe*) profondità *f* [di pensiero] ② (*Schwermut*) malinconia *f* **tiefsinnig** *adj* ① (*tiefgründig*) profondo, pensoso ② (*schwermütig*) malinconico
**Tiefstand** *m* livello *m* basso
**tief|stapeln** *vi* essere troppo modesto
**Tiefsttemperatur** *f* temperatura *f* minima
**Tiegel** ['tiːɡəl] <-s, -> *m* padella *f,* tegame *m;* (*Schmelz~*) crogiolo *m*
**Tier** [tiːɐ̯] <-(e)s, -e> *nt* animale *m,* bestia *f;* **ein hohes ~** (*fig fam*) un pezzo grosso **Tierart** *f* specie *f* animale **Tierarzt** *m,* **Tierärztin** *f* veterinario, -a *m, f* **tierärztlich** *adj* veterinario **Tierbändiger(in)** <-s, -; -, -nen> *m(f)* domatore, -trice *m, f* **Tierfreund(in)** *m(f)* amante *mf* degli animali, zoofilo *m* **Tiergarten** *m* zoo *m,* giardino *m* zoologico
**tierisch** *adj* ① (*Tiere betreffend*) animale ② (*fig pej: roh*) brutale, bestiale ③ (*fam: stark*) bestiale; **~er Ernst** grande serietà
**Tierkreiszeichen** *nt* (ASTR) segno *m* zodiacale **tierlieb** *adj* amante degli animali, zoofilo; **sehr ~ sein** amare molto gli animali **Tierliebe** *f* amore *m* per gli animali **tierliebend** *adj* amante degli animali, zoofilo; **sehr ~ sein** amare molto gli animali **Tiermehl** *nt* (AGR) farina *f* animale **Tierpark** *s.* **Tiergarten Tierpfleger(in)** <-s, -; -, -nen> *m(f)* allevatore, -trice *m, f* di animali **Tierquäler(in)** <-s, -; -, -nen> *m(f)* tormentatore, -trice *m, f* di animali **Tierquälerei** *f* maltrattamento *m* di animali **Tierquälerin** *f s.* **Tierquäler Tierreich** *nt*

regno *m* animale **Tierschützer(in)** <-s, -; -, -nen> *m(f)* protettore, -trice *m, f* di animali **Tierschutzverein** *m* associazione *f* per la protezione degli animali **Tierversuch** *m* esperimento *m* sugli animali **Tierwelt** *f* mondo *m* animale

**Tiger(in)** ['tiːgɐ] <-s, -; -, -nen> *m(f)* tigre *f*

**tigern** ['tiːgɐn] *vi sein* (*fam*) andare, marciare; **durch die Stadt ~** marciare per la città

**Tilde** ['tɪldə] <-, -n> *f* tilde *m o f*

**tilgbar** *adj* ammortizzabile, estinguibile, riscattabile

**tilgen** ['tɪlgən] *vt* ① (*geh: beseitigen*) cancellare ② (FIN) ammortizzare

**Tilgung** <-, -en> *f* ① (*geh: Beseitigung*) cancellazione *f* ② (FIN) ammortamento *m*

**timen** ['taɪmən] *vt* (*festsetzen*) fissare; **deine Ankunft war gut getimt** sei arrivato al momento giusto

**Time-Sharing, Timesharing** ['taɪmʃɛːrɪŋ] *kein Pl. nt* (INFORM) time-sharing *m*

**Timing** ['taɪmɪŋ] <-s, -s> *nt* organizzazione *f;* (*Koordination*) timing *m,* coordinazione *f;* **das war perfektes ~!** il timing era perfetto!

**Tinktur** [tɪŋkˈtuːɐ] <-, -en> *f* tintura *f*

**Tinte** ['tɪntə] <-, -n> *f* inchiostro *m;* **in der ~ sitzen** (*fam*) trovarsi in un brutto impiccio, essere nei guai **Tintenfass** *nt* calamaio *m* **Tintenfisch** *m* (ZOO) seppia *f* **Tintenfleck** *m* macchia *f* d'inchiostro

**Tinten|radier|gummi** *m* gomma *f* da inchiostro **Tintenstrahldrucker** <-s, -> *m* (INFORM) stampante *f* a getto d'inchiostro

**Tipp** [tɪp] <-s, -s> *m* (*fam*) consiglio *m;* **gib mir mal einen ~, wie ...** dammi un po' un consiglio su come ...

**Tippelbruder** ['tɪpəlbruːdɐ] *m* (*fam scherz*) vagabondo *m*

**tippen** ['tɪpən] I. *vt* (*fam*) scrivere a macchina II. *vi* ① (*fam: maschineschreiben*) scrivere a macchina ② (*klopfen*) [**an etw** *acc*] **~** dare un colpetto [a qc] ③ (*fam: wetten*) puntare; **auf jdn/etw ~** puntare su qu/qc; **im Lotto ~** riempire la schedina, giocare al lotto

**Tippfehler** *m* (*fam*) errore *m* di battuta **Tippschein** *m* schedina *f* [del totocalcio] **Tippse** ['tɪpsə] <-, -n> *f* (*fam pej*) dattilografa *f,* scribaccina *f*

**tipptopp** ['tɪp'tɔp] *adj* (*fam*) perfetto, impeccabile

**Tippzettel** *m* schedina *f* [del totocalcio]

**Tirol** [tiˈroːl] *nt* ① (*österreichisch*) Tirolo *m* ② (*italienisch*) Alto Adige *m* **Tiroler(in)** <-s, -; -, -nen> *m(f)* tirolese *mf*

**Tisch** [tɪʃ] <-(e)s, -e> *m* tavolo *m;* (*Ess~*) tavola *f;* **bei ~** a tavola; **den ~ decken** apparecchiare la tavola; **mit etw reinen ~ machen** (*fam*) fare piazza pulita di qc; **sich an den gedeckten ~ setzen** (*fig fam*) trovare la minestra scodellata; **etw unter den ~ fallen lassen** (*fig fam*) fare passare qc sotto silenzio; **so, das wäre vom ~!** (*fam*) [bene,] questo sarebbe sistemato! **Tischbein** *nt* gamba *f* del tavolo **Tischdame** *f* vicina *f* di tavola **Tischdecke** *f* tovaglia *f* **Tischende** *nt* **oberes/ unteres ~** estremità *f* superiore/inferiore della tavola **Tischfußball** *m* calcetto *m* **Tischgebet** *nt* (*vor dem Essen*) benedicite *m;* (*nach dem Essen*) preghiera *f* di ringraziamento, grazie *fpl* **Tischgesellschaft** *f* tavolata *f* **Tischgespräch** *nt* conversazione *f* a tavola **Tischherr** *m* vicino *m* di tavola **Tischkarte** *f* segnaposto *m* [a tavola] **Tischlampe** *f* lampada *f* da tavolo

**Tischler(in)** ['tɪʃlɐ] <-s, -; -, -nen> *m(f)* falegname *m*

**Tischlerei** <-, -en> *f* falegnameria *f*

**tischlern** I. *vi* fare il falegname, fare lavori da falegname II. *vt* (*fam*) fare

**Tischnachbar(in)** <-n, -n; -, -nen> *m(f)* vicino, -a *m, f* di tavola **Tischordnung** *f* disposizione *f* dei posti [a tavola] **Tischplatte** *f* piano *m* della tavola **Tischrede** *f* discorso *m* conviviale, brindisi *m*

**Tischtennis** *nt* tennis *m* da tavolo, ping-pong *m* **Tischtennisball** <-(e)s, -bälle> *m* pallina *f* da ping-pong **Tischtennisplatte** *f* tavolo *m* da ping-pong

**Tischtuch** *nt* tovaglia *f* **Tischwäsche** *f* biancheria *f* da tavola **Tischwein** *m* vino *m* da pasto

**Titan** [tiˈtaːn] <-s> *kein Pl. nt* (CHEM) titanio *m*

**Titel** ['tiːtəl] <-s, -> *m* titolo *m* **Titelbild** *nt,* **Titelblatt** *nt* frontespizio *m* **Titelhalter(in)** *m(f)* detentore, -trice *m, f* del titolo **Titelleiste** <-, -n> *f* (INFORM) barra *f* del titolo

**titeln** *vt* intitolare

**Titelrolle** *f* parte *f* del[la] protagonista, ruolo *m* principale **Titelseite** *f* frontespizio *m,* prima pagina *f,* copertina *f;* **auf der ~** in prima pagina **Titelverteidiger(in)** *m(f)* difensore, difenditrice *m, f* del titolo

**titulieren** [tituˈliːrən] <ohne ge-> *vt* chiamare, trattare, dare (*als, mit* di +*Artikel*)

**tja** [tja] *int* (*fam*) beh, mah
**Toast** [toːst] <-(e)s, -e *o* -s> *m* ① (*Brot*) toast *m* ② (*Trinkspruch*) brindisi *m*
**Toastbrot** *nt* (*getoastetes Brot*) toast *m*, pane *m* tostato; (*Brot zum Toasten*) pane *m* a cassetta, pancarrè *m*
**toasten** I. *vt* (*Brot*) tostare II. *vi* (*Trinkspruch ausbringen*) fare un brindisi
**Toaster** <-s, -> *m* tostapane *m*
**toben** ['toːbən] *vi* ① (*wüten*) essere furioso, essere scatenato ② (*Schlacht*) infuriare, imperversare; (*Gewitter*) brontolare ③ (*ausgelassen spielen*) scatenarsi, strepitare
**Tobsucht** *f* furore *m*, pazzia *f* furiosa **tobsüchtig** *adj* furibondo, pazzo furioso
**Tobsuchtsanfall** <-(e)s, -fälle> *m* scoppio *m* d'ira; **einen ~ bekommen** avere uno scoppio d'ira
**Tochter** ['tɔxtɐ, *Pl:* 'tœçtɐ] <-, Töchter> *f* figlia *f* **Tochtergesellschaft** *f* (WIRTSCH) società *f* affiliata, filiale *f*
**Tod** [toːt] <-(e)s, *rar* -e> *m* morte *f*; **eines gewaltsamen/natürlichen ~es sterben** morire di morte violenta/naturale; **jdn zum ~e verurteilen** condannare qu a morte; **dem ~ ins Auge sehen** vedere la morte da vicino; **sich** *dat* **den ~ holen** prendersi una malattia mortale; **sich zu ~e schämen** vergognarsi a morte; **zu ~e erschrocken sein** essere spaventato a morte; **ich kann ihn auf den ~ nicht ausstehen** (*fam*) mi è antipatico da morire
**todbringend** *adj* mortale, letale
**todernst** ['toːt'ʔɛrnst] *adj* molto serio, serissimo
**Todesangst** *f* ① (*Angst vor dem Tod*) paura *f* della morte ② (*große Angst*) angoscia *f* mortale; **Todesängste ausstehen** essere in preda a un'angoscia mortale **Todesanzeige** *f* annuncio *m* mortuario **Todesfall** *m* decesso *m* **Todesgefahr** *f* pericolo *m* di morte **Todeskampf** *m* agonia *f* **Todeskandidat(in)** *m(f)* candidato, -a *m, f* alla morte **todesmutig** *adj* intrepido, eroico **Todesopfer** *nt* vittima *f*, morto *m*; **zahlreiche ~ fordern** provocare gravi perdite **Todesschuss** *m* sparo *m* mortale; **gezielter ~** sparo mortale mirato **Todesstrafe** *f* pena *f* capitale **Todestag** *m* ① (*Sterbetag*) giorno *m* della morte ② (*Gedenktag*) anniversario *m* della morte **Todesursache** *f* causa *f* della morte **Todesurteil** *nt* sentenza *f* capitale, condanna *f* a morte **Todesverachtung** *f* disprezzo *m* della morte; **mit ~** (*fam scherz*) con grande eroismo, superando sé stesso

**Todeszelle** <-, -n> *f* cella *f* di un condannato a morte
**todfeind** ['toːt'faɪnt] <inv> *adj* **sich** *dat* **~ sein** essere acerrimo nemico [*o* nemico mortale] di qu **Todfeind** ['toːt'faɪnt] *m* nemico *m* mortale
**todkrank** ['toːt'kraŋk] *adj* mortalmente malato, in fin di vita **todlangweilig** ['toːt'laŋvaɪlɪç] *adj* noioso da morire
**tödlich** ['tøːtlɪç] I. *adj* mortale II. *adv* mortalmente, a morte; **~ verunglücken** morire in un incidente; **~ verletzt** [*o* **verwundet**] ferito mortalmente
**todmüde** ['toːt'myːdə] *adj* (*fam*) stanco morto **todschick** ['toːt'ʃɪk] *adj* (*fam*) molto chic **todsicher** ['toːt'zɪçɐ] *adj* (*fam*) sicurissimo **Todsünde** *f* (REL) peccato *m* mortale **todtraurig** ['toːt'traʊrɪç] *adj* desolato **todunglücklich** ['toːt'ʔʊnglʏklɪç] *adj* (*fam*) terribilmente infelice
**Töff** [tœf] <-s, -s> *nt o m* (*CH: fam*) moto *f*
**Tohuwabohu** [toːhuvaˈboːhu] <-(s), -s> *nt* caos *m*, quarantotto *m*
**toi** [tɔɪ] *int* **~, ~, ~!** (*fam: Wunsch*) in bocca al lupo!
**Toilette¹** [toaˈlɛtə] <-> *kein Pl. f* (*geh: Körperpflege*) toilette *f*; **~ machen** fare toilette
**Toilette²** <-, -n> *f* (*WC*) toilette *f*, to[e]letta *f*, gabinetto *m*; **auf die ~ gehen** andare alla toilette **Toilettenartikel** *m* articolo *m* da toletta **Toilettenpapier** *nt* carta *f* igienica
**Tokio** ['toːkio] *nt* Tokio *f*, Tokyo *f*
**tolerant** [toleˈrant] *adj* tollerante **Toleranz** [toleˈrants] <-, *rar* -en> *f* tolleranza *f*
**tolerieren** [toleˈriːrən] <ohne ge-> *vt* tollerare
**toll** [tɔl] *adj* (*fam*) ① (*unglaublich*) incredibile ② (*herrlich*) formidabile, fantastico; **ein ~er Bursche** [*o* **Kerl**] un tipo in gamba ③ (*schlimm*) terribile; **es zu ~ treiben** farla [troppo] grossa
**Tolle** <-, -n> *f* ciuffo *m* [di capelli]
**tollen** ['tɔlən] *vi* ① (*toben*) schiamazzare, strepitare ② *sein* (*laufen*) scatenarsi; **durch die Wiesen ~** scatenarsi per i prati
**Tollkirsche** *f* (BOT) belladonna *f*
**tollkühn** *adj* temerario, audace **Tollkühnheit** *f* temerarietà *f*
**Tollpatsch** ['tɔlpatʃ] <-(e)s, -e> *m* (*fam*) imbranato, -a *m, f*
**tollpatschig** *adj* (*fam*) goffo, impacciato
**Tollwut** *f* rabbia *f* **tollwütig** ['tɔlvyːtɪç] *adj* rabbioso
**Tölpel** ['tœlpəl] <-s, -> *m* (*pej*) imbranato, -a *m, f*

**Tomate** [to'ma:tə] <-, -n> f pomodoro m; **~n auf den Augen haben** (sl scherz) avere gli occhi bendati **Tomatenketschup** m o nt ketchup m **Tomatenmark** nt concentrato m di pomodoro **Tomatensalat** m insalata f di pomodori **Tomatensuppe** f minestra f di pomodori **Tombola** ['tɔmbola] <-, -s> f tombola f **Tomografie** [tomogra'fi:] <-, -n> f, **Tomographie** <-, -n> f (MED) tomografia f **Ton**¹ [to:n] <-(e)s, -e> m (Erde) argilla f; (zum Töpfern) creta f
**Ton**² [to:n, Pl: 'tø:nə] <-(e)s, Töne> m tono m; (Klang a) suono m; (Betonung) accento m; **der gute ~** le buone maniere; **den ~ angeben** dare il tono; (fig) dominare; **ich verbitte mir diesen ~!** non permetto che si usi questo tono con me!; **jdn/ etw in den höchsten Tönen loben** (fam) lodare qu/qc a tutto spiano; **keinen ~ von sich dat geben** non dire una parola, non aprir bocca; **einen anderen ~ anschlagen** (fig) cambiare tono; **ohne einen ~ zu sagen** senza proferir parola, senza dir verbo; **hast du Töne!** (fam) è incredibile!; **der ~ macht die Musik** (prov) quello che conta è il modo in cui si dicono le cose **Tonabnehmer** <-s, -> m pick-up m **tonangebend** adj che dà il tono **Tonarchiv** nt nastroteca f **Tonarm** m braccio m del pick-up **Tonart** f tonalità f **Tonaufnahme** f registrazione f del suono **Tonband** <-(e)s, -bänder> nt ❶ (Magnetband) nastro m magnetico ❷ (~gerät) registratore m **Tonbandaufnahme** f registrazione f **Tonbandgerät** nt magnetofono m a nastro
**tönen** ['tø:nən] I. vi (klingen) s[u]onare, ris[u]onare II. vt (färben) colorare, sfumare **Tonerde** f allumina f
**tönern** ['tø:nɛn] adj d'argilla, in argilla **Tonfall** m inflessione f; (Rhythmus) cadenza f **Tonfilm** m film m sonoro **Tongefäß** nt vaso m di terracotta **Tonhöhe** f altezza f del suono **Tonic|wasser|** ['tɔnɪk(vasɛ)] <-(s), -s> nt acqua f brillante
**Toningenieur(in)** m(f) tecnico, -a m, f del suono **Tonkamera** f cinepresa f sonora **Tonkopf** m testina f
**Tonkrug** m brocca f di terracotta **Tonlage** s. **Tonhöhe Tonleiter** f scala f musicale, gamma f **tonlos** adj atono; (Stimme) afono, spento
**Tonnage** [tɔ'na:ʒə] <-, -n> f tonnellaggio m
**Tonne** ['tɔnə] <-, -n> f ❶ (Fass) botte f, barile m ❷ (1000 kg) tonnellata f ❸ (Müll~) bidone m della spazzatura, cassonetto m ❹ **das kannst du/das könnt ihr in die ~ treten!** (fam) è da buttare!, è da buttar via!
**Tonnengewölbe** nt volta f a botte **tonnenweise** adv a tonnellate, a bizzeffe **Tonregler** m regolatore m di tono **Tonspur** f (FILM) solco m **Tonstörung** f (RADIO, FILM, TV) interferenza f acustica **Tonstreifen** m colonna f [o banda f] sonora **Tonstudio** nt studio m di registrazione **Tonsur** [tɔn'zu:ɐ, Pl: tɔn'zu:rən] <-, -en> f tonsura f
**Tontaubenschießen** <-s> kein Pl. nt tiro m al piattello
**Tontechniker(in)** m(f) tecnico, -a m, f del suono **Tonträger** m portante m audio **Tönung** <-, -en> f ❶ (Vorgang) colorazione f ❷ (Ergebnis) tonalità f, tinta f **Tonwiedergabe** f riproduzione f del suono **Top** [tɔp] <-s, -s> nt top m
**top-, Top-** [tɔp] (in Zusammensetzungen) top
**Topas** [to'pa:s] <-es, -e> m topazio m **Topf** [tɔpf, Pl: 'tœpfə] <-(e)s, Töpfe> m ❶ (Koch~) pentola f; **alles in einen ~ werfen** (fig fam) fare di ogni erba un fascio, mettere tutto nello stesso calderone ❷ (Nacht~) vaso m da notte ❸ (Blumen~) vaso m
**Töpfchen** ['tœpfçən] <-s, -> nt vasetto m; (fam: Nachttopf) vaso m da notte
**Topfen** ['tɔpfən] <-s> kein Pl. m (A, südd: Quark) ricotta f
**Töpfer(in)** ['tœpfɐ] <-s, -; -, -nen> m(f) vasaio, -a m, f, ceramista mf
**Töpferei** [tœpfə'raɪ] <-, -en> f bottega f di ceramiche
**Töpferin** f s. **Töpfer**
**töpfern** ['tœpfɛn] I. vi modellare [l'argilla] II. vt (Kunst) **eine Vase ~** modellare un vaso in terracotta
**Töpferscheibe** f tornio m da vasaio **Töpferwaren** fPl. ceramiche fpl
**topfit** ['tɔp'fɪt] adj (fam) in perfetta forma **Topfkuchen** m focaccia f
**Topflappen** m presina f, presa f
**Topform** f (fam) **in ~ sein** essere in forma smagliante
**Topfpflanze** f pianta f in vaso
**Topmanagement** nt top-management m **Topmodell** nt top model f
**Topografie** <-, -n> f s. **Topographie**
**topografisch** adj s. **topographisch**
**Topographie** [topogra'fi:] <-, -n> f topografia f

**topographisch** [topoˈgraːfɪʃ] *adj* topografico

**toppen** [ˈtɔpən] *vt* superare [un record precedente]

**Tor**[1] [toːɐ̯] <-(e)s, -e> *nt* ① (*große Tür*) porta *f*, portone *m* ② (SPORT) rete *f*, gol *m*; **ein ~ schießen** segnare [una rete], fare un gol; **im ~ stehen** stare in porta

**Tor**[2] [toːɐ̯] <-en, -en> *m* (*geh*) stolto *m*, folle *m*

**Torbogen** *m* arco *m* della porta

**Toreinfahrt** *f* portone *m*, porta *f* carraia

**Torf** [tɔrf] <-(e)s> *kein Pl. m* torba *f* **Torfgewinnung** *f* estrazione *f* di torba **Torfmoor** <-s, -e> *nt* palude *f* torbosa **Torfmull** *m* terriccio *m* torboso

**torgefährlich** *adj* (*Fußballer*) pericoloso in attacco

**Torheit** <-, -en> *f* (*geh*) stoltezza *f*, follia *f*

**Torhüter(in)** *m(f)* portiere, -a *m, f*

**töricht** [ˈtøːrɪçt] *adj* (*pej*) folle, stolto

**torkeln** [ˈtɔrkəln] *vi* **haben** o **bei Fortbewegung sein** vacillare, barcollare

**Torlinie** *f* (SPORT) linea *f* della porta

**Tornado** [tɔrˈnaːdo] <-s, -s> *m* (METEO) tornado *m*

**Tornister** [tɔrˈnɪstɐ] <-s, -> *m* ① (*der Soldaten*) zaino *m* ② (*von Schüler*) cartella *f* [a zaino]

**torpedieren** [tɔrpeˈdiːrən] <ohne ge-> *vt* (MIL) silurare

**Torpedo** [tɔrˈpeːdo] <-s, -s> *m* (MIL) siluro *m*

**Torpfosten** *m* (SPORT) montante *m* della porta **Torschlusspanik** *f* (*fam*) panico *m* dell'ultima ora **Torschütze** *m* (SPORT) cannoniere *m*

**Torso** [ˈtɔrzo] <-s, -s *o* Torsis> *m* (KUNST) torso *m*

**Torte** [ˈtɔrtə] <-, -n> *f* torta *f* **Tortenboden** *m* fondo *m* di torta **Tortenguss** *m* glassa *f* **Tortenheber** *m* paletta *f* per dolci **Tortenplatte** *f* piatto *m* da dolce

**Tortur** [tɔrˈtuːɐ̯] <-, -en> *f* tortura *f*

**Torwart** [ˈtoːɐ̯vart] <-(e)s, -e> *m* portiere *m* **Torweg** *m s.* **Toreinfahrt**

**tosen** [ˈtoːzən] *vi* (*Wind, Meer*) mugghiare

**tosend** *adj* (*Beifall*) fragoroso, strepitoso

**Toskana** [tɔsˈkaːna] *f* Toscana *f*

**tot** [toːt] *adj* morto; (*verstorben*) defunto; (ADM) deceduto; **das Tote Meer** il Mar Morto; **~ umfallen** cadere morto; **klinisch ~ sein** essere clinicamente morto; **er war auf der Stelle ~** morì sul colpo; **mehr ~ als lebendig sein** essere più morto che vivo; **an einem ~en Punkt ankommen** giungere a un punto morto; **das Telefon ist ~** il telefono è staccato

**total** [toˈtaːl] I. *adj* totale II. *adv* (*fam: völlig*) del tutto, completamente

**Totalausfall** *m* black out *m* **Totalausverkauf** *m* liquidazione *f* totale **Totalblockade** *f* ① (POL) embargo *m* ② (*fam: Denkblockade*) blocco *m* mentale

**totalitär** [totaliˈtɛːɐ̯] *adj* totalitario

**Totalitarismus** [totaliˈtarɪsmʊs] <-> *kein Pl. m* (POL) totalitarismo *m*

**Totalität** [totaliˈtɛːt] <-> *kein Pl. f* totalità *f*

**Totalschaden** *m* danno *m* totale

**totarbeiten** *vr* **sich ~** (*fam*) ammazzarsi di lavoro

**totärgern** *vr* **sich ~** (*fam*) arrabbiarsi da morire

**Tote** <ein -r, -n, -n> *mf* morto, -a *m, f*; (*Verstorbene*) defunto, -a *m, f*

**töten** [ˈtøːtən] *vt* uccidere, ammazzare

**Totenbett** *nt* letto *m* di morte **totenblass** [ˈtoːtənˈblas] *adj* pallido come un morto, cadaverico **Totenglocke** *f* campana *f* a morto **Totengräber** [ˈtoːtəŋɡrɛːbɐ] <-s, -> *m* becchino *m* **Totenhemd** *nt* lenzuolo *m* funebre, sudario *m* **Totenkopf** *m* teschio *m* **Totenmesse** *f* messa *f* funebre **Totenschädel** <-s, -> *m s.* **Totenkopf** **Totenschein** *m* certificato *m* di morte **Totensonntag** *m* giorno *m* dei morti **Totenstarre** *f* rigidità *f* cadaverica **totenstill** [ˈtoːtənˈʃtɪl] *adj* **es war ~** c'era un silenzio di tomba **Totenstille** [ˈtoːtənˈʃtɪlə] *f* silenzio *m* di tomba **Totentanz** *m* danza *f* macabra **Totenwache** *f* veglia *f* funebre; **die ~ bei jdm halten** vegliare qu

**totfahren** <irr> *vt* investire mortalmente

**totgeboren** *adj* nato morto

**Totgeglaubte**, **Totgesagte** <ein -r, -n, -n> *mf* persona *f* creduta morta

**totkriegen** *vt* **er ist nicht totzukriegen** (*fam scherz*) non si può sradicarlo

**totlachen** *vr* **sich ~** (*fam*) morire dalle risate, ridere a crepapelle

**totlaufen** <irr> *vr* **sich ~** (*fam*) finire in nulla

**Toto** [ˈtoːto] <-s, -s> *m* (*fam*) totocalcio *m* **Totoschein** *m* schedina *f* del totocalcio

**totsagen** *vt* dare per morto

**totschießen** *vt* uccidere con un colpo di arma da fuoco

**Totschlag** *m* (JUR) omicidio *m* volontario **totschlagen** <irr> *vt* ammazzare; **die Zeit ~** (*fig*) ammazzare il tempo **Totschläger** *m* ① (*Mörder*) uccisore *m*, omicida *m* ② (*Waffe*) mazza *f*

tot|schweigen <irr> vt mettere a tacere
tot|stellen vr sich ~ fingersi morto
Tötung <-, -en> f uccisione f; (von Menschen) omicidio m; **fahrlässige ~** omicidio colposo
**Touch Screen** <-s, -s> m (INFORM) touch screen m
Toupet [tu'pe:] <-s, -s> nt ① (Haarteil) toupet m ② (CH: Frechheit) sfrontatezza f
Tour [tu:ɐ] <-, -en> f giro m; **auf ~ kommen** (fam) andare su di giri; **auf vollen ~en** (fam) a pieno regime; **in einer ~** (fam) senza interruzione, in continuazione
Tourenski ['tu:rənʃi:] <-s, -er> m sci m escursionistico fuori pista Tourenzahl f (TEC) numero m di giri
Touri <-s, -s> m (fam pej) turista mf
Tourismus [tu'rɪsmʊs] <-> kein Pl. m turismo m
Tourist(in) [tu'rɪst] <-en, -en; -, -nen> m(f) turista mf
Touristenklasse f classe f turistica Touristenvisum <-s, -visa> nt visto m turistico
Touristik [tu'rɪstɪk] <-> kein Pl. f turismo m Touristikunternehmen <-s, -> nt azienda f di promozione turistica
Touristin f s. **Tourist**
touristisch adj turistico
Tournee [tʊr'ne:] <-, -s o -n> f tournée f; **auf ~ gehen** andare in tournée, fare una tournée
Toxikologie [tɔksikolo'gi:] <-> kein Pl. f tossicologia f
toxikologisch [tɔksiko'lo:gɪʃ] adj tossicologico; **~e Untersuchung** analisi tossicologica
toxisch ['tɔksɪʃ] adj tossico
Trab [tra:p] <-(e)s> kein Pl. m trotto m; **im ~** al trotto; **jdn auf ~ bringen** (fam) far trottare qu
Trabant [tra'bant] <-en, -en> m (ASTR) satellite m Trabantenstadt f città f satellite
Trabbi ['trabi] <-s, -s> m (fam) macchina dell'ex-RDT
traben ['tra:bən] vi sein trottare, andare al trotto
Trabrennen <-s, -> nt corsa f al trotto, gara f trottistica
Tracht [traxt] <-, -en> f (Kleidung) costume m, foggia f; (Volks~) costume m regionale; (Schwestern~) camice m, divisa f; **jdm eine ~ Prügel geben** (fam) dare a qu un fracco di legnate
trachten ['traxtən] vi (geh) aspirare; **nach etw ~** aspirare a qc; **jdm nach dem Leben ~** attentare alla vita di qu

Trachtenjackett <-(e)s, -s> nt giacca f folcloristica [o tipica della regione]
trächtig ['trɛçtɪç] adj pregna, gravida
Trackball <-, -s> m (INFORM) trackball f
Trackpad ['trakpɛd] <-s, -s> nt (INFORM) trackpad m
Tradition [tradi'tsi̯o:n] <-, -en> f tradizione f
traditionell [traditsi̯o'nɛl] adj tradizionale
traditionsbewusst adj tradizionalistico
traf [tra:f] 1. u. 3. Pers. Sing. Imp. von **treffen**
Trafik [tra'fɪk] <-, -en> f (A: Verkaufsstelle) tabaccheria f, rivendita f tabacchi; **Stempelmarken bekommen man in der ~** i francobolli si comprano in tabaccheria
Trafikant(in) [trafi'kant] <-en, -en; -, -nen> m(f) (A: Besitzer einer Tabaktrafik) tabaccaio, -a m, f
Tragbahre f barella f
tragbar adj ① (Geräte) portatile ② (Kleider a.) portabile ③ (fig: erträglich) sopportabile, tollerabile
träge ['trɛ:gə] adj ① (Mensch) pigro, lento; (geistig) indolente; (Bewegung) lento ② (PHYS) inerte
tragen ['tra:gən] <trägt, trug, getragen> I. vt ① (weg~, am Körper ~, halten) portare; **sein Haar lang/kurz ~** portare i capelli lunghi/corti ② (Frucht, Erfolg) dare, [ri]portare ③ (Namen, Aufschrift) portare, avere ④ (er~) sopportare, subire; **die Konsequenzen ~** subire le conseguenze; **etw mit Fassung ~** sopportare qc con calma; **Verantwortung ~** avere la responsabilità II. vi ① (Eis) reggere; **zum Tragen kommen** (fig) trovare impiego ② (Früchte hervorbringen) dare frutti, fruttificare III. vr sich ~ ① (Kleidung) **dieser Pullover trägt sich gut** questo maglione si porta bene ② (in Erwägung ziehen) **sich mit dem Gedanken ~ etw zu tun** covare l'idea di fare qc
Träger ['trɛgɐ] <-s, -> m ① (an Kleidung) spallina f; (Hosen~) bretella f ② (TEC) montante m; (~balken) trave f ③ (Institution) organismo m
Träger(in) <-s, -; -, -nen> m(f) ① (Gepäck~) facchino m ② (von Kultur, Idee) rappresentante mf ③ (von Krankheit) portatore, -trice m, f
trägerlos adj senza spalline
Trägerrakete f [razzo m] vettore m
Tragetasche f sporta f, borsa f
tragfähig adj solido Tragfähigkeit f

[capacità *f* di] portata *f*; (*Höchstlast*) portata *f* massima, limite *m* di carico

**Tragfläche** *f* (AERO) superficie *f* alare **Tragflächenboot** *nt*, **Tragflügelboot** *nt* aliscafo *m*

**Trägheit** <-> *kein Pl.* *f* ① (*von Mensch*) pigrizia *f*; (*geistig*) indolenza *f*; (*von Bewegung*) lentezza *f* ② (PHYS) inerzia *f* **Trägheitsmoment** *nt* (PHYS) momento *m* d'inerzia

**Tragik** ['tra:gɪk] <-> *kein Pl.* *f* tragico *m*

**tragikomisch** [tra:gi'ko:mɪʃ *o* 'tra:giko:mɪʃ] *adj* tragicomico

**Tragikomödie** [tragiko'mø:diə *o* 'tragikomø:diə] *f* tragicommedia *f*

**tragisch** *adj* tragico; **etw ~ nehmen** (*fam*) prendere qc sul tragico

**Tragkraft** *f* forza *f* portante **Traglast** *f* carico *m*

**Tragödie** [tra'gø:diə] <-, -n> *f* tragedia *f*

**trägt** [trɛːkt] *3. Pers. Sing. Präs. von* **tragen**

**Tragweite** *f* (*fig*) portata *f*

**Trailer** ['trɛɪlɐ] <-s, -> *m* (FILM) trailer *m*

**Trainee** [trɛɪ'niː] <-s, -s> *m* allievo *m*

**Trainer(in)** ['trɛːnɐ] <-s, -; -, -nen> *m(f)* allenatore, -trice *m, f*

**trainieren** [trɛ'niːrən *o* trɛ'niːrən] <ohne ge-> **I.** *vt* allenare; **jdn/etw auf etw** *acc* **~** allenare qu/qc per qc **II.** *vi* allenarsi; **auf etw** *acc* **~** allenarsi per qc

**Training** ['trɛːnɪŋ] <-s, -s> *nt* allenamento *m* **Trainingsanzug** *m* tuta *f* [sportiva] **Trainingshose** *f* pantaloni *mpl* della tuta **Trainingsjacke** *f* giacca *f* della tuta **Trainingslager** *nt* campo *m* d'allenamento

**Trakt** [trakt] <-(e)s, -e> *m* (ARCH) ala *f*

**Traktandenliste** [trak'tandənlɪstə] *f* (*CH:* ADM, POL, JUR: *Tagesordnung*) ordine *m* del giorno

**Traktandum** [trak'tandʊm] <-s, Traktanden> *nt* (*CH:* ADM, POL, JUR: *Tagesordnungspunkt*) punto *m* dell'ordine del giorno

**Traktat** [trak'taːt] <-(e)s, -e> *mnt* trattato *m*

**traktieren** [trak'tiːrən] <ohne ge-> *vt* (*fam: schlecht behandeln*) maltrattare

**Traktor** ['trakto:ɐ] <-s, -en> *m* trattore *m*

**trällern** ['trɛlɐn] *vi, vt* canticchiare, canterellare

**Tram¹** [tram] <-s, -s> *nt* (*CH*) tram *m*

**Tram²** <-, -en> *m* (*A: Dachbalken*) trave *f* maestra

**Trampel** ['trampəl] <-s, -> *m o nt* (*fam pej*) persona *f* sgraziata

**trampeln** ['trampəln] **I.** *vi* (*mit den Füßen treten*) battere i piedi **II.** *vt* **etw platt ~** schiacciare qc pestandola coi piedi

**Trampelpfad** *m* pista *f* battuta **Trampeltier** *nt* ① (ZOO) cammello *m* ② (*fam pej: ungeschickter Mensch*) imbranato, -a *m, f*

**trampen** ['trɛmpən] *vi sein* fare l'autostop

**Tramper(in)** <-s, -; -, -nen> *m(f)* autostoppista *mf*

**Trampolin** ['trampoliːn *o* trampo'liːn] <-s, -e> *nt* trampolino *m*

**Tran** [traːn] <-(e)s, *rar* -e> *m* olio *m* di balena; (*Leber~*) olio *m* di fegato [di merluzzo]; **das hab' ich im ~ ganz vergessen** (*fam*) l'ho completamente dimenticato

**Trance** ['trãːs(ə)] <-, -n> *f* trance *f*; **in ~ fallen** andare in trance

**Tranchierbesteck** *nt* forchetta *f* e coltello *m* per trinciare

**tranchieren** [trã'ʃiːrən] <ohne ge-> *vt* trinciare

**Tranchiermesser** *nt* trinciante *m*

**Träne** ['trɛːnə] <-, -n> *f* lacrima *f*; **~n lachen** ridere fino alle lacrime; **ohne eine ~ zu vergießen** a ciglio asciutto; **den ~n nahe sein** stare per piangere; **in ~n aufgelöst sein** essere in un mare di lacrime; **zu ~n gerührt sein** essere commosso fino alle lacrime; **mit ~n in den Augen** con le lacrime agli occhi; **mir kommen [gleich] die ~n!** (*iron fam*) mi viene [già] da piangere!

**tränen** *vi* lacrimare

**Tränendrüse** *f* ghiandola *f* lacrimale **Tränenfluss** *m* fiume *m* di lacrime **Tränengas** *nt* gas *m* lacrimogeno **Tränensack** *m* sacco *m* lacrimale

**tranig** *adj* ① (*nach Tran schmeckend*) che sa di olio di pesce ② (*fam pej: langsam*) lento

**trank** [traŋk] *1. u. 3. Pers. Sing. Imp. von* **trinken**

**Trank** [traŋk, *Pl:* 'trɛŋkə] <-(e)s, Tränke> *m* (*poet*) bevanda *f*

**Tränke** ['trɛŋkə] <-, -n> *f* abbeveratoio *m*

**tränken** *vt* ① (*Tiere*) abbeverare ② (*durchnässen*) imbevere; **etw [mit etw] ~** imbevere qc [di qc]

**Transaktion** [transʔak'tsjoːn] *f* transazione *f*

**Transaktions- und Kurssicherungskosten** *fPl.* (FIN) costi *mpl* di transazione e di sostegno delle quotazioni

**Transatlantikflug** [transʔat'lantɪkfluːk] *m* volo *m* transatlantico

**transatlantisch** *adj* transatlantico

**Transfer** [transˈfeːɐ] <-s, -s> *m* ① (*bei Reise,* FIN, SPORT) trasferimento *m* ② (PSYCH) transfer *m*

**transferierbar** *adj* trasferibile

**transferieren** [transfeˈriːrən] <ohne ge-> vt trasferire
**Transformation** [transfɔrmaˈtsjoːn] <-, -en> f trasformazione f
**Transformator** [transfɔrˈmaːtoːɐ̯] <-s, -en> m trasformatore m **Transformator|en|häuschen** nt cabina f di trasformazione
**Transfusion** [transfuˈzjoːn] <-, -en> f (MED) trasfusione f [di sangue]
**transgen** [ˈtransgeːn] adj (BIOL) transgenetico
**Transistor** [tranˈzɪstoːɐ̯] <-s, -en> m transistor[e] m
**Transit** [tranˈziːt o tranˈzɪt] <-s, -e> m transito m **Transitabkommen** nt accordo m bilaterale sul transito **Transitgüter** ntPl. merce f in transito **Transithandel** m commercio m di transito
**transitiv** [ˈtranzitiːf o tranziˈtiːf] adj (LING) transitivo
**Transitverkehr** m traffico m di transito **Transitvisum** <-s, -visa> nt visto m di transito **Transitzoll** m diritti mpl di transito
**Transkription** [transkrɪpˈtsjoːn] <-, -en> f (LING, MUS) trascrizione f
**Transmission** [transmɪˈsjoːn] <-, -en> f trasmissione f
**transparent** [transpaˈrɛnt] adj trasparente **Transparent** <-(e)s, -e> nt (Spruchband) striscione m **Transparenz** [transpaˈrɛnts] <-> kein Pl. f trasparenza f
**transpirieren** [transpiˈriːrən] <ohne ge-> vi traspirare
**Transplantat** [transplanˈtaːt] <-(e)s, -e> nt (MED) organo m [o tessuto m] trapiantato
**Transplantation** [transplantaˈtsjoːn] <-, -en> f ❶ (BOT) innesto m ❷ (MED) trapianto m **Transplantationszentrum** nt centro m trapianti **transplantieren** [transplanˈtiːrən] <ohne ge-> vt trapiantare
**Transport** [transˈpɔrt] <-(e)s, -e> m trasporto m
**transportabel** [transpɔrˈtaːbəl] adj trasportabile, portatile, mobile
**Transportarbeiter** m lavoratore m di un'impresa di trasporti **Transportband** <-(e)s, -bänder> nt nastro m trasportatore **Transporter** [transˈpɔrtɐ] <-s, -> m (Schiff) nave f da carico; (Flugzeug) aereo m da trasporto; (Auto) furgone m
**Transporteur(in)** [transpɔrˈtøːɐ, Pl: transpɔrˈtøːrə] <-s, -e; -, -nen> m(f) trasportatore, -trice m, f

**transportfähig** adj trasportabile
**Transportflugzeug** nt aereo m da trasporto
**transportieren** [transpɔrˈtiːrən] <ohne ge-> vt trasportare
**Transportkosten** Pl. spese fpl di trasporto
**Transportmittel** nt mezzo m di trasporto
**Transportnetz** nt rete f di trasporti **Transportschaden** m avaria f di trasporto
**Transportschiff** nt nave f da carico, cargo m **Transportunternehmen** nt impresa f di trasporti **Transportunternehmer(in)** m(f) titolare mf di un'impresa di trasporti **Transportversicherung** f assicurazione f sui trasporti
**Transrapid** m treno m rapido a sostentazione elettromagnetica
**transsexuell** [transsɛksuˈɛl] adj transessuale
**Transvestit** [transvɛsˈtiːt] <-en, -en> m travestito m
**transzendent** [trantsɛnˈdɛnt] adj trascendente
**transzendental** [trantsɛndɛnˈtaːl] adj trascendentale
**Transzendenz** [trantsɛnˈdɛnts] <-> kein Pl. f trascendenza f
**Trapez** [traˈpeːts] <-es, -e> nt trapezio m
**Trasimenischer See** [traziˈmeːnɪʃeˈzeː] m lago m Trasimeno
**Trasse** [ˈtrasə] <-, -n> f tracciato m
**trassieren** [traˈsiːrən] <ohne ge-> vt ❶ (abstecken) tracciare ❷ (FIN) spiccare una tratta su
**trat** [traːt] 1. u. 3. Pers. Sing. Imp. von **treten**
**Tratsch** [traːtʃ] <-(e)s> kein Pl. m (fam) chiacchiere fpl, pettegolezzi mpl
**tratschen** vi (fam) chiacchierare, spettegolare
**Tratte** [ˈtratə] <-, -n> f tratta f
**Traualtar** m altare m delle nozze
**Traube** [ˈtraʊbə] <-, -n> f ❶ (Beere, Blütenstand) grappolo m; (Wein~) grappolo m d'uva ❷ pl (Weintrauben) uva f ❸ (fig: dicht gedrängte Menge) grappolo m **traubenförmig** [ˈtraʊbənfœrmɪç] adj a grappolo **Traubensaft** <-(e)s, -säfte> m succo m d'uva **Traubenzucker** m glucosio m
**trauen** [ˈtraʊən] I. vi (ver~) jdm/etw ~ avere fiducia in qu/qc; jdm nicht über den Weg ~ (fam) fidarsi poco di qu; seinen Augen nicht ~ non credere ai propri occhi II. vr sich ~ etw zu tun osare far qc III. vt (verheiraten) sposare, unire in matrimonio; sich ~ lassen sposarsi

**Trauer** ['traʊɐ] <-> *kein Pl. f* tristezza *f;* (*um einen Toten*) lutto *m;* ~ **tragen** essere in lutto **Traueranzeige** <-, -n> *f* annuncio *m* funebre, necrologio *m* **Trauerbinde** *f* fascia *f* da lutto **Traueressen** <-s, -> *nt* (*CH: Totenmahl*) banchetto *m* funebre **Trauerfall** *m* lutto *m,* decesso *m* **Trauerfamilie** *f* (*CH: Verwandten des/der Verstorbenen*) parenti *mpl* del defunto **Trauerfeier** *f* onoranza *f* funebre **Trauerflor** *m* velo *m* da lutto **Trauergottesdienst** *m* servizio *m* funebre **Trauerjahr** *nt* anno *m* di lutto **Trauerkleidung** *f* vestiti *mpl* da lutto **Trauerkloß** *m* (*fam scherz*) piagnucolone *m,* musone *m* **Trauermarsch** *m* marcia *f* funebre

**trauern** *vi* essere in lutto; **um jdn/etw trauern** essere in lutto per qu/qc

**Trauerrand** *m* bordo *m* nero, lista *f* nera **Trauerspiel** *nt* tragedia *f* **Trauerweide** *f* (BOT) salice *m* piangente **Trauerzirkular** <-(e)s, -e> *nt* (*CH: Todesanzeige, die mit der Post verschickt wird*) partecipazione *f* di lutto

**Traufe** ['traʊfə] <-, -n> *f* scarico *m;* (*Dach~*) grondaia *f*

**träufeln** ['trɔɪfəln] *vt* gocciolare, versare a gocce

**Traum** [traʊm, *Pl:* 'trɔɪmə] <-(e)s, Träume> *m* sogno *m;* **im** ~ in sogno; **der Mann ihrer Träume** l'uomo dei suoi sogni; **ich denke nicht im** ~ **daran!, das fällt mir nicht im** ~ **ein!** (*fam*) neanche per sogno!; **aus der** ~**!** (*fam*) la pacchia è finita!

**Trauma** ['traʊma, *Pl:* 'traʊmən *o* 'traʊmata] <-s, Traumen *o* Traumata> *nt* (MED, PSYCH) trauma *m*

**traumatisch** [traʊˈmaːtɪʃ] *adj* (MED, PSYCH) traumatico

**Traumdeutung** *f* interpretazione *f* dei sogni, oniromanzia *f*

**Traumen** *Pl. von* **Trauma**

**träumen** ['trɔɪmən] *vi* sognare; **von etw/jdm** ~ sognare qc/qu; **mit offenen Augen** ~ sognare a occhi aperti; **das hätte ich mir nicht** ~ **lassen** non me lo sarei mai sognato

**Träumer(in)** <-s, -; -, -nen> *m(f)* sognatore, -trice *m, f*

**Träumerei** [trɔɪməˈraɪ] <-, -en> *f* fantasticheria *f,* sogno *m*

**Träumerin** *f s.* **Träumer**

**träumerisch** *adj* sognatore, trasognato

**traumhaft** *adj* (*fam: überaus schön*) fantastico, stupendo; **das Kleid ist** ~ [**schön**] (*fam*) questo vestito è un sogno ❷ (SCIENT) onirico

**Traumpaar** *nt* coppia *f* ideale

**traumverloren** *adj* trasognato

**traurig** ['traʊrɪç] *adj* ❶ (*betrübt*) triste, rattristato; ~ **machen** [*o* **stimmen**] rattristare, affliggere; ~ **werden** rattristarsi, affliggersi ❷ (*schmerzlich*) triste, doloroso ❸ (*kläglich*) deplorevole, pietoso **Traurigkeit** <-> *kein Pl. f* tristezza *f*

**Trauring** *m* fede *f,* vera *f* **Trauschein** *m* certificato *m* di matrimonio

**traut** [traʊt] *adj* (*obs*) ❶ (*gemütlich*) accogliente ❷ (*vertraut*) intimo ❸ (*lieb*) caro

**Trauung** <-, -en> *f* matrimonio *m;* **kirchliche/standesamtliche** ~ matrimonio religioso/civile

**Trauzeuge** *m,* **Trauzeugin** *f* testimone *mf* di nozze

**Treff** [trɛf] <-s, -s> *m* (*fam*) ❶ (*das Treffen*) incontro *m* ❷ (*Treffpunkt*) luogo *m* d'incontro

**treffen** ['trɛfən] <trifft, traf, getroffen> I. *vt* ❶ (*begegnen*) incontrare ❷ (*durch Schlag, Schuss*) colpire; **jdn am Kopf** ~ colpire qu alla testa; **der Schuss traf ihn in den Rücken** fu colpito alla schiena; **mich trifft keine Schuld** a me non si può dare nessuna colpa ❸ (*fig: kränken*) colpire, offendere ❹ (*be~*) toccare, concernere ❺ (*Auswahl*) fare; (*Maßnahmen*) adottare ❻ (*erraten, herausfinden*) **den richtigen Ton** ~ trovare il tono giusto; **auf dem Foto bist du nicht gut getroffen** sulla foto sei venuto male II. *vi* (*Schlag, Schuss*) colpire III. *vr* **sich** ~ ❶ (*zusammenkommen*) incontrarsi ❷ (*geschehen*) capitare; **es trifft sich gut/schlecht, dass ...** capita bene/male che ... **Treffen** <-s, -> *nt* incontro *m* **treffend** I. *adj* giusto, preciso; **eine** ~**e Charakterisierung** una caratterizzazione calzante II. *adv* con precisione, appropriatamente

**Treffer** <-s, -> *m* ❶ (*beim Boxen*) colpo *m* andato a segno; (*beim Fechten*) toccata *f;* (*beim Fußball*) rete *f;* (*beim Schießen*) centro *m* ❷ (*in Lotterie*) biglietto *m* vincente ❸ (*fig: Erfolg*) impresa *f* fortunata

**trefflich** *adj* (*geh*) eccellente

**Treffpunkt** *m* luogo *m* d'incontro

**treffsicher** *adj* che ha una mira infallibile

**Treibeis** *nt* ghiaccio *m* galleggiante

**treiben** ['traɪbən] <treibt, trieb, getrieben> I. *vt haben* ❶ (*jagen*) cacciare, spingere; (*Vieh*) condurre ❷ (*in Bewegung setzen*) muovere; (*Rad*) far girare ❸ (*an~*) spingere; **jdn zu etw** ~ spingere qu a qc;

**jdn zur Verzweiflung ~** spingere qu alla disperazione ③ (*hinein~, hineinschlagen*) conficcare; (*Tunnel, Stollen*) scavare; (*Metall*) sbalzare ⑤ (*betreiben, tun*) fare, esercitare, praticare; **Ackerbau und Viehzucht ~** dedicarsi all'agricoltura ed all'allevamento; **es zu weit** [*o* **zu bunt** *fam*] **~** esagerare, andare troppo in là; **es mit jdm ~** (*fam*) farsela con qu II. *vi* ① *sein* (*fortbewegt werden*) essere spinto; (*auf dem Wasser*) galleggiare, andare alla deriva; **sich ~ lassen** (*fig*) lasciarsi trascinare ② *haben* (BOT: *wachsen*) germogliare ③ *haben* (*Teig*) lievitare **Treiben** <-s> *kein Pl. nt* (*fig: der Welt*) corso *m*, movimento *m*; (*auf der Straße*) andirivieni *m* **treibend** *adj* **die ~e Kraft** la forza motrice
**Treiber** <-s, -> *m* ① (*Vieh~*) guardiano *m*, mandriano *m*; (*auf der Jagd*) battitore *m* ② (INFORM) driver *m*
**Treibgas** <-es, -e> *nt* gas *m* propellente
**Treibhaus** *nt* serra *f* [calda] **Treibhauseffekt** <-(e)s> *kein Pl. m* effetto *m* serra **Treibholz** <-es> *kein Pl. nt* legname *m* galleggiante **Treibjagd** *f* battuta *f* **Treibsand** <-es> *kein Pl. m* sabbie *fpl* mobili **Treibstoff** *m* carburante *m*
**Trekking** ['trɛkiŋ] *nt* trekking *m*
**Trema** ['treːma] <-s, -s *o* Tremata> *nt* dieresi *f*
**Trenchcoat** ['trɛntʃkɔʊt] <-(s), -s> *m* trench [coat] *m*
**Trend** [trɛnt] <-s, -s> *m* tendenza *f*; **modischer ~** moda *f* **Trendforscher(in)** *m(f)* studioso, -a *m, f* dei trend
**trendig** *adj* (*fam*) *s.* **trendy**
**Trendsetter(in)** ['trɛntsɛtɐ] <-s, -; -, -nen> *m(f)* iniziatore, -trice *m, f* di una nuova moda **Trendwende** *f* svolta *f* di tendenza **Trendwort** *nt* parola *f* trend
**trendy** ['trɛndi] *adj* trendy, alla moda
**trennbar** *adj* separabile
**trennen** ['trɛnən] I. *vt* ① (*entfernen*) separare; (*Zusammengehöriges*) scompagnare ② (*ab~*) staccare; (*Menschen a.*) disunire; **jdn/etw [von jdm/etw] ~** staccare qu/qc da qu/qc ③ (TEL) interrompere II. *vr* **sich ~** separarsi
**Trennung** <-, -en> *f* separazione *f;* (*Teilung*) divisione *f;* (EL, TEL) interruzione *f* **Trennungsentschädigung** *f* indennità *f* di separazione **Trennungsjahr** *nt* (JUR) anno che due coniugi devono trascorrere vivendo separati prima di poter avviare le pratiche per il divorzio **Trennungsstrich** *m* trattino *m* di separazione
**Trennwand** *f* parete *f* divisoria

**treppab** [trɛpˈʔap] *adv* giù per le scale
**treppauf** [trɛpˈʔaʊf] *adv* su per le scale
**Treppe** ['trɛpə] <-, -n> *f* scala *f;* **die ~ hinauf-/hinuntergehen** salire/scendere le scale **Treppenabsatz** *m* pianerottolo *m* **Treppengeländer** *nt* ringhiera *f* delle scale **Treppenhaus** *nt* tromba *f* delle scale **Treppenlift** *m* servoscala *m* **Treppenstufe** *f* gradino *m*
**Tresen** ['treːzən] <-s, -> *m* (*nordd*) ① (*in einer Gaststätte*) banco *m* ② (*Ladentisch*) bancone *m*
**Tresor** [treˈzoːɐ̯] <-s, -e> *m* ① (*Panzerschrank*) cassaforte *f* ② (*~raum*) camera *f* blindata
**Tresse** ['trɛsə] <-, -n> *f* gallone *m*
**Tretboot** *nt* pattino *m*
**treten** ['treːtən] <tritt, trat, getreten> I. *vi* ① *sein* (*einen Schritt tun*) andare; (*ein~*) entrare; **ins Zimmer ~** entrare in camera; **unter/vor/hinter etw** *acc* **~** andare sotto/davanti a/dietro a qc; **in eine Pfütze ~** mettere i piedi in una pozzanghera; **über die Ufer ~** straripare; **~ Sie näher!** si avvicini!; **in den Streik ~** mettersi in sciopero; **in den Hintergrund/Vordergrund ~** (*fig*) passare in secondo/primo piano ② *haben* (*einen Tritt versetzen*) dare un calcio [*o* una pedata]; **gegen jdn/etw** [*o* **nach jdm/etw**] **~** dare un calcio a qu/qc II. *vt* **haben** ① (*mit Fußtritt*) dare una pedata a ② (*Pedal*) azionare, schiacciare, premere; **die Bremse/Kupplung ~** pigiare il freno/la frizione
**Tretmühle** *f* (*fam pej*) lavoro *m* monotono
**treu** [trɔɪ] *adj* fedele; (*ergeben*) devoto; **jdm ~ sein** essere fedele a qu
**Treubruch** *m* tradimento *m*
**Treue** <-> *kein Pl. f* fedeltà *f;* (*Ergebenheit*) devozione *f;* **jdm die ~ halten** restar fedele a qu
**Treueid** *m* giuramento *m* di fedeltà
**Treuhand** <-> *kein Pl. f* (JUR) amministrazione *f* fiduciaria; **die ~** *s.* **Treuhandanstalt Treuhandanstalt** <-> *kein Pl. f* società federale incaricato per la privatizzazione delle imprese di stato dell'ex-RDT
**Treuhänder(in)** ['trɔɪhɛndɐ] <-s, -; -, -nen> *m(f)* (JUR) fiduciario, -a *m, f*
**Treuhandgesellschaft** *f* (JUR) società *f* fiduciaria
**treuherzig** *adj* ingenuo, candido **Treuherzigkeit** <-> *kein Pl. f* ingenuità *f,* candore *m*
**treulos** *adj* infedele, sleale; (*verräterisch*) perfido **Treulosigkeit** <-> *kein Pl. f* infedeltà *f,* slealtà *f;* (*Verrat*) tradimento *m*

**Triangel** ['triːaŋəl] <-s, -> m triangolo m
**Triangulation** <-, -en> f triangolazione f
**Triathlon** ['triːatlɔn] <-s, -s> nt (SPORT) triathlon m
**Tribunal** [tribu'naːl] <-s, -e> nt tribunale m
**Tribüne** [tri'byːnə] <-, -n> f tribuna f, palco m
**Tribut** [tri'buːt] <-(e)s, -e> m tributo m; **einer Sache** dat **~ zollen** pagare il proprio tributo a qc **tributpflichtig** adj tributario
**Trichine** [trɪ'çiːnə] <-, -n> f trichina f
**Trichter** ['trɪçtɐ] <-s, -> m ① (zum Einfüllen) imbuto m ② (Schall~) tromba f ③ (Granat~, Bomben~) cratere m **trichterförmig** ['trɪçtɐfœrmɪç] adj a forma di imbuto
**Trick** [trɪk] <-s, -s o -e> m (FOTO, FILM) trucco m; (raffiniert) espediente m, astuzia f; **ein gemeiner/fauler ~** uno scherzo mancino/un tiro poco onesto **Trickaufnahme** f trucchi mpl cinematografici **Trickbetrüger(in)** m(f) specialista mf dell'imbroglio **Trickfilm** m cartoni mpl animati **trickreich** adj astuto
**trieb** [triːp] 1. u. 3. Pers. Sing. Imp. von **treiben**
**Trieb** [triːp] <-(e)s, -e> m ① (BIOL, PSYCH) istinto m; (PSYCH) pulsione f ② (An~) impulso m; (Neigung) inclinazione f, tendenza f ③ (BOT) germoglio m, pollone m **Triebfeder** f ① (TEC) molla f motrice ② (fig: Beweggrund) molla f, movente m **triebhaft** adj istintivo, impulsivo **Triebhaftigkeit** <-> kein Pl. f impulsività f, carattere m istintivo [o impulsivo] **Triebkraft** f ① (PHYS) forza f motrice ② (fig: Triebfeder) movente m, molla f **Triebtäter(in)** m(f) maniaco, -a m, f sessuale
**Triebwagen** m [auto]motrice f **Triebwerk** nt (MOT) motore m; (AERO) motore m propulsore
**triefen** ['triːfən] <trieft, triefte o geh troff, getrieft o rar getroffen> vi ① sein (Flüssigkeit) gocciolare ② haben (nasser Gegenstand) grondare; **vor Fett/Wasser ~** essere pieno [zeppo] di grasso/di acqua
**Trient** [tri'ɛnt] nt Trento f
**Trier** [triːɐ] nt Treviri f
**Triest** [tri'ɛst] nt Trieste f
**trifft** [trɪft] 3. Pers. Sing. Präs. von **treffen**
**triftig** ['trɪftɪç] adj valido, convincente, fondato
**Trigonometrie** [trigonome'triː] <-> kein Pl. f (MAT) trigonometria f
**Trikolore** [triko'loːrə] <-, -n> f bandiera f tricolore

**Trikot** <-s, -s> nt maglia f, maglietta f
**Trikotagen** [triko'taːʒən] fPl. maglieria f
**trillern** ['trɪlɐn] vi trillare, gorgheggiare
**Trillerpfeife** f fischietto m
**Trilliarde** [trɪ'ljardə] <-, -n> f trilione m di miliardi
**Trillion** [trɪ'ljoːn] <-, -en> f quintilione m
**Trimm-dich-Pfad** ['trɪmdɪçpfaːt] m sentiero m del percorso vita
**trimmen** ['trɪmən] I. vt ① (durch Sport) allenare ② (NAUT, AERO) assettare; (verstauen) stivare ③ (Hund) tosare; (Rasen: scheren) tagliare l'erba, falciare II. vr **sich ~** allenarsi
**trinkbar** adj bevibile; (Wasser) potabile
**trinken** ['trɪŋkən] <trinkt, trank, getrunken> vt, vi bere; **aus der Flasche ~** bere dalla bottiglia; **in** [o **mit**] **kleinen Schlucken ~** bere a centellini; **was möchten Sie ~?** che cosa prende da bere?; **einen ~** (fam) bere qc di alcolico; **einen ~ gehen** (fam) andare a bere un bicchierino; **auf jds Wohl ~** bere alla salute di qu
**Trinker(in)** <-s, -; -, -nen> m(f) bevitore, -trice m, f
**trinkfest** adj che regge l'alcool
**Trinkgeld** nt mancia f **Trinkglas** <-es, -gläser> nt bicchiere m **Trinkhalm** m cannuccia f [per bibite] **Trinkkur** f cura f delle acque termali **Trinkspruch** m brindisi m; **einen ~ auf jdn ausbringen** brindare a qu
**Trinkwasser** nt acqua f potabile; **kein ~!** acqua non potabile! **Trinkwasseraufbereitung** f depurazione f dell'acqua **Trinkwasserversorgung** f approvvigionamento m di acqua potabile
**Trio** ['triːo] <-s, -s> nt (MUS) trio m
**Trip** [trɪp] <-s, -s> m ① (fam: Ausflug) gita f ② (sl: Rauschgift~) trip m
**trippeln** ['trɪpəln] vi sein camminare a passettini
**Tripper** ['trɪpɐ] <-s, -> m gonorrea f
**trist** [trɪst] adj (geh) mesto, triste
**tritt** [trɪt] 3. Pers. Sing. Präs. von **treten**
**Tritt** [trɪt] <-(e)s, -e> m ① (Schritt) passo m ② (Fuß~) calcio m, pedata f; **jdm einen ~ geben** [o **versetzen**] dare un calcio a qu
**Trittbrett** nt predellino m, pedana f **Trittbrettfahrer** m (pej) sciacallo m
**Trittleiter** f scaleo m
**Triumph** [tri'ʊmf] <-(e)s, -e> m trionfo m
**triumphal** [triʊm'faːl] adj trionfale; **~er Erfolg** successo trionfale
**Triumphbogen** m arco m trionfale

**Triumphgeschrei** <-s> *kein Pl. nt* grido *m* di vittoria

**triumphieren** [triʊmˈfiːrən] <ohne ge-> *vi* trionfare **triumphierend** I. *adj* trionfante II. *adv* trionfalmente

**Triumphzug** *m* ingresso *m* trionfale

**trivial** [triˈvi̯aːl] *adj* triviale

**Trivialität** [trivi̯aliˈtɛːt] <-, -en> *f* trivialità *f*

**Trivialliteratur** *f* letteratura *f* triviale

**trocken** [ˈtrɔkən] *adj* ❶ *(nicht nass, a Wetter)* asciutto; *(ausgetrocknet, regenfrei, a Luft, Boden, Haut)* secco; (GEOG) arido; **im Trockenen** *(vor Regen geschützt)* al riparo; **~ aufbewahren!** tenere all'asciutto!, preservare dall'umidità!; **auf dem Trockenen sitzen** *(fig)* essere in bolletta ❷ *(Wein)* secco ❸ *(fig: nüchtern)* prosaico, sobrio; *(langweilig)* noioso; *(Antwort)* asciutto, secco

**Trockendock** *nt* bacino *m* di carenaggio

**Trockengestell** *nt* essicatoio *m* **Trockenhaube** *f* casco *m* **Trockenheit** <-, -en> *f* asciuttezza *f*; *(a. fig)* aridità *f* **trocken|legen** *vt* ❶ *(Kind)* cambiare i pannolini ❷ *(Sumpf)* prosciugare **Trockenmilch** *f* latte *m* in polvere **Trockenobst** *nt* frutta *f* secca **Trockenrasur** <-, -en> *f* rasatura *f* a secco **trocken|reiben** <irr> *vt* asciugare strofinando **Trockenspiritus** *m* spirito *m* solido, meta *f* **Trockenwäsche** *f* biancheria *f* asciutta

**trocknen** [ˈtrɔknən] I. *vt haben* asciugare, essiccare II. *vi sein* asciugare, essiccarsi

**Trockner** <-s, -> *m* asciugabiancheria *m*

**Troddel** [ˈtrɔdəl] <-, -n> *f* ghianda *f*; *(Quaste)* nappa *f*

**Trödel** [ˈtrøːdəl] <-s> *kein Pl. m* ❶ *(fam: Dinge)* cianfrusaglia *f* ❷ *s.* **Trödelmarkt**

**Trödelei** [trøːdəˈlaɪ] <-, -en> *f (fam)* baloccarsi *m*

**Trödelkram** *m (fam) s.* **Trödel** **Trödelmarkt** *m* mercatino *m* delle pulci

**trödeln** [ˈtrøːdəln] *vi (fam)* baloccarsi, gingillarsi

**Trödler(in)** <-s, -; -, -nen> *m(f)* ❶ *(Altwarenhändler)* rigattiere, -a *m, f* ❷ *(fam: Bummler)* gingillone, -a *m, f*

**troff** [trɔf] *1. u. 3. Pers. Sing. Imp. von* **triefen**

**trog** [troːk] *1. u. 3. Pers. Sing. Imp. von* **trügen**

**Trog** [troːk, *Pl:* ˈtrøːɡə] <-(e)s, Tröge> *m* trogolo *m*

**trollen** [ˈtrɔlən] *vr* **sich ~** *(fam)* andarsene a testa bassa

**Trommel** [ˈtrɔməl] <-, -n> *f* tamburo *m*; **die ~ für etw rühren** *(fam)* battere la grancassa per qc **Trommelfell** *nt* (ANAT) timpano *m*

**trommeln** *vi (auf Trommel)* sonare il tamburo; *(mit Fingern)* tamburellare; **auf etw** *acc* **~** tamburellare su qc

**Trommelrevolver** *m* pistola *f* a tamburo **Trommelstock** *m* bacchetta *f* del tamburo **Trommelwirbel** *m* rullo *m*

**Trommler(in)** <-s, -; -, -nen> *m(f)* sonatore, -trice *m, f* di tamburo

**Trompete** [trɔmˈpeːtə] <-, -n> *f* ❶ *(Instrument)* tromba *f*; **~ blasen** [*o* **spielen**] sonare la tromba ❷ *(fam: Joint)* canna *f*; **sich** *Dat.* **eine ~ reinziehen** farsi una canna

**Trompeter(in)** <-s, -; -, -nen> *m(f)* sonatore, -trice *m, f* di tromba, trombettiere, -a *m, f*

**Tropen** [ˈtroːpən] *Pl.* tropici *mpl*, zona *f* tropicale **Tropenhelm** *m* casco *m* coloniale **Tropenkrankheit** *f* malattia *f* tropicale

**Tropf** [trɔpf] <-(e)s, -e> *m* (MED) fleboclisi *f*; **am ~ hängen** avere la fleboclisi

**tröpfeln** [ˈtrœpfəln] I. *vt haben* versare a gocce II. *vi haben o sein (herunter~)* gocciolare; **es tröpfelt** *(fam: es regnet)* pioviggina

**tropfen** [ˈtrɔpfən] I. *vi* ❶ *haben (Wasserhahn, Kanne)* gocciolare ❷ *sein (Schweiß, Regen, Wasser)* gocciolare; **der Schweiß tropfte mir von der Stirn** la mia fronte grondava di sudore, il sudore mi colava dalla fronte II. *vt haben* far gocciolare

**Tropfen** <-s, -> *m* goccia *f*; **bis auf den letzten ~** fino all'ultima goccia; **ein guter ~** un buon vino; **das ist ein ~ auf den heißen Stein** *(fam)* è una goccia nel mare **tropfenweise** *adv* a goccia a goccia

**tropfnass** [ˈtrɔpfˈnas] *adj* grondante d'acqua **Tropfstein** *m (Ab~)* stalattite *f*; *(Auf~)* stalagmite *f* **Tropfsteinhöhle** *f* grotta *f*

**Trophäe** [troˈfɛːə] <-, -n> *f* trofeo *m*

**tropisch** *adj* tropicale

**Tross** [trɔs] <-es, -e> *m* ❶ (MIL) treno *m* ❷ *(fig: Gefolge)* seguito *m*; *(pej)* cricca *f*

**Trost** [troːst] <-es> *kein Pl. m* consolazione *f*, conforto *m*; **als** [*o* **zum**] **~ bekommst du ...** per consolarti ricevi ...; **du bist wohl nicht ganz** [*o* **recht**] **bei ~?** *(fam)* sei matto?

**trösten** [ˈtrøːstən] I. *vt* consolare, confortare II. *vr* **sich ~** consolarsi; **sich mit etw ~** consolarsi con qc; **sich mit einer anderen Frau ~** consolarsi con un'altra donna

**Tröster(in)** <-s, -; -, -nen> *m(f)* consolatore, -trice *m, f*
**tröstlich** *adj* consolante; (*beruhigend*) rassicurante
**trostlos** *adj* ❶ (*Mensch*) desolato ❷ (*Sache, Zustand*) desolante; (*hoffnungslos*) disperato, sconfortante **Trostlosigkeit** <-> *kein Pl. f* ❶ (*Untröstlichkeit*) desolazione *f* ❷ (*Hoffnungslosigkeit*) disperazione *f* **Trostpflaster** *nt* piccola consolazione *f* **Trostpfläschen** ['tro:stpflɛstɛçən] <-s, -> *nt* piccola consolazione *f*
**Trostpreis** *m* premio *m* di consolazione
**trostreich** *adj* confortante, consolante
**Tröstung** <-, -en> *f* consolazione *f*, conforto *m*; (*durch Worte*) parole *fpl* di conforto
**Trott** [trɔt] <-(e)s, -e> *m* ❶ (*von Pferd*) trotto *m* ❷ (*fig fam: eintöniger Ablauf*) tran tran *m*
**Trottel** <-s, -> *m* (*fam pej*) cretino *m*, deficiente *m*
**trottelig** *adj* (*fam pej*) rimbambito, rimbecillito
**trotten** *vi sein* trottare
**Trottoir** [trɔ'toa:e, *Pl*: trɔ'toa:rə] <-s, -e o -s> *nt* (*dial*) marciapiede *m*
**trotz** [trɔts] *prp* +*gen o dat* malgrado, a dispetto di, nonostante; ~ **all[ed]em** malgrado tutto, ciononostante
**Trotz** [trɔts] <-es> *kein Pl. m* ostinazione *f*; **aus ~** per dispetto; **jdm/etw zum ~** a dispetto di qu/qc **Trotzalter** *nt* età *f* dell'opposizione
**trotzdem** I. *adv* tuttavia, nonostante ciò II. *konj* (*fam*) anche se
**trotzen** *vi* (*geh*) sfidare; **jdm/etw ~** sfidare qu/qc
**trotzig** *adj* ostinato, caparbio
**Trotzkopf** *m* testa *f* dura **Trotzreaktion** *f* reazione *f* cocciuta
**trüb|e|** [try:p ('try:bə)] *adj* ❶ (*Flüssigkeit*) torbido; (*Glasscheibe, Spiegel*) opaco; (*beschlagen*) appannato; **im Trüben fischen** (*fam*) pescare nel torbido ❷ (*Himmel*) nuvoloso, coperto, grigio; (*Wetter*) cupo, nuvoloso; (*Augen*) spento; (*Blick*) cupo ❸ (*~sinnig*) tetro, afflitto
**Trubel** ['tru:bəl] <-s> *kein Pl. m* trambusto *m*, confusione *f*
**trüben** I. *vt* ❶ (*Flüssigkeit*) intorbidire ❷ (*Himmel*) offuscare ❸ (*fig: Stimmung, Freude, Freundschaft*) guastare; (*Blick, Urteil*) offuscare II. *vr* **sich ~** (*Himmel*) rannuvolarsi
**Trübsal** ['try:pza:l] <-> *kein Pl. f* (*geh*) afflizione *f*; **~ blasen** (*fam*) essere abbattuto **trübselig** *adj* malinconico **Trübsinn** *m* malinconia *f* **trübsinnig** *adj* tetro, malinconico
**Trübung** <-, -en> *f* intorbidamento *m*
**trudeln** ['tru:dəln] *vi sein* (AERO) cadere a vite
**Trüffel** ['trʏfəl] <-, -n> *f* tartufo *m*
**trug** [tru:k] *1. u. 3. Pers. Sing. Imp. von* **tragen**
**Trug** [tru:k] <-(e)s> *kein Pl. m* (*geh: Täuschung*) inganno *m*; (*Schein*) illusione *f*
**Trugbild** *nt* allucinazione *f*, illusione *f*
**trügen** ['try:gən] <trügt, trog, getrogen> I. *vi* ingannare II. *vt* indurre in errore; **wenn mich nicht alles trügt, ...** se non mi sbaglio, ...
**trügerisch** *adj* ingannevole, illusorio
**Trugschluss** *m* falsa conclusione *f*
**Truhe** ['tru:ə] <-, -n> *f* cassone *m*, cofano *m*
**Trümmer** ['trʏmɐ] *Pl.* (*Bruchstücke*) frammenti *mpl*; (*Ruinen*) rovine *fpl*, ruderi *mpl*; (*Schutt*) macerie *fpl*; **in ~ gehen** andare in rovina **Trümmerfeld** *nt* campo *m* di rovine **Trümmerhaufen** *m* mucchio *m* di rovine, ammasso *m* di macerie
**Trumpf** [trʊmpf, *Pl*: 'trʏmpfə] <-(e)s, Trümpfe> *m* atout *m*; **~ ausspielen** giocare la carta vincente; **alle Trümpfe in der Hand haben** (*fig*) avere tutti i vantaggi dalla sua
**Trunk** [trʊŋk, *Pl*: 'trʏŋkə] <-(e)s, *rar* Trünke> *m* (*geh*) ❶ (*Getränk*) bevanda *f* ❷ (*pej: ~sucht*) bere *m*, vizio *m* del bere
**trunken** *adj* (*geh*) ebbro; **vor** [*o* **von**] **etw ~ sein** essere ebbro di qc
**Trunkenbold** ['trʊŋkənbɔlt] <-(e)s, -e> *m* (*pej*) beone *m*, ubriacone *m* **Trunkenheit** <-> *kein Pl. f* ubriachezza *f*; **~ am Steuer** guida in stato di ubriachezza
**Trunksucht** *f* alcolismo *m* **trunksüchtig** *adj* alcolizzato
**Trupp** [trʊp] <-s, -s> *m* gruppo *m*, frotta *f*; (*Mannschaft*) squadra *f*; (MIL) pattuglia *f*, drappello *m*, reparto *m*
**Truppe** ['trʊpə] <-, -n> *f* ❶ (MIL) truppa *f* ❷ (*Schauspiel~*) compagnia *f*
**Truppenabzug** <-(e)s> *kein Pl. m* ritiro *m* delle truppe **Truppenbewegung** *f* movimento *m* di truppe **Truppenübung** *f* manovre *fpl* **Truppenübungsplatz** *m* piazza *f* d'armi
**Trust** [trast] <-(e)s, -e *o* -s> *m* trust *m*
**Truthahn** ['tru:tha:n] *m* tacchino *m* [maschio] **Truthenne** *f* tacchina *f*
**Tscheche** ['tʃɛçə] <-n, -n> *m* ceco *m*

**Tschechien** ['tʃɛçiən] *nt* Repubblica *f* Ceca
**Tschechin** ['tʃɛçɪn] <-, -nen> *f* ceca *f*
**tschechisch** *adj* ceco
**Tschechoslowakei** [tʃɛçoslova'kaɪ] *f* **die ~** (HIST) la Cecoslovacchia
**tschechoslowakisch** [tʃɛçoslo'va:kɪʃ] *adj* (HIST) cecoslovacco
**tschüs, tschüss** [tʃʏs] *int* (*fam*) ciao
**Tsetsefliege** ['tsɛtsefli:gə] *f* mosca *f* tsè tsè
**T-Shirt** ['ti:ʃœ:t] <-s, -s> *nt* t-shirt *f*, maglietta *f*
**Tsunami** [tsu'na:mi] <-, -s> *m* tsunami *m*
**TU** [te:'ʔu:] <-, -s> *f abk v* **Technische Universität** Università *f* Tecnica, Politecnico *m*
**Tuba** ['tu:ba, *Pl:* 'tu:bən] <-, Tuben> *f* ❶ (MUS) tuba *f* ❷ (MED) tuba *f*, tromba *f*
**Tube** ['tu:bə] <-, -n> *f* tubo *m*, tubetto *m;* **auf die ~ drücken** (*fam*) pigiare l'acceleratore
**tuberkulös** [tubɛrku'lø:s] *adj* tubercolotico
**Tuberkulose** [tubɛrku'lo:zə] <-, -n> *f* (MED) tubercolosi *f*
**Tübingen** ['ty:bɪŋən] *nt* Tubinga *f*
**Tuch**[1] [tu:x] <-(e)s, -e> *nt* (*Stoff*) panno *m*
**Tuch**[2] <-(e)s, Tücher> *nt* ❶ (*Stück Stoff*) pezza *f;* **etw ist in trockenen Tüchern** qc è andato a buon fine, qc è andato in porto ❷ (*Kopf~*) fazzoletto *m;* (*Hals~*) fazzoletto, foulard *m*
**Tuchballen** *m* balla *f* di panno
**Tuchent** <-, -en> *f* (*A: Federbett*) piumino *m*, piumone *m*
**Tuchfühlung** *f* **auf ~ gehen** entrare a contatto; **in ~ bleiben** rimanere in contatto
**Tuchhändler(in)** *m(f)* commerciante *mf* di panni
**tüchtig** ['tʏçtɪç] **I.** *adj* ❶ (*gut*) buono, bravo; (*fähig*) capace, abile; (*erfahren*) versato; (*fleißig*) diligente ❷ (*fam: groß, stark*) grande, grosso; (*beachtlich*) notevole, considerevole **II.** *adv* (*fam: sehr, viel*) bene, per bene; (*mit Kraft*) forte, fortemente **Tüchtigkeit** <-> *kein Pl. f* (*Fähigkeit*) capacità *f*, abilità *f;* (*Tüchtigsein*) bravura *f*, valore *m*
**Tücke** ['tʏkə] <-, -n> *f* ❶ *Sing.* (*Bosheit*) malvagità *f*, perfidia *f;* **die ~ des Objekts** la malignità delle cose ❷ (*heimtückische Tat*) insidia *f*, brutto tiro *m* ❸ (*Gefahr*) pericolo *m*
**tuckern** ['tʊkən] *vi* scoppiettare
**tückisch** *adj* ❶ (*heim~*) insidioso ❷ (*unberechenbar*) imprevedibile
**Tüftelei** [tʏfta'laɪ] <-, -en> *f* meticolosità *f*, lavoro *m* di pazienza

**tüfteln** ['tʏftəln] *vi* (*fam*) sottilizzare, pignoleggiare
**Tugend** ['tu:gənt] <-, -en> *f* virtù *f* **tugendhaft** *adj* virtuoso
**Tüll** [tʏl] <-s, -e> *m* tulle *m*
**Tülle** ['tʏlə] <-, -n> *f* ❶ (*von Kanne*) becco *m* ❷ (TEC) bussola *f*, boccola *f*
**Tulpe** ['tʊlpə] <-, -n> *f* tulipano *m*
**tummeln** ['tʊməln] *vr* **sich ~** ❶ (*umhertollen*) scorrazzare ❷ (*dial: sich beeilen*) muoversi, spicciarsi *fam*
**Tumor** ['tu:mo:ɐ̯] <-s, Tumoren *o fam* Tumore> *m* (MED) tumore *m*
**Tümpel** ['tʏmpəl] <-s, -> *m* pozzanghera *f;* (*größerer ~*) stagno *m*
**Tumult** [tu'mʊlt] <-(e)s, -e> *m* tumulto *m*
**tun** [tu:n] <tut, tat, getan> **I.** *vt* ❶ (*machen*) fare; **Gutes ~** fare del bene; **sein Bestes ~** fare del proprio meglio; **viel/wenig zu ~ haben** avere molto/poco da fare; **mit etw nichts zu ~ haben** non avere niente a che fare con qc; **damit ist es nicht getan** non basta, non è finita; **so etw tut man nicht** questo non si fa; **meine Uhr tut nicht** (*fam*) il mio orologio non funziona [*o* non va]; **das tut nichts zur Sache** questo non c'entra; **du kannst ~ und lassen, was du willst** (*fam*) sei libero di fare quello che vuoi; **tu, was du nicht lassen kannst!** (*fam*) fallo se proprio vuoi; **tu mir [bitte] nichts!** non farmi niente, per favore!; **kannst du mir den Gefallen ~ und …?** puoi farmi il favore di …? +*inf;* **was kann ich für Sie ~?** cosa posso fare per Lei?, in che cosa posso servirLa? ❷ (*setzen, stellen, legen*) mettere **II.** *vi* fare; **so ~, als ob …** far finta di +*inf;* **er tut nur so** fa solo per finta; **tu doch nicht so dumm!** (*fam*) non fare lo stupido!; **Sie täten besser daran, zu** +*inf* Lei farebbe meglio a +*inf* **III.** *vr* **sich ~** (*geschehen*) succedere; **hier hat sich inzwischen einiges getan** qui nel frattempo è successo qualcosa
**Tun** <-s> *kein Pl. nt* ❶ (*Beschäftigung*) occupazione *f*, fare *m* ❷ (*Verhalten*) comportamento *m*, condotta *f*
**Tünche** ['tʏnçə] <-, -n> *f* intonaco *m* di calce
**tünchen** *vt* intonacare, imbiancare
**Tundra** ['tʊndra, *Pl:* 'tʊndrən] <-, Tundren> *f* tundra *f*
**tunen** ['tju:nən] *vt* (AUTO) truccare [un motore]
**Tuner** ['tju:nər] *m* (EL) tuner *m*, sintonizzatore *m*
**Tunesien** [tu'ne:ziən] *nt* Tunisia *f*

**Tunesier(in)** <-s, -; -, -nen> *m(f)* tunisino, -a *m, f*
**tunesisch** *adj* tunisino
**Tunfisch** ['tu:nfɪʃ] *m* tonno *m*
**Tunichtgut** ['tu:nɪç(t)gu:t] <-o -(e)s, -e> *m* fannullone, -a *m, f*
**Tunke** ['tʊŋkə] <-, -n> *f* (GASTR) salsa *f*, sugo *m*
**tunken** *vt* (*dial*) intingere, inzuppare
**tunlich** ['tu:nlɪç] *adj* ❶ (*möglich*) possibile ❷ (*angebracht*) opportuno
**tunlichst** ['tu:nlɪçst] *adv* **etw ~ vermeiden** evitare possibilmente qc
**Tunnel** ['tʊnəl] <-s, - *o* -s> *m* tunnel *m*
**Tunte** ['tʊntə] <-, -n> *f* (*pej*) ❶ (*Frau*) befana *f* ❷ (*Homosexueller*) finocchio *m*
**Tüpfel** ['typfəl] <-s, -> *mnt*, **Tüpfelchen** ['typfəlçən] <-s, -> *nt* punto *m*, puntino *m*
**tüpfeln** *vt* punteggiare, macchiettare
**tupfen** ['tʊpfən] *vt* ❶ (*tippen*) toccare con la punta delle dita ❷ (*ab~*) detergere
**Tupfen** <-s, -> *m* (*Fleck*) macchia *f*; (*Punkt*) punto *m*; **mit weißen ~** a punti bianchi
**Tupfer** <-s, -> *m* ❶ (*Fleck*) macchiolina *f* ❷ (MED) tampone *m*
**Tür** [ty:ɐ] <-, -en> *f* porta *f*; (*Wagen~*) portiera *f*; **bei verschlossenen ~en** a porte chiuse; **~ an ~ mit jdm wohnen** abitare porta a porta con qu; **zwischen ~ und Angel** (*fam*) su due piedi; **jdm die ~ vor der Nase zuschlagen** sbattere la porta in faccia a qu; **jdm die ~en einrennen** (*fam*) continuare a cercare qu per i soliti motivi; **offene ~en einrennen** (*fam*) sfondare porte aperte; **mit der ~ ins Haus fallen** (*fam*) non fare tanti preamboli; **vor der ~ stehen** (*fig*) essere imminente; **ihm stehen alle ~en offen** (*fig*) ha tutte le porte aperte
**Türangel** *f* cardine *m* della porta
**Turban** ['tʊrbaːn] <-s, -e> *m* turbante *m*
**Turbine** [tʊr'bi:nə] <-, -n> *f* turbina *f* **Turbinenantrieb** *m* propulsione *f* a turbina
**turbulent** [tʊrbu'lɛnt] *adj* turbolento **Turbulenz** [tʊrbu'lɛnts] <-, -en> *f* turbolenza *f*
**Türflügel** <-s, -> *m* battente *m* [della porta]
**Türgriff** *m* maniglia *f* [della porta]
**Turin** [tu'ri:n] *nt* Torino *f*
**Türke** ['tʏrkə] <-n, -n> *m* turco *m*
**Türkei** [tʏr'kaɪ] *f* **die ~** la Turchia
**türken** *vt* (*fam: Interview*) manipolare; (*Angaben, Papiere*) falsificare; (*Filmszene*) truccare
**Türkin** ['tʏrkɪn] <-, -nen> *f* turca *f*

**türkis** [tʏr'ki:s] <*geh*: inv> *adj* turchese
**Türkis**[1] <-es, -e> *m* (MIN) turchese *f*
**Türkis**[2] <-> *kein Pl. nt* (*Farbe*) turchese *m*
**türkisch** ['tʏrkɪʃ] *adj* turco
**Türklinke** *f* maniglia *f* [della porta]
**Turm** [tʊrm, *Pl:* 'tʏrmə] <-(e)s, Türme> *m* ❶ (*Bauwerk*) torre *f*; (*Burg~*) torrione *m*; (*Kirch~*) campanile *m*, torre *f* campanaria ❷ (*Sprung~*) trampolino *m* ❸ (MIL, MAR, AERO) torretta *f*
**Türmchen** ['tʏrmçən] <-s, -> *nt* torretta *f*
**türmen** ['tʏrmən] I. *vt* impilare II. *vr* **sich ~** ergersi III. *vi sein* (*fam: weglaufen*) tagliare la corda
**Turmfalke** <-n, -n> *m* gheppio *m*
**turmhoch** *adj* alto come una torre; (*Überlegenheit*) schiacciante
**Turmspringen** <-s> *kein Pl. nt* (SPORT) tuffi *mpl*
**Turmuhr** *f* orologio *m* [della torre]
**Turnanzug** *m* tuta *f* da ginnastica
**turnen** ['tʊrnən] *vi* fare ginnastica **Turnen** <-s> *kein Pl. nt* ginnastica *f*
**Turner(in)** <-s, -; -, -nen> *m(f)* ginnasta *mf*
**Turngerät** *nt* attrezzo *m* ginnico **Turnhalle** *f* palestra *f*
**Turnier** [tʊr'ni:ɐ] <-s, -e> *nt* concorso *m*, gara *f*; (*Ritter~, Tennis~*) torneo *m*
**Turnlehrer(in)** *m(f)* insegnante *mf* di ginnastica **Turnsaal** *m* (A: Turnhalle) palestra *f* **Turnschuh** *m* scarpa *f* da tennis; (*für Gymnastik*) scarpa *f* da ginnastica; **fit wie ein ~ sein** (*fam*) essere in forma **Turnunterricht** *m* insegnamento *m* di ginnastica, lezione *f* di ginnastica
**Turnus** ['tʊrnʊs] <-, -se> *m* turno *m*; **im ~ von ...** a intervalli di ...
**Turnverein** *m* circolo *m* atletico
**Türöffner** *m* pulsante *m* apriporte **Türpfosten** *m* montante *m* della porta, stipite *m* **Türrahmen** *m* intelaiatura *f* della porta, infisso *m* **Türschloss** <-es, -schlösser> *nt* serratura *f* [della porta]
**Türschnalle** <-, -n> *f* (A: Türklinke) maniglia *f* della porta **Türsteher** <-s, -> *m* buttafuori *m* **Türstock** <-s, -e> *m* (A: Türrahmen) intelaiatura *f* della porta, infisso *m*
**turteln** ['tʊrtəln] *vi* (*a. fig*) tubare
**Tusch** [tʊʃ] <-(e)s, -e> *m* fanfara *f*
**Tusche** ['tʊʃə] <-, -n> *f* inchiostro *m* di china
**tuscheln** ['tʊʃəln] *vi* sussurrare, bisbigliare
**Tuschkasten** *m* scatola *f* degli inchiostri di china **Tuschzeichnung** *f* disegno *m* a china

**Tussi** ['tʊsi] <-, -s> *f* (*fam pej*) tipa *f*, pupa *f*; **so eine blöde ~!** che scema quella!

**Tussie** ['tʊsi] <-, -s> *f* (*fam pej*) puttanella *f vulg*

**Tüte** ['ty:tə] <-, -n> *f* ❶ (*Verpackung*) busta *f*; (*kleine, spitze*) cartoccio *m*; (*größere*) sacchetto *m*; [**das**] **kommt nicht in die ~!** (*fam*) neanche per sogno! ❷ (*fam: Joint*) canna *f*; **sich** *dat* **eine ~ reinziehen** farsi una canna

**tuten** ['tu:tən] *vi* suonare la cornetta; **von Tuten und Blasen keine Ahnung haben** (*fam*) non capire un tubo

**TÜV** [tyf] <-(s), -s> *m akr v* **Technischer Überwachungs-Verein** ufficio *m* di sorveglianza tecnica; **durch den ~ kommen** passare la revisione; **mein Wagen hat noch ein Jahr ~** devo far revisionare la macchina fra un anno **TÜV-Plakette** <-, -n> *f etichetta che attesta la revisione tecnica di un veicolo*

**TV** ❶ *abk v* **Television** TV ❷ *abk v* **Turnverein** circolo *m* atletico **TV-Kochstudio** *nt studio televisivo allestito per ospitare una trasmissione di cucina* **TV-Premiere** *f* prima *f* TV **TV-Schrott** *m* (*fam*) TV *f* spazzatura

**Twen** [tvɛn] <-(s), -s> *m* twen *m*

**Twist** <-s, -s> *m* (*Tanz*) twist *m*

**Typ** [ty:p] <-s, -en> *m* tipo *m*; **er ist nicht mein ~** (*fam*) non è il mio tipo

**Type** ['ty:pə] <-, -n> *f* ❶ (TYP) carattere *m* ❷ (*fam pej: Mensch*) tipo *m*, sagoma *f*

**Typenradschreibmaschine** <-, -n> *f* macchina *f* da scrivere a margherita

**Typhus** ['ty:fʊs] <-> *kein Pl.* *m* tifo *m*

**typisch** ['ty:pɪʃ] *adj* tipico, caratteristico

**typisieren** [typi'zi:rən] <ohne ge-> *vt* (*A: ein Gerät prüfen und zulassen*) standardizzare, omologare

**typographisch** [typo'gra:fɪʃ] *adj* tipografico

**Typus** ['ty:pʊs, *Pl:* 'ty:pən] <-, Typen> *m* tipo *m*

**Tyrann(in)** [ty'ran] <-en, -en; -, -nen> *m(f)* tiranno, -a *m, f*

**Tyrannei** [tyra'naɪ] <-, -en> *f* tirannia *f*

**Tyrannin** *f s.* **Tyrann**

**tyrannisch** *adj* tirannico

**tyrannisieren** [tyrani'zi:rən] <ohne ge-> *vt* tiranneggiare

# U u

**U, u** [u:] <-, -(s)> *nt* U, u *f*; **U wie Ulrich** U come Udine

**u. a.** ❶ *abk v* **und andere(s)** ed altro, -i ❷ *abk v* **unter anderem** tra l'altro

**u. Ä.** *abk v* **und ähnliche(s)** e sim.

**u. A. w. g.** *abk v* **um Antwort wird gebeten** RSVP

**UB** [u:'be:] <-, -s> *f abk v* **Universitätsbibliothek** biblioteca universitaria

**U-Bahn** ['u:ba:n] *f* metropolitana *f*, sotterranea *f* **U-Bahn-Netz** *nt* rete *f* della metropolitana **U-Bahn-Station** *f* stazione *f* della metropolitana

**übel** ['y:bəl] I. *adj* (*schlecht*) cattivo; (*schlimm*) brutto; **mir ist** [*o* **wird**] **~** mi sento male; [**das ist gar**] **nicht** [**so**] **~** (*fam*) mica male; **er hat einen üblen Ruf** ha una cattiva fama; **jdm etw ~ nehmen** prendersela a male con qu per qc; **nehmen Sie es mir** [**bitte**] **nicht übel!** non se la prenda con me II. *adv* male; **~ riechen** avere un cattivo odore, puzzare; **~ dran sein** essere a mal partito; **ich hätte nicht ~ Lust zu ...** non mi dispiacerebbe affatto +*inf* **Übel** <-s, -> *nt* male *m;* **das kleinere ~** il meno peggio; **ein notwendiges ~** un male neccessario; **zu allem ~** per il colmo delle sventure

**übelgelaunt** *adj* di malumore

**Übelkeit** <-> *kein Pl.* *f* nausea *f*

**übel∣nehmen** <irr> *vt s.* **übel** I.

**übelriechend** *adj* maleodorante, puzzolente; (*Atem*) cattivo

**Übelstand** *m* (*geh*) inconveniente *m*; **einem ~ abhelfen** rimediare a un inconveniente

**Übeltat** *f* (*geh*) misfatto *m poet;* (*Verbrechen*) delitto *m* **Übeltäter(in)** *m(f)* malfattore, -trice *m, f*; (*Verbrecher*) delinquente *mf* **übel∣wollen** <irr> *vi* (*geh*) **jdm ~** voler [del] male a qu

**üben** ['y:bən] I. *vt* ❶ (*trainieren*) fare esercizi di; (*Gedächtnis*) esercitare ❷ (*tun*) fare, commettere; **Kritik an etw** *dat* **~** criticare qc; **Verrat an jdm ~** (*geh*) commettere un tradimento nei confronti di qu II. *vi*

esercitarsi, fare esercizio III. *vr* sich ~ esercitarsi; **sich in etw** *dat* ~ esercitarsi in qc
**über** ['y:bɐ] I. *prp +acc o dat* ① (*Lage, Richtung*) sopra, su; (*oberhalb*) sopra, al di sopra di; (*auf die andere Seite*) dall'altra parte di; (*jenseits*) oltre; (*a. fig*) al di là di; (~ *hinweg*) su, per; (*quer* ~) attraverso; (*auf dem Weg* ~) [passando] per; **~ die Straße gehen** attraversare la strada; **~ einen Graben springen** saltare un fosso; **~ Bord gehen** cadere in mare; **nach Münster ~ Krefeld** a [*o* per] Münster passando per Krefeld; **bis ~ beide Ohren verliebt sein** essere innamorato cotto ② (*während*) durante; (*innerhalb*) tra, fra; (*hindurch*) per; **~ dem Lesen bin ich eingeschlafen** mi sono addormentato leggendo; **~ Weihnachten fahre ich nach Hause** vado a casa per Natale; **~ Nacht** (*fig: ganz plötzlich*) da un giorno all'altro ③ (*kausal*) di, per; **~ der Aufregung habe ich vergessen, sie anzurufen** nell'eccitazione ho dimenticato di telefonarle ④ (*von, betreffend*) di, su, intorno a; **ein Film ~ Gandhi** un film su Gandhi ⑤ (*vermittels*) per, tramite ⑥ (*in Höhe von*) di, da; **eine Rechnung ~ 1000 Euro** una fattura di 1000 euro ⑦ (*von mehr als*) oltre; **Kinder ~ 6 Jahre** bambini oltre i sei anni ⑧ (*haufenweise*) **Fehler ~ Fehler** errori su errori ⑨ (*Überordnung*) sopra; **~ etw/jdm stehen** (*fig*) essere superiore a qc/qu; **ich liebe Erdbeeren ~ alles** le fragole mi piacciono più di ogni altra cosa ⑩ (*Grenze*) sopra; **12 Grad ~ Null** 12 gradi sopra zero II. *adv* ① (*mehr, länger als*) più di; **~ fünfzig [Jahre alt] sein** avere più di cinquant'anni ② (*völlig*) **~ und ~** da capo a piedi, completamente ③ (*Zeitraum*) **die ganze Zeit ~** tutto il tempo; *s. a.* **überhaben**
**überall** [y:bɐ'ʔal] *adv* dappertutto, ovunque **überallher** [y:bɐ'ʔal'heːɐ̯] *adv* da tutte le parti **überallhin** [y:bɐ'ʔal'hɪn] *adv* dappertutto, da tutte le parti
**überaltert** [y:bɐ'ʔaltɐt] *adj* ① (SOC) formato da troppe persone anziane ② (*überholt*) superato **Überalterung** [y:bɐ'ʔaltərʊŋ] <-> *kein Pl. f* invecchiamento *m;* **~ der Vereinsmitglieder** età troppo avanzata dei soci
**Überangebot** *nt* offerta *f* eccessiva; **ein ~ an etw** *dat* un'offerta eccessiva di qc
**überängstlich** *adj* troppo pauroso, apprensivo
**überanstrengen** [y:bɐ'ʔanʃtrɛŋən] <ohne ge-> I. *vt* strapazzare, affaticare troppo II. *vr* **sich ~** strapazzarsi, affaticarsi troppo **Überanstrengung** *f* fatica *f* eccessiva, strapazzo *m*
**überarbeiten** [y:bɐ'ʔarbaɪtən] <ohne ge-> I. *vt* ritoccare, rivedere II. *vr* **sich ~** lavorare troppo
**überaß** [y:bɐ'ʔaːs] *1. u. 3. Pers. Sing. Imp. von* **überessen**
**überaus** ['y:bɐʔaʊs *o* y:bɐ'ʔaʊs] *adv* estremamente, *oft mit Superlativ übersetzt;* **er ist ~ geschickt** è abilissimo
**überbacken** [y:bɐ'bakən] <irr, ohne ge-> *vt* gratinare
**Überbau** <-(e)s, -ten> *m* ① *Sing.* (PHILOS) sovrastruttura *f* ② (ARCH) aggetto *m*
**überbeanspruchen** <ohne ge-> *vt* strapazzare; (TEC) sollecitare eccessivamente
**Überbein** *nt* esostosi *f*
**überbelasten** <ohne ge-> *vt* sovraccaricare
**überbelegt** *adj* sovraffollato **Überbelegung** <-, -en> *f* sovraffollamento *m*
**überbelichten** <ohne ge-> *vt* (FOTO) sovraesporre
**Überbeschäftigung** <-, -en> *f* (COM) sovraoccupazione *f*
**überbetonen** <ohne ge-> *vt* accentuare eccessivamente
**überbevölkert** *adj* sovrappopolato **Überbevölkerung** *f* sovrappopolazione *f*
**überbewerten** <ohne ge-> *vt* sopravvalutare
**überbieten** [y:bɐ'biːtən] <irr, ohne ge-> I. *vt* ① (*bei Auktion*) offrire più di; **jdn um 500 Euro ~** offrire 500 euro più di qu ② (*übertreffen*) **das ist an Unverschämtheit nicht mehr zu ~** è il colmo della sfacciataggine II. *vr* **sich ~** superarsi; **sich gegenseitig in etw** *dat* **~** fare a gara in qc
**über|bleiben** <irr> *vi sein* avanzare, rimanere
**Überbleibsel** ['y:bɐblaɪpsəl] <-s, -> *nt* resto *m*
**überblenden** [y:bɐ'blɛndən] *vi* dissolvere
**Überblick** *m* ① (*Übersicht*) visione *f* generale; **einen ~ über etw** *acc* **haben** avere una visione generale di qc; **den ~ verlieren** perdere la visione d'insieme ② (*Aussicht*) panorama *m;* **der ~ über die Stadt** il panorama della città ③ (*Zusammenfassung*) **ein kurzer ~ über etw** *acc* una breve sintesi su qc
**überblicken** [y:bɐ'blɪkən] <ohne ge-> *vt* ① (*Ausblick haben über*) abbracciare con lo sguardo ② (*fig: Übersicht haben über*) avere una visione d'insieme di; (*Lage*) dominare; **die Tragweite des Gesche-**

**hens lässt sich im Moment noch nicht ~** le conseguenze dell'accaduto non sono ancora valutabili
**überbringen** [y:bɐˈbrɪŋən] <irr, ohne ge-> *vt* (*geh*) portare; (*aushändigen*) consegnare **Überbringer(in)** <-s, -; -, -nen> *m(f)* portatore, -trice *m, f;* **zahlbar an [den] ~** pagabile al portatore
**überbrücken** [y:bɐˈbrʏkən] <ohne ge-> *vt* (*fig: Gegensätze*) superare; (*Zeit*) riempire
**Überbrückungsbeihilfe** *f* sostegno *m* provvisorio
**überdachen** [y:bɐˈdaxən] <ohne ge-> *vt* coprire con un tetto
**überdauern** [y:bɐˈdaʊən] <ohne ge-> *vt* sopravvivere a
**überdehnen** [y:bɐˈdeːnən] <ohne ge-> *vt* tendere troppo; (*fig a*) dilatare
**überdenken** [y:bɐˈdɛŋkən] <irr, ohne ge-> *vt* riflettere su
**überdeutlich** *adj* chiarissimo
**überdies** [y:bɐˈdiːs] *adv* inoltre, oltre a ciò; (*obendrein*) per giunta
**überdimensional** [ˈy:bɐdimɛnzjonaːl] *adj* ultradimensionale
**Überdosis** *f* dose *f* eccessiva; (*bei Rauschgift*) overdose *f*
**überdrehen** [y:bɐˈdreːən] <ohne ge-> *vt* ❶ (*zu stark drehen*) girare troppo; (*Uhr*) caricare troppo; (*Schraube*) spanare ❷ (MOT) far andare fuori giri
**überdreht** *adj* (*fam*) eccitato
**Überdruck** <-(e)s, -drücke> *m* (PHYS) sovrappressione *f*
**Überdruss** [ˈy:bɐdrʊs] <-es> *kein Pl. m* noia *f,* tedio *m;* **bis zum ~** fino alla nausea **überdrüssig** [ˈy:bɐdrʏsɪç] *adj* **einer Sache** *gen* **~ sein/werden** essere stanco/stancarsi di qc
**überdurchschnittlich** *adj* superiore alla media
**Übereifer** <-s> *kein Pl. m* zelo *m* esagerato, meticolosità *f* **übereifrig** *adj* pignolo, meticoloso
**übereignen** [y:bɐˈʔaɪgnən] <ohne ge-> *vt* trasferire
**übereilen** [y:bɐˈʔaɪlən] <ohne ge-> *vt* precipitare, affrettare [troppo] **übereilt** *adj* ❶ (*überhastet*) precipitato ❷ (*unüberlegt*) avventato
**übereinander** [y:bɐʔaɪˈnandɐ] *adv* ❶ (*räumlich*) uno sopra l'altro ❷ (*einander betreffend*) l'uno dell'altro **übereinanderlegen** *vt* mettere uno sopra l'altro, sovrapporre **übereinanderliegen** <irr> *vi* essere sovrapposto **übereinander-**

**der|schlagen** <irr> *vi* (*gambe*) accavallare
**übereinkommen** [y:bɐˈʔaɪnkɔmən] <irr> *vi sein* accordarsi; **dahin ~, dass ...** accordarsi di +*inf* **Übereinkommen** <-s, -> *nt* accordo *m,* intesa *f* **Übereinkunft** [y:bɐˈʔaɪnkʊnft, *Pl:* y:bɐˈʔaɪnkʏnftə] <-, Übereinkünfte> *f* ❶ (*Einigung*) accordo *m,* intesa *f;* **nach ~** previo accordo ❷ (*Vertrag*) contratto *m*
**übereinstimmen** *vi* ❶ (*die gleiche Meinung haben*) **mit jdm** [**in etw** *dat*] **~** essere d'accordo con qu [su qc] ❷ (*gleich sein*) concordare; **mit etw ~** concordare con [*o* corrispondere a] qc **übereinstimmend** *adj* (*einhellig*) concorde, conforme; (*gleich*) identico; **~ mit** conformemente a; **etw ~ erklären** dichiarare qc concordemente **Übereinstimmung** *f* concordanza *f;* (*Harmonie*) armonia *f,* accordo *m;* **in ~ bringen** mettere d'accordo, accordare
**überempfindlich** *adj* ipersensibile
**Überernährung** *f* superalimentazione *f*
**überessen** [y:bɐˈʔɛsən] <überisst, überaß, übergessen> *vr* **sich an etw** *dat* **~** fare indigestione di qc
**überfahren**[1] [y:bɐˈfaːrən] <irr> *vt* ❶ (*Mensch, Tier*) investire, prendere sotto *fam* ❷ (*Ampel*) oltrepassare ❸ (*fam: überrumpeln*) cogliere di sorpresa [cercando di convincere a fare qc]
**über|fahren**[2] [ˈy:bɐfaːrən] <irr> (*rar*) I. *vt haben* traghettare (*über den Fluss* dall'altra parte del fiume) II. *vi sein* attraversare
**Überfahrt** *f* traversata *f*
**Überfall** *m* assalto *m;* **der ~ auf jdn/etw** l'assalto a qu/qc; (*Raub~*) rapina *f;* **bewaffneter ~** aggressione a mano armata
**überfallen** [y:bɐˈfalən] <irr, ohne ge-> *vt* ❶ (*angreifen, herfallen über*) attaccare [di sorpresa]; (*a. fig*) assalire, aggredire; (*Land*) invadere; (*Bank*) rapinare ❷ (*fig: Gedanken, Stimmung, Schlaf*) cogliere; (*Nacht*) cogliere di sorpresa
**überfällig** *adj* ❶ (*Verkehrsmittel*) in ritardo; **seit zwei Stunden ~ sein** essere in ritardo di due ore ❷ (*Wechsel*) scaduto
**Überfallkommando** *nt* (*fam*) squadra *f* mobile
**überfliegen** [y:bɐˈfliːgən] <irr, ohne ge-> *vt* ❶ (*hinwegfliegen über*) sorvolare ❷ (*fig: Text*) dare una scorsa a
**über|fließen** <irr> *vi sein* ❶ (*Flüssigkeit, Gefäß*) traboccare ❷ (*fig*) profondersi; **vor Dank ~** profondersi in ringraziamenti

**Überflug** ['y:bɐfluːk, *Pl:* 'y:bɐflyːgə] <-(e)s, Überflüge> *m* (AERO) sorvolo *m*

**überflügeln** [yːbɐˈflyːgəln] <ohne ge-> *vt* superare, sorpassare

**Überfluss** *m* [sovr]abbondanza *f*; ~ **an etw** *dat* **haben** abbondare di qc; **im ~ leben** vivere nell'abbondanza; **zu allem ~** per giunta, come se non bastasse **Überflussgesellschaft** *f* società *f* opulenta

**überflüssig** *adj* superfluo; (*unnütz*) inutile

**überfluten** [yːbɐˈfluːtən] <ohne ge-> *vt* (*a. fig*) inondare

**überfordern** [yːbɐˈfɔrdɐn] <ohne ge-> *vt* chiedere troppo a, esigere troppo da

**überfragen** [yːbɐˈfraːgən] <ohne ge-> *vt* chiedere troppo a; **da bin ich überfragt** mi si chiede troppo

**Überfremdung** [yːbɐˈfrɛmdʊŋ] <-, -en> *f* affermazione *f* di elementi stranieri

**überfressen** [yːbɐˈfrɛsən] <irr, ohne ge-> *vr* **sich an etw** *dat* ~ mangiare troppo qc

**überfrieren** [yːbɐˈfriːrən] <ohne ge-> *vi sein* ricoprirsi di uno strato di ghiaccio; **Glätte durch ~ de Nässe** strada sdrucciolevole per ghiaccio

**Überfuhr** <-, -en> *f* (*A: Fährboot*) traghetto *m*

**überfuhr** *1. u. 3. Pers. Sing. Imp. von* **überfahren**

**überführen** [yːbɐˈfyːrən] <ohne ge-> *vt* ① (*transportieren*) trasportare; (*Gefangene*) tradurre ② (*Verbrecher*) provare la colpevolezza di **Überführung** *f* ① (*Transportieren*) trasporto *m*, trasferimento *m*; (*von Gefangenen*) traduzione *f*; (*von Leiche*) traslazione *f* ② (*von Verbrecher*) dimostrazione *f* della colpevolezza ③ (*Brücke*) cavalcavia *m*, sovrappassaggio *m*

**Überfülle** *f* [sovr]abbondanza *f* (*an + dat* di)

**überfüllt** [yːbɐˈfʏlt] *adj* sovraffollato

**Überfüllung** [yːbɐˈfʏlʊŋ] *f* sovraffollamento *m*; **wegen ~ geschlossen** chiuso perché al completo

**überfüttern** [yːbɐˈfʏtɐn] <ohne ge-> *vt* dare troppo da mangiare a, nutrire eccessivamente (*mit di*)

**Übergabe** *f* ① (*Aushändigung*) consegna *f*, rimessa *f* ② (MIL) resa *f*, capitolazione *f*

**Übergang** *m* ① (*Überqueren*) passaggio *m*; (*über Gebirge*) valico *m*; (*über Fluss*) traversata *f* ② (*Stelle zum Überqueren*) passaggio *m* ③ (*fig: Wechsel*) passaggio *m*; **der ~ von der Schule zum Beruf** il passaggio dalla scuola al lavoro ④ *Sing.* (*Zwischenlösung*) transizione *f* **Übergangsbestimmung** *f* disposizione *f* transitoria **übergangslos** *adv* senza transizione **Übergangslösung** *f* soluzione *f* interlocutoria **Übergangsmantel** *m* soprabito *m* da mezza stagione **Übergangsphase** *f* fase *f* di transizione **Übergangsregelung** *f* sistemazione *f* transitoria **Übergangsstadium** *nt* stadio *m* di transizione **Übergangszeit** *f* ① (*zwischen Ereignissen, Epochen*) periodo *m* di transizione ② (*zwischen Jahreszeiten*) mezza stagione *f*

**Übergardine** *f* soprattenda *f*

**übergeben** [yːbɐˈgeːbən] <irr, ohne ge-> I. *vt* ① (*aushändigen*) consegnare; (*anvertrauen*) affidare; (*übereignen*) cedere ② (*Verbrecher*) consegnare ③ (*Amt*) trasmettere ④ (MIL) cedere II. *vr* **sich ~** vomitare

**über|gehen**[1] ['yːbɐgeːən] <irr> *vi sein* ① (*den Besitzer wechseln*) passare; **vom Vater auf den Sohn ~** passare di padre in figlio; **in andere Hände ~** passare in altre mani ② (*fig: die Tätigkeit ändern*) passare; **zu etw ~** passare a qc ③ (*sich wandeln*) trasformarsi; **in etw** *acc* **~** trasformarsi in qc

**übergehen**[2] [yːbɐˈgeːən] <irr, ohne ge-> *vt* ① (*auslassen*) tralasciare, omettere ② (*nicht berücksichtigen*) dimenticare, ignorare ③ (*nicht beachten*) non badare a

**übergenau** *adj* precisino, pignolo

**übergeordnet** *adj* superiore

**Übergepäck** <-s> *kein Pl. nt* bagaglio *m* eccedente

**übergeschnappt** ['yːbɐgəʃnapt] *adj* (*fam*) matto

**übergessen** [yːbɐˈgɛsən] *PP von* **überessen**

**Übergewicht** *nt* ① *Sing.* (*zu viel Gewicht*) sovrappeso *m*, eccedenza *f* di peso; ~ **haben** essere in sovrappeso ② (*fig: größere Bedeutung*) preponderanza *f*, predominio *m*; ~ **haben** prevalere, predominare

**übergewichtig** *adj* in sovrappeso; ~ **sein** essere in sovrappeso

**überglücklich** *adj* felicissimo, esultante di gioia

**über|greifen** <irr> *vi* (*sich ausdehnen*) estendersi; **auf etw** *acc* **~** estendersi su [*o* in] qc; **die Epidemie hat auf andere Gebiete übergegriffen** l'epidemia si è estesa su altre zone

**Übergriff** *m* ① (MIL) invasione *f* ② (*Verletzung*) violazione *f*; ~ **auf etw** *acc* violazione di qc

**Übergröße** *f* (*Kleider~*) taglia *f* forte;

(*Schuh~*) numero *m* più grande del normale

über|haben <irr> *vt* (*fam*) ❶ (*satthaben*) **jdn/etw ~** averne abbastanza di qu/qc, essere stufo di qu/qc ❷ (*übrig haben*) **ich hatte nur einen Euro über** mi avanzava solo un euro

überhand [y:bɐˈhant] *adv* **~ nehmen** prendere il sopravvento, aumentare

Überhang *m* ❶ (*bes.* COM) eccedenza *f* (*an* +*dat* di), avanzo *m* (*an* +*dat* di) ❷ (ARCH) sporto *m*, aggetto *m* ❸ (*Felswand*) strapiombo *m* ❹ (*Umhang*) mantellina *f*

über|hängen¹ <irr> *vi haben o sein* protendersi, sporgere

über|hängen² *vt* mettere sopra; **sich** *dat* **die Tasche ~** mettersi la borsa in spalla

überhasten [y:bɐˈhastən] <ohne ge-> *vt* precipitare **überhastet I.** *adj* precipitato **II.** *adv* precipitosamente

überhäufen [y:bɐˈhɔɪfən] <ohne ge-> *vt* (*mit Geschenken*) sommergere; **jdn mit etw ~** sommergere qu di qc; **jdn mit Geld ~** ricoprire qu di denaro; **jdn mit Vorwürfen ~** colmare qu di rimproveri; **jdn mit Arbeit ~** sovraccaricare qu di lavoro

überhaupt [y:bɐˈhaʊpt] *adv* ❶ (*im Allgemeinen*) in genere ❷ (*besonders*) soprattutto ❸ (*bei Verneinungen: ganz und gar*) assolutamente, affatto; **~ nicht** non ... assolutamente, non ... affatto; **~ nichts** proprio niente; **ich denke ~ nicht daran zu** ... non ci penso neppure a +*inf*; **ich habe ~ keine Ahnung** non [ne] ho la minima idea ❹ (*in Fragen: eigentlich*) ma, poi; **gibt es diesen Ausdruck ~?** ma esiste questa espressione?

überheblich [y:bɐˈheːplɪç] *adj* presuntuoso, arrogante **Überheblichkeit** <-> *kein Pl. f* presunzione *f*, arroganza *f*

überheizen [y:bɐˈhaɪtsən] <ohne ge-> *vt* surriscaldare

überhitzen [y:bɐˈhɪtsən] <ohne ge-> *vt* surriscaldare **überhitzt** [y:bɐˈhɪtst] *adj* (*Temperatur, Konjunktur*) surriscaldato; (*Charakter*) surriscaldato

überhöht [y:bɐˈhøːt] *adj* eccessivo

überholen¹ [y:bɐˈhoːlən] <ohne ge-> *vt* ❶ (*vorbeifahren, -gehen*) sorpassare; (SPORT, FIG) superare ❷ (TEC: *überprüfen*) revisionare, mettere a punto; **etw gründlich ~** fare la revisione completa di qc

über|holen² [ˈyːbɐhoːlən] *vt* (NAUT) ingavonarsi

Überholen [y:bɐˈhoːlən] <-s> *kein Pl. nt* **~ verboten!** divieto di sorpasso!

Überholmanöver *nt* manovra *f* di sorpasso

Überholspur *f* corsia *f* di sorpasso

überholt *adj* (*veraltet*) antiquato, vecchio

Überholverbot *nt* divieto *m* di sorpasso

überhören [y:bɐˈʔøːrən] <ohne ge-> *vt* non sentire; (*absichtlich*) far finta di non sentire; (*nicht achten auf*) non badare a; **das möchte ich überhört haben!** (*fam*) preferisco far finta di non aver sentito

Über-Ich *nt* (PSYCH) super-io *m*

überirdisch *adj* soprannaturale; (*göttlich*) divino; (*geistig*) spirituale **überisst** [y:bɐˈʔɪst] *s.* **überessen**

Überkapazität <-, -en> *f* (COM) eccesso *m* di capacità produttiva

überkleben [y:bɐˈkleːbən] <ohne ge-> *vt* (*Aufschrift, Plakat*) incollare [sopra]; **einen Gegenstand mit etw ~** incollare qc sopra un oggetto

über|kochen *vi sein* traboccare [bollendo], andare fuori [bollendo]; **vor Wut ~** ribollire d'ira

überkommen [y:bɐˈkɔmən] **I.** <irr, ohne ge-> *vt sein* **ihn überkam** [**die**] **Furcht** fu colto dalla paura **II.** *adj* (*überliefert*) tramandato; (*herkömmlich*) tradizionale

überladen [y:bɐˈlaːdən] <irr, ohne ge-> *vt* **jdn** [**mit etw**] **~** sovraccaricare qu [di qc]

überlagern [y:bɐˈlaːgɐn] <ohne ge-> **I.** *vt* (*über etw liegen, überlappen*) sovrapporre; (*fig: überschneiden*) interferire, sovrapporre; **dies Alles wird überlagert durch** ... a tutto ciò si sovrappone ..., tutto ciò viene messo in ombra da ... **II.** *vr sich ~* sovrapporsi **Überlagerung** *f* ❶ (*Übereinanderlagerung, Überlappung*) sovrapposizione *f*; (*fig: Überschneidung*) sovrapposizione *f*, interferenza *f* ❷ (*zu lange Lagerung*) immagazzinamento *m* protratto [*o* prolungato]

Überlandbus <-ses, -se> *m* autobus *m* [interurbano] **Überlandleitung** *f* elettrodotto *m*

Überlänge *f* lunghezza *f* eccessiva; **ein Film mit ~** un film di lunghezza eccessiva

überlappen [y:bɐˈlapən] <ohne ge-> *vr* **sich ~** sovrapporsi

überlassen [y:bɐˈlasən] <irr, ohne ge-> *vt* ❶ (*zur Verfügung stellen*) lasciare; (*abtreten*) cedere ❷ (*anvertrauen*) affidare ❸ (*anheimstellen*) lasciare, rimettere; **das überlasse ich Ihnen** mi rimetto a Lei; **~ Sie das bitte mir!** lasci fare a me; **diese Entscheidung müssen Sie schon mir ~** questa decisione deve lasciarla a me ❹ (*preisgeben*) **jdn seinem Schicksal ~**

abbandonare qu al suo destino; **jdn sich** *dat* **selbst ~** abbandonare qu a sé stesso
**über|lassen²** ['y:bɐlasən] <irr> *vt* (*fam*) lasciare [d'avanzo]; **zu wünschen ~** lasciare a desiderare
**überlasten** [y:bɐ'lastən] <ohne ge-> *vt* sovraccaricare; (*jdn a*) oberare
**Überlastung** <-, -en> *f* sovraccarico *m*
**Überlauf** *m* sfioratore *m*
**über|laufen¹** ['y:bɐlaufən] <irr> *vi sein* ① (*Flüssigkeit, Gefäß*) traboccare ② (MIL) disertare; **zum Feind ~** passare al nemico
**überlaufen²** [y:bɐ'laufən] I. <irr, ohne ge-> *vt* ① (*laufend überwinden*) superare ② (*fig*) **es überlief mich kalt** [dabei] fui colto dai brividi II. *adj* sovraffollato
**Überläufer** *m* disertore *m*
**überleben** [y:bɐ'le:bən] <ohne ge-> I. *vt* **etw/jdn ~** sopravvivere a qc/qu II. *vr* **sich ~** passare; **das hat sich längst überlebt** ciò è superato, ha già fatto il suo tempo
**Überlebende** <ein -r, -n, -n> *mf* superstite *mf*, sopravvissuto, -a *m, f*
**Überlebenschance** *f* possibilità *f* di sopravvivenza **überlebensgroß** ['y:bɐ'le:bənsgro:s] *adj* più grande del naturale
**Überlebenskampf** [y:bɐ'le:bənskampf, *Pl:* y:bɐ'le:bənskɛmpfə] <-(e)s, Überlebenskämpfe> *m* lotta *f* per la sopravvivenza **Überlebenskünstler(in)** *m(f)* (*fam*) mago *m* della sopravvivenza **Überlebenstraining** *nt* survival *m*
**überlegen¹** [y:bɐ'le:gən] I. <ohne ge-> *vt* riflettere su, pensare a, considerare; **sich** *dat* **etw gut** [*o* **reiflich**] **~** riflettere bene su qc; **es sich** *dat* **anders ~** cambiare idea; **ich will es mir ~** ci penserò II. <ohne ge-> *vi* riflettere, meditare; **hin und her ~** pensarci su; **ohne lange zu ~** senza pensarci tanto
**überlegen²** *adj* superiore; **jdm an etw** *dat* **~ sein** essere superiore a qu per qc **Überlegenheit** <-> *kein Pl.* *f* superiorità *f*; **seine ~ jdm gegenüber zeigen** mostrare la propria superiorità su qu
**überlegt** I. *adj* ponderato, meditato; **wohl überlegt** ben ponderato II. *adv* con ponderazione; **wohl überlegt vorgehen** agire con ponderatezza
**Überlegung** <-, -en> *f* riflessione *f*; **nach reiflicher ~** dopo matura riflessione; **~en anstellen** fare delle riflessioni
**über|leiten** *vi* **zu etw ~** passare a qc **Überleitung** *f* passaggio *m*; (*Verbindung*) collegamento *m*; **die ~ zu etw** il passaggio a qc

**überlief** *1. u. 3. Pers. Sing. Imp. von* **überlaufen²**
**überliefern** [y:bɐ'li:fɐn] <ohne ge-> *vt* tramandare, trasmettere **Überlieferung** *f* tradizione *f*
**überlisten** [y:bɐ'lɪstən] <ohne ge-> *vt* ingannare, sopraffare con astuzia
**überm** ['y:bɐm] (*fam*) = **über dem** *s.* **über**
**Übermacht** *f* superiorità *f*, forza *f* superiore; (*Vorherrschaft*) predominio *m*; **in der ~ sein** essere superiore **übermächtig** *adj* ① (*Institution*) strapotente; (*Gegner*) superiore ② (*Gefühl*) incontenibile; (*Wunsch, Verlangen*) irresistibile
**übermannen** [y:bɐ'manən] <ohne ge-> *vt* (*geh*) sopraffare; (*überwältigen*) vincere
**Übermaß** *nt* eccesso *m*; **das ~ an etw** l'eccesso di qc; **etw im ~ haben** avere qc in grande abbondanza; **im ~** in eccesso, a dismisura **übermäßig** I. *adj* eccessivo; (*maßlos*) smisurato; (*übertrieben*) esagerato II. *adv* oltre misura; (*allzu viel*) troppo
**Übermensch** *m* superuomo *m* **übermenschlich** *adj* sovrumano
**übermitteln** [y:bɐ'mɪtəln] <ohne ge-> *vt* trasmettere; (*Grüße*) portare
**übermorgen** *adv* dopodomani, domani l'altro
**übermüdet** [y:bɐ'my:dət] *adj* spossato, sfinito **Übermüdung** <-> *kein Pl.* *f* spossatezza *f*, estenuazione *f*
**Übermut** *m* sfrenatezza *f*, baldanza *f* **übermütig** ['y:bɐmy:tɪç] *adj* (*Mensch*) sfrenato, scatenato; (*Streich*) spavaldo
**übern** ['y:bɐn] (*fam*) = **über den** *s.* **über**
**übernächste(r, s)** *adj* altro, -a, secondo, -a; **die ~ Haltestelle** la seconda fermata; **~n Montag** lunedì l'altro; **~ Woche** fra due settimane
**übernachten** [y:bɐ'naxtən] <ohne ge-> *vi* pernottare, passare la notte
**übernächtig** ['y:bɐnɛçtɪç] *adj* (*A: übernächtigt*) assonnato **übernächtigt** [y:bɐ'nɛçtɪçt *o* y:bɐ'nɛçtɪkt] *adj* stanco, spossato (per non aver dormito abbastanza)
**Übernachtung** <-, -en> *f* pernottamento *m*; **~ mit Frühstück** pernottamento e colazione
**Übernahme** ['y:bɐna:mə] <-, -n> *f* ① (*von Schulden, Amt, Methode*) assunzione *f*; **feindliche ~** (WIRTSCH) acquisizione *f* ostile ② (*Annahme*) accettazione *f*, presa *f* in consegna **Übernahmeschlacht** *f* (WIRTSCH) acquisizione *f* ostile
**übernatürlich** *adj* soprannaturale

**übernehmen** [y:bɐˈneːmən] <irr, ohne ge-> I. vt ① (*Geschäft, Amt*) assumere; (*Kosten, Verantwortung, Aufgabe, Verpflichtung*) assumersi; (*Methode*) adottare ② (*entgegennehmen*) accettare, prendere in consegna; (SPORT) prendere II. vr **sich bei der Arbeit ~** affaticarsi troppo lavorando; **er hat sich [finanziell] übernommen** ha fatto il passo più lungo della gamba

**über|ordnen** vt preporre; **jdn jdm ~** preporre qu a qu; **etw einer Sache** *dat* **~** preporre qc a qc

**überparteilich** *adj* indipendente, al di sopra dei partiti

**Überproduktion** <-, -en> f (COM) sovrapproduzione f

**überprüfbar** [y:bɐˈpryːfbaːɐ̯] *adj* controllabile, esaminabile; **kaum/leicht/schwer ~** a mala pena/facilmente/difficilmente controllabile

**überprüfen** [y:bɐˈpryːfən] <ohne ge-> vt esaminare, rivedere; (*kontrollieren*) controllare, verificare; (*als Sachverständiger*) ispezionare **Überprüfung** f esame m, controllo m, verifica f, ispezione f

**Überqualifikation** <-, -en> f qualifica f troppo elevata [per le mansioni richieste]

**über|quellen** <irr> vi sein (a. *fig*) traboccare (*vor* + *dat* di)

**überqueren** [y:bɐˈkveːrən] <ohne ge-> vt attraversare **Überquerung** <-, -en> f attraversamento m

**überragen¹** [y:bɐˈraːgən] <ohne ge-> vt ① (*an Größe*) superare; **etw um Haupteslänge ~** superare qc di una testa ② (*fig: übertreffen*) **jdn an etw** *dat* **~** essere superiore a qu per qc

**über|ragen²** [ˈyːbɐragən] vi (*überstehen*) sporgere

**überragend** [y:bɐˈraːgənt] *adj* (*fig*) eccellente; (*Persönlichkeit*) eminente

**überraschen** [y:bɐˈraʃən] <ohne ge-> vt sorprendere; (*freudig ~ a*) fare una sorpresa a; **jdn beim Stehlen ~** sorprendere qu a rubare; **lassen wir uns ~** stiamo a vedere; **ich war angenehm überrascht** è stata una piacevole sorpresa per me **überraschend** I. *adj* sorprendente; (*unerwartet*) inaspettato, inatteso II. *adv* **~ kommen** giungere di sorpresa; **~ schnell** in modo straordinariamente rapido **überrascht** *adj* sorpreso (*über* + *acc, von* di, da, per), stupito (*über* + *acc, von* di, per) **Überraschung** <-, -en> f sorpresa f

**Überreaktion** <-, -en> f reazione f esagerata

**überreden** [y:bɐˈreːdən] <ohne ge-> vt persuadere; **sich ~ lassen** lasciarsi convincere **Überredung** <-, -en> f persuasione f **Überredungskunst** f arte f della persuasione, modi *mpl* persuasivi

**überregional** *adj* sovraregionale, ultraregionale

**überreichen** [y:bɐˈraɪçən] <ohne ge-> vt consegnare; (*feierlich*) presentare, offrire **überreif** *adj* troppo maturo

**überreizen** [y:bɐˈraɪtsən] <ohne ge-> vt sovreccitare **Überreizung** f sovreccitamento m

**Überreste** *mPl.* ① (*Zurückgebliebenes*) resti *mpl;* **die sterblichen ~** i resti mortali ② (*Ruinen*) rovine *fpl,* resti *mpl* ③ (CHEM) residui *mpl*

**Überrollbügel** m roll-bar m

**überrollen** [y:bɐˈrɔlən] <ohne ge-> vt travolgere

**überrumpeln** [y:bɐˈrʊmpəln] <ohne ge-> vt sorprendere; **jdn mit einer Frage ~** cogliere di sorpresa qu con una domanda

**überrunden** [y:bɐˈrʊndən] <ohne ge-> vt ① (SPORT) superare di un giro, doppiare ② (*fig: übertreffen*) superare

**übers** [ˈyːbɐs] (*fam*) = **über das** *s.* **über**

**übersah** *1. u. 3. Pers. Sing. Imp. von* **übersehen**

**übersandt** [ʊbɐˈzant] *PP von* **übersenden**

**übersandte** *1. u. 3. Pers. Sing. Imp. von* **übersenden**

**übersät** [y:bɐˈzɛːt] *adj* cosparso; **mit** [*o* **von**] **etw ~ sein** essere cosparso di qc

**übersättigt** [y:bɐˈzɛtɪçt] *adj* sazio

**Überschallflugzeug** *nt* aereo m supersonico **Überschallgeschwindigkeit** f velocità f supersonica

**überschatten** [y:bɐˈʃatən] <ohne ge-> vt (*Baum*) ombreggiare; (*fig: Ereignisse*) offuscare

**überschätzen** [y:bɐˈʃɛtsən] <ohne ge-> vt sopravvalutare **Überschätzung** f sopravvalutazione f

**überschaubar** [y:bɐˈʃaʊbaːɐ̯] *adj* ① (*Gelände*) di facile orientamento ② (*fig: klar, übersichtlich*) chiaro; (*beschränkt*) limitato **Überschaubarkeit** <-> *kein Pl.* f (*Kosten, Risiko*) chiarezza f; (*Firma*) chiara strutturazione f

**überschauen** [y:bɐˈʃaʊən] <ohne ge-> vt *s.* **überblicken**

**über|schäumen** vi sein ① (*Flüssigkeit, Gefäß*) traboccare [spumeggiando] ② (*fig: übersprudeln*) traboccare; **vor Temperament ~** essere di temperamento esuberante

**überschlafen** [y:bɐˈʃlaːfən] <irr, ohne ge-> vt etw ~ (fam) dormirci sopra
**Überschlag** m ① (SPORT) salto m mortale ② (AERO) looping m ③ (ungefähre Berechnung) calcolo m approssimativo; (Kosten~) preventivo m
**überschlagen**[1] [y:bɐˈʃlaːgən] <irr, ohne ge-> I. vt ① (auslassen) saltare, tralasciare ② (ungefähr berechnen) fare un calcolo approssimativo di II. vr sich ~ ① (Mensch, Fahrzeug) capovolgersi, ribaltarsi; (MOT, AERO) cappottare; **sich vor Liebenswürdigkeit ~** (fig) profondersi in gentilezze poet ② (Stimme) dare nel falsetto ③ (fig: Ereignisse) susseguirsi con rapidità travolgente
**überˈschlagen**[2] [ˈy:bɐʃlaːgən] <irr> vt (Beine) accavallare; (Arme) incrociare
**überschlägig, überschläglich** [ˈy:bɐʃlɛːgɪç, ˈy:bɐʃlɛːklɪç] adj approssimativo
**überˈschnappen** vi sein (fam) ① (den Verstand verlieren) impazzire, diventare matto ② (Stimme) dare nel falsetto
**überschneiden** [y:bɐˈʃnaɪdən] <irr, ohne ge-> vr sich ~ ① (räumlich) incrociarsi ② (zeitlich) coincidere, accavallarsi
**überschreiben** [y:bɐˈʃraɪbən] <irr, ohne ge-> vt ① (mit Überschrift) intitolare ② (übertragen) intestare ③ (COM) trasmettere, passare; (Übertrag) trascrivere
**überschreiten** [y:bɐˈʃraɪtən] <irr, ohne ge-> vt ① (hinweggehen über) passare; (überqueren) attraversare; (Schwelle, a. fig) varcare ② (fig: hinausgehen über) oltrepassare, superare; (übertreten) trasgredire; **seine Befugnisse ~** andare al di là delle proprie competenze; **das überschreitet seine Fähigkeiten** ciò va oltre le sue capacità
**Überschrift** f titolo m, intestazione f
**Überschuldung** [y:bɐˈʃʊldʊŋ] <-, -en> f indebitamento m eccessivo
**Überschuss** m eccedenza f; **der ~ an etw** dat l'eccedenza di qc **überschüssig** [ˈy:bɐʃʏsɪç] adj eccedente, in eccedenza
**überschütten** [y:bɐˈʃʏtən] <ohne ge-> vt ① (bedecken) ricoprire; **etw/jdn etw ~** ricoprire qu/qc di qc ② (fig: überhäufen) colmare; **jdn mit Fragen ~** bombardare qu di domande; **jdn mit Vorwürfen ~** sommergere qu di rimproveri
**Überschwang** [ˈy:bɐʃvaŋ] <-(e)s> kein Pl. m esuberanza f; **im ~ der Gefühle** in un trasporto di sentimenti
**überschwänglich** [ˈy:bɐʃvɛŋlɪç] adj esuberante; (Lob) entusiastico **Überschwänglichkeit** <-, -en> f esuberanza f

**überschwappen** vi sein (fam) traboccare; **das Wasser ist übergeschwappt** l'acqua è traboccata
**überschwemmen** [y:bɐˈʃvɛmən] <ohne ge-> vt (a. fig) inondare; **mit Informationen ~** inondare di informazioni **Überschwemmung** <-, -en> f inondazione f, alluvione f **Überschwemmungsgebiet** nt regione f alluvionata
**Übersee** f **in/nach ~** oltremare; **von ~** d'oltremare **Überseedampfer** m transatlantico m **Überseehandel** m commercio m d'oltremare **überseeisch** adj (Territorium, Provinz, Produkte) d'oltremare, transoceanico
**übersehbar** [y:bɐzeːbaːɐ̯] adj ① (Gelände) che si può abbracciare con lo sguardo ② (fig: abschätzbar) calcolabile
**übersehen** [y:bɐˈzeːən] <irr, ohne ge-> vt ① (Gelände) abbracciare con lo sguardo ② (fig: abschätzen) calcolare, valutare; (Lage) realizzare ③ (nicht bemerken) non vedere, lasciarsi scappare ④ (ignorieren) ignorare, non badare a
**übersenden** [y:bɐˈzɛndən] <irr> vt spedire, inviare, mandare
**überˈsetzen**[1] [ˈy:bɐzɛtsən] I. vt haben (mit Fähre) traghettare II. vi sein passare all'altra sponda
**übersetzen**[2] [y:bɐˈzɛtsən] <ohne ge-> vt tradurre; **aus dem ... ins ... ~** tradurre dal ... in ...
**Übersetzer(in)** <-s, -; -, -nen> m(f) traduttore, -trice m, f
**Übersetzung** <-, -en> f ① (LING) traduzione f ② (TEC) trasmissione f **Übersetzungsbüro** nt ufficio m traduzioni **Übersetzungsfehler** <-s, -> m errore m di traduzione **Übersetzungswissenschaft** f traduttologia f
**Übersicht** <-, -en> f ① Sing. (Überblick) visione f d'insieme; (Orientierung) orientamento m; **die ~ über etw** acc **haben** avere la visione generale di qc ② (Darstellung) quadro m; (Tabelle) tavola f [sinottica]; (Abriss) compendio m
**übersichtlich** adj ① (Gelände) aperto; (Kreuzung) ben visibile ② (erfassbar) chiaro **Übersichtlichkeit** <-> kein Pl. f ① [buona] visibilità f ② (Klarheit) chiarezza f, chiara disposizione f [o organizzazione f]
**überˈsiedeln** vi sein ① (umziehen) trasferirsi; **nach Berlin/Italien ~** trasferirsi a Berlino/in Italia ② (emigrieren) emigrare; (ins Land kommen) immigrare **Übersiedler(in)** <-s, -; -, -nen> m(f) (Ausreisen-

*der*) emigrante *mf*; (*Einreisender*) immigrante *mf*

**übersinnlich** *adj* extrasensoriale, soprannaturale

**überspannen** [y:bɐˈʃpanən] <ohne ge-> *vt* ❶ (*bespannen*) [ri]coprire (*mit* di) ❷ (*zu sehr spannen*) tendere eccessivamente

**überspannt** *adj* (*fig*) ❶ (*übertrieben*) esagerato; (*Forderung*) esorbitante ❷ (*exaltiert*) esaltato, stravagante

**überspielen** [y:bɐˈʃpiːlən] <ohne ge-> *vt* ❶ (RADIO, TV) registrare ❷ (*fig: verdecken*) passare sopra a

**überspitzt** [y:bɐˈʃpɪtst] *adj* esagerato

**über|springen**[1] [ˈyːbɐʃprɪŋən] <irr> *vi sein* ❶ (*Funke*) scoccare ❷ (*fig: Fröhlichkeit*) passare; **auf etw** *acc* ~ passare a qc

**überspringen**[2] [y:bɐˈʃprɪŋən] <irr, ohne ge-> *vt* ❶ (*Hindernis*) passare con un salto ❷ (*fig: auslassen*) saltare

**über|sprudeln** *vi sein* traboccare (*vor + dat* di); (*fig a*) sprizzare (*vor etw dat* qc); **~d** (*fig*) esuberante

**überstehen**[1] [y:bɐˈʃteːən] <irr, ohne ge-> *vt* (*überwinden*) vincere; (*Krise, Krankheit*) superare; (*ertragen*) sopportare; (*überleben*) sopravvivere a; **das wäre überstanden!** ce l'abbiamo fatta!; **das Schlimmste ist schon überstanden** il peggio è passato

**über|stehen**[2] [ˈyːbɐʃteːən] <irr> *vi haben o sein* (*hervorragen*) sporgere, aggettare

**übersteigen** [y:bɐˈʃtaɪɡən] <irr, ohne ge-> *vt* ❶ (*Hindernis*) scavalcare ❷ (*fig: hinausgehen über*) superare, essere superiore a; **das übersteigt alles [bisher] Dagewesene** [ciò] supera tutto ciò che è stato finora

**überstimmen** [y:bɐˈʃtɪmən] <ohne ge-> *vt* battere nella votazione; (*Antrag*) mettere in minoranza

**überstrapazieren** <ohne ge-> *vt* **jds Geduld** ~ abusare della pazienza di qu

**über|stülpen** *vt* calcare

**Überstunde** *f* [ora *f* di lavoro] straordinario *m*; plus-orario *m*; **~n machen** fare lo straordinario **Überstundenabbau** *m* abbattimento *m* degli straordinari **Überstundenantrag** *m richiesta che il responsabile du un reparto deve inoltrare per far autorizzare gli straordinari*; **einen ~ stellen** fare richiesta per gli straordinari **Überstundenzuschlag** <-(e)s, -schläge> *m* (COM) compenso *m* per lavoro straordinario

**überstürzen** [y:bɐˈʃtʏrtsən] <ohne ge-> I. *vt* precipitare, affrettare; **nur nichts ~!** non precipitare le cose! II. *vr* **sich** ~ precipitare, incalzare **überstürzt** I. *adj* precipitato, precipitoso II. *adv* in modo precipitoso

**übertariflich** *adj* (WIRTSCH) eccedente la tariffa

**überteuert** [y:bɐˈtɔɪɐt] *adj* ❶ (*übermäßig teuer*) troppo caro [*o* costoso] ❷ (*teurer gemacht*) rincarato

**übertölpeln** [y:bɐˈtœlpəln] <ohne ge-> *vt* abbindolare, gabbare

**Übertopf** *m* portavasi *m*

**Übertrag** [ˈyːbɐtraːk, *Pl:* ˈyːbɐtrɛːɡə] <-(e)s, Überträge> *m* riporto *m*

**übertragbar** [y:bɐˈtraːkbaːɐ̯] *adj* ❶ (MED) trasmissibile; (*ansteckend*) contagioso ❷ (JUR, FIN) trasferibile; **auf etw** *acc* ~ **sein** essere trasferibile a qc

**übertragen** [y:bɐˈtraːɡən] <irr, ohne ge-> I. *vt* ❶ (MED) **eine Krankheit auf jdn** ~ trasmettere una malattia a qu ❷ (*Besitz*) trasferire; **etw auf jdn** ~ trasferire qc a qu; **jdm die Leitung des Projekts** ~ affidare a qu la direzione del progetto; **jdm eine Vollmacht** ~ conferire una procura a qu ❸ (*übernehmen*) **etw auf eine andere Seite** ~ trascrivere qc su un'altra pagina ❹ (*anwenden*) **etw auf etw** *acc* ~ applicare qc a qc; **in ~er Bedeutung** in senso figurato ❺ (*übersetzen*) tradurre; **ins Italienische** ~ tradurre in italiano ❻ (RADIO, TV) mandare in onda; (TEC) trasmettere; **direkt** ~ trasmettere in diretta ❼ (INFORM) trasferire, trasmettere II. *vr* **sich** ~ essere contagioso; **sich auf jdn** ~ (*a. fig*) trasmettersi a qu

**Übertragung** <-, -en> *f* ❶ (MED) trasmissione *f*; (*Ansteckung*) contagio *m* ❷ (*von Besitz*) trasferimento *m*; (*von Amt, Aufgabe*) assegnazione *f* ❸ (*Abschrift*) trascrizione *f* ❹ (*Anwendung*) applicazione *f* ❺ (*Übersetzung*) traduzione *f* ❻ (RADIO, TV, TEC) trasmissione *f*

**übertreffen** [y:bɐˈtrɛfən] <irr, ohne ge-> I. *vt* **jdn** [**an etw** *dat*] ~ superare qu [in qc]; (SPORT) battere qu [in qc]; **das übertrifft alle Erwartungen** [ciò] supera ogni aspettativa II. *vr* **sich selbst** ~ superarsi

**übertreiben** [y:bɐˈtraɪbən] <irr, ohne ge-> *vt, vi* esagerare **Übertreibung** <-, -en> *f* esagerazione *f*

**über|treten**[1] [ˈyːbɐtreːtən] <irr> *vi sein* ❶ (*Fluss*) straripare ❷ (SPORT) oltrepassare ❸ (*fig*) passare; **zu anderer Partei** ~ passare ad altro partito; **zum Katholizismus** ~ convertirsi al cattolicesimo

**übertreten**[2] [y:bɐˈtreːtən] <irr, ohne

**ge-** *vt* ① (*Grenze*) [oltre|passare ② (*Regel, Vorschrift, Gesetz*) violare, contravvenire a

**Übertretung** [y:bɐˈtreːtʊŋ] <-, -en> *f* trasgressione *f*, violazione *f*

**übertrieben** [y:bɐˈtriːbən] *adj* esagerato; (*übermäßig*) eccessivo; (*Preis*) esorbitante

**Übertritt** *m* ① (*Grenz~*) passaggio *m* ② (POL) passaggio *m* (*zu* a); (REL) conversione *f* (*zu* a)

**übertrumpfen** [y:bɐˈtrʊmpfən] <ohne ge-> *vt* ① (*beim Kartenspiel*) ammazzare con una briscola ② (*fig: weit übertreffen*) superare, schiacciare

**übervölkert** [y:bɐˈfœlkɐt] *adj* sovrappopolato; **eine ~e Region** una regione sovrappopolata

**übervoll** *adj* strapieno (*mit/von* di), stracolmo (*mit/von* di)

**übervorsichtig** *adj* troppo cauto, guardingo

**übervorteilen** [y:bɐˈfɔrtaɪlən] <ohne ge-> *vt* imbrogliare, truffare

**überwachen** [y:bɐˈvaxən] <ohne ge-> *vt* sorvegliare; (*kontrollieren*) controllare; (*beschatten*) pedinare **Überwachung** <-, -en> *f* sorveglianza *f*; (*Kontrolle*) controllo *m* **Überwachungskamera** *f* video *m* sorveglianza **Überwachungssystem** *nt* sistema *m* di sorveglianza

**überwältigen** [y:bɐˈvɛltɪɡən] <ohne ge-> *vt* ① (*bezwingen*) sopraffare; **von Müdigkeit überwältigt werden** essere sopraffatto dalla stanchezza ② (*erschüttern*) sconvolgere; **ich war von seiner Schönheit überwältigt** ero sconvolto dalla sua bellezza

**überwältigend** [y:bɐˈvɛltɪɡənt] *adj* travolgente; (*großartig*) straordinario; (*Mehrheit*) schiacciante; **nicht gerade ~** non proprio speciale

**über|wechseln** *vi sein* passare; **zur Gegenpartei ~** passare alla controparte

**überweisen** [y:bɐˈvaɪzən] <irr, ohne ge-> *vt* ① (*Geld*) rimettere; **auf jds Konto ~** versare sul conto di qu ② (*Patienten, Kunden*) mandare; **jdn zu einem Facharzt ~** mandare qu da uno specialista; **eine Akte an eine andere Firma ~** mandare un documento ad un'altra ditta

**Überweisung** *f* ① (*Geld~*) trasferimento *m*, bonifico *m* ② (*~sschein vom Arzt*) certificato *m* di presentazione del medico curante ad uno specialista **Überweisungsauftrag** <-(e)s, -träge> *m* (FIN) ordine *m* di bonifico

**über|werfen¹** [ˈyːbɐvɛrfən] <irr> *vt* (*Kleidungsstück*) metter[si] addosso

**überwerfen²** [y:bɐˈvɛrfən] <irr, ohne ge-> *vr* **sich mit jdm ~** litigare con qu

**überwiegen** [y:bɐˈviːɡən] <irr, ohne ge-> *vi* prevalere, predominare **überwiegend** I. *adj* prevalente, predominante; **die ~e Mehrheit** la stragrande maggioranza II. *adv* in prevalenza

**überwinden** [y:bɐˈvɪndən] <irr, ohne ge-> I. *vt* ① (*besiegen*) vincere, battere ② (*Schwierigkeit, Hindernis*) superare, vincere; (*Angst, Enttäuschung, Scheu*) vincere II. *vr* **sich ~ etw zu tun** sforzarsi di fare qc **Überwindung** *f* ① (*von Schwierigkeit, Hindernis*) superamento *m* ② (*Selbst~*) sforzo *m*; **es hat mich ~ gekostet** ho dovuto superarmi

**überwintern** [y:bɐˈvɪntɐn] <ohne ge-> *vi* svernare, passare l'inverno

**überwuchern** [y:bɐˈvuːxɐn] <ohne ge-> *vt* [ri]coprire

**Überzahl** *f* **in der ~ sein** essere in maggioranza **überzählig** [ˈyːbɐtsɛːlɪç] *adj* **~ sein** essere in soprannumero

**überzeugen** [y:bɐˈtsɔɪɡən] <ohne ge-> I. *vt* (*durch Gründe, Beweise*) **jdn [von etw] ~** convincere qu [di qc]; **ich bin davon überzeugt, dass ...** sono convinto che ...; **sich von jdm ~ lassen** lasciarsi convincere da qu; **er ist sehr von sich selbst überzeugt** è pieno di sé II. *vr* **sich ~** convincersi; **sich von etw ~** convincersi di qc; **~ Sie sich selbst!** guardi Lei stesso!

**überzeugend** *adj* convincente, persuasivo; (*Gründe*) plausibile

**überzeugt** *adj* convinto

**Überzeugung** *f* convinzione *f*; **der ~ sein, dass ...** essere convinto che ...; **etw im Brustton der ~ sagen** dire qc con la massima convinzione; **aus ~** per convinzione **Überzeugungskraft** <-, -kräfte> *f* capacità *f* persuasiva, forza *f* di persuasione

**über|ziehen¹** [ˈyːbɐtsiːən] <irr> *vt* ① (*Kleidungsstück*) mettere [sopra] ② (*Wend*) **jdm eins ~** (*fam*) dare una botta a qu

**überziehen²** [y:bɐˈtsiːən] <irr, ohne ge-> *vt* ① (*mit Stoff, Leder*) **etw [mit etw] ~** rivestire [*o* ricoprire] qc [di qc]; **ein Bett [frisch] ~** cambiare le lenzuola ② (*belasten*) **das Konto um hundert Euro ~** scoprire il conto di 100 euro ③ (RADIO, TV) protrarre

**Überzieher** [ˈyːbɐtsiːɐ] <-s, -> *m* (*obs*) soprabito *m*

**Überziehung** [y:bɐˈtsiːʊŋ] <-, -en> *f*

(FIN) scoperto *m* **Überziehungskredit** [yːbeˈtsiːʊŋskrediːt] *m* (FIN) fido *m* bancario

**Überzug** *m* ❶ (*Schicht*) strato *m* ❷ (*Bezug*) rivestimento *m;* (*Bettbezug*) federa *f*

**üblich** [ˈyːplɪç] *adj* usuale, consueto, solito; (*geläufig*) corrente; (*normal*) normale; **wie ~** come al solito; **es ist ~ zu ...** si usa +*inf;* **das ist** [**hier**] **so ~** [qui] si usa così

**üblicherweise** [ˈyːplɪçəˈvaɪzə] *adv* normalmente, abitualmente

**U-Boot** [ˈuːboːt] *nt* sommergibile *m,* sottomarino *m* **U-Boot-Stützpunkt** *m* base *f* sottomarina

**übrig** [ˈyːbrɪç] *adj* ❶ (*restlich*) rimanente, restante; **~ sein** rimanere, restare; **ich habe noch ein Bonbon ~** mi avanza ancora una caramella; **~ bleiben** avanzare, restare, rimanere; **~ lassen** lasciare [d'avanzo]; **zu wünschen ~ lassen** lasciare a desiderare; **die Übrigen** gli altri ❷ (*möglich*) **es bleibt nichts anderes ~, als ...** non resta altro da fare che +*inf;* **da wird mir wohl nichts anderes ~ bleiben!** non mi resterà altro da fare!

**übrig|bleiben** <irr> *vi s.* **übrig 1., 2.**

**Übrige(s)** *nt* **das ~** il resto; **im ~n** del resto; (*außerdem*) inoltre

**übrigens** [ˈyːbrɪɡəns] *adv* del resto, d'altronde; (*nebenbei bemerkt*) a proposito

**übrig|haben** <irr> *vt* **für jdn nichts ~** avere antipatia per qu; **für Kunst hat er nichts übrig** l'arte non gli interessa

**übrig|lassen** <irr> *vt s.* **übrig**

**Übung** [ˈyːbʊŋ] <-, -en> *f* ❶ (SPORT, REL, MUS, UNIV) esercizio *m;* (MIL, UNIV) esercitazione *f* ❷ *Sing.* (*Praxis*) pratica *f,* esercizio *m;* **aus der ~ kommen** perdere l'esercizio; **in ~ bleiben** restare [*o* tenersi] in esercizio; **~ macht den Meister** (*prov*) l'esercizio è un buon maestro

**ü. d. M.** *abk v* **über dem Meeresspiegel** s.l.m.

**UdSSR** [uːdeːʔɛsʔɛsˈʔɛr] *f* (HIST) *abk v* **Union der Sozialistischen Sowjetrepubliken** URSS *f*

**u. E.** *abk v* **unseres Erachtens** a nostro avviso

**UEFA-Cup** [uˈeːfakap] <-s, -s> *m* coppa *f* UEFA

**Ufer** [ˈuːfɐ] <-s, -> *nt* riva *f,* sponda *f;* **am ~** sulla riva; **über die ~ treten** straripare

**Uferböschung** *f* scarpata *f* della sponda

**Uferdamm** *m* argine *m* **uferlos** *adj* (*fig*) interminabile, senza fine; **ins ~e führen** perdersi nell'infinito **Uferstraße** *f* strada *f* lungo la riva

**uff** [ʊf] *int* (*fam*) uffa; **~, ist das anstrengend!** uffa, che fatica!

**Ufo, UFO** [ˈuːfo] <-(s), -s> *nt akr v* **unbekanntes Flugobjekt** UFO *m*

**u-förmig** *adj,* **U-förmig** [ˈuːfœrmɪç] *adj* a [forma di] U

**U-Haft** [ˈuːhaft] <-(s), -s> *f abk v* **Untersuchungshaft** (*fam*) detenzione *f* preventiva

**Uhr** [uːɐ] <-, -en> *f* ❶ (*Gerät*) orologio *m;* **die ~ nach-/vorstellen** mettere l'orologio indietro/avanti; **nach meiner ~ ist es ...** sul mio orologio è [*o* sono] ...; **meine ~ geht** [**5 Minuten**] **vor/nach** il mio orologio è avanti/indietro [di 5 minuti]; **er ist rund um die ~ beschäftigt** è occupato 24 ore su 24 ❷ (*bei Zeitangaben*) ora *f,* ore *fpl;* **um acht** [**~**] alle otto; **um 12 ~ mittags/nachts** a mezzogiorno/mezzanotte; **es ist halb drei** [**~**] sono le due e mezza; **wie viel ~ ist es?** che ore sono?; **um wie viel ~?** a che ora? **Uhr|arm|band** <-(e)s, -bänder> *nt* cinturino *m* dell'orologio

**Uhrenindustrie** *f* industria *f* orologiera

**Uhrenvergleich** *m* **einen ~ machen** confrontare gli orologi

**Uhrkette** *f* catena *f* dell'orologio **Uhrmacher(in)** *m(f)* orologiaio, -a *m, f* **Uhrwerk** *nt* meccanismo *m* dell'orologio, orologeria *f* **Uhrzeiger** *m* lancetta *f* dell'orologio **Uhrzeigersinn** *m* **entgegen dem/im ~** in senso anti-orario/orario **Uhrzeit** *f* ora *f*

**Uhu** [ˈuːhu] <-s, -s> *m* (ZOO) gufo *m*

**Ukraine** [uˈkraɪnə] *f* Ucraina *f*

**Ukrainer(in)** [uˈkraɪnɐ] <-s, -; -, -nen> *m(f)* ucraino, -a *m, f*

**ukrainisch** *adj* ucraino

**UKW** [uːkaːˈveː] *abk v* **Ultrakurzwelle** onda *f* ultracorta

**Ulk** [ʊlk] <-(e)s, -e> *m* scherzo *m;* **aus ~** per scherzo

**ulken** *vi* scherzare

**ulkig** *adj* (*fam*) buffo, comico

**Ulm** [ʊlm] *nt* Ulma *f*

**Ulme** [ˈʊlmə] <-, -n> *f* (BOT) olmo *m*

**Ultimaten** *Pl. von* **Ultimatum**

**ultimativ** [ʊltimaˈtiːf] *adj* ultimativo

**Ultimatum** [ʊltiˈmaːtʊm] <-s, -s *o* Ultimaten> *nt* ultimatum *m;* **jdm ein ~ stellen** porre un ultimatum a qu

**Ultrabook** [ˈʊltrabʊk] <-s, -s> *nt* (INFORM) ultrabook *m*

**Ultrakurzwelle** [ʊltraˈkʊrtsvɛlə] *f* (RADIO, PHYS) onda *f* ultracorta **Ultrakurzwellensender** *m* trasmittente *f* a onde ultracorte

**ultraorthodox** *adj* ultraortodosso

**ultrarot** [ˈʊltraroːt] *adj* infrarosso

**Ultraschall** *m* (PHYS) ultrasuono *m* **Ultraschallbild** <-(e)s, -er> *nt* ecografia *f* **Ultraschallgerät** *nt* ecografo *m* **Ultraschalluntersuchung** *f* ecografia *f* **Ultraschallwelle** *f* onda *f* ultrasonora
**ultraviolett** *adj* (PHYS) ultravioletto
**um** [ʊm] I. *prp +acc* ❶ (*~ herum*) intorno a ❷ (*neben*) vicino a, con ❸ (*bei Uhrzeiten*) a; (*bei ungefähren Zeitangaben*) verso; **~ fünf Uhr** alle cinque; **~ Ostern** [**herum**] verso Pasqua ❹ (*Differenz angebend*) di; **~ zwei Zentimeter kleiner** più piccolo di due centimetri ❺ (*für*) per, a; **es tut mir leid ~ sie** mi dispiace per lei; **nicht ~ alles in der Welt würde ich ...** per niente al mondo vorrei ...; **~ jeden/ keinen Preis** a ogni/nessun costo ❻ (*wegen*) per ❼ (*Wiederholung*) **Stunde ~ Stunde verging, ohne dass er anrief** passarono ore senza che telefonasse ❽ (*in Verbindung mit Verb*) di; **ich bitte** [**Sie**] **~ Ruhe** vi prego di far silenzio; **darf ich Sie ~ Feuer bitten?** [posso chiederLe se] ha da accendere? II. *prp +gen* **~ ... willen** per, per amor di; **~ Gottes willen!** per l'amor del cielo! III. *konj* **~ zu ...** per *+inf*, allo scopo di *+inf* IV. *adv* (*fam: vorbei*) finito, passato
**um|ändern** *vt* modificare
**um|arbeiten** *vt* rielaborare (*zu* in), trasformare (*zu* in); (*abändern*) modificare; (*Film*) riadattare; (*Buch*) rivedere
**umarmen** [ʊmˈʔarmən] <ohne ge-> *vt* abbracciare; (*heftig*) stringere **Umarmung** <-, -en> *f* abbraccio *m*
**Umbau** <-s, -e *o* -ten> *m* ❶ (*das Umbauen*) ricostruzione *f*, trasformazione *f*; **wegen ~s geschlossen** chiuso per [lavori di] restauro ❷ (*Gebäude*) edificio *m* restaurato
**um|bauen**¹ [ˈʊmbaʊən] *vt* trasformare; (*restaurieren*) restaurare; [**das Bühnenbild**] **~** cambiare la scena
**umbauen**² [ʊmˈbaʊən] <ohne ge-> *vt* circondare di costruzioni, chiudere costruendo tutt'intorno
**um|benennen** <irr, ohne ge-> *vt* cambiare il nome a
**um|besetzen** <ohne ge-> *vt* cambiare la distribuzione di; (THEAT) cambiare gli attori di; (POL) rimpastare **Umbesetzung** <-, -n> *f* (POL) rimpasto *m* ❷ (THEAT) assegnazione *f* di un ruolo ad un altro attore; **~en vornehmen** cambiare alcuni attori
**um|betten** *vt* ❶ (*Kranken*) cambiare di letto ❷ (*Leiche*) effettuare la traslazione di ❸ (*Fluss*) deviare

**um|biegen** <irr> I. *vt haben* piegare II. *vi sein* svoltare
**um|bilden** *vt* trasformare; (ADM) riorganizzare; (*Regierung*) rimpastare
**um|binden** <irr> *vr* **sich** *dat* **etw ~** mettersi qc
**um|blättern** *vi* girare [*o* voltare] pagina
**um|blicken** *vr* **sich ~** ❶ (*in die Runde, um sich herum*) guardarsi attorno ❷ (*zurück*) guardarsi indietro
**umbrechen** [ʊmˈbrɛçən] <irr, ohne ge-> *vt* (TYP) impaginare
**Umbrien** [ˈʊmbriən] *nt* Umbria *f*
**um|bringen** <irr> I. *vt* assassinare, uccidere; (*a. fig*) ammazzare; **diese Schuhe bringen mich fast um** (*fam*) queste scarpe mi fanno un male da morire II. *vr* **sich ~** uccidersi; (*a. fig*) ammazzarsi; **sich für jdn fast ~** (*fig*) farsi in quattro per qu
**Umbruch** *m* ❶ (POL) cambiamento *m* radicale ❷ *Sing.* (TYP: *das Umbrechen*) impaginazione *f*; (*umbrochener Satz*) impaginato *m*
**um|buchen** *vt* ❶ (FIN) trasferire [su un altro conto] ❷ (*Reise*) cambiare il biglietto di [*o* per] **Umbuchung** *f* ❶ (FIN) trasferimento *m* di conto ❷ (*von Reise*) cambiamento *m* di biglietto
**um|denken** <irr> *vi* cambiare il proprio modo di pensare, cambiare ottica
**um|disponieren** <ohne ge-> *vi* ridisporre
**um|drehen** I. *vt haben* ❶ (*drehen*) girare; (*Arm, Hals*) torcere ❷ (*auf die andere Seite*) voltare; (*Geldstück*) rigirare ❸ (*auf den Kopf stellen*) rivoltare, capovolgere II. *vi haben o sein* girare III. *vr* **sich ~** voltarsi; **sich nach jdm/etw ~** voltarsi [*o* girarsi] verso qu/qc; **dabei dreht sich mir der Magen um** (*fam*) [a quella vista] mi si rivolta lo stomaco
**Umdrehung** [ʊmˈdreːʊŋ] *f* giro *m*; (*um die eigene Achse*) rotazione *f*; (*um einen anderen Körper*) rivoluzione *f* **Umdrehungszahl** *f* numero *m* dei giri
**umeinander** [ʊmʔaɪˈnandɐ] *adv* ❶ (*räumlich*) l'uno intorno all'altro ❷ (*einander betreffend*) l'uno dell'altro
**um|fahren**¹ [ˈʊmfaːrən] <irr> *vt* (*niederfahren*) rovesciare, travolgere [con un veicolo]
**umfahren**² [ʊmˈfaːrən] <irr, ohne ge-> *vt* (*herumfahren um*) girare attorno a
**Umfahrung** [ʊmˈfaːrʊŋ] <-, -en> *f* (*A, CH*) ❶ (*Umgehung*) aggiramento *m* ❷ (*Umgehungsstraße*) circonvallazione *f*
**um|fallen** <irr> *vi sein* ❶ (*hinfallen*) cadere [a terra]; (*umkippen*) rovesciarsi ❷ (*fam:*

*ohnmächtig werden*) svenire; **zum Umfallen müde sein** essere stanco morto ③ (*fam pej: seine Meinung ändern*) fare un voltafaccia; (*nachgeben*) darsi per vinto **Umfang** *m* ① (*Ausdehnung*) estensione *f;* (*Dicke*) volume *m;* (*Größe*) grandezza *f,* dimensione *f;* (*Leibesfülle*) corpulenza *f* ② (*fig: Ausmaß*) mole *f,* dimensioni *fpl;* **in großem ~** su vasta scala ③ (MAT) circonferenza *f* **umfangreich** *adj* voluminoso; (*umfassend*) vasto, esteso

**umfassen** [ʊmˈfasən] <ohne ge-> *vt* ① (*umarmen, umschlingen*) abbracciare; (*festhalten*) afferrare ② (*einfrieden*) recingere ③ (*enthalten*) comprendere, essere composto di **umfassend** *adj* ampio, vasto; (*vollständig*) completo; **~e Maßnahmen** misure drastiche

**Umfeld** *nt* milieu *m;* **im ~ von ...** nel contesto di ...

**um|formen** *vt* trasformare; **etw in etw** *acc* **~** trasformare qc in qc **Umformer** *m* (EL) trasformatore *m*

**um|formulieren** <ohne ge-> *vt* formulare diversamente

**Umformung** *f* trasformazione *f*

**Umfrage** *f* inchiesta *f,* sondaggio *m* d'opinioni

**umfried|ig|en** [ʊmˈfriːd(ɪg)ən] <ohne ge-> *vt* recintare, recingere

**umfuhr** *1. u. 3. Pers. Sing. Imp. von* **umfahren**

**um|füllen** *vt* travasare

**um|funktionieren** <ohne ge-> *vt* trasformare

**Umgang** *m* (*Beziehungen*) rapporti *mpl;* (*Gesellschaft*) compagnia *f;* **schlechten ~ pflegen** frequentare cattive compagnie; **mit jdm ~ haben** frequentare qu, praticare qu; **im ~ mit ... muss man ...** con ... si deve ...; **das ist kein ~ für dich!** non è gente per te!

**umgänglich** [ˈʊmgɛŋlɪç] *adj* (*gesellig*) socievole; (*freundlich*) affabile

**Umgangsformen** *fPl.* modi *mpl,* maniere *fpl*

**Umgangssprache** *f* linguaggio *m* corrente, lingua *f* parlata **umgangssprachlich** *adj* colloquiale

**Umgangston** <-(e)s, -töne> *m* modo *m* di fare (*o* di parlare)

**umgarnen** [ʊmˈgarnən] <ohne ge-> *vt* ammaliare, irretire

**umgeben** [ʊmˈgeːbən] <irr, ohne ge-> *vt* circondare, cingere; **den Garten mit einem Zaun ~** circondare il giardino con uno steccato; **eine Stadt mit einer Mauer ~** cingere una città di mura; **jdn mit Liebe ~** (*fig*) circondare qu d'affetto

**Umgebung** <-> *kein Pl. f* ① (GEOG) dintorni *mpl;* **Köln und ~** Colonia e dintorni; **gibt es hier in der ~ ein Hotel?** c'è un albergo qua vicino? ② (SOC: *Milieu*) ambiente *m;* (*Gesellschaft*) compagnia *f*

**Umgegend** *f* dintorni *mpl,* zona *f* circostante

**umgehen**[1] [ʊmˈgeːən] <irr, ohne ge-> *vt* ① (*herumgehen um*) girare intorno a ② (*fig: Gesetz, Frage*) eludere; (*vermeiden*) evitare, scansare

**um|gehen**[2] [ˈʊmgeːən] <irr> *vi sein* ① (*Gespenst*) aggirarsi; (*Gerücht*) circolare ② (*mit Personen*) trattare; (*mit Dingen*) maneggiare; **mit jdm grob ~** trattare qu rudemente; **er kann mit den Leuten ~** sa trattare la gente; **mit etw sparsam ~** usare qc con parsimonia

**umgehend** [ˈʊmgeːənt] I. *adj* immediato II. *adv* senza indugio

**Umgehungsstraße** [ʊmˈgeːʊŋʃtraːsə] *f* circonvallazione *f* **Umgehungsverkehr** *m* traffico *m* di circonvallazione

**umgekehrt** I. *adj* ① (*umgedreht*) rovescio ② (*fig: entgegengesetzt*) opposto, inverso; **in ~er Reihenfolge** in ordine inverso; **in ~er Richtung** in direzione opposta; **es war genau ~** era esattamente l'opposto II. *adv* ① (*umgedreht*) a rovescio ② (*fig: entgegengesetzt*) all'opposto

**um|gestalten** <ohne ge-> *vt* trasformare (*zu* in); (*umbilden*) rimodellare; (ADM) riorganizzare; (*Buch*) rifare

**um|graben** <irr> *vt* vangare

**um|gruppieren** <ohne ge-> *vt* riordinare; (POL) rimpastare

**um|gucken** *vr* **sich ~** (*fam*) *s.* **umsehen**

**Umhang** *m* mantellina *f*

**um|hängen** *vt* ① (*an andere Stelle hängen*) appendere altrove ② (*um die Schulter*) mettere addosso; (*Gewehr, Rucksack*) mettere in spalla **Umhängetasche** *f* borsa *f* a tracolla

**um|hauen**[1] <irr> *vt* (*Baum*) abbattere

**um|hauen**[2] <*a irr*> *vt* (*fig fam*) lasciare senza fiato

**umher** [ʊmˈheːɐ] *adv* ① (*ringsum*) in giro, intorno ② (*verstreut, hier und dort*) qua e là **umher|blicken** *vi* guardarsi intorno [*o* in giro] **umher|gehen** <irr> *vi sein* andare in giro, girovagare **umher|irren** *vi sein* vagare, errare **umher|laufen** <irr> *vi sein* (*ziellos herumlaufen*) vagare, girovagare; (*spazieren gehen*) passeggiare; **im Garten ~** passeggiare per il giardino; **in**

**der Stadt ~** vagare per la città **umher|ziehen** <irr> *vi sein* girare

**umhin|kommen** <irr> *vi sein* **nicht ~ zu** +*inf* non poter fare a meno di +*inf*

**umhin|können** [ʊmˈhɪnkœnən] <irr, ohne ge-> *vi* **nicht ~, zu** +*inf* non poter fare a meno di +*inf*

**um|hören** *vr* **sich ~** informarsi un po' in giro; **ich werde mich danach ~** mi informerò un po' in giro

**um|hüllen** [ʊmˈhylən] <ohne ge-> *vt* ① (*einhüllen*) avvolgere, avviluppare (*mit einer Decke* in una coperta) ② (*verschleiern*) velare

**umkämpft** [ʊmˈkɛmpft] *adj* conteso

**Umkehr** [ˈʊmkeːɐ̯] <-> *kein Pl. f* ritorno *m*

**umkehrbar** *adj* invertibile, reversibile

**um|kehren** I. *vt haben* ① (*umdrehen*) rovesciare, [ri]voltare ② (*im entgegengesetzten Sinne wenden*) invertire II. *vi sein* tornare indietro, ritornare III. *vr* **sich ~** ① (*sich umdrehen*) voltarsi, girarsi ② (*ins Gegenteil*) invertirsi

**Umkehrschluss** <-es, -schlüsse> *m* (JUR) conclusione *f* avversa

**Umkehrung** <-, -en> *f* ① rovesciamento *m* ② (GRAM, MAT) inversione *f* ③ (MUS) rivolto *m*

**um|kippen** I. *vt haben* rovesciare, ribaltare II. *vi sein* ① (*umfallen*) rovesciarsi, ribaltarsi; (*Boot*) capovolgersi; (*das Gleichgewicht verlieren*) perdere l'equilibrio ② (*fam: ohnmächtig werden*) cadere svenuto ③ (*fam pej: seine Gesinnung ändern*) fare un voltafaccia ④ (*fam: ins Gegenteil umschlagen*) mutare improvvisamente; (*Stimme*) cambiare improvvisamente ⑤ (*Gewässer*) non presentare più le prerogative per la vita organica, morire

**umklammern** [ʊmˈklamɐn] <ohne ge-> *vt* stringere; (MIL) accerchiare

**Umklammerung** [ʊmˈklamərʊŋ] <-, -en> *f* stretta *f* forte; (*Umarmung*) abbraccio *m*

**um|klappen** I. *vt haben* ribaltare II. *vi sein* cadere a terra

**Umkleidekabine** *f* (*in einer Sporthalle*) spogliatoio *m*; (*in einem Bekleidungsgeschäft, am Strand*) cabina *f*

**um|kleiden**¹ [ˈʊmklaɪdən] *vr* **sich ~** cambiarsi

**umkleiden**² [ʊmˈklaɪdən] <ohne ge-> *vt* rivestire (*mit* di)

**Umkleideraum** *m* spogliatoio *m*

**um|kommen** <irr> *vi sein* ① (*sterben*) perire, morire ② (*fig fam*) morire; **vor etw** *dat* **~** morire di qc; **vor Hitze/Angst ~** morire di caldo/paura ③ (*Lebensmittel*) andare a male

**Umkreis** <-es> *kein Pl. m* raggio *m*, giro *m*; (*von Personen*) cerchia *f*; (*Nähe*) vicinanze *fpl*; **im ~ von zehn Kilometern** nel giro di dieci chilometri

**umkreisen** [ʊmˈkraɪzən] <ohne ge-> *vt* girare intorno a; (ASTR) orbitare intorno a

**um|krempeln** [ˈʊmkrɛmpəln] *vt* ① (*umschlagen*) rimboccare, rimboccarsi ② (*fig: auf den Kopf stellen, durchsuchen*) mettere sottosopra ③ (*fig fam: Haus, Zimmer*) rinnovare di sana pianta; (*Mensch*) trasformare completamente

**um|laden** <irr> *vt* trasbordare, ricaricare

**Umlage** *f* quota *f*, contributo *m*

**umlagern** [ʊmˈlaːɡɐn] <ohne ge-> *vt* (*umgeben*) circondare, assediare

**um|lagern**² [ˈʊmlaːɡɐn] *vt* (*anders lagern*) immagazzinare altrove

**Umland** <-(e)s> *kein Pl. nt* zona *f* satellite

**Umlauf** *m* ① *Sing.* (*Kreisen*) giro *m*, rotazione *f* ② *Sing.* (*von Geld*) circolazione *f*; **in ~ bringen** [*o* **setzen**] mettere in circolazione; **im ~ sein** circolare ③ *Sing.* rivoluzione *f* ④ (*Rundschreiben*) circolare *f* **Umlaufbahn** *f* (ASTR) orbita *f*

**Umlaut** *m* (LING) ① (*~ung*) metafonia *f* ② (*umgelauteter Vokal*) vocale *f* raddolcita

**um|legen** *vt* ① (*Kleidungsstück*) mettere [sopra]; (*Verband*) applicare ② (*niederwerfen*) abbattere ③ (*fam: zu Boden strecken*) stendere a terra ④ (*sl: töten*) fare fuori *fam* ⑤ (*umklappen*) ribaltare; (*umschlagen*) rovesciare ⑥ (*verlegen*) spostare; **etw auf etw** *acc* **~** spostare qc su qc ⑦ (*verteilen*) ripartire; **die Ausgaben auf die Beteiligten ~** ripartire le spese fra i partecipanti

**um|leiten** *vt* deviare **Umleitung** *f* deviazione *f*

**um|lernen** *vi* ① (*neu lernen*) imparare ex novo ② (*beruflich*) apprendere un altro mestiere

**umliegend** *adj* circostante, limitrofo

**ummauern** [ʊmˈmaʊɐn] <ohne ge-> *vt* cingere con un muro

**um|melden** I. *vt* notificare il cambiamento di nome di II. *vr* **sich ~** notificare la propria partenza **Ummeldung** *f* notifica *f* di cambiamento

**umnachtet** [ʊmˈnaxtət] *adj* **geistig ~** ottenebrato **Umnachtung** <-, -en> *f* **geistige ~** ottenebramento *m* mentale

**um|packen** *vt* ① (*in etw anderes packen*) mettere in un'altra valigia [*o* in un altro pacco] ② (*anders packen*) rifare l'imballag-

umpflanzen → umschulen

gio a [*o* di]; **ich muss den Koffer ~** devo rifare la valigia
um|**pflanzen** *vt* trapiantare
um|**pflügen** *vt* arare
um|**polen** *vt* (PHYS, TEC) invertire la polarità di
um|**quartieren** <ohne ge-> *vt* far cambiare alloggio a
**umranden** [ʊmˈrandən] <ohne ge-> *vt* **etw [mit etw] ~** contornare qc [di qc]
**Umrandung** [ʊmˈrandʊŋ] <-, -en> *f* ❶ orlatura *f,* bordatura *f* ❷ (*Rand*) bordo *m,* contorno *m*
um|**räumen** *vt* (*Zimmer*) cambiare la disposizione di; (*Bücher*) riordinare
um|**rechnen** *vt* convertire
**Umrechnungsgebühren** *fPl.* (FIN) costi *mpl* di conversione **Umrechnungskurse** *fPl.* tassi *mpl* di conversione
um|**reißen**[1] [ˈʊmraɪsən] <irr> *vt* (*niederreißen*) abbattere, gettare a terra
**umreißen**[2] [ʊmˈraɪsən] <irr, ohne ge-> *vt* (*fig*) abbozzare, schizzare
um|**rennen** <irr> *vt* travolgere [correndo]
**umringen** [ʊmˈrɪŋən] <ohne ge-> *vt* circondare, attorniare
**Umriss** *m* contorno *m* (*meist pl*), profilo *m;* **in groben Umrissen zeichnen** disegnare a grandi tratti
um|**rühren** *vt* rimestare, mescolare
um|**rüsten** I. *vt* (*Fahrzeug*) trasformare, rimontare II. *vi* (MIL) riarmare
**ums** [ʊms] = **um das** *s.* **um**
um|**satteln** *vi* (*fig fam:* den Beruf wechseln) cambiare mestiere; **von etw auf etw** *acc* **~** cambiare da qc a qc
**Umsatz** *m* volume *m* d'affari, fatturato *m*
**Umsatzsteigerung** *f* incremento *m* del fatturato **Umsatzsteuer** *f* imposta *f* sugli affari
um|**schalten** I. *vt* (EL) commutare II. *vi* (RADIO, TV) cambiare canale; **ins Stadion ~** collegarsi con lo stadio; **wir schalten um zum Westdeutschen Rundfunk nach Köln** passiamo la linea all'emittente radiofonica di Colonia
**Umschalter** *m* (TEC) commutatore *m*
**Umschalttaste** *f* ❶ (TEC) tasto *m* di commutazione ❷ (*von Schreibmaschine*) tasto *m* delle maiuscole
**Umschau** *f* [**nach jdm/etw**] **~ halten** guardarsi intorno [alla ricerca di qu/qc]
um|**schauen** *s.* **umsehen**
um|**schichten** *vt* ❶ (*Stapel*) disporre diversamente ❷ (*neu einteilen*) ristrutturare, riorganizzare **Umschichtung** <-, -en> *f* ristrutturazione *f,* riorganizzazione *f,* cambiamento *m* di disposizione; **soziale ~** riordinamento sociale

**umschiffen** [ʊmˈʃɪfən] <ohne ge-> *vt* navigare intorno a, circumnavigare; (*Kap*) doppiare
**Umschlag** *m* ❶ *Sing.* (*Wechsel*) mutamento *m* improvviso ❷ (*an Kleidung*) risvolto *m* ❸ (*Buch~*) copertina *f* ❹ (*Brief~*) busta *f* ❺ (MED) impacco *m,* compressa *f* ❻ *Sing.* (WIRTSCH: *Güter~*) movimento *m* d'affari; (*Umladen*) trasbordo *m*
um|**schlagen** <irr> I. *vt haben* ❶ (*Kragen*) rovesciare; (*Ärmel*) rimboccare; (*Buchseite*) voltare ❷ (*Bäume*) abbattere ❸ (*Güter*) trasbordare II. *vi sein* ❶ (*umkippen*) capovolgersi; (*bes. Wagen*) ribaltarsi; (NAUT) fare scuffia ❷ (*Wind*) voltarsi, girare; (*Wetter, Stimme*) cambiare improvvisamente; **ins Gegenteil ~** prendere la piega contraria
**Umschlaghafen** <-s, -häfen> *m* porto *m* di trasbordo **Umschlagplatz** *m* posto *m* di trasbordo

**umschließen** [ʊmˈʃliːsən] <irr, ohne ge-> *vt* ❶ (*einschließen*) circondare; (MIL) accerchiare; (*umfassen*) stringere ❷ (*fig: beinhalten*) comprendere
**umschlingen** [ʊmˈʃlɪŋən] <irr, ohne ge-> *vt* ❶ (*umarmen*) abbracciare ❷ (*Pflanze*) avviticchiare
um|**schnallen** *vt* mettere, mettersi
um|**schreiben**[1] [ˈʊmʃraɪbən] <irr> *vt* ❶ (*übertragen*) trascrivere, ricopiare ❷ (*neu schreiben*) rifare, rielaborare; (*ändern*) cambiare ❸ (JUR) trasferire; (*Grundbesitz*) volturare; **etw auf jds Namen ~** volturare qc a nome di qu
**umschreiben**[2] [ʊmˈʃraɪbən] <irr, ohne ge-> *vt* ❶ (*mit anderen Worten*) perifrasare ❷ (*festlegen*) delimitare, definire ❸ (MAT) circoscrivere
**Umschreibung**[1] <-> *kein Pl. f* ❶ (*schriftliche Änderung eines Text*) trascrizione *f,* copiatura *f;* (*schriftliche Änderung in andere Schrift*) trascrizione *f,* traslitterazione *f* ❷ (*einer Hypothek*) voltura *f* (*auf +acc* a)
**Umschreibung**[2] <-, -en> *f* (*umschreibender Ausdruck*) perifrasi *f,* circonlocuzione *f;* (*von Aufgaben*) definizione *f,* delimitazione *f*
um|**schulden** *vt* (FIN) convertire; **einen Kredit ~** convertire un credito **Umschuldung** <-, -en> *f* (FIN) conversione *f*
um|**schulen** I. *vt* ❶ (*auf andere Schule*) far cambiare scuola ❷ (*beruflich*) riqualificare professionalmente ❸ (POL) rieducare II. *vi*

(*beruflich*) riqualificarsi professionalmente; **von etw auf etw** *acc* ~ acquisire una nuova qualificazione professionale **Umschulung** *f* ❶ (*auf andere Schule*) cambio *m* di scuola ❷ (*beruflich*) riqualificazione *f* professionale

**um|schütten** *vt* ❶ (*umfüllen*) travasare ❷ (*umwerfen*) rovesciare, versare

**Umschweife** ['ʊmʃvaɪfə] *Pl.* **ohne** ~ (*geradeheraus*) senza preamboli; (*ohne zu zögern*) senza indugio

**umschwirren** [ʊm'ʃvɪrən] <ohne ge-> *vt* (*a. fig*) ronzare intorno a

**Umschwung** <-(e)s, -schwünge> *m* ❶ (*Veränderung, Wende*) svolta *f*, cambiamento *m* ❷ (*CH: zum Gebäude gehörendes umgebendes Land*) terreno *m* circostante; **schönes Haus mit viel ~ zu vermieten** fittasi casa incantevole con ampio terreno circostante

**um|sehen** <irr> *vr* **sich ~** ❶ (*zurücksehen*) voltarsi a guardare ❷ (*um sich herum sehen*) **sich nach etw ~** guardarsi attorno alla ricerca di qc; **sich in der Stadt ~** visitare la città ❸ (*suchen*) **sich nach etw/jdm ~** cercare qc/qu

**umseitig** *adj* o *adv* sul retro

**um|setzen** I. *vt* ❶ (*anders setzen*) cambiare posto a, spostare ❷ (*umwandeln*) trasformare ❸ (*verkaufen*) vendere, smerciare ❹ (*anwenden*) realizzare; **etw in die Tat ~** mettere qc in atto; **etw in die Praxis ~** mettere in pratica qc II. *vr* **sich ~** (*Platz wechseln*) cambiare posto

**Umsicht** *f* avvedutezza *f*, circospezione *f* **umsichtig** *adj* avveduto, circospetto

**um|siedeln** I. *vt haben* trasferire II. *vi sein* trasferirsi **Umsiedelung** *f s.* **Umsiedlung**

**Umsiedler(in)** *m(f)* persona *f* trasferita

**Umsiedlung** *f* trasferimento *m*

**umso** ['ʊmzo] *konj* tanto; **je ..., ~ ...** più ..., più ...; **~ besser** tanto meglio; **~ schlimmer** tanto peggio

**umsonst** [ʊm'zɔnst] *adv* ❶ (*gratis*) per niente, gratis, gratuitamente ❷ (*vergeblich*) invano, inutilmente; **nicht ~** (*nicht grundlos*) non per niente, non a caso

**umsorgen** [ʊm'zɔrɡən] <ohne ge-> *vt* curare, avere cura di

**um|spannen**¹ ['ʊmʃpanən] *vt* ❶ (*Pferde, Ochsen*) cambiare ❷ (EL) trasformare (*von ... auf* da ... in)

**umspannen**² [ʊm'ʃpanən] <ohne ge-> *vt* stringere; (*a. fig*) abbracciare

**Umspannstation** *f*, **Umspannwerk** *nt* stazione *f* di trasformazione

**um|springen** ['ʊmʃprɪŋən] <irr> *vi sein* ❶ (*Wind*) cambiare direzione; **auf Nordwest ~** girare a nord-ovest ❷ (*Ampel*) **von Rot auf Gelb ~** scattare dal rosso all'arancione ❸ (*pej: behandeln*) **mit jdm ~** trattare [male] qu; **so kannst du nicht mit ihr ~** non puoi trattarla così

**umspringen**² [ʊm'ʃprɪŋən] <irr, ohne ge-> *vt* (*springend umkreisen*) aggirare, saltare intorno a

**um|spulen** *vt* ribobinare

**Umstand** *m* ❶ (JUR) circostanza *f*; **mildernde Umstände** circostanze attenuanti ❷ (*Tatsache*) fatto *m*; (*Einzelheit*) particolare *m*; **die näheren Umstände** i particolari, i dettagli ❸ *pl* (*Verhältnisse*) circostanze *fpl*; (*Lage*) stato *m*, situazione *f*; **unter Umständen** eventualmente, forse; **unter diesen Umständen** date le circostanze; **unter allen/keinen Umständen** in ogni/nessun caso; **in [anderen] Umständen sein** essere in stato interessante; **es geht ihm den Umständen entsprechend [gut]** sta [bene] come si può stare nella sua situazione ❹ *pl* (*Aufwand, Mühe*) cerimonie *fpl*; (*Förmlichkeiten*) complimenti *mpl*; **Umstände machen** (*Sachen*) causare difficoltà; (*Personen*) fare cerimonie; **machen Sie sich** *dat* **meinetwegen keine Umstände!** non si disturbi per me!

**umständehalber** ['ʊmʃtɛndəhalbɐ] *adv* date le circostanze; **~ zu verkaufen** in vendita per questione di circostanze

**umständlich** ['ʊmʃtɛntlɪç] *adj* ❶ (*ausführlich*) circostanziato, dettagliato; (*weitschweifig*) prolisso, lungo ❷ (*verwickelt*) complicato; **das ist mir viel zu ~** è troppo complicato per me ❸ (*beschwerlich*) scomodo, faticoso ❹ (*förmlich*) cerimonioso ❺ (*übergenau*) pignolo

**Umstandskleid** *nt* [abito *m*] pre-maman® *m* **Umstandskleidung** *f* abiti *mpl* pre-maman® [o per gestanti]

**Umstandswort** <-(e)s, -wörter> *nt* avverbio *m*

**umstehen** [ʊm'ʃte:ən] <irr, ohne ge-> *vt* stare attorno a, attorniare

**umstehend** ['ʊmʃte:ənt] *adj* ❶ (*um etw herum stehend*) circostante ❷ (*umseitig*) sul retro

**um|steigen** <irr> *vi sein* ❶ (*in Bahn, Bus*) cambiare; **in den Zug nach Frankfurt ~** prendere la coincidenza per Francoforte ❷ (*fig fam: überwechseln*) **auf etw** *acc* **~** passare a qc

**um|stellen**¹ ['ʊmʃtɛlən] I. *vt* ❶ (*anders stellen*) spostare ❷ (*fig: anpassen*) adattare; **etw auf etw** *acc* ~ adattare qc a qc; (*Betrieb*) trasformare qc in qc; **auf andere Erzeugnisse** ~ indirizzarsi verso altri prodotti II. *vr* **sich** |**auf etw** *acc*| ~ (*fig*) adattarsi [a qc]

**umstellen²** [ʊmˈʃtɛlən] <ohne ge-> *vt* circondare, attorniare; (MIL) accerchiare

**Umstellung** *f* ① (*Positionsänderung*) disposizione *f* diversa, spostamento *m* ② (*fig: Anpassung*) adattamento *m;* (*von Betrieb*) trasformazione *f;* ~ **auf etw** *acc* adattamento a qc; ~ **auf Computer** computerizzazione *f* ③ (*Veränderung*) cambiamento *m*

**um|stimmen** *vt* **jdn** ~ far cambiare idea a qu

**um|stoßen** <irr> *vt* ① (*umwerfen*) rovesciare, far cadere [urtando] ② (*fig: Plan*) capovolgere

**umstritten** [ʊmˈʃtrɪtən] *adj* controverso, discutibile

**um|strukturieren** <ohne ge-> *vt* ristrutturare **Umstrukturierung** <-, -en> *f* ristrutturazione *f*

**um|stülpen** *vt* rovesciare, rivoltare; (*fig*) capovolgere

**Umsturz** *m* sovvertimento *m*, rivoluzione *f;* (*Umwälzung*) rovesciamento *m*

**um|stürzen** I. *vt haben* rovesciare; (*a. fig*) ribaltare; (POL) sovvertire, rovesciare II. *vi sein* cadere, crollare; (*umkippen*) ribaltarsi

**umstürzlerisch** [ˈʊmʃtʏrtslərɪʃ] *adj* sovversivo, rivoluzionario

**um|taufen** *vt* ribattezzare

**Umtausch** *m* ① (COM) cambio *m;* **diese Waren sind vom** ~ **ausgeschlossen** gli articoli di questo reparto non possono venir cambiati ② (FIN) conversione *f*

**um|tauschen** *vt* ① (*Waren*) **etw** |**gegen etw**| ~ cambiare qc [con qc] ② (FIN) convertire

**Umtrieb** <-(e)s, -e> *m* ① (*umstürzlerische Aktivitäten*) manovra *f* ② (AGR) ciclo *m* ③ (*CH: Aufwand an Zeit, Arbeit, Geld, Mühe*) spreco *m*, dispendio *m*

**umtriebig** [ˈʊmtriːbɪç] *adj* affaccendato, indaffarato

**Umtrunk** <-(e)s, -trünke> *m* bicchierata *f*, bevuta *f*

**UMTS** [uːʔəmʔteːˈɛs] <-> *nt s*. **Universal Message Transmission System** UMTS *m* **UMTS-Lizenz** *f* licenza *f* UMTS **UMTS-Netz** *nt* rete *f* UMTS

**U-Musik** [ˈuːmuziːk] <-> *kein Pl. f* musica *f* leggera

**um|wälzen** *vt* ① (*Stein*) rotolare ② (*fig: grundlegend verändern*) capovolgere

**umwälzend** *adj* rivoluzionario **Umwälzung** <-, -en> *f* sovvertimento *m*, rivoluzione *f*

**um|wandeln** *vt* **etw** |**in etw**| ~ cambiare qc [in qc] **Umwandlung** *f* cambiamento *m*, trasformazione *f*

**umwarb** *1. u. 3. Pers. Sing. Imp. von* **umwerben**

**um|wechseln** *vt* cambiare (*in* + *acc* in)

**Umweg** *m* giro *m*, strada *f* più lunga; **einen** ~ **machen** prendere la strada più lunga, fare un giro; **auf** ~ **en** per vie traverse

**Umwelt** *f* ambiente *m*
**Umweltaktivist**(**in**) *m(f)* attivista *mf* ambientale **Umweltbedingungen** *fPl*. condizioni *fpl* ambientali **umweltbelastend** *adj* inquinante **Umweltbelastung** *f* incidenza *f* inquinante sull'ambiente, fattori *mpl* inquinanti **umweltbewusst** *adj o adv* ecologico; **sich** ~ **verhalten** rispettare l'ambiente **Umweltbewusstsein** *nt* coscienza *f* ecologica **Umweltbundesamt** [ˈʊmvɛltˈbʊndəsamt] <-(e)s> *kein Pl. nt* ufficio *m* federale per i beni ambientali **Umwelteinflüsse** *mPl*. influssi *mpl* ambientali **Umweltforschung** *f* studi *mpl* sull'ambiente **umweltfreundlich** *adj* non inquinante, salutare all'ambiente; ~ **e Plastiksäcke** sacchetti di plastica biodegradabili **Umweltgefahr** *f* pericolo *m* ambientale **umweltgefährdend** *adj* nocivo all'ambiente, inquinante **umweltgerecht** *adj* compatibile con l'ambiente, biodegradabile **Umweltgift** *nt* sostanza *f* contaminante **Umweltgütesiegel** *nt* ecoetichetta *f* **Umweltkatastrophe** *f* disastro *m* ecologico, sciagura *f* ecologica **Umweltkriminalität** *f* reati *mpl* contro l'ambiente **Umweltminister**(**in**) *m(f)* ministro *m* per i beni ambientali **Umweltministerium** <-s, -ministerien> *nt* ministero *m* per i beni ambientali **Umweltpolitik** *f* politica *f* ecologica **Umweltqualität** <-> *kein Pl. f* qualità *f* dell'ambiente **Umweltschaden** *m meist pl* danni *pl* ambientali **umweltschonend** *adj* antinquinante **Umweltschutz** *m* protezione *f* dell'ambiente, tutela *f* dell'ambiente **Umweltschutzbewegung** <-, -en> *f* movimento *m* ambientalista [*o* ecologista] **Umweltschützer**(**in**) <-s, -; -, -nen> *m(f)* ecologista *mf* **Umweltschutzmaßnahmen** *Pl*. misure *fpl* antinquinamento **Umweltschutzpapier** *nt* carta *f* riciclata **Umweltsteuer** *f* imposta *f* ambientale **Umweltsünder** *m* contami-

natore, -trice *m, f* ambientale **Umweltvergehen** *nt* (ECO) ecoreato *m* **Umweltverschmutzer(in)** <-s, -; -, -nen> *m(f)* inquinatore, -trice *m, f* **Umweltverschmutzung** *f* inquinamento *m* ambientale **umweltverträglich** *adj* biocompatibile **Umweltverträglichkeitsprüfung** *f* valutazione *f* d'impatto ambientale

**um|wenden** <a irr> I. *vt* voltare, girare II. *vr* **sich ~** girarsi, voltarsi

**umwerben** [ʊmˈvɛrbən] <irr, ohne ge-> *vt* corteggiare

**um|werfen** <irr> *vt* ❶ (*umschmeißen*) rovesciare, buttare giù ❷ (*fig fam: Plan, Ordnung*) capovolgere ❸ (*fam: aus der Fassung bringen*) sconvolgere

**umwerfend** *adj* sconvolgente

**umwickeln** [ʊmˈvɪkəln] <ohne ge-> *vt* avvolgere; **etw mit Binden ~** fasciare qc; **etw mit Papier ~** avvolgere qc nella carta

**umzäunen** [ʊmˈtsɔɪnən] <ohne ge-> *vt* recintare, recingere **Umzäunung** <-, -en> *f* recinzione *f*; (*Zaun*) recinto *m*

**um|ziehen** <irr> I. *vi sein* (*in andere Wohnung*) traslocare, cambiare casa; (*in andere Stadt*) trasferirsi; **nach Stuttgart ~** trasferirsi a Stoccarda II. *vr* **sich ~** cambiarsi [d'abito]

**umzingeln** [ʊmˈtsɪŋəln] <ohne ge-> *vt* accerchiare, circondare

**Umzug** *m* ❶ (*Festzug*) corteo *m*; (REL) processione *f* ❷ (*Wohnungswechsel*) trasloco *m*

**UN** [uːˈʔɛn] *f abk v* **United Nations** NU *fpl*

**unabänderlich** [ʊnˈʔapˈʔɛndəlɪç] *adj* immutabile; (*unwiderruflich*) irrevocabile

**unabdingbar** [ʊnˈʔapˈdɪŋbaːɐ] *adj* indispensabile

**unabhängig** *adj* indipendente; (*Staat*) autonomo; **von jdm/etw ~ sein** essere indipendente da qu/qc; **~ davon, ob/wann/wie/wo/wer ...** indipendentemente da se/quando/come/dove/chi ... **Unabhängigkeit** *f* indipendenza *f*; (*staatliche*) autonomia *f*; (*wirtschaftliche*) autarchia *f*

**unabkömmlich** [ˈʊnˈʔapkœmlɪç] *adj* impegnato, occupato

**unablässig** [ʊnˈʔapˈlɛsɪç] I. *adj* continuo, incessante II. *adv* in continuazione

**unabsehbar** [ʊnˈʔapˈzeːbaːɐ] *adj* ❶ (*unkalkulierbar*) incalcolabile; **auf ~e Zeit** a tempo indeterminato ❷ (*räumlich*) immenso

**unabsichtlich** *adj* involontario, non intenzionale

**unabwendbar** [ʊnˈʔapˈvɛntbaːɐ] *adj* inevitabile, ineluttabile

**unachtsam** *adj* (*unaufmerksam*) disattento, sbadato; (*nachlässig*) trascurato **Unachtsamkeit** <-> *kein Pl. f* (*Unaufmerksamkeit*) disattenzione *f*, sbadataggine *f*; (*Nachlässigkeit*) negligenza *f*

**unähnlich** *adj* dissimile (+*dat* da), diverso (+*dat* da)

**unanfechtbar** [ʊnˈʔanˈfɛçtbaːɐ] *adj* incontestabile, inoppugnabile

**unangebracht** *adj* inopportuno, fuori luogo

**unangefochten** *adj* indiscusso; (*bes. Recht*) incontestabile

**unangemeldet** I. *adj* non annunciato; (*Besucher*) inatteso II. *adv* senza avviso

**unangemessen** *adj* inadeguato

**unangenehm** *adj* sgradevole; (*misslich*) spiacevole; (*a. Überraschung*) brutto, increscioso; (*unsympathisch*) sgarbato; (*ärgerlich*) seccante, fastidioso; **~ auffallen** colpire in modo spiacevole; **[von etw] ~ berührt sein** essere dispiaciuto [di qc]; **es tut mir sehr ~** mi dispiace molto

**unangepasst** *adj* disadattato

**unangetastet** *adj* intatto; **etw ~ lassen** non toccare qc

**unangreifbar** [ʊnˈʔanˈɡraɪfbaːɐ] *adj* inattaccabile

**unannehmbar** [ʊnˈʔanˈneːmbaːɐ] *adj* inaccettabile

**Unannehmlichkeit** *f* fastidio *m*, difficoltà *f*; **jdm ~en bereiten** procurare noie a qu

**unansehnlich** *adj* non bello, non curato; (*Nahrung*) non appetitoso

**unanständig** *adj* indecente; (*obszön*) osceno; (*anstößig*) volgare **Unanständigkeit** *f* indecenza *f*; (*Obszönität*) oscenità *f*; (*Anstößigkeit*) volgarità *f*

**unantastbar** [ʊnˈʔanˈtastbaːɐ] *adj* intangibile, intoccabile; (JUR) inviolabile; (REL) sacro

**unappetitlich** *adj* disgustoso

**Unart** *f* ❶ (*schlechte Angewohnheit*) vizio *m* ❷ (*unartiges Benehmen*) maleducazione *f*; (*von Kindern*) cattiveria *f* **unartig** *adj* maleducato, cattivo

**unästhetisch** *adj* antiestetico

**unaufdringlich** *adj* ❶ (*Parfüm*) discreto, gradevole ❷ (*Mensch*) discreto

**unauffällig** I. *adj* non appariscente, che non dà nell'occhio II. *adv* senza farsi notare, con discrezione

**unauffindbar** [ˈʊnˈʔaʊffɪntbaːɐ] *adj* introvabile, irreperibile

**unaufgefordert** I. *adj* non richiesto II. *adv* spontaneamente

**unaufhaltsam** [ʊnʔaʊfˈhaltsaːm *o* ˈʊnʔaʊfhaltsaːm] *adj* inarrestabile

**unaufhörlich** [ʊnʔaʊfˈhøːɐ̯lɪç *o* ˈʊnʔaʊfhøːɐ̯lɪç] I. *adj* incessante, continuo II. *adv* in continuazione

**unauflöslich** [ʊnʔaʊfˈløːslɪç *o* ˈʊnʔaʊfløːslɪç] *adj* indissolubile

**unaufmerksam** *adj* ① (*unkonzentriert*) disattento; (*zerstreut*) distratto ② (*nicht zuvorkommend*) non premuroso **Unaufmerksamkeit** *f* disattenzione *f*; (*Zerstreutheit*) distrazione *f*

**unaufrichtig** *adj* insincero, falso **Unaufrichtigkeit** *f* falsità *f*

**unaufschiebbar** [ˈʊnʔaʊfʃiːbbaːɐ̯ *o* ʊnʔaʊfˈʃiːbbaːɐ̯] *adj* improrogabile, irrimandabile

**unausbleiblich** [ʊnʔaʊsˈblaɪplɪç *o* ˈʊnʔaʊsblaɪplɪç] *adj* immancabile, inevitabile

**unausgeglichen** *adj* poco equilibrato **Unausgeglichenheit** *f* mancanza *f* d'equilibrio

**unausgeschlafen** *adj* insonnolito

**unausgewogen** *adj* squilibrato

**unauslöschlich** [ˈʊnʔaʊslœʃlɪç *o* ʊnʔaʊsˈlœʃlɪç] *adj* (*geh*) indelebile

**unaussprechbar** [ˈʊnʔaʊsʃprɛçbaːɐ̯ *o* ʊnʔaʊsˈʃprɛçbaːɐ̯] *adj* impronunciabile

**unaussprechlich** [ʊnʔaʊsˈʃprɛçlɪç *o* ˈʊnʔaʊsʃprɛçlɪç] *adj* ineffabile; (*Elend, Freude, Leid*) indicibile

**unausstehlich** [ʊnʔaʊsˈʃteːlɪç *o* ˈʊnʔaʊsʃteːlɪç] *adj* insopportabile; (*widerlich*) odioso

**unausweichlich** [ʊnʔaʊsˈvaɪçlɪç *o* ˈʊnʔaʊsvaɪçlɪç] *adj* inevitabile

**unbändig** [ˈʊnbɛndɪç] *adj* indomabile, irrefrenabile; **sich ~ freuen** rallegrarsi enormemente

**unbarmherzig** *adj* spietato, crudele

**unbeabsichtigt** *adj* involontario, non intenzionale

**unbeachtet** *adj* inosservato; **etw ~ lassen** ignorare qc

**unbeaufsichtigt** *adj* (*Bahnübergang*) incustodito; (*Kinder*) non sorvegliato

**unbebaut** *adj* (*Acker*) incolto; (*Grundstück*) non edificato

**unbedacht** *adj* (*Person*) sconsiderato, sventato; (*Handlung*) sconsiderato; **~ handeln** agire sconsideratamente

**unbedarft** *adj* ingenuo, inesperto

**unbedenklich** I. *adj* sicuro, senza pericoli II. *adv* senz'altro, senza pericoli

**unbedeutend** *adj* ① (*unwichtig*) insignificante, irrilevante, poco importante ② (*geringfügig*) futile

**unbedingt** I. *adj* ① (*absolut*) assoluto; (*bedingungslos*) incondizionato ② (*CH: JUR: ohne Bewährung*) senza condizionale; **er wurde zu drei Jahren ~ verurteilt** fu condannato a tre anni senza condizionale II. *adv* in ogni caso, assolutamente; **das hat nicht ~ etw mit ... zu tun** [ciò] non ha necessariamente qc a che fare con ...

**unbeeindruckt** *adj* indifferente, impassibile; **~ bleiben** rimanere indifferente/impassibile; **~ lassen** non lasciarsi impressionare; **~ fortfahren** continuare senza farsi impressionare

**unbefangen** I. *adj* ① (*natürlich*) disinvolto, naturale ② (*unvoreingenommen*) spregiudicato ③ (*unparteiisch*) imparziale II. *adv* con disinvoltura, spregiudicatamente **Unbefangenheit** <-> *kein Pl.* *f* ① (*Ungehemmtheit*) disinvoltura *f*, naturalezza *f* ② (*Unvoreingenommenheit*) imparzialità *f*

**unbefriedigend** *adj* insoddisfacente **unbefriedigt** *adj* insoddisfatto

**unbefristet** *adj* illimitato

**unbefugt** *adj* non autorizzato, abusivo **Unbefugte** <ein -r, -n, -n> *mf* **~n ist der Zutritt verboten** vietato l'accesso ai non addetti

**unbegabt** *adj* negato; [**für etw**] **~ sein** non essere dotato [per qc]; **musikalisch ~ sein** essere negato per la musica

**unbegreiflich** [ʊnbəˈgraɪflɪç *o* ˈʊnbəgraɪflɪç] *adj* incomprensibile, inconcepibile

**unbegrenzt** *adj* illimitato, sconfinato

**unbegründet** *adj* infondato, ingiustificato

**unbehaart** *adj* (*ohne Körperhaar*) glabro, senza pelo; (*ohne Bart*) imberbe, senza barba; (*ohne Kopfhaar*) calvo, pelato

**Unbehagen** *nt* malessere *m*, disagio *m*

**unbehaglich** *adj* (*ungemütlich*) disagevole; (*unangenehm*) sgradevole; **sich ~ fühlen** essere a disagio

**unbehandelt** *adj* (*Obst*) non trattato

**unbeherrscht** I. *adj* incontrollato; (*Person*) che non sa dominarsi; **du bist immer so unbeherrscht!** non sai mai controllarti! II. *adv* incontrollatamente

**unbeholfen** [ˈʊnbəhɔlfən] *adj* maldestro; (*plump*) goffo **Unbeholfenheit** <-> *kein Pl.* *f* goffaggine *f*

**unbeirrbar** [ʊnbəˈʔɪrbaːɐ̯ *o* ˈʊnbəʔɪrbaːɐ̯] *adj* imperturbabile, fermo **unbeirrt** [ʊnbəˈʔɪrt *o* ˈʊnbəʔɪrt] *adj* imperturbato, fermo, impassibile

**unbekannt** *adj* sconosciuto; (ADM, JUR) ignoto; **~ verzogen** trasferito senza lasciare indirizzo; **das ist mir ~** questo mi giunge nuovo **Unbekannte** *mf* sconosciuto, -a *m, f*; (ADM, JUR) ignoto, -a *m, f*

**unbekleidet** *adj* svestito, nudo

**unbekümmert** ['ʊnbəkʏmɐt] *adj* ① (*unbesorgt*) incurante ② (*sorglos*) spensierato **Unbekümmertheit** <-> *kein Pl. f* incuranza *f*, noncuranza *f*, spensieratezza *f*

**unbelastet** *adj* ① (*frei*) libero; **~ von Sorgen/Pflichten** libero da problemi/doveri ② (FIN) non gravato da ipoteche

**unbelehrbar** ['ʊnbəleːɐ̯baːɐ̯ *o* ʊnbəˈleːɐ̯baːɐ̯] *adj* incorreggibile, irriducibile; (*halsstarrig*) caparbio, ostinato

**unbeliebt** *adj* malvisto; (*unpopulär*) impopolare; **bei jdm ~ sein** essere malvisto da qu; **sich bei jdm ~ machen** rendersi antipatico a qu **Unbeliebtheit** *f* impopolarità *f*

**unbemannt** *adj* senza uomini a bordo, senza equipaggio

**unbemerkt** I. *adj* inosservato, inavvertito II. *adv* senza essere visto

**unbenommen** [ʊnbəˈnɔmən *o* ˈʊnbənɔmən] *adj* **es bleibt Ihnen ~** nessuno Le impedisce di farlo

**unbenutzbar** *adj* inutilizzabile **unbenutzt** *adj* inutilizzato; **etw ~ zurückgeben** restituire qc di inutilizzato

**unbeobachtet** *adj* inosservato

**unbequem** *adj* ① (*Sessel*) scomodo ② (*fig: lästig*) molesto, importuno **Unbequemlichkeit** *f* scomodità *f*; (*Lästigkeit*) molestia *f*

**unberechenbar** [ʊnbəˈrɛçənbaːɐ̯ *o* ˈʊnbərɛçənbaːɐ̯] *adj* incalcolabile; (*Mensch a*) imprevidibile

**unberechtigt** *adj* non autorizzato; illegittimo

**unberücksichtigt** *adj* trascurato, ignorato; **~ lassen** tralasciare, non prendere in considerazione; **~ bleiben** non essere considerato

**unberührt** *adj* ① (*nicht berührt*) intatto ② (*jungfräulich*) vergine

**unbeschadet** [ʊnbəˈʃaːdət *o* ˈʊnbəʃaːdət] *prp +gen* (*geh*) malgrado, nonostante

**unbeschädigt** *adj* incolume, illeso, intatto

**unbescheiden** *adj* immodesto, presuntuoso; **ein ~er Typ** un tipo immodesto/presuntuoso; **~es Verhalten** atteggiamento presuntuoso

**Unbescheidenheit** *f* immodestia *f*, presunzione *f*

**unbescholten** *adj* integro, illibato

**unbeschränkt** ['ʊnbəʃrɛŋkt] *adj* illimitato; (*Gewalt*) assoluto; **jdm ~e Vollmacht geben** dare a qu pieni poteri

**unbeschreiblich** ['ʊnbəʃraɪplɪç] *adj* indescrivibile

**unbeschrieben** *adj* (*Papier*) bianco; **er ist [noch] ein ~es Blatt** (*fam*) non si può ancora dire niente di lui

**unbesehen** ['ʊnbəzeːən] *adv* senza vedere [*o* esaminare]; **das glaube ich dir ~** ti credo senz'altro

**unbesiegbar** ['ʊnbəziːkbaːɐ *o* ʊnbəˈziːkbaːɐ] *adj* invincibile **unbesiegt** *adj* imbattuto, invitto *geh*

**unbesonnen** I. *adj* ① (*Entschluss*) avventato ② (*Mensch*) sventato II. *adv* alla leggera **Unbesonnenheit** *f* ① *Sing.* (*Eigenschaft*) sventatezza *f*, leggerezza *f* ② (*Handlung*) imprudenza *f*

**unbesorgt** *adj* tranquillo; **seien Sie ~!** non si preoccupi!

**unbeständig** *adj* ① (*wechselhaft*) instabile; (*Wetter*) variabile ② (*Person*) volubile, incostante **Unbeständigkeit** *f* instabilità *f*; (*Wankelmut*) incostanza *f*, volubilità *f*; (*von Wetter*) variabilità *f*

**unbestätigt** *adj* non confermato; **nach noch ~en Quellen** secondo fonti non ancora confermate

**unbestechlich** [ʊnbəˈʃtɛçlɪç *o* ˈʊnbəʃtɛçlɪç] *adj* incorruttibile **Unbestechlichkeit** *f* incorruttibilità *f*

**unbestimmt** *adj* indeterminato; (LING) indefinito; **auf ~e Zeit** a tempo indeterminato

**unbestreitbar** [ʊnbəˈʃtraɪtbaːɐ̯ *o* ˈʊnbəʃtraɪtbaːɐ̯] *adj* incontestabile, indiscutibile

**unbestritten** [ʊnbəˈʃtrɪtən *o* ˈʊnbəʃtrɪtən] I. *adj* indiscusso, incontestato; **es ist ~, dass ...** è sicuro che ... II. *adv* senza dubbio

**unbeteiligt** [ʊnbəˈtaɪlɪçt *o* ˈʊnbətaɪlɪçt] *adj* disinteressato, non coinvolto

**unbetont** *adj* atono, non accentuato

**unbeugsam** [ʊnˈbɔɪkzaːm *o* ˈʊnbɔɪkzaːm] *adj* inflessibile

**unbewacht** *adj* incustodito; (*schutzlos*) non sorvegliato; **ein ~er Parkplatz** un posteggio incustodito

**unbewaffnet** *adj* disarmato

**unbewältigt** *adj* irrisolto; **~e Probleme/Konflikte** problemi/conflitti irrisolti

**unbeweglich** [ʊnbəˈveːklɪç *o* ˈʊnbəveːklɪç] *adj* immobile; (*fest*) fisso; (*starr*) rigido; (*geistig*) inflessibile **Unbeweglichkeit** *f* immobilità *f*; (*Starrheit*) fissità *f*, rigidità *f*; (*geistig*) inflessibilità *f*

**unbewohnbar** ['ʊnbəvo:nba:ɐ̯ o ʊnbə-'vo:nba:ɐ̯] *Adj* inabitabile **unbewohnt** *Adj* disabitato

**unbewusst** *Adj* inconsapevole; (PSYCH) inconscio; (*instinktiv*) istintivo; **das ist mir ganz ~** non me ne sono reso conto **Unbewusste** <ein -s, -n> *kein Pl. nt* (PSYCH) inconscio *m*

**unbezahlbar** [ʊnbə'tsa:lba:ɐ̯] *Adj* impagabile **unbezahlt** *Adj* (*Rechnung*) non saldato [*o* pagato]; (*Arbeit*) non retribuito [*o* pagato]

**unblutig** *Adj* incruento, senza spargimento di sangue

**unbrauchbar** *Adj* inutilizzabile; (*ungeeignet*) inadatto

**unbürokratisch** *Adj* non burocratico; **jdm schnelle und ~e Hilfe zusichern** assicurare a qu aiuto sollecito e spontaneo

**unchristlich** *Adj* ❶ (*nicht christlich*) non cristiano ❷ (*fam: ungerecht*) ingiusto

**uncool** ['ʌnku:l] *Adj* non cool

**und** [ʊnt] *konj* e; (*vor Vokal*) ed; (*bei wiederholten Komparativen*) sempre; (MAT) più, e; **größer ~ größer** sempre più grande; **~ so weiter** [*o* **fort**] eccetera, e così via; **drei ~ zwei ist fünf** tre più due fa cinque; **geh ~ hole mir ...** va a prendermi ...; **sei so gut ~ mach das Fenster zu** fammi il favore di chiudere la finestra; **~ ob!** (*fam*) eccome!, e come no!; **~?** e allora?; **na ~?** (*fam*) e con ciò?

**Undank** *m* ingratitudine *f*; **~ ernten** raccogliere ingratitudine; **~ ist der Welt Lohn** (*prov*) il mondo è ingrato **undankbar** *Adj* ingrato; **gegen jdn ~ sein** essere ingrato verso qu **Undankbarkeit** *f* ingratitudine *f*

**undatiert** *Adj* non datato

**undefinierbar** [ʊndefi'ni:ɐ̯ba:ɐ̯ *o* 'ʊndefini:ɐ̯ba:ɐ̯] *Adj* indefinibile

**undemokratisch** *Adj* antidemocratico

**undenkbar** [ʊn'dɛŋkba:ɐ̯] *Adj* impensabile, inconcepibile

**undeutlich** *Adj* indistinto; (*Foto*) offuscato; (*Schrift*) illeggibile; (*Laut*) inarticolato; **sich ~ ausdrücken** esprimersi in modo confuso

**undicht** *Adj* non stagno, non ermetico; **der Wasserhahn ist ~** il rubinetto perde

**undifferenziert** *Adj* indifferenziato

**Unding** *nt* **es ist ein ~ zu ...** è assurdo +*inf*

**undiplomatisch** *Adj* non diplomatico

**undiszipliniert** *Adj* indisciplinato

**undogmatisch** *Adj* (POL, REL) non dogmatico, antidogmatico

**unduldsam** *Adj* intollerante

**undurchdringlich** [ʊndʊrç'drɪŋlɪç *o* 'ʊndʊrçdrɪŋlɪç] *Adj* impenetrabile

**undurchführbar** [ʊndʊrç'fy:ɐ̯ba:ɐ *o* 'ʊndʊrçfy:ɐ̯ba:ɐ] *Adj* inattuabile

**undurchlässig** *Adj* impermeabile

**undurchschaubar** ['ʊndʊrçʃaʊba:ɐ̯ *o* ʊndʊrçʃaʊba:ɐ̯] *Adj* impenetrabile

**undurchsichtig** *Adj* ❶ (*nicht durchsichtig*) non trasparente; (*Glas*) opaco ❷ (*fig: undurchschaubar*) impenetrabile, misterioso

**uneben** *Adj* (*Weg*) scosceso, scabro; (*Gelände*) accidentato

**unecht** *Adj* falso; (*nachgemacht*) imitato; (*künstlich*) artificiale

**unehelich** *Adj* (*Kind*) illegittimo, naturale

**unehrenhaft** *Adj* disonorevole

**unehrlich** *Adj* falso, disonesto **Unehrlichkeit** *f* disonestà *f*, insincerità *f*

**uneigennützig** *Adj* disinteressato, altruista

**uneingeschränkt** *Adj* illimitato; (*Gewalt*) assoluto

**uneinheitlich** *Adj* discontinuo

**uneinig** *Adj* discorde; (*bes. Partei*) diviso; **in diesem Punkt sind wir uns ~** su questo punto non siamo d'accordo **Uneinigkeit** *f* discordia *f*, disaccordo *m*

**uneins** <inv> *adj s.* **uneinig**

**uneinsichtig** *Adj* (*unvernünftig*) irragionevole; (*verstockt*) ostinato

**unempfindlich** *Adj* ❶ (*unsensibel*) insensibile; **gegen etw ~ sein** essere insensibile a qc ❷ (*widerstandsfähig*) **gegen Krankheiten ~ sein** essere resistente alle malattie **Unempfindlichkeit** *f* ❶ (*Unsensibilität*) insensibilità *f* ❷ (*Widerstandsfähigkeit*) resistenza *f* ❸ (*Gefühllosigkeit*) impassibilità *f*, freddezza *f*

**unendlich** [ʊn'ʔɛntlɪç] I. *Adj* infinito; (*unermesslich*) immenso II. *adv* infinitamente; **sie haben ~ lange diskutiert** non finivano più di discutere **Unendlichkeit** <-> *kein Pl. f* infinità *f*; (*Unermesslichkeit*) immensità *f*

**unentbehrlich** [ʊn'ʔɛnt'be:ɐ̯lɪç *o* 'ʊn'ʔɛntbe:ɐ̯lɪç] *Adj* indispensabile

**unentgeltlich** [ʊn'ʔɛnt'gɛltlɪç *o* 'ʊn'ʔɛntgɛltlɪç] I. *Adj* gratuito II. *adv* gratis, per niente

**unentrinnbar** [ʊn'ʔɛnt'rɪnba:ɐ *o* 'ʊn'ʔɛntrɪnba:ɐ] *Adj* inevitabile, ineluttabile

**unentschieden** *Adj* ❶ (*Mensch*) indeciso, incerto ❷ (*Frage, Angelegenheit*) incerto ❸ (SPORT) **~ enden** finire con un pareggio; **~ stehen** essere in pareggio **Unentschieden** <-, -> *nt* (SPORT) pareggio *m*

**unentschlossen** *Adj* irresoluto, indeciso;

(*zögernd*) titubante; ~ **sein** esitare **Unentschlossenheit** *f* irresolutezza *f*, indecisione *f*

**unentschuldbar** [ʊn'ʔɛntʃʊltbaːɐ̯ o 'ʊnʔɛntʃʊltbaːɐ̯] *adj* ingiustificabile, imperdonabile

**unentschuldigt** *adj* ingiustificato; **~es Fehlen** assenza ingiustificata

**unentwegt** [ʊn'ʔɛntveːkt o 'ʊnʔɛntveːkt] I. *adj* imperterrito, fermo II. *adv* in continuazione, incessantemente

**unentwirrbar** [ʊn'ʔɛntvɪrbaːɐ o 'ʊnʔɛntvɪrbaːɐ] *adj* inestricabile

**unerbittlich** [ʊn'ʔɛɐ'bɪtlɪç o 'ʊnʔɛɐbɪtlɪç] *adj* spietato; (*a. Schicksal*) inesorabile

**unerfahren** *adj* inesperto; **in etw** *dat* **~ sein** essere inesperto in qc **Unerfahrenheit** <-> *kein Pl. f* inesperienza *f*, mancanza *f* di esperienza

**unerfindlich** [ʊn'ʔɛɐ'fɪntlɪç o 'ʊnʔɛɐfɪntlɪç] *adj* **aus ~en Gründen** per ragioni oscure

**unerfreulich** *adj* spiacevole

**unergiebig** *adj* ① (*Boden*) improduttivo ② (*Thema*) infruttuoso

**unergründlich** [ʊn'ʔɛɐ'ɡrʏntlɪç o 'ʊnʔɛɐɡrʏntlɪç] *adj* impenetrabile, imperscrutabile

**unerheblich** *adj* irrilevante, insignificante

**unerhört** [ʊn'ʔɛɐ'høːɐ̯t] I. *adj* ① (*unglaublich*) inaudito; (*außerordentlich*) incredibile ② (*pej: empörend*) inaudito; **das ist ja wirklich ~!** è veramente incredibile! II. *adv* (*überaus*) incredibilmente

**unerkannt** *adv* sconosciuto, incognito; **~ entkommen** fuggire incognito

**unerklärlich** [ʊn'ʔɛɐ'klɛːɐ̯lɪç o 'ʊnʔɛɐklɛːɐ̯lɪç] *adj* inesplicabile, inspiegabile; **es ist mir ~, wie ...** non riesco a spiegarmi come ...

**unerlässlich** [ʊn'ʔɛɐ'lɛslɪç o 'ʊnʔɛɐlɛslɪç] *adj* indispensabile, essenziale

**unerlaubt** *adj* illecito, non autorizzato, vietato

**unerledigt** *adj* non sbrigato; (*Post*) inevaso; (*Rechnung*) non pagato

**unermesslich** [ʊn'ʔɛɐ'mɛslɪç o 'ʊnʔɛɐmɛslɪç] *adj* smisurato; (*unendlich*) infinito, immenso; (*riesig*) enorme

**unermüdlich** [ʊn'ʔɛɐ'myːtlɪç o 'ʊnʔɛɐmyːtlɪç] *adj* instancabile, indefesso

**unerreichbar** [ʊn'ʔɛɐ'raɪçbaːɐ o 'ʊnʔɛɐraɪçbaːɐ̯] *adj* ① (*Ort*) irraggiungibile, inaccessibile ② (*fig: Leistung*) ineguagliabile

**unerreicht** *adj* non ancora raggiunto; (*Rekord*) ineguagliabile

**unersättlich** [ʊn'ʔɛɐ'zɛtlɪç o 'ʊnʔɛɐzɛtlɪç] *adj* insaziabile

**unerschöpflich** [ʊn'ʔɛɐ'ʃœpflɪç o 'ʊnʔɛɐʃœpflɪç] *adj* inesauribile

**unerschrocken** *adj* impavido, intrepido

**unerschütterlich** [ʊn'ʔɛɐ'ʃʏtɐlɪç o 'ʊnʔɛɐʃʏtɐlɪç] *adj* fermo, saldo; (*Ruhe*) imperturbabile

**unerschwinglich** [ʊn'ʔɛɐ'ʃvɪŋlɪç o 'ʊnʔɛɐʃvɪŋlɪç] *adj* (*Ware*) inaccessibile; (*zu teuer*) troppo caro; (*Preis*) esorbitante

**unersetzlich** [ʊn'ʔɛɐ'zɛtslɪç o 'ʊnʔɛɐzɛtslɪç] *adj* ① (*unersetzbar*) insostituibile ② (*nicht wiedergutzumachen*) irreparabile, irrimediabile

**unerträglich** [ʊn'ʔɛɐ'trɛːklɪç o 'ʊnʔɛɐtrɛːklɪç] *adj* insopportabile

**unerwähnt** *adj* non menzionato; **etw ~ lassen** non menzionare qc

**unerwartet** ['ʊnʔɛɐvartət] I. *adj* inaspettato, inatteso; (*Glück*) insperato; (*plötzlich*) improvviso II. *adv* all'improvviso

**unerwünscht** *adj* indesiderato; (*ungelegen*) inopportuno

**unerzogen** *adj* ineducato, maleducato

**UNESCO** [u'nɛsko] <-> *kein Pl. f* U.N.E.S.C.O. *f*

**unfähig** *adj* incapace; **zu etw ~ sein** essere incapace di fare qc **Unfähigkeit** *f* ① (*Inkompetenz*) incapacità *f* ② (*Arbeits~*) inabilità *f*

**unfair** *adj* sleale; (SPORT) scorretto

**Unfall** *m* incidente *m*; **einen ~ haben** avere un incidente; **bei einem ~ ums Leben kommen** morire in un incidente **Unfallarzt** *m*, **Unfallärztin** *f* medico *m* del pronto soccorso **Unfallchirurgie** *f* chirurgia *f* d'urgenza **Unfallfahrer(in)** *m(f)* automobilista *mf* che ha provocato un incidente **Unfallflucht** <-> *kein Pl. f* fuga *f* del responsabile di un incidente; **~ begehen** fuggire dopo aver provocato un incidente **Unfallfolgen** *fPl*. **an den ~ sterben** morire per i postumi dell'incidente **unfallfrei** *adj* che non ha mai causato incidenti **Unfallopfer** *nt* vittima *f* dell'incidente **Unfallquote** *f* numero *m* degli incidenti **Unfallrisiko** <-s, -risiken> *nt* rischio *m* [*o* pericolo *m*] d'incidente **Unfallschaden** *m* (ADM) danno *m* da incidente **Unfallstation** *f* stazione *f* di pronto soccorso **Unfallstatistik** *f* statistica *f* degli incidenti **Unfallstelle** *f* luogo *m* dell'incidente **Unfallursache** <-, -n> *f* causa *f* dell'incidente **Unfallverhütung** *f* prevenzione *f* degli infortuni **Unfallversicherung** *f* assicurazione *f* contro gli infortuni **Unfallwagen** *m* ① (*Rettungswagen*) autoambulanza *f* ❷ (*beschädigter Wagen*) automobile *f* che ha avuto un incidente

**unfassbar, unfasslich** [ʊnˈfasbaːɐ̯, ʊnˈfaslɪç *o* ˈʊnfasbaːɐ̯, ˈʊnfaslɪç] *adj* inconcepibile

**unfehlbar** [ʊnˈfeːlbaːɐ̯ *o* ˈʊnfeːlbaːɐ̯] I. *adj* infallibile; (*sicher*) sicuro II. *adv* certamente, sicuramente **Unfehlbarkeit** <-> *kein Pl.* *f* infallibilità *f*; (*Sicherheit*) sicurezza *f*

**unfein** *adj* poco fine; (*unhöflich*) sgarbato; (*grob*) rozzo

**unflätig** [ˈʊnflɛːtɪç] *adj* sconcio, osceno, turpe

**unförmig** [ˈʊnfœrmɪç] *adj* deforme, informe **Unförmigkeit** <-> *kein Pl.* *f* deformità *f*, difformità *f*

**unfrankiert** *adj* non affrancato

**unfrei** *adj* ❶ (*nicht frei*) non libero, schiavo ❷ (*unfrankiert*) non affrancato

**unfreiwillig** *adj* involontario

**unfreundlich** *adj* ❶ (*unliebenswürdig*) scortese, sgarbato; (*barsch*) brusco, aspro ❷ (*nicht ansprechend*) poco accogliente; (*Wetter*) inclemente, brutto

**Unfriede|n|** *m* discordia *f*, disaccordo *m*

**UN-Friedensplan** *m* piano *m* di pace dell'ONU

**unfruchtbar** *adj* sterile; (*zeugungsunfähig*) infecondo

**Unfruchtbarkeit** *f* sterilità *f*; (*fig a*) infecondità *f*

**Unfug** [ˈʊnfuːk] <-(e)s> *kein Pl.* *m* ❶ (*Possen*) scemenze *fpl*; **~ treiben** fare scemenze ❷ (*Unsinn*) sciocchezze *fpl*; **red' doch keinen ~!** ma non dire sciocchezze!

**Ungar(in)** [ˈʊŋɡar] <-n, -n; -, -nen> *m(f)* ungherese *mf*

**ungarisch** *adj* ungherese

**Ungarn** [ˈʊŋɡarn] *nt* Ungheria *f*

**ungastlich** *adj* inospitale

**ungeachtet** [ʊŋɡəˈʔaxtət *o* ˈʊŋɡəʔaxtət] *prp +gen* nonostante, malgrado; **~ dessen** ciò nonostante; **dessen ~** malgrado ciò; **~ der Tatsache, dass ...** nonostante il fatto che *+conj*

**ungeahnt** [ʊŋɡəˈʔaːnt *o* ˈʊŋɡəʔaːnt] *adj* insospettato, inaspettato

**ungebeten** *adj* **~er Gast** intruso, -a *m, f*

**ungebildet** *adj* incolto

**ungeboren** *adj* non ancora nato, nascituro **Ungeborene** <ein -s, -n, -n> *nt* nascituro *m*

**ungebräuchlich** *adj* inusitato, non in uso

**ungebraucht** *adj* non usato, nuovo di zecca

**ungebührlich** I. *adj* (*ungehörig*) indecente; (*übertrieben*) esorbitante II. *adv* (*übertrieben*) eccessivamente

**ungedeckt** *adj* ❶ (*ohne Bedeckung*) scoperto; **~ er Tisch** tavola non apparecchiata ❷ (SPORT) smarcato ❸ (FIN) scoperto

**Ungeduld** *f* impazienza *f* **ungeduldig** *adj* impaziente

**ungeeignet** *adj* inadatto; **für etw ~ sein** essere inadatto a qc; **ein ~er Moment** un momento inopportuno

**ungefähr** [ʊŋɡəˈfɛːɐ̯ *o* ˈʊŋɡəfɛːɐ̯] I. *adj* (*annähernd*) approssimativo; (*vage*) vago II. *adv* circa, pressappoco; **~ 100 Euro** un centinaio di euro; **nicht von ~** non a caso; **wo ~?** dove pressappoco?

**ungefährlich** *adj* non pericoloso; (*harmlos*) innocuo

**ungefällig** *adj* poco compiacente, scortese

**ungefärbt** *adj* non colorato; (*Haar*) non tinto; (*Lebensmittel*) senza coloranti

**ungehalten** *adj* (*geh*) irritato; **über etw** *acc* **~ sein** essere irritato per qc; **~ werden** irritarsi

**ungeheizt** *adj* non riscaldato

**ungehemmt** *adj* ❶ (*durch nichts gehemmt*) libero; (*zügellos*) sfrenato ❷ (*frei von inneren Hemmungen*) disinvolto, libero

**ungeheuer** [ʊŋɡəˈhɔyɐ *o* ˈʊŋɡəhɔyɐ] I. *adj* immenso, enorme; (*riesig*) colossale, gigantesco II. *adv* enormemente, infinitamente

**Ungeheuer** [ʊŋɡəˈhɔyɐ *o* ˈʊŋɡəhɔyɐ] <-s, -> *nt* mostro *m*

**ungeheuerlich** [ʊŋɡəˈhɔyɐlɪç *o* ˈʊŋɡəhɔyɐlɪç] *adj* (*pej: unerhört, empörend*) inaudito, scandaloso

**ungehindert** *adj* **zu etw ~en Zugang haben** avere libero accesso a qc

**ungehobelt** [ʊŋɡəˈhoːbəlt *o* ˈʊŋɡəhoːbəlt] *adj* (*pej*) rozzo, villano

**ungehörig** *adj* insolente **Ungehörigkeit** <-, -en> *f* insolenza *f*

**ungehorsam** *adj* disubbidiente **Ungehorsam** *m* disubbidienza *f*

**ungeklärt** *adj* (*Frage, Ursache*) non chiarito; (*Verbrechen*) oscuro

**ungekündigt** *adj* **in ~er Stellung** senza aver subito licenziamento

**ungekünstelt** *adj* naturale, non affettato

**ungekürzt** *adj* (*Text, Ausgabe*) integrale

**ungeladen** *adj* ❶ (*Schusswaffe*) scarico ❷ (*Gast*) non invitato

**ungelegen** *adj* inopportuno; (*zeitlich a*) intempestivo; **komme ich ~?** disturbo? **Ungelegenheiten** *fPl.* fastidi *mpl*; **jdm ~ bereiten** procurare fastidi a qu

**ungelenk** *adj* (*ungeschickt*) goffo, maldestro **ungelenkig** *adj* rigido
**ungelernt** *adj* ~ **er Arbeiter** operaio non qualificato
**ungeliebt** *adj* non amato; ~ **sein** non essere ben voluto
**ungelogen** *adv* (*fam*) davvero
**ungelöst** *adj* irrisolto
**Ungemach** ['ʊŋgəmaːx] <-(e)s> *kein Pl. nt* (*poet*) ① (*Unglück*) avversità *f* ② (*Unannehmlichkeit*) fastidio *m*, molestia *f*
**ungemein** [ʊŋgə'maɪn *o* 'ʊŋgəmaɪn] *adv* immensamente
**ungemütlich** *adj* ① (*nicht gemütlich*) non confortevole, poco accogliente ② (*fig: Wetter*) brutto, cattivo; (*Person*) poco simpatico; ~ **werden** (*fam*) arrabbiarsi
**ungenau** *adj* inesatto, impreciso **Ungenauigkeit** *f* inesattezza *f*, imprecisione *f*
**ungeniert** [ʊnʒe'niːɐ̯t *o* 'ʊnʒeniːɐ̯t] I. *adj* disinvolto II. *adv* con disinvoltura; (*frei*) liberamente, indisturbatamente **Ungeniertheit** <-> *kein Pl. f* disinvoltura *f*
**ungenießbar** [ʊŋgə'niːsbaːɐ̯ *o* 'ʊŋgəniːsbaːɐ̯] *adj* ① (*Speise*) immangiabile; (*Getränk*) imbevibile ② (*fam scherz: Person*) intrattabile
**ungenügend** *adj* (*a. Schulnote*) insufficiente
**ungenutzt** *adj* inutilizzato; **die Chance ~ verstreichen lassen** lasciarsi scappare l'occasione, non cogliere l'occasione
**ungenützt** *adj* inutilizzato; **die Chance ~ verstreichen lassen** lasciarsi scappare l'occasione, non cogliere l'occasione
**ungeordnet** *adj* disordinato, in disordine
**ungepflegt** *adj* non curato, trascurato
**ungerade** *adj* (*Zahl*) dispari
**ungerechnet** *prp* +*gen* senza calcolare
**ungerecht** *adj* ingiusto
**ungerechtfertigt** *adj* ingiustificato
**Ungerechtigkeit** *f* ingiustizia *f*; ~ **gegenüber jdn/etw** ingiustizia verso qu/qc
**ungeregelt** *adj* sregolato, disordinato
**ungereimt** ['ʊŋgəraɪmt] *adj* ① (LIT) non rimato, sciolto ② (*fig: keinen Sinn ergebend*) insensato; ~ **es Zeug** insulsaggini *fpl* **Ungereimtheit** <-, -en> *f* (*fig*) insulsaggini *fpl*
**ungern** *adv* mal volentieri, controvoglia
**ungerührt** ['ʊŋgəryːɐ̯t] *adj* insensibile, impassibile; ~ **zusehen** guardare con indifferenza
**ungesalzen** *adj* senza sale, insipido
**ungeschält** *adj* non sbucciato; ~ **es Obst** frutta non sbucciata; ~ **er Reis/Mais** riso/grano non mondato
**ungeschehen** *adj* **etw ~ machen** fare come se qc non fosse successo; **das ist nicht mehr ~ zu machen** ormai è cosa fatta
**Ungeschick** <-(e)s> *kein Pl. nt*, **Ungeschicklichkeit** <-, -en> *f* azione *f* maldestra, goffaggine *f*
**ungeschickt** *adj* maldestro, goffo
**ungeschlacht** ['ʊŋgəʃlaxt] *adj* ① (*wuchtig*) grosso ② (*grob*) rozzo, grossolano
**ungeschlagen** *adj* (SPORT) imbattuto
**ungeschlechtlich** *adj* (BIOL) asessuale
**ungeschliffen** *adj* ① (*Edelstein*) greggio ② (*fig pej: Manieren*) villano, rozzo
**ungeschminkt** *adj* ① (*Person*) non truccato, senza trucco ② (*Wahrheit*) puro, schietto
**ungeschoren** *adj* ~ **davonkommen** uscirne indenne
**ungesehen** *adj* inosservato, senza essere visto
**ungesellig** *adj* insocievole
**ungesetzlich** *adj* illegale
**ungesichert** *adj* non premunito, sprovveduto di misure precauzionali
**ungestört** I. *adj* indisturbato, tranquillo II. *adv* in pace
**ungestraft** *adj* impunito; ~ **davonkommen** uscirne impunito
**ungestüm** ['ʊŋgəʃtyːm] I. *adj* (*geh*) impetuoso; (*heftig*) violento II. *adv* (*geh*) con veemenza **Ungestüm** <-(e)s> *kein Pl. nt* (*geh*) impetuosità *f*; **mit jugendlichem ~** con impeto giovanile
**ungesund** *adj* ① (*Speise, Klima*) malsano; (*schädlich*) nocivo; **für jdn/etw ~ sein** essere nocivo a qu/qc ② (*kränklich*) malaticcio
**ungesüßt** *adj* senza zucchero; **Tee ~ trinken** bere il tè senza zucchero
**ungetrübt** *adj* ① (*Wasser*) limpido ② (*fig: Freude, Glück*) non offuscato, sereno
**Ungetüm** ['ʊŋgətyːm] <-(e)s, -e> *nt* colosso *m*; (*Monstrum*) mostro *m*
**ungeübt** *adj* inesperto; **in etw** *dat* ~ **sein** essere inesperto in qc
**ungewandt** *adj* maldestro
**ungewiss** *adj* incerto, dubbio; **jdn über etw** *acc* **im Ungewissen lassen** lasciare qu nell'incertezza di qc **Ungewissheit** *f* incertezza *f*, dubbio *m*
**ungewöhnlich** *adj* ① (*ungewohnt*) insolito, inconsueto ② (*außerordentlich*) eccezionale
**ungewohnt** *adj* inconsueto, insolito

**ungewollt** I. *adj* involontario, non voluto II. *adv* involontariamente

**ungezählt** I. *adj* innumerevole II. *adv* senza contare

**Ungeziefer** ['ʊngətsiːfɐ] <-s> *kein Pl. nt* insetti *mpl* nocivi, parassiti *mpl*

**ungezogen** *adj* maleducato; (*bes. Kinder*) cattivo; (*frech*) sfacciato **Ungezogenheit** <-, -en> *f* maleducazione *f*; (*bes. von Kindern*) cattiveria *f*; (*Frechheit*) sfacciataggine *f*

**ungezügelt** *adj* sfrenato

**ungezwungen** I. *adj* spontaneo; (*natürlich*) naturale, disinvolto II. *adv* con disinvoltura **Ungezwungenheit** <-> *kein Pl. f* spontaneità *f*; (*Natürlichkeit*) naturalezza *f*, disinvoltura *f*

**ungiftig** *adj* atossico

**Unglaube** *m* ❶ (*Zweifel*) incredulità *f* ❷ (REL) miscredenza *f*

**unglaubhaft** *adj* incredibile

**ungläubig** *adj* ❶ (*zweifelnd*) incredulo ❷ (REL) miscredente **Ungläubige** *mf* (REL) miscredente *mf*, infedele *mf*

**unglaublich** ['ʊnglaʊplɪç] *adj* ❶ (*nicht zu glauben*) incredibile ❷ (*fig: unerhört*) inaudito

**unglaubwürdig** *adj* ❶ (*Mensch*) non degno di fede ❷ (*Nachricht*) inattendibile **Unglaubwürdigkeit** *f* inattendibilità *f*

**ungleich** I. *adj* disuguale; (*verschieden*) differente, diverso; (*unähnlich*) dissimile; (*nicht zusammenpassend*) spaiato II. *adv* (*vor Komparativen: weitaus*) di gran lunga

**Ungleichgewicht** <-(e)s, -e> *nt* squilibrio *m*

**Ungleichheit** <-, -en> *f* disuguaglianza *f*, diversità *f*

**ungleichmäßig** *adj* ❶ (*unregelmäßig*) irregolare ❷ (*nicht zu gleichen Teilen*) sproporzionato

**Ungleichung** *f* disequazione *f*

**Unglück** <-(e)s, -e> *nt* ❶ (*Unheil*) disgrazia *f* ❷ (*Pech, Missgeschick*) sfortuna *f*; **vom ~ verfolgt werden** essere perseguitato dalla sfortuna; **zu allem ~ ...** per [il] colmo della sfortuna ...; **das bringt ~** [ciò] porta sfortuna ❸ (*~sfall*) disgrazia *f*, sciagura *f*; (*Katastrophe*) calamità *f*; **ein ~ kommt selten allein** (*prov*) le disgrazie non vengono mai sole ❹ (*Elend*) miseria *f*; (*Verderben*) rovina *f*; **in sein ~ rennen** (*fam*) correre alla propria rovina; **jdn ins ~ stürzen** causare la rovina di qu

**unglücklich** *adj* ❶ (*traurig*) infelice ❷ (*widrig*) avverso, sfavorevole; **~ ausgehen** finire male ❸ (*ungeschickt*) maldestro; **~ stürzen** cadere male

**unglücklicherweise** *adv* sfortunatamente, per disgrazia

**unglückselig** *adj* ❶ (*Mensch*) disgraziato, sfortunato ❷ (*Schicksal, Geschehen*) fatale

**Unglücksfall** *m* disgrazia *f*, sciagura *f*

**Ungnade** *f* disgrazia *f*, sfavore *m*; **bei jdm in ~ fallen** cadere in disgrazia presso qu

**ungnädig** *adj* maldisposto; **etw ~ aufnehmen** prendere qc in mala parte

**ungültig** *adj* non valido; (JUR) invalido; (*Stimmzettel*) nullo; (*Ausweispapiere*) scaduto; **für ~ erklären** dichiarare nullo; (JUR: *Testament, Vertrag*) invalidare; (*Ehe*) annullare; **~ werden** (*nach Ablauf einer Frist*) scadere; (*durch Verjährung*) cadere in prescrizione **Ungültigkeit** *f* invalidità *f*, nullità *f*

**ungünstig** I. *adj* sfavorevole; (*nachteilig*) svantaggioso; (*Wetter*) inclemente; **~ er Augenblick** momento poco propizio II. *adv* male

**ungustiös** *adj* (*A: undelikat*) disgustante

**ungut** *adj* **ein ~es Gefühl haben** avere una sensazione sgradevole; **nichts für ~!** non se la prenda!, amici come prima!

**unhaltbar** [ʊnˈhaltbaːɐ̯ *o* ˈʊnhaltbaːɐ̯] *adj* ❶ (*fig* MIL) insostenibile ❷ (SPORT) imparabile

**unhandlich** *adj* poco maneggevole

**unharmonisch** *adj* disarmonico

**Unheil** *nt* (*geh*) malanno *m*; (*Unglück*) disgrazia *f*, sciagura *f*; **~ anrichten** recare disgrazie

**unheilbar** [ʊnˈhaɪlbaːɐ̯ *o* ˈʊnhaɪlbaːɐ̯] *adj* incurabile, inguaribile; **~ krank sein** avere una malattia incurabile

**unheilvoll** *adj* funesto, nefasto

**unheimlich** I. *adj* ❶ (*beängstigend*) inquietante; (*düster*) lugubre, sinistro ❷ (*fam: sehr viel, sehr groß*) tremendo, terribile II. *adv* (*fam: sehr*) molto, paurosamente

**unhöflich** *adj* scortese, sgarbato **Unhöflichkeit** *f* scortesia *f*

**Unhold** [ˈʊnhɔlt, *Pl:* ˈʊnhɔldə] <-(e)s, -e> *m* mostro *m*, demonio *m*; (*fig*) bruto *m*

**unhörbar** [ˈʊnhøːɐ̯baːɐ̯ *o* ʊnˈhøːɐ̯baːɐ̯] *adj* silenzioso, impercettibile

**unhygienisch** *adj* antigienico

**uni** [yˈniː] <inv> *adj* [in] tinta unita

**Uni** [ˈʊni] <-, -s> *f abk v* **Universität** (*fam*) università *f*

**UNICEF** [ˈuːnitsɛf] <-> *kein Pl. f* U.N.I.C.E.F. *f*

**Uniform** [uni'fɔrm] <-, -en> f divisa f; uniforme f; **in** ~ in divisa

**Unikat** [uni'kaːt] <-(e)s, -e> nt ① (*Unikum*) unicum m, esemplare m unico ② (*Schriftstück*) copia f unica

**Unikum** ['uːnikʊm, 'uːnika] nt ① <-s, -ka> (*Einzelexemplar*) unicum m ② <-s, -s> (*fam: komischer Kauz*) [tipo m] originale m

**uninteressant** adj non interessante

**uninteressiert** adj disinteressato; **an etw** dat ~ **sein** essere disinteressato a qc

**Union** [u'nĭoːn] <-, -en> f unione f; **die Europäische** ~ l'Unione europea

**universal** [univɛr'zaːl] adj universale

**Universal-** (*in Zusammensetzungen*) universale **Universalerbe** m, **Universalerbin** f erede mf universale **Universalgenie** nt genio m universale **Universalmixer** m tritatutto m

**universell** [univɛr'zɛl] adj universale

**Universität** [univɛrzi'tɛːt] <-, -en> f università f; **die** ~ **besuchen** frequentare l'università

**Universitätsbibliothek** f biblioteca f universitaria **Universitätsprofessor(in)** m(f) professore, -essa m, f universitario, -a **Universitätsstadt** f città f universitaria

**Universum** [uni'vɛrzʊm] <-s> kein Pl. nt universo m

**Unke** ['ʊŋkə] <-, -n> f ① (zoo) ululone m ② (*fam: Schwarzseher*) uccello m del malaugurio

**unken** ['ʊŋkən] vi presagire tutto nero, fare l'uccello del malaugurio

**unkenntlich** adj irriconoscibile **Unkenntlichkeit** <-> kein Pl. nt f **bis zur** ~ **entstellen** sfigurare fino a rendere irriconoscibile

**Unkenntnis** f ignoranza f; **in** ~ **über etw** acc **sein** ignorare qc; **jdn in** ~ **lassen** lasciare qu all'oscuro; **in** ~ gen nell'ignoranza di

**unklar** adj ① (*nicht klar zu erkennen*) poco [o non] chiaro; (*trüb*) torbido; (*undeutlich*) indistinto ② (*unbestimmt*) vago, indefinito ③ (*unverständlich*) incomprensibile, oscuro ④ (*ungewiss*) incerto; (*fraglich*) dubbio; **im Unklaren über etw** acc **sein** essere all'oscuro di qc; **jdn im Unklaren lassen** lasciare qu all'oscuro **Unklarheit** f ① (*Unklarsein*) poca chiarezza f, mancanza f di chiarezza, oscurità f, confusione f ② (*unklare Vorstellung*) mancanza f di chiarezza

**unklug** adj imprudente, irragionevole

**unkommunikativ** adj silenzioso, taciturno

**unkompliziert** adj non complicato

**unkontrollierbar** ['ʊnkɔntrɔliːɐbaːɐ̯] adj incontrollabile

**unkonventionell** adj ① (*ungewöhnlich*) inconsueto; **sich** ~ **kleiden** vestirsi in modo stravagante ② (*ungezwungen*) disinvolto, spontaneo

**unkonzentriert** adj distratto; **bei etw** ~ **sein** essere distratto in qc; ~ **arbeiten** essere distratto nel lavoro; **schnell** ~ **werden** distrarsi con facilità

**Unkosten** Pl. spese fpl; **sich in** ~ **stürzen** spendere un occhio della testa; **die** ~ **trägt die Firma** le spese sono a carico della ditta **Unkostenbeitrag** <-(e)s, -träge> m contributo m alle spese

**Unkraut** nt erbaccia f; ~ **vergeht nicht** (*prov*) la malerba non muore mai

**unkritisch** adj acritico

**unkultiviert** adj incolto

**unkündbar** [ʊn'kʏntbaːɐ̯ o 'ʊnkʏntbaːɐ̯] adj irrevocabile; (*Stellung*) permanente

**unlängst** adv poco fa, recentemente

**unlauter** adj (*geh*) ① (*unehrlich*) disonesto ② (*unfair*) sleale; ~**er Wettbewerb** concorrenza sleale

**unleserlich** [ʊn'leːzɐlɪç o 'ʊnleːzɐlɪç] adj illeggibile

**unleugbar** [ʊn'lɔɪkbaːɐ̯ o 'ʊnlɔɪkbaːɐ̯] adj innegabile

**unliebsam** adj spiacevole, increscioso

**unlogisch** adj illogico

**unlösbar** [ʊn'løːsbaːɐ̯ o 'ʊnløːsbaːɐ̯] adj insolubile

**unlöslich** [ʊn'løːslɪç o 'ʊnløːslɪç] adj insolubile

**Unlust** f svogliatezza f, malavoglia f; **mit** ~ di malavoglia

**unmanierlich** adj maleducato, screanzato, sgarbato

**unmännlich** adj non [o poco] virile; (*weibisch*) effeminato

**unmäßig** I. adj eccessivo, smisurato, smoderato; (*im Genuss*) intemperante II. adv oltre misura

**Unmenge** f [gran] quantità f, massa f; **eine** ~ **an** [o **von**] **etw** dat una gran quantità di qc; ~**n essen** mangiare a crepapelle

**Unmensch** m (*pej*) bruto m, mostro m **unmenschlich** [ʊn'mɛnʃlɪç o 'ʊnmɛnʃlɪç] adj ① (*menschenfeindlich: Gesellschaft*) inumano; (*grausam*) crudele, brutale ② (*menschenunwürdig*) indegno dell'uomo, disumano ③ (*fig: ungeheuer*) sovrumano **Unmenschlichkeit** f inumanità f, crudeltà f

**unmerklich** [ʊn'mɛrklɪç o 'ʊnmɛrklɪç] adj impercettibile, inavvertibile

**unmissverständlich** [ʊnmɪsfɐɐ̯ˈʃtɛntlɪç *o* ˈʊnmɪsfɐɐ̯ʃtɛntlɪç] **I.** *adj* inequivocabile, chiaro **II.** *adv* senza equivoci

**unmittelbar** *adj* immediato, diretto; (*bevorstehend*) imminente; **~ darauf** subito dopo

**unmöbliert** *adj* non ammobiliato, non arredato

**unmodern** *adj* fuori moda; (*Ansichten*) antiquato

**unmöglich** [ʊnˈmøːklɪç *o* ˈʊnmøːklɪç] *adj* impossibile; **es ist ~ zu ...** è impossibile +*inf;* **das kann ich ~ schaffen** è impossibile che ci riesca **Unmöglichkeit** *f* impossibilità *f;* **das ist ein Ding der ~** è assolutamente impossibile

**unmoralisch** *adj* immorale

**unmotiviert I.** *adj* ingiustificato, non motivato **II.** *adv* senza giustificazione

**unmündig** *adj* minorenne **Unmündigkeit** *f* minorità *f*

**unmusikalisch** *adj* non musicale

**Unmut** <-(e)s> *kein Pl. m* (*geh*) ❶ (*Missfallen*) malcontento *m* ❷ (*Ärger*) rabbia *f*

**unnachahmlich** [ʊnnaːxˈʔaːmlɪç *o* ˈʊnnaːxʔaːmlɪç] *adj* inimitabile

**unnachgiebig** *adj* intransigente, inflessibile

**unnachsichtig** *adj* inesorabile; (*streng*) severo

**unnahbar** [ʊnˈnaːbaɐ̯] *adj* inavvicinabile, inaccessibile

**unnatürlich** *adj* ❶ (*nicht natürlich*) innaturale; (*abnorm*) anormale ❷ (*geziert*) affettato

**unnormal** *adj* anormale

**unnötig** *adj* non necessario, inutile

**unnötigerweise** *adv* inutilmente, invano

**unnütz** [ˈʊnnʏts] *adj* inutile; (*überflüssig*) superfluo

**UNO** [ˈuːno] <-> *kein Pl. f akr v* **United Nations Organization** ONU *f*

**unordentlich** *adj* disordinato; (*Zimmer*) in disordine; (*nachlässig*) trascurato; (*a. Kleidung*) sciatto

**Unordnung** *f* disordine *m;* (*Durcheinander*) confusione *f;* **in ~** in disordine; **etw in ~ bringen** mettere qc in disordine

**unorthodox** *adj* eterodosso

**unparteiisch** *adj* imparziale, obiettivo

**unpassend** *adj* (*Bemerkung*) sconveniente; (*Zeitpunkt*) inopportuno

**unpassierbar** [ʊnpaˈsiːɐ̯baːɐ̯ *o* ˈʊnpaːsiːɐ̯baːɐ̯] *adj* impraticabile

**unpässlich** [ˈʊnpɛslɪç] *adj* (*geh*) indisposto **Unpässlichkeit** <-> *kein Pl. f* (*geh*) indisposizione *f*

**unpersönlich** *adj* impersonale

**unpolitisch** *adj* apolitico

**unpopulär** *adj* impopolare

**unpraktisch** *adj* (*Mensch*) non pratico; (*Gerät*) poco pratico

**unproduktiv** *adj* improduttivo

**unpünktlich** *adj* non puntuale **Unpünktlichkeit** *f* mancanza *f* di puntualità

**unqualifiziert** *adj* ❶ (*Person*) non qualificato, impreparato ❷ (*Bemerkung*) infondato

**unrasiert** *adj* non rasato

**Unrat** [ˈʊnraːt] <-(e)s> *kein Pl. m* (*geh*) immondizie *fpl,* spazzatura *f*

**unrealistisch** *adj* irrealistico; **etw ~ einschätzen** dare una valutazione poco realistica

**unrecht** *adj* ❶ (*geh: falsch*) non giusto, sbagliato ❷ (*Augenblick*) inopportuno

**Unrecht** *nt* torto *m;* (*Ungerechtigkeit*) ingiustizia *f;* **~ haben** avere torto; **jdm ~ tun** fare torto a qu; **im ~ sein** avere torto; **zu ~** a torto; **nicht zu ~** non a torto

**unrechtmäßig** *adj* illegale, indebito

**unredlich** *adj* (*geh*) disonesto; (*Geschäft*) sleale

**unregelmäßig** *adj* irregolare; (*Leben*) sregolato **Unregelmäßigkeit** *f* irregolarità *f*

**unreif** *adj* ❶ (*Obst*) immaturo, acerbo ❷ (*fig: Mensch*) immaturo; (*nicht ausgereift: Idee, Plan*) non maturato

**unrein** *adj* (*a. fig*) impuro; (*schmutzig*) sporco

**unrentabel** *adj* non redditizio

**unrichtig** *adj* sbagliato, falso; (JUR) falso; (*ungenau*) inesatto, impreciso

**Unruh** [ˈʊnruː] <-, -en> *f* (*der Uhr*) bilanciere *m*

**Unruhe** *f* ❶ (*fehlende Ruhe*) inquietudine *f;* (*Aufregung*) agitazione *f;* (*Ruhestörung*) disordine *m* ❷ (*Besorgnis*) apprensione *f;* (*innere ~*) ansia *f;* (*nervöse Hast*) irrequietezza *f* ❸ *pl* (POL: *Krawalle*) disordini *mpl,* tumulti *mpl*

**Unruhestifter(in)** *m(f)* (*pej*) sobillatore, -trice *m, f*

**unruhig** *adj* ❶ (*nicht ruhig*) inquieto; (*Meer*) mosso ❷ (*Leben, Mensch*) irrequieto; (*Zeiten*) turbolento ❸ (*besorgt*) preoccupato, inquieto; **~ wegen etw sein** essere preoccupato per qc

**uns** [ʊns] **I.** *pron pers* ❶ *dat von* **wir** (*betont*) a noi; (*unbetont*) ci; **von ~** (*unsererseits*) da parte nostra; **ein Freund von ~** un nostro amico; **unter ~ gesagt ...** detto fra noi ...; **hier sind wir unter ~** qui siamo fra noi; **du gehörst zu ~** sei uno dei nostri ❷ *acc von* **wir** (*betont*) noi; (*unbe-*

*tont*) ci; **ist das für ~?** è per noi?; **wir sehen ~ morgen** ci vediamo domani II. *pron refl* ci

**unsagbar** [ʊnˈzaːkbaːɐ̯] I. *adj* indicibile II. *adv* moltissimo

**unsäglich** [ʊnˈzɛːklɪç] (*geh*) I. *adj* indicibile II. *adv* moltissimo

**unsanft** *adj* brusco, poco dolce

**unsauber** *adj* ❶ (*schmutzig*) sporco, sudicio ❷ (*nachlässig*) trascurato; (*nicht exakt*) impreciso ❸ (*anrüchig*) disonesto, losco; **~e Geschäfte machen** fare degli affari loschi

**unschädlich** *adj* innocuo; **jdn ~ machen** rendere innocuo qu

**unscharf** *adj* (*fig, Ton*) indistinto; (*Foto*) sfocato; (*nicht präzise*) impreciso **Unschärfe** <-, -n> *f* imprecisione *f*, sfocatura *f*

**unschätzbar** [ʊnˈʃɛtsbaːɐ̯ *o* ˈʊnʃɛtsbaːɐ̯] *adj* inestimabile; (*kostbar*) prezioso

**unscheinbar** *adj* poco [*o* non] appariscente

**unschicklich** *adj* sconveniente, disdicevole; (*unanständig*) indecente

**unschlagbar** [ʊnˈʃlaːkbaːɐ̯ *o* ʊnˈʃlaːkbaːɐ̯] *adj* imbattibile

**unschlüssig** *adj* irresoluto, indeciso; **ich bin mir noch ~ darüber, was ich tun soll** sono ancora indeciso sul da farsi **Unschlüssigkeit** <-> *kein Pl. f* irresolutezza *f*, indecisione *f*

**unschön** *adj* ❶ (*hässlich*) brutto ❷ (*unangenehm*) spiacevole

**Unschuld** *f* ❶ (*Schuldlosigkeit,* JUR) innocenza *f*; **seine ~ beteuern** (JUR) sostenere la propria innocenza; **eine ~ vom Lande** (*fam scherz*) una contadinella ingenua ❷ (*Jungfräulichkeit*) verginità *f* **unschuldig** *adj* ❶ (*schuldlos*) innocente; **~ an etw** *dat* essere innocente di qc; **jdn für ~ erklären** (JUR) dichiarare innocente qu ❷ (*jungfräulich*) vergine

**unselbstständig** *adj* (*Mensch*) non indipendente; (*Länder a*) non autonomo; **Einkünfte aus ~er Arbeit** (ADM) reddito da lavoro dipendente **Unselbstständigkeit** *f* mancanza *f* di indipendenza [*o* di autonomia]

**unselig** *adj* (*geh: verhängnisvoll*) fatale

**unser**[1] [ˈʊnzɐ] *pron poss von* **wir** (*adjektivisch*) nostro, -a *m, f*, nostri, -e *mpl, fpl*; **~ Haus** la nostra casa; **~e Verwandten** i nostri parenti

**unser**[2] [ˈʊnzɐ] *pron pers gen von* **wir** di noi

**unsere(r, s)** [ˈʊnzərə, -rə, -rəs] *pron poss von* **uns** (*substantivisch*) [il] nostro, [la] nostra, [i] nostri *pl*, [le] nostre *pl*

**unsereiner, unsereins** *pron indef* uno come noi, noialtri

**unsererseits** [ˈʊnzərɐzaɪts] *adv* da parte nostra

**unseresgleichen** [ˈʊnzərəsˈglaɪçən] <inv> *pron indef* nostro pari *m*, gente *f* come noi

**unseretwegen** [ˈʊnzərətveːgən] *adv* per causa nostra, per noi; (*negativ*) per colpa nostra

**unseretwillen** [ˈʊnzərətˈvɪlən] *adv* **um ~** per noi, per amor nostro

**unsicher** *adj* ❶ (*gefährlich*) pericoloso, poco sicuro; **die Gegend ~ machen** (*fam*) infestare il luogo ❷ (*ungewiss*) incerto; (*zweifelhaft*) dubbio ❸ (*nicht selbstbewusst*) insicuro ❹ (*gefährdet*) instabile **Unsicherheit** *f* insicurezza *f*; (*Ungewissheit*) incertezza *f* **Unsicherheitsfaktor** *m* fattore *m* d'incertezza

**unsichtbar** *adj* invisibile

**Unsinn** *m* ❶ (*Unsinnigkeit*) nonsenso *m*, assurdità *f* ❷ (*Unfug*) sciocchezze *fpl*, scemenze *fpl*; **~ reden** dire sciocchezze; **das ist** [**doch**] **~** sono tutte scemenze **unsinnig** *adj* assurdo

**Unsitte** *f* cattiva abitudine *f*

**unsittlich** *adj* immorale, scostumato

**unsolide** *adj* ❶ (*Angebot, Person*) inaffidabile; (*Lebensweise*) poco serio ❷ (*Möbel*) non solido, traballante

**unsozial** *adj* asociale

**unsportlich** *adj* ❶ (*keinen Sport treibend*) non sportivo ❷ (*nicht fair*) antisportivo

**unsre(r, s)** *s.* **unsere(r, s)**

**unsrige** *pron poss geh für* **unsere(r, s)**, **der/die/das ~** il nostro/la nostra; **die ~n** i nostri

**unstatthaft** *adj* (ADM) inammissibile

**unsterblich** [ˈʊnʃtɛrplɪç] *adj* immortale; **sich ~ verlieben** (*fam*) innamorarsi perdutamente **Unsterblichkeit** *f* immortalità *f*

**unstet** [ˈʊnʃteːt] *adj* ❶ (*unbeständig*) instabile; (*bes. Charakter*) volubile ❷ (*ruhelos*) inquieto; (*rastlos*) irrequieto

**Unstimmigkeit** [ˈʊnʃtɪmɪçkaɪt] <-, -en> *f* ❶ (*in Rechnung*) differenza *f*; (*Widerspruch*) contrasto *m* ❷ *meist pl* (*Meinungsverschiedenheit*) divergenze *fpl*

**unstreitig** [ʊnˈʃtraɪtɪç *o* ˈʊnʃtraɪtɪç] *adj* incontestabile

**Unsumme** <-, -n> *f* somma *f* enorme

**unsymmetrisch** *adj* asimmetrico

**unsympathisch** *adj* antipatico; **er ist mir ~** mi è antipatico

**untad|e|lig** [ʊnˈtaːd(ə)lɪç *o* ˈʊntaːd(ə)lɪç] *adj* irreprensibile, ineccepibile
**Untat** *f* misfatto *m;* (*Verbrechen*) delitto *m*
**untätig** *adj* inattivo, inerte **Untätigkeit** <-> *kein Pl. f* inattività *f,* inerzia *f;* **zur ~ verdammt sein** essere condannato all'inattività
**untauglich** *adj* inadatto; **für etw ~ sein** essere inadatto a qc; (MIL) essere inabile a qc
**unteilbar** [ʊnˈtaɪlbaːɐ̯ *o* ˈʊntaɪlbaːɐ̯] *adj* indivisibile **Unteilbarkeit** <-> *kein Pl. f* indivisibilità *f*
**unten** [ˈʊntən] *adv* ①(*tief*) sotto, giù; **da ~** laggiù; **hier ~** quaggiù; **nach ~** giù; **von ~** [her] dal basso; **rechts ~** in fondo a destra ②(*am unteren Ende, an der Unterseite*) in fondo; **~ an der Seite** in fondo alla pagina ③(*im Text*) **weiter ~** più avanti, sotto; **siehe ~!** vedi sotto ④(*Wend*) **er ist bei mir ~ durch** (*fam*) non ho più stima di lui
**untengenannt** *adj* indicato sotto
**unter** [ˈʊntɐ] *prp +acc o dat* ①(*räumlich*) sotto; (*~halb von*) al di sotto di; **sie wohnen ~ uns** abitano sotto di noi ②(*zwischen*) fra, tra; (*inmitten*) in mezzo a; **~ anderem** fra le altre cose, tra l'altro; **~ uns [gesagt]** detto fra noi ③(*weniger als*) al di sotto di; **nicht ~ 100 Euro** non meno di 100 euro; **10 Grad ~ Null** dieci gradi sotto zero ④(*Art und Weise*) **~ Schmerzen** con dolori; **~ Tränen** piangendo; **~ der Bedingung, dass ...** a condizione che *+conj* ⑤(*Unterordnung*) sotto; **~ der Regierung ...** sotto il governo di ...; **~ der Militärdiktatur** durante la dittatura militare ⑥(*Zuordnung*) **was verstehen Sie ~ ...?** che cosa intende per ...?
**Unterarm** *m* avambraccio *m*
**Unterbau** <-(e)s, -ten> *m* ①(ARCH) fondazioni *fpl* ②*Sing.* (*fig: Grundlage*) fondamento *m* ③(*von Straße, Eisenbahn*) massicciata *f*
**unterbelichtet** *adj* ①(*Foto*) sottoesposto ②(*fam: Person*) tonto
**Unterbeschäftigung** *f* sottoccupazione *f*
**unterbesetzt** *adj* **personell ~ sein** lavorare con meno personale del necessario; **der Kurs ist ~** il corso ha un numero troppo basso di iscritti
**unterbewusst** *adj* subconscio; **das Unterbewusste** il subconscio **Unterbewusstsein** *nt* subconscio *m,* subcosciente *m*
**unterbezahlt** *adj* sottopagato
**unterbieten** [ʊntɐˈbiːtən] <irr, ohne ge-> *vt* **jds Preise ~** battere offrendo a prezzi minori; **einen Rekord ~** battere un record
**unterbinden** [ʊntɐˈbɪndən] <irr, ohne ge-> *vt* impedire, troncare
**unterbleiben** [ʊntɐˈblaɪbən] <irr, ohne ge-> *vi sein* ①(*nicht stattfinden*) non aver luogo, non succedere ②(*nicht wieder vorkommen*) non ripetersi
**Unterbodenschutz** *m* trattamento *m* di protezione antiruggine
**unterbrechen** [ʊntɐˈbrɛçən] <irr, ohne ge-> *vt* interrompere **Unterbrechung** <-, -en> *f* interruzione *f;* **mit ~ en** a intervalli; **ohne ~** senza interruzione
**unterbreiten** [ʊntɐˈbraɪtən] <ohne ge-> *vt* (*geh*) **jdm etw ~** sottoporre qc a qu
**unter|bringen** <irr> *vt* ①(*Möbel, Gepäck*) mettere; (*a. fig*) sistemare ②(*beherbergen*) alloggiare, sistemare; (MIL) acquartierare ③(*fam: in einer Stellung*) collocare, trovare un impiego a **Unterbringung** <-, -en> *f* sistemazione *f,* alloggiamento *m*
**Unterbruch** <-(e)s, -brüche> *m* (*CH: Unterbrechung*) interruzione *f*
**unterdes|sen** [ʊntɐˈdɛs(ən)] *adv* frattanto, nel frattempo
**Unterdruck** <-(e)s, -drücke> *m* depressione *f*
**unterdrücken** [ʊntɐˈdrʏkən] <ohne ge-> *vt* ①(*Menschen*) opprimere; (*Aufstand*) soffocare, reprimere ②(*Gefühl*) reprimere; (*Seufzer, Tränen*) trattenere **Unterdrückung** <-, -en> *f* ①(*von Menschen*) oppressione *f* ②(*von Aufstand, Gefühl*) repressione *f,* soffocare *m*
**unterdurchschnittlich** *adj* sotto la media
**untere(r, s)** [ˈʊntərə, -rɐ, -rəs] *adj* basso, -a; (*a. untergeordnet*) inferiore; (*unten gelegen*) disotto
**untereinander** [ʊntɐʔaɪˈnandɐ] *adv* ①(*räumlich*) l'uno sotto l'altro ②(*miteinander*) l'uno con l'altro; (*gegenseitig*) l'un l'altro, reciprocamente
**unterentwickelt** *adj* sottosviluppato; (*Kind*) tardivo
**unterernährt** *adj* denutrito **Unterernährung** *f* denutrizione *f*
**Unterführung** [ʊntɐˈfyːrʊŋ] *f* sottopassaggio *m*
**Untergang** *m* ①(*von Gestirn*) tramonto *m* ②(NAUT) naufragio *m* ③(*fig: Verfall*) declino *m;* (*von Reich, Staat*) caduta *f;* (*Scheitern, Verderb*) rovina *f;* (*Welt~*) fine *f*
**Untergebene** [ʊntɐˈgeːbənə] <ein -r, -n, -n> *mf* inferiore *mf,* subalterno, -a *m, f*

unter|gehen <irr> vi sein ❶ (Gestirn) tramontare ❷ (NAUT) affondare ❸ (fig: verfallen) declinare; (zugrunde gehen) andare in rovina; (umkommen) perire, morire ❹ (fig: sich verlieren) perdersi; **seine Worte gingen im Lärm völlig unter** le sue parole si spersero completamente nel chiasso

untergeordnet adj ❶ (Position) subordinato, subalterno ❷ (fig: Bedeutung) secondario

Untergeschoss nt scantinato m
Untergewicht nt insufficienza f di peso
untergewichtig adj sottopeso
untergraben [ʊntɐˈgraːbən] <irr, ohne ge-> vt minare, scalzare

Untergrund m ❶ (GEOL) sottosuolo m ❷ (ARCH) fondamento m ❸ (Malerei) fondo m ❹ (fig POL.) clandestinità f **Untergrundbahn** f metropolitana f **Untergrundbewegung** f movimento m clandestino

unterhalb prp +gen al di sotto di, sotto
Unterhalt m ❶ (Lebens~) mantenimento m, sostentamento m ❷ (JUR) alimenti mpl ❸ (Instandhaltung) manutenzione f

unterhalten [ʊntɐˈhaltən] <irr, ohne ge-> I. vt ❶ (ernähren) sostentare; (a. in Betrieb haben) mantenere ❷ (Bauwerk) mantenere; (Geschäft) condurre II. vr sich ~ ❶ (sprechen) sich [mit jdm] über jdn/etw ~ conversare [con qu] di qu/qc; sich [mit jdm] **auf Japanisch** ~ parlare [con qu] in giapponese ❷ (sich vergnügen) divertirsi

unterhaltend [ʊntɐˈhaltənt] adj divertente

Unterhalter(in) m(f) conversatore, -trice m, f, anfitrione m, ospite mf

unterhaltsam adj divertente, piacevole
Unterhaltsanspruch m (JUR) diritto m agli alimenti **unterhaltsberechtigt** adj che ha diritto al mantenimento; (Ehefrau) che ha diritto agli alimenti **Unterhaltskosten** Pl. spese fpl di sostentamento **Unterhaltspflicht** f obbligo m di passare gli alimenti **Unterhaltszahlung** <-, -en> f pagamento m degli alimenti

Unterhaltung [ʊntɐˈhaltʊŋ] f ❶ (Gespräch) conversazione f ❷ (Vergnügen) divertimento m, passatempo m; **gute ~!** buon divertimento! ❸ Sing. (Instandhaltung) manutenzione f **Unterhaltungselektronik** f elettronica f d'intrattenimento **Unterhaltungsindustrie** f industria f dello spettacolo **Unterhaltungsliteratur** f letteratura f d'evasione

unterhandeln [ʊntɐˈhandəln] <ohne ge-> vi negoziare (über +acc per); (MIL) parlamentare (über +acc per)

Unterhändler(in) [ˈʊntɐhɛndlɐ] m(f) negoziatore, -trice m, f, mediatore, -trice m, f

Unterhaus nt (POL) camera f bassa
Unterhauswahl <-, -en> f elezione f della camera bassa

Unterhemd nt canottiera f
Unterholz nt sottobosco m
Unterhose f mutande fpl; (kurze) mutandine fpl; **eine ~** un paio di mutande
unterirdisch adj sotterraneo
unterjochen [ʊntɐˈjɔxən] <ohne ge-> vt sottomettere, assoggettare

unter|jubeln vt (fam: zuschieben) addossare, accollare; (andrehen) rifilare, affibbiare

unterkellert [ʊntɐˈkɛlɐt] adj munito di cantina

Unterkiefer m mascella f inferiore, mandibola f

unter|kommen <irr> vi sein ❶ (Unterkunft finden) trovare alloggio ❷ (fam: Arbeit finden) trovare un impiego, venir assunto ❸ (bes. südd, A: begegnen) **so etw ist mir noch nie untergekommen!** una cosa simile non mi è mai capitata, non ho mai visto una cosa simile

unter|kriegen vt (fam) **sich nicht ~ lassen** non lasciarsi abbattere

unterkühlen [ʊntɐˈkyːlən] <ohne ge-> vt surraffreddare **unterkühlt** adj (LIT, KUNST) freddo, distanziato **Unterkühlung** f surraffreddamento m

Unterkunft [ˈʊntɐkʊnft, Pl: ˈʊntɐkʏnftə] <-, Unterkünfte> f alloggio m; **~ und Verpflegung** vitto e alloggio; **jdm ~ geben** alloggiare qu

unterlag 1. u. 3. Pers. Sing. Imp. von **unterliegen**

Unterlage f ❶ (allgemein) supporto m; (Schreib~) sottomano m; (Grundlage) base f ❷ pl (Akten) documenti mpl, atti mpl

Unterlass [ˈʊntɐlas] m **ohne ~** senza interruzione, ininterrottamente

unterlassen [ʊntɐˈlasən] <irr, ohne ge-> vt ❶ (nicht tun) tralasciare, omettere; (bes. schuldhaft) trascurare; **~e Hilfeleistung** omissione di soccorso ❷ (darauf verzichten) astenersi da; (damit aufhören) smettere, finire; **es ~ zu ...** astenersi dal +*inf* **Unterlassung** <-, -en> *f* omissione *f*

**unterlaufen**[1] [ʊntɐˈlaʊfən] <irr, ohne ge-> I. *vi sein* sfuggire, scappare; **mir ist ein Fehler ~** mi è sfuggito un errore II. *vt haben* (*Bestimmungen, Gesetze*) sfuggire, eludere

**unterlaufen**[2] *adj* **mit Blut ~** livido

**unter|legen**[1] [ˈʊntəleːgən] *vt* mettere sotto; **jdm etw ~** mettere qc sotto [a] qu

**unterlegen**[2] [ʊntɐˈleːgən] *adj* inferiore, più debole; **jdm [zahlenmäßig] ~ sein** essere inferiore [in numero] a qu

**unterlegen**[3] <ohne ge-> *vt* ① (*mit anderem Material versehen*) **etw mit Stoff ~** mettere della stoffa sotto qc ② (*nachträglich versehen*) **einen Film mit Musik ~** munire un film di musica **Unterlegene** <ein -r, -n, -n> *mf* vinto, -a *m, f*, sconfitto, -a *m, f*

**Unterleib** *m* basso ventre *m*

**unterliegen** [ʊntɐˈliːgən] <irr, ohne ge-> *vi sein* ① (*besiegt werden*) essere vinto; (*erliegen*) soccombere ② (*fig: unterworfen sein*) [jdm] **~ sein** essere soggetto [a qu]

**Unterlippe** *f* labbro *m* inferiore

**unterm** [ˈʊntɐm] (*fam*) = **unter dem** *s.* **unter**

**untermauern** [ʊntɐˈmaʊɐn] <ohne ge-> *vt* ① (ARCH) costruire un muro sotto a ② (*fig: Behauptung, Theorie*) corroborare, convalidare

**Untermiete** *f* subaffitto *m,* sublocazione *f;* **zur ~ bei jdm wohnen** stare in subaffitto da qu **Untermieter(in)** *m(f)* subaffittuario, -a *m, f*

**unterminieren** [ʊntɐmiˈniːrən] <ohne ge-> *vt* minare

**unter|mischen** *vt* frammischiare

**untern** [ˈʊntɐn] (*fam*) = **unter den** *s.* **unter**

**unternehmen** [ʊntɐˈneːmən] <irr, ohne ge-> *vt* fare; (*Reise*) intraprendere; **dagegen muss man dringend etw ~** si deve intervenire al più presto; **was sollen wir heute Abend ~?** che facciamo stasera?

**Unternehmen** <-s, -> *nt* ① (*Vorhaben*) impresa *f* ② (*Betrieb*) azienda *f* **Unternehmensberater(in)** *m(f)* consulente *mf* aziendale **Unternehmensspitze** *f* vertice *m* aziendale **Unternehmensstruktur** *f* struttura *f* organizzativa dell'impresa

**Unternehmer(in)** <-s, -; -, -nen> *m(f)* imprenditore, -trice *m, f* **unternehmerisch** [ʊntɐˈneːmərɪʃ] I. *adj* imprenditoriale; **~er Geist** spirito imprenditoriale II. *adv* imprenditorialmente; **~ tätig werden** essere occupato nell'imprenditoria

**Unternehmerschaft** <-, -en> *f* (COM) imprenditoria *f*

**Unternehmung** <-, -en> *f* (*CH: Firma*) ditta *f*

**Unternehmungsgeist** *m* spirito *m* d'iniziativa, iniziativa *f* **unternehmungslustig** *adj* intraprendente

**Unteroffizier** *m* (MIL) sottufficiale *m;* (*Dienstgrad*) sergente *m*

**unter|ordnen** I. *vt* sottomettere, assoggettare II. *vr* **sich ~** sottomettersi

**unterprivilegiert** *adj* svantaggiato

**Unterredung** [ʊntɐˈreːdʊŋ] <-, -en> *f* colloquio *m,* abboccamento *m*

**unterrepräsentiert** *adj* insufficientemente rappresentato

**Unterricht** [ˈʊntɐrɪçt] <-(e)s, *rar* -e> *m* (*das Unterrichten*) insegnamento *m;* (*~sstunden*) lezioni *fpl;* **~ in etw** *dat* **geben** dare lezioni di qc; **der ~ fällt aus** non c'è lezione

**unterrichten** [ʊntɐˈrɪçtən] <ohne ge-> *vt* ① (*Unterricht geben*) insegnare; **jdn in etw** *dat* **~** dare lezioni di qc a qu ② (*informieren*) **jdn von** [*o* **über**] **etw** *acc* **~** informare qu di qc; **unterrichtet sein** essere al corrente

**Unterrichtsfach** *nt* materia *f* **Unterrichtsgegenstand** *m* materia *f* d'insegnamento **Unterrichtsministerium** <-s, -rien> *nt* (*A: Kultusministerium*) ministero *m* della pubblica istruzione **Unterrichtsstunde** *f* lezione *f*

**Unterrock** *m* sottoveste *f;* (*ohne Oberteil*) sottogonna *f*

**unters** [ˈʊntɐs] (*fam*) = **unter das** *s.* **unter**

**untersagen** [ʊntɐˈzaːgən] <ohne ge-> *vt* vietare, proibire

**Untersatz** *m* piattino *m;* (*für Gläser*) sottobicchiere *m;* (*für Töpfe*) sottovaso *m;* **ein fahrbarer ~** (*fam scherz*) una macchina

**unterschätzen** [ʊntɐˈʃɛtsən] <ohne ge-> *vt* sottovalutare **Unterschätzung** *f* sottovalutazione *f*

**unterscheiden** [ʊntɐˈʃaɪdən] <irr, ohne ge-> I. *vt* **etw [von etw] ~** distinguere qc [da qc] II. *vi* (*einen Unterschied machen*) **zwischen verschiedenen Dingen ~** fare una distinzione fra cose diverse III. *vr* **sich [von jdm/etw] ~** distinguersi [da qu/qc]; **worin ~ sich Ulla und Veronika?** in che cosa sono diverse Ulla e Veronika? **Unterscheidung** *f* distinzione *f,* differenziazione *f*

**Unterschenkel** <-s, -> *m* gamba *f*
**Unterschicht** <-, -en> *f* ceto *m* basso
**unter|schieben**[1] ['ʊntəʃiːbən] <irr> *vt* (*unter jdn/etw tun*) mettere sotto
**unter|schieben**[2] ['ʊntəʃiːbən, ʊntə'ʃiːbən] <irr> *vt* (*unterstellen*) attribuire, imputare
**Unterschied** ['ʊntəʃiːt] <-(e)s, -e> *m* differenza *f*; **ein ~ in der Qualität** una differenza di qualità; **einen ~ machen zwischen ... und ...** fare una distinzione tra ... e ...; **im ~ zu** a differenza di; **mit dem ~, dass ...** con la differenza che ...; **das ist ein ~ wie Tag und Nacht** ci corre quanto dal giorno alla notte; **das ist ein gewaltiger ~!** questo fa una grande differenza!, questo cambia tutto! **unterschiedlich** *adj* diverso, differente **unterschiedslos** *adv* indistintamente, senza eccezione
**unter|schlagen**[1] ['ʊntəʃlaːgən] <irr> *vt* incrociare; (*bes. Beine*) accavallare
**unterschlagen**[2] [ʊntə'ʃlaːgən] <irr, ohne ge-> *vt* ① (*Geld*) sottrarre; (*Briefe*) intercettare ② (*verheimlichen*) nascondere, celare **Unterschlagung** <-, -en> *f* appropriazione *f* indebita, sottrazione *f*
**Unterschlupf** ['ʊntəʃlʊpf] <-(e)s, -e> *m* ① (*Obdach*) rifugio *m*, riparo *m* ② (*Versteck*) nascondiglio *m* **unterschlupfen** *vi* (*südd: fam*) rifugiarsi (*bei* da), **unter|schlüpfen** *vi* (*fam*) rifugiarsi (*bei* da)
**unterschreiben** [ʊntə'ʃraɪbən] <irr, ohne ge-> *vt* firmare, sottoscrivere
**Unterschrift** *f* firma *f*; **seine ~ unter etw** *acc* **setzen** apporre la propria firma a qc
**Unterschriftenliste** *f* (POL, SOC) lista *f* di sottoscrizione
**unterschriftsberechtigt** *adj* (JUR) autorizzato a firmare
**unterschwellig** *adj* inconscio
**Unterseeboot** *s.* **U-Boot unterseeisch** *adj* sottomarino **Unterseekabel** *nt* cavo *m* sottomarino
**Unterseite** <-, -n> *f* rovescio *m*, retro *m*
**untersetzt** [ʊntə'zɛtst] *adj* tarchiato, massiccio
**unterspülen** [ʊntə'ʃpyːlən] <ohne ge-> *vt* dilavare
**unterste(r, s)** ['ʊntəstə, -tə, -təs] *adj Superlativ von* **untere** ① (*örtlich*) [il/la] più basso, -a ② (*im Rang*) ultimo, -a ③ (*letzte*) ultimo, -a
**unterstehen** [ʊntə'ʃteːən] <irr, ohne ge-> I. *vi* jdm ~ dipendere da qu II. *vr* sich ~ etw zu tun osare fare qc, avere l'ardire di fare qc; **untersteh dich, das zu tun!** guai [a te] se lo fai!

**unter|stellen**[1] ['ʊntəʃtɛlən] I. *vt* ① (*zur Aufbewahrung*) depositare, mettere ② (*Auto*) parcheggiare; (*in Garage*) mettere in garage II. *vr* **sich ~ [vor etw** *dat*] ~ mettersi al riparo [da qc]
**unterstellen**[2] [ʊntə'ʃtɛlən] <ohne ge-> *vt* ① (*unterordnen*) subordinare; **jdm ~** (MIL) assegnare al comando di qu ② (*unterschieben*) attribuire ③ (*annehmen*) presumere; **ich unterstelle jetzt einmal, dass das wahr ist** ammetto adesso che sia vero **Unterstellung** *f* ① (*Unterordnung*) subordinazione *f* ② (*falsche Behauptung*) insinuazione *f*
**unterstreichen** [ʊntə'ʃtraɪçən] <irr, ohne ge-> *vt* (*a. fig*) sottolineare
**Unterstufe** *f* (*an Schule*) classi *fpl* inferiori
**unterstützen** [ʊntə'ʃtʏtsən] <ohne ge-> *vt* ① (*finanziell*) sussidiare; (*helfen*) aiutare, assistere ② (*moralisch*) sostenere ③ (*begünstigen*) sostenere, patrocinare; (*fördern*) favorire, appoggiare **Unterstützung** <-, -en> *f* ① (*Beihilfe*) sussidio *m*; (*Subvention*) sovvenzione *f* ② (*Beistand*) aiuto *m*, assistenza *f* ③ (*Förderung*) appoggio *m*
**Untersuch** [ʊntə'zuːx] <-(e)s, -e> *m* (*CH:* ADM: *Untersuchung*) controllo *m*
**untersuchen** [ʊntə'zuːxən] <ohne ge-> *vt* ① (*prüfen*) esaminare; (*analysieren, abhandeln*) analizzare; **jdn auf etw** *acc* **~** esaminare qu su qc ② (*nachprüfen*) verificare, controllare; (*polizeilich*) indagare, investigare ③ (*Patienten*) visitare; **sich ärztlich ~ lassen** farsi visitare da un medico
**Untersuchung** <-, -en> *f* ① (*Prüfung*) esame *m*; (*Analyse*) analisi *f*; (*Nachforschung, Abhandlung*) studio *m*; (*Erkundung*) esplorazione *f*; **bei näherer ~** dopo approfondito esame ② (*Nachprüfung*) verifica *f*, controllo *m*; (*beim Zoll, Arzt*) visita *f* ③ (*polizeilich*) indagine *f*, inchiesta *f*; **gerichtliche ~** istruttoria *f*
**Untersuchungsausschuss** *m* commissione *f* d'inchiesta **Untersuchungsgefangene** *mf* detenuto, -a *m, f* in attesa del processo **Untersuchungshaft** *f* detenzione *f* preventiva **Untersuchungshäftling** <-s, -e> *m s.* **Untersuchungsgefangene(r) Untersuchungskommission** *f s.* **Untersuchungsausschuss Untersuchungsrichter(in)** *m(f)* giudice *mf* istruttore
**untertags** [ʊntə'taːks] *adv* (A, CH: *tagsüber*) di giorno

**Untertan(in)** <-s *o* -en, -en; -, -nen> *m(f)* suddito, -a *m, f*
**untertan** ['ʊntɛtaːn] *adj* **sich** *dat* **etw/ jdn ~ machen** assoggettare qc/qu
**untertänig** ['ʊntɛtɛːnɪç] *adj* sottomesso; (*ergeben*) devoto
**Untertanin** *f s.* **Untertan**
**Untertasse** *f* piattino *m;* **fliegende ~** disco *m* volante
**unter|tauchen** I. *vt haben* immergere, tuffare II. *vi sein* immergersi, tuffarsi; (*fig*) scomparire
**Unterteil** *nt* parte *f* inferiore
**unterteilen** [ʊntɛ'taɪlən] <ohne ge-> *vt* **etw [in etw** *acc*] **~** suddividere qc [in qc]
**Unterteilung** *f* suddivisione *f*
**Untertitel** *m* sottotitolo *m*
**Unterton** <-(e)s, -töne> *m* ❶ (MUS) tono *m* discendente ❷ (*Beiklang*) tono *m*, nota *f fig;* **er sagte es mit einem ~ von Spott** l'ha detto con un tono sarcastico
**untertourig** ['ʊntɛtuːrɪç] *adj* **~ fahren** marciare al minimo [*o* a basso regime di giri]
**untertreiben** [ʊntɛ'traɪbən] <irr, ohne ge-> I. *vt* sminuire II. *vi* minimizzare
**Untertreibung** [ʊntɛ'traɪbʊŋ] <-, -en> *f* sminuimento *m*
**untervermieten** <ohne ge-> *vt, vi* subaffittare
**unterversichert** *adj* che non copre il valore dell'oggetto assicurato **Unterversicherung** <-, -en> *f* sottoassicurazione *f*
**Unterwalden** ['ʊntɛvaldən] *nt* (GEOG) Unterwalden *m*
**unterwandern** [ʊntɛ'vandɛn] <ohne ge-> *vt* infiltrarsi in **Unterwanderung** *f* infiltrazione *f*
**Unterwäsche** *f* biancheria *f* intima
**Unterwasserkamera** *f* cinepresa *f* subacquea **Unterwassermassage** *f* massaggio *m* subacqueo
**unterwegs** [ʊntɛ've:ks] *adv* strada facendo; (*auf der Reise*) durante il viaggio; **[immer] ~ sein** essere [sempre] in giro; **der Arzt ist schon ~** il medico sta per arrivare; **bei uns ist ein Baby ~** (*fam*) aspettiamo un bambino
**unterweisen** [ʊntɛ'vaɪzən] <irr, ohne ge-> *vt* (*geh*) **jdn [in etw** *dat*] **~** istruire qu [su qc] **Unterweisung** *f* (*geh*) istruzione *f* (*in +dat* su), insegnamento *m* (*in +dat* su, di)
**Unterwelt** *f* bassifondi *mpl*, malavita *f*
**unterwerfen** [ʊntɛ'vɛrfən] <irr, ohne ge-> I. *vt* (*Volk*) sottomettere, assoggettare; (*unterjochen*) soggiogare; **einer Sache** *dat* **unterworfen sein** essere soggetto a qc II. *vr* **sich ~** sottomettersi; **sich jds Befehl ~** sottomettersi agli ordini di qu
**Unterwerfung** <-, -en> *f* ❶ (*eines Volkes*) assoggettamento *m* ❷ (*Untertänigkeit*) sottomissione *f;* **die ~ unter jdn/ etw** la sottomissione a qu/qc
**unterwürfig** ['ʊntɛ'vyrfɪç] *adj* (*pej*) servile, ossequioso **Unterwürfigkeit** <-> *kein Pl. f* (*pej*) servilismo *m*
**unterzeichnen** [ʊntɛ'tsaɪçnən] <ohne ge-> *vt* (ADM) firmare, sottoscrivere **Unterzeichner(in)** *m(f)* (ADM) firmatario, -a *m, f* **Unterzeichnete** <ein -r, -n, -n> *mf* (ADM) sottoscritto, -a *m, f* **Unterzeichnung** *f* (ADM) firma *f*
**unter|ziehen**[1] ['ʊntɛtsiːən] <irr> *vt* ❶ (*Kleidungsstücke*) mettersi sotto ❷ (GASTR: *Eischnee, Sahne*) mescolare
**unterziehen**[2] [ʊntɛ'tsiːən] <irr, ohne ge-> I. *vt* **jdn einer Sache** *dat* **~** sottoporre qu a qc II. *vr* **sich einer Sache** *dat* **~** sottoporsi a qc
**Untiefe** *f* bassofondo *m*, secca *f*
**Untier** *nt* mostro *m;* (*a. fig*) belva *f*
**untragbar** [ʊn'traːkbaːɐ *o* 'ʊntraːkbaːɐ] *adj* intollerabile; (FIN) insopportabile
**untrennbar** [ʊn'trɛnbaːɐ *o* 'ʊntrɛnbaːɐ] *adj* inseparabile
**untreu** *adj* infedele; **jdm ~ werden** diventare infedele a qu, tradire qu; **sich** *dat* **selbst ~ werden** rinnegare i propri principi **Untreue** *f* ❶ (*gegenüber Menschen*) infedeltà *f* ❷ (JUR) frode *f;* (*im Amt*) prevaricazione *f*
**untröstlich** [ʊn'trøːstlɪç *o* 'ʊntrøːstlɪç] *adj* inconsolabile
**untrüglich** [ʊn'tryːklɪç *o* 'ʊntryːklɪç] *adj* infallibile, sicuro
**Untugend** *f* vizio *m*, cattiva abitudine *f*
**untypisch** *adj* atipico
**unüberbrückbar** [ʊnʔyːbɛ'brʏkbaːɐ *o* 'ʊnʔyːbɛbrʏkbaːɐ] *adj* (*fig*) insormontabile, insuperabile
**unüberhörbar** ['ʊnyːbɛhøːɐ̯baːɐ *o* ʊnyːbɛ'høːɐ̯baːɐ] *adj* ❶ (*laut*) forte, intenso ❷ (*offensichtlich*) evidente, chiaro
**unüberlegt** *adj* sconsiderato, avventato
**unübersehbar** [ʊnʔyːbɛ'zeːbaːɐ *o* 'ʊnʔyːbɛzeːbaːɐ] *adj* ❶ (*Menge*) immenso ❷ (*fig: Folgen*) incalcolabile
**unübersetzbar** [ʊnʔyːbɛ'bɛtsbaːɐ *o* 'ʊnʔyːbɛbɛtsbaːɐ] *adj* intraducibile
**unübersichtlich** *adj* poco chiaro, confuso; (*Anordnung*) mal disposto; (*Kurve*) cieco
**unübertrefflich** [ʊnʔyːbɛ'trɛflɪç *o* 'ʊnʔyːbɛtrɛflɪç] *adj* insuperabile, ineguagliabile

**unübertroffen** [ʊnʔyːbeˈtrɔfən o ˈʊn-ʔyːbɛtrɔfən] *adj* insuperato, ineguagliato
**unüberwindlich** [ʊnʔyːbeˈvɪntlɪç o ˈʊn-ʔyːbɛvɪntlɪç] *adj* (*Gegner*) invincibile; (*Schwierigkeiten*) insormontabile
**unüblich** *adj* inusitato
**unumgänglich** [ʊnʔʊmˈgɛŋlɪç o ˈʊnʔʊm-gɛŋlɪç] *adj* indispensabile
**unumschränkt** [ʊnʔʊmˈʃrɛŋkt o ˈʊnʔʊm-ʃrɛŋkt] *adj* illimitato; (POL) assoluto
**unumstößlich** [ʊnʔʊmˈʃtøːslɪç o ˈʊnʔʊm-ʃtøːslɪç] *adj* irrevocabile
**unumstritten** [ʊnʔʊmˈʃtrɪtən o ˈʊnʔʊm-ʃtrɪtən] *adj* incontestato
**unumwunden** [ʊnʔʊmˈvʊndən o ˈʊnʔʊm-vʊndən] *adv* **~ zugeben** riconoscere francamente
**ununterbrochen** [ʊnʔʊntɐˈbrɔxən o ˈʊn-ʔʊntɐbrɔxən] I. *adj* ininterrotto, incessante II. *adv* senza interruzione
**unveränderlich** [ʊnfɛɐ̯ˈʔɛndɐlɪç o ˈʊn-fɛɐ̯ʔɛndɐlɪç] *adj* immutabile; (MAT) invariabile
**unverändert** [ʊnfɛɐ̯ˈʔɛndɐt o ˈʊnfɛɐ̯ʔɛn-dɐt] *adj* immutato, invariato
**unverantwortlich** [ʊnfɛɐ̯ˈʔantvɔrtlɪç o ˈʊnfɛɐ̯ʔantvɔrtlɪç] *adj* irresponsabile, incosciente
**unverbesserlich** [ʊnfɛɐ̯ˈbɛsɐlɪç o ˈʊnfɛɐ̯-bɛsɐlɪç] *adj* incorreggibile
**unverbindlich** [ʊnfɛɐ̯ˈbɪntlɪç o ˈʊnfɛɐ̯bɪnt-lɪç] I. *adj* ❶ (*nicht bindend*) non impegnativo ❷ (*nicht entgegenkommend*) asciutto II. *adv* senza impegno
**unverbleit** *adj* senza piombo
**unverblümt** [ʊnfɛɐ̯ˈblyːmt o ˈʊnfɛɐ̯blyːmt] *adv* senza mezzi termini, senza fronzoli
**unverbraucht** *adj* ❶ (*frisch*) non usato, intatto ❷ (*voller Elan*) [ancora] vigoroso, forte
**unverdächtig** *adj* insospettabile, non sospetto; **sich ~ verhalten** comportarsi in modo insospettabile
**unverdaulich** [ˈʊnfɛɐ̯daʊlɪç] *adj* (*a. fig*) indigesto
**unverdient** [ʊnfɛɐ̯ˈdiːnt o ˈʊnfɛɐ̯diːnt] I. *adj* immeritato, ingiusto II. *adv* immeritatamente
**unverdientermaßen, unverdienterweise** *adv* immeritatamente
**unverdorben** *adj* ❶ (*Lebensmittel*) non guasto ❷ (*fig: rein, unschuldig*) incorrotto, sano
**unverdrossen** [ʊnfɛɐ̯ˈdrɔsən o ˈʊnfɛɐ̯-drɔsən] *adj* instancabile, assiduo
**unverdünnt** *adj* non diluito, liscio, puro; **etw ~ trinken** bere qc liscio

**unvereinbar** [ʊnfɛɐ̯ˈʔaɪnbaːɐ̯ o ˈʊnfɛɐ̯-ʔaɪnbaːɐ̯] *adj* incompatibile
**unverfälscht** [ʊnfɛɐ̯ˈfɛlʃt o ˈʊnfɛɐ̯fɛlʃt] *adj* genuino
**unverfänglich** [ʊnfɛɐ̯ˈfɛŋlɪç o ˈʊnfɛɐ̯fɛŋlɪç] *adj* innocuo
**unverfroren** [ʊnfɛɐ̯ˈfroːrən o ˈʊnfɛɐ̯froː-rən] *adj* sfacciato, sfrontato
**unvergänglich** [ʊnfɛɐ̯ˈgɛŋlɪç o ˈʊnfɛɐ̯-gɛŋlɪç] *adj* imperituro; (*unsterblich*) immortale; (*ewig*) eterno
**unvergessen** *adj* indimenticabile; **sie wird [uns] ~ bleiben** non la dimenticheremo mai
**unvergesslich** [ʊnfɛɐ̯ˈgɛslɪç o ˈʊnfɛɐ̯gɛs-lɪç] *adj* indimenticabile
**unvergleichlich** [ʊnfɛɐ̯ˈglaɪçlɪç o ˈʊnfɛɐ̯-glaɪçlɪç] *adj* incomparabile; (*einzig*) unico
**unverhältnismäßig** [ʊnfɛɐ̯ˈhɛltnɪsmɛːsɪç] *adj* sproporzionato; (*übermäßig*) eccessivo
**unverheiratet** *adj* non sposato; (*Männer*) celibe; (*Frauen*) nubile
**unverhofft** [ʊnfɛɐ̯ˈhɔft o ˈʊnfɛɐ̯hɔft] *adj* insperato; (*unerwartet*) inatteso
**unverhohlen** [ʊnfɛɐ̯ˈhoːlən o ˈʊnfɛɐ̯hoː-lən] I. *adj* non celato [o dissimulato] II. *adv* apertamente, senza mezzi termini
**unverkäuflich** [ʊnfɛɐ̯ˈkɔyflɪç o ˈʊnfɛɐ̯kɔyf-lɪç] *adj* ❶ (*nicht zum Verkauf bestimmt*) non in vendita; **~es Muster** campione non commerciale ❷ (*nicht zum Verkauf geeignet*) invendibile
**unverkennbar** [ʊnfɛɐ̯ˈkɛnbaːɐ̯ o ˈʊnfɛɐ̯-kɛnbaːɐ̯] *adj* inconfondibile
**unverletzt** *adj* non ferito, invulnerabile; **bei etw ~ bleiben** non ferircisi
**unvermeidbar, unvermeidlich** [ʊnfɛɐ̯-ˈmaɪtbaːɐ̯, ʊnfɛɐ̯ˈmaɪtlɪç o ˈʊnfɛɐ̯maɪtbaːɐ̯, ˈʊnfɛɐ̯maɪtlɪç] *adj* inevitabile, ineluttabile
**unvermindert** *adj* costante, invariato
**unvermittelt** I. *adj* improvviso, repentino II. *adv* d'un tratto
**Unvermögen** *nt* incapacità *f*
**unvermutet** *adj* inatteso; (*Schwierigkeiten*) imprevisto
**Unvernunft** *f* insensatezza *f*, mancanza *f* di ragionevolezza **unvernünftig** *adj* insensato, irragionevole; (*töricht*) assurdo
**unveröffentlicht** *adj* inedito
**unverpackt** *adj* non imballato
**unverrückbar** [ʊnfɛɐ̯ˈrʏkbaːɐ̯ o ˈʊnfɛɐ̯rʏk-baːɐ̯] *adv* **~ feststehen** essere definitivo
**unverschämt** *adj* sfacciato, sfrontato
**Unverschämtheit** <-, -en> *f* sfacciataggine *f*, sfrontatezza *f*; (*Äußerung a.*) insolenza *f*

**unverschuldet** [ʊnfɛɐ̯ˈʃʊldət o ˈʊnfɛɐ̯ʃʊldət] *adj o adv* ① (*ohne Schulden*) senza debiti ② (*ohne Schuld*) senza colpa

**unversehens** [ʊnfɛɐ̯ˈzeːəns o ˈʊnfɛɐ̯zeːəns] *adv* all'improvviso, improvvisamente

**unversehrt** [ʊnfɛɐ̯ˈzeːɐ̯t o ˈʊnfɛɐ̯zeːɐ̯t] *adj* (*Menschen*) illeso, incolume; (*Dinge*) intatto

**unversöhnlich** [ʊnfɛɐ̯ˈzøːnlɪç o ˈʊnfɛɐ̯zøːnlɪç] *adj* (*Meinungen*) inconciliabile; (*Gegner*) intransigente

**unverstanden** *adj* incompreso

**unverständlich** *adj* incomprensibile

**unversteuert** I. *adj* esentasse; **~es Einkommen** reddito esentasse II. *adv* esentasse

**unversucht** [ʊnfɛɐ̯ˈzuːxt o ˈʊnfɛɐ̯zuːxt] *adj* **nichts ~ lassen** non lasciare nulla d'intentato

**unverträglich** [ʊnfɛɐ̯ˈtrɛːklɪç o ˈʊnfɛɐ̯trɛːklɪç] *adj* ① (*Speise*) indigesto ② (*Mensch*) intrattabile ③ (*Gegensätze*) inconciliabile

**unverwandt** *adv* **jdn ~ ansehen** guardare fisso qu

**unverwechselbar** [ˈʊnfɛɐ̯vɛksəlbaːɐ̯ o ʊnfɛɐ̯ˈvɛksəlbaːɐ̯] *adj* inconfondibile

**unverwundbar** [ʊnfɛɐ̯ˈvʊntbaːɐ̯ o ˈʊnfɛɐ̯vʊntbaːɐ̯] *adj* invulnerabile

**unverwüstlich** [ʊnfɛɐ̯ˈvyːstlɪç o ˈʊnfɛɐ̯vyːstlɪç] *adj* indistruttibile, resistente; **~e Gesundheit** salute di ferro

**unverzagt** [ˈʊnfɛɐ̯tsaːkt] *adj* intrepido, impavido

**unverzeihlich** [ʊnfɛɐ̯ˈtsaɪlɪç o ˈʊnfɛɐ̯tsaɪlɪç] *adj* imperdonabile

**unverzichtbar** [ˈʊnfɛɐ̯tsɪçtbaːɐ̯ o ʊnfɛɐ̯ˈtsɪçtbaːɐ̯] *adj* irrinunciabile

**unverzollt** *adj* non sdoganato

**unverzüglich** [ʊnfɛɐ̯ˈtsyːklɪç o ˈʊnfɛɐ̯tsyːklɪç] I. *adj* immediato II. *adv* subito, immediatamente

**unvollendet** [ʊnfɔˈlɛndət o ˈʊnfɔlɛndət] *adj* incompiuto

**unvollkommen** [ʊnfɔlˈkɔmən o ˈʊnfɔlkɔmən] *adj* ① (*mangelhaft*) imperfetto ② (*unvollständig*) incompleto **Unvollkommenheit** *f* ① (*Mangelhaftigkeit*) imperfezione *f* ② (*Unvollständigkeit*) incompletezza *f*

**unvollständig** [ʊnfɔlˈʃtɛndɪç o ˈʊnfɔlʃtɛndɪç] *adj* incompleto

**unvorbereitet** *adj* impreparato; (*Rede*) improvvisato

**unvoreingenommen** *adj* non prevenuto, obiettivo

**unvorhergesehen** *adj* imprevisto

**unvorschriftsmäßig** I. *adj* non regolare, contrario ai regolamenti II. *adv* abusivamente; **~ parken** parcheggiare abusivamente

**unvorsichtig** *adj* imprudente, incauto **Unvorsichtigkeit** <-, -en> *f* imprudenza *f*

**unvorstellbar** [ʊnfoːɐ̯ˈʃtɛlbaːɐ̯ o ˈʊnfoːɐ̯ʃtɛlbaːɐ̯] *adj* inimmaginabile

**unvorteilhaft** *adj* svantaggioso, sfavorevole; **das Kleid ist sehr ~ für dich** il vestito non ti si addice

**unwahr** *adj* non vero, falso **Unwahrheit** *f* falsità *f*; (*Lüge*) menzogna *f*, bugia *f*; **die ~ sagen** mentire

**unwahrscheinlich** I. *adj* ① (*kaum zu erwarten*) improbabile ② (*unglaublich*) inverosimile, incredibile ③ (*fam: sehr viel, groß*) molto II. *adv* (*fam: sehr*) molto; **sie hat sich ~ angestrengt** si è sforzata moltissimo **Unwahrscheinlichkeit** *f* improbabilità *f*; (*Unglaublichkeit*) inverosimiglianza *f*

**unwegsam** [ˈʊnveːkzaːm] *adj* impraticabile

**unweigerlich** [ʊnˈvaɪɡɐlɪç o ˈʊnvaɪɡɐlɪç] *adv* immancabilmente

**unweit** I. *prp* +*gen* poco lontano da II. *adv* **~ von** poco lontano da

**Unwesen** *nt* **sein ~ an einem Ort treiben** (*pej*) infestare un luogo

**unwesentlich** *adj* irrilevante; (*unbedeutend*) insignificante; **sie ist nur ~ älter als meine Mutter** è solo un po' più vecchia di mia madre

**Unwetter** *nt* temporale *m*

**unwichtig** *adj* non [o poco] importante, insignificante

**unwiderlegbar** [ʊnviˈdeːleːkbaːɐ o ˈʊnviːdeleːkbaːɐ] *adj* irrefutabile, inconfutabile

**unwiderruflich** [ʊnviːdeˈruːflɪç o ˈʊnviːderuːflɪç] *adj* irrevocabile; (*endgültig*) definitivo

**unwiderstehlich** [ʊnviːdeˈʃteːlɪç o ˈʊnviːdeʃteːlɪç] *adj* irresistibile

**unwiederbringlich** [ʊnviːdeˈbrɪŋlɪç o ˈʊnviːdebrɪŋlɪç] *adj* (*geh*) irrecuperabile; **das ist ~ dahin** è perduto per sempre

**Unwille** *m* (*geh: Missfallen*) malcontento *m*, sdegno *m*; **~ über etw** *acc* malcontento per qc; **jds ~n erregen** suscitare l'ira di qu **unwillig** I. *adj* irritato; **~ über etw** *acc* **sein** essere irritato per qc II. *adv* (*widerwillig*) controvoglia

**unwillkommen** *adj* indesiderato

**unwillkürlich** [ʊnvɪlˈkyːɐ̯lɪç *o* ˈʊnvɪlkyːɐ̯lɪç] *adj* istintivo, spontaneo; (*automatisch*) automatico; **ich musste ~ lachen** non potei fare a meno di ridere
**unwirklich** *adj* (*geh*) irreale
**unwirksam** *adj* inefficace; (JUR) nullo
**unwirsch** [ˈʊnvɪrʃ] *adj* scontroso, brusco
**unwirtlich** *adj* poco accogliente, inospitale
**unwirtschaftlich** *adj* antieconomico
**Unwissen** <-s> *kein Pl. nt* ignoranza *f*
**unwissend** *adj* ignorante; (*unerfahren*) inesperto
**Unwissenheit** <-> *kein Pl. f* ignoranza *f*
**unwissentlich** I. *adj* inconsapevole II. *adv* senza saperlo
**unwohl** *adj* (*unpässlich*) indisposto; **sich ~ fühlen** (*unbehaglich*) non sentirsi a proprio agio **Unwohlsein** *nt* indisposizione *f*
**unwürdig** *adj* indegno
**Unzahl** *f* **eine ~ von ...** un gran numero [*o* un'infinità] di ...
**unzählbar** [ʊnˈtsɛːlbaːɐ̯ *o* ˈʊntsɛːlbaːɐ̯] *adj* innumerevole
**unzählig** [ʊnˈtsɛːlɪç *o* ˈʊntsɛːlɪç] *adj* innumerevole, moltissimo; **~e Menschen** una moltitudine innumerevole di persone; **~ viele Menschen** moltissime persone
**Unze** [ˈʊntsə] <-, -n> *f* oncia *f*
**unzeitgemäß** *adj* antiquato
**unzerbrechlich** [ʊntsɛɐ̯ˈbrɛçlɪç *o* ˈʊntsɛɐ̯brɛçlɪç] *adj* infrangibile
**unzerkaut** *adj* **~ schlucken!** ingoiare senza masticare!
**unzerstörbar** [ʊntsɛɐ̯ˈʃtøːɐ̯baːɐ̯ *o* ˈʊntsɛɐ̯ʃtøːɐ̯baːɐ̯] *adj* indistruttibile
**unzertrennlich** [ʊntsɛɐ̯ˈtrɛnlɪç *o* ˈʊntsɛɐ̯trɛnlɪç] *adj* inseparabile
**unzivilisiert** *adj* incivile
**Unzucht** *f* (JUR) lussuria *f*, fornicazione *f*; **~ treiben** fornicare **unzüchtig** *adj* lascivo; (*Schriften*) osceno, pornografico
**unzufrieden** *adj* scontento; **~ mit jdm/etw sein** essere insoddisfatto di qu/qc **Unzufriedenheit** *f* scontentezza *f*
**unzugänglich** *adj* inaccessibile
**unzulänglich** [ˈʊntsulɛŋlɪç] *adj* (*geh*) insufficiente **Unzulänglichkeit** <-, -en> *f* insufficienza *f*
**unzulässig** *adj* illecito
**unzumutbar** *adj* inesigibile
**unzurechnungsfähig** *adj* incapace di intendere e di volere; **jdn für ~ erklären lassen** far dichiarare qu incapace di intendere e di volere **Unzurechnungsfähigkeit** *f* incapacità *f* di intendere e di volere
**unzureichend** [ˈʊntsuraɪçənt] *adj* insufficiente

**unzusammenhängend** *adj* sconnesso
**unzustellbar** *adj* (*als Vermerk*) destinatario sconosciuto; **falls ~, zurück an den Absender** in caso di mancato recapito ritornare al mittente
**unzutreffend** *adj* inesatto; **Unzutreffendes bitte streichen** cancellare ciò che non interessa
**unzuverlässig** *adj* (*Mensch*) non fidato; (*Freund*) infido; **er ist ein ~er Mensch** non ci si può fidare di lui
**unzweckmäßig** *adj* inadeguato
**unzweideutig** *adj* inequivocabile, chiaro
**unzweifelhaft** [ʊnˈtsvaɪfəlhaft *o* ˈʊntsvaɪfəlhaft] I. *adj* indubitabile, certo II. *adv* senza dubbio
**Update** [ˈapdeɪt] <-s, -s> *nt* (INFORM) ① (*Updaten*) file *m* attuale ② (*aktualisierte Version*) versione *f* aggiornata
**uploaden** [ˈaploʊdən] *vt* (INFORM) uploadare
**üppig** [ˈʏpɪç] *adj* (*Vegetation*) lussureggiante, rigoglioso; (*Haar*) folto; (*Mahl*) ricco, abbondante; (*Formen*) formoso, opulento **Üppigkeit** <-> *kein Pl. f* rigoglio *m*; (*von Haar*) foltezza *f*; (*Reichtum*) ricchezza *f*, abbondanza *f*; (*von Formen*) formosità *f*, opulenza *f*
**up to date** [ˈʌp tə ˈdeɪt] *adj* (*fam*) up-to-date
**Ur** [uːɐ̯, *Pl:* ˈuːrə] <-(e)s, -e> *m* uro *m*
**Urabstimmung** [ˈuːɐ̯ʔapʃtɪmʊŋ] *f* votazione *f* assembleare
**Ural** [uˈraːl] *m* ① (*Gebirge*) Urali *mpl* ② (*Fluss*) Ural *m*
**uralt** *adj* vecchissimo, antichissimo
**Uran** [uˈraːn] <-s> *kein Pl. nt* (CHEM) uranio *m* **Uranvorkommen** *nt* giacimento *m* di uranio
**aufführen** *vt* rappresentare per la prima volta **Uraufführung** *f* prima *f*
**urban** [ʊrˈbaːn] *adj* urbano
**Urbanität** [ʊrbaniˈtɛːt] <-> *kein Pl. f* (*geh*) urbanità *f*, civiltà *f*
**urbar** [ˈuːɐ̯baːɐ̯] *adj* **~ machen** (AGR) dissodare; (*Moor*) bonificare
**Urbild** *nt* prototipo *m*
**ureigen** [ˈuːɐ̯ʔaɪɡən] *adj* proprio, peculiare; **in ihrem ~en Interesse** nel proprio interesse; **das ist meine ~e Angelegenheit** questi sono affari miei
**Ureinwohner(in)** *m(f)* indigeno, -a *m, f*
**Urenkel(in)** *m(f)* pronipote *mf*
**urgemütlich** [ˈuːɐ̯ɡəmyːtlɪç] *adj* (*fam: Zimmer*) molto accogliente; (*Stimmung, Atmosphäre*) molto cordiale; **es war ~** è stato estremamente piacevole

**Urgeschichte** f preistoria f **urgeschichtlich** adj preistorico
**urgieren** <ohne ge-> vt (A: form: drängen) sollecitare, spingere
**Urgroßeltern** Pl. bisnonni mpl **Urgroßmutter** f bisnonna f **Urgroßvater** m bisnonno m
**Urheber(in)** m(f) (a. fig) autore, -trice m, f **Urheberrecht** nt (JUR) diritto m d'autore **urheberrechtlich** adj (JUR) del copyright, dei diritti d'autore; **~ geschützt** protetto da copyright **Urheberschaft** <-> kein Pl. f paternità f [di un'opera] **Urheberschutz** m tutela f dei diritti d'autore
**Uri** ['uːri] m (GEOG) Uri m
**urig** ['uːrɪç] adj (fam: Mensch) originale; (urwüchsig) naturale
**Urin** [uˈriːn] <-s, -e> m orina f
**urinieren** [uriˈniːrən] <ohne ge-> vi orinare
**Urknall** <-(e)s> kein Pl. m big bang m
**urkomisch** ['uːɐ̯ˈkoːmɪʃ] adj molto comico
**Urkunde** ['uːɐ̯kʊndə] <-, -n> f documento m; (JUR) atto m **Urkundenfälschung** f falso m in atto pubblico
**urkundlich** adj documentato
**Urlaub** ['uːɐ̯laʊp] <-(e)s, -e> m vacanza f, ferie fpl; (MIL) permesso m, licenza f; **~ haben** essere in [o avere] ferie; **in ~ fahren** [o **gehen**] andare in vacanza [o in ferie]; **im ~ sein** essere in vacanza [o in ferie]; **letztes Jahr haben wir ~ in Italien gemacht** [o **waren wir in Italien im ~**] l'anno scorso abbiamo trascorso le ferie [o vacanze] in Italia
**Urlauber(in)** ['uːɐ̯laʊbɐ] <-s, -; -, -nen> m(f) villeggiante mf
**Urlaubsgeld** nt sussidio m per le ferie **urlaubsreif** adj (fam) **~ sein** aver bisogno di una vacanza **Urlaubsreise** <-, -n> f viaggio m turistico [o di piacere] **Urlaubsstimmung** f spirito m da vacanze, atmosfera f da vacanze **Urlaubsvertretung** f sostituzione f per vacanze; **meine ~** la persona che mi supplisce; **~ machen** fare da sostituto
**Urmensch** m uomo m preistorico [o primitivo]
**Urne** ['ʊrnə] <-, -n> f urna f
**Uroma** ['uːɐ̯ʔoːma] <-, -s> f (fam) bisnonna f
**Uropa** ['uːɐ̯ʔoːpa] <-s, -s> m (fam) bisnonno m
**urplötzlich** ['uːɐ̯ˈplœtslɪç] I. adj repentino, improvviso II. adv improvvisamente, tutto a un tratto
**Ursache** f causa f; (Grund) ragione f; (Beweggrund) motivo m; (Anlass) occasione f; **keine ~!** non c'è di che, di nulla
**ursächlich** adj causale
**Ursprung** m origine f; (Anfang) principio m; **seinen ~ haben in** +dat prendere origine da, avere origine in
**ursprünglich** ['uːɐ̯ʃprʏŋlɪç o uːɐ̯ˈʃprʏŋlɪç] I. adj ❶ (in der Ursprungsform) originario; (anfänglich) iniziale ❷ (echt) originale; (natürlich) naturale II. adv in origine, in principio
**Ursprungsland** <-es, -länder> nt paese m d'origine
**Urteil** ['ʊrtaɪl] <-s, -e> nt ❶ (JUR: richterliches) sentenza f; (der Geschworenen) verdetto m; **ein ~ fällen** pronunciare una sentenza ❷ (Beurteilung, ~skraft) giudizio m; (Meinung) opinione f; **ein ~ abgeben** dare un giudizio; **sich** dat **ein ~ über etw** acc **bilden** farsi un giudizio di qc; **nach dem ~ von** a giudizio di
**urteilen** vi (a. beurteilen) giudicare; **über jdn/etw ~** giudicare qu/qc; **nach seinem Benehmen zu ~** a giudicare dal suo comportamento
**Urteilsbegründung** f (JUR) motivazione f della sentenza **Urteilskraft** f giudizio m **Urteilsspruch** m [dispositivo m della] sentenza f; (der Geschworenen) verdetto m **Urteilsverkündung** f pubblicazione f della sentenza
**urtümlich** ['uːɐ̯tyːmlɪç] adj primitivo, primordiale
**Ururgroßeltern** ['uːɐ̯ʔuːɐ̯groːsɛltɐn] Pl. trisavoli mpl **Ururgroßmutter** f trisavola f **Ururgroßvater** m trisavolo m
**Urwald** m foresta f vergine, giungla f
**urwüchsig** ['uːɐ̯vyːksɪç] adj (natürlich) naturale; (wild) selvatico
**Urzeit** f **in** [o **vor**] [o **zu**] **~en** in tempi remoti; **seit ~en** da millenni **urzeitlich** adj remoto, preistorico
**USA** [uːˈʔɛsˈʔaː] Pl. U.S.A. mpl
**USB-Stick** [uːˈʔɛsbeˈstɪk, juːˈʔɛsˈbiː-] <-s, -s> m (INFORM) chiavetta f [o penna f] USB
**usf.** abk v **und so fort** e così via
**usurpieren** [uzʊrˈpiːrən] <ohne ge-> vt usurpare
**Usus** ['uːzʊs] <-> kein Pl. m (fam) usanza f; **das ist hier so ~** qui si usa così
**usw.** abk v **und so weiter** ecc.
**Utensil** <-s, -ien> nt utensile m
**Uterus** ['uːterʊs, Pl: 'uːteri] <-, Uteri> m (MED) utero m
**Utopie** [utoˈpiː] <-, -n> f utopia f

**utopisch** [uˈtoːpɪʃ] *adj* utopistico
**u. U.** *abk v* **unter Umständen** eventualmente
**u. ü. V.** *abk v* **unter üblichem Vorbehalt** S.E.e.O.
**UV** [uːˈfaʊ] *abk v* **ultraviolett** UV, Uv
**u. v. a.** [m.] *abk v* **und vieles andere** [mehr] e molte altre cose
**UV-Strahlen** [uːˈfaʊʃtraːlən] *mPl.* raggi *mpl* UV
**u. W.** *abk v* **unseres Wissens** a quanto ci consta

# Vv

**V, v** [faʊ] <-, -(s)> *nt* V, v *f;* **V wie Viktor** V come Venezia
**V** *abk v* **Volt** V
**Vaduz** [faˈdʊts *o* vaˈduːts] *nt* Vaduz *f*
**Vagabund(in)** [vagaˈbʊnt] <-en, -en; -, -nen> *m(f)* vagabondo, -a *m, f*
**vage** [ˈvaːgə] *adj* vago
**Vagina** [vaˈgiːna, *Pl:* vaˈgiːnən] <-, Vaginen> *f* (ANAT) vagina *f* **vaginal** [vagiˈnaːl] *adj* vaginale
**vakant** [vaˈkant] *adj* libero; (*bes. Stelle*) vacante
**Vakuum** [ˈvaːkuʊm, *Pl:* ˈvaːkua *o* ˈvaːkuən] <-s, Vakua *o* Vakuen> *nt* vacuo *m* **vakuumverpackt** *adj* conservato sotto vuoto
**Valentinstag** [ˈvaːlɛntiːnstaːk] *m* giorno *m* di san Valentino
**Valuta** [vaˈluːta, *Pl:* vaˈluːtən] <-, Valuten> *f* valuta *f* [estera]
**Vamp** [vɛ(ː)mp] <-s, -s> *m* vamp *f*
**Vampir** [ˈvampiːɐ̯ *o* vamˈpiːɐ̯] <-s, -e> *m* vampiro *m*
**Van** [van] <-s, -s> *m* van *m*
**Vandale** [vanˈdaːlə] <-n, -n> *m*, **Vandalin** [vanˈdaːlɪn] <-, -nen> *f* (*a.* HIST) vandalo, -a *m, f*
**Vandalismus** [vandaˈlɪsmʊs] <-> *kein Pl. m* vandalismo *m*
**Vanille** [vaˈnɪl(j)ə] <-> *kein Pl. f* vaniglia *f* **Vanilleeis** *nt* gelato *m* di vaniglia **Vanillepudding** *m* budino *m* di [o alla] vaniglia **Vanillesoße** <-, -n> *f* salsa *f* alla vaniglia **Vanillezucker** <-s> *kein Pl. m* zucchero *m* vanigliato
**variabel** [variˈaːbəl] *adj* variabile
**Variable** [variˈaːblə] <-, -n> *f* (MAT, PHYS) variabile *f*
**Variante** [variˈantə] <-, -n> *f* variante *f*
**Variation** [variaˈtsi̯oːn] <-, -en> *f* variazione *f*
**Varieté** <-s, -s> *nt*, **Varietee** [varieˈteː] <-s, -s> *nt* ① (*Theater*) teatro *m* di varietà ② (*Vorstellung*) spettacolo *m* di varietà

**variieren** [variˈiːrən] <ohne ge-> *vt, vi* variare
**Vasall** [vaˈzal] <-en, -en> *m* vassallo *m*
**Vase** [ˈvaːzə] <-, -n> *f* vaso *m*
**Vater** [ˈfaːtɐ, *Pl:* ˈfɛːtɐ] <-s, Väter> *m* padre *m;* **er ist ganz der ~** è tutto suo padre
**Vaterhaus** *nt* casa *f* paterna **Vaterland** *nt* patria *f* **Vaterlandsliebe** *f* patriottismo *m* **väterlich** [ˈfɛːtɐlɪç] **I.** *adj* paterno **II.** *adv* da padre, come un padre **väterlicherseits** [ˈfɛːtɐlɪçɐˈzaɪts] *adv* da parte paterna
**vaterlos** *adj* senza padre, orfano di padre **Vatermord** *m* parricidio *m* **Vatermörder(in)** *m(f)* parricida *mf* **Vaterschaft** <-> *kein Pl. f* paternità *f* **Vaterstadt** *f* città *f* natale **Vaterstelle** *f* **bei jdm ~ vertreten** fare da padre a qu **Vatertag** *m* festa *f* del papà
**Vaterunser** [ˈfaːtɐˈʔʊnzɐ] <-s, -> *nt* padrenostro *m*
**Vati** [ˈfaːti] <-s, -s> *m* (*fam*) babbo *m*
**Vatikan** [vatiˈkaːn] *m* **der ~** il Vaticano **Vatikanstadt** *f* **die ~** la Città del Vaticano
**V-Ausschnitt** [ˈfaʊaʊsʃnɪt] *m* scollatura *f* a V
**v. Chr.** *abk v* **vor Christus** a.C.
**VEB** [faʊʔeːˈbeː] <-(s), -s> *m abk v* **Volkseigener Betrieb** *impresa di proprietà popolare collettiva nella ex R.D.T*
**Veganer(in)** [veˈaːnɐ] <-s, -; -, -nen> *m(f)* vegan *mf*
**Vegetarier(in)** [vegeˈtaːriɐ] <-s, -; -, -nen> *m(f)* vegetariano, -a *m, f*
**vegetarisch** *adj* vegetariano
**Vegetation** [vegetaˈtsi̯oːn] <-, -en> *f* vegetazione *f*
**vegetativ** [vegetaˈtiːf] *adj* (MED, BIOL) vegetativo; **~es Nervensystem** sistema *m* neurovegetativo
**vegetieren** [vegeˈtiːrən] <ohne ge-> *vi* vegetare
**vehement** [veheˈmɛnt] *adj* veemente

**Vehemenz** [vehe'mɛnts] <-> kein Pl. f veemenza f

**Vehikel** [ve'hi:kəl] <-s, -> nt ① (fam pej: Fahrzeug) macinino m ② (fig geh: Mittel) veicolo m

**Veilchen** ['faɪlçən] <-s, -> nt ① (BOT) violetta f ② (fam: blaues Auge) occhio m blu

**Vektorrechnung** ['vɛktoːɐrɛçnʊŋ] f calcolo m vettoriale

**Velo** ['ve:lo] <-s, -s> nt (CH) bicicletta f

**Velours** [vəˈluːɐ o ve'luːɐ] <-, -> m velluto m **Veloursleder** <-s, -> nt pelle f scamosciata

**Vene** ['ve:nə] <-, -n> f (ANAT) vena f

**Venedig** [veˈneːdɪç] nt Venezia f

**Venenentzündung** f flebite f

**Venetien** [veˈneːtsi̯ən] nt Veneto m

**venös** [veˈnøːs] adj (MED) venoso

**Ventil** [vɛnˈtiːl] <-s, -e> nt ① (TEC) valvola f; (fig) valvola f di sicurezza ② (MUS) pistone m

**Ventilation** [vɛntilaˈtsi̯oːn] <-, -en> f ventilazione f

**Ventilator** [vɛntiˈlaːtoːɐ] <-s, -en> m ventilatore m

**ventilieren** [vɛntiˈliːrən] <ohne ge-> vt ventilare, arieggiare

**verabreden** [fɛɐˈʔapreːdən] <ohne ge-> I. vt concordare; (Zeit, Ort) fissare, stabilire; **wir hatten doch verabredet, dass ...** avevamo stabilito che ..., avevamo stabilito di +inf II. vr **sich [mit jdm] ~** darsi appuntamento [con qu]; **[mit jdm] verabredet sein** avere un appuntamento [con qu]

**Verabredung** <-, -en> f ① (Vereinbarung) accordo m ② (Treffen) appuntamento m

**verabreichen** [fɛɐˈʔapraɪçən] <ohne ge-> vt somministrare

**verabscheuen** <ohne ge-> vt detestare, aborrire

**verabschieden** <ohne ge-> I. vt ① (Person) congedare ② (PARL: Gesetz) varare; **den Haushalt ~** approvare il bilancio II. vr **sich [von jdm] ~** congedarsi [da qu] **Verabschiedung** <-, -en> f ① (Person) commiato m, addio m, partenza f ② (Gesetz, Haushalt) varo m

**verachten** <ohne ge-> vt disprezzare

**verächtlich** [fɛɐˈʔɛçtlɪç] I. adj ① (voller Verachtung) sprezzante, sdegnoso ② (verachtenswert) spregevole II. adv con disprezzo

**Verachtung** f disprezzo m, spregio m

**verallgemeinern** <ohne ge-> vt generalizzare **Verallgemeinerung** <-, -en> f generalizzazione f

**veralten** <ohne ge-> vi sein divenire antiquato; (ungebräuchlich werden) cadere in disuso; (Mode) passare di moda **veraltet** adj (Ansichten, Ausdruck) antiquato; (ungebräuchlich) inusitato; (Mode) fuori moda

**Veranda** [veˈranda, Pl: veˈrandən] <-, Veranden> f veranda f

**veränderlich** adj (MAT, LING, METEO) variabile; (Wesen) volubile

**verändern** <ohne ge-> I. vt cambiare, mutare; (verwandeln) trasformare II. vr **sich ~** cambiare; (beruflich) cambiare posto; **sich zu seinem Vorteil ~** cambiare in meglio

**Veränderung** f cambiamento m, mutamento m; (Verwandlung) trasformazione f; (Abänderungen) modificazione f, modifica f

**verängstigen** <ohne ge-> vt impaurire

**verängstigt** [fɛɐˈʔɛŋstɪçt] adj impaurito; (eingeschüchtert) intimidito

**verankern** <ohne ge-> vt ① (NAUT) ancorare ② (fig: im Gesetz) fissare; **etw in der Verfassung ~** stabilire qc nella costituzione

**veranlagen** <ohne ge-> vt **jdn [steuerlich] mit etw ~** tassare qu con qc

**veranlagt** adj **zu etw ~ sein** avere predisposizione a qc; (MED) essere predisposto a qc; **homosexuell ~ sein** avere tendenze omosessuali; **praktisch ~ sein** avere senso pratico; **romantisch ~ sein** essere di indole romantica

**Veranlagung** <-, -en> f [pre]disposizione f

**veranlassen** <ohne ge-> vt ① (bewegen) **jdn dazu ~ etw zu tun** spingere qu a fare qc; **sich veranlasst sehen zu ...** vedersi obbligato a +inf ② (anordnen) predisporre, ordinare; **ich werde ~, dass ...** farò in modo che ...

**Veranlassung** <-> kein Pl. f ① (Veranlassen) disposizione f, ordine m; **auf ~ von** su iniziativa di ② (Grund) motivo m, ragione f; **keinerlei ~ haben, zu ...** non avere alcun motivo per +inf

**veranschaulichen** <ohne ge-> vt illustrare

**veranschlagen** <ohne ge-> vt valutare; **die Kosten mit drei Millionen ~** preventivare i costi a tre milioni; **zu hoch/niedrig ~** sopravvalutare/sottovalutare

**veranstalten** <ohne ge-> vt ① (organisieren) allestire, organizzare ② (abhalten, geben) dare

**Veranstalter(in)** <-s, -; -, -nen> m(f) organizzatore, -trice m, f

**Veranstaltung** <-, -en> f ① Sing. (Tätig-

*keit*) organizzazione *f* ❷ (*Fest, Konzert, sportliche ~*) manifestazione *f* **Veranstaltungskalender** *m* calendario *m* delle manifestazioni
**verantworten** <ohne ge-> I. *vt* rispondere di; **das kann ich nicht ~** non me ne assumo la responsabilità II. *vr* **sich** [**vor jdm/etw**] **~** giustificarsi [davanti a qu/qc]
**verantwortlich** *adj* ❶ (*Person*) **für etw ~ sein** essere responsabile per qc; **jdn für etw ~ machen** rendere qu responsabile di qc ❷ (*Stellung*) di responsabilità **Verantwortlichkeit** <-> *kein Pl. f* responsabilità *f*
**Verantwortung** <-, -en> *f* responsabilità *f*; **die ~ für etw tragen** [*o* **übernehmen**] assumersi la responsabilità di qc; **jdn zur ~ ziehen** chiedere conto a qu; **auf jds ~** sotto la responsabilità di qu
**verantwortungsbewusst** *adj* responsabile **Verantwortungsbewusstsein** <-s> *kein Pl. nt* senso *m* di responsabilità **verantwortungslos** *adj* irresponsabile, incosciente **verantwortungsvoll** *adj* ❶ (*Aufgabe, Tat*) di forte responsabilità ❷ (*Person*) molto responsabile
**veräppeln** <ohne ge-> *vt* prendere in giro
**verarbeiten** <ohne ge-> *vt* ❶ (*behandeln*) trattare; **Eisen zu Stahl ~** trasformare il ferro in acciaio ❷ (*verbrauchen*) consumare ❸ (*fig: verdauen*) digerire; (*geistig, psychisch*) assimilare
**Verarbeitung** <-, -en> *f* lavorazione *f*, trattamento *m*; (*von Daten*) elaborazione *f*
**verärgern** <ohne ge-> *vt* irritare, indispettire
**verärgert** *adj* arrabbiato, irato, stizzoso
**verarmen** <ohne ge-> *vi sein* impoverirsi, diventare povero
**Verarmung** <-> *kein Pl. f* impoverimento *m*
**verarschen** <ohne ge-> *vt* (*sl*) prendere per il culo
**verarzten** <ohne ge-> *vt* (*fam*) medicare
**verästeln** [fɛɐ̯'ʔɛstəln] <ohne ge-> *vr* **sich ~** ramificarsi
**Verästelung** <-, -en> *f* ramificazione *f*
**verausgaben** <ohne ge-> *vr* **sich ~** (*finanziell*) spendere tutto; (*kräftemäßig*) esaurirsi
**veräußern** <ohne ge-> *vt* (JUR) ❶ (*übereignen*) alienare ❷ (*übertragen*) cedere **Veräußerung** *f* (*geh* JUR: *Übereignung*) alienazione *f*; (*Übertragung*) cessione *f*
**Verb** [vɛrp] <-s, -en> *nt* (LING) verbo *m*
**verbal** [vɛr'baːl] *adj* verbale **Verbalattacke** *f* attacco *f* verbale

**verballhornen** [fɛɐ̯'balhɔrnən] <ohne ge-> *vt* parodiare
**verband** *1. u. 3. Pers. Sing. Imp. von* **verbinden**
**Verband** <-(e)s, Verbände> *m* ❶ (MED) fasciatura *f*, bendaggio *m* ❷ (*Vereinigung*) associazione *f*, unione *f* ❸ (MIL) unità *f* **Verband|s|kasten** *m* [cassetta *f* di] pronto soccorso *m* **Verband|s|watte** *f* cotone *m* idrofilo **Verband|s|zeug** <-(e)s, -e> *nt* materiale *m* di pronto soccorso
**verbannen** <ohne ge-> *vt* esiliare; **etw aus etw ~** (*a. fig*) bandire qc da qc **Verbannung** <-, -en> *f* ❶ *Sing.* (*das Verbannen*) bando *m* ❷ (*Exil*) esilio *m*
**verbarrikadieren** [fɛɐ̯barika'diːrən] <ohne ge-> I. *vt* barricare II. *vr* **sich ~** barricarsi
**verbat** [fɛɐ̯'baːt] *1. u. 3. Pers. Sing. Imp. von* **verbitten**
**verbauen** <ohne ge-> *vt* ❶ (*versperren*) chiudere [con una costruzione]; (*fig: Zukunft*) precludere; **die Aussicht ~** togliere la vista con una costruzione ❷ (*pej: schlecht bauen*) costruire male
**verbeißen** <verbeißt, verbiss, verbissen> I. *vt* reprimere, soffocare II. *vr* **sich ~** accanirsi, arrabbiarsi
**verbergen** <irr, ohne ge-> I. *vt* ❶ (*verstecken*) **jdn/etw** [**vor jdm**] **~** nascondere qu/qc [a qu] ❷ (*verheimlichen*) [**jdm**] **etw ~** celare qc [a qu] II. *vr* **sich ~** nascondersi
**verbessern** <ohne ge-> I. *vt* ❶ (*besser machen*) migliorare ❷ (*berichtigen*) correggere II. *vr* **sich ~** ❶ (*beim Sprechen*) correggersi ❷ (*finanziell*) migliorare la propria situazione finanziaria; (*beruflich*) migliorare la propria posizione
**Verbesserung** *f* ❶ (*Änderung zum Besseren*) miglioramento *m* ❷ (*Korrektur*) correzione *f* **Verbesserungsvorschlag** *m* proposta *f* di miglioramento
**verbeten** [fɛɐ̯be:tən] *PP von* **verbitten**
**verbeugen** <ohne ge-> *vr* **sich** [**vor jdm/etw**] **~** inchinarsi [davanti a qu/qc] **Verbeugung** *f* inchino *m*
**verbeulen** <ohne ge-> *vt* ammaccare
**verbiegen** <irr, ohne ge-> I. *vt* piegare, storcere II. *vr* **sich ~** storcersi
**verbieten** <irr, ohne ge-> *vt* proibire; **jdm ~ etw zu tun** proibire a qu di fare qc; **jdm das Rauchen ~** proibire a qu di fumare; **jdm den Mund ~** far tacere qu
**verbilligen** <ohne ge-> I. *vt* ridurre il prezzo di II. *vr* **sich ~** diminuire di prezzo, calare **verbilligt** *adj* a prezzo ribassato

**verbinden** <irr, ohne ge-> I. vt ① (*vereinigen*) **etw [mit etw]** ~ unire qc [con qc] ② (*zusammenbinden*) legare; (TEC) collegare ③ (MED) fasciare, bendare ④ (TEC) allacciare; (*koppeln*) attaccare, agganciare ⑤ (TEL) mettere in comunicazione; [**Sie sind] falsch verbunden!** ha sbagliato numero ⑥ (*fig: Menschen*) legare; (*Gedanken*) collegare ⑦ (*mit sich bringen*) **die damit verbundenen Kosten** le spese che ne derivano ⑧ (*geh: zur Dankbarkeit verpflichten*) **ich wäre Ihnen sehr verbunden, wenn ...** Le sarei molto grato se ... ⑨ (*assoziieren*) associare; **einen Namen mit etw** ~ associare un nome a qc II. vr **sich** ~ unirsi, congiungersi; (CHEM) combinarsi

**verbindlich** adj ① (*freundlich*) gentile, compiacente ② (*verpflichtend*) vincolante; **für jdn/etw** ~ **sein** essere vincolante per qu/qc **Verbindlichkeit** <-, -en> f ① Sing. (*Freundlichkeit*) gentilezza f, compiacenza f ② (*höfliche Redensart*) gentilezze fpl ③ Sing. (*verbindlicher Charakter*) carattere m vincolante, obbligatorietà f; (*von Vertrag*) obbligazione f ④ Pl: (COM: *Schulden*) debiti mpl

**Verbindung** f ① (*von Orten, Zug*~) **die** ~ **[nach Australien/Rom]** il collegamento [con l'Australia/Roma] ② (TEC) allacciamento m; (*Kopplung*) aggancio m; (*Metall*~) lega f ③ (TEL) comunicazione f ④ (*Vereinigung*) associazione f; (*Bündnis*) unione f ⑤ (*Zusammenhang*) relazione f; **in** ~ **mit** in relazione a; **etw/jdn mit etw/jdm in** ~ **bringen** mettere qc/qu in relazione con qc/qu ⑥ (*Beziehung*) rapporto m; **sich mit jdm in** ~ **setzen** mettersi in contatto con qu; **mit jdm in** ~ **stehen** essere in relazione con qu ⑦ (CHEM) combinazione f; **eine** ~ **mit etw eingehen** combinarsi con qc **Verbindungslinie** f linea f di collegamento [o di comunicazione] **Verbindungsmann** <-(e)s, -männer o -leute> m intermediario m, mediatore m **Verbindungsstück** nt [pezzo m di] raccordo m

**verbirgt** [fɛɐ̯ˈbɪrkt] *3. Pers. Sing. Präs. von* **verbergen**

**verbissen** [fɛɐ̯ˈbɪsən] I. adj ① (*hartnäckig*) ostinato ② (*Gesichtsausdruck*) rabbioso II. adv con rabbia; **man darf das nicht so** ~ **sehen** (*fam*) non bisogna vederla con tale rabbia **Verbissenheit** <-> *kein Pl.* f accanimento m, ostinazione f

**verbitten** <irr, ohne ge-> vt **sich** dat ~, **dass ...** non permettere che +*conj*; **das verbitte ich mir!** questo non lo tollero!

**verbittern** <ohne ge-> vt amareggiare **verbittert** adj amareggiato **Verbitterung** <-, -en> f amareggiamento m

**verblassen** <ohne ge-> vi sein ① (*Farbe, Stoff*) sbiadire, scolorarsi ② (*fig: schwinden*) svanire

**Verbleib** [fɛɐ̯ˈblaɪp] <-(e)s> *kein Pl.* m (*geh*) ① (*Ort*) dimora f ② (*Verbleiben*) **ich weiß nichts über den** ~ **dieses Briefs** non so dove sia questa lettera

**verbleiben** <irr, ohne ge-> vi sein ① (*geh: übrig bleiben*) avanzare ② (*bleiben, sich einigen*) rimanere; **wir sind so verblieben, dass ...** siamo rimasti d'accordo che ...

**verbleit** [fɛɐ̯ˈblaɪt] adj con piombo **verblenden** <ohne ge-> vt accecare, abbagliare **Verblendung** <-, -en> f ① (*Verkleidung*) rivestimento m ② Sing. (*Geblendetsein*) accecamento m, abbagliamento m

**verblöden** <ohne ge-> vi sein (*fam*) rincretinire, istupidirsi

**verblüffen** [fɛɐ̯ˈblʏfən] <ohne ge-> vt stupire, sbalordire **Verblüffung** <-, -en> f stupore m, sbalordimento m; **zu meiner** ~ con mio grande stupore

**verblühen** <ohne ge-> vi sein sfiorire, appassire

**verbluten** <ohne ge-> vi sein dissanguarsi, morire dissanguato

**verbog** [fɛɐ̯ˈboːk] *1. u. 3. Pers. Sing. Imp. von* **verbiegen**

**verbogen** [fɛɐ̯ˈboːɡən] *PP von* **verbiegen** **verbohren** <ohne ge-> vr (*fam*) **sich in etw** acc ~ fissarsi su qc

**verbohrt** adj (*fam pej*) ostinato, caparbio **verborgen** [fɛɐ̯ˈbɔrɡən] adj (*versteckt*) nascosto; ~ **halten** tenere nascosto; **im Verborgenen bleiben** rimanere nascosto **Verborgenheit** <-> *kein Pl.* f segretezza f

**Verbot** <-(e)s, -e> nt divieto m, proibizione f

**verbot** [fɛɐ̯ˈboːt] *1. u. 3. Pers. Sing. Imp. von* **verbieten**

**verboten** [fɛɐ̯ˈboːtən] adj ① (*untersagt*) vietato ② (*fam: unmöglich*) incredibile, inaccettabile

**Verbotsschild** nt segnale m di divieto **verbracht** [fɛɐ̯ˈbraxt] *PP von* **verbringen** **verbrachte** *1. u. 3. Pers. Sing. Imp. von* **verbringen**

**verbrannt** *PP von* **verbrennen**

**Verbrauch** m consumo m; **der** ~ **von etw**

[*o* **an etw** +*dat*] il consumo di qc; **sparsam im ~** economico nel consumo
**verbrauchen** <ohne ge-> *vt* ① (*konsumieren*) consumare; (*abnutzen, a. fig: Menschen*) logorare; (*Luft*) viziare; **unser Wagen verbraucht zu viel Öl** la nostra macchina consuma troppo olio ② (*ausgeben*) spendere ③ (*aufbrauchen*) consumare
**Verbraucher(in)** <-s, -; -, -nen> *m(f)* consumatore, -trice *m, f* **Verbraucherberatung** *f* ufficio *m* di consulenza per i consumatori **verbraucherfreundlich** *adj* a favore del consumatore **Verbraucherschutz** <-es> *kein Pl. m* difesa *f* dei consumatori **Verbraucherverband** *m* associazione *f* di consumatori
**Verbrauchsgüter** *ntPl.* beni *mpl* di consumo
**verbraucht** *adj* consumato; (*Luft*) viziato; (*Mensch*) consunto, sciupato
**verbrechen** <irr, ohne ge-> *vt* (*fam*) **was habe ich [denn] verbrochen?** che male ho fatto?; **was hat er [denn] schon wieder verbrochen?** che altro ha combinato?
**Verbrechen** <-s, -> *nt* delitto *m*, crimine *m;* **das organisierte ~** la criminalità organizzata **Verbrecher(in)** <-s, -; -, -nen> *m(f)* delinquente *mf* **verbrecherisch** *adj* delittuoso, criminoso; (*Regime*) criminale
**verbreiten** <ohne ge-> I. *vt* (*Nachricht*) divulgare, diffondere; (*Wärme, Licht, Gerücht*) diffondere; (*Schrecken, Krankheit*) disseminare; (*Ideen, Lehre*) propagare II. *vr* **sich ~** ① (*Nachricht*) divulgarsi, spargersi; (*Wärme, Licht, Gerücht*) diffondersi; (*Schrecken*) disseminarsi; (*Krankheit*) propagarsi ② (*pej*) **sich über etw** *acc* **~** dilungarsi su un tema
**verbreitern** <ohne ge-> I. *vt* allargare II. *vr* **sich ~** allargarsi **Verbreiterung** <-, -en> *f* allargamento *m*
**verbreitet** *adj* esteso, diffuso, ampio; **eine weit ~e Meinung/Krankheit** un'opinione/una malattia molto diffusa
**Verbreitung** <-> *kein Pl. f* diffusione *f*
**verbrennen** <irr, ohne ge-> I. *vt haben* bruciare; (*Leiche*) cremare II. *vi sein* bruciare; (*Person*) morire carbonizzato III. *vr* **sich ~** bruciarsi, scottarsi; **sich** *dat* **die Finger ~** scottarsi le dita; (*fig*) rimanere scottato
**Verbrennung** <-, -en> *f* ① *Sing.* (*das Verbrennen*) bruciatura *f;* (*von Müll*) incenerimento *m;* (CHEM) combustione *f;* (*Leichen~*) cremazione *f* ② (MED: *Wunde*) ustione *f,* scottatura *f;* **~ en ersten Grades** ustioni di primo grado **Verbrennungsmotor** *m* motore *m* a combustione interna
**verbrieft** *adj* (*geh*) garantito per iscritto
**verbringen** <irr, ohne ge-> *vt* passare, trascorrere
**verbrochen** [fɛɐ̯ˈbrɔxən] *PP von* **verbrechen**
**verbrüdern** [fɛɐ̯ˈbryːdən] <ohne ge-> *vr* **sich [mit jdm] ~** fraternizzare [con qu] **Verbrüderung** <-, -en> *f* fraternizzazione *f*
**verbrühen** <ohne ge-> I. *vt* scottare II. *vr* **sich ~** scottarsi
**verbuchen** <ohne ge-> *vt* (FIN) contabilizzare; (*fig a*) registrare
**verbummeln** <ohne ge-> *vt* (*fam*) ① (*vertrödeln*) sprecare, buttare via ② (*vergessen*) dimenticare
**Verbund** <-(e)s, -e> *m* ① (WIRTSCH) unione *f* ② (TEC) aderenza *f*
**verbunden** [fɛɐ̯ˈbʊndən] *adj* ① (*verknüpft*) legato; **mit etw ~ sein** essere legato con qc; (*gekoppelt*) essere connesso a qc; **damit sind Probleme ~** (ciò) può comportare dei problemi ② (*dankbar*) obbligato, grato; **ich bin Ihnen sehr ~** Le sono molto obbligato
**verbünden** [fɛɐ̯ˈbʏndən] <ohne ge-> *vr* **sich [mit jdm] ~** allearsi [con qu]
**Verbundenheit** <-> *kein Pl. f* legame *m*
**Verbündete** <ein -r, -n, -n> *mf* alleato, -a *m, f*
**Verbundglas** *nt* vetro *m* laminato
**verbürgen** <ohne ge-> *vr* **sich für etw/ jdn ~** rendersi garante di qc/qu, garantire per qc/qu **verbürgt** *adj* garantito; (*Recht*) autentico; (*Nachricht*) attendibile
**verbüßen** <ohne ge-> *vt* scontare, espiare
**verchecken** [fɛɐ̯ˈtʃɛkən] *vt* (*sl: verkaufen*) vendere
**verchromen** <ohne ge-> *vt* cromare
**verchromt** *adj* cromato
**Verdacht** [fɛɐ̯ˈdaxt] <-(e)s> *kein Pl. m* sospetto *m;* **~ erregen** destare sospetto; **~ wegen etw schöpfen** insospettirsi di qc; **in ~ geraten** cadere in sospetto; **jdn in ~ haben** sospettare di qu; **in** [*o im*] **~ stehen, etw getan zu haben** essere sospettato di aver fatto qc; **ich habe den ~, dass ...** ho il sospetto che +*conj;* **über jeden ~ erhaben sein** (*geh*) essere al di sopra di ogni sospetto
**verdacht** [fɛɐ̯ˈdaxt] *PP von* **verdenken**
**verdachte** *1. u. 3. Pers. Sing. Imp. von* **verdenken**
**verdächtig** [fɛɐ̯ˈdɛçtɪç] *adj* sospettoso

**Verdächtige** <ein -r, -n, -n> *mf* sospetto, -a *m, f*
**verdächtigen** <ohne ge-> *vt* **jdn [einer Sache** *gen*] ~ sospettare qu [di qc]
**Verdächtigung** <-, -en> *f* sospetto *m*
**Verdachtsmoment** *nt* (JUR) indizio *m*
**verdammen** [fɛɐ̯'damən] <ohne ge-> *vt* condannare; (REL) anatemizzare **verdammenswert** *adj* condannabile
**verdammt I.** *adj* (*fam pej*) maledetto; **~er Mist!** porca miseria!; **diese ~en Kopfschmerzen!** questo maledetto mal di testa! **II.** *adv* (*fam*) terribilmente, maledettamente; **~ kalt** terribilmente freddo **III.** *int* (*fam*) **~ [noch mal]!** maledizione! accidenti!
**verdampfen** <ohne ge-> *vi sein* evaporare
**Verdampfung** <-> *kein Pl. f* evaporazione *f*
**verdanken** <ohne ge-> *vt* **jdm etw** ~ dovere qc a qu
**Verdankung** <-, -en> *f* (*A, CH:* ADM: *Dank, Bedankung*) ringraziamento *m*, soddisfazione *f;* **das Protokoll wurde nach ~ genehmigt** il protocollo fu accolto con soddisfazione; **unter ~ der geleisteten Dienste** con ringraziamento per i servizi resi
**verdarb** [fɛɐ̯'darp] *1. u. 3. Pers. Sing. Imp. von* **verderben**
**verdattert** [fɛɐ̯'datɐt] *adj* (*fam*) *s.* **verdutzt**
**verdauen** [fɛɐ̯'daʊən] <ohne ge-> *vt, vi* digerire
**verdaulich** *adj* **leicht ~** di facile digestione, facilmente digeribile, leggero; **schwer ~** (*a. fig*) indigesto
**Verdauung** <-> *kein Pl. f* digestione *f* **Verdauungsbeschwerden** *fPl.,* **Verdauungsorgan** <-s, -e> *nt* (ANAT) organo *m* della digestione **Verdauungsstörungen** *fPl.* disturbi *mpl* di digestione
**Verdeck** *nt* ❶(NAUT) coperta *f*, ponte *m* superiore ❷(AUTO) capote *f;* **mit aufklappbarem ~** decappottabile
**verdecken** <ohne ge-> *vt* ❶(*bedecken*) coprire ❷(*verbergen*) nascondere; (*fig: kaschieren*) mascherare
**verdeckt** *adj* ❶(*nicht sichtbar*) coperto ❷(*verborgen*) nascosto; **~e Ermittlungen** indagini segrete
**verdenken** <irr, ohne ge-> *vt* (*geh*) **das kann ihm niemand ~** non gli si può dare torto, lo si può comprendere
**verderben** [fɛɐ̯'dɛrbən] <verdirbt, verdarb, verdorben> **I.** *vt haben* rovinare; (*a. fig*) guastare; (*sittlich*) corrompere, depravare; **sich** *dat* **die Augen ~** rovinarsi la vista; **jdm die Freude ~** guastare la gioia a qu; **es mit jdm ~** perdere il favore di qu; **es mit niemandem ~ wollen** non voler guastarsi con nessuno **II.** *vi sein* guastarsi; (*schlecht werden*) andare a male **Verderben** <-s> *kein Pl. nt* rovina *f;* **jdn ins ~ stürzen** mandare qu in rovina **verderblich** *adj* ❶(*Lebensmittel*) deperibile; **leicht ~** facilmente deperibile ❷(*schädlich*) dannoso, nocivo
**verdeutlichen** <ohne ge-> *vt* illustrare, spiegare **Verdeutlichung** <-, -en> *f* chiarimento *m*, spiegazione *f;* **zur ~ von etw** come spiegazione/chiarimento di qc
**verdichten** <ohne ge-> **I.** *vt* (PHYS) comprimere; (*fig* CHEM) condensare **II.** *vr* **sich ~** addensarsi; (*Verdacht*) consolidarsi **Verdichtung** *f* ❶(PHYS) compressione *f* ❷(CHEM) condensazione *f* ❸(*fig*) concentrazione *f*
**verdienen** <ohne ge-> *vt* ❶(*Lohn*) guadagnare; **seinen Lebensunterhalt ~** guadagnarsi da vivere; **sich** *dat* **sein Studium selbst ~** mantenersi da solo agli studi ❷(*fig: Lob, Strafe*) meritare; **womit habe ich das verdient?** (*iron*) perché capitano tutte a me?
**Verdienst**[1] <-(e)s, -e> *m* (*Einkommen*) guadagno *m;* (*Gewinn*) profitto *m*
**Verdienst**[2] <-(e)s, -e> *nt* (*Leistung*) merito *m;* **~e um etw erwerben** acquistare meriti per qc; **das ist alles nur ihr ~** è tutto merito suo
**Verdienstausfall** *m* perdita *f* di guadagno **verdienstvoll** *adj* ❶(*Handlung*) meritorio ❷(*Person*) benemerito
**verdient** *adj* ❶(*Sache*) meritato ❷(*Person*) benemerito; **sich um etw ~ machen** rendersi benemerito di qc **verdientermaßen** [fɛɐ̯'di:ntɐ'ma:sən] *adv* meritatamente
**verdirbt** [fɛɐ̯'dɪrpt] *3. Pers. Sing. Präs. von* **verderben**
**verdoppeln** <ohne ge-> *vt* raddoppiare, duplicare **Verdopp|e|lung** <-, -en> *f* raddoppiamento *m*
**verdorben** [fɛɐ̯'dɔrbən] **I.** *PP von* **verderben II.** *adj* ❶(*Lebensmittel*) guasto, andato a male; (*Magen*) in disordine ❷(*fig: moralisch*) corrotto, depravato
**verdorren** [fɛɐ̯'dɔrən] <ohne ge-> *vi sein* disseccarsi
**verdrängen** <ohne ge-> *vt* ❶(*wegdrängen*) **jdn [aus etw] ~** spostare qu [da qc]; **jdn von seinem Platz ~** prendere il posto

di qu ②(PSYCH) reprimere ③(*ersetzen*) soppiantare, sostituire

**Verdrängung** <-> kein Pl. f ①(*von einer Stelle*) spostamento m; (PSYCH) rimozione f; (*aus Amt*) allontanamento m; (*von Sorgen*) scacciare m ②(*Ersetzung*) sostituzione f

**verdrehen** <ohne ge-> vt [s]torcere, [di]storcere; (*Glieder a*) slogare; (*Augen a*) stravolgere, storcere **verdreht** *adj* (*fam pej: überspannt*) strambo, bizzarro

**verdreifachen** <ohne ge-> vt triplicare

**verdrießen** [fɛɐ̯ˈdriːsən] <verdrießt, verdross, verdrossen> vt seccare, infastidire; **sich** *dat* **etw nicht ~ lassen** non scoraggiarsi per qc

**verdrießlich** *adj* (*Mensch, Gesicht*) seccato, infastidito

**verdross** [fɛɐ̯ˈdrɔs] *1. u. 3. Pers. Sing. Imp. von* **verdrießen**

**verdrossen** [fɛɐ̯ˈdrɔsən] *adj* seccato; (*unzufrieden*) scontento; (*unlustig*) svogliato **Verdrossenheit** <-> kein Pl. f malumore m; (*Unzufriedenheit*) scontentezza f; (*Unlust*) svogliatezza f

**verdrücken** <ohne ge-> I. vt (*fam: essen*) tranguggiare, ingoiare II. vr **sich ~** (*fam: verschwinden*) svignarsela, squagliarsela

**Verdruss** [fɛɐ̯ˈdrʊs] <-es> kein Pl. m (*Unzufriedenheit*) scontentezza f; (*Ärger*) fastidio m, noia f; **jdm ~ bereiten** dare noie a qu

**verduften** <ohne ge-> vi sein (*fam: verschwinden*) squagliarsela

**Verdummung** <-> kein Pl. f istupidimento m, intontimento m

**verdunkeln** <ohne ge-> I. vt oscurare; (*fig*) mascherare, camuffare II. vr **sich ~** oscurarsi; (*a. fig*) offuscarsi **Verdunk|e|lung** <-> kein Pl. f ①(*das Verdunkeln*) oscuramento m; (*fig*) mascheramento m ②(JUR) occultamento m

**verdünnen** <ohne ge-> vt (*dünner machen*) assottigliare; (*Flüssigkeiten*) diluire; (*Wein*) annacquare **Verdünnung** <-, -en> f ①(*Verdünntsein*) diluizione f ②(*Mittel zum Verdünnen*) diluente m

**verdunsten** <ohne ge-> vi sein evaporare **Verdunstung** <-> kein Pl. f evaporazione f

**verdursten** <ohne ge-> vi sein morire di sete

**verdüstern** <ohne ge-> vr sich ~ oscurarsi; (*fig*) rabbuiarsi

**verdutzt** [fɛɐ̯ˈdʊtst] *adj* stupito, stupefatto

**veredeln** <ohne ge-> vt ①(AGR) innestare ②(*Rohstoffe*) affinare, lavorare ③(*verfeinern*, GASTR) raffinare

**verehren** <ohne ge-> vt ①(REL) venerare, adorare; (*geh: anbeten*) adorare, ammirare; **sehr verehrter Herr/sehr verehrte Frau Müller** egregio signor/gentile signora Müller; **verehrtes Publikum** gentile pubblico ②(*scherz: schenken*) **jdm etw ~** fare dono a qu di qc

**Verehrer(in)** <-s, -; -, -nen> m(f) ①(*von Mann, Frau*) ammiratore, -trice m, f, corteggiatore, -trice m, f ②(*Bewunderer*) amatore, -trice m, f, appassionato, -a m, f

**Verehrung** f venerazione f, adorazione f **verehrungswürdig** *adj* venerabile

**vereidigen** <ohne ge-> vt jdn [auf etw acc] ~ far prestare giuramento a qu [su qc]

**vereidigt** *adj* giurato; **~e Übersetzerin** traduttrice giurata

**Vereidigung** <-, -en> f giuramento m

**Verein** [fɛɐ̯ˈʔaɪn] <-(e)s, -e> m (*Vereinigung*) associazione f, società f; (*Klub*) circolo m, club m; (SPORT) società f sportiva; **eingetragener ~** associazione registrata

**vereinbar** [fɛɐ̯ˈʔaɪnbaːɐ̯] *adj* compatibile

**vereinbaren** <ohne ge-> vt ①(*verabreden*) pattuire, concordare; (*festlegen*) fissare, stabilire ②(*in Einklang bringen*) **etw [mit etw] ~** conciliare qc [con qc]

**Vereinbarung** <-, -en> f (*Abmachung*) accordo m; (POL) convenzione f; (*durch Anmeldung*) appuntamento m; **eine ~ treffen** concludere un accordo; **nach vorheriger ~** previo appuntamento

**vereinen** <ohne ge-> I. vt (*geh*) [ri]unire; (*Gegensätze*) conciliare; **mit vereinten Kräften** a forze congiunte II. vr **sich ~** (*geh*) [ri]unirsi

**vereinfachen** <ohne ge-> vt semplificare **Vereinfachung** <-, -en> f semplificazione f

**vereinheitlichen** <ohne ge-> vt standardizzare **Vereinheitlichung** <-, -en> f standardizzazione f

**vereinigen** <ohne ge-> I. vt ①(*a. fig*) unire, congiungere; (*zusammenführen*) riunire; **wieder ~** (*versöhnen*) riconciliare; (POL) riunificare; **alle Stimmen auf sich ~** ottenere tutti i voti ②(*fig* WIRTSCH) fondere II. vr **sich ~** unirsi; (*in Klub*) associarsi; (*Flüsse*) confluire

**vereinigt** *adj* unito; **Vereinigte Arabische Emirate** Emirati Arabi Uniti; **Vereinigte Staaten [von Nordamerika]** Stati Uniti d'America; **Vereinigtes Königreich** Regno Unito

**Vereinigung** f ①(*zu einer Einheit*)

unione *f;* (*Verbindung*) congiunzione *f,* collegamento *m;* (WIRTSCH, POL) fusione *f* ❶(*Verein*) associazione *f;* (*Bündnis*) lega *f,* alleanza *f*
**vereinsamen** <ohne ge-> *vi sein* diventare solitario **vereinsamt** *adj* solitario; (*a. Gegend*) isolato; (*Mensch*) solo **Vereinsamung** <-> *kein Pl. f* isolamento *m,* solitudine *f*
**vereint** [fɛɐ̯ˈʔaɪnt] *adj* unito; **Vereinte Nationen** Nazioni Unite
**vereinzelt** *adj* ❶(*einsam*) isolato ❷(*sporadisch*) sporadico
**vereisen** <ohne ge-> I. *vt haben* (MED) anestetizzare mediante congelamento II. *vi sein* gelare, ghiacciare; (*Straße*) coprirsi di ghiaccio
**vereiteln** <ohne ge-> *vt* frustrare, sventare
**vereitern** <ohne ge-> *vi sein* suppurare **Vereiterung** <-, -en> *f* suppurazione *f*
**verenden** <ohne ge-> *vi sein* crepare, morire
**verengen** <ohne ge-> I. *vt* restringere II. *vr* **sich ~** restringersi **Verengung** <-, -en> *f* restringimento *m,* strettoia *f*
**vererben** <ohne ge-> *vt* ❶(*Besitz*) **jdm etw ~** trasmettere in eredità qc a qu ❷(BIOL, MED) **etw [auf jdn] ~** trasmettere ereditariamente qc [a qu] **Vererbung** <-> *kein Pl. f* (BIOL, MED) trasmissione *f* [ereditaria] **Vererbungslehre** <-> *kein Pl. f* genetica *f*
**verewigen** <ohne ge-> I. *vt* immortalare, eternare II. *vr* **sich [in einem Buch] ~** (*fam*) immortalarsi [in un libro]
**verfahren**¹ <irr, ohne ge-> I. *vi sein* ❶(*Vorgehen*) procedere; **nach dem gleichen Schema ~** procedere secondo lo stesso schema ❷(*behandeln*) trattare; **gut/schlecht mit jdm ~** trattare qu bene/male II. *vr* **sich ~** (*falsch fahren*) sbagliare strada III. *vt* (*Benzin*) consumare
**verfahren**² *adj* (*ausweglos*) senza via d'uscita
**Verfahren** <-s, -> *nt* ❶(*Vorgehen*) procedimento *m;* (*Methode*) metodo *m,* tecnica *f* ❷(JUR) processo *m;* **das ~ gegen jdn einstellen** sospendere il procedimento contro qu
**Verfall** *m* ❶(*von Bauwerk*) rovina *f;* (*vollständig*) crollo *m* ❷(*von Kultur, Familie, Kunst, Sitten*) decadenza *f;* (*von Institutionen*) disfacimento *m* ❸(*Ungültigwerden*) scadenza *f*
**Verfalldatum** *s.* **Verfall|s|datum**
**verfallen** <irr, ohne ge-> *vi sein* ❶(*Bauwerk*) andare in rovina ❷(*körperlich, geistig, sittlich, kulturell*) decadere ❸(*ungültig werden, ablaufen*) scadere ❹(*abhängig werden*) **jdm/etw ~** diventare schiavo di qu/qc; **dem Alkohol ~ sein** essere schiavo dell'alcool; **sie ist diesem Mann völlig ~** è completamente succube di quest'uomo ❺(*kommen auf*) **wie bist du darauf ~?** come mai ti è venuta quest'idea?
**Verfall|s|datum** *nt* data *f* di scadenza
**Verfall|s|tag** *m* giorno *m* della scadenza
**verfälschen** <ohne ge-> *vt* falsificare; (*Lebensmittel*) sofisticare **Verfälschung** <-, -en> *f* ❶(*von Lebensmitteln*) sofisticazione *f* ❷(*von Bericht, Daten*) falsificazione *f,* contraffazione *f*
**verfangen** <irr, ohne ge-> *vr* **sich in etw** *dat* **~** impigliarsi in qc; **sich in Widersprüchen ~** (*fig*) cadere in contraddizione
**verfänglich** [fɛɐ̯ˈfɛŋlɪç] *adj* imbarazzante
**verfärben** <ohne ge-> *vr* **sich ~** cambiare colore **Verfärbung** <-> *kein Pl. f* ❶(*Verlust der Farbe*) scolorimento *m* ❷(*Annahme anderer Farbe*) cambiamento *m* di colore
**verfassen** <ohne ge-> *vt* redigere, stendere
**Verfasser(in)** <-s, -; -, -nen> *m(f)* autore, -trice *m, f*
**Verfassung** *f* ❶*Sing.* (*Zustand*) stato *m,* condizioni *fpl;* (*Stimmung*) stato *m* d'animo; **körperliche ~** condizioni fisiche; **ich bin nicht in der ~ zu** +*inf* non sono in condizione di +*inf* ❷(POL) costituzione *f*
**verfassunggebend** *adj* costituente **Verfassungsänderung** *f* riforma *f* della costituzione **Verfassungsbeschwerde** *f* (JUR) ricorso *m* costituzionale **Verfassungsgericht** *nt* corte *f* costituzionale **Verfassungsklage** *f* (JUR) petizione *f* costituzionale **verfassungsmäßig** *adj* costituzionale
**verfassungspolitisch** *adj* costituzionale **Verfassungsrecht** <-(e)s> *kein Pl. nt* diritto *m* costituzionale **Verfassungsreform** *f* riforma *f* costituzionale **Verfassungsschutz** *m* ufficio *m* federale per la salvaguardia della costituzione **verfassungswidrig** *adj* anticostituzionale
**verfaulen** <ohne ge-> *vi sein* marcire, imputridire
**verfechten** <irr, ohne ge-> *vt* sostenere, propugnare **Verfechter(in)** *m(f)* fautore, -trice *m, f,* sostenitore, -trice *m, f*
**verfehlen** <ohne ge-> *vt* sbagliare; (*Person*) non incontrare, non trovare; (*fig*) mancare, fallire; **seinen Beruf ~** sbagliare

mestiere; **das Thema ~** andare fuori tema; **das Ziel ~** mancare il bersaglio; (*fig*) non cogliere nel segno; **seinen Zweck ~** fallire il suo scopo; **diese Rede hat ihre Wirkung verfehlt** il discorso non ha ottenuto l'effetto desiderato; **das halte ich für völlig verfehlt** lo ritengo completamente sbagliato

**Verfehlung** <-, -en> *f* (*moralisch*) colpa *f*; (JUR) infrazione *f*, violazione *f*

**verfeinden** <ohne ge-> *vr* **sich mit jdm ~** inimicarsi qu

**verfeinern** <ohne ge-> *vt* raffinare; (*verbessern*) migliorare **verfeinert** *adj* arricchito, impreziosito

**Verfettung** <-, -en> *f* (MED) adiposi *f*, degenerazione *f* grassa

**verfiel** *1. u. 3. Pers. Sing. Imp. von* **verfallen**

**verfilmen** <ohne ge-> *vt* filmare **Verfilmung** <-, -en> *f* riduzione *f* cinematografica, adattamento *m* cinematografico

**verfilzt** *adj* ❶ (*Wolle*) infeltrito; (*Haar*) arruffato ❷ (*fig* POL, COM) corrotto dal nepotismo

**verfing** *1. u. 3. Pers. Sing. Imp. von* **verfangen**

**verfinstern** <ohne ge-> *vr* **sich ~** oscurarsi, rabbuiarsi

**Verflechtung** <-, -en> *f* intreccio *m*; (*fig*) implicazione *f*

**verfliegen** <irr, ohne ge-> I. *vi sein* ❶ (*Zorn, Duft*) svanire ❷ (*Zeit*) volare [via] II. *vr* **sich ~** (AERO) sbagliare rotta

**verfließen** <verfloß, verfloss, verflossen> *vi sein* ❶ (*Zeit*) scorrere rapidamente ❷ (*Farben*) confondersi

**verflixt** [fɛɐ̯ˈflɪkst] (*fam*) I. *adj* maledetto; **das ~e siebte Jahr** (*scherz*) il famoso settimo anno [di matrimonio] II. *int* **~ noch mal!, ~ und zugenäht!** maledizione!, accidenti!

**verflossen** [fɛɐ̯ˈflɔsən] *adj* (*fam*) **seine ~e Freundin** la sua ex ragazza; **ihr Verflossener** il suo ex

**verfluchen** <ohne ge-> *vt* maledire

**verflucht** *adj* (*fam*) maledetto; **~ noch mal!** maledizione!

**verflüchtigen** <ohne ge-> *vr* **sich ~** ❶ (CHEM) volatilizzarsi; (*Geruch*) svaporare ❷ (*fig*) svanire ❸ (*fam scherz: Person*) volatilizzarsi

**verflüssigen** <ohne ge-> I. *vt* liquefare II. *vr* **sich ~** liquefarsi

**verfochten** [fɛɐ̯ˈfɔxtən] *PP von* **verfechten**

**verfolgen** <ohne ge-> *vt* ❶ (*hinterhergehen*) inseguire; (*Verbrecher*) dare la caccia a; **vom Pech verfolgt sein** essere perseguitato dalla sfortuna ❷ (*fig: Ziel, Absicht*) perseguire; (*Gedanke*, REL, POL) perseguitare ❸ (*Entwicklung, Unterricht, Spur*) seguire; (*beobachten*) osservare

**Verfolger(in)** <-s, -; -, -nen> *m(f)* inseguitore, -trice *m, f*

**Verfolgung** <-, -en> *f* inseguimento *m;* (REL, POL) persecuzione *f;* (*Jagd*) caccia *f*

**Verfolgungswahn** *m* (PSYCH) mania *f* di persecuzione

**verformen** <ohne ge-> I. *vr* **sich ~** deformarsi II. *vt* deformare; (*formen*) foggiare **Verformung** <-, -en> *f* deformazione *f*; **~en aufweisen** presentare deformazioni

**verfrachten** <ohne ge-> *vt* spedire; (*verladen*) caricare; **jdn ins Bett ~** (*fam*) mettere qu a letto

**verfranzen** [fɛɐ̯ˈfrantsən] <ohne ge-> *vr* **sich ~** ❶ (AERO) sbagliare rotta ❷ (*fam: sich verirren*) smarrirsi

**Verfremdung** <-, -en> *f* straniamento *m*

**verfressen** *adj* (*fam pej*) mangione

**verfrühen** <ohne ge-> *vr* **sich ~** arrivare in anticipo **verfrüht** *adj* prematuro

**verfügbar** *adj* disponibile

**verfügen** <ohne ge-> I. *vt* ordinare II. *vi* **über etw** *acc* **~** disporre di qc

**Verfügung** *f* ❶ (*Disposition*) disposizione *f*; **sich zur ~ halten** tenersi a disposizione; **jdm zur ~ stehen** essere a disposizione di qu; **jdm etw zur ~ stellen** mettere qc a disposizione di qu ❷ (*Verordnung*) ordinanza *f*; (*Dekret*) decreto *m*; (*Maßnahme*) provvedimento *m*; **einstweilige ~** provvedimento interinale

**verfuhr** *1. u. 3. Pers. Sing. Imp. von* **verfahren**

**verführen** <ohne ge-> *vt* ❶ (*anstiften*) **jdn zu etw ~** indurre qu a fare qc ❷ (*sexuell*) sedurre **Verführer(in)** *m(f)* seduttore, -trice *m, f* **verführerisch** *adj* seducente, allettante **Verführung** *f* seduzione *f*; **~ Minderjähriger** corruzione *f* di minorenni

**vergab** *1. und 3. Pers. Sing. Imp. von* **vergeben**

**vergalt** *1. u. 3. Pers. Sing. Imp. von* **vergelten**

**vergammeln** <ohne ge-> (*fam*) I. *vi sein* (*Brot*) ammuffire; (*Obst*) guastarsi II. *vt haben* (*Zeit*) sprecare **vergammelt** *adj* (*fam*) ❶ (*Nahrung*) andato a male ❷ (*pej: Aussehen*) alterato

**vergangen** [fɛɐ̯ˈɡaŋən] *adj* passato; **im ~en Jahr** l'anno scorso **Vergangenheit** <-> *kein Pl. f* passato *m*;

(*Geschichte*) storia *f;* **der ~ angehören** appartenere al passato; **die Vorgänge der jüngsten ~ lehren uns, dass ...** i recenti avvenimenti ci insegnano che ... **Vergangenheitsbewältigung** <-> *kein Pl. f* superamento *m* del passato

**vergänglich** [fɛɐ̯'gɛŋlɪç] *adj* fugace, effimero **Vergänglichkeit** <-> *kein Pl. f* fugacità *f,* caducità *f*

**vergasen** <ohne ge-> *vt* ❶ (TEC) gassificare ❷ (*durch Giftgase*) gassare

**Vergaser** <-s, -> *m* (AUTO) carburatore *m*

**vergaß** [fɛɐ̯'gaːs] *1. u. 3. Pers. Sing. Imp. von* **vergessen**

**Vergasung** <-> *kein Pl. f* ❶ (TEC) gassificazione *f* ❷ (*durch Giftgase*) gassatura *f*

**vergeben** <irr, ohne ge-> *vt* ❶ (*weggeben*) dare via; (*zuweisen*) assegnare; **eine Arbeit [an jdn] ~** assegnare un lavoro [a qu]; **jdm einen Auftrag ~** affidare un incarico a qu; **die Stelle ist noch zu ~** il posto è ancora vacante; **es tut mir leid, ich bin schon ~** (*verlobt, verheiratet*) mi dispiace, sono già impegnato ❷ (*geh: verzeihen*) **jdm etw ~** perdonare qc a qu; **jdm die Sünden vergeben** rimettere i peccati a qu ❸ (*seinem Ansehen schaden*) **du vergibst dir nichts, wenn ...** non ti comprometti se ..., non ci rimetti nulla se ...

**vergebens** *adv* invano, inutilmente

**vergeblich** I. *adj* vano, inutile II. *adv s.* **vergebens**

**Vergebung** <-> *kein Pl. f* (*geh*) perdono *m;* **jdn um ~ bitten** chiedere perdono a qu

**vergegenwärtigen** <ohne ge-> *vr* sich *dat* etw **~** richiamare alla mente qc

**vergehen** <irr, ohne ge-> I. *vi sein* ❶ (*Zeit*) passare, trascorrere; **wie [doch] die Zeit vergeht!** come passa il tempo! ❷ (*aufhören*) passare; (*sich verflüchtigen*) svanire; **mir ist der Appetit vergangen** mi è passato l'appetito ❸ (*schmachten*) **vor etw** *dat* **~** struggersi per qc; **vor Hunger/Angst ~** morire di fame/paura II. *vr* sich **~** ❶ (*verstoßen*) **sich gegen etw** *dat* **~** trasgredire qc ❷ (*sexuell*) **sich an jdm ~** violentare qu **Vergehen** <-s, -> *nt* infrazione *f,* trasgressione *f*

**vergelten** <irr, ohne ge-> *vt* ripagare, contraccambiare; **vergelt's Gott!** (*A, südd*) grazie, Dio te ne renda merito!

**Vergeltung** *f* vendetta *f,* rappresaglia *f;* **~ für etw üben** vendicarsi di qc **Vergeltungsmaßnahme** *f* rappresaglia *f* **Vergeltungsschlag** <-(e)s, -schläge> *m* rappresaglia *f,* ritorsione *f*

**vergessen** [fɛɐ̯'gɛsən] <vergisst, vergaß, vergessen> I. *vt* dimenticare, dimenticarsi di; (*auslassen*) tralasciare; **das kannst du ~!** (*fam*) puoi dimenticartelo!; **das werde ich dir nie ~** (*dankbar*) non dimenticherò mai quello che hai fatto; (*rachsüchtig*) non lo dimenticherò II. *vr* sich **~** lasciarsi andare **Vergessenheit** <-> *kein Pl. f* dimenticanza *f,* oblio *m;* **in ~ geraten** cadere in oblio

**vergesslich** *adj* smemorato **Vergesslichkeit** <-> *kein Pl. f* smemoratezza *f*

**vergeuden** [fɛɐ̯'gɔʏdən] <ohne ge-> *vt* sprecare; (*Geld*) scialacquare, sperperare **Vergeudung** <-> *kein Pl. f* sperpero *m,* spreco *m*

**vergewaltigen** <ohne ge-> *vt* violentare **Vergewaltigung** <-, -en> *f* violenza *f* carnale, stupro *m*

**vergewissern** <ohne ge-> *vr* sich [einer Sache *gen*] **~** accertarsi [di qc]

**vergibt** *3. Pers. Sing. Präs. von* **vergeben**

**vergießen** <irr, ohne ge-> *vt* rovesciare; (*Tränen*) versare; (*Blut*) spargere

**vergiften** <ohne ge-> I. *vt* avvelenare II. *vr* sich [an etw *dat*] **~** avvelenarsi [con qc] **Vergiftung** <-, -en> *f* avvelenamento *m;* (MED) intossicazione *f*

**vergilben** [fɛɐ̯'gɪlbən] <ohne ge-> *vi sein* ingiallire

**vergilt** *3. Pers. Sing. Präs. von* **vergelten**

**verging** *1. u. 3. Pers. Sing. Imp. von* **vergehen**

**Vergissmeinnicht** [fɛɐ̯'gɪsmaɪnɪçt] <-(e)s, -(e)> *nt* (BOT) miosotide *f,* nontiscordardimé *m*

**vergisst** [fɛɐ̯'gɪst] *3. Pers. Sing. Präs. von* **vergessen**

**vergittern** <ohne ge-> *vt* munire d'inferriate **Vergitterung** <-, -en> *f* recinzione *f* in ferro, il munire di cancellata

**verglasen** <ohne ge-> *vt* invetriare, munire di vetri **Verglasung** <-, -en> *f* invetriatura *f*

**Vergleich** [fɛɐ̯'glaɪç] <-(e)s, -e> *m* ❶ (*das Vergleichen*) paragone *m;* **ein ~ mit etw** un confronto con qc; **einen ~ zwischen ... und ... anstellen** fare un paragone tra ... e ...; **im ~ zu** in confronto a, rispetto a; **das ist doch kein ~!** [ma] non c'è confronto! ❷ (JUR) transazione *f,* accomodamento *m;* **einen ~ schließen** venire ad un accordo **vergleichbar** *adj* [mit etw] **~ sein** essere paragonabile [a qc]

**vergleichen** <irr, ohne ge-> I. *vt* etw [mit etw] **vergleichen** confrontare qc [con qc]; **es ist nicht zu ~ mit ...** non c'è paragone

con ...; **vergleiche Seite 21** confronta pagina 21 **II.** *vr* **sich ~** (JUR) venire ad un accomodamento
**vergleichsweise** *adv* comparativamente
**vergnügen** [fɛɐ̯'gnyːgən] <ohne ge-> *vr* **sich ~** divertirsi **Vergnügen** <-s, -> *nt* divertimento *m;* (*Genuss*) diletto *m;* (*Freude, Spaß*) piacere *m;* **~ bereiten** fare piacere; **zum ~** per divertimento; **mit ihm zu arbeiten, ist kein ~** non è piacevole lavorare con lui; **mit ~!** con piacere!, volentieri!; **viel ~!** buon divertimento!
**vergnüglich** *adj* ❶ (*unterhaltsam*) divertente; (*nett*) piacevole ❷ *s.* **vergnügt**
**vergnügt** *adj* allegro, contento
**Vergnügung** <-, -en> *f* ❶ *Sing.* divertimento *m*, svago *m*, passatempo *m* ❷ (*Veranstaltung*) festa *f*, trattenimento *m* **Vergnügungsindustrie** *f* industria *f* dei divertimenti **Vergnügungspark** *m* parco *m* di divertimenti **Vergnügungsreise** *f* viaggio *m* di piacere [*o* di diporto] **Vergnügungssteuer** *f* imposta *f* sugli spettacoli **vergnügungssüchtig** *adj* amante dei divertimenti
**vergolden** <ohne ge-> *vt* dorare; (*fig*) indorare
**vergolten** [fɛɐ̯'gɔltən] *PP von* **vergelten**
**vergönnen** <ohne ge-> *vt* (*geh*) **es war mir vergönnt/nicht vergönnt zu ...** mi/non mi è stato dato di *+inf*
**vergoss** *1. u. 3. Pers. Sing. Imp. von* **vergießen**
**vergossen** [fɛɐ̯'gɔsən] *PP von* **vergießen**
**vergöttern** [fɛɐ̯'gœtən] <ohne ge-> *vt* idolatrare, adorare
**vergraben** <irr, ohne ge-> **I.** *vt* sotterrare, seppellire; **sein Gesicht in beide Hände ~** nascondere il viso tra le mani **II.** *vr* **sich ~** (*fig*) immergersi; **sich in seine Arbeit ~** immergersi nel lavoro
**vergrämen** <ohne ge-> *vt* ❶ (*verärgern*) alienarsi ❷ (*Wild*) spaventare
**vergrämt** *adj* amareggiato
**vergreifen** <irr, ohne ge-> *vr* **sich ~** ❶ (*danebengreifen*); (MUS) sbagliare nota; **sich im Ausdruck ~** confondere i termini; **sich im Ton ~** (*unverschämt werden*) sbagliare tono ❷ (*fig: sich aneignen*) **sich an etw** *dat* **~** fare man bassa di qc; **sich an Geld ~** rubare denaro ❸ (*an Personen*) **sich an jdm ~** mettere le mani addosso a qu; (*geschlechtlich*) usare violenza contro qu
**vergriffen** [fɛɐ̯'grɪfən] *adj* (COM) esaurito
**vergrößern** [fɛɐ̯'grøːsən] <ohne ge-> **I.** *vt* ❶ (*allg*, OPT, FOTO) ingrandire ❷ (*verbrei-*

*tern*) allargare ❸ (*erweitern*) ampliare ❹ (*vermehren*) incrementare, aumentare ❺ (*fig: verschlimmern*) aggravare **II.** *vr* **sich ~** ❶ (*größer werden*) ingrandirsi; (*Organe*) ingrossarsi ❷ (*sich verbreitern*) allargarsi ❸ (*sich erweitern*) ampliarsi ❹ (*sich vermehren*) aumentare
**Vergrößerung** <-, -en> *f* ❶ (*allg*, FOTO, OPT) ingrandimento *m* ❷ (*Verbreiterung*) allargamento *m* ❸ (*Erweiterung*) ampliamento *m* ❹ (*Vermehrung*) incremento *m* ❺ (*fig: Verschlimmerung*) aggravamento *m* **Vergrößerungsglas** *nt* lente *f* d'ingrandimento
**vergünstigt** *adj* (*Preis*) ridotto
**Vergünstigung** <-, -en> *f* agevolazione *f;* (*bei Preis*) riduzione *f*
**vergüten** [fɛɐ̯'gyːtən] <ohne ge-> *vt* ❶ (ADM: *bezahlen*) pagare, retribuire ❷ (*zurückerstatten*) rimborsare; (*Schaden*) risarcire ❸ (TEC: *verbessern*) raffinare; (*Stahl*) temprare
**Vergütung** <-, -en> *f* ❶ (*Arbeits~*) compenso *m*, retribuzione *f* ❷ (*Zurückerstattung*) rimborso *m;* (*für Schaden*) risarcimento *m* ❸ (TEC) bonifica *f;* (*von Stahl*) tempra *f*
**verh.** *abk v* **verheiratet** sposato, -a
**verhaften** <ohne ge-> *vt* arrestare **Verhaftung** *f* arresto *m*
**verhagelt** *adj* rovinato dalla grandine
**verhalf** *1. u. 3. Pers. Sing. Imp. von* **verhelfen**
**verhalten**[1] <irr, ohne ge-> *vr* **sich ~** ❶ (*Person*) comportarsi; **sich ruhig ~** rimanere tranquillo ❷ (*Sache*) **die Sache verhält sich so** le cose stanno così ❸ (MAT) stare; **a verhält sich zu b wie x zu y** a sta a b come x zu y
**verhalten**[2] *adj* (*unterdrückt*) represso; (*Töne, Farben*) smorzato; **mit ~er Stimme** sottovoce
**Verhalten** <-s> *kein Pl. nt* comportamento *m*, condotta *f;* (*Haltung*) atteggiamento *m;* (*~sweise*) modo *m* d'agire **Verhaltensforschung** *f* etologia *f* **verhaltensgestört** *adj* (*Kind*) caratteriale **Verhaltensweise** <-, -n> *f* modo *m* di comportarsi
**Verhältnis** [fɛɐ̯'hɛltnɪs] <-ses, -se> *nt* ❶ (*Relation*) relazione *f*, rapporto *m;* **im ~ zu** (*verglichen mit*) in confronto a; **im ~ von 1 zu 2** in rapporto di 1 a 2; **das steht in keinem ~ zu ...** è sproporzionato rispetto a ... ❷ (*persönliche Beziehung*) rapporti *mpl*, relazioni *fpl* ❸ (*fam: Liebes~*) relazione *f;* **ein ~ mit jdm haben**

avere una relazione con qu ❷ *pl* (*Bedingungen*) condizioni *fpl*, situazione *f*, stato *m*; **in ärmlichen ~sen leben** vivere in condizioni misere; **in guten** [*o* **gesicherten**] **~sen leben** vivere nell'agiatezza; **über seine ~se leben** vivere al di sopra dei propri mezzi; **klare ~se schaffen** stabilire rapporti chiari **verhältnismäßig** *adv* ❶ (*relativ*) relativamente ❷ (*angemessen, entsprechend*) proporzionatamente **Verhältniswahlrecht** *nt* sistema *m* proporzionale **Verhältniswort** <-(e)s, -wörter> *nt* preposizione *f*

**verhandeln** <ohne ge-> **I.** *vt* (JUR) dibattere **II.** *vi* [**mit jdm**] **über etw** *acc* ~ negoziare qc [con qu]

**Verhandlung** *f* ❶ (*das Verhandeln*) trattative *fpl*; (*bes. diplomatisch*) negoziazioni *fpl*, negoziati *mpl*; **~en aufnehmen, in ~en eintreten** entrare in trattative ❷ (JUR) dibattimento *m*, udienza *f* **Verhandlungsbasis** *f* base *f* di trattativa **verhandlungsbereit** *adj* disposto a trattare **Verhandlungsbereitschaft** *f* disponibilità *f* a negoziare **verhandlungsfähig** *adj* (JUR) negoziabile **Verhandlungspartner(in)** <-s, -; -, -nen> *m(f)* (JUR, WIRTSCH) referente *mf*; (*Prozesspartei*) controparte *f*; (*Vertrag*) controparte *f* **verhandlungswillig** *adj* disposto a trattare

verhangen [fɛɐ̯'haŋən] *adj* coperto

**verhängen** <ohne ge-> *vt* ❶ (*zuhängen*) **etw** [**mit etw**] ~ coprire qc [con qc] ❷ (*anordnen*) **eine Strafe über jdn** ~ infliggere una pena a qu

**Verhängnis** <-ses, -se> *nt* destino *m*, fatalità *f*; **jdm zum ~ werden** riuscire fatale a qu **verhängnisvoll** *adj* fatale, funesto

**verharmlosen** <ohne ge-> *vt* minimizzare **Verharmlosung** <-, -en> *f* deprezzamento *m*, svalutazione *f*, sottovalutazione *f*, svilimento *m*

**verhärmt** [fɛɐ̯'hɛrmt] *adj* afflitto, addolorato

**verharren** <ohne ge-> *vi* **haben** *o* **sein** (*geh: bleiben*) rimanere, restare; (*bei Entschluss, auf Standpunkt*) persistere; **in etw** *dat* ~ persistere in qc; **in Schweigen** ~ ostinarsi a tacere

**verharschen** <ohne ge-> *vi* **sein** (*Schnee*) indurirsi

**verhaspeln** [fɛɐ̯'haspəln] <ohne ge-> *vr* **sich** ~ (*fam*) ❶ (*beim Sprechen*) impappinarsi ❷ (*bei Bewegungen*) ingarbugliarsi

**verhasst** *adj* odiato, detestato; **sich** [**bei jdm**] ~ **machen** farsi odiare [da qu]; **es ist mir ~ zu ...** detesto +*inf*

**verhätscheln** <ohne ge-> *vt* viziare

**Verhau** <-(e)s, -e> *m o nt* (*Draht~*) reticolato *m*

**verhauen** <ohne ge-> (*fam*) **I.** *vt* ❶ (*verprügeln*) bastonare, picchiare ❷ (*Prüfung, Klassenarbeit*) fare male **II.** *vr* **sich** ~ (*sich verkalkulieren*) sbagliarsi di grosso

**verheben** <irr, ohne ge-> *vr* **sich** ~ farsi male alzando un peso

**verheeren** <ohne ge-> *vt* devastare, distruggere **verheerend** *adj* ❶ (*katastrophal*) disastroso, catastrofico ❷ (*fam: furchtbar*) orribile

**Verheerung** <-, -en> *f* distruzione *f*, devastazione *f*; **~en anrichten** compiere una distruzione

**verhehlen** <ohne ge-> *vt* (*geh*) celare

**verheilen** <ohne ge-> *vi sein* guarire; (*vernarben*) cicatrizzarsi

**verheimlichen** <ohne ge-> *vt* [**jdm**] **etw** ~ tenere segreto qc [a qu], nascondere qc [a qu]

**verheiraten** <ohne ge-> *vr* **sich** [**mit jdm**] ~ sposarsi [con qu]; **sich wieder** ~ risposarsi

**verheißen** <irr, ohne ge-> *vt* (*geh: versprechen*) promettere; (*prophezeien*) predire **Verheißung** <-, -en> *f* (*geh*) promessa *f* **verheißungsvoll** *adj* promettente, che promette bene

**verhelfen** <irr, ohne ge-> *vi* **jdm zu etw** ~ procurare qc a qu; **jdm zum Sieg/ Erfolg** ~ aiutare qu a vincere/ad avere successo

**verherrlichen** <ohne ge-> *vt* esaltare, glorificare

**Verherrlichung** <-, -en> *f* esaltazione *f*, inneggiamento *m*

**verhexen** <ohne ge-> *vt* stregare; **das ist doch wie verhext!** (*fam*) sembra che il diavolo ci abbia messo la coda

**verhielt** *1. u. 3. Pers. Sing. Imp. von* **verhalten**

**verhindern** <ohne ge-> *vt* impedire; (*vermeiden*) evitare; **verhindert sein** (*nicht kommen können*) non poter venire; **das lässt sich nicht** ~ è inevitabile **verhindert** *adj* ❶ impedito ❷ **ein ~er Künstler** un artista mancato **Verhinderung** <-, -en> *f* impedimento *m*

**verhob** *1. u. 3. Pers. Sing. Imp. von* **verheben**

**verhoben** [fɛɐ̯'ho:bən] *PP von* **verheben**

**verhöhnen** <ohne ge-> *vt* schernire, deridere

**Verhör** [fɛɐ̯ˈhøːɐ̯] <-(e)s, -e> *nt* interrogatorio *m;* (*von Zeugen*) escussione *f;* **jdn ins ~ nehmen** sottoporre qu a interrogatorio
**verhören** <ohne ge-> I. *vt* interrogare; (*Zeugen*) escutere II. *vr* **sich ~** capir male
**verhüllen** <ohne ge-> *vt* coprire; (*a. fig*) velare **verhüllend** *adj* eufemistico
**verhungern** <ohne ge-> *vi sein* morire di fame
**verhunzen** [fɛɐ̯ˈhʊntsən] <ohne ge-> *vt* (*fam pej*) rovinare, guastare
**verhüten** <ohne ge-> *vt* (*Schaden, Schwangerschaft*) prevenire; (*verhindern*) impedire **Verhütung** <-> *kein Pl.* *f* prevenzione *f;* (*Empfängnis~*) contraccezione *f* **Verhütungsmittel** *nt* anticoncezionale *m*, contraccettivo *m*
**verhutzelt** [fɛɐ̯ˈhʊtsəlt] *adj* (*fam*) raggrinzito
**verifizieren** [verifiˈtsiːrən] <ohne ge-> *vt* verificare
**verinnerlichen** <ohne ge-> *vt* interiorizzare
**verirren** <ohne ge-> *vr* **sich ~** smarrirsi, perdersi
**verjagen** <ohne ge-> *vt* (*a. fig*) scacciare, cacciare [via]
**verjähren** <ohne ge-> *vi sein* cadere in prescrizione **verjährt** *adj* prescritto **Verjährung** <-> *kein Pl.* *f* prescrizione *f*
**verjubeln** <ohne ge-> *vt* (*fam*) scialacquare, dissipare
**verjüngen** [fɛɐ̯ˈjʏŋən] <ohne ge-> I. *vt* ① (*Person*) ringiovanire, far tornare giovane ② (*Betrieb*) svecchiare, rinnovare II. *vr* **sich ~** ① (*jünger werden*) ringiovanire, tornare giovane ② (*dünner werden*) rastremarsi **Verjüngung** <-, -en> *f* ① (*des Aussehens*) ringiovanimento *m* ② (*des Personals*) svecchiamento *m*, rinnovamento *m*
**verkabeln** <ohne ge-> *vt* cablare **Verkabelung** <-, -en> *f* cablaggio *m*
**verkalken** <ohne ge-> *vi sein* ① (*Kessel, Maschine*) calcificarsi ② (MED: *Arterien*) calcificarsi ③ (*fam: Mensch*) rimbambirsi
**verkalkulieren** <ohne ge-> *vr* **sich ~** sbagliarsi [nei calcoli]
**Verkalkung** <-, -en> *f* ① (TEC, MED) calcificazione *f* ② (*fam: von Mensch*) arteriosclerosi *f*
**verkannt** [fɛɐ̯ˈkant] *adj* (*Genie*) incompreso
**verkannte** *1. u. 3. Pers. Sing. Imp. von* **verkennen**
**verkappt** *adj* camuffato

**verkapseln** <ohne ge-> *vr* **sich ~** ① (MED) incapsularsi ② (*fig: sich absondern*) isolarsi, appartarsi
**verkatert** *adj* **~ sein** (*fam*) soffrire dei postumi di una sbornia
**Verkauf** *m* ① (*das Verkaufen*) vendita *f;* (*Absatz a.*) smercio *m;* **etw zum ~ anbieten** mettere qc in vendita ② *Sing.* (*~sabteilung*) reparto *m* vendite
**verkaufen** <ohne ge-> I. *vt* vendere; **jdm etw [für 10 Euro] ~** vendere qc a qu [per 10 euro]; **zu ~** in vendita; **jdn für dumm ~** (*fam*) prendere qu per scemo II. *vr* **sich ~** vendersi; **das verkauft sich gut** ciò si vende bene
**Verkäufer(in)** *m(f)* venditore, -trice *m, f*
**verkäuflich** *adj* ① (*angeboten*) da vendere, in vendita ② (*geeignet*) vendibile; **schwer ~** difficile da vendere; **leicht ~** di facile smercio
**verkaufsoffen** *adj* **~er Samstag** sabato con orario di apertura dei negozi prolungato **Verkaufspreis** *m* prezzo *m* di vendita **Verkaufsschlager** *m* campione *m* di vendite
**Verkehr** [fɛɐ̯ˈkeːɐ̯] <-s> *kein Pl.* *m* ① (*Land~, Luft~, Wasser~*) traffico *m;* (*Straßen~, Umlauf*) circolazione *f;* **öffentlicher ~** trasporti *mpl* pubblici; **etw für den ~ freigeben** aprire qc al traffico; **etw aus dem ~ ziehen** togliere qc dalla circolazione; **für den ~ gesperrt** chiuso al traffico ② (*Umgang*) rapporto *m*, relazione *f;* **das ist kein ~ für dich** non è una persona da frequentare ③ (*Geschlechts~*) rapporti *mpl* intimi
**verkehren** <ohne ge-> I. *vi* ① *haben o sein* (*Verkehrsmittel*) circolare, fare servizio ② *haben* (*Mensch*) frequentare; **in einem Café ~** frequentare un bar; **bei jdm ~** frequentare la casa di qu; **mit jdm ~** essere in rapporti con qu; (*geschlechtlich*) avere rapporti sessuali con qu; **mit jdm brieflich ~** essere in corrispondenza con qu II. *vt* trasformare; **etw ins Gegenteil ~** girare qc al contrario
**Verkehrsampel** *f* semaforo *m* **Verkehrsamt** *nt s.* **Verkehrsverein** **Verkehrsanbindung** *f* collegamento *m* alla rete dei trasporti **verkehrsarm** *adj* con poco traffico, poco trafficato **Verkehrsaufkommen** <-s, -> *nt* densità *f* del traffico **Verkehrsbehinderung** *f* intralcio *m* del traffico **verkehrsberuhigt** *adj* **~e Zone** zona a traffico limitato **Verkehrsberuhigung** <-, -en> *f* traffico *m* limitato **Verkehrschaos** *nt* paralisi *f* del traffico

**Verkehrsdichte** f densità f del traffico **Verkehrserziehung** f educazione f stradale **Verkehrsflugzeug** <-(e)s, -e> nt (AERO) aereo m di linea **Verkehrshindernis** nt ostacolo m [o impedimento m] al traffico **Verkehrshinweis** m informazioni fpl sul traffico **Verkehrsinfarkt** <-(e)s, -e> m (AUTO) blocco m del traffico **Verkehrsinsel** f salvagente m **Verkehrsknotenpunkt** m nodo m stradale **Verkehrslärm** <-(e)s> kein Pl. m (AUTO) rumore m del traffico **Verkehrsminister(in)** m(f) ministro m dei trasporti **Verkehrsmittel** nt mezzo m di trasporto **Verkehrsnetz** nt rete f stradale **Verkehrsopfer** nt vittima f della strada **Verkehrsordnung** f codice m stradale **Verkehrspolizei** f [polizia f] stradale f **Verkehrspolizist** m vigile m urbano; (motorisiert) agente m della polizia stradale **Verkehrsregeln** fPl. norme fpl di circolazione **Verkehrsregelung** f regolazione f del traffico **verkehrsreich** adj molto frequentato **Verkehrsrowdy** m folle m del volante **verkehrssicher** adj idoneo alla circolazione **Verkehrssicherheit** f sicurezza f stradale **Verkehrsstockung** f ingorgo m stradale **Verkehrssünder(in)** <-s, -; -, -nen> m(f) pirata m della strada **Verkehrsteilnehmer(in)** m(f) utente mf della strada **Verkehrstote** mf vittima f della strada **Verkehrsunfall** m incidente m stradale **Verkehrsunterricht** <-(e)s> kein Pl. m educazione f stradale **Verkehrsverbund** <-(e)s, -e> m associazione f delle società dei trasporti **Verkehrsverein** m ente m per il turismo, ufficio m turistico **Verkehrswesen** nt trasporti mpl **verkehrswidrig** I. adj contro le norme della circolazione II. adv in violazione delle norme della circolazione **Verkehrszählung** f censimento m della circolazione **Verkehrszeichen** nt segnale m stradale

**verkehrt** I. adj (falsch) sbagliato; **das ist gar nicht so ~!** (fam) non è poi tanto assurdo II. adv (umgekehrt) al rovescio, capovolto; (falsch) male; (~ herum) al contrario; **etw ~ herum anhaben** indossare qualcosa al contrario; **das Buch ~ herum halten** avere il libro capovolto; **~ gehen** [o **fahren**] sbagliare strada; **etw ~ anfangen** partire con il piede sbagliato in qc; **etw ~ machen** sbagliare qc

**verkehrtherum** adv al contrario, capovolto; **etw ~ anhaben** indossare qualcosa al contrario; **das Buch ~ halten** avere il libro capovolto

**verkennen** <irr, ohne ge-> vt (falsch beurteilen) giudicare male; (Genie) non comprendere; (unterschätzen) sottovalutare; **das ist nicht zu ~** è inconfondibile; **es lässt sich nicht ~, dass ...** non si può negare che +conj

**Verkettung** <-, -en> f concatenazione f; **eine ~ verheerender Umstände** una concatenazione di eventi sfavorevoli

**verklagen** <ohne ge-> vt jdn [**wegen etw**] **~** citare in giudizio qu [per qc]; **jdn auf etw** acc **~** querelare qu per qc

**verklappen** <ohne ge-> vt scaricare nel mare

**verklären** <ohne ge-> I. vt ① (REL) trasfigurare ② (fig) idealizzare, trasfigurare II. vr **sich ~** trasfigurarsi; **ein verklärter Blick** uno sguardo raggiante

**verklärt** [fɛɐ̯ˈklɛːɐ̯t] adj raggiante

**verklausulieren** [fɛɐ̯klaʊ̯zuˈliːrən] <ohne ge-> vt munire di clausole; (fig: schwierig formulieren) formulare in modo complicato

**verkleiden** <ohne ge-> I. vt ① (Menschen) travestire; (kostümieren) mascherare ② (Wand) rivestire, coprire II. vr **sich** [**als Clown**] **~** travestirsi [da pagliaccio] **Verkleidung** f ① (von Menschen) travestimento m; (Kostümierung) mascheramento m ② (Bedeckung) rivestimento m, guarnizione f

**verkleinern** <ohne ge-> I. vt ① (kleiner machen) rimpicciolire; (Maßstab, Foto, Abstand, Wort) ridurre; (vermindern) diminuire; **etw um 10 Zentimeter ~** ridurre qc di 10 centimetri ② (fig: schmälern) sminuire II. vr **sich ~** (Betrieb) rimpicciolirsi; (Abstand) ridursi **Verkleinerung** <-, -en> f ① (das Verkleinern) rimpiccolimento m ② (TEC, FOTO) riduzione f **Verkleinerungsform** f (LING) diminutivo m

**verklemmt** adj (fig: Person) inibito

**verklickern** [fɛɐ̯ˈklɪkɐn] <ohne ge-> vt **jdm etw ~** (sl) far capire qc a qu

**verklingen** <irr, ohne ge-> vi sein smorzarsi, perdersi, svanire

**verknallen** <ohne ge-> vr **sich** [**in jdn**] **~** (fam) prendere una cotta [per qu]; **in jdn verknallt sein** (fam) essere cotto di qu

**Verknappung** <-, -en> f penuria f, scarsità f

**verkneifen** <irr, ohne ge-> vr **sich** dat **etw ~** (fam: verzichten) rinunciare a qc; (unterdrücken) soffocare qc; **er konnte sich** dat **nicht ~ zu ...** non potè fare a meno di +inf

**verkniffen** *adj* contratto
**verknittern** <ohne ge-> *vt* sgualcire, spiegazzare
**verknoten** <ohne ge-> *vt* annodare
**verknüpfen** <ohne ge-> *vt* ❶ (*verknoten*) annodare ❷ (*in Beziehung setzen*) **etw [mit etw] verknüpfen** collegare qc [con qc]; **mit dem Vertrag sind viele Bedingungen verknüpft** il contratto presenta molte condizioni
**verkohlen** <ohne ge-> I. *vi sein* (*Holz*) carbonizzarsi II. *vt* (*fam: Person*) beffare, prendere in giro
**verkommen** I. <irr, ohne ge-> *vi sein* ❶ (*verwahrlosen*) rovinarsi ❷ (*Person: im Aussehen*) essere trascurato; (*sittlich*) cadere in basso ❸ (*Gebäude*) andare in rovina ❹ (*Lebensmittel*) guastarsi, deteriorarsi II. *adj* ❶ (*verwahrlost*) in rovina ❷ (*Person: ungepflegt*) malandato; (*verderbt*) corrotto, depravato **Verkommenheit** <-> *kein Pl. f* ❶ (*Verwahrlosung*) rovina *f* ❷ (*von Gebäude*) rovina *f*, abbandono *m* ❸ (*von Person: äußerlich*) trascuratezza *f*; (*sittlich*) depravazione *f*, corruzione *f*
**verkorken** <ohne ge-> *vt* tappare
**verkorksen** [fɛɐ̯ˈkɔrksən] <ohne ge-> *vt* (*fam*) sciupare, rovinare; **eine völlig verkorkste Ehe** un matrimonio disastroso
**verkörpern** <ohne ge-> *vt* ❶ (*personifizieren*) incarnare, personificare ❷ (FILM, THEAT) impersonare **Verkörperung** <-, -en> *f* incarnazione *f*, personificazione *f*
**verköstigen** [fɛɐ̯ˈkœstɪɡən] <ohne ge-> *vt* dare il vitto a
**verkrachen** <ohne ge-> *vr* sich [mit jdm] ~ (*fam*) rompere [con qu] **verkracht** *adj* (*fam: gescheitert*) fallito; **er ist eine ~e Existenz** è un fallito
**verkraften** <ohne ge-> *vt* (*bewältigen*) sopportare; (*Erlebnis*) superare; (*Belastung*) sopportare, reggere
**verkrampfen** <ohne ge-> *vr* sich ~ ❶ (*sich zusammenziehen*) contrarsi, rattrappirsi ❷ (*fig: gehemmt sein*) bloccarsi, rimanere impacciato **verkrampft** *adj* contratto; (*Lächeln*) forzato; (*Haltung*) impacciato **Verkrampfung** <-, -en> *f* ❶ (*das krampfartige Zusammenziehen*) contrazione *f* ❷ (*fig: das Gehemmtsein*) impaccio *m*
**verkriechen** <irr, ohne ge-> *vr* sich ~ nascondersi; (*bes. Tiere*) rintanarsi
**verkrümeln** <ohne ge-> *vr* sich ~ (*fam*) svignarsela

**verkrümmen** <ohne ge-> *vr* **sich ~** curvarsi; (*sich verformen*) deformarsi
**verkrüppelt** *adj* (*Mensch*) storpio; (*Baum*) storto
**verkrusten** <ohne ge-> *vi sein* incrostarsi
**verkrustet** *adj* incrostato
**verkühlen** <ohne ge-> *vr* **sich ~** (*dial: sich erkälten*) raffreddarsi **Verkühlung** <-, -en> *f* (*A: Erkältung*) raffreddore *m*; **sich** *dat* **eine schwere/leichte ~ zuziehen** [*o* **holen**] prendersi un forte/leggero raffreddore
**verkümmern** <ohne ge-> *vi sein* ❶ (*Pflanzen*) intristire; (*a. Mensch*) deperire; (*Fähigkeiten*) venir meno ❷ (MED) atrofizzarsi
**verkünden** [fɛɐ̯ˈkʏndən] <ohne ge-> *vt* (*geh*) ❶ (*ankündigen*) annunciare, rendere noto; (*prophezeien*) preannunziare ❷ (*bekannt machen*) proclamare; (*Gesetz*) promulgare; (*Urteil*) pronunciare ❸ (*erklären*) dichiarare
**verkupfern** <ohne ge-> *vt* ramare
**verkuppeln** <ohne ge-> *vt* combinare il matrimonio fra
**verkürzen** <ohne ge-> I. *vt* [r]accorciare; (*Weg, Wartezeit*) abbreviare; (*verringern*) ridurre; **etw um 10 Zentimeter ~** ridurre qc di 10 centimetri; **verkürzte Arbeitszeit** orario di lavoro ridotto II. *vr* **sich ~** accorciarsi
**Verladebahnhof** *m* stazione *f* di carico
**verladen** <irr, ohne ge-> *vt* caricare; (NAUT) imbarcare
**Verladerampe** *f* rampa *f* di carico
**Verladung** <-, -en> *f* sovraccarico *m*
**Verlag** [fɛɐ̯ˈlaːk] <-(e)s, -e> *m* casa *f* editrice, editore *m*
**verlagern** <ohne ge-> I. *vt* spostare; (*überführen*) trasferire; **etw von ... auf ...** *acc* ~ spostare qc da ... a ... II. *vr* **sich ~** spostarsi; **sich von ... auf ...** *acc* ~ spostarsi da ... a ...
**Verlagerung** <-, -en> *f* ❶ (*von Interessen, Arbeitsgebiet*) spostamento *m*; (*örtlich*) trasferimento *m*; **~ nach ...** trasferimento in ... ❷ (METEO) spostamento *m*
**Verlagsbuchhändler(in)** *m(f)* editore, -trice *m, f* **Verlagsbuchhandlung** *f* libreria *f* editrice **Verlagskatalog** *m* catalogo *m* delle pubblicazioni **Verlagskauffrau** *f*, **Verlagskaufmann** *m* agente *mf* editoriale **Verlagsrecht** *nt* diritto *m* d'editore **Verlagsredakteur(in)** *m(f)* redattore, -trice *m, f* editoriale **Verlagswesen** <-s, -> *nt* editoria *f*
**verlangen** <ohne ge-> I. *vt* ❶ (*fragen*

*nach*) chiedere, richiedere; (*wünschen*) desiderare; (*fordern*) esigere, pretendere; (*beanspruchen*) rivendicare; (*berechnen*) volere; **mehr kann man nicht ~** di più non si può pretendere; **das ist zu viel verlangt** questo è [chiedere] troppo; **Sie werden am Telefon verlangt** La desiderano al telefono ❷ (*erfordern*) richiedere, esigere II. *vi* (*sich sehnen*) desiderare; **nach jdm/etw ~** desiderare qu/qc **Verlangen** <-s> *kein Pl. nt* (*geh*) ❶ (*Forderung*) richiesta *f,* domanda *f;* **auf ~ von** a richiesta di ❷ (*Wunsch, Sehnsucht*) desiderio *m;* **~ nach etw haben** desiderare qc; (*Lust*) avere voglia di qc; **kein ~ haben zu ...** non avere nessuna voglia di +*inf*

**verlängern** [fɛɐ̯'lɛŋɐn] <ohne ge-> I. *vt* ❶ (*räumlich, zeitlich*) allungare, prolungare; (*Gültigkeit, Frist*) prorogare; (*Vertrag, Wechsel*) rinnovare; **ein verlängertes Wochenende** un ponte ❷ (*Soße*) diluire II. *vr* **sich ~** ❶ (*zeitlich*) protrarsi ❷ (*räumlich*) allungarsi III. *vi* (SPORT) continuare il gioco

**Verlängerung** <-, -en> *f* ❶ (*räumlich, zeitlich*) allungamento *m,* prolungamento *m;* (*von Frist*) proroga *f,* dilazione *f* ❷ (SPORT) tempo *m* supplementare **Verlängerungsschnur** *f* (EL) prolunga *f*

**verlangsamen** <ohne ge-> I. *vt* rallentare II. *vr* **sich ~** rallentarsi

**verlas** *1. u. 3. Pers. Sing. Imp. von* **verlesen**

**Verlass** [fɛɐ̯'las] <-es> *kein Pl. m* **auf ihn ist kein ~** non si può fare affidamento su di lui; **darauf ist kein ~** non vi si può fare affidamento

**verlassen**[1] <irr, ohne ge-> I. *vt* ❶ (*Ort, Thema*) abbandonare; **beim Verlassen des Hauses** uscendo dalla casa ❷ (*Familie, Menschen*) abbandonare, lasciare; **seine Kräfte verließen ihn** gli vennero a mancare le forze II. *vr* **sich ~** fare affidamento; **sich auf jdn/etw ~** fare affidamento su qu/qc; **~ Sie sich darauf!** [ne] stia sicuro!

**verlassen**[2] *adj* ❶ (*allein gelassen*) abbandonato ❷ (*einsam*) solo, abbandonato; (*öde*) deserto **Verlassenheit** <-> *kein Pl. f* ❶ abbandono *m;* (*Einsamkeit*) solitudine *f*

**Verlassenschaft** <-, -en> *f* (A: *Nachlass*) eredità *f*

**verlässlich** [fɛɐ̯'lɛslɪç] *adj* ❶ (*Mensch*) fidato ❷ (*Information*) attendibile; **aus ~er Quelle** da fonte sicura

**Verlaub** [fɛɐ̯'laʊp] *m* (*geh*) **mit ~** con permesso

**Verlauf** *m* ❶ (*zeitlich*) corso *m;* (*Entwicklung*) sviluppo *m;* (*von Krankheit*) decorso *m;* **im ~ des Abends** nel corso della serata; **im weiteren ~** nel seguito ❷ (*von Straße*) tracciato *m;* (*von Fluss*) corso *m*

**verlaufen** <irr, ohne ge-> I. *vi sein* ❶ (*ablaufen*) svolgersi, procedere; (*sich entwickeln*) svilupparsi, procedere; (*Krankheit*) avere decorso ❷ (*Grenze, Weg*) correre; (*Fluss*) scorrere ❸ (*Farbe*) spandersi; (*Butter*) squagliarsi II. *vr sich ~* ❶ (*sich verirren*) smarrirsi, perdersi ❷ (*sich verlierren: Menschenmenge*) dispersi; (*Wasser*) defluire, ritirarsi

**verlaust** *adj* pidocchioso

**verlautbaren** [fɛɐ̯'laʊtbaːrən] <ohne ge-> *vt* annunciare, rendere noto **Verlautbarung** <-, -en> *f* (ADM, *geh*) annuncio *m;* (*Mitteilung*) comunicazione *f;* **amtliche ~** comunicazione ufficiale

**verlauten** <ohne ge-> *vi sein* **etw/nichts ~ lassen** dire qc/non dire niente

**verleben** <ohne ge-> *vt* (*Zeit*) trascorrere, passare **verlebt** *adj* (*Person*) sciupato

**verlegen**[1] <ohne ge-> I. *vt* ❶ (*an andere Stelle*) spostare; (*Wohnung, Betrieb, Behörde*) trasferire ❷ (*Veranstaltung, Termin*) rinviare; **etw von ... auf ...** *acc* **~** rinviare da ... a ... ❸ (*an die falsche Stelle*) smarrire ❹ (*Buch*) pubblicare ❺ (*Kabel*) posare; (*Fliesen*) mettere II. *vr* **sich auf etw** *acc* **~** passare a qc

**verlegen**[2] *adj* (*unsicher, schüchtern*) imbarazzato, impacciato; **nie um eine Antwort ~ sein** avere sempre una risposta pronta

**Verlegenheit** <-> *kein Pl. f* ❶ (*Befangenheit*) imbarazzo *m;* **jdn in ~ bringen** mettere qu in imbarazzo ❷ (*unangenehme Lage*) impiccio *m;* (FIN) difficoltà *f* economica; **jdm aus der ~ helfen** aiutare qu ad uscire da una situazione [economica] difficile **Verlegenheitslösung** *f* soluzione *f* di ripiego

**Verleger(in)** <-s, -; -, -nen> *m(f)* editore, -trice *m, f*

**Verlegung** <-> *kein Pl. f* ❶ (*an andere Stelle*) spostamento *m;* (*von Wohnsitz, Betrieb*) trasferimento *m* ❷ (*von Termin, Veranstaltung*) rinvio *m;* **auf nächste Woche** rinvio alla settimana prossima

**verleiden** <ohne ge-> *vt* **jdm etw ~** far passare a qu il piacere di qc

**Verleih** [fɛɐ̯'laɪ] <-(e)s, -e> *m* ❶ *Sing.* (*das*

*Verleihen*) noleggio *m;* (FILM) distribuzione *f* ②(*~stelle*) noleggio *m;* (FILM) casa *f* di distribuzione
**verleihen** <irr, ohne ge-> *vt* ①(*ausleihen*) prestare, dare in prestito; (*gegen Gebühr*) noleggiare, dare a nolo ②(*Orden, Preis, Titel*) conferire ③(*Glanz, Schönheit*) conferire; (*Kraft*) infondere, dare
**Verleihung** <-> *kein Pl. f* ①(*das Verleihen*) prestito *m;* (*gegen Gebühr*) noleggio *m* ②(*von Titel, Orden, Preis*) conferimento *m*
**verleiten** <ohne ge-> *vt* **jdn** [**zu etw**] **~** indurre qu [a fare qc]
**verlernen** <ohne ge-> *vt* disimparare, dimenticare
**verlesen** <irr, ohne ge-> I. *vt* ①(*Text*) dar lettura di; (*Namen*) fare l'appello di ②(*Obst, Gemüse, Salat*) scegliere, selezionare II. *vr* **sich ~** leggere male
**verletzbar** *adj* vulnerabile
**verletzen** [fɛɐˈlɛtsən] <ohne ge-> I. *vt* ①(*verwunden*) ferire; **leicht/schwer verletzt** leggermente/gravemente ferito ②(*fig: kränken*) offendere ③(*fig: Interessen*) ledere; (*Gesetz*) violare; (*Sitte*) offendere; **seine Pflicht ~** venir meno al proprio dovere II. *vr* **sich ~** ferirsi **verletzend** *adj* (*Bemerkung*) graffiante
**verletzlich** *adj* vulnerabile
**Verletzte** <ein -r, -n, -n> *mf* ferito, -a *m, f*
**Verletzung** <-, -en> *f* ferita *f* **Verletzungsgefahr** *f* pericolo *m* di lesione
**Verletzungsrisiko** *nt* pericolo *m* di lesione
**verleugnen** <ohne ge-> *vt* rinnegare, ripudiare; **sich ~ lassen** far dire che non si è in casa; (*am Telefon*) negarsi al telefono; **es lässt sich nicht ~, dass ...** non si può negare che +*conj*
**verleumden** [fɛɐˈlɔymdən] <ohne ge-> *vt* diffamare, calunniare **Verleumder(in)** <-s, -; -, -nen> *m(f)* diffamatore, -trice *m, f,* denigratore, -trice *m, f,* calunniatore, -trice *m, f* **verleumderisch** *adj* diffamatorio, denigratorio, calunnioso **Verleumdung** <-, -en> *f* diffamazione *f,* calunnia *f*
**verlieben** <ohne ge-> *vr* **sich** [**in jdn/etw**] **~** innamorarsi [di qu/qc]
**verliebt** *adj* [**in jdn/etw**] **~ sein** essere innamorato [di qu/qc] **Verliebtheit** <-> *kein Pl. f* l'essere innamorato
**verlief** *1. u. 3. Pers. Sing. Imp. von* **verlaufen**
**verlieh** *1. u. 3. Pers. Sing. Imp. von* **verleihen**
**verliehen** [fɛɐˈliːən] *PP von* **verleihen**

**verlieren** [fɛɐˈliːrən] <verliert, verlor, verloren> I. *vt* perdere; **den Kopf/Verstand ~** perdere la testa/la ragione; **den Mut ~** perdersi di coraggio; **jdn aus den Augen ~** perdere di vista qu; **hier hast du nichts verloren** (*fam*) qui non hai niente da cercare; **darüber brauchen wir kein Wort mehr zu ~** non è il caso di sprecarci altre parole II. *vr* **sich ~** perdersi; (*Menschenmenge*) disperdersi III. *vi* **an etw** *dat* **~** perdere qc; **an Bedeutung ~** perdere significato
**Verlierer(in)** <-s, -; -, -nen> *m(f)* ①(*von Dingen*) perdente *mf* ②(*von Spiel, Wette, Kampf*) vinto, -a *m, f,* sconfitto, -a *m, f;* **er ist ein/kein guter ~** sa/non sa perdere
**Verlies** [fɛɐˈliːs] <-es, -e> *nt* segreta *f*
**verließ** *1. u. 3. Pers. Sing. Imp. von* **verlassen**
**verliest** *3. Pers. Sing. Präs. von* **verlesen**
**verloben** <ohne ge-> *vr* **sich** [**mit jdm**] **~** fidanzarsi [con qu] **Verlobte** <ein -r, -n, -n> *mf* fidanzato, -a *m, f* **Verlobung** <-, -en> *f* fidanzamento *m*
**verlocken** <ohne ge-> *vt* (*geh*) attirare, attrarre **verlockend** *adj* allettante; **das klingt ~** l'idea è allettante
**Verlockung** <-, -en> *f* attrazione *f;* (*Verführung*) seduzione *f*
**verlogen** [fɛɐˈloːgən] *adj* ①(*Mensch*) bugiardo ②(*Moral, Versprechungen*) falso **Verlogenheit** <-> *kein Pl. f* (*einer Person*) falsità *f;* (*einer Aussage*) doppiezza *f,* ipocrisia *f;* **die ~ ihrer Moral** l'ipocrisia della sua morale
**verlor** [fɛɐˈloːɐ] *1. u. 3. Pers. Sing. Imp. von* **verlieren**
**verloren** [fɛɐˈloːrən] I. *PP von* **verlieren** II. *adj* perduto, perso; **~ gehen** andare perduto, perdersi; **das Spiel ~ geben** dare persa la partita; **sich ~ geben** darsi vinto
**verloren|gehen** *s.* **verloren** II.
**verlosen** <ohne ge-> *vt* sorteggiare, estrarre a sorte **Verlosung** <-, -en> *f* sorteggio *m,* estrazione *f* a sorte
**verlottern** [fɛɐˈlɔtɐn] <ohne ge-> *vi sein* (*fam*) ①(*Person*) ridursi uno straccio ②(*Sache*) andare in rovina **verlottert** *adj* malandato, malridotto
**verlud** *1. u. 3. Pers. Sing. Imp. von* **verladen**
**Verlust** [fɛɐˈlʊst] <-(e)s, -e> *m* ①(*das Verlieren*) perdita *f* ②(*Schaden*) danno *m* ③(FIN: *Fehlbetrag*) deficit *m;* **mit ~ verkaufen** vendere in perdita; **~ bringend** deficitario, che causa perdite **Verlustanzeige** *f* denuncia *f* di smarrimento

**verlustbringend** *adj* che causa [*o* provoca] perdite **Verlustgeschäft** *nt* affare *m* in perdita

**verlustig** *adj* (ADM, *geh*) **einer Sache** *gen* **~ gehen** perdere qc, venire privato di qc; **jdn einer Sache** *gen* **für ~ erklären** dichiarare qu privo di qc

**Verlustmeldung** <-, -en> *f* denuncia *f* di smarrimento; **eine ~ machen** sporgere una denuncia di smarrimento

**verlustreich** *adj* ❶ (COM) in perdita, deficitario ❷ (MIL: *Schlacht*) sanguinoso

**vermachen** <ohne ge-> *vt* ❶ (*vererben*) lasciare in eredità ❷ (*fam: schenken*) regalare

**Vermächtnis** [fɛɐ̯ˈmɛçtnɪs] <-ses, -se> *nt* legato *m*, lascito *m*

**vermählen** [fɛɐ̯ˈmɛːlən] <ohne ge-> *vr* **sich [mit jdm] ~** (*geh*) sposarsi [con qu] **Vermählte** <ein -r, -n, -n> *mf* (*geh*) **die ~n** gli sposi **Vermählung** <-, -en> *f* (*geh*) matrimonio *m*

**vermarkten** <ohne ge-> *vt* commercializzare

**Vermarktung** *f* vendibilità *f*

**vermasseln** <ohne ge-> *vt* (*fam*) rovinare; **eine Prüfung ~** cannare un esame

**vermehren** <ohne ge-> I. *vt* aumentare, accrescere; (*erweitern*) ampliare; (*zahlenmäßig*) moltiplicare II. *vr* **sich ~** ❶ (*größer werden*) aumentare, accrescere ❷ (BIOL) riprodursi

**Vermehrung** *f* ❶ (*das Vermehren, Sichvermehren*) aumento *m*, incremento *m;* (*zahlenmäßig*) moltiplicazione *f* ❷ (BIOL) riproduzione *f*

**vermeidbar** *adj* evitabile

**vermeiden** <irr, ohne ge-> *vt* evitare, scansare; **es lässt sich nicht ~, dass ...** non si può evitare di +*inf*, è inevitabile che +*conj*; **um Missverständnisse zu ~** a scanso d'equivoci

**vermeintlich** [fɛɐ̯ˈmaɪntlɪç] *adj* presunto

**Vermerk** [fɛɐ̯ˈmɛrk] <-(e)s, -e> *m* annotazione *f*, nota *f*

**vermerken** <ohne ge-> *vt* ❶ (*notieren*) annotare ❷ (*zur Kenntnis nehmen*) prendere nota di

**vermessen¹** <irr, ohne ge-> I. *vt* misurare, prendere le misure di; (*topographisch*) rilevare II. *vr* **sich ~** ❶ (*falsch messen*) sbagliarsi nel prendere le misure ❷ (*geh: sich anmaßen*) **sich ~ etw zu tun** avere l'ardire di fare qc

**vermessen²** *adj* (*geh*) ❶ (*tollkühn*) audace ❷ (*überheblich*) presuntuoso; **es ist ~ zu behaupten ...** è da presuntuosi affermare ... **Vermessenheit** <-> *kein Pl. f* (*geh*) ❶ (*Kühnheit*) audacia *f* ❷ (*Überheblichkeit*) presunzione *f*

**Vermessung** *f* misurazione *f;* (*topographisch*) rilevamento *m* **Vermessungsingenieur(in)** *m(f)* geometra *mf*

**vermied** *1. u. 3. Pers. Sing. Imp. von* **vermeiden**

**vermieten** <ohne ge-> *vt* affittare, dare in affitto; (*Auto*) noleggiare, dare a nolo; **„Zimmer zu ~"** "affittasi camere" **Vermieter(in)** *m(f)* ❶ (*von Wohnung*) locatore, -trice *m, f* ❷ (*von anderen Dingen*) noleggiatore, -trice *m, f*

**vermindern** <ohne ge-> I. *vt* ❶ (*geringer machen*) diminuire, ridurre ❷ (*abschwächen*) attenuare II. *vr* **sich ~** ❶ (*geringer werden*) diminuire ❷ (*sich abschwächen*) diminuire, scemare; (*Schmerzen*) attutirsi

**Verminung** <-, -en> *f* (MIL) [il] minare *m*

**vermischen** <ohne ge-> I. *vt* mischiare; (*fig a*) mescolare II. *vr* **sich ~** ❶ (*sich mischen*) **sich mit etw ~** mescolarsi con qc; **die Rassen haben sich vermischt** le razze si sono incrociate ❷ (*fig: Elemente, Klänge, Farben*) unirsi

**vermissen** <ohne ge-> *vt* **jdn ~** sentire la mancanza di qu; **ich vermisse dich sehr** mi manchi molto; **vermisst werden** risultare disperso; **als vermisst gemeldet sein** essere dato per disperso; **ich vermisse meine Brille** non trovo gli occhiali **Vermisste** <ein -r, -n, -n> *mf* disperso, -a *m, f* **Vermisstenanzeige** *f* denunzia *f* di scomparsa; **eine ~ aufgeben** denunziare la scomparsa di qu

**vermitteln** <ohne ge-> I. *vt* ❶ (*beschaffen*) procurare ❷ (*Treffen, Ehe*) combinare; (*Geschäft*) fare da mediatore in; **ein Gespräch ~** (TEL) passare una comunicazione telefonica ❸ (*aushandeln*) negoziare ❹ (*fig: Eindruck*) offrire, dare ❺ (*fig: Wissen*) trasmettere II. *vi* fare da mediatore; **zwischen den Parteien ~** conciliare le parti; **für jdn vermittelnd eintreten** intervenire in favore di qu

**Vermittler(in)** <-s, -; -, -nen> *m(f)* ❶ (*Mittler*) mediatore, -trice *m, f;* (*bei Streitfällen*) conciliatore, -trice *m, f* ❷ (WIRTSCH) intermediario, -a *m, f;* (*Makler*) sensale *mf*

**Vermittlung** <-, -en> *f* ❶ (*das Vermitteln*) mediazione *f;* (*Einschaltung*) intervento *m* ❷ (*Schlichtung*) accomodamento *m* ❸ (TEL: *Telefonzentrale*) centralino *m;* (*Mensch*) centralinista *mf* ❹ (*Stellen~*)

ufficio *m* di collocamento **Vermittlungsgebühr** *f* (WIRTSCH) mediazione *f*
**vermodern** <ohne ge-> *vi sein* putrefarsi, marcire
**Vermögen** <-s, -> *nt* ❶ *Sing.* (*geh: Fähigkeit*) facoltà *f,* capacità *f* ❷ (*Geldbesitz*) patrimonio *m,* fortuna *f;* **das kostet ein ~** costa un patrimonio
**vermögend** *adj* benestante, ricco
**Vermögenssteuer** *f* imposta *f* patrimoniale **Vermögensverhältnisse** *ntPl.* situazione *f* finanziaria **Vermögensverwalter(in)** *m(f)* amministratore, -trice *m, f* dei beni **Vermögensverwaltung** *f* amministrazione *f* dei beni **vermögenswirksam** *adj* fruttifero; **~e Leistungen** contributi sociali che fanno maturare interessi
**vermummen** [fɛɡˈmʊmən] <ohne ge-> *vr* **sich ~** partecipare mascherato ad una dimostrazione
**Vermummungsverbot** [fɛɡˈmʊmʊŋsfɛɡboːt] *nt divieto di intervenire mascherati ad una dimostrazione*
**vermuten** [fɛɡˈmuːtən] <ohne ge-> *vt* supporre, presumere; (*erwarten*) aspettare; **es ist zu ~, dass ...** è probabile che *+conj;* **das hätte ich nicht vermutet** non me lo sarei aspettato
**vermutlich** I. *adj* presunto; (*wahrscheinlich*) probabile II. *adv* presumibilmente, probabilmente
**Vermutung** <-, -en> *f* [pre]supposizione *f;* **~en über etw** *acc* **anstellen** fare delle congetture su qc
**vernachlässigen** <ohne ge-> *vt* trascurare; **seine Pflichten ~** trascurare i propri doveri **Vernachlässigung** <-, *rar* -en> *f* trascuratezza *f,* mancanza *f* di cura
**vernageln** <ohne ge-> *vt* inchiodare
**vernarben** <ohne ge-> *vi sein* cicatrizzarsi, rimarginarsi **Vernarbung** *f* cicatrizzazione *f*
**vernarren** <ohne ge-> *vr* **sich in jdn ~** infatuarsi di qu, prendere una cotta per qu
**vernarrt** *adj* innamorato pazzo (*in* di), cotto (*in* di)
**vernehmen** <irr, ohne ge-> *vt* ❶ (*geh: hören*) percepire ❷ (*geh: erfahren*) apprendere, venir a sapere ❸ (JUR) interrogare **Vernehmen** <-s> *kein Pl. nt* **dem ~ nach** a quanto si dice
**Vernehmlassung** <-, -en> *f* (*CH*) ❶ (ADM, JUR: *amtliche Bekanntmachung*) comunicato *m* ❷ (JUR: *Stellungnahme*) presa *f* di posizione
**vernehmlich** *adj* intelligibile, chiaro; (*hörbar*) percettibile

**Vernehmung** <-, -en> *f* (JUR: *von Angeklagten*) interrogatorio *m;* (*von Zeugen*) audizione *f* **vernehmungsfähig** *adj* (JUR) in grado di essere interrogato **vernehmungsunfähig** *adj* (JUR) non in grado di essere interrogato
**verneigen** <ohne ge-> *vr* **sich** [**vor jdm/etw**] **~** (*geh*) inchinarsi [davanti a qu/qc] **Verneigung** *f* (*geh*) inchino *m,* riverenza *f*
**verneinen** <ohne ge-> *vt* ❶ (*mit Nein antworten*) negare, dire di no ❷ (*ablehnen*) rifiutare ❸ (LING) negare **verneinend** *adj* negativo **Verneinung** <-, -en> *f* ❶ (*Antwort*) risposta *f* negativa ❷ (*Leugnung, Ablehnung*) rifiuto *m* ❸ (LING) negazione *f*
**Vernetzung** <-, -en> *f* collegamento *m,* allacciamento *m;* (INFORM) rete *f*
**vernichten** <ohne ge-> *vt* annientare; (*zerstören*) distruggere; (*ausrotten*) sterminare; (*Unkraut*) estirpare **vernichtend** *adj* ❶ (*Kritik*) distruttivo ❷ (*Blick*) fulminante ❸ (*Niederlage*) schiacciante; **jdn ~ schlagen** (SPORT) battere qu in modo schiacciante **Vernichtung** <-> *kein Pl. f* annientamento *m;* (*Zerstörung*) distruzione *f;* (*Ausrottung*) sterminio *m;* (*Unkraut~*) estirpazione *f* **Vernichtungslager** <-s, -> *nt* campo *m* di sterminio
**vernickeln** <ohne ge-> *vt* nichelare
**vernieten** <ohne ge-> *vt* ribadire
**Vernissage** [vɛrnɪˈsaːʒə] <-, -n> *f* vernissage *m*
**Vernunft** [fɛɡˈnʊnft] <-> *kein Pl. f* ragione *f;* (*gesunder Menschenverstand*) buon senso *m;* **~ annehmen** mettere giudizio; **jdn zur ~ bringen** ricondurre qu alla ragione **Vernunftehe** *f* matrimonio *m* di convenienza
**vernünftig** [fɛɡˈnʏnftɪç] *adj* ❶ (*besonnen*) ragionevole, giudizioso ❷ (*sinnvoll*) sensato ❸ (*fam: ordentlich*) decente
**veröden** <ohne ge-> I. *vi sein* ❶ (*menschenleer werden*) spopolarsi ❷ (*Boden*) diventare incolto II. *vt haben* (MED) obliterare
**veröffentlichen** <ohne ge-> *vt* pubblicare **Veröffentlichung** <-, -en> *f* pubblicazione *f*
**verordnen** <ohne ge-> *vt* ❶ (MED) prescrivere ❷ (*anordnen, verfügen*) ordinare, decretare; (*festsetzen*) stabilire **Verordnung** *f* ❶ (MED) prescrizione *f;* **nach ärztlicher ~** dietro prescrizione medica ❷ (*gesetzlich*) decreto *m*
**verpachten** <ohne ge-> *vt* dare in affitto, concedere in locazione

**Verpächter|in** <-s, -; -, -nen> *m(f)* locatore, -trice *m, f*; proprietario, -a *m, f*

**verpacken** <ohne ge-> *vt* imballare, impacchettare

**Verpackung** *f* imballaggio *m* **Verpackungsmüll** <-s> *kein Pl. m* imballaggio *m*

**verpassen** <ohne ge-> *vt* ①(*Zug*) perdere; (*Gelegenheit*) lasciarsi sfuggire ②(*fam: geben*) dare; **jdm eine ~** (*fam*) mollare una sberla a qu

**verpatzen** <ohne ge-> *vt* (*fam*) rovinare, guastare

**verpesten** <ohne ge-> *vt* appestare

**verpetzen** <ohne ge-> *vt* (*fam*) tradire [facendo la spia]

**verpfänden** <ohne ge-> *vt* impegnare

**verpfeifen** <irr, ohne ge-> *vt* (*fam: verraten*) tradire; (*anzeigen*) denunciare

**verpflanzen** <ohne ge-> *vt* trapiantare **Verpflanzung** *f* trapianto *m*

**verpflegen** <ohne ge-> *vt* nutrire **Verpflegung** <-> *kein Pl. f* vitto *m*; **volle ~** pensione completa

**verpflichten** <ohne ge-> I. *vt* ①(*eine Pflicht auferlegen*) **jdn [zu etw] ~** obbligare qu [a fare qc]; **ich fühle mich verpflichtet etw zu tun** mi sento obbligato a fare qc; **ich bin Ihnen zu tiefem Dank verpflichtet** Le sono obbligatissimo ②(*Künstler*) ingaggiare II. *vr* **sich ~** (*zusagen*) impegnarsi

**Verpflichtung** <-, -en> *f* obbligo *m*; (*a. moralisch*) impegno *m*; (*Pflicht*) dovere *m*; **berufliche/finanzielle ~en** impegni professionali/finanziari; **seinen ~en nachkommen** adempire ai propri impegni

**verpfuschen** <ohne ge-> *vt* (*fam*) ①(*Arbeit*) abborracciare ②(*fig: Leben*) rovinare

**verpissen** <ohne ge-> *vr* **sich ~** (*vulg*) squagliarsela *fam*, tagliare la corda *fam*

**verplappern** <ohne ge-> *vr* **sich ~** (*fam*) lasciarsi scappare un segreto, tradirsi

**verplaudern** <ohne ge-> I. *vt* (*Zeit*) passare conversando II. *vr* **sich ~** passare [il tempo] chiacchierando

**verpönt** [fɛɐ̯ˈpøːnt] *adj* **~ sein** essere malvisto

**verprassen** <ohne ge-> *vt* scialacquare, dissipare

**verprügeln** <ohne ge-> *vt* bastonare, picchiare

**verpuffen** <ohne ge-> *vi sein* ①(*explodieren*) esplodere con leggera detonazione ②(*fig*) andare in fumo

**verpuppen** <ohne ge-> *vr* **sich ~** trasformarsi in crisalide

**Verputz** *m* intonaco *m*

**verputzen** <ohne ge-> *vt* ①(*Gebäude, Wand, Decke*) intonacare ②(*fig fam: aufessen*) spolverare

**verqualmen** <ohne ge-> *vt* (*fam, pej*) ①(*verräuchern*) riempire di fumo ②(*Geld*) spendere in fumo **verqualmt** *adj* pieno di fumo

**verquatschen** <ohne ge-> (*fam*) I. *vt* (*Zeit*) passare in chiacchiere II. *vr* **sich ~** (*sich verplappern*) tradirsi

**verquer** *adj* storto, male; **jdm ~ gehen** andare storto a qu

**verquicken** [fɛɐ̯ˈkvɪkən] <ohne ge-> *vt* (*geh*) unire

**verquollen** [fɛɐ̯ˈkvɔlən] *adj* gonfio

**verrammeln** <ohne ge-> *vt* (*fam*) barricare, sbarrare

**verramschen** <ohne ge-> *vt* svendere

**verrann** *1. u. 3. Pers. Sing. Imp. von* **verrinnen**

**verrannt** [fɛɐ̯ˈrant] *PP von* **verrennen**

**verrannte** *1. u. 3. Pers. Sing. Imp. von* **verrennen**

**Verrat** <-(e)s> *kein Pl. m* tradimento *m*; **~ üben** commettere un tradimento; **~ an jdm begehen** tradire qu

**verraten** <irr, ohne ge-> I. *vt* ①(*Geheimnis*) tradire; **verrate niemandem etwas!** non dire niente a nessuno! ②(*Treue brechen*) tradire; **~ und verkauft sein** (*fam*) essere abbandonato a sé stesso ③(*fig: deutlich werden lassen*) rivelare II. *vr* **sich ~** tradirsi

**Verräter|in** [fɛɐ̯ˈrɛːtɐ] <-s, -; -, -nen> *m(f)* traditore, -trice *m, f* **verräterisch** *adj* ①(*Person*) traditore; (*heimtückisch*) perfido ②(*fig: Miene, Blick*) rivelatore

**verrauchen** <ohne ge-> I. *vi sein* ①(*Qualm*) dissiparsi ②(*fig: Zorn*) svanire, sbollire II. *vt haben* ①(*Geld*) spendere in fumo ②(*Zimmer*) riempire di fumo

**verrechnen** <ohne ge-> I. *vt* mettere in conto; (*gegeneinander aufrechnen*) compensare; (*gutschreiben*) accreditare II. *vr* **sich ~** ①(*falsch rechnen*) sbagliare i calcoli; **sich um 50 Cent ~** sbagliare di 50 centesimi ②(*fig fam: sich täuschen*) ingannarsi; **da hast du dich aber schwer verrechnet!** (*fig fam*) [qui] ti sei sbagliato di grosso! **Verrechnung** *f* (FIN) [messa *f* in] conto *m*; **nur zur ~** da accreditare **Verrechnungsscheck** *m* (FIN) assegno *m* da accreditare

**verrecken** <ohne ge-> *vi sein* (*vulg*)

crepare; **er wird es ums Verrecken nicht tun** (*sl*) non lo farà, neanche a impiccarlo

**verregnet** *adj* (*regnerisch*) piovoso; (*Urlaub*) rovinato dalla pioggia

**verreiben** <irr, ohne ge-> *vt* spalmare

**verreisen** <ohne ge-> *vi sein* partire in viaggio; **geschäftlich** [*o* **dienstlich**] ~ partire per un viaggio d'affari; **verreist** [**sein**] [essere] in viaggio

**verreißen** <irr, ohne ge-> *vt* (*fig fam: vernichtend kritisieren*) stroncare

**verrenken** [fɛɐ̯'rɛŋkən] <ohne ge-> *vt* [di]storcere; (*Arm, Fuß*) slogare, lussare **Verrenkung** <-, -en> *f* ❶ (*von Körper*) contorsione *f* ❷ (MED: *von Gelenken*) slogatura *f*, lussazione *f*

**verrennen** <irr, ohne ge-> *vr* **sich** ~ fissarsi; **sich in eine Idee** ~ fissarsi su un'idea

**verrichten** <ohne ge-> *vt* fare, eseguire; **seinen Dienst** ~ adempiere alle proprie funzioni **Verrichtung** *f* faccenda *f*

**verriegeln** <ohne ge-> *vt* chiudere col catenaccio, sprangare

**verriet** *1. u. 3. Pers. Sing. Imp. von* **verraten**

**verringern** [fɛɐ̯'rɪŋɐn] <ohne ge-> I. *vt* ridurre, diminuire II. *vr* **sich** ~ diminuire **Verringerung** <-, -en> *f* riduzione *f*, diminuzione *f*

**verrinnen** <verrinnt, verrann, verronnen> *vi sein* scorrere

**Verriss** <-es, -e> *m* (*fam*) stroncatura *f*

**verrohen** <ohne ge-> *vi sein* imbarbarirsi, abbrutire **Verrohung** <-, -en> *f* imbarbarimento *m*, abbrutimento *m*

**verrosten** <ohne ge-> *vi sein* arrugginire

**verrostet** *adj* arrugginito

**verrotten** [fɛɐ̯'rɔtən] <ohne ge-> *vi sein* ❶ (*Laub, Holz*) imputridire ❷ (*Gebäude*) sgretolarsi

**verrucht** [fɛɐ̯'ru:xt] *adj* infame; (*verworfen*) abietto; (*lasterhaft*) depravato

**verrücken** <ohne ge-> *vt* spostare

**verrückt** *adj* pazzo, matto; ~ **spielen** (*fam*) fare il pazzo; **jdn** ~ **machen** (*fam*) far impazzire qu; **auf etw** ~ **sein** (*fam*) andar matto per qc; **auf jdn** [*o* **nach jdm**] ~ **sein** (*fam*) essere pazzo di qu; **wie** ~ (*fam*) come un matto; **ich werd'** ~! (*fam*) non posso crederci! **Verrückte** <ein -r, -n, -n> *mf* pazzo, -a *m, f*, matto, -a *m, f* **Verrücktheit** <-, -en> *f* (*fam*) pazzia *f*, follia *f* **Verrücktwerden** <-s> *kein Pl. nt* **es ist zum** ~! (*fam*) c'è da impazzire!

**Verruf** *m* **in** ~ **bringen** [di]screditare; **in** ~ **kommen** discreditarsi, cadere in discredito

**verrufen** *adj* (*berüchtigt*) famigerato; (*Viertel, Lokal*) malfamato

**verrußen** <ohne ge-> I. *vi sein* coprirsi di fuliggine II. *vt haben* coprire di fuliggine

**Vers** [fɛrs] <-es, -e> *m* verso *m*; (*Bibel~*) versetto *m*

**versachlichen** <ohne ge-> *vt* oggettivare

**versacken** <ohne ge-> *vi sein* (*fam*) ❶ (*versinken*) affondare ❷ (*moralisch*) cadere in basso, rovinarsi ❸ (*beim Feiern*) rimanere [a lungo]

**versagen** <ohne ge-> I. *vt* (*geh: nicht gewähren*) rifiutare; **jdm etw** ~ negare qc a qu; **sich** *dat* **etw** ~ non concedersi qc II. *vi* ❶ (*Maschinen, Bremsen*) non funzionare; (*Waffen*) incepparsi; **die Stimme versagte mir** mi mancò la voce ❷ (*Person*) fallire **Versagen** <-s> *kein Pl. nt* ❶ (TEC) mancato funzionamento *m*, guasto *m*; (MOT) panna *f* ❷ (*fig: von Mensch*) fallimento *m*; **menschliches** ~ errore umano

**Versager(in)** <-s, -; -, -nen> *m(f)* fallito, -a *m, f*

**versah** *1. u. 3. Pers. Sing. Imp. von* **versehen**

**versalzen** <irr, ohne ge-> *vt* ❶ (*Speisen*) salare troppo ❷ (*fig fam: verderben*) guastare

**versammeln** <ohne ge-> I. *vt* radunare, riunire; (*zusammenrufen*) convocare II. *vr* **sich** ~ radunarsi; (POL) riunirsi

**Versammlung** *f* ❶ (*Vorgang*) riunione *f*, raduno *m*; **eine** ~ **einberufen** convocare una riunione ❷ (*versammelte Menschen*) assemblea *f* **Versammlungsfreiheit** *f* libertà *f* di riunione

**Versand** [fɛɐ̯'zant] <-(e)s> *kein Pl. m* ❶ (*das Versenden*) spedizione *f*, invio *m* ❷ (*~abteilung*) reparto *m* spedizioni **Versandabteilung** *f* reparto *m* [*o* servizio *m*] spedizioni **Versandanschrift** <-, -en> *f* indirizzo *m* di spedizione

**versanden** <ohne ge-> *vi sein* insabbiarsi

**Versandhandel** *m* vendita *f* per corrispondenza **Versandhaus** *nt* ditta *f* di vendita per corrispondenza **Versandhauskatalog** *m* catalogo *m* di vendita per corrispondenza **Versandkosten** *Pl.* spese *fpl* di spedizione

**versandt** [fɛɐ̯'zant] *PP von* **versenden Versandtasche** *f* busta *f* postale

**versandte** *1. u. 3. Pers. Sing. Imp. von* **versenden**

**versank** *1. u. 3. Pers. Sing. Imp. von* **versinken**

**versauen** <ohne ge-> *vt* (*sl*) ❶ (*schmutzig machen*) sporcare, insudiciare ❷ (*verderben*) rovinare

**versaufen** <irr, ohne ge-> (*fam*) I. *vt haben* (*Geld*) spendere ubriacandosi; **seinen Verstand ~** rincretinire a forza di bere II. *vi sein* (*ertrinken*) affogare, annegare; (*Motor*) ingolfarsi

**versäumen** <ohne ge-> *vt* ❶ (*Zug, Gelegenheit*) perdere ❷ (*Unterricht*) mancare a; (*Pflicht*) trascurare; **nicht ~ etw zu tun** non mancare di fare qc **Versäumnis** <-ses, -se> *nt* omissione *f*, dimenticanza *f*

**verschaffen** <ohne ge-> I. *vt* procurare; **was verschafft mir die Ehre?** (*geh*) a cosa devo l'onore? II. *vr* **sich** *dat* **etw ~** procurarsi qc; **sich** *dat* **Respekt ~** farsi rispettare

**verschalen** <ohne ge-> *vt* rivestire di legno

**verschämt** *adj* vergognoso

**verschandeln** <ohne ge-> *vt* deturpare

**verschanzen** <ohne ge-> I. *vt* (MIL) trincerare II. *vr* **sich ~** trincerarsi; **sich hinter Ausflüchten ~** trincerarsi dietro pretesti

**verschärfen** <ohne ge-> I. *vt* intensificare; (*Tempo*) accelerare; (*verschlimmern*) aggravare; (*Strafe, Lage*) inasprire; (*Spannungen*) aumentare, acuire II. *vr* **sich ~** intensificarsi; (*sich verschlimmern*) aggravarsi; (*Lage*) inasprirsi; (*Spannungen*) aumentare, acuirsi; (*Krise*) acutizzarsi

**Verschärfung** <-, -en> *f* (*Spannung*) inasprimento *m*; (*Tempo*) accelerazione *f*; (*Lage*) aggravamento *m*, peggioramento *m*

**verscharren** <ohne ge-> *vt* sotterrare

**verschätzen** <ohne ge-> *vr* **sich ~** sbagliarsi nel valutare

**verscheiden** <irr, ohne ge-> *vi sein* (*geh: sterben*) spirare

**verschenken** <ohne ge-> *vt* regalare, dare in regalo

**verscherzen** <ohne ge-> *vr* **sich** *dat* **etw ~** giocarsi qc

**verscheuchen** <ohne ge-> *vt* scacciare

**verscheuern** <ohne ge-> *vt* (*fam*) svendere

**verschicken** <ohne ge-> *vt* ❶ (*Post*) spedire ❷ (*zur Erholung*) mandare

**verschiebbar** *adj* scorrevole

**Verschiebebahnhof** *m* stazione *f* di smistamento

**verschieben** <irr, ohne ge-> *vt* ❶ (*verrücken*) **etw** [**um einen Meter**] **~** spostare qc [di un metro] ❷ (*aufschieben*) **etw** [auf nächste Woche] **~** rinviare qc [alla settimana prossima]; **etw** [**um eine Woche**] **~** rinviare qc [di una settimana] ❸ (*fam: Devisen, Waren*) vendere di contrabbando

**Verschiebung** <-, -en> *f* ❶ (*Aufschiebung*) rinvio *m*, differimento *m* ❷ (*das Verrücken*) spostamento *m*

**verschied** *1. u. 3. Pers. Sing. Imp. von* **verscheiden**

**verschieden** [fɛɐ̯ˈʃiːdən] *adj* ❶ (*unterschiedlich*) diverso, differente; (*~artig*) svariato; **das ist ~** dipende dai casi; **sie sind ~ groß** sono di diversa grandezza ❷ (*mehrere, einige*) vario; **Verschiedenes** diverse cose **verschiedenartig** *adj* ❶ (*ungleichartig*) disparato, eterogeneo ❷ (*mannigfaltig*) vario, svariato, diverso **Verschiedenartigkeit** <-, -en> *f* ❶ (*Unterschiedlichkeit*) disparità *f*, differenza *f* ❷ (*Vielfalt*) varietà *f* **Verschiedenheit** <-, -en> *f* ❶ (*Unterschiedlichkeit*) diversità *f*, differenza *f*; (*Unähnlichkeit*) disuguaglianza *f* ❷ (*Mannigfaltigkeit*) varietà *f*, molteplicità *f* **verschiedentlich** [fɛɐ̯ˈʃiːdəntlɪç] *adv* diverse volte

**verschießen** <irr, ohne ge-> I. *vt haben* ❶ (*Munition*) consumare sparando ❷ (*fam: Filme*) fare ❸ (SPORT) mancare il tiro; (*Elfmeter*) fallire II. *vr* **sich ~** (*fam: sich verlieben*) prendere una cotta (*in* +*acc* per) III. *vi sein* (*Farbe, Stoff*) sbiadire, scolorare

**verschiffen** <ohne ge-> *vt* imbarcare

**verschimmeln** <ohne ge-> *vi sein* ammuffire

**verschlafen**[1] <irr, ohne ge-> I. *vt* ❶ (*schlafend verbringen*) passare dormendo ❷ (*fam: versäumen*) dimenticare II. *vi* non svegliarsi in tempo

**verschlafen**[2] *adj* assonnato; (*a. fig*) sonnolento

**Verschlag** *m* capanna *f*, rimessa *f*

**verschlagen** I. <irr, ohne ge-> *vt* ❶ (*mit Brettern*) chiudere con assi; (*mit Nägeln*) inchiodare ❷ (*nehmen: Atem*) mozzare; **das verschlug mir die Sprache/den Appetit** mi mancò la parola/l'appetito ❸ (*an einen Ort*) gettare, sbattere II. *adj* (*schlau, listig*) scaltro, astuto **Verschlagenheit** <-> *kein Pl. f* (*Schlauheit, List*) scaltrezza *f*, astuzia *f*

**verschlang** *1. u. 3. Pers. Sing. Imp. von* **verschlingen**

**verschlanken** *vt* assottigliare; **die Kosten ~** assottigliare le spese

**verschlechtern** <ohne ge-> I. *vt*

❶ (*schlechter machen*) peggiorare, deteriorare ❷ (*verschlimmern*) aggravare II. *vr* **sich ~** peggiorare; (*Lage a*) aggravarsi **Verschlechterung** <-, -en> *f* peggioramento *m*, deterioramento *m*
**verschleiern** <ohne ge-> I. *vt* ❶ (*mit Schleier verhüllen, a Blick*) velare ❷ (*fig: nicht genau erkennen lassen*) dissimulare, nascondere, celare II. *vr* **sich ~** velarsi; (*Himmel*) coprirsi
**Verschleierungstaktik** *f* tattica *f* di camuffamento
**Verschleiß** [fɛɐ̯ˈʃlaɪ̯s] <-es, -e> *m* usura *f*
**verschleißen** <verschleißt, verschliss, verschlissen> I. *vt haben* logorare II. *vi sein* logorarsi
**Verschleißerscheinung** *f* traccia *f* di usura
**Verschleißfestigkeit** *f* (TEC) resistenza *f* all'usura
**verschleppen** <ohne ge-> *vt* ❶ (*Personen*) deportare; (*entführen*) rapire ❷ (*Krankheit*) trascinarsi ❸ (*weiterverbreiten*) propagare ❹ (*hinauszögern*) tirare per le lunghe
**Verschleppung** <-, -en> *f* ❶ (*von Personen*) deportazione *f*; (*Entführung*) rapimento *m* ❷ (*von Krankheit*) trascinarsi *m* ❸ (*Weiterverbreitung*) propagazione *f* ❹ (*Verzögerung*) protrazione *f*
**Verschleppungstaktik** *f* ostruzionismo *m*
**verschleudern** <ohne ge-> *vt* ❶ (*Waren*) svendere ❷ (*pej: Geld*) dissipare, scialacquare
**verschlief** *1. u. 3. Pers. Sing. Imp. von* **verschlafen**
**verschließbar** *adj* chiudibile
**verschließen** <irr, ohne ge-> I. *vt* ❶ (*abschließen*) chiudere ❷ (*wegschließen*) mettere sotto chiave II. *vr* **sich jdm ~** non aprirsi a qu; **sich einer Sache** *dat* [*o* **gegen etw**] **~** rifiutarsi di riconoscere qc
**verschlimmern** <ohne ge-> I. *vt* aggravare, peggiorare II. *vr* **sich ~** aggravarsi, peggiorare **Verschlimmerung** <-, -en> *f* aggravamento *m*, peggioramento *m*
**verschlingen** <irr, ohne ge-> I. *vt* ❶ (*a. fig*) divorare II. *vr* **sich ~** intrecciarsi
**verschliss** [fɛɐ̯ˈʃlɪs] *1. u. 3. Pers. Sing. Imp. von* **verschleißen**
**verschlissen** [fɛɐ̯ˈʃlɪsən] I. *PP von* **verschleißen** II. *adj* logoro, consunto, liso
**verschlossen** [fɛɐ̯ˈʃlɔsən] *adj* (*Person*) riservato, chiuso
**verschlucken** <ohne ge-> I. *vt* ❶ (*a. fig: unterdrücken*) inghiottire ❷ (*fig: Wörter,*

*Sätze*) mangiare II. *vr* **sich ~** andare di traverso; **ich habe mich verschluckt** mi è andato di traverso
**verschlug** *1. u. 3. Pers. Sing. Imp. von* **verschlagen**
**verschlungen** [fɛɐ̯ˈʃlʊŋən] *adj* (*Weg*) tortuoso
**Verschluss** *m* chiusura *f*; (*Schloss*) serratura *f*; (*Deckel*) coperchio *m*; (*Stöpsel*) tappo *m*; **etw unter ~ halten** tenere qc sotto chiave
**verschlüsseln** <ohne ge-> *vt* cifrare; (INFORM) codificare; **verschlüsselte Daten** (INFORM) dati in codice
**verschlüsselt** *adj* cifrato, in codice; **eine ~e Botschaft** un messaggio cifrato; **~e Daten** (INFORM) dati in codice **Verschlüsselung** <-, -en> *f* (INFORM) codificazione *f*
**verschmachten** <ohne ge-> *vi sein* (*fig*) languire; **vor Durst/Hunger ~** morire di sete/fame
**verschmähen** [fɛɐ̯ˈʃmɛːən] <ohne ge-> *vt* (*geh*) [di]sdegnare; (*ablehnen*) rifiutare
**verschmelzen** <irr, ohne ge-> I. *vt haben* fondere II. *vi sein* fondersi
**verschmerzen** <ohne ge-> *vt* consolarsi di, darsi pace di; **das ist leicht zu ~** non è una gran perdita
**verschmieren** <ohne ge-> *vt* ❶ (*zuschmieren*) colmare spalmando ❷ (*verstreichen*) spalmare ❸ (*schmierig machen*) imbrattare
**verschmitzt** [fɛɐ̯ˈʃmɪtst] *adj* malizioso, scaltro **Verschmitztheit** <-> *kein Pl. f* malizia *f*, scaltrezza *f*, furbizia *f*
**verschmoren** <ohne ge-> *vi sein* ❶ (EL) fondersi ❷ (*Braten*) scuocere
**verschmutzen** <ohne ge-> I. *vt haben* sporcare, insudiciare; (*Umwelt*) inquinare II. *vi sein* sporcarsi **verschmutzt** *adj* sporco; (*Umwelt*) inquinato **Verschmutzung** <-, -en> *f* imbrattamento *m*; (*Umwelt~*) inquinamento *m*
**verschnaufen** <ohne ge-> *vi* riprendere fiato **Verschnaufpause** *f* pausa *f* per riprendere fiato
**verschneit** *adj* innevato
**Verschnitt** *m* ❶ (*Abfälle*) sfridi *mpl* ❷ (*von Rum, Wein*) taglio *m*
**verschnörkelt** *adj* pieno di arabeschi
**verschnupft** *adj* ❶ (*erkältet*) raffreddato ❷ (*fig fam: verärgert*) seccato
**verschnüren** <ohne ge-> *vt* legare con spago **Verschnürung** <-, -en> *f* ❶ *Sing*. (*Verschnüren*) legare *m* |con spago| ❷ (*Schnur*) spago *m*

**verschob** *1. u. 3. Pers. Sing. Imp. von* **verschieben**

**verschollen** [fɛɡˈʃɔlən] *adj* disperso, scomparso

**verschonen** <ohne ge-> *vt* risparmiare; **jdn mit etw ~** risparmiare qc a qu; **von etw verschont bleiben** liberarsi di qc

**verschönern** [fɛɡˈʃøːnɐn] <ohne ge-> *vt* abbellire, [ad]ornare

**verschoss** *1. u. 3. Pers. Sing. Imp. von* **verschießen**

**verschossen** [fɛɡˈʃɔsən] *PP von* **verschießen**

**verschränken** [fɛɡˈʃrɛŋkən] <ohne ge-> *vt* (*Arme*) incrociare; (*Beine*) accavallare

**verschreiben** <irr, ohne ge-> I. *vt* ❶ (MED) prescrivere ❷ (*Papier*) consumare II. *vr* **sich ~** ❶ (*falsch schreiben*) sbagliare scrivendo ❷ (*sich widmen*) dedicarsi **verschreibungspflichtig** *adj* soggetto a prescrizione medica

**verschrie|e|n** [fɛɡˈʃriː(ə)n] *adj* malfamato

**verschroben** [fɛɡˈʃroːbən] *adj* stravagante, eccentrico

**verschrotten** <ohne ge-> *vt* demolire, ridurre in rottami; (MOT) rottamare

**Verschrottung** <-, -en> *f* demolizione *f*, rottamazione *f*

**verschüchtern** <ohne ge-> *vt* intimidire

**verschüchtert** [fɛɡˈʃʏçtət] *adj* intimidito; (*schüchtern*) timido

**verschulden** <ohne ge-> I. *vt haben* causare, provocare II. *vi sein o vr* **sich ~** indebitarsi **Verschulden** <-s> *kein Pl. nt* colpa *f*; **ohne mein ~** senza colpa da parte mia

**verschuldet** *adj* indebitato; **hoch ~ sein** essere indebitato fino al collo **Verschuldung** <-> *kein Pl. f* indebitamento *m*

**verschütten** <ohne ge-> *vt* ❶ (*versehentlich ausschütten*) versare, spargere ❷ (*unter sich begraben*) seppellire

**verschwägert** [fɛɡˈʃvɛːɡət] *adj* imparentato

**verschweigen** <irr, ohne ge-> *vt* tacere; **jdm etw ~** tacere qc a qu

**verschweißen** <ohne ge-> *vt* saldare

**verschwenden** [fɛɡˈʃvɛndən] <ohne ge-> *vt* prodigare, sperperare

**Verschwender(in)** <-s, -; -, -nen> *m(f)* scialacquatore, -trice *m, f*; dissipatore, -trice *m, f*

**verschwenderisch** *adj* ❶ (*Mensch*) prodigo, dissipato ❷ (*üppig*) ricco, abbondante

**Verschwendung** <-> *kein Pl. f* sperpero *m*, dissipazione *f* **Verschwendungssucht** *f* prodigalità *f*

**verschwiegen** [fɛɡˈʃviːɡən] *adj* ❶ (*Person*) discreto; (*zurückhaltend*) riservato ❷ (*Ort*) silenzioso, tranquillo **Verschwiegenheit** <-> *kein Pl. f* ❶ (*von Personen*) discrezione *f*; (*Zurückhaltung*) riservatezza *f* ❷ (*Verborgenheit*) segretezza *f*

**verschwimmen** <irr, ohne ge-> *vi sein* sfumare, confondersi

**verschwinden** <irr, ohne ge-> *vi sein* scomparire; (*gestohlen werden a*) sparire; **~d klein** infinitamente piccolo; **verschwinde!** (*fam*) sparisci!

**Verschwinden** <-s> *kein Pl. nt* scomparsa *f*, sparizione *f*

**verschwistert** [fɛɡˈʃvɪstət] *adj* affratellato

**verschwitzen** <ohne ge-> *vt* ❶ (*Kleidung*) impregnare di sudore ❷ (*fig fam: vergessen*) dimenticare

**verschwitzt** *adj* sudato, bagnato di sudore

**verschwommen** [fɛɡˈʃvɔmən] *adj* sfumato; (FOTO) sfocato; (*vage*) vago

**verschworen** [fɛɡˈʃvoːrən] *adj* giurato; **ein ~er Haufen** un gruppo affiatato di amici

**verschwören** <irr, ohne ge-> *vr* **sich** [**gegen jdn**] **~** congiurare [contro qu]; **alles hat sich gegen mich verschworen** tutto congiura contro di me **Verschwörer(in)** <-s, -; -, -nen> *m(f)* congiurato, -a *m, f*, cospiratore, -trice *m, f* **Verschwörung** <-, -en> *f* congiura *f*, cospirazione *f*

**versehen** <irr, ohne ge-> I. *vt* ❶ (*ausstatten*) **jdn mit etw ~** munire qu di qc; **etw mit seiner Unterschrift ~** apporre la propria firma a qc ❷ (*ausüben*) esercitare II. *vr* **sich ~** ❶ (*sich irren*) sbagliarsi, fare una svista ❷ (*sich gefasst machen*) **ehe man sich's versieht** quando meno lo si aspetta ❸ (*sich versorgen*) **sich mit etw ~** rifornirsi di qc **Versehen** <-s, -> *nt* (*Irrtum*) errore *m*; (*kleiner Fehler*) svista *f*, inavvertenza *f*; (*Unachtsamkeit*) distrazione *f*; **aus ~** inavvertitamente **versehentlich** [fɛɡˈzeːəntlɪç] *adv* inavvertitamente

**Versehrte** [fɛɡˈzeːɐ̯tə] <ein -r, -n, -n> *mf* invalido, -a *m, f* **Versehrtenrente** *f* pensione *f* di invalidità

**versenden** <a irr, ohne ge-> *vt* spedire, inviare

**versengen** <ohne ge-> *vt* [ab]bruciacchiare; (*bes. Stoff*) strinare

**versenken** <ohne ge-> *vt* ❶ (*Schiff*) affondare ❷ (TEC: *Schraube*) accecare

**Versenkung** *f* ❶ (*von Schiffen*) affondamento *m* ❷ (*fig: Meditation*) immergersi *m*, sprofondarsi *m* ③ (THEAT) botola *f* ④ (*Wend*) **in der ~ verschwinden** (*fig fam*) scomparire dalla scena; **aus der ~ auftauchen** (*fig fam*) ricomparire sulla scena

**versessen** [fɛɛ'zɛːsən] *adj* **auf etw** *acc* **~ sein** essere fanatico di qc; (*auf Süßigkeiten*) essere avido di qc **Versessenheit** <-> *kein Pl. f* avidità *f* (*auf+acc* di)

**versetzen** <ohne ge-> I. *vt* ① (*an andere Stelle*) spostare; (*Pflanze*) trapiantare; (*Wort, Buchstaben*) trasporre ② (*Beamten*) trasferire ③ (*Schüler*) promuovere; **nicht versetzt werden** essere bocciato ④ (*in Zustand bringen*) **jdn in Angst ~** impaurire qu; **jdn in Wut ~** far arrabbiare qu ⑤ (*mischen*) mischiare; **etw mit etw ~** mischiare qc con qc; **Wein mit Wasser ~** tagliare il vino con l'acqua ⑥ (*Schlag, Hieb, Stoß*) assestare; **jdm eins ~** (*fam*) mollare un ceffone a qu ⑦ (*verpfänden*) impegnare ⑧ (*fam: vergeblich warten lassen*) mancare a un appuntamento con ⑨ (*antworten*) rispondere II. *vr* **sich in jds Lage ~** mettersi nei panni di qu

**Versetzung** <-, -en> *f* ① (*an andere Stelle*) spostamento *m*; (*von Wort*) trasposizione *f* ② (*von Beamten*) trasferimento *m* ③ (*von Schüler*) promozione *f* ④ (*Vermischung*) miscuglio *m*

**verseuchen** <ohne ge-> *vt* (*mit Bakterien*) infettare; (*mit Gift*) contaminare; (*a. fig*) inquinare **Verseuchung** <-, -en> *f* (*Infektion*) infezione *f*; (*mit Gift*) contaminazione *f*; (*a. fig*) inquinamento *m*

**Versfuß** *m* piede *m*

**Versicherer(in)** <-s, -; -, -nen> *m(f)* assicuratore, -trice *m, f*

**versichern** <ohne ge-> I. *vt* ① (*als gewiss hinstellen*) [jdm] etw ~ assicurare qc [a qu] ② (*Versicherung abschließen*) **jdn** [**gegen etw**] ~ assicurare qu [contro qc] II. *vr* **sich ~** ① (*sich Gewissheit verschaffen*) **sich [einer Sache** *gen*] ~ assicurarsi [di qc] ② (*Versicherung abschließen*) **sich [gegen etw]** ~ assicurarsi contro qc

**Versicherte** <ein -r, -n, -n> *mf* assicurato, -a *m, f* **Versichertenkarte** *f* tesserino *m* sanitario

**Versicherung** *f* assicurazione *f*; **eine ~ abschließen** stipulare un'assicurazione **Versicherungsbetrug** *m* frode *f* in assicurazione **Versicherungsfall** *m* sinistro *m* **Versicherungsgesellschaft** *f* società *f* di assicurazioni **Versicherungsnehmer(in)** <-s, -; -, -nen> *m(f)* assicurato, -a *m, f*, contraente *mf* di un'assicurazione **Versicherungspolice** <-, -n> *f* polizza *f* assicurativa **Versicherungsprämie** *f* premio *m* di assicurazione **Versicherungssumme** *f* capitale *m* assicurato **Versicherungsvertreter(in)** *m(f)* agente *mf* assicuratore, -trice

**versickern** <ohne ge-> *vi sein* disperdersi

**versiegeln** <ohne ge-> *vt* ① (*Brief*) sigillare ② (*Parkett*) laccare

**versiegen** <ohne ge-> *vi sein* esaurirsi

**versiert** [vɛr'ziːɐ̯t] *adj* **er ist sehr ~ in diesen Dingen** è molto esperto di queste cose

**versilbern** <ohne ge-> *vt* ① (TEC) argentare ② (*fam: zu Geld machen*) realizzare **Versilberung** <-, *rar* -en> *f* argentatura *f*

**versinken** <irr, ohne ge-> *vi sein* ① (*im Wasser*) affondare; (*im Schlamm, Schnee*) sprofondare ② (*sich hingeben*) **in Gedanken versunken sein** essere assorto in pensieri

**versinnbildlichen** <ohne ge-> *vt* simboleggiare

**Version** [vɛr'zjoːn] <-, -en> *f* versione *f*

**Versklavung** <-, -en> *f* asservimento *m*

**Versmaß** *nt* (LIT) metro *m*

**versnobt** *adj* (*pej*) snob

**versoffen** [fɛɛ'zɔfən] I. *PP von* **versaufen** II. *adj* ubriaco, sbronzo

**versohlen** <ohne ge-> *vt* **jdn ~** (*fam*) sonare qu, sonargliele a qu

**versöhnen** [fɛɛ'zøːnən] <ohne ge-> I. *vt* [ri]conciliare, rappacificare II. *vr* **sich ~** riconciliarsi, rappacificarsi **versöhnlich** *adj* conciliante; (*Worte*) conciliativo **Versöhnung** <-, -en> *f* [ri]conciliazione *f*

**versonnen** [fɛɛ'zɔnən] *adj* trasognato

**versorgen** <ohne ge-> I. *vt* ① (*sich kümmern um*) provvedere a; (*Kranke*) accudire, assistere ② (*unterhalten*) mantenere ③ (*beliefern*) **jdn [mit etw]** ~ [ri]fornire qu [di qc] II. *vr* **sich mit etw ~** procurarsi qc

**Versorger(in)** <-s, -; -, -nen> *m(f)* (WIRTSCH) fornitore, -trice *m, f*, sostenitore, -trice *m, f*

**Versorgung** <-, -en> *f* ① *Sing.* (*Betreuung*) cura *f* ② *Sing.* (*Unterhalt*) mantenimento *m*; (*Alters-~*) previdenza *f* ③ (*Belieferung*) rifornimento *m* **versorgungsberechtigt** *adj* che ha diritto all'assistenza **Versorgungslage** *f* situazione *f* degli approvvigionamenti

**Verspannung** <-, -en> *f* irrigidimento *m*, inasprimento *m*

**verspäten** <ohne ge-> *vr* **sich ~** arrivare in ritardo; **sich um zehn Minuten ~** arrivare in ritardo di dieci minuti **verspätet** I. *adj* tardivo II. *adv* in ritardo

**Verspätung** <-, -en> f ritardo m; [drei Minuten] ~ **haben** avere [tre minuti di] ritardo

**verspeisen** <ohne ge-> vt (geh) mangiare, consumare

**versperren** <ohne ge-> vt ① (blockieren) sbarrare, bloccare; **jdm die Aussicht ~** togliere la visuale a qu; **jdm den Weg ~** sbarrare la strada a qu ② (bes. A: verschließen) chiudere

**verspielen** <ohne ge-> I. vt ① (Geld) perdere [al gioco] ② (spielend verbringen) passare giocando II. vi [**bei jdm**] **verspielt haben** (fam) essere caduto in disgrazia [presso qu] **verspielt** adj ① (Kind, Katze) giocherellone ② (Muster) grazioso, carino

**verspotten** <ohne ge-> vt deridere, schernire **Verspottung** <-, -en> f scherno m, presa f in giro, canzonatura f

**versprechen** <irr, ohne ge-> I. vt promettere; **viel ~ d** promettente; **das Blaue vom Himmel ~** promettere mari e monti; **ihr Blick versprach nichts Gutes** il suo sguardo non prometteva niente di buono; **das Wetter verspricht schön zu werden** sembra che il tempo si metta al bello II. vr **sich ~** (beim Sprechen) impaperarsi; **ich habe mich versprochen** è stato un lapsus; **sich** dat **etw von etw/jdm ~** (erwarten) aspettarsi qc da qc/qu **Versprechen** <-s, -> nt promessa f; **jdm ein ~ geben** promettere qc a qu; **ein ~ halten** mantenere una promessa **Versprecher** <-s, -> m lapsus [linguae] m, papera f **Versprechung** <-, -en> f promessa f; **jdn mit leeren ~ en hinhalten** tenere a bada qu con vane promesse

**verspüren** <ohne ge-> vt sentire, provare

**verstaatlichen** <ohne ge-> vt nazionalizzare, statalizzare; (kirchliche Einrichtung) laicizzare **Verstaatlichung** <-, -en> f nazionalizzazione f, statalizzazione f; (von kirchlichen Einrichtungen) secolarizzazione f

**Verstädterung** [fɛɐ̯ˈʃtɛ(ː)tərʊŋ] <-, -en> f urbanizzazione f

**Verstand** [fɛɐ̯ˈʃtant] <-(e)s> kein Pl. m (Denkfähigkeit) intelletto m, intelligenza f; (Urteilskraft) giudizio m; (Vernunft) ragione f; (gesunder Menschenverstand) buon senso m; **den ~ verlieren** diventare pazzo, essere impazzito; **bei vollem ~ sein** essere completamente lucido; **das brachte ihn wieder zu ~** ciò lo ridusse alla ragione; **das geht über meinen ~** (fam) questo non lo capisco

**verstand** 1. u. 3. Pers. Sing. Imp. von **verstehen**

**verstanden** [fɛɐ̯ˈʃtandən] PP von **verstehen**

**verstandesmäßig** adj razionale

**Verstandesmensch** m razionalista mf

**verständig** [fɛɐ̯ˈʃtɛndɪç] adj ① (einsichtig) giudizioso ② (vernünftig) ragionevole ③ (klug) intelligente

**verständigen** <ohne ge-> I. vt informare; **jdn von** [o **über etw** acc] **~** avvertire qu di qc II. vr **sich ~** ① (sich verständlich machen) farsi capire, comunicare ② (sich einigen) **sich** [**mit jdm**] **über etw** acc **~** mettersi d'accordo [con qu] su qc **Verständigung** <-> kein Pl. f ① (Benachrichtigung) informazione f, avviso m ② (Einigung) intesa f, accordo m ③ (Kommunikation) comunicazione f

**verständlich** [fɛɐ̯ˈʃtɛntlɪç] adj ① (begreiflich, hörbar) comprensibile; **leicht/schwer ~ sein** essere facilmente/difficilmente comprensibile ② (einsehbar, fassbar) intelligibile; **jdm etw ~ machen** far capire qc a qu; **sich ~ machen** farsi capire **verständlicherweise** [fɛɐ̯ˈʃtɛntlɪçɐˈvaɪ̯zə] adv comprensibilmente **Verständlichkeit** <-> kein Pl. f comprensibilità f, intelligibilità f; (Hörbarkeit) udibilità f

**Verständnis** [fɛɐ̯ˈʃtɛntnɪs] <-ses> kein Pl. nt ① (Begreifen, Mitgefühl) comprensione f; **dafür habe ich kein ~** questo non lo ammetto ② (Sinn, Gefühl) sensibilità f **verständnislos** adj privo di comprensione **Verständnislosigkeit** <-> kein Pl. f mancanza f di comprensione **verständnisvoll** adj comprensivo

**verstärken** <ohne ge-> I. vt ① (stärker machen) rinforzare, rafforzare ② (vermehren, vergrößern) aumentare ③ (RADIO) amplificare II. vr **sich ~** ① (stärker werden) rinforzarsi, rafforzarsi ② (sich vermehren) aumentare, crescere **Verstärker** <-s, -> m (TEC, EL, RADIO) amplificatore m **Verstärkung** f ① (das Verstärken) rafforzamento m; (MIL) rinforzo m ② (Vermehrung) aumento m ③ (RADIO) amplificazione f

**verstauben** <ohne ge-> vi sein impolverarsi

**verstauchen** <ohne ge-> vt slogare; **sich** dat **die Hand ~** slogarsi la mano **Verstauchung** <-, -en> f distorsione f, slogatura f, storta f

**verstauen** <ohne ge-> vt stipare, sistemare

**Versteck** [fɛɐ̯ˈʃtɛk] <-(e)s, -e> nt nascondiglio m; **~ spielen** giocare a nascondino

**verstecken** <ohne ge-> I. *vt* nascondere; (*a. fig*) dissimulare II. *vr* **sich ~** nascondersi **Versteckspiel** *nt* nascondino *m*
**versteckt** *adj* ①(*verborgen*) nascosto ②(*fig: Andeutung, Bemerkung*) velato; (*Lächeln*) furtivo; (*heimlich*) segreto
**verstehen** <irr, ohne ge-> I. *vt* ①(*begreifen, hören*) comprendere, capire; **jdm etw zu ~ geben** far capire qc a qu; **~ Sie mich recht!** non mi fraintenda!; **verstanden?** (*fam*) capito? ②(*gut können, beherrschen*) sapere, conoscere; **davon verstehst du nichts** non ne capisci niente ③(*meinen*) intendere; **was versteht man unter Gehirnwäsche?** che cosa si intende per lavaggio del cervello? II. *vr* **sich ~** ①(*sich vertragen*) andare d'accordo; **sich mit jdm ~** andare d'accordo con qu ②(*beherrschen*) **sich auf etw** *acc* **~** intendersi di qc ③(*selbstverständlich sein*) **das versteht sich [von selbst]** si capisce, è ovvio
**versteifen** <ohne ge-> *vr* **sich auf etw** *acc* **~** impuntarsi su qc
**versteigen** <irr, ohne ge-> *vr* **sich zu etw ~** avere l'ardire di fare qc, osare qc
**Versteigerer** <-s, -> *m* ufficiale *m* dell'asta pubblica
**versteigern** <ohne ge-> *vt* vendere all'asta
**Versteigerung** *f* [vendita *f* all']asta *f*, incanto *m*
**versteinern** <ohne ge-> *vi sein* (*zu Stein werden*) pietrificarsi; (*fig*) impietrire **Versteinerung** <-, -en> *f* ①*Sing.* (*Vorgang*) pietrificazione *f* ②(*Gegenstand*) fossile *m*
**verstellbar** *adj* regolabile
**verstellen** <ohne ge-> I. *vt* ①(*an anderen Ort*) spostare, cambiare di posto ②(*versperren*) sbarrare ③(*Stimme, Handschrift*) contraffare ④(TEC) regolare II. *vr* **sich ~** ①(TEC) sregolarsi, spostarsi ②(*fig: Mensch*) fingere, simulare
**Verstellung** *f* ①(TEC) regolazione *f* ②*Sing.* (*fig: von Mensch*) simulazione *f*, finzione *f*
**versteppen** *vi sein* diventare una steppa **Versteppung** <-, -en> *f* trasformazione *f* in steppa
**versteuern** <ohne ge-> *vt* pagare le imposte su **Versteuerung** <-, -en> *f* tassazione *f*
**verstimmt** *adj* ①(MUS) scordato ②(*Mensch*) di malumore; (*verärgert*) stizzito, irritato ③(*Magen*) imbarazzato
**Verstimmung** <-, -en> *f* ①(MUS) scordatura *f* ②(*Meinungsverschiedenheit*) disaccordo *m*, disarmonia *f*
**verstockt** *adj* (*pej: trotzig*) ostinato; (*Sünder*) impenitente **Verstocktheit** <-> *kein Pl. f* (*Widerspenstigkeit*) ostinazione *f*; (*bei Sünder*) impenitenza *f*
**verstohlen** [fɛɐ̯ˈʃtoːlən] *adj* (*Blick, Lächeln*) furtivo; (*heimlich*) segreto
**verstopfen** <ohne ge-> I. *vt* **haben** ①(*Loch, Ritzen*) [ot]turare; (NAUT) calafatare; (*Ausguss, Straße*) intasare; (*Ohren*) turare, tappare ②(MED) costipare II. *vi sein* intasarsi **verstopft** *adj* ①(*Nase, Straße, Ausguss*) intasato ②(*verschlossen*) turato ③(MED) stitico, costipato **Verstopfung** <-> *kein Pl. f* ①(*Verschließung*) otturazione *f* ②(*von Straße, Ausguss*) intasamento *m* ③(MED) stitichezza *f*, costipazione *f*
**verstorben** [fɛɐ̯ˈʃtɔrbən] *adj* deceduto, defunto; **der Verstorbene** il defunto
**verstört** *adj* sconvolto, stravolto; (*verwirrt*) turbato
**Verstoß** *m* trasgressione *f*; **ein ~ gegen die Verkehrsordnung** un'infrazione al codice della strada
**verstoßen** <irr, ohne ge-> I. *vt* (*vertreiben*) scacciare; **jdn aus dem Elternhaus ~** scacciare qu dalla casa paterna II. *vi* **gegen etw ~** contravvenire a qc; **gegen das Gesetz ~** infrangere la legge
**verstrahlt** *adj* irradiato
**verstreichen** <irr, ohne ge-> I. *vi sein* (*geh: Zeit*) passare; (*Frist*) scadere II. *vt* **haben** ①(*Farbe, Salbe*) **etw [auf etw** *acc*] **~** spalmare qc [su qc] ②(*Fugen, Ritzen*) otturare; (*verspachteln*) stuccare
**verstreuen** <ohne ge-> *vt* ①(*ausstreuen*) spargere; (*unsystematisch*) sparpagliare ②(*versehentlich*) versare, rovesciare
**verstreut** [fɛɐ̯ˈʃtrɔyt] *adj* (*Gehöfte, Ortschaften*) sparso, sparpagliato, disseminato
**verstricken** <ohne ge-> I. *vt* ①(*Wolle*) adoperare lavorando a maglia ②(*geh fig: verwickeln*) coinvolgere II. *vr* **sich ~** ①(*falsch stricken*) sbagliarsi lavorando a maglia ②(*fig*) **sich [in etw** *acc*] **~** impegolarsi [in qc]
**verströmen** <ohne ge-> *vt* emanare
**verstümmeln** [fɛɐ̯ˈʃtʏmǝln] <ohne ge-> *vt* mutilare **Verstümmelung** <-, -en> *f* mutilazione *f*
**verstummen** <ohne ge-> *vi sein* (*geh: Person*) ammutolire; (*Gesang, Geräusch*) cessare, tacere; **vor Schreck ~** ammutolire per la paura
**Versuch** [fɛɐ̯ˈzuːx] <-(e)s, -e> *m* ①(*Handlung*) tentativo *m*; **beim ersten ~** al primo tentativo; **das kommt auf einen ~ an** si

tratta di provare ❸ (*wissenschaftlich*) esperimento *m*, prova *f*
**versuchen** <ohne ge-> **I.** *vt* ❶ (*probieren*) tentare; **~ etw zu tun** tentare di fare qc ❷ (*Speise, Getränke*) assaggiare ❸ (*geh: in Versuchung führen*) tentare; **versucht sein etw zu tun** essere tentato di fare qc **II.** *vr* **sich [an etw** *dat*] **~** cimentarsi [con qc]
**Versuchsanlage** *f* stazione *f* sperimentale **Versuchsanordnung** *f* disposizione *f* sperimentale **Versuchsballon** *m* pallone *m* sonda; **einen ~ steigen lassen** (*fig*) fare una prova **Versuchsgelände** <-s> *nt* campo *m* [di] prova **Versuchskaninchen** *nt* (*fig pej*) cavia *f* **Versuchslauf** *m* ❶ (TEC) giro *m* di prova ❷ (SPORT) giro *m* di ricognizione **Versuchsperson** *f* soggetto *m* [dell'esperimento] **Versuchsreihe** *f* serie *f* di esperimenti **Versuchsstadium** <-s, -stadien> *nt* stadio *m* di sperimentazione **Versuchsstrecke** *f* pista *f* di prova **Versuchstier** *nt* cavia *f* **versuchsweise** *adv* in via sperimentale **Versuchung** <-, -en> *f* tentazione *f;* **in ~ kommen** [*o* **geraten**] **etw zu tun** essere tentato di fare qc; **jdn in ~ führen** indurre qu in tentazione
**versumpfen** <ohne ge-> *vi sein* ❶ (*sumpfig werden*) impantanarsi ❷ (*fig fam: verwahrlosen*) cadere in basso, depravarsi ❸ (*fig fam: lange zechen*) fare bisboccia
**versündigen** <ohne ge-> *vr* (*geh*) **sich an etw** *dat* **~** peccare contro qc; **sich an jdm ~** fare un torto a qu
**versunken** [fɛɐ̯ˈzʊŋkən] *adj* ❶ (*gesunken*) affondato; (*Kultur*) sommerso ❷ (*fig*) immerso, assorto; [**ganz**] **in Gedanken ~ sein** essere [molto] pensoso, essere [profondamente] assorto in pensieri
**versüßen** <ohne ge-> *vt* (*fig*) addolcire
**vertagen** <ohne ge-> *vt* aggiornare, rinviare, rimandare **Vertagung** *f* aggiornamento *m*, rinvio *m*
**vertan** [fɛɐ̯ˈtaːn] *PP von* **vertun**
**vertat** *1. u. 3. Pers. Sing. Imp. von* **vertun**
**vertauschen** <ohne ge-> *vt* **etw [mit etw] ~** scambiare qc [con qc]
**verteidigen** [fɛɐ̯ˈtaɪ̯dɪɡən] <ohne ge-> **I.** *vt* difendere **II.** *vr* **sich [gegen jdn/ etw] ~** difendersi [da qu/qc]
**Verteidiger(in)** <-s, -; -, -nen> *m(f)* difensore, difenditrice *m, f*
**Verteidigung** <-> *kein Pl. f* difesa *f;* **in der ~** sulla difensiva **Verteidigungskrieg** *m* guerra *f* difensiva **Verteidigungsminister(in)** *m(f)* ministro *m* della difesa **Verteidigungsministerium** *nt* ministero *m* della difesa **Verteidigungsrede** *f* ❶ (JUR) arringa *f*, difesa *f* ❷ (*fig: Apologie*) apologia *f*
**verteilen** <ohne ge-> **I.** *vt* ❶ (*vergeben*) distribuire; (*zuteilen*) assegnare ❷ (*aufteilen*) ripartire, dividere ❸ (*Salbe*) spalmare **II.** *vr* **sich ~** ❶ (*zeitlich*) dividersi ❷ (*örtlich*) distribuirsi; **die Bevölkerung verteilt sich auf** [*o* **über**] **das Land** la popolazione si distribuisce sulla campagna
**Verteiler** <-s, -> *m* ❶ (*Person*) distributore *m* ❷ (*Betrieb*) azienda *f* erogatrice **Verteilerkasten** *m* (EL) cassetta *f* di distribuzione **Verteilerschlüssel** *m* chiave *f* di distribuzione **Verteilersteckdose** <-, -n> *f* (EL) presa *f* multipla
**Verteilung** *f* ❶ (*das Verteilen*, WIRTSCH) distribuzione *f* ❷ (*Aufteilung*) ripartizione *f*, divisione *f*
**verteuern** <ohne ge-> **I.** *vt* rincarare **II.** *vr* **sich ~** rincarare
**Verteuerung** <-, -en> *f* rincaro *m;* **~ um 3%** rincaro del 3%
**vertiefen** <ohne ge-> **I.** *vt* rendere più profondo; (*a. fig*) approfondire **II.** *vr* **sich ~** ❶ (*tiefer werden*) diventare più profondo ❷ (*fig*) **sich [in etw** *acc*] **~** immergersi [in qc] **Vertiefung** <-, -en> *f* ❶ (*a. fig*) approfondimento *m;* (*Hohlraum*) cavità *f;* (*Senke, Mulde*) avvallamento *m* ❷ *Sing.* (*fig: Sichvertiefen*) approfondimento *m*
**vertikal** [vɛrtiˈkaːl] *adj* verticale
**Vertikale** [vɛrtiˈkaːlə] <-n, -n> *f* verticale *f;* **in der ~n** in verticale
**vertilgen** <ohne ge-> *vt* ❶ (*Unkraut*) estirpare; (*Ungeziefer*) sterminare ❷ (*fam: aufessen*) divorare
**vertippen** <ohne ge-> *vr* **sich ~** (*fam*) sbagliare scrivendo a macchina
**vertonen** <ohne ge-> *vt* musicare, mettere in musica
**vertrackt** [fɛɐ̯ˈtrakt] *adj* (*fam*) intricato
**Vertrag** [fɛɐ̯ˈtraːk, *Pl:* fɛɐ̯ˈtrɛːɡə] <-(e)s, Verträge> *m* contratto *m;* (POL) trattato *m;* **einen ~** [**ab**]**schließen** stipulare un contratto; **jdn unter ~ nehmen** assumere qu con contratto; **unter ~ stehen** essere soggetto a contratto; **~ von Amsterdam** (EU) Trattato *m* di Amsterdam
**vertragen** <irr, ohne ge-> **I.** *vt* (*ertragen, aushalten*) sopportare; (*dulden*) tollerare; **er kann viel ~** (*fam: beim Trinken*) regge bene l'alcool **II.** *vr* **sich ~** ❶ (*sich verstehen*) **sich [mit jdm] ~** andare d'accordo [con qu] ❷ (*vereinbar sein*) **sich [mit etw] ~** essere compatibile [con qc]

**vertraglich** I. *adj* contrattuale II. *adv* per contratto

**verträglich** [fɛɐˈtrɛːklɪç] *adj* ❶ (*Mensch*) conciliante, accomodante ❷ (*Speisen*) digeribile **Verträglichkeit** <-> *kein Pl. f* ❶ (*von Speisen*) tollerabilità *f*, sopportabilità *f* ❷ (*von Personen*) sopportabilità *f*

**Vertragsabschluss** *m* stipulazione *f* di contratto **Vertragsbruch** *m* violazione *f* del contratto **vertragsbrüchig** *adj* ~ **werden** violare un contratto **vertragschließend** *adj* ~ **e Partei** parte contraente **Vertragshändler** <-s, -> *m* rivenditore *m* autorizzato, concessionario *m* **Vertragspartner** *m* parte *f* contraente **Vertragsverletzung** *f* violazione *f* di contratto **Vertragswerkstatt** *f* officina *f* convenzionata **vertragswidrig** *adj* contrario ai termini del contratto

**vertrauen** <ohne ge-> *vi* jdm ~ fidarsi di qu; **auf jdn/etw** ~ avere fiducia in qu/qc **Vertrauen** <-s> *kein Pl. nt* fiducia *f*; ~ **erweckend** che ispira fiducia; ~ **zu jdm/etw haben** avere fiducia in qu/qc; **jdn ins** ~ **ziehen** confidarsi con qu; **im** ~ in confidenza; **im** ~ **darauf, dass ...** confidando che +*conj*

**vertrauenerweckend** *adj* che ispira fiducia

**Vertrauensarzt** *m*, **Vertrauensärztin** *f* medico *m* fiscale **vertrauensbildend** *adj* che crea fiducia **Vertrauensbruch** *m* trasgressione *f* del rapporto di fiducia **Vertrauensfrage** *f* (PARL) questione *f* di fiducia; **die** ~ **stellen** porre la questione di fiducia **Vertrauenslehrer(in)** <-s, -; -, -nen> *m(f)* insegnante *mf* di fiducia **Vertrauensmann** <-(e)s, -männer *o* -leute> *m* uomo *m* di fiducia **Vertrauensperson** *f* persona *f* di fiducia **Vertrauenssache** *f* **das ist** ~ è questione di fiducia **vertrauensselig** *adj* troppo fiducioso; (*leichtgläubig*) credulone **Vertrauensstellung** *f* posto *m* di fiducia **Vertrauensverhältnis** *nt* rapporto *m* di fiducia [*o* fiduciario] **vertrauensvoll** *adj* fiducioso; **sich** ~ **an jdn wenden** rivolgersi con fiducia a qu **Vertrauensvotum** *nt* (PARL) voto *m* di fiducia **vertrauenswürdig** *adj* degno di fiducia, fidato **Vertrauenswürdigkeit** <-> *kein Pl. f* fidatezza *f*

**vertraulich** *adj* ❶ (*geheim*) confidenziale; ~ **e Mitteilung** confidenza *f* ❷ (*vertraut*) familiare, intimo **Vertraulichkeit** <-, -en> *f* ❶ *Sing.* (*Eigenschaft, Haltung*) riservatezza *f* ❷ (*Aufdringlichkeit*) invadenza *f*; **plumpe** ~ **en** (*pej*) familiarità *f*

**verträumt** *adj* trasognato

**vertraut** *adj* familiare; (*Freund*) intimo; **sich mit dem Gedanken** ~ **machen, dass ...** abituarsi all'idea che +*conj*; **sich mit etw** ~ **machen** familiarizzarsi con qc, impratichirsi in qc **Vertraute** <ein -r, -n, -n> *mf* confidente *mf*

**vertreiben** <irr, ohne ge-> *vt* ❶ (*Personen*) cacciare; (*von Besitz*) spossessare ❷ (*Schnupfen, Schlaf*) far passare; (*Durst*) togliere; **sich** *dat* **die Zeit** ~ far passare il tempo ❸ (*verkaufen*) vendere, smerciare **Vertreibung** <-, -en> *f* espulsione *f*; **die** ~ **aus der Heimat** l'espulsione dalla patria

**vertretbar** *adj* ❶ (*Maßnahme, Standpunkt*) giustificabile, sostenibile ❷ (JUR) fungibile

**vertreten** <irr, ohne ge-> I. *vt* ❶ (*ersetzen*) sostituire, rimpiazzare ❷ (*als Repräsentant*) rappresentare; (*als Bevollmächtigter*) essere il rappresentante di ❸ (*Interessen*) difendere, curare; (JUR: *Klienten als Anwalt*) patrocinare ❹ (*Meinung, These*) sostenere ❺ (*zugegen sein*) ~ **sein** essere presente II. *vr* **sich** *dat* **die Füße** [*o* **Beine**] ~ sgranchirsi le gambe

**Vertreter(in)** <-s, -; -, -nen> *m(f)* ❶ (*Stell*~) sostituto, -a *m, f*, supplente *mf* ❷ (*Repräsentant, Handels*~) rappresentante *mf* ❸ (*Anhänger, Verfechter*) sostenitore, -trice *m, f*

**Vertretung** <-, -en> *f* ❶ (*Stell*~) sostituzione *f*, supplenza *f*; **die** ~ **von jdm übernehmen** fare supplenza a qu; **in** ~ [**von**] (*in Briefen*) per ❷ (*Repräsentanz*) rappresentanza *f*; **diplomatische** ~ rappresentanza diplomatica ❸ (COM: *Niederlassung*) agenzia *f*

**Vertrieb** *m* ❶ *Sing.* (*Verteilung*) distribuzione *f* ❷ (*Abteilung*) ufficio *m* vendite

**Vertriebene** [fɛɐˈtriːbənə] <ein -r, -n, -n> *mf* profugo, -a *m, f*

**Vertriebsabteilung** *f* ufficio *m* vendite **Vertriebskosten** *Pl.* (WIRTSCH) spese *fpl* di vendita **Vertriebsleiter(in)** *m(f)* direttore, -trice *m, f* delle vendite

**vertrocknen** <ohne ge-> *vi sein* [dis]seccare; (*fig*) inaridire

**vertrocknet** [fɛɐˈtrɔknət] *adj* secco, appassito

**vertrödeln** <ohne ge-> *vt* (*fam pej: Zeit*) sprecare, sciupare

**vertrösten** <ohne ge-> *vt* jdn auf später ~ far sperare qu nel dopo

**vertrotteln** <ohne ge-> *vi sein* (*fam*) rincitrullire, rimbambire **vertrottelt** [fɛɐ̯ˈtrɔtəlt] *adj* rincretinito, rimbecillito

**vertrug** *1. u. 3. Pers. Sing. Imp. von* **vertragen**

**vertun** <irr, ohne ge-> I. *vt* (*vergeuden*) sciupare II. *vr* **sich ~** (*fam*) sbagliarsi

**vertuschen** <ohne ge-> *vt* (*fam*) nascondere, occultare; (*Skandal*) soffocare **Vertuschung** <-, -en> *f* occultamento *m*

**verübeln** <ohne ge-> *vt* **jdm etw ~** volerne a qu per qc

**verüben** <ohne ge-> *vt* commettere, perpetrare

**verulken** <ohne ge-> *vt* (*fam*) canzonare

**verunfallen** <ohne ge-> *vi sein* (*CH: verunglücken*) infortunarsi, avere un incidente

**verunglimpfen** [fɛɐ̯ˈʔʊnɡlɪmpfən] <ohne ge-> *vt* ① (*beleidigen*) offendere ② (*schmähen*) denigrare

**verunglücken** <ohne ge-> *vi sein* ① (*Person*) infortunarsi; (*a. Fahrzeuge*) avere un incidente; **tödlich ~** morire in un incidente ② (*scherz: missraten*) non riuscire

**verunmöglichen** [fɛɐ̯ʊnˈmøːklɪçən] <ohne ge-> *vt* (*CH: verhindern*) impedire, ostacolare

**verunreinigen** <ohne ge-> *vt* sporcare, insudiciare; (*Umwelt*) inquinare, contaminare **Verunreinigung** *f* ① (*geh: von Kleidung, Fußboden*) insudiciare *m* ② (*von Umwelt*) inquinamento *m*, contaminazione *f*

**verunsichern** <ohne ge-> *vt* rendere insicuro

**verunsichert** [fɛɐ̯ˈʔʊnzɪçɐt] *adj* (*verwirrt*) confuso; (*unsicher*) insicuro

**Verunsicherung** <-> *kein Pl.* *f* (*Verwirrung*) insicurezza *f*, incertezza *f*; (*Zweifel*) dubbio *m*

**verunstalten** [fɛɐ̯ˈʔʊnʃtaltən] <ohne ge-> *vt* sfigurare, deturpare

**veruntreuen** <ohne ge-> *vt* (JUR) appropriarsi indebitamente, sottrarre **Veruntreuung** <-, -en> *f* (JUR) appropriazione *f* indebita, sottrazione *f*

**verursachen** <ohne ge-> *vt* causare, provocare; (*Skandal, Zorn*) suscitare

**Verursacher(in)** <-s, -; -, -nen> *m(f)* autore, -trice *m, f*, causa *f* **Verursacherprinzip** *nt* principio secondo cui colui che causa il danno è chiamato a risarcirlo

**verurteilen** <ohne ge-> *vt* (*allg*, JUR) condannare; **jdn zum Tode ~** condannare qu a morte; **zum Scheitern verurteilt** destinato a fallire **Verurteilung** <-, -en> *f* (*allg,* JUR) condanna *f*

**vervielfachen** <ohne ge-> *vt* moltiplicare

**vervielfältigen** [fɛɐ̯ˈfiːlfɛltɪɡən] <ohne ge-> *vt* riprodurre; (*fotokopieren*) fotocopiare **Vervielfältigung** <-, -en> *f* ① *Sing.* (*Kopieren*) riproduzione *f* ② (*Kopie*) copia *f*

**vervierfachen** <ohne ge-> *vt* quadruplicare

**vervollkommnen** [fɛɐ̯ˈfɔlkɔmnən] <ohne ge-> *vt* perfezionare **Vervollkommnung** <-> *kein Pl.* *f* perfezionamento *m*

**vervollständigen** <ohne ge-> *vt* completare **Vervollständigung** <-> *kein Pl. f* completamento *m*

**verw.** *abk v* **verwitwet** vedovo, -a

**verwählen** <ohne ge-> *vr* **sich ~** (*fam*) sbagliare numero

**verwahren** <ohne ge-> I. *vt* (*aufbewahren*) custodire, conservare II. *vr* **sich gegen etw ~** protestare contro qc

**verwahrlost** [fɛɐ̯ˈvaːɐ̯loːst] *adj* ① (*vernachlässigt*) abbandonato; (*Mensch, Äußeres*) trascurato ② (*moralisch*) depravato **Verwahrlosung** [fɛɐ̯ˈvaːɐ̯loːzʊŋ] <-> *kein Pl. f* ① (*Vernachlässigung*) trascuratezza *f*, abbandono *m* ② (*moralisch*) depravazione *f*

**Verwahrung** <-> *kein Pl.* *f* custodia *f*; **in ~ nehmen** prendere in custodia

**verwaist** *adj* ① (*elternlos*) orfano ② (*fig: verlassen*) abbandonato

**verwalten** <ohne ge-> *vt* ① (*Besitz, Erbe*) amministrare ② (*Amt*) ricoprire, esercitare ③ (POL: *Gemeinde*) governare ④ (*Betrieb, Firma*) gestire

**Verwalter(in)** <-s, -; -, -nen> *m(f)* amministratore, -trice *m, f*; (*Treuhänder*) fiduciario, -a *m, f*

**Verwaltung** <-, -en> *f* amministrazione *f* **Verwaltungsapparat** *m* apparato *m* amministrativo **Verwaltungsbeamte** *m*, **Verwaltungsbeamtin** *f* funzionario, -a *m, f* amministrativo, -a **Verwaltungsbehörde** *f* autorità *f* amministrativa **Verwaltungsbezirk** *m* circoscrizione *f* amministrativa **Verwaltungsgericht** *nt* tribunale *m* amministrativo **Verwaltungsgerichtshof** <-(e)s, -höfe> *m* tribunale *m* amministrativo

**Verwaltungswissenschaft** *f* scienze *f* amministrative

**verwand** *1. u. 3. Pers. Sing. Imp. von* **verwinden**

**verwandeln** <ohne ge-> I. *vt* ① (*allg*) etw [in etw *acc*] **~** trasformare qc [in qc]; **sie ist wie verwandelt** è come trasformata ② (CHEM, PHYS) convertire II. *vr* **sich** [in

jdn/etw] ~ trasformarsi [in qu/qc] **Verwandlung** f trasformazione f
**verwandt** [fɛɐ̯ˈvant] adj ❶ (von gleicher Abstammung) [mit jdm] ~ sein essere imparentato [con qu] ❷ (fig: von ähnlicher Art) [mit etw] ~ sein essere affine [a qc]
**Verwandte** <ein -r, -n, -n> mf parente mf; **die ~n** la parentela, i congiunti; **naher/entfernter ~r** parente stretto/lontano; **er ist ein ~r von mir** [o **mein ~r**] è [un] mio parente
**verwandte** 1. u. 3. Pers. Sing. Imp. von **verwenden**
**Verwandtschaft** <-, -en> f ❶ (Familie, Beziehung) parentela f ❷ (fig: Ähnlichkeit) affinità f; **die ~ mit** [o **zu**] ... l'affinità con ... **verwandtschaftlich** adj di parentela
**verwarf** 1. u. 3. Pers. Sing. Imp. von **verwerfen**
**verwarnen** <ohne ge-> vt avvertire; (SPORT) ammonire; **jdn gebührenpflichtig ~** fare una multa a qu **Verwarnung** f avvertimento m; (SPORT) ammonizione f; **gebührenpflichtige ~** contravvenzione f, multa f
**verwaschen** adj (Farben) slavato, sbiadito; (Linien, Konturen) indistinto
**verwässern** <ohne ge-> vt annacquare; (fig) diluire
**verwechseln** <ohne ge-> vt confondere; (a. vertauschen) scambiare; **jdn** [mit jdm] **~** scambiare qu per qu [altro]; **die beiden sind sich zum Verwechseln ähnlich** i due si assomigliano come due gocce d'acqua **Verwechs|e|lung** <-, -en> f confusione f; (a. Vertauschung) scambio m; (Irrtum) errore m
**verwegen** [fɛɐ̯ˈveːɡən] adj temerario; (a. Kleidung) audace, ardito **Verwegenheit** <-> kein Pl. f temerarietà f, audacia f, arditezza f
**verwehen** <ohne ge-> vt haben ❶ (zuwehen) etw [mit Schnee] **~** coprire qc [di neve] ❷ (wegwehen) disperdere, dileguare
**verwehren** <ohne ge-> vt [jdm] etw **~** vietare qc [a qu]
**Verwehung** <-, -en> f (Schnee~) cumulo m di neve; (Sand~) mucchio m
**verweichlichen** <ohne ge-> vt haben o vi sein rammollire
**verweichlicht** adj (körperlich) rammollito, smidollato; (charakterlich) effem[m]inato
**Verweigerer** <-s, -> m, **Verweigerin** <-, -nen> f ricusante mf; (des Militärdienstes) ob[b]iettore m
**verweigern** <ohne ge-> vt rifiutare; (a.

Gesuch) respingere, negare **Verweigerung** f rifiuto m
**verweilen** <ohne ge-> vi (geh) ❶ (sich aufhalten) trattenersi ❷ (fig) soffermarsi; **bei einem Thema ~** soffermarsi su un argomento
**verweint** adj (Augen) lacrimoso; (Gesicht) gonfio di pianto
**Verweis** [fɛɐ̯ˈvaɪs] <-es, -e> m ❶ (Tadel) biasimo m; (Rüge) rimprovero m; **jdm einen ~ erteilen** biasimare qu ❷ (in Buch) rimando m; **ein ~ auf eine andere Seite** un rimando a un'altra pagina
**verweisen** <irr, ohne ge-> vt ❶ (geh: tadeln) biasimare, rimproverare ❷ (hinweisen) rimandare; **jdn auf etw** acc **~** rimandare qu a qc ❸ (Auskunftsuchende) **jdn an eine andere Abteilung ~** indirizzare qu in un altro reparto
**Verweisungszeichen** nt [segno m di] rimando m
**verwelken** <ohne ge-> vi sein appassire
**verwendbar** adj utilizzabile; **vielseitig ~** pluriuso
**verwenden** I. vt usare; (a. Zeit, Geld) impiegare, adoperare II. vr **sich** [bei jdm für jdn] **~** (geh) adoperarsi [presso qu in favore di qu]
**Verwendung** f uso m, impiego m; **~ finden** trovare utilizzazione; **für etw keine ~ haben** non avere utilizzazione per qc **Verwendungszweck** m scopo m, uso m
**verwerfen** <irr, ohne ge-> I. vt (ablehnen) respingere; (Idee, Plan) rigettare II. vr **sich ~** ❶ (Holz) incurvarsi ❷ (GEOL) fagliare
**verwerflich** adj riprovevole, biasimevole
**verwertbar** adj utilizzabile, riciclabile
**verwerten** <ohne ge-> vt [ri]utilizzare; (ausnutzen) sfruttare
**Verwertung** f [ri]utilizzazione f; (Ausnutzung) sfruttamento m
**verwesen** [fɛɐ̯ˈveːzən] <ohne ge-> vi sein putrefarsi, decomporsi
**Verwestlichung** [fɛɐ̯ˈvɛstlɪçʊŋ] <-> f occidentalizzazione f
**Verwesung** <-> kein Pl. f putrefazione f, decomposizione f
**verwickeln** <ohne ge-> I. vt (hineinziehen) **jdn in etw** acc **~** coinvolgere qu in qc; **jdn in ein Gespräch ~** attaccare discorso con qu II. vr **sich ~** (Wolle, Schnur, Fäden) ingarbugliarsi; **sich in Widersprüche** acc **~** (fig) ingarbugliarsi in contraddizioni **verwickelt** adj (fig: kompliziert, schwierig) intricato, complicato **Verwick|e|lung** <-, -en> f ❶ (Verwickelt-

*sein*) **seine ~ in diese Affäre ist umstritten** non è chiaro se è implicato in questo scandalo ❷(*Schwierigkeit*) intrico *m*, complicazione *f*
**verwildern** <ohne ge-> *vi sein* ❶(*Garten*) inselvatichire; (*Tier*) inselvatichirsi ❷(*fig: verrohen*) imbarbarirsi
**verwildert** *adj* ❶(*Garten*) inselvatichito ❷(*Tier*) inselvatichito ❸(*Aussehen*) trascurato, trasandato; (*Kind*) inselvatichito
**verwinden** <irr, ohne ge-> *vt* **etw nicht ~ können** non potere superare [*o* rassegnarsi a] qc
**verwirken** <ohne ge-> *vt* (*geh*) perdere (*ein Recht* un diritto)
**verwirklichen** <ohne ge-> **I.** *vt* realizzare; (*Plan*) attuare **II.** *vr* **sich ~** ❶(*Wirklichkeit werden*) realizzarsi, attuarsi ❷(*Mensch*) realizzarsi **Verwirklichung** <-> *kein Pl. f* realizzazione *f*, attuazione *f*
**verwirren** <ohne ge-> **I.** *vt* ❶(*Fäden*) ingarbugliare; (*Haar*) scompigliare ❷(*durcheinanderbringen*) confondere; (*verstören*) turbare **II.** *vr* **sich ~** ❶(*Fäden*) ingarbugliarsi; (*Haar*) arruffarsi ❷(*fig*) confondersi, turbarsi
**verwirrend** *adj* sconcertante, che confonde
**Verwirrung** <-, -en> *f* ❶(*Durcheinander*) confusione *f* ❷(*Verstörtheit*) turbamento *m*
**verwischen** <ohne ge-> **I.** *vt* cancellare **II.** *vr* **sich ~** cancellarsi, sfumare
**verwittern** <ohne ge-> *vi sein* disgregarsi
**verwitwet** *adj* vedovo
**verwöhnen** [fɛɐ̯ˈvøːnən] <ohne ge-> *vt* viziare
**verwöhnt** [fɛɐ̯ˈvøːnt] *adj* ❶(*Kind*) viziato, capriccioso ❷(*anspruchsvoll*) esigente; (*Geschmack*) raffinato
**verworfen** [fɛɐ̯ˈvɔrfən] *adj* (*geh*) abietto **Verworfenheit** <-> *kein Pl. f* abiezione *f*
**verworren** [fɛɐ̯ˈvɔrən] *adj* confuso
**verwundbar** *adj* vulnerabile
**verwunden** <ohne ge-> *vt* ferire
**verwunderlich** *adj* ❶(*erstaunlich*) sorprendente ❷(*sonderbar*) strano
**verwundern** <ohne ge-> *vt* meravigliare, stupire **verwundert** *adj* meravigliato, sorpreso **Verwunderung** <-> *kein Pl. f* meraviglia *f*, stupore *m;* **zu meiner ~** con mia meraviglia
**verwundet** *adj* ferito; **leicht ~** leggermente ferito **Verwundete** <ein -r, -n, -n> *mf* ferito, -a *m, f* **Verwundung** <-, -en> *f* ferita *f*
**verwunschen** *adj* incantato
**verwünschen** <ohne ge-> *vt* maledire

**verwünscht** *adj* ❶(*verflucht*) maledetto ❷(*verhext*) dannato **Verwünschung** <-, -en> *f* maledizione *f*, bestemmia *f;* **~en ausstoßen** imprecare, bestemmiare
**verwursten** [fɛɐ̯ˈvʊrstən] *vt* (*fam: verarbeiten*) **etw zu etw ~** rielaborare qc in qualcos'altro
**verwurzelt** *adj* (*a. fig*) [**in jdm/etw**] **~ sein** essere radicato [in qu/qc]
**verwüsten** <ohne ge-> *vt* devastare **Verwüstung** <-, -en> *f* devastazione *f*
**verzählen** <ohne ge-> *vr* **sich ~** sbagliarsi nei conti
**verzahnen** <ohne ge-> *vt* ❶(TEC) dentare ❷(*fig: verbinden*) concatenare **Verzahnung** <-, -en> *f* (TEC) dentatura *f*
**verzaubern** <ohne ge-> *vt* incantare; (*fig a*) ammaliare; **jdn in etw** *acc* **~** trasformare qu in qc **Verzauberung** <-, -en> *f* incantesimo *m*, malia *f*
**verzehnfachen** <ohne ge-> *vt* decuplicare
**Verzehr** [fɛɐ̯ˈtseːɐ̯] <-(e)s> *kein Pl. m* consumazione *f*
**verzehren** <ohne ge-> **I.** *vt* consumare **II.** *vr* **sich ~** (*geh*) struggersi; **sich vor Kummer ~** struggersi dal dispiacere
**verzeichnen** <ohne ge-> *vt* ❶(*aufzeichnen*) registrare ❷(*falsch zeichnen*) disegnare male
**Verzeichnis** <-ses, -se> *nt* lista *f*, elenco *m;* (*in Buch*) indice *m;* (*Register*) registro *m;* (INFORM) directory *f*
**verzeigen** <ohne ge-> *vt* (*CH: Anzeige erstatten*) denunciare **Verzeigung** <-, -e> *f* (*CH*) denuncia *f*
**verzeihen** [fɛɐ̯ˈtsaɪən] <irr, ohne ge-> *vt* [**jdm**] **etw ~** perdonare qc [a qu]; **~ Sie!** scusi!
**verzeihlich** *adj* perdonabile, scusabile
**Verzeihung** <-> *kein Pl. f* perdono *m;* **jdn um ~ bitten** chiedere perdono a qu; **~!** scusi!
**verzerren** <ohne ge-> *vt* ❶(*Gesicht, Mund*) storcere ❷(*Optisches*) deformare ❸(*fig: verfälschen*) deformare, distorcere
**verzerrt** *adj* ❶(*Gesicht, Tatsache*) deformato ❷(*Sehne*) storto ❸(*Bild*) alterato, mosso; (*Ton*) distorto, disturbato **Verzerrung** *f* ❶(RADIO) distorsione *f* ❷(*von Optischem, fig*) deformazione *f*
**verzetteln** <ohne ge-> **I.** *vt* (*Kräfte*) disperdere; (*Zeit*) dissipare, sprecare **II.** *vr* **sich ~** disperdersi
**Verzicht** [fɛɐ̯ˈtsɪçt] <-(e)s, -e> *m* rinuncia *f;* **~ auf etw** *acc* rinuncia a qc **verzichten** <ohne ge-> *vi* rinunciare; **auf etw**

*acc* ~ rinunciare a qc **Verzichtserklärung** <-, -en> *f* (JUR) [atto *m* di] rinuncia *f*
**verzieh** [fɛɐ̯ˈtsiː] *1. u. 3. Pers. Sing. Imp. von* **verzeihen**
**verziehen**[1] [fɛɐ̯ˈtsiːən] <irr, ohne ge-> I. *vt haben* ① (*Kind*) viziare, educare male ② (*Mund, Gesicht*) storcere; **keine Miene ~** non batter ciglio, restare impassibile II. *vr* **sich ~** ① (*Holz*) imbarcarsi, incurvarsi ② (*Gewitter, Wolken*) dispersi; (*Nebel*) dissiparsi ③ (*fam: sich zurückziehen*) ritirarsi, dileguarsi; **verzieh dich!** (*sl*) sparisci! *fam* III. *vi sein* (*umziehen*) trasferirsi, traslocare
**verziehen**[2] *PP von* **verzeihen**
**verzieren** <ohne ge-> *vt* ornare **Verzierung** <-, -en> *f* ornamento *m*
**verzinsen** <ohne ge-> I. *vt* pagare l'interesse su; **mit sechs Prozent verzinst sein** pagare un interesse del sei percento II. *vr* **sich ~** fruttare un interesse
**verzogen** [fɛɐ̯ˈtsoːɡən] *adj* ① (*Holz, Tür*) deformato, malandato ② (*Kind*) viziato, maleducato ③ (*umgezogen*) **~ sein** essersi trasferito; **unbekannt ~** trasferito senza lasciare recapito
**verzögern** <ohne ge-> I. *vt* ① (*verspäten*) ritardare; (*hinausschieben*) differire ② (*verlangsamen*) rallentare II. *vr* **sich ~** ① (*später eintreten*) essere ritardato ② (*sich hinausziehen*) protrarsi **Verzögerung** <-, -en> *f* ritardo *m*
**verzollen** <ohne ge-> *vt* sdoganare; **haben Sie etwas zu ~?** ha qualcosa da dichiarare?
**verzückt** *adj* estasiato
**Verzückung** <-, -en> *f* estasi *f*; **in ~ über etw** *acc* **geraten** andare in estasi per qc
**Verzug** *m* ritardo *m*; **in ~ geraten/sein** ritardare, essere in ritardo; (*mit Zahlung*) cadere/essere in mora; **Gefahr ist im ~** c'è un pericolo imminente
**verzweifeln** <ohne ge-> *vi sein* **an jdm/etw ~** disperare di qu/qc; **es ist zum Verzweifeln!** c'è da disperarsi!
**verzweifelt** *adj* disperato
**Verzweiflung** <-> *kein Pl. f* disperazione *f*; **jdn zur ~ bringen** portare qu alla disperazione; **aus ~** per disperazione **Verzweiflungstat** *f* atto *m* disperato
**verzweigen** <ohne ge-> *vr* **sich ~** ramificarsi, diramarsi **Verzweigung** <-, -en> *f* ① (*das Sichverzweigen*) ramificazione *f*, diramazione *f* ② (*CH: Kreuzung*) incrocio *m*
**verzwickt** [fɛɐ̯ˈtsvɪkt] *adj* (*fam*) ingarbugliato, complicato

**Vesper**[1] [ˈfɛspɐ] <-, -n> *f* (REL) vespro *m*
**Vesper**[2] <-s, -> *nt* (*südd*) merenda *f* **Vesperbrot** *nt* (*südd*) merenda *f*
**vespern** <ohne ge-> *vi* (*südd*) far merenda
**Vesuv** [veˈzuːf] *m* [Monte *m*] Vesuvio *m*
**Veteran** [veteˈraːn] <-en, -en> *m* ① (MIL) veterano *m* ② (*fig: langjähriger Mitarbeiter*) veterano, -a *m, f*
**Veterinär(in)** [veteriˈnɛːɐ̯] <-s, -e; -, -nen> *m(f)* veterinario, -a *m, f* **Veterinärmedizin** <-> *kein Pl. f* veterinaria *f*
**Veto** [ˈveːto] <-s, -s> *nt* veto *m*; **sein ~ gegen etw einlegen** opporre il proprio veto a qc **Vetorecht** *nt* diritto *m* di veto
**Vetter** [ˈfɛtɐ] <-s, -n> *m* cugino *m* **Vetternwirtschaft** *f* (*pej*) nepotismo *m*
**v-förmig** [ˈfaʊfœrmɪç] *adj* a [forma di] V
**vgl.** *abk v* **vergleiche** cf., cfr.
**v. H.** *abk v* **vom Hundert** per cento
**VHS** [faʊhaːˈʔɛs] <-, -> *f abk v* **Volkshochschule** università *f* popolare
**via** [ˈviːa] *prp* via
**Viadukt** [viaˈdʊkt] <-(e)s, -e> *m o nt* viadotto *m*
**Vibration** [vibraˈtsi̯oːn] <-, -en> *f* vibrazione *f*
**vibrieren** [viˈbriːrən] <ohne ge-> *vi* vibrare
**Video** [ˈviːdeo] <-s, -s> *nt* video *m*; **etw auf ~ haben** avere qc su video
**Video-** [ˈviːdeo] (*in Zusammensetzungen*) video- **Videoaufzeichnung** *f* videoregistrazione *f*
**Videoband** <-(e)s, -bänder> *nt* nastro *m* videomagnetico **Videobotschaft** *f* videomessaggio *m* **Videoclip** <-s, -s> *m* videoclip *m*, filmato *m* **Videohandy** *nt* videofonino *m* **Videokamera** *f* videocamera *f*
**Videokassette** <-, -n> *f* videocassetta *f* **Videokonferenz** <-, -en> *f* (INFORM, TEL) videoconferenza *f* **Videorecorder** [ˈviːdeorekɔrdɐ] <-s, -> *m* videoregistratore *m* **Videospiel** <-(e)s, -e> *nt* videogioco *m*, videogame *m* **Videotext** *m* Videotex® *m* **Videothek** [videoˈteːk] <-, -en> *f* videoteca *f* **Videoüberwachung** *f* videosorveglianza *f*
**Vieh** [fiː] <-(e)s> *kein Pl. nt* ① (AGR) bestiame *m*; **100 Stück ~** 100 capi di bestiame ② (*fam: Tier, Mensch*) bestia *f* **Viehbestand** *m* patrimonio *m* zootecnico **Viehhandel** *m* commercio *m* di bestiame **Viehhändler** *m* commerciante *m* di bestiame **Viehherde** <-, -n> *f* mandria *f*, gregge *m* **Viehseuche** <-, -n> *f* epidemia *f* del gregge, epizoozia *f* **Viehzucht** <-> *kein Pl. f* allevamento *m*, zootecnia *f*

**viel** [fiːl] I. <mehr, meiste> *adj* molto; **~e hundert Bücher** centinaia e centinaia di libri; **durch ~es Lesen** a forza di leggere; **~en Dank!** tante grazie!; **~ Glück!** buona fortuna!; **~ Vergnügen!** buon divertimento! II. <mehr, am meisten> *adv* molto; **~ kosten** costare molto; **~ zu tun haben** avere molto da fare; **~ schneller/weiter** molto più veloce/più lontano; **~ besser** molto meglio; **sehr ~** moltissimo; **so ~** tanto; **so ~ wie** tanto quanto; **noch einmal** [*o* **doppelt**]/**dreimal so ~** due/tre volte tanto; **so ~ ist sicher** [*o* **steht fest**], **dass** quello che è certo è che; **wie ~** quanto, quanti *pl;* **wie ~ er auch verdient, er ist nie zufrieden** per quanto guadagni, non è mai contento; **wie ~ schöner wäre die Welt, wenn ...** come sarebbe più bello il mondo se +*conj;* **wie ~ Uhr ist es?** che ore sono?; **ziemlich ~** parecchio, abbastanza; **zu ~** troppo; **einer zu ~** uno di troppo; **~ zu ~** veramente troppo; **das ist zu ~ des Guten** (*iron*) troppa grazia; **da kriege ich zu ~** mi sale il sangue alla testa, mi infurio; **mir ist heute alles zu ~** (*fam*) oggi mi secca tutto III. *pron indef* molto; **~e** molti; **~es** molto, molte cose; **das ist ein bisschen ~ auf einmal** (*fam*) è un po' troppo tutto in una volta; **es fehlte nicht ~** [daran] **und ...** poco ci mancava che +*conj;* **wie ~ e?** quanti?

**vielbeschäftigt** *adj* molto occupato **vieldeutig** *adj* ambiguo, equivoco **Vieleck** *nt* poligono *m* **Vielehe** *f* poligamia *f*

**vielerlei** ['fiːlɐ'laɪ] <inv> *adj* ❶ (*attributiv*) molto, molti *mpl,* molte *fpl,* di molte specie ❷ (*substantivisch*) molte cose *fpl*

**vielerorts** ['fiːlɐ'ʔɔrts] *adv* in molti posti, da molte parti

**vielfach** I. *adj* ❶ (*Kabel, Schnur*) multiplo ❷ (*viele Male*) multi-; **auf ~en Wunsch** a richiesta generale II. *adv* (*fam: häufig*) spesso

**Vielfahrer(in)** <-s, -; -, -nen> *m(f)* guidatore, -trice *m, f* abituale, *persona che viaggia molto in macchina*

**Vielfalt** ['fiːlfalt] <-> *kein Pl. f* molteplicità *f;* **~ an etw** *dat* varietà di qc

**vielfältig** ['fiːlfɛltɪç] *adj* molteplice, svariato, sfaccettato; (*Mensch*) complesso

**Vielflieger(in)** <-s, -; -, -nen> *m(f)* persona *f* che viaggia molto in aereo

**Vielfraß** <-es, -e> *m* (*fam*) ghiottone, -a *m, f*

**vielgeliebt** *adj* molto amato

**vielleicht** [fiˈlaɪçt] *adv* ❶ (*eventuell*) forse; **könnten Sie mir ~ helfen?** mi potrebbe aiutare? ❷ (*etwa, ungefähr*) circa ❸ (*fam: wirklich*) veramente; **du bist ~ gemein!** (*fam*) sei proprio cattivo!

**vielmals** *adv* **ich bitte ~ um Entschuldigung** chiedo mille volte scusa; **ich danke Ihnen ~** La ringrazio molto

**vielmehr** [fiːlˈmeːɐ̯ *o* ˈfiːlmeːɐ̯] *adv* ❶ (*richtiger, besser*) meglio ❷ (*eher*) piuttosto ❸ (*im Gegenteil*) anzi

**vielsagend** *adj* significativo, espressivo; (*Blick*) eloquente

**vielschichtig** *adj* ❶ (*aus vielen Schichten*) a molti strati, stratiforme ❷ (*komplex*) complesso

**vielseitig** *adj* (*Mensch*) versatile; (*Interessen*) molteplice; (*Bildung*) vasto; **~ anwendbar** pluriuso

**vielsprachig** *adj* poliglotta

**vielstimmig** *adj* di [*o* a] più voci

**vielversprechend** *adj* promettente

**Vielvölkerstaat** <-(e)s, -en> *m* stato *m* multietnico

**Vielzahl** *f* moltitudine *f;* **~ an etw** *dat* moltitudine di qc

**vielzellig** *adj* pluricellulare

**vier** [fiːɐ̯] *num* quattro; **alle Viere von sich** *dat* **strecken** (*fam*) rimanere stecchito; **sich auf seine ~ Buchstaben setzen** (*scherz*) sedersi; **auf allen Vieren** (*fam*) carponi, a quattro zampe; **unter ~ Augen** a quattr'occhi; *s. a.* **acht**

**Vier** <-, -en> *f* quattro *m;* (*Schulnote: ausreichend*) *sei;* (*Buslinie*) quattro *m*

**Vier-, vier-** *s. a.* **Acht-, acht-**

**Vieraugengespräch** [fiːɐ̯ˈaʊɡənɡəʃprɛːç] <-(e)s, -e> *nt* tête à tête *m,* colloquio *m* a quattr'occhi

**Vierbeiner** <-s, -> *m* (*fam*) quadrupede *m*

**vierblätt|e|rig** ['fiːɐ̯blɛt(ə)rɪç] *adj* a [*o* di] quattro fogli

**Viereck** *nt* quadrilatero *m,* quadrangolo *m*

**viereckig** *adj* quadrangolare

**Vierer** <-s, -> *m* ❶ (SPORT) [imbarcazione *f* a] quattro *m* ❷ (*fam: Ziffer*) quattro *m;* (*Schulnote*) *sei;* (*Buslinie*) quattro *m*

**Viererbob** *m* bob *m* a quattro **Vierergruppe** *f* gruppo *m* di quattro

**vierfach** *adj* quadruplo; *s. a.* **achtfach**

**Vierfarbendruck** [fiːɐ̯ˈfarbəndrʊk] <-(e)s, -e> *m* ❶ (*Verfahren*) quadricromia *f* ❷ (*Ergebnis*) stampa *f* in quadricromia

**Vierfüßler** ['fiːɐ̯fyːslɐ] <-s, -> *m* quadrupede *m* **vierhändig** ['fiːɐ̯hɛndɪç] *adj o adv* (MUS) a quattro mani

**vierhundert** ['fiːɐ̯hʊndɐt] *num* quattro-

cento **Vierhundertjahrfeier** f quattrocentenario m
**Vierjahresplan** ['fi:ɐ'ja:rəspla:n] m piano m quadriennale **Vierkampf** m lotta f a quattro **vierkantig** adj quadrangolare **Vierkantschlüssel** m chiave f a maschio quadro **vierköpfig** ['fi:ɐkœpfɪç] adj a quattro teste; (*Familie*) di [o a] quattro persone
**Vierling** ['fi:elɪŋ] <-s, -e> m figlio, -a m, f da parto di quattro gemelli; ~**e** quattro gemelli mpl
**Vierlinge** ['fi:ɐlɪŋə] mPl. quattro gemelli mpl
**Viermächteabkommen** ['fi:ɐ'mɛçtəapkɔmən] nt convenzione f quadripartita
**viermotorig** adj quadrimotore
**Vierpfünder** ['fi:ɐpfʏndɐ] <-s, -> m (*Brot*) pane m da due chili; (*Fisch, etc*) pesce m, da due chili
**vierphasig** adj (*Kabel*) a quattro fasi, tetrapolare **Vierradantrieb** m trazione f a quattro ruote **vierräd|e|rig** ['fi:ɐrɛ:d(ə)rɪç] adj a quattro ruote **Viersitzer** <-s, -> m (MOT) vettura f a] quattro posti f
**Vierspänner** ['fi:ɐʃpɛnɐ] <-s, -> m tiro m a quattro **vierspännig** adj a quattro cavalli **viersprachig** adj (*Mensch*) quadrilingue; (*Übersetzung, Konferenz*) in quattro lingue **vierspurig** adj ● (*Straße*) a quattro corsie ● (*Tonband*) a quattro piste **vierstellig** adj di quattro cifre **Viersternehotel** ['fi:ɐ'ʃtɛrnəhotɛl] nt albergo m a quattro stelle **vierstimmig** adj o adv (*Gesang*) a quattro voci; (*Stück*) per quattro voci
**Vierstufenrakete** ['fi:ɐ'ʃtu:fənrake:tə] f missile m a quattro stadi
**vierstufig** adj di quattro gradini; (*fig*) di quattro gradi **Viertaktmotor** m (AUTO) motore m a quattro tempi
**viertausend** ['fi:ɐ'tauzənt] num quattromila
**vierte(r, s)** adj quarto, -a; (*bei Datumsangaben*) quattro; s. a. **achte(r, s)**
**vierteilig** adj (*Ausgabe, Serie, Sendung*) in quattro parti; (*Kostüm*) in quattro pezzi; (*Service*) di quattro pezzi
**viertel** ['fɪrtəl] <inv> adj quarto m di; **ein** ~ **Pfund** un quarto [di libbra], 125 grammi
**Viertel** <-s, -> nt ● (*Teil*, MAT, ASTR) quarto m; ~ **vor/nach zwei** le due meno/e un quarto; **ein** ~[**e**] [**Wein**] (*fam, dial*) un quartino ● (*Stadt-*) quartiere m **Vierteldrehung** f quarto m di giro; **eine** ~ **nach links/rechts** un quarto di giro a sinistra/a destra **Viertelfinale** nt (SPORT) quarti mpl di finale **Vierteljahr** ['fɪrtəl'ja:ɐ̯] nt trimestre m
**Vierteljahresschrift** ['fɪrtəl'ja:rəsʃrɪft] f rivista f trimestrale **vierteljährlich** adj trimestrale **Viertelliter** ['fɪrtəl'li:tɐ] m o nt quarto m di litro, quartino m fam
**vierteln** vt dividere in quattro
**Viertelnote** f (MUS) semiminima f
**Viertelpause** f pausa f di semiminima
**Viertelpfund** ['fɪrtəl'pfʊnt] nt quarto m di libbra
**Viertelstunde** ['fɪrtəl'ʃtʊndə] f quarto m d'ora **viertelstündlich I.** adj di un quarto d'ora **II.** adv [per] un quarto d'ora
**viertens** adv [in] quarto [luogo]
**viertürig** adj (*Haus, Auto*) a quattro porte
**Viervierteltakt** [fɪ:ɐ̯'fɪrtəltakt] m (MUS) tempo m di quattro quarti
**Vierwaldstätter See** [fɪ:ɐ'valtʃtɛtɐ 'ze:] m lago m dei Quattro Cantoni
**vierzehn** ['fɪ:ɐ̯tse:n] num quattordici; ~ **Tage** quindici giorni; **heute/morgen/ Montag in** ~ **Tagen** oggi/domani/lunedì a quindici **vierzehntägig** ['fɪ:ɐ̯tse:ntɛ:gɪç] adj di quindici giorni **vierzehntäglich** adj bimensile **vierzehnte(r, s)** adj quattordicesimo, -a; (*bei Datumsangaben*) quattordici; s. a. **achte(r, s)**
**vierzig** ['fɪrtsɪç] num quaranta; s. a. **achtzig**
**Vierziger(in)** <-s, -; -, -nen> m(f) quarantenne mf **vierzigjährig** adj ● (*vierzig Jahre alt*) di quarant'anni, quarantenne ● (*vierzig Jahre lang*) quarantennale **Vierzigjährige** <ein -r, -n, -n> mf uomo m [donna f] sulla quarantina, quarantenne mf
**vierzigste(r, s)** adj quarantesimo, -a
**Vierzigstel** <-s, -> nt quarantesimo m
**Vierzigstundenwoche** ['fɪrtsɪç'ʃtʊndənvɔxə] f settimana f di quaranta ore
**Vierzimmerwohnung** ['fi:ɐ̯tsɪmɐvo:nʊŋ] f appartamento m di quattro stanze
**Vietnam** [viɛt'nam] nt Vietnam m; **in** ~ nel Vietnam
**Vietnamese** [viɛtna'me:zə] <-n, -n> m, **Vietnamesin** [viɛtna'me:zɪn] <-, -nen> f vietnamita mf
**vietnamesisch** adj vietnamita
**Vignette** [vɪn'jɛtə] <-, -n> f bollo m dell'autostrada
**Vikar** [vi'ka:ɐ̯] <-s, -e> m (REL) vicario m
**Villa** ['vɪla, Pl: 'vɪlən] <-, Villen> f villa f
**Villach** ['fɪlax] nt Villaco f
**Villenviertel** nt quartiere m signorile
**violett** [vio'lɛt] adj viola, violetto; s. a. **blau**

**Violett** <-(s), - o *fam* -s> *nt* viola *m*, violetto *m*; *s. a.* **Blau**
**Violine** [vioˈliːnə] <-, -n> *f* (MUS) violino *m*
**Violinist(in)** [violiˈnɪst] <-en, -en; -, -nen> *m(f)* (MUS) violinista *mf*
**Violinschlüssel** *m* (MUS) chiave *f* di violino
**VIP, V.I.P.** [vɪp, ˈviːaɪˈpiː] <-(s), -s> *mf* vip *mf*
**Viper** [ˈviːpɐ] <-, -n> *f* (ZOO) vipera *f*
**VIP-Lounge** [ˈvɪplaʊndʒ] <-, -s> *f* (*eines Hotels, Flughafens*) VIP Lounge *f*
**Viren** *Pl. von* **Virus**
**Virenmail** *f* mail *f* con virus
**Virologe** [viroˈloːgə] <-n, -n> *m* virologo *m* **Virologie** [viroloˈgiː] <-> *kein Pl. f* (BIOL, MED) virologia *f* **Virologin** [viroˈloːgɪn] <-, -nen> *f* virologa *f* **virologisch** *adj* (BIOL, MED) virologico
**virtuell** [vɪrtuˈɛl] *adj* (INFORM) virtuale; **~er Raum** spazio virtuale
**virtuos** [vɪrtuˈoːs] *adj* virtuoso
**Virtuose** [vɪrtuˈoːzə] <-n, -n> *m*, **Virtuosin** [vɪrtuˈoːzɪn] <-, -nen> *f* virtuoso, -a *m, f*
**Virus** [ˈviːrʊs, *Pl.* ˈviːrən] <-, Viren> *nt o m* (MED, INFORM) virus *m* **Virusinfektion** <-, -en> *f* (MED) infezione *f* da virus **Viruskrankheit** *f* malattia *f* da virus **Virusscanner** *m* (INFORM) antivirus *m*, protezione *m* antivirus
**Visa** *Pl. von* **Visum**
**Visage** [viˈzaːʒə] <-, -n> *f* (*fam pej*) faccia *f*
**Visagist(in)** [vizaˈʒɪst] <-en, -en; -, -nen> *m(f)* visagista *mf*
**Visen** *Pl. von* **Visum**
**Visier** [viˈziːɐ̯] <-s, -e> *nt* ❶ (*Helm~*) visiera *f* ❷ (*Gewehr~*) mira *f*
**Vision** [viˈzjoːn] <-, -en> *f* visione *f*
**visionär** [vizjoˈnɛːɐ̯] *adj* visionario
**Visitation** [vizitaˈtsjoːn] <-, -en> *f* visita *f*, ispezione *f*
**Visite** [viˈziːtə] <-, -n> *f* (MED) visita *f* **Visitenkarte** *f* (*a. fig*) biglietto *m* da visita
**visitieren** [viziˈtiːrən] <ohne ge-> *vt* perquisire
**Viskose** [vɪsˈkoːzə] <-> *kein Pl. f* (CHEM) viscosa *f*
**Viskosität** [vɪskoziˈtɛːt] <-> *kein Pl. f* viscosità *f*
**visuell** [viˈzuɛl] *adj* visivo
**Visum** [ˈviːzʊm, *Pl.* ˈviːza o ˈviːzən] <-s, Visa *o* Visen> *nt* visto *m*
**vital** [viˈtaːl] *adj* vitale
**Vitalität** [vitaliˈtɛːt] <-> *kein Pl. f* vitalità *f*
**Vitamin** [vitaˈmiːn] <-s, -e> *nt* vitamina *f* **Vitamingehalt** <-(e)s, -e> *m* contenuto *m* vitaminico **Vitaminman-**

**gel** *m* avitaminosi *f*, carenza *f* vitaminica **vitaminreich** *adj* vitaminico **Vitamintablette** *f* compressa *f* vitaminica
**Vitrine** [viˈtriːnə] <-, -n> *f* vetrina *f*
**Vize-** [ˈfiːtsə *o* ˈviːtsə] (*in Zusammensetzungen*) vice-
**Vizekanzler(in)** *m(f)* vicecancelliere *m*
**Vizepräsident(in)** *m(f)* vicepresidente, -essa *m, f*
**Vogel** [ˈfoːgəl, *Pl:* ˈføːgəl] <-s, Vögel> *m* ❶ (ZOO) uccello *m*; **einen ~ haben** (*fam*) essere matto, non avere tutte le rotelle; **den ~ abschießen** (*fig fam*) cogliere nel segno, vincere il primo premio; **jdm den ~ zeigen** dare del matto a qu ❷ (*fig fam: Kerl*) tipo *m*; **das ist ein komischer ~** (*fam*) è un tipo strano
**Vogelbauer** <-s, -> *nt rar m* gabbia *f* per uccelli **Vogelbeerbaum** *m* (BOT) sorbo *m* **Vogelbeere** *f* (BOT) sorba *f* **Vogelei** [ˈfoːgəlʔaɪ̯] <-(e)s, -er> *nt* uovo *m* di uccello **vogelfrei** *adj* proscritto, fuorilegge **Vogelfutter** *nt* becchime *m* [per uccelli] **Vogelgrippe** *f* influenza *f* aviaria **Vogelhaus** *nt* uccelliera *f*, voliera *f* **Vogelkirsche** *f* (BOT) visciola *f*
**vögeln** [ˈføːgəln] *vi, vt* (*vulg*) chiavare
**Vogelnest** *nt* nido *m* d'uccello **Vogelperspektive** *f* prospettiva *f* a volo d'uccello; **etw aus der ~ betrachten** considerare qc a volo d'uccello
**Vogelschau** *f* ornitomanzia *f* **Vogelscheuche** [ˈfoːgəlʃɔɪçə] <-, -n> *f* (*a. fig*) spaventapasseri *m* **Vogelschwarm** <-(e)s, -schwärme> *m* stormo *m* di uccelli **Vogel-Strauß-Politik** [foːgəlˈʃtraʊspoliˌtiːk] *f* politica *f* dello struzzo **Vogelzug** *m* migrazione *f* degli uccelli
**Vogerlsalat** <-(e)s> *kein Pl. m* (*A: Feldsalat*) lattughella *f*, dolcetta *f*
**Vogesen** [voˈgeːzən] *Pl.* **die ~** i Vosgi *mpl*
**voipen** [ˈvɔɪpən] *vi* (INET) chiamare via internet, effettuare una chiamata VoIP
**Vokabel** [voˈkaːbəl] <-, -n> *f* vocabolo *m*
**Vokabular** [vokabuˈlaːɐ̯] <-s, -e> *nt* vocabolario *m*
**Vokal** [voˈkaːl] <-s, -e> *m* (LING) vocale *f*
**vokalisch** *adj* vocalico **Vokalmusik** *f* musica *f* vocale
**Volk** [fɔlk, *Pl:* ˈfœlkə] <-(e)s, Völker> *nt* ❶ (*Gemeinschaft*) popolo *m* ❷ *Sing.* (*Einwohner*) popolazione *f*; (*Nation*) nazione *f* ❸ *Sing.* (*fam: Leute*) gente *f*; (*Menschenmenge*) folla *f*, massa *f*; **etw unters ~ bringen** divulgare qc ❹ *Sing.* (*pej: untere Bevölkerungsschichten*) popolino *m*; **der**

**Mann aus dem ~e** l'uomo della strada ⑤ (ZOO) branco *m*, colonia *f* **Völkerbund** ['fœlkəbʊnt] <-(e)s> *kein Pl. m* Società *f* delle Nazioni **Völkergemeinschaft** *f* comunità *f* delle nazioni **Völkerkunde** *f* etnologia *f* **Völkerkundler(in)** ['fœlkəkʊntlɐ] <-s, -; -, -nen> *m(f)* etnologo, -a *m, f* **Völkermord** *m* genocidio *m* **Völkerrecht** *nt* diritto *m* internazionale **völkerrechtlich** *adj* di diritto internazionale **Völkerverständigung** *f* intesa *f* tra i popoli **Völkerwanderung** *f* ① (HIST) migrazione *f* dei popoli ② (*fam scherz: Menschenstrom*) spostamento *m* in massa

**Volksabstimmung** *f* (POL) referendum *m* **Volksbefragung** *f* (POL) consultazione *f* popolare **Volksbegehren** *nt* (POL) proposta *f* di legge d'iniziativa popolare **Volksbelustigung** *f* divertimento *m* popolare **Volkscharakter** *m* carattere *m* etnico **Volksdemokratie** *f* democrazia *f* popolare **volkseigen** *adj* nazionalizzato **Volkseinkommen** *nt* reddito *m* nazionale **Volksempfinden** *nt* sentimento *m* popolare **Volksentscheid** *m* (POL) referendum *m* **Volksetymologie** *f* etimologia *f* popolare **Volksfest** *nt* festa *f* popolare **Volksfront** *f* (POL) fronte *m* popolare **Volksgesundheit** *f* salute *f* pubblica **Volksglaube** *m* credenza *f* popolare **Volksheld** *m* eroe *m* popolare **Volkshochschule** *f* ① (*Einrichtung*) università *f* popolare ② (*Kurse*) corsi *mpl* per adulti **Volksinitiative** <-, -n> *f* (*CH:* POL: *Volksbegehren*) iniziativa *f* popolare **Volkskrankheit** <-, -en> *f* malattia *f* comune **Volkskunde** *f* folclore *m* **volkskundlich** *adj* folcloristico **Volkskunst** *f* arte *f* popolare **Volkslied** *nt* canto *m* popolare **Volksmärchen** *nt* fiaba *f* popolare **Volksmehr** <-s> *kein Pl. nt* (*CH:* POL: *Mehrheit der Stimmberechtigten der ganzen Schweiz bei einer eidgenössischen Abstimmung*) maggioranza *f* popolare **Volksmenge** *f* folla *f*, moltitudine *f* **Volksmund** *m* **im ~ heißt das ...** nel linguaggio popolare si dice ... **Volksmusik** *f* musica *f* popolare **Volkspolizei** *f* polizia *f* popolare, *nella ex RDT* **Volksrepublik** *f* repubblica *f* popolare **Volksschicht** *f* strato *m* [o ceto *m*] sociale **Volksschule** <-, -n> *f* (*A, südd: Grundschule*) scuola *f* elementare **Volkssport** *m* sport *m* popolare **Volksstamm** *m* tribù *f* **Volkstanz** *m* danza *f* popolare **Volkstracht** *f* costume *m* nazionale **Volkstum** <-s> *kein Pl. nt* carattere *m* nazionale **volkstümlich** ['fɔlksty:mlɪç] *adj* popolare **volksverbunden** *adj* legato al popolo; (*volksnahe*) popolare **Volksvermögen** *nt* patrimonio *m* nazionale **Volksversammlung** *f* ① (POL) assemblea *f* popolare ② (*Massenversammlung*) riunione *f* di massa **Volksvertreter** *m* rappresentante *m* del popolo; (*Abgeordneter*) deputato *m* **Volksvertretung** *f* rappresentanza *f* popolare; (*Parlament*) parlamento *m* **Volkswirt(in)** *m(f)* economista *mf* **Volkswirtschaft** *f* economia *f* politica **Volkswirtschaftler(in)** <-s, -; -, -nen> *m(f)* economista *mf* [esperto] di economia politica **volkswirtschaftlich** *adj* di economia politica **Volkswirtschaftslehre** <-> *kein Pl. f* economia *f* politica **Volkszählung** *f* censimento *m* della popolazione

**voll** [fɔl] **I.** *adj* ① (*gefüllt*) pieno; **~ von etw sein** essere pieno di qc; **gerammelt ~** (*fam*) pieno zeppo; **halb ~** mezzo pieno; **mit ~em Mund** a bocca piena; **aus dem Vollen schöpfen** (*fig*) attingere a piene mani ② (*üppig*) tondo; (*Busen*) turgido; (*Haar*) folto ③ (*Geschmack*) pieno; (*Ton*) pieno, carico; (*Farben*) carico ④ (*~ständig, ganz*) intero, tutto; **die ~e Wahrheit** tutta la verità; **~e zwei Jahre** due anni interi; **~e drei Stunden** tre ore di orologio; **aus ~em Halse** a squarciagola; **in ~er Fahrt** in piena corsa; **in ~er Größe** a grandezza naturale; **den ~en Preis bezahlen** pagare la tariffa intera; **jdn nicht für ~ nehmen** (*fam*) non prendere qu sul serio ⑤ (*erfüllt*) **~ von etw sein** essere pieno di qc ⑥ (*fig fam: betrunken*) ubriaco, sbronzo **II.** *adv* (*völlig*) pienamente, interamente; **etw ~ ausnützen** utilizzare qc del tutto; **~ und ganz** pienamente; **~ hinter einer Sache stehen** (*fig*) sostenere pienamente qc

**vollauf** ['fɔl?aʊf *o* fɔl'?aʊf] *adv* pienamente **vollautomatisch** *adj* completamente automatico **vollautomatisiert** *adj* completamente automatizzato
**Vollbad** *nt* bagno *m* completo
**Vollbart** *m* barba *f* piena
**Vollbeschäftigung** *f* (WIRTSCH) piena occupazione *f*
**Vollbesitz** *m* **im ~ seiner Kräfte** nel pieno possesso delle proprie forze
**Vollblut** <-(e)s, -blüter> *nt* (ZOO) purosangue *m*
**Vollblut-** (*in Zusammensetzungen*) purosangue **Vollblüter** <-s, -> *m* (ZOO) puro-

sangue *m* **Vollblutpferd** <-(e)s> *kein Pl. nt* cavallo *m* purosangue
**Vollbremsung** <-, -en> *f* frenata *f* a fondo
**vollbringen** [fɔlˈbrɪŋən] <irr, ohne ge-> *vt* compiere
**vollbusig** *adj* dal seno turgido
**Volldampf** *m* **mit ~** (*fig fam*) a tutto vapore
**Völlegefühl** [ˈfœləgəfyːl] *nt* pesantezza *f* di stomaco
**vollelektronisch** *adj* completamente elettronico
**vollenden** [fɔlˈʔɛndən] <ohne ge-> *vt* ❶ (*abschließen*) terminare, compiere ❷ (*vervollkommnen*) perfezionare
**vollendet** [fɔlˈʔɛndət] *adj* perfetto
**vollends** [ˈfɔlɛnts] *adv* interamente, completamente
**Vollendung** *f* ❶ (*Beendung*) compimento *m;* **mit** [*o* **nach**] **~ des 17. Lebensjahres** a diciassett'anni compiuti ❷ *Sing.* (*Vollkommenheit*) perfezione *f*
**voller** = **voll von, ~ Fehler sein** essere pieno di errori
**Völlerei** [fœləˈraɪ] <-, -en> *f* (*pej*) crapula *f*
**Volleyball** [ˈvɔlibal] *m* ❶ (*Ball*) pallone *m* da pallavolo ❷ *Sing.* (*Spiel*) pallavolo *f*
**vollfressen** <irr> *vr* **sich ~** ❶ (*Tier*) ingozzarsi ❷ (*fam: übermäßig essen*) rimpinzarsi
**vollführen** [fɔlˈfyːrən] <ohne ge-> *vt* ❶ (*vollbringen*) compiere ❷ (*ausführen*) eseguire
**Vollgas** *nt* **mit ~** a tutto gas, a tutta birra *fam;* **~ geben** dare tutto il gas
**vollgefressen** *adj* (*fam*) pieno come un uovo
**Vollgefühl** *nt* **im ~ seiner Kräfte** nella piena coscienza delle proprie forze
**Vollidiot(in)** <-en, -en; -, -nen> *m(f)* (*fam pej*) totale idiota *mf*
**völlig** [ˈfœlɪç] I. *adj* pieno, intero II. *adv* completamente, del tutto
**volljährig** *adj* maggiorenne **Volljährigkeit** <-> *kein Pl. f* maggiorità *f*
**vollkaskoversichert** *adj* assicurato contro tutti i rischi **Vollkaskoversicherung** *f* assicurazione *f* contro tutti i rischi, casco *f* totale
**vollklimatisiert** *adj* completamente climatizzato
**vollkommen** [ˈfɔlkɔmən] I. *adj* ❶ (*perfekt*) perfetto ❷ (*vollständig*) completo ❸ (*völlig*) assoluto II. *adv* perfettamente, del tutto **Vollkommenheit** <-> *kein Pl. f* perfezione *f*
**Vollkornbrot** *nt* pane *m* integrale

**volllaufen** <irr> *vi sein* (*sich füllen*) riempirsi; **sich ~ lassen** (*fam*) ubriacarsi
**vollmachen** *vt* (*fam*) ❶ (*füllen*) riempire ❷ (*beschmutzen*) [**sich** *dat*] **die Hose ~** farsela addosso
**Vollmacht** <-, -en> *f* procura *f;* **jdm** [**eine**] **~ erteilen** conferire [una] procura a qu; **~ haben** essere autorizzato
**Vollmilch** *f* latte *m* intero **Vollmilchschokolade** <-, -n> *f* cioccolato *m* al latte [intero]
**Vollmond** *m* luna *f* piena
**vollmundig** *adj* abboccato
**Vollnarkose** *f* (MED) narcosi *f* totale
**Vollpension** *f* pensione *f* completa
**Vollrausch** *m* ebbrezza *f* totale
**vollschlank** *adj* rotondetto, pienotto
**vollständig** *adj* ❶ (*komplett*) completo; (*Ausgabe*) integrale ❷ (*völlig*) intero, totale **Vollständigkeit** <-> *kein Pl. f* completezza *f;* **der ~ halber** per ragioni di completezza
**vollstopfen** (*fam*) I. *vt* riempire; (*Kissen*) imbottire; **vollgestopft sein** essere stipato, essere pieno zeppo II. *vr* **sich ~** rimpinzarsi
**vollstrecken** [fɔlˈʃtrɛkən] <ohne ge-> *vt* eseguire; **das Todesurteil an jdm ~** giustiziare qu **Vollstrecker(in)** [fɔlˈʃtrɛkɐ] <-s, -; -, -nen> *m(f)* (JUR) esecutore, -trice *m, f* **Vollstreckung** *f* (JUR) esecuzione *f* **Vollstreckungsbefehl** *m* (JUR) decreto *m* esecutivo
**volltanken** *vi* fare il pieno; **bitte ~!** il pieno, per favore!
**Volltextsuche** <-, -n> *f* (INFORM) ricerca *f* a testo integrale
**Volltreffer** *m* [colpo *m* in pieno] centro *m*
**volltrunken** [fɔlˈtrʊŋkən] *adj* completamente ubriaco; **in ~em Zustand** in stato di ubriachezza
**vollumfänglich** [fɔlˈʔʊmfɛŋlɪç] *adv* (*CH*) completamente
**Vollversammlung** *f* assemblea *f* plenaria
**vollverzinkt** *adj* (AUTO) **~e Karosserie** lamiera zincata
**Vollwaise** *f* orfano, -a *m, f* di ambedue i genitori
**Vollwaschmittel** *nt* detersivo *m* per tutti i tipi di bucato
**vollwertig** *adj* **~er Ersatz** risarcimento completo **Vollwertkost** <-> *kein Pl. f* alimentazione *f* a base di prodotti integrali
**vollzählig** *adj* [al] completo
**vollziehen** [fɔlˈtsiːən] <irr, ohne ge-> I. *vt* compiere; (JUR) eseguire; **die Ehe ~** consumare il matrimonio II. *vr* **sich ~** compiersi
**Vollzug** [fɔlˈtsuːk] <-(e)s> *kein Pl. m* com-

pimento m; (JUR) esecuzione f **Vollzugsanstalt** f (ADM) istituto m di pena
**Volontär(in)** [volɔn'tɛːɐ̯] <-s, -e; -, -nen> m(f) volontario, -a m, f
**Volt** [vɔlt] <- o -(e)s, -> nt (PHYS, EL) volt m
**Volumen** [vo'luːmən] <-s, -> nt volume m
**vom** [fɔm] = **von dem**, **jdn ~ Sehen kennen** conoscere qu di vista; **~ Morgen bis zum Abend** dalla mattina alla sera; **heiser ~ Schreien** rauco a furia di gridare; **ich bin ~ Fach** sono del mestiere; s. a. **von**
**von** [fɔn] prp +dat di, da; (~ weg) da; **der Bahnhof ~ Köln** la stazione di Colonia; **eine Komödie ~ Goldoni** una commedia di Goldoni; **ein Mann ~ 50 Jahren** un uomo di 50 anni; **der Tod ~ 20 Menschen** la morte di 20 persone; **eine Zeitung ~ gestern** un giornale di ieri; **einer ~ meinen Freunden** un mio amico; **neun ~ zehn Lesern** nove lettori su dieci; **vom Bahnhof [her]** dalla stazione; **vom Fenster aus** dalla finestra; **~ Berlin** da Berlino; **~ Seiten** gen da parte di; **~ Land zu Land** di paese in paese; **~ Zeit zu Zeit** talvolta; **~ weitem** da lontano; **~ nahem** da vicino; **~ vorn/hinten/oben/unten** da davanti/da dietro/dall'alto/dal basso; **~ heute an** da oggi in poi; **~ klein auf** fin dall'infanzia [o da piccolo]; **~ mir aus** per me; **~ selbst** da solo; **was sind Sie ~ Beruf?** che lavoro fa?, che professione esercita?; **grüßen Sie ihn ~ mir** lo saluti da parte mia
**voneinander** [fɔnʔaɪ'nandɐ] adv l'uno dall'[o dell']altro
**vonnöten** [fɔn'nøːtən] adj **~ sein** essere necessario
**vonstatten|gehen** [fɔn'ʃtatən-] <irr> vi andare avanti, procedere
**vor** [foːɐ̯] I. prp ① +acc o dat (räumlich) davanti a; **~ dem Haus** davanti alla casa; **~ sich hin reden** parlare fra sé e sé ② +dat (zeitlich) prima; (bei Uhrzeit) meno; (vom Zeitpunkt des Sprechens zurückgerechnet) fa, or sono; **~ dem Winter** prima dell'inverno; **~ zwei Stunden** due ore fa; **heute ~ zwei Wochen** come oggi due settimane fa; **fünf Minuten ~ elf** le undici meno cinque ③ +dat (Ursache) per, di; **~ Aufregung** per l'agitazione; **~ Kälte/Hunger/Angst** di freddo/fame/paura ④ (in festen Verbindungen) **~ allem** soprattutto; **sich ~ etw** dat **hüten** guardarsi da qc; **jdn ~ jdm/etw warnen** mettere in guardia qu contro qu/qc; **Angst ~ etw** dat **haben** avere paura di qc; **Schutz ~ dem Regen suchen** cercare riparo dalla pioggia II. adv **~ und zurück** avanti e indietro; **nach wie ~** come prima; **Freiwillige ~!** avanti i volontari!
**vorab** [foːɐ̯'ʔap] adv (zuerst) dapprima; (im Voraus) anzitutto
**Vorabend** m vigilia f **Vorahnung** f presentimento m
**voran** [fo'ran] adv ① (vorn) davanti, in testa ② (weiter, vorwärts) avanti
**voran|gehen** <irr> vi sein ① (vorausgehen) andare avanti, precedere; (an der Spitze gehen) essere in testa ② (fig: Fortschritte machen) procedere ③ (zeitlich) **einer Sache** dat **~** precedere qc
**voran|kommen** <irr> vi sein ① (vorwärtskommen) procedere, avanzare ② (fig: Fortschritte erzielen) progredire
**Voranmeldung** f prenotazione f
**Voranschlag** m preventivo m
**voran|treiben** <irr> vt forzare, accelerare, velocizzare
**Voranzeige** f (von Buch, theat) presentazione f; (FILM) prossimamente m
**Vorarbeit** f lavoro m preliminare; **die ~ für etw leisten** fare i lavori preliminari per qc
**vor|arbeiten** I. vi ① (vorbereitend) fare un lavoro preliminare ② (im Voraus) fare il lavoro in anticipo II. vr **sich ~** (vorankommen) avanzare **Vorarbeiter(in)** m(f) caposquadra mf
**Vorarlberg** ['foːɐ̯ʔarlbɛrk] nt Vorarlberg m
**voraus** [fo'raʊs, aber: ɪm 'foːraʊs] adv (vor anderen) davanti; (an der Spitze) in testa; **im Voraus** in anticipo, anticipatamente; **er war seiner Zeit weit ~** ha precorso i tempi
**voraus|ahnen** vt presentire
**vorausblickend** adj che prevede, previdente, lungimirante
**voraus|eilen** vi sein correre avanti; (fig) precorrere
**voraus|gehen** <irr> vi sein ① (vorn gehen) andare avanti; (a. fig) precedere ② (früher gehen) andare via prima
**vorausgesetzt** adj **~, dass ...** [sup]posto [o a condizione] che +conj
**voraus|haben** <irr> vt **jdm etw ~** avere qc in più di qu; **er hat mir viel voraus** mi supera di gran lunga
**Voraussage** f predizione f **voraus|sagen** vt predire, pronosticare
**vorausschauend** adj previdente
**voraus|schicken** vt ① (mit der Post) mandare avanti ② (fig: einleitend sagen) premettere
**voraussehbar** adj prevedibile
**voraus|sehen** <irr> vt prevedere; **das war ja vorauszusehen!** era da prevedere!

**voraus|setzen** vt presupporre **Vorausset-zung** <-, -en> f ① (*Annahme*) supposizione f, ipotesi f ② (*Vorbedingung*) condizione f; **unter der ~, dass ...** a condizione che +*conj*

**Voraussicht** f previsione f; **aller ~ nach** secondo ogni probabilità **voraussichtlich** I. *adj* prevedibile, probabile II. *adv* probabilmente

**Vorauszahlung** f pagamento m anticipato

**Vorbau** <-(e)s, -ten> m ① (ARCH) avancorpo m ② (*fam scherz: Busen*) davanzale m

**Vorbedacht** <-(e)s> *kein Pl.* m **mit ~** con premeditazione, di proposito

**Vorbedingung** <-, -en> f condizione f, premessa f

**Vorbehalt** ['foːɐ̯bəhalt] <-(e)s, -e> m riserva f; **unter dem ~, dass ...** con la riserva che +*conj*; **unter üblichem ~** salvo errori e omissioni **vor|behalten** <irr, ohne ge-> vt **sich** *dat* **etw ~** riservarsi qc; **sich** *dat* **~ etw zu tun** riservarsi di fare qc; **alle Rechte ~** tutti i diritti riservati; **Irrtümer ~** salvo errori **vorbehaltlich** *prp* +*gen* (ADM) con riserva di, salvo **vorbehaltlos** *adj* senza riserve, incondizionato

**vorbei** [foːɐ̯'baɪ *o* fɔr'baɪ] *adv* ① (*räumlich*) **an ... ~** davanti a ...; **lassen Sie mich ~!** mi lasci passare ② (*zeitlich: vergangen, vorüber*) passato; **es ist drei Uhr ~** sono le tre passate; **aus und ~** chiuso, finito; **~ ist ~** quel che è stato è stato

**vorbei|fahren** <irr> vi *sein* passare [con un veicolo]; **an jdm/etw ~** passare davanti a qu/qc

**vorbei|gehen** <irr> vi *sein* ① (*entlang-, vorübergehen*) [**an jdm/etw**] **~** passare [davanti a qu/qc]; **ich habe sie im Vorbeigehen gegrüßt** l'ho salutata passando; **bei jdm ~** fare un salto da qu ② (*Wurf, Schuss*) mancare [il bersaglio] ③ (*zu Ende gehen*) finire; **eine Gelegenheit ~ lassen** lasciarsi sfuggire un'occasione

**vorbei|kommen** <irr> vi *sein* ① [**an etw** *dat*] **~** (*an einer Stelle*) passare [davanti a qc]; (*an Hindernis*) poter passare qc ② (*fam: besuchen*) passare; **bei jdm ~** fare un salto da qu

**vorbei|lassen** <irr> vt (*fam*) lasciar passare

**vorbei|marschieren** <ohne ge-> vi *sein* sfilare (*an +dat* davanti a)

**vorbei|reden** vi **an etw** *dat* **~** sfiorare appena qc; **aneinander ~** parlare di cose diverse

**vorbei|schauen** vi (*fam*) **bei jdm ~** passare da qu; **schau mal vorbei!** passa a trovarmi!

**vorbei|schießen** <irr> vi ① *sein* (*schnell ~*) sfrecciare (*an jdm/etw dat* davanti a qu/qc) ② *haben* (*am Ziel*) mancare (*an etw dat* qc)

**vorbei|zwängen** vr **sich ~** passare davanti (*an +dat* a)

**vorbelastet** *adj* **erblich ~ sein** avere una tara ereditaria

**Vorbemerkung** f avvertenza f [preliminare], premessa f

**vor|bereiten** <ohne ge-> I. vt preparare II. vr **sich auf etw** *acc* **~** prepararsi a [*o* per] qc **vorbereitend** *adj* preparatorio

**Vorbereitung** <-, -en> f preparazione f, preparativo m; **~en treffen** fare preparativi; **in ~** in preparazione

**Vorbesitzer(in)** m(f) proprietario, -a m, f precedente

**Vorbesprechung** <-, -en> f colloquio m [*o* discussione f] preliminare

**vor|bestellen** <ohne ge-> vt (*Kinokarten, Buch, Hotelzimmer*) prenotare; (*Tisch*) [far] riservare **Vorbestellung** f prenotazione f

**vorbestraft** *adj* pregiudicato; **nicht ~** senza precedenti penali, incensurato **Vorbestrafte** <ein -r, -n, -n> mf pregiudicato, -a m, f

**vor|beten** I. vi (REL) intonare [*o* avviare] una preghiera II. vt (*fam*) **jdm etw ~** fare la predica a qu

**vor|beugen** I. vi **einer Krankheit** *dat* **~** prevenire una malattia II. vr **sich ~** (*nach vorn beugen*) sporgersi in avanti III. vt (*Kopf*) sporgere **vorbeugend** *adj* preventivo; (MED) profilattico **Vorbeugung** f ① (*Schutzmaßnahme*) prevenzione f ② (MED) profilassi f; **zur ~ zwei Tabletten täglich** per profilassi due compresse al giorno

**Vorbild** *nt* (*Muster*) modello m; (*Beispiel*) esempio m; **sich** *dat* **jdn zum ~ nehmen** prendere esempio da qu **vorbildlich** *adj* esemplare

**Vorbildung** f conoscenze *fpl* preliminari

**Vorbote** m (*fig*) presagio m, segno m precursore **vor|bringen** <irr> vt ① (*Wunsch, Meinung*) esprimere, manifestare; (*Gründe*) addurre; (*Beweise*) produrre ② (*fam: nach vorn bringen*) portare avanti

**vorchristlich** *adj* precristiano

**Vordach** *nt* tettoia f, pensilina f

**vor|datieren** <ohne ge-> vt antidatare

**Vordenker(in)** <-s, -; -, -nen> m(f) precursore, precorritrice m, f

**Vorderachse** ['fɔrdeaksə] *f* asse *m* anteriore
**Vorderansicht** *f* vista *f* anteriore
**Vorderasien** ['fɔrdeʔaːziən] *nt* Asia *f* anteriore
**Vorderbein** *nt* zampa *f* anteriore
**Vorderdeck** *nt* coperta *f* di prua
**vordere(r, s)** ['fɔrdərə, -re, -rəs] *adj* anteriore, davanti
**Vordergrund** *m* primo piano *m;* **im ~ stehen** (*fig*) essere in primo piano; **in den ~ rücken** [*o* **stellen**] (*fig*) mettere in risalto; **sich in den ~ schieben** (*fig*) mettersi in primo piano **vordergründig** ['fɔrdegryndɪç] *adj* superficiale
**vorderlastig** *adj* appruato
**Vordermann** *m* capofila *m;* **etw/jdn auf ~ bringen** (*fam*) mettere in ordine qc/far rigare diritto qu
**Vorderrad** *nt* ruota *f* anteriore **Vorderradantrieb** *m* trazione *f* anteriore
**Vorderreifen** <-s, -> *m* gomma *f* anteriore
**Vorderreihe** *f* prima fila *f*
**Vorderschinken** *m* prosciutto *m* di spalla
**Vorderseite** *f* parte *f* anteriore; (ARCH) facciata *f*
**Vordersitz** *m* sedile *m* anteriore
**vorderste(r, s)** *adj Superlativ von* **vordere** primo, -a
**Vorderteil** *nt o m* parte *f* anteriore, davanti *m*
**vor|drängeln** *vr* **sich ~** (*fam*) farsi avanti [*o* largo]
**vor|drängen** *vr* **sich ~** farsi avanti [*o* largo]
**vor|dringen** <irr> *vi sein* inoltrarsi, penetrare
**vordringlich** *adj* urgente
**Vordruck** <-(e)s, -e> *m* modulo *m*, stampato *m*
**vorehelich** *adj* prematrimoniale
**voreilig** *adj* precipitoso, affrettato; (*unüberlegt*) sconsiderato; **~e Schlüsse ziehen** tirare delle conclusioni affrettate
**voreinander** [foːɐ̯ʔaɪ'nandɐ] *adv* l'uno davanti all'altro
**voreingenommen** *adj* [**gegen jdn/etw**] **~ sein** essere prevenuto [nei confronti di qu/qc]
**vor|enthalten** <irr, ohne ge-> *vt* [**jdm**] **etw ~** (*nicht geben*) rifiutare qc [a qu]; (*nicht sagen*) nascondere qc [a qu]
**Vorentscheidung** *f* decisione *f* preliminare **Vorentscheidungskampf** *m* semifinale *f*
**Vorentwurf** *m* progetto *m* preliminare
**vorerst** ['foːɐ̯ʔeːɐ̯st *o* foːɐ̯'ʔeːɐ̯st] *adv* per il momento, per ora

**Vorfahr** ['foːɐ̯faːɐ̯] <-en, -en> *m* antenato *m*
**vor|fahren** <irr> **I.** *vi sein* ❶ (*vorn fahren, vorausfahren*) andare avanti [con un veicolo] ❷ (*vor Haus, etc*) fermarsi davanti [a una casa] ❸ (*vorrücken, nach vorn fahren*) avanzare **II.** *vt haben* (*weiter nach vorn fahren*) avanzare
**Vorfahrt** *f* precedenza *f;* **~ haben** avere la precedenza; **die ~ beachten** rispettare la precedenza **Vorfahrt[s]regel** *f* norma *f* di precedenza **Vorfahrt[s]straße** *f* strada *f* con [diritto di] precedenza **Vorfahrt[s]zeichen** *nt* segnale *m* di precedenza
**Vorfall** *m* ❶ (*Ereignis*) avvenimento *m;* (*Zwischenfall*) incidente *m* ❷ (MED: *Prolaps*) prolasso *m*
**vor|fallen** <irr> *vi sein* ❶ (*geschehen*) accadere, succedere ❷ (*nach vorn fallen*) cadere in avanti
**Vorfeld** <-(e)s, -er> *nt* **im ~ von etw** nella fase introduttiva di qc; **im ~ der Veranstaltung** nella fase introduttiva della manifestazione
**Vorfilm** *m* film *m* preliminare
**vor|finden** <irr> *vt* trovare, incontrare
**Vorfreude** *f* gioia *f* dell'attesa, attesa *f* gioiosa; **in ~ auf ...** nella gioiosa attesa di ...
**Vorfrühling** *m* primavera *f* precoce
**vor|fühlen** *vi* [**bei jdm**] **wegen etw ~** sondare il terreno [presso qu] per qc
**vor|führen** *vt* ❶ (JUR) condurre avanti, accompagnare ❷ (*Mode*) presentare; (*Kunststücke*) mostrare, presentare; (*Versuch, Gerät*) dimostrare ❸ (FILM) proiettare
**Vorführung** *f* ❶ (JUR) accompagnamento *m* ❷ (*von Mode, Kunststück*) presentazione *f;* (*von Versuch, Gerät*) dimostrazione *f* ❸ (FILM) proiezione *f*
**Vorführwagen** *m* vettura *f* da dimostrazione
**Vorgabe** *f* (SPORT) vantaggio *m*
**Vorgang** *m* ❶ (*Ereignis*) avvenimento *m;* (*Hergang*) svolgimento *m;* (BIOL, CHEM, TEC) processo *m;* **schildern Sie uns einmal den ~** ci raccontasse come si sono svolti i fatti ❷ (JUR, ADM: *Akten*) pratica *f*
**Vorgänger(in)** ['foːɐ̯gɛŋɐ] <-s, -; -, -nen> *m(f)* predecessore *m*
**Vorgangsweise** <-, -n> *f* (A: *Vorgehensweise*) procedura *f*
**Vorgarten** *m* giardino *m* davanti alla casa
**vor|gaukeln** ['foːɐ̯gaʊkəln] *vt* **jdm etw ~** far credere qc a qu
**vor|geben** <irr> *vt* ❶ (*behaupten*) asserire, pretendere; (*vortäuschen*) fingere ❷ (*nach*

*vorn geben*) dare in avanti ③ (SPORT) dare di vantaggio
**Vorgebirge** *nt* contrafforti *mpl;* (*Kap*) promontorio *m,* capo *m*
**vorgeblich** *adj* finto; **er ist ~ krank** dice di essere ammalato
**vorgefasst** *adj* **~e Meinung** idea preconcetta
**vorgefertigt** *adj* prefabbricato
**Vorgefühl** *nt* presentimento *m*
**vorgeheizt** *adj* preriscaldato
**vor|gehen** <irr> *vi sein* ① (*vorrücken,* MIL) avanzare ② (*handeln*) procedere, agire; **gerichtlich gegen jdn ~** adire le vie legali contro qu ③ (*fam*) *s.* **vorausgehen** ④ (*fig: den Vortritt haben*) avere la precedenza ⑤ (*Uhr*) andare avanti; **meine Uhr geht [eine halbe Stunde] vor** il mio orologio va [*o* è] avanti [di mezz'ora] ⑥ (*wichtiger sein*) essere più importante ⑦ (*geschehen*) accadere, succedere; **was geht wohl jetzt in ihm vor?** che gli succede? **Vorgehen** <-s> *kein Pl. nt* ① (*Verfahren*) procedimento *m* ② (*Handlungsweise*) modo *m* di procedere; (*a.* JUR) azione *f;* **gemeinsames ~** azione concertata **Vorgehensweise** *f* modo *m* di procedere
**Vorgeschichte** *f* ① antefatto *m,* antecedenti *mpl* ② (SCIENT) preistoria *f*
**Vorgeschmack** *m* assaggio *m;* **auf etw** *acc* **~** assaggio di qc
**vorgesehen** *adj* previsto
**Vorgesetzte** <ein -r, -n, -n> *mf* superiore *m*
**vorgestern** *adv* ieri l'altro, l'altrieri; **~ Abend** l'altra sera
**vorgestrig** *adj* ① (*von vorgestern*) dell'altro ieri ② (*fam: überholt*) sorpassato
**vor|greifen** <irr> *vi* **einer Sache** *dat* **~** anticipare qc; **jdm bei etw ~** precedere qu in qc **Vorgriff** *m* anticipazione *f*
**vor|haben** <irr> *vt* ① (*beabsichtigen*) **~ etw zu tun** avere l'intenzione di fare qc ② (*geplant haben*) avere in programma; **was haben Sie heute Abend vor?** che programma ha per questa sera? **Vorhaben** <-s, -> *nt* ① (*Absicht*) intenzione *f,* proposito *m* ② (*Plan*) progetto *m,* piano *m*
**Vorhalle** *f* atrio *m,* ingresso *m*
**vor|halten** <irr> **I.** *vt* ① (*vor etw halten*) tenere davanti ② (*fig: vorwerfen*) rinfacciare, rimproverare **II.** *vi* (*fam: ausreichen*) durare **Vorhaltungen** *fpl.* rimostranze *fpl,* rimproveri *mpl;* **jdm wegen etw ~ machen** fare delle rimostranze a qu per qc
**Vorhand** *f* ① (SPORT) diritto *m* ② (*von Pferd*) parte *f* anteriore del corpo
**vorhanden** [foːɐ̯ˈhandən] *adj* (*existent*) esistente; (*verfügbar*) disponibile; **~ sein** esserci, esistere **Vorhandensein** *nt* esistenza *f;* (*Verfügbarkeit*) disponibilità *f*
**Vorhang** *m* tenda *f;* (THEAT) sipario *m*
**Vorhängeschloss** *nt* lucchetto *m*
**Vorhaut** *f* (ANAT) prepuzio *m*
**vorher** [ˈfoːɐ̯heːɐ̯] *adv* prima, precedentemente; **am Abend ~** alla vigilia; **am Tag ~** il giorno prima; **kurz/unmittelbar ~** poco/immediatamente prima
**vorherbestimmt** [foːɐ̯ˈheːɐ̯bəʃtɪmt] *adj* predestinato **Vorherbestimmung** *f* predestinazione *f*
**vorher|gehen** <irr> *vi sein* precedere
**vorherig** [foːɐ̯ˈheːrɪç *o* ˈfoːɐ̯heːrɪç] *adj* **nach ~er Vereinbarung** previo accordo
**Vorherrschaft** *f* predominio *m,* preponderanza *f;* (*Vorrangstellung*) supremazia *f;* (*Hegemonie*) egemonia *f*
**vor|herrschen** *vi* predominare; **über etw** *acc* **~** predominare su qc **vorherrschend** *adj* predominante, prevalente
**Vorhersage** *f* predizione *f,* pronostico *m;* (*Wetter~*) previsioni *fpl* [del tempo]
**vorher|sagen** *vt* pronosticare; (*Wetter, Folgen*) predire
**vorhersehbar** *adj* prevedibile **vorher|sehen** [foːɐ̯ˈheːɐ̯zeːən] <irr> *vt* prevedere
**vor|heucheln** *vt* (*fam pej*) simulare, fingere; **er heuchelte ihr Verständnis vor** le simulò comprensione
**vorhin** [foːɐ̯ˈhɪn *o* ˈfoːɐ̯hɪn] *adv* poco fa, poc'anzi
**Vorhinein** [ˈfoːɐ̯hɪnaɪn] (*A*) **im ~** dall'inizio
**Vorhof** *m* ① (ARCH) atrio *m* ② (ANAT) atrio *m,* orecchietta *f*
**Vorhut** <-, -en> *f* (MIL) avanguardia *f*
**vorige(r, s)** [ˈfoːrɪɡə, -ɡe, -ɡəs] *adj* anteriore, precedente; **~s Jahr** l'anno scorso; **das ~ Mal** l'ultima volta
**Vorjahr** *nt* anno *m* precedente **vorjährig** *adj* dell'anno scorso
**vor|jammern** *vt* (*fam*) **jdm etw ~** lagnarsi [*o* lamentarsi] di qc con qu
**Vorkämpfer(in)** *m(f)* antesignano, -a *m, f,* pioniere, -a *m, f*
**vor|kauen** *vt* (*Nahrung*) masticare in precedenza; **jdm etw ~** (*fig*) scodellare la pappa a qu
**Vorkaufsrecht** *nt* (JUR) diritto *m* di prelazione
**Vorkehr** [ˈfoːɐ̯keːɐ̯] <-, -en> *f* (*CH: Vorkehrung*) provvedimento *m*
**Vorkehrung** <-, -en> *f* misura *f* preven-

tiva; **die nötigen ~en treffen** prendere le dovute precauzioni

**Vorkenntnis** <-, -se> *f* nozione *f* di base, rudimento *m*

**vor|knöpfen** *vt* (*fam*) **sich** *dat* **jdn ~** strapazzare qu, sgridare qu

**vor|kommen** <irr> *vi sein* ① (*nach vorn kommen*) venire avanti ② (*geschehen*) succedere, capitare; **das soll ~!** è la vita!; **das soll nicht wieder ~!** che non si ripeti più! ③ (*vorhanden sein, sich finden*) trovarsi ④ (*erscheinen*) ricorrere ⑤ (*scheinen*) sembrare, parere; **ich komme mir überflüssig vor** mi sento inutile; **Sie kommen mir bekannt vor** mi sembra di conoscerLa; **das kommt dir nur so vor** è solo apparenza, in realtà non è così; **du kommst dir wohl sehr schlau vor!** (*fam*) ti sembra di essere molto furbo! **Vorkommen** <-s, -> *nt* ① *Sing.* (*das Auftreten*) presenza *f*, esistenza *f* ② *meist pl* (MIN) giacimento *m* **Vorkommnis** <-ses, -se> *nt* avvenimento *m*, evento *m*

**Vorkriegs-** (*in Zusammensetzungen*) prebellico, antebellico, d'anteguerra

**Vorkriegszeit** *f* anteguerra *m*

**vor|laden** <irr> *vt* citare [in giudizio] **Vorladung** *f* citazione *f* [in giudizio]

**Vorlage** *f* ① *Sing.* (*das Vorlegen*) presentazione *f* ② (*Gesetzes~*) progetto *m* di legge ③ (*Muster*) modello *m* ④ (SPORT: *beim Fußball*) passaggio *m*

**vor|lassen** <irr> *vt* ① (*fam: vorgehen lassen*) lasciar passare ② (*zulassen, empfangen*) ammettere

**Vorläufer(in)** *m(f)* ① (*Wegbereiter*) precursore, precorritrice *m*, *f* ② (*Ski*) apripista *mf*

**vorläufig** I. *adj* temporaneo; (*provisorisch*) provvisorio II. *adv* (*einstweilig*) temporaneamente; (*fürs Erste*) per il momento

**vorlaut** *adj* impertinente, saccente

**Vorleben** *nt* passato *m*

**Vorlegebesteck** *nt* posate *fpl* di servizio

**vor|legen** *vt* ① (*da~, anbringen*) mettere [davanti] ② (*bei Tisch*) servire ③ (*Pass, Ausweis, Gesetzentwurf*) presentare; (*Frage, Plan*) [sotto]porre

**Vorleistung** <-, -en> *f* prestazione *f* preliminare

**vor|lesen** <irr> *vt* leggere [ad alta voce]

**Vorlesung** *f* (*einzelne*) lezione *f* [universitaria]; (*~sreihe*) corso *m*; **in die ~ gehen** andare a lezione **vorlesungsfrei** *adj* senza lezione **Vorlesungsverzeichnis** *nt* programma *m* dei corsi

**vorletzte(r, s)** *adj* penultimo, -a

**Vorliebe** *f* predilezione *f*; **eine ~ für etw haben** avere una predilezione per qc; **etw mit ~ tun** prediligere qc

**vorlieb|nehmen** <irr> *vi* **mit jdm/etw ~** accontentarsi di qu/qc

**vor|liegen** <irr> *vi* ① (*vorhanden sein*) esserci, esistere; **da muss ein Irrtum ~** ci deve essere un equivoco; **es liegt nichts gegen ihn vor** non c'è nulla contro di lui ② (*eingereicht sein*) essere presentato; **im ~den Fall** nel caso presente

**vor|lügen** <irr> *vt* **jdm etw ~** (*fam*) raccontare bugie a qu, mentire a qu

**vorm.** ① *abk v* **vormals** ex, già ② *abk v* **vormittags** di mattina

**vor|machen** *vt* (*fam*) ① (*zeigen*) mostrare, far vedere ② (*fig: jdn täuschen*) dare ad intendere; **sich** *dat* [**selbst**] **etw ~** illudersi

**Vormacht** *f* supremazia *f* (*über* +*acc* su), predominio *m* (*über* +*acc* su) **Vormachtstellung** *f* egemonia *f*

**vormalig** ['foːɐ̯maːlɪç] *adj* ex, di prima

**vormals** *adv* prima, in passato; (*auf Firmenschildern*) già

**Vormarsch** *m* avanzata *f*; **auf dem ~ sein** stare avanzando

**vor|merken** *vt* ① (*eintragen, notieren*) annotare, prendere nota di ② (*reservieren*) prenotare; **sich für etw ~ lassen** prenotarsi per qc

**Vormerkung** <-, -en> *f* (*in Bücherei*) prenotazione *f*

**Vormieter(in)** <-s, -; -, -nen> *m(f)* inquilino, -a *m*, *f* precedente

**Vormittag** *m* mattina *f*; **gestern/heute/morgen ~** ieri mattina/stamattina/domani mattina; **im Laufe des ~s** nel corso della mattinata, in mattinata

**vormittags** *adv* di mattina, in mattinata

**Vormonat** <-(e)s, -e> *m* mese *m* precedente

**Vormund** <-(e)s, -e *o* Vormünder> *m* ① (*von Minderjährigen*) tutore, -trice *m*, *f* ② (*von Entmündigten*) curatore, -trice *m*, *f* **Vormundschaft** <-, -en> *f* ① (*von Minderjährigen*) tutela *f* ② (*von Entmündigten*) curatela *f* **Vormundschaftsgericht** *nt* tribunale *m* dei minorenni

**vorn** [fɔrn] *adv* ① (*im vorderen Teil*) davanti, anteriormente; (*am vorderen Ende*) all'estremità anteriore; (*auf der Vorderseite*) anteriormente, dalla parte anteriore; (*im Vordergrund*) davanti; **nach ~** [in] avanti; **nach ~ laufen** correre [in] avanti; **von ~** da davanti; **von ~ bis hinten** (*fam*) da cima a fondo ② (*an der Spitze*)

**vorne an** [*o* **in**] *etw dat* in testa a qc ❶ (*am Anfang*) all'inizio; **von ~** dall'inizio; [**wieder**] **von ~ anfangen** [ri]cominciare da capo

**Vorname** *m* nome *m* [di battesimo]

**vorne** *s.* **vorn**

**vornehm** ['foːɡneːm] *adj* ❶ (*kultiviert*) distinto ❷ (*adlig*) aristocratico; (*edel*) nobile; **~ tun** (*fam*) darsi arie da gran signore ❸ (*elegant*) elegante

**vor|nehmen** <irr> I. *vt* ❶ (*durchführen*) fare ❷ (*in Angriff nehmen*) intraprendere, dare mano a II. *vr* ❶ (*beschließen*) **sich** *dat* **etw ~** prefiggersi qc, proporsi qc ❷ (*fam: ermahnen*) **sich** *dat* **jdn ~** strapazzare qu, sgridare qu

**vornehmlich** *adv* (*geh*) principalmente

**vor|neigen** I. *vr* **sich ~** chinarsi in avanti II. *vt* chinare

**vorneweg** ['fɔrnəvɛk *o* fɔrnə'vɛk] *adv* ❶ (*zuerst*) da principio ❷ (*an der Spitze*) davanti, al primo posto

**vornherein** ['fɔrnhɛraɪn *o* fɔrnhɛ'raɪn] *adv* **von ~** fin da principio, a priori

**Vorort** *m* sobborgo *m;* **die ~e** la periferia

**Vorplatz** *m* spiazzo *m* **Vorposten** *m* (MIL) avamposto *m*

**vor|preschen** *vi sein* (*laufen*) correre forsennatamente in avanti, balzare in avanti (*zu* verso); **zu weit ~** (*fig*) spingersi troppo avanti

**vorprogrammiert** *adj* ❶ (*automatisch*) automatico ❷ (*fig: vorbestimmt*) programmato

**Vorrang** ['foːɡraŋ] *m* ❶ (*Bedeutung, Stellenwert*) priorità *f* ❷ (*Reihenfolge*) precedenza *f;* **den ~ vor jdm haben** avere la precedenza su qu ❸ *kein Pl.* (*A: Vorfahrt*) precedenza *f;* **jdm den ~ lassen/nehmen** dare/prendersi la precedenza **vorrangig** *adj* prioritario **Vorrangstellung** *f* **eine ~ einnehmen** [*o* **haben**] occupare una posizione di preminenza

**Vorrat** *m* scorta *f,* provviste *fpl;* **~ an etw** *dat* scorta di qc; **etw auf ~ haben** avere qc in stock; **solange der ~ reicht** fino a esaurimento delle scorte

**vorrätig** ['foːɡrɛːtɪç] *adj* (*verfügbar*) disponibile; (*auf Lager*) in magazzino

**Vorratsraum** *m* magazzino *m*

**Vorraum** *m* atrio *m;* (*von Kino, Theater*) foyer *m*

**vor|rechnen** *vt* **jdm etw ~** (*aufzählen*) fare a qu il calcolo di qc; (*vorhalten*) rinfacciare qc a qu

**Vorrecht** *nt* privilegio *m*

**Vorrede** *f* ❶ (*obs: Vorwort*) introduzione *f;* (THEAT) prologo *m* ❷ (*einleitende Worte*) preambolo *m* **Vorredner(in)** *m(f)* oratore, -trice *m, f* precedente

**Vorreiter(in)** <-s, -; -, -nen> *m(f)* (*fam*) battistrada *mf,* apripista *mf*

**Vorrichtung** *f* dispositivo *m*

**vor|rücken** I. *vt haben* spostare in avanti II. *vi sein* avanzare; **in vorgerücktem Alter** in età avanzata; **zu vorgerückter Stunde** a tarda ora

**Vorruhestand** *m* prepensionamento *m*

**Vorrunde** *f* (SPORT) eliminatoria *f*

**vor|sagen** *vt, vi* suggerire

**Vorsaison** *f* bassa stagione *f*

**Vorsatz** *m* ❶ (*Absicht*) proposito *m,* intenzione *f;* (*Entschluss*) risoluzione *f;* (JUR) premeditazione *f;* **einen ~ fassen** prendere una risoluzione; **mit dem ~ zu ...** con l'intenzione di +*inf;* **mit ~** (JUR) deliberatamente ❷ (TYP) [foglio *m* di] guardia *f*

**Vorsatzblatt** *nt* [foglio *m* di] guardia *f*

**vorsätzlich** ['foːɡzɛtslɪç] I. *adj* intenzionale; (JUR) doloso II. *adv* intenzionalmente; (JUR) dolosamente

**Vorschau** *f* ❶ (TV) presentazione *f* dei programmi ❷ (FILM) prossimamente *m* ❸ (INFORM) visualizzazione *f*

**Vorschein** *m* **zum ~ kommen** comparire, apparire; (*fig: ans Licht kommen*) venire alla luce; **etw zum ~ bringen** portare qc alla luce

**vor|schicken** *vt* ❶ (*Gepäck*) spedire in anticipo ❷ (*mit Auftrag*) mandare sotto

**vor|schieben** <irr> *vt* ❶ (*da~*) mettere; (*nach vorn schieben*) spostare in avanti ❷ (*fig: vorschützen*) prendere a pretesto ❸ (*fig: für sich handeln lassen*) servirsi di

**vor|schießen** <irr> I. *vt haben* (*fam: Geld*) anticipare II. *vi sein* (*fam*) scattare in avanti

**Vorschlag** *m* proposta *f;* **auf meinen ~** [**hin**] su mia proposta

**vor|schlagen** <irr> *vt* proporre

**Vorschlaghammer** *m* mazza *f* da fabbro

**vorschnell** *adj* precipitoso; (*unüberlegt*) avventato

**vor|schreiben** <irr> *vt* ❶ (*als Vorlage schreiben*) scrivere la brutta copia di ❷ (*befehlen*) prescrivere

**Vorschrift** *f* prescrizione *f;* (*Anweisung*) istruzione *f;* (ADM, MIL) regolamento *m;* **gegen die ~en verstoßen** andare contro il regolamento **vorschriftsmäßig** I. *adj* regolamentare; (MED: *Dosis*) prescritto II. *adv* conforme alle disposizioni **vorschriftswidrig** *adj* contrario alle disposizioni

**Vorschub** *m* **jdm/etw ~ leisten** favoreggiare qu/qc
**Vorschulalter** *nt* età *f* prescolastica **Vorschule** *f* scuola *f* preparatoria **Vorschulerziehung** *f* educazione *f* prescolastica **Vorschulkind** <-(e)s, -er> *nt* bambino, -a *m, f* in età prescolare
**Vorschuss** *m* anticipo *m;* **jdm einen ~ geben** concedere un anticipo a qu **Vorschusslorbeeren** *mPl.* elogi *mpl* prematuri
**vor|schützen** *vt* prendere a pretesto; **keine Müdigkeit ~!** (*fam*) e non raccontarmi che sei stanco!
**vor|schwärmen** *vi* raccontare con entusiasmo; **jdm von etw ~** parlare con entusiasmo di qc a qu
**vor|schweben** *vi* **mir schwebt etw vor** ho in mente qc
**vor|schwindeln** *vt* dare ad intendere [*o* a bere]; **jdm etw ~** darla a bere a qu
**vor|sehen** <irr> I. *vt* ❶ (*planen*) prevedere; **wie vorgesehen** come previsto; **der Vertrag sieht vor, dass ...** il contratto prevede che +*conj* ❷ (*bestimmen*) designare; **jdn für etw ~** avere in mente qu per qc, designare qu per qc II. *vr* **sich ~** guardarsi; **sich vor jdm/etw ~** guardarsi da qu/qc; **sich ~, dass** [*o* **damit**] **nicht ...** stare attento che non +*conj*, stare attento di non +*inf*; **sieh dich vor, dass du nicht fällst!** attento a non cadere!
**Vorsehung** <-> *kein Pl. f* Provvidenza *f*
**vor|setzen** *vt* ❶ (*davorsetzen*) mettere davanti ❷ (*nach vorn setzen*) spostare avanti ❸ (*anbieten*) offrire ❹ (*fig fam: Lügen, Geschichte, Erklärung*) scodellare
**Vorsicht** *f* precauzione *f,* prudenza *f;* **~!** attenzione!; **~, Glas!** attenzione, vetro!; **das ist mit ~ zu genießen** (*fig scherz*) è da prendere con le dovute precauzioni; **zur ~ habe ich ...** per precauzione ho ...; **~ ist besser als Nachsicht!** (*prov*) meglio prevenire che curare! **vorsichtig** *adj* prudente, cauto **vorsichtshalber** *adv* per precauzione **Vorsichtsmaßnahme** *f* misura *f* precauzionale; **~n treffen** prendere delle precauzioni
**Vorsilbe** *f* (LING) prefisso *m*
**vor|singen** <irr> I. *vt* [**jdm**] **etw ~** cantare qc [a qu] II. *vi* **jdm ~** cantare [davanti] a qu
**vorsintflutlich** *adj* (*fam a. fig, scherz*) antidiluviano
**Vorsitz** *m* presidenza *f;* **den ~ bei etw führen** [*o* **haben**] detenere [*o* avere] la presidenza di qc; **den ~ übernehmen** assumere la presidenza; **unter dem ~ von** sotto la presidenza di **Vorsitzende** <ein -r, -n, -n> *mf* presidente, -essa *m, f*
**Vorsorge** *f* ❶ (*Fürsorge*) previdenza *f* ❷ (*Vorsichtsmaßnahme*) precauzione *f;* **~ für etw treffen** provvedere a qc **vor|sorgen** *vi* provvedere; **fürs Alter ~** provvedere per la vecchiaia **Vorsorgeuntersuchung** *f* check-up *m* **vorsorglich** I. *adj* previdente, precauzionale II. *adv* per precauzione
**Vorspann** ['fo:ɐʃpan] <-(e)s, -e> *m* ❶ (*von Artikel*) cappello *m* ❷ (FILM, TV) titoli *mpl* di testa
**Vorspeise** *f* (GASTR) antipasto *m*
**vor|spiegeln** *vt* fingere; **jdm etw ~** far credere qc a qu
**Vorspieg[e]lung** *f* **unter ~ falscher Tatsachen** per simulazione di fatti
**Vorspiel** *nt* ❶ (MUS) preludio *m* ❷ (THEAT) prologo *m* ❸ (*bei Geschlechtsverkehr*) tenerezze *fpl* preparatorie
**vor|spielen** *vt* ❶ (MUS) sonare; (THEAT) recitare; **jdm etw ~** sonare [*o* recitare] qc davanti a qu ❷ (*fig: vortäuschen*) simulare
**vor|sprechen** <irr> I. *vt* ❶ (*zum Nachsprechen*) pronunciare [per far ripetere]; **jdm etw ~** pronunciare qc davanti a qu ❷ (THEAT: *zur Probe*) recitare II. *vi* ❶ (*wegen Anliegen aufsuchen*) [**bei jdm**] **~** fare visita [a qu] ❷ (THEAT) fare una prova
**vor|springen** <irr> *vi sein* ❶ (*plötzlich*) saltare in avanti [*o* fuori] ❷ (*hervorragen*) sporgere; (ARCH) aggettare
**vorspringend** *adj* sporgente; (*Nase, Kinn*) prominente; (ARCH) aggettante
**Vorsprung** *m* ❶ (ARCH) aggetto *m* ❷ (*Abstand*) vantaggio *m;* **einen ~** [**vor jdm**] **haben** avere un vantaggio [su qu]
**Vorstadt** *f* sobborgo *m* **vorstädtisch** *adj* suburbano
**Vorstand** *m* ❶ (*Gremium*) consiglio *m* direttivo; (*Vereins~*) presidenza *f;* (*Firmen~*) consiglio *m* direttivo ❷ (*Person*) *s.* **Vorstandsmitglied Vorstandsmitglied** *nt* ❶ (*von Firma*) membro *m* del consiglio d'amministrazione ❷ (*von Verein*) membro *m* del comitato
**vor|stehen** <irr> *vi* ❶ (*her~*) sporgere; (ARCH) aggettare ❷ (*geh: leiten*) **einer Sache** *dat* **~** dirigere qc, presiedere a qc
**vorstehend** *adj* ❶ (*vorspringend*) sporgente ❷ (*vorausgehend*) precedente; **wie ~ bereits gesagt** come già detto in precedenza
**Vorsteher(in)** <-s, -; -, -nen> *m(f)* (*Leiter, Direktor, Büro~*) capo *m;* (*Schul~*) diret-

tore, -trice *m, f* **Vorsteherdrüse** *f* prostata *f*

**Vorsteherin** *f s.* **Vorsteher**

**vor|stellen I.** *vt* ① (*davorstellen*) mettere davanti ② (*nach vorn stellen*) spostare in avanti ③ (*Uhr*) mettere avanti; **um eine Stunde ~** portare avanti di un'ora ④ (*bekannt machen, vorführen*) presentare; **darf ich Ihnen Frau K. ~?** posso presentarLe la signora K.? ⑤ (*darstellen, bedeuten*) rappresentare, significare **II.** *vr* **sich ~** ① (*sich bekannt machen*) presentarsi; **sich in einer Firma ~** presentarsi in una ditta ② (*sich ausmalen*) **sich** *dat* **etw ~** immaginarsi qc, figurarsi qc; **das kann ich mir nicht ~** non riesco ad immaginarmelo; **darunter kann ich mir überhaupt nichts ~** non mi dice assolutamente niente; **stell dir vor!** pensa un po'! *fam*, figurati un po'! *fam*

**vorstellig** *adj* (ADM) **bei jdm ~ werden** presentare un reclamo [*o* esposto] a qu

**Vorstellung** *f* ① (*Einführung*) presentazione *f* ② (THEAT) rappresentazione *f* ③ *Sing.* (*~skraft*) immaginazione *f* ④ (*Bild, Begriff*) idea *f,* concetto *m;* **eine ~ von etw haben** avere un'idea di qc; **sich** *dat* **von etw eine ~ machen** farsi un'idea di qc; **davon hast du ganz falsche ~en** hai delle idee completamente errate in merito **Vorstellungsgespräch** *nt* colloquio *m* di presentazione **Vorstellungskraft** *f,* **Vorstellungsvermögen** *nt* immaginazione *f*

**Vorstopper** <-s, -> *m* stopper *m*

**Vorstoß** *m* ① (*Vordringen*) avanzata *f;* (MIL) attacco *m* ② (*fig: Versuch*) tentativo *m*

**vor|stoßen** <irr> **I.** *vt haben* spingere [in] avanti **II.** *vi sein* avanzare, penetrare

**Vorstrafe** *f* (JUR) condanna *f* precedente, precedenti *mpl* penali **Vorstrafenregister** *nt* casellario *m* giudiziario

**vor|strecken** *vt* ① (*Arme, Hände*) tendere in avanti, allungare ② (*fig: Geld*) anticipare

**Vorstufe** *f* primo stadio *m*

**Vortag** *m* giorno *m* precedente; (*von Ereignis*) vigilia *f*

**vor|täuschen** *vt* fingere, simulare **Vortäuschung** *f* finzione *f,* simulazione *f*

**Vorteil** *m* vantaggio *m;* **die Vor- u Nachteile** il pro e il contro; **~e bringen** essere vantaggioso; **~e aus etw ziehen** trarre vantaggi da qc; **jdm gegenüber im ~ sein** essere in vantaggio su qu; **für jdn von ~ sein** essere vantaggioso per qu; **sich zu seinem ~ ändern** cambiare in meglio **vorteilhaft** *adj* vantaggioso; **das Kleid ist ~ für Sie** il vestito Le dona

**Vortrag** ['foːɐtraːk, *Pl:* 'foːɐtrɛːgə] <-(e)s, Vorträge> *m* ① (*Rede, Vorlesung*) conferenza *f;* (*Bericht*) rapporto *m;* **einen ~ halten** tenere una conferenza ② (*von Gedicht*) recitazione *f;* (*von Lied*) esecuzione *f*

**vor|tragen** <irr> *vt* ① (*Gedicht*) recitare, declamare; (*Lied*) eseguire ② (*darlegen*) esporre

**Vortragende** <ein -r, -n, -n> *mf* conferenziere, -a *m, f*

**Vortragsreihe** *f* ciclo *m* di conferenze

**vortrefflich** *adj* eccellente **Vortrefflichkeit** <-> *kein Pl. f* (*geh*) eccellenza *f*

**vor|treten** <irr> *vi sein* ① (*nach vorn treten*) farsi innanzi; **einen Schritt ~** fare un passo avanti ② (*fam: hervorragen*) sporgere

**Vortritt** <-s, -e> *m* ① (*Gelegenheit voranzugehen*) precedenza *f;* **einer Dame den ~ lassen** lasciar passare una signora ② (*CH: Vorfahrt*) precedenza *f*

**vorüber** [foˈryːbɐ] *adv* ① (*räumlich*) davanti; **an jdm/etw ~** davanti a qu/qc ② (*zeitlich*) passato

**vorüber|gehen** <irr> *vi sein* ① (*räumlich*) [**an jdm/etw**] **~** passare [davanti a qu/qc] ② (*zeitlich*) passare; (*zu Ende gehen*) cessare, finire **vorübergehend** *adj* temporaneo **Vorübergehende** <ein -r, -n, -n> *mf* passante *mf*

**Vorübung** *f* esercizio *m* preparatorio

**Voruntersuchung** *f* ① (MED) visita *f* preliminare ② (JUR) istruzione *f* preliminare **Vorurteil** *nt* pregiudizio *m* **vorurteilsfrei, vorurteilslos** *adj* senza [*o* esente da] pregiudizi **Vorväter** *mPl.* antenati *mpl* **Vorvergangenheit** *f* piucche[p]perfetto *m,* trapassato *m* **Vorverhandlung** *f* trattativa *f* preliminare **Vorverkauf** *m* prevendita *f* **Vorverkaufsstelle** *f* botteghino *m*

**vor|verlegen** <ohne ge-> *vt* anticipare

**vorvorgestern** *adv* tre giorni fa

**vorvorig** *adj* **~e Woche** due settimane fa **vor|wagen** *vr* **sich ~** avventurarsi avanti; **sich zu weit ~** avventurarsi troppo lontano

**Vorwahl** *f* ① (POL) elezione *f* preliminare ② (TEL) preselezione *f*

**Vorwählnummer** *f* prefisso *m* [teleselettivo]

**Vorwand** ['foːɐvant, *Pl:* 'foːɐvɛndə] <-(e)s, Vorwände> *m* pretesto *m,* scusa *f;* **etw zum ~ nehmen** prendere qc a pretesto;

**unter dem ~ etw zu tun** col pretesto di fare qc
**vor|wärmen** *vt* preriscaldare
**vor|warnen** *vt* preavvisare, mettere in guardia **Vorwarnung** *f* preallarme *m*
**vorwärts** ['fo:ɐ̯vɛrts *o* 'fɔrvɛrts] *adv* avanti
**Vorwärtsgang** *m* (TEC) marcia *f* avanti
**vorwärts|gehen** <irr> *vi* andare avanti, procedere **vorwärts|kommen** <irr> *vi* avanzare; (*vorankommen*) progredire
**Vorwäsche** <-, -n> *f* prelavaggio *m*
**vor|waschen** <irr> *vt* fare il prelavaggio
**Vorwaschgang** *m* prelavaggio *m*
**vorweg** [fo:ɐ̯'vɛk] *adv* ❶ (*vorher*) prima ❷ (*im Voraus*) in anticipo ❸ (*an der Spitze*) in testa ❹ (*fam: von vornherein*) a priori ❺ (*vor allem*) prima di tutto **vor|weg|nehmen** <irr> *vt* anticipare
**Vorweis** ['fo:ɐ̯vaɪs] <-es, -e> *m* (*CH*) esibizione *f* **vor|weisen** <irr> *vt* presentare
**vor|werfen** <irr> *vt* ❶ (*fig: tadeln*) [**jdm**] **etw ~** rimproverare qc [a qu] ❷ (*hinwerfen*) **jdm/einem Tier etw ~** gettare qc da mangiare a qu/un animale
**vorwiegend** I. *adj* prevalente II. *adv* in prevalenza
**Vorwissen** *nt* conoscenza *f* preliminare
**Vorwitz** *m* ❶ (*Neugier*) curiosità *f* ❷ (*Vorlautsein*) saccenteria *f*
**vorwitzig** *adj* ❶ (*neugierig*) curioso ❷ (*vorlaut*) saccente
**Vorwort**[1] <-(e)s, -e> *nt* prefazione *f*
**Vorwort**[2] <-(e)s, Vorwörter> *nt* (*A: Präposition*) preposizione *f*
**Vorwurf** *m* rimprovero *m;* (*Tadel*) biasimo *m;* **jdm etw zum ~ machen** rimproverare qu per qc; **sich** *dat* **wegen etw Vorwürfe machen** rimproverarsi di [*o* per] qc **vorwurfsvoll** *adj* [pieno] di rimprovero
**Vorzeichen** *nt* ❶ (*Anzeichen*) segno *m*, indizio *m;* (*Omen*) auspicio *m* ❷ (MAT) segno *m* ❸ (MUS) accidente *m*
**vorzeigbar** *adj* (*fam*) presentabile
**vor|zeigen** *vt* mostrare; (*vorlegen a*) presentare

**Vorzeit** *f* **in grauer ~** nella notte dei tempi
**vorzeitig** *adj* anticipato; (*zu früh*) prematuro, precoce **vorzeitlich** *adj* preistorico, antidiluviano
**vor|ziehen** <irr> *vt* ❶ (*nach vorn ziehen, vor etw ziehen*) tirare avanti; (*Vorhänge*) chiudere [tirando] ❷ (*her~*) tirare fuori ❸ (*lieber mögen*) **etw einer Sache** *dat* **~** preferire qc a qc ❹ (*früher als geplant erledigen*) anticipare
**Vorzimmer** *nt* anticamera *f*
**Vorzug** *m* ❶ *Sing.* (*Vorliebe*) preferenza *f;* (*Vorrang*) precedenza *f;* **einer Sache** *dat* **den ~ geben** dare la preferenza a qc ❷ (*gute Eigenschaft*) pregio *m*, merito *m;* (*Vorteil*) vantaggio *m;* **den ~ haben, dass ...** avere il pregio di +*inf* ❸ (*A: Auszeichnung für einen niedrigen Notendurchschnitt im Zeugnis*) lode *f*
**vorzüglich** [fo:ɐ̯'tsy:klɪç *o* 'fo:ɐ̯tsy:klɪç] *adj* eccellente; (*Wein, Essen*) squisito
**Vorzugspreis** *m* prezzo *m* di favore **vorzugsweise** *adv* (*mit Vorliebe*) preferibilmente, di preferenza; (*hauptsächlich*) principalmente
**Votum** ['vo:tʊm, *Pl:* 'vo:tən *o* 'vo:ta] <-s, Voten *o* Vota> *nt* voto *m*
**Voucher** ['vaʊtʃɐ] <-s, -(s)> *m o nt* (*Touristik*) voucher *m*, coupon *m*
**Voyeur(in)** [vɔa'jø:ɐ̯] *m(f)* voyeur *m*, guardone, -a *m, f*
**Voyeurismus** [voajø'rɪsmʊs] <-> *kein Pl. m* voyerismo *m*
**v. T.** *abk v* **vom Tausend** per mille
**vulgär** [vʊl'gɛːɐ̯] *adj* volgare
**Vulkan** [vʊl'ka:n] <-s, -e> *m* vulcano *m;* **erloschener/untätiger/tätiger ~** vulcano spento/inattivo/attivo **Vulkanausbruch** *m* eruzione *f* vulcanica **Vulkanfiber** *f* fibra *f* vulcanica
**vulkanisch** *adj* vulcanico
**vulkanisieren** [vʊlkani'zi:rən] <ohne ge-> *vt* vulcanizzare
**Vulkanismus** <-> *kein Pl. m* (GEOL) vulcanismo *m*

# Ww

**W, w** [ve:] <-, -(s)> *nt* W, w *f;* **W wie Wilhelm** vu doppia
**W** ① *abk v* **West[en]** O ② *abk v* **Watt** W
**Waadt** [va:t] *f* Vaud *m*
**Waage** ['va:gə] <-, -n> *f* ① (TEC) bilancia *f;* (*Personen~*) pesapersone *m;* **sich** *dat* **die ~ halten** [contro]bilanciarsi ② (ASTR) Bilancia *f;* **er/sie ist [eine] ~** è [della [*o* una]] Bilancia **Waagebalken** *m* giogo *m* della bilancia
**waag|e|recht** *adj* orizzontale
**Waagschale** *f* piatto *m* della bilancia; **er legt jedes Wort auf die ~** [sop]pesa ogni parola
**wabb|e|lig** ['vab(ə)lɪç] *adj* (*fam*) flaccido, floscio
**Wabe** ['va:bə] <-, -n> *f* favo *m* **wabenförmig** *adj* a nido d'ape **Wabenhonig** *m* miele *m* di favo
**wach** [vax] *adj* ① (*nicht schlafend*) sveglio; **~ werden** svegliarsi ② (*fig: aufgeweckt*) vivo, sveglio; (*Sinn, Verstand*) acuto, desto
**Wachablösung** *f* cambio *m* della guardia
**Wache** ['vaxə] <-, -n> *f* ① (*Wachdienst, -mannschaft, -posten*) guardia *f;* **~ haben** essere di guardia ② (*Wachlokal*) corpo *m* di guardia; (*Polizei~*) posto *m* di polizia ③ (*Kranken~*) veglia *f;* **bei jdm ~ halten** vegliare qu
**wachen** *vi* ① (*geh: wach sein*) essere sveglio ② (*Wache halten*) **bei jdm ~** vegliare qu ③ (*aufpassen*) **über jdn/etw ~** sorvegliare qu/qc
**Wachhund** *m* cane *m* da guardia **Wachmann** <-(e)s, -leute> *m* ① (*Wächter*) guardia *f* ② (*A: Polizist*) poliziotto *m*, vigile *m*
**Wacholder** [va'xɔldɐ] <-s, -> *m* ① (BOT) ginepro *m* ② (*~schnaps*) gin *m* **Wacholderschnaps** *m* gin *m*
**Wachposten** *s.* **Wach[t]posten**
**wach|rufen** <irr> *vt* (*Erinnerungen*) risvegliare; (*Vergangenheit*) evocare
**Wachs** [vaks] <-es, -e> *nt* cera *f;* **~ in jds Händen sein** (*fig*) essere molto accondiscendente con qu, essere nelle mani di qu
**wachsam** *adj* vigilante; (*Blick, Auge*) vigile
**Wachsamkeit** <-> *kein Pl. f* vigilanza *f*
**wachsartig** *adj* ceroso **wachsbleich** ['vaks'blaɪç] *adj* cereo **Wachsbohne** *f* fagiolino *m* di qualità gialla
**wachsen**[1] ['vaksən] <wächst, wuchs, gewachsen> *vi sein* ① (*größer werden*) crescere; **in die Breite/Höhe ~** crescere in larghezza/altezza; **sich** *dat* **einen Bart/die Haare ~ lassen** lasciarsi crescere la barba/i capelli ② (*fig: zunehmen*) aumentare, accrescersi; (*sich ausdehnen*) estendersi; **die ~de Rezession** l'aggravarsi della recessione; **mit ~der Sorge** con crescente preoccupazione; **jdm gewachsen sein** essere all'altezza di qu; **einer Sache** *dat* **nicht gewachsen sein** non essere all'altezza di una cosa
**wachsen**[2] ['vaksən] *vt* (*mit Wachs behandeln*) dare la cera a
**wächsern** ['vɛksən] *adj* (*a. fig*) cereo
**Wachsfigur** *f* figura *f* di cera **Wachsfigurenkabinett** *nt* museo *m* delle cere **Wachskerze** *f* candela *f* di cera **Wachsmalstift** *m* matita *f* cerata
**wächst** [vɛkst] *3. Pers. Sing. Präs. von* **wachsen**
**Wachstuch** *nt* tela *f* cerata
**Wachstum** <-s> *kein Pl. nt* crescita *f* **wachstumsfördernd** *adj* che favorisce la crescita **wachstumshemmend** *adj* che inibisce la crescita **Wachstumshormon** <-s, -e> *nt* ormone *m* della crescita **wachstumsorientiert** *adj* orientato alla crescita **Wachstumsrate** *f* (WIRTSCH) tasso *m* di crescita
**Wachtel** ['vaxtəl] <-, -n> *f* (ZOO) quaglia *f*
**Wächter[in]** ['vɛçtɐ] <-s, -; -, -nen> *m(f)* guardiano, -a *m, f;* (*Nacht~*) guardia *f*
**Wachtmeister** ['vaxtmaɪstɐ] *m* brigadiere *m* di polizia **Wach|t|posten** *m* guardia *f*, sentinella *f*
**Wachtraum** *m* sogno *m* ad occhi aperti **Wacht|t|urm** *m* torre *f* di osservazione
**Wach- und Schließgesellschaft** *f* società *f* di vigilanza notturna
**wack|e|lig** *adj* ① (*Stuhl, Tisch*) traballante; (*Zahn a.*) tentennante ② (*fam: schwach*) **~ auf den Beinen sein** reggersi male sulle gambe ③ (*fig fam: Unternehmen, Position*) vacillante
**Wackelkontakt** *m* contatto *m* difettoso
**wackeln** ['vakəln] *vi* ① *haben* (*Möbel*) traballare; (*Zahn a.*) tentennare; (*zittern*) tremare; **mit den Ohren ~** muovere le orecchie ② *haben* (*fig fam: Herrschaft, Position*) vacillare, essere traballante ③ *sein* (*unsicher gehen*) barcollare
**Wackelpeter** <-s, -> *m*, **Wackelpudding** *m* (*fam*) budino *m* di gelatina

**wacker** ['vakɐ] *adj* ❶ (*rechtschaffen, brav*) onesto, probo ❷ (*tapfer*) valoroso ❸ (*tüchtig*) valente
**wacklig** *s.* **wack[e]lig**
**Wade** ['va:də] <-, -n> *f* polpaccio *m* **Wadenkrampf** *m* crampo *m* del polpaccio **Wadenwickel** *m* impacco *m* surale
**Waffe** ['vafə] <-, -n> *f* arma *f*; **zu den ~n rufen** chiamare alle armi; **die ~n strecken** deporre le armi; (*fig*) darsi per vinto; **jdn mit seinen eigenen ~n schlagen** (*fig*) battere qu con i suoi stessi argomenti
**Waffel** ['vafəl] <-, -n> *f* wafer *m*, cialda *f* **Waffeleisen** *nt* stampo *m* per cialde **Waffenbesitz** *m* detenzione *f* di armi; **illegaler ~** detenzione illegale di armi **Waffenembargo** <-s, -s> *nt* embargo *m* delle armi **Waffengattung** *f* arma *f* **Waffengewalt** *f* **mit ~** con la forza delle armi **Waffenhandel** *m* traffico *m* d'armi **Waffenhändler(in)** *m(f)* trafficante *mf* d'armi **Waffenlager** *nt* deposito *m* di armi **Waffenlieferung** *f* fornitura *f* di armi **Waffenruhe** *f* tregua *f* **Waffenschein** *m* porto *m* d'armi **Waffenschmuggel** *m* contrabbando *m* di armi **Waffenstillstand** *m* armistizio *m* **Waffenstillstandsverhandlungen** *fPl.* trattative *fpl* d'armistizio **Waffensystem** *nt* sistema *m* di armamenti
**wag|e|halsig** ['va:khalzɪç ('va:gəhalzɪç)] *adj* ❶ (*Mensch*) spericolato ❷ (*Unternehmen*) rischioso
**Wagemut** ['va:gəmu:t] <-(e)s> *kein Pl. m* temerarietà *f*, audacia *f*
**wagemutig** *adj* ardimentoso, audace
**wagen** ['va:gən] **I.** *vt* ❶ (*sich nicht scheuen*) osare; [**es**] **~ etw zu tun** osar fare qc; **wage bloß nicht, mir zu widersprechen!** e non osare contraddirmi! ❷ (*riskieren*) rischiare; **dieser Ausschnitt ist sehr gewagt** questo scollo è molto ardito; **wer nicht wagt, der nicht gewinnt** (*prov*) chi non risica non rosica **II.** *vr* **sich ~ [etw zu tun]** osar fare qc; **sich nicht aus dem Haus ~** non osare uscire di casa
**Wagen** ['va:gən] <-s, -> *m* ❶ (*Personen-~*) macchina *f*, automobile *f*; (*Liefer-~*) furgone *m* ❷ (*Zirkus-~, Plan-~*) carro *m*; (*Pferde-~, Straßenbahn-~*) vettura *f*; (*Eisenbahn-~*) vagone *m* ❸ (*Einkaufs-~*) carrello *m*; (*Puppen-~, Kinder-~*) carrozzina *f* ❹ (*Schreibmaschinen-~*) carrello *m* ❺ (ASTR) **der Große/Kleine ~** l'Orsa Maggiore/Minore **Wagendach** *nt* tetto *m* di vettura **Wagenfenster** *nt* finestrino *m* della macchina **Wagenführer** *m* conducente *m* **Wagenheber** *m* cricco *m*, martinetto *m* **Wagenkolonne** *f* colonna *f* di autoveicoli **Wagenladung** *f* carrata *f* **Wagenpark** *m* parco *m* di veicoli; (FERR) parco *m* di vagoni **Wagenpflege** *f* manutenzione *f* dell'automobile **Wagenrad** *nt* ruota *f* della vettura **Wagenschlag** *m* portiera *f* **Wagentür** *f* portiera *f* **Wagenwäsche** *f* lavaggio *m* dell'automobile
**Wag|g|on** [vaˈgõ: *o* vaˈgɔŋ] <-s, -s> *m* vagone *m*
**wag|g|onweise** *adv* a vagoni
**waghalsig** ['va:khalzɪç] *adj* ❶ (*Mensch*) spericolato, temerario ❷ (*Unternehmen*) rischioso
**Wagnis** ['va:knɪs] <-ses, -se> *nt* ❶ (*Risiko*) rischio *m*; **ein ~ auf sich nehmen** assumersi un rischio ❷ (*Unternehmen*) impresa *f* rischiosa
**Wahl** [va:l] <-, -en> *f* ❶ (*a. Aus-~, Qualität*) scelta *f*; (*zwischen zwei Möglichkeiten*) alternativa *f*; **erste ~** (WIRTSCH) prima scelta; **nach ~** a scelta; **seine ~ treffen** fare una scelta; **keine [andere] ~ haben [, als ...]** non avere [altra] possibilità di scelta [che ...]; **wer die ~ hat, hat die Qual** (*prov*) non avere che l'imbarazzo della scelta ❷ (POL) elezione *f*; **sich zur ~ aufstellen lassen** farsi presentare [come candidato] alle elezioni; **zur ~ gehen** andare alle urne
**Wahlalter** *nt* età *f* elettorale **Wahlaufruf** *m* manifesto *m* elettorale **Wahlausgang** *m* risultato *m* delle elezioni **Wahlausschuss** *m* commissione *f* elettorale
**wählbar** *adj* eleggibile **Wählbarkeit** <-> *kein Pl. f* eleggibilità *f*
**Wahlbenachrichtigung** *f* certificato *m* elettorale **wahlberechtigt** *adj* avente diritto di voto **Wahlberechtigte** <ein -r, -n, -n> *mf* elettore, -trice *m*, *f* **Wahlberechtigung** <-, -en> *f* diritto *m* al voto **Wahlbeteiligung** *f* partecipazione *f* elettorale, affluenza *f* alle urne; **eine hohe ~** un'elevata percentuale di votanti **Wahlbetrug** <-(e)s> *kein Pl. m* broglio *m* elettorale **Wahlbezirk** *m* circoscrizione *f* elettorale
**wählen** ['vɛ:lən] **I.** *vt* ❶ (*aus-~*) scegliere ❷ (POL) eleggere; **jdn zum Abgeordneten ~** eleggere qu deputato; **jdn in den Bundestag ~** eleggere qu alla camera dei deputati ❸ (TEL: *Nummer*) comporre **II.** *vi* ❶ (*aus-~*) scegliere ❷ (POL: *abstimmen*) votare ❸ (TEL) comporre [il numero]
**Wähler(in)** <-s, -; -, -nen> *m(f)* elettore,

-trice *m, f,* votante *mf* **Wählerauftrag** *m* mandato *m* elettorale

**Wahlerfolg** *m* successo *m* elettorale **Wahlergebnis** *nt* risultato *m* elettorale

**Wählerin** *f s.* **Wähler**

**wählerisch** *adj* (*Käufer, Kunden*) difficile; (*im Essen*) schizzinoso

**Wählerliste** *f* lista *f* elettorale **Wählerschaft** <-> *kein Pl. f* elettorato *m* **Wählerschicht** *f* fascia *f* dell'elettorato **Wählerstimme** <-, -n> *f* voce *f* degli elettori **Wählerwille** *m* volontà *f* elettorale

**Wahlfach** *nt* (*Schule*) materia *f* facoltativa **wahlfrei** *adj* (*Schulfach*) facoltativo **Wahlgang** *m* votazione *f;* **im ersten ~** al primo scrutinio **Wahlgeheimnis** *nt* segreto *m* elettorale **Wahlheimat** *f* patria *f* d'elezione **Wahlkampf** *m* lotta *f* elettorale **Wahlkreis** *m* circoscrizione *f* elettorale **Wahllokal** *nt* seggio *m* elettorale

**wahllos** *adv* a caso

**Wahlmann** *m* delegato *m* **Wahlniederlage** *f* sconfitta *f* elettorale **Wahlpflicht** *f* obbligo *m* di votare [*o* di voto] **Wahlpflichtfach** *nt* materia *f* facoltativa **Wahlplakat** *nt* manifesto *m* elettorale **Wahlprogramm** *nt* programma *m* elettorale **Wahlpropaganda** *f* propaganda *f* elettorale **Wahlrecht** <-(e)s> *kein Pl. nt* ❶ (*Recht*) diritto *m* di voto; **aktives/passives ~** elettorato attivo/passivo; **allgemeines ~** suffragio universale ❷ (*Gesetz*) diritto *m* elettorale **Wahlrede** *f* discorso *m* elettorale **Wahlredner(in)** *m(f)* oratore, -trice *m, f* elettorale

**Wählscheibe** *f* disco *m* combinatore

**Wahlschein** *m* certificato *m* elettorale **Wahlsieg** *m* vittoria *f* elettorale **Wahlsieger(in)** <-s, -; -, -nen> *m(f)* vincitore, -trice *m, f* delle elezioni **Wahlsprengel** <-s, -> *m* (*A:* POL: *Wahlbereich mit einem Wahllokal*) seggio *m* elettorale **Wahlspruch** *m* motto *m,* divisa *f* **Wahlsystem** *nt* sistema *m* elettorale **Wahltag** *m* giorno *m* delle elezioni

**Wählton** <-(e)s, -töne> *m* bip *m,* segnale acustico percettibile componendo un numero di telefono

**Wahlurne** *f* urna *f* elettorale **Wahlverhalten** *nt* (POL) comportamento *m* elettorale **Wahlversammlung** *f* comizio *m* elettorale **Wahlversprechen** *nt* promessa *f* elettorale

**wahlweise** *adv* a scelta

**Wahn** [vaːn] <-(e)s> *kein Pl. m* ❶ (*geh: ~vorstellung*) illusione *f* ❷ (MED) mania *f*

**wähnen** ['vɛːnən] *vt* (*geh*) ritenere [erroneamente], credere, supporre; **sich sicher ~** credersi sicuro

**Wahnsinn** *m* ❶ (MED) demenza *f* ❷ (*fam: Unvernunft*) follia *f,* pazzia *f;* **das ist doch |heller| ~!** è pura follia! **wahnsinnig I.** *adj* ❶ (*verrückt*) pazzo, folle; (MED) demente, alienato; **jdn ~ machen** (*fam*) far impazzire qu ❷ (*fam: außerordentlich*) straordinario, enorme; (*Hunger*) tremendo; **~e Schmerzen** (*fam*) dolori atroci **II.** *adv* (*fig fam: sehr*) enormemente, moltissimo; **ich habe mich ~ darüber gefreut** (*fam*) mi ha fatto un gran piacere **Wahnsinnige** <ein -r, -n, -n> *mf* pazzo, -a *m, f* **Wahnsinnstat** *f* gesto *m* folle

**Wahnvorstellung** *f* fissazione *f*

**Wahnwitz** <-es> *kein Pl. m* follia *f,* pazzia *f* **wahnwitzig** *adj* folle, pazzesco

**wahr** [vaːɐ̯] *adj* ❶ (*der Wahrheit entsprechend*) vero; (*~heitsgetreu*) veridico, veritiero; **nicht ~?** [nev]vero?; **daran ist kein ~es Wort** non c'è nulla di vero in questo; **so ~ ich hier stehe** com'è vero che sto qui; **das darf doch nicht ~ sein!** (*fam*) non è possibile! ❷ (*wirklich*) reale; (*echt*) autentico; **~ werden** realizzarsi; **etw ~ machen** realizzare qc; **er hat sein Versprechen ~ gemacht** ha mantenuto la [sua] promessa; **sein ~es Gesicht zeigen** togliersi la maschera; **im ~sten Sinne des Wortes** nel vero senso della parola ❸ (*ausgesprochen*) vero e proprio; **eine ~e Pracht** una vera meraviglia

**wahren** ['vaːrən] *vt* (*geh*) ❶ (*be~*) mantenere; (*a. Geheimnis*) custodire; **den Schein ~** salvare le apparenze ❷ (*Interessen, Rechte*) tutelare, salvaguardare

**währen** ['vɛːrən] *vi* (*geh*) [per]durare; **was lange währt, wird endlich gut** (*prov*) ciò che dura a lungo porta buoni frutti

**während** ['vɛːrənt] **I.** *prp* +*gen o dat* durante **II.** *konj* mentre

**währenddessen** [vɛːrənt'dɛsən] *adv* intanto, frattanto

**wahr|haben** *vt* **nicht ~ wollen, dass ...** non voler ammettere che +*conj*

**wahrhaft I.** *adj* (*geh: echt, ehrlich*) vero; (*wirklich*) reale **II.** *adv* (*geh*) veramente

**wahrhaftig** [vaːɐ̯'haftɪç] **I.** *adj* (*geh: wahrheitsliebend*) veritiero, verace **II.** *adv* (*geh: tatsächlich*) veramente, davvero; **~!** davvero!

**Wahrheit** <-, -en> *f* verità *f;* **in ~** in verità; **um die ~ zu sagen** a dire il vero; **das ist die reine ~** è la pura verità

**wahrheitsgemäß, wahrheitsgetreu** *adv* conformemente alla verità
**wahrlich** *adv* (*geh*) veramente
**wahrnehmbar** *adj* percettibile
**wahr|nehmen** <irr> *vt* ❶ (*Geräusch, Geruch*) percepire ❷ (*bemerken*) accorgersi di ❸ (*Chance, Gelegenheit*) approfittare di, cogliere; (*Termin, Frist*) rispettare; (*Interessen*) tutelare, salvaguardare
**Wahrnehmung** <-, -en> *f* ❶ (*sinnlich*) percezione *f* ❷ (*von Termin*) osservanza *f*; (*von Interessen*) tutela *f*, salvaguardia *f*
**wahrsagen, wahr|sagen** I. *vt* predire il futuro, vaticinare; **sich** *dat* ~ **lassen** farsi predire il futuro II. *vt* predire **Wahrsager(in)** <-s, -; -, -nen> *m(f)* indovino, -a *m, f*, vaticinatore, -trice *m, f*
**Wahrsagerei**[1] <-> *kein Pl. f* (*pej: das Wahrsagen*) profezia *f*, vaticinio *m*
**Wahrsagerei**[2] <-, -en> *f* (*pej: Äußerung*) dichiarazione *f* arbitraria
**Wahrsagerin** <-, -nen> *f s.* **Wahrsager**
**Wahrsagung** <-, -en> *f* ❶ *Sing.* (*das Wahrsagen*) predizione *f*, divinazione *f* ❷ (*Prophezeiung*) profezia *f*, vaticinio *m*
**währschaft** ['vɛːɐ̯ʃaft] *adj* (*CH*) ❶ (*tüchtig, kräftig*) robusto, forte ❷ (*solide*) resistente, robusto; **ein ~es Kleidungsstück** un capo d'abbigliamento resistente
**wahrscheinlich** [vaːɐ̯'ʃaɪnlɪç] I. *adj* probabile; **es ist nicht ~, dass …** non è probabile che +*conj* II. *adv* probabilmente
**Wahrscheinlichkeit** <-, -en> *f* probabilità *f*; **aller ~ nach** con ogni probabilità; **wie groß ist die ~, dass …?** quali probabilità ci sono che +*conj*? **Wahrscheinlichkeitsgrad** *m* grado *m* di probabilità **Wahrscheinlichkeitsrechnung** *f* calcolo *m* delle probabilità
**Wahrung** <-> *kein Pl. f* tutela *f*, salvaguardia *f*
**Währung** ['vɛːrʊŋ] <-, -en> *f* valuta *f*, moneta *f*
**Währungsausgleich** *m* conguaglio *m* dei cambi **Währungsbuchhaltung** <-, -en> *f* (FIN) contabilità *f* valutaria **Währungseinheit** *f* unità *f* monetaria **Währungsfonds** *m* fondo *m* monetario **Währungsgebiet** *nt* zona *f* monetaria **Währungsinstitut** *nt* istituto *m* monetario; **das Europäische ~** l'Istituto monetario europeo **Währungskonferenz** *f* conferenza *f* monetaria **Währungskorb** *m* paniere *m* valutario **Währungsordnung** *f* ordinamento *m* valutario **Währungspolitik** <-> *kein Pl. f* politica *f* monetaria; **die gemeinsame ~ der Mit-** **gliedsstaaten der Europäischen Union** la politica monetaria unica degli Stati membri dell'Unione europea **Währungsraum** <-(e)s, -räume> *m* (FIN) zona *f* monetaria **Währungsreform** *f* riforma *f* monetaria **Währungsspaltung** <-, -en> *f* scissione *f* monetaria **Währungssystem** *nt* sistema *m* monetario; **das Europäische ~** il sistema monetario europeo **Währungsumstellung** *f* conversione *f* monetaria **Währungsunion** *f* unione *f* monetaria; **Europäische ~** unione monetaria europea
**Wahrzeichen** *nt* emblema *m*, simbolo *m*
**Waise** ['vaɪzə] <-, -n> *f* orfano, -a *m, f* **Waisenhaus** *nt* orfanotrofio *m* **Waisenkind** *nt* orfano, -a *m, f* **Waisenrente** *f* prestazione *f* agli orfani
**Wal** [vaːl] <-(e)s, -e> *m* (ZOO) balena *f*
**Wald** [valt, *Pl:* 'vɛldɐ] <-(e)s, Wälder> *m* bosco *m*, selva *f*; (*fig a*) foresta *f*; **den ~ vor Bäumen nicht sehen** (*fam*) non vedere quello che si ha sotto il naso; (*fig*) perdere di vista la foresta nella foga di focalizzare un ramoscello; **ich glaub', ich steh' im ~!** (*fam*) non credo ai miei occhi!; **wie man in den ~ hineinruft, so schallt es heraus** (*prov*) chi la fa, l'aspetti **Waldarbeiter** *m* boscaiolo *m* **Waldbestand** *m* patrimonio *m* forestale **Waldbrand** *m* incendio *m* di bosco **Walderdbeere** *f* fragolina *f* di bosco **Waldhorn** *nt* corno *m* da caccia **Waldhüter** *m* guardia *f* forestale, guardaboschi *m*
**waldig** *adj* boscoso, boschivo
**Waldlauf** *m* corsa *f* nel bosco **Waldlehrpfad** *m* sentiero *m* per l'educazione botanica **Waldmeister** *m* (BOT) asperula *f* [odorosa], mughetto *m* dei boschi *fam*
**Waldorfschule** ['valdɔrfʃuːlə] *f* scuola *f* steineriana, *scuola privata fondata da Waldorf che ha sviluppato una metodologia didattica basata sullo sviluppo delle capacità creative degli alunni*
**Waldrand** *m* margine *m* del bosco; **am ~** ai margini del bosco **waldreich** *adj* ricco di boschi, boscoso **Waldschaden** *m* danno *m* forestale **Waldsterben** *nt* moria *f* dei boschi
**Waldung** <-, -en> *f* zona *f* boscosa
**Waldweg** *m* sentiero *m* di bosco **Waldwiese** *f* prato *m* boschivo **Waldwirtschaft** *f* economia *f* forestale
**Wales** [weɪls] <-> *nt* Galles *m*
**Walfang** *m* caccia *f* alla balena **Walfänger** ['vaːlfɛŋɐ] *m* ❶ (*Mensch*) baleniere *m* ❷ (*Boot*) baleniera *f* **Walfisch** *s.* **Wal**

Waliser → Wandrer

**Waliser(in)** [vaˈliːzɐ] <-s, -; -, -nen> *m(f)* gallese *mf*
**Walkie-Talkie** <-(s), -s> *nt* walkie-talkie *m*
**Walkman®** <-s, -men> *m* walkman® *m*
**Wall** [val, *Pl:* ˈvɛlə] <-(e)s, Wälle> *m* (*Erd~*) vallo *m*, terrapieno *m*; (*Schutz~*) bastione *m*
**Wallach** [ˈvalax] <-(e)s, -e> *m* (ZOO) cavallo *m* castrato
**wallen** [ˈvalən] *vi* (*sprudeln*) [ri]bollire; (*wogen*) ondeggiare; **~ des Haar** capelli fluenti; **~ des Gewand** veste fluttuante
**Wallfahrer(in)** <-s, -; -, -nen> *m(f)* pellegrino, -a *m, f*
**Wallfahrt** [ˈvalfaːɐ̯t] *f* pellegrinaggio *m*
**Wallfahrtskirche** *f* santuario *m* **Wallfahrtsort** *m* luogo *m* di pellegrinaggio
**Wallis** [ˈvalɪs] *nt* Vallese *m*
**Wallung** <-, -en> *f* ebollizione *f*; (*fig*) bollore *m*, agitazone *f*; **in ~ bringen** mettere in agitazione
**Walnuss** [ˈvalnʊs] *f* noce *f* **Walnussbaum** *m* noce *m*
**Walross** [ˈvalrɔs] *nt* (ZOO) tricheco *m*
**walten** [ˈvaltən] *vi* (*geh*) agire; **Gnade/Vernunft ~ lassen** usare clemenza/la ragione
**Walzblech** *nt* lamiera *f* laminata
**Walze** [ˈvaltsə] <-, -n> *f* rullo *m*; (TYP) cilindro *m*
**walzen** [ˈvaltsən] *vt* (*glätten*) cilindrare, spianare col rullo; (*Metall, Stahl*) laminare
**wälzen** [ˈvɛltsən] I. *vt* ① (*rollen*) rotolare; **die Schuld auf jdn ~** scaricare la colpa su qu ② (*fam: Akten, Bücher*) scartabellare; (*Probleme*) rimuginare II. *vr* **sich ~** rotolarsi; **sich schlaflos im Bett ~** rigirarsi nel letto senza riuscire a dormire
**walzenförmig** [ˈvaltsənfœrmɪç] *adj* cilindrico
**Walzer** [ˈvaltsɐ] <-s, -> *m* valzer *m*
**Wälzer** <-s, -> *m* (*fam*) volumone *m*
**Walzstraße** *f* treno *m* di laminazione [*o* di rulli] **Walzwerk** *nt* laminatoio *m*
**Wampe** [ˈvampə] <-, -n> *f* (*fam pej*) pancione *m*
**Wams** [vams, *Pl:* ˈvɛmzə] <-es, Wämser> *nt* farsetto *m*
**wand** [vant] *1. u. 3. Pers. Sing. Imp. von* **winden**¹
**Wand** [vant, *Pl:* ˈvɛndə] <-, Wände> *f* parete *f*; **spanische ~** paravento *m*; **in meinen vier Wänden** a casa mia; **weiß wie die ~** bianco come un cencio; **jdn an die ~ spielen** (*fig*) superare qu; **mit dem Kopf durch die ~ wollen** (*fig fam*) volere la quadratura del cerchio; **mit dem Kopf** 

1668

**gegen die ~ rennen** (*fig*) sbattere la testa contro il muro; **da kann man ja die Wände hochgehen!** (*fam*) c'è da impazzire! **Wandbehang** *m* arazzo *m*
**Wandel** [ˈvandəl] <-s> *kein Pl. m* mutamento *m*, cambiamento *m*, trasformazione *f*; **im ~ der Zeiten** nel mutamento dei tempi
**wandelbar** *adj* (*geh*) mutevole, variabile
**Wandelgang** *m*, **Wandelhalle** *f* portico *m*
**wandeln** [ˈvandəln] I. *vi sein* (*geh: gehen*) camminare, passeggiare; **sie ist ein ~ des Wörterbuch** (*fam scherz*) è un dizionario ambulante II. *vt* cambiare, mutare III. *vr* **sich ~** cambiare, mutare
**Wanderarbeiter** *m* lavoratore *m* stagionale **Wanderausstellung** *f* esposizione *f* itinerante **Wanderbühne** *f* compagnia *f* ambulante **Wanderdüne** *f* duna *f* mobile
**Wanderer** [ˈvandərə] <-s, -> *m* viandante *m*, escursionista *m*
**Wanderfalke** <-n, -n> *m* falco *m* pellegrino
**Wanderin** [ˈvandərɪn] <-, -nen> *f* viandante *f*, escursionista *f*
**Wanderkarte** *f* carta *f* topografica [per escursionisti]
**wandern** [ˈvandən] *vi sein* ① (*gehen*) camminare ② (*einen Ausflug machen*) fare un'escursione ③ (*umherschweifen*) vagabondare; (*Blicke a.*) errare; (*Gedanken*) correre
**Wanderniere** *f* rene *m* migrante [*o* mobile] **Wanderpokal** *m* coppa *f* challenge **Wanderprediger** *m* predicatore *m* ambulante **Wanderschaft** <-> *kein Pl. f* viaggio *m* [a piedi], giro *m*; **auf ~ gehen** andare in giro per il mondo; **auf der ~** in viaggio per il mondo **Wandersmann** <-(e)s, -leute> *m* (*poet*) viandante *m* **Wandertag** *m* giorno *m* di escursione
**Wanderung** <-, -en> *f* ① (*Ausflug*) gita *f*, escursione *f* ② (*von Tieren, Völkern*) migrazione *f*
**Wanderverein** *m* circolo *m* escursionistico **Wanderweg** *m* sentiero *m* [per escursioni] **Wanderzirkus** *m* circo *m* itinerante
**Wandgemälde** *nt* pittura *f* murale **Wandkalender** *m* calendario *m* murale **Wandkarte** *f* carta *f* murale **Wandlampe** *f* lampada *f* a muro, applique *f*
**Wandlung** [ˈvandlʊŋ] <-, -en> *f* ① (*Veränderung*) cambiamento *m*; (*Verwandlung*) trasformazione *f* ② (REL) transustanziazione *f* **wandlungsfähig** *adj* trasformabile

**Wandrer(in)** *m(f) s.* **Wanderer**

**Wandschrank** *m* armadio *m* a muro
**Wandspiegel** *m* specchio *m* da parete
**Wandtafel** *f* lavagna *f* a muro
**wandte** ['vantə] *1.u. 3.Pers. Sing. Imp. von* **wenden**²
**Wandteller** *m* piatto *m* murale **Wandteppich** *m* arazzo *m* **Wanduhr** *f* orologio *m* a muro **Wandzeitung** *f* giornale *m* murale, dazebao *m*
**Wange** ['vaŋə] <-, -n> *f* (*geh*) guancia *f*, gota *f poet;* ~ **an** ~ guancia a guancia
**Wankelmotor** ['vaŋkəlmoːtoːɐ] *m* motore *m* Wankel [*o* a pistone rotante]
**Wankelmut** ['vaŋkəlmuːt] *m* (*geh*) incostanza *f*, volubilità *f* **wankelmütig** ['vaŋkəlmyːtɪç] *adj* (*geh*) incostante, volubile
**wanken** ['vaŋkən] *vi* ① *haben* (*schwanken*) vacillare; **ins Wanken geraten** cominciare a vacillare ② *sein* (*schwankend gehen*) camminare barcollando
**wann** [van] *adv* quando; **seit** ~? da quando?; **bis** ~? fino a quando?; **von** ~ **bis** ~? da quando a quando?; **ich weiß nicht,** ~ **sie kommt** non so quando verrà; ~ **auch immer** in qualsiasi momento
**Wanne** ['vanə] <-, -n> *f* (*Bade*~) vasca *f*; (*Wasch*~) bacinella *f*; (MOT: *Öl*~) coppa *f* [dell'olio] **Wannenbad** *nt* bagno *m* in vasca
**Wanst** [vanst, *Pl:* 'vɛnstə] <-es, Wänste> *m* (*fam pej*) pancione *m;* **sich** *dat* **den** ~ **vollschlagen** rimpinzarsi
**Wanze** ['vantsə] <-, -n> *f* ① (ZOO) cimice *f* ② (TEC: *Abhör*~) microspia *f*
**WAP-Handy** *nt* [telefono *m* cellulare] wap *m*, Wappi *m*
**Wappen** ['vapən] <-s, -> *nt* stemma *m*, blasone *m* **Wappenkunde** *f* araldica *f* **Wappenschild** *m* scudo *m* **Wappentier** *nt* animale *m* araldico
**wappnen** ['vapnən] *vr* **sich gegen etw** ~ (*geh*) armarsi contro qc
**war** [vaːɐ̯] *1.u. 3.Pers. Sing. Imp. von* **sein**¹
**warb** [varp] *1.u. 3.Pers. Sing. Imp. von* **werben**
**Ware** ['vaːrə] <-, -n> *f* merce *f*; (*Artikel*) articolo *m;* **eine** ~ **führen** tenere una merce; **heiße** ~ (*sl*) merce illegale **Warenangebot** *nt* offerta *f* di merce **Warenaufzug** *m* montacarichi *m* **Warenautomat** *m* distributore *m* automatico **Warenbegleitschein** *m* (ADM) documento *m* d'accompagnamento merci **Warenbestand** *m* stock *m* **Warenhaus** *nt* grande magazzino *m* **Warenhauskette** *f* catena *f* di grandi magazzini **Warenkorb** *m* paniere *m* **Warenlager** *nt* magazzino *m* **Warensendung** *f* spedizione *f* di merci **Warenumsatzsteuer** <-, -n> *f* (CH: FIN: *auf den Warenumsatz erhobene Steuer*) tassa *f* d'importazione **Warenzeichen** *nt* marchio *m* di fabbrica; **eingetragenes** ~ marchio registrato
**warf** [varf] *1.u. 3.Pers. Sing. Imp. von* **werfen**
**Warlord** ['vɔːɐ̯lɔrt] <-s, -s> *m* signore *m* della guerra
**warm** [varm] <wärmer, wärmste> *adj* ① (*allg, a Farben, Töne*) caldo; **es ist** ~ fa caldo; **mir ist** ~ ho caldo; ~ **halten** (*Kleidung*) tenere caldo; **zieh dich** ~ **an!** vestiti pesante!, copriti bene!; ~ **machen** [ri]scaldare; **sich** ~ **laufen** riscaldarsi correndo; **den Motor** ~ **laufen lassen** far riscaldare il motore ② (*fig:* ~ *herzig*) caloroso, cordiale; **mit jdm nicht** ~ **werden** (*fam*) non entrare in confidenza con qu; **dieses Restaurant kann ich wärmstens empfehlen** posso raccomandare vivamente questo ristorante
**Warmblüter** ['varmblyːtɐ] <-s, -> *m* (ZOO) animale *m* a sangue caldo
**warmblütig** ['varmblyːtɪç] *adj* a sangue caldo
**Warmduscher** *m* (*fam*) rammollito *m*
**Wärme** ['vɛrmə] <-, *rar* -n> *f* caldo *m;* (*a. fig* PHYS) calore *m;* **ist das eine** ~ [**hier**]! che caldo fa [qui]!
**Wärmeaustausch** *m* scambio *m* termico **wärmebeständig** *adj* (TEC) resistente al calore **Wärmedämmung** <-, -en> *f* isolamento *m* termico **wärmeempfindlich** *adj* sensibile al calore **Wärmeenergie** *f* energia *f* termica **Wärmegrad** *m* grado *m* di temperatura **Wärmehaushalt** *m* bilancio *m* termico **Wärmekraftwerk** *nt* centrale *f* termica **Wärmelehre** *f* (PHYS) termologia *f* **Wärmeleiter** *m* conduttore *m* termico
**wärmen** I. *vt*, *vi* [ri]scaldare II. *vr* **sich** ~ [ri]scaldarsi
**Wärmepumpe** *f* pompa *f* di calore **Wärmequelle** *f* sorgente *f* termica **Wärmerückgewinnung** *f* recupero *m* termico **Wärmespeicher** *m* accumulatore *m* termico **Wärmestrahlung** *f* radiazione *f* termica **Wärmezufuhr** *f* apporto *m* di calore
**Wärmflasche** *f* borsa *f* dell'acqua calda
**Warmfront** <-, -en> *f* (METEO) fronte *m* caldo
**Warmhaltekanne** *f* thermos *m*

warm|halten <irr> vt (fam) sich dat jdn ~ tenersi buono qu
Warmhalteplatte f scaldavivande m
warmherzig adj caloroso, cordiale
Warmluft f aria f calda Warmluftzufuhr f afflusso m di aria calda
Warmmiete f (fam) affitto m comprensivo del riscaldamento
Warmstart <-(e)s, -s> m (INFORM) riavvio m
Warmwasserbereiter [varm'vɑsǝbǝraɪtǝ] <-s, -> m boiler m, scalda[a]cqua m Warmwasserheizung f riscaldamento m ad acqua Warmwasserspeicher m boiler m Warmwasserversorgung f approvvigionamento m di acqua calda
Warnanlage f dispositivo m d'allarme
Warnblinkanlage f (AUTO) lampeggiatori mpl Warndreieck nt (AUTO) triangolo m
warnen ['varnǝn] vt avvertire; jdn vor etw dat ~ mettere in guardia qu da qc; ich habe dich oft genug vor ihm gewarnt ti ho messo spesso in guardia da lui
warnend adj ammonitore
Warnmeldung f avviso m di pericolo
Warnruf m grido m d'allarme Warnschild nt segnale m di pericolo Warnschuss m colpo m in aria Warnsignal nt segnale m d'allarme Warnstreik m sciopero m d'avvertimento Warnton m suono m di avvertimento
Warnung <-, -en> f avviso m, avvertimento m; ~ vor etw dat avviso di qc; ohne vorherige ~ senza preavviso; das soll mir eine ~ sein mi servirà di lezione; das ist meine letzte ~ è il mio ultimo monito
Warnzeichen nt ❶ (Warnschild) segnale m di pericolo ❷ (fig: Warnsignal) segnale m premonitore
Warschau ['varʃaʊ] nt Varsavia f
Warschauer Pakt <-(e)s> kein Pl. m (POL) Patto m di Varsavia
Warte ['vartǝ] <-, -n> f (geh) belvedere m; von meiner ~ aus dal mio punto di vista
Wartefrist f periodo m di attesa
Wartehalle f s. Warteraum Warteliste f lista f d'attesa
warten ['vartǝn] I. vi auf jdn/etw ~ aspettare qu/qc; warte mal! aspetta un attimo!; mit etw ~ differire qc, ritardare qc; nicht auf sich ~ lassen non farsi attendere; darauf ~, dass ... attendere che +conj; worauf wartest du [denn] noch? cosa aspetti ancora?; na warte! (fam) aspetta!; da kannst du lange ~! (fam) chi di speranza vive disperato muore! prov II. vt (Maschine) revisionare; (Auto) controllare, revisionare

Warten <-s> kein Pl. nt attesa f; nach langem ~ dopo aver atteso a lungo
Wärter(in) ['vɛrtɐ] <-s, -; -, -nen> m(f) guardiano, -a m, f, custode mf; (Gefängnis~) secondino, -a m, f
Warteraum m, Wartesaal m sala f d'aspetto Warteschleife <-, -n> f ❶ (AERO) ~n ziehen volare in circolo ❷ (TEL) ich bin schon seit Minuten in der ~ sono in linea già da dieci minuti
Wartezeit f tempo m d'attesa Wartezimmer nt sala f d'aspetto
Wartung <-, -en> f ❶ (TEC) manutenzione f ❷ (MOT) [servizio m di] assistenza f [e manutenzione] wartungsfrei adj senza bisogno di manutenzione; dieses Gerät ist ~ questo apparecchio non necessita di manutenzione
warum [va'rʊm] adv perché, per quale ragione; ~ nicht? perché no?; ~ nicht gleich so? (fam) perché non [facciamo] subito così?
Warze ['vartsǝ] <-, -n> f ❶ (Haut~) verruca f ❷ (Brust~) capezzolo m
was [vas] I. pron inter che [cosa]; ~? (fam: wie bitte?) come?, cosa?; ~ für ein[e]? quale ...?, che ...?; ~ kostet das? quanto costa?; ~ ist geschehen? che cosa è successo?; ~ willst du? che vuoi?; ~ für ein Unsinn! che assurdità!; ~ Sie nicht sagen! che dice mai!, possibile!; ~ ist Ihr [o sind Sie von] Beruf? qual'è la Sua professione?; ach ~! (fam) macché!, ma va'!; das hättest du nicht gedacht, ~? (fam) non l'avresti pensato, vero? II. pron rel ciò che; nicht wissen, ~ man tun soll non sapere cosa fare; alles, ~ ... tutto ciò che ...; das Beste, ~ ... il meglio che ...; [das,] ~ er sagt ciò che dice; ~ du auch [immer] sagen magst qualunque cosa tu dica III. pron indef (fam: etwas) qualche cosa, qualcosa; das ist ~ anderes è un'altra cosa; das ist immerhin ~ è già qualcosa; ist ~? c'è qualcosa [che non va]?; hat man so ~ schon gesehen? s'è mai vista una cosa simile?; nein, so ~! che roba!; (erstaunt) una cosa simile!
Waschanlage f ❶ (Auto~) stazione f di lavaggio ❷ (Scheiben~) impianto m di lavaggio Waschanleitung f istruzioni fpl per il lavaggio waschbar adj lavabile
Waschbär m (ZOO) procione m Waschbecken nt lavandino m, lavabo m
Waschbeton <-s, -e> m cemento m bianco Waschbeutel m beauty case m

**Waschbrett** nt asse m per lavare **Waschbrettbauch** m addome m palestrato

**Wäsche** ['vɛʃə] <-, -n> f ❶ Sing. (Bett~, Tisch~, Unter~) biancheria f; **dumm aus der ~ gucken** (fam) fare una faccia da stupido ❷ (das Waschen) lavaggio m ❸ Sing. (~ zum Waschen) bucato m; **~ waschen** fare il bucato; **seine schmutzige ~ [vor anderen Leuten] waschen** (fig) sciorinare i propri panni sporchi [davanti a tutti]

**waschecht** adj ❶ (Farbe) solido; (Kleidungsstück) lavabile ❷ (fig: typisch) purosangue

**Wäschegeschäft** nt negozio m di biancheria **Wäscheklammer** f molletta f da bucato **Wäschekorb** <-(e)s, -körbe> m cesto m della biancheria sporca **Wäscheleine** f corda f per il bucato **Wäschemangel** f mangano m [per biancheria]

**waschen** ['vaʃən] <wäscht, wusch, gewaschen> I. vt lavare II. vi fare il bucato; **Waschen und Legen** (beim Friseur) lavaggio e messa in piega III. vr **sich ~** lavarsi; **eine Ohrfeige, die sich gewaschen hat** (fam) un sonoro ceffone

**Wäscherei** [vɛʃəˈraɪ] <-, -en> f lavanderia f **Wäscheschleuder** f centrifuga f [della lavatrice] **Wäscheschrank** m armadio m della biancheria **Wäscheständer** m stenditoio m **Wäschetrockner** <-s, -> m ❶ (EL) asciugatrice f ❷ (Ständer) stendibiancheria m **Wäschetruhe** f cassone m della biancheria; (für schmutzige Wäsche) cestino m per la biancheria sporca **Wäschezeichen** nt monogramma m [sulla biancheria]

**Waschgang** <-(e)s, -gänge> m lavaggio m **Waschhandschuh** m guanto m da bagno **Waschküche** f ❶ (Waschraum) lavanderia f, lavatoio m ❷ (fam: dichter Nebel) nebbia f fitta [o da tagliare col coltello] **Waschlappen** m ❶ (zum Waschen) strofinaccio m ❷ (fam pej: Feigling) uomo m di pasta frolla, pappa f molle **Waschmaschine** f lavatrice f **waschmaschinenfest** adj resistente al lavaggio in lavatrice **Waschmittel** nt detersivo m **Waschpulver** nt detersivo m [in polvere] **Waschraum** m lavatoio m, lavanderia f **Waschrumpel** <-, -n> f (A: Waschbrett) asse f per lavare **Waschsalon** m lavanderia f a gettoni **Waschschüssel** f catino m, bacinella f **Waschstraße** f (AUTO) impianto m di lavaggio [per autoveicoli]

**wäscht** [vɛʃt] 3. Pers. Sing. Präs. von **waschen**

**Waschtisch** m lavabo m

**Waschung** <-, -en> f abluzione f **Waschwanne** f vasca f per il bucato **Waschweib** nt (fig pej) chiacchierone, -a m, f, pettegolo, -a m, f **Waschzettel** m (TYP) scheda f bibliografica **Waschzeug** <-(e)s, -e> nt occorrente m per lavarsi

**Wasser** ['vasɐ] <-s, -> nt acqua f; **auf dem ~** sull'acqua; **unter ~** sott'acqua; (überflutet) allagato, inondato, sommerso; **Kölnisch ~** acqua di Colonia; **bei ~ und Brot** a pane e acqua; **~ abstoßend** [o **abweisend**] idrorepellente; **~ lassen** (urinieren) orinare; **ins ~ fallen** (fig fam) andare in fumo; **jdm nicht das ~ reichen können** (fig) non essere all'altezza di qu; **nahe am ~ gebaut haben** (fig fam) avere le lacrime in tasca; **mit allen ~n gewaschen sein** (fam) essere furbo di tre cotte, saperne una più del diavolo; **sich über ~ halten** galleggiare; (fig) tenersi a galla; **das ~ läuft mir im Munde zusammen** mi viene l'acquolina in bocca; **das ~ steht ihm bis zum Hals** (fig) ha l'acqua alla gola; **das ist ~ auf seine Mühle** (fig) questo porta acqua al suo mulino; **bis dahin fließt noch viel ~ den Bach** [o **den Rhein**] **hinunter** ha da passare molta acqua sotto i ponti **wasserabweisend** adj idrorepellente

**Wasseranschluss** m allacciamento m dell'acqua **wasserarm** adj povero d'acqua **Wasseraufbereitungsanlage** <-, -n> f impianto m di depurazione dell'acqua **Wasserbad** nt **im ~ kochen** cuocere a bagnomaria **Wasserball** m ❶ Sing. (Spiel) pallanuoto f ❷ (Ball) pallone m da pallanuoto **Wasserbecken** nt bacino m idrico **Wasserbehälter** m serbatoio m dell'acqua **Wasserbett** nt letto m idrostatico

**Wässerchen** ['vɛsɐçən] <-s, -> nt **er sieht aus, als ob er kein ~ trüben könnte** (fam) sembra un tipo che non farebbe male a una mosca

**Wasserdampf** m vapore m acqueo **wasserdicht** adj (NAUT) stagno; (Regenmantel, Uhr) impermeabile **wasserdurchlässig** adj permeabile **Wasserenthärter** <-s, -> m addolcitore m **Wasserfall** m cascata f; **wie ein ~ reden** (fam) parlare come un mulino [a vento] **Wasserfarbe** f acquerello m **wasserfest** adj resistente all'acqua **Wasserfleck** m macchia f d'acqua **Wasserfloh** m pulce f d'acqua **Wasserflugzeug** nt idrovolante m **wassergekühlt** adj raffreddato ad acqua **Wasserglas** *nt* ① (*Trinkglas*) bicchiere *m* da acqua ② *Sing.* (CHEM) silicato *m* di potassio **Wassergraben** *m* fossato *m* **Wassergymnastik** *f* acquagym *f* **Wasserhahn** *m* rubinetto *m* dell'acqua **Wasserhärte** <-, -n> *f* durezza *f* dell'acqua **Wasserhaushalt** *m* (BIOL, MED) bilancio *m* idrico **Wasserhuhn** *nt* folaga *f* **wässerig** ['vɛsərɪç] *adj* ① (*mit Wasser verdünnt*) annacquato ② (MED) sieroso ③ (*Suppe*) insipido, scipito; (*Obst*) acquoso

**Wasserkessel** *m* ① (*in Küche*) bollitore *m* ② (TEC) caldaia *f* **Wasserkocher** <-s, -> *m* bollitore *m* [per acqua] **Wasserkopf** *m* (MED) idrocefalo *m* **Wasserkraft** *f* energia *f* idraulica **Wasserkraftwerk** *nt* centrale *f* idroelettrica **Wasserkühlung** *f* raffreddamento *m* ad acqua **Wasserlauf** *m* corso *m* d'acqua **Wasserleitung** *f* conduttura *f* dell'acqua **Wasserlilie** *f* (BOT) ninfea *f* **Wasserlinie** *f* linea *f* di galleggiamento **wasserlöslich** *adj* idrosolubile **Wassermangel** *m* mancanza *f* [*o* penuria *f*] d'acqua **Wassermann** *m* (ASTR) Acquario *m*; **er/sie ist [ein] ~** è [dell' [*o* un]] Acquario **Wassermelone** *f* cocomero *m*, anguria *f* sett **Wassermühle** *f* mulino *m* ad acqua

**wassern** *vi haben o sein* ammarare
**wässern** ['vɛsən] *vt* ① (*stark begießen*) annaffiare ② (*Heringe*) dissalare
**Wasserpfeife** *f* pipa *f* ad acqua, narghilè *m* **Wasserpflanze** *f* pianta *f* acquatica **Wasserpistole** *f* pistola *f* ad acqua **Wasserpocken** *Pl.* varicella *f* **Wasserrad** *nt* ruota *f* idraulica **Wasserratte** *f* ① (ZOO) arvicola *f* ② (*fam scherz: eifriger Schwimmer*) pesce *m* **wasserreich** *adj* ricco d'acqua **Wasserreservoir** *nt* serbatoio *m* dell'acqua **Wasserrohr** *nt* tubo *m* dell'acqua **Wasserschaden** *m* danno *m* causato dall'acqua **Wasserscheide** *f* spartiacque *m* **wasserscheu** *adj* idrofobo **Wasserschloss** *nt* castello *m* circondato dall'acqua **Wasserschutzgebiet** *nt* riserva *f* naturale marina **Wasserschutzpolizei** *f* (*im Binnenland*) polizia *f* fluviale; (*an der Küste*) polizia *f* marittima **Wasserski** <-s> *kein Pl. nt* sci *m* nautico **Wasserspeicher** *m* serbatoio *m* dell'acqua **Wasserspeier** <-s, -> *m* doccione *m* **Wasserspiegel** *m* ① (*Wasserstand*) livello *m* dell'acqua ② (*Wasseroberfläche*) superficie *f* dell'acqua **Wasserspiele** *ntPl.* (*bei Brunnen*) giochi *mpl*

d'acqua **Wassersport** *m* sport *m* acquatico **Wasserspülung** *f* sciacquone *m* **Wasserstand** *m* livello *m* dell'acqua **Wasserstandsmeldung** *f* bollettino *m* sul livello dell'acqua **Wasserstoff** *m* (CHEM) idrogeno *m* **Wasserstoffbombe** *f* bomba *f* all'idrogeno, bomba *f* H **Wasserstoffperoxyd** ['vasəʃtɔfˈpɛrʔɔksyːt] <-(e)s, -e> *nt* (CHEM) acqua *f* ossigenata **Wasserstrahl** *m* getto *m* d'acqua **Wasserstraße** *f* via *f* d'acqua, idrovia *f* **Wassersucht** *f* idropisia *f* **Wassertemperatur** *f* temperatura *f* dell'acqua **Wassertropfen** *m* goccia *f* d'acqua **Wasserturm** *m* castello *m* d'acqua **Wasseruhr** *f* ① (HIST) clessidra *f* ② (*Wasserzähler*) contatore *m* dell'acqua

**Wasserung** <-, -en> *f* ammaraggio *m* **Wasserverbrauch** *m* consumo *m* d'acqua **Wasserverdrängung** *f* dislocamento *m* dell'acqua **Wasserverschmutzung** <-, -en> *f* inquinamento *m* delle acque **Wasserversorgung** *f* approvvigionamento *m* idrico **Wasserverunreinigung** *f* inquinamento *m* dell'acqua **Wasservogel** *m* (ZOO) uccello *m* acquatico **Wasserwaage** *f* livella *f* a bolla d'aria, bilancia *f* idrostatica **Wasserweg** *m* idrovia *f*; **auf dem ~[e]** per via d'acqua **Wasserwelle** *f* messa *f* in piega **Wasserwerfer** <-s, -> *m* idrante *m* **Wasserwerk** *nt* centrale *f* idrica **Wasserzähler** *m* contatore *m* dell'acqua **Wasserzeichen** *nt* filigrana *f* **waten** ['vaːtən] *vi sein* **durch etw ~** guadare qc
**Watsche** ['vatʃə] <-, -n> *f* (*A, südd: fam: Ohrfeige*) ceffone *m*
**watscheln** ['vatʃəln] *vi sein* camminare dondoloni come un'anatra
**Watt**[1] [vat] <-(e)s, -en> *nt* (GEOG) bassofondo *m*
**Watt**[2] <-s, -> *nt* (PHYS, TEC) watt *m*
**Watte** ['vatə] <-, -n> *f* ovatta *f*, cotone *m* **Wattebausch** *m* batuffolo *m* di ovatta **Wattenmeer** *nt* bassi *mpl* fondali **Wattestäbchen** ['vatəʃtɛːpçən] *nt* bastoncino *m* d'ovatta
**wattieren** [vaˈtiːrən] <ohne ge-> *vt* ovattare **Wattierung** <-, -en> *f* imbottitura *f* d'ovatta
**Wattstunde** *f* wattora *m*
**wau, wau** [vaʊ'vaʊ] *int* bau, bau
**WBS** [vaʊˈvaʊ] <-, -en> *m abk v* **Wohnberechtigungsschein** *certificato che dà diritto ad abitare in case popolari*
**WC** [veːˈtseː] <-(s), -(s)> *nt* wc *m*

**WDR** [ve:de:'ʔɛr] <-(s)> *kein Pl. m abk v* **Westdeutscher Rundfunk** *rete radiotelevisiva regionale tedesca con sede a Colonia*

**Web** [wɛb] <-[s]> *kein Pl. nt* web *m*, rete *f*

**weben** ['ve:bən] <webt, webte *o obs, fig* wob, gewebt *o obs, fig* gewoben> *vt, vi* tessere

**Weber(in)** <-s, -; -, -nen> *m(f)* tessitore, -trice *m, f*

**Weberei** [ve:bə'raɪ] <-, -en> *f* (*Betrieb*) stabilimento *m* tessile

**Weberin** *f s.* **Weber**

**Webervogel** *m* tessitore *m*

**Webfehler** *m* difetto *m* di tessitura; **einen ~ haben** (*fig fam*) essere tocco

**Webpelz** *m* pelliccia *f* ecologica

**Webseite** <-, -n> *f* (INFORM) pagina *f* Web

**Website** <-, -s> *f* (INFORM) sito *m* [web]

**Webstuhl** *m* telaio *m*

**Webwaren** *fPl.* tessuti *mpl*

**Wechsel** ['vɛksəl] <-s, -> *m* ① (*Änderung*) cambiamento *m* ② (*abwechselnd*) alternanza *f*; **im ~** alternandosi ③ (*Aus~, Geld~*) cambio *m*; **ein ~ der Regierung** un cambio di governo ④ (FIN: *~ schein*) cambiale *f*

**Wechselbad** *nt* (*a. fig*) doccia *f* scozzese

**Wechselbeziehung** *f* correlazione *f*; **in ~ zueinander stehen** essere in correlazione

**wechselduschen** *vi* fare docce alternate [di acqua calda e fredda]

**Wechselfälle** *mPl.* **die ~ des Lebens** (*geh*) le vicissitudini della vita

**Wechselfieber** *nt* febbre *f* intermittente; (*Malaria*) malaria *f*

**Wechselgeld** *nt* ① (*Kleingeld*) spiccioli *mpl*, moneta *f* ② (*beim Bezahlen zurückbekommenes Geld*) resto *m*

**wechselhaft** *adj* (*Wetter*) variabile; (*Mensch*) mutevole; (*in Leistungen*) incostante

**Wechseljahre** *ntPl.* climaterio *m*; (*bei Frauen*) menopausa *f*

**Wechselkurs** <-es, -e> *m* (FIN) cambio *m*

**Wechselkursmechanismus** <-, -mechanismen> *m* (*Europäische Währungsunion*) meccanismo *m* del corso dei cambi

**Wechselkursrisiko** <-s, -s *o* -risiken> *nt* (FIN) rischio *m* dei cambi

**Wechselkursschwankungen** *fPl.* (FIN) fluttuazione *f* dei cambi

**Wechselkurssystem** <-s, -e> *nt* (FIN) regime *m* dei cambi

**wechseln I.** *vt* ① (*ab~, aus~, um~*) cambiare, mutare; **kannst du mir 20 Euro ~?** puoi cambiarmi 20 euro? ② (*Worte*) scambiare; (*Blicke*) scambiarsi **II.** *vi* mutare, cambiare; (*sich ab~ a.*) darsi il cambio; **Wäsche zum Wechseln** biancheria di ricambio; **ich kann nicht ~** non ho da cambiare

**wechselnd** *adj* mutevole; (*Wetter*) variabile; (*Glück*) alterno; (*Farben*) cangiante

**Wechselrahmen** *m* cornice *f* intercambiabile

**wechselseitig** *adj* ① (*abwechselnd*) alternato ② (*gegenseitig*) reciproco, mutuo

**Wechselspiel** *nt* gioco *m* [alterno]

**Wechselstrom** *m* (EL) corrente *f* alternata

**Wechselstube** *f* agenzia *f* di cambio

**wechselvoll** *adj* (*abwechslungsreich*) vario; (*Schicksal*) mutevole

**Wechselwähler(in)** <-s, -; -, -nen> *m(f)* elettore, -trice *m, f* incostante

**wechselweise** *adv* ① (*abwechselnd*) alternativamente ② (*gegenseitig*) reciprocamente

**Wechselwirkung** *f* interazione *f*; **in ~ stehen** interagire

**wecken** ['vɛkən] *vt* (*Schlafende, Appetit, Wunsch*) svegliare; (*Erinnerungen*) destare; (*Bedarf, Neid, Neugier*) suscitare

**Wecken** <-s, -> *m* (*A, südd*) ① (*Brot in länglicher Form*) filone *m* ② (*kleines längliches Gebäck*) dolce di forma allungata

**Wecker** <-s, -> *m* sveglia *f*; **jdm auf den ~ gehen** [*o* **fallen**] (*fam*) scocciare qu, dare sui nervi a qu

**Wedel** ['ve:dəl] <-s, -> *m* ① (*Staub~*) piumino *m* per spolverare ② (*Blatt~*) foglia *f* palmata

**wedeln** *vi* ① (*rasch hin u her bewegen*) sventolare; **mit dem Schwanz ~** scodinzolare ② (*beim Skifahren*) fare lo scodinzolo

**weder** ['ve:dɐ] *konj* **~ ... noch ...** né ... né ...; **~ das eine noch das andere** né l'uno né l'altro; **~ mein Bruder noch ich haben es gesagt** non l'abbiamo detto né io né mio fratello

**weg** [vɛk] *adv* (*nicht da*) via; (*~gegangen*) andato [via], uscito; (*~gefahren*) partito; (*verschwunden*) scomparso, sparito; (*verloren*) smarrito; **weit ~ von jdm/etw** lontano da qu/qc; **~ da!** via di qui!; **~ mit euch!** andate via!; **Hände ~!** via le mani!; **ganz ~ sein** (*fig fam: hingerissen*) essere entusiasta

**Weg** [ve:k] <-(e)s, -e> *m* ① (*allg*) strada *f*, via *f*, cammino *m*; (*Pfad*) sentiero *m*; (*Durchgang*) passaggio *m*; **gehen Sie mir aus dem ~!** si scansi!; **jdm über den ~ laufen** incontrare qu per caso; **einer Sache** *dat* **aus dem ~ gehen** eludere qc; **jdm aus dem ~ gehen** scansare qu, evitare qu; **etw/jdn aus dem ~ räumen** eliminare qc/qu, sbarazzarsi di qc/qu; **jdm im ~ stehen** (*fig*) essere d'ostacolo a qu ② (*Strecke*) percorso *m*, tragitto *m*;

(*Reise~*) itinerario *m;* **auf halbem ~[e]** a metà strada; **auf dem ~ nach Rom** in viaggio per Roma, andando a Roma; **sich auf den ~ machen** mettersi in cammino, incamminarsi; **jdm etw mit auf den ~ geben** dare qc a qu che parte; **vom ~ abkommen** abbandonare la strada giusta; **jdm auf halbem ~[e] entgegenkommen** (*fig*) venire incontro a qu; **etw in die ~e leiten** avviare qc; **sie war auf dem besten ~e, Karriere zu machen** era sulla buona strada per far carriera; **alle ~e führen nach Rom** (*prov*) tutte le strade portano a Roma ❸ (*Mittel*) mezzo *m,* modo *m,* via *f;* (*Methode*) metodo *m;* (*Art und Weise*) maniera *f;* **auf schriftlichem ~e** per [i]scritto; **auf dem kürzesten** [*o* **schnellsten**] **~[e]** nel modo più rapido; **auf diesem ~** in questo modo

**weg|bekommen** <irr, ohne ge-> *vt* (*fam*) ❶ (*entfernen können*) riuscire a togliere ❷ (*kriegen*) buscarsi

**Wegbereiter(in)** <-s, -; -, -nen> *m(f)* precursore, precorritrice *m, f;* **der ~ für etw** il precursore di qc

**weg|blasen** <irr> *vt* soffiar via; **wie weggeblasen sein** essere sparito come per incanto

**weg|bleiben** <irr> *vi sein* (*fam*) ❶ (*nicht kommen*) non venire [più]; **mir blieb die Spucke** [*o* **Luft**] **weg** rimasi senza fiato ❷ (*ausgelassen werden*) essere tralasciato

**weg|bringen** <irr> *vt* portare via; (*zur Reparatur*) portare a riparare

**weg|denken** <irr> *vt* **sich** *dat* **etw ~** concepire qc senza qc; **der Computer ist aus unserem Leben nicht mehr wegzudenken** non si può più concepire la nostra vita senza computer

**Wegelagerer** <-s, -> *m* brigante *m* di strada

**wegen** ['ve:gən] *prp +gen o dat* ❶ (*aufgrund von, infolge*) per, a causa di; **~ Umbaus geschlossen** chiuso per restauro ❷ (*bezüglich*) riguardo a; **von ~!** (*fam*) neanche per idea

**Wegerich** ['ve:gəriç] <-s, -e> *m* piantaggine *f*

**weg|essen** <irr> *vt* (*fam*) **alles ~** mangiare tutto; **jdm etw ~** non lasciare qc da mangiare a qu

**weg|fahren** <irr> I. *vi sein* partire II. *vt haben* portare via

**weg|fallen** <irr> *vi sein* essere soppresso; (*unterbleiben*) cadere; **etw ~ lassen** sopprimere qc

**weg|fegen** *vt* spazzare via

**weg|fliegen** <irr> *vi sein* (*Blatt, Vogel*) volare via; (*Flugzeug*) partire [in volo]

**weg|führen** *vt* condurre via

**Weggang** *m* partenza *f;* **beim ~** partendo

**weg|geben** <irr> *vt* dare via, disfarsi di

**Weggefährte** <-n, -n> *m,* **Weggefährtin** <-, -nen> *f* compagno, -a *m, f* di viaggio

**weg|gehen** <irr> *vi sein* ❶ (*fortgehen*) andarsene; (*a. fam: Ware*) andare via ❷ (*fam: entfernt werden können*) andar via

**weg|gießen** <irr> *vt* versare

**weg|gucken** *vi* (*fam*) *s.* **wegsehen**

**weg|haben** <irr> *vt* (*fam: Fleck*) rimuovere; **seine Strafe ~** prendersi una multa; **der hat doch einen weg!** (*fam*) è un po' brillo!; **er will mich aus der Firma ~** mi vuole mandar via dalla ditta

**weg|hängen** *vt* (*zurückhängen*) riporre; (*umhängen*) appendere altrove

**weg|hören** *vi* non ascoltare, non prestare attenzione

**weg|jagen** *vt* scacciare

**weg|kommen** <irr> *vi sein* (*fam*) ❶ (*weggehen*) andarsene; **mach, dass du wegkommst!** togliti dai piedi! ❷ (*abhandenkommen*) andare perduto ❸ (*abschneiden, davonkommen*) **gut/schlecht bei etw ~** cavarsela bene/male in qc ❹ (*hinwegkommen*) **über etw** *acc* **~** passare sopra qc

**Wegkreuzung** <-, -en> *f* incrocio *m* stradale

**weg|lassen** <irr> *vt* ❶ (*gehen lassen*) lasciare andare ❷ (*fam: auslassen*) tralasciare, omettere

**weg|laufen** <irr> *vi sein* correre via; **von zu Hause ~** scappare di casa

**weg|legen** *vt* ❶ (*zur Seite legen*) mettere via ❷ (*wegräumen*) riporre

**weg|machen** I. *vt* (*fam*) rimuovere II. *vr* **sich ~** (*fam*) svignarsela

**weg|müssen** <irr> *vi* (*fam*) ❶ (*fortgehen müssen*) dover andare via ❷ (*fortgebracht werden müssen*) dover esser portato via; **das muss weg** questo deve essere tolto

**weg|nehmen** <irr> *vt* ❶ (*fortnehmen*) togliere ❷ (*entwenden*) sottrarre ❸ (*Platz, Zeit*) prendere

**Wegrand** *m* margine *m* della strada

**weg|rationalisieren** <ohne ge-> *vt* **Personal ~** ridurre il numero del personale mediante razionalizzazione

**weg|räumen** *vt* ❶ (*forträumen*) rimuovere ❷ (*einräumen*) riporre; (*Geschirr*) sparecchiare

**weg|rennen** <irr> *vi sein s.* **weglaufen**

**weg|rutschen** *vi sein* scivolare via
**weg|schaffen** *vt* ① (*fortschaffen*) portare via ② (*wegräumen*) rimuovere, sgomberare
**weg|schauen** *vi s.* **wegsehen**
**weg|scheren** *vr* **sich ~** (*fam*) togliersi di mezzo
**weg|schicken** *vt* ① (*Menschen*) mandare via ② (*Brief, Paket, Waren*) spedire
**weg|schieben** <irr> *vt* scostare
**weg|schleppen** I. *vt* trascinare via II. *vr* **sich ~** trascinarsi
**weg|schmeißen** <irr> *vt* (*fam*) buttare via
**weg|schnappen** *vt* (*fam*) **[jdm] etw ~** soffiare qc [a qu]
**weg|schütten** *vt* gettare via
**weg|sehen** <irr> *vi* ① (*wegblicken*) guardare da un'altra parte, togliere lo sguardo ② (*fam: hinwegsehen*) **[über etw** *acc*] **~** ignorare [qc]
**weg|setzen** I. *vt* mettere da parte; (*wegräumen*) riporre II. *vr* **sich über etw** *acc* **~** (*fam*) non curarsi di qc
**weg|stecken** *vt* (*fam*) ① (*aufbewahren*) metter via; (*heimlich*) nascondere ② (*hinnehmen*) incassare
**weg|stehlen** <irr> *vr* **sich ~** andarsene di nascosto, sgattaiolare
**weg|stellen** *vt* mettere via; (*wegräumen*) riporre
**weg|stoßen** <irr> *vt* spingere via, respingere
**Wegstrecke** *f* tratto *m* di strada; **schlechte ~** strada dissestata **Wegstunde** *f* ora *f* di cammino
**weg|tragen** <irr> *vt* portare via
**weg|treten** <irr> *vi sein* ritirarsi; (MIL) rompere le righe; **geistig weggetreten sein** (*fam*) essere assente col pensiero
**weg|tun** <irr> *vt* mettere via
**wegweisend** ['ve:kvaɪzənt] *adj* di guida
**Wegweiser** <-s, -> *m* indicatore *m* stradale
**weg|werfen** <irr> *vt* buttare via; **das ist weggeworfenes Geld** (*fam*) è denaro buttato dalla finestra
**wegwerfend** *adj* sdegnoso, sprezzante
**Wegwerfflasche** *f* vuoto *m* a perdere **Wegwerfgesellschaft** *f* società *f* degli sprechi **Wegwerftelefon** *nt* cellulare *m* 'usa e getta' **Wegwerfwindel** *f* pannolino *m* da buttare [*o* usa e getta]
**weg|wischen** *vt* togliere
**weg|ziehen** <irr> I. *vt haben* tirare [via] II. *vi sein* ① (*aus Wohnung*) trasferirsi ② (*Zugvögel*) migrare

**weh** [ve:] I. *int* **o ~!** ahimè! II. *adj* doloroso, che duole
**wehe** ['ve:ə] *int* **~, wenn ...!** guai a te, se ...!
**Wehe** ['ve:ə] <-, -n> *f* ① *meist pl* (*Geburts~*) doglie *fpl;* **in den ~n liegen** avere le doglie ② (*Schnee~*) cumulo *m* di neve
**wehen** ['ve:ən] I. *vi* (*Wind*) soffiare; (*Geruch*) spirare; (*Fahne*) sventolare; (*Haar*) svolazzare II. *vt* (*fort~*) spazzare via
**Wehklage** *f* (*poet*) lamento *m* **wehklagen** *vi* (*geh*) lamentarsi, gemere
**wehleidig** *adj* (*pej*) piagnucoloso
**Wehmut** ['ve:mu:t] <-> *kein Pl. f* (*geh*) malinconia *f* **wehmütig** ['ve:my:tɪç] *adj* malinconico
**Wehr**[1] [ve:ɐ̯] <-, *rar* -en> *f* **sich zur ~ setzen** opporre resistenza
**Wehr**[2] [ve:ɐ̯] <-(e)s, -e> *nt* (*Stauwerk*) sbarramento *m*
**Wehrbeauftragte** *m* incaricato *m* parlamentare per le forze armate **Wehrbereich** *m* distretto *m* militare
**Wehrdienst** *m* servizio *m* militare **wehrdiensttauglich** *adj* (MIL) idoneo per il servizio militare **Wehrdienstverweigerer** <-s, -> *m* obiettore *m* di coscienza **Wehrdienstverweigerung** *f* obiezione *f* di coscienza
**wehren** ['ve:rən] I. *vr* **sich [gegen jdn/etw] ~** (*sich verteidigen*) difendersi [da qu/qc]; (*sich widersetzen*) resistere [a qu/qc] II. *vi* (*geh*) **einer Sache** *dat* **~** opporsi a qc
**Wehrersatzbehörde** *f* ufficio *m* di reclutamento **Wehrersatzdienst** <-(e)s, -e> *m* servizio *m* civile
**wehrfähig** *adj* abile al servizio militare
**wehrhaft** *adj* ① (*Person*) atto alle armi ② (*Burg, Stadt*) ben fortificato
**wehrlos** *adj* inerme **Wehrlosigkeit** <-> *kein Pl. f* impossibilità *f* [*o* incapacità *f*] di difendersi
**Wehrmacht** *f* (HIST) forze *fpl* armate **Wehrmann** <-(e)s, -männer> *m* (*CH, A:* MIL: *Soldat*) soldato *m* **Wehrpass** *m* certificato *m* di congedo
**Wehrpflicht** *f* servizio *m* militare obbligatorio **wehrpflichtig** *adj* soggetto agli obblighi militari; **im ~en Alter** in età militare **Wehrpflichtige** <ein -r, -n, -n> *mf* soggetto, -a *m, f* agli obblighi di leva
**wehrtauglich** *adj* idoneo al servizio militare **Wehrtauglichkeit** <-> *kein Pl. f* idoneità *f* al servizio militare
**Wehrübung** *f* esercitazione *f* militare

**weh|tun** <irr> *vi* (*fam*) ❶ (*schmerzen*) far male; **mir tut der Fuß weh** mi fa male il piede; **mir tut der Rücken weh** ho mal di schiena ❷ (*Schmerzen zufügen*) **sich** *dat* ~ farsi male

**Wehweh** ['ve:ve: *o* ve:'ve:] <-s, -s> *nt* (*Kindersprache*) bua *f*

**Wehwehchen** [ve(:)'ve:çən] <-s, -> *nt* (*fam meist pej*) malanni *mpl;* (*eingebildetes* ~) malanni *mpl* immaginari

**Weib** [vaɪp] <-(e)s, -er> *nt* donna *f,* femmina *f*

**Weibchen** ['vaɪpçən] <-s, -> *nt* (ZOO) femmina *f*

**Weiberfeind** *m* misogino *m*

**Weiberheld** *m* (*pej*) donnaiolo *m*

**weibisch** *adj* (*pej*) effeminato

**weiblich** *adj* femminile; (*feminin, fraulich a*) femmineo **Weiblichkeit** <-> *kein Pl. f* femminilità *f*

**Weibsbild** *nt* (*pej*) megera *f* **Weibsstück** *nt* (*fam pej*) donnaccia *f*

**weich** [vaɪç] *adj* ❶ (*nicht hart*) molle; (*Bleistift*) morbido; (*Drogen*) leggero ❷ (*nicht zäh*) tenero ❸ (*bieg-, schmiegsam*) flessibile; (*Haar*) soffice; (*Bett, Kissen*) morbido ❹ (*sanft, milde*) dolce; (*Licht*) tenue; (*Farbton*) tenero ❺ (*empfindsam*) sensibile; ~ **werden** (*fam: Mensch*) intenerirsi; (*nachgeben*) cedere

**Weiche** ['vaɪçə] <-, -n> *f* scambio *m;* **die ~n für etw stellen** (*fig*) stabilire il corso di qc

**Weichei** *nt* (*fam*) rammollito *m*

**weichen** ['vaɪçən] <**weicht, wich, gewichen**> *vi sein* ❶ (*zurück~*) **vor jdm/ etw** ~ indietreggiare di fronte a qc ❷ (*sich entfernen*) allontanarsi; (*sich zurückziehen*) ritirarsi; **nicht von jds Seite** ~ stare sempre alle calcagna di qu; **nicht von der Stelle** ~ non lasciare il posto ❸ (*Platz machen*) far posto ❹ (*fig: nachlassen*) diminuire

**Weichensteller** <-s, -> *m* scambista *m*

**weichgekocht** *adj* (*Ei*) à la coque; (*Nudeln*) cotto; (*Gemüse, Fleisch*) lessato

**Weichheit** <-> *kein Pl. f* mollezza *f;* (*fig a*) tenerezza *f,* dolcezza *f*

**weichherzig** *adj* dal cuore tenero; (*mitfühlend*) compassionevole **Weichherzigkeit** <-> *kein Pl. f* tenerezza *f* di cuore

**Weichholz** *nt* legno *m* dolce **Weichkäse** *m* formaggio *m* tenero

**weichlich** *adj* (*pej*) ❶ (*nicht ganz weich*) molliccio ❷ (*schwächlich*) rammollito ❸ (*verweichlicht*) effeminato **Weichlichkeit** <-> *kein Pl. f* (*pej*) mollezza *f*

**Weichling** <-s, -e> *m* (*pej*) rammollito, -a *m, f,* effem[m]inato, -a *m, f*

**Weichmacher** <-s, -> *m* (CHEM, TEC) plastificante *m*

**Weichsel** ['vaɪksəl] *f* (GEOG) Vistola *f*

**Weichspüler** <-s, -> *m* ammorbidente *m* **Weichteile** *ntPl.* parti *fpl* molli **Weichtiere** *ntPl.* (ZOO) molluschi *mpl* **Weichzeichner** *m* schermo *m* diffusore

**Weide** ['vaɪdə] <-, -n> *f* ❶ (BOT) salice *m* ❷ (AGR) pascolo *m* **Weideland** *nt* terreno *m* da pascolo

**weiden** I. *vt, vi* pascere II. *vr* **sich an etw** *dat* ~ pascersi di qc

**Weidenkätzchen** ['vaɪdənkɛtsçən] <-s, -> *nt* (BOT) gattino *m* del salice

**weidlich** ['vaɪtlɪç] *adv* molto, assai, parecchio

**Weidmann** ['vaɪtman] *m* (*obs*) cacciatore *m* **Weidmannsheil** ['vaɪtmans'haɪl] *int* buona caccia! **weidwund** *adj* (*Tier*) sbuzzato; (*fig geh: Blick*) stralunato; ~ **schießen** sbuzzare

**weigern** ['vaɪgɛrn] *vr* **sich** ~ [**etw zu tun**] rifiutarsi [di fare qc] **Weigerung** <-, -en> *f* rifiuto *m;* **die ~ etw zu tun** il rifiuto di fare qc

**Weihbischof** *m* (REL) vescovo *m* ausiliario **Weihe** ['vaɪə] <-, -n> *f* (REL) consacrazione *f;* (*Priester~*) ordinazione *f*

**weihen** *vt* (REL) consacrare

**Weiher** ['vaɪɐ] <-s, -> *m* (*bes. südd*) stagno *m*

**weihevoll** *adj* (*geh*) solenne

**Weihnacht** <-> *kein Pl. f,* **Weihnachten** <-, -> *nt* [festa *f* di] Natale *m;* [**zu**] ~ a Natale; **fröhliche ~!** buon Natale!

**weihnachtlich** *adj* natalizio

**Weihnachtsabend** *m* vigilia *f* di Natale **Weihnachtsbaum** *m* albero *m* di Natale **Weihnachtseinkäufe** *mPl.* acquisti *mpl* natalizi **Weihnachtsfeier** *f* festa *f* di Natale, celebrazione *f* del Natale **Weihnachtsfeiertag** <-(e)s, -e> *m* giorno *m* di Natale; **der erste/ zweite** ~ Natale/Santo Stefano **Weihnachtsfest** *nt* [festa *f* di] Natale *m* **Weihnachtsgans** <-, -gänse> *f* oca *f* natalizia; **jdn ausnehmen wie eine ~** (*fam*) spennare qu come un pollo **Weihnachtsgeld** *nt* gratifica *f* natalizia **Weihnachtsgeschenk** *nt* dono *m* di Natale **Weihnachtsgratifikation** *f s.* **Weihnachtsgeld Weihnachtslied** *nt* canto *m* natalizio **Weihnachtsmann** *m* babbo *m* Natale **Weihnachtsmarkt** *m* fiera *f* natalizia

**Weihnachtszeit** <-> *kein Pl. f* periodo *m* natalizio; **in der ~** nel periodo natalizio
**Weihrauch** *m* incenso *m* **Weihwasser** *nt* acquasanta *f*
**weil** [vaɪl] *konj* perché, poiché
**Weilchen** ['vaɪlçən] <-s, -> *nt* momentino *m*, attimo *m*
**Weile** ['vaɪlə] <-> *kein Pl. f* [lasso *m* di] tempo *m*; (*Augenblick*) momento *m*; **eine ganze ~** un bel po' [di tempo]; **nach einer ~** dopo un po'; **vor einer ~** poco [*o* un momento] fa; **vor einer ganzen ~** molto tempo fa; **du kannst eine ~ hier bleiben** puoi restare qui un po'
**weilen** *vi* (*geh*) dimorare *lett*
**Weiler** ['vaɪlɐ] <-s, -> *m* casale *m*
**Wein** [vaɪn] <-(e)s, -e> *m* ① (*Getränk*) vino *m*; **jdm reinen ~ einschenken** (*fig*) parlare chiaro a qu, dire a qu la verità ② *Sing.* (*Pflanze*) vite *f*; **~ [an]bauen** coltivare la vite; **wilder ~** vite americana ③ *Sing.* (*~trauben*) uva *f*
**Weinanbau** *m*, **Weinbau** <-(e)s *kein Pl. m* viticoltura *f* **Weinbaugebiet** *nt* regione *f* vinicola **Weinbeere** *f* acino *m* d'uva **Weinberg** *m* vigneto *m*, vigna *f* **Weinbergschnecke** *f* ① (ZOO) chiocciola *f* ② (GASTR) lumaca *f* **Weinbrand** *m* brandy *m*
**weinen** ['vaɪnən] *vi* piangere; **über etw** +*acc* **~** piangere su qc; **um jdn ~** piangere [dietro a] qu; **vor Freude/Wut ~** piangere di gioia/rabbia; **es ist zum Weinen mit diesem Kind!** c'è da piangere con questo bambino!
**weinerlich** ['vaɪnɐlɪç] *adj* piagnucoloso
**Weinessig** *m* aceto *m* di vino **Weinfass** *nt* botte *f* da vino **Weinflasche** *f* bottiglia *f* da vino **Weingarten** *m* vigneto *m*, vigna *f* **Weingärtner(in)** *m(f)* vignaiolo, -a *m, f* **Weingeist** <-(e)s> *kein Pl. m* alcool *m* etilico, etanolo *m* **Weinglas** *nt* bicchiere *m* da vino **Weingut** *nt* vigneto *m* **Weinhändler(in)** *m(f)* commerciante *mf* di vino, vinaio, -a *m, f* **Weinhauer(in)** <-s, -> *m(f)* (A: *Winzer*) viticoltore, -trice *m, f* **Weinjahr** *nt* **ein gutes/schlechtes ~** una buona/cattiva annata per il vino **Weinkarte** *f* lista *f* dei vini **Weinkeller** *m* cantina *f* **Weinkellerei** <-, -en> *f* cantina *f* **Weinkenner(in)** *m(f)* intenditore, -trice *m, f* di vini **Weinkönigin** *f* reginetta *f* del vino
**Weinkrampf** *m* pianto *m* convulso
**Weinlaune** *f* (*scherz*) **etw in [einer] ~ sagen/beschließen** dire/decidere qc nell'euforia del vino **Weinlese** *f* vendem-

mia *f* **Weinprobe** *f* degustazione *f* del vino **Weinranke** *f* viticcio *m* **Weinrebe** *f* vite *f* **weinrot** *adj* rosso vinaccia **Weinschaumcreme** *f* zabaione *m* **weinselig** *adj* brillo, alticcio **Weinsorte** *f* qualità *f* [*o* tipo *m*] di vino **Weinstein** *m* tartaro *m* **Weinstock** *m* vitigno *m*, vite *f* **Weinstube** *f* osteria *f*, taverna *f* **Weintraube** *f* ① (*einzelne, Form*) grappolo *m* d'uva ② *meist pl* (*Obst*) uva *f*
**weise** *adj* saggio
**Weise**[1] ['vaɪzə] <-, -n> *f* ① (*Art*) modo *m*, maniera *f*; **auf diese ~** in questo modo; **in der ~, dass ...** in modo che +*conj*; **in gewisser ~ hat sie Recht** in un certo qual modo ha ragione ② (MUS: *Sing~*) aria *f*, melodia *f*
**Weise**[2] <ein -r, -n, -n> *mf* saggio, -a *m, f*; **die [drei] ~n aus dem Morgenland** i [tre] re magi
**weisen** ['vaɪzən] <weist, wies, gewiesen> I. *vt* ① (*zeigen*) [**jdm**] **etw ~** indicare qc [a qu] ② (*ver~*) mandare; **jdn vom Platz ~** (SPORT) espellere qu dal campo; **etw von der Hand ~** respingere qc II. *vi* **auf etw** *acc* **~** indicare qc
**Weisheit** <-, -en> *f* ① *Sing.* (*Klugheit*) saggezza *f*; (*Wissen, Kenntnisse*) sapere *m*, conoscenze *fpl*; **mit seiner ~ am Ende sein** (*fam*) non sapere più che pesci pigliare; **die [auch] nicht mit Löffeln gefressen haben** (*fam*) non essere una cima; **das ist nicht der ~ letzter Schluss** non è l'ultima risorsa ② (*weiser Spruch*) massima *f*, sentenza *f* **Weisheitszahn** *m* dente *m* del giudizio
**weis|machen** *vt* (*fam*) **jdm etw ~** far credere qc a qu; **machen Sie das anderen weis!** lo vada a raccontare a qualcun altro!
**weiß**[1] [vaɪs] *adj* bianco; **das Weiße Haus** la Casa Bianca; **Weißer Sonntag** domenica dopo Pasqua; **~ [an]streichen** imbiancare; **~ im Gesicht werden** diventare pallido [in viso]; *s. a.* **blau**
**weiß**[2] *1. u. 3. Pers. Sing. Präs. von* **wissen**
**Weiß** <-(es), -> *nt* [*color m*] bianco *m; s. a.* **Blau**
**weissagen** *vt* (*voraussagen*) predire; (*prophezeien*) profet[izz]are **Weissagung** <-, -en> *f* profezia *f*
**Weißblech** *nt* lamiera *f* stagnata **Weißbrot** *nt* pane *m* bianco **Weißbuch** *nt* libro *m* bianco **Weißdorn** <-(e)s, -e> *m* biancospino *m* **Weiße** <ein -r, -n, -n> *mf* bianco, -a *m, f*
**weißen** *vt* imbiancare
**Weißfisch** *m* leucisco *m*

weißgekleidet *adj* vestito di bianco **weißglühend** *adj* incandescente **Weißglut** *f* (TEC) incandescenza *f;* **jdn [bis] zur ~ reizen** [*o* **bringen**] (*fam*) fare imbestialire qu **Weißgold** *nt* oro *m* bianco **weißhaarig** *adj* dai capelli bianchi **Weißkäse** <-s, -> *m* (*dial*) formaggio *m* bianco **Weißkohl** *m* (*nordd*) cavolo *m* bianco **Weißkraut** *nt* (*südd*) cavolo *m* bianco
**weißlich** *adj* biancastro, bianchiccio
**Weißrussland** *nt* Russia *f* Bianca, Bielorussia *f* **Weißwein** *m* vino *m* bianco **Weißwurst** *f* salsiccia *f* bianca
**Weisung** <-, -en> *f* ❶ (*Befehl*) ordine *m* ❷ (*geh: An~*) direttiva *f*, istruzione *f* **weisungsberechtigt** *adj* avente diritto di emanare ordini **weisungsgemäß** *adv* in conformità alle istruzioni
**weit** [vaɪt] I. *adj* ❶ (*räumlich ausgedehnt, breit*) esteso, vasto; (*lang*) lungo; (*groß*) grande; **~e Kreise der Bevölkerung** ampi strati della popolazione; **die ~e Welt** il mondo; **das Weite suchen** prendere il largo ❷ (*geräumig*) spazioso; (*Kleidungsstück*) ampio; (*Öffnung*) largo ❸ (*entfernt*) distante, lontano; **~ gereist** che ha viaggiato molto; **in ~er Ferne liegen** essere molto lontano II. *adv* ❶ (*räumlich entfernt*) lontano, distante; **~ [in der Welt] herumkommen** girare il mondo; **von ~em** da lontano; **~ weg** molto lontano; **ist es ~ von hier?** è lontano da qui?; **wie ~ ist es bis Neapel?** quanto c'è da qui a Napoli? ❷ (*zeitlich entfernt*) lontano ❸ (*räumlich ausgedehnt*) **~ offen** [*o* **geöffnet**] spalancato; **~ verbreitet** molto diffuso; **~ und breit** a perdita d'occhio, da ogni parte ❹ (*sehr, erheblich*) molto, di gran lunga; **~ über die 50 sein** aver passato di gran lunga la cinquantina ❺ (*Wend*) **bei ~em** di gran lunga, molto, assai; **bei ~em nicht so gut wie ...** molto meno buono di ...; **bei ~em nicht vollständig** tutt'altro che completo; **es ~ bringen** andare lontano, fare molta strada; **etw zu ~ treiben** esagerare in qc; **~ davon entfernt sein, etw zu tun** essere ben lungi dal fare qc; **~ gefehlt!** sbagliato di molto!; **so ~, so gut** finora tutto okay; **es ist so ~** ci siamo; **bist du so ~?** (*fam*) sei pronto?; **wie ~ bist du?** a che punto sei?; **das ist [aber] ~ hergeholt** è tirato per i capelli; **das geht zu ~!** questo è troppo!
**weitab** [ˈvaɪtʔap] *adv* **~ von jdm/etw** lontano da qu/qc
**weitaus** [ˈvaɪtʔaʊs] *adv* di gran lunga

**Weitblick** *m* lungimiranza *f* **weitblickend** *adj* lungimirante
**Weite** <-, -n> *f* ❶ (*Ausdehnung*) estensione *f* ❷ (*Geräumigkeit, a von Kleidung*) ampiezza *f* ❸ (*Öffnung*) apertura *f;* (*innerer Durchmesser*) calibro *m;* (*eines Rohres*) diametro *m* interno ❹ *Sing.* (*Ferne*) lontananza *f;* (*Entfernung*) distanza *f*
**weiten** I. *vt* allargare II. *vr* **sich ~** allargarsi
**weiter** [ˈvaɪtɐ] I. *adj Komparativ von* **weit** (*fig*) ulteriore, altro; **das** [*o* **alles**] **Weitere** il resto; **bis auf ~es** fino a nuovo ordine; (*inzwischen*) [per] intanto; **ohne ~es** senz'altro II. *adv* (*fig: außerdem*) inoltre; (*sonst*) altro; **~ oben** più su; (*in Text*) sopra; **~ unten** più sotto; (*in Text*) sotto; **~ weg** più avanti; **und so ~** eccetera; **ich kann nicht mehr ~** non ne posso più; **das hat ~ nichts zu sagen** non ha alcuna importanza; **nichts ~!** nient'altro!; **nur ~!** avanti!
**weiter|arbeiten** *vi* continuare a lavorare
**Weiterbehandlung** *f* (MED) continuazione *f* della terapia
**weiter|bilden** I. *vt* tenere corsi di aggiornamento a, aggiornare II. *vr* **sich ~** aggiornarsi **Weiterbildung** *f* (*in einem spezifischen Fach*) aggiornamento *m;* **zu meiner ~ lese ich ...** per essere aggiornato leggo ...
**weiter|bringen** <irr> *vt* portare avanti
**weiter|empfehlen** <irr> *vt* raccomandare ad altri **weiter|entwickeln** <ohne ge-> I. *vt* sviluppare [ulteriormente] II. *vr* **sich ~** svilupparsi, evolversi **weiter|fahren** <irr> *vi sein* proseguire [il viaggio]
**Weiterfahrt** *f* proseguimento *m* del viaggio
**Weiterflug** <-(e)s> *kein Pl. m* proseguimento *m* [*o* continuazione *f*] del volo
**weiter|führen** *vt*, *vi* continuare; **~de Schule** scuola secondaria
**Weitergabe** *f* trasmissione *f*
**weiter|geben** <irr> *vt* far passare; (*Nachricht, Befehl*) trasmettere; (*Gesuch*) inoltrare **weiter|gehen** <irr> *vi sein* continuare, proseguire; (*im Verkehr a*) circolare; **so kann es nicht ~** così non [si] può continuare; **wie soll es jetzt ~?** e come va avanti adesso? **weiter|helfen** <irr> *vi* **jdm [bei etw] ~** aiutare qu [in qc]
**weiterhin** *adv* ❶ (*immer noch*) ancora ❷ (*künftig*) in futuro ❸ (*außerdem*) inoltre
**weiter|kommen** <irr> *vi sein* andare avanti; (*fig a*) avanzare, progredire; **so kommen wir nicht weiter** (*fig*) così non facciamo progressi **weiter|leiten** *vt* **etw an jdn ~** inoltrare qc a qu; **eine Nachricht**

**an jdn ~** trasmettere un messaggio a qu
**weiter|machen** *vt, vi* continuare
**weiter|reichen** *vt* porgere [*o* passare] ad altri
**Weiterreise** <-, -n> *f* proseguimento *m* del viaggio
**weiters** ['vaɪtɐs] *adv* (*A*) in seguito, dopo, poi
**weiter|sagen** *vt* dire ad altri
**weiter|ziehen** <irr> *vi sein* proseguire
**weitgehend** *adj* ampio, vasto; **~e Übereinstimmung erzielen** raggiungere una larga intesa **weitgereist** *adj* che ha viaggiato molto
**weither** ['vaɪtˈheːɐ] *adv* (*geh*) da lontano, da lungi
**weitherzig** *adj* generoso, liberale
**weithin** ['vaɪtˈhɪn] *adv* ❶ (*bis in weite Ferne*) fino in lontananza; **~ sichtbar** visibile da lontano ❷ (*weitgehend*) ampiamente
**weitläufig** I. *adj* ❶ (*Gebäude*) spazioso; (*ausgedehnt*) esteso, vasto ❷ (*Erzählung*) dettagliato, minuzioso ❸ (*Verwandte*) lontano II. *adv* per esteso; **~ verwandt sein** essere lontani parenti **Weitläufigkeit** <-> *kein Pl. f* ❶ (*Weiträumigkeit*) estensione *f* ❷ (*Ausführlichkeit*) lunghezza *f*
**weitmaschig** *adj* a larghe maglie **weiträumig** *adj* spazioso, ampio; **die Unfallstelle ~ umfahren** passare alla larga dal luogo dell'incidente **weitreichend** *adj* ampio, esteso **weitschweifig** *adj* prolisso, verboso **Weitschweifigkeit** <-> *kein Pl. f* prolissità *f*, verbosità *f*
**Weitsicht** <-> *kein Pl. f s.* **Weitblick**
**weitsichtig** *adj* ❶ (MED) presbite ❷ (*fig: vorausschauend*) lungimirante **Weitsichtigkeit** <-> *kein Pl. f* ❶ (MED) presbitismo *m* ❷ (*fig*) lungimiranza *f*
**Weitspringer(in)** <-s, -; -, -nen> *m(f)* (SPORT) atleta *mf* di salto in lungo **Weitsprung** *m* salto *m* in lungo **weitverbreitet** *adj* molto diffuso **weitverzweigt** *adj* molto ramificato **Weitwinkelobjektiv** *nt* (FOTO) [obiettivo *m*] grandangolare *m*
**Weizen** ['vaɪtsən] <-s, -> *m* frumento *m*
**Weizenbier** <-(e)s, -e> *nt* (birra *f*) Weizen *f* **Weizenbrot** *nt* pane *m* di frumento **Weizenkeimöl** *nt* olio *m* di germi di frumento **Weizenkleie** *f* crusca *f* di frumento **Weizenmehl** *nt* farina *f* di frumento
**welche(r, s)** ['vɛlçɐ, -çə, -çəs] I. *pron inter* quale; (*in Ausrufen*) che; **~s Haus?** quale casa?; **~r von den beiden?** quale dei due?; **~s ist der Unterschied zwischen …?** qual'è la differenza fra …?; **~ Freude!** che piacere! II. *pron rel* (*rar*) che, il quale III. *pron indef* **ich habe noch ~s** ne ho ancora; **es gibt ~, die …** c'è qualcuno [*o* ci sono persone] che …; **ich brauche Streichhölzer, haben Sie ~?** ho bisogno di fiammiferi, ne ha [qualcuno]?
**welk** [vɛlk] *adj* appassito; (*a. Haut*) vizzo; (*a. fig*) avvizzito
**welken** *vi sein* appassire; (*a. fig*) avvizzire
**Wellblech** *nt* lamiera *f* ondulata
**Welle** ['vɛlə] <-, -n> *f* ❶ (*im Wasser, a. fig* PHYS, RADIO) onda *f*; **eine ~ der Begeisterung** un'onda[ta] di entusiasmo; **[hohe] ~n schlagen** (*fig*) destare scalpore ❷ (TEC) albero *m* ❸ (*Aktualität*) **die [neue] deutsche ~** (MUS) le ultime novità musicali tedesche
**wellen** I. *vt* ondulare II. *vr* **sich ~** ondularsi
**Wellenbad** *nt* piscina *f* con onde artificiali
**Wellenberg** *m* cresta *f* dell'onda **Wellenbewegung** *f* movimento *m* ondulatorio **Wellenbrecher** *m* frangionde *m* **wellenförmig** ['vɛlənfœrmɪç] *adj* ondulato
**Wellengang** <-(e)s> *kein Pl.* *m* moto *m* ondoso **Wellenlänge** *f* lunghezza *f* d'onda; **auf einer ~ liegen, die gleiche ~ haben** (*fig fam*) essere in sintonia con qu **Wellenlinie** *f* linea *f* ondulata **Wellenreiten** <-s> *kein Pl. nt* surfing *m* **Wellenschlag** *m* ondata *f* **Wellenschliff** *m* (*an Messern*) affilatura *f* ondulata **Wellensittich** *m* (ZOO) pappagallino *m* **Wellental** *nt* solco *m* [*o* cavo *m*] dell'onda
**wellig** *adj* ondulato
**Wellness** ['vɛlnɛs] <-> *kein Pl. f* ❶ (*Wohlbefinden*) benessere *m* ❷ (*wohltuende Behandlung*) trattamento *m* benessere, trattamento spa **Wellnessbereich** *m* (*eines Hotels*) area *f* wellness **Wellnessfarm** *f* beauty farm *f* **Wellnesshotel** *nt* hotel *m* benessere **Wellnessurlaub** *m* vacanze *f* di benessere *pl* **Wellnesswochenende** *nt* weekend *m* di benessere
**Wellpappe** *f* cartone *m* ondulato
**Welpe** ['vɛlpə] <-n, -n> *m* (ZOO) cucciolo *m*
**Wels** [vɛls] <-es, -e> *m* siluro *m* d'Europa
**welsch** [vɛlʃ] *adj* (*CH: die französische Schweiz betreffend*) svizzero francese [*o* romando] **Welschland** ['vɛlʃlant] *nt* (*CH*) Svizzera *f* francese [*o* romanda] **Welschschweiz** <-> *kein Pl. f* (*CH: die französische Schweiz*) Svizzera *f* francese [*o* romanda] **Welschschweizer(in)** <-s, -; -, -nen> *m(f)* (*CH*) svizzero, -a *m, f* francese [*o* romando, -a]

**welschschweizerisch** *adj* (*CH*) svizzero francese [*o* romando]

**Welt** [vɛlt] <-, -en> *f* mondo *m;* (*Erde*) terra *f;* **auf der ~** al mondo; **auf die ~** [*o* **zur ~**] **kommen** venire al mondo; **bis ans Ende der ~** fino alla fine del mondo; **die Alte ~** il mondo antico; **die Neue/Dritte ~** il nuovo/terzo mondo; **Wissenschaftler aus aller ~** scienziati di tutto il mondo; **alle ~** (*fam*) tutti; **vor aller ~** davanti a tutti; **etw aus der ~ schaffen** eliminare qc; **ein Gerücht in die ~ setzen** mettere in giro una voce; **nicht um alles in der ~** per nulla al mondo; **für seine Frau brach eine ~ zusammen** per sua moglie crollò il mondo; **uns trennen ~en** apparteniamo a due mondi diversi; **Mia ist die beste Mutter der ~** Mia è la migliore mamma del mondo; **wann/wie/wo/wer in aller** [*o* **um alles in der**] **~?** (*fam*) quando/come/dove/chi mai [*o* per l'amor del cielo]?; **ich versteh' die ~ nicht mehr!** non capisco come possano succedere certe cose; **das kostet doch nicht die ~!** (*fam*) non costa mica un patrimonio!; **das hat die ~ noch nicht erlebt!** (*fam*) è inaudito!; **Flensburg ist doch nicht aus der ~!** (*fam*) Flensburg non è mica in capo al mondo! **Weltall** *nt* universo *m,* cosmo *m* **Weltanschauung** *f* concezione *f* del mondo e della vita, weltanschauung *f* **Weltatlas** *m* atlante *m* [mondiale] **Weltausstellung** *f* esposizione *f* mondiale **Weltbank** <-> *kein Pl. f* banca *f* mondiale **weltbekannt** *adj* di fama mondiale **weltberühmt** *adj* famoso in tutto il mondo, di fama mondiale **Weltbeste** <ein -r, -n, -n> *mf* primatista *mf* mondiale **Weltbestzeit** *f* primato *m* [*o* record *m*] mondiale **Weltbevölkerung** *f* popolazione *f* mondiale **Weltbild** *nt* concezione *f* del mondo **Weltbürger(in)** *m(f)* cosmopolita *mf* **Weltcup** ['vɛltkap] <-s, -s> *m* (SPORT) coppa *f* del mondo

**Weltenbummler(in)** <-s, -; -, -nen> *m(f)* globe-trotter *mf*

**Welterfolg** *m* successo *m* mondiale

**Weltergewicht** ['vɛltɐɡəvɪçt] *nt* peso *m* welter

**weltfremd** *adj* (*wirklichkeitsfremd*) lontano dalla realtà; (*naiv*) ingenuo **Weltfrieden** *m* pace *f* nel mondo **Weltgeistliche** *m* prete *m* secolare **Weltgeltung** *f* fama *f* [*o* risonanza *f*] mondiale **Weltgeschichte** *f* storia *f* universale; **in der ~ herumfahren** (*fam scherz*) girare [in] tutto il mondo **Weltgesundheitsorganisation** *f* organizzazione *f* mondiale della sanità **weltgewandt** *adj* esperto, pratico del mondo **Welthandel** *m* commercio *m* mondiale **Weltherrschaft** *f* egemonia *f* mondiale

**Welthilfssprache** *f* lingua *f* internazionale ausiliaria

**Weltjugendtag** *m* (REL) Giornata *f* Mondiale della Gioventù **Weltkarte** *f* mappamondo *m* **Weltkrieg** *m* guerra *f* mondiale; **der Erste/Zweite ~** la prima/seconda guerra mondiale **Weltkugel** *f* globo *m* terrestre

**weltlich** *adj* laico, secolare; (*Bauwerk, Kunst*) profano

**Weltliteratur** *f* letteratura *f* mondiale **Weltmacht** *f* potenza *f* mondiale **Weltmann** *m* uomo *m* di mondo **weltmännisch** ['vɛltmɛnɪʃ] *adj* da uomo di mondo, mondano **Weltmarkt** *m* (WIRTSCH) mercato *m* mondiale **Weltmeer** *nt* oceano *m* **Weltmeister(in)** *m(f)* campione, -essa *m, f* mondiale **Weltmeisterschaft** *f* campionato *m* mondiale **Weltmonopolstellung** *f* posizione *f* di monopolio mondiale, monopolio *m* mondiale **weltoffen** *adj* cosmopolita **Weltöffentlichkeit** *f* opinione *f* pubblica mondiale **Weltordnung** <-> *kein Pl. f* (PHILOS) ordine *m* cosmico **Weltpolitik** *f* politica *f* mondiale **Weltpresse** *f* stampa *f* internazionale **Weltrangliste** <-, -n> *f* (SPORT) classifica *f* mondiale, graduatoria *f*

**Weltraum** *m* spazio *m* interplanetario, cosmo *m* **Weltraumbehörde** *f* ente *m* aeronautico e spaziale **Weltraumfähre** *f* veicolo *m* spaziale **Weltraumfahrer(in)** *m(f)* astronauta *mf* **Weltraumfahrt** *f* ❶ (*Fahrt*) esplorazione *f* dello spazio, volo *m* spaziale ❷ (*Wissenschaft*) astronautica *f,* cosmonautica *f* **Weltraumflug** *m* volo *m* spaziale **Weltraumforschung** *f* ricerca *f* spaziale **Weltraumkapsel** *f* capsula *f* spaziale **Weltraumrakete** *f* missile *m* spaziale **Weltraumschiff** *nt* astronave *f,* navicella *f* spaziale **Weltraumstation** *f* stazione *f* spaziale **Weltraumtourismus** *m* turismo *m* spaziale

**Weltreich** *nt* impero *m* **Weltreise** *f* **eine ~ machen** fare il giro del mondo **Weltreisende** *mf* globe-trotter *mf* **Weltrekord** *m* primato *m* mondiale **Weltrekordinhaber(in)** *m(f),* **Weltrekordler(in)** <-s, -; -, -nen> *m(f)* primatista *mf* mondiale **Weltreligion** *f* religione *f* universale **Weltruf** *m* rinomanza *f* mondiale; **ein Sekt von** ~ uno spumante di fama mondiale **Weltruhm** *m* fama *f* mondiale; **zu** ~ **gelangen** raggiungere fama mondiale **Weltschmerz** *m* senso *m* malinconico del mondo **Weltsicherheitsrat** *m* Consiglio *m* di sicurezza delle Nazioni Unite **Weltsprache** *f* lingua *f* mondiale **Weltstadt** *f* metropoli *f* **Weltstar** *m* star *f* internazionale **Weltumseg|e|lung** <-, -en> *f* circumnavigazione *f* del mondo **Weltuntergang** *m* fine *f* del mondo **Weltuntergangsstimmung** *f* atmosfera *f* apocalittica **Welturaufführung** [vɛltˈʔuːɐ̯ʔaʊfyːrʊŋ] *f* prima *f* mondiale **Weltverbesserer** <-s, -> *m* (*pej*) riformatore *m* del mondo **weltweit** *adj* mondiale, universale **Weltwirtschaft** *f* economia *f* mondiale **Weltwirtschaftskrise** *f* crisi *f* economica mondiale **Weltwunder** *nt* **die Sieben** ~ le sette meraviglie del mondo

**wem** [veːm] *pron inter o pron rel dat von* **wer** a chi; **mit** ~**?** con chi?; **von** ~**?** di [*o* da] chi?

**wen** [veːn] *pron inter acc von* **wer** chi; **an** ~**?** a chi?; **für** ~**?** per chi?

**Wende** [ˈvɛndə] <-, -n> *f* ① (*Veränderung*) svolta *f* ② (SPORT: *Schwimmen*) virata *f*; (*Turnen*) volteggio *m* frontale **Wendekreis** *m* ① (GEOG) tropico *m*; **der** ~ **des Krebses/Steinbocks** il tropico del Cancro/Capricorno ② (MOT) angolo *m* di sterzata

**Wendeltreppe** [ˈvɛndəltrɛpə] *f* scala *f* a chiocciola

**Wendemantel** *m* mantello *m* double-face

**wenden**[1] [ˈvɛndən] I. *vt* [ri]voltare; (*in andere Richtung: Auto*) girare; (NAUT) virare; **bitte** ~**!** vedi retro; **man kann die Sache drehen und** ~**, wie man will** ... (*fig*) si può girare e voltare la cosa come si vuole ... II. *vi* girare

**wenden**[2] <wendet, wandte *o* wendete, gewandt *o* gewendet> I. *vt* (*Schritte, Blicke*) rivolgere; **keinen Blick von jdm** ~ non levar gli occhi di dosso a qu II. *vr* **sich** ~ (*in andere Richtung: zu jdm/etw hin*) dirigersi, [ri]volgersi; (*von jdm/etw weg*) allontanarsi, distogliersi; **sich nach etw** ~ dirigersi verso qc; **sich von jdm/etw** ~ allontanarsi da qu/qc; **sich [mit etw] an jdn** ~ rivolgersi a qu [con qc]; **sich gegen etw/jdn** ~ [ri]volgersi contro qc/qu; **sich zum Guten** ~ volgersi al meglio

**Wendeplatz** *m* piazzale *m* di manovra

**Wendepunkt** *m* ① (MAT) punto *m* d'inflessione ② (*fig*) svolta *f* ③ (ASTR) punto *m* solstiziale

**wendig** *adj* ① (*Fahrzeug*) maneggevole ② (*Person*) sveglio **Wendigkeit** <-> *kein Pl. f* ① (*von Fahrzeugen*) maneggevolezza *f*, manovrabilità *f* ② (*von Personen*) agilità *f*; (*geistig*) vivacità *f*

**Wendung** <-, -en> *f* ① (*Drehung*) voltata *f* ② (*fig: Umschwung*) svolta *f*; **eine schlimme** ~ **nehmen** prendere una brutta piega ③ (*Rede~*) locuzione *f*

**wenig** [ˈveːnɪç] *adj o adv* poco; **ein** ~ un poco, un po'; **ein [ganz] klein** ~ un pochino; **zu** ~ troppo poco; ~**e** poco; **nur** ~**e Schritte von hier** a due passi da qui; **mit** ~**en Ausnahmen** con poche eccezioni; **es fehlte** ~**, und er hätte geschossen** ci mancò poco che non sparasse

**weniger** [ˈveːnɪɡɐ] I. *adv Komparativ von* **wenig** meno; ~ **als** ... meno di ...; ~ **werden** diminuire; **immer** ~ sempre meno; **je** ~ ..., **desto** ~ ... quanto meno ..., tanto meno ...; **mehr oder** ~ più o meno; **nicht** ~ **als** non meno di; **nichts** ~ **als** tutt'altro che; **um so** ~ tanto meno; **viel** ~ molto meno II. *konj* meno; **10** ~ **3 ist 7** dieci meno tre fa sette

**wenigste(r, s)** *adj Superlativ von* **wenig**, **das** ~ il meno; **die** ~**n** pochissimi; **sie hat die** ~**n Fehler** ha il numero minore di errori; **am** ~**n** meno di tutti; **er hat am** ~**n Geld** ha meno soldi di tutti

**wenigstens** *adv* almeno, per lo meno; (*mindestens*) come minimo

**wenn** [vɛn] *konj* ① (*konditional*) se; ~ ... **je[mals]/überhaupt** se mai/mai *+conj*; ~ ... **nicht** a meno di *+inf*, a meno che *+conj*; ~ ... **nur** purché *+conj*; **außer** ~ tranne quando, a meno che *+conj*; ~ **man ihn sieht, könnte man glauben** ... se vederlo, si crederebbe ... ② (*zeitlich*) quando; **jedesmal** ~ ogni [qual] volta ③ (*konzessiv*) ~ **auch** anche se; ~ **er auch noch so arm ist** per quanto povero sia ④ (*Wunsch*) ~ **er doch käme!** se solo venisse!; ~ **er nur nicht zu spät kommt!** purché non arrivi troppo tardi!

**wenngleich** [vɛnˈɡlaɪç] *konj* (*geh*) sebbene *+conj*, benché *+conj*, quantunque *+conj*

**wennschon** *adv* ~, **dennschon** (*fam*) giacché si fa, che si faccia almeno bene

**wer** [veːɐ̯] I. *pron inter* chi; ~ **ist da?** chi è?; ~ **sonst?** chi altri?; ~ **von beiden?** chi dei due? II. *pron rel* chi[unque]; ~ **auch immer** chiunque; ~ **es auch [immer] sei[n möge]** chiunque sia; **mag kom-**

Werbeabteilung → Werk 1682

**men,** ~ **will** venga chi vuole III. *pron indef* (*fam*) qualcuno; ~ **sein** essere qualcuno
**Werbeabteilung** *f* reparto *m* pubblicità
**Werbeagentur** *f* agenzia *f* di pubblicità
**Werbeblock** *m* intervallo *m* pubblicitario **Werbefachfrau** *f,* **Werbefachmann** *m* pubblicitario, -a *m, f,* reclamista *mf* **Werbefernsehen** *nt* pubblicità *f* televisiva **Werbefilm** *m* film *m* pubblicitario **Werbefläche** *f* tabellone *m* **Werbefunk** *m* pubblicità *f* radiofonica **Werbegeschenk** *nt* omaggio *m* pubblicitario **Werbekampagne** *f* campagna *f* pubblicitaria **Werbeknüller** *m* scoop *m* pubblicitario **Werbekosten** *Pl.* spese *fpl* di pubblicità **Werbeleiter(in)** *m(f)* direttore, -trice *m, f* dell'ufficio pubblicità **Werbematerial** *nt* materiale *m* pubblicitario
**werben** ['vɛrbən] <wirbt, warb, geworben> I. *vt* ❶ (*Kunden*) attirare ❷ (*Arbeitskräfte*) ingaggiare, assumere ❸ (*Soldaten*) reclutare, arruolare II. *vi* **für jdn/etw ~** fare pubblicità per qu/qc; (POL) fare propaganda per qu/qc; **um jds Gunst ~** cercare di ottenere il favore di qu; **um ein Mädchen ~** fare la corte a una ragazza
**Werbepause** *f* interruzione *f* pubblicitaria
**Werbeprospekt** *m* opuscolo *m* pubblicitario
**Werber** <-s, -> *m* ❶ (*fam: Werbefachmann*) pubblicitario *m* ❷ (MIL) reclutatore *m* ❸ (*obs: Freier*) pretendente *m*
**Werberin** <-, -nen> *f* (*fam: Werbefachfrau*) pubblicitaria *f*
**Werbeschrift** *f* opuscolo *m* pubblicitario
**Werbesendung** *f* spot *m* pubblicitario
**Werbeslogan** *m* slogan *m* pubblicitario
**Werbespot** ['vɛrbəspɔt] <-s, -s> *m* spot *m* pubblicitario **Werbespruch** *m* slogan *m* pubblicitario **Werbetext** *m* testo *m* pubblicitario **Werbetexter(in)** *m(f)* redattore, -trice *m, f* pubblicitario, -a **Werbeträger** *m* veicolo *m* pubblicitario **Werbetrommel** *f* **die ~ [für etw] rühren** fare grande pubblicità [di qc] **Werbeunterbrechung** *f* pausa *f* pubblicitaria **werbewirksam** *adj* di grande effetto pubblicitario **Werbewirkung** <-, -en> *f* effetto *m* pubblicitario
**Werbung** <-, *rar* -en> *f* ❶ *Sing.* (COM) pubblicità *f*; (POL) propaganda *f*; **für etw ~ machen** fare propaganda di qc ❷ *Sing.* (*Werbeabteilung*) servizio *m* pubblicità ❸ (*An-~*) reclutamento *m* **Werbungskosten** *Pl.* spese *fpl* professionali

**Werdegang** *m* sviluppo *m,* evoluzione *f*; (*beruflich*) carriera *f*
**werden** ['veːɐ̯dən] <wird, wurde, geworden> *sein vi* ❶ (*Zustandsveränderung*) diventare, divenire; (*entstehen*) nascere; **alt ~** invecchiare; **krank ~** ammalarsi; **verrückt ~** diventare matto; **es wird Frühling/Winter** viene la primavera/l'inverno; **mir wird kalt** comincio ad avere freddo ❷ (*Verwandlung*) trasformarsi; **das Wasser wurde zu Eis** l'acqua si trasformò in acqua ❸ (*Entwicklung*) trasformarsi, diventare; **das Kind ist zum Mann geworden** il bambino è diventato uomo; **~de Mutter** futura madre; **Arzt ~** diventare medico; **was willst du einmal ~?** cosa vuoi fare da grande?; **was nicht ist, kann noch ~** (*fam*) chi vivrà, vedrà; **aus dir wird nie etwas** [~] non sarai mai nulla di buono; **was soll [nur] daraus ~?** che ne sarà?; **es ist nichts daraus geworden** non se n'è fatto nulla ❹ (*Resultat*) **die Fotos sind gut geworden** le foto sono venute bene; **er ist 40 geworden** ha compiuto i 40 anni; **wird's bald?** (*fam*) spicciati! ❺ (*Hilfsverb beim Passiv*) essere, venire; **jetzt wird [aber] gegessen!** (*fam*) adesso [però] si mangia! ❻ (*Hilfsverb zur Bildung des Futurs*) **er wird morgen um 9 Uhr kommen** arriverà domani alle nove; **es wird schon wieder** [~] (*fam*) tornerà a posto ❼ (*Vermutung*) **sie wird wohl schon unterwegs sein** sarà già per strada
**werfen** ['vɛrfən] <wirft, warf, geworfen> I. *vt* ❶ (*Ball, Stein, Speer*) lanciare; (*a. fig: Blicke*) gettare; **jdn ins Gefängnis ~** gettare qu in prigione; **jdn aus dem Haus ~** buttare qu fuori di casa ❷ (*Falten, Schatten*) fare; (*Wellen*) sollevare ❸ (*Tierjunge*) partorire II. *vr* **sich ~** ❶ (*sich schmeißen*) **sich auf jdn/etw ~** gettarsi su qu/qc; (*fig a.*) lanciarsi su qu/qc ❷ (*sich verziehen*) imbarcarsi III. *vi* ❶ (*als Wurfgeschoss benutzen*) tirare, gettare, lanciare; **mit etw [auf jdn] ~** tirare qc [a qu]; **mit Geld um sich ~** (*fam*) spendere un sacco di soldi, spendere e spandere ❷ (*Junge bekommen*) partorire
**Werft** [vɛrft] <-, -en> *f* (NAUT) cantiere *m* [navale]; (AERO) hangar *m* **Werftarbeiter** *m* operaio *m* di un cantiere navale
**Werg** [vɛrk] <-(e)s> *kein Pl. nt* stoppa *f,* filaccia *f*; **mit ~ verstopfen** stoppare
**Werk** [vɛrk] <-(e)s, -e> *nt* ❶ (*Arbeit, Schaffen, Geschaffenes, Kunst-~*) opera *f*; **ausgewählte/sämtliche ~e** opere scelte/com-

plete; **ein gutes ~ tun** compiere una buona azione; **am ~ sein** essere all'opera; **ans ~ gehen, sich ans ~ machen** mettersi all'opera ❷ (*Betrieb*) impianto *m;* (*Fabrik*) fabbrica *f;* (*Unternehmen*) stabilimento *m;* **ab ~** franco stabilimento ❸ (TEC: *Mechanismus*) meccanismo *m*

**Werk-** (*in Zusammensetzungen*) s. a. **Werks-**

**Werkbank** <-, -bänke> *f* banco *m* da lavoro

**werkeigen** *adj* aziendale

**werkeln** *vi* trafficare (*an etw dat* con qc), darsi da fare (*an etw dat* con qc)

**werken** *vi* lavorare, fare lavori manuali

**werkgetreu** *adj* fedele all'originale

**Werkmeister** *m* capotecnico *m*, capofficina *m* **Werk|s|angehörige** *mf* dipendente *mf* di uno stabilimento **Werk|s|arzt** *m*, **Werk|s|ärztin** *f* medico *m* di fabbrica **Werkschutz** *m* servizio *m* di sicurezza aziendale

**werkseigen** *adj s.* **werkeigen Werksgelände** <-s, -> *nt* terreno *m* aziendale **Werk|s|halle** *f* capannone *m* **Werk|s|kantine** *f* mensa *f* aziendale **Werk|s|leiter(in)** *m(f)* direttore, -trice *m, f* di fabbrica **Werk|s|spionage** *f* spionaggio *m* industriale

**Werkstatt** <-, -stätten> *f* ❶ (*Handwerker~*) officina *f,* atelier *m* ❷ (*Auto~*) officina *f* ❸ (*Künstler~*) studio *m*

**Werkstätte** (*geh*) *s.* **Werkstatt**

**Werkstoff** *m* materiale *m* **Werk|s|tor** *nt* cancello *m* della fabbrica **Werkstück** *nt* (*vor der Bearbeitung*) pezzo *m* da lavorare; (*während der Bearbeitung*) pezzo *m* in lavorazione; (*nach der Bearbeitung*) pezzo *m* lavorato **Werkstudent(in)** *m(f)* studente, -essa *m, f* lavoratore, -trice **Werksvertrag** <-(e)s, -träge> *m* contratto *m* d'opera **Werk|s|wohnung** *f* alloggio *m* aziendale

**Werktag** *m* giorno *m* feriale **werktags** *adv* nei giorni feriali

**werktätig** *adj* **~e Bevölkerung** popolazione attiva **Werktätige** <ein -r, -n, -n> *mf* lavoratore, -trice *m, f*

**Werkvertrag** *m* contratto *m* d'opera

**Werkzeug** <-(e)s, -e> *nt* attrezzo *m;* (*Instrument, a. fig*) strumento *m;* (*Kollektivbezeichnung a.*) arnesi *mpl* **Werkzeugkasten** *m* cassetta *f* degli arnesi **Werkzeugmacher(in)** *m(f)* utensilista *mf* **Werkzeugmaschine** *f* macchina *f* utensile **Werkzeugtasche** *f* borsa *f* degli attrezzi

**Wermut** ['veːɐ̯muːt] <-(e)s> *kein Pl. m* ❶ (BOT) assenzio *m* ❷ (*Wein*) vermut *m*

**Wermutstropfen** *m* (*fig geh*) ombra *f*

**wert** [veːɐ̯t] *adj* **etw ~ sein** valere qc; **nicht viel ~ sein** non valere gran che; **was ist dieser Ring ~?** quanto vale quest'anello?; **der Mühe ~ sein** valere la pena; **Lübeck ist eine Reise ~** vale la pena fare un viaggio a Lubecca; **das ist schon viel ~** è già molto; **sie ist es nicht ~, dass man sich solche Sorgen um sie macht** non merita che ci si preoccupi tanto per lei

**Wert** <-(e)s, -e> *m* ❶ (*a. fig*) valore *m;* (*Preis*) prezzo *m;* **einen ~ von 50 Euro haben** valere 50 euro; **an ~ verlieren/gewinnen** diminuire/aumentare di valore; **~/keinen ~ auf etw** *acc* **legen** attribuire/non attribuire valore a qc, tenere/non tenere a qc; **das hat doch keinen ~** (*fam*) non ha senso ❷ *pl* (*von Test, Analyse*) risultati *mpl;* (TEC) dati *mpl*

**Wertangabe** *f* dichiarazione *f* di valore **Wertarbeit** *f* lavoro *m* qualificato **wertbeständig** *adj* di valore stabile **Wertbeständigkeit** *f* stabilità *f* di valore **Wertbrief** *m* [lettera *f*] assicurata *f*

**werten** *vt* (*be~*) valutare; (*beurteilen*) giudicare; (SPORT: *zählen*) contare; (*benoten*) valutare, dare punti a; **ein Tor nicht ~** annullare una rete

**Wertewandel** <-s> *kein Pl. m* cambiamento *m* di valori

**wertfrei** *adj* senza valore

**Wertgegenstand** *m* oggetto *m* di valore, prezioso *m*

**Wertigkeit** <-> *kein Pl. f* valenza *f*

**wertkonservativ** *adj* conservatore

**wertlos** *adj* senza valore; (*fig a*) che non vale nulla

**Wertmaßmesser** <-s, -> *m,* **Wertmaßstab** *m* criterio *m*

**Wertminderung** *f* diminuzione *f* di valore, deprezzamento *m*

**Wertpapier** *nt* (FIN) valore *m,* titolo *m* **Wertpapierbörse** <-, -n> *f* (FIN) borsa *f* valori **Wertpapiermärkte** *fPl.* (FIN) mercati *mpl* dei valori mobiliari

**Wertsache** *f s.* **Wertgegenstand Wertschätzung** *f* (*geh*) stima *f*, considerazione *f* **Wertschrift** <-, -en> *f* (*CH:* FIN: *Wertpapier*) titolo *m* **Wertsteigerung** *f* aumento *m* di valore

**Wertstoff** <-(e)s, -e> *m* materiale *m* riciclabile **Wertstofftonne** *f* contenitore *m* per la raccolta multimateriale

**Wertung** <-, -en> *f* valutazione *f*; (SPORT) punteggio *m*
**Werturteil** *nt* giudizio *m* di valore
**wertvoll** *adj* di valore, prezioso; (*Mensch a*) pregevole
**Wertvorstellung** <-, -en> *f* ideologia *f*
**Werwolf** ['ve:ɐvɔlf] *m* lupo *m* mannaro
**Wesen** ['ve:zən] <-s, -> *nt* ❶ *Sing.* (*Grundeigenschaft*) essenza *f*, sostanza *f*; (PHILOS) entità *f*; **das gehört zum ~ der modernen Kunst** è proprio dell'arte moderna ❷ *Sing.* (*Art, Charakter*) natura *f*, carattere *m*, indole *f*; **sein wahres ~ zeigen** mostrarsi come si è ❸ (*Lebe~*) essere *m*, creatura *f*; (*Mensch*) persona *f*; **es war kein lebendes ~ zu sehen** non c'era anima viva
**Wesensart** *f* modo *m* di essere, natura *f*, carattere *m* **wesensfremd** *adj* **jdm/etw** *dat* **~ sein** essere estraneo alla natura di qu/qc **wesensgleich** *adj* della stessa natura, identico **Wesenszug** *m* tratto *m* caratteristico
**wesentlich** ['ve:zəntlɪç] I. *adj* essenziale; (*grundlegend*) fondamentale; (*bedeutend*) considerevole, importante; **das Wesentliche** l'essenziale *m*; **im Wesentlichen** in sostanza II. *adv* essenzialmente, fondamentalmente; (*beim Komparativ*) molto; **es wäre mir ~ lieber, wenn ...** preferirei molto che +*conj*
**Weser** ['ve:zɐ] *f* Weser *m*
**weshalb** [vɛs'halp] *adv* ❶ (*fragend*) perché, per quale ragione ❷ (*relativisch*) per cui, per il qual motivo; **der Grund, ~ ...** la ragione per cui ...
**Wespe** ['vɛspə] <-, -n> *f* (ZOO) vespa *f*
**Wespennest** *nt* (ZOO) nido *m* di vespe, vespaio *m* **Wespentaille** *f* vita *f* [*o* vitino *m*] di vespa
**wessen** ['vɛsən] I. *pron inter* ❶ *gen von* **wer** di chi; **~ Schuld ist es?** di chi è la colpa? ❷ *gen von* **was** di che II. *pron rel* ❶ *gen von* **wer** di [*o* da] chi; **~ Schuld es auch sein mag** di chiunque sia la colpa ❷ *gen von* **was** di [*o* da] che cosa
**Wessi** ['vɛsi] <-s, -s; -s> *mf* (*fam*) abitante *m* della Germania dell'Ovest
**West** [vɛst] <-> *kein Pl. m* (NAUT, METEO) ovest *m*
**Westberlin** ['vɛstbɛr'li:n] <-s> *nt* Berlino *f* Ovest
**westdeutsch** *adj* tedesco occidentale **Westdeutschland** *nt* Germania *f* occidentale
**Weste** ['vɛstə] <-, -n> *f* gilè *m*, panciotto *m*; **eine weiße** [*o* **reine**] **~ haben** (*fig*) avere la coscienza pulita
**Westen** ['vɛstən] <-s> *kein Pl. m* (*Himmelsrichtung*) ovest *m*, occidente *m*; **der ~** (POL) l'Occidente; **der Wilde ~** il Far West
**Westentasche** *f* taschino *m* del gilè; **etw wie seine ~ kennen** (*fam*) conoscere qc come le proprie tasche
**Western** ['vɛstɐn] <-(s), -> *m* western *m*
**Westerwald** ['vɛstɐvalt] *m* Westerwald *m*
**Westeuropa** *nt* Europa *f* occidentale **westeuropäisch** *adj* dell'Europa occidentale
**Westfale** [vɛst'fa:lə] <-n, -n> *m* abitante *m* della Vestfalia **Westfalen** [vɛst'fa:lən] *nt* Vestfalia *f* **Westfälin** [vɛst'fɛ:lɪn] <-, -nen> *f* abitante *f* della Vestfalia **westfälisch** [vɛst'fɛ:lɪʃ] *adj* vestfalico
**Westgeld** *nt* marco *m* occidentale
**westindisch** ['vɛst'ʔɪndɪʃ] *adj* dell'India occidentale; **die Westindischen Inseln** le Indie occidentali
**Westjordanland** *nt* Cisgiordania *f*
**Westküste** *f* costa *f* occidentale
**westlich** *adj* occidentale; **~ von** a ovest di; **die ~ e Welt** il mondo occidentale
**Westmächte** *fPl.* potenze *fpl* occidentali
**Westmark** *f* (*fam*) marco *m* occidentale
**weströmisch** *adj* **das Weströmische Reich** l'Impero romano d'occidente
**Westseite** *f* lato *m* ovest [*o* occidentale]
**westwärts** ['vɛstvɛrts] *adv* verso occidente **Westwind** *m* [vento *m* da] ponente *m*
**weswegen** [vɛs've:gən] *s.* **weshalb**
**wett** [vɛt] *adj* **~ sein** essere pari
**Wettbewerb** ['vɛtbəvɛrp] <-(e)s, -e> *m* ❶ (*Veranstaltung*) concorso *m*; (SPORT) gara *f*, competizione *f* ❷ *Sing.* (WIRTSCH) concorrenza *f*; **in ~ mit jdm treten** entrare in concorrenza con qu **Wettbewerber(in)** *m(f)* concorrente *mf* **wettbewerbsfähig** *adj* competitivo, concorrenziale **Wettbewerbsfähigkeit** <-> *kein Pl. f* concorrenzialità *f*, competitività *f* **Wettbewerbsverbot** *nt* divieto *m* di concorrenza **Wettbewerbsverzerrung** *f* distorsione *f* della concorrenza **Wettbewerbsvorteil** <-s, -e> *m* (WIRTSCH) vantaggio *m* della libera concorrenza **wettbewerbswidrig** *adj* (*Verhalten, Preisabsprachen*) anticoncorrenziale
**Wettbüro** *nt* ricevitoria *f*
**Wette** ['vɛtə] <-, -n> *f* scommessa *f*; **ich gehe jede ~ ein, dass ...** scommetto qualsiasi cosa che ...; **um die ~ laufen** fare

a chi corre di più; **was gilt die ~?** quanto scommettiamo?
**Wetteifer** *m* competizione *f* **wetteifern** *vi* **mit jdm um etw ~** gareggiare con qu per qc
**wetten** *vt, vi* ❶ (*eine Wette abschließen*) scommettere; **mit jdm um etw ~** scommettere qc con qu; **zehn gegen eins ~** scommettere dieci contro uno; **ich möchte ~, dass ...** scommetto che ...; [**wollen wir**] **~?** scommettiamo? ❷ (*bei Wettspielen*) [**auf etw** *acc*] **~** puntare [su qc]
**Wetter** ['vɛtɐ] <-s, -> *nt* (METEO) tempo *m*; **bei schönem/schlechtem ~** col bel/brutto tempo; **wie ist das ~?** che tempo fa? **Wetteramt** *nt* ufficio *m* meteorologico **Wetteraussichten** *fpl.* previsioni *fpl* del tempo **Wetterbericht** *m* bollettino *m* meteorologico **wetterbeständig** *adj* resistente alle intemperie **Wetterdienst** *m* servizio *m* meteorologico **Wetterfahne** *f* banderuola *f* **wetterfest** *s.* **wetterbeständig Wetterfrosch** *m* ❶ (*fam: Tier*) raganella *f* ❷ (*scherz: Meteorologe*) meteorologo *m* **wetterfühlig** *adj* sensibile ai cambiamenti del tempo, meteoropatico **Wetterfühligkeit** <-> *kein Pl.* *f* sensibilità *f* ai cambiamenti del tempo, meteoropatia *f* **Wetterhahn** *m* galletto *m* **Wetterkarte** *f* carta *f* meteorologica **Wetterkunde** *f* meteorologia *f* **Wetterlage** *f* condizioni *fpl* meteorologiche **Wetterleuchten** <-s> *kein Pl.* *nt* lampi *mpl* [in lontananza]
**wetterleuchten** *vi* **es wetterleuchtet** lampeggia
**wettern** ['vɛtɐn] *vi* (*fam: schimpfen*) [**gegen** [o **auf**] **jdn/etw**] **~** infuriare [contro qu/qc]
**Wetterprognose** *f* previsioni *fpl* del tempo **Wettersatellit** *m* satellite *m* meteorologico **Wetterstation** *f* stazione *f* meteorologica **Wetterumschlag** *m*, **Wetterumschwung** *m* improvviso cambiamento *m* di tempo **Wettervorhersage** *f* previsioni *fpl* del tempo **Wetterwarte** ['vɛtɐvartə] <-, -n> *f* stazione *f* meteorologica **wetterwendisch** *adj* (*pej*) instabile, incostante; (*launisch*) lunatico **Wetterwolke** *f* nube *f* temporalesca
**Wettkampf** *m* competizione *f*, gara *f* **Wettkämpfer(in)** *m(f)* partecipante *mf* a una gara sportiva, concorrente *mf*
**Wettlauf** *m* gara *f*, corsa *f*; **ein ~ mit der Zeit** una gara col tempo **wettlaufen** ['vɛtlaufən] *vi* (*nur im Infinitiv*) fare a gara,

gareggiare **Wettläufer(in)** *m(f)* corridore, -trice *m, f*, concorrente *mf* [di una gara di corsa]
**wett|machen** *vt* (*fam*) ❶ (*ausgleichen*) compensare; (*Rückstand*) recuperare ❷ (*wieder gutmachen*) riparare
**Wettrennen** *nt s.* **Wettlauf**
**Wettrüsten** <-s> *kein Pl.* *nt* corsa *f* agli armamenti
**Wettstreit** *m* gara *f*, competizione *f*, contesa *f*; **mit jdm in ~ treten** competere con qu
**wetzen** ['vɛtsən] I. *vt haben* affilare II. *vi sein* (*fam*) correre
**Wetzstein** *m* pietra *f* per affilare, cote *f*
**WEU** [veːʔɛːˈʔuː] <-> *kein Pl.* *f abk v* **Westeuropäische Union** UEO *f*
**WG** [veːˈgeː] <-, -s> *f abk v* **Wohngemeinschaft** (*fam*) comune *f*
**Whg.** *abk v* **Wohnung** app.
**Whisky** ['vɪski] <-s, -s> *m* whisky *m*
**wich** [vɪç] *1. u. 3. Pers. Sing. Imp. von* **weichen**
**Wichse** ['vɪksə] <-, -n> *f* (*fam: Schuhcreme*) crema *f* per lucidare, lucido *m*
**wichsen** I. *vt* ❶ (*fam: polieren*) lucidare ❷ (*fam, dial: verprügeln*) picchiare II. *vi* (*sl, vulg: onanieren*) farsi una sega
**Wichser** <-s, -> *m* (*vulg*) masturbatore *m*, segaiolo *m*
**Wicht** [vɪçt] <-(e)s, -e> *m* nano *m*; **armer ~** povero diavolo; **elender ~** miserabile *m*
**Wichtel** ['vɪçtəl] <-s, -> *m*, **Wichtelmännchen** *nt* folletto *m*
**wichtig** ['vɪçtɪç] *adj* importante; **sich** *dat* **~ vorkommen** credersi importante; **hast du nichts Wichtigeres zu tun, als ...?** non hai niente di meglio da fare che ...? **Wichtigkeit** <-> *kein Pl.* *f* importanza *f*; **von größter** [o **höchster**] **~** della massima importanza **wichtig|machen** *vr* **sich ~** (*fam*) darsi delle arie **Wichtigtuer(in)** ['vɪçtɪçtuːɐ] <-s, -; -, -nen> *m(f)* (*pej*) spaccone, -a *m, f*, millantatore, -trice *m, f* **wichtigtuerisch** *adj* borioso
**Wickel** ['vɪkəl] <-s, -> *m* ❶ (*Knäuel*) gomitolo *m*; (*Gerolltes*) rotolo *m* ❷ (MED: *Umschlag*) impacco *m* ❸ (*Locken~*) bigodino *m* ❹ (*Wend*) **jdn am** [o **beim**] **~ packen** [o **nehmen**] (*fam*) prendere qu per la collottola
**Wickelkommode** *f* fasciatoio *m*
**wickeln** *vt* ❶ (*ein~, auf~*) avvolgere; (*zu einem Knäuel*) aggomitolare; (*Draht*) bobinare ❷ (*Säugling*) cambiare il pannolino a

**Wickelrock** *m* gonna *f* a portafoglio, pareo *m*

**Widder** ['vɪdə] <-s, -> *m* ① (zoo) montone *m* ② (ASTR) Ariete *m;* **er/sie ist** [**ein**] **~ è** dell' [*o* un] Ariete

**wider** ['viːdə] *prp +acc* (*geh*) contro; **das Für und** [**das**] **Wider** il pro e il contro; **~ Erwarten** contro ogni aspettativa

**widerborstig** ['viːdɛbɔrstɪç] *adj* ① (*Person*) scontroso, permaloso ② (*Haar*) crespo, stopposo

**widerfahren** [viːdɐˈfaːrən] <irr, ohne ge-> *vi sein* accadere, capitare

**Widerhaken** *m* uncino *m*

**Widerhall** ['viːdəhal] *m* ① (*Echo*) eco *m o f* ② (*fig: Resonanz*) risonanza *f;* **~ finden** avere risonanza

**wider|hallen** *vi* risonare; (*a. fig*) riecheggiare

**widerlegbar** [viːdɐˈleːɡbaːɐ] *adj* confutabile, discutibile

**widerlegen** [viːdɐˈleːɡən] <ohne ge-> *vt* confutare

**widerlich** *adj* ripugnante, disgustoso

**Widerling** ['viːdəlɪŋ] <-s, -e> *m* (*fam pej*) uomo *m* ripugnante

**widernatürlich** *adj* contro natura; (*unnatürlich*) innaturale

**widerrechtlich** *adj* illegale, illecito; **sich** *dat* **etw ~ aneignen** appropriarsi indebitamente di qc

**Widerrede** *f* **ohne ~** senza obiezioni; **keine ~ dulden** non tollerare obiezioni

**Widerruf** *m* (*einer Anordnung*) revoca *f;* (*einer Aussage, Behauptung*) ritrattazione *f;* **bis auf ~** fino a nuovo ordine

**widerrufen** [viːdɐˈruːfən] <irr, ohne ge-> *vt* (*Befehl, Erlaubnis*) revocare; (*Behauptung, Geständnis*) ritrattare; (*Nachricht*) smentire

**widerruflich** *adj* revocabile; **etw ~ genehmigen** autorizzare qc con diritto di revoca

**Widersacher(in)** ['viːdəzaxɐ] <-s, -; -, -nen> *m(f)* avversario, -a *m, f,* antagonista *mf,* oppositore, -trice *m, f*

**Widerschein** *m* riflesso *m,* riverbero *m*

**widersetzen** [viːdɐˈzɛtsən] <ohne ge-> *vr* **sich jdm/etw ~** opporsi a qu/qc

**widersetzlich** *adj* riluttante, renitente

**Widersinn** *m* controsenso *m,* assurdità *f*

**widersinnig** *adj* assurdo, paradossale

**widerspenstig** ['viːdəʃpɛnstɪç] *adj* ricalcitrante, riluttante; (*eigensinnig*) ostinato, testardo; **~e Haare** capelli ribelli **Widerspenstigkeit** <-> *kein Pl.* *f* riluttanza *f;* (*Eigensinn*) ostinatezza *f,* testardaggine *f*

**wider|spiegeln** I. *vt* (*a. fig*) riflettere, rispecchiare II. *vr* **sich** [**in etw** *dat*] **~** specchiarsi [in qc]; (*fig*) rivelarsi [in qc]

**widersprechen** [viːdɐˈʃprɛçən] <irr, ohne ge-> I. *vi* **jdm/etw ~** contraddire qu/qc II. *vr* **sich** *dat* [**in etw** *dat*] **~** (*Personen*) contraddirsi [in qc]; (*Dinge, Aussagen*) essere contraddittorio [in qc] **widersprechend** *adj* contraddittorio

**Widerspruch** *m* ① (*Gegensätzlichkeit*) contraddizione *f,* contrasto *m;* **im ~ zu etw stehen** essere in contraddizione con qc, essere in contrasto con qc; **sich in Widersprüche verwickeln** rimanere prigioniero delle proprie contraddizioni ② *Sing.* (*Einwand*) obiezione *f;* (*Protest*) protesta *f;* **~ gegen etw einlegen** fare opposizione a qc; **er duldet keinen ~** non ammette obiezioni **widersprüchlich** ['viːdəʃprʏçlɪç] *adj* contraddittorio **Widerspruchsgeist** *m* spirito *m* di contraddizione **widerspruchslos** *adj* senza [fare] obiezioni

**Widerstand** *m* resistenza *f;* **~ gegen etw leisten** opporre resistenza a qc; **~ gegen die Staatsgewalt** resistenza a pubblico ufficiale; **auf ~ stoßen** incontrare resistenza

**Widerstandsbewegung** *f* [movimento *m* di] resistenza *f* **widerstandsfähig** *adj* [**gegen etw**] **~ sein** essere resistente [a qc] **Widerstandsfähigkeit** *f* resistenza *f* **Widerstandskämpfer(in)** *m(f)* combattente *mf* nella resistenza; (*Partisan*) partigiano, -a *m, f* **Widerstandskraft** *f* resistenza *f* **widerstandslos** *adv* ① (*ohne Widerstand zu leisten*) senza opporre resistenza ② (*ohne auf Widerstand zu stoßen*) senza incontrare resistenza

**widerstehen** [viːdɐˈʃteːən] <irr, ohne ge-> *vi* **jdm/etw ~** resistere a qu/qc

**widerstreben** [viːdɐˈʃtreːbən] <ohne ge-> *vi* ① (*zuwider sein*) ripugnare; **etw widerstrebt jdm** qc ripugna a qu; **es widerstrebt mir, darüber zu sprechen** mi ripugna parlarne ② (*geh: sich widersetzen*) **jdm ~** opporsi a qu **Widerstreben** <-s> *kein Pl. nt* (*Widerstand*) resistenza *f,* opposizione *f* ② (*Widerwillen*) ripugnanza *f* **widerstrebend** *adv* ① (*ungern*) controvoglia, di malavoglia ② (*unwillig*) con riluttanza

**Widerstreit** *m* (*von Interessen*) conflitto *m;* (*von Meinungen*) dissidio *m;* **im ~ zu etw stehen** essere in contrasto con qc **widerstreitend** *adj* contrastante

**widerwärtig** ['viːdəvɛrtɪç] *adj* ① (*abstoßend*) ripugnante; (*ekelhaft*) disgustoso

◎ (*ungünstig*) avverso **Widerwärtigkeit** <-, -en> *f* avversità *f*
**Widerwille** *m* ripugnanza *f*; ~ **gegen jdn/ etw empfinden** provare ripugnanza per qu/qc; **mit ~n** di malavoglia, controvoglia
**widerwillig** I. *adj* seccato, infastidito II. *adv* (*ungern, widerstrebend*) con riluttanza
**widmen** ['vɪtmən] I. *vt* [jdm] **etw** ~ dedicare qc [a qu]; (*weihen*) consacrare qc [a qu] II. *vr* **sich jdm/etw** ~ dedicarsi a qu/qc
**Widmung** <-, -en> *f* dedica *f*; **eine** ~ **an jdn** una dedica a qu
**widrig** ['viːdrɪç] *adj* (*Umstände*) avverso, sfavorevole; (*Geschick*) contrario **Widrigkeit** <-, -en> *f* contrarietà *f*, avversità *f*
**wie** [viː] I. *adv* ❶ (*interrogativ*) come; (*auf welche Weise*) in quale maniera; (*in welchem Maße*) quanto; ~ **bitte?** come [ha detto]?; ~ **das?** (*fam*) come si spiega questo?; ~ **groß?** di che grandezza?; ~ **lange?** [per] quanto tempo?; ~ **oft?** quante volte?; ~ **teuer ist es?** quanto costa?; ~ **viele?** quanti?; ~ **alt sind Sie?** quanti anni ha?; ~ **heißen Sie?** come si chiama?; ~ **machen Sie das?** come [lo] fa?; ~ **meinen Sie das?** cosa intende?; ~ **geht es Ihnen?** come sta?; ~ **gefällt es dir?** ti piace?; ~ **kommt es, dass ...?** com'è che ..., come mai ...?; ~ **wär's mit einem Sherry?** (*fam*) gradirebbe uno sherry?; ~ **wäre es, wenn wir nach Hause gingen?** e se andassimo a casa?; ~ **dem auch sei** comunque sia ❷ (*relativisch*) [il modo] in cui; **in dem Maße,** ~ **...** nella misura in cui ... ❸ (*fam: nicht wahr*) nevvero; **das gefällt dir,** ~ **?** ti piace, non è vero? ❹ (*ausrufend*) come, quanto, che; ~ **gut, dass ...** meno male che ...; ~ **glücklich ich bin!** quanto sono felice!; ~ **schade!** che peccato!; ~ **schön!** che bello!; **und** ~ **!** (*fam*) eccome! II. *konj* ❶ (*vergleichend*) come, quanto; **A** ~ **Anton** A come Ancona; **so groß** ~ **ich** alto quanto me; **stumm** ~ **ein Fisch** muto come un pesce; ~ **gesagt**, come già detto; ~ **gewöhnlich** come al solito; ~ **noch nie** come mai prima [d'ora]; **das Auto ist** ~ **neu** la macchina è come nuova ❷ (*sowie*) **große** ~ **kleine** grandi e piccoli ❸ (*mit Objektsatz*) come; **ich sah,** ~ **er über die Straße ging** vidi come attraversò la strada; ~ **ich eintrete** come entro; (*bei gleichem Subjekt*) entrando **Wie** <-, -> *nt* **das** ~ il come; **auf das** ~ **kommt es an** dipende dal modo

**Wiedehopf** ['viːdəhɔpf] <-(e)s, -e> *m* (ZOO) upupa *f*
**wieder** ['viːdɐ] *adv* di nuovo, ancora [una volta]; **immer** ~ continuamente, di nuovo; **nie** ~ mai più; **schon** ~ di nuovo, ancora; ~ **einmal** ancora una volta; ~ **anfangen** ricominciare; **sich** ~ **anziehen** rivestirsi; **ich bin gleich** ~ **da** torno subito; **da bin ich** ~**!** eccomi qua!; **da ist er** ~**!** rieccolo!
**wieder-** (*bei zusammengesetzten Verben*) ri-
**Wiederaufbau** [viːdɐ'ʔaʊfbaʊ] *m* ricostruzione *f*
**wieder|auf|bauen** [viːdɐ'ʔaʊfbaʊən] *vt, vi* ricostruire
**Wiederaufbereitung** [viːdɐ'ʔaʊfbəraɪtʊŋ] *f* riciclaggio *m* **Wiederaufbereitungsanlage** *f* impianto *m* di rigenerazione
**Wiederaufforstung** [viːdɐ'ʔaʊffɔrstʊŋ] *f* rimboschimento *m*
**wiederaufladbar** [viːdɐ'aʊfla:tbaːɐ] *adj* ricaricabile **wieder|auf|laden** <irr> *vt* ricaricare
**Wiederaufnahme** [viːdɐ'ʔaʊfnaːmə] *f* ❶ (*das Wiederaufnehmen*) ripresa *f*; (JUR) riapertura *f* ❷ (*in Gruppe, Verein*) riammissione *f*
**Wiederaufrüstung** [viːdɐ'ʔaʊfrʏstʊŋ] *f* riarmo *m*
**wieder|bekommen** <irr, ohne ge-> *vt* riavere, riottenere; **ich bekomme noch zwei Euro Wechselgeld wieder** avanzo ancora due euro di resto
**wieder|beleben** <ohne ge-> *vt* ❶ (MED) rianimare ❷ (*fig: Kunst, Sitten*) far rinascere **Wiederbelebung** *f* ❶ (*Person*) rianimazione *f* ❷ (WIRTSCH) ripresa *f*; ~ **der Wirtschaft** rilancio *m* economico **Wiederbelebungsversuch** *m* tentativo *m* di rianimazione
**Wiederbeschaffung** *f* recupero *m*
**wieder|bringen** <irr> *vt* riportare; (*zurückgeben*) restituire
**Wiedereinführung** [viːdɐ'ʔaɪnfyːrʊŋ] *f* ripristino *m*
**wieder|ein|setzen** [viːdɐ'ʔaɪnzɛtsən] I. *vt* (*in Amt, Rechte*) reintegrare (*in* +*acc* in); (*Fürsten, Dynastie*) restaurare II. *vi* (*Regen, Schmerzen*) ricominciare; (*Fieber*) ritornare; **der Regen hat wiedereingesetzt** ha ricominciato a piovere
**wieder|entdecken** <ohne ge-> *vt* riscoprire **Wiederentdeckung** <-, -en> *f* riscoperta *f*
**wieder|erkennen** <irr, ohne ge-> *vt* rico-

noscere (*an* +*dat* da); **nicht wiederzuerkennen sein** essere irriconoscibile

**wieder|erlangen** <ohne ge-> *vt* recuperare, riacquistare; (*wiederbekommen*) riottenere, riavere

**wieder|eröffnen** <ohne ge-> *vt* riaprire; (*wiederaufnehmen*) riprendere

**Wiedereröffnung** *f* riapertura *f*; (*Wiederaufnahme*) ripresa *f*

**wieder|erwachen** <ohne ge-> *vi sein* risvegliarsi

**wieder|finden** <irr> I. *vt* ritrovare II. *vr* **sich ~** (*Schlüssel, Brille*) ritrovarsi; **er fand sich plötzlich im Gefängnis wieder** si ritrovò improvvisamente in prigione

**Wiedergabe** *f* ① (*Rückgabe*) restituzione *f* ② (*Schilderung*) descrizione *f* ③ (MUS, TYP: *Reproduktion*) riproduzione *f*

**wieder|geben** <irr> *vt* ① (*zurückgeben*) restituire, rendere; (*Wechselgeld*) dare di resto ② (*schildern*) descrivere; (*ausdrücken*) rendere ③ (*reproduzieren*) riprodurre ④ (*übersetzen*) tradurre ⑤ (*vermitteln: Eindruck, Gefühl*) comunicare ⑥ (*widerspiegeln*) riflettere

**Wiedergeburt** *f* (REL) reincarnazione *f*

**wieder|gewinnen** <irr, ohne ge-> *vt* (*Geld*) riguadagnare; (*Gleichgewicht, Selbstvertrauen*) riacquistare, ricuperare

**Wiedergewinnung** <-, -en> *f* (ECO) recupero *m*, riacquisto *m*

**wieder|gut|machen** [viːdɐˈguːtmaxən] *vt* (*Verlust*) risarcire; (*Unrecht*) riparare, compensare; **einen Fehler/ein Unrecht ~** riparare un errore/un torto; **den Schaden ~** rimediare al danno; **das ist nicht wiedergutzumachen** è irreparabile, è irrimediabile **Wiedergutmachung** <-, -en> *f* ① (*Handlung*) riparazione *f*; (*Kriegsentschädigung*) riparazione *f* di guerra ② (*Entschädigung*) risarcimento *m*

**wieder|her|stellen** [viːdɐˈheːɐ̯ʃtɛlən] *vt* (*Ordnung, Beziehungen, Gesundheit*) ristabilire; (*Gebäude*) restaurare **Wiederherstellung** *f* ① (MED: *von Ordnung*) ristabilimento *m* ② (*Instandsetzung*) restauro *m*

**wiederholbar** [viːdɐˈhoːlbaːɐ̯] *adj* ripetibile

**wieder|holen**¹ [ˈviːdɐhoːlən] *vt* (*zurückholen*) riprendere

**wiederholen**² [viːdɐˈhoːlən] <ohne ge-> I. *vt* ① (*noch einmal machen*) ripetere ② (*Aufgabe, Gelerntes*) ripassare; (*zusammenfassend*) riassumere, ricapitolare II. *vr* **sich ~** ripetersi

**wiederholt** [viːdɐˈhoːlt] I. *adj* ripetuto; **zum ~en Male** ripetutamente II. *adv* ripetutamente, più volte

**Wiederholung** [viːdɐˈhoːlʊŋ] <-, -en> *f* ripetizione *f* **Wiederholungsfall** *m* (ADM) **im ~** in caso di recidiva **Wiederholungstäter(in)** *m(f)* (JUR) recidivo, -a *m, f*

**Wiederhören** *nt* **auf ~!** a risentirci!

**Wiederinstandsetzung** [viːdɐʔɪnˈʃtantzɛtsʊŋ] *f* riparazione *f*

**wieder|käuen** [ˈviːdɛkɔɪən] *vt* ① (*Tiere*) ruminare ② (*fig: ständig wiederholen*) rimasticare **Wiederkäuer** <-s, -> *m* (ZOO) ruminante *m*

**Wiederkehr** [ˈviːdɛkeːɐ̯] <-> *kein Pl. f* ① (*Heimkehr*) ritorno *m* ② (*periodische ~*) ricorrenza *f*; **bei meiner ~** al mio ritorno

**wieder|kehren** *vi sein* (*geh*) ① (*heimkehren*) [ri]tornare [a casa] ② (*sich wiederholen*) ricorrere ③ (*fig: wiederkommen: Gedanke*) [ri]tornare

**wieder|kommen** <irr> *vi sein* [ri]tornare; **ich komme gleich wieder** torno subito

**wieder|sehen** <irr> *vt* rivedere

**Wiedersehen** <-s, -> *nt* rivedersi *m*; **auf ~!** arrivederci!; (*Höflichkeitsform a*) arrivederLa! **Wiedersehensfreude** *f* gioia *f* di rivedersi

**wiederum** [ˈviːdərʊm] *adv* ① (*aufs neue*) di nuovo, nuovamente ② (*andererseits*) d'altra parte; (*dagegen*) invece

**wieder|vereinigen** <ohne ge-> *vt* ricongiungere; (*bes.* POL) riunificare; (*versöhnen*) riconciliare

**Wiedervereinigung** *f* ricongiungimento *m*; (POL) riunificazione *f*; (*Versöhnung*) riconciliazione *f*

**Wiederverheiratung** <-, -en> *f* risposarsi *m*

**Wiederverkäufer(in)** *m(f)* rivenditore, -trice *m, f*

**Wiederverkaufswert** <-(e)s> *kein Pl. m* valore *m* di rivendita

**wiederverwertbar** *adj* riciclabile

**Wiederverwertung** *f* riutilizzazione *f*

**Wiederwahl** *f* rielezione *f*

**wieder|wählen** *vt* rieleggere

**Wiederzulassung** <-, -en> *f* riammissione *f*

**Wiege** [ˈviːgə] <-, -n> *f* culla *f* **Wiegemesser** *nt* mezzaluna *f*

**wiegen**¹ [ˈviːgən] <wiegt, wog, gewogen> I. *vi* (*Gewicht haben*) pesare; **schwer ~** (*fig*) aver gran peso II. *vt* pesare

**wiegen**² I. *vt* ① (*Kind*) cullare; (*a. Kopf*) dondolare ② (*Kräuter*) tritare II. *vr* **sich ~**

cullarsi; **sich in Sicherheit ~ illudersi** di essere al sicuro
**Wiegenlied** *nt* ninnananna *f*
**wiehern** ['vi:ɐn] *vi* ❶ *(Pferd)* nitrire ❷ *(fig fam: vor Lachen)* fare una risata stridula
**Wien** [vi:n] *nt* Vienna *f*
**Wiener** <inv> *adj* viennese; **~ Schnitzel** cotoletta alla milanese; **~ Würstchen** würstel *m*
**wienern** *vt (fam)* lucidare, lustrare
**wies** [vi:s] *1. u. 3. Pers. Sing. Imp. von* **weisen**
**Wiesbaden** ['vi:sba:dən] *nt* Wiesbaden *f*
**Wiese** ['vi:zə] <-, -n> *f* prato *m*
**Wiesel** ['vi:zəl] <-s, -> *nt* (zoo) donnola *f*; **flink wie ein ~** svelto come uno scoiattolo
**wieso** [vi'zo:] *adv* perché?
**wievielmal** *adv* quante volte
**wievielte(r, s)** *adj* der/die Wievielte bin ich? a che posto sono?; **den Wievielten haben wir heute?** quanti ne abbiamo oggi?; **das ~ Mal war das?** che volta era?
**Wikinger(in)** ['vɪkɪŋɐ *o* 'vi:kɪŋɐ] <-s, -; -, -nen> *m(f)* vichingo *m*
**wild** [vɪlt] *adj* ❶ *(Tier, Pflanze, Mensch)* selvatico; **~ wachsen** crescere spontaneo; **~ wachsend** selvatico ❷ *(Landschaft, Volksstämme)* selvaggio ❸ *(Kind: lebhaft)* vivace; *(lärmend)* turbolento; **seid nicht so ~!** non fate tanto chiasso! ❹ *(heftig, stürmisch)* impetuoso, violento; *(wütend)* furioso; **~ drauflosschießen** sparare furiosamente a casaccio; **~ werden** infuriarsi, andare in collera; **auf jdn/etw ~ sein** *(fam)* andare matto per qu/qc; **~ entschlossen sein** *(fam)* essere decisissimo; **das ist halb so ~** *(fam)* non è mica la fine del mondo ❺ *(nicht genehmigt)* abusivo, illegale; *(unkontrolliert)* incontrollabile; **~er Streik** sciopero [a gatto] selvaggio; **~ zelten** campeggiare abusivamente
**Wild** <-(e)s> *kein Pl. nt* selvaggina *f*, cacciagione *f*
**Wildbach** *m* torrente *m*
**Wildbret** ['vɪltbrɛt] <-s> *kein Pl. nt* selvaggina *f*, cacciagione *f*
**Wilddieb(in)** *m(f)* bracconiere, -a *m, f*
**Wilde** ['vɪldə] <ein -r, -n, -n> *mf* selvaggio, -a *m, f*; **wie ein ~r** *(fam)* come un forsennato
**Wildente** *f* anitra *f* [*o* anatra *f*] selvatica
**Wilderer** <-s, -> *m*, **Wilderin** <-, -nen> *f* bracconiere, -a *m, f*, cacciatore, -trice *m, f* di frodo
**wildern** ['vɪldɐn] *vi* cacciare di frodo
**Wildfang** *m (fam)* diavoletto *m*

**wildfremd** ['vɪlt'frɛmt] *adj* del tutto sconosciuto
**Wildheit** <-> *kein Pl. f* natura *f* selvaggia; *(Ungezügeltheit)* sfrenatezza *f*
**Wildkatze** *f* (zoo) gatto *m* selvatico
**Wildleder** *nt* [pelle *f* di] camoscio *m*
**Wildnis** <-, -se> *f* luogo *m* selvaggio
**Wildpark** *m* parco *m* nazionale
**Wildpastete** *f* pasticcio *m* di cacciagione
**wildreich** *adj* ricco di selvaggina
**Wildschaden** <-s, -schäden> *m* danni *mpl* causati dalla selvaggina
**Wildschwein** *nt* (zoo) cinghiale *m*
**wildwachsend** *adj* selvatico
**Wildwasserboot** *nt* kayak *m*
**Wildwechsel** *m* passo *m* della selvaggina
**Wildwestfilm** [vɪlt'vɛstfɪlm] *m* western *m*
**will** [vɪl] *1. u. 3. Pers. Sing. Präs. von* **wollen**[1], **wollen**[2]
**Wille** ['vɪlə] <-ns, *rar* -n> *m* volontà *f*; *(Wollen)* volere *m*; *(Absicht)* intenzione *f*; *(Entschlossenheit)* decisione *f*; **jdm seinen ~n lassen** lasciar fare qu [a modo suo]; **aus freiem ~n** di spontanea volontà; **gegen** [*o* **wider**] **meinen ~n** *(ohne Erlaubnis)* contro la mia volontà; *(ungewollt)* involontariamente; **wider ~n** malvolentieri, controvoglia; **du sollst deinen ~n haben** farai come vorrai tu, sarà fatto come vuoi tu; **daran kann ich beim besten ~n nichts [mehr] ändern** con la più buona volontà non posso cambiar niente; **wo ein ~ ist, ist auch ein Weg** *(prov)* volere è potere
**willen** *prp +gen* **um ~** per [amor di]; **um deinet~/seinet~/ihret~** per amor tuo/suo; **um Himmels ~!** per amor del cielo!
**willenlos** *adj* senza volontà, abulico
**willens** *adj* **~ sein etw zu tun** *(geh)* aver la volontà di fare qc
**Willensfreiheit** *f* libero arbitrio *m* **Willenskraft** <-> *kein Pl. f* forza *f* di volontà **Willensschwäche** <-> *kein Pl. f* volontà *f* debole, debolezza *f* di carattere **Willensstärke** <-> *kein Pl. f* forza *f* di volontà, volontà *f* ferrea
**willentlich** ['vɪləntlɪç] *adv (geh)* apposta, intenzionalmente
**willfahren** [vɪl'fa:rən *o* 'vɪlfa:rən] <willfährt, willfahrte, gewillfahrt *o* willfahrt> *vi (geh)* **jds Wunsch ~** accondiscendere al desiderio di qu; **jdm ~** compiacere qu
**willfährig** ['vɪlfɛ:rɪç *o* vɪl'fɛ:rɪç] *adj (geh: nachgiebig)* condiscendente, arrendevole; *(gefügig)* docile; **jdm ~ sein** essere docile ai comandi di qu

**Williamsbirne** ['wɪljəmzbɪrnə] *f* buonacristiana *f*

**willig** I. *adj* (*Helfer, Arbeiter*) volonteroso; (*Kind*) docile; (*bereit*) pronto; **~ sein etw zu tun** essere pronto a fare qc II. *adv* volentieri

**willkommen** [vɪl'kɔmən] *adj* (*Person*) benvenuto; (*Sache*) gradito, opportuno; [**herzlich**] **~!** benvenuto!; **jdn ~ heißen** dare il benvenuto a qu; **das ist mir sehr ~** mi è proprio gradito

**Willkür** ['vɪlky:ɐ̯] <-> *kein Pl.* *f* arbitrio *m*; **jds ~ ausgeliefert** [*o* **preisgegeben**] **sein** essere alla mercé di qu **willkürlich** I. *adj* ❶ (*Maßnahme*) arbitrario ❷ (*Auswahl*) casuale ❸ (*Bewegung*) volontario II. *adv* ad arbitrio

**wimmeln** ['vɪməln] *vi* brulicare, formicolare; **es wimmelte von Menschen** brulicava di gente; **hier wimmelt es ja von Fettflecken** (*fam*) qui è pieno di macchie di grasso

**wimmern** ['vɪmən] *vi* piagnucolare

**Wimmet** ['vɪmət] <-s> *kein Pl. m* (*CH*) vendemmia *f*

**Wimpel** ['vɪmpəl] <-s, -> *m* gagliardetto *m*

**Wimper** ['vɪmpɐ] <-, -n> *f* ciglio *m*; **ohne mit der ~ zu zucken** senza batter ciglio

**Wimperntusche** *f* mascara *m*

**Wind** [vɪnt] <-(e)s, -e> *m* vento *m*; **bei ~ und Wetter** con ogni tempo; **den ~ im Rücken haben** avere il vento da tergo; **in alle ~e zerstreuen** spargere ai quattro venti; **viel ~ um etw machen** (*fam*) esagerare molto qc, pompare qc; **jdm den ~ aus den Segeln nehmen** (*fig fam*) sventare i piani di qu; **in den ~ reden** (*fig*) parlare al vento; **etw in den ~ schlagen** non prendere in considerazione qc, non dare ascolto a qc; **von etw ~ bekommen** (*fam*) avere sentore di qc; **jetzt weht hier ein anderer ~** (*fig*) ora spira un'altra aria; **jetzt merke ich, woher der ~ weht** (*fig fam*) adesso sento che vento tira; **daher weht der ~!** (*fig fam*) ecco perché!

**Windbeutel** *m* (GASTR) bignè *m* **Windbö|e|** *f* raffica *f* di vento **Windbruch** *m* danni *mpl* causati dal vento nel bosco

**Winde** ['vɪndə] <-, -n> *f* ❶ (TEC) argano *m*; (*kleinere*) verricello *m*; (*Garn~*) aspo *m* ❷ (BOT) convolvolo *m*

**Windel** ['vɪndəl] <-, -n> *f* pannolino *m*; **noch in den ~n liegen** (*fig*) essere ancora in fasce

**windelweich** ['vɪndəl'vaɪç] *adj* (*fam*) **jdn ~ prügeln** picchiare qu di santa ragione

**winden**[1] ['vɪndən] <windet, wand, gewunden> I. *vt* ❶ (*geh: flechten*) intrecciare; **Blumen zu einem Kranz ~** intrecciare una ghirlanda di fiori; **etw um etw ~** avvolgere qc attorno a qc ❷ (*wegnehmen*) **jdm etw aus der Hand ~** strappare qc dalle mani di qu II. *vr* **sich ~** ❶ **sich** [**um etw**] **~** (*Pflanze*) avviticchiarsi [a qc]; (*Schlange*) attorcigliarsi [a qc] ❷ (*Fluss, Weg*) **sich durch das Tal ~** serpeggiare nella valle ❸ (*Mensch*) **sich vor Schmerz ~** contorcersi dal dolore ❹ (*fig fam: Ausflüchte machen*) tergiversare

**winden**[2] *vi* **es windet** tira vento

**Windenergie** <-> *kein Pl.* *f* energia *f* eolica

**Windeseile** ['vɪndəs'ʔaɪlə] *f* **in** [*o* **mit**] **~** come un fulmine, con la rapidità del vento

**windgeschützt** *adj* riparato dal vento **Windhauch** *m* alito *m* di vento **Windhose** *f* (METEO) tromba *f* d'aria **Windhund** *m* ❶ (ZOO) levriere *m* ❷ (*fig fam: Luftikus*) scapestrato *m*

**windig** *adj* ❶ (*Tag*) ventoso; (*Ort*) battuto dai venti; **es ist ~** tira vento ❷ (*fig fam: Mensch*) sventato; (*Ausrede*) futile; (*Sache*) dubbio, incerto

**Windjacke** *f* giacca *f* a vento

**Windkanal** *m* galleria *f* aerodinamica [*o* del vento]

**Windkraftanlage** *f* impianto *m* eolico **Windkraftrad** *nt* rotella *f* di centrale eolica **Windkraftwerk** *nt* centrale *f* eolica **Windlicht** *nt* candela *f* schermata **Windmesser** <-s, -> *m* anemometro *m* **Windmühle** *f* mulino *m* a vento

**Windpocken** *fPl.* (MED) varicella *f*

**Windrad** *nt* ruota *f* a vento **Windrichtung** *f* direzione *f* del vento **Windrose** *f* rosa *f* dei venti **Windschatten** *m* (*von Berg*) versante *m* sottovento; (*von Fahrzeug*) scia *f*; **im ~ sein** stare sottovento

**windschief** *adj* (*oft pej*) storto

**Windschutz** <-es, -e> *m* protezione *f* dal vento **Windschutzscheibe** *f* (AUTO) parabrezza *m*

**Windseite** *f* lato *m* esposto al vento

**Windstärke** *f* forza *f* del vento

**windstill** *adj* calmo, senza vento **Windstille** *f* calma *f*, bonaccia *f*

**Windstoß** *m* colpo *m* di vento, ventata *f*

**windsurfen** *vi* fare windsurf **Windsurfen**, **Windsurfing** *nt* windsurf *m* **Windsurfer(in)** *m(f)* surfista *mf*

**Windung** <-, -en> *f* ❶ (*allg*) tortuosità *f*, sinuosità *f*; (*Kurve*) curva *f*; (*Fluss~*) ansa *f*, meandro *m* ❷ (*von Schraube*) giro *m*, passo *m*; (*von Spule*) spira *f*

**Wink** [vɪŋk] <-(e)s, -e> *m* ❶ (*Zeichen*) cenno *m*, segno *m* ❷ (*fig: Ratschlag*) consiglio *m*; (*Tipp*) suggerimento *m*; (*Warnung*) avvertimento *m*; **ein ~ des Schicksals** un segno del destino; **jdm einen ~ geben** fare cenno a qu

**Winkel** ['vɪŋkəl] <-s, -> *m* ❶ (MAT) angolo *m*; **spitzer/rechter/stumpfer ~** angolo acuto/retto/ottuso; **toter ~** angolo morto ❷ (*Ecke, abgelegenes Plätzchen*) cantuccio *m* ❸ (TEC: *~ maß*) squadra *f*

**Winkeladvokat** *m* (*pej*) azzeccagarbugli *m*, avvocato *m* da strapazzo **Winkeleisen** *nt* angolare *m*, cantonale *m* **Winkelfunktion** *f* funzione *f* goniometrica **Winkelhalbierende** <-n, -n> *f* bisettrice *f*

**winkelig** *adj* angolare; (*voller Winkel*) angoloso

**Winkelmaß** *nt* squadra *f* **Winkelmesser** <-s, -> *m* goniometro *m* **Winkelzug** *m* stratagemma *m*, sotterfugio *m*; **Winkelzüge machen** usare stratagemmi

**winken** ['vɪŋkən] <winkt, winkte, gewinkt *o dial* gewunken> I. *vi* ❶ (*ein Zeichen geben*) **jdm ~** fare un cenno a qu; **jdm mit der Hand ~** fare un cenno a qu con la mano; **jdm mit den Augen ~** ammiccare a qu ❷ (*grüßen*) **mit der Hand ~** salutare con un cenno della mano ❸ (*fig: in Aussicht stehen*) attendere; **ihm winkt eine hohe Belohnung** lo attende una lauta ricompensa II. *vt* **jdn zu sich** *dat* **~** far cenno a qu di venire

**winklig** *s.* **winkelig**

**winseln** ['vɪnzəln] *vi* guaire, uggiolare

**Winter** ['vɪntɐ] <-s, -> *m* inverno *m*; **im ~** in inverno, d'inverno; **mitten im ~** in pieno inverno; **es wird ~** arriva l'inverno

**Winterabend** *m* serata *f* invernale **Winterdienst** <-es, -e> *m* servizio *m* invernale **Wintereinbruch** <-(e)s, -brüche> *m* il sopravvenire *m* dell'inverno **Winterfahrplan** *m* orario *m* invernale **Winterfell** *nt* pelliccia *f* invernale **Winterferien** *Pl.* vacanze *fpl* invernali **winterfest** *adj* resistente al freddo; **das Auto ~ machen** equipaggiare l'auto per l'inverno **Wintergarten** *m* giardino *m* d'inverno **Winterhalbjahr** *nt* (*Schule*) semestre *m* invernale **winterhart** *adj* (BOT) resistente al freddo **Winterkleidung** *f* vestiti *mpl* invernali **Winterlandschaft** *f* paesaggio *m* invernale

**winterlich** *adj* invernale, d'inverno

**Wintermantel** *m* cappotto *m* [invernale] **Winterolympiade** <-, -n> *f* olimpiadi *fpl* invernali **Winterreifen** *m* pneumatico *m* invernale **Wintersaison** <-, -s> *f* stagione *f* invernale **Winterschlaf** *m* letargo *m*; **~ halten** essere in letargo, ibernare **Winterschlussverkauf** *m* liquidazione *f* di fine stagione [invernale] **Wintersemester** *nt* semestre *m* invernale **Wintersonnenwende** *f* solstizio *m* invernale **Winterspeck** *m* (*fam scherz*) cuscinetti *mpl* di grasso **Winterspiele** *ntPl.* **Olympische ~** olimpiadi *fpl* invernali **Wintersport** *m* sport *m* invernale **Winterurlaub** <-(e)s, -e> *m* vacanze *fpl* invernali **Winterzeit** *f* ❶ (*Uhrzeit*) ora *f* solare ❷ (*Jahreszeit*) inverno *m*

**Winzer(in)** ['vɪntsɐ] <-s, -; -, -nen> *m(f)* viticoltore, -trice *m, f*, vendemmiatore, -trice *m, f*

**winzig** ['vɪntsɪç] *adj* piccolissimo, microscopico; (*bes. Haus, Zimmer*) minuscolo

**Wipfel** ['vɪpfəl] <-s, -> *m* vetta *f*, cima *f*

**Wippe** ['vɪpə] <-, -n> *f* altalena *f*

**wippen** *vi* ❶ (*auf Wippe*) fare l'altalena ❷ (*auf und ab*) andare su e giù; **mit dem Fuß ~** dondolare il piede

**wir** [viːɐ] *pron pers* (*1. pers pl*) noi; **~ beide** noi due; **~ selbst** noi stessi

**Wirbel** ['vɪrbəl] <-s, -> *m* ❶ (*Wasser~, Staub~, Luft~, fig*) vortice *m*; (*Luft~, fig a*) turbine *m* ❷ (*fig: Trubel*) confusione *f*; (*Aufsehen*) scalpore *m*; **mach nicht so einen ~!** (*fig fam*) non far tanta confusione! ❸ (ANAT: *~ knochen*) vertebra *f* ❹ (*Haar~*) cocuzzolo *m* ❺ (*Trommel~*) rullo *m* **wirbellos** *adj* invertebrato; **~es Tier** invertebrato *m*

**wirbeln** I. *vt haben* far girare vorticosamente; (*Trommel*) far rullare II. *vi sein* turbinare, mulinare

**Wirbelsäule** *f* colonna *f* vertebrale, spina *f* dorsale

**Wirbelsturm** *m* ciclone *m*, uragano *m*

**Wirbeltier** <-(e)s, -e> *nt* (ZOO) vertebrato *m*

**Wirbelwind** *m* ❶ (*Wind*) turbine *m*, vortice *m* di vento ❷ (*fig scherz: Person*) terremoto *m*

**wirbt** [vɪrpt] *3. Pers. Sing. Präs. von* **werben**

**wird** [vɪrt] *3. Pers. Sing. Präs. von* **werden**

**wirft** [vɪrft] *3. Pers. Sing. Präs. von* **werfen**

**wirken** ['vɪrkən] I. *vi* ❶ (*Wirkung haben*) fare effetto, agire, operare; **beruhigend ~** avere un effetto calmante ❷ (*ein~*) **auf jdn/etw ~** agire su qu/qc ❸ (*einen Eindruck machen*) dare l'impressione di, sembrare; **jugendlich ~** avere un aspetto giovanile ❹ (*zur Geltung kommen*) valoriz-

wirklich → Wirtschaftsordnung

zare, avere effetto; **das Bild wirkt auf der bunten Tapete nicht** il quadro non è valorizzato sulla tappezzeria colorata ❸ *(geh: beruflich tätig sein)* fare, operare; **in einem Dorf als Arzt ~ operare** come medico in un paese **II.** *vt* ❶ *(weben)* tessere ❷ *(hervorbringen)* **Wunder ~** fare miracoli

**wirklich** ['vɪrklɪç] **I.** *adj* reale; *(tatsächlich)* effettivo; *(echt)* vero **II.** *adv* veramente, davvero; *(tatsächlich)* effettivamente, in effetti; **das ist ~ nett von Ihnen** è veramente gentile da parte Sua; **das habe ich ~ nicht gewusst** non lo sapevo proprio; **~?** davvero?

**Wirklichkeit** <-> *kein Pl. f* realtà *f*; **die raue ~** la dura realtà; **~ werden** diventare realtà, realizzarsi; **in ~** in realtà **wirklichkeitsgetreu** *adj* fedele alla realtà, realistico; **etw ~ schildern** descrivere qc fedelmente **Wirklichkeitssinn** *m* senso *m* della realtà, realismo *m*

**wirksam** *adj* *(Mittel)* efficace; *(Maßnahme)* energico; **gegen etw ~ sein** essere efficace contro qc; **~ werden** (JUR) entrare in vigore **Wirksamkeit** <-> *kein Pl. f* efficacia *f*

**Wirkung** <-, -en> *f* effetto *m*; *(Ein~)* azione *f*; *(Wirksamkeit)* efficacia *f*; **auf etw** *acc* **eine ~ haben** avere effetto su qc; **keine ~ haben, ohne ~ bleiben** non fare effetto, restare senza effetto; **seine ~ verfehlen** non ottenere l'effetto desiderato; **mit ~ vom 21. April** (ADM) con effetto dal 21 aprile

**Wirkungsgrad** *m* grado *m* di efficienza **Wirkungskreis** *m* sfera *f* d'azione **wirkungslos** *adj* inefficace, senza effetto; **bei jdm ~ bleiben** non fare effetto su qu **Wirkungslosigkeit** <-> *kein Pl. f* inefficacia *f* **wirkungsvoll** *adj* *(wirksam)* efficace; *(effektvoll)* di [grande] effetto; **~ sein** fare effetto **Wirkungsweise** *f* *(von Medikament)* azione *f* terapeutica; *(von Gerät)* funzionamento *m*

**wirr** [vɪr] *adj* ❶ *(ungeordnet)* disordinato; *(Haar)* arruffato ❷ *(fig: verworren: Verhältnisse, Gedanken)* confuso; *(Rede)* sconclusionato; **~ es Zeug reden** sragionare **Wirren** ['vɪrən] *Pl.* disordini *mpl*, tumulti *mpl* **Wirrkopf** *m* *(pej)* confusionario, -a *m, f* **Wirrwarr** ['vɪrvar] <-s> *kein Pl. m* confusione *f*, disordine *m*; *(Chaos)* pandemonio *m*

**Wirsing[kohl]** ['vɪrzɪŋ(koːl)] <-s> *kein Pl. m* verza *f*

**Wirt(in)** ['vɪrt] <-(e)s, -e; -, -nen> *m(f)* ❶ *(Gast~, Schank~)* oste *m*, ostessa *f* ❷ *(Gastgeber, Haus~)* padrone, -a *m, f* di casa ❸ (BIOL) ospite *m*

**Wirtschaft** ['vɪrtʃaft] <-, -en> *f* ❶ *(Volks~)* economia *f*; *(~ssystem)* sistema *m* economico; **freie ~** economia libera; **die ~ ankurbeln** incrementare l'economia ❷ *(Gast~)* osteria *f*, trattoria *f*

**wirtschaften** *vi* *(haushalten)* fare economia, economizzare; *(geschäftig arbeiten)* essere occupato, trafficare; **gut/schlecht ~** mandare avanti bene/male qc

**Wirtschafter(in)** <-s, -; -, -nen> *m(f)* ❶ (WIRTSCH) economo, -a *m, f* ❷ *(Verwalter)* amministratore, -trice *m, f*; *(in der Landwirtschaft)* imprenditore *m* agricolo **Wirtschafterin** *f* governante *f* **Wirtschaftler(in)** <-s, -; -, -nen> *m(f)* economista *mf*

**wirtschaftlich** *adj* ❶ *(die Wirtschaft betreffend)* economico ❷ (FIN) finanziario ❸ *(rationell)* razionale; *(lohnend)* conveniente ❹ *(sparsam)* economo, parsimonioso **Wirtschaftlichkeit** <-> *kein Pl. f* ❶ *(Rentabilität)* redditività *f* ❷ *(Sparsamkeit)* economia *f*, parsimonia *f*

**Wirtschaftsabkommen** *nt* accordo *m* economico **Wirtschaftsberater(in)** *m(f)* commercialista *mf* **Wirtschaftsbereich** *m* settore *m* economico **Wirtschaftsbeziehungen** *fPl.* relazioni *fpl* economiche **Wirtschaftsentwicklung** *f* sviluppo *m* economico **Wirtschaftsexperte** *m,* **Wirtschaftsexpertin** *f* esperto, -a *m, f* di problemi economici **Wirtschaftsflüchtling** <-s, -e> *m* profugo *m* per motivi economici **Wirtschaftsform** *f* sistema *m* economico **Wirtschaftsgebäude** *nt* fabbricato *m* rurale **Wirtschaftsgeld** *nt* denaro *m* per le spese di casa **Wirtschaftsgemeinschaft** *f* comunità *f* economica; **die Europäische ~** (HIST) la Comunità economica europea **Wirtschaftshilfe** *f* assistenza *f* economica **Wirtschaftsjahr** *nt* anno *m* finanziario **Wirtschaftskriminalität** *f* criminalità *f* dei colletti bianchi **Wirtschaftskrise** *f* crisi *f* economica **Wirtschaftslage** *f* situazione *f* economica **Wirtschaftsleben** *nt* vita *f* [*o* attività *f*] economica **Wirtschaftsmacht** <-, -mächte> *f* ❶ *(bedeutendes Land)* potenza *f* economica ❷ *(eines Landes)* forza *f* economica **Wirtschaftsminister(in)** *m(f)* ministro *m* dell'economia **Wirtschaftsministerium** *nt* ministero *m* dell'economia **Wirtschaftsordnung** <-,

-en> f ordine m economico **Wirtschaftsplanung** f pianificazione f [o programmazione f] economica **Wirtschaftspolitik** f politica f economica **Wirtschaftsprüfer(in)** m(f) revisore m dei conti **Wirtschaftsraum** m ① (WIRTSCH) spazio m economico, area f economica; **Europäischer ~** area economica europea ② (Wirtschaftsgebäude) servizi mpl, fabbricato m rurale **Wirtschaftssanktionen** fPl. sanzioni fpl economiche **Wirtschaftsteil** m (einer Zeitung) pagina f economica **Wirtschaftsunion** <-> f unione f economica **Wirtschaftswachstum** <-s> kein Pl. nt crescita f economica **Wirtschaftswissenschaft** f scienze fpl economiche **Wirtschaftswissenschaftler(in)** m(f) economista mf **Wirtschaftswunder** nt (fam) miracolo m economico **Wirtschaftszweig** m settore m economico

**Wirtshaus** nt osteria f, taverna f; (Gaststätte) trattoria f **Wirtsleute** Pl. ① (von Wirtshaus) padroni mpl dell'osteria ② (als Zimmervermieter) padroni mpl di casa

**Wisch** [vɪʃ] <-(e)s, -e> m (fam pej) pezzo m di carta, fogliaccio m

**wischen** ['vɪʃən] I. vi **über etw** acc ~ passare sopra qc II. vt ① (entfernen) etw [von etw] ~ togliere qc [da qc]; **Staub ~** spolverare [i mobili]; **sich** dat **den Schweiß von der Stirn ~** asciugarsi il sudore dalla fronte ② (reinigen) pulire, scappare ③ (Ohrfeige) **jdm eine ~** (fam) mollare una sberla a qu

**Wischiwaschi** [vɪʃi'vaʃi] <-s> kein Pl. nt (fam pej) blablà m

**Wischlappen** m, **Wischtuch** nt ① (Staubtuch) straccio m della polvere ② (Scheuertuch) strofinaccio m

**Wisent** ['vi:zɛnt] <-s, -e> m (ZOO) bisonte m

**Wismut** ['vɪsmu:t] <-(e)s> kein Pl. nt (CHEM) bismuto m

**wispern** ['vɪspən] vt, vi sussurrare, bisbigliare

**Wissbegier[de]** f brama f di apprendere **wissbegierig** adj desideroso di apprendere

**wissen** ['vɪsən] <weiß, wusste, gewusst> I. vt ① (können) sapere; **nicht aus noch ein ~** non sapere che pesci prendere; **sich zu benehmen ~** sapere come comportarsi; **sich** dat **zu helfen ~** cavarsela; **etw zu schätzen ~** saper apprezzare qc ② (die Kenntnis besitzen) sapere; **ich weiß nicht, wo er ist** non so dov'è; **ich weiß, was ich will** so quello che voglio; **woher soll ich das ~?** come faccio a saperlo?; **du weißt genau, dass das verboten ist** sai benissimo che è proibito; **soviel ich weiß** per quanto ne sappia; **alles besser ~ wollen** saperla sempre più lunga; **ich wusste, dass es so kommen würde** sapevo che sarebbe andata così; **als ob ich das wüsste!** (fam) come se lo sapessi!; **was weiß ich!** (fam) che ne so io!; **das musst du [selber] ~** (fam) questo devi saperlo tu; **weißt du was? wir gehen mit** sai cosa facciamo? ci andiamo anche noi; **das hätte man ~ sollen!** a saperlo!, ad averlo saputo!; **ich habe ihn wer weiß wie oft gesehen** l'ho visto Dio sa quante volte; **Sie müssen ~, dass ...** sappia [o deve sapere] che ...; **gewusst wie!** (fam) a sapere come! ③ (erfahren) **durch jdn etw ~** venire a sapere qc da qu; **jdn etw ~ lassen** far sapere qc a qu, informare qu di qc; **ich will von ihm/davon nichts ~** non voglio saperne di lui/di ciò ④ (sich erinnern) ricordarsi; **weißt du noch?** ti ricordi?; **weißt du seine Adresse noch?** ti ricordi il suo indirizzo? II. vi (informiert sein) essere a conoscenza; **von etw ~** essere a conoscenza di qc; **ich weiß von nichts** non so niente; **wer weiß** chissà; **nicht, dass ich wüsste** non che io sappia; **man kann nie ~** (fam) non si sa mai

**Wissen** <-s> kein Pl. nt sapere m; (Kenntnisse) cognizioni fpl; **meines ~s** per quanto ne so; **nach bestem ~ und Gewissen** con scienza e coscienza; **ohne mein ~** a mia insaputa, senza che lo sapessi; **wider besseres ~** in malafede

**Wissenschaft** <-, -en> f scienza f **Wissenschaftler(in)** <-s, -, -nen> m(f) scienziato, -a m, f **wissenschaftlich** adj scientifico

**Wissensdrang** m, **Wissensdurst** m desiderio m [o sete f] di sapere **Wissensgebiet** nt campo m dello scibile **Wissenslücke** f lacuna f **wissenswert** adj interessante

**wissentlich** ['vɪsəntlɪç] I. adj intenzionale II. adv (bewusst) consapevolmente; (vorsätzlich) deliberatamente

**Witfrau** ['vɪtfrau] <-, -en> f (CH: Witwe) vedova f

**wittern** ['vɪtən] I. vt fiutare; **Gefahr ~** fiutare il pericolo II. vi annusare

**Witterung** <-> kein Pl. f ① (Wetter) tempo m; **bei jeder ~** con ogni tempo; **bei günstiger ~** tempo permettendo ② (Geruchssinn) fiuto m; (Geruch) odore m

**Witterungsverhältnisse** ntPl. condizioni fpl atmosferiche

**Witwe** ['vɪtvə] <-, -n> f vedova f **Witwenrente** f pensione f vedovile **Witwer** ['vɪtvɐ] <-s, -> m vedovo m

**Witz** [vɪts] <-es, -e> m ❶ Sing. (Esprit) spirito m; (Geist) arguzia f ❷ (witzige Geschichte) barzelletta f; (Scherz) scherzo m; **ein dreckiger/fauler ~** una barzelletta sporca/uno spirito di patate; **~e erzählen** [o **reißen** fam] raccontare barzellette; **mach keine ~e!** (fig fam) scherzi?, stai scherzando?; **das soll doch wohl ein ~ sein** è una barzelletta?, bisogna ridere?; **der ~ an der ganzen Sache ist, dass ...** il bello è che ...; **das ist der ganze ~** (fam: darauf kommt es an) questo è il punto **Witzblatt** nt giornale m umoristico **Witzbold** ['vɪtsbɔlt] <-(e)s, -e> m burlone, -a m, f, buffone, -a m, f

**witzeln** vi **über jdn ~** fare dello spirito su qu; **über etw** acc **~** burlarsi di qc

**Witzfigur** <-, -en> f macchietta f, persona f buffa

**witzig** adj spiritoso; (geistreich a) arguto; (lustig) buffo; (komisch) comico

**witzlos** adj ❶ (ohne Witz) senza spirito ❷ (fam: zwecklos) inutile

**WLAN** ['ve:lan] <-[s], -[s]> nt abk v **Wireless Local Area Network** (INFORM) wireless m, wi-fi m

**WM** [ve:'ʔɛm] <-, -s> f abk v **Weltmeisterschaft** campionato m mondiale

**wo** [vo:] I. adv ❶ (interrogativ) dove; **~ bist du?** dove sei?; **~ denn?** ma dove? ❷ (relativisch) dove; (zeitlich) quando; **~ auch immer** dovunque +conj; **dort, ~** là dove; **überall, ~** ovunque +conj; **am Tage/im Augenblick, ~** il giorno/nel momento in cui; **ach** [o **i**] **~!** (fam) ma no!, macché! II. konj ❶ (da) dal momento che ❷ (obwohl, während) mentre

**woanders** [vo'ʔandɐs] adv altrove, in un altro luogo; **mit den Gedanken ~ sein** avere la testa altrove

**wob** [vo:p] (obs fig) 1. u. 3. Pers. Sing. Imp. von **weben**

**wobei** [vo'baɪ] adv ❶ (interrogativ) con che cosa?; **~ bist du gerade?** cosa stai facendo?; **~ ist das passiert?** com'è successo? ❷ (relativisch) in cui, nella qual cosa; (bei welcher Gelegenheit) nella qual occasione

**Woche** ['vɔxə] <-, -n> f settimana f; **letzte** [o **vergangene**]/**nächste ~** la settimana scorsa/prossima [o ventura]; **jede ~** ogni settimana; **jede zweite ~** ogni due settimane; **zweimal die ~** due volte [al]la settimana; **heute in einer ~** oggi a otto; **die ~ über** in settimana

**Wochenbericht** m rapporto m settimanale **Wochenbett** nt (MED) puerperio m **Wochenblatt** nt settimanale m **Wochenendbeziehung** f relazione in cui ci si vede solo il finesettimana **Wochenende** nt fine m settimana, weekend m; **langes** [o **verlängertes**] **~** ponte m; **am/übers ~** il fine settimana; **schönes ~!** buon fine settimana! **Wochenendhaus** nt casa f per il fine settimana **Wochenendticket** ['vɔxnɛndtɪkət] <-s, -s> nt (FERR) biglietto ferroviario a prezzo ridotto valido il fine settimana, che dà la possibilità di viaggiare per tutta la Germania **Wochenendurlauber(in)** m(f) weekendista mf

**Wochenkarte** f abbonamento m settimanale **wochenlang** I. adj di [più [o parecchie]] settimane II. adv per intere settimane **Wochenlohn** m paga f settimanale **Wochenmarkt** m mercato m settimanale **Wochenschau** f (obs) cinegiornale m, attualità fpl **Wochentag** m giorno m della settimana; (Werktag) giorno m feriale **wochentags** adv durante la settimana; (werktags) nei giorni feriali **wöchentlich** ['vœçəntlɪç] I. adj settimanale II. adv ogni settimana; **dreimal ~** tre volte [al]la settimana

**Wochenzeitung** <-, -en> f settimanale m **Wöchnerin** ['vœçnərɪn] f puerpera f, partoriente f

**Wodka** ['vɔtka] <-s, -s> m wodka f

**wodurch** [vo'dʊrç] adv ❶ (interrogativ) come, in che modo, attraverso che cosa; **~ wollen Sie das erreichen?** in che modo crede di ottenerlo? ❷ (relativisch) per cui, attraverso la qual cosa; **das Mittel, ~** il mezzo con cui

**wofür** [vo'fy:ɐ] adv ❶ (interrogativ) per che cosa; **~ halten Sie mich?** per chi mi prende?; **~ interessieren Sie sich?** di che cosa si interessa? ❷ (relativisch) per cui, per la qual cosa; **er ist nicht das, ~ er sich ausgibt** non è quello per cui si spaccia

**wog** [vo:k] 1. u. 3. Pers. Sing. Imp. von **wiegen**¹

**Woge** ['vo:ɡə] <-, -n> f (geh) onda f; (fig) ondata f; **eine ~ der Begeisterung** un'ondata di entusiasmo; **die ~n glätten** (fig) calmare le acque

**wogegen** [vo'ɡe:ɡən] I. adv ❶ (interrogativ) contro che cosa ❷ (relativisch) contro cui, contro la qual cosa; (durch Tausch) in cambio di ciò II. konj mentre

**wogen** ['vo:gən] *vi* (*geh*) ondeggiare, fluttuare

**woher** [vo'he:ɐ̯] *adv* ❶ (*interrogativ*) di [*o* da] dove; (*auf welche Weise*) come; **~ kommt der Brief?** da dove viene la lettera?; **~ sind Sie?** di dov'è?; **~ weißt du das?** come fai a saperlo?; **~ kommt es, dass …?** com'è che …?, come accade che …? ❷ (*relativisch*) da cui, dal quale; **aber ~ denn!** (*fam*) macché!, neanche per idea!

**wohin** [vo'hɪn] *adv* ❶ (*interrogativ*) dove; **~ damit?** (*fam*) dove lo metto? ❷ (*relativisch*) in cui nel quale; **~ du auch gehen magst** dovunque tu vada

**wohl** [vo:l] I. *adv* ❶ (*gut, gesund, angenehm*) bene; **sich ~ fühlen** sentirsi bene; **~ oder übel** volente o nolente; **~ bekomm's!** salute!, evviva!; **mir ist jetzt ~ er** sto meglio ora; **mir ist nicht ~ bei der Sache** non mi sento tranquillo in questa faccenda; **leben Sie ~!** addio! ❷ (*durchaus*) perfettamente; **ich habe ~ bemerkt, dass …** ho ben notato che …; **das kann man ~ sagen!** si può ben dirlo! ❸ (*wahrscheinlich*) probabilmente; **ich muss mich ~ erkältet haben** si vede che ho preso freddo; **~ kaum** sarà difficile, non credo; **er könnte ~ noch kommen** potrebbe ancora venire; **er wird ~ krank sein** sarà ammalato; **das mag ~ sein** può darsi benissimo; **ob er ~ schreiben wird?** chissà se scriverà?; **du bist ~ nicht gescheit!** ma sei matto! ❹ (*etwa, ungefähr*) [all'in]circa; **es waren ~ [an die] 200 Leute da** c'erano circa 200 persone II. *konj* (*zwar*) è vero che; **er wusste ~, dass es gefährlich ist, aber …** lo sapeva pure che è pericoloso, ma …

**Wohl** <-(e)s> *kein Pl. nt* bene *m*; (*~befinden*) benessere *m*; (*Gesundheit*) salute *f*; **auf jds ~ trinken** bere alla salute di qu; **auf Ihr/euer ~!, zum ~!** [alla] salute!; **zum ~ des Landes** nell'interesse del paese

**wohlauf** [vo:l'ʔaʊf] *adj* **~ sein** (*geh*) stare bene [di salute]

**Wohlbefinden** *nt* salute *f*, benessere *m*

**wohlbegründet** ['vo:lbə'ɡrʏndət] *adj* (*geh*) ben fondato

**Wohlbehagen** *nt* senso *m* di benessere, agio *m*; **etw mit ~ tun** fare qc di gusto

**wohlbehalten** *adj* (*Person*) sano e salvo; (*Sache*) in buono stato

**wohlbekannt** *adj* (*geh*) ben noto; (*vertraut*) familiare

**wohldurchdacht** ['vo:ldʊrç'daxt] *adj* ben meditato

**Wohlergehen** <-s> *kein Pl. nt* benessere *m*, salute *f*

**wohlerzogen** ['vo:l'ʔɛɛtso:ɡən] *adj* (*geh*) ben educato

**Wohlfahrt** *f* assistenza *f* pubblica **Wohlfahrtsmarke** *f* francobollo *m* emesso a scopo di beneficenza **Wohlfahrtsstaat** *m* stato *m* assistenziale

**Wohlfühlhotel** *nt* beauty farm *f* **Wohlfühlwochenende** *nt* weekend *m* di benessere

**Wohlgefallen** *nt* piacere *m*, compiacenza *f*; (*Zufriedenheit*) soddisfazione *f*; **~ an etw** *dat* **haben** trovare piacere a fare qc; **sich in ~ auflösen** finire in bene, avere lieto fine; (*fam iron: auseinanderfallen*) sfasciarsi **wohlgefällig** I. *adj* ❶ (*mit Wohlgefallen*) soddisfatto; (*selbstzufrieden*) compiaciuto ❷ (*geh, obs: angenehm*) gradevole, piacevole II. *adv* con compiacenza [*o* compiacimento]; **sich ~ im Spiegel betrachten** guardarsi compiaciuto allo specchio

**wohlgeformt** *adj* ben formato; (*Körper*) benfatto, armonico

**wohlgemeint** *adj* fatto con buona intenzione; **~er Rat** consiglio da amico

**wohlgemerkt** *adj o adv* nota bene, beninteso

**wohlgenährt** *adj* ben nutrito

**wohlgeraten** *adj* (*geh*) ❶ (*gut gelungen*) ben riuscito ❷ (*gut erzogen*) ben educato

**Wohlgeruch** *m* (*geh*) buon odore *m*, profumo *m*

**Wohlgeschmack** *m* (*geh*) buon sapore *m*, gusto *m* gradevole

**wohlgesinnt** *adj* **jdm ~ sein** essere ben disposto verso qu

**wohlhabend** *adj* agiato, benestante

**wohlig** *adj* piacevole, gradevole

**Wohlklang** *m* (*geh*) ❶ (MUS) armonia *f*, melodia *f*, musicalità *f* ❷ (LING) eufonia *f* **wohlklingend** *adj* (*geh*) melodioso, armonioso

**wohlmeinend** *adj* (*geh*) benevolo, ben disposto

**wohlriechend** *adj* (*geh*) profumato, fragrante

**wohlschmeckend** *adj* (*geh*) gustoso, saporito

**Wohlsein** *nt* [**zum**] **~!** [alla] salute!

**Wohlstand** *m* benessere *m*, agiatezza *f* **Wohlstandsgesellschaft** *f* società *f* del benessere **Wohlstandsmüll** *m* (*pej*) scorie *fpl* della società del benessere

**Wohltat** *f* ❶ (*gute Tat*) opera *f* buona

Wohltäter → Wolke

❷ *Sing.* (*Linderung*) benedizione *f*; **das ist eine ~** è una vera benedizione
**Wohltäter(in)** *m(f)* benefattore, -trice *m, f*
**wohltätig** *adj* (*Handlung*) caritatevole; (*Person, Werk*) benefico; **gegen jdn ~ sein** essere caritatevole verso qu; **zu ~en Zwecken** a fini caritatevoli **Wohltätigkeit** *f* beneficenza *f*, carità *f* **Wohltätigkeitsveranstaltung** *f* manifestazione *f* di beneficenza
**wohltuend** *adj* piacevole, gradevole
**wohl|tun** <irr> *vi* (*geh*) fare del bene; (*angenehm sein*) fare bene; (*lindernd sein*) dare sollievo
**wohlüberlegt I.** *adj* ben ponderato **II.** *adv* con ponderazione; **~ vorgehen** agire con ponderatezza
**wohlverdient** *adj* meritato, giusto
**wohlweislich** ['voːlvaɪslɪç] *adv* saggiamente
**Wohlwollen** *nt* benevolenza *f*; (*Gunst*) favore *m*; (*Geneigtheit*) simpatia *f*; **sich** *dat* **jds ~ erwerben** accattivarsi la simpatia di qu; **etw mit ~ betrachten** considerare qc con benevolenza **wohlwollend I.** *adj* benevolo **II.** *adv* con benevolenza
**Wohnanhänger** *m* roulotte *f* **Wohnanlage** <-, -n> *f* complesso *m* residenziale
**Wohnbau** <-(e)s, -bauten> *m* edificio *m* d'abitazione **Wohnberechtigungsschein** *m* certificato che dà diritto ad abitare in case popolari **Wohnblock** <-(e)s, -s *o CH* -blöcke> *m* caseggiato *m* **Wohncontainer** <-s, -> *m* [casa *f*] container *m*
**wohnen** ['voːnən] *vi* abitare; (*Unterkunft haben*) alloggiare; (*vorübergehend ~*) stare; **bei jdm ~** abitare da qu; **zur Miete ~** stare in affitto; **im Hotel ~** stare in albergo
**Wohnfläche** *f* superficie *f* abitabile **Wohngebiet** *nt* zona *f* residenziale **Wohngegend** <-, -en> *f* area *f* residenziale **Wohngemeinschaft** *f* comune *f*, persone che dividono un appartamento o una casa
**wohnhaft** *adj* domiciliato, residente; **~ in ...** residente a ...
**Wohnhaus** *nt* casa *f* d'abitazione **Wohnheim** *nt* pensionato *m* **Wohnküche** *f* cucina *f* abitabile **Wohnkultur** *f* arredamento *m* **Wohnlage** *f* posizione *f*; **in günstiger ~** in buona posizione
**wohnlich** *adj* accogliente, confortevole
**Wohnmobil** ['voːnmobiːl] <-s, -e> *nt* camper *m* **Wohnort** *m* domicilio *m*, residenza *f* **Wohnqualität** <-> *kein Pl. f* qualità *f* della vita **Wohnrecht** *nt* diritto *m* di abitazione [*o* di residenza] **Wohnsilo** *m o nt* (*pej*) casermone *m* **Wohnsitz** *m* domicilio *m*, dimora *f*, residenza *f*; **ohne festen ~** senza fissa dimora
**Wohnung** <-, -en> *f* casa *f*; (*a. Unterkunft*) alloggio *m*; (*Etagen~*) appartamento *m*; **eine 3-Zimmer-~** un appartamento di tre stanze; **eine eigene ~ haben** avere un appartamento per conto proprio; **die ~ wechseln** cambiare casa
**Wohnungsangebot** <-(e)s, -e> *nt* offerta *f* immobiliare [*o* di alloggi] **Wohnungsbau** <-(e)s> *kein Pl. m* edilizia *f* residenziale; **sozialer ~** edilizia popolare **Wohnungsbedarf** <-(e)s> *kein Pl. m* fabbisogno *m* di alloggi; (*Nachfrage*) richiesta *f* di alloggi **Wohnungsbesetzer(in)** <-s, -; -, -nen> *m(f)* occupante *mf* abusivo, occupante *mf* di casa **Wohnungseigentümer(in)** *m(f)* proprietario, -a *m, f* di un'abitazione, condomino, -a *m, f* **Wohnungseinrichtung** *f* arredamento *m* [della casa] **Wohnungsgeld** *nt* indennità *m* di alloggio **Wohnungsinhaber(in)** *m(f)* locatario, -a *m, f* **Wohnungsmarkt** *m* mercato *m* degli alloggi **Wohnungsnot** *f* crisi *f* degli alloggi **Wohnungsschlüssel** *m* chiave *f* di casa **Wohnungssuche** *f* **auf ~ sein** cercare casa **Wohnungstür** *f* porta *f* di casa **Wohnungswechsel** *m* cambiamento *m* d'abitazione, trasloco *m*
**Wohnviertel** *nt* quartiere *m* residenziale **Wohnwagen** *m* roulotte *f* **Wohnwert** <-(e)s> *kein Pl. m* *s.* **Wohnqualität Wohnzimmer** *nt* soggiorno *m*
**Wok** [vɔk] <-, -s> *m* wok *m*, pentola utilizzata nella cucina cinese
**wölben** ['vœlbən] **I.** *vt* curvare a volta; (ARCH) fare [*o* fabbricare] a volta **II.** *vr* **sich** [**über etw** *acc*] **~** inarcarsi [sopra qc]
**Wölbung** <-, -en> *f* convessità *f*; (ARCH) volta *f*; (*Bogen*) arcata *f*
**Wolf** [vɔlf, *Pl:* 'vœlfə] <-(e)s, Wölfe> *m* ❶ (ZOO) lupo *m*; **ein ~ im Schafspelz sein** essere un lupo vestito da agnello; **mit den Wölfen heulen** (*fig*) adeguarsi agli altri, seguire il branco ❷ (*Fleisch~*) tritacarne *m*; **das Fleisch durch den ~ drehen** macinare [*o* tritare] la carne
**Wölfin** ['vœlfɪn] <-, -nen> *f* lupa *f*
**Wolfram** ['vɔlfram] <-s> *kein Pl. nt* (CHEM) wolframio *m*, tungsteno *m*
**Wolfshunger** ['vɔlfshʊŋə] *s.* **Bärenhunger**
**Wolga** ['vɔlga] *f* Volga *mf*
**Wolke** ['vɔlkə] <-, -n> *f* nube *f*, nuvola *f*;

**aus allen ~n fallen** (*fig*) cascare dalle nuvole; **in den ~n schweben** (*fig*) vivere nelle nuvole **Wolkenbruch** *m* nubifragio *m* **Wolkendecke** *f* cappa *f* di nubi **Wolkenkratzer** *m* grattacielo *m* **wolkenlos** *adj* senza nubi, sereno **Wolkenschicht** *f* strato *m* di nubi
**wolkig** *adj* nuvoloso, annuvolato
**Wolldecke** *f* coperta *f* di lana, plaid *m*
**Wolle** ['vɔlə] <-, -n> *f* lana *f*; **reine ~** pura lana; **sich in die ~ geraten** (*fam*) litigare
**wollen**¹ ['vɔlən] <will, wollte, gewollt> *vt, vi* ❶ (*mögen*) volere; (*wünschen a.*) desiderare; **etw unbedingt ~** volere qc ad ogni costo; **[machen Sie es,] wie Sie ~** [faccia] come vuole; **er macht nur, was er will** fa solo quello che vuole; **was ~ Sie von mir?** che cosa vuole da me?; **wo ~ Sie hin?** dove vuole andare?; **du hast es so gewollt** sei stato tu a volerlo; **er will seine Ruhe** vuole starsene in pace; **was willst du mehr?** che vuoi di più?; **ich wollte, es wäre Sonntag** vorrei che fosse domenica; **man muss daran teilnehmen, ob man will oder nicht** bisogna prendervi parte, volenti o nolenti; **das kann man, wenn man so will, Diebstahl nennen** volendo, si può definirlo un furto ❷ (*beabsichtigen*) aver l'intenzione; **etw tun ~** pensare di fare qc; **Verzeihung, das habe ich nicht gewollt!** mi scusi, non l'ho fatto apposta ❸ (*Wend*) **da ist nichts zu ~** (*fam*) non c'è niente da fare; **du hast hier nichts zu ~!** vattene!
**wollen²** <will, wollte, wollen> *Modalverb* ❶ (*mögen*) volere, desiderare; **ich will nichts davon hören** non ne voglio sapere nulla ❷ (*beabsichtigen*) avere intenzione; **etw tun ~** pensare di fare qc; **was ich noch sagen wollte** a proposito; **was ~ Sie damit sagen?** cosa intende dire con ciò? ❸ (*auffordern*) **wenn Sie bitte Platz nehmen ~** se vuole accomodarsi, si accomodi, prego; **willst du [jetzt] wohl aufstehen!** (*fam*) ti decidi ad alzarti? ❹ (*behaupten*) pretendere; **etw getan haben ~** affermare di aver fatto qc; **er will dich gestern gesehen haben** dice di averti visto ieri; **und so jemand will Arzt sein!** (*fam*) e quello sarebbe un dottore? ❺ (*müssen*) **das will ich überlegt sein** occorre rifletterci su ❻ (*Wend*) **das will ich nicht gehört haben!** come se non l'avessi sentito!; **das will ich hoffen/meinen!** lo spero/credo bene!; **das Wetter will [und will] nicht besser werden** il tempo non accenna a migliorare; **das will nichts heißen** non vuol dire nulla; **das ~ wir mal sehen!** staremo a vedere!
**wollen³** *adj* di lana
**Wollen** <-s> *kein Pl. nt* volere *m*, volontà *f*; (PHILOS) volizione *f*
**wollig** *adj* lanoso
**Wolljacke** *f* giacca *f* di lana **Wollkleid** *nt* abito *m* di lana **Wollknäuel** *m o nt* gomitolo *m* di lana **Wollsiegel** *nt* marchio *m* della lana **Wollstoff** *m* tessuto *m* [*o* stoffa *f*] di lana
**wollte** ['vɔltə] *1. u. 3. Pers. Sing. Imp. von* **wollen**¹, **wollen²**
**Wollust** ['vɔlʊst] *f* (*geh*) voluttà *f* **wollüstig** ['vɔlʏstɪç] *adj* voluttuoso
**Wollwaren** *fPl.* articoli *mpl* di lana
**womit** [vo'mɪt] *adv* ❶ (*interrogativ*) con che cosa; **~ kann ich Ihnen dienen?** in che cosa posso servirLa?; **~ soll ich anfangen?** da dove devo cominciare? ❷ (*relativisch*) con cui, con la qual cosa; **..., ~ ich nicht sagen will, dass ...** ... con questo non voglio dire che ...; **das ist es, ~ er nicht zufrieden ist** ecco di che cosa non è contento
**womöglich** [vo'mœːklɪç] *adv* magari, forse; **~ kommt er schon heute** può darsi che arrivi già oggi
**wonach** [vo'naːx] *adv* ❶ (*interrogativ*) che cosa, a che cosa, di che cosa; **~ schmeckt das?** che sapore ha? ❷ (*relativisch*) dopo di che; (*gemäß*) secondo cui; **ein Gesetz, ~ ...** una legge in base alla quale ...
**Wonne** ['vɔnə] <-, -n> *f* (*geh*) delizia *f*; **es ist eine [wahre] ~, ihm zuzuschauen** è un vero piacere guardarlo
**Wonneproppen** ['vɔnəprɔpən] <-s, -> *m* (*fam scherz*) bambino, -a *m, f* paffuto, -a
**wonnig** *adj* graziosissimo, molto carino
**woran** [vo'ran] *adv* ❶ (*interrogativ*) a [*o* di] [*o* in] che cosa, cosa; **~ denkst du?** a che cosa pensi?; **~ liegt es, dass ...?** qual'è la ragione per cui ...?; **~ erinnert Sie das?** che cosa Le fa venire in mente? ❷ (*relativisch*) a [*o* di] [*o* in] cui; **nun weiß ich [wenigstens], ~ ich bin** ora [almeno] so come regolarmi; **ich weiß nicht, ~ ich bei ihm bin** non so cosa pensare di lui
**worauf** [vo'raʊf] *adv* ❶ (*interrogativ*) a [*o* di] [*o* su] che cosa, dove, che cosa; **~ warten Sie?** cosa sta aspettando? ❷ (*relativisch*) di [*o* su] [*o* sopra] cui, dove; (*zeitlich*) dopo di che; **~ du dich verlassen kannst!** (*fam*) e di ciò puoi fidarti!
**woraus** [vo'raʊs] *adv* ❶ (*interrogativ*) da [*o* di] che cosa ❷ (*relativisch*) da [*o* di] cui;

er kam nicht, ~ ich schloss, dass ... non venne, dal che dedussi che ...
**worin** [voˈrɪn] *adv* ❶ *(interrogativ)* in che cosa; **~ besteht der Unterschied?** in che cosa consiste la differenza? ❷ *(relativisch)* in cui; **es gibt vieles, ~ ich mich von dir unterscheide** ci sono diversi punti in cui mi distinguo da te
**Workaholic** [wœːkəˈhɔlɪk] <-s, -s> *m* (*sl*) maniaco *m* del lavoro, stacanovista *mf*
**Workshop** [ˈwɔːkʃɔp] <-s, -s> *m* workshop *m,* gruppo *m* di lavoro
**Worldcup** [ˈwœː(ɐ)ltkap] <-s, -s> *m* (SPORT) coppa *f* del mondo
**World Wide Web** <-s, -> *nt* (INFORM) World Wide Web *m*
**Wort** [vɔrt] <-(e)s, Wörter *o* -e> *nt* parola *f;* (*Vokabel*) vocabolo *m;* (*Ausdruck*) espressione *f;* (*Begriff*) termine *m;* **~ für ~** parola per parola, letteralmente; **das ~ ergreifen** prendere la parola; **jdm das ~ erteilen** dare la parola a qu; **das ~ haben** avere la parola; **das letzte ~ haben** avere l'ultima parola; **jds ~ haben** avere la parola di qu; **sein ~ brechen** venire meno alla parola data; **jdm sein ~ geben** dare la propria parola a qu; **sein ~ halten** mantenere la propria parola; **sein eigenes ~ nicht verstehen** non poter udire la propria voce; **kein ~ verstehen** non capire una parola; **kein ~ herausbringen [können]** non riuscire a proferire parola; **ein gutes ~ für jdn einlegen** mettere una buona parola per qu; **mit jdm ein ernstes ~ reden** parlare seriamente a qu, fare un discorso serio a qu; **große ~e machen** dire paroloni; **seine ~e auf die Goldwaage legen** pesare le proprie parole; **aufs ~ gehorchen** [*o* **hören**] ubbidire alla parola; **jdm aufs ~ glauben** credere a qu sulla parola; **jdn beim ~ nehmen** prendere qu in parola; **in ~e fassen** esprimere a parole, formulare; **eine Sprache in ~ und Schrift beherrschen** conoscere una lingua parlata e scritta; **ohne ein ~ zu sagen** senza dire una parola; **ums ~ bitten** chiedere la parola; **sich zu ~ melden** chiedere la parola; **nicht zu ~ kommen** non poter dire una parola; **jdn nicht zu ~ kommen lassen** non lasciar parlare qu; **auf mein ~** parola [d'onore]; **in einem ~** con una parola; **in ~ und Tat** a parole e fatti; **in ~en** (*ausgeschrieben*) in lettere; **mit anderen ~en** con altre parole; **ein ~ gab das andere** una parola ha tirato l'altra; **es ist kein wahres ~ daran** non c'è una parola di vero in [tutto] ciò; **es war mit keinem ~ davon die Rede** non se ne è nemmeno parlato; **darüber brauchen wir kein ~ mehr zu verlieren** non dobbiamo più sprecare fiato per questo; **das letzte ~ in dieser Angelegenheit ist noch nicht gesprochen** non è detta l'ultima parola [in questa faccenda]; **hat man da ~ e?** (*fam*) è mai possibile?; **dein ~ in Gottes Ohr!** (*fam*) speriamo!

**Wortart** *f* (LING) parte *f* del discorso **Wortbruch** *m* mancare *m* alla parola data **wortbrüchig** *adj* **~ werden** mancare alla parola data
**Wörtchen** [ˈvœrtçən] <-s, -> *nt* **ein ~ mitzureden haben** (*fam*) avere voce in capitolo
**Wörterbuch** [ˈvœrtebuːx] *nt* dizionario *m,* vocabolario *m* **Wörterverzeichnis** *nt* glossario *m*
**Wortführer(in)** *m(f)* portavoce *mf;* (*Vertreter*) esponente *mf* **Wortgefecht** *nt* schermaglia *f,* scaramuccia *f* **wortgetreu I.** *adj* letterale, testuale **II.** *adv* alla lettera **wortgewandt** *adj* eloquente **wortkarg** *adj* ❶ (*Mensch*) di poche parole, taciturno ❷ (*Äußerung*) laconico **Wortklauber** [ˈvɔrtklaʊbə] <-s, -> *m* (*pej*) pignolo *m,* pedante *m* **Wortklauberei** [vɔrtklaʊbəˈraɪ] <-, -en> *f* (*pej*) pignoleria *f,* pedanteria *f* **Wortlaut** *m* testo *m;* (JUR) tenore *m;* **im ~** integralmente, testualmente; **... hat folgenden ~** ... è così redatto
**wörtlich** [ˈvœrtlɪç] **I.** *adj* letterale, testuale; **~e Rede** discorso testuale **II.** *adv* alla lettera; **~ zitieren** citare testualmente; **etw ~ nehmen** prendere qc alla lettera; **etw ~ übersetzen** tradurre qc letteralmente
**wortlos I.** *adj* muto **II.** *adv* in silenzio, senza parlare **Wortmeldung** *f* richiesta *f* di parola; **~en liegen nicht vor** nessuno ha chiesto la parola **wortreich** *adj* ❶ (*weitschweifig*) ridondante, verboso; (*Stil*) prolisso; **sich ~ entschuldigen** scusarsi esageratamente ❷ (*Sprache*) ricco di vocaboli **Wortschatz** *m* (*a. einer Person*) vocabolario *m* **Wortschwall** *m* (*pej*) profluvio *m* [*o* torrente *m*] di parole **Wortspiel** *nt* gioco *m* di parole **Wortstellung** *f* (LING) ordine *m* delle parole **Wortwechsel** *m* diverbio *m* **wortwörtlich** [ˈvɔrtˈvœrtlɪç] **I.** *adj* letterale, testuale **II.** *adv* parola per parola

**worüber** [voˈryːbe] *adv* ❶ (*interrogativ*) su [*o* sopra] che cosa ❷ (*relativisch*) su [*o* di] cui
**worum** [voˈrʊm] *adv* ❶ (*interrogativ*) intorno a che cosa; **~ handelt es sich?** di

che cosa si tratta? ❷ (*relativisch*) intorno a cui

**worunter** [vo'rʊntɐ] *adv* ❶ (*interrogativ*) sotto che cosa; (*zwischen welchen Dingen*) fra che cosa; **~ leidet sie?** di che cosa soffre? ❷ (*relativisch*) sotto cui; (*zwischen denen*) fra cui

**wovon** [vo'fɔn] *adv* ❶ (*interrogativ*) da [o di] che cosa; **~ sprechen Sie?** di che cosa sta parlando? ❷ (*relativisch*) da [o di] cui

**wovor** [vo'fo:ɐ̯] *adv* ❶ (*interrogativ*) di che cosa; (*räumlich*) davanti a che [cosa]; **~ hast du Angst?** di che cosa hai paura? ❷ (*relativisch*) davanti a cui, di cui, del quale; **das einzige, ~ ich mich fürchte, ...** la sola cosa di cui ho paura ...

**wozu** [vo'tsu:] *adv* ❶ (*interrogativ*) a [o per] che cosa; (*indirekt a*) perché, a che scopo; **~ ist das gut?** a che cosa serve?; **~ brauchst du das?** a [o per] che cosa ti serve? ❷ (*relativisch*) a [o di] [o per] cui, che; **das, ~ ich dir rate** quello che ti consiglio

**Wrack** [vrak] <-(e)s, -s *o rar* -e> *nt* relitto *m*

**wringen** ['vrɪŋən] <wringt, wrang, gewrungen> *vt* strizzare

**WS** *abk v* **Wintersemester** semestre *m* invernale

**Wucher** ['vu:xɐ] <-s> *kein Pl. m* (*pej*) usura *f*, strozzinaggio *m*; **~ [mit etw] treiben** praticare lo strozzinaggio [con qc]

**Wucherer** <-s, -> *m*, **Wucherin** <-, -nen> *f* (*pej*) usuraio, -a *m, f*, strozzino, -a *m, f*

**wucherisch** *adj* usurario

**wuchern** ['vu:xɐn] *vi* ❶ haben *o* sein (BOT) lussureggiare, crescere rigogliosamente; (*fig* BIOL) proliferare ❷ haben (*Wucher treiben*) esercitare l'usura, fare l'usuraio

**Wucherpreis** *m* (*pej*) prezzo *m* esorbitante

**Wucherung** <-, -en> *f* (*Gebilde*) escrescenza *f*

**Wucherzins** *m* interessi *mpl* da usuraio

**wuchs** [vu:ks] *1. u. 3. Pers. Sing. Imp. von* **wachsen**

**Wuchs** [vu:ks] <-es> *kein Pl. m* ❶ (*Wachstum*) crescita *f*; (BOT) vegetazione *f* ❷ (*Gestalt*) corporatura *f*, statura *f*

**Wucht** [vʊxt] <-> *kein Pl. f* violenza *f*, forza *f*; (*a. fig*) impeto *m*; **mit voller ~** con tutta la forza; **das ist eine ~!** (*fam*) è una cannonata!

**wuchten** *vt* sollevare

**wuchtig** *adj* massiccio, pesante; (*Schlag*) violento; (*Stil*) pesante

**Wühlarbeit** *f* (*fig pej*) attività *f* sovversiva, operazione *f* di sobillamento

**wühlen** ['vy:lən] I. *vi* ❶ (*graben*) scavare; (*mit Schnauze*) grufolare ❷ (*fam: suchen*) frugare II. *vr* **sich durch etw ~** farsi strada attraverso qc

**Wühlmaus** *f* (ZOO) arvicola *f* **Wühltisch** *m* (*fam*) banco *m* della merce in svendita

**Wulst** [vʊlst, *Pl:* 'vʏlstə] <-es, Wülste *f>* *m o* -, Wülste *f> m o f* cuscinetto *m*; (MED) protuberanza *f*; (*Verdickung*) rigonfiamento *m*; (*am Helm*) cercine *m*; (ARCH) toro *m* **wulstig** *adj* tumido

**wund** [vʊnt] *adj* escoriato; **sich** *dat* **die Füße ~ laufen** farsi venire le vesciche ai piedi a furia di camminare; **sich ~ liegen** avere piaghe da decubito; **~er Punkt** punto debole

**Wunde** ['vʊndə] <-, -n> *f* (*a. fig*) piaga *f*; (*Verletzung*) ferita *f*; **offene ~** ferita aperta; **alte ~n [wieder] aufreißen** (*fig*) riaprire una vecchia ferita

**Wunder** ['vʊndɐ] <-s, -> *nt* miracolo *m*; (*bewundernswerte Sache a*) meraviglia *f*; **~ wirken** (*a. fig*) fare miracoli; **an ein ~ grenzen** essere quasi un miracolo; **wie durch ein ~** come per miracolo; **kein ~, dass er krank ist** non c'è da meravigliarsi se è ammalato; **[das ist doch] kein ~!** non c'è da stupirsi!; **er glaubt, ~ was getan zu haben** (*fam*) crede di aver fatto chissà che [cosa]

**wunderbar** *adj* ❶ (*schön*) meraviglioso, stupendo; **sie singt ~** canta che è una meraviglia ❷ (*wie ein Wunder*) miracoloso, prodigioso

**Wunderglaube** *m* fede *f* nei miracoli

**Wunderheiler(in)** <-s, -; -, -nen> *m(f)* guaritore, -trice *m, f* **Wunderkerze** <-, -n> *f* candela *f* magica **Wunderkind** *nt* bambino, -a *m, f* prodigio

**wunderlich** *adj* strano, bizzarro

**wundern** I. *vr* **sich [über jdn/etw] ~** stupirsi [di qu/qc]; **ich muss mich doch sehr ~** (*fam*) non me lo sarei mai aspettato; **du wirst dich noch ~!** (*fam*) vedrai! II. *vt* sorprendere, stupire, meravigliare; **das wundert mich** questo mi sorprende; **es würde [*o* sollte] mich nicht ~, wenn ...** non mi sorprenderebbe se +*conj*

**wunder|nehmen** <irr> *vt* (CH) **es nimmt jdn wunder, ob/wie/dass ...** qu si meraviglia/si stupisce se/di/che...

**wundersam** *adj* miracoloso

**wunderschön** ['vʊndɐ'ʃøːn] *adj* meraviglioso, stupendo

**wundervoll** *adj* meraviglioso, stupendo

**Wunderwaffe** f (fig) arma f miracolosa
**Wundfieber** nt febbre f traumatica
**Wundsalbe** <-, -n> f unguento m
**Wundstarrkrampf** m (MED) tetano m
**Wunsch** [vʊnʃ, Pl: 'vʏnʃə] <-(e)s, Wünsche> m desiderio m; (Verlangen) richiesta f; (Bitte) preghiera f; (Glück~) augurio m; **der ~ nach etw** il desiderio di qc; **den ~ haben etw zu tun** avere il desiderio di fare qc; **jdm einen ~ erfüllen** esaudire un desiderio di qu; **jdm jeden ~ von den Augen ablesen** leggere a qu i desideri negli occhi; **auf [jds] ~** a richiesta [di qu]; **mit den besten Wünschen** con i migliori auguri; **nach ~** a piacimento; **es geht alles nach ~** tutto procede nel migliore dei modi; **dein ~ ist mir Befehl** (scherz) un tuo desiderio è un ordine per me; **haben Sie [sonst] noch einen ~?** desidera altro?, ha bisogno di altro?
**Wunschbild** nt ideale m
**Wunschdenken** <-s> kein Pl. nt desiderio m, augurio m
**Wünschelrute** ['vʏnʃəlruːtə] f bacchetta f da rabdomante
**wünschen** ['vʏnʃən] vt desiderare; **~ etw zu tun** desiderare fare qc; (wollen) voler fare qc; (bitten) chiedere di fare qc; **sich** dat **etw ~** desiderare qc; **jdm etw ~** auspicare qc a qu; (wohlmeinend) augurare qc a qu; **zu ~ übrig lassen** lasciar a desiderare; **es wäre zu ~, dass ...** sarebbe auspicabile che +conj; **ich wünsche Ihnen alles Gute** Le faccio i miei auguri; **ich wünsche nicht, dass du dorthin fährst** (geh) non desidero che tu ci vada; **Sie ~?, was ~ Sie?** desidera?, cosa desidera? **wünschenswert** adj desiderabile, auspicabile
**wunschgemäß** adv come desiderato [o richiesto], conformemente al desiderato
**Wunschkennzeichen** <-s, -> nt targa f [automobilistica] desiderata [o a richiesta]
**Wunschkind** nt bambino, -a m, f desiderato, -a **Wunschkonzert** nt (RADIO) musica f a richiesta **wunschlos** adj **~ glücklich sein** essere perfettamente felice **Wunschtraum** m sogno m, desiderio m **Wunschvorstellung** f illusione f **Wunschzettel** m lista f dei regali desiderati
**wurde** ['vʊrdə] 1. u. 3. Pers. Sing. Imp. von **werden**
**Würde** ['vʏrdə] <-, -n> f ① Sing. (Wert, Haltung) dignità f; **ich halte es für unter meiner ~, so etw zu tun** ritengo indegno di me fare qc del genere; **das ist unter aller ~** è al di sotto di ogni dignità ② (Rang) grado m; (Titel) titolo m **würdelos** adj senza dignità, indegno **Würdenträger(in)** m(f) dignitario, -a m, f **würdevoll** adj dignitoso
**würdig** adj ① (wert) **einer Sache** gen **~ sein** essere degno di qc; **jdn einer Sache** gen **für ~ halten** ritenere qu degno di qc ② (würdevoll) dignitoso
**würdigen** vt ① (anerkennen) apprezzare; (Verdienste) riconoscere; **etw zu ~ wissen** saper apprezzare qc ② (für würdig befinden) **jdn einer Sache** gen **~** stimare qu degno di qc; **jdn keines Blickes ~** non degnare qu di uno sguardo
**Würdigung** <-, -en> f ① Sing. (Anerkennung) riconoscimento m ② (Ehrung) omaggio m
**Wurf** [vʊrf, Pl: 'vʏrfə] <-(e)s, Würfe> m ① (das Werfen) getto m; (SPORT) lancio m ② (fig: gelungenes Werk) colpo m, successo m ③ (ZOO) figliata f
**Wurfbahn** f traiettoria f
**Würfel** ['vʏrfəl] <-s, -> m ① (Spiel~, Brüh~) dado m; (Speck~, Zwiebel~) dado m, cubetto m; (Zucker~) zolletta f; **~ spielen** giocare a dadi; **die ~ sind gefallen** (fig) il dado è tratto ② (Muster, Karo) quadro m ③ (MAT) cubo m
**Würfelbecher** m bussolotto m
**würfeln** I. vi (Würfel spielen) giocare ai dadi; (Würfel werfen) tirare i dadi; **[um etw] ~** giocare [qc] ai dadi II. vt ① (in Würfel schneiden) tagliare a dadi ② (eine Zahl) giocare; **eine Sechs ~** giocare il sei
**Würfelspiel** nt gioco m dei dadi
**Würfelzucker** m zucchero m in zollette
**Wurfgeschoss** nt proiettile m **Wurfhammer** m martello m **Wurfmesser** <-s, -> nt coltello m da lancio **Wurfsendung** f spedizione f in massa di stampati **Wurfspieß** m giavellotto m
**würgen** ['vʏrgən] I. vt strozzare, strangolare II. vi (nicht hinunterschlucken können) **an etw** dat **~** strozzarsi con qc
**Wurm** [vʊrm, Pl: 'vʏrmə] <-(e)s, Würmer> m (ZOO) verme m; **da ist der ~ drin** (fig fam) qui c'è qualcosa che non va
**wurmen** vt (fam) **es wurmt mich** mi rode
**wurmförmig** ['vʊrmfœrmɪç] adj vermiforme, vermicolare
**Wurmfortsatz** m (MED) appendice f vermiforme
**wurmig** adj bacato, guasto
**wurmstichig** adj (Holz) tarlato; (Obst) bacato
**Wurst** [vʊrst, Pl: 'vʏrstə] <-, Würste> f (Brat~, Brüh~) salsiccia f; (~aufschnitt)

salume *m;* **das ist mir ~** [*o* **Wurscht**] (*fam*) non me ne importa, me ne frego; **jetzt geht es um die ~!** (*fam*) ecco il momento decisivo! **Wurstbrot** *nt* panino *m* imbottito [di salumi]

**Würstchen** ['vʏrstçən] <-s, -> *nt* ❶ (GASTR) würstel *m* ❷ (*fig fam: armes ~*) poveraccio *m* **Würstchenbude** *f,* **Würstchenstand** *m* banco *m* dove si vendono würstel

**Würstel** <-s, -> *nt* (*A: Würstchen*) Würstel *m*

**wursteln** *vi* (*fam*) lavoricchiare

**Wurstfabrik** *f* salumificio *m* **Wursthaut** *f* pelle *f* della salsiccia

**wurstig** *adj* (*fam*) indifferente, menefreghista

**Wurstwaren** *fPl.* salumi *mpl,* insaccati *mpl* **Wurstzipfel** *m* estremità *f* della salsiccia

**Württemberg** ['vʏrtəmbɛrk] *nt* Vurtemberga *f*

**Würze** ['vʏrtsə] <-, -n> *f* condimento *m*

**Wurzel** ['vʊrtsəl] <-, -n> *f* radice *f;* **~n schlagen** (*Pflanzen*) mettere radici, attecchire; (*Menschen*) mettere radici; **die ~ aus ... ziehen** estrarre la radice da ...; **die ~ allen Übels** la radice di ogni male **Wurzelgemüse** <-s, -> *nt* radici *fpl* commestibili **wurzellos** *adj* ❶ (*ohne Wurzel*) senza radici ❷ (*fig: Mensch*) sradicato **wurzeln** *vi* **in etw** *dat* **~** mettere radici in qc; **diese Pflanze wurzelt in feuchtem Boden** questa pianta radica nel terreno umido

**Wurzelzeichen** *nt* (MAT) segno *m* di radice

**würzen** *vt* aromatizzare; (*a. fig*) condire

**würzig** *adj* saporito, aromatico; (*a. fig*) piccante

**Würzstoff** *m* condimento *m*

**wusch** [vuːʃ] *1. u. 3. Pers. Sing. Imp. von* **waschen**

**Wuschelhaar** ['vʊʃəlhaːɐ] *nt* (*fam*) capelli *mpl* crespi

**wuschelig** *adj* (*fam: Haar*) crespo, arruffato

**Wuschelkopf** *m* (*fam*) ❶ (*Kopf*) testa *f* dai capelli crespi ❷ (*Mensch*) persona *f* dai capelli crespi

**wusste** ['vʊstə] *1. u. 3. Pers. Sing. Imp. von* **wissen**

**Wust**[1] [vuːst] <-(e)s> *kein Pl. m* guazzabuglio *m,* farragine *f*

**Wust**[2] [vʊst] *f* (*CH: FIN*) *abk v* **Warenumsatzsteuer** tassa *f* d'importazione

**wüst** [vyːst] *adj* ❶ (*öde*) deserto, desolato; (*unbebaut*) incolto ❷ (*unordentlich*) disordinato; (*wirr*) confuso; (*Haare*) scompigliato; **hier sieht es ja ~ aus!** che disordine! ❸ (*ungezügelt, ausschweifend*) dissoluto, dissipato ❹ (*gemein*) vile; (*rüde*) volgare ❺ (*schlimm, furchtbar*) terribile ❻ (*abstoßend, hässlich*) ripugnante, brutto

**Wüste** ['vyːstə] <-, -n> *f* deserto *m;* **jdn in die ~ schicken** (*fig*) allontanare qu **Wüstensand** *m* sabbia *f* del deserto

**Wüstling** ['vyːstlɪŋ] <-s, -e> *m* (*pej*) libertino *m,* dissoluto *m*

**Wut** [vuːt] <-> *kein Pl. f* furia *f;* (*fig a*) furore *m;* (*Zorn*) ira *f,* rabbia *f;* **eine ~ auf jdn haben** essere arrabbiato con qu; **eine ~ im Bauch haben** (*fam*) essere furioso; **seine ~ an jdm auslassen** sfogare la propria ira su qu; **jdn in ~ bringen** fare arrabbiare qu; **in ~ geraten** andare sulle furie; **vor ~ kochen** bollire di rabbia **Wutanfall** *m* accesso *m* d'ira **Wutausbruch** *m* sfogo *m* d'ira

**wüten** ['vyːtən] *vi* ❶ (*Mensch*) essere furente; (*fig*) scatenarsi ❷ (*Elemente*) infuriare; (*a. Epidemie*) impervisare

**wütend** *adj* furente; **auf jdn/etw ~ sein** essere infuriato con qu/qc; **~ werden** infuriarsi, andare in collera

**wutentbrannt** ['vuːtʔɛnt'brant] *adj* furioso **Wüterich** ['vyːtərɪç] <-s, -e> *m* pazzo *m* furioso

**Wutgeschrei** *nt* grida *fpl* di rabbia

**wutschnaubend** *adj* schiumante di rabbia **Wutschrei** <-(e)s, -e> *m* grido *m* d'ira; **einen ~ ausstoßen** emettere un grido feroce

**wutverzerrt** *adj* sfigurato dalla rabbia **Wwe.** *abk v* **Witwe** vedova

**WWF** *m abk v* **World Wide Fund for Nature** WWF *m*

**Wwr.** *abk v* **Witwer** vedovo

**WWU** [veːveːˈʔuː] <-> *kein Pl. f abk v* **Wirtschafts- und Währungsunion** UEM *f,* unione *f* economica e monetaria

**WWW** *nt abk v* **World Wide Web** WWW *m*

**Wz** *abk v* **Warenzeichen** marchio *m* di fabbrica

# X x

**X, x** [ɪks] <-, -(s)> *nt* X, x *f;* **X wie Xanthippe** X come xilofono
**x-Achse** ['ɪksaksə] *f* (MAT) asse *m* x
**Xanthippe** [ksan'tɪpə] <-, -n> *f* (*pej*) bisbetica *f,* brontolona *f*
**X-Beine** *ntPl.* gambe *fpl* a x
**x-beinig** *adj,* **X-beinig** *adj* con le gambe a X
**x-beliebig** ['ɪksbə'liːbɪç] *adj* (*fam*) qualsiasi, qualunque; **jeder ~e** uno qualsiasi
**X-Chromosom** *nt* (BIOL) cromosoma *m* x
**Xenon** ['kseːnɔn] <-s> *kein Pl. nt* (CHEM) xeno *m*
**xenophob** [kseno'foːp] *adj* xenofobo
**Xenophobie** [ksenofo'biː] <-> *kein Pl. f* xenofobia *f*
**Xerografie** <-, -n> *f s.* **Xerographie**
**xerografieren** <ohne ge-> *s.* **xerographieren**
**Xerographie** [kserogra'fiː, *Pl:* kserogra'fiːən] <-, -n> *f* xerografia *f*
**xerographieren** [kserogra'fiːrən] <ohne ge-> I. *vt* xerografare II. *vi* fare una xerografia
**x-fach** ['ɪksfax] *adj* (*fam*) molteplice, numeroso
**x-förmig** ['ɪksfœrmɪç] *adj,* **X-förmig** *adj* a [forma di] X
**x-mal** *adv* (*fam*) mille volte
**x-temal** ['ɪkstəmaːl] *adv* **das ~** l'ennesima volta; **zum x-tenmal** per l'ennesima volta
**Xylofon** [ksylo'foːn] <-s, -e> *nt,* **Xylophon** <-s, -e> *nt* xilofono *m,* silofono *m*

# Y y

**Y, y** ['ʏpsilɔn] <-, -(s)> *nt* Y, y *f;* **Y wie Ypsilon** Y come yacht
**y-Achse** ['ʏpsilɔnaksə] *f* (MAT) asse *m* y
**Yacht** [jaxt] *s.* **Jacht**
**Yak** [jak] <-s, -s> *m* yak *m*
**Y-Chromosom** <-s, -en> *nt* (BIOL) cromosoma *m* Y
**Yen** [jɛn] <-(s), -(s)> *m* yen *m*
**Yeti** ['jeːti] <-s, -s> *m* yeti *m*
**Yoga** ['joːga] yoga *m* **Yogasitz** <-es> *kein Pl. m* posizione *f* [da seduti] yoga
**Yogi** ['joːgi] yogin *m*
**Ypsilon** ['ʏpsilɔn] <-(s), -s> *nt* ❶ (*lateinisches Alphabet*) ipsilon *f* ❷ (*griechisches Alphabet*) ipsilon *f*
**Yucca** ['jʊka] <-, -s> *f* yucca *f*
**Yuppie** ['jʊpi] <-s, -s> *m* yuppie *mf*

# Zz

**Z, z** [tsɛt] <-, -(s)> *nt* Z, z *f;* **Z wie Zeppelin** Z come Zara
**zack** [tsak] *int* ~ ~! in fretta!, presto!
**Zack** *m* (*fam*) **auf ~ sein** (*Person*) essere in gamba; (*Sache*) funzionare; **etw auf ~ bringen** far funzionare qc
**Zacke** ['tsakə] <-, -n> *f,* **Zacken** ['tsakən] <-s, -> *m* ① (*Gabel~, Kamm~, Fels~*) dente *m* ② (*Spitze*) punta *f* ③ (*Zinke*) rebbio *m*
**zackig** *adj* ① (*gezackt*) dentato, dentellato; (*Felsen*) frastagliato ② (*fam: Mensch*) sveglio, dinamico; (*Rhythmus*) brioso
**zagen** ['tsa:gən] *vi* (*geh*) esitare
**zaghaft** *adj* timido; (*ängstlich*) pauroso, pavido; (*zögernd*) esitante, titubante **Zaghaftigkeit** <-> *kein Pl. f* timidezza *f;* (*Ängstlichkeit*) paviditá *f;* (*Zaudern*) esitazione *f,* titubanza *f*
**Zagreb** ['za:grɛp] *nt* Zagabria *f*
**zäh** [tsɛ:] *adj* ① (*fest, hart*) tenace, duro; (*Fleisch*) tiglioso ② (*~flüssig*) viscoso, denso ③ (*fig: beharrlich*) perseverante ④ (*fig: schleppend*) stentato
**zähflüssig** *adj* ① (*dickflüssig*) viscoso, denso ② (*fig: Verkehr*) non scorrevole, lento **Zähflüssigkeit** *f* ① (*zähflüssige Beschaffenheit*) viscositá *f;* (*a. fig*) tenacia *f* ② (*fig: von Verkehr*) non scorrevolezza *f,* lentezza *f*
**Zähigkeit** <-> *kein Pl. f* ① (*Widerstandsfähigkeit*) resistenza *f,* durezza *f* ② (*Ausdauer*) tenacia *f*
**Zahl** [tsa:l] <-, -en> *f* ① (*MAT*) numero *m;* (*Ziffer*) cifra *f;* **gerade/ungerade ~** numero pari/dispari; **vierstellige ~** numero a quattro cifre; **in den roten ~en sein** essere in deficit ② *Sing.* (*An~, Menge*) quantitá *f;* **eine große ~ von ...** una gran quantitá di ...; **zehn an der ~** in numero di dieci; **in großer ~** in gran numero
**zahlbar** *adj* pagabile; **~ bei Lieferung/in drei Monaten** pagabile alla consegna/a tre mesi
**zählbar** *adj* numerabile
**zahlen** ['tsa:lən] **I.** *vt* pagare; (*ein~*) versare; (*begleichen*) saldare **II.** *vi* pagare; **bar/in Raten ~** pagare in contanti/a rate; **Herr Ober, bitte ~!** cameriere, il conto per favore!
**zählen** ['tsɛ:lən] **I.** *vt* ① (*ab~*) contare; **seine Tage sind gezählt** ha i giorni contati ② (*rechnen*) **jdn zu seinen Kunden ~** annoverare qu fra i propri clienti ③ (*sich belaufen auf*) ammontare a; **er zählt vier Jahre** ha quattro anni **II.** *vi* ① (*Zahlenfolge hersagen*) contare; **bis zehn ~** contare fino a dieci ② (*fig: gelten*) valere, contare ③ (*gehören zu*) appartenere; **sie zählt zu den besten Tennisspielerinnen der Welt** è una delle migliori tenniste del mondo; **Schriftsteller zählen zu den Freiberuflern** gli scrittori rientrano nella categoria dei liberi professionisti ④ (*sich verlassen*) **auf jdn ~** contare su qu
**Zahlenfolge** *f* serie *f* numerica **Zahlengedächtnis** *nt* memoria *f* per i numeri; **ein gutes/schlechtes ~ haben** ricordare/non ricordare bene i numeri **zahlenmäßig** **I.** *adj* numerico **II.** *adv* di [*o* per] numero; **~ überlegen sein** superare di numero **Zahlenmaterial** *nt* dati *mpl* numerici **Zahlenschloss** *nt* serratura *f* a combinazione [di numeri]
**Zahler(in)** <-s, -; -, -nen> *m(f)* pagatore, -trice *m, f*
**Zähler** <-s, -> *m* ① (TEC) contatore *m* ② (MAT) numeratore *m* **Zählerablesung** *f* lettura *f* del contatore
**Zahlerin** *f* *s.* **Zahler Zählerstand** *m* livello *m* del contatore
**Zahlkarte** *f* modulo *m* di versamento **zahllos** *adj* innumerevole **Zahlmeister** *m* ① (FIN) tesoriere *m* ② (MIL) ufficiale *m* contabile ③ (NAUT) commissario *m* di bordo
**zahlreich** **I.** *adj* numeroso **II.** *adv* in gran numero **Zahltag** *m* giorno *m* di paga
**Zahlung** <-, -en> *f* pagamento *m;* (*Ein~*) versamento *m;* **etw in ~ geben** dare qc in pagamento; **etw in ~ nehmen** accettare qc in pagamento; **gegen ~** contro pagamento
**Zählung** <-, -en> *f* numerazione *f,* computo *m;* (*Volks~*) censimento *m;* (*Stimmen~*) spoglio *m* delle schede
**Zahlungsabkommen** *nt* accordo *m* di pagamento **Zahlungsanweisung** *f* ordine *m* di pagamento **Zahlungsaufforderung** *f* intimazione *f* di pagamento **Zahlungsaufschub** *m* dilazione *f* di pagamento **Zahlungsbedingungen** *fPl.* condizioni *fpl* di pagamento **Zahlungsbilanz** *f* bilancia *f* dei pagamenti **Zahlungseinstellung** *f* sospensione *f* dei pagamenti

**Zahlungserleichterung** f facilitazione f di pagamento **zahlungsfähig** adj solvente, solvibile **Zahlungsfrist** f termine m di pagamento **zahlungskräftig** adj (fam) solvibile **Zahlungsmittel** nt mezzo m di pagamento; **gesetzliche ~** monete legali **Zahlungsschwierigkeiten** fPl. difficoltà fpl di pagamento; **in ~ geraten** incontrare difficoltà finanziarie **zahlungsunfähig** adj insolvente, insolvibile **zahlungsunwillig** adj chi paga controvoglia **Zahlungsverkehr** m [operazioni fpl di] pagamento m, pagamenti mpl **Zahlungsverpflichtung** f obbligo m di pagamento; **seinen ~en nachkommen** soddisfare i propri impegni di pagamento **Zahlungsverzug** <-(e)s> kein Pl. m ritardo m di pagamento; **in ~ geraten** essere in ritardo di pagamento
**Zählwerk** nt contatore m
**Zahlwort** <-(e)s, -wörter> nt (LING) numerale m
**zahm** [tsa:m] adj ❶ (Tier) docile, mansueto; (gezähmt) addomesticato ❷ (fig: gemäßigt, milde) mite, indulgente
**zähmbar** adj addomesticabile; (a. fig) domabile
**zähmen** ['tsɛːmən] vt ❶ (zahm machen) ammansire; (a. fig) domare; (zum Haustier machen) addomesticare ❷ (fig: zügeln) frenare, dominare
**Zahmheit** <-> kein Pl. f docilità f, mansuetudine f
**Zähmung** <-> kein Pl. f ❶ (das Zähmen) ammansimento m; (zum Haustier, a. fig: von Charakter) addomesticamento m ❷ (fig: das Zügeln) domare m, dominare m
**Zahn** [tsa:n, Pl: 'tsɛːnə] <-(e)s, Zähne> m (ANAT, TEC) dente m; (ZOO: Hauer, Stoß~) zanna f; **Zähne bekommen** mettere i denti; **die dritten Zähne** (scherz) la dentiera; **der ~ der Zeit** (fam) le ingiurie del tempo; **einen ziemlichen** [o **ganz schönen**] **~ draufhaben** (fam) andare a tutta birra; **jdm auf den ~ fühlen** (fig) tastare il polso a qu; **jdm die Zähne zeigen** (fig) mostrare i denti a qu; **sich** dat **an etw** dat **die Zähne ausbeißen** (fig) dannarsi l'anima per qc; **Haare auf den Zähnen haben** (fam) sapersi difendere; **bis an die Zähne bewaffnet sein** essere armato fino ai denti; **das ist etw für den hohlen ~** (fam) è troppo poco **Zahnarzt** m dentista m **Zahnarzthelferin** f assistente f alla poltrona, assistente f dentale **Zahnärztin** f dentista f **Zahnausfall** m caduta f dei denti **Zahnbehandlung** <-, -en> f trattamento m odontoiatrico **Zahnbelag** m patina f dentaria **Zahnbürste** f spazzolino m da denti; **elektrische ~** spazzolino [da denti] elettrico **Zahncreme** s. **Zahnpasta**
**Zähneklappern** ['tsɛːnəklapɐn] <-s> kein Pl. nt battere m i denti
**zähneknirschend** adv chi digrigna i denti; (unwillig) indignato, stizzito; **sich ~ fügen** rassegnarsi/obbedire a denti stretti
**zahnen** vi mettere i denti **Zahnen** <-s> kein Pl. nt dentizione f
**Zahnersatz** m protesi f dentaria **Zahnfäule** f carie f dentaria **Zahnfleisch** nt gengiva f **Zahnfleischbluten** <-s> kein Pl. nt sanguinazione f delle gengive; **~ haben** avere le gengive sanguinanti **Zahnfüllung** f (MED) piombatura f di un dente **Zahngold** <-(e)s> kein Pl. nt (MED) oro m utilizzato in odontoiatria **Zahnklammer** f apparecchio m ortodontico **zahnlos** adj sdentato, senza denti **Zahnlücke** f spazio m interdentale, buco m fam **Zahnpasta** f dentifricio m **Zahnpflege** f igiene f dei denti **Zahnprothese** f protesi f dentaria **Zahnputzglas** nt bicchiere m da bagno **Zahnrad** nt (TEC) ruota f dentata **Zahnradbahn** f (TEC) ferrovia f a cremagliera **Zahnschmelz** m smalto m [dentario] **Zahnschmerz** <-es, -en> m mal m di denti **Zahnseide** <-, -n> f filo m interdentale **Zahnspange** f apparecchio m ortodontico **Zahnstein** m tartaro m [dentario] **Zahnstocher** ['tsaːnʃtɔxɐ] <-s, -> m stuzzicadenti m **Zahntechniker(in)** m(f) odontotecnico, -a m, f **Zahnwurzel** f radice f del dente
**Zampano** [tsam'paːno] <-s, -s> m (iron) superman m, mangiafuoco m
**Zander** ['tsandɐ] <-s, -> m (ZOO) lucioperca f o m
**Zange** ['tsaŋə] <-, -n> f tenaglie fpl; (Kneif~) pinza f; (kleinere ~) pinzetta f; (MED) forcipe m; **jdn in die ~ nehmen** (fig) mettere qu alle strette **zangenförmig** ['tsaŋənfœrmɪç] adj a [forma di] tenaglia **Zangengeburt** f parto m col forcipe
**Zank** [tsaŋk] <-(e)s> kein Pl. m litigio m, bisticcio m **Zankapfel** m pomo m della discordia
**zanken** vr **sich ~** litigare, bisticciare; **sich um etw ~** contendersi qc, litigare per qc
**zänkisch** ['tsɛŋkɪʃ] adj litigioso, attaccabrighe
**Zanksucht** f indole f litigiosa, litigiosità f **zanksüchtig** s. **zänkisch**

**Zäpfchen** ['tsɛpfçən] <-s, -> nt ① (ANAT) ugola f ② (MED) supposta f
**zapfen** ['tsapfən] vt spillare
**Zapfen** ['tsapfən] <-s, -> m ① (BOT) pigna f ② (TEC) perno m; (Dübel) tassello m; (Spund) zaffo m; (Holz~) tenone m; (Fass~) tappo m
**Zapfenstreich** m (MIL) ritirata f
**Zapfhahn** m spina f **Zapfsäule** f distributore m di benzina
**zappelig** adj (fam) irrequieto; (innerlich unruhig) inquieto; **jdn ~ machen** innervosire qu
**zappeln** ['tsapəln] vi dimenarsi, dibattersi; (strampeln) sgambettare; (Tier) zampettare; **jdn ~ lassen** (fig fam) tenere qu sulla corda
**Zappelphilippsyndrom** nt sindrome f da iperattività
**zappen** ['tsapən] vi (sl) fare lo zapping
**zappenduster** ['tsapən'duːstɐ] adj (fam) buio pesto; **und dann ist's ~** (fig) e poi è finita
**zapplig** s. **zappelig**
**Zar(in)** [tsaːɐ̯] <-en, -en; -, -nen> m(f) zar m, zarina f
**zart** [tsaːɐ̯t] adj ① (Fleisch, Gemüse, Alter) tenero ② (fein) fine; (Haut, Farbe, Duft) delicato; (Gestalt) gracile; (zerbrechlich) fragile, delicato; (leicht) leggero; (sanft) dolce ③ (feinfühlig) sensibile, delicato; **~ besaitet** [o **fühlend**] sensibile, dai sentimenti delicati **zartbesaitet** ['tsaːɐ̯tbəˈzaɪtət] adj sensibile, dai sentimenti delicati **zartbitter** adj semiamaro **zartfühlend** adj sensibile, dai sentimenti delicati **Zartgefühl** nt delicatezza f; (Taktgefühl) tatto m **Zartheit** <-> kein Pl. f ① (von Obst, Fleisch, Gemüse) tenerezza f ② (Feinheit) finezza f; (Sanftheit, Zerbrechlichkeit, Schwächlichkeit) delicatezza f
**zärtlich** ['tsɛːɐ̯tlɪç] I. adj tenero; (liebevoll a) affettuoso II. adv con tenerezza **Zärtlichkeit** <-, -en> f ① Sing. (Eigenschaft) tenerezza f ② (Liebkosung) carezza f, affettuosità f; **~en austauschen** scambiarsi affettuosità
**Zaster** ['tsastɐ] <-s> kein Pl. m (sl) grana f
**Zäsur** [tsɛˈzuːɐ̯] <-, -en> f cesura f
**Zauber** ['tsaʊbɐ] <-s, -> m ① (Magie) incantesimo m, incanto m; **das ist alles fauler ~** (fam) è tutto un imbroglio ② (fig: Reiz) fascino m; **der ~ der Musik** l'incanto della musica
**Zauberei** [tsaʊbəˈraɪ] <-, -en> f ① Sing. (Magie) magia f, incantesimo m ② (Zauberkunststück) gioco m di prestigio, trucco m
**Zauberer** <-s, -> m mago m; (Zauberkünstler) illusionista m, prestigiatore m
**Zauberflöte** f flauto m magico
**zauberhaft** adj incantevole, affascinante
**Zauberhand** f **wie von** [o **durch**] **~** come per incanto
**Zauberin** <-, -nen> f maga f; (Zauberkünstler) illusionista f, prestigiatrice f
**Zauberkunst**[1] <-> kein Pl. f (Magie) magia f, giochi mpl di prestigio
**Zauberkunst**[2] <-, -künste> f (magische Fähigkeit) poteri mpl magici, arte f magica
**Zauberkünstler(in)** m(f) illusionista m/f; (Taschenspieler) prestigiatore, -trice m, f
**Zauberkunststück** nt gioco m di prestigio
**zaubern** I. vi ① (Magie betreiben) esercitare la magia; **ich kann doch nicht ~** (fam) non posso fare miracoli ② (Zaubertricks vorführen) fare giochi di prestigio II. vt far accadere qc per magia; (herbei~) produrre per incantesimo; **das Geld aus einer Tasche in die andere ~** far passare per incantesimo il denaro da una tasca in un'altra
**Zauberspruch** m formula f magica **Zauberstab** m bacchetta f magica **Zaubertrank** m filtro m magico **Zaubertrick** <-(e)s, -s> m trucco m magico **Zauberwort** <-(e)s, -e> nt formula f magica
**Zaubrer(in)** m(f) s. **Zauberer**
**Zauderer** <-s, -> m, **zaudern** ['tsaʊdɐn] vi esitare, indugiare, tentennare
**Zaudrer(in)** m(f) s. **Zauderer**
**Zauderin** <-, -nen> f tentennone, -a m, f, persona f irrisoluta [o indecisa]
**Zaum** [tsaʊm, Pl: 'tsɔɪmə] <-(e)s, Zäume> m briglie fpl; **im ~ halten** (fig) frenare, tenere a freno
**zäumen** ['tsɔɪmən] vt mettere le briglie a, imbrigliare
**Zaumzeug** <-(e)s, -e> nt briglie fpl
**Zaun** [tsaʊn, Pl: 'tsɔɪnə] <-(e)s, Zäune> m recinto m; **einen Streit vom ~ brechen** provocare una lite **Zaungast** m spettatore, -trice m, f esterno, -a, persona f che sta a guardare **Zaunkönig** m (ZOO) scricciolo m
**Zaunpfahl** m palo m di uno steccato; **ein Wink mit dem ~** un avvertimento indiretto, ma esplicito
**z. B.** abk v **zum Beispiel** p.es.
**ZDF** [tsɛtdeːˈʔɛf] <-(s)> kein Pl. nt abk v **Zweites Deutsches Fernsehen** rete televisiva pubblica tedesca
**Zebra** ['tseːbra] <-s, -s> nt (ZOO) zebra f
**Zebrastreifen** m strisce fpl pedonali

**Zebu** ['tse:bu] <-s, -s> *mnt* zebù *m*
**Zeche** ['tsɛçə] <-, -n> *f* ❶ (*Rechnung*) conto *m*, scotto *m;* **die ~ prellen** (*fam*) non pagare il conto ❷ (*Bergwerk*) miniera *f* di carbone
**zechen** ['tsɛçən] *vi* sbevazzare, gozzovigliare
**Zecher(in)** <-s, -; -, -nen> *m(f)* beone, -a *m, f,* crapulone, -a *m, f*
**Zechgelage** *nt* gozzoviglia *f,* crapula *f*
**Zechpreller(in)** <-s, -; -, -nen> *m(f)* chi se ne va senza aver pagato il conto **Zechprellerei** [tsɛçprɛlə'raɪ] <-, -en> *f* mangiare *m* e bere *m* senza pagare
**Zeck** [tsɛk] <-s, -e *o* -en> *m* (*A, südd*), **Zecke** ['tsɛkə] <-, -n> *f* (zoo) zecca *f* **Zeckenbiss** <-es, -e> *m* morso *m* di una zecca **Zeckenimpfung** <-, -en> *f* vaccino *m* antizecche
**Zeder** ['tse:dɐ] <-, -n> *f* cedro *m* **Zedernholz** *nt* legno *m* di cedro
**Zeh** [tse:] <-s, -en> *m s.* **Zehe 1.**
**Zehe** ['tse:ə] <-, -n> *f* ❶ (ANAT) dito *m* del piede; **große/kleine ~** pollice *m*/mignolo *m* del piede ❷ (BOT: *Knoblauch~*) spicchio *m* [d'aglio] **Zehenspitze** *f* punta *f* dei piedi; **auf [den] ~n** in punta di piedi
**zehn** [tse:n] *num* dieci; **etwa ~** una decina; *s. a.* **acht**
**Zehn** <-, -en> *f* dieci *m*
**Zehn-, zehn-** *s. a.* **Acht-, acht-**
**Zehner** <-s, -> *m* (MAT) decina *f* **Zehnerstelle** *f* decina *f;* **eine ~ hinter dem Komma** una decade dopo la virgola
**zehnfach** *adj* decuplo; *s. a.* **achtfach**
**Zehnfingersystem** [tse:n'fɪŋɐzʏste:m] <-s> *kein Pl. nt* sistema *m* delle dieci dita, *capacità di battere a macchina a dieci dita senza guardare i tasti*
**Zehnkampf** *m* (SPORT) decat[h]lon *m* **Zehnkämpfer(in)** <-s, -; -, -nen> *m(f)* (SPORT) decathloneta *mf,* decatleta *mf*
**zehnmal** *adv* dieci volte
**Zehnmarkschein** ['tse:n'markʃaɪn] *m* biglietto *m* da dieci marchi
**Zehnpfennigstück** ['tse:n'pfɛnɪçʃtʏk] *nt* moneta *f* da dieci pfennig
**zehntausend** ['tse:n'taʊzənt] *num* diecimila; **die oberen Zehntausend** (*fam*) l'alta società, i ceti privilegiati
**zehnte(r, s)** *adj* decimo, -a; (*bei Datumsangaben*) dieci; *s. a.* **achte(r, s)**
**Zehnte** <ein -r, -n, -n> *mf* decimo, -a *m, f;* *s. a.* **Achte**
**Zehntel** <-s, -> *nt* decimo *m,* decima parte *f*
**zehntens** *adv* [in] decimo [luogo]
**zehren** ['tse:rən] *vi* ❶ (*leben, sich ernähren*) **von etw ~** vivere di qc ❷ (*mager machen*) **an jdm ~** far dimagrire qu
**Zeichen** ['tsaɪçən] <-s, -> *nt* ❶ (*Tierkreis~, Mal,* MUS) segno *m;* (*Symbol*) simbolo *m;* (*Merk~*) contrassegno *m;* (*Ab~*) distintivo *m;* (*Akten~*) numero *m* di protocollo; (*Namens~*) sigla *f;* (*Waren~*) marchio *m;* **im ~ des Stiers geboren sein** essere nato sotto il segno del toro ❷ (*Signal*) segnale *m;* (*Beweis*) prova *f;* **ein ~ geben** dare un segno; (*Wink*) fare un cenno; **das ~ [zu etw] geben** dare il segnale [di qc]; **als [o zum] ~ von** in segno di; **das ist ein gutes ~** è buon segno ❸ (*Vor~*) avvertimento *m;* (*An~*) indizio *m;* (MED) sintomo *m;* **es geschehen noch ~ und Wunder!** (*scherz*) meraviglia!, miracolo! ❹ (INFORM) carattere *m*
**Zeichenblock** <-(e)s, -s> *m* blocco *m* da disegno **Zeichenbrett** *nt* tavola *f* da disegno
**Zeichenerklärung** *f* leggenda *f*
**Zeichenlehrer(in)** *m(f)* insegnante *mf* di disegno **Zeichenpapier** *nt* carta *f* da disegno **Zeichensaal** *m* aula *f* di disegno
**Zeichensatz** <-es, -sätze> *m* (INFORM) mappa *f* dei caratteri
**Zeichensetzung** <-> *kein Pl. f* interpunzione *f* **Zeichensprache** *f* linguaggio *m* mimico
**Zeichenstift** *m* matita *f* da disegno **Zeichentisch** *m* tavolo *m* da disegno **Zeichentrickfilm** *m* cartoni *mpl* animati
**zeichnen** ['tsaɪçnən] **I.** *vt* ❶ (*malen*) disegnare; (*skizzieren*) schizzare, abbozzare; **technisches Zeichnen** disegno industriale ❷ (*kenn~*) contrassegnare, marcare ❸ (*unter~,* FIN) firmare, sottoscrivere **II.** *vi* disegnare; **für etw ~** (ADM: *verantwortlich sein*) assumersi la responsabilità di qc
**Zeichnen** <-s> *kein Pl. nt* disegno *m;* **technisches ~** disegno industriale
**Zeichner(in)** <-s, -; -, -nen> *m(f)* ❶ (*Maler*) disegnatore, -trice *m, f;* **technischer ~** disegnatore tecnico ❷ (FIN) sottoscrittore, -trice *m, f* **zeichnerisch** *adj* grafico, illustrativo; **etw ~ darstellen** rappresentare qc graficamente
**Zeichnung** <-, -en> *f* ❶ (*Darstellung, Entwurf, Muster*) disegno *m* ❷ (FIN) sottoscrizione *f*
**zeichnungsberechtigt** *adj* autorizzato a firmare **Zeichnungsvollmacht** *f* diritto *m* di firma
**Zeigefinger** *m* [dito *m*] indice *m*

**zeigen** ['tsaɪgən] I. vt ① (allg) mostrare, far vedere; (vorführen) esibire; (FILM, THEAT) presentare; (Weg) indicare, mostrare; (Wirkung) far registrare; **dir werd' ich's ~!** (fam) ti farò vedere io! ② (TEC: an~) segnare ③ (an den Tag legen) mostrare, manifestare; (aufweisen) mostrare, rivelare II. vi **auf jdn/etw ~** indicare qu/qc; **mit dem Finger auf jdn/etw ~** additare qu/qc; **nach Süden ~** indicare il sud; **die Ampel zeigt auf Grün** il semaforo è verde; **zeig [doch] mal!** fammi vedere! III. vr **sich ~** mostrarsi; (sich sehen lassen) farsi vedere; (sich zur Schau stellen) mettersi in mostra; **es zeigt sich, dass ...** risulta che ...; **das wird sich ~** si vedrà; **sie zeigte sich wenig gerührt über diesen Vorfall** si mostrò poco commossa per l'accaduto

**Zeiger** <-s, -> m indice m, indicatore m; (Nadel) ago m; (Uhr~) lancetta f

**Zeigestock** m bacchetta f

**Zeile** ['tsaɪlə] <-, -n> f ① (Text~) riga f; **jdm ein paar ~n schreiben** scrivere due righe a qu; **neue ~!** (beim Diktat) a capo!; **zwischen den ~n lesen** leggere tra le righe ② (TV) linea f ③ (Häuser~, Baum~) fila f

**Zeilenabstand** m spazio m interlineare **Zeilenlänge** <-, -n> f giustezza f **Zeilensetzmaschine** f linotype® f

**Zeisig** ['tsaɪzɪç] <-s, -e> m (ZOO) lucherino m

**zeit** [tsaɪt] prp+gen – **meines Lebens** per tutta la mia vita, vita natural durante

**Zeit** [tsaɪt] <-, -en> f ① (allg, LING) tempo m; **die ganze ~** tutto il tempo; **das hat ~** non c'è fretta; **es wird ~, dass ...** è ora che +conj; **im Laufe der ~** col tempo; **in kurzer ~** in breve tempo; **in letzter ~** negli ultimi tempi, ultimamente; **in jüngster ~** recentemente; **in nächster ~** prossimamente, in un prossimo futuro; **~ brauchen** metterci tempo; **~ gewinnen/verlieren** guadagnare/perdere tempo; **keine ~ haben [etw zu tun]** non aver tempo [per fare qc]; **sich** dat **~ lassen** fare con comodo, prendersela comoda fam; **jdm ~ lassen** dar tempo a qu; **sich** dat **~ nehmen** prendere tempo; **sechs Stunden ~ haben** avere sei ore di tempo; **viel ~ in Anspruch nehmen** richiedere molto tempo; **die ~ [mit Lesen] verbringen** passare il tempo [leggendo]; **eine ~ lang** per qualche tempo; **von ~ zu ~** ogni tanto, di tanto in tanto; **vor langer ~** molto tempo fa; **zur gleichen ~** allo stesso tempo; **mit der ~** col passare del tempo; **im Laufe der ~** col tempo, coll'andare del tempo; **mit der ~ gehen** andare coi tempi, tenere il passo con i tempi; **auf ~** a termine; **auf ~ spielen** (SPORT) guadagnare tempo, tirare le cose in lungo; **schlechte ~en** tempi duri; **das hat ~** non c'è fretta, c'è tempo; **es wird [allmählich] ~, dass ...** è ora che +conj; **es ist an der ~, zu** +inf è tempo [o ora] di +inf; **ach, du liebe ~!** Dio mio!, santo cielo!; **alles zu seiner ~!** ogni cosa a suo tempo; **wie die ~ vergeht!** come passa il tempo!; **kommt ~, kommt Rat** (prov) la notte porta consiglio; **wie die ~ vergeht!** come passa il tempo! ② (Zeitraum, Zeitspanne) periodo m; **in der ~ vom ... bis zum ...** nel periodo dal ... al ...; **in kurzer ~** in breve tempo; **die ganze ~ [über] [per]** tutto il tempo ③ (Zeitpunkt) momento m; **zur rechten ~** al tempo giusto; (rechtzeitig) tempestivamente; **seit der [o dieser] ~** da quel momento ④ (Jahreszeit) stagione f ⑤ (Epoche) tempo m, epoca f, era f; **in unserer ~** oggigiorno, nell'epoca in cui viviamo; **zu jeder ~** in ogni tempo; **zu meiner ~** ai miei tempi; **in alten ~en** nei tempi antichi, una volta; **zur ~ Karls des Großen** al tempo [o ai tempi] di Carlo Magno; **das waren andere ~en** erano altri tempi; **für alle ~en** per sempre ⑥ (Uhrzeit) ora f; **um diese ~** a quest'ora; **um dieselbe [o die gleiche] ~** alla stessa ora; **um welche ~?** a che ora?; **eine ~ festsetzen** fissare l'ora [o la data]

**Zeitabschnitt** m periodo m [di tempo], epoca f **Zeitabstand** m intervallo m; **in regelmäßigen Zeitabständen** periodicamente, a intervalli regolari **Zeitalter** nt era f, età f, tempo m **Zeitangabe** f ① (Uhrzeit) ora f; (Datum) data f ② (LING) complemento m di tempo **Zeitansage** f segnale m orario **Zeitarbeit** f lavoro m interinale **Zeitaufnahme** f posa f **Zeitaufwand** m dispendio m di tempo **zeitaufwändig** adj che richiede molto tempo **Zeitbombe** f bomba f a orologeria **Zeitdruck** <-(e)s> kein Pl. m fretta f, premura f; **unter ~ stehen** avere fretta **Zeiteinteilung** f distribuzione f del tempo; **gute/schlechte ~** tempo m ben/mal distribuito **Zeitenfolge** f (GRAM) consecutio m temporum **Zeiterfassungssystem** nt sistema m di rilevamento del tempo **Zeitersparnis** f risparmio m di tempo **Zeitfrage** <-> kein Pl. f questione f di tempo **Zeitgefühl** <-(e)s> kein

Zeitgeist → Zellkern

*Pl. nt* senso *m* del tempo **Zeitgeist** *m* spirito *m* del tempo; **zeitgemäß** *adj* conforme allo spirito del tempo, moderno; (*aktuell*) attuale **Zeitgenosse** m, **Zeitgenossin** f contemporaneo, -a *m, f* **zeitgenössisch** ['tsaɪtɡənœsɪʃ] *adj* contemporaneo **Zeitgeschehen** <-s> *kein Pl. nt* attualità *f* **Zeitgeschichte** *f* storia *f* contemporanea **Zeitgewinn** *m* risparmio *m* di tempo **zeitgleich** *adj* contemporaneamente; ~ **durchs Ziel gehen** tagliare il traguardo contemporaneamente

**zeitig** I. *adj* primo; **am ~ en Nachmittag** di primo pomeriggio II. *adv* presto; **~ aufstehen** alzarsi di buon'ora

**zeitigen** *vt* (*geh*) ❶ (*hervorbringen*) produrre ❷ (*zur Folge haben*) avere come conseguenza

**Zeitkarte** *f* abbonamento *m* **zeitkritisch** *adj* critico nei confronti della propria epoca

**zeitlebens** [tsaɪt'leːbəns] *adv* per tutta la vita, vita natural durante

**zeitlich** *adj* cronologico; (LING) temporale; (*vergänglich*) caduco; ~ **zusammenfallen** coincidere; ~ **begrenzt** limitato nel tempo; ~ **passt es mir gut** l'orario mi va bene; **das Zeitliche segnen** (*geh*) passare a miglior vita *poet*

**Zeitlimit** *nt* tempo *m* massimo

**zeitlos** *adj* non soggetto al tempo; (*Kleidung*) non soggetto alla moda

**Zeitlupe** *f* (FILM) rallentatore *m;* **in ~** al rallentatore **Zeitlupenaufnahme** *f* ripresa *f* al rallentatore **Zeitlupentempo** *nt* **im ~** a passo di lumaca

**Zeitmangel** *m* mancanza *f* di tempo; **aus ~** per mancanza di tempo **Zeitnehmer(in)** <-s, -; -, -nen> *m(f)* cronometrista *mf* **Zeitnot** <-> *kein Pl. f* mancanza *f* di tempo; **in ~ sein** avere pochissimo tempo; **um nicht in ~ zu geraten** per non arrivare allo stremo del tempo **Zeitpunkt** *m* momento *m*, istante *m*, punto *m;* (*Datum*) data *f;* **zu diesem ~** in quel momento, a questo punto **Zeitraffer** <-s> *kein Pl. m* (FILM) acceleratore *m* **Zeitrafferaufnahme** *f* ripresa *f* all'acceleratore **zeitraubend** *adj* che richiede molto tempo, lungo **Zeitraum** *m* spazio *m* di tempo, periodo *m* **Zeitrechnung** *f* cronologia *f;* **christliche ~** era *f* cristiana; **nach/vor unserer ~** dopo/avanti Cristo

**Zeitschrift** *f* periodico *m;* (*bes. Illustrierte*) rivista *f*

**Zeitsoldat** *m* volontario *m* **Zeitspanne** *f* [lasso *m* di] tempo *m* **zeitsparend** *adj* che fa risparmiare tempo **Zeittafel** *f* tavola *f* cronologica **Zeittakt** *m* (TEL) scatto *m* **Zeitumstellung** <-, -en> *f* cambio *m* dell'ora

**Zeitung** ['tsaɪtʊŋ] <-, -en> *f* giornale *m*, quotidiano *m;* (*Zeitschrift*) rivista *f;* **in der ~ lesen** leggere sul giornale; **elektronische ~** giornale telematico

**Zeitungsabonnement** *nt* abbonamento *m* a un giornale **Zeitungsannonce** *f* inserzione *f* [sul giornale] **Zeitungsanzeige** *f* inserzione *f* [sul giornale] **Zeitungsartikel** *m* articolo *m* di giornale **Zeitungsausschnitt** *m* ritaglio *m* di giornale **Zeitungsausträger(in)** *m(f)* distributore, -trice *m, f* di giornali **Zeitungsbericht** *m* reportage *m*, articolo *m* di giornale **Zeitungsente** <-, -n> *f* (*fam*) serpente *m* di mare, canard *m* **Zeitungskiosk** *m* edicola *f* **Zeitungsleser(in)** *m(f)* lettore, -trice *m, f* di giornale **Zeitungsmeldung** *f* notizia *f* di giornale **Zeitungsnotiz** *f* trafiletto *m*, stelloncino *m* **Zeitungspapier** *nt* carta *f* da giornale **Zeitungsverkäufer(in)** *m(f)* giornalaio, -a *m, f*

**Zeitunterschied** *m* differenza *f* di orario **Zeitvergeudung** <-> *kein Pl. f s.* **Zeitverschwendung Zeitverlust** *m* perdita *f* di tempo; (*verlorene Zeit*) tempo *m* perso **Zeitverschiebung** *f* spostamento *m* del fuso orario **Zeitverschwendung** *f* spreco *m* di tempo **Zeitvertrag** *m* contratto *m* a tempo determinato **Zeitvertreib** <-(e)s, -e> *m* passatempo *m;* **zum ~** per passatempo

**zeitweilig** ['tsaɪtvaɪlɪç] *adj* temporaneo, momentaneo; (*vorläufig*) provvisorio

**zeitweise** *adv* temporaneamente; (*von Zeit zu Zeit*) di tanto in tanto, a periodi; (*eine Zeitlang*) per un certo tempo

**Zeitwort** <-(e)s, -wörter> *nt* (LING) verbo *m* **Zeitzeichen** *nt* segnale *m* orario **Zeitzeuge** <-n, -n> *m,* **Zeitzeugin** <-, -nen> *f* testimone *mf* della sua epoca; (*Zeitgenosse*) contemporaneo, -a *m, f* **Zeitzone** <-, -n> *f* fuso *m* orario **Zeitzünder** *m* spoletta *f* ad accensione ritardata **Zeitzündung** *f* accensione *f* a tempo **zelebrieren** [tseleˈbriːrən] <ohne ge-> *vt* celebrare, officiare

**Zelle** ['tsɛlə] <-, -n> *f* ❶ (BIOL, POL) cellula *f;* **die [kleinen] grauen ~n** (*fam scherz*) la materia grigia ❷ (*kleiner Raum*) cella *f;* (*Telefon~, Wahl~*) cabina *f* ❸ (EL) elemento *m* [di batteria], cella *f*

**Zellenbildung** *f* citogenesi *f*
**Zellgewebe** *nt* tessuto *m* cellulare
**Zellkern** *m* (BIOL) nucleo *m* della cellula

**Zellophan** [tsɛlo'faːn] <-s> *kein Pl. nt* cellofan *m*
**Zellstoff** *m* cellulosa *f* **Zellstofftuch** *nt* tessuto *m* di cellulosa
**Zellteilung** *f* (BIOL) scissione *f* della cellula
**Zellulitis** [tsɛlu'liːtɪs] <-, Zellulitiden> *f* (MED) cellulite *f*
**Zelluloid** [tsɛlu'lɔɪt] <-(e)s> *kein Pl. nt* celluloide *f*
**Zellulose** [tsɛlu'loːzə] <-, -n> *f* cellulosa *f*
**Zellwand** *f* parete *f* della cellula
**Zellwolle** *f* lana *f* sintetica
**Zelt** [tsɛlt] <-(e)s, -e> *nt* tenda *f*; **ein ~ aufschlagen/abbrechen** montare/smontare una tenda; **seine ~e abbrechen** (*fig scherz*) levare le tende **Zeltbahn** *f* telo *m* da tenda
**zelten** *vi* campeggiare; **~ gehen** andare in campeggio **Zelten** <-s> *kein Pl. nt* campeggio *m*, camping *m*
**Zeltlager** *nt* accampamento *m*, attendamento *m*; (*Ferienlager*) campeggio *m*, camping *m* **Zeltpflock** *m* picchetto *m* da tenda **Zeltplatz** *m* campeggio *m*, camping *m* **Zeltstange** *f* paletto *m* da tenda
**Zement** [tse'mɛnt] <-(e)s, -e> *m* cemento *m*
**zementieren** [tsemɛn'tiːrən] <ohne ge-> *vt* ❶ (*mit Zement, Beton versehen*) cementare ❷ (*fig: endgültig machen*) sancire
**Zenit** [tse'niːt] <-(e)s> *kein Pl. m* ❶ (ASTR) zenit *m* ❷ (*fig: Höhepunkt*) apice *m*, culmine *m*; **im ~ seines Ruhms** all'apice della sua gloria
**zensieren** [tsɛn'ziːrən] <ohne ge-> *vt* ❶ (*Bücher, Filme, Zeitungen*) censurare ❷ (*benoten*) classificare, dare voti a
**Zensur** [tsɛn'zuːɐ̯] <-, -en> *f* ❶ *Sing.* (*staatliche Kontrolle*) censura *f*; **durch die ~ gehen** passare la censura ❷ (*Note*) voto *m*
**zensurieren** [tsɛnzu'riːrən] <ohne ge-> *vt* (A, CH: *zensieren*) censurare
**Zensus** ['tsɛnzʊs] <-, -> *m* censimento *m*
**Zentiliter** [tsɛnti'liːtɐ] *mnt* centilitro *m*
**Zentimeter** [tsɛnti'meːtɐ] *m o nt* centimetro *m* **Zentimetermaß** *nt* centimetro *m*
**Zentner** ['tsɛntnɐ] <-s, -> *m* mezzoquintale *m*; (CH, A) quintale *m*
**zentral** [tsɛn'traːl] *adj* centrale
**Zentral-** (*in Zusammensetzungen*) centrale **Zentralafrika** *nt* Africa *f* centrale **Zentralamerika** [tsɛn'traːla'meːrika] *nt* America *f* centrale **Zentralbank** <-, -en> *f* (EU) banca *f* centrale; **die Europäische ~** la Banca centrale europea; **das Europäische System der ~en** il Sistema europeo delle Banche centrali **Zentralbankpräsident** <-en, -en> *m* (EU) Presidente *m* della Banca centrale europea **Zentralbankstatut** <-(e)s, -en> *nt* (EU) Statuto *m* della banca centrale
**Zentrale** <-, -n> *f* centrale *f*; (TEL) centralino *m*; (*Hauptgeschäftsstelle*) sede *f* centrale; (*Taxi~*) centrale *f*
**Zentralheizung** *f* riscaldamento *m* centrale
**zentralisieren** [tsɛntrali'ziːrən] <ohne ge-> *vt* centralizzare
**Zentralismus** [tsɛntra'lɪsmʊs] <-> *kein Pl. m* centralismo *m*
**zentralistisch** *adj* accentratore, centralizzatore
**Zentralkomitee** *nt* comitato *m* centrale **Zentralnervensystem** <-s, -e> *nt* (ZOO, MED) sistema *m* nervoso centrale **Zentralverriegelung** <-, -en> *f* (AUTO) chiusura *f* centralizzata **Zentralverwaltung** *f* amministrazione *f* centrale
**Zentren** *Pl. von* **Zentrum**
**zentrieren** *vt* centrare **zentriert** *adj* (*Text*) centrato
**zentrifugal** [tsɛntrifuga'l] *adj* centrifugo **Zentrifugalkraft** *f* forza *f* centrifuga
**Zentrifuge** [tsɛntri'fuːgə] <-, -n> *f* centrifuga *f*
**zentripetal** [tsɛntripe'taːl] *adj* centripeto **Zentripetalkraft** *f* forza *f* centripeta
**Zentrum** ['tsɛntrʊm, *Pl*: 'tsɛntrən] <-s, Zentren> *nt* centro *m*; **im ~ des Interesses** al centro dell'attenzione
**Zeppelin** ['tsɛpəliːn] <-s, -e> *m* dirigibile *m*, zeppelin *m*
**Zepter** ['tsɛptɐ] <-s, -> *nt rar m* scettro *m*
**zerbeißen** <*irr*, ohne ge-> *vt* spezzare coi denti, morsicare
**zerbomben** <ohne ge-> *vt* distruggere con i bombardamenti
**zerbrechen** <*irr*, ohne ge-> **I.** *vt haben* rompere, spezzare; **sich** *dat* **den Kopf über etw** *acc* **~** rompersi la testa per qc **II.** *vi sein* rompersi; (*a. fig*) spezzarsi; **an Kummer** *dat* **~** spezzarsi dal dispiacere
**zerbrechlich** *adj* fragile
**zerbrochen** *PP von* **zerbrechen**
**zerbröckeln** <ohne ge-> **I.** *vt haben* sbriciolare **II.** *vi sein* sbriciolarsi; (*Mauer, fig a*) disgregarsi
**zerdrücken** <ohne ge-> *vt* schiacciare; (*Kleidung*) sgualcire
**Zeremonie** [tseremo'niː: *o* tsere'moːnɪə] <-, -n> *f* cerimonia *f*
**zeremoniell** [tseremo'njɛl] *adj* cerimo-

niale **Zeremoniell** <-s, -e> *nt* cerimoniale *m*

**Zeremonienmeister** *m* cerimoniere *m*

**zerfahren** *adj* ① (*ausgefahren*) dissestato ② (*zerstreut*) distratto

**Zerfall** *m* ① (*a. fig*) crollo *m*, rovina *f*; (GEOL) disfacimento *m;* (CHEM) decomposizione *f*; (PHYS) disintegrazione *f* ② (*fig: Verfall*) decadimento *m*

**zerfallen** <irr, ohne ge-> *vi sein* ① (*auseinanderfallen*) cadere in [*o* a] pezzi; (*bes. Bauwerk*) crollare, andare in rovina; **zu Staub ~** ridursi in polvere ② (*sich auflösen*) disfarsi, dissolversi; (PHYS) disintegrarsi ③ (*Werte, Familie,* GEOL) disgregarsi ④ (*fig: sich gliedern*) dividersi; **in viele Teile ~** dividersi in molte parti

**zerfetzen** <ohne ge-> *vt* (*in Fetzen reißen*) stracciare, fare a pezzi; (*a. zerfleischen*) lacerare **zerfetzt** *adj* (*Kleidung, Papier*) stracciato, a pezzi; (*Körper*) dilaniato

**zerfleischen** <ohne ge-> *vt* sbranare, lacerare, strappare

**zerfließen** <irr, ohne ge-> *vi sein* ① (*Flüssiges*) spandersi ② (*Weiches*) liquefarsi ③ (*fig: Hoffnungen*) dissolversi

**zerfressen** <irr, ohne ge-> *vt* (*Motten, Neid*) rodere; (*Säure, Rost*) corrodere

**zerfurcht** [tsɛɐˈfʊrçt] *adj* (*Weg*) scavato; (*Gesicht*) solcato, rugoso

**zergehen** <irr, ohne ge-> *vi sein* sciogliersi; **auf der Zunge ~** sciogliersi in bocca

**zergliedern** <ohne ge-> *vt* ① (*sezieren*) sezionare ② (*analysieren*) analizzare

**zerhacken** <ohne ge-> *vt* (*Holz*) spaccare, tagliare; (*Fleisch*) tagliare a pezzetti

**zerhauen** <a irr, ohne ge-> *vt* tagliare a pezzi, spaccare

**zerkauen** <ohne ge-> *vt* macinare

**zerkleinern** <ohne ge-> *vt* (*Fleisch, Gemüse*) tritare; (*Brot, Holz*) spezzettare

**zerklüftet** [tsɛɐˈklʏftət] *adj* frastagliato

**zerknirscht** *adj* contrito, mortificato **Zerknirschtheit** <-> *kein Pl. f,* **Zerknirschung** <-> *kein Pl. f* contrizione *f*, compunzione *f*

**zerknittern** <ohne ge-> *vt* sgualcire, spiegazzare

**zerknüllen** <ohne ge-> *vt* appallottolare

**zerkochen** <ohne ge-> I. *vt haben* stracuocere II. *vi sein* scuocersi

**zerkratzen** <ohne ge-> *vt* graffiare

**zerkrümeln** <ohne ge-> I. *vt haben* sbriciolare II. *vi sein* sbriciolarsi

**zerlassen** <irr, ohne ge-> *vt* far sciogliere; **~e Butter** burro fuso

**zerlegbar** *adj* ① (*Möbel*) scomponibile; (*abnehmbar*) smontabile ② (CHEM) decomponibile ③ (MAT) divisibile

**zerlegen** <ohne ge-> *vt* ① (*Möbel*) scomporre; (TEC: *abmontieren*) smontare; **etw in seine Einzelteile ~** smontare qc nelle sue parti componenti ② (*Fleisch*) trinciare ③ (CHEM) decomporre ④ (LING) analizzare, fare l'analisi di

**zerlumpt** [tsɛɐˈlʊmpt] *adj* cencioso, lacero

**zermalmen** [tsɛɐˈmalmən] <ohne ge-> *vt* (*zerquetschen*) schiacciare; (*mit den Zähnen*) tritare

**zermartern** <ohne ge-> *vt* **sich** *dat* **den Kopf ~** lambiccarsi il cervello

**zermürben** <ohne ge-> *vt* snervare, fiaccare

**zernagen** <ohne ge-> *vt* rosicchiare, rodere

**zerpflücken** <ohne ge-> *vt* ① (*auseinanderzupfen*) sfogliare ② (*fig: Text, Buch*) demolire

**zerquetschen** <ohne ge-> *vt* schiacciare

**Zerrbild** *nt* caricatura *f*

**zerreiben** <irr, ohne ge-> *vt* triturare; (*a. Farben*) macinare; (*reiben*) grattugiare; (*zu Pulver*) polverizzare

**zerreißen** <irr, ohne ge-> I. *vt haben* stracciare; (*bes. durchreißen*) strappare; (*in Stücke*) far a pezzi II. *vi sein* strapparsi III. *vr* **sich für jdn ~** farsi in quattro per qu **Zerreißprobe** *f* ① (TEC) prova *f* di trazione ② (*fig*) dura prova *f*

**zerren** [ˈtsɛrən] I. *vt* ① (*ziehen*) tirare con forza; (*schleppen*) trascinare ② (*dehnen*) stirare, strappare II. *vi* **an etw** *dat* **~** (*reißen*) dare degli strappi a qc; (*fig*) logorare qc

**zerrinnen** <irr, ohne ge-> *vi sein* ① (*zerfließen*) sciogliersi ② (*fig: Jahre, Zeit*) scorrere; (*Hoffnungen*) svanire

**zerrissen** [tsɛɐˈrɪsən] *adj* ① (*in Stücke gerissen*) stracciato, lacero ② (*fig*) lacerato **Zerrissenheit** <-> *kein Pl. f* lacerazione *f*, spaccatura *f*

**Zerrspiegel** *m* (*a. fig*) specchio *m* magico

**Zerrung** <-, -en> *f* stiramento *m*, strappo *m*

**zerrütten** [tsɛɐˈrʏtən] <ohne ge-> *vt* scuotere; (*schädigen*) rovinare; (*Gesundheit*) logorare; (*Geist*) turbare; (*Ehe*) guastare; (*Finanzen, Ordnung*) dissestare

**Zerrüttungsprinzip** *nt* principio *m* del disfacimento

**zersägen** <ohne ge-> *vt* segare a [*o* in] pezzi

**zerschellen** <ohne ge-> *vi sein* sfracellarsi, schiantarsi; **das Flugzeug zerschellte an einem Berg** l'aereo si è schiantato contro la montagna

**zerschlagen**[1] <irr, ohne ge-> **I.** *vt* ❶ (*entzweischlagen*) fare a pezzi ❷ (*durch Fallenlassen*) rompere, spaccare ❸ (*durch Darauffallen*) fracassare, frantumare ❹ (*fig: Widerstand*) vincere; (*Pläne*) mandare a monte **II.** *vr* **sich ~** (*fig*) andare a monte

**zerschlagen**[2] *adj* sfinito, spossato, esaurito

**zerschlissen** [tsɛɐ'ʃlɪsən] *adj* logoro, consunto

**zerschmettern** <ohne ge-> *vt* ❶ (*zertrümmern*) fracassare; (*bes. Körperteile*) sfracellare ❷ (*fig: Nachricht*) annichilire

**zerschneiden** <irr, ohne ge-> *vt* tagliare a [*o* in] pezzi, tagliuzzare

**zersetzen** <ohne ge-> **I.** *vt* ❶ (CHEM) decomporre ❷ (*fig*) disgregare; (*bes. Sitten*) corrompere; (*untergraben*) minare **II.** *vr* **sich ~** ❶ (CHEM) decomporsi ❷ (*fig*) disgregarsi, disfarsi **zersetzend** *adj* (*fig*) sovversivo **Zersetzung** <-> *kein Pl. f* ❶ (CHEM) decomposizione *f* ❷ (*fig*) disgregazione *f*; (*bes. Sitten~*) corruzione *f*

**Zersiedelung** <-, -en> *f* (*form*) edilizia *f* selvaggia, agglomerato urbano che cambia il paesaggio

**zersplittern** <ohne ge-> **I.** *vt haben* mandare in frantumi, scheggiare **II.** *vi sein* ❶ (*in Splitter zerfallen*) andare in frantumi, scheggiarsi ❷ (*fig* POL) essere frantumato

**zerspringen** <irr, ohne ge-> *vi sein* spaccarsi, rompersi; (*explodieren*) scoppiare

**zerstampfen** <ohne ge-> *vt* (*zertreten*) calpestare; (*im Mörser*) pestare; (*zerquetschen*) schiacciare

**zerstäuben** [tsɛɐ'ʃtɔɪbən] <ohne ge-> *vt* (*Flüssigkeit*) spruzzare; (*Pulver*) polverizzare **Zerstäuber** <-s, -> *m* atomizzatore *m*; (TEC) spruzzatore *m*, polverizzatore *m*

**zerstechen** <irr, ohne ge-> *vt* forachiare, bucare; (*Insekten*) pungere

**zerstochen** *PP von* **zerstechen**

**zerstören** <ohne ge-> *vt* ❶ (*vernichten*) distruggere; (*Gebäude a*) demolire; (*verwüsten*) devastare ❷ (*fig: Gesundheit, Ehe*) rovinare; (*Hoffnung, Träume, Glück*) distruggere

**Zerstörer** <-s, -> *m* (*Schiff*) cacciatorpediniere *m* **zerstörerisch** *adj* distruttivo

**Zerstörung** *f* ❶ (*Vernichtung*) distruzione *f*; (*von Gebäude a*) demolizione *f* ❷ (*fig*) rovina *f* **Zerstörungswahn** <-(e)s> *kein Pl. m* mania *f* di distruzione **Zerstörungswut** *f* vandalismo *m*, mania *f* di distruzione

**zerstoßen** <irr, ohne ge-> *vt* pestare

**zerstreiten** <irr, ohne ge-> *vr* **sich ~** contrariarsi, essere discordi

**zerstreuen** <ohne ge-> **I.** *vt* ❶ (*verstreuen*) disperdere, sparpagliare ❷ (*fig: Zweifel, Verdacht*) dissipare ❸ (*ablenken*) distrarre; (*unterhalten*) svagare, divertire **II.** *vr* **sich ~** ❶ (*sich verteilen*) disperdersi ❷ (*sich ablenken*) distrarsi; (*sich unterhalten*) svagarsi, divertirsi **zerstreut** *adj* (*fig*) distratto, sbadato **Zerstreutheit** <-> *kein Pl. f* distrazione *f*, sbadataggine *f*

**Zerstreuung** *f* ❶ *Sing.* (*das Zerstreuen*) dispersione *f* ❷ (*Unterhaltung*) distrazione *f*, svago *m* ❸ *Sing.* (*Zerstreutheit*) distrazione *f*, sbadataggine *f*

**zerstritten** [tsɛɐ'ʃtrɪtən] *PP von* **zerstreiten**

**zerstückeln** <ohne ge-> *vt* fare a pezzi, sminuzzare

**zerteilen** <ohne ge-> *vt* dividere; (*trennen*) separare; (*zerschneiden*) tagliuzzare; **etw in Stücke** *acc* **~** dividere qc in pezzi

**Zertifikat** [tsɛrtifi'kaːt] <-(e)s, -e> *nt* ❶ (*Bescheinigung*) certificato *m* ❷ (*Diplom*) diploma *m*

**zertrampeln** <ohne ge-> *vt* calpestare

**zertreten** <irr, ohne ge-> *vt* calpestare; (*Insekt*) schiacciare coi piedi; (*Glut*) spegnere coi piedi

**zertrümmern** <ohne ge-> *vt* fracassare, frantumare; (*a. fig*) distruggere

**Zervelatwurst** [tsɛrvəˈlaːtvʊrst] *f* cervellata *f*

**zerwühlen** <ohne ge-> *vt* (*Erde*) smuovere; (*Haar*) scompigliare

**Zerwürfnis** [tsɛɐ'vʏrfnɪs] <-ses, -se> *nt* (*geh*) discordia *f*, disaccordo *m*, dissidio *m*

**zerzausen** [tsɛɐ'tsaʊzən] <ohne ge-> *vt* **jdm das Haar ~** arruffare i capelli a qu, spettinare qu **zerzaust** *adj* arruffato, scompigliato

**Zeter** ['tseːtɐ] *nt* **~ und Mordio schreien** (*fam*) urlare come un forsennato

**zetern** *vi* strillare, urlare

**Zettel** ['tsɛtəl] <-s, -> *m* foglietto *m*, pezzo *m* di carta; (*beschriebener ~*) biglietto *m*, nota *f*; (*Kassen~*) scontrino *m* **Zettelkasten** *m* schedario *m*

**Zeug** [tsɔɪk] <-(e)s> *kein Pl. nt* ❶ (*fam: Sachen*) roba *f*, cose *fpl*; (*pej*) robaccia *f* ❷ (*fam pej: Unsinn*) stupidaggini *fpl*, sciocchezze *fpl;* **dummes ~!** ma che sciocchezze! ❶ *(Fähigkeit)* capacità *f,* stoffa *f;* **das ~ zu etw haben** avere la stoffa di qc, essere tagliato per qc ❷ *(Wend)* **sich ins ~ legen** *(fam)* mettersi con impegno; **sich für jdn ins ~ legen** *(fam)* adoperarsi per qu; **was das ~ hält** *(fam)* a più non posso

**Zeuge** ['tsɔɪɡə] <-n, -n> *m* testimone *m;* (JUR) teste *m;* **als ~ aussagen** testimoniare, deporre; **vor ~n** in presenza di testimoni

**zeugen** ['tsɔɪɡən] I. *vi* ❶ *(erkennen lassen)* **von etw ~** dimostrare qc, testimoniare qc ❷ *(als Zeuge aussagen)* testimoniare qc II. *vt* ❶ *(Kinder)* procreare, generare ❷ *(fig geh)* produrre, creare

**Zeugenaussage** *f* deposizione *f,* testimonianza *f* **Zeugenstand** *m* banco *m* dei testimoni; **in den ~ treten** andare al banco dei testimoni **Zeugenverhör** *nt,* **Zeugenvernehmung** *f* escussione *f* dei testi

**Zeughaus** *nt* arsenale *m*

**Zeugin** ['tsɔɪɡɪn] <-, -nen> *f* testimone *f;* (JUR) teste *f*

**Zeugnis** ['tsɔɪknɪs] <-ses, -se> *nt* ❶ (MED) certificato *m;* *(Arbeits~)* attestato *m;* *(Schul~)* pagella *f;* **jdm ein ~ ausstellen** rilasciare un certificato a qu ❷ *(Beweis)* testimonianza *f,* deposizione *f*

**Zeugung** <-, -en> *f* procreazione *f,* generazione *f* **zeugungsfähig** *adj* atto a procreare **zeugungsunfähig** *adj* sterile, impotente

**z. H., z. Hd.** *abk v* **zu Händen** SPM

**Zicke** ['tsɪkə] <-, -n> *f* ❶ *(weibliche Ziege)* capra *f* ❷ *(Frau)* megera *f* ❸ *pl* *(fam: Dummheiten)* stupidaggini *fpl;* **~n machen** fare storie

**zickig** *adj* *(fam pej)* bisbetico; *(launisch)* capriccioso; *(prüde)* pudico

**zickzack** ['tsɪktsak] *adv* a zigzag; **~ fahren** guidare a zigzag

**Zickzack** ['tsɪktsak] <-(e)s, -e> *m* zigzag *m;* **im ~ gehen** camminare a zigzag **Zickzackkurs** <-es, -e> *m* rotta *f* a zigzag; **einen** [*o* **im**] **~ fahren** andare a zigzag, zigzagare; *(fig)* non avere una meta precisa [*o* fissa]

**Ziege** ['tsiːɡə] <-, -n> *f* capra *f;* **blöde ~** *(fam)* oca *f*

**Ziegel** ['tsiːɡəl] <-s, -> *m* ❶ *(Baustein)* laterizio *m;* *(quaderförmig)* mattone *m* ❷ *(Dach~)* tegola *f* **Ziegeldach** *nt* tetto *m* di tegole

**Ziegelei** [tsiːɡəˈlaɪ] <-, -en> *f* fornace *f,* fabbrica *f* di laterizi

**ziegelrot** *adj* rosso mattone

**Ziegelstein** *m* laterizio *m;* *(quaderförmig)* mattone *m*

**Ziegenbock** *m* caprone *m,* becco *m* **Ziegenfell** *nt* pelle *f* di capra **Ziegenkäse** *m* formaggio *m* di capra **Ziegenleder** *nt* capretto *m* **Ziegenmilch** <-> *kein Pl. f* latte *m* di capra

**ziehen** ['tsiːən] <zieht, zog, gezogen> I. *vt haben* ❶ *(allg)* tirare; *(zerren)* trascinare; *(schleppen)* trainare, rimorchiare; *(dehnen)* tendere; **jdn an etw** *dat* **~** tirare qu per qc; **Fäden ~** filare, fare fili; **den Ring vom Finger ~** sfilarsi l'anello dal dito; **jdn an sich ~** stringere qu a sé; **ein Boot an Land ~** tirare una barca a secco; **jdn auf seine Seite ~** tirare qu dalla propria parte; **alle Blicke auf sich ~** attirare tutti gli sguardi su di sé; **etw nach sich** *dat* **~** *(fig)* comportare, avere come conseguenza; **es zieht mich in/nach ...** mi sento attratto verso ... ❷ *(heraus~)* cavare, togliere; *(Zahn, Los, Wurzel)* estrarre; *(Wechsel, Schlussfolgerungen)* trarre; *(hervorholen)* tirar fuori; **Zigaretten [aus dem Automaten] ~** estrarre le sigarette dal distributore; **die Pistole ~** estrarre la pistola; **jdm Geld aus der Tasche ~** *(fam)* mungere la borsa di qu; **aus dem Verkehr ~** togliere dalla circolazione; **Nutzen aus etw ~** trarre profitto da qc ❸ *(in etw hinein~)* infilare; **jdn in etw** *acc* **~** coinvolgere qu in qc; **jdn ins Vertrauen ~** confidarsi con qu ❹ *(beim Schach)* muovere ❺ *(Rohre)* trafilare; *(Mauer)* costruire, erigere; *(Graben)* scavare ❻ *(Linie)* tracciare ❼ *(herstellen)* fare, produrre; *(Pflanze)* coltivare; *(Tiere)* allevare II. *vi* ❶ *haben (allg)* [**an etw** *dat*] **~** tirare [qc]; **an einer Zigarette ~** dar una tirata a una sigaretta ❷ *haben (weh tun)* fare male ❸ *sein (wandern)* camminare, girare; *(Zugvögel)* migrare; *(Wolken)* muoversi, passare; **durch den Wald ~** camminare per il bosco ❹ *sein (weg~)* andarsene, partire; **in den Krieg ~** andare in guerra ❺ *sein (umziehen)* cambiare casa, trasferirsi; **in die Stadt ~** trasferirsi in città; **zu jdm ~** andare ad abitare da qu; **von Krefeld nach Stuttgart ~** trasferirsi da Krefeld a Stoccarda ❻ *haben (Kaffee)* filtrare; *(Tee)* stare in infusione; *(Kochgut in Wasser)* cuocere a fuoco lento ❼ *haben (Auto)* tirare, trainare ❽ *haben (fig fam: zugkräftig sein)* avere successo; **bei jdm ~** fare presa su qu; **das zieht bei mir nicht** *(fam)* con me non attacca ❾ *(Luftzug)* **es zieht** c'è corrente III. *vr*

**sich ~** (*sich erstrecken*) estendersi; **sich über etw** *acc* **~** estendersi su qc; **sich in die Länge ~** tirare per le lunghe; **dieses Thema zieht sich durch den ganzen Roman** questo tema ricorre in tutto il romanzo

**Ziehharmonika** *f* fisarmonica *f*

**Ziehung** <-, -en> *f* estrazione *f*

**Ziel** [tsiːl] <-(e)s, -e> *nt* ❶ (*von Reise*) destinazione *f;* **am ~ [seiner Reise] ankommen** arrivare a destinazione ❷ (*~scheibe*) bersaglio *m;* **das ~ verfehlen** mancare il bersaglio; **über das ~ hinausschießen** (*fam*) passare il segno [*o* i limiti] ❸ (*fig: Zweck*) obiettivo *m;* (*Absicht*) scopo *m;* **ein ~ verfolgen** perseguire uno scopo; **sich** *dat* **ein ~ setzen** [*o* stecken] prefiggersi uno scopo, proporsi una meta; **sein ~ erreichen** raggiungere il proprio traguardo ❹ (SPORT) traguardo *m,* arrivo *m;* **[als Erster] durchs ~ gehen** tagliare il traguardo [per primo]

**Zielband** <-(e)s, -bänder> *nt* nastro *m* d'arrivo

**zielbewusst** *adj* risoluto, deciso

**zielen** *vi* ❶ (*mit Waffe*) [**auf jdn/etw**] **~** mirare [a qu/qc], prendere di mira [qu/qc], puntare [su qu/qc] ❷ (*fig: anspielen*) **auf etw** *acc* **~** alludere a qc; (*zum Ziel haben*) mirare a qc; *s. a.* **gezielt**

**Zielfernrohr** *nt* cannocchiale *m* di puntamento **Zielfoto** *nt* fotofinish *m* **Zielgerade** *f* (SPORT) rettilineo *m* d'arrivo **Zielgerät** *nt* dispositivo *m* di puntamento [*o* di mira] **zielgerichtet** *adj* finalizzato a uno scopo **Zielgruppe** *f* utenza *f,* destinatari *mpl* **Zielkamera** *f* telecamera *f* per il fotofinish **ziellos** *adj o adv* senza meta

**zielorientiert** *adj* mirato **Zielpunkt** *m* punto *m* di mira, obiettivo *m* **Zielscheibe** *f* bersaglio *m,* mira *f* **Zielsetzung** <-, -en> *f* obiettivo *m,* finalità *f* **zielsicher** I. *adj* dalla mira sicura II. *adv* con determinazione **Zielsprache** *f* (LING) lingua *f* d'arrivo **zielstrebig** I. *adj* determinato II. *adv* con determinazione **Zielstrebigkeit** <-> *kein Pl. f* determinazione *f* **Zielvereinbarung** *f* accordo *m* sugli obiettivi da raggiungere **Zielvorrichtung** *f* congegno *m* di puntamento

**ziemlich** I. *adj* (*beträchtlich*) notevole, considerevole; **eine ~e Menge** un buon numero; **das ist eine ~e Frechheit** è una bella sfacciataggine II. *adv* abbastanza, alquanto; **~ sicher** quasi certo; **~ viel** parecchio, abbastanza; **das ist so ~ dasselbe** (*fam*) è quasi lo stesso

**Zierde** ['tsiːɐdə] <-, -n> *f* ornamento *m;* **zur ~** per ornamento

**zieren** ['tsiːrən] I. *vt* (*geh*) [ad]ornare, abbellire II. *vr* **sich ~** (*pej*) fare il prezioso; (*beim Essen*) fare complimenti [a tavola]

**Zierfisch** *m* pesce *m* ornamentale **Ziergarten** *m* giardino *m* ornamentale **Zierleiste** *f* ❶ (ARCH: *an Möbelstück, Auto*) modanatura *f* ❷ (TYP) fregio *m*

**zierlich** *adj* (*klein, fein*) fine, delicato; (*grazil*) gracile **Zierlichkeit** <-> *kein Pl. f* (*Feinheit, Zartheit*) delicatezza *f;* (*Grazilität*) gracilità *f*

**Zierpflanze** *f* pianta *f* ornamentale

**Zierrat** ['tsiːraːt] <-(e)s, -e> *m* (*geh*) ornamento *m,* decorazione *f*

**Zierschrift** *f* scrittura *f* ornamentale

**Zierstrauch** *m* arbusto *m* ornamentale

**Ziffer** ['tsɪfə] <-, -n> *f* cifra *f,* numero *m;* **arabische/römische ~n** numeri arabi/romani; **in ~n** in cifre **Zifferblatt** *nt* quadrante *m*

**Ziffernblock** <-s, -blöcke> *m* (*von der Computertastatur*) tastierino *m* numerico

**zig** [tsɪç] *adj inv* (*fam*) un sacco di

**Zigarette** [tsigaˈrɛtə] <-, -n> *f* sigaretta *f;* **sich** *dat* **eine ~ drehen** arrotolare una sigaretta

**Zigarettenautomat** *m* distributore *m* di sigarette **Zigarettenetui** *nt* portasigarette *m* **Zigarettenlänge** *f* **auf eine ~** per un attimo **Zigarettenpackung** *f* pacchetto *m* di sigarette **Zigarettenpapier** *nt* cartina *f* da sigarette **Zigarettenpause** <-, -n> *f* (*fam*) pausa *f* [per fumare una] sigaretta **Zigarettenschachtel** *f* pacchetto *m* di sigarette **Zigarettenspitze** *f* bocchino *m* [per sigarette] **Zigarettenstummel** *m* mozzicone *m*

**Zigarillo** [tsigaˈrɪlo] <-s, -s> *m o nt* sigarillo *m*

**Zigarre** [tsiˈgarə] <-, -n> *f* sigaro *m*

**Zigarrenabschneider** *m* tagliasigari *m* **Zigarrenkiste** *f* scatola *f* di sigari **Zigarrenstummel** <-s, -> *m* mozzicone *m* di sigaretta

**Zigeuner(in)** [tsiˈɡɔɪnɐ] <-s, -; -, -nen> *m(f) pej* zingaro, -a *m, f pej*

**Zigeunerschnitzel** <-s, -> *nt* (GASTR) fettina di carne in salsa di peperoni, cipolle e pomodoro

**zigfach** ['tsɪçfax] I. *adj* (*fam*) parecchio; (*häufig*) spesso II. *adv* (*fam*) parecchie volte

**zigmal** ['tsɪçmaːl] *adv* (*fam*) mille volte

**Zikade** [tsi'kaːdə] <-, -n> f (ZOO) cicala f
**Zimmer** ['tsɪmɐ] <-s, -> nt stanza f; (a. Hotel~) camera f; **eine Wohnung mit drei ~n** un appartamento di tre vani; **auf** [o **in**] **seinem ~ sein** essere in camera; „**~ frei**" "camere libere"
**Zimmerantenne** f antenna f interna **Zimmerdecke** f soffitto m **Zimmereinrichtung** f arredamento m **Zimmerflucht** f fila f di stanze **Zimmerhandwerk** nt carpenteria f, arte f del carpentiere **Zimmerkellner** m cameriere m ai piani **Zimmerlautstärke** f **das Radio/Fernsehen auf ~ stellen** mettere la radio/televisione a basso volume **Zimmermädchen** nt cameriera f **Zimmermann** <-(e)s, -leute> m carpentiere m
**zimmern** ['tsɪmɐn] **I.** vt fare, costruire [in legno] **II.** vi lavorare il legno; **an etw** dat ~ (a. fig) lavorare a qc
**Zimmernachweis** m [ufficio m] informazioni fpl posti letto, agenzia f di soggiorno **Zimmerpflanze** <-, -n> f pianta f da appartamento **Zimmertemperatur** f ❶ (in einem bestimmten Zimmer) temperatura f della stanza ❷ (mittlere Temperatur) temperatura f ambiente **Zimmertheater** nt teatro m da camera **Zimmervermittlung** f ufficio m di mediazione [per stanze in affitto]
**zimperlich** ['tsɪmpɐlɪç] adj (pej) ❶ (überempfindlich) ipersensibile, delicato; (verzärtelt) viziato; (wehleidig) insofferente ❷ (übertrieben schamhaft) prude, ritroso **Zimperlichkeit** <-> kein Pl. f (pej) ❶ (Überempfindlichkeit) ipersensibilità f, delicatezza f; (Wehleidigkeit) essere m piagnucoloso ❷ (übertriebene Schamhaftigkeit) pruderie f, ritrosia f
**Zimt** [tsɪmt] <-(e)s, -e> m cannella f
**Zink** [tsɪŋk] <-(e)s> kein Pl. nt (CHEM) zinco m
**Zinke** ['tsɪŋkə] <-, -n> f dente m
**zinken** vt (sl: Spielkarte) truccare
**Zinken** ['tsɪŋkən] <-s, -> m (fam scherz) nasone m
**zinkhaltig** adj contenente zinco
**Zinn** [tsɪn] <-(e)s> kein Pl. nt ❶ (CHEM) stagno m ❷ (~geschirr) vasellame m di stagno
**Zinne** ['tsɪnə] <-, -n> f merlo m (di castelli, torri e fortezze)
**zinnern** adj di stagno
**Zinnerz** nt minerale m di stagno
**Zinngeschirr** nt vasellame m di stagno **Zinngießerei** f fonderia f di stagno **zinnhaltig** adj stannifero, contenente stagno

**Zinnober** [tsɪ'noːbɐ] <-s, -> m ❶ (Mineral, Farbe) cinabro m ❷ Sing. (fam pej: wertloses Zeug) roba f; (dummes Zeug) chiacchiere fpl; **einen ~ machen** fare tante storie **zinnoberrot** adj rosso cinabro
**Zinnsoldat** m soldatino m di piombo
**Zins**[1] [tsɪns] <-es, -en> m meist pl interessi mpl, interesse m; **~en bringen** fruttare interessi
**Zins**[2] <-es, -e> m (bes. südd, A, CH: Miete) pigione f, affitto m
**Zinsertrag** m provento m d'interessi **Zinseszins** m interesse m composto; **jdm etw mit Zins und ~ zurückzahlen** (fig) ripagare qc a qu colla stessa moneta **zinsgünstig** adj (FIN) agevolato, a basso tasso di interesse **zinslos** adj infruttifero, senza interessi **Zinsrechnung** f calcolo m degli interessi **Zinssatz** m tasso m di interesse **Zinssenkung** f riduzione f degli interessi **Zinstabelle** f tabella f degli interessi **Zinswucher** m usura f
**Zionismus** [tsio'nɪsmʊs] <-> kein Pl. m sionismo m **Zionist**(**in**) [tsio'nɪst] <-en, -en; -, -nen> m(f) sionista mf **zionistisch** adj sionistico
**Zip-Away-Hose** ['zɪpəweɪ'hoːzə] f pantaloni mpl a cerniere
**Zip-Datei** ['zɪpdataɪ] f file m zippato
**Zipfel** ['tsɪpfəl] <-s, -> m punta f **Zipfelmütze** f berretta f a punta
**zippen** vt (INFORM) zippare
**Zipperlein** ['tsɪpɐlaɪn] <-s> kein Pl. nt (fam scherz) gotta f, podagra f; **das ~ haben** avere la gotta
**Zirbeldrüse** ['tsɪrbəldryːzə] f ghiandola f pineale
**zirka** ['tsɪrka] adv circa, approssimativamente
**Zirkel** ['tsɪrkəl] <-s, -> m ❶ (TEC) compasso m ❷ (Kreis, Klub) circolo m **Zirkelkasten** m astuccio m dei compassi
**Zirkulation** [tsɪrkula'tsjoːn] <-, -en> f circolazione f
**zirkulieren** [tsɪrku'liːrən] <ohne ge-> vi haben o rar sein circolare
**Zirkus** ['tsɪrkʊs] <-, -se> m ❶ (mit Clowns, Artisten etc) circo m; **in den ~ gehen** andare al circo ❷ Sing. (fam pej: Getue) storie fpl; (Durcheinander) baraonda f, confusione f
**Zirkus-** (in Zusammensetzungen) da circo **Zirkuszelt** nt tendone m da circo
**zirpen** ['tsɪrpən] vi (Grillen) cantare, stridere; (Vogel) pigolare
**zisch** [tsɪʃ] int fsch; **~ machen** fare fsch

**zischeln** ['tsɪʃəln] *vt, vi* bisbigliare, mormorare, sussurrare

**zischen** ['tsɪʃən] I. *vi* sibilare; (*heißes Fett*) sfrigolare; (*Limonade*) essere effervescente II. *vt* fischiare; **einen ~** (*fam*) bersi un bicchierino; **du kriegst gleich eine gezischt!** (*fam*) ti prendi subito una sberla

**Zischlaut** *m* (LING) sibilante *f*

**ziselieren** [tsize'liːrən] <ohne ge-> *vt* cesellare

**Zisterne** [tʃɪs'tɛrnə] <-, -n> *f* cisterna *f*

**Zitadelle** [tsita'dɛlə] <-, -n> *f* cittadella *f*

**Zitat** [tsi'taːt] <-(e)s, -e> *nt* ① (*Textstelle*) citazione *f* ② (*geflügeltes Wort*) detto *m*, sentenza *f*

**Zither** ['tsɪtɐ] <-, -n> *f* (MUS) cetra *f*

**zitieren** [tsi'tiːrən] <ohne ge-> *vt* citare; **jdn vor Gericht/zu sich** *dat* **~** citare qu in giudizio/chiamare qu

**Zitronat** [tsitro'naːt] <-(e)s, -e> *nt* cedro *m* candito

**Zitrone** [tsi'troːnə] <-, -n> *f* limone *m*; **mit ~** (*Getränk*) al limone; **jdn ausquetschen** [*o* **auspressen**] **wie eine ~** (*fam*) spremere qu come un limone

**Zitronenbaum** *m* limone *m* **Zitroneneis** *nt* gelato *m* di limone **zitronengelb** *adj* giallo limone **Zitronenlimonade** *f* limonata *f* **Zitronenpresse** *f* spremilimoni *m*, spremiagrumi *m* **Zitronensaft** *m* succo *m* di limone; (*Getränk*) spremuta *f* di limone **Zitronensäure** *f* acido *m* citrico **Zitronenschale** *f* scorza *f* di limone

**Zitrusfrucht** ['tsiːtrusfrʊxt] *f* (BOT) agrume *m*

**zitterig** ['tsɪt(ə)rɪç] *adj* tremante, tremolante

**zittern** ['tsɪtɐn] *vi* tremare; (*vibrieren*) vibrare, tremolare; **vor Kälte ~** tremare di freddo; **vor Wut ~** tremare dalla rabbia; **vor jdm ~** tremare davanti a qu; **am ganzen Körper ~** tremare in tutto il corpo; **wie Espenlaub ~** tremare come una foglia; **mir ~ die Knie** mi tremano le ginocchia

**Zitterpappel** *f* (BOT) pioppo *m* tremolo **Zitterrochen** *m* torpedine *m*

**zittrig** *s.* **zitterig**

**Zitze** ['tsɪtsə] <-, -n> *f* capezzolo *m*

**Zivi** ['tsiːvi] <-(s), -s> *m* (*fam*) ① *abk v* **Zivildienstleistende(r)** *chi presta servizio civile* ② *abk v* **Zivilpolizist** poliziotto *m* in borghese

**zivil** [tsi'viːl] *adj* ① (*nichtmilitärisch*) civile, borghese ② (*fig fam: Preise*) moderato, ragionevole; (*Chef*) educato

**Zivil** <-s> *kein Pl. nt* abiti *mpl* borghesi; **in ~** in borghese

**Zivilangestellte** *mf* impiegato, -a *m, f* civile **Zivilbehörden** *fPl.* autorità *fpl* civili **Zivilberuf** <-(e)s, -e> *m* lavoro *m* da civile; **im ~** nel lavoro da civile **Zivilbevölkerung** *f* popolazione *f* civile **Zivilcourage** <-> *kein Pl. f* coraggio *m* civile **Zivildienst** *m* servizio *m* civile; **~ leisten** prestare servizio civile **Zivildienstleistende** <ein -r, -n, -n> *mf* addetto *m* al servizio civile **Zivilgericht** *nt* tribunale *m* civile **Zivilgesetzbuch** <-(e)s, -bücher> *nt* (*CH*) codice *m* civile **Zivilgesetzgebung** *f* legislazione *f* civile

**Zivilisation** [tsiviliza'tsi̯oːn] <-, -en> *f* civiltà *f* **Zivilisationskrankheit** *f* malattia *f* del progresso

**zivilisatorisch** [tsiviliza'toːrɪʃ] *adj* civilizzatore

**zivilisieren** [tsivili'ziːrən] <ohne ge-> *vt* civilizzare **zivilisiert** [tsivili'ziːɐ̯t] *adj* civilizzato, civile; **sich ~ benehmen** comportarsi in modo civile

**Zivilist** [tsivi'lɪst] <-en, -en; -, -nen> *m* civile *m*, borghese *m*

**Zivilkammer** *f* sezione *f* civile **Zivilklage** *f* azione *f* civile **Zivilkleidung** *f* abiti *mpl* borghesi **Zivilleben** *nt* **im ~** nella vita civile **Zivilperson** *f* borghese *m* **Zivilprozess** *m* processo *m* civile **Zivilprozessordnung** *f* codice *m* di procedura civile **Zivilrecht** *nt* diritto *m* civile **zivilrechtlich** I. *adj* di diritto civile, civilistico II. *adv* dal punto di vista del diritto civile **Zivilschutz** *m* ① (*Schutz der Zivilbevölkerung*) protezione *f* civile ② (*~korps*) corpo *m* di protezione civile

**ZNS** [tsɛt?ɛn'?ɛs] *nt abk v* **Zentralnervensystem** SNC *m*

**Znüni** ['tsnyːni] <-s, -s> *m o nt* (*CH*) spuntino *m* mattutino

**Zobel** ['tsoːbəl] <-s, -> *m* zibellino *m*

**zocken** ['tsɔkən] *vi* (*fam*) giocare d'azzardo

**Zofe** ['tsoːfə] <-, -n> *f* cameriera *f*

**Zoff** [tsɔf] <-s> *kein Pl. m* (*fam*) litigio *m*; **~ haben** litigare, avere un litigio

**zog** [tsoːk] *1. u. 3. Pers. Sing. Imp. von* **ziehen**

**zögerlich** ['tsøːgɐlɪç] *adj* tentennante, titubante

**zögern** ['tsøːgɐn] *vi* esitare, indugiare; (*schwanken*) titubare, tentennare; **~ etw zu tun** esitare a fare qc; **ohne zu ~** senza indugio **Zögern** <-s> *kein Pl. nt* esitazione *f*, indugio *m*; (*Schwanken*) titubanza *f*; (*Unentschlossenheit*) indeci-

Zögling → zu

sione *f*; **ohne** ~ senza esitazione; **nach langem** ~ dopo lunga esitazione

**Zögling** ['tsø:klɪŋ] <-s, -e> *m* allievo, -a *m*, *f* [interno, -a]; (*Internats*~) convittore, -trice *m*, *f*

**Zölibat** [tsøli'ba:t] <-(e)s> *kein Pl. nt o m* celibato *m*

**Zoll**[1] [tsɔl, *Pl*: 'tsœlə] <-(e)s, Zölle> *m* ❶ (*Abgabe*) tassa *f* doganale; (*Straßen~, Brücken~*) pedaggio *m*; **für** [*o* **auf**] **etw** *acc* ~ **bezahlen** pagare la dogana per qc ❷ *Sing.* (*Dienststelle*) dogana *f*; **den ~ passieren** passare la dogana

**Zoll**[2] [tsɔl] <-(e)s, -> *m* (HIST: *Längenmaß*) pollice *m*

**Zollabfertigung** *f* operazioni *fpl* doganali
**Zollabkommen** *nt* accordo *m* [*o* convenzione *f*] doganale **Zollamt** *nt* ufficio *m* doganale, dogana *f* **Zollbeamte** *m*, **Zollbeamtin** *f* funzionario, -a *m*, *f* doganale, doganiere *m* **Zollbehörde** *f* autorità *f* doganale **Zollbestimmungen** *fPl.* disposizioni *fpl* doganali

**zollen** *vt* (*geh*) tributare; **jdm Respekt ~** rispettare qu

**Zollerklärung** *f* dichiarazione *f* doganale **Zollfahndung** *f* investigazione *f* della Finanza **zollfrei** *adj* esente da dazio **Zollgebiet** *nt* territorio *m* doganale **Zollgrenzbezirk** *m* zona *f* doganale di confine **Zollgrenze** <-, -n> *f* frontiera *f* doganale **Zollhoheit** *f* sovranità *f* doganale **Zollkontrolle** *f* controllo *m* doganale **Zöllner(in)** ['tsœlnɐ] <-s, -; -, -nen> *m(f)* (*fam: Zollbeamter*) funzionario, -a *m*, *f* doganale

**zollpflichtig** *adj* soggetto a dazio **Zollschranken** *fPl.* barriere *fpl* doganali **Zollsenkung** *f* riduzione *f* dei dazi doganali **Zollstock** *m* metro *m* pieghevole **Zolltarif** *m* tariffa *f* doganale **Zollunion** *f* unione *f* doganale **Zollverwaltung** *f* amministrazione *f* dei dazi e delle dogane

**Zombie** ['tsɔmbi] <-(s), -s> *m* zombi *m*

**Zone** ['tso:nə] <-, -n> *f* zona *f* **Zonengrenze** *f* (*fam* HIST) ex confine *m* interdesco

**Zoo** [tso:] <-s, -s> *m* zoo *m*

**Zoologe** [tsoo'lo:gə] <-n, -n> *m* zoologo *m*

**Zoologie** [tsoolo'gi:] <-> *kein Pl. f* zoologia *f*

**Zoologin** [tsoo'lo:gɪn] <-, -nen> *f* zoologa *f*

**zoologisch** [tsoo'lo:gɪʃ] *adj* zoologico

**Zoom** [zu:m] <-s, -s> *nt* (FILM, FOTO) zoom *m*

**zoomen** ['zu:mən] *vt* (FILM, FOTO) zoomare, zumare

**Zopf** [tsɔpf, *Pl*: 'tsœpfə] <-(e)s, Zöpfe> *m* treccia *f*; **das ist ein alter ~** è antiquato

**Zorn** [tsɔrn] <-(e)s> *kein Pl. m* ira *f*, collera *f*; (*Wut*) rabbia *f*; **jdn in ~ bringen** far andare in collera qu; **in ~ geraten** andare in collera; **im ~ sagt sie oft Dinge, die sie später bereut** nella rabbia dice spesso cose di cui poi si pente **zornig** I. *adj* adirato, irato, incollerito; **auf jdn ~ sein** essere in collera con qu; ~ **werden** adirarsi, arrabbiarsi II. *adv* con rabbia

**Zote** ['tso:tə] <-, -n> *f* (*pej*) oscenità *f*, sconcezza *f*

**Zottel** ['tsɔtəl] <-, -n> *f* meist pl (*fam*) ❶ (*Haarbüschel*) ciuffo *m* [di capelli] ❷ (*Troddel*) nappa *f* **zott|e|lig** *adj* arruffato, spettinato

**zottig** ['tsɔtɪç] *adj* ❶ (*Fell*) irsuto ❷ (*pej: Haar, Frisur*) scomposto, spettinato

**zottlig** *s.* **zott|e|lig**

**ZPO** *abk v* **Zivilprozessordnung** C.P.C.

**z. T.** *abk v* **zum Teil** in parte

**Ztr.** *abk v* **Zentner** mezzoquintale

**zu** [tsu:] I. *prp* +*dat* ❶ (*Richtung, Lage*) a; **~ Hause** a casa; ~**m Bahnhof** alla stazione; ~**m Markt** al mercato; ~**r Schule** a scuola; **der Weg ~m Hotel** la strada per l'albergo; **von Haus ~ Haus** di casa in casa; ~**r Tür hinein** dentro per la porta; ~**m Fenster hinaus** fuori dalla finestra; **etw ~ jdm sagen** dire qc a qu; ~ **beiden Seiten** da entrambe le parti; ~**r Linken/Rechten** sulla sinistra/destra; ~ **Bett gehen** (*geh*) andare a letto; ~ **Boden fallen** (*geh*) cadere a terra ❷ (*da~*) **etw ~ etw essen/trinken** mangiare/bere qc con qc; **sich ~ jdm setzen** sedersi vicino a qu ❸ (*zeitlich*) ~ **Anfang** in principio, all'inizio; ~**r Zeit Karls des Großen** al tempo di Carlo Magno; ~**m ersten Mal** per la prima volta; ~**r Stunde**, ~**r Zeit** in questo momento, attualmente; ~ **Weihnachten/Ostern/Pfingsten** a Natale/Pasqua/Pentecoste; ~**m Schluss** alla fine ❹ (*Preis*) **ein Eis ~ 50 Cent** un gelato da 50 centesimi ❺ (*mit Zahlenangabe*) ~ **dritt** a [*o* in] tre; ~ **Dutzenden/Hunderten** a dozzine/centinaia; ~ **einem Drittel** per un terzo; ~**r Hälfte** a metà ❻ (*Art und Weise*) ~ **Fuß** a piedi ❼ (*Zweck, Ziel*) per; ~**r Belohnung** per ricompensa; ~**m Geburtstag** per il compleanno; ~**r Probe** in prova ❽ (*Verhältnis*) a; **2 ~ 1** (SPORT) 2 a 1 II. *adv* ❶ (*Richtung*) verso; **nach**

Süden ~ verso sud; **nur ~!** avanti!, coraggio! ❷ (*all~*) troppo; ~ **groß/wenig** troppo grande/poco; ~ **viel/sehr** troppo; **das ist ~ schön, um wahr zu sein** (*fam*) è troppo bello per essere vero ❸ (*fam: geschlossen*) chiuso ❹ (*zeitlich*) **ab und ~** ogni tanto, di quando in quando III. *konj* ❶ (*mit Infinitiv*) da, a, di; **ich habe ~ tun** ho da fare; **sie ist heute nicht ~ sprechen** oggi non si può parlarle; **er befahl ihm, aufzuhören** gli ordinò di smetterla; **hier hast du nichts ~ sagen!** non hai voce in capitolo ❷ (*mit Partizip*) da; **nicht ~ übersehende Schwierigkeiten** difficoltà palesi

**zuallererst** [tsuˈʔalɐˈʔeːɐ̯st] *adv* innanzi tutto

**zuallerletzt** [tsuˈʔalɐˈlɛtst] *adv* alla fine, infine

**Zubehör** [ˈtsuːbəhøːɐ̯] <-(e)s, -e> *nt* accessori *mpl* **Zubehörteil** *nt* accessorio *m*

**zu|beißen** <irr> *vi* mordere; (*Hund*) azzannare

**zu|bekommen** <irr, ohne ge-> *vt* riuscire a chiudere

**Zuber** [ˈtsuːbɐ] <-s, -> *m* mastello *m*

**zu|bereiten** <ohne ge-> *vt* preparare, fare **Zubereitung** <-, -en> *f* preparazione *f*

**zu|billigen** *vt* accordare, concedere

**zu|binden** <irr> *vt* legare; (*Schuhe*) allacciare

**zu|blinzeln** *vi* **jdm** ~ ammiccare, strizzare l'occhio a qu; **sich** *dat* [*o* **einander**] ~ farsi l'occhiolino

**zu|bringen** <irr> *vt* ❶ (*verbringen*) passare, trascorrere ❷ (*fam: schließen können*) riuscire a chiudere

**Zubringer** <-s, -> *m* ❶ (*Straße*) svincolo *m*, raccordo *m* ❷ (*Bus*) navetta *f* in servizio tra la città e l'aeroporto **Zubringerdienst** *m* servizio *m* di collegamento aeroporto-città **Zubringerstraße** *f* *s.* **Zubringer**

**Zubrot** *nt* **sich** *dat* **mit etw ein ~ verdienen** arrotondarsi lo stipendio con qc

**Zucchino** [tsuˈkiːno, *Pl:* tsuˈkiːni] <-s, Zucchini> *m* zucchina *f*, zucchino *m*

**Zucht** [tsuxt] <-, -en> *f* ❶ (*Pflanzen~, Perlen~*) coltivazione *f*; (*a. Bakterien~*) coltura *f*; (*Tier~*) allevamento *m* ❷ *Sing.* (*obs: Disziplin*) disciplina *f*; ~ **und Ordnung** disciplina *f* **Zuchtbulle** *m* toro *m* d'allevamento

**züchten** [ˈtsʏçtən] *vt* (*Pflanzen, Perlen, a. fig*) coltivare; (*Tiere*) allevare

**Züchter(in)** <-s, -; -, -nen> *m(f)* (*Pflanzen~, Perlen~*) coltivatore, -trice *m, f*; (*Vieh~*) allevatore, -trice *m, f*

**Zuchthaus** *nt* ❶ (*Gebäude*) penitenziario *m* ❷ *Sing.* (*~strafe*) reclusione *f*; **zu 20 Jahren ~ verurteilt werden** essere condannato a 20 anni di reclusione; **darauf steht ~** per una cosa del genere c'è la prigione **Zuchthäusler(in)** [ˈtsuxthɔɪslɐ] <-s, -; -, -nen> *m(f)* detenuto, -a *m, f*

**Zuchthengst** *m* stallone *m* da monta

**züchtig** [ˈtsʏçtɪç] *adj* (*obs*) virtuoso, onesto; **die Augen ~ niederschlagen** abbassare pudicamente gli occhi

**züchtigen** [ˈtsʏçtɪɡən] *vt* (*geh*) castigare corporalmente **Züchtigung** <-, -en> *f* (*geh*) punizione *f* [corporale]

**Zuchtperle** *f* perla *f* coltivata

**Zuchttier** *nt* riproduttore *m*

**Züchtung** <-, -en> *f* coltivazione *f*

**Zuchtvieh** *nt* animali *mpl* riproduttori

**Zuchtwahl** *f* **natürliche ~** selezione *f* naturale

**zuckeln** [ˈtsʊkəln] *vi sein* (*fam*) trotterellare

**zucken** [ˈtsʊkən] I. *vi* ❶ (*zusammenfahren*) trasalire, sobbalzare ❷ (*geschlachtetes Tier*) palpitare ❸ (*Blitze, Flammen*) guizzare II. *vt* **die Achseln ~** alzare le spalle

**zücken** [ˈtsʏkən] *vt* tirare fuori

**zuckend** *adj* (*Glieder*) tremante; (*Blitz*) guizzante

**Zucker** [ˈtsʊkɐ] <-s, *rar* -> *m* ❶ (*Nahrungsmittel*) zucchero *m*; **ein Stück ~** una zolletta di zucchero ❷ *Sing.* (*fam: ~krankheit*) diabete *m*; **~ haben** essere diabetico

**Zuckerbäcker** *m* (*A: Konditor*) pasticciere *m* **Zuckerbrot** *nt* **mit ~ und Peitsche** col metodo del bastone e della carota **Zuckerdose** *f* zuccheriera *f* **Zuckererbse** *f* pisello *m* dolce **Zuckerfabrik** *f* zuccherificio *m* **Zuckerfest** *nt* (REL) festa *f* dello zucchero **Zuckerguss** *m* glassa *f*; **mit ~** glassato **zuckerhaltig** *adj* saccarifero **Zuckerhut** *m* pan *m* di zucchero

**zuckerig** [ˈtsʊk(ə)rɪç] *adj* zuccheroso, zuccherino

**zuckerkrank** *adj* diabetico **Zuckerkranke** *mf* diabetico, -a *m, f* **Zuckerkrankheit** *f* diabete *m*

**Zuckerl** [ˈtsʊkɛl] <-s, -n> *nt* (*A, südd*) ❶ (*Bonbon*) caramella *f*, zuccherino *m* ❷ (*etwas Besonderes*) ghiottoneria *f*

**Zuckerlecken** *nt* **etw ist kein ~** (*fam*) non è una passeggiata

**zuckern** *vt* ❶ (*mit Zucker süßen*) zuccherare ② (*mit Zucker bestreuen*) inzuccherare

**Zuckerrohr** *nt* canna *f* da zucchero
**Zuckerrübe** *f* barbabietola *f* da zucchero
**Zuckerstange** *f* lecca lecca *m fam*
**zuckersüß** ['tsʊkɐˈzyːs] *adj* zuccheroso
**Zuckerwatte** *f* zucchero *m* filato
**Zuckerzange** *f* mollette *fpl* da zucchero
**zuckrig** *s.* **zuckerig**
**Zuckung** <-, -en> *f* convulsione *f*, spasmo *m;* **nervöse ~en** tic nervoso
**zu|decken** I. *vt* **etw [mit etw] ~** [ri]coprire qc [di qc] II. *vr* **sich ~** coprirsi
**zudem** [tsuˈdeːm] *adv* (*geh*) inoltre, per di più
**zu|denken** <irr> *vt* (*geh*) **jdm etw ~** destinare qc a qu
**zu|drehen** *vt* ① (*Wasserhahn*) chiudere ② (*Gesicht, Rücken*) voltare; **jdm den Rücken ~** voltare le spalle a qu
**zudringlich** *adj* invadente, importuno; **jdm gegenüber ~ werden** molestare qu
**Zudringlichkeit** *f* invadenza *f*, importunità *f*
**zu|drücken** *vt* chiudere; **jdm die Kehle ~** strozzare qu
**zu|eignen** I. *vt* (*geh*) dedicare II. *vr* **sich** *dat* **etw ~** (*bes.* JUR) appropriarsi di qc
**Zueignung** *f* dedica *f*
**zu|eilen** *vi sein* **auf jdn ~** correre incontro a qu
**zueinander** [tsuʔaɪˈnandɐ] *adv* uno verso l'altro; **~ passen** essere fatti l'uno per l'altro; **seid nett ~** siate gentili l'uno con l'altro
**zu|erkennen** <irr, ohne ge-> *vt* (*Preis, Auszeichnung*) conferire; (*Recht*) concedere; (*bei Versteigerung*) aggiudicare
**zuerst** [tsuˈʔeːɐ̯st] *adv* ① (*als Erster*) per primo, -a; **wer ~ kommt, mahlt ~** (*prov*) chi primo arriva, primo alloggia ② (*zunächst*) dapprima, in primo luogo ③ (*anfangs*) in principio ④ (*zum ersten Mal*) per la prima volta
**zu|erteilen** <ohne ge-> *vt* assegnare, aggiudicare
**zu|fächeln** *vt* **sich** *dat* **Kühlung ~** farsi fresco col ventaglio
**zu|fahren** <irr> *vi sein* dirigersi (**auf** + *acc* verso); **fahr zu! vai!**
**Zufahrt** *f* accesso *m;* **die ~ zu etw sperren/haben** bloccare l'/avere accesso a qc
**Zufahrtsstraße** *f* strada *f* d'accesso; (*zur Autobahn*) raccordo *m* [autostradale]
**Zufall** *m* caso *m;* **etw dem ~ überlassen** affidare qc al caso; **durch ~** per caso; **der ~ wollte es, dass ...** il caso ha voluto che

+ *conj;* **es war reiner ~, dass ...** è stato un puro caso che + *conj;* **welch ein ~!** che coincidenza!

**zu|fallen** <irr> *vi sein* ① (*Tür*) chiudersi; **mir fielen vor Müdigkeit die Augen zu** cascavo dal sonno ② (*Aufgabe, Erbe*) **jdm ~** toccare a qu
**zufällig** I. *adj* casuale, accidentale; (*Begegnung a*) fortuito II. *adv* per caso; **rein ~** puro caso; **ich war ~ da** ero lì per combinazione
**zufälligerweise** *s.* **zufällig II.**
**Zufallsbekanntschaft** *f* conoscenza *f* casuale
**Zufallstreffer** *m* colpo *m* di fortuna
**zu|fassen** *vi* afferrare
**zu|fliegen** <irr> *vi sein* **auf etw** *acc* **~** volare verso qc; **alle Herzen fliegen ihm zu** conquista tutti i cuori; **die Tür ist zugeflogen** (*fam*) la porta si è chiusa da sola
**zu|fließen** <irr> *vi sein* scorrere (*dat* verso), affluire (*dat* a); **einem Fonds ~** essere devoluto a un fondo
**Zuflucht** *f* rifugio *m;* **vor etw** *dat* **finden** trovare rifugio da qc; **zu etw ~ nehmen** (*fig*) ricorrere a qc
**Zufluss** *m* affluente *m;* (*zu See*) immissario *m*
**zu|flüstern** *vt* **jdm etw ~** sussurrare qc a qu
**zufolge** [tsuˈfɔlɡə] *prp* + *dat o rar gen* secondo, conformemente a
**zufrieden** [tsuˈfriːdən] *adj* contento, soddisfatto; **mit jdm/etw ~ sein** essere soddisfatto di qu/qc **zufrieden|geben** <irr> *vr* **sich [mit etw] ~** accontentarsi [di qc]
**Zufriedenheit** <-> *kein Pl. f* contentezza *f;* (*Befriedigtsein*) soddisfazione *f;* **zur allgemeinen ~** con soddisfazione di tutti **zufrieden|lassen** <irr> *vt* lasciare in pace **zufrieden|stellen** *vt* accontentare
**zufriedenstellend** *adj* soddisfacente
**zu|frieren** <irr> *vi sein* gelare, ghiacciare
**zu|fügen** *vt* ① (*Böses, Leid*) fare; (*Schaden*) recare; (*Verlust, Niederlage*) infliggere ② (*hin~*) aggiungere
**Zufuhr** ['tsuːfuːɐ̯] <-> *kein Pl. f* ① (*Versorgung*) rifornimento *m*, approvvigionamento *m* ② (TEC, METEO) afflusso *m*
**zu|führen** I. *vt* rifornire (*jdm etw* qu di qc); **seiner Bestimmung ~** portare a destinazione; **jdn seiner gerechten Strafe ~** punire qu giustamente II. *vi* **auf etw** *acc* **~** condurre a qc
**Zug**[1] [tsuːk, *Pl:* ˈtsyːɡə] <-(e)s, Züge> *m* ① (FERR) treno *m;* **mit dem ~** col treno, in

treno; **den ~ verpassen** perdere il treno; **der ~ ist [für ihn] abgefahren** (*fig fam*) ha perduto il treno ❷ (*bei Brettspiel*) tiro *m;* **Sie sind am ~ tocca a Lei; zum ~[e] kommen** entrare in azione ❸ *Sing.* (*fig: Tendenz*) tendenza *f;* (*Neigung*) inclinazione *f* ❹ (*Atem~*) respiro *m;* (*beim Rauchen*) tirata *f,* boccata *f;* (*beim Trinken*) sorso *m;* (*beim Schwimmen*) bracciata *f;* **einen ~ an der Zigarette machen** [*o* **tun**] dare una tirata alla sigaretta; **sein Glas in einem ~ leeren** vuotare il bicchiere d'un fiato; **etw in vollen Zügen genießen** godere pienamente qc; **in den letzten Zügen liegen** (*fam*) essere in agonia ❺ *Sing.* (*Luft~*) corrente *f* [d'aria] ❻ *Sing.* (*von Kamin, Ofen*) tiraggio *m* ❼ (*Schrift~, Gesichts~, Wesens~*) tratto *m;* **in großen** [*o* **groben**] **Zügen** a larghi tratti ❽ (*Menschen*) fila *f,* colonna *f;* (*Fest~*) corteo *m;* (REL) processione *f*

**Zug²** [tsuːk] *nt* (GEOG) Zug *f*

**Zugabe** *f* ❶ (*Zusätzliches*) aggiunta *f,* supplemento *m* ❷ (MUS, THEAT) bis *m;* „**~!**" "bis!"; **eine ~ geben** fare il bis, concedere un bis

**Zugabteil** <-(e)s, -e> *nt* scompartimento *m* ferroviario

**Zugang** *m* ❶ (*Zutritt, Zugriff*) accesso *m;* **~ zu ... accesso a ...; „~ verboten!"** "vietato l'accesso" ❷ (*Eingang, Einfahrt*) entrata *f,* ingresso *m* ❸ (*von Waren*) arrivo *m* [di merci]; (*Neuerwerbung*) nuovo arrivo *m;* (*von Patienten*) nuovo arrivato *m*

**zugange** [tsuːˈɡaŋə] *adj* (*fam*) **mit etw/jdm ~ sein** essere occupato con qc/qu

**zugänglich** [ˈtsuːɡɛŋlɪç] *adj* ❶ (*erreichbar, aufgeschlossen*) accessibile ❷ (*benutzbar*) disponibile

**Zugbrücke** *f* ponte *m* levatoio

**zu|geben** <irr> *vt* ❶ (*einräumen, gestehen*) ammettere; **jdm gegenüber etw ~** confessare qc a qu; **zugegeben, das war nicht leicht, aber ...** d'accordo, non era facile, ma ... ❷ (*hinzufügen*) aggiungere; (MUS, THEAT) concedere fuori programma; (*zusätzlich geben*) dare in aggiunta

**zugegen** [tsuːˈɡeːɡən] *adj* (*geh*) **[bei etw] ~ sein** essere presente [a qc]

**zu|gehen** <irr> *vi sein* ❶ (*form: Nachricht, Brief*) **jdm ~** giungere a qu ❷ (*fam: sich schließen lassen*) chiudersi ❸ (*hingehen*) **auf jdn/etw ~** avvicinarsi a qu/qc; **dem Ende ~** volgere alla fine; **auf die Fünfzig ~** avvicinarsi alla cinquantina ❹ (*vor sich gehen*) **das geht nicht mit rechten Dingen zu** gatta ci cova; **es ging bei ihnen zu wie im Irrenhaus** a casa loro era come al manicomio

**zugehörig** *adj* appartenente; **einer Sache** *dat* **~ sein** facre parte di qc **Zugehörigkeit** <-> *kein Pl. f* appartenenza *f;* **die ~ zur Familie/zu einer Gruppe** l'appartenenza alla famiglia/a un gruppo

**zugeknöpft** *adj* (*fig fam*) abbottonato

**Zügel** [ˈtsyːɡəl] <-s, -> *m* briglia *f,* redine *f;* **die ~ anziehen** tirare le briglie; (*fig*) tirare la briglia; **die ~ locker lassen** [*o* **lockern**] (*a. fig*) allentare le redini

**zugelassen** *adj* ❶ (*gestattet*) permesso, autorizzato; **nicht ~** proibito; **staatlich ~** autorizzato dallo stato; **zum Verkauf ~** ammesso alla vendita ❷ (*registriert*) registrato, omologato; (*Auto*) immatricolato

**zügellos** *adj* sbrigliato; (*bes. Lebenswandel*) dissoluto **Zügellosigkeit** <-, -en> *f* sfrenatezza *f;* (*im Lebenswandel*) dissolutezza *f,* sregolatezza *f*

**zügeln** [ˈtsyːɡəln] I. *vt haben* ❶ (*Pferd*) tenere le briglie di ❷ (*fig: Gefühle*) frenare ❸ (CH: *transportieren*) trasportare II. *vi sein* (CH: *umziehen*) traslocare

**zu|gesellen** <ohne ge-> *vr* **sich ~** ❶ (*sich anschließen*) unirsi (*jdm* a qu) ❷ (*fig: hinzukommen*) aggiungersi (*etw dat* a qc)

**zugestandenermaßen** *adv* come è stato ammesso

**Zugeständnis** *nt* concessione *f*

**zu|gestehen** <irr> *vt* ❶ (*zubilligen*) **[jdm] etw ~** accordare qc [a qu] ❷ (*zugeben*) ammettere

**zugetan** *adj* affezionato, attaccato; **dem Alkohol ~ sein** essere dedito al bere

**Zugewinngemeinschaft** *f* (JUR) comunione *f* degli utili e acquisti

**Zugfahrt** *f* viaggio *m* in treno; **auf der ~ von ... nach ...** in treno da ... a ... **Zugfeder** *f* molla *f* di trazione **Zugfolge** *f* (FERR) successione *f* dei vagoni **Zugführer** *m* (FERR) capotreno *m*

**zu|gießen** <irr> *vt* ❶ (*Getränk*) versare ancora; (*hin~*) aggiungere ❷ (*Loch*) chiudere (*mit etw* versando qc)

**zugig** [ˈtsuːɡɪç] *adj* esposto alla corrente d'aria; **hier ist es ~** qui c'è corrente

**zügig** [ˈtsyːɡɪç] *adj* rapido, scorrevole

**Zugkraft** *f* ❶ (TEC) forza *f* di trazione ❷ *Sing.* (*fig: Anziehungskraft*) forza *f* d'attrazione **zugkräftig** *adj* che attrae il pubblico; (*Titel*) di effetto

**zugleich** [tsuːˈɡlaɪç] *adv* (*gleichzeitig*) nello stesso tempo; (*a. ebenso*) nel contempo

**Zugluft** *f* corrente *f* d'aria **Zugmaschine** *f*

Zugnummer → zulassen 1720

trattore *m,* trattrice *f* **Zugnummer** *f* ❶ (FERR) numero *m* di treno ❷ *(fig: Attraktion)* numero *m* d'attrazione **Zugpferd** *nt* ❶ *(Tier)* cavallo *m* da tiro ❷ *(fig: jmd, der andere mitreißt)* trascinatore *m* **Zugpflaster** *nt* vescicante *m*

**zu|greifen** <irr> *vi* ❶ *(zufassen)* afferrare; *(bei Tisch)* servirsi ❷ *(schwer arbeiten)* lavorare sodo

**Zugrestaurant** <-s, -s> *nt* vagone *m* ristorante

**Zugriff** *m* ❶ *(das Zugreifen)* presa *f*; **sich dem ~ der Polizei entziehen** sottrarsi all'arresto ❷ (INFORM) accesso *m* **Zugriffsgeschwindigkeit** *f* velocità *f* d'accesso **Zugriffszeit** *f* tempo *m* d'accesso

**zugrunde** [tsuˈɡrʊndə] *adv* **~ legen** porre a base; **einer Sache** *dat* **~ liegen** essere alla base di qc; **~ gehen** *(untergehen)* andare in rovina; *(sterben, umkommen)* perire; **~ richten** rovinare

**Zugschaffner(in)** *m(f)* controllore *m* del treno

**Zugspitze** *f* Zugspitze *m*

**Zugtier** *nt* animale *m* da tiro

**zu|gucken** *vi (fam)* stare a guardare; **mir wird schon vom Zugucken schlecht** soltanto a guardare sto male

**Zugunglück** *nt* disastro *m* ferroviario

**zugunsten** [tsuˈɡʊnstən] *prp +gen* **von** *+dat* a favore di

**zugute|halten** [tsuˈɡuːtə-] <irr> *vt* **jdm etw ~** considerare qc a giustificazione di qu

**zugute|kommen** <irr> *vt* **jdm ~** tornare a profitto di qu, tornare utile a qu

**Zugverbindung** *f* ❶ *(zwischen zwei Orten)* collegamento *m* ferroviario ❷ *(zwischen zwei Zügen)* coincidenza *f* **Zugverkehr** *m* traffico *m* ferroviario **Zugvogel** *m* uccello *m* migratore **Zugzwang** *m* **in ~ sein/geraten** trovarsi nella necessità di scegliere

**zu|haben** <irr> *(fam)* **I.** *vi (Laden, Museum, Behörde)* essere chiuso **II.** *vt (Augen)* avere chiuso

**zu|halten** <irr> **I.** *vt* tenere chiuso; **jdm den Mund ~** tappare la bocca a qu; **sich** *dat* **die Ohren ~** tapparsi le orecchie **II.** *vi* **auf etw** *acc* **~** dirigersi verso qc

**Zuhälter** [ˈtsuːhɛltɐ] <-s, -> *m* ruffiano *m* **Zuhälterei** <-> *kein Pl. f* sfruttamento *m* della prostituzione, lenocinio *m*

**zuhanden** [tsuˈhandən] *adv (CH)* **~ von** all'attenzione di

**zu|hauen** <haut zu, haute zu, zugehauen> **I.** *vt (Stein)* squadrare; *(fam: Tür)* sbattere **II.** *vi* picchiare

**zuhauf** [tsuˈhaʊf] *adv (geh)* a iosa

**Zuhause** [tsuˈhaʊzə] <-> *kein Pl. nt* casa *f*

**Zuhilfenahme** [tsuˈhɪlfənaːmə] <-> *kein Pl. f* **unter/ohne ~ von …** con/senza l'aiuto di …

**zu|hören** *vi* [**jdm/etw**] **~** ascoltare [qu/qc] **Zuhörer(in)** *m(f)* ascoltatore, -trice *m, f* **Zuhörerschaft** *f* ascoltatori *mpl,* uditorio *m*

**zu|jubeln** *vi* [**jdm**] **~** acclamare [qu]

**zu|kehren** *vt* **jdm das Gesicht/den Rücken ~** volgere il viso/le spalle a qu

**zu|klappen I.** *vt haben* chiudere **II.** *vi sein* chiudersi

**zu|kleben** *vt* chiudere [con la colla]

**zu|kneifen** <irr> *vt* stringere; *(Auge)* strizzare

**zu|knöpfen** *vt* abbottonare

**zu|knoten** *vt* annodare

**zu|kommen** <irr> *vi sein* ❶ *(sich nähern)* **auf jdn/etw ~** dirigersi verso qu/qc, avvicinarsi a qu/qc; **du musst das alles in Ruhe auf dich ~ lassen** in tutta calma devi lasciare che le cose maturino ❷ *(zustehen)* **jdm ~** spettare a qu; *(geziemen)* addirsi a qu ❸ *(geh: übermitteln)* **jdm etw ~ lassen** *(Nachricht)* far pervenire qc a qu; *(Geld)* concedere qc a qu

**zu|kriegen** *vt (fam) s.* **zubekommen**

**Zukunft** [ˈtsuːkʊnft] <-> *kein Pl. f* avvenire *m;* (LING) futuro *m;* **in ~** in futuro; *(von jetzt an)* d'ora in poi; **in naher/ferner ~** in un prossimo/lontano futuro; [**eine große**] **~ haben** avere un grande avvenire **zukünftig I.** *adj* futuro, venturo; **mein Zukünftiger** *(fam)* il mio futuro marito **II.** *adv* in futuro; *(von jetzt an)* d'ora in poi

**Zukunftsaussichten** *fPl.* prospettive *fpl* per l'avvenire **Zukunftsforscher(in)** *m(f)* futurologo, -a *m, f* **Zukunftsforschung** *f* futurologia *f* **Zukunftsmusik** *f (fam)* utopia *f;* **das ist** [**noch**] **~** sono [ancora] castelli in aria **Zukunftsperspektive** <-, -n> *f* prospettive *fpl* per il futuro **Zukunftspläne** *mPl.* progetti *mpl* per il futuro **zukunftsträchtig** *adj* promettente **zukunftsweisend** *adj* futuristico, progredito

**zu|lächeln** *vi* **jdm ~** sorridere a qu; *(Glück)* arridere a qu

**Zulage** *f (Geld~)* supplemento *m; (Gehalts~, Lohn~)* aumento *m* [di stipendio]; *(Leistungs~)* premio *m* incentivante

**zu|langen** *vi (fam)* ❶ *(bei Arbeit)* lavorare sodo ❷ *(bei Tisch)* servirsi

**zu|lassen** <irr> *vt* ❶ *(fam: geschlossen lassen)* lasciare chiuso ❷ *(Zugang gewähren)*

ammettere ❸ (*dulden*) tollerare; (*gestatten*) permettere ❹ (*amtlich*) autorizzare; (*Arzt*) abilitare; (*Auto*) immatricolare
**zulässig** *adj* ammesso, permesso; **~e Höchstgeschwindigkeit** velocità massima ammissibile
**Zulassung** <-, -en> *f* ❶ (*Gewährung von Zugang*) ammissione *f* ❷ (*Erlaubnis*) permesso *m* ❸ (*amtlich*) autorizzazione *f;* (*als Arzt, Anwalt*) abilitazione *f;* (*von Auto*) immatricolazione *f* **Zulassungsbeschränkung** *f* restrizione *f* di ammissioni; (*an Universität*) numero *m* chiuso **Zulassungsnummer** *f* numero *m* d'immatricolazione **Zulassungspapiere** *ntPl.* carta *f* di circolazione **Zulassungsstelle** *f* ufficio *m* d'ammissione
**zulasten** *adv* **~ des Angeklagten** a carico di
**Zulauf** *m* afflusso *m;* **großen** [*o* **starken**] **~ haben** (*Arzt, Anwalt*) avere una vasta clientela; (*an Publikum*) essere molto frequentato
**zu|laufen** <irr> *vi sein* ❶ (*rennen*) **auf jdn/etw ~** correre verso qu/qc ❷ (*fam: sich beeilen*) **lauf zu!** (*fam*) sbrigati! ❸ (*Katzen, Hunde*) **jdm ~** venire dietro a qu ❹ (*eine bestimmte Form haben*) **spitz ~** terminare a punta
**zu|legen** I. *vt* (*fam: hinzufügen*) aggiungere II. *vi* (*fam: an Tempo, Gewicht*) **an etw** *dat* **~** aumentare qc III. *vr* **sich** *dat* **etw ~** (*fam*) comprarsi qc
**zuleide** [tsuˈlaɪdə] *adv* **jdm etw ~ tun** fare del male a qu
**zu|leiten** *vt* ❶ (TEC: *durch Leitung*) far affluire ❷ (*fig: übermitteln*) trasmettere **Zuleitung** *f* afflusso *m;* (*Übermittlung*) trasmissione *f*
**zuletzt** [tsuˈlɛtst] *adv* ❶ (*als Letztes*) per ultimo; **bis ~** fino alla fine; [**und**] **nicht ~ wegen ihrer Beziehungen bekam sie die Stelle** e soprattutto grazie alle sue relazioni ottenne il posto ❷ (*als Letzter*) per ultimo; **der ~ Gekommene** l'ultimo arrivato ❸ (*fam: zum letzten Mal*) l'ultima volta ❹ (*schließlich*) alla fine, infine
**zuliebe** [tsuˈliːbə] *adv* **jdm ~** per amore di qu
**Zulieferbetrieb** *m,* **Zulieferer** <-s, -> *m* fornitori *mpl*
**zu|liefern** *vt* fornire, distribuire, consegnare
**zum** [tsʊm] = **zu dem**, **~ Beispiel** per esempio; **~ Glück** per fortuna; **~ Spaß** per scherzo; **~ Teil** in parte; „**Zum Goldenen Adler**" "All'Aquila d'Oro"; **es ist ~ Heulen** (*fam*) c'è da piangere; *s. a.* **zu**

**zu|machen** (*fam*) I. *vt* (*schließen*) chiudere; (*Loch*) turare; (*mit Knöpfen*) abbottonare; (*Gürtel, Schuhe*) affibbiare II. *vi* ❶ (*schließen*) chiudere ❷ (*sich beeilen*) sbrigarsi, spicciarsi
**zu|mailen** *vt* **jdm etw ~** inviare a qn una mail
**zumal** [tsuˈmaːl] I. *adv* soprattutto, particolarmente II. *konj* **~** [, **da**] tanto più che
**zu|mauern** *vt* murare
**zumeist** [tsuˈmaɪst] *adv* (*rar*) per lo più
**zu|messen** <irr> *vt* (*geh: Schuld, Bedeutung*) attribuire (*jdm etw* qc a qu); (*Strafe*) infliggere (*jdm etw* qc a qu)
**zumindest** [tsuˈmɪndəst] *adv* per lo meno, almeno
**zu|müllen** *vt* (*sl*) riempire di immondizia
**zumutbar** *adj* ragionevole, accettabile **Zumutbarkeit** <-> *kein Pl. f* ragionevolezza *f,* ragione *f;* **bis an die Grenzen der ~** fino ai limiti della ragionevolezza
**zumute** [tsuˈmuːtə] *adv* **mir war dabei nicht ganz wohl ~** mi sentivo a disagio; **mir ist nicht zum Lachen ~** non ho voglia di ridere; **wie ist Ihnen ~?** come si sente?
**zu|muten** [ˈtsuːmuːtən] *vt* **jdm etw ~** aspettarsi qc da qu; **jdm zu viel ~** pretendere troppo da qu
**Zumutung** <-, -en> *f* pretesa *f;* (*Unverschämtheit*) sfacciataggine *f*
**zunächst** [tsuˈnɛːçst] *adv* ❶ (*anfangs*) all'inizio, in un primo tempo ❷ (*vorläufig*) per il momento; **~ einmal** innanzitutto, in primo luogo
**zu|nähen** *vt* [ri]cucire
**Zunahme** [ˈtsuːnaːmə] <-, -n> *f* aumento *m,* incremento *m,* accrescimento *m;* (*von Kriminalität*) recrudescenza *f;* **eine ~ um 5%** un incremento del 5%
**Zuname** *m* cognome *m*
**zündeln** [ˈtsʏndəln] *vi* giocare con il fuoco
**zünden** [ˈtsʏndən] I. *vi* ❶ (*Feuer fangen*) accendersi ❷ (*fig: Begeisterung hervorrufen*) entusiasmare, infiammare II. *vt* accendere **zündend** *adj* entusiasmante
**Zunder** [ˈtsʊndɐ] <-s, -> *m* esca *f;* **brennen wie ~** bruciare facilmente
**Zünder** <-s, -> *m* detonatore *m*
**Zündflamme** *f* fiamma *f* pilota **Zündholz** <-es, -hölzer> *nt* (*A, südd: Streichholz*) fiammifero *m* **Zündholzschachtel** <-, -n> *f* scatola *f* di fiammiferi **Zündkabel** *nt* (AUTO) cavo *m* d'accensione **Zündkerze** *f* (AUTO) candela *f* d'accensione **Zündschloss** *nt* (AUTO) interruttore *m* dell'accensione **Zündschlüssel** *m*

(AUTO) chiavetta *f* d'accensione **Zündschnur** *f* miccia *f* **Zündspule** *f* rocchetto *m* d'accensione **Zündstoff** *m* ❶ (*leicht entzündliches Material*) [materiale *m*] inflammabile *m;* (*Explosivstoff*) innescante *m* ❷ (*fig: Konfliktstoff*) materia *f* esplosiva

**Zündung** <-, -en> *f* (AUTO) accensione *f*

**Zündvorrichtung** *f* dispositivo *m* d'accensione

**zu|nehmen** <irr> I. *vi* ❶ (*größer werden, wachsen*) aumentare; (*Mond*) crescere; (*gewinnen*) acquistare; (*Tage, Nächte*) allungarsi; **an Größe/Höhe** *dat* ~ aumentare di grandezza/d'altezza ❷ (*schwerer, dicker werden*) ingrassare ❸ (*fig: sich verstärken*) intensificarsi ❹ (*bei Handarbeiten*) aumentare II. *vt* **elf Kilo ~ ingrassare** [di] undici chili **zunehmend** I. *adj* in aumento; (*Mond*) crescente; **~e Geschwindigkeit** velocità accelerata; **mit ~em Alter** invecchiando II. *adv* sempre più

**zu|neigen** I. *vi* **einer Sache** *dat* ~ essere incline a qc; (*fig*) propendere per qc; **jdm zugeneigt sein** essere affezionato a qu II. *vr* **sich ~** inclinarsi; **sich dem Ende ~** volgere alla fine

**Zuneigung** *f* affetto *m,* simpatia *f;* **~ für jdn/etw** simpatia per qu/qc

**Zunft** [tsʊnft, *Pl:* ˈtsʏnftə] <-, Zünfte> *f* corporazione *f*

**zünftig** [ˈtsʏnftɪç] *adj* come si deve, a regola d'arte

**Zunge** [ˈtsʊŋə] <-, -n> *f* ❶ (*fig* ANAT) lingua *f;* **jdm die ~ herausstrecken** mostrare la lingua a qu; **sich** *dat* **eher die ~ abbeißen, als etw zu sagen** mordersi la lingua prima di dire qc; **eine scharfe** [*o* **spitze**] **~ haben** avere una lingua tagliente; **sein Name liegt mir auf der ~** ho il suo nome sulla punta della lingua; **böse ~n behaupten, dass ...** le male lingue sostengono che ... ❷ (TEC: *Riegel, Schuh~*) linguetta *f;* (*an Waage*) lancetta *f;* (*an Blasinstrumenten*) ancia *f* ❸ (ZOO: *See~*) sogliola *f*

**züngeln** [ˈtsʏŋəln] *vi* (*Schlangen*) far guizzare la lingua; (*Flammen*) guizzare

**Zungenbrecher** *m* (*fam*) scioglilingua *m* **zungenfertig** *adj* pronto di parola, loquace **Zungenfertigkeit** *f* ❶ (*Schlagfertigkeit*) prontezza *f* di parola ❷ (*Redegewandtheit*) eloquenza *f* **Zungenkuss** *m* bacio *m* alla francese **Zungenspitze** *f* punta *f* della lingua **Zungenwurst** *f* salsiccia *f* di lingua

**Zünglein** [ˈtsʏŋlaɪn] <-s, -> *nt* **das ~ an der Waage sein** (*fig*) essere determinante

**zunichte|machen** [tsuˈnɪçtə-] *vt* (*vernichten*) annientare, distruggere; (*Hoffnungen*) frustrare, deludere

**zu|nicken** *vi* **jdm ~** fare un cenno col capo a qu

**zunutze** [tsuˈnʊtsə] *adv* **sich** *dat* **etw ~ machen** (*verwenden*) utilizzare qc; (*ausnutzen*) trarre vantaggio da qc

**zuoberst** [tsuˈʔoːbɛst] *adv* in cima, in alto **zu|ordnen** *vt* assegnare; (LING) coordinare **zu|packen** *vi* ❶ (*zugreifen*) afferrare ❷ (*die Gelegenheit ergreifen*) cogliere l'occasione ❸ (*Hand anlegen*) dare una mano

**zu|parken** *vt* parcheggiare bloccando un'uscita

**zupfen** [ˈtsʊpfən] *vt* tirare; (*Unkraut*) strappare; (*Gewebe*) sfilacciare; (*Saiten*) pizzicare; **jdn** [**an etw** *dat*] **~** tirare qu [per qc]

**Zupfinstrument** <-(e)s, -e> *nt* strumento *m* a pizzico

**zu|prosten** [ˈtsuːproːstən] *vi* brindare

**zur** [tsuːɐ *o* tsʊr] = **zu der, ~ Zeit** al momento; **~ Schule gehen** andare a scuola; **„Zur Krone"** "Alla Corona"; *s. a.* **zu**

**zu|raten** <irr> *vi* **auf mein Zuraten** su mio consiglio

**zurechnungsfähig** *adj* capace d'intendere e di volere, imputabile **Zurechnungsfähigkeit** *f* capacità *f* d'intendere e di volere, imputabilità *f;* **verminderte ~** parziale incapacità *f* di intendere e di volere

**zurecht|finden** [tsuˈrɛçtfɪndən] <irr> *vr* **sich ~** ❶ (*sich orientieren können*) trovare la strada, orientarsi ❷ (*fig: vertraut werden*) **sich in** [*o* **mit**] **etw** *dat* **~** familiarizzarsi in [*o* con] qc

**zurecht|kommen** <irr> *vi sein* **mit etw ~** venire a capo di qc, risolvere qc; (*auskommen: mit Geld*) farcela con qc; **mit jdm ~** andare d'accordo con qu

**zurecht|legen** *vt* preparare

**zurecht|machen** (*fam*) I. *vt* preparare II. *vr* **sich ~** prepararsi

**zurecht|weisen** <irr> *vt* redarguire, rimproverare **Zurechtweisung** *f* rimprovero *m,* rabbuffo *m*

**zu|reden** *vi* (*überreden*) **jdm ~** cercare di persuadere qu; (*zuraten*) consigliare qu; (*ermutigen*) incoraggiare qu

**zu|reiten** <irr> I. *vt haben* addestrare, scozzonare II. *vi sein* **auf jdn/etw ~** cavalcare verso qu/qc

**Zürich** [ˈtsyːrɪç] *nt* Zurigo *f*

**zu|richten** *vt* (*Essen*) preparare; (*Holz,*

*Stein*) sgrossare; (*Leder*) conciare; (*Stoff*) apprettare; **jdn übel ~** conciare qu per le feste; **etw übel ~** ridurre qc in cattivo stato, conciare male qc

**zürnen** ['tsʏrnən] *vi* (*geh*) essere adirato [*o* in collera] (*jdm* con qu)

**Zurschaustellung** [tsuːɐ̯ˈʃaʊʃtɛlʊŋ] *f* esibizione *f*, mostra *f*

**zurück** [tsuˈrʏk] *adv* ❶ (*weiter hinten, rückwärts, ~ geblieben, a. fig*) indietro ❷ (*~gekehrt*) di ritorno; **~ an Absender!** al mittente!; **~ zur Natur** ritorniamo alla natura; **hin und ~** andata e ritorno; **es gibt kein Zurück mehr** non c'è più ritorno; **seit wann ist Heinz ~?** da quando è tornato Heinz?

**zurück|bekommen** <irr, ohne ge-> *vt* riottenere; **ich bekomme noch zwei Euro zurück** ricevo ancora due euro di resto

**zurück|bilden** *vr* **sich ~** (*Geschwulst*) sgonfiarsi; (*schrumpfen*) atrofizzarsi

**zurück|blättern** *vi* riandare; **auf Seite 10 ~** ritornare a pagina 10

**zurück|bleiben** <irr> *vi sein* ❶ (*hinten bleiben, a. fig*) rimanere indietro ❷ (*nicht mitkommen*) essere in ritardo; **hinter den Erwartungen ~** essere inferiore alle aspettative ❸ (*übrig bleiben*) rimanere, restare

**zurück|blenden** *vi* inserire un flashback

**zurück|blicken** *vi* [**auf etw** *acc*] **~** guardare indietro a qc; **auf seine Vergangenheit ~** richiamare alla mente il proprio passato

**zurück|bringen** <irr> *vt* ❶ (*wieder herbringen*) portare indietro ❷ (*wieder wegbringen*) riportare via

**zurück|datieren** <ohne ge-> *vt* (*Brief*) retrodatare; **die Rechnung auf letzten Monat ~** retrodatare la fattura al mese scorso

**zurück|denken** <irr> *vi* [**an jdn/etw**] **~** ripensare [a qu/qc]; **soweit ich ~ kann** per quanto possa ricordare

**zurück|drängen** *vt* ❶ (MIL) respingere; (*wegdrängen*) spingere indietro ❷ (*fig: eindämmen*) reprimere, contenere

**zurück|drehen** *vt* ❶ (*Knopf, Zeiger*) girare in senso antiorario ❷ (*Heizung, Lautstärke*) abbassare

**zurück|erobern** <ohne ge-> *vt* riconquistare

**zurück|erstatten** <ohne ge-> *vt* rimborsare

**zurück|fahren** <irr> I. *vt haben* ricondurre II. *vi sein* ❶ (*zum Ausgangspunkt*) ritornare ❷ (*fig: zurückweichen*) indietreggiare, ritrarsi

**zurück|fallen** <irr> *vi sein* ❶ (*wieder fallen, verfallen*) [**auf** [*o* **in**] **etw** *acc*] **~** ricadere [su qc] ❷ (SPORT) rimanere indietro ❸ (*leistungsmäßig*) peggiorare ❹ (*an Besitzer*) **an jdn ~** tornare a qu

**zurück|finden** <irr> *vi* [ri]trovare la via del ritorno; **findest du allein zurück?** ritrovi la strada da solo?; **wieder zu sich** *dat* **selbst ~** ritrovare sé stesso

**zurück|fließen** <fließt zurück, floss zurück, zurückgeflossen> *vi sein* rifluire

**zurück|fordern** *vt* richiedere

**zurück|führen** *vt* ❶ (*zurückbringen*) riportare indietro ❷ (*fig: ableiten*) **etw [auf etw** *acc*] **~** attribuire qc [a qu]

**zurück|geben** <irr> *vt* restituire, ridare; (*Wechselgeld*) restituire, dare di resto; (*Ball*) rimandare; (*Kompliment*) ricambiare

**zurückgeblieben** *adj* rimasto indietro; **geistig ~** ritardato

**zurück|gehen** <irr> *vi sein* ❶ (*zum Ausgangsort*) ritornare; **denselben Weg ~** tornare sui propri passi; **~ lassen** (*Warensendung*) rispedire; (*Essen*) mandare indietro ❷ (*nach hinten, rückwärts*) indietreggiare; (*zurückweichen*) retrocedere; **drei Meter ~** andare indietro di tre metri ❸ (*fig: abnehmen*) diminuire; (*Hochwasser, Fieber, Preise*) calare; (*Schmerz, Sturm*) placarsi ❹ (*fig: herstammen*) [**auf etw** *acc*] **~** risalire [a qc]

**zurückgezogen** *adj* ritirato **Zurückgezogenheit** <-> *kein Pl. f* vita *f* ritirata

**zurück|greifen** <irr> *vi* **auf etw** *acc* **~** ricorrere a qc

**zurück|halten** <irr> I. *vt* ❶ (*nicht fortlassen*) trattenere; (*aufhalten*) fermare ❷ (*abhalten*) **jdn [von etw] ~** distogliere qu [da qc] ❸ (*unterdrücken*) reprimere; (*Tränen*) trattenere ❹ (*Informationen*) rifiutare di dare II. *vi* **mit etw ~** nascondere qc, dissimulare qc; **mit seiner Meinung/seinem Urteil ~** astenersi dall'esprimere la propria opinione/il proprio giudizio; **mit seinem Lob nicht ~** non lesinare gli elogi III. *vr* **sich ~** ❶ (*sich beherrschen*) trattenersi, contenersi; (*beim Essen*) moderarsi ❷ (*sich im Hintergrund halten*) tenersi nell'ombra

**zurückhaltend** *adj* (*reserviert*) riservato; (*unaufdringlich*) discreto

**Zurückhaltung** *f* riservatezza *f*

**zurück|holen** *vt* andare a riprendere, riportare

**zurück|kehren** *vi sein* ritornare; **aus**

**Deutschland** ~ ritornare dalla Germania; **nach Deutschland/Berlin** ~ ritornare in Germania/a Berlino

**zurück|kommen** <irr> *vi sein* ① (*wiederkommen*) *s.* **zurückkehren** ② (*fig: wieder aufgreifen*) tornare; **um auf ...** +*acc* **zurückzukommen** tornando a ...; **darf ich auf dein Angebot von gestern ~?** posso ritornare sulla tua offerta di ieri?

**zurück|lassen** <irr> *vt* ① (*hinter~, ver~*) lasciare [indietro] ② (SPORT: *überholen*) distanziare ③ (*fam: zurückkehren lassen*) lasciar ritornare

**zurück|legen** I.*vt* ① (*an seinen Platz*) riporre ② (*Kopf*) appoggiare indietro ③ (*Geld, Waren*) mettere da parte ④ (*Strecke*) percorrere II.*vr* **sich ~** appoggiarsi [all']indietro

**zurück|lehnen** *vr* **sich ~** appoggiarsi indietro

**zurück|liegen** <irr> *vi* essere passato, essere successo; **das liegt fünf Jahre zurück** sono passati cinque anni

**zurück|mailen** *vi* rispondere ad una mail

**zurück|melden** *vr* **sich ~** annunciare il proprio ritorno

**Zurücknahme** [tsu'rʏkna:mə] <-, -n> *f* ① (*von Ware, Geschenk*) riprendere *m* ② (*fig: von Bestellung*) annullamento *m*; (*von Behauptung, Beschuldigung, Versprechen*) ritrattazione *f*; (JUR: *von Klage*) remissione *f*; (PARL: *von Gesetzentwurf*) ritiro *m*; (*von Anordnung, Zustimmung*) revoca *f*

**zurück|nehmen** <irr> *vt* ① (*Ware, Geschenk*) riprendere ② (*fig: Bestellung*) annullare; (*Behauptung, Beleidigung*) ritrattare; (*Versprechen, Klage, Gesetzentwurf*) ritirare; (*Gesetz*) revocare; **nimm das sofort zurück!** ritira subito quello che hai detto!

**zurück|prallen** *vi sein* ① (*Ball*) rimbalzare ② (*fig: Mensch*) [**vor Schreck**] ~ indietreggiare di scatto per lo spavento

**zurück|reisen** *vi sein* ritornare, rientrare

**zurück|rollen** I.*vi sein* rotolare indietro II.*vt haben* rotolare fino al punto di partenza

**zurück|rufen** <irr> *vt* richiamare; **jdm etw ins Gedächtnis ~** richiamare qc alla mente di qu; **sich** *dat* **etw ins Gedächtnis ~** rammentarsi di qc

**zurück|schalten** *vt* (AUTO) ingranare la marcia inferiore; **in den ersten Gang ~** rimettere la prima

**zurück|schauen** *vi* [**auf etw** *acc*] ~ guardare indietro [a qc]

**zurück|scheuen** *vi sein* [**vor etw** *dat*] ~ indietreggiare [davanti a qc]; **vor nichts ~** non avere scrupoli

**zurück|schicken** *vt* ① (*Post*) **etw** [**an jdn**] ~ rispedire qc [a qu] ② (*Personen*) [ri]mandare indietro

**zurück|schieben** <irr> *vt* respingere; (*nach hinten*) spingere indietro

**zurück|schlagen** <irr> I.*vt* ① (*Angriff, Feind*) respingere ② (*Ball*) ribattere ③ (*Decke, Schleier*) sollevare; (*Saum*) tirare giù; (*Kragen*) rovesciare, tirare giù II.*vi* ① (*den Schlag erwidern*) restituire il colpo ② (*sich nachteilig auswirken*) [**auf jdn/etw**] ~ ripercuotersi [su qu/qc]

**zurück|schneiden** <irr> *vi* potare, sfoltire

**zurück|schnellen** *vi sein* scattare indietro

**zurück|schrauben** *vt* limitare, ridurre

**zurück|schrecken *vi haben o sein* vor etw** *dat* ~ (*zurückfahren*) indietreggiare spaventato davanti a qc; (*fig: zurückscheuen*) aver paura di qc; **vor nichts ~** non avere paura di niente

**zurück|sehnen** *vr* **sich nach etw ~** avere nostalgia di qc

**zurück|senden** <irr> *vt* (*geh*) *s.* **zurückschicken**

**zurück|setzen** I.*vt* ① (*an frühere Stelle*) rimettere [al proprio posto] ② (*nach hinten*) mettere indietro, arretrare ③ (*benachteiligen*) trascurare ④ (*Auto*) indietreggiare, rinculare II.*vr* **sich ~** sedersi indietro III.*vi* (*mit Fahrzeug*) indietreggiare, andare indietro

**zurück|springen** <irr> *vi sein* saltare indietro

**zurück|stecken** I.*vt* ① (*an alten Platz*) rimettere [a posto] ② (*nach hinten*) mettere indietro II.*vi* ① (*weniger Ansprüche stellen*) moderare le pretese ② (*einlenken, nachgeben*) cedere

**zurück|stehen** <irr> *vi* ① (*weiter hinten stehen*) stare indietro ② (*nicht gleichwertig sein*) **hinter jdm ~** essere inferiore a qu ③ (*verzichten*) **hinter etw** *dat* ~ rinunciare a qc

**zurück|stellen** *vt* ① (*an seinen Platz*) rimettere [a posto] ② (*nach hinten, a Uhr*) mettere indietro ③ (*Waren*) mettere da parte ④ (*aufschieben*) rinviare ⑤ (*Wünsche, Hobbys*) far passare in second'ordine

**zurück|stoßen** <irr> *vt* ① (*wegstoßen*) respingere ② (*fig: abstoßen*) ripugnare

**zurück|strömen** *vi sein* rifluire

**zurück|stufen** *vt* trasferire in una categoria inferiore

**zurück|treiben** <irr> *vt* cacciare indietro,

ricacciare; (*Vieh*) ricondurre; (*Angreifer*) respingere

zurück|treten <irr> *vi sein* ① (*nach hinten gehen*) indietreggiare, retrocedere; **bitte ~!** indietro!, fate largo!; **einen Schritt ~** fare un passo indietro ② (*fig: weniger wichtig werden*) diminuire; **hinter jdm ~** (*in den Hintergrund treten*) passare in seconda linea dietro a qu ③ (*fig*) dare le dimissioni; **von einem Amt ~** dimettersi da una carica ④ (*fig: von einem Vertrag ~*) rescindere un contratto; (*von einem Kauf ~*) annullare un acquisto; (*von einem Recht ~*) rinunciare a un diritto

zurück|verfolgen <ohne ge-> *vt* ripercorrere

zurück|verlangen <ohne ge-> I. *vt* ridomandare II. *vi* (*geh*) **nach etw ~** voler riavere qc

zurück|versetzen <ohne ge-> I. *vt* ① (*in den früheren Zustand*) rimettere ② (*Schüler*) rimandare in una classe inferiore II. *vr* **sich [in die Vergangenheit] ~** ritornare col pensiero [al passato]

zurück|weichen <irr> *vi sein* [**vor jdm/etw**] **~** retrocedere [davanti a qu/qc]

zurück|weisen <irr> *vt* ① (*zurückschicken*) rimandare, rinviare ② (*Angebot, Vorschlag*) rifiutare ③ (*Behauptung, Vorwurf, Beschuldigung*) respingere **Zurückweisung** *f* ① (*Ablehnung*) rifiuto *m* ② (*von Gegenstand*) non accettazione *f*

zurück|werfen <irr> *vt* ① (*in Ausgangsrichtung*) rigettare; (*Ball a*) rimandare ② (*nach hinten*) gettare indietro ③ (*fig: Feind*) respingere ④ (PHYS: *Strahlen*) riflettere; (*Schall*) ripercuotere ⑤ (*wirtschaftlich*) rimandare indietro; (*gesundheitlich*) far ricadere; **das hat uns um Jahre zurückgeworfen** ci ha rimandato indietro di anni

zurück|zahlen *vt* restituire, rimborsare; **das werde ich ihm ~!** (*fig fam*) gliela farò pagare!

zurück|ziehen <irr> I. *vt haben* (*Hand, Klage, Beschwerde, Truppen, Zusage*) ritirare; (*Gardine*) tirare; (JUR: *Forderung*) rinunciare a; (*Auftrag*) revocare II. *vr* **sich ~** ritirarsi; **sich aus der Politik ~** ritirarsi dalla [vita] politica; **sich von seinen Freunden ~** isolarsi dai propri amici III. *vi sein* ritornare

zurück|zucken *vi sein* trasalire e indietreggiare (*vor* per)

**Zuruf** *m* chiamata *f*, grido *m*

zu|rufen <irr> *vt* [**jdm**] **etw ~** gridare qc [a qu]

**zurzeit** [tsuːɐ̯ˈtsaɪt] *adv* attualmente

**Zusage** *f* (*Versprechen*) promessa *f*; (*Zustimmung*) adesione *f*; **jdm seine ~ geben** fare una promessa a qu

zu|sagen I. *vt* promettere II. *vi* ① (*sein Einverständnis erklären*) acconsentire; (*Einladung annehmen*) accettare l'invito; **~ etw zu tun** (*sich verpflichten*) impegnarsi a fare qc ② (*gefallen*) piacere; **etw sagt jdm zu** qc piace a qu; **diese Wohnung sagt mir nicht zu** questo appartamento non mi piace

**zusammen** [tsuˈzamən] *adv* ① (*gemeinsam*) insieme, assieme; **mit jdm ~ sein** essere insieme a qu; **alle ~** tutti insieme ② (*insgesamt*) complessivamente; (*im ganzen*) in tutto; **das macht ~ vier Euro** in totale fanno quattro euro

**Zusammenarbeit** *f* collaborazione *f*, cooperazione *f*; **in ~ mit ...** in collaborazione con ...

zusammen|arbeiten *vi* collaborare, cooperare

zusammen|ballen I. *vt* appallottolare II. *vr* **sich ~** ammassarsi, addensarsi

zusammen|bauen *vt* montare

zusammen|beißen <irr> *vt* **die Zähne ~** stringere i denti

zusammen|binden <irr> *vt* legare; **Blumen zu einem Strauß ~** legare i fiori in un mazzo

zusammen|bleiben <irr> *vi sein* rimanere uniti; (*weiterhin*) rimanere insieme

zusammen|brauen I. *vt* (*fam*) preparare, fare II. *vr* **sich ~** prepararsi, preannunciarsi

zusammen|brechen <irr> *vi sein* crollare; **vor Erschöpfung ~** crollare dalla fatica; **der Verkehr ist völlig zusammengebrochen** il traffico si è arrestato

zusammen|bringen <irr> *vt* ① (*Vermögen*) accumulare; (*Geld*) racimolare ② (*Menschen*) far incontrare; (*versöhnen*) riconciliare ③ (*fam: Gedanken, Worte, Sätze*) mettere insieme

**Zusammenbruch** *m* ① (*a. fig*) crollo *m* ② (*Bankrott*) fallimento *m*, bancarotta *f* ③ (*Nerven~*) collasso *m* nervoso

zusammen|drängen I. *vt* ① (*Menschen*) ammassare, stipare ② (*fig: Fakten, Schilderung*) concentrare, condensare II. *vr* **sich ~** accalcarsi, stiparsi

zusammen|drücken *vt* schiacciare

zusammen|fahren <irr> I. *vi sein* ① (*zusammenstoßen*) [**mit jdm/etw**] **~** scontrarsi [con qu/qc] ② (*fig: erschrecken*) [**vor jdm/etw**] **~** trasalire [per qu/qc] II. *vt haben* (*fam*) ① (*Fahrzeug*) ridurre a un rot-

tame ❷ (*Menschen*) ferire in un incidente; (*töten*) ammazzare in un incidente
**zusammen|fallen** <irr> *vi sein* ❶ (*einstürzen*) crollare ❷ (*Ballon*) afflosciarsi; (*Teig*) sgonfiarsi; (*fig: Mensch*) dimagrire ❸ (*zeitlich*) coincidere
**zusammen|falten** *vt* ripiegare
**zusammen|fassen** *vt* ❶ (*vereinigen*) riunire; **die Teilnehmer zu Gruppen ~** riunire i partecipanti in gruppi ❷ (*in Bericht*) riassumere; **~d lässt sich sagen, dass ...** concludendo si può dire che ... **Zusammenfassung** *f* ❶ (*Vereinigung*) riunione *f* ❷ (*Überblick*) riassunto *m*
**zusammen|fegen** *vt* raccogliere con la scopa
**zusammen|finden** <irr> *vr* **sich ~** ❶ (*sich vereinigen*) riunirsi ❷ (*treffen*) incontrarsi, ritrovarsi
**zusammen|flicken** *vt* rattoppare; (*a. fig*) rappezzare
**zusammen|fließen** <irr> *vi sein* confluire **Zusammenfluss** *m* confluenza *f*
**zusammen|fügen** *vt* (*geh*) congiungere *poet*
**zusammen|führen** *vt* far incontrare; (*Familien*) riunire
**zusammen|gehören** <ohne ge-> *vi* (*Dinge*) andare insieme; (*als Paar*) appaiarsi, fare un paio; (*Kunstgegenstände*) fare da pendant; (*Menschen*) andare bene insieme, essere fatti l'uno per l'altro
**zusammengehörig** *adj* che va insieme; **sich ~ fühlen** sentirsi uniti **Zusammengehörigkeit** <-> *kein Pl. f* affinità *f*, unione *f* **Zusammengehörigkeitsgefühl** *nt* solidarietà *f*; (*einer Gruppe*) spirito *m* di corpo
**zusammengesetzt** *adj* [aus etw] **~ sein** essere composto [di qc]
**zusammengewürfelt** *adj* eterogeneo, vario
**Zusammenhalt** *m* ❶ (TEC) consistenza *f* ❷ (*fig: innere Bindung*) coesione *f*
**zusammen|halten** <irr> I. *vt* ❶ (*verbinden*) tenere unito ❷ (*fam: Geld*) risparmiare II. *vi* essere unito
**Zusammenhang** *m* (*Beziehung*) rapporto *m*, relazione *f*; (*innerer ~*) connessione *f*; (*im Text*) contesto *m*; **der ~ zwischen ... [und ...]** il rapporto tra ... [e ...]; **etw aus dem ~ reißen** separare qc dal contesto; **etw mit etw in ~ bringen** mettere qc in relazione con qc; **im ~ mit etw stehen** essere in rapporto con qc; **im ~ mit dieser Angelegenheit** in relazione a questa faccenda; **in diesem ~** in questo contesto
**zusammen|hängen** <irr> *vi* ❶ (*fest verbunden sein*) **mit etw ~** essere unito a qc ❷ (*fig: in Beziehung stehen*) essere in relazione; **das hängt damit zusammen, dass ...** ciò dipende dal fatto che ...
**zusammenhängend** *adj* (*innerlich*) coerente; (*ununterbrochen*) continuo
**Zusammenhang|s|los** *adj* sconnesso, incoerente **Zusammenhang|s|losigkeit** <-> *kein Pl. f* sconnessione *f*, incoerenza *f*
**zusammen|hauen** *vt* (*fam*) ❶ (*zertrümmern*) fare a pezzi ❷ (*verprügeln*) picchiare ❸ (*zusammenpfuschen*) abborracciare
**zusammen|kehren** *vt* (*dial*) *s.* **zusammenfegen**
**Zusammenklang** *m* ❶ (MUS) accordo *m* ❷ (*fig: Einklang*) armonia *f*, consonanza *f*
**zusammenklappbar** *adj* pieghevole
**zusammen|klappen** I. *vt haben* [ri]piegare; (*Buch, Messer*) chiudere II. *vi sein* (*fam: Person*) crollare
**zusammen|kleben** I. *vt haben* incollare II. *vi haben o sein* incollarsi
**zusammen|kneifen** <irr> *vt* stringere
**zusammen|knüllen** *vt* spiegazzare, sgualcire, appallottolare
**zusammen|kommen** <irr> *vi sein* ❶ (*sich treffen*) incontrarsi; (*sich versammeln*) riunirsi, radunarsi ❷ (*sich ansammeln*) raccogliersi
**zusammen|krachen** *vi sein* (*fam*) crollare
**zusammen|kratzen** *vt* (*fam*) raggranellare
**zusammen|kriegen** *vt* (*fam*) mettere insieme
**Zusammenkunft** [tsuˈzamənkʊnft, *Pl*: tsuˈzamənkʏnftə] <-, **Zusammenkünfte**> *f* ❶ incontro *m*; (*Versammlung*) riunione *f*; (*Sitzung*) seduta *f*
**zusammen|läppern** [tsuˈzamənlɛpən] *vr* **sich ~** (*fam*) [as]sommarsi
**zusammen|laufen** <irr> *vi sein* ❶ (*Menschen*) accorrere, affluire ❷ (*Flüsse*) confluire ❸ (*Linien, Straßen*) incontrarsi; (MAT) convergere
**zusammen|leben** *vi* [**mit jdm**] **~** convivere [con qu] **Zusammenleben** *nt* convivenza *f*
**zusammenlegbar** *adj* pieghevole
**zusammen|legen** I. *vt* ❶ (*zueinander legen*) mettere insieme ❷ (*zusammenfalten*) ripiegare ❸ (*vereinigen, gleichzeitig stattfinden lassen*) riunire; (COM) fondere II. *vi* fare una raccolta di denaro
**zusammen|nähen** *vt* cucire insieme

**zusammen|nehmen** <irr> I. *vt* raccogliere; **alles zusammengenommen** in tutto, tutto sommato II. *vr* **sich ~** ① (*sich anstrengen*) concentrarsi ② (*sich beherrschen*) dominarsi, contenersi

**zusammen|packen** *vt* ① (*wegpacken*) riporre, metter via ② (*zusammen einpacken*) raccogliere; (*in Koffer*) mettere insieme

**zusammen|passen** *vi* (*Dinge*) intonarsi, armonizzare; (*Personen*) andare bene insieme

**zusammen|pferchen** *vt* stipare

**Zusammenprall** *m* urto *m*, collisione *f*; (*a. fig*) scontro *m*

**zusammen|prallen** *vi sein* [**mit jdm/etw**] **~** cozzare [contro qu/qc]; (*a. fig*) scontrarsi [con qu/qc]

**zusammen|pressen** *vt* stringere

**zusammen|raffen** I. *vt* ① (*Dinge*) raccogliere alla rinfusa ② (*pej: Besitz, Geld*) arraffare ③ (*Kleider*) sollevare II. *vr* **sich ~** raccogliere le proprie forze

**zusammen|raufen** *vr* **sich ~** (*fam*) trovare un modus vivendi

**zusammen|rechnen** *vt* addizionare, sommare; **alles zusammengerechnet** in tutto, tutto sommato

**zusammen|reimen** *vt* **sich** *dat* **etw ~** (*fam*) spiegarsi qc

**zusammen|reißen** <irr> *vr* **sich ~** (*fam*) contenersi, dominarsi

**zusammen|rollen** I. *vt* avvolgere, arrotolare II. *vr* **sich ~** arrotolarsi

**zusammen|rotten** *vr* **sich ~** assembrarsi (*gegen* contro)

**zusammen|rücken** I. *vt haben* accostare, avvicinare II. *vi sein* stringersi

**zusammen|rufen** <irr> *vt* convocare

**zusammen|sacken** *vi sein* (*fam*) ① (*Haus*) abbattersi, crollare ② (*Person*) afflosciarsi, accasciarsi

**zusammen|scheißen** <irr> *vt* (*vulg*) sputtanare

**zusammen|schießen** <irr> *vt* abbattere

**zusammen|schlagen** <irr> *vt haben* ① (*zerschlagen*) fracassare ② (*Hacken, Hände*) battere [l'uno contro l'altro] ③ (*falten*) [ri]piegare ④ (*fam: verprügeln*) **jdn ~** rompere le costole a qu

**zusammen|schließen** <irr> *vr* **sich [gegen jdn/mit jdm] ~** unirsi [contro/con qu]; **sich mit einer Firma ~** fondersi con una ditta

**Zusammenschluss** *m* unione *f*, associazione *f*; (*von Firmen*) fusione *f*

**zusammen|schnüren** *vt* ① (*schnüren*) allacciare [insieme] ② (*fig: Herz, Kehle*) stringere

**zusammen|schrauben** *vt* avvitare [insieme]

**zusammen|schrecken** *vi sein* trasalire

**zusammen|schreiben** <irr> *vt* ① (*Wörter*) scrivere attaccato ② (*fam pej: gedankenlos hinschreiben*) scribacchiare

**zusammen|schrumpfen** *vi sein* ① (*schrumpfen*) restringersi, contrarsi; (*runzlig werden*) raggrinzarsi ② (*fig: abnehmen*) diminuire (*auf*+*acc* a), ridursi (*auf*+*acc* a)

**zusammen|schweißen** *vt* ① (TEC) saldare [insieme] ② (*fig: Menschen*) unire

**Zusammensein** *nt* ① (*Beisammensein*) stare *m* insieme ② (*Zusammenkunft*) riunione *f*

**zusammen|setzen** I. *vt* ① (*nebeneinandersetzen*) mettere insieme ② (*zu einem Ganzen*) comporre ③ (*montieren*) montare II. *vr* **sich ~** ① (*sich nebeneinandersetzen*) sedersi insieme; (*sich treffen*) riunirsi; **sich zu Verhandlungen ~** riunirsi per [fare] trattative ② (*bestehen*) comporsi; **sich aus etw ~** essere composto di qc

**Zusammensetzung** <-, -en> *f* composizione *f*

**Zusammenspiel** *nt* ① (THEAT) affiatamento *m*; (MUS) accordo *m* ② (SPORT) gioco *m* d'insieme ③ (*fig: von Kräften*) interazione *f*

**zusammen|stauchen** *vt* ① (*zusammendrücken*) comprimere ② (*fam: maßregeln*) **jdn ~** dare una strigliata a qu

**zusammen|stecken** I. *vt* appuntare; **die Köpfe ~** (*fam*) confabulare II. *vi* (*fam*) stare sempre appiccicati

**zusammen|stehen** <irr> *vi* ① (*nebeneinanderstehen*) trovarsi [insieme], stare [insieme] ② (*einander unterstützen*) rimanere uniti, appoggiarsi a vicenda

**zusammen|stellen** *vt* ① (*nebeneinanderstellen*) mettere insieme, disporre ② (*anordnen*) comporre; (*a. Menü, Farben*) combinare; (*gruppieren*) raggruppare; (*sortieren*) assortire; (*klassifizieren*) classificare; (*kompilieren*) compilare

**Zusammenstellung** *f* ① (*Anordnung*) disposizione *f* ② (*Zusammensetzung*) composizione *f*, combinazione *f*; (*Gruppierung*) raggruppamento *m*; (*Klassifizierung*) classificazione *f* ③ (*Übersicht*) tavola *f*, prospetto *m*

**Zusammenstoß** *m* cozzo *m*, collisione *f*; (*a. fig*) scontrarsi *m*

**zusammen|stoßen** <irr> *vi sein* ① (*Ver-*

*kehrsmittel, Meinungen*) scontrarsi ② (*Grundstücke*) confinare
**zusammen|streichen** <irr> *vt* (*fam*) tagliare
**zusammen|strömen** *vi sein* ① (*Flüsse*) confluire ② (*fig: Menschen*) affluire
**zusammen|stürzen** *vi sein* crollare
**zusammen|suchen** *vt* riunire; **sich** *dat* **etw** ~ mettere insieme, radunare, raccogliere
**zusammen|tragen** <irr> *vt* raccogliere
**zusammen|treffen** <irr> *vi sein* ① (*Personen*) incontrarsi ② (*Ereignisse*) coincidere
**Zusammentreffen** *nt* ① (*von Personen*) incontro *m* ② (*von Umständen*) concorso *m;* (*Gleichzeitigkeit*) coincidenza *f*
**zusammen|treiben** <irr> *vt* raccogliere
**zusammen|treten** <irr> I. *vi sein* riunirsi II. *vt haben* calpestare
**zusammen|trommeln** *vt* (*fam*) radunare
**zusammen|tun** <irr> I. *vt* (*fam*) mettere insieme II. *vr* **sich** [**zu etw**] ~ riunirsi [per qc]
**zusammen|wachsen** <irr> *vi sein* ① (*in eins wachsen*) concrescere, crescere assieme; (*Wunde a.*) chiudersi, rimarginarsi ② (*fig: Städte*) unirsi crescendo; (*Menschen*) affiatarsi
**zusammen|wirken** *vi* ① (*geh: zusammenarbeiten*) cooperare ② (*Umstände*) concorrere **Zusammenwirken** <-s> *kein Pl. nt* concorso *m*, concomitanza *f*
**zusammen|zählen** *vt* sommare, addizionare
**zusammen|ziehen** <irr> I. *vt haben* ① (*enger machen*) restringere; (*verkürzen*) raccorciare; (BIOL) contrarre ② (*Truppen*) concentrare ③ (MAT) sommare II. *vr* **sich** ~ ① (*kontrahieren*) contrarsi ② (*a. Stoff*) restringersi ③ (*Gewitter, Unheil*) prepararsi III. *vi sein* **mit jdm** ~ andare ad abitare insieme a qu
**zusammen|zucken** *vi sein* [**vor jdm/etw**] ~ trasalire [per qu/qc]
**Zusatz** *m* ① (CHEM: ~*mittel*) additivo *m* ② (*zu Brief*) poscritto *m;* (*zu Testament*) codicillo *m;* (*Nachtrag*) appendice *f*
**Zusatzbestimmung** *f* disposizione *f* supplementare
**Zusatzgerät** *nt* adattatore *m*
**zusätzlich** ['tsuːzɛtslɪç] I. *adj* addizionale; (*ergänzend*) supplementare II. *adv* inoltre, in più
**Zusatzversicherung** *f* assicurazione *f* complementare
**Zusatzzahl** *f* (*beim Lotto*) numero *m* supplementare

**zuschanden** [tsu'ʃandən] *adv* (*geh*) ~ **machen** (*Gegenstände*) guastare, rovinare; (*Hoffnungen, Pläne*) deludere, distruggere
**zu|schanzen** *vt* (*fam*) **jdm etw** ~ procacciare qc a qu
**zu|schauen** *s.* **zusehen**
**Zuschauer**(**in**) <-s, -; -, -nen> *m(f)* spettatore, -trice *m, f*; (*Fernseh*~) telespettatore, -trice *m, f* **Zuschauerraum** *m* auditorio *m* **Zuschauertribüne** *f* tribuna *f* [per gli spettatori] **Zuschauerzahl** *f* numero *m* degli spettatori
**zu|schicken** *vt* spedire, inviare
**zu|schieben** <irr> *vt* ① (*schließen*) chiudere ② (*hinschieben*) spingere ③ (*Schuld, Verantwortung*) addossare, attribuire
**zu|schießen** <irr> I. *vt haben* ① (*Ball, a. fig: Blick*) lanciare ② (*fam: Geld*) contribuire (*etw* con qc), versare un contributo (*etw* di qc) II. *vi sein* lanciarsi (*auf jdn/etw acc* contro qu/su qc)
**Zuschlag** *m* ① (*bei Ausschreibung, Auktion*) aggiudicazione *f*; (*von Aufträgen*) appalto *m* ② (*Preis*~) maggiorazione *f* [di prezzo]; (*zu Gebühr*) soprattassa *f*; (FERR) supplemento *m*
**zu|schlagen** <irr> I. *vt haben* ① (*Buch*) chiudere; (*Fenster, Tür*) sbattere ② (*bei Ausschreibung, Auktion*) aggiudicare; (*Auftrag*) appaltare ③ (*zuspielen*) lanciare ④ (*fig: aufschlagen*) aggiungere II. *vi* ① *sein* (*Fenster, Tür*) sbattere ② *haben* (*einen Schlag tun*) sbattere; (*fig*) colpire ③ (*fam: zugreifen*) **bei diesen Preisen muss man gleich** ~ con questi prezzi bisogna approfittarne subito
**zuschlagfrei** *adj* esente da soprattassa; (FERR) senza supplemento **zuschlagpflichtig** *adj* soggetto a soprattassa; (FERR) con supplemento obbligatorio
**zu|schließen** <irr> *vt* chiudere a chiave
**zu|schnappen** *vi* ① *sein* (*Schloss*) scattare ② *haben* (*mit Händen*) afferrare; (*zubeißen*) azzannare
**zu|schneiden** <irr> *vt* tagliare; **das ist auf ihn zugeschnitten** (*fig*) è fatto per lui
**Zuschnitt** *m* ① (*Art des Zuschneidens*) taglio *m* ② (*fig: Format*) levatura *f*; (*Gestaltung*) forma *f*
**zu|schnüren** *vt* (*Paket*) legare; (*Schuhe*) allacciare; (*fig: zusammenziehen*) stringere; **die Angst schnürte ihr die Kehle zu** la paura le strinse la gola
**zu|schrauben** *vt* ① (*Schraubverschluss, Deckel*) avvitare ② (*Glas, Flasche*) chiudere [avvitando il coperchio]

zu|schreiben <irr> vt attribuire; (Summe) accreditare; (Wertobjekte) assegnare; **das hat er sich** dat **selbst zuzuschreiben** è colpa sua

**Zuschrift** f comunicazione f, lettera f

**zuschulden** [tsu'ʃʊldən] adv **sich** dat **etw ~ kommen lassen** rendersi colpevole di qc

**Zuschuss** m contributo m; (Unterstützungszahlung) sussidio m; (staatlich) sovvenzione f; **jdm einen ~ zu etw geben** [o **gewähren**] dare a qu sussidio per qc

**Zuschussbetrieb** m, **Zuschussunternehmen** nt impresa f sovvenzionata

zu|schustern vt **jdm etw ~** (fam) procacciare qc a qu

zu|schütten vt ① (auffüllen) riempire, colmare ② (fam: hin~) aggiungere [versando]

zu|sehen <irr> vi ① (als Zuschauer) **[jdm] bei etw] ~** stare a guardare [mentre qu sta facendo qc]; **man kann doch nicht** [tatenlos] **~, wie ...** non si può stare a guardare come ... ② (dafür sorgen) **~ dass ...** fare in modo che + conj

**zusehends** ['tsu:zeːənts] adv (merklich) sensibilmente; (rasch) rapidamente

zu|sein <irr> vi sein essere chiuso

zu|senden <irr> s. **zuschicken Zusendung** f spedizione f, invio m

zu|setzen I. vt ① (hinzufügen) aggiungere ② (Geld) perdere, rimettere II. vi (fam) ① (bedrängen) **[jdm mit etw] ~** importunare [qu con qc] ② (mitnehmen, treffen) **jdm ~** provare qu

zu|sichern vt **[jdm] etw ~** assicurare qc [a qu]

**Zuspätkommende** [tsu'ʃpɛːtkɔməndə] <ein -r, -n, -n> mf ritardatario, -a m, f

zu|sperren vt (A, südd: abschließen) chiudere a chiave

**Zuspiel** nt passaggi mpl

zu|spielen vt passare; **die gefälschten Tagebücher wurden der Presse zugespielt** i diari falsificati furono passati alla stampa per indiscrezione

zu|spitzen vr **sich ~** (Lage, Konflikt) inasprirsi

zu|sprechen <irr> I. vt ① (Mut, Trost) **[jdm] etw ~** dare qc [a qu] ② (zuerkennen) conferire; **jdm einen Preis ~** conferire un premio a qu ③ (JUR) assegnare; **das Kind wurde der Mutter zugesprochen** il bambino venne assegnato alla madre II. vi ① (gut zureden) **jdm ~** esortare qu ② (fig geh) **einer Sache** dat **~** far onore a qc; **einer Speise ~** far onore a una pietanza; **beim Fest wurde dem Wein kräftig zugesprochen** alla festa si fece molto onore al vino

**Zuspruch** m (geh) ① (Aufmunterung) esortazione f; (Trost) consolazione f ② (Anklang) favore m; (Zulauf, Andrang) affluenza f; **sich großen ~s erfreuen** avere un gran successo

**Zustand** m stato m; (Beschaffenheit) condizione f; (Lage) situazione f; (rechtliche, politische Lage, Stand) status m; **der gegenwärtige ~** la situazione attuale delle cose; **Zustände kriegen** (fam) avere un attacco; **in angetrunkenem ~** in stato di ebbrezza; **in gutem/schlechtem ~** in buono/cattivo stato; **das sind ja schöne Zustände!** (fam) belle circostanze!

**zustande** [tsu'ʃtandə] adv **etw ~ bringen** riuscire a fare qc, attuare qc; **~ kommen** farsi, attuarsi **Zustandekommen** nt realizzazione f, attuazione f

**zuständig** adj (Gericht, Behörde, Stelle) competente; (befugt) autorizzato; (verantwortlich) responsabile; **dafür bin ich nicht ~** questo esula dalle mie competenze **Zuständigkeit** <-, -en> f ① (Kompetenz) competenza f ② (~sbereich) sfera f di competenza

**zustatten** [tsu'ʃtatən] adv **jdm ~ kommen** (geh) tornare utile a qu, tornare a vantaggio di qu

zu|stecken vt (mit Nadeln) appuntare con spilli; **jdm etw [heimlich] ~** dare qc di nascosto a qu

zu|stehen <irr> vi **jdm ~** spettare a qu

zu|steigen <irr> vi sein salire durante il viaggio; **noch jemand zugestiegen?** c'è qualcun altro che è salito?

**Zustellbezirk** m distretto m postale

**Zustelldienst** m servizio m consegna a domicilio

zu|stellen vt ① (versperren) ostruire; **ein Fenster mit etw ~** bloccare una finestra mettendo davanti qc ② (form: übermitteln) consegnare; (Brief, Paket) recapitare; (Post) distribuire

**Zusteller(in)** <-s, -; -, -nen> m(f) latore, -trice m, f

**Zustellgebühr** f tassa f di recapito

**Zustellung** f (form) consegna f; (von Post) recapito m, distribuzione f

zu|steuern I. vi sein **auf etw** acc **~** dirigersi verso qc II. vt haben (beisteuern) contribuire con

zu|stimmen vi **[jdm] ~** essere d'accordo [con qu]; **einer Sache ~** acconsentire a una cosa; **einem Plan/Programm ~** approvare un piano/programma **zustimmend** *adv* in segno di approvazione **Zustimmung** *f* (*Einverständnis*) assenso *m*, consenso *m;* (*Billigung*) approvazione *f;* **die ~ zu etw** il consenso a qc; **allgemeine ~ finden** incontrare l'approvazione generale; **seine ~ geben/verweigern** dare/rifiutare il proprio consenso

**zu|stoßen** <irr> **I.** *vt haben* (*Tür*) chiudere con uno spintone **II.** *vi* ❶ *haben* (*mit Messer*) colpire ❷ *sein* (*Unglück*) accadere; **hoffentlich ist ihm nichts zugestoßen** speriamo che non gli sia successo niente

**Zustrom** *m* afflusso *m;* **großen ~ [zu verzeichnen] haben** registrare una grande affluenza

**zu|stürzen** *vi sein* **auf jdn/etw ~** precipitarsi verso qu/qc

**zutage** [tsu'ta:gə] *adv* **~ fördern** [*o* **bringen**] estrarre; (*fig*) rivelare; **~ kommen** [*o* **treten**] (*fig*) venire alla luce; **offen ~ liegen** essere evidente

**Zutat** *f meist pl* ❶ (GASTR) ingredienti *mpl* ❷ (*fig: Beiwerk*) accessori *mpl*

**zu|teilen** *vt* [**jdm**] **etw ~** (*Aufgabe, Rolle*) assegnare qc [a qu]; (*Dinge, Lebensmittel*) distribuire qc [a qu]

**Zuteilung** *f* ❶ (*Zuweisung*) assegnazione *f;* (*Austeilung*) distribuzione *f* ❷ (*Teil, Anteil*) parte *f;* (*Ration*) razione *f* **zuteilungsreif** *adj* rimborsabile

**zuteil|werden** [tsu'taɪl-] <irr> *vi* (*geh*) **jdm ~** toccare a qu; **jdm etw ~ lassen** far ottenere [*o* avere] qc a qu

**zutiefst** [tsu'ti:fst] *adv* (*sehr*) profondamente; (*im Innersten*) nell'intimo; **ich bereue es ~** mi pento di ciò con tutto il cuore

**zu|tragen** <irr> **I.** *vt* ❶ (*hintragen*) [**jdm**] **etw ~** portare qc [a qu] ❷ (*fig geh: heimlich mitteilen*) [**jdm**] **etw ~** riportare qc [a qu] **II.** *vr* **sich ~** (*geh*) accadere

**zuträglich** ['tsu:trɛːklɪç] *adj* (*geh*) ❶ (*gesund, heilsam*) salubre (*dat* per), salutare (*dat* per) ❷ (*förderlich*) proficuo (*dat* per)

**zu|trauen** *vt* **jdm etw ~** credere qu capace di qc; **jdm nicht viel ~** non avere una grande opinione di qu; **das traue ich mir nicht zu** non mi sento di farlo; **das hätte ich ihm [gar] nicht zugetraut** non l'avrei creduto capace di una cosa simile; **ihr ist alles zuzutrauen** è capace di tutto **Zutrauen** <-s> *kein Pl. nt* fiducia *f;* **~ zu jdm/etw haben** avere fiducia in qu/qc

**zutraulich** *adj* (*Kind*) fiducioso; (*Tier*) mansueto

**zu|treffen** <irr> *vi* ❶ (*richtig sein*) essere giusto; (*wahr sein*) essere vero ❷ (*gelten*) **auf** [*o* **für**] **jdn/etw ~** valere per qu/qc **zutreffend** *adj* giusto; (*Bemerkung*) pertinente; **Zutreffendes bitte unterstreichen** sottolineare ciò che interessa

**zu|trinken** <irr> *vi* brindare (*jdm* a qu), bere alla salute (*jdm* di qu)

**Zutritt** *m* (*Zugang*) accesso *m;* (*Eintritt*) ingresso *m;* **zu etw ~ haben** avere accesso a qc; **zu jdm ~ haben** avere accesso presso qu; **sich** *dat* **zu etw ~ verschaffen** riuscire a introdursi in; **kein ~!, ~ verboten!** ingresso vietato!

**zu|tun** <irr> *vt* (*fam*) ❶ (*hin-~*) aggiungere ❷ (*schließen*) chiudere; **ich konnte die ganze Nacht kein Auge ~** non potei chiudere occhio tutta la notte **Zutun** <-s> *kein Pl. nt* **ohne mein ~** senza il mio intervento

**zuungunsten** [tsuː'ʔʊngʊnstən] *prp +gen* **~ von** +*dat* a svantaggio di

**zuunterst** [tsuː'ʔʊntɛst] *adv* tutto in fondo

**zuverlässig** ['tsuː'fɛɐlɛsɪç] *adj* fidato; (*gewissenhaft*) coscienzioso; (*glaubwürdig*) attendibile; **aus ~er Quelle** da fonte sicura **Zuverlässigkeit** <-> *kein Pl. f* fidatezza *f;* (*Gewissenhaftigkeit*) coscienziosità *f;* (*Glaubwürdigkeit*) attendibilità *f*

**Zuversicht** ['tsuː'fɛɐzɪçt] *f* fiducia *f*, confidenza *f;* **in der festen ~, dass ...** nella ferma speranza che +*conj* **zuversichtlich** *adj* fiducioso

**zuvor** [tsu'foːɐ] *adv* prima; **am Tag ~** il giorno prima

**zuvor|kommen** <irr> *vi sein* **einer Sache** *dat* **~** prevenire qc; **jdm ~** anticipare qu; **jemand ist uns zuvorgekommen** qualcuno ci ha preceduto **zuvorkommend** *adj* premuroso **Zuvorkommenheit** <-> *kein Pl. f* premura *f*

**Zuwachs** ['tsuːvaks, *Pl:* 'tsuːvɛksə] <-es, Zuwächse> *m* ❶ (*Anwachsen*) accrescimento *m*, crescita *f;* **~ an etw** *dat* crescita di qc ❷ (*Mehrwert*) incremento *m;* **~ um etw** incremento di qc

**zu|wachsen** <irr> *vi sein* ❶ (*Wunde*) rimarginarsi ❷ (*mit Pflanzen*) coprirsi di vegetazione ❸ (*fig: zufallen*) **jdm ~** toccare a qu

**Zuwachsrate** *f* tasso *m* di incremento

**Zuwanderer(in)** <-s, -; -, -nen> *m(f)* immigrante *mf*

**zu|wandern** *vi sein* immigrare **Zuwanderung** *f* immigrazione *f*

**zuwege** [tsu'veːgə] *adv* **etw ~ bringen** riuscire a fare qc

**zuweilen** [tsu'vaɪlən] *adv* (*geh*) qualche volta, di tanto in tanto

**zu|weisen** <irr> *vt* assegnare

**zu|wenden** <irr> I. vt ① (*Gesicht, Rücken*) volgere ② (*fig: Aufmerksamkeit*) rivolgere II. vr **sich jdm/etw ~** (*sich hinwenden zu*) rivolgersi a qu/qc; (*fig: sich widmen*) dedicarsi a qu/qc **Zuwendung** f ① (*Geldbetrag*) sussidio m; (*Schenkung*) donazione f ② *Sing.* (*Liebe, Beachtung*) attenzione f

**zu|werfen** <irr> vt ① (*Tür*) sbattere ② (*Graben, Loch*) riempire ③ (*Gegenstand*) gettare; **jdm einen Blick ~** lanciare un'occhiata a qu

**zuwider** [tsu'viːdə] I. *prp +dat* contro, contrario a II. *adv* (*unangenehm*) sgradevole; (*widerwärtig*) ripugnante; **er ist mir ~** mi ripugna

**zuwider|handeln** *vi* **einem Gesetz/ Befehl ~** contravvenire a una legge/trasgredire un ordine

**Zuwiderhandelnde** <ein -r, -n, -n> mf (ADM) contravventore, -trice m, f, trasgressore m, trasgreditrice f

**Zuwiderhandlung** f (ADM) contravvenzione f, trasgressione f

**zuwider|laufen** <irr> *vi sein* **einer Sache** *dat* ~ essere contrario a qc, andare contro qc

**zu|winken** *vi* **jdm ~** fare un cenno a qu

**zu|ziehen** <irr> I. *vt haben* ① (*Vorhang*) chiudere; (*Schlinge, Knoten*) stringere ② (*konsultieren*) consultare ③ (*bekommen*) **sich** *dat* **eine Krankheit/Verletzung ~** prendersi una malattia/farsi una ferita; **sich** *dat* **jds Zorn ~** tirarsi addosso l'ira di qu II. *vi sein* (*in Ortschaft*) immigrare III. *vr* **sich ~** ① (*Schlinge*) stringere ② (*Himmel*) rannuvolarsi

**Zuzug** m ① (*Zustrom*) afflusso m ② (*Einwanderung*) immigrazione f

**zuzüglich** ['tsuːtsyːklɪç] *prp +gen* più

**Zuzugsgenehmigung** f permesso m di residenza

**zu|zwinkern** *vi* **jdm ~** ammiccare a qu

**ZVS** [tsɛtfaʊ'ʔɛs] f *abk v* **Zentralstelle für die Vergabe von Studienplätzen** centrale f per l'assegnazione dei posti di studio

**zwacken** ['tsvakən] *vt* (*fam*) *s.* **zwicken**

**zwang** [tsvaŋ] *1. u. 3. Pers. Sing. Imp. von* **zwingen**

**Zwang** [tsvaŋ, *Pl:* 'tsvɛŋə] <-(e)s, Zwänge> m ① (*Nötigung*) costrizione f; (*Gewalt*) forza f, violenza f; (*Druck*) pressione f; **auf jdn ~ ausüben** esercitare pressione su qu; **einem inneren ~ folgen** seguire un impulso interiore; **etw unter ~ tun** fare qc per costrizione; **sich** *dat* **keinen ~ antun** non avere soggezione ② (*Verpflichtung*) obbligo m; **gesellschaftliche Zwänge** obblighi sociali ③ (*Notwendigkeit*) necessità f

**zwängen** ['tsvɛŋən] I. *vt* (*hindurch~*) forzare; (*hinein~*) far entrare con forza II. *vr* **sich ~** (*sich hindurch~*) aprirsi un varco con la forza; (*sich hinein~*) entrare con forza

**zwanghaft** *adj* forzato

**zwanglos** I. *adj* (*natürlich, frei*) naturale, spontaneo; (*Benehmen*) disinvolto II. *adv* (*ohne Umstände*) alla buona **Zwanglosigkeit** <-> *kein Pl.* f disinvoltura f

**Zwangsarbeit** f lavori *mpl* forzati **Zwangseinweisung** f internamento m forzato **Zwangsenteignung** <-, -en> f (JUR) espropriazione f forzata **Zwangsernährung** f nutrizione f forzata **Zwangshandlung** f azione f coatta **Zwangsjacke** f camicia f di forza; **jdn in eine ~ stecken** mettere la camicia di forza a qu **Zwangslage** f situazione f difficile; **sich in einer ~ befinden** essere alle strette **zwangsläufig** ['tsvaŋslɔɪfɪç] *adj* necessario; (*unvermeidbar*) inevitabile; (*Entwicklung*) irreversibile **Zwangsläufigkeit** <-> *kein Pl.* f necessità f; (*Unabwendbarkeit*) inevitabilità f **Zwangsmaßnahme** f misura f coercitiva; (POL: *Sanktion*) sanzione f **Zwangsräumung** f evacuazione f forzata **zwangsumsiedeln** ['tsvaŋsʊmziːdəln] *vt* trasferire forzatamente [persone], evacuare coattivamente **Zwangsumsiedlung** <-, -en> f trasferimento m forzato [di persone] **Zwangsverkauf** m vendita f forzata **Zwangsversteigerung** f vendita f giudiziaria **Zwangsvollstreckung** f esecuzione f forzata **Zwangsvorstellung** f ossessione f; (*fixe Idee*) idea f fissa **zwangsweise** *adv* ① (*erzwungen*) per forza; (JUR) coercitivamente ② (*zwangsläufig*) inevitabilmente

**zwanzig** ['tsvantsɪç] *num* venti; *s. a.* **achtzig**

**Zwanzigmarkschein** ['tsvantsɪç'markʃaɪn] m biglietto m da venti marchi

**zwanzigste(r, s)** *adj* ventesimo, -a; (*bei Datumsangaben*) venti

**Zwanzigstel** <-s, -> *nt* ventesimo m, ventesima parte f

**Zwanziguhrnachrichten** *fPl* notiziario m delle venti

**zwar** [tsvaːɐ̯] *adv* ① (*erklärend*) **und ~** e precisamente; **bleib stehen, und ~ sofort!** fermati ed anche subito! ② (*einräumend*) certamente, certo, è vero che …;

**es ist ~ anstrengend, aber es lohnt sich** è vero che è faticoso, ma ne vale la pena
**Zweck** [tsvɛk] <-(e)s, -e> m (*Ziel*) scopo m; (*End~*) fine m; (*Absicht*) mira f, intenzione f; (*Sinn*) senso m; **einem guten ~ dienen** servire una giusta causa; **Mittel zum ~** mezzo per raggiungere uno scopo; **die Maßnahme hat ihren ~ erfüllt** è stato conseguito lo scopo a cui mirava il provvedimento; **zu diesem ~** a questo [o tale] scopo; **zu welchem ~?** a quale scopo?; **das hat keinen ~** questo non serve a nulla; **der ~ heiligt die Mittel** (*prov*) il fine giustifica i mezzi
**Zweckbau** <-(e)s, -ten> m costruzione f funzionale
**zweckdienlich** adj (ADM) ① (*nützlich*) utile ② (*angebracht, passend*) opportuno, adeguato, conveniente
**Zwecke** ['tsvɛkə] <-, -n> f ① (*Heft~*) puntina f da disegno ② (*Schuh~*) chiodino m
**zweckentfremden** <ohne ge-> vt usare per uno scopo diverso da quello previsto
**zweckentsprechend** adj adeguato, appropriato
**Zweckgemeinschaft** <-, -en> f comunità f finalizzata
**zwecklos** adj inutile, vano **Zwecklosigkeit** <-> kein Pl. f inutilità f, vanità f
**zweckmäßig** adj adeguato, appropriato; (*sinnvoll*) opportuno; (*nützlich*) utile **Zweckmäßigkeit** f adeguatezza f, opportunità f; (*Nützlichkeit*) utilità f
**Zweckoptimismus** <-> kein Pl. m ottimismo m finalizzato
**zwecks** prp +gen (ADM) allo scopo di, per
**Zweckverband** m consorzio m
**zweckwidrig** adj inadeguato, inopportuno
**zwei** [tsvaɪ] num due; [nur] **wir ~** [solo] noi due; **sie arbeitet für ~** lavora per due; s. a. **acht**
**Zwei** <-, -en> f due m; (*Schulnote: gut*) otto; (*Buslinie*) due m
**Zwei-, zwei-** s. a. **Acht-, acht-**
**zweiarmig** adj a due bracci **Zweibeiner** <-s, -> m bipede m **Zweibettzimmer** nt camera f doppia
**zweideutig** adj ① (*doppeldeutig*) ambiguo, equivoco ② (*schlüpfrig*) licenzioso **Zweideutigkeit** <-, -en> f ① Sing. (*Doppeldeutigkeit*) ambiguità f, doppio senso m ② (*Bemerkung*) [osservazione f a] doppio senso m
**zweidimensional** ['tsvaɪdimɛnzjonaːl] adj bidimensionale
**Zweidrittelmehrheit** ['tsvaɪˈdrɪtəlmeːɐhaɪt] f (POL) **mit ~** con la maggioranza dei due terzi
**zweieiig** adj biovulare
**Zweier** <-s, -> m (SPORT) due m di punta
**Zweierbeziehung** f rapporto m a due
**Zweierbob** m (SPORT) bob m a due
**zweifach** adj doppio, duplice; s. a. **achtfach**
**Zweifel** ['tsvaɪfəl] <-s, -> m dubbio m; (*Ungewissheit*) incertezza f; **~ wegen etw haben** [o **hegen**] nutrire dubbi su qc; **über jeden ~ erhaben sein** essere fuor di dubbio; **es steht außer ~, dass ...** è fuori dubbio che ...; **ohne** [**jeden**] **~** senza [alcun] dubbio, indubbiamente; **es besteht nicht der mindeste** [o **leiseste**] **~** [, **dass ...**] non c'è ombra di dubbio [che ...]
**zweifelhaft** adj ① (*fraglich*) dubbio, dubbioso; **es ist ~, ob ...** è incerto se ... ② (*verdächtig*) sospetto **zweifellos** adv senza dubbio, indubbiamente
**zweifeln** vi [**an jdm/etw**] **~** dubitare [di qu/qc]; [**daran**] **~, dass ...** dubitare che +*conj*
**Zweifelsfall** m caso m di dubbio; **im ~** in caso di dubbio **zweifelsfrei** I. adj inequivocabile II. adv fuor di dubbio **zweifelsohne** ['tsvaɪfəlsˈʔoːnə] adv senza dubbio
**Zweifler(in)** <-s, -; -, -nen> m(f) scettico, -a m, f
**Zweifrontenkrieg** ['tsvaɪˈfrɔntənkriːk, Pl: ˈtsvaɪˈfrɔntənkriːɡə] <-(e)s, -e> m guerra f su due fronti; **einen ~ führen** combattere una guerra su due fronti
**Zweig** [tsvaɪk] <-(e)s, -e> m ramo m
**zweigeteilt** adj bipartito
**zweigleisig** adj a doppio binario
**Zweigniederlassung** f filiale f, succursale f **Zweigstelle** f filiale f, succursale f
**zweihändig** ['tsvaɪˈhɛndɪç] adj (ANAT, MUS) a due mani; (SCIENT) bimano
**zweihundert** ['tsvaɪˈhʊndət] num duecento
**zweijährig** adj ① (*zwei Jahre alt*) di due anni ② (BOT) biennale
**Zweikammersystem** [tsvaɪˈkamɐzysˌteːm] nt bicameralismo m
**Zweikampf** m ① (*Duell*) duello m ② (SPORT) lotta f singola
**zweimal** adv due volte; **~ täglich** [o **am Tag**] due volte al giorno; **sich** dat **etw nicht ~ sagen lassen** non farsi dire qc due volte **zweimalig** adj ripetuto due volte; **nach ~er Aufforderung** alla seconda richiesta
**Zweimarkstück** ['tsvaɪˈmarkʃtʏk] nt moneta f da due marchi

**Zweimaster** <-s, -> *m* due alberi *m* **zweimotorig** *adj* bimotore **Zweiparteiensystem** [tsvaɪparˈtaɪənzʏsteːm] *nt* (POL) bipartitismo *m*
**Zweipfennigstück** [ˈtsvaɪˈpfɛnɪçʃtʏk] *nt* moneta *f* da due pfennig **zweipolig** *adj* bipolare **Zweirad** *nt* biciclo *m* **zweiräd|e|rig** [ˈtsvaɪrɛːd(ə)rɪç] *adj* a due ruote **zweireihig** *adj* a due file; (*Anzug, Mantel*) a doppio petto
**Zweisamkeit** <-> *kein Pl.* f essere *m* in due; **in trauter ~** [solo] in due
**zweischneidig** *adj* a doppio taglio; **das ist ein ~ es Schwert** (*fig*) è un'arma a doppio taglio **zweiseitig** *adj* che ha due lati; (*bilateral*) bilaterale; (*Stoff*) double face **zweisitzig** *adj* biposto **Zweispänner** [ˈtsvaɪʃpɛnɐ] <-s, -> *m* carrozza *f* a due cavalli **zweisprachig** *adj* bilingue **Zweisprachigkeit** <-> *kein Pl.* f bilinguismo *m* **zweispurig** *adj* (*Straße*) a due corsie; (*Bahnstrecken*) a doppio binario; (*Tonband*) a due piste **zweistellig** *adj* di due cifre **zweistimmig** *adj* (*Gesang*) a due voci; (*Stück*) per due voci **zweistöckig** [ˈtsvaɪʃtœkɪç] *adj* a [o di] due piani **zweistündig** [ˈtsvaɪʃtʏndɪç] *adj* di due ore **zweitägig** [ˈtsvaɪtɛːgɪç] *adj* di due giorni **Zweitakter** <-s, -> *m*, **Zweitaktmotor** *m* (AUTO, TEC) motore *m* a due tempi **zweitälteste(r, s)** [ˈtsvaɪtˈʔɛltəstə, -tə, -təs] *adj* secondo, -a [per età]
**zweitausend** [ˈtsvaɪˈtaʊzənt] *num* duemila
**Zweitausfertigung** *f* duplicato *m* **zweitbeste(r, s)** [ˈtsvaɪtˈbɛstə, -tə, -təs] *adj* secondo, -a [in graduatoria]
**Zweite** [ˈtsvaɪtə] <ein -r, -n, -n> *mf* secondo, -a *m, f;* (*anderer, weiterer*) altro, -a *m, f; s. a.* **Achte**
**zweite(r, s)** *adj* secondo, -a; (*bei Datumsangaben*) due; (*anderer, weiterer*) altro, -a; **eine ~ Jeanne d'Arc** una seconda Giovanna d'Arc **~r Klasse** di seconda classe; **aus ~r Hand** di seconda mano; **in ~r Ehe** in seconde nozze; **in ~r Linie, an ~r Stelle** in secondo luogo; *s. a.* **achte(r, s)**
**Zweiteiler** <-s, -> *m* (*fam*) ❶ (*Bikini*) due pezzi *m*, bikini *m* ❷ (*Kleid*) abito *m* a due pezzi, completo *m*
**zweiteilig** *adj* di [o in] due parti; (*Kleidungsstück*) a due pezzi
**zweitens** *adv* [in] secondo [luogo]
**Zweitfrisur** *f* acconciatura *f* di ricambio, parrucca *f*
**zweitjüngste(r, s)** [ˈtsvaɪtˈjʏŋstə, -tə, -təs] *adj* penultimo, -a [per età]
**zweitklassig** *adj* di second'ordine **zweitletzte(r, s)** *adj* penultimo, -a **zweitrangig** *adj* secondario
**Zweitschlüssel** *m* chiave *f* di riserva, duplicato *m* **Zweitschrift** *f* duplicato *m* **Zweitstimme** *f* (POL) secondo voto *m* **zweitürig** *adj* a due porte
**Zweitwagen** *m* seconda macchina *f* **Zweitwohnung** *f* seconda casa *f* **zweizeilig** *adj* di due righe
**Zweizimmerwohnung** *f* appartamento *m* di due camere
**Zwerchfell** [ˈtsvɛrçfɛl] *nt* (ANAT) diaframma *m* **zwerchfellerschütternd** *adj* esilarante
**Zwerg(in)** [tsvɛrk] <-(e)s, -e; -, -nen> *m(f)* nano, -a *m, f* **zwergenhaft** *adj* nano **Zwerghuhn** *nt* pollo *m* nano
**Zwergin** *f s.* **Zwerg Zwergpudel** *m* barboncino *m* **Zwergstaat** *m* stato *m* minuscolo **Zwergvolk** *nt* pigmei *mpl* **Zwergwuchs** *m* nanismo *m*
**Zwetsch|g|e** [ˈtsvɛtʃ(g)ə] <-, -n> *f* prugna *f* **Zwetsch|g|enbaum** *m* prugno *m* **Zwetsch|g|enmus** *nt* marmellata *f* di prugne **Zwetsch|g|enwasser** *nt* prunella *f*
**Zwetschke** <-, -n> *f* (A: *Zwetschge, Zwetsche*) prugna *f*
**Zwickel** [ˈtsvɪkəl] <-s, -> *m* ❶ (*an Kleidungsstücken*) gherone *m* ❷ (ARCH) pennacchio *m*
**zwicken** [ˈtsvɪkən] *vt* ❶ (*bes. A, südd: kneifen*) pizzicare ❷ (A: *Fahrscheine lochen*) forare ❸ (A: *mit einer Klammer befestigen*) fissare con le mollette
**Zwicker** <-s, -> *m* (*bes. A, südd*) pince--nez *m*
**Zwickmühle** *f* (*fam*) impiccio *m*, dilemma *m;* **in einer ~ sein** (*fig fam*) trovarsi in un pasticcio
**Zwieback** [ˈtsviːbak] <-(e)s, -e *o* Zwiebäcke> *m* fetta *f* biscottata
**Zwiebel** [ˈtsviːbəl] <-, -n> *f* ❶ (*Gemüse~*) cipolla *f* ❷ (*Blumen~*) bulbo *m* **zwiebelförmig** [ˈtsviːbəlfœrmɪç] *adj* bulbiforme **Zwiebelkuchen** *m* torta *f* salata con cipolle
**zwiebeln** *vt* (*fam*) vessare, angariare
**Zwiebelsuppe** *f* zuppa *f* di cipolle **Zwiebelturm** *m* campanile *m* a bulbo
**zwiefach** [ˈtsviːfax] (*geh*) *s.* **zweifach**
**Zwiegespräch** [ˈtsviːɡəʃprɛːç] *nt* (*geh*) dialogo *m*, colloquio *m* [a quattr'occhi]
**Zwielicht** *nt* crepuscolo *m;* (*morgens*) alba *f;* **ins ~ geraten** (*fig*) trovarsi in una situazione poco chiara **zwielichtig** *adj* ambiguo

**Zwiespalt** <-(e)s, *o rar* -e *o* -spälte> *m* conflitto *m* interiore, dissidio *m*; **in einen ~ geraten** trovarsi in conflitto **zwiespältig** ['tsviːʃpɛltɪç] *adj* contraddittorio

**Zwietracht** ['tsviːtraxt] <-> *kein Pl. f (geh)* discordia *f*; **~ säen** fomentare discordia

**Zwillich** ['tsvɪlɪç] <-s, -e> *m* traliccio *m*

**Zwilling** ['tsvɪlɪŋ] <-s, -e> *m* ❶ (*Geschwister*) gemello, -a *m, f*; **eineiige/zweieiige ~e** gemelli monovulari/biovulari ❷ (ASTR) Gemelli *mpl*; **er** [*o* **sie**] **ist** [**ein**] **~** è dei Gemelli

**Zwillingsbruder** *m* [fratello *m*] gemello *m* **Zwillingspaar** *nt* gemelli *mpl* **Zwillingsschwester** *f* [sorella *f*] gemella *f*

**Zwinge** ['tsvɪŋə] <-, -n> *f* (TEC) ❶ (*Metallring*) ghiera *f* ❷ (*Schraub~*) sergente *m*; (*Schraubstock*) morsa *f*

**zwingen** ['tsvɪŋən] <zwingt, zwang, gezwungen> I. *vt* costringere, forzare, obbligare; **jdn zu Boden ~** costringere qu ad andare a terra; **ich sehe mich gezwungen abzureisen** mi vedo costretto a partire II. *vr* **sich** [**zu etw**] **~** costringersi [a fare qc], sforzarsi [di fare qc] **zwingend** *adj* (*Norm*) cogente, imperativo; (*überzeugend*) convincente; (*schlüssig*) conclusivo; (*Notwendigkeit, Gründe*) impellente

**Zwinger** <-s, -> *m* (*Hunde~*) canile *m*

**zwingt** 3. *Pers. Sing. Präs. von* **zwingen**

**zwinkern** ['tsvɪŋkɐn] *vi* [**mit den Augen**] **~** strizzare gli occhi

**zwirbeln** ['tsvɪrbəln] *vt* attorcigliare

**Zwirn** [tsvɪrn] <-(e)s, -e> *m* refe *m*

**zwischen** ['tsvɪʃən] *prp* +*acc o dat* (*unter zweien, mehreren*) fra, tra; (*in der Mitte*) in mezzo a; **~ uns** fra [*o* tra] noi; **es ist aus ~ uns** è finita fra noi; **~ fünf und sechs Uhr** fra le cinque e le sei

**Zwischenablage** *f* (INFORM) clipboard *m* **Zwischenakt** *m* intermezzo *m* **Zwischenaufenthalt** *m* breve sosta *f* **Zwischenbemerkung** *f* osservazione *f*, obiezione *f* **Zwischenbericht** *m* rapporto *m* intermedio **Zwischenbescheid** *m* risposta *f* interlocutoria **Zwischenbilanz** *f* bilancio *m* intermedio; **eine ~ ziehen** (*fig*) fare un bilancio provvisorio **Zwischendeck** *nt* interponte *m* **Zwischendecke** *f* piano *m* smorzatore **Zwischending** *nt* (*fam*) compromesso *m*; **ein ~ zwischen ... und ... sein** essere una via di mezzo tra ... e ...

**zwischendurch** ['tsvɪʃən'durç] *adv* ❶ (*in der Zwischenzeit*) frattanto, nel frattempo ❷ (*ab und zu*) di tanto in tanto; (*nebenbei*) inoltre, tra l'altro

**Zwischenergebnis** *nt* risultato *m* provvisorio **Zwischenfall** *m* ❶ (*Ereignis*) incidente *m*; **die Demonstration verlief ohne Zwischenfälle** la dimostrazione si svolse senza incidenti ❷ *pl* (*Unruhen*) disordini *mpl* **Zwischenfinanzierung** *f* prefinanziamento *m* **Zwischenfrage** *f* **jdm eine ~ stellen** interrompere qu con una domanda; **erlauben Sie mir eine ~** mi permetta una domanda **Zwischengas** <-es> *kein Pl. nt* (AUTO) accellerata *f* [in macchine con cambio a doppia frizione], doppietta *f* **Zwischengericht** *nt* entremets *m* **Zwischengeschoss** *nt* mezzanino *m*, [piano *m*] ammezzato *m* **Zwischengröße** *f* misura *f* intermedia **Zwischenhalt** *m* (*CH*) tappa *f* intermedia, sosta *f*; **er machte in Zürich ein paar Tage ~** ha fatto qualche giorno di sosta a Zurigo **Zwischenhandel** *m* commercio *m* di commissione **Zwischenhändler(in)** *m(f)* intermediario, -a *m, f* **Zwischenhirn** *nt* diencefalo *m*

**Zwischenlager** *nt* centro *m* transitorio di raccolta, magazzino *m* per il deposito transitorio di merci **zwischen|lagern** *vt* depositare **Zwischenlagerung** <-, -en> *f* immagazzinamento *m* transitorio

**zwischen|landen** *vi sein* fare scalo **Zwischenlandung** *f* scalo *m*

**Zwischenlösung** *f* soluzione *f* provvisoria **Zwischenmahlzeit** *f* spuntino *m*; (*am Nachmittag*) merenda *f* **zwischenmenschlich** *adj* **~e Beziehungen** rapporti umani **Zwischenprüfung** *f* esame *m* preliminare **Zwischenraum** *m* (*räumlich, zeitlich*) intervallo *m*; (TYP) spazio *m*; (*zwischen Zeilen*) interlinea *f*; (*Abstand*) distanza *f*

**Zwischenruf** *m* interruzione *f* **Zwischenrufer(in)** <-s, -; -, -nen> *m(f)* chi interrompe un discorso facendo osservazioni **Zwischenrunde** *f* (SPORT) semifinale *f* **Zwischensaison** *f* media stagione *f* **Zwischenspiel** *nt* (*fig* THEAT) intermezzo *m*; (MUS) interludio *m* **zwischenstaatlich** *adj* interstatale, intergovernativo **Zwischenstation** *f* stazione *f* intermedia; **~ machen** fermarsi ad una stazione intermedia **Zwischenstecker** *m* (EL) spina *f* di adattamento **Zwischenstück** *nt* pezzo *m* intermedio, parte *f* intermedia **Zwischenstufe** *f* stadio *m* intermedio **Zwischensumme** *f* somma *f* parziale **Zwischentitel** *m* titolo *m* inter-

medio **Zwischenwand** *f* parete *f* divisoria **Zwischenwirt** *m* (BIOL) ospite *m* intermedio
**Zwischenzeit** *f* ❶ (*Zeitraum*) intervallo *m*; **in der ~** nel frattempo, frattanto ❷ (SPORT) tempo *m* intermedio **zwischenzeitlich** *adv* nel frattempo
**Zwischenzeugnis** *nt* ❶ (*Arbeits~*) attestato *m* di capacità ❷ (*Universitäts~*) attestato *m* dei corsi svolti; (*Schul~*) pagella *f* trimestrale/semestrale
**Zwist** [tsvɪst] <-es, -e> *m* (*geh*) disaccordo *m*, discordia *f* **Zwistigkeit** <-, -en> *f meist pl s.* **Zwist**
**zwitschern** ['tsvɪtʃən] I. *vi* cinguettare; (*Schwalbe*) garrire II. *vt* **einen ~** (*fam*) bersi un bicchierino
**Zwitter** ['tsvɪtɐ] <-s, -> *m* ermafrodito *m* **zwitterhaft** *adv*
**zwo** [tsvoː] *num* (TEL, *fam*) due
**zwölf** [tsvœlf] *num* dodici; (*ein Dutzend*) una dozzina [di]; [**um**] **~ Uhr mittags** a mezzogiorno; [**um**] **~ Uhr nachts** a mezzanotte; **fünf Minuten vor ~** (*fig fam*) all'ultimo minuto; *s. a.* **acht**
**Zwölf-, zwölf-** *s. a.* **Acht-, acht-**
**Zwölfender** <-s, -> *m* cervo *m* con corna a dodici palchi **Zwölffingerdarm** *m* (ANAT) duodeno *m* **Zwölfkampf** *m* (SPORT) gara *f* di dodici prove **Zwölfsilb|l|er** <-s, -> *m* dodecasillabo *m*
**zwölfte(r, s)** *adj* dodicesimo, -a *m, f*; (*bei Datumsangaben*) dodici; *s. a.* **achte(r, s)**
**Zwölftel** <-s, -> *nt* dodicesimo *m*
**zwölftens** *adv* [in] dodicesimo [luogo]
**Zwölftonlehre** <-> *kein Pl. f* (MUS) dodecafonia *f* **Zwölftonmusik** *f* musica *f* dodecafonica
**Zyanid** [tsya'niːt] <-s, -e> *nt* (CHEM) cianuro *m*
**Zyankali** [tsyan'kaːli] <-s> *kein Pl. nt* (CHEM) cianuro *m* di potassio
**Zyklame** [tsy'klaːmə] <-, -n> *f* (A) cicla-

mino *m* **Zyklamen** [tsy'klaːmən] <-s, -> *nt* ciclamino *m*
**Zyklen** *Pl. von* **Zyklus**
**zyklisch** ['tsyːklɪʃ] *adj* ciclico
**Zyklon** [tsy'kloːn] <-s, -e> *m* (METEO) ciclone *m*
**Zyklop** [tsy'kloːp] <-en, -en> *m* ciclope *m*
**Zyklotron** ['tsyːklotroːn *o* 'tsyklotroːn, *Pl:* tsyklo'troːnə *o* tsyklo'troːns] <-s, -e *o* -s> *nt* ciclotrone *m*
**Zyklus** ['tsyːklʊs, *Pl:* 'tsyːklən] <-, Zyklen> *m* ciclo *m*
**Zylinder** [tsi'lɪndɐ *o* tsy'lɪndɐ] <-s, -> *m* (*Hut*, TEC) cilindro *m*
**Zylinderblock** <-(e)s, -blöcke> *m* blocco *m* cilindri
**zylinderförmig** [tsi'lɪndɐfœrmɪç *o* tsy'lɪndɐfœrmɪç] *adj* cilindrico, a forma di cilindro
**Zylinderkopf** *m* (TEC) testata *f*, testa *f* dei cilindri **Zylinderkopfdichtung** *f* guarnizione *f* della testata [*o* della testa dei cilindri]
**zylindrisch** [tsy'lɪndrɪʃ] *adj* cilindrico
**Zyniker(in)** ['tsyːnɪkɐ] <-s, -; -, -nen> *m(f)* cinico, -a *m, f*
**zynisch** *adj* cinico
**Zynismus** [tsy'nɪsmʊs] <-, *rar* Zynismen> *m* cinismo *m*
**Zypern** ['tsyːpɐn] *nt* Cipro *f*
**Zyprer(in)** *m(f) s.* **Zypr|i|er**
**Zypresse** [tsy'prɛsə] <-, -n> *f* (BOT) cipresso *m*
**Zypr|i|er(in)** ['tsyːpr(i)ɐ] <-s, -; -, -nen> *m(f)*, **Zypriot(in)** [tsypri'oːt] <-en, -en; -, -nen> *m(f)* cipriota *mf*
**zypriotisch** *adj*, **zyprisch** *adj* cipriota
**Zyste** ['tsʏstə] <-, -n> *f* (MED) cisti *f*
**Zytologie** [tsytolo'giː] <-> *kein Pl. f* citologia *f*
**Zytoplasma** [tsyto'plasma] *nt* (BIOL) citoplasma *m*
**zz|t|.** *abk v* **zurzeit** attualmente
**z. Z[t].** *abk v* **zur Zeit** ai tempi di

# Anhang
## Appendice

| Seite / pagine | | |
|---|---|---|
| 1739 | Unregelmäßige italienische Verben | Verbi irregolari italiani |

# Unregelmäßige italienische Verben
## Verbi irregolari italiani

Aufgeführt sind der Infinitiv *(infinito)*, die 1. Person des *passato remoto*, das Perfekt *(passato prossimo)* und die unregelmäßigen Formen von Indikativ Präsens *(pr)*, Indikativ Imperfekt *(imp)*, Futur *(fut)*, Konjunktiv Präsens *(conj pr)*, Konjunktiv Imperfekt *(conj imp)*, Konditional *(cond)*, Imperativ *(imperat)*, Gerundium *(ger)*, Partizip Präsens *(p pr)*. Neben dem Partizip II. *(participio passato)* wird das Hilfsverb angegeben, mit welchem das Perfekt gebildet wird.

| infinito | passato remoto | passato prossimo (participio passato) | weitere Formen |
|---|---|---|---|
| accendere | accesi | ho acceso | |
| accludere | acclusi | ho accluso | |
| accorgersi | mi accorsi | mi sono accorto | |
| addurre | | | *v.* condurre |
| affliggere | afflissi | ho afflitto | |
| alludere | allusi | ho alluso | |
| andare | andai | sono andato | *pr* vado, vai, va, andiamo, andate, vanno; *fut* andrò; *conj pr* vada, vada, vada, andiamo, andiate, vadano; *conj imp* andassi; *cond* andrei; *imperat* va'! o. vai!, vada!, andiamo!, andate!, vadano! |
| annettere | annettei *o.* annessi | ho annesso | |
| apparire | apparvi | sono apparso | *pr* appaio, appari, appare, appariamo, apparite, appaiono; *imp* apparivo; *fut* apparirò; *conj pr* appaia, appaia, appaia, appariamo, appariate, appaiano; *conj imp* apparissi; *imperat* appari!, appaia!, appariamo!, apparite!, appaiano! |
| appendere | appesi | ho appeso | |
| aprire | apersi *o.* aprii | ho aperto | |
| ardere | arsi | ho arso | |
| assistere | assistei *o.* assistetti | ho assistito | |
| assolvere | assolsi | ho assolto | |
| assumere | assunsi | ho assunto | |

# Unregelmäßige italienische Verben

| infinito | passato remoto | passato prossimo (participio passato) | weitere Formen |
|---|---|---|---|
| avere | ebbi | ho avuto | *pr* ho, hai, ha, abbiamo, avete, hanno; *imp* avevo; *fut* avrò; *conj pr* abbia, abbia, abbia, abbiamo, abbiate, abbiano; *conj imp* avessi, avessi, avesse, avessimo, aveste, avessero; *cond* avrei; *imperat* abbi!, abbia!, abbiamo!, abbiate!, abbiano |
| bere | bevvi o. bevei o. bevetti | ho bevuto | *pr* bevo, bevi, beve, beviamo, bevete, bevono; *imp* bevevo; *fut* berrò; *conj pr* beva; *conj imp* bevessi; *cond* berrei; *imperat* bevi!, beva!, beviamo!, bevete!, bevano!; *ger* bevendo; *p pr* bevente |
| cadere | caddi | sono caduto | *fut* cadrò; *cond* cadrei |
| chiedere | chiesi | ho chiesto | |
| chiudere | chiusi | ho chiuso | |
| cingere | cinsi | ho cinto | |
| cogliere | colsi | ho colto | *pr* colgo, cogli, coglie, cogliamo, cogliete, colgono; *conj pr* colga, colga, colga, cogliamo, cogliate, colgano |
| comparire | | | v. apparire |
| comprimere | compressi | ho compresso | |
| concedere | concessi | ho concesso | |
| concludere | | | v. accludere |
| condurre | condussi | ho condotto | *pr* conduco, conduci, conduce, conduciamo, conducete, conducono; *imp* conducevo; *fut* condurrò; *conj pr* conduca, conduca, conduca, conduciamo, conduciate, conducano; *conj imp* conducessi; *cond* condurrei; *imperat* conduci!, conduca!, conduciamo!, conducete!, conducano!; *ger* conducendo; *p pr* conducente |
| connettere | connetéi | ho connesso | |
| conoscere | conobbi | ho conosciuto | |
| consistere | consisté o. consistette (3. Person) | è consistito (3. Person) | |
| coprire | | | v. aprire |
| correggere | | | v. leggere |
| correre | corsi | sono corso | |
| crescere | crebbi | sono cresciuto | |

| infinito | passato remoto | passato prossimo (participio passato) | weitere Formen |
|---|---|---|---|
| cuocere | cossi | ho cotto | *pr* cuocio, cuoci, cuoce, cociamo o. cuociamo, cocete o. cuociate, cuociono; *imp* cocevo o. cuocevo; *fut* cocerò; *conj pr* cuocia, cuocia, cuocia, cociamo o. cuociamo, cociate o. cuociate, cuociano; *conj imp* cocessi o. cuocessi; *cond* cocerei o. cuocerei; *imperat* cuoci!, cuocia!, cociamo! o. cuociamo!, cocete! o. cuocete!, cuociano!; *ger* cocendo o. cuocendo; *p pr* cocente |
| dare | diedi o. detti | ho dato | *pr* do, dai, dà, diamo, date, danno; *fut* darò; *conj pr* dia, dia, dia, diamo, diate, diano; *conj imp* dessi; *cond* darei; *imperat* da'! o. dai!, dia!, diamo!, date!, diano! |
| decidere | decisi | ho deciso | |
| dedurre | | | *v.* condurre |
| deludere | | | *v.* alludere |
| deprimere | | | *v.* comprimere |
| devolvere | devolvei o. devolvetti | ho devoluto | |
| difendere | difesi | ho difeso | |
| dipendere | | | *v.* appendere |
| dipingere | dipinsi | ho dipinto | |
| dire | dissi | ho detto | *pr* dico, dici, dice, diciamo, dite, dicono; *imp* dicevo; *fut* dirò; *conj pr* dica, dica, dica, diciamo, diciate, dicano; *conj imp* dicessi; *cond* direi; *imperat* di'!, dica!, diciamo!, dite!, dicano!; *ger* dicendo; *p pr* dicente |
| dirigere | diressi | ho diretto | |
| discutere | discussi | ho discusso | |
| dissolvere | | | *v.* assolvere |
| dissuadere | | | *v.* persuadere |
| distinguere | distinsi | ho distinto | |
| dividere | divisi | ho diviso | |
| dolere | dolsi | ho doluto | *pr* dolgo, duoli, duole, doliamo o. dogliamo, dolete, dolgono; *fut* dorrò; *conj pr* dolga, dolga, dolga, doliamo o. dogliamo, doliate o. dogliate, dolgano; *cond* dorrei; *imperat* duoli!, dolga!, doliamo! o. dogliamo!, dolete!, dolgano! |

# Unregelmäßige italienische Verben

| infinito | passato remoto | passato prossimo (participio passato) | weitere Formen |
|---|---|---|---|
| dovere | dovei o. dovetti | ho dovuto | *pr* devo o. debbo, devi, deve, dobbiamo, dovete, devono o. debbono; *fut* dovrò; *conj pr* deva o. debba, deva, deva, dobbiamo, dobbiate, devano o. debbano; *cond* dovrei; *imperat u. p pr fehlen* |
| eccellere | eccelsi | ho eccelso | |
| elidere | elisi o. elidei | ho eliso | |
| emergere | emersi | sono emerso | |
| erigere | | | *v.* dirigere |
| escludere | | | *v.* accludere |
| esistere | esistei o. esistetti | sono esistito | |
| espellere | espulsi | ho espulso | |
| esplodere | esplosi | sono esploso | |
| esprimere | | | *v.* comprimere |
| essere | fui, fosti, fu, fummo, foste, furono | sono stato | *pr* sono, sei, è, siamo, siete, sono; *imp* ero; *fut* sarò; *conj pr* sia, sia, sia, siamo, siate, siano; *conj imp* fossi, fossi, fosse, fossimo, foste, fossero; *cond* sarei; *imperat* sii!, sia!, siamo!, siate!, siano! |
| estinguere | | | *v.* distinguere |
| evadere | evasi | sono evaso | |
| evolvere | evolsi o. evolvei o. evolvetti | sono evoluto | |
| fare | feci, facesti, fece, facemmo, faceste, fecero | ho fatto | *pr* faccio, fai, fa, facciamo, fate, fanno; *imp* facevo; *fut* farò; *conj pr* faccia, faccia, faccia, facciamo, facciate, facciano; *conj imp* facessi; *cond* farei; *imperat* fa'! o. fai!, faccia!, facciamo!, fate!, facciano!; *ger* facendo; *p pr* facente |
| fingere | finsi | ho finto | |
| flettere | flessi o. flettei | ho flesso | |
| fondere | fusi | ho fuso | |
| frangere | fransi | ho franto | |
| friggere | frissi | ho fritto | |
| fungere | | | *v.* fingere |
| giacere | | | *v.* piacere |
| giungere | | | *v.* fingere |

| infinito | passato remoto | passato prossimo (participio passato) | weitere Formen |
|---|---|---|---|
| godere | godei o. godetti | ho goduto | *fut* godrò; *cond* godrei |
| immergere | | | v. emergere |
| imprimere | | | v. comprimere |
| incidere | | | v. decidere |
| includere | | | v. accludere |
| incutere | | | v. discutere |
| indurre | | | v. condurre |
| infliggere | | | v. affliggere |
| insistere | insistei o. insistetti | ho insistito | |
| introdurre | | | v. condurre |
| invadere | | | v. evadere |
| ledere | lesi | ho leso | |
| leggere | lessi | ho letto | |
| mettere | misi | ho messo | |
| mordere | morsi | ho morso | |
| morire | morii | sono morto | *pr* muoio, muori, muore, moriamo, morite, muoiono; *fut* morrò o. morirò; *conj pr* muoia, muoia, muoia, moriamo, moriate, muoiano; *conj imp* morissi; *cond* morrei o. morirei; *imperat* muori!, muoia!, moriamo!, morite!, muoiano! |
| mungere | | | v. fingere |
| muovere | mossi | ho mosso | |
| nascere | nacqui | sono nato | |
| nascondere | nascosi | ho nascosto | |
| nuocere | nocqui | ho nociuto | *pr* noccio o. nuoccio, nuoci, nuoce, nociamo o. nuociamo, nocete, nocciono o. nuocciono; *imp* nocevo o. nuocevo; *fut* nocerò o. nuocerò; *conj pr* noccia, noccia, noccia, nociamo, nociate, nocciano; *conj imp* nocessi; *cond* nocerei o. nuocerei; *imperat* nuoci!, noccia!, nociamo!, nocete!, nocciano!; *ger* nocendo o. nuocendo; *p pr* nocente o. nuocente |
| offendere | | | v. difendere |
| offrire | offersi o. offrii | ho offerto | |
| opprimere | | | v. comprimere |

| infinito | passato remoto | passato prossimo (participio passato) | weitere Formen |
|---|---|---|---|
| parere | parvi | sono parso | *pr* paio, pari, pare, paiamo, parete, paiono; *fut* parrò; *conj pr* paia, paia, paia, paiamo, paiate, paiano; *cond* parrei; *imperat fehlt* |
| percuotere | | | v. scuotere |
| perdere | persi o. perdei o. perdetti | ho perso o. perduto | |
| persuadere | persuasi | ho persuaso | |
| piacere | piacqui | sono piaciuto | *pr* piaccio, piaci, piace, piacciamo o. piaciamo, piacete, piacciono; *conj pr* piaccia, piaccia, piaccia, piacciamo o. piaciamo, piacciate o. piaciate, piacciano; *imperat* piaci!, piaccia!, piacciamo!, piacete!, piacciano! |
| piangere | piansi | ho pianto | |
| piovere | piovve (3. Person) | è piovuto (3. Person) | |
| porgere | porsi | ho porto | |
| porre | posi, ponesti, pose, ponemmo, poneste, posero | ho posto | *pr* pongo, poni, pone, poniamo, ponete, pongono; *imp* ponevo; *fut* porrò; *conj pr* ponga, ponga, ponga, poniamo, poniate, pongano; *conj imp* ponessi; *cond* porrei; *imperat* poni!, ponga!, poniamo!, ponete!, pongano!; *ger* ponendo; *p pr* ponente |
| possedere | | | v. sedere |
| potere | potei o. potetti | ho potuto | *pr* posso, puoi, può, possiamo, potete, possono; *fut* potrò; *conj pr* possa, possa, possa, possiamo, possiate, possano; *cond* potrei; *imperat fehlt* |
| prendere | presi | ho preso | |
| presumere | | | v. assumere |
| produrre | | | v. condurre |
| proteggere | | | v. leggere |
| pungere | | | v. fingere |
| radere | rasi | ho raso | |
| recidere | | | v. decidere |
| redigere | redassi | ho redatto | |
| redimere | redensi | ho redento | |
| reggere | | | v. leggere |
| rendere | | | v. prendere |

| infinito | passato remoto | passato prossimo (participio passato) | weitere Formen |
|---|---|---|---|
| reprimere | | | v. comprimere |
| resistere | resistei o. resistetti | sono resistito | |
| ridere | risi | ho riso | |
| ridurre | | | v. condurre |
| riflettere | riflettei | ho riflettuto o. riflesso | |
| rimanere | rimasi | sono rimasto | pr rimango, rimani, rimane, rimaniamo, rimanete, rimangono; fut rimarrò; conj pr rimanga, rimanga, rimanga, rimaniamo, rimaniate, rimangano; cond rimarrei; imperat rimani!, rimanga!, rimaniamo!, rimanete!, rimangano! |
| risolvere | | | v. assolvere |
| rispondere | risposi | ho risposto | |
| rodere | rosi | ho roso | |
| rompere | ruppi | ho rotto | |
| salire | salii | sono salito | pr salgo, sali, sale, saliamo, salite, salgono; conj pr salga, salga, salga, saliamo, saliate, salgano; imperat sali!, salga!, saliamo!, salite!, salgano! |
| sapere | seppi | ho saputo | pr so, sai, sa, sappiamo, sapete, sanno; fut saprò; conj pr sappia, sappia, sappia, sappiamo, sappiate, sappiano; cond saprei; imperat sappi!, sappia!, sappiamo!, sappiate!, sappiano! |
| scegliere | scelsi | ho scelto | pr scelgo, scegli, sceglie, scegliamo, scegliete, scelgono; conj pr scelga, scelga, scelga, scegliamo, scegliate, scelgano; imperat scegli!, scelga!, scegliamo!, scegliete!, scelgano! |
| scendere | scesi | sono sceso | |
| scindere | scissi | ho scisso | |
| sciogliere | | | v. cogliere |
| scorgere | | | v. sorgere |
| scrivere | scrissi | ho scritto | |
| scuotere | scossi | ho scosso | |
| sedere | sedei o. sedetti | ho seduto | pr siedo, siedi, siede, sediamo, sedete, siedono; conj pr sieda, sieda, sieda, sediamo, sediate, siedano; imperat siedi!, sieda!, sediamo!, sedete!, siedano! |
| sedurre | | | v. condurre |

| infinito | passato remoto | passato prossimo (participio passato) | weitere Formen |
|---|---|---|---|
| soffrire | | | v. offrire |
| solere | solei | sono solito | pr soglio, suoli, suole, sogliamo, solete, sogliono; fut, cond, imperat fehlen; conj pr soglia, soglia, soglia, sogliamo, sogliate, sogliano |
| sommergere | | | v. emergere |
| sopprimere | | | v. comprimere |
| sorgere | sorsi | sono sorto | |
| sospendere | | | v. appendere |
| spargere | sparsi | ho sparso | |
| spegnere (spengere) | spensi | ho spento | pr spengo, spegni, spegne, spegniamo, spegnete, spengono; conj pr spenga, spenga, spenga, spegniamo, spegniate, spengano |
| spendere | | | v. appendere |
| spingere | | | v. fingere |
| stare | stetti, stesti, stette, stemmo, steste, stettero | sono stato | pr sto, stai, sta, stiamo, state, stanno; conj pr stia, stia, stia, stiamo, stiate, stiano; conj imp stessi; imperat sta'! o. stai!, stia!, stiamo!, state!, stiano! |
| stringere | strinsi | ho stretto | |
| struggere | | | v. leggere |
| succedere | | | v. concedere |
| tacere | tacqui | ho taciuto | pr taccio, taci, tace, tacciamo o. taciamo, tacete, tacciono; conj pr taccia, taccia, taccia, tacciamo o. taciamo, tacciate o. taciate, tacciano; imperat taci!, taccia!, tacciamo!, tacete!, tacciano! |
| tendere | | | v. prendere |
| tenere | tenni | ho tenuto | pr tengo, tieni, tiene, teniamo, tenete, tengono; fut terrò; conj pr tenga, tenga, tenga, teniamo, teniate, tengano; cond terrei; imperat tieni!, tenga!, teniamo!, tenete!, tengano! |
| tingere | | | v. fingere |
| togliere | | | v. cogliere |
| torcere | torsi | ho torto | |
| tradurre | | | v. condurre |

| infinito | passato remoto | passato prossimo (participio passato) | weitere Formen |
|---|---|---|---|
| trarre | trassi, traesti, trasse, traemmo, traeste, trassero | ho tratto | *pr* traggo, trai, trae, traiamo, traete, traggono; *imp* traevo; *fut* trarrò; *conj pr* tragga, tragga, tragga, traiamo, traiate, traggano; *conj imp* traessi; *cond* trarrei; *imperat* trai!, tragga!, traiamo!, traete!, traggano!; *ger* traendo; *p pr* traente |
| uccidere | | | *v.* decidere |
| udire | udii | ho udito | *pr* odo, odi, ode, udiamo, udite, odono; *fut* udirò o. udrò; *conj pr* oda, oda, oda, udiamo, udiate, odano; *cond* udirei o. udrei; *imperat* odi!, oda!, udiamo!, udite!, odano! |
| ungere | | | *v.* fingere |
| uscire | uscii | sono uscito | *pr* esco, esci, esce, usciamo, uscite, escono; *conj pr* esca, esca, esca, usciamo, usciate, escano; *imperat* esci!, esca!, usciamo!, uscite!, escano! |
| valere | valsi | sono valso | *pr* valgo, vali, vale, valiamo, valete, valgono; *fut* varrò; *conj pr* valga, valga, valga, valiamo, valiate, valgano; *cond* varrei; *imperat* vali!, valga!, valiamo!, valete!, valgano! |
| vedere | vidi | ho visto o. veduto | *fut* vedrò; *cond* vedrei |
| venire | venni | sono venuto | *pr* vengo, vieni, viene, veniamo, venite, vengono; *fut* verrò; *conj pr* venga, venga, venga, veniamo, veniate, vengano; *cond* verrei; *imperat* vieni!, venga!, veniamo!, venite!, vengano!; *ger* venendo; *p pr* veniente o. venente |
| vincere | vinsi | ho vinto | |
| vivere | vissi | ho vissuto | *fut* vivrò; *cond* vivrei |
| volere | volli | ho voluto | *pr* voglio, vuoi, vuole, vogliamo, volete, vogliono; *fut* vorrò; *conj pr* voglia, voglia, voglia, vogliamo, vogliate, vogliano; *cond* vorrei; *imperat* vogli!, voglia!, vogliamo!, vogliate!, vogliano! |
| volgere | volsi | ho volto | |

## Notizen

Notizen

# Notizen